注解 自動車六法

国土交通省物流・自動車局　監修

令和6年版

第一法規

監修の辞

日本国内の自動車保有台数は、令和六年五月時点で約八三〇〇万台であり、現代において自動車は私たちの暮らしにとって欠くことのできない移動手段となっています。また、モノの輸送においても主要な役割を担っており、我が国の社会経済活動の基盤となっています。

こうした現状を踏まえ、自動車行政では、物流の持続的成長、地域交通の担い手確保、カーボンニュートラル実現に向けた保安規制の整備等に取り組んでいるところです。

まず、令和六年四月に成立した「流通業務の総合化及び効率化の促進に関する法律及び貨物自動車運送事業法の一部を改正する法律」では、荷主・物流事業者間の商慣行を見直し、荷待ち・荷役時間の削減や積載率の向上等を図るための措置を講じるとともに、物流業界の多重下請構造を是正し、実運送事業者の適正運賃収受を図るための措置を講じるなど、「二〇二四年問題」への対策を図りました。また、軽トラック運送業において安全対策の強化を図るため、軽トラック事業者に対し必要な法令知識を担保するための管理者の選任や講習の受講、国土交通大臣への事故報告を義務づける等の措置を講じました。このような改正により、物流の持続的成長を図ってまいります。

次に、タクシー運転手の担い手確保については、令和六年二月にタクシー業務適正化特別措置法施行規則及び旅客自動車運送事業運輸規則を改正し、タクシー運転者になるために必要な試験の科目から地理に関する試験を廃止するとともに、新たに雇い入れられたタクシーの運転者に対する研修期間（一〇日間）の要件を撤廃する措置を講じました。こうした制度改正を通じて地域交通の「担い手」や「移動の足」不足解消に努めてまいります。

これらに加え、令和四年に公布された「高圧ガス保安法等の一部を改正する法律」で燃料電池自動車等に係る規制が道路運送車両法に一元化されたことを踏まえ、令和五年十二月に自動車点検基準等の改正を行い、高圧ガス保安法の高圧ガス容器・付属品に係る技術基準を道路運送車両法体系の下で規定する措置を講じました。このような保安規制の整備により、事業者と利用者の負担を軽減することで、燃料電池自動車等の利用拡大を図り、カーボンニュートラルを実現してまいります。

今後も、刻一刻と変化する社会情勢を踏まえ、関係法令の整備等に努めてまいります。

令和六年版の本書は、原則として令和六年七月一日までに制定又は改正された法律、政省令等を収録し、令和七年四月一日までに施行される改正法等を網羅するとともに、刻々と変化する法令を、利用者利便を考慮して体系的に編集したものであり、内容も一層の充実化を図っています。

本書が一人でも多くの方に利用され、「クルマ社会」と「物流産業」の健全な発展と経済社会の繁栄に資することを願ってやみません。

令和六年八月

国土交通省物流・自動車局

鶴田　浩久

凡　例

〈編集の趣旨〉

本書は、今後ますます多面にわたり国民生活との結びつきを強めようとする自動車行政のより適切・円滑な運営と、自動車関係者の実務上の利便を図ることを目的として、関係各分野に深い関連をもつ諸法令を実務的見地から細大もらさず整理・収録したものである。

〈本書の構成〉

法令は、道路運送法関係、貨物利用運送事業法関係、倉庫業法関係、道路運送車両法関係、自動車抵当法関係、自動車損害賠償保障法関係、自動車ターミナル法関係、バリアフリー法関係、地域公共交通の活性化及び再生に関する法律関係、道路・施設法関係、道路交通法関係、税法関係、その他の十三部門に分類して収録した。

〈編集の方法〉

原典を官報及び法令全書とし、登載形式については、公布文を省略し、公布年月日及び法令番号は、題名の次に明示した。

〈改正注記〉

道路運送法、貨物自動車運送事業法、貨物利用運送事業法、道路運送車両法、自動車抵当法、自動車損害賠償保障法、自動車ターミナル法及び道路交通法の基本八法については、特に各条・各項ごとの「全部改正」・「一部改正」・「繰上げ」・「繰下げ」・「追加」・「削除」及びその改正年、法律番号等の改正注記を、当該条文の末尾に掲記した。

〈法令の種別印〉

目次の法令名の上に、次のとおりそれぞれの印を付して種別を明らかにした。

●印＝条約・法律　◎印＝政令　○印＝省令・府令・告示等　・印＝通達

〈条文見出し〉

原典に条文見出しのない法令には、条文の内容が容易に理解できるよう編集者が各条ごとに見出しを〔　〕で囲んで表示した。

〈項番号〉

原典に項番号のない法令については、原文に固有のものと区別するため、項番号を○で囲って表示した。

〈参照条文〉

1　参照事項の表示　基本八法の条文中、解釈運用上、関連法令との相互理解を要すると認められる事項は、各条文の後に※印を付して「　」内に抽出表示し、その関連法令条項等を掲げて法令相互の脈絡を明らかにした。また、基本八法以外の法令については、その条文の委任規定等を参照条文として注記した。

2　条項号数の表記　参照条文の条数は一・二とし、項数は1・2、号数は①・②として表示した。

3　法令名の略称　当該法律の施行令・施行規則を注記するときは、「令」・「則」と略記し、また、他の法令については巻末の法令名略称表による略語を用いた。

〈内容現在〉

原則として、令和六年七月一日までに制定又は改正された法令等を収録し、令和七年四月一日までに施行される内容を表示した。なお、第十三編収録法令の改正附則は、一部省略している。

目　次

第一編　道路運送法関係

第二編　貨物利用運送事業法関係

第三編　倉庫業法関係

第四編　道路運送車両法関係

第五編　自動車抵当法関係

第六編　自動車損害賠償保障法関係

第七編　自動車ターミナル法関係

第八編　バリアフリー法関係

第九編　地域公共交通の活性化及び再生に関する法律関係

第十編　道路・施設法関係

第十一編　道路交通法関係

第十二編　税法関係

第十三編　その他

第一編　道路運送法関係

○道路運送法

（昭和二十六年六月一日法律第百八十三号）

沿革　昭二七法一八一、昭二八法一六八、昭三一法一六八、昭三二法七九、昭三四法六六、昭三五法一〇五・二四一、昭三七法一四〇・一六一、昭三九法一六九、昭四四法六八、昭四五法八〇、昭四六法九六、昭五七法六九、昭五九法二五・六七、昭六〇法二二・一〇二、昭六一法九三、平元法八二・八三、平五法八九、平六法九七、平七法八五、平九法九六、平一一法四八・八七・一五一・一六〇、平一二法八六・九一、平一四法五四・八九、平一六法八四・一二四・一四七、平一八法一九・四〇・五〇、平二一法六四、平二三法六一・七四、平二五法八三、平二六法五一・六九、平二八法一〇〇・一〇六、平二九法四五、令元法三七、令二法三六、令四法六八、令五法一八、令六法二三改正

〔編者注〕

1　令和四年六月一七日法律第六八号による改正のうち、令和七年六月一日から施行される部分は、直接改正を加えないで、現行条文と並列して登載した。

2　令和六年五月一五日法律第二三号による改正のうち、公布の日から起算して一年を超えない範囲内において政令で定める日から施行される部分は、直接改正を加えないで、現行条文と並列して登載した。

目次

第一章　総則

（目的）

第一条　この法律は、貨物自動車運送事業法（平成元年法律第八十三号）と相まつて、道路運送事業の運営を適正かつ合理的なものとし、並びに道路運送の分野における利用者の需要の多様化及び高度化に的確に対応したサービスの円滑かつ確実な提供を促進することにより、輸送の安全を確保し、道路運送の利用者の利益の保護及びその利便の増進を図るとともに、道路運送の総合的な発達を図り、もつて公共の福祉を増進することを目的とする。

本条…一部改正〔平元法八三平一二法八六平一八法一九・四〇〕

※　「道路運送事業」＝本法二1、「公正な競争」＝独禁法一

（定義）

第二条　この法律で「道路運送事業」とは、旅客自動車運送事業、貨物自動車運送事業及び自動車道事業をいう。

2　この法律で「自動車運送事業」とは、旅客自動車運送事業及び貨物自動車運送事業をいう。

3　この法律で「旅客自動車運送事業」とは、他人の需要に応じ、有償で、自動車を使用して旅客を運送する事業であつて、次条に掲げるものをいう。

4　この法律で「貨物自動車運送事業」とは、貨物自動車運送事業法による貨物自動車運送事業をいう。

5　この法律で「自動車道事業」とは、一般自動車道を専ら自動車の交通の用に供する事業をいう。

6　この法律で「自動車」とは、道路運送車両法（昭和二十六年法律第百八十五号）による自動車をいう。

7　この法律で「道路」とは、道路法（昭和二十七年法律第百八十号）による道路及びその他の一般交通の用に供する場所並びに自動車道をいう。

8　この法律で「自動車道」とは、専ら自動車の交通の用に供することを目的として設けられた道で道路法による道路以外のものをいい、「一般自動車道」とは、専用自動車道以外の自動車道をいい、「専用自動車道」とは、自動車運送事業者（自動車運送事業を経営する者をいう。以下同じ。）が専らその事業用自動車（自動車運送事業者がその自動車運送事業の用に供する自動車をいう。以下同じ。）の交通の用に供することを目的として設けた道をいう。

七項…一部改正〔昭二七法一八〇〕、二項…一部改正〔昭三一法一六八〕、八項…一部改正〔昭三二法七九・三四法六六〕、一・二・五項…一部改正〔昭四六法九六〕、一項…一部改正・四項…削除・旧八項…一部改正し七項に繰上・旧五〜七項…一項ずつ繰上〔平元法八三〕、一項…一部改正・二〜四項…全部改正・五・六項…追加・旧五〜七項…二項ずつ繰下〔平元法八三〕、一項…一部改正・五項…削除・旧七項…一部改正し六項に繰上・旧六・八・九項…一項ずつ繰上〔平一一法八七〕、三項…一部改正〔平一二法八六平一八法四〇〕

※　7項「道路」＝道路法二

第二章　旅客自動車運送事業

章名…全部改正〔平元法八三〕

（種類）

第三条　旅客自動車運送事業の種類は、次に掲げるものとする。

一　一般旅客自動車運送事業（特定旅客自動車運送事業以外の旅客自動車運送事業）

イ　一般乗合旅客自動車運送事業（乗合旅客を運送する一般旅客自動車運送事業）

ロ　一般貸切旅客自動車運送事業（一個の契約により国土交通省令で定める乗車定員以上の自動車を貸し切つて旅客を運送する一般旅客自動車運送事業）

ハ　一般乗用旅客自動車運送事業（一個の契約によりロの国土交通省令で定める乗車定員未満の自動車を貸し切つて旅客を運送する一般旅客自動車運送事業）

二　特定旅客自動車運送事業（特定の者の需要に応じ、一定の範囲の旅客を運送する旅客自動車運送事業）

二項…全部改正〔昭二八法一六八〕、一～三項…一部改正・四項…追加〔昭四六法九六〕、本条…全部改正〔平元法八三〕、一部改正〔平一二法八六平一八法四〇〕

※　「国土交通省令で定める乗車定員」＝則三の二

（一般旅客自動車運送事業の許可）

第四条　一般旅客自動車運送事業を経営しようとする者は、国土交通大臣の許可を受けなければならない。

2　一般旅客自動車運送事業の許可は、一般旅客自動車運送事業の種別（前条第一号イからハまでに掲げる一般旅客自動車運送事業の別をいう。以下同じ。）について行う。

見出…全部改正・一～四項…一部改正〔昭四六法九六〕、見出・一～四項…一部改正〔平元法八三〕、見出・一～四項…一部改正〔平一一法四八〕、一項…一部改正〔平一一法一六〇〕、見出…全部改正・一項…一部改正・三・四項…削除〔平一二法八六〕

※　「道路管理者の意見の聴取」＝本法九一、「罰則」＝本法九六①・九九、「権限の委任」＝本法八八、令一1・2、2項「権限の委任」＝本法八八、令一

（許可申請）

第五条　一般旅客自動車運送事業の許可を受けようとする者は、次に掲げる事項を記載した申請書を国土交通大臣に提出しなければならない。

一　氏名又は名称及び住所並びに法人にあつては、その代表者の氏名

二　経営しようとする一般旅客自動車運送事業の種別

三　路線又は営業区域、営業所の名称及び位置、営業所ごとに配置する事業用自動車の数その他の一般旅客自動車運送事業の種別（一般乗合旅客自動車運送事業にあつては、路線定期運行（路線を定めて定期に運行する自動車による乗合旅客の運送をいう。以下同じ。）その他の国土交通省令で定める運行の態様の別を含む。）ごとに国土交通省令で定める事項に関する事業計画

2　前項の申請書には、事業用自動車の運行管理の体制その他の国土交通省令で定める事項を記載した書類を添付しなければならない。

3　国土交通大臣は、申請者に対し、前二項に規定するもののほか、当該申請者の登記事項証明書その他必要な書類の提出を求めることができる。

一・二項…一部改正〔昭四六法九六・平元法八三〕、一・三項…一部改正〔平一一法四八〕、一・三・四項…一部改正〔平一一法一六〇〕、見出…全部改正・一項…一部改正・二項…削除・三・四項…一部改正し一項ずつ繰上〔平一二法八六〕、三項…一部改正〔平一六法一二四〕、一項…一部改正〔平一八法四〇〕

※　1項「国土交通省令」＝則三の三・四、「申請手続」＝則四、「営業区域」＝則五、「運行の態様」＝則三の三、「事業計画」＝則四、2項「申請手続」＝則四、2項「国土交通省令」＝則六、2・3項「本項の準用」＝本法四三4

（許可基準）

第六条　国土交通大臣は、一般旅客自動車運送事業の許可をしようとするときは、次の基準に適合するかどうかを審査して、これをしなければならない。

一　当該事業の計画が輸送の安全を確保するため適切なものであること。

二　前号に掲げるもののほか、当該事業の遂行上適切な計画を有するものであること。

三　当該事業を自ら適確に遂行するに足る能力を有するものであること。

本条…全部改正〔昭二八法一六八〕、二項…一部改正〔昭三一法一六八〕、二項…削除…旧三項…一部改正し二項に繰上〔昭四六法九六〕、一・二項…一部改正〔平元法八三平一一法四八・一六〇〕、見出…全部改正・一項…一部改正・二項…削除〔平一二法八六〕

※　「本条の準用」＝本法一五2・三六3・三七3

（欠格事由）

第七条　国土交通大臣は、次に掲げる場合には、一般旅客自動車運送事業の許可をしてはならない。

一　許可を受けようとする者が一年以上の懲役又は禁錮の刑に処せられ、その執行を終わり、又は執行を受けることがなくなつた日から五年を経過していない者であるとき。

二　許可を受けようとする者が一般旅客自動車運送事業又は特定旅客自動車運送事業の許可の取消しを受け、その取消しの日から五年を経過していない者（当該許可を取り消された者が法人である場合においては、当該取消しを受けた法人のその処分を受ける原因となつた事項が発生した当時現にその法人の業務を執行する役員（いかなる名称によるかを問わず、これと同等以上の職権又は支配力を有する者を含む。第六号、第八号、第四十九条第二項第四号並びに第七十九条の四第一項第二号及び第四号において同じ。）として在任した者で当該取消しの日から五年を経過していないものを含む。）であるとき。

三　許可を受けようとする者と密接な関係を有する者（許可を受けようとする者（法人に限る。以下この号において同じ。）の株式の所有その他の事由を通じて当該許可を受けようとする者の事業を実質的に支配し、若しくはその事業に重要な影響を与える関係にある者として国土交通省令で定めるもの（以下この号において「許可を受けようとする者の親会社等」という。）、許可を受けようとする者の親会社等が株式の所有その他の事由を通じてその事業を実質的に支配し、若しくはその事業に重要な影響を与える関係にある者として国土交通省令で定めるもの又は当該許可を受けようとする者が株式の所有その他の事由を通じてその事業を実質的に支配し、若しくはその事業に重要な影響を与える関係にある者として国土交通省令で定めるもののうち、当該許可を受けようとする者と国土交通省令で定める密接な関係を有する法人をいう。）が、一般旅客自動車運送事業又は特定旅客自動車運送事業の許可の取消しを受け、その取消しの日から五年を経過していない者であるとき。

四　許可を受けようとする者が、一般旅客自動車運送事業又は特定旅客自動車運送事業の許可の取消しの処分に係る行政手続法（平成五年法律第八十八号）第十五条の規定による通知があつた日から当該処分をする日又は処分をしないことを決定する日までの間に第三十八条第一項若しくは第二項又は第四十三条第八項の規定による事業の廃止の届出をした者（当該事業の廃止について相当の理由がある者を除く。）で、当該届出の日から五年を経過していないものであるとき。

五　許可を受けようとする者が、第九十四条第四項の規定による検査が行われた日から聴聞決定予定日（当該検査の結果に基づき一般旅客自動車運送事業又は特定旅客自動車運送事業の許可の取消しの処分に係る聴聞を行うか否かの決

定をすることが見込まれる日として国土交通省令で定めるところにより国土交通大臣が当該許可を受けようとする者に当該検査が行われた日から十日以内に特定の日を通知した場合における当該特定の日をいう。）までの間に第三十八条第一項若しくは第二項又は第四十三条第八項の規定による事業の廃止の届出をした者（当該事業の廃止について相当の理由がある者を除く。）で、当該届出の日から五年を経過していないものであるとき。

六　第四号に規定する期間内に第三十八条第一項若しくは第二項又は第四十三条第八項の規定による事業の廃止の届出があつた場合において、許可を受けようとする者が、同号の通知の日前六十日以内に当該届出に係る法人（当該事業の廃止について相当の理由がある法人を除く。）の役員であつた者で、当該届出の日から五年を経過していないものであるとき。

七　許可を受けようとする者が営業に関し成年者と同一の行為能力を有しない未成年者である場合において、その法定代理人が前各号（第三号を除く。）又は次号のいずれかに該当する者であるとき。

八　許可を受けようとする者が法人である場合において、その法人の役員が前各号（第三号を除く。）のいずれかに該当する者であるとき。

注　令和四年六月一七日法律六八号により改正され、令和七年六月一日から施行

第七条第一号中「懲役又は禁錮の刑」を「拘禁刑」に改める。

本条…追加〔昭二八法一六八〕、一部改正〔昭四六法九六〕、一部改正・旧六条の二…繰下〔平元法八三〕、一部改正〔平一一法四八・一五一・一六〇平一二法八六平一六法一四七平一八法四〇平二三法六一平二八法一〇〇令元法三七〕

※　三・五号「国土交通省令」＝則七・七の二、「本条の準用」＝本法四三4

（一般貸切旅客自動車運送事業の許可の更新）

第八条　一般貸切旅客自動車運送事業の許可は、五年ごとにその更新を受けなければ、その期間の経過によつて、その効力を失う。

2　前項の更新の申請があつた場合において、同項の期間（以下この条において「有効期間」という。）の満了の日までにその申請に対する処分がなされないときは、従前の一般貸切旅客自動車運送事業の許可は、有効期間の満了後もその処分がなされるまでの間は、なおその効力を有する。

3　前項の場合において、一般貸切旅客自動車運送事業の許可の更新がなされたときは、その有効期間は、従前の有効期間の満了の日の翌日から起算するものとする。

4　第五条から前条までの規定は、第一項の一般貸切旅客自動車運送事業の許可の更新について準用する。

全部改正〔平二八法一〇〇〕

（一般乗合旅客自動車運送事業の運賃及び料金）

第九条　一般乗合旅客自動車運送事業を経営する者（以下「一般乗合旅客自動車運送事業者」という。）は、旅客の運賃及び料金（旅客の利益に及ぼす影響が比較的小さいものとして国土交通省令で定める運賃及び料金を除く。以下この条、第三十一条第二号、第八十八条の二第一号及び第四号並びに第八十九条第一項第一号において「運賃等」という。）の上限を定め、国土交通大臣の認可を受けなければならない。これを変更しようとするときも、同様とする。

2　国土交通大臣は、前項の認可をしようとするときは、能率的な経営の下における適正な原価に適正な利潤を加えたものを超えないものであるかどうかを審査して、これをしなければならない。

3　一般乗合旅客自動車運送事業者は、第一項の認可を受けた運賃等の上限の範囲内で運賃等を定め、あらかじめ、その旨を国土交通大臣に届け出なければならない。これを変更しようとするときも、同様とする。

4　一般乗合旅客自動車運送事業者は、次に掲げる者を構成員とする協議会において、地域における需要に応じ当該地域の住民の生活のための旅客の運送を確保する必要がある路線又は営業区域（以下この項において「路線等」という。）に係る運賃等について協議が調つたときは、第一項及び前項の規定にかかわらず、当該協議が調つた事項を国土交通大臣に届け出ることにより、当該運賃等を定めることができる。当該協議会において当該運賃等の変更について協議が調つたときも、同様とする。

一　当該路線等をその区域に含む市町村（特別区を含む。以下同じ。）又は都道府県

二　当該運賃等を定めようとする一般乗合旅客自動車運送事業者

三　当該路線等を管轄する地方運輸局長

四　第一号に規定する市町村の長又は同号に規定する都道府県の知事が関係住民の意見を代表する者として指名する者

5　前項第一号に掲げる者は、同項の協議をするときは、あらかじめ、公聴会の開催その他の住民、利用者その他利害関係者の意見を反映させるために必要な措置を講じなければならない。

6　一般乗合旅客自動車運送事業者は、第一項の国土交通省令で定める運賃及び料金を定めるときは、あらかじめ、その旨を国土交通大臣に届け出なければならない。これを変更しようとするときも、同様とする。

7　国土交通大臣は、第三項若しくは第四項の運賃等又は前項の運賃若しくは料金が次の各号（第三項又は第四項の運賃等にあつては、第二号又は第三号）のいずれかに該当すると認めるときは、当該一般乗合旅客自動車運送事業者に対し、期限を定めてその運賃等又は運賃若しくは料金を変更すべきことを命ずることができる。

一　社会的経済的事情に照らして著しく不適切であり、旅客の利益を阻害するおそれがあるものであるとき。

二　特定の旅客に対し不当な差別的取扱いをするものであるとき。

三　他の一般旅客自動車運送事業者（一般旅客自動車運送事業を経営する者をいう。以下同じ。）との間に不当な競争を引き起こすおそれがあるものであるとき。

本条…追加〔平一二法八六〕、一項…一部改正・四項…追加・旧四・五項…一部改正し一項ずつ繰下〔平一八法四〇〕、一項…一部改正〔平二五法八三〕、四項…一部改正〔令二法三六〕、一・三項…一部改正・四項…全部改正・五項…追加・旧五項…一部改正し六項に繰下・旧六項…七項に繰下〔令五法一八〕

※　1項「国土交通省令で定める運賃及び料金」＝則一〇、4項「権限の委任」＝本法八八、令一②・③・④、3・4・6項「罰則」＝本法九八①・九九、7項「罰則」＝本法九八②・九九

（一般貸切旅客自動車運送事業の運賃及び料金）

第九条の二　一般貸切旅客自動車運送事業を経営する者（以下「一般貸切旅客自動車運送事業者」という。）は、旅客の運賃及び料金を定め、あらかじめ、国土交通大臣に届け出なければならない。これを変更しようとするときも、同様とする。

2　前条第七項の規定は、前項の運賃及び料金について準用する。この場合において、同条第七項中「当該一般乗合旅客自動車運送事業者」とあるのは、「当該一般貸切旅客自動車運送事業者」と読み替えるものとする。

本条…追加〔平一二法八六〕、二項…一部改正〔平一八法四〇〕、一・二項…一部改正〔令五法一八〕

※　1項「届出手続」則一〇の二①、「罰則」本法九八①・九九、2項「罰則」＝本法九八②・九九

（一般乗用旅客自動車運送事業の運賃及び料金）

第九条の三　一般乗用旅客自動車運送事業を経営する者（以下「一般乗用旅客自動車運送事業者」という。）は、運賃等（旅客の運賃及び料金（旅客の利益に及ぼす影響が比較的小さいものとして国土交通省令で定める料金を除く。）をいう。以下この条、第八十八条の二第三号及び第八十九条第一項第二号において同じ。）を定め、国土交通大臣の認可を受けなければならない。これを変更しようとするときも、同様とする。

2　国土交通大臣は、前項の認可をしようとするときは、次の基準によつて、これをしなければならない。

一　能率的な経営の下における適正な原価に適正な利潤を加えたものを超えないものであること。

二　特定の旅客に対し不当な差別的取扱いをするものでないこと。

三　他の一般旅客自動車運送事業者との間に不当な競争を引き起こすこととなるおそれがないものであること。

四　運賃等が対距離制による場合であつて、国土交通大臣がその算定の基礎となる距離を定めたときは、これによるものであること。

3　一般乗用旅客自動車運送事業者は、次に掲げる者を構成員とする協議会において、地域における需要に応じ当該地域の住民の生活のための旅客の運送を確保する必要がある営業区域に係る運賃等について協議が調つたときは、第一項の規定にかかわらず、当該協議が調つた事項を国土交通大臣に届け出ることにより、当該運賃等を定めることができる。当該協議会において当該運賃等の変更について協議が調つたときも、同様とする。

一　当該営業区域をその区域に含む市町村又は都道府県

二　当該運賃等を定めようとする一般乗用旅客自動車運送事業者

三　当該営業区域を管轄する地方運輸局長

四　第一号に規定する市町村の長又は同号に規定する都道府県の知事が関係住民の意見を代表する者として指名する者

4　前項第一号に掲げる者は、同項の協議をするときは、あらかじめ、公聴会の開催その他の住民、利用者その他利害関係者の意見を反映させるために必要な措置を講じなければならない。

5　一般乗用旅客自動車運送事業者は、第一項の国土交通省令で定める料金を定めるときは、あらかじめ、その旨を国土交通大臣に届け出なければならない。これを変更しようとするときも、同様とする。

6　第九条第七項の規定は、第三項の運賃等及び前項の料金について準用する。この場合において、同条第七項中「第三項又は第四項」とあるのは「第九条の三第三項」と、「当該一般乗合旅客自動車運送事業者」とあるのは「当該一般乗用旅客自動車運送事業者」と読み替えるものとする。

二項…一部改正・三項…全部改正〔昭二八法一六八〕、一〜三項…一部改正〔昭四六法九六〕、一〜三項…一部改正・旧八条…繰下〔平元法八三〕、見出…全部改正・一項…一部改正・三・四項…追加・旧三項…一部改正し五項に繰下〔平六法九七〕、一・二・五項…一部改正〔平一一法四八〕、一〜四項…一部改正〔平一一法一六〇〕、見出・四項…全部改正・一〜三項…一部改正・五項…削除・旧九条…繰下〔平一二法八六〕、四項…一部改正〔平一八法四〇〕、一項…一部改正〔平二五法八三〕、一・二項…一部改正・三・四項…追加・旧三・四項…一部改正し二項ずつ繰下〔令五法一八〕

※　1項「申請手続」＝則一〇の三、「権限の委任」＝本法八八、令一1③、「罰則」＝本法九八③・九九、1項「国土交通省令」＝則一〇の四、5項「罰則」＝本法九八①・九九、6項「罰則」＝本法九八②・九九

（運賃又は料金の割戻しの禁止）

第十条　一般旅客自動車運送事業者は、旅客に対し、収受した運賃又は料金の割戻しをしてはならない。

本条…一部改正〔昭四六法九六〕、見出・本条…一部改正・旧九条…繰下〔平元法八三〕、一部改正〔平一一法四八・平一二法八六〕

※　「本条の準用」＝本法七二、「罰則」＝本法九八④・九九

（運送約款）

第十一条　一般旅客自動車運送事業者は、運送約款を定め、国土交通大臣の認可を受けなければならない。これを変更しようとするときも同様とする。

2　国土交通大臣は、前項の認可をしようとするときは、次の基準によつて、これをしなければならない。

一　公衆の正当な利益を害するおそれがないものであること。

二　少なくとも運賃及び料金の収受並びに一般旅客自動車運送事業者の責任に関する事項が明確に定められているものであること。

3　国土交通大臣が一般旅客自動車運送事業の種別に応じて標準運送約款を定めて公示した場合（これを変更して公示した場合を含む。）において、当該事業を経営する者が、標準運送約款と同一の運送約款を定め、又は現に定めている運送約款を標準運送約款と同一のものに変更したときは、その運送約款については、第一項の規定による認可を受けたものとみなす。

一・二項…一部改正・三・四項…追加〔昭四六法九六〕、一〜四項…一部改正・旧一二条…繰上〔平元法八三〕、三項…全部改正・四項…削除〔平六法九七〕、一〜三項…一部改正〔平一一法四八・一六〇平一二法八六〕

※　1項「申請手続」＝則一二、「記載事項」＝則一二、「権限の委任」＝本法八八、令一1⑤・2、「罰則」＝本法九八⑤・九九、2項「本項の準用」＝本法六二2、「権限の委任」＝本法八八、令一1⑤・2

（運賃及び料金等の公示）

第十二条　一般旅客自動車運送事業者（一般乗用旅客自動車運送事業者を除く。）は、国土交通省令で定めるところによ

り、運賃及び料金並びに運送約款を公示しなければならない。

2　路線定期運行を行う一般乗合旅客自動車運送事業者は、前項に掲げるもののほか、国土交通省令で定めるところにより、運行系統、運行回数その他の事項（路線定期運行に係るものに限る。）を公示しなければならない。

3　一般旅客自動車運送事業者は、前二項の規定により公示した事項を変更しようとするときは、国土交通省令で定めるところにより、あらかじめ、その旨を公示しなければならない。

一項…一部改正〔昭二八法一六八〕、一・三項…一部改正〔昭四六法九六〕、一～三項…一部改正・旧一三条…繰上〔平元法八三〕、二項…一部改正〔平六法九七〕、一・三項…一部改正〔平一一法四八〕、二項…一部改正〔平一一法一六〇〕、一・三項…一部改正〔平一二法八六〕、二項…一部改正〔平一八法四〇〕、見出・一～三項…一部改正〔令二法三六〕

※　1項「実施細目」＝旅客運輸規則四、「罰則」＝本法一〇五①、2項「国土交通省令」＝旅客運輸規則五、「罰則」＝本法一〇五①、3項「変更の予告」＝旅客運輸規則六、「本項の準用」＝本法六四2、「罰則」＝本法一〇五①

（運送引受義務）

第十三条　一般旅客自動車運送事業者（一般貸切旅客自動車運送事業者を除く。次条において同じ。）は、次の場合を除いては、運送の引受けを拒絶してはならない。

一　当該運送の申込みが第十一条第一項の規定により認可を受けた運送約款（標準運送約款と同一の運送約款を定めているときは、当該運送約款）によらないものであるとき。

二　当該運送に適する設備がないとき。

三　当該運送に関し申込者から特別の負担を求められたとき。

四　当該運送が法令の規定又は公の秩序若しくは善良の風俗に反するものであるとき。

五　天災その他やむを得ない事由による運送上の支障があるとき。

六　前各号に掲げる場合のほか、国土交通省令で定める正当な事由があるとき。

本条…一部改正〔昭四六法九六〕、一部改正・旧一五条…繰上〔平元法八三〕、一部改正〔平一一法四八・一六〇平一二法八六〕

※　「タクシー乗場以外の場所での乗車禁止」＝タクシー法四三、「国土交通省令」＝旅客運輸規則一三、「罰則」＝本法九八⑥・九九

（運送の順序）

第十四条　一般旅客自動車運送事業者は、運送の申込みを受けた順序により、旅客の運送をしなければならない。ただし、急病人を運送する場合、一般乗合旅客自動車運送事業について運送の申込みを受けた順序による旅客の運送を行うことにより輸送の効率が著しく低下する場合その他正当な事由がある場合は、この限りでない。

本条…一部改正〔昭四六法九六〕、一部改正・旧一六条…繰上〔平元法八三〕、一部改正〔平一一法四八平一二法八六令二法三六〕

※　「罰則」＝本法一〇五②

（事業計画の変更）

第十五条　一般旅客自動車運送事業者は、事業計画の変更（第三項、第四項及び次条第一項に規定するものを除く。）をしようとするときは、国土交通大臣の認可を受けなければならない。

2　第六条の規定は、前項の認可について準用する。

3　一般旅客自動車運送事業者は、営業所ごとに配置する事業用自動車の数その他の国土交通省令で定める事項に関する事業計画の変更をしようとするときは、あらかじめ、その旨を国土交通大臣に届け出なければならない。

4　一般旅客自動車運送事業者は、営業所の名称その他の国土交通省令で定める軽微な事項に関する事業計画の変更をしたときは、遅滞なく、その旨を国土交通大臣に届け出なければならない。

二項…全部改正〔昭二八法一六八〕、一・三項…一部改正〔昭四六法九六〕、一・三項…一部改正・旧一八条…繰上〔平元法八三〕、一・三項…一部改正〔平一一法四八・一六〇〕、一項…一部改正・三項…全部改正・四項…追加〔平一二法八六〕、一項…一部改正〔平一八法四〇〕

※　「道路管理者の意見の聴取」＝本法九一、「本条の準用」＝本法四三5、1項「申請手続」＝則一四、「権限の委任」＝本法八八、令一1⑥、「罰則」＝本法九八⑦・九九、2項「準用規定」＝本法六（許可基準）、3項「国土交通省令」＝則一五1・2、「届出手続」＝則一五2、「権限の委任」＝本法八八、令一1⑥、1・3項「本条が適用されない場合」＝本法一七、3項「罰則」＝本法九八⑧・九九、4項「国土交通省令」＝則一五の二、「罰則」＝本法一〇五③

第十五条の二　路線定期運行を行う一般乗合旅客自動車運送事業者は、路線（路線定期運行に係るものに限る。）の休止又は廃止に係る事業計画の変更をしようとするときは、その六月前（旅客の利便を阻害しないと認められる国土交通省令で定める場合にあつては、その三十日前）までに、その旨を国土交通大臣に届け出なければならない。

2　国土交通大臣は、一般乗合旅客自動車運送事業者が前項の届出に係る事業計画の変更（同項の国土交通省令で定める場合における事業計画の変更を除く。）を行つた場合における旅客の利便の確保に関し、国土交通省令で定めるところにより、関係地方公共団体及び利害関係人の意見を聴取するものとする。

3　国土交通大臣は、前項の規定による意見の聴取の結果、第一項の届出に係る事業計画の変更の日より前に当該変更を行つたとしても旅客の利便を阻害するおそれがないと認めるときは、その旨を当該一般乗合旅客自動車運送事業者に通知するものとする。

4　一般乗合旅客自動車運送事業者は、前項の通知を受けたときは、第一項の届出に係る事業計画の変更の日を繰り上げることができる。

5　一般乗合旅客自動車運送事業者は、前項の規定により事業計画の変更の日を繰り上げるときは、あらかじめ、その旨を国土交通大臣に届け出なければならない。

6　一般乗合旅客自動車運送事業者は、第一項に規定する事業計画の変更をしようとするときは、国土交通省令で定めるところにより、あらかじめ、その旨を公示しなければならない。

本条…追加〔平一二法八六〕、一項…一部改正〔平一八法四〇〕、六項…一部改正〔令二法三六〕

※　1項「国土交通省令」＝則一五の四、「変更の届出」＝則一五の五・一五の六、「罰則」＝本法九八⑧・九九、2項「利害関係人」＝則一五の七、「申請手続」＝則一五の八・一五の九、3項「通知」＝則一五の一〇、5項「届出手続」＝則一五の一一、「罰則」＝本法一〇五③、6項「国土交通省令」＝旅客運輸規則七、

「罰則」＝本法一〇五①

（運行計画）

第十五条の三　路線定期運行を行う一般乗合旅客自動車運送事業者は、運行計画（運行系統、運行回数その他の国土交通省令で定める事項（路線定期運行に係るものに限る。）に関する計画をいう。以下同じ。）を定め、国土交通省令で定めるところにより、あらかじめ、国土交通大臣に届け出なければならない。

2　一般乗合旅客自動車運送事業者は、運行計画の変更（次項に規定するものを除く。）をしようとするときは、あらかじめ、その旨を国土交通大臣に届け出なければならない。

3　一般乗合旅客自動車運送事業者は、国土交通省令で定める軽微な事項に関する運行計画の変更をしたときは、遅滞なく、その旨を国土交通大臣に届け出なければならない。

本条…追加〔平一二法八六〕、一項…一部改正〔平一八法四〇〕

※1項「国土交通省令」＝則一五の一二、1・2項「届出手続」＝則一五の一三、「罰則」＝本法九八⑨・⑩・九九、3項「国土交通省令」＝則一五の一四、「罰則」＝本法一〇五③

（事業計画等に定める業務の確保）

第十六条　一般旅客自動車運送事業者は、天災その他やむを得ない事由がある場合のほか、事業計画（路線定期運行を行う一般乗合旅客自動車運送事業者にあつては、事業計画及び運行計画。次項において同じ。）に定めるところに従い、その業務を行わなければならない。

2　国土交通大臣は、一般旅客自動車運送事業者が前項の規定に違反していると認めるときは、当該一般旅客自動車運送事業者に対し、事業計画に従い業務を行うべきことを命ずることができる。

一・二項…一部改正〔昭四六法九六〕、一・二項…一部改正・旧一九条…繰上〔平元法八三〕、一・二項…一部改正〔平一一法四八〕、二項…一部改正〔平一一法一六〇〕、見出…全部改正・一・二項…一部改正〔平一二法八六〕、一項…一部改正〔平一八法四〇〕

※1、2項「天災その他やむを得ない場合の届出」＝則六六、「命令実施の届出」＝則六六1⑤、「権限の委任」＝本法八八、令一1⑪、「罰則」＝本法九八⑪・九九

（天災等の場合における他の路線による事業の経営）

第十七条　一般乗合旅客自動車運送事業者は、路線を定めて行う一般乗合旅客自動車運送事業につき天災その他国土交通省令で定めるやむを得ない事由によりその路線において事業用自動車を運行することができなくなつたときは、第十五条第一項の規定にかかわらず、当該路線において事業用自動車の運行を再開することができることとなるまでの間、当該路線に係る輸送需要をできる限り満たすため必要な限度において、当該路線と異なる路線により事業を経営することができる。この場合において合理的に必要となる事業計画及び運行計画の変更については、第十五条第一項、第三項及び第四項、第十五条の二第一項並びに第十五条の三第二項及び第三項の規定は、適用しない。

本条…追加〔昭四六法九六〕、一・二項…一部改正・旧一九条の二…繰上〔平元法八三〕、一項…一部改正・二項…削除〔平六法九七〕、本条…一部改正〔平一一法四八・一六〇平一二法八六平一八法四〇〕

※「本条の準用」＝本法四三5、1項「国土交通省令」＝則一六

（私的独占の禁止及び公正取引の確保に関する法律の適用除外）

第十八条　私的独占の禁止及び公正取引の確保に関する法律（昭和二十二年法律第五十四号）の規定は、次条第一項の認可を受けて行う次に掲げる行為には、適用しない。ただし、不公正な取引方法を用いるとき、一定の取引分野における競争を実質的に制限することにより旅客の利益を不当に害することとなるとき、又は第十九条の三第四項の規定による公示があつた後一月を経過したとき（同条第三項の請求に応じ、国土交通大臣が第十九条の二の規定による処分をした場合を除く。）は、この限りでない。

一　輸送需要の減少により事業の継続が困難と見込まれる路線において地域住民の生活に必要な旅客輸送を確保するため、当該路線において事業を経営している二以上の一般乗合旅客自動車運送事業者が行う共同経営に関する協定の締結

二　旅客の利便を増進する適切な運行時刻を設定するため、同一の路線において事業を経営している二以上の一般乗合旅客自動車運送事業者が行う共同経営に関する協定の締結

一項…一部改正〔昭四六法九六・平元法八二〕、一項…一部改正・旧二〇条…繰上〔平元法八三〕、本条…全部改正〔平九法九六〕、一部改正〔平一一法一六〇〕

（協定の認可）

第十九条　一般乗合旅客自動車運送事業者は、前条各号の協定を締結し、又はその内容を変更しようとするときは、国土交通大臣の認可を受けなければならない。

2　国土交通大臣は、前項の認可の申請に係る協定の内容が次の各号に適合すると認めるときでなければ、同項の認可をしてはならない。

一　旅客の利益を不当に害さないこと。

二　不当に差別的でないこと。

三　加入及び脱退を不当に制限しないこと。

四　協定の目的に照らして必要最小限度であること。

本条…一部改正〔平元法八二〕、一部改正・旧二一条…繰上〔平元法八三〕、全部改正〔平九法九六〕、一・二項…一部改正〔平一一法一六〇〕

※1項「権限の委任」＝本法八八、令一1⑫、「申請手続」＝則一八、「罰則」＝本法九八⑦・九九

（協定の変更命令及び認可の取消し）

第十九条の二　国土交通大臣は、前条第一項の認可に係る協定の内容が同条第二項各号に適合するものでなくなつたと認めるときは、その一般乗合旅客自動車運送事業者に対し、その協定の内容を変更すべきことを命じ、又はその認可を取り消さなければならない。

本条…追加〔平九法九六〕、一部改正〔平一一法一六〇〕

※「罰則」＝本法九八⑪・九九、「権限の委任」＝本法八八、令一1⑬

（公正取引委員会との関係）

第十九条の三　国土交通大臣は、第十九条第一項の認可をしようとするときは、公正取引委員会に協議しなければならない。

2　国土交通大臣は、前条の規定による処分をしたときは、遅滞なく、その旨を公正取引委員会に通知しなければならない。

3　公正取引委員会は、第十九条第一項の認可を受けた協定の内容が同条第二項各号に適合するものでなくなつたと認める

ときは、国土交通大臣に対し、前条の規定による処分をすべきことを請求することができる。

4 公正取引委員会は、前項の規定による請求をしたときは、その旨を官報に公示しなければならない。

本条…追加〔平九法九六〕、一～三項…一部改正〔平一一法一六〇〕

（禁止行為）

第二十条 一般旅客自動車運送事業者は、発地及び着地のいずれもがその営業区域外に存する旅客の運送（路線を定めて行うものを除く。第二号において「営業区域外旅客運送」という。）をしてはならない。ただし、次に掲げる場合は、この限りでない。

一 災害の場合その他緊急を要するとき。

二 地域の旅客輸送需要に応じた運送サービスの提供を確保することが困難な場合として国土交通省令で定める場合において、地方公共団体、一般旅客自動車運送事業者、住民その他の国土交通省令で定める関係者間において当該地域における旅客輸送を確保するため営業区域外旅客運送が必要であることについて協議が調つた場合であつて、輸送の安全又は旅客の利便の確保に支障を及ぼすおそれがないと国土交通大臣が認めるとき。

本条…全部改正〔昭二八法一六八〕、一部改正〔昭四六法九六〕、一部改正・旧二四条…繰上〔平元法八三〕、一部改正〔平一一法四八平一二法八六平一八法四〇令二法三六〕

※二号「国土交通省令」＝則一八の二・一八の三、「本条の準用」＝本法四三5、「罰則」＝本法九八⑥・九九

（乗合旅客の運送）

第二十一条 一般貸切旅客自動車運送事業者及び一般乗用旅客自動車運送事業者は、次に掲げる場合に限り、乗合旅客の運送をすることができる。

一 災害の場合その他緊急を要するとき。

二 一般乗合旅客自動車運送事業者によることが困難な場合において、一時的な需要のために国土交通大臣の許可を受けて地域及び期間を限定して行うとき。

本条…全部改正〔平一二法八六〕、見出…追加・本条…一部改正〔平一八法四〇〕

（輸送の安全性の向上）

第二十二条 一般旅客自動車運送事業者は、輸送の安全の確保が最も重要であることを自覚し、絶えず輸送の安全性の向上に努めなければならない。

本条…一部改正〔昭四六法九六〕、一部改正・旧二五条…繰上〔平元法八三〕、一部改正〔平一一法四八・一六〇、平一二法八六〕、全部改正〔平一八法一九〕

（安全管理規程等）

第二十二条の二 一般旅客自動車運送事業者（その事業の規模が国土交通省令で定める規模未満であるものを除く。以下この条において同じ。）は、安全管理規程を定め、国土交通省令で定めるところにより、国土交通大臣に届け出なければならない。これを変更しようとするときも、同様とする。

2 安全管理規程は、輸送の安全を確保するために一般旅客自動車運送事業者が遵守すべき次に掲げる事項に関し、国土交通省令で定めるところにより、必要な内容を定めたものでなければならない。

一 輸送の安全を確保するための事業の運営の方針に関する事項

二 輸送の安全を確保するための事業の実施及びその管理の体制に関する事項

三 輸送の安全を確保するための事業の実施及びその管理の方法に関する事項

四 安全統括管理者（一般旅客自動車運送事業者が、前三号に掲げる事項に関する業務を統括管理させるため、事業運営上の重要な決定に参画する管理的地位にあり、かつ、一般旅客自動車運送事業に関する一定の実務の経験その他の国土交通省令で定める要件を備える者のうちから選任する者をいう。以下同じ。）の選任に関する事項

3 国土交通大臣は、安全管理規程が前項の規定に適合しないと認めるときは、当該一般旅客自動車運送事業者に対し、これを変更すべきことを命ずることができる。

4 一般旅客自動車運送事業者は、安全統括管理者を選任しなければならない。

5 一般旅客自動車運送事業者は、安全統括管理者を選任し、又は解任したときは、国土交通省令で定めるところにより、遅滞なく、その旨を国土交通大臣に届け出なければならない。

6 一般旅客自動車運送事業者は、輸送の安全の確保に関し、安全統括管理者のその職務を行う上での意見を尊重しなければならない。

7 国土交通大臣は、安全統括管理者がその職務を怠つた場合であつて、当該安全統括管理者が引き続きその職務を行うことが輸送の安全の確保に著しく支障を及ぼすおそれがあると認めるときは、一般旅客自動車運送事業者に対し、当該安全統括管理者を解任すべきことを命ずることができる。

本条…追加〔平一八法一九〕

※1項「規模」＝運規四七の二・四七の三、1～5・7項「罰則」＝本法九八⑪・⑫～⑭・九九、2項「国土交通省令」＝運規四七の四、「要件」＝運規四七の五、5項「国土交通省令」＝運規四七の六

（運行管理者）

第二十三条 一般旅客自動車運送事業者は、事業用自動車の運行の安全の確保に関する業務を行わせるため、国土交通省令で定める営業所ごとに、運行管理者資格者証の交付を受けている者のうちから、運行管理者を選任しなければならない。

2 前項の運行管理者の業務の範囲及び運行管理者の選任に関し必要な事項は、国土交通省令で定める。

3 一般旅客自動車運送事業者は、第一項の規定により運行管理者を選任したときは、遅滞なく、その旨を国土交通大臣に届け出なければならない。これを解任したときも同様とする。

本条…追加〔昭三五法一四一〕、一・三・四項…一部改正〔昭四六法九六〕、一・三・四項…一部改正・旧二五条の二…繰上〔平元法八三〕、四項…削除〔平五法八九〕、一～三項…一部改正〔平一一法四八・一六〇〕、一項…一部改正・三項…全部改正〔平一二法八六〕

※「本条の準用」＝本法四三5、1項「国土交通省令で定める営業所」＝旅客運輸規則四七の九、「罰則」＝本法九八⑥・九九、2項「国土交通省令」＝旅客運輸規則四八・四八の二～四八の四、3項「権限の委任」＝本法八八、令一1⑱・2、「罰則」＝本法九八⑭・九九

（運行管理者資格者証）

第二十三条の二 国土交通大臣は、次の各号のいずれかに該当する者に対し、運行管理者資格者証を交付する。

一 運行管理者試験に合格した者

二　事業用自動車の運行の安全の確保に関する業務について国土交通省令で定める一定の実務の経験その他の要件を備える者

2　国土交通大臣は、前項の規定にかかわらず、次の各号のいずれかに該当する者に対しては、運行管理者資格者証の交付を行わないことができる。

一　次条の規定により運行管理者資格者証の返納を命ぜられ、その日から五年を経過しない者

二　この法律若しくはこの法律に基づく命令又はこれらに基づく処分に違反し、この法律の規定により罰金以上の刑に処せられ、その執行を終わり、又はその執行を受けることがなくなつた日から五年を経過しない者

3　運行管理者資格者証の交付に関する手続的事項は、国土交通省令で定める。

本条…追加〔平一二法八六〕、二項…一部改正〔平二八法一〇〇〕

※「罰則」＝本法一〇五④

（運行管理者資格者証の返納）

第二十三条の三　国土交通大臣は、運行管理者資格者証の交付を受けている者がこの法律若しくはこの法律に基づく命令又はこれらに基づく処分に違反したときは、その運行管理者資格者証の返納を命ずることができる。

本条…追加〔平一二法八六〕

（運行管理者試験）

第二十三条の四　運行管理者試験は、運行管理者の業務に関し必要な知識及び能力について国土交通大臣が行う。

2　運行管理者試験は、国土交通省令で定める実務の経験を有する者でなければ、受けることができない。

3　運行管理者試験の試験科目、受験手続その他試験の実施細目は、国土交通省令で定める。

本条…追加〔平一二法八六〕

（運行管理者等の義務）

第二十三条の五　運行管理者は、誠実にその業務を行わなければならない。

2　一般旅客自動車運送事業者は、運行管理者に対し、第二十三条第二項の国土交通省令で定める業務を行うため必要な権限を与えなければならない。

3　一般旅客自動車運送事業者は、運行管理者がその業務として行う助言を尊重しなければならず、事業用自動車の運転者その他の従業員は、運行管理者がその業務として行う指導に従わなければならない。

本条…追加〔平一一法四八〕、二・四項…一部改正〔平一一法一六〇〕、二～四項…一部改正・旧二三条の二…繰下〔平一二法八六〕、四項…削除〔平一八法一九〕

第二十四条　削除〔平一八法四〇〕

（運転者の制限）

第二十五条　一般旅客自動車運送事業者は、年齢、運転の経歴その他政令で定める一定の要件を備える者でなければ、その事業用自動車の運転をさせてはならない。ただし、当該運行が旅客の運送を目的としない場合は、この限りでない。

本条…全部改正〔昭三一法一六八〕、一部改正〔昭四六法九六〕、一部改正・旧二七条…繰上〔平元法八三〕、一部改正〔平一一法四八平一二法八六〕

※「政令」＝旅客自動車運送事業用自動車の運転者の要件に関する政令、「指定地域におけるタクシー運転者の制限」＝タクシー法三、「罰則」＝本法九七①・九九、「本条の準用」＝本法四三5

第二十六条　削除〔平一八法四〇〕

（輸送の安全等）

第二十七条　一般旅客自動車運送事業者は、事業計画（路線定期運行を行う一般乗合旅客自動車運送事業者にあつては、事業計画及び運行計画）の遂行に必要となる員数の運転者の確保、事業用自動車の運転者がその休憩又は睡眠のために利用することができる施設の整備、事業用自動車の運転者の適切な勤務時間及び乗務時間の設定その他の運行の管理その他事業用自動車の運転者の過労運転を防止するために必要な措置を講じなければならない。

2　一般旅客自動車運送事業者は、事業用自動車の運転者が疾病により安全な運転ができないおそれがある状態で事業用自動車を運転することを防止するために必要な医学的知見に基づく措置を講じなければならない。

3　前二項に規定するもののほか、一般旅客自動車運送事業者は、事業用自動車の運転者、車掌その他旅客又は公衆に接する従業員（次項において「運転者等」という。）の適切な指導監督、事業用自動車内における当該事業者の氏名又は名称の掲示その他の旅客に対する適切な情報の提供その他の輸送の安全及び旅客の利便の確保のために必要な事項として国土交通省令で定めるものを遵守しなければならない。

4　国土交通大臣は、一般旅客自動車運送事業者が、第二十二条の二第一項、第四項若しくは第六項、第二十三条第一項又は第二十三条の五第二項若しくは第三項若しくは前三項の規定又は安全管理規程を遵守していないため輸送の安全又は旅客の利便が確保されていないと認めるときは、当該一般旅客自動車運送事業者に対し、運行管理者に対する必要な権限の付与、必要な員数の運転者の確保、施設又は運行の管理若しくは運転者等の指導監督の方法の改善、旅客に対する適切な情報の提供、当該安全管理規程の遵守その他その是正のために必要な措置を講ずべきことを命ずることができる。

5　一般旅客自動車運送事業者の事業用自動車の運転者及び運転の補助に従事する従業員は、運行の安全の確保のために必要な事項として国土交通省令で定めるものを遵守しなければならない。

本条…追加〔平一八法一九〕、一項…一部改正〔平一八法四〇〕、一項…一部改正・二項…追加・旧二項…一部改正し三項に繰下・旧三項…四項に繰下〔平二五法八三〕、二項…追加・旧二・三項…一部改正し一項ずつ繰下・旧四項…五項に繰下〔平二八法一〇六〕

※4項「罰則」＝本法九七②・九八⑪・九九、5項「国土交通省令」＝旅客運輸規則一五の二

（旅客の禁止行為）

第二十八条　一般旅客自動車運送事業者の事業用自動車を利用する旅客は、他人に危害を及ぼすおそれがある物品若しくは他人の迷惑となるおそれがある物品であつて国土交通省令で定めるものを自動車内に持ち込み、又は走行中の自動車内でみだりに自動車の運転者に話しかけ、その他国土交通省令で定める行為をしてはならない。

2　一般乗合旅客自動車運送事業者の事業用自動車を利用する旅客は、自動車の車掌その他の従業員から乗車券の点検又は回収のため乗車券の提示又は交付を求められたときは、これを拒むことができない。

3　一般乗合旅客自動車運送事業者は、前項の規定に違反して乗車券の提示又は交付を拒んだ旅客又は有効の乗車券を所持しない旅客に対し、その旅客が乗車した区間に対応する運賃及び料金並びにこれと同額の割増運賃及び割増料金の支払を求めることができる。

二・三項…一部改正・旧二九条…繰上〔平元法八三〕、一項…一部改正〔平一二法一六〇〕、旧二七条…繰下〔平一八法一九〕、一・二項…一部改正〔令二法三六〕

※　1項「国土交通省令で定めるもの」＝旅客運輸規則五二、「国土交通省令で定める行為」＝旅客運輸規則五三、「罰則」＝本法一〇四③、「本項の準用」＝本法四三5

（事故の報告）

第二十九条　一般旅客自動車運送事業者は、その事業用自動車が転覆し、火災を起こし、その他国土交通省令で定める重大な事故を引き起こしたときは、遅滞なく事故の種類、原因その他国土交通省令で定める事項を国土交通大臣に届け出なければならない。

本条…削除〔平一二法八六〕、追加〔平一八法一九〕

※　「国土交通省令」＝自動車事故報告規則、「権限の委任」＝本法八八2、令2、「罰則」＝本法一〇五③、「本条の準用」＝本法四三5

（国土交通大臣による輸送の安全にかかわる情報の公表）

第二十九条の二　国土交通大臣は、毎年度、第二十七条第四項の規定による命令に係る事項、前条の規定による届出に係る事項その他の国土交通省令で定める輸送の安全にかかわる情報を整理し、これを公表するものとする。

本条…追加〔平一八法一九〕、一部改正〔平二五法八三平二八法一〇六〕

※　「情報」＝運規六六の二

（一般旅客自動車運送事業者による輸送の安全にかかわる情報の公表）

第二十九条の三　一般旅客自動車運送事業者は、国土交通省令で定めるところにより、輸送の安全を確保するために講じた措置及び講じようとする措置その他の国土交通省令で定める輸送の安全にかかわる情報を公表しなければならない。

本条…追加〔平一八法一九〕

※　「罰則」＝本法一〇五⑤

（公衆の利便を阻害する行為の禁止等）

第三十条　一般旅客自動車運送事業者は、旅客に対し、不当な運送条件によることを求め、その他公衆の利便を阻害する行為をしてはならない。

2　一般旅客自動車運送事業者は、一般旅客自動車運送事業の健全な発達を阻害する結果を生ずるような競争をしてはならない。

3　一般旅客自動車運送事業者は、特定の旅客に対し、不当な差別的取扱いをしてはならない。

4　国土交通大臣は、前三項に規定する行為があるときは、一般旅客自動車運送事業者に対し、当該行為の停止又は変更を命ずることができる。

一～五項…一部改正〔昭四六法九六〕、一～五項…一部改正・旧三二条…繰上〔平元法八三〕、五項…削除〔平五法八九〕、一～四項…一部改正〔平一一法四八〕、四項…一部改正〔平一一法一六〇〕、一～四項…一部改正〔平一二法八六〕

※　「本条の準用」＝本法七二、3項「旅客荷主に対する取扱」＝旅客運輸規則2・三、4項「命令実施の届出」＝則六六1⑤、「権限の委任」＝本法八八2、令一1㉓・2、「罰則」＝本法九八⑪・九九②

（事業改善の命令）

第三十一条　国土交通大臣は、一般旅客自動車運送事業者の事業について旅客の利便その他公共の福祉を阻害している事実があると認めるときは、一般旅客自動車運送事業者に対し、次に掲げる事項を命ずることができる。

一　事業計画（路線定期運行を行う一般乗合旅客自動車運送事業者にあつては、事業計画又は運行計画）を変更すること。

二　運賃等の上限を変更すること。

三　第九条の三第一項の運賃又は料金を変更すること。

四　運送約款を変更すること。

五　自動車その他の輸送施設を改善すること。

六　旅客の円滑な輸送を確保するための措置を講ずること。

七　旅客の運送に関し支払うことあるべき損害賠償のため保険契約を締結すること。

四項…一部改正〔昭三七法一四〇〕、六項…追加〔昭三七法一六一〕、二項…一部改正〔昭四六法九六・平元法八三〕、一～五項…一部改正・旧三三条…繰上〔平元法八三〕、一項…一部改正・二～六項…削除〔平九法九六〕、本条…一部改正〔平一一法四八・一六〇平一二法八六平一八法四〇〕

※　「命令実施の届出」＝則六六1⑤、「権限の委任」＝本法八八2、令一1㉔・2、「罰則」＝本法九八⑪・九九②

第三十二条　削除〔平元法八三〕

（名義の利用、事業の貸渡し等）

第三十三条　一般旅客自動車運送事業者は、その名義を他人に一般旅客自動車運送事業又は特定旅客自動車運送事業のため利用させてはならない。

2　一般旅客自動車運送事業者は、事業の貸渡しその他いかなる方法をもつてするかを問わず、一般旅客自動車運送事業又は特定旅客自動車運送事業を他人にその名において経営させてはならない。

一・二項…一部改正〔昭四六法九六〕、見出・一・二項…一部改正・旧三六条…繰上〔平元法八三〕、一・二項…一部改正〔平一一法四八平一二法八六〕

第三十四条　削除〔平六法九七〕

※　「本条の準用」＝本法四三5・七二、「罰則」＝本法九六②・九九②

（事業の管理の受委託）

第三十五条　一般旅客自動車運送事業の管理の委託及び受託については、国土交通大臣の許可を受けなければならない。

2　国土交通大臣は、前項の許可をしようとするときは、受託者が当該事業を管理するのに適している者であるかどうかを審査して、これをしなければならない。

一項…一部改正〔昭四六法九六〕、一・二項…一部改正・旧三八条…繰上〔平元法八三〕、一項…一部改正〔平一一法四八〕、一・二項…一部改正〔平一一法一六〇平一二法八六〕

※　1項「申請手続」＝則二二、「権限の委任」＝本法八八2、令一1㉕・2、「罰則」＝本法九七③・九九②

（事業の譲渡及び譲受等）

第三十六条　一般旅客自動車運送事業の譲渡及び譲受は、国土交通大臣の認可を受けなければ、その効力を生じない。

2　一般旅客自動車運送事業者たる法人の合併及び分割は、国土交通大臣の認可を受けなければ、その効力を生じない。ただし、一般旅客自動車運送事業者たる法人と一般旅客自動車運送事業を経営しない法人が合併する場合において一般旅客自動車運送事業者たる法人が存続するとき又は一般旅客自動車運送事業者たる法人が分割をする場合において一般旅客自動車運送事業を承継させないときは、この限りでない。

3　第六条の規定は、前二項の認可について準用する。

4　一般旅客自動車運送事業者たる法人の合併又は分割があつたときは、合併後存続する法人若しくは合併により設立された法人又は分割により一般旅客自動車運送事業を承継した法人は、許可に基づく権利義務を承継する。

一・二・四項…一部改正〔昭四六法九六〕、一・二・四項…一部改正・旧三九条…繰上〔平元法八三〕、一・二・四項…一部改正〔平一一法四八〕、一・二項…一部改正〔平一一法一六〇〕、二・四項…一部改正〔平一二法九一〕、一・二・四項…一部改正〔平一二法八六〕

※「本条の準用」＝本法七二、1項「申請手続」＝則二二、「譲渡・譲受の終了届出手続」＝則六六1②、「権限の委任」＝本法八八2、令一1㉖・2、2項「申請手続」＝則二三、「合併終了届出手続」＝則六六1②、「権限の委任」＝本法八八、令一1㉖・2、3項「準用規定」＝本法六（許可基準）

（相続）

第三十七条　一般旅客自動車運送事業者が死亡した場合において、相続人（相続人が二人以上ある場合においてその協議により当該一般旅客自動車運送事業を承継すべき相続人を定めたときは、その者。以下同じ。）が被相続人の経営していた一般旅客自動車運送事業を引き続き経営しようとするときは、被相続人の死亡後六十日以内に、国土交通大臣の認可を受けなければならない。

2　相続人が前項の認可の申請をした場合においては、被相続人の死亡の日からその認可があつた旨又は認可をしない旨の通知を受ける日までは、被相続人に対してした一般旅客自動車運送事業の許可は、その相続人に対してしたものとみなす。

3　第六条の規定は、第一項の認可について準用する。

4　第一項の認可を受けた者は、被相続人に係る許可に基づく権利義務を承継する。

一・二項…一部改正〔昭四六法九六〕、一・二・四項…一部改正・旧四〇条…繰上〔平元法八三〕、一・二項…一部改正〔平一一法四八〕、一項…一部改正〔平一一法一六〇〕、一・二・四項…一部改正〔平一二法八六〕

※「本条の準用」＝本法七二、1項「申請手続」＝則二四、「相続人の届出」＝則六六1③、「権限の委任」＝本法八八2、令一1㉗・2、3項「準用規定」＝本法六（許可基準）

（事業の休止及び廃止）

第三十八条　一般旅客自動車運送事業者（路線定期運行を行う一般乗合旅客自動車運送事業者を除く。）は、その事業を休止し、又は廃止しようとするときは、その三十日前までに、その旨を国土交通大臣に届け出なければならない。

2　路線定期運行を行う一般乗合旅客自動車運送事業者は、その事業を休止し、又は廃止しようとするときは、その六月前（利用者の利便を阻害しないと認められる国土交通省令で定める場合にあつては、その三十日前）までに、その旨を国土交通大臣に届け出なければならない。

3　第十五条の二第二項から第五項までの規定は、前項の場合について準用する。

4　一般旅客自動車運送事業者は、その事業を休止し、又は廃止しようとするときは、国土交通省令で定めるところにより、あらかじめ、その旨を公示しなければならない。

本条…全部改正〔平一二法八六〕、一・二項…一部改正〔平一八法四〇〕、四項…一部改正〔令二法三六〕

※1・2項「罰則」＝本法九八⑮・九九②、3項「罰則」＝本法一〇五③、4項「国土交通省令」＝旅客運輸規則七、「罰則」＝本法一〇五①

第三十九条　削除〔平一二法八六〕

（許可の取消し等）

第四十条　国土交通大臣は、一般旅客自動車運送事業者が次の各号のいずれかに該当するときは、六月以内において期間を定めて自動車その他の輸送施設の当該事業のための使用の停止若しくは事業の停止を命じ、又は許可を取り消すことができる。

一　この法律若しくはこの法律に基づく命令若しくはこれらに基づく処分又は許可若しくは認可に付した条件に違反したとき。

二　正当な理由がないのに許可又は認可を受けた事項を実施しないとき。

三　第七条第一号、第七号又は第八号に該当することとなつたとき。

本条…一部改正〔昭二八法一六八昭四六法九六〕、見出・本条…一部改正・旧四三条…繰上〔平元法八三〕、本条…一部改正〔平一一法四八・一六〇〕、見出・本条…一部改正〔平一二法八六〕、本条…一部改正〔平二八法一〇〇〕

※「本条の準用」＝本法四三5・七二、「権限の委任」＝本法八八2、令一1㉚・2、「罰則」＝本法九七④・九九②

第四十一条　国土交通大臣は、前条の規定により事業用自動車の使用の停止又は事業の停止を命じたときは、当該事業用自動車の道路運送車両法による自動車検査証を国土交通大臣に返納し、又は当該事業用自動車の同法による自動車登録番号標及びその封印を取り外した上、その自動車登録番号標について国土交通大臣の領置を受けるべきことを命ずることができる。

2　国土交通大臣は、前条の規定による事業用自動車の使用の停止又は事業の停止の期間が満了したときは、前項の規定により返納を受けた自動車検査証又は同項の規定により領置した自動車登録番号標を返付しなければならない。

3　前項の規定により自動車登録番号標（次項に規定する自動車に係るものを除く。）の返付を受けた者は、当該自動車登録番号標を当該自動車に取り付け、国土交通大臣の封印の取付けを受けなければならない。

4　国土交通大臣は、第一項の規定による命令に係る自動車であつて、道路運送車両法第十六条第一項の申請（同法第十五条の二第五項の規定により申請があつたものとみなされる場合を含む。）に基づき一時抹消登録をしたものについては、前条の規定による事業用自動車の使用の停止又は事業の停止の期間が満了するまでは、同法第十八条の二第一項本文の登録識別情報を通知しないものとする。

本条…追加〔昭二八法一六八〕、四項…追加〔昭三五法一四一〕、一〜四項…一部改正〔昭四四法六八〕、一〜四項…一部改正・旧四三条の二…繰上〔平元法八三〕、一〜四項…一部改正〔平一一法一六〇〕、四項…一部改正〔平一四法八九平一八法四〇〕

※「本条の準用」＝本法四三5・八一2、1項「自動車検査証」＝車両法五八、「自動車登録番号標の封印」＝車両法一一、「権限の委任」＝本法八八2、令一1㉛・4④・2、「罰則」＝本法九八⑪・九九②、2項「権限の委任」＝本法八八2、令一1㉜・4⑤、3項「罰則」＝本法九八⑥・九九②

第四十二条　削除〔平一二法八六〕

（特定旅客自動車運送事業）

第四十三条　特定旅客自動車運送事業を経営しようとする者は、国土交通大臣の許可を受けなければならない。

2　特定旅客自動車運送事業の許可を受けようとする者は、次に掲げる事項を記載した申請書を国土交通大臣に提出しなければならない。

一　氏名又は名称及び住所並びに法人にあつては、その代表者の氏名

二　路線又は営業区域、営業所の名称及び位置、営業所ごとに配置する事業用自動車の数その他国土交通省令で定める事項に関する事業計画

三　運送の需要者の氏名又は名称及び住所並びに運送しようとする旅客の範囲

3　国土交通大臣は、特定旅客自動車運送事業の許可をしようとするときは、次の基準に適合するかどうかを審査して、これをしなければならない。

一　当該事業の経営により、当該路線又は営業区域に関連する他の旅客自動車運送事業者（旅客自動車運送事業を経営する者をいう。以下同じ。）による一般旅客自動車運送事業の経営及び事業計画の維持が困難となるため、公衆の利便が著しく阻害されることとなるおそれがないこと。

二　当該事業の計画が輸送の安全を確保するため適切なものであること。

4　第五条第二項及び第三項並びに第七条の規定は、第一項の許可について準用する。

5　第十五条、第十七条、第二十条、第二十二条から第二十三条まで、第二十三条の五、第二十五条、第二十七条、第二十八条第一項、第二十九条から第二十九条の三まで、第三十三条、第四十条及び第四十一条の規定は、特定旅客自動車運送事業について準用する。この場合において、第十五条第二項中「第六条」とあるのは「第四十三条第三項」と、第十七条中「第十五条第一項の規定にかかわらず」とあるのは「第四十三条第五項において準用する第十五条第一項の規定にかかわらず」と、「事業計画及び運行計画の変更については、第十五条第一項、第三項及び第四項、第十五条の二第一項並びに第十五条の三第二項及び第三項」とあるのは「事業計画の変更については、第四十三条第五項において準用する第十五条第一項、第三項及び第四項」と読み替えるものとする。

6　特定旅客自動車運送事業を経営する者（以下「特定旅客自動車運送事業者」という。）は、旅客の運賃及び料金を定め、あらかじめ国土交通大臣に届け出なければならない。これを変更しようとするときも同様とする。

7　国土交通大臣は、特定旅客自動車運送事業の経営により、当該路線又は営業区域に関連する一般旅客自動車運送事業の経営並びに事業計画及び運行計画の維持が困難となるため、公衆の利便が著しく阻害されるおそれがあると認めるときは、当該特定旅客自動車運送事業者に対し、相当の期限を定めて、公衆の利便を確保するためやむを得ない限度において、当該事業の実施方法の変更を命ずることができる。

8　特定旅客自動車運送事業者は、事業の管理を委託し、又は事業を休止し、若しくは廃止したときは、その日から三十日以内に、その旨を国土交通大臣に届け出なければならない。事業の管理の委託又は事業の休止について届出をした事項を変更したときも同様とする。

9　特定旅客自動車運送事業の譲渡又は特定旅客自動車運送事業者について合併、分割（当該事業を承継させるものに限る。）若しくは相続があつたときは、当該事業を譲り受けた者又は合併後存続する法人若しくは合併により設立された法人、分割により当該事業を承継した法人若しくは相続人は、第一項の許可に基づく権利義務を承継する。

10　前項の規定により第一項の許可に基づく権利義務を承継した者は、その承継の日から三十日以内に、その旨を国土交通大臣に届け出なければならない。

本条…全部改正〔昭四六法九六〕、七項…追加・旧七～一三項…一項ずつ繰下〔昭六〇法一二二〕、見出…全部改正・一～五項…一部改正・六・七項…削除・旧八～一二・一四項…一部改正し二項ずつ繰上・旧一三項…一一項に繰上・旧四五条…繰上〔平元法八三〕、八項…削除・旧九～一二項…一項ずつ繰上〔平五法八九〕、五項…一部改正・一一項…削除〔平六法九七〕、五項…一部改正〔平九法九六平一二法四八〕、一～三・六～八・一〇項…一部改正〔平一二法一六〇〕、九項…一部改正〔平一二法九一〕、一～七項…一部改正〔平一二法八六〕、五項…一部改正〔平一八法一九・四〇〕

※1項「権限の委任」＝本法八八、令一2、「罰則」＝本法九七⑤・九九、2項「記載事項」＝則二七1、「国土交通省令」＝則二八1、4項「準用規定」＝本法五2（申請書の記載事項）・五3（添付書類）・七（欠格事由）、5項「準用規定」＝本法一五（事業計画の変更）、本法一七（天災等の場合における他の路線による事業の経営）、本法二〇（発着地の制限）、本法二二（輸送の安全性の向上）、本法二二の二（安全管理規程等）、本法二三（運行管理者）、本法二三の五（運行管理者等の義務）、本法二五（運転者の制限）、本法二七（輸送の安全等）、本法二八（輸送の安全等）、本法二九（事故報告）、本法二九の二（国土交通大臣による輸送の安全にかかわる情報の公表）、本法二九の三（一般旅客自動車運送事業者による輸送の安全にかかわる情報の公表）、本法三三（名義の利用、事業の貸渡等の禁止）、本法四〇（行政処分）、本法四一（自動車登録番号標の領置等）、「権限の委任」＝本法八八、令一2・3、「罰則」＝本法九六②・九七①・④・九八⑥～⑧・⑪～⑭・九九・一〇四③・一〇五③・⑤、6項「届出書の記載事項」＝則三二、「権限の委任」＝本法八八、令一2、「罰則」＝本法一〇五⑥、7項「権限の委任」＝本法八八、令一2、「命令実施の届出」、則六六1⑤、8項「管理の委託の届出」＝則三三1、「事業の休廃止の届出」＝則三三5、「事業再開の届出」＝則六六1④、「権限の委任」＝本法八八、令一2、「罰則」＝本法一〇五③、10項「届出手続」＝則三三2～4・7、「権限の委任」＝本法八八、令一2、「罰則」＝本法一〇五③

第二章の二　民間団体等による旅客自動車運送の適正化に関する事業の推進

本章…追加〔平二五法八三〕

第一節　旅客自動車運送適正化事業実施機関による旅客自動車運送の適正化

節名…追加〔平二八法一〇〇〕

（旅客自動車運送適正化事業実施機関の指定等）

第四十三条の二　国土交通大臣は、国土交通省令で定めるところにより、旅客自動車運送に関する秩序の確立に資することを目的とする一般社団法人又は一般財団法人であつて、次条

に規定する事業を適正かつ確実に行うことができると認められるものとして国土交通省令で定めるものを、その申請により、運輸監理部及び運輸支局の管轄区域を勘案して国土交通大臣が定める区域（以下この章において単に「区域」という。）ごとに、かつ、旅客自動車運送事業の種別（第三条第一号イからハまで及び第二号に掲げる旅客自動車運送事業の別をいう。以下この章において単に「種別」という。）ごとに、旅客自動車運送適正化事業実施機関（以下「適正化機関」という。）として指定することができる。

2　国土交通大臣は、前項の規定による適正化機関の指定をしたときは、当該適正化機関の名称、住所及び事務所の所在地並びに当該指定に係る区域及び種別を公示しなければならない。

3　適正化機関は、その名称、住所又は事務所の所在地を変更しようとするときは、あらかじめ、その旨を国土交通大臣に届け出なければならない。

4　国土交通大臣は、前項の規定による届出があつたときは、その旨を公示しなければならない。

本条…追加〔平二五法八三〕、一・二項…一部改正・三・四項…追加〔平二八法一〇〇〕

※　1項「国土交通省令」＝則三十四の三

（事業）

第四十三条の三　適正化機関は、その区域において、次に掲げる事業（以下「適正化事業」という。）を行うものとする。

一　輸送の安全を阻害する行為の防止その他この法律又はこの法律に基づく命令の遵守に関し旅客自動車運送事業者（前条第一項の指定に係る種別の旅客自動車運送事業を経営する者に限る。以下この節において同じ。）に対する指導を行うこと。

二　旅客自動車運送事業者以外の者の旅客自動車運送事業（前条第一項の指定に係る種別のものに限る。以下この節において同じ。）を経営する行為の防止を図るための啓発活動を行うこと。

三　前号に掲げるもののほか、旅客自動車運送に関する秩序の確立に資するための啓発活動及び広報活動を行うこと。

四　旅客自動車運送事業に関する旅客からの苦情を処理すること。

五　輸送の安全を確保するために行う旅客自動車運送事業者への通知、第一号の規定による指導の結果の国土交通大臣への報告その他国土交通大臣がこの法律の施行のためにする措置に対して協力すること。

本条…追加〔平二五法八三〕、一部改正〔平二八法一〇〇〕

（苦情の解決）

第四十三条の四　適正化機関は、旅客から旅客自動車運送事業に関する苦情について解決の申出があつたときは、その相談に応じ、申出人に必要な助言をし、当該苦情に係る事情を調査するとともに、当該申出の対象となつた旅客自動車運送事業者に対し当該苦情の内容を通知してその迅速な処理を求めなければならない。

2　適正化機関は、前項の申出に係る苦情の解決について必要があると認めるときは、当該申出の対象となつた旅客自動車運送事業者に対し、文書若しくは口頭による説明又は資料の提出を求めることができる。

3　旅客自動車運送事業者は、適正化機関から前項の規定による求めがあつたときは、正当な理由がないのに、これを拒んではならない。

4　適正化機関は、第一項の申出、当該苦情に係る事情及びその解決の結果について旅客自動車運送事業者に周知させなければならない。

本条…追加〔平二五法八三〕

（説明又は資料提出の請求）

第四十三条の五　適正化機関は、前条の規定によるもののほか、適正化事業の実施に必要な限度において、旅客自動車運送事業者に対し、文書若しくは口頭による説明又は資料の提出を求めることができる。

2　旅客自動車運送事業者は、適正化機関から前項の規定による求めがあつたときは、正当な理由がないのに、これを拒んではならない。

本条…追加〔平二五法八三〕

（改善命令）

第四十三条の六　国土交通大臣は、適正化機関の適正化事業の運営に関し改善が必要であると認めるときは、適正化機関に対し、その改善に必要な措置を講ずべきことを命ずることができる。

本条…追加〔平二五法八三〕

（指定の取消し等）

第四十三条の七　国土交通大臣は、適正化機関が前条の規定による命令に違反したときは、第四十三条の二第一項の指定を取り消すことができる。

2　国土交通大臣は、前項の規定により第四十三条の二第一項の指定を取り消したときは、その旨を公示しなければならない。

本条…追加〔平二五法八三〕

（国土交通省令への委任）

第四十三条の八　第四十三条の二第一項の指定の手続その他適正化機関に関し必要な事項は、国土交通省令で定める。

本条…追加〔平二五法八三〕

※　「国土交通省令」＝則三四条―三四条の六

第二節　一般貸切旅客自動車運送適正化機関の特則

本節…追加〔平二八法一〇〇〕

（一般貸切旅客自動車運送適正化機関の指定）

第四十三条の九　その種別が一般貸切旅客自動車運送事業である適正化機関（以下「一般貸切旅客自動車運送適正化機関」という。）の指定をしようとするときの第四十三条の二第一項の規定の適用については、同項中「次条」とあるのは、「次条及び第四十三条の十」とする。

本条…追加〔平二八法一〇〇〕

（一般貸切旅客自動車運送適正化機関の事業）

第四十三条の十　一般貸切旅客自動車運送適正化機関は、その区域において、適正化事業のほか、次に掲げる事業を行うものとする。

一　一般貸切旅客自動車運送事業の用に供する自動車の運転者の育成を図るための研修を行うこと。

二　駐車場その他の一般貸切旅客自動車運送事業の適正な運

営に資するための共同施設の設置及び運営を行うこと。

本条…追加〔平二八法一〇〇〕

（一般貸切旅客自動車運送適正化機関の指定の基準）

第四十三条の十一　第四十三条の二第一項の規定にかかわらず、一般貸切旅客自動車運送適正化機関の指定の申請が次の各号のいずれかに該当していると認める場合には、国土交通大臣は、同項の指定をしてはならない。

一　現に当該指定の申請に係る区域について一般貸切旅客自動車運送適正化機関があること。

二　申請者が一般貸切旅客自動車運送適正化事業（第四十三条の十三第一項に規定する一般貸切旅客自動車運送適正化事業をいう。以下この条において同じ。）を公正かつ適確に実施することができないおそれがある者であること。

三　申請者が一般貸切旅客自動車運送適正化事業以外の事業を行う場合には、その事業を行うことによつて一般貸切旅客自動車運送適正化事業の公正かつ適確な実施に支障を及ぼすおそれがあるものであること。

四　申請者が第四十三条の二十第一項の規定により指定を取り消され、その取消しの日から五年を経過しない者であること。

五　申請者の役員で一般貸切旅客自動車運送適正化事業に従事するもののうちに、禁錮以上の刑に処せられ、又はこの法律の規定により罰金の刑に処せられ、その執行を終わり、又は執行を受けることがなくなつた日から五年を経過しない者があること。

> 注　令和四年六月一七日法律六八号により改正され、令和七年六月一日から施行
>
> 第四十三条の十一第五号中「禁錮」を「拘禁刑」に改める。

本条…追加〔平二八法一〇〇〕

（一般貸切旅客自動車運送適正化機関の指定の公示等）

第四十三条の十二　一般貸切旅客自動車運送適正化機関に関する第四十三条の二第二項及び第四十三条の五第一項の規定の適用については、第四十三条の二第二項中「並びに当該指定」とあるのは「、当該指定」と、「を公示しなければ」とあるのは「並びに一般貸切旅客自動車運送適正化事業（第四十三条の十三第一項に規定する一般貸切旅客自動車運送適正化事業をいう。第四十三条の五第一項において同じ。）の開始の日を公示しなければ」と、第四十三条の五第一項中「適正化事業」とあるのは「一般貸切旅客自動車運送適正化事業」とする。

本条…追加〔平二八法一〇〇〕

（一般貸切旅客自動車運送適正化事業規程）

第四十三条の十三　一般貸切旅客自動車運送適正化機関は、第四十三条の三及び第四十三条の十に規定する事業（以下「一般貸切旅客自動車運送適正化事業」という。）に関する規程（以下「一般貸切旅客自動車運送適正化事業規程」という。）を定め、一般貸切旅客自動車運送適正化事業の開始前に、国土交通大臣の認可を受けなければならない。これを変更しようとするときも、同様とする。

2　一般貸切旅客自動車運送適正化事業規程には、一般貸切旅客自動車運送適正化事業の実施の方法その他の国土交通省令で定める事項を定めておかなければならない。

3　国土交通大臣は、第一項の認可をした一般貸切旅客自動車運送適正化事業規程が一般貸切旅客自動車運送適正化事業の公正かつ適確な実施上不適当となつたと認めるときは、その一般貸切旅客自動車運送適正化機関に対し、これを変更すべきことを命ずることができる。

本条…追加〔平二八法一〇〇〕

（事業計画等）

第四十三条の十四　一般貸切旅客自動車運送適正化機関は、毎事業年度、一般貸切旅客自動車運送適正化事業に係る事業計画、収支予算及び資金計画を作成し、当該事業年度の開始前に（第四十三条の二第一項の指定を受けた日の属する事業年度にあつては、その指定を受けた後遅滞なく）、国土交通大臣の認可を受けなければならない。これを変更しようとするときも、同様とする。

2　一般貸切旅客自動車運送適正化機関は、毎事業年度、事業報告書、貸借対照表、収支決算書及び財産目録を作成し、当該事業年度の終了後三月以内に国土交通大臣に提出しなければならない。

本条…追加〔平二八法一〇〇〕

（負担金の徴収）

第四十三条の十五　一般貸切旅客自動車運送適正化機関は、一般貸切旅客自動車運送適正化事業の実施に必要な経費に充てるため、第四十三条の二第一項の指定に係る区域内に営業所を有する一般貸切旅客自動車運送事業者から、負担金を徴収することができる。

2　一般貸切旅客自動車運送適正化機関は、毎事業年度、前項の負担金の額及び徴収方法について、国土交通大臣の認可を受けなければならない。

3　一般貸切旅客自動車運送適正化機関は、前項の認可を受けたときは、当該一般貸切旅客自動車運送適正化機関の第四十三条の二第一項の指定に係る区域内に営業所を有する一般貸切旅客自動車運送事業者に対し、その認可を受けた事項を記載した書面を添付して、負担金の額、納付期限及び納付方法を通知しなければならない。

4　一般貸切旅客自動車運送事業者は、前項の規定による通知に従い、一般貸切旅客自動車運送適正化機関に対し、負担金を納付する義務を負う。

5　第三項の規定による通知を受けた一般貸切旅客自動車運送事業者（以下この条において「納付義務者」という。）は、納付期限までにその負担金を納付しないときは、負担金の額に納付期限の翌日から当該負担金を納付する日までの日数一日につき国土交通省令で定める率を乗じて計算した金額に相当する金額の延滞金を納付する義務を負う。

6　一般貸切旅客自動車運送適正化機関は、国土交通省令で定める事由があると認めるときは、前項の規定による延滞金の納付を免除することができる。

7　一般貸切旅客自動車運送適正化機関は、納付義務者が納付期限までにその負担金を納付しないときは、督促状により、期限を指定して、督促しなければならない。この場合において、その期限は、督促状を発する日から起算して十日以上経過した日でなければならない。

8　一般貸切旅客自動車運送適正化機関は、前項の規定による督促を受けた納付義務者がその指定の期限までにその督促に係る負担金及び第五項の規定による延滞金を納付しないとき

は、国土交通大臣にその旨を報告することができる。

9 国土交通大臣は、前項の規定による報告があつたときは、納付義務者に対し、一般貸切旅客自動車運送適正化機関に負担金及び第五項の規定による延滞金を納付すべきことを命ずることができる。

本条…追加〔平二八法一〇〇〕

（区分経理）

第四十三条の十六 一般貸切旅客自動車運送適正化機関は、国土交通省令で定めるところにより、一般貸切旅客自動車運送適正化事業に関する経理と一般貸切旅客自動車運送適正化事業以外の事業に関する経理とを区分して整理しなければならない。

本条…追加〔平二八法一〇〇〕

（一般貸切旅客自動車運送適正化事業諮問委員会）

第四十三条の十七 一般貸切旅客自動車運送適正化機関には、一般貸切旅客自動車運送適正化事業諮問委員会（以下この条において「諮問委員会」という。）を置かなければならない。

2 諮問委員会は、一般貸切旅客自動車運送適正化機関の代表者の諮問に応じ負担金の額及び徴収方法その他一般貸切旅客自動車運送適正化事業の実施に関する重要事項を調査審議し、及びこれらに関し必要と認める意見を一般貸切旅客自動車運送適正化機関の代表者に述べることができる。

3 諮問委員会の委員は、一般貸切旅客自動車運送事業者が組織する団体が推薦する者、一般貸切旅客自動車運送事業の用に供する自動車の運転者が組織する団体が推薦する者、学識経験のある者及び一般貸切旅客自動車運送事業に係る旅客のうちから、国土交通大臣の認可を受けて一般貸切旅客自動車運送適正化機関の代表者が任命する。

本条…追加〔平二八法一〇〇〕

（役員の選任及び解任等）

第四十三条の十八 一般貸切旅客自動車運送適正化機関の一般貸切旅客自動車運送適正化事業に従事する役員の選任及び解任は、国土交通大臣の認可を受けなければ、その効力を生じない。

2 国土交通大臣は、一般貸切旅客自動車運送適正化機関の一般貸切旅客自動車運送適正化事業に従事する役員又は職員が、この法律若しくはこの法律に基づく命令若しくはこれらに基づく処分若しくは一般貸切旅客自動車運送適正化事業規程に違反する行為をしたとき、一般貸切旅客自動車運送適正化事業に関し著しく不適当な行為をしたとき、又はその在任により一般貸切旅客自動車運送適正化機関が第四十三条の十一第五号に該当することとなるときは、一般貸切旅客自動車運送適正化機関に対し、その役員又は職員を解任すべきことを命ずることができる。

本条…追加〔平二八法一〇〇〕

（監督命令）

第四十三条の十九 国土交通大臣は、この法律を施行するため必要があると認めるときは、一般貸切旅客自動車運送適正化機関に対し、一般貸切旅客自動車運送適正化事業に関し監督上必要な命令をすることができる。

本条…追加〔平二八法一〇〇〕

（一般貸切旅客自動車運送適正化機関の指定の取消し等）

第四十三条の二十 国土交通大臣は、一般貸切旅客自動車運送適正化機関が次の各号のいずれかに該当するときは、第四十三条の二第一項の指定を取り消すことができる。

一 この法律又はこの法律に基づく命令に違反したとき。

二 第四十三条の十一第二号又は第三号に該当することとなつたとき。

三 第四十三条の十三第一項の認可を受けた一般貸切旅客自動車運送適正化事業規程によらないで一般貸切旅客自動車運送適正化事業を行つたとき。

四 第四十三条の十三第三項、第四十三条の十八第二項又は前条の規定による命令に違反したとき。

五 第四十三条の十五第二項の認可を受けた事項に違反して、負担金を徴収したとき。

六 不当に一般貸切旅客自動車運送適正化事業を実施しなかつたとき。

2 国土交通大臣は、前項の規定により第四十三条の二第一項の指定を取り消したときは、その旨を公示しなければならない。

本条…追加〔平二八法一〇〇〕

（一般貸切旅客自動車運送適正化機関の指定を取り消した場合における経過措置）

第四十三条の二十一 前条第一項の規定により第四十三条の二第一項の指定を取り消した場合において、国土交通大臣がその取消し後に同一の区域について新たに一般貸切旅客自動車運送適正化機関を指定したときは、取消しに係る一般貸切旅客自動車運送適正化機関の一般貸切旅客自動車運送適正化事業に係る財産は、新たに指定を受けた一般貸切旅客自動車運送適正化機関に帰属する。

2 前項に定めるもののほか、前条第一項の規定により第四十三条の二第一項の指定を取り消した場合における一般貸切旅客自動車運送適正化事業に係る財産の管理その他所要の経過措置（罰則に関する経過措置を含む。）は、合理的に必要と判断される範囲内において、政令で定めることができる。

本条…追加〔平二八法一〇〇〕

（一般貸切旅客自動車運送適正化機関に関する適用除外）

第四十三条の二十二 一般貸切旅客自動車運送適正化機関については、第四十三条の六及び第四十三条の七の規定は、適用しない。

本条…追加〔平二八法一〇〇〕

第二章の三 指定試験機関

章名…追加〔平一二法八六〕、旧二章の二…繰下〔平二五法八三〕

（指定試験機関の指定等）

第四十四条 国土交通大臣は、その指定する者（以下「指定試験機関」という。）に、運行管理者試験の実施に関する事務（以下「試験事務」という。）を行わせることができる。

2 指定試験機関の指定は、試験事務を行おうとする者の申請により行う。

3 国土交通大臣は、指定試験機関の指定をしたときは、試験事務を行わないものとする。

本条…全部改正〔平一二法八六〕

（指定の基準）

第四十五条 国土交通大臣は、他に指定試験機関の指定を受けた者がなく、かつ、前条第二項の申請が次に掲げる基準に適合していると認めるときでなければ、指定試験機関の指定をしてはならない。

一　職員、試験事務の実施の方法その他の事項についての試験事務の実施に関する計画が試験事務の適確な実施のために適切なものであること。

二　前号の試験事務の実施に関する計画を適確に実施するに足る経理的基礎及び技術的能力があること。

三　試験事務以外の業務を行っている場合には、その業務を行うことによって試験事務が不公正になるおそれがないこと。

2　国土交通大臣は、前条第二項の申請をした者が次の各号のいずれかに該当するときは、指定試験機関の指定をしてはならない。

一　一般社団法人又は一般財団法人以外の者であること。

二　この法律の規定により罰金以上の刑に処せられ、その執行を終わり、又はその執行を受けることがなくなった日から二年を経過しない者であること。

三　第四十五条の十一第一項又は第二項の規定により指定を取り消され、その取消しの日から二年を経過しない者であること。

四　その役員のうちに、次のいずれかに該当する者があること。

イ　第二号に該当する者

ロ　第四十五条の四第三項の規定による命令により解任され、その解任の日から二年を経過しない者

本条…全部改正〔平一二法八六〕、二項…一部改正〔平一八法五〇〕

（指定の公示等）

第四十五条の二　国土交通大臣は、指定試験機関の指定をしたときは、指定試験機関の名称、住所及び試験事務を行う事務所の所在地並びに試験事務の開始の日を公示しなければならない。

2　指定試験機関は、その名称若しくは住所又は試験事務を行う事務所の所在地を変更しようとするときは、その旨を国土交通大臣に届け出なければならない。

3　国土交通大臣は、前項の届出があったときは、その旨を公示しなければならない。

本条…追加〔平一二法八六〕

（試験員）

第四十五条の三　指定試験機関は、試験事務を行う場合において、運行管理者として必要な知識及び能力を有するかどうかの判定に関する事務については、国土交通省令で定める要件を備える者（以下「試験員」という。）に行わせなければならない。

本条…追加〔平一二法八六〕

（役員等の選任及び解任）

第四十五条の四　指定試験機関の試験事務に従事する役員の選任及び解任は、国土交通大臣の認可を受けなければ、その効力を生じない。

2　指定試験機関は、試験員を選任し、又は解任したときは、遅滞なく、その旨を国土交通大臣に届け出なければならない。

3　国土交通大臣は、指定試験機関の役員又は試験員が、この法律、この法律に基づく命令若しくは処分若しくは第四十五条の六第一項の試験事務規程に違反したとき、又は試験事務に関し著しく不適当な行為をしたときは、その指定試験機関に対し、その役員又は試験員を解任すべきことを命ずることができる。

本条…追加〔平一二法八六〕

（秘密保持義務等）

第四十五条の五　指定試験機関の役員若しくは職員（試験員を含む。）又はこれらの職にあった者は、試験事務に関して知り得た秘密を漏らしてはならない。

2　試験事務に従事する指定試験機関の役員及び職員（試験員を含む。）は、刑法（明治四十年法律第四十五号）その他の罰則の適用については、法令により公務に従事する職員とみなす。

本条…追加〔平一二法八六〕

※　1項「罰則」＝本法九七の二①

（試験事務規程）

第四十五条の六　指定試験機関は、国土交通省令で定める試験事務の実施に関する事項について試験事務規程を定め、国土交通大臣の認可を受けなければならない。これを変更しようとするときも同様とする。

2　国土交通大臣は、前項の認可をした試験事務規程が試験事務の公正かつ適確な実施上不適当となったと認めるときは、その指定試験機関に対し、これを変更すべきことを命ずることができる。

本条…追加〔平一二法八六〕

（事業計画等）

第四十五条の七　指定試験機関は、毎事業年度、試験事務に係る事業計画及び収支予算を作成し、当該事業年度の開始前に（指定を受けた日の属する事業年度にあっては、その指定を受けた後遅滞なく）、国土交通大臣の認可を受けなければならない。これを変更しようとするときも同様とする。

2　指定試験機関は、毎事業年度、試験事務に係る事業報告書及び収支決算書を作成し、当該事業年度の終了後三月以内に国土交通大臣に提出しなければならない。

本条…追加〔平一二法八六〕

（帳簿の備付け等）

第四十五条の八　指定試験機関は、国土交通省令で定めるところにより、帳簿を備え付け、これに試験事務に関する事項で国土交通省令で定めるものを記載し、及びこれを保存しなければならない。

本条…追加〔平一二法八六〕

※　「罰則」＝本法九八の三①

（監督命令）

第四十五条の九　国土交通大臣は、この法律を施行するため必要があると認めるときは、指定試験機関に対し、試験事務に関し監督上必要な命令をすることができる。

本条…追加〔平一二法八六〕

（業務の休廃止）

第四十五条の十　指定試験機関は、国土交通大臣の許可を受けなければ、試験事務の全部若しくは一部を休止し、又は廃止してはならない。

2　国土交通大臣は、前項の許可をしたときは、その旨を公示しなければならない。

本条…追加〔平一二法八六〕

※「罰則」＝本法九八の三②

（指定の取消し等）

第四十五条の十一　国土交通大臣は、指定試験機関が第四十五条第二項各号（第三号を除く。）のいずれかに該当するに至つたときは、その指定を取り消さなければならない。

2　国土交通大臣は、指定試験機関が次の各号のいずれかに該当するときは、その指定を取り消し、又は期間を定めて試験事務の全部若しくは一部の停止を命ずることができる。

一　この章の規定に違反したとき。

二　第四十五条第一項各号のいずれかに適合しなくなつたと認められるとき。

三　第四十五条の四第三項、第四十五条の六第二項又は第四十五条の九の規定による命令に違反したとき。

四　第四十五条の六第一項の規定により認可を受けた試験事務規程によらないで試験事務を行つたとき。

五　不正な手段により指定を受けたとき。

3　国土交通大臣は、第一項若しくは前項の規定により指定を取り消し、又は同項の規定により試験事務の全部若しくは一部の停止を命じたときは、その旨を公示しなければならない。

本条…追加〔平一二法八六〕

※　2項「罰則」＝本法九七の二②

（国土交通大臣による試験事務の実施）

第四十五条の十二　国土交通大臣は、指定試験機関が第四十五条の十第一項の規定による許可を受けて試験事務の全部若しくは一部を休止したとき、前条第二項の規定により試験事務の全部若しくは一部の停止を命じたとき、又は指定試験機関が天災その他の事由により試験事務の全部若しくは一部を実施することが困難となつた場合において必要があると認めるときは、第四十四条第三項の規定にかかわらず、試験事務の全部又は一部を自ら行うものとする。

2　国土交通大臣は、前項の規定により試験事務を行うこととし、又は同項の規定により行つている試験事務を行わないこととするときは、あらかじめ、その旨を公示しなければならない。

3　国土交通大臣が、第一項の規定により試験事務を行うこととし、第四十五条の十第一項の規定により試験事務の廃止を許可し、又は前条第一項若しくは第二項の規定により指定を取り消した場合における試験事務の引継ぎその他の必要な事項は、国土交通省令で定める。

本条…追加〔平一二法八六〕

第三章　貨物自動車運送事業

本章…追加〔平元法八三〕

（貨物自動車運送事業）

第四十六条　貨物自動車運送事業に関しては、貨物自動車運送事業法の定めるところによる。

本条…削り・追加〔平元法八三〕

第四章　自動車道及び自動車道事業

旧三章…繰下〔平元法八三〕

（免許）

第四十七条　自動車道事業を経営しようとする者は、国土交通大臣の免許を受けなければならない。

2　自動車道事業の免許は、路線について行う。

3　自動車道事業の免許は、通行する自動車の範囲を限定して行うことができる。

一項…一部改正〔平一一法一六〇〕

※　1項「罰則」＝本法九六③・九九、2・3項「本項の準用」＝本法七六2

（免許申請）

第四十八条　自動車道事業の免許を受けようとする者は、次に掲げる事項を記載した申請書を国土交通大臣に提出しなければならない。

一　予定する路線

二　国土交通省令で定める事業計画

三　当該事業が運輸上必要である理由

四　当該事業の開始のための工事の要否

2　前条第三項の規定により通行する自動車の範囲を限定する免許を受けようとする者は、申請書に前項に掲げる事項の外、通行させようとする自動車の範囲をあわせて記載しなければならない。

3　申請書には、一般自動車道の路線図及び事業の施設、事業収支見積その他国土交通省令で定める事項を記載した書類を添付しなければならない。

4　国土交通大臣は、申請者に対し、前三項に規定するもののほか、当該申請者の登記事項証明書その他必要な書類の提出を求めることができる。

一・三・四項…一部改正〔平一一法一六〇〕、四項…一部改正〔平一六法一二四〕

※　1項「申請手続」＝自動車道事業規則四1、「予定する路線」＝自動車道事業規則五、「国土交通省令」＝自動車道事業規則六、3項「国土交通省令」＝自動車道事業規則四2・3

（免許基準）

第四十九条　国土交通大臣は、前条に規定する申請書を受理したときは、その申請が次の各号に適合するかどうかを審査しなければならない。

一　当該事業の開始が公衆の利便を増進するものであること。

二　当該事業の路線の選定が当該事業の経営の目的に適合するものであること。

三　当該一般自動車道の規模が当該地区における交通需要の量及び性質に適合するものであること。

四　当該事業を適確に遂行するに足る能力を有するものであること。

五　当該一般自動車道の路線の選定が道路法による道路で自動車のみの一般交通の用に供するものとの調整について特に考慮してなされているものであること。

六　前各号に掲げるもののほか、当該事業の計画が当該事業の長期にわたる経営の遂行上適切なものであること。

2　国土交通大臣は、前項の規定により審査した結果、その申請が同項の基準に適合していると認めたときは、次の場合を除いて、自動車道事業の免許をしなければならない。

一　免許を受けようとする者が一年以上の懲役又は禁錮の刑に処せられ、その執行を終わり、又は執行を受けることがなくなつた日から二年を経過していない者であるとき。

二　免許を受けようとする者が自動車道事業の免許の取消し

を受け、取消しの日から二年を経過していない者であるとき。

三　免許を受けようとする者が営業に関し成年者と同一の行為能力を有しない未成年者である場合において、その法定代理人が前二号又は次号のいずれかに該当する者であるとき。

四　免許を受けようとする者が法人である場合において、その法人の役員が前三号のいずれかに該当する者であるとき。

注　**令和四年六月一七日法律六八号により改正され、令和七年六月一日から施行**
第四十九条第二項第一号中「懲役又は禁錮の刑」を「拘禁刑」に改める。

一項…一部改正〔昭三四法六六〕、二項…一部改正〔平一一法一五一〕、一・二項…一部改正〔平一一法一六〇〕、二項…一部改正〔平一六法一四七・平二三法六一・令元法三七〕

（工事施行）

第五十条　自動車道事業の免許を受けた者（以下「自動車道事業者」という。）は、一般自動車道の構造及び設備についての工事方法を定め、国土交通大臣の指定する期間内に、工事施行の認可を申請しなければならない。ただし、当該事業の用に供する一般自動車道が工事を必要としない場合は、この限りでない。

2　国土交通大臣は、前項の申請があつたときは、その工事方法が事業計画及び次条に規定する基準に適合しないと認める場合を除くほか、工事の完成の期間を指定して、前項の認可をしなければならない。

3　天災その他やむを得ない事由により、第一項の期間内に認可を申請することができないときは、国土交通大臣は、申請により期間を伸長することができる。

二項…一部改正〔平六法九七〕、一～三項…一部改正〔平一一法一六〇〕

※　「本条の準用」＝本法七五、1項「申請手続」＝自動車道事業規則七～九、3項「申請手続」＝自動車道事業規則一〇、「権限の委任」＝本法八八、令三一①、「本項の準用」＝本法五六2

（一般自動車道の技術上の基準）

第五十一条　一般自動車道は、道路、鉄道又は軌道と平面交差をすることができない。ただし、交通の量が少ない場合その他特別の事由がある場合であつて国土交通省令で定める設備を設けるときは、この限りでない。

2　一般自動車道は、その幅員、勾配、曲線、見通し距離、通信設備その他の構造及び設備について国土交通省令で定める技術上の基準に従わなければならない。

一・二項…一部改正〔平一一法一六〇〕

※　「本条の準用」＝本法七五、1項「国土交通省令」＝一般自動車道構造設備規則三〇、2項「国土交通省令」＝一般自動車道構造設備規則、「道路の構造基準」＝道路法三〇、道路構造令

第五十二条　削除〔平六法九七〕

（路線等の公示）

第五十三条　国土交通大臣は、第五十条第一項の規定により一般自動車道の工事施行の認可をしたときは、路線、幅員その他国土交通省令で定める事項を公示しなければならない。

本条…一部改正〔平一一法一六〇〕

※　「本条の準用」＝本法七五、「省令」＝自動車道事業規則一二

（工事方法の変更）

第五十四条　自動車道事業者は、工事方法を変更しようとするときは、国土交通大臣の認可を受けなければならない。ただし、路肩の幅員の拡張その他国土交通省令で定める軽微な工事方法の変更については、この限りでない。

2　国土交通大臣は、工事方法の変更によつて事業計画及び第五十一条の基準に適合しなくなると認める場合を除くほか、前項の認可をしなければならない。

3　自動車道事業者は、第一項ただし書の工事方法の変更をしたときは、遅滞なくその旨を国土交通大臣に届け出なければならない。

一～三項…一部改正〔平一一法一六〇〕

※　「本条の準用」＝本法六七・七五、1項「申請手続」＝自動車道事業規則一三、「省令」＝自動車道事業規則一四、「権限の委任」＝本法八八、令三一③、「罰則」＝本法九八⑦・九九、3項「届出」＝自動車道事業規則一四②、「権限の委任」＝本法八八、令三一④、「罰則」＝本法一〇五③

（工事方法変更の命令）

第五十五条　国土交通大臣は、工事の施行中、第五十条第一項の工事施行の認可の際予測することができなかつたような事態が生じたことにより自動車の通行に支障を生ずるおそれがあると認めるときは、自動車道事業者に対し、工事方法の変更を命ずることができる。

本条…一部改正〔平一一法一六〇〕

※　「本条の準用」＝本法七五、「罰則」＝本法九八⑪・九九

（工事の完成）

第五十六条　自動車道事業者は、第五十条第二項の工事の完成の期間内に、一般自動車道の工事を完成しなければならない。

2　第五十条第三項の規定は、前項の期間について準用する。

※　「本条の準用」＝本法七五、2項「準用規定」＝本法五〇3（期間伸長）、「申請手続」＝自動車道事業規則一〇2、「権限の委任」＝本法八八、令三一②

（工事の完成検査及び供用開始）

第五十七条　自動車道事業者は、一般自動車道の工事を完成したときは、遅滞なく国土交通大臣の検査を受けなければならない。

2　国土交通大臣は、前項の検査の結果、当該一般自動車道の構造及び設備が、第五十条第一項の工事方法（第五十四条又は第五十五条の規定による変更があつたときは、変更があつたもの）に合致し、かつ、工事を要しなかつた部分につき事業計画及び第五十一条の基準に適合すると認めたときは、これを合格としなければならない。

3　自動車道事業者は、一般自動車道について前項の検査の合格があつたときは、遅滞なくその供用を開始しなければならない。

四項…削除〔昭六〇法一〇二〕、一・二項…一部改正〔平一一法一六〇〕

※　1項「検査申請手続」＝自動車道事業規則一五1、「罰則」＝本法九七⑤・九九、2項「本項の準用」＝本法五九2、3項「本項の準用」＝本法五八2・五九3・六〇2

（構造設備の検査及び供用開始）

第五十八条　自動車道事業者は、一般自動車道の工事を必要としないときは、免許の際国土交通大臣が指定する期間内に、一般自動車道の構造及び設備が事業計画及び第五十一条の基準に適合するかどうかについて、国土交通大臣の検査を受け

なければならない。

2　前条第三項の規定は、前項の検査の合格があった場合について準用する。

二項…一部改正〔昭六〇法一〇二〕、一項…一部改正〔平一一法一六〇〕

※　1項「検査申請手続」＝自動車道事業規則一五2、「罰則」＝本法九七⑤・九九、2項「準用規定」＝本法前条3（供用開始）、「権限の委任」＝本法八八

（一部検査及び供用開始）

第五十九条　自動車道事業者は、一般自動車道の一部について国土交通大臣の検査を受けることができる。

2　第五十七条第二項の規定は、前項の検査の場合について準用する。

3　第五十七条第三項の規定は、前項の検査の合格があった場合について準用する。

三項…一部改正〔昭六〇法一〇二〕、一項…一部改正〔平一一法一六〇〕

※　1項「検査申請手続」＝自動車道事業規則一五2、2項「準用規定」＝本法五七2（工事の完成検査）、3項「準用規定」＝本法五七3（供用開始及び届出）

（事業の再開検査及び供用開始）

第六十条　自動車道事業者は、現に休止している自動車道事業の全部又は一部を再開しようとするときは、一般自動車道の構造及び設備が事業計画及び第五十一条の基準に適合するかどうかについて、国土交通大臣の検査を受けなければならない。

2　第五十七条第三項の規定は、前項の検査の合格があった場合について準用する。

二項…一部改正〔昭六〇法一〇二〕、一項…一部改正〔平一一法一六〇〕

※　「本条の準用」＝本法七五、1項「検査申請手続」＝自動車道事業規則一五2、「罰則」＝本法九七⑤・九九、2項「準用規定」＝本法五七3（供用の開始及び届出）

（使用料金）

第六十一条　自動車道事業者は、一般自動車道の使用料金を定め、国土交通大臣の認可を受けなければならない。これを変更しようとするときも同様とする。

2　国土交通大臣は、前項の認可をしようとするときは、左の基準によつて、これをしなければならない。

一　能率的な経営の下における適正な原価を償い、且つ、適正な利潤を含むものであること。

二　特定の使用者に対し不当な差別的取扱をするものでないこと。

三　使用者の使用料金を負担する能力にかんがみ、使用者が当該事業を利用することを困難にするおそれがないものであること。

3　第一項の使用料金は、定額をもつて明確に定められなければならない。

一・二項…一部改正〔平一一法一六〇〕

※　1項「申請手続」＝自動車道事業規則一七、「申請手続」＝自動車道事業規則一七、「罰則」＝本法九八③・九九

（供用約款）

第六十二条　自動車道事業者は、供用約款を定め、国土交通大臣の認可を受けなければならない。これを変更しようとするときも同様とする。

2　第十一条第二項の規定は、前項の認可について準用する。

二項…一部改正〔平元法八三〕、一項…一部改正〔平一一法一六〇〕

※　1項「申請手続」＝自動車道事業規則一八、「書類の記載事項」＝自動車道事業規則一九、「権限の委任」＝本法八八、令三1⑤、「罰則」＝本法九八⑯・九九、「準用規定」＝本法一一2（運送約款認可基準）

（保安上の供用制限）

第六十三条　自動車道事業者は、通行する自動車の重量その他国土交通省令で定める保安上の供用制限を定め、国土交通大臣の認可を受けなければならない。これを変更しようとするときも同様とする。

2　国土交通大臣は、前項の認可をしようとするときは、次の基準によつて、これをしなければならない。

一　自動車の通行に対し危険を生ずるおそれがないものであること。

二　一般自動車道の保全を困難にするおそれがないものであること。

三　自動車の通行効率の著しい低下を来さないものであること。

一・二項…一部改正〔平一一法一六〇〕

※　「本条の準用」＝本法七五、1項「申請手続」＝自動車道事業規則二〇、「国土交通省令」＝自動車道事業規則二一、「申請手続」＝自動車道事業規則二〇、「罰則」＝本法九八⑯・九九

（使用料金等の公示）

第六十四条　自動車道事業者は、国土交通省令で定めるところにより、使用料金、供用約款及び前条の規定により認可を受けた事項を公示しなければならない。

2　第十二条第三項の規定は、前項の規定により公示した事項を変更しようとする場合について準用する。

二項…一部改正〔平元法八三〕、見出・一・二項…一部改正〔令二法三六〕

※　1項「国土交通省令」＝自動車道事業規則二一の二、「罰則」＝本法一〇五①、2項「準用規定」＝本法一二3（運賃料金等掲示事項の変更）、「罰則」＝本法一〇五①

（供用義務）

第六十五条　自動車道事業者は、左の場合を除いては、一般自動車道の供用を拒絶してはならない。

一　当該供用の申込が第六十二条の規定により認可を受けた供用約款によらないものであるとき。

二　当該供用の申込が第六十三条の規定により認可を受けた供用制限に該当するとき。

三　当該供用に関し使用者から特別の負担を求められたとき。

四　当該供用により他の自動車の通行に著しく支障を及ぼすおそれがあるとき。

五　当該供用が法令の規定又は公の秩序若しくは善良の風俗に反するものであるとき。

六　天災その他やむを得ない事由により自動車の通行に支障があるとき。

※　「罰則」＝本法九八⑥・九九

（事業計画の変更）

第六十六条　自動車道事業者は、事業計画を変更しようとするときは、国土交通大臣の認可を受けなければならない。ただし、営業所の名称その他国土交通省令で定める軽微な事項に係る変更については、この限りでない。

2　国土交通大臣は、前項の認可をしようとするときは、次の

基準によって、これをしなければならない。
一　事業計画の変更によって公衆の利便を害することとなるおそれがないものであること。
二　事業計画の変更によって当該一般自動車道の規模が当該地区における交通需要の量及び性質に適合しなくなるおそれがないものであること。
3　自動車道事業者は、第一項ただし書の事項について事業計画を変更したときは、遅滞なくその旨を国土交通大臣に届け出なければならない。

一〜三項…一部改正〔平一一法一六〇〕

※1項「申請手続」＝自動車道事業規則二三、「国土交通省令」＝自動車道事業規則二三1、「罰則」＝本法九八⑦・九九、3項「届出」＝自動車道事業規則二三2、「権限の委任」＝本法八八、令三1⑥、「罰則」＝本法一〇五③

（構造又は設備の変更）
第六十七条　第五十四条の規定は、自動車道事業者が一般自動車道の構造又は設備の変更をする場合について準用する。

※「本条の準用」＝本法七五、「準用規定」＝本法五四（工事方法の変更）、「申請手続」「届出」＝自動車道事業規則二四、「権限の委任」＝本法八八、令三1④、「罰則」＝本法九八⑦・九九・一〇五③

（一般自動車道の管理）
第六十八条　自動車道事業者は、一般自動車道をその構造及び設備が事業計画及び第五十一条の基準に適合するように維持しなければならない。
2　自動車道事業者は、国土交通省令で定める方法に従い、一般自動車道を検査しなければならない。
3　自動車道事業者は、一般自動車道が天災その他の事由により自動車の通行に支障を生じたときは、直ちにその通行の禁止その他適切な危害予防の措置を講ずるとともに、その復旧をしなければならない。
4　自動車道事業者は、前項の場合には、遅滞なく国土交通省令で定める事項を国土交通大臣に報告しなければならない。
5　自動車道事業者は、政令で定める道路標識を設置しなければならない。
6　一般自動車道を通行する自動車は、前項の道路標識の表示に従わなければならない。

五項…一部改正〔昭三五法一〇五〕、二・四項…一部改正〔平一一法一六〇〕

※「本条の準用」＝本法七五、2項「国土交通省令」＝自動車道事業規則二四の二、4項「国土交通省令」＝自動車道事業規則二四の三、「罰則」＝本法一〇五⑦、5項「政令」＝自動車道標識令、「罰則」＝本法九八⑥・九九、「他の法令」＝道路法四五、道路標識命令、6項「罰則」＝本法一〇四④

（会計）
第六十八条の二　自動車道事業者は、その事業年度、勘定科目の分類、帳簿書類の様式その他の会計に関する手続について国土交通省令で定めるところに従い、その会計を処理しなければならない。

本条…追加〔平一二法八六〕

（土地の立入及び使用）
第六十九条　自動車道事業者は、一般自動車道に関する測量、実地調査又は工事のため必要があるときは、都道府県知事の許可を受け、他人の土地に立ち入り、又はその土地を一時材料置場として使用することができる。
2　自動車道事業者は、前項の規定により立入又は使用をしようとするときは、やむを得ない事由がある場合を除く外、あらかじめ、土地の占有者にその旨を通知しなければならない。
3　第一項の規定による立入又は使用によつて生じた損失は、立入又は使用の後、遅滞なく当該事業者においてこれを補償しなければならない。
4　前項の規定に基いて補償すべき損失は、第一項の規定による立入又は使用により通常生ずべき損失とする。
5　第三項の規定による補償について協議がととのわないとき、又は協議することができないときは、都道府県知事は、申請により裁定する。
6　前項の規定による裁定に係る補償金額について不服のある者は、その裁定のあつたことを知つた日から六箇月以内に、訴えをもつてその金額の増減を請求することができる。
7　前項の訴においては、当該事業者又は補償を受くべき者を被告とする。

六項…一部改正〔昭三七法一四〇、平一六法八四〕

※「本条の準用」＝本法七五、1項「道路の場合」＝道路法六六、3項「道路の場合」＝道路法六九、「本項の準用」＝本法七三4、6〜7項「本項の準用」＝本法七三4

（事業改善の命令）
第七十条　国土交通大臣は、自動車道事業者の事業について公共の福祉を阻害している事実があると認めるときは、自動車道事業者に対し、次に掲げる事項を命ずることができる。
一　事業計画又は第六十三条の供用制限を変更すること。
二　一般自動車道の構造又は設備を改善すること。
三　使用料金又は供用約款を変更すること。

一項…一部改正・二項…削除〔平一一法一六〇〕

※「本条の準用」＝本法七五、1項「運輸局長・知事の命令権」＝本法八八、令三2、「罰則」＝本法九八⑪・九九

（事業の管理の受委託）
第七十条の二　自動車道事業の管理の委託及び受託については、国土交通大臣の許可を受けなければならない。
2　国土交通大臣は、前項の許可をしようとするときは、次の基準によって、これをしなければならない。
一　当該事業を継続して運営するために必要であること。
二　受託者が当該事業を管理するのに適している者であること。

本条…追加〔平一二法八六〕

※1項「罰則」＝本法九七②・九九

（事業の休止及び廃止）
第七十条の三　自動車道事業者は、その事業の全部又は一部を休止し、又は廃止しようとするときは、国土交通大臣の許可を受けなければならない。
2　国土交通大臣は、当該休止又は廃止によつて公衆の利便が著しく阻害されるおそれがあると認める場合を除くほか、前項の許可をしなければならない。
3　第三十八条第四項の規定は、自動車道事業者が事業の全部又は一部を休止し、又は廃止しようとする場合について準用する。

本条…追加〔平一二法八六〕

※1項「罰則」＝本法九八⑰・九九、3項「罰則」＝本法一〇五①

（法人の解散）

第七十条の四　自動車道事業者たる法人の解散の決議又は総社員の同意は、国土交通大臣の認可を受けなければ、その効力を生じない。

2　前条第二項の規定は、前項の認可について準用する。

本条…追加〔平一一法八六〕

（免許の失効）

第七十一条　次の場合には、自動車道事業の免許は、その効力を失う。

一　第五十条第一項及び第三項の期間内に工事施行の認可を申請しないとき。

二　第五十条第一項の規定による申請に対し不認可の処分を受けたとき。

三　第五十八条の規定による検査により不合格の処分を受けたとき。

四　事業の廃止の許可を受けたとき。

本条…一部改正〔平六法九七〕

（準用規定）

第七十二条　自動車道事業には、第十条、第三十条、第三十三条、第三十六条、第三十七条及び第四十条の規定を準用する。

本条…一部改正〔平元法八三・平一一法一六〇・平一二法八六〕

※「準用規定」＝本法一〇（運賃又は料金割戻の禁止）、「罰則」＝本法九八・九九、「準用規定」＝本法二九（会計処理の手続）、「会計」＝自動車道事業会計規則、「準用規定」＝本法三〇（公衆の利便阻害行為の禁止）、「権限の委任」＝本法八八、令三①⑦、「罰則」＝本法九八④・九九、「準用規定」＝本法三三（名義の利用、事業の貸渡し等）、「罰則」＝本法九六②・九九、「準用規定」＝本法三五（事業の管理の受委託）、「申請手続」＝自動車道事業規則二五、「罰則」＝本法九七③・九九、「準用規定」＝本法三六（譲渡合併の認可）・三七（相続の認可）・三八（休廃止の許可）、「申請手続」＝自動車道事業規則二六・二七・二八・二九、「権限の委任」＝本法八八、令三①⑦、「罰則」＝本法九八⑪・九九・一〇五①、「準用規定」＝本法三九（法人解散の認可）、「申請手続」＝自動車道事業規則三〇、「準用規定」＝本法四〇（免許の取消等）

（一般自動車道に接続する道路等の造設）

第七十三条　国又は国の許可を受けた者が、一般自動車道に接続し、若しくは近接し、又はこれを横断して道路法による道路、自動車道、河川、運河、鉄道、軌道又は索道を造設しようとするときは、自動車道事業者は、当該一般自動車道の効用が妨げられる場合を除き、これを拒むことができない。

2　国土交通大臣は、前項の場合において、公共の福祉を確保するため必要があると認めるときは、自動車道事業者に対し、構造若しくは設備の変更又は設備の共用を命ずることができる。

3　前二項の場合において、その実施及びその方法並びに費用の負担につき協議が調わないときは、国土交通大臣は、申請により裁定する。自動車道事業者が受けた損失の補償についても同様とする。

4　第六十九条第三項及び第四項の規定は、第一項及び第二項の場合について、同条第六項及び第七項の規定は、前項の場合について準用する。

二・三項…一部改正〔平一一法一六〇〕

※「本条の準用」＝本法七五、2項「罰則」＝本法九八⑪・九九、4項「準用規定」＝本法六九3・4（土地の立入使用による損失補償）・六九6・7（裁定金額に不服ある場合）

（道路等に接続する一般自動車道の造設）

第七十四条　自動車道事業者は、道路法による道路、河川又は運河の管理者の許可を受けて道路法による道路、河川又は運河に接続し、若しくは近接し、又はこれを横断して一般自動車道を造設することができる。

2　前項の管理者は、当該公共物の効用を妨げない限り、これを許可しなければならない。

※「本条の準用」＝本法七五

（専用自動車道）

第七十五条　専用自動車道を設置した自動車運送事業者は、その全部又は一部の供用を開始しようとするときは、国土交通大臣の検査を受けなければならない。

2　国土交通大臣は、前項の検査の結果、当該専用自動車道の構造及び設備が、次項において準用する第五十条第一項の工事方法（次項において準用する第五十四条又は第五十五条の規定による変更があつたときは、変更があつたもの）に合致し、かつ、工事を要しなかつた部分につき事業計画及び次項において準用する第五十一条の基準に適合すると認めたとき（工事を必要としない場合にあつては、事業計画及び同項において準用する同条の基準に適合すると認めたとき）は、これを合格としなければならない。

3　専用自動車道には、第五十条第一項及び第二項、第五十一条、第五十三条から第五十五条まで、第六十条第一項、第六十三条、第六十七条、第六十八条、第六十九条、第七十条、第七十三条並びに前条の規定を準用する。この場合において、第五十条第一項中「国土交通大臣の指定する期間内に、工事施行の認可を」とあるのは「工事施行の認可を」と、同条第二項中「工事の完成の期間を指定して、前項の認可を」とあるのは「前項の認可を」と読み替えるものとする。

本条…全部改正〔平六法九七〕、一～三項…一部改正〔平一一法一六〇・平一二法八六〕

※1項「検査の申請」＝則三五の二、「罰則」＝本法九七⑤・九九、3項「罰則」＝本法九七⑤・九八⑦・⑪・⑯・九九・一〇五③・⑦

（国の自動車道事業の経営）

第七十六条　国において自動車道事業を経営しようとするときは、当該官庁は、国土交通大臣の承認を受けなければならない。

2　第四十七条第二項及び第三項並びに第四十八条の規定は、前項の承認について準用する。

見出…一部改正・旧七八条…繰上〔昭六一法九三〕、一項…一部改正〔平一一法一六〇〕

※2項「準用規定」＝本法四七2（路線ごとに行なう免許）・四七3（通行車両の範囲限定）・四八（免許申請）

（適用除外）

第七十七条　国において経営する自動車道事業には、第四十七条から第五十条まで、第五十四条から第六十条まで、第六十二条、第六十三条、第六十七条、第六十八条の二、第七十条、第七十条の二、第七十条の四、第七十二条（第十条の規定の準用に関する部分を除く。）及び第七十五条（同条第三項中第五十一条、第五十三条、第六十八条、第六十九条、第七十三条及び第七十四条の規定の準用に関する部分を除く。）の規定を適用しない。

2　国において経営する自動車道事業について適用される規定中「免許」、「許可」又は「認可」とあるのは、「承認」と読み替えるものとする。

一項…一部改正〔昭二八法一六八昭三五法一四一昭四六法九六昭六〇法二二〕、一・二項…一部改正・旧七九条…繰上〔昭六一法九三〕、一項…一部改正〔平元法八三平六法九七平一二法八六〕

※「適用除外」＝本法四七（免許）・四八（免許申請）・四九（免許基準）・五〇（工事施行）・五四（工事方法の変更認可）・五五（工事方法変更の命令）・五六（工事の完成）・五七（工事の完成検査及び供用開始）・五八（設備構造の検査及び供用開始）・五九（一部検査及び供用開始）・六〇（事業の再開検査及び供用開始）・六二（供用約款）・六三（供用制限）・六七（構造又は設備の変更）・七〇（事業改善の命令）・七二（準用規定）・七五（専用自動車道）、2項「権限の委任」＝本法八八、令三

第五章　自家用自動車の使用

章名…削り・追加〔平元法八三〕

（有償運送）

第七十八条　自家用自動車（事業用自動車以外の自動車をいう。以下同じ。）は、次に掲げる場合を除き、有償で運送の用に供してはならない。

一　災害のため緊急を要するとき。

二　市町村、特定非営利活動促進法（平成十年法律第七号）第二条第二項に規定する特定非営利活動法人その他国土交通省令で定める者が、次条の規定により地域住民又は観光旅客その他の当該地域を来訪する者の運送その他の国土交通省令で定める旅客の運送（以下「自家用有償旅客運送」という。）を行うとき。

三　公共の福祉を確保するためやむを得ない場合において、国土交通大臣の許可を受けて地域又は期間を限定して運送の用に供するとき。

一項…一部改正〔昭二八法一六八昭四六法九六〕、一・二項…一部改正〔昭五七法六九〕、一項…一部改正・旧九九条…繰上〔平元法八三〕、一・二項…一部改正〔平一一法一六〇〕、本条…全部改正〔平一八法四〇〕、一部改正〔令二法三六令五法一八〕

※「国土交通省令で定める者」＝則四八、「旅客の運送」＝則四九、「罰則」＝本法九七①・九九

（登録）

第七十九条　自家用有償旅客運送を行おうとする者は、国土交通大臣の行う登録を受けなければならない。

二項…一部改正・旧一〇〇条…繰上〔平元法八三〕、一・二項…一部改正〔平一一法一六〇〕、本条…全部改正〔平一八法四〇〕

※「罰則」＝本法九七⑦・九九

（登録の申請）

第七十九条の二　前条の登録を受けようとする者は、次に掲げる事項を記載した申請書を国土交通大臣に提出しなければならない。

一　氏名又は名称及び住所並びに法人にあつては、その代表者の氏名

二　行おうとする自家用有償旅客運送の種別（国土交通省令で定める自家用有償旅客運送の別をいう。次号において同じ。）

三　路線又は運送の区域、事務所の名称及び位置、事務所ごとに配置する自家用有償旅客運送の用に供する自家用自動車（以下「自家用有償旅客運送自動車」という。）の数その他の自家用有償旅客運送の種別ごとに国土交通省令で定める事項

四　運送しようとする旅客の範囲

五　自家用有償旅客運送自動車の運行管理の体制の整備その他国土交通省令で定める事項について一般旅客自動車運送事業者の協力を得て行う運送（以下「事業者協力型自家用有償旅客運送」という。）を行おうとするときは、当該一般旅客自動車運送事業者の氏名又は名称及び住所

2　前項の申請書には、自家用有償旅客運送自動車の運行管理の体制その他の国土交通省令で定める事項を記載した書類を添付しなければならない。

本条…追加〔平一八法四〇〕、一項…一部改正〔令二法三六〕

※1項「自家用有償旅客運送の種別」＝則五一、「国土交通省令で定める事項」＝則五一の二・五一の二の二、2項「国土交通省令」＝則五一の三

（登録の実施）

第七十九条の三　国土交通大臣は、前条の規定による登録の申請があつた場合においては、次条第一項の規定により登録を拒否する場合を除くほか、次に掲げる事項を自家用有償旅客運送者登録簿（以下「登録簿」という。）に登録しなければならない。

一　前条第一項各号に掲げる事項

二　登録年月日及び登録番号

2　国土交通大臣は、前項の規定による登録をした場合においては、遅滞なく、その旨を申請者に通知しなければならない。

3　国土交通大臣は、登録簿を公衆の縦覧に供しなければならない。

本条…追加〔平一八法四〇〕

（登録の拒否）

第七十九条の四　国土交通大臣は、第七十九条の二の規定による登録の申請が次の各号のいずれかに該当する場合には、その登録を拒否しなければならない。

一　申請者が一年以上の懲役又は禁錮の刑に処せられ、その執行を終わり、又は執行を受けることがなくなつた日から二年を経過していない者であるとき。

二　申請者が第七十九条の十二の規定による登録の取消しを受け、取消しの日から二年を経過していない者（当該登録を取り消された者が法人である場合においては、当該取消しを受けた法人のその処分を受ける原因となつた事項が発生した当時現にその法人の業務を執行する役員として在任した者で当該取消しの日から二年を経過していないものを含む。）であるとき。

三　申請者が自家用有償旅客運送の業務に関し成年者と同一の行為能力を有しない未成年者である場合において、その法定代理人が前二号又は次号のいずれかに該当する者であるとき。

四　申請者が法人である場合において、その法人の役員が前三号のいずれかに該当する者であるとき。

五　申請に係る自家用有償旅客運送に関し、国土交通省令で定めるところにより、地方公共団体、一般旅客自動車運送事業者又はその組織する団体、住民その他の国土交通省令で定める関係者間において、一般旅客自動車運送事業者によることが困難であり、かつ、地域における必要な旅客輸送を確保するため必要であることについて協議が調つていないとき。

六　申請者がその申請に係る自家用有償旅客運送に必要と認

められる輸送施設の保有、運転者の確保、自家用有償旅客運送自動車の運行管理の体制の整備その他の輸送の安全及び旅客の利便の確保のために必要な国土交通省令で定める措置を講ずると認められないとき。

> 注　令和四年六月一七日法律六八号により改正され、令和七年六月一日から施行
> 第七十九条の四第二項第一号中「懲役又は禁錮の刑」を「拘禁刑」に改める。

2　国土交通大臣は、前項の規定による登録の拒否をした場合においては、遅滞なく、その理由を示して、その旨を申請者に通知しなければならない。

本条…追加〔平一八法四〇〕、一項…一部改正〔平二三法六一令元法三七令二法三六〕

※　1項「国土交通省令」＝則五一の七〜五一の九

第七十九条の五（**登録の有効期間**）　第七十九条の登録の有効期間（次条第一項の有効期間の更新の登録を受けた場合における当該有効期間の更新の登録に係る第七十九条の登録の有効期間を含む。以下同じ。）は、登録の日から起算して二年とする。ただし、次の各号に掲げる場合については、それぞれ当該各号に定める期間とする。

一　次条第一項の有効期間の更新の登録を受けようとする者が、従前の第七十九条の登録の有効期間において次のイからハまでのいずれにも該当する場合（次号に掲げる場合を除く。）　三年

イ　第七十九条の九第二項の規定による命令を受けていないこと。

ロ　第七十九条の十の規定による届出に係る自家用有償旅客運送自動車の転覆、火災その他国土交通省令で定める重大な事故を引き起こしていないこと。

ハ　第七十九条の十二第一項の規定による業務の全部又は一部の停止の命令を受けていないこと。

二　第七十九条の登録を受けようとする者が事業者協力型自家用有償旅客運送を行う者である場合又は次条第一項の有効期間の更新の登録を受けようとする者が事業者協力型自家用有償旅客運送を行う者であつて前号イからハまでのいずれにも該当する場合　五年

本条…追加〔平一八法四〇〕、一部改正〔令二法三六〕

※　「重大な事故」＝自動車事故報告規則

第七十九条の六（**有効期間の更新の登録**）　第七十九条の登録の有効期間満了の後引き続き自家用有償旅客運送を行おうとする者は、国土交通省令で定めるところにより、国土交通大臣の行う有効期間の更新の登録を受けなければならない。

2　第七十九条の三及び第七十九条の四の規定は、有効期間の更新の登録について準用する。この場合において、第七十九条の三第一項第二号中「登録番号」とあるのは、「登録番号並びに有効期間の更新の登録の年月日」と読み替えるものとする。

3　第七十九条の登録の有効期間の満了の日までに更新の登録の申請があつた場合において、その申請について前項において準用する第七十九条の三第二項又は第七十九条の四第二項の通知があるまでの間は、従前の第七十九条の登録は、その登録の有効期間の満了後もなおその効力を有する。

4　前項の場合において、有効期間の更新の登録がなされたときは、第七十九条の登録の有効期間は、従前の有効期間の満了の日の翌日から起算するものとする。

本条…追加〔平一八法四〇〕

※　1項「国土交通省令」＝則五一の一〇、「罰則」＝本法九七⑦・九九

第七十九条の七（**変更登録等**）　第七十九条の登録を受けた者（以下「自家用有償旅客運送者」という。）は、第七十九条の二第一項各号に掲げる事項の変更（第三項に規定するものを除く。）又は事業者協力型自家用有償旅客運送を行うかどうかの別の変更をしようとするときは、国土交通大臣の行う変更登録を受けなければならない。ただし、路線を定めて行う自家用有償旅客運送につき天災その他国土交通省令で定めるやむを得ない事由によりその路線において自家用有償旅客運送自動車を運行することができなくなつた場合に、当該路線において自家用有償旅客運送自動車の運行を再開することができることとなるまでの間、当該路線と異なる路線により自家用有償旅客運送を行う場合において合理的に必要となる変更については、この限りでない。

2　第七十九条の三及び第七十九条の四の規定は、前項の変更登録について準用する。この場合において、第七十九条の三第一項中「次に掲げる事項」とあるのは「変更に係る事項」と、第七十九条の四第一項中「次の各号のいずれか」とあるのは「第五号又は第六号」と読み替えるものとする。

3　自家用有償旅客運送者は、事務所の名称その他の国土交通省令で定める軽微な事項の変更をしたときは、その日から三十日以内に、その旨を国土交通大臣に届け出なければならない。

4　国土交通大臣は、前項の規定による届出を受理したときは、届出があつた事項を登録簿に登録しなければならない。

本条…追加〔平一八法四〇〕、一項…一部改正〔令二法三六〕

※　1項「やむを得ない事由」＝則五一の一一、「罰則」＝本法九八の二①・九九、3項「軽微な事項」＝則五一の一三、「罰則」＝本法一〇五③

第七十九条の八（**旅客から収受する対価の公示等**）　自家用有償旅客運送者は、その業務の開始前に、旅客から収受する対価を定め、国土交通省令で定めるところにより、これを公示し、又はあらかじめ、旅客に対し説明しなければならない。これを変更するときも同様とする。

2　前項の対価は、実費の範囲内であることその他の国土交通省令で定める基準に従つて定められたものでなければならない。

本条…追加〔平一八法四〇〕、見出・一項…一部改正〔令二法三六〕

※　1項「国土交通省令」＝則五一の一四、「罰則」＝本法一〇五⑧、2項「基準」＝則五一の一五

第七十九条の九（**輸送の安全及び旅客の利便の確保**）　自家用有償旅客運送者は、自家用有償旅客運送自動車の運転者の乗務の管理その他の運行の管理、自家用有償旅客運送自動車への当該自動車である旨の表示その他の旅客に対する適切な情報の提供その他の輸送の安全及び旅客の利便の確保のために必要な事項として国土交通省令で定めるものを遵守しなければならない。

2　国土交通大臣は、自家用有償旅客運送者の業務について輸

送の安全又は旅客の利便が確保されていないと認めるときは、自家用有償旅客運送者に対し、次に掲げる措置その他その是正のために必要な措置を講ずべきことを命ずることができる。

一　自家用有償旅客運送自動車の運行の管理の方法を改善すること。

二　路線又は運送の区域を変更すること。

三　旅客から収受する対価を変更すること。

四　旅客の運送に関し支払うことあるべき損害賠償のための保険契約を締結すること。

　本条…追加〔平一八法四〇〕

※1項「国土交通省令」＝則五一の一六―五一の三一、2項「罰則」＝本法九八の二②・九九

（事故の報告）

第七十九条の十　自家用有償旅客運送者は、その自家用有償旅客運送自動車が転覆し、火災を起こし、その他国土交通省令で定める重大な事故を引き起こしたときは、遅滞なく、事故の種類、原因その他国土交通省令で定める事項を国土交通大臣に届け出なければならない。

　本条…追加〔平一八法四〇〕

※「罰則」＝本法一〇五③

（業務の廃止）

第七十九条の十一　自家用有償旅客運送者は、その業務を廃止したときは、その日から三十日以内に、その旨を国土交通大臣に届け出なければならない。

　本条…追加〔平一八法四〇〕

※「罰則」＝本法一〇五③

（業務の停止及び登録の取消し）

第七十九条の十二　国土交通大臣は、自家用有償旅客運送者が次の各号のいずれかに該当するときは、六月以内において期間を定めてその業務の全部若しくは一部の停止を命じ、又は登録を取り消すことができる。

一　この法律若しくはこの法律に基づく命令若しくはこれらに基づく処分又は登録に付した条件に違反したとき。

二　不正の手段により第七十九条の登録、第七十九条の六第一項の有効期間の更新の登録又は第七十九条の七第一項の変更登録を受けたとき。

三　第七十九条の四第一項第一号、第三号、第四号又は第六号の規定に該当することとなつたとき。

四　その行う自家用有償旅客運送に関し、第七十九条の四第一項第五号の協議が調つた状態でなくなつたとき。

2　第七十九条の四第二項の規定は、前項の場合について準用する。

　本条…追加〔平一八法四〇〕、一項…一部改正〔令二法三六〕

※1項「罰則」＝本法九七の三・九九

（登録の抹消）

第七十九条の十三　国土交通大臣は、第七十九条の登録の有効期間（第七十九条の六第三項に規定する場合にあつては、同項の規定によりなお効力を有することとされる期間を含む。）が満了したとき、第七十九条の十一の規定による届出があつたとき、又は前条第一項の規定による登録の取消しをしたときは、当該自家用有償旅客運送者の登録を抹消しなければならない。

　本条…追加〔平一八法四〇〕

（有償貸渡し）

第八十条　自家用自動車は、国土交通大臣の許可を受けなければ、業として有償で貸し渡してはならない。ただし、その借受人が当該自家用自動車の使用者である場合は、この限りでない。

2　国土交通大臣は、自家用自動車の貸渡しの態様が自動車運送事業の経営に類似していると認める場合を除くほか、前項の許可をしなければならない。

　二項…一部改正〔昭四六法九六〕、一項…一部改正・旧一〇一条…繰上〔平元法八三〕、一・二項…一部改正〔平一一法一六〇〕、本条…全部改正〔平一八法四〇〕

※1項「申請手続」＝則五二、「権限の委任」＝本法八八、令四1・2、「罰則」＝本法九八⑰・九九、2項「申請手続」＝則五二、「権限の委任」＝本法八八、令四1・2

（使用の制限及び禁止）

第八十一条　国土交通大臣は、自家用自動車を使用する者が次の各号のいずれかに該当するときは、六月以内において期間を定めて自家用自動車の使用を制限し、又は禁止することができる。

一　第四条又は第四十三条第一項の許可を受けないで、自家用自動車を使用して旅客自動車運送事業を経営したとき。

二　貨物自動車運送事業法第三条若しくは第三十五条第一項の許可を受けず、又は同法第三十六条第一項の届出をしないで、自家用自動車を使用して貨物自動車運送事業を経営したとき。

三　有償で自家用自動車を運送の用に供したとき（第七十八条各号に掲げる場合を除く。）。

四　前条第一項の許可を受けないで、業として有償で自家用自動車を貸し渡したとき（同項ただし書の場合を除く。）。

2　第四十一条の規定は、国土交通大臣が前項の規定により自家用自動車の使用を禁止した場合について準用する。

　三項…追加〔昭二八法一六八〕、一項…一部改正〔昭四六法九六〕、一〜三項…一部改正・旧一〇二条…繰上〔平元法八三〕、二項…削除・旧三項…一部改正し二項に繰上〔平五法八九〕、一項…一部改正〔平一一法四八〕、一・二項…一部改正〔平一一法一六〇〕、一項…一部改正〔平一二法八六平一八法四〇〕

※1項「権限の委任」＝本法八八、令四1・2、「罰則」＝本法九七⑧・九九、2項「権限の委任」＝本法八八、令四1・2、「準用規定」＝本法四一、（自動車登録番号標の領置等）、「罰則」＝本法九八⑥・⑪・九九

第六章　雑則

　章名…削り・追加〔平元法八三〕

（郵便物等の運送）

第八十二条　一般乗合旅客自動車運送事業者は、旅客の運送に付随して、少量の郵便物、新聞紙その他の貨物を運送することができる。

2　貨物自動車運送事業法第二十五条第一項の規定は、前項の規定により貨物を運送する一般乗合旅客自動車運送事業者について準用する。

注　令和六年五月一五日法律二三号により改正され、公布の日から起算して一年を超えない範囲内において政令で定める日から施行

第八十二条第二項中「第二十五条第一項」を「第二

十六条第一項」に改める。

※　本条…削り・追加〔平元法八三〕
2項「準用規定」＝貨物自動車運送事業法二五Ⅰ（公衆の利便を阻害する行為の禁止等）

（有償旅客運送の禁止）

第八十三条　貨物自動車運送事業を経営する者は、有償で旅客の運送をしてはならない。ただし、災害のため緊急を要するときその他やむを得ない事由がある場合であつて国土交通大臣の許可を受けたときは、この限りでない。

本条…削り・追加〔平元法八三〕、一部改正〔平一一法一六〇〕

※　「許可申請」＝則五三、「罰則」＝本法九七①・九九

（運送に関する命令）

第八十四条　国土交通大臣は、当該運送が災害の救助その他公共の福祉を維持するため必要であり、かつ、当該運送を行う者がない場合又は著しく不足する場合に限り、一般旅客自動車運送事業者又は貨物自動車運送事業法による一般貨物自動車運送事業者（以下「一般貨物自動車運送事業者」という。）に対し、運送すべき旅客若しくは貨物、運送すべき区間、これに使用する自動車及び運送条件を指定して運送を命じ、又は旅客若しくは貨物の運送の順序を定めて、これによるべきことを命ずることができる。

2　前項の規定による命令で次条の規定による損失の補償を伴うものは、これによつて必要となる補償金の総額が国会の議決を経た予算の金額を超えない範囲内でこれをしなければならない。

本条…削り・追加〔平元法八三〕、一項…一部改正〔平一一法一六〇〕

※　「命令実施の届出」＝則六六Ⅰ⑤、「権限の委任」＝本法八八、令四Ⅰ・2、Ⅰ項「罰則」＝本法九八⑪・九九

（損失の補償）

第八十五条　前条第一項の規定による命令により損失を受けた者に対しては、その損失を補償する。

2　前項の規定による補償の額は、当該一般旅客自動車運送事業者又は一般貨物自動車運送事業者がその運送を行つたことにより通常生ずべき損失の額とする。

3　前二項に規定するもののほか、損失の補償に関し必要な事項は、国土交通省令で定める。

本条…削り・追加〔平元法八三〕、三項…一部改正〔平一一法一六〇〕

※　3項「国土交通省令」＝則五四

（免許等の条件又は期限）

第八十六条　免許、許可、登録又は認可には条件又は期限を付し、及びこれを変更することができる。

2　前項の条件又は期限は、公衆の利益を増進し、又は免許、許可、登録若しくは認可に係る事項の確実な実施を図るため必要な最少限度のものに限り、かつ、当該道路運送事業者（道路運送事業を経営する者をいう。以下同じ。）又は自家用有償旅客運送者に不当な義務を課することとならないものでなければならない。

一・二項…一部改正〔昭二八法一六八〕、一・二項…一部改正・旧一二〇条…繰上〔平元法八三〕、一・二項…一部改正〔平一八法四〇〕

（民法の特例）

第八十七条　次に掲げる取引に関して民法（明治二十九年法律第八十九号）第五百四十八条の二第一項の規定を適用する場合においては、同項第二号中「表示していた」とあるのは、「表示し、又は公表していた」とする。

一　一般乗合旅客自動車運送事業若しくは一般乗用旅客自動車運送事業による旅客の運送又は自家用有償旅客運送に係る取引

二　一般自動車道の通行に係る取引

本条…削除〔平一二法八六〕、追加〔平二九法四五〕

（都道府県等の処理する事務等）

第八十八条　第四章（第六十一条、第七十条第三号（使用料金の変更に係る部分に限る。）及び第七十五条を除く。以下この項において同じ。）、前章及び第九十四条に規定する国土交通大臣の権限に属する事務は、第四章に規定する権限に属する事務にあつては政令で定めるところにより都道府県知事が、前章及び同条に規定する権限に属する事務にあつては政令で定めるところにより都道府県知事又は市町村長（特別区の区長を含む。第九十条第一項及び第二項において同じ。）が、それぞれその一部を行うこととすることができる。

2　第二章、第二章の二及び第四章からこの章までに規定する国土交通大臣の権限は、政令で定めるところにより、地方運輸局長に委任することができる。

3　前項の規定により地方運輸局長に委任された権限は、政令で定めるところにより、運輸監理部長又は運輸支局長に委任することができる。

一項…一部改正・二項…追加・旧二項…三項に繰下〔昭二八法一六八〕、三項…一部改正〔昭三九法一六九〕、二項…削除・旧三項…二項に繰上〔昭四四法六八〕、見出・一項…一部改正・二項…削除〔昭四六法九六〕、本条…一部改正〔昭五九法二五〕、見出・一項…一部改正・二項…追加〔昭五九法六七〕、一項…一部改正〔昭六一法九三・平元法八二〕、一項…一部改正・旧一二二条…繰上〔平元法八三〕、見出・一項…全部改正・二項…追加・旧二項…三項に繰下〔平一一法八七〕、一〜三項…一部改正〔平一一法一六〇〕、三項…一部改正〔平一四法五四〕、二項…一部改正〔平二五法八三〕、見出・一項…一部改正〔平二六法五一〕

（運輸審議会への諮問）

第八十八条の二　国土交通大臣は、次に掲げる処分等をしようとするときは、運輸審議会に諮らなければならない。

一　第九条第一項の規定による運賃等の上限の認可

二　第九条第七項（第九条の二第二項及び第九条の三第六項において準用する場合を含む。）の規定による運賃又は料金の変更の命令

三　第九条の三第一項の規定による運賃等の認可

四　第三十一条の規定による運賃等の上限又は運賃若しくは料金の変更の命令

五　第四十条（第四十三条第五項において準用する場合を含む。）の規定による事業の停止の命令又は許可の取消し

六　第九十四条の二の規定による基本的な方針の策定

本条…追加〔平一一法一六〇〕、一部改正〔平一二法八六・九一平一八法一九・四〇平二五法八三令五法一八〕

（利害関係人等の意見の聴取）

第八十九条　地方運輸局長は、その権限に属する次に掲げる事項について、必要があると認めるときは、利害関係人又は参考人の出頭を求めて意見を聴取することができる。

一　一般乗合旅客自動車運送事業における運賃等の上限に関する認可

二　一般乗用旅客自動車運送事業における運賃等に関する認可

2　地方運輸局長は、その権限に属する前項各号に掲げる事項について利害関係人の申請があつたとき、又は国土交通大臣の権限に属する同項各号に掲げる事項若しくは旅客自動車運送事業の停止の命令若しくは許可の取消しについて国土交通大臣の指示があつたときは、利害関係人又は参考人の出頭を求めて意見を聴取しなければならない。

3　前二項の意見の聴取に際しては、利害関係人に対し、証拠を提出する機会が与えられなければならない。

4　第一項及び第二項の意見の聴取に関し必要な事項は、国土交通省令で定める。

本条…追加〔昭二八法一六八〕、一項…一部改正〔昭四六法九六〕、一・二項…一部改正〔昭五九法二五〕、一項…一部改正・旧一二二条の二…繰上〔平元法八三〕、見出…全部改正・一〜四項…一部改正〔平五法八九〕、一項…一部改正〔平一一法四八〕、二・四項…一部改正〔平一一法一六〇〕、一・二項…一部改正〔平一二法八六〕、一項…一部改正〔令五法一八〕

※　4項「国土交通省令」＝則五五〜六〇

（聴聞の特例）

第九十条　地方運輸局長がその権限に属する旅客自動車運送事業若しくは自家用有償旅客運送の業務の停止の命令をしようとするとき、又は都道府県知事若しくは市町村長がその権限に属する自家用有償旅客運送の業務の停止の命令をしようとするときは、行政手続法第十三条第一項の規定による意見陳述のための手続の区分にかかわらず、聴聞を行わなければならない。

2　地方運輸局長の権限に属する旅客自動車運送事業の停止の命令若しくは許可の取消し若しくは自家用有償旅客運送の業務の停止の命令若しくは登録の取消しの処分又は都道府県知事若しくは市町村長の権限に属する自家用有償旅客運送の業務の停止の命令若しくは登録の取消しの処分に係る聴聞の主宰者は、行政手続法第十七条第一項の規定により当該処分に係る利害関係人が当該聴聞に関する手続に参加することを求めたときは、これを許可しなければならない。

3　前項の聴聞の主宰者は、聴聞の期日において必要があると認めるときは、参考人の出頭を求めて意見を聴取することができる。

本条…追加〔平五法八九〕、旧八九条の二…繰下〔平七法八五〕、一・二項…一部改正〔平一二法八六平一八法四〇平二六法五四〕、一項…一部改正〔平二八法一〇〇〕

（道路管理者の意見の聴取）

第九十一条　国土交通大臣は、路線を定める旅客自動車運送事業につき第四条第一項又は第十五条第一項（路線の新設に係る事業計画の変更及び自動車の大きさ又は重量の増加を伴う事業計画の変更に限る。）の規定による処分をしようとするときは、国土交通省令で定めるところにより、当該処分により必要となる道路法による道路の構造及び設備に関する道路管理上の措置につき、当該道路管理者の意見を聴かなければならない。ただし、当該処分により運行することとなる事業用自動車の大きさ又は重量が、当該処分に係る路線と路線を共通にする他の旅客自動車運送事業者の当該共通にする路線の部分において運行する事業用自動車の大きさ又は重量を超えない場合（当該共通にする路線の部分に限る。）その他の道路管理者の意見を聴く必要がないものとして国土交通省令で定める場合は、この限りでない。

本条…一部改正〔昭四六法九六〕、一部改正・旧一二四条…繰上〔平元法八三〕、見出・本条…一部改正〔平七法八五〕、本条…一部改正〔平一一法一六〇平一二法八六〕

※　「国土交通省令」＝道路管理者の意見聴取に関する省令

（地方公共団体への通知）

第九十一条の二　国土交通大臣は、一般乗合旅客自動車運送事業（路線定期運行に係るものに限る。）について第四条第一項の許可又は第十五条第一項の認可の申請（路線の新設に係るものその他の国土交通省令で定めるものに限る。）があつたときは、国土交通省令で定めるところにより、当該申請があつた旨を関係地方公共団体に通知するものとする。

2　前項の規定による通知を受けた関係地方公共団体は、第九条第四項又は第七十九条の四第一項第五号の協議を行う必要があると認めるときは、国土交通省令で定めるところにより、地方公共団体、一般乗合旅客自動車運送事業者、住民その他の国土交通省令で定める関係者で構成される協議会を開催し、及び当該通知に係る申請者に対し協議会への参加を要請することができる。

本条…追加〔令二法三六〕

※　1項「国土交通省令」＝則六〇の四・六〇の五、2項「国土交通省令」＝則六〇の六

（道路運送に関する団体）

第九十二条　道路運送事業者その他の自動車を使用する者が次に掲げる事業の全部又は一部を行うことを目的として組織する団体は、その成立の日から三十日以内に、国土交通省令で定める事項について国土交通大臣に届け出なければならない。

一　構成員の行う道路運送に関する指導、調査及び研究
二　構成員の行う道路運送に必要な物資の共同購入、共同設備の設置その他構成員の行う道路運送に関する共同施設
三　構成員に対する道路運送に関し必要な資金の貸付け（手形の割引を含む。）及び構成員のためにするその借入れ
四　構成員の道路運送に関する債務の保証
五　構成員の行う道路運送に関し必要な資金の融通のあつせん
六　構成員の行う道路運送の用に供する物資の購入のあつせん
七　団体としての意見の公表又は適当な行政庁に対する申出
八　この法律の規定により構成員が提出する報告書等の取りまとめ
九　前号に掲げるもののほか、行政庁が構成員に対して発する通知の構成員への伝達その他行政庁の行うこの法律の施行のためにする措置に対する協力
十　この法律の違反行為の予防

本条…一部改正〔昭二八法一六八〕、一部改正・旧一二五条…繰上〔平元法八三〕、一部改正〔平一一法八七・一六〇〕

※　「国土交通省令」＝則六一、自動車道事業規則三三、「罰則」＝本法一〇五③

（自動車運送の総合的発達のためにする措置）

第九十三条　国土交通大臣は、自動車運送の総合的な発達を図るために、自動車運送相互の調整を図るとともに、自動車運送に関する資金の融通のあつ旋、自動車運送の用に供する物

資の確保及び自動車事故による損害賠償を保障する制度の確立に努めなければならない。

本条…追加〔昭二八法一六八〕、一部改正・旧一二五条の二…繰上〔平元法八三〕、一部改正〔平一一法一六〇〕

（報告、検査及び調査）

第九十四条　国土交通大臣は、この法律の施行に必要な限度において、道路運送事業者、自家用有償旅客運送者その他自動車を所有し、若しくは使用する者又はこれらの者の組織する団体に、国土交通省令で定める手続に従い、事業、自家用有償旅客運送の業務又は自動車の所有若しくは使用に関し、報告をさせることができる。

2　国土交通大臣は、この法律の施行に必要な限度において、適正化機関に、国土交通省令で定める手続に従い、その事業に関し、報告をさせることができる。

3　国土交通大臣は、この法律の施行に必要な限度において、指定試験機関に、国土交通省令で定める手続に従い、試験事務に関し、報告をさせることができる。

4　国土交通大臣は、この法律の施行に必要な限度において、その職員をして自動車、自動車の所在する場所又は道路運送事業者、自家用有償旅客運送者その他自動車を所有し、若しくは使用する者若しくはこれらの者の組織する団体の事務所その他の事業場（道路運送事業、自家用有償旅客運送の業務又は自動車の管理に係るものに限る。）に立ち入り、帳簿書類その他の物件を検査し、又は関係者に質問させることができる。

5　国土交通大臣は、この法律の施行に必要な限度において、その職員をして適正化機関又は指定試験機関の事務所に立ち入り、業務の状況若しくは帳簿書類その他の物件を検査し、又は関係者に質問させることができる。

6　国土交通大臣は、自動車による輸送の実情の調査を行うため特に必要があると認めるときは、その職員をして、当該調査のため必要な限度において、道路を通行する自動車の運転者に対し一時当該自動車を停止することを求め、及び運転者又はその補助者に輸送の経路、貨物の種類その他の事項を質問させることができる。

7　前三項の場合には、当該職員は、その身分を示す証票を携帯し、かつ、関係者の請求があつたときは、これを提示しなければならない。

8　第四項から第六項までの権限は、犯罪捜査のために認められたものと解釈してはならない。

二項…全部改正〔昭三一法一六八〕、見出…全部改正・一・二項…一部改正・三項…追加・旧三・四項…一部改正し一項ずつ繰下〔昭三五法一四一〕、三・四項…一部改正・旧一二六条…繰上〔平元法八三〕、一―三項…一部改正〔平一一法八七・一六〇〕、一項…一部改正・二・四項…追加・旧二項…一部改正し三項に繰下・旧四・五項…一部改正し二項ずつ繰下・旧三項…五項に繰下〔平一二法八六〕、一・三項…一部改正〔平一八法四〇〕、二項…追加・旧四・七項…一部改正し一項ずつ繰下・旧二・三・五・六項…一項ずつ繰下〔平二五法八三〕

※　「適用除外」＝安保協定等の実施に伴う道路運送法等の特例法一、自衛隊法一一三、1項「省令」＝旅客自動車運送事業等報告規則、貨物自動車運送事業報告規則、自動車道事業報告規則、「罰則」＝本法九八⑱・九九、3項「検査・質問」＝自動車運送事業等監査規則、「罰則」＝本法九八の三③、4項「罰則」＝本法九八⑲・九九、5項「身分を示す証票」＝則六三・別記様式、自動車道事業規則三五・別記様式、「罰則」＝本法九八の三④

（安全管理規程に係る報告の徴収又は立入検査の実施に係る基本的な方針）

第九十四条の二　国土交通大臣は、前条第一項の規定による報告の徴収又は同条第四項の規定による立入検査のうち安全管理規程（第二十二条の二第二項第一号（第四十三条第五項において準用する場合を含む。）に係る部分に限る。）に係るものを適正に実施するための基本的な方針を定めるものとする。

本条…追加〔平一八法一九〕、一部改正〔平二五法八三〕

（自動車に関する表示）

第九十五条　自動車（軽自動車たる自家用自動車、乗車定員十人以下の乗用の自家用自動車、特殊自動車たる自家用自動車その他国土交通省令で定めるものを除く。）を使用する者は、その自動車の外側に、使用者の氏名、名称又は記号その他の国土交通省令で定める事項を見やすいように表示しなければならない。

※　本条…一部改正・旧一二七条…繰上〔平元法八三〕、一部改正〔平一一法一六〇〕

※　「適用除外」＝安保協定等の実施に伴う道路運送法等の特例法一、自衛隊法一一三、「省令」＝則六四・六五、「罰則」＝本法一〇五①

（手数料）

第九十五条の二　運行管理者試験を受けようとする者又は運行管理者資格者証の交付若しくは再交付を受けようとする者は、実費を勘案して国土交通省令で定める額の手数料を国（指定試験機関が行う試験を受けようとする者にあつては、当該指定試験機関）に納めなければならない。

2　前項の規定により指定試験機関に納められた手数料は、当該指定試験機関の収入とする。

本条…追加〔平一二法八六〕

（指定試験機関の処分等についての審査請求）

第九十五条の三　この法律の規定による指定試験機関の処分又はその不作為に不服がある者は、国土交通大臣に対し、審査請求をすることができる。この場合において、国土交通大臣は、行政不服審査法（平成二十六年法律第六十八号）第二十五条第二項及び第三項、第四十六条第一項及び第二項、第四十七条並びに第四十九条第三項の規定の適用については、指定試験機関の上級行政庁とみなす。

本条…追加〔平一二法八六〕、見出・本条…一部改正〔平二六法六九〕

（申請書等の経由）

第九十五条の四　第四章（第六十一条及び第七十五条を除く。）及び第九十二条の規定による申請書その他の書類（同条の規定によるものについては、自動車道事業に係るものに限る。）で国土交通大臣に提出すべきものは、国土交通省令で定めるところにより、都道府県知事及び地方運輸局長を経由して行わなければならない。

本条…追加〔平一一法八七〕、一部改正〔平一一法一六〇〕、旧九五条の二…繰下〔平一二法八六〕、一部改正〔平二六法五一〕

※　「国土交通省令」＝自動車道事業規則三、自動車道事業報告規則四

（事務の区分）

第九十五条の五　第六十九条第一項及び前条の規定により都道

府県が処理することとされている事務は、地方自治法（昭和二十二年法律第六十七号）第二条第九項第一号に規定する第一号法定受託事務とする。

本条…追加〔平一一法八七〕、一部改正〔平一一法一六〇〕、旧九五条の三…繰下〔平一二法八六〕

第七章　罰則

旧一〇章…繰上〔平元法八三〕

第九十六条　次の各号のいずれかに該当するときは、その違反行為をした者は、三年以下の懲役若しくは三百万円以下の罰金に処し、又はこれを併科する。

一　第四条第一項の規定に違反して一般旅客自動車運送事業を経営したとき。

二　第三十三条（第四十三条第五項及び第七十二条において準用する場合を含む。）の規定に違反したとき。

三　第四十七条第一項の規定に違反して自動車道事業を経営したとき。

注　令和四年六月一七日法律六八号により改正され、令和七年六月一日から施行
第九十六条中「懲役」を「拘禁刑」に改める。

本条…一部改正〔昭三五法一四一昭四六法九六〕、一部改正・旧一二八条…繰上〔平元法八三〕、本条…一部改正〔平一一法四八平一二法八六令二法三六〕

第九十七条　次の各号のいずれかに該当するときは、その違反行為をした者は、一年以下の懲役若しくは百五十万円以下の罰金に処し、又はこれを併科する。

一　第二十五条（第四十三条第五項において準用する場合を含む。）、第七十八条又は第八十三条の規定に違反したとき。

二　第二十七条第四項の規定による命令（輸送の安全の確保に係るものに限り、一般乗用旅客自動車運送事業者に対するものを除く。）に違反したとき。

三　第三十五条第一項又は第七十条の二第一項の規定により許可を受けてしなければならない事項を許可を受けないでしたとき。

四　第四十条（第四十三条第五項及び第七十二条において準用する場合を含む。）の規定による輸送施設の使用の停止又は事業の停止の処分に違反したとき。

五　第四十三条第一項の規定に違反して、特定旅客自動車運送事業を経営したとき。

六　第五十七条第一項、第五十八条第一項、第六十条第一項（第七十五条第三項において準用する場合を含む。）又は第七十五条第一項の規定による検査を受けないで、又はこれに合格しないで、自動車道の供用を開始したとき（第五十九条第一項の規定により一般自動車道の一部につき検査を受け、これに合格した場合において、その部分につき供用を開始したときを除く。）。

七　不正の手段により第七十九条の登録又は第七十九条の六第一項の有効期間の更新の登録を受けたとき。

八　第八十一条第一項の規定による処分に違反したとき。

注　令和四年六月一七日法律六八号により改正され、令和七年六月一日から施行
第九十七条中「懲役」を「拘禁刑」に改める。

本条…追加〔昭三一法一六八〕、一部改正〔昭三五法一四一昭四六法九六昭六〇法一〇二〕、一部改正・旧一二八条の二…繰上〔平元法八三〕、本条…一部改正〔平一一法四八平一二法八六平一八法四〇平二八法一〇〇・一〇六令二法三六〕

第九十七条の二　次の各号の一に該当する者は、一年以下の懲役又は五十万円以下の罰金に処する。

一　第四十五条の五第一項の規定に違反してその職務に関して知り得た秘密を漏らした者

二　指定試験機関が第四十五条の十一第二項の規定による業務の停止の命令に違反した場合におけるその違反行為をした指定試験機関の役員又は職員

注　令和四年六月一七日法律六八号により改正され、令和七年六月一日から施行
第九十七条の二中「一に」を「いずれかに」に、「懲役」を「拘禁刑」に改める。

本条…追加〔平一二法八六〕

第九十七条の三　第七十九条の十二第一項の規定による業務の停止の命令に違反したときは、その違反行為をした者は、六月以下の懲役若しくは五十万円以下の罰金に処し、又はこれを併科する。

注　令和四年六月一七日法律六八号により改正され、令和七年六月一日から施行
第九十七条の三中「懲役」を「拘禁刑」に改める。

本条…追加〔平一八法四〇〕、一部改正〔令二法三六〕

第九十八条　次の各号のいずれかに該当するときは、その違反行為をした者は、百万円以下の罰金に処する。

一　第九条第三項若しくは第六項、第九条の二第一項若しくは第九条の三第五項の規定による届出をしないで、又はこれらの規定若しくは第九条第四項若しくは第九条の三第三項の規定により届け出た運賃若しくは料金によらないで、運賃又は料金を収受したとき。

二　第九条第七項（第九条の二第二項及び第九条の三第六項において準用する場合を含む。）の規定による命令に違反して、運賃又は料金を収受したとき。

三　第九条の三第一項の規定による認可を受けないで、若しくは認可を受けた運賃若しくは料金によらないで、運賃若しくは料金を収受し（同条第三項の規定による届出をした場合を除く。）、又は第六十一条第一項の規定による認可を受けないで、若しくは認可を受けた使用料金によらないで、使用料金を収受したとき。

四　第十条（第七十二条において準用する場合を含む。）の規定に違反して、運賃又は料金の割戻しをしたとき。

五　第十一条第一項の規定による認可を受けないで、又は認可を受けた運送約款によらないで、運送契約を締結したとき。

六　第十三条、第二十条（第四十三条第五項において準用する場合を含む。）、第二十三条第一項（第四十三条第五項において準用する場合を含む。）、第四十一条第三項（第四十三条第五項及び第八十一条第二項において準用する場合を含む。）、第六十五条又は第六十八条第五項の規定に違反したとき。

七　第十五条第一項（第四十三条第五項において準用する場

合を含む。)、第十九条第一項、第五十四条第一項(第六十七条(第七十五条第三項において準用する場合を含む。)及び第七十五条第三項において準用する場合を含む。)又は第六十六条第一項の規定により認可を受けてしなければならない事項を認可を受けないでしたとき。

八　第十五条第三項(第四十三条第五項において準用する場合を含む。)又は第十五条の二第一項の規定による届出をしないで事業計画を変更したとき。

九　第十五条の三第一項の規定による届出をしないで運行をしたとき。

十　第十五条の三第二項の規定による届出をしないで運行計画を変更したとき。

十一　第十六条第二項、第十九条の二、第二十二条の二第三項若しくは第七項(これらの規定を第四十三条第五項において準用する場合を含む。)、第二十七条第四項(第四十三条第五項において準用する場合を含む。)、第三十条第四項(第七十二条において準用する場合を含む。)、第三十一条、第四十一条第一項(第四十三条第五項及び第八十一条第二項において準用する場合を含む。)、第五十五条(第七十五条第三項において準用する場合を含む。)、第七十条(第七十五条第三項において準用する場合を含む。)、第七十三条第二項(第七十五条第三項において準用する場合を含む。)又は第八十四条第一項の規定による命令に違反したとき(第二十七条第四項の規定による命令に違反したときにあっては、第九十七条第二号に該当する場合を除く。)。

十二　第二十二条の二第一項(第四十三条第五項において準用する場合を含む。)の規定による届出をしないで、又は届け出た安全管理規程(第二十二条の二第二項第二号及び第三号(これらの規定を第四十三条第五項において準用する場合を含む。)に係る部分に限る。)によらないで、事業を行ったとき。

十三　第二十二条の二第四項(第四十三条第五項において準用する場合を含む。)の規定に違反して、安全統括管理者を選任しなかったとき。

十四　第二十二条の二第五項又は第二十三条第三項(これらの規定を第四十三条第五項において準用する場合を含む。)の規定による届出をせず、又は虚偽の届出をしたとき。

十五　第三十八条第一項又は第二項の規定による届出をしないで、又は虚偽の届出をして、事業を休止し、又は廃止したとき。

十六　第六十二条第一項若しくは第六十三条第一項(第七十五条第三項において準用する場合を含む。)の規定による認可を受けないで、又は認可を受けた供用約款若しくは供用制限によらないで、自動車道の供用契約を締結したとき。

十七　第七十条の三第一項又は第八十条第一項の規定により許可を受けてしなければならない事項を許可を受けないでしたとき。

十八　第九十四条第一項の規定による報告をせず、又は虚偽の報告をしたとき。

十九　第九十四条第四項の規定による検査を拒み、妨げ、若しくは忌避し、又は質問に対し虚偽の陳述をしたとき。

本条…全部改正〔平一二法八六〕、一部改正〔平一八法一九・四〇平二五法八三平二八法一〇〇・一〇六令二法三六令五法一八〕

第九十八条の二　次の各号のいずれかに該当するときは、その違反行為をした者は、五十万円以下の罰金に処する。

一　第七十九条の七第一項の規定に違反して、第七十九条の二第一項各号に掲げる事項又は事業者協力型自家用有償旅客運送を行うかどうかの別を変更したとき。

二　第七十九条の九第二項の規定による命令に違反したとき。

本条…追加〔平一八法四〇〕、一部改正〔令二法三六〕

第九十八条の二の二　次の各号のいずれかに該当するときは、その違反行為をした適正化機関の役員又は職員は、三十万円以下の罰金に処する。

一　第九十四条第二項の規定による報告をせず、又は虚偽の報告をしたとき。

二　第九十四条第五項の規定による検査を拒み、妨げ、若しくは忌避し、又は質問に対して陳述をせず、若しくは虚偽の陳述をしたとき。

本条…追加〔平二五法八三〕

第九十八条の三　次の各号のいずれかに該当するときは、その違反行為をした指定試験機関の役員又は職員は、三十万円以下の罰金に処する。

一　第四十五条の八の規定に違反して、帳簿を備え付けず、帳簿に記載せず、若しくは帳簿に虚偽の記載をし、又は帳簿を保存しなかったとき。

二　第四十五条の十の規定に違反して、試験事務の全部を廃止したとき。

三　第九十四条第三項の規定による報告をせず、又は虚偽の報告をしたとき。

四　第九十四条第五項の規定による検査を拒み、妨げ、若しくは忌避し、又は質問に対して陳述をせず、若しくは虚偽の陳述をしたとき。

本条…追加〔平一二法八六〕、一部改正・旧九八条の二…繰下〔平一八法四〇〕、一部改正〔平二五法八三〕

第九十九条　法人の代表者又は法人若しくは人の代理人、使用人その他の従業者がその法人又は人の業務又は所有し、若しくは使用する自動車に関し、次の各号に掲げる規定の違反行為をしたときは、行為者を罰するほか、その法人に対して当該各号に定める罰金刑を、その人に対して各本条の罰金刑を科する。

一　第九十七条(第二号に係る部分に限る。)　一億円以下の罰金刑

二　第九十六条、第九十七条(第二号に係る部分を除く。)又は第九十七条の三から第九十八条の二まで　各本条の罰金刑

本条…一部改正・旧一三二条…繰上〔平元法八三〕、本条…一部改正・旧一〇二条…繰上〔平一一法四八〕、本条…一部改正〔平一一法八七平一二法八六平一八法四〇平二八法一〇〇〕

第百条　自動車道若しくはその標識を損壊し、又はその他の方法で自動車道における自動車の往来の危険を生ぜしめた者は、五年以下の懲役に処する。

2　前項の未遂罪は、これを罰する。

3　みだりに第六十八条第五項の規定による道路標識に類似

し、又はその効果を妨げるような工作物を設置した者は、六月以下の懲役又は五十万円以下の罰金に処する。

> 注　令和四年六月一七日法律六八号により改正され、令和七年六月一日から施行
> 第百条第一項中「懲役」を「拘禁刑」に改め、同条第三項中「懲役」を「拘禁刑」に改める。

三項…一部改正〔昭三五法一四一〕、三項…一部改正・旧一三三条…繰上〔平元法八三〕、三項…一部改正・旧一〇三条…繰上〔平一一法四八〕

第百一条　人の現在する一般旅客自動車運送事業者の事業用自動車を転覆させ、又は破壊した者は、十年以下の懲役に処する。

2　前項の罪を犯しよつて人を傷つけた者は、一年以上の有期懲役に処し、死亡させた者は、無期又は三年以上の懲役に処する。

3　第一項の未遂罪は、これを罰する。

> 注　令和四年六月一七日法律六八号により改正され、令和七年六月一日から施行
> 第百一条第一項中「懲役」を「拘禁刑」に改め、同条第二項中「有期懲役」を「有期拘禁刑」に、「の懲役」を「の拘禁刑」に改める。

二項…一部改正・旧一三四条…繰上〔平元法八三〕、旧一〇四条…繰上〔平一一法四八〕、一項…一部改正〔令二法三六〕

第百二条　第百条第一項の罪を犯しよつて自動車を転覆させ、又は破壊した者も前条の例による。

本条…一部改正・旧一三五条…繰上〔平元法八三〕、本条…一部改正・旧一〇五条…繰上〔平一一法四八〕

第百三条　過失により第百条第一項又は第百一条第一項の罪を犯した者は、三十万円以下の罰金に処する。その業務に従事する者が犯したときは、一年以下の禁錮又は五十万円以下の罰金に処する。

> 注　令和四年六月一七日法律六八号により改正され、令和七年六月一日から施行
> 第百三条中「禁錮」を「拘禁刑」に改める。

本条…一部改正・旧一三六条…繰上〔平元法八三〕、本条…一部改正・旧一〇六条…繰上〔平一一法四八〕

第百四条　次の各号のいずれかに該当する者は、二十万円以下の罰金に処する。

一　一般旅客自動車運送事業者の事業用自動車の乗務員の職務の執行を妨げた者

二　一般旅客自動車運送事業者の事業用自動車に石類を投げつけた者

三　第二十八条第一項（第四十三条第五項において準用する場合を含む。）の規定に違反した者

四　第六十八条第六項の規定に違反した者

本条…一部改正〔昭四六法九六〕、一部改正・旧一三七条…繰上〔平元法八三〕、本条…一部改正・旧一〇七条…繰上〔平一一法四八〕、一部改正〔平一二法八六平一八法一九令二法三六〕

第百五条　次の各号のいずれかに該当する者は、五十万円以下の過料に処する。

一　第十二条、第十五条の二第六項、第三十八条第四項（第七十条の三第三項において準用する場合を含む。）、第六十四条又は第九十五条の規定による公示若しくは表示をせず、又は虚偽の公示若しくは表示をした者

二　第十四条の規定に違反した者

三　第十五条第四項（第四十三条第五項において準用する場合を含む。）、第十五条の二第五項（第三十八条第三項において準用する場合を含む。）、第十五条の三第三項、第二十九条（第四十三条第五項において準用する場合を含む。）、第四十三条第八項若しくは第十項、第五十四条第三項（第六十七条（第七十五条第三項において準用する場合を含む。）及び第七十五条第三項において準用する場合を含む。）、第六十六条第三項、第七十九条の七第三項、第七十九条の十、第七十九条の十一又は第九十二条の規定による届出をせず、又は虚偽の届出をした者

四　正当な理由なく、第二十三条の三の規定による命令に違反して運行管理者資格者証を返納しなかつた者

五　第二十九条の三（第四十三条第五項において準用する場合を含む。）の規定による公表をせず、又は虚偽の公表をした者

六　第四十三条第六項の規定による届出をしないで、又は届け出た運賃若しくは料金によらないで、運賃又は料金を収受した者

七　第六十八条第四項（第七十五条第三項において準用する場合を含む。）の規定による報告をせず、又は虚偽の報告をした者

八　第七十九条の八第一項の規定による公示をせず、若しくは虚偽の公示をし、又は説明をしなかつた者

本条…一部改正〔昭二八法一六八昭四六法九六昭六〇法二二平元法八二〕、一部改正・旧一三八条…繰上〔平元法八三〕、一部改正〔平五法八九平六法九七〕、本条…一部改正・旧一〇八条…繰上〔平一一法四八〕、一部改正〔平一二法八六平一八法一九・四〇平二八法一〇〇令二法三六〕

附　則

1　この法律は、昭和二十六年七月一日から施行する。但し、第八条第二項及び第三項、第九条から第十一条まで、第六十一条第二項及び第三項、第七十二条（第九条の規定の準用に関する部分に限る。）、第八十五条第二項並びに第九十四条（第八十五条第二項の規定の準用に関する部分に限る。）の規定は、道路運送事業の運賃又は料金につき、物価統制令（昭和二十一年勅令第百十八号）第四条又は同令第七条の規定による統制額の存する間は、その統制額の存する部分については、適用しない。

2　第九条の三第二項第一号の規定の適用については、当分の間、「加えたものを超えないもの」とあるのは、「加えたもの」とする。

一項…一部改正・二項…追加〔平二一法六四〕

附　則（昭二七・六・一〇法一八一）

この法律は、新法〔道路法〕施行の日〔昭和二七年一二月五日〕から施行する。

附　則（昭二八・八・五法一六八抄）

1　この法律は、昭和二十八年十月一日から施行する。

3　この法律の施行前にした改正前の道路運送法及び道路運送法施行法（昭和二十六年法律第百八十四号）第十一条の規定による一般自動車運送事業の免許又は道路運送法第四十六条の規定による種類若しくは事業区域の指定は、運輸省令で定めるところにより、改正後の同法の規定に基いてしたものとみなす。

4 この法律の施行前にした改正前の道路運送法の規定による一般自動車運送事業の免許の申請は、運輸省令で定めるところにより、改正後の同法の規定に基いてしたものとみなす。

5 この法律の施行前にした行為に対する罰則の適用については、なお従前の例による。

附 則（昭三一・七・二法一六八）

1 この法律は、公布の日から起算して三十日を経過した日から施行する。

2 この法律の施行の際、現に改正後の道路運送法第二条第二項の規定により新たに自動車運送事業となる事業を経営している者は、この法律の施行の日から三十日間は、同法第四条第一項の規定による免許を受けないでも、当該事業を引き続き経営することができる。その者が、その期間内に当該事業について同項の免許の申請をした場合において、免許をする旨又は免許をしない旨の通知を受ける日までの期間についても同様とする。

附 則（昭三二・四・二五法七九抄）

（施行期日）

1 この法律は、公布の日から施行する。

附 則（昭三四・三・三〇法六六抄）

（施行期日）

1 この法律は、公布の日から施行する。

附 則（昭三五・六・二五法一〇五抄）

（施行期日）

第一条 この法律〔中略〕は、公布の日から起算して六月をこえない範囲内において政令で定める日から施行する。

〔昭三五・一〇政令二六九により、昭三五・一二・二〇から施行〕

附 則（昭三五・八・二法一四一）

1 この法律は、公布の日から起算して三十日を経過した日から施行する。ただし、第二十五条の二を加える改正規定は、公布の日から起算して六月を経過した日から施行する。

2 改正後の第四十三条の二第四項の規定は、この法律の施行の日前にした道路運送車両法（昭和二十六年法律第百八十五号）の規定によるまっ消登録の申請に係る自動車については、適用しない。

附 則（昭三七・五・一六法一四〇抄）

1 この法律は、昭和三十七年十月一日から施行する。

附 則（昭三七・九・一五法一六一抄）

1 この法律は、昭和三十七年十月一日から施行する。

附 則（昭三九・七・一一法一六九抄）

1 この法律は、昭和四十年四月一日から施行する。〔後略〕

附 則（昭四四・八・一法六八抄）

（施行期日）

第一条 この法律中、第一条、次条、附則第三条及び附則第六条の規定は、公布の日から起算して六月をこえない範囲内において政令で定める日から、第二条、附則第四条及び附則第五条の規定は、公布の日から起算して一年をこえない範囲内において政令で定める日から施行する。

〔昭四四・一二政令三〇七により、第一条、附則第二条、附則第三条及び附則第六条の規定は、昭四五・二・一から・第二条、附則第四条及び附則第五条の規定は、昭四五・三・一から施行〕

附 則（昭四五・五・二〇法八〇抄）

（施行期日）

1 この法律は、公布の日から施行する。〔後略〕

附 則（昭四六・六・一法九六抄）

（施行期日等）

1 この法律は、公布の日から施行する。ただし、次の各号に掲げる規定は当該各号に掲げる日から施行する。

一・二〔略〕

三 第二十四条及び第二十七条並びに附則第八項から第十四項まで、第十九項、第二十一項及び第二十七項 公布の日から起算して六月を経過した日

8 第二十四条の規定の施行の際現に経営している同条の規定による改正前の道路運送法（以下「旧道路運送法」という。）第三条第二項第六号の一般小型貨物自動車運送事業（第二十四条の規定による改正後の道路運送法（以下「新道路運送法」という。）第三条第四項第二号の無償貨物自動車運送事業又は同法第二条第五項の軽車両等運送事業に該当するものを除く。以下同じ。）に係る旧道路運送法第四条第一項の免許は、新道路運送法第三条第二項第五号の一般区域貨物自動車運送事業に係る同法第四条第一項の免許とみなす。

9 第二十四条の規定の施行前にした旧道路運送法第三条第二項第六号の一般小型貨物自動車運送事業に係る同法第四条第一項の免許の申請は、新道路運送法第三条第二項第五号の一般区域貨物自動車運送事業に係る同法第四条第一項の免許の申請とみなす。

10 第二十四条の規定の施行の際現に経営している旧道路運送法第三条第三項の特定自動車運送事業（新道路運送法第三条第四項の無償自動車運送事業又は同法第二条第五項の軽車両等運送事業に該当するものを除く。以下同じ。）に係る旧道路運送法第四条第一項の免許は、新道路運送法第四十五条第一項の許可とみなす。

11 第二十四条の規定の施行前にした旧道路運送法第三条第三項の特定自動車運送事業に係る同法第四条第一項の免許の申請は、新道路運送法第四十五条第一項の許可の申請とみなす。

12 第二十四条の規定の施行の際現に旧道路運送法第四条第一項の免許を受けている自動車運送事業で新道路運送法第三条第四項の無償自動車運送事業に該当するものを経営している者は、同法第四十五条の二第一項前段の届出をしないでも、当該事業を引き続き経営することができる。この場合において、同項後段の規定の適用については、当該免許に係る路線又は事業区域及び事業計画のうち同法第四十五条の二第一項前段の規定により届け出なければならない事項に該当するものは、同項前段の規定により届け出た事項とみなす。

13 第二十四条の規定の施行前にした旧道路運送法第四条第一項の免許の申請で新道路運送法第三条第四項の無償自動車運送事業に該当するものに係るものは、同法第四十五条の二第一項前段の規定によりした届出とみなす。

14 第二十四条の規定の施行の際現に旧道路運送法第八条第一項の規定により認可を受けている特定自動車運送事業に係る運賃及び料金は、新道路運送法第四十五条第七項の規定により届け出た運賃及び料金とみなす。

16 この法律（附則第一項各号に掲げる規定については、当該各規定）の施行前にした行為に対する罰則の適用について

は、なお従前の例による。

附　則（昭五七・七・二三法六九抄）

（施行期日等）

1　この法律は、公布の日から施行する。〔後略〕

附　則（昭五九・五・八法二五抄）

（施行期日）

第一条　この法律は、昭和五十九年七月一日から施行する。

（経過措置）

第二十三条　この法律の施行前に海運局長、海運監理部長、海運局若しくは海運監理部の支局その他の地方機関の長（以下「支局長等」という。）又は陸運局長が法律若しくはこれに基づく命令の規定によりした許可、認可その他の処分又は契約その他の行為（以下この条において「処分等」という。）は、政令（支局長等がした処分等にあっては、運輸省令）で定めるところにより、この法律による改正後のそれぞれの法律若しくはこれに基づく命令の規定により相当の地方運輸局長、海運監理部長又は地方運輸局若しくは海運監理部の海運支局その他の地方機関の長（以下「海運支局長等」という。）がした処分等とみなす。

第二十四条　この法律の施行前に海運局長、海運監理部長、支局長等又は陸運局長に対してした申請、届出その他の行為（以下この条において「申請等」という。）は、政令（支局長等に対してした申請等にあっては、運輸省令）で定めるところにより、この法律による改正後のそれぞれの法律若しくはこれに基づく命令の規定により相当の地方運輸局長、海運監理部長又は海運支局長等に対してした申請等とみなす。

第二十五条　この法律の施行前にした行為に対する罰則の適用については、なお従前の例による。

附　則（昭五九・八・一〇法六七抄）

（施行期日）

第一条　この法律は、公布の日から起算して一年を超えない範囲内において政令で定める日から施行する。

〔昭五九・一一政令三三〇により、昭六〇・四・一から施行〕

（経過措置）

第九条　この法律の施行前に、この法律による改正前の道路運送法〔中略〕に基づく命令の規定によりした処分、手続その他の行為は、この法律による改正後の道路運送法〔中略〕に基づく命令の相当規定によりした処分、手続その他の行為とみなす。

附　則（昭六〇・四・九法二二）

この法律は、公布の日から起算して一月を経過した日から施行する。ただし、第百二十八条の三の改正規定は、公布の日から起算して一年を経過した日から施行する。

附　則（昭六〇・一二・二四法一〇二抄）

（施行期日）

第一条　この法律は、公布の日から施行する。〔後略〕

附　則（昭六一・一二・四法九三抄）

（施行期日）

第一条　この法律は、昭和六十二年四月一日から施行する。〔後略〕

（罰則の適用に関する経過措置）

第四十一条　この法律の施行前にした行為及びこの法律の規定によりなお従前の例によることとされる事項に係るこの法律の施行後にした行為に対する罰則の適用については、なお従前の例による。

附　則（平元・一二・一九法八二抄）

沿革　平一一法一六〇改正

（施行期日）

第一条　この法律は、公布の日から起算して一年を超えない範囲内において政令で定める日から施行する。

〔平二・七政令二〇九により、平二・一二・一から施行〕

（経過措置）

第七条　この法律の施行の際現に附則第二条の規定による廃止前の通運事業法（以下「旧通運事業法」という。）第二条第一項第一号の行為を行う事業（次条第一項の規定により第二種利用運送事業の許可を受けたものとみなされる者が経営する当該許可に係る事業に含まれるものを除く。）について旧通運事業法第四条第一項の免許を受けている者は、当該免許に係る事業の範囲内において、この法律の施行の日（以下「施行日」という。）に第一種利用運送事業及び運送取次事業についてそれぞれ第三条第一項の許可及び第二十三条の登録を受けたものとみなす。

2　前項の規定により第一種利用運送事業の許可を受けたものとみなされる者については、当該事業に係る旧通運事業法第五条第三項の事業計画（第四条第一項第三号に規定する事項に相当する事項に係る部分に限る。）を同号の事業計画とみなして、この法律の規定を適用する。

3　運輸大臣は、第一項の規定により運送取次事業の登録を受けたものとみなされる者に係る当該登録については、当該事業に係る旧通運事業法第五条第三項の事業計画に記載されている事項のうち第二十五条第一項第一号に掲げる事項に相当するもの及び同項第二号に掲げる事項を運送取次事業者登録簿に記載することにより行うものとする。

4　運輸大臣は、前項の場合において、第二十五条第一項第一号に掲げる事項の一部の事項について旧通運事業法第五条第三項の事業計画にこれに相当する事項の記載がないときその他必要があると認めるときは、施行日から一年を経過する日までの間に限り、運輸省令で定めるところにより、職権により、当該登録を更正することができる。

第八条　この法律の施行の際現に次の各号のいずれかに該当する者であって第二種利用運送事業に該当する事業を経営しているものは、当該免許（第二号に掲げる者にあっては、当該免許及び当該指定又は登録）に係る事業の範囲内において施行日に第二種利用運送事業について第三条第一項の許可を受けたものとみなす。

一　旧通運事業法第二条第一項第一号及び第二号の行為を行う事業について旧通運事業法第四条第一項の免許を受けている者

二　旧通運事業法第二条第一項第一号の行為を行う事業について旧通運事業法第四条第一項の免許を受けている者であって、旧通運事業法第十五条の規定により運輸大臣から取扱駅の指定を受けているもの又は附則第四条の規定による改正前の道路運送法（以下「旧道路運送法」という。）第二条第四項第三号の行為を行う事業について旧道路運送法第八十条第一項の登録を受けているもの

2　前項の規定により第二種利用運送事業の許可を受けたものとみなされる者については、当該事業に係る旧通運事業法第

五条第三項の事業計画（第四条第一項第三号に規定する事項に相当する事項に係る部分に限る。）を同号の事業計画と、当該事業に係る旧通運事業法第五条第三項の事業計画（第四条第一項第四号に規定する事項に相当する事項に係る部分に限る。）若しくは旧道路運送法第五条第一項第三号の事業計画（第四条第一項第四号に規定する事項に相当する事項に係る部分に限る。）又は当該事業に係る旧道路運送法第八十二条第一項の自動車運送取扱事業者登録簿に記載されている事項のうち第四条第一項第四号に規定する事項に相当するものを同号の集配事業計画とみなして、この法律の規定を適用する。

3　運輸大臣は、前項の場合において、第四条第一項第四号に規定する事項の一部の事項について旧通運事業法第五条第三項の事業計画、旧道路運送法第五条第一項第三号の事業計画又は旧道路運送法第八十二条第一項の自動車運送取扱事業者登録簿にこれに相当する事項の記載がないときその他必要があると認めるときは、当該第二種利用運送事業の許可を受けたものとみなされる者に対し、施行日から一年を経過する日までの間に限り、運輸省令で定めるところにより、当該集配事業計画に追加する必要があると認められる事項を記載した届出書の提出を求めることができる。この場合において当該届出書の提出があったときは、第七条、第八条第一項及び第十五条第一号中「集配事業計画」とあるのは、「集配事業計画（附則第八条第三項に規定する届出書に記載された事項を含む。）」とする。

4　第一項の規定により第二種利用運送事業の許可を受けたものとみなされる者（同項第二号に掲げる者に限る。）がこの法律の施行後最初に第九条第一項の規定により届け出なければならない運賃及び料金については、同項中「あらかじめ」とあるのは、「この法律の施行の日から三月以内に」とする。

5　前項に規定する者がこの法律の施行後最初に第十一条第一項の規定により認可を受けなければならない利用運送約款については、同項中「、運輸大臣」とあるのは、「、この法律の施行の日から三月以内に、運輸大臣」とする。

第十二条　この法律の施行の際現に旧道路運送法第二条第四項第一号又は第二号の行為を行う事業について旧道路運送法第八十条第一項の登録を受けている者は、当該登録に係る事業の範囲内において、施行日に運送取次事業について第二十三条の登録を受けたものとみなす。

2　附則第七条第三項及び第四項の規定は、前項の規定により運送取次事業の登録を受けたものとみなされる者に係る当該登録について準用する。この場合において、これらの規定中「旧通運事業法第五条第三項の事業計画」とあるのは、「附則第四条の規定による改正前の道路運送法第八十二条第一項の自動車運送取扱事業者登録簿」と読み替えるものとする。

第十三条　この法律の施行の際現に旧道路運送法第二条第四項第三号の行為を行う事業（附則第八条第一項の規定により第二種利用運送事業の許可を受けたものとみなされる者が経営する当該許可に係る事業に含まれるものを除く。）について旧道路運送法第八十条第一項の登録を受けている者は、当該登録に係る事業の範囲内において、施行日に第一種利用運送事業について第三条第一項の許可を受けたものとみなす。

2　前項の規定により第一種利用運送事業の許可を受けたものとみなされる者については、当該事業に係る旧道路運送法第八十二条第一項の自動車運送取扱事業者登録簿に記載されている事項のうち第四条第一項第三号に規定する事項に相当する事項を同号の事業計画とみなして、この法律の規定を適用する。

3　運輸大臣は、前項の場合において、第四条第一項第三号に規定する事項の一部の事項について旧道路運送法第八十二条第一項の自動車運送取扱事業者登録簿にこれに相当する事項の記載がないときその他必要があると認めるときは、当該第一種利用運送事業の許可を受けたものとみなされる者に対し、施行日から一年を経過する日までの間に限り、運輸省令で定めるところにより、当該事業計画に追加する必要があると認められる事項を記載した届出書の提出を求めることができる。この場合において当該届出書の提出があったときは、第七条、第八条第一項及び第十五条第一号中「事業計画」とあるのは、「事業計画（附則第十三条第三項に規定する届出書に記載された事項を含む。）」とする。

第十八条　この法律の施行の際現に旧航空法第百二十二条の二第一項の免許を受け、かつ、旧道路運送法第四条第一項の免許又は旧道路運送法第二条第四項第三号の行為を行う事業について旧道路運送法第八十条第一項の登録を受けている者であって第二種利用運送事業に該当する事業を経営しているものは、当該免許又は登録に係る事業の範囲内において、施行日に第二種利用運送事業について第三条第一項の許可を受けたものとみなす。

2　前項の規定により第二種利用運送事業の許可を受けたものとみなされる者については、当該事業に係る旧航空法第百二十二条の二第二項において準用する旧航空法第百条第二項の事業計画（第四条第一項第三号に規定する事項に相当する事項に係る部分に限る。）を同号の事業計画と、当該事業に係る旧道路運送法第五条第一項第三号の事業計画（第四条第一項第四号に規定する事項に相当する事項に係る部分に限る。）又は当該事業に係る旧道路運送法第八十二条第一項の自動車運送取扱事業者登録簿に記載されている事項のうち第四条第一項第四号に規定する事項に相当するものを同号の集配事業計画とみなして、この法律の規定を適用する。

3　附則第八条第三項の規定は、前項の場合に準用する。この場合において、同条第三項中「旧通運事業法第五条第三項の事業計画、旧道路運送法第五条第一項第三号の事業計画」とあるのは「旧道路運送法第五条第一項第三号の事業計画」と、「附則第八条第三項」とあるのは「附則第十八条第三項」と読み替えるものとする。

4　附則第八条第四項及び第五項の規定は、第一項の規定により第二種利用運送事業の許可を受けたものとみなされる者について準用する。

第二十条　この法律の施行の際現に旧航空法第百三十一条の二第一項の許可を受け、かつ、旧道路運送法第四条第一項の免許又は旧道路運送法第二条第四項第三号の行為を行う事業について旧道路運送法第八十条第一項の登録を受けている者であって第二種利用運送事業に該当する事業を経営しているものは、当該許可及び当該免許又は登録に係る事業の範囲内において、施行日に第二種利用運送事業について第三十五条第一項の許可を受けたものとみなす。

2　前項の規定により第二種利用運送事業の許可を受けたものとみなされる者については、当該事業に係る旧航空法第百三十一条の二第二項において準用する旧航空法第百二十九条第二項の事業計画（第三十五条第四項の事業計画について同項の国土交通省令で定める事項に相当する事項に係る部分に限る。）及び当該事業に係る旧道路運送法第五条第一項第三号の事業計画（第三十五条第四項の事業計画について同項の国土交通省令で定める事項に相当する事項に係る部分に限る。）又は旧道路運送法第八十二条第一項の自動車運送取扱事業者登録簿に記載されている事項のうち第三十五条第四項の事業計画について同項の国土交通省令で定める事項に相当するものを同項の事業計画とみなして、この法律の規定を適用する。

3　運輸大臣は、前項の場合において、第三十五条第四項の事業計画について同項の運輸省令で定める事項の一部の事項について旧道路運送法第五条第一項第三号の事業計画又は旧道路運送法第八十二条第一項の自動車運送取扱事業者登録簿にこれに相当する事項がないときその他必要があると認めるときは、当該第二種利用運送事業の許可を受けたものとみなされる者に対し、施行日から一年を経過する日までの間に限り、運輸省令で定めるところにより、当該第三十五条第四項の事業計画に追加する必要があると認められる事項を記載した届出書の提出を求めることができる。この場合において当該届出書の提出があったときは、第三十六条第一項、第二項及び第五項中「事業計画」とあるのは、「事業計画（附則第二十条第三項に規定する届出書に記載された事項を含む。）」とする。

4　附則第八条第四項の規定は、第一項の規定により第二種利用運送事業の許可を受けたものとみなされる者について準用する。この場合において、同条第四項中「第九条第一項」とあるのは、「第三十七条第一項」と読み替えるものとする。

二項…一部改正〔平一一法一六〇〕

第二十二条　附則第七条第一項、第八条第一項、第十一条第二項、第十二条第一項、第十三条第一項、第十四条第一項、第十七条第一項若しくは第十八条第一項の規定又は前条第二項の規定により第三条第一項の許可又は第二十三条の登録を受けたものとみなされる者であって、これらの規定により第一種利用運送事業若しくは第二種利用運送事業又は運送取次事業についてそれぞれ二以上の許可又は登録を受けたものとみなされるものについては、当該二以上の許可又は登録を一の許可又は登録とみなして、この法律の規定を適用する。

第二十三条　附則第七条第一項、第八条第一項、第十一条第二項、第十二条第一項、第十三条第一項、第十四条第一項、第十七条第一項、第十八条第一項又は第二十一条第二項の規定により第三条第一項の許可又は第二十三条の登録を受けたものとみなされる者についての第二十一条第二号及び第三十二条第一項第三号の規定の適用については、これらの規定中「該当するに至ったとき」とあるのは、「該当していたことが判明したとき又はいずれかに該当するに至ったとき」とする。

第二十五条　旧海上運送法、旧通運事業法、旧道路運送法、旧内航海運業法若しくは旧航空法（附則第二十八条において「旧海上運送法等」という。）又はこれらに基づく命令によりした処分、手続その他の行為で、この法律中相当する規定があるものは、附則第七条から第十五条まで、附則第十七条から第二十一条まで及び前条に規定するものを除き、運輸省令で定めるところにより、この法律によりしたものとみなす。

第三十条　この法律の施行前にした行為及び附則第十一条第一項又は第二十一条第一項若しくは第二十七条の規定により従前の例によることとされる海上運送取扱業又は航空運送取扱業に係るこの法律の施行後にした行為に対する罰則の適用については、なお従前の例による。

第三十一条　附則第七条から前条までに定めるもののほか、この法律の施行に関して必要な経過措置は、政令で定める。

附　則（平元・一二・一九法八三抄）

（施行期日）

第一条　この法律は、公布の日から起算して一年を超えない範囲内において政令で定める日から施行する。

〔平二・七政令二一二により、平二・一二・一から施行〕

附　則（平五・一一・一二法八九抄）

（施行期日）

第一条　この法律は、行政手続法（平成五年法律第八十八号）の施行の日〔平成六年一〇月一日〕から施行する。

（諮問等がされた不利益処分に関する経過措置）

第二条　この法律の施行前に法令に基づき審議会その他の合議制の機関に対し行政手続法第十三条に規定する聴聞又は弁明の機会の付与の手続その他の意見陳述のための手続に相当する手続を執るべきことの諮問その他の求めがされた場合においては、当該諮問その他の求めに係る不利益処分の手続に関しては、この法律による改正後の関係法律の規定にかかわらず、なお従前の例による。

（罰則に関する経過措置）

第十三条　この法律の施行前にした行為に対する罰則の適用については、なお従前の例による。

（聴聞に関する規定の整理に伴う経過措置）

第十四条　この法律の施行前に法律の規定により行われた聴聞、聴問若しくは聴聞会（不利益処分に係るものを除く。）又はこれらのための手続は、この法律による改正後の関係法律の相当規定により行われたものとみなす。

（政令への委任）

第十五条　附則第二条から前条までに定めるもののほか、この法律の施行に関して必要な経過措置は、政令で定める。

附　則（平六・九・一九政令三〇三抄）

（施行期日）

第一条　この政令は、行政手続法の施行の日（平成六年一〇月一日）から施行する。

（道路運送法の一部改正に伴う経過措置）

第二条　行政手続法の施行に伴う関係法律の整備に関する法律（以下「整備法」という。）第二百七十条の規定の施行前に同条の規定による改正前の道路運送法（昭和二十六年法律第百八十三号）第八十九条第二項の規定により運輸大臣の権限に属する同条第一項第二号に掲げる事項について運輸大臣の指示を受けて行われた地方運輸局長の聴聞又はそのための手続は、整備法第二百七十条の規定による改正後の道路運送法第八十九条第二項の規定により行われた意見の聴取又はそのための手続とみなす。

附　則（平六・一一・一一法九七抄）

（施行期日）

第一条　この法律は、公布の日から施行する。ただし、次の各号に掲げる規定は、それぞれ当該各号に定める日から施行する。

一～三〔略〕

四　第二十七条から第三十条まで及び第三十二条から第三十五条までの規定並びに附則第十二条から第十九条まで、第二十四条及び第二十五条の規定　公布の日から起算して六月を超えない範囲内において政令で定める日

〔平七・一政令五により、平七・四・一から施行〕

（道路運送法の一部改正に伴う経過措置）

第十六条　第三十二条の規定の施行の際現に同条の規定による改正前の道路運送法（以下この条において「旧道路運送法」という。）第九条第一項の規定により認可を受けている運賃及び料金であって、第三十二条の規定による改正後の道路運送法（以下この条において「新道路運送法」という。）第九条第一項の運輸省令で定める料金又は同条第四項に規定する割引に相当する割引が行われた運賃及び料金に該当するものは、それぞれ同条第三項又は第四項の規定により届け出た運賃及び料金とみなす。

2　第三十二条の規定の施行の際現にされている旧道路運送法第九条第一項の規定による運賃及び料金の認可の申請であって、新道路運送法第九条第一項の運輸省令で定める料金に係るもの又は同条第四項に規定する割引に相当する割引に係るものは、それぞれ同条第三項又は第四項の規定によりした届出とみなす。

3　第三十二条の規定の施行前に受けた旧道路運送法第七十五条において準用する旧道路運送法第五十七条第一項又は第五十八条第一項の規定による検査は、新道路運送法第七十五条第一項の規定による検査とみなす。

4　第三十二条の規定の施行前に受けた旧道路運送法第七十五条において準用する旧道路運送法第五十九条第一項の規定による検査は、当該検査を受けた部分についての新道路運送法第七十五条第一項の規定による検査とみなす。

5　第三十二条の規定の施行の際現にされている旧道路運送法第七十五条において準用する旧道路運送法第五十七条第一項、第五十八条第一項又は第五十九条第一項の規定による検査の申請は、新道路運送法第七十五条第一項の規定による検査の申請とみなす。

（罰則に関する経過措置）

第二十条　この法律（附則第一条各号に掲げる規定については、当該各規定）の施行前にした行為並びに附則第二条、第四条、第七条第二項、第八条、第十一条、第十二条第二項、第十三条及び第十五条第四項の規定によりなお従前の例によることとされる場合における第一条、第四条、第八条、第九条、第十三条、第二十七条、第二十八条及び第三十条の規定の施行後にした行為に対する罰則の適用については、なお従前の例による。

（政令への委任）

第二十一条　附則第二条から前条までに定めるもののほか、この法律の施行に関して必要となる経過措置（罰則に関する経過措置を含む。）は、政令で定める。

附　則（平七・五・八法八五抄）

（施行期日）

第一条　この法律は、公布の日から施行する。〔後略〕

（罰則に関する経過措置）

第五条　この法律（附則第一条各号に掲げる規定については、当該各規定）の施行前にした行為に対する罰則の適用については、なお従前の例による。

（政令への委任）

第六条　附則第二条から前条までに定めるもののほか、この法律の施行に関して必要となる経過措置（罰則に関する経過措置を含む。）は、政令で定める。

附　則（平九・六・二〇法九六抄）

（施行期日）

第一条　この法律は、公布の日から起算して一月を経過した日から施行する。

（道路運送法の一部改正に伴う経過措置）

第七条　この法律の施行の際現に存する第十六条の規定による改正前の道路運送法（以下この条において「旧法」という。）第十八条第一項の認可を受けた協定については、この法律の施行の日から起算して一年間は、なお従前の例による。

2　前項に規定する協定で第十六条の規定による改正後の道路運送法（以下この条において「新法」という。）第十八条各号の協定のいずれかに該当するものについては、同項に規定する期間内においても、一般乗合旅客自動車運送事業者は、新法第十九条第一項の認可の申請をすることができる。この場合において、当該期間内に当該認可をすることとする処分があったときは、当該認可がその効力を生ずる日以後は、前項の規定は、適用しない。

3　この法律の施行の際現にされている旧法第十八条第一項の協定の認可の申請は、当該協定が新法第十八条各号の協定のいずれかに該当するものである場合は、運輸省令で定めるところにより、新法第十九条第一項の協定の認可の申請とみなす。

（罰則に関する経過措置）

第十六条　この法律の施行前にした行為並びに附則第三条第一項及び第四条第一項の規定によりなお効力を有することとされる場合並びに附則第五条、第六条、第七条第一項及び第八条第一項の規定によりなお従前の例によることとされる場合におけるこの法律の施行後にした行為に対する罰則の適用については、なお従前の例による。

附　則（平一一・五・二一法四八抄）

沿革　平一一法一六〇改正

（施行期日）

第一条　この法律は、平成十二年二月一日から施行する。〔後略〕

（経過措置）

第二条　この法律の施行の際現にこの法律による改正前の道路運送法（以下「旧法」という。）第三条第一号ロの一般貸切旅客自動車運送事業について旧法第四条第一項の免許を受けている者は、当該免許に係る事業区域に対応する営業区域について、この法律の施行の日（以下「施行日」という。）にこの法律による改正後の道路運送法（以下「新法」という。）第四十二条の二第一項の許可を受けたものとみなす。この場合において、旧法の規定による免許に業務の範囲若しくは期間の限定又は条件若しくは期限が付されているとき

は、当該業務の範囲若しくは期間の限定又は条件若しくは期限は、新法の規定による許可に付されたものとみなす。

2　前項の規定により新法第四十二条の二第一項の許可を受けたものとみなされる者であって、二以上の許可を受けたものとみなされるものについては、当該二以上の許可を一の許可とみなして、新法の規定を適用する。

第三条　前条第一項の規定により一般貸切旅客自動車運送事業の許可を受けたものとみなされる者については、当該事業に係る旧法第五条第一項第三号の事業計画（新法第四十二条の二第二項第二号に規定する事項に相当する事項に係る部分に限る。）を新法第四十二条の二第二項第二号の事業計画とみなして、新法の規定を適用する。

2　国土交通大臣は、前項の場合において、新法第四十二条の二第二項第二号に規定する事項の一部の事項について旧法第五条第一項第三号の事業計画にこれに相当する事項の記載がないときその他必要があると認めるときは、当該一般貸切旅客自動車運送事業の許可を受けたものとみなされる者に対し、施行日から一年を経過する日までの間に限り、国土交通省令で定めるところにより、当該新法第四十二条の二第二項第二号の事業計画に追加する必要があると認められる事項を記載した届出書の提出を求めることができる。この場合において当該届出書の提出があったときは、新法第四十二条の二第七項、第九項及び第十項並びに同条第十三項において準用する第十六条及び第三十一条第一号中「事業計画」とあるのは、「事業計画（附則第三条第二項に規定する届出書に記載された事項を含む。）」とする。

二項…一部改正〔平一一法一六〇〕

第四条　この法律の施行の際現に旧法第三条第一号ロの一般貸切旅客自動車運送事業について旧法第九条第一項の認可を受けている運賃及び料金は、新法第四十二条の二第五項の規定により届け出た運賃及び料金とみなす。

第五条　前三条に規定するもののほか、旧法又は旧法に基づく命令によりした処分、手続その他の行為で、新法中相当する規定があるものは、運輸省令で定めるところにより、新法によりしたものとみなす。

（罰則に関する経過措置）

第六条　この法律の施行前にした行為に対する罰則の適用については、なお従前の例による。

（政令への委任）

第七条　附則第二条から前条までに定めるもののほか、この法律の施行に関し必要となる経過措置（罰則に関する経過措置を含む。）は、政令で定める。

附　則（平一一・七・一六法八七抄）

（施行期日）

第一条　この法律は、平成十二年四月一日から施行する。ただし、次の各号に掲げる規定は、当該各号に定める日から施行する。

一　〔前略〕附則第七条、第十条、第十二条、第五十九条ただし書、第六十条第四項及び第五項、第七十三条、第七十七条、第百五十七条第四項から第六項まで、第百六十条、第百六十三条、第百六十四条並びに第二百二条の規定　公布の日

二～六　〔略〕

（国等の事務）

第百五十九条　この法律による改正前のそれぞれの法律に規定するもののほか、この法律の施行前において、地方公共団体の機関が法律又はこれに基づく政令により管理し又は執行する国、他の地方公共団体その他公共団体の事務（附則第百六十一条において「国等の事務」という。）は、この法律の施行後は、地方公共団体が法律又はこれに基づく政令により当該地方公共団体の事務として処理するものとする。

（処分、申請等に関する経過措置）

第百六十条　この法律（附則第一条各号に掲げる規定については、当該各規定。以下この条及び附則第百六十三条において同じ。）の施行前に改正前のそれぞれの法律の規定によりされた許可等の処分その他の行為（以下この条において「処分等の行為」という。）又はこの法律の施行の際現に改正前のそれぞれの法律の規定によりされている許可等の申請その他の行為（以下この条において「申請等の行為」という。）で、この法律の施行の日においてこれらの行為に係る行政事務を行うべき者が異なることとなるものは、附則第二条から前条までの規定又は改正後のそれぞれの法律（これに基づく命令を含む。）の経過措置に関する規定に定めるものを除き、この法律の施行の日以後における改正後のそれぞれの法律の適用については、改正後のそれぞれの法律の相当規定によりされた処分等の行為又は申請等の行為とみなす。

2　この法律の施行前に改正前のそれぞれの法律の規定により国又は地方公共団体の機関に対し報告、届出、提出その他の手続をしなければならない事項で、この法律の施行の日前にその手続がされていないものについては、この法律及びこれに基づく政令に別段の定めがあるもののほか、これを、改正後のそれぞれの法律の相当規定により国又は地方公共団体の相当の機関に対して報告、届出、提出その他の手続をしなければならない事項についてその手続がされていないものとみなして、この法律による改正後のそれぞれの法律の規定を適用する。

（不服申立てに関する経過措置）

第百六十一条　施行日前にされた国等の事務に係る処分であって、当該処分をした行政庁（以下この条において「処分庁」という。）に施行日前に行政不服審査法に規定する上級行政庁（以下この条において「上級行政庁」という。）があったものについての同法による不服申立てについては、施行日以後においても、当該処分庁に引き続き上級行政庁があるものとみなして、行政不服審査法の規定を適用する。この場合において、当該処分庁の上級行政庁とみなされる行政庁は、施行日前に当該処分庁の上級行政庁であった行政庁とする。

2　前項の場合において、上級行政庁とみなされる行政庁が地方公共団体の機関であるときは、当該機関が行政不服審査法の規定により処理することとされる事務は、新地方自治法第二条第九項第一号に規定する第一号法定受託事務とする。

（手数料に関する経過措置）

第百六十二条　施行日前においてこの法律による改正前のそれぞれの法律（これに基づく命令を含む。）の規定により納付すべきであった手数料については、この法律及びこれに基づく政令に別段の定めがあるもののほか、なお従前の例による。

（罰則に関する経過措置）

第百六十三条　この法律の施行前にした行為に対する罰則の適

用については、なお従前の例による。

第百六十四条（その他の経過措置の政令への委任） この附則に規定するもののほか、この法律の施行に伴い必要な経過措置（罰則に関する経過措置を含む。）は、政令で定める。

2　附則第十八条、第五十一条及び第百八十四条の規定の適用に関して必要な事項は、政令で定める。

附　則（平一一・一二・八法一五一抄）

（施行期日）

第一条 この法律は、平成十二年四月一日から施行する。〔後略〕

第四条 この法律の施行前にした行為に対する罰則の適用については、なお従前の例による。

〔平一一・一二・二二法一六〇〕

（処分、申請等に関する経過措置）

第千三百一条 中央省庁等改革関係法及びこの法律（以下「改革関係法等」と総称する。）の施行前に法令の規定により従前の国の機関がした免許、許可、認可、承認、指定その他の処分又は通知その他の行為は、法令に別段の定めがあるもののほか、改革関係法等の施行後は、改革関係法等の施行後の法令の相当規定に基づいて、相当の国の機関がした免許、許可、認可、承認、指定その他の処分又は通知その他の行為とみなす。

2　改革関係法等の施行の際現に法令の規定により従前の国の機関に対してされている申請、届出その他の行為は、法令に別段の定めがあるもののほか、改革関係法等の施行後は、改革関係法等の施行後の法令の相当規定に基づいて、相当の国の機関に対してされた申請、届出その他の行為とみなす。

3　改革関係法等の施行前に法令の規定により従前の国の機関に対し報告、届出、提出その他の手続をしなければならないとされている事項で、改革関係法等の施行の日前にその手続がされていないものについては、法令に別段の定めがあるもののほか、改革関係法等の施行後は、これを、改革関係法等の施行後の法令の相当規定により相当の国の機関に対して報告、届出、提出その他の手続をしなければならないとされた事項についてその手続がされていないものとみなして、改革関係法等の施行後の法令の規定を適用する。

（従前の例による処分等に関する経過措置）

第千三百二条 なお従前の例によることとする法令の規定により、従前の国の機関がすべき免許、許可、認可、承認、指定その他の処分若しくは通知その他の行為又は従前の国の機関に対してすべき申請、届出その他の行為については、法令に別段の定めがあるもののほか、改革関係法等の施行後は、改革関係法等の施行後の法令の規定に基づくその任務及び所掌事務の区分に応じ、それぞれ、相当の国の機関がすべきものとし、又は相当の国の機関に対してすべきものとする。

（罰則に関する経過措置）

第千三百三条 改革関係法等の施行前にした行為に対する罰則の適用については、なお従前の例による。

（政令への委任）

第千三百四十四条 第七十一条から第七十六条まで及び第千三百一条から前条まで並びに中央省庁等改革関係法に定めるもののほか、改革関係法等の施行に関し必要な経過措置（罰則に関する経過措置を含む。）は、政令で定める。

附　則（平一一・一二・二二法一六〇抄）

（施行期日）

第一条 この法律（第二条及び第三条を除く。）は、平成十三年一月六日から施行する。ただし、次の各号に掲げる規定は、当該各号に定める日から施行する。

一　〔前略〕第千三百四十四条の規定　公布の日

二　〔略〕

附　則（平一二・五・二六法八六抄）

（施行期日）

第一条 この法律は、平成十四年三月三十一日までの間において政令で定める日から施行する。

〔平一二政令五三二により、平一四・二・一から施行〕

（一般乗合旅客自動車運送事業等に関する経過措置）

第二条 この法律の施行の際現にこの法律による改正前の道路運送法（以下「旧道路運送法」という。）第三条第一号イの一般乗合旅客自動車運送事業又は同号ハの一般乗用旅客自動車運送事業についての旧道路運送法第四条第一項の免許を受けている者は、当該免許に係る路線又は営業区域について、この法律の施行の日（以下「施行日」という。）に、それぞれこの法律による改正後の道路運送法（以下「新道路運送法」という。）第三条第一号イの一般乗合旅客自動車運送事業又は同号ハの一般乗用旅客自動車運送事業についての新道路運送法第四条第一項の許可を受けたものとみなす。この場合において、旧道路運送法の規定による免許に業務の範囲若しくは期間の限定又は条件若しくは期限が付されているときは、当該業務の範囲若しくは期間の限定又は条件若しくは期限は、新道路運送法の規定による許可に付されたものとみなす。

2　前項の規定により新道路運送法第四条第一項の許可を受けたものとみなされる者であって、新道路運送法第三条第一号イの一般乗合旅客自動車運送事業又は同号ハの一般乗用旅客自動車運送事業について、それぞれ二以上の許可を受けたものとみなされるものについては、当該二以上の許可を一の許可とみなして、新道路運送法の規定を適用する。

第三条 前条第一項の規定により新道路運送法第四条第一項の許可を受けたものとみなされる者については、国土交通省令で定めるところにより、当該許可とみなされる旧道路運送法第四条第一項の免許に係る旧道路運送法第五条第一項第四号の事業計画（新道路運送法第五条第一項第三号に規定する事項に相当する事項に係る部分に限る。）を新道路運送法第五条第一項第三号の事業計画とみなして、新道路運送法の規定を適用する。

2　国土交通大臣は、前項の場合において、新道路運送法第五条第一項第三号に規定する事項の一部の事項について旧道路運送法第五条第一項第四号の事業計画にこれに相当する事項の記載がないときその他必要があると認めるときは、前条第一項の規定により新道路運送法第四条第一項の許可を受けたものとみなされる者に対し、施行日から一年を経過する日までの間に限り、国土交通省令で定めるところにより、当該新道路運送法第五条第一項第三号の事業計画に追加する必要があると認められる事項を記載した届出書の提出を求めることができる。この場合において当該届出書の提出があったときは、新道路運送法第十五条第一項、第三項及び第四項、第十五条の二、第十六条、第十七条並びに第三十一条中「事業計画」とあるのは、「事業計画（附則第三条第二項に規定する届出書に記載された事項を含む。）」とする。

第四条　附則第二条第一項の規定により新道路運送法第三条第一号イの一般乗合旅客自動車運送事業についての新道路運送法第四条第一項の許可を受けたものとみなされる者については、当該事業に係る旧道路運送法第五条第一項第四号の事業計画（新道路運送法第十五条の三第一項に規定する事項に相当する事項に係る部分に限る。）を新道路運送法第十五条の三第一項の運行計画とみなして、新道路運送法の規定を適用する。

2　国土交通大臣は、前項の場合において、新道路運送法第十五条の三第一項に規定する事項の一部の事項について旧道路運送法第五条第一項第四号の事業計画にこれに相当する事項の記載がないときその他必要があると認めるときは、附則第二条第一項の規定により一般乗合旅客自動車運送事業についての新道路運送法第四条第一項の許可を受けたものとみなされる者に対し、施行日から一年を経過する日までの間に限り、国土交通省令で定めるところにより、当該新道路運送法第十五条の三第一項の運行計画に追加する必要があると認められる事項を記載した届出書の提出を求めることができる。この場合において当該届出書の提出があったときは、新道路運送法第十五条の三、第十六条、第十七条並びに第三十一条中「運行計画」とあるのは、「運行計画（附則第四条第二項に規定する届出書に記載された事項を含む。）」とする。

第五条　この法律の施行の際現に旧道路運送法第九条第一項の認可を受けている運賃及び料金又は同条第三項若しくは第四項の規定により届け出た運賃及び料金は、国土交通省令で定めるところにより、新道路運送法第三条第一号イの一般乗合旅客自動車運送事業に係るものにあっては新道路運送法第九条第一項の認可を受けた運賃及び料金の上限又は同条第三項若しくは第四項の規定により届け出た運賃及び料金と、新道路運送法第三条第一号ハの一般乗用旅客自動車運送事業に係るものにあっては新道路運送法第九条の三第一項の認可を受けた運賃及び料金又は同条第三項の規定により届け出た料金とみなす。

第六条　附則第二条第一項の規定により新道路運送法第四条第一項の許可を受けたものとみなされる者は、施行日から三年間は、新道路運送法第二十三条第一項の規定にかかわらず、旧道路運送法第二十三条第一項の規定の例により運行管理者を選任することができる。この場合における当該運行管理者の解任の命令については、同条第三項の規定の例によるものとする。

第七条　この法律の施行前に旧道路運送法第三条第一号イの一般乗合旅客自動車運送事業について旧道路運送法第三十八条第一項の規定によりされた申請に係る事業の休止又は廃止については、なお従前の例による。

（一般貸切旅客自動車運送事業に関する経過措置）

第八条　この法律の施行の際現に旧道路運送法第四十二条の二第一項の許可を受けている者は、施行日に新道路運送法第三条第一号ロの一般貸切旅客自動車運送事業についての新道路運送法第四条第一項の許可を受けたものとみなす。

2　前項の規定により新道路運送法第四条第一項の許可を受けたものとみなされる者は、施行日から三年間は、新道路運送法第二十三条第一項の規定にかかわらず、旧道路運送法第四十二条の二第十三項において準用する旧道路運送法第二十三条第一項の規定の例により運行管理者を選任することができる。この場合における当該運行管理者の解任の命令については、旧道路運送法第四十二条の二第十三項において準用する旧道路運送法第二十三条第三項の規定の例によるものとする。

（特定旅客自動車運送事業に関する経過措置）

第九条　この法律の施行の際現に旧道路運送法第四十三条第一項の許可を受けている者は、当該許可に係る路線又は事業区域に対応する路線又は営業区域について、施行日に新道路運送法第四十三条第一項の許可を受けたものとみなす。この場合において、旧道路運送法の規定による許可に期間の限定又は条件若しくは期限が付されているときは、当該期間の限定又は条件若しくは期限は、新道路運送法の規定による許可に付されたものとみなす。

2　前項の規定により新道路運送法第四十三条第一項の許可を受けたものとみなされる者であって、二以上の許可を受けたものとみなされるものについては、当該二以上の許可を一の許可とみなして、新道路運送法の規定を適用する。

3　第一項の規定により新道路運送法第四十三条第一項の許可を受けたものとみなされる者については、当該事業に係る旧道路運送法第四十三条第二項第二号の事業計画（新道路運送法第四十三条第二項第二号に規定する事項に相当する事項に係る部分に限る。）を新道路運送法第四十三条第二項第二号の事業計画とみなして、新道路運送法の規定を適用する。

4　国土交通大臣は、前項の場合において、新道路運送法第四十三条第二項第二号に規定する事項の一部の事項について旧道路運送法第四十三条第二項第二号の事業計画にこれに相当する事項の記載がないときその他必要があると認めるときは、第一項の規定により新道路運送法第四十三条第一項の許可を受けたものとみなされる者に対し、施行日から一年を経過する日までの間に限り、国土交通省令で定めるところにより、当該新道路運送法第四十三条第二項第二号の事業計画に追加する必要があると認められる事項を記載した届出書の提出を求めることができる。この場合において当該届出書の提出があったときは、新道路運送法第四十三条第五項並びに同項において準用する新道路運送法第十五条第一項、第三項及び第四項及び第十七条中「事業計画」とあるのは、「事業計画（附則第九条第四項に規定する届出書に記載された事項を含む。）」とする。

5　第一項の規定により新道路運送法第四十三条第一項の許可を受けたものとみなされる者は、施行の日から三年間は、同条第五項において準用する新道路運送法第二十三条第一項の規定にかかわらず、旧道路運送法第四十三条第五項において準用する旧道路運送法第二十三条第一項の規定の例により運行管理者を選任することができる。この場合における当該運行管理者の解任の命令については、旧道路運送法第四十三条第五項において準用する旧道路運送法第二十三条第三項の規定の例によるものとする。

（処分、手続等に関する経過措置）

第十条　附則第二条から前条までに規定するもののほか、旧道路運送法若しくはこの法律による改正前のタクシー業務適正化臨時措置法又はこれらの法律に基づく命令によりした処分、手続その他の行為で、新道路運送法又はこの法律による改正後のタクシー業務適正化特別措置法中相当する規定があるものは、国土交通省令で定めるところにより、それぞれこれらの法律によりしたものとみなす。

（罰則に関する経過措置）

第十一条 この法律の施行前にした行為並びに附則第六条、第八条第二項又は第九条第五項の規定により旧道路運送法第二十三条第一項又は第三項（旧道路運送法第四十二条の二第十三項又は第四十三条第五項において準用する場合を含む。）の規定の例によることとされる場合及び附則第七条の規定によりなお従前の例によることとされる場合におけるこの法律の施行後にした行為に対する罰則の適用については、なお従前の例による。

（政令への委任）

第十二条 附則第二条から前条までに定めるもののほか、この法律の施行に関し必要となる経過措置（罰則に関する経過措置を含む。）は、政令で定める。

附　則（平一二・五・三一法九一抄）

（施行期日）

1　この法律は、商法等の一部を改正する法律（平成十二年法律第九十号）の施行の日〔平成一三年四月一日〕から施行する。

附　則（平一四・五・三一法五四抄）

（施行期日）

第一条 この法律は、平成十四年七月一日から施行する。

（経過措置）

第二十八条 この法律の施行前にこの法律による改正前のそれぞれの法律若しくはこれに基づく命令（以下「旧法令」という。）の規定により海運監理部長、陸運支局長、海運支局長又は陸運支局の事務所の長（以下「海運監理部長等」という。）がした許可、認可その他の処分又は契約その他の行為（以下「処分等」という。）は、国土交通省令で定めるところにより、この法律による改正後のそれぞれの法律若しくはこれに基づく命令（以下「新法令」という。）の規定により相当の運輸監理部長、運輸支局長又は地方運輸局、運輸監理部若しくは運輸支局の事務所の長（以下「運輸監理部長等」という。）がした処分等とみなす。

第二十九条 この法律の施行前に旧法令の規定により海運監理部長等に対してした申請、届出その他の行為（以下「申請等」という。）は、国土交通省令で定めるところにより、新法令の規定により相当の運輸監理部長等に対してした申請等とみなす。

第三十条 この法律の施行前にした行為に対する罰則の適用については、なお従前の例による。

附　則（平一四・七・一七法八九抄）

（施行期日）

第一条 この法律は、公布の日から起算して二年六月を超えない範囲内において政令で定める日から施行する。〔後略〕

〔平一五・一二政令四九四により、平一七・一・一から施行〕

附　則（平一六・六・九法八四抄）

（施行期日）

第一条 この法律は、公布の日から起算して一年を超えない範囲内において政令で定める日から施行する。〔後略〕

〔平一六・一〇政令三二一により、平一七・四・一から施行〕

附　則（平一六・六・一八法一二四抄）

（施行期日）

第一条 この法律は、新不動産登記法（不動産登記法＝平成一六年六月法律第一二三号）の施行の日〔平成一七年三月七日〕から施行する。〔後略〕

附　則（平一六・一二・一法一四七抄）

（施行期日）

第一条 この法律は、公布の日から起算して六月を超えない範囲内において政令で定める日から施行する。

〔平一七・三政令三六により、平一七・四・一から施行〕

附　則（平一八・三・三一法一九抄）

（施行期日）

第一条 この法律は、公布の日から起算して九月を超えない範囲内において政令で定める日から施行する。ただし、次の各号に掲げる規定は、当該各号に定める日から施行する。

〔平一八・七政令二三八により、平一八・一〇・一から施行〕

一　〔前略〕次条、附則第三条、第五条から第八条まで、第十条、第十一条及び第十三条の規定　平成十八年四月一日

二　〔略〕

（運輸審議会への諮問に関する経過措置）

第二条 国土交通大臣は、第一条、第二条及び第五条から第九条までの規定の施行の日前においても、第一条の規定による改正後の鉄道事業法第五十六条の二（第二条の規定による改正後の軌道法第二十六条において準用する場合を含む。）、第五条の規定による改正後の道路運送法第九十四条の二、第六条の規定による改正後の貨物自動車運送事業法第六十条の二、第七条の規定による改正後の海上運送法第二十五条の二、第八条の規定による改正後の内航海運業法第二十六条の二第一項及び第九条の規定による改正後の航空法（以下「新航空法」という。）第百三十四条の二に規定する基本的な方針の策定のために、運輸審議会に諮ることができる。

2　前項の基本的な方針の策定に係る事項については、運輸審議会は、第十条中国土交通省設置法第十五条第一項の改正規定の施行前においても処理することができる。

（罰則に関する経過措置）

第六条 この法律（附則第一条各号に掲げる規定については、当該各規定）の施行前にした行為及び附則第四条の規定によりなお従前の例によることとされる場合における同条の規定の施行後にした行為に対する罰則の適用については、なお従前の例による。

（政令への委任）

第七条 附則第二条から前条までに規定するもののほか、この法律の施行に関し必要な経過措置（罰則に関する経過措置を含む。）は、政令で定める。

（検討）

第八条 政府は、この法律の施行後五年を目途として、この法律による改正後の規定の実施状況を勘案し、必要があると認めるときは、当該規定について検討を加え、その結果に基づいて必要な措置を講ずるものとする。

附　則（平一八・五・一九法四〇抄）

（施行期日）

第一条　この法律は、公布の日から起算して十月を超えない範囲内において政令で定める日から施行する。ただし、次の各号に掲げる規定は、当該各号に定める日から施行する。

〔平一八・八政令二七五により、平一八・一〇・一から施行〕

一～三〔略〕

四　第一条中道路運送法第四十一条第四項の改正規定〔中略〕　公布の日から起算して二年六月を超えない範囲内において政令で定める日

〔平二〇・三政令八一により、平二〇・一一・四から施行〕

（道路運送法の一部改正に伴う経過措置）

第二条　この法律の施行の際現に第一条の規定による改正前の道路運送法（以下「旧道路運送法」という。）第三条第一号イの一般乗合旅客自動車運送事業、同号ロの一般貸切旅客自動車運送事業又は同号ハの一般乗用旅客自動車運送事業についての旧道路運送法第四条第一項の許可を受けている者は、この法律の施行の日（以下「施行日」という。）にそれぞれ第一条の規定による改正後の道路運送法（以下「新道路運送法」という。）第三条第一号イの一般乗合旅客自動車運送事業、同号ロの一般貸切旅客自動車運送事業又は同号ハの一般乗用旅客自動車運送事業についての新道路運送法第四条第一項の許可を受けたものとみなす。この場合において、旧道路運送法第四条第一項の許可に条件又は期限が付されているときは、当該条件又は期限は、新道路運送法第四条第一項の許可に付されたものとみなす。

第三条　この法律の施行の際現に旧道路運送法第三条第一号ロの一般貸切旅客自動車運送事業についての旧道路運送法第四条第一項の許可を受けている者であって、旧道路運送法第二十一条第二号の許可を受けて乗合旅客の運送をしているものは、当該許可に期限が付されているときは、当該許可に係る乗合旅客の運送について、施行日に新道路運送法第二十一条第二号の許可を受けたものと、旧道路運送法第二十一条第二号の許可に期限が付されていないときは、当該許可に係る乗合旅客の運送について、施行日に新道路運送法第三条第一号イの一般乗合旅客自動車運送事業についての新道路運送法第四条第一項の許可を受けたものとみなす。この場合において、旧道路運送法第二十一条第二号の許可に付された期限は、新道路運送法第二十一条第二号の許可に付されたものと、旧道路運送法第二十一条第二号の許可に条件が付されているときは、当該条件は、新道路運送法第二十一条第二号の許可又は新道路運送法第四条第一項の許可に付されたものとみなす。

第四条　この法律の施行の際現に旧道路運送法第九条の二第一項の規定により届け出た運賃及び料金であって、旧道路運送法第二十一条第二号の許可（当該許可に期限が付されている場合を除く。）に係る乗合旅客の運送に係るものは、国土交通省令で定めるところにより、新道路運送法第九条第一項の認可を受けた運賃及び料金の上限又は同条第三項若しくは第五項の規定により届け出た運賃及び料金とみなす。

第五条　この法律の施行の際現に旧道路運送法第八十条第一項ただし書の許可を受けて自家用自動車を有償で運送の用に供している者は、当該許可に係る運送が新道路運送法第七十八条第二号に規定する自家用有償旅客運送に該当する場合にあっては、当該許可に係る運送について、施行日に新道路運送法第七十九条の登録を受けたものと、当該許可に係る運送が新道路運送法第七十八条第二号に規定する自家用有償旅客運送に該当しない場合にあっては、施行日に新道路運送法第七十八条第三号の許可を受けたものとみなす。この場合において、旧道路運送法第八十条第一項ただし書の許可に条件又は期限が付されているときは、当該条件又は期限は、新道路運送法第七十九条の登録又は新道路運送法第七十八条第三号の許可に付されたものとみなす。

第六条　この法律の施行の際現に旧道路運送法第八十条第二項の許可を受けて自家用自動車を業として有償で貸し渡している者（当該者が当該自家用自動車の使用者である場合に限る。）は、施行日に新道路運送法第八十条第一項の許可を受けたものとみなす。この場合において、旧道路運送法第八十条第二項の許可に条件又は期限が付されているときは、当該条件又は期限は、新道路運送法第八十条第一項の許可に付されたものとみなす。

第七条　附則第二条から前条までに規定するもののほか、旧道路運送法又はこれに基づく命令の規定によりした処分、手続その他の行為で、新道路運送法又はこれに基づく命令の規定中にこれに相当する規定があるものは、国土交通省令で定めるところにより、新道路運送法又はこれに基づく命令の規定によりしたものとみなす。

（罰則に関する経過措置）

第十二条　この法律（附則第一条各号に掲げる規定については、当該規定）の施行前にした行為に対する罰則の適用については、なお従前の例による。

（政令への委任）

第十三条　附則第二条から前条までに定めるもののほか、この法律の施行に関し必要となる経過措置（罰則に関する経過措置を含む。）は、政令で定める。

（検討）

第十四条　政府は、この法律の施行後五年を目途として、この法律による改正後の規定の実施状況を勘案し、必要があると認めるときは、当該規定について検討を加え、その結果に基づいて必要な措置を講ずるものとする。

附　則〔平一八・六・二法五〇抄〕

（罰則に関する経過措置）

第四百五十七条　施行日前にした行為及びこの法律の規定によりなお従前の例によることとされる場合における施行日以後にした行為に対する罰則の適用については、なお従前の例による。

（政令への委任）

第四百五十八条　この法律に定めるもののほか、この法律の規定による法律の廃止又は改正に伴い必要な経過措置は、政令で定める。

附　則（平一八・六・二法五〇）

沿革　平二三法七四改正

この法律は、一般社団・財団法人法〔一般社団法人及び一般財団法人に関する法律＝平成一八年六月法律第四八号〕の施行の日〔平成二〇年一二月一日〕から施行する。〔後略〕

〔一項の見出…削除・一項…一部改正〔平二三法七四〕〕

附　則（平二一・六・二六法六四抄）

（施行期日）

1　この法律は、公布の日から起算して一年を超えない範囲内において政令で定める日から施行する。

〔平二一・八政令二三六により、平二一・一〇・一から施行〕

附　則（平二三・六・三法六一抄）

（施行期日）

第一条　この法律は、公布の日から起算して一年を超えない範囲内において政令で定める日（以下「施行日」という。）から施行する。〔後略〕

〔平二三・一二政令三九五により、平二四・四・一から施行〕

附　則（平二三・六・二四法七四抄）

（施行期日）

第一条　この法律は、公布の日から起算して二十日を経過した日から施行する。〔後略〕

附　則（平二五・一一・二七法八三抄）

（施行期日）

第一条　この法律は、公布の日から起算して二月を経過した日から施行する。ただし、次の各号に掲げる規定は、当該各号に定める日から施行する。

一　〔略〕

二　附則第九条及び第十六条の規定　公布の日

（道路運送法の一部改正に伴う経過措置）

第十四条　この法律の施行前に第三条の規定による改正前の道路運送法（これに基づく命令を含む。）の規定によってした処分、手続その他の行為であって、同条の規定による改正後の道路運送法（これに基づく命令を含む。）に相当する規定があるものは、これらの規定によってした処分、手続その他の行為とみなす。

（罰則に関する経過措置）

第十五条　この法律（第二条の規定については、同条の規定）の施行前にした行為に対する罰則の適用については、なお従前の例による。

（政令への委任）

第十六条　附則第二条から前条までに定めるもののほか、この法律の施行に伴い必要な経過措置（罰則に関する経過措置を含む。）は、政令で定める。

（検討）

第十七条　政府は、この法律の施行後五年を経過した場合において、この法律による改正後の規定の実施状況について検討を加え、必要があると認めるときは、その結果に基づいて所要の措置を講ずるものとする。

附　則（平二六・六・四法五一抄）

（施行期日）

第一条　この法律は、平成二十七年四月一日から施行する。〔後略〕

（道路運送法の一部改正に伴う経過措置）

第五条　この法律の施行の日前に第四十四条の規定による改正前の道路運送法第六十二条第一項の規定により行われた供用約款の認可の申請については、第四十四条の規定による改正後の道路運送法第九十五条の四の規定にかかわらず、なお従前の例による。

（処分、申請等に関する経過措置）

第七条　この法律（附則第一条各号に掲げる規定については、当該各規定。以下この条及び次条において同じ。）の施行前にこの法律による改正前のそれぞれの法律の規定によりされた許可等の処分その他の行為（以下この項において「処分等の行為」という。）又はこの法律の施行の際現にこの法律による改正前のそれぞれの法律の規定によりされている許可等の申請その他の行為（以下この項において「申請等の行為」という。）で、この法律の施行の日においてこれらの行為に係る行政事務を行うべき者が異なることとなるものは、附則第二条から前条までの規定又はこの法律による改正後のそれぞれの法律（これに基づく命令を含む。）の経過措置に関する規定に定めるものを除き、この法律の施行の日以後におけるこの法律による改正後のそれぞれの法律の適用については、この法律による改正後のそれぞれの法律の相当規定によりされた処分等の行為又は申請等の行為とみなす。

2　この法律の施行前にこの法律による改正前のそれぞれの法律の規定により国又は地方公共団体の機関に対し報告、届出、提出その他の手続をしなければならない事項で、この法律の施行の日前にその手続がされていないものについては、この法律及びこれに基づく政令に別段の定めがあるもののほか、これを、この法律による改正後のそれぞれの法律の相当規定により国又は地方公共団体の相当の機関に対して報告、届出、提出その他の手続をしなければならない事項についてその手続がされていないものとみなして、この法律による改正後のそれぞれの法律の規定を適用する。

（罰則に関する経過措置）

第八条　この法律の施行前にした行為に対する罰則の適用については、なお従前の例による。

（政令への委任）

第九条　附則第二条から前条までに規定するもののほか、この法律の施行に関し必要な経過措置（罰則に関する経過措置を含む。）は、政令で定める。

附　則（平二六・六・一三法六九抄）

（施行期日）

第一条　この法律は、行政不服審査法（平成二十六年法律第六十八号）の施行の日〔平成二八年四月一日〕から施行する。

（経過措置の原則）

第五条　行政庁の処分その他の行為又は不作為についての不服申立てであってこの法律の施行前にされた行政庁の処分その他の行為又はこの法律の施行前にされた申請に係る行政庁の不作為に係るものについては、この附則に特別の定めがある場合を除き、なお従前の例による。

（訴訟に関する経過措置）

第六条　この法律による改正前の法律の規定により不服申立てに対する行政庁の裁決、決定その他の行為を経た後でなければ訴えを提起できないこととされる事項であって、当該不服申立てを提起しないでこの法律の施行前にこれを提起すべき期間を経過したもの（当該不服申立てが他の不服申立てに対する行政庁の裁決、決定その他の行為を経た後でなければ提起できないとされる場合にあっては、当該他の不服申立てを提起しないでこの法律の施行前にこれを提起すべき期間を経過したものを含む。）の訴えの提起については、なお従前の例による。

2　この法律の規定による改正前の法律の規定（前条の規定によりなお従前の例によることとされる場合を含む。）により異議申立てが提起された処分その他の行為であって、この法律の規定による改正後の法律の規定により審査請求に対する裁決を経た後でなければ取消しの訴えを提起することができないこととされるものの取消しの訴えの提起については、なお従前の例による。

3 不服申立てに対する行政庁の裁決、決定その他の行為の取消しの訴えであって、この法律の施行前に提起されたものについては、なお従前の例による。

（罰則に関する経過措置）

第九条 この法律の施行前にした行為並びに附則第五条及び前二条の規定によりなお従前の例によることとされる場合におけるこの法律の施行後にした行為に対する罰則の適用については、なお従前の例による。

（その他の経過措置の政令への委任）

第十条 附則第五条から前条までに定めるもののほか、この法律の施行に関し必要な経過措置（罰則に関する経過措置を含む。）は、政令で定める。

附　則（平二八・一二・九法一〇〇抄）

（施行期日）

第一条 この法律は、公布の日から起算して一月を超えない範囲内において政令で定める日から施行する。ただし、第八条の改正規定並びに附則第三条及び第八条の規定は、平成二十九年四月一日から施行する。

〔平二八・一二政令三八一により、平二八・一二・二〇から施行〕

（許可の申請に関する経過措置）

第二条 この法律の施行の日（附則第四条において「施行日」という。）前にされたこの法律による改正前の道路運送法第四条第一項又は第四十三条第一項の許可の申請であって、この法律の施行の際、許可をするかどうかの処分がなされていないものについてのこれらの処分については、なお従前の例による。

（一般貸切旅客自動車運送事業の許可の更新に関する経過措置）

第三条 附則第一条ただし書に規定する改正規定の施行の際現に当該改正規定による改正前の道路運送法（以下この項において「旧法」という。）第三条第一号ロの一般貸切旅客自動車運送事業について旧法第四条第一項の許可を受けている者は、当該改正規定の施行の日に、当該改正規定による改正後の道路運送法（以下この条において「新法」という。）第三条第一号ロの一般貸切旅客自動車運送事業について新法第四条第一項の許可を受けたものとみなす。

2 前項の規定により新法第四条第一項の許可を受けたものとみなされる者の当該許可に係る附則第一条ただし書に規定する改正規定の施行の日後の最初の更新については、新法第八条第一項中「五年ごと」とあるのは、「道路運送法の一部を改正する法律（平成二十八年法律第百号）附則第三条第一項の規定により第四条第一項の許可を受けたとみなされた日から起算して五年を経過する日までの間において国土交通省令で定める期間を経過する日まで」とする。

（事業の休止及び廃止の届出に関する経過措置）

第四条 この法律による改正後の道路運送法第三十八条第一項の規定は、施行日から起算して三十日を経過した日以後にその事業を休止し、又は廃止する同項に規定する一般旅客自動車運送事業者について適用し、同日前にその事業を休止し、又は廃止した当該一般旅客自動車運送事業者については、なお従前の例による。

（罰則に関する経過措置）

第五条 この法律の施行前にした行為及び前条の規定によりなお従前の例によることとされる場合におけるこの法律の施行後にした行為に対する罰則の適用については、なお従前の例による。

（政令への委任）

第六条 この附則に定めるもののほか、この法律の施行に関し必要な経過措置は、政令で定める。

（検討）

第七条 政府は、この法律の施行後五年を経過した場合において、この法律による改正後の道路運送法の施行の状況について検討を加え、必要があると認めるときは、その結果に基づいて所要の措置を講ずるものとする。

附　則（平二八・一二・一六法一〇六抄）

（施行期日）

1 この法律は、公布の日から起算して一月を経過した日から施行する。ただし、次項の規定は、公布の日から施行する。

（検討）

2 政府は、一般貸切旅客自動車運送事業者（道路運送法第九条の二第一項に規定する一般貸切旅客自動車運送事業者をいう。以下この項において同じ。）の事業用自動車（同法第二条第八項に規定する事業用自動車をいう。）（以下この項において単に「事業用自動車」という。）による運送の申込みが事業用自動車を利用する旅客以外の者により行われる場合において不適切な運送契約が締結されること等により、事業用自動車の運行の安全が確保されず、多数の旅客に甚大な被害が生じるおそれがあることに鑑み、一般貸切旅客自動車運送事業者の増加の状況、一般貸切旅客自動車運送事業者に係る法令の遵守の状況、事業用自動車の運行による事故の発生の状況その他の事情を勘案し、事業用自動車の運行の安全の確保を実効的に行うための方策について検討を加え、その結果に基づいて必要な措置を講ずるものとする。

附　則（平二九・六・二法四五抄）

（罰則に関する経過措置）

第三百六十一条 施行日前にした行為及びこの法律の規定によりなお従前の例によることとされる場合における施行日以後にした行為に対する罰則の適用については、なお従前の例による。

（政令への委任）

第三百六十二条 この法律に定めるもののほか、この法律の施行に伴い必要な経過措置は、政令で定める。

附　則（平二九・六・二法四五）

この法律は、民法改正法〔民法の一部を改正する法律＝平成二九年六月法律第四四号〕の施行の日〔平成三二年四月一日〕から施行する。ただし、〔中略〕第三百六十二条の規定は、公布の日から施行する。

附　則（令元・六・一四法三七抄）

（施行期日）

第一条 この法律は、公布の日から起算して三月を経過した日から施行する。ただし、次の各号に掲げる規定は、当該各号に定める日から施行する。

一 〔前略〕第百四十九条、第百五十二条、第百五十四条

（不動産の鑑定評価に関する法律第二十五条第六号の改正規定に限る。）及び第百六十八条並びに次条並びに附則第三条及び第六条の規定　公布の日

二～四　〔略〕

（行政庁の行為等に関する経過措置）

第二条　この法律（前条各号に掲げる規定にあっては、当該規定。以下この条及び次条において同じ。）の施行の日前に、この法律による改正前の法律又はこれに基づく命令の規定（欠格条項その他の権利の制限に係る措置を定めるものに限る。）に基づき行われた行政庁の処分その他の行為及び当該規定により生じた失職の効力については、なお従前の例による。

（罰則に関する経過措置）

第三条　この法律の施行前にした行為に対する罰則の適用については、なお従前の例による。

（検討）

第七条　政府は、会社法（平成十七年法律第八十六号）及び一般社団法人及び一般財団法人に関する法律（平成十八年法律第四十八号）における法人の役員の資格を成年被後見人又は被保佐人であることを理由に制限する旨の規定について、この法律の公布後一年以内を目途として検討を加え、その結果に基づき、当該規定の削除その他の必要な法制上の措置を講ずるものとする。

附　則（令二・六・三法三六抄）

（施行期日）

第一条　この法律は、公布の日から起算して六月を超えない範囲内において政令で定める日から施行する。ただし、附則第五条の規定〔中略〕は、公布の日から施行する。

〔令二・一一政令三三〇により、令二・一一・二七から施行〕

（罰則に関する経過措置）

第四条　施行日前にした行為及び前条第二項の規定によりなお従前の例によることとされる場合における施行日以後にした行為に対する罰則の適用については、なお従前の例による。

（政令への委任）

第五条　前三条に定めるもののほか、この法律の施行に関して必要な経過措置（罰則に関する経過措置を含む。）は、政令で定める。

（検討）

第六条　政府は、この法律の施行後五年を経過した場合において、この法律による改正後のそれぞれの法律の施行の状況について検討を加え、その結果に基づいて必要な措置を講ずるものとする。

2　政府は、情報通信技術その他の先端的な技術の活用が地域における旅客の運送に関するサービスの向上に重要な役割を果たすことに鑑み、この法律の施行後適当な時期において、当該サービスの利用者の利便の増進に資する多様な情報の共有を図るための基盤の整備、情報通信技術を活用した運賃及び料金の支払の円滑化の促進その他の当該サービスの提供に係る先端的な技術の活用に関する施策について検討を加え、その結果に基づいて必要な措置を講ずるものとする。

附　則（令四・六・一七法六八抄）

（罰則の適用等に関する経過措置）

第四百四十一条　刑法等の一部を改正する法律（令和四年法律第六十七号。以下「刑法等一部改正法」という。）及びこの法律（以下「刑法等一部改正法等」という。）の施行前にした行為の処罰については、次章に別段の定めがあるもののほか、なお従前の例による。

2　刑法等一部改正法等の施行後にした行為に対して、他の法律の規定によりなお従前の例によることとされ、なお効力を有することとされ又は改正前若しくは廃止前の法律の規定の例によることとされる罰則を適用する場合において、当該罰則に定める刑（刑法施行法第十九条第一項の規定又は第八十二条の規定による改正後の沖縄の復帰に伴う特別措置に関する法律第二十五条第四項の規定の適用後のものを含む。）に刑法等一部改正法第二条の規定による改正前の刑法（明治四十年法律第四十五号。以下この項において「旧刑法」という。）第十二条に規定する懲役（以下「懲役」という。）、旧刑法第十三条に規定する禁錮（以下「禁錮」という。）又は旧刑法第十六条に規定する拘留（以下「旧拘留」という。）が含まれるときは、当該刑のうち無期の懲役又は禁錮はそれぞれ無期拘禁刑と、有期の懲役又は禁錮はそれぞれその刑と長期及び短期（刑法施行法第二十条の規定の適用後のものを含む。）を同じくする有期拘禁刑と、旧拘留は長期及び短期（刑法施行法第二十条の規定の適用後のものを含む。）を同じくする拘留とする。

（裁判の効力とその執行に関する経過措置）

第四百四十二条　懲役、禁錮及び旧拘留の確定裁判の効力並びにその執行については、次章に別段の定めがあるもののほか、なお従前の例による。

（人の資格に関する経過措置）

第四百四十三条　懲役、禁錮又は旧拘留に処せられた者に係る人の資格に関する法令の規定の適用については、無期の懲役又は禁錮に処せられた者はそれぞれ無期拘禁刑に処せられた者と、有期の懲役又は禁錮に処せられた者はそれぞれ刑期を同じくする有期拘禁刑に処せられた者と、旧拘留に処せられた者は拘留に処せられた者とみなす。

2　拘禁刑又は拘留に処せられた者に係る他の法律の規定によりなお従前の例によることとされ、なお効力を有することとされ又は改正前若しくは廃止前の法律の規定の例によることとされる人の資格に関する法令の規定の適用については、無期拘禁刑に処せられた者は無期禁錮に処せられた者と、有期拘禁刑に処せられた者は刑期を同じくする有期禁錮に処せられた者と、拘留に処せられた者は刑期を同じくする旧拘留に処せられた者とみなす。

（経過措置の政令への委任）

第五百九条　この編に定めるもののほか、刑法等一部改正法等の施行に伴い必要な経過措置は、政令で定める。

附　則（令四・六・一七法六八抄）

（施行期日）

1　この法律は、刑法等一部改正法〔刑法等の一部を改正する法律＝令和四年六月法律第六七号〕施行日〔令和七年六月一日〕から施行する。ただし、次の各号に掲げる規定は、当該各号に定める日から施行する。

一　第五百九条の規定　公布の日

二　〔略〕

附　則（令五・四・二八法一八抄）

（施行期日）

第一条　この法律は、公布の日から起算して六月を超えない範囲内において政令で定める日から施行する。ただし、次の各号に掲げる規定は、当該各号に定める日から施行する。〔令五・六政令二二〇により、令五・一〇・一から施行〕

一　附則第五条の規定　公布の日

二　〔略〕

（道路運送法の一部改正に伴う経過措置）

第三条　この法律の施行前に第四条の規定による改正前の道路運送法第九条第四項の規定によりされた届出は、第四条の規定による改正後の道路運送法第九条第四項の規定によりされた届出とみなす。

（罰則に関する経過措置）

第四条　この法律の施行前にした行為及び附則第二条の規定によりなお従前の例によることとされる場合におけるこの法律の施行後にした行為に対する罰則の適用については、なお従前の例による。

（政令への委任）

第五条　前三条に定めるもののほか、この法律の施行に関し必要な経過措置（罰則に関する経過措置を含む。）は、政令で定める。

（検討）

第六条　政府は、この法律の施行後五年を目途として、この法律による改正後のそれぞれの法律の規定について、その施行の状況等を勘案して検討を加え、必要があると認めるときは、その結果に基づいて所要の措置を講ずるものとする。

附　則（令六・五・一五法二三抄）

（施行期日）

第一条　この法律は、公布の日から起算して一年を超えない範囲内において政令で定める日から施行する。〔後略〕

○道路運送法施行令

（昭和二十六年六月三十日　政令第二百五十号）

沿革　昭二八政令三〇三、昭三四政令二三五、昭三五政令二四二、昭三七政令二九一、昭四四政令三一〇、昭四五政令三五二、昭四六政令三三五、昭五四政令一二八、昭五七政令一七八、昭五九政令一七六・三三一、昭六〇政令一〇三・三二一、昭六一政令一六四、昭六二政令五四、平元政令三一九、平二政令二一一・二一四、平六政令三〇三、平七政令七・二〇三、平九政令二四三、平一一政令二六五・三五二、平一二政令三〇一二・五三三・五五四、平一四政令二〇〇、平一八政令二三九・二七六、平二六政令一六・二九一、平二八政令三八二、平二九政令一、令二政令三二一、令五政令二四六改正

（旅客自動車運送事業に関する権限の委任）

第一条　一般乗合旅客自動車運送事業に関する道路運送法（以下「法」という。）第二章、第二章の二及び第四章に規定する国土交通大臣の権限であつて、次に掲げるものは、地方運輸局長に委任する。

一　法第四条第一項の規定による事業の許可（当該事業に係る路線が国土交通省令で定める地方的な路線の基準に該当するもの（以下この項及び次項において「地方路線」という。）である場合又は当該事業が路線を定めて行うもの以外のもの（以下この項及び次項において「不定路線事業」という。）である場合に限る。）

二　法第九条第一項の規定による運賃又は料金の上限の設定又は変更の認可であつて、次に掲げるもの

イ　事業計画の変更のうち停留所の新設、廃止又は位置の変更に伴う運賃の上限の設定又は変更に関するもの

ロ　運行計画の変更のうち運行系統の変更に伴う運賃の上限の設定又は変更に関するもの

ハ　深夜における旅客その他の特殊の旅客に適用する運賃の上限の設定又は変更に関するもの

ニ　イからハまでに掲げるもの以外の運賃の上限の設定又は変更に関するもの（当該事業に係る路線が地方路線である場合又は当該事業が不定路線事業である場合に限る。）

ホ　料金の上限の設定又は変更に関するもの

三　法第九条第三項の規定による届出の受理であつて次に掲げるもの又は同条第四項若しくは第六項の規定による届出の受理

イ　前号に掲げるものとして法第九条第一項の認可を受けた運賃又は料金の上限に係る運賃又は料金の設定又は変更に関するもの

ロ　適用する期間又は区間その他の条件が付された運賃の設定又は変更に関するもの

四　法第九条第七項の規定による運賃等又は運賃若しくは料金の変更の命令（前号に規定する届出に係るものに限る。）

五　法第十一条第一項の規定による運送約款の設定又は変更の認可

六　法第十五条第一項の規定による事業計画の変更（路線の新設に関するものにあつては、当該事業に係る路線が地方路線である場合に限る。）の認可又は同条第三項若しくは第四項若しくは法第十五条の二第一項に規定する事業計画の変更に係る届出の受理

七　法第十五条の二第二項の規定による意見の聴取

八　法第十五条の二第三項の規定による通知

九　法第十五条の二第五項の規定による届出の受理

十　法第十五条の三第一項の規定による運行計画の設定又は同条第二項若しくは第三項の規定による運行計画の変更に係る届出の受理

十一　法第十六条第二項の規定による事業計画に定める業務の確保に関する命令

十二　法第十九条第一項の規定による認可

十三　法第十九条の二の規定による命令又は認可の取消し

十四　法第二十条第二号の規定による権限

十五　法第二十二条の二第一項の規定による安全管理規程の設定又は変更に係る届出の受理（当該事業に係る路線が地方路線である場合又は当該事業が不定路線事業である場合に限る。）

十六　法第二十二条の二第三項の規定による命令（前号に規定する届出があつた安全管理規程に係るものに限る。）

十七　法第二十二条の二第五項の規定による安全統括管理者の選任又は解任に係る届出の受理（当該事業に係る路線が地方路線である場合又は当該事業が不定路線事業である場合に限る。）

十八　法第二十二条の二第七項の規定による命令（前号に規定する届出（選任に係るものに限る。）があつた安全統括管理者に係るものに限る。）

十九　法第二十三条第三項の規定による運行管理者の選任又は解任に係る届出の受理

二十　法第二十三条の二第一項の規定による運行管理者資格者証の交付

二十一　法第二十三条の三の規定による命令

二十二　法第二十七条第四項の規定による命令（法第二十二条の二第一項、第四項若しくは第六項の規定又は安全管理規程の遵守に関するものにあつては、当該事業に係る路線が地方路線である場合又は当該事業が不定路線事業である場合に限る。）

二十三　法第三十条第四項の規定による命令

二十四　法第三十一条の規定による命令（当該事業に係る路線が地方路線である場合又は当該事業が不定路線事業である場合に限る。）

二十五　法第三十五条第一項の規定による許可（当該事業に係る路線が地方路線である場合又は当該事業が不定路線事業である場合に限る。）

二十六　法第三十六条第一項又は第二項の規定による認可（当該事業に係る路線が地方路線である場合又は当該事業が不定路線事業である場合に限る。）

二十七　法第三十七条第一項の規定による認可（当該事業に係る路線が地方路線である場合又は当該事業が不定路線事業である場合に限る。）

二十八　法第三十八条第一項又は第二項の規定による事業の休止又は廃止に係る届出の受理

二十九　事業の休止又は廃止に関する第七号から第九号までに掲げる権限に相当する権限

三十　法第四十条の規定による輸送施設の使用の停止の命令又は事業の停止の命令若しくは許可の取消し（当該事業に係る路線が地方路線である場合又は当該事業が不定路線事業である場合に限る。）

三十一　法第四十一条第一項の規定による命令であつて次に掲げるもの並びに同項の規定による自動車検査証の返納の受理及び自動車登録番号標の領置

イ　事業用自動車の使用の停止の命令をした場合に係るもの

ロ　事業の停止の命令をした場合に係るもの（当該事業に係る路線が地方路線である場合又は当該事業が不定路線事業である場合に限る。）

三十二　法第四十一条第二項の規定による自動車検査証及び自動車登録番号標の返付

三十三　旅客自動車運送適正化事業実施機関に関する権限（法第四十三条の二第一項の規定による区域の設定を除く。）

三十四　専用自動車道に関する権限（第六号に掲げる権限であつて専用自動車道に関する事項の変更に関するものを除く。）

2　一般乗合旅客自動車運送事業以外の旅客自動車運送事業に関する法第二章、第二章の二及び第四章に規定する国土交通大臣の権限は、次に掲げるものを除き、地方運輸局長に委任する。

一　法第十一条第三項の規定による標準運送約款の制定及び公示

二　法第二十九条の二（法第四十三条第五項において準用する場合を含む。）の規定による情報の整理及び公表

三　一般乗合旅客自動車運送事業（当該事業に係る路線が地方路線であるもの及び不定路線事業を除く。）を経営する法人に係る合併又は分割の認可

四　法第四十三条の二第一項の規定による区域の設定

3　法第二十九条の二（法第四十三条第五項において準用する場合を含む。）の規定による情報の整理及び公表は、地方運輸局長も行うことができる。

4　第一項及び第二項の規定により地方運輸局長に委任された権限で次に掲げるもの（一の運輸監理部又は運輸支局の管轄区域内に係るものに限る。）は、運輸監理部長又は運輸支局長に委任する。

一　法第十五条第一項の規定による事業計画の変更の認可（路線の新設、営業区域の変更及び専用自動車道に関するものを除く。）又は同条第三項若しくは第四項に規定する事業計画の変更に係る届出（専用自動車道に関するものを除く。）の受理

二　法第十五条の三第一項の規定による運行計画の設定又は同条第二項若しくは第三項の規定による運行計画の変更に係る届出の受理

三　法第二十三条第三項の規定による運行管理者の選任又は解任に係る届出の受理

四　法第四十一条第一項の規定による自動車検査証の返納の受理及び自動車登録番号標の領置

五　法第四十一条第二項の規定による自動車検査証及び自動車登録番号標の返付

六　特定旅客自動車運送事業に関する第一号及び前三号に掲げる権限に相当する権限

七　法第四十三条第八項の規定による届出（事業の休止に係るものに限る。）の受理

※一項一号の「国土交通省令」＝〈道路運送法施行規則〉六七条

第二条　削除

第三条（自動車道事業に関し都道府県の処理する事務等）

第三条　法第四章（第六十一条、第七十条第三号（使用料金の変更に係る部分に限る。）及び第七十五条を除く。）に規定する自動車道事業に関する国土交通大臣の権限に属する事務（国において経営する自動車道事業に係るものを除く。）であつて、次に掲げるものは、一の都道府県の区域内において路線を定めて設けられる一般自動車道に関するものに限り、都道府県知事が行うこととする。

一　工事施行の認可申請期間の伸長

二　工事の完成の期間の伸長

三　法第五十四条に規定する工事方法の変更及び法第六十七条に規定する構造又は設備の変更であつて次に掲げるもの（事業計画の変更に伴うものを除く。）の認可

イ　路面及び路床の構造の変更

ロ　直線部の横断勾配の変更

ハ　盛土及び切土の斜面の勾配の変更

ニ　橋（径間二十メートル以上のものを除く。）、開きよ及び暗きよの構造の変更

ホ　排水設備の構造の変更

へ　防護設備の設置場所及び構造の変更

ト　信号、通信及び照明の設備の位置及び構造の変更

四　法第五十四条に規定する工事方法の変更及び法第六十七条に規定する構造又は設備の変更に係る届出の受理

五　供用約款の設定又は変更の認可

六　事業計画の変更に係る届出の受理

七　法第七十二条の規定において準用する法第三十条第四項の規定による命令

八　法第七十条の規定による命令（国土交通大臣の認可を要する事項に関するものを除く。第三項において同じ。）

九　事業の休止の許可

2　法第四章に規定する自動車道事業に関する国土交通大臣の権限（国において経営する自動車道事業に係るもの及び前項の規定により当該権限に属する事務を都道府県知事が行うこととされるものを除く。）であつて、同項各号（第八号を除く。）に掲げるものは、地方運輸局長に委任する。

3　法第七十条の規定による命令（第一項の規定により都道府県知事が行うこととされるものを除く。）は、地方運輸局長も行うことができる。

第四条（自家用自動車の使用に関し都道府県等の処理する事務等）

第四条　法第五章（第七十八条、第八十条及び第八十一条を除く。）に規定する国土交通大臣の権限に属する事務であつて、主として指定都道府県（自家用有償旅客運送に係る輸送の安全及び旅客の利便の確保に関する事務が適切に実施されるものとして国土交通大臣が指定する都道府県をいう。以下この項において同じ。）又は指定市町村（自家用有償旅客運送に係る輸送の安全及び旅客の利便の確保に関する事務が適切に実施されるものとして国土交通大臣が指定する市町村（特別区を含む。）をいう。以下この項において同じ。）の区

域（指定都道府県の区域にあつては、当該区域内に指定市町村の区域がある場合においては、当該指定市町村の区域以外の区域に限るものとする。）内において行われる自家用有償旅客運送に係るものは、当該指定都道府県又は指定市町村（以下「指定都道府県等」という。）の長が行うこととする。

2　国土交通大臣は、前項の規定による指定都道府県等の指定をしたときは、その旨を公示しなければならない。

3　第一項の規定による指定都道府県等の指定があつた場合においては、その指定の際現に効力を有する国土交通大臣が行つた登録等の処分その他の行為又は現に国土交通大臣に対して行つている登録等の申請で、当該指定の日以後同項の規定により当該指定都道府県等の長が行うこととなる事務に係るものは、当該指定の日以後においては、当該指定都道府県等の長の行つた登録等の処分その他の行為又は当該指定都道府県等の長に対して行つた登録等の申請とみなす。

4　国土交通大臣は、指定都道府県等について第一項の規定による指定の事由がなくなつたと認めるときは、当該指定を取り消すものとする。

5　第二項及び第三項の規定は、前項の規定による指定の取消しについて準用する。この場合において、第三項中「国土交通大臣」とあるのは「指定都道府県等の長」と、「当該指定都道府県等の長」とあるのは「国土交通大臣」と読み替えるものとする。

6　法第五章に規定する国土交通大臣の権限（法第八十一条第二項において準用する法第四十一条第三項及び第四項に規定するもの並びに第一項の規定により当該権限に属する事務を指定都道府県等の長が行うこととされるものを除く。）は、地方運輸局長に委任する。

7　前項の規定により地方運輸局長に委任された権限は、運輸監理部長又は運輸支局長に委任する。

（有償旅客運送の禁止等に関する権限の委任）

第五条　法第八十三条ただし書の規定による許可、法第八十四条第一項の規定による命令及び法第九十一条の二第一項の規定による通知は、地方運輸局長に委任する。

2　前項の規定により地方運輸局長に委任された法第八十三条ただし書の規定による許可（貨物自動車運送事業法（平成元年法律第八十三号）第二条第二項に規定する一般貨物自動車運送事業及び同条第三項に規定する特定貨物自動車運送事業に関する許可であつて一の運輸監理部又は運輸支局の管轄区域内に係るものに限る。）は、運輸監理部長又は運輸支局長に委任する。

（報告、検査及び調査に関し都道府県等の処理する事務等）

第六条　法第九十四条（第二項、第三項及び第五項を除く。次項において同じ。）に規定する国土交通大臣の権限に属する事務（第三条第一項の規定により都道府県知事が行うこととされる事務に係るものに限る。）は、都道府県知事が行うこととする。

2　法第九十四条に規定する国土交通大臣の権限に属する事務（第四条第一項の規定により指定都道府県等の長が行うこととされる事務に係るものに限る。）は、当該指定都道府県等の長が行うこととする。

3　法第九十四条（第三項及び第五項（指定試験機関に係る部分に限る。）を除く。）に規定する国土交通大臣の権限（第一項の規定により当該権限に属する事務を都道府県知事が行うこととされるもの及び前項の規定により当該権限に属する事務を指定都道府県等の長が行うこととされるものを除く。）は、地方運輸局長、運輸監理部長及び運輸支局長も行うことができる。

（事務の区分等）

第七条　第三条第一項及び前条第一項の規定により都道府県が処理することとされている事務は、地方自治法（昭和二十二年法律第六十七号）第二条第九項第一号に規定する第一号法定受託事務とする。

2　第三条第一項及び前条第一項の場合においては、法中これらの規定に規定する事務に係る国土交通大臣に関する規定は、都道府県知事に関する規定として都道府県知事に適用があるものとする。

3　第四条第一項及び前条第二項の場合においては、法中これらの規定に規定する事務に係る国土交通大臣に関する規定は、指定都道府県等の長に関する規定として指定都道府県等の長に適用があるものとする。

附　則

1　この政令は、昭和二十六年七月一日から施行する。

2　道路運送法施行令（昭和二十二年政令第三百二十号）は、廃止する。

附　則（昭二八・九・二八政令三〇三）

この政令は、昭和二十八年十月一日から施行する。

附　則（昭三四・六・三〇政令二三五）

この政令は、昭和三十四年七月一日から施行する。

附　則（昭三五・八・二五政令二四二）

この政令は、昭和三十五年九月一日から施行する。

附　則（昭三七・七・一〇政令二九一）

1　この政令は、昭和三十七年七月十五日から施行する。

2　この政令の施行の日前の申請に係る法第四条第一項、第七条第一項、第八条第一項、第二十条第一項、第四十一条第一項及び第七十六条第一項の規定による運輸大臣の職権に関しては、改正後の第四条第一項及び第五条の二の規定にかかわらず、なお従前の例による。

附　則（昭四四・一二・一九政令三一〇）

この政令は、昭和四十五年三月一日から施行する。

附　則（昭四五・一二・二八政令三五二抄）

1　この政令は、昭和四十六年二月一日から施行する。

2　この政令の施行前に通運事業法又は道路運送法の規定により運輸大臣に対してされた申請に係る処分に関しては、なお従前の例により運輸大臣が職権を行なう。

附　則（昭四六・一一・一政令三三五）

この政令は、昭和四十六年十二月一日から施行する。

附　則（昭五四・五・二政令一二八）

1　この政令は、昭和五十四年六月一日から施行する。

2　この政令の施行前に道路運送法第八条第一項の規定により運輸大臣に対してされた申請に係る処分に関しては、なお従前の例により運輸大臣が職権を行使する。

附　則（昭五七・六・二九政令一七八）

1　この政令は、昭和五十七年八月一日から施行する。

2　この政令の施行前に道路運送法第五十四条第一項（同法第六十七条において準用する場合を含む。）の規定によりなされた申請に係る処分に関しては、なお従前の例による。

附　則（昭五九・六・六政令一七六抄）

（施行期日）

第一条　この政令は、昭和五十九年七月一日から施行する。

（経過措置）

第二条　この政令の施行前に次の表の上欄に掲げる行政庁が法律若しくはこれに基づく命令の規定によりした許可、認可その他の処分又は契約その他の行為（以下「処分等」という。）は、同表の下欄に掲げるそれぞれの行政庁がした処分等とみなし、この政令の施行前に同表の上欄に掲げる行政庁に対してした申請、届出その他の行為（以下「申請等」という。）は、同表の下欄に掲げるそれぞれの行政庁に対してした申請等とみなす。

北海海運局長	北海道運輸局長
東北海運局長（山形県又は秋田県の区域に係る処分等又は申請等に係る場合を除く。）	東北運輸局長
東北海運局長（山形県又は秋田県の区域に係る処分等又は申請等に係る場合に限る。）及び新潟海運監理部長	新潟運輸局長
関東海運局長	関東運輸局長
東海海運局長	中部運輸局長
近畿海運局長	近畿運輸局長
中国海運局長	中国運輸局長
四国海運局長	四国運輸局長
九州海運局長	九州運輸局長
神戸海運局長	神戸海運監理部長
札幌陸運局長	北海道運輸局長
仙台陸運局長	東北運輸局長
新潟陸運局長	新潟運輸局長
東京陸運局長	関東運輸局長
名古屋陸運局長	中部運輸局長
大阪陸運局長	近畿運輸局長
広島陸運局長	中国運輸局長
高松陸運局長	四国運輸局長
福岡陸運局長	九州運輸局長

附　則（昭五九・一一・二四政令三三一）

この政令は、道路運送法等の一部を改正する法律の施行の日（昭和六十年四月一日）から施行する。

附　則（昭六〇・四・九政令一〇三）

この政令は、公布の日から起算して一月を経過した日から施行する。

附　則（昭六〇・一二・二四政令三二一）

この政令は、公布の日から施行する。

附　則（昭六一・五・一六政令一六四）

1　この政令は、昭和六十一年六月一日から施行する。

2　この政令の施行前に道路運送法第百条第一項の規定により地方運輸局長に対してされた申請に係る処分に関しては、なお従前の例による。

附　則（昭六二・三・二〇政令五四抄）

（施行期日）

第一条　この政令は、昭和六十二年四月一日から施行する。

附　則（平元・一二・一三政令三一九）

1　この政令は、平成二年二月一日から施行する。

2　この政令の施行前に道路運送法第十八条第一項の規定により地方運輸局長に対してされた申請（一般乗合旅客自動車運送事業の停留所の位置の変更に関するものに限る。）に係る処分に関しては、なお従前の例による。

附　則（平二・七・一〇政令二一一）

この政令は、貨物運送取扱事業法の施行の日（平成二年十二月一日）から施行する。

附　則（平二・七・一〇政令二一四）

この政令は、貨物自動車運送事業法の施行の日（平成二年十二月一日）から施行する。

附　則（平六・九・一九政令三〇三抄）

（施行期日）

第一条　この政令は、行政手続法の施行の日（平成六年十月一日）から施行する。

附　則（平七・一・二〇政令七）

この政令は、許可、認可等の整理及び合理化に関する法律第二十七条、第三十条、第三十二条及び第三十五条の規定の施行の日（平成七年四月一日）から施行する。

附　則（平七・五・八政令二〇三）

この政令は、公布の日から施行する。

附　則（平九・七・九政令二四三）

この政令は、私的独占の禁止及び公正取引の確保に関する法律の適用除外制度の整理等に関する法律の施行の日（平成九年七月二十日）から施行する。

附　則（平一一・九・一六政令二六五）

この政令は、道路運送法の一部を改正する法律の施行の日（平成十二年二月一日）から施行する。

附　則（平一一・一一・一〇政令三五二抄）

（施行期日）

第一条　この政令は、平成十二年四月一日から施行する。

附　則（平一二・六・七政令三一二抄）

（施行期日）

1　この政令は、内閣法の一部を改正する法律（平成十一年法律第八十八号）の施行の日（平成十三年一月六日）から施行する。［後略］

附　則（平一二・一二・二二政令五三三抄）

（施行期日）

第一条　この政令は、道路運送法及びタクシー業務適正化臨時措置法の一部を改正する法律〔平成一二年五月法律第八六号〕の施行の日（平成十四年二月一日）から施行する。

附　則（平一二・一二・二七政令五五四）

この政令は、商法等の一部を改正する法律の施行に伴う関係法律の整備に関する法律の施行の日（平成十三年四月一日）から施行する。

附　則（平一四・六・七政令二〇〇抄）

（施行期日）

第一条　この政令は、平成十四年七月一日から施行する。

附　則（平一八・七・二一政令二三九抄）

（施行期日）

1　この政令は、運輸の安全性の向上のための鉄道事業法等の一部を改正する法律の施行の日（平成十八年十月一日）から施行する。

附　則（平一八・八・一八政令二七六）

この政令は、道路運送法等の一部を改正する法律の施行の日（平成十八年十月一日）から施行する。

附　則（平二六・一・二四政令一六）

この政令は、特定地域における一般乗用旅客自動車運送事業の適正化及び活性化に関する特別措置法等の一部を改正する法律〔平成二五年一一月法律第八三号〕の施行の日〔平成二六年一月二七日〕から施行する。〔後略〕

附　則（平二六・九・三政令二九一）

（施行期日）

第一条　この政令は、平成二十七年四月一日から施行する。

（処分、申請等に関する経過措置）

第二条　この政令の施行前に道路運送法第四章若しくは自動車運転代行業の業務の適正化に関する法律の規定によりされた許可等の処分その他の行為（以下この条において「処分等の行為」という。）又はこの政令の施行の際現にこれらの法律の規定によりされている許可等の申請その他の行為（以下この条において「申請等の行為」という。）で、この政令の施行の日においてこれらの行為に係る行政事務を行うべき者が異なることとなるものは、この政令の施行の日以後においては、この政令の施行の日において新たに当該行政事務を行うこととなる者（以下この条において「新事務執行者」という。）のした処分等の行為又は新事務執行者に対して行った申請等の行為とみなす。

（罰則に関する経過措置）

第三条　この政令の施行前にした行為に対する罰則の適用については、なお従前の例による。

附　則（平二八・一二・一六政令三八二）

この政令は、道路運送法の一部を改正する法律〔平成二十八年法律第百号〕の施行の日〔平成二十八年十二月二十日〕から施行する。

附　則（平二九・一・一三政令一）

この政令は、道路運送法及び貨物自動車運送事業法の一部を改正する法律〔平成二八年一二月法律第一〇六号〕の施行の日〔平成二九年一月一六日〕から施行する。

附　則（令二・一一・一一政令三三一）

この政令は、持続可能な運送サービスの提供の確保に資する取組を推進するための地域公共交通の活性化及び再生に関する法律等の一部を改正する法律〔令和二年六月法律第三六号〕の施行の日（令和二年十一月二十七日）から施行する。

附　則（令五・七・二一政令二四六）

この政令は、地域公共交通の活性化及び再生に関する法律等の一部を改正する法律〔令和五年四月法律第一八号〕の施行の日（令和五年十月一日）から施行する。

○道路運送法施行規則

（昭和二十六年八月十八日
運輸省令第七十五号）

沿革 昭二八運令一・五二、昭三〇運令二二、昭三一運令四二、昭三二運令二八、昭三五運令三三・四一、昭三七運令二一・三七、昭三八運令二四、昭四二運令六〇、昭四六運令二・六四、昭四八運令八・一五、昭五三運令三二・三九・五四、昭五七運令四・一九、昭五八運令五一、昭五九運令一八、昭六〇運令五・一五・一八・二二・四〇、昭六一運令一七・二九・三四、昭六二運令二九、昭六三運令四〇、平元運令一九・三三、平二運令二三、平四運令三三、平六運令一〇・四六、平七運令一四・三〇・六一、平九運令三二・四七、平一〇運令八・一二、平一一運令五一、平一二運令一一・三九、平一三国交令三七・一〇五、平一四国交令七九・一〇三、平一五国交令一一・三一、平一六国交令六二、平一七国交令一二・五五、平一八国交令五八・七八・八六、平一九国交令九六、平二〇国交令九七、平二二国交令四、平二四国交令七三、平二六国交令七、平二七国交令六・二一、平二八国交令八二、平二九国交令一・八・七四、令二国交令九三・九八、令三国交令三三、令四国交令五・三三・六六・七一、令五国交令三一・四四・六一・六四・七三・八七・一〇一、令六国交令六・二六改正

目次

第一章 通則

（定義）

第一条 この省令で、自動車運送事業、旅客自動車運送事業、貨物自動車運送事業、自動車道事業、自動車、自動車道又は専用自動車道とは、それぞれ道路運送法（昭和二十六年法律第百八十三号。以下「法」という。）の自動車運送事業、旅客自動車運送事業、貨物自動車運送事業、自動車道事業、自動車、自動車道又は専用自動車道をいう。

2 この省令で、旅客の運送の用に供する自動車に係る自動車の種別とは、次に掲げる自動車の別をいう。

一 一般自動車（次号に掲げるもの以外の旅客の運送の用に供する自動車）

二 特種自動車（旅客の運送の用に供する自動車であつて、自動車登録規則（昭和四十五年運輸省令第七号）別表第二の自動車の範囲欄の6に掲げる自動車及びこれに準ずるものとして地方運輸局長が定める自動車）

（事件の管轄）

第二条 この省令の規定により提出すべき申請書又は届出書は、この省令中別段の定めのある場合を除き、法第八十八条及び道路運送法施行令（昭和二十六年政令第二百五十号）第一条から第五条までの規定により権限を有する行政庁（以下「権限行政庁」という。）に提出するものとする。

2 前項の申請書又は届出書に係る権限行政庁が地方運輸局長、運輸監理部長又は運輸支局長であるときは、その書類は、当該事件の関する土地を管轄する地方運輸局長、運輸監理部長又は運輸支局長に提出するものとする。この場合において、事件が二以上の地方運輸局長の管轄区域にわたるときは、その事件の主として関する土地を管轄する地方運輸局長に提出するものとする。

（書類の経由）

第三条 この省令の規定により国土交通大臣又は地方運輸局長に提出すべき申請書又は届出書は、それぞれ当該事件の関する土地を管轄する運輸監理部長又は運輸支局長を経由して提出するものとする。この場合において、事件が運輸監理部長と運輸支局長又は二以上の運輸支局長の管轄区域にわたるときは、その事件の主として関する土地を管轄する運輸監理部長又は運輸支局長を経由して提出するものとする。

2 運輸監理部長又は運輸支局長は、この省令の規定による国土交通大臣に提出すべき申請書又は届出書を受け付けたときは、地方運輸局長を経由して進達しなければならない。

第二章 旅客自動車運送事業

第一節 一般旅客自動車運送事業

（法第三条第一号ロの乗車定員）

第三条の二 法第三条第一号ロの国土交通省令で定める乗車定員は、十一人とする。

（一般乗合旅客自動車運送事業の運行の態様）

第三条の三 法第五条第一項第三号の国土交通省令で定める運行の態様は、次のとおりとする。

一 路線定期運行

二 路線を定めて不定期に運行する自動車による乗合旅客の運送（以下「路線不定期運行」という。）

三 前二号に掲げるもの以外の乗合旅客の運送（以下「区域運行」という。）

（事業計画）

第四条 法第五条第一項第三号の事業計画のうち路線定期運行を行う一般乗合旅客自動車運送事業に係るものには、次に掲げる事項を記載するものとする。

一 路線に関する次に掲げる事項

イ 起点及び終点の地名及び地番

ロ キロ程

ハ 主たる経過地

二 主たる事務所及び営業所の名称及び位置

三　営業所ごとに配置する事業用自動車の数並びにその常用車及び予備車別の数並びにこれらのうち乗車定員十一人未満の事業用自動車の数
四　自動車車庫の位置及び収容能力
五　各路線に配置する事業用自動車のうち、長さ、幅、高さ又は車両総重量が最大であるものの当該長さ、幅、高さ又は車両総重量
六　停留所の名称及び位置並びに停留所間のキロ程
七　自動運行旅客運送（自動運行装置（道路運送車両法（昭和二十六年法律第百八十五号）第四十一条第一項第二十号に規定する自動運行装置をいう。以下同じ。）を当該自動運行装置に係る使用条件（同条第二項に規定する条件をいう。以下同じ。）で使用して当該自動運行装置を備えている自動車を運行することによる旅客の運送をいう。以下同じ。）を行おうとする場合にあつては、当該自動運行旅客運送に係る第一号、第三号及び前号に掲げる事項

2　前項の事業計画には、次に掲げる事項を記載した路線図を添付するものとする。ただし、当該路線図について地域公共交通会議（地域住民の生活に必要な旅客輸送の確保その他の旅客の利便の増進を図るために必要な一般旅客自動車運送事業及び自家用有償旅客運送に関する協議を行うために一又は複数の市町村長（特別区の区長を含む。以下同じ。）又は都道府県知事が主宰する会議をいう。以下同じ。）又は地域公共交通の活性化及び再生に関する法律（平成十九年法律第五十九号）第六条に規定する協議会（次条第一項第二号から第六号までに掲げる者を構成員に含むものに限る。以下「協議会」という。）（以下「地域公共交通会議等」という。）における協議を経たときは、その添付を省略することができる。
一　路線
二　営業所及び停留所の位置及び名称
三　自動車車庫の位置
四　道路法（昭和二十七年法律第百八十号）による道路（種類を明示すること。）、自動車道及び一般交通の用に供する場所の別並びにその種別ごとのキロ程及び有効幅員並びに待避所の位置
五　縮尺及び方位
六　自動運行旅客運送を行おうとする場合にあつては、当該自動運行旅客運送に係る第一号に掲げる事項

3　法第五条第一項第三号の事業計画のうち路線不定期運行を行う一般乗合旅客自動車運送事業に係るものには、次に掲げる事項を記載するものとする。
一　路線に関する次に掲げる事項
イ　起点及び終点の地名及び地番
ロ　キロ程
ハ　主たる経過地
二　主たる事務所及び営業所の名称及び位置
三　営業所ごとに配置する事業用自動車の数及びそのうち乗車定員十一人未満の事業用自動車の数
四　自動車車庫の位置及び収容能力
五　各路線に配置する事業用自動車のうち、長さ、幅、高さ又は車両総重量が最大であるものの当該長さ、幅、高さ又は車両総重量
六　運行系統
七　乗降地点の名称及び位置並びに乗降地点間のキロ程
八　運行系統ごとの発地の発車時刻又は着地の到着時刻を定める場合にあつては、当該発車時刻又は到着時刻
九　自動運行旅客運送を行おうとする場合にあつては、当該自動運行旅客運送に係る第一号、第三号及び前三号に掲げる事項

4　前項の事業計画には、次に掲げる事項を記載した路線図を添付するものとする。この場合においては、第二項ただし書の規定を準用する。
一　路線
二　営業所及び乗降地点の位置及び名称
三　自動車車庫の位置
四　運行系統
五　道路法による道路（種類を明示すること。）、自動車道及び一般交通の用に供する場所の別並びにその種別ごとのキロ程及び有効幅員並びに待避所の位置
六　縮尺及び方位
七　自動運行旅客運送を行おうとする場合にあつては、当該自動運行旅客運送に係る第一号及び第四号に掲げる事項

5　法第五条第一項第三号の事業計画のうち区域運行を行う一般乗合旅客自動車運送事業に係るものには、次に掲げる事項を記載するものとする。
一　営業区域
二　主たる事務所及び営業所の名称及び位置
三　営業所ごとに配置する事業用自動車の数及びそのうち乗車定員十一人未満の事業用自動車の数
四　自動車車庫の位置及び収容能力
五　運送の区間
六　発地の発車時刻若しくは着地の到着時刻又は運行間隔時間
七　自動運行旅客運送を行おうとする場合にあつては、当該自動運行旅客運送に係る第一号、第三号及び前二号に掲げる事項

6　前項の事業計画には、次に掲げる事項を記載した図面を添付するものとする。この場合においては、第二項ただし書の規定を準用する。
一　営業区域
二　営業所並びに発地及び着地の位置及び名称
三　自動車車庫の位置
四　縮尺及び方位
五　自動運行旅客運送を行おうとする場合にあつては、当該自動運行旅客運送に係る第一号に掲げる事項

7　法第五条第一項第三号の事業計画のうち一般貸切旅客自動車運送事業に係るものには、次に掲げる事項を記載するものとする。
一　営業区域
二　主たる事務所及び営業所の名称及び位置
三　営業所ごとに配置する事業用自動車の数
四　自動車車庫の位置及び収容能力
五　自動運行旅客運送を行おうとする場合にあつては、当該自動運行旅客運送に係る第一号及び第三号に掲げる事項

8　法第五条第一項第三号の事業計画のうち一般乗用旅客自動車運送事業に係るものには、次に掲げる事項を記載するものとする。
一　営業区域

二　主たる事務所及び営業所の名称及び位置
三　営業所ごとに配置する事業用自動車の数並びにその種別ごとの数及び地方運輸局長が指定する地域にあつては国土交通大臣が定める区分ごとの数
四　自動車車庫の位置及び収容能力
五　自動運行旅客運送を行おうとする場合にあつては、当該自動運行旅客運送に係る第一号及び第三号に掲げる事項

※　8項三号「定め」＝道路運送法施行規則第四条第八項第三号に基づき国土交通大臣が定める区分を定める告示

（地域公共交通会議の構成員）

第四条の二　地域公共交通会議は、次に掲げる者により構成するものとする。
一　地域公共交通会議を主宰する市町村長又は都道府県知事その他の地方公共団体の長
二　一般旅客自動車運送事業者及びその組織する団体
三　住民又は旅客
四　地方運輸局長
五　一般旅客自動車運送事業者の事業用自動車の運転者が組織する団体
六　自家用有償旅客運送について協議を行う場合には、地域公共交通会議を主宰する市町村長又は都道府県知事の管轄する区域内において現に自家用有償旅客運送を行つている第四十九条に規定する特定非営利活動法人等

2　地域公共交通会議を主宰する市町村長又は都道府県知事は、必要があると認めるときは、前項各号に掲げる者のほか、地域公共交通会議に、次に掲げる者を構成員として加えることができる。
一　路線を定めて行う一般乗合旅客自動車運送事業又は自家用有償旅客運送について協議を行う場合には、次に掲げる者
イ　道路管理者
ロ　都道府県警察
二　学識経験を有する者その他の地域公共交通会議の運営上必要と認められる者

（営業区域）

第五条　法第五条第一項第三号の営業区域は、輸送の安全、旅客の利便等を勘案して、地方運輸局長が定める区域を単位とするものとする。

（申請書に添付する書類）

第六条　法第五条第二項の書類は、次に掲げるものとする。
一　事業用自動車の運行管理の体制を記載した書面
二　事業の開始に要する資金及びその調達方法を記載した書面
三　事業用自動車の乗務員等（旅客自動車運送事業運輸規則（昭和三十一年運輸省令第四十四号）第七条の二第一項第五号に規定する乗務員等をいう。）の休憩、仮眠又は睡眠のための施設の概要を記載した書面
四　事業用自動車の運行により生じた旅客その他の者の生命、身体又は財産の損害を賠償するための措置を講じていることを証する書類
五　一般貸切旅客自動車運送事業の許可を受けようとする者にあつては、次に掲げる事項に関し、輸送の安全を確保するために、その者が行う投資の内容を定めた計画（以下「安全投資計画」という。）を記載した書類
イ　輸送に係る安全管理体制の確保に関する事項
ロ　事業用自動車の取得並びに点検及び整備に関する事項
ハ　その他投資の内容として必要な事項
六　一般貸切旅客自動車運送事業の許可を受けようとする者にあつては、安全投資計画に従つて事業を遂行することについて十分な経理的基礎を有することを証する事業収支見積を記載した書類
七　一般乗用旅客自動車運送事業の許可を受けようとする者であつて、その事業用自動車を当該許可を受けようとする者に限つて運行しようとするものにあつては、その旨を記載した書面
八　自動運行旅客運送を行おうとする場合にあつては、当該自動運行旅客運送の用に供する事業用自動車の自動運行装置に係る使用条件が記載された書類
九　特定自動運行旅客運送（特定自動運行（道路交通法（昭和三十五年法律第百五号）第二条第一項第十七号の二に規定する特定自動運行をいう。）による旅客の運送をいう。以下同じ。）を行おうとする場合にあつては、当該特定自動運行旅客運送に係る同法第七十五条の十二第二項に規定する申請書の写しその他の同条第一項の許可の見込みに関する書類
十　既存の法人にあつては、次に掲げる書類
イ　定款又は寄附行為及び登記事項証明書
ロ　最近の事業年度における貸借対照表
ハ　役員又は社員の名簿及び履歴書
十一　法人を設立しようとするものにあつては、次に掲げる書類
イ　定款（会社法（平成十七年法律第八十六号）第三十条第一項及びその準用規定により認証を必要とする場合には、認証のある定款）又は寄附行為の謄本
ロ　発起人、社員又は設立者の名簿及び履歴書
ハ　設立しようとする法人が株式会社であるときは、株式の引受けの状況及び見込みを記載した書類
十二　法人格なき組合にあつては、次に掲げる書類
イ　組合契約書の写し
ロ　組合員の資産目録
ハ　組合員の履歴書
十三　個人にあつては、次に掲げる書類
イ　資産目録
ロ　戸籍抄本
ハ　履歴書
十四　法第七条各号のいずれにも該当しない旨を証する書類

2　法第四条の規定により一般乗合旅客自動車運送事業の許可を受けようとする者は、前項各号に掲げる書類について、地域公共交通会議等における協議を経たときは、その添付を省略することができる。

3　法第八条第一項の一般貸切旅客自動車運送事業の許可の更新を受けようとする者は、第一項第二号及び第十号から第十三号までに掲げる書類の添付を省略することができる。

4　法第四条の規定により一般乗用旅客自動車運送事業の許可を受けようとする者が、その事業用自動車を当該許可を受けようとする者に限つて運行しようとする場合には、第一項第三号に掲げる書類の添付を省略することができる。

5　法第四条の規定により一般乗合旅客自動車運送事業の許可

を受けようとする者が、申請書に第十五条の十二の運行計画と同一の内容を記載した書面を添付したときは、法第十五条の三第一項の規定による運行計画の届出がなされたものとみなす。

（法第七条第三号の国土交通省令で定めるもの等）

第七条　法第七条第三号に規定する許可を受けようとする者の親会社等は、次に掲げる者とする。

一　許可を受けようとする者（株式会社である場合に限る。）の議決権の過半数を所有している者

二　許可を受けようとする者（持分会社（会社法第五百七十五条第一項に規定する持分会社をいう。以下この条において同じ。）である場合に限る。）の資本金の二分の一を超える額を出資している者

三　許可を受けようとする者の事業の方針の決定に関して、前二号に掲げる者と同等以上の支配力を有すると認められる者

2　法第七条第三号の国土交通省令で定める許可を受けようとする者の親会社等がその事業を実質的に支配し、又はその事業に重要な影響を与える関係にある者は、次に掲げる者とする。

一　許可を受けようとする者の親会社等（株式会社である場合に限る。）が議決権の過半数を所有している者

二　許可を受けようとする者の親会社等（持分会社である場合に限る。）が資本金の二分の一を超える額を出資している者

三　事業の方針の決定に関する許可を受けようとする者の親会社等の支配力が前二号に掲げる者と同等以上と認められる者

3　法第七条第三号の国土交通省令で定める許可を受けようとする者がその事業を実質的に支配し、又はその事業に重要な影響を与える関係にある者は、次に掲げる者とする。

一　許可を受けようとする者（株式会社である場合に限る。）が議決権の過半数を所有している者

二　許可を受けようとする者（持分会社である場合に限る。）が資本金の二分の一を超える額を出資している者

三　事業の方針の決定に関する許可を受けようとする者の支配力が前二号に掲げる者と同等以上と認められる者

4　法第七条第三号の国土交通省令で定める密接な関係を有する法人は、許可を受けようとする者の意思決定に関与し、又は許可を受けようとする者若しくは許可を受けようとする者の親会社等が意思決定に関与している法人とする。

（聴聞決定予定日の通知）

第七条の二　法第七条第五号の規定による通知をするときは、法第九十四条第四項の規定による検査が行われた日（以下この条において「検査日」という。）から十日以内に、検査日から起算して六十日以内の特定の日を通知するものとする。

（一般乗合旅客自動車運送事業の運賃等の上限の認可申請）

第八条　法第九条第一項の規定により、運賃等の上限の設定又は変更の認可を申請しようとする者は、次に掲げる事項を記載した運賃等上限設定（変更）認可申請書を提出するものとする。

一　氏名又は名称及び住所並びに法人にあっては、その代表者の氏名

二　設定又は変更しようとする運賃等の上限を適用する路線

三　設定又は変更しようとする運賃等の上限の種類、額及び適用方法（変更の認可申請の場合は、新旧の運賃等（変更に係る部分に限る。）を明示すること。）

四　変更の認可申請の場合は、変更を必要とする理由

2　前項の申請書には、原価計算書その他運賃等の上限の額の算出の基礎を記載した書類を添付するものとする。

3　次に掲げる場合には、前項の書類の添付を省略することができる。

一　路線を共通にする他の一般乗合旅客自動車運送事業者がその路線を共通にする部分について、現に認可を受けている運賃等の上限と同一の運賃等の上限の設定の認可の申請をする場合

二　一般乗合旅客自動車運送事業者が、廃止された一般乗合旅客自動車運送事業の路線と路線を共通にする部分について、廃止前に認可を受けていた運賃等の上限と同一の運賃等の上限の設定の認可の申請をする場合

三　一般乗合旅客自動車運送事業を経営している者が、認可を受けている当該事業の運賃の上限の賃率と同一の賃率を適用して運賃の上限の設定の認可を申請する場合

四　一般乗合旅客自動車運送事業を経営している者が、認可を受けている当該事業の料金の上限と同一の料金の上限の設定の認可を申請する場合

五　前各号に掲げる場合のほか、一般乗合旅客自動車運送事業を経営している者が当該事業の運賃等の上限の設定又は変更の認可を申請する場合であって、国土交通大臣（運賃等の上限の設定又は変更の認可の権限が地方運輸局長に委任されている場合にあっては、地方運輸局長。次項において同じ。）が必要がないと認めたとき。

4　一般乗合旅客自動車運送事業者は、第一項の申請書に法第九条第三項の規定により届け出るべき運賃等の種類、額及び適用方法を記載した書類を添付することができる。この場合において、国土交通大臣が、法第九条第一項の規定による運賃等の上限の認可をしたときは、当該運賃等について同条第三項の規定による届出がなされたものとみなす。

（一般乗合旅客自動車運送事業の運賃等の届出）

第九条　法第九条第三項又は第四項の規定により運賃等の設定又は変更の届出をしようとする者は、当該運賃等の実施予定日の三十日前までに、次に掲げる事項を記載した運賃等設定（変更）届出書を提出するものとする。

一　氏名又は名称及び住所並びに法人にあっては、その代表者の氏名

二　設定又は変更しようとする運賃等を適用する路線

三　設定又は変更しようとする運賃等の種類、額及び適用方法（変更の届出の場合には、新旧の運賃等（変更に係る部分に限る。）を明示すること。）

四　適用する期間又は区間その他の条件を付する場合には、その条件

五　実施予定日

2　法第九条第四項の規定による運賃等の設定又は変更の届出に係る前項の届出書には、当該届出に係る運賃等について法第九条第四項に規定する協議会において協議が調っていることを証する書類を添付するものとする。

3　次に掲げる場合には、第一項中「当該運賃等の実施予定日の三十日前までに」とあるのは、「あらかじめ」と読み替え

るものとする。

一　当該路線について他の一般乗合旅客自動車運送事業者が現に適用している運賃等と同一の運賃等の設定又は変更の届出をする場合

二　前号に掲げる場合のほか、法第九条第七項各号に該当しないものとして国土交通大臣（運賃等の届出の受理の権限が地方運輸局長に委任されている場合にあつては、地方運輸局長）が必要がないと認めたとき。

（一般乗合旅客自動車運送事業に係る影響が小さい運賃及び料金の届出）

第十条　法第九条第一項の国土交通省令で定める運賃は、次のとおりとする。

一　路線定期運行を行う一般乗合旅客自動車運送事業にあつては、次に掲げる運賃

イ　定期的に運行する自動車により観光を目的とする乗合旅客を専ら運送するもの又は観光施設への運送を目的とする路線において、停車する停留所を限定して運行し、若しくは起点及び終点のみに停車して運行する自動車により観光を目的とする乗合旅客を運送するもの（ロに該当するものを除く。以下「定期観光運送」という。）に係る運賃

ロ　専ら一の市町村（特別区を含む。以下同じ。）の区域を越え、かつ、その長さが概ね五十キロメートル以上の路線又は空港法（昭和三十一年法律第八十号）第二条に規定する空港若しくは同法附則第二条第一項の政令で定める飛行場を起点若しくは終点とする路線において、停車する停留所を限定して運行する自動車により乗合旅客を運送するもの（第十五条の十三第一項において「長距離急行運送等」という。）に係る運賃

ハ　一時的な需要のために地域及び期間を限定して運送するもの（第十五条の十三第一項において「臨時運送」という。）に係る運賃その他旅客の利益に及ぼす影響が比較的小さいものとして国土交通大臣が認めた運賃

二　路線不定期運行を行う一般乗合旅客自動車運送事業に係る運賃（地域住民の生活における当該事業の必要性を勘案して国土交通大臣が認めたものを除く。）

三　区域運行を行う一般乗合旅客自動車運送事業に係る運賃

2　法第九条第一項の国土交通省令で定める料金は、特別座席料金その他の車両の特別な設備の利用についての料金及び手回品料金とする。

3　法第九条第六項の規定により運賃及び料金の設定又は変更の届出をしようとする者は、運賃（第一項第一号ハに掲げるものを除く。）にあつては当該運賃の実施予定日の七日前までに、同号ハに掲げる運賃及び料金にあつてはあらかじめ、次に掲げる事項を記載した運賃及び料金設定（変更）届出書を提出するものとする。

一　氏名又は名称及び住所並びに法人にあつては、その代表者の氏名

二　設定又は変更しようとする運賃及び料金を適用する路線又は運送の区間

三　設定又は変更しようとする運賃及び料金の種類、額及び適用方法（変更の届出の場合は、新旧の運賃及び料金（変更に係る部分に限る。）を明示すること。）

四　適用する期間又は区間その他の条件を付す場合には、その条件

五　実施予定日

4　次に掲げる場合には、前項中「運賃（第一項第一号ハに掲げるものを除く。）にあつては当該運賃の実施予定日の七日前までに、同号ハに掲げる運賃及び料金にあつてはあらかじめ」とあるのは「あらかじめ」と読み替えるものとする。

一　当該路線又は営業区域について他の一般乗合旅客自動車運送事業者が現に適用している運賃及び料金と同一の運賃及び料金の設定又は変更の届出をする場合

二　前号に掲げる場合のほか、法第九条第七項各号に該当しないものとして地方運輸局長が必要がないと認めたとき。

（一般貸切旅客自動車運送事業の運賃及び料金の届出）

第十条の二　法第九条の二第一項の規定により、一般貸切旅客自動車運送事業の運賃及び料金の設定又は変更の届出をしようとする者は、当該運賃及び料金の実施予定日の三十日前までに、次に掲げる事項を記載した運賃及び料金設定（変更）届出書を提出するものとする。

一　氏名又は名称及び住所並びに法人にあつては、その代表者の氏名

二　設定又は変更しようとする運賃及び料金を適用する営業区域

三　設定又は変更しようとする運賃及び料金の種類、額及び適用方法（変更の届出の場合は、新旧の運賃及び料金（変更に係る部分に限る。）を明示すること。）

四　実施予定日

2　次に掲げる場合には、前項中「当該運賃及び料金の実施予定日の三十日前までに」とあるのは「あらかじめ」と読み替えるものとする。

一　当該営業区域について他の一般貸切旅客自動車運送事業者が現に適用している運賃及び料金と同一の運賃及び料金の設定又は変更の届出をする場合

二　前号に掲げる場合のほか、地方運輸局長が必要がないと認めたとき。

（一般乗用旅客自動車運送事業の運賃等の認可申請）

第十条の三　法第九条の三第一項の規定により、一般乗用旅客自動車運送事業の運賃等の設定又は変更の認可を申請しようとする者は、次に掲げる事項を記載した運賃等設定（変更）認可申請書を提出するものとする。

一　氏名又は名称及び住所並びに法人にあつては、その代表者の氏名

二　設定又は変更しようとする運賃等を適用する営業区域

三　設定又は変更しようとする運賃等の種類、額及び適用方法（変更の認可申請の場合は、新旧の運賃等（変更に係る部分に限る。）を明示すること。）

四　変更の認可申請の場合は、変更を必要とする理由

2　前項の申請書には、原価計算書その他運賃等の額の算出の基礎を記載した書類を添付するものとする。

3　申請する運賃等が地方運輸局長が前項の書類の添付の必要がないと認める場合として公示したものに該当するときは、同項の書類の一部又は全部の添付を省略することができる。

（一般乗用旅客自動車運送事業に係る影響が小さい料金の届出）

第十条の四　法第九条の三第一項の国土交通省令で定める料金は、時間指定配車料金及び車両指定配車料金とする。

2　法第九条の三第五項の規定により料金の設定又は変更の届出をしようとする者は、次に掲げる事項を記載した料金設定（変更）届出書を提出するものとする。
一　氏名又は名称及び住所並びに法人にあつては、その代表者の氏名
二　設定又は変更しようとする料金を適用する営業区域
三　設定又は変更しようとする料金の種類、額及び適用方法（変更の届出の場合は、新旧の料金（変更に係る部分に限る。）を明示すること。）
四　実施予定日

（一般乗用旅客自動車運送事業の運賃等の届出）

第十条の五　法第九条の三第三項の規定により運賃等の設定又は変更の届出をしようとする者は、当該運賃等の実施予定日の三十日前までに、次に掲げる事項を記載した運賃等設定（変更）届出書を提出するものとする。
一　氏名又は名称及び住所並びに法人にあつては、その代表者の氏名
二　設定又は変更しようとする運賃等を適用する営業区域
三　設定又は変更しようとする運賃等の種類、額及び適用方法（変更の届出の場合には、新旧の運賃等（変更に係る部分に限る。）を明示すること。）
四　適用する期間又は区域その他の条件を付す場合には、その条件
五　実施予定日
2　前項の届出書には、当該届出に係る運賃等について法第九条の三第三項に規定する協議会において協議が調つていることを証する書類を添付するものとする。
3　次に掲げる場合には、第一項中「当該運賃等の実施予定日の三十日前までに」とあるのは、「あらかじめ」と読み替えるものとする。
一　当該区域について他の一般乗用旅客自動車運送事業者が現に適用している運賃等と同一の運賃等の設定又は変更の届出をする場合
二　前号に掲げる場合のほか、法第九条の三第六項において準用する法第九条第七項第二号又は第三号に該当しないものとして地方運輸局長が必要がないと認めたとき。

（運送約款の認可申請）

第十一条　法第十一条第一項の規定により、一般旅客自動車運送事業の運送約款の設定又は変更の認可を申請しようとする者は、次に掲げる事項を記載した運送約款設定（変更）認可申請書を提出するものとする。
一　氏名又は名称及び住所並びに法人にあつては、その代表者の氏名
二　事業の種別
三　設定又は変更しようとする運送約款（変更の認可申請の場合は、新旧の運送約款（変更に係る部分に限る。）を明示すること。）
四　変更の認可申請の場合は、変更を必要とする理由

（運送約款の記載事項）

第十二条　法第十一条第一項の規定による一般旅客自動車運送事業の運送約款に定める事項は、次のとおりとする。
一　事業の種別
二　運賃及び料金の収受又は払戻しに関する事項
三　運送の引受けに関する事項
四　運送責任の始期及び終期
五　免責に関する事項
六　損害賠償に関する事項
七　その他運送約款の内容として必要な事項

第十三条　削除

（事業計画の変更の認可申請）

第十四条　法第十五条第一項の規定により、一般旅客自動車運送事業の事業計画の変更の認可を申請しようとする者は、次に掲げる事項を記載した事業計画変更認可申請書を提出するものとする。
一　氏名又は名称及び住所並びに法人にあつては、その代表者の氏名
二　事業の種別
三　変更しようとする事項（書類及び図面により新旧の事業計画（変更に係る部分に限る。）を明示すること。）
2　前項の申請書には、第六条第一項に掲げる書類のうち事業計画の変更に伴いその内容が変更されるものを添付しなければならない。この場合においては、第四条第二項ただし書の規定を準用する。
3　国土交通大臣（事業計画の変更の認可の権限が地方運輸局長、運輸監理部長又は運輸支局長に委任されている場合にあつては、地方運輸局長、運輸監理部長又は運輸支局長）は、申請者に対し、前二項に規定するもののほか、当該申請者の登記事項証明書その他必要な書類の提出を求めることができる。

（事業計画の変更の届出等）

第十五条　法第十五条第三項の国土交通省令で定める事項は、次の各号に掲げる事業の種別（運行の態様の別を含む。）に応じ、当該各号に定める事項とする。
一　路線定期運行を行う一般乗合旅客自動車運送事業　次に掲げる事項
イ　営業所ごとに配置する事業用自動車の数（自動車車庫の収容能力の増加を伴う事業用自動車の数の増加に係るものを除く。以下この項において同じ。）並びにその常用車及び予備車の別の数並びにこれらのうち乗車定員十一人未満の事業用自動車の数
ロ　各路線に配置する事業用自動車のうち、長さ、幅、高さ又は車両総重量が最大であるものの当該長さ、幅、高さ又は車両総重量（これらのうち事業用自動車の長さ、幅、高さ又は車両総重量の増加を伴う事項を除く。）
ハ　自動運行旅客運送を行う場合にあつては、当該自動運行旅客運送に係るイに掲げる事項
二　路線不定期運行を行う一般乗合旅客自動車運送事業　次に掲げる事項
イ　営業所ごとに配置する事業用自動車の数及びそのうち乗車定員十一人未満の事業用自動車の数
ロ　各路線に配置する事業用自動車のうち、長さ、幅、高さ又は車両総重量が最大であるものの当該長さ、幅、高さ又は車両総重量（これらのうち事業用自動車の長さ、幅、高さ又は車両総重量の増加を伴う事項を除く。）
ハ　運行系統
ニ　発地の発車時刻又は着地の到着時刻
ホ　自動運行旅客運送を行う場合にあつては、当該自動運行旅客運送に係るイ、ハ及びニに掲げる事項

三　区域運行を行う一般乗合旅客自動車運送事業　次に掲げる事項
イ　営業所ごとに配置する事業用自動車の数及びそのうち乗車定員十一人未満の事業用自動車の数
ロ　運送の区間
ハ　発地の発車時刻若しくは着地の到着時刻又は運行間隔時間
ニ　自動運行旅客運送を行う場合にあつては、当該自動運行旅客運送に係るイからハまでに掲げる事項
四　一般貸切旅客自動車運送事業　次に掲げる事項
イ　営業所ごとに配置する事業用自動車の数
ロ　自動運行旅客運送を行う場合にあつては、当該自動運行旅客運送に係るイに掲げる事項
五　一般乗用旅客自動車運送事業　次に掲げる事項
イ　営業所ごとに配置する事業用自動車の数並びにその種別ごとの数及び国土交通大臣が定める区分ごとの数
ロ　自動運行旅客運送を行う場合にあつては、当該自動運行旅客運送に係るイに掲げる事項

2　前条の規定は、法第十五条第三項の届出について準用する。この場合において、前条第一項中「事業計画変更認可申請書」とあるのは「事業計画変更事前届出書」と、同条第二項中「申請書」とあるのは「届出書」と読み替えるものとする。

第十五条の二　法第十五条第四項の国土交通省令で定める軽微な事項は、次のとおりとする。
一　主たる事務所の名称及び位置
二　営業所について、イからニまでに掲げる事業の種別（運行の態様の別を含む。）に応じ、それぞれイからニまでに定める事項
イ　路線定期運行又は路線不定期運行を行う一般乗合旅客自動車運送事業　名称及び位置
ロ　区域運行を行う一般乗合旅客自動車運送事業　名称及び位置（営業区域内における位置であつて、新設、変更又は当該営業区域内に他の営業所が存する場合における廃止に係るものに限る。）
ハ　一般貸切旅客自動車運送事業　名称及び位置（営業区域内における位置であつて、新設、変更又は当該営業区域内に他の営業所が存する場合における廃止に係るものに限る。）
ニ　一般乗用旅客自動車運送事業　名称及び位置（営業区域内における位置であつて、新設、変更又は当該営業区域内に他の営業所が存する場合における廃止に係るものに限る。）
三　停留所又は乗降地点の名称及び位置並びに停留所間又は乗降地点間のキロ程

2　第十四条の規定は、法第十五条第四項の届出について準用する。この場合において、第十四条第一項中「事業計画変更認可申請書」とあるのは「事業計画変更事後届出書」と、同条第二項中「申請書」とあるのは「届出書」と読み替えるものとする。

（事業計画の変更の認可の申請又は届出に関する手続の省略）

第十五条の三　法第十九条第一項の認可、一般旅客自動車運送事業の管理の受委託の許可又は事業の譲渡及び譲受、合併、分割若しくは相続による事業継続の認可を申請しようとする者は、それらの許可又は認可に伴つて事業計画の変更（法第十五条の二第一項の届出に係る事業計画の変更にあつては、同項の国土交通省令で定める場合における事業計画の変更に限る。）をしようとするときは、当該許可又は認可の申請書に変更しようとする事項を記載した書類（書類及び図面により新旧の事業計画（変更に係る部分に限る。）を明示すること。）を添付することにより、事業計画の変更の認可又は届出に関する手続を省略することができる。

（一般乗合旅客自動車運送事業の事業計画の変更の特例）

第十五条の四　法第十五条の二第一項の旅客の利便を阻害しないと認められる国土交通省令で定める場合は、次に掲げる場合とする。
一　当該路線において他の一般乗合旅客自動車運送事業者が一般乗合旅客自動車運送事業を現に経営し、又は経営するものと見込まれる場合
二　当該路線の休止又は廃止について地域協議会（地域住民の生活に必要な旅客輸送の確保に関する協議会であつて、関係地方公共団体の長、地方運輸局長その他の関係者により構成されることその他の国土交通大臣が告示で定める要件を備えるものをいう。以下同じ。）、地域公共交通会議（市町村長が主宰するものにあつては、当該路線が一の市町村の区域内のみにおいて運行しているものである場合に限る。）又は協議会（市町村が組織するものにあつては、当該路線が一の市町村の区域内のみにおいて運行しているものである場合に限る。）において協議が調つた場合
三　前二号に掲げる場合のほか、旅客の利便を阻害しないと地方運輸局長が認めてあらかじめ公示する場合

※二号「告示」＝地域協議会の要件に関する告示

第十五条の五　法第十五条の二第一項の規定により、路線の休止又は廃止に係る事業計画の変更をしようとする一般乗合旅客自動車運送事業者は、次に掲げる事項を記載した事業計画変更事前届出書を提出しなければならない。
一　氏名又は名称及び住所並びに法人にあつては、その代表者の氏名
二　休止又は廃止しようとする路線
三　休止又は廃止の予定日
四　路線の休止に係る場合は、予定する休止の期間
五　休止又は廃止を必要とする理由

2　前項の届出書には、第六条第一項に掲げる書類のうち事業計画の変更に伴いその内容が変更されるもののほか、次に掲げる書類を添付しなければならない。この場合においては、第四条第二項ただし書の規定を準用する。
一　休止又は廃止しようとする路線の路線図及び現況を記載した書類
二　その他地方運輸局長が公示する事項を記載した書類

3　法第十五条の二第一項の国土交通省令で定める場合における同項の路線の休止又は廃止に係る事業計画の変更をしようとする一般乗合旅客自動車運送事業者は、第一項の届出書には、前項第二号の書類に代えて、当該路線の休止又は廃止が旅客の利便を阻害しない旨を証する書類を添付しなければならない。この場合においては、第四条第二項ただし書の規定を準用する。

（意見の聴取）

第十五条の六　地方運輸局長は、法第十五条の二第一項による届出（同項の国土交通省令で定める場合における事業計画の変更の届出を除く。）があつたときは、当該届出の件名に番

号を付し、その旨を地方運輸局の掲示板に掲示する等適当な方法で公示するものとする。

第十五条の七　法第十五条の二第二項の利害関係人（第十五条の九において「利害関係人」という。）とは、次の各号のいずれかに該当する者をいう。

一　法第十五条の二第一項の規定による路線の休止又は廃止に係る事業計画の変更の後に当該路線において旅客の利便の確保を図ることが想定される者

二　旅客その他の者であつて地方運輸局長が当該休止又は廃止に関し特に重大な利害関係を有すると認めるもの

第十五条の八　法第十五条の二第二項の地方運輸局長の意見の聴取を受けようとする者は、次に掲げる事項を記載した意見聴取申請書を提出しなければならない。

一　氏名又は名称及び住所並びに法人にあつては、その代表者の氏名

二　届出の件名及びその番号

三　意見の聴取において陳述しようとする者の氏名及び職業又は職名

四　意見の聴取における陳述の概要及び利害関係を説明する事項

2　前項の申請は、第十五条の六の規定による公示の日から十日以内に、これをしなければならない。

第十五条の九　地方運輸局長は、法第十五条の二第二項の意見の聴取をしようとするときは、その十日前までに、関係地方公共団体及び前条第一項の申請書を提出した利害関係人に対し、意見の聴取の日時及び場所（地域協議会において聴取をする場合には、その旨）並びに当該路線の休止又は廃止の内容を書面で通知する。

2　意見の聴取は、公開とする。ただし、地方運輸局長が特に必要があると認める場合には、この限りでない。

（事業計画変更の日の繰上げ）

第十五条の十　地方運輸局長は、法第十五条の二第三項の通知を行う場合には、同条第二項の意見の聴取を終了した日から二十日以内に、書面をもつてこれを行うものとする。

第十五条の十一　法第十五条の二第五項の規定により、事業計画の変更の日の繰上げの届出をしようとする者は、次に掲げる事項を記載した事業計画変更繰上届出書を提出しなければならない。

一　氏名又は名称及び住所並びに法人にあつては、その代表者の氏名

二　休止又は廃止の日を繰り上げようとする路線

三　法第十五条の二第一項の規定により届け出た休止又は廃止の予定日

四　繰上げ後の休止又は廃止の予定日

（運行計画）

第十五条の十二　法第十五条の三第一項の一般乗合旅客自動車運送事業の運行計画には、次に掲げる事項を記載するものとする。

一　運行系統（定期観光運送を目的として定めたものにあつては、その旨を明示すること。）

二　地方運輸局長が指定する区域ごとに定める時間帯における運行系統ごとの運行回数並びに始発及び終発の時刻（運行回数が地方運輸局長が指定する運行回数以下のものにあつては、運行時刻）

三　一年を通じ継続して運輸をするものでないときは、運輸をする期間

四　自動運行旅客運送を行おうとする場合にあつては、当該自動運行旅客運送に係る第一号及び第二号に掲げる事項

2　前項第二号に掲げる事項の記載に当たつては、行事等の事由による一時的な需要に応じて追加的に運行される事業用自動車の運行回数並びに始発及び終発の時刻又は運行時刻を除くものとする。

（運行計画の届出等）

第十五条の十三　法第十五条の三第一項又は第二項の規定により、一般乗合旅客自動車運送事業の運行計画の設定又は変更の届出をしようとする者は、運行の実施予定日の三十日前（定期観光運送、長距離急行運送等又は臨時運送を目的として定めた運行系統その他旅客の利益に及ぼす影響が比較的小さいものとして国土交通大臣が認めた運行系統の設定又は変更に係る運行計画の設定又は変更の届出にあつては、七日前）までに、次に掲げる事項を記載した運行計画設定（変更）届出書を提出するものとする。

一　氏名又は名称及び住所並びに法人にあつては、その代表者の氏名

二　設定又は変更しようとする事項（変更の場合にあつては、書類及び図面により新旧の運行計画（変更に係る部分に限る。）を明示すること。）

三　実施予定日

2　運行計画の設定又は変更（運行系統の変更に係る場合に限る。）の届出書には、運行系統図を添付しなければならない。この場合においては、第四条第二項ただし書の規定を準用する。

第十五条の十四　法第十五条の三第三項の国土交通省令で定める軽微な事項は、次に掲げるものとする。

一　地方運輸局長が指定する区域ごとに定める時間帯における運行系統ごとの運行回数（変更後の運行回数が当該区域について地方運輸局長が定める範囲内の回数となる変更に係るものに限る。）

二　運行系統ごとの始発及び終発の時刻

三　運行系統ごとの運行時刻（運行回数の変更に伴うものにあつては、変更後においても運行回数が当該区域について地方運輸局長が定める運行回数以下となる変更に係るものに限る。）

2　前項の事項に関する運行計画の変更の届出をしようとする者は、次に掲げる事項を記載した運行計画事後届出書を提出するものとする。

一　氏名又は名称及び住所並びに法人にあつては、その代表者の氏名

二　変更した事項（新旧の運行計画（変更に係る部分に限る。）を明示すること。）

（運行計画の変更の届出に関する手続の省略）

第十五条の十五　法第十九条第一項の認可、一般乗合旅客自動車運送事業の管理の受委託の許可、法第十五条第一項の認可又は事業の譲渡及び譲受、合併、分割若しくは相続による事業継続の認可を申請しようとする者は、それらの許可又は認可に伴つて運行計画の変更をしようとするときは、当該許可又は認可の申請書に変更しようとする事項を記載した書類（書類及び図面により新旧の運行計画（変更に係る部分に限

る。）を明示すること。）を添付することにより、運行計画の変更の届出に関する手続を省略することができる。

（法第十七条の事由）

第十六条　法第十七条のやむを得ない事由は、次のとおりとする。

一　運行している路線に係る道路又は橋りようの損壊等により、当該道路又は橋りようを安全に通行することができなくなつたこと。

二　前号に掲げるもののほか、道路法、道路交通法その他の法令の規定により、運行している路線に係る道路の通行が禁止され、又は制限されたこと。

第十七条　削除

（協定の認可申請）

第十八条　法第十九条第一項の規定により、協定の設定又は変更の認可を申請しようとする者は、次に掲げる事項を記載した協定設定（変更）認可申請書を提出するものとする。

一　当事者の氏名又は名称及び住所並びに法人にあつては、その代表者の氏名

二　設定又は変更しようとする協定の内容（変更の認可申請の場合は、書類及び図面により新旧の対照を明示すること。）

三　予定する協定の期間

四　協定を必要とする理由

五　変更の認可申請の場合は、変更を必要とする理由

2　前項の申請書には、次に掲げる書類及び図面を添付するものとする。

一　協定書の写し

二　当事者が収得し若しくは負担すべき金額及びその清算方法その他協定の実施方法の細目を記載した書類

三　協定の内容を明示した路線図及び運行系統図

四　法第十八条第一号の協定にあつては、共同経営を予定する路線に係る輸送需要の減少を示す書類及び事業収支計算書

五　法第十八条第二号の協定にあつては、共同経営を予定する路線に係る現に設定している運行時刻及び設定を予定する運行時刻を記載した書類

（法第二十条第二号の国土交通省令で定める場合）

第十八条の二　法第二十条第二号の国土交通省令で定める場合は、次に掲げる場合とする。

一　過疎地域の持続的発展の支援に関する特別措置法（令和三年法律第十九号）第二条第一項に規定する過疎地域その他の交通が著しく不便な地域において、当該地域の一部又は全部を営業区域とする一般旅客自動車運送事業者による輸送が困難な場合

二　一時的な輸送需要量の増加が見込まれる地域において、当該地域の一部又は全部を営業区域とする一般旅客自動車運送事業者による供給輸送力では当該増加に対応することが困難な場合

（法第二十条第二号の関係者）

第十八条の三　法第二十条第二号の国土交通省令で定める関係者は、地域公共交通会議等の構成員とする。

（乗合旅客運送の許可申請）

第十九条　法第二十一条第二号の規定により、乗合旅客の運送の許可を申請しようとする者は、次の事項を記載した乗合旅客運送許可申請書を提出するものとする。

一　氏名又は名称及び住所並びに法人にあつては、その代表者の氏名

二　運送しようとする旅客

三　運送しようとする期日又は期間

四　運送しようとする区間又は区域

五　運行時刻（運行時刻を定めないものにあつては、運行する時間帯）

六　使用する自動車の種別ごとの数

七　運送を必要とする理由

八　自動運行旅客運送を行おうとする場合にあつては、当該自動運行旅客運送に係る第三号、第四号及び第六号に掲げる事項

2　前項の申請書には、次に掲げる書類を添付するものとする。

一　予定する運輸数量を記載した書類

二　自動運行旅客運送を行おうとする場合にあつては、当該自動運行旅客運送の用に供する事業用自動車の自動運行装置に係る使用条件が記載された書類

三　特定自動運行旅客運送を行おうとする場合にあつては、当該特定自動運行旅客運送に係る道路交通法第七十五条の十二第二項に規定する申請書の写しその他の同条第一項の許可の見込みに関する書類

第二十条　削除

（事業の管理の受委託の許可申請）

第二十一条　法第三十五条第一項の規定により、一般旅客自動車運送事業の管理の委託及び受託の許可を申請しようとする者は、次に掲げる事項を記載した事業の管理受委託許可申請書を提出するものとする。

一　委託者及び受託者の氏名又は名称及び住所並びに法人にあつては、その代表者の氏名

二　事業の種別

三　管理の委託及び受託をしようとする事業の種別及び路線又は営業区域

四　管理の方法

五　管理の委託及び受託をしようとする期間

六　管理の委託及び受託を必要とする理由

2　前項の申請書には、次に掲げる事項を記載した書類及び図面を添付するものとする。

一　管理の委託受託契約書の写し

二　管理の報酬その他管理の実施方法の細目を記載した書類

三　受託者が現に一般旅客自動車運送事業を経営する者でないときは、第六条第一項第十号から第十三号までのいずれかに規定する書類

四　路線に係る管理の委託及び受託にあつては、当該路線を明示する路線図

（事業の譲渡及び譲受の認可申請）

第二十二条　法第三十六条第一項の規定により、一般旅客自動車運送事業の譲渡及び譲受の認可を申請しようとする者は、次に掲げる事項を記載した事業の譲渡譲受認可申請書を提出するものとする。

一　譲渡人及び譲受人の氏名又は名称及び住所並びに法人にあつては、その代表者の氏名

二　事業の種別

三　譲渡及び譲受をしようとする事業の種別及び路線又は営業区域
四　譲渡価格
五　譲渡及び譲受をしようとする時期
六　譲渡及び譲受を必要とする理由
2　前項の申請書には、次に掲げる書類及び図面を添付するものとする。
一　譲渡譲受契約書の写し
二　譲渡及び譲受価格の明細書
三　譲受人が現に一般旅客自動車運送事業を経営する者でないときは、第六条第一項第十号から第十三号までのいずれかに規定する書類
四　路線定期運行又は路線不定期運行を行う一般乗合旅客自動車運送事業に係る譲渡及び譲受にあつては、路線図
3　国土交通大臣（事業の譲渡及び譲受の認可の権限が地方運輸局長に委任されている場合にあつては、地方運輸局長）は、申請者に対し、前二項に規定するもののほか、当該申請者の登記事項証明書その他必要な書類の提出を求めることができる。

（法人の合併又は分割の認可申請）

第二十三条　法第三十六条第二項の規定により、一般旅客自動車運送事業を経営する法人の合併又は分割の認可を申請しようとする者は、次に掲げる事項を記載した法人の合併（分割）認可申請書を提出するものとする。
一　当事者の名称、住所及び代表者の氏名並びに事業の種別及び路線又は営業区域
二　合併後存続する法人若しくは合併により設立する法人又は分割により一般乗合旅客自動車運送事業等を承継する法人の名称、住所及び代表者の氏名
三　合併又は分割の方法及び条件
四　合併又は分割をしようとする時期
五　合併又は分割を必要とする理由
2　前項の申請書には、次に掲げる書類及び図面を添付するものとする。
一　合併契約書又は分割契約書（新設分割の場合にあつては、分割計画書）の写し
二　合併又は分割の方法及び条件の説明書
三　合併後存続する法人若しくは合併により設立する法人又は分割により一般乗合旅客自動車運送事業等を承継する法人が現に一般旅客自動車運送事業を経営する者でないときは、第六条第一項第十号又は第十一号に規定する書類
四　路線定期運行又は路線不定期運行を行う一般乗合旅客自動車運送事業を経営する法人の合併又は分割にあつては、路線図
3　前条第三項の規定は、第一項の申請について準用する。

（相続による事業継続の認可申請）

第二十四条　法第三十七条第一項の規定により、一般旅客自動車運送事業の相続による継続の認可を申請しようとする相続人は、次に掲げる事項を記載した事業の継続認可申請書を提出するものとする。
一　氏名、住所及び被相続人との続柄
二　被相続人の氏名及び住所
三　継続して経営しようとする被相続人の事業の種別及び路線又は営業区域
四　相続開始の時期
2　前項の申請書には、次に掲げる書類を添付するものとする。
一　申請者と被相続人との続柄を証する書類
二　申請者の履歴書及び資産目録
三　申請者以外に相続人があるときは、その者の氏名及び住所を記載した書面並びに当該申請に対する同意書
3　第二十二条第三項の規定は、第一項の申請について準用する。

（事業の休止及び廃止の届出等）

第二十五条　法第三十八条第一項の規定により、一般旅客自動車運送事業（路線定期運行を行う一般乗合旅客自動車運送事業を除く。）の休止又は廃止の届出をしようとする者は、次に掲げる事項を記載した事業の休止（廃止）届出書を提出するものとする。
一　氏名又は名称及び住所並びに法人にあつては、その代表者の氏名
二　事業の種別
三　休止又は廃止の日
四　休止の届出の場合にあつては、休止の予定期間
五　休止又は廃止する理由
2　第十五条の四から第十五条の十一までの規定は、法第三十八条第二項の規定による一般乗合旅客自動車運送事業の休止又は廃止の届出について準用する。この場合において、第十五条の五第一項中「事業計画変更事前届出書」とあるのは「事業の休止（廃止）届出書」と、第十五条の十一中「事業計画変更繰上届出書」とあるのは「事業の休止（廃止）繰上届出書」と読み替えるものとする。

第二十六条　削除

第二節　特定旅客自動車運送事業

（事業計画）

第二十七条　法第四十三条第二項第二号の国土交通省令で定める事項は、次に掲げる事項とする。
一　主たる事務所の名称及び位置
二　自動車車庫の位置及び収容能力
三　自動運行旅客運送を行おうとする場合にあつては、当該自動運行旅客運送に係る次に掲げる事項
イ　路線又は営業区域
ロ　営業所ごとに配置する事業用自動車の数
2　法第四十三条第五項において準用する法第十五条第三項の国土交通省令で定める事項は、次に掲げる事項とする。
一　営業所ごとに配置する事業用自動車の数
二　自動運行旅客運送を行う場合にあつては、当該自動運行旅客運送に係る前号に掲げる事項
3　法第四十三条第五項において準用する法第十五条第四項の軽微な事項は、主たる事務所及び営業所の名称及び位置とする。
4　第十四条第一項（第二号に係る部分を除く。）、第二項（ただし書を除く。）及び第三項の規定は、法第四十三条第五項において準用する法第十五条の規定による特定旅客自動車運送事業の事業計画の変更の認可申請及び変更の届出について

準用する。

（申請書に添付する書類）

第二十八条　法第四十三条第四項において準用する法第五条第二項の国土交通省令で定める書類は、次に掲げるものとする。

一　第六条第一項第一号、第三号、第四号及び第八号から第十四号まで（第十号ロ、第十二号ロ及び第十三号イを除く。）に掲げる書類

二　推定による一年間の取扱旅客の種類及び運輸数量並びにその算出の基礎を記載した書面

三　特定の運送需要者との契約書又は協定書の写し

（天災等の場合における他の路線による事業の経営）

第二十九条　法第四十三条第五項において準用する法第十七条のやむを得ない事由は、第十六条各号に掲げるものとする。

第三十条及び第三十一条　削除

（運賃及び料金の届出）

第三十二条　法第四十三条第六項の規定により特定旅客自動車運送事業の運賃及び料金の設定又は変更の届出をしようとする者は、次に掲げる事項を記載した運賃及び料金設定（変更）届出書を提出するものとする。

一　氏名又は名称及び住所並びに法人にあつては、その代表者の氏名

二　設定又は変更しようとする運賃及び料金を適用する路線又は営業区域

三　設定又は変更しようとする運賃及び料金の種類、額及び適用方法

（管理の委託の届出等）

第三十三条　第二十一条（第一項第二号並びに第二項第二号及び第四号に係る部分を除く。）の規定は、法第四十三条第八項の規定による管理の委託の届出について準用する。

2　第二十二条（第一項第二号及び第四号並びに第二項第二号及び第四号に係る部分を除く。）の規定は、法第四十三条第十項の規定による特定旅客自動車運送事業の譲受の届出について準用する。

3　第二十三条（第二項第四号に係る部分を除く。）の規定は、法第四十三条第十項の規定による特定旅客自動車運送事業の合併又は分割の届出について準用する。

4　第二十四条の規定は、法第四十三条第十項の規定による特定旅客自動車運送事業者の相続の届出について準用する。

5　第二十五条第一項（第二号に係る部分を除く。）の規定は、法第四十三条第八項の規定による特定旅客自動車運送事業の休止又は廃止の届出について準用する。

6　第三項の届出をしようとする者は、当該届出に係る法人の設立、合併又は分割に係る登記事項証明書を添付するものとする。

7　第一項から第五項までの規定によりそれぞれ第二十一条から第二十五条までの規定を準用する場合において、第二十一条第一項第三号、第二十二条第一項第三号、第二十三条第一項第一号及び第二十四条第一項第三号中「事業の種別及び路線又は営業区域」とあるのは「路線又は営業区域」と、第二十一条第二項第三号及び第二十二条第二項第三号中「第六条第一項第八号から第十一号までのいずれか」とあるのは「第六条第一項第八号（ロを除く。）、第九号、第十号（ロを除く。）又は第十一号（イを除く。）」と、第二十三条第二項第三号中「第六条第一項第八号」とあるのは「第六条第一項第八号（ロを除く。）」と、第二十四条第二項第二号中「履歴書及び資産目録」とあるのは「履歴書」と読み替えるものとする。

第二章の二　民間団体等による旅客自動車運送の適正化に関する事業

第一節　旅客自動車運送適正化事業実施機関

（適正化機関の指定の申請）

第三十四条　法第四十三条の二第一項の規定により適正化機関の指定を申請しようとする法人は、次に掲げる事項を記載した適正化機関指定申請書を提出しなければならない。

一　名称及び住所並びに代表者の氏名

二　適正化事業を実施しようとする旅客自動車運送事業の種別

三　指定に係る区域

四　事務所の所在地

五　適正化事業の開始の予定日

2　前項の申請書には、次に掲げる書類を添付しなければならない。

一　定款及び登記事項証明書

二　最近の事業年度における貸借対照表

三　役員の名簿及び履歴書

四　指定の申請に関する意思の決定を証する書類

五　組織及び運営に関する事項を記載した書類

六　適正化事業の実施に関する計画を記載した書類

七　その他参考となる事項を記載した書類

（適正化機関の名称等の変更の届出）

第三十四条の二　適正化機関は、法第四十三条の二第三項の規定による届出をしようとするときは、変更しようとする事項及び期日を記載した届出書を地方運輸局長に提出しなければならない。

（適正化機関の指定の基準）

第三十四条の三　法第四十三条の二第一項の国土交通省令で定めるものは、次に掲げる基準に適合しているものとする。

一　職員、適正化事業の実施の方法その他の事項についての適正化事業の実施に関する計画が適正化事業の適確な実施のために適切なものであること

二　前号の適正化事業の実施に関する計画を適確に実施するに足る経理的基礎及び技術的能力があること

三　一般乗用旅客自動車運送事業に係る適正化事業を実施しようとする場合には、当該一般社団法人又は一般財団法人の構成員である一般乗用旅客自動車運送事業者が区域内の営業所に配置する事業用自動車の台数の合計が当該区域内の営業所に配置される事業用自動車の総台数の二分の一以上であること

（適正化事業指導員）

第三十四条の四　適正化機関は、法第四十三条の三第一号及び第二号に掲げる業務（以下「適正化事業指導業務」とい

う。）を行わせるため、適正化事業指導員を選任しなければならない。

2　適正化機関は、適正化事業指導員に対し、第一号様式による身分を示す証明書を交付しなければならない。

3　適正化事業指導員は、適正化事業指導業務を行うに当たっては、前項の証明書を携帯し、関係者の請求があったときは、これを提示しなければならない。

（適正化事業に係る事業計画等）

第三十四条の五　適正化機関（一般貸切旅客自動車運送適正化機関を除く。）は、毎事業年度、次の各号に掲げる書類を作成し、当該各号に掲げるところにより地方運輸局長に提出しなければならない。

一　適正化事業に係る事業計画及び収支予算　当該事業年度の開始の日の十五日前までに（法第四十三条の二第一項の指定を受けた日の属する事業年度にあっては、その指定を受けた後遅滞なく）

二　適正化事業に係る事業報告書及び収支決算書　当該事業年度の終了後三月以内に

（地方運輸局長との連絡等）

第三十四条の六　適正化機関は、適正化事業の運営について、地方運輸局長と密接に連絡するものとする。

2　地方運輸局長は、適正化機関に対し、適正化事業の円滑な運営に必要な指導及び助言を行うものとする。

第二節　一般貸切旅客自動車運送適正化機関の特則

（一般貸切旅客自動車運送適正化機関の指定の申請）

第三十四条の七　一般貸切旅客自動車運送適正化機関の指定を申請しようとするときの第三十四条第一項の申請書には、同条第二項に掲げる書類のほか、法第四十三条の十一第五号に該当しない旨を証する書類を添付しなければならない。

（一般貸切旅客自動車運送適正化事業規程で定めるべき事項）

第三十四条の八　法第四十三条の十三第二項の国土交通省令で定める事項は、次に掲げるものとする。

一　一般貸切旅客自動車運送適正化事業を行う時間及び休日に関する事項

二　一般貸切旅客自動車運送適正化事業を行う事務所に関する事項

三　一般貸切旅客自動車運送適正化事業の実施の方法に関する事項

四　一般貸切旅客自動車運送適正化事業に関する書類の管理に関する事項

五　その他一般貸切旅客自動車運送適正化事業の実施に関し必要な事項

（一般貸切旅客自動車運送適正化事業に係る事業計画等）

第三十四条の九　一般貸切旅客自動車運送適正化機関は、法第四十三条の十四第一項の規定により事業計画、収支予算及び資金計画の認可を受けようとするときは、その事業計画、収支予算及び資金計画を記載した申請書を毎事業年度開始の日の十五日前までに（法第四十三条の二第一項の指定を受けた日の属する事業年度にあっては、その指定を受けた後遅滞なく）、地方運輸局長に提出しなければならない。

2　一般貸切旅客自動車運送適正化機関は、法第四十三条の十四第一項の規定により事業計画、収支予算又は資金計画の変更の認可を受けようとするときは、変更しようとする事項及びその理由を記載した申請書を地方運輸局長に提出しなければならない。

（負担金）

第三十四条の十　一般貸切旅客自動車運送適正化機関は、法第四十三条の十五第二項の規定により負担金の額及び徴収方法について認可を受けようとするときは、負担金の額及び徴収方法を記載した申請書に負担金の額の算出の基礎を記載した書類を添付して地方運輸局長に提出しなければならない。

2　法第四十三条の十五第五項の国土交通省令で定める率は、一万分の四とする。

3　法第四十三条の十五第六項の国土交通省令で定める事由は、天災その他負担金を納付しないことについてのやむを得ない事由とする。

（区分経理の方法）

第三十四条の十一　一般貸切旅客自動車運送適正化機関は、一般貸切旅客自動車運送適正化事業に関する経理について特別の勘定を設け、一般貸切旅客自動車運送適正化事業以外の事業に関する経理と区分して整理しなければならない。

2　一般貸切旅客自動車運送適正化機関は、一般貸切旅客自動車運送適正化事業と一般貸切旅客自動車運送適正化事業以外の事業の双方に関連する収入及び費用については、適正な基準によりそれぞれの事業に配分して経理しなければならない。

（諮問委員会の委員の任命）

第三十四条の十二　一般貸切旅客自動車運送適正化機関は、法第四十三条の十七第三項の規定により諮問委員会の委員の任命の認可を受けようとするときは、任命しようとする者の氏名及び履歴を記載した申請書を地方運輸局長に提出しなければならない。この場合において、任命しようとする者が、一般貸切旅客自動車運送事業者が組織する団体が推薦する者又は一般貸切旅客自動車運送事業の用に供する自動車の運転者が組織する団体が推薦する者であるときは、それぞれ当該団体が推薦する者であることを証する書面を添付しなければならない。

（役員の選任及び解任）

第三十五条　一般貸切旅客自動車運送適正化機関は、法第四十三条の十八第一項の規定により一般貸切旅客自動車運送適正化事業に従事する役員の選任の認可を受けようとするときは、選任しようとする者の氏名及び履歴を記載した申請書を地方運輸局長に提出しなければならない。

2　一般貸切旅客自動車運送適正化機関は、法第四十三条の十八第一項の規定により一般貸切旅客自動車運送適正化事業に従事する役員の解任の認可を受けようとするときは、解任しようとする役員の氏名及び解任の理由を記載した申請書を地方運輸局長に提出しなければならない。

第三章　専用自動車道

（供用開始前検査の申請）

第三十五条の二　法第七十五条第一項の規定により、専用自動車道の供用開始前検査を申請しようとする者は、次に掲げる事項を記載した供用開始前検査申請書を提出するものとする。

一　氏名又は名称及び住所

二　検査を受けようとする区間

（工事施行の認可申請）

第三十六条　法第七十五条第三項において準用する法第五十条第一項の規定により、専用自動車道の工事施行の認可を申請しようとする者は、次に掲げる事項を記載した工事施行認可申請書を提出するものとする。

一　氏名又は名称及び住所

二　工事を施行しようとする区間の起点及び終点の地名及び地番並びにキロ程

三　工事方法

四　工事を要する区間の一部について工事を施行しようとするときは、その理由

2　前項の申請書には、次に掲げる書類を添付するものとする。

一　設計上採用する自動車の長さ、幅、高さ、重量及び速度を記載した書面

二　工事費予算書

三　橋、トンネル、開きよ、暗きよその他主たる工作物に関する耐力計算書及び地質調査書

四　他の道路、鉄道又は軌道との交差又は接続に関する協定書の写し

（工事方法）

第三十七条　法第七十五条第三項において準用する法第五十条第一項の規定による工事方法には、次に掲げる事項を記載するものとする。

一　車線及び路肩の幅員（平面図及び横断定規図をもつて示すこと。）

二　路面及び路床の構造（横断定規図をもつて示すこと。）

三　直線部の横断こう配（横断定規図をもつて示すこと。）

四　縦断こう配及び延長（縦断面図をもつて示すこと。）

五　盛土及び切土の斜面のこう配（横断定規図をもつて示すこと。）

六　待避所の位置（平面図をもつて示すこと。）

七　内側車線（一車線にあつては、その車線）の円曲線の半径及び長さ（平面図をもつて示すこと。）

八　屈曲部の横断こう配（平面図をもつて示すこと。）

九　最小の見通し距離

十　建築限界（横断定規図をもつて示すこと。）

十一　路端の高さ

十二　橋、トンネル、開きよ及び暗きよの構造（設計図（簡易な構造のものにあつては、定規図）をもつて示すこと。）

十三　排水設備の構造（横断定規図をもつて示すこと。）

十四　他の道路、鉄道又は軌道との交差部分の構造（設計図をもつて示すこと。）

十五　防護設備の設置場所（平面図をもつて示すこと。）

十六　防護設備の構造（設計図（簡易な構造のものにあつては、定規図）をもつて示すこと。）

2　前項各号に掲げる事項が区間又は箇所によつて異なるときは、異なる区間又は箇所ごとに記載するものとする。

（図面）

第三十八条　前条第一項の平面図（縮尺二千五百分の一以上）には、次に掲げる事項を記載するものとする。ただし、市街地にあつては、縮尺五百分の一以上の平面図を別に添付するものとする。

一　市町村境界線

二　車線数及び路面の種類（区間により異なるときは、区間ごとの長さを示すこと。）

三　中心線（二十メートルごとの測点及び百メートルごとの追加距離を示すこと。）

四　橋、トンネルその他主たる工作物の種類、名称及び位置

五　他の道路、鉄道又は軌道との交差位置及び交差方式

六　停留所の位置

七　中心線から二十メートル以内の地形及び主たる地物

八　円曲線の交角

九　縮尺及び方位

2　前条第一項の縦断面図（横の縮尺二千五百分の一以上、縦の縮尺二百分の一以上）には、次に掲げる事項を記載するものとする。

一　平面図に記載した測点の位置及び追加距離

二　測点ごとの中心線の地面、施工基面、盛土の高さ及び切土の深さ

三　橋の名称、位置、材質並びに径間の長さ及び数

四　トンネルの名称、位置及び長さ

五　他の道路、鉄道又は軌道との交差位置及び交差方式

六　縮尺

3　前条第一項の横断定規図は、縮尺を百分の一以上とし、設計図は、一般図にあつては縮尺を二百分の一以上、詳細図にあつては縮尺を百分の一以上（鋼橋については十五分の一以上）とするものとする。

第三十九条及び第四十条　削除

（路線等の公示）

第四十一条　法第七十五条第三項において準用する法第五十三条の規定により、国土交通大臣が公示しなければならない事項は、次のとおりとする。

一　当該自動車運送事業者の氏名又は名称及び住所

二　当該工事施行の区間の起点及び終点の地名及び地番並びに経過市町村名

三　当該工事施行の区間のキロ程及び総幅員

（工事方法の変更の認可申請）

第四十二条　法第七十五条第三項において準用する法第五十四条第一項の規定により、専用自動車道の工事方法の変更の認可を申請しようとする者は、次に掲げる事項を記載した工事方法変更認可申請書を提出するものとする。

一　氏名又は名称及び住所

二　変更しようとする事項（書類及び図面により新旧の対照を明示すること。）

三　変更を必要とする理由

2　前項の申請書には、工事方法の変更により専用自動車道のキロ程に変更を生ずるときは、変更後のキロ程を記載した書類を添付するものとする。

（工事方法の変更の届出）

第四十三条　法第七十五条第三項において準用する法第五十四条第一項ただし書の軽微な工事方法の変更は、次のとおりと

する。ただし、事業計画の変更に伴うものは、この限りでない。

一　車線又は路肩の幅員の拡張

二　二パーセント以内の縦断こう配の増減（二パーセント以内の縦断こう配の増加によつて縦断こう配が五パーセントを超えることとなるものを除く。）

三　盛土及び切土の斜面のこう配の緩和

四　待避所の位置の変更

五　内側車線（一車線にあつては、その車線）の円曲線の半径の伸長

六　最小の見通し距離の伸長

七　建築限界の拡張

八　路端の高さの増加又は低下（水流水面の最高水位上三十センチメートルまでの低下に限る。）

九　防護設備の設置場所の拡張

2　前条の規定は、法第七十五条において準用する法第五十四条第三項の規定による工事方法の変更の届出について準用する。

（再開検査の申請）

第四十四条　第三十五条の二の規定は、法第七十五条第三項において準用する法第六十条第一項の規定による専用自動車道の再開検査の申請について準用する。

（保安上の供用制限の認可申請）

第四十五条　法第七十五条第三項において準用する法第六十三条第一項の規定により、専用自動車道の保安上の供用制限の設定又は変更の認可を申請しようとする者は、次に掲げる事項を記載した保安上の供用制限設定（変更）認可申請書を提出するものとする。

一　氏名又は名称及び住所

二　設定又は変更しようとする保安上の供用制限（変更の認可申請の場合は、新旧の対照を明示すること。）

三　変更の認可申請の場合は、変更を必要とする理由

2　前項の申請書には、道路交通法第二十二条の規定による通行する自動車の最高速度その他供用制限の基礎を記載した書類を添付するものとする。

（保安上の供用制限の記載事項）

第四十六条　法第七十五条第三項において準用する法第六十三条第一項の規定による保安上の供用制限に定める事項は、供用を制限する自動車の長さ、幅、高さ、重量、速度その他保安上の供用制限の内容として必要な事項とする。

（構造又は設備の変更の認可申請及び届出）

第四十七条　第四十二条及び第四十三条の規定は、法第七十五条第三項において準用する法第六十七条において準用する法第五十四条の規定による専用自動車道の構造又は設備の変更の認可申請及び届出について準用する。

第四章　自家用自動車の使用

（法第七十八条第二号の者）

第四十八条　法第七十八条第二号の国土交通省令で定める者は、次のとおりとする。

一　一般社団法人又は一般財団法人

二　地方自治法（昭和二十二年法律第六十七号）第二百六十条の二第七項に規定する認可地縁団体

三　農業協同組合

四　消費生活協同組合

五　医療法人

六　社会福祉法人

七　商工会議所

八　商工会

九　労働者協同組合

十　営利を目的としない法人格を有しない社団であつて、代表者の定めがあり、かつ、当該代表者が法第七十九条の四第一項第一号から第三号までのいずれにも該当しない者であるもの

（自家用有償旅客運送）

第四十九条　法第七十八条第二号の国土交通省令で定める旅客の運送は、市町村又は特定非営利活動促進法（平成十年法律第七号）第二条第二項に規定する特定非営利活動法人若しくは前条各号に掲げる者（以下「特定非営利活動法人等」という。）が行うものであつて、次に掲げるものとする。

一　過疎地域の持続的発展の支援に関する特別措置法第二条第一項に規定する過疎地域その他の交通が著しく不便な地域において行う、地域住民、観光旅客その他の当該地域を来訪する者の運送（以下「交通空白地有償運送」という。）

二　乗車定員十一人未満の自動車を使用して行う、次に掲げる者のうち他人の介助によらずに移動することが困難であると認められ、かつ、単独でタクシー（タクシー業務適正化特別措置法（昭和四十五年法律第七十五号）第二条第一項に規定するタクシーをいう。）その他の公共交通機関を利用することが困難な者（特定非営利活動法人等が行う場合にあつては、第五十一条の二十九の名簿に記載されている者）及びその付添人の運送（以下「福祉有償運送」という。）

イ　身体障害者福祉法（昭和二十四年法律第二百八十三号）第四条に規定する身体障害者

ロ　精神保健及び精神障害者福祉に関する法律（昭和二十五年法律第百二十三号）第五条第一項に規定する精神障害者

ハ　障害者の雇用の促進等に関する法律（昭和三十五年法律第百二十三号）第二条第四号に規定する知的障害者

ニ　介護保険法（平成九年法律第百二十三号）第十九条第一項に規定する要介護認定を受けている者

ホ　介護保険法第十九条第二項に規定する要支援認定を受けている者

ヘ　介護保険法施行規則（平成十一年厚生省令第三十六号）第百四十条の六十二の四第二号の厚生労働大臣が定める基準に該当する者

ト　その他肢体不自由、内部障害、知的障害、精神障害その他の障害を有する者

（有償運送の許可申請）

第五十条　法第七十八条第三号の規定により、自家用自動車の有償運送の許可を申請しようとする者は、次に掲げる事項を記載した有償運送許可申請書を提出するものとする。

一　氏名又は名称及び住所並びに法人にあつては、その代表者の氏名

二　運送需要者

三　運送しようとする人の数又は物の種類及び数量
四　運送しようとする期日若しくは期間又は区間若しくは区域
五　有償運送を必要とする理由

（自家用有償旅客運送の種別）
第五十一条　法第七十九条の二第一項第二号の国土交通省令で定める自家用有償旅客運送の別は、次のとおりとする。
一　交通空白地有償運送
二　福祉有償運送

（申請書の記載事項）
第五十一条の二　法第七十九条の二第一項第三号の国土交通省令で定める事項は、次のとおりとする。
一　路線又は運送の区域
二　事務所の名称及び位置
三　事務所ごとに配置する自家用有償旅客運送自動車の数及びその種類ごとの数
四　自動運行旅客運送を行おうとする場合にあつては、当該自動運行旅客運送に係る第一号及び前号に掲げる事項

（法第七十九条の二第一項第五号の事項）
第五十一条の二の二　法第七十九条の二第一項第五号の国土交通省令で定める事項は、自家用有償旅客運送自動車の整備管理の体制の整備又は自家用有償旅客運送自動車による旅客の運送の手配に係るサービスの提供とする。

（申請書に添付する書類）
第五十一条の三　法第七十九条の二第一項の申請書には、次に掲げる書類を添付しなければならない。
一　特定非営利活動法人等にあつては、定款又は寄附行為及び登記事項証明書並びに役員の名簿（第四十八条第二号及び第十号に掲げる者にあつては、これらに準ずるもの）
二　路線を定めて自家用有償旅客運送を行おうとする者にあつては、次に掲げる事項を記載した路線図
イ　路線
ロ　自動運行旅客運送を行おうとする場合にあつては、当該自動運行旅客運送に係るイに掲げる事項
三　法第七十九条の四第一項第一号から第四号までのいずれにも該当しない旨を証する書類
四　地域公共交通会議等において協議が調つていることを証する書類（第五十一条の七第二号に該当する場合にあつては、同号の地域公共交通計画）
五　自家用有償旅客運送自動車についての使用権原を証する書類
六　自家用有償旅客運送自動車の運転者が、第五十一条の十六第一項に規定する要件を備えていることを証する書類
七　福祉自動車（第四十九条第二号イからトまでに掲げる者が移動のための車いすその他の用具を使用したまま車内に乗り込むことを可能とする乗降補助装置その他の装置を有する自動車をいう。以下同じ。）以外の自動車を使用して福祉有償運送を行おうとする者にあつては、自家用有償旅客運送自動車の運転者その他の乗務員が第五十一条の十六第三項に規定する要件を備えていることを証する書類
八　第五十一条の十七第一項に規定する運行管理の責任者及び運行管理の体制を記載した書類
九　第五十一条の二十四に規定する自家用有償旅客運送自動車の整備管理の責任者及び整備管理の体制を記載した書類
十　第五十一条の二十五第一項に規定する事故が発生した場合の対応に係る責任者及び連絡体制を記載した書類
十一　第五十一条の二十六に規定する自家用有償旅客運送自動車の運行により生じた旅客その他の者の生命、身体又は財産の損害を賠償するための措置を講じていることを証する書類
十二　特定非営利活動法人等が行う福祉有償運送にあつては、運送しようとする旅客の名簿
十三　自動運行旅客運送を行おうとする場合にあつては、当該自動運行旅客運送の用に供する自家用有償旅客運送自動車の自動運行装置に係る使用条件が記載された書類
十四　特定自動運行旅客運送を行おうとする場合にあつては、当該特定自動運行旅客運送に係る道路交通法第七十五条の十二第二項に規定する申請書の写しその他の同条第一項の許可の見込みに関する書類

（運送の区域）
第五十一条の四　法第七十九条の二第一項第三号の運送の区域は、地域公共交通会議等を主宰する市町村長又は都道府県知事の管轄する区域のうち、当該地域公共交通会議等において協議により定められた区域（第五十一条の七第二号に該当する場合にあつては、同号の地域公共交通計画において、当該自家用有償旅客運送を導入することが定められている区域）とする。
2　自家用有償旅客運送者は、発地及び着地のいずれもがその運送の区域外に存する旅客の運送（路線を定めて行うものを除く。）をしてはならない。

（自家用有償旅客運送者登録簿）
第五十一条の五　法第七十九条の三第一項の自家用有償旅客運送者登録簿（以下「登録簿」という。）は、第二号様式によるものとする。
2　権限行政庁は、法第七十九条の三第三項の登録簿を当該権限行政庁の事務所に備え置き、公衆の縦覧に供するとともに、インターネットの利用その他の方法により公表しなければならない。

（登録証）
第五十一条の六　権限行政庁は、法第七十九条の三第一項の登録をしたときは、申請者に次に掲げる事項を記載した自家用有償旅客運送者登録証（以下「登録証」という。）を交付するものとする。
一　登録年月日及び登録番号
二　登録の有効期間
三　名称及び住所
四　自家用有償旅客運送の種別
五　路線又は運送の区域
六　事業者協力型自家用有償旅客運送にあつては、当該運送に協力する一般旅客自動車運送事業者の氏名又は名称及び住所

（法第七十九条の四第一項第五号の協議が調つていないとき）
第五十一条の七　法第七十九条の四第一項第五号の協議が調つていないときとは、法第七十九条の二の規定による登録の申請に係る自家用有償旅客運送について次のいずれにも該当しないときとする。
一　地域公共交通会議等において協議が調つているとき。

二　前号に掲げる場合のほか、地域公共交通の活性化及び再生に関する法律第五条第十項の協議を経て作成し、又は変更された同条第二項に規定する地域公共交通計画（以下単に「地域公共交通計画」という。）において、当該自家用有償旅客運送を導入することが定められているとき。

（申請者に対する意見聴取）

第五十一条の八　地域公共交通会議を主宰する市町村長若しくは都道府県知事又は協議会を組織する地方公共団体は、法第七十九条の二の規定による登録の申請に係る特定非営利活動法人等が行う自家用有償旅客運送について地域公共交通会議等において協議を行う場合には、当該申請者の意見を聴取するものとする。

（輸送の安全及び旅客の利便の確保のために必要な措置）

第五十一条の九　法第七十九条の四第一項第六号の輸送の安全及び旅客の利便の確保のために必要な措置は、次のとおりとする。

一　福祉有償運送の用に供する福祉自動車その他の自家用有償旅客運送の種別に応じて必要な自動車の保有
二　第五十一条の十六第一項に規定する運転者の確保
三　福祉自動車以外の自動車を使用して福祉有償運送を行う場合にあつては、第五十一条の十六第三項に規定する運転者その他の乗務員の確保
四　特定自動運行旅客運送を行う場合にあつては、第五十一条の十六の二第一項第一号に規定する特定自動運行保安員の確保
五　第五十一条の十七第一項に規定する運行管理の責任者の選任その他運行管理の体制の整備
六　第五十一条の二十四に規定する整備管理の責任者の選任その他整備管理の体制の整備
七　第五十一条の二十五第一項に規定する事故が発生した場合の対応に係る責任者の選任その他連絡体制の整備
八　第五十一条の二十六に規定する自家用有償旅客運送自動車の運行により生じた旅客その他の者の生命、身体又は財産の損害を賠償するための措置

（有効期間の更新の登録）

第五十一条の十　法第七十九条の六第一項の規定により有効期間の更新の登録を申請しようとする者は、次に掲げる事項を記載した更新登録申請書を権限行政庁に提出しなければならない。

一　名称及び住所並びに代表者の氏名
二　登録番号
三　自家用有償旅客運送の種別
四　第五十一条の二に規定する事項
五　運送しようとする旅客の範囲
六　事業者協力型自家用有償旅客運送を行おうとする者にあつては、当該運送に協力する一般旅客自動車運送事業者の氏名又は名称及び住所

2　前項の更新登録申請書には、第五十一条の三に規定する書類及び登録証を添付しなければならない。ただし、同条第一号、第二号及び第五号から第十四号までに掲げる書類については、既に権限行政庁に提出されている当該書類の内容に変更がないときは、その添付を省略することができる。

3　第一項の更新登録申請書は、有効期間の満了の日までに提出するものとする。

4　第五十一条の六の規定は、有効期間の更新の登録について準用する。この場合において、「法第七十九条の三第一項」とあるのは「法第七十九条の六第二項において準用する法第七十九条の三第一項」と、「登録番号」とあるのは「登録番号並びに有効期間の更新の登録の年月日」と読み替えるものとする。

（変更登録）

第五十一条の十一　法第七十九条の七第一項の変更登録を申請しようとする者は、次に掲げる事項を記載した変更登録申請書を権限行政庁に提出しなければならない。

一　名称及び住所並びに代表者の氏名
二　登録番号
三　自家用有償旅客運送の種別
四　変更しようとする事項及び変更予定期日
五　新たに事業者協力型自家用有償旅客運送を行う場合にあつては、当該運送に協力する一般旅客自動車運送事業者の氏名又は名称及び住所
六　現に行つている事業者協力型自家用有償旅客運送を行わないこととする場合にあつては、その旨

2　前項の変更登録申請書には、次に掲げる書類を添付するものとする。

一　第五十一条の三に規定する書類のうち登録事項の変更に伴いその内容が変更されるもの
二　第五十一条に規定する自家用有償旅客運送の別を変更し、又は第五十一条の二第一号に掲げる路線若しくは運送の区域を増加する場合にあつては、当該変更又は増加について、地域公共交通会議等において協議が調つていることを証する書類（第五十一条の七第二号に該当する場合にあつては、当該変更又は増加に係る変更後の同号の地域公共交通計画）
三　登録証

3　権限行政庁は、法第七十九条の七第二項において準用する法第七十九条の三第一項の規定により登録簿に登録したときは、登録証を訂正し、第一項の申請をした者に交付するものとする。

（法第七十九条の七第一項の事由）

第五十一条の十二　法第七十九条の七第一項の国土交通省令で定めるやむを得ない事由は、次のとおりとする。

一　運行している路線に係る道路又は橋梁の損壊等により、当該道路又は橋梁を安全に通行することができなくなつたこと。
二　前号に掲げるもののほか、道路法、道路交通法その他の法令の規定により、運行している路線に係る道路の通行が禁止され、又は制限されたこと。

（軽微な事項の変更の届出等）

第五十一条の十三　法第七十九条の七第三項の国土交通省令で定める軽微な事項は、次のとおりとする。

一　名称及び住所並びに代表者の氏名
二　自家用有償旅客運送の種別（交通空白地有償運送及び福祉有償運送の双方を行う自家用有償旅客運送者が、交通空白地有償運送又は福祉有償運送のいずれかを行わないこととする場合に限る。）
三　路線又は運送の区域（減少する場合に限る。）
四　事務所の名称及び位置

五　事務所ごとに配置する自家用有償旅客運送自動車の数及びその種類ごとの数
六　運送しようとする旅客の範囲（縮小する場合に限る。）
七　事業者協力型自家用有償旅客運送に係る協力する一般旅客自動車運送事業者の氏名若しくは名称又は住所（当該一般旅客自動車運送事業者の変更を伴わない場合に限る。）
八　自動運行旅客運送を行う場合にあつては、当該自動運行旅客運送に係る第三号及び第五号に掲げる事項

2　前項の事項の変更の届出をしようとする者は、次に掲げる事項を記載した登録事項変更届出書を権限行政庁に提出しなければならない。
一　名称及び住所並びに代表者の氏名
二　登録番号
三　自家用有償旅客運送の種別
四　変更した事項

3　前項の届出書には、次に掲げる書類を添付しなければならない。
一　第五十一条の三に規定する書類のうち登録事項の変更に伴いその内容が変更されたもの
二　登録証

4　権限行政庁は、法第七十九条の七第四項の登録をしたときは、登録証を訂正し、第二項の届出をした者に交付するものとする。

（旅客から収受する対価の公示等）
第五十一条の十四　自家用有償旅客運送者は、旅客から収受する対価を公示し、又はあらかじめ旅客に対し、書面の提示その他適切な方法により説明しなければならない。これを変更するときも同様とする。

2　前項の公示は、事務所及び自家用有償旅客運送自動車内において公衆に見やすいように掲示するとともに、次の各号に掲げる自家用有償旅客運送者の区分に応じ、当該各号に定める方法により行うものとする。
一　市町村　当該市町村のウェブサイトへの掲載
二　特定非営利活動法人等　当該特定非営利活動法人等のウェブサイト又は関係する市町村若しくは都道府県の協力を得て行う当該市町村若しくは都道府県のウェブサイトへの掲載

（旅客から収受する対価の基準）
第五十一条の十五　法第七十九条の八第二項の旅客から収受する対価の基準は、次のとおりとする。
一　旅客の運送に要する燃料費その他の費用を勘案して実費の範囲内であると認められること。
二　合理的な方法により定められ、かつ、旅客にとつて明確であること。
三　当該地域における一般旅客自動車運送事業に係る運賃及び料金を勘案して、当該自家用有償旅客運送が営利を目的としているとは認められない妥当な範囲内であり、かつ、地域公共交通会議等において協議が調つていること（第五十一条の七第二号に該当する場合にあつては、当該運賃及び料金を勘案して、当該自家用有償旅客運送が営利を目的としているとは認められない妥当な範囲内であり、かつ、同号の地域公共交通計画において当該対価が定められていること）。

（自家用有償旅客運送自動車の運転者）
第五十一条の十六　自家用有償旅客運送者は、自家用有償旅客運送を行う場合にあつては、道路交通法に規定する第二種運転免許を受けており、かつ、現にその効力が停止されていない者又は同法に規定する第一種運転免許を受けており、かつ、現にその効力が停止されていない者（当該効力がその自家用有償旅客運送自動車の運転者として選任される日から遡つて二年以内に停止された者を除く。）であつて、次に掲げる要件のいずれかを備える者でなければ、その自家用有償旅客運送自動車の運転をさせてはならない。
一　国土交通大臣が認定する講習を修了していること。
二　前号に掲げる要件に準ずるものとして国土交通大臣が認める要件を備えていること。

2　自家用有償旅客運送者は、自家用有償旅客運送自動車の運転者が死者又は負傷者（自動車損害賠償保障法施行令（昭和三十年政令第二百八十六号）第五条第二号、第三号又は第四号に掲げる障害を受けた者をいう。）が生じた事故を引き起こした場合その他輸送の安全が確保されていないと認められる場合には、当該運転者に対して、旅客自動車運送事業運輸規則第三十八条第二項の適性診断を受けさせなければならない。

3　自家用有償旅客運送者は、福祉自動車以外の自動車を使用して福祉有償運送を行う場合にあつては、第一項に規定する要件のほか次に掲げる要件のいずれかを備える運転者を乗務させ、又は次に掲げる要件のいずれかを備える者を乗務させなければならない。
一　社会福祉士及び介護福祉士法（昭和六十二年法律第三十号）第四十二条第一項の介護福祉士の登録を受けていること。
二　国土交通大臣が認定する講習を修了していること。
三　前号に掲げる要件に準ずるものとして国土交通大臣が認める要件を備えていること。

4　第一項第一号及び前項第二号の認定は、次に掲げる基準に適合すると認められる者が実施する講習について行う。
一　講習を実施する者の職員、講習の実施の方法その他の事項についての講習の実施に関する計画が講習の適正かつ確実な実施のために適切なものであること。
二　前号の講習の実施に関する計画を適正かつ確実に実施するに足りる経理的基礎及び技術的能力があること。

5　第一項第一号及び第三項第二号の認定を受けようとする者は、申請書に告示で定める事項を記載した書類を添付して国土交通大臣に提出しなければならない。

6　第一項第一号及び第三項第二号の認定を受けた講習を実施する者の名称及び主たる事務所の所在地並びに講習の名称は、告示する。

※5項「告示」＝道路運送法施行規則第五十一条の十六第五項の規定に基づき国土交通大臣に提出する申請書に添付する書類に記載する事項を定める告示

（自家用有償旅客運送自動車の特定自動運行保安員）
第五十一条の十六の二　自家用有償旅客運送者は、次の各号のいずれかに掲げる措置を講じなければ、自家用有償旅客運送自動車を特定自動運行旅客運送の用に供してはならない。
一　当該自家用有償旅客運送自動車に特定自動運行保安員（特定自動運行旅客運送の用に供する自家用有償旅客運送自動車の運行の安全の確保に関する業務を行う者をいう。以下同じ。）を乗務させること。

二　次に掲げる措置を講ずること。
イ　緊急を要する場合において、旅客が特定自動運行保安員に連絡することができる装置及び自家用有償旅客運送自動車を停止させることができる装置を当該自家用有償旅客運送自動車に備えること。
ロ　事務所その他の適切な業務場所に特定自動運行保安員を配置し、当該特定自動運行保安員に道路交通法施行規則（昭和三十五年総理府令第六十号）第九条の二十九に規定する遠隔監視装置その他の装置を用いて遠隔から運行の安全の確保に関する業務を行わせること。
2　自家用有償旅客運送者は、特定自動運行保安員に対し、次に掲げる事項を遵守させなければならない。
一　酒気を帯びた状態にあるときは、その旨を当該自家用有償旅客運送者に申し出ること。
二　疾病、疲労その他の理由により安全に業務を遂行することができないおそれがあるときは、その旨を当該自家用有償旅客運送者に申し出ること。
3　自家用有償旅客運送者は、自家用有償旅客運送自動車に特定自動運行保安員を乗務させるときは、当該特定自動運行保安員に制服を着用させ、又はその他の方法によりその者が特定自動運行保安員であることを表示させなければならない。

（運行管理）
第五十一条の十七　自家用有償旅客運送者は、自家用有償旅客運送自動車の運行管理の責任者の選任その他運行管理の体制の整備を行わなければならない。
2　前項の責任者は、乗車定員十一人以上の自家用有償旅客運送自動車の運行を管理する事務所及び乗車定員十人以下の自家用有償旅客運送自動車五両以上の運行を管理する事務所（以下「特定事務所」という。）にあっては、当該特定事務所ごとに、法第二十三条第一項の運行管理者又は次の各号のいずれかに該当する者（事業者協力型自家用有償旅客運送を行う者の特定事務所にあっては、法第二十三条第一項の運行管理者）の中から、当該特定事務所が運行を管理する自家用有償旅客運送自動車の数を二十（同項の運行管理者を運行管理の責任者として選任する場合にあっては、四十）で除して得た数（一未満の端数があるときは、これを切り捨てるものとする。）に一を加算して得た数以上選任されなければならない。
一　旅客自動車運送事業運輸規則第四十八条の十二に規定する受験資格を有する者
二　道路交通法施行規則第九条の九第一項に規定する要件を備える者
三　国土交通大臣が前二号に掲げる者と同等以上の能力を有するものと認める者
3　第一項の責任者は、次に掲げる業務を行わなければならない。
一　第五十一条の十六第一項に規定する要件を備えない者に自家用有償旅客運送自動車を運転させないこと。
二　自家用有償旅客運送自動車の運転者に対し、第五十一条の十六第二項の規定により適性診断を受けさせること。
三　福祉自動車以外の自動車を使用して福祉有償運送を行う場合にあっては、第五十一条の十六第三項に規定する要件を備える者の乗務なしに同項に規定する要件を備えない者に自家用有償旅客運送自動車を運転させないこと。
四　特定自動運行旅客運送を行う場合にあっては、前条第一項の規定により自家用有償旅客運送自動車に特定自動運行保安員を乗務させ、又は遠隔から運行の安全の確保に関する業務を行わせること。
五　特定自動運行旅客運送を行う場合にあっては、特定自動運行保安員に対し、前条第二項の規定により同項各号に掲げる事項を遵守させること。
六　第五十一条の十九の規定により自家用有償旅客運送自動車の運行に関する計画を作成すること。
七　第五十一条の二十の規定により、交替するための運転者を配置すること。
八　第五十一条の二十一に規定する場合にあっては、同条の規定による措置を講ずること。
九　自家用有償旅客運送自動車の運転者又は特定自動運行保安員（以下「運転者等」という。）に対し、第五十一条の二十二第一項から第三項までの規定により確認を行い、指示を与え、記録し、及びその記録を保存し、並びに運転者に対して使用するアルコール検知器（呼気に含まれるアルコールを検知する機器であって、国土交通大臣が告示で定めるものをいう。同項において同じ。）を常時有効に保持すること。
十　自家用有償旅客運送自動車の運転者等に対し、第五十一条の二十二第四項の規定により業務記録を作成させ、及びその記録を保存すること。
十一　第五十一条の二十三第一項の規定により運転者等台帳を作成し、事務所に備え置くこと。
十二　第五十一条の二十五第二項の規定により事故の記録を作成し、及びその記録を保存すること。
十三　その他自家用有償旅客運送自動車の運行の安全を確保するために必要な業務

※　3項九号「告示」＝自家用有償旅客運送者が安全な運転のための確認等において用いるアルコール検知器を定める告示

（運行管理の責任者の講習）
第五十一条の十八　自家用有償旅客運送者は、国土交通大臣が告示で定めるところにより、特定事務所の運行管理の責任者に、国土交通大臣が告示で定める講習を受けさせなければならない。

※　「告示」＝道路運送法施行規則第五十一条の十八の運行管理の責任者の講習を定める告示

（運行に関する計画）
第五十一条の十九　自家用有償旅客運送者は、特定事務所にあっては、道路交通法第二十二条の二第一項に規定する最高速度違反行為、同法第五十八条の三第一項に規定する過積載をして自動車を運転する行為、同法第六十六条の二第一項に規定する過労運転及び同法第七十五条第一項第七号に掲げる行為の防止その他安全な運行の確保に留意して、自家用有償旅客運送自動車の運行に関する計画を作成しなければならない。

（交替するための運転者の配置）
第五十一条の二十　自家用有償旅客運送者は、特定事務所にあっては、自家用有償旅客運送自動車の運転者が長距離の運転又は夜間の運転に従事する場合であって、疲労等により安全な運転を継続することができないおそれがあるときは、あらかじめ、交替するための運転者を配置しておかなければならない。

（異常気象時等における措置）

第五十一条の二十一　自家用有償旅客運送者は、特定事務所にあつては、異常な気象、天災その他の理由により輸送の安全の確保に支障が生ずるおそれがあるときは、自家用有償旅客運送自動車の運転者等に対する必要な指示その他輸送の安全のための措置を講じなければならない。

（安全な運行のための確認等及び業務記録）

第五十一条の二十二　自家用有償旅客運送者は、運行の業務に従事しようとする運転者等に対して、次に掲げる事項を確認し、自家用有償旅客運送自動車の運行の安全を確保するために必要な指示を与え、運転者等ごとに確認を行つた旨及び指示の内容を記録し、かつ、その記録を一年間保存しなければならない。

一　運転者に対しては、酒気帯びの有無及び疾病、疲労その他の理由により安全な運転をすることができないおそれの有無

二　特定自動運行保安員に対しては、特定自動運行旅客運送を行うために必要な自動運行装置の設定の状況

2　自家用有償旅客運送者は、特定事務所にあつては、乗務を終了した運転者に対して、酒気帯びの有無について確認し、運転者ごとに確認を行つた旨を記録し、かつ、その記録を一年間保存しなければならない。

3　自家用有償旅客運送者は、特定事務所にあつては、アルコール検知器を常時有効に保持するとともに、前二項の規定により酒気帯びの有無について確認を行う場合には、運転者の状態を目視等で確認するほか、アルコール検知器を用いて行わなければならない。

4　自家用有償旅客運送者は、自家用有償旅客運送自動車の運転者等が運行の業務に従事したときは、次に掲げる事項を運転者等ごとに記録させ、かつ、その記録を一年間保存しなければならない。

一　運転者等の氏名

二　運転者等が従事した運行の業務に係る自家用有償旅客運送自動車の自動車登録番号その他の当該自家用有償旅客運送自動車を識別できる表示

三　運行の業務の開始及び終了の地点及び日時並びに主な経過地点及び運行の業務に従事した距離

四　道路交通法第六十七条第二項に規定する交通事故若しくは自動車事故報告規則（昭和二十六年運輸省令第百四号）第二条に規定する事故又は異常な状態が発生した場合にあつては、その概要及び原因

（運転者等台帳）

第五十一条の二十三　自家用有償旅客運送者は、自家用有償旅客運送自動車の運転者等ごとに、次に掲げる事項（特定自動運行保安員については、第四号、第五号及び第七号に掲げる事項を除く。）を記載した運転者等台帳を作成し、これを事務所に備えて置かなければならない。

一　作成番号及び作成年月日

二　自家用有償旅客運送者の名称

三　自家用有償旅客運送自動車の運転者等の氏名、生年月日及び住所

四　道路交通法に規定する運転免許に関する次の事項

イ　運転免許証の番号及び有効期限

ロ　運転免許の年月日及び種類

ハ　運転免許に条件が付されている場合は、当該条件

五　第五十一条の十六第一項及び第三項に規定する要件に係る事項

六　事故を引き起こした場合は、その概要

七　道路交通法第百八条の三十四の規定による通知を受けた場合は、その概要

八　運転者等の健康状態

2　自家用有償旅客運送者は、自家用有償旅客運送自動車の運転者（特定自動運行旅客運送を行う場合にあつては特定自動運行保安員。以下この項において同じ。）が運転者でなくなつた場合には、直ちに、当該運転者に係る前項の運転者等台帳に運転者でなくなつた年月日及び理由を記載し、これを二年間保存しなければならない。

（整備管理）

第五十一条の二十四　自家用有償旅客運送者は、自家用有償旅客運送自動車の点検及び整備の適切な実施を確保するため、自家用有償旅客運送自動車の整備管理の責任者の選任その他整備管理の体制の整備を行わなければならない。

（事故の対応に係る責任者の選任等）

第五十一条の二十五　自家用有償旅客運送者は、自家用有償旅客運送自動車に係る事故が発生した場合の対応に係る責任者の選任その他連絡体制の整備を行わなければならない。

2　自家用有償旅客運送者は、自家用有償旅客運送自動車に係る事故が発生した場合には、次に掲げる事項を記録し、その記録を事務所において二年間保存しなければならない。

一　運転者等の氏名

二　自家用有償旅客運送自動車の自動車登録番号その他の当該自家用有償旅客運送自動車を識別できる表示

三　事故の発生日時

四　事故の発生場所

五　事故の当事者（運転者等を除く。）の氏名

六　事故の概要（損害の程度を含む。）

七　事故の原因

八　再発防止対策

（損害を賠償するための措置）

第五十一条の二十六　自家用有償旅客運送者は、自家用有償旅客運送自動車の運行により生じた旅客その他の者の生命、身体又は財産の損害を賠償するための措置であつて、国土交通大臣が告示で定める基準に適合するものを講じておかなければならない。

※「告示」＝自家用有償旅客運送者が自家用有償旅客運送自動車の運行により生じた旅客その他の者の生命、身体又は財産の損害を賠償するために講じておくべき措置の基準を定める告示

（自家用有償旅客運送自動車に関する表示等）

第五十一条の二十七　自家用有償旅客運送者は、自家用有償旅客運送を行う場合には、その自家用有償旅客運送自動車の両側面に、次に掲げる事項を記載した標章を見やすいように表示しなければならない。

一　名称

二　「有償運送車両」の文字

三　登録番号

2　前項の標章の記載は、次に掲げるところによらなければならない。

一　横書きであること。
二　各文字の大きさは同じとし、縦及び横それぞれ五センチメートル以上であること。

3　自家用有償旅客運送者は、自家用有償旅客運送を行う場合には、登録証の写しを自家用有償旅客運送自動車に備えて置かなければならない。

（自家用有償旅客運送自動車内の表示）

第五十一条の二十八　自家用有償旅客運送者は、第五十一条の十四第一項の対価のほか、自家用有償旅客運送自動車内に、当該自家用有償旅客運送者の名称及び当該自家用有償旅客運送自動車の自動車登録番号を旅客に見やすいように表示しなければならない。

（旅客の名簿）

第五十一条の二十九　福祉有償運送を行う特定非営利活動法人等は、その運送サービスの提供を受ける旅客について、次に掲げる事項を記載した名簿を作成し、これを事務所に備えて置かなければならない。

一　氏名
二　住所
三　運送を必要とする理由
四　その他必要な事項

（苦情処理）

第五十一条の三十　自家用有償旅客運送者は、苦情処理の体制を整備し、旅客に対する取扱いその他自家用有償旅客運送に関して苦情を申し出た者に対して、遅滞なく、弁明しなければならない。ただし、氏名及び住所を明らかにしない者に対しては、この限りでない。

2　自家用有償旅客運送者は、前項の苦情の申出を受け付けた場合には、次に掲げる事項を記録し、かつ、その記録を整理して一年間保存しなければならない。

一　苦情の内容
二　原因究明の結果
三　苦情に対する弁明の内容
四　改善措置
五　苦情処理を担当した者

（登録証の返納）

第五十一条の三十一　自家用有償旅客運送者は、法第七十九条の登録の有効期間が満了したとき、法第七十九条の十一の届出をするとき又は法第七十九条の十二第一項の規定により登録を取り消されたときは、遅滞なく、登録証を運輸監理部長又は運輸支局長（主として指定都道府県等（道路運送法施行令第四条第一項の指定都道府県等をいう。）の区域内において自家用有償旅客運送を行う者の場合にあつては、当該指定都道府県等の長）に返納しなければならない。

（有償貸渡しの許可申請）

第五十二条　法第八十条第一項の規定により、貸渡人を自動車の使用者として行う自家用自動車の貸渡しの許可を申請しようとする者は、次に掲げる事項を記載した自家用自動車貸渡許可申請書を提出するものとする。

一　貸渡人の氏名又は名称及び住所並びに法人にあつては、その代表者の氏名
二　貸渡人の事務所の名称及び所在地
三　貸渡しの実施計画
四　貸渡しを必要とする理由

2　前項の申請書には、貸渡しをしようとする自家用自動車の貸渡料金及び貸渡約款を記載した書類を添付するものとする。

第五章　雑則

（有償旅客運送の許可申請）

第五十三条　法第八十三条ただし書の規定により、旅客の有償運送の許可を申請しようとする者は、次に掲げる事項を記載した有償旅客運送許可申請書を提出するものとする。

一　氏名又は名称及び住所並びに法人にあつては、その代表者の氏名
二　事業の種類
三　運送しようとする旅客及びその数
四　運送しようとする期日又は期間
五　運送しようとする区間又は区域
六　使用する自動車の自動車登録番号又は車両番号
七　運送を必要とする理由

（損失の補償）

第五十四条　法第八十五条第一項に規定する損失の補償を請求しようとする者は、次に掲げる事項を記載した運送命令損失補償請求書を当該運送命令による運送を完了した後三月以内に地方運輸局長に提出しなければならない。

一　氏名又は名称及び住所並びに法人にあつては、その代表者の氏名
二　事業の種類
三　請求しようとする金額

2　前項の請求書には、次に掲げる書類を添付しなければならない。

一　当該運送命令の内容を記載した書類
二　請求しようとする金額の算出の基礎を記載した書類

（事案の公示）

第五十五条　地方運輸局長は、国土交通大臣又は地方運輸局長の権限に属する法第八十九条第一項各号の事案について調査を開始しようとするときは、あらかじめ当該事案の件名に番号を付し、その旨を地方運輸局の掲示板に掲示する等適当な方法で公示しなければならない。

（利害関係人）

第五十六条　法第八十九条に規定する利害関係人（次条において「利害関係人」という。）とは、次の各号のいずれかに該当する者をいう。

一　一般乗合旅客自動車運送事業における運賃等の上限に関する認可又は一般乗用旅客自動車運送事業における運賃等に関する認可の申請者
二　前号の申請者と競争の関係にある者
三　利用者その他の者のうち地方運輸局長が当該事案に関し特に重大な利害関係を有すると認める者

（意見の聴取の申請）

第五十七条　利害関係人は、法第八十九条第二項の規定により、意見聴取の申請をしようとするときは、次に掲げる事項を記載した申請書を地方運輸局長に提出するものとする。

一　申請者の氏名又は名称及び住所並びに法人にあつては、その代表者の氏名
二　事案の件名及び公示があつたものについてはその番号

三　意見の聴取において陳述しようとする者の氏名及び職業又は職名

四　意見の聴取における陳述の概要及び利害関係を説明する事項

2　前項の申請は、第五十五条の規定による公示をした事案にあつては、公示の日から十日以内に、これをしなければならない。

（陳述人の選定）

第五十八条　地方運輸局長は、意見の聴取の申請者が二人以上あるときは、意見の聴取において陳述すべき者を選定することができる。

（非公開）

第五十九条　意見の聴取は、非公開とする。ただし、地方運輸局長が特に必要があると認める場合は、この限りでない。

（意見の聴取の概要の報告）

第六十条　地方運輸局長は、国土交通大臣の指示を受けて意見の聴取を行つた場合は、意見の聴取の概要を、遅滞なく、国土交通大臣に報告しなければならない。

（聴聞の方法の特例）

第六十条の二　地方運輸局長は、その権限に属する旅客自動車運送事業の停止の命令又は許可の取消しの処分に係る聴聞を行うに当たつては、その期日の十七日前までに、当該事案の件名に番号を付し、その旨を地方運輸局の掲示板に掲示する等適当な方法で公示しなければならない。

第六十条の三　法第九十条に規定する利害関係人とは、利用者その他の者のうち地方運輸局長が当該事業に関し特に重大な利害関係を有すると認める者をいう。

（通知の対象）

第六十条の四　法第九十一条の二第一項の国土交通省令で定めるものは、路線の新設に係るもの（当該路線に停留所が存しない場合その他の旅客の利便に及ぼす影響が比較的小さい場合を除く。）とする。

（地方公共団体への通知）

第六十条の五　法第九十一条の二第一項の規定により行う通知は、同項に規定する許可又は認可の申請に係る次に掲げる事項について行うものとする。

一　申請者の氏名又は名称及び住所並びに法人にあつては、その代表者の氏名

二　路線図その他路線に関する事項

（法第九十一条の二第二項の関係者）

第六十条の六　法第九十一条の二第二項の国土交通省令で定める関係者は、法第九条第四項の協議を行う必要があると認めるときにあつては同項に規定する協議会の構成員とし、法第七十九条の四第一項第五号の協議を行う必要があると認めるときにあつては地域公共交通会議等の構成員とする。

（道路運送に関する団体の成立の届出）

第六十一条　法第九十二条の規定により、道路運送に関する団体（自動車道事業に関する団体を除く。以下同じ。）の成立の届出をしようとする者は、次に掲げる事項を記載した団体成立届出書を国土交通大臣に提出するものとする。

一　名称及び住所又は主たる事務所の所在地

二　目的

三　事業の概要

四　役員又は管理者の氏名

五　成立の年月日

六　他の団体に属するときは、その所属団体の名称及び住所又は主たる事務所の所在地

2　前項の届出書には、次に掲げる書類を添付するものとする。

一　定款、寄附行為、規約又は契約の写し

二　団体の構成員の数を記載した書面

第六十二条　削除

（職員証）

第六十三条　法第九十四条第七項の規定による当該職員（国の職員を除く。）の身分を示す証票は、第三号様式による。

（自動車に関する表示を必要としない自動車）

第六十四条　法第九十五条の規定により、自動車に関する表示を必要としない自動車は、警察用及び監獄用の自動車とする。

（自動車に関する表示）

第六十五条　法第九十五条の規定により、自動車の外側に表示しなければならない事項は、使用者の氏名、名称又は記号のほか、次の各号の区分によるものとする。

一　一般貸切旅客自動車運送事業用自動車にあつては、「貸切」

二　法第八十六条第一項の規定により業務の範囲を限定する条件を付された旅客自動車運送事業用自動車又は貨物自動車運送事業法（平成元年法律第八十三号）第五十九条第一項の規定により業務の範囲を限定する条件を付された貨物自動車運送事業の用に供する自動車（第六号に掲げるものを除く。）にあつては、「限定」

三　特定旅客自動車運送事業用自動車及び貨物自動車運送事業法第二条第三項に規定する特定貨物自動車運送事業の用に供する自動車にあつては、「特定」

四　貨物利用運送事業法（平成元年法律第八十二号）第二条第八項の第二種貨物利用運送事業であつて鉄道運送事業者の行う運送に係るもの（自動車を使用して貨物の集配を行うものに限る。）の用に供する自動車（貨物自動車運送事業法第二条第二項に規定する一般貨物自動車運送事業（同法第五十九条第一項の規定により業務の範囲を限定する条件を付されたものを除く。）の用に供する自動車を除く。）にあつては、「通運」

五　貨物利用運送事業法第二条第八項の第二種貨物利用運送事業であつて航空運送事業者の行う運送に係るもの（自動車を使用して貨物の集配を行うものに限る。）の用に供する自動車（貨物自動車運送事業法第二条第二項に規定する一般貨物自動車運送事業（同法第五十九条第一項の規定により業務の範囲を限定する条件を付されたものを除く。）の用に供する自動車を除く。）にあつては、「航空」

六　貨物利用運送事業法第二条第八項の第二種貨物利用運送事業であつて船舶運航事業者の行う運送に係るもの（自動車を使用して貨物の集配を行うものに限る。）の用に供する自動車（貨物自動車運送事業法第二条第二項に規定する一般貨物自動車運送事業（同法第五十九条第一項の規定により業務の範囲を限定する条件を付されたものを除く。）の用に供する自動車を除く。）にあつては、「海上」

七　貨物自動車運送事業法第二条第六項に規定する特別積合せ貨物運送の用に供する自動車にあつては、「運行」

八　路線定期運行及び路線不定期運行の用に供する事業用自動車にあつては、第二号に掲げるもののほか、行先及び運行系統

九　区域運行の用に供する事業用自動車にあつては、第二号に掲げるもののほか、「区域乗合」

十　自家用自動車（自家用貨物自動車を除く。）にあつては、「自家用」

（届出）

第六十六条　一般旅客自動車運送事業者（第三号に掲げる場合にあつては、相続人）、特定旅客自動車運送事業者、適正化機関、自家用有償旅客運送者及び道路運送に関する団体は、次の各号に掲げる場合に該当することとなつたときは、その旨を当該各号に掲げる行政庁に届け出るものとする。

一　一般旅客自動車運送事業者が運輸を開始した場合　当該事業の許可をした行政庁

二　一般旅客自動車運送事業の譲渡及び譲受又は一般旅客自動車運送事業者たる法人の合併若しくは分割が終了した場合　当該事項の認可をした行政庁

三　一般旅客自動車運送事業者が死亡した場合（第二十四条の規定により、申請書を提出した場合を除く。）　当該事業の許可をした行政庁

四　休止している一般旅客自動車運送事業又は特定旅客自動車運送事業を再開した場合　当該一般旅客自動車運送事業又は特定旅客自動車運送事業の休止の届出を受理した行政庁

五　法第十六条第二項、法第二十七条第四項（法第四十三条第五項において準用する場合を含む。）、法第三十条第四項、法第三十一条、法第四十三条第七項、法第七十五条第三項において準用する法第五十五条若しくは法第七十条、法第七十九条の九第二項又は法第八十四条第一項に基づく命令を実施した場合　当該命令を発した行政庁

六　第六条第一項第三号に掲げる施設を変更した場合　当該事業の許可をした行政庁

七　一般旅客自動車運送事業者又は特定旅客自動車運送事業者の氏名若しくは名称又は住所に変更があつた場合　当該一般旅客自動車運送事業又は当該特定旅客自動車運送事業の許可をした行政庁

八　旅客自動車運送事業者たる法人の役員若しくは社員又は定款若しくは寄附行為に変更があつた場合　当該事業の許可をした行政庁

九　特定旅客自動車運送事業の運送需要者の氏名若しくは名称又は住所に変更があつた場合　当該事業の許可をした行政庁

十　適正化機関が、第三十四条の四の規定により適正化事業指導員を選任した場合　地方運輸局長

十一　適正化事業指導員が、転任、退職その他の理由により適正化事業指導員でなくなつた場合　地方運輸局長

十二　道路運送に関する団体が解散し、又は第六十一条第一項各号に掲げる事項に変更を生じた場合　国土交通大臣

2　前項の届出は、届出事由の発生した後遅滞なく（同項第八号に掲げる場合（代表権を有しない役員又は社員に変更があつた場合に限る。）にあつては前年七月一日から六月三十日までの期間に係る変更について毎年七月三十一日までに、同項第十号及び第十一号に掲げる場合にあつては十五日以内に、同項第十二号に掲げる場合にあつては届出事由の発生した日から三十日以内に）行うものとする。

3　第一項の届出をしようとする者（同項第一号、第二号、第四号、第五号、第六号、第十号又は第十一号に掲げる場合に限る。）は、次に掲げる事項を記載した届出書を提出するものとする。この場合において、当該届出事項に関し、法人の設立、合併、分割又は解散があつたときは、その登記事項証明書を添付するものとする。

一　氏名又は名称及び住所並びに法人にあつては、その代表者の氏名

二　当該届出事項（相手方のあるときは、その者の氏名又は名称を明らかにすること。）

三　届出事由の発生した年月日

四　第一項第十一号に掲げる場合にあつては、適正化事業指導員でなくなつた理由

五　その他必要事項

（地方的な路線の基準）

第六十七条　道路運送法施行令第一条第一項第一号の国土交通省令で定める地方的な路線の基準は、次の各号に掲げる区分に応じ、当該各号に掲げるものとする。

一　法第四条第一項の規定による事業の許可、法第十五条第一項の規定による事業計画の変更（路線の新設に係るものに限る。）の認可、法第三十五条第一項の規定による事業の管理の委託及び受託の許可、法第三十六条第一項の規定による法人の合併若しくは分割の認可、同条第二項の規定による事業の譲渡及び譲受の認可、法第三十七条第一項の規定による事業の相続の認可申請に係る路線に係る事業用自動車の総数が七百両未満（同一の申請書により申請されている互いに接続する路線にあつては、これらの路線に係る事業用自動車の総数の合計が七百両未満）であること。

二　法第四条第一項の規定による事業の許可に伴う法第九条第一項の規定による運賃等の上限の設定又は変更の認可申請に係る運賃等の上限が適用されることとなる路線が、地方運輸局長が行つた当該許可に係る路線又はこれに接続する路線であること。

三　法第九条第一項の規定による運賃等の上限の設定又は変更の認可（事業の許可に伴うものを除く。）申請に係る運賃等の上限が適用されることとなる路線に係る事業用自動車の総数が七百両未満（同一の申請書による申請に係る運賃等の上限が適用されることとなる路線が互いに接続する場合には、これらの路線に係る事業用自動車の総数の合計が七百両未満）であること。

四　法第二十二条の二第一項の規定による安全管理規程の設定若しくは変更の届出の受理、法第二十二条の二第三項の規定による安全管理規程の変更の命令、法第二十二条の二第五項の規定による安全統括管理者の選任若しくは解任の届出の受理、法第二十二条の二第七項の規定による安全統括管理者の解任の命令、法第二十七条第四項の規定による命令、法第三十一条の規定による事業改善の命令又は法第四十条の規定による事業の停止の命令若しくは許可の取消し　当該届出、命令又は許可の取消しに係る路線に係る事業用自動車の総数が七百両未満（互いに接続する路線にあつては、これらの路線に係る事業用自動車の総数の合計が

七百両未満）であること。

五　事業の停止の命令をした場合における法第四十一条第一項の規定による命令　当該命令に係る路線が、地方運輸局長が行った事業の停止の命令に係る路線であること。

2　前項各号に掲げる処分が一般乗合旅客自動車運送事業の路線であつて路線不定期運行又は定期観光運送を行うものに係るものである場合（当該処分が路線不定期運行又は定期観光運送のみに係るものであるときに限る。）にあつては、同項の規定にかかわらず、当該一般乗合旅客自動車運送事業の路線は、地方的な路線とする。

（許可申請書の進達）

第六十八条　地方運輸局長は、国土交通大臣の権限に属する一般乗合旅客自動車運送事業の許可の申請書を受け付けたときは、次に掲げる事項に関する調査書を添えて国土交通大臣に進達しなければならない。

一　申請者の資産及び信用の程度

二　事業の開始に要する資金、事業用自動車その他事業の施設の確保の見通し

三　法第七条各号に該当するかしないかの別

四　その他必要と認める事項

（商議等）

第六十九条　地方運輸局長は、その権限に属する事件につき申請書又は届出書を受理した場合において、当該事件が二以上の地方運輸局長の管轄区域にわたるときは、処分を要するものにあつては関係地方運輸局長に商議をし、その他のものにあつては関係地方運輸局長に通知をしなければならない。

2　運輸監理部長又は運輸支局長は、国土交通大臣又は地方運輸局長に提出すべき申請書又は届出書を受け付けた場合において、当該事件が運輸監理部長と運輸支局長又は二以上の運輸支局長の管轄区域にわたるときは、関係運輸監理部長又は運輸支局長が通知をしなければならない。

（報告）

第七十条　地方運輸局長は、次に掲げるものに関し許認可等の処分をし、又は届出を受理したときは国土交通大臣に報告しなければならない。

一　国土交通大臣が許可の権限を有する一般乗合旅客自動車運送事業につき第八条、第九条、第十条、第十一条、第十四条（営業所の位置の変更に関する部分に限る。）、第十五条の十三（運輸期間の変更に関する部分に限る。）及び第十八条の書類

二　第四項の書類で、運輸監理部と運輸支局又は二以上の運輸支局の管轄区域にわたるもの

2　地方運輸局長は、国土交通大臣が許可の権限を有する一般乗合旅客自動車運送事業につき、法第十六条第二項、法第二十三条の三、法第二十七条第四項、法第三十条第四項、法第四十条、法第四十一条第一項又は法第八十四条第一項の規定による処分をしたときは、国土交通大臣に報告しなければならない。

3　地方運輸局長は、国土交通大臣が許可の権限を有する貨物自動車運送事業につき、法第八十四条第一項の規定による処分をしたときは、国土交通大臣に報告しなければならない。

4　運輸監理部長又は運輸支局長は、一般旅客自動車運送事業につき、第十四条（営業所の位置の変更に関する部分に限る。）、第十五条（営業所ごとに配置する事業用自動車の数の変更に関する部分に限る。）、第十五条の二（主たる事務所の位置の変更に関する部分に限る。）、第十五条の十二（運行系統の変更に関する部分に限る。）及び第二十五条の書類に関して許認可等の処分をし、又は届出を受理したときは、国土交通大臣が許可の権限を有する一般乗合旅客自動車運送事業に係る場合にあつては地方運輸局長が経由して国土交通大臣に、地方運輸局長が許可の権限を有する一般旅客自動車運送事業に係る場合にあつては地方運輸局長に、それぞれ、報告しなければならない。

第六章　経過規定

（旧法に基く免許の効力）

第七十一条　この省令適用の際現に旧道路運送法（昭和二十二年法律第百九十一号。以下「旧法」という。）の規定に基き自動車運送事業を経営する者は、その経営する自動車運送事業の免許につき国土交通大臣又は地方運輸局長の確認を得たときは、左の各号に定める区分に従い、法の規定に基き自動車運送事業経営の免許を受けた者とみなす。

一　旧法の一般乗合旅客自動車運送事業は、法の一般乗合旅客自動車運送事業

二　旧法の一般貸切旅客自動車運送事業であつて乗車定員十一人以上の自動車を使用するものは、法の一般貸切旅客自動車運送事業

三　旧法の一般貸切旅客自動車運送事業であつて乗車定員十人以下の自動車を使用するものは、法の一般乗用旅客自動車運送事業

四　旧法の一般積合貨物自動車運送事業及び一般貸切貨物自動車運送事業であつて路線を定めるもの（最大積載量一トン以下の自動車のみを使用するものを除く。）は、法の一般路線貨物自動車運送事業

五　旧法の一般積合貨物自動車運送事業及び一般貸切貨物自動車運送事業であつて事業区域を定めるもの（最大積載量一トン以下の自動車のみを使用するものを除く。）は、法の一般区域貨物自動車運送事業

六　旧法の一般積合貨物自動車運送事業及び一般貸切貨物自動車運送事業であつて、最大積載量一トン以下の自動車のみを使用するものは、法の一般小型貨物自動車運送事業

七　旧法の特定乗合旅客自動車運送事業及び特定貸切旅客自動車運送事業は、法の特定旅客自動車運送事業

八　旧法の特定積合貨物自動車運送事業及び特定貸切貨物自動車運送事業は、法の特定貨物自動車運送事業

2　前項の規定により、旧法の規定に基く自動車運送事業の免許につき確認を得ようとする者は、この省令施行の日から三箇月以内に、自動車運送事業免許確認申請書を左の各号に定めるところにより、国土交通大臣又は地方運輸局長に提出するものとする。

一　次号以外の自動車運送事業にあつては、国土交通大臣

二　一般貸切旅客自動車運送事業（乗車定員七人以下の自動車を使用して経営するものに限る。）及び特定自動車運送事業にあつては、地方運輸局長

3　前項の申請書には、第四条から第六条までの規定を準用する外、免許の内容を証する書類及び道路運送法施行規則（昭和二十三年総理庁令運輸省令第二号。以下「旧規則」とい

う。）第九条による事業計画を添附するものとする。この場合において、当該事業が条件を附して免許された自動車運送事業であるときは、その条件の内容を記載するものとする。

4　第二項の期間内に同項の申請書を提出しない者は、その期間経過後は、その自動車運送事業を経営することができない。

5　第二項の期間内に同項の申請書を提出した者は、確認をした旨又は確認をしない旨の通知を受ける日までは、なお、その自動車運送事業を経営することができる。

（旧法に基く協議に対する承諾の効力）

第七十二条　前条第一項、第二項、第四項及び第五項の規定は、この省令適用の際現に旧法の規定に基き国において経営する自動車運送事業の協議に対する承諾の効力について準用する。この場合において、これらの規定中「国土交通大臣又は地方運輸局長」とあるのは、「国土交通大臣」と、「三箇月」とあるのは、「六箇月」と読み替えるものとする。

2　前項において準用する前条第二項の国営自動車運送事業の協議承諾の確認申請書には、左に掲げる事項を記載するものとする。

一　当該官庁の名称及び住所

二　事業の種類及び路線又は事業区域

三　業務の範囲を限定する自動車運送事業にあつては、その業務の範囲

四　条件を附せられた自動車運送事業にあつては、その条件

五　特定自動車運送事業にあつては、特定の運送需要者の氏名又は名称及び住所並びに運送する旅客又は貨物の範囲

六　協議に対する承諾の年月日

3　前項の申請書には、事業経営の協議に対する承諾の内容を証する書類を添附するものとする。

（旧法に基く処分、手続等の効力）

第七十三条　法、道路運送法施行法（昭和二十六年法律第百八十四号。以下「施行法」という。）又はこの省令に特別の定のあるものを除き、旧法又は旧規則の規定によりした許可、認可その他の処分及び申請その他の手続で、法又はこの省令に各々相当する規定のあるものは、法又はこの省令の規定によりしたものとみなす。

第七十四条　削除

（法第百二十五条の団体に相当する団体の届出）

第七十五条　第六十三条の規定は、施行法第二十五条の規定による法第百二十五条の道路運送に関する団体に相当する団体であるものの届出について準用する。

（運賃及び料金の書類に関する特例）

第七十六条　法附則但書の場合において、自動車運送事業及び自動車運送取扱事業の運賃及び料金に関する書類を物価庁長官に提出するときは、同時にその写を国土交通大臣に提出するものとする。

附　則（抄）

1　この省令は、公布の日から施行し、昭和二十六年七月一日から適用する。

附　則（昭二八・一・九運令一抄）

1　この省令は、公布の日から施行する。但し、第六十七条の改正規定による自家用自動車の表示の変更は、同条の規定にかかわらず、この省令施行の日から三箇月間は、これを行わなくてもよい。

附　則（昭二八・九・三〇運令五二抄）

1　この省令は、昭和二十八年十月一日から施行する。但し、第六十七条の改正に関する規定は、昭和二十八年十二月三十一日までは適用しない。

3　道路運送法の一部を改正する法律（昭和二十八年法律第百六十八号。以下「改正法」という。）施行の際現に事業区域を定める一般自動車運送事業を経営する者が、陸運局長（その事業を経営する者が国である場合にあつては、運輸大臣。以下同じ。）が行う事業区域の指定を受けたときは、指定を受けた事業区域を改正法附則第三項の規定により改正後の道路運送法の規定に基いて免許又は承認を受けたものとみなされた当該事業の事業区域とする。但し、次項の期間内に同項の申請書の提出がないときは、事業区域の中心区域を定めるものにあつては当該中心区域を、事業区域の中心区域を定めないものにあつては陸運局長の指定する区域を、当該事業の事業区域とする。

4　前項の規定により事業区域につき指定を受けようとする者は、改正法施行の日から二箇月以内に、左の事項を記載した事業区域指定申請書を陸運局長に提出するものとする。

一　氏名又は名称及び住所

二　現在の事業区域及び事業区域の中心区域を定めるものにあつてはその中心区域

三　指定を受けたい事業区域

四　営業所の位置

5　前項の申請書には、免許の内容を証する書類を添附するものとする。

6　第四項の期間内に同項の申請書を提出した者又はこの期間内にこれを提出しない者であつて事業区域の中心区域を定めないものにあつては、その者が事業区域の指定をした旨の通知を受ける日まで、同項の期間内に同項の申請書を提出しない者であつて事業区域の中心区域を定めるものにあつては、同項の期間が経過する日までは、改正法施行の際の事業区域を当該事業の事業区域とする。

7　改正法施行前にした改正前の道路運送法の規定による一般自動車運送事業の免許の申請は、改正後の同法の規定に基いてしたものとみなす。

8　一般路線貨物自動車運送事業の路線であつて、この省令施行の際、現に起点、終点及び主たる経過地が地名及び地番で定められているものは、当該地番の存する最小行政区画で定められているものとみなす。

9　この省令施行前に提出された自動車運送事業の施設の概要書又は当該施設の変更届出書の記載事項中自動車車庫の位置及び収容能力に関するものは、当該自動車運送事業の事業計画に定められたものとみなす。

附　則（昭三〇・五・一一運令二二）

1　この省令は、昭和三十年六月一日から施行する。

2　この省令施行の際、現に自家用貨物自動車を使用する者が、改正前の第五十九条第一項の規定により提出した自家用自動車使用届出書の記載事項を変更しようとするときは、第五十九条の改正規定による自家用貨物自動車使用届出書を提出しなければならない。

3　前項の規定により提出した自家用貨物自動車使用届出書は、第五十九条第二項の規定による届出事項変更届出書とみなす。

4 改正前の第五十九条第一項の規定により提出した自家用自動車使用届出書に係る自動車についての第六十七条第十号に掲げる表示は、この省令施行の日から三箇月の間にすればよい。

附　則（昭三一・七・一九運令四二）

この省令は、道路運送法の一部を改正する法律（昭和三十一年法律第百六十八号）の施行の日（昭和三十一年八月一日）から施行する。

附　則（昭三五・九・一運令三三）

1 この省令は、公布の日から施行する。
2 一般乗合旅客自動車運送事業者及び一般路線貨物自動車運送事業者は、この省令の施行の日から二月以内に、現に使用する事業用自動車について、改正後の第六条第一項第五号及び第六号に掲げる事項（一般路線貨物自動車運送事業者にあつては、各運行系統に配置する事業用自動車の常用車及び予備車別の数並びにそれらの乗車定員を除く。）を、都道府県知事（国において経営する一般乗合旅客自動車運送事業及び一般路線貨物自動車運送事業にあつては、陸運局長）に届け出なければならない。
3 前項の規定により届け出られた事項は、届出の日において当該事業の事業計画に定められているものとみなす。

附　則（昭三五・一二・一九運令四一）

この省令は、道路交通法の施行の日（昭和三十五年十二月二十日）から施行する。

附　則（昭三七・四・二一運令二一）

1 この省令は、公布の日から施行する。
2 一般路線貨物自動車運送事業の路線であつて、この省令施行の際現に起点、終点又は主たる経過地が東京都の特別区の名称で定められているものは、当該起点、終点又は主たる経過地が東京都の特別区の区域内に存するものとして定められているものとみなす。

附　則（昭四二・八・一運令六〇抄）

1 この省令は、公布の日から施行する。
2 この省令の施行前にした一般区域貨物自動車運送事業の免許の申請（最大積載量三・五トン以下の自動車のみを使用して当該事業を経営しようとするものに限る。）は、一般小型貨物自動車運送事業の免許の申請とみなす。

附　則（昭四六・一・一一運令二抄）

（施行期日）
1 この省令は、公布の日から施行する。〔後略〕

附　則（昭四六・一一・二七運令六四）

この省令は、昭和四十六年十二月一日から施行する。ただし、第一条の規定による道路運送法施行規則第六十七条の改正に伴い必要となる表示の変更は、同条の規定にかかわらず、この省令の施行の日から三月間は、これを行なわなくてもよい。

附　則（昭四八・三・二六運令八抄）

1 この省令は、公布の日から施行する。
2 この省令の施行の際現に軽自動車を使用して軽車両等運送事業を経営している者は、この省令の施行の日から三月以内に、改正後の道路運送法施行規則第五十七条第一項第一号、第二号及び第六号から第九号までに掲げる事項を記載した書類を、その者の主たる事務所の位置を管轄する都道府県知事に提出しなければならない。
3 この省令の施行の日から三十日以内に軽自動車を使用して軽車両等運送事業を開始しようとする者は、改正後の道路運送法施行規則第五十七条第一項の規定にかかわらず、あらかじめ、同項の規定による書類を提出すればよい。

附　則（昭五三・六・二三運令三三抄）

（施行期日）
第一条　この省令は、公布の日から施行する。〔後略〕

附　則（昭五三・七・一運令三九）

1 この省令は、昭和五十三年八月一日から施行する。
2 この省令の施行の際現に自動車運送取扱事業の登録を受けている者は、この省令の施行の日から五月以内に、改正後の第四十三条第二項第七号に掲げる書面を陸運局長に提出するものとする。
3 前項に規定する者で同項の規定による書面の提出をしていないものについては、この省令の施行の日から五月以内に限り改正後の第五十六条第二号の規定は、適用しない。

附　則（昭五三・一〇・三一運令五四抄）

（施行期日）
1 この省令は、公布の日から施行する。

附　則（昭五七・三・二四運令四抄）

（施行期日）
1 この省令は、公布の日から施行する。ただし、第十一条の規定中道路運送法施行規則第十四条の改正規定（同条第一項中第七号を第八号とし、第六号を第七号とし、第五号の次に一号を加える部分に限る。）〔中略〕の規定は、昭和五十七年五月一日から施行する。

附　則（昭五七・七・一三運令二一）

（施行期日）
1 この省令は、公布の日から施行する。
（経過措置）
2 この省令施行の際、現に届出対象自家用貨物自動車を使用する者が、改正前の第五十九条第一項の規定により提出した自家用貨物自動車使用届出書の記載事項を変更しようとするときは、改正後の第五十九条第二項の規定による自家用貨物自動車使用届出書を提出しなければならない。
3 前項の規定により提出した自家用貨物自動車使用届出書は、改正後の第五十九条第三項の規定による届出事項変更届出書とみなす。

附　則（昭五八・一二・二三運令五一抄）

（施行期日）
第一条　この省令は、公布の日から施行する。

附　則（昭五九・六・二二運令一八抄）

（施行期日）
第一条　この省令は、昭和五十九年七月一日から施行する。

附　則（昭六〇・二・五運令五抄）

（施行期日）
1 この省令は、道路運送法等の一部を改正する法律の施行の日（昭和六十年四月一日）から施行する。

附　則（昭六〇・四・九運令一五）

この省令は、公布の日から起算して一月を経過した日から施行する。

附　則（昭六〇・四・二五運令一八抄）

（施行期日）
1 この省令は、公布の日から施行する。〔後略〕

附　則（昭六〇・六・一五運令二二抄）

（施行期日）
1 この省令は、公布の日から施行する。

附 則（昭六〇・一二・二四運令四〇抄）

（施行期日）
1 この省令は、公布の日から施行する。〔後略〕

（経過措置）
2 一般路線貨物自動車運送事業者は、この省令の施行の日から六月以内に、その免許を受けた路線について現に運行に使用している道路を記載した図面（縮尺及び方位を記載した縮尺二十万分の一以上の平面図）を地方運輸局長に届け出なければならない。
3 前項の規定により届け出られた事項は、届出の日において、第七条の規定による改正後の道路運送法施行規則第六条第四項第三号に掲げる事項として当該事業の事業計画に定められているものとみなす。
4 この省令の施行前に第七条の規定による改正前の道路運送法施行規則によりした申請は、第七条の規定による改正後の道路運送法施行規則によりした申請とみなす。

附 則（昭六一・九・二六運令二九抄）

（施行期日）
第一条 この省令は、公布の日から施行する。〔後略〕

附 則（昭六一・一〇・二八運令三四）

（施行期日）
1 この省令は、昭和六十一年十一月一日から施行する。

（経過措置）
2 この省令による改正後の道路運送法施行規則第六十七条の二第一項各号に掲げる処分であって、この省令の施行前に運輸大臣に対してされた申請に係るものについては、なお従前の例による。

附 則（昭六二・三・二七運令二九抄）

（施行期日）
第一条 この省令は、昭和六十二年四月一日から施行する。

附 則（平元・六・二一運令一九抄）

（施行期日）
1 この省令は、平成元年八月一日から施行する。

（経過措置）
2 改正前の道路運送法施行規則第六十二条第一項及び第二項の規定により道路運送法第百一条第二項の許可を受けた自家用自動車の貸渡しについては、改正後の道路運送法施行規則第六十二条の規定により同法第百一条第二項の許可を受けたものとみなす。

附 則（平元・一二・一三運令三三）

1 この省令は、平成二年二月一日から施行する。
2 この省令の施行前に道路運送法第十八条第一項の規定によりされた申請（一般乗合旅客自動車運送事業の停留所の位置又は運行回数の変更に関するものに限る。）に係る処分に関しては、なお従前の例による。

附 則（平二・七・三〇運令二三）

（施行期日）
1 この省令は、貨物運送取扱事業法及び貨物自動車運送事業法の施行の日（平成二年十二月一日）から施行する。

（自動車の表示に関する経過措置）
2 この省令の施行の際現に第二条の規定による改正前の道路運送法施行規則第六十七条の規定により表示がされている自動車のうち第二条の規定による改正後の道路運送法施行規則第六十五条の規定の施行に伴い表示を変更すべきこととなるものについては、この省令の施行後三月間は、同条の規定にかかわらず、当該変更を行うことを要しない。

附 則（平六・三・二九運令一〇）

この省令は、平成六年四月一日から施行する。〔後略〕

附 則（平六・九・三〇運令四六抄）

（施行期日）
第一条 この省令は、行政手続法の施行の日（平成六年十月一日）から施行する。

（聴聞に関する規定の整備に伴う経過措置）
第三条 この省令の施行前に運輸省令の規定により行われた聴聞、聴問若しくは聴聞会（不利益処分に係るものを除く。）又はこれらのための手続は、この省令による改正後の関係省令の相当規定により行われたものとみなす。

附 則（平七・三・二三運令一四）

この省令は、許可、認可等の整理及び合理化に関する法律第二十七条から第三十条まで、第三十二条、第三十三条及び第三十五条の規定の施行の日（平成七年四月一日）から施行する。

附 則（平七・一一・一三運令六一）

（施行期日）
1 この省令は、公布の日から施行する。

（経過措置）
2 改正後の第六十七条第一項第一号、第三号及び第四号に掲げる処分であって、この省令の施行前に運輸大臣に対してされた申請に係るものについては、なお従前の例による。

附 則（平九・五・二八運令三二）

（施行期日）
1 この省令は、公布の日から施行する。

（経過措置）
2 この省令の施行の際現にこの省令による改正後の道路運送法施行規則第十五条第一項第四号及び第五号に掲げる事項に係る変更について道路運送法第十五条第一項の規定によりされている認可の申請は、同条第三項の規定によりした届出とみなす。

附 則（平九・七・九運令四七）

この省令は、私的独占の禁止及び公正取引の確保に関する法律の適用除外制度の整理等に関する法律の施行の日（平成九年七月二十日）から施行する。

附 則（平一一・一二・二〇運令五一抄）

（施行期日）
第一条 この省令は、道路運送法の一部を改正する法律（平成十一年法律第四十八号。以下「改正法」という。）の施行の日（平成十二年二月一日）から施行する。

（道路運送法の一部を改正する法律の施行に伴う経過措置）
第二条 改正法附則第三条第二項に掲げる者は、この省令の施行の日から一年を経過する日までに、次に掲げる事項を記載した届出書を提出しなければならない。
一 氏名又は名称及び住所並びに法人にあっては、その代表者の氏名
二 事業計画（この省令による改正後の道路運送法施行規則（以下「新規則」という。）第二十六条の三第一号及び第三号に掲げる事項に限る。）

第三条 改正法による改正前の道路運送法又はこの省令による

改正前の道路運送法施行規則によりした処分、手続その他の行為で、改正法による改正後の道路運送法（以下「新法」という。）又は新規則中相当する規定があるものは、新法又は新規則によりしたものとみなす。

附　則（平一二・三・二四運令一一抄）

（施行期日）

第一条　この省令は、平成十二年四月一日から施行する。

附　則（平一二・一一・二九運令三九抄）

（施行期日）

第一条　この省令は、平成十三年一月六日から施行する。

附　則（平一三・七・一一国交令一〇五抄）

（施行期日）

第一条　この省令は、道路運送法及びタクシー業務適正化臨時措置法の一部を改正する法律〔平成一二年五月法律第八六号〕の施行の日（平成十四年二月一日）から施行する。

附　則（平一四・六・二八国交令七九抄）

（施行期日）

第一条　この省令は、平成十四年七月一日から施行する。

附　則（平一五・二・一四国交令一一抄）

（施行期日）

第一条　この省令は、鉄道事業法等の一部を改正する法律の施行の日（平成十五年四月一日）から施行する。

附　則（平一五・三・二四国交令三一）

この省令は、平成十五年四月一日から施行する。

附　則（平一六・四・二八国交令六二）

この省令は、平成十六年六月一日から施行する。

附　則（平一七・三・七国交令一二抄）

1　この省令は、公布の日から施行する。

附　則（平一七・四・二八国交令五五抄）

（施行期日）

第一条　この省令は、公布の日から施行する。

附　則（平一八・四・二八国交令五八抄）

（施行期日）

第一条　この省令は、会社法〔平成一七年七月法律第八六号〕の施行の日（平成十八年五月一日）から施行する。

〔経過措置〕

第三条　この省令の施行前にしたこの省令による改正前の省令の規定による処分、手続、その他の行為は、この省令による改正後の省令（以下「新令」という。）の規定の適用については、新令の相当規定によってしたものとみなす。

附　則（平一八・七・一四国交令七八抄）

（施行期日）

第一条　この省令は、運輸の安全性の向上のための鉄道事業法等の一部を改正する法律〔平成一八年三月法律第一九号〕の施行の日〔平成一八年一〇月一日〕から施行する。

（道路運送法施行規則の一部改正に伴う経過措置）

第四条　この省令の施行の際現に交付されているこの省令による改正前の道路運送法施行規則別記様式による証票は、この省令による改正後の道路運送法施行規則別記様式による証票とみなす。

附　則（平一八・九・七国交令八六抄）

（施行期日）

第一条　この省令は、道路運送法等の一部を改正する法律〔平成一八年五月法律第四〇号〕の施行の日（平成十八年十月一日）から施行する。

（事業計画に関する経過措置）

第二条　道路運送法等の一部を改正する法律（以下「改正法」という。）附則第二条の規定により改正法による改正後の道路運送法（以下「新法」という。）第三条第一号イの一般乗合旅客自動車運送事業についての新法第四条第一項の許可を受けたとみなされる者については、当該許可とみなされる改正法による改正前の道路運送法（以下「旧法」という。）第四条第一項の許可に係る旧法第五条第一項第三号の事業計画をこの省令による改正後の道路運送法施行規則（以下「新施行規則」という。）第四条第一項の路線定期運行を行う一般乗合旅客自動車運送事業に係る新法第五条第一項第三号の事業計画とみなして、新法の規定を適用する。

2　改正法附則第三条の規定により旧法第二十一条第二号の許可に係る乗合旅客の運送（以下「許可乗合旅客運送」という。）について新法第三条第一号イの一般乗合旅客自動車運送事業についての新法第四条第一項の許可を受けたものとみなされる者（以下「みなし一般乗合旅客自動車運送事業者」という。）（許可乗合旅客運送が新施行規則第三条の三第一号の路線定期運行に該当する場合に限る。附則第四条及び第五条第一項において同じ。）については、この省令による改正前の道路運送法施行規則（以下「旧施行規則」という。）第十九条第一項の規定により提出された乗合旅客運送許可申請書に記載された事項（以下「乗合旅客運送許可申請書の記載事項」という。）（新施行規則第四条第一項に掲げる事項に相当するものに係る部分に限る。）を新施行規則第四条第一項の路線定期運行を行う一般乗合旅客自動車運送事業に係る新法第五条第一項第三号の事業計画に記載されたものとみなして、新法の規定を適用する。

3　みなし一般乗合旅客自動車運送事業者（許可乗合旅客運送が新施行規則第三条の三第二号の路線不定期運行に該当する場合に限る。）については、乗合旅客運送許可申請書の記載事項（新施行規則第四条第三項に掲げる事項に相当するものに係る部分に限る。）を新施行規則第四条第三項の路線不定期運行を行う一般乗合旅客自動車運送事業に係る新法第五条第一項第三号の事業計画に記載されたものとみなして、新法の規定を適用する。

4　みなし一般乗合旅客自動車運送事業者（許可乗合旅客運送が新施行規則第三条の三第三号の区域運行に該当する場合に限る。）については、乗合旅客運送許可申請書の記載事項（新施行規則第四条第五項に掲げる事項に相当するものに係る部分に限る。）を新施行規則第四条第五項の区域運行を行う一般乗合旅客自動車運送事業に係る新法第五条第一項第三号の事業計画に記載されたものとみなして、新法の規定を適用する。

第三条　みなし一般乗合旅客自動車運送事業者は、この省令の施行の日（以下「施行日」という。）から一年を経過する日までに、次に掲げる事項を記載した届出書を当該事業者が経営する路線又は営業区域を管轄する地方運輸局長に提出しなければならない。

一　氏名又は名称及び住所並びに法人にあっては、その代表者の氏名

二　事業計画（前条第二項から第四項までの規定により新法第五条第一項第三号の事業計画に記載されたとみなされる

事項を除く。）

2　前項の規定により届出書の提出があったときは、新法第五条第一項第三号の事業計画には当該届出書に記載された事項を含むものとして、新法の規定を適用する。

（運行計画に関する経過措置）

第四条　みなし一般乗合旅客自動車運送事業者については、乗合旅客運送許可申請書の記載事項（新施行規則第十五条の十二第一項に掲げる事項に相当するものに係る部分に限る。）を新法第十五条の三第一項の運行計画に記載されたものとみなして、新法の規定を適用する。

第五条　みなし一般乗合旅客自動車運送事業者は、施行日から一年を経過する日までに、次に掲げる事項を記載した届出書を第三条第一項の地方運輸局長に提出しなければならない。

一　氏名又は名称及び住所並びに法人にあっては、その代表者の氏名

二　運行計画（前条の規定により新法第十五条の三第一項の運行計画に記載されたとみなされる事項を除く。）

2　前項の規定により届出書の提出があったときは、新法第十五条の三第一項の運行計画には当該届出書に記載された事項を含むものとして、新法の規定を適用する。

（運賃及び料金に関する経過措置）

第六条　この省令の施行前に旧法第九条第三項の規定により届出をされた運賃であって、新法第九条第五項の運賃に該当するものは、同項の規定により届け出た運賃とみなす。

2　この省令の施行前に旧法第九条の二第一項の規定により届出をされた運賃及び料金（旧法第二十一条第二号の許可（当該許可に期限が付されている場合を除く。）に係る乗合旅客の運送に係るものに限る。次項において同じ。）であって、新法第九条第一項の運賃等に該当するものは、同項の規定により認可を受けた運賃等の上限及び同条第三項の規定により届け出た運賃等とみなす。

3　この省令の施行前に旧法第九条の二第一項の規定により届出をされた運賃及び料金であって、新法第九条第五項の運賃及び料金に該当するものは、同項の規定により届け出た運賃及び料金とみなす。

（登録事項に関する経過措置）

第七条　改正法附則第五条の規定により旧法第八十条第一項ただし書の許可に係る運送について新法第七十九条の登録を受けたとみなされる者（以下「みなし自家用有償旅客運送者」という。）については、旧施行規則第五十条第一項の規定により提出された有償運送許可申請書に記載された事項（新法第七十九条の二第一項第一号、第二号若しくは第四号又は新施行規則第五十一条の二各号に掲げる事項に相当するものに係る部分に限る。）を新法第七十九条の三第一項の登録簿に登録されたものとみなして、新法の規定を適用する。

第八条　みなし自家用有償旅客運送者は、施行日から一年を経過する日までに、次に掲げる事項を記載した届出書を当該者が行う自家用有償旅客運送に係る路線又は運送の区域を管轄する運輸監理部長又は運輸支局長に提出しなければならない。

一　名称及び住所並びに代表者の氏名

二　新法第七十九条の二第一項第一号、第二号若しくは第四号又は新施行規則第五十一条の二各号に掲げる事項（前条の規定により新法第七十九条の三第一項の登録簿に登録されたものとみなされるものを除く。）

2　前項の規定により届出書の提出があったときは、新法第七十九条の三第一項の登録簿には当該届出書に記載された事項が登録されているものとして、新法の規定を適用する。

（運転者及び運行管理に関する経過措置）

第九条　施行日から一年を経過する日までの間に新法第七十九条の登録を受けようとする場合における新法第七十九条の二の規定による登録の申請については、新法第七十九条の四第一項第六号（新施行規則第五十一条の九第二号に掲げる措置に係る部分に限る。）及び新施行規則第五十一条の三第七号及び第八号の規定は、適用しない。

2　新法第七十九条の登録を受けた者（以下「自家用有償旅客運送者」という。）が施行日から一年を経過する日までの間に新法第七十九条の七第一項の規定による変更登録を受けようとする場合における当該変更登録の申請については、同条第二項において準用する新法第七十九条の四第一項第六号（新施行規則第五十一条の九第二号に掲げる措置に係る部分に限る。）及び新施行規則第五十一条の十一第二項第一号（新施行規則第五十一条の三第七号及び第八号に掲げる書類に係る部分に限る。）の規定は、適用しない。

3　自家用有償旅客運送者については、施行日から一年間は、新法第七十九条の九第一項（新施行規則第五十一条の十六第一項及び第三項並びに第五十一条の十七第二項並びに第三項第一号及び第三号に掲げる措置に係る部分に限る。）の規定は、適用しない。

4　みなし自家用有償旅客運送者が施行日から一年を経過する日までの間に新法第七十九条の七第一項の規定による変更登録を受けようとする場合における当該変更登録の申請については、同条第二項において準用する新法第七十九条の四第一項第六号（新施行規則第五十一条の九第二号に掲げる措置に係る部分に限る。）及び新施行規則第五十一条の十一第二項第一号（新施行規則第五十一条の三第七号及び第八号に掲げる書類に係る部分に限る。）の規定は、適用しない。

5　みなし自家用有償旅客運送者については、改正法附則第五条の規定により新法第七十九条の登録に付されたものとみなされる期限が到来するまでの間（施行日から一年を経過する日までに当該期限が到来する場合において、新法第七十九条の六第一項の規定による有効期間の更新の登録を受けた場合にあっては、施行日から一年間）は、新法第七十九条の九第一項（新施行規則第五十一条の十六第一項及び第三項並びに第五十一条の十七第二項並びに第三項第一号及び第三号に掲げる措置に係る部分に限る。）の規定は、適用しない。ただし、施行日から一年を経過した日以後に新法第七十九条の七第一項の規定による変更登録を受けた場合にあっては、この限りでない。

（処分、手続等に関する経過措置）

第十二条　旧法、旧施行規則又は旧運輸規則によりした処分、手続その他の行為で、新法、新施行規則又は新運輸規則の規定中にこれに相当する規定があるものは、それぞれ新法、新施行規則又は新運輸規則の規定によりしたものとみなす。

（届出書の経由）

第十三条　附則第三条第一項及び第五条第一項の規定により地方運輸局長に届出書を提出するときは、その住所の所在地を管轄する運輸監理部長又は運輸支局長を経由しなければなら

ない。

附則（平一九・一二・二八国交令九六）

この省令は、公布の日から施行する。

附則（平二〇・一二・一国交令九七抄）

（施行期日）

1 この省令は、公布の日から施行する。

附則（平二二・三・二三国交令四）

この省令は、公布の日から施行する。

附則（平二四・七・三一国交令七三）

この省令は、公布の日から施行する。

附則（平二六・一・二四国交令七抄）

（施行期日）

1 この省令は、特定地域における一般乗用旅客自動車運送事業の適正化及び活性化に関する特別措置法等の一部を改正する法律〔平成二五年一一月法律第八三号〕の施行の日〔平成二六年一月二七日〕から施行する。〔後略〕

（道路運送法施行規則の一部改正に伴う経過措置）

2 この省令による改正前の道路運送法施行規則第四条第八項第三号の規定により地方運輸局長が指定する地域内に営業所を有する一般乗用旅客自動車運送事業者の事業計画の記載事項については、この省令の施行の日から二月を経過する日までの間は、なお従前の例による。

附則（平二七・一・三〇国交令六抄）

（施行期日）

第一条 この省令は、地域の自主性及び自立性を高めるための改革の推進を図るための関係法律の整備に関する法律〔平成二六年六月法律第五一号〕の施行の日（平成二七年四月一日）から施行する。〔後略〕

附則（平二七・三・三一国交令二一抄）

（施行期日）

第一条 この省令は、平成二十七年四月一日から施行する。

（自家用有償旅客運送者登録簿に関する経過措置）

第二条 この省令の規定による改正後の道路運送法施行規則第二号様式は、この省令の施行の日以後に自家用有償旅客運送者登録簿にする登録について適用し、この省令の施行の日前に自家用有償旅客運送者登録簿にした登録については、なお従前の例による。

附則（平二八・一二・一九国交令八二）

この省令は、道路運送法の一部を改正する法律（平成二十八年法律第百号）の施行の日（平成二十八年十二月二十日）から施行する。

附則（平二九・一・一三国交令一）

この省令は、道路運送法及び貨物自動車運送事業法の一部を改正する法律〔平成二八年一二月法律第一〇六号〕の施行の日〔平成二九年一月一六日〕から施行する。

附則（平二九・二・二八国交令八抄）

（施行期日）

第一条 この省令は、平成二十九年四月一日から施行する。

（道路運送法の一部を改正する法律附則第三条第二項の国土交通省令で定める期間）

第二条 道路運送法の一部を改正する法律附則第三条第二項の国土交通省令で定める期間は、平成二十九年四月一日から次の表の上欄に掲げる期間の同法附則第一条ただし書に規定する改正規定による改正前の道路運送法（以下「旧法」という。）第四条第一項の許可があった日に応当する日（応当する日がない場合にあっては、その前日）までの期間とし、その適用は、同表の中欄に掲げる当該許可があった年の西暦年数の一位及び同表の下欄に掲げる当該許可があった日に応じてするものとする。

期間	旧法第四条第一項の許可があった年の西暦年数の一位	旧法第四条第一項の許可があった日
平成二十九年四月一日から同年十二月三十一日まで	二又は七	四月一日から十二月三十一日まで
平成三十年一月一日から同年十二月三十一日まで	三又は八	一月一日から十二月三十一日まで
平成三十一年一月一日から同年十二月三十一日まで	四又は九	一月一日から十二月三十一日まで
平成三十二年一月一日から同年十二月三十一日まで	五又は零	一月一日から十二月三十一日まで
平成三十三年一月一日から同年十二月三十一日まで	一又は六	一月一日から十二月三十一日まで
平成三十四年一月一日から同年三月三十一日まで	二又は七	一月一日から三月三十一日まで

附則（平二九・一二・二八国交令七四）

この省令は、平成三十年四月一日から施行する。

附則（令二・一一・二七国交令九三抄）

（施行期日）

第一条 この省令は、持続可能な運送サービスの提供の確保に資する取組を推進するための地域公共交通の活性化及び再生に関する法律等の一部を改正する法律〔令和二年六月法律第三六号〕の施行の日（令和二年十一月二十七日）から施行する。

附則（令二・一二・二三国交令九八抄）

（施行期日）

1 この省令は、令和三年一月一日から施行する。

附則（令三・三・三一国交令三三）

この省令は、過疎地域の持続的発展の支援に関する特別措置法〔令和三年三月法律第一九号〕の施行の日〔令和三年四月一日〕から施行する。

附則（令四・二・一国交令五）

（施行期日）

1 この省令は、公布の日から施行する。

（経過措置）
2 この省令の施行の際現にされている道路運送法第九条第一項の規定による運賃の認可の申請（当該申請に係る処分がなされていないものに限る。）であって、当該申請に係る運賃がこの省令による改正後の道路運送法施行規則第十条第一項第一号ロの運賃に該当するものは、同法第九条第五項の規定によりされた運賃の届出とみなす。

附　則（令四・三・三一国交令三三）

（施行期日）
1 この省令は、公布の日から施行する。ただし、第六十七条第一項の改正規定及び次項の規定は、令和四年四月一日から施行する。

（経過措置）
2 前項ただし書に規定する日前に国土交通大臣に対してされた道路運送法施行規則第六十七条第一項第三号に規定する認可の申請であって、同日において認可をするかどうかの処分がされていないものについての認可の処分については、なお従前の例による。

附　則（令四・九・七国交令六六抄）

沿革　令五国交令六四改正

（施行期日）
第一条　この省令は、道路交通法の一部を改正する法律〔令和四年四月法律第三二号〕附則第一条第二号に掲げる規定の施行の日〔令和四年一〇月一日〕から施行する。

附　則（令四・九・三〇国交令七一）

この省令は、労働者協同組合法（令和二年法律第七十八号）の施行の日（令和四年十月一日）から施行する。

附　則（令五・三・三一国交令三一抄）

（施行期日）
第一条　この省令は、令和五年四月一日から施行する。

附　則（令五・五・一九国交令四四）

（施行期日）
1 この省令は、公布の日から施行する。

（経過措置）
2 この省令の施行前に国土交通大臣に対してされたこの省令による改正前の道路運送法施行規則（次項において「旧規則」という。）第六十七条第一項第一号又は第三号に掲げる許可又は認可の申請であって、この省令の施行の際、許可又は認可をするかどうかの処分がされていないものについての許可又は認可の処分については、なお従前の例による。
3 この省令の施行前にされた旧規則第六十七条第一項第一号又は第四号に掲げる許可、認可又は命令（この省令の施行後に前項の規定によりなお従前の例によりされたものを含む。以下この項において「許可等」という。）で、この省令の施行の日において許可等に係る行政事務を行うべき者が異なることとなるものは、この省令の施行後におけるこの省令による改正後の道路運送法施行規則（以下この項において「新規則」という。）の適用については、新規則の相当規定によりされた許可等とみなす。
4 この省令の施行の際現にあるこの省令による改正前の様式による証明書及び証票は、この省令による改正後のそれぞれの様式にかかわらず、当分の間、なおこれを使用することができる。

附　則（令五・八・一国交令六一抄）

（施行期日）
1 この省令は、公布の日から施行する。

（道路運送法施行規則の一部改正に伴う経過措置）
2 第一条の規定による改正後の道路運送法施行規則第五十一条の二十八の規定の適用については、当分の間、同条中「自動車登録番号」とあるのは、「自動車登録番号又は運転者の氏名」とする。

附　則（令五・八・三一国交令六四）

この省令は、令和五年十二月一日から施行する。

附　則（令五・九・二二国交令七三）

（施行期日）
1 この省令は、地域公共交通の活性化及び再生に関する法律等の一部を改正する法律〔令和五年四月法律第一八号〕の施行の日（令和五年十月一日）から施行する。

（道路運送法施行規則の一部改正に伴う経過措置）
2 この省令の施行の際現に存する第三条の規定による改正前の道路運送法施行規則第五十一条の七第一号に規定する運営協議会は、第三条の規定による改正後の道路運送法施行規則第四条第二項に規定する地域公共交通会議とみなす。

附　則（令五・一一・二国交令八七）

この省令は、公布の日から施行する。

附　則（令五・一二・二八国交令一〇一）

（施行期日）
1 この省令は、公布の日から施行する。

（経過措置）
2 この省令の施行の際現にされている道路運送法第九条第一項の規定による運賃の認可の申請（当該申請に係る処分がなされていないものに限る。）であって、当該申請に係る運賃がこの省令による改正後の道路運送法施行規則第十条第一項第一号イの運賃に該当するものは、同法第九条第六項の規定によりされた運賃の届出とみなす。

附　則（令六・一・三一国交令六抄）

（施行期日）
1 この省令は、令和六年三月三十一日から施行する。〔後略〕

附　則（令六・三・二九国交令二六抄）

（施行期日）
第一条　この省令は、令和六年四月一日から施行する。〔後略〕

第１号様式（第34条の４関係）

（表）

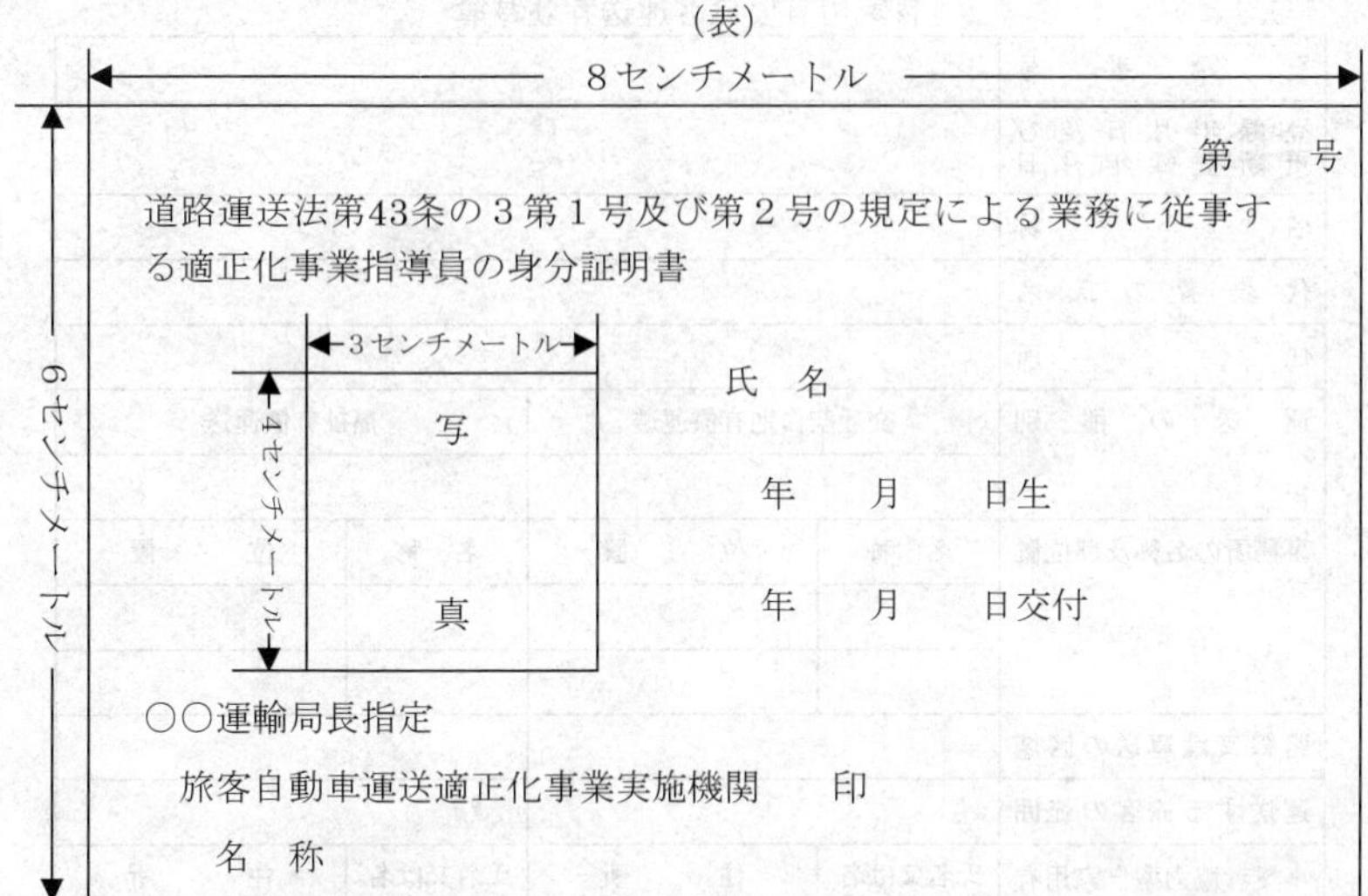

8センチメートル
6センチメートル
第　号
道路運送法第43条の３第１号及び第２号の規定による業務に従事する適正化事業指導員の身分証明書
3センチメートル
4センチメートル
写
真
氏　名
年　月　日生
年　月　日交付
○○運輸局長指定
旅客自動車運送適正化事業実施機関　印
名　称

（裏）

道路運送法抜粋

第43条の３　適正化機関は、その区域において、次に掲げる事業（以下「適正化事業」という。）を行うものとする。

(1)　輸送の安全を阻害する行為の防止その他この法律又はこの法律に基づく命令の遵守に関し旅客自動車運送事業者（前条第一項の指定に係る種別の旅客自動車運送事業を経営する者に限る。以下この節において同じ。）に対する指導を行うこと。

(2)　旅客自動車運送事業者以外の者の旅客自動車運送事業（前条第一項の指定に係る種別のものに限る。以下この節において同じ。）を経営する行為の防止を図るための啓発活動を行うこと。

道路運送法施行規則抜粋

第34条の４

３　適正化事業指導員は、適正化事業指導業務を行うに当たつては、前項の証明書を携帯し、関係者の請求があつたときは、これを提示しなければならない。

第２号様式（第51条の５関係）

自家用有償旅客運送者登録簿

<table>
<tr><td>登録番号</td><td colspan="4"></td></tr>
<tr><td>登録年月日及び
更新登録年月日</td><td colspan="4"></td></tr>
<tr><td>名称</td><td colspan="4"></td></tr>
<tr><td>代表者の氏名</td><td colspan="4"></td></tr>
<tr><td>住所</td><td colspan="4"></td></tr>
<tr><td rowspan="2">運送の種別</td><td colspan="2">交通空白地有償運送</td><td colspan="2">福祉有償運送</td></tr>
<tr><td colspan="2"></td><td colspan="2"></td></tr>
<tr><td rowspan="3">事務所の名称及び位置</td><td>名称</td><td>位置</td><td>名称</td><td>位置</td></tr>
<tr><td></td><td></td><td></td><td></td></tr>
<tr><td></td><td></td><td></td><td></td></tr>
<tr><td>路線又は運送の区域</td><td colspan="4"></td></tr>
<tr><td>運送する旅客の範囲</td><td colspan="4"></td></tr>
<tr><td rowspan="2">事業者協力型自家用有償旅客運送を行うときは、協力を得る一般旅客自動車運送事業者の氏名又は名称及び住所</td><td>氏名又は名称</td><td>住所</td><td>氏名又は名称</td><td>住所</td></tr>
<tr><td></td><td></td><td></td><td></td></tr>
<tr><td>備考</td><td colspan="4"></td></tr>
</table>

<table>
<tr><td rowspan="2">運送の種別</td><td rowspan="2">事務所</td><td colspan="7">自家用有償旅客運送自動車の数</td></tr>
<tr><td>寝台車
（軽自動車）</td><td>車いす車
（軽自動車）</td><td>兼用車
（軽自動車）</td><td>回転シート車
（軽自動車）</td><td>セダン等
（軽自動車）</td><td>バス</td><td>合計
（軽自動車）</td></tr>
<tr><td rowspan="2"></td><td></td><td>（ ）</td><td>（ ）</td><td>（ ）</td><td>（ ）</td><td>（ ）</td><td></td><td>（ ）</td></tr>
<tr><td></td><td>（ ）</td><td>（ ）</td><td>（ ）</td><td>（ ）</td><td>（ ）</td><td></td><td>（ ）</td></tr>
<tr><td rowspan="2"></td><td></td><td>（ ）</td><td>（ ）</td><td>（ ）</td><td>（ ）</td><td>（ ）</td><td></td><td>（ ）</td></tr>
<tr><td></td><td>（ ）</td><td>（ ）</td><td>（ ）</td><td>（ ）</td><td>（ ）</td><td></td><td>（ ）</td></tr>
</table>

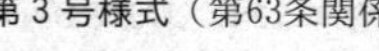

第３号様式（第63条関係）

（表）

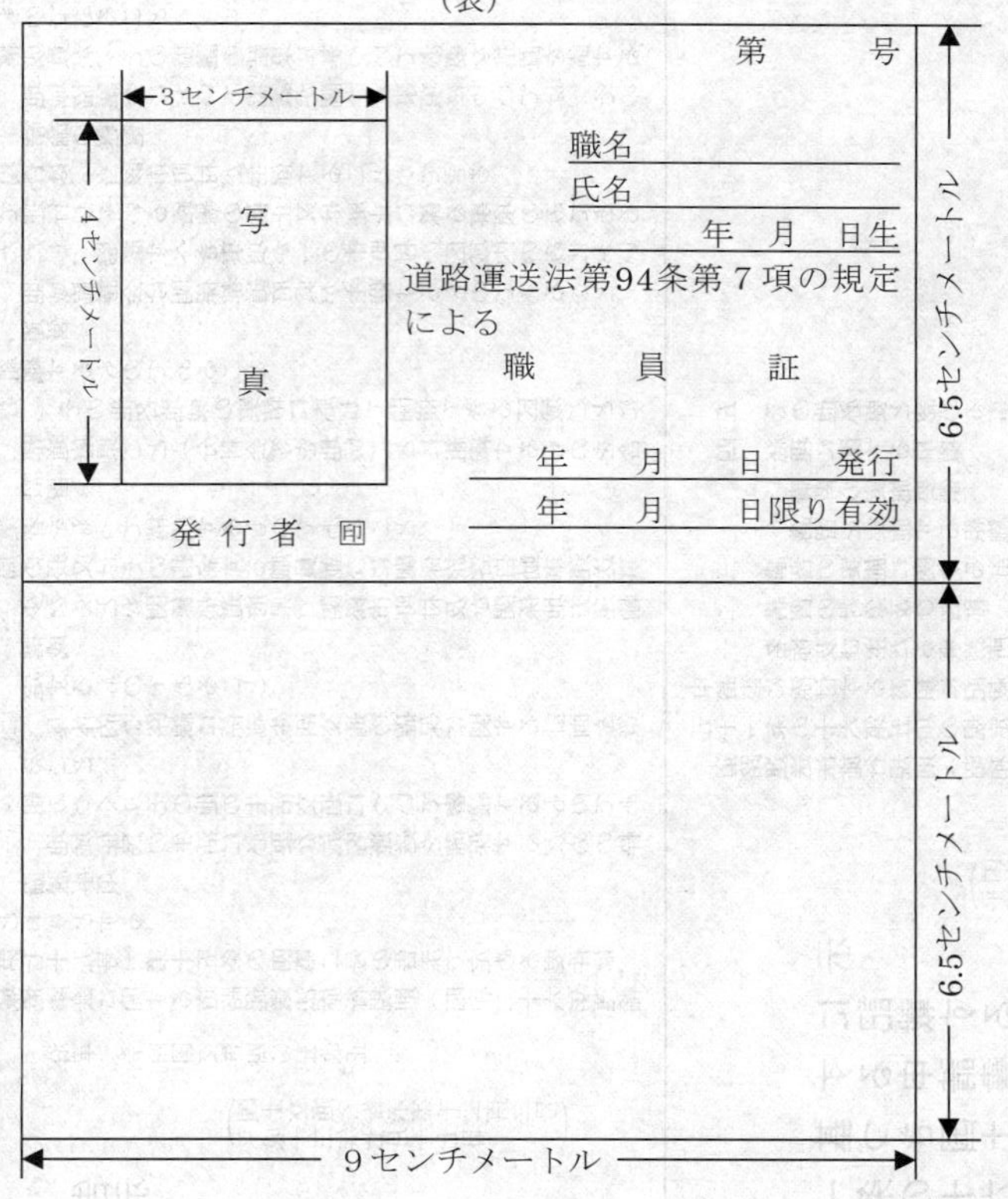

（裏）

（道路運送法抜粋）

第94条

4　国土交通大臣は、この法律の施行に必要な限度において、その職員をして自動車、自動車の所在する場所又は道路運送事業者、自家用有償旅客運送者その他自動車を所有し、若しくは使用する者若しくはこれらの者の組織する団体の事務所その他の事業場（道路運送事業、自家用有償旅客運送の業務又は自動車の管理に係るものに限る。）に立ち入り、帳簿書類その他の物件を検査し、又は関係者に質問させることができる。

5　国土交通大臣は、この法律の施行に必要な限度において、その職員をして適正化機関又は指定試験機関の事務所に立ち入り、業務の状況若しくは帳簿書類その他の物件を検査し、又は関係者に質問させることができる。

6　国土交通大臣は、自動車による輸送の実情の調査を行うため特に必要があると認めるときは、その職員をして、当該調査のため必要な限度において、道路を通行する自動車の運転者に対し一時当該自動車を停止することを求め、及び運転者又はその補助者に輸送の経路、貨物の種類その他の事項を質問させることができる。

7　前３項の場合には、当該職員は、その身分を示す証票を携帯し、かつ、関係者の請求があつたときは、これを提示しなければならない。

8　第４項から第６項までの権限は、犯罪捜査のために認められたものと解釈してはならない。

第98条　次の各号のいずれかに該当するときは、その違反行為をした者は、100万円以下の罰金に処する。

⒆　第94条第４項の規定による検査を拒み、妨げ、若しくは忌避し、又は質問に対し虚偽の陳述をしたとき。

第98条の２の２　次の各号のいずれかに該当するときは、その違反行為をした適正化機関の役員又は職員は、30万円以下の罰金に処する。

⑵　第94条第５項の規定による検査を拒み、妨げ、若しくは忌避し、又は質問に対して陳述をせず、若しくは虚偽の陳述をしたとき。

第98条の３　次の各号のいずれかに該当するときは、その違反行為をした指定試験機関の役員又は職員は、30万円以下の罰金に処する。

⑷　第94条第５項の規定による検査を拒み、妨げ、若しくは忌避し、又は質問に対して陳述をせず、若しくは虚偽の陳述をしたとき。

13センチメートル

9センチメートル

○地域協議会の要件に関する告示

（平成十三年七月十七日　国土交通省告示第千二百二号）

沿革　令四国交告四〇五改正

地域協議会に関する道路運送法施行規則（昭和二十六年運輸省令第七十五号）第十五条の四第二号の告示で定める要件は、次のとおりとする。

一　協議事項

㈠　地域住民の生活に必要な旅客運送を確保するための枠組みづくりその他の生活交通について審議するものであること。

㈡　具体的な路線に係る生活交通の確保に関する計画を策定するものであること。

二　構成

少なくとも関係都道府県、関係市町村及び関係地方運輸局の長又はその指名する職員並びに関係旅客自動車運送事業者をもって構成するものであること。

三　設置

都道府県ごと（分科会等を地域ごとに組織するものを含む。）その他各地域の実情に応じて開催できる区域ごとに組織するものであること。

四　運営

地域協議会は関係都道府県が主催するものであること。ただし、協議すべき事項が一の市町村の区域内のみにおいて運行している路線の休止又は廃止に係る事項のみである場合は、当該市町村が主催することができる。

五　結論の尊重

地域協議会において協議が調った事項については、その構成員が、その協議の結果に基づいて必要な措置を講ずるものであること。

附　則（令四・三・三一国交告四〇五）

この告示は、公布の日から施行する。

○道路運送法施行規則第五十一条の十六第五項の規定に基づき国土交通大臣に提出する申請書に添付する書類に記載する事項を定める告示

（平成十八年九月二十九日　国土交通省告示第千百七十号）

道路運送法施行規則（昭和二十六年運輸省令第七十五号）第五十一条の十六第五項の規定に基づき国土交通大臣に提出する申請書に添付する書類に記載する事項は、次のとおりとする。

一　名称及び主たる事務所の所在地

二　講習の対象及び名称

三　講習の実施に関する計画

イ　講習を実施する組織

ロ　講習の実施要領

四　経理に関する事項

五　その他必要と認める事項

○自家用有償旅客運送者が安全な運転のための確認等において用いるアルコール検知器を定める告示

（令和四年九月七日
国土交通省告示第九百六十四号）

沿革　令五国交告二六一改正

道路運送法施行規則第五十一条の十七第三項第九号の告示で定めるアルコール検知器は、呼気中のアルコールを検知し、その有無又はその濃度を警告音、警告灯、数値等により示す機能を有する機器とする。

附　則

この告示は、道路運送法施行規則及び自動車事故報告規則の一部を改正する省令〔令和四年九月国土交通省令第六六号〕の施行の日〔令和四年一〇月一日〕から施行する。

附　則（令五・三・三一国交告二六一）

この告示は、道路運送法施行規則等の一部を改正する省令〔令和五年三月国土交通省令第三一号〕の施行の日（令和五年四月一日）から施行する。

○道路運送法施行規則第五十一条の十八の運行管理の責任者の講習を定める告示

（令和四年九月七日
国土交通省告示第九百六十三号）

（用語）

第一条　この告示において使用する用語は、道路運送法施行規則（以下「施行規則」という。）において使用する用語の例による。

（運行管理の責任者に受けさせなければならない講習）

第二条　施行規則第五十一条の十八の規定により特定事務所の運行管理の責任者に受けさせなければならない講習は、旅客自動車運送事業運輸規則第四十七条の九第三項、第四十八条の四第一項、第四十八条の五第一項及び第四十八条の十二第二項の運行の管理に関する講習の種類等を定める告示（平成二十四年国土交通省告示第四百五十四号）第二条第二号に規定する一般講習（以下単に「一般講習」という。）とする。

2　自家用有償旅客運送者は、特定事務所の運行管理の責任者に、選任した日の属する年度の翌々年度以後二年ごとに一般講習を受講させなければならない。

附　則

（施行期日）

第一条　この告示は、道路運送法施行規則及び自動車事故報告規則の一部を改正する省令の施行の日〔令和四年一〇月一日〕から施行する。

（経過措置）

第二条　自家用有償旅客運送者は、令和四年三月三十一日までの間に選任された特定事務所の運行管理の責任者に、この告示の施行の日から令和六年三月三十一日までの間に、一般講習を受講させなければならない。

2　前項の規定により一般講習を受講した特定事務所の運行管理の責任者に係る第二条第二項の規定の適用については、同項中「選任した日」とあるのは、「附則第二条第一項の規定により一般講習を受講した日」とする。

3　令和四年四月一日から令和五年三月三十一日までの間に道路交通法（昭和三十五年法律第百五号）第百八条の二第一項第一号に規定する講習（安全運転管理者に対するものに限る。）を受講した者は、第一項の規定により一般講習を受講した者とみなす。

○旅客自動車運送事業運輸規則

（昭和三十一年八月一日運輸省令第四十四号）

沿革 （前略）平元運令五、平二運令二三、平六運令一〇、平七運令八・一五、平九運令一二・一三、平一一運令六・五一、平一二運令一一・三九、平一三国交令一〇五・一二一、平一四国交令七・七九・八四・一一〇三、平一五国交令六・三一・九五、平一六国交令二七・二八、平一七国交令一二・五五・六一、平一八国交令七八・八六、平一九国交令一七、平二〇国交令三四・三九・九七、平二一国交令三六・五七、平二二国交令三〇、平二三国交令一八、平二四国交令二四・二九・六七、平二五国交令七一、平二六国交令七、平二八国交令六三・七八、平二九国交令一・四四・七三、平三〇国交令一九・四〇・五一・九〇、平三一国交令三、令元国交令二〇・四七、令二国交令二・八六・八七・九三、令三国交令五三、令四国交令七・八八、令五国交令三一・六一・八三、令六国交令一五・二二・四二・五八改正

目次

第一章　総則

（目的）

第一条　この省令は、旅客自動車運送事業の適正な運営を確保することにより、輸送の安全及び旅客の利便を図ることを目的とする。

（一般準則）

第二条　旅客自動車運送事業者（旅客自動車運送事業を経営する者をいう。以下同じ。）は、安全、確実かつ迅速に運輸を遂行するように努めなければならない。

2　旅客自動車運送事業者は、旅客又は公衆に対して、公平かつ懇切な取扱いをしなければならない。

3　旅客自動車運送事業者は、従業員に対し、輸送の安全及び旅客の利便を確保するため誠実に職務を遂行するように指導監督するとともに、当該指導監督を効果的かつ適切に行うため、必要な措置を講じなければならない。

4　旅客自動車運送事業者の従業員は、その職務に従事する場合は、輸送の安全及び旅客の利便を確保することに努めなければならない。

（輸送の安全）

第二条の二　旅客自動車運送事業者は、経営の責任者の責務を定めることその他の国土交通大臣が告示で定める措置を講ずることにより、絶えず輸送の安全性の向上に努めなければならない。

（苦情処理）

第三条　旅客自動車運送事業者は、旅客に対する取扱いその他運輸に関して苦情を申し出た者に対して、遅滞なく、弁明しなければならない。ただし、氏名及び住所を明らかにしない者に対しては、この限りでない。

2　旅客自動車運送事業者は、前項の苦情の申出を受け付けた場合には、次に掲げる事項を営業所ごとに記録し、かつ、その記録を整理して一年間保存しなければならない。

一　苦情の内容

二　原因究明の結果

三　苦情に対する弁明の内容

四　改善措置

五　苦情処理を担当した者

第二章　事業者

（運賃及び料金等の実施等）

第四条　一般旅客自動車運送事業者は、運賃及び料金並びに運送約款を公示した後でなければ、これを実施してはならない。

2　前項の規定による公示は、営業所において公衆に見やすいように掲示するとともに、次に掲げる一般旅客自動車運送事業者の区分に応じ、それぞれ次に定める方法により行うものとする。

一　一般乗合旅客自動車運送事業者　次のいずれかに該当する場合を除き、当該一般乗合旅客自動車運送事業者のウェブサイトへの掲載その他の適切な方法

イ　一般乗合旅客自動車運送事業に常時使用する従業員の数が二十人以下である場合

ロ　一般乗合旅客自動車運送事業者が自ら管理するウェブサイトを有していない場合

二　一般貸切旅客自動車運送事業者　次のいずれかに該当する場合を除き、当該一般貸切旅客自動車運送事業者のウェブサイトへの掲載

イ　一般貸切旅客自動車運送事業に常時使用する従業員の数が二十人以下である場合

ロ　一般貸切旅客自動車運送事業者が自ら管理するウェブサイトを有していない場合

三　一般乗用旅客自動車運送事業者　次のいずれかに該当する場合を除き、当該一般乗用旅客自動車運送事業者のウェブサイトへの掲載

イ　一般乗用旅客自動車運送事業に常時使用する従業員の数が二十人以下である場合

ロ　一般乗用旅客自動車運送事業者が自ら管理するウェブサイトを有していない場合

3　一般乗用旅客自動車運送事業者は、地方運輸局長が定める

ところにより、事業用自動車（運送の引受けが営業所のみにおいて行われるものを除く。）に運賃及び料金に関する事項を公衆及び事業用自動車を利用する旅客に見やすいように表示しなければならない。

4　一般乗用旅客自動車運送事業者は、運賃又は料金が対時間制による場合を除き、地方運輸局長が定めるところにより、運賃及び料金の額を事業用自動車内において事業用自動車を利用する旅客に見やすいように表示しなければならない。

（公示事項等）

第五条　一般乗合旅客自動車運送事業者は、道路運送法（昭和二十六年法律第百八十三号。第四十八条の十第一号イを除き、以下「法」という。）第十二条第一項に掲げる事項のほか、次に掲げる事項を公示しなければならない。

一　事業者及び当該営業所の名称

二　路線定期運行又は路線不定期運行を行う一般乗合旅客自動車運送事業者にあつては、当該営業所に係る運行系統

三　路線定期運行を行う一般乗合旅客自動車運送事業者にあつては、前号の運行系統ごとの運行回数、始発及び終発の時刻、運行間隔時間並びに他の営業所及び主な停留所への運行所要時間

四　路線不定期運行を行う一般乗合旅客自動車運送事業者が、発地の発車時刻又は着地の到着時刻を定める場合にあつては、当該発車時刻又は到着時刻

五　区域運行を行う一般乗合旅客自動車運送事業者にあつては、発地の発車時刻若しくは着地の到着時刻又は運行間隔時間

2　前項の規定による公示は、営業所において公衆に見やすいように掲示するとともに、次の各号のいずれかに該当する場合を除き、一般乗合旅客自動車運送事業者のウェブサイトへの掲載その他の適切な方法により行うものとする。

一　一般乗合旅客自動車運送事業に常時使用する従業員の数が二十人以下である場合

二　一般乗合旅客自動車運送事業者が自ら管理するウェブサイトを有していない場合

3　路線定期運行を行う一般乗合旅客自動車運送事業者は、法第十二条第二項に掲げる事項のほか、次に掲げる事項を公示しなければならない。

一　事業者及び当該停留所の名称

二　当該停留所に係る運行系統

三　前号の運行系統ごとの発車時刻（運行回数の頻繁な運行系統にあつては、始発及び終発の時刻並びに運行間隔時間をもつて代えることができる。）

四　一の停留所に係る二以上の乗降場所がある場合又は二以上の停留所が相互に近接している場合であつて旅客の利便のため必要があるときは、他方の乗降場所又は停留所に係る運行系統及びその位置

五　業務の範囲を限定する条件が付されている事業にあつては、その業務の範囲

4　前項の規定による公示は、停留所において公衆に見やすいように掲示するとともに、次の各号のいずれかに該当する場合を除き、一般乗合旅客自動車運送事業者のウェブサイトへの掲載その他の適切な方法により行うものとする。

一　一般乗合旅客自動車運送事業に常時使用する従業員の数が二十人以下である場合

二　一般乗合旅客自動車運送事業者が自ら管理するウェブサイトを有していない場合

（公示事項の変更の予告）

第六条　一般旅客自動車運送事業者（一般乗用旅客自動車運送事業者を除く。第十六条において同じ。）は、法第十二条第一項若しくは第二項又は前条第一項若しくは第三項の規定により公示した事項の変更について、法第十二条第三項の規定により公示するときは、緊急やむを得ない理由がある場合又は公衆の利便を阻害しない場合を除くほか、当該変更に係る事項を実施しようとする日の少なくとも七日前にこれをしなければならない。

2　前項の規定による公示は、営業所又は停留所において公衆に見やすいように掲示するとともに、次に掲げる一般旅客自動車運送事業者の区分に応じ、それぞれ次に定める方法により行うものとする。

一　一般乗合旅客自動車運送事業者　次のいずれかに該当する場合を除き、当該一般乗合旅客自動車運送事業者のウェブサイトへの掲載その他の適切な方法

イ　一般乗合旅客自動車運送事業に常時使用する従業員の数が二十人以下である場合

ロ　一般乗合旅客自動車運送事業者が自ら管理するウェブサイトを有していない場合

二　一般貸切旅客自動車運送事業者　次のいずれかに該当する場合を除き、当該一般貸切旅客自動車運送事業者のウェブサイトへの掲載

イ　一般貸切旅客自動車運送事業に常時使用する従業員の数が二十人以下である場合

ロ　一般貸切旅客自動車運送事業者が自ら管理するウェブサイトを有していない場合

（事業の休止及び廃止等の公示）

第七条　法第十五条の二第六項（法第三十八条第三項において準用する場合を含む。）及び法第三十八条第四項の規定により公示をするときは、緊急やむを得ない理由がある場合を除くほか、休止し、又は廃止しようとする日の少なくとも七日前までにこれをしなければならない。

2　一般旅客自動車運送事業者は、営業区域の休止又は廃止に係る事業計画の変更をしようとするときは、緊急やむを得ない場合を除くほか、休止し、又は廃止しようとする日の少なくとも七日前にその旨を公示しなければならない。

3　前二項の規定による公示は、営業所その他の事業所において公衆に見やすいように掲示するとともに、次に掲げる一般旅客自動車運送事業者の区分に応じ、それぞれ次に定める方法により行うものとする。

一　一般乗合旅客自動車運送事業者　次のいずれかに該当する場合を除き、当該一般乗合旅客自動車運送事業者のウェブサイトへの掲載その他の適切な方法

イ　一般乗合旅客自動車運送事業に常時使用する従業員の数が二十人以下である場合

ロ　一般乗合旅客自動車運送事業者が自ら管理するウェブサイトを有していない場合

二　一般貸切旅客自動車運送事業者　次のいずれかに該当する場合を除き、当該一般貸切旅客自動車運送事業者のウェブサイトへの掲載

イ　一般貸切旅客自動車運送事業に常時使用する従業員の

数が二十人以下である場合

ロ　一般貸切旅客自動車運送事業者が自ら管理するウェブサイトを有していない場合

三　一般乗用旅客自動車運送事業者　次のいずれかに該当する場合を除き、当該一般乗用旅客自動車運送事業者のウェブサイトへの掲載

イ　一般乗用旅客自動車運送事業に常時使用する従業員の数が二十人以下である場合

ロ　一般乗用旅客自動車運送事業者が自ら管理するウェブサイトを有していない場合

（運送引受書の交付）

第七条の二　一般貸切旅客自動車運送事業者は、運送を引き受けた場合には、遅滞なく、当該運送の申込者に対し、次の各号に掲げる事項を記載した運送引受書を交付しなければならない。

一　事業者の名称

二　運行の開始及び終了の地点及び日時

三　運行の経路並びに主な経由地における発車及び到着の日時

四　旅客が乗車する区間

五　運転者、車掌その他の乗務員（第十五条の二第一項に規定する特定自動運行保安員（以下この号において「特定自動運行保安員」という。）を除く。第四十九条第一項及び第三項において同じ。）及び特定自動運行保安員（以下「乗務員等」という。）の休憩地点及び休憩時間（休憩がある場合に限る。）

六　乗務員等の運転又は業務の交替の地点（運転又は業務の交替がある場合に限る。）

七　運賃及び料金の額

八　前各号に掲げるもののほか、国土交通大臣が告示で定める事項

2　一般貸切旅客自動車運送事業者は、前項の規定による運送引受書の写しを運送の終了の日から三年間保存しなければならない。

3　一般貸切旅客自動車運送事業者は、運送の申込者に対して当該運送の引受けに際し手数料又はこれに類するものを支払った場合には、その額を記載した書類を、前項の運送引受書の写しとともに、当該運送の終了の日から三年間保存しなければならない。

※1項八号「告示」＝旅客自動車運送事業運輸規則第七条の二第一項の運送引受書の記載事項を定める告示

（乗車券）

第八条　一般乗合旅客自動車運送事業者は、運賃を収受したときは、少なくとも次の事項が記載され、又は電磁的方法（電子的方法、磁気的方法その他の人の知覚によつて認識することができない方法をいう。第二十四条第六項及び第七項並びに第二十六条第一項において同じ。）により記録された一定の様式の乗車券を発行しなければならない。ただし、事業用自動車内において運賃を収受したときは、普通乗車券を発行しないことができる。

一　普通乗車券及び回数乗車券にあつては、事業者の名称、通用区間及び運賃額

二　定期乗車券にあつては、前号の記載事項のほか、通用期間、発行の日付、使用者の氏名、年齢及び定期乗車券の種類

（運賃の払戻し等）

第九条　一般乗合旅客自動車運送事業者は、旅客から運賃の払戻の請求があつたときは、次の各号の一に掲げる金額を払い戻さなければならない。この場合において、第二項及び第三項の規定により運賃を払い戻す場合を除くほか、事業者は、相当額の手数料を徴収することができる。

一　未使用の普通乗車券及び回数乗車券にあつては、通用期間内に限りその運賃額

二　通用期間前の定期乗車券にあつては、その運賃額

三　通用期間内の定期乗車券にあつては、通用期間の始めの日から運賃払戻の請求があつた日までを使用済期間とし、これを一日二回乗車の割合で普通運賃に換算し、その金額を運賃額から控除した残額（次項の場合にあつては、その運賃額を日割りにした金額に通用期間から使用済期間を控除した残りの日数を乗じた金額）

2　一般乗合旅客自動車運送事業者は、乗車券の様式の変更その他の理由によりすでに発行した乗車券を無効とする場合は、無効とする日の少なくとも一月前に、公示の日から無効とする日の少なくとも二月後の日までの間において乗車券の引換又は運賃の払戻をする旨の公示を営業所及び当該乗車券に係る通用区間を運行する事業用自動車内にしなければならない。

3　一般乗合旅客自動車運送事業者は、天災その他やむを得ない理由により運送を中断したときは、次の各号に掲げる旅客に対し、旅客の選択に応じ、当該各号のいずれかの取扱いをしなければならない。

一　普通乗車券を使用する旅客にあつては、その運賃額から乗車した区間に対する運賃額を控除した残額の払戻し又は乗車できなかつた区間を乗車することができる証票の発行

二　回数乗車券を使用する旅客及び第八条ただし書の規定により普通乗車券を発行しない事業用自動車に普通旅客運賃を支払つて乗車している旅客にあつては、その運賃額から乗車した区間に対する運賃額を控除した残額の払戻しを受けることができる証票の発行又は乗車できなかつた区間を乗車することができる証票の発行

三　定期乗車券を使用する旅客にあつては、その運賃額から乗車できた区間に対する原券と同一通用期間の定期旅客運賃を控除した残額を日割りにした金額に休日日数を乗じた金額の払戻し又は原券の通用期間の延長

（領収証）

第十条　一般貸切旅客自動車運送事業者は、運賃又は料金を収受したときは、運賃又は料金の計算基礎を記載した領収証を発行しなければならない。ただし、乗車券を発行したときは、この限りでない。

2　一般乗用旅客自動車運送事業者は、運賃又は料金を収受した場合であつて旅客の求めがあつたときは、収受した運賃又は料金の額を記載した領収証を発行しなければならない。

（荷物切符）

第十一条　一般乗合旅客自動車運送事業者は、旅客の運送に附随して貨物を運送しようとするときは、特約のある場合を除き、旅客と同時に運送する場合は運賃、料金及び運送区間を、その他の場合は荷送人及び荷受人の氏名又は名称及び住所、品名、個数、容積又は重量、運賃、料金、運送区間及び

運送受付年月日を記載した一定の様式の荷物切符を荷送人に交付しなければならない。

2　一般乗合旅客自動車運送事業者は、前項の荷物切符と引換えでなければ、貨物を荷受人に引き渡してはならない。

（早発の禁止）

第十二条　一般乗合旅客自動車運送事業者は、第五条第一項第三号及び第三項第三号の規定により営業所及び停留所に掲示した発車時刻又は同条第一項第四号若しくは第五号の規定により営業所に掲示した発車時刻前に、事業用自動車を発車させてはならない。

（運送の引受け及び継続の拒絶）

第十三条　一般乗合旅客自動車運送事業者又は一般乗用旅客自動車運送事業者は、次の各号のいずれかに掲げる者の運送の引受け又は継続を拒絶することができる。

一　第十五条の二第七項又は第四十九条第四項の規定による制止又は指示に従わない者

二　第五十二条各号に掲げる物品（同条ただし書の規定によるものを除く。）を携帯している者

三　泥酔した者又は不潔な服装をした者等であつて、他の旅客の迷惑となるおそれのある者

四　付添人を伴わない重病者

五　感染症の予防及び感染症の患者に対する医療に関する法律（平成十年法律第百十四号）に定める一類感染症、二類感染症、新型インフルエンザ等感染症若しくは指定感染症（同法第四十四条の九の規定に基づき、政令で定めるところにより、同法第十九条又は第二十条の規定を準用するものに限る。）の患者（同法第八条（同法第四十四条の九において準用する場合を含む。）の規定により一類感染症、二類感染症、新型インフルエンザ等感染症又は指定感染症の患者とみなされる者を含む。）又は新感染症の所見がある者

（危険物等の輸送制限）

第十四条　一般乗合旅客自動車運送事業者は、第五十二条各号に掲げる物品（同条ただし書の規定によるものを除く。）を旅客の運送に付随して運送してはならない。

2　旅客自動車運送事業者は、第五十二条各号に掲げる物品（同条ただし書の規定によるものを除く。）を旅客の現在する事業用自動車で運搬してはならない。

（車掌の乗務）

第十五条　一般乗合旅客自動車運送事業者、一般貸切旅客自動車運送事業者及び特定旅客自動車運送事業者は、次の各号のいずれかに該当する場合には、事業用自動車（乗車定員十一人以上のものに限る。）に車掌を乗務させなければ、これを旅客の運送の用に供してはならない。ただし、天災その他やむを得ない理由のある場合はこの限りでない。

一　車掌を乗務させないで運行することを目的とした旅客自動車運送事業用自動車（被牽引自動車を除く。）であつて道路運送車両の保安基準（昭和二十六年運輸省令第六十七号）第五十条の告示で定める基準に適合していないものを旅客の運送の用に供するとき。

二　車掌を乗務させなければ道路及び交通の状況並びに輸送の状態により運転上危険があるとき。

三　旅客の利便を著しく阻害するおそれがあるとき。

（特定自動運行保安員の業務等）

第十五条の二　特定自動運行旅客運送（道路運送法施行規則（昭和二十六年運輸省令第七十五号）第六条第一項第九号に規定する特定自動運行旅客運送をいう。以下同じ。）を行おうとする旅客自動車運送事業者は、事業計画（路線定期運行を行う一般乗合旅客自動車運送事業者にあつては、事業計画及び運行計画）の遂行に十分な数の特定自動運行保安員（特定自動運行旅客運送の用に供する特定自動運行事業用自動車（事業用自動車のうち、旅客自動車運送事業の用に供する特定自動運行用自動車（道路交通法（昭和三十五年法律第百五号）第七十五条の十二第二項第二号イに規定する特定自動運行用自動車をいう。）をいう。以下同じ。）の運行の安全の確保に関する業務を行う者をいう。以下同じ。）を常時選任しておかなければならない。

2　旅客自動車運送事業者は、次の各号のいずれかに掲げる措置を講じなければ、特定自動運行事業用自動車を旅客の運送の用に供してはならない。

一　当該特定自動運行事業用自動車に特定自動運行保安員を乗務させること。

二　次に掲げる措置を講ずること。

イ　緊急を要する場合において旅客が特定自動運行保安員に連絡することができる装置及び特定自動運行事業用自動車を停止させることができる装置を当該特定自動運行事業用自動車に備えること。

ロ　営業所その他の適切な業務場所に特定自動運行保安員を配置し、当該特定自動運行保安員に道路交通法施行規則（昭和三十五年総理府令第六十号）第九条の二十九に規定する遠隔監視装置（以下この条において単に「遠隔監視装置」という。）その他の装置を用いて遠隔から運行の安全の確保に関する業務を行わせること。

3　特定自動運行旅客運送を行う旅客自動車運送事業者は、前項、第二十条、第二十一条第七項その他の輸送の安全に関する規定に基づく措置を適切に講ずることができるよう、必要な体制を整備しなければならない。

4　特定自動運行旅客運送を行う旅客自動車運送事業者は、特定自動運行事業用自動車の運行を中断し、又は旅客が死傷したときは、特定自動運行保安員に対し、当該旅客自動車運送事業者とともに、第十八条第一項各号若しくは第二項各号又は第十九条各号に掲げる事項を実施させなければならない。この場合において、旅客の生命を保護するための処置は、他の処置に先んじてさせなければならない。

5　特定自動運行旅客運送を行う旅客自動車運送事業者は、特定自動運行保安員に、次に掲げる行為をさせてはならない。

一　第五十二条各号に掲げる物品（同条ただし書の規定によるものを除く。）を旅客の現在する特定自動運行事業用自動車内に持ち込むこと。

二　酒気を帯びて事業用自動車の運行の業務に従事すること。

三　特定自動運行事業用自動車内で喫煙すること。

6　特定自動運行旅客運送を行う一般乗合旅客自動車運送事業者、一般貸切旅客自動車運送事業者及び特定旅客自動車運送事業者は、特定自動運行事業用自動車（乗車定員十一人以上のものに限る。）の特定自動運行保安員に、前項各号に掲げるもののほか、次に掲げる行為をさせてはならない。

一　運行時刻前に発車すること。

二　旅客の現在する自動車の走行中に職務を遂行するために必要な事項以外の事項について話をすること。

7　特定自動運行旅客運送を行う一般乗合旅客自動車運送事業者、一般貸切旅客自動車運送事業者及び特定旅客自動車運送事業者は、旅客が特定自動運行事業用自動車内において法令の規定又は公の秩序若しくは善良の風俗に反する行為をするときは、特定自動運行保安員に対し、これを制止し、又は必要な事項を旅客に指示する等の措置を講ずることにより、輸送の安全を確保し、及び特定自動運行事業用自動車内の秩序を維持するように努めさせなければならない。

8　特定自動運行旅客運送を行う旅客自動車運送事業者は、輸送の安全の確保のため、特定自動運行保安員に対し、次に掲げる事項を遵守させなければならない。

一　酒気を帯びた状態にあるときは、その旨を当該旅客自動車運送事業者に申し出ること。

二　疾病、疲労、睡眠不足、天災その他の理由により安全に業務を遂行することができないおそれがあるときは、その旨を当該旅客自動車運送事業者に申し出ること。

三　特定自動運行事業用自動車の運行中に疾病、疲労、睡眠不足、天災その他の理由により安全に業務を継続することができないおそれがあるときは、その旨を旅客自動車運送事業者に申し出ること。

四　特定自動運行事業用自動車の運行中に当該特定自動運行事業用自動車の重大な故障を発見し、又は重大な事故が発生するおそれがあると認めたときは、直ちに運行を中止し、旅客自動車運送事業者に報告すること。

五　坂路において特定自動運行事業用自動車（遠隔から業務を行う場合にあつては、遠隔監視装置）から離れるとき及び安全な運行に支障がある箇所を通過するときは、旅客を降車させること。

六　特定自動運行事業用自動車の故障等により踏切内で運行不能となつたときは、速やかに旅客を誘導して退避させるとともに、列車に対し適切な防護措置をとり、旅客自動車運送事業者に報告すること。

七　乗降口の扉は、停車前に旅客の乗降のために開かないこと。

八　発車音を吹鳴する場合は、旅客の安全及び特定自動運行事業用自動車の左側に、その運行に支障がないことを確認し、かつ、乗車口の扉を閉じた後、当該特定自動運行事業用自動車を発車させる前に行うこと。

九　乗降口の扉が閉じたことを確認した後に特定自動運行事業用自動車を発車させること。

十　業務を終了したときは、交替する特定自動運行保安員に対し、業務中の特定自動運行事業用自動車、道路及び運行の状況について通告すること。この場合において、その業務に従事する特定自動運行保安員は、当該特定自動運行事業用自動車の制動装置、走行装置その他の重要な部分の機能について点検をすること。

十一　特定自動運行保安員の業務の実施に円滑を欠くおそれがある服装をしないこと。

9　特定自動運行旅客運送を行う一般乗合旅客自動車運送事業者、一般貸切旅客自動車運送事業者及び特定旅客自動車運送事業者は、発車の直前に安全の確認ができた場合を除き、特定自動運行事業用自動車（乗車定員十一人以上のものに限る。）の特定自動運行保安員に対し、警音器を吹鳴させなければならない。

10　特定自動運行旅客運送を行う一般乗用旅客自動車運送事業者は、特定自動運行保安員が食事若しくは休憩のため運送の引受けをすることができない場合又は業務の終了等のため車庫若しくは営業所に回送しようとする場合には、特定自動運行保安員に対し、回送板を掲出させなければならない。

11　特定自動運行旅客運送を行う一般乗用旅客自動車運送事業者は、前項の場合以外の場合には、特定自動運行保安員に回送板を掲出させてはならない。

12　特定自動運行旅客運送を行う旅客自動車運送事業者は、特定自動運行事業用自動車に特定自動運行保安員を乗務させるときは、当該特定自動運行保安員に制服を着用させ、又はその他の方法によりその者が特定自動運行保安員であることを表示させなければならない。

（遅延に関する公示）

第十六条　一般旅客自動車運送事業者は、事業用自動車の到着が著しく遅延した場合は、速やかに原因を調査し、必要と認めるときは、その概要を公示しなければならない。

2　前項の規定による公示は、関係のある営業所その他の場所において公衆に見やすいように掲示するとともに、次に掲げる一般旅客自動車運送事業者の区分に応じ、それぞれ次に定める方法により行うものとする。

一　一般乗合旅客自動車運送事業者　次のいずれかに該当する場合を除き、当該一般乗合旅客自動車運送事業者のウェブサイトへの掲載その他の適切な方法

イ　一般乗合旅客自動車運送事業に常時使用する従業員の数が二十人以下である場合

ロ　一般乗合旅客自動車運送事業者が自ら管理するウェブサイトを有していない場合

二　一般貸切旅客自動車運送事業者　次のいずれかに該当する場合を除き、当該一般貸切旅客自動車運送事業者のウェブサイトへの掲載その他の適切な方法

イ　一般貸切旅客自動車運送事業に常時使用する従業員の数が二十人以下である場合

ロ　一般貸切旅客自動車運送事業者が自ら管理するウェブサイトを有していない場合

（事故に関する公示）

第十七条　一般乗合旅客自動車運送事業者は、天災その他の事故により事業計画又は運行計画に定めるところに従つて事業用自動車を運行することができなくなつたため、旅客の利便を阻害するおそれがある場合は、遅滞なく、次の各号に掲げる事項を公示しなければならない。

一　事故の発生した日時及び場所

二　事故の概要

三　復旧の見込

四　臨時の計画により事業用自動車を運行しようとするときは、その概要

五　旅客が当該運行系統又は運送の区間に代えて利用することができる他の運行系統若しくは運送の区間又は運送事業がある場合には、その概要

2　前項の規定による公示は、関係のある営業所その他の場所において公衆に見やすいように掲示するとともに、一般乗合旅客自動車運送事業者のウェブサイトへの掲載その他の適切

な方法により行うものとする。ただし、一般乗合旅客自動車運送事業者が次のいずれかに該当する場合には、当該公示をウェブサイトへの掲載により行うことを要しない。

一　一般乗合旅客自動車運送事業に常時使用する従業員の数が二十人以下である場合

二　一般乗合旅客自動車運送事業者が自ら管理するウェブサイトを有していない場合

（事故の場合の処置）

第十八条　旅客自動車運送事業者は、事業用自動車の運行を中断したときは、当該自動車に乗車している旅客のために、次の各号に掲げる事項に関して適切な処置をしなければならない。

一　旅客の運送を継続すること。

二　旅客を出発地まで送還すること。

三　前各号に掲げるもののほか、旅客を保護すること。

2　一般乗合旅客自動車運送事業者は、前項の場合において、事業用自動車に旅客の運送に附随して運送する貨物を積載しているときは、当該貨物につき、次の各号に掲げる事項に関して適切な処置をしなければならない。

一　貨物の運送を継続すること。

二　貨物を発送地まで送還すること。

三　滅失し、きそんし、又は損害を受けないように貨物を保管すること。

（事故による死傷者に関する処置）

第十九条　旅客自動車運送事業者は、天災その他の事故により、旅客が死亡し、又は負傷したときは、次の各号に掲げる事項を実施しなければならない。

一　死傷者のあるときは、すみやかに応急手当その他の必要な措置を講ずること。

二　死者又は重傷者のあるときは、すみやかに、その旨を家族に通知すること。

三　遺留品を保管すること。

四　前各号に掲げるもののほか、死傷者を保護すること。

（損害を賠償するための措置）

第十九条の二　旅客自動車運送事業者は、事業用自動車の運行により生じた旅客その他の者の生命、身体又は財産の損害を賠償するための措置であって、国土交通大臣が告示で定める基準に適合するものを講じておかなければならない。

※「告示」＝旅客自動車運送事業者が事業用自動車の運行により生じた旅客その他の者の生命、身体又は財産の損害を賠償するために講じておくべき措置の基準を定める告示

（異常気象時等における措置）

第二十条　旅客自動車運送事業者は、天災その他の理由により輸送の安全の確保に支障が生ずるおそれがあるときは、事業用自動車の乗務員等に対する必要な指示その他輸送の安全のための措置を講じなければならない。

（過労防止等）

第二十一条　旅客自動車運送事業者は、過労の防止を十分考慮して、国土交通大臣が告示で定める基準に従って、事業用自動車の運転者の勤務時間及び乗務時間を定め、当該運転者にこれらを遵守させなければならない。

2　旅客自動車運送事業者は、乗務員等が有効に利用することができるように、営業所、自動車車庫その他営業所又は自動車車庫付近の適切な場所に、休憩に必要な施設を整備し、及び乗務員等に睡眠を与える必要がある場合又は乗務員等が勤務時間中に仮眠する機会がある場合は、睡眠又は仮眠に必要な施設を整備し、並びにこれらの施設を適切に管理し、及び保守しなければならない。

3　旅客自動車運送事業者は、運転者に第一項の告示で定める基準による一日の勤務時間中に当該運転者の属する営業所で勤務を終了することができない運行を指示する場合は、当該運転者が有効に利用することができるように、勤務を終了する場所の付近の適切な場所に睡眠に必要な施設を整備し、又は確保し、並びにこれらの施設を適切に管理し、及び保守しなければならない。

4　旅客自動車運送事業者は、酒気を帯びた状態にある乗務員等を事業用自動車の運行の業務に従事させてはならない。

5　旅客自動車運送事業者は、乗務員等の健康状態の把握に努め、疾病、疲労、睡眠不足その他の理由により安全に運行の業務を遂行し、又はその補助をすることができないおそれがある乗務員等を事業用自動車の運行の業務に従事させてはならない。

6　一般乗合旅客自動車運送事業者及び一般貸切旅客自動車運送事業者は、運転者が長距離運転又は夜間の運転に従事する場合であって、疲労等により安全な運転を継続することができないおそれがあるときは、あらかじめ、交替するための運転者を配置しておかなければならない。

7　旅客自動車運送事業者は、乗務員等が事業用自動車の運行中に疾病、疲労、睡眠不足その他の理由により安全に運行の業務を継続し、又はその補助を継続することができないおそれがあるときは、当該乗務員等に対する必要な指示その他輸送の安全のための措置を講じなければならない。

（運行に関する状況の把握のための体制の整備）

第二十一条の二　旅客自動車運送事業者は、第二十条、前条第七項その他の輸送の安全に関する規定に基づく措置を適切に講ずることができるよう、事業用自動車の運行に関する状況を適切に把握するための体制を整備しなければならない。

（乗務距離の最高限度等）

第二十二条　交通の状況を考慮して地方運輸局長が指定する地域（以下この条、次条及び第五十条第八項において「指定地域」という。）内に営業所を有する一般乗用旅客自動車運送事業者は、次項の規定により地方運輸局長が定める乗務距離の最高限度を超えて当該営業所に属する運転者を事業用自動車に乗務させてはならない。

2　前項の乗務距離の最高限度は、当該指定地域における道路及び交通の状況並びに輸送の状態に応じ、当該営業所に属する事業用自動車の運行の安全を阻害するおそれのないよう、地方運輸局長が定めるものとする。

3　地方運輸局長は、指定地域の指定をし、及び前項の乗務距離の最高限度を定めたときは、遅滞なく、その旨を公示しなければならない。

第二十三条　前条第一項の一般乗用旅客自動車運送事業者は、指定地域内にある営業所に属する運転者に、その収受する運賃及び料金の総額が一定の基準に達し、又はこれを超えるように乗務を強制してはならない。

（点呼等）

第二十四条　旅客自動車運送事業者は、事業用自動車の運行の業務に従事しようとする運転者又は特定自動運行保安員（以

下「運転者等」という。）に対して対面により、又は対面による点呼と同等の効果を有するものとして国土交通大臣が定める方法（運行上やむを得ない場合は電話その他の方法。次項において同じ。）により点呼を行い、次の各号に掲げる事項について報告を求め、及び確認を行い、並びに事業用自動車の運行の安全を確保するために必要な指示を与えなければならない。

一　道路運送車両法（昭和二十六年法律第百八十五号）第四十七条の二第一項及び第二項の規定による点検の実施又はその確認

二　運転者に対しては、酒気帯びの有無

三　運転者に対しては、疾病、疲労、睡眠不足その他の理由により安全な運転をすることができないおそれの有無

四　特定自動運行保安員に対しては、特定自動運行事業用自動車による運送を行うために必要な自動運行装置（道路運送車両法第四十一条第一項第二十号に規定する自動運行装置をいう。）の設定の状況に関する確認

2　旅客自動車運送事業者は、事業用自動車の運行の業務を終了した運転者等に対して対面により、又は対面による点呼と同等の効果を有するものとして国土交通大臣が定める方法により点呼を行い、当該業務に係る事業用自動車、道路及び運行の状況について報告を求め、かつ、運転者に対しては酒気帯びの有無について確認を行わなければならない。この場合において、当該運転者等が他の運転者等と交替した場合にあつては、当該運転者等が交替した運転者等に対して行つた第十五条の二第八項第十号又は第五十条第一項第八号の規定による通告についても報告を求めなければならない。

3　一般貸切旅客自動車運送事業者は、夜間において長距離の運行を行う事業用自動車の運行の業務に従事する運転者等に対して当該業務の途中において少なくとも一回対面による点呼と同等の効果を有するものとして国土交通大臣が定める方法（当該方法により点呼を行うことが困難である場合にあつては、電話その他の方法）により点呼を行い、次の各号に掲げる事項について報告を求め、及び確認を行い、並びに事業用自動車の運行の安全を確保するために必要な指示を与えなければならない。

一　当該業務に係る事業用自動車、道路及び運行の状況

二　運転者に対しては、疾病、疲労、睡眠不足その他の理由により安全な運転をすることができないおそれの有無

4　旅客自動車運送事業者は、アルコール検知器（呼気に含まれるアルコールを検知する機器であつて、国土交通大臣が告示で定めるものをいう。以下同じ。）を営業所ごとに備え、常時有効に保持するとともに、第一項及び第二項の規定により酒気帯びの有無について確認を行う場合には、運転者の状態を目視等で確認するほか、当該運転者の属する営業所に備えられたアルコール検知器を用いて行わなければならない。

5　旅客自動車運送事業者は、第一項から第三項までの規定により点呼を行い、報告を求め、確認を行い、及び指示をしたときは、運転者等ごとに点呼を行つた旨、報告、確認及び指示の内容並びに次に掲げる事項を記録し、かつ、その記録を一年間（一般貸切旅客自動車運送事業者にあつては、その内容を記録した電磁的記録（電子的方式、磁気的方式その他人の知覚によつては認識することができない方式で作られる記録であつて、電子計算機による情報処理の用に供されるものをいう。第二十六条第一項において同じ。）を三年間）保存しなければならない。

一　点呼を行つた者及び点呼を受けた運転者等の氏名

二　点呼を受けた運転者等が従事する運行の業務に係る事業用自動車の自動車登録番号その他の当該事業用自動車を識別できる表示

三　点呼の日時

四　点呼の方法

五　その他必要な事項

6　一般貸切旅客自動車運送事業者は、第一項から第三項までの規定により点呼を行つたときは、その状況を録音及び録画（電話その他の方法により点呼を行う場合にあつては、録音のみ）して電磁的方法により記録媒体に記録し、かつ、その記録を九十日間保存しなければならない。

7　一般貸切旅客自動車運送事業者は、第一項、第二項及び第四項の規定によりアルコール検知器を用いて運転者の酒気帯びの有無について確認を行うときは、当該確認に係る呼気の検査を行つている状況の写真（当該運転者を識別できるものに限る。）を撮影して電磁的方法により記録媒体に記録し、かつ、その記録を九十日間保存しなければならない。ただし、当該状況を前項の規定により録画する場合はこの限りでない。

※　1・2項「定め」＝対面による点呼と同等の効果を有するものとして国土交通大臣が定める方法を定める告示、4項「告示」＝旅客自動車運送事業者が点呼等において用いるアルコール検知器を定める告示

（業務記録）

第二十五条　一般乗合旅客自動車運送事業者及び特定旅客自動車運送事業者は、運転者等が事業用自動車の運行の業務に従事したときは、次に掲げる事項を運転者等ごとに記録させ、かつ、その記録を一年間保存しなければならない。

一　運転者等の氏名

二　運転者等が従事した運行の業務に係る事業用自動車の自動車登録番号等当該自動車を識別できる記号、番号その他の表示

三　業務の開始及び終了の地点及び日時並びに主な経過地点及び業務に従事した距離

四　業務を交替した場合は、その地点及び日時

五　休憩又は仮眠をした場合は、その地点及び日時

六　第二十一条第三項の睡眠に必要な施設で睡眠をした場合は、当該施設の名称及び位置

七　道路交通法第六十七条第二項に規定する交通事故若しくは自動車事故報告規則（昭和二十六年運輸省令第百四号）第二条に規定する事故（第二十六条の二及び第三十七条第一項において「事故」という。）又は著しい運行の遅延その他の異常な状態が発生した場合にあつては、その概要及び原因

八　運転者等が従事した運行の業務に係る事業用自動車（乗車定員十一人以上のものに限る。）に車掌が乗務した場合は、その車掌名

九　前号の場合において、車掌がその業務を交替した場合は、交替した車掌ごとにその地点及び日時

2　一般貸切旅客自動車運送事業者は、運転者等が事業用自動車の運行の業務に従事したときは、前項各号に掲げる事項のほか、旅客が乗車した区間を運転者等ごとに記録させ、か

つ、その記録を三年間保存しなければならない。

3　一般乗用旅客自動車運送事業者は、運転者等が事業用自動車の運行の業務に従事したときは、第一項第一号から第七号までに掲げる事項のほか、旅客が乗車した区間並びに運行の業務に従事した事業用自動車の走行距離計に表示されている業務の開始時及び終了時における走行距離の積算キロ数を運転者等ごとに記録させ、かつ、その記録を事業用自動車ごとに整理して一年間保存しなければならない。

4　旅客自動車運送事業者（一般乗用旅客自動車運送事業者にあっては、事業用自動車について長期間にわたり業務の交替がない場合に限る。）は、前三項の規定により記録すべき事項の一部について、運転者等ごとに記録させることに代え、道路運送車両の保安基準第四十八条の二第二項の規定に適合し、又はこれと同等の性能を有すると認められる運行記録計（以下「運行記録計」という。）により記録することができる。この場合において当該旅客自動車運送事業者は、当該記録すべき事項のうち運行記録計により記録された事項以外の事項を運転者等ごとに当該運行記録計による記録に付記させ、かつ、その付記に係る記録を一年間（一般乗用旅客自動車運送事業者にあっては事業用自動車ごとに整理して一年間、一般貸切旅客自動車運送事業者にあっては三年間）保存しなければならない。

（運行記録計による記録）

第二十六条　一般乗合旅客自動車運送事業者及び一般貸切旅客自動車運送事業者は、運転者等が事業用自動車の運行の業務に従事した場合（路線定期運行又は路線不定期運行を行う一般乗合旅客自動車運送事業の事業用自動車にあっては起点から終点までの距離が百キロメートルを超える運行系統を運行する場合、区域運行を行う一般乗合旅客自動車運送事業の事業用自動車にあってはその運行の態様等を考慮して地方運輸局長が認める場合に限る。）は、当該自動車の瞬間速度、運行距離及び運行時間を運行記録計（一般貸切旅客自動車運送事業者にあっては、電磁的方法により記録することができるものとして国土交通大臣が告示で定めるものに限る。ただし、自動車の構造上の理由により当該告示で定める運行記録計を備えることが困難な場合は、この限りでない。）により記録し、かつ、その記録を一年間（一般貸切旅客自動車運送事業者にあっては、その内容を記録した電磁的記録を三年間）保存しなければならない。

2　事業用自動車の運行の管理の状況等を考慮して地方運輸局長が指定する地域（以下この項及び次項において「指定地域」という。）内に営業所を有する一般乗用旅客自動車運送事業者（当該許可を受ける個人のみが自動車を運行することにより当該事業を行うべき旨の条件の付された一般乗用旅客自動車運送事業の許可を受けた者（以下「個人タクシー事業者」という。）を除く。）は、指定地域の指定があった日から一年を超えない範囲内において地方運輸局長が定める日以後においては、指定地域内にある営業所に属する運転者等が事業用自動車の運行の業務に従事した場合（事業用自動車の運行の態様等を考慮して地方運輸局長が認める場合を除く。）は、当該自動車の瞬間速度、運行距離及び運行時間を運行記録計により記録し、かつ、その記録を運転者等ごとに整理して一年間保存しなければならない。

3　地方運輸局長は、指定地域の指定をし、及び前項の日を定めたときは、遅滞なく、その旨を公示しなければならない。

※　1項「告示」＝一般貸切旅客自動車運送事業者が使用すべき運行記録計を定める告示

（事故の記録）

第二十六条の二　旅客自動車運送事業者は、事業用自動車に係る事故が発生した場合には、次に掲げる事項を記録し、その記録を当該事業用自動車の運行を管理する営業所において三年間保存しなければならない。

一　乗務員等の氏名
二　事業用自動車の自動車登録番号その他の当該事業用自動車を識別できる表示
三　事故の発生日時
四　事故の発生場所
五　事故の当事者（乗務員等を除く。）の氏名
六　事故の概要（損害の程度を含む。）
七　事故の原因
八　再発防止対策

（運行基準図等）

第二十七条　一般乗合旅客自動車運送事業者は、次の各号に掲げる事項を記載した運行基準図を作成して営業所に備え、かつ、これにより事業用自動車の運転者等に対し、適切な指導をしなければならない。

一　路線定期運行又は路線不定期運行を行う一般乗合旅客自動車運送事業者にあっては、停留所又は乗降地点の名称及び位置並びに隣接する停留所間又は乗降地点間の距離
二　路線定期運行を行う一般乗合旅客自動車運送事業者にあっては、標準の運行時分及び平均速度
三　路線定期運行又は路線不定期運行を行う一般乗合旅客自動車運送事業者にあっては、道路の主なこう配、曲線半径、幅員及び路面の状態
四　踏切、橋、トンネル、交差点、待避所及び運行に際して注意を要する箇所の位置
五　その他運行の安全を確保するために必要な事項

2　路線定期運行を行う一般乗合旅客自動車運送事業者は、主な停留所の名称、当該停留所の発車時刻及び到着時刻その他運行に必要な事項を記載した運行表を作成し、かつ、これを事業用自動車の運転者等に携行させなければならない。

（経路の調査等）

第二十八条　一般貸切旅客自動車運送事業者は、運行の主な経路における道路及び交通の状況を事前に調査し、かつ、当該経路の状態に適すると認められる自動車を使用しなければならない。ただし、法第二十一条第二号の規定による許可を受けて乗合旅客を運送する場合にあっては、この限りでない。

（運行指示書による指示等）

第二十八条の二　一般貸切旅客自動車運送事業者は、運行ごとに次の各号に掲げる事項を記載した運行指示書を作成し、かつ、これにより事業用自動車の運転者等に対し適切な指示を行うとともに、これを当該運転者等に携行させなければならない。ただし、法第二十一条第二号の規定による許可を受けて乗合旅客を運送する場合にあっては、この限りでない。

一　運行の開始及び終了の地点及び日時
二　乗務員等の氏名
三　運行の経路並びに主な経由地における発車及び到着の日時

四　旅客が乗車する区間
五　運行に際して注意を要する箇所の位置
六　乗務員等の休憩地点及び休憩時間（休憩がある場合に限る。）
七　乗務員等の運転又は業務の交替の地点（運転又は業務の交替がある場合に限る。）
八　第二十一条第三項の睡眠に必要な施設の名称及び位置
九　運送契約の相手方の氏名又は名称
十　その他運行の安全を確保するために必要な事項

2　一般貸切旅客自動車運送事業者は、前項の規定による運行指示書を運行の終了の日から三年間保存しなければならない。

（地図の備付け）

第二十九条　一般乗用旅客自動車運送事業者は、事業用自動車（次項の規定の適用を受けるものを除く。）に少なくとも営業区域内の次の各号に掲げる事項が明示された地図であつて地方運輸局長の指定する規格に適合するものを備えておかなければならない。
一　道路
二　地名
三　著名な建造物、公園、名所及び旧跡並びに鉄道の駅
四　その他地方運輸局長が指定する事項

2　一般乗用旅客自動車運送事業者は、タクシー業務適正化特別措置法（昭和四十五年法律第七十五号）第二条第五項の指定地域内の営業所に配置する事業用自動車（運送の引受けが営業所のみにおいて行われるものを除く。）にあつては、次の各号に掲げる機能を有する機器を備えておかなければならない。
一　電子地図（電磁的方式により記録された地図（少なくとも営業区域内の前項各号に掲げる事項が明示された地図であつて同項の規格に適合するものに限る。）をいう。次号において同じ。）を当該機器の映像面に表示する機能
二　当該事業用自動車の位置情報を常時かつ即時に受信し、当該位置情報を当該機器の映像面に表示された電子地図に表示する機能
三　当該事業用自動車の運転者に対して目的地までの効率的な経路を適時に案内する機能

第三十条から第三十四条まで　削除

（運転者の選任等）

第三十五条　旅客自動車運送事業者は、事業計画（路線定期運行を行う一般乗合旅客自動車運送事業者にあつては、事業計画及び運行計画）の遂行に十分な数の事業用自動車の運転者を常時選任しておかなければならない。

第三十六条　旅客自動車運送事業者（個人タクシー事業者を除く。次条第一項、第二項及び第五項において同じ。）は、次の各号のいずれかに該当する者を運転者等として選任してはならない。
一　日日雇い入れられる者
二　二月以内の期間を定めて使用される者
三　試みの使用期間中の者（十四日を超えて引き続き使用されるに至つた者を除く。）
四　十四日未満の期間ごとに賃金の支払い（仮払い、前貸しその他の方法による金銭の授受であつて実質的に賃金の支払いと認められる行為を含む。）を受ける者

2　一般乗用旅客自動車運送事業者（個人タクシー事業者を除く。以下この章において同じ。）は、新たに雇い入れた者については、第三十八条第一項、第二項及び第五項並びに第三十九条に規定する事項（新たに雇い入れた者が一般乗用旅客自動車運送事業の事業用自動車の運転者として選任された経験を有する者である場合にあつては、第三十八条第一項に規定する事項及び第三十九条に規定する事項のうち営業区域内の地理に関し必要な事項）について、指導、監督及び特別な指導を行い、並びに適性診断を受診させた後でなければ、前条の運転者その他事業用自動車の運転者として選任してはならない。ただし、新たに雇い入れた者が、当該一般乗用旅客自動車運送事業者の営業区域内において、雇入れの日前二年以内に通算九十日以上一般乗用旅客自動車運送事業の事業用自動車の運転者であつたときは、この限りでない。

（乗務員等台帳及び乗務員証）

第三十七条　旅客自動車運送事業者は、事業用自動車の運転者等ごとに、第一号から第十号までに掲げる事項を記載し、かつ、第十一号に掲げる写真を貼り付けた一定の様式の乗務員等台帳を作成し、これを当該運転者等の属する営業所に備えて置かなければならない。
一　作成番号及び作成年月日
二　事業者の氏名又は名称
三　運転者等の氏名、生年月日及び住所
四　雇入れの年月日及び運転者等に選任された年月日
五　運転者に対しては、道路交通法に規定する運転免許に関する次の事項
イ　運転免許証の番号及び有効期限
ロ　運転免許の年月日及び種類
ハ　運転免許に条件が付されている場合は、当該条件
六　運転者の運転の経歴
七　事故を引き起こした場合は、その概要
八　運転者に対しては、道路交通法第百八条の三十四の規定による通知を受けた場合は、その概要
九　運転者等の健康状態
十　運転者に対しては、次条第二項の規定に基づく指導の実施及び適性診断の受診の状況
十一　乗務員等台帳の作成前六月以内に撮影した単独、無帽、正面、無背景の写真（一般乗用旅客自動車運送事業者の事業用自動車の運転者等については、縦三・〇センチメートル以上、横二・四センチメートル以上の大きさの写真）

2　旅客自動車運送事業者は、事業用自動車の運転者が転任、退職その他の理由により運転者でなくなつた場合には、直ちに、当該運転者に係る前項の乗務員等台帳に運転者でなくなつた年月日及び理由を記載し、これを三年間保存しなければならない。

3　一般乗用旅客自動車運送事業者は、事業用自動車（タクシー業務適正化特別措置法第十三条の規定により運転者証を表示しなければならないものを除く。）に運転者を乗務させるときは、次の事項を記載し、かつ、第一項第十一号に掲げる写真を貼り付けた当該運転者に係る一定の様式の乗務員証を携行させなければならない。
一　作成番号及び作成年月日
二　事業者の氏名又は名称

三　運転者の氏名
四　運転免許証の有効期限
4　一般乗用旅客自動車運送事業者は、事業用自動車の運転者が転任、退職その他の理由により運転者でなくなつた場合は、直ちに、当該運転者に係る前項の乗務員証に運転者でなくなつた年月日及び理由を記載し、これを一年間保存しなければならない。
5　旅客自動車運送事業者は、特定自動車運行事業用自動車の特定自動運行保安員が転任、退職その他の理由により特定自動運行保安員でなくなつた場合には、直ちに、当該特定自動運行保安員に係る第一項の乗務員等台帳に特定自動運行保安員でなくなつた年月日及び理由を記載し、これを三年間保存しなければならない。

（従業員に対する指導監督）

第三十八条　旅客自動車運送事業者は、その事業用自動車の運転者に対し、国土交通大臣が告示で定めるところにより、主として運行する路線又は営業区域の状態及びこれに対処することができる運転技術並びに法令に定める自動車の運転に関する事項について適切な指導監督をしなければならない。この場合においては、その日時、場所及び内容並びに指導監督を行つた者及び受けた者を記録し、かつ、その記録を営業所において三年間保存しなければならない。
2　旅客自動車運送事業者は、国土交通大臣が告示で定めるところにより、次に掲げる運転者に対して、事業用自動車の運行の安全を確保するために遵守すべき事項について特別な指導を行い、かつ、国土交通大臣が告示で定める適性診断であつて第四十一条の二及び第四十一条の三の規定により国土交通大臣の認定を受けたものを受けさせなければならない。
一　死者又は負傷者（自動車損害賠償保障法施行令（昭和三十年政令第二百八十六号）第五条第二号、第三号又は第四号に掲げる傷害を受けた者をいう。）が生じた事故を引き起こした者
二　運転者として新たに雇い入れた者
三　乗務しようとする事業用自動車について当該旅客自動車運送事業者における必要な乗務の経験を有しない者
四　高齢者（六十五才以上の者をいう。）
3　旅客自動車運送事業者は、特定自動運行保安員に対し、特定自動運行事業用自動車の運行の安全を確保するために遵守すべき事項について適切な指導監督をしなければならない。この場合においては、その日時、場所及び内容並びに指導監督を行つた者及び受けた者を記録し、かつ、その記録を営業所において三年間保存しなければならない。
4　一般乗合旅客自動車運送事業者、一般貸切旅客自動車運送事業者及び特定旅客自動車運送事業者は、事業用自動車（乗車定員十一人以上のものに限る。）の車掌に対し、第四十九条及び第五十一条に規定する事項について適切な指導監督を怠つてはならない。
5　旅客自動車運送事業者は、その事業用自動車が非常信号用具、非常口又は消火器を備えたものであるときは、当該自動車の乗務員等に対し、これらの器具の取扱いについて適切な指導をしなければならない。
6　旅客自動車運送事業者は、従業員に対し、効果的かつ適切に指導監督を行うため、輸送の安全に関する基本的な方針の策定その他の国土交通大臣が告示で定める措置を講じなければならない。

第三十九条　一般乗用旅客自動車運送事業者は、事業用自動車の運転者等に対し、営業区域内の地理並びに旅客及び公衆に対する応接に関し必要な事項について適切な指導監督を怠つてはならない。

（指導要領及び指導主任者）

第四十条　一般乗用旅客自動車運送事業者は、前条に規定する事項についての指導監督に関し、少なくとも指導監督の内容、期間及び組織に関する事項が明確にされている指導要領を定めなければならない。
2　一般乗用旅客自動車運送事業者は、前項の指導要領による指導監督に関する事項を総括処理させるため、指導主任者を選任しなければならない。
3　一般乗用旅客自動車運送事業者は、第一項の指導要領による指導監督を行つたときは、その日時、場所及び内容並びに指導監督を行つた者及び受けた者を記録し、かつ、その記録を一年間保存しなければならない。

（安全及び服務のための規律）

第四十一条　旅客自動車運送事業者は、乗務員等が事業用自動車の運行の安全の確保のために遵守すべき事項及び乗務員等の服務についての規律を定めなければならない。

（認定の申請）

第四十一条の二　第三十八条第二項の認定は、適性診断を実施しようとする者の申請により行う。
2　第三十八条第二項の認定を受けようとする者は、次に掲げる事項を記載した申請書を国土交通大臣に提出しなければならない。
一　名称及び住所並びに代表者の氏名
二　適性診断に係る業務を行おうとする主たる事務所の名称及び所在地
三　適性診断の種類
四　その他国土交通大臣が告示で定める事項
3　前項の申請書には、適性診断に係る業務を行おうとする職員、適性診断の実施の方法その他の事項についての適性診断の実施に関する計画（次条第一項及び第四十一条の四において「適性診断の実施計画」という。）その他の国土交通大臣が告示で定める書類を添付しなければならない。

（認定の基準等）

第四十一条の三　国土交通大臣は、前条の規定による認定の申請をした者が次の各号のいずれにも適合するものであると認めるときは、その認定をするものとする。
一　適性診断の実施計画が適性診断の適正かつ確実な実施のために適切なものであること。
二　適性診断の実施計画を適正かつ確実に実施するに足りる経理的基礎及び技術的能力があること。
2　国土交通大臣は、前条の規定による認定の申請をした者が、次の各号のいずれかに該当するときは、第三十八条第二項の認定をしてはならない。
一　法又は法に基づく命令に違反し、罰金以上の刑に処せられ、その執行を終わり、又はその執行を受けることがなくなつた日から二年を経過しない者
二　第四十一条の九の規定により第三十八条第二項の認定を取り消され、その取消しの日から二年を経過しない者
三　適性診断に係る業務を行う役員のうちに第一号に該当す

る者がある者

(適性診断の実施に係る義務)

第四十一条の四　第三十八条第二項の認定を受けた適性診断を実施する者（次条から第四十一条の十までにおいて「適性診断の実施者」という。）は、公正に、かつ、第三十八条第二項の認定に係る適性診断の実施計画に従い、適性診断を実施しなければならない。

(変更の認定等)

第四十一条の五　適性診断の実施者は、第四十一条の二第二項第三号又は第四号に掲げる事項を変更しようとするときは、国土交通大臣の認定を受けなければならない。ただし、国土交通大臣が告示で定める軽微な事項に係る変更については、この限りでない。

2　前項の変更の認定を受けようとする者は、変更に係る事項を記載した申請書に国土交通大臣が告示で定める書類を添付して国土交通大臣に提出しなければならない。

3　第四十一条の三の規定は、第一項の変更の認定について準用する。

4　適性診断の実施者は、第四十一条の二第二項第一号若しくは第二号に掲げる事項について変更しようとするとき又は第一項ただし書の軽微な事項に係る変更をしようとするときは、あらかじめ、その旨を国土交通大臣に届け出なければならない。

(適性診断に係る業務の廃止)

第四十一条の六　適性診断の実施者は、適性診断に係る業務を廃止しようとするときは、あらかじめ、その旨を国土交通大臣に届け出なければならない。

(適合命令)

第四十一条の七　国土交通大臣は、適性診断の実施者が第四十一条の三第一項各号のいずれかに適合しなくなったと認めるときは、その適性診断の実施者に対し、これらの規定に適合するための必要な措置をとるべきことを命ずることができる。

(改善命令)

第四十一条の八　国土交通大臣は、適性診断の実施者が第四十一条の四の規定に違反していると認めるときは、その適性診断の実施者に対し、同条の規定による適性診断に係る業務を行うべきこと又は適性診断の実施の方法その他の業務の方法の改善に関し必要な措置をとるべきことを命ずることができる。

(認定の取消し等)

第四十一条の九　国土交通大臣は、適性診断の実施者が次の各号のいずれかに該当するときは、同項の認定を取り消し、又は期間を定めて適性診断に係る業務の全部若しくは一部の停止を命ずることができる。

一　第四十一条の三第二項第一号又は第三号に該当するに至ったとき。

二　第四十一条の五第一項又は第四項の規定に違反したとき。

三　前二条の規定による命令に違反したとき。

四　不正の手段により第三十八条第二項の認定を受けたとき。

(報告の徴収)

第四十一条の十　国土交通大臣は、適性診断に係る業務の適正かつ確実な実施のため必要な限度において、適性診断の実施者に対し、適性診断に係る業務又は経理の状況に関し報告させることができる。

(情報の公表)

第四十一条の十一　国土交通大臣は、次の場合には、その旨をインターネットの利用その他の適切な方法により公表しなければならない。

一　第三十八条第二項の認定をしたとき。

二　第四十一条の五第一項の変更の認定（第四十一条の二第二項第三号に掲げる事項に係るものに限る。）をしたとき。

三　第四十一条の五第四項の規定による届出（第四十一条の二第二項第一号又は第二号に掲げる事項に係るものに限る。）があったとき。

四　第四十一条の九の規定により第三十八条第二項の認定を取り消し、又は適性診断に係る業務の停止を命じたとき。

(事業用自動車内の表示)

第四十二条　旅客自動車運送事業者は、事業用自動車内に、当該事業者の氏名又は名称及び当該自動車の自動車登録番号を旅客に見やすいように表示しなければならない。

2　一般乗合旅客自動車運送事業者は、事業用自動車内に、第五十二条の規定による物品の持込制限に関する事項及び第五十三条の規定による禁止行為に関する事項を旅客に見やすいように表示しなければならない。

3　旅客自動車運送事業者は、事業用自動車内に、禁煙の表示を旅客に見やすいように表示しなければならない。

4　路線定期運行又は路線不定期運行を行う一般乗合旅客自動車運送事業者は、第十五条（第二号に係る部分に限る。）の規定により車掌を乗務させないで事業用自動車を旅客の運送の用に供する場合には、当該事業用自動車内に、当該自動車の停車する停留所又は乗降地点の名称を旅客に見やすいように表示しなければならない。

(応急用器具等の備付)

第四十三条　旅客自動車運送事業者は、事業用自動車に応急修理のために必要な器具及び部品を備えなければ、当該自動車を旅客の運送の用に供してはならない。ただし、運送の途中において当該自動車に故障が発生した場合に、これらの器具及び部品を容易に供給することができるとき、又は旅客の運送を容易に継続することができるときは、この限りでない。

2　旅客自動車運送事業者は、その事業用自動車が踏切警手の配置されていない踏切を通過することとなる場合は、当該自動車に赤色旗、赤色合図灯等の非常信号用具を備えなければ、旅客の運送の用に供してはならない。

(事業用自動車の清潔保持)

第四十四条　旅客自動車運送事業者は、事業用自動車を常に清潔に保持しなければならない。

(点検整備等)

第四十五条　旅客自動車運送事業者は、事業用自動車につき、点検整備、整備管理者の選任及び検査に関する道路運送車両法の規定に従うほか、次に掲げる事項を遵守しなければならない。

一　事業用自動車の構造及び装置並びに運行する道路の状況、走行距離等の使用の条件を考慮して、定期に行う点検の基準を作成し、これに基づいて点検し、必要な整備をすること。

二　前号の点検及び整備をしたときは、道路運送車両法第四十九条の規定に準じて、点検及び整備に関する記録簿に記載し、これを保存すること。

（整備管理者の研修）

第四十六条　旅客自動車運送事業者は、道路運送車両法第五十条第一項の規定により選任した整備管理者であつて次に掲げるものに地方運輸局長が行う研修を受けさせなければならない。

一　整備管理者として新たに選任した者

二　最後に当該研修を受けた日の属する年度の翌年度の末日を経過した者

（点検施設等）

第四十七条　旅客自動車運送事業者は、事業用自動車の使用の本拠ごとに、自動車の点検及び清掃のための施設を設けなければならない。

（安全管理規程を定める旅客自動車運送事業者の事業の規模）

第四十七条の二　法第二十二条の二第一項の国土交通省令で定める規模は、次の表の上欄に掲げる事業の種別に応じ、同表中欄に掲げる事業用自動車の数が、同表下欄に掲げる数であることとする。

事業の種別	事業用自動車	事業用自動車の数
一般乗合旅客自動車運送事業（法第三十五条第一項の規定による一般貸切旅客自動車運送事業者に対する管理の委託に係る許可を受けているものを除く。）	一般乗合旅客自動車運送事業及び特定旅客自動車運送事業の用に供する事業用自動車	二百両
一般乗用旅客自動車運送事業	一般乗用旅客自動車運送事業の用に供する事業用自動車	二百両

2　前項の規定は、法第四十三条第五項において準用する法第二十二条の二第一項の国土交通省令で定める規模について準用する。この場合において、前項中「次の表の上欄に掲げる事業の種別に応じ、同表中欄に掲げる事業用自動車の数が、同表下欄に掲げる数」とあるのは「一般乗合旅客自動車運送事業及び特定旅客自動車運送事業の用に供する事業用自動車の数が、二百両」と読み替えるものとする。

（安全管理規程の届出）

第四十七条の三　法第二十二条の二第一項（法第四十三条第五項において準用する場合を含む。以下同じ。）の規定により安全管理規程の設定の届出をしようとする者は、旅客の運送を開始する日（事業計画の変更により前条に規定する規模以上となる者にあつては、当該計画の実施予定日）までに、次に掲げる事項を記載した安全管理規程設定届出書を提出しなければならない。

一　氏名又は名称及び住所並びに法人にあつては、その代表者の氏名

二　安全管理規程の実施予定日

2　前項の届出書には、次に掲げる書類を添付しなければならない。

一　設定した安全管理規程

二　その他安全管理規程に関し必要な事項を記載した書類

3　法第二十二条の二第一項の規定により安全管理規程の変更の届出をしようとする者は、変更後の安全管理規程の実施の日までに、次に掲げる事項を記載した安全管理規程変更届出書を提出しなければならない。

一　氏名又は名称及び住所並びに法人にあつては、その代表者の氏名

二　変更後の安全管理規程の実施予定日

三　変更した事項（新旧の対照を明示すること。）

四　変更を必要とする理由

4　前項の届出書には、次に掲げる書類を添付しなければならない。

一　変更後の安全管理規程

二　その他変更後の安全管理規程に関し必要な事項を記載した書類

（安全管理規程の内容）

第四十七条の四　法第二十二条の二第二項（法第四十三条第五項において準用する場合を含む。）の国土交通省令で定める安全管理規程の内容は、次のとおりとする。

一　輸送の安全を確保するための事業の運営の方針に関する次に掲げる事項

イ　基本的な方針に関する事項

ロ　関係法令及び安全管理規程その他の輸送の安全の確保のための定めの遵守に関する事項

ハ　取組に関する事項

二　輸送の安全を確保するための事業の実施及びその管理の体制に関する次に掲げる事項

イ　組織体制に関する事項

ロ　経営の責任者による輸送の安全の確保に係る責務に関する事項

ハ　安全統括管理者の責務及び権限に関する事項

三　輸送の安全を確保するための事業の実施及びその管理の方法に関する次に掲げる事項

イ　情報の伝達及び共有に関する事項

ロ　事故、災害等の防止対策の検討及び実施に関する事項

ハ　事故、災害等が発生した場合の対応に関する事項

ニ　教育及び研修に関する事項

ホ　内部監査その他の事業の実施及びその管理の状況の確認に関する事項

ヘ　輸送の安全に係る文書の整備及び管理に関する事項

ト　事業の実施及びその管理の改善に関する事項

四　安全統括管理者の選任及び解任に関する事項

（安全統括管理者の要件）

第四十七条の五　法第二十二条の二第二項第四号の国土交通省令で定める要件は、次の表の上欄に掲げる事業の種別に応じ、かつ、それぞれ同表下欄に掲げる者のいずれかに該当し、かつ、法第二十二条の二第七項（法第四十三条第五項において

準用する場合を含む。次項において同じ。）の命令により解任され、解任の日から二年を経過しない者でないこととする。

事業の種別	安全統括管理者になることができる者
一般乗合旅客自動車運送事業又は一般貸切旅客自動車運送事業	一　旅客自動車運送事業（一般乗用旅客自動車運送事業を除く。）の輸送の安全に関する業務のうち、次のいずれかに該当するものに通算して三年以上従事した経験を有する者 イ　事業用自動車の運行の安全の確保に関する業務 ロ　事業用自動車の点検及び整備の管理に関する業務 ハ　イ又はロに掲げる業務その他の輸送の安全の確保に関する業務を管理する業務 二　前号に掲げる者と同等以上の能力を有すると地方運輸局長が認める者
一般乗用旅客自動車運送事業	一　一般乗用旅客自動車運送事業の輸送の安全に関する業務のうち、次のいずれかに該当するものに通算して三年以上従事した経験を有する者 イ　事業用自動車の運行の安全の確保に関する業務 ロ　事業用自動車の点検及び整備の管理に関する業務 ハ　イ又はロに掲げる業務その他の輸送の安全の確保に関する業務を管理する業務 二　前号に掲げる者と同等以上の能力を有すると地方運輸局長が認める者

2　法第四十三条第五項において準用する法第二十二条の二第二項第四号の国土交通省令で定める要件は、前項の表一般乗合旅客自動車運送事業又は一般貸切旅客自動車運送事業の項安全統括管理者になることができる者の欄に掲げる者のいずれかに該当し、かつ、法第二十二条の二第七項の命令により解任され、解任の日から二年を経過しない者でないこととする。

（安全統括管理者の選任及び解任の届出）

第四十七条の六　旅客自動車運送事業者は、法第二十二条の二第五項（法第四十三条第五項において準用する場合を含む。）の規定による届出をしようとするときは、次に掲げる事項を記載した安全統括管理者選任（解任）届出書を提出しなければならない。

一　氏名又は名称及び住所並びに法人にあつては、その代表者の氏名

二　選任し、又は解任した安全統括管理者の氏名及び生年月日

三　選任し、又は解任した年月日

四　解任の届出の場合にあつては、その理由

2　前項の安全統括管理者選任届出書には、選任した安全統括管理者が事業運営上の重要な決定に参画する管理的地位にあること及び前条に規定する要件を備えることを証する書類を添付しなければならない。

（旅客自動車運送事業者による輸送の安全にかかわる情報の公表）

第四十七条の七　旅客自動車運送事業者は、毎事業年度の経過後百日以内に、輸送の安全に関する基本的な方針その他の輸送の安全にかかわる情報であつて国土交通大臣が告示で定める事項について、インターネットの利用その他の適切な方法により公表しなければならない。この場合において、旅客自動車運送事業者は、国土交通大臣が告示で定めるところにより、遅滞なく、その内容を国土交通大臣に報告しなければならない。

2　旅客自動車運送事業者は、法第二十七条第四項（法第四十三条第五項において準用する場合を含む。）、法第三十一条又は第四十条（法第四十三条第五項において準用する場合を含む。）の規定による処分（輸送の安全に係るものに限る。）を受けたときは、遅滞なく、当該処分の内容並びに当該処分に基づき講じた措置及び講じようとする措置の内容をインターネットの利用その他の適切な方法により公表しなければならない。

（有償運送の許可を受けた自家用自動車の運行の管理）

第四十七条の八　旅客自動車運送事業者は、法第七十八条第三号の許可を受けて公共の福祉を確保するためやむを得ず地域又は期間を限定して自家用自動車を用いて旅客の運送を行うときは、第十五条、第二十条、第二十一条、第二十四条、第二十五条、第二十六条、第二十六条の二、第二十七条、第二十八条、第二十八条の二、第三十六条の二、第三十七条、第三十八条及び第四十三条第二項の規定に準じて、当該自家用自動車の運行の管理を行わなければならない。

第三章　運行管理者

第一節　運行管理者の選任等

（運行管理者等の選任）

第四十七条の九　旅客自動車運送事業者は、次の表の第一欄に掲げる事業の種別に応じ、それぞれ同表の第二欄に掲げる営業所ごとに同表の第三欄に掲げる種類の運行管理者資格者証（以下「資格者証」という。）を有する者の中から、同表の第四欄に掲げる数以上の運行管理者を選任しなければならない。

事業の種別	運行管理者の選任が必要な営業所	資格者証の種類	選任すべき運行管理者の数
一　一般乗合旅客自動車運送事業	乗車定員十一人以上の事業用自動車の運行を管理する営業所及び乗車定員十人以下の事業用自動車五両以上の運行を管理する営業所	旅客自動車運送事業運行管理者資格者証又は一般乗合旅客自動車運送事業運行管理者資格者証	当該営業所が運行を管理する事業用自動車の数を四十で除して得た数（一未満の端数があるときは、これを切り捨てるものとする。）に一を加算して得た数

二　一般貸切旅客自動車運送事業	事業用自動車十九両以下の運行を管理する営業所	旅客自動車運送事業運行管理者資格者証	二。ただし、当該営業所が運行を管理する事業用自動車の数が四両以下であって、地方運輸局長が当該事業用自動車の種別、地理的条件その他の事情を勘案して当該事業用自動車の運行の安全の確保に支障を生ずるおそれがないと認める場合には、一。
	事業用自動車二十両以上九十九両以下の運行を管理する営業所	旅客自動車運送事業運行管理者資格者証	当該営業所が運行を管理する事業用自動車の数を二十で除して得た数（一未満の端数があるときは、これを切り捨てるものとする。）に一を加算して得た数
	事業用自動車百両以上の運行を管理する営業所	旅客自動車運送事業運行管理者資格者証	当該営業所が運行を管理する事業用自動車の数から百を引いた数を三十で除した数（一未満の端数があるときは、これを切り捨てるものとする。）に六を加算して得た数
三　一般乗用旅客自動車運送事業	事業用自動車五両以上の運行を管理する営業所	旅客自動車運送事業運行管理者資格者証又は一般乗用旅客自動車運送事業運行管理者資格者証	当該営業所が運行を管理する事業用自動車の数を四十で除して得た数（一未満の端数があるときは、これを切り捨てるものとする。）に一を加算して得た数
四　特定旅客自動車運送事業	乗車定員十一人以上の事業用自動車の運行を管理する営業所及び乗車定員十人以下の事業用自動車五両以上の運行を管理する営業所	旅客自動車運送事業運行管理者資格者証、一般乗合旅客自動車運送事業運行管理者資格者証、一般乗用旅客自動車運送事業運行管理者資格者証又は特定旅客自動車運送事業運行管理者資格者証	当該営業所が運行を管理する事業用自動車の数を四十で除して得た数（一未満の端数があるときは、これを切り捨てるものとする。）に一を加算して得た数

2　一の営業所において複数の運行管理者を選任する旅客自動車運送事業者は、それらの業務を統括する運行管理者（以下「統括運行管理者」という。）を選任しなければならない。

3　旅客自動車運送事業者は、資格者証若しくは貨物自動車運送事業法（平成元年法律第八十三号）第十九条第一項に規定する運行管理者資格者証を有する者又は国土交通大臣が告示で定める運行の管理に関する講習（以下単に「講習」という。）であって次項において準用する第四十一条の二及び第四十一条の三の規定により国土交通大臣の認定を受けたものを修了した者のうちから、運行管理者の業務を補助させるための者（以下「補助者」という。）を選任することができる。ただし、法第二十三条の二第二項第一号に該当する者は、補助者に選任することができない。

4　第四十一条の二から第四十一条の十一までの規定は、前項の認定について準用する。この場合において、これらの規定中「第三十八条第二項」とあるのは「第四十七条の九第三項」と、「適性診断」とあるのは「講習」と読み替えるほか、次の表の上欄に掲げる規定中同表の中欄に掲げる字句は、それぞれ同表の下欄に掲げる字句に読み替えるものとする。

第四十一条の二第三項及び第四十一条の八	第四十一条の四	第四十七条の九第四項において準用する第四十一条の四
第四十一条の三第二項第二号及び第四十一条の十一第四号	第四十一条の九	第四十七条の九第四項において準用する第四十一条の九
第四十一条の四	第四十一条の十	第四十七条の九第四項において準用する第四十一条の十
第四十一条の五第一項	第四十一条の二第二項第三号又は第四号	第四十七条の九第四項において準用する第四十一条の二第二項第三号又は第四号
第四十一条の五第三項	第四十一条の三	第四十七条の九第四項において準用する第四十一条の三
第四十一条の五第四項	第四十一条の二第二項第一号若しくは第二号	第四十七条の九第四項において準用する第四十一条の二第二項第一号若しくは第二号
第四十一条の七	第四十一条の三第一項各号	第四十七条の九第四項において準用する第四十一条の三第一項各号
第四十一条の九第一号	第四十一条の三第二項第一号又は第三号	第四十七条の九第四項において準用する第四十一条の三第二項第一号又は第三号

第四十一条の九第二号	第四十一条の五第一項又は第四項	第四十七条の九第四項において準用する第四十一条の五第一項又は第四項
第四十一条の十一第二号	第四十一条の五第一項	第四十七条の九第四項において準用する第四十一条の五第一項
	第四十一条の二第二項第三号	第四十七条の九第四項において準用する第四十一条の二第二項第三号
第四十一条の十一第三号	第四十一条の五第四項	第四十七条の九第四項において準用する第四十一条の五第四項
	第四十一条の二第二項第一号又は第二号	第四十七条の九第四項において準用する第四十一条の二第二項第一号又は第二号

5　旅客自動車運送事業者が、法第七十八条第三号の許可を受けて公共の福祉を確保するためやむを得ず地域又は期間を限定して自家用自動車を用いて行う旅客の運送に係る第一項の規定の適用については、同項の表中「管理する事業用自動車」とあるのは「管理する事業用自動車及び自家用自動車」と、同表第一号及び第四号中「及び乗車定員十人以下の事業用自動車」とあるのは「並びに乗車定員十人以下の事業用自動車及び自家用自動車」と、同表第三号中「事業用自動車五両以上」とあるのは「事業用自動車及び自家用自動車五両以上」とする。

※　3項「告示」＝旅客自動車運送事業運輸規則第四十七条の九第三項、第四十八条の四第一項、第四十八条の五第一項及び第四十八条の十二第二項の運行の管理に関する講習の種類等を定める告示一、4項で準用する四一条の二第二項四号「告示」＝旅客自動車運送事業運輸規則に基づく運行の管理に関する講習の認定に関する実施要領二、4項で準用する四一条の二第三項「告示」＝同三、4項で準用する四一条の五第一項「告示」＝同四、4項で準用する四一条の五第二項「告示」＝同五

（運行管理者の業務）

第四十八条　旅客自動車運送事業の運行管理者は、次に掲げる業務を行わなければならない。

一　第十五条の規定により車掌を乗務させなければならない事業用自動車に車掌を乗務させること。

一の二　特定自動運行事業用自動車による運送を行おうとする場合にあつては、第十五条の二第二項の規定により特定自動運行事業用自動車に特定自動運行保安員を乗務させ、又は遠隔からその業務を行わせること。

二　第二十条の場合において、同条の措置を講ずること。

三　第二十一条第一項の規定により定められた勤務時間及び乗務時間の範囲内において乗務割を作成し、これに従い運転者を事業用自動車に乗務させること。

三の二　第二十一条第二項の休憩に必要な施設及び睡眠又は仮眠に必要な施設並びに同条第三項の睡眠に必要な施設を適切に管理すること。

四　第二十一条第四項の乗務員等を事業用自動車の運行の業務に従事させないこと。

四の二　乗務員等の健康状態の把握に努め、第二十一条第五項の乗務員等を事業用自動車の運行の業務に従事させないこと。

五　第二十一条第六項の場合において、交替するための運転者を配置すること。

五の二　第二十一条第七項の場合において、同項の措置を講ずること。

六　事業用自動車の運転者等に対し、第二十四条の点呼を行い、報告を求め、確認を行い、指示を与え、記録し、及びその記録を保存し、並びに運転者に対して使用するアルコール検知器を常時有効に保持すること。

七　事業用自動車の運転者等に対し、第二十五条の記録をさせ、及びその記録を保存すること。

八　第二十六条の規定により記録しなければならない場合において、運行記録計を管理し、及びその記録を保存すること。

九　第二十六条の規定により記録しなければならない場合において、運行記録計により記録することのできない事業用自動車を運行の用に供さないこと。

九の二　第二十六条の二各号に掲げる事項を記録し、及びその記録を保存すること。

十　一般乗合旅客自動車運送事業の運行管理者にあつては、第二十七条第一項の運行基準図を作成して営業所に備え、これにより事業用自動車の運転者等に対し、適切な指導をすること。

十一　路線定期運行を行う一般乗合旅客自動車運送事業の運行管理者にあつては、第二十七条第二項の運行表を作成し、これを事業用自動車の運転者等に携行させること。

十二　一般貸切旅客自動車運送事業の運行管理者にあつては、第二十八条の調査をし、かつ、同条の規定に適合する自動車を使用すること。

十二の二　一般貸切旅客自動車運送事業の運行管理者にあつては、第二十八条の二の運行指示書を作成し、かつ、これにより事業用自動車の運転者等に対し適切な指示を行い、事業用自動車の運転者等に携行させ、及びその保存をすること。

十三　第三十五条の規定により選任された者その他旅客自動車運送事業者により運転者として選任された者（特定自動運行旅客運送を行う場合にあつては、第十五条の二第一項の規定により選任された特定自動運行保安員）以外の者を事業用自動車の運行の業務に従事させないこと。

十三の二　第三十七条の乗務員等台帳を作成し、営業所に備え置くこと。

十四　一般乗用旅客自動車運送事業の運行管理者にあつては、事業用自動車の運転者が乗務する場合には、次号の規定により運転者証を表示するときを除き、第三十七条第三項の乗務員証を携行させ、及びその者が乗務を終了した場合には、当該乗務員証を返還させること。

十五　一般乗用旅客自動車運送事業の運行管理者にあつては、タクシー業務適正化特別措置法第十三条の規定により運転者証を表示しなければならない事業用自動車に運転者を乗務させる場合には、当該自動車に運転者証を表示し、その者が乗務を終了した場合には、当該運転者証を保管しておくこと。

十六　事業用自動車の乗務員等に対し、第三十八条（第六項を除く。）の指導、監督及び特別な指導を行うとともに、

同条第一項及び第三項の記録及び保存を行うこと。
十七　事業用自動車の運転者に第三十八条第二項の適性診断を受けさせること。
十八　第四十三条第二項の場合において、当該自動車に非常信号用具を備えること。
十九　前条第三項の規定により選任された補助者に対する指導及び監督を行うこと。
二十　法第二十五条ただし書（法第四十三条第五項において準用する場合を含む。）の場合を除き、旅客自動車運送事業用自動車の運転者の要件に関する政令（昭和三十一年政令第二百五十六号）の要件を備えない者に事業用自動車を運転させないこと。
二十一　自動車事故報告規則第五条の規定により定められた事故防止対策に基づき、事業用自動車の運行の安全の確保について、従業員に対する指導及び監督を行うこと。

2　前項の運行管理者は、法第七十八条第三号の許可を受けて公共の福祉を確保するためやむを得ず地域又は期間を限定して自家用自動車を用いて旅客の運送を行う場合においては、前項（第十三号、第十五号及び第二十号を除く。）の規定に準じて当該自家用自動車の運行の安全の確保に関する業務を行わなければならない。

3　統括運行管理者は、前二項の規定による運行管理者の業務を統括しなければならない。

（運行管理規程）

第四十八条の二　旅客自動車運送事業者は、運行管理者の職務及び権限、統括運行管理者を選任しなければならない営業所にあってはその職務及び権限並びに事業用自動車の運行の安全の確保に関する業務の実行に係る基準に関する規程（以下「運行管理規程」という。）を定めなければならない。

2　前項の運行管理規程に定める運行管理者の権限は、少なくとも前条各号に掲げる業務を行うに足りるものでなければならない。

（運行管理者の監督）

第四十八条の三　旅客自動車運送事業者は、その運行管理者に対し、第四十八条各号に掲げる業務の適確な実行及び運行管理規程の遵守について適切な指導監督をしなければならない。

（運行管理者の講習）

第四十八条の四　旅客自動車運送事業者は、国土交通大臣が告示で定めるところにより、次に掲げる運行管理者に国土交通大臣が告示で定める講習であつて次項において準用する第四十一条の二及び第四十一条の三の規定により国土交通大臣の認定を受けたものを受けさせなければならない。
一　死者若しくは重傷者（自動車損害賠償保障法施行令第五条第二号又は第三号に掲げる傷害を受けた者をいう。）が生じた事故を引き起こした事業用自動車の運行を管理する営業所又は法第四十条（法第四十三条第五項において準用する場合を含む。）の規定による処分（輸送の安全に係るものに限る。）の原因となつた違反行為が行われた営業所において選任している者
二　運行管理者として新たに選任した者
三　最後に国土交通大臣が認定する講習を受講した日の属する年度の翌年度の末日を経過した者

2　第四十一条の二から第四十一条の十一までの規定は、前項の認定について準用する。この場合において、これらの規定中「第三十八条第二項」とあるのは「第四十八条の四第一項」と、「適性診断」とあるのは「講習」と読み替えるほか、次の表の上欄に掲げる規定中同表の中欄に掲げる字句は、それぞれ同表の下欄に掲げる字句に読み替えるものとする。

上欄	中欄	下欄
第四十一条の二第三項及び第四十一条の八	第四十一条の四	第四十八条の四第二項において準用する第四十一条の四
第四十一条の三第二項第二号及び第四十一条の十一第四号	第四十一条の九	第四十八条の四第二項において準用する第四十一条の九
第四十一条の四	第四十一条の十	第四十八条の四第二項において準用する第四十一条の十
第四十一条の五第一項	第四十一条の二第二項第三号又は第四号	第四十八条の四第二項において準用する第四十一条の二第二項第三号又は第四号
第四十一条の五第三項	第四十一条の三	第四十八条の四第二項において準用する第四十一条の三
第四十一条の五第四項	第四十一条の二第二項第一号若しくは第二号	第四十八条の四第二項において準用する第四十一条の二第二項第一号若しくは第二号
第四十一条の七	第四十一条の三第一項各号	第四十八条の四第二項において準用する第四十一条の三第一項各号
第四十一条の九第一号	第四十一条の三第二項第一号又は第三号	第四十八条の四第二項において準用する第四十一条の三第二項第一号又は第三号
第四十一条の九第二号	第四十一条の五第一項又は第四項	第四十八条の四第二項において準用する第四十一条の五第一項又は第四項
第四十一条の十一第二号	第四十一条の五第一項	第四十八条の四第二項において準用する第四十一条の五第一項
第四十一条の十一第三号	第四十一条の二第二項第三号	第四十八条の四第二項において準用する第四十一条の二第二項第三号
	第四十一条の五第四項	第四十八条の四第二項において準用する第四十一条の五第四項
	第四十一条の二第二項第一号又は第二号	第四十八条の四第二項において準用する第四十一条の二第二項第一号又は第二号

※1項「告示」＝旅客自動車運送事業運輸規則第四十七条の九第三項、第四十八条の四第一項、第四十八条の五第一項及び第四十八条の十二第二項の運行の管理に関する講習の種類等を定める告示

第二節　運行管理者資格者証

（運行管理者の資格要件）

第四十八条の五　法第二十三条の二第一項第二号の国土交通省令で定める一定の実務の経験その他の要件は、次の表の上欄に掲げる資格者証の種類に応じ、同表の下欄に掲げる種類の旅客自動車運送事業の事業用自動車の運行の管理に関し五年以上の実務の経験（法第二十一条第二号の規定による許可を受けて行う乗合旅客の運送に係るものを除く。）を有し、かつ、その間に、国土交通大臣が告示で定めるところにより、国土交通大臣が告示で定める講習であつて次項において準用する第四十一条の二及び第四十一条の三の規定により国土交通大臣の認定を受けたものを五回以上受講した者であることとする。

資格者証の種類	旅客自動車運送事業の種類
一　一般乗合旅客自動車運送事業運行管理者資格者証	一般乗合旅客自動車運送事業
二　一般乗用旅客自動車運送事業運行管理者資格者証	一般乗用旅客自動車運送事業
三　特定旅客自動車運送事業運行管理者資格者証	一般乗合旅客自動車運送事業、一般貸切旅客自動車運送事業、一般乗用旅客自動車運送事業又は特定旅客自動車運送事業

2　第四十一条の二から第四十一条の十一までの規定は、前項の認定について準用する。この場合において、これらの規定中「第三十八条第二項」とあるのは「第四十八条の五第一項」と、「適性診断」とあるのは「講習」と読み替えるほか、次の表の上欄に掲げる規定中同表の中欄に掲げる字句は、それぞれ同表の下欄に掲げる字句に読み替えるものとする。

第四十一条の二第三項及び第四十一条の八	第四十一条の四	第四十八条の五第二項において準用する第四十一条の四
第四十一条の三第二項第二号及び第四十一条の十一第四号	第四十一条の九	第四十八条の五第二項において準用する第四十一条の九
第四十一条の四	第四十一条の十	第四十八条の五第二項において準用する第四十一条の十
第四十一条の五第一項	第四十一条の二第二項第三号又は第四号	第四十八条の五第二項において準用する第四十一条の二第二項第三号又は第四号
第四十一条の五第三項	第四十一条の三	第四十八条の五第二項において準用する第四十一条の三
第四十一条の五第四項	第四十一条の二第二項第一号若しくは第二号	第四十八条の五第二項において準用する第四十一条の二第二項第一号若しくは第二号
第四十一条の七	第四十一条の三第一項各号	第四十八条の五第二項において準用する第四十一条の三第一項各号
第四十一条の九第一号	第四十一条の三第二項第一号又は第三号	第四十八条の五第二項において準用する第四十一条の三第二項第一号又は第三号
第四十一条の九第二号	第四十一条の五第一項又は第四項	第四十八条の五第二項において準用する第四十一条の五第一項又は第四項
第四十一条の十一第二号	第四十一条の五第一項	第四十八条の五第二項において準用する第四十一条の五第一項
	第四十一条の二第二項第三号	第四十八条の五第二項において準用する第四十一条の二第二項第三号
第四十一条の十一第三号	第四十一条の五第四項	第四十八条の五第二項において準用する第四十一条の五第四項
	第四十一条の二第二項第一号又は第二号	第四十八条の五第二項において準用する第四十一条の二第二項第一号又は第二号

※1項「告示」＝旅客自動車運送事業運輸規則第四十七条の九第三項、第四十八条の四第一項、第四十八条の五第一項及び第四十八条の十二第二項の運行の管理に関する講習の種類等を定める告示

（資格者証の様式及び交付）

第四十八条の六　資格者証は、第一号様式によるものとする。

2　資格者証の交付を申請しようとする者は、第二号様式による運行管理者資格者証交付申請書に住民票の写し若しくは個人番号カード（行政手続における特定の個人を識別するための番号の利用等に関する法律（平成二十五年法律第二十七号）第二条第七項に規定する個人番号カードをいう。以下同じ。）の写し又はこれらに類するものであつて氏名及び生年月日を証明する書類及び次の各号のいずれかの書類を添付して、提出しなければならない。

一　運行管理者試験（以下「試験」という。）の合格通知

二　前条第一項に該当することを証する書類

3　前項の資格者証の交付の申請は、試験に合格した者にあつては、合格の日から三月以内に行わなければならない。

（資格者証の訂正）

第四十八条の七　資格者証の交付を受けている者は、氏名に変更を生じたときは、第三号様式による運行管理者資格者証訂正申請書に当該資格者証及び住民票の写し若しくは個人番号

カードの写し又はこれらに類するものであつて変更の事実を証明する書類を添付してその住所地を管轄する地方運輸局長に提出し、資格者証の訂正を受けなければならない。

2 資格者証の交付を受けている者は、前項に規定する資格者証の訂正に代えて、資格者証の再交付を受けることができる。

（資格者証の再交付）

第四十八条の八 資格者証の交付を受けている者は、前条第二項の規定により資格者証の再交付の申請をしようとするとき又は交付を受けた資格者証を汚し、損じ、若しくは失つたために資格者証の再交付の申請をしようとするときは、第三号様式による運行管理者資格者証再交付申請書に既に交付を受けている資格者証（資格者証を失つた場合を除く。）及び住民票の写し若しくは個人番号カードの写し又はこれらに類するものであつて変更の事実を証明する書類（同条第二項の規定により資格者証の再交付の申請をする場合に限る。）を添付して、その住所地を管轄する地方運輸局長に提出しなければならない。

（資格者証の返納）

第四十八条の九 資格者証の交付を受けた者は、資格者証を失つたために前条の規定により資格者証の再交付を受けた後、失つた資格者証を発見したときは、遅滞なく、発見した資格者証をその住所地を管轄する地方運輸局長に返納しなければならない。

2 資格者証の交付を受けている者が死亡し、又は失踪宣告を受けたときは、戸籍法（昭和二十二年法律第二百二十四号）による死亡又は失踪宣告の届出義務者は、遅滞なく、その資格者証をその住所地を管轄する地方運輸局長に返納しなければならない。

第三節　運行管理者試験

（試験方法）

第四十八条の十 試験は、次に掲げる事項について筆記の方法又は電子計算機その他の機器を使用する方法で行う。

一 次に掲げる法令についての専門的知識

イ 道路運送法

ロ 道路運送車両法

ハ 道路交通法

ニ 労働基準法（昭和二十二年法律第四十九号）

ホ イからニまでに掲げる法律に基づく命令

二 その他運行管理者の業務に関し必要な実務上の知識及び能力

（試験の施行）

第四十八条の十一 試験は、毎年少なくとも一回行う。

2 国土交通大臣（指定試験機関が試験事務を行う場合にあつては、指定試験機関。第四十八条の十四において同じ。）は、試験の期日、場所その他試験に関し必要な事項を公示する。

（受験資格）

第四十八条の十二 試験は、試験の日の前日において自動車運送事業（貨物自動車運送事業法第二条第四項に規定する貨物軽自動車運送事業を除く。）の用に供する事業用自動車又は貨物自動車運送事業法第三十七条第三項に規定する特定第二種貨物利用運送事業者の事業用自動車の運行の管理に関し一年以上の実務の経験を有する者でなければ、受けることができない。

2 前項に規定する経験は、国土交通大臣が告示で定める講習であつて次項において準用する第四十一条の二及び第四十一条の三の規定により国土交通大臣の認定を受けたものを修了することをもつて代えることができる。

3 第四十一条の二から第四十一条の十一までの規定は、前項の認定について準用する。この場合において、これらの規定中「第三十八条第二項」とあるのは「第四十八条の十二第二項」と、「適性診断」とあるのは「講習」と読み替えるほか、次の表の上欄に掲げる規定中同表の中欄に掲げる字句は、それぞれ同表の下欄に掲げる字句に読み替えるものとする。

第四十一条の二第三項及び第四十一条の八	第四十一条の四	第四十八条の十二第三項において準用する第四十一条の四
第四十一条の三第二項第二号及び第四十一条の十一第四号	第四十一条の九	第四十八条の十二第三項において準用する第四十一条の九
第四十一条の四	第四十一条の十	第四十八条の十二第三項において準用する第四十一条の十
第四十一条の五第一項	第四十一条の二第二項第三号又は第四号	第四十八条の十二第三項において準用する第四十一条の二第二項第三号又は第四号
第四十一条の五第三項	第四十一条の三	第四十八条の十二第三項において準用する第四十一条の三
第四十一条の五第四項	第四十一条の二第二項第一号若しくは第二号	第四十八条の十二第三項において準用する第四十一条の二第二項第一号若しくは第二号
第四十一条の七	第四十一条の三第一項各号	第四十八条の十二第三項において準用する第四十一条の三第一項各号
第四十一条の九第一号	第四十一条の三第二項第一号又は第三号	第四十八条の十二第三項において準用する第四十一条の三第二項第一号又は第三号
第四十一条の九第二号	第四十一条の五第一項又は第四項	第四十八条の十二第三項において準用する第四十一条の五第一項又は第四項
第四十一条の十一第二号	第四十一条の五第一項	第四十八条の十二第三項において準用する第四十一条の五第一項
	第四十一条の二第二項第三号	第四十八条の十二第三項において準用する第四十一条の二第二項第三号

第四十一条の十一第三号		
	第四十一条の五第四項	第四十八条の十二第三項において準用する第四十一条の五第四項
	第四十一条の二第二項第一号又は第二号	第四十八条の十二第三項において準用する第四十一条の二第二項第一号又は第二号

※　2項「告示」＝旅客自動車運送事業運輸規則第四十七条の九第三項、第四十八条の四第一項、第四十八条の五第一項及び第四十八条の十二第二項の運行の管理に関する講習の種類等を定める告示

（受験の申請）

第四十八条の十三　試験（指定試験機関が行うものを除く。）を受けようとする者は、第四号様式による運行管理者試験受験申請書に前条に規定する受験資格を有することを明らかにする書類を添付して、提出しなければならない。

2　指定試験機関が行う試験を受けようとする者は、当該指定試験機関が定めるところにより、運行管理者試験受験申請書を当該指定試験機関に提出しなければならない。

（試験結果の通知）

第四十八条の十四　国土交通大臣は、受験者に、その試験の結果を遅滞なく通知しなければならない。

第四章　乗務員

（乗務員）

第四十九条　旅客自動車運送事業者の事業用自動車の運転者、車掌その他の乗務員は、事業用自動車の運行を中断し、又は旅客が死傷したときは、当該旅客自動車運送事業者とともに、第十八条第一項各号若しくは第二項各号又は第十九条各号に掲げる事項を実施しなければならない。この場合において、旅客の生命を保護するための処置は、他の処置に先んじてしなければならない。

2　前項の乗務員は、次に掲げる行為をしてはならない。

一　第五十二条各号に掲げる物品（同条ただし書の規定によるものを除く。）を旅客の現在する事業用自動車内に持ち込むこと。

二　酒気を帯びて乗務すること。

三　事業用自動車内で喫煙すること。

3　一般乗合旅客自動車運送事業者、一般貸切旅客自動車運送事業者及び特定旅客自動車運送事業者の事業用自動車（乗車定員十一人以上のものに限る。）の乗務員は、前項各号に掲げるもののほか、次に掲げる行為をしてはならない。

一　運行時刻前に発車すること。

二　旅客の現在する自動車の走行中職務を遂行するために必要な事項以外の事項について話をすること。

4　前項の乗務員は、旅客が事業用自動車内において法令の規定又は公の秩序若しくは善良の風俗に反する行為をするときは、これを制止し、又は必要な事項を旅客に指示する等の措置を講ずることにより、輸送の安全を確保し、及び事業用自動車内の秩序を維持するように努めなければならない。

（運転者）

第五十条　旅客自動車運送事業者の事業用自動車の運転者は、次に掲げる事項を遵守しなければならない。

一　第二十四条第一項第一号の点検をし、又はその確認をすること。

二　乗務しようとするとき及び乗務を終了したときは、第二十四条第一項及び第二項の規定により当該旅客自動車運送事業者が行う点呼を受け、これらの規定による報告をすること。

三　酒気を帯びた状態にあるときは、その旨を当該旅客自動車運送事業者に申し出ること。

三の二　疾病、疲労、睡眠不足、天災その他の理由により安全な運転をすることができないおそれがあるときは、その旨を当該旅客自動車運送事業者に申し出ること。

三の三　事業用自動車の運行中に疾病、疲労、睡眠不足、天災その他の理由により安全な運転を継続することができないおそれがあるときは、その旨を当該旅客自動車運送事業者に申し出ること。

四　事業用自動車の運行中に当該自動車の重大な故障を発見し、又は重大な事故が発生するおそれがあると認めたときは、直ちに、運行を中止すること。

五　坂路において事業用自動車から離れるとき及び安全な運行に支障がある箇所を通過するときは、旅客を降車させること。

六　踏切を通過するときは、変速装置を操作しないこと。

七　事業用自動車の故障等により踏切内で運行不能となつたときは、速やかに旅客を誘導して退避させるとともに、列車に対し適切な防護措置をとること。

八　乗務を終了したときは、交替する運転者に対し、乗務中の事業用自動車、道路及び運行の状況について通告すること。この場合において、乗務する運転者は、当該事業用自動車の制動装置、走行装置その他の重要な部分の機能について点検をすること。

九　第二十五条第一項、第二項又は第三項の記録（同条第四項の規定により、同条第一項、第二項又は第三項の規定により記録すべき事項を運行記録計による記録に付記する場合は、その付記による記録）を行うこと。

十　運転操作に円滑を欠くおそれがある服装をしないこと。

2　一般乗合旅客自動車運送事業者、一般貸切旅客自動車運送事業者及び特定旅客自動車運送事業者の事業用自動車（乗車定員十一人以上のものに限る。）の運転者は、前項各号に掲げるもののほか、次に掲げる事項を遵守しなければならない。ただし、第十五条の規定により車掌が乗務しない事業用自動車にあつては、第二号に掲げる事項を遵守すればよい。

一　発車は、車掌の合図によつて行うこと。

二　発車の直前に安全の確認ができた場合を除き警音器を吹鳴すること。

三　警報装置の設備がない踏切又は踏切警手が配置されていない踏切を通過しようとするときは、車掌の誘導を受けること。

四　自動車を後退させようとするときは、車掌の誘導を受けること。

3　第十五条の規定により車掌が乗務しない事業用自動車の運転者は、乗降口の扉を閉じた後でなければ発車してはならない。

4　次条第五号の規定は、第十五条の規定により車掌が乗務しない事業用自動車の運転者に準用する。

5　路線定期運行を行う一般乗合旅客自動車運送事業者の運転者は、乗務中第二十七条第二項の運行表を携行しなければならない。

6　一般乗用旅客自動車運送事業者の事業用自動車の運転者は、食事若しくは休憩のため運送の引受けをすることができない場合又は乗務の終了等のため車庫若しくは営業所に回送しようとする場合には、回送板を掲出しなければならない。

7　一般乗用旅客自動車運送事業者の事業用自動車の運転者は、前項の場合以外の場合には、回送板を掲出してはならない。

8　第二十二条第一項の一般乗用旅客自動車運送事業者の事業用自動車の運転者であつて、指定地域内にある営業所に属する者は、同項の乗務距離の最高限度を超えて乗務してはならない。

9　一般乗用旅客自動車運送事業者の事業用自動車の運転者は、乗務中第三十七条第三項の乗務員証を携行し、及び乗務を終了した場合には、当該乗務員証を返還しなければならない。

10　一般貸切旅客自動車運送事業者の事業用自動車の運転者は、第二十四条第三項に規定する乗務の途中において、同項の規定により一般貸切旅客自動車運送事業者が行う点呼を受け、同項の規定による報告をしなければならない。

11　一般貸切旅客自動車運送事業者の運転者は、乗務中第二十八条の二の運行指示書を携行しなければならない。

（車掌）

第五十一条　一般乗合旅客自動車運送事業者、一般貸切旅客自動車運送事業者及び特定旅客自動車運送事業者の事業用自動車（乗車定員十一人以上のものに限る。）の車掌は、乗務中次に掲げる事項を遵守しなければならない。

一　警報装置の設備がない踏切又は踏切警手が配置されていない踏切を通過しようとするときは、踏切前で降車し、運行の安全を確認して運転者を誘導すること。

二　事業用自動車の故障等により踏切内で運行不能となつたときは、速やかに、旅客を誘導して退避させるとともに、列車に対し適切な防護措置をとること。

三　事業用自動車を後退させようとするときは、降車し、路肩又は障害物との間隔及び路面その他の道路の状況を運転者に通告するとともに誘導すること。

四　発車の合図は、旅客の安全及び事業用自動車の運行に支障がないことを確認し、かつ、乗降口の扉を閉じた後に行うこと。

五　乗降口の扉は、停車前に旅客の乗降のために開かないこと。

六　車掌の業務の実施に円滑を欠くおそれがある服装をしないこと。

第五章　旅客

（物品の持込制限）

第五十二条　旅客自動車運送事業者の事業用自動車を利用する旅客は、次に掲げる物品を自動車内に持ち込んではならない。ただし、品名、数量、荷造方法等について、国土交通大臣が告示で定める条件に適合する場合は、この限りでない。

一　火薬類（火薬類取締法（昭和二十五年法律第百四十九号）の火薬類をいう。ただし、五十発以内の実包及び空包であつて、弾帯又は薬ごう（がん）に挿入してあるものを除く。）

二　百グラムを超える玩（がん）具用煙火

三　揮発油、灯油、軽油、アルコール、二硫化炭素その他の引火性液体（喫煙用ライター及び懐炉に使用しているものを除く。）

四　百グラムを超えるフィルムその他のセルロイド類（ニトロ・セルローズを主材とした生地製品、半製品及びくずをいう。）

五　黄りん、カーバイト、金属ナトリウムその他の発火性物質及びマグネシウム粉、過酸化水素、過酸化ソーダその他の爆発性物質

六　放射性物質等（放射性同位元素等の規制に関する法律施行規則（昭和三十五年総理府令第五十六号）第十八条の三第一項の放射性同位元素等並びに核原料物質、核燃料物質及び原子炉の規制に関する法律（昭和三十二年法律第百六十六号）第二条第二項の核燃料物質及びそれによつて汚染された物をいう。）

七　苛（か）性ソーダ、硝酸、硫酸、塩酸その他の腐食性物質

八　高圧ガス（高圧ガス保安法（昭和二十六年法律第二百四号）の高圧ガスをいう。ただし、消火器内に封入した炭酸ガス及び医薬用酸素器に封入した酸素ガスを除く。）

九　クロル・ピクリン、メチル・クロライド、液体青酸、クロロ・ホルム、ホルマリンその他の有毒ガス及び有毒ガスを発生するおそれのある物質

十　刃物

十一　五百グラムを超えるマッチ

十二　電池（乾電池を除く。）

十三　死体

十四　動物（身体障害者補助犬（身体障害者補助犬法（平成十四年法律第四十九号）の身体障害者補助犬をいう。）及びこれと同等の能力を有すると認められる犬並びに愛玩（がん）用の小動物を除く。）

十五　事業用自動車の通路、出入口又は非常口をふさぐおそれのあるもの

十六　前各号に掲げるもののほか、他の旅客の迷惑となるおそれのあるもの又は車室を著しく汚損するおそれのあるもの

※「告示」＝旅客自動車運送事業用自動車による危険物等の運送基準を定める告示

（禁止行為）

第五十三条　旅客は、自動車の事故の場合その他やむを得ない場合のほか、事業用自動車内において、次に掲げる行為（一般貸切旅客自動車運送事業者の事業用自動車を利用する旅客にあつては、第五号に掲げる行為を除く。）をしてはならない。

一　走行中みだりに運転者に話しかけること。

二　物品をみだりに車外へ投げること。

三　自動車の操縦装置、制動装置その他運行に必要な機械装置に手を触れ、又は非常口その他事故の際旅客を車外に脱出させるための装置を操作すること。

四　走行中乗降口の扉を開閉すること。

五　一般の旅客に対して寄附若しくは物品の購買を求め、演説し、勧誘し、又は物品を配付すること。

六　禁煙の表示のある自動車内で喫煙すること。

七　第四十九条第四項（特定自動運行事業用自動車を利用する旅客にあつては、第十五条の二第七項）の規定による制止又は指示に反すること。

八　走行中の自動車に飛び乗り、又は飛び降りること。

第六章　指定試験機関

（指定の申請）

第五十四条　法第四十四条第二項の規定により指定試験機関の指定を申請しようとする者は、次に掲げる事項を記載した指定試験機関指定申請書を提出しなければならない。

一　名称及び住所並びに代表者の氏名

二　試験事務を行おうとする事務所の名称及び所在地

三　前号の事務所ごとの試験員の数

四　試験事務の開始の予定日

2　前項の申請書には、次に掲げる書類を添付しなければならない。

一　定款及び登記事項証明書

二　申請の日の属する事業年度の前事業年度における財産目録及び貸借対照表。ただし、申請の日の属する事業年度に設立された法人にあつては、その設立時における財産目録とする。

三　申請の日の属する事業年度及び翌事業年度における事業計画書及び収支予算書

四　役員の名簿及び履歴書

五　指定の申請に関する意思の決定を証する書類

六　組織及び運営に関する事項を記載した書類

七　試験事務を行おうとする事務所ごとに試験用設備の概要及び整備計画を記載した書類

八　試験事務の実施の方法に関する計画を記載した書類

九　試験員の選任に関する事項を記載した書類

十　現に行つている業務の概要を記載した書類

十一　役員のうちに法第四十五条第二項第四号イ又はロに該当する者がいないことを信じさせるに足る書類

十二　その他参考となる事項を記載した書類

（指定試験機関の名称等の変更の届出）

第五十五条　指定試験機関は、法第四十五条の二第二項の規定による届出をしようとするときは、次に掲げる事項を記載した指定試験機関名称等変更届出書を提出しなければならない。

一　変更後の名称若しくは住所又は事務所の所在地

二　変更の予定日

（試験員の要件）

第五十六条　法第四十五条の三の国土交通省令で定める要件は、次の各号のいずれかに該当することとする。

一　資格者証の交付を受けている者であつて、旅客自動車運送事業の運行管理者として三年以上の実務の経験を有する者であること。

二　国土交通大臣が前号に掲げる者と同等以上の能力を有するものと認める者であること。

（役員の選任及び解任の認可の申請）

第五十七条　指定試験機関は、法第四十五条の四第一項の認可を受けようとするときは、次に掲げる事項を記載した指定試験機関役員選任（解任）認可申請書を提出しなければならない。

一　役員として選任しようとする者の氏名又は解任しようとする役員の氏名

二　選任の場合にあつては、その者の履歴

三　解任の場合にあつては、その理由

2　役員の選任に係る前項の申請書には、役員として選任しようとする者が法第四十五条第二項第四号イ及びロのいずれにも該当しないことを信じさせるに足る書類を添付しなければならない。

（試験員の選任及び解任の届出）

第五十八条　指定試験機関は、法第四十五条の四第二項の規定による届出をしようとするときは、次に掲げる事項を記載した試験員選任（解任）届出書を提出しなければならない。

一　試験員の氏名

二　選任の場合にあつては、その者の履歴並びにその者が試験事務を行う事務所の名称及び所在地

三　解任の場合にあつては、その理由

2　前項の場合において、選任の届出をしようとするときは、同項の届出書に、当該選任に係る者が第五十六条に規定する試験員の要件を備えることを明らかにする書類を添付しなければならない。

（試験事務規程）

第五十九条　法第四十五条の六第一項の国土交通省令で定める試験事務の実施に関する事項は、次のとおりとする。

一　試験事務を行う時間及び休日に関する事項

二　試験事務を行う事務所に関する事項

三　手数料の収納の方法に関する事項

四　試験事務の実施の方法に関する事項

五　試験の結果の通知に関する事項

六　試験員の選任及び解任並びにその配置に関する事項

七　試験事務に関する秘密の保持に関する事項

八　試験事務に関する帳簿及び書類の管理に関する事項

九　その他試験事務の実施に関し必要な事項

2　指定試験機関は、法第四十五条の六第一項前段の規定による認可を受けようとするときは、試験事務規程認可申請書に当該認可に係る試験事務規程を添付して、提出しなければならない。

3　指定試験機関は、法第四十五条の六第一項後段の規定による認可を受けようとするときは、次に掲げる事項を記載した試験事務規程変更認可申請書を提出しなければならない。

一　変更しようとする事項

二　変更の予定日

三　変更を必要とする理由

（事業計画等の認可の申請）

第六十条　指定試験機関は、法第四十五条の七第一項前段の規定による認可を受けようとするときは、事業計画等認可申請書に当該認可に係る事業計画書及び収支予算書を添付して、提出しなければならない。

2　指定試験機関は、法第四十五条の七第一項後段の規定による認可を受けようとするときは、変更しようとする事項及びその理由を記載した事業計画等変更認可申請書を提出しなければならない。

（帳簿）

第六十一条　法第四十五条の八の国土交通省令で定める帳簿の

記載事項は、次のとおりとする。

一　試験年月日
二　試験地
三　受験者の受験番号、氏名及び生年月日
四　試験員の氏名
五　受験者の試験の結果
六　合格年月日
七　その他試験に関し必要な事項

2　法第四十五条の八の帳簿は、試験事務を行う事務所ごとに作成して備え付け、記載の日から三年間保存しなければならない。

（試験事務の休廃止の許可の申請）

第六十二条　指定試験機関は、法第四十五条の十第一項の許可を受けようとするときは、次に掲げる事項を記載した試験事務休止（廃止）許可申請書を提出しなければならない。

一　休止又は廃止しようとする試験事務の範囲
二　休止又は廃止の予定日及び休止しようとする場合にあつては、その期間
三　休止又は廃止の理由

（試験事務の引継ぎ）

第六十三条　指定試験機関は、法第四十五条の十二第三項に規定する場合にあつては、次に掲げる事項を行わなければならない。

一　試験事務を国土交通大臣に引き継ぐこと。
二　試験事務に関する帳簿及び書類を国土交通大臣に引き継ぐこと。
三　その他国土交通大臣が必要と認める事項

（公示）

第六十四条　指定試験機関の名称、住所及び試験事務を行う事務所の所在地並びに試験事務の開始の日は、次のとおりとする。

名称	住所	試験事務を行う事務所の所在地	試験事務の開始の日
公益財団法人運行管理者試験センター	東京都港区芝大門一丁目十六番三号芝大門壱六ビル七階	東京都港区芝大門一丁目十六番三号芝大門壱六ビル七階	平成十四年二月一日

2　法第四十五条の十第二項の公示（試験事務の全部の廃止の許可に係るものを除く。）、法第四十五条の十一第三項の公示（指定の取消しに係るものを除く。）及び法第四十五条の十二第二項の公示は、官報で告示することによつて行う。

（変更の報告）

第六十五条　指定試験機関は、次の各号のいずれかに該当する場合にあつては、遅滞なく、その旨を記載した報告書を国土交通大臣に提出しなければならない。

一　試験事務に従事しない役員に変更があつた場合
二　第五十八条第一項の選任の届出に係る試験員が、解任以外の理由により、当該事務所の試験員でなくなつた場合

（試験の実施結果の報告）

第六十六条　指定試験機関は、試験を実施したときは、遅滞なく、次に掲げる事項を記載した試験実施結果報告書を国土交通大臣に提出しなければならない。

一　試験年月日
二　試験地
三　受験者数
四　合格者数
五　合格年月日

2　前項の報告書には、合格者の受験番号、氏名及び生年月日を記載した合格者一覧表を添付しなければならない。

第七章　雑則

（国土交通大臣による輸送の安全にかかわる情報の公表）

第六十六条の二　法第二十九条の二の国土交通省令で定める輸送の安全にかかわる情報は、次のとおりとする。

一　法第二十七条第四項、法第三十一条又は法第四十条の規定による処分（輸送の安全に係るものに限る。）を受けた者の氏名又は名称及び当該処分に係る違反の内容
二　法第二十九条の規定による届出に係る事項
三　法第九十四条第四項の規定による立入検査（輸送の安全の確保に係るものに限る。）に係る事項
四　前三号に掲げるもののほか、輸送の安全に重大な関係を有する事項がある場合には、その事項

2　法第二十九条の二の規定による公表は、インターネットの利用その他の適切な方法により行うものとする。

3　前二項の規定は、法第四十三条第五項において準用する法第二十九条の二の国土交通省令で定める輸送の安全にかかわる情報について準用する。

（手数料）

第六十七条　法第九十五条の二第一項の国土交通省令で定める額は、次のとおりとする。

一　試験を受けようとする者　六千円
二　資格者証の交付又は再交付を受けようとする者　二百七十円（情報通信技術を活用した行政の推進等に関する法律（平成十四年法律第百五十一号）第六条第一項の規定により同項に規定する電子情報処理組織を使用して交付又は再交付の申請をする場合にあつては、二百六十円）

（届出）

第六十八条　旅客自動車運送事業者は、次の表の上欄に掲げる場合に該当することとなつたとき（同表第五号及び第六号に掲げる場合にあつては、一般貸切旅客自動車運送事業者が当該各号の場合に該当することとなつたときに限る。）は、同表下欄に掲げる事項を営業所の所在地を管轄する運輸監理部長又は運輸支局長に届け出なければならない。

届出を行う場合	届出事項
一　法第二十三条第三項の規定により、運行管理者を選任し、又は解任した場合	一　届出者の氏名又は名称及び住所 二　事業の種類 三　営業所の名称及び位置 四　選任又は解任の年月日 五　運行管理者の氏名及び生年月日 六　資格者証の番号及び交付年月日

	七　選任の場合にあつては、運行管理者の兼職の有無（兼職が有る場合は、その職名及び職務内容）
二　前号の届出に係る運行管理者が、転任、退職その他の理由により、当該営業所の運行管理者でなくなつた場合	運行管理者でなくなつた旨及びその理由
三　第四十条第二項の規定により、指導主任者を選任した場合	一　届出者の氏名又は名称及び住所 二　選任の年月日 三　指導主任者の氏名及び生年月日 四　指導主任者の兼職の有無（兼職が有る場合は、その職名及び職務内容）
四　前号の届出に係る指導主任者が、転任、退職その他の理由により、指導主任者でなくなつた場合	指導主任者でなくなつた旨及びその理由
五　第四十七条の九第三項の規定により、補助者を選任し、又は解任した場合	一　届出者の氏名又は名称及び住所 二　営業所の名称及び位置 三　選任又は解任の年月日 四　補助者の氏名及び生年月日 五　選任の場合にあつては、補助者が第四十七条の九第三項に規定する要件に該当することを証する事項 六　選任の場合にあつては、補助者の兼職の有無（兼職が有る場合は、その職名及び職務内容）
六　前号の届出に係る補助者が、転任、退職その他の理由により、当該営業所の補助者でなくなつた場合	補助者でなくなつた旨及びその理由

2　前項の規定による届出は、当該届出事由の発生した日から十五日以内に行うものとする。

（書類の管理）

第六十九条　旅客自動車運送事業者は、第三十八条第一項及び第三項の規定による事故の記録、第二十六条の二に規定する指導監督の記録その他の国土交通大臣が告示で定める書類を適切に管理し、法第九十四条第一項の規定による報告の求め又は同条第四項の規定による立入検査を受けた場合に、速やかに提示できるようにしなければならない。

附　則

1　この省令は、公布の日から施行する。ただし、第五条第一項第七号の規定（第三十七条の規定による禁止行為に係るものに限る。）は昭和三十一年九月一日から、第十五条の規定（特定旅客自動車運送事業者に係るものに限る。）、第二十一条第三項（第四十六条第三項において準用する場合を含む。）、第二十五条（第四十六条第三項において準用する場合を含む。）、第二十八条第一項及び第二十九条第二項の規定（一般乗用旅客自動車運送事業者及び特定旅客自動車運送事業者に係るものに限り、第四十六条第一項において準用する場合を含む。）は昭和三十一年十一月一日から、第二十七条（第四十六条第三項において準用する場合を含む。）、第三十一条（第四十六条第一項において準用する場合を含む。）及び第三十二条（第四十六条第一項において準用する場合を含む。）の規定は昭和三十二年二月一日から並びに第二十三条及び第三十四条第四項の規定は昭和三十二年八月一日から施行する。

2　自動車運送事業等運輸規則（昭和二十七年運輸省令第百号）は、廃止する。

附　則（昭三三・六・九運令二一）

1　この省令は、公布の日から施行する。ただし、改正後の第二十一条第二項及び第二十五条の二第二項の規定は、昭和三十三年八月十日から施行する。

2　この省令施行の際、現に改正前の第二十五条第一項（第四十六条第三項において準用する場合を含む。）の運行管理者として選任されている者は、昭和三十四年十月三十一日又は運行管理者を解任されるときのいずれか早いときまでは、改正後の第二十五条第一項（第四十六条第三項において準用する場合を含む。）の運行管理者とみなす。

附　則（昭三六・二・二運令五）

1　この省令は、公布の日から施行する。

2　この省令施行の際、現に改正前の第二十五条第一項（改正前の第四十六条第三項において準用する場合を含む。）の運行管理者として選任されている者は、昭和三十六年九月三十日までの間は、改正後の第二十五条の二第一項（改正後の第四十六条第一項において準用する場合を含む。）の要件を備えた者とみなす。

3　この省令施行前にした改正前の第二十五条第三項（改正前の第四十六条第三項において準用する場合を含む。）の規定による届出は、改正後の第二十五条の三（改正後の第四十六条第一項において準用する場合を含む。）の規定に基づいてしたものとみなす。

附　則（昭三七・一〇・一八運令五八）

1　この省令は、昭和三十八年一月一日から施行する。

2　昭和三十七年十二月三十一日において道路運送車両法（昭和二十六年法律第百八十五号）による登録を受けている自動車については、昭和三十八年十二月三十一日までは、改正後の第二十二条の三及び第四十四条の三の規定は、適用しない。

附　則（昭四二・五・一六運令二三）

1　この省令は、昭和四十二年九月一日から施行する。

2　改正後の第四十四条の三の規定は、一般区域貨物自動車運送事業及び特定貨物自動車運送事業の事業用自動車であつて、次に掲げるものについては、昭和四十三年二月二十九日までは、適用しない。

一　荷台を傾斜させる装置を有する自動車であつて、この省令の施行の際現に有効な自動車検査証の交付を受けているもの

二　荷台を傾斜させる装置を有しない自動車

3　改正後の第四十四条の三の規定は、一般区域貨物自動車運送事業及び特定貨物自動車運送事業の事業用自動車のうち、前項第二号に掲げる自動車であつて同項に規定する日を経過する際現に有効な自動車検査証の交付を受けているものについては、昭和四十三年三月一日から同年七月三十一日までの間は、適用しない。

附　則（昭四二・一〇・三一運令八〇）

この省令は、昭和四十三年一月一日から施行する。ただし、第二十二条の三に一項を加える改正規定は、昭和四十四年一月一日から施行する。

附　則（昭五三・一〇・三一運令五四抄）

（施行期日）

1　この省令は、公布の日から施行する。

（経過措置）

7　この省令の施行の際現に改正前の自動車運送事業等運輸規則第八条第一項ただし書の規定により指定を受けている運行系統は、改正後の同令第八条ただし書の規定により届け出た運行系統とみなす。

附　則（昭五三・一二・二八運令七四）

この省令は、原子力基本法等の一部を改正する法律（昭和五十三年法律第八十六号）附則第一条第三号に掲げる規定の施行の日（昭和五十四年一月四日）から施行する。

附　則（昭五八・三・一五運令八抄）

（施行期日）

1　この省令は、道路運送車両法の一部を改正する法律（昭和五十七年法律第九十一号）の施行の日（昭和五十八年七月一日）から施行する。〔後略〕

附　則（昭六一・九・二六運令二九抄）

（施行期日）

第一条　この省令は、公布の日から施行する。ただし、第五条中自動車運送事業等運輸規則第二十五条の三、第二十五条の四及び第二十六条の三の改正規定は、昭和六十一年十月一日から施行する。

（自動車運送事業等運輸規則の一部改正に伴う経過措置）

第三条　この省令の施行の際現に第五条の規定による改正前の自動車運送事業等運輸規則第十五条第一項第一号の規定により指定を受けている運行系統は、第五条の規定による改正後の自動車運送事業等運輸規則第十五条第二項の規定により届け出た運行系統とみなす。

附　則（平元・二・二七運令五抄）

（施行期日）

第一条　この省令は、平成元年四月一日（以下「施行日」という。）から施行する。

附　則（平二・七・三〇運令二三抄）

（施行期日）

1　この省令は、貨物運送取扱事業法及び貨物自動車運送事業法の施行の日（平成二年十二月一日）から施行する。

附　則（平七・二・二八運令八抄）

（施行期日等）

1　この省令は、道路運送車両法の一部を改正する法律（平成六年法律第八十六号）の施行の日（以下「施行日」という。）から施行する。〔後略〕

附　則（平九・三・一八運令一二）

この省令は、高圧ガス取締法及び液化石油ガスの保安の確保及び取引の適正化に関する法律の一部を改正する法律の施行の日（平成九年四月一日）から施行する。

附　則（平一一・一二・二〇運令五一抄）

（施行期日）

第一条　この省令は、道路運送法の一部を改正する法律（平成十一年法律第四十八号。以下「改正法」という。）の施行の日（平成十二年二月一日）から施行する。

附　則（平一三・七・一一国交令一〇五抄）

（施行期日）

第一条　この省令は、道路運送法及びタクシー業務適正化臨時措置法の一部を改正する法律〔平成一二年五月法律八六号〕の施行の日（平成十四年二月一日）から施行する。

（旅客自動車運送事業等報告規則の一部改正に伴う経過措置）

第二条　この省令の施行前に開始する事業年度に係る第九条の規定による改正前の旅客自動車運送事業等報告規則第二条第一項に規定する営業報告書及び平成十三年四月一日から平成十四年三月三十一日までの一年間に係る同項に規定する輸送実績報告書の提出については、なお従前の例によることができる。

附　則（平一三・八・二四国交令一二一）

（施行期日）

第一条　この省令は、平成十四年二月一日から施行する。

（経過措置）

第二条　この省令による改正後の旅客自動車運送事業運輸規則（以下「新規則」という。）第二十四条第三項の規定は、この省令の施行の日前に同項に規定する記録をした場合については、適用しない。

第三条　この省令の施行の際現にこの省令による改正前の旅客自動車運送事業運輸規則第三十六条第二項の規定により指導が行われている新たに雇い入れた者については、新規則第三十六条第二項の規定にかかわらず、従前の例により事業用自動車の運転者として選任することができる。

附　則（平一五・一・二〇国交令六抄）

（施行期日）

第一条　この省令は、鉄道事業法等の一部を改正する法律の施行の日（平成十五年四月一日）から施行する。

附　則（平一五・三・二四国交令三一）

この省令は、平成十五年四月一日から施行する。

附　則（平一五・九・二六国交令九五）

この省令は、平成十五年十月一日から施行する。

附　則（平一六・三・二六国交令二七）

（施行期日）

第一条　この省令は、平成十六年四月一日から施行する。

（経過措置）

第二条　この省令の施行の際現に法第二十一条第二号の規定による許可を受けて行う乗合旅客の運送に係る事業用自動車の運行管理に関する実務の経験は、この省令による改正後の旅客自動車運送事業運輸規則第四十八条の五第一項に規定する一般貸切旅客自動車運送事業の事業用自動車の運行管理に関する実務の経験とみなす。

附　則（平一六・三・二六国交令二八）

この省令は、平成十六年三月三十一日から施行する。

附　則（平一七・三・七国交令一二抄）

（施行期日）

第一条　この省令は、公布の日から施行する。

附　則（平一七・四・二八国交令五五抄）

1　この省令は、公布の日から施行する。

附　則（平一七・六・一国交令六一）

この省令は、放射性同位元素等による放射線障害の防止に関する法律の一部を改正する法律（平成一六年六月法律第六九号）の施行の日（平成十七年六月一日）から施行する。

附　則（平一八・七・一四国交令七八抄）

（施行期日）

第一条　この省令は、運輸の安全性の向上のための鉄道事業法等の一部を改正する法律（平成一八年三月法律第一九号）の施行の日（平成一八年一〇月一日）から施行する。

（旅客自動車運送事業運輸規則の一部改正に伴う経過措置）

第八条　この省令の施行の際現に一般旅客自動車運送事業（その事業の規模がこの省令による改正後の旅客自動車運送事業運輸規則第四十七条の二第一項に規定する規模未満であるものを除く。）又は特定旅客自動車運送事業（その事業の規模が同令第四十七条の二第二項において準用する同条第一項に規定する規模未満であるものを除く。）を営む者は、施行日から三月以内に、安全管理規程の設定の届出及び安全統括管理者の選任の届出をするものとする。

附　則（平一八・九・七国交令八六抄）

（施行期日）

第一条　この省令は、道路運送法等の一部を改正する法律（平成一八年五月法律第四〇号）の施行の日（平成十八年十月一日）から施行する。

（乗合旅客の運送の許可に関する経過措置）

第十条　改正法附則第三条の規定により許可乗合旅客運送について新法第二十一条第二号の許可を受けたものとみなされる場合については、この省令による改正前の旅客自動車運送事業運輸規則（以下「旧運輸規則」という。）第四十七条の八及び第五十条第十一項の規定は、施行日以後も、改正法附則第三条の規定により当該許可に付されたものとみなされる期限が到来するまでの間は、なおその効力を有する。

（運行管理者に関する経過措置）

第十一条　みなし一般乗合旅客自動車運送事業者及び改正法附則第三条の規定により許可乗合旅客運送について新法第二十一条第二号の許可を受けたものとみなされる者は、施行日から三年間は、この省令による改正後の旅客自動車運送事業運輸規則（以下「新運輸規則」という。）第四十七条の九の規定にかかわらず、旧運輸規則第四十七条の九の規定の例により運行管理者を選任することができる。

2　新運輸規則第四十七条の九第二項及び第四十八条第二項の規定は、施行日から三年間は、適用しない。

3　施行日前に行われた旧運輸規則第四十八条の六第二項の表の下欄に掲げる種類の運行管理者試験に合格した者に係る法第二十三条の二第一項第一号の規定による運行管理者資格者証の交付については、なお従前の例による。

（処分、手続等に関する経過措置）

第十二条　旧法、旧施行規則又は旧運輸規則によりした処分、手続その他の行為で、新法、新施行規則又は新運輸規則の規定中にこれに相当する規定があるものは、それぞれ新法、新施行規則又は新運輸規則の規定によりしたものとみなす。

附　則（平一九・三・二六国交令一七）

この省令は、平成十九年四月一日から施行する。

附　則（平二〇・五・一二国交令三四）

この省令は、感染症の予防及び感染症の患者に対する医療に関する法律及び検疫法の一部を改正する法律（平成二〇年五月法律第三〇号）の施行の日（平成二十年五月十二日）から施行する。

附　則（平二〇・六・二国交令三九）

この省令は、平成二十年七月一日から施行する。

附　則（平二〇・一二・一国交令九七抄）

（施行期日）

1　この省令は、公布の日から施行する。

附　則（平二一・五・一八国交令三六）

この省令は、平成二十一年五月十八日から施行する。

附　則（平二一・九・二八国交令五七）

この省令は、平成二十一年十月一日から施行する。

附　則（平二二・四・二八国交令三〇抄）

沿革　平二三国交令一八改正

（施行期日）

1　この省令は、公布の日から施行する。ただし、第二条及び第四条の規定は、平成二十三年五月一日から施行する。

附　則（平二三・三・三一国交令一八）

この省令は、公布の日から施行する。

附　則（平二四・三・二八国交令二四抄）

（施行期日）

第一条　この省令は、平成二十四年四月十六日から施行する。

（旅客自動車運送事業運輸規則の一部改正に伴う経過措置）

第二条　この省令の施行前に第一条の規定による改正前の旅客自動車運送事業運輸規則（以下「旧運輸規則」という。）第三十八条第二項の規定により国土交通大臣が認定した適性診断は、第一条の規定による改正後の旅客自動車運送事業運輸規則（以下「新運輸規則」という。）第三十八条第二項の規定により国土交通大臣が認定した適性診断とみなす。

第三条　この省令の施行前に旧運輸規則第四十七条の九第三項、第四十八条の四第二項、第四十八条の五第一項第一号及び第四十八条の十二第二項の規定により国土交通大臣が認定した講習は、それぞれ新運輸規則第四十七条の九第三項、第四十八条の四第一項、第四十八条の五第一項及び第四十八条の十二第二項の規定により国土交通大臣が認定した講習とみなす。

附　則（平二四・三・三〇国交令二九）

この省令は、平成二十四年四月一日から施行する。

附　則（平二四・六・二九国交令六七）

この省令は、平成二十四年七月二十日から施行する。

附　則（平二五・八・二二国交令七一）

（施行期日）

1　この省令は、平成二十六年五月一日から施行する。ただし、第四十七条の二の改正規定及び次項の規定は、平成二十五年十月一日から施行する。

（経過措置）

2　第四十七条の二の改正規定の施行の際現に一般乗合旅客自動車運送事業（法第三十五条第一項の規定による一般貸切旅客自動車運送事業者に対する管理の委託に係る許可を受けて

いるものに限る。）又は一般貸切旅客自動車運送事業（その事業の規模がこの省令による改正前の旅客自動車運送事業運輸規則第四十七条の二第一項に規定する規模未満であるものに限る。）を営む者は、第四十七条の二の改正規定の施行の日から三月以内に、安全管理規程の設定の届出及び安全統括管理者の選任の届出をするものとする。

附　則（平二六・一・二四国交令七抄）

（施行期日）

1　この省令は、特定地域における一般乗用旅客自動車運送事業の適正化及び活性化に関する特別措置法等の一部を改正する法律〔平成二五年一一月法律第八三号〕の施行の日〔平成二六年一月二七日〕から施行する。〔後略〕

附　則（平二八・八・三一国交令六三抄）

（施行期日）

第一条　この省令は、公布の日から施行する。ただし、第二条及び附則第三条の規定は、平成二十八年十一月一日から施行する。

（経過措置）

第二条　第二条の規定による改正後の旅客自動車運送事業運輸規則第七条の二第三項の規定は、前条ただし書に規定する規定の施行の日以後に運送引受書を交付する場合について適用し、同日前に運送引受書を交付した場合については、なお従前の例による。

附　則（平二八・一一・二五国交令七八）

（施行期日）

第一条　この省令は、平成二十八年十二月一日から施行する。ただし、次の各号に掲げる規定は、当該各号に定める日から施行する。

一　〔略〕

二　第四条の規定　平成二十九年十二月一日

（経過措置）

第二条　第三条の規定による改正後の旅客自動車運送事業運輸規則（以下「新規則」という。）第二十四条第三項及び第五項の規定は、この省令の施行の日以後に運行を開始する場合について適用し、同日前に運行を開始した場合については、なお従前の例による。

第三条　一般貸切旅客自動車運送事業者及び特定旅客自動車運送事業者は、この省令の施行の際現に第三条の規定による改正前の旅客自動車運送事業運輸規則（以下「旧規則」という。）第四十七条の九第一項に規定する一般貸切旅客自動車運送事業運行管理者資格者証を有する者を、引き続き、運行管理者として選任することができる。

2　旅客自動車運送事業者は、この省令の施行の際現に旧規則第四十七条の九第一項に規定する一般貸切旅客自動車運送事業運行管理者資格者証を有する者を、引き続き、補助者として選任することができる。

第四条　この省令の施行の際現に旧規則第四十七条の九第三項の規定により補助者を選任している一般貸切旅客自動車運送事業者は、平成二十九年一月三十一日までに、次に掲げる事項を営業所の所在地を管轄する運輸監理部長又は運輸支局長に届け出なければならない。

一　届出者の氏名又は名称及び住所

二　営業所の名称及び位置

三　補助者の氏名及び生年月日

四　補助者が旧規則第四十七条の九第三項に規定する要件に該当することを証する事項

五　補助者の兼職の有無（兼職が有る場合は、その職名及び職務内容）

第五条　この省令の施行前に旧規則第四十八条の六第二項の資格者証の交付の申請をした者に対する旧規則第四十七条の九第一項に規定する資格者証の交付については、新規則第四十八条の五第一項の規定にかかわらず、なお従前の例による。

第六条　旧規則第二号様式による運行管理者資格者証交付申請書は、新規則第二号様式にかかわらず、当分の間、なおこれを使用することができる。

附　則（平二九・一・一三国交令一）

この省令は、道路運送法及び貨物自動車運送事業法の一部を改正する法律〔平成二八年一二月法律第一〇六号〕の施行の日〔平成二九年一月一六日〕から施行する。

附　則（平二九・七・一八国交令四四）

この省令は、公布の日から施行する。

附　則（平二九・一二・二八国交令七三抄）

（施行期日）

1　この省令は、平成三十年四月一日から施行する。

（旅客自動車運送事業運輸規則の一部改正に伴う経過措置）

2　この省令の施行の際現に一般乗用旅客自動車運送事業（その事業の規模が第一条による改正前の旅客自動車運送事業運輸規則第四十七条の二第一項に規定する規模未満であって第一条による改正後の旅客自動車運送事業運輸規則第四十七条の二第一項に規定する規模以上であるものに限る。）を経営する者は、同項の規定にかかわらず、この省令の施行の日から三月以内に、安全管理規程の設定の届出及び安全統括管理者の選任の届出をするものとする。

附　則（平三〇・三・三〇国交令一九）

この省令は、公布の日から施行する。

附　則（平三〇・四・二〇国交令四〇）

この省令は、平成三十年六月一日から施行する。

附　則（平三〇・六・二七国交令五一）

この省令は、平成三十年十月一日から施行する。

附　則（平三〇・一二・二六国交令九〇抄）

（施行期日）

1　この省令は、原子力利用における安全対策の強化のための核原料物質、核燃料物質及び原子炉の規制に関する法律等の一部を改正する法律〔平成二九年四月法律第一五号〕附則第一条に掲げる規定の施行の日（平成三十一年九月一日）から施行する。

附　則（平三一・一・一八国交令三）

この省令は、平成三十一年四月一日から施行する。

附　則（令元・六・二八国交令二〇）

この省令は、不正競争防止法等の一部を改正する法律〔平成三〇年五月法律第三三号〕の施行の日（令和元年七月一日）から施行する。

附　則（令元・一二・一六国交令四七抄）

（施行期日）

第一条　この省令は、情報通信技術の活用による行政手続等に係る関係者の利便性の向上並びに行政運営の簡素化及び効率化を図るための行政手続等における情報通信の技術の利用に関する法律等の一部を改正する法律〔令和元年五月法律第一六号〕の施行の日（令和元年十二月十六日）から施行する。

附　則（令二・一・二一国交令二）

この省令は、令和二年一月三十一日から施行する。

附　則（令二・一〇・三〇国交令八六）

この省令は、公布の日から施行する。

附　則（令二・一一・二国交令八七抄）

（施行期日）

第一条　この省令は、令和三年二月一日から施行する。ただし、〔中略〕次条から附則第七条までの規定は、公布の日から施行する。

（旅客自動車運送事業運輸規則の一部改正に伴う経過措置）

第五条　この省令の施行の際現に一般旅客自動車運送事業（その事業の規模が旅客自動車運送事業運輸規則第四十七条の二第一項に規定する規模未満であるものを除く。）又は特定旅客自動車運送事業（その事業の規模が同令第四十七条の二第二項において準用する同条第一項に規定する規模未満であるものを除く。）を営む者は、施行日前においても、第二条（第三号に係る部分に限る。）の規定による改正後の旅客自動車運送事業運輸規則（以下この条において「新旅客自動車運送事業運輸規則」という。）の規定の例による安全管理規程の変更の届出をすることができる。この場合において、当該届出は、新旅客自動車運送事業運輸規則の相当する規定により施行日に行われたものとみなす。

附　則（令二・一一・二七国交令九三抄）

（施行期日）

第一条　この省令は、持続可能な運送サービスの提供の確保に資する取組を推進するための地域公共交通の活性化及び再生に関する法律等の一部を改正する法律〔令和二年六月法律第三六号〕の施行の日（令和二年十一月二十七日）から施行する。

附　則（令三・八・三一国交令五三抄）

（施行期日）

1　この省令は、令和三年九月一日から施行する。

附　則（令四・二・二八国交令七）

（施行期日）

1　この省令は、令和五年二月二十八日から施行する。

（経過措置）

2　この省令の施行の際現にあるこの省令による改正前の様式による申請書、証明書その他の文書は、この省令による改正後のそれぞれの様式にかかわらず、当分の間、なおこれを使用することができる。

附　則（令四・一二・九国交令八八）

この省令は、公布の日から施行する。

附　則（令五・三・三一国交令三一抄）

（施行期日）

第一条　この省令は、令和五年四月一日から施行する。

附　則（令五・八・一国交令六一抄）

（施行期日）

1　この省令は、公布の日から施行する。

（旅客自動車運送事業運輸規則の一部改正に伴う経過措置）

3　この省令の施行の際現に一般貸切旅客自動車運送事業者、一般乗用旅客自動車運送事業者又は特定旅客自動者運送事業者が旅客の運送を行うためこれらの事業の用に供している自動車については、第二条の規定による改正後の旅客自動車運送事業運輸規則第四十二条第三項の規定にかかわらず、なお従前の例による。

附　則（令五・一〇・一〇国交令八三）

（施行期日）

第一条　この省令は令和六年四月一日より施行する。ただし、第一条中旅客自動車運送事業運輸規則第四十一条の十一、第四十七条の九、第四十八条の四、第四十八条の五及び第四十八条の十二の改正規定〔中略〕は、公布の日から施行する。

（旅客自動車運送事業運輸規則の一部改正に伴う経過措置）

第二条　令和六年三月三十一日以前に道路運送車両法（昭和二十六年法律第百八十五号）第七条第一項の規定による登録を受けた一般貸切旅客自動車運送事業の用に供する事業用自動車に係るこの省令による改正後の旅客自動車運送事業運輸規則第二十六条第一項の規定の適用については、令和七年三月三十一日までの間は、なお従前の例による。

附　則（令六・二・二九国交令一五抄）

（施行期日）

1　この省令は、公布の日から施行する。

（経過措置）

3　タクシー業務適正化特別措置法第二条第五項に規定する指定地域内の営業所に属する登録運転者（同法第三条第一項に規定する登録運転者をいう。以下この項において同じ。）であって次の各号のいずれかに該当するものが乗務する事業用自動車（運送の引受けが営業所のみにおいて行われるものを除く。）に係るこの省令による改正後の旅客自動車運送事業運輸規則第二十九条の規定の適用については、この省令の施行の日（以下この項において「施行日」という。）から起算して五年を経過する日までの間は、なお従前の例による。

一　この省令の施行の際現に当該指定地域内の営業所に属する登録運転者である者（当該指定地域で行われた新試験に合格してタクシー業務適正化特別措置法第四条第一項の登録（次号イにおいて「登録」という。）を受けた者を除く。）

二　施行日以後に当該指定地域内の営業所に属する登録運転者となった者であって、次のいずれかに該当するもの

イ　登録の申請前二年以内に通算九十日以上当該指定地域内において一般乗用旅客自動車運送事業者の事業用自動車の運転者であった者（既に当該指定地域で行われた新試験に合格して登録を受けた者を除く。）

ロ　施行日前に当該指定地域で行われた試験について旧規則第三十九条第四項の合格証の交付を受けた者であって、当該合格証の交付を受けた日から起算して二年を経過していないもの

ハ　施行日前に当該指定地域で行われた試験において旧規則第三十九条第一項第二号に掲げる科目について合格点を得た者であって、同条第五項の通知があった日から起算して二年を経過していないもの

附　則（令六・三・一五国交令二二）

この省令は、公布の日から施行する。

附　則（令六・三・二九国交令四二）

この省令は、令和六年四月一日から施行する。

附　則（令六・四・三〇国交令五八抄）

（施行期日）

1　この省令は、令和六年六月三十日から施行する。

第１号様式（第48条の６関係）（日本産業規格Ａ列４番）

運　行　管　理　者　資　格　者　証

資格者証番号

氏　　名

生年月日

道路運送法第23条の２の規定により、　　　　旅客自動車運送事業運行管理者資格者証を交付する。

年　　月　　日

地方運輸局長　　　　　　　印

第２号様式（第48条の６関係）（日本産業規格Ａ列４番）

運行管理者資格者証交付申請書

年　　月　　日

地方運輸局長殿

収入印紙

郵便番号

住　　所　　　　　　　　　　電話（連絡先）

（フリガナ）
氏　　名

生年月日

一般乗合
一般乗用（注(1)）旅客自動車運送事業運行管理者資格者証の交付を受けたいので、旅客自動車運送事業運輸規則第48条の６第２項の規定により、別紙書類を添付して申請します。
特　　定

申請の区分			
	A	試験合格	受験番号　　　　（　年　月　日　合格）
	B	資格要件	旅客自動車運送事業運輸規則第48条の５第１項に該当する。

注 (1) 不要の文字は消すこと。
(2) 申請の区分の欄は、該当する区分の記号の１つを○で囲み、必要事項を記入すること。

第３号様式（第48条の７、第48条の８関係）（日本産業規格Ａ列４番）

運行管理者資格者証訂正/再交付（注(1)）申請書

年　月　日

地方運輸局長殿

収入印紙

郵便番号

住　所　　　　電話（連絡先）

（フリガナ）

氏　名

生年月日

資格者証の訂正/再交付（注(1)）を受けたいので、旅客自動車運送事業運輸規則第48条の７第１項/第48条の８第１項（注(1)）の規定により、別紙書類を添付して申請します。

理　由	１　氏名の変更　２　汚損　３　破損　４　亡失	
申請前に有していた資格者証の記載内容	資格者番号	
	氏　名	
	生年月日	
変更後の氏名		

注　(1)　不要の文字は消すこと。
(2)　資格者証の訂正を申請する場合は、収入印紙は不要。
(3)　理由の欄は、該当する事項の数字を○で囲むこと。

第４号様式（第48条の13関係）

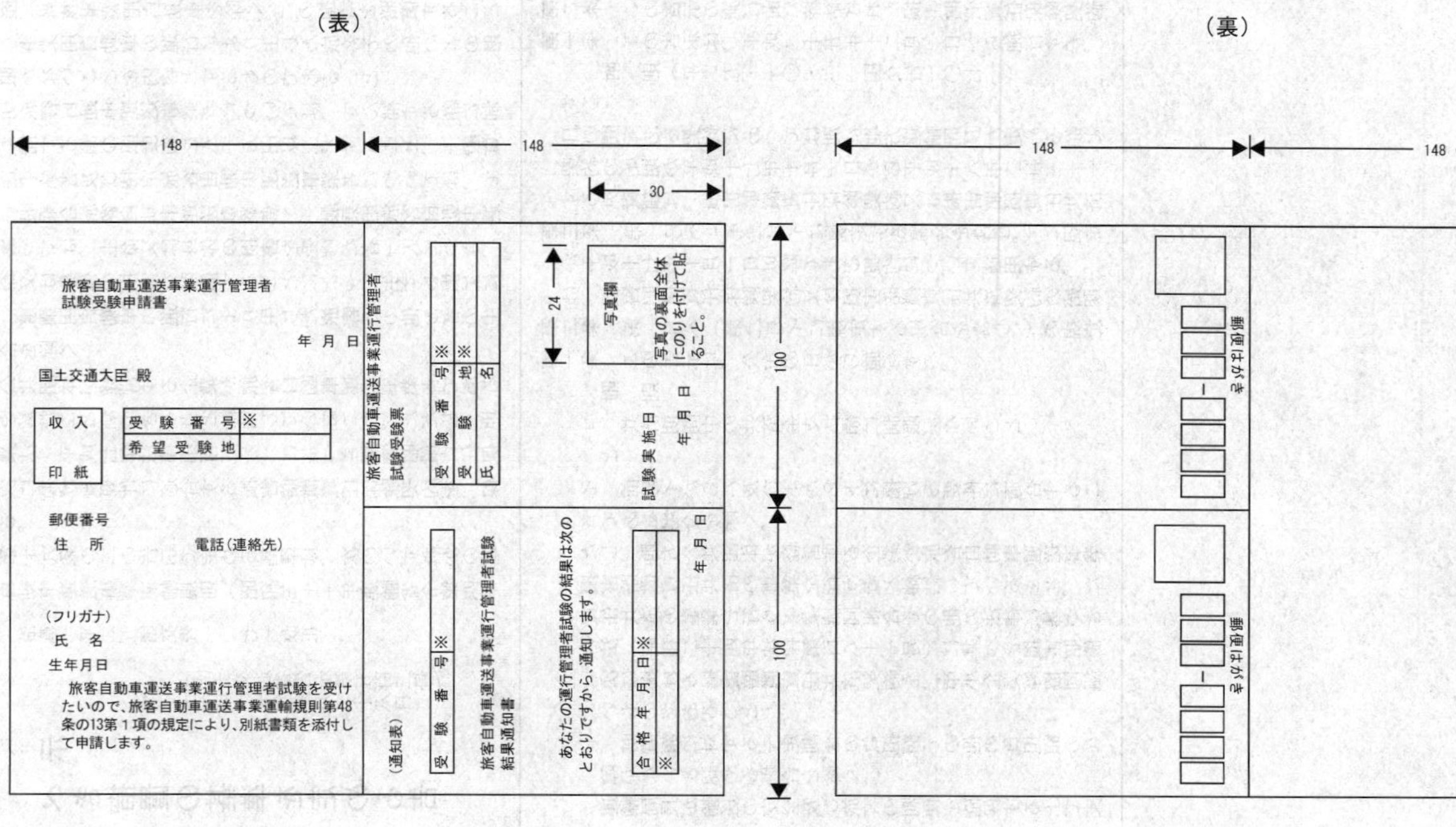

（表）

148　148　30　24　100　100

旅客自動車運送事業運行管理者
試験受験申請書

年　月　日

国土交通大臣　殿

収入印紙	受験番号	※
	希望受験地	

郵便番号
住　所　　　　　電話（連絡先）

（フリガナ）
氏　名
生年月日

旅客自動車運送事業運行管理者試験を受けたいので、旅客自動車運送事業運輸規則第48条の13第１項の規定により、別紙書類を添付して申請します。

旅客自動車運送事業運行管理者
試験受験票

受験番号	※
受験地	※
氏名	

写真欄
写真の裏面全体にのりを付けて貼ること。

試験実施日
年　月　日

（通知表）

受験番号	※

旅客自動車運送事業運行管理者試験
結果通知書

あなたの運行管理者試験の結果は次のとおりですから、通知します。

合格年月日	※
※	

年　月　日

（裏）

148　148

郵便はがき
□□□－□□□□

郵便はがき
□□□－□□□□

注（1）※の欄は記入しないこと。
（2）運行管理者試験受験票に貼る写真は、最近六月以内に撮影した無帽、正面、上三分身、無背景のものであること。
（3）寸法の単位は、ミリメートルとする。

○旅客自動車運送事業者が事業用自動車の運行により生じた旅客その他の者の生命、身体又は財産の損害を賠償するために講じておくべき措置の基準を定める告示

（平成十七年四月二十八日　国土交通省告示第五百三号）

沿革　平二五国交告一〇七一改正

旅客自動車運送事業運輸規則（昭和三十一年運輸省令第四十四号）第十九条の二の告示で定める基準は、次のいずれかの基準とする。

一　次に掲げる要件に適合する損害賠償責任保険契約を、保険業法（平成七年法律第百五号）に基づき損害賠償責任保険を営むことができる者と締結していること。ただし、地方公共団体が経営する企業が旅客自動車運送事業者である場合を除く。

イ　事業用自動車の運行により生じた旅客その他の者の生命又は身体の損害を賠償することによって生ずる損失にあっては、生命又は身体の損害を受けた者一人につき、一般乗合旅客自動車運送事業者、一般乗用旅客自動車運送事業者及び特定旅客自動車運送事業者については、てん補する額の限度額を八千万円以上とすること、一般貸切旅客自動車運送事業者については、てん補する額に制限がないことを内容とするものであること

ロ　事業用自動車の運行により生じた旅客その他の者の財産（当該事業用自動車を除く。）の損害を賠償することによって生ずる損失にあっては、一事故につき二百万円以上を限度額としててん補することを内容とするものであること

ハ　旅客自動車運送事業者の法令違反が原因の事故についててん補が免責となっていないこと

ニ　保険期間中の保険金支払額に制限がないこと

ホ　事業用自動車の台数に応じて契約を締結する場合にあっては、すべての事業用自動車の台数分の契約を締結すること

ヘ　財産に対する免責額が三十万円以下であること（地方運輸局長が輸送の安全及び旅客の利便を確保する上で支障がないと認める場合を除く。）

ト　賠償額に対する一定割合の負担額その他の負担額のないものであること

二　次に掲げる損害賠償責任共済契約を、中小企業等協同組合法（昭和二十四年法律第百八十一号）に基づき損害賠償責任共済の事業を行う事業協同組合その他の法律に基づき損害賠償責任共済の事業を行う者と締結していること。ただし、地方公共団体が経営する企業が旅客自動車運送事業者である場合を除く。

イ　前号イからハ及びホからトに掲げる要件に適合すること

ロ　共済期間中の共済金支払額に制限がないこと

附　則

第一条　この告示は、公布の日から施行する。

第二条　第一号ヘ（第二号イに規定する場合を含む。）の規定は、損害賠償責任保険契約又は損害賠償責任共済契約の始期が平成十七年十月一日以降である契約について適用する。

第三条　第一号ヘ（第二号イに規定する場合を含む。）に規定する免責額は、損害賠償責任保険契約又は損害賠償責任共済契約の始期が平成十七年十月一日から平成十八年三月三十一日の間である契約にあっては別に地方運輸局長が定める額とする。

附　則（平二五・一〇・三一国交告一〇七一）

第一条　この告示は、平成二十五年十二月一日から施行する。

第二条　この告示の施行前に締結された損害賠償責任保険契約又は損害賠償責任共済契約については、この告示による改正前の旅客自動車運送事業者が事業用自動車の運行により生じた旅客その他の者の生命、身体又は財産の損害を賠償するために講じておくべき措置の基準を定める告示第一号イの規定は、なおその効力を有する。

○自家用有償旅客運送者が自家用有償旅客運送自動車の運行により生じた旅客その他の者の生命、身体又は財産の損害を賠償するために講じておくべき措置の基準を定める告示

（平成十八年九月二十九日 国土交通省告示第千百七十一号）

沿革 令二国交告一四〇七、令五国交告八五五改正

道路運送法施行規則（昭和二十六年運輸省令第七十五号）第五十一条の二十六の告示で定める基準は、次のいずれかの要件に該当するものとする。

一 次に掲げる要件に適合する損害賠償責任保険契約を、保険業法（平成七年法律第百五号）に基づき損害賠償責任保険を営むことができる者と締結していること。ただし、市町村が行う自家用有償旅客運送にあっては、この限りでない。

イ 自家用有償旅客運送自動車の運行により生じた旅客その他の者の生命又は身体の損害を賠償することによって生ずる損失にあっては、生命又は身体の損害を受けた者一人につき八千万円以上を限度額としててん補することを内容とするものであること。

ロ 自家用有償旅客運送自動車の運行により生じた旅客その他の者の財産（当該自家用有償旅客運送自動車を除く。）の損害を賠償することによって生ずる損失にあっては、一事故につき二百万円以上を限度額としててん補することを内容とするものであること。

ハ 保険期間中の保険金支払額に一定割合の負担額その他の制限がないこと。

ニ 自家用有償旅客運送者の法令違反が原因の事故について補償が免責となっていないこと。

ホ 自家用有償旅客運送自動車の台数に応じて契約を締結する場合にあっては、すべての自家用有償旅客運送自動車について契約を締結すること。

二 次に掲げる要件に適合する損害賠償責任共済契約を、中小企業等協同組合法（昭和二十四年法律第百八十一号）その他の法律に基づき損害賠償責任共済の事業を行う者と締結していること。ただし、市町村が行う自家用有償旅客運送にあっては、この限りでない。

イ 前号（ハを除く。）に掲げる要件に適合すること。

ロ 共済期間中の共済金支払額に一定割合の負担額その他の制限がないこと。

附 則（令二・一一・二七国交告一四〇七）

この告示は、公布の日から施行する。

附 則（令五・八・一国交告八五五）

この告示は、道路運送法施行規則等の一部を改正する省令〔令和五年八月国土交通省令第六一号〕の施行の日〔令和五年八月一日〕から施行する。

○法人タクシー事業者による交通サービスを補完するための地域の自家用車・一般ドライバーを活用した有償運送の許可に関する取扱いについて

（令和六年三月二十九日 国自安第一八一号、国自旅第四三一号、国自整第二八二号 各地方運輸局長、沖縄総合事務局長あて 物流・自動車局長通達）

地域交通の「担い手」や「移動の足不足」といった深刻な社会問題に対応するため、「デジタル行財政改革中間とりまとめ」（令和五年十二月二十日デジタル行財政改革会議決定）において、現状のタクシー事業では不足している移動の足を、タクシー事業者の管理の下で、地域の自家用車や一般ドライバーを活用することで補う新たな仕組みを創設するとされたところである。

これを踏まえ、タクシーが不足する地域、時期、時間帯において、地域の自家用車や一般ドライバーを活用して行う有償運送（以下「自家用車活用事業」という。）に係る道路運送法（昭和二十六年法律第百八十三号、以下「法」という。）第七十八条第三号の規定の許可に関しては、次のとおり取扱うものとする。

なお、本通達は、安全・安心を前提に、地域交通の「担い手」「移動の足」不足を解消することを目的としているため、これらの問題に対する自家用車活用事業の実施効果やタクシー事業者により講じられる安全確保策を定期的に確認しながら、適切な時期に見直しを行うこととする。

1 許可申請手続

自家用車活用事業に係る許可申請手続は、同事業を実施しようとする法人タクシー事業者（以下「事業者」という。）

が行うものとし、許可申請書は、別紙「様式1」の申請書を管轄の運輸支局長（運輸監理部長及び陸運事務所長を含む。）あてに提出するものとする。

2　許可基準

上記1の許可申請があったときは、以下の基準に適合するかどうかを審査し、適合する場合にあっては、公共の福祉を確保するためやむを得ないものと認めて許可するものとする。

(1)　対象地域、時期及び時間帯並びに不足車両数

タクシーが不足する地域、時期及び時間帯並びにそれぞれの不足車両数を、国土交通省が指定していること。

(2)　資格要件

法第四条第一項に基づき、一般乗用旅客自動車運送事業の許可を受けていること。

(3)　管理運営体制

①運行管理規程に、下記(ア)～(エ)の事項が記載されていること。

(ア)　事業用自動車及び稼働させることが可能な自家用車の合計が五両以上の営業所においては、当該合計車両数の四十両ごとに一名以上の有資格の運行管理者が選任されていること。

(イ)　運行管理を担当する役員等が選任され、運行管理に関する指揮命令系統が明確であること。

(ウ)　点呼、指導監督及び研修が実施される体制が確立され、設備が備えられていること。

(エ)　事故防止についての教育及び指導体制が確立され、かつ、事故の処理及び自動車事故報告規則（昭和二十六年運輸省令第百四号。以下「事故報告規則」という。）に準じて行う報告等の責任体制その他緊急時の連絡体制及び協力体制が確立されていること。

②自家用車活用事業に係る運転者（以下「自家用車ドライバー」という。）に対し、旅客自動車運送事業運輸規則（昭和三十一年運輸省令第四十四号。以下「運輸規則」という。）第三十六条第二項、第三十八条及び第三十九条に定められたものと同等の指導等を行う体制が確立されていること。

③整備管理規程に、自家用車活用事業に用いる自家用車の整備管理体制に関する事項が記載されていること。事業用自動車及び稼働させることが可能な自家用車の合計が五両以上の営業所においては、原則として、常勤の有資格の整備管理者が選任されていること。

④輸送の安全上支障のないよう、自家用車ドライバーの他業での勤務時間を把握すること。

(4)　損害賠償能力

自家用車活用事業について、対人八千万円以上及び対物二百万円以上の任意保険若しくは共済に加入していること又は運行業務開始までに加入する具体的な計画があること。

3　許可に付する条件

許可に当たっては、以下の条件を付するものとする。

(1)　使用する自家用車について

①事業者ごとに使用可能な車両数は、地方運輸局長等が通知する範囲内であること。通知する車両数は、許可地域ごとに2.(1)の車両数の範囲内であり、かつ、営業所の事業用自動車の車両数（許可対象地域の営業所の車両数が著しく少ないなど、地方運輸局長等が必要と認める場合についてはこの限りではない。）の範囲内とする。

②事業者は、契約関係にある自家用車ドライバーが自家用車活用事業の用に供する自家用車を登録し、同車両（以下、登録車両という。）に係る情報を適切に管理すること。なお、登録車両の数に制限は設けない。

③自家用車活用事業の用に供する間、自家用車活用事業の用に供する車両である旨を自家用車の外部に見えやすく表示すること。また、事業者の名称を外部から把握できるよう措置を講ずること。

④自家用車は、乗車定員十人以下であること。

(2)　自家用車ドライバーについて

①第一種運転免許（初心運転者期間にあるものを除く。）又は第二種運転免許を保有し、自家用車活用事業に従事する日前二年間において無事故（自動車の転覆、転落など、事故報告規則第二条に定める「事故」をいう。）であり、かつ、運転免許の停止処分を受けていないこと。

②事業者は、運輸規則第三十六条第二項の規定に基づき行うものと同様の研修（大臣認定講習を含む。ただし接遇等必要な研修科目の受講が必要）及び運輸規則第三十八条に基づき行うものと同様の指導監督を行うこと。

③事業者は、事業者の名称、自家用車ドライバーの氏名、運転免許証の有効期限及び作成年月日が記載された運転者証明（電磁的記録でも可）を自家用車ドライバーに対して発行し、携行させること。

(3)　運行管理及び車両整備管理

事業者は、関連通達（「自家用車活用事業における運行管理について」（国自安第百八十二号）及び「自家用車活用事業における自家用車の車両整備管理について」（国自整第二百八十三号））に基づき、運行管理及び車両の整備管理を行うこと。

(4)　運送形態・態様について

以下の形態・態様で実施されるものであること。

①利用者と事業者の間で運送契約が締結され、事業者が運送責任を負うものであること。

②運送の引受け時に発着地が確定している運送であること。

③運送の引受けに当たって、自家用車活用事業による運送サービスが提供されることについて、利用者の事前の承諾を得ていること。

④運賃及び料金は、事業者の事前確定運賃制度に準ずること。

⑤運賃及び料金の支払い方法は、原則キャッシュレスによる方法であること。

⑥運送サービスの発地又は着地のいずれかが、事業者が許可を受けている営業区域内に存するものであること。ただし、地域の旅客輸送需要に応じた運送サービスの提供を十分に確保することが困難であると認められる場合は、隣接する営業区域に営業所を有するタクシー事業者による運送サービスを認めることができる。

(5)　稼働状況の報告

事業者は、使用可能な自家用車の稼働状況について記録し、運輸支局からの求めに応じて報告すること。

(6) 許可の取り消し等許可に付する条件に違反した場合には、「一般乗用旅客自動車運送事業者に対する行政処分等の基準について（平成二十一年九月二十九日通達　国自安第六十号・国自旅第百二十八号・国自整第五十四号）」に準じて許可の取り消し等を行うこととする。

4　許可期間

許可期間は二年間とする。

5　その他

下記(1)～(3)に該当することとなった場合の許可の取扱いについては、それぞれに定めるところによるものとする。

(1) 事業者が法第三十八条第一項の規定に基づき、その事業の休止又は廃止の届出を行った場合

当該事由が発生した日に許可を取消す。

(2) 事業者が法第四十条の規定に基づき、その事業の許可の取消処分を受けた場合

当該処分の日に許可を取消す。

(3) 事業者が法第四十条の規定に基づき、その事業の停止処分を受けた場合

当該処分期間中は、自家用車活用事業に係る許可の効力を停止する。なお、停止中の期間は、許可期間に含まれるものとする。

様式１

年　　月　　日

運輸局　　　運輸支局長　殿

名　　　　称
住　　　　所
代 表 者 名
担 当 者 名
担当者連絡先

自家用自動車有償運送（自家用車活用事業）許可申請書

このたび、下記のとおり自家用自動車の有償運送（自家用車活用事業）を行いたいので、道路運送法第 78 条第３号及び同施行規則第 50 条により、関係書類を沿えて下記のとおり申請します。

記

１．名称、住所、代表者名

２．運送需要者

（例）国土交通省が指定する時間帯において自家用自動車による運送サービスの提供を受けることを承諾する一般旅客

３．運送しようとする人の数

（例）１日あたり計〇人

４．運送しようとする期間

（例）許可日より２年間

５．運送しようとする区域

（例）当社の一般乗用旅客自動車運送事業の営業区域である〇〇交通圏

6．有償運送を必要とする理由

（例）タクシーが不足する時間帯において、地域の自家用車や一般ドライバーを活用することで地域交通の担い手や移動の足不足といった課題に対応するため。

7．自家用車活用事業に使用する車両数（各時間帯のうち最大のもの）

○台

8．自家用車ドライバーとの契約形態

添付書類
（1）自家用車活用事業に係る管理運営体制等を記載した書類・・・・・・・・・・・・・・【別添1】
（2）運行管理規程、整備管理規程、自家用車ドライバーの勤務時間の管理に関する書面（管理運営体制に係る宣誓書）・・・・・・・・・・・・・・・・・・・・・・・・・【別添2】
（3）損害賠償能力を備えること又は運行開始までに加入する具体的な計画があることを証する書面（損害賠償能力に係る宣誓書）・・・・・・・・・・・・・・・・・・・【別添3】
（4）自家用車ドライバーについて許可条件を満たすことを証する書面（自家用車ドライバーに関する宣誓書）・・・・・・・・・・・・・・・・・・・・・・・・・・・・・・【別添4】
（5）運送形態・態様等について許可条件を満たすことを証する書面（運送の形態・態様等に関する宣誓書）・・・・・・・・・・・・・・・・・・・・・・・・・・・・・・【別添5】

別添１

自家用車活用事業に係る管理運営体制等を記載した書類

営業所名＿＿＿＿＿＿＿＿＿＿＿＿＿＿＿＿＿＿＿＿

１．適切な運行管理者及び整備管理者の選任計画並びに指揮命令系統について

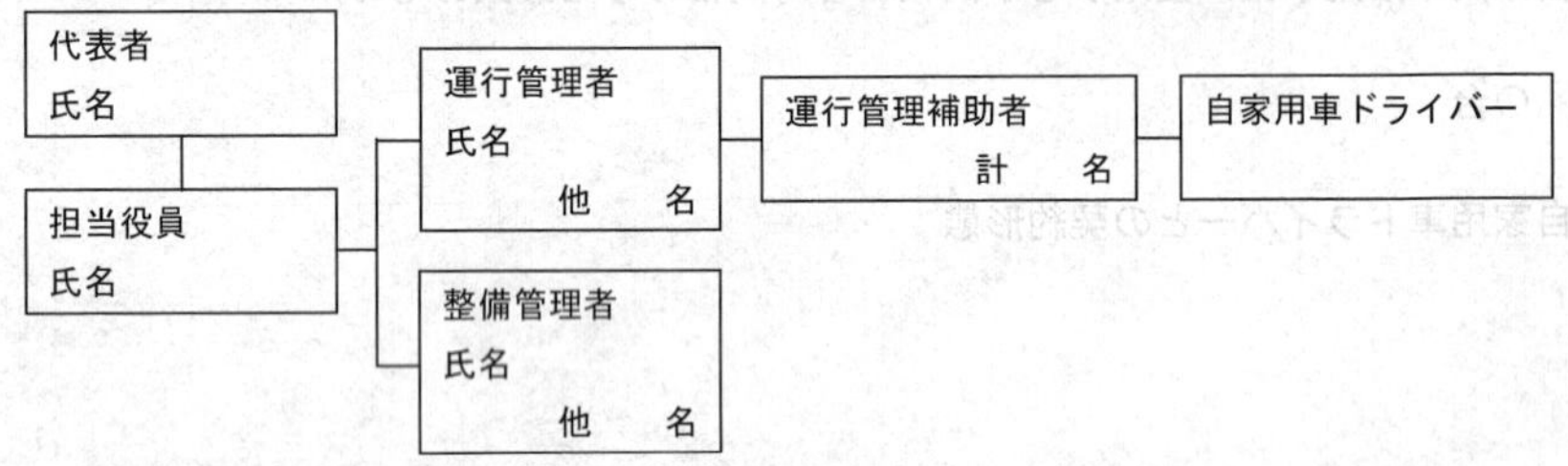

２．点呼等の実施体制について

・点呼実施者　実施者氏名＿＿＿＿＿＿＿＿＿＿＿＿＿＿＿＿＿＿

・点呼実施場所　実施場所＿＿＿＿＿＿＿＿＿＿＿＿＿＿＿＿＿＿

（　遠隔点呼 有・無　　自動点呼 有・無　）

・日常点検の実施者、実施場所、実施手順等

３．配車アプリ等について

・配車及び運賃の算出に用いるアプリ等の名称　（名称）＿＿＿＿＿＿＿＿

４．指導監督及び事故防止等の体制について

（１）自家用車ドライバーに対する研修、講習会等の開催予定　年間＿＿＿＿回

（２）自家用車ドライバーの指導監督の責任者　氏名＿＿＿＿＿＿＿＿＿＿

（３）事故処理体制について

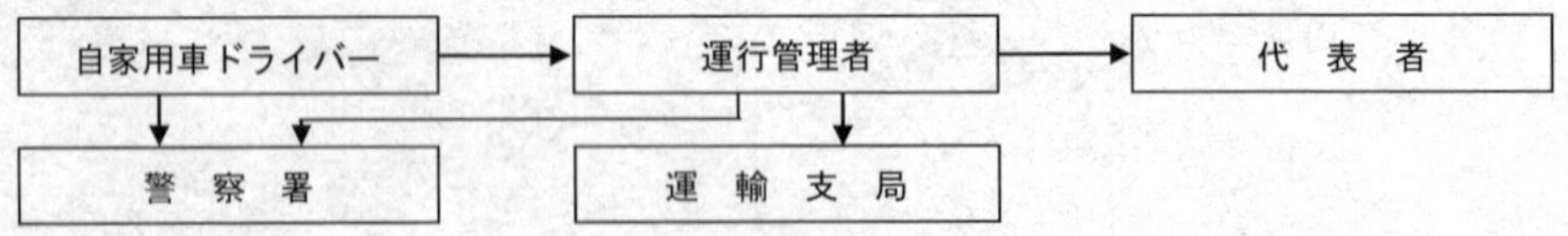

５．苦情処理体制

・苦情処理責任者　氏名＿＿＿＿＿＿＿＿　苦情処理担当者　氏名＿＿＿＿＿＿＿＿

別添２

運輸局　　運輸支局長　殿

管理運営体制に係る宣誓書

１．当社の整備管理規定は、自家用車活用事業に用いる自家用車の整備管理体制について定めています。

２．輸送の安全を確保するため、自家用車ドライバーの当社以外での就業状況・勤務時間について把握します。

３．関連通達に基づき、自家用車活用事業における運行管理及び車両の整備管理を行います。

上記に相違ないことを宣誓いたします。

年　　月　　日

名　　　　称
住　　　　所
代表者の氏名

別添３

運輸局　　運輸支局長　殿

損害賠償能力に係る宣誓書

道路運送法第７９条第３号に基づく自家用車活用事業に用いる自動車について、以下のとおり損害を賠償するための措置を講ずることを宣誓いたします。

記

保険（共済）の種類	補償金額
対人保険（共済）	（　無制限　・　　　　　　万円）
対物保険（共済）	（　無制限　・　　　　　　万円）

年　　月　　日

名　　　　称
住　　　　所
代表者の氏名

別添４

運輸局　　運輸支局長　殿

自家用車ドライバーに関する宣誓書

1．当社が実施する自家用車活用事業の自家用車ドライバーが「法人タクシー事業者による交通サービスを補完するための地域の自家用車・一般ドライバーを活用した有償運送の許可に関する取扱い」（令和６年３月２９日付国自安第１８１号、国自旅第４３１号、国自整第２８２号）３．（２）①の条件を満たすことについて、当社で責任をもって確認します。

2．当社が実施する自家用車活用事業の自家用車ドライバーについて、上記３．（２）③に定める運転者証明を携行させます。

上記に相違ないことを宣誓いたします。

年　　月　　日

名　　　　称
住　　　　所
代表者の氏名

別添５

運輸局　　運輸支局長　殿

運送の形態・態様等に関する宣誓書

１．本申請に係る自家用車活用事業は、利用者と法人タクシー事業者である当社の間で運送契約を締結し、当社が運送責任を負います。

２．本申請に係る自家用車活用事業は、発着地を確定した上で運送の引受けを行うものであり、自家用車活用事業による運送サービスが提供されることについてあらかじめ利用者の承諾を得ます。

３．本申請に係る自家用車活用事業における運賃は、当社がタクシー事業の事前確定運賃制度に準じたものとします。

４．本申請に係る自家用車活用事業による運送は、特に認められている場合を除き、発地又は着地のいずれかが当社の法人タクシー事業の営業区域内に存するものとします。

５．本申請に係る使用可能な自家用車の稼働状況について記録し、運輸支局からの求めに応じて報告します。

上記に相違ないことを宣誓いたします。

年　　月　　日

名　　　　称
住　　　　所
代表者の氏名

○自家用車活用事業における運行管理について

（令和六年三月二十九日　国自安第一八二号
各地方運輸局自動車交通部長、各地方運輸局自動車技術安全部長、沖縄総合事務局運輸部長あて　物流・自動車局安全政策課長通達）

「法人タクシー事業者による交通サービスを補完するための地域の自家用車・一般ドライバーを活用した有償運送の許可に関する取扱い（令和六年三月二十九日、国自安第百八十一号、国自旅第四百三十一号、国自整第二百八十二号）」三(三)で定める運行管理に関する取扱いは、旅客自動車運送事業運輸規則（以下「運輸規則」という。）第四十七条の八を踏まえ、以下の通り定める。

一　異常気象時の措置
　運輸規則第二十条に準じて実施すること。

二　過労防止等
　運輸規則第二十一条に準じて実施すること。

三　点呼等
　運輸規則第二十四条に準じて実施すること。また、遠隔点呼や自動点呼を実施する場合は、その実施にあたり、「旅客自動車運送事業運輸規則の解釈及び運用について（平成十四年一月三十日、国自総第四百四十六号、国自旅第百六十一号、国自安第百四十九号）」に規定する届出が必要となるとともに、「対面による点呼と同等の効果を有するものとして国土交通大臣が定める方法を定める告示（令和五年国土交通省告示第二百六十六号。以下「点呼告示」という。）」が定めるところにより実施すること。

四　業務記録
　運輸規則第二十五条第三項及び第四項に準じて実施すること。

五　運行記録計による記録
　運輸規則第二十六条第二項に準じて実施すること。ただし、運行記録計による記録が困難な場合は、ＧＰＳを搭載したスマートフォン等※による距離と時間の記録をもって代えることができる。
　※「ＧＰＳを搭載したスマートフォン等」とは、みちびき（準天頂衛星）に対応したスマートフォン及びドライブレコーダーをいう。

六　事故の報告及び記録
　事故が発生した場合、自動車事故報告規則（昭和二十六年運輸省令第百四号）に準じてその旨を国土交通大臣（運輸支局等）に届け出るとともに、運輸規則第二十六条の二に準じて記録及び保存すること。なお、国土交通大臣（運輸支局等）への届出は、自動車事故報告書の別記様式によるものとし、以下の点に留意すること。
・「自動車の使用者の氏名又は名称」には法人タクシー事業者名を記載
・「当該自動車の使用の本拠の名称及び位置」に自家用自動車活用事業である旨を併記
・「当該自動車の概要」は「自家用」「二　有償旅客運送」を選択

七　乗務員台帳
　運輸規則第三十七条第一項に準じて乗務員台帳の作成及び備え付けを実施すること。

八　自家用車ドライバーに対する指導監督
　新たに自家用車ドライバーとして選任する者に対しては、国土交通大臣が告示で定める適性診断を受けさせるとともに、運輸規則第三十八条第二項に準じて行う指導監督を行うこと。また、自家用車ドライバーとして選任した者に対しては、旅客自動車運送事業者が事業用自動車の運転者に対して行う指導及び監督の指針（平成十三年十二月三日国土交通省告示第千六百七十六号。以下「指導監督指針」という。）第一章に定める項目を以下の頻度で教育すること。
・第一種運転免許を保有する自家用車ドライバー…四半期毎
・第二種運転免許を保有する自家用車ドライバー…毎年
　上記の他、自家用車ドライバーに対する指導監督やその記録の保存等は、運輸規則第三十八条、第三十九条及び第四十条（指導監督指針を含む。）に準じて実施すること。

九　応急用器具等の備え付け
　運輸規則第四十三条第二項に準じて自家用自動車に非常信号用具を備えること。

十　運行管理者の業務
　選任された運行管理者は運輸規則第四十八条に準じて自家用車活用事業に係る運行管理を実施するものとする。なお、運行管理者の選任数は、事業用自動車及び稼働させることが可能な自家用自動車の合計を四十で除して一を加えた数以上とする（一未満の端数は切り捨て）。

○自家用車活用事業における自家用車の車両整備管理について

（令和六年三月二十九日　国自整第二八三号
各地方運輸局自動車交通部長、各地方運輸局技術安全部長、沖縄総合事務局運輸部長あて
物流・自動車局自動車整備課長通達）

「法人タクシー事業者による交通サービスを補完するための地域の自家用車・一般ドライバーを活用した有償運送の許可に関する取扱い（令和六年三月二十九日、国自旅第四百三十一号、国自安第百八十一号、国自整第二百八十二号）」三㈢に基づき車両整備管理に関する取扱いを以下の通り定める。

1　点検整備

⑴　法人タクシー事業者は、自家用自動車について、自動車点検基準（昭和二十六年運輸省令第七十号）に基づき、以下の点検を行い、必要な整備を行うこと。

①運行前点検（一日一回、自家用車活用事業の用に供する前に実施する点検）

・自動車点検基準別表第一

②中間点検（三か月ごとに行う基本的な点検）

・自動車点検基準別表第三の「三か月ごと項目」

なお、年次点検を行った場合は、中間点検に代えることができる。

③年次点検（十二か月ごとに行う詳細な点検）

・自動車点検基準別表第三の「十二か月ごと項目」

④開始前点検（自家用自動車を自家用車活用事業の用に供する前に行う点検）

・自動車点検基準別表第三の「三か月ごと項目」

・自家用自動車を自家用車活用事業の用に供する前三月以内に実施すること

なお、自動車点検基準別表第六による定期点検を行った場合は、開始前点検に代えることができる。

⑵　⑴②の規定にかかわらず、直近の中間点検、年次点検又は開始前点検以降、連続する二か月における自家用車活用事業の用に供される頻度が一か月あたり十五日未満又は四十時間未満である自家用自動車については、次回の中間点検について、別添の点検項目とすることができる。

⑶　法人タクシー事業者は、自家用自動車について⑴の点検整備が適切に行われていることを確認できる記録（点検整備記録簿の写し、電子データ等）を二年間保存すること。

2　年次検査

⑴　法人タクシー事業者は、自家用車活用事業の用に供する自家用自動車について、道路運送車両法に基づく検査（以下「継続検査等」という。）に加えて、直近の継続検査等の日から起算して十一か月が経過する日から十二か月が経過する日までの間に、年次検査を行い、道路運送車両の保安基準（以下「保安基準」という。）に適合することを確認すること。ただし、初めて自家用車活用事業の用に供して一年が経過する日以後初めて受ける継続検査等の日までの間は、当該自家用自動車について年次検査を行うことを要しない。

⑵　⑴において、自家用車活用事業の用に供する自家用自動車が継続検査等に合格した場合には、年次検査を実施し、保安基準に適合することを確認したものとみなす。

⑶　年次検査は、指定自動車整備事業者の自動車検査員又は独立行政法人自動車技術総合機構の自動車検査官（検査対象軽自動車にあっては軽自動車検査協会の軽自動車検査員）が、継続検査と同じ方法により保安基準に適合するかどうか確認することにより行うこと。

⑷　年次検査の結果、自家用車活用事業の用に供する自動車が保安基準に不適合とされた場合にあっては、法人タクシー事業者は、必要な整備を行い、再度年次検査を行い、保安基準に適合することを確認するまでは、当該自家用自動車を自家用車活用事業の用に供さないこと。

⑸　法人タクシー事業者は、自家用車活用事業の用に供する自家用自動車の年次検査の記録（検査結果の写し、電子データ等）を二年間保存すること。

別添　１．（２）が該当する自動車の中間点検項目

点検箇所		
かじ取り装置	パワー・ステアリング装置	ベルトの緩み及び損傷
制動装置	ブレーキ・ペダル	ブレーキの利き具合
	リザーバ・タンク	液量
走行装置	ホイール	（※１）タイヤの状態
		ホイール・ナット及びホイール・ボルトの緩み
緩衝装置	リーフ・サスペンション	スプリングの損傷
	エア・サスペンション	エア漏れ
	ショック・アブソーバ	油漏れ及び損傷
動力伝達装置	クラッチ	ペダルの遊び及び切れたときの床板とのすき間
		作用
		液量
	トランスミッション及びトランスファ	（※１）　油漏れ及び油量
	デファレンシャル	（※１）　油漏れ及び油量
電気装置	点火装置	（※１）（※２）　点火プラグの状態
	バッテリ	ターミナル部の接続状態
原動機	本体	低速及び加速の状態
		排気の色
	潤滑装置	油漏れ
	冷却装置	ファン・ベルトの緩み及び損傷
高圧ガスを燃料とする燃料装置等		導管及び継手部のガス漏れ及び損傷
		（※３）　ガス容器及びガス容器付属品の損傷
車枠及び車体		緩み及び損傷

①（※１）印の点検は、当該点検を行った日以降の走行距離が３月あたり２千キロメートル以下の自動車については前回の当該点検を行うべきとされる時期に当該点検を行わなかった場合を除き、行わないことができる。

②（※２）印の点検は、点火プラグが白金プラグ又はイリジウム・プラグの場合は、行わないことができる。

③（※３）印の点検は、圧縮天然ガス、液化天然ガス及び圧縮水素を燃料とする自動車に限る。

○事業用自動車の運転者の勤務時間及び乗務時間に係る基準

（平成十三年十二月三日
国土交通省告示第千六百七十五号）

旅客自動車運送事業者が運転者の勤務時間及び乗務時間を定める場合の基準は、運転者の労働時間等の改善が過労運転の防止にも資することに鑑み、「自動車運転者の労働時間等の改善のための基準」（平成元年労働省告示第七号）とする。

○旅客自動車運送事業者が事業用自動車の運転者に対して行う指導及び監督の指針

（平成十三年十二月三日 国土交通省告示第千六百七十六号）

沿革 平二一国交告一〇二二、平二四国交告四六〇、平二八国交告九七一・一三四七、平三〇国交告七〇八改正

第一章 一般的な指導及び監督の指針

旅客自動車運送事業者は、旅客自動車運送事業運輸規則（昭和三十一年運輸省令第四十四号。以下「運輸規則」という。）第三十八条第一項の規定に基づき、1に掲げる目的を達成するため、2に掲げる内容について、3に掲げる事項に配慮しつつ、旅客自動車運送事業の事業用自動車（以下「事業用自動車」という。）の運転者に対する指導及び監督を毎年実施し（一般貸切旅客自動車運送事業者にあっては、ドライブレコーダーにより記録すべき情報及びドライブレコーダーの性能要件を定める告示（平成二十八年国土交通省告示第千三百四十六号）に定める要件を満たすドライブレコーダーを使用して実施しなければならないものとする。）、指導及び監督を毎年実施した日時、場所及び内容（一般貸切旅客自動車運送事業の事業用自動車（以下「貸切バス」という。）の運転者に対してドライブレコーダーの記録（ドライブレコーダーにより記録すべき情報及びドライブレコーダーの性能要件を定める告示第二条第一項の記録をいう。以下同じ。）を利用した指導及び監督を実施した場合にあっては、その記録を含む。）並びに指導監督を行った者及び受けた者を記録し、かつ、その記録を営業所において三年間保存するものとする。

1 目的

旅客自動車運送事業者の事業用自動車の運転者は、多様な地理的、気象的状況の下で旅客を運送すること、また、一般乗合旅客自動車運送事業の事業用自動車（以下「乗合バス」という。）又は貸切バス等の運転者は大型の自動車を運転することが多いことから、経路、路線又は営業区域における道路の状況その他の運行の状況に関する判断及びその状況における運転について、高度な能力が要求される。このため、旅客自動車運送事業者は、その事業用自動車の運転者に対して継続的かつ計画的に指導及び監督を行い、他の運転者の模範となるべき運転者を育成する必要がある。そこで、旅客自動車運送事業者がその事業用自動車の運転者に対して行う一般的な指導及び監督は、道路運送法（昭和二十六年法律第百八十三号）その他の法令に基づき運転者が遵守すべき事項に関する知識のほか、事業用自動車の運行の安全及び旅客の安全を確保するために必要な運転に関する技能及び知識を習得させることを目的とする。

2 指導及び監督の内容

(1) 旅客自動車運送事業者による指導及び監督の内容

① 事業用自動車を運転する場合の心構え

旅客自動車運送事業は公共的な輸送事業であり、旅客を安全、確実に輸送することが社会的使命であることを認識させるとともに、事業用自動車による交通事故の統計を説明すること等により、事業用自動車による交通事故が社会に与える影響の大きさ及び事業用自動車の運転者の運転が他の運転者の運転に与える影響の大きさ等を理解させ、事業用自動車の運行の安全及び旅客の安全を確保するとともに他の運転者の模範となることが使命であることを理解させる。

② 事業用自動車の運行の安全及び旅客の安全を確保するために遵守すべき基本的事項

道路運送法、道路交通法（昭和三十五年法律第百五号）及び道路運送車両法（昭和二十六年法律第百八十五号）に基づき運転者が遵守すべき事項（貸切バスの運転者にあっては、運行指示書の遵守を含む。）を理解させる。また、当該事項から逸脱した方法や姿勢による運転をしたこと及び日常点検を怠ったことに起因する交通事故の事例、当該交通事故を引き起こした旅客自動車運送事業者及び運転者に対する処分並びに当該交通事故が加害者、被害者その他の関係者に与える心理的影響を説明すること等により、当該事項を遵守することの重要性を理解させる。

③ 事業用自動車の構造上の特性

自らの運転する事業用自動車の車高、視野、死角、内輪差（右左折する場合又はカーブを通行する場合に後輪が前輪より内側を通ることをいう。以下同じ。）、制動距離等を確認させ、これらが車両により異なることを理解させるとともに、これらを把握していなかったことに起因する交通事故の事例を説明すること等により、事業用自動車の構造上の特性を把握することの必要性を理解させる。

④ 乗車中の旅客の安全を確保するために留意すべき事項

加速装置、制動装置及びかじ取装置の急な操作を行ったことにより旅客が転倒した等の交通事故の事例を説明すること等によりこれらの装置の急な操作を可能な限り避けることの必要性を理解させる。また、このほか、走行中は旅客を立ち上がらせないこと及びシートベルトが備えられた座席においてはシートベルトの着用を徹底させること等乗車中の旅客の安全を確保するために留意すべき事項を指導する。

⑤ 旅客が乗降するときの安全を確保するために留意すべき事項

乗降口の扉を開閉する装置の不適切な操作により旅客が扉にはさまれた等の交通事故の事例を説明すること等により、旅客が乗降するときには旅客の状況に注意して当該装置を適切に操作することの必要性を理解させる。また、このほか、周囲の道路及び交通の状況に注意して安全な位置に停車させること及び旅客の状況に注意して発車させること等旅客が乗降するときの安全を確保するために留意すべき事項を指導する。

⑥ 主として運行する路線若しくは経路又は営業区域における道路及び交通の状況

乗合バスの運転者にあっては主として運行する路線、貸切バス及び特定旅客自動車運送事業の事業用自動車（以下「特定旅客自動車」という。）の運転者にあって

は主として運行する経路、一般乗用旅客自動車運送事業の事業用自動車（以下「ハイヤー・タクシー」という。）の運転者にあっては営業区域における主な道路及び交通の状況をあらかじめ把握させるよう指導するとともに、これらの状況を踏まえ、事業用自動車を安全に運転するために留意すべき事項を指導する。この場合、交通事故の事例又は自社の事業用自動車の運転者が運転中に他の自動車又は歩行者等と衝突又は接触するおそれがあったと認識した事例（いわゆる「ヒヤリ・ハット体験」）を説明すること等により運転者に理解させる。

⑦　危険の予測及び回避並びに緊急時における対応方法

強風、豪雪等の悪天候が運転に与える影響、加速装置、制動装置及びかじ取装置の急な操作を行うことにより旅客が転倒する等の危険、乗降口の扉を開閉する装置の不適切な操作により旅客が扉にはさまれる等の危険、右左折時における内輪差及び直前、後方及び左側方の視界の制約、旅客の指示があったとき又は旅客を乗車させようとするときの急な進路変更又は停止に伴う危険等の事業用自動車の運転に関して生ずる様々な危険について、危険予知訓練の手法等を用いて理解させるとともに、危険を予測し、回避するための自らへの注意喚起の手法として、指差呼称及び安全呼称を行う習慣を体得させる。さらに、貸切バスの運転者にあっては、緊急時における制動装置の急な操作に係る技能の維持のため、当該運転者が実際に運転する事業用自動車と同一の車種区分（大型車（長さ九メートル以上又は乗車定員五十一人以上の車両をいう。以下同じ。）、中型車（大型車及び小型車（長さ七メートル以下であり、かつ、乗車定員三十人以下の車両をいう。以下同じ。）以外の車両をいう。）及び小型車の別をいう。以下同じ。）の自動車を用いて、制動装置の急な操作の方法について指導する。また、事故発生時、災害発生時その他の緊急時における対応方法について事例を説明すること等により理解させる。

⑧　運転者の運転適性に応じた安全運転

適性診断その他の方法により運転者の運転適性を把握し、個々の運転者に自らの運転行動の特性を自覚させる。また、運転者のストレス等の心身の状態に配慮した適切な指導を行う。

⑨　交通事故に関わる運転者の生理的及び心理的要因並びにこれらへの対処方法

長時間連続運転等による過労、睡眠不足、医薬品等の服用に伴い誘発される眠気、飲酒が身体に与える影響等の生理的要因及び慣れ、自らの運転技能への過信による集中力の欠如等の心理的要因が交通事故を引き起こすおそれがあることを事例を説明すること等により理解させるとともに、旅客自動車運送事業運輸規則第二十一条第一項の規定に基づき事業用自動車の運転者の勤務時間及び乗務時間に係る基準を定める告示（平成十三年国土交通省告示第千六百七十五号）に基づく事業用自動車の運転者の勤務時間及び乗務時間を理解させる。また、運転中に疲労や眠気を感じたときは運転を中止し、休憩するか、又は睡眠をとるよう指導するとともに、飲酒運転、酒気帯び運転及び覚せい剤等の使用の禁止を徹底する。

⑩　健康管理の重要性

疾病が交通事故の要因となるおそれがあることを事例を説明すること等により理解させるとともに、定期的な健康診断の結果、心理的な負担の程度を把握するための検査の結果等に基づいて生活習慣の改善を図るなど適切な心身の健康管理を行うことの重要性を理解させる。

⑪　安全性の向上を図るための装置を備える事業用自動車の適切な運転方法

安全性の向上を図るための装置を備える事業用自動車を運行する場合においては、当該装置の機能への過信及び誤った使用方法が交通事故の要因となるおそれがあることについて説明すること等により、当該事業用自動車の適切な運転方法を理解させる。

(2)　一般貸切旅客自動車運送事業者における指導及び監督の内容

一般貸切旅客自動車運送事業者は、(1)に掲げる内容に加え、次の指導及び監督を実施する。

①　ドライブレコーダーの記録を利用した運転者の運転特性に応じた安全運転

運転者等からヒヤリ・ハット体験の報告があった場合、運輸規則第三条第一項の苦情の申出のうち当該貸切バスの運転に係るものがあった場合又は運輸規則第二十五条第一項第七号の事故が発生した場合には、これらの場合について、ドライブレコーダーの記録により加速装置、制動装置及びかじ取装置の急な操作の有無並びに車間距離の保持その他の法令の遵守状況等を確認し、当該運転者に自身の運転特性を把握させた上で、必要な指導を行う。

②　ドライブレコーダーの記録を活用したヒヤリ・ハット体験等の自社内での共有

ドライブレコーダーの記録のうち①の場合に係るものを自社内の当該運転者以外の運転者に対する指導及び監督に活用することで、当該指導及び監督をより効果的に行うよう努める。

3　指導及び監督の実施に当たって配慮すべき事項

(1)　運転者に対する指導及び監督の意義についての理解

旅客自動車運送事業者は、道路運送法その他の法令に基づき運転者が遵守すべき事項に関する知識のほか、事業用自動車の運行の安全及び旅客の安全を確保するために必要な運転に関する技能及び知識を運転者に習得させることについて、重要な役割を果たす責務を有していることを理解する必要がある。また、旅客自動車運送事業者は、道路運送法その他の法令に基づき運転者が遵守すべき事項について運転者が違反した場合には、当該運送事業者にもその指導及び監督の責任があることを理解する必要がある。

(2)　計画的な指導及び監督の実施

旅客自動車運送事業者は、運転者の指導及び監督を継続的、計画的に実施するための基本的な計画を作成し、計画的かつ体系的に指導及び監督を実施することが必要である。

(3)　運転者の理解を深める指導及び監督の実施

運転者が自ら考えることにより指導及び監督の内容を理解できるように手法を工夫するとともに、常に運転者の習得の程度を把握しながら指導及び監督を進めるよう配慮することが必要である。この場合において、貸切バスの運転者については、指導及び監督の実施後、速やかに、ドライブレコーダーの記録又は添乗その他の適切な方法により指導及び監督の内容に係る当該運転者の習得の程度を確認し、必要に応じて指導及び監督を行うこととする。

(4) 参加・体験・実践型の指導及び監督の手法の活用

運転者が事業用自動車の運行の安全及び旅客の安全を確保するために必要な技能及び知識を体験に基づいて習得し、その必要性を理解できるようにするとともに、運転者が交通ルール等から逸脱した運転操作又は知識を身に付けている場合には、それを客観的に把握し、是正できるようにするため、参加・体験・実践型の指導及び監督の手法を積極的に活用することが必要である。例えば、交通事故の事例を挙げ、その要因及び対策について、必要により運転者を少人数のグループに分けて話し合いをさせたり、イラスト又はビデオ等の視聴覚教材又は運転シミュレーターを用いて交通事故の発生する状況等を間接的又は擬似的に体験させたり、実際に事業用自動車を運転させ、技能及び知識の習得の程度を認識させたり、実験により事業用自動車の死角、内輪差及び制動距離並びに旅客の挙動等を確認させたりするなど手法を工夫することが必要である。

(5) 社会情勢等に応じた指導及び監督の内容の見直し

指導及び監督の具体的内容は、社会情勢等の変化に対応したものでなければならない。このため、道路運送法その他の関係法令等の改正の動向及び業務の態様が類似した他の旅客自動車運送事業者による交通事故の事例等について、関係行政機関及び団体等から幅広く情報を収集することに努め、必要に応じて指導及び監督の内容を見直すことが必要である。

(6) 指導者の育成及び資質の向上

指導及び監督を実施する者を自社内から選任する旅客自動車運送事業者は、これらの者に対し、指導及び監督の内容及び手法に関する知識及び技術を習得させるとともに、常にその向上を図るよう努めることが必要である。

(7) 外部の専門的機関の活用

指導及び監督を実施する際には、指導及び監督のための専門的な知識及び技術並びに場所を有する外部の専門的機関を積極的に活用することが望ましい。

第二章　特定の運転者に対する特別な指導の指針

旅客自動車運送事業者は、運輸規則第三十八条第二項の規定に基づき、第一章の一般的な指導及び監督に加え、1に掲げる目的を達成するため、2の各号に掲げる事業用自動車の運転者に対し、それぞれ当該各号に掲げる内容について、3に掲げる事項に配慮しつつ指導を実施し（一般貸切旅客自動車運送事業者にあっては、ドライブレコーダーにより記録すべき情報及びドライブレコーダーの性能要件を定める告示に定める要件を満たすドライブレコーダーを使用して実施しなければならないものとする。）、同規則第三十七条第一項に基づき、指導を実施した年月日及び指導の具体的内容を乗務員台帳に記載するか、又は、指導を実施した年月日を乗務員台帳に記載したうえで指導の具体的内容を記録した書面を乗務員台帳に添付するとともに、貸切バスの運転者に対してドライブレコーダーの記録を利用した指導を実施した場合にあっては、その記録を営業所において三年間保存するものとする。また、4の各号に掲げる運転者に対し、当該各号に掲げる方法により適性診断を受診させ、受診年月日及び適性診断の結果を記録した書面を同項に基づき乗務員台帳に添付するものとする。さらに、5に掲げる事項により、運転者として新たに雇い入れた者に対し、雇い入れる前の事故歴を把握した上で、必要に応じ、特別な指導を行い、適性診断を受けさせるものとする。

1　目的

旅客自動車運送事業者は、交通事故を引き起こした事業用自動車の運転者についてその再発防止を図り、また、運転しようとする車種区分の事業用自動車の運行の安全及び旅客の安全を確保するために必要な運転に関する技能及び知識を十分に習得していない運転者及び加齢に伴い身体機能が変化しつつある高齢者である運転者について交通事故の未然防止を図るためには、これら特定の運転者に対し、よりきめ細かな指導を実施する必要がある。そこで、特定の運転者に対して行う特別な指導は、個々の運転者の状況に応じ、適切な時期に十分な時間を確保して事業用自動車の運行の安全及び旅客の安全を確保するために必要な事項を確認させることを目的とする。

2　指導の内容及び時間

(1) 死者又は重傷者（自動車損害賠償保障法施行令（昭和三十年政令第二百八十六号）第五条第二号又は第三号に掲げる傷害を受けた者をいう。）を生じた交通事故を引き起こした運転者及び軽傷者（同条第四号に掲げる傷害を受けた者をいう。）を生じた交通事故を引き起こし、かつ、当該事故前の三年間に交通事故を引き起こしたことがある運転者（以下「事故惹起運転者」という。）

事故惹起運転者に対する特別な指導の内容及び時間

内　容	時　間
① 事業用自動車の運行の安全及び旅客の安全の確保に関する法令等 事業用自動車の運行の安全及び旅客の安全を確保するため道路運送法その他の法令等に基づき運転者が遵守すべき事項（貸切バスの運転者にあっては、運行指示書の遵守を含む。）を再確認させる。	貸切バス以外の一般旅客自動車運送事業の事業用自動車（以下「一般旅客自動車」という。）及び特定旅客自動車の運転者に対しては、①から⑤までについて合計六時間以上実施すること。⑦については、可能な限り実施することが望ましい。 貸切バスの運転者に対しては、①から⑥までについて合計十時間以上、⑦について二十時間以上実施すること。
② 交通事故の事例の分析に基づく再発防止対策 交通事故の事例の分析を行い、その要因となった運転行動上の問題点を把握させるとともに、事故の再発を防止するために必要な事項を理解させる。この場合において、貸切バスの運転者にあっては、交通事故時のドライブレコーダーの記録を利用して指導する。	
③ 交通事故に関わる運転者の生理的及び心理的要因並びにこれらへの対処方法 交通事故を引き起こすおそれのあ	

る運転者の生理的及び心理的要因を理解させるとともに、これらの要因が事故につながらないようにするための対処方法を指導する。

④ 運行の安全及び旅客の安全を確保するために留意すべき事項
旅客自動車運送事業者の事業の態様及び運転者の乗務の状況等に応じて、シートベルトの着用を徹底させることその他の事業用自動車の運行の安全及び旅客の安全を確保するために留意すべき事項を指導する。

⑤ 危険の予測及び回避
危険予知訓練の手法等を用いて、道路、交通及び旅客の状況に応じて交通事故につながるおそれのある危険を予測させ、それを回避するための運転方法等を運転者が自ら考えるよう指導する。また、貸切バスの運転者にあっては、当該運転者が実際に運転する事業用自動車と同一の車種区分の自動車を用いて、制動装置の急な操作の方法について指導する。

⑥ ドライブレコーダーの記録を利用した運転特性の把握と是正
貸切バスの運転者にあっては、⑦の安全運転の実技を実施した時のドライブレコーダーの記録により運転者に自身の運転特性を把握させた上で、是正のために必要な指導を行う。

⑦ 安全運転の実技
実際に運行する可能性のある経路（高速道路、坂道、隘路、市街地等）において、道路、交通及び旅客の状況並びに時間帯を踏まえ、当該運転者が実際に運転する事業用自動車と同一の車種区分の自動車を運転させ、安全な運転方法を添乗等（貸切バスの運転者にあっては、添乗）により指導する。

(2) 次のいずれかに掲げる者（貸切バス以外の一般旅客自動車の運転者として新たに雇い入れた者又は選任した者にあっては、雇入れの日又は選任される日前三年間に他の旅客自動車運送事業者において当該旅客自動車運送事業者と同一の種類の事業の事業用自動車の運転者として選任されたことがない者に限り、特定旅客自動車の運転者として新たに雇い入れた者又は選任した者にあっては、過去三年間に乗合バス、貸切バス、ハイヤー・タクシー及び特定旅客自動車のいずれの運転者としても選任されたことがない者に限る。以下「初任運転者」という。）

① 当該旅客自動車運送事業者において事業用自動車の運転者として新たに雇い入れた者

② 当該旅客自動車運送事業者において他の種類の事業用自動車の運転者として選任されたことがある者であって当該種類の事業の事業用自動車の運転者として初めて選任される者

初任運転者に対する特別な指導の内容及び時間

内容	時間
① 事業用自動車の安全な運転に関する基本的事項 道路運送法その他の法令に基づき運転者が遵守すべき事項及び交通ルール等（貸切バスの運転者にあっては、運行指示書の遵守を含む。）を理解させるとともに、事業用自動車を安全に運転するための基本的な心構えを習得させる。	貸切バス以外の一般旅客自動車及び特定旅客自動車の運転者に対しては、①から⑤までについて合計六時間以上実施すること。⑦については、可能な限り実施することが望ましい。 貸切バスの運転者に対しては、①から⑥までについて合計十時間以上、⑦について二十時間以上実施すること。
② 事業用自動車の構造上の特性と日常点検の方法 事業用自動車の基本的な構造及び装置の概要及び乗合バス又は貸切バス等の運転者にあっては車高、視野、死角及び内輪差等の他の車両との差異を理解させるとともに、日常点検の方法を指導する。この場合において、貸切バスの運転者にあっては、当該運転者が実際に運転する事業用自動車と同一の車種区分の自動車を用いて指導する。	
③ 運行の安全及び旅客の安全を確保するために留意すべき事項 旅客自動車運送事業者の事業の態様及び運転者の乗務の状況等に応じて、シートベルトの着用を徹底させることその他の事業用自動車の運行の安全及び旅客の安全を確保するために留意すべき事項を指導する。	
④ 危険の予測及び回避 道路、交通及び旅客の状況の中に含まれる交通事故につながるおそれのある主な危険を理解させるとともに、それを回避するための運転方法等を指導する。また、貸切バスの運転者にあっては、当該運転者が実際に運転する事業用自動車と同一の車種区分の自動車を用いて、制動装置の急な操作の方法について指導する。	
⑤ 安全性の向上を図るための装置を備える事業用自動車の適切な運転方法 安全性の向上を図るための装置を備える事業用自動車を運行する場合においては、当該装置の機能への過信及び誤った使用方法が交通事故の要因となるおそれがあることについて説明すること等により、当該事業用自動車の適切な運転方法を理解させる。	
⑥ ドライブレコーダーの記録を利用した運転特性の把握と是正 貸切バスの運転者にあっては、⑦	

の安全運転の実技を実施した時のドライブレコーダーの記録により運転者に自身の運転特性を把握させた上で、必要に応じて是正のために必要な指導を行う。

⑦ 安全運転の実技
実際に運行する可能性のある経路（高速道路、坂道、隘路、市街地等）において、道路、交通及び旅客の状況並びに時間帯を踏まえ、当該運転者が実際に運転する事業用自動車と同一の車種区分の自動車を運転させ、安全な運転方法を添乗等（貸切バスの運転者にあっては、添乗）により指導する。

(3) 初任運転者以外の者であって、直近一年間に当該一般貸切旅客自動車運送事業者において運転の経験（実技の指導を受けた経験を含む。）のある貸切バスより大型の車種区分の貸切バスに乗務しようとする運転者（以下「準初任運転者」という。）
(2)に規定する特別な指導の内容のうち、少なくとも④（制動装置の急な操作に関する内容に限る。）、⑥及び⑦について実施することとし、実施時間は、⑦について二十時間以上、その他については当該一般貸切旅客自動車運送事業者において同様の内容を初任運転者に対して実施する時間と同程度以上の時間とする。

(4) 高齢者である運転者（以下「高齢運転者」という。）
4の(3)の適性診断の結果を踏まえ、個々の運転者の加齢に伴う身体機能の変化の程度に応じた事業用自動車の安全な運転方法等について運転者が自ら考えるよう指導する。

3 特別な指導の実施に当たって配慮すべき事項

(1) 指導の実施時期

① 事故惹起運転者
当該交通事故を引き起こした後再度事業用自動車に乗務する前に実施する。なお、外部の専門的機関における指導講習を受講する予定である場合は、この限りでない。

② 初任運転者
当該旅客自動車運送事業者において初めて当該事業の事業用自動車の運転者に選任される前に実施する。

③ 準初任運転者
直近一年間に当該一般貸切旅客自動車運送事業者において運転の経験（実技の指導を受けた経験を含む。）のある貸切バスより大型の車種区分の貸切バスに乗務する前に実施する。

④ 高齢運転者
4の(3)の適性診断の結果が判明した後一か月以内に実施する。

(2) きめ細かな指導の実施
事故惹起運転者が交通事故を引き起こした運転行動上の要因を自ら考え、初任運転者及び準初任運転者が事業用自動車の安全な運転に関する自らの技能及び知識の程度を把握し、高齢運転者が加齢に伴う身体機能の変化を自覚することにより、これらの運転者が事業用自動車の運行の安全を確保するための知識の充実並びに技能及び運転行動の改善を図ることができるよう、4の適性診断を受診させた場合には、その結果判明した当該運転者の運転行動の特性も踏まえ当該運転者と話し合いをしつつきめ細かな指導を実施することが必要である。また、この場合において、当該運転者が気づかない技能、知識又は運転行動に関する問題点があれば、運転者としてのプライドを傷つけないように配慮しつつこれを指摘することが必要である。さらに指導の終了時に、運転者により安全な運転についての心構え等についてのレポートを作成させるなどして、指導の効果を確認することが望ましい。

(3) ドライブレコーダーの記録等を利用した指導の効果の確認
一般貸切旅客自動車運送事業者にあっては、指導の実効性を確保するため、特別な指導の実施後、速やかに、ドライブレコーダーの記録又は添乗その他の適切な方法により、特別な指導の内容に係る運転者の習得の程度を把握し、必要に応じて指導を行うこととする。

(4) 外部の専門的機関の活用
指導を実施する際には、(2)に掲げるような手法についての専門的な知識及び技術並びに指導のための場所を有する外部の専門的機関を可能な限り活用するよう努めるものとする。

4 適性診断の受診

(1) 事故惹起運転者
当該交通事故を引き起こした後再度事業用自動車に乗務する前に次に掲げる事故惹起運転者の区分ごとにそれぞれ特定診断Ⅰ（①に掲げる者のための適性診断として国土交通大臣が認定したものをいう。）又は特定診断Ⅱ（②に掲げる者のための適性診断として国土交通大臣が認定したものをいう。）を受診させる。ただし、やむを得ない事情がある場合には、乗務を開始した後一か月以内に受診させる。

① 死者又は重傷者を生じた交通事故を引き起こし、かつ、当該事故前の一年間に交通事故を引き起こしたことがない者及び軽傷者を生じた交通事故を引き起こし、かつ、当該事故前の三年間に交通事故を引き起こしたことがある者

② 死者又は重傷者を生じた交通事故を引き起こし、かつ、当該事故前の一年間に交通事故を引き起こしたことがある者

(2) 運転者として新たに雇い入れた者（貸切バス以外の一般旅客自動車又は特定旅客自動車の運転者として新たに雇い入れた者であって、雇入れの日前三年間に初任診断（初任運転者のための適性診断として国土交通大臣が認定したものをいう。）を受診したことがある者及び個人タクシー事業者を除く。）
当該旅客自動車運送事業者において事業用自動車の運転者として選任する前に初任診断を受診させる。

(3) 高齢運転者
適齢診断（高齢運転者のための適性診断として国土交通大臣が認定したものをいう。）を六十五才に達した日以後一年以内（六十五才以上の者を新たに運転者として選任した場合は、選任の日から一年以内）に一回受診させ、その

後七十五才に達するまでは三年以内ごとに一回受診させ、七十五才に達した日以後一年以内（七十五才以上の者を新たに運転者として選任した場合は、選任の日から一年以内）に一回受診させ、その後一年以内ごとに一回受診させる。ただし、個人タクシー事業者にあっては、当該事業の許可に付された期限の更新の日において六十五才以上である場合に、当該期限の更新の申請の前に受診するものとする。

5 新たに雇い入れた者の事故歴の把握

(1) 旅客自動車運送事業者は、運輸規則第三十五条の運転者その他事業用自動車の運転者を新たに雇い入れた場合には、当該運転者について、自動車安全運転センター法（昭和五十年法律第五十七号）に規定する自動車安全運転センターが交付する無事故・無違反証明書又は運転記録証明書等により、雇い入れる前の事故歴を把握し、事故惹起運転者に該当するか否かを確認すること。

(2) (1)の確認の結果、当該運転者が事故惹起運転者に該当した場合であって、2(1)の特別な指導を受けていない場合には、特別な指導を行うこと。

(3) (1)の確認の結果、当該運転者が事故惹起運転者に該当した場合であって、4(1)の適性診断を受診していない場合には、適性診断を受けさせること。

附　則（平二一・九・二八国交告一〇二二）

この告示は、平成二十一年十月一日から施行する。

附　則（平二四・四・一三国交告四六〇抄）

（施行期日）

1 この告示は、旅客自動車運送事業運輸規則及び貨物自動車運送事業輸送安全規則の一部を改正する省令の施行の日から施行する。

附　則（平二八・八・三一国交告九七一）

この告示は、平成二十八年十二月一日から施行する。

附　則（平二八・一一・一七国交告一三四七）

（施行期日）

1 この告示中、第一条の規定は、平成二十八年十二月一日から、第二条の規定は、平成二十九年十二月一日から施行する。

（経過措置）

2 第一条又は第二条の規定の施行の際現に開始している特別な指導については、これらの規定による改正後の旅客自動車運送事業者が事業用自動車の運転者に対して行う指導及び監督の指針第二章の規定にかかわらず、それぞれなお従前の例によることができる。

3 第二条の規定の施行の日前に道路運送車両法（昭和二十六年法律第百八十五号）第七条第一項の規定による登録を受けた自動車にドライブレコーダーが備え付けられていない場合の当該自動車の運転者に対する一般的な指導及び監督又は特別な指導については、第二条の規定による改正後の旅客自動車運送事業者が事業用自動車の運転者に対して行う指導及び監督の指針の規定にかかわらず、平成三十一年十一月三十日までの間、なお従前の例による。

附　則（平三〇・六・一国交告七〇八）

この告示は、公布の日から施行する。ただし、第二条中旅客自動車運送事業者が事業用自動車の運転者に対して行う指導及び監督の指針第二章2(2)の改正規定は、平成三十年十二月一日から施行する。

○旅客自動車運送事業運輸規則第四十七条の九第三項、第四十八条の四第一項、第四十八条の五第一項及び第四十八条の十二第二項の運行の管理に関する講習の種類等を定める告示

（平成二十四年四月十三日）
（国土交通省告示第四百五十四号）

（用語）

第一条 この告示において使用する用語は、旅客自動車運送事業運輸規則（以下「運輸規則」という。）において使用する用語の例による。

（運行の管理に関する講習の種類）

第二条 運輸規則第四十七条の九第三項、第四十八条の四第一項、第四十八条の五第一項又は第四十八条の十二第二項の運行の管理に関する講習の種類は、次のとおりとする。

一 基礎講習（運行管理を行うために必要な法令、業務等に関する基礎的な知識の習得を目的とする講習をいう。以下同じ。）

二 一般講習（運行管理を行うために必要な法令、業務等に関する最新の知識の習得を目的とする講習をいい、同令第四十八条の四第一項又は第四十八条の五第一項の規定により国土交通大臣が認定する場合に限る。以下同じ。）

三 特別講習（自動車事故又は輸送の安全に係る法令違反の再発防止を目的とした講習をいい、同令第四十八条の四第一項の規定により国土交通大臣が認定する場合に限る。以下同じ。）

（運行管理者に受けさせなければならない運行の管理に関する講習）

第三条 運輸規則第四十八条の四第一項の規定により受けさせなければならない運行の管理に関する講習については、次条及び第五条に定めるところによる。

（基礎講習及び一般講習）

第四条 旅客自動車運送事業者は、新たに選任した運行管理者に、選任届出をした日の属する年度（やむを得ない理由がある場合にあっては、当該年度の翌年度）に基礎講習又は一般講習（基礎講習を受講していない当該運行管理者にあっては、基礎講習）を受講させなければならない。

2 旅客自動車運送事業者は、次に掲げる場合には、当該事故又は当該処分（当該事故に起因する処分を除く。以下「事故等」という。）に係る営業所に属する運行管理者に、事故等があった日の属する年度及び翌年度（やむを得ない理由がある場合にあっては、当該年度の翌年度及び翌々年度、前項、この項又は次項の規定により既に当該年度に基礎講習又は一般講習を受講させた場合にあっては、翌年度）に基礎講習又は一般講習を受講させなければならない。

一 死者又は重傷者（自動車損害賠償保障法施行令（昭和三十年政令第二百八十六号）第五条第二号又は第三号に掲げる傷害を受けた者をいう。）を生じた事故を引き起こした場合

二 道路運送法（昭和二十六年法律第百八十三号。以下「法」という。）第四十条（法第四十三条第五項において準用する場合を含む。）の規定による処分（輸送の安全に係るものに限る。）の原因となった違反行為をした場合

3 旅客自動車運送事業者は、運行管理者に、第一項又は前項の規定により最後に基礎講習又は一般講習を受講させた日の属する年度の翌々年度以後二年ごとに基礎講習又は一般講習を受講させなければならない。

（特別講習）

第五条 旅客自動車運送事業者は、前条第二項各号に掲げる場合には、事故等に係る営業所に属する運行管理者（当該営業所に複数の運行管理者が選任されている場合にあっては、統括運行管理者及び事故等について相当の責任を有する者として運輸監理部長又は運輸支局長が指定した運行管理者）に、事故等があった日（運輸監理部長又は運輸支局長の指定を受けた運行管理者にあっては、当該指定の日）から一年（やむを得ない理由がある場合にあっては、一年六月）以内においてできる限り速やかに特別講習を受講させなければならない。

（五回以上受講する運行の管理に関する講習）

第六条 運輸規則第四十八条の五第一項の規定により運行の管理に関する講習を五回以上受講する者は、少なくとも一回、基礎講習を受講しなければならない。

附　則

この告示は、旅客自動車運送事業運輸規則及び貨物自動車運送事業輸送安全規則の一部を改正する省令の施行の日〔平成二四年四月一六日〕から施行する。

○旅客自動車運送事業運輸規則に基づく適性診断の認定に関する実施要領

（平成二十四年四月十三日）
（国土交通省告示第四百五十六号）

沿革　平二七国交告四六九、令四国交告一八一、令五国交告一〇二二改正

（用語）

第一条　この告示において使用する用語は、旅客自動車運送事業運輸規則（以下「運輸規則」という。）及び旅客自動車運送事業者が事業用自動車の運転者に対して行う指導及び監督の指針（平成十三年国土交通省告示第千六百七十六号）において使用する用語の例による。

（運輸規則第四十一条の二第二項第四号の告示で定める事項）

第二条　運輸規則第四十一条の二第二項第四号の告示で定める事項は、次に掲げる事項とする。

一　適性診断テスト（第六条第三号に規定するテストをいう。以下同じ。）の実施方法

二　事務所ごとのカウンセラー（第六条第六号に規定するカウンセラーをいう。以下同じ。）の名簿（以下「カウンセラー名簿」という。）

三　受診者・カウンセラー間において、情報通信機器を通して行う指導及び助言の実施の有無

（運輸規則第四十一条の二第三項の告示で定める書類）

第三条　運輸規則第四十一条の二第三項の告示で定める書類は、次に掲げるものとする。

一　定款又は寄附行為及び登記事項証明書

二　組織図その他の適性診断の適正かつ確実な実施を確保する体制を証する書類

三　事業所ごとに適性診断テストを実施するための機器（以下「テスト用機器」という。）その他の適性診断を実施するための施設又は設備を記載した書類

四　決算報告書その他の適性診断を適正かつ確実に実施するに足りる経理的基礎を有していることを証する書類

五　適性診断テスト又はこれに類するものの実施の実績が十分であることを証する書類

六　実施規程

七　次に掲げる適性診断の内容に関する書類

イ　適性診断テストに係る概要その他の必要な書類

ロ　適性診断テストの結果に対する所見に関する書類

ハ　適性診断テスト（第六条第三号トに掲げる視覚機能テストを除く。）ごとの評価が実際の運転者の事故発生率と十分な相関（以下単に「相関性」という。）を有するものであることの裏付けとなる根拠を示す書類及び同等の性格特性を有する受診者について当該評価を行う場合にあっては、当該評価が同等の結果となるような評価の安定性（以下単に「安定性」という。）を有するものであることの裏付けとなる根拠を示す書類

八　カウンセラーの基準を満たしていることを証する書類

（運輸規則第四十一条の五第一項ただし書の告示で定める軽微な事項に係る変更）

第四条　運輸規則第四十一条の五第一項ただし書の告示で定める軽微な事項に係る変更は、第二条第二号に掲げる事項に係る変更とする。

（運輸規則第四十一条の五第二項の告示で定める書類）

第五条　運輸規則第四十一条の五第二項の告示で定める書類は、第三条各号に掲げる書類のうち変更に係るものとする。

（認定の基準）

第六条　国土交通大臣は、運輸規則第四十一条の二の規定による認定の申請（同令第四十一条の五第三項の変更の認定について準用する場合を含む。以下同じ。）があった場合においては、その申請が次に掲げる基準に適合するかどうかを審査するものとする。

一　適性診断の実施体制について次に掲げる要件を満たしていること。

イ　適性診断の適正かつ確実な実施を確保する体制が整備されていること。

ロ　事務所、テスト用機器その他の適性診断を適正かつ確実に実施するために必要な施設又は設備が備えられていること。

ハ　適性診断を適正かつ確実に実施するに足りる経理的基礎を有するものであること。

ニ　適性診断テスト又はこれに類するものの実施の実績が十分であること。

二　次に掲げる事項を記載した実施規程を適切に定め、当該実施規程を遵守するものであること。

イ　適性診断の種類

ロ　事務所ごとのカウンセラー名簿

ハ　受診の手続

ニ　適性診断テストの実施方法

ホ　適性診断の受診者に対する適性診断の種類ごとの指導及び助言の実施方法

ヘ　適性診断の受診者の秘密の保持に関する事項

ト　認定の根拠となる法令、適性診断の種類、実施日、実施場所、料金その他適性診断の受診に必要な事項及びこれらをインターネットの利用、印刷物の配布その他適切な手段によりあらかじめ一般に周知する方法

チ　事業年度ごとのカウンセラー教育・訓練計画（カウンセラーの指導及び助言の質の維持向上を図るため、指導又は助言に係る研修、実地訓練等の方法により行うカウンセラーの教育又は訓練（以下「カウンセラー教育・訓練」という。）に関する計画をいう。以下同じ。）

リ　第九条各号の規定を遵守するために必要な事項

ヌ　その他適性診断を適正かつ確実に実施するために必要な事項

三　別表第一に掲げる基準により次に掲げるテストを実施するものであること。

イ　性格テスト

ロ　安全運転態度テスト

ハ　危険感受性テスト

ニ　処置判断テスト

ホ　重複作業反応テスト

ヘ　速度見越反応テスト

ト　視覚機能テスト

四　次に掲げる基準により適性診断テストの評価を実施するものであること。
イ　適性診断テストごとの評価を示した診断票を受診者に交付するものであること。
ロ　適性診断テストごとの評価を定量的に示し、かつ、当該評価が相関性及び安定性を有しているものであること。
ハ　適性診断テストの結果に対する所見を受診者に提供するものであること。
五　適性診断テストの評価を踏まえ、別表第二に掲げる実施者、方法及び内容により受診者に指導及び助言を行うものであること。
六　別表第二に掲げる適性診断の種類に応じて、次に掲げる種類のカウンセラーが選任されているものであること。
イ　一般社団法人日本産業カウンセラー協会が認定する産業カウンセラー又は日本交通心理学会が認定する交通心理士の資格を有する者であって、適性診断の実施者が実施する別表第三に掲げる研修を修了している者（以下「第一種カウンセラー」という。）
ロ　日本交通心理学会が認定する主任交通心理士、公益財団法人日本臨床心理士資格認定協会が認定する臨床心理士若しくは公認心理師法（平成二十七年法律第六十八号）第二条に規定する公認心理師の資格を有する者であって、適性診断の実施者が実施する別表第三に掲げる研修を修了している者又は第一種カウンセラーの要件を満たす者であって、別表第二に掲げる特定診断Iの指導及び助言について三十事例以上の経験を有する者（以下「第二種カウンセラー」という。）

（認定書の交付）
第七条　国土交通大臣は、運輸規則第四十一条の二の規定による認定の申請があった場合において、申請の内容を審査し、当該申請をした者が第六条各号に掲げる基準に適合するものとして認定したときは、認定書を交付する。

（標準処理期間）
第八条　国土交通大臣は、運輸規則第四十一条の二の規定による認定の申請がその事務所に到達してから三月以内に、当該申請に対する処分をするよう努めるものとする。
2　前項に規定する期間には、次に掲げる期間を含まないものとする。
一　当該申請を補正するために要する期間
二　当該申請をした者が当該申請の内容を変更するために要する期間
三　当該申請をした者が当該申請に係る審査に必要と認められる書類を追加するために要する期間

（遵守事項）
第九条　適性診断の実施者は、次に掲げる事項を遵守して適性診断を実施しなければならない。
一　カウンセラー教育・訓練計画に基づき、少なくとも毎年度一回（カウンセラーとして選任された日の属する年度を除く。）、適性診断の実施者が実施する別表第四に掲げる研修にカウンセラーを参加させるものであること。
二　毎年度五月三十一日までに、前年度の適性診断の実施結果及びカウンセラー教育・訓練の結果並びに当該年度のカウンセラー教育・訓練計画に関する報告を国土交通大臣に提出するものであること。
三　毎会計年度終了後三月以内に、毎年度の経理に関する事項を国土交通大臣に報告するものであること。
四　次に掲げる事項を記載した記録簿を作成し、適性診断を実施した日から、少なくとも十年間保存するものであること。
イ　適性診断テストの評価
ロ　カウンセラーによる指導及び助言の内容
ハ　第二条第二号に規定するカウンセラー名簿に記載された者以外のもの（他の適性診断の実施者のカウンセラー名簿に記載されている者に限る。）が指導及び助言を行った場合にあっては、当該指導及び助言を行ったものの氏名及び当該他の適性診断の実施者の名称
五　適性診断の受診者が所属する旅客自動車運送事業者に適性診断の結果を提供するとともに、当該旅客自動車運送事業者からの求めに応じて、当該旅客自動車運送事業者が当該受診者に対し効果的かつ適切に指導及び監督を行うために当該結果を活用する方法を教示するものであること。

（業務の改善）
第十条　国土交通大臣は、適性診断の適正かつ確実な実施を確保するため必要があると認めるときは、適性診断の実施者に対し、必要な措置をとることを求めることができる。

附　則

（施行期日）
1　この告示は、旅客自動車運送事業運輸規則及び貨物自動車運送事業輸送安全規則の一部を改正する省令の施行の日〔平成二四年四月一六日〕から施行する。

（経過措置）
2　この告示の施行の際現に特定診断I、特定診断II、初任診断又は適齢診断のカウンセラーとして選任されている者は、それぞれ別表第三に掲げる適性診断の種類に応じ第六条第六号イ又はロの規定によりカウンセラーとして選任された者とみなす。

附　則（平二七・三・三一国交告四六九）
この告示は、平成二十七年四月一日から施行する。

附　則（令四・二・一六国交告一八一）
この告示は、公布の日から施行する。

附　則（令五・一〇・一〇国交告一〇二二）
この告示は公布の日から施行する。

別表第一（第六条関係）

適性診断テストの種類	認定の基準
性格テスト	安全な運転に関連する性格特性について測定するものであること。
安全運転態度テスト	運転者の安全な運転に対する考え方の表出の度合いについて測定するものであること。
危険感受性テスト	交通環境の状況の把握の正確さ並びに運転者が交通事故防止のため事前に危険を察知して対応する際の判断及び予測の妥当性について測定するものであること。
処置判断テスト	連続的に変化する事態を適切に処理し、並びに判断するための注意力の配分及び持続性について測定するものであること。
重複作業反応テスト	連続して発生する複数の事象に反応して、重複した作業を正確かつ迅速に行うことができるかどうかについて測定するものであること。
速度見越反応テスト	遮蔽された一定区間を物体が通過する時間を予測させ、その反応時間を測定すること等により、動体の速度の認知の正確さ及び行動の焦燥感又は抑制の強弱について測定するものであること。
視覚機能テスト	少なくとも動体視力（六十五才以上の受診者に対する適性診断にあっては、動体視力及び夜間視力）について測定するものであること。この場合において、視覚障害のおそれのある受診者にあっては、理由を診断票に記載した上で、夜間視力について測定しないことができるものであること。

別表第二（第六条関係）

適性診断の種類	指導及び助言 実施者	方法	内容
特定診断Ⅰ	第一種カウンセラー又は第二種カウンセラー	個別面談方式（受診者に対して個別に指導及び助言を行う方式をいう。以下同じ。）	受診者から交通事故を引き起こしたときの状況について聞き取りを行い、交通事故を引き起こすに至った当該受診者の運転特性上の要因を認識させるとともに、交通事故を引き起こしていない優良な運転者の運転特性等を参考として、交通事故の再発防止のために必要な運転行動の改善に関する指導及び助言を行うもの
特定診断Ⅱ	第二種カウンセラー		受診者から交通事故を引き起こしたときの状況、生活習慣、健康状態及び運転に関する過去の経歴等について聞き取りを行い、交通事故を引き起こすに至った当該受診者の運転特性及びその背景となった生活習慣、健康状態等に係る要因を認識させるとともに、交通事故を引き起こしていない優良な運転者の運転特性等を参考として、交通事故の再発防止のために必要な運転行動、生活習慣及び健康状態等の改善に関する指導及び助言を行うもの
初任診断	第一種カウンセラー又は第二種カウンセラー	個別面談方式又は十二人以下の集団カウンセリング方式（カウンセラーの指示に従い、個々の診断の評価及び目標を発表し、他の受診者と意見を交換することにより、問題解決を図る方式をいい、同一業態（乗合、貸切、ハイヤー・タクシーの別をいう。）の旅客自動車運送事業者の運転者が受診する場合に限る。以下同じ。）	受診者から日常運転の状況について聞き取りを行い、事業用自動車の運転者として交通事故の未然防止のために運転行動について留意すべき点に関する指導及び助言を行うもの
適齢診断			受診者から日常の運転の状況について聞き取りを行い、当該受診者の加齢による身体機能の変化の運転行動への影響を認識させるとともに、交通事故の未然防止のために身体機能の変化に応じた運転行動について留意すべき点に関する指導及び助言を行うもの

別表第三（第六条関係）

研修項目	内　容	時間等
適性診断一般に関する事項	適性診断の趣旨、内容等に関するもの	一時間
交通心理学に関する事項	交通心理学による交通事故の要因の分析、安全対策等に関するもの	四時間
カウンセリングの理論に関する事項	カウンセリングの定義、カウンセリングの特質、カウンセリング理論、小集団活動等に関するもの	二時間
指導及び助言の手法に関する事項	適性診断テストごとの指導及び助言の要点に関するもの	二時間
指導及び助言の実習	指導及び助言の実習を行うことにより指導及び助言を行う能力を習得するもの（以下「模擬指導・助言」という。）	十五事例
模擬指導・助言をもとにした事例検討会	研修員が行った模擬指導・助言に係る面接の記録をもとに、受診者の心理を理解する方法、面接の実施方法等を習得するものであって、参加する研修員が十二人以下であるもの	研修員一人一事例以上で合計三事例以上

備考

1　主任交通心理士の資格を有する者にあっては、交通心理学に関する事項及びカウンセリングの理論に関する事項を省略することができる。

2　臨床心理士又は公認心理師の資格を有する者にあっては、カウンセリングの理論に関する事項を省略することができる。

3　この表において、時間等の欄の一時間とは、研修時間が正味五十分以上のものをいい、一日の研修時間は正味六時間を超えないものとする。

別表第四（第九条関係）

内　容	事　例　数
研修員が行った個別面談方式又は集団カウンセリング方式による面接の記録をもとに、他の研修員と意見を交換することにより、受診者の心理を理解する方法、面接の実施方法等を習得するものであって、参加する研修員が十二人以下であるもの	研修員一人二事例以上で合計六事例以上

○旅客自動車運送事業運輸規則に基づく運行の管理に関する講習の認定に関する実施要領

（平成二十四年四月十三日 国土交通省告示第四百五十八号）

沿革 平二七国交告四七一、令二国交告一三〇四、令三国交告一二〇五、令六国交告二七七改正

（用語）

第一条 この告示において使用する用語は、旅客自動車運送事業運輸規則（以下「運輸規則」という。）、旅客自動車運送事業運輸規則第四十七条の九第三項、第四十八条の四第一項、第四十八条の五第一項及び第四十八条の十二第二項の運行の管理に関する講習の種類等を定める告示（平成二十四年国土交通省告示第四百五十四号）において使用する用語の例による。

（運輸規則第四十七条の九第四項において準用する同令第四十一条の二第二項第四号の告示で定める事項）

第二条 運輸規則第四十七条の九第四項において準用する同令第四十一条の二第二項第四号の告示で定める事項は、次に掲げる事項とする。

一 講師名簿

二 講習の実施方式

（運輸規則第四十七条の九第四項において準用する同令第四十一条の二第三項の告示で定める書類）

第三条 運輸規則第四十七条の九第四項において準用する同令第四十一条の二第三項の告示で定める書類は、次に掲げるものとする。

一 定款又は寄附行為及び登記事項証明書

二 組織図その他の運行の管理に関する講習（以下「講習」という。）の適正かつ確実な実施を確保する体制を証する書類

三 決算報告書その他の講習を適正かつ確実に実施するに足りる経理的基礎を有していることを証する書類

四 講習又はこれに類するものの実施の実績が十分であることを証する書類

五 実施規程

六 次に掲げる講習の内容に関する書類

イ 講習に係る概要その他の必要な書類

ロ 講習において用いる教本

七 講師（第六条第四号に規定する講師をいう。以下同じ。）の基準を満たしていることを証する書類

（運輸規則第四十七条の九第四項において準用する同令第四十一条の五第一項ただし書の告示で定める軽微な事項に係る変更）

第四条 運輸規則第四十七条の九第四項において準用する同令第四十一条の五第一項ただし書の告示で定める軽微な事項に係る変更は、第二条第一号に掲げる事項に係る変更とする。

（運輸規則第四十七条の九第四項において準用する同令第四十一条の五第二項の告示で定める書類）

第五条 運輸規則第四十七条の九第四項において準用する同令第四十一条の五第二項の告示で定める書類は、第三条各号に掲げる書類のうち変更に係るものとする。

（認定の基準）

第六条 国土交通大臣は、運輸規則第四十七条の九第四項において準用する同令第四十一条の二の規定による認定の申請（同令第四十七条の九第四項において準用する同令第四十一条の五第三項の変更の認定について準用する場合を含む。以下同じ。）があった場合においては、その申請が次に掲げる基準に適合するかどうかを審査するものとする。

一 講習の実施体制について次に掲げる要件を満たしていること。

イ 講習の適正かつ確実な実施を確保する体制が整備されていること。

ロ 講習を適正かつ確実に実施するに足りる経理的基礎を有するものであること。

ハ 講習又はこれに類するものの実施の実績が十分であること。

二 次に掲げる事項を記載した実施規程を適切に定め、当該実施規程を遵守するものであること。

イ 講習の種類

ロ 講師名簿

ハ 受講の手続

ニ 講習の実施方法

ホ 講習の受講者の秘密の保持に関する事項

ヘ 認定の根拠となる法令、講習の種類、実施日、実施場所、料金その他講習の受講に必要な事項及びこれらをインターネットの利用、印刷物の配布その他適切な手段によりあらかじめ一般に周知する方法

ト 専門講師（第四号ハに掲げる専門講師をいう。）を選任するための基準

チ 第九条各号の規定を遵守するために必要な事項

リ その他講習を適正かつ確実に実施するために必要な事項

三 次に掲げる方法により講習を実施するものであること。

イ 別表第一に掲げる実施者、講習項目、内容及び時間により実施するものであること。

ロ 講習の種類ごとに作成された別表第一に掲げる講習項目を含む適切な内容の教本その他必要な教材を用いるものであること。

四 別表第一に掲げる講習の種類に応じて、次に掲げる種類の講師が選任されているものであること。

イ 道路運送法（昭和二十六年法律第百八十三号）第二十三条の二第一項の規定により運行管理者資格者証の交付を受けた者であって、講習の実施者が実施する別表第二に掲げる研修を修了している者（以下「第一種講師」という。）

ロ イの第一種講師の要件を満たす者であって、講習の実施者が実施する別表第三に掲げる研修を修了している者（以下「第二種講師」という。）

ハ 別表第一に掲げる各講習項目に関する専門的知識及び経験を有する者（以下「専門講師」という。）

（認定書の交付）

第七条 国土交通大臣は、運輸規則第四十七条の九第四項にお

いて準用する同令第四十一条の二の規定による認定の申請があった場合において、申請の内容を審査し、当該申請をした者が第六条各号に掲げる基準に適合するものとして認定したときは、認定書を交付する。

（標準処理期間）

第八条 国土交通大臣は、運輸規則第四十七条の九第四項において準用する同令第四十一条の二の規定による認定の申請がその事務所に到達してから三月以内に、当該申請に対する処分をするよう努めるものとする。

2 前項に規定する期間には、次に掲げる期間を含まないものとする。

一 当該申請を補正するために要する期間

二 当該申請をした者が当該申請の内容を変更するために要する期間

三 当該申請をした者が当該申請に係る審査に必要と認められる書類を追加するために要する期間

（遵守事項）

第九条 講習の実施者は、次に掲げる事項を遵守して講習を実施しなければならない。

一 少なくとも毎年度一回（講師として選任された日の属する年度を除く。）、講習の実施者が実施する別表第四に掲げる研修に第一種講師及び第二種講師（第二条第一号に規定する講師名簿に記載された者に限る。）を参加させるものであること。

二 毎年度五月三十一日までに、前年度の講習の実施の結果及び前年度の前号に規定する講師の研修に関する報告を国土交通大臣に提出するものであること。

三 毎会計年度終了後三月以内に、毎年度の経理に関する事項を国土交通大臣に報告するものであること。

四 講習を実施したときは、次に掲げる事項を記載した記録簿を作成し、講習を実施した日から、少なくとも十年間保存するものであること。

イ 講習の実施日時及び項目

ロ 第二条第一号に規定する講師名簿に記載された講師以外の専門講師（第六条第二号トに規定する基準を満たすものに限る。）が講習を実施した場合にあっては、当該専門講師の氏名

五 運輸監理部長又は運輸支局長の求めに応じて、講習の実施の状況に関して必要な情報の提供を速やかに行うものであること。

六 講習を修了した者について、修了者台帳を作成し、講習を実施した日から、少なくとも十年間保存するものであること。

七 運転免許証、個人番号カード（行政手続における特定の個人を識別するための番号の利用等に関する法律（平成二十五年法律第二十七号）第二条第七項に規定する個人番号カードをいう。）その他の書類により、講習を受講しようとする者であることを確認するものであること。

八 次のいずれかに掲げる方法により、講習を修了した者に対して、講習を修了した旨の証明を行うものであること。

イ 運行管理者指導講習手帳（以下「手帳」という。）の交付

ロ 手帳（他の実施者が交付したものを含む。）への記載等

ハ 修了証明書（当該修了証明書に記載すべき事項を記録した電磁的記録（電子的方式、磁気的方式その他人の知覚によっては認識することができない方式で作られる記録であって、電子計算機による情報処理の用に供されるものをいう。）を含む。）の交付

九 手帳を汚し、損じ、又は失った者等から、手帳の再交付の申請があったときは、手帳を交付するものであること。

十 受講者から受講履歴の証明の申請があったときは、第六号の規定により保存している修了者台帳の記録に基づき受講の証明を行うものであること。

十一 受講者が所属する旅客自動車運送事業者からの修了試問の結果に関する照会に対して速やかに回答するものであること。

（準用）

第十条 第二条から前条までの規定は、運輸規則第四十八条の四第一項、第四十八条の五第一項及び第四十八条の十二第二項の規定により国土交通大臣が認定する運行の管理に関する講習について準用する。

（業務の改善）

第十一条 国土交通大臣は、講習の適正かつ確実な実施を確保するため必要があると認めるときは、講習の実施者に対し、必要な措置をとることを求めることができる。

附　則

（施行期日）

1 この告示は、旅客自動車運送事業運輸規則及び貨物自動車運送事業輸送安全規則の一部を改正する省令の施行の日［平成二四年四月一六日］から施行する。

（経過措置）

2 この告示の施行の際現に基礎講習、一般講習又は特別講習の講師として選任されている者は、当分の間、それぞれ別表第一に掲げる講習の種類に応じ第六条第四号イ、ロ又はハの規定により講師として選任された者とみなす。

附　則（平二七・三・三一国交告四七一）

この告示は、平成二十七年四月一日から施行する。

附　則（令二・一〇・一四国交告一三〇四）

この告示は、公布の日から施行する。

附　則（令三・九・一国交告一二〇五）

この告示は、令和三年九月一日から施行する。

附　則（令六・三・二九国交告二七七）

この告示は、公布の日から施行する。

別表第一（第六条関係）

種類	実施者	講習項目	内容	時間
基礎講習	第一種講師、第二種講師又は専門講師	自動車運送事業に関する法令	道路運送法、運輸規則、道路運送車両法（昭和二十六年第百八十五号）、自動車事故報告規則（昭和二十六年運輸省令第百四号）その他関連する政令、省令、告示及び通達	四時間
		道路交通に関する法令	道路法（昭和二十七年法律第百八十号）、道路交通法（昭和三十五年法律第百五号）、労働基準法（昭和二十二年法律第四十九号）その他関連する政令、省令、告示及び通達	三時間
		運行管理の業務に関すること	運行管理者制度の趣旨及び内容並びに運輸規則に基づく運行管理の実務	四時間
		事故防止に関すること	飲酒運転防止、労務管理、健康管理等に関する基礎知識	二時間
		自動車運転者の指導及び監督に関すること	運輸規則に基づく指導監督指針による運転者の指導及び監督の内容及び手法	二時間
		修了試問及び補習	講習の効果を判断するための修了試問及び所定の能力を有すると認められなかった者に対する補習	一時間
一般講習	第一種講師、第二種講師又は専門講師	自動車運送事業に関する法令	道路運送法、運輸規則、道路運送車両法、自動車事故報告規則その他関連する政令、省令、告示及び通達	五時間
		道路交通に関する法令	道路法、道路交通法、労働基準法その他関連する政令、省令、告示及び通達	
		運行管理の業務に関すること	最新の情報に基づく運行管理の実務	
		事故防止に関すること	事故事例に基づく事故防止対策	
		自動車運転者の指導及び監督に関すること	最新の情報に基づく運転者の指導及び監督の内容及び手法	
		その他運行管理者として必要な事項	交通事故統計等による事故発生状況の把握等	
		修了試問及び補習	講習の効果を判断するための修了試問及び所定の能力を有すると認められなかった者に対する補習	
特別講習	第二種講師又は専門講師	自動車運送事業及び道路交通に関する法令並びに運行管理の業務に関すること	道路運送法、運輸規則、道路運送車両法、自動車事故報告規則その他関連する政令、省令、告示及び通達、運行管理者制度の趣旨及び内容並びに運行管理者の日常業務	二時間
		自動車事故防止のために特に必要な自動車運転者の指導及び監督に関すること	速度違反の防止等自動車事故防止のため特に必要な運輸規則に基づく指導監督指針による運転者の指導及び監督の内容及び手法	一時間
		自動車事故に係る生理的及び心理的な要因に関すること	飲酒、疲労、疾病等の要因が生理及び心理に及ぼす影響を踏まえた事故防止に関すること	二時間
		適性診断の結	事例を用いた適性診断の結果の評価方法	二時間

果の運行管理の業務への活用に関すること	及び活用方法	
事故事例の分析に基づく運行管理上の要因の発見及び事故防止対策の立案に関すること	事故事例の分析に基づく運行管理上の要因の発見及び事故防止対策の立案の手法等	二時間
事故事例の分析に基づく自動車事故防止に関するグループ討議	事故事例の分析に基づく自動車事故防止に関するおおむね三名以上十名以下のグループにおける討議による演習	三時間
修了試問及び補習	講習の効果を判断するための修了試問及び所定の能力を有すると認められなかった者に対する補習	一時間

備考

この表において、時間の欄の一時間とは、講習時間が正味五十分以上のものをいい、一日の講習時間は正味六時間を超えないものとする。ただし、この時間の欄の時間は、最低時間であって、一日の講習時間を超えない限度において、最低時間以上講習を実施することを妨げるものではない。

別表第二（第六条関係）

研修内容	時間
自動車運送事業者の運行管理の現場における運行管理者の実務についての実習	三時間
指導及び監督における適性診断の結果の活用方法、当該結果から抽出すべきポイント並びにこれに基づく指導及び助言の手法の習得	四時間
講義において必要とされる手法及びテクニック等の習得	三時間
講義形式の実習	四時間

備考

1　運行管理者として選任された者であって、運行管理の実務の経験がある者にあっては、自動車運送事業者の運行管理の現場における運行管理者の実務についての実習を省略することができる。

2　国土交通大臣が認定する適性診断のカウンセラーの経験がある者にあっては、指導及び監督における適性診断の結果の活用方法、当該結果から抽出すべきポイント並びにこれに基づく指導及び助言の手法の習得を省略することができる。

3　講義を行った十分な経験がある者にあっては、講義において必要とされる手法及びテクニック等の習得並びに講義形式の実習を省略することができる。

4　この表において、時間の欄の一時間とは、研修時間が正味五十分以上のものをいい、一日の研修時間は正味六時間を超えないものとする。

別表第三（第六条関係）

研修内容	時間
事故事例の分析の結果に基づいて行うグループ討議による事故事例研究等の手法の習得	四時間
自動車事故における生理的及び心理的な要因	二時間

備考

この表において、時間の欄の一時間とは、研修時間が正味五十分以上のものをいい、一日の研修時間は正味六時間を超えないものとする。

別表第四（第九条関係）

研修内容	時間
道路運送法その他の関係法令等の改正の動向、最新の情報に基づく運行管理の実務及び事故事例に基づく事故防止対策	三時間以上

備考

この表において、時間の欄の一時間とは、研修時間が正味五十分以上のものをいい、一日の研修時間は正味六時間を超えないものとする。

○旅客自動車運送事業用自動車による危険物等の運送基準を定める告示

（令和二年十一月二十七日
国土交通省告示第千四百六号）

旅客自動車運送事業運輸規則（昭和三十一年運輸省令第四十四号）第五十二条の告示で定める条件は、次のとおりとする。

一　火薬類にあっては、次の各号のいずれかに掲げるもの
イ　三百グラムを超えない猟銃雷管及び信号雷管であって、振動、衝撃等によりこれから発火するおそれのない容器に入れてあるもの
ロ　五百グラムを超えない信号焔管及び信号火せん
ハ　百グラムを超えない競技用紙雷管
ニ　八百発を超えない競技用の公称口径二十二のへり打ちのライフル銃用実包及び拳銃用実包
ホ　銃器に装填した実包及び空包（警察官、刑務官その他法令に基づき職務のため銃器を所持する者が事業用自動車内に持ち込む場合に限る。）
二　引火性液体にあっては、次の各号のいずれかに掲げるもの
イ　〇・五リットルを超えない引火性液体（アルコールを除く。）であって、漏れるおそれのない容器に密閉し、かつ、容器が破損するおそれがないように包装してあるもの
ロ　二リットルを超えないアルコールであって、漏れるおそれのないように保護されたもの
ハ　十キログラムを超えない引火のおそれのあるペンキ類であって、金属製容器に密閉してあるもの
三　セルロイド類にあっては、次の各号のいずれかに掲げるもの
イ　三百グラムを超えないものであって、紙箱等の電気絶縁物質により包装してあるもの
ロ　映画用フィルムであって、ファイバ等の不燃性電気絶縁物質製の容器に入れてあるもの（この場合において容器は、振動衝撃等によりふたが開くことがないようにしてあるものであること。）
ハ　映画用フィルムであって、フィルム用容器に入れ、かつ、帆布製の袋に入れてあるもの（この場合において帆布製の袋は、ＪＥＳ繊維三一〇一の上綿帆布八号若しくは並綿布又はこれらと同等以上の厚さ及び強度を有する帆布を使用したものであって、二重底とし、上ぶた布又は中ぶた布を付してあり、かつ、金属製品を使用していないものであること。）
四　二十五キログラムを超えない乾燥した状態のカーバイトであって、破損するおそれのない容器に密閉してあるもの
五　五百グラムを超えない写真撮影用閃光粉であって、これが飛散するおそれのない容器に密閉し、かつ、容器が破損するおそれのないように包装してあるもの
六　腐食性物質にあっては、次の各号のいずれかに掲げるもの
イ　〇・五リットルを超えないものであって、漏れるおそれのない容器に密閉し、かつ、容器が破損するおそれのないように包装してあるもの
ロ　二十五グラムを超えない固体の苛性カリであって、破損するおそれのない容器に密閉してあるもの
七　〇・五リットルを超えない液体青酸、クロロホルム及びホルマリンであって、漏れるおそれのない容器に密閉し、かつ、容器が破損するおそれのないように包装してあるもの
八　刃物であって、他の旅客に危害を及ぼすおそれがないようにこん包してあるもの
九　電池であって、感電及び火災のおそれのないように保護されたもの
十　動物であって、一般貸切旅客自動車運送事業者又は一般乗用旅客自動車運送事業者が運送契約において事業用自動車内に持ち込むことについて同意したもの

附　則

この告示は、令和二年十一月二十七日から施行する。

○自動車事故報告規則

（昭和二十六年十二月二十日
運輸省令第百四号）

沿革　昭三一運令一三、昭三八運令二二・五〇、昭三九運令五二、昭五五運令四〇、昭五九運令一八、昭六〇運令五、昭六二運令二七・二九、平元運令五・六、平二運令三一、平六運令一二、平八運令五七、平九運令八一、平一二運令三九、平一三国交令八八・一〇五、平一四国交令七九、平一五国交令六・九五、平一七国交令三、平一八国交令五五・八六、平一九国交令一七、平二〇国交令六六、平二一国交令六五、平二四国交令三一、平二七国交令六、平三〇国交令一・九〇、令元国交令二〇、令二国交令六・二〇、令四国交令六六、令五国交令三一改正

（この省令の適用）

第一条　自動車の事故に関する報告については、この省令の定めるところによる。

（定義）

第二条　この省令で「事故」とは、次の各号のいずれかに該当する自動車の事故をいう。

一　自動車が転覆し、転落し、火災（積載物品の火災を含む。以下同じ。）を起こし、又は鉄道車両（軌道車両を含む。以下同じ。）と衝突し、若しくは接触したもの

二　十台以上の自動車の衝突又は接触を生じたもの

三　死者又は重傷者（自動車損害賠償保障法施行令（昭和三十年政令第二百八十六号）第五条第二号又は第三号に掲げる傷害を受けた者をいう。以下同じ。）を生じたもの

四　十人以上の負傷者を生じたもの

五　自動車に積載された次に掲げるものの全部若しくは一部が飛散し、又は漏えいしたもの

イ　消防法（昭和二十三年法律第百八十六号）第二条第七項に規定する危険物

ロ　火薬類取締法（昭和二十五年法律第百四十九号）第二条第一項に規定する火薬類

ハ　高圧ガス保安法（昭和二十六年法律第二百四号）第二条に規定する高圧ガス

ニ　原子力基本法（昭和三十年法律第百八十六号）第三条第二号に規定する核燃料物質及びそれによつて汚染された物

ホ　放射性同位元素等の規制に関する法律（昭和三十二年法律第百六十七号）第二条第二項に規定する放射性同位元素及びそれによつて汚染された物又は同条第五項に規定する放射線発生装置から発生した同条第一項に規定する放射線によつて汚染された物

ヘ　シアン化ナトリウム又は毒物及び劇物取締法施行令（昭和三十年政令第二百六十一号）別表第二に掲げる毒物又は劇物

ト　道路運送車両の保安基準（昭和二十六年運輸省令第六十七号）第四十七条第一項第三号に規定する品名の可燃物

六　自動車に積載されたコンテナが落下したもの

七　操縦装置又は乗降口の扉を開閉する操作装置の不適切な操作により、旅客に自動車損害賠償保障法施行令第五条第四号に掲げる傷害が生じたもの

八　酒気帯び運転（道路交通法（昭和三十五年法律第百五号）第六十五条第一項の規定に違反する行為をいう。以下同じ。）（特定自動運行旅客運送（道路運送法施行規則（昭和二十六年運輸省令第七十五号）第六条第一項第九号に規定する特定自動運行旅客運送をいう。以下この号において同じ。）又は特定自動運行貨物運送（貨物自動車運送事業法施行規則（平成二年運輸省令第二十一号）第三条第三号の三に規定する特定自動運行貨物運送をいう。以下この号において同じ。）を行う場合にあつては、旅客自動車運送事業運輸規則（昭和三十一年運輸省令第四十四号）第十五条の二第一項又は貨物自動車運送事業輸送安全規則（平成二年運輸省令第二十二号）第三条第一項に規定する特定自動運行保安員（以下「特定自動運行保安員」という。）が酒気を帯びて特定自動運行用自動車（同法第七十五条の十二第二項第二号イに規定する特定自動運行用自動車をいう。以下この号において同じ。）の運行の業務に従事する行為。第四条第一項第五号において同じ。）、無免許運転（同法第六十四条の規定に違反する行為をいう。）、大型自動車等無資格運転（同法第八十五条第五項から第九項までの規定に違反する行為をいう。）又は麻薬等運転（同法第百十七条の二第一項第三号の罪に当たる行為をいう。）（特定自動運行旅客運送又は特定自動運行貨物運送を行う場合にあつては、特定自動運行保安員が麻薬、大麻、あへん、覚醒剤又は毒物及び劇物取締法（昭和二十五年法律第三百三号）第三条の三の規定に基づく政令で定める物の影響により正常な業務ができないおそれがある状態で特定自動運行用自動車の運行の業務に従事する行為）を伴うもの

九　運転者又は特定自動運行保安員の疾病により、事業用自動車の運行を継続することができなくなつたもの

十　救護義務違反（道路交通法第百十七条の罪に当たる行為をいう。以下同じ。）があつたもの

十一　自動車の装置（道路運送車両法（昭和二十六年法律第百八十五号）第四十一条第一項各号に掲げる装置をいう。）の故障（以下単に「故障」という。）により、自動車が運行できなくなつたもの

十二　車輪の脱落、被牽引自動車の分離を生じたもの（故障によるものに限る。）

十三　橋脚、架線その他の鉄道施設（鉄道事業法（昭和六十一年法律第九十二号）第八条第一項に規定する鉄道施設をいい、軌道法（大正十年法律第七十六号）による軌道施設を含む。）を損傷し、三時間以上本線において鉄道車両の運転を休止させたもの

十四　高速自動車国道（高速自動車国道法（昭和三十二年法律第七十九号）第四条第一項に規定する高速自動車国道をいう。）又は自動車専用道路（道路法（昭和二十七年法律第百八十号）第四十八条の四に規定する自動車専用道路をいう。以下同じ。）において、三時間以上自動車の通行を禁止させたもの

十五　前各号に掲げるもののほか、自動車事故の発生の防止を図るために国土交通大臣（主として指定都道府県等（道路運送法施行令（昭和二十六年政令第二百五十号）第四条第一項の指定都道府県等をいう。以下同じ。）の区域内において行われる自家用有償旅客運送に係るものの場合にあ

つては、当該指定都道府県等の長）が特に必要と認めて報告を指示したもの

（報告書の提出）

第三条　旅客自動車運送事業者、貨物自動車運送事業者（貨物軽自動車運送事業者を除く。以下同じ。）、特定第二種貨物利用運送事業者及び自家用有償旅客運送者並びに道路運送車両法第五十条に規定する整備管理者を選任しなければならない自家用自動車の使用者（以下「事業者等」という。）は、その使用する自動車（自家用自動車（自家用有償旅客運送の用に供するものを除く。）にあつては、軽自動車、小型特殊自動車及び二輪の小型自動車を除く。）について前条各号の事故があつた場合には、当該事故があつた日（前条第十号に掲げる事故にあつては事業者等が当該救護義務違反があつたことを知つた日、同条第十五号に掲げる事故にあつては当該指示があつた日）から三十日以内に、当該事故ごとに自動車事故報告書（別記様式による。以下「報告書」という。）三通を当該自動車の使用の本拠の位置を管轄する運輸監理部長又は運輸支局長（以下「運輸監理部長又は運輸支局長」という。）を経由して、国土交通大臣に提出しなければならない。

2　前条第十一号及び第十二号に掲げる事故の場合には、報告書に次に掲げる事項を記載した書面及び故障の状況を示す略図又は写真を添付しなければならない。

一　当該自動車の自動車検査証の有効期間

二　当該自動車の使用開始後の総走行距離

三　最近における当該自動車についての大規模な改造の内容、施行期日及び施行工場名

四　故障した部品及び当該部品の故障した部位の名称（前後左右の別がある場合は、前進方向に向かつて前後左右の別を明記すること。）

五　当該部品を取りつけてから事故発生までの当該自動車の走行距離

六　当該部品を含む装置の整備及び改造の状況

七　当該部品の製作者（製作者不明の場合は販売者）の氏名又は名称及び住所

3　運輸監理部長又は運輸支局長は、報告書を受け付けたときは、遅滞なく、地方運輸局長を経由して、国土交通大臣に進達しなければならない。

4　第一項の規定にかかわらず、主として指定都道府県等の区域内において自家用有償旅客運送を行う者の場合にあつては、報告書を当該指定都道府県等の長に提出するものとする。

（速報）

第四条　事業者等は、その使用する自動車（自家用自動車（自家用有償旅客運送の用に供するものを除く。）にあつては、軽自動車、小型特殊自動車及び二輪の小型自動車を除く。）について、次の各号のいずれかに該当する事故があつたとき又は国土交通大臣の指示があつたときは、前条第一項の規定によるほか、電話その他適当な方法により、二十四時間以内においてできる限り速やかに、その事故の概要を運輸監理部長又は運輸支局長に速報しなければならない。

一　第二条第一号に該当する事故（旅客自動車運送事業者及び自家用有償旅客運送者（以下「旅客自動車運送事業者等」という。）が使用する自動車が引き起こしたものに限る。）

二　第二条第三号に該当する事故であつて次に掲げるもの

イ　二人（旅客自動車運送事業者等が使用する自動車が引き起こした事故にあつては、一人）以上の死者を生じたもの

ロ　五人以上の重傷者を生じたもの

ハ　旅客に一人以上の重傷者を生じたもの

三　第二条第四号に該当する事故

四　第二条第五号に該当する事故（自動車が転覆し、転落し、火災を起こし、又は鉄道車両、自動車その他の物件と衝突し、若しくは接触したことにより生じたものに限る。）

五　第二条第八号に該当する事故（酒気帯び運転があつたものに限る。）

2　前条第三項の規定は、前項の規定により運輸監理部長又は運輸支局長が速報を受けた場合について準用する。

3　第一項の規定にかかわらず、主として指定都道府県等の区域内において自家用有償旅客運送を行う者の場合にあつては、同項各号のいずれかに該当する事故があつたとき又は当該指定都道府県等の長の指示があつたときは、当該指定都道府県等の長に速報するものとする。

（事故警報）

第五条　国土交通大臣又は地方運輸局長は、報告書又は速報に基づき必要があると認めるときは、事故防止対策を定め、自動車使用者、自動車特定整備事業者その他の関係者にこれを周知させなければならない。

附　則

この省令は、公布の日から施行する。

附　則（昭三一・三・三一運令一三）

この省令は、昭和三十一年四月一日から施行する。ただし、別記様式の改正規定は、昭和三十一年七月一日から施行する。

附　則（昭三八・四・一一運令二二）

1　この省令は、昭和三十八年七月一日から施行する。

2　この省令施行前に生じた事故に関する報告については、なお従前の例による。

附　則（昭三八・一〇・一運令五〇）

この省令は、昭和三十八年十月十五日から施行する。

附　則（昭三九・七・二二運令五二）

この省令は、公布の日から施行する。

附　則（昭五五・一一・二一運令四〇）

1　この省令は、昭和五十六年一月一日から施行する。

2　この省令の施行前に生じた事故に関する報告については、なお従前の例による。

附　則（昭五九・六・二二運令一八抄）

（施行期日）

第一条　この省令は、昭和五十九年七月一日から施行する。

第六条　この省令による改正前の〔中略〕自動車事故報告規則別記様式による自動車事故報告書は、この省令による改正後の〔中略〕様式にかかわらず、当分の間、なおこれを使用することができる。

附　則（昭六〇・二・五運令五抄）

（施行期日）

1　この省令は、道路運送法等の一部を改正する法律の施行の日（昭和六十年四月一日）から施行する。

〔経過措置〕

4 この省令による改正前の自動車事故報告規則別記様式による自動車事故報告書〔中略〕は、この省令による改正後のそれぞれの様式にかかわらず、当分の間、なおこれを使用することができる。

附 則（昭六二・三・二六運令二七抄）

（施行期日）

1 この省令は、公布の日から施行する。

附 則（昭六二・三・二七運令二九抄）

（施行期日）

第一条 この省令は、昭和六十二年四月一日から施行する。

附 則（平元・二・二七運令五抄）

（施行期日）

第一条 この省令は、平成元年四月一日（以下「施行日」という。）から施行する。

（自動車事故報告規則の一部改正に伴う経過措置）

第二条 第二条の規定による改正前の自動車事故報告規則別記様式による自動車事故報告書は、同条の規定による改正後の様式にかかわらず、当分の間、なおこれを使用することができる。

附 則（平元・三・一七運令六）

（施行期日）

1 この省令は、公布の日から施行する。

（自動車事故報告規則の一部改正に伴う経過措置）

2 この省令による改正前の自動車事故報告規則別記様式による自動車事故報告書は、この省令による改正後の様式にかかわらず、当分の間、なおこれを使用することができる。

附 則（平二・一一・二九運令三一抄）

（施行期日）

1 この省令は、貨物運送取扱事業法及び貨物自動車運送事業法の施行の日（平成二年十二月一日）から施行する。

附 則（平六・三・三〇運令一二抄）

1 この省令は、公布の日から施行する。〔後略〕

附 則（平八・一一・五運令五七）

（施行期日）

1 この省令は、平成九年一月一日から施行する。ただし、別記様式注(8)3の改正規定は、平成九年四月一日から施行する。

（経過措置）

2 この省令の施行前に生じた事故に関する報告については、なお従前の例による。

附 則（平九・一二・一五運令八一抄）

（施行期日）

1 この省令は、平成十年一月一日から施行する。

附 則（平一二・一一・二九運令三九）

（施行期日）

第一条 この省令は、平成十三年一月六日から施行する。

（経過措置）

第二条 この省令による改正前の〔中略〕自動車事故報告規則別記様式による自動車事故報告書〔中略〕は、この省令による改正後のそれぞれの書式又は様式にかかわらず、当分の間、なおこれを使用することができる。

附 則（平一三・四・二〇運令八八）

（施行期日）

1 この省令は、平成十三年五月一日から施行する。

（経過措置）

2 この省令の施行前に生じた事故に関する報告については、なお従前の例による。

附 則（平一三・七・一一運令一〇五抄）

（施行期日）

第一条 この省令は、道路運送法及びタクシー業務適正化臨時措置法の一部を改正する法律（平成一二年五月法律第八六号）の施行の日（平成十四年二月一日）から施行する。

附 則（平一四・六・二八国交令七九）

（施行期日）

第一条 この省令は、平成十四年七月一日から施行する。

（経過措置）

第二条 この省令の施行の際現にあるこの省令による改正前の様式又は書式による申請書、証明書その他の文書は、この省令による改正後のそれぞれの様式又は書式にかかわらず、当分の間、なおこれを使用することができる。

附 則（平一五・一・二〇国交令六抄）

（施行期日）

第一条 この省令は、鉄道事業法等の一部を改正する法律の施行の日（平成十五年四月一日）から施行する。

附 則（平一五・九・二六国交令九五）

この省令は、平成十五年十月一日から施行する。

附 則（平一七・一・二六国交令三）

この省令は、平成十七年二月一日から施行する。

附 則（平一八・四・一四国交令五五）

（施行期日）

1 この省令は、公布の日から施行する。

（経過措置）

2 この省令による改正前の自動車事故報告規則別記様式による自動車事故報告書は、この省令による改正後の自動車事故報告規則別記様式にかかわらず、当分の間、なおこれを使用することができる。

附 則（平一八・九・七国交令八六抄）

（施行期日）

第一条 この省令は、道路運送法等の一部を改正する法律〔平成一八年五月法律第四〇号〕の施行の日（平成十八年十月一日）から施行する。

附 則（平一九・三・二六国交令一七）

この省令は、平成十九年四月一日から施行する。

附 則（平二〇・七・二九国交令六六）

（施行期日）

1 この省令は、平成二十年九月一日から施行する。

（経過措置）

2 この省令による改正前の自動車事故報告規則別記様式（以下「旧様式」という。）による自動車事故報告書は、この省令による改正後の自動車事故報告規則別記様式（以下「新様式」という。）にかかわらず、この省令の施行の日から一年間は、なおこれを使用することができる。この場合において、新様式(裏)中運送契約の相手方の氏名又は名称、住所等の欄に記載すべき事項は、旧様式の空欄に記載するものとする。

附 則（平二二・一二・二〇国交令六五）

（施行期日）

第一条　この省令は、平成二十一年十二月一日から施行する。

（経過措置）

第二条　この省令の施行前に生じた事故に関する報告については、なお従前の例による。

2　この省令による改正前の自動車事故報告規則別記様式（以下「旧様式」という。）による自動車事故報告書は、この省令による改正後の自動車事故報告規則別記様式（以下「新様式」という。）にかかわらず、当分の間、なおこれを使用することができる。この場合において、新様式裏中事故の種類の欄に記載すべき事項のうち区分及び発生の順については、旧様式表中当時の状況の欄に、当該区分及び発生の順を明らかにして記載するものとする。

附　則（平二四・三・三〇国交令三一抄）

（施行期日）

第一条　この省令は、放射性同位元素等による放射線障害の防止に関する法律の一部を改正する法律〔平成二二年五月法律第三〇号〕の施行の日（平成二十四年四月一日）から施行する。

（自動車事故報告規則の一部改正に伴う経過措置）

第二条　この省令の施行前に生じた事故に関する報告については、第一条の規定による改正後の自動車事故報告規則の規定にかかわらず、なお従前の例による。

附　則（平二七・一・三〇国交令六抄）

（施行期日）

第一条　この省令は、地域の自主性及び自立性を高めるための改革の推進を図るための関係法律の整備に関する法律〔平成二六年六月法律第五一号〕の施行の日（平成二十七年四月一日）から施行する。〔後略〕

（自動車事故報告規則の一部改正に伴う経過措置）

第二条　この省令の施行前に生じた事故に関する報告については、第三条の規定による改正後の自動車事故報告規則の規定にかかわらず、なお従前の例による。

2　第三条の規定による改正前の自動車事故報告規則別記様式（以下「旧様式」という。）による自動車事故報告書は、同条の規定による改正後の自動車事故報告規則別記様式（以下「新様式」という。）にかかわらず、当分の間、なおこれを使用することができる。この場合において、新様式に記載すべき死名は、旧様式を適宜修正してこれに記載するものとする。

附　則（平三〇・一・四国交令一抄）

（施行期日）

第一条　この省令は、通訳案内士法及び旅行業法の一部を改正する法律〔平成二九年六月法律第五〇号〕（以下「改正法」という。）の施行の日（平成三十年一月四日）から施行する。

（自動車事故報告規則の一部改正に伴う経過措置）

第四条　第二条の規定による改正前の自動車事故報告規則別記様式による自動車事故報告書は、同条の規定による改正後の自動車事故報告規則別記様式にかかわらず、当分の間、なおこれを使用することができる。

附　則（平三〇・一二・二六国交令九〇抄）

（施行期日）

1　この省令は、原子力利用における安全対策の強化のための核原料物質、核燃料物質及び原子炉の規制に関する法律等の一部を改正する法律〔平成二九年四月法律第一五号〕附則第一条に掲げる規定の施行の日（平成三十一年九月一日）から施行する。

（自動車事故報告規則の一部改正に伴う経過措置）

3　第四条の規定による改正前の自動車事故報告規則別記様式による自動車事故報告書は、同条の規定による改正後の自動車事故報告規則別記様式にかかわらず、当分の間、なおこれを使用することができる。

附　則（令元・六・二八国交令二〇）

この省令は、不正競争防止法等の一部を改正する法律〔平成三〇年五月法律第三三号〕の施行の日（令和元年七月一日）から施行する。

附　則（令二・二・六国交令六抄）

（施行期日）

第一条　この省令は、道路運送車両法の一部を改正する法律〔令和元年五月法律第一四号〕（以下「改正法」という。）の施行の日〔令和二年四月一日〕（以下「施行日」という。）から施行する。〔後略〕

附　則（令二・三・三一国交令二〇）

この省令は、道路運送車両法の一部を改正する法律〔令和元年五月法律第一四号〕の施行の日（令和二年四月一日）から施行する。

附　則（令四・九・七国交令六六抄）

（施行期日）

第一条　この省令は、道路交通法の一部を改正する法律〔令和四年四月法律第三二号〕附則第一条第二号に掲げる規定の施行の日（令和四年一〇月一日）から施行する。

附　則（令五・三・三一国交令三一抄）

（施行期日）

第一条　この省令は、令和五年四月一日から施行する。

（自動車事故報告規則の一部改正に伴う経過措置）

第二条　第二条の規定による改正前の自動車事故報告規則別記様式による自動車事故報告書は、特定自動運行旅客運送又は特定自動運行貨物運送を行った場合における事故に関する報告書を提出する場合を除き、第二条の規定による改正後の自動車事故報告規則別記様式にかかわらず、当分の間、なおこれを使用することができる。

別記様式（第３条関係）

（表）

<table>
<tr><td colspan="4">自 動 車 事 故 報 告 書
宛て
自動車の使用者の氏名又は名称
住　所
電話番号
年　月　日提出</td></tr>
<tr><td>☆発生日時</td><td>年　月　日　時　分</td><td rowspan="3">☆路線名又は道路名</td><td rowspan="3">道　線</td></tr>
<tr><td>天候</td><td>１晴れ　２曇　３雨　４雪　５霧　６その他</td></tr>
<tr><td>☆発生場所</td><td>都道府県　区市郡　区町村　番地</td></tr>
<tr><td colspan="2">☆当該自動車の使用の本拠の名称及び位置</td><td colspan="2">☆自動車登録番号又は車両番号</td></tr>
<tr><td colspan="2"></td><td colspan="2"></td></tr>
<tr><td colspan="4">☆当時の状況</td></tr>
<tr><td colspan="4">☆◆現場の略図（道路上の事故の場合には車線の区分を明らかにして図示すること。）</td></tr>
<tr><td>☆当時の処置</td><td colspan="3"></td></tr>
<tr><td>☆事故の原因</td><td colspan="3"></td></tr>
<tr><td>☆再発防止対策</td><td colspan="3"></td></tr>
<tr><td>※備考</td><td colspan="3"></td></tr>
</table>

（日本産業規格Ａ列４番）

（裏）

事故の種類	区分	1	2	3	4	5	6	7	8	9	10	11	12	13	14	15
		転覆	転落	路外逸脱	火災	踏切	衝突	死傷	危険物等	車内	飲酒等	健康起因	救護違反	車両故障	交通傷害	その他
	☆発生の順															
	☆転落の状態	落差　m							水深　m							
	衝突等の状態	1正面衝突　2側面衝突　3追突　4接触　5物件衝突														

当該自動車の概要				
☆車名	☆型式	☆車体の形状	☆初度登録年又は初度検査年	
事業用	1乗合旅客　2貸切旅客　3乗用旅客　4特定旅客　5一般貨物（イ特別積合せ貨物　ロその他）　6特定貨物　7特定第二種			
自家用	1有償貸渡し（レンタカー）　2有償旅客運送　3その他			
種別	1普通　2小型　3その他			
☆乗車定員　人	☆当時の乗車人員　人			
☆最大積載量　kg　kg	☆当時の積載量　kg　kg			
許可等の必要性	制限外許可	1有	2無	
	特殊車両通行許可	1有	2無	
	保安基準の緩和	1有	2無	
許可等の取得状況	制限外許可	1有	2無	
	特殊車両通行許可	1有	2無	
	保安基準の緩和	1有	2無	
貨物の内容	1土砂等　2長大物品等　3コンテナ　4生コンクリート　5危険物等　6冷凍、冷蔵品　7原木、製材　8引越　9その他			
積載危険物等	運搬の有無	1有　2無		
	種類	1危険物　2火薬類　3高圧ガス　4核　5RI　6毒劇物　7可燃物		
	☆品名及び積載量又は放射能の量	品名（　）kg、l（　）Bq		
	イエローカードの携行状況	1有　2無		

道路等の状況		
種類	1道路（イ高速自動車国道　ロ自動車専用道路等　ハその他）　2その他の場所	
☆道路の幅員	m	
こう配	1平たん　2上り　3下り	
道路の形態	1直線　2右曲り　3左曲り　4交差　5つづら折り	
路面の状態	1乾　2湿　3積雪　4氷結	
警戒標識の設置	1有　2無	☆当該道路の制限速度　km/h
踏切の状態	1遮断機付き　2警報機付き　3その他	

◆営業所及び運行等の状況		
☆当時の運行計画	（発地・経由地・着地）	
☆運送契約の相手方の氏名又は名称、住所等（貸切旅客のみ）		
安全性優良事業所の認定（貨物のみ）	1有	2無
運送形態	1下請運送	2その他
☆荷送人の氏名又は名称及び住所		
☆荷受人の氏名又は名称及び住所		

当時の状況	
☆危険認知時の速度	km/h
☆危険認知時の距離	m
☆スリップ距離	m
当該自動車の事故時の走行等の態様	1直進（加速）　2直進（減速）　3直進（定速）　4後退　5追越　6右折　7左折　8駐車　9停車　10転回　11合流　12その他
道路上での事故の場合には事故発生地点	1車道　2歩道　3横断歩道　4路側帯　5路肩　6交差点　7バス停留所　8トンネル　9その他
死傷事故の場合には死傷者の状態	1左側通行　2右側通行　3信号無視　4車道通行　5歩道通行　6横断歩道歩行　7車の直前横断　8斜横断　9飛び出し　10酩酊　11路上作業　12路上遊戯　13乗降中　14安全地帯　15自転車運転　16その他
車両の故障に起因する場合には故障箇所	1原動機（速度抑制装置を除く）　2速度抑制装置　3動力伝達装置　4車輪（タイヤを除く）　5タイヤ　6車軸　7操縦装置　8制動装置　9緩衝装置　10燃料装置　11電気装置　12車枠及び車体　13連結装置　14乗車装置　15物品積載装置　16窓ガラス　17騒音防止装置　18ばい煙等の発散防止装置　19灯火装置及び指示装置　20反射器　21警音器　22視野を確保する装置（後写鏡、窓拭き器等）　23計器（速度計、走行距離計等）　24消火器　25内圧容器及びその附属装置　26自動運行装置　27運行記録計　28その他

◆乗務員			
運転者	☆氏名		
	☆年齢	才	
	☆経験年数	年　月	
	自動車の運転を職業とする者にあっては勤務状況	本務・臨時の別	1本務　2臨時
		☆事故日以前1ヶ月間に出勤しなかった日数	日
		☆乗務開始から事故発生までの乗務時間及び乗務距離	時間　km
		☆最近出勤しなかった日から事故日までの勤務日数及び乗務距離の合計	勤務日数　日
			乗務距離　km
	損害の程度	1死亡　2重傷　3軽傷	
	シートベルトの着用状況	1着用　2非着用　3非装備	
	☆交替運転者の配置	1有　2無（交替後の乗務時間及び乗務距離）時間　km	
	☆過去3年間の事故の状況	（過去3年間の事故件数）件（最近の事故年月日）年　月　日	
	☆過去3年間の道路交通法の違反の状況	（過去3年間の違反件数）件（最近の違反年月日）年　月　日	
	☆過去3年間の適性診断の受診状況	1有　2無（最近の受診年月日）年　月　日（適性診断受診場所）	
	☆最近の健康診断の受診年月日	（最近の受診年月日）年　月　日	
特定自動運行保安員	☆氏名		
	☆年齢	才	
	☆経験年数	年　月	
	本務・臨時の別	1本務　2臨時	
	損害の程度	1死亡　2重傷　3軽傷	
	業務場所の別	1車両内　2車両外	
	シートベルトの着用状況	1着用　2非着用　3非装備	
	☆最近の健康診断の受診年月日	（最近の受診年月日）年　月　日	
車掌	本務・臨時の別	1本務　2臨時	
	損害の程度	1死亡　2重傷　3軽傷	
	シートベルトの着用状況	1着用　2非着用　3非装備	

☆◆運行管理者		運行管理者	統括運行管理者
	氏名		
	運行管理者資格者証番号		

☆損害の程度		
◆死亡	人（うち乗客　人）	
◆重傷	人（うち乗客　人）	
軽傷	人（うち乗客　人）	
※事業者番号		
※再発防止対策		

(注)

(1) ☆印欄は、具体的に記入すること。ただし、不明の場合は該当欄に「不明」と記入し、記入の要のない場合は該当欄に斜線を引くこと。
なお、欄内に記入し得ないときは、別紙に記入し、これを添付すること。

(2) ※印欄は、記入しないこと。

(3) ☆印欄及び※印欄以外の欄は、該当する事項を○で囲むこと。

(4) ◆印欄は、事故が第２条第11号又は12号のみに該当する場合には、記入を要しない。

(5) 時刻の記入は、24時間制によること。

(6)「区分」の記入は、次の区分によること。

1　転覆　当該自動車が道路上において路面と35度以上傾斜したとき。

2　転落　当該自動車が道路外に転落した場合で、その落差が0.5メートル以上のとき。

3　路外逸脱　当該自動車の車輪が道路（車道と歩道の区分がある場合は、車道）外に逸脱した場合で、「転落」以外のとき。

4　火災　当該自動車又は積載物品に火災が生じたとき。

5　踏切　当該自動車が踏切において、鉄道車両と衝突し、又は接触したとき。

6　衝突　当該自動車が鉄道車両、トロリーバス、自動車、原動機付自転車、荷牛馬車、家屋その他の物件に衝突し、又は接触したとき。

7　死傷　死傷者を生じたとき（９に該当する場合を除く。）

8　危険物等　第２条第５号又は第６号に該当する事故

9　車内　操縦装置又は乗降口の扉を開閉する装置の不適切な操作により、旅客（乗降する際の旅客を含む。）を死傷させたとき。

10　飲酒等　第２条第８号に該当する事故

11　健康起因　第２条第９号に該当する事故

12　救護違反　第２条第10号に該当する事故

13　車両故障　第２条第11号又は第12号に該当する事故

14　交通傷害　第２条第13号又は第14号に該当する事故

15　その他　１から14までに該当しないとき。

(7) ２種類以上の事故が生じたときには、「発生の順」の欄に発生の順に番号を記入すること。

(8)「転落の状態」の欄の「落差」は、路面から落下地点までの垂直距離とする。ただし、水中に転落した場合で水深を記入する必要がある場合には、路面から水面までの垂直距離とする。

(9) 「車体の形状」の欄は、道路運送車両法第58条の自動車検査証に記載されている車体の形状を記入すること。

(10) 「積載危険物等」とは、次に掲げるものであって事故当時に当該自動車に積載していたものをいう。

1　危険物　消防法第２条第７項に規定する危険物

2　火薬類　火薬類取締法第２条第１項に規定する火薬類

3　高圧ガス　高圧ガス保安法第２条に規定する高圧ガス

4　核　原子力基本法第３条第２号に規定する核燃料物質及びそれによって汚染された物

5　ＲＩ　放射性同位元素等の規制に関する法律第２条第２項に規定する放射性同位元素及びそれによって汚染された物
又は同条第５項に規定する放射線発生装置から発生した同条第１項に規定する放射線によって汚染された物

6　毒劇物　シアン化ナトリウム又は毒物及び劇物取締法施行令別表第二に掲げる毒物又は劇物

7　可燃物　道路運送車両の保安基準第47条第１項第３号に規定する品名の可燃物

(11) 「許可等の必要性」及び「許可等の取得状況」の欄は、当該自動車の運行について次の許可等の必要性の有無及びその取得状況に該当するものを○で囲むこと。

1　制限外許可　道路交通法第57条の規定による許可

2　特殊車両通行許可　道路法第47条の２の規定による許可

3　保安基準の緩和　道路運送車両の保安基準第55条の規定による基準の緩和であって、道路運送車両の保安基準第２条第１項、第４条及び第４条の２に係るもの

(12) 「イエローカード」とは、当該積載危険物等の取扱方法を記載した書類をいう。

(13) 「種類」の欄の「ロ　自動車専用道路等」は、自動車専用道路及び道路運送法による自動車道とし、「２　その他の場所」は、構内、営業所等一般交通の用に供しない場所とする。

(14) 「道路の幅員」は、路肩部分を含む道路（車道と歩道の区別がある場合は、車道）の総幅員とする。

(15) 「道路の形態」の欄の「交差」は、当該自動車前方30メートル以内に交差点があった場合とする。

(16) 「運行計画」には、運行管理者が与えた指示を含むものとする。

(17) 「運送契約の相手方の氏名又は名称、住所等（貸切旅客のみ）」の欄は、事故を引き起こした当該一般貸切旅客自動車運送事業者と運送契約を締結した者の氏名又は名称及び住所を記載すること。運送契約の相手方が旅行業法（昭和27年法律第239号）第３条の規定による旅行業若しくは旅行業者代理業の登録を受けている者（以下「旅行業者等」という。）又は同法第23条の規定による旅行サービス手配業の登録を受けている者である場合には、氏名又は名称及び住所のほか、旅行業者等又は旅行サービス手配業者の登録番号を記載すること。

(18) 「安全性優良事業所の認定」とは、全国貨物自動車運送適正化事業実施機関が、輸送の安全の確保に関する取組が優良であると認められる貨物自動車運送事業者の営業所に対して行う認定をいう。

(19) 「下請運送」とは、貨物自動車運送事業者からの運送の依頼により行う貨物運送をいう。

(20) 「荷送人の氏名又は名称及び住所」の欄は、事故を引き起こした当該貨物自動車運送事業者と運送契約を締結した荷送人のほか、事故の際に運送していた貨物に関して当該荷送人と運送契約を締結した者等の当該貨物の運送に関して運送契約を締結した全ての者を記載すること。

(21) 「運送形態」の欄の「２その他」に該当し、かつ、当該運送が特別積合せ運送である場合には「荷送人の氏名又は名称及び住所」及び「荷受人の氏名又は名称及び住所」の欄は、記入を要しない。

(22) 「過去３年間の事故の状況」の欄は、当該運転者が引き起こした道路交通法第67条第２項の交通事故に関して記入する。

(23) 「過去３年間の適性診断の受診状況」の欄は、当該運転者の過去３年間の運転適性診断の受診の有無について、該当する事項を○で囲むこと。また、「適性診断受診場所」は、「最近の受診年月日」に受診した受診場所（又は受診機関）を具体的に記入すること。

(24) 「最近の健康診断の受診年月日」の欄は、第２条第９号に該当する事故を引き起こした当該運転者又は特定自動運行保安員が受診した労働安全衛生法第66条に規定する健康診断の最近の受診年月日を記入すること。

(25) 「運行管理者」は、事故について最も責任のあると考えられる運行管理者のことである。

(26) 「統括運行管理者」とは、旅客自動車運送事業運輸規則（昭和31年運輸省令第44号）第48条の２第１項又は貨物自動車運送事業輸送安全規則（平成２年運輸省令第22号）第21条第１項に規定する業務を統括する運行管理者をいう。

○旅客自動車運送事業用自動車の運転者の要件に関する政令

〔昭和三十一年七月三十一日 政令第二百五十六号〕

沿革 昭三五政令三〇三、昭三八政令三二六、昭四〇政令二八五、昭四二政令二八八、昭四五政令二四四、昭四六政令三三五、平二政令二一四、平一一政令二六五、平一二政令五三三、平一七政令一八三、令四政令一九〇改正

道路運送法第三条各号の旅客自動車運送事業の事業用自動車の運転者に関する同法第二十五条（同法第四十三条第五項において準用する場合を含む。）の政令で定める要件は、次のとおりとする。

一 二十一歳以上（道路交通法施行令（昭和三十五年政令第二百七十号）第三十四条第五項又は第八項に規定する教習を修了した者（同条第十一項に規定する者を除く。）にあつては、十九歳以上）であること。

二 普通自動車、四輪の小型自動車、三輪の自動車又はけん引自動車である大型特殊自動車の運転の経験（道路交通法（昭和三十五年法律第百五号）に規定する仮運転免許以外の運転免許又はこれに相当する沖縄の行政庁の運転免許を受けた日以後の運転の経験に限る。以下同じ。）の期間が通算して三年以上（道路交通法施行令第三十四条第六項又は第九項に規定する経験を有する者にあつては二年以上、同条第七項又は第十項に規定する教習を修了した者にあつては一年以上）であること。

三 運転する事業用自動車の種類に係る道路交通法に規定する第二種運転免許を受けており、かつ、その効力が停止されていないこと。

附 則

1 この政令は、道路運送法の一部を改正する法律（昭和三十一年法律第百六十八号）の施行の日（昭和三十一年八月一日）から施行する。

2 一般旅客自動車運送事業用自動車の運転者の要件に関する政令（昭和二十六年政令第二百五十一号）は、廃止する。

3 この政令の施行の際、現に旅客自動車運送事業（特定旅客自動車運送事業を除く。）の事業用自動車の運転者たる職業に従事している者であつて、二十一歳未満のものは、二十一歳に達するまでは、第一項第一号及び第二号に規定する要件を備えるものとみなす。

4 この政令の施行の際、現に特定旅客自動車運送事業の事業用自動車の運転者たる職業に従事している者であつて、二十一歳未満のものは、二十一歳に達するまでは、特定旅客自動車運送事業の事業用自動車の運転については、第一項第一号及び第二号に規定する要件を備えるものとみなす。

5 道路交通取締法施行令の一部を改正する政令（昭和三十一年政令第二百五十五号）附則第二項、附則第四項（附則第八項において準用する場合を含む。）又は附則第七項の規定により、第二種運転免許を受けたものとみなされる者は、第一項第二号に規定する要件を備えるものとみなす。

6 道路交通取締法施行令の一部を改正する政令附則第十項の規定により第二種運転免許の試験を受けることができる者は、当該第二種運転免許を受けたときは、第一項第二号に規定する要件を備えるものとみなす。

7 この政令の施行の際、現に特定旅客自動車運送事業の事業用自動車の運転者たる職業に従事している者は、この政令の施行の日から一年間は、特定旅客自動車運送事業の事業用自動車の運転については、第一項第三号に規定する要件を備えるものとみなす。

8 この政令の施行の際現に旅客自動車運送事業の事業用自動車の運転者たる職業に従事している者の、この政令の施行前における乗車定員十人以下若しくは最大積載量五トン未満の普通自動車又はけん引自動車であつて普通自動車以外のものの運転の経験は、第三項の規定の適用については、乗車定員十一人以上若しくは最大積載量五トン以上の普通自動車又はけん引自動車である普通自動車の運転の経験とみなす。

附 則（昭三五・一二・一九政令三〇三）

1 この政令は、道路交通法の施行の日（昭和三十五年十二月二十日）から施行する。

2 この政令の施行前における改正前の旅客自動車運送事業用自動車の運転者の要件に関する政令第一項第二号に規定する運転の経験は、改正後の同号に規定する運転の経験とみなす。

附 則（昭四五・八・一五政令二四四）

この政令は、昭和四十五年八月十七日から施行する。

附 則（昭四六・一一・一政令三三五）

この政令は、昭和四十六年十二月一日から施行する。

附 則（平二・七・一〇政令二一四）

この政令は、貨物自動車運送事業法の施行の日（平成二年十二月一日）から施行する。

附 則（平一一・九・一六政令二六五）

この政令は、道路運送法の一部を改正する法律の施行の日（平成十二年二月一日）から施行する。

附 則（平一二・一二・二二政令五三三抄）

（施行期日）

第一条 この政令は、道路運送法及びタクシー業務適正化臨時措置法の一部を改正する法律〔平成一二年五月法律第八六号〕の施行の日（平成十四年二月一日）から施行する。

附 則（平一七・五・二七政令一八三抄）

（施行期日）

第一条 この政令は、道路交通法の一部を改正する法律〔平成一六年六月法律第九〇号〕（以下「改正法」という。）附則第一条第五号に掲げる規定の施行の日〔平成一九年六月二日〕（以下「施行日」という。）から施行する。〔後略〕

附 則（令四・五・二政令一九〇）

（施行期日）

1 この政令は、令和四年五月十三日から施行する。

（経過措置）

2 この政令の施行の際現に道路交通法施行令の一部を改正する政令（令和四年政令第十六号）による改正前の道路交通法施行令（昭和三十五年政令第二百七十号。以下この項において「旧道交法施行令」という。）第三十四条第三項第二号又は第四項第二号に掲げる者に該当している者は、この政令による改正後の旅客自動車運送事業用自動車の運転者の要件に

関する政令第二号に掲げる要件に該当するものとみなす。この政令の施行の際現に旧道交法施行令第三十四条第三項第二号又は第四項第二号に規定する教習を受けている者であってこの政令の施行の日以後にこれらの規定に掲げる者に該当することとなったものについても、同様とする。

○自動車道事業規則

（昭和二十六年八月二十三日　運輸省 建設省 令第二号）

沿革　昭二八運・建令一、昭三五運・建令二・三、昭五三運・建令三、昭五七運・建令二、昭五九運・建令一、昭六〇運・建令二、昭六二運・建令一、平元運・建令二、平二運・建令一、平六運・建令二、平七運・建令二、平一二運・建令一、平一二運・建令四・一八、平一三国交令三七・一〇五、平一七国交令一二、平一八国交令五八・八六、平二六国交令七、平二七国交令六六、令二国交令九三・九八、令六国交令六・二六改正

目次

第一章　通則

（定義）

第一条　この省令で、自動車道事業、自動車、道路又は一般自動車道とは、それぞれ道路運送法（昭和二十六年法律第百八十三号。以下「法」という。）の自動車道事業、自動車、道路又は一般自動車道をいう。

（事件の管轄）

第二条　この省令の規定により提出すべき申請書又は届出書は、この省令中別段の定めのある場合を除き、法第八十八条及び道路運送法施行令（昭和二十六年政令第二百五十号）第三条の規定により権限を有する行政庁に提出するものとする。

2　前項の申請書又は届出書に係る権限行政庁が地方運輸局長であるときは、その申請書又は届出書は、当該事件の関する土地を管轄する地方運輸局長に提出するものとする。この場合において、事件が二以上の地方運輸局長の管轄区域にわたるときは、その事件の主として関する土地を管轄する地方運輸局長に提出するものとする。

（申請書等の経由）

第三条　この省令の規定により国土交通大臣に提出すべき申請書又は届出書は、当該事件の関する土地を管轄する地方運輸局長を経由して提出するものとする。この場合には、前条第二項後段の規定を準用する。

第二章　自動車道事業

（事業の免許申請）

第四条　法第四十八条の規定により、自動車道事業の免許を申請しようとする者は、左に掲げる事項を記載した自動車道事業免許申請書を国土交通大臣に提出するものとする。

一　氏名又は名称及び住所
二　法第四十八条第一項各号に掲げる事項
三　法第四十七条第三項の規定により通行する自動車の範囲を限定する免許を受けようとする者にあつては、通行させようとする自動車の範囲

2　前項の申請書には、次に掲げる書類及び図面を添付するものとする。

一　事業用固定資産の総額及び内訳を記載した書類
二　事業の開始に要する資金、土地及び物件の調達方法書
三　事業の収支見積書
四　路線図
五　当該事業の開始のため工事を要しない区間にあつては、第八条及び第九条の規定に準じ作成した書類及び図面
六　事業の施設の概要書
七　推定による一年間に通行する自動車の種類及び数並びにその算出の基礎を記載した書類
八　特定の使用者の自動車に限つて当該一般自動車道を供用しようとする者にあつては、特定の使用者との契約書又は協定書の写し
九　公共団体以外の既存の法人にあつては、次に掲げる書類
イ　定款又は寄附行為及び登記事項証明書
ロ　最近の事業年度における貸借対照表
ハ　役員又は社員の名簿及び履歴書
十　法人を設立しようとするものにあつては、次に掲げる書類
イ　定款（会社法（平成十七年法律第八十六号）第三十条第一項及びその準用規定により認証を必要とする場合には、認証のある定款）又は寄附行為の謄本
ロ　発起人、社員又は設立者の名簿及び履歴書
ハ　設立しようとする法人が株式会社であるときは、株式の引受けの状況及び見込みを記載した書類
十一　法人格なき組合にあつては、次に掲げる書類
イ　組合契約書の写し
ロ　組合員の資産目録
ハ　組合員の名簿及び履歴書
十二　個人にあつては、次に掲げる書類
イ　資産目録
ロ　戸籍抄本
ハ　履歴書
十三　法第四十九条第二項各号に該当しない旨を証する書類

3　法第四十七条の規定により、自動車道事業の免許を受けようとする者が、自動車道事業を経営している場合には、前項第九号及び第十一号から第十三号までに掲げる書類の添付を省略することができる。

（路線）

第五条　法第四十八条第一項第一号の予定する路線には、左に掲げる事項を記載し、第四条第二項第四号の路線図をもつて明示するものとする。

一　起点及び終点の地名及び地番（通称があるときは、これを附記すること。）
二　主な経過地
三　工事を要する区間にあつては、その区間の起点及び終点の地名及び地番並びに主な経過地

2　前項の路線図（縮尺五万分の一以上の平面図）には、左に掲げる事項を記載するものとする。

一　路線及び工事を要する区間の料程
二　使用料金徴収所及び駐車場の位置

三　主な橋及びトンネルの位置
四　他の道路、鉄道又は軌道との交さ位置及び接続位置
五　一キロメートルごとの逓加距離
六　地形及び主な地物
七　縮尺及び方位

（事業計画）

第六条　法第四十八条第一項第二号の事業計画には、左に掲げる事項を記載するものとする。

一　主たる事務所及び営業所の名称及び位置
二　使用料金徴収所及び駐車場の名称及び位置
三　車線数、路面の種類並びに設計速度及び設計重量（区間により異なるときは、区間ごとに明示すること。）
四　他の道路、鉄道又は軌道との交さ位置及び交さ方式並びに他の道路との連絡位置

（工事施行の認可申請）

第七条　法第五十条第一項の規定により、自動車道事業の工事施行の認可を申請しようとする者は、次に掲げる事項を記載した工事施行認可申請書を提出するものとする。

一　氏名又は名称及び住所
二　工事を施行しようとする区間の起点及び終点の地名及び地番並びにキロ程
三　予定する工事の完成の時期
四　工事方法
五　工事を要する区間の一部について工事を施行しようとするときは、その理由

2　前項の申請書には、左に掲げる書類及び図面を添附するものとする。

一　設計車両長、設計車両幅、高さ、設計速度及び設計重量を記載した書類
二　工事費予算書
三　橋、トンネル、開きよ、暗きよその他主な工作物に関する耐力計算書及び地質調査書
四　実測図
五　他の道路、鉄道又は軌道との交さ又は接続に関する協定書の写

（工事方法）

第八条　法第五十条第一項の規定による工事方法は、左に掲げる事項について定め、これを工事方法書に記載するものとする。

一　車線及び路肩の幅員
二　路面及び路床の構造
三　直線部の横断こうばい
四　縦断こうばい及び延長
五　縦断曲線の長さ
六　盛土及び切土の斜面のこうばい
七　待避所の設置場所
八　曲線半径及び曲線長
九　緩和区間の長さ
十　曲線部の横断こうばい
十一　最小の停止視距
十二　建築限界
十三　路端の高さと水流水面の最高水位との最小差
十四　橋、トンネル、開きよ及び暗きよの構造
十五　排水設備の構造
十六　他の道路、鉄道又は軌道との交さ部分又は連絡部分の構造
十七　駐車場の構造
十八　防護設備の設置場所
十九　防護設備の構造
二十　信号、通信及び照明の設備の位置及び構造
二十一　自動車道標識の設置箇所及び標示すべき事項

2　前項各号に掲げる事項が区間又は箇所によつて異なるときは、区間又は箇所ごとに記載するものとする。

3　第一項第一号、第三号、第六号、第十号（特殊な場合に限る。）及び第十二号に掲げる事項については、横断定規図を、第二号、第十四号、第十六号、第十七号、第十九号及び第二十号に掲げる事項については、設計図を、第十五号に掲げる事項については、構造を横断定規図に記入したもの又は設計図を添附するものとする。但し、第十四号及び第十九号に掲げる事項のうち簡易なものについては、定規図をもつて代えることができる。

4　第一項第一号、第七号から第十号まで、第十八号、第二十号及び第二十一号に掲げる事項については、次条の実測平面図に、第四号及び第五号に掲げる事項については、次条の実測縦断面図に記入するものとする。

5　第三項の横断定規図及び定規図の縮尺は、五十分の一以上とし、設計図の縮尺は、一般図については百分の一以上、詳細図については五十分の一以上（鋼橋については十五分の一以上）とする。

（実測図）

第九条　第七条第二項第四号の実測図は、左の二種とする。

一　実測平面図　縮尺は、二千五百分の一以上とし、左に掲げる事項を記載し、縮尺及び方位を示すものとする。但し、市街地及び特殊な箇所については、縮尺五百分の一以上の平面図を別に添附するものとする。
イ　起点及び終点の地名及び地番並びに経過市町村名及びその境界線
ロ　中心線から左右各二十メートル以上にわたる区域内の地形及び地物
ハ　二十メートルごと（地形により短縮することができる。）の測点及び百メートルごとの逓加距離を示した中心線
ニ　円曲線の起点、終点及び交角
ホ　総幅員線及び敷地境界線
ヘ　橋、トンネルその他主な工作物の名称及び位置
ト　他の道路、鉄道又は軌道との交さ位置及び交さ方式並びに他の道路との連絡位置

二　実測縦断面図　縮尺は、横を二千五百分の一以上、縦を五百分の一以上とし、左に掲げる事項を記載するものとする。
イ　測点番号、測点間距離及び逓加距離
ロ　測点ごとの中心線の地面、施工基面、盛土の高さ及び切土の深さ
ハ　橋、トンネルその他の工作物の名称及び位置。但し、橋については、その種類、材質並びに経間の長さ及び数を、トンネルについては、その長さを明示するものとする。
ニ　他の道路、鉄道又は軌道との交さ位置及び交さ方式並

びに他の道路との連絡位置

（工事施行の認可申請期間等の伸長申請）
第十条 法第五十条第三項の規定により、一般自動車道の工事施行の認可申請期間の伸長を申請しようとする者は、次に掲げる事項を記載した工事施行認可申請期間伸長申請書を提出するものとする。
一 氏名又は名称及び住所
二 当該一般自動車道の区間
三 伸長の期間
四 伸長を必要とする理由
2 前項の規定は、法第五十六条第二項において準用する法第五十条第三項の規定による期間の伸長申請について準用する。

第十一条 削除

（路線等の公示）
第十二条 法第五十三条の規定により、国土交通大臣が公示しなければならない事項は、次のとおりとする。
一 当該自動車道事業者の氏名又は名称及び住所
二 工事施行の認可の年月日
三 法第五十条第二項の規定により指定した工事の完成の期間
四 当該工事施行の区間の起点及び終点の地名及び地番並びに経過市町村名
五 当該工事施行の区間のキロ程及び総幅員

（工事方法の変更の認可申請）
第十三条 法第五十四条第一項の規定により、一般自動車道の工事方法の変更の認可を申請しようとする者は、次に掲げる事項を記載した工事方法変更認可申請書を提出するものとする。
一 氏名又は名称及び住所
二 変更しようとする事項（書類及び図面により新旧の対照を明示すること。）
三 変更を必要とする理由
2 前項の申請書には、工事方法の変更により一般自動車道のキロ程に変更を生ずるときは、変更後のキロ程を記載した書類を添付するものとする。

（工事方法の変更の届出）
第十四条 法第五十四条第一項ただし書の軽微な工事方法の変更は、次のとおりとする。ただし、事業計画の変更に伴うものは、この限りでない。
一 車線又は路肩の幅員の拡張
二 二パーセント以内の縦断こうばいの増減（二パーセント以内の縦断こうばいの増加によつて縦断こうばいが五パーセントを超えることとなるものを除く。）
三 縦断曲線の長さの伸長
四 盛土及び切土の斜面のこうばいの緩和
五 曲線半径の伸長
六 緩和区間の伸長
七 最小の停止視距の伸長
八 建築限界の拡張
九 路端の高さの増加又は低下（水流水面の最高水位上三十センチメートルまでの低下に限る。）
十 駐車場の構造の変更
十一 防護設備の設置場所の拡張
十二 信号、通信及び照明の設備の新設
十三 自動車道標識の設置箇所及び標示すべき事項の変更
2 前条の規定は、法第五十四条第三項の規定による軽微な工事方法の変更の届出について準用する。

（工事の完成検査等の申請）
第十五条 法第五十七条第一項の規定により、一般自動車道の工事の完成検査を申請しようとする者は、次に掲げる事項を記載した工事完成検査申請書を提出するものとする。
一 氏名又は名称及び住所
二 検査を受けようとする区間
三 工事完成の年月日
四 予定する供用開始の期日
2 前項の規定は、法第五十八条第一項、法第五十九条第一項及び法第六十条第一項の規定による一般自動車道の検査の申請について準用する。

第十六条 削除

（使用料金の認可申請）
第十七条 法第六十一条第一項の規定により、一般自動車道の使用料金の設定又は変更の認可を申請しようとする者は、次に掲げる事項を記載した使用料金設定（変更）認可申請書を提出するものとする。
一 氏名又は名称及び住所
二 設定又は変更をしようとする使用料金の種類、額及び適用方法（変更の認可申請の場合は、新旧の対照を明示すること。）
三 変更の認可申請の場合は、変更を必要とする理由
2 前項の申請書には、原価計算書その他使用料金の額の算出基礎を記載した書類を添付するものとする。

（供用約款の認可申請）
第十八条 法第六十二条第一項の規定により、自動車道事業の供用約款の設定又は変更の認可を申請しようとする者は、次に掲げる事項を記載した供用約款設定（変更）認可申請書を提出するものとする。
一 氏名又は名称及び住所
二 設定又は変更をしようとする供用約款（変更の認可申請の場合は、新旧の対照を明示すること。）
三 変更の認可申請の場合は、変更を必要とする理由

（供用約款の記載事項）
第十九条 法第六十二条第一項の規定による供用約款に定める事項は、左の通りとする。
一 一般自動車道の区間
二 使用料金の収受又は払戻に関する事項
三 供用の拒絶に関する事項
四 供用に関する責任の始期及び終期
五 免責に関する事項
六 損害賠償に関する事項
七 その他供用約款の内容として必要な事項

（保安上の供用制限の認可申請）
第二十条 法第六十三条第一項の規定により、自動車道事業の保安上の供用制限の設定又は変更の認可を申請しようとする者は、次に掲げる事項を記載した保安上の供用制限設定（変更）認可申請書を提出するものとする。
一 氏名又は名称及び住所
二 設定又は変更をしようとする保安上の供用制限（変更の

認可申請の場合は、新旧の対照を明示すること。）
三　変更の認可申請の場合は、変更を必要とする理由
2　前項の申請書には、道路交通法（昭和三十五年法律第百五号）第二十二条の規定による通行する自動車の最高速度その他保安上の供用制限の基礎を記載した書類を添付するものとする。

（保安上の供用制限の記載事項）
第二十一条　法第六十三条第一項の規定による保安上の供用制限に定める事項は、供用を制限する自動車の長さ、幅、高さ、重量、速度その他保安上の供用制限の内容として必要な事項とする。

（公示方法）
第二十一条の二　法第六十四条の規定による公示は、営業所その他の事業所において公衆に見やすいように掲示するとともに、自動車道事業者のウェブサイトに掲載して行うものとする。

（事業計画の変更の認可申請）
第二十二条　法第六十六条第一項の規定により、自動車道事業の事業計画の変更の認可を申請しようとする者は、次に掲げる事項を記載した事業計画変更認可申請書を提出するものとする。
一　氏名又は名称及び住所
二　変更しようとする事項（書類及び図面により新旧の対照を明示すること。）
三　変更を必要とする理由

（事業計画の変更の届出）
第二十三条　法第六十六条第一項但書の事業計画の軽微な事項は、左の通りとする。
一　主たる事務所及び営業所の名称及び位置
二　使用料金徴収所及び駐車場の名称及び位置
2　前条の規定は、法第六十六条第三項の規定による事業計画の軽微な事項の変更の届出について準用する。

（構造又は設備の変更の認可申請及び届出）
第二十四条　第十三条及び第十四条の規定は、法第六十七条において準用する法第五十四条の規定による一般自動車道の構造又は設備の変更の認可申請及び届出について準用する。

（検査）
第二十四条の二　一般自動車道の検査は、路面については一箇月に少くとも一回、橋、トンネルその他の工作物及び排水設備その他の設備については一年に少くとも一回行い、その結果を記録しておかなければならない。

（災害報告）
第二十四条の三　法第六十八条第四項の国土交通省令で定める事項は、次のとおりとする。
一　通行に支障を生じた日時及びその原因
二　通行に支障を生じた場所、その起点からの距離及び路線名
三　支障の程度
四　被害の概要
五　復旧に要する費用の概算額
六　応急措置の概要
七　復旧予定日時

（事業の管理の受委託の許可申請）
第二十五条　法第七十条の二第一項の規定により、自動車道事業の管理の委託及び受託の許可を申請しようとする者は、次に掲げる事項を記載した管理受委託許可申請書を提出するものとする。
一　委託者及び受託者の氏名又は名称及び住所
二　管理の委託及び受託をしようとする区間
三　管理の範囲及び方法
四　管理の委託及び受託をしようとする期間
五　管理の委託及び受託を必要とする理由
2　前項の申請書には、次に掲げる書類及び図面を添付するものとする。
一　管理の委託受託契約書の写し
二　管理の報酬その他管理の実施方法の細目を記載した書類
三　受託者についての第四条第二項第九号、第十号、第十一号又は第十二号に規定する書類
四　受託者が法第四十九条第二項各号に該当しない旨を証する書類
五　管理の委託及び受託をしようとする事業に係る一般自動車道の区間を明示する路線図

（事業の譲渡及び譲受の認可申請）
第二十六条　法第七十二条において準用する法第三十六条第一項の規定により、自動車道事業の譲渡及び譲受の認可を申請しようとする者は、次に掲げる事項を記載した事業の譲渡譲受認可申請書を提出するものとする。
一　譲渡人及び譲受人の氏名又は名称及び住所
二　譲渡及び譲受をしようとする事業に係る一般自動車道の区間
三　譲渡価格
四　譲渡及び譲受をしようとする時期
五　譲渡及び譲受を必要とする理由
2　前項の申請書には、次に掲げる書類及び図面を添付するものとする。
一　譲渡譲受契約書の写し
二　譲渡及び譲受価格の明細書
三　譲受人が現に自動車道事業を経営する者でないときは、第四条第二項第九号、第十号、第十一号又は第十二号に規定する書類
四　譲受人が法第四十九条第二項各号に該当しない旨を証する書類
五　譲渡及び譲受をしようとする事業に係る一般自動車道の区間を明示する路線図

（法人の合併又は分割の認可申請）
第二十七条　法第七十二条において準用する法第三十六条第二項の規定により、自動車道事業を経営する法人の合併又は分割の認可を申請しようとする者は、次に掲げる事項を記載した法人の合併認可申請書又は分割認可申請書を提出するものとする。
一　当事者の名称、住所及び代表者の氏名並びに一般自動車道の区間
二　合併後存続する法人若しくは合併により設立する法人又は分割により自動車道事業を承継する法人の名称、住所及び代表者の氏名
三　合併又は分割の方法及び条件
四　合併又は分割をしようとする時期
五　合併又は分割を必要とする理由

2　前項の申請書には、次に掲げる書類及び図面を添付するものとする。

一　合併契約書又は分割契約書（新設分割の場合にあっては、分割計画書）の写し

二　合併又は分割の方法及び条件の説明書

三　合併後存続する法人若しくは合併により設立する法人又は分割により自動車道事業を承継する法人が現に自動車道事業を経営していないときは、第四条第二項第九号又は第十号に規定する書類

四　合併後存続する法人若しくは合併により設立する法人又は分割により自動車道事業を承継する法人の役員が法第四十九条第二項第四号に該当しない旨を証する書類

五　合併後存続する法人若しくは合併により設立する法人又は分割により自動車道事業を承継する法人が現に自動車道事業を経営していないときは、一般自動車道の区間を明示する路線図

（相続による事業継続の認可申請）

第二十八条　法第七十二条において準用する法第三十七条第一項の規定により、自動車道事業の相続による継続の認可を申請しようとする相続人は、次に掲げる事項を記載した事業の継続認可申請書を提出するものとする。

一　氏名、住所及び被相続人との続柄

二　被相続人の氏名及び住所

三　継続して経営しようとする被相続人の事業に係る一般自動車道の区間

四　相続開始の時期

2　前項の申請書には、左に掲げる書類を添附するものとする。

一　申請者と被相続人との続柄を証する書類

二　申請者の履歴書、資産目録及び法第四十九条第二項第一号から第三号までに該当しない旨を証する書類

三　申請者以外に相続人があるときは、その者の氏名及び住所を記載した書類並びに当該申請に対する同意書

（事業の休止及び廃止の許可申請）

第二十九条　法第七十条の三第一項の規定により、自動車道事業の休止又は廃止の許可を申請しようとする者は、次に掲げる事項を記載した事業の休止（廃止）許可申請書を提出するものとする。

一　氏名又は名称及び住所

二　休止し、又は廃止しようとする事業に係る一般自動車道の区間

三　休止又は廃止の時期

四　休止の許可申請の場合は、予定する休止の期間

五　休止又は廃止を必要とする理由

2　前項の申請書には、休止し、又は廃止しようとする事業に係る一般自動車道の区間を明示する路線図を添付するものとする。

（法人の解散決議等の認可申請）

第三十条　法第七十条の四第一項の規定により、自動車道事業を経営する法人の解散の決議又は総社員の同意の認可を申請しようとする者は、次に掲げる事項を記載した法人の解散決議（総社員の同意）認可申請書を提出するものとする。

一　名称、住所及び代表者の氏名

二　事業に係る一般自動車道の区間

三　解散の時期

四　解散の理由

2　前項の申請書には、解散の決議又は総社員の同意を証する書類を添付するものとする。

第三十一条　削除

第三章　国営自動車道事業

（準用規定）

第三十二条　第四条から第六条までの規定は、法第七十六条第二項において準用する法第四十八条の規定により国において自動車道事業を経営しようとする場合の承認の申請について準用する。

第四章　雑則

（自動車道事業に関する団体の成立の届出）

第三十三条　法第九十二条の規定により、自動車道事業に関する団体の成立の届出をしようとする者は、次に掲げる事項を記載した団体成立届出書を提出するものとする。

一　名称及び住所又は主たる事務所の所在地

二　目的

三　事業の概要

四　役員又は管理者の氏名

五　成立の年月日

六　他の団体に属するときは、その所属団体の名称及び住所又は主たる事務所の所在地

2　前項の届出書には、左に掲げる書類を添附するものとする。

一　定款、寄附行為、規約又は契約の写

二　団体を構成する者の数を記載した書類

三　構成員に対し団体の維持に要する経費を賦課するものにあっては、その額及び徴収方法を記載した書類

（届出）

第三十四条　自動車道事業者（第二号に掲げる場合にあっては、相続人）及び自動車道事業に関する団体は、次の各号に掲げる場合に該当することとなったときは、その旨を当該各号に掲げる行政庁に届け出るものとする。

一　自動車道事業の免許を受けた者が法人を設立しようとするものである場合において、法人の設立を完了した場合　国土交通大臣

二　自動車道事業者が死亡した場合（第二十八条の規定により、申請書を提出した場合を除く。）　国土交通大臣

三　法第五十五条に基づく命令を実施した場合　国土交通大臣

四　法第七十条に基づく命令を実施した場合　当該命令を発した行政庁

五　法第七十二条において準用する法第三十条に基づく命令を実施した場合　当該命令を発した行政庁

六　自動車道事業者の氏名若しくは名称又は住所に変更があった場合　国土交通大臣

七　自動車道事業者たる法人の役員若しくは社員又は定款若しくは寄附行為に変更があった場合　国土交通大臣

八　自動車道事業に関する団体が解散し、又は第三十三条第一項各号に掲げる事項に変更を生じた場合　国土交通大臣

2　前項の届出は、届出事由の発生した後遅滞なく（同項第六

号に掲げる場合にあつては、届出事由の発生した日から三十日以内に）行うものとする。

3 第一項第一号の届出をしようとする者は、登記事項証明書を添付するものとする。

4 第一項第三号の届出をしようとする者は、実施した事項、実施の日その他必要な事項を記載した届出書を提出するものとする。

（職員証）

第三十五条 法第九十四条第七項の規定による当該職員（国の職員を除く。）の身分を示す証票は、別記様式による。

（免許申請書の進達）

第三十六条 地方運輸局長は、自動車道事業の免許申請書を受け付けたときは、遅滞なく、国土交通大臣に進達しなければならない。

2 地方運輸局長は、免許申請書を受け付けた日から三箇月以内に、左に掲げる事項に関する調査書及び免許に関する意見書を国土交通大臣に提出しなければならない。ただし、国土交通大臣の承認を得たときは、その期間を伸長することができる。

一 申請者の資産及び信用の程度
二 事業の成否及び効用
三 附近における道路の現況、新設及び改築の計画並びにその交通状態
四 自動車道事業、自動車運送事業、鉄道、軌道、索道等（未開業のものを含む。）に及ぼす影響
五 附近における自動車道事業、自動車運送事業、鉄道、軌道、索道等の出願があるときは、その種類、区間、申請者及び申請書の受付年月日
六 その他必要と認める事項

（商議等）

第三十七条 地方運輸局長は、その権限に属する事件について申請書又は届出書を受理した場合において、当該事件が二以上の地方運輸局長の管轄区域にわたるときは、処分を要するものにあつては関係地方運輸局長に商議をし、その他のものにあつては関係地方運輸局長に通知をしなければならない。

2 地方運輸局長は、前条第二項の規定により調査書及び意見書を提出しようとする場合において、当該事件が二以上の地方運輸局長の管轄区域にわたるときは、関係地方運輸局長に商議をし、次項の調査書及び意見書を添付しなければならない。

3 前項の商議を受けた関係地方運輸局長は、当該事件に係る調査書及び意見書を作成し、商議をした地方運輸局長に送付しなければならない。

（報告）

第三十八条 地方運輸局長は、第十条、第十三条（路面、路床及び橋の構造の変更に関する部分に限り、かつ、第二十四条において準用する場合を含む。）又は第二十九条の書類に関し許認可の処分をしたときは、遅滞なく国土交通大臣に報告しなければならない。

2 地方運輸局長は、第十八条の書類に関し認可の処分をしたときは、遅滞なく国土交通大臣に報告しなければならない。

第五章 経過規定

（旧法等に基く処分、手続等の効力）

第三十九条 法、道路運送法施行法（昭和二十六年法律第百八十四号）又はこの省令に特別の定のあるものを除き、旧道路運送法（昭和二十二年法律第百九十一号）又は道路運送法施行規則（昭和二十三年総理庁令運輸省令第二号）の規定によりした免許、許可、認可その他の処分及び申請その他の手続で、法又はこの省令に各々相当する規定のあるものは、法又はこの省令の規定によりしたものとみなす。

2 前項の規定により自動車道事業の免許を受けたものとみなされた者は、法施行に伴い、新たに必要となつた第六条の規定による事業計画を、この省令施行の日から三箇月以内に、国土交通大臣に提出しなければならない。

（法第百二十五条の団体に相当する団体の届出）

第四十条 第三十三条の規定は、道路運送法施行法第二十五条の規定による法第百二十五条の団体（自動車道事業に関する団体に限る。）に相当する団体であるものの届出について準用する。

（使用料金の書類に関する特例）

第四十一条 法附則但書の場合において、自動車道事業の使用料金に関する書類を物価庁長官に提出するときは、同時にその写を運輸大臣に提出するものとする。

附 則

1 この省令は、公布の日から施行し、昭和二十六年七月一日から適用する。

2 道路運送法施行規則は、廃止する。

附 則（昭二八・四・二一運・建令一抄）

1 この省令は、公布の日から施行する。

附 則（昭三五・九・一運・建令二）

この省令は、公布の日から施行する。

附 則（昭三五・一二・一九運・建令三）

この省令は、道路交通法の施行の日（昭和三十五年十二月二十日）から施行する。

附 則（昭五三・一一・三〇運・建令三）

この省令は、公布の日から施行する。

附 則（昭五七・六・二九運・建令二）

1 この省令は、公布の日から施行する。ただし、第十四条の改正規定及び次項の規定は、昭和五十七年八月一日から施行する。

2 前項ただし書に規定する日前に道路運送法第五十四条第一項（同法第六十七条において準用する場合を含む。）の規定によりなされた申請に係る処分に関しては、なお従前の例による。

附 則（昭五九・六・二二運・建令一）

この省令は、昭和五十九年七月一日から施行する。

附 則（昭六〇・一二・二四運・建令二）

この省令は、公布の日から施行する。

附 則（昭六二・三・二七運・建令一）

この省令は、昭和六十二年四月一日から施行する。

附 則（平元・七・二〇運・建令二）

この省令は、公布の日から施行する。

附 則（平二・一一・二九運・建令一）

この省令は、貨物運送取扱事業法及び貨物自動車運送事業法の施行の日（平成二年十二月一日）から施行する。

附 則（平六・三・二四運・建令二抄）

1 この省令は、平成六年四月一日から施行する。

附　則（平七・三・二三運・建令二）

この省令は、許可、認可等の整理及び合理化に関する法律第三十二条の規定の施行の日（平成七年四月一日）から施行する。

附　則（平一一・一二・二〇運・建令一）

この省令は、道路運送法の一部を改正する法律（平成十一年法律第四十八号）の施行の日（平成十二年二月一日）から施行する。

附　則（平一二・二・二九運・建令四）

この省令は、平成十二年四月一日から施行する。

附　則（平一二・一二・二八運・建令一八）

この省令は、平成十三年一月六日から施行する。

附　則（平一三・三・一五国交令三七）

この省令は、平成十三年四月一日から施行する。

附　則（平一三・七・一一国交令一〇五抄）

（施行期日）

第一条　この省令は、道路運送法及びタクシー業務適正化臨時措置法の一部を改正する法律〔平成一二年五月法律第八六号〕の施行の日（平成十四年二月一日）から施行する。

附　則（平一七・三・七国交令一二抄）

（施行期日）

第一条　この省令は、公布の日から施行する。

附　則（平一八・四・二八国交令五八抄）

（施行期日）

第一条　この省令は、会社法〔平成一七年七月法律第八六号〕の施行の日（平成十八年五月一日）から施行する。

〔経過措置〕

第三条　この省令の施行前にしたこの省令による改正前の省令の規定による処分、手続、その他の行為は、この省令による改正後の省令（以下「新令」という。）の規定の適用については、新令の相当規定によってしたものとみなす。

附　則（平一八・九・七国交令八六抄）

（施行期日）

第一条　この省令は、道路運送法等の一部を改正する法律〔平成一八年五月法律第四〇号〕の施行の日（平成十八年十月一日）から施行する。

附　則（平二六・一・二四国交令七抄）

（施行期日）

1　この省令は、特定地域における一般乗用旅客自動車運送事業の適正化及び活性化に関する特別措置法等の一部を改正する法律〔平成二五年一一月法律第八三号〕の施行の日（平成二六年一月二七日）から施行する。〔後略〕

附　則（平二七・一・三〇国交令六抄）

（施行期日）

第一条　この省令は、地域の自主性及び自立性を高めるための改革の推進を図るための関係法律の整備に関する法律〔平成二六年六月法律第五一号〕の施行の日（平成二十七年四月一日）から施行する。〔後略〕

附　則（令二・一一・二七国交令九三抄）

（施行期日）

第一条　この省令は、持続可能な運送サービスの提供の確保に資する取組を推進するための地域公共交通の活性化及び再生に関する法律等の一部を改正する法律〔令和二年六月法律第三六号〕の施行の日（令和二年十一月二十七日）から施行する。

附　則（令二・一二・二三国交令九八抄）

（施行期日）

1　この省令は、令和三年一月一日から施行する。

附　則（令六・一・三一国交令六抄）

（施行期日）

1　この省令は、令和六年三月三十一日から施行する。ただし、第四条〔中略〕の規定は、同年四月一日から施行する。

附　則（令六・三・二九国交令二六抄）

（施行期日）

第一条　この省令は、令和六年四月一日から施行する。〔後略〕

別記様式（第35条関係）

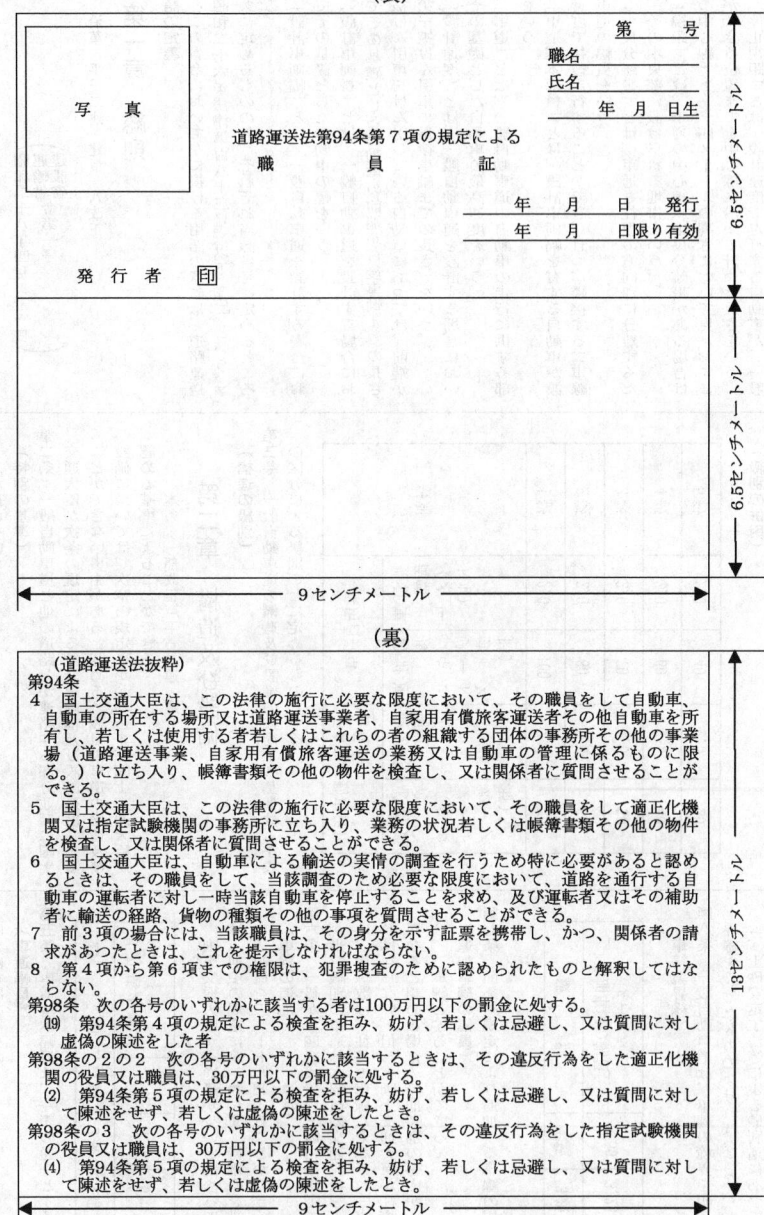

(表)

写　真	第　　号 職名 氏名 年　月　日生

道路運送法第94条第７項の規定による
職　　員　　証

年　　月　　日　発行
年　　月　　日限り有効

発　行　者　　印

（6.5センチメートル／6.5センチメートル）

9センチメートル

(裏)

（道路運送法抜粋）
第94条
4　国土交通大臣は、この法律の施行に必要な限度において、その職員をして自動車、自動車の所在する場所又は道路運送事業者、自家用有償旅客運送者その他自動車を所有し、若しくは使用する者若しくはこれらの者の組織する団体の事務所その他の事業場（道路運送事業、自家用有償旅客運送の業務又は自動車の管理に係るものに限る。）に立ち入り、帳簿書類その他の物件を検査し、又は関係者に質問させることができる。
5　国土交通大臣は、この法律の施行に必要な限度において、その職員をして適正化機関又は指定試験機関の事務所に立ち入り、業務の状況若しくは帳簿書類その他の物件を検査し、又は関係者に質問させることができる。
6　国土交通大臣は、自動車による輸送の実情の調査を行うため特に必要があると認めるときは、その職員をして、当該調査のため必要な限度において、道路を通行する自動車の運転者に対し一時当該自動車を停止することを求め、及び運転者又はその補助者に輸送の経路、貨物の種類その他の事項を質問させることができる。
7　前３項の場合には、当該職員は、その身分を示す証票を携帯し、かつ、関係者の請求があつたときは、これを提示しなければならない。
8　第４項から第６項までの権限は、犯罪捜査のために認められたものと解釈してはならない。
第98条　次の各号のいずれかに該当する者は100万円以下の罰金に処する。
⒆　第94条第４項の規定による検査を拒み、妨げ、若しくは忌避し、又は質問に対し虚偽の陳述をした者
第98条の２の２　次の各号のいずれかに該当するときは、その違反行為をした適正化機関の役員又は職員は、30万円以下の罰金に処する。
⑵　第94条第５項の規定による検査を拒み、妨げ、若しくは忌避し、又は質問に対して陳述をせず、若しくは虚偽の陳述をしたとき。
第98条の３　次の各号のいずれかに該当するときは、その違反行為をした指定試験機関の役員又は職員は、30万円以下の罰金に処する。
⑷　第94条第５項の規定による検査を拒み、妨げ、若しくは忌避し、又は質問に対して陳述をせず、若しくは虚偽の陳述をしたとき。

（13センチメートル）

9センチメートル

○一般自動車道構造設備規則

（昭和二十八年四月二十一日 運輸省 建設省 令第一号）

沿革　平一二運・建令一八改正

第一章　総則

（用語の定義）

第一条　この省令において左に掲げる用語の意義は、道路運送法（昭和二十六年法律第百八十三号。以下「法」という。）第二条に定めるものの外、それぞれ当該各号に定めるところによる。

一　「設計車両幅」とは、一般自動車道を設計する場合においてその基礎とした自動車の幅をいう。

二　「設計車両長」とは、一般自動車道を設計する場合においてその基礎とした自動車の前端から後車軸までの長さ（被けん引車をけん引している自動車にあつては、前端から第一被けん引車の最後車軸までの長さ）をいう。

三　「設計速度」とは、一般自動車道を設計する場合においてその基礎とした自動車の最高速度をいう。

四　「車道」とは、一般自動車道の自動車の走行に供する部分をいう。

五　「車道基本幅員」とは、設計車両幅を有する自動車が設計速度で往復走行することができ、且つ、隣接する二車線の車道の幅員をいう。

六　「中央分離帯」とは、車道を往復の方向別に分離するため、その中央部に設けられる地帯をいう。

七　「視距」とは、車道の中心線（中央分離帯がある場合はその中心線）上一・四メートルの高さにおいて見とおすことができる位置までを中心線に沿つて計つた長さをいう。

八　「停止視距」とは、設計速度で走行する自動車が、一般自動車道上にある障害物の直前で停止することができる視距をいう。

九　「曲線部外側線半径」とは、一般自動車道の曲線半径（曲線部中心線の半径をいう。以下同じ。）に、その直線部の車道の幅員と中央分離帯の幅員との和の二分の一を加えた長さをいう。

（特別の基準）

第二条　一般自動車道と他の道路とが連絡する部分並びに国土交通大臣が次条の規定による設計車両幅及び設計速度によることができない事由があると認める一般自動車道の構造及び設備については、次章の規定にかかわらず、国土交通大臣が認める基準によることができる。

本条…一部改正〔平一二運・建令一八〕

第二章　構造及び設備

（構造の級別）

第三条　一般自動車道の構造及び設備の技術上の基準は、左表の区分による級別ごとに定めるものとする。

級別	乗用自動車		乗合型自動車貨物自動車	
	設計車両幅（メートル）	設計速度（キロメートル／時）	設計車両幅（メートル）	設計速度（キロメートル／時）
1級	2.0	100	2.5	70
2級	2.0	80	2.5	60
3級	2.0	70	2.5	50
4級	2.0	60	2.5	40
5級	2.0	40	2.5	25

（級別の併用）

第四条　一般自動車道は、二種類又は三種類の級別を用いることができる。この場合において、各級の区間は、自動車の走行に支障を及ぼす虞れがない距離でなければならない。

2　前項の場合においては、級別の異なる区間の間に、設計速度の相違を調整することができる長さを有する接続部分を設けなければならない。

（車道幅員）

第五条　車道基本幅員は、左表の通りとする。

級別	1級	2級	3級	4級	5級
車道基本幅員（メートル）	7.5	7.0	6.5	6.0	5.5

2　国土交通大臣が交通量が少いと認める五級の一般自動車道は、前項の規定にかかわらず、待避所を設けることにより、車道幅員を三メートルとすることができる。

（車線の追加）

第六条　一級から四級までの一般自動車道で推定される交通量が当該級別の車道基本幅員の交通容量をこえる場合にあつては、車線数は、往復の車線にそれぞれ一車線ずつ追加しなければならない。但し、国土交通大臣が往復の交通量が著しく異なると認める場合その他特別の事由があると認める場合には、三車線とすることができる。

（追加車線の幅員）

第七条　前条の規定により追加する車線の幅員は、左表の通りとする。

級別	1級	2級	3級	4級
追加車線の幅員（メートル）	3.50	3.25	3.00	2.75

（車線境界線）

第八条　一般自動車道は、車線の境界を明示するために車線境界線を設けたものでなければならない。但し、水締マカダム、土砂安定工法等による砂利道にあつては、この限りでない。

（中央分離帯）

第九条　中央分離帯の幅員は、一メートル以上でなければならない。但し、都市内又は高架構造等の場合の中央分離帯であつてやむを得ない事由があると認められるものにあつては、〇・五メートル以上とすることができる。

（路肩）

第十条　一般自動車道は、その両側に左表の区分による幅員以上の路肩を設けたものでなければならない。但し、橋、トンネル等にあつては、この限りでない。

級別	1級	2級	3級	4級	5級
路面幅員（メートル）	1.0	1.0	0.5	0.5	0.5

（車道のほ装）

第十一条　車道は、平滑にほ装したものでなければならない。但し、四級及び五級の一般自動車道にあつては、瀝青塗装道若しくは水締マカダムによる砂利道又は土砂安定工法等による砂利道とすることによりほ装を省略することができる。

（工作物等の強度）

第十二条　一般自動車道の橋、トンネルその他の工作物並びにほ装、路盤、路床等の強度は、自動車が設計速度で安全に走行することができるものでなければならない。

（直線部の横断こうばい）

第十三条　車道の直線部の路面は、左表の区分による横断こうばいを付けたものでなければならない。

路面の種類	横断こうばい（パーセント）
砂利道	3 ～ 5
瀝青塗装道	2.5 ～ 4
瀝青マカダム道	2.5 ～ 4
瀝青コンクリート道	2 ～ 2.5
かいほ装道	2 ～ 2.5
コンクリートほ装道	1.5 ～ 2
シートアスファルト道	1.5 ～ 2

（縦断こうばい）

第十四条　車道の縦断こうばいは、左表の区分によるこうばい又はこれよりゆるやかなこうばいでなければならない。但し、地形上やむを得ない場合その他特別の事由があると認められる場合には、次位の級の縦断こうばいまでの範囲内のものとすることができる。

級別	1級	2級	3級	4級	5級
縦断こうばい（パーセント）	2	3	4	6	10

（縦断曲線）

第十五条　車道は、縦断こうばいが変化する箇所に、左表の区分による長さ以上の縦断曲線を設けたものでなければならない。

級別／こうばいの代数差（パーセント）	1級	2級	3級	4級	5級
0.5～3	70	50	35—25		10
3～4	100	60	50	35	15
4～5	130	80	65	45	20
5～6	160	100	80	55	25
6～8	—	130	100	70	30
8～10	—	—	130	90	40
10～12	—	—	150	110	50
12～15	—	—	—	140	60
15～20	—	—	—	180	80

備考　縦断曲線の長さの単位は、メートルとする。

2　車道は、前項の縦断曲線を設けることにより、第二十四条に規定する停止視距を有することができないこととなる場合は、前項の規定にかかわらず、その停止視距を有することとなる長さの縦断曲線を設けたものでなければならない。

（土工）

第十六条　盛土及び切土の法こうばいは、崩壊する虞がないものでなければならない。

2　法尻は、水流により洗堀される虞がある箇所に適当な土留設備を設け、法面は、雨水、ゆう水又は凍結等により崩壊する虞がある箇所に法面保護設備を設ける等予想される原因に対してこれらを保護するための設備を設けたものでなければならない。

（待避所）

第十七条　第五条第二項の規定による待避所の構造は、左の各号に掲げる基準に適合するものでなければならない。

一　待避所間の道路が原則として相互の待避所から見とおすことができること。

二　設計車両幅及び設計車両長を有する自動車を二両以上収容することができるものであること。

三　待避所の路面は、原則として車道の路面と同じ種類のものであること。

四　縦断こうばいは三パーセントより、車道と接する部分のこうばいは十パーセントよりゆるやかなものであること。

2　待避所相互間の距離は、三百メートルをこえてはならない。

（曲線半径）

第十八条　曲線半径は、左表の区分によるもの又はこれより大きいものでなければならない。但し、地形上やむを得ない箇所その他特別の事由があると認められる箇所における曲線半径は、一級及び二級のものについてはそれぞれ三級及び四級の曲線半径まで、三級及び四級のものについては五十メートルの曲線半径まで、五級のものについては十五メートルの曲線半径まで小さくすることができる。

級別	1級	2級	3級	4級	5級
曲線半径（メートル）	450	300	200	150	75

（曲線長）

第十九条　一般自動車道の曲線部中心線の長さ（次条の緩和区間が緩和曲線によるものである場合は、円曲線の長さに緩和曲線の長さを加えたものをいい、その他の場合は、円曲線の長さをいう。）は、左表の区分によるもの又はこれより大きいものでなければならない。

級別		1級	2級	3級	4級	5級
曲線長（メートル）	交角7度以上の場合	160	130	120	100	70
	交角7度以下の場合	$335-25\theta$	$305-25\theta$	$295-25\theta$	$240-20\theta$	$210-20\theta$

備考　θは、交角を度であらわした場合の数値

（緩和区間）

第二十条　一般自動車道は、円曲線部と直線部との間に左表の区分による長さ以上の緩和区間を設けたものでなければならない。

級別	曲線半径（メートル）						
1級	450～480	480～550	550～700	—	—	—	—
2級	—	—	300～350	350～450	—	—	—
3級	—	—	200～230	230～280	280～350	—	—
4級	—	—	—	150～180	180～250	—	—
5級	—	—	—	—	—	75～85	85～110
緩和区間の長さ（メートル）	80	70	60	50	40	30	20

2　第十八条但書の規定による曲線半径とした場合における緩和区間の長さは、前項の規定にかかわらず、一級及び二級のものにあつてはそれぞれ同項の三級及び四級のものの緩和区間の長さとし、三級、四級及び五級のものにあつては、左表の区分による長さとする。

曲線半径（メートル）	200～150	150～110	110～75	75～40	40～30	30～20	20～15
緩和区間の長さ（メートル）	60	50	40	30	25	20	15

3　前二項の規定による緩和区間の長さが、第二十二条の規定によるすりつけ高に応じたすりつけの長さより小さいこととなるときは、前二項の規定にかかわらず当該緩和区間の長さは、そのすりつけの長さに一致させなければならない。

（曲線部の横断こうばい）

第二十一条　一般自動車道の曲線部は、左表の区分による片こうばいをつけたものでなければならない。この場合において、片こうばいの数値が、第十三条の規定による横断こうばいの数値より小さいこととなるときは、これと等しいものとしなければならない。

級別	曲線半径（メートル）						
1級	450～500	500～600	600～700	700～900	900～1200	1200～1600	1600以上
2級	300～350	350～400	400～450	450～550	550～700	700～1000	1000以上
3級	200～250	250～300	300～350	350～450	450～550	550～800	800以上
4級	150～200	200～220	220～250	250～300	300～400	400～600	600以上
5級	15～70	70～80	80～100	100～130	130～170	170～250	250以上
片こうばい（パーセント）	8	7	6	5	4	3	2

（曲線部の横断こうばいのすりつけ）

第二十二条　一般自動車道の円曲線部と直線部との横断こうばいのすりつけ高は、左表の区分によるもの又はこれより小さいものでなければならない。

級別	1級	2級	3級	4級	5級
車道の外側線10メートルに対するすりつけ高（センチメートル）	5	7	8	9	14

（曲線部の車線の幅員）

第二十三条　一般自動車道の曲線部の車線の幅員は、直線部の車線の幅員に左表の区分による拡大幅員を加えたものでなければならない。

設計車両長（メートル）	曲線部外側線半径（メートル）／車線	〜20	20〜25	25〜30	30〜40	40〜60	60〜100	100〜200	200〜300	300〜500
11以上	1	180	140	120	95	85	55	30	15	10
	2	220	170	130	100	90	55	35	15	10
	3	—	—	—	—	100	60	35	15	10
	4	—	—	—	—	110	65	35	15	10
7以上	1	150	120	95	80	65	45	25	15	10
	2	180	135	105	85	75	45	25	15	10
	3	—	—	—	—	80	50	25	15	10
	4	—	—	—	—	90	50	30	15	10
4.5以上	1	60	45	40	35	30	20	10	—	—
	2	75	55	40	35	30	20	10	—	—
	3	—	—	—	—	35	20	10	—	—
	4	—	—	—	—	35	20	10	—	—

備考
1　第一車線とは、最外側車線をいい、以下内側に向い順次に第二車線、第三車線及び第四車線とする。
2　拡大幅員の単位は、センチメートルとする。

2　前項の拡大幅員は、曲線部の内側に加え、その直線部幅員とのすりつけは緩和区間全長を基準にして行うものとする。

（停止視距）
第二十四条　一般自動車道は、左表の区分による停止視距を有しなければならない。但し、地形上やむを得ない箇所その他特別の事由があると認められる箇所における停止視距は、一級から四級までのものにあつてはそれぞれ次位の級のものの停止視距まで、五級のものにあつては砂利道の場合に限り四十五メートルの停止視距まで小さくすることができる。

級別		1級	2級	3級	4級	5級
停止視距（メートル）	ほ装道及び瀝青塗装道の場合	200	120	90	60	30
	砂利道の場合	—	—	—	180	90
	一車線の場合	—	—	—	—	65

（建築限界）
第二十五条　一般自動車道の建築限界は、甲図に示すところによらなければならない。但し、地形上やむを得ない場合その他特別の事由があると認められる場合は、乙図に示すところによることができる。

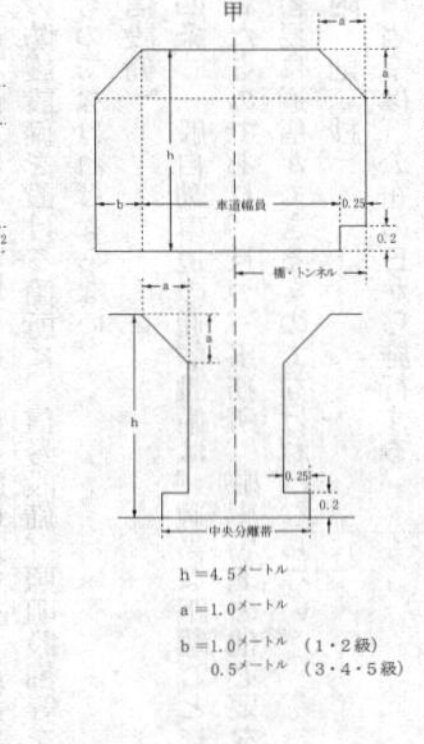

（路端の高さ）
第二十六条　一般自動車道の路端の高さは、一般自動車道に近接する水流及び水面の平水位に六十センチメートルを、最高水位に三十センチメートルを加えたもの又はこれより高いものでなければならない。

（交さ点）
第二十七条　第三十条に規定する設備を設けて他の道路と平面交さをする場合の一般自動車道の構造は、左の各号に適合するものでなければならない。
一　交角は、四十五度又はこれより大であること。
二　一般自動車道の交さ点から三十メートルまでの区間は、直線であつて、且つ、そのこうばいは、二・五パーセント又はこれよりゆるやかであること。
三　交さ点における道路の縁端から七・五メートルの地点において、一般自動車道にあつては交さ点から百五十メートルまでの他の道路上が、他の道路にあつては交さ点から左表の区分による距離までの車道上がそれぞれ見とおせること。但し、五級の一般自動車道と交さする他の道路が町村道、林道等であつて交通量の少いときは、交さ点における道路の縁端から二・五メートルの地点において、一般自動車道にあつては交さ点から七十メートルまでの他の道路上が、他の道路にあつては交さ点から八十メートルまでの車道上がそれぞれ見とおせること。

級別	1級	2級	3級	4級	5級
見とおし距離（メートル）	250	200	180	150	100

（鉄道又は軌道との交さ）
第二十八条　第三十条に規定する設備を設けて鉄道又は軌道と平面交さをする場合の一般自動車道の構造は、左の各号に適合するものでなければならない。
一　交角は、四十五度又はこれより大であること。
二　一般自動車道の踏切から三十メートルまでの区間は、直線であつて、且つ、そのこうばいは、二・五パーセント又はこれよりゆるやかであること。

三　一級から四級までのものにあつては、鉄道又は軌道の最縁端軌条から十五メートルの車道上において踏切の中心から左表の区分による距離までの線路上が見とおせること。

鉄道又は軌道の車両の最高速度（キロメートル／時）	50～70	70～80	80～90	90～100
見とおし距離（メートル）	210	270	320	360

四　五級のものにあつては、鉄道又は軌道の最縁端軌条から四・五メートルの車道上において、踏切の中心から左表の区分による距離までの線路上が見とおせること。

鉄道又は軌道の車両の最高速度（キロメートル／時）	50～70	70～80	80～90	90～100
見とおし距離（メートル）	160	200	230	260

五　踏切は、その路面がほ装したものであり、且つ、幅員その他の構造は、踏切に接する一般自動車道の構造と同じものであること。

（駐車場又は停留所）

第二十九条　駐車場又は停留所は、予想される駐車両数又は停留車両数の自動車を収容することができる面積を有し、且つ、自動車が円滑に出入することができるものでなければならない。

（踏切設備）

第三十条　法第五十一条第一項但書の省令で定める設備とは、鉄道又は軌道と交さする場合にあつては踏切しや断機、踏切警報機又はこれに類する保安設備をいい、他の道路と交さする場合にあつては信号機、信号灯又はこれに類する保安設備をいう。

（排水設備）

第三十一条　一般自動車道は、地形、気象状況等をしんしやくして定めた構造の側溝横断排水管その他の排水設備を設けたものでなければならない。

（防護設備）

第三十二条　一般自動車道は、断がいその他自動車の走行上危険な箇所に、危険の防止に必要な構造の防護さくその他の防護設備を設けたものでなければならない。

（信号設備等）

第三十三条　一般自動車道は、原則として第二十七条及び第二十八条の平面交さをする場合における踏切及び交さ点並びに前条の防護設備を設ける箇所に、信号設備、照明設備等を設けたものでなければならない。

（通信設備）

第三十四条　一般自動車道の通信設備は、適当な距離ごとに設けられたものであり、且つ、事務所、駐車場その他必要な箇所と容易に通信ができるものでなければならない。

附　則（抄）

1　この省令は、公布の日から施行する。

2　自動車道構造設備管理規程（昭和二十三年総理庁、運輸省令第三号）は、廃止する。

4　この省令施行の際現に存する一般自動車道であつて、その構造及び設備が旧自動車道構造設備管理規程の規定に適合するものについては、当分の間、この省令の規定による構造及び設備についての技術上の規準に適合するものとみなす。

附　則（平一二・一二・二八運・建令一八）

この省令は、平成十三年一月六日から施行する。

○自動車道標識令

（昭和二十六年六月三十日 政令第二百五十二号）

沿革　昭四〇政令三〇九、平七政令七改正

〔適用〕

第一条　道路運送法第六十八条第五項（同法第七十五条第三項において準用する場合を含む。）に規定する自動車道標識については、この政令の定めるところによる。

〔自動車道標識〕

第二条　自動車道標識は、自動車道の交通に関し、案内、警戒、規制又は指示を表示する標識（以下「本標識」という。）及び本標識を補助する標識（以下「補助標識」という。）とする。

〔本標識の種類〕

第三条　本標識の種類は、左に掲げるものとする。

一　案内標識
二　警戒標識
三　規制標識
四　指示標識

〔標識の設置義務〕

第四条　自動車道事業者又は自動車運送事業者は、別表第一上欄に掲げる本標識で同表中欄に掲げる事項を表示するものを同表下欄に掲げる設置箇所に設置しなければならない。但し、自動車道の形状により当該設置箇所に設置し難い場合その他やむを得ない場合には、同表下欄に記載する設置箇所の定に準じ適宜の場所に設置することができる。

2　自動車道事業者又は自動車運送事業者は、別表第二上欄に掲げる事項を表示する補助標識を同表下欄に掲げる本標識に附置しなければならない。

3　自動車道標識は、通行する自動車から見易い地点に、これに対面するように設置しなければならない。

〔標識の様式〕

第五条　自動車道標識の様式は、省令で定める。

※「省令」＝自動車道標識の様式を定める省令

附　則

この政令は、昭和二十六年七月一日から施行する。

附　則（昭四〇・九・二二政令三〇九）

1　この政令は、昭和四十年十二月一日から施行する。

2　この政令の施行の際現に改正前の自動車道標識令の規定により設置されている自動車道標識のうち、次の表の上欄に掲げる改正前の同令の規定による事項を表示するものは、当分の間、それぞれ同表の下欄に掲げる改正後の同令の規定による事項を表示する自動車道標識とみなす。

その区域が駐車場であること。	駐車場があること。
学校があること。	学校、幼稚園、保育所等があること。
その区域が工事中であること。	工事中であること。
右折又は左折を禁止すること。	指定方向以外の方向への進行を禁止すること。
右折及び直進又は左折及び直進を禁止すること。	
屈折を禁止すること。	
停車を禁止すること。	駐車及び停車を禁止すること。
車種別及び昼夜間別の制限速度	制限速度

附　則（平七・一・二〇政令七）

この政令は、許可、認可等の整理及び合理化に関する法律第二十七条、第三十条、第三十二条及び第三十五条の規定の施行の日（平成七年四月一日）から施行する。

別表第一

本標識の種類	表示すべき事項	設置箇所
案内標識	都府県の名称	設置を必要とする都府県の境界における自動車道の左側の路端
	市町村の名称	設置を必要とする市町村の境界における自動車道の左側の路端
	方面、方向及び距離	相互に自動車の通行可能な交差点の手前三十メートル以内の地点における自動車道の左側の路端又は相互に自動車の通行可能な交差点における自動車道の進行方向の正面の路端
	方面及び距離	設置を必要とする地点における自動車道の左側の路端
	方面及び方向	設置を必要とする相互に自動車の通行可能な交差点の手前百五十メートル以内の地点における自動車道の左側の路端又は設置を必要とする相互に自動車の通行可能な交差点における自動車道の進行方向の正面の路端
	その地点が自動車道の入口又は出口であること。	自動車道の入口又は出口における左側の路端
	著名な地点	著名な地点における自動車道の左側の路端
	料金徴収所があること。	料金徴収所を示す必要がある地点における自動車道の左側の路端
	待避所があること。	待避所を示す必要がある地点における自動車道の左側の路端

	駐車場があること。	駐車場を示す必要がある地点における自動車道の左側の路端
	非常電話があること。	非常電話が設置されている場所を示す必要がある地点における自動車道の左側の路端
	まわり道があること。	相互に自動車の通行可能な交差点において、まわり道を示す必要がある地点における自動車道の左側の路端
警戒標識	十形道路交差点があること。	相互に自動車の通行可能な十形道路交差点の手前三十メートルから百五十メートルまでの地点における自動車道の左側の路端
	├形道路交差点又は┤形道路交差点があること。	相互に自動車の通行可能な├形道路交差点又は┤形道路交差点の手前三十メートルから百五十メートルまでの地点における自動車道の左側の路端
	T形道路交差点があること。	相互に自動車の通行可能なT形道路交差点の手前三十メートルから百五十メートルまでの地点における自動車道の左側の路端
	Y形道路交差点があること。	相互に自動車の通行可能なY形道路交差点の手前三十メートルから百五十メートルまでの地点における自動車道の左側の路端
	右方屈曲又は左方屈曲があること。	設置を必要とする屈曲の始点の手前三十メートルから百二十メートルまでの地点における自動車道の左側の路端
	右方屈折又は左方屈折があること。	屈折の始点の手前三十メートルから百二十メートルまでの地点における自動車道の左側の路端
	右背向屈曲又は左背向屈曲があること。	設置を必要とする背向屈曲の最初の屈曲の始点の手前三十メートルから百二十メートルまでの地点における自動車道の左側の路端
	右背向屈折又は左背向屈折があること。	背向屈折の最初の屈折の始点の手前三十メートルから百二十メートルまでの地点における自動車道の左側の路端
	右つづら折り又は左つづら折りがあること。	設置を必要とするつづら折りの最初の屈曲の始点の手前三十メートルから百二十メートルまでの地点における自動車道の左側の路端
	踏切があること。	鉄道又は軌道との交差点の手前五十メートルから百五十メートルまでの地点における自動車道の左側の路端
	学校、幼稚園、保育所等があること。	学校、幼稚園、保育所等が所在するため交通上注意する必要があると認められる地点の手前五十メートルから百五十メートルまでの地点における自動車道の左側の路端
	合流交通があること。	合流地点の手前五十メートルから百五十メートルまでの地点における自動車道の左側の路端
	車線数が減少すること。	車線数の減少始点の手前五十メートルから百五十メートルまでの地点における自動車道の左側の路端
	幅員が減少すること。	幅員の減少始点の手前五十メートルから百五十メートルまでの地点における自動車道の左側の路端
	路面がすべりやすいこと。	路面がすべりやすいため自動車の運転上注意する必要があると認められる箇所の手前三十メートルから百五十メートルまでの地点における自動車道の左側の路端
	上り急勾配又は下り急勾配があること。	上り急勾配又は下り急勾配があるため自動車の運転上注意する必要があると認められる箇所の手前三十メートルから百五十メートルまでの地点における自動車道の左側の路端
	工事中であること。	工事中である区間の前面の手前五十メートルから七百五十メートルまでの地点における自動車道の左側の路端及びその区間の前面
	作業中であること。	作業中である区間の前面の手前五十メートルから百五十メートルまでの地点における自動車道の左側の路端及びその区間の前面
	運転上注意する必要があること。	自動車の運転上注意する必要があると認められる箇所の手前三十メートルから百五十メートルまでの地点における自動車道の左側の路端
規制標識	自動車の通行を禁止すること。	自動車の通行を禁止する必要がある区間の前面における自動車道の中央又は左側の路端
	進入を禁止すること。	一定の方向にする自動車の通行が禁止される区間において、自動車がその禁止される方向に向かって進入することを禁止する必要がある地点における自動車道の左側の路端
	指定方向以外の方向への進行を禁止すること。	指定方向以外の方向への進行を禁止する必要がある相互に自動車の通行可能な交差点の手前における自動車道の左側の路端又は指定方向以外の方向への進行を禁止する必要がある箇所の前面
	横断（左横断を除く。）を禁止すること。	横断（左横断を除く。）を禁止する必要がある区間の前面及びその区間内の必要な地点における自動車道の左側の路端

転回を禁止すること。	転回を禁止する必要がある区間の前面及びその区間内の必要な地点における自動車道の左側の路端
追越しを禁止すること。	追越しを禁止する必要がある区間の前面及びその区間内の必要な地点における自動車道の左側の路端
駐車及び停車を禁止すること。	駐車及び停車を禁止する必要がある区間の前面及びその区間内の必要な地点における自動車道の左側の路端
駐車を禁止すること。	駐車を禁止する必要がある区間の前面及びその区間内の必要な地点における自動車道の左側の路端
制限速度	自動車の速度を一定の速度以下に制限する必要がある区間の前面及びその区間内の必要な地点における自動車道の左側の路端
制限重量	自動車の重量を一定の重量以下に制限する必要がある区間の前面及びその区間内の必要な地点における自動車道の左側の路端
制限高	自動車の高さを一定の高さ以下に制限する必要がある区間の前面及びその区間内の必要な地点における自動車道の左側の路端
警音器を鳴らして通行する必要があること。	警音器を鳴らして通行する必要がある箇所の前面における自動車道の左側の路端
一方通行をする必要があること。	一方通行をする必要がある区間の入口及びその区間内の必要な地点における自動車道の路端
徐行をする必要があること。	徐行をする必要がある区間の前面及びその区間内の必要な地点における自動車道の左側の路端

	一時停止をする必要があること。	一時停止をする必要がある交差点の手前における自動車道の左側の路端
指示標識	その地点が横断歩道であること。	横断歩道の前面における自動車道の左側の路端
	安全地帯があること。	安全地帯の両端
	規制予告	規制標識に表示される規制が前方において行なわれていることをあらかじめ示す必要がある地点における自動車道の左側の路端

別表第二

本標識	表示すべき事項
案内標識 警戒標識	本標識が表示する施設又は場所までの距離
案内標識	本標識が表示する施設又は場所の方向
警戒標識	本標識が表示する事項を補足するために必要な事項
規制標識	本標識が表示する規制の日又は時間
	本標識が表示する規制の対象となる自動車の種類
	本標識が表示する規制の区間の距離
	本標識が表示する規制の区間の始まり
	本標識が表示する規制の区間内であること。
	本標識が表示する規制の区間の終り

○自動車道標識の様式を定める省令

（昭和二十六年九月二十九日　運輸省　建設省　令第三号）

沿革　昭四〇運・建令五改正

自動車道標識の様式は、別表の通りとする。

附　則

この省令は、昭和二十六年十一月一日から施行する。

附　則（昭四〇・一〇・四運・建令五）

1　この省令は、昭和四十年十二月一日から施行する。

2　この省令の施行の際現に改正前の自動車道標識の様式を定める省令の規定により設置されている自動車道標識の様式のうち、次の表の上欄に掲げる改正前の同省令の規定による事項を表示する自動車道標識の様式は、当分の間、それぞれ同表の下欄に掲げる改正後の同省令の規定による事項を表示する自動車道標識の様式とみなす。

著名な地点	著名な地点
待避所があること。	待避所があること。
その区域が駐車場であること。	駐車場があること。
まわり道があること。	まわり道があること。
学校があること。	学校、幼稚園、保育所等があること。
その区域が工事中であること。	工事中であること。
自動車の通行を禁止すること。	自動車の通行を禁止すること。
右折又は左折を禁止すること。	指定方向以外の方向への進行を禁止すること。
右折及び直進又は左折及び直進を禁止すること。	
屈折を禁止すること。	
転回を禁止すること。	転回を禁止すること。
追い越しを禁止すること。	追越しを禁止すること。
停車を禁止すること。	駐車及び停車を禁止すること。
駐車を禁止すること。	駐車を禁止すること。
車種別及び昼夜間別の制限速度	制限速度
制限重量	制限重量
制限高	制限高
警笛を鳴らして通行する必要があること。	警音器を鳴らして通行する必要があること。
一方通行をする必要があること。	一方通行をする必要があること。
一時停止をする必要があること。	一時停止をする必要があること。
その地点が横断歩道であること。	その地点が横断歩道であること。
安全地帯があること。	安全地帯があること。

3　この省令の施行の際現に改正前の自動車道標識の様式を定める省令の規定により設置されている自動車道標識に改正前の同省令の規定により取り付けられている補助板は、当分の間、改正後の同省令の規定による補助標識の標示板とみなす。

別表

案内標識

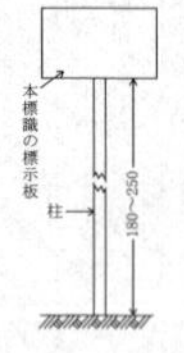

表示すべき事項	標示板の様式	略号
	本標識の標示板　柱　（120～）	
都府県の名称	 静岡県 SHIZUOKA PREF.（30×75）	A1
市町村の名称	 温泉町 ONSEN T.（25×60）	A2
	大阪 OSAKA 23Km / 1Km 新在家 SHINZAIKE / 六甲山 ROKKOZAN 10Km（40×105）14 14	A3a

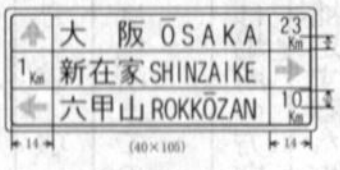

略号	表示すべき事項	標示板の様式
A3b	方面、方向及び距離	熱海 ATAMI 17 Km 沼津 NUMAZU 18 Km (40×80)
A3c		鎌倉 KAMAKURA 13 Km (24×80)
A4	方面及び距離	横浜 25 YOKOHAMA Km 大森 5 OMORI Km (40×62)
A5	方面及び方向	横浜 YoKohama 大森 Ōmori 中野 NaKano
A6a	その地点が自動車道の入口	自動車道 入口 MOTOR ROAD ENTRANCE (60×45)
A6b	又は出口であること。	自動車道 出口 MOTOR ROAD EXIT
A7a	著名な地点	錦ヶ浦 NISHIKIGAURA
A7b		すいれん沼 SUIREN-NUMA
A8	料金徴収所があること。	料金所 TOLL GATE
A9	待避所があること。	(60×60)
A10	駐車場があること。	(60×60)
A11	非常電話があること。	非常電話 (90×60)
A12	まわり道があること。	まわり道 DETOUR (30×45)
警戒標識		
B1	十形道路交差点があること。	
B2	├形道路交差点又は┤形道路交差点があること。	

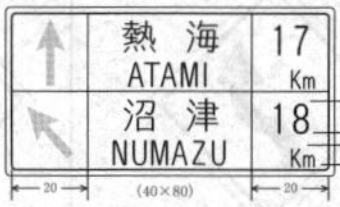

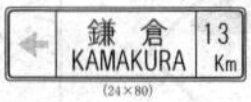

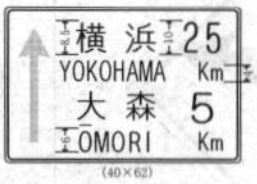

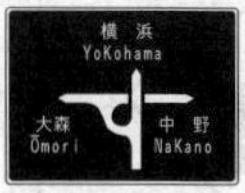

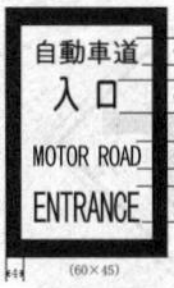

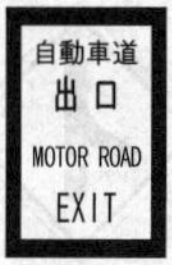

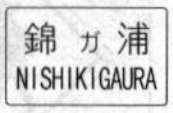

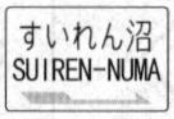

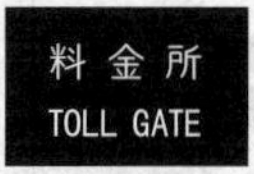

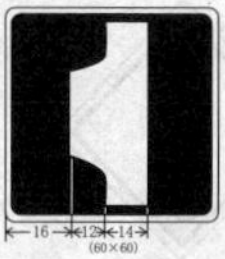

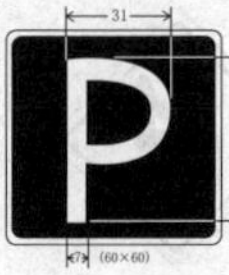

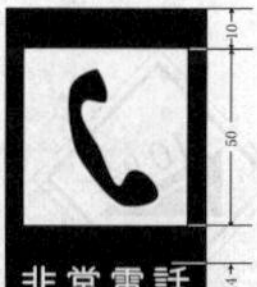

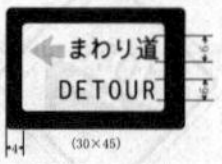

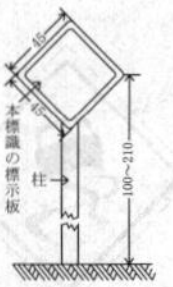

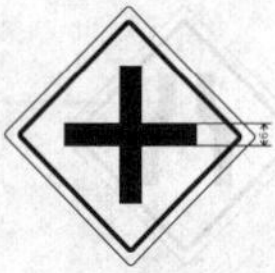

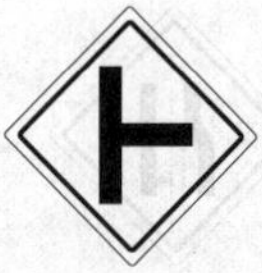

本標識の標示板 柱 100～210

番号	意味
B 3	T形道路交差点があること。
B 4	Y形道路交差点があること。
B 5	右方屈曲又は左方屈曲があること。
B 6	右方屈折又は左方屈折があること。
B 7	右背向屈曲又は左背向屈曲があること。
B 8	右背向屈折又は左背向屈折があること。
B 9	右つづら折り又は左つづら折りがあること。
B10	踏切があること。
B11	学校、幼稚園、保育所等があること。
B12	合流交通があること。
B13	車線数が減少すること。
B14	幅員が減少すること。
B15	路面がすべりやすいこと。
B16a	上り急勾配又は下り急勾配があること。
B16b	

略号	表示すべき事項	標示板の様式
B17	工事中であること。	
B18	作業中であること。	
B19	運転上注意する必要があること。	

規制標識

略号	表示すべき事項	標示板の様式
C1	自動車の通行を禁止すること。	
C2	進入を禁止すること。	
C3a	指定方向以外の方向への進行を禁止すること。	
C3b		
C3c		
C3d		
C3e		
C4	横断（左横断を除く。）を禁止すること。	
C5	転回を禁止すること。	
C6	追越しを禁止すること。	
C7	駐車及び停車を禁止すること。	

略号	C 8	C 9	C10	C11	C12
表示すべき事項	駐車を禁止すること。	制限速度	制限重量	制限高	警音器を鳴らして通行する必要があること。
標示板の様式		50	5.5t	3.3m	

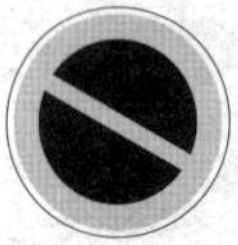

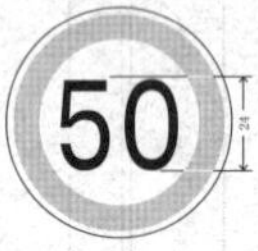

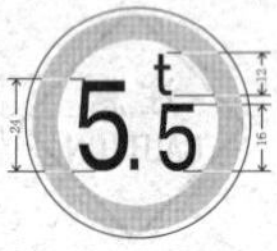

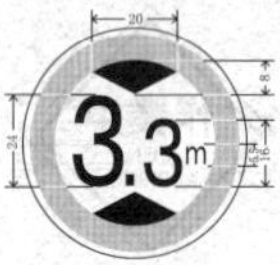

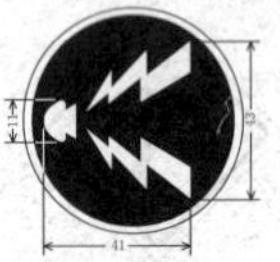

略号	C13	C14	C15	
表示すべき事項	一方通行をする必要があること。	徐行をする必要があること。	一時停止をする必要があること。	
標示板の様式		徐行	止まれ	

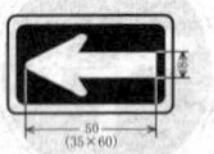

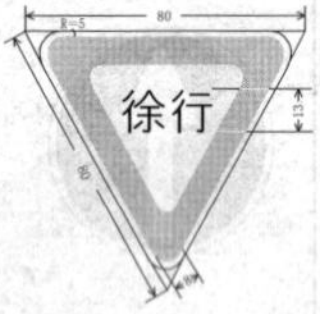

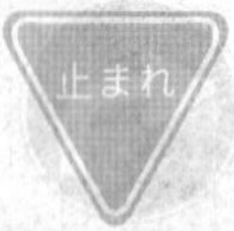

指示標識

略号	D 1 a	D 1 b	D 2	D 3
表示すべき事項	その地点が横断歩道であること。		安全地帯があること。	規制予告
標示板の様式				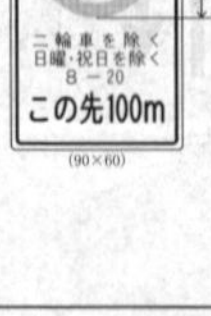 二輪車を除く 日曜・祝日を除く 8－20 この先100m (90×60)

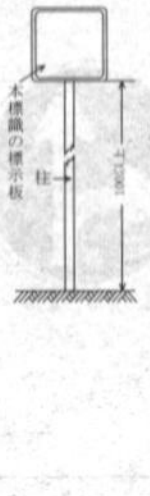

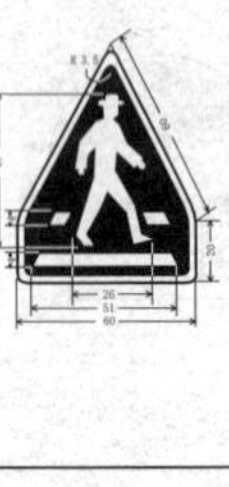

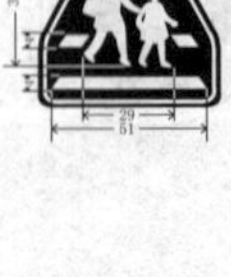

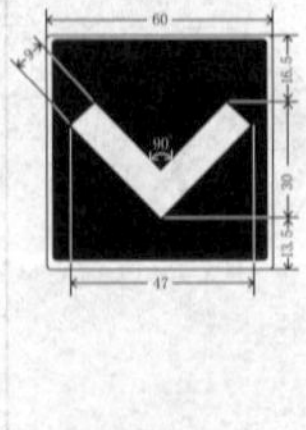

補助標識

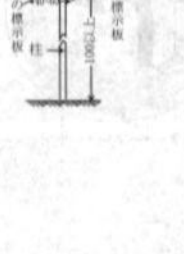

略号	E 1
表示すべき事項	本標識が表示する施設又は場所までの距離
標示板の様式	この先100m

E2	本標識が表示する施設又は場所の方向	（矢印）
E3	本標識が表示する事項を補足するために必要な事項	路肩弱し
E4a	本標識が表示する規制の日又は時間	日曜・祝日を除く
E4b		8－20
E5	本標識が表示する規制の対象となる自動車の種類	二輪車を除く
E6	本標識が表示する規制の区間の距離	ここから50m

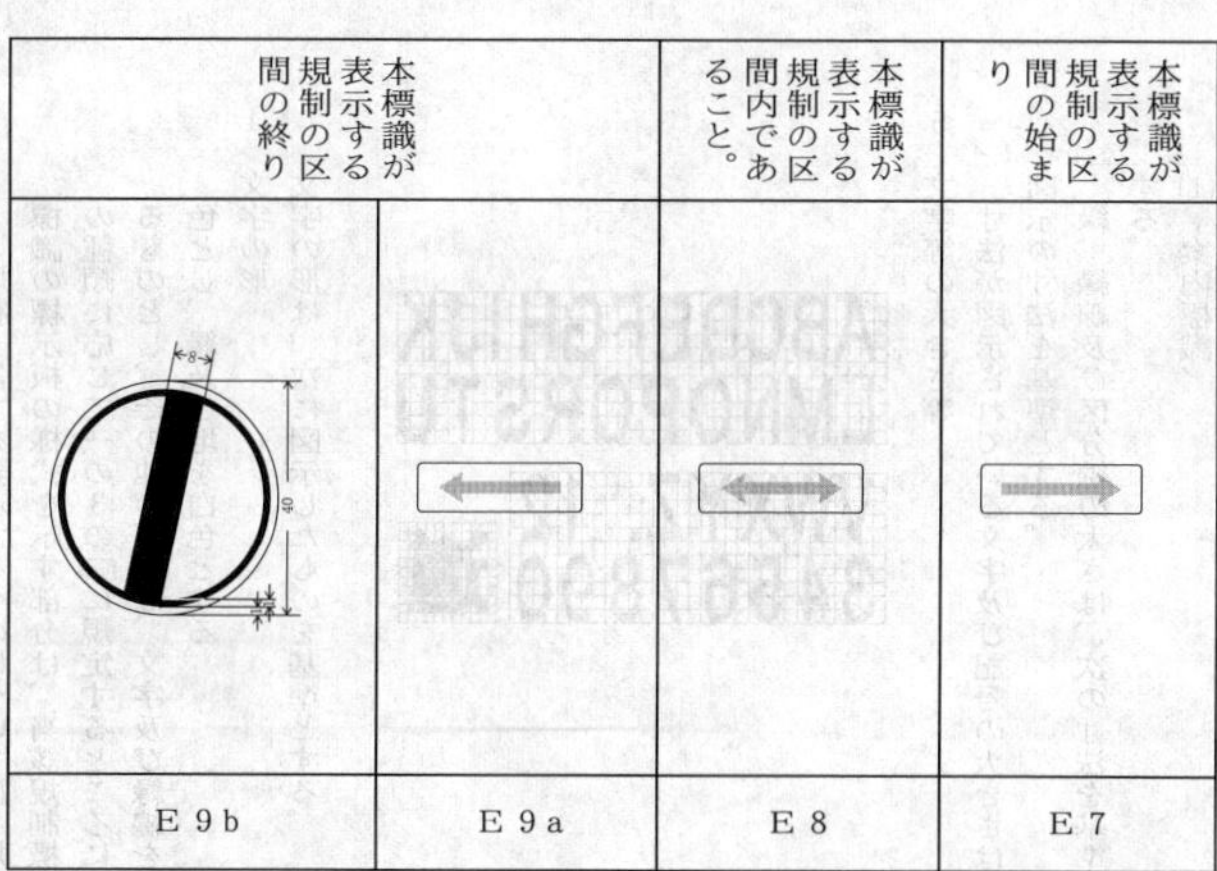

E7	本標識が表示する規制の区間の始まり
E8	本標識が表示する規制の区間内であること。
E9a	本標識が表示する規制の区間の終り
E9b	

備考

一　本標識の標示板

1　表示

(一)　「都府県の名称」、「市町村の名称」、「方面、方向及び距離」、「方面及び距離」、「方面及び方向」、「著名な地点」及び「まわり道があること。」を表示する案内標識、「ト形道路交差点又はT形道路交差点があること。」、「右方屈折又は左方屈折があること。」、「右方屈曲又は左方屈曲があること。」、「右背向屈曲又は左背向屈曲があること。」、「右背向屈折又は左背向屈折があること。」、「右つづら折り又は左つづら折りがあること。」、「合流交通があること。」、「車線数が減少すること。」、「幅員が減少すること。」及び「上り急勾配又は下り急勾配があること。」を表示する警戒標識、「指定方向以外の方向への進行を禁止すること。」、「制限速度」、「制限重量」、「制限高」及び「一方通行をする必要があること。」を表示する規制標識並びに「規制予告」を表示する指示標識の標示板に示される文字（数字を含む。以下同じ。）及び記号は、例示とする。

(二)　「上り急勾配又は下り急勾配があること。」を表示する警戒標識の標示板に示される数字は、当該上り急勾配又は下り急勾配の勾配の値とする。

(三)　「制限速度」、「制限重量」又は「制限高」を表示する規制標識の標示板に示される速度、重量又は高さの単位は、それぞれキロメートル毎時、トン又はメートルとする。

(四)　「規制予告」を表示する指示標識の標示板には、前方において行なわれている規制を表示する規制標識の標示板の様式及び当該規制の対象となる自動車の種類、規制の日若しくは時間又は規制が行なわれている場所までの距離を示すものとする。

2　寸法

寸法が図示されているものについては、図示の寸法（その単位はセンチメートルとする。以下同じ。）とする。ただし、自動車道の設計速度、自動車道の形状又は交通の状況により特別の必要がある場合には、図示の寸法の二倍まで拡大することができる。

3　色彩

(一)　案内標識

(1)　「都府県の名称」、「市町村の名称」、「方面、方向及び距離」、「方面及び距離」、「方面及び方向」及び「著名な地点」を表示するものについては、文字、矢印以外の記号、縁線及び区分線を青色とし、矢印を赤色とし、縁及び地を白色とする。

(2)　「方面及び方向」、「料金徴収所があること。」、「待避所があること。」及び「駐車場があること。」を表示するものについては、文字、記号及び縁を白色とし、地を青色とする。

(3)　「その地点が自動車道の入口又は出口であること。」及び「まわり道があること。」を表示するものについては、文字及びわくを青色とし、矢印を赤色とし、地を白色とする。

(4)　「非常電話があること。」を表示するものについては、文字及び地を白色とし、記号を黒色とし、わくを青色とする。

(二)　警戒標識

文字、記号及び縁線を黒色とし、縁及び地を黄色とする。ただし、「上り急勾配又は下り急勾配があること。」を表示するものについては、矢印を白色とする。

(三)　規制標識

(1)　「自動車の通行を禁止すること。」、「横断（左横断を除く。）を禁止すること。」、「転回を禁止すること。」、「追越しを禁止すること。」、「制限速度」、「制限重量」及び「制限高」を表示するものについては、文字及び記号を青色とし、斜めの帯及びわくを赤色とし、縁及び地を白色とする。

(2)　「進入を禁止すること。」を表示するものについては、帯及び縁を白色とし、地を赤色とする。

(3)　「指定方向以外の方向への進行を禁止すること。」及び「警音器を鳴らして通行する必要があること。」を表示するものについては、記号及び縁を白色とし、地を青色とする。

(4)　「駐車及び停車を禁止すること。」及び「駐車を禁止すること。」を表示するものについては、斜めの帯及びわくを赤色とし、縁を白色とし、地を青色とする。

(5)　「一方通行をする必要があること。」を表示するものについては、記号及び縁線を白色とし、縁及び地を青色とする。

(6)　「徐行をする必要があること。」を表示するものについては、文字を青色とし、わくを赤色とし、縁及び地を白色とする。

(7)　「一時停止をする必要があること。」を表示するものについては、文字及び縁線を白色とし、縁及び地を赤色とする。

(四)　指示標識

(1)　「その地点が横断歩道であること。」を表示するものについては、記号及び縁線を白色とし、縁及び地を青色とする。

(2)　「安全地帯があること。」を表示するものについては、記号及び縁を白色とし、地を青色とする。

(3)　「規制予告」を表示するものについては、規制標識の標示板の様式を示す部分は、当該規制標識の種類に応じて一の3の(三)に規定するところによるものとし、その他の部分は、文字及び縁線を青色とし、縁及び地を白色とする。

4　文字の形

文字の形は、次に図示したものを基準とする。

ABCDEFGHIJK
LMNOPQRSTU
VWXYZ. 12
34567890　道

5　文字等の大きさ等

(一)　寸法が図示されている文字及び記号の大きさは、図示の寸法を基準とする。

(二)　縁、縁線及び区分線の太さは、次の寸法を基準とする。

(1)　案内標識

縁は九ミリメートルとし、縁線は六ミリメートルとし、区分線は五ミリメートルとする。ただし、「方面及び方向」を表示するものについては、縁は二十ミリメートルとする。

(2)　警戒標識

縁及び縁線は、十二ミリメートルとする。

(3)　規制標識

縁は十五ミリメートルとし、縁線は、「一方通行をする必要があること。」を表示するものについては十二ミリメートル、「一時停止をする必要があること。」を表示するものについては十五ミリメートルとする。

(4)　指示標識

縁は、「その地点に横断歩道があること。」を表示するものについては十二ミリメートル、その他のものについては十五ミリメートルとし、縁線は十二ミリメートルとする。

二　補助標識の標示板

1　表示

補助標識（「本標識が表示する規制の区間の終り（E9b）」を表示するものを除く。）の標示板に示される文字及び記号は、例示とする。

2　寸法

標示板の寸法は、図示の寸法とする。ただし、附置される本標識の標示板の拡大率と同じ比率で拡大することができる。

3　色彩

文字及び矢印以外の記号を黒色とし、矢印を赤色とし、地を白色とする。ただし、「本標識が表示する規制の区間の終り（E9b）」を表示するものについては、斜めの帯及びわくを青色とし、縁及び地を白色とする。

4　文字の形

文字の形は、一の4に図示されたものを基準とする。

三　柱

1　寸法
柱の寸法は、図示の寸法を基準とする。

2　色彩
柱の色彩は、灰色又は白色とする。

四　その他

1　取付け方
(一)　標示板の取付け方は、図示の取付け方を基準とする。
(二)　同一の場所に二以上の自動車道標識を設置する場合には、二以上の標示板を同一の柱に取り付けることができる。
(三)　(二)により同一の柱に二以上の規制標識の標示板が上下に取り付けられる場合で、それぞれの規制標識が表示する規制の区間の終りを「本標識が表示する規制の区間の終り（E9b）」を表示する補助標識によつて示すときは、下方の規制標識に係る補助標識は省略するものとする。
(四)　「本標識が表示する規制の区間の始まり」及び「本標識が表示する規制の区間の終り（E9a）」を表示する補助標識の標示板については、当該標示板の表示する矢印の方向を規制の区間の内側に向けて取り付けるものとする。

2　反射材料等
自動車道標識には、原則として、反射材料を用い、又は反射装置若しくは夜間照明装置を施すものとする。

○自動車道事業会計規則

（昭和三十九年三月三十一日　運輸省　建設省令第三号）

沿革　昭四二運・建令一、昭四五運・建令一、昭四六運・建令二、昭五〇運・建令一、昭五七運・建令三、昭六二運・建令一、平四運・建令一、平六運・建令二・七、平八運・建令一、平一一運・建令四、平一二運・建令六、平一四国交令二七・一〇五、平一五国交令六五、平一六国交令一一七、平一八国交令七五、平一九国交令二〇、平二〇国交令八〇、平二一国交令三〇、平二七国交令三八、平三一国交令一五改正

（趣旨）

第一条　自動車道事業者の事業年度、勘定科目の分類、帳簿書類の様式その他の会計に関する手続は、この省令の定めるところによる。

（事業年度）

第二条　自動車道事業者の事業年度は、一年又は六月とし、その始期は、一年のものにあつては四月一日、六月のものにあつては四月一日及び十月一日とする。

（会計原則）

第三条　自動車道事業者は、次に掲げる原則によつてその会計を処理しなければならない。

一　その事業の経営成績及び財政状態について、真実な内容を表示すること。

二　すべての取引につき、正規の簿記の原則に従い、正確な会計帳簿を作成すること。

三　その事業の経営及び財政の状況を正確に判断することができるように必要な会計事実を明瞭に表示すること。

四　その他一般に公正妥当であると認められる会計の原則によること。

（勘定科目及び財務諸表）

第四条　自動車道事業者は、別表第一に定める勘定科目により会計を整理し、かつ、別表第二に定める様式により当該事業年度に係る財務諸表を作成しなければならない。この場合において、別表第二の明細表の事項以外に貸借対照表及び損益計算書の記載を補足する重要な事項があるときは、当該重要な事項の明細書を財務諸表として作成しなければならない。

2　自動車道事業者は、貸借対照表又は損益計算書の作成に関する会計方針を変更したときは、その変更の理由を記載した書類を作成しなければならない。ただし、変更が軽微であるときは、この限りでない。

附　則

1　この省令は、昭和三十九年四月一日から施行する。

2　自動車道事業会計規則（昭和二十七年運輸省建設省令第二号）は廃止する。

3　昭和三十九年三月三十一日の属する事業年度に係る会計の整理及び財務諸表の作成については、なお従前の例による。

4　株式会社である自動車道事業者以外の自動車道事業者の会計の整理及び財務諸表の作成については、前項の規定による場合を除き、当分の間、別表第一に定める勘定科目及び別表第二に定める様式によらないことができる。

附　則（昭四六・五・一九運・建令二）

この省令は、公布の日から施行し、昭和四十六年四月一日以後に開始する事業年度に係る財務諸表及び営業概況報告書について適用する。

附　則（昭五〇・二・一九運・建令一）

1　この省令は、公布の日から施行する。

2　この省令の施行の際現に存する自動車道事業者のこの省令の施行の日の属する事業年度に係る会計の整理及び財務諸表の作成並びに営業報告書の提出については、なお従前の例による。

附　則（昭五七・九・二九運・建令三）

1　この省令は、昭和五十七年十月一日から施行する。

2　この省令の施行の日前に終了する事業年度に係る会計の整理及び財務諸表の作成については、なお従前の例による。

3　この省令の施行の日前に終了する最終の事業年度に係る貸借対照表に記載されている商法等の一部を改正する法律（昭和五十六年法律第七十四号。以下「改正法」という。）による改正前の商法（明治三十二年法律第四十八号）第二百八十七条ノ二に規定する引当金で、改正法による改正後の同条の規定により引当金として計上することができないものは、取り崩したものを除き、この省令の施行の日を含む事業年度に係る貸借対照表においては、資本の部中剰余金の款にその目的のための任意積立金として記載しなければならない。

附　則（昭六二・三・二七運・建令一）

この省令は、昭和六十二年四月一日から施行する。

附　則（平四・一・一〇運・建令一）

この省令は、公布の日から施行する。

附　則（平六・三・二四運・建令二抄）

1　この省令は、平成六年四月一日から施行する。

附　則（平六・九・二九運・建令七）

この省令は、平成六年十月一日から施行する。

附　則（平八・三・一九運・建令一）

1　この省令は、公布の日から施行する。

2　平成七年四月一日から平成八年三月三十一日までの一年間に係る供用実績報告書の様式については、なお従前の例によることができる。

附　則（平一一・三・二九運・建令四）

1　この省令は、平成十一年四月一日から施行する。

2　この省令の施行前に開始した事業年度に係る会計の整理及び財務諸表の作成に関しては、この省令の施行後も、なお従前の例による。ただし、この省令の施行前に開始した事業年度に係る財務諸表のうちこの省令の施行後に作成するものについては、この省令による改正後の自動車道事業会計規則の規定を適用することができる。

3　この省令による改正後の自動車道事業会計規則を適用して財務諸表を作成する最初の事業年度においては、当該事業年度よりも前の事業年度に係る法人税等調整額は、「前期繰越利益（前期繰越損失）」の調整項目として処理するものとする。

附　則（平一二・三・二八運・建令六）

1　この省令は、平成十二年四月一日から施行する。

2　この省令の施行前に開始した事業年度に係る会計の整理及び財務諸表の作成に関しては、この省令の施行後も、なお従前の例による。

附　則（平一四・三・二七国交令二七）

この省令は、公布の日から施行する。

附　則（平一四・九・三〇国交令一〇五）

（施行期日）

第一条　この省令は、公布の日から施行する。

（経過措置）

第二条　商法等の一部を改正する法律（平成十三年法律第百二十八号。以下この条において「改正法」という。）の施行前に開始した事業年度に係る会計の整理及び財務諸表の作成に関しては、この省令の施行後も、なお従前の例による。ただし、改正法の施行前に開始した事業年度に係る財務諸表のうちこの省令の施行後に作成するものについては、この省令による改正後の港湾運送事業会計規則の規定を適用することができる。

附　則（平一五・五・一三国交令六五）

この省令は、公布の日から施行する。

附　則（平一六・三・一六国交令一七）

1　この省令は、平成十六年四月一日から施行する。

2　この省令による改正後の建設業法施行規則、測量法施行規則、公共工事の前払金保証事業に関する法律施行規則、宅地建物取引業法施行規則、自動車道事業会計規則、積立式宅地建物販売業法施行規則、港湾運送事業会計規則及び東京湾横断道路事業会計規則の規定は、平成十六年三月三十一日以後に終了する事業年度に係る会計の整理又は書類について適用し、同日前に終了した事業年度に係るものについては、なお従前の例による。

附　則（平一八・七・七国交令七五抄）

（施行期日）

第一条　この省令は、公布の日から施行する。

（経過措置）

第二条　この省令の施行前に終了する事業年度に係る会計の整理及び財務諸表の作成に関しては、この省令の施行後も、なお従前の例による。

附　則（平一九・三・二八国交令二〇抄）

（施行期日）

第一条　この省令は、平成十九年四月一日から施行する。

（自動車道事業会計規則の一部改正に伴う経過措置）

第三条　この省令の施行前に終了する事業年度に係る財務諸表の作成に関しては、第三条の規定にかかわらず、なお従前の例による。

附　則（平二〇・九・三〇国交令八〇）

この省令は、平成二十年十月一日から施行する。

附　則（平二一・四・一国交令三〇）

この省令は、公布の日から施行する。

附　則（平二七・四・二八国交令三八）

この省令は、会社法の一部を改正する法律（平成二六年六月法律第九〇号）の施行の日（平成二十七年五月一日）から施行する。

附　則（平三一・三・二九国交令一五）

（施行期日）

1　この省令は、公布の日から施行する。

（自動車道事業会計規則及び鉄道事業会計規則の一部改正に伴う経過措置）

2　この省令による改正後の自動車道事業会計規則及び鉄道事業会計規則の規定は、平成三十年四月一日以後に開始する事業年度に係る会計の整理について適用し、同日前に開始する事業年度に係るものについては、なお従前の例によることができる。

3　前項の規定にかかわらず、第一条のうち自動車道事業会計規則別表第二第3号の2様式の改正規定及び第二条のうち鉄道事業会計規則別表第二第三号表の二の改正規定中収益認識に関する注記に係る部分は、平成三十三年四月一日以後に開始する事業年度に係る会計の整理について適用し、同日前に開始する事業年度に係るものについては、なお従前の例による。ただし、平成三十年四月一日以後に開始する事業年度に係るものについては、改正後のこれらの規定を適用することができる。

別表第一（第四条関係）

勘　定　科　目

経　常　収　益

款	項	目	節	摘　要
自動車道事業営業収益				自動車道事業に係る営業上の収益
	料金収入			使用料金収入
	雑収入			料金収入以外の営業上の収益
（何）事業営業収益				自動車道事業以外の（何）事業に係る営業上の収益
営業外収益				営業活動以外の原因から生ずる経常的な収益
	金融収益			金融上の収益
		預貯金利息		預貯金に係る利息
		受取手形利息		手形に係る受取利息
		受取割引料		手形に係る受取割引料
		短期貸付金利息		履行期が決算期後１年以内の貸付金に係る受取利息
		運用有価証券利息		流動資産として整理した有価証券に係る受取利息及び受取配当金
		長期貸付金利息		履行期が決算期後１年を超える貸付金に係る受取利息
		投資有価証券利息		投資として整理した有価証券に係る受取利息及び受取配当金
		……………		その他の金融収益
	流動資産売却益			貯蔵品、有価証券その他の流動資産の売却差益
	その他収益			金融収益及び流動資産売却益以外の営業外収益
		不用品売却代		不用品の売却代金
		雑収入		他の科目に属さない収益

特　別　利　益

款	項	目	節	摘　要
固定資産売却益				固定資産の売却差益
前期損益修正益				貸倒引当金の戻入れその他前期以前の損益の修正に係る利益
負ののれん発生益				負ののれんの発生益
その他特別利益				保険差益その他他の科目に属さない異常な収益

経　常　費　用

款	項	目	節	摘　要
自動車道事業営業費				自動車道事業に係る営業上の費用
	(自動車道費)			現業部門に係る費用
	固定資産諸経費			固定資産に係る費用
		修繕費		固定資産の修繕に係る費用
			(人件費)	修繕作業に従事する従業員に係る人件費
			給料	基準賃金
			手当	基準外賃金
			賞与	賞与及びこれに類する臨時の給与
			退職金	退職金及び退職給付引当額
			法定福利費	健康保険法（大正11年法律第70号）、労働者災害補償保険法（昭和22年法律第50号）等による事業主負担額
			厚生福利費	医務、衛生、保健、慰安、修養その他の従業員の厚生福利に係る費用
			臨時傭員費	臨時傭員に係る賃金その他の費用
			その他人件費	他の科目に属さない人件費
			(自動車道修繕費)	自動車道に係る人件費以外の修繕費
			材料費	諸材料費
			外注工事費	外注による工事費用
			その他経費	他の科目に属さない自動車道修繕費
			(その他修繕費)	自動車道以外の固定資産に係る人件費以外の修繕費
			建物構築物修繕費	建物及び構築物の修繕費
			機械装置修繕費	機械及び装置の修繕費
			工具器具備品修繕費	工具、器具及び備品の修繕費
			……………	その他の修繕費
		減価償却費		固定資産に係る減価償却費
			(自動車道減価償却費)	自動車道の構築物に係る減価償却費
			舗装	舗装の減価償却費
			土工	土工の減価償却費

			橋梁	橋梁の減価償却費
			トンネル	トンネルの減価償却費
			排水設備	排水設備の減価償却費
			諸設備	諸設備の減価償却費
			（その他減価償却費）	自動車道減価償却費以外の減価償却費
			建物	建物の減価償却費
			構築物	構築物の減価償却費
			機械装置	機械及び装置の減価償却費
			工具器具備品	工具、器具及び備品の減価償却費
			……………	その他の減価償却費
		施設損害保険料		固定資産に係る損害保険料
			建物	建物の損害保険料
			構築物	構築物の損害保険料
			……………	その他の損害保険料
		施設使用料		固定資産に係る使用料
			借地料	土地の使用料
			借家料	建物の使用料
			……………	その他の施設使用料
		施設賦課税		固定資産に係る租税
			固定資産税	土地、建物その他の固定資産に係る地方税
			……………	その他の施設賦課税
	業務費			現業部門に係る固定資産諸経費以外の費用
		（人件費）		現業部門に係る修繕費以外の人件費
		給料		固定資産諸経費の節に準ずる。
		手当		同上
		賞与		同上
		退職金		同上
		法定福利費		同上
		厚生福利費		同上
		その他人件費		同上
		（経費）		人件費以外の業務費
		旅費		旅費及び交通費

		被服費		従業員に支給又は貸与した被服に係る費用
		水道光熱費		水道料、電灯料、ガス代、暖房用石油代等
		備消品費		固定資産以外の備品費及び消耗品費
		通信運搬費		郵便料、電話料その他の通信及び運搬に係る費用
		会議費		会議に要する費用
		交際費		接待、贈答等に要する費用
		その他経費		固定資産諸経費の節に準ずる。
	(一般管理費)			本社その他の管理部門に係る費用
		（人件費）		本社その他の管理部門の従業員に係る人件費
		役員報酬		取締役、会計参与及び監査役等の役員の報酬
		給料		固定資産諸経費の節に準ずる。
		手当		同上
		賞与		同上
		退職金		同上
		法定福利費		同上
		厚生福利費		同上
		その他人件費		同上
		（経費）		人件費以外の一般管理費
		旅費		業務費の目に準ずる。
		被服費		同上
		水道光熱費		同上
		備消品費		同上
		通信運搬費		同上
		会議費		同上
		交際費		同上
		寄附金		諸寄附金
		宣伝広告費		新聞、雑誌等への広告料及び宣伝費
		図書印刷費		図書、新聞、雑誌等の購読費及び印刷費
		修繕費		固定資産に係る修繕費
		施設損害保険料		固定資産諸経費の目に準ずる。
		施設使用料		同上
		固定資産償却費		固定資産に係る減価償却費等
			建物	固定資産諸経費の節に準ずる。

			構築物	同上
			工具器具備品	同上
			のれん	会社計算規則（平成18年法務省令第13号）第11条に規定するのれんの償却費
			……………	その他の固定資産償却費
		租税公課		固定資産税、印紙税等の租税（法人税、道府県民税及び市町村民税（都民税及び特別区民税を含む。）等の租税を除く。）及びその他の公課
		その他経費		固定資産諸経費の節に準ずる。
（何）事業営業費				自動車道事業以外の（何）事業に係る営業上の費用
営業外費用				営業活動以外の原因から生ずる経常的な費用
	金融費用			金融上の費用
		支払手形利息		期限が決算期後１年以内の手形に係る支払利息
		支払割引料		手形に係る支払割引料
		短期借入金利息		履行期が決算期後１年以内の借入金に係る支払利息
		短期償還社債利息		決算期後１年以内に償還することとなつた社債に係る支払利息
		長期支払手形利息		期限が決算期後１年を超える手形に係る支払利息
		社債利息		社債（決算期後１年以内に償還することとなつたものを除く。）に係る支払利息
		長期借入金利息		履行期が決算期後１年を超える借入金に係る支払利息
		財団抵当借入金利息		財団抵当借入金（決算期後１年以内に償還することとなつたものを除く。）に係る支払利息
		……………		その他の金融費用
	流動資産売却損			貯蔵品、有価証券その他の流動資産の売却差損
	その他費用			金融費用及び流動資産売却損以外の営業外費用
		貸倒償却		債権の貸倒額及び貸倒引当金に計上した金額
		雑支出		他の科目に属さない費用

特別損失

款	項	目	節	摘要
固定資産売却損				固定資産の売却損及び除却損
	固定資産売却損			固定資産の売却差損

款	項	目	節	摘要
	固定資産除却損			固定資産の除却差損及び除却費用
前期損益修正損				納税充当金の不足その他前期以前の損益の修正に係る損失
減損損失				固定資産の収益性が低下し、資産価値が帳価を下回つた場合、当該差額
その他特別損失				災害損失その他他の科目に属さない異常な損失

法人税等

款	項	目	節	摘要
法人税等				法人税、道府県民税及び市町村民税（都民税及び特別区民税を含む。）等の租税
法人税等調整額				税効果会計の適用により計上される法人税等の調整額

資産

款	項	目	節	摘要
流動資産				営業取引によつて生じた金銭債権（破産債権、更生債権その他これらに準ずる債権で決算期後1年以内に弁済を受けられないことが明らかなものを除く。）、決算期後1年以内に現金化又は費用化される資産及び時価の変動により利益を得る目的で保有される市場価格のある資産
	現金及び預金			現金、小切手、銀行預金等
	受取手形			手形（金融手形を除く。）に係る債権
	未収料金			自動車道事業営業収益の未収額
	未収入金			資産売却代の未収額その他未収収益及び未収料金以外の未収入金
	未収収益			未収地代、未収利息その他主として決算整理において収益として見越計上されるもの
	短期貸付金			金融手形及び履行期が決算期後1年以内の貸付金
	有価証券			市場価格のある株式（関係会社の株式を除く。）及び社債その他の債券並びに決算期後1年以内に現金化又は費用化される債券
	貯蔵品			事務用品、業務用品、修繕用品その他の貯蔵品
	前払金			貯蔵品購入代金の前払金その他前払費用以外の前払金
	前払費用			未経過利息、未経過保険料その他主として決算整理において繰り延べる費用
	その他流動資産			他の科目に属さない流動資産。ただし、金額の大きいものについては、当該資産の性質を示す適当な名称を付した科目をもつて整理する。

固定資産				流動資産及び繰延資産以外の資産
	有形固定資産			有形の固定資産
		自動車道構築物		自動車道の構築物
			舗装	表層、砂利道、路磐、路床土等
			土工	切土、盛土、川道付替、土留等
			橋梁（りょう）	橋げたが鉄骨造り、鉄筋コンクリート造り、合成構造等の橋梁（りょう）（跨道橋を含む。）
			トンネル	鉄筋コンクリート造り又はコンクリート造りのトンネル
			排水設備	暗渠、下水渠、排水溝等
			諸設備	防護設備、通信設備、踏切設備、信号設備、照明設備、換気設備、自動車道標識等
		建物		
		構築物		事務所、展望台、広告設備等の用に供する構築物
		機械装置		
		工具器具備品		
		土地		
		……………		その他の有形固定資産
		建設仮勘定		建設中又は製作中の有形固定資産
	無形固定資産			無形の固定資産
		のれん		会社計算規則第11条に規定するのれん
		……………		その他の無形固定資産
	投資その他の資産			流動資産以外の金銭債権、株式及び社債その他の債権、出資による持分並びに費用の前払で決算期後1年を超えた後に費用となるもの
		長期貸付金		履行期が決算期後1年を超える貸付金
		関係会社株式		関係会社の株式
		投資有価証券		関係会社株式以外の株式及び社債その他の債券
		関係会社出資金		関係会社への出資金
		その他出資金		関係会社出資金以外の出資金
		長期前払費用		費用の前払で決算期後1年を超えた後に費用となるもの
		繰延税金資産		

		破産債権等		営業取引によつて生じた金銭債権のうち破産債権、更生債権その他これらに準ずる債権で決算期後１年以内に弁済を受けられないことが明らかなもの
		……………		その他の投資その他の資産
繰延資産				会社計算規則の規定により資産の部に計上することができる金額

負　　債

款	項	目	節	摘　　要
流動負債				営業取引によつて生じた金銭債務及び履行期が決算期後１年以内の負債
	支払手形			手形（金融手形を除く。）に係る負債
	未払金			税金及び物品代の未払額その他未払費用以外の未払金
	未払費用			未払賃借料、未払利息その他主として決算整理において費用として見越計上されるもの
	納税充当金			法人税、都道府県民税及び市町村民税（都民税及び特別区民税を含む。）等の租税に対する充当額
	短期償還社債			決算期後１年以内に償還することとなつた社債の額面額
	短期借入金			金融手形及び履行期が決算期後１年以内の借入金（財団抵当借入金を含む。）
	預り金			預り保証金、所得税の源泉徴収額その他の預り金
	前受金			前受収益以外の前受金
	前受収益			前受利息、前受賃貸料その他主として決算整理において繰り延べる収益
	資産除去債務			資産除去債務のうち、決算期後１年以内に履行されると認められるもの
	その他流動負債			他の科目に属さない流動負債。ただし、金額の大きいもの及び引当金については、当該負債の性質を示す適当な名称を付した科目をもつて整理する。
固定負債				流動負債以外の負債
	長期支払手形			期限が決算期後１年を超える手形に係る債務
	社債			社債（決算期後１年以内に償還することとなつたものを除く。）の額面額
	長期借入金			履行期が決算期後１年を超える借入金
	財団抵当借入金			財団抵当に係る借入金（決算期後１年以内に償還することとなつたものを除く。）
	繰延税金負債			
	のれん			会社計算規則第11条に規定するのれん
	退職給付引当金			退職金に対する引当累計額

	資産除去債務			流動負債の部に整理された資産除去債務以外の資産除去債務
	その他固定負債			他の科目に属さない固定負債。ただし、金額の大きいもの及び引当金については、当該負債の性質を示す適当な名称を付した科目をもつて整理する。

純　資　産

Ⅰ　株主資本

款	項	目	節	摘　要
資本金				会社法（平成17年法律第86号）第445条に規定する資本金
新株式申込証拠金				申込期日経過後における新株式申込証拠金
資本剰余金				資本準備金及びその他資本剰余金
	資本準備金			会社法第445条に規定する資本準備金
	その他資本剰余金			資本金及び資本準備金減少差益、自己株式処分差益等
利益剰余金				利益準備金及びその他利益剰余金
	利益準備金			会社法第445条に規定する利益準備金
	その他利益剰余金			利益準備金以外の利益剰余金
		（何）積立金		定款の規定又は株主総会の決議に基づき積み立てた利益の額
		繰越利益剰余金		その他のその他利益剰余金
自己株式				会社法第156条の規定により買い受けた自己の株式
自己株式申込証拠金				申込期日経過後における申込証拠金

Ⅱ　評価・換算差額等

款	項	目	節	摘　要
その他有価証券評価差額金				純資産の部に計上されるその他有価証券の評価差額
繰延ヘッジ損益				ヘッジ対象に係る損益が認識されるまで繰り延べられるヘッジ手段に係る損益又は時価評価差額
土地再評価差額金				土地の再評価に関する法律（平成10年法律第34号）第７条第２項に規定する再評価差額金

Ⅲ　新株予約権

款	項	目	節	摘　要
新株予約権				会社法第２条第21号に規定する新株予約権

備考

1　自動車道事業者が他の事業を営む場合において、これらの事業に関連する収益及び費用は、これを適正な基準により各事業に配分して計上すること。

2　自動車道事業者が他の事業を営む場合において、これらの事業に関連する資本的支出は、これを適正な基準により各事業に配分して計上すること。

3　「関係会社」とは、会社計算規則第2条第3項第22号の関係会社をいう。

4　関係会社に対する金銭債権又は金銭債務は、他の金銭債権又は金銭債務と区分できるよう整理すること。ただし、証券取引法（昭和23年法律第25号）第24条第1項の規定による有価証券報告書を内閣総理大臣に提出しなければならない大会社（以下「有報提出大会社」という。）については、関係会社に対する金銭債権又は金銭債務を、その金銭債権若しくは金銭債務が属する科目ごとに又は2以上の科目について一括して整理することができる。

5　取締役、執行役又は監査役との間の取引による取締役、執行役及び監査役に対する金銭債権又は金銭債務は、他の金銭債権又は金銭債務と区分できるよう整理すること。

6　当該事業年度の事業税として支払うべき額を納税充当金に計上する場合には、その額を法人税等又は租税公課に計上することとし、前事業年度の事業税を当該事業年度の費用として支出した場合には、その支出額を租税公課に計上すること。ただし、税効果会計を適用する場合には、利益に関連する金額を課税標準として課される事業税の額を法人税等に計上すること。

7　流動資産のうち、営業取引によつて生じた金銭債権以外の金銭債権で当初の履行期が1年を超えるもの又は超えると認められたもの、決算期後1年以内に償還期限の到来する債券で当初の償還期限が1年を超えるもの（市場価格があるもので時価の変動により利益を得る目的で保有するものを除く。）及び費用の前払で当初1年を超えた後に費用となるものとして支出されたものは、投資その他の資産に計上することができる。

8　会社計算規則第6条第2項第1号に規定する引当金は、負債の部に別に引当金の款を設けて計上することができる。この場合においては、その計上の目的を示す適当な名称を付して整理すること。

別表第二（第四条関係）

財　務　諸　表

第１号様式

損　益　計　算　書

年　月　日から　年　月　日まで

事業者名

科		目	収益	費用	損益
経常損益	営業損益	自動車道事業	千円	千円	千円
		事業			
		事業			
		事業			
		計			
	営業外損益	金融損益			
		流動資産売却損益			
		その他損益			
		計			
	合計				
特別損益	固定資産売却損益				
	前期損益修正損益				
	減損損失				
	負ののれん発生益				
	その他特別損益				
	合計				
税引前当期純利益（税引前当期純損失）					
法人税等					
法人税等調整額					
当期純利益（当期純損失）					

第２号様式

貸　借　対　照　表

年　月　日

事業者名

資　産　の　部

科　　目	款	項	目
	千円	千円	千円
(款) 流　動　資　産			
(項) 現金及び預金			
受　取　手　形			
未　収　料　金			
未　収　入　金			
未　収　収　益			
短期貸付金			
有　価　証　券			
貯　蔵　品			
前　払　金			
前　払　費　用			
その他流動資産			
(款) 固　定　資　産			
(項) 有形固定資産			
(目) 自動車道構築物			
建　　物			
構　築　物			
機　械　装　置			
工具器具備品			
土　　地			

建設仮勘定			
無形固定資産			
のれん			
投資その他の資産			
長期貸付金			
関係会社株式			
投資有価証券			
関係会社出資金			
その他出資金			
長期前払費用			
繰延税金資産			
破産債権等			
(款)繰延資産			
資産の部合計			

負　債　の　部

科　　　目	款	項	目
(款) 流　動　負　債	千円	千円	千円
(項) 支　払　手　形			
未　払　金			
未　払　費　用			
納税充当金			
短期償還社債			
短期借入金			
預　り　金			
前　受　金			
前　受　収　益			
資産除去債務			
その他流動負債			
(款) 固　定　負　債			
(項) 長期支払手形			
社　債			
長期借入金			
財団抵当借入金			
繰延税金負債			
の　れ　ん			
退職給付引当金			
資産除去債務			
その他固定負債			
負　債　の　部　合　計			

純　資　産　の　部

Ⅰ　株主資産

科　　目	款	項	目
	千円	千円	千円
（款）資本金			
（款）新株申込証拠金			
（款）資本剰余金			
（項）資本準備金			
その他資本剰余金			
（款）利益剰余金			
（項）利益準備金			
その他利益剰余金			
（何）積立金			
繰越利益剰余金			
（款）自己株式			
（款）自己株式申込証拠金			

Ⅱ　評価・換算差額等

科　　目	款	項	目
（款）その他有価証券評価差額金	千円	千円	千円
（款）繰延ヘッジ損金			
（款）土地再評価差額金			

Ⅲ　新株予約権

科　　目	款	項	目
（款）新株予約権	千円	千円	千円

負債の部及び純資産の部合計

科　　目	款	項	目
純資産の部合計	千円		
負債の部及び純資産の部の合計			

備考

1　各資産に係る引当金は、２の規定による場合のほか、当該各資産の項目に対する控除項目として、貸倒引当金その他当該引当金の設定目的を示す名称を付した項目をもつて表示しなければならない。ただし、流動資産、有形固定資産、無形固定資産、投資その他の資産又は繰延資産の区分に応じ、これらの資産に対する控除項目として一括して表示することを妨げない。

2　各資産に係る引当金は、当該各資産の金額から直接控除し、その控除残高を当該各資産の金額として表示することができる。

3　各有形固定資産に対する減価償却累計額は、４の規定による場合のほか、当該各有形固定資産の項目に対する控除項目として、減価償却累計額の項目をもつて表示しなければならない。ただし、これらの有形固定資産に対する控除項目として一括して表示することを妨げない。

4　各有形固定資産に対する減価償却累計額は、当該各有形固定資産の金額から直接控除し、その控除残高を当該各有形固定資産の金額として表示することができる。

5　各有形固定資産に対する減損損失累計額は、６及び７の規定による場合のほか、当該有形固定資産の金額（４の規定により有形固定資産に対する減価償却累計額を当該有形固定資産の金額から直接控除しているときは、その控除後の金額）から直接控除し、その控除残高を当該各有形固定資産の金額として表示しなければならない。

6　減価償却を行う各有形固定資産に対する減損損失累計額は、当該各固定資産の項目に対する控除項目として、減損損失累計額の項目をもつて表示することができる。ただし、これらの有形固定資産に対する控除項目として一括して表示することを妨げない。

7　３及び６の規定により減価償却累計額及び減損損失累計額を控除項目として表示する場合には、減損損失累計額を減価償却累計額に合算して、減価償却累計額の項目をもつて表示することができる。

8　各無形固定資産に対する減価償却累計額及び減損損失累計額は、当該各無形固定資産の金額から直接控除し、その控除残高を当該各無形固定資産の金額として表示しなければならない。

9　会社計算規則第６条第２項第１号に規定する引当金は、負債の部に別に引当金の款を設けて計上することができる。この場合においては、その計上の目的を示す適当な名称を付して整理すること。

10　投資その他の資産の部に記載すべき繰延税金資産と固定負債の部に記載すべき繰延税金負債とがある場合には、その差額を繰延税金資産又は繰延税金負債として記載しなければならない。

11　自己株式は控除する形式で記載すること。

12　自己新株予約権は、新株予約権に対する控除項目として表示することができる。

13　自動車運送事業を兼営する場合には、自動車運送事業に係る運賃の未収額は、未収運賃の科目をもつて掲記すること。

14　鉄道事業又は軌道業を兼営する場合には、これら事業に係る運賃の未収額は、未収鉄道運賃の科目をもつて掲記すること。

第３号様式

株主資本等変動計算書

年　月　日

事業者名

	株主資本										評価・換算差額等				新株予約権	純資産合計
	資本金	資本剰余金			利益剰余金				自己株式	株主資本合計	その他有価証券評価差額金	繰延ヘッジ損益	土地再評価差額金	評価・換算差額等合計		
		資本準備金	その他資本剰余金	資本剰余金合計	利益準備金	その他利益剰余金		利益剰余金合計								
						(何)積立金	繰越利益剰余金									
当期首残高																
当期変動額																
新株の発行																
剰余金の配当																
当期純利益																
自己株式の処分																
株主資本以外の項目の当期変動額（純額）																
当期変動額合計																
当期末残高																

備考

1　その他利益剰余金については、その内訳科目の当期首残高、当期変動額及び当期末残高の各金額を注記により開示することができる。この場合、その他利益剰余金の当期首残高、当期変動額及び当期末残高の各合計額を株主資本等変動計算書に記載する。

2　評価・換算差額等については、その内訳科目の当期首残高、当期変動額及び当期末残高の各金額を注記により開示することができる。この場合、評価・換算差額等の当期首残高、当期変動額及び当期末残高の各合計額を株主資本等変動計算書に記載する。

3　各合計欄の記載は省略することができる。

4　当期首残高については、会社計算規則第２条第３項第59号に規定する遡及適用又は同項第64号に規定する誤謬の訂正をした場合には、当期首残高及びこれに対する影響額を記載する。

5　株主資本の各項目の変動事由及びその金額の記載は、概ね貸借対照表における記載の順序による。

6　株主資本以外の各項目は、当期変動額を純額で記載することに代えて、変動事由ごとにその金額を株主資本等変動計算書又は注記により表示することができる。また、変動事由ごとにその金額を株主資本等変動計算書に記載する場合には、概ね株主資本の各項目に関係する変動事由の次に記載する。

7　新株式申込証拠金については資本金の次に、自己株式申込証拠金については自己株式の次に別の区分を設けて記載しなければならない。

第３号の２様式

注　記　表

年　月　日から　年　月　日まで

一　継続企業の前提に関する注記
二　重要な会計方針に係る事項に関する注記
三　会計方針の変更に関する注記
四　表示方法の変更に関する注記
五　会計上の見積りの変更に関する注記
六　誤謬の訂正に関する注記
七　貸借対照表に関する注記
八　損益計算書に関する注記
九　株主資本等変動計算書に関する注記
十　税効果会計に関する注記
十一　リースにより使用する固定資産に関する注記
十二　金融商品に関する注記
十三　賃貸等不動産に関する注記
十四　持分法損益等に関する注記
十五　関連当事者との取引に関する注記
十六　一株当たり情報に関する注記
十七　重要な後発事象に関する注記
十八　連結配当規制適用会社に関する注記
十九　収益認識に関する注記
二十　その他の注記

備考

1　会計監査人設置会社以外の株式会社（公開会社を除く。）にあつては一、五、七、八及び十から十八までに掲げる項目を、会計監査人設置会社以外の公開会社にあつては一、五、十四及び十八に掲げる項目を、会計監査人設置会社であつて、会社法第444条第３項に規定するもの以外の株式会社にあつては十四に掲げる項目を表示することを要しない。

2　会社計算規則（平成十八年法務省令第十三号）第99条から第116条までに定める規定に従い記載すること。

第４号様式

自動車道事業営業収益明細表

年　月　日から　年　月　日まで

科目	金額
料金収入	千円
雑収入	
合計	

第５号様式

自動車道事業営業費明細表

年　月　日から　年　月　日まで

区分					金額
自動車道費	固定資産諸経費	人件費			千円
		修繕費	自動車道修繕費	材料費	
				外注工事費	
				その他	
				計	
			その他修繕費	建物構築物修繕費	
				機械装置修繕費	
				工具器具備品修繕費	
				その他	
				計	
			合計		
		減価償却費		自動車道減価償却費	
				その他減価償却費	
				合計	
		施設損害保険料		建物	
				構築物	
				その他	
				合計	
		施設使用料		借地料	
				借家料	
				その他	
				合計	
		施設賦課税		固定資産税	
				その他	
				合計	
		固定資産諸経費合計			

	業務費	人件費	
	業務費	経費	
	業務費	業務費合計	
	自動車道費合計		
一般管理費	人件費		
一般管理費	経費	修繕費	
一般管理費	経費	施設損害保険料	
一般管理費	経費	施設使用料	
一般管理費	経費	固定資産償却費	
一般管理費	経費	租税公課	
一般管理費	経費	その他	
一般管理費	経費	合計	
一般管理費	一般管理費合計		
営業費合計			

第6号様式

営業外損益明細表

年　月　日から　年　月　日まで

(営業外収益)

科目		金額
金融収益	預貯金利息	千円
	受取手形利息	
	受取割引料	
	短期貸付金利息	
	運用有価証券利息	
	長期貸付金利息	
	投資有価証券利息	
	計	
流動資産売却益		
その他収益	不用品売却代	
	雑収入	
	計	
営業外収益合計		

（営業外費用）

科目		金額
金融費用	支払手形利息	千円
	支払割引料	
	短期借入金利息	
	短期償還社債利息	
	長期支払手形利息	
	社債利息	
	長期借入金利息	
	財団抵当借入金利息	
	計	
流動資産売却損		
その他の費用	貸倒償却	
	雑支出	
	計	
営業外費用合計		

第7号様式

自動車道事業人件費明細表

年　月　日から　年　月　日まで

区分			金額又は人員
自動車道費	修繕費	給料	千円
		手当	
		賞与	
		退職金	
		法定福利費	
		厚生福利費	
		臨時傭員費	
		その他人件費	
		計	
		支給延人員	人
	業務費	給料	千円
		手当	
		賞与	
		退職金	
		法定福利費	
		厚生福利費	
		その他人件費	
		計	
		支給延人員	人
一般管理	役員報酬		千円
	給料		
	手当		
	賞与		
	退職金		
	法定福利費		

費	厚生福利費		
	その他人件費		
	合計		
	支給延人員		人
総計		金額	千円
		支給延人員	人

備考　支給延人員欄には、給料支払の対象となつた月別支給人員（日雇労務者にあつては、25人日を１人として換算）の当該事業年度における合計人員を記載すること。

第８号様式

固　定　資　産　明　細　表

資産の種類				取得価額	期首残高	当期				期末残高	減価償却の方法		摘要
						増加額	減少額	税法償却範囲額	減価償却額		定率法	定額法	
自動車道事業	有形固定資産	自動車道構築物	舗装	千円	千円	千円	千円	千円	千円	千円			
			土工										
			橋梁										
			トンネル										
			排水設備										
			諸設備										
		建物											
		構築物											
		機械装置											
		工具器具備品											
		土地											
		建設仮勘定											
		計											
	無形固定資産												
	投資その他の資産												
	合計												
その他事業	有形固定資産	車両											
		建物											
		構築物											
		機械装置											
		工具器具備品											
		土地											
		建設仮勘定											

	計										
業	無形固定資産										
	投資その他の資産										
	合　計										
固定資産合計											

備考

1　採用した減価償却の方法を該当欄に○印を付することによつて示すこと。

2　合併、事業の譲渡、贈与、災害による廃棄、滅失等の特殊な事由で増加若しくは減少があつた場合又は同一の種類のものについて資産の総額の100分の1を超える額の増加若しくは減少があつた場合（建設仮勘定の減少のうち各資産科目への振替による場合を除く。）は、その事由及び金額を摘要欄に記載すること。

第９号様式

各事業に関連する収益及び費用並びに固定資産の配分に関する明細表

関連科目		配分基準	配分率	
			自動車道事業	その他事業
収益			%	%
費用				
固定資産				

第10号様式

借入金明細表

借入先	期首残高	当期借入額	当期返済額	期末残高
株式会社日本政策投資銀行	千円	千円	千円	千円
株式会社日本政策金融公庫				
株式会社商工組合中央金庫				
独立行政法人住宅金融支援機構				
市中銀行				
関係会社				
その他				
合計				

第11号様式

関係会社に対する債権の明細表

関係会社名	期首残高	当期		期末残高	摘要
		増加額	減少額		
	千円	千円	千円	千円	
計					

備考

当期増加額及び当期減少額のうち重要なものについては、その理由及び金額を摘要欄に記載すること。

第12号様式

関係会社の株式及び持分の明細表

（株式）

銘　柄	期首残高			当期増加額		当期減少額		期末残高			摘　要
	株式数	取得価額	貸借対照表計上額	株式数	金額	株式数	金額	株式数	取得価額	貸借対照表計上額	
		千円	千円		千円		千円		千円	千円	
計											

備考

1　摘要欄には、取得価額及び貸借対照表計上額について、その算定の基準としたたな卸方法及び評価基準を記載すること。

2　当期増加額及び当期減少額のうち重要なものについては、その理由及び金額を摘要欄に記載すること。

（持分）

関係会社名	一口の金額	期首残高		当期増加額		当期減少額		期末残高		摘　要
		口数	金額	口数	金額	口数	金額	口数	金額	
	円		千円		千円		千円		千円	
計										

備考

当期増加額及び当期減少額のうち重要なものについては、その理由及び金額を摘要欄に記載すること。

第13号様式

資産に設定されている担保権の明細表

資　　産	担保権の種類及び順位	担保権者	被担保債権の額	債務の弁済期日	借入金等の利率	借入金等の使途	その他担保権の概要
			千円				
計							

備考

自動車道事業に係る資産については、その旨を注記すること。

第14号様式

引　当　金　明　細　表

区　　分	期首残高	当　期増加額	当期減少額		期末残高	摘　　要
			目的使用	その他		
	千円	千円	千円	千円	千円	

備考

1　減価償却引当金以外の引当金について各引当金の科目の区別により記載すること。

2　当期減少額欄のうち

(1)　目的使用欄には、当該引当金の設定目的である支出又は事実の発生があつたことによる取崩額を記載すること。

(2)　その他欄には、目的使用以外の理由による減少額を記載し、減少の理由を注記すること。

3　摘要欄には、各引当金について計上の理由、計算の基礎その他の設定の根拠を記載すること。ただし、貸借対照表に注記したものを除く。

第15号様式

取締役、会計参与、監査役又は関係会社との取引明細表

取引の相手方		取引の種類	取引額	その他取引の概要
取締役、会計参与、監査役又は関係会社の区分	氏名又は名称			
			千円	
計				

備考

会社法（平成17年法律第86号）第２条第12号に規定する指名委員会等設置会社にあつては、「監査役」を「執行役」とすること。

第16号様式

取締役、会計参与及び監査役に支払つた報酬額の明細表

区分		役員報酬		賞与		退職金	
		人数	金額	人数	金額	人数	金額
取締役	常勤	人	千円	人	千円	人	千円
	非常勤						
会計参与	常勤						
	非常勤						
監査役	常勤						
	非常勤						
計							

備考

会社法（平成17年法律第86号）第２条第12号に規定する指名委員会等設置会社にあつては、「監査役」を「執行役」とすること。

○道路管理者の意見聴取に関する省令

（昭和二十六年八月二十二日 運輸省 建設省 令第一号）

沿革 昭五三運・建令三、昭五九運・建令一、昭六〇運・建令一、平二運・建令一、平七運・建令三、平一二運・建令一八、平一三国交令一〇五、平一四国交令七九、平一七国交令六六改正

（道路管理者への通知）

第一条 地方運輸局長は、路線を定める旅客自動車運送事業につき道路運送法施行規則（昭和二十六年運輸省令第七十五号。以下「規則」という。）第四条に基づく許可申請書又は第十四条に基づく認可申請書（路線の新設に係る事業計画の変更又は自動車の大きさ若しくは重量の増加を伴う事業計画の変更であつて、国土交通大臣又は地方運輸局長の権限に属する事項に関するものに限る。）を受け付けたときは、遅滞なく、当該事案に係る道路（道路法（昭和二十七年法律第百八十号）による道路をいう。以下同じ。）の道路管理者に対し、許可申請書又は認可申請書の写しを添え、当該事案に関する道路管理上の意見を提出すべき旨の通知をしなければならない。

2 前項の通知には、道路管理上の意見を提出すべき期限を附することができる。但し、その期限は、道路管理者の同意がなければ十四日以内とすることができない。

3 前二項の規定は、運輸監理部長又は運輸支局長が路線を定める旅客自動車運送事業につき規則第十四条に基づく認可申請書（自動車の大きさ又は重量の増加を伴う事業計画の変更であつて、運輸監理部長又は運輸支局長の権限に属する事項に関するものに限る。）を受け付けた場合に準用する。

（道路管理者の意見提出）

第二条 道路管理者は、前条第一項の規定による通知を受けたときは、遅滞なく、地方運輸局長に対し、左の各号に掲げる事項に関する道路管理上の意見書を提出しなければならない。

一 左に掲げる事項の現況

イ 幅員

ロ 建築限界

ハ こうばい

ニ 曲線

ホ 見とおし距離

ヘ 路面

ト 橋りようその他の構造物の強度

チ 防護さく、踏切施設その他の安全設備

リ 待避所及び停留所の位置

二 前号に掲げる事項の現況から見た当該自動車の運行の適否

三 道路法の規定により、第一号に掲げる事項について当該自動車の運行のために道路管理者及び当該申請者においてなすべき必要な措置があるときは、その措置及び措置に要する予定期間

2 地方運輸局長が、前条第二項の規定により附した期限までに前項の意見の提出を受けないときは、当該自動車の運行に支障がない旨の道路管理者の意見の提出を受けたものとみなす。

3 前二項の規定は、運輸監理部長又は運輸支局長が前条第三項の規定により、道路管理者に対し、道路管理上の意見を提出すべき旨の通知をした場合に準用する。

（道路管理者の意見提出の特例）

第三条 第一条第一項又は第三項に規定する許可申請書又は認可申請書（以下「許可申請書等」という。）を提出する者が地方公共団体であつて、当該地方公共団体又はその長が当該許可申請書等に係る事案に係る道路の道路管理者である場合においては、当該地方公共団体又はその長である道路管理者は、地方運輸局長（第一条第三項に規定する認可申請書を提出する場合にあつては、運輸監理部長又は運輸支局長）に対し、当該許可申請書等に添付して、当該許可申請書等に係る事案に係る前条第一項各号に掲げる事項に関する道路管理上の意見書を提出することができる。

2 前項の規定により意見を提出した道路管理者については、前二条の規定は、適用しない。

（上級庁への進達）

第四条 地方運輸局長は、国土交通大臣の権限に属する事案に関し、道路管理者の意見の提出を受けたとき又は第一条第二項の規定により附した期限までに道路管理者の意見の提出を受けなかつたときは、遅滞なく、国土交通大臣に進達しなければならない。

（道路管理者の意見を聴く必要がない場合）

第五条 道路運送法（昭和二十六年法律第百八十三号。以下「法」という。）第九十一条ただし書の国土交通省令で定める場合は、次の各号のいずれかに該当する場合とする。

一 法第四条第一項又は第十五条第一項の規定による処分により運行することとなる事業用自動車の大きさ又は重量が、当該処分に係る路線と路線を共通にする他の旅客自動車運送事業者の当該共通にする路線の部分において運行する事業用自動車の大きさ又は重量を超えない場合（当該共通にする路線の部分に限る。）

二 法第四条第一項又は第十五条第一項の規定による処分に係る路線が、高速自動車国道（高速自動車国道法（昭和三十二年法律第七十九号）第四条第一項に規定する高速自動車国道をいう。以下同じ。）又は自動車専用道路（道路法第四十八条の四に規定する自動車専用道路をいう。以下同じ。）に係る路線の部分を含み、かつ、当該路線の部分に停留所が存しない場合又は当該路線の部分の停留所のすべてを廃止する場合において、当該処分により運行することとなる事業用自動車の大きさ又は重量が、車両制限令（昭和三十六年政令第二百六十五号）第三条第一項又は第三項に規定する最高限度を超えないとき（当該高速自動車国道又は自動車専用道路に係る路線の部分に限る。）

三 法第十五条第一項の規定による処分に係る路線が、高速自動車国道又は自動車専用道路に係る路線の部分を含み、かつ、当該路線の部分において停留所の新設又は位置の変更が行われない場合（当該路線の部分に停留所が存しない場合及び当該路線の部分の停留所のすべてを廃止する場合を除く。）において、当該処分により運行することとなる事業用自動車の大きさ又は重量が、車両制限令第三条第一

項に規定する最高限度を超えないとき（当該高速自動車国道又は自動車専用道路に係る路線の部分に限る。）

（処分後の道路管理者への通知）

第六条 国土交通大臣又は地方運輸局長は、第二条第一項若しくは第二項又は第三条第一項の規定により道路管理者の意見の提出を受けた事案又は道路管理者の意見の提出を受けたものとみなされた事案について処分したときは、遅滞なく、その旨を道路管理者に通知しなければならない。

（道路管理者との連絡）

第七条 地方運輸局長は、第二条第一項若しくは第二項又は第三条第一項の規定により道路管理者の意見の提出を受けた事案又は道路管理者の意見の提出を受けたものとみなされた事案について自動車の運行を開始せしめる場合には、道路管理者と密接な連絡をし、その運行の安全を期さなければならない。

（準用規定）

第八条 前二条の規定は、運輸監理部長又は運輸支局長が、第二条第三項又は第三条第一項の規定により道路管理者の意見の提出を受けた事案又は道路管理者の意見の提出を受けたものとみなされた事案について処分した場合に準用する。

附　則

この省令は、公布の日から施行し、昭和二十六年七月一日から適用する。

附　則（昭五三・一一・三〇運・建令三）

この省令は、公布の日から施行する。

附　則（昭五九・六・二二運・建令一）

この省令は、昭和五十九年七月一日から施行する。

附　則（昭六〇・二・五運・建令一）

この省令は、道路運送法等の一部を改正する法律の施行の日（昭和六十年四月一日）から施行する。

附　則（平二・一一・二九運・建令一）

この省令は、貨物運送取扱事業法及び貨物自動車運送事業法の施行の日（平成二年十二月一日）から施行する。

附　則（平七・五・八運・建令三）

この省令は、公布の日から施行する。

附　則（平一二・一二・二八運・建令一八）

この省令は、平成十三年一月六日から施行する。

附　則（平一三・七・一一国交令一〇五抄）

（施行期日）

第一条 この省令は、道路運送法及びタクシー業務適正化臨時措置法の一部を改正する法律〔平成一二年五月法律第八六号〕の施行の日（平成十四年二月一日）から施行する。

附　則（平一四・六・二八国交令七九抄）

（施行期日）

第一条 この省令は、平成十四年七月一日から施行する。

附　則（平一七・六・一国交令六六）

この省令は、法〔日本道路公団等民営化関係法施行法＝平成一六年六月法律第一〇二号〕の施行の日（平成十七年十月一日）から施行する。（後略）

○旅客自動車運送事業等報告規則

（昭和三十九年三月三十一日）
（運輸省令第二十一号）

沿革　昭三九運令七九、昭四〇運令八、昭四二運令六〇、昭四三運令五、昭四六運令二・二七・六四、昭四八運令八、昭四九運令一〇、昭五〇運令一、昭五三運令五四、昭五七運令四、昭五九運令一八、昭六〇運令五・一八・二二・四〇、昭六二運令二七、平元運令六、平二運令三一、平六運令一〇・一二、平八運令一〇、平九運令四七・八一、平一一運令五一、平一二運令一一・三九、平一三国交令一〇五、平一四国交令七九・一〇三、平一五国交令六五、平一八国交令五八・八六、平二〇国交令三九、平二六国交令七、平二七国交令六・二一・三八、平二八国交令七八、令元国交令一二・二〇、令二国交令九三改正

（趣旨）

第一条　旅客自動車運送事業者、自家用有償旅客運送者その他自動車を所有し、若しくは使用する者又はこれらの者の組織する団体の事業又は自動車の所有若しくは使用に関する報告については、別に定めるものを除き、この省令の定めるところによる。

（事業報告書及び輸送実績報告書）

第二条　旅客自動車運送事業者は、次の表の第一欄に掲げる事業者の区分に応じ、同表の第二欄に掲げる国土交通大臣又は当該事業者が経営する旅客自動車運送事業に係る路線若しくは営業区域が存する区域を管轄する地方運輸局長（以下「管轄地方運輸局長」という。）、運輸監理部長（以下「管轄運輸監理部長」という。）若しくは運輸支局長（以下「管轄運輸支局長」という。）に、同表の第三欄に掲げる報告書を、同表の第四欄に掲げる時期にそれぞれ一通提出しなければならない。

2　前項の事業報告書は、次に掲げるとおりとする。ただし、個人タクシー事業者にあつては第三号ロに掲げるものを除き、一般貸切旅客自動車運送事業者にあつては同号ハに掲げるものを除くものとする。

一　路線定期運行又は路線不定期運行を行う一般乗合旅客自動車運送事業者	国土交通大臣及び管轄地方運輸局長	毎事業年度に係る事業報告書	毎事業年度の経過後百日以内
	国土交通大臣	第二号様式第一表及び第二表による輸送実績報告書	毎年五月三十一日まで
	管轄地方運輸局長及び管轄運輸監理部長又は管轄運輸支局長	第二号様式第一表及び第二表（その管轄区域に存する運行系統の部分に限る。）による輸送実績報告書	毎年五月三十一日まで
二　区域運行を行う一般乗合旅客自動車運送事業者	国土交通大臣及び管轄地方運輸局長	毎事業年度に係る事業報告書	毎事業年度の経過後百日以内
	国土交通大臣	第二号様式第三表及び第四表による輸送実績報告書	毎年五月三十一日まで
	管轄地方運輸局長及び管轄運輸監理部長又は管轄運輸支局長	第二号様式第三表及び第四表（その管轄区域に存する営業区域の部分に限る。）による輸送実績報告書	毎年五月三十一日まで
三　一般貸切旅客自動車運送事業者	管轄地方運輸局長	毎事業年度に係る事業報告書	毎事業年度の経過後百日以内
	管轄地方運輸局長及び管轄運輸監理部長又は管轄運輸支局長	第三号様式による輸送実績報告書	毎年五月三十一日まで
四　一般乗用旅客自動車運送事業者（個人タクシー事業者及び道路運送法（昭和二十六年	管轄地方運輸局長	毎事業年度に係る事業報告書	毎事業年度の経過後百日以内
	管轄地方運輸局長及び管轄運輸監理部長	第四号様式第一表による輸送実績報告書	毎年五月三十一日まで

法律第百八十三号）第八十六条第一項の規定により業務の範囲を限定する条件を付された一般乗用旅客自動車運送事業者であつて、地方運輸局長が定めるものを除く。）	又は管轄運輸支局長		
五　一般乗用旅客自動車運送事業者（個人タクシー事業者に限る。）	管轄地方運輸局長	毎事業年度に係る事業報告書	毎事業年度の経過後百日以内
	管轄地方運輸局長及び管轄運輸監理部長又は管轄運輸支局長	第四号様式第二表による輸送実績報告書	毎年五月三十一日まで
六　一般乗用旅客自動車運送事業者（道路運送法第八十六条第一項の規定により業務の範囲を限定する条件を付された一般乗用旅客自動車運送事業者であつて、地方運輸局長が定めるものに限る。）	管轄地方運輸局長及び管轄運輸監理部長又は管轄運輸支局長	第四号様式第三表による輸送実績報告書	毎年五月三十一日まで
七　特定旅客自動車運送事業者	管轄地方運輸局長及び管轄運輸監理部長又は管轄運輸支局長	第五号様式による輸送実績報告書	毎年五月三十一日まで

一　事業概況報告書（第一号様式第一表）
二　損益計算書及び貸借対照表
三　次に掲げる財務計算に関する明細表
イ　一般旅客自動車運送事業損益明細表（第一号様式第二表）
ロ　一般旅客自動車運送事業人件費明細表（第一号様式第三表）
ハ　固定資産明細表（第一号様式第四表）

3　第一項の輸送実績報告書は、前年四月一日から三月三十一日までの期間に係るものとする。

4　路線定期運行又は路線不定期運行を行う一般乗合旅客自動車運送事業者は、管轄地方運輸局長及び管轄運輸監理部長又は管轄運輸支局長に第一項の輸送実績報告書を提出するときは、運行系統図（運行系統の番号、起点、終点及び主な経過地を明示し、かつ、運行系統を色分けして記載したもの）を添付しなければならない。ただし、前年四月一日から三月三十一日までの間に運行系統の新設、変更又は廃止を行わなかつたときは、この限りでない。

（自家用有償旅客運送の輸送実績報告書）

第二条の二　自家用有償旅客運送者は、自家用有償旅客運送に係る路線又は運送の区域が存する区域を管轄する運輸監理部長又は運輸支局長（当該区域が主として指定都道府県等（道路運送法施行令（昭和二十六年政令第二百五十号）第四条第一項の指定都道府県等をいう。以下同じ。）の区域内にある場合にあつては、当該指定都道府県等の長）に、自家用有償旅客運送の種別ごとに第六号様式による輸送実績報告書を、毎年五月三十一日までに一通提出しなければならない。

2　前項の輸送実績報告書は、前年四月一日から三月三十一日までの期間に係るものとする。

（臨時の報告）

第三条　旅客自動車運送事業者その他自動車を所有し、若しくは使用する者又はこれらの者の組織する団体は、前二条に定める報告書のほか、国土交通大臣、地方運輸局長、運輸監理部長又は運輸支局長（主として指定都道府県等の区域内において自家用有償旅客運送を行う者の場合にあつては、当該指定都道府県等の長。以下この条において同じ。）から、その事業又は自動車の所有若しくは使用に関し、報告を求められたときは、報告書の提出その他の方法により報告をしなければならない。

2 国土交通大臣、地方運輸局長、運輸監理部長又は運輸支局長は、前項の報告を求めるときは、報告の方法及び期限その他必要な事項を明示するものとする。

（報告書の経由）

第四条 この省令の規定により国土交通大臣又は地方運輸局長に報告書を提出するときは、その住所の所在地を管轄する運輸監理部長又は運輸支局長を経由しなければならない。

附 則

1 この省令は、昭和三十九年四月一日から施行する。

2 昭和三十九年三月三十一日の属する事業年度に係る営業報告書のうち財務諸表の様式は、第二条第三項の規定にかかわらず、自動車運送事業会計規則（昭和二十六年運輸省令第六十四号。以下「旧会計規則」という。）別表に定める様式（第二部財務諸表に限る。）とする。ただし、この省令の施行の際現に旧会計規則第二条ただし書の許可を受けているときは、当該許可により定められた様式とする。

3 自家用自動車を使用する者は、昭和四十一年三月三十一日までの期間に係る輸送実績に関し、道路運送調査規則（昭和二十七年運輸省建設省令第一号）第七条の規定の例により、報告書を提出しなければならない。

附 則（昭四六・五・一七運令二七）

この省令は、公布の日から施行し、昭和四十六年四月一日以後に開始する事業年度に係る財務諸表及び営業概況報告書について適用する。

附 則（昭四六・一一・二七運令六四）

この省令は、昭和四十六年十二月一日から施行する。〔後略〕

附 則（昭四八・三・二六運令八抄）

1 この省令は、公布の日から施行する。

附 則（昭四九・三・三〇運令一〇）

1 この省令は、公布の日から施行し、〔中略〕第二条の規定による改正後の自動車運送事業等報告規則は提出すべき期限が昭和四十九年四月一日以降である報告書について適用する。

2 この省令の公布の日以前に開始する事業年度に係る営業概況報告書及び財務諸表の様式については、なお従前の例によることができる。

3 昭和四十八年四月一日から昭和四十九年三月三十一日までの一年間に係る輸送実績報告書の様式については、なお従前の例によることができる。

附 則（昭五〇・二・一九運令一抄）

1 この省令は、公布の日から施行し、昭和四十九年十月一日から適用する。

附 則（昭五三・一〇・三一運令五四抄）

（施行期日）

1 この省令は、公布の日から施行する。

附 則（昭五七・三・二四運令四抄）

（施行期日）

1 この省令は、〔中略〕昭和五十七年五月一日から施行する。

附 則（昭五九・六・二二運令一八抄）

（施行期日）

第一条 この省令は、昭和五十九年七月一日から施行する。

附 則（昭六〇・二・五運令五抄）

（施行期日）

1 この省令は、道路運送法等の一部を改正する法律の施行の日（昭和六十年四月一日）から施行する。

附 則（昭六〇・四・二五運令一八抄）

（施行期日）

1 この省令は、公布の日から施行する。〔後略〕

（適用）

2 第八条の規定による改正後の自動車運送事業等報告規則第二条第四項〔中略〕の規定は、昭和六十年四月一日以後に開始する事業年度に係る財務諸表について適用する。

附 則（昭六〇・六・一五運令二二抄）

（施行期日）

1 この省令は、公布の日から施行する。

附 則（昭六〇・一二・二四運令四〇抄）

（施行期日）

1 この省令は、公布の日から施行する。〔後略〕

附 則（昭六二・三・二六運令二七抄）

（施行期日）

1 この省令は、公布の日から施行する。

附 則（平元・三・一七運令六抄）

（施行期日）

1 この省令は、公布の日から施行する。

附 則（平二・一一・二九運令三一）

（施行期日）

1 この省令は、貨物運送取扱事業法及び貨物自動車運送事業法の施行の日（平成二年十二月一日）から施行する。

（一般貨物自動車運送事業者等の提出する報告書に関する経過措置）

2 この省令の施行の際現に貨物自動車運送事業法附則第十四条の規定による改正前の道路運送法（昭和二十六年法律第百八十三号）第三条第二項第四号及び第五号並びに第三項第二号に規定する事業について同法第四条第一項の免許又は同法第四十五条第一項の許可を受けている者の平成二年十一月三十日以前に開始する事業年度に係る第十条の規定による改正前の自動車運送事業等報告規則第二条第一項に規定する営業報告書及び平成二年度の輸送の実績に係る同令第三条第一項に規定する輸送実績報告書の提出については、なお従前の例による。

附 則（平六・三・二九運令一〇）

この省令は、平成六年四月一日から施行する。〔後略〕

附 則（平六・三・三〇運令一二抄）

1 この省令は、公布の日から施行する。〔後略〕

附 則（平八・二・二七運令一〇抄）

（施行期日）

第一条 この省令は、公布の日から施行する。

（旅客自動車運送事業等報告規則の一部改正に伴う経過措置）

第四条 平成七年四月一日から平成八年三月三十一日までの一年間に係る輸送実績報告書の様式については、なお従前の例によることができる。

附　則（平九・七・九運令四七）

この省令は、私的独占の禁止及び公正取引の確保に関する法律の適用除外制度の整理等に関する法律の施行の日（平成九年七月二十日）から施行する。

附　則（平九・一二・一五運令八一抄）

（施行期日）

1　この省令は、平成十年一月一日から施行する。

附　則（平一一・一二・二〇運令五一抄）

（施行期日）

第一条　この省令は、道路運送法の一部を改正する法律（平成十一年法律第四十八号。以下「改正法」という。）の施行の日（平成十二年二月一日）から施行する。

（旅客自動車運送事業等報告規則の一部改正に伴う経過措置）

第四条　この省令の施行前に開始する事業年度に係る第六条の規定による改正前の旅客自動車運送事業等報告規則第二条第一項に規定する営業報告書及び平成十一年四月一日から平成十二年三月三十一日までの一年間に係る同項に規定する輸送実績報告書の提出については、なお従前の例によることができる。

附　則（平一二・三・二四運令一一抄）

（施行期日）

第一条　この省令は、平成十二年四月一日から施行する。

附　則（平一二・一一・二九運令三九抄）

（施行期日）

第一条　この省令は、平成十三年一月六日から施行する。

附　則（平一三・七・一一国交令一〇五抄）

（施行期日）

第一条　この省令は、道路運送法及びタクシー業務適正化臨時措置法の一部を改正する法律〔平成一二年五月法律第八六号〕の施行の日（平成十四年二月一日）から施行する。

（旅客自動車運送事業等報告規則の一部改正に伴う経過措置）

第二条　この省令の施行前に開始する事業年度に係る第九条の規定による改正前の旅客自動車運送事業等報告規則第二条第一項に規定する営業報告書及び平成十三年四月一日から平成十四年三月三十一日までの一年間に係る同項に規定する輸送実績報告書の提出については、なお従前の例によることができる。

附　則（平一四・六・二八国交令七九）

（施行期日）

第一条　この省令は、平成十四年七月一日から施行する。

（経過措置）

第二条　この省令の施行の際現にあるこの省令による改正前の様式又は書式による申請書、証明書その他の文書は、この省令による改正後のそれぞれの様式又は書式にかかわらず、当分の間、なおこれを使用することができる。

附　則（平一四・九・二七国交令一〇三）

この省令は、平成十四年十月一日から施行する。

附　則（平一五・五・一三国交令六五）

この省令は、公布の日から施行する。

附　則（平一八・四・二八国交令五八）

（施行期日）

第一条　この省令は、会社法〔平成一七年七月法律第八六号〕の施行の日（平成十八年五月一日）から施行する。

（経過措置）

第二条　この省令の施行の際現にあるこの省令による改正前の様式又は書式による申請書その他の文書は、この省令による改正後のそれぞれの様式又は書式にかかわらず、当分の間、なおこれを使用することができる。

第三条　この省令の施行前にしたこの省令による改正前の省令の規定による処分、手続、その他の行為は、この省令による改正後の省令（以下「新令」という。）の規定の適用については、新令の相当規定によってしたものとみなす。

附　則（平一八・九・七国交令八六抄）

（施行期日）

第一条　この省令は、道路運送法等の一部を改正する法律〔平成一八年五月法律第四〇号〕の施行の日（平成十八年十月一日）から施行する。

附　則（平二〇・六・二国交令三九）

この省令は、平成二十年七月一日から施行する。

附　則（平二六・一・二四国交令七抄）

（施行期日）

1　この省令は、特定地域における一般乗用旅客自動車運送事業の適正化及び活性化に関する特別措置法等の一部を改正する法律〔平成二五年一一月法律第八三号〕の施行の日〔平成二六年一月二七日〕から施行する。〔後略〕

（旅客自動車運送事業等報告規則の一部改正に伴う経過措置）

3　平成二十五年四月一日から平成二十六年三月三十一日までの一年間に係るこの省令による改正前の旅客自動車運送事業等報告規則第二条第一項に規定する輸送実績報告書の提出については、なお従前の例による。

附　則（平二七・一・三〇国交令六抄）

（施行期日）

第一条　この省令は、地域の自主性及び自立性を高めるための改革の推進を図るための関係法律の整備に関する法律〔平成二六年六月法律第五一号〕の施行の日（平成二十七年四月一日）から施行する。〔後略〕

（旅客自動車運送事業等報告規則の一部改正に伴う経過措置）

第三条　平成二十六年四月一日から平成二十七年三月三十一日までの一年間に係るこの省令による改正前の旅客自動車運送事業等報告規則第二条の二第一項に規定する輸送実績報告書の提出については、なお従前の例による。

附　則（平二七・三・三一国交令二一抄）

（施行期日）

第一条　この省令は、平成二十七年四月一日から施行する。

（旅客自動車運送事業等報告規則の一部改正に伴う経過措置）

第四条　平成二十六年四月一日から平成二十七年三月三十一日までの一年間に係る輸送実績報告書の様式については、なお従前の例によることができる。

附　則（平二七・四・二八国交令三八）

この省令は、会社法の一部を改正する法律〔平成二六年六月法律第九〇号〕の施行の日（平成二十七年五月一日）から施行する。

附　則（平二八・一一・一五国交令七八抄）

（施行期日）

第一条　この省令は、平成二十八年十二月一日から施行する。

〔後略〕

附　則（令元・六・一四国交令一二）

この省令は、令和二年四月一日から施行する。

附　則（令元・六・二八国交令二〇）

この省令は、不正競争防止法等の一部を改正する法律〔平成三〇年五月法律第三三号〕の施行の日（令和元年七月一日）から施行する。

附　則（令二・一一・二七国交令九三抄）

（施行期日）

第一条　この省令は、持続可能な運送サービスの提供の確保に資する取組を推進するための地域公共交通の活性化及び再生に関する法律等の一部を改正する法律〔令和二年六月法律第三六号〕の施行の日（令和二年十一月二十七日）から施行する。

第１号様式（第２条関係）（日本産業規格Ａ列４番）第１表

事　業　概　況　報　告　書

（　　年　　月　　日から　　年　　月　　日まで）

あて

住　　所
事業者名
代表者名（役職名及び氏名）

経営形態及び資本金

経　営　形　態 （該当事項を○で囲むこと）	資本金（基金）の額	発行済株式数
株式会社　合名会社　合資会社　合同会社 組合　個人　地方公共団体　その他	千円	株

主な株主（所有株式数の多い順に５名を記載すること。）

株　　主　　名	発行済株式総数に対する割合(%)

役員

	役　　職　　名	氏　　　名	常勤非常勤の別
取締役 （理事）等			
会計参与			
監査役 （監事）等			

経営している事業

事業の名称	従業員数（人）	営業収入（売上高）構成比率（%）
	計	100%

記載要領

1　従業員数は、給料支払の対象となつた月別支給人員（日雇労務者にあつては、25人日を１人として換算）の当該事業年度における合計人員を当該事業年度の月数で除した人数とすること。

2　会社法（平成17年法律第86号）第２条第12号に規定する指名委員会等設置会社にあつては、「監査役」を「執行役」とすること。

第１号様式（第２条関係）（日本産業規格Ａ列４番）第２表

種別	乗合	貸切	乗用

事業者番号	

一般旅客自動車運送事業損益明細表

年　　月　　日から　　年　　月　　日まで

住　　所

事業者名

（単位：千円）

営業収益	運送収入	旅客運賃		
		その他		
		計		
	運送雑収			
	合計			
営業費用	運送費	人件費		
		燃料油脂費	ガソリン費	
			軽油費	
			ＬＰガス費	
			その他	
			計	
		修繕費	事業用自動車	
			その他	
			計	
		減価償却費	事業用自動車	
			その他	
			計	
		保険料		
		施設使用料		
		自動車リース料		
		施設賦課税		
		事故賠償費		
		道路使用料		
		手数料等		
		その他		
		計		
	一般管理費	人件費		
		その他		
		計		
	合計			
営業損益				
営業外収益	金融収益			
	その他			
	合計			
営業外費用	金融費用			
	その他			
	合計			
営業外損益				
経常損益				

備考　１　事業の種別ごとに別葉とし、種別の欄には、該当する事項を○で囲むこと。
　　　２　手数料等の欄には、一般貸切旅客自動車運送事業者に限り記入すること。

第１号様式（第２条関係）（日本産業規格Ａ列４番）第３表

種別	乗合	貸切	乗用

事業者番号	

一般旅客自動車運送事業人件費明細表

年　月　日から　年　月　日まで

住　所

事業者名

（単位：千円）

区分	運送費			一般管理費	合計
	運転者	その他	計		
役員報酬	／	／	／		
給料・手当					
賞与					
（小計）					
(支払延人員)(人月)					
退職金					
法定福利費					
厚生福利費					
臨時雇賃金					
(雇用延人員)(人日)					
その他の人件費					
合計					

備考　１　事業の種別ごとに別葉とし、種別の欄には、該当する事項を○で囲むこと。

２　（支払延人員）欄には、給料支払の対象となつた月別人員の当該年度における合計人員（人月）を記載すること。

３　（雇用延人員）欄には、臨時雇賃金支払の対象となつた日ごとの人員の当該事業年度における合計人員（人日）を記載すること。

４　運送費に係るその他の項については、車掌、事務員等の給料・手当等について記載すること。

第１号様式（第２条関係）（日本産業規格Ａ列４番）第４表

種別	乗合	乗用

事業者番号	

一般旅客自動車運送事業固定資産明細表

年　月　日現在

資産の種類			乗合／乗用　旅客自動車運送事業	その他事業
有形固定資産	車両	事業用自動車		
		その他車両		
		計		
	建物			
	構築物			
	機械装置			
	工具器具備品			
	土地			
	建設仮勘定			
	その他			
	合計			
無形固定資産				
投資等				
固定資産合計				

備考　１　事業の種別ごとに別葉とし、種別の欄には、該当する事項を○で囲むこと。

２　「乗合／乗用　旅客自動車運送事業」の欄は、該当事項を○で囲むこと。

３　固定資産の価額は、期末残高で記入すること。

第２号様式（第２条関係）（日本産業規格Ａ列４番）第１表

事業者番号		乗合

○○運輸監理部又は○○運輸支局

路線定期運行・路線不定期運行の別（該当事項を○で囲むこと。）	路線定期運行
	路線不定期運行

一般乗合旅客自動車運送事業輸送実績報告書（　　年度）

あて

住　　所
事業者名
代表者名（役職名及び氏名）
電話番号

事業概況（　　　　　年３月31日現在）

事業用自動車数（両）	
従業員数	（　　　）
路線　　　　　（キロメートル）	
うち休止路線　（キロメートル）	
うち競合路線　（キロメートル）	
運行系統数　　（系統）	
競合している事業者名	

輸送実績（前年４月１日から本年３月31日まで）

		管轄区域内	全国
事業用自動車	延実在車両数（日車）		
	延実働車両数（日車）		
走行キロ（キロメートル）			
	うち実車キロ（キロメートル）		
輸送人員（人）			
	うち定期（人）		
営業収入（千円）			
	うち旅客運賃収入（千円）		

事故件数（前年４月１日から本年３月31日まで）

	管轄区域内	全国
交通事故件数		
重大事故件数		
死者数		
負傷者数		

備考　１　この報告書は、路線定期運行、路線不定期運行ごとに別葉として作成すること。
２　事業概況については、許可（認可）を受けたすべての路線における当該事業について記載すること。
３　従業員数は、兼営事業がある場合は主として当該事業に従事している人数及び共通部門に従事している従業員については当該事業分として適正な基準により配分した人数とする。
４　従業員数の欄の（　　）には、運転者数を記載すること。
５　管轄区域内の欄については、運輸監理部又は運輸支局の管轄区域ごとに、当該運輸監理部又は運輸支局の管轄区域内にあるすべての営業所に配置されている事業用自動車の輸送実績及び事故件数について記載すること。
６　全国の欄については、許可（認可）を受けたすべての路線における当該事業について記載すること。
７　交通事故とは、道路交通法（昭和23年法律第105号）第72条第１項の交通事故をいう。
８　重大事故とは、自動車事故報告規則（昭和26年運輸省令第104号）第２条の事故をいう。

第２号様式（第２条関係）（日本産業規格Ａ列４番）第２表

事業者番号		乗合

運行系統別輸送実績報告書（　年度）

事業者名

運行系統									運行ダイヤ				年間輸送実績（前年４月１日から本年３月31日まで）								備考
番号	起点	主な経過地	終点	キロ程（キロメートル）	利用する高速自動車国道等			運賃（円）	始発時刻	終発時刻	所要時間（分）	運行回数（回）	走行キロ（キロメートル）	輸送人員		１人平均乗車キロ（キロメートル）	輸送人キロ（人キロ）	平均乗車密度（人）	運送収入（千円）	走行キロ１キロメートル当たり運送収入（円）	
					名称	利用区間	利用区間のキロ程（キロメートル）							計（人）	うち定期（人）						
									往												
									復												
									往												
									復												
									復												
									往												
									復												
									往												
									復												
計																					

記載要領

1　この報告書は、毎年３月31日において存する運行系統（同日現在において運行していないものを含む。）について記載すること。
2　番号は第２条第４項に規定する運行系統図の運行系統の番号と同一のものとすること。
3　起点及び終点は停留所名をもつて記載し、主な経過地は他の運行系統と区別できる停留所名をもつて記載し、キロ程は小数点以下第１位まで記載すること。
4　利用する高速自動車国道等の名称、利用区間及び利用区間のキロ程は、運行系統のキロ程の２分の１以上の距離の区間において高速自動車国道等（高速自動車国道法（昭和32年法律第79号）第４条第１項に規定する高速自動車国道、道路法（昭和27年法律第180号）第48条の４第１項に規定する自動車専用道路又は道路運送法（昭和26年法律第183号）第２条第８項に規定する自動車道をいう。）を利用する場合について、各高速自動車国道等ごとに記載すること。
5　運賃は、起点から終点までの大人普通旅客運賃とすること。
6　運行ダイヤは、路線定期運行について記載すること。
7　運行回数は、１日における回数の１往復を１回として記載すること。
8　１人平均乗車キロは、運行系統ごとの実態調査に基づいて記載すること。ただし、実態調査を伴わない場合は、推計により記載すること。
9　輸送人キロ及び平均乗車密度は、次の算式により算出すること。

(1)　輸送人キロ＝輸送人員×１人平均乗車キロ

(2)　$平均乗車密度=\frac{輸送人キロ}{走行キロ}$

10　備考欄には、次の事項について記載すること。

(1)　当該年度の途中において新設した運行系統にあつては、「　年　月　日から運輸開始」
(2)　当該年度において、１月以上の期間継続して運行しなかつた運行系統にあつては「　年　月　日から　年　月　日まで休止」
(3)　運輸期間又は運輸期日を定めて運行した運行系統にあつてはその内容
(4)　道路運送法第18条各号の協定が締結されている運行系統にあつては　(協)
(5)　定期観光系統にあつては　(観)
(6)　入庫又は出庫することを主な目的として運行されている運行系統にあつては　(庫)
(7)　車掌を乗務させて事業用自動車の旅客の運送の用に供する運行系統にあつては　(車)

第２号様式（第２条関係）（日本産業規格Ａ列４番）第３表

事業者番号		区乗

○○運輸監理部又は○○運輸支局

一般乗合旅客自動車運送事業（区域運行）輸送実績報告書（　　年度）

あて

住　所
事業者名
代表者名（役職名及び氏名）
電話番号

事業概況（　　　年３月31日現在）

	管轄区域内		全　国
事業用自動車数（両）			
従業員数	（　）	（　）	（　）

輸送実績（前年４月１日から本年３月31日まで）

		管轄区域内		全　国
事業用自動車	延実在車両数（日車）			
	延実働車両数（日車）			
走行キロ（キロメートル）				
	うち実車キロ（キロメートル）			
運送回数（回）				
輸送人員（人）				
	うち定期（人）			
営業収入（千円）				
	うち旅客運賃収入（千円）			

事故件数（前年４月１日から本年３月31日まで）

	管轄区域内		全　国
交通事故件数			
重大事故件数			
死者数			
負傷者数			

備考　１　管轄区域内の欄については、運輸監理部又は運輸支局の管轄区域ごとに、当該運輸監理部又は運輸支局の管轄区域内の当該事業について、許可（認可）を受けた営業区域別に記載すること。また、輸送実績及び事故件数については、当該営業区域にあるすべての営業所に配置されている事業用自動車について記載すること。

２　全国の欄にあつては許可（認可）を受けた全ての営業区域における当該事業について記載すること。

３　従業員数は、兼営事業がある場合は主として当該事業に従事している人数及び共通部門に従事している従業員については当該事業分として適正な基準により配分した人数とする。

４　従業員数の欄の（　　）には、運転者数を記載すること。

５　交通事故とは、道路交通法（昭和35年法律第105号）第72条第１項の交通事故をいう。

６　重大事故とは、自動車事故報告規則（昭和26年運輸省令第104号）第２条の事故をいう。

第２号様式（第２条関係）（日本産業規格Ａ列４番）第４表

事業者番号		区乗

営業区域別輸送実績報告書（　　年度）

あて

事業者名

営業区域	年間輸送実績（前年４月１日から本年３月31日まで）								備考
	走行キロ（キロメートル）	輸送人員		１人平均乗車キロ（キロメートル）	輸送人キロ（人キロ）	平均乗車密度（人）	運送収入（千円）	走行キロ１キロメートル当たり運送収入（円）	
		計（人）	うち定期（人）						
	⋮		⋮			⋮		⋮	
計									

記載要領

１　この報告書は、毎年３月31日において存する営業区域について記載すること。

２　１人平均乗車キロは、営業区域ごとの実態調査に基づいて記載すること。ただし、実態調査を伴わない場合は、推計により記載すること。

３　輸送人キロ及び平均乗車密度は、次の算式により算出すること。

⑴　輸送人キロ＝輸送人員×１人平均乗車キロ

⑵　$\text{平均乗車密度}=\dfrac{\text{輸送人キロ}}{\text{走行キロ}}\times 100$

４　備考欄については、次の事項について記載すること。

⑴　当該年度の途中において新設した営業区域にあつては、「　年　月　日から運輸開始」

⑵　当該年度において、１月以上の期間継続して運行しなかつた営業区域にあつては「　年　月　日から　年　月　日まで休止」

⑶　運輸期間又は運輸期日を定めて運行した営業区域にあつてはその内容

第３号様式（第２条関係）（日本産業規格Ａ列４番）

事業者番号		貸切

〇〇運輸監理部又は〇〇運輸支局

一般貸切旅客自動車運送事業輸送実績報告書（　　年度）

あて

住　　所
事業者名
代表者名（役職名及び氏名）
電話番号

事業概況（　　　年３月31日現在）

事業用自動車数（両）	
従業員数	（　　）

輸送実績（前年４月１日から本年３月31日まで）

			管轄区域内	全国
事業用自動車	延実在車両数（日車）			
	延実働車両数（日車）			
走行キロ（キロメートル）				
	うち実車キロ（キロメートル）			
輸送人員（人）				
運行回数（回）				
	うち旅行業者扱い（回）			
		１　企画旅行（２に該当しないもの）（回）		
		２　企画旅行（専ら都市間の移動を目的とするもの）（回）		
		３　その他（回）		
営業収入（千円）				

事故件数（前年４月１日から本年３月31日まで）

	管轄区域内	全国
交通事故件数		
重大事故件数		
死者数		
負傷者数		

備考　１　事業用自動車数及び従業員数については、許可（認可）を受けたすべての営業区域における当該事業について記載すること。

２　従業員数は、兼営事業がある場合は主として当該事業に従事している人数及び共通部門に従事している従業員については当該事業分として適正な基準により配分した人数とする。

３　従業員数の欄の（　　）には、運転者数を記載すること。

４　管轄区域内の欄については、運輸監理部又は運輸支局の管轄区域ごとに、当該運輸監理部又は運輸支局の管轄区域内にあるすべての営業所に配置されている事業用自動車の輸送実績及び事故件数について記載すること。

５　全国の欄については、許可（認可）を受けたすべての営業区域における当該事業について記載すること。

６　企画旅行とは、旅行業法（昭和27年法律第239号）第４条第１項第４号の企画旅行をいう。

７　交通事故とは、道路交通法（昭和23年法律第105号）第72条第１項の交通事故をいう。

８　重大事故とは、自動車事故報告規則（昭和26年運輸省令第104号）第２条の事故をいう。

第４号様式（第２条関係）（日本産業規格Ａ列４番）第１表

事業者番号		乗用

○○運輸監理部又は○○運輸支局

区分	

一般乗用旅客自動車運送事業輸送実績報告書（　　年度）

あて

住　　所
事業者名
代表者名（役職名及び氏名）
電話番号

事業概況（　　　　年３月31日現在）

	管轄区域内		全　国
事業用自動車数（両）			
従業員数	（　　）	（　　）	（　　）

輸送実績（前年４月１日から本年３月31日まで）

		管轄区域内		全　国
事業用自動車	延実在車両数（日車）			
	延実働車両数（日車）			
	実働率（％）			
走行キロ（キロメートル）				
	うち実車キロ（キロメートル）			
	実車率（％）			
運送回数（回）				
輸送人員（人）				
営業収入（千円）				
	実働車１日１車あたり営業収入（円）			

事故件数（前年４月１日から本年３月31日まで）

	管轄区域内		全　国
交通事故件数			
重大事故件数			
死者数			
負傷者数			

備考　１　この報告書は、地方運輸局長の指定する地域にあつては、国土交通大臣が定める区分ごとに別葉として作成すること。

２　管轄区域内の欄については、運輸監理部又は運輸支局の管轄区域ごとに、当該運輸監理部又は運輸支局の管轄区域内の当該事業について、許可（認可）を受けた営業区域別に記載すること。また、輸送実績及び事故件数については、当該営業区域にあるすべての営業所に配置されている事業用自動車について記載すること。

３　全国の欄にあつては許可（認可）を受けた全ての営業区域における当該事業について記載すること。

４　従業員数は、兼営事業がある場合は主として当該事業に従事している人数及び共通部門に従事している従業員については当該事業分として適正な基準により配分した人数とする。

５　従業員数の欄の（　　）には、運転者数を記載すること。

６　交通事故とは、道路交通法（昭和23年法律第105号）第72条第１項の交通事故をいう。

７　重大事故とは、自動車事故報告規則（昭和26年運輸省令第104号）第２条の事故をいう。

８　実働率、実車率及び実働車１日１車あたり営業収入は、次の算式により算出する。

⑴　$\text{実働率}=\frac{\text{延実働車両数}}{\text{延実在車両数}}\times 100$

⑵　$\text{実車率}=\frac{\text{実車キロ}}{\text{走行キロ}}\times 100$

⑶　$\text{実働車１日１車あたり営業収入}=\frac{\text{営業収入}}{\text{延実働車両数}}$

第４号様式（第２条関係）（日本産業規格Ａ列４番）第２表

事業者番号		個人

〇〇運輸監理部又は〇〇運輸支局

一般乗用旅客自動車運送事業（個人タクシー）輸送実績報告書（　年度）

あて

住　　所
氏　　名
電話番号

事業概況（　　　年３月31日現在）

営業区域	

輸送実績（前年４月１日から本年３月31日まで）

実働日数		
走行キロ（キロメートル）		
	うち実車キロ（キロメートル）	
	実車率（％）	
運送回数（回）		
輸送人員（人）		
営業収入（千円）		
	実働車１日１車あたり営業収入(円)	

事故件数（前年４月１日から本年３月31日まで）

交通事故件数	
重大事故件数	
死者数	
負傷者数	

備考　１　交通事故とは、道路交通法（昭和23年法律第105号）第72条第１項の交通事故をいう。

２　重大事故とは、自動車事故報告規則（昭和26年運輸省令第104号）第２条の事故をいう。

３　実車率及び実働車１日１車あたり営業収入は、次の算式により算出する。

⑴　$実車率=\frac{実車キロ}{走行キロ}\times 100$

⑵　$実働車１日１車あたり営業収入=\frac{営業収入}{実働日数}$

第４号様式（第２条関係）（日本産業規格Ａ列４番）第３表

事業者番号		限定

〇〇運輸監理部又は〇〇運輸支局

一般乗用旅客自動車運送事業（限定）輸送実績報告書（　　年度）

あて

住　　所
事業者名
代表者名（役職名及び氏名）
電話番号

事業概況（　　　年３月31日現在）

	管轄区域内	全国
資本金（基金）の額（千円）		
兼営事業		
事業用自動車数（両）		
従業員数	（　　）	（　）

輸送実績（前年４月１日から本年３月31日まで）

	管轄区域内	全国
走行キロ（キロメートル）		
運送回数（回）		
輸送人員（人）		
営業収入（千円）		

事故件数（前年４月１日から本年３月31日まで）

	管轄区域内	全国
交通事故件数		
重大事故件数		
死者数		
負傷者数		

備考　１　兼営事業については、主な兼営事業の名称を記載すること。
２　従業員数は、兼営事業がある場合は主として当該事業に従事している人数及び共通部門に従事している従業員については当該事業分として適正な基準により配分した人数とする。
３　従業員数の欄の（　　）には、運転者数を記載すること。
４　交通事故とは、道路交通法（昭和35年法律第105号）第72条第１項の交通事故をいう。
５　重大事故とは、自動車事故報告規則（昭和26年運輸省令第104号）第２条の事故をいう。

第５号様式（第２条関係）（日本産業規格Ａ列４番）

事業者番号		特旅

特定旅客自動車運送事業輸送実績報告書（　年度）

あて

住　　所
事業者名
代表者名（役職名及び氏名）
電話番号

事業概況（　　　　年３月31日現在）

資本金（基金）の額（千円）	
兼営事業	
事業用自動車数（両）	
路線（キロメートル）	
営業区域	
運送の需要者名及び旅客の範囲	

輸送実績（前年４月１日から本年３月31日まで）

走行キロ（キロメートル）	
輸送人員（人）	
営業収入（千円）	

事故件数（前年４月１日から本年３月31日まで）

交通事故件数	
重大事故件数	
死者数	
負傷者数	

備考　１　兼営事業については、主な兼営事業の名称を記載すること。
　　　２　交通事故とは、道路交通法（昭和23年法律第105号）第72条第１項の交通事故をいう。
　　　３　重大事故とは、自動車事故報告規則（昭和26年運輸省令第104号）第２条の事故をいう。

第６号様式（第２条の２関係）（日本産業規格Ａ列４番）

種別	交通空白地	福祉

自家用有償旅客運送輸送実績報告書(　　年度)

宛て

住　所
運送者名
代表者名（役職名及び氏名）
電話番号

概況（　　　　年３月31日現在）

		管轄区域内又は指定都道府県等の区域内		全国
自家用有償旅客運送自動車数	寝台車（両）	（　）	（　）	（　）
	車いす車（両）	（　）	（　）	（　）
	兼用車（両）	（　）	（　）	（　）
	回転シート車（両）	（　）	（　）	（　）
	セダン等（両）	（　）	（　）	（　）
	バス（両）			
	計（両）	（　）	（　）	（　）
路線(キロメートル)又は運送の区域				
運送する旅客の範囲及び数				

輸送実績(前年４月１日から本年３月31日まで)

	管轄区域内又は指定都道府県等の区域内		全国
走行キロ(キロメートル)			
輸送人員(人)又は運送回数(回)			
運送収入(千円)			

事故件数(前年４月１日から本年３月31日まで)

	管轄区域内又は指定都道府県等の区域内		全国
交通事故件数			
重大事故件数			
死者数			
負傷者数			

備考

1　種別の欄には、該当する事項を○で囲むこと。

2　管轄区域内又は指定都道府県等の区域内の欄については、運輸監理部若しくは運輸支局の管轄区域ごと又は指定都道府県等の区域ごとに、当該運輸監理部若しくは運輸支局の管轄区域内又は当該指定都道府県等の区域内の交通空白地有償運送又は福祉有償運送について、登録を受けた運送の事務所に配置されている自家用有償旅客運送自動車について記載すること。

3　全国の欄にあつては登録を受けた全ての運送の区域における交通空白地有償運送又は福祉有償運送について記載すること。

4　自家用有償旅客運送自動車数の欄の(　　)には、軽自動車数を記載すること。

5　運送する旅客の範囲及び数については、福祉有償運送に係る道路運送法施行規則(昭和26年運輸省令第75号)第49条第２号イからトまでに掲げる区分ごとの人数を記載すること。

6　輸送人員又は運送回数については、路線を定めて行う場合にあつては輸送人員を、運送の区域を定めて行う場合にあつては運送回数を記載すること。

7　交通事故とは、道路交通法(昭和35年法律第105号)第72条第１項の交通事故をいう。

8　重大事故とは、自動車事故報告規則(昭和26年運輸省令第104号)第２条の事故をいう。

○自動車道事業報告規則

（昭和三十九年三月三十一日 運輸省建設省令第四号）

沿革　昭四六運・建令二、昭五〇運・建令一、昭五九運・建令一、昭六〇運・建令二、平六運・建令二、平八運・建令一、平一一運・建令二、平一二運・建令四・六、平一四国交令二七、平一五国交令六五、平一八国交令五八・七五、平二七国交令六・三八、令元国交令二〇改正

（趣旨）

第一条　自動車道事業者及びその組織する団体の事業に関する報告については、この省令の定めるところによる。

（事業報告書及び供用実績報告書）

第二条　自動車道事業者は、次の各号に掲げる区分に応じ、それぞれ当該各号に定める者に、毎事業年度に係る事業報告書及び前年四月一日から三月三十一日までの期間に係る路線ごとの供用実績報告書をそれぞれ一通提出しなければならない。

一　一の都道府県の区域を越えて路線を定めて設けられる一般自動車道　国土交通大臣及びその経営する自動車道事業に係る路線が存する地域を管轄する地方運輸局長

二　一の都道府県の区域内において路線を定めて設けられる一般自動車道　国土交通大臣並びに道路運送法（昭和二十六年法律第百八十三号）第八十八条及び道路運送法施行令（昭和二十六年政令第二百五十号）第三条の規定により国土交通大臣の権限に属する事務を行うこととされた当該都道府県の知事（次条において「都道府県知事」という。）

2　前項の事業報告書は、第一号様式による事業概況報告書及び自動車道事業会計規則（昭和三十九年運輸省、建設省令第三号。以下「会計規則」という。）第四条第一項の規定による様式（会計規則別表第二第十一号様式、第十二号様式、第十五号様式及び第十六号様式を除く。）による財務諸表（用紙の大きさは、日本産業規格A列四番）とし、前項の供用実績報告書は、第二号様式によるものとする。

3　第一項の事業報告書の提出期限は、毎事業年度終了の日の翌日から起算して百日を経過した日の前日とし、同項の供用実績報告書の提出期限は、毎年五月三十一日とする。

（臨時の報告）

第三条　自動車道事業者及びその組織する団体は、前条に定める報告書のほか、国土交通大臣又は都道府県知事からその事業に関する報告を求められたときは、報告書を提出しなければならない。

2　国土交通大臣又は都道府県知事は、前項の報告を求める場合は、報告書の様式、報告書の提出期限その他必要な事項を明示するものとする。

（報告書の経由）

第四条　この省令の規定により報告書を国土交通大臣に提出するときは、その住所の所在地を管轄する地方運輸局長を経由しなければならない。

附　則

1　この省令は、昭和三十九年四月一日から施行する。

2　昭和三十九年三月三十一日の属する事業年度に係る営業報告書のうち、財務諸表の様式は第二条第二項の規定にかかわらず、自動車道事業会計規則（昭和二十六年運輸省建設省令第二号）別表に定める様式（第二部財務諸表に限る。）によるものとする。

3　会計規則附則第四項の規定により財務諸表を作成した場合の第二条第二項の規定の適用については、「第四条第一項の規定による様式（会計規則別表第二第十一号様式から第十四号様式まで、第十七号様式及び第十八号様式を除く。）による財務諸表」とあるのは「附則第四項の規定による様式（会計規則別表第二第十一号様式から第十四号様式まで、第十七号様式及び第十八号様式又は同項の規定に基づきこれらの様式と異なる様式により財務諸表を作成する場合における当該異なる様式を除く。）による財務諸表」とする。

附　則（昭四六・五・一九運・建令二）

この省令は、公布の日から施行し、昭和四十六年四月一日以後に開始する事業年度に係る財務諸表及び営業概況報告書について適用する。

附　則（昭五〇・二・一九運・建令一）

1　この省令は、公布の日から施行する。

2　この省令の施行の際現に存する自動車道事業者のこの省令の施行の日の属する事業年度に係る会計の整理及び財務諸表の作成並びに営業報告書の提出については、なお従前の例による。

附　則（昭五九・六・二二運・建令一）

この省令は、昭和五十九年七月一日から施行する。

附　則（昭六〇・一二・二四運・建令二）

この省令は、公布の日から施行する。

附　則（平六・三・二四運・建令二抄）

1　この省令は、平成六年四月一日から施行する。

附　則（平八・三・一九運・建令一）

1　この省令は、公布の日から施行する。

2　平成七年四月一日から平成八年三月三十一日までの一年間に係る供用実績報告書の様式については、なお従前の例によることができる。

附　則（平一一・一一・一二運・建令二）

この省令は、公布の日から施行する。

附　則（平一二・二・二九運・建令四）

この省令は、平成十二年四月一日から施行する。

附　則（平一二・一二・二八運・建令一八）

この省令は、平成十三年一月六日から施行する。

附　則（平一四・三・二七国交令二七）

この省令は、公布の日から施行する。

附　則（平一五・五・一三国交令六五）

この省令は、公布の日から施行する。

附　則（平一八・四・二八国交令五八）

（施行期日）

第一条　この省令は、会社法〔平成一七年七月法律第八六号〕の施行の日（平成十八年五月一日）から施行する。

（経過措置）

第二条　この省令の施行の際現にあるこの省令による改正前の様式又は書式による申請書その他の文書は、この省令による改正後のそれぞれの様式又は書式にかかわらず、当分の間、なおこれを使用することができる。

第三条　この省令の施行前にしたこの省令による改正前の省令の規定による処分、手続、その他の行為は、この省令による改正後の省令（以下「新令」という。）の規定の適用については、新令の相当規定によってしたものとみなす。

附　則（平一八・七・七国交令七五抄）

（施行期日）

第一条　この省令は、公布の日から施行する。

（自動車道事業報告規則の一部改正に伴う経過措置）

第四条　この省令の施行前に終了する事業年度に係る事業報告書の提出に関しては、なお従前の例による。

附　則（平二七・一・三〇国交令六抄）

（施行期日）

第一条　この省令は、地域の自主性及び自立性を高めるための改革の推進を図るための関係法律の整備に関する法律〔平成二六年六月法律第五一号〕の施行の日（平成二十七年四月一日）から施行する。〔後略〕

（自動車道事業報告規則の一部改正に伴う経過措置）

第四条　この省令の施行前に終了する事業年度に係る第五条の規定による改正前の自動車道事業報告規則第二条第一項に規定する事業報告書及び平成二十六年四月一日から平成二十七年三月三十一日までの一年間に係る同項に規定する供用実績報告書の提出については、なお従前の例による。

附　則（平二七・四・二八国交令三八）

この省令は、会社法の一部を改正する法律〔平成二六年六月法律第九〇号〕の施行の日（平成二十七年五月一日）から施行する。

附　則（令元・六・二八国交令二〇）

この省令は、不正競争防止法等の一部を改正する法律〔平成三〇年五月法律第三三号〕の施行の日（令和元年七月一日）から施行する。

第１号様式（第２条関係）（日本産業規格Ａ列４番）

事　業　概　況　報　告　書

（　年　月　日から　年　月　日まで）

あて

住　所

事業者名

代表者名（役職名及び氏名）

株式又は出資の状況

株式会社	発行する株式の総数	株	株主の総数	人	合名会社	社員の総数	人
			資本金の額	千円	合資会社	資本金の総額	千円
	発行済株式の総数	株	当期中の増減額	千円	合同会社	当期中の増減額	千円

主な株主（所有株式数の多い順に10名記載すること。）

株主名	株式数（株）	発行済株式総数に対する割合（%）	株主名	株式数（株）	発行済株式総数に対する割合（%）

役　員

	役職員	氏名	常勤非常勤の別	所有株式数（株）又は出資の額（円）	発行済株式総数又は出資の総額に対する割合（%）
取締役（理事）等					

会　計　参　与					
〜〜〜					
監査役（監事）等					
〜〜〜					

経営している事業

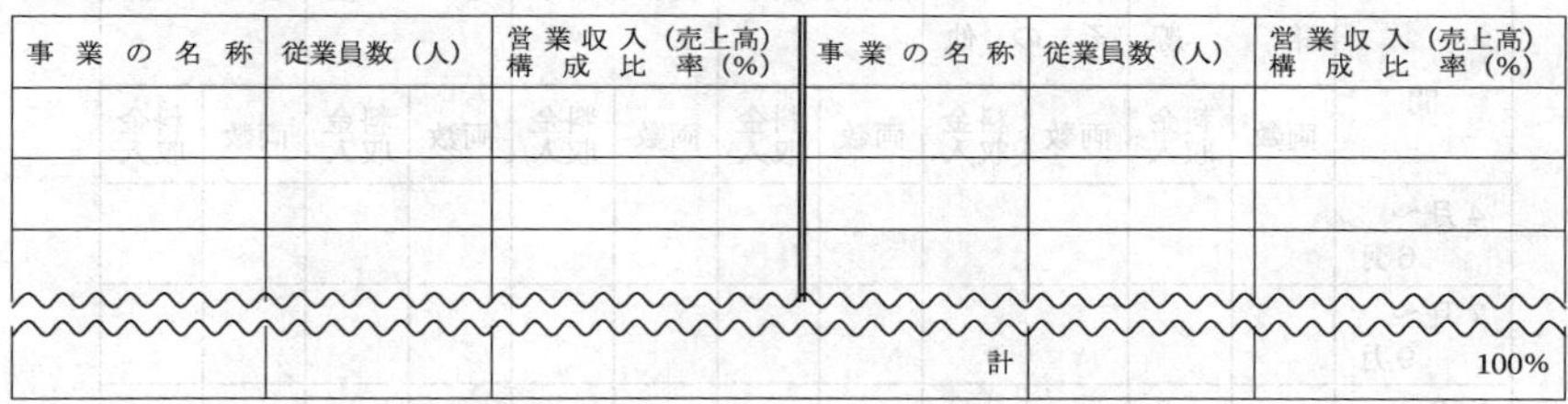

事業の名称	従業員数（人）	営業収入（売上高）構成比率（%）	事業の名称	従業員数（人）	営業収入（売上高）構成比率（%）
〜〜〜					
			計		100%

自動車道事業従業員数

役員	事務員	道路技術員	道路工夫	料金徴取員	その他	計
人	人	人	人	人	人	

記載要領

1　従業員数は、給料支払の対象となつた月別支給人員（日雇労務者にあつては、25人日を１人として換算）の当該事業年度における合計人員を当該事業年度の月数で除した人数とすること。

2　会社法（平成17年法律第86号）第２条第12号に規定する指名委員会等設置会社にあつては、「監査役」を「執行役」とすること。

第２号様式（第２条関係）

自動車道事業供用実績報告書

（　年　月　日から　年　月　日まで）

あて

住　所

事業者名

代表者名（役職名及び氏名）

路線	名称	
	起点	
	終点	

当期における休止状況	区間	キロ程	期間

期間	乗合型自動車				乗用自動車		貨物自動車		その他		合計	
	路線		その他									
	両数	料金収入	両数	料金収入	両数	料金収入	両数	料金収入	両数	料金収入	両数	料金収入
４月～６月												
７月～９月												
10月～12月												
１月～３月												
合計												

備考　両数欄の両数には、無償自動車の両数を含めること。

○自動車運送事業等監査規則

（昭和三十年十二月二十四日）
（運輸省令第七十号）

沿革　昭四六運令一八、昭五九運令一八、昭六〇運令五、平二運令三一、平一二運令三九、平一三国交令一〇五、平一四国交令七九、平一八国交令八六、平二六国交令七、令二国交令六改正

（この省令の適用）

第一条　自動車運送事業（貨物軽自動車運送事業を除く。以下同じ。）及び自動車整備事業についての監査並びに自家用自動車の使用についての監査（以下「監査」という。）は、この省令の定めるところによつてしなければならない。

（監査の目的）

第二条　監査は、自動車運送に係る事故防止の徹底を期するとともに、運輸の適正を図ることを目的とする。

（監査事項）

第三条　監査は、次の各号について行う。

一　免許、許可、登録、認可、認定、認証及び届出に係る事項の実施状況

二　路線及び運行の状況

三　車両管理及び施設の状況

四　財務の状況

五　労務の状況

六　その他前条の目的を達成するために必要と認める事項

（監査計画）

第四条　国土交通大臣は、一般乗合旅客自動車運送事業及び一般貨物自動車運送事業（特別積合せ貨物運送をするものに限る。）に関する監査計画を定め、これを地方運輸局長、運輸監理部長又は運輸支局長に通知しなければならない。

2　地方運輸局長は、前項の自動車運送事業以外の自動車運送事業、自動車特定整備事業及び優良自動車整備事業に関する監査計画を定めなければならない。

3　地方運輸局長及び運輸監理部長又は運輸支局長は、自家用自動車の使用に関する監査計画を定めなければならない。

4　地方運輸局長は、第一項の自動車運送事業に関し、同項の監査計画に定める監査事項と重複しない範囲内で監査計画を定めることができる。

5　前四項の監査計画は、年度ごとに監査の対象、監査の時期、監査の分担、監査事項その他の監査の実施の概要について、定めるものとする。

（監査方法）

第五条　監査は、監査計画に基づいてこれを行う。ただし、国土交通大臣、地方運輸局長、運輸監理部長又は運輸支局長が特に必要と認める場合は、監査計画に基づかないで監査を行うことができる。

（監査員及び主任監査員）

第六条　監査は、道路運送法（昭和二十六年法律第百八十三号）第九十四条第四項、道路運送車両法（昭和二十六年法律第百八十五号）第百条第二項及び貨物自動車運送事業法（平成元年法律第八十三号）第六十条第四項の行政庁の職員（以下「監査員」という。）が、これを行う。

2　国土交通大臣、地方運輸局長、運輸監理部長又は運輸支局長は、前項の監査員のうちから主任監査員を指名しなければならない。

（監査の実施）

第七条　監査は、主任監査員の指揮の下に、事業場、自動車の常置場所若しくは街頭において、又は車両に添乗して行う。

2　地方運輸局長、運輸監理部長又は運輸支局長は、前条第二項の規定により国土交通大臣又は地方運輸局長が指名した主任監査員の指揮して行う監査に当たつては、その職員に監査又は監査の補助をさせることができる。

3　主任監査員は、監査を終了したときは、前条第二項の規定により指名を行つた国土交通大臣、地方運輸局長、運輸監理部長又は運輸支局長に対し、遅滞なく、意見を付して当該監査の結果を報告しなければならない。

（執務）

第八条　監査員は、監査を実施するにあたつては、品位を保持し、公正かつ厳粛に職務を執行し、監査の目的の達成につとめなければならない。

2　主任監査員は、監査の妨害、拒否等により監査の実施が困難であると認めたときは、監査を停止して直ちに上司にその旨を報告し、その指示を受けなければならない。

（監査報告）

第九条　地方運輸局長、運輸監理部長又は運輸支局長は、第四条第一項の監査計画に基づいて監査を行つたときは、遅滞なく、当該監査の概要を国土交通大臣に報告しなければならない。

2　国土交通大臣は、前項の報告を受けた場合において、必要があると認めたときは、当該地方運輸局長、運輸監理部長又は運輸支局長に対して指示を行う等の措置を講ずるものとする。

（公表）

第十条　国土交通大臣又は地方運輸局長は、監査の結果に基き、特に優良と認められる者について公表することができる。

附　則

この省令は、昭和三十一年一月一日から施行する。

附　則（昭四六・三・三一運令一八）

この省令は、昭和四十六年四月一日から施行する。

附　則（昭五九・六・二二運令一八抄）

（施行期日）

第一条　この省令は、昭和五十九年七月一日から施行する。

附　則（昭六〇・二・五運令五抄）

（施行期日）

1　この省令は、道路運送法等の一部を改正する法律の施行の日（昭和六十年四月一日）から施行する。

附　則（平二・一一・二九運令三一抄）

（施行期日）

1　この省令は、貨物運送取扱事業法及び貨物自動車運送事業法の施行の日（平成二年十二月一日）から施行する。

附　則（平一二・一一・二九運令三九抄）

（施行期日）

第一条　この省令は、平成十三年一月六日から施行する。

附　則（平一三・七・一一国交令一〇五抄）

（施行期日）

第一条　この省令は、道路運送法及びタクシー業務適正化臨時

措置法の一部を改正する法律〔平成一二年五月法律第八六号〕の施行の日（平成十四年二月一日）から施行する。

附　則（平一四・六・二八国交令七九抄）

（施行期日）

第一条　この省令は、平成十四年七月一日から施行する。

附　則（平一八・九・七国交令八六抄）

（施行期日）

第一条　この省令は、道路運送法等の一部を改正する法律〔平成一八年五月法律第四〇号〕の施行の日（平成十八年十月一日）から施行する。

附　則（平二六・一・二四国交令七抄）

（施行期日）

1　この省令は、特定地域における一般乗用旅客自動車運送事業の適正化及び活性化に関する特別措置法等の一部を改正する法律〔平成二五年一一月法律第八三号〕の施行の日（平成二六年一月二七日）から施行する。〔後略〕

附　則（令二・二・六国交令六抄）

（施行期日）

第一条　この省令は、道路運送車両法の一部を改正する法律〔令和元年五月法律第一四号〕（以下「改正法」という。）の施行の日〔令和二年四月一日〕（以下「施行日」という。）から施行する。〔後略〕

○自動車輸送統計調査規則

（昭和三十五年四月一日 運輸省令第十五号）

沿革 昭三六運令五〇、昭三九運令一六・七二、昭四一運令四二、昭四五運令一〇、昭五三運令六七、昭五八運令四、昭五九運令一八、昭六〇運令五、昭六二運令一〇、平元運令二四、平二運令二八・三一、平一〇運令六三、平一二運令三九、平一四国交令一七九、平一五国交令二六、平二一国交令一五、平二二国交令四四、令元国交令四五、令二国交令一五、令四国交令四五改正

（通則）

第一条 統計法（平成十九年法律第五十三号）第二条第四項に規定する基幹統計である自動車輸送統計を作成するための調査（以下「調査」という。）の実施に関しては、この省令の定めるところによる。

（調査の目的）

第二条 調査は、自動車による貨物及び旅客の輸送の実態を明らかにすることを目的とする。

（定義）

第三条 この省令において「事業用自動車」とは、道路運送車両法（昭和二十六年法律第百八十五号）第三条の普通自動車、小型自動車（二輪のものを除く。）又は軽自動車（道路運送車両法施行規則（昭和二十六年運輸省令第七十四号）第三十五条の二第一号及び第二号に掲げるものを除く。次項第二号において同じ。）（以下「普通自動車等」という。）であつて、道路運送法（昭和二十六年法律第百八十三号）第二条第二項の自動車運送事業の用に供するもの（被けん引自動車を除く。）をいう。

2 この省令において「貨物自動車」とは、普通自動車等であつて、主として貨物の輸送の用に供するものをいう。ただし、次に掲げる自動車に該当するものを除く。

一 被けん引自動車

二 事業用自動車以外の軽自動車

3 この省令において「旅客自動車」とは、普通自動車等であつて、主として旅客の輸送の用に供するものをいう。ただし、次に掲げる自動車に該当するものを除く。

一 被けん引自動車

二 事業用自動車以外の自動車

4 この省令において「使用者」とは、自動車検査証の使用者の氏名又は名称の欄に記載されている者（その者が第五条各号に掲げる事項について報告を行うことができない場合にあつては、次条の調査の期間中に当該自動車を使用する者）をいう。

5 この省令において「一般乗合旅客自動車運送事業等」とは、道路運送法による一般乗合旅客自動車運送事業、一般貸切旅客自動車運送事業及び特定旅客自動車運送事業をいう。

（調査の対象）

第四条 調査は、貨物自動車若しくは旅客自動車又は一般乗合旅客自動車運送事業等を経営する者のうちから国土交通大臣が調査の期間を定めて選定するものについて行う。

（調査事項）

第五条 調査は、次に掲げる事項について行う。

一 貨物自動車の種類、主な用途（事業用自動車のものに限る。）、最大積載量、事業の種類（事業用自動車以外の自動車が事業の用に供する場合に限る。）、輸送回数、輸送区間、走行距離、輸送貨物の重量及び品目並びに運行の用に供しない日数

二 旅客自動車の種類（乗車定員十一人未満のものに限る。）、乗車定員、輸送回数、輸送区間、走行距離、輸送人員及び運行の用に供しない日数

三 一般乗合旅客自動車運送事業等を行う事業所における車両数、運行回数、走行距離及び輸送人員

四 前各号に掲げる事項に関連する事項

（自動車輸送統計調査票）

第六条 国土交通大臣は、第四条の規定により選定した自動車の使用者又は一般乗合旅客自動車運送事業等を経営する者に告示で定める様式による自動車輸送統計調査票（以下「調査票」という。）を配布しなければならない。

（報告）

第七条 前条の規定による調査票の配布を受けた者は、これに所定の事項を記入し、第四条の調査の期間満了後十五日以内に、これを国土交通大臣に提出しなければならない。

（結果の公表）

第八条 国土交通大臣は、調査票を審査集計した結果を自動車輸送統計月報により、調査月経過後二月以内に公表する。

2 国土交通大臣は、調査票を審査集計した結果に基づき、毎年四月から翌年三月までの期間に係る自動車輸送統計年報を作成し、当該期間終了後六月以内に公表する。

（調査票等の保存）

第九条 国土交通大臣の保存する調査票の保存期間は、二年とする。

2 国土交通大臣の作成した集計表の保存期間は、五年とする。

3 国土交通大臣は、調査票及び集計表を収録した電磁的記録（電子的方式、磁気的方式その他人の知覚によつては認識することができない方式で作られた記録をいう。）を作成し、これを永年保存する。

附 則

この省令は、公布の日から施行する。

附 則（昭三六・九・三〇運令五〇）

この省令は、昭和三十六年十月一日から施行する。

附 則（昭三九・三・三一運令一六）

この省令は、昭和三十九年四月一日から施行する。

附 則（昭三九・一〇・一運令七二）

この省令は、公布の日から施行する。

附 則（昭四一・六・三〇運令四二）

1 この省令は、昭和四十一年七月一日から施行する。

2 この省令の施行前に配布された改正前の第一号様式、第一号様式の二、第二号様式、第三号様式、第四号様式、第四号様式の二、第四号様式の三、第五号様式、第六号様式又は第七号様式による自動車輸送統計調査票は、それぞれ、改正後の第一号様式、第一号様式の二、第二号様式、第三号様式、第四号様式、第四号様式の二、第四号様式の三、第五号様式、第六号様式又は第七号様式によるものとみなす。

附 則（昭四五・二・二〇運令一〇）

この省令は、昭和四十五年三月一日から施行する。

附　則（昭五三・一二・二七運令六七）

この省令は、昭和五十四年一月一日から施行する。

附　則（昭五八・一・三一運令四）

この省令は、昭和五十八年四月一日から施行する。

附　則（昭五九・六・二二運令一八抄）

（施行期日）

第一条　この省令は、昭和五十九年七月一日から施行する。

附　則（昭六〇・二・五運令五抄）

（施行期日）

1　この省令は、道路運送法等の一部を改正する法律の施行の日（昭和六十年四月一日）から施行する。

附　則（昭六二・二・二〇運令一〇）

この省令は、昭和六十二年四月一日から施行する。

附　則（平元・七・二〇運令二四）

この省令は、公布の日から施行する。

附　則（平二・九・二五運令二八）

この省令は、平成二年十月一日から施行する。

附　則（平二・一一・二九運令三一抄）

（施行期日）

1　この省令は、貨物運送取扱事業法及び貨物自動車運送事業法の施行の日（平成二年十二月一日）から施行する。

附　則（平一〇・八・三一運令六三）

（施行期日）

1　この省令は、平成十一年二月一日から施行する。

（経過措置）

2　調査の期間の末日がこの省令の施行前に属する調査については、なお従前の例による。

附　則（平一二・一一・二九運令三九抄）

（施行期日）

第一条　この省令は、平成十三年一月六日から施行する。

附　則（平一四・六・二八国交令七九抄）

（施行期日）

第一条　この省令は、平成十四年七月一日から施行する。

附　則（平一五・三・二〇国交令二六）

この省令は、公布の日から施行する。

附　則（平二一・三・三〇国交令一五抄）

（施行期日）

第一条　この省令は、統計法〔平成一九年五月法律第五三号〕の施行の日（平成二十一年四月一日）から施行する。

（自動車輸送統計調査規則の一部改正に伴う経過措置）

第八条　この省令の施行の際現に第七条の規定による改正前の自動車輸送統計調査規則第五条の規定により自動車輸送統計調査の申告を求められている者は、第七条の規定による改正後の自動車輸送統計調査規則第五条の規定により自動車輸送統計調査の報告を求められた者とみなす。

附　則（平二二・八・二〇国交令四四）

（施行期日）

1　この省令は、平成二十二年十月一日から施行する。

（経過措置）

2　調査の期間の末日がこの省令の施行の日前に属する調査については、なお従前の例による。

附　則（令元・一二・一六国交令四五抄）

（施行期日）

1　この省令は、公布の日から施行する。〔後略〕

（罰則に関する経過措置）

3　この省令の施行前にした行為に対する罰則の適用については、なお従前の例による。

附　則（令二・三・六国交令一五）

（施行期日）

1　この省令は、令和二年四月一日から施行する。

（経過措置）

2　調査期日がこの省令の施行の日前に属する調査については、なお従前の例による。

（罰則に関する経過措置）

3　この省令の施行前にした行為に対する罰則の適用については、なお従前の例による。

附　則（令四・五・二〇国交令四五抄）

（施行期日）

第一条　この省令は、道路運送車両法の一部を改正する法律（令和元年法律第十四号）附則第一条第六号に掲げる規定の施行の日（令和五年一月一日）から施行する。〔後略〕

〇貨物自動車運送事業法

（平成元年十二月十九日）
（法律第八十三号）

沿革　平五法八九、平六法九七、平九法九六、平一一法一五一・一六〇、平一二法九一、平一四法五四・七七・八九、平一六法一四七、平一七法八五、平一八法一九・四〇・五〇、平二三法六一・七四、平二六法六九、平二八法一〇六、三〇法九六、令元法三七、令四法六八、令五法六二・六三、令六法二三改正

〔編者注〕

1　令和四年六月一七日法律第六八号による改正のうち、令和七年六月一日から施行される部分は、直接改正を加えないで、現行条文と並列して登載した。

2　令和五年六月一六日法律第六三号による改正のうち、公布の日から起算して三年を超えない範囲内において政令で定める日から施行される部分は、直接改正を加えないで、現行条文と並列して登載した。

3　令和六年五月一五日法律第二三号による改正のうち、公布の日から起算して一年を超えない範囲内において政令で定める日及び公布の日から起算して二年を超えない範囲内において政令で定める日から施行される部分は直接改正を加えないで、改正文を本法の末尾に登載した。

目次

第一章　総則

（目的）

第一条　この法律は、貨物自動車運送事業の運営を適正かつ合理的なものとするとともに、貨物自動車運送に関するこの法律及びこの法律に基づく措置の遵守等を図るための民間団体等による自主的な活動を促進することにより、輸送の安全を確保するとともに、貨物自動車運送事業の健全な発達を図り、もって公共の福祉の増進に資することを目的とする。

※　本条…一部改正〔平一八法一九〕

（定義）

第二条　この法律において「貨物自動車運送事業」とは、一般貨物自動車運送事業、特定貨物自動車運送事業及び貨物軽自動車運送事業をいう。

2　この法律において「一般貨物自動車運送事業」とは、他人の需要に応じ、有償で、自動車（三輪以上の軽自動車及び二輪の自動車を除く。次項及び第七項において同じ。）を使用して貨物を運送する事業であって、特定貨物自動車運送事業以外のものをいう。

3　この法律において「特定貨物自動車運送事業」とは、特定の者の需要に応じ、有償で、自動車を使用して貨物を運送する事業をいう。

4　この法律において「貨物軽自動車運送事業」とは、他人の需要に応じ、有償で、自動車（三輪以上の軽自動車及び二輪の自動車に限る。）を使用して貨物を運送する事業をいう。

5　この法律において「自動車」とは、道路運送車両法（昭和二十六年法律第百八十五号）第二条第二項の自動車をいう。

6　この法律において「特別積合せ貨物運送」とは、一般貨物自動車運送事業として行う運送のうち、営業所その他の事業場（以下この項、第四条第二項及び第六条第四号において単に「事業場」という。）において集貨された貨物の仕分を行い、集貨された貨物を積み合わせて他の事業場に運送し、当該他の事業場において運送された貨物の配達に必要な仕分を行うものであって、これらの事業場の間における当該積合せ貨物の運送を定期的に行うものをいう。

7　この法律において「貨物自動車利用運送」とは、一般貨物自動車運送事業又は特定貨物自動車運送事業を経営する者が他の一般貨物自動車運送事業又は特定貨物自動車運送事業を経営する者の行う運送（自動車を使用して行う貨物の運送に係るものに限る。）を利用してする貨物の運送をいう。

※　二項…一部改正・七項…追加〔平一四法七七〕

第二章　貨物自動車運送事業

（一般貨物自動車運送事業の許可）

第三条　一般貨物自動車運送事業を経営しようとする者は、国土交通大臣の許可を受けなければならない。

※　本条…一部改正〔平一一法一六〇〕

※　「権限の委任」＝本法六六1、則四二1①、「罰則」＝本法七〇①・八〇

（許可の申請）

第四条　前条の許可を受けようとする者は、次に掲げる事項を記載した申請書を国土交通大臣に提出しなければならない。

一　氏名又は名称及び住所並びに法人にあっては、その代表者の氏名

二　営業所の名称及び位置、事業の用に供する自動車（以下「事業用自動車」という。）の概要、特別積合せ貨物運送をするかどうかの別、貨物自動車利用運送を行うかどうかの別その他国土交通省令で定める事項に関する事業計画

2　前条の許可の申請をする者は、次の各号のいずれかに該当する場合にあっては、前項第二号に掲げる事項のほか、事業計画にそれぞれ当該各号に掲げる事項を併せて記載しなければならない。

一　特別積合せ貨物運送をしようとする場合　特別積合せ貨物運送に係る事業場の位置、当該事業場の積卸施設の概要、事業用自動車の運行系統及び運行回数その他国土交通省令で定める事項

二　貨物自動車利用運送を行おうとする場合　業務の範囲その他国土交通省令で定める事項

3　第一項の申請書には、事業用自動車の運行管理の体制その他の国土交通省令で定める事項を記載した書類を添付しなければならない。

※　一―三項…一部改正〔平一一法一六〇〕、一項…一部改正・二項…全部改正〔平一四法七七〕

※　1項「国土交通省令」＝則二、3項「本項の準用」＝本法三五4、「国土交通省令」＝則三

（欠格事由）

第五条　国土交通大臣は、次に掲げる場合には、第三条の許可をしてはならない。

一　許可を受けようとする者が、一年以上の懲役又は禁錮の刑に処せられ、その執行を終わり、又は執行を受けることがなくなった日から五年を経過しない者であるとき。

二　許可を受けようとする者が、一般貨物自動車運送事業又は特定貨物自動車運送事業の許可の取消しを受け、その取消しの日から五年を経過しない者（当該許可を取り消された者が法人である場合においては、当該取消しに係る聴聞の通知が到達した日（行政手続法（平成五年法律第八十八号）第十五条第一項の通知が到達した日（同条第三項により通知が到達したものとみなされた日を含む。）をいう。第四号において同じ。）前六十日以内にその法人の役員（いかなる名称によるかを問わず、これと同等以上の職権又は支配力を有する者を含む。第六号及び第八号において同じ。）であった者で当該取消しの日から五年を経過しないものを含む。）であるとき。

三　許可を受けようとする者と密接な関係を有する者（許可を受けようとする者（法人に限る。以下この号において同じ。）の株式の所有その他の事由を通じて当該許可を受けようとする者の事業を実質的に支配し、若しくはその事業に重要な影響を与える関係にある者として国土交通省令で定めるもの（以下この号において「許可を受けようとする者の親会社等」という。）、許可を受けようとする者の親会社等が株式の所有その他の事由を通じてその事業を実質的に支配し、若しくはその事業に重要な影響を与える関係にある者として国土交通省令で定めるもの又は当該許可を受けようとする者が株式の所有その他の事由を通じてその事業を実質的に支配し、若しくはその事業に重要な影響を与える関係にある者として国土交通省令で定めるもののうち、当該許可を受けようとする者と国土交通省令で定める密接な関係を有する法人をいう。）が、一般貨物自動車運送事業又は特定貨物自動車運送事業の許可の取消しを受け、その取消しの日から五年を経過しない者であるとき。

四　許可を受けようとする者が、一般貨物自動車運送事業又は特定貨物自動車運送事業の許可の取消しの処分に係る聴聞の通知が到達した日から当該処分をする日又は処分をしないことを決定する日までの間に第三十二条（第三十五条第六項において準用する場合を含む。）の規定による事業の廃止の届出をした者（当該事業の廃止について相当の理由がある者を除く。）で、当該届出の日から五年を経過しないものであるとき。

五　許可を受けようとする者が、第六十条第四項の規定による検査が行われた日から聴聞決定予定日（当該検査の結果に基づき一般貨物自動車運送事業又は特定貨物自動車運送事業の許可の取消しの処分に係る聴聞を行うか否かの決定をすることが見込まれる日として国土交通省令で定めるところにより国土交通大臣が当該許可を受けようとする者に当該検査が行われた日から十日以内に特定の日を通知した場合における当該特定の日をいう。）までの間に第三十二条（第三十五条第六項において準用する場合を含む。）の規定による事業の廃止の届出をした者（当該事業の廃止について相当の理由がある者を除く。）で、当該届出の日から五年を経過しないものであるとき。

六　第四号に規定する期間内に第三十二条（第三十五条第六項において準用する場合を含む。）の規定による事業の廃止の届出があった場合において、許可を受けようとする者が、同号の聴聞の通知が到達した日前六十日以内に当該届出に係る法人（当該事業の廃止について相当の理由がある法人を除く。）の役員であった者で、当該届出の日から五年を経過しないものであるとき。

七　許可を受けようとする者が営業に関し成年者と同一の行為能力を有しない未成年者である場合において、その法定代理人が前各号（第三号を除く。）又は次号のいずれかに該当するものであるとき。

八　許可を受けようとする者が法人である場合において、その役員のうちに前各号（第三号を除く。）のいずれかに該当する者があるとき。

注1　令和四年六月一七日法律六八号により改正され、令和七年六月一日から施行

第五条第一号中「懲役又は禁錮の刑」を「拘禁刑」に改める。

注2　令和五年六月一六日法律六三号により改正され、公布の日から起算して三年を超えない範囲内において政令で定める日から施行

第五条第二号中「同条第三項」を「同条第四項の規定」に改める。

本条…一部改正〔平五法八九平一一法一五一平一四法七七平一六法一四七平二三法六一令元法三七平三〇法九六〕

※「本条の準用」＝本法三〇3・三二3・三五4、「国土交通省令」＝則三の二・三の三

（許可の基準）

第六条　国土交通大臣は、第三条の許可の申請が次に掲げる基準に適合していると認めるときでなければ、同条の許可をしてはならない。

一　その事業の計画が過労運転の防止、事業用自動車の安全性その他輸送の安全を確保するため適切なものであること。

二　前号に掲げるもののほか、事業用自動車の数、自動車車庫の規模その他の国土交通省令で定める事項に関し、その事業を継続して遂行するために適切な計画を有するものであること。

三　その事業を自ら適確に、かつ、継続して遂行するに足る経済的基礎及びその他の能力を有するものであること。

四　特別積合せ貨物運送に係るものにあっては、事業場における必要な積卸施設の保有及び管理、事業用自動車の運転者の乗務の管理、積合せ貨物に係る紛失等の事故の防止その他特別積合せ貨物運送を安全かつ確実に実施するため特に必要となる事項に関し適切な計画を有するものであること。

本条…一部改正〔平一一法一六〇平三〇法九六〕

※「本条の準用」＝本法九2・三〇3・三二3、「国土交通省令」＝則三の五

（緊急調整措置）

第七条　国土交通大臣は、特定の地域において一般貨物自動車運送事業の供給輸送力（以下この条において単に「供給輸送

力」という。）が輸送需要量に対し著しく過剰となっている場合であって、当該供給輸送力が更に増加することにより、第三条の許可を受けた者（以下「一般貨物自動車運送事業者」という。）であってその行う貨物の運送の全部又は大部分が当該特定の地域を発地又は着地とするものの相当部分について事業の継続が困難となると認めるときは、当該特定の地域を、期間を定めて緊急調整地域として指定することができる。

2　国土交通大臣は、特定の地域間において供給輸送力（特別積合せ貨物運送に係るものに限る。）が輸送需要量に対し著しく過剰となっている場合であって、当該供給輸送力が更に増加することにより、専ら当該特定の地域間において特別積合せ貨物運送を行っている一般貨物自動車運送事業者の相当部分について事業の継続が困難となり、かつ、当該特定の地域間における適正な特別積合せ貨物運送の実施が著しく困難となると認めるときは、当該特定の地域間を、期間を定めて緊急調整区間として指定することができる。

3　前二項の規定による指定は、告示によって行う。

4　国土交通大臣は、第一項の規定による緊急調整地域の指定がある場合において第三条の許可をするときは、当該許可に係る事業の範囲を当該緊急調整地域を発地又は着地としない貨物の運送に限定してこれをしなければならない。

5　国土交通大臣は、第二項の規定による緊急調整区間の指定がある場合において第三条の許可の申請に係る特別積合せ貨物運送の全部又は一部が当該緊急調整区間において行われるものであるときは、当該許可をしてはならない。

6　一般貨物自動車運送事業者は、第一項の規定による緊急調整地域の指定又は第二項の規定による緊急調整区間の指定がある場合には、それぞれ、当該緊急調整地域における供給輸送力又は当該緊急調整区間における特別積合せ貨物運送に係る供給輸送力を増加させるものとして国土交通省令で定める事業計画の変更をすることができない。

※　一・二・四・五項…一部改正〔平一一法一六〇〕、一項…一部改正・四項…全部改正・五項…追加・旧五項…六項に繰下〔平一四法七七〕

1項、2項「運輸審議会への諮問」＝本法六七、4項「本項の準用」＝本法三五5、6項「本項の準用」＝本法三五5、「国土交通省令」＝則四

（事業計画）

第八条　一般貨物自動車運送事業者は、その業務を行う場合には、事業計画に定めるところに従わなければならない。

2　国土交通大臣は、一般貨物自動車運送事業者が前項の規定に違反していると認めるときは、当該一般貨物自動車運送事業者に対し、事業計画に従い業務を行うべきことを命ずることができる。

※　二項…一部改正〔平一一法一六〇〕

2項「権限の委任」＝本法六六1、「罰則」＝本法七五①・八〇

（事業計画の変更）

第九条　一般貨物自動車運送事業者は、事業計画の変更（第三項に規定するものを除く。）をしようとするときは、国土交通大臣の認可を受けなければならない。

2　第六条の規定は、前項の認可について準用する。

3　一般貨物自動車運送事業者は、事業用自動車に関する国土交通省令で定める事業計画の変更をするときは、あらかじめその旨を、国土交通省令で定める軽微な事項に関する事業計画の変更をしたときは、遅滞なくその旨を、国土交通大臣に届け出なければならない。

※　一・三項…一部改正〔平一一法一六〇〕

「本条の準用」＝本法三五6、1項「申請手続」＝則五、「権限の委任」＝本法六六1・2、則四二1③・2①、「罰則」＝本法七五②・八〇、2項「準用規定」＝本法六（許可の基準）、3項「申請手続」＝則八、「国土交通省令」＝則六・七、「権限の委任」＝本法六六1・2、則四二1③・2①、「罰則」＝本法七五③・八〇・八一①

（運送約款）

第十条　一般貨物自動車運送事業者は、運送約款を定め、国土交通大臣の認可を受けなければならない。これを変更しようとするときも、同様とする。

2　国土交通大臣は、前項の認可をしようとするときは、次に掲げる基準によって、これをしなければならない。

一　荷主の正当な利益を害するおそれがないものであること。

二　少なくとも運賃及び料金の収受並びに一般貨物自動車運送事業者の責任に関する事項が明確に定められているものであること。

三　前号の運賃及び料金の収受に関する事項については、国土交通省令で定める特別の事情がある場合を除き、運送の役務の対価としての運賃と運送の役務以外の役務又は特別に生ずる費用に係る料金とを区分して収受する旨が明確に定められているものであること。

3　国土交通大臣が標準運送約款を定めて公示した場合（これを変更して公示した場合を含む。）において、一般貨物自動車運送事業者が、標準運送約款と同一の運送約款を定め、又は現に定めている運送約款を標準運送約款と同一のものに変更したときは、その運送約款については、第一項の規定による認可を受けたものとみなす。

※　本条…全部改正〔平一四法七七〕、二項…一部改正〔平三〇法九六〕

1項「罰則」＝本法七五④・八〇、「権限の委任」＝本法六六、則四二1⑤、2項「国土交通省令」＝則一一

（運賃及び料金等の掲示等）

第十一条　一般貨物自動車運送事業者は、運賃及び料金（個人（事業として又は事業のために運送契約の当事者となる場合におけるものを除く。）を対象とするものに限る。）、運送約款その他国土交通省令で定める事項を、主たる事務所その他の営業所において公衆に見やすいように掲示するとともに、その事業の規模が著しく小さい場合その他の国土交通省令で定める場合を除き、国土交通省令で定めるところにより、電気通信回線に接続して行う自動公衆送信（公衆によって直接受信されることを目的として公衆からの求めに応じ自動的に送信を行うことをいい、放送又は有線放送に該当するものを除く。）により公衆の閲覧に供しなければならない。

※　一・二項…一部改正〔平一一法一六〇〕、本条…全部改正〔平一四法七七〕、見出・本条…一部改正〔令五法六三〕

「国土交通省令」＝則一二〜一三の二、「罰則」＝本法八一②

第十二条から第十四条まで　削除〔平一八法一九〕

（輸送の安全性の向上）

第十五条　一般貨物自動車運送事業者は、輸送の安全の確保が最も重要であることを自覚し、絶えず輸送の安全性の向上に努めなければならない。

本条…削除〔平一四法七七〕、追加〔平一八法一九〕

※「本法の準用」＝本法三五6・三六2・三七3

（安全管理規程等）

第十六条　一般貨物自動車運送事業者（その事業の規模が国土交通省令で定める規模未満であるものを除く。以下この条において同じ。）は、安全管理規程を定め、国土交通省令で定めるところにより、国土交通大臣に届け出なければならない。これを変更しようとするときも、同様とする。

2　安全管理規程は、輸送の安全を確保するために一般貨物自動車運送事業者が遵守すべき次に掲げる事項に関し、国土交通省令で定めるところにより、必要な内容を定めたものでなければならない。

一　輸送の安全を確保するための事業の運営の方針に関する事項

二　輸送の安全を確保するための事業の実施及びその管理の体制に関する事項

三　輸送の安全を確保するための事業の実施及びその管理の方法に関する事項

四　安全統括管理者（一般貨物自動車運送事業者が、前三号に掲げる事項に関する業務を統括管理させるため、事業運営上の重要な決定に参画する管理的地位にあり、かつ、一般貨物自動車運送事業に関する一定の実務の経験その他の国土交通省令で定める要件を備える者のうちから選任する者をいう。以下同じ。）の選任に関する事項

3　国土交通大臣は、安全管理規程が前項の規定に適合しないと認めるときは、当該一般貨物自動車運送事業者に対し、これを変更すべきことを命ずることができる。

4　一般貨物自動車運送事業者は、安全統括管理者を選任しなければならない。

5　一般貨物自動車運送事業者は、安全統括管理者を選任し、又は解任したときは、国土交通省令で定めるところにより、遅滞なく、その旨を国土交通大臣に届け出なければならない。

6　一般貨物自動車運送事業者は、輸送の安全の確保に関し、安全統括管理者のその職務を行う上での意見を尊重しなければならない。

7　国土交通大臣は、安全統括管理者がその職務を怠った場合であって、当該安全統括管理者が引き続きその職務を行うことが輸送の安全の確保に著しく支障を及ぼすおそれがあると認めるときは、一般貨物自動車運送事業者に対し、当該安全統括管理者を解任すべきことを命ずることができる。

本条…削除〔平一四法七七〕、追加〔平一八法一九〕

※「本条の準用」＝本法三五6・三七3、「権限の委任」＝本法六六1、則四二1⑥～⑨、1・2・5項「国土交通省令」＝輸送安全規則二の三～二の七、「罰則」＝本法七五①・⑤～⑦・八〇

（輸送の安全）

第十七条　一般貨物自動車運送事業者は、次に掲げる事項に関し国土交通省令で定める基準を遵守しなければならない。

一　事業用自動車の数、荷役その他の事業用自動車の運転に附帯する作業の状況等に応じて必要となる員数の運転者及びその他の従業員の確保、事業用自動車の運転者がその休憩又は睡眠のために利用することができる施設の整備及び管理、事業用自動車の運転者の適切な勤務時間及び乗務時間の設定その他事業用自動車の運転者の過労運転を防止するために必要な事項

二　事業用自動車の定期的な点検及び整備その他事業用自動車の安全性を確保するために必要な事項

2　一般貨物自動車運送事業者は、事業用自動車の運転者が疾病により安全な運転ができないおそれがある状態で事業用自動車を運転することを防止するために必要な医学的知見に基づく措置を講じなければならない。

3　一般貨物自動車運送事業者は、事業用自動車の最大積載量を超える積載をすることとなる運送（以下「過積載による運送」という。）の引受け、過積載による運送を前提とする事業用自動車の運行計画の作成及び事業用自動車の運転者その他の従業員に対する過積載による運送の指示をしてはならない。

4　前三項に規定するもののほか、一般貨物自動車運送事業者は、輸送の安全を確保するため、国土交通省令で定める事項を遵守しなければならない。

5　事業用自動車の運転者及び運転の補助に従事する従業員は、運行の安全を確保するため、国土交通省令で定める事項を遵守しなければならない。

三・四項…一部改正〔平一一法一六〇〕、二項…追加・旧三項…一部改正し四項に繰下・旧二・四項…一項ずつ繰下〔平一八法一〇六〕、一項…全部改正〔平三〇法九六〕

※1・2項「本項の準用」＝本法三五6・三六2・三七3、3項「本項の準用」＝本法三五6・三六2・三七3、4項「本項の準用」＝本法三五6・三六2・三七3、4・5項「国土交通省令」＝輸送安全規則二の二～一七

（運行管理者）

第十八条　一般貨物自動車運送事業者は、事業用自動車の運行の安全の確保に関する業務を行わせるため、国土交通省令で定めるところにより、運行管理者資格者証の交付を受けている者のうちから、運行管理者を選任しなければならない。

2　前項の運行管理者の業務の範囲は、国土交通省令で定める。

3　一般貨物自動車運送事業者は、第一項の規定により運行管理者を選任したときは、遅滞なく、その旨を国土交通大臣に届け出なければならない。これを解任したときも、同様とする。

一―三項…一部改正〔平一一法一六〇〕

※「本条の準用」＝本法三五6・三七3、1項「国土交通省令」＝輸送安全規則一八、「運行管理者の選任等の届出」＝輸送安全規則一九、「運行管理者資格者証」＝本法一九、輸送安全規則二四～二八、「罰則」＝本法七四①・八〇、2項「国土交通省令」＝輸送安全規則二〇、「運行管理規程」＝輸送安全規則二一、「運行管理者の指導及び監督」＝輸送安全規則二二、「運行管理者の講習」＝輸送安全規則二三、3項「届出手続」＝輸送安全規則一九、「権限の委任」＝本法六六1・2、則四二1⑩・2②、「罰則」＝本法七五⑦・八〇

（運行管理者資格者証）

第十九条　国土交通大臣は、次の各号のいずれかに該当する者に対し、運行管理者資格者証を交付する。

一　運行管理者試験に合格した者

二　事業用自動車の運行の安全の確保に関する業務について国土交通省令で定める一定の実務の経験その他の要件を備える者

2　国土交通大臣は、前項の規定にかかわらず、次の各号のいずれかに該当する者に対しては、運行管理者資格者証の交付

を行わないことができる。

一　次条の規定により運行管理者資格者証の返納を命ぜられ、その日から五年を経過しない者

二　この法律若しくはこの法律に基づく命令又はこれらに基づく処分に違反し、この法律の規定により罰金以上の刑に処せられ、その執行を終わり、又はその執行を受けることがなくなった日から五年を経過しない者

3　運行管理者資格者証の交付に関する手続的事項は、国土交通省令で定める。

一項…一部改正〔平六法九七〕、一―三項…一部改正〔平一一法一六〇〕、二項…一部改正〔平三〇法九六〕

※　1項②・3項「国土交通省令」＝輸送安全規則二四―二八

（運行管理者資格者証の返納）

第二十条　国土交通大臣は、運行管理者資格者証の交付を受けている者がこの法律若しくはこの法律に基づく命令又はこれらに基づく処分に違反したときは、その運行管理者資格者証の返納を命ずることができる。

本条…一部改正〔平一一法一六〇〕

※　「権限の委任」＝本法六六1、則四二1⑫、「罰則」＝本法八一③

（運行管理者試験）

第二十一条　運行管理者試験は、運行管理者の業務に関し必要な知識及び能力について国土交通大臣が行う。

2　運行管理者試験は、国土交通省令で定める実務の経験を有する者でなければ、受けることができない。

3　運行管理者試験の試験科目、受験手続その他試験の実施細目は、国土交通省令で定める。

一―三項…一部改正〔平一一法一六〇〕

※　2項「国土交通省令」＝輸送安全規則三一、3項「国土交通省令」＝輸送安全規則二九・三〇・三二・三三

（運行管理者等の義務）

第二十二条　運行管理者は、誠実にその業務を行わなければならない。

2　一般貨物自動車運送事業者は、運行管理者に対し、第十八条第二項の国土交通省令で定める業務を行うため必要な権限を与えなければならない。

3　一般貨物自動車運送事業者は、運行管理者がその業務として行う助言を尊重しなければならず、事業用自動車の運転者その他の従業員は、運行管理者がその業務として行う指導に従わなければならない。

二項…一部改正〔平一一法一六〇〕

※　2項「本項の準用」＝本法三五6・三七3、「第十八条第二項の国土交通省令」＝輸送安全規則二〇、3項「本項の準用」＝本法三五6・三七3

（輸送の安全の確保を阻害する行為の禁止）

第二十二条の二　一般貨物自動車運送事業者は、貨物自動車利用運送を行う場合にあっては、その利用する運送を行う一般貨物自動車運送事業者又は第三十五条第一項の許可を受けた者（以下「特定貨物自動車運送事業者」という。）が第十五条、第十六条第一項、第四項若しくは第六項、第十七条第一項から第四項まで、第十八条第一項若しくは前条第二項若しくは第三項の規定又は安全管理規程を遵守することにより輸送の安全を確保することを阻害する行為をしてはならない。

本条…追加〔平一四法七七〕、一部改正〔平一八法一九平二八法一〇六〕

※　「本条の準用」＝本法三五6・三七3

（輸送の安全確保の命令）

第二十三条　国土交通大臣は、一般貨物自動車運送事業者が、第十六条第一項、第四項若しくは第六項、第十七条第一項から第四項まで、第十八条第一項、第二十二条第二項若しくは第三項若しくは前条の規定又は安全管理規程を遵守していないため輸送の安全が確保されていないと認めるときは、当該一般貨物自動車運送事業者に対し、必要な員数の運転者の確保、事業用自動車の運行計画の改善、運行管理者に対する必要な権限の付与、貨物自動車利用運送を行う場合におけるその利用する運送を行う一般貨物自動車運送事業者又は特定貨物自動車運送事業者の輸送の安全の確保を阻害する行為の停止、当該安全管理規程の遵守その他その是正のために必要な措置を講ずべきことを命ずることができる。

本条…一部改正〔平一一法一六〇平一四法七七平一八法一九平二八法一〇六〕

※　「本条の準用」＝本法三五6・三六2・三七3、「罰則」＝本法七五①・八〇

（事故の報告）

第二十四条　一般貨物自動車運送事業者は、その事業用自動車が転覆し、火災を起こし、その他国土交通省令で定める重大な事故を引き起こしたときは、遅滞なく、事故の種類、原因その他国土交通省令で定める事項を国土交通大臣に届け出なければならない。

本条…一部改正〔平一一法一六〇〕

※　「本条の準用」＝本法三五6・三七3、「国土交通省令」＝自動車事故報告規則、「罰則」＝本法八一④

（国土交通大臣による輸送の安全にかかわる情報の公表）

第二十四条の二　国土交通大臣は、毎年度、第二十三条の規定による命令に係る事項、前条の規定による届出に係る事項その他の国土交通省令で定める輸送の安全にかかわる情報を整理し、これを公表するものとする。

本条…追加〔平一八法一九〕

※　「本条の準用」＝本法三五6・三七3、「国土交通省令」＝輸送安全規則四七の二

（一般貨物自動車運送事業者による輸送の安全にかかわる情報の公表）

第二十四条の三　一般貨物自動車運送事業者は、国土交通省令で定めるところにより、輸送の安全を確保するために講じた措置及び講じようとする措置その他の国土交通省令で定める輸送の安全にかかわる情報を公表しなければならない。

本条…追加〔平一八法一九〕

※　「本条の準用」＝本法三五6・三七3、「罰則」＝本法八一⑤

（事業の適確な遂行）

第二十四条の四　一般貨物自動車運送事業者は、次に掲げる事項に関し国土交通省令で定める基準を遵守しなければならない。

一　事業用自動車を保管することができる自動車車庫の整備及び管理に関する事項

二　健康保険法（大正十一年法律第七十号）等の定めるところにより納付義務を負う保険料等の納付その他の事業の適正な運営に関する事項

三　前二号に掲げるもののほか、輸送の安全に係る事項以外の事項であってその事業を適確に遂行するために必要なもの

2　国土交通大臣は、一般貨物自動車運送事業者が前項の基準を遵守していないと認めるときは、当該一般貨物自動車運送事業者に対し、その是正のために必要な措置を講ずべきことを命ずることができる。

※　本条…追加〔平三〇法九六〕
　1項「国土交通省令」＝則一四、2項「罰則」＝本法七五①・八〇

（公衆の利便を阻害する行為の禁止等）

第二十五条　一般貨物自動車運送事業者は、荷主に対し、不当な運送条件によることを求め、その他公衆の利便を阻害する行為をしてはならない。

2　一般貨物自動車運送事業者は、一般貨物自動車運送事業の健全な発達を阻害する結果を生ずるような競争をしてはならない。

3　一般貨物自動車運送事業者は、特定の荷主に対し、不当な差別的取扱いをしてはならない。

4　国土交通大臣は、前三項に規定する行為があるときは、一般貨物自動車運送事業者に対し、当該行為の停止又は変更を命ずることができる。

※　四項…一部改正〔平一一法一六〇〕
　1項「本項の準用」＝本法三六2、4項「権限の委任」＝本法六六1、「罰則」＝本法七五①・八〇

（事業改善の命令）

第二十六条　国土交通大臣は、一般貨物自動車運送事業の適正かつ合理的な運営を確保するため必要があると認めるときは、一般貨物自動車運送事業者に対し、次に掲げる事項を命ずることができる。

一　事業計画を変更すること。
二　運送約款を変更すること。
三　自動車その他の輸送施設に関し改善措置を講ずること。
四　貨物の運送に関し生じた損害を賠償するために必要な金額を担保することができる保険契約を締結すること。
五　運賃又は料金が利用者の利便その他公共の利益を阻害している事実があると認められる場合において、当該運賃又は料金を変更すること。
六　前各号に掲げるもののほか、荷主の利便を害している事実がある場合その他事業の適正な運営が著しく阻害されていると認められる場合において、事業の運営を改善するために必要な措置を執ること。

※　本条…一部改正〔平一一法一六〇平一四法七七〕
　「権限の委任」＝本法六六1、則四二1⑮、「罰則」＝本法七五①・八〇

（名義の利用等の禁止）

第二十七条　一般貨物自動車運送事業者は、その名義を他人に一般貨物自動車運送事業又は特定貨物自動車運送事業のため利用させてはならない。

2　一般貨物自動車運送事業者は、事業の貸渡しその他いかなる方法をもってするかを問わず、一般貨物自動車運送事業又は特定貨物自動車運送事業を他人にその名において経営させてはならない。

※　「本条の準用」＝本法三五6、1項「罰則」＝本法七〇②・八〇、2項「罰則」＝本法七〇③・八〇

第二十八条　削除〔平六法九七〕

（輸送の安全に関する業務の管理の受委託）

第二十九条　事業用自動車の運行の管理その他国土交通省令で定める一般貨物自動車運送事業に係る輸送の安全に関する業務の管理の委託及び受託については、国土交通大臣の許可を受けなければならない。

2　国土交通大臣は、受託者が当該業務の管理を行うのに適している者でないと認める場合を除き、前項の許可をしなければならない。

※　一・二項…一部改正〔平一一法一六〇〕
　「本条の準用」＝本法三五6・三七3、1項「申請手続」＝則一六、「権限の委任」＝本法六六1、則四二1⑯、「国土交通省令」＝則一六、「罰則」＝本法七四②・八〇

（事業の譲渡し及び譲受け等）

第三十条　一般貨物自動車運送事業の譲渡し及び譲受けは、国土交通大臣の認可を受けなければ、その効力を生じない。

2　一般貨物自動車運送事業者たる法人の合併及び分割は、国土交通大臣の認可を受けなければ、その効力を生じない。ただし、一般貨物自動車運送事業者たる法人と一般貨物自動車運送事業を経営しない法人が合併する場合において一般貨物自動車運送事業者たる法人が存続するとき又は一般貨物自動車運送事業者たる法人が分割をする場合において一般貨物自動車運送事業を承継させないときは、この限りでない。

3　第五条及び第六条の規定は、前二項の認可について準用する。

4　第一項の認可を受けて一般貨物自動車運送事業を譲り受けた者又は第二項の認可を受けて一般貨物自動車運送事業者たる法人が合併若しくは分割をした場合における合併後存続する法人若しくは合併により設立された法人若しくは分割により一般貨物自動車運送事業を承継した法人は、第三条の許可に基づく権利義務を承継する。

※　一・二項…一部改正〔平一一法一六〇〕、二・四項…一部改正〔平一二法九一〕
　1項「申請手続」＝則一七、「権限の委任」＝本法六六1、則四二1⑰、2項「申請手続」＝則一八、「権限の委任」＝本法六六1、則四二1⑰、3項「準用規定」＝本法五（欠格事由）、六（許可の基準）

（相続）

第三十一条　一般貨物自動車運送事業者が死亡した場合において、相続人（相続人が二人以上ある場合においてその協議により当該一般貨物自動車運送事業を承継すべき相続人を定めたときは、その者。以下同じ。）が被相続人の経営していた一般貨物自動車運送事業を引き続き経営しようとするときは、被相続人の死亡後六十日以内に、国土交通大臣の認可を受けなければならない。

2　相続人が前項の認可の申請をした場合には、被相続人の死亡の日からその認可をする旨又はその認可をしない旨の通知を受ける日までは、被相続人に対してした一般貨物自動車運送事業の許可は、その相続人に対してしたものとみなす。

3　第五条及び第六条の規定は、第一項の認可について準用する。

4　第一項の認可を受けた者は、被相続人に係る第三条の許可に基づく権利義務を承継する。

※　一項…一部改正〔平一一法一六〇〕
　1項「申請手続」＝則一九、「権限の委任」＝本法六六1、則四二1⑰、3項「準用規定」＝本法五（欠格事由）・六（許可の基準）

（事業の休止及び廃止）

第三十二条　一般貨物自動車運送事業者は、その事業を休止

し、又は廃止しようとするときは、その三十日前までに、その旨を国土交通大臣に届け出なければならない。

本条…一部改正〔平一一法一六〇平三〇法九六〕

※「本条の準用」＝本法三五6、「届出の手続」＝則二〇、「権限の委任」＝本法六六1・2、則四二1⑱・2③、「罰則」＝本法七五⑧・八〇

（許可の取消し等）

第三十三条　国土交通大臣は、一般貨物自動車運送事業者が次の各号のいずれかに該当するときは、六月以内において期間を定めて自動車その他の輸送施設の当該事業のための使用の停止若しくは事業の全部若しくは一部の停止を命じ、又は第三条の許可を取り消すことができる。

一　この法律若しくはこの法律に基づく命令若しくはこれらに基づく処分若しくは道路運送法（昭和二十六年法律第百八十三号）第八十三条若しくは第九十五条の規定若しくは同法第八十四条第一項の規定による処分又は許可若しくは認可に付した条件に違反したとき。

二　第五条第一号、第二号、第七号又は第八号に該当するに至ったとき。

本条…一部改正〔平一一法一六〇平三〇法九六〕

※「本条の準用」＝本法三五6・三六2・三七3、「権限の委任」＝本法六六1、則四二1⑲・⑳、「罰則」＝本法七一①・八〇

第三十四条　国土交通大臣は、前条の規定により事業用自動車の使用の停止又は事業の停止を命じたときは、当該事業用自動車の道路運送車両法による自動車検査証を国土交通大臣に返納し、又は当該事業用自動車の同法による自動車登録番号標及びその封印を取り外した上、その自動車登録番号標について国土交通大臣の領置を受けるべきことを命ずることができる。

2　国土交通大臣は、前条の規定による事業用自動車の使用の停止又は事業の停止の期間が満了したときは、前項の規定により返納を受けた自動車検査証又は同項の規定により領置した自動車登録番号標を返付しなければならない。

3　前項の規定により自動車登録番号標（次項に規定する自動車に係るものを除く。）の返付を受けた者は、当該自動車登録番号標を当該自動車に取り付け、国土交通大臣の封印の取付けを受けなければならない。

4　国土交通大臣は、第一項の規定による命令に係る自動車であって、道路運送車両法第十六条第一項の申請（同法第十五条の二第五項の規定により申請があったものとみなされる場合を含む。）に基づき一時抹消登録をしたものについては、前条の規定による事業用自動車の使用の停止又は事業の停止の期間が満了するまでは、同法第十八条の二第二項本文の登録識別情報を通知しないものとする。

一―四項…一部改正〔平一一法一六〇〕、四項…一部改正〔平一四法八九平一八法四〇〕

※「本条の準用」＝三六2・三七3、1項「自動車検査証」＝車両法五八、「自動車登録番号標の封印」＝車両法一一、「権限の委任」＝本法六六1・2、則四二1㉑・㉒・2④、「罰則」＝本法七五①・八〇、2項「権限の委任」＝本法六六1・2、則四二1㉓・2⑤、3項「罰則」＝七五⑥・八〇

（特定貨物自動車運送事業）

第三十五条　特定貨物自動車運送事業を経営しようとする者は、国土交通大臣の許可を受けなければならない。

2　前項の許可を受けようとする者は、次に掲げる事項を記載した申請書を国土交通大臣に提出しなければならない。

一　氏名又は名称及び住所並びに法人にあっては、その代表者の氏名

二　運送の需要者の氏名又は名称及び住所並びに法人にあっては、その代表者の氏名

三　営業所の名称及び位置、事業用自動車の概要、貨物自動車利用運送を行うかどうかの別その他国土交通省令で定める事項に関する事業計画

3　国土交通大臣は、第一項の許可の申請が次に掲げる基準に適合していると認めるときでなければ、同項の許可をしてはならない。

一　その事業の計画が過労運転の防止、事業用自動車の安全性その他輸送の安全を確保するため適切なものであること。

二　前号に掲げるもののほか、自動車車庫の規模その他の国土交通省令で定める事項に関し、その事業を遂行するために適切な計画を有するものであること。

三　その事業を自ら適確に遂行するに足る能力を有するものであること。

4　第四条第二項（第二号に係る部分に限る。）及び第三項並びに第五条の規定は、第一項の許可について準用する。

5　第七条第四項の規定は同条第一項の規定による緊急調整地域の指定がある場合における第一項の許可の申請について、同条第六項の規定は当該緊急調整地域の指定がある場合における特定貨物自動車運送事業者について準用する。

6　第九条、第十五条、第十六条、第十七条第一項から第四項まで、第十八条、第二十二条第二項及び第三項、第二十二条の二から第二十四条の四まで、第二十七条、第三十二条並びに第三十三条の規定は特定貨物自動車運送事業者について、第十七条第五項及び第二十二条第三項の規定は特定貨物自動車運送事業者の事業用自動車の運転者及び従業員について、同条第一項の規定は特定貨物自動車運送事業者が選任した運行管理者について、第二十九条の規定は特定貨物自動車運送事業に係る輸送の安全に関する業務について、前条の規定は特定貨物自動車運送事業者の事業用自動車について準用する。この場合において、第九条第二項中「第六条」とあるのは、「第三十五条第三項」と読み替えるものとする。

7　特定貨物自動車運送事業の譲渡し又は特定貨物自動車運送事業者について合併、分割（当該事業を承継させるものに限る。）若しくは相続があったときは、当該事業を譲り受けた者又は合併後存続する法人（特定貨物自動車運送事業者たる法人と特定貨物自動車運送事業を経営しない法人の合併後存続する特定貨物自動車運送事業者たる法人を除く。）若しくは合併により設立された法人、分割により当該事業を承継した法人若しくは相続人は、第一項の許可に基づく権利義務を承継する。

8　前項の規定により第一項の許可に基づく権利義務を承継した者は、その承継の日から三十日以内に、その旨を国土交通大臣に届け出なければならない。

六項…一部改正〔平六法九七平九法九八〕、一―三・八項…一部改正〔平一一法一六〇〕、七項…一部改正〔平一二法九一〕、二・四―六項…一部改正〔平一四法七七〕、六項…一部改正〔平一八法一九平二八法一〇六〕、三・六項…一部改正〔平三〇法九六〕

※1項「権限の委任」＝本法六六1、則四二1㉔・四二

2⑥、「罰則」＝本法七一②・八〇、2項「国土交通省令」＝則二一、3項「国土交通省令」＝則二一の三、4項「準用規定」＝本法四2・3（許可の申請）、「添付書類」＝則二二、「準用規定」＝本法五（欠格事由）、5項「準用規定」＝本法七4（緊急調整措置）、5（緊急調整措置）、6項「準用規定」＝本法九（事業計画の変更）、「事業計画の変更の認可の申請」＝則二三、「事業計画の変更の届出」＝則二四、「軽微な事項に関する事業計画の変更」＝則二五、「事業計画の変更の認可の申請又は届出に関する手続の省略」＝則二六、「権限の委任」＝本法六六1、則四二1㉔、本法六六2、則四二2⑥、「罰則」＝本法七〇④・⑤・七一①・七四①・②・七五①―③・⑤―⑦・⑨・八〇・八一①・④・⑤、「準用規定」＝本法一〇（禁止行為）、「準用規定」＝本法一一（運賃及び料金）、「権限の委任」＝本法六六1、則四二1㉔、「権限の委任」＝本法六六1、則四二1㉔、「準用規定」＝本法一七（輸送の安全）、「準用規定」＝本法一八（運行管理者）、「権限の委任」＝本法六六1、則四二1㉔、本法六六2、則四二2⑥、「準用規定」＝本法二二1～3（運行管理者等の義務）、「準用規定」＝本法二三（輸送の安全確保の命令）、「権限の委任」＝本法六六1、則四二1㉔、「準用規定」＝本法二四（事故の報告）、「準用規定」＝本法二七（名義の利用等の禁止）、「準用規定」＝本法二九（輸送の安全に関する業務の管理の受委託）、「申請手続」＝則三〇、「権限の委任」＝本法六六1、則四二1㉔、「準用規定」＝本法三二（事業の休止及び廃止）、「申請手続」＝則三一、「権限の委任」＝本法六六1、則四二1㉔、本法六六2、則四二2⑥、「準用規定」＝本法三三（許可の取消し等）、「権限の委任」＝本法六六1、則四二1㉔、「準用規定」＝本法三四、「権限の委任」＝本法六六1、則四二㉔、本法六六2、則四二2⑥、8項「申請手続」＝則三二、「権限の委任」＝本法六六1、則四二1㉔、「罰則」＝本法八一⑥

（貨物軽自動車運送事業）

第三十六条　貨物軽自動車運送事業を経営しようとする者は、国土交通省令で定めるところにより、営業所の名称及び位置、事業用自動車の概要その他の事項を国土交通大臣に届け出なければならない。当該届出をした者（以下「貨物軽自動車運送事業者」という。）が届出をした事項を変更しようとするときも、同様とする。

2　第十五条、第十七条第一項から第四項まで、第二十三条、第二十四条の四、第二十五条第一項及び第三十三条（第一号に係る部分に限る。）の規定は貨物軽自動車運送事業者について、第十七条第五項の規定は貨物軽自動車運送事業者の事業用自動車の運転者及び運転の補助に従事する従業員について、第三十四条の規定は貨物軽自動車運送事業者の事業用自動車について準用する。この場合において、第二十三条中「第十六条第一項、第四項若しくは第六項、第十七条第一項から第四項まで、第十八条第一項、第二十二条第二項若しくは第三項若しくは前条の規定又は安全管理規程」とあるのは「第三十六条第二項において準用する第十七条第一項から第四項までの規定」と、第三十三条中「若しくは事業の全部若しくは一部の停止を命じ、又は第三条の許可を取り消すことができる」とあるのは「又は事業の全部若しくは一部の停止を命ずることができる」と読み替えるものとする。

3　貨物軽自動車運送事業者は、事業の全部を譲渡し、又は分割により事業の全部を承継させたときは、遅滞なく、その旨を国土交通大臣に届け出なければならない。

4　貨物軽自動車運送事業者たる法人が合併により消滅したときは、その業務を執行する役員であった者は、その日から三十日以内に、その旨を国土交通大臣に届け出なければならない。

5　貨物軽自動車運送事業者が死亡したときは、相続人は、被相続人の死亡後三十日以内に、その旨を国土交通大臣に届け出なければならない。

一・三―五項…一部改正〔平一一法一六〇〕、二項…一部改正〔平一四法七七平一八法一九平二八法一〇六平三〇法九六〕

※1項「国土交通省令」＝則三三、「権限の委任」＝本法六六1、則四二1㉕、本法六六2、則四二2、「罰則」＝本法七五⑩・八〇、2項「準用規定」＝本法一七1～4（輸送の安全）、「準用規定」＝本法二三（輸送の安全確保の命令）、「権限の委任」＝本法六六1、則四二1㉕、本法六六2、則四二2、「罰則」＝本法七一①・七五①・⑥・八〇、「準用規定」＝本法二五1（公衆の利便を阻害する行為の禁止等）、「準用規定」＝本法三三（許可の取消し等）、「権限の委任」＝本法六六1、則四二1㉕、本法六六2、則四二2、「準用規定」＝本法三四、「権限の委任」＝本法六六1、則四二1㉕、本法六六2、則四二2、3項「届出手続」＝則三四1、「権限の委任」＝本法六六1、則四二1㉕、本法六六2、則四二2、「罰則」＝八一⑥、4項「届出手続」＝則三四2、「権限の委任」＝本法六六1、則四二1㉕、本法六六2、則四二2、「罰則」＝八一⑥、5項「届出手続」＝則三四3、「権限の委任」＝本法六六1、則四二1㉕、本法六六2、則四二2、「罰則」＝八一⑥

（第二種貨物利用運送事業者に関する特則）

第三十七条　第八条から第十一条まで、第二十五条から第二十七条まで及び第三十五条第六項において準用する第九条、第二十七条及び第三十二条の規定は、一般貨物自動車運送事業者又は特定貨物自動車運送事業者が経営する貨物利用運送事業法（平成元年法律第八十二号）第二十条又は第四十五条第一項の許可に係る同法第二条第八項の第二種貨物利用運送事業（同項に規定する貨物の集配（以下この条において「貨物の集配」という。）に係る部分に限る。）については、適用しない。

2　貨物利用運送事業法第二十条又は第四十五条第一項の許可（以下この条において「第二種貨物利用運送事業許可」という。）を受けた者であって当該第二種貨物利用運送事業許可（当該事業に係る同法第二十五条第一項又は第四十六条第二項の認可を含む。以下この条において同じ。）の申請の時において同法第二十三条第五号に規定する者に該当するものは、第三条又は第三十五条第一項の許可を受けることなく貨物の集配を行うことができる。

3　第十五条、第十六条、第十七条第一項から第四項まで、第十八条、第二十二条第二項及び第三項、第二十二条の二から第二十四条の四まで、第三十三条（第一号に係る部分に限る。）並びに第六十条第一項、第四項、第六項及び第七項の規定は前項の規定により第三条又は第三十五条第一項の許可を受けることなく行われる貨物の集配に係る前項に規定する者（第二種貨物利用運送事業許可を受けた後第三条又は第三十五条第一項の許可を受けて当該貨物の集配を行うこととなった者を除く。以下この項及び第三十九条において「特定第二種貨物利用運送事業者」という。）について、第十七条第五項及び第二十二条第三項の規定は特定第二種貨物利用運送事業者の事業用自動車の運転者及び従業員について、同条第一項の規定は特定第二種貨物利用運送事業者が選任した運行管理者について、第二十九条の規定は特定第二種貨物利用運送事業者が行う貨物の集配に係る輸送の安全に関する業務について、第三十四条の規定は特定第二種貨物利用運送事業者の事業用自動車について準用する。この場合において、第三十三条中「当該事業のための使用の停止若しくは事業の全部若しくは一部の停止を命じ、又は第三条の許可を取り消すことができる」とあるのは、「当該事業のための使用の停止を命ずることができる」と読み替えるものとする。

一・三項…一部改正〔平六法九七〕、一項…一部改正〔平九法九六〕、見出…全部改正・一—三項…一部改正〔平一四法七七〕、三項…一部改正〔平一八法一九平二八法一〇六平三〇法九六〕

※「第二種利用自動車運送事業」＝貨物運送取扱事業法二9、1項「第二種利用運送事業に関する適用除外」＝本法八（事業計画）、本法一〇（運送約款）、本法一一（運賃及び料金等の掲示）、二五（公衆の利便を阻害する行為の禁止等）、二六（事業改善の命令）、二七（名義の利用等の禁止）、三二（事業の休止及び廃止）、「利用運送事業の許可」＝貨物運送取扱事業法三1、「外国人等による国際貨物運送取扱事業の許可」＝貨物運送取扱事業法三五1、2項「利用運送事業者の事業計画及び集配事業計画の変更の認可」＝貨物運送取扱事業法八1、「外国人国際利用運送事業者に係る事業計画の変更の認可」＝貨物運送取扱事業法三六2、「貨物の集配を申請者が自動車を使用して行おうとする第二種利用運送事業」、貨物運送取扱事業法二9、3項「準用規定」＝本法一七1〜4（輸送の安全）、「準用規定」＝本法一八、「権限の委任」＝本法六六1、則四二1㉖、本法六六2、則四二2⑦、「準用規定」＝本法二二2・3（運行管理者等の義務）、「準用規定」＝本法二三（輸送の安全確保の命令）、「権限の委任」＝本法六六1、則四二1㉖、「罰則」＝本法七六①・七八、「準用規定」＝本法二四（事故の報告）、「準用規定」＝本法二九（輸送の安全に関する業務の管理の受委託）、「申請手続」＝則三五1・2、「権限の委任」＝本法六六1、則四二1㉖、「準用規定」＝本法三三（許可の取消し等）、「権限の委任」＝本法六六1、則四二1㉖、「準用規定」＝本法三四、「権限の委任」＝本法六六1、則四二1㉖、本法六六2、則四二2⑦、「準用規定」＝本法六〇1・4・6・7（報告の徴収及び立入検査）、「報告手続」＝貨物自動車運送事業報告規則、「権限の委任」＝本法六六1、則四二1㉖・3、「罰則」＝本法七一①・七四①・②・七五①・⑤〜⑦・⑪・⑫・八〇・八一④・⑤

第三章　民間団体等による貨物自動車運送の適正化に関する事業の推進

（地方貨物自動車運送適正化事業実施機関の指定等）

第三十八条　国土交通大臣は、貨物自動車運送に関する秩序の確立に資することを目的とする一般社団法人又は一般財団法人であつて、次条に規定する事業を適正かつ確実に行うことができると認められるものを、その申請により、運輸監理部及び運輸支局の管轄区域を勘案して国土交通大臣が定める区域（以下この章において単に「区域」という。）に一を限つて、地方貨物自動車運送適正化事業実施機関（以下「地方実施機関」という。）として指定することができる。

2　国土交通大臣は、前項の規定による地方実施機関の指定をしたときは、当該指定に係る区域、地方実施機関の名称、住所及び事務所の所在地並びに当該指定に係る区域を公示しなければならない。

一・二項…一部改正〔平一一法一六〇〕、一項…一部改正〔平一四法五四平一八法五〇〕

※1項「法人」＝民法三四、「権限の委任」＝本法六六1、則四二1㉗、2項「本項の準用」＝本法四五、「公示」＝〈地方貨物自動車運送適正化事業実施機関の指定に係る区域〉

（事業）

第三十九条　地方実施機関は、その区域において、次に掲げる事業（以下「地方適正化事業」という。）を行うものとする。

一　輸送の安全を阻害する行為の防止その他この法律又はこの法律に基づく命令の遵守に関し一般貨物自動車運送事業者、特定貨物自動車運送事業者及び貨物軽自動車運送事業者（以下「貨物自動車運送事業者」という。）に対する指導を行うこと。

二　貨物自動車運送事業者（特定第二種貨物利用運送事業者を含む。）以外の者の貨物自動車運送事業を経営する行為の防止を図るための啓発活動を行うこと。

三　前号に掲げるもののほか、貨物自動車運送に関する秩序の確立に資するための啓発活動及び広報活動を行うこと。

四　貨物自動車運送事業に関する貨物自動車運送事業者又は荷主からの苦情を処理すること。

五　輸送の安全を確保するために行う貨物自動車運送事業者への通知その他国土交通大臣がこの法律及び流通業務の総合化及び効率化の促進に関する法律（平成十七年法律第八十五号）の施行のためにする措置に対して協力すること。

本条…一部改正〔平一一法一六〇平一四法七七平一七法八五〕

（苦情の解決）

第三十九条の二　地方実施機関は、貨物自動車運送事業者又は荷主から貨物自動車運送事業に関する苦情について解決の申出があつたときは、その相談に応じ、申出人に必要な助言をし、当該苦情に係る事情を調査するとともに、当該申出の対象となつた貨物自動車運送事業者に対し当該苦情の内容を通知してその迅速な処理を求めなければならない。

2　地方実施機関は、前項の申出に係る苦情の解決について必要があると認めるときは、当該申出の対象となつた貨物自動車運送事業者に対し、文書若しくは口頭による説明又は資料の提出を求めることができる。

3　貨物自動車運送事業者は、地方実施機関から前項の規定による求めがあつたときは、正当な理由がないのに、これを拒んではならない。

4　地方実施機関は、第一項の申出、当該苦情に係る事情及びその解決の結果について貨物自動車運送事業者に周知させなければならない。

本条…追加〔平一四法七七〕

（説明又は資料提出の請求）

第三十九条の三　地方実施機関は、前条の規定によるもののほか、地方適正化事業の実施に必要な限度において、貨物自動車運送事業者に対し、文書若しくは口頭による説明又は資料の提出を求めることができる。

2　貨物自動車運送事業者は、地方実施機関から前項の規定による求めがあつたときは、正当な理由がないのに、これを拒んではならない。

本条…追加〔平一四法七七〕

（改善命令）

第四十条　国土交通大臣は、地方実施機関の地方適正化事業の運営に関し改善が必要であると認めるときは、地方実施機関に対し、その改善に必要な措置を執るべきことを命ずることができる。

本条…一部改正〔平一一法一六〇〕

※「本条の準用」＝本法四五、「地方適正化事業」＝本法三九、「権限の委任」＝本法六六1、則四二1㉗

（指定の取消し等）

第四十一条　国土交通大臣は、地方実施機関が前条の規定による命令に違反したときは、第三十八条第一項の指定を取り消すことができる。

2　国土交通大臣は、前項の規定により第三十八条第一項の指定を取り消したときは、その旨を公示しなければならない。

※　一・二項…一部改正〔平一一法一六〇〕

※　1項「本条の準用」＝本法四五、「権限の委任」＝本法六一、則四二1㉗

（国土交通省令への委任）

第四十二条　第三十八条第一項の指定の手続その他地方実施機関に関し必要な事項は、国土交通省令で定める。

見出・本条…一部改正〔平一一法一六〇〕

※　「本条の準用」＝本法四五、「国土交通省令」＝則三六－四〇

（全国貨物自動車運送適正化事業実施機関の指定等）

第四十三条　国土交通大臣は、貨物自動車運送に関する秩序の確立に資することを目的とする一般社団法人又は一般財団法人であつて、次条に規定する事業を適正かつ確実に行うことができると認められるものを、その申請により、全国に一を限つて、全国貨物自動車運送適正化事業実施機関（以下「全国実施機関」という。）として指定することができる。

本条…一部改正〔平一一法一六〇・平一八法五〇〕

（事業）

第四十四条　全国実施機関は、次に掲げる事業（以下「全国適正化事業」という。）を行うものとする。

一　地方適正化事業の円滑な実施を図るための基本的な指針を策定すること。

二　地方適正化事業について、連絡調整を図り、及び指導を行うこと。

三　地方実施機関の業務に従事する者に対する研修を行うこと。

四　二以上の区域における貨物自動車運送に関する秩序の確立に資するための啓発活動及び広報活動を行うこと。

（準用規定）

第四十五条　第三十八条第二項及び第四十条から第四十二条までの規定は、全国実施機関について準用する。この場合において、第三十八条第二項中「所在地並びに当該指定に係る区域」とあるのは「所在地」と、第四十条中「地方適正化事業」とあるのは「全国適正化事業」と読み替えるものとする。

※　「準用規定」＝本法三八2（地方貨物自動車運送適正化事業実施機関の指定等）、四〇（改善命令）、四一（指定の取消し等）、「準用規定」＝本法四二（国土交通省令への委任）、「国土交通省令」＝則四〇

第四章　指定試験機関等

章名…改正〔令六法二三〕

第一節　指定試験機関

節名…追加〔令六法二三〕

（指定試験機関の指定等）

第四十六条　国土交通大臣は、その指定する者（以下「指定試験機関」という。）に、運行管理者試験の実施に関する事務（以下「試験事務」という。）を行わせることができる。

2　指定試験機関の指定は、試験事務を行おうとする者の申請により行う。

3　国土交通大臣は、指定試験機関の指定をしたときは、試験事務を行わないものとする。

一・三項…一部改正〔平一一法一六〇〕

※　2項「申請手続」＝輸送安全規則三五

（指定の基準）

第四十七条　国土交通大臣は、他に指定試験機関の指定を受けた者がなく、かつ、前条第二項の申請が次に掲げる基準に適合していると認めるときでなければ、指定試験機関の指定をしてはならない。

一　職員、試験事務の実施の方法その他の事項についての試験事務の実施に関する計画が試験事務の適確な実施のために適切なものであること。

二　前号の試験事務の実施に関する計画を適確に実施するに足る経理的基礎及び技術的能力があること。

三　試験事務以外の業務を行つている場合には、その業務を行うことによつて試験事務が不公正になるおそれがないこと。

2　国土交通大臣は、前条第二項の申請をした者が次の各号のいずれかに該当するときは、指定試験機関の指定をしてはならない。

一　一般社団法人又は一般財団法人以外の者であること。

二　この法律の規定により罰金以上の刑に処せられ、その執行を終わり、又はその執行を受けることがなくなつた日から二年を経過しない者であること。

三　第五十七条第一項又は第二項の規定により指定を取り消され、その取消しの日から二年を経過しない者であること。

四　その役員のうちに、次のいずれかに該当する者があること。

イ　第二号に該当する者

ロ　第五十条第三項の規定による命令により解任され、その解任の日から二年を経過しない者

一・二項…一部改正〔平一一法一六〇〕、二項…一部改正〔平一八法五〇〕

※　2項「法人」＝民法三四、「指定の取消し」＝本法五七、「役員等の解任」＝本法五〇

（指定の公示等）

第四十八条　国土交通大臣は、指定試験機関の指定をしたときは、指定試験機関の名称、住所及び試験事務を行う事務所の所在地並びに試験事務の開始の日を公示しなければならない。

2　指定試験機関は、その名称若しくは住所又は試験事務を行う事務所の所在地を変更しようとするときは、その旨を国土交通大臣に届け出なければならない。

3　国土交通大臣は、前項の届出があつたときは、その旨を公示しなければならない。

一―三項…一部改正〔平一一法一六〇〕

※　1項「公示」＝輸送安全規則四五、2項「届出手続」＝輸送安全規則三六、3項「公示」＝輸送安全規則四五

（試験員）

第四十九条　指定試験機関は、試験事務を行う場合において、運行管理者として必要な知識及び能力を有するかどうかの判定に関する事務については、国土交通省令で定める要件を備える者（以下「試験員」という。）に行わせなければならない。

本条…一部改正〔平一一法一六〇〕

※　「国土交通省令」＝輸送安全規則三七、「試験員の変更の報告」＝輸送安全規則四六②

（役員等の選任及び解任）

第五十条　指定試験機関の試験事務に従事する役員の選任及び解任は、国土交通大臣の認可を受けなければ、その効力を生じない。

2　指定試験機関は、試験員を選任し、又は解任したときは、遅滞なく、その旨を国土交通大臣に届け出なければならない。

3　国土交通大臣は、指定試験機関の役員又は試験員が、この法律、この法律に基づく命令若しくは処分若しくは第五十二条第一項の試験事務規程に違反したとき、又は試験事務に関し著しく不適当な行為をしたときは、その指定試験機関に対し、その役員又は試験員を解任すべきことを命ずることができる。

※　一―三項…一部改正〔平一一法一六〇〕
　1項「申請手続」＝輸送安全規則三八、「試験事務に従事しない役員の変更の報告」＝輸送安全規則四六①、2項「届出手続」＝輸送安全規則三九、3項「試験事務規程」＝本法五二1

（秘密保持義務等）

第五十一条　指定試験機関の役員若しくは職員（試験員を含む。）又はこれらの職にあった者は、試験事務に関して知り得た秘密を漏らしてはならない。

2　試験事務に従事する指定試験機関の役員及び職員（試験員を含む。）は、刑法（明治四十年法律第四十五号）その他の罰則の適用については、法令により公務に従事する職員とみなす。

※　1項「罰則」＝本法七二①、2項「法令により公務に従事する職員」＝刑法四・七・九五・九六・一五五～一五七・一九三・一九七～一九七の四

（試験事務規程）

第五十二条　指定試験機関は、国土交通省令で定める試験事務の実施に関する事項について試験事務規程を定め、国土交通大臣の認可を受けなければならない。これを変更しようとするときも、同様とする。

2　国土交通大臣は、前項の認可をした試験事務規程が試験事務の公正かつ適確な実施上不適当となったと認めるときは、その指定試験機関に対し、これを変更すべきことを命ずることができる。

※　一・二項…一部改正〔平一一法一六〇〕
　1項「国土交通省令」＝輸送安全規則四〇

（事業計画等）

第五十三条　指定試験機関は、毎事業年度、試験事務に係る事業計画及び収支予算を作成し、当該事業年度の開始前に（指定を受けた日の属する事業年度にあっては、その指定を受けた後遅滞なく）、国土交通大臣の認可を受けなければならない。これを変更しようとするときも、同様とする。

2　指定試験機関は、毎事業年度、試験事務に係る事業報告書及び収支決算書を作成し、当該事業年度の終了後三月以内に国土交通大臣に提出しなければならない。

※　一・二項…一部改正〔平一一法一六〇〕
　1項「認可手続」＝輸送安全規則四一、2項「試験の実施結果の報告」＝輸送安全規則四七

（帳簿の備付け等）

第五十四条　指定試験機関は、国土交通省令で定めるところにより、帳簿を備え付け、これに試験事務に関する事項で国土交通省令で定めるものを記載し、及びこれを保存しなければならない。

※　本条…一部改正〔平一一法一六〇〕
　「国土交通省令」＝輸送安全規則四二、「罰則」＝本法七七①

（監督命令）

第五十五条　国土交通大臣は、この法律を施行するため必要があると認めるときは、指定試験機関に対し、試験事務に関し監督上必要な命令をすることができる。

※　本条…一部改正〔平一一法一六〇〕

（業務の休廃止）

第五十六条　指定試験機関は、国土交通大臣の許可を受けなければ、試験事務の全部若しくは一部を休止し、又は廃止してはならない。

2　国土交通大臣は、前項の許可をしたときは、その旨を公示しなければならない。

※　一・二項…一部改正〔平一一法一六〇〕
　1項「申請手続」＝輸送安全規則四三、「罰則」＝本法七七②、2項「公示」＝輸送安全規則四五

（指定の取消し等）

第五十七条　国土交通大臣は、指定試験機関が第四十七条第二項各号（第三号を除く。）のいずれかに該当するに至ったときは、その指定を取り消さなければならない。

2　国土交通大臣は、指定試験機関が次の各号のいずれかに該当するときは、その指定を取り消し、又は期間を定めて試験事務の全部若しくは一部の停止を命ずることができる。

一　この節の規定に違反したとき。

二　第四十七条第一項各号のいずれかに適合しなくなったと認められるとき。

三　第五十条第三項、第五十二条第二項又は第五十五条の規定による命令に違反したとき。

四　第五十二条第一項の規定により認可を受けた試験事務規程によらないで試験事務を行ったとき。

五　不正な手段により指定を受けたとき。

3　国土交通大臣は、第一項若しくは前項の規定により指定を取り消し、又は同項の規定により試験事務の全部若しくは一部の停止を命じたときは、その旨を公示しなければならない。

※　一―三項…一部改正〔平一一法一六〇〕、二項…一部改正〔令六法二三〕
　1項「指定基準」＝本法四七、2項「指定基準」＝本法四七、「役員等の選任及び解任」＝本法五〇、「試験事務規程」＝本法五二、「監督命令」＝本法五五、「罰則」＝本法七二②、3項「公示」＝輸送安全規則四五

（国土交通大臣による試験事務の実施）

第五十八条　国土交通大臣は、指定試験機関が第五十六条第一項の規定による許可を受けて試験事務の全部若しくは一部を休止したとき、前条第二項の規定により指定試験機関に対し試験事務の全部若しくは一部の停止を命じたとき、又は指定試験機関が天災その他の事由により試験事務の全部若しくは一部を実施することが困難となった場合において必要があると認めるときは、第四十六条第三項の規定にかかわらず、試験事務の全部又は一部を自ら行うものとする。

2　国土交通大臣は、前項の規定により試験事務を行うこととし、又は同項の規定により行っている試験事務を行わないこととするときは、あらかじめ、その旨を公示しなければなら

ない。

3 国土交通大臣が、第一項の規定により試験事務を行うこととし、第五十六条第一項の規定により試験事務の廃止を許可し、又は前条第一項若しくは第二項の規定により指定を取り消した場合における試験事務の引継ぎその他の必要な事項は、国土交通省令で定める。

見出・一―三項…一部改正〔平一一法一六〇〕

※ 1項「業務の休廃止」＝本法五六、「指定の取消し等」＝本法五七、「指定試験機関の指定等」＝本法四六、2項「公示」＝輸送安全規則四五、3項「業務の休廃止」＝本法五六、「指定の取消し等」＝本法五七、「国土交通省令」＝輸送安全規則四四

第二節 登録貨物軽自動車安全管理者講習機関等

本節…追加〔令六法二三〕

（登録貨物軽自動車安全管理者講習機関の登録）

第五十八条の二 貨物軽自動車運送事業の用に供する自動車の運行の安全の確保に関する業務を行うに当たり必要な事項に関する知識を習得させるための講習（以下「貨物軽自動車安全管理者講習」という。）を行う者は、申請により、国土交通大臣の登録を受けることができる。

本条…追加〔令六法二三〕

（登録の要件等）

第五十八条の三 国土交通大臣は、前条の規定による登録の申請に係る貨物軽自動車安全管理者講習について、当該講習に必要な書籍その他の教材を用いて、次の各号に掲げる講師の条件のいずれにも適合する者に講義を行わせるものであるときは、その登録をしなければならない。この場合において、登録に関して必要な手続は、国土交通省令で定める。

一 十八歳以上であること。

二 過去二年間に第三項第三号に規定する講習事務に関し不正な行為を行った者又はこの法律若しくはこの法律に基づく命令若しくはこれらに基づく処分に違反し、罰金以上の刑に処せられ、その執行を終わり、若しくは執行を受けることがなくなった日から二年を経過しない者でないこと。

三 運行管理者資格者証の交付を受けている者であって、一年以上運行管理者として職務を行った経験を有するもの又はこれと同等以上の能力を有する者であること。

2 国土交通大臣は、前条の規定により登録の申請をした者が、次の各号のいずれかに該当するときは、その登録をしてはならない。

一 この法律若しくはこの法律に基づく命令又はこれらに基づく処分に違反し、罰金以上の刑に処せられ、その執行を終わり、又は執行を受けることがなくなった日から二年を経過しない者

二 第五十八条の十三の規定により登録を取り消され、その取消しの日から二年を経過しない者

三 法人であって、その役員のうちに前二号のいずれかに該当する者があるもの

3 前条の登録は、登録貨物軽自動車安全管理者講習機関登録簿に次に掲げる事項を記載してするものとする。

一 登録年月日及び登録番号

二 貨物軽自動車安全管理者講習を行う者の氏名又は名称及び住所並びに法人にあっては、その代表者の氏名

三 貨物軽自動車安全管理者講習の実施に関する事務（以下この節において「講習事務」という。）を行う事務所の所在地

四 前三号に掲げるもののほか、国土交通省令で定める事項

本条…追加〔令六法二三〕

（登録事項の変更の届出）

第五十八条の四 第五十八条の二の規定により国土交通大臣の登録を受けた者（以下「登録貨物軽自動車安全管理者講習機関」という。）は、前条第三項第二号及び第三号に掲げる事項の変更をするときは、その変更をする日の二週間前までに、その旨を国土交通大臣に届け出なければならない。

本条…追加〔令六法二三〕

（登録の更新）

第五十八条の五 第五十八条の二の登録は、三年ごとにその更新を受けなければ、その期間の経過によって、その効力を失う。

2 第五十八条の二及び第五十八条の三の規定は、前項の登録の更新について準用する。

本条…追加〔令六法二三〕

（講習事務の実施に係る義務）

第五十八条の六 登録貨物軽自動車安全管理者講習機関は、公正に、かつ、第五十八条の三第一項に規定する要件及び国土交通省令で定める基準に適合する方法により講習事務を行わなければならない。

本条…追加〔令六法二三〕

（講習事務規程）

第五十八条の七 登録貨物軽自動車安全管理者講習機関は、講習事務について、講習事務の開始前に、講習事務の実施に関する規程（次項において「講習事務規程」という。）を定め、国土交通大臣に届け出なければならない。これを変更しようとするときも、同様とする。

2 講習事務規程には、貨物軽自動車安全管理者講習の実施方法、貨物軽自動車安全管理者講習に関する料金その他の国土交通省令で定める事項を定めておかなければならない。

本条…追加〔令六法二三〕

（帳簿の備付け等）

第五十八条の八 登録貨物軽自動車安全管理者講習機関は、講習事務について、国土交通省令で定めるところにより、帳簿を備え、国土交通省令で定める事項を記載し、これを保存しなければならない。

本条…追加〔令六法二三〕

※ 「罰則」＝本法七九①

（財務諸表等の備付け及び閲覧等）

第五十八条の九 登録貨物軽自動車安全管理者講習機関は、毎事業年度、当該事業年度の経過後三月以内に、当該事業年度の財産目録、貸借対照表及び損益計算書又は収支計算書並びに事業報告書（その作成に代えて電磁的記録（電子的方式、磁気的方式その他人の知覚によっては認識することができない方式で作られる記録であって、電子計算機による情報処理の用に供されるものをいう。次項において同じ。）の作成がされている場合における当該電磁的記録を含む。次項及び第八十二条第一号において「財務諸表等」という。）を作成し、五年間事務所に備えて置かなければならない。

2 貨物軽自動車安全管理者講習を受講しようとする者その他

の利害関係人は、いつでも、次に掲げる請求をすることができる。ただし、第二号又は第四号の請求をするには、登録貨物軽自動車安全管理者講習機関の定めた費用を支払わなければならない。

一 財務諸表等が書面をもって作成されているときは、当該書面の閲覧又は謄写の請求

二 前号の書面の謄本又は抄本の請求

三 財務諸表等が電磁的記録をもって作成されているときは、当該電磁的記録に記録された事項を国土交通省令で定める方法により表示したものの閲覧又は謄写の請求

四 前号の電磁的記録に記録された事項を電磁的方法（電子情報処理組織を使用する方法その他の情報通信の技術を利用する方法であって国土交通省令で定めるものをいう。）により提供することの請求又は当該事項を記載した書面の交付の請求

本条…追加〔令六法二三〕

※1・2項「罰則」＝本法八二①・②

（適合命令）

第五十八条の十 国土交通大臣は、貨物軽自動車安全管理者講習が第五十八条の三第一項に規定する要件に適合しなくなったと認めるときは、当該登録貨物軽自動車安全管理者講習機関に対し、当該要件に適合するため必要な措置を講ずべきことを命ずることができる。

本条…追加〔令六法二三〕

（改善命令）

第五十八条の十一 国土交通大臣は、登録貨物軽自動車安全管理者講習機関が第五十八条の六の規定に違反していると認めるときは、当該登録貨物軽自動車安全管理者講習機関に対し、同条の規定による貨物軽自動車安全管理者講習を行うべきこと又は講習事務の改善に関し必要な措置を講ずべきことを命ずることができる。

本条…追加〔令六法二三〕

（講習事務の休廃止）

第五十八条の十二 登録貨物軽自動車安全管理者講習機関は、講習事務に関する業務の全部又は一部を休止し、又は廃止するときは、国土交通省令で定めるところにより、あらかじめ、その旨を国土交通大臣に届け出なければならない。

本条…追加〔令六法二三〕

※「罰則」＝本法七九②

（登録の取消し等）

第五十八条の十三 国土交通大臣は、登録貨物軽自動車安全管理者講習機関が次の各号のいずれかに該当するときは、第五十八条の二の登録を取り消し、又は期間を定めて講習事務に関する業務の全部若しくは一部の停止を命ずることができる。

一 第五十八条の三第二項第一号又は第三号に該当するに至ったとき。

二 第五十八条の四、第五十八条の七、第五十八条の八、第五十八条の九第一項又は前条の規定に違反したとき。

三 正当な理由がなく、第五十八条の九第二項各号の請求を拒んだとき。

四 第五十八条の十又は第五十八条の十一の規定による命令に違反したとき。

五 不正の手段により第五十八条の二の登録を受けたとき。

本条…追加〔令六法二三〕

※「罰則」＝本法七三

（国土交通大臣による講習事務の実施等）

第五十八条の十四 国土交通大臣は、次の各号のいずれかに該当するときは、講習事務に関する業務の全部又は一部を自ら行うことができる。

一 登録貨物軽自動車安全管理者講習機関がいないとき。

二 第五十八条の十二の規定による講習事務に関する業務の全部又は一部の休止又は廃止の届出があったとき。

三 前条の規定により第五十八条の二の登録を取り消し、又は登録貨物軽自動車安全管理者講習機関に対し講習事務に関する業務の全部若しくは一部の停止を命じたとき。

四 登録貨物軽自動車安全管理者講習機関が天災その他の事由により講習事務に関する業務の全部又は一部を実施することが困難となったとき。

2 国土交通大臣が前項の規定により講習事務に関する業務の全部又は一部を自ら行う場合における講習事務の引継ぎその他の必要な事項は、国土交通省令で定める。

本条…追加〔令六法二三〕

（公示）

第五十八条の十五 国土交通大臣は、次に掲げる場合には、その旨を官報で公示しなければならない。

一 第五十八条の二の登録をしたとき。

二 第五十八条の四の規定による届出があったとき。

三 第五十八条の十二の規定による届出があったとき。

四 第五十八条の十三の規定により第五十八条の二の登録を取り消し、又は講習事務に関する業務の停止を命じたとき。

本条…追加〔令六法二三〕

（登録貨物軽自動車安全管理者定期講習機関）

第五十八条の十六 貨物軽自動車運送事業の用に供する自動車の運行の安全の確保に関する業務を行うに当たり必要な事項に関する最新の知識を習得させるための講習（以下「貨物軽自動車安全管理者定期講習」という。）を行う者は、申請により、国土交通大臣の登録を受けることができる。

2 第五十八条の三から前条までの規定は、前項の登録、貨物軽自動車安全管理者定期講習及び同項の規定により国土交通大臣の登録を受けた者（以下「登録貨物軽自動車安全管理者定期講習機関」という。）に関する事務について準用する。この場合において、第五十八条の三第三項中「登録貨物軽自動車安全管理者講習機関登録簿」とあるのは「登録貨物軽自動車安全管理者定期講習機関登録簿」と、第五十八条の五第二項中「第五十八条の二」とあるのは「第五十八条の十六第一項」と読み替えるものとする。

本条…追加〔令六法二三〕

※2項「罰則」＝本法七三・七九①・③・八二

第五章 雑則

（許可等の条件）

第五十九条 この法律に規定する許可又は認可には、条件又は期限を付し、及びこれを変更することができる。

2 前項の条件又は期限は、許可又は認可に係る事項の確実な実施を図るため必要な最小限度のものに限り、かつ、当該許

可又は認可を受ける者に不当な義務を課することとならないものでなければならない。

第六十条（**報告の徴収及び立入検査**）　国土交通大臣は、この法律の施行に必要な限度において、国土交通省令で定めるところにより、貨物自動車運送事業者に対し、その事業に関し報告をさせることができる。

2　国土交通大臣は、この法律の施行に必要な限度において、地方実施機関及び全国実施機関（第五項において「地方実施機関等」という。）に対し、その事業に関し報告をさせることができる。

3　国土交通大臣は、この法律の施行に必要な限度において、次の各号に掲げる者から当該各号に定める事務に関し報告をさせることができる。

一　指定試験機関　試験事務

二　登録貨物軽自動車安全管理者講習機関　貨物軽自動車安全管理者講習の実施に関する事務

三　登録貨物軽自動車安全管理者定期講習機関　貨物軽自動車安全管理者定期講習の実施に関する事務

4　国土交通大臣は、この法律の施行に必要な限度において、その職員に、貨物自動車運送事業者の事務所その他の事業場に立ち入り、業務若しくは経理の状況若しくは事業の用に供する施設、帳簿、書類その他の物件を検査させ、又は関係者に質問させることができる。

5　国土交通大臣は、この法律の施行に必要な限度において、その職員に、地方実施機関等、指定試験機関、登録貨物軽自動車安全管理者講習機関又は登録貨物軽自動車安全管理者定期講習機関の事務所に立ち入り、業務の状況若しくは帳簿、書類その他の物件を検査させ、又は関係者に質問させることができる。

6　前二項の規定により立入検査をする職員は、その身分を示す証明書を携帯し、関係者の請求があったときは、これを提示しなければならない。

7　第四項及び第五項の規定による権限は、犯罪捜査のために認められたものと解してはならない。

一―五項…一部改正〔平一一法一六〇〕、二・三・五項…一部改正〔令六法二三〕

※　1項「本項の準用規定」＝本法三七3、「国土交通省令」＝貨物自動車運送事業報告規則、「権限の委任」＝本法六六1、則四二4、「罰則」＝本法七五⑪・八〇、2項「罰則」＝本法七六①、「権限の委任」＝本法六六1、則四二4、3項「罰則」＝本法七七③・七八①、4項「本項の準用規定」＝本法三七3、「罰則」＝本法七五⑫・八〇、5項「権限の委任」＝本法六六1、則四二4、「罰則」＝本法七六②・七七④・七八②、6項「検査員証」＝則第二号様式、「本項の準用」＝本法三七3、7項「本項の準用」＝本法三七3

第六十条の二（**安全管理規程に係る報告の徴収又は立入検査の実施に係る基本的な方針**）　国土交通大臣は、前条第一項の規定による報告の徴収又は同条第四項の規定による立入検査のうち安全管理規程（第十六条第二項第一号（第三十五条第六項及び第三十七条第三項において準用する場合を含む。）に係る部分に限る。）に係るものを適正に実施するための基本的な方針を定めるものとする。

本条…追加〔平一八法一九〕

※　「運輸審議会への諮問」＝本法六七

第六十一条（**手数料**）　次に掲げる者は、実費を勘案して国土交通省令で定める額の手数料を国（指定試験機関が行う試験を受けようとする者にあっては、当該指定試験機関）に納めなければならない。

一　運行管理者試験を受けようとする者

二　運行管理者資格者証の交付又は再交付を受けようとする者

三　貨物軽自動車安全管理者講習（国土交通大臣が行うものに限る。）を受けようとする者

四　貨物軽自動車安全管理者定期講習（国土交通大臣が行うものに限る。）を受けようとする者

2　前項の規定により指定試験機関に納められた手数料は、当該指定試験機関の収入とする。

一項…一部改正〔平一一法一六〇令六法二三〕

※　1項「国土交通省令」＝貨物自動車運送事業輸送安全規則四八

第六十二条（**指定試験機関の処分等についての審査請求**）　この法律の規定による指定試験機関の処分又はその不作為に不服がある者は、国土交通大臣に対し、審査請求をすることができる。この場合において、国土交通大臣は、行政不服審査法（平成二十六年法律第六十八号）第二十五条第二項及び第三項、第四十六条第一項及び第二項、第四十七条並びに第四十九条第三項の規定の適用については、指定試験機関の上級行政庁とみなす。

本条…一部改正〔平一一法一六〇〕、見出・本条…一部改正〔平二六法六九〕

第六十三条（**標準運賃及び標準料金**）　国土交通大臣は、特定の地域（特別積合せ貨物運送に係る運賃及び料金にあっては、特定の地域間。以下この項において同じ。）において、一般貨物自動車運送事業に係る運賃及び料金がその供給輸送力及び輸送需要量の不均衡又は物価その他の経済事情の変動により著しく高騰し、又は下落するおそれがある場合において、公衆の利便又は一般貨物自動車運送事業の健全な運営を確保するため特に必要があると認めるときは、当該特定の地域を指定して、一般貨物自動車運送事業の能率的な経営の下における適正な原価及び適正な利潤を基準として、期間を定めて標準運賃及び標準料金を定めることができる。

2　国土交通大臣は、前項の規定による標準運賃及び標準料金を定めたときは、遅滞なく、これを告示しなければならない。

一・二項…一部改正〔平一一法一六〇〕

※　1項「運輸審議会への諮問」＝本法六七

第六十三条の二（**荷主の責務**）　荷主は、貨物自動車運送事業者がこの法律又はこの法律に基づく命令を遵守して事業を遂行することができるよう、必要な配慮をしなければならない。

本条…追加〔平三〇法九六〕

第六十四条（**荷主への勧告**）　国土交通大臣は、貨物自動車運送事業者が第十七条第一項から第四項まで（第三十五条第六項及び第三十六条第二項において準用する場合を含む。）の規定に違反したことにより第二十三条（第三十五条第六項及び第三十六条第二項において準用する場合を含む。）の規定による命令をする

場合又は貨物自動車運送事業者が第三十三条第一号（第三十五条第六項及び第三十六条第二項において準用する場合を含む。）に該当したことにより第三十三条（第三十五条第六項及び第三十六条第二項において準用する場合を含む。）の規定による処分をする場合において、当該命令又は処分に係る違反行為が荷主の指示に基づき行われたことが明らかであるときその他当該違反行為が主として荷主の行為に起因するものであると認められ、かつ、当該貨物自動車運送事業者に対する命令又は処分のみによっては当該違反行為の再発を防止することが困難であると認められるときは、当該荷主に対しても、当該違反行為の再発の防止を図るため適当な措置を執るべきことを勧告することができる。

2 国土交通大臣は、前項の規定による勧告をするときは、あらかじめ、当該勧告の対象となる荷主が行う事業を所管する大臣の意見を聴かなければならない。

3 国土交通大臣は、第一項の規定による勧告をしたときは、その旨を公表するものとする。

一・二項…一部改正〔平一一法一六〇〕、一項…一部改正〔平二八法一〇六〕、一項…一部改正・三項…追加〔平三〇法九六〕

※1項「輸送の安全」＝本法一七、「輸送の安全確保の命令」＝本法二三、「許可の取消し等」＝本法三三、「特定貨物自動車運送事業に係る本法の準用」＝本法三五6、「権限の委任」＝本法六六1、則四二1㉘

（経過措置）

第六十五条 この法律の規定に基づき命令を制定し、又は改廃するときは、その命令で、その制定又は改廃に伴い合理的に必要と判断される範囲内において、所要の経過措置（罰則に関する経過措置を含む。）を定めることができる。

（権限の委任）

第六十六条 この法律に規定する国土交通大臣の権限は、国土交通省令で定めるところにより、地方運輸局長に委任することができる。

2 前項の規定により地方運輸局長に委任された権限は、国土交通省令で定めるところにより、運輸監理部長又は運輸支局長に委任することができる。

一・二項…一部改正〔平一一法一六〇〕、二項…一部改正〔平一四法五四〕

※1項「国土交通省令」＝則四二1・附則六、2項「国土交通省令」＝則四二2

（運輸審議会への諮問）

第六十七条 国土交通大臣は、第七条第一項の規定による緊急調整地域の指定、同条第二項の規定による緊急調整区間の指定、第六十条の二の規定による基本的な方針の策定並びに第六十三条第一項の規定による標準運賃及び標準料金の設定については、運輸審議会に諮らなければならない。

本条…一部改正〔平一一法一六〇 平一八法一九〕

第六十八条 削除〔平五法八九〕

（国土交通省令への委任）

第六十九条 この法律に定めるもののほか、この法律の実施のため必要な手続その他の事項は、国土交通省令で定める。

見出・本条…一部改正〔平一一法一六〇〕

※「国土交通省令」＝則、貨物自動車運送事業輸送安全規則、貨物流通事業者の氏名の変更の届出等の一本化した提出の手続を定める省令等

第六章 罰則

> 注 令和四年六月一七日法律六八号により改正され、令和七年六月一日から施行
> 第七十条から第七十二条までの規定中「懲役」を「拘禁刑」に改める。

第七十条 次の各号のいずれかに該当する者は、三年以下の懲役若しくは三百万円以下の罰金に処し、又はこれを併科する。

一 第三条の規定に違反して一般貨物自動車運送事業を経営した者

二 第二十七条第一項の規定に違反してその名義を他人に一般貨物自動車運送事業又は特定貨物自動車運送事業のため利用させた者

三 第二十七条第二項の規定に違反して一般貨物自動車運送事業又は特定貨物自動車運送事業を他人にその名において経営させた者

四 第三十五条第六項において準用する第二十七条第一項の規定に違反してその名義を他人に一般貨物自動車運送事業又は特定貨物自動車運送事業のため利用させた者

五 第三十五条第六項において準用する第二十七条第二項の規定に違反して一般貨物自動車運送事業又は特定貨物自動車運送事業を他人にその名において経営させた者

本条…一部改正〔平一四法七七〕

第七十一条 次の各号のいずれかに該当する者は、一年以下の懲役若しくは百五十万円以下の罰金に処し、又はこれを併科する。

一 第三十三条（第三十五条第六項、第三十六条第二項及び第三十七条第三項において準用する場合を含む。）の規定による輸送施設の使用の停止又は事業の停止の命令に違反した者

二 第三十五条第一項の規定に違反して特定貨物自動車運送事業を経営した者

本条…一部改正・旧七二条…繰上〔平一四法七七〕

第七十二条 次の各号のいずれかに該当する者は、一年以下の懲役又は百五十万円以下の罰金に処する。

一 第五十一条第一項の規定に違反してその職務に関し知り得た秘密を漏らした者

二 指定試験機関が第五十七条第二項の規定による業務の停止の命令に違反した場合におけるその違反行為をした指定試験機関の役員又は職員

本条…追加〔平一四法七七〕

第七十三条 第五十八条の十三（第五十八条の十六第二項において準用する場合を含む。）の規定による業務の停止の命令に違反したときは、その違反行為をした登録貨物軽自動車安全管理者講習機関又は登録貨物軽自動車安全管理者定期講習機関の役員又は職員は、一年以下の拘禁刑又は百万円以下の罰金に処する。

本条…追加〔令六法二三〕

第七十四条 次の各号のいずれかに該当する場合には、その違反行為をした者は、百五十万円以下の罰金に処する。

一 第十八条第一項（第三十五条第六項及び第三十七条第三項において準用する場合を含む。）の規定に違反したとき。

二 第二十九条第一項（第三十五条第六項及び第三十七条第

三項において準用する場合を含む。）の規定による許可を受けないで業務の管理の委託又は受託をしたとき。

本条…一部改正〔平一四法七七〕、一部改正・旧七三条…繰下〔令六法二三〕

第七十五条　次の各号のいずれかに該当する場合には、その違反行為をした者は、百万円以下の罰金に処する。

一　第八条第二項、第十六条第三項若しくは第七項（これらの規定を第三十五条第六項及び第三十七条第三項において準用する場合を含む。）、第二十三条（第三十五条第六項、第三十六条第二項及び第三十七条第三項において準用する場合を含む。）、第二十四条の四第二項（第三十五条第六項、第三十六条第二項及び第三十七条第三項において準用する場合を含む。）、第二十五条第四項、第二十六条又は第三十四条第一項（第三十五条第六項、第三十六条第二項及び第三十七条第三項において準用する場合を含む。）の規定による命令に違反したとき。

二　第九条第一項（第三十五条第六項において準用する場合を含む。）の規定に違反して事業計画を変更したとき。

三　第九条第三項（第三十五条第六項において準用する場合を含む。）の規定による届出をしないで事業用自動車に関する事業計画の変更をしたとき。

四　第十条第一項の規定による認可を受けないで、又は認可を受けた運送約款によらないで、運送契約を締結したとき。

五　第十六条第一項（第三十五条第六項及び第三十七条第三項において準用する場合を含む。）の規定による届出をしないで、又は届け出た安全管理規程（第十六条第二項第二号及び第三号（これらの規定を第三十五条第六項及び第三十七条第三項において準用する場合を含む。）に係る部分に限る。）によらないで、事業を行ったとき。

六　第十六条第四項（第三十五条第六項及び第三十七条第三項において準用する場合を含む。）又は第三十四条第三項（第三十五条第六項、第三十六条第二項及び第三十七条第三項において準用する場合を含む。）の規定に違反したとき。

七　第十六条第五項若しくは第十八条第三項（これらの規定を第三十五条第六項及び第三十七条第三項において準用する場合を含む。）の規定による届出をせず、又は虚偽の届出をしたとき。

八　第三十二条の規定による届出をしないで一般貨物自動車運送事業を休止し、若しくは廃止し、又は虚偽の届出をしたとき。

九　第三十五条第六項において準用する第三十二条の規定による届出をしないで特定貨物自動車運送事業を休止し、若しくは廃止し、又は虚偽の届出をしたとき。

十　第三十六条第一項の規定に違反して、貨物軽自動車運送事業を経営したとき。

十一　第六十条第一項（第三十七条第三項において準用する場合を含む。）の規定による報告をせず、又は虚偽の報告をしたとき。

十二　第六十条第四項（第三十七条第三項において準用する場合を含む。以下この号において同じ。）の規定による検査を拒み、妨げ、若しくは忌避し、又は第六十条第四項の規定による質問に対して陳述をせず、若しくは虚偽の陳述をしたとき。

本条…一部改正〔平六法九七平九法九六平一四法七七平一八法一九平三〇法九六〕、一部改正・旧七六条…繰上〔令六法二三〕

第七十六条　次の各号のいずれかに該当するときは、その違反行為をした地方実施機関又は全国実施機関の役員又は職員は、百万円以下の罰金に処する。

一　第六十条第二項の規定による報告をせず、又は虚偽の報告をしたとき。

二　第六十条第五項の規定による検査を拒み、妨げ、若しくは忌避し、又は同項の規定による質問に対して陳述をせず、若しくは虚偽の陳述をしたとき。

本条…一部改正〔平一四法七七〕、一部改正・旧七七条…繰上〔令六法二三〕

第七十七条　次の各号のいずれかに該当するときは、その違反行為をした指定試験機関の役員又は職員は、百万円以下の罰金に処する。

一　第五十四条の規定に違反して、帳簿を備え付けず、帳簿に記載せず、若しくは帳簿に虚偽の記載をし、又は帳簿を保存しなかったとき。

二　第五十六条第一項の規定に違反して試験事務の全部を廃止したとき。

三　第六十条第三項の規定による報告をせず、又は虚偽の報告をしたとき。

四　第六十条第五項の規定による検査を拒み、妨げ、若しくは忌避し、又は同項の規定による質問に対して陳述をせず、若しくは虚偽の陳述をしたとき。

本条…追加〔令六法二三〕

第七十八条　次の各号のいずれかに該当するときは、その違反行為をした登録貨物軽自動車安全管理者講習機関又は登録貨物軽自動車安全管理者定期講習機関の役員又は職員は、百万円以下の罰金に処する。

一　第六十条第三項の規定による報告をせず、又は虚偽の報告をしたとき。

二　第六十条第五項の規定による検査を拒み、妨げ、若しくは忌避し、又は同項の規定による質問に対して陳述をせず、若しくは虚偽の陳述をしたとき。

本条…追加〔令六法二三〕

第七十九条　次の各号のいずれかに該当するときは、その違反行為をした登録貨物軽自動車安全管理者講習機関又は登録貨物軽自動車安全管理者定期講習機関の役員又は職員は、五十万円以下の罰金に処する。

一　第五十八条の八（第五十八条の十六第二項において準用する場合を含む。）の規定に違反して、帳簿を備えず、帳簿に記載せず、若しくは帳簿に虚偽の記載をし、又は帳簿を保存しなかったとき。

二　第五十八条の十二の規定による届出をしないで貨物軽自動車安全管理者講習の実施に関する業務の全部若しくは一部を休止し、若しくは廃止し、又は虚偽の届出をしたとき。

三　第五十八条の十六第二項において準用する第五十八条の十二の規定による届出をしないで貨物軽自動車安全管理者定期講習の実施に関する業務の全部若しくは一部を休止し、若しくは廃止し、又は虚偽の届出をしたとき。

本条…追加〔令六法二三〕

第八十条　法人の代表者又は法人若しくは人の代理人、使用人その他の従業者がその法人又は人の業務に関し、第七十条、第七十一条、第七十四条又は第七十五条の違反行為をしたときは、行為者を罰するほか、その法人又は人に対しても、各本条の罰金刑を科する。

本条…一部改正〔平一七法八五〕、一部改正・旧七八条…繰下〔令六法二三〕

第八十一条　次の各号のいずれかに該当する者は、五十万円以下の過料に処する。

一　第九条第三項（第三十五条第六項において準用する場合を含む。）の規定に違反して、軽微な事項に関する事業計画の変更を届け出なかった者

二　第十一条の規定による掲示をせず、若しくは虚偽の掲示をし、又は同条の規定に違反して公衆の閲覧に供せず、若しくは虚偽の事項を公衆の閲覧に供した者

三　正当な理由なく、第二十条の規定による命令に違反して、運行管理者資格者証を返納しなかった者

四　第二十四条（第三十五条第六項及び第三十七条第三項において準用する場合を含む。）の規定による報告をせず、又は虚偽の報告をした者

五　第二十四条の三（第三十五条第六項及び第三十七条第三項において準用する場合を含む。）の規定による公表をせず、又は虚偽の公表をした者

六　第三十五条第八項又は第三十六条第三項から第五項までの規定に違反した者

本条…一部改正〔平六法九七平一四法七七平一八法一九平三〇法九六令五法六三〕、旧七九条…繰下〔令六法二三〕

第八十二条　次の各号のいずれかに該当する者は、三十万円以下の過料に処する。

一　第五十八条の九第一項（第五十八条の十六第二項において準用する場合を含む。）の規定に違反して、財務諸表等を備えて置かず、財務諸表等に記載すべき事項を記載せず、又は虚偽の記載をした者

二　正当な理由がなく、第五十八条の九第二項各号（第五十八条の十六第二項において準用する場合を含む。）の請求を拒んだ者

本条…追加〔令六法二三〕

附　則（抄）

（施行期日）

第一条　この法律は、公布の日から起算して一年を超えない範囲内において政令で定める日から施行する。

〔平二・七政令二一二により、平二・一二・一から施行〕

（違反原因行為への対処）

第一条の二　国土交通大臣は、当分の間、貨物自動車運送事業者がこの法律又はこの法律に基づく命令に違反する原因となるおそれのある行為（以下この条において「違反原因行為」という。）を荷主がしている疑いがあると認めるときは、関係行政機関の長に対し、当該荷主に関する情報を提供することができる。

2　国土交通大臣は、当分の間、前項の荷主に対し、貨物自動車運送事業者がこの法律又はこの法律に基づく命令を遵守して事業を遂行することができるよう荷主が配慮することの重要性について理解を得るために必要な措置を講ずることができる。

3　国土交通大臣は、当分の間、荷主が違反原因行為をしていることを疑うに足りる相当な理由があると認めるときは、当該荷主に対し、違反原因行為をしないよう要請することができる。

4　国土交通大臣は、当分の間、前項の規定による要請を受けた荷主がなお違反原因行為をしていることを疑うに足りる相当な理由があると認めるときは、当該荷主に対し、違反原因行為をしないよう勧告することができる。ただし、第六十四条第一項の規定により勧告することができる場合は、この限りでない。

5　国土交通大臣は、前項の規定による勧告をしたときは、その旨を公表するものとする。

6　関係行政機関の長は、荷主による違反原因行為の効果的な防止を図るため、第二項から第四項までの規定の実施について、国土交通大臣に協力するものとする。

7　国土交通大臣は、第二項から第四項までの規定の実施に際し、貨物自動車運送事業者に対する荷主の行為が私的独占の禁止及び公正取引の確保に関する法律（昭和二十二年法律第五十四号）第二条第九項に規定する不公正な取引方法に該当すると疑うに足りる事実を把握したときは、公正取引委員会に対し、その事実を通知するものとする。

8　地方実施機関は、当分の間、貨物自動車運送事業者に対する荷主の行為が違反原因行為に該当すると疑うに足りる事実を把握したときは、その事実を国土交通大臣に通知するものとする。

本条…追加〔平三〇法九六〕、一〜四項…一部改正〔令五法六二〕、八項…追加〔令六法二三〕

（標準的な運賃）

第一条の三　国土交通大臣は、当分の間、事業用自動車の運転者の労働条件を改善するとともに、一般貨物自動車運送事業の健全な運営を確保し、及びその担う貨物流通の機能の維持向上を図るため、一般貨物自動車運送事業の能率的な経営の下における適正な原価及び適正な利潤を基準として、標準的な運賃を定めることができる。

2　国土交通大臣は、前項の規定による標準的な運賃を定めたときは、遅滞なく、これを告示しなければならない。

3　国土交通大臣は、第一項の規定による標準的な運賃の設定については、運輸審議会に諮らなければならない。

本条…追加〔平三〇法九六〕、一項…一部改正〔令五法六二〕

（経過措置）

第二条　この法律の施行の際現に附則第十四条の規定による改正前の道路運送法（以下「旧法」という。）第三条第二項第四号の一般路線貨物自動車運送事業について旧法第四条第一項の規定により免許を受けている者は、当該免許に係る事業について次項の規定により確認を受けたときは、その確認を受けた事業の範囲内において、この法律の施行の日（以下「施行日」という。）に一般貨物自動車運送事業について第三条の許可を受けたものとみなす。

2　前項に規定する者は、施行日から三月以内に、この法律の施行の際現に旧法第三条第二項第四号の一般路線貨物自動車運送事業に関する旧法第四条第一項第二号の営業区域に相当する区域その他の

運輸省令で定める事項を記載した申請書を運輸大臣に提出して、その確認を受けることができる。

3　第一項に規定する者は、前項に規定する期間内（同項の確認を申請したときは、その確認をする旨又はその確認をしない旨の通知を受ける日までの間）は、第三条の許可を受けないで、当該事業を従前の例により引き続き経営することができる。

4　第一項の規定により一般貨物自動車運送事業の許可を受けたものとみなされる者については、当該事業に係る旧法第五条第一項第三号の事業計画（第四条第一項第二号及び同条第二項に規定する事項に相当する事項に係る部分に限る。）及び第二項の確認を受けた事項を第四条第一項第二号の事業計画とみなして、この法律の規定を適用する。この場合において、第七条第五項、第八条、第九条第一項及び第三項並びに第二十六条第一号中「事業計画」とあるのは、「事業計画（附則第二条第二項の確認を受けた事項を含む。）」とする。

5　第一項の規定により一般貨物自動車運送事業の許可を受けたものとみなされる者は、施行日から三年間は、第十八条第一項の規定にかかわらず、旧法第二十五条の二第一項の規定の例により運行管理者を選任することができる。この場合における当該運行管理者の解任の命令については、同条第三項及び第四項の規定の例によるものとする。

第三条　この法律の施行の際現に旧法第三条第二項第五号の一般区域貨物自動車運送事業について旧法第四条第一項の免許を受けている者は、当該免許に係る事業の範囲内において、施行日に一般貨物自動車運送事業について第三条の許可を受けたものとみなす。

2　前項の規定により一般貨物自動車運送事業の許可を受けたものとみなされる者については、当該事業に係る旧法第五条第一項第二号の事業区域及び同項第三号の事業計画（第四条第一項第二号に規定する事項に相当する事項に係る部分に限る。）を第四条第一項第二号の事業計画とみなして、この法律の規定を適用する。

3　運輸大臣は、前項の場合において、第四条第一項第二号に規定する事項の一部の事項について旧法第五条第一項第三号の事業計画にこれに相当する事項の記載がないときその他必要があると認めるときは、当該一般貨物自動車運送事業の許可を受けたものとみなされる者に対し、施行日から一年を経過する日までの間に限り、運輸省令で定めるところにより、当該第四条第一項第二号の事業計画に追加する必要があると認められる事項を記載した届出書の提出を求めることができる。この場合において当該届出書の提出があったときは、第七条第五項、第八条、第九条第一項及び第三項並びに第二十六条第一号中「事業計画」とあるのは、「事業計画（附則第三条第三項に規定する届出書に記載された事項を含む。）」とする。

4　前条第五項の規定は、第一項の規定により一般貨物自動車運送事業の許可を受けたものとみなされる者について準用する。

第四条　この法律の施行の際現に旧法第三条第三項第二号の特定貨物自動車運送事業について路線を定めて旧法第四十五条第一項の許可を受けている者は、当該許可に係る事業について次項の規定により確認を受けたときは、その確認を受けた事業の範囲内において、施行日に特定貨物自動車運送事業について第三十五条第一項の許可を受けたものとみなす。

2　前項に規定する者は、施行日から三月以内に、この法律の施行の際現に旧法第四十五条第一項の許可を受けて経営している旧法第三条第三項第二号の特定貨物自動車運送事業に関する第三十五条第二項第三号の営業区域に相当する区域その他の運輸省令で定める事項を記載した申請書を運輸大臣に提出して、その確認を受けることができる。

3　第一項に規定する者は、前項に規定する期間内（同項の確認を申請したときは、その確認をする旨又はその確認をしない旨の通知を受ける日までの間）は、第三十五条第一項の許可を受けないで、当該事業を従前の例により引き続き経営することができる。

4　第一項の規定により特定貨物自動車運送事業の許可を受けたものとみなされる者については、当該事業に係る旧法第四十五条第二項第三号の事業計画（第三十五条第二項第三号に規定する事項に相当する事項に係る部分に限る。）及び第二項の確認を受けた事項を第三十五条第二項第三号の事業計画とみなして、この法律の規定を適用する。この場合において、同条第五項において準用する第七条第五項並びに第三十五条第六項において準用する第九条第一項及び第三項中「事業計画」とあるのは、「事業計画（附則第四条第二項の確認を受けた事項を含む。）」とする。

5　第一項の規定により特定貨物自動車運送事業の許可を受けたものとみなされる者は、施行日から三年間は、第三十五条第六項において準用する第十八条第一項の規定にかかわらず、旧法第四十五条第五項において準用する旧法第二十五条の二第一項の規定の例により運行管理者を選任することができる。この場合における当該運行管理者の解任の命令については、旧法第四十五条第五項において準用する旧法第二十五条の二第三項及び第四項の規定の例によるものとする。

第五条　この法律の施行の際現に旧法第三条第三項第二号の特定貨物自動車運送事業について事業区域を定めて旧法第四十五条第一項の許可を受けている者は、当該許可に係る事業の範囲内において、施行日に特定貨物自動車運送事業について第三十五条第一項の許可を受けたものとみなす。

2　前項の規定により特定貨物自動車運送事業の許可を受けたものとみなされる者については、当該事業に係る旧法第四十五条第二項第二号の事業区域及び同項第三号の事業計画（第三十五条第二項第三号に規定する事項に相当する事項に係る部分に限る。）を第三十五条第二項第三号の事業計画とみなして、この法律の規定を適用する。

3　運輸大臣は、前項の場合において、第三十五条第二項第三号に規定する事項の一部の事項について旧法第四十五条第二項第三号の事業計画にこれに相当する事項の記載がないときその他必要があると認めるときは、当該特定貨物自動車運送事業の許可を受けたものとみなされる者に対し、施行日から一年を経過する日までの間に限り、運輸省令で定めるところにより、当該第三十五条第二項第三号の事業計画に追加する必要があると認められる事項を記載した届出書の提出を求めることができる。この場合において当該届出書の提出があったときは、同条第五項において準用する第七条第五項並びに第三十五条第六項において準用する第九条第一項及び第三項中「事業計画」とあるのは、「事業計画（附則第五条第三項に規定する届出書に記載された事項を含む。）」とする。

4　前条第五項の規定は、第一項の規定により特定貨物自動車運送事業の許可を受けたものとみなされる者について準用する。

第六条　附則第二条から前条までの規定により第三条又は第三十五条第一項の許可を受けたものとみなされる者であって、これらの規定により一般貨物自動車運送事業又は特定貨物自動車運送事業について、それぞれ二以上の許可を受けたものとみなされるものについては、当該二以上の許可を一の許可とみなして、この法律の規定を適用する。

第七条　貨物運送取扱事業法附則第八条第一項の規定により同法第二条第九項の第二種利用運送事業の許可を受けたものとみなされる者（同法附則第八条第一項第一号に掲げる者に限る。）は、第三十七条第二項及び第三項の規定の適用については、同条第二項に規定する者とみなす。

2　附則第二条第五項の規定は、前項に規定する者について準用する。

第八条　旧法又は旧法に基づく命令によりした処分、手続その他の行為で、この法律中相当する規定があるものは、附則第二条から第五条までに規定するものを除き、運輸省令で定めるところにより、この法律によりしたものとみなす。

第九条　二輪の自動車を使用して貨物軽自動車運送事業を経営する者については、施行日から二年間は、第三十六条の規定は、適用しない。

第十条　この法律の施行前にした行為並びに附則第二条第三項又は第四条第三項の規定により従前の例によることとされる場合及び附則第二条第五項（附則第三条第四項及び第七条第二項において準用する場合を含む。）又は第四条第五項（附則第五条第四項において準用する場合を含む。）の規定により旧法第二十五条の二第一項又は第三項（旧法第四十五条第五項において準用する場合を含む。）の規定の例によることとされる場合におけるこの法律の施行後にした行為に対する罰則の適用については、なお従前の例による。

第十一条　附則第二条から前条までに定めるもののほか、この法律の施行に関して必要な経過措置は、政令で定める。

附　則（平五・一一・一二法八九抄）

（施行期日）

第一条　この法律は、行政手続法（平成五年法律第八十八号）の施行の日（平成六年一〇月一日）から施行する。

（諮問等がされた不利益処分に関する経過措置）

第二条　この法律の施行前に法令に基づき審議会その他の合議制の機関に対し行政手続法第十三条に規定する聴聞又は弁明の機会の付与の手続その他の意見陳述のための手続に相当する手続を執るべきことの諮問その他の求めがされた場合においては、当該諮問その他の求めに係る不利益処分の手続に関しては、この法律による改正後の関係法律の規定にかかわらず、なお従前の例による。

（罰則に関する経過措置）

第十三条　この法律の施行前にした行為に対する罰則の適用については、なお従前の例による。

（聴聞に関する規定の整理に伴う経過措置）

第十四条　この法律の施行前に法律の規定により行われた聴聞、聴問若しくは聴聞会（不利益処分に係るものを除く。）又はこれらのための手続は、この法律による改正後の関係法律の相当規定により行われたものとみなす。

（政令への委任）

第十五条　附則第二条から前条までに定めるもののほか、この法律の施行に関して必要な経過措置は、政令で定める。

附　則（抄）〔平六・九・一九政令三〇三抄〕

（施行期日）

第一条　この政令は、行政手続法の施行の日（平成六年十月一日）から施行する。

（貨物自動車運送事業法の一部改正に伴う経過措置）

第三条　整備法第二百九十三条の規定の施行前に同条の規定による改正前の貨物自動車運送事業法（平成元年法律第八十三号）第六十八条の規定により一般貨物自動車運送事業又は特定貨物自動車運送事業の許可の取消しに係る聴聞の期日及び場所の指定がされた場合におけるこれらの事業の許可に係る欠格事由については、整備法第二百九十三条の規定による改正後の貨物自動車運送事業法第五条第二号又は第四号（これらの規定を同法第三十五条第四項において準用する場合を含む。）の規定にかかわらず、なお従前の例による。

附　則（平六・一一・一一法九七抄）

（施行期日）

第一条　この法律は、公布の日から施行する。ただし、次の各号に掲げる規定は、それぞれ当該各号に定める日から施行する。

一〜三〔略〕

四　第二十七条から第三十条まで及び第三十二条から第三十五条までの規定並びに附則第十二条から第十九条まで、第二十四条及び第二十五条の規定　公布の日から起算して六月を超えない範囲内において政令で定める日

〔平七・一政令五により、平七・四・一から施行〕

（貨物自動車運送事業法の一部改正に伴う経過措置）

第十七条　第三十三条の規定の施行の際現に同条の規定による改正前の貨物自動車運送事業法第十九条第一項第二号の規定による認定を受けている者であって運行管理者資格者証の交付を受けていないもの及び同号の規定による認定の申請をしている者に対する運行管理者資格者証の交付については、なお従前の例による。

（罰則に関する経過措置）

第二十条　この法律（附則第一条各号に掲げる規定については、当該各規定）の施行前にした行為並びに附則第二条、第四条、第七条第二項、第八条、第十一条、第十二条第二項、第十三条及び第十五条第四項の規定によりなお従前の例によることとされる場合における第一条、第四条、第八条、第九条、第十三条、第二十七条、第二十八条及び第三十条の規定の施行後にした行為に対する罰則の適用については、なお従前の例による。

（政令への委任）

第二十一条　附則第二条から前条までに定めるもののほか、この法律の施行に関して必要となる経過措置（罰則に関する経過措置を含む。）は、政令で定める。

附　則（平九・六・二〇法九六抄）

（施行期日）

第一条　この法律は、公布の日から起算して一月を経過した日から施行する。

（罰則に関する経過措置）

第十六条　この法律の施行前にした行為並びに附則第三条第一項及び第四条第一項の規定によりなお効力を有することとされる場合並びに附則第五条、第六条、第七条第一項及び第八条第一項の規定によりなお従前の例によることとされる場合におけるこの法律の施行後にした行為に対する罰則の適用については、なお従前の例による。

附　則（平一一・一二・八法一五一抄）

（施行期日）

第一条　この法律は、平成十二年四月一日から施行する。

第四条　この法律の施行前にした行為に対する罰則の適用については、なお従前の例による。

（平一一・一二・二二法一六〇抄）

（処分、申請等に関する経過措置）

第千三百一条　中央省庁等改革関係法及びこの法律（以下「改革関係法等」と総称する。）の施行前に法令の規定により従前の国の機関がした免許、許可、認可、承認、指定その他の処分又は通知その他の行為は、法令に別段の定めがあるもののほか、改革関係法等の施行後は、改革関係法等の施行後の法令の相当規定に基づいて、相当の国の機関がした免許、許可、認可、承認、指定その他の処分又は通知その他の行為とみなす。

2　改革関係法等の施行の際現に法令の規定により従前の国の機関に対してされている申請、届出その他の行為は、法令に別段の定めがあるもののほか、改革関係法等の施行後は、改革関係法等の施行後の法令の相当規定に基づいて、相当の国の機関に対してされた申請、届出その他の行為とみなす。

3　改革関係法等の施行前に法令の規定により従前の国の機関に対し報告、届出、提出その他の手続をしなければならないとされている事項で、改革関係法等の施行の日前にその手続がされていないものについては、法令に別段の定めがあるもののほか、改革関係法等の施行後は、これを、改革関係法等の施行後の法令の相当規定により相当の国の機関に対して報告、届出、提出その他の手続をしなければならないとされた事項についてその手続がされていないものとみなして、改革関係法等の施行後の法令の規定を適用する。

（従前の例による処分等に関する経過措置）

第千三百二条　なお従前の例によることとする法令の規定により、従前の国の機関がすべき免許、許可、認可、承認、指定その他の処分若しくは通知その他の行為又は従前の国の機関に対してすべき申請、届出その他の行為については、法令に別段の定めがあるもののほか、改革関係法等の施行後は、改革関係法等の施行後の法令の規定に基づくその任務及び所掌事務の区分に応じ、それぞれ、相当の国の機関がすべきものとし、又は相当の国の機関に対してすべきものとする。

（罰則に関する経過措置）

第千三百三条　改革関係法等の施行前にした行為に対する罰則の適用については、なお従前の例による。

（政令への委任）

第千三百四十四条　第七十一条から第七十六条まで及び第千三百一条から前条まで並びに中央省庁等改革関係法に定めるもののほか、改革関係法等の施行に関し必要な経過措置（罰則に関する経過措置を含む。）は、政令で定める。

附　則（平一一・一二・二二法一六〇抄）

（施行期日）

第一条　この法律（第二条及び第三条を除く。）は、平成十三年一月六日から施行する。ただし、次の各号に掲げる規定は、当該各号に定める日から施行する。

一　第九百九十五条（核原料物質、核燃料物質及び原子炉の規制に関する法律の一部を改正する法律附則の改正規定に係る部分に限る。）、第千三百五条、第千三百六条、第千三百二十四条第二項、第千三百二十六条第二項及び第千三百四十四条の規定　公布の日

二　〔略〕

附　則（平一二・五・三一法九一抄）

（施行期日）

1　この法律は、商法等の一部を改正する法律（平成十二年法律第九十号）の施行の日〔平成一三年四月一日〕から施行する。

附　則（平一四・五・三一法五四抄）

（施行期日）

第一条　この法律は、平成十四年七月一日から施行する。

（経過措置）

第二十八条　この法律の施行前にこの法律による改正前のそれぞれの法律若しくはこれに基づく命令（以下「旧法令」という。）の規定により海運監理部長、陸運支局長、海運支局長又は陸運支局の事務所の長（以下「海運監理部長等」という。）がした許可、認可その他の処分又は契約その他の行為（以下「処分等」という。）は、国土交通省令で定めるところにより、この法律による改正後のそれぞれの法律若しくはこれに基づく命令（以下「新法令」という。）の規定により相当の運輸監理部長、運輸支局長又は地方運輸局、運輸監理部若しくは運輸支局の事務所の長（以下「運輸監理部長等」という。）がした処分等とみなす。

第二十九条　この法律の施行前に旧法令の規定により海運監理部長等に対してした申請、届出その他の行為（以下「申請等」という。）は、国土交通省令で定めるところにより、新法令の規定により相当の運輸監理部長等に対してした申請等とみなす。

第三十条　この法律の施行前にした行為に対する罰則の適用については、なお従前の例による。

附　則（平一四・六・一九法七七抄）

（施行期日）

第一条　この法律は、公布の日から起算して一年を超えない範囲内において政令で定める日から施行する。

〔平一四・一〇政令三二〇により、平一五・四・一から施行〕

（経過措置）

第三条　この法律の施行の際現に第一種利用運送事業（次条第一項の規定により第二条の規定による改正後の貨物利用運送事業法（以下「新貨物利用運送法」という。）第二十条の許可を受けたものとみなされる者が経営する当該許可に係る事業に含まれるもの、附則第六条第一項の規定により新貨物利用運送法第四十五条第一項の許可を受けたものとみなされる者が経営する当該許可に係る事業に含まれるもの及び貨物自動車運送事業者が行う第三条の規定による改正後の貨物自動車運送事業法（以下「新貨物自動車法」という。）第二条第七項の貨物自動車利用運送に含まれるものを除く。）について第二条の規定による改正前の貨物運送取扱事業法（以下

「旧貨物取扱法」という。）第三条第一項の許可を受けている者は、当該許可に係る事業の範囲内において、この法律の施行の日（以下「施行日」という。）に新貨物利用運送法第三条第一項の登録を受けたものとみなす。

第四条　この法律の施行の際現に船舶運航事業者の行う運送に係る第一種利用運送事業について旧貨物取扱法第三条第一項の許可を受け、かつ、貨物自動車運送事業者の行う運送に係る第一種利用運送事業についての同項の許可又は第三条の規定による改正前の貨物自動車運送事業法（以下「旧貨物自動車法」という。）第三条の許可を受けている者であって新貨物利用運送法第二条第八項の第二種貨物利用運送事業に該当する事業を経営しているものは、当該許可に係る事業の範囲内において、施行日に新貨物利用運送法第二十条の許可を受けたものとみなす。

2　前項の規定により新貨物利用運送法第二十条の許可を受けたものとみなされる者については、当該事業に係る旧貨物取扱法第四条第一項第三号の事業計画（新貨物利用運送法第二十一条第一項第二号に規定する事項に相当する事項に係る部分に限る。）を新貨物利用運送法第二十一条第一項第二号の事業計画と、当該事業に係る旧貨物取扱法第四条第一項第三号の事業計画（新貨物利用運送法第二十一条第一項第三号に規定する事項に相当する事項に係る部分に限る。）又は旧貨物自動車法第四条第一項第二号の事業計画（新貨物利用運送法第二十一条第一項第三号に規定する事項に相当する事項に係る部分に限る。）を新貨物利用運送法第二十一条第一項第三号の集配事業計画とみなして、新貨物利用運送法の規定を適用する。

3　国土交通大臣は、前項の場合において、新貨物利用運送法第二十一条第一項第二号に規定する事項の一部の事項についての旧貨物取扱法第四条第一項第三号の事業計画にこれに相当する事項の記載がないとき、新貨物利用運送法第二十一条第一項第三号に規定する事項の一部の事項について旧貨物取扱法第四条第一項第三号の事業計画又は旧貨物自動車法第四条第一項第二号の事業計画にこれに相当する事項の記載がないときその他必要があると認めるときは、当該許可を受けたものとみなされる者に対し、施行日から一年を経過する日までの間に限り、国土交通省令で定めるところにより、新貨物利用運送法第二十一条第一項第二号の事業計画又は同項第三号の集配事業計画に追加する必要があると認められる事項を記載した届出書の提出を求めることができる。この場合において、当該届出書の提出があったときは、新貨物利用運送法第二十四条、第二十五条第一項及び第三項並びに第二十八条第一号中「事業計画」とあるのは「事業計画（鉄道事業法等の一部を改正する法律（平成十四年法律第七十七号）附則第四条第三項に規定する届出書を含む。）」と、「集配事業計画」とあるのは「集配事業計画（鉄道事業法等の一部を改正する法律附則第四条第三項に規定する届出書を含む。）」とする。

4　第一項の規定により新貨物利用運送法第二十条の許可を受けたものとみなされる者がこの法律の施行後最初に新貨物利用運送法第二十六条第一項の規定により認可を受けなければならない利用運送約款については、同項中「、国土交通大臣」とあるのは、「、鉄道事業法等の一部を改正する法律の施行の日から三月以内に、国土交通大臣」とする。

第五条　この法律の施行の際現に第一種利用運送事業（次条第一項の規定により新貨物利用運送法第四十五条第一項の許可を受けたものとみなされる者が経営する当該許可に係る事業に含まれるものを除く。）について旧貨物取扱法第三十五条第一項の許可を受けている者は、当該許可に係る事業の範囲内において、施行日に新貨物利用運送法第三十五条第一項の登録を受けたものとみなす。

第六条　この法律の施行の際現に船舶運航事業者の行う運送に係る第一種利用運送事業について旧貨物取扱法第三十五条第一項の許可を受け、かつ、貨物自動車運送事業者の行う運送に係る第一種利用運送事業についての旧貨物取扱法第三条第一項の許可又は旧貨物自動車法第三条の許可を受けている者であって新貨物利用運送法第二条第八項の第二種貨物利用運送事業に該当する事業を経営しているものは、当該許可に係る事業の範囲内において、施行日に新貨物利用運送法第四十五条第一項の許可を受けたものとみなす。

2　前項の規定により新貨物利用運送法第四十五条第一項の許可を受けたものとみなされる者については、当該事業に係る旧貨物取扱法第三十五条第四項の事業計画（新貨物利用運送法第四十五条第三項に規定する事項に相当する事項に係る部分に限る。）及び旧貨物取扱法第四条第一項第三号の事業計画（新貨物利用運送法第四十五条第三項に規定する事項に相当する事項に係る部分に限る。）又は旧貨物自動車法第四条第一項第二号の事業計画（新貨物利用運送法第四十五条第三項に規定する事項に相当する事項に係る部分に限る。）を新貨物利用運送法第四十五条第三項の事業計画とみなして、新貨物利用運送法の規定を適用する。

3　国土交通大臣は、前項の場合において、新貨物利用運送法第四十五条第三項に規定する事項の一部の事項について旧貨物取扱法第三十五条第四項の事業計画及び旧貨物取扱法第四条第一項第三号の事業計画又は旧貨物自動車法第四条第一項第二号の事業計画にこれに相当する事項の記載がないときその他必要があると認めるときは、当該許可を受けたものとみなされる者に対し、施行日から一年を経過する日までの間に限り、国土交通省令で定めるところにより、新貨物利用運送法第四十五条第三項の事業計画に追加する必要があると認められる事項を記載した届出書の提出を求めることができる。この場合において、当該届出書の提出があったときは、新貨物利用運送法第四十六条第一項、第二項、第四項及び第五項中「事業計画」とあるのは、「事業計画（鉄道事業法等の一部を改正する法律附則第六条第三項に規定する届出書を含む。）」とする。

第七条　この法律の施行の際現に貨物自動車運送事業者の行う運送に係る第一種利用運送事業（附則第四条第一項の規定により新貨物利用運送法第二十条の許可を受けたものとみなされる者が経営する当該許可に係る事業に含まれるもの及び前条第一項の規定により新貨物利用運送法第四十五条第一項の許可を受けたものとみなされる者が経営する当該許可に係る事業に含まれるものを除く。）についての旧貨物取扱法第三条第一項の許可及び旧貨物自動車法第三条又は第三十五条第一項の許可を受けている者については、当該第一種利用運送事業に係る旧貨物取扱法第四条第一項第三号の事業計画（新貨物自動車法第四条第一項第二号及び第二項第二号又は新貨物自動車法第三十五条第二項第三号及び同条第四項において準用する新貨物自動車法第四条第二項第二号に規定する事項に相当する事項に係る部分に限る。）を新貨物自動車法第四条第一項第二号の事業計画における同条第二項第二号に規定する事項の記載又は新貨物自動車法第三十五条第二項第三号の事業計画における同条第四項において準用する新貨物自動車法第四条第二項第二号に規定する事項の記載とみなして、新貨物自動車法の規定を適用する。

第八条　附則第二条から前条までに規定するもののほか、施行日前に旧鉄道事業法、旧貨物取扱法若しくは旧貨物自動車法又はこれらの法律に基づく命令によりした処分、手続その他の行為で、第一条の規定による改正後の鉄道事業法、新貨物利用運送法又は新貨物自動車法中相当する規定があるものは、それぞれこれらの法律によりしたものとみなす。

（罰則に関する経過措置）

第九条　この法律の施行前にした行為及び附則第二条の規定によりなお従前の例によることとされる場合におけるこの法律の施行後にした行為に対する罰則の適用については、なお従前の例による。

（政令への委任）

第十条　附則第二条から前条までに定めるもののほか、この法律の施行に関し必要となる経過措置（罰則に関する経過措置を含む。）は、政令で定める。

附　則（平一四・七・一七法八九抄）

（施行期日）

第一条　この法律は、公布の日から起算して二年六月を超えない範囲内において政令で定める日から施行する。〔後略〕

〔平一五・一二政令四九四により、平一七・一・一から施行〕

附　則（平一六・一二・一法一四七抄）

（施行期日）

第一条　この法律は、公布の日から起算して六月を超えない範囲内において政令で定める日から施行する。

〔平一七・三政令三六により、平一七・四・一から施行〕

附　則（平一七・七・二二法八五抄）

（施行期日）

第一条　この法律は、公布の日から起算して六月を超えない範囲内において政令で定める日から施行する。

〔平一七・九政令二九七により、平一七・一〇・一から施行〕

附　則（平一八・三・三一法一九抄）

（施行期日）

第一条　この法律は、公布の日から起算して九月を超えない範囲内において政令で定める日から施行する。ただし、次の各号に掲げる規定は、当該各号に定める日から施行する。

〔平一八・七政令二三八により、平一八・一〇・一から施行〕

一　〔前略〕次条、附則第三条、第五条から第八条まで、第十条、第十一条及び第十三条の規定　平成十八年四月一日

二　〔略〕

（運輸審議会への諮問に関する経過措置）

第二条　国土交通大臣は、第一条、第二条及び第五条から第九条までの規定の施行の日前においても、第一条の規定による改正後の鉄道事業法第五十六条の二（第二条の規定による改正後の軌道法第二十六条において準用する場合を含む。）、第五条の規定による改正後の道路運送法第九十四条の二、第六条の規定による改正後の貨物自動車運送事業法第六十条の二、第七条の規定による改正後の海上運送法第二十五条の二、第八条の規定による改正後の内航海運業法第二十六条の二第一項及び第九条の規定による改正後の航空法（以下「新航空法」という。）第百三十四条の二に規定する基本的な方針の策定のために、運輸審議会に諮ることができる。

2　前項の基本的な方針の策定に係る事項については、運輸審議会は、第十条中国土交通省設置法第十五条第一項の改正規定の施行前においても処理することができる。

（罰則に関する経過措置）

第六条　この法律（附則第一条各号に掲げる規定については、当該各規定）の施行前にした行為及び附則第四条の規定によりなお従前の例によることとされる場合における同条の規定の施行後にした行為に対する罰則の適用については、なお従前の例による。

（政令への委任）

第七条　附則第二条から前条までに規定するもののほか、この法律の施行に関し必要な経過措置（罰則に関する経過措置を含む。）は、政令で定める。

（検討）

第八条　政府は、この法律の施行後五年を目途として、この法律による改正後の規定の実施状況を勘案し、必要があると認めるときは、当該規定について検討を加え、その結果に基づいて必要な措置を講ずるものとする。

附　則（平一八・五・一九法四〇抄）

（施行期日）

第一条　この法律は、公布の日から起算して十月を超えない範囲内において政令で定める日から施行する。ただし、次の各号に掲げる規定は、当該各号に定める日から施行する。

一～三　〔略〕

四　〔前略〕附則第八条から第十条まで、〔中略〕第二十八条の規定　公布の日から起算して二年六月を超えない範囲内において政令で定める日

〔平二〇・三政令八一により、平二〇・一二・四から施行〕

附　則（平一八・六・二法五〇抄）

（罰則に関する経過措置）

第四百五十七条　施行日前にした行為及びこの法律の規定によりなお従前の例によることとされる場合における施行日以後にした行為に対する罰則の適用については、なお従前の例による。

（政令への委任）

第四百五十八条　この法律に定めるもののほか、この法律の規定による法律の廃止又は改正に伴い必要な経過措置は、政令で定める。

附　則（平一八・六・二法五〇）

沿革　平二三法七四改正

この法律は、一般社団・財団法人法（一般社団法人及び一般財団法人に関する法律＝平成一八年六月法律第四八号）の施行の日〔平成二〇年一二月一日〕から施行する。〔後略〕

一項の見出…削除・一項…一部改正〔平二三法七四〕

附　則（平二三・六・三法六一抄）

（施行期日）

第一条　この法律は、公布の日から起算して一年を超えない範

囲内において政令で定める日（以下「施行日」という。）から施行する。〔後略〕

附　則（平二三・六・二四法七四抄）

（施行期日）

第一条　この法律は、公布の日から起算して二十日を経過した日から施行する。〔後略〕

〔平二三・一二政令三九五により、平二四・四・一から施行〕

附　則（平二六・六・一三法六九抄）

（施行期日）

第一条　この法律は、行政不服審査法（平成二十六年法律第六十八号）の施行の日〔平成二八年四月一日〕から施行する。

（経過措置の原則）

第五条　行政庁の処分その他の行為又は不作為についての不服申立てであってこの法律の施行前にされた行政庁の処分その他の行為又はこの法律の施行前にされた申請に係る行政庁の不作為に係るものについては、この附則に特別の定めがある場合を除き、なお従前の例による。

（訴訟に関する経過措置）

第六条　この法律による改正前の法律の規定により不服申立てに対する行政庁の裁決、決定その他の行為を経た後でなければ訴えを提起できないこととされる事項であって、当該不服申立てを提起しないでこの法律の施行前にこれを提起すべき期間を経過したもの（当該不服申立てが他の不服申立てに対する行政庁の裁決、決定その他の行為を経た後でなければ提起できないとされる場合にあっては、当該他の不服申立てを提起しないでこの法律の施行前にこれを提起すべき期間を経過したものを含む。）の訴えの提起については、なお従前の例による。

2　この法律の規定による改正前の法律の規定（前条の規定によりなお従前の例によることとされる場合を含む。）により異議申立てが提起された処分その他の行為であって、この法律の規定による改正後の法律の規定により審査請求に対する裁決を経た後でなければ取消しの訴えを提起することができないこととされるものの取消しの訴えの提起については、なお従前の例による。

3　不服申立てに対する行政庁の裁決、決定その他の行為の取消しの訴えであって、この法律の施行前に提起されたものについては、なお従前の例による。

（罰則に関する経過措置）

第九条　この法律の施行前にした行為並びに附則第五条及び前二条の規定によりなお従前の例によることとされる場合におけるこの法律の施行後にした行為に対する罰則の適用については、なお従前の例による。

（その他の経過措置の政令への委任）

第十条　附則第五条から前条までに定めるもののほか、この法律の施行に関し必要な経過措置（罰則に関する経過措置を含む。）は、政令で定める。

附　則（平二八・一一・一六法一〇六抄）

（施行期日）

1　この法律は、公布の日から起算して一月を経過した日から施行する。〔後略〕

附　則（平三〇・一二・一四法九六）

（施行期日）

第一条　この法律は、公布の日から起算して一年六月を超えない範囲内において政令で定める日から施行する。ただし、第二条の規定は、公布の日から起算して二年を超えない範囲内において政令で定める日から施行する。

〔令元・六政令四六により、本文に係る部分は令元・一一・一から施行。ただし同一条中六三条の二、六四条及び附則一条の二の改正規定は、令元・七・一から施行。令元・一二政令一八六により、ただし書に係る部分は、令元・一二・一四から施行〕

（許可等の申請に関する経過措置）

第二条　この法律の施行の日（以下「施行日」という。）前にされたこの法律による改正前の貨物自動車運送事業法第三条若しくは第三十五条第一項の許可の申請又は同法第九条第一項（同法第三十五条第六項において準用する場合を含む。）、第十条第一項、第三十条第一項若しくは第二項若しくは第三十一条第一項の認可の申請であって、この法律の施行の際、許可又は認可をするかどうかの処分がなされていないものについてのこれらの処分については、なお従前の例による。

2　施行日前にされた中心市街地の活性化に関する法律（平成十年法律第九十二号）第四十八条第四項（同法第四十九条第三項において準用する場合を含む。）、流通業務の総合化及び効率化の促進に関する法律（平成十七年法律第八十五号）第四条第一項若しくは第五条第一項、福島復興再生特別措置法（平成二十四年法律第二十五号）第六十一条第九項若しくは同法第六十二条第一項において準用する東日本大震災復興特別区域法（平成二十三年法律第百二十二号）第六条第一項又は都市の低炭素化の促進に関する法律（平成二十四年法律第八十四号）第三十三条第三項（同条第七項において準用する場合を含む。）の認定の申請であって、この法律の施行の際、認定をするかどうかの処分がなされていないものについてのこれらの処分については、この法律による改正後の貨物自動車運送事業法（次条において「新法」という。）第五条又は第六条の規定にかかわらず、なお従前の例による。

（事業の休止及び廃止の届出に関する経過措置）

第三条　新法第三十二条（新法第三十五条第六項において準用する場合を含む。）の規定は、施行日から起算して三十日を経過した日以後にその事業を休止し、又は廃止する一般貨物自動車運送事業者又は特定貨物自動車運送事業者について適用し、同日前にその事業を休止し、又は廃止した一般貨物自動車運送事業者又は特定貨物自動車運送事業者については、なお従前の例による。

（罰則に関する経過措置）

第四条　前条の規定によりなお従前の例によることとされる場合におけるこの法律の施行後にした行為に対する罰則の適用については、なお従前の例による。

（政令への委任）

第五条　前三条に定めるもののほか、この法律の施行に関し必要な経過措置は、政令で定める。

（調整規定）

第六条　施行日が成年被後見人等の権利の制限に係る措置の適正化等を図るための関係法律の整備に関する法律（令和元年法律第三十七号）附則第一条第一号に掲げる規定の施行の日前である場合には、同法第百四十九条第六号中「第五条第三号」とあるのは、「第五条第七号」とする。

附　則（令元・六・一四法三七抄）

（施行期日）

第一条　この法律は、公布の日から起算して三月を経過した日から施行する。ただし、次の各号に掲げる規定は、当該各号に定める日から施行する。

一　〔前略〕第百四十九条、第百五十二条、第百五十四条（不動産の鑑定評価に関する法律第二十五条第六号の改正規定に限る。）及び第百六十八条並びに次条並びに附則第三条及び第六条の規定　公布の日

二〜四　〔略〕

（行政庁の行為等に関する経過措置）

第二条　この法律（前条各号に掲げる規定にあっては、当該規定。以下この条及び次条において同じ。）の施行の日前に、この法律による改正前の法律又はこれに基づく命令の規定（欠格条項その他の権利の制限に係る措置を定めるものに限る。）に基づき行われた行政庁の処分その他の行為及び当該規定により生じた失職の効力については、なお従前の例による。

（罰則に関する経過措置）

第三条　この法律の施行前にした行為に対する罰則の適用については、なお従前の例による。

（検討）

第七条　政府は、会社法（平成十七年法律第八十六号）及び一般社団法人及び一般財団法人に関する法律（平成十八年法律第四十八号）における法人の役員の資格を成年被後見人又は被保佐人であることを理由に制限する旨の規定について、この法律の公布後一年以内を目途として検討を加え、その結果に基づき、当該規定の削除その他の必要な法制上の措置を講ずるものとする。

附　則（令四・六・一七法六八抄）

（罰則の適用等に関する経過措置）

第四百四十一条　刑法等の一部を改正する法律（令和四年法律第六十七号。以下「刑法等一部改正法」という。）及びこの法律（以下「刑法等一部改正法等」という。）の施行前にした行為の処罰については、次章に別段の定めがあるもののほか、なお従前の例による。

2　刑法等一部改正法等の施行後にした行為に対して、他の法律の規定によりなお従前の例によることとされ、なお効力を有することとされ又は改正前若しくは廃止前の法律の規定の例によることとされる罰則を適用する場合において、当該罰則に定める刑（刑法施行法第十九条第一項の規定又は第八十二条の規定による改正後の沖縄の復帰に伴う特別措置に関する法律第二十五条第四項の規定の適用後のものを含む。）に刑法等一部改正法第二条の規定による改正前の刑法（明治四十年法律第四十五号。以下この項において「旧刑法」という。）第十二条に規定する懲役（以下「懲役」という。）、旧刑法第十三条に規定する禁錮（以下「禁錮」という。）又は旧刑法第十六条に規定する拘留（以下「旧拘留」という。）が含まれるときは、当該刑のうち無期の懲役又は禁錮はそれぞれ無期拘禁刑と、有期の懲役又は禁錮はそれぞれその刑と長期及び短期（刑法施行法第二十条の規定の適用後のものを含む。）を同じくする有期拘禁刑と、旧拘留は長期及び短期（刑法施行法第二十条の規定の適用後のものを含む。）を同じくする拘留とする。

（裁判の効力とその執行に関する経過措置）

第四百四十二条　懲役、禁錮及び旧拘留の確定裁判の効力並びにその執行については、次章に別段の定めがあるもののほか、なお従前の例による。

（人の資格に関する経過措置）

第四百四十三条　懲役、禁錮又は旧拘留に処せられた者に係る人の資格に関する法令の規定の適用については、無期の懲役又は禁錮に処せられた者はそれぞれ無期拘禁刑に処せられた者と、有期の懲役又は禁錮に処せられた者はそれぞれ刑期を同じくする有期拘禁刑に処せられた者と、旧拘留に処せられた者は拘留に処せられた者とみなす。

2　拘禁刑又は拘留に処せられた者に係る他の法律の規定によりなお従前の例によることとされ、なお効力を有することとされ又は改正前若しくは廃止前の法律の規定の例によることとされる人の資格に関する法令の規定の適用については、無期拘禁刑に処せられた者は無期禁錮に処せられた者と、有期拘禁刑に処せられた者は刑期を同じくする有期禁錮に処せられた者と、拘留に処せられた者は刑期を同じくする旧拘留に処せられた者とみなす。

（経過措置の政令への委任）

第五百九条　この編に定めるもののほか、刑法等一部改正法等の施行に伴い必要な経過措置は、政令で定める。

附　則（令四・六・一七法六八抄）

（施行期日）

1　この法律は、刑法等一部改正法〔刑法等の一部を改正する法律＝令和四年六月法律第六七号〕施行日〔令和七年六月一日〕から施行する。ただし、次の各号に掲げる規定は、当該各号に定める日から施行する。

一　第五百九条の規定　公布の日

二　〔略〕

附　則（令五・六・一六法六二）

この法律は、公布の日から施行する。

附　則（令五・六・一六法六三抄）

（施行期日）

第一条　この法律は、公布の日から起算して一年を超えない範囲内において政令で定める日から施行する。ただし、次の各号に掲げる規定は、当該各号に定める日から施行する。

〔令五・九政令二八四により、令六・四・一から施行〕

一　〔前略〕附則第七条〔中略〕の規定　公布の日

二　〔前略〕第四十一条中貨物自動車運送事業法第五条第二号の改正規定〔中略〕　公布の日から起算して三年を超えない範囲内において政令で定める日

（罰則に関する経過措置）

第六条　この法律の施行前にした行為に対する罰則の適用については、なお従前の例による。

（政令への委任）

第七条　この附則に定めるもののほか、この法律の施行に関し必要な経過措置（罰則に関する経過措置を含む。）は、政令で定める。

附　則（令六・五・一五法二三抄）

（施行期日）

第一条　この法律は、公布の日から起算して一年を超えない範囲内において政令で定める日から施行する。ただし、次の各号に掲げる規定は、当該各号に定める日から施行する。

一　〔前略〕附則第七条の規定　公布の日
二　〔前略〕附則第六条の規定〔中略〕公布の日から起算して一月を超えない範囲内において政令で定める日
三　第三条中貨物自動車運送事業法附則第一条の二に一項を加える改正規定　公布の日から起算して三月を超えない範囲内において政令で定める日
〔令六・五政令一九三により、令六・八・一から施行〕
四　第三条の規定（前号に掲げる改正規定を除く。）並びに附則第五条の規定〔中略〕　公布の日から起算して六月を超えない範囲内において政令で定める日
五　〔前略〕第五条の規定　公布の日から起算して二年を超えない範囲内において政令で定める日

（実運送体制管理簿の作成等に関する経過措置）

第二条　第四条の規定による改正後の貨物自動車運送事業法（以下この条及び附則第四条において「新貨物自動車法」という。）第二十四条の五第一項（新貨物自動車法第三十五条第六項において準用する場合を含む。）の規定は、一般貨物自動車運送事業者又は特定貨物自動車運送事業者がこの法律の施行の日（次条及び附則第十五条において「施行日」という。）以後に他の貨物自動車運送事業者の行う運送（自動車を使用しないで貨物の運送を行わせることを内容とする契約によるものを除く。）を利用した場合について適用する。

（特定貨物自動車運送事業者に係る権利義務の承継に関する経過措置）

第三条　施行日前に貨物自動車運送事業法第三十五条第一項の許可を受けた者（以下この条において「施行日前許可事業者」という。）が当該許可に係る特定貨物自動車運送事業を施行日前に譲渡した場合又は施行日前許可事業者について施行日前に合併、分割若しくは相続があった場合における施行日前許可事業者に係る同項の許可に基づく権利義務の承継については、なお従前の例による。

（貨物軽自動車安全管理者の選任等に関する経過措置）

第四条　この法律の施行の際現に貨物軽自動車運送事業を経営している者についての新貨物自動車法第三十六条の二第一項の規定の適用については、同項中「前条第一項前段の規定による届出後」とあるのは「流通業務の総合化及び効率化の促進に関する法律及び貨物自動車運送事業法の一部を改正する法律（令和六年法律第二十三号）の施行の日後」と、「ならない」とあるのは「ならない。ただし、当該施行の日から起算して二年を経過する日までの間は、この限りでない」とする。

（登録貨物軽自動車安全管理者講習機関等の罰則に関する経過措置）

第五条　刑法等の一部を改正する法律（令和四年法律第六十七号）の施行の日（以下この条において「刑法施行日」という。）の前日までの間における第三条の規定による改正後の貨物自動車運送事業法第七十三条の規定の適用については、同条中「拘禁刑」とあるのは、「懲役」とする。刑法施行日以後における刑法施行日前にした行為に対する同条の規定の適用についても、同様とする。

（罰則に関する経過措置）

第六条　この法律（附則第一条第二号に掲げる規定については、当該規定）の施行前にした行為及び附則第三条の規定によりなお従前の例によることとされる場合におけるこの法律の施行後にした行為に対する罰則の適用については、なお従前の例による。

（政令への委任）

第七条　この附則に定めるもののほか、この法律の施行に関し必要な経過措置（罰則に関する経過措置を含む。）は、政令で定める。

（検討）

第八条　政府は、この法律の施行後五年を経過した場合において、この法律による改正後のそれぞれの法律の規定について、その施行の状況等を勘案しつつ検討を加え、必要があると認めるときは、その結果に基づいて必要な措置を講ずるものとする。

〔公布の日（令和六年五月一五日）から起算して一年を超えない範囲内において政令で定める日から施行〕

目次中「第二章　貨物自動車運送事業（第三条―第三十七条）」を
「第二章　一般貨物自動車運送事業（第三条―第三十四条）
第三章　特定貨物自動車運送事業（第三十五条）
第四章　貨物軽自動車運送事業（第三十六条・第三十六条の二）
第五章　貨物利用運送事業者に関する特例（第三十七条・第三十七条の二）」
に、「第三章」を「第六章」に、「第四章」を「第七章」に、「第五章」を「第八章」に、「第六章」を「第九章」に改める。

第二条第六項中「単に」を削り、同条第七項中「使用して行う貨物の運送に係るものに限る」を「使用しないで貨物の運送を行わせることを内容とする契約によるものを除く」に改め、同条に次の一項を加える。

8　この法律において「荷主」とは、次に掲げる者をいう。
一　貨物自動車運送事業者（第三十九条第一号に規定する貨物自動車運送事業者をいう。以下この項、第十二条、第二十四条の五及び第三十七条において同じ。）との間で運送契約を締結して貨物の運送を委託する者
二　貨物自動車運送事業者が運送契約に基づき運送する貨物を当該貨物自動車運送事業者から受け取る者（他人のために貨物を受け取る者を除き、その者に受け取らせる者を含む。）（前号に掲げる者を除く。）
三　貨物自動車運送事業者が運送契約に基づき運送する貨物を当該貨物自動車運送事業者に引き渡す者（他人のために貨物を引き渡す者を除き、その者に引き渡させる者を含む。）（第一号に掲げる者を除く。）

第二章の章名を次のように改める。

第二章　一般貨物自動車運送事業

第十二条から第十四条までを次のように改める。

（書面の交付）

第十二条　真荷主（自らの事業に関して貨物自動車運送事業者との間で運送契約を締結して貨物の運送を委託する者であって、貨物自動車運送事業者以外のものをいう。第二十四条の五において同じ。）及び一般貨物自動車運送事業者は、運送

契約を締結するときは、国土交通省令で定める場合を除き、次に掲げる事項を書面に記載して相互に交付しなければならない。

一　運送の役務の内容及びその対価

二　当該運送契約に運送の役務以外の役務の提供が含まれる場合にあっては、運送の役務以外の役務の内容及びその対価

三　その他国土交通省令で定める事項

2　前項の規定は、第一種貨物利用運送事業者（貨物利用運送事業法（平成元年法律第八十二号）第七条第一項に規定する第一種貨物利用運送事業者をいう。以下同じ。）が一般貨物自動車運送事業者の行う貨物の運送（自動車を使用しないで貨物の運送を行わせることを内容とする契約によるものを除く。）を利用する場合であって、当該第一種貨物利用運送事業者に貨物の運送の委託をした者（その者に委託（二以上の段階にわたる委託を含む。）をした者を含む。）が貨物自動車運送事業者である場合における当該第一種貨物利用運送事業者及び当該一般貨物自動車運送事業者が締結する運送契約については、適用しない。

3　第一項の運送契約の当事者は、同項の規定による書面の交付に代えて、政令で定めるところにより、当該契約の相手方の承諾を得て、当該書面に記載すべき事項を電磁的方法（電子情報処理組織を使用する方法その他の情報通信の技術を利用する方法であって国土交通省令で定めるものをいう。以下同じ。）により提供することができる。この場合において、当該運送契約の当事者は、当該書面を交付したものとみなす。

（輸送の安全性の向上）

第十三条　一般貨物自動車運送事業者は、輸送の安全の確保が最も重要であることを自覚し、絶えず輸送の安全性の向上に努めなければならない。

（安全管理規程等）

第十四条　一般貨物自動車運送事業者（その事業用自動車の数が国土交通省令で定める数未満であるものを除く。以下この条において同じ。）は、安全管理規程を定め、貨物の運送を開始する日（貨物の運送を開始した後、事業用自動車の数が当該国土交通省令で定める数以上になる場合にあっては、その日）までに、国土交通省令で定めるところにより、国土交通大臣に届け出なければならない。これを変更しようとするときも、同様とする。

2　安全管理規程は、輸送の安全を確保するために一般貨物自動車運送事業者が遵守すべき次に掲げる事項に関し、国土交通省令で定める基準に適合するものでなければならない。

一　輸送の安全を確保するための事業の運営の方針に関する事項

二　輸送の安全を確保するための事業の実施及びその管理の体制に関する事項

三　輸送の安全を確保するための事業の実施及びその管理の方法に関する事項

四　安全統括管理者（一般貨物自動車運送事業者が、前三号に掲げる事項に関する業務を統括管理させるため、事業運営上の重要な決定に参画する管理的地位にあり、かつ、一般貨物自動車運送事業に関する一定の実務の経験その他の国土交通省令で定める要件を備える者のうちから選任する者をいう。以下この条において同じ。）の選任に関する事項

3　国土交通大臣は、安全管理規程が前項に規定する基準に適合しないと認めるときは、当該一般貨物自動車運送事業者に対し、当該基準に適合するようこれを変更すべきことを命ずることができる。

4　一般貨物自動車運送事業者は、安全管理規程の届出後、速やかに、安全統括管理者を選任しなければならない。

5　一般貨物自動車運送事業者は、前項の規定により安全統括管理者を選任したときは、国土交通省令で定めるところにより、遅滞なく、その氏名及び役職を国土交通大臣に届け出なければならない。これを解任したときも、同様とする。

6　一般貨物自動車運送事業者は、輸送の安全の確保に関し、安全統括管理者のその職務を行う上での意見を尊重しなければならない。

7　国土交通大臣は、安全統括管理者がその職務を怠った場合であって、当該安全統括管理者が引き続きその職務を行うことが輸送の安全の確保に著しく支障を及ぼすおそれがあると認めるときは、一般貨物自動車運送事業者に対し、当該安全統括管理者を解任すべきことを命ずることができる。

第十五条及び第十六条を削る。

第十七条第三項中「（以下「過積載による運送」という。）」を削り、「、過積載による」を「、当該」に、「対する過積載による」を「対する当該」に改め、同条を第十五条とする。

第十八条第一項中「一般貨物自動車運送事業者は」の下に「、第三条の許可を受けた後、速やかに」を加え、同条第三項中「ときは」の下に「、国土交通省令で定めるところにより」を加え、「その旨」を「その氏名」に改め、同条を第十六条とし、第十九条を第十七条とし、第二十条を第十八条とし、第二十一条を第十九条とする。

第二十二条第二項中「第十八条第二項」を「第十六条第二項」に改め、同条を第二十条とする。

第二十二条の二中「第十五条、第十六条第一項」を「第十三条、第十四条第一項」に、「第十七条第一項」を「第十五条第一項」に、「第十八条第一項」を「第十六条第一項」に改め、同条を第二十一条とする。

第二十三条中「第十六条第一項」を「第十四条第一項」に、「第十七条第一項」を「第十五条第一項」に、「第十八条第一項、第二十二条第二項」を「第十六条第一項、第二十条第二項」に改め、同条を第二十二条とし、第二十四条を第二十三条とする。

第二十四条の二の見出し中「かかわる」を「関わる」に改め、同条中「第二十三条」を「第二十二条」に、「かかわる」を「関わる」に改め、同条を第二十三条の二とする。

第二十四条の三（見出しを含む。）中「かかわる」を「関わる」に改め、同条を第二十三条の三とする。

第二十八条を削り、第二十七条を第二十八条とし、第二十六条を第二十七条とし、第二十五条を第二十六条とし、第二十四条の四を第二十五条とし、同条の前に次の五条を加える。

（他の一般貨物自動車運送事業者の行う貨物の運送を利用する場合の措置）

第二十四条　一般貨物自動車運送事業者は、自らが引き受ける貨物の運送について他の一般貨物自動車運送事業者の行う運送（自動車を使用しないで貨物の運送を行わせることを内容

とする契約によるものを除く。第三号において同じ。）を利用するときは、当該他の一般貨物自動車運送事業者に係る一般貨物自動車運送事業の健全な運営の確保に資するため、次に掲げる措置（次条及び第二十四条の三において「健全化措置」という。）を講ずるよう努めなければならない。

一　その利用する運送に要する費用の概算額を把握した上で、当該概算額を勘案して利用の申込みをすること。

二　自らが引き受ける貨物の運送について荷主が提示する運賃又は料金が前号に規定する概算額を下回る場合にあっては、当該荷主に対し、運賃又は料金について交渉をしたい旨を申し出ること。

三　当該他の一般貨物自動車運送事業者が更に他の一般貨物自動車運送事業者の行う運送を利用する場合に関し二以上の段階にわたる委託の制限その他の条件を付すること。

四　その他一般貨物自動車運送事業の健全な運営の確保に資するためのものとして国土交通省令で定める措置

2　一般貨物自動車運送事業者は、自らが引き受けた貨物の運送について他の一般貨物自動車運送事業者の行う運送（自動車を使用しないで貨物の運送を行わせることを内容とする契約によるものを除く。）を利用するときは、国土交通省令で定める場合を除き、当該他の一般貨物自動車運送事業者に対し、次に掲げる事項を記載した書面を交付しなければならない。ただし、その利用する運送を行う一般貨物自動車運送事業者に対し、下請代金支払遅延等防止法（昭和三十一年法律第百二十号）第三条第一項の規定による書面の交付（同条第二項の規定により書面を交付したものとみなされた場合を含む。）をしたときは、当該書面に記載した事項については記載することを要しない。

一　運送の役務の内容及びその対価

二　その利用する運送に運送の役務以外の役務の提供が含まれる場合にあっては、運送の役務以外の役務の内容及びその対価

三　その他国土交通省令で定める事項

3　一般貨物自動車運送事業者は、前項の規定による書面の交付に代えて、政令で定めるところにより、当該他の一般貨物自動車運送事業者の承諾を得て、当該書面に記載すべき事項を電磁的方法により提供することができる。この場合において、当該一般貨物自動車運送事業者は、当該書面を交付したものとみなす。

（運送利用管理規程の作成等）

第二十四条の二　貨物自動車利用運送を行う一般貨物自動車運送事業者（その行う貨物自動車利用運送の規模が国土交通省令で定める規模以上であるものに限る。以下「特別一般貨物自動車運送事業者」という。）は、健全化措置の実施に関する規程（以下「運送利用管理規程」という。）を定め、遅滞なく、国土交通省令で定めるところにより、国土交通大臣に届け出なければならない。これを変更したときも、同様とする。

2　運送利用管理規程には、次に掲げる事項を定めておかなければならない。

一　健全化措置を実施するための事業の運営の方針に関する事項

二　健全化措置の内容に関する事項

三　健全化措置の管理体制に関する事項

四　次条第一項に規定する運送利用管理者の選任に関する事項

3　特別一般貨物自動車運送事業者は、運送利用管理規程を遵守しなければならない。

（運送利用管理者の選任等）

第二十四条の三　特別一般貨物自動車運送事業者は、運送利用管理規程の届出後、速やかに、その事業における健全化措置の実施及びその管理の体制を確保するため、事業運営上の重要な決定に参画する管理的地位にある者のうちから、運送利用管理者一人を選任しなければならない。

2　運送利用管理者は、次に掲げる職務を行う。

一　健全化措置を実施するための事業の運営の方針を決定すること。

二　健全化措置の実施及びその管理の体制を整備すること。

三　第二十四条の五第一項に規定する実運送体制管理簿を作成する場合にあっては、当該実運送体制管理簿の作成事務を監督すること。

3　特別一般貨物自動車運送事業者は、第一項の規定により運送利用管理者を選任したときは、国土交通省令で定めるところにより、遅滞なく、その氏名及び役職を国土交通大臣に届け出なければならない。これを解任したときも、同様とする。

（運送利用管理者の義務等）

第二十四条の四　運送利用管理者は、誠実にその職務を行わなければならない。

2　特別一般貨物自動車運送事業者は、運送利用管理者に対し、前条第二項各号に掲げる職務を行うため必要な権限を与えなければならない。

3　特別一般貨物自動車運送事業者は、運送利用管理者のその職務を行う上での意見を尊重しなければならない。

（実運送体制管理簿の作成等）

第二十四条の五　一般貨物自動車運送事業者は、真荷主から引き受けた貨物の運送（その運送に係る貨物の重量が国土交通省令で定める重量以上であるものに限る。第六項において同じ。）について他の貨物自動車運送事業者の行う運送（自動車を使用しないで貨物の運送を行わせることを内容とする契約によるものを除く。）を利用したときは、運送体制の明確化を図るため、災害その他緊急やむを得ない場合を除き、真荷主から引き受けた貨物の運送ごとに、国土交通省令で定めるところにより、次に掲げる事項を記載した実運送体制管理簿（その作成に代えて電磁的記録（電子的方式、磁気的方式その他人の知覚によっては認識することができない方式で作られる記録であって、電子計算機による情報処理の用に供されるものをいう。同項及び第五十八条の九において同じ。）の作成がされている場合における当該電磁的記録を含む。以下この条において同じ。）を作成し、その引き受けた貨物の運送が完了した日から一年間、これを営業所に備え置かなければならない。ただし、当該利用の態様その他の事情を勘案して国土交通省令で定める場合は、真荷主から引き受けた貨物の運送ごとに作成することを要しない。

一　真荷主から引き受けた貨物の運送について実運送（事業用自動車を使用して行う貨物の運送をいう。以下この項及び第五項において同じ。）を行う貨物自動車運送事業者の

イ　商号又は名称

二　前号の貨物自動車運送事業者が実運送を行う貨物の内容及び区間

三　第一号の貨物自動車運送事業者の請負階層（当該貨物自動車運送事業者が実運送を行う貨物の運送に関して締結された運送契約のうち、真荷主との運送契約の後に締結された運送契約の数をいう。）

四　その他国土交通省令で定める事項

2　前項の規定は、一般貨物自動車運送事業者が第一種貨物利用運送事業者から貨物の運送を引き受けた場合であって、当該第一種貨物利用運送事業者に貨物の運送の委託をした者（その者に委託（二以上の段階にわたる委託を含む。）をした者を含む。）が貨物自動車運送事業者であるときにおける当該一般貨物自動車運送事業者については、適用しない。

3　第一項の規定により実運送体制管理簿を作成する一般貨物自動車運送事業者（以下この条において「元請事業者」という。）は、同項ただし書の場合を除き、その利用する運送を行う他の貨物自動車運送事業者に対し、次に掲げる事項（次項第一号において「元請連絡事項」という。）を通知しなければならない。

一　当該元請事業者の連絡先

二　当該他の貨物自動車運送事業者が運送する貨物の真荷主の商号又は名称

三　その他国土交通省令で定める事項

4　一般貨物自動車運送事業者（元請事業者を除く。）は、その引き受けた貨物の運送について他の貨物自動車運送事業者の行う運送（自動車を使用しないで貨物の運送を行わせることを内容とする契約によるものを除く。）を利用するときは、当該他の貨物自動車運送事業者に対し、次に掲げる事項を通知しなければならない。ただし、前項の規定による通知を受けていない場合その他これらの事項を知ることができない場合は、この限りでない。

一　当該貨物の運送に係る元請連絡事項

二　当該他の貨物自動車運送事業者の請負階層（当該他の貨物自動車運送事業者が引き受けた貨物の運送に関して締結された運送契約のうち、真荷主との運送契約の後に締結された運送契約の数をいう。）

三　その他国土交通省令で定める事項

5　貨物自動車運送事業者は、他の貨物自動車運送事業者から貨物の運送を引き受け、第三項（第三十五条第六項において準用する場合を含む。）又は前項（同条第六項において準用する場合を含む。）の規定による通知を受け、かつ、その引き受けた貨物の運送について実運送を行うときは、当該通知に係る元請事業者に対し、当該実運送に係る貨物の真荷主ごとに、第一項各号に掲げる事項を通知しなければならない。

6　真荷主は、貨物の運送を委託した元請事業者に対して、その業務取扱時間内は、いつでも、次に掲げる請求をすることができる。

一　第一項の実運送体制管理簿が書面をもって作成されているときは、当該書面の閲覧又は謄写の請求

二　第一項の実運送体制管理簿が電磁的記録をもって作成されているときは、当該電磁的記録に記録された事項を国土交通省令で定める方法により表示したものの閲覧又は謄写の請求

第三十一条第一項中「以下」を「次項において」に改める。

第七十条中「者は」を「場合には、その違反行為をした者は」に改め、同条第一号中「者」を「とき。」に改め、同条第二号中「第二十七条第一項」を「第二十八条第一項」に、「者」を「とき。」に改め、同条第三号中「第二十七条第二項」を「第二十八条第二項」に、「者」を「とき。」に改め、同条第四号中「第二十八条第一項」を「第二十七条第一項」に、「者」を「とき。」に改め、同条第五号中「第二十八条第二項」を「第二十七条第二項」に、「者」を「とき。」に改める。

第七十一条中「者は」を「場合には、その違反行為をした者は」に改め、同条第一号中「第三十七条第三項」を「第三十七条の二第三項」に、「者」を「とき。」に改め、同条第二号中「者」を「とき。」に改める。

第七十四条第一号中「第十八条第一項」を「第十六条第一項」に、「第三十七条第三項」を「第三十七条の二第三項」に改め、同条第二号中「第三十七条第三項」を「第三十七条の二第三項」に改める。

第七十五条第一号中「第十六条第三項」を「第十四条第三項」に、「第三十七条第三項」を「第三十七条の二第三項」に、「第二十三条」を「第二十二条」に、「第二十四条の四第二項」を「第二十五条第二項」に、「第二十五条第四項、第二十六条」を「第二十六条第四項、第二十七条」に改め、同条第五号中「第十六条第一項」を「第十四条第一項」に、「第三十七条第三項」を「第三十七条の二第三項」に、「第十六条第二項第二号」を「第十四条第二項第二号」に改め、同条第六号中「第十六条第四項」を「第十四条第四項」に、「第三十七条第三項」を「第三十七条の二第三項」に、「又は」を「、第二十四条の三第一項（第三十五条第六項において準用する場合を含む。）、」に、「の規定」を「又は第三十六条の二第一項の規定」に改め、同条第七号中「第十六条第五項若しくは第十八条第三項」を「第十四条第五項若しくは第十六条第三項」に、「第三十七条第三項」を「第三十七条の二第三項」に改め、「（含む。）」の下に「、第二十四条の三第三項（第三十五条第六項において準用する場合を含む。）若しくは第三十六条の二第二項」を加え、同条第十二号中「第三十七条第三項」を「第三十七条の二第三項」に改め、同号を同条第十三号とし、同条第十一号中「第三十七条第三項」を「第三十七条の二第三項」に改め、同号を同条第十二号とし、同条中第十号を第十一号とし、第九号を第十号とし、第八号を第九号とし、第七号の次に次の一号を加える。

八　第二十四条の二第一項（第三十五条第六項において準用する場合を含む。）の規定による届出をしないで、又は届け出た運送利用管理規程（第二十四条の二第二項第二号及び第三号（これらの規定を第三十五条第六項において準用する場合を含む。）に係る部分に限る。）によらないで、事業を行ったとき。

第八十一条第三号中「第二十条」を「第十八条」に改め、同条第四号中「第二十四条」を「第二十三条」に、「及び第三十七条第三項」を「、第三十六条第二項及び第三十七条の二第三項」に改め、同条第五号中「第二十四条の三」を「第二十三条の三」に、「第三十七条第三項」を「第三十七条の二第三項」に改め、同条第六号中「第三十五条第八項又は」を削る。

第六章を第九章とする。

第六十条の二中「第十六条第二項第一号」を「第十四条第二

項第一号」に、「第三十七条第三項」を「第三十七条の二第三項」に改める。

第六十八条を削り、第六十七条を第六十八条とし、第六十六条を第六十七条とし、第六十五条を第六十六条とする。

第六十四条第一項中「第十七条第一項」を「第十五条第一項」に、「第二十三条」を「第二十二条」に改め、同条を第六十五条とする。

第六十三条の二中「荷主」を「荷主（次に掲げる者を含む。次条において同じ。）」に改め、同条に次の各号を加える。

一　第二条第八項第一号に掲げる者が貨物利用運送事業者（第一種貨物利用運送事業者、貨物利用運送事業法第二十四条第一項に規定する第二種貨物利用運送事業者及び同法第四十六条第一項に規定する外国人国際第二種貨物利用運送事業者をいう。）である場合にあつては、当該貨物利用運送事業者に運送の委託をした者（その者に委託（二以上の段階にわたる委託を含む。）をした者を含む。）

二　貨物自動車運送事業者が運送契約に基づき運送する貨物を当該貨物自動車運送事業者から受け取る者であつて、他人のために当該貨物を受け取るもの

三　貨物自動車運送事業者が運送契約に基づき運送する貨物を当該貨物自動車運送事業者に引き渡す者であつて、他人のために当該貨物を引き渡すもの

第六十三条の二を第六十四条とする。

第五章を第八章とする。

第五十八条の四中「第五十八条の二の規定により国土交通大臣の登録を受けた者（以下「」及び「」という。）」を削る。

第五十八条の九第一項中「（電子的方式、磁気的方式その他人の知覚によつては認識することができない方式で作られる記録であつて、電子計算機による情報処理の用に供されるものをいう。次項において同じ。）」を削り、「同項」を「次項」に改め、同条第二項第四号中「（電子情報処理組織を使用する方法その他の情報通信の技術を利用する方法であつて国土交通省令で定めるものをいう。）」を削る。

第五十八条の十六第二項中「同項の規定により国土交通大臣の登録を受けた者（以下「」及び「」という。）」を削る。

第四章を第七章とする。

第三十九条第五号中「流通業務の総合化及び効率化の促進に関する法律」を「物資の流通の効率化に関する法律」に改める。

第三十九条の二に次の二項を加える。

5　地方実施機関は、第一項の規定による調査の結果、当該申出の対象となつた荷主の行為が次の各号のいずれかに該当すると認めるときは、国土交通大臣に対し、その旨を通知するものとする。

一　当該申出人が第二十四条第一項に規定する健全化措置を実施する上で支障となつていること。

二　国土交通大臣が物資の流通の効率化に関する法律第四十条の規定により意見を述べるに当たつて参酌すべきものであること。

6　国土交通大臣は、前項の規定による通知に係る荷主の行為が私的独占の禁止及び公正取引の確保に関する法律（昭和二十二年法律第五十四号）第二条第九項に規定する不公正な取引方法に該当する事実があると思料するときは、公正取引委員会に対し、その事実を通知するものとする。

第三章を第六章とする。

第三十七条の見出し中「特則」を「特例」に改め、同条第一項中「第二十八条」を「第二十六条」に、「第二十七条」を「第二十五条」に改め、「（平成元年法律第八十二号）」を削り、同条第三項中「第十五条、第十六条、第十七条第一項」を「第十三条、第十四条、第十五条第一項」に、「第十八条、第二十二条第二項」を「第十六条、第二十条第二項」に、「第二十二条の二から第二十四条の四まで」を「第二十一条から第二十三条の三まで、第二十五条」に、「第十七条第五項及び第二十二条第三項」を「第十五条第五項及び第二十条第三項」に改め、第二章中同条を第三十七条の二とする。

第三十四条の次に次の章名を付する。

第三章　特定貨物自動車運送事業

第三十五条の見出しを削り、同条第六項中「第十五条、第十六条、第十七条第一項」を「第十三条、第十四条、第十五条第一項」に、「第十八条、第二十二条第二項」を「第十六条、第二十条第二項」に、「第二十二条の二から第二十四条の四まで、第二十七条、第三十二条並びに第三十三条」を「第二十一条から第二十四条の三まで、第二十四条の四第二項及び第三項、第二十四条の五第一項から第四項まで及び第六項、第二十五条、第二十八条並びに第三十条から第三十三条まで」に、「第十七条第五項及び第二十二条第三項」を「第十五条第五項及び第二十条第三項」に改め、「運行管理者について」の下に「、第二十四条の四第一項の規定は特定貨物自動車運送事業者が選任した運送利用管理者について」を、「第九条第二項」の下に「、第三十条第三項及び第三十一条第三項」を加え、同条第七項及び第八項を削り、同条の次に次の章名を付する。

第四章　貨物軽自動車運送事業

第三十六条の見出しを「（貨物軽自動車運送事業の届出等）」に改め、同条第二項中「第十五条、第十七条第一項」を「第十二条、第十三条、第十五条第一項」に、「第二十三条、第二十四条の四、第二十五条第一項」を「第二十二条から第二十三条の二まで、第二十四条の五第四項、第二十五条、第二十六条第一項」に、「第十七条第五項」を「第十五条第五項」に、「第三十四条」を「第三十四条第一項から第三項まで」に、「第二十三条中「第十六条第一項、第四項若しくは第六項、第十七条第一項から第四項まで、第十八条第一項、第二十二条第二項若しくは第三項若しくは前条の規定又は安全管理規程」とあるのは「第三十六条第二項において準用する第十七条第一項から第四項までの規定」」を「第二十二条中「が、第十四条第一項、第四項若しくは第六項」とあるのは「が」と、「、第十六条第一項、第二十条第二項若しくは第三項若しくは前条の規定又は安全管理規程」とあるのは「の規定」と、「、運行管理者に対する必要な権限の付与、貨物自動車利用運送を行う場合におけるその利用する運送を行う一般貨物自動車運送事業者又は特定貨物自動車運送事業者の輸送の安全の確保を阻害する行為の停止、当該安全管理規程の遵守その他」とあるのは「その他」」に改め、「命ずることができる」と」の下に「、第三十四条第一項中「自動車登録番号標」とあるのは「車両番号標」と、同条第二項中「自動車登録番号標及びその封印を取り外した上、その自動車登録番号標」とあるのは「車両番号標」と、同条第三項中「自動車登録番号標（次項に規定する自動車に係るものを除く。）」とあるのは「車両番号標」と、「自動車登録番号標を」とあるのは「車両番号標を」と、「取り付け、国土交通大

とあるのは「表示し」と」を加え、同条第五項中「、相続人」合においてその協議により当該貨物軽自動車運送事業を承継すべき相続人を定めたときは、その者）」を加え、同条の次に次の一条、章名及び一条を加える。

（貨物軽自動車安全管理者の選任等）

第三十六条の二　貨物軽自動車運送事業者（四輪以上の軽自動車を使用して貨物を運送する事業者に限る。以下この条において同じ。）は、前条第一項前段の規定による届出後、速やかに、営業所ごとに、事業用自動車の運行の安全の確保に関する業務を行わせるため、次の各号のいずれかに該当する者のうちから、貨物軽自動車安全管理者一人を選任しなければならない。

一　第五十八条の二の規定により国土交通大臣の登録を受けた者（以下「登録貨物軽自動車安全管理者講習機関」という。）が実施する同条に規定する貨物軽自動車安全管理者講習を選任の日前二年以内に修了した者

二　前号に規定する貨物軽自動車安全管理者講習を修了し、かつ、第三項に規定する貨物軽自動車安全管理者定期講習を選任の日前二年以内に修了した者

三　当該貨物軽自動車運送事業者が一般貨物自動車運送事業又は特定貨物自動車運送事業を経営する場合にあつては、第十六条第一項（第三十五条第六項において準用する場合を含む。第三項において同じ。）の規定により運行管理者として選任されている者

2　貨物軽自動車運送事業者は、前項の規定により貨物軽自動車安全管理者を選任したときは、国土交通省令で定めるところにより、遅滞なく、その氏名を国土交通大臣に届け出なければならない。これを解任したときも、同様とする。

3　貨物軽自動車運送事業者は、第一項の貨物軽自動車安全管理者（第十六条第一項の規定により現に運行管理者として選任されている者を除く。）に、その選任の日から二年以内において国土交通省令で定める期間ごとに、第五十八条の十六第一項の規定により国土交通大臣の登録を受けた者（以下「登録貨物軽自動車安全管理者定期講習機関」という。）が実施する同項に規定する貨物軽自動車安全管理者定期講習を受けさせなければならない。

第五章　貨物利用運送事業者に関する特例

（第一種貨物利用運送事業者に関する特例）

第三十七条　第二十四条並びに第二十四条の五第四項及び第五項の規定は、第一種貨物利用運送事業者に貨物の運送の委託をした者（その者に委託（二以上の段階にわたる委託を含む。）をした者を含む。）が貨物自動車運送事業者である場合において、当該第一種貨物利用運送事業者が当該貨物の運送について一般貨物自動車運送事業者又は他の第一種貨物利用運送事業者の行う運送（自動車を使用しないで貨物の運送を行わせることを内容とする契約によるものを除く。）を利用する場合について準用する。この場合において、第二十四条中「一般貨物自動車運送事業者は」とあるのは「第一種貨物利用運送事業者は」と、同条第二項及び第三項中「他の一般貨物自動車運送事業者」とあるのは「一般貨物自動車運送事業者又は他の第一種貨物利用運送事業者」と、同条第二項ただし書中「行う一般貨物自動車運送事業者」とあるのは「行う一般貨物自動車運送事業者又は第一種貨物利用運送事業者」と、第二十四条の五第四項中「一般貨物自動車運送事業者（元請事業者を除く。）」とあるのは「第一種貨物利用運送事業者」と「他の貨物自動車運送事業者」とあるのは「一般貨物自動車運送事業者又は他の第一種貨物利用運送事業者」と、同条第五項中「他の貨物自動車運送事業者」とあるのは「第一種貨物利用運送事業者」と読み替えるものとする。

2　第二十四条の五第四項及び第五項の規定は、第一種貨物利用運送事業者に貨物の運送の委託をした者（その者に委託（二以上の段階にわたる委託を含む。）をした者を含む。）が貨物自動車運送事業者である場合において、当該第一種貨物利用運送事業者が当該貨物の運送について特定貨物自動車運送事業者の行う運送（自動車を使用しないで貨物の運送を行わせることを内容とする契約によるものを除く。）を利用する場合について準用する。この場合において、同条第四項中「一般貨物自動車運送事業者（元請事業者を除く。）」とあるのは「第一種貨物利用運送事業者」と、「他の貨物自動車運送事業者」とあるのは「特定貨物自動車運送事業者」と、同条第五項中「他の貨物自動車運送事業者」とあるのは「第一種貨物利用運送事業者」と読み替えるものとする。

附則第二条の二第一項中「を荷主」の下に「（第六十四条各号に掲げる者を含む。以下この条において同じ。）」を加え、同条第四項ただし書中「第六十四条第一項」を「第六十五条第一項」に改め、同条第七項中「（昭和二十二年法律第五十四号）」を削り、同条第八項に次のただし書を加える。

ただし、第三十九条の二第五項の規定による通知をした場合は、この限りでない。

〔公布の日（令和六年五月一五日）から起算して二年を超えない範囲内において政令で定める日から施行〕

第二十四条の四中第三項を第四項とし、第二項を第三項とし、第一項の次に次の一項を加える。

2　運送利用管理者は、その職務（前条第二項第二号に掲げるものに限る。）を行うに当たつては、その特別一般貨物自動車運送事業者の運送契約の相手方が物資の流通の効率化に関する法律（平成十七年法律第八十五号）第四十七条第一項に規定する物流統括管理者を選任している場合には、当該物流統括管理者と連携しなければならない。

第三十五条第六項中「第二十四条の四第二項及び第三項」を「第二十四条の四第三項及び第四項」に改め、「第二十四条の四第一項」の下に「及び第二項」を加える。

第三十九条第五号中「（平成十七年法律第八十五号）」を削る。

第三十九条の二第五項第二号中「第四十条」を「第五十一条」に改める。

○貨物自動車運送事業法施行規則

（平成二年七月三十日運輸省令第二十一号）

沿革　平四運令三三、平六運令二・一〇・四六、平七運令一四・三六・三七、平九運令四七、平一〇運令八・四二、平一二運令三九、平一三国交令三七、平一四国交令七九、平一五国交令六・一一、平一七国交令一二、平一八国交令五八・七八・八四、平二〇国交令九七、平二二国交令三〇、令元国交令二・二七、令二国交令九八、令五国交令三一、令六国交令二・二六改正

目次

第一章　総則

（用語）

第一条　この省令において使用する用語は、貨物自動車運送事業法（以下「法」という。）において使用する用語の例による。

第二章　一般貨物自動車運送事業

（事業計画）

第二条　法第四条第一項第二号の事業計画には、次に掲げる事項を記載しなければならない。

一　主たる事務所の名称及び位置
二　営業所の名称及び位置
三　各営業所に配置する事業用自動車の種別（霊きゅう自動車又は霊きゅう自動車以外の自動車（以下「普通自動車」という。）の別をいう。以下この号、第三条の五第一号及び第六条第一項において同じ。）及び事業用自動車の種別ごとの数
四　自動運行貨物運送（自動運行装置（道路運送車両法（昭和二十六年法律第百八十五号）第四十一条第一項第二十号に規定する自動運行装置をいう。以下同じ。）を当該自動運行装置に係る使用条件（同条第二項に規定する条件をいう。以下同じ。）で使用して当該自動運行装置を備えている自動車を運行することによる貨物の運送をいう。以下同じ。）を行おうとする場合にあっては、当該自動運行貨物運送に係る前号に掲げる事項
五　自動車車庫の位置及び収容能力
六　事業用自動車の運転者、特定自動運行保安員（貨物自動車運送事業輸送安全規則（平成二年運輸省令第二十二号）第三条第一項に規定する特定自動運行保安員をいう。）及び運行の業務の補助に従事する従業員（以下「乗務員等」という。）の休憩又は睡眠のための施設の位置及び収容能力
七　特別積合せ貨物運送をするかどうかの別
八　貨物自動車利用運送を行うかどうかの別

2　特別積合せ貨物運送をしようとする場合にあっては、前項に掲げる事項のほか、次に掲げる事項を記載しなければならない。

一　特別積合せ貨物運送に係る営業所及び荷扱所の名称及び位置
二　営業所又は荷扱所の積卸施設の取扱能力
三　各営業所に配置する事業用自動車のうち特別積合せ貨物運送に係る運行系統（以下単に「運行系統」という。）に配置するもの（以下「運行車」という。）の数
四　運行系統
五　運行系統ごとの運行日並びに最大及び最小の運行回数

3　貨物自動車利用運送を行おうとする場合にあっては、前二項に掲げる事項のほか、次に掲げる事項を記載しなければならない。

一　貨物自動車利用運送に係る営業所の名称及び位置
二　業務の範囲
三　貨物の保管体制を必要とする場合にあっては、保管施設の概要
四　利用する運送を行う一般貨物自動車運送事業者又は特定貨物自動車運送事業者（以下「利用する事業者」という。）の概要

（添付書類）

第三条　法第四条第三項の国土交通省令で定める事項を記載した書類は、次のとおりとする。

一　事業用自動車の運行管理の体制を記載した書類
一の二　事業用自動車の点検及び整備の体制を記載した書類
二　事業の開始に要する資金の総額及びその内訳並びにその資金の調達方法を記載した書類
三　事業の用に供する施設の概要及び付近の状況を記載した書類
三の二　自動運行貨物運送を行おうとする場合にあっては、当該自動運行貨物運送の用に供する事業用自動車の自動運行装置に係る使用条件が記載された書類
三の三　特定自動運行貨物運送（特定自動運行（道路交通法（昭和三十五年法律第百五号）第二条第一項第十七号の二に規定する特定自動運行をいう。以下同じ。）による貨物の運送をいう。以下同じ。）を行おうとする場合にあっては、当該特定自動運行貨物運送に係る同法第七十五条の十二第二項に規定する申請書の写しその他の同条第一項の許可の見込みに関する書類
四　特別積合せ貨物運送をしようとする場合にあっては、次に掲げる書類
イ　事業用自動車の運行の業務に関する基準を記載した書類（貨物自動車運送事業輸送安全規則第三条第八項の規定により定めなければならないこととされている場合に限る。）

ロ　次に掲げる事項を記載した運行系統図（縮尺二十万分の一以上の平面図）
(1)　起点、終点及び経過地の位置
(2)　特別積合せ貨物運送に係る営業所及び荷扱所の名称及び位置
(3)　縮尺及び方位
ハ　積合せ貨物に係る紛失等の事故の防止その他特別積合せ貨物運送の管理の体制を記載した書類
ニ　推定による一年間の取扱貨物の種類及び数量並びにその算出の基礎を記載した書類
五　貨物自動車利用運送を行おうとする場合にあっては、次に掲げる書類
イ　利用する事業者との運送に関する契約書の写し
ロ　貨物の保管体制を必要とする場合にあっては、保管施設の面積、構造及び附属設備を記載した書類
六　既存の法人にあっては、次に掲げる書類
イ　定款又は寄附行為及び登記事項証明書
ロ　最近の事業年度における貸借対照表
ハ　役員又は社員の名簿及び履歴書
七　法人を設立しようとするものにあっては、次に掲げる書類
イ　定款（会社法（平成十七年法律第八十六号）第三十条第一項及びその準用規定により認証を必要とする場合にあっては、認証のある定款）又は寄附行為の謄本
ロ　発起人、社員又は設立者の名簿及び履歴書
ハ　設立しようとする法人が株式会社である場合にあっては、株式の引受けの状況及び見込みを記載した書類
八　個人にあっては、次に掲げる書類
イ　資産目録
ロ　戸籍抄本
ハ　履歴書
九　法第五条各号のいずれにも該当しない旨を証する書類

（法第五条第三号の国土交通省令で定めるもの等）

第三条の二　法第五条第三号に規定する許可を受けようとする者の親会社等は、次に掲げる者とする。
一　許可を受けようとする者（株式会社である場合に限る。）の議決権の過半数を所有している者
二　許可を受けようとする者（持分会社（会社法第五百七十五条第一項に規定する持分会社をいう。以下この条において同じ。）である場合に限る。）の資本金の二分の一を超える額を出資している者
三　許可を受けようとする者の事業の方針の決定に関して、前二号に掲げる者と同等以上の支配力を有すると認められる者
2　法第五条第三号の国土交通省令で定める許可を受けようとする者の親会社等がその事業を実質的に支配し、又はその事業に重要な影響を与える関係にある者は、次に掲げる者とする。
一　許可を受けようとする者の親会社等（株式会社である場合に限る。）が議決権の過半数を所有している者
二　許可を受けようとする者の親会社等（持分会社である場合に限る。）が資本金の二分の一を超える額を出資している者
三　事業の方針の決定に関する許可を受けようとする者の親会社等の支配力が前二号に掲げる者と同等以上と認められる者
3　法第五条第三号の国土交通省令で定める許可を受けようとする者がその事業を実質的に支配し、又はその事業に重要な影響を与える関係にある者は、次に掲げる者とする。
一　許可を受けようとする者（株式会社である場合に限る。）が議決権の過半数を所有している者
二　許可を受けようとする者（持分会社である場合に限る。）が資本金の二分の一を超える額を出資している者
三　事業の方針の決定に関する許可を受けようとする者の支配力が前二号に掲げる者と同等以上と認められる者
4　法第五条第三号の国土交通省令で定める密接な関係を有する法人は、許可を受けようとする者の意思決定に関与し、又は許可を受けようとする者若しくは許可を受けようとする者の親会社等が意思決定に関与している法人とする。

（聴聞決定予定日の通知）

第三条の三　法第五条第五号の規定による通知をするときは、法第六十条第四項の規定による検査が行われた日（以下この条において「検査日」という。）から十日以内に、検査日から起算して六十日以内の特定の日を通知するものとする。

（輸送の安全の審査）

第三条の四　国土交通大臣は、法第三条の規定による許可の申請が法第六条第一号に掲げる基準に適合するかどうかを審査するに当たっては、次に掲げる事項に関して審査するものとする。
一　事業用自動車の運行管理の体制
二　乗務員等の休憩又は睡眠のための施設
三　事業用自動車の点検及び整備の体制
四　前各号に掲げるもののほか、輸送の安全を確保するために必要な事項

（法第六条第二号の国土交通省令で定める事項）

第三条の五　法第六条第二号の国土交通省令で定める事項は、次に掲げるものとする。
一　事業用自動車の種別ごとの数
二　自動車車庫の規模
三　営業所の規模
四　前各号に掲げるもののほか、事業を継続して遂行するために必要な事項

（事業の遂行能力の審査）

第三条の六　国土交通大臣は、法第三条の規定による許可の申請が法第六条第三号に掲げる基準に適合するかどうかを審査するに当たっては、次に掲げる事項に関して審査するものとする。
一　一般貨物自動車運送事業を適確に遂行するために必要な資金に関する計画
二　健康保険法（大正十一年法律第七十号）等の定めるところにより納付義務を負う保険料等の支払能力
三　貨物の運送に関し支払うことのある損害賠償の支払能力
四　一般貨物自動車運送事業を適確に遂行するために必要な法令に関する知識
五　前各号に掲げるもののほか、事業を適確に、かつ、継続して遂行するために必要な能力に関する事項

（緊急調整措置）

第四条　法第七条第六項の国土交通省令で定める事業計画の変

更は、次のとおりとする。

一　緊急調整地域における営業所に配置する事業用自動車の数の合計数の増加

二　緊急調整区間を全部又は一部とする運行系統の設定

三　緊急調整区間を全部又は一部とする運行系統に係る最大の運行回数の増加

（事業計画の変更の認可の申請）

第五条　法第九条第一項の規定により事業計画の変更の認可を申請しようとする者は、次に掲げる事項を記載した事業計画変更認可申請書を提出しなければならない。

一　氏名又は名称及び住所並びに法人にあつては、その代表者の氏名

二　変更しようとする事項（新旧の対照を明示すること。）

三　変更を必要とする理由

2　前項の申請書には、第三条に掲げる書類のうち事業計画の変更に伴いその内容が変更されるものを添付しなければならない。

（事業計画の変更の届出）

第六条　法第九条第三項の事業用自動車に関する国土交通省令で定める事業計画の変更は、次のとおりとする。

一　各営業所に配置する事業用自動車の種別ごとの数の変更（当該変更後の事業計画が法第九条第二項において準用する法第六条各号に掲げる基準に適合しないおそれがある場合を除く。）

二　自動運行貨物運送を行おうとする場合にあつては、当該自動運行貨物運送に係る前号に掲げる事項の変更

三　各営業所に配置する運行車の数の変更

2　前項の事業計画の変更の届出をしようとする者は、次に掲げる事項を記載した事業計画変更事前届出書を提出しなければならない。

一　氏名又は名称及び住所並びに法人にあつては、その代表者の氏名

二　変更しようとする事項（新旧の対照を明示すること。）

三　変更を必要とする理由

3　前項の届出書には、第三条に掲げる書類のうち事業計画の変更に伴いその内容が変更されるものを添付しなければならない。

第七条　法第九条第三項の国土交通省令で定める軽微な事項に関する事業計画の変更は、次のとおりとする。

一　主たる事務所の名称及び位置の変更

二　営業所又は荷扱所の名称の変更

三　営業所又は荷扱所の位置の変更（貨物自動車利用運送のみに係るもの及び地方運輸局長が指定する区域内におけるものに限る。）

四　第二条第三項第二号から第四号までに掲げる事項の変更

2　前項の事業計画の変更の届出をしようとする者は、次に掲げる事項を記載した事業計画変更事後届出書を提出しなければならない。

一　氏名又は名称及び住所並びに法人にあつては、その代表者の氏名

二　変更した事項（新旧の対照を明示すること。）

三　変更を必要とした理由

3　前項の届出書には、第三条に掲げる書類のうち事業計画の変更に伴いその内容が変更されるものを添付しなければならない。

（事業計画の変更の認可の申請又は届出に関する手続の省略）

第八条　輸送の安全に関する業務の管理の委託及び受託の許可又は一般貨物自動車運送事業の譲渡し及び譲受け、一般貨物自動車運送事業者たる法人の合併、分割若しくは相続による一般貨物自動車運送事業の継続の認可を申請しようとする一般貨物自動車運送事業者は、これらの事由に伴って事業計画を変更しようとするときは、当該許可又は認可の申請書に事業計画について変更しようとする事項を記載した書類（新旧の対照を明示すること。）及び第三条に掲げる書類のうち事業計画の変更に伴いその内容が変更されるものを添付することにより、当該事業計画の変更の認可の申請又は届出に関する手続を省略することができる。

（運送約款の認可の申請）

第九条　法第十条第一項の規定により運送約款の設定又は変更の認可を申請しようとする者は、次に掲げる事項を記載した運送約款設定（変更）認可申請書を提出しなければならない。

一　氏名又は名称及び住所並びに法人にあつては、その代表者の氏名

二　設定し、又は変更しようとする運送約款（変更の認可の申請の場合にあつては、新旧の対照を明示すること。）

三　変更の認可の申請の場合にあつては、変更を必要とする理由

（運送約款の記載事項）

第十条　法第十条第一項の運送約款には、次に掲げる事項を記載しなければならない。

一　特別積合せ貨物運送をするかどうかの別

二　貨物自動車利用運送を行うかどうかの別

三　運賃及び料金の収受又は払戻しに関する事項

四　運送の引受けに関する事項

五　積込み及び取卸しに関する事項

六　受取、引渡し及び保管に関する事項

七　損害賠償その他責任に関する事項

八　その他運送約款の内容として必要な事項

（法第十条第二項第三号の国土交通省令で定める特別の事情がある場合）

第十一条　法第十条第二項第三号の国土交通省令で定める特別の事情がある場合は、同条第一項の規定による認可の申請に係る運送の性質上、当該運送の役務の対価としての運賃と当該運送の役務以外の役務又は特別に生ずる費用に係る料金とを区分して収受することが困難であるものと国土交通大臣が認める場合とする。

（掲示事項等）

第十二条　法第十一条の規定により掲示するとともに、公衆の閲覧に供しなければならない事項は、次のとおりとする。

一　運賃及び料金（個人（事業として又は事業のために運送契約の当事者となる場合におけるものを除く。）を対象とするものに限る。）

二　運送約款

三　運行系統

四　法第七条第四項の規定により一般貨物自動車運送事業の許可に付された事業の範囲の限定

五　業務の範囲（法第五十九条第一項の規定により付された条件によって業務の範囲が限定されている場合に限る。）

（公衆の閲覧の方法）

第十三条　法第十一条の規定による公衆の閲覧は、一般貨物自動車運送事業者のウェブサイトへの掲載により行うものとする。

（公衆の閲覧に供することを要しない場合）

第十三条の二　法第十一条に規定する国土交通省令で定める場合は、次の各号のいずれかに該当する場合とする。

一　一般貨物自動車運送事業に常時使用する従業員の数が二十人以下である場合

二　一般貨物自動車運送事業者が自ら管理するウェブサイトを有していない場合

（法第二十四条の四第一項の国土交通省令で定める基準）

第十四条　法第二十四条の四第一項の国土交通省令で定める基準は、次のとおりとする。

一　保有する全ての事業用自動車を収容し、かつ、当該事業用自動車の点検及び整備を適切に行うために十分な規模の自動車車庫を有すること。

二　第三条の六第二号に規定する保険料等を納付していること。

三　第三条の六第三号に規定する支払能力を有すること。

第十五条　削除

（輸送の安全に関する業務の管理の受委託の許可の申請）

第十六条　法第二十九条第一項の規定によりその委託及び受託の許可を受けなければならない輸送の安全に関する業務の管理は、次のとおりとする。

一　事業用自動車の運行の管理

二　事業の用に供する施設の保守の管理

2　法第二十九条第一項の規定により輸送の安全に関する業務の管理の委託及び受託の許可を申請しようとする者は、次に掲げる事項を記載した業務の管理受委託許可申請書を提出しなければならない。

一　委託者及び受託者の氏名又は名称及び住所並びに法人にあっては、その代表者の氏名

二　管理の委託及び受託をしようとする業務の種類

三　委託及び受託をしようとする管理の範囲及び方法

四　委託及び受託の開始の予定日及びその期間

五　委託及び受託を必要とする理由

3　前項の申請書には、次に掲げる書類を添付しなければならない。

一　管理の委託受託契約書の写し

二　管理の報酬その他管理の実施方法の細目を記載した書類

三　受託者が現に一般貨物自動車運送事業を経営していない場合にあっては、第三条第六号、第七号又は第八号に掲げる書類

（事業の譲渡し及び譲受けの認可の申請）

第十七条　法第三十条第一項の規定により一般貨物自動車運送事業の譲渡し及び譲受けの認可を申請しようとする者は、次に掲げる事項を記載した事業の譲渡譲受認可申請書を提出しなければならない。

一　譲渡人及び譲受人の氏名又は名称及び住所並びに法人にあっては、その代表者の氏名

二　譲渡し及び譲受けの価格

三　譲渡し及び譲受けの予定日

四　譲渡し及び譲受けを必要とする理由

2　前項の申請書には、次に掲げる書類を添付しなければならない。

一　譲渡譲受契約書の写し

二　譲渡し及び譲受けの価格の明細書

三　譲受人が現に一般貨物自動車運送事業を経営していない場合にあっては、第三条第六号、第七号又は第八号及び第九号に掲げる書類

（法人の合併又は分割の認可の申請）

第十八条　法第三十条第二項の規定により一般貨物自動車運送事業者たる法人の合併又は分割の認可を申請しようとする者は、次に掲げる事項を記載した法人の合併（分割）認可申請書を提出しなければならない。

一　当事者の名称、住所及び代表者の氏名

二　合併後存続する法人若しくは合併により設立する法人又は分割により一般貨物自動車運送事業を承継する法人の名称、住所及び代表者の氏名

三　合併又は分割の方法及び条件

四　合併又は分割の予定日

五　合併又は分割を必要とする理由

2　前項の申請書には、次に掲げる書類を添付しなければならない。

一　合併契約書又は分割契約書（新設分割の場合にあっては、分割計画書）の写し

二　合併又は分割の方法及び条件の説明書

三　合併後存続する法人若しくは合併により設立する法人又は分割により一般貨物自動車運送事業を承継する法人が現に一般貨物自動車運送事業を経営していない場合にあっては、第三条第六号又は第七号及び第九号に掲げる書類

（相続人の事業継続の認可の申請）

第十九条　法第三十一条第一項の規定により相続による一般貨物自動車運送事業の継続の認可を申請しようとする相続人は、次に掲げる事項を記載した事業の継続認可申請書を提出しなければならない。

一　氏名及び住所並びに被相続人との続柄

二　被相続人の氏名及び住所

三　相続の開始の日

2　前項の申請書には、次に掲げる書類を添付しなければならない。

一　申請者と被相続人との続柄を証する書類

二　申請者が現に一般貨物自動車運送事業を経営していない場合にあっては、第三条第八号イ及びハ並びに第九号に掲げる書類

三　申請者以外に相続人がある場合にあっては、当該一般貨物自動車運送事業を申請者が継続して経営することに対する当該申請者以外の相続人の同意書

（事業の休止及び廃止の届出）

第二十条　法第三十二条の規定により一般貨物自動車運送事業の休止又は廃止の届出をしようとする者は、次に掲げる事項を記載した事業の休止（廃止）届出書を提出しなければならない。

一　氏名又は名称及び住所並びに法人にあっては、その代表者の氏名

二　休止又は廃止の日
三　休止の届出の場合にあっては、休止の予定期間
四　休止又は廃止を必要とした理由

第三章　特定貨物自動車運送事業

（事業計画）
第二十一条　法第三十五条第二項第三号の事業計画には、第二条第一項第一号、第二号、第四号から第六号まで及び第八号並びに同条第三項に掲げる事項並びに各営業所に配置する事業用自動車の数（自動運行貨物運送を行おうとする場合にあっては、各営業所に配置する事業用自動車の数に加え、当該事業用自動車のうち当該自動運行貨物運送の用に供する事業用自動車の数）を記載しなければならない。

（輸送の安全の審査）
第二十一条の二　第三条の四の規定は、法第三十五条第一項の許可の申請が同条第三項第一号に掲げる基準に適合するかどうかを審査する場合について準用する。

（法第三十五条第三項第二号の国土交通省令で定める事項）
第二十一条の三　法第三十五条第三項第二号の国土交通省令で定める事項は、第三条の五各号に掲げるものとする。

（事業の遂行能力の審査）
第二十一条の四　第三条の六の規定は、法第三十五条第一項の許可の申請が同条第三項第三号に掲げる基準に適合するかどうかを審査する場合について準用する。

（添付書類）
第二十二条　法第三十五条第四項において準用する法第四条第三項の国土交通省令で定める事項を記載した書類は、次のとおりとする。
一　第三条第一号から第三号の三まで、第五号及び第六号（ロを除く。）、第七号又は第八号（イを除く。）並びに第九号に掲げる書類
二　運送の需要者との契約書又は協定書の写し

（事業計画の変更の認可の申請）
第二十三条　第五条の規定は、法第三十五条第六項において準用する法第九条第一項の規定による特定貨物自動車運送事業の事業計画の変更の認可の申請について準用する。

（事業計画の変更の届出）
第二十四条　法第三十五条第六項において準用する法第九条第三項の事業用自動車に関する国土交通省令で定める事業計画の変更は、各営業所に配置する事業用自動車の数の変更（自動運行貨物運送を行おうとする場合にあっては、当該事業用自動車のうち当該自動運行貨物運送の用に供する事業用自動車の数の変更を含む。）とする。
2　第六条第二項及び第三項の規定は、前項の事業計画の変更の届出について準用する。

第二十五条　法第三十五条第六項において準用する法第九条第三項の国土交通省令で定める軽微な事項に関する事業計画の変更は、次のとおりとする。
一　主たる事務所の名称及び位置の変更
二　営業所の名称及び位置の変更
三　第二条第三項第二号から第四号までに掲げる事項の変更
2　第七条第二項及び第三項の規定は、前項の事業計画の変更の届出について準用する。

（法第三十五条第六項において準用する法第二十四条の四第一項の国土交通省令で定める基準）
第二十五条の二　法第三十五条第六項において準用する法第二十四条の四第一項の国土交通省令で定める基準は、第十四条各号に掲げるものとする。

（事業計画の変更の認可の申請又は届出に関する手続の省略）
第二十六条　輸送の安全に関する業務の管理の委託及び受託の許可を申請しようとする特定貨物自動車運送事業者は、これに伴って事業計画を変更しようとするときは、当該許可の申請書に事業計画について変更しようとする事項を記載した書類（新旧の対照を明示すること。）及び第二十二条に掲げる書類のうち事業計画の変更に伴いその内容が変更されるものを添付することにより、当該事業計画の変更の認可の申請又は届出に関する手続を省略することができる。

第二十七条から第二十九条まで　削除

（輸送の安全に関する業務の管理の受委託の許可の申請）
第三十条　第十六条第一項の規定は、法第三十五条第六項において準用する法第二十九条第一項の規定によりその委託及び受託の許可を受けなければならない輸送の安全に関する業務の管理について準用する。
2　第十六条第二項及び第三項の規定は、法第三十五条第六項において準用する法第二十九条第一項の規定による輸送の安全に関する業務の管理の委託及び受託の許可の申請について準用する。この場合において、第十六条第三項第三号中「一般貨物自動車運送事業」とあるのは「一般貨物自動車運送事業又は特定貨物自動車運送事業」と、「第三条第六号、第七号又は第八号」とあるのは「第三条第六号（ロを除く。）、第七号又は第八号（イを除く。）」と読み替えるものとする。

（事業の休止及び廃止の届出）
第三十一条　第二十条の規定は、法第三十五条第六項において準用する法第三十二条の規定による特定貨物自動車運送事業の休止又は廃止の届出について準用する。

（事業の譲受けの届出等）
第三十二条　第十七条（第一項第二号及び第二項第二号を除く。）の規定は、法第三十五条第八項の規定による特定貨物自動車運送事業の譲受けの届出について準用する。この場合において、第十七条第二項第三号中「一般貨物自動車運送事業」とあるのは「一般貨物自動車運送事業又は特定貨物自動車運送事業」と、「第三条第六号、第七号又は第八号」とあるのは「第三条第六号（ロを除く。）又は第八号（イを除く。）」と読み替えるものとする。
2　第十八条の規定は、法第三十五条第八項の規定による特定貨物自動車運送事業者たる法人の合併又は分割の届出について準用する。この場合において、第十八条第二項第三号中「第三条第六号又は第七号」とあるのは、「第三条第六号（ロを除く。）」と読み替えるものとする。
3　前項の届出をしようとする者は、届出書に当該法人の設立、合併又は分割に係る登記事項証明書を添付しなければならない。
4　第十九条の規定は、法第三十五条第八項の規定による相続による特定貨物自動車運送事業の継続の届出について準用する。この場合において、第十九条第二項第二号中「一般貨物

自動車運送事業」とあるのは「一般貨物自動車運送事業又は特定貨物自動車運送事業」と、「第三条第八号イ及びハ」とあるのは「第三条第八号ハ」と読み替えるものとする。

第四章　貨物軽自動車運送事業

（事業の届出）

第三十三条　法第三十六条第一項前段の規定により貨物軽自動車運送事業の経営の届出をしようとする者は、あらかじめ、次に掲げる事項を記載した貨物軽自動車運送事業経営届出書を提出しなければならない。

一　氏名又は名称及び住所並びに法人にあっては、その代表者の氏名

二　事業の開始の予定日

三　次に掲げる事項を記載した事業計画

イ　主たる事務所の名称及び位置

ロ　営業所の名称及び位置

ハ　各営業所に配置する事業用自動車の種別（霊きゅう自動車、普通自動車（二輪の自動車を除く。）又は二輪の自動車の別をいう。以下この号において同じ。）及び事業用自動車の種別ごとの数

ニ　自動運行貨物運送を行おうとする場合にあっては、当該自動運行貨物運送に係るハに掲げる事項

ホ　自動車車庫の位置及び収容能力

ヘ　乗務員等の休憩又は睡眠のための施設の位置及び収容能力

四　運送約款

2　前項の届出書には、次に掲げる書類を添付しなければならない。

一　第三条第一号に掲げる書類

二　自動運行貨物運送を行おうとする場合にあっては、当該自動運行貨物運送の用に供する事業用自動車の自動運行装置に係る使用条件が記載された書類

三　特定自動運行貨物運送を行おうとする場合にあっては、当該特定自動運行貨物運送に係る道路交通法第七十五条の十二第二項に規定する申請書の写しその他の同条第一項の許可の見込みに関する書類

3　法第三十六条第一項後段の規定により届出事項を変更しようとする者は、次に掲げる事項を記載した貨物軽自動車運送事業経営変更届出書を提出しなければならない。

一　氏名又は名称及び住所並びに法人にあっては、その代表者の氏名

二　変更しようとする事項（新旧の対照を明示すること。）

三　変更の予定日

四　変更を必要とする理由

4　前項の届出書には、第二項に掲げる書類のうち届出事項の変更に伴いその内容が変更されるものを添付しなければならない。

5　国土交通大臣が標準運送約款を定めて公示した場合（これを変更して公示した場合を含む。）において、貨物軽自動車運送事業の経営の届出をしようとする者が標準運送約款と同一の運送約款を定めたときは、第一項の貨物軽自動車運送事業経営届出書に記載することとされている事項のうち同項第四号に係るものについては、同項の規定にかかわらず、記載を省略することができ、貨物軽自動車運送事業者が現に定めている運送約款を標準運送約款と同一のものに変更したときは、第三項の規定にかかわらず、同項の貨物軽自動車運送事業経営変更届出書の提出があったものとみなす。

（法第三十六条第二項において準用する法第二十四条の四第一項の国土交通省令で定める基準）

第三十三条の二　法第三十六条第二項において準用する法第二十四条の四第一項の国土交通省令で定める基準は、第十四条各号に掲げるものとする。

（事業の廃止の届出等）

第三十四条　法第三十六条第三項の規定により貨物軽自動車運送事業の廃止、譲渡し又は分割の届出をしようとする者は、次に掲げる事項を記載した貨物軽自動車運送事業廃止届出書、貨物軽自動車運送事業譲渡届出書又は貨物軽自動車運送事業分割届出書を提出しなければならない。

一　氏名又は名称及び住所並びに法人にあっては、その代表者の氏名

二　廃止又は譲渡しの日

2　法第三十六条第四項の規定により合併による貨物軽自動車運送事業者たる法人の消滅の届出をしようとする者は、次に掲げる事項を記載した貨物軽自動車運送事業者合併消滅届出書を提出しなければならない。

一　氏名及び住所

二　消滅した法人の名称、住所及び代表者の氏名

三　法人の消滅の日

3　法第三十六条第五項の規定により貨物軽自動車運送事業者の死亡の届出をしようとする者は、次に掲げる事項を記載した貨物軽自動車運送事業者死亡届出書を提出しなければならない。

一　氏名及び住所並びに被相続人との続柄

二　被相続人の氏名及び住所

三　被相続人の死亡の日

第五章　特定第二種貨物利用運送事業者に関する準用

（特定第二種貨物利用運送事業者に関する準用）

第三十五条　法第三十七条第三項において準用する法第二十四条の四第一項の国土交通省令で定める基準は、第十四条各号に掲げるものとする。

2　第十六条第一項の規定は、法第三十七条第三項において準用する法第二十九条第一項の規定によりその委託及び受託の許可を受けなければならない輸送の安全に関する業務の管理について準用する。

3　第十六条第二項及び第三項の規定は、法第三十七条第三項において準用する法第二十九条第一項の規定による輸送の安全に関する業務の管理の委託及び受託の許可の申請について準用する。この場合において、第十六条第三項第三号中「第三条第六号、第七号又は第八号」とあるのは、「貨物利用運送事業法施行規則（平成二年運輸省令第二十号）第十九条第一項第四号、第五号又は第六号」と読み替えるものとする。

第六章　貨物自動車運送適正化事業実施機関

（地方実施機関の指定の申請）

第三十六条　法第三十八条第一項の規定により地方実施機関の指定を申請しようとする法人は、次に掲げる事項を記載した地方実施機関指定申請書を提出しなければならない。

一　名称及び住所並びに代表者の氏名
二　指定に係る区域
三　事務所の所在地
四　地方適正化事業の開始の予定日

2　前項の申請書には、次に掲げる書類を添付しなければならない。

一　定款及び登記事項証明書
二　最近の事業年度における貸借対照表
三　役員の名簿及び履歴書
四　指定の申請に関する意思の決定を証する書類
五　組織及び運営に関する事項を記載した書類

（適正化事業指導員）

第三十七条　地方実施機関は、法第三十九条第一号及び第二号に掲げる業務（以下「適正化事業指導業務」という。）を行わせるため、適正化事業指導員を選任しなければならない。

2　地方実施機関は、適正化事業指導員に対し、別記様式による身分を示す証明書を交付しなければならない。

3　適正化事業指導員は、適正化事業指導業務を行うに当たっては、前項の証明書を携帯し、関係者の請求があったときは、これを提示しなければならない。

（地方適正化事業及び全国適正化事業に係る事業計画等）

第三十八条　地方実施機関及び全国実施機関は、毎事業年度、次の各号に掲げる書類を作成し、当該各号に掲げるところにより地方実施機関にあっては地方運輸局長に、全国実施機関にあっては国土交通大臣に提出しなければならない。

一　地方適正化事業又は全国適正化事業に係る事業計画及び収支予算　当該事業年度の開始の日の十五日前までに（指定を受けた日の属する事業年度にあっては、その指定を受けた後遅滞なく）
二　地方適正化事業又は全国適正化事業に係る事業報告書及び収支決算書　当該事業年度の終了後三月以内に

（地方運輸局長との連絡等）

第三十九条　地方実施機関は、地方適正化事業の運営について、地方運輸局長と密接に連絡するものとする。

2　地方運輸局長は、地方実施機関に対し、地方適正化事業の円滑な運営に必要な指導及び助言を行うものとする。

（全国実施機関の指定の申請等）

第四十条　第三十六条（第一項第二号を除く。）及び前条の規定は、全国実施機関について準用する。この場合において、第三十六条第一項中「法第三十八条第一項」とあるのは「法第四十三条」と、前条中「地方運輸局長」とあるのは「国土交通大臣」と読み替えるものとする。

第七章　雑則

第四十一条　削除

（権限の委任）

第四十二条　法に規定する国土交通大臣の権限で次に掲げるものは、地方運輸局長に委任する。

一　法第三条の許可（特別積合せ貨物運送をする場合であって、申請に係る運行系統のうちに二以上の地方運輸局長の管轄区域にわたり、かつ、その起点から終点までの距離が百キロメートル以上であるものが含まれるときを除く。）
二　削除
三　法第九条第一項の認可（運行系統に係るものであって、申請に係る運行系統のうちに二以上の地方運輸局長の管轄区域にわたり（既存の運行系統と重複する部分がある運行系統にあっては、その重複する部分以外の部分が二以上の地方運輸局長の管轄区域にわたり）、かつ、その起点から終点までの距離（当該運行系統が既存の運行系統と重複する部分があるときは、その重複する部分に係る距離を除く。）が百キロメートル以上であるものが含まれるときを除く。）及び同条第三項の規定による届出の受理
四　削除
五　法第十条第一項の認可
六　法第十六条第一項の規定による届出の受理（特別積合せ貨物運送であって、当該届出に係る運行系統が二以上の地方運輸局長の管轄区域に設定され、かつ、運行系統の長さが百キロメートル以上のものに係るものを除く。）
七　法第十六条第三項の命令（特別積合せ貨物運送であって、当該命令に係る運行系統が二以上の地方運輸局長の管轄区域に設定され、かつ、運行系統の長さが百キロメートル以上のものに係るものを除く。）
八　法第十六条第五項の規定による届出の受理（特別積合せ貨物運送であって、当該届出に係る運行系統が二以上の地方運輸局長の管轄区域に設定され、かつ、運行系統の長さが百キロメートル以上のものに係るものを除く。）
九　法第十六条第七項の命令（特別積合せ貨物運送であって、当該命令に係る運行系統が二以上の地方運輸局長の管轄区域に設定され、かつ、運行系統の長さが百キロメートル以上のものに係るものを除く。）
十　法第十八条第三項の規定による届出の受理
十一　法第十九条第一項の規定による運行管理者資格者証の交付
十二　法第二十条の命令
十三　削除
十四　削除
十五　削除
十六　法第二十九条第一項の許可（特別積合せ貨物運送であって、申請に係る運行系統が二以上の地方運輸局長の管轄区域に設定され、かつ、運行系統の長さが百キロメートル以上のものに係るものを除く。）
十七　法第三十条第一項及び第二項並びに法第三十一条第一項の認可（特別積合せ貨物運送であって、申請に係る運行系統が二以上の地方運輸局長の管轄区域に設定され、かつ、運行系統の長さが百キロメートル以上のものに係るものを除く。）
十八　法第三十二条の規定による届出の受理
十九　法第三十三条の規定による事業の停止の命令又は許可の取消し（特別積合せ貨物運送であって、当該命令又は許可の取消しに係る運行系統が二以上の地方運輸局長の管轄区域に設定され、かつ、運行系統の長さが百キロメートル以上のものに係るものを除く。）
二十　法第三十三条の規定による輸送施設の使用の停止の命令
二十一　法第三十四条第一項の命令（国土交通大臣が行った

事業の停止の命令に係るものを除く。）

二十二　法第三十四条第一項の規定による自動車検査証の返納の受理及び自動車登録番号標の領置

二十三　法第三十四条第二項の規定による自動車検査証及び自動車登録番号標の返付

二十四　特定貨物自動車運送事業に関する権限（第三項第二号から第四号まで及び第七号並びに第四項並びに附則第六条第一項に規定するもの並びに法第三十五条第六項において準用する法第二十四条の規定による届出の受理を除く。）

二十五　貨物軽自動車運送事業に関する権限（第四項及び附則第六条第二項に規定するものを除く。）

二十六　特定第二種貨物利用運送事業者に関する権限（第三項第二号から第四号まで及び法第三十七条第三項において準用する法第二十四条の規定による届出の受理を除く。）

二十七　地方実施機関に関する権限（法第三十八条第一項の規定による区域の設定を除く。）

2　前項の規定により地方運輸局長に委任された権限で次に掲げるもの（運輸監理部長と運輸支局長又は二以上の運輸支局長の管轄区域にわたるもの及び貨物自動車利用運送に関するものを除く。）及び貨物軽自動車運送事業に関するものは、運輸監理部長又は運輸支局長に委任する。

一　法第九条第一項の認可（次に掲げるものを除く。）及び同条第三項の規定による届出の受理

イ　削除

ロ　特別積合せ貨物運送をするかどうかの別の変更に関するもの

ハ　特別積合せ貨物運送に係る営業所又は荷扱所の新設若しくは廃止又はその位置の変更に関するもの

ニ　自動車車庫の位置及び収容能力の変更に関するもの（特別積合せ貨物運送に係るものに限る。）

ホ　乗務員等の休憩又は睡眠のための施設の位置及び収容能力の変更に関するもの（特別積合せ貨物運送に係るものに限る。）

ヘ　運行系統の変更に関するもの

二　法第十八条第三項の規定による届出の受理

三　法第三十二条の規定による事業の休止の届出の受理

四　法第三十四条第一項の規定による自動車検査証の返納の受理及び自動車登録番号標の領置

五　法第三十四条第二項の規定による自動車検査証及び自動車登録番号標の返付

六　特定貨物自動車運送事業に関する前各号に掲げる権限に相当する権限

七　特定第二種貨物利用運送事業者に関する第二号、第四号及び第五号に掲げる権限に相当する権限

3　法に規定する国土交通大臣の権限で次に掲げるものは、地方運輸局長も行うことができる。

一　法第八条第二項の命令

二　法第二十三条の命令（法第十六条第一項、第四項若しくは第六項の規定又は安全管理規程を遵守していないため輸送の安全が確保されていないと認める場合に関するものにあっては、特別積合せ貨物運送であって、当該命令に係る運行系統が二以上の地方運輸局長の管轄区域に設定され、かつ、運行系統の長さが百キロメートル以上のものに係るものを除く。）（法第三十五条第六項又は法第三十七条第三項において準用する場合を含む。）

三　法第二十四条の二（法第三十五条第六項又は法第三十七条第三項において準用する場合を含む。）の規定による情報の整理及び公表

四　法第二十四条の四第二項の命令（特別積合せ貨物運送であって、当該命令に係る運行系統が二以上の地方運輸局長の管轄区域に設定され、かつ、運行系統の長さが百キロメートル以上のものに係るものを除く。）（法第三十五条第六項又は法第三十七条第三項において準用する場合を含む。）

五　法第二十五条第四項の命令

六　法第二十六条の命令（特別積合せ貨物運送であって、当該命令に係る運行系統が二以上の地方運輸局長の管轄区域に設定され、かつ、運行系統の長さが百キロメートル以上のものに係るものを除く。）

七　法第六十四条第一項の勧告（国土交通大臣が行った法第三十三条の規定による処分に係るもの及び貨物軽自動車運送事業に関するものを除く。）及び当該勧告に係る法第六十四条第二項の意見の聴取

4　法第三十六条第二項において準用する法第二十三条及び法第二十四条の四第二項の命令、法第六十条第一項（法第三十七条第三項において準用する場合を含む。）、第二項（地方実施機関に係る部分に限る。）、第四項（法第三十七条第三項において準用する場合を含む。）及び第五項（地方実施機関に係る部分に限る。）に規定する国土交通大臣の権限並びに法第六十四条第一項の勧告（貨物軽自動車運送事業に関するものに限る。）及び当該勧告に係る同条第二項の意見の聴取は、地方運輸局長、運輸監理部長又は運輸支局長も行うことができる。

（聴聞の方法の特例）

第四十三条　国土交通大臣又は地方運輸局長は、法第二十条、第三十三条（法第三十五条第六項において準用する場合を含む。以下この条において同じ。）、第四十一条第一項（法第四十五条において準用する場合を含む。）、第五十条第三項又は第五十七条第一項若しくは第五十七条第二項の規定による処分（法第三十三条又は第五十七条第二項の規定による処分にあっては、許可又は指定の取消しに係る部分に限る。）に係る聴聞を行うに当たっては、その期日の十日前までに、行政手続法（平成五年法律第八十八号）第十五条第一項の規定による通知をしなければならない。

2　前項の通知を行政手続法第十五条第三項に規定する方法によって行う場合においては、同条第一項の規定により聴聞の期日までにおくべき相当な期間は、二週間を下回ってはならない。

（届出）

第四十四条　一般貨物自動車運送事業者、特定貨物自動車運送事業者、貨物軽自動車運送事業者、特定第二種貨物利用運送事業者、地方実施機関及び全国実施機関は、次の各号に掲げる場合に該当することとなったときは、その旨を当該各号に掲げる国土交通大臣、地方運輸局長、運輸監理部長又は運輸支局長に届け出なければならない。

一　一般貨物自動車運送事業又は特定貨物自動車運送事業の運輸を開始した場合　当該一般貨物自動車運送事業又は特

定貨物自動車運送事業の許可をした国土交通大臣又は地方運輸局長

二　一般貨物自動車運送事業の譲渡し及び譲受け又は法人の合併若しくは分割が終了した場合　当該事項の認可をした国土交通大臣又は地方運輸局長

三　休止していた一般貨物自動車運送事業又は特定貨物自動車運送事業を再開した場合　当該休止の届出を受理した運輸監理部長又は運輸支局長

四　法第八条第二項、法第二十三条（法第三十五条第六項、法第三十六条第二項及び法第三十七条第三項において準用する場合を含む。）、法第二十五条第四項又は法第二十六条の規定に基づく命令を実施した場合　当該命令を発した国土交通大臣、地方運輸局長、運輸監理部長又は運輸支局長

五　一般貨物自動車運送事業者又は特定貨物自動車運送事業者の氏名、名称又は住所に変更があった場合　当該一般貨物自動車運送事業又は特定貨物自動車運送事業の許可をした国土交通大臣又は地方運輸局長

六　一般貨物自動車運送事業者又は特定貨物自動車運送事業者たる法人であって、役員又は社員に変更があった場合　当該一般貨物自動車運送事業又は特定貨物自動車運送事業の許可をした国土交通大臣又は地方運輸局長

七　特定貨物自動車運送事業の運送の需要者の氏名、名称、住所又は法人にあっては、その代表者の氏名に変更があった場合　当該特定貨物自動車運送事業の許可をした地方運輸局長

八　地方実施機関又は全国実施機関の名称、住所又は事務所の所在地を変更しようとする場合　地方実施機関にあっては地方運輸局長、全国実施機関にあっては国土交通大臣

九　地方実施機関が、第三十七条の規定により適正化事業指導員を選任した場合　地方運輸局長

十　適正化事業指導員が、転任、退職その他の理由により適正化事業指導員でなくなった場合　地方運輸局長

2　前項の届出は、届出事由の発生した後遅滞なく（同項第六号に掲げる場合（代表権を有しない役員又は社員に変更があった場合に限る。）にあっては前年七月一日から六月三十日までの期間に係る変更について毎年七月三十一日までに、同項第八号に掲げる場合にあってはあらかじめ、同項第九号及び第十号に掲げる場合にあっては十五日以内に）行わなければならない。

3　第一項の届出をしようとする者は、次に掲げる事項を記載した届出書を提出しなければならない。この場合において、当該届出事項に関し、法人の設立、合併又は分割があったときは、その登記事項証明書、役員又は社員に変更があったときは、新たに役員又は社員になった者が法第五条第一号から第三号までの規定に該当しない旨の宣誓書を添付しなければならない。

一　氏名又は名称及び住所並びに法人にあっては、その代表者の氏名

二　届出事項

三　届出事由の発生の日

四　第一項第十号に掲げる場合にあっては、適正化事業指導員でなくなった理由

4　第一項第五号又は第六号の届出書の提出については、第三項及び次条の規定にかかわらず、貨物流通事業者の氏名の変更の届出等の一本化した提出の手続を定める省令（平成七年運輸省令第三十七号）の定めるところによることができる。

5　地方運輸局長又は国土交通大臣は、第一項第八号の届出があったときは、その旨を公示しなければならない。

（書類の提出）

第四十五条　法及びこの省令の規定により地方運輸局長、運輸監理部長又は運輸支局長に提出すべき申請書又は届出書は、それぞれ当該事案の関する土地を管轄する地方運輸局長、運輸監理部長又は運輸支局長（当該事案が二以上の地方運輸局長、運輸監理部長と運輸支局長又は二以上の運輸支局長の管轄区域にわたるときは、当該事案の主として関する土地を管轄する地方運輸局長、運輸監理部長又は運輸支局長）に提出しなければならない。

2　法及びこの省令の規定により国土交通大臣又は地方運輸局長に提出すべき申請書又は届出書は、全国実施機関に関するものを除き、それぞれ当該事案の関する土地を管轄する運輸監理部長又は運輸支局長（当該事案が運輸監理部長と運輸支局長又は二以上の運輸支局長の管轄区域にわたるときは、当該事案の主として関する土地を管轄する運輸監理部長又は運輸支局長）を経由して提出しなければならない。

附　則

（施行期日）

第一条　この省令は、法の施行の日（平成二年十二月一日。以下「施行日」という。）から施行する。

（一般路線貨物自動車運送事業に係る確認の申請）

第二条　法附則第二条第二項の確認を申請しようとする者は、次に掲げる事項を記載した確認申請書を提出しなければならない。

一　氏名又は名称及び住所並びに法人にあっては、その代表者の氏名

二　事業計画（第三条第一項第一号、第四号及び第六号並びに第二項第二号及び第三号に掲げる事項に限る。）

2　前項の申請書には、第三条第一号、第五号及び第六号に掲げる書類を添付しなければならない。

（一般区域貨物自動車運送事業に係る届出）

第三条　法附則第三条第一項に掲げる者は、施行日から一年を経過する日までに、次に掲げる事項を記載した届出書を提出しなければならない。

一　氏名又は名称及び住所並びに法人にあっては、その代表者の氏名

二　事業計画（第二条第一項第四号及び第六号に掲げる事項に限る。）

2　前項の届出書には、第三条第五号に掲げる書類を添付しなければならない。

（路線を定める特定貨物自動車運送事業に係る確認の申請）

第四条　法附則第四条第二項の確認を申請しようとする者は、次に掲げる事項を記載した確認申請書を提出しなければならない。

一　氏名又は名称及び住所並びに法人にあっては、その代表者の氏名

二　事業計画（第二条第一項第一号、第四号及び第六号に掲げる事項に限る。）

2　前項の申請書には、第三条第一号及び第五号に掲げる書類を添付しなければならない。

（事業区域を定める特定貨物自動車運送事業に係る届出）

第五条　法附則第五条第一項に掲げる者は、施行日から一年を経過する日までに、次に掲げる事項を記載した届出書を提出しなければならない。

一　氏名又は名称及び住所並びに法人にあっては、その代表者の氏名

二　事業計画（第二条第一項第四号及び第六号に掲げる事項に限る。）

2　前項の届出書には、第三条第五号に掲げる書類を添付しなければならない。

（権限の委任）

第六条　法附則第一条の二に規定する国土交通大臣の権限（貨物軽自動車運送事業に関するものを除く。）は、地方運輸局長も行うことができる。

2　法附則第一条の二に規定する国土交通大臣の権限（貨物軽自動車運送事業に関するものに限る。）は、地方運輸局長、運輸監理部長又は運輸支局長も行うことができる。

（軽車両等運送事業に係る届出）

第七条　この省令の施行の際現に法附則第十四条の規定による改正前の道路運送法（昭和二十六年法律第百八十三号。以下「旧法」という。）による軽車両等運送事業（軽自動車を使用するものに限る。）を経営する者は、施行日から一年を経過する日までに、次に掲げる事項を記載した届出書を陸運支局長に提出しなければならない。

一　氏名又は名称及び住所並びに法人にあっては、その代表者の氏名

二　運送約款

（二輪の自動車を使用する貨物軽自動車運送事業に係る届出）

第八条　法附則第九条の規定により二輪の自動車を使用して貨物軽自動車運送事業を経営する者について法第三十六条の規定の適用が開始される日（平成四年十二月一日）から三十日以内に当該事業を開始しようとする者に対する第三十三条第一項の規定の適用については、同項中「当該事業の開始の日の三十日前までに」とあるのは「あらかじめ」とする。

（旧法に基づく処分、手続等の効力）

第九条　旧法又は旧法に基づく命令によりした処分、手続その他の行為で、法又はこの省令中相当する規定があるものは、法又はこの省令の規定によりしたものとみなす。

2　貨物自動車運送事業法の施行に伴う経過措置に関する政令（以下「経過措置政令」という。）第一条第一項の規定により一般貨物自動車運送事業の許可を受けたものとみなされる者が経営する当該許可に係る事業に関して貨物運送取扱事業法（平成元年法律第八十二号）附則第四条の規定による改正前の道路運送法若しくは貨物運送取扱事業法附則第二条の規定による廃止前の通運事業法（昭和二十四年法律第二百四十一号）又はこれらの法律に基づく命令によりした処分、手続その他の行為で、法又はこの省令中相当する規定があるものは、経過措置政令に規定するものを除き、法又はこの省令によりしたものとみなす。

附　則（平四・一一・二〇運令三三）

この省令は、平成四年十二月一日から施行する。

附　則（平六・二・一五運令二）

この省令は、公布の日から施行する。

附　則（平六・三・二九運令一〇）

この省令は、平成六年四月一日から施行する。〔後略〕

附　則（平六・九・三〇運令四六抄）

（施行期日）

第一条　この省令は、行政手続法の施行の日（平成六年十月一日）から施行する。

（聴聞に関する規定の整備に伴う経過措置）

第三条　この省令の施行前に運輸省令の規定により行われた聴聞、聴問若しくは聴聞会（不利益処分に係るものを除く。）又はこれらのための手続は、この省令による改正後の関係省令の相当規定により行われたものとみなす。

附　則（平七・三・二三運令一四）

この省令は、許可、認可等の整理及び合理化に関する法律第二十七条から第三十条まで、第三十二条、第三十三条及び第三十五条の規定の施行の日（平成七年四月一日）から施行する。

附　則（平七・六・二三運令三六）

（施行期日）

この省令は、公布の日から施行する。

附　則（平七・六・二三運令三七抄）

（施行期日）

第一条　この省令は、公布の日から施行する。

附　則（平九・七・九運令四七）

この省令は、私的独占の禁止及び公正取引の確保に関する法律の適用除外制度の整理等に関する法律の施行の日（平成九年七月二十日）から施行する。

附　則（平一〇・三・一三運令八）

この省令は、平成十年四月一日から施行する。

附　則（平一〇・六・一九運令四一）

（施行期日）

1　この省令は、公布の日から施行する。

（経過措置）

2　第一条の規定による改正後の貨物自動車運送事業法施行規則第四十二条第一号、第三号、第十三号及び第十四号に掲げる処分であって、この省令の施行前に運輸大臣に対してされた申請に係るものについては、なお従前の例による。

附　則（平一二・一一・二九運令三九抄）

（施行期日）

第一条　この省令は、平成十三年一月六日から施行する。

附　則（平一三・三・一五国交令三七）

この省令は、平成十三年四月一日から施行する。

附　則（平一四・六・二八国交令七九）

（施行期日）

第一条　この省令は、平成十四年七月一日から施行する。

（経過措置）

第二条　この省令の施行の際現にあるこの省令による改正前の様式又は書式による申請書、証明書その他の文書は、この省令による改正後のそれぞれの様式又は書式にかかわらず、当分の間、なおこれを使用することができる。

附　則（平一五・一・二〇国交令六抄）

（施行期日）

第一条　この省令は、鉄道事業法等の一部を改正する法律（平成一四年六月法律第七七号）の施行の日（平成十五年四月一日）から施行する。

附　則（平一五・二・一四国交令一一抄）

（施行期日）

第一条　この省令は、鉄道事業法等の一部を改正する法律〔平成一四年六月法律第七七号〕の施行の日（平成十五年四月一日）から施行する。

附　則（平一七・三・七国交令一二抄）

（施行期日）

第一条　この省令は、公布の日から施行する。

附　則（平一八・四・二八国交令五八抄）

（施行期日）

第一条　この省令は、会社法〔平成一七年七月法律第八六号〕の施行の日（平成十八年五月一日）から施行する。

（経過措置）

第三条　この省令の施行前にしたこの省令による改正前の省令の規定による処分、手続、その他の行為は、この省令による改正後の省令（以下「新令」という。）の規定の適用については、新令の相当規定によってしたものとみなす。

附　則（平一八・七・一四国交令七八抄）

（施行期日）

第一条　この省令は、運輸の安全性の向上のための鉄道事業法等の一部を改正する法律〔平成一八年三月法律第一九号〕の施行の日〔平成一八年一〇月一日〕から施行する。

（貨物自動車運送事業法施行規則の一部改正に伴う経過措置）

第十条　この省令の施行の際現に交付されているこの省令による改正前の貨物自動車運送事業法施行規則第二号様式による証明書は、この省令による改正後の貨物自動車運送事業法施行規則第二号様式による証明書とみなす。

附　則（平一八・八・三〇国交令八四）

この省令は、公布の日から施行する。

附　則（平二〇・一二・一国交令九七抄）

（施行期日）

1　この省令は、公布の日から施行する。

附　則（平二二・四・二八国交令三〇抄）

（施行期日）

1　この省令は、公布の日から施行する。〔後略〕

附　則（令元・六・二八国交令二二）

この省令は、令和元年七月一日から施行する。

附　則（令元・八・一国交令二七）

この省令は、令和元年十一月一日から施行する。

附　則（令二・一二・二三国交令九八抄）

（施行期日）

1　この省令は、令和三年一月一日から施行する。

附　則（令五・三・三一国交令三一抄）

（施行期日）

第一条　この省令は、令和五年四月一日から施行する。

附　則（令六・一・一九国交令二抄）

（施行期日）

1　この省令は、デジタル社会の形成を図るための規制改革を推進するためのデジタル社会形成基本法等の一部を改正する法律〔令和五年六月法律第六三号〕の施行の日（令和六年四月一日）から施行する。

附　則（令六・三・二九国交令二六抄）

（施行期日）

第一条　この省令は、令和六年四月一日から施行する。〔後略〕

別記様式（第37条関係）

（表）

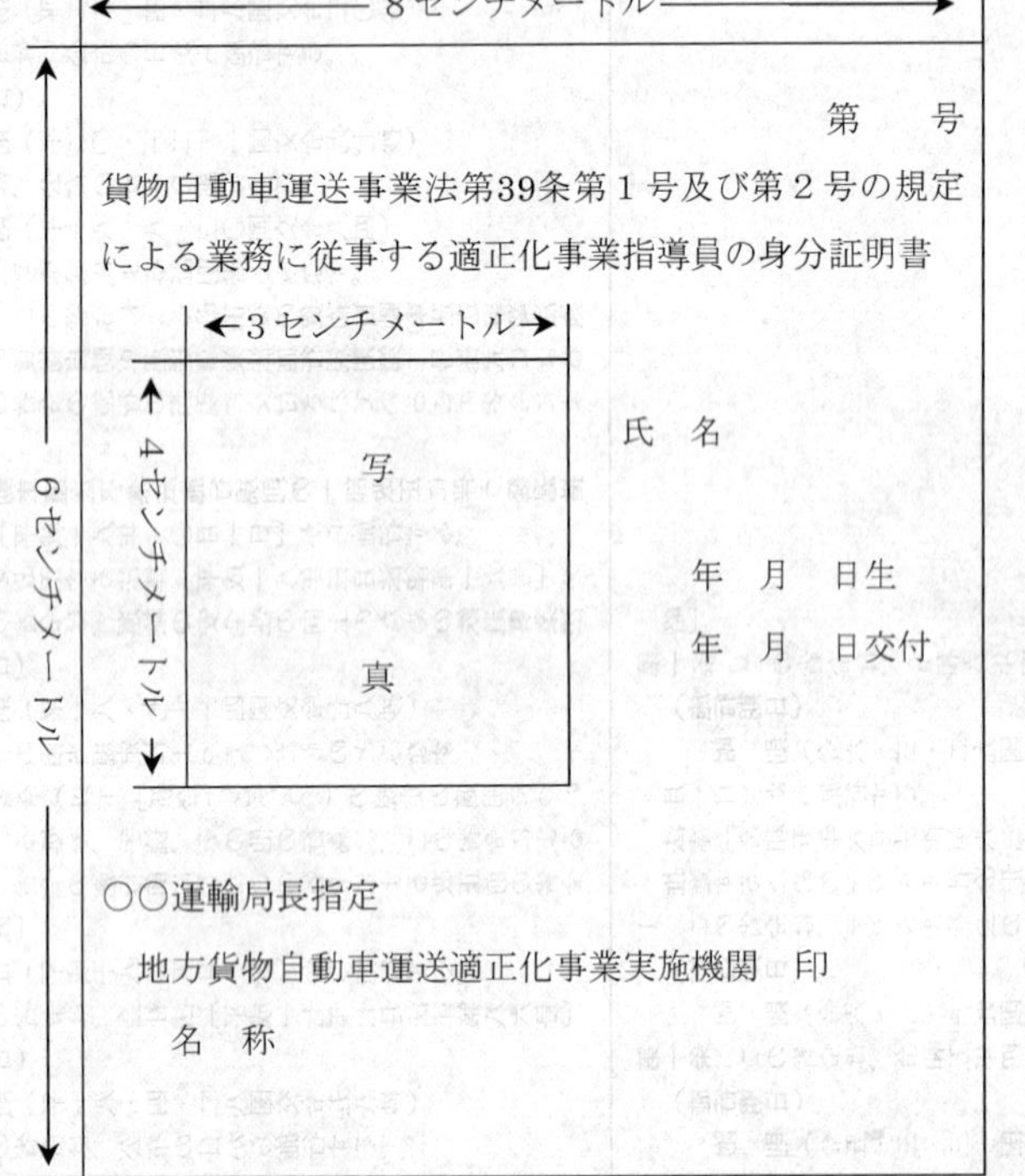

←8センチメートル→

←6センチメートル→

第　　号

貨物自動車運送事業法第39条第1号及び第2号の規定による業務に従事する適正化事業指導員の身分証明書

←3センチメートル→

←4センチメートル→

写

真

氏　名

年　月　日生

年　月　日交付

○○運輸局長指定

地方貨物自動車運送適正化事業実施機関　印

名　称

（裏）

貨物自動車運送事業法抜すい

第39条　地方実施機関は、その区域において、次に掲げる事業（以下「地方適正化事業」という。）を行うものとする。

(1)　輸送の安全を阻害する行為の防止その他この法律又はこの法律に基づく命令の遵守に関し一般貨物自動車運送事業者、特定貨物自動車運送事業者及び貨物軽自動車運送事業者（以下「貨物自動車運送事業者」という。）に対する指導を行うこと。

(2)　貨物自動車運送事業者（特定第二種貨物利用運送事業者を含む。）以外の者の貨物自動車運送事業を経営する行為の防止を図るための啓発活動を行うこと。

貨物自動車運送事業法施行規則抜すい

第37条

3　適正化事業指導員は、適正化事業指導業務を行うに当たっては、前項の証明書を携帯し、関係者の請求があったときは、これを提示しなければならない。

○貨物自動車運送事業輸送安全規則

（平成二年七月三十日運輸省令第二十二号）

沿革　平三運令二、平六運令九・一〇・一二、平七運令八・一六、平九運令一五・八一、平一〇運令四、平一二運令九・三九、平一三国交令七二・一〇八、平一四国交令七九、平一五国交令六・一一・九五、平一六国交令二八、平一七国交令七八、平一九国交令一七、平二〇国交令三九・九七、平二一国交令三六・五七、平二二国交令三〇、平二三国交令一八、平二四国交令二四・二九、平二五国交令一四、平二六国交令六・九一、平二九国交令三四・四四・七三、平三〇国交令四〇・五一、令元国交令二・二〇・二七・四七、令二国交令八六・八七、令三国交令五三、令四国交令七、令五国交令三一・八三、令六国交令四二改正

目次

第一章　総則

（趣旨）

第一条　貨物自動車運送事業法（第三十九条第一号イを除き、以下「法」という。）に基づく貨物自動車運送事業の輸送の安全の確保に関する事項については、法に定めるもののほか、この省令の定めるところによる。

（用語）

第二条　この省令において使用する用語は、法において使用する用語の例による。

第二章　貨物自動車運送事業

第一節　貨物自動車運送事業者が遵守すべき事項

（輸送の安全）

第二条の二　貨物自動車運送事業者は、経営の責任者の責務を定めることその他の国土交通大臣が告示で定める措置を講ずることにより、絶えず輸送の安全性の向上に努めなければならない。

（安全管理規程を定める貨物自動車運送事業者の事業の規模）

第二条の三　法第十六条第一項（法第三十五条第六項において準用する場合を含む。以下同じ。）の国土交通省令で定める規模は、事業用自動車（被けん引自動車を除く。）の数が二百両であることとする。

（安全管理規程の届出）

第二条の四　法第十六条第一項の規定により安全管理規程の設定の届出をしようとする者は、貨物の運送を開始する日（事業計画の変更により前条に規定する規模以上となる者にあっては、当該計画の実施予定日）までに、次に掲げる事項を記載した安全管理規程設定届出書を提出しなければならない。

一　氏名又は名称及び住所並びに法人にあっては、その代表者の氏名

二　安全管理規程の実施予定日

2　前項の届出書には、次に掲げる書類を添付しなければならない。

一　設定した安全管理規程

二　その他安全管理規程に関し必要な事項を記載した書類

3　法第十六条第一項の規定により安全管理規程の変更の届出をしようとする者は、変更後の安全管理規程の実施の日までに、次に掲げる事項を記載した安全管理規程変更届出書を提出しなければならない。

一　氏名又は名称及び住所並びに法人にあっては、その代表者の氏名

二　変更後の安全管理規程の実施予定日

三　変更した事項（新旧の対照を明示すること。）

四　変更を必要とする理由

4　前項の届出書には、次に掲げる書類を添付しなければならない。

一　変更後の安全管理規程

二　その他変更後の安全管理規程に関し必要な事項を記載した書類

（安全管理規程の内容）

第二条の五　法第十六条第二項（法第三十五条第六項において準用する場合を含む。）の国土交通省令で定める安全管理規程の内容は、次のとおりとする。

一　輸送の安全を確保するための事業の運営の方針に関する次に掲げる事項

イ　基本的な方針に関する事項

ロ　関係法令及び安全管理規程その他の輸送の安全の確保のための定めの遵守に関する事項

ハ　取組に関する事項

二　輸送の安全を確保するための事業の実施及びその管理の体制に関する次に掲げる事項

イ　組織体制に関する事項

ロ　経営の責任者の輸送の安全の確保に係る責務に関する事項

ハ　安全統括管理者の責務及び権限に関する事項

三　輸送の安全を確保するための事業の実施及びその管理の方法に関する次に掲げる事項

イ　情報の伝達及び共有に関する事項

ロ　事故、災害等の防止対策の検討及び実施に関する事項

ハ　事故、災害等が発生した場合の対応に関する事項

ニ　教育及び研修に関する事項

ホ　内部監査その他の事業の実施及びその管理の状況の確認に関する事項
ヘ　輸送の安全に係る文書の整備及び管理に関する事項
ト　事業の実施及びその管理の改善に関する事項
四　安全統括管理者の選任及び解任に関する事項

（安全統括管理者の要件）

第二条の六　法第十六条第二項第四号（法第三十五条第六項において準用する場合を含む。）の国土交通省令で定める要件は、次に掲げる者のいずれかに該当し、かつ、法第十六条第七項（法第三十五条第六項において準用する場合を含む。）の命令により解任され、解任の日から二年を経過しない者でないこととする。
一　一般貨物自動車運送事業又は特定貨物自動車運送事業の輸送の安全に関する業務のうち、次のいずれかに該当するものに通算して三年以上従事した経験を有する者
イ　事業用自動車の運行の安全の確保に関する業務
ロ　事業用自動車の点検及び整備の管理に関する業務
ハ　イ又はロに掲げる業務その他の輸送の安全の確保に関する業務を管理する業務
二　前号に掲げる者と同等以上の能力を有すると地方運輸局長が認める者

（安全統括管理者の選任及び解任の届出）

第二条の七　一般貨物自動車運送事業者及び特定貨物自動車運送事業者（以下「一般貨物自動車運送事業者等」という。）は、法第十六条第五項（法第三十五条第六項において準用する場合を含む。）の規定による届出をしようとするときは、次に掲げる事項を記載した安全統括管理者選任（解任）届出書を提出しなければならない。
一　氏名又は名称及び住所並びに法人にあっては、その代表者の氏名
二　選任し、又は解任した安全統括管理者の氏名及び生年月日
三　選任し、又は解任した年月日
四　解任の届出の場合にあっては、その理由
2　前項の安全統括管理者選任届出書には、選任した安全統括管理者が事業運営上の重要な決定に参画する管理的地位にあること及び前条に規定する要件を備えることを証する書類を添付しなければならない。

（一般貨物自動車運送事業者等による輸送の安全にかかわる情報の公表）

第二条の八　一般貨物自動車運送事業者等は、毎事業年度の経過後百日以内に、輸送の安全に関する基本的な方針その他の輸送の安全に係る情報であって国土交通大臣が告示で定める事項について、インターネットの利用その他の適切な方法により公表しなければならない。
2　一般貨物自動車運送事業者等は、法第二十三条（法第三十五条第六項において準用する場合を含む。）、第二十六条又は第三十三条（法第三十五条第六項において準用する場合を含む。）の規定による処分（輸送の安全に係るものに限る。）を受けたときは、遅滞なく、当該処分の内容並びに当該処分に基づき講じた措置及び講じようとする措置の内容をインターネットの利用その他の適切な方法により公表しなければならない。

（過労運転等の防止）

第三条　一般貨物自動車運送事業者等は、事業計画に従い業務を行うに必要な員数の事業用自動車の運転者（以下「運転者」という。）又は特定自動運行保安員（特定自動運行貨物運送（貨物自動車運送事業法施行規則（平成二年運輸省令第二十一号）第三条第三号の三に規定する特定自動運行貨物運送をいう。以下同じ。）の用に供する特定自動運行事業用自動車（事業用自動車のうち、貨物自動車運送事業の用に供する特定自動運行用自動車（道路交通法（昭和三十五年法律第百五号）第七十五条の十二第二項第二号イに規定する特定自動運行用自動車をいう。以下同じ。）をいう。以下同じ。）の運行の安全の確保に関する業務を行う者をいう。以下同じ。）を常時選任しておかなければならない。
2　前項の規定により選任する運転者及び特定自動運行保安員は、日々雇い入れられる者、二月以内の期間を定めて使用される者又は試みの使用期間中の者（十四日を超えて引き続き使用されるに至った者を除く。）であってはならない。
3　貨物自動車運送事業者は、運転者、特定自動運行保安員及び事業用自動車の運行の業務の補助に従事する従業員（以下「乗務員等」という。）が有効に利用することができるように、休憩に必要な施設を整備し、及び乗務員等に睡眠を与える必要がある場合にあっては睡眠に必要な施設を整備し、並びにこれらの施設を適切に管理し、及び保守しなければならない。
4　貨物自動車運送事業者は、休憩又は睡眠のための時間及び勤務が終了した後の休息のための時間が十分に確保されるように、国土交通大臣が告示で定める基準に従って、運転者の勤務時間及び乗務時間を定め、当該運転者にこれらを遵守させなければならない。
5　貨物自動車運送事業者は、酒気を帯びた状態にある乗務員等を事業用自動車の運行の業務に従事させてはならない。
6　貨物自動車運送事業者は、乗務員等の健康状態の把握に努め、疾病、疲労、睡眠不足その他の理由により安全に運行の業務を遂行し、又はその補助をすることができないおそれがある乗務員等を事業用自動車の運行の業務に従事させてはならない。
7　一般貨物自動車運送事業者等は、運転者が長距離運転又は夜間の運転に従事する場合であって、疲労等により安全な運転を継続することができないおそれがあるときは、あらかじめ、当該運転者と交替するための運転者を配置しておかなければならない。
8　特別積合せ貨物運送を行う一般貨物自動車運送事業者は、当該特別積合せ貨物運送に係る運行系統であって起点から終点までの距離が百キロメートルを超えるものごとに、次に掲げる事項について事業用自動車の運行の業務に関する基準を定め、かつ、当該基準の遵守について乗務員等に対する適切な指導及び監督を行わなければならない。
一　主な地点間の運行時分及び平均速度
二　乗務員等が休憩又は睡眠をする地点及び時間
三　前項の規定により交替するための運転者を配置する場合にあっては、運転を交替する地点

（特定自動運行保安員の業務等）

第三条の二　貨物自動車運送事業者は、次の各号のいずれかに掲げる措置を講じなければ、特定自動運行事業用自動車を貨物の運送の用に供してはならない。

一　当該特定自動運行事業用自動車に特定自動運行保安員を乗務させ、又はこれと同等の措置を行うこと。
二　次に掲げる措置を講ずること。
イ　特定自動運行事業用自動車に積載された貨物の状況を確認することができる装置を当該特定自動運行事業用自動車に備えること。
ロ　営業所その他の適切な業務場所に特定自動運行保安員を配置し、当該特定自動運行保安員に道路交通法施行規則（昭和三十五年総理府令第六十号）第九条の二十九に規定する遠隔監視装置その他の装置を用いて遠隔から運行の安全の確保に関する業務を行わせること。

2　特定自動運行貨物運送を行う貨物自動車運送事業者は、前項その他輸送の安全に関する規定に基づく措置を適切に講ずることができるよう、必要な体制を整備しなければならない。

3　特定自動運行貨物運送を行う貨物自動車運送事業者は、特定自動運行保安員に対し、特定自動運行事業用自動車の運行の業務について、次に掲げる事項を遵守させなければならない。
一　酒気を帯びて事業用自動車の運行の業務に従事しないこと。
二　過積載をした特定自動運行事業用自動車の運行の業務に従事しないこと。
三　特定自動運行事業用自動車に貨物を積載するときは、第五条に定めるところにより積載すること。
四　特定自動運行事業用自動車の故障等により踏切内で運行不能となったときは、速やかに列車に対し適切な防護措置をとること。

4　貨物自動車運送事業者は、輸送の安全の確保のため、特定自動運行保安員に対し、次に掲げる事項を遵守させなければならない。
一　酒気を帯びた状態にあるときは、その旨を貨物自動車運送事業者に申し出ること。
二　疾病、疲労、睡眠不足その他の理由により安全に業務を遂行することができないおそれがあるときは、その旨を貨物自動車運送事業者に申し出ること。
三　特定自動運行事業用自動車の運行中に当該特定自動運行事業用自動車の重大な故障を発見し、又は重大な事故が発生するおそれがあると認めたときは、直ちに、運行を中止し、貨物自動車運送事業者に報告すること。
四　業務を終了して他の特定自動運行保安員と交替するときは、交替する特定自動運行保安員に対し、当該業務に係る特定自動運行事業用自動車、道路及び運行の状況について通告すること。
五　他の特定自動運行保安員と交替して業務を開始しようとするときは、当該他の特定自動運行保安員から前号の規定による通告を受け、当該特定自動運行事業用自動車の制動装置、走行装置その他の重要な装置の機能について点検をすること。

（点検整備）
第三条の三　貨物自動車運送事業者は、道路運送車両法（昭和二十六年法律第百八十五号）の規定によるもののほか、事業用自動車の点検及び整備について、次に掲げる事項を遵守しなければならない。
一　事業用自動車の構造及び装置並びに運行する道路の状況、走行距離その他事業用自動車の使用の条件を考慮して、定期に行う点検の基準を作成し、これに基づいて点検をし、必要な整備をすること。
二　前号の点検及び整備をしたときは、道路運送車両法第四十九条の規定に準じて、点検及び整備に関する記録簿に記載し、これを保存すること。

（点検等のための施設）
第三条の四　貨物自動車運送事業者は、事業用自動車の使用の本拠ごとに、事業用自動車の点検及び清掃のための施設を設けなければならない。

（整備管理者の研修）
第三条の五　貨物自動車運送事業者は、道路運送車両法第五十条第一項の規定により選任した整備管理者であって次に掲げるものに地方運輸局長が行う研修を受けさせなければならない。
一　整備管理者として新たに選任した者
二　最後に当該研修を受けた日の属する年度の翌年度の末日を経過した者

（過積載の防止）
第四条　貨物自動車運送事業者は、過積載による運送の防止について、運転者、特定自動運行保安員その他の従業員に対する適切な指導及び監督を怠ってはならない。

（貨物の積載方法）
第五条　貨物自動車運送事業者は、事業用自動車に貨物を積載するときは、次に定めるところによらなければならない。
一　偏荷重が生じないように積載すること。
二　貨物が運搬中に荷崩れ等により事業用自動車から落下することを防止するため、貨物にロープ又はシートを掛けること等必要な措置を講ずること。

（通行の禁止又は制限等違反の防止）
第五条の二　貨物自動車運送事業者は、次に掲げる行為の防止について、運転者又は特定自動運行保安員（以下「運転者等」という。）に対する適切な指導及び監督を怠ってはならない。
一　道路法（昭和二十七年法律第百八十号）第四十七条第二項の規定に違反し、又は同条第一項の政令で定める最高限度を超える車両の通行に関し同法第四十七条の二第一項の規定により道路管理者が付した条件に違反して事業用自動車を通行させること。
二　道路法第四十七条第三項の規定による禁止若しくは制限に違反し、又は同項の規定により通行が禁止され、若しくは制限されている道路の通行に関し同法第四十七条の二第一項の規定により道路管理者が付した条件に違反して道路を通行すること。

（自動車車庫の位置）
第六条　貨物自動車運送事業者は、事業用自動車の保管の用に供する自動車車庫を営業所に併設しなければならない。ただし、自動車車庫を営業所に併設して設けることが困難な場合において、当該自動車車庫を当該営業所から自動車の保管場所の確保等に関する法律施行令（昭和三十七年政令第三百二十九号）第一条第一号に規定する距離を超えない範囲で設けるときは、この限りでない。

（点呼等）

第七条　貨物自動車運送事業者は、事業用自動車の運行の業務に従事しようとする運転者等に対して対面により、又は対面による点呼と同等の効果を有するものとして国土交通大臣が定める方法（運行上やむを得ない場合は電話その他の方法。次項において同じ。）により点呼を行い、次の各号に掲げる事項について報告を求め、及び確認を行い、並びに事業用自動車の運行の安全を確保するために必要な指示を与えなければならない。

一　運転者に対しては、酒気帯びの有無

二　運転者に対しては、疾病、疲労、睡眠不足その他の理由により安全な運転をすることができないおそれの有無

三　道路運送車両法第四十七条の二第一項及び第二項の規定による点検の実施又はその確認

四　特定自動運行保安員に対しては、特定自動運行事業用自動車による運送を行うために必要な自動運行装置（道路運送車両法第四十一条第一項第二十号に規定する自動運行装置をいう。）の設定の状況に関する確認

2　貨物自動車運送事業者は、事業用自動車の運行の業務を終了した運転者等に対して対面により、又は対面による点呼と同等の効果を有するものとして国土交通大臣が定める方法により点呼を行い、当該業務に係る事業用自動車、道路及び運行の状況について報告を求め、かつ、運転者に対しては酒気帯びの有無について確認を行わなければならない。この場合において、当該運転者等が他の運転者等と交替した場合にあっては、当該運転者等が交替した運転者等に対して行った第三条の二第四項第四号又は第十七条第四号の規定による通告についても報告を求めなければならない。

3　貨物自動車運送事業者は、前二項に規定する点呼のいずれも対面により、又は対面による点呼と同等の効果を有するものとして国土交通大臣が定める方法で行うことができない業務を行う運転者等に対し、当該点呼のほかに、当該業務の途中において少なくとも一回対面による点呼と同等の効果を有するものとして国土交通大臣が定める方法（当該方法により点呼を行うことが困難である場合にあっては、電話その他の方法）により点呼を行い、第一項第一号及び第二号に掲げる事項について報告を求め、及び確認を行い、並びに事業用自動車の運行の安全を確保するために必要な指示をしなければならない。

4　貨物自動車運送事業者は、アルコール検知器（呼気に含まれるアルコールを検知する機器であって、国土交通大臣が告示で定めるものをいう。以下同じ。）を営業所ごとに備え、常時有効に保持するとともに、前三項の規定により酒気帯びの有無について確認を行う場合には、運転者の状態を目視等で確認するほか、当該運転者の属する営業所に備えられたアルコール検知器を用いて行わなければならない。

5　貨物自動車運送事業者は、第一項から第三項までの規定により点呼を行い、報告を求め、確認を行い、及び指示をしたときは、運転者等ごとに点呼を行った旨、報告、確認及び指示の内容並びに次に掲げる事項を記録し、かつ、その記録を一年間保存しなければならない。

一　点呼を行った者及び点呼を受けた運転者等の氏名

二　点呼を受けた運転者等が従事する運行の業務に係る事業用自動車の自動車登録番号その他の当該事業用自動車を識別できる表示

三　点呼の日時

四　点呼の方法

五　その他必要な事項

（業務の記録）

第八条　一般貨物自動車運送事業者等は、事業用自動車に係る運転者等の業務について、当該業務を行った運転者等ごとに次に掲げる事項を記録させ、かつ、その記録を一年間保存しなければならない。

一　運転者等の氏名

二　運転者等が従事した運行の業務に係る事業用自動車の自動車登録番号その他の当該事業用自動車を識別できる表示

三　業務の開始及び終了の地点及び日時並びに主な経過地点及び業務に従事した距離

四　業務を交替した場合にあっては、その地点及び日時

五　休憩又は睡眠をした場合にあっては、その地点及び日時

六　車両総重量が八トン以上又は最大積載量が五トン以上の普通自動車である事業用自動車の運行の業務に従事した場合にあっては、次に掲げる事項

イ　貨物の積載状況

ロ　荷主の都合により集貨又は配達を行った地点（以下「集貨地点等」という。）で待機した場合にあっては、次に掲げる事項

(1)　集貨地点等

(2)　集貨地点等への到着の日時を荷主から指定された場合にあっては、当該日時

(3)　集貨地点等に到着した日時

(4)　集貨地点等における積込み又は取卸し（以下「荷役作業」という。）の開始及び終了の日時

(5)　集貨地点等で、当該一般貨物自動車運送事業者等が、貨物の荷造り、仕分その他の貨物自動車運送事業に附帯する業務（以下「附帯業務」という。）を実施した場合にあっては、附帯業務の開始及び終了の日時

(6)　集貨地点等から出発した日時

ハ　集貨地点等で、当該一般貨物自動車運送事業者等が、荷役作業又は附帯業務（以下「荷役作業等」という。）を実施した場合（荷主との契約書に実施した荷役作業等の全てが明記されている場合にあっては、当該荷役作業等に要した時間が一時間以上である場合に限る。）にあっては、次に掲げる事項（ロに該当する場合にあっては、(1)及び(2)に掲げる事項を除く。）

(1)　集貨地点等

(2)　荷役作業等の開始及び終了の日時

(3)　荷役作業等の内容

(4)　(1)から(3)までに掲げる事項について荷主の確認が得られた場合にあっては、荷主が確認したことを示す事項、当該確認が得られなかった場合にあっては、その旨

七　道路交通法第六十七条第二項に規定する交通事故若しくは自動車事故報告規則（昭和二十六年運輸省令第百四号）第二条に規定する事故（第九条の二及び第九条の五第一項において「事故」という。）又は著しい運行の遅延その他の異常な状態が発生した場合にあっては、その概要及び原因

八　第九条の三第三項の指示があった場合にあっては、その

内容

2　一般貨物自動車運送事業者等は、前項の規定により記録すべき事項について、運転者等ごとに記録させることに代え、道路運送車両の保安基準（昭和二十六年運輸省令第六十七号）第四十八条の二第二項の規定に適合する運行記録計（以下「運行記録計」という。）により記録することができる。この場合において、当該一般貨物自動車運送事業者等は、当該記録すべき事項のうち運行記録計により記録された事項以外の事項を運転者等ごとに運行記録計による記録に付記させなければならない。

（運行記録計による記録）

第九条　一般貨物自動車運送事業者等は、次に掲げる事業用自動車に係る運転者等の業務について、当該事業用自動車の瞬間速度、運行距離及び運行時間を運行記録計により記録し、かつ、その記録を一年間保存しなければならない。

一　車両総重量が七トン以上又は最大積載量が四トン以上の普通自動車である事業用自動車

二　前号の事業用自動車に該当する被けん引自動車をけん引するけん引自動車である事業用自動車

三　前二号に掲げる事業用自動車のほか、特別積合せ貨物運送に係る運行系統に配置する事業用自動車

（事故の記録）

第九条の二　一般貨物自動車運送事業者等は、事業用自動車に係る事故が発生した場合には、次に掲げる事項を記録し、その記録を当該事業用自動車の運行を管理する営業所において三年間保存しなければならない。

一　乗務員等の氏名

二　事業用自動車の自動車登録番号その他の当該事業用自動車を識別できる表示

三　事故の発生日時

四　事故の発生場所

五　事故の当事者（乗務員等を除く。）の氏名

六　事故の概要（損害の程度を含む。）

七　事故の原因

八　再発防止対策

（運行指示書による指示等）

第九条の三　一般貨物自動車運送事業者等は、第七条第三項に規定する業務を含む運行ごとに、次の各号に掲げる事項を記載した運行指示書を作成し、これにより事業用自動車の運転者等に対し適切な指示を行い、及びこれを当該運転者等に携行させなければならない。

一　運行の開始及び終了の地点及び日時

二　乗務員等の氏名

三　運行の経路並びに主な経過地における発車及び到着の日時

四　運行に際して注意を要する箇所の位置

五　乗務員等の休憩地点及び休憩時間（休憩がある場合に限る。）

六　乗務員等の運転又は業務の交替の地点（運転又は業務の交替がある場合に限る。）

七　その他運行の安全を確保するために必要な事項

2　一般貨物自動車運送事業者等は、前項に規定する運行の途中において、同項第一号又は第三号に掲げる事項に変更が生じた場合には、運行指示書の写しに当該変更の内容（当該変更に伴い、同項第四号から第七号までに掲げる事項に生じた変更の内容を含む。以下同じ。）を記載し、これにより運転者等に対し電話その他の方法により当該変更の内容について適切な指示を行い、及び当該運転者等が携行している運行指示書に当該変更の内容を記載させなければならない。

3　一般貨物自動車運送事業者等は、第一項に規定する運行以外の運行の途中において、事業用自動車の運転者等に第七条第三項に規定する業務を行わせることとなった場合には、当該業務以後の運行について、第一項各号に掲げる事項を記載した運行指示書を作成し、及びこれにより当該運転者等に対し電話その他の方法により適切な指示を行わなければならない。

4　一般貨物自動車運送事業者等は、運行指示書及びその写しを運行の終了の日から一年間保存しなければならない。

（適正な取引の確保）

第九条の四　一般貨物自動車運送事業者等は、運送条件が明確でない運送の引受け、運送の直前若しくは開始以降の運送条件の変更、荷主の都合による集貨地点等における待機又は運送契約によらない附帯業務の実施に起因する運転者の過労運転又は過積載による運送その他の輸送の安全を阻害する行為を防止するため、荷主と密接に連絡し、及び協力して、適正な取引の確保に努めなければならない。

（運転者等台帳）

第九条の五　一般貨物自動車運送事業者等は、運転者等ごとに、第一号から第九号までに掲げる事項を記載し、かつ、第十号に掲げる写真を貼り付けた一定の様式の運転者等台帳を作成し、これを当該運転者等の属する営業所に備えて置かなければならない。

一　作成番号及び作成年月日

二　事業者の氏名又は名称

三　運転者等の氏名、生年月日及び住所

四　雇入れの年月日及び運転者等に選任された年月日

五　運転者に対しては、道路交通法に規定する運転免許に関する次の事項

イ　運転免許証の番号及び有効期限

ロ　運転免許の年月日及び種類

ハ　運転免許に条件が付されている場合は、当該条件

六　事故を引き起こした場合は、その概要

七　道路交通法第百八条の三十四の規定による通知を受けた場合は、その概要

八　運転者等の健康状態

九　運転者に対しては、第十条第二項の規定に基づく指導の実施及び適性診断の受診の状況

十　運転者等台帳の作成前六月以内に撮影した単独、上三分身、無帽、正面、無背景の写真

2　一般貨物自動車運送事業者等は、運転者が転任、退職その他の理由により運転者でなくなった場合には、直ちに、当該運転者に係る前項の運転者等台帳に運転者でなくなった年月日及び理由を記載し、これを三年間保存しなければならない。

3　一般貨物自動車運送事業者等は、特定自動運行保安員が転任、退職その他の理由により特定自動運行保安員でなくなった場合には、直ちに、当該特定自動運行保安員に係る第一項の運転者等台帳に特定自動運行保安員でなくなった年月日及

び理由を記載し、これを三年間保存しなければならない。

（従業員に対する指導及び監督）

第十条　貨物自動車運送事業者は、国土交通大臣が告示で定めるところにより、当該貨物自動車運送事業に係る主な道路の状況その他の事業用自動車の運行に関する状況、その状況の下において事業用自動車の運行の安全を確保するために必要な運転の技術及び法令に基づき自動車の運転に関して遵守すべき事項について、運転者に対する適切な指導及び監督をしなければならない。この場合においては、その日時、場所及び内容並びに指導及び監督を行った者及び受けた者を記録し、かつ、その記録を営業所において三年間保存しなければならない。

2　一般貨物自動車運送事業者等は、国土交通大臣が告示で定めるところにより、次に掲げる運転者に対して、事業用自動車の運行の安全を確保するために遵守すべき事項について特別な指導を行い、かつ、国土交通大臣が告示で定める適性診断であって第十二条の二及び第十二条の三の規定により国土交通大臣の認定を受けたものを受けさせなければならない。

一　死者又は負傷者（自動車損害賠償保障法施行令（昭和三十年政令第二百八十六号）第五条第二号、第三号又は第四号に掲げる傷害を受けた者をいう。）が生じた事故を引き起こした者

二　運転者として新たに雇い入れた者

三　高齢者（六十五才以上の者をいう。）

3　貨物自動車運送事業者は、特定自動運行事業用自動車の特定自動運行保安員に対し、特定自動運行事業用自動車の運行の安全を確保するために遵守すべき事項について適切な指導監督をしなければならない。この場合においては、その日時、場所及び内容並びに指導及び監督を行った者及び受けた者を記録し、かつ、その記録を営業所において三年間保存しなければならない。

4　貨物自動車運送事業者は、事業用自動車に備えられた非常信号用具及び消火器の取扱いについて、当該事業用自動車の乗務員等に対する適切な指導をしなければならない。

5　貨物自動車運送事業者は、従業員に対し、効果的かつ適切に指導及び監督を行うため、輸送の安全に関する基本的な方針の策定その他の国土交通大臣が告示で定める措置を講じなければならない。

（異常気象時等における措置）

第十一条　貨物自動車運送事業者は、異常気象その他の理由により輸送の安全の確保に支障を生ずるおそれがあるときは、乗務員等に対する適切な指示その他輸送の安全を確保するために必要な措置を講じなければならない。

（安全の確保のための服務規律）

第十二条　特別積合せ貨物運送を行う一般貨物自動車運送事業者は、当該特別積合せ貨物運送に係る事業用自動車の運行の安全を確保するための乗務員等の服務についての規律を定めなければならない。

（認定の申請）

第十二条の二　第十条第二項の認定は、適性診断を実施しようとする者の申請により行う。

2　第十条第二項の認定を受けようとする者は、次に掲げる事項を記載した申請書を国土交通大臣に提出しなければならない。

一　名称及び住所並びに代表者の氏名

二　適性診断に係る業務を行おうとする主たる事務所の名称及び所在地

三　適性診断の種類

四　その他国土交通大臣が告示で定める事項

3　前項の申請書には、適性診断に係る業務を行おうとする職員、適性診断の実施の方法その他の事項についての適性診断の実施に関する計画（次条第一項及び第十二条の四において「適性診断の実施計画」という。）その他の国土交通大臣が告示で定める書類を添付しなければならない。

（認定の基準等）

第十二条の三　国土交通大臣は、前条の規定による認定の申請をした者が次の各号のいずれにも適合するものであると認めるときは、その認定をするものとする。

一　適性診断の実施計画が適性診断の適正かつ確実な実施のために適切なものであること。

二　適性診断の実施計画を適正かつ確実に実施するに足りる経理的基礎及び技術的能力があること。

2　国土交通大臣は、前条の規定による認定の申請をした者が、次の各号のいずれかに該当するときは、第十条第二項の認定をしてはならない。

一　法又は法に基づく命令に違反し、罰金以上の刑に処せられ、その執行を終わり、又はその執行を受けることがなくなった日から二年を経過しない者

二　第十二条の九の規定により第十条第二項の認定を取り消され、その取消しの日から二年を経過しない者

三　適性診断に係る業務を行う役員のうちに第一号に該当する者がある者

（適性診断の実施に係る義務）

第十二条の四　第十条第二項の認定を受けた適性診断を実施する者（次条から第十二条の十までにおいて「適性診断の実施者」という。）は、公正に、かつ、第十条第二項の認定に係る適性診断の実施計画に従い、適性診断を実施しなければならない。

（変更の認定等）

第十二条の五　適性診断の実施者は、第十二条の二第二項第三号又は第四号に掲げる事項を変更しようとするときは、国土交通大臣の認定を受けなければならない。ただし、国土交通大臣が告示で定める軽微な事項に係る変更については、この限りでない。

2　前項の変更の認定を受けようとする者は、変更に係る事項を記載した申請書に国土交通大臣が告示で定める書類を添付して国土交通大臣に提出しなければならない。

3　第十二条の三の規定は、第一項の変更の認定について準用する。

4　適性診断の実施者は、第十二条の二第二項第一号若しくは第二号に掲げる事項について変更しようとするとき又は第一項ただし書の軽微な事項に係る変更をしようとするときは、あらかじめ、その旨を国土交通大臣に届け出なければならない。

（適性診断に係る業務の廃止）

第十二条の六　適性診断の実施者は、適性診断に係る業務を廃止しようとするときは、あらかじめ、その旨を国土交通大臣に届け出なければならない。

（適合命令）
第十二条の七　国土交通大臣は、適性診断の実施者が第十二条の三第一項各号のいずれかに適合しなくなったと認めるときは、その適性診断の実施者に対し、これらの規定に適合するための必要な措置をとるべきことを命ずることができる。

（改善命令）
第十二条の八　国土交通大臣は、適性診断の実施者が第十二条の四の規定に違反していると認めるときは、その適性診断の実施者に対し、同条の規定による適性診断に係る業務を行うべきこと又は適性診断の実施の方法その他の業務の方法の改善に関し必要な措置をとるべきことを命ずることができる。

（認定の取消し等）
第十二条の九　国土交通大臣は、適性診断の実施者が次の各号のいずれかに該当するときは、同項の認定を取り消し、又は期間を定めて適性診断に係る業務の全部若しくは一部の停止を命ずることができる。
一　第十二条の三第二項第一号又は第三号に該当するに至ったとき。
二　第十二条の五第一項又は第四項の規定に違反したとき。
三　前二条の規定による命令に違反したとき。
四　不正の手段により第十条第二項の認定を受けたとき。

（報告の徴収）
第十二条の十　国土交通大臣は、適性診断に係る業務の適正かつ確実な実施のため必要な限度において、適性診断の実施者に対し、適性診断に係る業務又は経理の状況に関し報告させることができる。

（情報の公表）
第十二条の十一　国土交通大臣は、次の場合には、その旨をインターネットの利用その他の適切な方法により公表しなければならない。
一　第十条第二項の認定をしたとき。
二　第十二条の五第一項の変更の認定（第十二条の二第二項第三号に掲げる事項に係るものに限る。）をしたとき。
三　第十二条の五第四項の規定による届出（第十二条の二第二項第一号又は第二号に掲げる事項に係るものに限る。）があったとき。
四　第十二条の九の規定により第十条第二項の認定を取り消し、又は適性診断に係る業務の停止を命じたとき。

第十三条から第十五条まで　削除

第二節　乗務員が遵守すべき事項

（乗務員）
第十六条　貨物自動車運送事業者の運転者及び事業用自動車の運転の補助に従事する従業員（第三十四条において「乗務員」という。）は、事業用自動車の乗務について、次に掲げる事項を遵守しなければならない。
一　酒気を帯びて乗務しないこと。
二　過積載をした事業用自動車に乗務しないこと。
三　事業用自動車に貨物を積載するときは、第五条に定めるところにより積載すること。
四　事業用自動車の故障等により踏切内で運行不能となったときは、速やかに列車に対し適切な防護措置をとること。

（運転者）
第十七条　貨物自動車運送事業者の運転者は、前条に定めるもののほか、事業用自動車の乗務について、次に掲げる事項を遵守しなければならない。
一　酒気を帯びた状態にあるときは、その旨を貨物自動車運送事業者に申し出ること。
一の二　疾病、疲労、睡眠不足その他の理由により安全な運転をすることができないおそれがあるときは、その旨を貨物自動車運送事業者に申し出ること。
二　道路運送車両法第四十七条の二第一項及び第二項の規定による点検を実施し、又はその確認をすること。
三　乗務を開始しようとするとき、第七条第三項に規定する乗務の途中及び乗務を終了したときは、同条第一項から第三項までの規定により貨物自動車運送事業者が行う点呼を受け、貨物自動車運送事業者にこれらの規定による報告をすること。
三の二　事業用自動車の運行中に当該事業用自動車の重大な故障を発見し、又は重大な事故が発生するおそれがあると認めたときは、直ちに、運行を中止し、貨物自動車運送事業者に報告すること。
四　乗務を終了して他の運転者と交替するときは、交替する運転者に対し、当該乗務に係る事業用自動車、道路及び運行の状況について通告すること。
五　他の運転者と交替して乗務を開始しようとするときは、当該他の運転者から前号の規定による通告を受け、当該事業用自動車の制動装置、走行装置その他の重要な装置の機能について点検をすること。
六　第八条第一項の規定による記録（同条第二項の規定により、同条第一項の規定により記録すべき事項を運行記録計による記録に付記する場合にあっては、その付記による記録）をすること（一般貨物自動車運送事業者等の運転者に限る。）。
七　第九条の三第一項の規定により一般貨物自動車運送事業者等が作成する運行指示書を乗務中携行し、同条第二項の規定により運行指示書の記載事項に変更が生じた場合に携行している運行指示書に当該変更の内容を記載すること。
八　踏切を通過するときは、変速装置を操作しないこと。

第三節　運行管理者等の選任等

（運行管理者等の選任）
第十八条　一般貨物自動車運送事業者等は、事業用自動車（被けん引自動車を除く。以下この項において同じ。）の運行を管理する営業所ごとに、当該営業所が運行を管理する事業用自動車の数を三十で除して得た数（その数に一未満の端数があるときは、これを切り捨てるものとする。）に一を加算して得た数以上の運行管理者を選任しなければならない。ただし、五両未満の事業用自動車の運行を管理する営業所であって、地方運輸局長が当該事業用自動車の種別、地理的条件その他の事情を勘案して当該事業用自動車の運行の安全の確保に支障を生ずるおそれがないと認めるものについては、この限りでない。
2　一の営業所において複数の運行管理者を選任する一般貨物自動車運送事業者等は、それらの業務を統括する運行管理者ない。（以下「統括運行管理者」という。）を選任しなければならない。

3　一般貨物自動車運送事業者等は、運行管理者資格者証（以下「資格者証」という。）若しくは道路運送法（昭和二十六年法律第百八十三号）第二十三条の二第一項に規定する運行管理者資格者証を有する者又は国土交通大臣が告示で定める運行の管理に関する講習（以下単に「講習」という。）であって次項において準用する第十二条の二及び第十二条の三の規定により国土交通大臣の認定を受けたものを修了した者のうちから、運行管理者の業務を補助させるための者（以下「補助者」という。）を選任することができる。

4　第十二条の二から第十二条の十一までの規定は、前項の認定について準用する。この場合において、これらの規定中「第十条第二項」とあるのは「第十八条第三項」と、「適性診断」とあるのは「講習」と読み替えるほか、次の表の上欄に掲げる規定中同表の中欄に掲げる字句は、それぞれ同表の下欄に掲げる字句に読み替えるものとする。

第十二条の二第三項及び第十二条の八	第十二条の四	第十八条第四項において準用する第十二条の四
第十二条の三第二項第二号及び第十二条の十一第四号	第十二条の九	第十八条第四項において準用する第十二条の九
第十二条の四	第十二条の十	第十八条第四項において準用する第十二条の十
第十二条の五第一項	第十二条の二第二項第三号又は第四号	第十八条第四項において準用する第十二条の二第二項第三号又は第四号
第十二条の五第三項	第十二条の三	第十八条第四項において準用する第十二条の三
第十二条の五第四項	第十二条の二第二項第一号若しくは第二号	第十八条第四項において準用する第十二条の二第二項第一号若しくは第二号
第十二条の七	第十二条の三第一項各号	第十八条第四項において準用する第十二条の三第一項各号
第十二条の九第一号	第十二条の三第二項第一号又は第三号	第十八条第四項において準用する第十二条の三第二項第一号又は第三号
第十二条の九第二号	第十二条の五第一項又は第四項	第十八条第四項において準用する第十二条の五第一項又は第四項
第十二条の十一第二号	第十二条の五第一項	第十八条第四項において準用する第十二条の五第一項
	第十二条の二第二項第三号	第十八条第四項において準用する第十二条の二第二項第三号
第十二条の十一第三号	第十二条の五第四項	第十八条第四項において準用する第十二条の五第四項
	第十二条の二第二項第一号又は第二号	第十八条第四項において準用する第十二条の二第二項第一号又は第二号

（運行管理者の選任等の届出）

第十九条　一般貨物自動車運送事業者等は、法第十八条第三項の規定による届出をしようとするとき（解任以外の理由により運行管理者でなくなったときを含む。）は、次に掲げる事項を記載した運行管理者選任（解任）届出書を提出しなければならない。

一　氏名又は名称及び住所並びに法人にあっては、その代表者の氏名

二　貨物自動車運送事業の種類

三　運行管理者の氏名及び生年月日

四　運行管理者が交付を受けている資格者証の番号及び交付年月日

五　選任の場合にあっては、運行管理者がその業務を行う営業所の名称及び所在地並びにその者の兼職の有無（兼職がある場合は、その職名及び職務内容）

六　運行管理者でなくなった場合にあっては、その理由

（運行管理者の業務）

第二十条　運行管理者は、次に掲げる業務を行わなければならない。

一　一般貨物自動車運送事業者等により運転者（特定自動運行貨物運送を行う場合にあっては、特定自動運行保安員）として選任された者以外の者を事業用自動車の運行の業務に従事させないこと。

二　第三条第三項の規定により、乗務員等が休憩又は睡眠のために利用することができる施設を適切に管理すること。

三　第三条第四項の規定により定められた勤務時間及び乗務時間の範囲内において乗務割を作成し、これに従い運転者を事業用自動車に乗務させること。

四　第三条第五項の規定により、同項の乗務員等を事業用自動車の運行の業務に従事させないこと。

四の二　第三条第六項の規定により、乗務員等の健康状態の把握に努め、同項の乗務員等を事業用自動車の運行の業務に従事させないこと。

五　第三条第七項の規定により、交替するための運転者を配置すること。

五の二　特定自動運行事業用自動車による運送を行おうとする場合にあっては、第三条の二第一項の規定により特定自動運行保安員を乗務させ、若しくはこれと同等の措置を行い、又は遠隔からその業務を行わせること。

六　第四条の規定により、従業員に対する指導及び監督を行うこと。

七　第五条の規定による貨物の積載方法について、従業員に

対する指導及び監督を行うこと。

七の二　第五条の二の規定により、運転者等に対する指導及び監督を行うこと。

八　第七条の規定により、運転者等に対して点呼を行い、報告を求め、確認を行い、及び指示を与え、並びに記録し、及びその記録を保存し、並びに運転者に対して使用するアルコール検知器を常時有効に保持すること。

九　第八条の規定により、運転者等に対して記録させ、及びその記録を保存すること。

十　第九条に規定する運行記録計を管理し、及びその記録を保存すること。

十一　第九条に掲げる事業用自動車で同条に規定する運行記録計により記録することのできないものを運行の用に供さないこと。

十二　第九条の二の規定により、同条各号に掲げる事項を記録し、及びその記録を保存すること。

十二の二　第九条の三の規定により、運行指示書を作成し、及びその写しに変更の内容を記載し、運転者等に対し適切な指示を行い、運行指示書を事業用自動車の運転者等に携行させ、及び変更の内容を記載させ、並びに運行指示書及びその写しの保存をすること。

十三　第九条の五の規定により、運転者等台帳を作成し、営業所に備え置くこと。

十四　第十条（第五項を除く。）の規定により、乗務員等に対する指導、監督及び特別な指導を行うとともに、同条第一項及び第三項による記録及び保存を行うこと。

十四の二　第十条第二項の規定により、運転者に適性診断を受けさせること。

十五　第十一条に規定する場合にあっては、同条の規定による措置を講ずること。

十六　第十八条第三項の規定により選任された補助者に対する指導及び監督を行うこと。

十七　自動車事故報告規則第五条の規定により定められた事故防止対策に基づき、事業用自動車の運行の安全の確保について、従業員に対する指導及び監督を行うこと。

2　特別積合せ貨物運送を行う一般貨物自動車運送事業の運行管理者は、前項に定めるもののほか、第三条第八項の規定により、事業用自動車の運行の業務に関する基準を作成し、かつ、当該基準の遵守について乗務員等に対する指導及び監督を行わなければならない。

3　運行管理者は、一般貨物自動車運送事業者等に対し、事業用自動車の運行の安全の確保に関し必要な事項について助言を行うことができる。

4　統括運行管理者は、前三項の規定による運行管理者の業務を統括しなければならない。

（運行管理規程）

第二十一条　一般貨物自動車運送事業者等は、運行管理者の職務及び権限、統括運行管理者を選任しなければならない営業所にあってはその職務及び権限並びに事業用自動車の運行の安全の確保に関する業務の処理基準に関する規程（以下「運行管理規程」という。）を定めなければならない。

2　前項の運行管理規程に定める運行管理者の権限は、少なくとも前条に規定する業務を処理するに足りるものでなければならない。

（運行管理者の指導及び監督）

第二十二条　一般貨物自動車運送事業者等は、第二十条に規定する業務の適確な処理及び運行管理規程の遵守について、運行管理者に対する適切な指導及び監督を行わなければならない。

（運行管理者の講習）

第二十三条　一般貨物自動車運送事業者等は、国土交通大臣が告示で定めるところにより、次に掲げる運行管理者に国土交通大臣が告示で定める講習であって次項において準用する第十二条の二及び第十二条の三の規定により国土交通大臣の認定を受けたものを受けさせなければならない。

一　死者若しくは重傷者（自動車損害賠償保障法施行令第五条第二号又は第三号に掲げる傷害を受けた者をいう。）が生じた事故を引き起こした事業用自動車の運行を管理する営業所又は法第三十三条（法第三十五条第六項において準用する場合を含む。）の規定による処分（輸送の安全に係るものに限る。）の原因となった違反行為が行われた営業所において選任している者

二　運行管理者として新たに選任した者

三　最後に国土交通大臣が認定する講習を受講した日の属する年度の翌年度の末日を経過した者

2　第十二条の二から第十二条の十一までの規定は、前項の認定について準用する。この場合において、これらの規定中「適性診断」とあるのは「講習」と、「第十条第二項」とあるのは「第二十三条第一項」と読み替えるほか、次の表の上欄に掲げる規定中同表の中欄に掲げる字句は、それぞれ同表の下欄に掲げる字句に読み替えるものとする。

第十二条の二第三項及び第十二条の八	第十二条の四	第二十三条第二項において準用する第十二条の四
第十二条の三第二項第二号及び第十二条の十一第四号	第十二条の九	第二十三条第二項において準用する第十二条の九
第十二条の四	第十二条の十	第二十三条第二項において準用する第十二条の十
第十二条の五第一項	第十二条の二第二項第三号又は第四号	第二十三条第二項において準用する第十二条の二第二項第三号又は第四号
第十二条の五第三項	第十二条の三	第二十三条第二項において準用する第十二条の三
第十二条の五第四項	第十二条の二第二項第一号若しくは第二号	第二十三条第二項において準用する第十二条の二第二項第一号若しくは第二号
第十二条の七	第十二条の三第一項各号	第二十三条第二項において準用する第十二条の三第一項各号
第十二条の九第一号	第十三条の三第二項第	第二十三条第二項において準用する第十二条

	一号又は第三号	の三第二項第一号又は第三号
第十二条の九第二号	第十二条の五第一項又は第四項	第二十三条第二項において準用する第十二条の五第一項及び第四項
第十二条の十一第二号	第十二条の五第一項	第二十三条第二項において準用する第十二条の五第一項
	第十二条の二第二項第三号	第二十三条第二項において準用する第十二条の二第二項第三号
第十二条の十一第三号	第十二条の五第四項	第二十三条第二項において準用する第十二条の五第四項
	第十二条の二第二項第一号又は第二号	第二十三条第二項において準用する第十二条の二第二項第一号又は第二号

第四節　運行管理者資格者証

（運行管理者の資格要件）

第二十四条　法第十九条第二項第二号の国土交通省令で定める一定の実務の経験その他の要件を備える者は、一般貨物自動車運送事業者、特定貨物自動車運送事業者又は特定第二種貨物利用運送事業者の事業用自動車（以下「一般貨物自動車運送事業者等の事業用自動車」という。）の運行の管理に関し五年以上の実務の経験を有し、その間に、国土交通大臣が告示で定めるところにより、国土交通大臣が告示で定める講習であって次項において準用する第十二条の二及び第十二条の三の規定により国土交通大臣の認定を受けたものを五回以上受講した者であることとする。

2　第十二条の二から第十二条の十一までの規定は、前項の認定について準用する。この場合において、これらの規定中「第十条第二項」とあるのは「第二十四条第一項」と、「適性診断」とあるのは「講習」と読み替えるほか、次の表の上欄に掲げる規定中同表の中欄に掲げる字句は、それぞれ同表の下欄に掲げる字句に読み替えるものとする。

第十二条の二第三項及び第十二条の八	第十二条の四	第二十四条第二項において準用する第十二条の四
第十二条の三第二項第二号及び第十二条の十一第四号	第十二条の九	第二十四条第二項において準用する第十二条の九
第十二条の四	第十二条の十	第二十四条第二項において準用する第十二条の十
第十二条の五第一項	第十二条の二第二項第三号又は第四号	第二十四条第二項において準用する第十二条の二第二項第三号又は第四号
第十二条の五第三項	第十二条の三	第二十四条第二項において準用する第十二条の三
第十二条の五第四項	第十二条の二第二項第一号若しくは第二号	第二十四条第二項において準用する第十二条の二第二項第一号若しくは第二号
第十二条の七	第十二条の三第一項各号	第二十四条第二項において準用する第十二条の三第一項各号
第十二条の九第一号	第十二条の三第二項第一号又は第三号	第二十四条第二項において準用する第十二条の三第二項第一号又は第三号
第十二条の九第二号	第十二条の五第一項又は第四項	第二十四条第二項において準用する第十二条の五第一項又は第四項
第十二条の十一第二号	第十二条の五第一項	第二十四条第二項において準用する第十二条の五第一項
	第十二条の二第二項第三号	第二十四条第二項において準用する第十二条の二第二項第三号
第十二条の十一第三号	第十二条の五第四項	第二十四条第二項において準用する第十二条の五第四項
	第十二条の二第二項第一号又は第二号	第二十四条第二項において準用する第十二条の二第二項第一号又は第二号

（資格者証の様式及び交付）

第二十五条　資格者証は、第一号様式によるものとする。

2　資格者証の交付を申請しようとする者は、第二号様式による運行管理者資格者証交付申請書に住民票の写し若しくは個人番号カード（行政手続における特定の個人を識別するための番号の利用等に関する法律（平成二十五年法律第二十七号）第二条第七項に規定する個人番号カードをいう。以下同じ。）の写し又はこれらに類するものであって氏名及び生年月日を証明する書類並びに法第十九条第一項第二号に基づく申請にあっては、前条第一項に該当することを証する書類を添付して、提出しなければならない。

3　前項の資格者証の交付の申請は、運行管理者試験（以下「試験」という。）に合格した者にあっては、合格の日から三月以内に行わなければならない。

（資格者証の訂正）

第二十六条　資格者証の交付を受けている者は、氏名に変更を生じたときは、第三号様式による運行管理者資格者証訂正申請書に当該資格者証及び住民票の写し若しくは個人番号カードの写し又はこれらに類するものであって変更の事実を証明する書類を添付してその住所地を管轄する地方運輸局長に提出し、資格者証の訂正を受けなければならない。

2　資格者証の交付を受けている者は、前項に規定する資格者証の訂正に代えて、資格者証の再交付を受けることができる。

（資格者証の再交付）

第二十七条　資格者証の交付を受けている者は、前条第二項の規定により資格者証の再交付の申請をしようとするとき又は交付を受けた資格者証を汚し、損じ、若しくは失ったために資格者証の再交付の申請をしようとするときは、第三号様式による運行管理者資格者証再交付申請書に既に交付を受けている資格者証（資格者証を失った場合を除く。）及び住民票の写し若しくは個人番号カードの写し又はこれらに類するものであって変更の事実を証明する書類（同条第二項の規定により資格者証の再交付の申請をする場合に限る。）を添付して、その住所地を管轄する地方運輸局長に提出しなければならない。

（資格者証の返納）

第二十八条　資格者証を失ったために前条の規定により資格者証の再交付を受けた者は、失った資格者証を発見したときは、遅滞なく、発見した資格者証をその住所地を管轄する地方運輸局長に返納しなければならない。

2　資格者証の交付を受けている者が死亡し、又は失踪宣告を受けたときは、戸籍法（昭和二十二年法律第二百二十四号）による死亡又は失踪宣告の届出義務者は、遅滞なく、その資格者証をその住所地を管轄する地方運輸局長に返納しなければならない。

第五節　運行管理者試験

（試験方法）

第二十九条　試験は、次に掲げる事項について筆記の方法又は電子計算機その他の機器を使用する方法で行う。

一　次に掲げる法令についての専門的知識

イ　貨物自動車運送事業法

ロ　道路運送車両法

ハ　道路交通法

ニ　労働基準法（昭和二十二年法律第四十九号）

ホ　イからニまでに掲げる法律に基づく命令

二　その他運行管理者の業務に関し必要な実務上の知識及び能力

（試験の施行）

第三十条　試験は、毎年少なくとも一回行う。

2　国土交通大臣（指定試験機関が試験事務を行う場合にあっては、指定試験機関。第三十三条において同じ。）は、試験の期日、場所その他試験に関し必要な事項を公示する。

（受験資格）

第三十一条　試験は、試験の日の前日において道路運送法第二条第二項に規定する自動車運送事業（貨物軽自動車運送事業を除く。）の用に供する事業用自動車又は特定第二種貨物利用運送事業者の事業用自動車の運行の管理に関し一年以上の実務の経験を有する者でなければ、受けることができない。

2　前項に規定する経験は、国土交通大臣が告示で定める講習であって次項において準用する第十二条の二及び第十二条の三の規定により国土交通大臣の認定を受けたものを修了することをもって代えることができる。

3　第十二条の二から第十二条の十一までの規定は、前項の認定について準用する。この場合において、これらの規定中「第十条第二項」とあるのは「第三十一条第二項」と、「適性診断」とあるのは「講習」と読み替えるほか、次の表の上欄に掲げる規定中同表の中欄に掲げる字句は、それぞれ同表の下欄に掲げる字句に読み替えるものとする。

第十二条の二第三項及び第十二条の八	第十二条の四	第三十一条第三項において準用する第十二条の四
第十二条の三第二項第二号及び第十二条の十一第四号	第十二条の九	第三十一条第三項において準用する第十二条の九
第十二条の四	第十二条の十	第三十一条第三項において準用する第十二条の十
第十二条の五第一項	第十二条の二第二項第三号又は第四号	第三十一条第三項において準用する第十二条の二第二項第三号又は第四号
第十二条の五第三項	第十二条の三	第三十一条第三項において準用する第十二条の三
第十二条の五第四項	第十二条の二第二項第一号若しくは第二号	第三十一条第三項において準用する第十二条の二第二項第一号若しくは第二号
第十二条の七	第十二条の三第一項各号	第三十一条第三項において準用する第十二条の三第一項各号
第十二条の九第一号	第十二条の三第二項第一号又は第三号	第三十一条第三項において準用する第十二条の三第二項第一号又は第三号
第十二条の九第二号	第十二条の五第一項又は第四項	第三十一条第三項において準用する第十二条の五第一項又は第四項
第十二条の十一第二号	第十二条の五第一項	第三十一条第三項において準用する第十二条の五第一項
	第十二条の二第二項第三号	第三十一条第三項において準用する第十二条の二第二項第三号
第十二条の十一第三号	第十二条の五第四項	第三十一条第三項において準用する第十二条の五第四項
	第十二条の二第二項第一号又は第二号	第三十一条第三項において準用する第十二条の二第二項第一号又は第二号

（受験の申請）

第三十二条　試験（指定試験機関が行うものを除く。）を受けようとする者は、第四号様式による運行管理者試験受験申請書に前条に規定する受験資格を有することを明らかにする書類を添付して、提出しなければならない。

2　指定試験機関が行う試験を受けようとする者は、当該指定試験機関が定めるところにより、運行管理者試験受験申請書を当該指定試験機関に提出しなければならない。

（試験結果の通知）

第三十三条　国土交通大臣は、受験者に、その試験の結果を通知する。

第三章　特定第二種貨物利用運送事業者に関する準用

（特定第二種貨物利用運送事業者に関する準用）

第三十四条　第二条の三から第二条の八まで、第三条第一項から第七項まで、第三条の二から第十一条まで、第十二条の二から第十二条の十一まで、第十八条、第十九条、第二十一条から第二十三条まで及び第四十七条の二の規定は特定第二種貨物利用運送事業者について、第十六条の規定は特定第二種貨物利用運送事業者の乗務員について、第十七条の規定は特定第二種貨物利用運送事業者の運転者について、第二十条第一項及び第三項の規定は特定第二種貨物利用運送事業者が選任した運行管理者について準用する。この場合において、第三条第一項中「事業計画」とあるのは、「貨物利用運送事業法（平成元年法律第八十二号）第二十一条第一項第三号の集配事業計画又は同法第四十五条第三項の事業計画」と読み替えるものとする。

第四章　指定試験機関

（指定の申請）

第三十五条　法第四十六条第二項の規定により指定試験機関の指定を申請しようとする者は、次に掲げる事項を記載した指定試験機関指定申請書を提出しなければならない。

一　名称及び住所並びに代表者の氏名
二　試験事務を行おうとする事務所の名称及び所在地
三　前号の事務所ごとの試験員の数
四　試験事務の開始の予定日

2　前項の申請書には、次に掲げる書類を添付しなければならない。

一　定款及び登記事項証明書
二　申請の日の属する事業年度の前事業年度における財産目録及び貸借対照表。ただし、申請の日の属する事業年度に設立された法人にあっては、その設立時における財産目録とする。
三　申請の日の属する事業年度及び翌事業年度における事業計画書及び収支予算書
四　役員の名簿及び履歴書
五　指定の申請に関する意思の決定を証する書類
六　組織及び運営に関する事項を記載した書類
七　試験事務を行おうとする事務所ごとに試験用設備の概要及び整備計画を記載した書類
八　試験事務の実施の方法に関する計画を記載した書類
九　試験員の選任に関する事項を記載した書類
十　現に行っている業務の概要を記載した書類
十一　役員のうちに法第四十七条第二項第四号イ又はロに該当する者がいないことを信じさせるに足る書類
十二　その他参考となる事項を記載した書類

（指定試験機関の名称等の変更の届出）

第三十六条　指定試験機関は、法第四十八条第二項の規定による届出をしようとするときは、次に掲げる事項を記載した指定試験機関名称等変更届出書を提出しなければならない。

一　変更後の名称若しくは住所又は事務所の所在地
二　変更の予定日

（試験員の要件）

第三十七条　法第四十九条の国土交通省令で定める要件は、次の各号のいずれかに該当することとする。

一　資格者証の交付を受けている者であって、貨物自動車運送事業の運行管理者として三年以上の実務の経験を有する者であること。
二　国土交通大臣が前号に掲げる者と同等以上の能力を有するものと認める者であること。

（役員の選任及び解任の認可の申請）

第三十八条　指定試験機関は、法第五十条第一項の認可を受けようとするときは、次に掲げる事項を記載した指定試験機関役員選任（解任）認可申請書を提出しなければならない。

一　役員として選任しようとする者の氏名又は解任しようとする役員の氏名
二　選任の場合にあっては、その者の履歴
三　解任の場合にあっては、その理由

2　役員の選任に係る前項の申請書には、役員として選任しようとする者が法第四十七条第二項第四号イ及びロのいずれにも該当しないことを信じさせるに足る書類を添付しなければならない。

（試験員の選任及び解任の届出）

第三十九条　指定試験機関は、法第五十条第二項の規定による届出をしようとするときは、次に掲げる事項を記載した試験員選任（解任）届出書を提出しなければならない。

一　試験員の氏名
二　選任の場合にあっては、その者の履歴並びにその者が試験事務を行う事務所の名称及び所在地
三　解任の場合にあっては、その理由

2　前項の場合において、選任の届出をしようとするときは、同項の届出書に、当該選任に係る者が第三十七条に規定する試験員の要件を備えることを明らかにする書類を添付しなければならない。

（試験事務規程）

第四十条　法第五十二条第一項の国土交通省令で定める試験事務の実施に関する事項は、次のとおりとする。

一　試験事務を行う時間及び休日に関する事項
二　試験事務を行う事務所に関する事項
三　手数料の収納の方法に関する事項
四　試験事務の実施の方法に関する事項
五　試験の結果の通知に関する事項
六　試験員の選任及び解任並びにその配置に関する事項
七　試験事務に関する秘密の保持に関する事項
八　試験事務に関する帳簿及び書類の管理に関する事項

九　その他試験事務の実施に関し必要な事項

2　指定試験機関は、法第五十二条第一項前段の規定による認可を受けようとするときは、試験事務規程認可申請書に当該認可に係る試験事務規程を添付して、提出しなければならない。

3　指定試験機関は、法第五十二条第一項後段の規定による認可を受けようとするときは、次に掲げる事項を記載した試験事務規程変更認可申請書を提出しなければならない。

一　変更しようとする事項
二　変更の予定日
三　変更を必要とする理由

（事業計画等の認可の申請）

第四十一条　指定試験機関は、法第五十三条第一項前段の規定による認可を受けようとするときは、事業計画等認可申請書に当該認可に係る事業計画書及び収支予算書を添付して、提出しなければならない。

2　指定試験機関は、法第五十三条第一項後段の規定による認可を受けようとするときは、変更しようとする事項及びその理由を記載した事業計画等変更認可申請書を提出しなければならない。

（帳簿）

第四十二条　法第五十四条の国土交通省令で定める帳簿の記載事項は、次のとおりとする。

一　試験年月日
二　試験地
三　受験者の受験番号、氏名及び生年月日
四　試験員の氏名
五　受験者の試験の結果
六　合格年月日
七　その他試験に関し必要な事項

2　法第五十四条の帳簿は、試験事務を行う事務所ごとに作成して備え付け、記載の日から三年間保存しなければならない。

（試験事務の休廃止の許可の申請）

第四十三条　指定試験機関は、法第五十六条第一項の許可を受けようとするときは、次に掲げる事項を記載した試験事務休止（廃止）許可申請書を提出しなければならない。

一　休止又は廃止しようとする試験事務の範囲
二　休止又は廃止の予定日及び休止しようとする場合にあっては、その期間
三　休止又は廃止の理由

（試験事務の引継ぎ）

第四十四条　指定試験機関は、法第五十八条第三項に規定する場合にあっては、次に掲げる事項を行わなければならない。

一　試験事務を国土交通大臣に引き継ぐこと。
二　試験事務に関する帳簿及び書類を国土交通大臣に引き継ぐこと。
三　その他国土交通大臣が必要と認める事項

（公示）

第四十五条　指定試験機関の名称、住所及び試験事務を行う事務所の所在地並びに試験事務の開始の日は、次のとおりとする。

名称	住所	試験事務を行う事務所の所在地	試験事務の開始の日
公益財団法人運行管理者試験センター	東京都港区芝大門一丁目十六番三号芝大門壱六ビル七階	東京都港区芝大門一丁目十六番三号芝大門壱六ビル七階	平成十三年四月一日

2　法第五十六条第二項の公示（試験事務の全部又は一部の廃止の許可に係るものを除く。）、法第五十七条第三項の公示（指定の取消しに係るものを除く。）及び法第五十八条第二項の公示は、官報で告示することによって行う。

（変更の報告）

第四十六条　指定試験機関は、次の各号のいずれかに該当する場合にあっては、遅滞なく、その旨を記載した報告書を国土交通大臣に提出しなければならない。

一　試験事務に従事しない役員に変更があった場合
二　第三十九条第一項の選任の届出に係る試験員が、解任以外の理由により、当該事務所の試験員でなくなった場合

（試験の実施結果の報告）

第四十七条　指定試験機関は、試験を実施したときは、遅滞なく、次に掲げる事項を記載した試験実施結果報告書を国土交通大臣に提出しなければならない。

一　試験年月日
二　試験地
三　受験者数
四　合格者数
五　合格年月日

2　前項の報告書には、合格者の受験番号、氏名及び生年月日を記載した合格者一覧表を添付しなければならない。

第五章　雑則

（国土交通大臣による輸送の安全にかかわる情報の公表）

第四十七条の二　法第二十四条の二の国土交通省令で定める輸送の安全にかかわる情報は、次のとおりとする。

一　法第二十三条、第二十六条又は第三十三条の規定による処分（輸送の安全に係るものに限る。）を受けた者の氏名又は名称及び当該処分に係る違反の内容
二　法第二十四条の規定による届出に係る事項
三　法第六十条第四項の規定による立入検査（輸送の安全の確保に係るものに限る。）に係る事項
四　前三号に掲げるもののほか、輸送の安全に重大な関係を有する事項がある場合には、その事項

2　法第二十四条の二の規定による公表は、インターネットの利用その他の適切な方法により行うものとする。

3　前二項の規定は、法第三十五条第六項において準用する法第二十四条の二の国土交通省令で定める輸送の安全にかかわる情報について準用する。

（手数料）

第四十八条　法第六十一条第一項の国土交通省令で定める額は、次のとおりとする。

一　試験を受けようとする者　六千円

二　資格者証の交付又は再交付を受けようとする者　二百七十円

（情報通信技術を活用した行政の推進等に関する法律（平成十四年法律第百五十一号）第六条第一項の規定により同項に規定する電子情報処理組織を使用して交付又は再交付の申請をする場合にあっては、二百六十円）

（書類の提出）

第四十九条　法及びこの省令の規定により提出すべき申請書又は届出書は、この省令に規定するものを除き、法並びに貨物自動車運送事業法施行規則（平成二年運輸省令第二十一号）第四十二条第一項及び第二項の規定により権限を有する国土交通大臣又は当該事案の関する土地を管轄する地方運輸局長、運輸監理部長若しくは運輸支局長に提出しなければならない。

附　則

この省令は、法の施行の日（平成二年十二月一日）から施行する。

附　則（平三・三・二二運令二）

（施行期日）

1　この省令は、平成三年四月一日から施行する。

（経過措置）

2　この省令の施行前にした申請に係る手数料に関しては、なお従前の例による。

附　則（平六・三・二九運令九）

（施行期日）

1　この省令は、平成六年四月一日から施行する。

（経過措置）

2　この省令の施行前にした申請に係る手数料に関しては、なお従前の例による。

附　則（平六・三・三〇運令一二抄）

1　この省令は、公布の日から施行する。ただし、次の各号に掲げる規定は、それぞれ当該各号に定める日から施行する。

一・二〔略〕

三　第十九条の規定　平成六年九月一日

四～六〔略〕

附　則（平七・二・二八運令八抄）

（施行期日等）

1　この省令は、道路運送車両法の一部を改正する法律（平成六年法律第八十六号）の施行の日（以下「施行日」という。）から施行する。〔後略〕

附　則（平七・三・二三運令一六）

（施行期日）

1　この省令は、許可、認可等の整理及び合理化に関する法律第三十三条の規定の施行の日（平成七年四月一日）から施行する。

（経過措置）

2　貨物自動車運送事業法（平成元年法律第八十三号）附則第十四条による改正前の道路運送法第三条に規定する一般路線貨物自動車運送事業、一般区域貨物自動車運送事業、特定貨物自動車運送事業若しくは無償貨物自動車運送事業又は貨物運送取扱事業法（平成元年法律第八十二号）附則第二条による廃止前の通運事業法（昭和二十四年法律第二百四十一号）第二条第二項に規定する通運事業の事業用自動車の運行の管理に関する実務の経験は、改正後の貨物自動車運送事業輸送安全規則第二十四条に規定する一般貨物自動車運送事業者等の事業用自動車の運行の管理に関する実務の経験とみなす。

附　則（平九・三・二一運令一五）

（施行期日）

1　この省令は、平成九年四月一日から施行する。

（経過措置）

2　この省令の施行前にした申請に係る手数料に関しては、なお従前の例による。

附　則（平九・一二・一五運令八一抄）

（施行期日）

1　この省令は、平成十年一月一日から施行する。

（経過措置）

5　〔前略〕第十三条の規定による改正前の貨物自動車運送事業輸送安全規則第二号様式から第四号様式までによる運行管理者資格者証交付申請書、運行管理者資格者証訂正申請書・運行管理者資格者証再交付申請書及び運行管理者試験受験申請書は、それぞれ〔中略〕第十三条の規定による改正後の貨物自動車運送事業輸送安全規則第二号様式から第四号様式までにかかわらず、当分の間、なおこれを使用することができる。この場合には、押印することを要しない。

附　則（平一二・三・二二運令九）

（施行期日）

1　この省令は、平成十二年四月一日から施行する。

（経過措置）

2　この省令の施行前にした申請に係る手数料に関しては、なお従前の例による。

附　則（平一三・七・一二国交令一〇八）

（施行期日）

1　この省令は、平成十三年九月一日から施行する。ただし、第二十四条中「一に該当する者であり、かつ、二十才以上の者でなければならない」を「いずれかに該当する者でなければならない」に改める改正規定及び第三十一条第一項の改正規定は、公布の日から施行する。

（経過措置）

2　この省令の施行前にこの省令による改正前の貨物自動車運送事業輸送安全規則（以下「旧規則」という。）第二十四条第一号に規定する講習を受講した者は、この省令による改正後の貨物自動車運送事業輸送安全規則（以下「新規則」という。）第二十四条第一項第一号に規定する国土交通大臣が認定する講習を受講した者とみなす。

3　この省令の施行前に旧規則第三十一条第二項に規定する講習を修了した者は、新規則第三十一条第二項に規定する国土交通大臣が認定する講習を修了した者とみなす。

4　この省令の施行の際現に交付されている旧規則第一号様式による運行管理者資格者証は、新規則第一号様式による運行管理者資格者証とみなす。

附　則（平一五・一・二〇国交令六抄）

（施行期日）

第一条　この省令は、鉄道事業法等の一部を改正する法律（平成一四年六月法律第七七号）の施行の日（平成十五年四月一日）から施行する。

附　則（平一五・二・一四国交令一一抄）

（施行期日）

第一条　この省令は、鉄道事業法等の一部を改正する法律（平成一四年六月法律第七七号」の施行の日（平成十五年四月一日）から施行する。

附　則（平一五・九・二六国交令九五）

この省令は、平成十五年十月一日から施行する。

附　則（平一六・三・二六国交令二八）

この省令は、平成十六年三月三十一日から施行する。

附　則（平一七・三・七国交令一二抄）

（施行期日）

第一条　この省令は、公布の日から施行する。

附　則（平一八・七・一四国交令七八抄）

（施行期日）

第一条　この省令は、運輸の安全性の向上のための鉄道事業法等の一部を改正する法律［平成一八年三月法律第一九号］の施行の日［平成一八年一〇月一日］から施行する。

（貨物自動車運送事業輸送安全規則の一部改正に伴う経過措置）

第十一条　この省令の施行の際現に一般貨物自動車運送事業若しくは特定貨物自動車運送事業（その事業の規模がこの省令による改正後の貨物自動車運送事業輸送安全規則第二条の三に規定する規模未満であるものを除く。）又は第二種貨物利用運送事業（同令第三十四条において準用する同令第二条の三に規定する規模未満であるものを除く。）を営む者は、施行日から三月以内に、安全管理規程の設定の届出及び安全統括管理者の選任の届出をするものとする。

附　則（平一九・三・二六国交令一七）

この省令は、平成十九年四月一日から施行する。

附　則（平二〇・六・二国交令三九）

この省令は、平成二十年七月一日から施行する。

附　則（平二〇・一二・一国交令九七抄）

（施行期日）

1　この省令は、公布の日から施行する。

附　則（平二一・五・一八国交令三六）

この省令は、平成二十一年五月十八日から施行する。

附　則（平二一・九・二八国交令五七）

この省令は、平成二十一年十月一日から施行する。

附　則（平二二・四・二八国交令三〇抄）

沿革　平二三国交令一八改正

（施行期日）

1　この省令は、公布の日から施行する。ただし、第二条及び第四条の規定は、平成二十三年五月一日から施行する。

附　則（平二三・三・三一国交令一八）

この省令は、公布の日から施行する。

附　則（平二四・三・二八国交令二四抄）

（施行期日）

第一条　この省令は、平成二十四年四月十六日から施行する。

（貨物自動車運送事業輸送安全規則の一部改正に伴う経過措置）

第四条　この省令の施行前に第二条の規定による改正前の貨物自動車運送事業輸送安全規則（以下「旧安全規則」という。）第十条第二項（旧安全規則第三十四条において準用する場合を含む。）の規定により国土交通大臣が認定した適性診断は、第二条の規定による改正後の貨物自動車運送事業輸送安全規則（以下「新安全規則」という。）第十条第二項（新安全規則第三十四条において準用する場合を含む。）の規定により国土交通大臣が認定した適性診断とみなす。

第五条　この省令の施行前に旧安全規則第十八条第三項及び第二十三条第二項（これらの規定を旧安全規則第三十四条において準用する場合を含む。）、第二十四条第一項第一号並びに第三十一条第二項の規定により国土交通大臣が認定した講習は、それぞれ新安全規則第十八条第三項及び第二十三条第一項（これらの規定を新安全規則第三十四条において準用する場合を含む。）、第二十四条第一項並びに第三十一条第二項の規定により国土交通大臣が認定した講習とみなす。

附　則（平二四・三・三〇国交令二九）

この省令は、平成二十四年四月一日から施行する。

附　則（平二五・三・二九国交令一四）

（施行期日）

1　この省令は、平成二十五年五月一日から施行する。

（経過措置）

2　この省令の公布の際現に一般貨物自動車運送事業者等又は特定第二種貨物利用運送事業者の営業所であって、五両未満の事業用自動車（運行車（この省令による改正前の貨物自動車運送事業輸送安全規則第九条第三号に規定する運行車をいう。）及び被けん引自動車を除く。）の運行を管理するものについては、平成二十六年四月三十日までの間は、この省令による改正後の貨物自動車運送事業輸送安全規則第十八条第一項（同令第三十四条において準用する場合を含む。）の規定にかかわらず、なお従前の例による。

附　則（平二六・一・二二国交令六抄）

（施行期日）

1　この省令は、平成二十六年四月一日から施行する。

附　則（平二六・一二・一国交令九一）

（施行期日）

1　この省令は、平成二十七年一月一日から施行する。ただし、第九条第一号の改正規定及び次項の規定は、平成二十七年四月一日から施行する。

（運行記録計による記録に関する経過措置）

2　前項ただし書に規定する日前に道路運送車両法（昭和二十六年法律第百八十五号）第七条第一項の規定による登録を受けた事業用自動車に係るこの省令による改正後の貨物自動車運送事業輸送安全規則第九条第一号の規定の適用については、平成二十九年三月三十一日までの間は、なお従前の例による。

附　則（平二九・五・三一国交令三四）

この省令は、公布の日から起算して一月を経過した日から施行する。

附　則（平二九・七・一八国交令四四）

この省令は、公布の日から施行する。

附　則（平二九・一二・二八国交令七三抄）

（施行期日）

1　この省令は、平成三十年四月一日から施行する。

（貨物自動車運送事業輸送安全規則の一部改正に伴う経過措置）

3　この省令の施行の際現に一般貨物自動車運送事業若しくは特定貨物自動車運送事業（その事業の規模が第二条による改正前の貨物自動車運送事業輸送安全規則（以下「旧規則」という。）第二条の三に規定する規模未満であって第二条による改正後の貨物自動車運送事業輸送安全規則（以下「新規則」という。）第二条の三に規定する規模以上であるものに限る。）又は特定第二種貨物利用運送事業（旧規則第三十四条において準用する旧規則第二条の三に規定する規模未満であって新規則第三十四条において準用する新規則第二条の三に規定する規模以上であるものに限る。）を経営する者は、同条の規定にかかわらず、この省令の施行の日から三月以内に、安全管理規程の設定の届出及び安全統括管理者の選任の届出をするものとする。

附　則（平三〇・四・二〇国交令四〇）

この省令は、平成三十年六月一日から施行する。

附　則（平三〇・六・二七国交令五一）

この省令は、平成三十年十月一日から施行する。

附　則（令元・五・一〇国交令二）

この省令は、令和元年六月十五日から施行する。

附　則（令元・六・二八国交令二〇）

この省令は、不正競争防止法等の一部を改正する法律〔平成三〇年五月法律第三三号〕の施行の日（令和元年七月一日）から施行する。

附　則（令元・八・一国交令二七）

この省令は、令和元年十一月一日から施行する。

附　則（令元・一二・一六国交令四七抄）

（施行期日）

第一条　この省令は、情報通信技術の活用による行政手続等に係る関係者の利便性の向上並びに行政運営の簡素化及び効率化を図るための行政手続等における情報通信の技術の利用に関する法律等の一部を改正する法律〔令和元年五月法律第一六号〕の施行の日（令和元年十二月十六日）から施行する。

附　則（令二・一〇・三〇国交令八六）

この省令は、公布の日から施行する。

附　則（令二・一一・二国交令八七抄）

（施行期日）

第一条　この省令は、令和三年二月一日から施行する。ただし、〔中略〕次条から附則第七条までの規定は、公布の日から施行する。

（貨物自動車運送事業輸送安全規則の一部改正に伴う経過措置）

第七条　この省令の施行の際現に一般貨物自動車運送事業若しくは特定貨物自動車運送事業（その事業の規模が貨物自動車運送事業輸送安全規則第二条の三に規定する規模未満であるものを除く。）又は第二種貨物利用運送事業（同令第三十四条において準用する同令第二条の三に規定する規模未満であるものを除く。）を営む者は、施行日前においても、第二条（第五号に係る部分に限る。）の規定による改正後の貨物自動車運送事業輸送安全規則（以下この条において「新貨物自動車運送事業輸送安全規則」という。）の規定の例による安全管理規程の変更の届出をすることができる。この場合において、当該届出は、新貨物自動車運送事業輸送安全規則の相当する規定により施行日に行われたものとみなす。

附　則（令三・八・三一国交令五三抄）

（施行期日）

1　この省令は、令和三年九月一日から施行する。

附　則（令四・二・二八国交令七）

（施行期日）

1　この省令は、令和五年二月二十八日から施行する。

（経過措置）

2　この省令の施行の際現にあるこの省令による改正前の様式による申請書、証明書その他の文書は、この省令による改正後のそれぞれの様式にかかわらず、当分の間、なおこれを使用することができる。

附　則（令五・三・三一国交令三一抄）

（施行期日）

第一条　この省令は、令和五年四月一日から施行する。

附　則（令五・一〇・一〇国交令八三抄）

（施行期日）

第一条　この省令は令和六年四月一日より施行する。ただし、〔中略〕第二条の規定は、公布の日から施行する。

附　則（令六・三・二九国交令四二）

この省令は、令和六年四月一日から施行する。

第１号様式（第25条関係）（日本産業規格Ａ列４番）

運 行 管 理 者 資 格 者 証

資格者証番号

氏　　名

生年月日

貨物自動車運送事業法第19条の規定により、運行管理者資格者証を交付する。

年　　月　　日

地方運輸局長　　　　　印

第２号様式（第25条関係）（日本産業規格Ａ列４番）

運行管理者資格者証交付申請書

年　　月　　日

地方運輸局長殿

収　入
印　紙

郵便番号

住　　所　　　　　　　　電話（連絡先）

（フリガナ）

氏　　名

生 年 月 日

運行管理者資格者証の交付を受けたいので、貨物自動車運送事業輸送安全規則第25条第２項の規定により、別紙書類を添付して申請します。

申請の区分	Ａ	試験合格	受験番号　　　（　　年　　月　　日合格）
	Ｂ	資格要件	貨物自動車運送事業輸送安全規則第24条第１項に該当する。

注　申請の区分の欄は、該当する区分の記号１つを○で囲み、必要事項を記入すること。

第３号様式（第26条、第27条関係）（日本産業規格Ａ列４番）

運行管理者資格者証 訂正／再交付 （注(1)） 申請書

年　月　日

地方運輸局長殿

収入印紙

郵便番号

住　所　　　　電話（連絡先）

（フリガナ）

氏　名

生年月日

資格者証の 訂正／再交付 （注(1)） を受けたいので、貨物自動車運送事業輸送安全規則 第26条第１項／第27条第１項 （注(1)） の規定により、別紙書類を添付して申請します。

理　由	１氏名の変更　２汚損　３破損　４亡失	
申請前に有していた資格者証の記載内容	資格者証番号	
	氏　名	
	生年月日	
変更後の氏名		

注 (1) 不要の文字は消すこと。

(2) 資格者証の訂正を申請する場合は、収入印紙は不要。

(3) 理由の欄は、該当する事項の数字を○で囲むこと。

第４号様式（第32条関係）

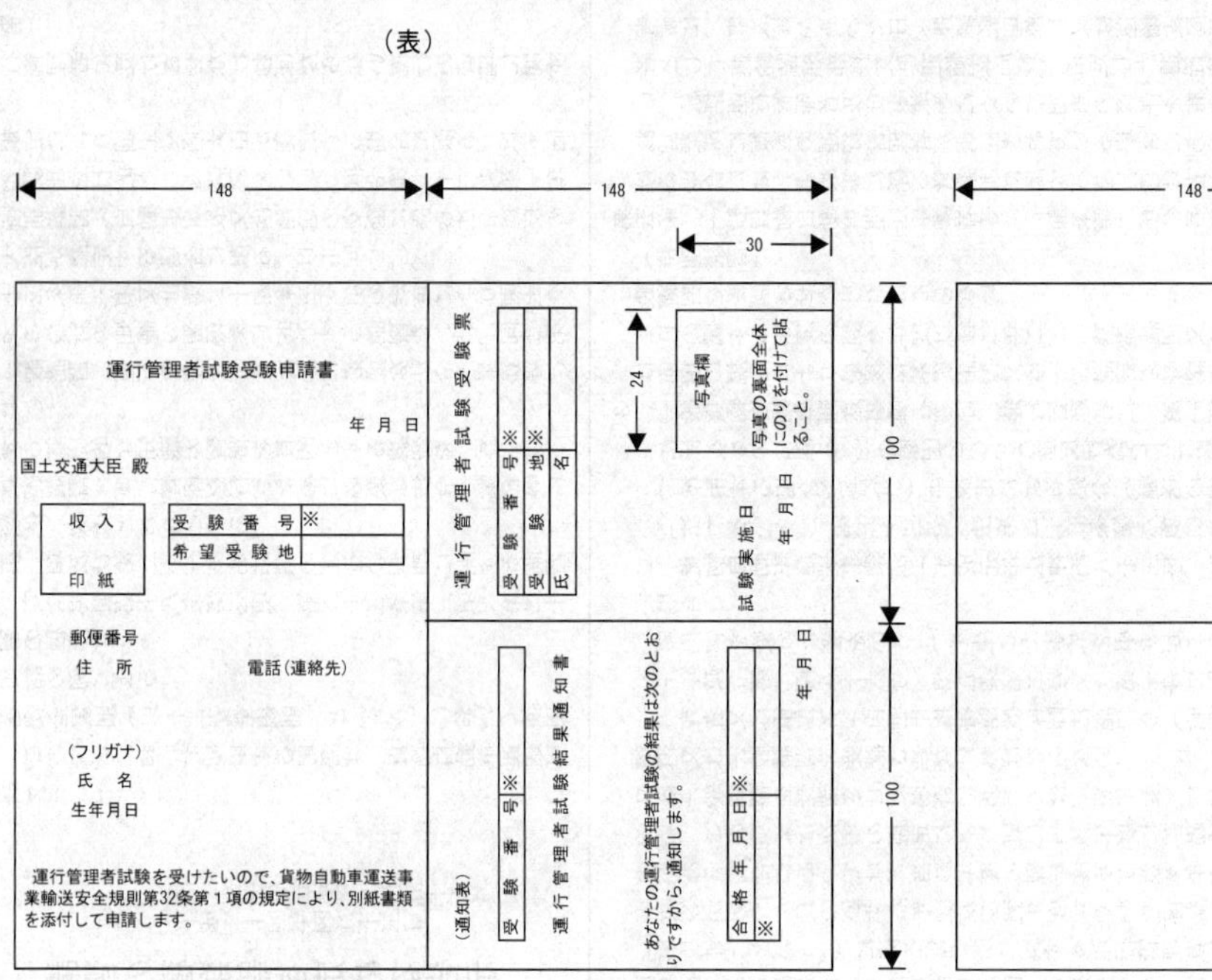

（表）

運行管理者試験受験申請書

年　月　日

国土交通大臣　殿

収入 印紙	受　験　番　号	※
	希　望　受　験　地	

郵便番号

住　所　　　　電話（連絡先）

（フリガナ）

氏　名

生年月日

運行管理者試験を受けたいので、貨物自動車運送事業輸送安全規則第32条第１項の規定により、別紙書類を添付して申請します。

運行管理者試験受験票

受　験　番　号	※
受　験　地	※
氏　名	

写真欄

写真の裏面全体にのりを付けて貼ること。

試験実施日

年　月　日

（通知表）

受　験　番　号	※

運行管理者試験結果通知書

あなたの運行管理者試験の結果は次のとおりですから、通知します。

合　格　年　月　日	※
※	

年　月　日

（裏）

郵便はがき

郵便はがき

注（1）※の欄は記入しないこと。

（2）運行管理者試験受験票に貼る写真は、最近六月以内に撮影した無帽、正面、上三分身、無背景のものであること。

（3）寸法の単位は、ミリメートルとする。

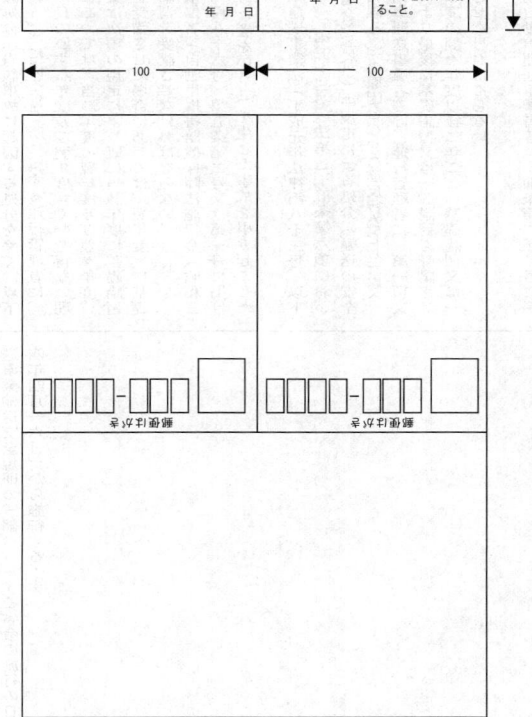

○貨物自動車運送事業輸送安全規則第十八条第三項、第二十三条第一項、第二十四条第一項及び第三十一条第二項の運行の管理に関する講習の種類等を定める告示

（平成二十四年四月十三日
国土交通省告示第四百五十五号）

（用語）

第一条　この告示において使用する用語は、貨物自動車運送事業輸送安全規則（以下「安全規則」という。）において使用する用語の例による。

（講習の種類）

第二条　安全規則第十八条第三項、第二十三条第一項、第二十四条第一項及び第三十一条第二項の運行の管理に関する講習の種類は、次のとおりとする。

一　基礎講習（運行管理を行うために必要な法令、業務等に関する基礎的な知識の習得を目的とする講習をいう。以下同じ。）

二　一般講習（運行管理を行うために必要な法令、業務等に関する最新の知識の習得を目的とする講習をいい、同令第二十三条第一項又は第二十四条第一項の規定により国土交通大臣が認定する場合に限る。以下同じ。）

三　特別講習（自動車事故又は輸送の安全に係る法令違反の再発防止を目的とした講習をいい、同令第二十三条第一項の規定により国土交通大臣が認定する場合に限る。以下同じ。）

（運行管理者に受けさせなければならない運行の管理に関する講習）

第三条　安全規則第二十三条第一項の規定により受けさせなければならない運行の管理に関する講習については、次条及び第五条に定めるところによる。

（基礎講習及び一般講習）

第四条　一般貨物自動車運送事業者等は、新たに選任した運行管理者に、選任届出をした日の属する年度（やむを得ない理由がある場合にあっては、当該年度の翌年度）に基礎講習又は一般講習（基礎講習を受講していない当該運行管理者にあっては、基礎講習）を受講させなければならない。

2　一般貨物自動車運送事業者等は、次に掲げる場合には、当該事故又は当該処分（当該事故に起因する処分を除く。以下「事故等」という。）に係る営業所に属する運行管理者に、事故等があった日の属する年度及び翌年度（やむを得ない理由がある場合にあっては、当該年度の翌年度及び翌々年度、前項、この項又は次項の規定により既に当該年度に基礎講習又は一般講習を受講させた場合にあっては、翌年度）に基礎講習又は一般講習を受講させなければならない。

一　死者又は重傷者（自動車損害賠償保障法施行令（昭和三十年政令第二百八十六号）第五条第二号又は第三号に掲げる傷害を受けた者をいう。）を生じた事故を引き起こした場合

二　貨物自動車運送事業法（平成元年法律第八十三号。以下「法」という。）第三十三条（法第三十五条第六項において準用する場合を含む。）の規定による処分（輸送の安全に係るものに限る。）の原因となった違反行為をした場合

3　一般貨物自動車運送事業者等は、運行管理者に、第一項又は前項の規定により最後に基礎講習又は一般講習を受講させた日の属する年度の翌々年度以後二年ごとに基礎講習又は一般講習を受講させなければならない。

（特別講習）

第五条　一般貨物自動車運送事業者等は、前条第二項各号に掲げる場合には、事故等に係る営業所に属する運行管理者（当該営業所に複数の運行管理者が選任されている場合にあっては、統括運行管理者及び事故等について相当の責任を有する者として運輸監理部長又は運輸支局長が指定した運行管理者）に、事故等があった日（運輸監理部長又は運輸支局長の指定を受けた運行管理者にあっては、当該指定の日）から一年（やむを得ない理由がある場合にあっては、一年六月）以内においてできる限り速やかに特別講習を受講させなければならない。

（五回以上受講する運行の管理に関する講習）

第六条　安全規則第二十四条第一項の規定により運行の管理に関する講習を五回以上受講する者は、少なくとも一回、基礎講習を受講しなければならない。

附　則

この告示は、旅客自動車運送事業運輸規則及び貨物自動車運送事業輸送安全規則の一部を改正する省令の施行の日〔平成二四年四月一六日〕から施行する。

○貨物自動車運送事業輸送安全規則に基づく適性診断の認定に関する実施要領

（平成二十四年四月十三日 国土交通省告示第四百五十七号）

沿革 平二七国交告四七〇、令四国交告一八一、令五国交告一〇二二改正

（用語）

第一条 この告示において使用する用語は、貨物自動車運送事業輸送安全規則（以下「安全規則」という。）及び貨物自動車運送事業者が事業用自動車の運転者に対して行う指導及び監督の指針（平成十三年国土交通省告示第千三百六十六号）において使用する用語の例による。

（安全規則第十二条の二第二項第四号の告示で定める事項）

第二条 安全規則第十二条の二第二項第四号の告示で定める事項は、次に掲げる事項とする。

一 適性診断テスト（第六条第三号に規定するテストをいう。以下同じ。）の実施方法

二 事務所ごとのカウンセラー（第六条第六号に規定するカウンセラーをいう。以下同じ。）の名簿（以下「カウンセラー名簿」という。）

三 受診者・カウンセラー間において、情報通信機器を通して行う指導及び助言の実施の有無

（安全規則第十二条の二第三項の告示で定める書類）

第三条 安全規則第十二条の二第三項の告示で定める書類は、次に掲げるものとする。

一 定款又は寄附行為及び登記事項証明書

二 組織図その他の適性診断の適正かつ確実な実施を確保する体制を証する書類

三 事業所ごとに適性診断テストを実施するための機器（以下「テスト用機器」という。）その他の適性診断を実施するための施設又は設備を記載した書類

四 決算報告書その他の適性診断を適正かつ確実に実施するに足りる経理的基礎を有していることを証する書類

五 適性診断テスト又はこれに類するものの実施の実績が十分であることを証する書類

六 実施規程

七 次に掲げる適性診断の内容に関する書類

イ 適性診断テストに係る概要その他の必要な書類

ロ 適性診断テストの結果に対する所見に関する書類

ハ 適性診断テスト（第六条第三号トに掲げる視覚機能テストを除く。）ごとの評価が実際の運転者の事故発生率と十分な相関（以下単に「相関性」という。）を有するものであることの裏付けとなる根拠を示す書類及び同等の性格特性を有する受診者について当該評価を行う場合にあっては、当該評価が同等の結果となるような評価の安定性（以下単に「安定性」という。）を有するものであることの裏付けとなる根拠を示す書類

八 カウンセラーの基準を満たしていることを証する書類

（安全規則第十二条の五第一項ただし書の告示で定める軽微な事項に係る変更）

第四条 安全規則第十二条の五第一項ただし書の告示で定める軽微な事項に係る変更は、第二条第二号に掲げる事項に係る変更とする。

（安全規則第十二条の五第二項の告示で定める書類）

第五条 安全規則第十二条の五第二項の告示で定める書類は、第三条各号に掲げる書類のうち変更に係るものとする。

（認定の基準）

第六条 国土交通大臣は、安全規則第十二条の二の規定による認定の申請（同令第十二条の五第三項の変更の認定について準用する場合を含む。以下同じ。）があった場合においては、その申請が次に掲げる基準に適合するかどうかを審査するものとする。

一 適性診断の実施体制について次に掲げる要件を満たしていること。

イ 適性診断の適正かつ確実な実施を確保する体制が整備されていること。

ロ 事務所、テスト用機器その他の適性診断を適正かつ確実に実施するために必要な施設又は設備が備えられていること。

ハ 適性診断を適正かつ確実に実施するに足りる経理的基礎を有するものであること。

ニ 適性診断テスト又はこれに類するものの実施の実績が十分であること。

二 次に掲げる事項を記載した実施規程を適切に定め、当該実施規程を遵守するものであること。

イ 適性診断の種類

ロ 事務所ごとのカウンセラー名簿

ハ 受診の手続

ニ 適性診断テストの実施方法

ホ 適性診断の受診者に対する適性診断の種類ごとの指導及び助言の実施方法

ヘ 適性診断の受診者の秘密の保持に関する事項

ト 認定の根拠となる法令、適性診断の種類、実施日、実施場所、料金その他適性診断の受診に必要な事項及びこれらをインターネットの利用、印刷物の配布その他適切な手段によりあらかじめ一般に周知する方法

チ 事業年度ごとのカウンセラー教育・訓練計画（カウンセラーの指導及び助言の質の維持向上を図るため、指導又は助言に係る研修、実地訓練等の方法により行うカウンセラーの教育又は訓練（以下「カウンセラー教育・訓練」という。）に関する計画をいう。以下同じ。）

リ 第九条各号の規定を遵守するために必要な事項

ヌ その他適性診断を適正かつ確実に実施するために必要な事項

三 別表第一に掲げる基準により次に掲げるテストを実施するものであること。

イ 性格テスト

ロ 安全運転態度テスト

ハ 危険感受性テスト

ニ 処置判断テスト

ホ 重複作業反応テスト

ヘ 速度見越反応テスト

ト 視覚機能テスト

四　次に掲げる基準により適性診断テストの評価を実施するものであること。
イ　適性診断テストごとの評価を示した診断票を受診者に交付するものであること。
ロ　適性診断テストごとの評価を定量的に示し、かつ、当該評価が相関性及び安定性を有しているものであること。
ハ　適性診断テストの結果に対する所見を受診者に提供するものであること。
五　適性診断テストの評価を踏まえ、別表第二に掲げる実施者、方法及び内容により受診者に指導及び助言を行うものであること。
六　別表第二に掲げる適性診断の種類に応じて、次に掲げる種類のカウンセラーが選任されているものであること。
イ　一般社団法人日本産業カウンセラー協会が認定する産業カウンセラー又は日本交通心理学会が認定する交通心理士の資格を有する者であって、適性診断の実施者が実施する別表第三に掲げる研修を修了している者（以下「第一種カウンセラー」という。）
ロ　日本交通心理学会が認定する主任交通心理士、公益財団法人日本臨床心理士資格認定協会が認定する臨床心理士若しくは公認心理師法（平成二十七年法律第六十八号）第二条に規定する公認心理師の資格を有する者であって、適性診断の実施者が実施する別表第三に掲げる研修を修了している者又は第一種カウンセラーの要件を満たす者であって、別表第二に掲げる特定診断Ⅰの指導及び助言について三十事例以上の経験を有する者（以下「第二種カウンセラー」という。）

（認定書の交付）
第七条　国土交通大臣は、安全規則第十二条の二の規定による認定の申請があった場合において、申請の内容を審査し、当該申請をした者が第六条各号に掲げる基準に適合するものとして認定したときは、認定書を交付する。

（標準処理期間）
第八条　国土交通大臣は、安全規則第十二条の二の規定による認定の申請がその事務所に到達してから三月以内に、当該申請に対する処分をするよう努めるものとする。
2　前項に規定する期間には、次に掲げる期間を含まないものとする。
一　当該申請を補正するために要する期間
二　当該申請をした者が当該申請の内容を変更するために要する期間
三　当該申請をした者が当該申請に係る審査に必要と認められる書類を追加するために要する期間

（遵守事項）
第九条　適性診断の実施者は、次に掲げる事項を遵守して適性診断を実施しなければならない。
一　カウンセラー教育・訓練計画に基づき、少なくとも毎年度一回（カウンセラーとして選任された日の属する年度を除く。）、適性診断の実施者が実施する別表第四に掲げる研修にカウンセラーを参加させるものであること。
二　毎年度五月三十一日までに、前年度の適性診断の実施結果及びカウンセラー教育・訓練の結果並びに当該年度のカウンセラー教育・訓練計画に関する報告を国土交通大臣に提出するものであること。
三　毎会計年度終了後三月以内に、毎年度の経理に関する事項を国土交通大臣に報告するものであること。
四　次に掲げる事項を記載した記録簿を作成し、適性診断を実施した日から、少なくとも十年間保存するものであること。
イ　適性診断テストの評価
ロ　カウンセラーによる指導及び助言の内容
ハ　第二条第二号に規定するカウンセラー名簿に記載された者以外のもの（他の適性診断の実施者のカウンセラー名簿に記載されている者に限る。）が指導及び助言を行った場合にあっては、当該指導及び助言を行ったものの氏名及び当該他の適性診断の実施者の名称
五　適性診断の受診者が所属する一般貨物自動車運送事業者等に適性診断の結果を提供するとともに、当該一般貨物自動車運送事業者等からの求めに応じて、当該一般貨物自動車運送事業者等が当該受診者に対し効果的かつ適切に指導及び監督を行うために当該結果を活用する方法を教示するものであること。

（業務の改善）
第十条　国土交通大臣は、適性診断の適正かつ確実な実施を確保するため必要があると認めるときは、適性診断の実施者に対し、必要な措置をとることを求めることができる。

附　則

（施行期日）
1　この告示は、旅客自動車運送事業運輸規則及び貨物自動車運送事業輸送安全規則の一部を改正する省令の施行の日［平成二四年四月一六日］から施行する。

（経過措置）
2　この告示の施行の際現に特定診断Ⅰ、特定診断Ⅱ、初任診断又は適齢診断のカウンセラーとして選任されている者は、それぞれ別表第三に掲げる適性診断の種類に応じ第六条第六号イ又はロの規定によりカウンセラーとして選任された者とみなす。

附　則（平二七・三・三一国交告四七〇）

この告示は、平成二十七年四月一日から施行する。

附　則（令四・二・一六国交告一八一）

この告示は、公布の日から施行する。

附　則（令五・一〇・一〇国交告一〇二二）

この告示は公布の日から施行する。

別表第一（第六条関係）

適性診断テストの種類	認定の基準
性格テスト	安全な運転に関連する性格特性について測定するものであること。
安全運転態度テスト	運転者の安全な運転に対する考え方の表出の度合いについて測定するものであること。
危険感受性テスト	交通環境の状況の把握の正確さ並びに運転者が交通事故防止のため事前に危険を察知して対応する際の判断及び予測の妥当性について測定するものであること。
処置判断テスト	連続的に変化する事態を適切に処理し、並びに判断するための注意力の配分及び持続性について測定するものであること。
重複作業反応テスト	連続して発生する複数の事象に反応して、重複した作業を正確かつ迅速に行うことができるかどうかについて測定するものであること。
速度見越反応テスト	遮蔽された一定区間を物体が通過する時間を予測させ、その反応時間を測定すること等により、動体の速度の認知の正確さ及び行動の焦燥感又は抑制の強弱について測定するものであること。
視覚機能テスト	少なくとも動体視力（六十五才以上の受診者に対する適性診断にあっては、動体視力及び夜間視力）について測定するものであること。この場合において、視覚障害のおそれのある受診者にあっては、理由を診断票に記載した上で、夜間視力について測定しないことができるものであること。

別表第二（第六条関係）

適性診断の種類	指導及び助言		
	実施者	方法	内容
特定診断Ⅰ	第一種カウンセラー又は第二種カウンセラー	個別面談方式（受診者に対して個別に指導及び助言を行う方式をいう。以下同じ。）	受診者から交通事故を引き起こしたときの状況について聞き取りを行い、交通事故を引き起こすに至った当該受診者の運転特性上の要因を認識させるとともに、交通事故を引き起こしていない優良な運転者の運転特性等を参考として、交通事故の再発防止のために必要な運転行動の改善に関する指導及び助言を行うもの
特定診断Ⅱ	第二種カウンセラー		受診者から交通事故を引き起こしたときの状況、生活習慣、健康状態及び運転に関する過去の経歴等について聞き取りを行い、交通事故を引き起こすに至った当該受診者の運転特性及びその背景となった生活習慣、健康状態等に係る要因を認識させるとともに、交通事故を引き起こしていない優良な運転者の運転特性等を参考として、交通事故の再発防止のために必要な運転行動、生活習慣及び健康状態等の改善に関する指導及び助言を行うもの
初任診断	第一種カウンセラー又は第二種カウンセラー	個別面談方式又は十二人以下の集団カウンセリング方式（カウンセラーの指示に従い、個々の診断の評価及び目標を発表し、他の受診者と意見を交換することにより、問題の解決を図る方式をいう。以下同じ。）	受診者から日常の運転の状況について聞き取りを行い、事業用自動車の運転者として交通事故の未然防止のために運転行動について留意すべき点に関する指導及び助言を行うもの
適齢診断			受診者から日常の運転の状況について聞き取りを行い、当該受診者の加齢による身体機能の変化の運転行動への影響を認識させるとともに、交通事故の未然防止のために身体機能の変化に応じた運転行動について留意すべき点に関する指導及び助言を行うもの

別表第三（第六条関係）

研修項目	内容	時間等
適性診断一般に	適性診断の趣旨、	一時間

関する事項	内容等に関するもの	
交通心理学に関する事項	交通心理学による交通事故の要因の分析、安全対策等に関するもの	四時間
カウンセリングの理論に関する事項	カウンセリングの定義、カウンセリングの特質、カウンセリング理論、小集団活動等に関するもの	二時間
指導及び助言の手法に関する事項	適性診断テストごとの指導及び助言の要点に関するもの	二時間
指導及び助言の実習	指導及び助言の実習を行うことにより指導及び助言を行う能力を習得するもの（以下「模擬指導・助言」という。）	十五事例
模擬指導・助言をもとにした事例検討会	研修員が行った模擬指導・助言に係る面接の記録をもとに、受診者の心理を理解する方法、面接の実施方法等を習得するものであって、参加する研修員が十二人以下であるもの	研修員一人一事例以上で合計三事例以上

備考

1　主任交通心理士の資格を有する者にあっては、交通心理学に関する事項及びカウンセリングの理論に関する事項を省略することができる。

2　臨床心理士又は公認心理師の資格を有する者にあっては、カウンセリングの理論に関する事項を省略することができる。

3　この表において、時間等の欄の一時間とは、研修時間が正味五十分以上のものをいい、一日の研修時間は正味六時間を超えないものとする。

別表第四（第九条関係）

内　　容	事例数
研修員が行った個別面談方式又は集団カウンセリング方式による面接の記録をもとに、他の研修員と意見を交換することにより、受診者の心理を理解する方法、面接の実施方法等を習得するものであって、参加する研修員が十二人以下であるもの	研修員一人二事例以上で合計六事例以上

○貨物自動車運送事業輸送安全規則に基づく運行の管理に関する講習の認定に関する実施要領

（平成二十四年四月十三日
国土交通省告示第四百五十九号）

沿革　平二七国交告四七二、令二国交告一三〇四、令三国交告一二〇五、令六国交告二七七改正

（用語）

第一条　この告示において使用する用語は、貨物自動車運送事業輸送安全規則（以下「安全規則」という。）、貨物自動車運送事業輸送安全規則第十八条第三項、第二十三条第一項、第二十四条第一項及び第三十一条第二項の運行の管理に関する講習の種類等を定める告示（平成二十四年国土交通省告示第四百五十五号）において使用する用語の例による。

（安全規則第十八条第四項において準用する同令第十二条の二第二項第四号の告示で定める事項）

第二条　安全規則第十八条第四項において準用する同令第十二条の二第二項第四号の告示で定める事項は、次に掲げる事項とする。

一　講師名簿

二　講習の実施方式

（安全規則第十八条第四項において準用する同令第十二条の二第三項の告示で定める書類）

第三条　安全規則第十八条第四項において準用する同令第十二条の二第三項の告示で定める書類は、次に掲げるものとする。

一　定款又は寄附行為及び登記事項証明書

二　組織図その他の運行の管理に関する講習（以下「講習」という。）の適正かつ確実な実施を確保する体制を証する書類

三　決算報告書その他の講習を適正かつ確実に実施するに足りる経理的基礎を有していることを証する書類

四　講習又はこれに類するものの実施の実績が十分であることを証する書類

五　実施規程

六　次に掲げる講習の内容に関する書類

イ　講習に係る概要その他の必要な書類

ロ　講習において用いる教本

七　講師（第六条第四号に規定する講師をいう。以下同じ。）の基準を満たしていることを証する書類

（安全規則第十八条第四項において準用する同令第十二条の五第一項ただし書の告示で定める軽微な事項に係る変更）

第四条　安全規則第十八条第四項において準用する同令第十二条の五第一項ただし書の告示で定める軽微な事項に係る変更は、第二条第二号に掲げる事項に係る変更とする。

（安全規則第十八条第四項において準用する同令第十二条の五第二項の告示で定める書類）

第五条　安全規則第十八条第四項において準用する同令第十二条の五第二項の告示で定める書類は、第三条各号に掲げる書類のうち変更に係るものとする。

（認定の基準）

第六条　国土交通大臣は、安全規則第十八条第四項において準用する同令第十二条の二の規定による認定の申請（同令第十八条第四項において準用する同令第十二条の五第三項の変更の認定について準用する場合を含む。以下同じ。）があった場合においては、その申請が次に掲げる基準に適合するかどうかを審査するものとする。

一　講習の実施体制について次に掲げる要件を満たしていること。

イ　講習の適正かつ確実な実施を確保する体制が整備されていること。

ロ　講習を適正かつ確実に実施するに足りる経理的基礎を有するものであること。

ハ　講習又はこれに類するものの実施の実績が十分であること。

二　次に掲げる事項を記載した実施規程を適切に定め、当該実施規程を遵守するものであること。

イ　講習の種類

ロ　講師名簿

ハ　受講の手続

ニ　講習の実施方法

ホ　講習の受講者の秘密の保持に関する事項

ヘ　認定の根拠となる法令、講習の種類、実施日、実施場所、料金その他講習の受講に必要な事項及びこれらをインターネットの利用、印刷物の配布その他適切な手段によりあらかじめ一般に周知する方法

ト　専門講師（第四号ハに掲げる専門講師をいう。）を選任するための基準

チ　第九条各号の規定を遵守するために必要な事項

リ　その他講習を適正かつ確実に実施するために必要な事項

三　次に掲げる方法により講習を実施するものであること。

イ　別表第一に掲げる実施者、講習項目、内容及び時間により実施するものであること。

ロ　講習の種類ごとに作成された別表第一に掲げる講習項目を含む適切な内容の教本その他必要な教材を用いるものであること。

四　別表第一に掲げる講習の種類に応じて、次に掲げる種類の講師が選任されているものであること。

イ　貨物自動車運送事業法（平成元年法律第八十三号）第十九条第一項の規定により運行管理者資格者証の交付を受けた者であって、講習の実施者が実施する別表第二に掲げる研修を修了している者（以下「第一種講師」という。）

ロ　イの第一種講師の要件を満たす者であって、講習の実施者が実施する別表第三に掲げる研修を修了している者（以下「第二種講師」という。）

ハ　別表第一に掲げる各講習項目に関する専門的知識及び経験を有する者（以下「専門講師」という。）

（認定書の交付）

第七条　国土交通大臣は、安全規則第十八条第四項において準用する同令第十二条の二の規定による認定の申請があった場

合において、申請の内容を審査し、当該申請をした者が第六条各号に掲げる基準に適合するものとして認定したときは、認定書を交付する。

（標準処理期間）

第八条 国土交通大臣は、安全規則第十八条第四項において準用する同令第十二条の二の規定による認定の申請がその事務所に到達してから三月以内に、当該申請に対する処分をするよう努めるものとする。

2 前項に規定する期間には、次に掲げる期間を含まないものとする。

一 当該申請を補正するために要する期間

二 当該申請をした者が当該申請の内容を変更するために要する期間

三 当該申請をした者が当該申請に係る審査に必要と認められる書類を追加するために要する期間

（遵守事項）

第九条 講習の実施者は、次に掲げる事項を遵守して講習を実施しなければならない。

一 少なくとも毎年度一回（講師として選任された日の属する年度を除く。）、講習の実施者が実施する別表第四に掲げる研修に第一種講師及び第二種講師（第二条第一号に規定する講師名簿に記載された者に限る。）を参加させるものであること。

二 毎年度五月三十一日までに、前年度の講習の実施の結果及び前年度の前号に規定する講師の研修に関する報告を国土交通大臣に提出するものであること。

三 毎会計年度終了後三月以内に、毎年度の経理に関する事項を国土交通大臣に報告するものであること。

四 講習を実施したときは、次に掲げる事項を記載した記録簿を作成し、講習を実施した日から、少なくとも十年間保存するものであること。

イ 講習の実施日時及び項目

ロ 第二条第一号に規定する講師名簿に記載された講師以外の専門講師（第六条第二号トに規定する基準を満たすものに限る。）が講習を実施した場合にあっては、当該専門講師の氏名

五 運輸監理部長又は運輸支局長の求めに応じて、講習の実施の状況に関して必要な情報の提供を速やかに行うものであること。

六 講習を修了した者について、修了者台帳を作成し、講習を実施した日から、少なくとも十年間保存するものであること。

七 運転免許証、個人番号カード（行政手続における特定の個人を識別するための番号の利用等に関する法律（平成二十五年法律第二十七号）第二条第七項に規定する個人番号カードをいう。）その他の書類により、講習を受講しようとする者であることを確認するものであること。

八 次のいずれかに掲げる方法により、講習を修了した者に対して、講習を修了した旨の証明を行うものであること。

イ 運行管理者指導講習手帳（以下「手帳」という。）の交付

ロ 手帳（他の実施者が交付したものを含む。）への記載等

ハ 修了証明書（当該修了証明書に記載すべき事項を記録した電磁的記録（電子的方式、磁気的方式その他人の知覚によっては認識することができない方式で作られる記録であって、電子計算機による情報処理の用に供されるものをいう。）を含む。）の交付

九 手帳を汚し、損じ、又は失った者等から、手帳の再交付の申請があったときは、手帳を交付するものであること。

十 受講者から受講履歴の証明の申請があったときは、第六号の規定により保存している修了者台帳の記録に基づき受講の証明を行うものであること。

十一 受講者が所属する一般貨物自動車運送事業者等からの修了試問の結果に関する照会に対して速やかに回答するものであること。

（準用）

第十条 第二条から前条までの規定は、安全規則第二十三条第一項、第二十四条第一項及び第三十一条第二項の規定により国土交通大臣が認定する運行の管理に関する講習について準用する。

（業務の改善）

第十一条 国土交通大臣は、講習の適正かつ確実な実施を確保するため必要があると認めるときは、講習の実施者に対し、必要な措置をとることを求めることができる。

附　則

（施行期日）

1 この告示は、旅客自動車運送事業運輸規則及び貨物自動車運送事業輸送安全規則の一部を改正する省令の施行の日〔平成二四年四月一六日〕から施行する。

（経過措置）

2 この告示の施行の際現に基礎講習、一般講習又は特別講習の講師として選任されている者は、当分の間、それぞれ別表第一に掲げる講習の種類に応じ第六条第四号イ、ロ又はハの規定により講師として選任された者とみなす。

附　則（平二七・三・三一国交告四七二）

この告示は、平成二十七年四月一日から施行する。

附　則（令二・一〇・一四国交告一三〇四）

この告示は、公布の日から施行する。

附　則（令三・九・一国交告一二〇五）

この告示は、令和三年九月一日から施行する。

附　則（令六・三・二九国交告二七七）

この告示は、公布の日から施行する。

別表第一（第六条関係）

種類	実施者	講習項目	内容	時間
基礎講習	第一種講師、第二種講師又は専門講師	自動車運送事業に関する法令	貨物自動車運送事業法、安全規則、道路運送車両法（昭和二十六年法律第百八十五号）、自動車事故報告規則（昭和二十六年運輸省令第百四号）その他関連する政令、省令、告示及び通達	四時間
		道路交通に関する法令	道路法（昭和二十七年法律第百八十号）、道路交通法（昭和三十五年法律第百五号）、労働基準法（昭和二十二年法律第四十九号）その他関連する政令、省令、告示及び通達	三時間
		運行管理の業務に関すること	運行管理者制度の趣旨及び内容並びに安全規則に基づく運行管理の実務	四時間
		自動車事故防止に関すること	飲酒運転防止、労務管理、健康管理等に関する基礎知識	二時間
		自動車運転者の指導及び監督に関すること	安全規則に基づく指導監督指針による運転者の指導及び監督の内容及び手法	二時間
		修了試問及び補習	講習の効果を判断するための修了試問及び所定の能力を有すると認められなかった者に対する補習	一時間
一般講習	第一種講師、第二種講師又は専門講師	自動車運送事業に関する法令	貨物自動車運送事業法、安全規則、道路運送車両法、自動車事故報告規則その他関連する政令、省令、告示及び通達	五時間
		道路交通に関する法令	道路法、道路交通法、労働基準法その他関連する政令、省令、告示及び通達	
		運行管理の業務に関すること	最新の情報に基づく運行管理の実務	
		自動車事故防止に関すること	事故事例に基づく事故防止対策	
		自動車運転者の指導及び監督に関すること	最新の情報に基づく運転者の指導及び監督の内容及び手法	
		その他運行管理者として必要な事項	交通事故統計等による事故発生状況の把握等	
		修了試問及び補習	講習の効果を判断するための修了試問及び所定の能力を有すると認められなかった者に対する補習	
特別講習	第二種講師又は専門講師	自動車運送事業及び道路交通に関する法令並びに運行管理の業務に関すること	貨物自動車運送事業法、安全規則、道路運送車両法、自動車事故報告規則その他関連する政令、省令、告示及び通達、運行管理者制度の趣旨及び内容並びに運行管理者の日常業務	二時間
		自動車事故防止のために特に必要な自動車運転者の指導及び監督に関すること	速度違反の防止等自動車事故防止のため特に必要な安全規則に基づく指導監督指針による運転者の指導及び監督の内容及び手法	一時間
		自動車事故に係る生理的及び心理的な要因に関すること	飲酒、疲労、疾病等の要因が生理及び心理に及ぼす影響を踏まえた事故防止に関すること	二時間
		適性診断の結果の運行管理の業務への活用に関すること	事例を用いた適性診断の結果の評価方法及び活用方法	二時間
		事故事例の分析に	事故事例の分析に基づく運行管理上	二時間

基づく運行管理上の要因の発見及び事故防止対策の立案に関すること	の要因の発見及び事故防止対策の立案の手法等	
事故事例の分析に基づく自動車事故防止に関するグループ討議	事故事例の分析に基づく自動車事故防止に関するおおむね三名以上十名以下のグループにおける討議による演習	三時間
修了試問及び補習	講習の効果を判断するための修了試問及び所定の能力を有すると認められなかった者に対する補習	一時間

備考　この表において、時間の欄の一時間とは、講習時間が正味五十分以上のものをいい、一日の講習時間は正味六時間を超えないものとする。ただし、この時間の欄の時間は、最低時間であって、一日の講習時間を超えない限度において、最低時間以上講習を実施することを妨げるものではない。

別表第二（第六条関係）

研修内容	時間
自動車運送事業者の運行管理の現場における運行管理者の実務についての実習	三時間
指導及び監督における適性診断の結果の活用方法、当該結果から抽出すべきポイント並びにこれに基づく指導及び助言の手法の習得	四時間
講義において必要とされる手法及びテクニック等の習得	三時間
講義形式の実習	四時間

備考
1　運行管理者として選任された者であって、運行管理の実務の経験がある者にあっては、自動車運送事業者の運行管理の現場における運行管理者の実務についての実習を省略することができる。
2　国土交通大臣が認定する適性診断のカウンセラーの経験がある者にあっては、指導及び監督における適性診断の結果の活用手法、当該結果から抽出すべきポイント並びにこれに基づく指導及び助言の手法の習得を省略することができる。
3　講義を行った十分な経験がある者にあっては、講義において必要とされる手法及びテクニック等の習得並びに講義形式の実習を省略することができる。
4　この表において、時間の欄の一時間とは、研修時間が正味五十分以上のものをいい、一日の研修時間は正味六時間を超えないものとする。

別表第三（第六条関係）

研修内容	時間
事故事例の分析の結果に基づいて行うグループ討議による事故事例研究等の手法の習得	四時間
自動車事故における生理的及び心理的な要因	二時間

備考　この表において、時間の欄の一時間とは、研修時間が正味五十分以上のものをいい、一日の研修時間は正味六時間を超えないものとする。

別表第四（第九条関係）

研修内容	時間
貨物自動車運送事業法その他の関係法令等の改正の動向、最新の情報に基づく運行管理の実務及び事故事例に基づく事故防止対策	三時間以上

備考　この表において、時間の欄の一時間とは、研修時間が正味五十分以上のものをいい、一日の研修時間は正味六時間を超えないものとする。

○貨物自動車運送事業の事業用自動車の運転者の勤務時間及び乗務時間に係る基準

（平成十三年八月二十日
国土交通省告示第千三百六十五号）

沿革　平一五国交告六〇、令六国交告二七九改正

貨物自動車運送事業者が運転者の勤務時間及び乗務時間を定める場合の基準は、運転者の労働時間等の改善が過労運転の防止にも資することに鑑み、「自動車運転者の労働時間等の改善のための基準」（平成元年労働省告示第七号。以下「改善基準告示」という。）とする。なお、運転者が一の運行における最初の勤務を開始してから最後の勤務を終了するまでの時間（ただし、改善基準告示第四条第四項第四号に定める自動車運転者がフェリーに乗船している時間のうち休息期間とされる時間を除く。）は百四十四時間を超えてはならない。

前　文（抄）（平一五・一・二三国交告六〇）

平成十五年四月一日から施行する。

附　則（令六・三・二九国交告二七九）

この告示は、令和六年四月一日から施行する。

○貨物自動車運送事業者が事業用自動車の運転者に対して行う指導及び監督の指針

（平成十三年八月二十日
国土交通省告示第千三百六十六号）

沿革　平二一国交告一〇二二、平二四国交告四六〇、平二六国交告二〇〇、平二八国交告六二〇、平三〇国交告七〇八改正

第一章　一般的な指導及び監督の指針

貨物自動車運送事業者は、貨物自動車運送事業輸送安全規則（平成二年運輸省令第二十二号。以下「安全規則」という。）第十条第一項の規定に基づき、一に掲げる目的を達成するため、二に掲げる内容について、三に掲げる事項に配慮しつつ、貨物自動車運送事業の用に供する事業用自動車（以下単に「事業用自動車」という。）の運転者に対する指導及び監督を毎年実施し、その日時、場所及び内容並びに指導及び監督を行った者及び受けた者を記録し、かつ、その記録を営業所において三年間保存するものとする。

1　目的

事業用自動車の運転者は、大型の自動車を運転したり、多様な地理的、気象的状況の下で運転したりすることから、道路の状況その他の運行の状況に関する判断及びその状況における運転について、高度な能力が要求される。このため、貨物自動車運送事業者は、事業用自動車の運転者に対して継続的かつ計画的に指導及び監督を行い、他の運転者の模範となるべき運転者を育成する必要がある。そこで、貨物自動車運送事業者が事業用自動車の運転者に対して行う一般的な指導及び監督は、貨物自動車運送事業法（平成元年法律第八十三号）その他の法令に基づき運転者が遵守すべき事項に関する知識のほか、事業用自動車の運行の安全を確保するために必要な運転に関する技能及び知識を習得させることを目的とする。

2　指導及び監督の内容

(1)　事業用自動車を運転する場合の心構え

貨物自動車運送事業は公共的な輸送事業であり、貨物を安全、確実に輸送することが社会的使命であることを認識させるとともに、事業用自動車による交通事故の統計を説明すること等により、事業用自動車の運転者の運転が他の運転者の運転に与える影響の大きさ及び事業用自動車の運転が社会に与える影響の大きさ等を理解させ、事業用自動車の運行の安全を確保するとともに他の運転者の模範となることが事業用自動車の運転者の使命であることを理解させる。

(2)　事業用自動車の運行の安全を確保するために遵守すべき基本的事項

貨物自動車運送事業法、道路交通法（昭和三十五年法律第百五号）及び道路運送車両法（昭和二十六年法律第百八十五号）に基づき運転者が遵守すべき事項を理解させる。また、当該事項から逸脱した方法や姿勢による運転をしたこと及び日常点検を怠ったことに起因する交通事故の事例、当該交通事故を引き起こした貨物自動車運送事業者及び運転者に対する処分並びに当該交通事故が加害者、被害者その他の関係者に与える心理的影響を説明すること等により、当該事項を遵守することの重要性を理解させる。

(3)　事業用自動車の構造上の特性

自らの運転する事業用自動車の車高、視野、死角、内輪差（右左折する場合又はカーブを通行する場合に後輪が前輪より内側を通ることをいう。以下同じ。）、制動距離等を確認させるとともに、これらが車両により異なること及び運搬中の貨物が事業用自動車の運転に与える影響を理解させる。この場合において、牽引自動車及び被牽引自動車を運行する場合においては、当該牽引自動車を運転するに当たって留意すべき事項を、当該被牽引自動車によりコンテナを運搬する場合においては、当該コンテナを下部隅金具等により確実に緊締しなければならないことを併せて理解させる。また、これらを把握していなかったことに起因する交通事故の事例を説明すること等により、事業用自動車

の構造上の特性を把握することの必要性を理解させる。

(4) 貨物の正しい積載方法

道路法（昭和二十七年法律第百八十号）その他の軸重の規制に関する法令に基づき運転者が遵守すべき事項を理解させるとともに、偏荷重が生じないような貨物の積載方法及び運搬中に荷崩れが生じないような貨物の固縛方法を指導する。また、偏荷重が生じている場合、制動装置を操作したときに安定した姿勢で停止できないおそれがあること及びカーブを通行したときに遠心力により事業用自動車の傾きが大きくなるおそれがあることを交通事故の事例を挙げるなどして理解、習得させる。

(5) 過積載の危険性

過積載に起因する交通事故の事例を説明すること等により、過積載が事業用自動車の制動距離、安定性等に与える影響を理解させるとともに、過積載による運行を行った場合における貨物自動車運送事業者、事業用自動車の運転者及び荷主に対する処分について理解させる。

(6) 危険物を運搬する場合に留意すべき事項

危険物（自動車事故報告規則（昭和二十六年運輸省令第百四号）第二条第五号に規定するものをいう。以下同じ。）を運搬する場合においては、危険物に該当する貨物の種類及び運搬する危険物の性状を理解させるとともに、危険物を運搬する前に確認すべき事項並びに危険物の取扱い方法、積載方法及び運搬方法について留意すべき事項を理解させる。また、運搬中に危険物が飛散又は漏えいした場合に安全を確保するためにとるべき方法を指導し、習得させる。この場合において、タンクローリにより危険物を運搬する場合にあっては、これを安全に運搬するために留意すべき事項を理解させる。

(7) 適切な運行の経路及び当該経路における道路及び交通の状況

① 当該貨物自動車運送事業に係る主な道路及び交通の状況をあらかじめ把握させるよう指導するとともに、これらの状況を踏まえ、事業用自動車を安全に運転するために留意すべき事項を指導する。この場合、交通事故の事例又は自社の事業用自動車の運転者が運転中に他の自動車又は歩行者等と衝突又は接触するおそれがあったと認識した事例（いわゆる「ヒヤリ・ハット体験」）を説明すること等により運転者に理解させる。

② 道路運送車両の保安基準（昭和二十六年運輸省令第六十七号）第二条、第四条又は第四条の二について同令第五十五条の認定を受けた事業用自動車を運転させる場合及び道路法第四十七条の二第一項に規定する許可又は道路交通法第五十七条第三項に規定する許可を受けて事業用自動車を運転させる場合は、安全に通行できる経路としてあらかじめ設定した経路を通行するよう指導するとともに、当該経路における道路及び交通の状況を踏まえ、当該事業用自動車を安全に運転するために留意すべき事項を指導し、理解させる。

(8) 危険の予測及び回避並びに緊急時における対応方法

強風、豪雪等の悪天候が運転に与える影響、右左折時における内輪差、直前、後方及び左側方の視界の制約並びにジャックナイフ現象（制動装置を操作したときに牽引自動車と被牽引自動車が連結部分で折れ曲がり、安定性を失う現象をいう。）等の事業用自動車の運転に関して生ずる様々な危険について、危険予知訓練の手法等を用いて理解させるとともに、危険を予測し、回避するための自らへの注意喚起の手法として、指差呼称及び安全呼称を行う習慣を体得させる。また、事故発生時、災害発生時その他の緊急時における対応方法について事例を説明すること等により理解させる。

(9) 運転者の運転適性に応じた安全運転

適性診断その他の方法により運転者の運転適性を把握し、個々の運転者に自らの運転行動の特性を自覚させる。また、運転者のストレス等の心身の状態に配慮した適切な指導を行う。

(10) 交通事故に関わる運転者の生理的及び心理的要因並びにこれらへの対処方法

長時間連続運転等による過労、睡眠不足、医薬品等の服用に伴い誘発される眠気、飲酒が身体に与える影響等の生理的要因及び慣れ、自らの運転技能への過信による集中力の欠如等の心理的要因が交通事故を引き起こすおそれがあることを事例を説明することにより理解させるとともに、貨物自動車運送事業輸送安全規則第三条第四項の規定に基づき事業用自動車の運転者の勤務時間及び乗務時間に係る基準を定める告示（平成十三年国土交通省告示第千三百六十五号）に基づく事業用自動車の運転者の勤務時間及び乗務時間を理解させる。また、運転中に疲労や眠気を感じたときには運転を中止し、休憩するか、又は睡眠をとるよう指導するとともに、飲酒運転、酒気帯び運転及び覚せい剤等の使用の禁止を徹底する。

(11) 健康管理の重要性

疾病が交通事故の要因となるおそれがあることを事例を説明すること等により理解させるとともに、定期的な健康診断の結果、心理的な負担の程度を把握するための検査の結果等に基づいて生活習慣の改善を図るなど適切な心身の健康管理を行うことの重要性を理解させる。

(12) 安全性の向上を図るための装置を備える事業用自動車の適切な運転方法

安全性の向上を図るための装置を備える事業用自動車を運行する場合においては、当該装置の機能への過信及び誤った使用方法が交通事故の要因となるおそれがあることについて説明すること等により、当該事業用自動車の適切な運転方法を理解させる。

3 指導及び監督の実施に当たって配慮すべき事項

(1) 運転者に対する指導及び監督の意義についての理解

貨物自動車運送事業者は、貨物自動車運送事業法その他の法令に基づき運転者が遵守すべき事項に関する知識のほか、事業用自動車の運行の安全を確保するために必要な運転に関する技能及び知識を運転者に習得させることについて、重要な役割を果たす責務を有していることを理解する必要がある。

(2) 計画的な指導及び監督の実施

貨物自動車運送事業者は、運転者の指導及び監督を継続的、計画的に実施するための基本的な計画を作成し、計画的かつ体系的に指導及び監督を実施することが必要である。

(3) 運転者の理解を深める指導及び監督の実施

運転者が自ら考えることにより指導及び監督の内容を理解できるように手法を工夫するとともに、常に運転者の習得の程度を把握しながら指導及び監督を進めるよう配慮することが必要である。

(4) 参加・体験・実践型の指導及び監督の手法の活用

運転者が事業用自動車の運行の安全を確保するために必要な技能及び知識を体験に基づいて習得し、その必要性を理解できるようにするとともに、運転者が交通ルール等から逸脱した運転操作又は知識を身に付けている場合には、それを客観的に把握し、是正できるようにするため、参加・体験・実践型の指導及び監督の手法を積極的に活用することが必要である。例えば、交通事故の実例を挙げ、その要因及び対策について、必要により運転者を小人数のグループに分けて話し合いをさせたり、イラスト又はビデオ等の視聴覚教材又は運転シミュレーターを用いて交通事故の発生する状況等を間接的又は擬似的に体験させたり、実際に事業用自動車を運転させ、技能及び知識の習得の程度を認識させたり、実験により事業用自動車の死角、内輪差及び制動距離等を確認させたりするなど手法を工夫することが必要である。

(5) 社会情勢等に応じた指導及び監督の内容の見直し

指導及び監督の具体的内容は、社会情勢等の変化に対応したものでなければならない。このため、貨物自動車運送事業法その他の関係法令等の改正の動向及び業務の態様が類似した他の貨物自動車運送事業者による交通事故の実例等について、関係行政機関及び団体等から幅広く情報を収集することに努め、必要に応じて指導及び監督の内容を見直すことが必要である。

(6) 指導者の育成及び資質の向上

指導及び監督を実施する者を自社内から選任する貨物自動車運送事業者は、これらの者に対し、指導及び監督の内容及び手法に関する知識及び技術を習得させるとともに、常にその向上を図るよう努めることが必要である。

(7) 外部の専門的機関の活用

指導及び監督を実施する際には、指導及び監督のための専門的な知識及び技術並びに場所を有する外部の専門的機関を積極的に活用することが望ましい。

第二章　特定の運転者に対する特別な指導の指針

一般貨物自動車運送事業者等は、安全規則第十条第二項の規定に基づき、第一章の一般的な指導及び監督に加え、一に掲げる目的を達成するため、二の各号に掲げる内容について、三に掲げる事項に配慮しつつ指導を実施し、安全規則第九条の五第一項に基づき、指導を実施した年月日及び指導の具体的内容を運転者台帳に記載するか、又は、指導を実施した年月日を運転者台帳に記載したうえで指導の具体的内容を記録した書面を運転者台帳に添付するものとする。また、四の各号に掲げる運転者に対し、当該各号に掲げる方法により適性診断を受診させ、受診年月日及び適性診断の結果を記録した書面を同項に基づき運転者台帳に添付するものとする。さらに、5に掲げる事項により、運転者として新たに雇い入れた者に対し、雇い入れる前の事故歴を把握した上で、必要に応じ、特別な指導を行い、適性診断を受けさせるものとする。

1　目的

一般貨物自動車運送事業者等は、交通事故を引き起こした事業用自動車の運転者についてその再発防止を図り、また、事業用自動車の運行の安全を確保するために必要な運転に関する技能及び知識を十分に習得していない新たに雇い入れた運転者及び加齢に伴い身体機能が変化しつつある高齢者である運転者について交通事故の未然防止を図るためには、これら特定の運転者に対し、よりきめ細かな指導を実施する必要がある。そこで、特定の運転者に対して行う特別な指導は、個々の運転者の状況に応じ、適切な時期に十分な時間を確保して事業用自動車の運行の安全を確保するために必要な事項を確認させることを目的とする。

2　指導の内容及び時間

(1) 死者又は重傷者（自動車損害賠償保障法施行令（昭和三十年政令第二百八十六号）第五条第二号又は第三号に掲げる傷害を受けた者をいう。）を生じた交通事故を引き起こした運転者及び軽傷者（同条第四号に掲げる傷害を受けた者をいう。）を生じた交通事故を引き起こし、かつ、当該事故前の三年間に交通事故を引き起こしたことがある運転者（以下「事故惹起運転者」という。）

事故惹起運転者に対する特別な指導の内容及び時間

内容	時間
① 事業用自動車の運行の安全の確保に関する法令等 事業用自動車の運行の安全を確保するため貨物自動車運送事業法その他の法令等に基づき運転者が遵守すべき事項を再確認させる。	①から⑤までについて合計六時間以上実施すること。⑥については、可能な限り実施することが望ましい。
② 交通事故の事例の分析に基づく再発防止対策 交通事故の事例の分析を行い、その要因となった運転行動上の問題点を把握させるとともに、事故の再発を防止するために必要な事項を理解させる。	
③ 交通事故に関わる運転者の生理的及び心理的要因並びにこれらへの対処方法 交通事故を引き起こすおそれのある運転者の生理的及び心理的要因を理解させるとともに、これらの要因が事故につながらないようにするための対処方法を指導する。	
④ 交通事故を防止するために留意すべき事項 貨物自動車運送事業者の事業の態様及び運転者の乗務の状況等に応じて事業用自動車の運行の安全を確保するために留意すべき事項を指導する。	
⑤ 危険の予測及び回避 危険予知訓練の手法等を用いて、道路及び交通の状況に応じて交通事故につながるおそれのある危険を予測させ、それを回避するための運転方法等を運転者が自ら考えるよう指導する。	

⑥　安全運転の実技 実際に事業用自動車を運転させ、道路及び交通の状況に応じた安全な運転方法を添乗等により指導する。	

(2)　安全規則第三条第一項に基づき運転者として常時選任するために新たに雇い入れた者（当該貨物自動車運送事業者において初めて事業用自動車に乗務する前三年間に他の一般貨物自動車運送事業者等によって運転者として常時選任されたことがある者を除く。以下「初任運転者」という。）

初任運転者に対する特別な指導の内容及び時間

内　　容	時　間
①　貨物自動車運送事業法その他の法令に基づき運転者が遵守すべき事項、事業用自動車の運行の安全を確保するために必要な運転に関する事項等 第一章2に掲げる内容について指導する。この場合において、同章2(2)のうち日常点検に関する事項、同章2(3)のうち事業用自動車の車高、視野、死角、内輪差及び制動距離等に関する事項並びに同章2(4)のうち貨物の積載方法及び固縛方法に関する事項については、実際に車両を用いて指導する。	十五時間以上実施すること。
②　安全運転の実技 実際に事業用自動車を運転させ、道路及び交通の状況に応じた安全な運転方法を添乗等により指導する。	二十時間以上実施すること。

(3)　高齢者である運転者（以下「高齢運転者」という。）

四の(3)の適性診断の結果を踏まえ、個々の運転者の加齢に伴う身体機能の変化の程度に応じた事業用自動車の安全な運転方法等について運転者が自ら考えるよう指導する。

3　特別な指導の実施に当たって配慮すべき事項

(1)　指導の実施時期

①　事故惹起運転者

当該交通事故を引き起こした後再度事業用自動車に乗務する前に実施する。ただし、やむを得ない事情がある場合には、再度乗務を開始した後一か月以内に実施する。なお、外部の専門的機関における指導講習を受講する予定である場合は、この限りでない。

②　初任運転者

当該貨物自動車運送事業者において初めて事業用自動車に乗務する前に実施する。ただし、やむを得ない事情がある場合には、乗務を開始した後一か月以内に実施する。

③　高齢運転者

四の(3)の適性診断の結果が判明した後一か月以内に実施する。

(2)　きめ細かな指導の実施

事故惹起運転者が交通事故を引き起こした運転行動上の要因を自ら考え、初任運転者が事業用自動車の安全な運転に関する自らの技能及び知識の程度を把握し、高齢運転者が加齢に伴う身体機能の変化を自覚することにより、これらの運転者が事業用自動車の運行の安全を確保するための知識の充実並びに技能及び運転行動の改善を図ることができるよう、四の適性診断の結果判明した当該運転者の運転行動の特性も踏まえ、当該運転者と話し合いをしつつきめ細かな指導を実施することが必要である。また、この場合において、当該運転者が気づかない技能、知識又は運転行動に関する問題点があれば、運転者としてのプライドを傷つけないように配慮しつつこれを指摘することが必要である。さらに、指導の終了時に、運転者により安全な運転についての心構え等についてのレポートを作成させるなどして、指導の効果を確認することが望ましい。

(3)　外部の専門的機関の活用

指導を実施する際には、(2)に掲げるような手法について外部の専門的な知識及び技術並びに指導のための場所を有する外部の専門的機関を可能な限り活用するよう努めるものとする。

4　適性診断の受診

(1)　事故惹起運転者

当該交通事故を引き起こした後再度事業用自動車に乗務する前に次に掲げる事故惹起運転者の区分ごとにそれぞれ特定診断Ⅰ（①に掲げる者のための適性診断として国土交通大臣が認定したものをいう。）又は特定診断Ⅱ（②に掲げる者のための適性診断として国土交通大臣が認定したものをいう。）を受診させる。ただし、やむを得ない事情がある場合には、乗務を開始した後一か月以内に受診させる。

①　死者又は重傷者を生じた交通事故を引き起こし、かつ、当該事故前の一年間に交通事故を引き起こしたことがない者及び軽傷者を生じた交通事故を引き起こし、かつ、当該事故前の三年間に交通事故を引き起こしたことがある者

②　死者又は重傷者を生じた交通事故を引き起こし、かつ、当該事故前の一年間に交通事故を引き起こしたことがある者

(2)　運転者として常時選任するために新たに雇い入れた者であって当該貨物自動車運送事業者において初めて事業用自動車に乗務する前三年間に初任診断（初任運転者のための適性診断として国土交通大臣が認定したものをいう。）を受診したことがない者

当該貨物自動車運送事業者において初めて事業用自動車に乗務する前に初任診断を受診させる。ただし、やむを得ない事情がある場合には、乗務を開始した後一か月以内に受診させる。

(3)　高齢運転者

適齢診断（高齢運転者のための適性診断として国土交通大臣が認定したものをいう。）を六十五才に達した日以後一年以内（六十五才以上の者を新たに運転者として選任した場合は、選任の日から一年以内）に一回受診させ、その後三年以内ごとに一回受診させる。

5　新たに雇い入れた者の事故歴の把握

(1)　一般貨物自動車運送事業者等は、安全規則第三条第一項に基づき運転者を常時選任するために新たに雇い入れた場合には、当該運転者について、自動車安全運転センター法

（昭和五十年法律第五十七号）に規定する自動車安全運転センターが交付する無事故・無違反証明書又は運転記録証明書等により、雇い入れる前の事故歴を把握し、事故惹起運転者に該当するか否かを確認すること。

(2) (1)の確認の結果、当該運転者が事故惹起運転者に該当した場合であって、2(1)の特別な指導を受けていない場合には、特別な指導を行うこと。

(3) (1)の確認の結果、当該運転者が事故惹起運転者に該当した場合であって、4(1)の適性診断を受診していない場合には、適性診断を受けさせること。

附　則（平二一・九・二八国交告一〇二二）

この告示は、平成二十一年十月一日から施行する。

附　則（平二四・四・一三国交告四六〇抄）

（施行期日）

1　この告示は、旅客自動車運送事業運輸規則及び貨物自動車運送事業輸送安全規則の一部を改正する省令の施行の日から施行する。

附　則（平二六・三・一一国交告二〇〇）

この告示は、貨物自動車運送事業輸送安全規則の一部を改正する省令の施行の日（平成二十六年四月一日）から施行する。

附　則（平二八・四・一国交告六二〇）

この告示は、道路交通法の一部を改正する法律（平成二十七年法律第四十号）の施行の日から施行する。

附　則（平三〇・六・一国交告七〇八）

この告示は、公布の日から施行する。〔後略〕

○自動車運転者の労働時間等の改善のための基準

（平成元年二月九日　労働省告示第七号）

沿革　平三労告七九、平四労告九九、平九労告四、平一一労告二九、平一二労告一二〇、平三〇厚労告三二二、令四厚労告三六七改正

（目的等）

第一条　この基準は、自動車運転者（労働基準法（昭和二十二年法律第四十九号。以下「法」という。）第九条に規定する労働者（同居の親族のみを使用する事業又は事務所に使用される者及び家事使用人を除く。）であって、四輪以上の自動車の運転の業務（厚生労働省労働基準局長が定めるものを除く。）に主として従事する者をいう。以下同じ。）の労働時間等の改善のための基準を定めることにより、自動車運転者の労働時間等の労働条件の向上を図ることを目的とする。

2　労働関係の当事者は、この基準を理由として自動車運転者の労働条件を低下させてはならないことはもとより、その向上に努めなければならない。

3　使用者及び労働者の過半数で組織する労働組合又は労働者の過半数を代表する者（以下「労使当事者」という。）は、法第三十二条から第三十二条の五まで若しくは第四十条の労働時間（以下「労働時間」という。）を延長し、又は法第三十五条の休日（以下「休日」という。）に労働させるための法第三十六条第一項の協定（以下「時間外・休日労働協定」という。）をする場合において、次の各号に掲げる事項に十分留意しなければならない。

一　労働時間を延長して労働させることができる時間は、法第三十六条第四項の規定により、一箇月について四十五時間及び一年について三百六十時間（法第三十二条の四第一項第二号の対象期間として三箇月を超える期間を定めて同条の規定により労働させる場合にあっては、一箇月について四十二時間及び一年について三百二十時間。以下「限度時間」という。）を超えない時間に限ることとされていること。

二　前号に定める一年についての限度時間を超えて労働させることができる時間を定めるに当たっては、事業場における通常予見することのできない業務量の大幅な増加等に伴い臨時的に当該限度時間を超えて労働させる必要がある場合であっても、法第百四十条第一項の規定により読み替えて適用する法第三十六条第五項の規定により、同条第二項第四号に関して協定した時間を含め九百六十時間を超えない範囲内とされていること。

三　前二号に掲げる事項のほか、労働時間の延長及び休日の労働は必要最小限にとどめられるべきであることその他の労働時間の延長及び休日の労働を適正なものとするために必要な事項については、労働基準法第三十六条第一項の協定で定める労働時間の延長及び休日の労働について留意すべき事項等に関する指針（平成三十年厚生労働省告示第三百二十三号）において定められていること。

（一般乗用旅客自動車運送事業に従事する自動車運転者の拘束時間等）

第二条　使用者は、一般乗用旅客自動車運送事業（道路運送法（昭和二十六年法律第百八十三号）第三条第一号ハの一般乗用旅客自動車運送事業をいう。以下同じ。）に従事する自動車運転者（隔日勤務（始業及び終業の時刻が同一の日に属さない業務をいう。以下同じ。）に就くものを除く。以下この項において同じ。）を使用する場合は、その拘束時間（労働時間、休憩時間その他の使用者に拘束されている時間をいう。以下同じ。）及び休息期間（使用者の拘束を受けない期間をいう。以下同じ。）について、次に定めるところによるものとする。

一　拘束時間は、一箇月について二百八十八時間を超えないものとすること。ただし、顧客の需要に応ずるため常態として車庫等において待機する就労形態（以下「車庫待ち等」という。）の自動車運転者の拘束時間は、当該事業場に労働者の過半数で組織する労働組合がある場合においてはその労働組合、労働者の過半数で組織する労働組合がない場合においては労働者の過半数を代表する者との書面による協定（以下「労使協定」という。）により、一箇月について三百時間まで延長することができるものとする。

二　一日（始業時刻から起算して二十四時間をいう。以下同じ。）についての拘束時間は、十三時間を超えないものとし、当該拘束時間を延長する場合であっても、一日についての拘束時間の限度（以下「最大拘束時間」という。）は、十五時間とすること。ただし、車庫待ち等の自動車運転者について、次に掲げる要件を満たす場合には、この限りでない。

イ　勤務終了後、継続二十時間以上の休息期間を与えること。

ロ　一日についての拘束時間が十六時間を超える回数が、一箇月について七回以内であること。

ハ　一日についての拘束時間が十八時間を超える場合には、夜間四時間以上の仮眠時間を与えること。

ニ　一回の勤務における拘束時間が、二十四時間を超えないこと。

三　前号本文の場合において、一日についての拘束時間が十四時間を超える回数をできるだけ少なくするように努めるものとすること。

四　勤務終了後、継続十一時間以上の休息期間を与えるよう努めることを基本とし、休息期間が継続九時間を下回らないものとすること。

2　使用者は、一般乗用旅客自動車運送事業に従事する自動車運転者であって隔日勤務に就くものを使用する場合は、その拘束時間及び休息期間について、次に定めるところによるものとする。

一　拘束時間は、一箇月について二百六十二時間を超えないものとすること。ただし、地域的事情その他の特別の事情がある場合において、労使協定により、一年について六箇月までは、一箇月の拘束時間を二百七十時間まで延長することができるものとする。

二　二暦日についての拘束時間は、二十二時間を超えないものとし、かつ、二回の隔日勤務を平均し隔日勤務一回当たり二十一時間を超えないものとすること。

三　車庫待ち等の自動車運転者の拘束時間は、一箇月につい

て二百六十二時間を超えないものとし、労使協定により、これを二百七十時間まで延長することができるものとすること。ただし、次に掲げる要件をいずれも満たす場合に限り、二暦日についての拘束時間は二十四時間まで延長することができ、かつ、一箇月についての拘束時間はこの号本文に定める拘束時間に十時間を加えた時間まで延長することができるものとする。

イ　夜間四時間以上の仮眠を与えること。

ロ　第二号に定める拘束時間を超える回数を、労使協定により、一箇月について七回を超えない範囲において定めること。

四　勤務終了後、継続二十四時間以上の休息期間を与えるよう努めることを基本とし、休息期間が継続二十二時間を下回らないものとすること。

3　第一項第二号に定める一日についての拘束時間並びに前項第二号及び第三号に定める二暦日についての拘束時間の規定の適用に当たっては、次の各号に掲げる要件を満たす時間（以下「予期し得ない事象への対応時間」という。）を、これらの拘束時間から除くことができる。この場合において、予期し得ない事象への対応時間により、一日についての拘束時間が最大拘束時間を超えた場合は、第一項第四号の規定にかかわらず、勤務終了後、継続十一時間以上の休息期間を与え、隔日勤務一回についての拘束時間が二十二時間を超えた場合は、前項第四号の規定にかかわらず、勤務終了後、継続二十四時間以上の休息期間を与えることとする。

一　通常予期し得ない事象として厚生労働省労働基準局長が定めるものにより生じた運行の遅延に対応するための時間であること。

二　客観的な記録により確認できる時間であること。

4　使用者は、一般乗用旅客自動車運送事業に従事する自動車運転者を休日に労働させる場合は、当該労働させる休日は二週間について一回を超えないものとし、当該休日の労働によって第一項又は第二項に定める拘束時間及び最大拘束時間を超えないものとする。

5　ハイヤー（一般乗用旅客自動車運送事業の用に供せられる自動車であって、当該自動車による運送の引受けが営業所のみにおいて行われるものをいう。次条において同じ。）に乗務する自動車運転者については、第一項から前項までの規定は適用しない。

第三条　労使当事者は、時間外・休日労働協定においてハイヤーに乗務する自動車運転者に係る労働時間を延長して労働させることができる時間について協定するに当たっては、次の各号に掲げる事項を遵守しなければならない。

一　労働時間を延長して労働させることができる時間については、限度時間を超えない時間に限ること。

二　一年についての限度時間を超えて労働させることができる時間を定めるに当たっては、当該事業場における通常予見することのできない業務量の大幅な増加等に伴い臨時的に当該限度時間を超えて労働させる必要がある場合であっても、法第百四十条第一項の規定により読み替えて適用する法第三十六条第五項の規定により、同条第二項第四号に関して協定した時間を含め九百六十時間を超えない範囲内とすること。

2　使用者は、時間外・休日労働協定において、労働時間を延長して労働させることができる時間を定めるに当たっては、当該時間数を、休日の労働を定めるに当たっては、当該休日に労働させることができる時間数を、それぞれできる限り短くするよう努めなければならない。

3　使用者は、ハイヤーに乗務する自動車運転者が疲労回復を図るために、必要な睡眠時間を確保できるよう、勤務終了後に一定の休息期間を与えなければならない。

（貨物自動車運送事業に従事する自動車運転者の拘束時間等）

第四条　使用者は、貨物自動車運送事業（貨物自動車運送事業法（平成元年法律第八十三号）第二条第一項の貨物自動車運送事業をいう。以下同じ。）に従事する自動車運転者を使用する場合は、その拘束時間、休息期間及び運転時間について、次に定めるところによるものとする。

一　拘束時間は、一箇月について二百八十四時間を超えず、かつ、一年について三千三百時間を超えないものとすること。ただし、労使協定により、一年について六箇月までは、一箇月について三百十時間まで延長することができ、かつ、一年について三千四百時間まで延長することができるものとする。

二　前号ただし書の場合において、一箇月の拘束時間が二百八十四時間を超える月が三箇月を超えて連続しないものとし、かつ、一箇月の時間外労働及び休日労働の合計時間数が百時間未満となるよう努めるものとすること。

三　一日についての拘束時間は、十三時間を超えないものとし、当該拘束時間を延長する場合であっても、最大拘束時間は十五時間とすること。ただし、貨物自動車運送事業に従事する自動車運転者に係る一週間における運行が全て長距離貨物運送（一の運行（自動車運転者が所属する事業場を出発してから当該事業場に帰着するまでをいう。以下この項において同じ。）の走行距離が四百五十キロメートル以上の貨物運送をいう。）であり、かつ、一の運行における休息期間が、当該自動車運転者の住所地以外の場所におけるものである場合においては、当該一週間について二回に限り最大拘束時間を十六時間とすることができる。

四　前号の場合において、一日についての拘束時間が十四時間を超える回数をできるだけ少なくするよう努めるものとすること。

五　勤務終了後、継続十一時間以上の休息期間を与えるよう努めることを基本とし、休息期間が継続九時間を下回らないものとすること。ただし、第三号ただし書に該当する場合、当該一週間について二回に限り、休息期間を継続八時間とすることができる。この場合において、一の運行終了後、継続十二時間以上の休息期間を与えるものとする。

六　運転時間は、二日（始業時刻から起算して四十八時間をいう。次条において同じ。）を平均し一日当たり九時間、二週間を平均し一週間当たり四十四時間を超えないものとすること。

七　連続運転時間（一回がおおむね連続十分以上で、かつ、合計が三十分以上の運転の中断をすることなく連続して運転する時間をいう。以下この条において同じ。）は、四時間を超えないものとすること。ただし、高速自動車国道（高速自動車国道法（昭和三十二年法律第七十九号）第四条第一項の高速自動車国道をいう。）又は自動車専用道路道路法（昭和二十七年法律第百八十号）第四十八条の二第一項若しくは第二項の規定により指定を受けた道路をいう。）（以下「高速道路等」という。）のサービスエリア又はパーキングエリア（道路法施行令（昭和二十七年政令第四百七十九号）第七条第十三号若しくは高速自動車国道法第十一条第二号に定める施設をいう。）等に駐車又は停車できないため、やむを得ず連続運転時間が四時間を超える場合には、連続運転時間を四時間三十分まで延長することができるものとする。

八　前号に定める運転の中断については、原則として休憩を与えるものとする。

2　使用者は、貨物自動車運送事業に従事する自動車運転者の休息期間については、当該自動車運転者の住所地における休息期間がそれ以外の場所における休息期間より長くなるよう努めるものとする。

3　第一項第三号に定める一日についての拘束時間、同項第六号に定める二日を平均した一日当たりの運転時間及び同項第七号に定める連続運転時間の規定の適用に当たっては、予期し得ない事象への対応時間を当該拘束時間、運転時間及び連続運転時間から除くことができる。この場合、勤務終了後、同項第五号本文に定める継続した休息期間を与えること。

4　第一項の規定にかかわらず、次の各号のいずれかに該当する場合には、拘束時間及び休息期間については、それぞれ次に定めるところによるものとする。

一　業務の必要上、勤務の終了後継続九時間（第一項第三号ただし書に該当する場合は継続八時間）以上の休息期間を与えることが困難な場合、次に掲げる要件を満たすものに限り、当分の間、一定期間（一箇月程度を限度とする。）における全勤務回数の二分の一を限度に、休息期間を拘束時間の途中及び拘束時間の経過直後に分割して与えることができるものとする。

イ　分割された休息期間は、一回当たり継続三時間以上とし、二分割又は三分割とすること。

ロ　一日において、二分割の場合は合計十時間以上、三分割の場合は合計十二時間以上の休息期間を与えなければならないこと。

ハ　休息期間を三分割とする日が連続しないよう努めるものとする。

二　自動車運転者が同時に一台の自動車に二人以上乗務する場合であって、車両内に身体を伸ばして休息できる設備があるときは、最大拘束時間を二十時間まで延長するとともに、休息期間を四時間まで短縮することができること。ただし、当該設備が自動車運転者の休息のためのベッド又はこれに準ずるものとして厚生労働省労働基準局長が定める設備に該当する場合で、かつ、勤務終了後、継続十一時間以上の休息期間を与える場合は、最大拘束時間を二十四時間まで延長することができる。この場合において、八時間以上の仮眠を与える場合には、当該拘束時間を二十八時間まで延長することができる。

三　業務の必要上やむを得ない場合には、当分の間、二暦日についての拘束時間が二十一時間を超えず、かつ、勤務終了後、継続二十時間以上の休息期間を与える場合に限り、自動車運転者を隔日勤務に就かせることができること。ただし、厚生労働省労働基準局長が定める施設において、夜間四時間以上の仮眠を与える場合には、二週間についての拘束時間が百二十六時間を超えない範囲において、当該二週間について三回を限度に、二暦日の拘束時間を二十四時間まで延長することができる。

四　自動車運転者がフェリーに乗船している時間は、原則として休息期間とし、この条の規定により与えるべき休息期間から当該時間を除くことができること。ただし、当該時間を除いた後の休息期間については、第二号の場合を除き、フェリーを下船した時刻から終業の時刻までの時間の二分の一を下回ってはならない。

5　使用者は、貨物自動車運送事業に従事する自動車運転者に休日に労働させる場合は、当該労働させる休日は二週間について一回を超えないものとし、当該休日の労働によって第一項に定める拘束時間及び最大拘束時間を超えないものとする。

6　前各項の規定は、旅客自動車運送事業（道路運送法第二条第三項の旅客自動車運送事業をいう。次条において同じ。）及び貨物自動車運送事業以外の事業に従事する自動車運転者（主として人を運送することを目的とする自動車の運転の業務に従事する者を除く。）について準用する。

（一般乗用旅客自動車運送事業以外の旅客自動車運送事業に従事する自動車運転者の拘束時間等）

第五条　使用者は、一般乗用旅客自動車運送事業以外の旅客自動車運送事業に従事する自動車運転者並びに旅客自動車運送事業及び貨物自動車運送事業以外の事業に従事する自動車運転者であって、主として人を運送することを目的とする自動車の運転の業務に従事するもの（以下この条においてこれらを総称して「バス運転者等」という。）を使用する場合は、その拘束時間、休息期間及び運転時間について、次に定めるところによるものとする。

一　拘束時間は、次のいずれかの基準を満たすものとする。

イ　一箇月について二百八十一時間を超えず、かつ、一年について三千三百時間を超えないものとすること。ただし、貸切バス（一般貸切旅客自動車運送事業（道路運送法第三条第一号ロの一般貸切旅客自動車運送事業をいう。）の用に供する自動車をいう。以下この項において同じ。）を運行する営業所において運転の業務に従事する者、一般乗合旅客自動車運送事業（同号イの一般乗合旅客自動車運送事業をいう。以下この項において同じ。）の用に供する自動車であって、行事等の事由による一時的な需要に応じて追加的に自動車を運行する営業所において運行されるものに乗務する者、起点から終点までのキロ程がおおむね百キロメートルを超える運行系統を運行する一般乗合旅客自動車運送事業の用に供する自動車であって、高速道路等の利用区間のキロ程が五十キロメートル以上であり、かつ、当該キロ程が起点から終点までのキロ程の四分の一以上のものに乗務する者（第六号において「特定運転者」という。）及び貸切バスに乗務する者（以下これらを総称して「貸切バス等乗務者」という。）の拘束時間は、労使協定により、一年について六箇月までは、一箇月について二百九十四時間まで延長することができ、かつ、一年について三千四百時間まで延長することができる。

ロ　四週間を平均し一週間当たり六十五時間を超えず、かつ、五十二週間について三千三百時間を超えないものとすること。ただし、貸切バス等乗務者の拘束時間は、労使協定により、五十二週間のうち二十四週間までは四週間を平均し一週間当たり六十八時間まで延長することができ、かつ、五十二週間について三千四百時間まで延長することができる。

二　前号ただし書の場合においては、一箇月の拘束時間について二百八十一時間を超える月が四箇月を超えて連続しないものとし、前号ロただし書の場合においては、四週間を平均した一週間当たりの拘束時間が六十五時間を超える週が十六週間を超えて連続しないものとすること。

三　一日についての拘束時間は、十三時間を超えないものとし、当該拘束時間を延長する場合であっても、最大拘束時間は、十五時間とすること。この場合において、一日についての拘束時間が十四時間を超える回数をできるだけ少なくするよう努めるものとする。

四　勤務終了後、継続十一時間以上の休息期間を与えるよう努めることを基本とし、休息期間が継続九時間を下回らないものとすること。

五　運転時間は、二日を平均し一日当たり九時間、四週間を平均し一週間当たり四十時間を超えないものとすること。ただし、貸切バス等乗務者については、労使協定により、五十二週間についての運転時間が二千八十時間を超えない範囲内において、五十二週間のうち十六週間までは、四週間を平均し一週間当たり四十四時間まで延長することができる。

六　連続運転時間（一回が連続十分以上で、かつ、合計が三十分以上の運転の中断をすることなく連続して運転する時間をいう。以下この条において同じ。）は、四時間を超えないものとすること。ただし、特定運転者及び貸切バスに乗務する者が高速道路等（旅客が乗車することができる区間として設定したものに限る。）を運行する場合は、一の連続運転時間についての高速道路等における連続運転時間（夜間において長距離の運行を行う貸切バスについては、高速道路等以外の区間における運転時間を含む。）はおおむね二時間を超えないものとするよう努めるものとする。

七　前号の場合において、交通の円滑を図るため、駐車又は停車した自動車を予定された場所から移動させる必要が生じたことにより運転した時間（一の連続運転時間が終了するまでの間につき三十分を上限とする。）を、当該必要が生じたことに関する記録がある場合に限り、連続運転時間から除くことができる。

2　使用者は、バス運転者等の休息期間については、当該バス運転者等の住所地における休息期間がそれ以外の場所における休息期間より長くなるように努めるものとする。

3　第一項第三号に定める一日についての拘束時間、同項第五号に定める二日を平均した一日当たりの運転時間及び同項第六号に定める連続運転時間の規定の適用に当たっては、予期し得ない事象への対応時間を当該拘束時間、運転時間及び連続運転時間から除くことができる。この場合、勤務終了後、同項第四号に定める継続した休息期間を与えること。

4　第一項の規定にかかわらず、次の各号のいずれかに該当する場合には、拘束時間及び休息期間については、それぞれ次の当該各号に定めるところによるものとする。

一　業務の必要上、勤務の終了後継続九時間以上の休息期間を与えることが困難な場合、当分の間、一定期間（一箇月を限度とする。）における全勤務回数の二分の一を限度に、休息期間を拘束時間の途中及び拘束時間の経過直後の二回に分割して与えることができるものとする。この場合において、分割された休息期間は、一日において一回当たり継続四時間以上、合計十一時間以上でなければならないものとする。

二　バス運転者等が同時に一台の自動車に二人以上乗務する場合であって、車両内に身体を伸ばして休息できる設備がある場合は、次に掲げるところにより、最大拘束時間を延長し、休息期間を短縮することができる。

イ　当該設備がバス運転者等の専用の座席であり、かつ、厚生労働省労働基準局長が定める要件を満たす場合は、最大拘束時間を十九時間まで延長し、休息期間を五時間まで短縮することができるものとする。

ロ　当該設備としてベッドが設けられている場合その他バス運転者等の休息のための措置として厚生労働省労働基準局長が定める措置が講じられている場合は、最大拘束時間を二十時間まで延長し、休息期間を四時間まで短縮することができるものとする。

三　業務の必要上やむを得ない場合には、当分の間、二暦日についての拘束時間が二十一時間を超えず、かつ、勤務終了後、継続二十時間以上の休息期間を与える場合に限り、バス運転者等を隔日勤務に就かせることができること。ただし、厚生労働省労働基準局長が定める施設において、夜間四時間以上の仮眠を与える場合には、二週間についての拘束時間が百二十六時間を超えない範囲において、当該二週間について三回を限度に、二暦日の拘束時間を二十四時間まで延長することができる。

四　バス運転者等がフェリーに乗船している時間は、原則として休息期間とし、この条の規定により与えるべき休息期間から当該時間を除くことができること。ただし、当該時間を除いた後の休息期間については、第二号の場合を除き、フェリーを下船した時刻から終業の時刻までの時間の二分の一を下回ってはならない。

5　使用者は、バス運転者等に休日に労働させる場合は、当該労働させる休日は二週間について一回を超えないものとし、当該休日の労働によって第一項に定める拘束時間及び最大拘束時間を超えないものとする。

（細目）

第六条　この告示に定める事項に関し必要な細目は、厚生労働省労働基準局長が定める。

前　文（抄）（平三・一〇・三一労告七九）

平成四年一月一日から適用する。

前　文（抄）（平四・一一・三〇労告九九）

平成五年四月一日から適用する。

前　文（抄）（平九・一・三〇労告四）

平成九年四月一日から適用する。

附　則（平一二・一二・二五労告一二〇抄）

（適用期日）

第一　この告示は、内閣法の一部を改正する法律（平成十二年法律第八十八号）の施行の日（平成十三年一月六日）から適用する。

前　文（抄）（平三〇・九・七厚労告三二二）

平成三十一年四月一日から適用する。

前　文（抄）（令四・一二・二三厚労告三六七）

令和六年四月一日から適用する。

○貨物自動車運送事業報告規則

（平成二年十一月二十九日 運輸省令第三十三号）

沿革 平六運令一二、平八運令二二、平一〇運令四一、平一二運令三九、平一三国交令五七、平一四国交令七九、平一五国交令六・六五、平一八国交令五八、平二七国交令三八、令元国交令二〇改正

（趣旨）

第一条 貨物自動車運送事業法（以下「法」という。）第六十条第一項（法第三十七条第三項において準用する場合を含む。）の規定による報告については、この省令の定めるところによる。

（事業報告書及び事業実績報告書）

第二条 貨物自動車運送事業者（貨物軽自動車運送事業者を除く。）は、次の表の第一欄に掲げる事業者の区分に応じ、同表の第二欄に掲げる国土交通大臣又はその主たる事務所の所在地を管轄する地方運輸局長（以下「所轄地方運輸局長」という。）に、同表の第三欄に掲げる報告書を、同表の第四欄に掲げる時期に提出しなければならない。

第一欄	第二欄	第三欄	第四欄
一 一般貨物自動車運送事業者（次号に掲げる者を除く。）	所轄地方運輸局長	毎事業年度に係る事業報告書	毎事業年度の経過後百日以内
		前年四月一日から三月三十一日までの期間に係る事業実績報告書	毎年七月十日まで
二 特別積合せ貨物運送（運行系統が二以上の地方運輸局長の管轄区域に設定され、かつ、その起点から終点までの距離の合計（運行系統が重複する部分に係る距離を除く。）が百キロメートル以上のものに限る。）を行う一般貨物自動車運送事業者	国土交通大臣	毎事業年度に係る事業報告書	毎事業年度の経過後百日以内
		前年四月一日から三月三十一日までの期間に係る事業実績報告書	毎年七月十日まで
三 特定貨物自動車運送事業者	所轄地方運輸局長	前年四月一日から三月三十一日までの期間に係る事業実績報告書	毎年七月十日まで

2 前項の事業報告書は、事業概況報告書（第一号様式）並びに貸借対照表、損益計算書及び次に掲げる財務計算に関する明細表とする。

一 一般貨物自動車運送事業損益明細表（第二号様式）

二 一般貨物自動車運送事業人件費明細表（第三号様式）

3 第一項の事業実績報告書は、貨物自動車運送事業実績報告書（第四号様式）とする。

（運賃及び料金の届出）

第二条の二 一般貨物自動車運送事業者、特定貨物自動車運送事業者及び貨物軽自動車運送事業者は、運賃及び料金を定め又は変更したときは、運賃及び料金の設定又は変更後三十日以内に、次の各号に掲げる事項を記載した運賃料金設定（変更）届出書を、一般貨物自動車運送事業及び特定貨物自動車運送事業に係るものにあっては所轄地方運輸局長（特別積合せ貨物運送に係る運賃及び料金であって、届出に係る運行系統が二以上の地方運輸局長の管轄区域に設定され、かつ、その起点から終点までの距離の合計（運行系統が重複する部分に係る距離を除く。）が百キロメートル以上である場合にあっては国土交通大臣）に、貨物軽自動車運送事業に係るものにあってはその主たる事務所の所在地を管轄する運輸監理部長又は運輸支局長に、それぞれ提出しなければならない。

一 氏名又は名称及び住所並びに法人にあっては、その代表者の氏名

二 事業の種別（一般貨物自動車運送事業、特定貨物自動車運送事業又は貨物軽自動車運送事業の別をいう。）

三 設定し、又は変更しようとする運賃及び料金を適用する運行系統又は地域

四 設定し、又は変更しようとする運賃及び料金の種類、額及び適用方法（変更の届出の場合にあっては、新旧の対照を明示すること。）

五 実施日

（臨時の報告）

第三条 貨物自動車運送事業者又は特定第二種貨物利用運送事業者は、前二条に定める報告書又は届出書のほか、国土交通大臣、地方運輸局長、運輸監理部長又は運輸支局長から、その事業に関し報告を求められたときは、報告書を提出しなけ

ればならない。

2　国土交通大臣、地方運輸局長、運輸監理部長又は運輸支局長は、前項の報告を求めるときは、報告書の様式、報告書の提出期限その他必要な事項を明示するものとする。

（報告書の経由）

第四条　この省令の規定により国土交通大臣に報告書又は届書を提出するときは、所轄地方運輸局長を経由することができる。

2　この省令の規定により国土交通大臣又は地方運輸局長に報告書又は届出書を提出するときは、その主たる事務所の所在地を管轄する運輸監理部長又は運輸支局長を経由することができる。

附　則

この省令は、法の施行の日（平成二年十二月一日）から施行し、第二条の規定は平成二年十二月一日以降に開始する事業年度に係る営業報告書について適用し、第三条の規定は平成三年度以降に係る事業実績報告書について適用する。

附　則（平六・三・三〇運令一二抄）

1　この省令は、公布の日から施行する。〔後略〕

附　則（平八・三・二五運令二一）

（施行期日）

1　この省令は、平成八年四月一日から施行する。

（貨物自動車運送事業報告規則の一部改正に伴う経過措置）

2　この省令の施行前に開始する事業年度に係る営業概況報告書、一般貨物自動車運送事業損益明細表及び一般貨物自動車運送事業人件費明細表の様式については、なお従前の例によることができる。

3　平成七年四月一日から平成八年三月三十一日までの期間に係る事業実績報告書の様式については、なお従前の例によることができる。

附　則（平一〇・六・一九運令四一抄）

（施行期日）

1　この省令は、公布の日から施行する。

附　則（平一二・一一・二九運令三九抄）

（施行期日）

第一条　この省令は、平成十三年一月六日から施行する。

附　則（平一三・三・二八国交令五七）

（施行期日）

1　この省令は、平成十三年四月一日から施行する。

（経過措置）

2　この省令の施行前に開始する事業年度に係る営業概況報告書の様式については、なお従前の例によることができる。

3　平成十二年四月一日から平成十三年三月三十一日までの期間に係る事業実績報告書の様式については、なお従前の例によることができる。

附　則（平一四・六・二八国交令七九抄）

（施行期日）

第一条　この省令は、平成十四年七月一日から施行する。

附　則（平一五・一・二〇国交令六抄）

（施行期日）

第一条　この省令は、鉄道事業法等の一部を改正する法律の施行の日（平成十五年四月一日）から施行する。

附　則（平一五・五・二三国交令六五）

この省令は、公布の日から施行する。

附　則（平一八・四・二八国交令五八）

（施行期日）

第一条　この省令は、会社法〔平成一七年七月法律第八六号〕の施行の日（平成十八年五月一日）から施行する。

（経過措置）

第二条　この省令の施行の際現にあるこの省令による改正前の様式又は書式による申請書その他の文書は、この省令による改正後のそれぞれの様式又は書式にかかわらず、当分の間、なおこれを使用することができる。

第三条　この省令の施行前にしたこの省令による改正前の省令の規定による処分、手続、その他の行為は、この省令による改正後の省令（以下「新令」という。）の規定の適用については、新令の相当規定によってしたものとみなす。

附　則（平二七・四・二八国交令三八）

この省令は、会社法の一部を改正する法律〔平成二六年六月法律第九〇号〕の施行の日（平成二十七年五月一日）から施行する。

附　則（令元・六・二八国交令二〇）

この省令は、不正競争防止法等の一部を改正する法律〔平成三〇年五月法律第三三号〕の施行の日（令和元年七月一日）から施行する。

第１号様式（第２条関係）（日本産業規格Ａ列４番）

事業者番号	

事　業　概　況　報　告　書

年　　月　　日から　　年　　月　　日まで

あて

住　　所

事業者名

代表者名（役職名及び氏名）

電話番号

経営規模

資本金の額又は出資の総額	千円	発行済株式総数	株

主な株主（所有株式数の多い順に５名を記載すること）

株　　主　　名	発行済株式総数に対する割合（％）

役員

	役　職　名	氏　　名	常勤非常勤の別
取締役（理事）等			
会計参与			
監査役（監事）等			

経営している事業

事　業　の　名　称	従業員数（人）	営業収入（売上高）構成比率（％）
合　　計		100％

備考

1　従業員数は、給与支払の対象となった月別支給人員（臨時雇用員にあっては、25人日を１人として換算）の該当事業年度における合計人員を当該事業年度の月数で除した人数とすること。

2　会社法（平成17年法律第86号）第２条第12号に規定する指名委員会等設置会社にあっては、「監査役」を「執行役」とすること。

第２号様式（第２条関係）（日本産業規格Ａ列４番）

事業者番号	

一般貨物自動車運送事業損益明細表

年　　月　　日から　　　年　　月　　日まで

住　　所

事業者名

（単位：千円）

営業収益	運送収入	貨物運賃		
		その他		
		計		
	運送雑収			
	合計			
営業費用	運送費	人件費		
		燃料油脂費	ガソリン費	
			軽油費	
			その他	
			計	
		修繕費	事業用自動車	
			その他	
			計	
		減価償却費	事業用自動車	
			その他	
			計	
		保険料		
		施設使用料		
		自動車リース料		
		施設賦課税		
		事故賠償費		
		道路使用料		
		フェリーボート利用料		
		その他		
		計		
	一般管理費	人件費		
		その他		
		計		
	合計			
営業損益				
営業外収益	金融収益			
	その他			
	合計			
営業外費用	金融費用			
	その他			
	合計			
営業外損益				
経常損益				

第３号様式（第２条関係）（日本産業規格Ａ列４番）

事業者番号	

一般貨物自動車運送事業人件費明細表

年　月　日から　年　月　日まで

住　所

事業者名

（単位：千円）

区分	運送費			一般管理費	合計
	運転者	その他	計		
役員報酬	／	／	／		
給料・手当					
賞与					
(小　計)					
(支給延人員)(人月)					
退職金					
法定福利費					
厚生福利費					
臨時雇賃金					
(雇用延人員)(人日)					
その他の人件費					
合　計					

備考　１　（支給延人員）欄には、給料支払の対象となった月別人員の当該事業年度における合計人員（人月）を記載すること。

２　(雇用延人員)欄には、臨時雇賃金支払の対象となった日ごとの人員の当該事業年度における合計人員(人日)を記載すること。

３　運送費に係るその他の項については、荷扱手・助手、事務員等の給料・手当等について記載すること。

第４号様式（第２条関係）（日本産業規格Ａ列４番）

事業者番号	

区分	一般			特定
	特積	利用	霊柩	

貨物自動車運送事業実績報告書

あて

住所
事業者名
代表者名
電話番号

事業概況（　　年３月31日現在）

事業用自動車	両	従業員数	人	運転者数	人

事業内容（前年４月１日から３月31日まで）

・ダンプによる土砂等輸送	・冷凍、冷蔵輸送
・基準緩和認定車両による長大物品等輸送	・原木、製材輸送
・国際海上コンテナ輸送	・引越輸送
・コンクリートミキサー車による生コンクリート輸送	・その他（　　　　　　）
・危険物等輸送	

輸送実績（前年４月１日から３月31日まで）

	延実在車両数（日車）	延実働車両数（日車）	走行キロ（キロメートル）	実車キロ（キロメートル）	輸送トン数		営業収入（千円）
					実運送（トン）	利用運送（トン）	
北海道							
東北							
北陸信越							
関東							
中部							
近畿							
中国							
四国							
九州							
沖縄							
全国計							

事故件数（前年４月１日から３月31日まで）

交通事故件数		重大事故件数		死者数		負傷者数	

備考　１　区分の欄は、該当する事項を○で囲むこと。

２　従業員数は、兼営事業がある場合は、主として当該事業に従事している人数及び共通部門に従事している従業員のうち当該事業分として適正な基準により配分した人数とし、運転者数を含むものとする。

３　事業内容については、主なもの三項目以内を○で囲むこと。

４　危険物等とは、自動車事故報告規則（昭和26年運輸省令第104号）別記様式の（注）の「積載危険物等」をいう。

５　輸送実績については、地方運輸局の管轄区域ごとに、当該地方運輸局の管轄区域内にあるすべての営業所に配置されている事業用自動車の輸送実績（ただし、輸送トン数（利用運送）については、当該地方運輸局の管轄区域内にあるすべての営業所において行った貨物自動車利用運送に係る貨物取扱量）について記載すること。

６　交通事故とは、道路交通法（昭和23年法律第105号）第72条第１項の交通事故をいう。

７　重大事故とは、自動車事故報告規則第２条の事故をいう。

○運輸事業の振興の助成に関する法律

（平成二十三年八月三十日法律第百一号）

（趣旨）

第一条　この法律は、軽油引取税の税率について特例が設けられていることが軽油を燃料とする自動車を用いて行われる運輸事業に与える影響に鑑み、当該事業に係る費用の上昇の抑制及び輸送力の確保に資し、もって国民の生活の利便性の向上及び地球温暖化対策の推進に寄与するため、当分の間の措置として、当該事業の振興を助成するための措置について定めるものとする。

（運輸事業振興助成交付金の交付）

第二条　都道府県は、軽油を燃料とする自動車を用いて行われる運輸事業を営む者を構成員とする一般社団法人であって当該都道府県の区域を単位とするもの（一般社団法人及び一般財団法人に関する法律及び公益社団法人及び公益財団法人の認定等に関する法律の施行に伴う関係法律の整備等に関する法律（平成十八年法律第五十号）第三十八条の規定による改正前の民法（明治二十九年法律第八十九号）第三十四条の規定により設立された社団法人であったものに限る。）及び当該都道府県の区域内において当該事業を営む地方公共団体に対し、当該事業の振興を助成するための交付金（以下「運輸事業振興助成交付金」という。）を交付するよう努めなければならない。

2　前項の運輸事業振興助成交付金の額は、平成六年度以降に交付された運輸事業振興助成交付金の各年度における総額の水準が確保されることを基本として総務省令・国土交通省令で定めるところにより算定した額を基準とするものとする。

（運輸事業振興助成交付金の使途）

第三条　前条第一項の規定により運輸事業振興助成交付金の交付を受けた者は、この法律の趣旨を踏まえ、当該運輸事業振興助成交付金の額を、旅客又は貨物の輸送の安全の確保に関する事業、輸送サービスの改善に関する事業、環境対策及び地球温暖化対策の推進に関する事業その他の軽油を燃料とする自動車を用いて行われる運輸事業の振興に資する事業として政令で定めるものに充てなければならない。

2　前条第一項の規定により運輸事業振興助成交付金の交付を受けた者は、都道府県の規則で定めるところにより、当該運輸事業振興助成交付金を充てて行った事業の実績その他の事項を都道府県知事に届け出なければならない。

（財政上の措置）

第四条　第二条第一項の規定による運輸事業振興助成交付金の交付に要する経費は、地方交付税法（昭和二十五年法律第二百十一号）の定めるところにより、都道府県に交付すべき地方交付税の額の算定に用いる基準財政需要額に算入するものとする。

（省令への委任）

第五条　この法律に定めるもののほか、運輸事業振興助成交付金の交付の手続その他この法律を実施するため必要な事項は、総務省令・国土交通省令で定める。

附　則

（施行期日）

1　この法律は、公布の日から起算して一月を経過した日から施行する。

（検討）

2　国は、この法律の施行の状況について検討を加え、必要があると認めるときは、その結果に基づいて必要な措置を講ずるものとする。

○運輸事業の振興の助成に関する法律第三条第一項の事業を定める政令

（平成二十三年九月二十六日政令第三百号）

運輸事業の振興の助成に関する法律（以下「法」という。）第三条第一項の政令で定める事業は、次に掲げる事業とする。

一　軽油を燃料とする自動車を用いて行われる運輸事業（以下「特定運輸事業」という。）を営む者が行う旅客又は貨物の輸送の安全の確保に関する事業
二　特定運輸事業に係るサービスの改善及び向上に関する事業
三　特定運輸事業に係る公害の防止、地球温暖化（地球温暖化対策の推進に関する法律（平成十年法律第百十七号）第二条第一項に規定する地球温暖化をいう。）の防止その他の環境の保全に関する事業
四　特定運輸事業の適正化に関する事業
五　特定運輸事業を営む者の共同利用に供する施設の設置又は運営に関する事業
六　特定運輸事業を営む者が震災その他の災害に際し必要な物資を運送するための体制の整備に関する事業
七　特定運輸事業を営む者の経営の安定化に寄与する事業（当該事業に要する費用に充てるための基金を設けて行われるものに限る。）
八　全国を単位とする一般社団法人（一般社団法人及び一般財団法人に関する法律及び公益社団法人及び公益財団法人の認定等に関する法律の施行に伴う関係法律の整備等に関する法律（平成十八年法律第五十号）第三十八条の規定による改正前の民法（明治二十九年法律第八十九号）第三十四条の規定により設立された社団法人であったものに限る。）であって、前各号に掲げる事業を行うものに対し、当該事業に要する資金の出えんを行う事業（当該一般社団法人が当該出えんを行う者を社員とする場合に限る。）
九　前各号に掲げるもののほか、特定運輸事業の振興に資する事業で国土交通大臣が総務大臣に協議して定めるもの

附　則

この政令は、法の施行の日〔平成二三年九月三〇日〕から施行する。

○運輸事業の振興の助成に関する法律施行規則

（平成二十三年九月二十六日
総務省、国土交通省令第一号）

（定義）

第一条　この省令において、次の各号に掲げる用語の意義は、当該各号に定めるところによる。

一　営業用バス　自動車登録規則（昭和四十五年運輸省令第七号）別表第二の自動車の範囲欄の2に掲げる自動車（軽油を燃料とするものに限る。）であって、運輸事業の用に供するものをいう。

二　営業用トラック　自動車登録規則別表第二の自動車の範囲欄の1、4又は6に掲げる自動車（軽油を燃料とするものに限る。）であって、運輸事業の用に供するものをいう。

三　自家用バス　自動車登録規則別表第二の自動車の範囲欄の2に掲げる自動車（軽油を燃料とするものに限る。）であって、営業用バス以外のものをいう。

四　自家用トラック　自動車登録規則別表第二の自動車の範囲欄の1、4又は6に掲げる自動車（軽油を燃料とするものに限る。）であって、営業用トラック以外のものをいう。

五　営業用バス等　営業用バス、営業用トラック、自家用バス及び自家用トラックをいう。

六　交付年度　都道府県が運輸事業振興助成交付金を交付する年度をいう。

七　交付対象者　運輸事業の振興の助成に関する法律（以下「法」という。）第二条第一項の規定により運輸事業振興助成交付金の交付を受ける者をいう。

（運輸事業振興助成交付金の基準額の算定）

第二条　法第二条第二項に規定する総務省令・国土交通省令で定めるところにより算定した額は、次の算式により算定した額とする。

算式

A×B×C×D×（1－0.07）

算式の符号

A　交付年度における当該都道府県の軽油引取税の収入見込額

B　交付年度の前々年度における営業用バス等の軽油使用量の総計の当該年度における徴収すべき軽油引取税に係る課税標準たる数量の総計に対する割合として総務大臣が定めるもの

C　交付対象者ごとに次の算式により算定した数値

算式

e÷（a+b+c+d）

算式の符号

a　営業用バスの標準軽油使用量（営業用バス、営業用トラック、自家用バス又は自家用トラックごとに交付年度の前々年度以前5箇年度内の各年度における当該自動車の軽油使用量の合計を当該各年度の9月末日における当該自動車の登録台数（道路運送車両法（昭和26年法律第185号）第4条に規定する自動車登録ファイルに登録されているものの台数をいう。以下同じ。）の合計で除したものとして総務大臣が定めるもの。以下同じ。）に交付年度の前年度の9月末日における営業用バスの当該都道府県内の登録台数を乗じたもの

b　営業用トラックの標準軽油使用量に交付年度の前年度の9月末日における営業用トラックの当該都道府県内の登録台数を乗じたもの

c　自家用バスの標準軽油使用量に交付年度の前年度の9月末日における自家用バスの当該都道府県内の登録台数を乗じたもの

d　自家用トラックの標準軽油使用量に交付年度の前年度の9月末日における当該都道府県内の自家用トラックの登録台数を乗じたもの

e　交付対象者のうち、営業用バスを用いて行われる運輸事業を営む者を構成員とするもの又は当該事業を営む地方公共団体にあっては営業用バスの標準軽油使用量に交付年度の前年度の9月末日における交付対象者に係る営業用バスの登録台数を乗じたもの、営業用トラックを用いて行われる運輸事業を営む者を構成員とするものにあっては営業用トラックの標準軽油使用量に交付年度の前年度の9月末日における交付対象者に係る営業用トラックの登録台数を乗じたもの

D　平成6年度以降に交付された運輸事業振興助成交付金の各年度における総額の水準が確保されることを基本として算定するために乗ずべき数値として総務大臣が定めるもの

（交付の手続）

第三条　運輸事業振興助成交付金の交付の手続は、都道府県規則で定める。

附　則

（施行期日）

第一条　この省令は、法の施行の日〔平成二三年九月三〇日〕から施行する。

（経過措置）

第二条　平成二十三年度における運輸事業振興助成交付金についての第二条の規定の適用については、「総務大臣が定める」とあるのは、「附則別表に掲げる」とする。

附則別表（附則第二条関係）

交付年度の前々年度における営業用バス等の軽油使用量の総計の当該年度における徴収すべき軽油引取税に係る課税標準たる数量の総計に対する割合	0.91

営業用バスの標準軽油使用量	13,320リットル
営業用トラックの標準軽油使用量	14,150リットル
自家用バスの標準軽油使用量	2,570リットル
自家用トラックの標準軽油使用量	1,920リットル
平成6年度以降に交付された運輸事業振興助成交付金の各年度における総額の水準が確保されることを基本として算定するために乗ずべき数値	(15 ÷130)×0.3875

○土砂等を運搬する大型自動車による交通事故の防止等に関する特別措置法

（昭和四十二年八月二日法律第百三十一号）

沿革 昭四四法六八、昭四六法九八、昭四七法五七、昭五三法五三、昭五七法六九、昭五九法二五・六七、昭六〇法八九、平元法八二・八三、平五法四三・八九、平一一法八七・一六〇、平一三法五一、平一四法五四・八九、平一六法九〇、平一八法四〇、平一九法九〇、平二四法二七、平二五法四三・四四、平二六法六九、平二七法四〇、令元法二〇、令二法四二、令四法三二・六八改正

〔編者注〕 令和四年六月一七日法律第六八号による改正のうち、令和七年六月一日から施行される部分は、直接改正を加えないで、現行条文と並列して登載した。

（目的）

第一条 この法律は、土砂等の運搬の用に供する大型自動車の使用について必要な規制を行なうとともに、土砂等の運搬に関する事業の協業化等を図ること等により、土砂等の輸送に関する秩序を確立し、もつて道路交通の安全に寄与することを目的とする。

（定義）

第二条 この法律において「土砂等」とは、土、砂利（砂及び玉石を含む。）、砕石その他政令で定める物をいう。

2 この法律において「大型自動車」とは、専ら貨物を運搬する構造の自動車で、国土交通省令で定めるものをいう。

3 この法律において「事業用自動車」とは、道路運送法（昭和二十六年法律第百八十三号）第二条第八項に規定する事業用自動車をいう。

※ 1項「政令」＝令一、2項「国土交通省令」＝則一

（表示番号の指定）

第三条 土砂等の運搬の用に供するため大型自動車（事業用自動車であるものを除く。）を使用しようとする者は、国土交通省令で定めるところにより、次に掲げる事項を国土交通大臣に届け出るとともに、国土交通大臣に申請して、当該大型自動車について表示番号の指定を受けなければならない。

一 氏名又は名称及び住所

二 経営する事業の種類及び規模その他の概要

三 自動車の自動車登録番号、車名、初度登録年及び最大積載量

四 運搬する主要貨物の種類及びその年間予定数量

五 自動車の車庫又は常置場所の位置

六 運転者を雇用する場合にあつては、運転者の勤務時間、乗務時間及び乗務距離

七 自らその運転者である場合にあつては、その乗務時間及び乗務距離

八 前各号に掲げるもののほか、国土交通省令で定めるもの

2 土砂等の運搬の用に供するため大型自動車（事業用自動車であるものに限る。）を使用しようとする者は、国土交通省令で定めるところにより、国土交通大臣に申請して、当該大型自動車について表示番号の指定を受けなければならない。

3 第一項の規定による届出をした者は、当該届出事項に変更があつたときは、国土交通省令で定めるところにより、すみやかに、その旨を国土交通大臣に届け出るとともに、国土交通大臣に申請して、当該大型自動車について表示番号の指定を受けなければならない。

※ 1〜3項「国土交通省令」＝則一の二〜五、1・3項「罰則」＝本法二三

（表示番号等の表示）

第四条 土砂等の運搬の用に供する大型自動車（以下「土砂等運搬大型自動車」という。）を使用する者は、国土交通省令で定めるところにより、前条の規定による指定に係る表示番号その他国土交通省令で定める事項を当該土砂等運搬大型自動車の外側に見やすいように表示しなければならない。

※ 「国土交通省令」＝則六、「罰則」＝本法二〇①・二二

（使用廃止の届出）

第五条 第三条の規定による表示番号の指定に係る土砂等運搬大型自動車を使用する者は、当該土砂等運搬大型自動車を土砂等の運搬の用に供しないこととなつたときは、その日から三十日以内に、その旨を国土交通大臣に届け出なければならない。

※ 「罰則」＝本法二三

（積載重量の自重計の取付け）

第六条 土砂等運搬大型自動車を使用する者は、経済産業省令、国土交通省令で定める技術上の基準に適合する積載重量の自重計（積載重量を自動的に計量するための装置をいう。）を当該土砂等運搬大型自動車に取り付けなければならない。

※ 「経済産業省令、国土交通省令」＝土砂等運搬大型自動車に取り付ける自重計の技術上の基準を定める省令、「罰則」＝本法二一①・二二

（使用の制限及び禁止）

第七条 国土交通大臣は、土砂等運搬大型自動車の運転者が、土砂等の運搬のための当該土砂等運搬大型自動車の運転に関し、次の各号のいずれかに該当することとなつたときは、当該土砂等運搬大型自動車を使用する者に対し、六箇月以内の期間を定めて、土砂等運搬大型自動車の使用を制限し、又は禁止することができる。ただし、当該運転者に対し当該違反行為を防止するために相当の注意及び監督が尽くされたことの証明があつたときは、当該土砂等運搬大型自動車を使用する者については、この限りでない。

一 交通事故を起こして人を死亡させ、又は傷つけた場合において、道路交通法（昭和三十五年法律第百五号）第百十七条第一項又は第二項の違反行為をしたとき。

二 道路交通法第百十七条の二第一項第一号、第三号若しくは第四号、第百十七条の二の二第一項第一号、第三号若しくは第七号、第百十七条の四第一項第二号又は第百十八条第一項第五号の違反行為をし、よつて交通事故を起こして人を死亡させ、又は傷つけたとき。

三 道路交通法第百十八条第一項第一号若しくは第二項第一号号又は第百十九条第一項第一号から第六号まで、第十五号若しくは第二十号若しくは第二項第一号若しくは第二号の違反行為をし、よつて交通事故を起こして人を死亡させた

とき。

2 警視総監又は道府県警察本部長は、土砂等運搬大型自動車の運転者が、当該土砂等運搬大型自動車の運転に関し、前項各号のいずれかに該当することとなつたと認めたときは、速やかに、意見を付して、その旨を当該土砂等運搬大型自動車を使用する者の住所地を管轄する地方運輸局長に通報しなければならない。

※ 1項「罰則」＝本法一九・二二

第八条 国土交通大臣は、土砂等の運搬のための土砂等運搬大型自動車の運転に係る労働につき、労働基準法（昭和二十二年法律第四十九号）第五条、第三十二条、第三十五条若しくは第三十七条の規定若しくは同法第四十条の規定に基づいて発する命令の規定（労働者派遣事業の適正な運営の確保及び派遣労働者の保護等に関する法律（昭和六十年法律第八十八号。以下「労働者派遣法」という。）第四十四条の規定により適用される場合を含む。）又は労働安全衛生法（昭和四十七年法律第五十七号）第六十八条の規定（労働者派遣法第四十五条の規定により適用される場合を含む。）に違反する行為があつたときは、当該土砂等運搬大型自動車を使用する者に対し、六箇月以内の期間を定めて、土砂等運搬大型自動車の使用を制限し、又は禁止することができる。ただし、当該違反行為を防止するために相当の注意及び監督が尽くされたことの証明があつたときは、当該土砂等運搬大型自動車を使用する者については、この限りでない。

2 都道府県労働局長は、土砂等の運搬のための土砂等運搬大型自動車の運転に係る労働につき、前項の違反行為があつたと認めたときは、速やかに、意見を付して、その旨を当該土砂等運搬大型自動車を使用する者の住所地を管轄する地方運輸局長に通報しなければならない。

※ 1項「罰則」＝本法一九・二二

（自動車検査証の返納等）

第九条 国土交通大臣は、第七条第一項又は前条第一項の規定により土砂等運搬大型自動車の使用を禁止したときは、当該土砂等運搬大型自動車の道路運送車両法（昭和二十六年法律第百八十五号）による自動車検査証を国土交通大臣に返納し、又は当該土砂等運搬大型自動車の同法による自動車登録番号標及びその封印を取りはずしたうえ、その自動車登録番号標について国土交通大臣の領置を受けるべきことを命ずることができる。

2 国土交通大臣は、前二条に規定する土砂等運搬大型自動車の使用の禁止の期間が満了したときは、前項の規定により返納を受けた自動車検査証又は同項の規定により領置した自動車登録番号標を返付しなければならない。

3 前項の自動車登録番号標の返付を受けた者は、当該自動車登録番号標を当該土砂等運搬大型自動車に取り付け、国土交通大臣の封印の取付けを受けなければならない。

4 国土交通大臣は、第一項の規定による命令に係る土砂等運搬大型自動車であつて、道路運送車両法第十六条第一項の申請（同法第十五条の二第五項の規定により申請があつたものとみなされる場合を含む。）に基づき一時抹消登録をしたものについては、前二条に規定する土砂等運搬大型自動車の使用の禁止の期間が満了するまでは、同法第十八条の二第一項本文の登録識別情報を通知しないものとする。

※ 1・3項「罰則」＝本法二〇②・③・二二

第十条 削除

（協業化等の促進）

第十一条 国は、大型自動車を使用して行なう土砂等の運搬に関する事業（以下単に「土砂等の運搬に関する事業」という。）の協業化及びその経営の近代化を促進するため、税制上及び金融上の措置その他必要な措置を講ずるものとする。

2 地方公共団体は、土砂等の運搬に関する事業の協業化及びその経営の近代化を促進するため、金融上の措置その他必要な措置を講ずるものとする。

（土砂等の運搬に関する事業を行なう者の団体）

第十二条 土砂等の運搬に関する事業を行なう者が次に掲げる事項の全部又は一部を行なうことを主たる目的として組織する団体（法人であるものに限る。）は、その成立の日から三十日以内に、政令で定めるところにより、国土交通大臣又は都道府県知事に、政令で定める事項を届け出なければならない。

一 構成員が行なう交通事故の防止を図るための措置に関する指導、調査及び研究

二 構成員が雇用する運転者の技能及び教養の向上を図るための指導、調査及び研究

三 団体としての交通安全に関する意見の公表又は行政庁に対する申出

四 行政庁が構成員に対して発する通知の構成員への伝達その他行政庁が交通安全に関し行なう措置に対する協力

五 この法律その他交通関係法令及び労働基準関係法令の違反行為の予防

2 国土交通大臣は、前項の規定による届出を受けたときは、当該届出の内容を関係各大臣に通知するものとする。

※ 1項「政令」＝令二

（報告等）

第十三条 国土交通大臣及び関係各大臣並びに都道府県知事は、第一条の目的を達成するため必要があると認めるときは、前条第一項の規定による届出をした団体に対し、その行なう事業に関して必要な報告又は資料の提出を求めることができる。

（指導及び育成）

第十四条 国及び地方公共団体は、第十二条第一項の規定による届出をした団体の指導及び育成に努めるものとする。

（土砂等の輸送体系の確立）

第十五条 国及び地方公共団体は、安全かつ合理的な土砂等の輸送体系を確立するため、鉄道又は船舶による大量輸送を促進するとともに、輸送施設の整備その他必要な措置を講ずるよう努めなければならない。

（報告及び検査）

第十六条 国土交通大臣は、第一条の目的を達成するため必要があると認めるときは、土砂等運搬大型自動車を使用する者に対し、土砂等運搬大型自動車の使用に関して必要な報告を求めることができる。

2 国土交通大臣は、第一条の目的を達成するため特に必要があると認めるときは、その職員に、前項に規定する者の事務所その他の事業場又は土砂等運搬大型自動車の所在する場所に立ち入り、土砂等運搬大型自動車、帳簿書類その他の物件を検査し、又は関係者に質問させることができる。

3 前項の規定により職員が立入検査をする場合においては、

その身分を示す証明書を携帯し、関係者に提示しなければならない。

4 第二項の規定による立入検査の権限は、犯罪捜査のために認められたものと解してはならない。

※ 1・2項「罰則」＝本法二一②・③・二二

（権限の委任）

第十七条 この法律に規定する国土交通大臣の権限は、政令で定めるところにより、地方運輸局長に委任することができる。

2 第七条第二項又は第八条第二項に規定する地方運輸局長の権限及び前項の規定により地方運輸局長に委任された権限は、政令で定めるところにより、運輸監理部長又は運輸支局長に委任することができる。

※ 1・2項「政令」＝令四

（政令への委任）

第十八条 この法律に規定するもののほか、この法律の実施のため必要な事項は、政令で定める。

※ 「政令」＝令

（罰則）

第十九条 第七条第一項又は第八条第一項の規定による処分に違反した者は、三月以下の懲役若しくは五万円以下の罰金に処し、又はこれを併科する。

> 注 令和四年六月一七日法律六八号により改正され、令和七年六月一日から施行
>
> 第十九条中「懲役」を「拘禁刑」に改める。

第二十条 次の各号の一に該当する者は、三万円以下の罰金に処する。

一 第四条の規定に違反して、表示をせず、又は虚偽の表示をした者

二 第九条第一項の規定による命令に違反した者

三 第九条第三項の規定に違反した者

第二十一条 次の各号の一に該当する者は、一万円以下の罰金に処する。

一 第六条の規定に違反した者

二 第十六条第一項の規定による報告を求められて、報告をせず、又は虚偽の報告をした者

三 第十六条第二項の規定による検査を拒み、妨げ、若しくは忌避し、又は同項の規定による質問に対して陳述をせず、若しくは虚偽の陳述をした者

※ 罰金額の変更＝罰金等臨時措置法二Ⅰ

第二十二条 法人の代表者又は法人若しくは人の代理人、使用人その他の従業者が、その法人若しくは人の業務又はその法人若しくは人が使用する大型自動車に関し、第十九条から前条までの違反行為をしたときは、行為者を罰するほか、その法人又は人に対しても、各本条の罰金刑を科する。

第二十三条 第三条第一項若しくは第三項又は第五条の規定に違反して、届出をせず、又は虚偽の届出をした者は、三万円以下の過料に処する。

附 則（抄）

（施行期日）

1 この法律は、公布の日から起算して六箇月をこえない範囲内において政令で定める日から施行する。ただし、第六条の規定は、公布の日から起算して九箇月をこえない範囲内において政令で定める日から施行する。

〔昭四二・一二政令三六二により、昭四三・二・一から施行。ただし、六条の規定は昭四三・五・一から施行〕

（経過規定）

2 この法律の施行の際現に土砂等運搬大型自動車を使用している者は、この法律の施行の日から三箇月以内に、当該土砂等運搬大型自動車について第三条第一項の届出及び申請又は同条第二項の申請をすれば足りる。

3 この法律の施行（附則第一項ただし書の規定による施行をいう。以下この項において同じ。）の際現に土砂等運搬大型自動車を使用している者は、この法律の施行の日から三箇月以内に、第六条に規定する積載重量の自重計を当該土砂等運搬大型自動車に取り付ければ足りる。

4 この法律の施行前にした行為に対する罰則の適用については、なお従前の例による。

附 則（昭四六・六・二法九八抄）

（施行期日）

第一条 この法律は、公布の日から起算して六月をこえない範囲内において政令で定める日から施行する。〔後略〕

〔昭四六・一一政令三四七により、昭四六・一二・一から施行〕

附 則（昭四七・六・八法五七抄）

（施行期日）

第一条 この法律は、公布の日から起算して六月をこえない範囲内において政令で定める日から施行する。

〔昭四七・六政令二五四により、昭四七・一〇・一から施行〕

附 則（昭五三・五・二〇法五三抄）

1 この法律は、昭和五十三年十二月一日から施行する。〔後略〕

附 則（昭五九・五・八法二五抄）

（施行期日）

第一条 この法律は、昭和五十九年七月一日から施行する。

附 則（昭五九・八・一〇法六七抄）

（施行期日）

第一条 この法律は、公布の日から起算して一年を超えない範囲内において政令で定める日から施行する。

〔昭五九・一一政令三三〇により、昭六〇・四・一から施行〕

（経過措置）

第九条 この法律の施行前に、この法律による改正前の〔中略〕土砂等を運搬する大型自動車による交通事故の防止等に関する特別措置法〔中略〕に基づく命令の規定によりした処分、手続その他の行為は、この法律による改正後の〔中略〕土砂等を運搬する大型自動車による交通事故の防止等に関する特別措置法〔中略〕に基づく命令の相当規定によりした処分、手続その他の行為とみなす。

附 則（昭六〇・七・五法八九抄）

（施行期日）

第一条 この法律は、労働者派遣事業の適正な運営の確保及び派遣労働者の就業条件の整備等に関する法律（昭和六十年法律第八十八号）の施行の日から施行する。

〔昭六一・四政令九四により、昭六一・七・一から施行〕

附 則（平元・一二・一九法八二抄）

（施行期日）

第一条　この法律は、公布の日から起算して一年を超えない範囲内において政令で定める日から施行する。

〔平二・七政令二〇九により、平二・一二・一から施行〕

（経過措置）

第三十一条　附則第七条から前条までに定めるもののほか、この法律の施行に関して必要な経過措置は、政令で定める。

附　則（平元・一二・一九法八三抄）

（施行期日）

第一条　この法律は、公布の日から起算して一年を超えない範囲内において政令で定める日から施行する。

〔平二・七政令二二二により、平二・一二・一から施行〕

附　則（平五・五・一二法四三抄）

（施行期日）

第一条　この法律は、公布の日から起算して一年を超えない範囲内において政令で定める日から施行する。

〔平五・一〇政令三四七により、平六・五・一〇から施行〕

附　則（平五・一一・一二法八九抄）

（施行期日）

第一条　この法律は、行政手続法（平成五年法律第八十八号）の施行の日〔平成六年一〇月一日〕から施行する。

（諮問等がされた不利益処分に関する経過措置）

第二条　この法律の施行前に法令に基づき審議会その他の合議制の機関に対し行政手続法第十三条に規定する聴聞又は弁明の機会の付与の手続その他の意見陳述のための手続に相当する手続を執るべきことの諮問その他の求めがされた場合においては、当該諮問その他の求めに係る不利益処分の手続に関しては、この法律による改正後の関係法律の規定にかかわらず、なお従前の例による。

（罰則に関する経過措置）

第十三条　この法律の施行前にした行為に対する罰則の適用については、なお従前の例による。

（聴聞に関する規定の整理に伴う経過措置）

第十四条　この法律の施行前に法律の規定により行われた聴聞、聴問若しくは聴聞会（不利益処分に係るものを除く。）又はこれらのための手続は、この法律による改正後の関係法律の相当規定により行われたものとみなす。

（政令への委任）

第十五条　附則第二条から前条までに定めるもののほか、この法律の施行に関して必要な経過措置は、政令で定める。

附　則（平一一・七・一六法八七抄）

（施行期日）

第一条　この法律は、平成十二年四月一日から施行する。ただし、次の各号に掲げる規定は、当該各号に定める日から施行する。

一　〔前略〕附則第七条、第十条、第十二条、第五十九条ただし書、第六十条第四項及び第五項、第七十三条、第七十七条、第百五十七条第四項から第六項まで、第百六十条、第百六十三条、第百六十四条並びに第二百二条の規定　公布の日

二～六〔略〕

（国等の事務）

第百五十九条　この法律による改正前のそれぞれの法律に規定するもののほか、この法律の施行前において、地方公共団体の機関が法律又はこれに基づく政令により管理し又は執行する国、他の地方公共団体その他公共団体の事務（附則第百六十一条において「国等の事務」という。）は、この法律の施行後は、地方公共団体が法律又はこれに基づく政令により当該地方公共団体の事務として処理するものとする。

（処分、申請等に関する経過措置）

第百六十条　この法律（附則第一条各号に掲げる規定については、当該各規定。以下この条及び附則第百六十三条において同じ。）の施行前に改正前のそれぞれの法律の規定によりされた許可等の処分その他の行為（以下この条において「処分等の行為」という。）又はこの法律の施行の際現に改正前のそれぞれの法律の規定によりされている許可等の申請その他の行為（以下この条において「申請等の行為」という。）で、この法律の施行の日においてこれらの行為に係る行政事務を行うべき者が異なることとなるものは、附則第二条から前条までの規定又は改正後のそれぞれの法律（これに基づく命令を含む。）の経過措置に関する規定に定めるものを除き、この法律の施行の日以後における改正後のそれぞれの法律の適用については、改正後のそれぞれの法律の相当規定によりされた処分等の行為又は申請等の行為とみなす。

2　この法律の施行前に改正前のそれぞれの法律の規定により国又は地方公共団体の機関に対し報告、届出、提出その他の手続をしなければならない事項で、この法律の施行の日前にその手続がされていないものについては、この法律及びこれに基づく政令に別段の定めがあるもののほか、これを、改正後のそれぞれの法律の相当規定により国又は地方公共団体の相当の機関に対して報告、届出、提出その他の手続をしなければならない事項についてその手続がされていないものとみなして、この法律による改正後のそれぞれの法律の規定を適用する。

（不服申立てに関する経過措置）

第百六十一条　施行日前にされた国等の事務に係る処分であって、当該処分をした行政庁（以下この条において「処分庁」という。）に施行日前に行政不服審査法に規定する上級行政庁（以下この条において「上級行政庁」という。）があったものについての同法による不服申立てについては、施行日以後においても、当該処分庁に引き続き上級行政庁があるものとみなして、行政不服審査法の規定を適用する。この場合において、当該処分庁の上級行政庁とみなされる行政庁は、施行日前に当該処分庁の上級行政庁であった行政庁とする。

2　前項の場合において、上級行政庁とみなされる行政庁が地方公共団体の機関であるときは、当該機関が行政不服審査法の規定により処理することとされる事務は、新地方自治法第二条第九項第一号に規定する第一号法定受託事務とする。

（手数料に関する経過措置）

第百六十二条　施行日前においてこの法律による改正前のそれぞれの法律（これに基づく命令を含む。）の規定により納付すべきであった手数料については、この法律及びこれに基づく政令に別段の定めがあるもののほか、なお従前の例による。

（罰則に関する経過措置）

第百六十三条　この法律の施行前にした行為に対する罰則の適用については、なお従前の例による。

（その他の経過措置の政令への委任）

第百六十四条　この附則に規定するもののほか、この法律の施行に伴い必要な経過措置（罰則に関する経過措置を含む。）は、政令で定める。

２　附則第十八条、第五十一条及び第百八十四条の規定の適用に関して必要な事項は、政令で定める。

〔平一一・一二・二二法一六〇抄〕

（処分、申請等に関する経過措置）

第千三百一条　中央省庁等改革関係法及びこの法律（以下「改革関係法等」と総称する。）の施行前に法令の規定により従前の国の機関がした免許、許可、認可、承認、指定その他の処分又は通知その他の行為は、法令に別段の定めがあるもののほか、改革関係法等の施行後は、改革関係法等の施行後の法令の相当規定に基づいて、相当の国の機関がした免許、許可、認可、承認、指定その他の処分又は通知その他の行為とみなす。

２　改革関係法等の施行の際現に法令の規定により従前の国の機関に対してされている申請、届出その他の行為は、法令に別段の定めがあるもののほか、改革関係法等の施行後は、改革関係法等の施行後の法令の相当規定に基づいて、相当の国の機関に対してされた申請、届出その他の行為とみなす。

３　改革関係法等の施行前に法令の規定により従前の国の機関に対し報告、届出、提出その他の手続をしなければならないとされている事項で、改革関係法等の施行の日前にその手続がされていないものについては、法令に別段の定めがあるもののほか、改革関係法等の施行後は、これを、改革関係法等の施行後の法令の相当規定により相当の国の機関に対して報告、届出、提出その他の手続をしなければならないとされた事項についてその手続がされていないものとみなして、改革関係法等の施行後の法令の規定を適用する。

（従前の例による処分等に関する経過措置）

第千三百二条　なお従前の例によることとする法令の規定により、従前の国の機関がすべき免許、許可、認可、承認、指定その他の処分若しくは通知その他の行為又は従前の国の機関に対してすべき申請、届出その他の行為については、法令に別段の定めがあるもののほか、改革関係法等の施行後は、改革関係法等の施行後の法令の規定に基づくその任務及び所掌事務の区分に応じ、それぞれ、相当の国の機関がすべきもの又は相当の国の機関に対してすべきものとする。

（罰則に関する経過措置）

第千三百三条　改革関係法等の施行前にした行為に対する罰則の適用については、なお従前の例による。

（政令への委任）

第千三百四十四条　第七十一条から第七十六条まで及び第千三百一条から前条まで並びに中央省庁等改革関係法に定めるもののほか、改革関係法等の施行に関し必要な経過措置（罰則に関する経過措置を含む。）は、政令で定める。

附　則〔平一一・一二・二二法一六〇抄〕

（施行期日）

第一条　この法律（第二条及び第三条を除く。）は、平成十三年一月六日から施行する。ただし、次の各号に掲げる規定は、当該各号に定める日から施行する。

一　〔前略〕第千三百四十四条の規定　公布の日

二　〔略〕

附　則〔平一三・六・二〇法五一抄〕

（施行期日）

第一条　この法律は、公布の日から起算して一年を超えない範囲内において政令で定める日から施行する。〔後略〕

〔平一四・二政令二三により、平一四・六・一から施行〕

附　則〔平一四・五・三一法五四抄〕

（施行期日）

第一条　この法律は、平成十四年七月一日から施行する。

（経過措置）

第二十八条　この法律の施行前にこの法律による改正前のそれぞれの法律若しくはこれに基づく命令（以下「旧法令」という。）の規定により海運監理部長、陸運支局長、海運支局長又は陸運支局の事務所の長（以下「海運監理部長等」という。）がした許可、認可その他の処分又は契約その他の行為（以下「処分等」という。）は、国土交通省令で定めるところにより、この法律による改正後のそれぞれの法律若しくはこれに基づく命令（以下「新法令」という。）の規定により相当の運輸監理部長、運輸支局長又は地方運輸局、運輸監理部若しくは運輸支局の事務所の長（以下「運輸監理部長等」という。）がした処分等とみなす。

第二十九条　この法律の施行前に旧法令の規定により海運監理部長等に対してした申請、届出その他の行為（以下「申請等」という。）は、国土交通省令で定めるところにより、新法令の規定により相当の運輸監理部長等に対してした申請等とみなす。

第三十条　この法律の施行前にした行為に対する罰則の適用については、なお従前の例による。

附　則〔平一四・七・一七法八九抄〕

（施行期日）

第一条　この法律は、公布の日から起算して二年六月を超えない範囲内において政令で定める日から施行する。〔後略〕

〔平一五・一二政令四九四により、平一七・一・一から施行〕

附　則〔平一六・六・九法九〇抄〕

（施行期日）

第一条　この法律の規定は、次の各号に掲げる区分に従い、当該各号に定める日から施行する。

一　〔前略〕附則第三条及び第二十五条の規定　公布の日

二・三　〔略〕

四　第三条並びに附則第五条、第十六条及び第二十条から第二十二条までの規定　公布の日から起算して二年を超えない範囲内において政令で定める日

〔平一七・一二政令三七三により、平一八・六・一から施行〕

五　第四条並びに附則第六条から第十五条まで、第十七条及び第十八条の規定　公布の日から起算して三年を超えない範囲内において政令で定める日

〔平一八・一二政令三五一により、平一九・六・一から施行〕

（その他の経過措置の政令への委任）

第二十五条　附則第三条から第十四条まで、第二十一条、第二十三条及び前条に規定するもののほか、この法律の施行に伴い必要な経過措置（罰則に関する経過措置を含む。）は、政令で定める。

附　則〔平一八・五・一九法四〇抄〕

（施行期日）
第一条 この法律は、公布の日から起算して十月を超えない範囲内において政令で定める日から施行する。ただし、次の各号に掲げる規定は、当該各号に定める日から施行する。
〔平一八・八政令二七五により、平一八・一〇・一から施行〕
一～三〔略〕
四〔前略〕附則第八条から第十条まで、第十七条、第二十一条、第二十七条（土砂等を運搬する大型自動車による交通事故の防止等に関する特別措置法（昭和四十二年法律第百三十一号）第九条第四項の改正規定に限る。）及び第二十八条の規定 公布の日から起算して二年六月を超えない範囲内において政令で定める日
〔平二〇・三政令八一により、平二〇・一一・四から施行〕

附 則（平一九・六・二〇法九〇抄）

（施行期日）
第一条 この法律は、公布の日から起算して三月を超えない範囲内において政令で定める日から施行する。〔後略〕
〔平一九・八政令二六五により、平一九・九・一九から施行〕

（罰則に関する経過措置）
第十二条 この法律（附則第一条第一号に掲げる改正規定については、当該改正規定）の施行前にした行為並びに附則第三条第一項及び第四項の規定によりなお従前の例によることとされる場合における同号に掲げる規定の施行後にした行為に対する罰則の適用については、なお従前の例による。

（その他の経過措置の政令への委任）
第十三条 附則第二条から第六条まで及び前条に定めるもののほか、この法律の施行に関し必要な経過措置（罰則に関する経過措置を含む。）は、政令で定める。

附 則（平二四・四・六法二七抄）

（施行期日）
第一条 この法律は、公布の日から起算して六月を超えない範囲内において政令で定める日から施行する。〔後略〕
〔平二四・八政令二一〇により、平二四・一〇・一から施行〕

附 則（平二五・六・一四法四三抄）

（施行期日）
第一条 この法律は、公布の日から起算して一年を超えない範囲内において政令で定める日から施行する。ただし、次の各号に掲げる規定は、当該各号に定める日から施行する。
一 第一条及び附則第六条から第八条までの規定 公布の日から起算して六月を超えない範囲内において政令で定める日
〔平二五・一一政令三〇九により、平二五・一二・一から施行〕
二・三〔略〕

附 則（平二五・六・一四法四四抄）

（施行期日）
第一条 この法律は、公布の日から施行する。〔後略〕

（罰則に関する経過措置）
第十条 この法律（附則第一条各号に掲げる規定にあっては、当該規定）の施行前にした行為に対する罰則の適用については、なお従前の例による。

（政令への委任）
第十一条 この附則に規定するもののほか、この法律の施行に関し必要な経過措置（罰則に関する経過措置を含む。）は、政令で定める。

附 則（平二六・六・一三法六九抄）

（施行期日）
第一条 この法律は、行政不服審査法（平成二十六年法律第六十八号）の施行の日〔平成二八年四月一日〕から施行する。

（経過措置の原則）
第五条 行政庁の処分その他の行為又は不作為についての不服申立てであってこの法律の施行前にされた行政庁の処分その他の行為又はこの法律の施行前にされた申請に係る行政庁の不作為に係るものについては、この附則に特別の定めがある場合を除き、なお従前の例による。

（訴訟に関する経過措置）
第六条 この法律による改正前の法律の規定により不服申立てに対する行政庁の裁決、決定その他の行為を経た後でなければ訴えを提起できないこととされる事項であって、当該不服申立てを提起しないでこの法律の施行前にこれを提起すべき期間を経過したもの（当該不服申立てが他の不服申立てに対する行政庁の裁決、決定その他の行為を経た後でなければ提起できないとされる場合にあっては、当該他の不服申立てを提起しないでこの法律の施行前にこれを提起すべき期間を経過したものを含む。）の訴えの提起については、なお従前の例による。
2 この法律の規定による改正前の法律の規定（前条の規定によりなお従前の例によることとされる場合を含む。）により異議申立てが提起された処分その他の行為であって、この法律の規定による改正後の法律の規定により審査請求に対する裁決を経た後でなければ取消しの訴えを提起することができないこととされるものの取消しの訴えの提起については、なお従前の例による。
3 不服申立てに対する行政庁の裁決、決定その他の行為の取消しの訴えであって、この法律の施行前に提起されたものについては、なお従前の例による。

（罰則に関する経過措置）
第九条 この法律の施行前にした行為並びに附則第五条及び前二条の規定によりなお従前の例によることとされる場合におけるこの法律の施行後にした行為に対する罰則の適用については、なお従前の例による。

（その他の経過措置の政令への委任）
第十条 附則第五条から前条までに定めるもののほか、この法律の施行に関し必要な経過措置（罰則に関する経過措置を含む。）は、政令で定める。

附 則（平二七・六・一七法四〇抄）

（施行期日）
第一条 この法律は、公布の日から起算して二年を超えない範囲内において政令で定める日から施行する。ただし、第百三条の二第一項の改正規定並びに附則第十条及び第十四条から第十六条までの規定は、公布の日から施行する。

（土砂等を運搬する大型自動車による交通事故の防止等に関する特別措置法の一部改正に伴う経過措置）
第十六条 前条の規定の施行前にした行為に係る土砂等運搬大型自動車の使用の制限及び禁止については、同条の規定によ

る改正後の土砂等を運搬する大型自動車による交通事故の防止等に関する特別措置法第七条第一項の規定にかかわらず、なお従前の例による。

附　則（令元・六・五法二〇抄）

（施行期日）

第一条　この法律は、道路運送車両法の一部を改正する法律（令和元年法律第十四号）の施行の日から施行する。ただし、次の各号に掲げる規定は、当該各号に定める日から施行する。

一　附則第五条の規定　公布の日

二　第一条並びに次条から附則第四条まで及び附則第六条から第八条までの規定　公布の日から起算して六月を超えない範囲内において政令で定める日

〔令元・九政令一〇七により、令元・一二・一から施行〕

（政令への委任）

第五条　前三条及び附則第七条に規定するもののほか、この法律の施行に関し必要な経過措置（罰則に関する経過措置を含む。）は、政令で定める。

（土砂等を運搬する大型自動車による交通事故の防止等に関する特別措置法の一部改正に伴う経過措置）

第七条　前条の規定の施行前にした行為に係る土砂等運搬大型自動車の使用の制限及び禁止については、同条の規定による改正後の土砂等を運搬する大型自動車による交通事故の防止等に関する特別措置法第七条第一項の規定にかかわらず、なお従前の例による。

附　則（令二・六・一〇法四二抄）

（施行期日）

第一条　この法律は、公布の日から起算して二年を超えない範囲内において政令で定める日から施行する。ただし、次の各号に掲げる規定は、当該各号に定める日から施行する。

一　〔前略〕附則第三条及び第八条から第十一条までの規定　公布の日から起算して二十日を経過した日

二　〔略〕

（土砂等を運搬する大型自動車による交通事故の防止等に関する特別措置法の一部改正に伴う経過措置）

第十一条　前条の規定の施行前にした行為に係る土砂等運搬大型自動車の使用の制限及び禁止については、同条の規定による改正後の土砂等を運搬する大型自動車による交通事故の防止等に関する特別措置法第七条第一項の規定にかかわらず、なお従前の例による。

附　則（令四・四・二七法三二抄）

（施行期日）

第一条　この法律は、公布の日から起算して一年を超えない範囲内において政令で定める日から施行する。ただし、次の各号に掲げる規定は、当該各号に定める日から施行する。

〔令四・一二政令三九〇により、令五・四・一から施行〕

一　〔略〕

二　〔前略〕附則〔中略〕第十一条〔中略〕の規定　公布の日から起算して六月を超えない範囲内において政令で定める日

〔令四・九政令三〇三により、令四・一〇・一から施行〕

三　〔前略〕附則〔中略〕第十二条（土砂等を運搬する大型自動車による交通事故の防止等に関する特別措置法（昭和四十二年法律第百三十一号）第七条第一項第二号の改正規定（「第百十八条第一項第三号」を「第百十八条第一項第五号」に改める部分に限る。）に限る。）〔中略〕の規定　公布の日から起算して二年を超えない範囲内において政令で定める日

〔令五・三政令五三により、令五・七・一から施行〕

四　〔略〕

附　則（令四・六・一七法六八抄）

（罰則の適用等に関する経過措置）

第四百四十一条　刑法等の一部を改正する法律（令和四年法律第六十七号。以下「刑法等一部改正法」という。）及びこの法律（以下「刑法等一部改正法等」という。）の施行前にした行為の処罰については、次章に別段の定めがあるもののほか、なお従前の例による。

2　刑法等一部改正法等の施行後にした行為に対して、他の法律の規定によりなお従前の例によることとされ、なお効力を有することとされ又は改正前若しくは廃止前の法律の規定の例によることとされる罰則を適用する場合において、当該罰則に定める刑（刑法施行法第十九条第一項の規定又は第八十二条の規定による改正後の沖縄の復帰に伴う特別措置に関する法律第二十五条第四項の規定の適用後のものを含む。）に係る刑法等一部改正法第二条の規定による改正前の刑法（明治四十年法律第四十五号。以下この項において「旧刑法」という。）第十二条に規定する懲役（以下「懲役」という。）、旧刑法第十三条に規定する禁錮（以下「禁錮」という。）又は旧刑法第十六条に規定する拘留（以下「旧拘留」という。）が含まれるときは、当該刑のうち無期の懲役又は禁錮はそれぞれ無期拘禁刑と、有期の懲役又は禁錮はそれぞれその刑と長期及び短期（刑法施行法第二十条の規定の適用後のものを含む。）を同じくする有期拘禁刑と、旧拘留は長期及び短期（刑法施行法第二十条の規定の適用後のものを含む。）を同じくする拘留とする。

（裁判の効力とその執行に関する経過措置）

第四百四十二条　懲役、禁錮及び旧拘留の確定裁判の効力並びにその執行については、次章に別段の定めがあるもののほか、なお従前の例による。

（人の資格に関する経過措置）

第四百四十三条　懲役、禁錮又は旧拘留に処せられた者に係る人の資格に関する法令の規定の適用については、無期の懲役又は禁錮に処せられた者はそれぞれ無期拘禁刑に処せられた者と、有期の懲役又は禁錮に処せられた者はそれぞれ刑期を同じくする有期拘禁刑に処せられた者と、旧拘留に処せられた者は拘留に処せられた者とみなす。

2　拘禁刑又は拘留に処せられた者に係る他の法律の規定によりなお従前の例によることとされ、なお効力を有することとされ又は改正前若しくは廃止前の法律の規定の例によることとされる人の資格に関する法令の規定の適用については、無期拘禁刑に処せられた者は無期禁錮に処せられた者と、有期拘禁刑に処せられた者は刑期を同じくする有期禁錮に処せられた者と、拘留に処せられた者は刑期を同じくする旧拘留に処せられた者とみなす。

（経過措置の政令への委任）

第五百九条　この編に定めるもののほか、刑法等一部改正法等の施行に伴い必要な経過措置は、政令で定める。

附　則（令四・六・一七法六八抄）

（施行期日）

1　この法律は、刑法等一部改正法〔刑法等の一部を改正する法律＝令和四年六月法律第六七号〕施行日〔令和七年六月一日〕から施行する。ただし、次の各号に掲げる規定は、当該各号に定める日から施行する。

一　第五百九条の規定　公布の日

二　〔略〕

○土砂等を運搬する大型自動車による交通事故の防止等に関する特別措置法施行令

（昭和四十二年十二月十八日 政令第三百六十三号）

沿革 昭四四政令一九四・三一〇、昭五九政令一七六・三三一、平六政令三〇三、平一二政令三一二、平一四政令二〇〇改正

（土砂等の範囲）

第一条 土砂等を運搬する大型自動車による交通事故の防止等に関する特別措置法（以下「法」という。）第二条第一項の政令で定める物は、次に掲げる物とする。

一 砂利（砂及び玉石を含む。）又は砕石をアスファルト又はセメントにより安定処理した物及びアスファルト・コンクリート

二 鉱さい、廃鉱及び石炭がら

三 コンクリート、れんが、モルタル、しつくいその他これらに類する物のくず

四 砂利状又は砕石状の石灰石及びけい砂

（団体の成立の届出）

第二条 法第十二条第一項の規定による届出は、都道府県知事以外の行政庁が法人の設立の許可をした団体にあつては国土交通大臣に対し、都道府県知事が法人の設立の許可をした団体にあつては当該都道府県知事に対し、書面によりするものとする。

2 法第十二条第一項の政令で定める事項は、次に掲げる事項とする。

一 名称及び主たる事務所の所在地

二 目的及び事業

三 役員の氏名及び住所

四 成立の年月日並びに法人の設立の許可を受けた年月日及びその許可をした行政庁

五 定款

六 当該団体が法第十二条第一項各号に掲げる事項の全部又は一部を行なうことを目的とする団体に加入している場合にあつては、その加入している団体の名称及び主たる事務所の所在地

（団体の解散等の届出）

第三条 法第十二条第一項の規定による届出をした団体は、解散し、又は前条第二項各号に掲げる事項に変更を生じたときは、その解散し、又は変更を生じた日から三十日以内に、その旨を国土交通大臣又は都道府県知事に届け出なければならない。

2 前条第一項の規定は、前項の規定による届出について準用する。

（権限の委任）

第四条 法第三条第一項から第三項まで、第五条、第七条第一項、第八条第一項、第九条第一項及び第二項並びに第十六条第一項及び第二項に規定する国土交通大臣の権限は、地方運輸局長に委任する。

2 法第七条第二項及び第八条第二項に規定する地方運輸局長の権限並びに前項の規定により地方運輸局長に委任された権限は、運輸監理部長又は運輸支局長に委任する。

（国土交通省令への委任）

第五条 この政令で定めるもののほか、法及びこの政令の実施のため必要な手続その他の事項は、国土交通省令で定める。

附 則（抄）

1 この政令は、昭和四十三年二月一日から施行する。

附 則（昭四四・一二・一九政令三一〇）

この政令中〔中略〕第三条から第五条までの規定は、昭和四十五年三月一日から〔中略〕施行する。

附 則（昭五九・六・六政令一七六抄）

（施行期日）

第一条 この政令は、昭和五十九年七月一日から施行する。

附 則（昭五九・一一・二四政令三三一）

この政令は、道路運送法等の一部を改正する法律の施行の日（昭和六十年四月一日）から施行する。

附 則（平六・九・一九政令三〇三抄）

（施行期日）

第一条 この政令は、行政手続法の施行の日（平成六年十月一日）から施行する。

附 則（平一二・六・七政令三一二抄）

（施行期日）

1 この政令は、内閣法の一部を改正する法律（平成十一年法律第八十八号）の施行の日（平成十三年一月六日）から施行する。〔後略〕

附 則（平一四・六・七政令二〇〇抄）

（施行期日）

第一条 この政令は、平成十四年七月一日から施行する。

○土砂等を運搬する大型自動車による交通事故の防止等に関する特別措置法施行規則

（昭和四十二年十二月二十二日）
（運輸省令第八十六号）

沿革　昭四五運令一〇・四〇、昭四七運令三二、昭四九運令三八、昭五〇運令六、昭五二運令一一、昭五三運令八・一九、昭五四運令五・一四・三四、昭五五運令一〇、昭五七運令一・三二、昭五八運令四五、昭六〇運令一・五・三〇、昭六三運令二八、平元運令二四、平二運令二九、平三運令三〇、平六運令一二・三六、平九運令五四・八一、平一一運令三八、平一二運令三九、平一四国交令七九、平一八国交令三〇、平一九国交令六三、平二六国交令七五・八三、令元国交令二〇、令六国交令二六改正

（大型自動車）

第一条　土砂等を運搬する大型自動車による交通事故の防止等に関する特別措置法（昭和四十二年法律第百三十一号。以下「法」という。）第二条第二項の国土交通省令で定める自動車は、道路交通法（昭和三十五年法律第百五号）第三条に規定する大型自動車及び中型自動車（車両総重量が八千キログラム以上のもの及び最大積載量が五千キログラム以上のものに限る。）とする。

（使用の届出）

第一条の二　法第三条第一項の規定により土砂等運搬大型自動車の使用の届出をしようとする者は、土砂等運搬大型自動車使用届出書（第一号様式）を当該大型自動車の使用の本拠の位置を管轄する運輸監理部長又は運輸支局長（以下「所轄運輸監理部長又は運輸支局長」という。）に提出しなければならない。

（変更の届出）

第二条　法第三条第三項の規定により届出事項の変更の届出をしようとする者は、届出事項変更届出書（第一号様式）を当該大型自動車が現に受けている表示番号の指定をした運輸監理部長又は運輸支局長（以下「甲運輸監理部長又は運輸支局長」という。）に提出しなければならない。

（表示番号の指定等）

第三条　法第三条第一項の規定により表示番号の指定の申請をしようとする者は、表示番号指定申請書（第一号様式）を所轄運輸監理部長又は運輸支局長に提出しなければならない。

2　法第三条第三項の規定により表示番号の指定の申請をしようとする者は、表示番号指定申請書を甲運輸監理部長又は運輸支局長に提出しなければならない。

3　前二項の表示番号指定申請書には、当該大型自動車の自動車検査証（道路運送車両法（昭和二十六年法律第百八十五号）第六十条第一項の自動車検査証をいう。以下同じ。）を添付しなければならない。ただし、法第三条第三項の規定により表示番号の指定の申請をする場合において、当該申請に係る届出事項の変更が次に掲げる変更以外の変更である場合は、この限りでない。

一　当該大型自動車の使用の本拠の位置の甲運輸監理部長又は運輸支局長の管轄区域内から他の運輸監理部長又は運輸支局長（以下「乙運輸監理部長又は運輸支局長」という。）の管轄区域内への変更

二　経営する事業の種類の変更

4　甲運輸監理部長又は運輸支局長は、法第三条第三項の規定による申請（前項第一号に掲げる変更に係るものに限る。）を受理したときは、当該申請書を乙運輸監理部長又は運輸支局長に送付しなければならない。

5　乙運輸監理部長又は運輸支局長は、前項の送付を受けた場合において、当該大型自動車の使用者が乙運輸監理部長又は運輸支局長の交付する当該大型自動車の自動車検査証を提示したときは、表示番号を指定しなければならない。

第四条　法第三条第三項の規定により届け出た届出事項の変更が前条第三項各号に掲げる変更以外のものである場合は、法第三条第一項の規定により当該大型自動車が現に指定を受けている表示番号は、同条第三項の規定による表示番号として指定されたものとみなす。

第五条　法第三条第二項の規定により表示番号の指定の申請をしようとする者は、当該大型自動車の自動車検査証を添付した表示番号指定申請書を所轄運輸監理部長又は運輸支局長に提出しなければならない。

2　前項の表示番号の指定を受けた者は、同項の表示番号指定申請書の記載事項に変更があつた場合は、申請事項変更届出書（第一号様式）を甲運輸監理部長又は運輸支局長に提出しなければならない。

3　甲運輸監理部長又は運輸支局長は、前項の変更が第三条第三項第一号に該当する場合は、当該届出書を乙運輸監理部長又は運輸支局長に送付しなければならない。

4　乙運輸監理部長又は運輸支局長は、前項の送付を受けた場合において、当該大型自動車の使用者が乙運輸監理部長又は運輸支局長の交付する当該大型自動車の自動車検査証を提示したときは、表示番号を変更して指定することができる。

（表示番号の表示）

第六条　表示番号は、次に掲げる文字及び記号をその順序により組み合わせて定めるものとし、別表第一の例により、荷台の両側面及び後面に表示しなければならない。

一　大型自動車の使用の本拠の位置を管轄する運輸監理部又は運輸支局（使用の本拠の位置が自動車検査登録事務所の管轄区域に属する場合にあつては、当該自動車検査登録事務所）を表示する文字（別表第二）

二　経営する事業の種類を表示する文字及び記号（別表第三）

三　五けた以下のアラビア数字

（使用廃止の届出）

第七条　法第五条の規定により使用廃止の届出をしようとする者は、当該大型自動車の自動車検査証を添付した土砂等運搬大型自動車使用廃止届出書（第二号様式）を所轄運輸監理部長又は運輸支局長に提出しなければならない。

附　則

この省令は、昭和四十三年二月一日から施行する。

附　則（昭四五・二・二〇運令一〇）

この省令は、昭和四十五年三月一日から施行する。

附　則（昭四五・五・二八運令四〇）

1　この省令は、昭和四十五年六月一日から施行する。

2　この省令の施行前に指定を受けた表示番号の表示については、なお従前の例による。

附　則（昭四七・五・一三運令三二）

この省令は、昭和四十七年五月十五日から施行する。

附　則（昭四九・九・一〇運令三八）

この省令は、公布の日から施行する。

附　則（昭五〇・三・一三運令六抄）

1　この省令は、昭和五十年三月二十日から施行する。

7　この省令の施行前に土砂等を運搬する大型自動車による交通事故の防止等に関する特別措置法の規定により指定をうけた表示番号は、第四条の規定による改正後の土砂等を運搬する大型自動車による交通事故の防止等に関する特別措置法施行規則の規定による表示番号とみなす。

附　則（昭五二・五・七運令一一抄）

（施行期日）

1　この省令は、昭和五十二年五月九日から施行する。

附　則（昭五三・二・一七運令八抄）

（施行期日）

1　この省令は、昭和五十三年二月二十日から施行する。

附　則（昭五三・四・一三運令一九抄）

（施行期日）

1　この省令は、昭和五十三年四月十七日から施行する。

附　則（昭五四・二・二二運令五抄）

（施行期日）

1　この省令中、福岡県陸運事務所に係る部分〔中略〕は、昭和五十四年二月二十六日から、山形県陸運事務所に係る部分〔中略〕は、同年三月十二日から施行する。

附　則（昭五四・四・二〇運令一四抄）

（施行期日）

1　この省令は、昭和五十四年四月二十三日から施行する。

附　則（昭五四・七・二〇運令三四抄）

（施行期日）

1　この省令は、昭和五十四年八月六日から施行する。

附　則（昭五五・四・一七運令一〇抄）

（施行期日）

1　この省令は、昭和五十五年四月二十一日から施行する。

附　則（昭五七・一・二〇運令一抄）

（施行期日）

1　この省令は、昭和五十七年二月一日から施行する。

附　則（昭五七・一二・一四運令三三抄）

1　この省令は、昭和五十七年十二月二十日から施行する。

附　則（昭五八・一〇・一八運令四五抄）

（施行期日）

1　この省令中、大阪府陸運事務所に係る部分〔中略〕は、昭和五十八年十一月十四日から、青森県陸運事務所に係る部分〔中略〕は、同年十二月五日から施行する。

附　則（昭六〇・一・一〇運令一抄）

（施行期日）

1　この省令は、昭和六十年二月四日から施行する。

附　則（昭六〇・二・五運令五抄）

（施行期日）

1　この省令は、道路運送法等の一部を改正する法律の施行の日（昭和六十年四月一日）から施行する。

附　則（昭六〇・九・二〇運令三〇抄）

（施行期日）

1　この省令は、昭和六十年十月一日から施行する。ただし、第二条から第五条までの規定（以下「自動車登録規則等の改正規定」という。）及び附則第二項から第四項までの規定は、昭和六十年十月二十一日から施行する。

附　則（昭六三・九・二六運令二八抄）

（施行期日）

1　この省令は、昭和六十三年〔中略〕十月二十四日から施行する。

（経過措置）

7　この省令の施行後に土砂等を運搬する大型自動車による交通事故の防止等に関する特別措置法の規定による表示番号の指定を受ける土砂等運搬大型自動車であって、その使用の本拠の位置が豊橋自動車検査登録事務所の管轄区域に属するものに対する土砂等を運搬する大型自動車による交通事故の防止等に関する特別措置法施行規則第六条の規定の適用については、自動車登録規則等の改正規定の施行までの間は、なお従前の例による。

附　則（平元・七・二〇運令二四）

この省令は、公布の日から施行する。

附　則（平二・一〇・二六運令二九抄）

（施行期日）

1　この省令は、平成二年十一月一日から施行する。ただし、第二条から第四条までの規定（以下「自動車登録規則等の改正規定」という。）は、同年十一月二十六日から施行する。

（経過措置）

7　この省令の施行後に土砂等を運搬する大型自動車による交通事故の防止等に関する特別措置法の規定による表示番号の指定を受ける土砂等運搬大型自動車であって、その使用の本拠の位置が春日部自動車検査登録事務所の管轄区域に属するものに対する土砂等を運搬する大型自動車による交通事故の防止等に関する特別措置法施行規則第六条の規定の適用については、自動車登録規則等の改正規定の施行までの間は、なお従前の例による。

附　則（平三・九・三〇運令三〇抄）

（施行期日）

1　この省令は、平成三年十月一日から施行する。ただし、第二条から第四条までの規定（以下「自動車登録規則等の改正規定」という。）は、同年十月二十八日から施行する。

（経過措置）

7　この省令の施行後に土砂等を運搬する大型自動車による交通事故の防止等に関する特別措置法の規定による表示番号の指定を受ける土砂等運搬大型自動車であって、その使用の本拠の位置が飛騨自動車検査登録事務所の管轄区域に属するものに対する土砂等を運搬する大型自動車による交通事故の防止等に関する特別措置法施行規則第六条の規定の適用については、自動車登録規則等の改正規定の施行までの間は、なお従前の例による。

附　則（平六・三・三〇運令一二抄）

1　この省令は、公布の日から施行する。〔後略〕

附　則（平六・八・三一運令三六抄）

（施行期日）

1　この省令は、平成六年九月一日から施行する。ただし、第二条から第四条までの規定（以下「自動車登録規則等の改正規定」という。）は、同年十月三十一日から施行する。

（経過措置）

7　この省令の施行後自動車登録規則等の改正規定の施行までの間に土砂等を運搬する大型自動車による交通事故の防止等に関する特別措置法の規定による表示番号の指定を受ける土砂等運搬大型自動車であって、その使用の本拠の位置が湘南自動車検査登録事務所の管轄区域に属するものに対する表示番号については、なお従前の例による。

附　則（平九・八・二六運令五四抄）

（施行期日）

1　この省令は、平成九年九月一日から施行する。ただし、第二条から第四条までの規定は、同年十月二十日から施行する。

（経過措置）

7　この省令の施行後平成九年十月十九日までの間に土砂等を運搬する大型自動車による交通事故の防止等に関する特別措置法の規定による表示番号の指定を受ける土砂等運搬大型自動車であってその使用の本拠の位置が野田自動車検査登録事務所の管轄区域に属するものに対する表示番号については、なお従前の例による。

附　則（平九・一二・一五運令八一抄）

（施行期日）

1　この省令は、平成十年一月一日から施行する。

附　則（平一一・八・二六運令三八抄）

（施行期日）

1　この省令は、平成十一年九月一日から施行する。ただし、第二条から第四条までの規定は、同年十一月十五日から施行する。

7　この省令の施行後平成十一年十一月十四日までの間に土砂等を運搬する大型自動車による交通事故の防止等に関する特別措置法の規定による表示番号の指定を受ける土砂等運搬大型自動車であってその使用の本拠の位置が佐野自動車検査登録事務所の管轄区域に属するものに対する表示番号については、なお従前の例による。

附　則（平一二・一一・二九運令三九抄）

（施行期日）

第一条　この省令は、平成十三年一月六日から施行する。

附　則（平一四・六・二八国交令七九）

（施行期日）

第一条　この省令は、平成十四年七月一日から施行する。

（経過措置）

第二条　この省令の施行の際現にあるこの省令による改正前の様式又は書式による申請書、証明書その他の文書は、この省令による改正後のそれぞれの様式又は書式にかかわらず、当分の間、なおこれを使用することができる。

附　則（平一八・三・三一国交令三〇抄）

（施行期日）

第一条　この省令は、平成十八年四月一日から施行する。

附　則（平一九・六・一国交令六三）

この省令は、道路交通法の一部を改正する法律（平成一六年六月法律第九〇号）の一部の施行の日（平成十九年六月二日）から施行する。ただし、第三号様式表面の改正規定は、平成十九年十月一日から施行する。

附　則（平二六・九・三〇国交令七五抄）

（施行期日）

1　この省令は、平成二十六年十月一日から施行する。

附　則（平二六・一〇・一七国交令八三抄）

（施行期日）

1　この省令は、平成二十六年十一月十七日から施行する。

附　則（令元・六・二八国交令二〇）

この省令は、不正競争防止法等の一部を改正する法律（平成三〇年五月法律第三三号）の施行の日（令和元年七月一日）から施行する。

附　則（令六・三・二九国交令二六抄）

（施行期日）

第一条　この省令は、令和六年四月一日から施行する。〔後略〕

別表第一（第六条関係）

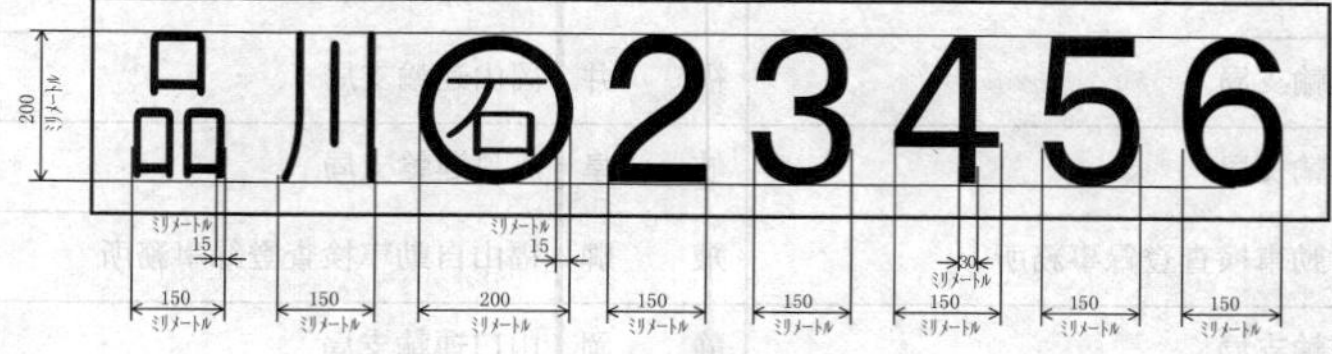

備考
表示方法は、ペンキ等により左横書きとし、文字、記号及び数字は黒色とし、地を白色とすること。

別表第二（第六条関係）

運輸監理部、運輸支局又は自動車検査登録事務所	表示する文字	運輸監理部、運輸支局又は自動車検査登録事務所	表示する文字
札幌運輸支局	札幌	所沢自動車検査登録事務所	所沢
函館運輸支局	函館	熊谷自動車検査登録事務所	熊谷
旭川運輸支局	旭川	春日部自動車検査登録事務所	春日
室蘭運輸支局	室蘭	千葉運輸支局	千葉
釧路運輸支局	釧路	習志野自動車検査登録事務所	習志
帯広運輸支局	帯広	袖ケ浦自動車検査登録事務所	袖ケ
北見運輸支局	北見	野田自動車検査登録事務所	野田
青森運輸支局	青森	東京運輸支局	品川
八戸自動車検査登録事務所	八戸	練馬自動車検査登録事務所	練馬
岩手運輸支局	岩手	足立自動車検査登録事務所	足立
宮城運輸支局	宮城	八王子自動車検査登録事務所	八王
秋田運輸支局	秋田	多摩自動車検査登録事務所	多摩
山形運輸支局	山形	神奈川運輸支局	横浜
庄内自動車検査登録事務所	庄内	川崎自動車検査登録事務所	川崎
福島運輸支局	福島	湘南自動車検査登録事務所	湘南
いわき自動車検査登録事務所	いわ	相模自動車検査登録事務所	相模
茨城運輸支局	水戸	山梨運輸支局	山梨
土浦自動車検査登録事務所	土浦	新潟運輸支局	新潟
栃木運輸支局	宇都	長岡自動車検査登録事務所	長岡
佐野自動車検査登録事務所	佐野	富山運輸支局	富山
群馬運輸支局	群馬	石川運輸支局	石川
埼玉運輸支局	大宮	長野運輸支局	長野

松本自動車検査登録事務所	松　本	島根運輸支局	島　根
福井運輸支局	福　井	岡山運輸支局	岡　山
岐阜運輸支局	岐　阜	広島運輸支局	広　島
飛騨自動車検査登録事務所	飛　騨	福山自動車検査登録事務所	福　山
静岡運輸支局	静　岡	山口運輸支局	山　口
浜松自動車検査登録事務所	浜　松	徳島運輸支局	徳　島
沼津自動車検査登録事務所	沼　津	香川運輸支局	香　川
愛知運輸支局	名　古	愛媛運輸支局	愛　媛
豊橋自動車検査登録事務所	豊　橋	高知運輸支局	高　知
西三河自動車検査登録事務所	西　三	福岡運輸支局	福　岡
小牧自動車検査登録事務所	小　牧	北九州自動車検査登録事務所	北　九
三重運輸支局	三　重	筑豊自動車検査登録事務所	筑　豊
滋賀運輸支局	滋　賀	久留米自動車検査登録事務所	久　留
京都運輸支局	京　都	佐賀運輸支局	佐　賀
大阪運輸支局	大　阪	長崎運輸支局及び厳原自動車検査登録事務所	長　崎
なにわ自動車検査登録事務所	な　に	佐世保自動車検査登録事務所	佐　世
和泉自動車検査登録事務所	和　泉	熊本運輸支局	熊　本
神戸運輸監理部	神　戸	大分運輸支局	大　分
姫路自動車検査登録事務所	姫　路	宮崎運輸支局	宮　崎
奈良運輸支局	奈　良	鹿児島運輸支局	鹿　児
和歌山運輸支局	和　歌	奄美自動車検査登録事務所	奄　美
鳥取運輸支局	鳥　取	沖縄総合事務局陸運事務所、宮古運輸事務所及び八重山運輸事務所	沖　縄

別表第三（第六条関係）

経営する事業の種類	表示する文字及び記号	経営する事業の種類	表示する文字及び記号
自動車運送事業	㊔	砂利販売業	㊋
採石業	㊂	建設業	㊓
砕石業	㊋	その他	㊆
砂利採取業	㊌		

第一号様式（第一条、第二条、第三条、第五条関係）

土砂等運搬大型自動車使用届出書（甲）
届出事項変更届出書（甲）
表示番号指定申請書（甲）
申請事項変更届出書（甲）

運輸監理部長又は運輸支局長　殿

<table>
<tr><td>申請（届出）年月日</td><td colspan="3">ふりがな</td><td colspan="2"></td><td>ふりがな</td><td></td></tr>
<tr><td rowspan="2"></td><td colspan="3">使用者の氏名又は名称</td><td colspan="2"></td><td>代表者の氏名</td><td></td></tr>
<tr><td colspan="3">使用者の住所</td><td colspan="4"></td></tr>
<tr><td rowspan="3">経営する事業</td><td>種類</td><td colspan="6">自動車運送事業・採石業・砕石業・砂利採取業・砂利販売業・建設業・その他（　　　）</td></tr>
<tr><td colspan="2">資本金　　　円</td><td rowspan="2">運搬する主要貨物</td><td>種類</td><td>年間予定数量</td><td>種類</td><td>年間予定数量</td></tr>
<tr><td colspan="2">従業員数　　　人
（うち運転者数）（　　　人）</td><td></td><td></td><td></td><td></td></tr>
<tr><td colspan="4">自動車の車庫又は常置場所の位置</td><td colspan="4">活動地域</td></tr>
<tr><td colspan="4"></td><td colspan="4"></td></tr>
<tr><td></td><td colspan="4">運転者を雇用する場合</td><td colspan="3">自ら運転者である場合</td></tr>
<tr><td>運転者の勤務時間</td><td colspan="4"></td><td colspan="3">（斜線）</td></tr>
<tr><td>運転者の乗務時間</td><td colspan="4"></td><td colspan="3"></td></tr>
<tr><td>運転者の乗務距離</td><td colspan="4"></td><td colspan="3"></td></tr>
</table>

短辺

長辺　（日本産業規格Ａ列４番）

※表示番号	

土砂等運搬大型自動車使用届出書（乙）
届出事項変更届出書（乙）
表示番号指定申請書（乙）
申請事項変更届出書（乙）

運輸監理部長又は運輸支局長　殿

申請（届出）年月日	ふりがな	
	使用者の氏名又は名称	

自動車登録番号	車名	型式	初度登録年	最大積載量	車両総重量

所有者	氏名又は名称		使用の本拠の位置
	住所		
使用の権原			

短辺　長辺

（日本産業規格A列5番）

注　(1)　届出書又は申請書の名称のうち不要の文字を削除すること。
(2)　土砂等運搬大型自動車使用届出書㈷又は㈡のいずれか一方の記載事項の変更のみを届け出る場合には、届出事項変更届出書㈷又は㈡のいずれか一方の提出で足りる。申請事項変更の届出をする場合も、同様とする。
(3)　㈡紙は、一大型自動車につき一葉とすること。
(4)　代表者の氏名の欄は、届出（申請）者が法人である場合に限り記入すること。
(5)　経営する事業の種類の欄は、該当事業を「○」で囲むこと。この場合において「その他」にあつては、事業の種類を（　）内に記入すること。
(6)　活動地域の欄は、当該大型自動車が土砂等を運搬する範囲を都府県単位（北海道にあつては、支庁単位）で記入すること。
(7)　自動車運送事業者は、㈷紙においては、「申請（届出）年月日」、「使用者の氏名又は名称及び住所」及び「経営する事業の種類」の欄に記入すれば足りる。
(8)　所有者の欄及び使用の権原の欄は、所有者と使用者が異なる場合に限り記入すること。
(9)　※印の欄は、記入しないこと。

第二号様式（第七条関係）

土砂等運搬大型自動車使用廃止届出書　　運輸監理部長又は運輸支局長　殿

<table>
<tr><td>届出年月日</td><td>ふりがな</td><td colspan="3"></td></tr>
<tr><td rowspan="2"></td><td>氏名又は名称</td><td colspan="3"></td></tr>
<tr><td>住所</td><td colspan="3"></td></tr>
<tr><td>表示番号</td><td colspan="2"></td><td>自動車登録番号</td><td></td></tr>
<tr><td colspan="5">使用廃止の理由
１．譲　　渡　　譲受人の氏名又は名称及び住所（　　　　　　　　　　　　）
２．貸　　渡　　借受人の氏名又は名称及び住所（　　　　　　　　　　　　）
３．廃　　車
４．用途変更
５．そ の 他（具体的理由を明記のこと。）</td></tr>
</table>

短辺

長辺　　（日本産業規格Ａ列４番）

注　使用廃止の理由の欄は、該当する事項の番号を「○」で囲み、かつ、必要事項を（　　）に記載すること。

○土砂等運搬大型自動車に取り付ける自重計の技術上の基準を定める省令

（昭和四十三年二月五日 通商産業省 運輸省 令第一号）

沿革　平一二通・運令一改正

（定義）

第一条　この省令において「目盛標識」とは、計量値又はそれに関連する値を表示するための数字又は点、線その他の記号をいう。

2　この省令において「アナログ指示機構」とは、計量値を連続的に示す目盛標識の集合をいう。

3　この省令において「デジタル表示機構」とは、計量値を一定間隔で断続的に表示する目盛標識の集合をいう。

4　この省令において「表示機構」とは、アナログ指示機構及びデジタル表示機構をいう。

（許容誤差）

第二条　自重計の表示の誤差は、大型自動車（土砂等を運搬する大型自動車による交通事故の防止等に関する特別措置法（昭和四十二年法律第百三十一号）第四条の土砂等運搬大型自動車をいう。以下同じ。）の物品積載装置に土砂等を均等に積載し、かつ、平たんな路面に停止している状態において、表す量が真実の量を超える場合にあつては真実の量の二十五パーセント、表す量が真実の量に足りない場合にあつては真実の量の十五パーセントを超えるものであつてはならない。ただし、表す量が最大積載量の百五十パーセントを超える場合又は表す量が最大積載量の八十パーセントに足りない場合にあつては、この限りでない。

（機構及び作用）

第三条　自重計は、大型自動車に取り付けられた状態において、次の各号に適合するものでなければならない。

一　振動、衝撃、浸水、じんあい等によつて、容易に損傷又は狂いを生じないこと。

二　かじ取性能、制動性能その他大型自動車の運行の安全を損なわないこと。

三　内部機構を外部から容易に調整できないこと。

四　積載重量に相当する質量の指示が見やすいこと。

五　停止している状態において、最大積載量の八十パーセント以上百五十パーセント以下の積載重量に相当する質量を直接に表示する表示機構を有するものであること。

（表記及び目盛標識）

第四条　自重計の表記及び目盛標識は、容易に消滅するもの、不鮮明なもの又は誤認のおそれがあるものであつてはならない。

2　前項に規定するほか、自重計の目盛標識は、次の各号に適合するものでなければならない。

一　目量（隣接する目盛標識のそれぞれが表す物象の状態の量の差をいう。）は、五百キログラム以下であること。

二　アナログ指示機構を有するものにあつては、主な目盛線及び特定の積載重量に相当する質量を表す目盛線には、その値を表す数値が表記されていること。

三　積載重量に相当する質量が最大積載量を超えた状態であることを示すための目盛標識が付されているときは、その目盛標識は、色彩又は形状の差異により、他の目盛標識と明瞭に識別できるものであること。

3　自重計の表示機構は、その表す積載重量に相当する質量の計量単位又はその記号が表記されているほか、デジタル表示機構にあつては、ひよう量が表記されているものでなければならない。

附　則

この省令は、土砂等を運搬する大型自動車による交通事故の防止等に関する特別措置法（昭和四十二年法律第百三十一号）第六条の規定の施行の日（昭和四十三年五月一日）から施行する。

附　則（平一二・三・二九通・運令一）

この省令は、公布の日から施行する。

○日本国とアメリカ合衆国との間の相互協力及び安全保障条約第六条に基づく施設及び区域並びに日本国における合衆国軍隊の地位に関する協定及び日本国における国際連合の軍隊の地位に関する協定の実施に伴う道路運送法等の特例に関する法律

（昭和二十七年四月二十八日 法律第百二十三号）

沿革　昭二九法一五二、昭三五法一〇二、昭五七法九一、平元法八三、平六法八六、平一〇法七四、平一四法八九、平一八法四〇、令元法一四・一六改正

（合衆国軍隊等に対する道路運送法等の適用除外）

第一条　合衆国軍隊（日本国とアメリカ合衆国との間の相互協力及び安全保障条約に基づき日本国内にあるアメリカ合衆国の陸軍、空軍及び海軍をいう。以下同じ。）及び国際連合の軍隊（日本国における国際連合の軍隊の地位に関する協定第一条に規定する国際連合の軍隊をいう。以下同じ。）には、道路運送法（昭和二十六年法律第百八十三号）第九十四条及び第九十五条の規定は、適用しない。

2　合衆国軍隊及び国際連合の軍隊には、道路運送車両法（昭和二十六年法律第百八十五号）第四条、第十九条、第二十九条、第三十一条から第三十三条まで、第四十条から第四十五条まで、第四十七条から第五十条まで、第五十四条、第五十四条の二、第五十六条、第五十八条、第六十三条、第六十六条、第七十三条第一項、第九十七条の三、第九十七条から第九十九条の三まで及び第百条の規定は、適用しない。

（日本国との平和条約の効力発生に伴う経過規定）

第二条　この法律の施行の際、現に連合国占領軍の機関の登録を受けている自動車（道路運送車両法に規定する自動車をいう。以下同じ。）をその時において使用する者は、この法律の施行の日から六箇月間は、道路運送法第九十九条の届出をしなくてもよい。

第三条　この法律の施行の際、現に連合国占領軍の機関の登録を受けている自動車（軽自動車及び二輪の小型自動車を除く。）は、この法律の施行の日から六箇月間は、道路運送車両法第四条の規定により登録を受け、及び同法第五十八条の規定により検査を受け、自動車検査証の交付を受けなくても運行の用に供してもよい。

2　道路運送車両法第十九条、第五十条、第六十四条及び第六十六条の規定は、この法律の施行の日から六箇月間は、前項の自動車については、適用しない。

第四条　前条の規定は、同条第一項の自動車が左の各号の一に該当するに至つた場合には、適用しない。但し、第二号の場合については、所有者又は使用者の変更後十五日以内は、この限りでない。

一　この法律の施行の際、現に表示している自動車の登録番号標が滅失し、き損し、又はその識別が困難になつたとき。

二　所有者又は使用者に変更があつたとき。

第五条　この法律の施行の際、現に連合国占領軍の機関の登録を受けている二輪の小型自動車は、この法律の施行の日から六箇月間は、道路運送車両法第五十八条の規定により検査を受け、自動車検査証の交付を受けなくても運行の用に供してもよい。

2　道路運送車両法第五十条、第六十四条、第六十六条及び第七十三条第一項の規定は、この法律の施行の日から六箇月間は、前項の自動車については、適用しない。

第六条　この法律の施行の際、現に連合国占領軍の機関の登録を受けている軽自動車は、この法律の施行の日から六箇月間は、道路運送車両法第九十七条の二第一項の規定により届出をし、車両番号の指定を受けなくても運行の用に供してもよい。

2　道路運送車両法第九十七条の二第二項の規定は、この法律の施行の日から六箇月間は、前項の自動車については、適用しない。

附　則

この法律は、日本国との平和条約の最初の効力発生の日〔昭和二七年四月二八日〕から施行する。

附　則（昭二九・六・一法一五二）

1　この法律は、日本国における国際連合の軍隊の地位に関する協定の最初の効力発生の日〔昭和二九年六月一一日〕から施行する。

2　日本国における国際連合の軍隊の地位に関する協定の最初の署名の日〔昭和二九年二月一九日〕又はその後六箇月以内に同協定の当事者となる政府に係るものについては、同協定第二十一条4及び第二十二条4において同協定がその及ばないこととなる場合を除き、この法律中第三条の規定は昭和二十七年七月十五日から、その他の規定は昭和二十七年四月二十八日から適用する。

附　則（昭三五・六・二三法一〇二抄）

（施行期日）

第一条　この法律は、日本国とアメリカ合衆国との間の相互協力及び安全保障条約の効力発生の日〔昭和三五年六月二三日〕から施行する。

（罰則の適用に関する経過規定）

第十五条　この法律の施行前にした行為〔中略〕に対する罰則の適用については、なお従前の例による。

附　則（昭五七・九・二法九一抄）

（施行期日）

第一条　この法律は、公布の日から起算して一年を超えない範囲内において政令で定める日から施行する。〔後略〕

〔昭五七・一二政令三二一により、昭五八・七・一から施行〕

附　則（平元・一二・一九法八三抄）

（施行期日）

第一条　この法律は、公布の日から起算して一年を超えない範

囲内において政令で定める日から施行する。

〔平二・七政令二二二により、平二・一二・一から施行〕

附　則（平六・七・四法八六抄）

（施行期日）
第一条　この法律は、公布の日から起算して一年を超えない範囲内において政令で定める日から施行する。〔後略〕
〔平七・四政令一八一により、平七・七・一から施行〕

附　則（平一〇・五・二七法七四抄）

（施行期日）
第一条　この法律は、公布の日から起算して六月を超えない範囲内において政令で定める日から施行する。〔後略〕
〔平一〇・一〇政令三一八により、平一〇・一一・二四から施行〕

附　則（平一四・七・一七法八九抄）

（施行期日）
第一条　この法律は、公布の日から起算して二年六月を超えない範囲内において政令で定める日から施行する。ただし、次の各号に掲げる規定は、当該各号に定める日から施行する。
一〔略〕
二〔前略〕附則第十五条の規定　公布の日から起算して一年を超えない範囲内において政令で定める日
〔平一四・一一政令三四二により、平一五・四・一から施行〕
三〔略〕

附　則（平一八・五・一九法四〇抄）

（施行期日）
第一条　この法律は、公布の日から起算して十月を超えない範囲内において政令で定める日から施行する。〔後略〕
〔平一八・八政令二七五により、平一八・一〇・一から施行〕

附　則（令元・五・二四法一四抄）
沿革　令元法一六改正

（施行期日）

第一条　この法律は、公布の日から起算して一年を超えない範囲内において政令で定める日から施行する。ただし、次の各号に掲げる規定は、当該各号に定める日から施行する。

一～三〔略〕
四　第三条並びに附則第十四条、第二十条及び第二十一条の二の規定　公布の日から起算して一年六月を超えない範囲内において政令で定める日
〔令二・八政令二三七により、令二・一一・二三から施行〕
五・六〔略〕

附　則（令元・五・三一法一六抄）

（施行期日）
第一条　この法律は、公布の日から起算して九月を超えない範囲内において政令で定める日から施行する。〔後略〕
〔令元・一二政令一八二により、令元・一二・一六から施行〕

○タクシー業務適正化特別措置法

（昭和四十五年五月十九日法律第七十五号）

沿革　昭五九法二五・六七、昭六〇法一〇二、平元法八三、平五法八九、平七法八五、平一一法一六〇、平一二法八六、平一四法五四、平一六法九〇、平一八法一九・五〇、平一九法八七、平二三法七四、平二五法八三、平二六法六九、平二八法一〇六、令四法三二・六八改正

〔編者注〕

1　令和四年四月二七日法律第三二号による改正のうち、公布の日から起算して三年を超えない範囲内において政令で定める日から施行される部分は、直接改正を加えないで、現行条文と並列して登載した。

2　令和四年六月一七日法律第六八号による改正のうち、令和七年六月一日から施行される部分は、直接改正を加えないで、現行条文と並列して登載した。

目次

第一章　総則

（目的）

第一条　この法律は、タクシーの運転者の登録を実施し、指定地域において輸送の安全及び利用者の利便の確保に関する試験を行うとともに、特定指定地域においてタクシー業務適正化事業の実施を促進すること等の措置を定めることにより、タクシー事業の業務の適正化を図り、もつて輸送の安全及び利用者の利便の確保に資することを目的とする。

（定義）

第二条　この法律で「タクシー」とは、一般乗用旅客自動車運送事業（道路運送法（昭和二十六年法律第百八十三号）第三条第一号ハの一般乗用旅客自動車運送事業をいう。以下同じ。）を経営する者がその事業の用に供する自動車でハイヤー以外のものをいう。

2　この法律で「ハイヤー」とは、一般乗用旅客自動車運送事業を経営する者がその事業の用に供する自動車で当該自動車による運送の引受けが営業所のみにおいて行なわれるものをいう。

3　この法律で「タクシー事業」とは、タクシーを使用して行なう一般乗用旅客自動車運送事業をいう。

4　この法律で「タクシー事業者」とは、タクシー事業を経営する者をいう。

5　この法律で「指定地域」とは、次条第一項の規定により指定された地域をいう。

6　この法律で「特定指定地域」とは、第二条の三第一項の規定により指定された地域をいう。

第一章の二　指定地域及び特定指定地域の指定

（指定地域の指定）

第二条の二　国土交通大臣は、タクシーによる運送の引受けが専ら営業所以外の場所において行われており、かつ、道路運送法第二十七条第一項の規定に違反する適切な勤務時間又は乗務時間によらない勤務又は乗務、同法第十三条の規定に違反する運送の引受けの拒絶その他の輸送の安全及び利用者の利便を確保することが困難となるおそれがある行為の状況に照らして、タクシー事業の業務の適正化を図る必要があると認められる地域を、指定地域として指定することができる。

2　国土交通大臣は、指定地域について前項に規定する指定の事由がなくなつたと認めるときは、当該指定地域について同項の規定による指定を解除するものとする。

3　第一項の規定による指定及び前項の規定による指定の解除は、告示によつて行う。

4　特定地域及び準特定地域における一般乗用旅客自動車運送事業の適正化及び活性化に関する特別措置法（平成二十一年法律第六十四号）第八条第一項に規定する協議会は、国土交通大臣に対し、当該協議会が組織されている同法第二条第五項に規定する特定地域又は同条第六項に規定する準特定地域について第一項の規定による指定を行うよう要請することができる。

5　都道府県知事は、国土交通大臣に対し、当該都道府県について第一項の規定による指定を行うよう要請することができる。

6　市町村長は、当該市町村の属する都道府県の知事を経由して、国土交通大臣に対し、当該市町村について第一項の規定による指定を行うよう要請することができる。

（特定指定地域の指定）

第二条の三　国土交通大臣は、指定地域のうち、特に利用者の利便を確保する観点からタクシー事業の業務の適正化を図る必要があると認められる地域を、特定指定地域として指定することができる。

2　前条第二項から第六項までの規定は、前項の規定による指定について準用する。

第二章　タクシー運転者の登録等

第一節　タクシー運転者の登録

（登録運転者の乗務）

第三条　タクシー事業者は、タクシーには、当該タクシーを配置する営業所を設けている単位地域（全国の区域を分けてタクシー運転者登録原簿（以下「原簿」という。）を設ける単位となる地域として国土交通大臣が指定する地域をいう。以

下同じ。）に係る原簿に登録を受けている者（以下「登録運転者」という。）以外の者を運転者として乗務させてはならない。ただし、その運行が旅客の運送を目的としない場合は、この限りでない。

２　前項の規定による指定は、告示によつて行う。

※　１項「罰則」＝本法五六①・六一

（原簿）

第四条　原簿への登録（第三節を除き、以下「登録」という。）は、国土交通大臣が行う。

２　原簿は、単位地域ごとに設ける。

（登録の申請）

第五条　登録は、当該登録に係る単位地域内に営業所を有するタクシー事業者に雇用されている者（登録を条件として雇用の契約を締結している者を含む。第七条第一項第五号において同じ。）でタクシーの運転者として選任されており、又は選任されることを予定されているものの申請により行う。

２　登録を申請しようとする者は、次の事項を記載した申請書を国土交通大臣に提出しなければならない。

一　申請者の氏名、生年月日及び住所

二　申請者が雇用されているタクシー事業者（登録を条件として雇用の契約を締結している者を含む。）の氏名又は名称及び住所

三　申請者が受けている第二種運転免許（道路交通法（昭和三十五年法律第百五号）第八十六条第一項の大型第二種免許、中型第二種免許又は普通第二種免許をいう。以下同じ。）の種類並びにこれに係る運転免許証の番号及び有効期限

四　申請に係る単位地域

３　前項の申請書を提出する場合には、同項第一号に掲げる事項を証する書面、申請者が第七条第一項第一号から第五号までに該当する者でないことを証する書面及び申請者の写真を添付し、かつ、申請者が受けている第二種運転免許に係る運転免許証を提示しなければならない。

注　令和四年四月二七日法律三二号により改正され、公布の日から起算して三年を超えない範囲内において政令で定める日から施行

第五条第二項第三号中「運転免許証」の下に「又は同法第九十五条の二第二項第一号に規定する免許情報記録」を加え、同条第三項中「運転免許証」の下に「その他の前項第三号に掲げる事項を証するに足りる資料」を加える。

※　２・３項「罰則」＝本法六〇②・六一

（登録の実施）

第六条　国土交通大臣は、前条の規定による申請を受理したときは、次条第一項の規定により登録を拒否する場合を除き、前条第二項第一号から第三号までに掲げる事項及び登録の年月日を登録しなければならない。

（登録の拒否）

第七条　国土交通大臣は、第五条の規定による申請を受理した場合において、申請者が次の各号のいずれかに該当しているとき、又は該当していないことが明らかでないときは、その登録を拒否しなければならない。

一　道路運送法第二十五条の政令で定める要件を備えていないこと。

二　タクシー事業者が道路運送法第二十七条第三項の規定に基づく国土交通省令の規定に違反しなければタクシーの運転者として選任されることができない者であること。

三　タクシーの運転者の業務の取扱いに係る輸送の安全及び利用者の利便の確保に関する講習として国土交通省令で定めるものを修了していないこと。

四　指定地域にあつては、当該指定地域に係る国土交通省令で定める運転の経歴を有しておらず、又は第四十八条の規定により国土交通大臣の行う輸送の安全及び利用者の利便の確保に関する試験に合格していないこと。

五　当該単位地域内に営業所を有するタクシー事業者に雇用されている者でタクシーの運転者として選任されており、又は選任されることを予定されているもの以外の者であること。

六　現に第九条第二項又は第三項の規定による処分を受けていること。

２　国土交通大臣は、前項の規定により登録を拒否したときは、遅滞なく、理由を示してその旨を申請者に通知しなければならない。

※　１項①「政令」＝旅客自動車運送事業用自動車の運転者の要件に関する政令、１項②「国土交通省令」＝旅客自動車運送事業運輸規則、１項③・④「国土交通省令」＝則三の二・四

（登録事項の変更等の届出）

第八条　登録運転者は、次に掲げる場合には、直ちにその旨を国土交通大臣に届け出なければならない。

一　第五条第二項第一号から第三号までに掲げる事項に変更があつたとき。

二　登録運転者が前条第一項第一号、第二号又は第五号に該当することとなつたとき。

三　第十条第二項の規定により登録の効力が停止されている場合において、同項の国土交通省令で定める事由の存続する期間が短縮されたとき。

２　前項の届出をする場合には、国土交通省令で定めるところにより、その事由を証する書面を添附し、又は申請者が受けている第二種運転免許に係る運転免許証を提示しなければならない。

注　令和四年四月二七日法律三二号により改正され、公布の日から起算して三年を超えない範囲内において政令で定める日から施行

第八条第二項中「添附し」を「添付し」に改め、「運転免許証」の下に「その他の第五条第二項第三号に掲げる事項を証するに足りる資料」を加える。

３　国土交通大臣は、第一項の届出を受理したときは、第十条第一項の規定により登録を消除する場合を除き、届出があつた事項を登録しなければならない。

※　１・２項「国土交通省令」＝則五、「罰則」＝本法六〇①・②・六一

（登録の取消し等）

第九条　国土交通大臣は、登録運転者が次の各号のいずれかに該当するとき、又は登録運転者となる前二年以内に第一号、第三号若しくは第四号に該当していたことが判明したときは、その登録を取り消すことができる。

一　この法律、道路運送法若しくは同法に基づく命令に違反

する行為をし、又は一般乗用旅客自動車運送事業を経営する者の業務に関し当該事業の用に供する自動車の運転者としてこの法律、道路運送法若しくは同法に基づく命令若しくはこれらに基づく処分若しくはこれに付した条件に違反する行為をしたとき。

二　第十八条の二の規定による命令に係る講習を受けないとき。

三　道路運送法第二十九条の規定による届出がされた重大な事故（国土交通省令で定めるものに限る。）を引き起こしたとき。

四　一般乗用旅客自動車運送事業の用に供する自動車の運転者の職務に関して輸送の安全又は利用者の利便を確保することが困難となるおそれがある著しく不適当な行為をしたと認められるとき。

五　不正の手段により登録を受けていたとき。

2　国土交通大臣は、前項の規定により登録を取り消すときは、当該登録運転者について、二年以内の期間を定めて登録を行なわない旨の決定をしなければならない。

3　国土交通大臣は、登録運転者が第一項各号の一に該当した場合において同項の処分前にその登録の消除が行なわれたときは、その者について、二年以内の期間を定めて登録を行なわない旨の決定をすることができる。

4　国土交通大臣は、前三項の規定による処分をしたときは、直ちにその旨を当該処分に係る者に通知しなければならない。

※1項③「国土交通省令」＝則七の二

（登録の消除）

第十条　国土交通大臣は、登録運転者が次の各号の一に該当するときは、その登録を消除しなければならない。

一　前条第一項の規定により登録を取り消されたとき。

二　第七条第一項第一号又は第二号に該当しているとき。

三　その雇用者として登録されているタクシー事業者に雇用されなくなり、又はタクシーの運転者として選任されなくなつた後、国土交通省令で定める期間を経過したとき、又は登録の消除を申請したとき。

2　前項の規定にかかわらず、国土交通大臣は、登録運転者が国土交通省令で定める事由により第七条第一項第一号に該当するときは、その事由を登録し、その事由の存続する期間、登録の効力を停止しなければならない。

3　国土交通大臣は、第一項（第三号を除く。）の規定により登録を消除し、又は前項の規定により登録の効力を停止したときは、直ちにその旨を次の各号に掲げる区分に従い、当該各号に掲げる者に通知しなければならない。

一　第一項第一号に該当する場合　登録の消除に係る者を雇用しているタクシー事業者

二　第一項第二号に該当する場合（前項の規定により登録の効力を停止する場合を含む。）　登録の消除又は効力の停止に係る者及びその者を雇用しているタクシー事業者

※1・2項「国土交通省令」＝則八・九

第十一条　国土交通大臣は、前条第一項の消除に係る原簿に次の事項を記載して国土交通省令で定める期間これを保存しておかなければならない。

一　登録の消除の事由（その事由が登録の取消しによるものであるときは、登録の取消しの事由）

二　第九条第二項又は第三項の処分があつたときは、登録を行なわないこととされている期間

※各号列記以外「国土交通省令」＝則九の二

（原簿の謄本等）

第十二条　登録運転者は、国土交通大臣に対し、その者に係る原簿の謄本の交付又は閲覧の請求をすることができる。

2　タクシー事業者は、国土交通大臣に対し、営業所を設けている単位地域に係る原簿の謄本の交付又は閲覧の請求をすることができる。

第二節　登録タクシー運転者証等

（運転者証の表示）

第十三条　タクシー事業者は、登録運転者（第十条第二項の規定によりその登録の効力が停止されている者を除く。）で第七条第一項第一号又は第二号に該当していないものをタクシーに運転者として乗務させるときは、当該登録運転者に係る登録タクシー運転者証（以下「運転者証」という。）を、国土交通省令で定めるところにより、当該タクシーに表示しなければならない。ただし、その運行が旅客の運送を目的としない場合は、この限りでない。

※「国土交通省令」＝則一二、「罰則」＝本法六〇①・六一

（運転者証の交付）

第十四条　国土交通大臣は、タクシーの運転者として登録運転者を雇用しているタクシー事業者の申請により、当該登録運転者の登録に係る単位地域ごとに当該登録運転者に係る運転者証を交付する。

（運転者証の記載事項の訂正）

第十五条　タクシー事業者は、交付を受けている運転者証の記載事項に変更があつたときは、直ちに当該運転者証を国土交通大臣に提出して、訂正を受けなければならない。

※「罰則」＝本法六〇①・六一

（運転者証の返納等）

第十六条　タクシー事業者は、その雇用する登録運転者について次の事由があつたときは、直ちに当該登録運転者又は登録運転者であつた者に係る運転者証を国土交通大臣に返納しなければならない。

一　第七条第一項第一号又は第二号に該当すること（第十条第二項の国土交通省令で定める事由により第七条第一項第一号に該当する場合を除く。）となつたことを知つたとき。

二　退職したとき。

三　当該登録運転者の登録に係る単位地域内の営業所に配置するタクシーの運転者として選任することをやめたとき。

四　第十条第一項第一号の事由による登録の消除に係る同条第三項の通知を受けたとき。

2　タクシー事業者は、その雇用する登録運転者が第十条第二項の国土交通省令で定める事由により第七条第一項第一号に該当することとなつたことを知つたときは、直ちに当該登録運転者に係る運転者証を国土交通大臣に提出しなければならない。

3　国土交通大臣は、前項の規定により運転者証が提出された

ときは、第十条第二項の国土交通省令で定める事由の存続する期間中、当該運転者証を領置するものとする。

※ 1・2項「罰則」＝本法六〇①・六一

（運転者証の再交付）

第十七条 タクシー事業者は、運転者証をよごし、損じ、又は失つたときは、その再交付を受けることができる。

※「罰則」＝本法六〇②・六一

（運転者証の譲渡等の禁止）

第十八条 タクシー事業者は、運転者証を他人に譲り渡し、又は貸与してはならない。

※「罰則」＝本法六〇①・六一

（講習の命令）

第十八条の二 国土交通大臣は、タクシー事業者に対し、その雇用する登録運転者で特にその業務の取扱いの改善を図る必要があると認められるものに、輸送の安全及び利用者の利便の確保に関する講習として国土交通省令で定めるものを受けさせるよう命ずることができる。

※「国土交通省令」＝則一四の二

（登録運転者業務経歴証明書の交付）

第十八条の三 登録運転者は、国土交通大臣に対し、第九条第一項第三号に規定する重大な事故の有無その他の当該登録運転者の業務の取扱いに関する経歴に係る国土交通省令で定める事項を記載した書面（次項において「登録運転者業務経歴証明書」という。）の交付を申請することができる。

2 前項の規定による申請を受けた国土交通大臣は、国土交通省令で定めるところにより、登録運転者業務経歴証明書を交付するものとする。

※ 1・2項「国土交通省令」＝則一四の三1～3

第三節　登録実施機関

（登録等）

第十九条 国土交通大臣は、申請により、単位地域ごとにその登録を受けた者（以下「登録実施機関」という。）に、当該単位地域に係る次に掲げる国土交通大臣の事務（以下「登録事務等」という。）の全部又は一部を行わせることができる。

一 第四条から第十二条まで（第九条を除く。）に規定する事務

二 第十四条から第十七条までに規定する事務

三 前条に規定する事務

四 第四十六条第二項に規定する事務

2 国土交通大臣は、前項の登録を申請した者（法人でない団体で代表者又は管理人の定めのあるもの（以下この条及び第六十一条第二項において「団体」という。）を含む。）が次に掲げる要件のすべてに適合しているときは、その登録をしなければならない。この場合において、登録に関して必要な手続は、国土交通省令で定める。

一 登録事務等を行うために必要な設備を有し、これを用いて登録事務等を行うものであること。

二 登録事務等の信頼性の確保のために専任の管理者が置かれていること。

3 次の各号のいずれかに該当する者は、第一項の登録を受けることができない。

一 この法律若しくは道路運送法又はこれらに基づく命令の規定に違反し、罰金以上の刑に処せられ、その執行を終わり、又は執行を受けることがなくなつた日から起算して二年を経過しない者

二 第三十条の規定により登録を取り消され、その取消しの日から起算して二年を経過しない者

三 法人等（法人又は団体をいう。以下同じ。）であつて、その業務を行う役員等（法人の役員又は団体の代表者若しくは管理人をいう。以下同じ。）のうちに前二号のいずれかに該当する者があるもの

4 第一項の登録は、登録実施機関登録簿に次に掲げる事項を記載してするものとする。

一 登録年月日及び登録番号

二 登録実施機関の氏名又は名称及び住所並びに法人等にあつては、その代表者等（法人の代表者又は団体の代表者若しくは管理人をいう。以下同じ。）の氏名

三 登録実施機関が登録事務等を行う事務所の所在地

四 前三号に掲げるもののほか、国土交通省令で定める事項

5 国土交通大臣は、第一項の登録をしたときは、当該登録実施機関が行う当該単位地域に係る登録事務等を行わないものとする。

6 登録実施機関が登録事務等を行う場合における第四条から第十二条まで（第九条を除く。）、第十四条から第十七条まで、前条及び第四十六条第二項の規定の適用については、これらの規定（第七条第一項第四号を除く。）中「国土交通大臣」とあるのは、「登録実施機関」とする。

7 国土交通大臣は、第九条第一項から第三項までの規定による処分をしたときは、直ちにその旨を関係する登録実施機関に通知しなければならない。

8 国土交通大臣は、登録実施機関が第一項第三号に掲げる事務を行う場合において、当該事務を行うため必要な事項について国土交通大臣に照会したときは、照会に係る事項を当該登録実施機関に通知するものとする。

※ 2・4項「国土交通省令」＝則一六・一六の二

（登録の更新）

第二十条 前条第一項の登録は、五年以上十年以内において国土交通省令で定める期間ごとにその更新を受けなければ、その期間の経過によつて、その効力を失う。

2 前項の登録の更新は、登録の更新を受けようとする者の申請により行う。

3 前条第二項から第四項までの規定は、第一項の登録の更新について準用する。

※ 1項「国土交通省令」＝則一六の四

（登録事務等の実施に係る義務）

第二十一条 登録実施機関は、登録事務等を行うことを求められたときは、正当な理由がある場合を除き、遅滞なく、登録事務等を行わなければならない。

2 登録実施機関は、公正に、かつ、国土交通省令で定める方法により登録事務等を行わなければならない。

※ 2項「国土交通省令」＝則一六の五

（登録事項の変更の届出）

第二十二条 登録実施機関は、第十九条第四項第二号から第四号までに掲げる事項を変更しようとするときは、変更しようとする日の二週間前までに、国土交通大臣に届け出なければならない。

（登録事務等規程）

第二十三条　登録実施機関は、登録事務等の開始前に、登録事務等の実施に関する規程（以下「登録事務等規程」という。）を定め、国土交通大臣の認可を受けなければならない。これを変更しようとするときも、同様とする。

２　登録事務等規程には、登録事務等の実施方法、登録事務等に関する料金その他の国土交通省令で定める事項を定めておかなければならない。

３　国土交通大臣は、第一項の認可をした登録事務等規程が登録事務等の公正かつ適確な実施上不適当なものとなつたと認めるときは、その変更を命ずることができる。

※　２項「国土交通省令」＝則一八

（登録諮問委員会）

第二十四条　登録実施機関には、登録諮問委員会を置かなければならない。

２　登録諮問委員会は、登録実施機関の代表者等（法人等でない登録実施機関にあつては、第十九条第一項の登録を受けた者。以下この条において同じ。）の諮問に応じ登録事務等の実施に関し調査審議し、及びこれに関し必要と認める意見を登録実施機関の代表者等に述べることができる。

３　登録諮問委員会の委員は、タクシー事業者が組織する団体が推薦する者、タクシーの運転者が組織する団体が推薦する者及び学識経験のある者のうちから、登録実施機関の代表者等が任命する。

（秘密保持義務等）

第二十五条　登録実施機関の登録事務等に従事する役員等（法人等でない登録実施機関にあつては、第十九条第一項の登録を受けた者。以下同じ。）若しくは職員若しくは登録諮問委員会の委員又はこれらの職にあつた者は、登録事務等に関して知り得た秘密を漏らしてはならない。

２　登録実施機関の登録事務等に従事する役員等及び職員並びに登録諮問委員会の委員は、刑法（明治四十年法律第四十五号）その他の罰則の適用については、法令により公務に従事する職員とみなす。

※　１項「罰則」＝本法五七

（財務諸表等の備付け及び閲覧等）

第二十六条　登録実施機関は、毎事業年度経過後三月以内に、その事業年度の財産目録、貸借対照表及び損益計算書又は収支計算書並びに事業報告書（その作成に代えて電磁的記録（電子的方式、磁気的方式その他の人の知覚によつては認識することができない方式で作られる記録であつて、電子計算機による情報処理の用に供されるものをいう。以下この条において同じ。）の作成がされている場合における当該電磁的記録を含む。以下「財務諸表等」という。）を作成し、国土交通大臣に提出するとともに、五年間事務所に備えて置かなければならない。

２　原簿への登録を申請しようとする者その他の利害関係人は、登録実施機関の業務時間内は、いつでも、次に掲げる請求をすることができる。ただし、第二号又は第四号の請求をするには、登録実施機関の定めた費用を支払わなければならない。

一　財務諸表等が書面をもつて作成されているときは、当該書面の閲覧又は謄写の請求

二　前号の書面の謄本又は抄本の請求

三　財務諸表等が電磁的記録をもつて作成されているときは、当該電磁的記録に記録された事項を国土交通省令で定める方法により表示したものの閲覧又は謄写の請求

四　前号の電磁的記録に記録された事項を電磁的方法（電子情報処理組織を使用する方法その他の情報通信の技術を利用する方法であつて国土交通省令で定めるものをいう。）により提供することの請求又は当該事項を記載した書面の交付の請求

※　２項「国土交通省令」＝則一九1～3、1・2項「罰則」＝本法六二

（登録事務等の休廃止）

第二十七条　登録実施機関は、国土交通大臣の許可を受けなければ、登録事務等の全部又は一部を休止し、又は廃止してはならない。

※　「罰則」＝本法六〇③・六一

（適合命令）

第二十八条　国土交通大臣は、登録実施機関が第十九条第二項各号のいずれかに適合しなくなつたと認めるときは、その登録実施機関に対し、これらの規定に適合するため必要な措置をとるべきことを命ずることができる。

（改善命令）

第二十九条　国土交通大臣は、登録実施機関が第二十一条の規定に違反していると認めるときは、その登録実施機関に対し、同条の規定による登録事務等を行うべきこと又は登録事務等の方法その他の業務の方法の改善に関し必要な措置をとるべきことを命ずることができる。

（登録の取消し等）

第三十条　国土交通大臣は、登録実施機関が次の各号のいずれかに該当するときは、その登録を取り消し、又は期間を定めて登録事務等の全部若しくは一部の停止を命ずることができる。

一　第十九条第三項第一号又は第三号に該当するに至つたとき。

二　第二十二条、第二十六条第一項、第二十七条又は次条の規定に違反したとき。

三　第二十三条第一項の認可を受けず、又は同項の認可を受けた登録事務等規程によらないで登録事務等を実施したとき。

四　第二十三条第三項、第二十八条又は前条の規定による命令に違反したとき。

五　正当な理由がないのに第二十六条第二項各号の規定による請求を拒んだとき。

六　不正の手段により第十九条第一項の登録を受けたとき。

※　「罰則」＝本法五八

（帳簿の記載）

第三十一条　登録実施機関は、国土交通省令で定めるところにより、帳簿を備え、登録事務等に関し国土交通省令で定める事項を記載し、これを保存しなければならない。

※　第一・二「国土交通省令」＝則二一1・2、「罰則」＝本法六〇④・六一

（公示）

第三十二条　国土交通大臣は、次の場合には、その旨を官報に公示しなければならない。

一　第十九条第一項の登録をしたとき。

二　第二十二条の規定による届出があつたとき。
三　第二十七条の許可をしたとき。
四　第三十条の規定により登録を取り消し、又は登録事務等の全部若しくは一部の停止を命じたとき。
五　第三十二条の三第一項の規定により国土交通大臣が登録事務等の全部若しくは一部を自ら行うこととするとき、又は自ら行つていた登録事務等の全部若しくは一部を行わないこととするとき。

（審査請求）

第三十二条の二　登録実施機関が行う登録事務等に係る処分又はその不作為については、国土交通大臣に対し審査請求をすることができる。この場合において、国土交通大臣は、行政不服審査法（平成二十六年法律第六十八号）第二十五条第二項及び第三項、第四十六条第一項及び第二項、第四十七条並びに第四十九条第三項の規定の適用については、登録実施機関の上級行政庁とみなす。

（国土交通大臣による登録事務等の実施）

第三十二条の三　国土交通大臣は、登録実施機関が第二十七条の許可を受けて登録事務等の全部若しくは一部を休止したとき、第三十条の規定により登録実施機関に対し登録事務等の全部若しくは一部の停止を命じたとき、又は登録実施機関が天災その他の事由により登録事務等の全部若しくは一部を実施することが困難となつた場合において必要があると認めるときは、その登録事務等の全部又は一部を自ら行うものとする。

2　国土交通大臣が前項の規定により登録事務等の全部若しくは一部を自ら行う場合、登録実施機関が第二十七条の許可を受けて登録事務等の全部若しくは一部を廃止する場合又は国土交通大臣が第三十条の規定により登録を取り消した場合における登録事務等の引継ぎその他の必要な事項については、国土交通省令で定める。

※　2項「国土交通省令」＝則二一の二

第四節　補則

（手数料）

第三十三条　国土交通大臣に対して、登録の申請をする者、第十二条第一項若しくは第二項の交付若しくは閲覧の請求をする者、第十四条の交付若しくは第十五条の訂正を申請する者、第十七条の再交付を申請する者又は第十八条の三第一項の交付を申請する者は、国土交通省令で定めるところにより、手数料を国土交通大臣に納付しなければならない。

※　「国土交通省令」＝則二二

第三章　タクシー業務適正化事業

（適正化事業実施機関の指定）

第三十四条　特定指定地域内におけるタクシー事業に係る次の業務を行う者で特定指定地域ごとに国土交通大臣の指定するもの（以下「適正化事業実施機関」という。）は、当該業務の実施に必要な経費に充てるため、当該特定指定地域内に営業所を有するタクシー事業者から負担金を徴収することができる。
一　タクシーの運転者の道路運送法に違反する運送の引受けの拒絶その他同法又はこの法律に違反する行為の防止及び是正を図るための指導
二　タクシーの運転者の業務の取扱いの適正化を図るための研修
三　タクシー事業の利用者からの苦情の処理
四　タクシー乗場その他タクシー事業の利用者のための共同施設の設置及び運営

2　前項の指定は、指定を受けようとする者の申請により行なう。

第三十五条　国土交通大臣は、前条第二項の申請が次の各号のいずれかに該当していると認めるときは、同条第一項の指定をしてはならない。
一　現に当該特定指定地域について適正化事業実施機関があること。
二　申請者が一般財団法人以外の者であること。
三　申請者が前条第一項各号の業務（以下「適正化業務」という。）を公正かつ適確に実施することができないおそれがある者であること。
四　申請者が適正化業務以外の業務を行う場合には、次の業務以外の業務を行うものであること。
　イ　登録事務等
　ロ　一般乗用旅客自動車運送事業の利用者の利便の増進に資する業務
　ハ　一般乗用旅客自動車運送事業の用に供する自動車の運転者の福利厚生のための共同施設の設置及び運営その他一般乗用旅客自動車運送事業の業務の改善に資する業務
五　申請者が第四十条第一項の規定により指定を取り消され、その取消しの日から五年を経過しない者であること。
六　申請者の役員で適正化業務に従事するもののうちに、禁錮以上の刑に処せられ、又はこの法律若しくは道路運送法の規定により罰金の刑に処せられ、その執行を終わり、又は執行を受けることがなくなつた日から五年を経過しない者があること。

> 注　令和四年六月一七日法律六八号により改正され、令和七年六月一日から施行
> 第三十五条第六号中「禁錮」を「拘禁刑」に改める。

（適正化事業実施機関の公示等）

第三十五条の二　国土交通大臣は、適正化事業実施機関の指定をしたときは、その名称、住所、指定に係る特定指定地域、適正化業務を実施する事務所の所在地及び適正化業務の実施を開始する日を官報で公示しなければならない。

2　適正化事業実施機関は、その名称、住所又は適正化業務を実施する事務所の所在地を変更しようとするときは、あらかじめ、その旨を国土交通大臣に届け出なければならない。

3　国土交通大臣は、前項の届出があつたときは、その旨を官報で公示しなければならない。

（事業計画等）

第三十六条　適正化事業実施機関は、毎事業年度開始前に、適正化業務に係る事業計画、収支予算及び資金計画を作成し、国土交通大臣の認可を受けなければならない。これを変更しようとするときも、同様とする。

2　適正化事業実施機関は、前項の認可を受ける場合には、適正化業務以外の業務に係る事業計画、収支予算及び資金計画

3　適正化事業実施機関は、毎事業年度経過後三月以内に、事業報告書、貸借対照表、収支決算書及び財産目録を作成し、国土交通大臣に提出しなければならない。

（負担金の徴収）

第三十七条　適正化事業実施機関は、毎事業年度、第三十四条第一項の負担金の額及び徴収方法について国土交通大臣の認可を受けなければならない。

2　適正化事業実施機関は、前項の認可を受けたときは、当該適正化事業実施機関の指定に係る特定指定地域内に営業所を有するタクシー事業者に対し、その認可を受けた事項を記載した書面を添付して、負担金の額、納付期限及び納付方法を通知しなければならない。

3　タクシー事業者は、前項の通知に従い、適正化事業実施機関に対し、負担金を納付する義務を負う。

4　第二項の通知を受けたタクシー事業者（以下この条において「納付義務者」という。）は、納付期限までにその負担金を納付しないときは、負担金の額に納付期限の翌日から当該負担金を納付する日までの日数一日につき国土交通省令で定める率を乗じて計算した金額に相当する金額の延滞金を納付する義務を負う。

5　適正化事業実施機関は、国土交通省令で定める事由があると認めるときは、前項の規定による延滞金の納付を免除することができる。

6　適正化事業実施機関は、納付義務者が納付期限までにその負担金を納付しないときは、督促状により、期限を指定して、督促しなければならない。この場合において、その期限は、督促状を発する日から起算して十日以上経過した日でなければならない。

7　適正化事業実施機関は、前項の規定による督促を受けた納付義務者がその指定の期限までにその督促に係る負担金及び第四項の規定による延滞金を納付しないときは、国土交通大臣にその旨を申し立てることができる。

8　国土交通大臣は、前項の申立てがあつたときは、納付義務者に対し、適正化事業実施機関に負担金及び第四項の規定による延滞金を納付すべきことを命ずることができる。

※4・5項「国土交通省令」＝則二四2・3

（区分経理）

第三十八条　適正化事業実施機関は、国土交通省令で定めるところにより、適正化業務に関する経理と適正化業務以外の業務に関する経理とを区分して整理しなければならない。

※「国土交通省令」＝則二五

（適正化事業諮問委員会）

第三十九条　適正化事業実施機関には、適正化事業諮問委員会を置かなければならない。

2　適正化事業諮問委員会は、適正化事業実施機関の代表者の諮問に応じ負担金の額及び徴収方法その他適正化業務の実施に関する重要事項を調査審議し、及びこれらに関し必要と認める意見を適正化事業実施機関の代表者に述べることができる。

3　適正化事業諮問委員会の委員は、タクシー事業者が組織する団体が推薦する者、タクシーの運転者が組織する団体が推薦する者、学識経験のある者及びタクシー事業の利用者のうちから、国土交通大臣の認可を受けて適正化事業実施機関の代表者が任命する。

（役員の選任及び解任等）

第三十九条の二　適正化事業実施機関の適正化業務に従事する役員の選任及び解任は、国土交通大臣の認可を受けなければ、その効力を生じない。

2　国土交通大臣は、適正化事業実施機関の適正化業務に従事する役員又は職員が、この法律、この法律に基づく命令若しくは処分に違反する行為をしたとき、適正化業務に関し著しく不適当な行為をしたとき、又はその在任により適正化事業実施機関が第三十五条第六号に該当することとなるときは、適正化事業実施機関に対し、その役員又は職員を解任すべきことを命ずることができる。

（監督命令）

第三十九条の三　国土交通大臣は、この法律を施行するため必要があると認めるときは、適正化事業実施機関に対し、適正化業務に関し監督上必要な命令をすることができる。

（指定の取消し）

第四十条　国土交通大臣は、適正化事業実施機関が次の各号のいずれかに該当するときは、第三十四条第一項の指定を取り消すことができる。

一　第三十五条第三号又は第四号に該当することとなつたとき。

二　この法律、この法律に基づく命令又は第三十六条第一項の認可を受けた事項に違反して、適正化業務を行つたとき。

三　第三十七条第一項の認可を受けず、又は同項の認可を受けた事項に違反して、負担金を徴収したとき。

四　第三十九条の二第二項又は前条の規定による処分に違反したとき。

五　不当に適正化業務を実施しなかつたとき。

2　国土交通大臣は、前項の規定により第三十四条第一項の指定を取り消したときは、その旨を官報で公示しなければならない。

（指定を取り消した場合における経過措置）

第四十一条　前条第一項の規定により第三十四条第一項の指定を取り消した場合において、国土交通大臣がその取消し後に同一の特定指定地域について新たに適正化事業実施機関を指定したときは、取消しに係る適正化事業実施機関の適正化業務に係る財産は、新たに指定を受けた適正化事業実施機関に帰属する。

2　前項に定めるもののほか、前条第一項の規定により第三十四条第一項の指定を取り消した場合における適正化業務に係る財産の管理その他所要の経過措置（罰則に関する経過措置を含む。）は、合理的に必要と判断される範囲内において、政令で定めることができる。

第四十二条　削除

第四章　タクシー業務の特別規制等

（タクシー乗場及びタクシー乗車禁止地区の指定）

第四十三条　国土交通大臣は、特定指定地域内の駅前、繁華街等におけるタクシーによる運送の引受けの適正化を図るため特に必要があると認めるときは、タクシー乗場を指定し、かつ、旅客のタクシーへの乗車を禁止する地区及び時間を指定することができる。

2　タクシー事業者は、前項の指定をされた地区及び時間においては、同項の指定をされたタクシー乗場以外の場所でタクシーに旅客を乗車させてはならない。

3　国土交通大臣は、第一項の指定をするときは、当該指定をする地区に係る都道府県公安委員会及び道路法（昭和二十七年法律第百八十号）による道路の管理者に協議しなければならない。

4　国土交通大臣は、第一項の指定をするときはその旨を官報で公示するとともに、国土交通省令で定めるところにより、同項の指定に係るタクシー乗場及び禁止を示すための必要な標識を設置しなければならない。

※2項「罰則」＝本法六〇①・六一、4項「国土交通省令」＝則二七

（タクシー等に関する届出）

第四十四条　一般乗用旅客自動車運送事業を経営する者は、指定地域内の営業所にその事業の用に供する自動車を配置しようとするときは、あらかじめ、当該自動車について道路運送車両法（昭和二十六年法律第百八十五号）による自動車登録番号、タクシー又はハイヤーの別その他の国土交通省令で定める事項を国土交通大臣に届け出なければならない。届け出た事項を変更しようとするときも、同様とする。

※「国土交通省令」＝則二八、「罰則」＝本法六〇①・六一

（タクシーである旨の表示等）

第四十五条　一般乗用旅客自動車運送事業を経営する者は、その事業の用に供する自動車で指定地域内の営業所に配置するものに、国土交通省令で定めるところにより、タクシー又はハイヤーである旨の表示その他の一般乗用旅客自動車運送事業の業務の適正化のために必要と認められる国土交通省令で定める表示事項又は装置を表示し、又は装着しなければならない。

2　何人も、前項の規定により表示し、又は装着する場合及び国土交通省令で定める場合を除き、自動車に同項の表示事項若しくは装置又はこれらに類似するものを表示し、又は装着してはならない。

※1・2項「国土交通省令」＝則二九1～3、「罰則」＝本法六〇①・六一

（個人タクシー事業者乗務証）

第四十六条　タクシー事業者（法人である者を除く。）は、タクシーに自ら乗務するときは、その者に係る個人タクシー事業者乗務証（以下「事業者乗務証」という。）を、国土交通省令で定めるところにより、当該タクシーに表示しなければならない。ただし、その運行が旅客の運送を目的としない場合は、この限りでない。

2　国土交通大臣は、前項のタクシー事業者の申請により、その者に係る事業者乗務証を交付する。

3　第三十三条の規定は、前項の場合について準用する。

※1項「国土交通省令」＝則三五、3項で準用する三三条「国土交通省令」＝則三七、「罰則」＝本法六〇①・六一

（不正表示の禁止）

第四十七条　何人も、第十三条又は前条第一項の規定により表示する場合及び国土交通省令で定める場合を除き、タクシーに運転者証若しくは事業者乗務証又はこれらに類似するものを表示してはならない。

※「国土交通省令」＝則三八、「罰則」＝本法六〇①・六一

（輸送の安全及び利用者の利便の確保に関する試験）

第四十八条　国土交通大臣は、指定地域ごとに、国土交通省令で定めるところにより、タクシーの運転者になろうとする者に対し、当該指定地域に係るタクシー事業の業務に必要な輸送の安全及び利用者の利便の確保に関する試験を行う。

2　前項の試験を受けようとする者は、国土交通省令で定めるところにより、手数料を国土交通大臣に納付しなければならない。

※1・2項「国土交通省令」＝則三九・四二

（試験事務の代行）

第四十九条　国土交通大臣は、申請により、指定地域（特定指定地域を除く。）にあっては当該指定地域に係る登録実施機関に、特定指定地域にあっては当該特定指定地域に係る登録実施機関又は適正化事業実施機関に、前条第一項の試験の事務（以下「試験事務」という。）を行わせることができる。

2　登録実施機関が試験事務を行う場合における第七条第一項第四号の規定の適用については、同号中「国土交通大臣」とあるのは、「登録実施機関」とする。

3　適正化事業実施機関が試験事務を行う場合における第七条第一項第四号の規定の適用については、同号中「国土交通大臣」とあるのは、「適正化事業実施機関」とする。

4　第一項の規定により登録実施機関又は適正化事業実施機関が試験事務を行うときは、前条第二項の手数料は、当該登録実施機関又は適正化事業実施機関に納付するものとする。この場合において、納付された手数料は、当該登録実施機関又は適正化事業実施機関の収入とする。

5　国土交通大臣は、登録実施機関又は適正化事業実施機関が次の各号のいずれかに該当するときは、試験事務を行わせてはならない。

一　次項若しくは第七項において準用する第二十三条第一項又は次項若しくは第七項において読み替えて準用する第三十六条第一項の認可を受けた事項に違反して、試験事務を行ったとき。

二　次項若しくは第七項において準用する第三十九条の二第二項又は第三十九条の三の規定による処分に違反したとき。

6　第二十三条、第二十五条、第三十六条第一項、第三十九条の二及び第三十九条の三の規定は、登録実施機関が試験事務を実施する場合について準用する。この場合において、第二十三条第二項中「、登録事務等に関する料金その他の」とあるのは「その他の」と、第二十五条第一項中「職員若しくは登録諮問委員会の委員」とあるのは「職員」と、同条第二項中「職員並びに登録諮問委員会の委員」とあるのは「職員」と、第三十六条第一項中「、収支予算及び資金計画」とあるのは「及び収支予算」と読み替えるものとする。

7　第二十三条、第二十五条、第三十六条第一項、第三十九条の二及び第三十九条の三の規定は、適正化事業実施機関が試験事務を実施する場合について準用する。この場合において、第二十三条第二項中「、登録事務等に関する料金その他の」とあるのは「その他の」と、第二十五条第一項中「役員等（法人等でない登録実施機関にあっては、第十九条第一項の登録を受けた者。以下同じ。）若しくは職員若しくは登録

諮問委員会の委員」とあるのは「役員若しくは職員」と、同条第二項中「役員等及び職員並びに登録諮問委員会の委員」とあるのは「役員及び職員」と、第三十六条第一項中「、収支予算及び資金計画」とあるのは「及び収支予算」と読み替えるものとする。

※6・7項「罰則」＝本法五七

第五十条　削除

第五章　雑則

（報告及び検査）

第五十一条　国土交通大臣は、この法律を施行するため必要があると認めるときは、一般乗用旅客自動車運送事業を経営する者、登録実施機関又は適正化事業実施機関に対し、その業務に関し必要な報告を命じ、又はその職員にこれらの者の事務所その他の事業所若しくは自動車に立ち入り、帳簿、書類その他の必要な物件を検査し、若しくは関係者に質問させることができる。

2　前項の規定により立入検査をする職員は、その身分を示す証票を携帯し、関係者に提示しなければならない。

3　第一項の規定による立入検査の権限は、犯罪捜査のために認められたものと解してはならない。

※1項「罰則」＝本法六〇⑤・⑥・六一

（許可の取消し等）

第五十二条　国土交通大臣は、一般乗用旅客自動車運送事業を経営する者がこの法律又はこの法律に基づく命令若しくは処分に違反したときは、六月以内の期間を定めて輸送施設の当該事業のための使用の停止若しくは当該事業の停止を命じ、又は当該事業の許可を取り消すことができる。

2　道路運送法第四十一条の規定は、前項の規定により輸送施設の使用の停止又は事業の停止を命じた場合について準用する。

※1・2項「罰則」＝本法五六②・五九・六一

（政令等の制定改廃に伴なう経過措置）

第五十三条　この法律の規定に基づき政令又は国土交通省令を制定し、又は改廃する場合においては、それぞれ、政令又は国土交通省令で、その制定又は改廃に伴い合理的に必要と判断される範囲内において、所要の経過措置（罰則に関する経過措置を含む。）を定めることができる。

（権限の委任）

第五十四条　この法律に規定する国土交通大臣の権限は、国土交通省令で定めるところにより、地方運輸局長に委任することができる。

2　前項の規定により地方運輸局長に委任された権限は、国土交通省令で定めるところにより、運輸監理部長又は運輸支局長に委任することができる。

※1・2項の「国土交通省令」＝則四四の二1～3

（聴聞の特例等）

第五十四条の二　第五十二条第一項の規定により、国土交通大臣が輸送施設の使用の停止の命令をしようとするとき、又は地方運輸局長がその権限に属する輸送施設の使用の停止若しくは事業の停止の命令をしようとするときは、行政手続法（平成五年法律第八十八号）第十三条第一項の規定による意見陳述のための手続の区分にかかわらず、聴聞を行わなければならない。

2　道路運送法第九十条第二項及び第三項の規定は、国土交通大臣又は地方運輸局長が第五十二条第一項の規定による処分に係る聴聞を行う場合について準用する。

3　地方運輸局長は、国土交通大臣の権限に属する第五十二条第一項の規定による処分について国土交通大臣の指示があつたときは、利害関係人又は参考人の出頭を求めて意見を聴取しなければならない。

4　道路運送法第八十九条第三項及び第四項の規定は、前項の場合について準用する。

（国土交通省令への委任）

第五十五条　この法律に定めるもののほか、この法律の実施のため必要な事項は、国土交通省令で定める。

※「国土交通省令」＝則

第六章　罰則

注　令和四年六月一七日法律六八号により改正され、令和七年六月一日から施行
第五十六条から第五十八条までの規定中「懲役」を「拘禁刑」に改める。

第五十六条　次の各号のいずれかに該当する者は、一年以下の懲役又は百五十万円以下の罰金に処し、又はこれを併科する。

一　第三条第一項の規定に違反した者

二　第五十二条第一項の規定による輸送施設の使用の停止又は事業の停止の処分に違反した者

第五十七条　第二十五条第一項（第四十九条第六項又は第七項において準用する場合を含む。）の規定に違反して、その職務に関して知り得た秘密を漏らした者は、一年以下の懲役又は五十万円以下の罰金に処する。

第五十八条　第三十条の規定による登録事務等の停止の命令に違反したときは、その違反行為をした登録実施機関の役員等又は職員は、一年以下の懲役又は五十万円以下の罰金に処する。

第五十九条　次の各号のいずれかに該当する者は、百万円以下の罰金に処する。

一　第五十二条第二項において準用する道路運送法第四十一条第一項の規定による命令に違反した者

二　第五十二条第二項において準用する道路運送法第四十一条第三項の規定に違反した者

第六十条　次の各号のいずれかに該当する者は、三十万円以下の罰金に処する。

一　第八条第一項（第三号を除く。）、第十三条、第十五条、第十六条第一項若しくは第二項、第十八条、第四十三条第二項、第四十四条、第四十五条第一項若しくは第二項、第四十六条第一項又は第四十七条の規定に違反した者

二　第五条第二項の申請書、同条第三項の添付書類、第八条第一項の届出書、同条第二項の添付書類又は第十七条の再交付の申請書に虚偽の記載をしてこれを提出した者

三　第二十七条の規定による許可を受けないで登録事務等の全部を廃止した者

四　第三十一条の規定に違反して、帳簿を備えず、帳簿に記載せず、若しくは帳簿に虚偽の記載をし、又は帳簿を保存しなかつた者

五　第五十一条第一項の規定による報告をせず、又は虚偽の報告をした者

六　第五十一条第一項の規定による検査を拒み、妨げ、若しくは忌避し、又は同項の規定による質問に対して答弁をせず、若しくは虚偽の答弁をした者

第六十一条　法人等の代表者等又は法人等若しくは人の代理人、使用人その他の従業者が、その法人等又は人の業務に関し、第五十六条、第五十九条又は前条の違反行為をしたときは、行為者を罰するほか、その法人等又は人に対しても、各本条の罰金刑を科する。

2　団体について前項の規定の適用がある場合には、その代表者又は管理人が、その訴訟行為につき団体を代表するほか、法人を被告人又は被疑者とする場合の刑事訴訟に関する法律の規定を準用する。

第六十二条　第二十六条第一項の規定に違反して財務諸表等を備えて置かず、財務諸表等に記載すべき事項を記載せず、若しくは虚偽の記載をし、又は正当な理由がないのに同条第二項各号の規定による請求を拒んだ者は、二十万円以下の過料に処する。

附　則

1　この法律は、公布の日から施行する。

2　第九条第一項第一号及び第二号の規定は、この法律の施行後にした行為について適用する。

附　則（昭五九・五・八法二五抄）

（施行期日）

第一条　この法律は、昭和五十九年七月一日から施行する。

附　則（昭五九・八・一〇法六七抄）

（施行期日）

第一条　この法律は、公布の日から起算して一年を超えない範囲内において政令で定める日から施行する。〔昭五九・一一政令三三〇により、昭六〇・四・一から施行〕

（経過措置）

第九条　この法律の施行前に、この法律による改正前の〔中略〕タクシー業務適正化臨時措置法〔中略〕の規定によりした処分、手続その他の行為は、この法律による改正後の〔中略〕タクシー業務適正化臨時措置法〔中略〕に基づく命令の相当規定によりした処分、手続その他の行為とみなす。

附　則（昭六〇・一二・二四法一〇二抄）

（施行期日）

第一条　この法律は、公布の日から施行する。〔後略〕

（罰則に関する経過措置）

第八条　この法律〔中略〕の施行前にした行為〔中略〕に対する罰則の適用については、なお従前の例による。

附　則（平元・一二・一九法八三抄）

（施行期日）

第一条　この法律は、公布の日から起算して一年を超えない範囲内において政令で定める日から施行する。〔平二・七政令二一二により、平二・一二・一から施行〕

附　則（平五・一一・一二法八九抄）

（施行期日）

第一条　この法律は、行政手続法（平成五年法律第八十八号）の施行の日〔平成六年一〇月一日〕から施行する。

（諮問等がされた不利益処分に関する経過措置）

第二条　この法律の施行前に法令に基づき審議会その他の合議制の機関に対し行政手続法第十三条に規定する聴聞又は弁明の機会の付与の手続その他の意見陳述のための手続に相当する手続を執るべきことの諮問その他の求めがされた場合においては、当該諮問その他の求めに係る不利益処分の手続に関しては、この法律による改正後の関係法律の規定にかかわらず、なお従前の例による。

（罰則に関する経過措置）

第十三条　この法律の施行前にした行為に対する罰則の適用については、なお従前の例による。

（聴聞に関する規定の整理に伴う経過措置）

第十四条　この法律の施行前に法律の規定により行われた聴聞、聴問若しくは聴聞会（不利益処分に係るものを除く。）又はこれらのための手続は、この法律による改正後の関係法律の相当規定により行われたものとみなす。

（政令への委任）

第十五条　附則第二条から前条までに定めるもののほか、この法律の施行に関して必要な経過措置は、政令で定める。

附　則（平七・五・八法八五抄）

（施行期日）

第一条　この法律は、公布の日から施行する。〔後略〕

附　則〔平成一一年一二月二二日法律第一六〇号抄〕

（処分、申請等に関する経過措置）

第千三百一条　中央省庁等改革関係法及びこの法律（以下「改革関係法等」と総称する。）の施行前に法令の規定により従前の国の機関がした免許、許可、認可、承認、指定その他の処分又は通知その他の行為は、法令に別段の定めがあるもののほか、改革関係法等の施行後は、改革関係法等の施行後の法令の相当規定に基づいて、相当の国の機関がした免許、許可、認可、承認、指定その他の処分又は通知その他の行為とみなす。

2　改革関係法等の施行の際現に法令の規定により従前の国の機関に対してされている申請、届出その他の行為は、法令に別段の定めがあるもののほか、改革関係法等の施行後は、改革関係法等の施行後の法令の相当規定に基づいて、相当の国の機関に対してされた申請、届出その他の行為とみなす。

3　改革関係法等の施行前に法令の規定により従前の国の機関に対し報告、届出、提出その他の手続をしなければならないとされている事項で、改革関係法等の施行の日前にその手続がされていないものについては、法令に別段の定めがあるもののほか、改革関係法等の施行後は、これを、改革関係法等の施行後の法令の相当規定により相当の国の機関に対して報告、届出、提出その他の手続をしなければならないとされた事項についてその手続がされていないものとみなして、改革関係法等の施行後の法令の規定を適用する。

（従前の例による処分等に関する経過措置）

第千三百二条　なお従前の例によることとする法令の規定により、従前の国の機関がすべき免許、許可、認可、承認、指定その他の処分若しくは通知その他の行為又は従前の国の機関に対してすべき申請、届出その他の行為については、法令に別段の定めがあるもののほか、改革関係法等の施行後は、改革関係法等の施行後の法令の規定に基づくその任務及び所掌事務の区分に応じ、それぞれ、相当の国の機関がすべきものとし、又は相当の国の機関に対してすべきものとする。

（罰則に関する経過措置）

第千三百三条　改革関係法等の施行前にした行為に対する罰則の適用については、なお従前の例による。

（政令への委任）

第千三百四十四条　第七十一条から第七十六条まで及び第千三百一条から前条まで並びに中央省庁等改革関係法に定めるもののほか、改革関係法等の施行に関し必要な経過措置（罰則に関する経過措置を含む。）は、政令で定める。

附　則（平一一・一二・二二法一六〇抄）

（施行期日）

第一条　この法律（第二条及び第三条を除く。）は、平成十三年一月六日から施行する。ただし、次の各号に掲げる規定は、当該各号に定める日から施行する。

一　〔前略〕第千三百四十四条の規定　公布の日

二　〔略〕

附　則（平一二・五・二六法八六抄）

（施行期日）

第一条　この法律は、平成十四年三月三十一日までの間において政令で定める日から施行する。

〔平一二・一二政令五三二により、平一四・二・一から施行〕

（処分、手続等に関する経過措置）

第十条　附則第二条から前条までに規定するもののほか、旧道路運送法若しくはこの法律による改正前のタクシー業務適正化臨時措置法又はこれらの法律に基づく命令によりした処分、手続その他の行為で、新道路運送法又はこの法律による改正後のタクシー業務適正化特別措置法中相当する規定があるものは、国土交通省令で定めるところにより、それぞれこれらの法律によりしたものとみなす。

（罰則に関する経過措置）

第十一条　この法律の施行前にした行為並びに附則第六条、第八条第二項又は第九条第五項の規定により旧道路運送法第二十三条第一項又は第三項（旧道路運送法第四十二条の二第十三項又は第四十三条第五項において準用する場合を含む。）の規定の例によることとされる場合及び附則第七条の規定によりなお従前の例によることとされる場合におけるこの法律の施行後にした行為に対する罰則の適用については、なお従前の例による。

（政令への委任）

第十二条　附則第二条から前条までに定めるもののほか、この法律の施行に関し必要となる経過措置（罰則に関する経過措置を含む。）は、政令で定める。

附　則（平一四・五・三一法五四抄）

（施行期日）

第一条　この法律は、平成十四年七月一日から施行する。

（経過措置）

第二十八条　この法律の施行前にこの法律による改正前のそれぞれの法律若しくはこれに基づく命令（以下「旧法令」という。）の規定により海運監理部長、陸運支局長、海運支局長又は陸運支局の事務所の長（以下「海運監理部長等」という。）がした許可、認可その他の処分又は契約その他の行為（以下「処分等」という。）は、国土交通省令で定めるところにより、この法律による改正後のそれぞれの法律若しくはこれに基づく命令（以下「新法令」という。）の規定により相当の運輸監理部長、運輸支局長又は地方運輸局、運輸監理部若しくは運輸支局の事務所の長（以下「運輸監理部長等」という。）がした処分等とみなす。

第二十九条　この法律の施行前に旧法令の規定により海運監理部長等に対してした申請、届出その他の行為（以下「申請等」という。）は、国土交通省令で定めるところにより、新法令の規定により相当の運輸監理部長等に対してした申請等とみなす。

第三十条　この法律の施行前にした行為に対する罰則の適用については、なお従前の例による。

附　則（平一六・六・九法九〇抄）

（施行期日）

第一条　この法律の規定は、次の各号に掲げる区分に従い、当該各号に定める日から施行する。

一　〔前略〕附則第三条及び第二十五条の規定　公布の日

二～四　〔略〕

五　第四条並びに附則第六条から第十五条まで、第十七条及び第十八条の規定　公布の日から起算して三年を超えない範囲内において政令で定める日

〔平一八・一一政令三五一により、平一九・六・二から施行〕

（その他の経過措置の政令への委任）

第二十五条　附則第三条から第十四条まで、第二十一条、第二十三条及び前条に規定するもののほか、この法律の施行に伴い必要な経過措置（罰則に関する経過措置を含む。）は、政令で定める。

附　則（平一八・三・三一法一九抄）

（施行期日）

第一条　この法律は、公布の日から起算して九月を超えない範囲内において政令で定める日から施行する。〔後略〕

〔平一八・七政令二三八により、平一八・一〇・一から施行〕

附　則（平一八・六・二法五〇抄）

（罰則に関する経過措置）

第四百五十七条　施行日前にした行為及びこの法律の規定によりなお従前の例によることとされる場合における施行日以後にした行為に対する罰則の適用については、なお従前の例による。

（政令への委任）

第四百五十八条　この法律に定めるもののほか、この法律の規定による法律の廃止又は改正に伴い必要な経過措置は、政令で定める。

附　則（平一八・六・二法五〇）

沿革　平二三法七四改正

この法律は、一般社団・財団法人法（一般社団法人及び一般財団法人に関する法律＝平成一八年六月法律第四八号）の施行の日〔平成二〇年一二月一日〕から施行する。〔後略〕

附　則（平一九・六・一五法八七抄）

（施行期日）

第一条　この法律は、公布の日から起算して一年を超えない範囲内において政令で定める日から施行する。ただし、次条及び附則第十条の規定は、公布の日から施行する。

〔平二〇・五政令一七三により、平二〇・六・一四から施行〕

（施行前の準備）

第二条　この法律による改正後のタクシー業務適正化特別措置法（以下「新法」という。）第十九条第一項の登録を受けようとする者は、この法律の施行前においても、その申請をすることができる。新法第二十三条第一項の規定による登録事務等規程の認可の申請についても、同様とする。

（施行前にされた登録の申請に関する経過措置）

第三条　この法律の施行前にされたこの法律による改正前のタクシー業務適正化特別措置法（以下「旧法」という。）第五条の規定による申請であって、この法律の施行の際、登録又はその拒否の処分がなされていないものについての処分については、なお従前の例による。

（登録の取消しに関する経過措置）

第四条　新法第九条第一項第三号の規定は、この法律の施行後に同号に規定する重大な事故を引き起こした登録運転者について適用する。

（指定登録機関に関する経過措置）

第五条　この法律の施行の際現に旧法第十九条第一項の指定を受けている者は、この法律の施行の日から起算して六月を経過するまでの間は、新法第十九条第一項の登録を受けているものとみなす。

（秘密保持義務に関する経過措置）

第六条　旧法第十九条第一項の登録事務等に従事する旧法第二十一条第一項の指定登録機関の役員又は職員（旧法第二十五条第三項の登録諮問委員会の委員を含む。）であった者に係る当該登録事務等に関して知り得た秘密を漏らしてはならない義務については、この法律の施行後も、なお従前の例による。

（審査請求に関する経過措置）

第七条　旧法の規定に基づき旧法第二十一条第一項の指定登録機関の行う旧法第十九条第一項の登録事務等に係る処分又は不作為に関する行政不服審査法（昭和三十七年法律第百六十号）による審査請求については、なお従前の例による。

（処分、手続等に関する経過措置）

第八条　附則第二条から前条までに規定するもののほか、この法律の施行前に旧法（これに基づく命令を含む。）の規定によってした処分、手続その他の行為であって、新法（これに基づく命令を含む。）に相当する規定があるものは、これらの規定によってした処分、手続その他の行為とみなす。

（罰則に関する経過措置）

第九条　この法律の施行前にした行為及び附則第六条の規定によりなお従前の例によることとされる場合におけるこの法律の施行後にした行為に対する罰則の適用については、なお従前の例による。

（政令への委任）

第十条　附則第二条から前条までに定めるもののほか、この法律の施行に関し必要となる経過措置（罰則に関する経過措置を含む。）は、政令で定める。

（検討）

第十一条　政府は、この法律の施行後五年を目途として、この法律による改正後の規定の実施状況を勘案し、必要があると認めるときは、当該規定について検討を加え、その結果に基づいて必要な措置を講ずるものとする。

附　則（平二三・六・二四法七四抄）

（施行期日）

第一条　この法律は、公布の日から起算して二十日を経過した日から施行する。〔後略〕

附　則（平二五・一一・二七法八三抄）

（施行期日）

第一条　この法律は、公布の日から起算して二月を経過した日から施行する。ただし、次の各号に掲げる規定は、当該各号に定める日から施行する。

一　第二条の規定　平成二十七年十月一日

二　附則第九条及び第十六条の規定　公布の日

（タクシー業務適正化特別措置法の一部改正に伴う経過措置）

第九条　第二条の規定による改正後のタクシー業務適正化特別措置法（以下「新タクシー特措法」という。）第十九条第一項の登録を受けようとする者は、第二条の規定の施行前においても、その申請をすることができる。新タクシー特措法第二十三条第一項の規定による登録事務等規程の認可の申請についても、同様とする。

第十条　第二条の規定の施行の際現に新タクシー特措法第三条第一項に規定する単位地域（第二条の規定による改正前のタクシー業務適正化特別措置法（以下「旧タクシー特措法」という。）第二条第五項に規定する指定地域を除く。以下単に「単位地域」という。）内に営業所を有するタクシー事業者は、平成二十八年三月三十一日までの間、新タクシー特措法第三条第一項の規定にかかわらず、第二条の規定の施行の際現に雇用されている者でタクシーの運転者として選任されているものを当該営業所に配置するタクシーに運転者として乗務させることができる。

第十一条　第二条の規定の施行前にされた旧タクシー特措法第五条の規定による申請であって、第二条の規定の施行の際、登録又はその拒否の処分がなされていないものについての処分については、なお従前の例による。

第十二条　第二条の規定の施行の際現に単位地域内に営業所を有するタクシー事業者（法人である者を除く。）は、平成二十八年三月三十一日までの間、新タクシー特措法第四十六条第一項の規定にかかわらず、当該営業所に配置するタクシーに自ら乗務するときは、同項の規定による個人タクシー事業者乗務証を当該タクシーに表示することを要しない。

第十三条　附則第九条から前条までに規定するもののほか、第二条の規定の施行前に旧タクシー特措法（これに基づく命令を含む。）の規定によってした処分、手続その他の行為であって、新タクシー特措法（これに基づく命令を含む。）に相当する規定があるものは、これらの規定によってした処分、手続その他の行為とみなす。

（罰則に関する経過措置）

第十五条　この法律（第二条の規定については、同条の規定）の施行前にした行為に対する罰則の適用については、なお従前の例による。

（政令への委任）

第十六条　附則第二条から前条までに定めるもののほか、この法律の施行に伴い必要な経過措置（罰則に関する経過措置を含む。）は、政令で定める。

（検討）

第十七条　政府は、この法律の施行後五年を経過した場合において、この法律による改正後の規定の実施状況について検討を加え、必要があると認めるときは、その結果に基づいて所要の措置を講ずるものとする。

附　則（平二六・六・一三法六九抄）

（施行期日）

第一条　この法律は、行政不服審査法（平成二十六年法律第六十八号）の施行の日〔平成二八年四月一日〕から施行する。

（経過措置の原則）

第五条　行政庁の処分その他の行為又は不作為についての不服申立てであってこの法律の施行前にされた行政庁の処分その他の行為又はこの法律の施行前にされた申請に係る行政庁の不作為に係るものについては、この附則に特別の定めがある場合を除き、なお従前の例による。

（訴訟に関する経過措置）

第六条　この法律による改正前の法律の規定により不服申立てに対する行政庁の裁決、決定その他の行為を経た後でなければ訴えを提起できないこととされる事項であって、当該不服申立てを提起しないでこの法律の施行前にこれを提起すべき期間を経過したもの（当該不服申立てが他の不服申立てに対する行政庁の裁決、決定その他の行為を経た後でなければ提起できないとされる場合にあっては、当該他の不服申立てを提起しないでこの法律の施行前にこれを提起すべき期間を経過したものを含む。）の訴えの提起については、なお従前の例による。

2　この法律の規定による改正前の法律の規定（前条の規定によりなお従前の例によることとされる場合を含む。）により異議申立てが提起された処分その他の行為であって、この法律の規定による改正後の法律の規定により審査請求に対する裁決を経た後でなければ取消しの訴えを提起することができないこととされるものの取消しの訴えの提起については、なお従前の例による。

3　不服申立てに対する行政庁の裁決、決定その他の行為の取消しの訴えであって、この法律の施行前に提起されたものについては、なお従前の例による。

（罰則に関する経過措置）

第九条　この法律の施行前にした行為並びに附則第五条及び前二条の規定によりなお従前の例によることとされる場合におけるこの法律の施行後にした行為に対する罰則の適用については、なお従前の例による。

（その他の経過措置の政令への委任）

第十条　附則第五条から前条までに定めるもののほか、この法律の施行に関し必要な経過措置（罰則に関する経過措置を含む。）は、政令で定める。

附　則（平二八・一二・一六法一〇六抄）

（施行期日）

1　この法律は、公布の日から起算して一月を経過した日から施行する。〔後略〕

附　則（令四・四・二七法三二抄）

（施行期日）

第一条　この法律は、公布の日から起算して一年を超えない範囲内において政令で定める日から施行する。ただし、次の各号に掲げる規定は、当該各号に定める日から施行する。

一～三　〔略〕

四　〔前略〕附則〔中略〕第十三条の規定　公布の日から起算して三年を超えない範囲内において政令で定める日

附　則（令四・六・一七法六八抄）

（罰則の適用等に関する経過措置）

第四百四十一条　刑法等の一部を改正する法律（令和四年法律第六十七号。以下「刑法等一部改正法」という。）及びこの法律（以下「刑法等一部改正法等」という。）の施行前にした行為の処罰については、次章に別段の定めがあるもののほか、なお従前の例による。

2　刑法等一部改正法等の施行後にした行為に対して、他の法律の規定によりなお従前の例によることとされ、なお効力を有することとされ又は改正前若しくは廃止前の法律の規定の例によることとされる罰則を適用する場合において、当該罰則に定める刑（刑法施行法第十九条第一項の規定又は第八十二条の規定による改正後の沖縄の復帰に伴う特別措置に関する法律第二十五条第四項の規定の適用後のものを含む。）に刑法等一部改正法第二条の規定による改正前の刑法（明治四十年法律第四十五号。以下この項において「旧刑法」という。）第十二条に規定する懲役（以下「懲役」という。）、旧刑法第十三条に規定する禁錮（以下「禁錮」という。）又は旧刑法第十六条に規定する拘留（以下「旧拘留」という。）が含まれるときは、当該刑のうち無期の懲役又は禁錮はそれぞれ無期拘禁刑と、有期の懲役又は禁錮はそれぞれその刑と長期及び短期（刑法施行法第二十条の規定の適用後のものを含む。）を同じくする有期拘禁刑と、旧拘留は長期及び短期（刑法施行法第二十条の規定の適用後のものを含む。）を同じくする拘留とする。

（裁判の効力とその執行に関する経過措置）

第四百四十二条　懲役、禁錮及び旧拘留の確定裁判の効力並びにその執行については、次章に別段の定めがあるもののほか、なお従前の例による。

（人の資格に関する経過措置）

第四百四十三条　懲役、禁錮又は旧拘留に処せられた者に係る人の資格に関する法令の規定の適用については、無期の懲役又は禁錮に処せられた者はそれぞれ無期拘禁刑に処せられた者と、有期の懲役又は禁錮に処せられた者はそれぞれ刑期を同じくする有期拘禁刑に処せられた者と、旧拘留に処せられた者は拘留に処せられた者とみなす。

2　拘禁刑又は拘留に処せられた者に係る他の法律の規定によりなお従前の例によることとされ、なお効力を有することとされ又は改正前若しくは廃止前の法律の規定の例によることとされる人の資格に関する法令の規定の適用については、無期拘禁刑に処せられた者は無期禁錮に処せられた者と、有期拘禁刑に処せられた者は刑期を同じくする有期禁錮に処せられた者と、拘留に処せられた者は刑期を同じくする旧拘留に処せられた者とみなす。

（経過措置の政令への委任）

第五百九条　この編に定めるもののほか、刑法等一部改正法等の施行に伴い必要な経過措置は、政令で定める。

附　則（令四・六・一七法六八抄）

（施行期日）

1　この法律は、刑法等一部改正法〔刑法等の一部を改正する法律＝令和四年六月法律第六七号〕施行日〔令和七年六月一日〕から施行する。ただし、次の各号に掲げる規定は、当該各号に定める日から施行する。

一　第五百九条の規定　公布の日

二　〔略〕

○タクシー業務適正化特別措置法施行規則

（昭和四十五年七月二十五日運輸省令第六十六号）

沿革　昭四八運令二二、昭五一運令二〇、昭五六運令一〇、昭五九運令一八、昭六〇運令二二・三九、昭六一運令六、平元運令二四、平三運令二、平六運令一二・四六、平九運令八一、平一二運令三九、平一三国交令七二・一〇五、平一四国交令三三、平一七国交令一二、平一九国交令六二、平二〇国交令四三・九七、平二二国交令二九、平二四国交令二八・七〇、平二六国交令七、平二七国交令四五、平二九国交令四二、令二国交令九八、令四国交令七、令五国交令六一、令六国交令一五・二六改正

（用語）

第一条　この省令で使用する用語は、タクシー業務適正化特別措置法（昭和四十五年法律第七十五号。以下「法」という。）で使用する用語の例による。

（指定地域の指定の要請）

第一条の二　法第二条の二第四項から第六項（これらの規定を法第二条の三第二項において準用する場合を含む。）の規定により指定地域の指定を要請しようとする特定地域及び準特定地域における一般乗用旅客自動車運送事業の適正化及び活性化に関する特別措置法（平成二十一年法律第六十四号）第八条第一項に規定する協議会、都道府県知事又は市町村長は、次に掲げる事項を記載した要請書を国土交通大臣に提出しなければならない。

一　指定を要請する地域

二　指定を要請する理由

三　その他参考となる事項

（原簿）

第二条　原簿の様式は、第一号様式のとおりとする。

（登録申請書）

第三条　法第五条第二項の申請書の様式は、第二号様式のとおりとする。

2　法第五条第三項の規定により前項の申請書に添付すべき書面は、次の各号に掲げる証すべき事項につき、当該各号に掲げる書面とする。

一　法第五条第二項第一号に掲げる事項　住民基本台帳法（昭和四十二年法律第八十一号）に基づく住民票の写し

二　法第七条第一項第二号に該当する者でないこと　雇用の日、期間を定めて使用されるときはその期間、試みの使用期間を定めて使用されるときはその期間及び賃金の支払方法が記載されている雇用契約書の写し又はタクシー事業者がこれらの事項を証する書面

三　法第七条第一項第三号に該当する者でないこと　第三条の二第一項に規定する講習を修了したことを証する書面

四　法第七条第一項第四号に該当する者でないこと　第三号様式の運転経歴書又は第三十九条第四項の合格証の写し

五　法第七条第一項第五号に該当する者でないこと　タクシー事業者がその旨を証する書面

3　法第五条第三項の規定により第一項の申請書に添付すべき申請者の写真は、申請前六月以内に撮影した縦六センチメートル、横四センチメートルの単独、無帽、正面、無背景の顔写真でその裏面に氏名及び撮影年月日を記入したもの（以下「申請用写真」という。）とする。

（法第七条第一項第三号の講習）

第三条の二　法第七条第一項第三号の国土交通省令で定める講習は、次に掲げる基準に適合するものであることについて、地方運輸局長の認定を受けた講習とする。

一　講習を実施する者の職員、講習の実施の方法その他の事項についての講習の実施に関する計画が講習の適正かつ確実な実施のために適切なものであること。

二　講習を実施する者が前号の講習の実施に関する計画を適正かつ確実に実施するに足りる経理的基礎及び技術的能力を有すること。

2　前項の規定による認定を受けようとする者は、申請書に告示で定める事項を記載した書類を添付して地方運輸局長に提出しなければならない。

3　第一項の規定による認定を受けた講習を実施する者の名称及び主たる事務所の所在地は、地方運輸局長が公示する。

（運転の経歴）

第四条　法第七条第一項第四号の国土交通省令で定める運転の経歴は、当該指定地域内において登録の申請前二年以内に通算九十日以上タクシー又はハイヤーの運転者であったこととする。

（登録事項の変更等の届出）

第五条　法第八条第一項の届出をしようとする者は、第四号様式による届出書を地方運輸局長に提出しなければならない。

2　前項の届出書を提出する場合には、次の表の上欄に掲げる届出をすべき場合の区分に従い、同表の中欄に掲げる書面を、同表の下欄に定めるところにより、添付し、又は提示しなければならない。

届出をすべき場合	書面	添付又は提示の別
一　法第五条第二項第一号に掲げる事項に変更があったとき。	第三条第二項第一号に掲げる書面	添付
二　タクシー事業者に雇用されることとなったため法第五条第二項第二号に掲げる事項に変更があったとき。	第三条第二項第二号に掲げる書面	添付
三　法第五条第二項第三号に掲げる事項に変更があったとき。	第二種運転免許に係る運転免許証	提示
四　道路交通法（昭和三十五年法律第百五号）第九十条第五項、第百三条第一項若しくは第四項又は第百三条の二第一項の規定に基づき運転免許の効力が停止されたことにより法第七条第一項第一号に該当することとなったとき。	運転免許停止処分通知書又は仮停止処分通知書	提示
五　法第十条第二項の規定により登録の効力が停止されている場合において、同項の国土	第二種運転免許に係る運転免許証	提示

交通省令で定める事由の存続する期間が短縮されたとき。

（行政区画の名称等の変更）

第六条　行政区画又は土地の名称の変更があつたときは、当該行政区画又は土地の名称に係る登録は、変更後の行政区画又は土地の名称に変更されたものとみなす。

（更正登録）

第七条　地方運輸局長は、登録を完了した後、その登録について地方運輸局長の過誤に基づかない錯誤又は脱落があることを発見したときは、その旨を当該登録運転者に通知しなければならない。

2　登録運転者は、前項の通知があつたとき、又はその登録について錯誤若しくは脱落があることを発見したときは、第五号様式の更正登録申請書を地方運輸局長に提出しなければならない。

3　地方運輸局長は、前項の申請を受理したときは、更正の登録をし、運転者証の記載の更正を要する場合には、その旨をその者を雇用するタクシー事業者に通知しなければならない。

4　地方運輸局長は、登録を完了した後、その登録について地方運輸局長の過誤に基づく錯誤又は脱落があることを発見したときは、更正の登録をし、その旨を当該登録運転者（運転者証の記載の更正を要する場合には、当該登録運転者及びその者を雇用するタクシー事業者）に通知しなければならない。

（法第九条第一項第三号の重大な事故）

第七条の二　法第九条第一項第三号の国土交通省令で定める重大な事故は、自動車事故報告規則（昭和二十六年運輸省令第百四号）第二条に規定する事故のうち、運転者が勤務時間中に事業用自動車の運行により引き起こしたものとする。

（登録の消除）

第八条　法第十条第一項第三号に規定する国土交通省令で定める期間は、二年とする。

2　登録の消除の申請をしようとする者は、第六号様式による登録消除申請書を地方運輸局長に提出しなければならない。

（登録の効力の停止）

第九条　法第十条第二項に規定する国土交通省令で定める事由は、道路交通法第九十条第五項、第百三条第一項若しくは第四項又は第百三条の二第一項の規定に基づき、登録運転者の運転免許の効力が四十日未満の期間を定めて停止されたこととする。

（タクシー運転者登録原簿の保存期間）

第九条の二　法第十一条の国土交通省令で定める期間は、登録の消除の日から二年間とする。

（原簿の謄本等）

第十条　法第十二条第一項の規定により原簿の謄本の交付又は閲覧を請求しようとする者は、第七号様式による謄本交付（閲覧）請求書を地方運輸局長に提出しなければならない。

（運転者証の様式及び交付）

第十一条　運転者証の様式は、第八号様式のとおりとする。

2　法第十四条の規定により運転者証の交付を申請しようとする者は、第九号様式による運転者証交付申請書に当該登録運転者の申請用写真を添附して地方運輸局長に提出しなければならない。

3　運転者証は、登録運転者ごとに、一枚を限り、交付する。

（運転者証の表示）

第十二条　運転者証は、タクシーの前面ガラスの内側に、運転者証の表を外部に、裏を内部に向けて、利用者に見易いように表示しなければならない。

（運転者証の記載事項の訂正）

第十三条　法第十五条の規定により運転者証の記載事項の訂正を受けようとする者は、第十号様式による運転者証訂正申請書に当該申請に係る運転者証及び当該登録運転者の申請用写真を添付して地方運輸局長に提出しなければならない。

（運転者証の再交付）

第十四条　法第十七条の規定により運転者証の再交付を受けようとする者は、第十号様式による運転者証再交付申請書に当該申請に係る運転者証（当該運転者証を失つたときは、その事実を証する書面）及び当該登録運転者の申請用写真を添附して地方運輸局長に提出しなければならない。

2　タクシー事業者は、運転者証の再交付を受けた後、失なつた運転者証を発見したときは、発見した運転者証を直ちに地方運輸局長に返納しなければならない。

（法第十八条の二の講習）

第十四条の二　法第十八条の二の国土交通省令で定める講習は、第三条の二の規定により認定を受けた講習とする。

（登録運転者業務経歴証明書）

第十四条の三　法第十八条の三第一項の国土交通省令で定める事項は、次のとおりとする。

一　過去二年以内における第七条の二に規定する重大な事故の有無及び当該事故を引き起こした場合にあつては、その内容

二　過去二年以内における法第九条第一項の規定による登録の取消しの有無並びに当該登録の取消しを受けた場合にあつては、その事由及び同条第二項の規定により登録を行わないこととされた期間

三　過去二年以内における法第九条第三項の規定による処分の有無及び当該処分を受けた場合にあつては、同項の規定により登録を行わないこととされた期間

四　過去二年以内における法第十八条の二の規定による命令の有無及び当該命令を受けた場合にあつては、その事由

2　法第十八条の三第一項の規定により登録運転者業務経歴証明書の交付を申請しようとする者は、第十号様式の二による登録運転者業務経歴証明書交付申請書を地方運輸局長に提出しなければならない。

3　登録運転者業務経歴証明書の様式は、第十号様式の三のとおりとする。

（登録実施機関が登録事務等を行う場合における規定の適用）

第十五条　登録実施機関が登録事務等を行う場合における第五条第一項、第七条、第八条第二項、第十条、第十一条第二項、第十三条、第十四条及び前条第二項の規定の適用については、これらの規定中「地方運輸局長」とあるのは、「登録実施機関」とする。

（登録実施機関の登録の申請）

第十六条　法第十九条第一項の規定により登録の申請をしよう

請とする者は、次の事項を記載した申請書を地方運輸局長に提出しなければならない。
一　氏名又は名称及び住所並びに法人又は法人でない団体で代表者若しくは管理人の定めのあるもの（以下この条において「団体」という。）にあつては、その法人の代表者又は団体の代表者若しくは管理人の氏名
二　申請に係る単位地域の名称
三　登録事務等を行おうとする事務所の名称及び所在地
四　事務所ごとの登録事務等を行おうとする範囲
五　登録事務等の開始の予定日
2　前項の申請書には、次に掲げる書類を添付しなければならない。
一　登録を受けようとする者が法人である場合にあつては、次に掲げる書類
イ　定款又は寄附行為及び登記事項証明書
ロ　役員の名簿及び履歴書
二　登録を受けようとする者が団体である場合にあつては、次に掲げる書類
イ　前号イに掲げる書類に準ずるもの
ロ　代表者又は管理人の履歴書
三　登録を受けようとする者が個人である場合にあつては、次に掲げる書類
イ　住民票の写し
ロ　履歴書
四　法第十九条第二項各号に掲げる要件のすべてに適合する旨を証する書類
五　法第十九条第三項各号のいずれにも該当しない旨を証する書類
3　地方運輸局長は、登録のために必要があると認める場合は、前項に規定する書類のほか、必要な書類の提出を求めることができる。

（登録実施機関登録簿の記載事項）

第十六条の二　法第十九条第四項第四号の国土交通省令で定める事項は、次のとおりとする。
一　登録実施機関が登録事務等を行う事務所の名称
二　事務所ごとの登録事務等を行う範囲
三　登録事務等の開始の予定日

（登録の更新）

第十六条の三　第十六条の規定は、法第二十条第二項の規定による登録の更新の申請について準用する。

（登録実施機関の登録の有効期間）

第十六条の四　法第二十条第一項の国土交通省令で定める期間は、五年とする。

（登録事務等の実施方法）

第十六条の五　法第二十一条第二項の国土交通省令で定める方法は、次に掲げる方法とする。
一　登録実施機関は、登録の事務を行うにあたり、申請者から提出された第三条第一項の申請書及び同条第二項の書面に記載されている事項により、申請者が法第七条第一項各号に該当する者でないことを確認し、登録を行うこと。
二　登録実施機関は、前号に規定するものでは十分に確認ができないと認めるときは、申請者に対する質問その他の方法により、十分に調査を行うこと。
三　登録事務等に関して知り得た情報の管理及び秘密の保持を適切に行うこと。

（登録事項の変更の届出）

第十七条　登録実施機関は、法第二十二条の規定による届出をしようとするときは、変更しようとする事項及び期日を記載した届出書を地方運輸局長に提出しなければならない。

（登録事務等規程）

第十八条　法第二十三条第二項の国土交通省令で定める事項は、次のとおりとする。
一　登録事務等を行う時間及び休日に関する事項
二　登録事務等を行う事務所の所在地に関する事項
三　登録事務等に関する料金及びその収納の方法に関する事項
四　登録事務等の方法に関する事項
五　原簿及び帳簿の管理に関する事項
六　前各号に掲げるもののほか、登録事務等の実施に関し必要な事項
2　登録実施機関は、法第二十三条第一項の規定により登録事務等規程の変更の認可を受けようとするときは、変更しようとする事項、理由及び期日を記載した申請書を地方運輸局長に提出しなければならない。

（電磁的方法）

第十九条　法第二十六条第二項第三号の国土交通省令で定める方法は、当該電磁的記録に記録された事項を紙面又は出力装置の映像面に表示する方法とする。
2　法第二十六条第二項第四号の国土交通省令で定める方法は、次に掲げるものとする。
一　送信者の使用に係る電子計算機と受信者の使用に係る電子計算機とを電気通信回線で接続した電子情報処理組織を使用する方法であつて、当該電気通信回線を通じて情報が送信され、受信者の使用に係る電子計算機に備えられたファイルに当該情報が記録されるもの
二　磁気ディスクその他これに準ずる方法により一定の情報を確実に記録しておくことができる物をもつて調製するファイルに情報を記録したものを交付する方法
3　前項各号に掲げる方法は、受信者がファイルへの記録を出力することによる書面を作成できるものでなければならない。

（登録事務等の休廃止の許可の申請）

第二十条　登録実施機関は、法第二十七条の規定により登録事務等の全部又は一部の休止又は廃止の許可を受けようとするときは、次に掲げる事項を記載した申請書を地方運輸局長に提出しなければならない。
一　休止し、又は廃止しようとする登録事務等の範囲
二　休止し、又は廃止しようとする年月日
三　休止しようとする場合にあつては、その期間
四　休止又は廃止の理由

（帳簿）

第二十一条　登録実施機関は、登録事務等を行う事務所ごとに法第三十一条の国土交通省令で定める事項は、各月における次に掲げる件数又は枚数とする。
2　法第三十一条の国土交通省令で定める事項は、各月における次に掲げる件数又は枚数とする。
一　法第四条から法第十二条まで（法第九条を除く。）に規定する事務を行う場合にあつては、次に掲げる件数又は枚

数
イ　法第五条第一項の規定による登録の申請の件数、登録をした件数及び登録を拒否した件数
ロ　法第八条第一項各号に掲げる場合ごとの同項の規定による届出の受理の件数
ハ　法第十条第一項の規定による登録の消除の件数及び同項第一号に掲げる場合の件数
ニ　法第十二条の規定による原簿の謄本の交付の件数及び枚数並びに閲覧の件数
二　法第十四条から法第十七条までに規定する事務を行う場合にあつては、次に掲げる件数
イ　法第十四条の規定による運転者証の交付の件数
ロ　法第十五条の規定による運転者証の訂正の件数
ハ　法第十六条第一項の規定による運転者証の返納の件数
ニ　法第十七条の規定による運転者証の再交付の件数
三　法第十八条の三に規定する事務を行う場合にあつては、同条第二項の規定による登録運転者業務経歴証明書の交付の件数及び枚数
四　法第四十六条第二項に規定する事務を行う場合にあつては、次に掲げる件数
イ　法第四十六条第二項の規定による事業者乗務証の交付の件数
ロ　第三十一条第一項の規定による事業者乗務証の訂正の件数
ハ　第三十二条の規定による事業者乗務証の返納の件数
ニ　第三十三条第一項の規定による事業者乗務証の再交付の件数

（登録事務等の引継ぎ等）
第二十一条の二　登録実施機関は、法第三十二条の三第二項に規定する場合には、次に掲げる事項を行わなければならない。
一　登録事務等を地方運輸局長に引き継ぐこと。
二　原簿及び帳簿を地方運輸局長に引き継ぐこと。
三　その他地方運輸局長が必要と認める事項

（登録等の手数料）
第二十二条　次の表の上欄に掲げる者は、地方運輸局長が登録事務等を行う場合には、それぞれ同表の下欄に掲げる金額の手数料を地方運輸局長に納付しなければならない。

手数料を納付すべき者	金額
一　原簿への登録の申請をする者	一件につき　千七百円
二　原簿の謄本の交付の請求をする者	一枚につき　四百円
三　原簿の閲覧の請求をする者	一件につき　四百円
四　運転者証の交付を申請する者	一件につき　千七百円
五　運転者証の訂正を申請する者	一件につき　千百円
六　運転者証の再交付を申請する者	一件につき　千七百円
七　登録運転者業務経歴証明書の交付を申請する者	一枚につき　四百円

（適正化事業実施機関の指定の申請）
第二十二条の二　法第三十四条第二項の規定により指定の申請をしようとする者は、次の事項を記載した申請書を地方運輸局長に提出しなければならない。
一　名称及び住所
二　申請に係る特定指定地域の名称
三　適正化業務を行おうとする事務所の所在地
四　適正化業務の開始の予定日
2　前項の申請書には、次に掲げる書類を添付しなければならない。
一　定款及び登記事項証明書
二　最近の事業年度における貸借対照表
三　役員の名簿及び履歴書
四　指定の申請に関する意思の決定を証する書類
五　法第三十五条第六号に該当しない旨を証する書類

（適正化事業実施機関の名称等の変更の届出）
第二十二条の三　適正化事業実施機関は、法第三十五条の二第二項の規定による届出をしようとするときは、変更しようとする事項及び期日を記載した届出書を地方運輸局長に提出しなければならない。

（適正化業務に係る事業計画等）
第二十三条　適正化事業実施機関は、法第三十六条第一項の規定により事業計画、収支予算及び資金計画の認可を受けようとするときは、その事業計画、収支予算及び資金計画を記載した申請書を毎事業年度開始の日の十五日前までに地方運輸局長に提出しなければならない。
2　適正化事業実施機関は、法第三十六条第一項の規定により事業計画、収支予算又は資金計画の変更の認可を受けようとするときは、変更しようとする事項及び理由を記載した申請書を地方運輸局長に提出しなければならない。

（負担金）
第二十四条　適正化事業実施機関は、法第三十七条第一項の規定により負担金の額及び徴収方法の認可を受けようとするときは、負担金の額及び徴収方法を記載した申請書に負担金の額の算出基礎を記載した書類を添附して地方運輸局長に提出しなければならない。
2　法第三十七条第四項の国土交通省令で定める率は、一万分の四とする。
3　法第三十七条第五項の国土交通省令で定める事由は、天災その他負担金を納付しないことについてのやむを得ない事由とする。

（区分経理の方法）
第二十五条　適正化事業実施機関は、適正化業務に関する経理について特別の勘定を設け、適正化業務以外の業務に関する経理と区分して整理しなければならない。
2　適正化事業実施機関は、適正化業務と適正化業務以外の業務の双方に関連する収入及び費用については、適正な基準によりそれぞれの業務に配分して経理しなければならない。

（適正化事業諮問委員会の委員の任命）
第二十六条　適正化事業実施機関は、法第三十九条第三項の規

定により適正化事業諮問委員会の委員の任命の認可を受けようとするときは、任命しようとする者の氏名及び履歴を記載した申請書を地方運輸局長に提出しなければならない。この場合において、任命しようとする者が、タクシー事業者が組織する団体が推薦する者又はタクシーの運転者が組織する団体が推薦する者であるときは、それぞれ当該団体が推薦する者であることを証する書面を添付しなければならない。

（役員の選任及び解任）

第二十六条の二　適正化事業実施機関は、法第三十九条の二第一項の規定により適正化業務に従事する役員の選任の認可を受けようとするときは、選任しようとする者の氏名及び履歴を記載した申請書を地方運輸局長に提出しなければならない。

2　適正化事業実施機関は、法第三十九条の二第一項の規定により適正化業務に従事する役員の解任の認可を受けようとするときは、解任しようとする役員の氏名及び解任の理由を記載した申請書を地方運輸局長に提出しなければならない。

（タクシー乗場及びタクシー乗車禁止地区の指定）

第二十七条　法第四十三条第四項の規定により設置する標識は、次の場所に設置しなければならない。

一　タクシー乗場を示す標識にあつては、タクシー乗場

二　旅客のタクシーへの乗車を禁止する地区及び時間を示す標識にあつては、旅客のタクシーへの乗車を禁止する地区の境界における道路の路端その他の必要な地点

2　前項第一号の標識の様式は、第十一号様式のとおりとし、同項第二号の標識の様式は、第十二号様式のとおりとする。

（タクシー等に関する届出）

第二十八条　法第四十四条の国土交通省令で定める事項は、道路運送車両法（昭和二十六年法律第百八十五号）による自動車登録番号、タクシー又はハイヤーの別、車名及び所属営業所の名称とする。

（タクシーである旨の表示等）

第二十九条　法第四十五条第一項の国土交通省令で定める表示事項は、次の各号に掲げるものとし、別表の例により表示するものとする。

一　タクシー（次号に掲げるものを除く。）にあつては、「タクシー」又は「ＴＡＸＩ」

二　個人タクシー事業者（当該許可を受ける個人のみが自動車を運転することにより当該事業を行なうべき旨の条件の附された一般乗用旅客自動車運送事業の許可を受けた者をいう。以下同じ。）のタクシーにあつては、「個人」及び「タクシー」又は「ＴＡＸＩ」

2　法第四十五条第一項の国土交通省令で定める装置は、次の各号に掲げる事項を表示した表示灯とし、別表の例により装着するものとする。

一　タクシー（次号に掲げるものを除く。）にあつては、「タクシー」、「ＴＡＸＩ」、タクシー事業者の名称若しくは記号又はタクシー事業者が所属する団体の名称若しくは記号

二　個人タクシー事業者のタクシーにあつては、「個人」

三　地方運輸局長が指示するタクシーにあつては、その指示する事項

3　法第四十五条第二項の国土交通省令で定める場合は、他の法令の規定により自動車に前二項の表示事項又は装置に類似するものを表示し、又は装着する場合及び指定地域外の営業所に配置するタクシー若しくはハイヤー又は指定地域外にあるその他の自動車に前二項の表示事項若しくは装置又はこれらに類似するものを表示し、又は装着する場合とする。

（事業者乗務証の様式及び交付）

第三十条　事業者乗務証の様式は、第十三号様式のとおりとする。

2　事業者乗務証の交付を申請しようとする者は、第十四号様式による事業者乗務証交付申請書を地方運輸局長に提出しなければならない。

3　前項の申請をする場合には、当該タクシー事業者の申請用写真を添附し、かつ、その者が受けている第二種運転免許に係る運転免許証を提示しなければならない。

（事業者乗務証の記載事項の訂正）

第三十一条　タクシー事業者は、交付を受けている事業者乗務証の記載事項に変更があつたときは、直ちにその訂正を受けなければならない。

2　事業者乗務証の記載事項の訂正を受けようとする者は、第十五号様式による事業者乗務証訂正申請書を地方運輸局長に提出しなければならない。

3　前項の申請をする場合には、事業者乗務証及び当該タクシー事業者の申請用写真を添附し、かつ、訂正を受けようとする記載事項が運転免許証の有効期限に係るものであるときは、その運転免許証を提示しなければならない。

（事業者乗務証の返納）

第三十二条　タクシー事業者は、タクシー事業を行なわないこととなつたときは、直ちに事業者乗務証を地方運輸局長に返納しなければならない。

（事業者乗務証の再交付）

第三十三条　タクシー事業者は、事業者乗務証をよごし、損じ、又は失つたときは、その再交付を受けることができる。

2　事業者乗務証の再交付を受けようとする者は、第十五号様式による事業者乗務証再交付申請書を地方運輸局長に提出しなければならない。

3　前項の申請をする場合には、当該申請に係る事業者乗務証（当該事業者乗務証を失つたときは、その事実を証する書面）及び当該タクシー事業者の申請用写真を添附し、かつ、その者が受けている第二種運転免許に係る運転免許証を提示しなければならない。

（事業者乗務証の譲渡等の禁止）

第三十四条　タクシー事業者は、事業者乗務証を他人に譲り渡し、又は貸与してはならない。

（準用規定）

第三十五条　第十一条第三項、第十二条及び第十四条第二項の規定は、事業者乗務証の交付、表示又は返納について準用する。

（登録実施機関が事業者乗務証の交付を行う場合における規定の適用）

第三十六条　登録実施機関が事業者乗務証の交付を行う場合における第三十条第二項、第三十一条第二項、第三十二条及び第三十三条第二項並びに前条において準用する第十四条第二項の規定の適用については、これらの規定中「地方運輸局長」とあるのは、「登録実施機関」とする。

（事業者乗務証の交付等の手数料）

第三十七条　次の表の上欄に掲げる者は、地方運輸局長が登録

事務等を行う場合には、それぞれ同表の下欄に掲げる金額の手数料を地方運輸局長に納付しなければならない。

手数料を納付すべき者	金額
一 事業者乗務証の交付を申請する者	一件につき 千七百円
二 事業者乗務証の訂正を申請する者	一件につき 千百円
三 事業者乗務証の再交付を申請する者	一件につき 千七百円

（不正表示に該当しない場合）

第三十八条 法第四十七条の国土交通省令で定める場合は、登録運転者が旅客の運送を目的としないで乗務しているタクシーにその者に係る運転者証を表示する場合及びタクシー事業者が旅客の運送を目的としないで乗務しているタクシーにその者に係る事業者乗務証を表示する場合とする。

（輸送の安全及び利用者の利便の確保に関する試験）

第三十九条 法第四十八条第一項の輸送の安全及び利用者の利便の確保に関する試験（以下「試験」という。）は、タクシー事業に係る法令、安全及び接遇に関し告示で定める事項に関する知識について筆記試験の方法により行うものとする。

2 試験を受けようとする者は、第十六号様式による受験申請書を地方運輸局長に提出しなければならない。

3 試験を受けようとする者は、試験を受ける際に運転免許証その他のその者が受験申請をした者であることを証するに足りる書面を地方運輸局長に提示しなければならない。

4 地方運輸局長は、試験に合格した者に対し、第十七号様式による合格証を交付する。

5 試験の合格の効力は、試験に合格した日から起算して二年を経過した日以後は、失効する。

6 地方運輸局長は、不正の手段によって試験を受け、又は受けようとした者に対しては、合格の決定を取り消し、又はその試験を受けることを禁止することができる。

（試験の免除）

第三十九条の二 一の指定地域で行われた試験に合格した者が、当該試験に合格した日から起算して二年以内に、当該指定地域以外の指定地域においてタクシーの運転者になろうとする場合には、その申請により、試験を免除する。

（登録実施機関又は適正化事業実施機関の公示等）

第三十九条の三 国土交通大臣は、法第四十九条第一項の規定により登録実施機関又は適正化事業実施機関に試験事務を行わせるときは、その名称及び主たる事務所の所在地を官報で公示しなければならない。

2 登録実施機関又は適正化事業実施機関は、その名称又は主たる事務所の所在地を変更しようとするときは、あらかじめ、その旨を国土交通大臣に届け出なければならない。

3 国土交通大臣は、前項の届出があったときは、その旨を官報で公示しなければならない。

（準用規定）

第四十条 第十八条（第一項第五号を除く。）、第二十二条の二第一項及び第二項（第四号に係る部分に限る。）、第二十三条並びに第二十六条の二の規定は、登録実施機関が試験事務を行う場合について準用する。この場合において、第二十二条の二第二項第二号中「特定指定地域」とあるのは「指定地域」と、第二十三条第一項中「、収支予算及び資金計画」とあるのは「及び収支予算」と、同条第二項中「、収支予算又は資金計画」とあるのは「又は収支予算」と読み替えるものとする。

2 第十八条（第一項第五号を除く。）、第二十二条の二第一項及び第二項（第四号に係る部分に限る。）、第二十三条並びに第二十六条の二の規定は、適正化事業実施機関が試験事務を行う場合について準用する。この場合において、第二十三条第一項中「、収支予算及び資金計画」とあるのは「及び収支予算」と、同条第二項中「、収支予算又は資金計画」とあるのは「又は収支予算」と読み替えるものとする。

（登録実施機関又は適正化事業実施機関が試験事務を行う場合における規定の適用）

第四十一条 登録実施機関又は適正化事業実施機関が試験事務を行う場合における第三十九条第二項から第四項まで及び第六項の規定の適用については、これらの規定中「地方運輸局長」とあるのは「登録実施機関」又は「適正化事業実施機関」とする。

（試験手数料）

第四十二条 試験を受けようとする者は、三千四百円の手数料を地方運輸局長（登録実施機関又は適正化事業実施機関が試験事務を行う場合には、当該登録実施機関又は適正化事業実施機関）に納付しなければならない。

第四十三条 削除

（登録実施機関又は適正化事業実施機関の事業計画等の提出時期の特例）

第四十四条 法第三十四条第一項の指定のあった日の属する事業年度における法第三十六条第一項又は第二十三条第一項の規定の適用については、これらの規定中「毎事業年度開始前に」又は「毎事業年度開始の日の十五日前までに」とあるのは「指定を受けた後遅滞なく」とし、法第四十九条第一項の処分のあった日の属する事業年度における法第四十九条第六項若しくは第七項において読み替えて準用する法第三十六条第一項又は第四十条において読み替えて準用する第二十三条第一項の規定の適用については、これらの規定中「毎事業年度開始前に」又は「毎事業年度開始の日の十五日前までに」とあるのは「試験事務を行うこととなった後遅滞なく」とする。

（権限の委任）

第四十四条の二 法に規定する国土交通大臣の権限は、次に掲げるものを除き、地方運輸局長に委任する。

一 法第二条の二第一項の規定による指定地域の指定

二 法第二条の二第二項（法第二条の三第二項において準用する場合を含む。）の規定による指定地域の指定の解除

三 法第二条の三第一項の規定による特定指定地域の指定

四 法第三条第一項の規定による地域の指定

五 法第五十一条第一項の規定による報告及び検査

六 法第五十二条第二項において準用する道路運送法（昭和二十六年法律第百八十三号）第四十一条第三項の規定による封印の取付け及び同条第四項の規定による登録識別情報の通知

2 前項の規定により地方運輸局長に委任された権限のうち法第五十二条第二項において準用する道路運送法第四十一条第一項の規定による自動車検査証の返納の受理及び自動車登録番号標の領置並びに同条第二項の規定による自動車検査証及び自動車登録番号標の返付は、運輸監理部長又は運輸支局長に委任する。

3 法第五十一条第一項に規定する国土交通大臣の権限は、地方運輸局長、運輸監理部長及び運輸支局長も行うことができる。

（聴聞の方法の特例）

第四十五条 地方運輸局長は、その権限に属する法第五十二条第一項の規定による輸送施設の使用の停止若しくは事業の停止の命令又は免許の取消しの処分に係る聴聞を行うに当たっては、その期日の十七日前までに、当該事案の件名に番号を付し、その旨を地方運輸局の掲示板に掲示する等適当な方法で公示しなければならない。

附　則

1 この省令は、公布の日から施行する。

2 第十一条第二項の規定により提出すべき運転者証交付申請書は、昭和四十五年八月十六日から同年十月三十一日までの間は、同項の規定にかかわらず、附則別記様式によることができる。

附　則（昭四八・六・二五運令二二）

この省令は、昭和四十八年七月一日から施行する。

附　則（昭五一・五・二八運令二〇）

この省令は、昭和五十一年六月一日から施行する。

附　則（昭五六・三・二五運令一〇）

この省令は、昭和五十六年四月一日から施行する。

附　則（昭五九・六・二二運令一八抄）

（施行期日）

第一条 この省令は、昭和五十九年七月一日から施行する。

附　則（昭六〇・六・一五運令二二抄）

（施行期日）

1 この省令は、公布の日から施行する。

附　則（昭六〇・一二・二四運令三九抄）

（施行期日）

1 この省令は、公布の日から施行する。

附　則（昭六一・三・二七運令六）

この省令は、昭和六十一年四月一日から施行する。

附　則（平元・七・二〇運令二四）

この省令は、公布の日から施行する。

附　則（平三・三・二二運令二）

（施行期日）

1 この省令は、平成三年四月一日から施行する。

（経過措置）

2 この省令の施行前にした申請に係る手数料に関しては、なお従前の例による。

附　則（平六・三・三〇運令一二抄）

1 この省令は、公布の日から施行する。ただし、次の各号に掲げる規定は、それぞれ当該各号に定める日から施行する。

一～三 （略）

四 第十八条の規定　平成六年十月一日

五・六 （略）

附　則（平六・九・三〇運令四六抄）

（施行期日）

第一条 この省令は、行政手続法の施行の日（平成六年十月一日）から施行する。

（聴聞に関する規定の整備に伴う経過措置）

第三条 この省令の施行前に運輸省令の規定により行われた聴聞、聴問若しくは聴聞会（不利益処分に係るものを除く。）又はこれらのための手続は、この省令による改正後の関係省令の相当規定により行われたものとみなす。

附　則（平九・一二・一五運令八一抄）

（施行期日）

1 この省令は、平成十年一月一日から施行する。

附　則（平一二・一一・二九運令三九抄）

（施行期日）

第一条 この省令は、平成十三年一月六日から施行する。

附　則（平一三・三・三〇国交令七二）

この省令は、平成十三年四月一日から施行する。

附　則（平一三・七・一一国交令一〇五抄）

（施行期日）

第一条 この省令は、道路運送法及びタクシー業務適正化臨時措置法の一部を改正する法律（平成一三年五月法律第八六号）の施行の日（平成十四年二月一日）から施行する。

附　則（平一四・三・二九国交令三三）

この省令は、平成十四年四月一日から施行する。

附　則（平一七・三・七国交令一二抄）

（施行期日）

第一条 この省令は、公布の日から施行する。

附　則（平一九・六・一国交令六二）

（施行期日）

1 この省令は、道路交通法の一部を改正する法律（平成一六年六月法律第九〇号）の一部の施行の日（平成十九年六月二日）から施行する。

（経過措置）

2 この省令の施行の際現に使用されている原簿については、この省令による改正後の第一号様式にかかわらず、なお従前の例によることができる。

附　則（平二〇・六・一三国交令四三）

（施行期日）

第一条 この省令は、タクシー業務適正化特別措置法の一部を改正する法律（平成一九年六月法律第八七号）の施行の日（平成二十年六月十四日）から施行する。

（経過措置）

第二条 この省令の施行の際現にタクシー業務適正化特別措置法施行令（昭和四十五年政令第二百二十四号）第一条第一項に規定する指定地域（東京地域及び大阪地域に限る。）内に営業所を有する個人タクシー事業者は、平成二十年十二月十三日までの間、この省令による改正後のタクシー業務適正化特別措置法施行規則第二十九条第二項の規定にかかわらず、その事業の用に供する自動車でこの省令の施行の際現に当該営業所に配置しているものに、この省令による改正前のタクシー業務適正化特別措置法施行規則第二十九条第二項の規定の例により表示灯を装着することができる。

附　則（平二〇・一二・一国交令九七抄）

（施行期日）

1 この省令は、公布の日から施行する。

附　則（平二二・四・二国交令二九）

この省令は、公布の日から施行する。

附　則（平二四・三・三〇国交令二八）

この省令は、平成二十四年四月一日から施行する。

附　則（平二四・七・六国交令七〇抄）

（施行期日）

第一条　この省令は、住民基本台帳法の一部を改正する法律〔平成二十一年七月法律第七七号〕附則第一条第一号に掲げる規定及び出入国管理及び難民認定法及び日本国との平和条約に基づき日本の国籍を離脱した者等の出入国管理に関する特例法の一部を改正する等の法律〔平成二十一年七月法律第七九号〕（次条において「改正法」という。）の施行の日（平成二十四年七月九日）から施行する。

附　則（平二六・一・二四国交令七抄）

（施行期日）

1　この省令は、特定地域における一般乗用旅客自動車運送事業の適正化及び活性化に関する特別措置法等の一部を改正する法律〔平成二五年一一月法律第八三号〕の施行の日〔平成二六年一月二七日〕から施行する。ただし、第二条の規定（タクシー業務適正化特別措置法施行規則第十六条第一項第二号の改正規定を除く。）は、平成二十七年十月一日から施行する。

附　則（平二七・六・三国交令四五）

（施行期日）

1　この省令は、平成二十七年十月一日から施行する。

（合格者に関する経過措置）

2　一の特定指定地域で行われたこの省令による改正前のタクシー業務適正化特別措置法施行規則第三十九条第一項に規定する地理の試験に合格した者は、当該特定指定地域で行われる試験においてこの省令による改正後のタクシー業務適正化特別措置法施行規則第三十九条第一項第二号に掲げる科目について合格点を得た者とみなし、その申請により、同号に掲げる科目に係る試験を免除する。

附　則（平二九・六・三〇国交令四二）

（施行期日）

1　この省令は、公布の日から施行する。

（標識に関する経過措置）

2　この省令の施行の際現に改正前のタクシー業務適正化特別措置法施行規則第十一号様式及び第十二号様式により設置されている標識は、当分の間、改正後のタクシー業務適正化特別措置法施行規則第十一号様式及び第十二号様式による標識とみなす。

附　則（令二・一二・二三国交令九八）

（施行期日）

1　この省令は、令和三年一月一日から施行する。

（経過措置）

2　この省令の施行の際現にあるこの省令による改正前の様式による用紙は、当分の間、これを取り繕って使用することができる。

附　則（令四・二・二八国交令七）

（施行期日）

1　この省令は、令和五年二月二十八日から施行する。

（経過措置）

2　この省令の施行の際現にあるこの省令による改正前の様式による申請書、証明書その他の文書は、この省令による改正後のそれぞれの様式にかかわらず、当分の間、なおこれを使用することができる。

附　則（令五・八・一国交令六一抄）

（施行期日）

1　この省令は、公布の日から施行する。

（タクシー業務適正化特別措置法施行規則の一部改正に伴う経過措置）

4　この省令の施行の際現にある第三条の規定による改正前のタクシー業務適正化特別措置法施行規則第八号様式による運転者証及び第十三号様式による事業者乗務証については、第三条の規定による改正後のそれぞれの様式にかかわらず、当分の間、なおこれを使用することができる。

附　則（令六・二・二九国交令一五抄）

（施行期日）

1　この省令は、公布の日から施行する。

（経過措置）

2　この省令による改正前のタクシー業務適正化特別措置法施行規則（次項において「旧規則」という。）第三十九条第一項第一号の科目について合格点を得た者であって、同条第五項の通知があった日から起算して二年を経過していないものがタクシーの運転者になろうとする場合には、その申請により、この省令による改正後のタクシー業務適正化特別措置法施行規則第三十九条第一項に規定する試験（次項において「新試験」という。）を免除する。

附　則（令六・三・二九国交令二六抄）

（施行期日）

第一条　この省令は、令和六年四月一日から施行する。〔後略〕

第一号様式（その一）〔第２条〕

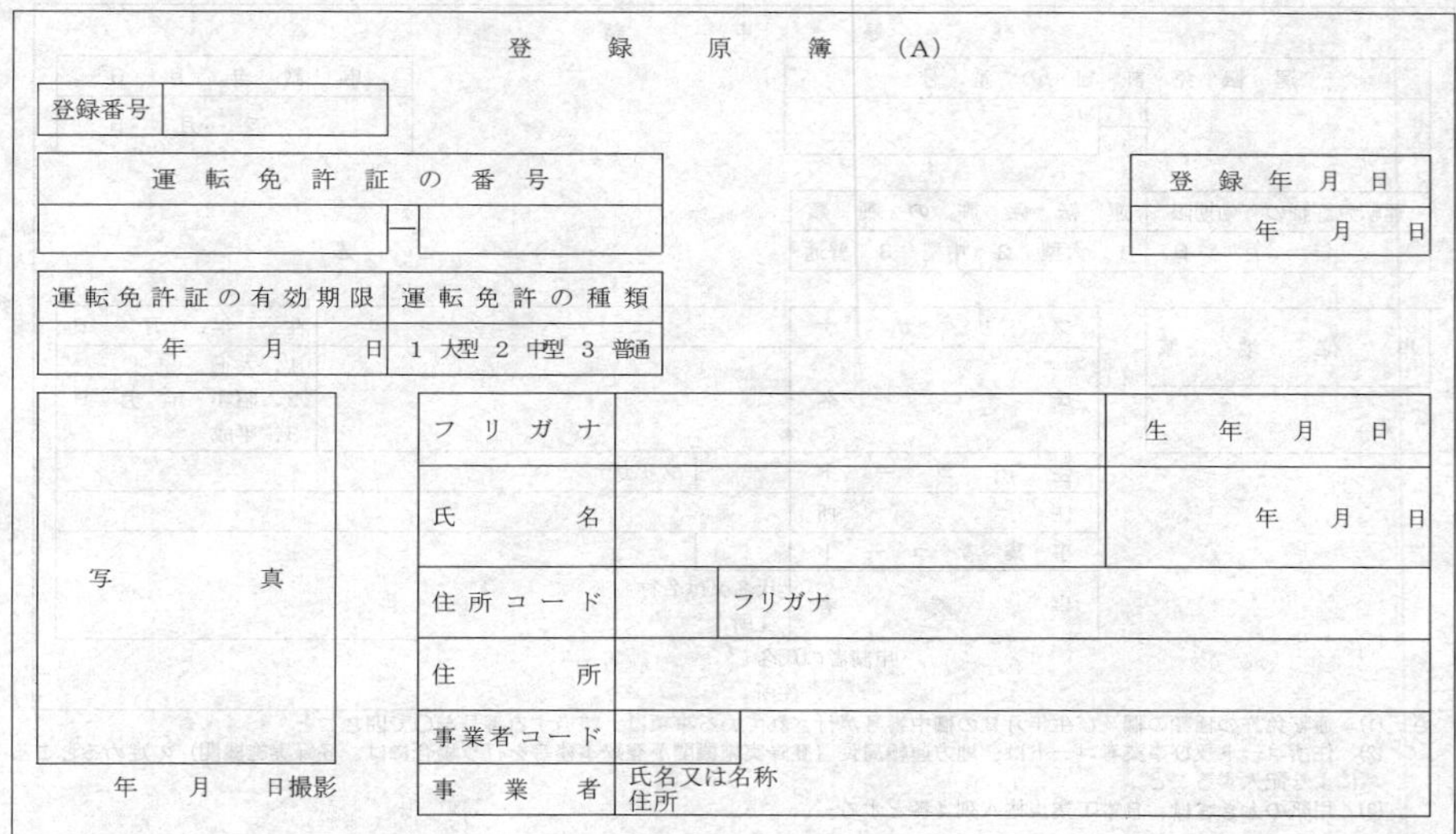

登　録　原　簿　(A)

登録番号	

運転免許証の番号	
—	

登録年月日
年　月　日

運転免許証の有効期限	運転免許の種類
年　月　日	１大型　２中型　３普通

写　真
年　月　日撮影

フリガナ		生年月日
氏　名		年　月　日
住所コード	フリガナ	
住　所		
事業者コード		
事　業　者	氏名又は名称 住所	

第一号様式（その二）〔第２条〕

登　録　原　簿　(B)

登録番号		登録年月日	
運転免許証の番号		登録の消除	登録の消除の事由
運転免許証の有効期限			
運転免許の種類		登録の禁止	登録の禁止期間及び事由
氏　名			
生年月日		登録の効力停止	登録の効力の停止期間
住　所			

事　業　者			備考
氏名又は名称	事業者コード	住　所	

注　(1)　（その二）は、法第８条第１項の届出があつた事項を登録する場合、登録を消除する場合、登録を行わない旨の決定があつた場合及び登録の効力を停止する場合に記入し、記入年月日を付記するものとする。

(2)　（その一）及び（その二）の用紙の大きさは、それぞれ日本工業規格Ａ列４番とする。

第二号様式〔第３条〕

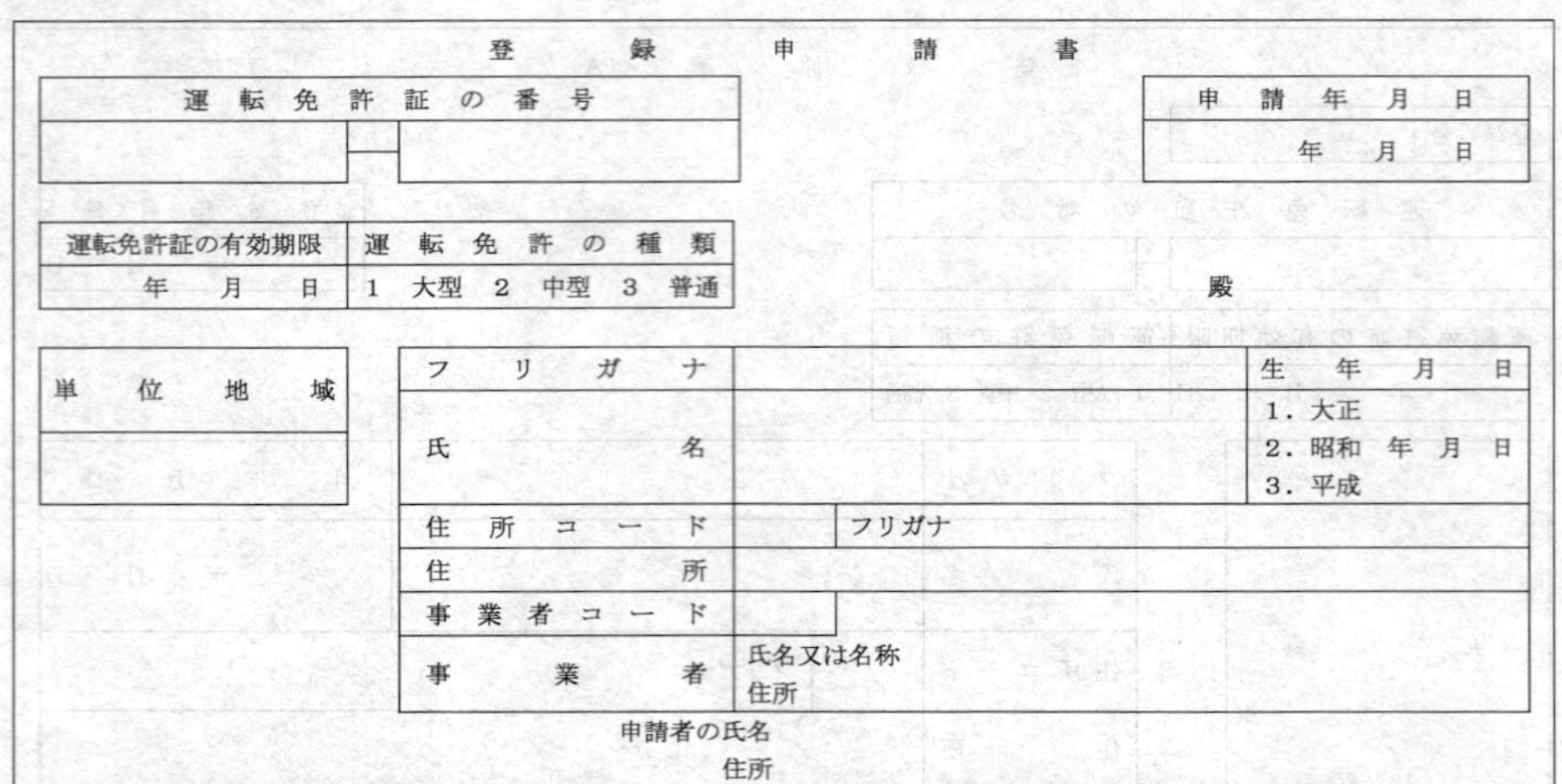

登　録　申　請　書

運転免許証の番号	

申請年月日
年　月　日

運転免許証の有効期限	運転免許の種類
年　月　日	１　大型　２　中型　３　普通

殿

単位地域

フリガナ		生年月日
氏名		１．大正 ２．昭和　年　月　日 ３．平成
住所コード	フリガナ	
住所		
事業者コード		
事業者	氏名又は名称 住所	

申請者の氏名
住所

注　⑴　運転免許の種類の欄及び生年月日の欄中番号が付されている事項は、該当する番号を○で囲むこと。
　　⑵　住所コード及び事業者コードは、地方運輸局長（登録実施機関が登録事務等を行う場合には、登録実施機関）の定めるところにより記入すること。
　　⑶　用紙の大きさは、日本工業規格Ａ列４番とする。

第三号様式〔第３条〕

運　転　経　歴　書

氏名			生年月日	
住所				
運転期間			業務の内容	事業者等の証明（氏名又は名称及び住所）
年　月　日から 年　月　日まで	日間			

注　⑴　業務の内容の欄は、タクシーの運転者又はハイヤーの運転者の別を記入すること。
　　⑵　用紙の大きさは、日本産業規格Ａ列４番とする。

第四号様式〔第５条〕

登録事項変更等届出書

登録番号	

殿

届出年月日	年　月　日
	年　月　日

		法第７条第１項第１号に該当	運転免許の効力停止期間の短縮
運転免許証の番号	(新)		
	(旧)		
運転免許証の有効期間	(新)		
	(旧)		
運転免許の種類	(新)	法第７条第１項第２号に該当	法第７条第１項第５号に該当
	(旧)		
氏名	フリガナ		
	(新)		
	(旧)		

住所コード		フリガナ	事業者		事業者コード	
住所		(新)		氏名又は名称	(新)	
					(旧)	
		(旧)		住所	(新)	
					(旧)	

届出者の氏名
住所

注 ⑴ 運転免許証の番号の欄及び氏名の欄は、運転免許証の番号又は氏名に変更がない場合にも記入するものとし、この場合の記入場所は、(旧) の欄とする。

⑵ 法第７条第１項第１号に該当の欄は、法第７条第１項第１号に該当するに至つた事由及びその事由の存続する期間を記入すること。

⑶ 法第７条第１項第２号に該当の欄は、法第７条第１項第２号に該当するに至つた事由を記入すること。

⑷ 法第７条第１項第５号に該当の欄は、法第７条第１項第５号に該当するに至つた事由を記入すること。

⑸ 住所コード及び事業者コードは、地方運輸局長（登録実施機関が登録事務等を行う場合には、登録実施機関）の定めるところにより記入すること。

⑹ 用紙の大きさは、日本工業規格Ａ列４番とする。

第五号様式〔第７条〕

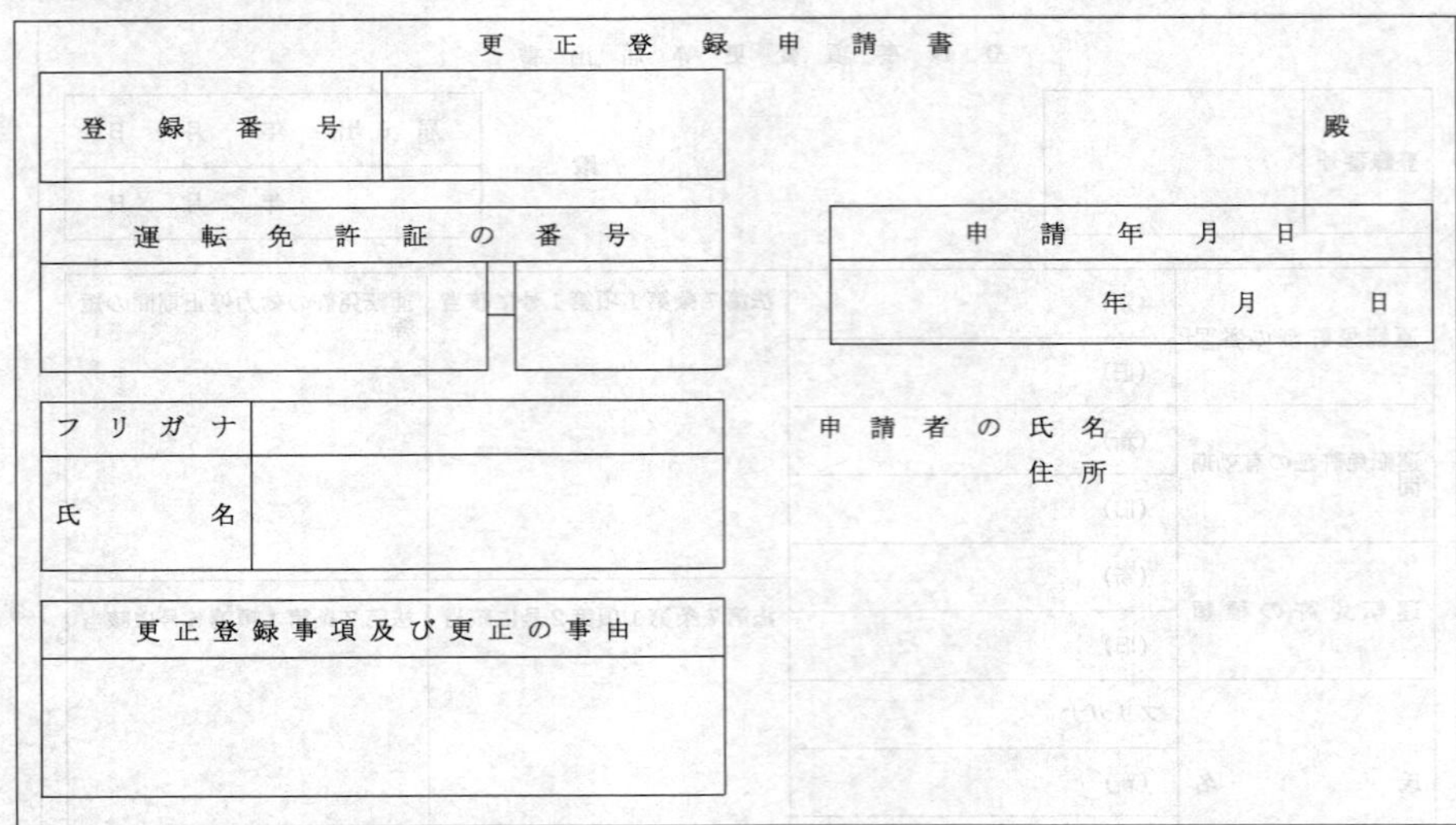
更　正　登　録　申　請　書

殿

登録番号	

運転免許証の番号

申請年月日
年　月　日

フリガナ	
氏名	

申請者の氏名
住所

更正登録事項及び更正の事由

注　用紙の大きさは、日本工業規格Ａ列４番とする。

第六号様式〔第８条〕

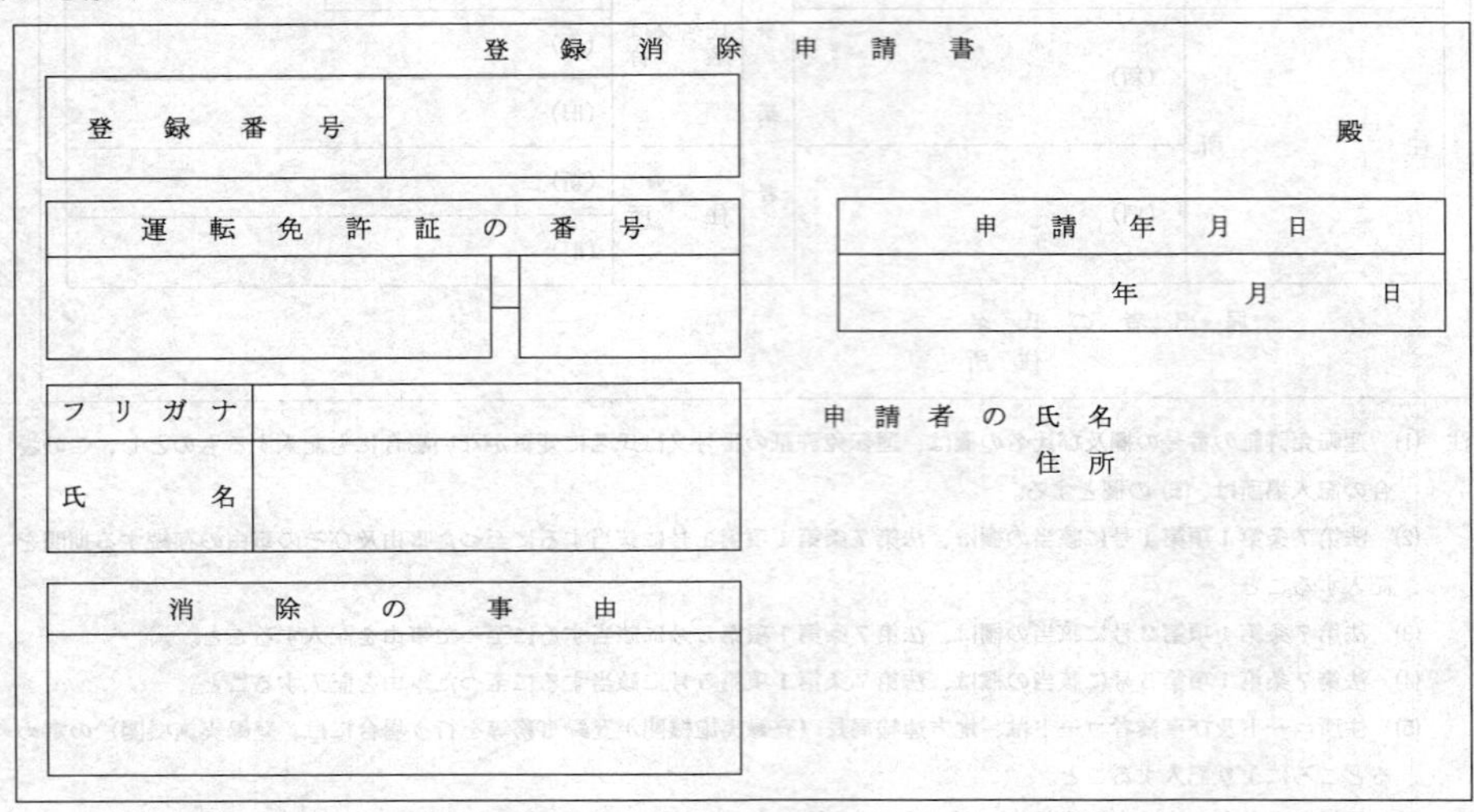
登　録　消　除　申　請　書

殿

登録番号	

運転免許証の番号

申請年月日
年　月　日

フリガナ	
氏名	

申請者の氏名
住所

消除の事由

注　用紙の大きさは、日本産業規格Ａ列４番とする。

第七号様式〔第10条〕

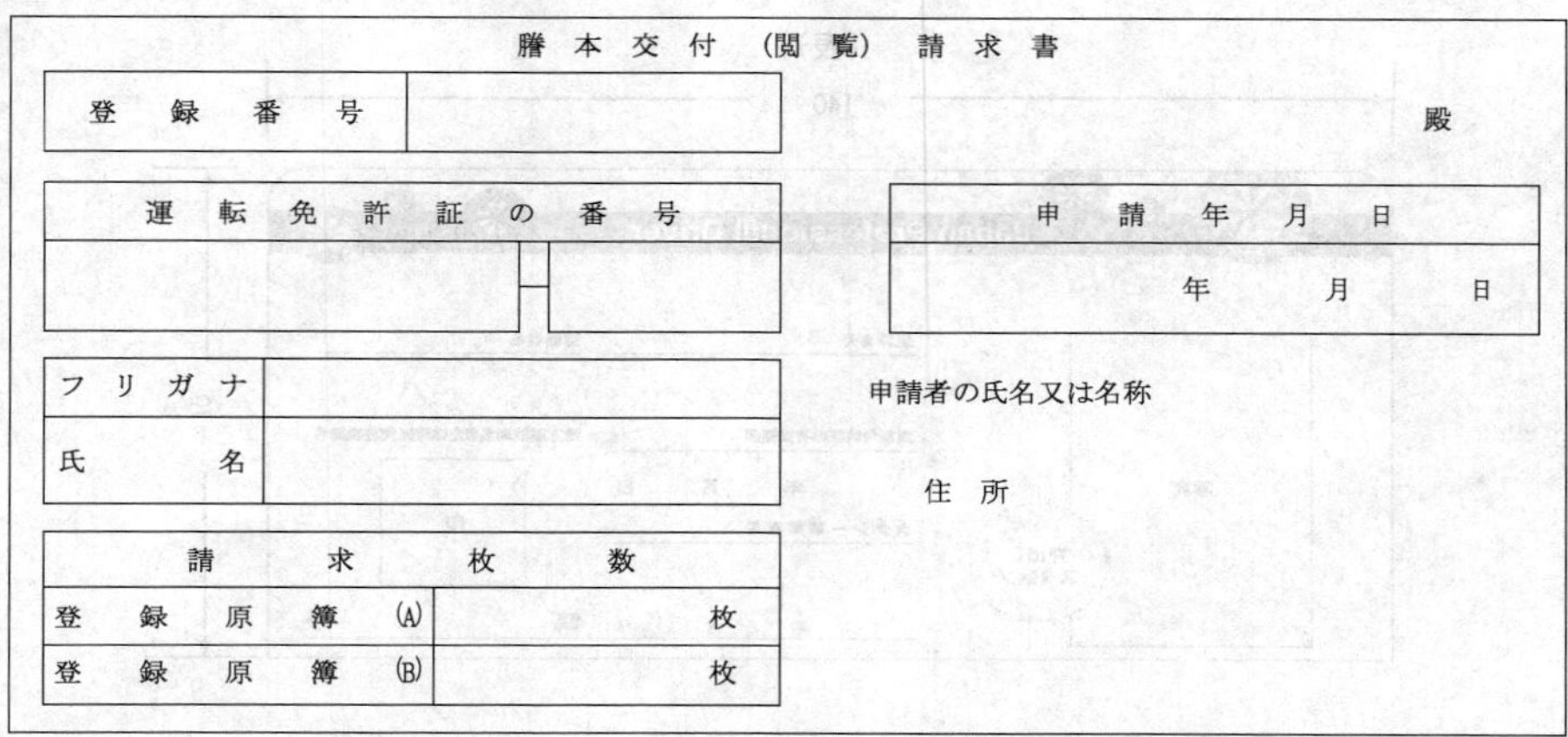

謄本交付（閲覧）請求書

登録番号	

殿

運転免許証の番号

申請年月日
年　月　日

フリガナ	
氏名	

申請者の氏名又は名称

住所

請求枚数	
登録原簿 (A)	枚
登録原簿 (B)	枚

注 (1) 請求書の名称中不要の文字は、消すこと。

(2) 請求枚数の欄は、謄本の交付を請求する場合にのみ記入すること。

(3) 用紙の大きさは、日本産業規格Ａ列４番とする。

第八号様式〔第11条〕

（表）

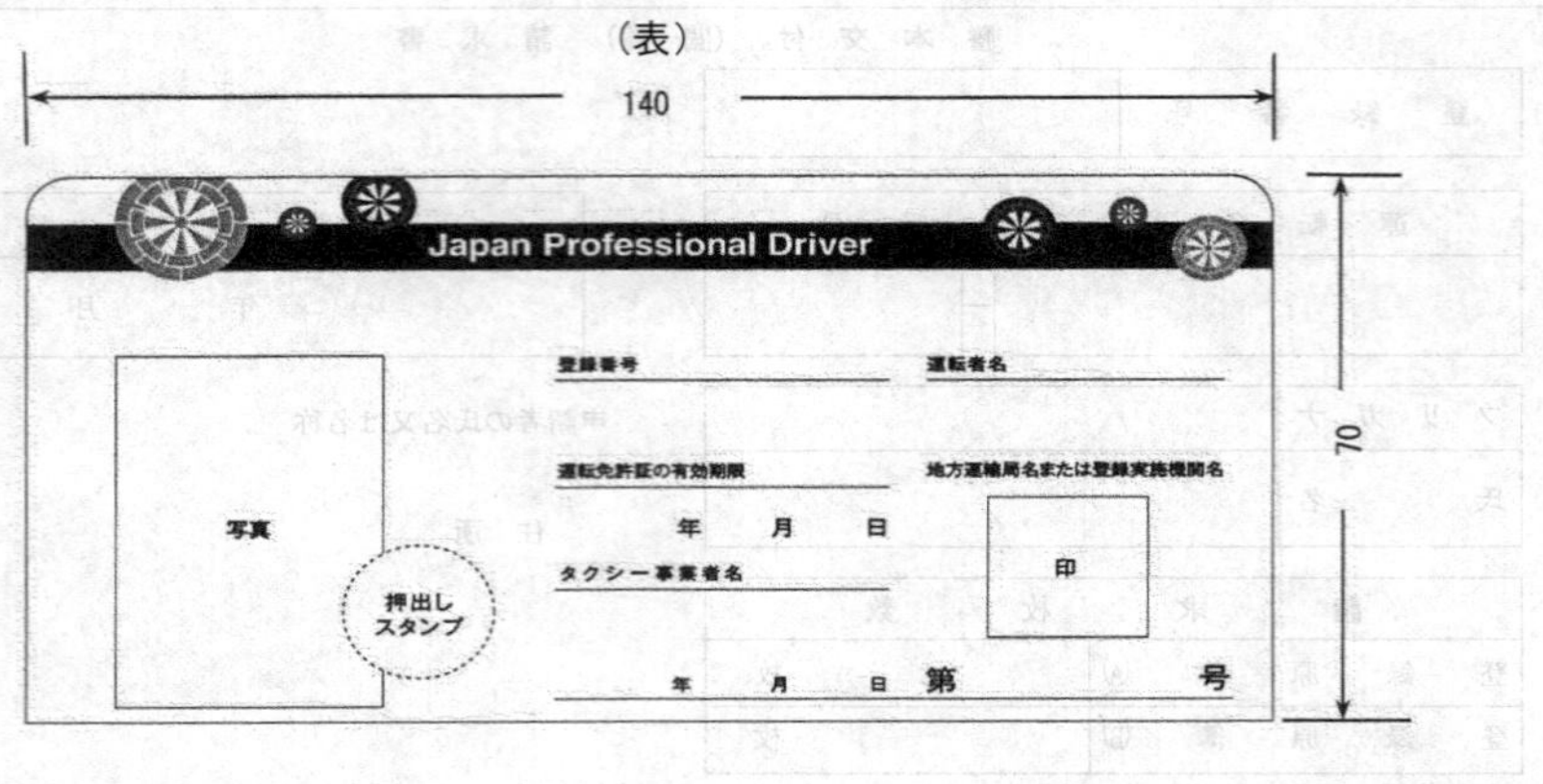

（裏）

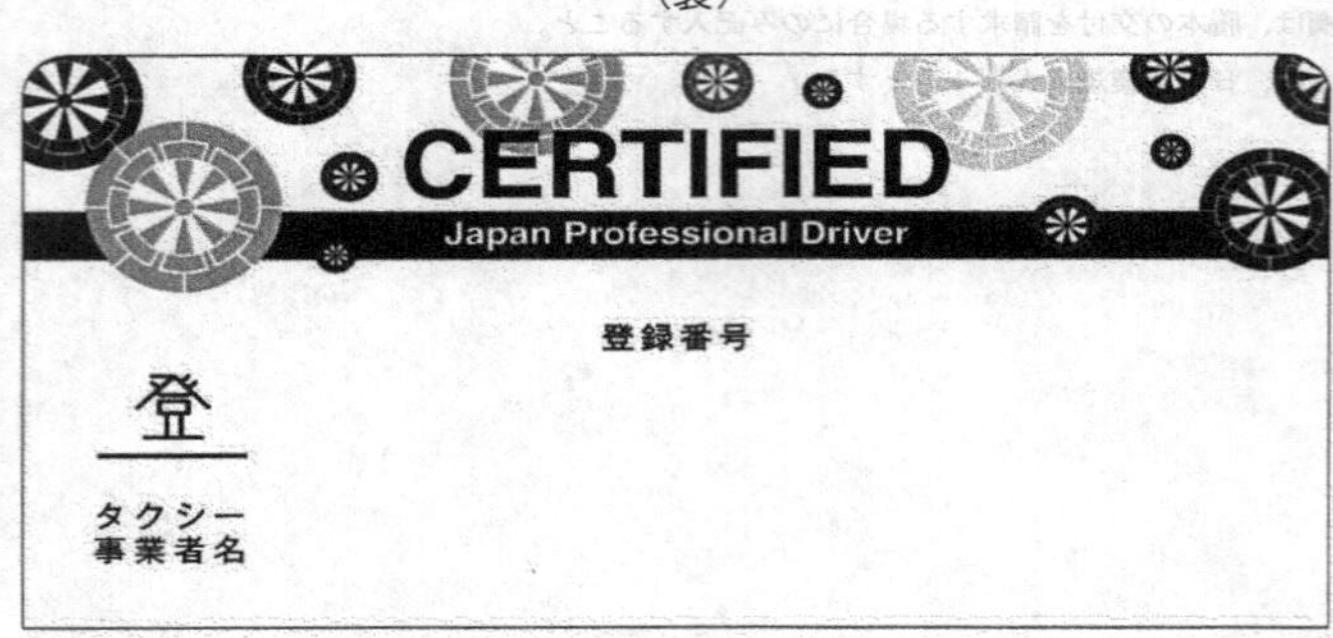

注 (1) 模様は、赤色及び薄い赤色とし、模様の地は、白色とし、「CERTIFIED」の文字は、黒色とし、「Japan Professional Driver」の文字は、白色とし、地は、赤色とし、「登」の文字及び下線は、赤色とする。
(2) 寸法の単位は、ミリメートルとする。
(3) 押出しスタンプは、割印をもつて代えることができる。

第九号様式〔第11条〕

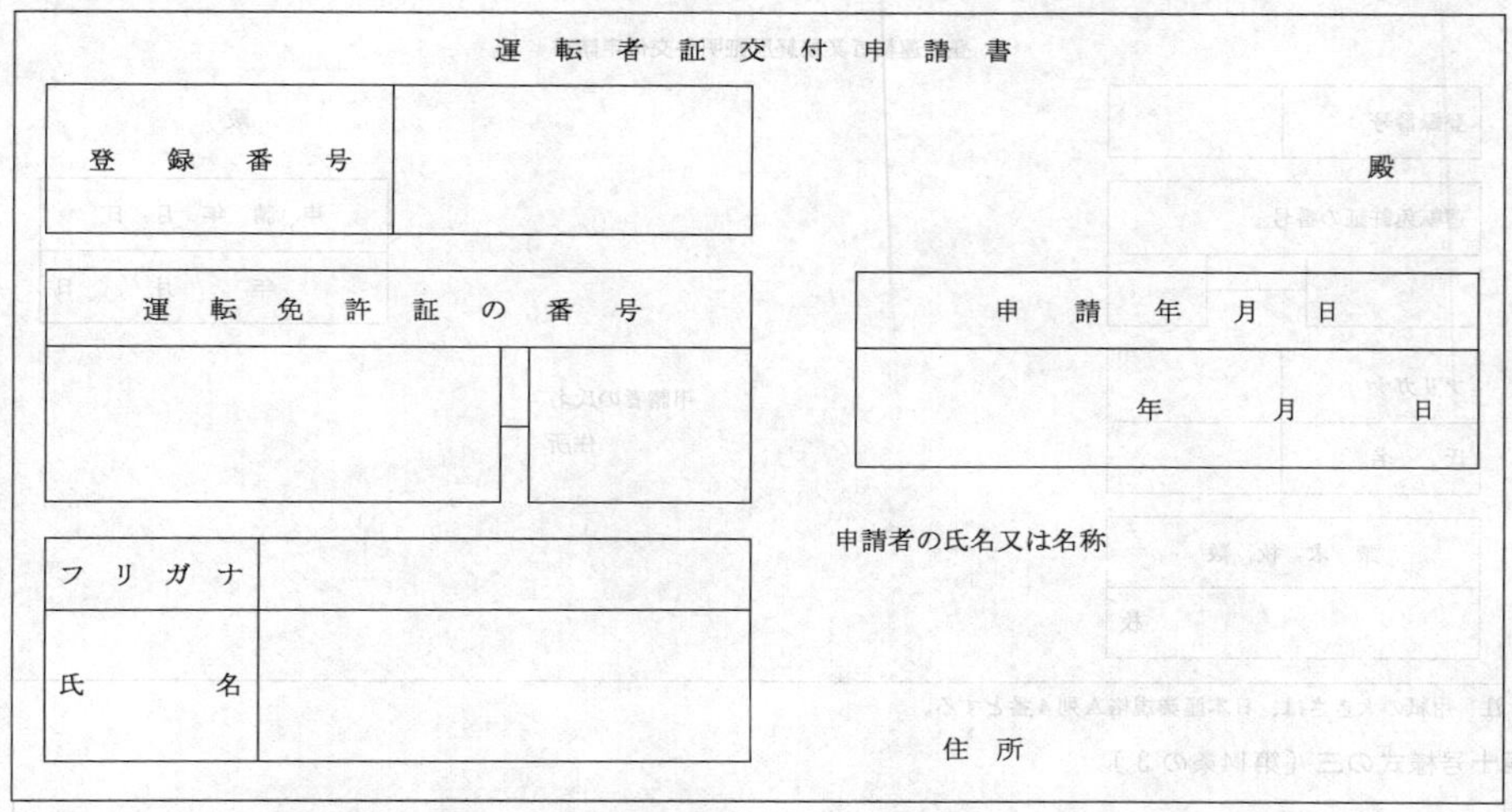
運転者証交付申請書

殿

登録番号	

運転免許証の番号	

申請年月日
年　月　日

フリガナ	
氏名	

申請者の氏名又は名称

住所

注　用紙の大きさは、日本産業規格Ａ列４番とする。

第十号様式〔第13条・第14条〕

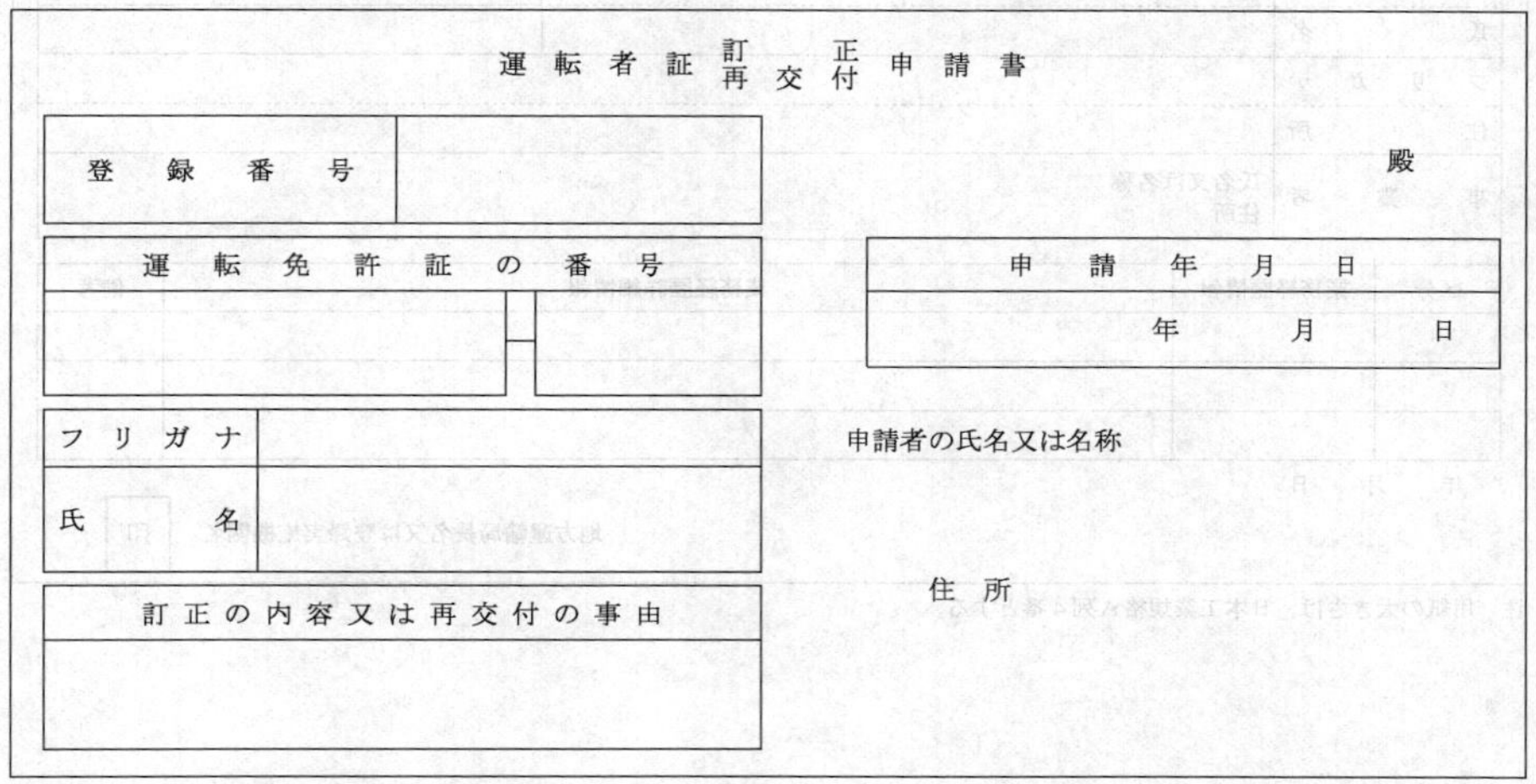
運転者証訂正／再交付申請書

殿

登録番号	

運転免許証の番号	

申請年月日
年　月　日

フリガナ	
氏名	

訂正の内容又は再交付の事由

申請者の氏名又は名称

住所

注　(1)　申請書の名称中不要の文字は、消すこと。
(2)　用紙の大きさは、日本産業規格Ａ列４番とする。

第十号様式の二〔第14条の３〕

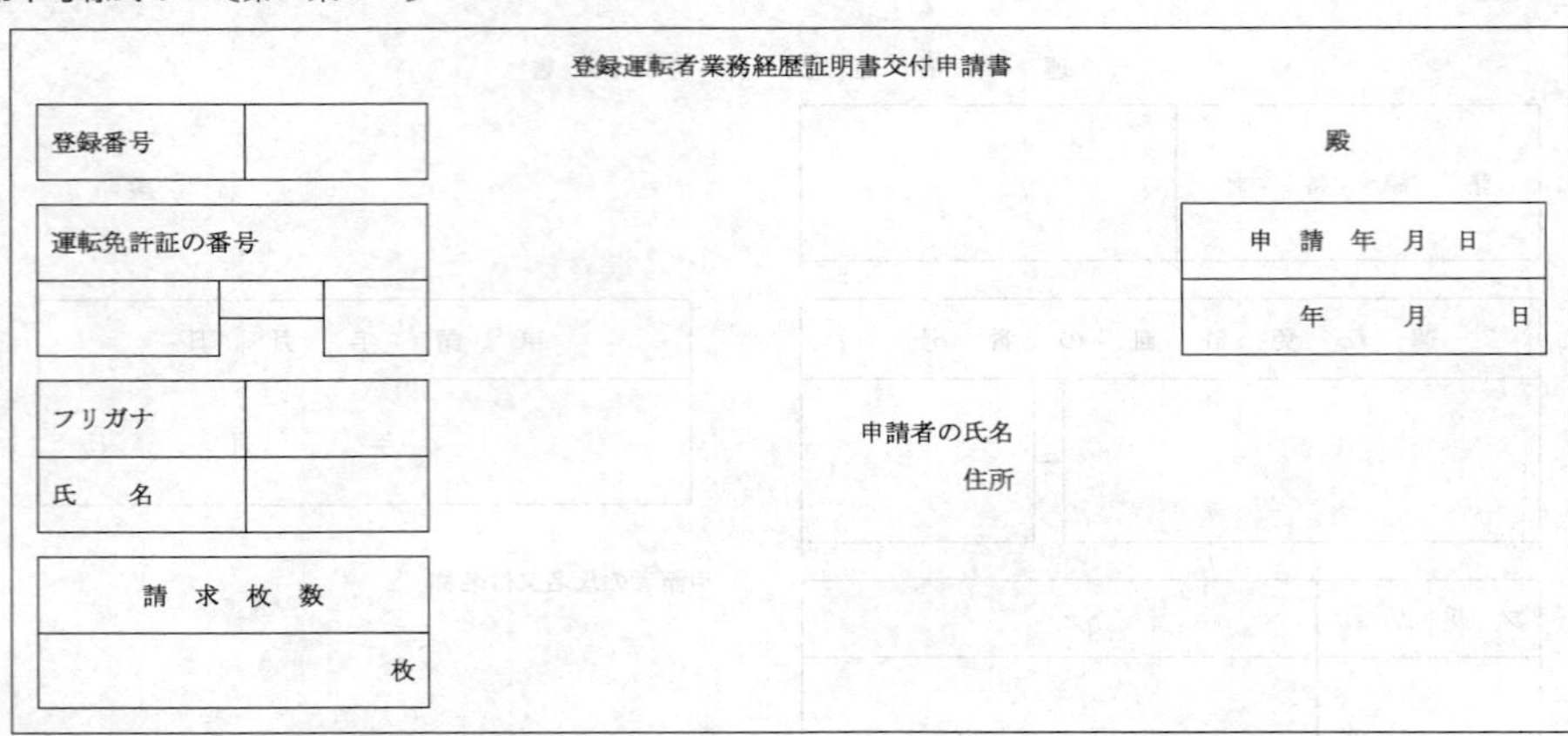
登録運転者業務経歴証明書交付申請書

登録番号	

運転免許証の番号		

フリガナ	
氏　名	

請　求　枚　数
枚

殿

申　請　年　月　日
年　　月　　日

申請者の氏名
住所

注　用紙の大きさは、日本産業規格Ａ列４番とする。

第十号様式の三〔第14条の３〕

登録運転者業務経歴証明書

登　録　番　号		運転免許証の番号	
フ　リ　ガ　ナ		生　年　月　日	
氏　　　　名			
フ　リ　ガ　ナ			
住　　　　所			
事　　業　　者	氏名又は名称 住所		

区分	業務経歴情報	業務経歴詳細情報	備考

年　　月　　日

地方運輸局長名又は登録実施機関名　印

注　用紙の大きさは、日本工業規格Ａ列４番とする。

第十一号様式〔第27条〕

注 (1) 文字、記号及び縁線は、黒色とし、縁及び地は、白色とする。ただし、標識を灯火により表示する場合においては、文字、記号及び縁線は、白色とし、縁及び地は、黒色とすることができる。

(2) 寸法の単位は、センチメートルとする。

(3) 標識の寸法は、道路の設計速度、道路の形状、交通の状況又は設置場所周辺の実情を考慮し、図示の寸法の2倍まで拡大し、又は容易に視認できる範囲において、図示の寸法の2分の1まで縮小することができる。

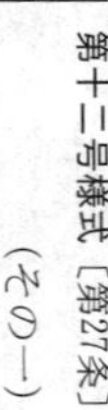

第十二号様式〔第27条〕

（その一）

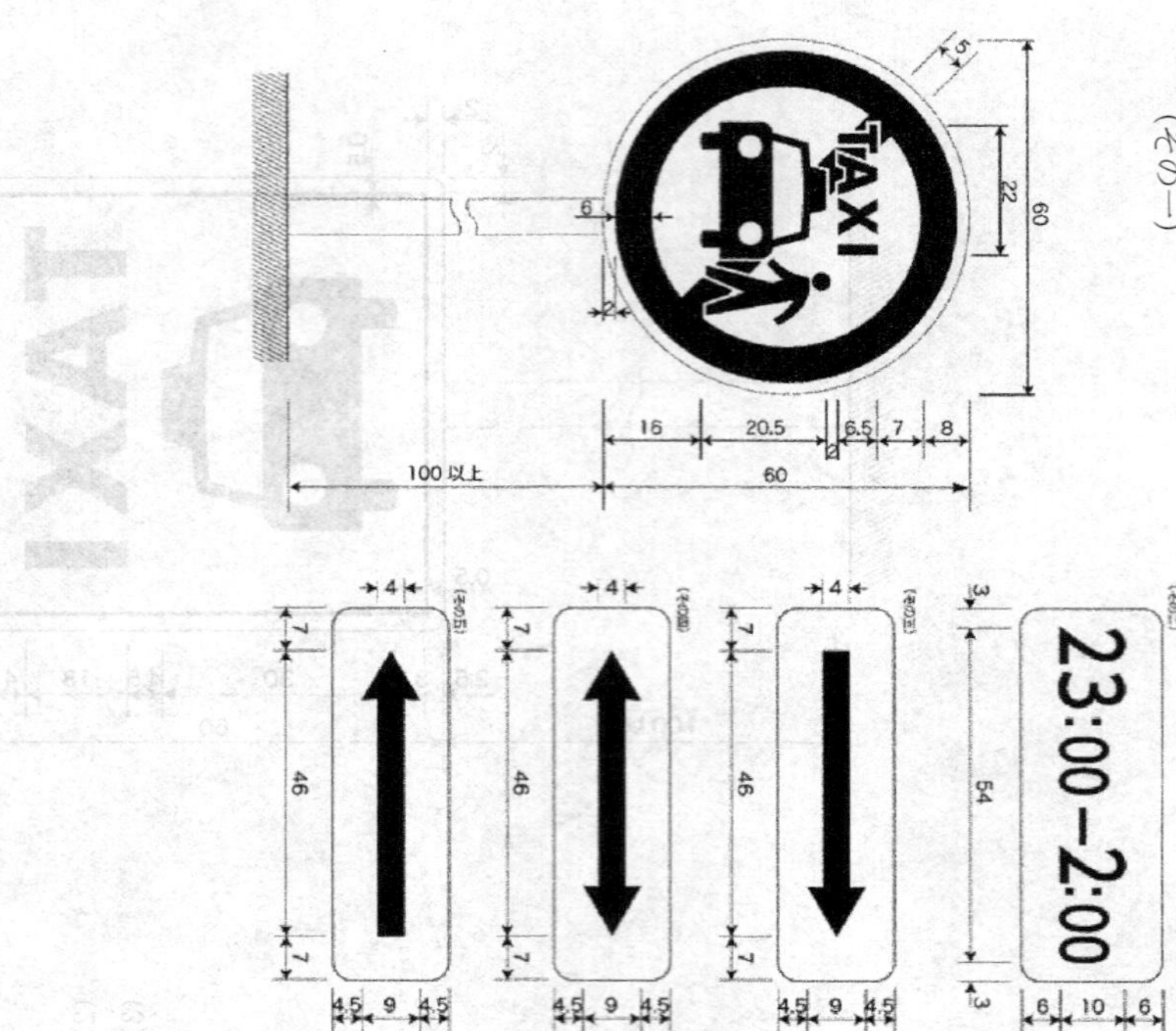

注 (1) （その二）の図示の数字は、旅客のタクシーへの乗車を禁止する時間の例示とし、図示の「23：00—2：00」は、23時から2時までであることを示す。

(2) （その三）及び（その五）の矢印の方向は、旅客のタクシーへの乗車を禁止する地区の内側を示す。

(3) （その四）は、旅客のタクシーへの乗車を禁止する地区内であることを示す。

(4) （その一）の文字及び記号は、青色とし、枠及び斜めの帯は、赤色とし、縁及び地は白色とする。

(5) （その二）の数字及び記号は、黒色とし、地は白色とする。

(6) （その三）、（その四）及び（その五）の記号は赤色とし、地は白色とする。

(7) 寸法の単位は、センチメートルとする。

(8) （その二）から（その五）までは、（その一）の柱の部分に取り付ける。

(9) （その一）について、標識の寸法は、道路の設計速度、道路の形状、交通の状況又は設置場所周辺の実情を考慮し、図示の寸法の2倍まで拡大し、又は図示の寸法の2分の1まで縮小することができる。

(10) （その二）から（その五）までについて、(9)の規定による（その一）の拡大率又は縮小率と同じ比率で拡大し、又は縮小することができる。

第十三号様式〔第30条〕

（表）

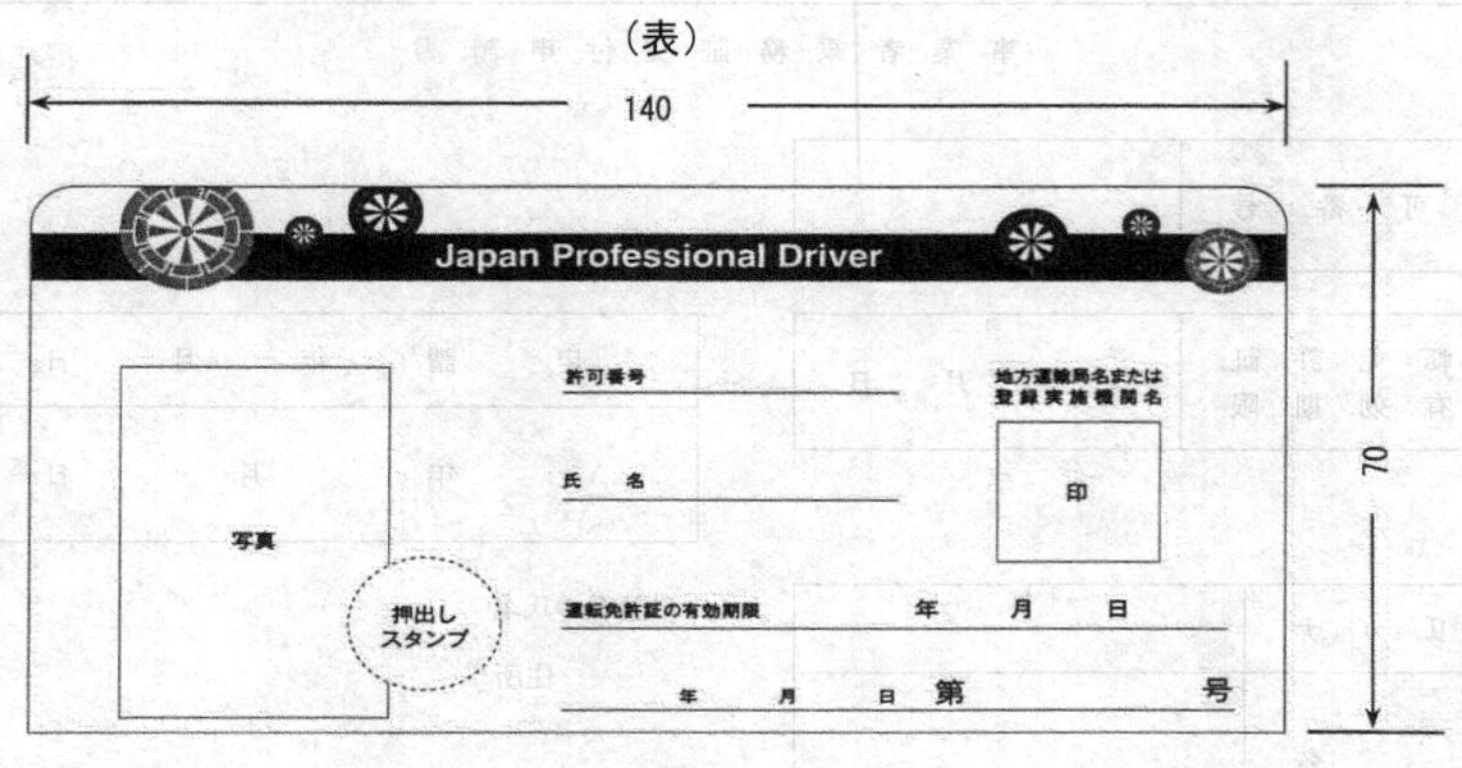

（裏）

CERTIFIED

Japan Professional Driver

許可番号

個

注 ⑴ 模様は、青色及び薄い青色とし、模様の地は、白色とし、「CERTIFIED」の文字は、黒色とし、「Japan Professional Driver」の文字は、白色とし、地は、青色とし、「個」の文字及び下線は、青色とする。
⑵ 許可番号は、一般乗用旅客自動車運送事業の許可の際に地方運輸局長が当該許可に付した番号とする
⑶ 寸法の単位は、ミリメートルとする。
⑷ 押出しスタンプは、割印をもつて代えることができる。

第十四号様式〔第30条〕

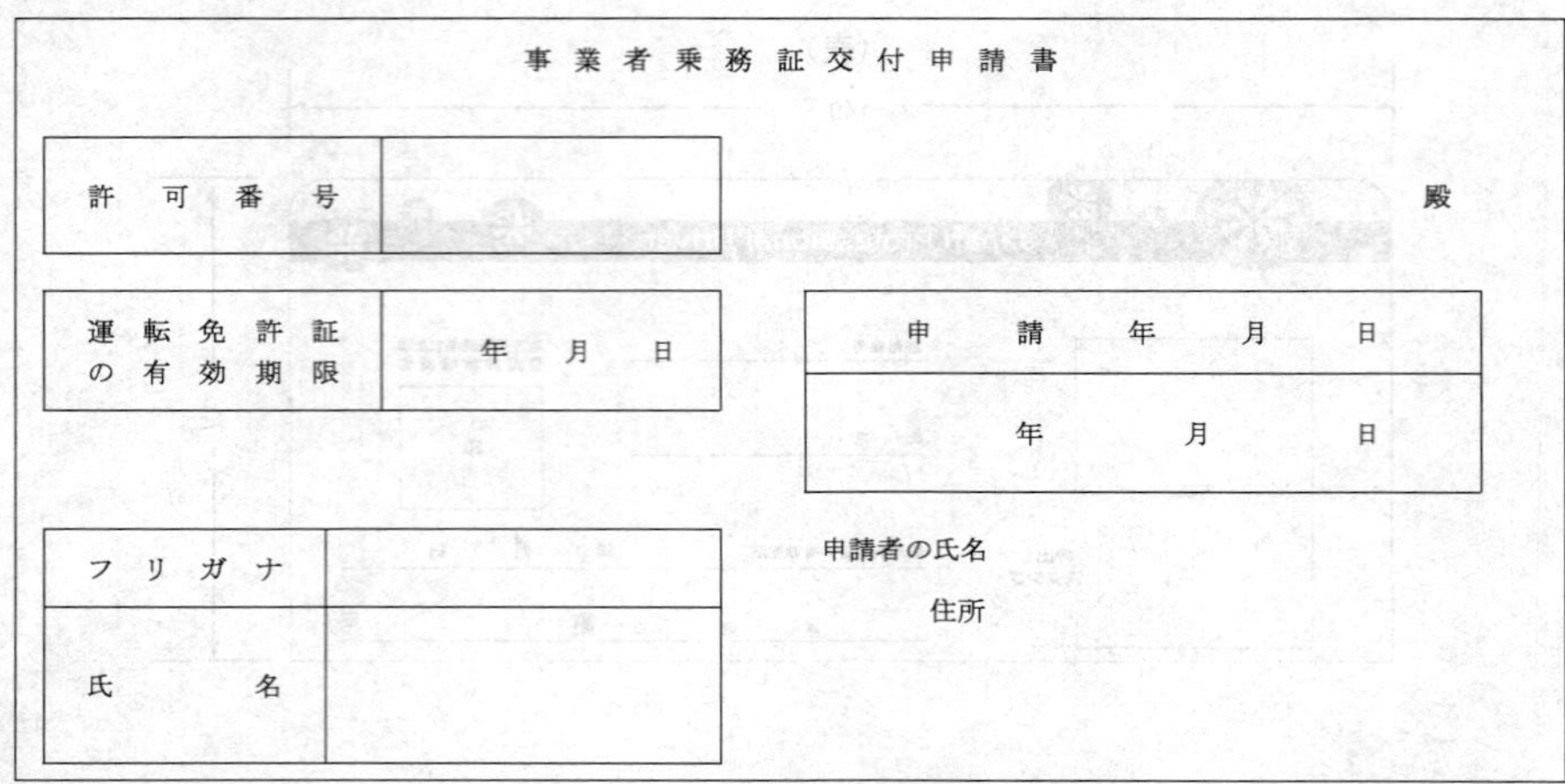

事業者乗務証交付申請書

許可番号	
運転免許証の有効期限	年　月　日

殿

申請年月日
年　月　日

フリガナ	
氏名	

申請者の氏名

住所

注 ⑴ 許可番号の欄は、一般乗用旅客自動車運送事業の許可を受けた際に地方運輸局長が当該許可に付した番号を記入すること。

⑵ 用紙の大きさは、日本工業規格Ａ列４番とする。

第十五号様式〔第31条・第33条〕

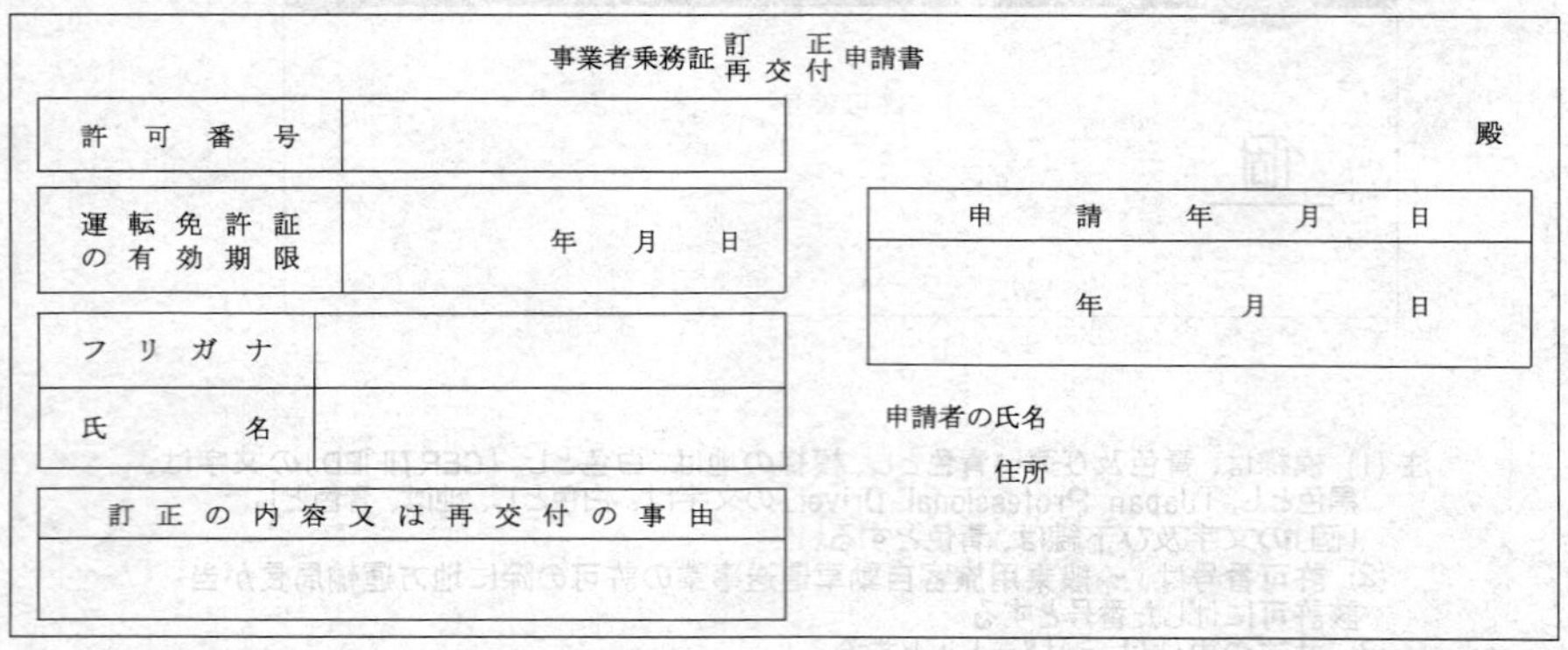

事業者乗務証訂正/再交付申請書

許可番号	
運転免許証の有効期限	年　月　日

殿

申請年月日
年　月　日

フリガナ	
氏名	

申請者の氏名

住所

訂正の内容又は再交付の事由

注 ⑴ 申請書の名称中不要の文字は、消すこと。

⑵ 許可番号の欄は、一般乗用旅客自動車運送事業の許可を受けた際に地方運輸局長が当該許可に付した番号を記入すること。

⑶ 用紙の大きさは、日本工業規格Ａ列４番とする。

第十六号様式〔第39条〕

受　験　申　請　書

殿

年　月　日

申請者の氏名
生年月日
住　所

タクシー業務適正化特別措置法の規定に基づく　地域に係る輸送の安全及び利用者の利便の確保に関する試験の受験を申請します。

注　用紙の大きさは、日本工業規格Ａ列４番とする。

第十七号様式〔第39条〕

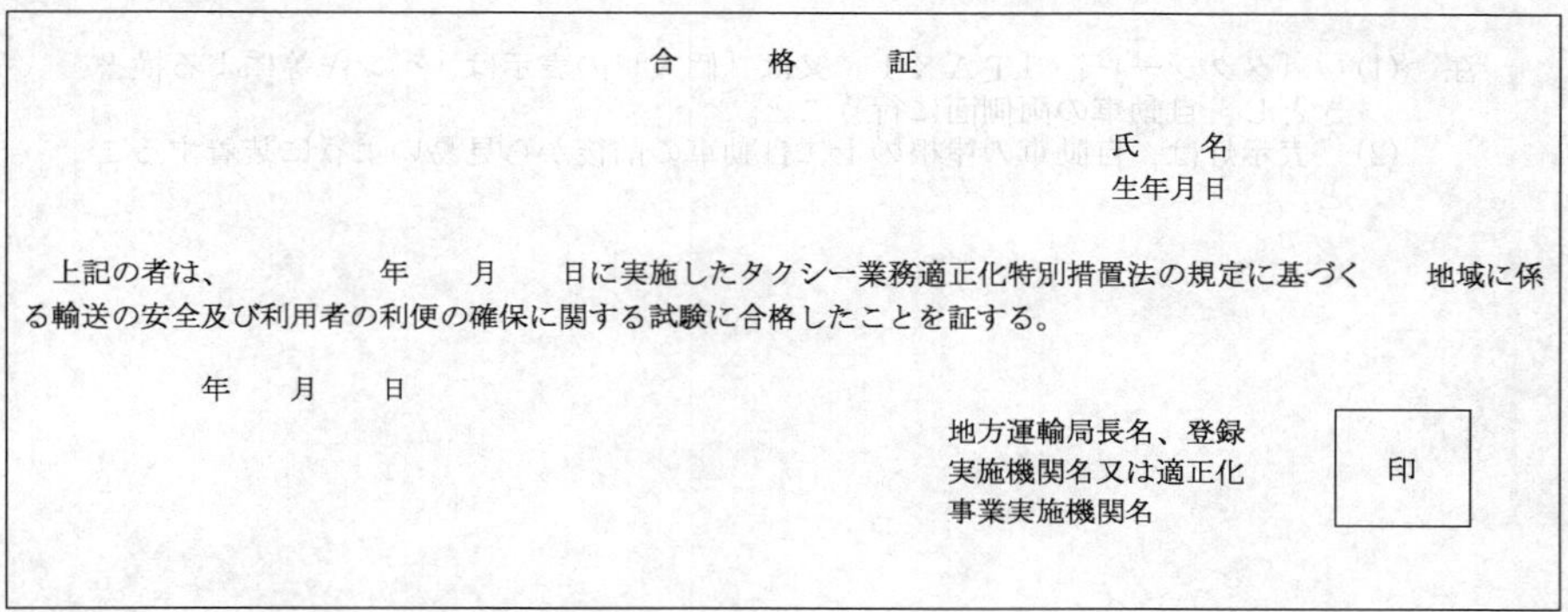

合　格　証

氏　名
生年月日

上記の者は、　年　月　日に実施したタクシー業務適正化特別措置法の規定に基づく　地域に係る輸送の安全及び利用者の利便の確保に関する試験に合格したことを証する。

年　月　日

地方運輸局長名、登録
実施機関名又は適正化
事業実施機関名

印

注　用紙の大きさは、日本工業規格Ａ列４番とする。

別表〔第29条〕

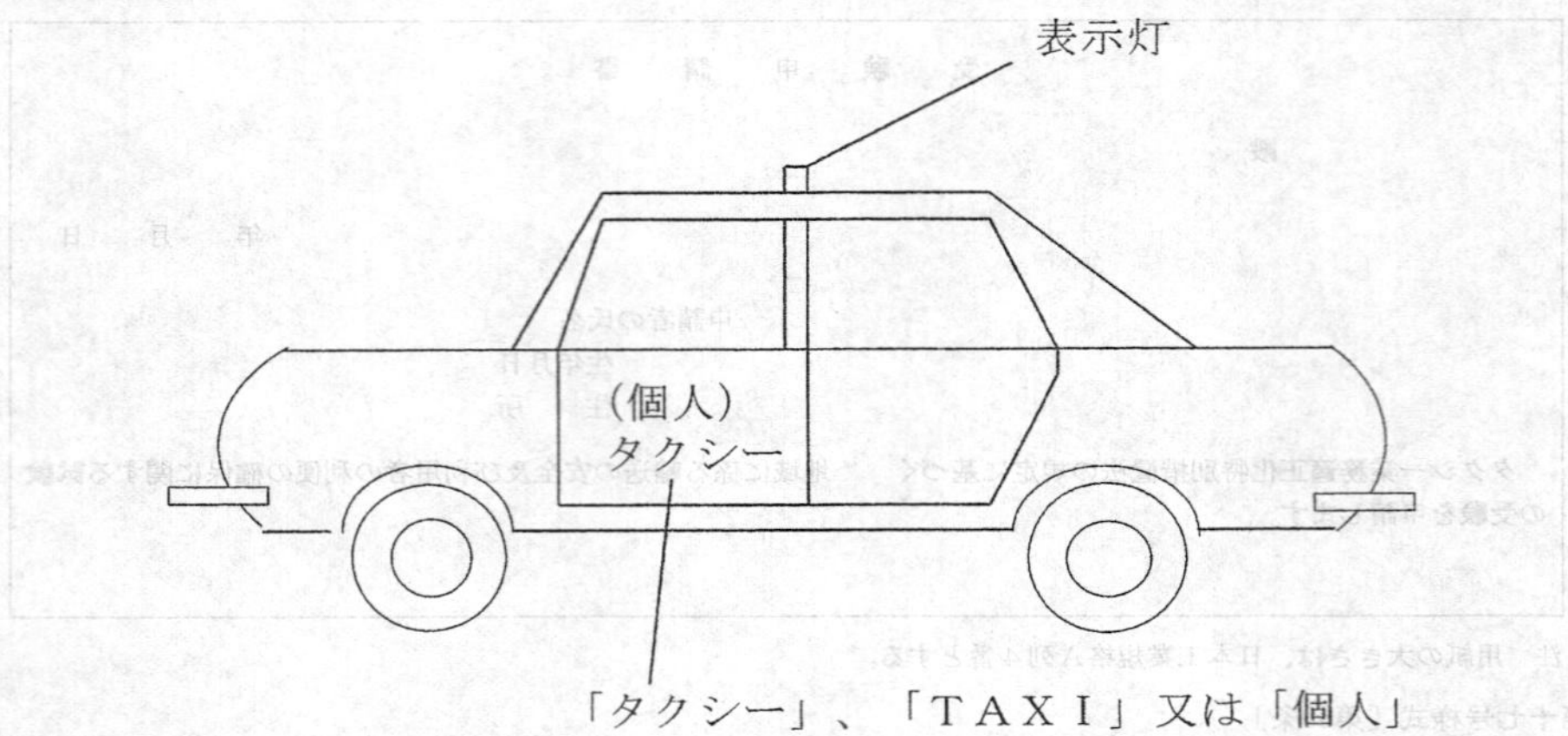

「タクシー」、「ＴＡＸＩ」又は「個人」

注　(1)　「タクシー」、「ＴＡＸＩ」又は「個人」の表示は、ペンキ等による横書きとし、自動車の両側面に行うこと。
(2)　表示灯は、自動車の屋根の上に自動車の前後から見易いように装着すること。

○タクシー業務適正化特別措置法施行規程

（平成二十六年一月二十四日）
（国土交通省告示第五十七号）

沿革　平二七国交告六九七、令六国交告一三四改正

（定義）

第一条　この告示において使用する用語は、タクシー業務適正化特別措置法（以下「法」という。）及びタクシー業務適正化特別措置法施行規則（以下「施行規則」という。）において使用する用語の例による。

（指定地域及び特定指定地域）

第二条　法第二条の二第一項の規定に基づき国土交通大臣が指定する地域は、次の表のとおりとする。

名称	地域
札幌地域	北海道の区域のうち、札幌市、江別市、北広島市及び石狩市（厚田区及び浜益区を除く。）の区域
仙台地域	宮城県の区域のうち、仙台市の区域
さいたま地域	埼玉県の区域のうち、さいたま市、川口市、鴻巣市、上尾市、蕨市、戸田市、桶川市、北本市及び北足立郡の区域
千葉地域	千葉県の区域のうち、千葉市、市川市、船橋市、松戸市、野田市、習志野市、柏市、流山市、八千代市、我孫子市、鎌ケ谷市、浦安市及び四街道市の区域
東京地域	東京都の区域のうち、特別区、武蔵野市及び三鷹市の区域
横浜地域	神奈川県の区域のうち、横浜市、川崎市、横須賀市及び三浦市の区域
名古屋地域	愛知県の区域のうち、名古屋市、瀬戸市、津島市、尾張旭市、豊明市、日進市、愛西市、清須市、北名古屋市、弥富市、あま市、長久手市、愛知郡、西春日井郡及び海部郡の区域
京都地域	京都府の区域のうち、京都市（右京区京北を除く。）、宇治市、城陽市、向日市、長岡京市、八幡市、京田辺市、木津川市、乙訓郡、久世郡、綴喜郡及び相楽郡の区域
大阪地域	大阪府の区域のうち、大阪市、堺市（美原区を除く。）、豊中市、池田市、吹田市、泉大津市、高槻市、守口市、茨木市、八尾市、和泉市、箕面市、門真市、摂津市、高石市、東大阪市、三島郡及び泉北郡の区域
神戸地域	兵庫県の区域のうち、神戸市、尼崎市、明石市、西宮市、芦屋市、伊丹市、宝塚市、川西市及び川辺郡の区域
広島地域	広島県の区域のうち、広島市（佐伯区（湯来町及び杉並台に限る。）を除く。）、廿日市市（玖島、永原、峠、友田、河津原、津田、浅原、虫所山、飯山、中道、栗栖、吉和、大野、宮島口一丁目から四丁目まで、宮島口東一丁目から三丁目まで、宮島口西一丁目から三丁目まで、宮島口上一丁目及び二丁目、福面一丁目から三丁目まで、対厳山一丁目から三丁目まで、深江一丁目から三丁目まで、前空一丁目から六丁目まで、物見東一丁目及び二丁目、物見西一丁目から三丁目まで、上の浜一丁目及び二丁目、下の浜、大野一丁目及び二丁目、大野中央一丁目から五丁目まで、大野原一丁目から四丁目まで、梅原一丁目及び二丁目、塩屋一丁目及び二丁目、沖塩屋一丁目から四丁目まで、林が原一丁目及び二丁目、丸石一丁目から五丁目まで、宮浜温泉一丁目から三丁目まで、八坂一丁目及び二丁目並びに宮島町を除く。）及び安芸郡の区域
北九州地域	福岡県の区域のうち、北九州市、中間市及び遠賀郡の区域
福岡地域	福岡県の区域のうち、福岡市、筑紫野市、春日市、大野城市、太宰府市、古賀市、糸島市、筑紫郡及び粕屋郡の区域

備考　この表において用いられた行政区画又は土地の名称による区域は、平成二十六年一月一日においてその行政区画又は土地の名称による区域として定められていた区域とする。

2　法第二条の三第一項に基づき国土交通大臣が指定する地域は、前項に規定する東京地域、横浜地域及び大阪地域とする。

（単位地域）

第三条　法第三条第一項の規定に基づき国土交通大臣が指定する地域は、次の表のとおりとする。

名称	地域
北海道Ａ	前条第一項に規定する札幌地域
北海道Ｂ	北海道の区域のうち、北海道Ａ以外の区域
青森県	青森県全域
岩手県	岩手県全域
宮城県Ａ	前条第一項に規定する仙台地域
宮城県Ｂ	宮城県の区域のうち、宮城県Ａ以外の区域
秋田県	秋田県全域
山形県	山形県全域
福島県	福島県全域
茨城県	茨城県全域
栃木県	栃木県全域
群馬県	群馬県全域
埼玉県Ａ	前条第一項に規定するさいたま地域

埼玉県B	埼玉県の区域のうち、埼玉県A以外の区域
千葉県A	前条第一項に規定する千葉地域
千葉県B	千葉県の区域のうち、千葉県A以外の区域
東京都A	前条第一項に規定する東京地域
東京都B	東京都の区域のうち、東京都A以外の区域
神奈川県A	前条第一項に規定する横浜地域
神奈川県B	神奈川県の区域のうち神奈川県A以外の区域
山梨県	山梨県全域
新潟県	新潟県全域
富山県	富山県全域
石川県	石川県全域
長野県	長野県全域
福井県	福井県全域
岐阜県	岐阜県全域
静岡県	静岡県全域
愛知県A	前条第一項に規定する名古屋地域
愛知県B	愛知県の区域のうち、愛知県A以外の区域
三重県	三重県全域
滋賀県	滋賀県全域
京都府A	前条第一項に規定する京都地域
京都府B	京都府の区域のうち、京都府A以外の区域
大阪府A	前条第一項に規定する大阪地域
大阪府B	大阪府の区域のうち、大阪府A以外の区域
兵庫県A	前条第一項に規定する神戸地域
兵庫県B	兵庫県の区域のうち、兵庫県A以外の区域
奈良県	奈良県全域
和歌山県	和歌山県全域
鳥取県	鳥取県全域
島根県	島根県全域
岡山県	岡山県全域
広島県A	前条第一項に規定する広島地域
広島県B	広島県の区域のうち、広島県A以外の区域
山口県	山口県全域
徳島県	徳島県全域
香川県	香川県全域
愛媛県	愛媛県全域
高知県	高知県全域
福岡県A	前条第一項に規定する北九州地域
福岡県B	前条第一項に規定する福岡地域
福岡県C	福岡県の区域のうち、福岡県A及び福岡県B以外の区域
佐賀県	佐賀県全域
長崎県	長崎県全域
熊本県	熊本県全域
大分県	大分県全域
宮崎県	宮崎県全域
鹿児島県	鹿児島県全域
沖縄県	沖縄県全域

（添付書類の記載事項）

第四条 施行規則第三条の二第二項の告示で定める事項は、次に掲げる事項とする。

一 講習を実施する者の名称及び主たる事務所の所在地

二 講習を実施する単位地域の名称

三 講習の実施に関する計画に関する事項であって、次に掲げるもの（認定の申請に係る単位地域が指定地域として指定されている場合にあっては、ヘに掲げるものを除く。）

イ 講習を実施する組織に関する事項

ロ 講師に関する事項

ハ 講習の実施場所に関する事項

ニ 講習の科目及びその時間に関する事項

ホ 講習の日程に関する事項

ヘ 講習の効果測定に関する事項

四 経理的基礎に関する事項

五 個人情報の管理に関する事項

六 その他必要と認める事項

（輸送の安全及び利用者の利便の確保に関する試験）

第五条 施行規則第三十九条第一項の告示で定める事項は、次に掲げる事項とする。

一 道路運送法（昭和二十六年法律第百八十三号）、道路交通法（昭和三十五年法律第百五号）、道路運送車両法（昭和二十六年法律第百八十五号）その他の関係法令に関する事項

二 道路運送法第十一条第三項の規定に基づき公示された一般乗用旅客自動車運送事業の標準運送約款に関する事項

三 当該指定地域における交通事故の発生状況

四 タクシー事業の特性及び交通事故発生状況を踏まえた運転に関する技能及び知識

五 交通事故の防止及び事故発生時の措置に関する事項

六 過労運転の防止その他の健康管理に関する事項

七 タクシーの運転者の基本的な心構え及び接遇に関する事項

八　タクシーに搭載する装置等の取扱いに関する事項
九　高齢者、障害者等の乗車、降車等におけるタクシーの運転者の対応に関する事項
十　その他タクシー事業の業務に必要な法令、安全及び接遇に関する事項

附　則

（施行期日）

1　この告示は、平成二十七年十月一日から施行する。

（タクシー業務適正化特別措置法施行規則第三条の二第二項の規定に基づき地方運輸局長に提出する申請書に添付する書類に記載する事項を定める告示の廃止）

2　タクシー業務適正化特別措置法施行規則第三条の二第二項の規定に基づき地方運輸局長に提出する申請書に添付する書類に記載する事項を定める告示（平成二十年国土交通省告示第七百三十七号）は、廃止する。

附　則（平二七・六・三国交告六九七）

この告示は、平成二十七年十月一日から施行する。

附　則（令六・二・二九国交告一三四）

この告示は、タクシー業務適正化特別措置法施行規則及び旅客自動車運送事業運輸規則の一部を改正する省令（令和六年国土交通省令第十五号）の施行の日〔令和六年二月二九日〕から施行する。

○特定地域及び準特定地域における一般乗用旅客自動車運送事業の適正化及び活性化に関する特別措置法

（平成二十一年六月二十六日）
（法律第六十四号）

沿革　平二三法三五、平二五法八三、令四法六八、令五法一八改正

〔編者注〕

令和四年六月一七日法律第六八号による改正のうち、令和七年六月一日から施行される部分は、直接改正を加えないで、現行条文と並列して登載した。

目次

第一章　総則

（目的）

第一条　この法律は、一般乗用旅客自動車運送が地域公共交通として重要な役割を担っており、地域の状況に応じて、地域における輸送需要に対応しつつ、地域公共交通としての機能を十分に発揮できるようにすることが重要であることに鑑み、国土交通大臣による特定地域及び準特定地域の指定並びに基本方針の策定、特定地域において組織される協議会による特定地域計画の作成並びにこれに基づく一般乗用旅客自動車運送事業者による供給輸送力の削減及び活性化措置の実施、準特定地域において組織される協議会による準特定地域計画の作成及びこれに基づく一般乗用旅客自動車運送事業者による活性化事業等の実施並びに特定地域及び準特定地域における道路運送法（昭和二十六年法律第百八十三号）の特例について定めることにより、特定地域及び準特定地域における一般乗用旅客自動車運送事業の適正化及び活性化を推進し、もって地域における交通の健全な発達に寄与することを目的とする。

（定義）

第二条　この法律において「一般乗用旅客自動車運送事業」とは、道路運送法第三条第一号ハの一般乗用旅客自動車運送事業（国土交通大臣が指定するものを除く。）をいう。

2　この法律において「一般乗用旅客自動車運送事業者」とは、一般乗用旅客自動車運送事業を経営する者をいう。

3　この法律において「一般乗用旅客自動車運送」とは、一般乗用旅客自動車運送事業者が行う旅客の運送をいう。

4　この法律において「地域公共交通」とは、地域公共交通の活性化及び再生に関する法律（平成十九年法律第五十九号）第二条第一号に規定する地域公共交通をいう。

5　この法律において「特定地域」とは、次条第一項の規定により指定された地域をいう。

6　この法律において「準特定地域」とは、第三条の二第一項

の規定により指定された地域をいう。

7　この法律において「活性化事業」とは、一般乗用旅客自動車運送事業について、利用者の選択の機会の拡大に資する情報の提供、情報通信技術の活用による運行の管理の高度化、利用者の特別の需要に応ずるための運送の実施その他の国土交通省令で定める措置（一般乗用旅客自動車運送事業の供給輸送力を増加させるものとして国土交通省令で定めるものを除く。）を講ずることにより、輸送需要に対応した合理的な運営及び法令の遵守の確保並びに運送サービスの質の向上及び輸送需要の開拓を図り、もって一般乗用旅客自動車運送事業の活性化に資する事業をいう。

8　この法律において「活性化措置」とは、活性化事業その他の一般乗用旅客自動車運送事業の活性化を推進するために行う事業及び一般乗用旅客自動車運送事業の譲渡又は譲受け、一般乗用旅客自動車運送事業者たる法人の合併又は分割その他経営の合理化に資する措置として国土交通省令で定めるものをいう。

9　この法律において「事業用自動車」とは、道路運送法第二条第八項に規定する事業用自動車（国土交通大臣が指定するものを除く。）をいう。

※7項「国土交通省令」＝則二・二の二、8項「国土交通省令」＝則二の三

第二章　特定地域及び準特定地域の指定

（特定地域の指定）

第三条　国土交通大臣は、特定の地域において、一般乗用旅客自動車運送事業が供給過剰（供給輸送力が輸送需要量に対し過剰であることをいう。以下同じ。）であると認める場合であって、当該地域における一般乗用旅客自動車運送事業の次に掲げる状況に照らして、当該地域における供給輸送力の削減をしなければ、一般乗用旅客自動車運送事業の健全な経営を維持し、並びに輸送の安全及び利用者の利便を確保することにより、その地域公共交通としての機能を十分に発揮することが困難であるため、当該地域の関係者の自主的な取組を中心として一般乗用旅客自動車運送事業の適正化及び活性化を推進することが特に必要であると認めるときは、当該特定の地域を、期間を定めて特定地域として指定することができる。

一　事業用自動車一台当たりの収入の状況

二　法令の違反その他の不適正な運営の状況

三　事業用自動車の運行による事故の発生の状況

2　国土交通大臣は、前項の規定により特定地域を指定した場合において、当該指定の期間が経過した後において更にその指定の必要があると認めるときは、期間を定めて、その指定の期限を延長することができる。当該延長に係る期限が経過した後において、これを更に延長しようとするときも、同様とする。

3　国土交通大臣は、特定地域について第一項に規定する指定の事由がなくなったと認めるときは、当該特定地域について同項の規定による指定を解除するものとする。

4　第一項の規定による指定、第二項の規定による期限の延長及び前項の規定による指定の解除は、告示によって行う。

5　都道府県知事は、国土交通大臣に対し、当該都道府県について第一項の規定による指定及び第二項の規定による期限の延長を行うよう要請することができる。

6　市町村長は、当該市町村の属する都道府県の知事を経由して、国土交通大臣に対し、当該市町村について第一項の規定による指定及び第二項の規定による期限の延長を行うよう要請することができる。

（準特定地域の指定）

第三条の二　国土交通大臣は、特定の地域において、一般乗用旅客自動車運送事業が供給過剰となるおそれがあると認める場合であって、当該地域における一般乗用旅客自動車運送事業の前条第一項各号に掲げる状況に照らして、当該地域の輸送需要に的確に対応しなければ、一般乗用旅客自動車運送事業の健全な経営を維持し、並びに輸送の安全及び利用者の利便を確保することにより、その地域公共交通としての機能を十分に発揮することができなくなるおそれがあるため、当該地域の関係者の自主的な取組を中心として一般乗用旅客自動車運送事業の適正化及び活性化を推進することが必要であると認めるときは、当該特定の地域を、期間を定めて準特定地域として指定することができる。

2　前条第二項から第六項までの規定は、前項の規定による指定について準用する。

第三章　基本方針等

（基本方針）

第四条　国土交通大臣は、特定地域及び準特定地域における一般乗用旅客自動車運送事業の適正化及び活性化に関する基本方針（以下「基本方針」という。）を定めるものとする。

2　基本方針は、次に掲げる事項について定めるものとする。

一　一般乗用旅客自動車運送事業の適正化及び活性化の意義及び目標に関する事項

二　第八条の二第一項に規定する特定地域計画の作成に関する基本的な事項

三　第八条の二第一項に規定する特定地域計画に定める一般乗用旅客自動車運送事業の供給輸送力の削減及び活性化措置に関する基本的な事項

四　第九条第一項に規定する準特定地域計画の作成に関する基本的な事項

五　活性化事業その他の第九条第一項に規定する準特定地域計画に定める事業に関する基本的な事項

六　その他一般乗用旅客自動車運送事業の適正化及び活性化の推進に関する基本的な事項

3　国土交通大臣は、情勢の推移により必要が生じたときは、基本方針を変更するものとする。

4　国土交通大臣は、基本方針を定め、又はこれを変更したときは、遅滞なく、これを公表するものとする。

（一般乗用旅客自動車運送事業者等の責務）

第五条　一般乗用旅客自動車運送事業者であって特定地域又は準特定地域内に営業所を有するもの及びこれらの者の組織する団体（以下「一般乗用旅客自動車運送事業者等」という。）は、一般乗用旅客自動車運送が地域公共交通として重要な役割を担っていることを自覚し、当該特定地域又は準特定地域において、地域における輸送需要の把握及びこれに応じた適正かつ合理的な運営の確保を図るための措置、地域に

おける利用者の需要の多様化及び高度化に的確に対応した運送サービスの円滑かつ確実な提供を図るための措置その他の一般乗用旅客自動車運送事業の適正化及び活性化のために必要な措置を講ずるよう努めなければならない。

（国の責務）

第六条　国は、特定地域及び準特定地域において一般乗用旅客自動車運送事業者等その他の関係者が行う一般乗用旅客自動車運送事業の適正化及び活性化に関する取組のために必要となる情報の収集、整理、分析及び提供、助言その他の支援を行うよう努めなければならない。

2　国は、特定地域及び準特定地域において一般乗用旅客自動車運送事業者等その他の関係者が行う一般乗用旅客自動車運送事業の適正化及び活性化に関する取組と相まって、一般乗用旅客自動車運送事業の適正化を推進するため、検査、処分その他の監督上必要な措置を的確に実施するものとする。

（関係者相互の連携及び協力）

第七条　国、地方公共団体、一般乗用旅客自動車運送事業者等その他の関係者は、特定地域及び準特定地域における一般乗用旅客自動車運送事業の適正化及び活性化を推進するため、相互に連携を図りながら協力するよう努めなければならない。

第四章　協議会

第八条　特定地域及び準特定地域において、関係地方公共団体の長、一般乗用旅客自動車運送事業者等、一般乗用旅客自動車の運転者の組織する団体及び地域住民は、次条第一項に規定する特定地域計画の作成及び当該特定地域計画の実施に係る連絡調整並びに第九条第一項に規定する準特定地域計画の作成及び当該準特定地域計画の実施に係る連絡調整その他当該特定地域及び準特定地域における一般乗用旅客自動車運送事業の適正化及び活性化の推進に関し必要な協議を行うための協議会（以下単に「協議会」という。）を組織することができる。

2　協議会は、必要があると認めるときは、次に掲げる者をその構成員として加えることができる。

一　一般乗用旅客自動車運送事業の適正化及び活性化に資する他の事業を営む者

二　学識経験を有する者

三　その他協議会が必要と認める者

3　協議会は、第一項に規定する者が任意に加入し、又は脱退することができ、かつ、前項の規定に基づき構成員として加えた者が任意に脱退することができるものでなければならない。

4　前三項に定めるもののほか、協議会の運営に関し必要な事項は、協議会が定める。

第五章　特定地域計画等

第一節　特定地域計画

（特定地域計画の認可）

第八条の二　特定地域において組織された協議会は、当該特定地域における一般乗用旅客自動車運送事業の適正化及び活性化を推進しようとするときは、当該適正化及び活性化を推進するための計画（以下「特定地域計画」という。）を作成し、国土交通大臣の認可を受けなければならない。これを変更しようとするときも、同様とする。

2　特定地域計画は、次に掲げる事項について定めるものとする。

一　一般乗用旅客自動車運送事業の適正化及び活性化の推進に関する基本的な方針

二　特定地域計画の目標

三　当該特定地域において削減すべき一般乗用旅客自動車運送事業の供給輸送力

四　当該特定地域において行うべき一般乗用旅客自動車運送事業の供給輸送力の削減の方法

五　当該特定地域内に営業所を有する各一般乗用旅客自動車運送事業者が削減すべき一般乗用旅客自動車運送事業の供給輸送力

六　当該特定地域内に営業所を有する各一般乗用旅客自動車運送事業者が行うべき一般乗用旅客自動車運送事業の供給輸送力の削減の方法

七　前各号に掲げるもののほか、当該特定地域における供給輸送力の削減に関し必要な事項

3　特定地域計画には、当該特定地域における一般乗用旅客自動車運送事業の活性化を推進するため、次に掲げる事項を定めることができる。

一　前項第二号の目標を達成するために行う活性化措置及びその実施主体に関する事項

二　前項各号及び前号に掲げるもののほか、特定地域計画の実施に関し当該協議会が必要と認める事項

4　第一項の認可の申請には、次項第二号の基準に適合することを証する書面その他国土交通省令で定める書類を添付しなければならない。

5　国土交通大臣は、第一項の認可をしようとするときは、次の基準によって、これをしなければならない。

一　特定地域計画に定める事項が基本方針に照らし適切なものであること。

二　特定地域計画に定める事項が都市計画その他法律の規定による地域の交通に関する計画との調和が保たれたものであること。

三　協議会が特定地域計画を作成した際に当該協議会の構成員として当該特定地域計画の作成に合意をした一般乗用旅客自動車運送事業者が当該特定地域計画に係る特定地域内の営業所に配置する事業用自動車の台数の合計が当該特定地域内の営業所に配置される事業用自動車の総台数の三分の二以上であること。

四　特定地域計画に定める事項が当該特定地域の一般乗用旅客自動車運送事業の供給過剰の状況を是正するための必要かつ最小限度の範囲を超えないものであること。

五　特定地域計画に定める事項が特定の一般乗用旅客自動車運送事業者に対し不当な差別的取扱いをするものでないこと。

六　特定地域計画に定める事項が旅客の利益を不当に害するものでないこと。

6　国土交通大臣は、第一項の認可をしたときは、当該認可に係る特定地域計画（以下「認可特定地域計画」という。）の内容その他国土交通省令で定める事項を公表しなければならない。

※　1項「罰則」＝本法二〇の三①・二、4・6項「国土交通省令」＝則三の四・三の五

（認可特定地域計画に定められた事項の実施）

第八条の三　協議会が認可特定地域計画を作成した際に当該協議会の構成員として当該認可特定地域計画の作成に合意をした一般乗用旅客自動車運送事業者（以下「合意事業者」という。）は、当該認可特定地域計画に従い、一般乗用旅客自動車運送事業の供給輸送力の削減を行わなければならない。

2　協議会が認可特定地域計画を作成した際に当該協議会の構成員として当該認可特定地域計画の作成に合意をした者であって、当該認可特定地域計画に定められた活性化措置の実施主体とされたものは、当該認可特定地域計画に従い、活性化措置を実施しなければならない。

3　認可特定地域計画を作成した協議会（以下「認可協議会」という。）は、当該認可特定地域計画の目標を達成するために必要があると認めるときは、合意事業者以外の当該認可特定地域計画に係る特定地域内に営業所を有する一般乗用旅客自動車運送事業者及び当該認可特定地域計画に定められた活性化措置の実施主体とされた者以外の者に対し、当該認可特定地域計画に定められた一般乗用旅客自動車運送事業の供給輸送力の削減及び活性化措置の実施のために必要な協力を要請することができる。

（私的独占の禁止及び公正取引の確保に関する法律の適用除外）

第八条の四　私的独占の禁止及び公正取引の確保に関する法律（昭和二十二年法律第五十四号）の規定は、認可特定地域計画及び認可特定地域計画に基づいてする行為には、適用しない。ただし、次の各号のいずれかに該当するときは、この限りでない。

一　不公正な取引方法を用いるとき。

二　一定の取引分野における競争を実質的に制限することにより旅客の利益を不当に害することとなるとき。

三　第八条の六第四項の規定による公示があった後一月を経過したとき（同条第三項の請求に応じ、国土交通大臣が次条第三項の規定による処分をした場合を除く。）。

2　第八条の六第三項の規定による請求が認可特定地域計画に定める事項の一部について行われたときは、当該認可特定地域計画に定める事項のうち当該請求に係る部分以外の部分に関しては、前項ただし書（第三号に係る部分に限る。）の規定にかかわらず、同項本文の規定の適用があるものとする。

（認可特定地域計画の変更命令等）

第八条の五　国土交通大臣は、認可特定地域計画の内容が第八条の二第五項第一号又は第二号に適合しないものとなったと認めるときは、認可協議会に対し、当該認可特定地域計画の変更を命ずることができる。

2　国土交通大臣は、認可協議会が前項の規定による命令に従わないときは、第八条の二第一項の認可を取り消すことができる。

3　国土交通大臣は、認可特定地域計画の内容が第八条の二第五項第四号から第六号までのいずれかに適合しないものとなったと認めるときは、認可協議会に対し、当該認可特定地域計画の変更を命じ、又は同条第一項の認可を取り消さなければならない。

4　国土交通大臣は、認可協議会が前項の規定による命令に従わないときは、第八条の二第一項の認可を取り消さなければならない。

（公正取引委員会との関係）

第八条の六　国土交通大臣は、第八条の二第一項の認可をしたときは、遅滞なく、当該認可に係る認可特定地域計画を公正取引委員会に通知しなければならない。

2　国土交通大臣は、前条第三項又は第四項の規定による処分をしたときは、遅滞なく、その旨を公正取引委員会に通知しなければならない。

3　公正取引委員会は、認可特定地域計画の内容が第八条の二第五項第四号から第六号までのいずれかに適合しないものとなったと認めるときは、国土交通大臣に対し、前条第三項の規定による処分をすべきことを請求することができる。

4　公正取引委員会は、前項の規定による請求をしたときは、その旨を官報に公示しなければならない。

第二節　事業者計画

（事業者計画の認可）

第八条の七　特定地域計画について第八条の二第一項の認可があったときは、合意事業者（この法律、道路運送法又はタクシー業務適正化特別措置法（昭和四十五年法律第七十五号）の規定により一般乗用旅客自動車運送事業に係る道路運送法第四条第一項の許可（第十八条の四第二項を除き、以下単に「許可」という。）の取消しを受けた者その他国土交通省令で定める者を除く。以下この条から第八条の十一までにおいて同じ。）は、正当な理由がある場合を除き、当該認可に係る第八条の二第六項の公表後六月以内に、単独で又は共同して、各合意事業者が削減する一般乗用旅客自動車運送事業の供給輸送力、その削減の方法等について定めた計画（以下「事業者計画」という。）を作成し、国土交通大臣の認可を受けなければならない。これを変更しようとするときも、同様とする。

2　事業者計画は、次に掲げる事項について定めるものとする。

一　各合意事業者が削減する一般乗用旅客自動車運送事業の供給輸送力

二　各合意事業者が行う一般乗用旅客自動車運送事業の供給輸送力の削減の方法

三　前二号に掲げるもののほか、各合意事業者が行う一般乗用旅客自動車運送事業の供給輸送力の削減に関し必要な事項として国土交通省令で定める事項

四　認可特定地域計画において活性化措置（活性化事業以外の一般乗用旅客自動車運送事業の活性化を推進するために行う事業を除く。以下同じ。）の実施主体とされた合意事業者にあっては、次に掲げる事項

イ　活性化措置の内容

ロ　活性化措置の実施時期

ハ　活性化措置の実施に必要な資金の額及びその調達方法

ニ　活性化措置の効果

ホ　イからニまでに掲げるもののほか、活性化措置の実施のために必要な事項として国土交通省令で定める事項

3　国土交通大臣は、第一項の認可をしようとするときは、次の基準によって、これをしなければならない。

一　事業者計画に定める事項が認可特定地域計画に照らし適

切なものであること。

二　事業者計画に定める事項が一般乗用旅客自動車運送事業の供給輸送力の削減を確実に行うため適切なものであること。

三　事業者計画に定める事項が道路運送法第十五条第一項又は第三十六条第一項若しくは第二項の認可を要するものである場合にあっては、その内容が同法第十五条第二項又は第三十六条第三項において準用する同法第六条各号に掲げる基準に適合するること。

四　事業者計画に前項第四号に掲げる事項が定められている場合にあっては、当該事項が活性化措置を確実に遂行するため適切なものであること。

※　1項「国土交通省令」＝則三の六、2項③「国土交通省令」＝則三の七、2項④ホ「国土交通省令」＝則三の八

（道路運送法の特例）

第八条の八　前条第一項の認可を受けた合意事業者（以下「認可合意事業者」という。）が当該認可に係る事業者計画（以下「認可事業者計画」という。）に基づき一般乗用旅客自動車運送事業の事業計画（道路運送法第五条第一項第三号の事業計画をいう。以下同じ。）の変更をする場合においては、当該認可合意事業者が当該認可を受けたことをもって、同法第十五条第一項の認可を受け、又は同条第三項若しくは第四項の規定による届出をしたものとみなす。

2　認可合意事業者が認可事業者計画（前条第二項第四号に掲げる事項が定められているものに限る。）に基づき一般乗用旅客自動車運送事業の譲渡若しくは譲受け又は一般乗用旅客自動車運送事業者たる法人の合併若しくは分割をする場合においては、当該認可合意事業者が当該認可を受けたことをもって、道路運送法第三十六条第一項又は第二項の認可を受けたものとみなす。

（認可事業者計画の変更命令等）

第八条の九　国土交通大臣は、合意事業者が正当な理由がなく事業者計画について第八条の七第一項の認可を受けないときは、当該合意事業者に対し、事業者計画（営業方法の制限のみによる一般乗用旅客自動車運送事業の供給輸送力の削減を定めたものに限る。）の認可を受けることを命ずることができる。

2　国土交通大臣は、認可合意事業者が正当な理由がなく認可事業者計画に従って事業用自動車の台数の削減による一般乗用旅客自動車運送事業の供給輸送力の削減を行っていないと認めるときは、当該認可合意事業者に対し、当該認可事業者計画の変更（営業方法の制限のみによる一般乗用旅客自動車運送事業の供給輸送力の削減を定めた計画への変更に限る。第五項において同じ。）を命ずることができる。

3　国土交通大臣は、認可合意事業者が正当な理由がなく認可事業者計画に従って営業方法の制限による一般乗用旅客自動車運送事業の供給輸送力の削減を行っていないと認めるときは、当該認可合意事業者に対し、当該認可事業者計画に従って営業方法の制限による一般乗用旅客自動車運送事業の供給輸送力の削減を行うことを命ずることができる。

4　国土交通大臣は、認可合意事業者が正当な理由がなく認可事業者計画に従って活性化事業を実施していないと認めるときは、当該認可合意事業者に対し、当該認可事業者計画に従って活性化事業を実施することを勧告することができる。

5　国土交通大臣は、認可事業者計画の内容が第八条の七第三項各号のいずれかに適合しないものとなったと認めるときは、認可合意事業者に対し、当該認可事業者計画の変更を命ずることができる。

※　1―3・5項「罰則」＝本法二〇の三②・二二

第三節　合意事業者以外の一般乗用旅客自動車運送事業者に対する措置

第八条の十　一の特定地域に係る全ての合意事業者が第八条の七第一項の認可を受けた場合において、当該特定地域に係る認可協議会から申出があったときは、国土交通大臣は、当該特定地域において、合意事業者以外の当該特定地域内に営業所を有する一般乗用旅客自動車運送事業者の事業活動により、当該特定地域における一般乗用旅客自動車運送事業の適正化の推進が阻害されている事態が存し、かつ、このような事態を放置しては当該一般乗用旅客自動車運送事業の健全な経営を維持し、並びに地域公共交通としての安全及び利用者の利便を確保することにより、その地域公共交通としての機能を十分に発揮することに支障が生ずると認めるときは、国土交通省令の定めるところにより、当該特定地域に係る認可特定地域計画の内容を参酌して、当該一般乗用旅客自動車運送事業者に対し、営業方法の制限による一般乗用旅客自動車運送事業の供給輸送力の削減を行うよう勧告することができる。

2　前項の申出には、同項の事態が存することを明らかにする書面その他国土交通省令で定める書類を添付しなければならない。

3　国土交通大臣は、第一項の申出があったときは、遅滞なく、同項の勧告をするかどうかを決定し、その申出をした認可協議会にその結果を通知しなければならない。

※　1項「国土交通省令」＝則三の一一、2項「国土交通省令」＝則三の一二

第四節　営業方法の制限に関する命令

第八条の十一　一の特定地域に係る全ての合意事業者が第八条の七第一項の認可を受けた場合において、当該特定地域に係る認可協議会から申出があったときは、国土交通大臣は、当該特定地域において、次の各号のいずれかに該当する事態が存し、かつ、このような事態を放置しては当該特定地域における一般乗用旅客自動車運送事業の健全な経営を維持し、並びに輸送の安全及び利用者の利便を確保することにより、その地域公共交通としての機能を十分に発揮することに著しい支障が生ずると認めるときに限り、当該特定地域に係る認可特定地域計画の内容を参酌して、国土交通省令をもって、営業方法の制限について定め、当該特定地域内に営業所を有する一般乗用旅客自動車運送事業者の全てに対し、これに従うべきことを命ずることができる。この場合において、国土交通大臣は、その事業活動がこの条に定める事態の生じたことについて関係がないと認める一般乗用旅客自動車運送事業者については、その者に限り、当該営業方法の制限に関する命令の

全部又は一部の適用を受けないものとすることができる。

一　合意事業者以外の当該特定地域内に営業所を有する一般乗用旅客自動車運送事業者の事業活動により、当該特定地域における一般乗用旅客自動車運送事業の適正化の推進が阻害されていること。

二　合意事業者による一般乗用旅客自動車運送事業の自主的な供給輸送力の削減をもってしては、当該特定地域における一般乗用旅客自動車運送事業の適正化を推進することができないこと。

2　前条第二項及び第三項の規定は、前項の申出について準用する。

※　1項「国土交通省令」＝則三の二三、「罰則」＝本法二〇の三②・二一

第六章　準特定地域計画等

（準特定地域計画）

第九条　準特定地域において組織された協議会は、基本方針に基づき、当該準特定地域における一般乗用旅客自動車運送事業の活性化を推進するための計画（以下「準特定地域計画」という。）を作成することができる。

2　準特定地域計画は、次に掲げる事項について定めるものとする。

一　一般乗用旅客自動車運送事業の活性化の推進に関する基本的な方針

二　準特定地域計画の目標

三　前号の目標を達成するために行う活性化事業その他の事業及びその実施主体に関する事項

四　前三号に掲げるもののほか、準特定地域計画の実施に関し当該協議会が必要と認める事項

3　準特定地域計画は、都市計画その他法律の規定による地域の交通に関する計画との調和が保たれたものでなければならない。

4　準特定地域計画は、その作成に係る合意をした協議会の構成員である一般乗用旅客自動車運送事業者が当該準特定地域計画に係る準特定地域内の営業所に配置する事業用自動車の台数の合計が当該準特定地域内の営業所に配置される事業用自動車の総台数の過半数であるものでなければならない。

5　協議会は、準特定地域計画を作成したときは、遅滞なく、これを公表するとともに、国土交通大臣に送付しなければならない。

6　国土交通大臣は、前項の規定により準特定地域計画の送付を受けたときは、協議会に対し、必要な助言をすることができる。

7　第三項から前項までの規定は、準特定地域計画の変更について準用する。

（準特定地域計画に定められた事業の実施）

第十条　準特定地域計画の作成に係る合意をした協議会の構成員であって、当該準特定地域計画に定められた事業の実施主体とされたものは、当該準特定地域計画に従い、事業を実施しなければならない。

2　準特定地域計画を作成した協議会は、当該準特定地域計画の目標を達成するために必要があると認めるときは、当該準特定地域計画に定められた事業の実施主体とされた者以外の者に対し、当該準特定地域計画に定められた事業の実施のために必要な協力を要請することができる。

（活性化事業計画の認定）

第十一条　準特定地域計画において活性化事業に関する事項が定められたときは、当該準特定地域計画の作成に係る合意をした協議会の構成員であって、活性化事業の実施主体とされた一般乗用旅客自動車運送事業者は、単独で又は共同して、当該準特定地域計画に即して活性化事業を実施するための計画（以下「活性化事業計画」という。）を作成し、これを国土交通大臣に提出して、その活性化事業計画が一般乗用旅客自動車運送事業の活性化を適切かつ確実に推進するために適当である旨の認定を申請することができる。

2　活性化事業計画は、次に掲げる事項について定めるものとする。

一　活性化事業の内容

二　活性化事業の実施時期

三　活性化事業の実施に必要な資金の額及びその調達方法

四　活性化事業の効果

五　前各号に掲げるもののほか、活性化事業の実施のために必要な事項として国土交通省令で定める事項

3　活性化事業計画には、活性化事業と相まって、準特定地域計画に基づく一般乗用旅客自動車運送事業の活性化を推進するため、一般乗用旅客自動車運送事業の譲渡又は譲受け、一般乗用旅客自動車運送事業者たる法人の合併又は分割、一般乗用旅客自動車運送事業者の供給輸送力の削減その他経営の合理化に資する措置として国土交通省令で定めるもの（以下「事業再構築」という。）について、次に掲げる事項を定めることができる。

一　内容

二　実施時期

三　効果

四　前三号に掲げるもののほか、その実施のために必要な事項として国土交通省令で定める事項

4　国土交通大臣は、第一項の規定による認定の申請があった場合において、その活性化事業計画が次の各号のいずれにも適合するものであると認めるときは、その認定をするものとする。

一　活性化事業計画に定める事項が基本方針に照らし適切なものであること。

二　活性化事業計画に定める事項が活性化事業（当該活性化事業計画に事業再構築に関する事項が定められている場合にあっては、活性化事業及び事業再構築。以下同じ。）を確実に遂行するため適切なものであること。

三　活性化事業計画に定める事項が道路運送法第十五条第一項又は第三十六条第一項若しくは第二項の認可を要するものである場合にあっては、その内容が同法第十五条第二項又は第三十六条第三項において準用する同法第六条各号に掲げる基準に適合すること。

四　活性化事業計画に共同事業再構築（二以上の一般乗用旅客自動車運送事業者が共同して行う事業再構築をいう。以下同じ。）に関する事項が定められている場合にあっては、次のイ及びロに適合すること。

イ　共同事業再構築を行う一般乗用旅客自動車運送事業者と他の一般乗用旅客自動車運送事業者との間の適正な競争が確保されるものであること。

ロ　一般乗用旅客自動車運送の利用者及び関連事業者の利益を不当に害するおそれがあるものでないこと。

5　前項の認定を受けた者は、当該認定に係る活性化事業計画を変更しようとするときは、国土交通大臣の認定を受けなければならない。

6　第四項の規定は、前項の変更の認定について準用する。

7　第四項の認定及び第五項の変更の認定に関し必要な事項は、国土交通省令で定める。

※　2項五号「国土交通省令」＝則四、3項各号列記以外の部分「国土交通省令」＝同五、3項四号「国土交通省令」＝同六、7項「国土交通省令」＝同七・八

（公正取引委員会との関係）

第十二条　国土交通大臣は、二以上の一般乗用旅客自動車運送事業者の申請に係る活性化事業計画（共同事業再構築に係る事項が記載されているものに限る。第三項において同じ。）について前条第四項の認定（同条第五項の変更の認定を含む。以下同じ。）をしようとする場合において、必要があると認めるときは、当該認定に係る申請書の写しを公正取引委員会に送付するとともに、公正取引委員会に対し、当該送付に係る活性化事業計画に従って行おうとする共同事業再構築が一般乗用旅客自動車運送事業における競争に及ぼす影響に関する事項その他の必要な事項について意見を述べるものとする。この場合において、国土交通大臣は、当該活性化事業計画に係る準特定地域の一般乗用旅客自動車運送事業における市場の状況その他の当該意見の裏付けとなる根拠を示すものとする。

2　公正取引委員会は、必要があると認めるときは、国土交通大臣に対し、前項の規定による送付を受けた活性化事業計画について意見を述べるものとする。

3　国土交通大臣及び公正取引委員会は、国土交通大臣が前条第四項の認定をした活性化事業計画に従ってする共同事業再構築について、当該認定後の経済的事情の変化により、一般乗用旅客自動車運送事業者間の適正な競争を阻害し、又は一般乗用旅客自動車運送の利用者及び関連事業者の利益を不当に害することとならないよう、相互に緊密に連絡するものとする。

（道路運送法の特例）

第十三条　第十一条第四項の認定を受けた者（以下「認定事業者」という。）がその認定に係る活性化事業計画（以下「認定活性化事業計画」という。）に基づき一般乗用旅客自動車運送事業の事業計画の変更をする場合においては、当該認定事業者が当該認定を受けたことをもって、道路運送法第十五条第一項の認可を受け、又は同条第三項若しくは第四項の規定による届出をしたものとみなす。

2　認定事業者が認定活性化事業計画（事業再構築に関する事項が定められているものに限る。）に基づき一般乗用旅客自動車運送事業の譲渡若しくは譲受け又は一般乗用旅客自動車運送事業者たる法人の合併若しくは分割をする場合においては、当該認定事業者が当該認定を受けたことをもって、道路運送法第三十六条第一項又は第二項の認可を受けたものとみなす。

（認定の取消し等）

第十四条　国土交通大臣は、認定事業者が正当な理由がなく認定活性化事業計画に従って活性化事業を実施していないと認めるときは、当該認定事業者に対し、当該認定活性化事業計画に従って活性化事業を実施すべきことを勧告することができる。

2　国土交通大臣は、前項の規定による勧告を受けた認定事業者が当該勧告に従わないときは、その認定を取り消すことができる。

3　国土交通大臣は、認定活性化事業計画が第十一条第四項各号のいずれかに適合しないものとなったと認めるときは、認定事業者に対して、当該認定活性化事業計画の変更を指示し、又はその認定を取り消すことができる。

第七章　特定地域及び準特定地域における許可等の特例

第一節　特定地域における許可等の特例

（許可の禁止）

第十四条の二　国土交通大臣は、許可の申請があった場合において、当該申請に係る営業区域が特定地域の全部又は一部を含むものであるときは、当該許可をしてはならない。

（供給輸送力を増加させる事業計画の変更の禁止）

第十四条の三　一般乗用旅客自動車運送事業者は、特定地域における一般乗用旅客自動車運送事業の供給輸送力を増加させるものとして国土交通省令で定める事業計画の変更をすることができない。

※　「国土交通省令」＝則九

第二節　準特定地域における許可等の特例

（許可の特例）

第十四条の四　国土交通大臣は、許可の申請があった場合において、当該申請に係る営業区域が準特定地域の全部又は一部を含むものであるときは、道路運送法第六条各号に掲げる基準のほか、当該許可を行うことにより当該準特定地域における一般乗用旅客自動車運送事業が供給過剰とならないものとして国土交通大臣が定める基準に適合するかどうかを審査しなければならない。この場合において、国土交通大臣は、当該申請が当該基準に適合しないと認めるときは、許可をしてはならない。

2　国土交通大臣は、前項の申請に対し許可をしようとする場合において、当該準特定地域において協議会が組織されているときは、国土交通省令で定めるところにより、当該協議会の意見を聴かなければならない。

※　2項「国土交通省令」＝則一〇

（供給輸送力を増加させる事業計画の変更の特例）

第十五条　道路運送法第十五条第三項に規定する事業計画の変更であって、一般乗用旅客自動車運送事業者が準特定地域における一般乗用旅客自動車運送事業の供給輸送力を増加させるものとして国土交通省令で定めるものについては、同条第一項中「第三項、第四項」とあるのは、「第四項」とし、同条第三項の規定は、適用しない。

2　準特定地域の指定が解除された際又は準特定地域の指定期間が満了した際現にされている前項の規定により読み替えて

適用する道路運送法第十五条第一項の認可の申請であって、前項に規定する事業計画の変更に係るものは、同条第三項の規定によりした届出とみなす。ただし、準特定地域の指定の解除後又は準特定地域の指定期間の満了後引き続き当該地域が特定地域として指定された場合は、この限りでない。

※ 1項「国土交通省令」＝則一〇の三

第十五条の二 国土交通大臣は、一般乗用旅客自動車運送事業者が準特定地域における一般乗用旅客自動車運送事業の供給輸送力を増加させるものとして国土交通省令で定める事業計画の変更について、道路運送法第十五条第一項（前条第一項の規定により読み替えて適用する場合を含む。次項において同じ。）の認可の申請があった場合には、同法第十五条第二項において準用する同法第六条各号に掲げる基準のほか、次に掲げる基準に適合するかどうかを審査しなければならない。この場合において、国土交通大臣は、当該申請が当該基準に適合しないと認めるときは、当該認可をしてはならない。

一 当該申請を行った一般乗用旅客自動車運送事業者に当該認可を行うことにより当該準特定地域における一般乗用旅客自動車運送事業が供給過剰とならないものとして国土交通大臣が定める基準に適合するものであること。

二 当該申請を行った一般乗用旅客自動車運送事業者に係る事業用自動車一台当たりの収入の状況、法令の遵守の状況、事業用自動車の運行による事故の発生の状況その他の状況が国土交通大臣が定める基準に適合するものであること。

2 第十四条の四第二項の規定は、前項の規定により道路運送法第十五条第一項の認可をしようとする場合について準用する。

※ 1項「国土交通省令」＝則一〇の四

第八章 特定地域及び準特定地域における運賃の特例

（運賃の範囲の指定）

第十六条 国土交通大臣は、第三条第一項又は第三条の二第一項の規定により特定地域又は準特定地域を指定した場合には、当該特定地域又は準特定地域において協議会が組織されているときは、国土交通省令で定めるところにより、当該協議会の意見を聴いて、当該特定地域又は準特定地域における一般乗用旅客自動車運送事業に係る旅客の運賃（国土交通省令で定める運賃を除く。以下同じ。）の範囲を指定し、当該運賃の範囲を、その適用の日の国土交通省令で定める日数前までに、公表しなければならない。これを変更しようとするときも、同様とする。

2 前項の規定により指定する運賃の範囲は、次に掲げる基準に適合するものでなければならない。

一 能率的な経営を行う標準的な一般乗用旅客自動車運送事業者が行う一般乗用旅客自動車運送事業に係る適正な原価に適正な利潤を加えた運賃を標準とすること。

二 特定の旅客に対し不当な差別的取扱いをするものでないこと。

三 道路運送法第九条第七項第三号に規定する一般旅客自動車運送事業者の間に不当な競争を引き起こすこととなるおそれがないものであること。

3 特定地域の指定の解除後若しくは指定期間の満了後引き続き当該地域が準特定地域として指定された際又は準特定地域の指定の解除後若しくは指定期間の満了後引き続き当該地域が特定地域として指定された際、現に当該地域において適用されている第一項の運賃の範囲については、同項の規定により指定され、当該指定の日に適用があるものとして公表されたものとみなす。

※ 1項「国土交通省令」＝則一〇の五・一〇の七・一〇の八

（報告の徴収）

第十六条の二 国土交通大臣は、前条第一項の規定による運賃の範囲の指定を適正かつ円滑に行うため必要があると認めるときは、国土交通省令で定めるところにより、一般乗用旅客自動車運送事業者等に対し、当該特定地域又は準特定地域における一般乗用旅客自動車運送事業に関し、報告を求めることができる。

※ 「国土交通省令」＝則一〇の九、「罰則」＝本法二〇の二①・二一

（道路運送法の特例）

第十六条の三 道路運送法第九条の三の規定は、第十六条第一項の運賃の範囲が適用された特定地域及び準特定地域における一般乗用旅客自動車運送事業に係る旅客の運賃には、適用しない。

（運賃の届出等）

第十六条の四 第十六条第一項の規定により運賃の範囲が公表された特定地域又は準特定地域内に営業所を有する一般乗用旅客自動車運送事業者は、当該運賃の範囲の適用後に当該特定地域又は準特定地域において行う一般乗用旅客自動車運送事業に係る旅客の運賃を定め、あらかじめ、国土交通大臣に届け出なければならない。これを変更しようとするときも、同様とする。

2 前項の運賃は、当該特定地域又は準特定地域について第十六条第一項の規定により指定された運賃の範囲内で定めなければならない。

3 国土交通大臣は、第一項の規定により届け出られた運賃が、前項の規定に適合しないと認めるときは、当該一般乗用旅客自動車運送事業者に対し、期間を定めてその運賃を変更すべきことを命ずることができる。

4 特定地域又は準特定地域について第十六条第一項の運賃の範囲が適用された際現に当該特定地域又は準特定地域において行われている一般乗用旅客自動車運送事業について道路運送法第九条の三第一項の認可を受けている運賃は、当該運賃が当該運賃の範囲内にある場合には、第一項の規定により届け出られた運賃とみなす。

5 特定地域又は準特定地域について第十六条第一項の運賃の範囲が適用された際現にされている当該特定地域又は準特定地域における一般乗用旅客自動車運送事業に係る道路運送法第九条の三第一項の認可の申請は、第一項の規定によりされた届出とみなす。

6 特定地域若しくは準特定地域の指定が解除された際又は特定地域若しくは準特定地域の指定期間が満了した際現に当該特定地域又は準特定地域において行われている一般乗用旅客自動車運送事業について第一項の規定により届け出られた運賃は、当該運賃が当該特定地域又は準特定地域について第十六条第一項の規定により指定された運賃の範囲内にある場合

には、道路運送法第九条の三第一項の認可があったものとみなす。

7　特定地域若しくは準特定地域の指定が解除された際又は特定地域若しくは準特定地域の指定期間が満了した際現に当該特定地域又は準特定地域において行われている一般乗用旅客自動車運送事業について第一項の規定により届け出られた運賃が、当該特定地域又は準特定地域について第十六条第一項の規定により指定された運賃の範囲内にない場合には、当該一般乗用旅客自動車運送事業を行っている一般乗用旅客自動車運送事業者は、当該特定地域若しくは準特定地域の指定が解除され、又は当該特定地域若しくは準特定地域の指定期間が満了した時から六月以内に、旅客の運賃を定め、道路運送法第九条の三第一項の認可を受けなければならない。

8　前項に規定する場合において、当該一般乗用旅客自動車運送事業者が同項の認可の申請をしたときは、当該特定地域若しくは準特定地域の指定が解除され、又は当該特定地域若しくは準特定地域の指定期間が満了した時からその認可があった旨又は認可しない旨の通知を受ける日までは、前項に規定する第一項の規定により届け出られた運賃は、道路運送法第九条の三第一項の認可を受けたものとみなす。

9　前三項の規定は、特定地域の指定の解除後若しくは指定期間の満了後引き続き当該地域が準特定地域として指定され、又は準特定地域の指定の解除後若しくは指定期間の満了後引き続き当該地域が特定地域として指定された場合は、適用しない。

※　1・3項「罰則」＝本法二〇の三③・④・二一

第九章　雑則

（報告の徴収及び立入検査）

第十七条　国土交通大臣は、この法律の施行に必要な限度において、国土交通省令で定めるところにより、一般乗用旅客自動車運送事業者等に対し、特定地域又は準特定地域における一般乗用旅客自動車運送事業に関し、報告をさせることができる。

2　国土交通大臣は、この法律の施行に必要な限度において、その職員に、一般乗用旅客自動車運送事業者等の事務所その他の事業場に立ち入り、帳簿書類その他の物件を検査させ、又は関係者に質問させることができる。

3　前項の規定により立入検査をする職員は、その身分を示す証明書を携帯し、関係者の請求があったときは、これを提示しなければならない。

4　第二項の規定による権限は、犯罪捜査のために認められたものと解してはならない。

※　1・2項「罰則」＝本法二〇の三⑤・⑥・二一

（輸送の安全を確保するための措置等）

第十七条の二　国土交通大臣は、特定地域又は準特定地域において一般乗用旅客自動車運送事業の適正化及び活性化が阻害されていることにより、その地域公共交通としての機能を十分に発揮することができなくなるおそれがある場合として国土交通省令で定める場合には、当該特定地域又は準特定地域内に営業所を有する一般乗用旅客自動車運送事業者に対し、輸送の安全を確保するための措置その他必要な措置を講ずることを命ずることができる。

※　「国土交通省令」＝則一〇の一一、「罰則」＝本法二〇の三②・二一

（許可の取消し等）

第十七条の三　国土交通大臣は、一般乗用旅客自動車運送事業者がこの法律又はこの法律に基づく命令若しくは処分に違反したときは、六月以内の期間を定めて輸送施設の当該一般乗用旅客自動車運送事業のための使用の停止若しくは一般乗用旅客自動車運送事業の停止を命じ、又は許可を取り消すことができる。

2　道路運送法第四十一条の規定は、前項の規定により輸送施設の使用の停止又は一般乗用旅客自動車運送事業の停止を命じた場合について準用する。

※　1項「罰則」＝本法二〇の二②・二一、2項「罰則」＝本法二〇の三②・⑦・二一

（権限の委任）

第十八条　この法律に規定する国土交通大臣の権限は、国土交通省令で定めるところにより、地方運輸局長に委任することができる。

※　「国土交通省令」＝則一一

（運輸審議会への諮問）

第十八条の二　国土交通大臣は、次に掲げる処分等をしようとするときは、運輸審議会に諮らなければならない。

一　第三条第一項の規定による特定地域の指定又は同条第二項の規定による期限の延長

二　第八条の二第一項の規定による特定地域計画の認可

三　第八条の五第三項の規定による認可特定地域計画の変更命令又は同項若しくは同条第四項の規定による認可の取消し

四　第八条の十第一項の規定による勧告

五　第八条の十一第一項の規定による命令

六　第十六条第一項の規定による運賃の範囲の指定

七　第十七条の三第一項の規定による一般乗用旅客自動車運送事業の停止の命令又は許可の取消し

（利害関係人等の意見の聴取）

第十八条の三　地方運輸局長は、その権限に属する前条第二号、第三号及び第六号に掲げる事項について、必要があると認めるときは、利害関係人又は参考人の出頭を求めて意見を聴取することができる。

2　地方運輸局長は、その権限に属する前項に規定する事項について利害関係人の申請があったとき、又は国土交通大臣の権限に属する同項に規定する事項若しくは一般乗用旅客自動車運送事業の停止の命令若しくは許可の取消しについて国土交通大臣の指示があったときは、利害関係人又は参考人の出頭を求めて意見を聴取しなければならない。

3　前二項の意見の聴取に際しては、利害関係人に対し、証拠を提出する機会が与えられなければならない。

4　第一項及び第二項の意見の聴取に関し必要な事項は、国土交通省令で定める。

※　4項「国土交通省令」＝則一一の四、一一の五、一一の六、一一の七

（聴聞の特例）

第十八条の四　地方運輸局長は、その権限に属する一般乗用旅客自動車運送事業の停止の命令をしようとするときは、行政手続法（平成五年法律第八十八号）第十三条第一項の規定による意見陳述のための手続の区分にかかわらず、聴聞を行わなければならない。

2　地方運輸局長の権限に属する一般乗用旅客自動車運送事業の停止の命令又は許可の取消しの処分に係る聴聞の主宰者は、行政手続法第十七条第一項の規定により当該処分に係る利害関係人が当該聴聞に関する手続に参加することを求めたときは、これを許可しなければならない。
3　前項の聴聞の主宰者は、聴聞の期日において必要があると認めるときは、参考人の出頭を求めて意見を聴取することができる。

（国土交通省令への委任）
第十九条　この法律に定めるもののほか、この法律の実施のため必要な事項は、国土交通省令で定める。
※　「国土交通省令」＝則

（経過措置）
第二十条　この法律の規定に基づき国土交通省令を制定し、又は改廃する場合においては、国土交通省令で、その制定又は改廃に伴い合理的に必要と判断される範囲内において、所要の経過措置（罰則に関する経過措置を含む。）を定めることができる。

第十章　罰則

第二十条の二　次の各号のいずれかに該当する者は、一年以下の懲役若しくは百五十万円以下の罰金に処し、又はこれを併科する。
一　第十六条の二の規定による報告をせず、又は虚偽の報告をした者
二　第十七条の三第一項の規定による輸送施設の使用の停止又は一般乗用旅客自動車運送事業の停止の処分に違反した者

注　令和四年六月一七日法律六八号により改正され、令和七年六月一日から施行
第二十条の二中「懲役」を「拘禁刑」に改める。

第二十条の三　次の各号のいずれかに該当する者は、百万円以下の罰金に処する。
一　第八条の二第一項の認可を受けていない特定地域計画に定められた事項（同条第二項に掲げる事項に限る。）を実施した者
二　第八条の九第一項から第三項まで若しくは第五項、第八条の十一第一項若しくは第十七条の二又は第十七条の三第二項において準用する道路運送法第四十一条第一項の規定による命令に違反した者
三　第十六条の四第一項の規定による届出をしないで、又は同項の規定により届け出た運賃によらないで、運賃を収受した者
四　第十六条の四第三項の規定による命令に違反して、運賃を収受した者
五　第十七条第一項の規定による報告をせず、又は虚偽の報告をした者
六　第十七条第二項の規定による検査を拒み、妨げ、若しくは忌避し、又は質問に対して陳述をせず、若しくは虚偽の陳述をした者
七　第十七条の三第二項において準用する道路運送法第四十一条第三項の規定に違反した者
第二十一条　法人の代表者又は法人若しくは人の代理人、使用人その他の従業者が、その法人又は人の業務に関し、前二条の違反行為をしたときは、行為者を罰するほか、その法人又は人に対しても、各本条の罰金刑を科する。

附　則（抄）

（施行期日）
1　この法律は、公布の日から起算して一年を超えない範囲内において政令で定める日から施行する。
〔平二一・八政令二三六により、平二一・一〇・一から施行〕

（検討）
2　政府は、この法律の施行後五年を経過した場合において、この法律の施行の状況について検討を加え、その結果に基づいて必要な措置を講ずるものとする。
3　政府は、この法律の施行の状況、一般乗用旅客自動車運送事業の供給過剰の状況等を勘案し、地域公共交通としての一般乗用旅客自動車運送事業の適正化及び活性化並びに利用者の利益の増進を推進する観点から、一般乗用旅客自動車運送事業の許可、運賃及び料金、事業用自動車の数に係る事業計画の変更、事故の報告等一般乗用旅客自動車運送事業に係る道路運送法に基づく制度の在り方について早急に検討を加え、その結果に基づいて必要な措置を講ずるものとする。
4　政府は、一般乗用旅客自動車運送事業が地域公共交通として重要な役割を担っていることにかんがみ、一般乗用旅客自動車運送事業の事業用自動車の運転者の登録等に関する制度の在り方について検討を加え、その結果に基づいて必要な措置を講ずるものとする。

附　則（平二三・五・二法三五抄）

（施行期日）
第一条　この法律は、公布の日から起算して三月を超えない範囲内において政令で定める日から施行する。〔後略〕
〔平二三・七政令二三四により、平二三・八・一から施行〕

附　則（平二五・一一・二七法八三抄）

（施行期日）
第一条　この法律は、公布の日から起算して二月を経過した日から施行する。ただし、次の各号に掲げる規定は、当該各号に定める日から施行する。
一　〔略〕
二　附則第九条及び第十六条の規定　公布の日

（特定地域における一般乗用旅客自動車運送事業の適正化及び活性化に関する特別措置法の一部改正に伴う経過措置）
第二条　この法律の施行の際現に第一条の規定による改正前の特定地域における一般乗用旅客自動車運送事業の適正化及び活性化に関する特別措置法（以下「旧特定地域特措法」という。）第三条第一項の規定により特定地域として指定されている地域（以下「旧特定地域」という。）については、旧特定地域特措法（これに基づく命令を含む。）の規定は、同項の規定により定められた期間が満了するまでの間（旧特定地域が、第一条の規定による改正後の特定地域及び準特定地域における一般乗用旅客自動車運送事業の適正化及び活性化に関する特別措置法（以下「新特定地域等特措法」という。）第三条第一項の規定により特定地域として指定され、又は新特定地域等特措法第三条の二第一項の規定により準特定地域として指定されたときは、新特定地域等特措法第三条第一項又は第三条の二第一項の規定による指定が行われるまでの

間。次項において同じ。）、なおその効力を有する。

2　旧特定地域については、この法律の施行の際現に旧特定地域特措法第四条第一項の規定により定められている基本方針は、旧特定地域特措法第三条第一項の規定により定められた期間が満了するまでの間、なおその効力を有する。

第三条　旧特定地域について、新特定地域等特措法第三条第一項の規定により特定地域として指定され、又は新特定地域等特措法第三条の二第一項の規定により準特定地域として指定された際現に旧特定地域特措法第八条第一項の規定により組織されている協議会（以下「旧協議会」という。）であって、新特定地域等特措法第八条第三項の基準に適合するものは、同条第一項の規定により組織された協議会（以下「新協議会」という。）とみなす。

第四条　旧特定地域について新特定地域等特措法第三条の二第一項の規定により準特定地域として指定された際現に旧特定地域特措法第九条第一項の規定により作成されている地域計画（前条の規定により新協議会とみなされる旧協議会が作成したものに限る。以下「旧地域計画」という。）であって、新特定地域等特措法第四条第一項の規定に基づき定められた基本方針に適合するものは、新特定地域等特措法第九条第一項の規定により作成された準特定地域計画（次条において単に「準特定地域計画」という。）とみなす。

第五条　旧特定地域について新特定地域等特措法第三条の二第一項の規定により準特定地域として指定された際現に旧特定地域特措法第十一条第一項の規定により作成されている特定事業計画（前条の規定により準特定地域計画とみなされる旧地域計画に係るものに限る。）は、新特定地域等特措法第十一条第一項の規定により作成された活性化事業計画とみなす。

第六条　旧特定地域について新特定地域等特措法第三条の二第一項の規定により準特定地域として指定された際現にされている旧特定地域特措法第十一条第一項の規定による認定の申請は、新特定地域等特措法第十一条第一項の規定による認定の申請とみなす。

第七条　旧特定地域について新特定地域等特措法第三条の二第一項の規定により準特定地域として指定された際現にされている旧特定地域特措法第十五条第一項の規定により読み替えて適用する道路運送法第十五条第一項の認可の申請であって、旧特定地域特措法第十五条第一項に規定する事業計画の変更に係るものは、新特定地域等特措法第十五条第一項の規定により読み替えて適用する道路運送法第十五条第一項の認可の申請とみなす。

第八条　新特定地域等特措法第三条第一項の規定により指定された特定地域において組織される新協議会は、新特定地域等特措法第八条の二第一項に規定する特定地域計画を作成するに当たっては、旧特定地域特措法第十三条第一項に規定する認定特定事業計画に基づいて行われた一般乗用旅客自動車運送事業の供給輸送力の減少の実績も勘案し、当該特定地域における一般乗用旅客自動車運送事業者間の適正かつ公平な一般乗用旅客自動車運送事業の供給輸送力の削減が図られるよう努めなければならない。

（罰則に関する経過措置）

第十五条　この法律（第二条の規定については、同条の規定）の施行前にした行為に対する罰則の適用については、なお従前の例による。

（政令への委任）

第十六条　附則第二条から前条までに定めるもののほか、この法律の施行に伴い必要な経過措置（罰則に関する経過措置を含む。）は、政令で定める。

（検討）

第十七条　政府は、この法律の施行後五年を経過した場合において、この法律による改正後の規定の実施状況について検討を加え、必要があると認めるときは、その結果に基づいて所要の措置を講ずるものとする。

（令四・六・一七法六八抄）

（罰則の適用等に関する経過措置）

第四百四十一条　刑法等の一部を改正する法律（令和四年法律第六十七号。以下「刑法等一部改正法」という。）及びこの法律（以下「刑法等一部改正法等」という。）の施行前にした行為の処罰については、次章に別段の定めがあるもののほか、なお従前の例による。

2　刑法等一部改正法等の施行後にした行為に対して、他の法律の規定によりなお従前の例によることとされ、なお効力を有することとされ又は改正前若しくは廃止前の法律の規定の例によることとされる罰則を適用する場合において、当該罰則に定める刑（刑法施行法第十九条第一項の規定又は第八十二条の規定による改正後の沖縄の復帰に伴う特別措置に関する法律第二十五条第四項の規定の適用後のものを含む。）に刑法等一部改正法第二条の規定による改正前の刑法（明治四十年法律第四十五号。以下この項において「旧刑法」という。）第十二条に規定する懲役（以下「懲役」という。）、旧刑法第十三条に規定する禁錮（以下「禁錮」という。）又は旧刑法第十六条に規定する拘留（以下「旧拘留」という。）が含まれるときは、当該刑のうち無期の懲役又は禁錮はそれぞれ無期拘禁刑と、有期の懲役又は禁錮はそれぞれその刑と長期及び短期を同じくする有期拘禁刑と、旧拘留は長期及び短期（刑法施行法第二十条の規定の適用後のものを含む。）を同じくする拘留とする。

（裁判の効力とその執行に関する経過措置）

第四百四十二条　懲役、禁錮及び旧拘留の確定裁判の効力並びにその執行については、次章に別段の定めがあるもののほか、なお従前の例による。

（人の資格に関する経過措置）

第四百四十三条　懲役、禁錮又は旧拘留に処せられた者に係る人の資格に関する法令の規定の適用については、無期の懲役又は禁錮に処せられた者はそれぞれ無期拘禁刑に処せられた者と、有期の懲役又は禁錮に処せられた者はそれぞれ刑期を同じくする有期拘禁刑に処せられた者と、旧拘留に処せられた者は拘留に処せられた者とみなす。

2　拘禁刑又は拘留に処せられた者に係る他の法律の規定によりなお従前の例によることとされ、なお効力を有することとされ又は改正前若しくは廃止前の法律の規定の例によることとされる人の資格に関する法令の規定の適用については、無期拘禁刑に処せられた者は無期禁錮に処せられた者と、有期拘禁刑に処せられた者は刑期を同じくする有期禁錮に処せられた者と、拘留に処せられた者は刑期を同じくする旧拘留に処せられた者とみなす。

（経過措置の政令への委任）
第五百九条　この編に定めるもののほか、刑法等一部改正法等の施行に伴い必要な経過措置は、政令で定める。

附　則（令四・六・一七法六八抄）

（施行期日）
1　この法律は、刑法等一部改正法〔刑法等の一部を改正する法律＝令和四年六月法律第六七号〕施行日〔令和七年六月一日〕から施行する。ただし、次の各号に掲げる規定は、当該各号に定める日から施行する。
一　第五百九条の規定　公布の日
二　〔略〕

附　則（令五・四・二八法一八抄）

（施行期日）
第一条　この法律は、公布の日から起算して六月を超えない範囲内において政令で定める日から施行する。〔後略〕
〔令五・六政令二二〇により、令五・一〇・一から施行〕

○特定地域及び準特定地域における一般乗用旅客自動車運送事業の適正化及び活性化に関する特別措置法施行規則

（平成二十一年九月二十九日）
（国土交通省令第五十八号）

沿革　平二六国交令七、令六国交令二六改正

（定義）

第一条　この省令において使用する用語は、特定地域及び準特定地域における一般乗用旅客自動車運送事業の適正化及び活性化に関する特別措置法（以下「法」という。）において使用する用語の例による。

（法第二条第七項の国土交通省令で定める措置）

第二条　法第二条第七項の国土交通省令で定める措置は、次に掲げる措置とする。

一　利用者の選択の機会の拡大に資する情報の提供

二　情報通信技術の活用による運行の管理の高度化

三　利用者の利便の増進に資する乗場の設置及び運営

四　事業用自動車の適正な運行の確保に資する装置等の導入

五　事業用自動車の運転者等に対する講習等の実施

六　利用者からの苦情、問合せ等に迅速かつ適切に対応するための体制の整備

七　他の公共交通機関との乗継ぎの円滑化に資する措置の実施

八　事業用自動車の集中により発生する駅前、繁華街等における渋滞を解消するための措置の実施

九　低公害車の導入等による事業活動に伴う環境への負荷の低減

十　事業用自動車の運転者の労働条件の改善その他の労働環境の整備

十一　利用者の需要に対応したサービスの提供

十二　利用者の特別の需要に応ずるための運送の実施

十三　輸送需要に関する調査の実施

（法第二条第七項の国土交通省令で定めるもの）

第二条の二　法第二条第七項の一般乗用旅客自動車運送事業の供給輸送力を増加させるものとして国土交通省令で定める措置は、次に掲げる措置とする。

一　特定地域又は準特定地域における営業区域の設定

二　特定地域又は準特定地域内の営業所に配置する事業用自動車の合計数の増加

（経営の合理化に資する措置）

第二条の三　法第二条第八項の国土交通省令で定める措置は、事業用自動車の使用の停止とする。

（特定地域の指定又はその期限の延長の要請）

第三条　法第三条第五項又は第六項（これらの規定を法第三条の二第二項において準用する場合を含む。）の規定により特定地域の指定又はその期限の延長を要請しようとする都道府県知事又は市町村長は、次に掲げる事項を記載した要請書を国土交通大臣に提出しなければならない。

一　指定又はその期限の延長を要請する地域

二　指定又はその期限の延長を要請する理由

三　その他参考となる事項

（特定地域計画の認可の申請）

第三条の二　法第八条の二第一項前段の規定により特定地域計画の認可を申請しようとする協議会は、次に掲げる事項を記載した申請書を国土交通大臣（第十一条第一項の規定により国土交通大臣の権限が地方運輸局長に委任されている場合にあっては、地方運輸局長。以下同じ。）に提出しなければならない。

一　協議会の名称及び構成員の氏名又は名称

二　法第八条の二第二項各号に掲げる事項

三　当該特定地域計画が法第八条の二第三項第一号の活性化措置に関する事項を含む場合には、同号に掲げる事項

四　当該特定地域計画が法第八条の二第三項第二号に掲げる事項を含む場合には、同号に掲げる事項

2　国土交通大臣は、申請者に対し、前項各号に規定するもののほか、必要な書類の提出を求めることができる。

（特定地域計画の変更の認可の申請）

第三条の三　法第八条の二第一項後段の規定により認可特定地域計画の変更の認可を申請しようとする認可協議会は、次に掲げる事項を記載した申請書を国土交通大臣に提出しなければならない。

一　認可協議会の名称及び構成員の氏名又は名称

二　変更しようとする事項（新旧の対照を明示すること。）

三　変更の理由

2　前項の申請書には、次に掲げる事項の実施状況を記載した書類を添付しなければならない。

一　当該認可特定地域計画に定められた一般乗用旅客自動車運送事業の供給輸送力の削減

二　当該認可特定地域計画が法第八条の二第三項第一号の活性化措置に関する事項を含む場合には、当該活性化措置

三　当該認可特定地域計画が法第八条の二第三項第二号に掲げる事項を含む場合には、当該事項

3　国土交通大臣は、申請者に対し、前二項に規定するもののほか、必要な書類の提出を求めることができる。

（法第八条の二第四項の国土交通省令で定める書類）

第三条の四　法第八条の二第四項の国土交通省令で定める書類は、次に掲げる書類とする。

一　協議会が特定地域計画を作成した際に当該協議会の構成員として当該特定地域計画の作成に合意をした一般乗用旅客自動車運送事業者の氏名又は名称及び住所を記載した書面

二　当該一般乗用旅客自動車運送事業者が当該特定地域計画に係る特定地域内の営業所に配置する事業用自動車の台数の合計を記載した書面

三　当該特定地域内の営業所に配置される事業用自動車の総台数を記載した書面

（法第八条の二第六項の国土交通省令で定める事項）

第三条の五　法第八条の二第六項の国土交通省令で定める事項は、次に掲げる事項とする。

一　認可協議会の名称

二　当該認可特定地域計画に係る特定地域

（法第八条の七第一項の国土交通省令で定める者）

第三条の六　法第八条の七第一項の国土交通省令で定める者は、次に掲げる者とする。

一　道路運送法（昭和二十六年法律第百八十三号）第三十八条第一項の規定により一般乗用旅客自動車運送事業の休止を届け出た者のうち、道路運送法施行規則（昭和二十六年運輸省令第七十五号）第六十六条第一項の規定により一般乗用旅客自動車運送事業の再開を届け出ていない者

二　道路運送法第三十八条第一項の規定により一般乗用旅客自動車運送事業の廃止を届け出た者

（法第八条の七第二項第三号の事業者計画の記載事項）

第三条の七　法第八条の七第二項第三号の国土交通省令で定める事項は、次に掲げる事項とする。

一　当該事業者計画に定められた一般乗用旅客自動車運送事業の供給輸送力の削減の実施時期

二　実施に伴う労務に関する事項

三　当該事業者計画が事業用自動車の台数の削減による一般乗用旅客自動車運送事業の供給輸送力の削減を含む場合には、当該事業者計画の作成時及び実施後における事業用自動車の台数

四　当該事業者計画が営業方法の制限による一般乗用旅客自動車運送事業の供給輸送力の削減を含む場合には、当該事業者計画の作成時における営業方法並びに実施後における営業方法及びその表示に関する事項

（法第八条の七第二項第四号ホの事業者計画の記載事項）

第三条の八　法第八条の七第二項第四号ホの国土交通省令で定める事項は、実施に伴う労務に関する事項とする。

（事業者計画の認可の申請）

第三条の九　法第八条の七第一項前段の規定により事業者計画の認可を申請しようとする合意事業者（法第八条の七第一項に規定する合意事業者。以下同じ。）は、次に掲げる事項を記載した申請書を国土交通大臣に提出しなければならない。

一　氏名又は名称及び住所並びに法人にあっては、その代表者の氏名

二　法第八条の七第二項第一号から第三号までに掲げる事項

三　当該事業者計画が活性化措置（法第八条の七第二項第四号に規定する活性化措置。次条第二項において同じ。）に関する事項を含む場合には、法第八条の七第二項第四号イからホまでに掲げる事項

2　前項の場合において、法第八条の八第一項の規定の適用を受けようとするときは、前項各号に掲げる事項のほか、道路運送法施行規則第十四条第二項第三号に掲げる事項を記載し、かつ、同条第二項に規定する書類を添付しなければならない。

3　第一項の場合において、法第八条の八第二項の規定（一般乗用旅客自動車運送事業の譲渡又は譲受けに係る部分に限る。）の適用を受けようとするときは、第一項各号に掲げる事項のほか、道路運送法施行規則第二十二条第一項各号（第二号及び第五号を除く。）に掲げる事項を記載し、かつ、同条第二項第一号から第三号までに掲げる書類を添付しなければならない。

4　第一項の場合において、法第八条の八第二項の規定（一般乗用旅客自動車運送事業者たる法人の合併又は分割に係る部分に限る。）の適用を受けようとするときは、第一項各号に掲げる事項のほか、道路運送法施行規則第二十三条第一項各号（第四号を除く。）に掲げる事項を記載し、かつ、同条第二項第一号から第三号までに掲げる書類を添付しなければならない。

5　国土交通大臣は、申請者に対し、前各項に規定するもののほか、当該申請者の登記事項証明書その他必要な書類の提出を求めることができる。

（事業者計画の変更の認可の申請）

第三条の十　法第八条の七第一項後段の規定により認可事業者計画の変更の認可を受けようとする認可合意事業者は、次に掲げる事項を記載した申請書を国土交通大臣に提出しなければならない。

一　氏名又は名称及び住所並びに法人にあっては、その代表者の氏名

二　変更しようとする事項（新旧の対照を明示すること。）

三　変更の理由

2　前項の申請書には、認可事業者計画に定められた一般乗用旅客自動車運送事業の供給輸送力の削減（当該認可事業者計画に活性化措置に関する事項が定められている場合にあっては、供給輸送力の削減及び活性化措置。）の実施状況を記載した書類を添付しなければならない。

3　前条第二項から第五項までの規定は、第一項の認可の申請について準用する。

（合意事業者以外の一般乗用旅客自動車運送事業者に対する勧告）

第三条の十一　法第八条の十第一項の規定による勧告の内容は、次の各号に該当するものでなければならない。

一　法第八条の十第一項の事態を解消するための必要かつ最小限度の範囲を超えないものであること

二　不当な差別的取扱いをするものでないこと

三　旅客の利益を不当に害するものでないこと

四　当該一般乗用旅客自動車運送事業者が使用する事業用自動車の台数を考慮したものであること

（法第八条の十第二項の国土交通省令で定める書類）

第三条の十二　法第八条の十第二項（法第八条の十一第二項において準用する場合を含む。）の国土交通省令で定める書類は、次に掲げる書類とする。

一　法第八条の十第一項の申出を行った認可協議会の存する特定地域内に営業所を有する一般乗用旅客自動車運送事業者による一般乗用旅客自動車運送事業の供給輸送力の削減の実施状況を記載した書類

二　当該特定地域内に営業所を有する合意事業者以外の一般乗用旅客自動車運送事業者の事業活動の状況を記載した書類

三　当該特定地域における一般乗用旅客自動車運送事業の健全な経営を維持し、並びに輸送の安全及び利用者の利便を確保することにより、その地域公共交通としての機能を十分に発揮することに支障が生ずることを明らかにする書類

（証紙の表示）

第三条の十三　法第八条の十一第一項の規定による命令を受けた者は、国土交通大臣が当該命令に応じて交付する証紙を事業用自動車の前面ガラスの内側に、証紙の表を事業用自動車の外部に、裏を内部に向けて、利用者に見易いように表示しなければならない。

（法第十一条第二項第五号の活性化事業計画の記載事項）

第四条　法第十一条第二項第五号の国土交通省令で定める事項は、準特定地域計画に活性化事業に関連して実施される事業が定められている場合には、当該事業に関する事項とする。

（経営の合理化に資する措置）

第五条　法第十一条第三項各号列記以外の部分の国土交通省令で定める措置は、事業用自動車の使用の停止とする。

（法第十一条第三項第四号の活性化事業計画の記載事項）

第六条　法第十一条第三項第四号の国土交通省令で定める事項は、次に掲げる事項とする。

一　活性化事業との関連に関する事項

二　実施に伴う労務に関する事項

（活性化事業計画の認定の申請）

第七条　法第十一条第一項の規定により活性化事業計画の認定を申請しようとする一般乗用旅客自動車運送事業者は、次に掲げる事項を記載した申請書を国土交通大臣（活性化事業計画の認定又は変更の認定の権限が地方運輸局長に委任されている場合にあっては、地方運輸局長。第五項及び次条第一項において同じ。）に提出しなければならない。

一　氏名又は名称及び住所並びに法人にあっては、その代表者の氏名

二　法第十一条第二項各号に掲げる事項

三　当該活性化事業計画が事業再構築に関する事項を含む場合には、法第十一条第三項各号に掲げる事項

2　前項の場合において、法第十三条第一項の規定の適用を受けようとするときは、前項各号に掲げる事項のほか、道路運送法施行規則第十四条第一項第三号に掲げる事項を記載し、かつ、同条第二項に規定する書類を添付しなければならない。

3　第一項の場合において、法第十三条第二項の規定（一般乗用旅客自動車運送事業の譲渡又は譲受けに係る部分に限る。）の適用を受けようとするときは、第一項各号に掲げる事項のほか、道路運送法施行規則第二十二条第一項各号（第二号及び第五号を除く。）に掲げる事項を記載し、かつ、同条第二項第一号から第三号までに掲げる書類を添付しなければならない。

4　第一項の場合において、法第十三条第二項の規定（一般乗用旅客自動車運送事業者たる法人の合併又は分割に係る部分に限る。）の適用を受けようとするときは、第一項各号に掲げる事項のほか、道路運送法施行規則第二十三条第一項各号（第四号を除く。）に掲げる事項を記載し、かつ、同条第二項第一号から第三号までに掲げる書類を添付しなければならない。

5　国土交通大臣は、申請者に対し、前各項に規定するもののほか、当該申請者の登記事項証明書その他必要な書類の提出を求めることができる。

（活性化事業計画の変更の認定の申請）

第八条　法第十一条第五項の規定により認定活性化事業計画の変更の認定を受けようとする認定事業者は、次に掲げる事項を記載した申請書を国土交通大臣に提出しなければならない。

一　氏名又は名称及び住所並びに法人にあっては、その代表者の氏名

二　変更しようとする事項（新旧の対照を明示すること。）

三　変更の理由

2　前項の申請書には、認定活性化事業計画に係る活性化事業（当該認定活性化事業計画に事業再構築に関する事項が定められている場合にあっては、活性化事業及び事業再構築。）の実施状況を記載した書類を添付しなければならない。

3　前条第二項から第五項までの規定は、第一項の認定の申請について準用する。

（法第十四条の三の国土交通省令で定める事業計画の変更）

第九条　法第十四条の三の国土交通省令で定める事業計画の変更は、次に掲げる事業計画の変更とする。

一　特定地域における営業区域の設定

二　特定地域内の営業所に配置する事業用自動車の合計数の増加

（準特定地域における許可についての意見聴取に関する協議会への通知）

第十条　法第十四条の四第二項（法第十五条の二第二項において準用する場合を含む。）の規定により、国土交通大臣は、準特定地域における許可をしようとするときは、あらかじめ、当該協議会に対し、当該許可の申請書に係る道路運送法施行規則第四条第八項第一号及び第三号に掲げる事項を記載した書面を添え当該事案に関する準特定地域計画の実施上の意見を提出すべき旨を通知してその意見を聴かなければならない。

2　前項の通知には、準特定地域計画の実施上の意見を提出すべき期限を付することができる。ただし、その期限は、当該協議会の同意がなければ十四日以内とすることができない。

（準特定地域における許可についての意見聴取に関する協議会の意見提出）

第十条の二　当該協議会は、前条第一項の規定による通知を受けたときは、遅滞なく、国土交通大臣に対し、当該事案に関する準特定地域計画の実施上の意見書を提出しなければならない。

2　国土交通大臣が、前条第二項の規定により付した期限までに前項の意見の提出を受けないときは、準特定地域計画の実施に支障がない旨の協議会の意見の提出を受けたものとみなす。

（法第十五条第一項の国土交通省令で定めるもの）

第十条の三　法第十五条第一項の国土交通省令で定める事業計画の変更は、準特定地域内の営業所に配置する事業用自動車の合計数の増加とする。

（法第十五条の二第一項の国土交通省令で定める事業計画の変更）

第十条の四　法第十五条の二第一項の国土交通省令で定める事業計画の変更は、次に掲げる事業計画の変更とする。

一　準特定地域における営業区域の設定

二　準特定地域内の営業所に配置する事業用自動車の合計数の増加

（運賃の範囲の指定についての意見聴取に関する協議会への通知）

第十条の五　法第十六条第一項の規定により、国土交通大臣は、当該運賃の範囲を指定し、公表しようとするときは、あらかじめ、当該協議会に対し、当該運賃の範囲に関する意見を提出すべき旨を通知して、その意見を聴かなければならない。

2　前項の通知には、意見を提出すべき期限を付することができる。ただし、その期限は、当該協議会の同意がなければ十四日以内とすることができない。

（運賃の範囲の指定についての意見聴取に関する協議会の意見提出）

第十条の六　当該協議会は、前条第一項の規定による通知を受けたときは、遅滞なく、国土交通大臣に対し、当該運賃の範囲に関する意見書を提出しなければならない。

2　国土交通大臣が、前条第一項の規定により付した期限までに前項の意見の提出を受けないときは、当該運賃の範囲に関する意見がない旨の協議会の意見の提出を受けたものとみなす。

（法第十六条第一項の国土交通省令で定める運賃）

第十条の七　法第十六条第一項の国土交通省令で定める運賃は、一般乗用旅客自動車運送事業に係る基本運賃（これに準ずるものとして国土交通大臣が認める運賃を含む。）を除いた運賃とする。

（法第十六条第一項の国土交通省令で定める日数）

第十条の八　法第十六条第一項の国土交通省令で定める日数は、三十日とする。

（報告の徴収）

第十条の九　法第十六条の二の規定により、一般乗用旅客自動車運送事業者等は、国土交通大臣から、特定地域又は準特定地域における一般乗用旅客自動車運送事業に関し、報告を求められたときは、報告書を提出しなければならない。

2　国土交通大臣は、前項の報告を求めるときは、報告書の様式、報告書の提出期限その他必要な事項を明示するものとする。

第十条の十　法第十七条第一項の規定により、一般乗用旅客自動車運送事業者等は、国土交通大臣、地方運輸局長、運輸監理部長又は運輸支局長から、特定地域又は準特定地域における一般乗用旅客自動車運送事業に関し、報告を求められたときは、報告書を提出しなければならない。

2　国土交通大臣、地方運輸局長、運輸監理部長又は運輸支局長は、前項の報告を求めるときは、報告書の様式、報告書の提出期限その他必要な事項を明示するものとする。

（法第十七条の二の国土交通省令で定める場合）

第十条の十一　法第十七条の二の国土交通省令で定める場合は、一般乗用旅客自動車運送事業者の事業用自動車の運転者が、業務に関し他の法令に違反した場合において、当該一般乗用旅客自動車運送事業者の責めに帰すべき理由がある場合とする。

（権限の委任）

第十一条　法第五章から第九章までに規定する国土交通大臣の権限は、次に掲げるものを除き、当該事案の関する土地を管轄する地方運輸局長（当該事案が二以上の地方運輸局長の管轄区域にわたるときは、当該事案の主として関する土地を管轄する地方運輸局長。第三項において「所轄地方運輸局長」という。）に委任する。

一　法第八条の六第一項及び第二項の規定による通知
二　法第八条の十第一項の規定による勧告
三　法第八条の十第三項（第八条の十一第二項において準用する場合を含む。）の規定による通知
四　法第八条の十一第一項の規定による命令
五　法第十一条第四項の活性化事業計画（共同事業再構築に係る事項が記載されているものに限る。次号において同じ。）の認定
六　法第十一条第五項の活性化事業計画の変更の認定
七　法第十二条第一項の規定による意見陳述
八　法第十二条第三項の規定による連絡
九　法第十四条第一項の規定による認定活性化事業計画（共同事業再構築に係る事項が記載されているものに限る。次号及び第十一号において同じ。）に係る勧告
十　法第十四条第二項の規定による認定活性化事業計画の認定の取消し
十一　法第十四条第三項の規定による認定活性化事業計画の変更の指示又は認定の取消し
十二　法第十七条第一項の規定による報告の徴収
十三　法第十七条第二項の規定による立入検査
十四　法第十七条の三第二項において準用する道路運送法第四十一条第三項の規定による封印の取付け及び同条第四項の規定による登録識別情報の通知
十五　法第十八条の二の規定による諮問
十六　法第十八条の三第二項の規定による指示

2　前項の規定により地方運輸局長に委任された権限のうち法第十七条の三第二項において準用する道路運送法第四十一条第一項の規定による自動車検査証の返納の受理及び自動車登録番号標の領置並びに同条第二項の規定による自動車検査証及び自動車登録番号標の返付は、運輸監理部長又は運輸支局長に委任する。

3　法第十七条第一項及び第二項に規定する国土交通大臣の権限は、地方運輸局長、運輸監理部長及び運輸支局長も行うことができる。

（事案の公示）

第十一条の二　地方運輸局長は、その権限に属する法第十八条の三第一項に規定する事案について調査を開始しようとするときは、あらかじめ、当該事案の件名に番号を付し、その旨を地方運輸局の掲示板に掲示する等適当な方法で公示しなければならない。

（利害関係人）

第十一条の三　法第十八条の三第一項に規定する利害関係人（次条において「利害関係人」という。）とは、次の各号のいずれかに該当する者をいう。

一　法第八条の二第一項の規定により特定地域計画の認可又は変更の認可の申請をした協議会の構成員
二　法第八条の五第三項の規定による認可特定地域計画の変更命令又は同項若しくは同条第四項の規定による認可の取消しに係る認可協議会の構成員
三　法第十六条第一項の規定による運賃の範囲を指定しようとする特定地域又は準特定地域内に営業所を有する一般乗用旅客自動車運送事業者
四　第一号若しくは第二号の構成員又は前号の一般乗用旅客自動車運送事業者と競争の関係にある者
五　利用者その他の者のうち地方運輸局長が当該事案に関し特に重大な利害関係を有すると認める者

（意見の聴取の申請）

第十一条の四　利害関係人は、法第十八条の三第二項の規定により、意見聴取の申請をしようとするときは、次に掲げる事

項を記載した申請書を地方運輸局長に提出するものとする。

一　申請者の氏名又は名称及び住所並びに法人にあっては、その代表者の氏名

二　事案の件名及び公示があったものについてはその番号

三　意見の聴取において陳述しようとする者の氏名及び職業又は職名

四　意見の聴取における陳述の概要及び利害関係を説明する事項

2　前項の申請は、第十一条の二の規定による公示をした事案にあっては、公示の日から十日以内に、これをしなければならない。

（陳述人の選定）

第十一条の五　地方運輸局長は意見の聴取の申請者が二人以上あるときは、意見の聴取において陳述すべき者を選定することができる。

（非公開）

第十一条の六　意見の聴取は、非公開とする。ただし、地方運輸局長が特に必要があると認める場合は、この限りでない。

（聴聞の方法の特例）

第十一条の七　地方運輸局長は、その権限に属する一般乗用旅客自動車運送事業の停止の命令又は許可の取消しの処分に係る聴聞を行うに当たっては、その期日の十七日前までに、当該事案の件名に番号を付し、その旨を地方運輸局の掲示板に掲示する等適当な方法で公示しなければならない。

第十一条の八　法第十八条の四第二項に規定する利害関係人とは、利用者その他の者のうち地方運輸局長が当該事案に関し特に重大な利害関係を有すると認める者をいう。

（届出）

第十一条の九　一般乗用旅客自動車運送事業者は、法第八条の九第三項、法第八条の十二又は法第十七条の二の規定に基づく命令を実施した場合に該当することとなったときは、その旨を国土交通大臣又は地方運輸局長に届け出なければならない。

2　前項の届出は、届出事由の発生した後遅滞なく行わなければならない。

3　第一項の届出をしようとする者は、次に掲げる事項を記載した届出書を提出しなければならない。

一　氏名又は名称及び住所並びに法人にあっては、その代表者の氏名

二　届出事項

三　届出事由の発生の日

四　その他必要事項

（書類の経由）

第十二条　法第九条第五項（同条第七項において準用する場合を含む。）の規定により国土交通大臣に送付すべき準特定地域計画は、当該事案の関する土地を管轄する運輸監理部長又は運輸支局長（当該事案が運輸監理部長と運輸支局長又は二以上の運輸支局長の管轄区域にわたるときは、当該事案の主として関する土地を管轄する運輸監理部長又は運輸支局長。次項において同じ。）を経由して送付しなければならない。

2　この省令の規定により国土交通大臣又は地方運輸局長に提出すべき申請書、届出書、意見書又は報告書は、それぞれ当該事案の関する土地を管轄する運輸監理部長又は運輸支局長を経由して提出しなければならない。

3　第三条の規定により国土交通大臣に提出すべき要請書は、当該事案の関する土地を管轄する運輸監理部長又は運輸支局長を経由して提出することができる。

附　則

この省令は、法の施行の日（平成二十一年十月一日）から施行する。

附　則（平二六・一・二四国交令七抄）

（施行期日）

1　この省令は、特定地域における一般乗用旅客自動車運送事業の適正化及び活性化に関する特別措置法等の一部を改正する法律（平成二五年一一月法律第八三号）の施行の日〔平成二六年一月二七日〕から施行する。〔後略〕

附　則（令六・三・二九国交令二六抄）

（施行期日）

第一条　この省令は、令和六年四月一日から施行する。〔後略〕

○特定地域及び準特定地域における一般乗用旅客自動車運送事業の適正化及び活性化に関する基本方針

（平成二十一年九月二十九日
国土交通省告示第千三十六号）

沿革　平二六国交告五五改正

一　一般乗用旅客自動車運送事業の適正化及び活性化の意義及び目標に関する事項

1　一般乗用旅客自動車運送事業の適正化及び活性化の意義

一般乗用旅客自動車運送（以下「タクシー」という。）は、鉄道・バス等とともに我が国の地域公共交通を形成している重要な公共交通機関である。特に、タクシーは、①地域社会に密着したドア・ツー・ドアの少人数個別輸送ができる、②面的に移動できるため機動性や移動の自由度が高い、③深夜など時間を選ばずにいつでも、また、誰もが利用できる、といった優れた特性を活かして、一人一人の利用者のニーズにきめ細かく、かつ、柔軟に対応することができることから、地域住民の生活利便の向上や地域社会の活力の維持にも資する公共交通機関である。また、高齢化社会の進展等、我が国の今後の地域社会の変化に対応する役割が大いに期待される公共交通機関であるとともに、我が国が観光立国を推進する中で、各地の観光交流を支える基盤としての役割も期待されるなど、地域にとって欠かすことのできない公共交通機関である。

しかしながら、一般乗用旅客自動車運送事業（以下「タクシー事業」という。）を巡っては、車両数の減少を大きく上回る割合で輸送需要が低迷するなどの影響もあり、地域によっては収益基盤の悪化や運転者の労働条件の悪化が生じているほか、不適正な事業運営の横行、事故の発生件数の増加といった問題が発生している。そうした地域においては、道路混雑等の交通問題・環境問題・都市問題の発生や利用者の利便の増進が十分に達成されていない状況にある等の問題も生じており、タクシーが地域公共交通としての機能を十分に発揮することが困難な状況となっている。

我が国の地域社会におけるタクシーの役割の重要性にかんがみれば、こうした諸問題が発生している地域において、タクシー事業者をはじめとする関係者が相互に連携協力を図りつつ、タクシーの地域公共交通としての機能を十分に発揮できるようにするための取組を推進していくことは、極めて大きな意義がある。

2　一般乗用旅客自動車運送事業の適正化及び活性化の目標

特定地域及び準特定地域においては一般に、1のとおり、地域によって状況や程度は異なるものの、次の(1)から(5)のような問題が生じている。

(1)　タクシー事業の収益基盤の悪化

タクシーの輸送人員が多くの地域で年々減少し、運送収入も減少している一方で、運送経費は増加しており、タクシーの実質的な収益基盤は悪化している。

(2)　タクシー運転者の労働条件の悪化

タクシー運転者の賃金水準は、長期的に悪化傾向にあり、他産業に比べて低い水準となっている。また、タクシー運転者の労働時間についても、他産業の平均を大きく上回る状況が続いている。特に、タクシー運転者の賃金の低下は、一定の収入を確保するための長時間労働や、これに伴うタクシーの安全性やサービス水準の低下の要因となるほか、若年労働者の就職意欲を減じる要因ともなっており、結果的にタクシー運転者の著しい高齢化が進んでいる。

(3)　違法・不適切な事業運営の横行

過度な長時間労働や最低賃金法違反、社会保険・労働保険の未加入、不適切な運行管理や名義貸しによる経営など、コンプライアンスの見地から問題のある事例が生じている。

(4)　道路混雑等の交通問題、環境問題、都市問題

多数のタクシー車両が繁華街や鉄道駅等に集中する結果、周辺の道路混雑や歩行者との交錯が生じ、地域における円滑な交通の確保という観点から看過し得ない状況が生じている事例がある。これらの問題は、良好なまちづくりなどの都市政策にも悪影響を及ぼしているほか、無駄な空車走行等による燃料消費は、環境問題への対処という視点からも問題である。

(5)　利用者サービスが不十分

利用者サービスの多様化や実車率向上等の経営の効率化が不十分であるとの指摘がある中で運賃が上昇するなど、規制緩和の効果が十分に発現せず、利用者の利便の増進が十分に達成されていない。また、接客態度が不良、地理不案内といったサービス産業としての基本が欠けているとの指摘も多い。

これらの問題はタクシーが我が国の地域公共交通として担うべき役割を適切に果たしていく上での障害となっているだけでなく、それぞれの地域で暮らす消費者に不利益を及ぼすものである。

このため、これらの諸問題が発生している地域において、タクシー事業者をはじめとする関係者が相互に連携協力を図りつつ、タクシー事業の適正化を図るとともに、新規需要の開拓等の当該事業の活性化を図ることにより、こうした状況に対処し、これらの諸問題の解決を図り、それぞれの地域においてタクシーが地域公共交通としての機能を十分に発揮できるようにしていくことを特定地域における一般乗用旅客自動車運送事業の適正化及び活性化に関する法律（以下「法」という。）に基づく施策の目標とする。

二　特定地域計画の作成に関する基本的な事項

1　協議会

(1)　基本的な考え方

特定地域において組織された協議会（以下「特定地域協議会」という。）は、当該特定地域における地域公共交通としてのタクシーのあり方に関する基本的な方向性を示し、タクシー事業の適正化及び活性化に向けた地域の総合的な取組を定める特定地域計画の策定主体となるものであり、また、当該特定地域計画の実施に係る各関係者間の連絡調整を行うなど、特定地域におけるタク

シー事業の適正化及び活性化を推進する上での中心的な役割を担うものである。このため、特定地域協議会には、タクシーに関係を有する地域の多様な関係者が積極的に参画し、当該地域におけるタクシーの位置付けやタクシーに期待される役割について総合的に検討を行うとともに、これに基づく取組の必要性についての認識を共有し、タクシー事業の適正化及び活性化に関する取組を総合的かつ一体的に推進していくことが期待される。

(2) 構成員

特定地域協議会の構成員については、法第八条第一項に規定する関係地方公共団体の長、タクシー事業者及びその組織する団体、タクシー運転者の組織する団体並びに地域住民のほか、必要に応じて関係する公共交通事業者、商業施設の管理者、地元企業等の多様な主体の参画を得るとともに、協議会の意見調整を円滑に進める観点から、学識経験者等のタクシー事業の適正化及び活性化について専門的な知識を有する者を構成員に含めることが望ましい。また、タクシー運転者の労働条件に関する取組について協議を行う場合には当該地域を管轄する都道府県労働局又は労働基準監督署、タクシー車両による交通問題に関する協議を行う場合には当該地域を管轄する都道府県公安委員会など、関係行政機関の参画を得ることも重要である。

なお、法第八条の二第五項第三号において、特定地域協議会が作成する特定地域計画の認可要件として、特定地域協議会が特定地域計画を作成した際に当該協議会の構成員として当該特定地域計画の作成に合意をしたタクシー事業者の車両数の合計が当該特定地域内の車両数の三分の二以上でなければならないことが規定されているところであるが、特定地域計画の実効性をより高める観点からは、三分の二にとどまらず、できる限り多くのタクシー事業者が協議会に参画することが望ましい。

(3) 加入・脱退

特定地域協議会の加入・脱退については、独占禁止法の趣旨にかんがみ、法第八条第一項に規定する関係地方公共団体の長、タクシー事業者及びその組織する団体、タクシー運転者の組織する団体並びに地域住民について、任意に加入し、脱退することができることとするとともに、法第八条第二項の規定に基づき構成員として加えたタクシー事業の適正化及び活性化に資する他の事業を営む者、学識経験を有する者及びその他協議会が必要と認める者について、任意に脱退することができるものでなければならない。

(4) 留意事項

特定地域協議会の運営に当たっては、特定地域協議会における運営の透明性、公平性、実効性及び効率性を確保する観点から、特定地域協議会における意思決定の方法、議決結果の公表方法等に係る規約を定め、適切に特定地域協議会を運営することが求められる。

また、特定地域協議会における意思決定の方法、議決結果の公表方法等に係る規約の制定など当該協議会の運営に当たっては、特定地域協議会における特定地域計画の作成に際しての協議会としての合意の要件として、保有車両数の規模による法人事業者の区分や個人事業者のカテゴリー毎に車両台数シェアを等しくした基準を設定することや特定地域計画に記載する削減すべき供給輸送力、供給輸送力の削減の方法等について、保有車両数の規模による法人事業者の区分や個人事業者のカテゴリーに応じて、一律ではない削減率による減車（地域毎に設定されている最低車両数を下回らない台数までとする。）や営業方法の制限を柔軟に行うことができることとすること等により、中小事業者や個人事業者からの意見を適切に反映することが望ましい。

加えて、地域における関係者の負担軽減と協議会の運営の効率化、他の計画との整合性の確保を図るため、道路運送法（昭和二十六年法律第百八十三号）に基づく地域公共交通会議又は運営協議会、地域公共交通の活性化及び再生に関する法律（平成十九年法律第五十九号）に基づく協議会等の地域の交通に関する協議会が設置されている場合には、これらの協議会と本法に基づく協議会の連携を図ることが期待される。

2　特定地域計画

(1) 基本的な考え方

特定地域計画は、特定地域における地域公共交通としてのタクシーのあり方に関する基本的な方向性を示し、タクシー事業の適正化及び活性化に向けた地域の総合的な取組を定めるものである。タクシー事業を巡る状況やタクシーに対するニーズは、それぞれの地域によって多種多様であることから、特定地域計画は地域の実情に応じて作成されるべきであり、特定地域協議会において、地域における輸送のニーズやタクシー事業の実情を十分に把握し、特定地域計画の作成に当たってはそれらに的確に対応した取組を定めることが必要である。とりわけ、特定地域は、供給輸送力の削減をしなければ、タクシー事業の収益基盤の悪化やこれに伴うタクシー運転者の労働条件の悪化がさらに進行し、結果としてタクシーの安全性・利便性が低下しているとともに、違法駐車等により地域における円滑な交通にも支障が生じているなど地域公共交通としてのタクシーの機能を果たすことが困難である地域であることに留意し、特定地域計画を策定するに当たっては、供給輸送力の削減について定めるとともに、地域の実情に応じて、運転者の労働条件の改善・向上やタクシー車両による交通問題の解消のための対策について定めることが求められる。

特定地域計画の作成については、地域の自主性を尊重するものであるから、特定地域計画の具体的な内容は、関係法令に違反せず、法及び本方針に定める事項から逸脱しない範囲内において、地域の判断に委ねられるものであるが、一1及び2のタクシー事業の適正化及び活性化の意義及び目標を踏まえ、特定地域計画の作成に当たっては十分に特定地域協議会で協議しなければならない。

(2) 特定地域計画に定められた事項の実施

特定地域計画に定められた取組の実施主体とされた特定地域協議会の構成員は、各々が地域のタクシー事業の適正化及び活性化を推進する上で重要な役割を担っていることを十分に自覚し、責任をもってこれを実行することが重要である。

(3) 記載事項に関する留意事項

① 一般乗用旅客自動車運送事業の適正化及び活性化の推進に関する基本的な方針

特定地域計画の作成は、多様な主体が参画する特定地域協議会が行うものであるから、各関係者間で地域のタクシー事業の適正化及び活性化を推進していくに当たっての共通認識の形成に資する基本的な方針として、当該地域におけるタクシーの位置付けやタクシーの果たすべき役割、タクシー事業を巡る現状分析及びこれらを踏まえた取組の方向性等について、可能な限り具体的に記載するものとする。

この際、タクシーの位置付けを定めるに当たっては、鉄道、バス等の他の地域公共交通機関と連携した総合交通ネットワークとしての機能の向上や、まちづくり・都市政策等と一体となった機能の向上についても明確化することが望ましい。

また、タクシー事業を巡る現状分析及び取組の方向性を定めるに当たっては、当該地域において適正と考えられる車両数を適切に斟酌することが重要である。

② 特定地域計画の目標

特定地域計画の目標には、③の供給輸送力の削減の前提となる目標を記載するとともに、当該計画に④の活性化措置を記載する場合にあっては、当該措置の前提となる目標を記載するものとする。地域公共交通としてのタクシーの位置付け、期待される役割は地域によって多種多様であるが、特定地域において生じている問題に対し、適切に対応を図っていく観点からは、①の基本的な方針を踏まえつつ、次の事項を参考にしながら地域の実情に即した目標を設定することが望ましい。

イ 供給輸送力の削減
ロ タクシーサービスの活性化
ハ 事業経営の活性化、効率化
ニ タクシー運転者の労働条件の悪化の防止、改善・向上
ホ タクシー事業の構造的要因への対応
へ 交通問題、環境問題、都市問題の改善

なお、具体的な目標の設定に際しては、定性的な目標又は定量的な目標のいずれを設定しても差し支えない。

③ 当該特定地域において削減すべき一般乗用旅客自動車運送事業の供給輸送力及びその実施方法並びに当該特定地域内の営業所を有する各一般乗用旅客自動車運送事業者が削減すべき一般乗用旅客自動車運送事業の供給輸送力及びその実施方法

特定地域計画に定められた具体的な目標に即し、三1に定める事項を参照しながら、当該特定地域において削減すべきタクシー事業の供給輸送力及びその実施方法並びに当該特定地域内に営業所を有する各タクシー事業者が削減すべきタクシー事業の供給輸送力及びその実施方法を具体的に記載することとする。

④ 目標を達成するために行う活性化措置及びその実施主体に関する事項

タクシー事業の活性化を推進するに当たっては、地域の実情に応じて、地域のニーズや地域に存在する問題に的確に対応することが重要であることから、特定地域計画には、法令に違反せず、法及び本方針に定める事項に逸脱しないものであれば、タクシー事業の活性化に資するあらゆる事業について定めることができることとする。この際には、三2(1)の①から⑤までに定める事項を参照しながら、目標の達成に必要な事業を適切に設定することが望ましく、特定地域計画に定められた具体的な目標に即し、措置の概要、実施時期及び実施主体を簡潔に記載することとする。

(4) その他の留意事項

① 成立要件

特定地域計画は、当該地域の地域公共交通としてのタクシーのあり方に関する基本的な方向性を示し、タクシー事業の適正化及び活性化に向けた地域の総合的な取組を定めるものであり、その実効性を確保する観点から、本方針に照らし適切なものであるとともに、法第八条の二第五項第三号の規定に基づき、特定地域協議会が特定地域計画の作成に合意をしたタクシー事業者の車両数の合計が当該特定地域内の車両数の三分の二以上でなければならない。

また、特定地域計画は、当該特定地域のタクシー事業の供給過剰の状況を是正するための必要かつ最小限度の範囲を超えないものであるとともに、特定のタクシー事業者に対し、差別的取扱いをするものでなく、旅客の利益を不当に害するものであってはならない。

② 都市計画等との調和

法第八条の二第五項第二号の規定に基づき、特定地域計画は、都市計画法（昭和四十三年法律第百号）第四条第一項の都市計画、地域公共交通の活性化及び再生に関する法律（平成十九年法律第五十九号）第五条第一項の地域公共交通総合連携計画その他法律の規定による地域の交通に関する計画との調和が保たれ、かつ、地方自治法（昭和二十二年法律第六十七号）第二条第四項の基本構想に即したものでなければならない。

③ 事後評価

特定地域協議会は、特定地域計画が作成された後も、地域におけるタクシー事業の現状について把握、分析を行うとともに、特定地域計画に定めた目標の達成状況について評価を行い、必要に応じて、特定地域計画の見直しを行うことが望ましい。

三 特定地域計画に定める一般乗用旅客自動車運送事業の供給輸送力の削減及び活性化措置に関する基本的な事項

1 供給輸送力の削減

(1) 基本的な考え方

タクシー事業の供給輸送力の削減に当たっては、特定地域が供給輸送力の削減をしなければ、タクシー事業がその地域公共交通としての機能を十分に発揮することができない状況にある地域であることにかんがみ、タクシー事業が当該地域において、地域公共交通としての機能を十分に発揮できる地域の需要に応じた適切な供給量とするために必要かつ最小限度の供給輸送力の削減を実施することが重要であることから、特定地域計画には、

法令に違反せず、法及び本方針に定める事項に逸脱しない範囲において、当該特定地域において削減すべきタクシー事業の供給輸送力及びその方法について定めることとする。

① 当該特定地域において削減すべき一般乗用旅客自動車運送事業の供給輸送力

当該特定地域において適正と考えられる車両数を適切に斟酌し、当該特定地域全体で削減すべき定量的なタクシー事業の供給輸送力を記載することとする。

② 当該特定地域において行うべき一般乗用旅客自動車運送事業の供給輸送力の削減の方法

①の当該特定地域全体で削減すべきタクシー事業の供給輸送力に照らして、減車や営業方法の制限等当該特定地域の実情に応じて、適切な供給輸送力の削減の方法を記載することとする。

③ 当該特定地域内に営業所を有する各一般乗用旅客自動車運送事業者が削減すべき一般乗用旅客自動車運送事業の供給輸送力

①の当該特定地域全体で削減すべきタクシー事業の供給輸送力を達成するために当該特定地域内に営業所を有する各タクシー事業者が削減すべき定量的なタクシー事業の供給輸送力を記載することとする。

④ 当該特定地域内に営業所を有する各一般乗用旅客自動車運送事業者が行うべき一般乗用旅客自動車運送事業の供給輸送力の削減の方法

②の減車や営業方法の制限等の供給輸送力の削減の方法のうち、当該特定地域内に営業所を有するタクシー事業者ごとに選択することのできる供給輸送力の削減の方法を記載することとする。

(2) 留意事項

特定地域協議会は、特定地域計画における供給輸送力の削減及びその実施方法の記載に当たっては、特定地域における一般乗用旅客自動車運送事業の適正化及び活性化に関する特別措置法等の一部を改正する法律（平成二十五年法律第八十三号）附則第八条の規定に基づき、改正法施行前の特定地域における一般乗用旅客自動車運送事業の適正化及び活性化に関する特別措置法第十三条第一項に規定する認定特定事業計画に基づいて行われたタクシー事業の供給輸送力の減少の実績も勘案し、当該特定地域におけるタクシー事業者間の適正かつ公平なタクシー事業の供給輸送力の削減が図られるよう努めるものとする。

なお、供給輸送力の削減の実施に当たっては、タクシー運転者の労働条件の悪化が、輸送の安全性やサービスの低下の要因となり、ひいては利用者利便を損なうおそれがあることに留意し、タクシー運転者の地位を不当に害し、又はその労働条件を不当に変更することのないようにしなければならない。

2 活性化措置

(1) 基本的な考え方

タクシー事業の活性化を推進するに当たっては、地域の実情に応じて、地域のニーズや地域に存在する問題に的確に対応することが重要であることから、特定地域計画には、法令に違反せず、法及び本方針に定める事項に逸脱しないものであれば、タクシー事業の活性化に資するあらゆる事業について定めることができることとする。この際には、次の①から④までの観点を参考にしつつ、特定地域計画に定められた目標の達成に必要な事業を適切に設定することが望ましい。

① 輸送需要に対応した合理的な運営

タクシー事業の活性化を図る上では、タクシー事業者が地域の輸送需要を的確に把握するとともに、輸送需要に対応した適切な運送サービスを提供するなど輸送需要に対応した合理的な運営を行うことが必要である。

② 法令の遵守の確保

タクシー事業の活性化を図る上では、タクシー事業者及びタクシー運転者が道路運送法関係法令に加え、労働関係法令や道路交通法関係法令の遵守を徹底するとともに、タクシー事業者においてこれらの法令の目的や趣旨に適合した適正な事業の運営やタクシー車両の運行がなされることが重要である。

③ 運送サービスの質の向上

タクシー事業の活性化を図る上では、タクシー事業者が自らの創意工夫や的確な輸送需要の把握に基づき一層の運送サービスの質の向上を図ることが重要である。また、実際に直接利用者と接するタクシー運転者による質の高いサービスの提供を実現するためには、タクシー事業者が常にタクシー運転者の良好な労働環境の整備に心がけることが重要である。

④ 輸送需要の開拓

タクシー事業の活性化を図る上では、介護が必要な者の運送の実施や観光地を巡る運送の実施等タクシーに求められる多様なニーズに対応した運送を行い、新たな輸送需要を開拓することが重要である。

⑤ タクシー事業の譲渡・譲受及び合併・分割

タクシー事業の譲渡・譲受及び合併・分割は、タクシー事業の活性化の推進に資するものであり、活性化事業の効果を高めるのに有効であると判断される場合には、タクシー事業者は積極的にタクシー事業の譲渡・譲受及び合併・分割に取り組むことが望ましい。

なお、タクシー事業の譲渡・譲受及び合併・分割の実施に当たっては、多くの場合タクシー事業者の組織再編等を伴うこととなるが、タクシーサービスの直接の提供主体であるタクシー運転者の労働条件の悪化は、輸送の安全性やサービスの低下の要因となり、ひいては利用者利便を損なうおそれがあることに留意し、タクシー運転者の地位を不当に害し、又はその労働条件を不当に変更することのないようにしなければならない。

四 準特定地域計画の作成に関する基本的な事項

1 協議会

(1) 基本的な考え方

準特定地域において組織された協議会（以下「準特定地域協議会」）は、当該準特定地域における地域公共交通としてのタクシーのあり方に関する基本的な方向性を示し、タクシー事業の活性化に向けた地域の総合的な取組を定める準特定地域計画の策定主体となるものであり、また、当該準特定地域計画の実施に係る各関係者間の連絡調整を行うなど、準特定地域における各タクシー事業の活性化を推進する上での中心的な役割を担うものである。このため、準特定地域協議会にはタクシーに関係を有する地域の多様な関係者が積極的に参画し、当該地域におけるタクシーの位置付けやタクシーに期待される役割について総合的に検討を行うとともに、これに基づく取組の必要性についての認識を共有し、タクシー事業の活性化に関する取組を総合的かつ一体的に推進していくことが期待される。

(2) 構成員

準特定地域協議会の構成員については、法第八条第一項に規定する関係地方公共団体の長、タクシー事業者及びその組織する団体、タクシー運転者の組織する団体並びに地域住民のほか、必要に応じて関係する公共交通事業者、商業施設の管理者、地元企業等の多様な主体の参画を得るとともに、準特定地域協議会の意見調整を円滑に進める観点から、学識経験者等のタクシー事業の活性化について専門的な知識を有する者を構成員に含めることが望ましい。また、タクシー運転者の労働条件に関する取組について協議を行う場合には当該地域を管轄する都道府県労働局又は労働基準監督署、タクシー車両による交通問題に関する協議を行う場合には当該地域を管轄する都道府県公安委員会など、関係行政機関の参画を得ることも重要である。

なお、法第九条第四項において、準特定地域協議会が作成する準特定地域計画の成立要件として、準特定地域計画の作成に合意をしたタクシー事業者の車両数の合計が当該準特定地域内の車両数の過半数でなければならないことが規定されているところであるが、準特定地域計画の実効性をより高める観点からは、過半数にとどまらず、できる限り多くのタクシー事業者が準特定地域協議会に参画することが望ましい。

(3) 加入・脱退

準特定地域協議会の加入・脱退については、独占禁止法の趣旨にかんがみ、法第八条第一項に規定する関係地方公共団体の長、タクシー事業者及びその組織する団体、タクシー運転者の組織する団体並びに地域住民について、任意に加入し、脱退することができることとするとともに、法第八条第二項の規定に基づき構成員として加えた一般乗用旅客自動車運送事業の適正化及び活性化に資する他の事業を営む者、学識経験を有する者及びその他協議会が必要と認める者について、任意に脱退することができるものでなければならない。

(4) 留意事項

準特定地域協議会の運営に当たっては、準特定地域協議会における運営の透明性、公平性、実効性及び効率性を確保する観点から、準特定地域協議会における意思決定の方法、議決結果の公表方法等に係る規約を定め、適切に準特定地域協議会を運営することが望ましい。

また、地域における関係者の負担軽減と準特定地域協議会の運営の効率化、他の計画との整合性の確保を図るため、道路運送法（昭和二十六年法律第百八十三号）に基づく地域公共交通会議又は運営協議会、地域公共交通の活性化及び再生に関する法律（平成十九年法律第五十九号）に基づく協議会等の地域の交通に関する協議会が設置されている場合には、これらの協議会と準特定地域協議会の連携を図ることが期待される。

2 準特定地域計画

(1) 基本的な考え方

準特定地域計画は、準特定地域における地域公共交通としてのタクシーのあり方に関する基本的な方向性を示し、タクシー事業の活性化に向けた地域の総合的な取組を定めるものである。タクシー事業を巡る状況やタクシーに対するニーズは、それぞれの地域によって多種多様であることから、準特定地域計画は地域の実情に応じて作成されるべきであり、準特定地域協議会において、地域における輸送のニーズやタクシー事業の実情を十分に把握し、準特定地域計画の作成に当たってはそれらに的確に対応した取組を定めることが必要である。とりわけ、準特定地域は、供給過剰の兆候により、タクシー事業の収益基盤の悪化やこれに伴うタクシー運転者の労働条件の悪化が進行し、結果としてタクシーの安全性・利便性が低下しているとともに、違法駐車等により地域における円滑な交通にも支障が生じているなど地域公共交通としてのタクシーの機能が低下している地域であることに留意し、準特定地域計画を策定するに当たっては、地域の実情に応じて、供給過剰となるおそれの解消や運転者の労働条件の改善・向上、タクシー車両による交通問題の解消のための対策について定めることが求められる。

準特定地域計画の作成については、地域の自主性を尊重するものであるから、準特定地域計画の具体的な内容は、関係法令に違反せず、法及び本方針に定める事項から逸脱しない範囲内において、地域の判断に委ねられるものであるが、一―1及び2のタクシー事業の適正化及び活性化の意義及び目標を踏まえ、準特定地域計画の作成に当たっては十分に準特定地域協議会で協議しなければならない。

(2) 準特定地域計画に定められた事項の実施

準特定地域計画に定められた取組の実施主体とされた準特定地域協議会の構成員は、各々が地域のタクシー事業の活性化を推進する上で重要な役割を担っていることを十分に自覚し、責任をもってこれを実行することが重要である。

(3) 記載事項に関する留意事項

① 一般乗用旅客自動車運送事業の適正化及び活性化の推進に関する基本的な方針

準特定地域計画の作成は、多様な主体が参画する準特定地域協議会が行うものであるから、各関係者間で地域のタクシー事業の活性化を推進していくに当たっての共通認識の形成に資する基本的な方針として、当該地域におけるタクシーの位置付けやタクシーの果たすべき役割、タクシー事業を巡る現状分析及びこれらを踏まえた取組の方向性等について、可能な限り具体的に記載するものとする。

この際、タクシーの位置付けを定めるに当たっては、鉄道、バス等の他の地域公共交通機関と連携した総合交通ネットワークとしての機能の向上や、まちづくり・都市政策等と一体となった機能の向上についても明確化することが望ましい。

また、タクシー事業を巡る現状分析及び取組の方向性を定めるに当たっては、当該地域において適正と考えられる車両数を適切に斟酌することが重要である。

②　準特定地域計画の目標

準特定地域計画の目標には、③の活性化事業その他の事業の前提となる目標を記載するものとする。地域公共交通としてのタクシーの位置付け、期待される役割は地域によって多種多様であるが、準特定地域において生じている問題に対し、適切に対応を図っていく観点からは、①の基本的な方針を踏まえつつ、次の事項を参考にしながら地域の実情に即した目標を設定することが望ましい。

イ　タクシーサービスの活性化
ロ　事業経営の活性化、効率化
ハ　タクシー運転者の労働条件の悪化の防止、改善・向上
ニ　タクシー事業の構造的要因への対応
ホ　交通問題、環境問題、都市問題の改善
ヘ　供給抑制

なお、具体的な目標の設定に際しては、定性的な目標又は定量的な目標のいずれを設定しても差し支えない。

③　目標を達成するために行う活性化事業その他の事業及びその実施主体に関する事項

準特定地域計画に定められた具体的な目標に即し、五に定める事項を参照しながら、事業の概要、実施時期及び実施主体を簡潔に記載することとする。

(4)　その他の留意事項

①　成立要件

準特定地域計画は、当該地域の地域公共交通としてのタクシーのあり方に関する基本的な方向性を示し、タクシー事業の適正化及び活性化に向けた地域の総合的な取組を定めるものであり、その実効性を確保する観点から、法第九条第三項の規定に基づき、準特定地域計画の作成に合意をしたタクシー事業者の車両数の合計が当該準特定地域内の車両数の過半数でなければならない。

②　都市計画等との調和

法第九条第三項の規定に基づき、準特定地域計画は、都市計画法第四条第一項の都市計画、地域公共交通の活性化及び再生に関する法律第五条第一項の地域公共交通総合連携計画その他法律の規定による地域の公共交通に関する計画との調和が保たれ、かつ、地方自治法第二条第四項の基本構想に即したものでなければならない。

③　事後評価

準特定地域協議会は、準特定地域計画が作成された後も、地域におけるタクシー事業の現状について把握、分析を行うとともに、準特定地域計画に定めた目標の達成状況について評価を行い、必要に応じて、準特定地域計画の見直しを行うことが望ましい。

五　活性化事業その他の準特定地域計画に定める事業に関する基本的な事項

タクシー事業の適正化及び活性化を推進するに当たっては、地域の実情に応じて、地域のニーズや地域に存在する問題に的確に対応することが重要であることから、準特定地域計画には、法令に違反せず、法及び本方針に定める事項に逸脱しないものであれば、タクシー事業の活性化に資するあらゆる事業について定めることができることとする。この際には、次の1から4までの観点を参考にしつつ、準特定地域計画に定められた目標の達成に必要な事業を適切に設定することが望ましい。

1　輸送需要に対応した合理的な運営

タクシー事業の活性化を図る上では、タクシー事業者が地域の輸送需要を的確に把握するとともに、輸送需要に対応した適切な運送サービスを提供するなど輸送需要に対応した合理的な運営を行うことが必要である。

2　法令の遵守の確保

タクシー事業の活性化を図る上では、タクシー事業者及びタクシー運転者が道路運送法関係法令に加え、労働関係法令や道路交通法関係法令の遵守を徹底するとともに、タクシー事業者においてこれらの法令の目的や趣旨に適合した適正な事業の運営やタクシー車両の運行がなされることが重要である。

3　運送サービスの質の向上

タクシー事業の活性化を図る上では、タクシー事業者が自らの創意工夫や的確な輸送需要の把握に基づき一層の運送サービスの質の向上を図ることが重要である。また、実際に直接利用者と接するタクシー運転者による質の高いサービスの提供を実現するためには、タクシー事業者が常にタクシー運転者の良好な労働環境の整備に心がけることが重要である。

4　輸送需要の開拓

タクシー事業の活性化を図る上では、介護が必要な者の運送の実施や観光地を巡る運送の実施等タクシーに求められる多様なニーズに対応した運送を行い、新たな輸送需要を開拓することが重要である。

六　その他一般乗用旅客自動車運送事業の適正化及び活性化の推進に関する基本的な事項

1　事業再構築

事業再構築は、準特定地域計画に位置付けられた活性化事業の実施と相まってタクシー事業の活性化の推進に資するものであり、活性化事業の効果を高めるのに有効であると判断される場合には、タクシー事業者は積極的に事業再構築に取り組むことが望ましい。特に、地域におけるタクシーの需給バランスを改善するためには、需要の減少に歯止めをかけ、あるいは新たな需要を開拓するのみならず、供給輸送力を減少させることも必要である。このため、適正な競争が確保されること及び利用者の利益が損なわれないことを前提として、本法の枠組みも最大限に活用しつつ、単独又は複数のタクシー事業者による自主的かつ協調的な減車や休車を推進することが期待される。

なお、減車等の事業再構築は、多くの場合タクシー事業者の組織再編等を伴うこととなるが、タクシーサービスの直接の提供主体であるタクシー運転者の労働条件の悪化

は、輸送の安全性やサービスの低下の要因となり、ひいては利用者利便を損なうおそれがあることに留意し、事業再構築の実施に当たっては、タクシー運転者の地位を不当に害し、又はその労働条件を不当に変更することのないようにしなければならない。

2　一般乗用旅客自動車運送事業者及びこれらの者の組織する団体の役割

タクシー事業者及びタクシー事業者の組織する団体は、タクシーが地域公共交通として重要な役割を担っていることを自覚し、タクシー事業の適正化及び活性化のために必要な措置を講ずるよう努めるものとする。

特に、タクシー事業者においては、タクシー事業の適正化及び活性化は第一義的にはタクシー事業者が主体となって取り組むべきものであることを自覚し、法人事業者であるか個人事業者であるかを問わず、積極的に協議会に参画するとともに、特定地域として指定された地域内に営業所を有するタクシー事業者においては、供給輸送力の削減をしなければ、タクシー事業が地域公共交通としての機能を十分に発揮することができない地域であることにかんがみ、特定地域計画に定められた供給輸送力の削減を確実に実施するとともに、当該計画に定められた事業の推進に努め、準特定地域として指定された地域内に営業所を有するタクシー事業者においては、準特定地域計画に定められた事業の推進に努めるものとする。

また、タクシー事業者の組織する団体は、当該地域のタクシー事業の適正化及び活性化の必要性等に関するタクシー事業者の意識の向上に取り組むとともに、タクシー事業者の法令の遵守の確保や運送サービスの質の向上、新たな輸送需要の開拓、協議会における協議等に際し、タクシー事業者間をはじめとする地域の関係者間の連絡調整や円滑な合意形成に積極的に取り組むよう努めるものとする。

3　国の役割

(1)　情報の提供等

国は、特定地域及び準特定地域においてタクシー事業者及びタクシー事業者の組織する団体その他の関係者が行うタクシー事業の適正化及び活性化に関する取組のために必要となる情報の収集、整理、分析及び提供、助言その他の支援を行うよう努めるものとする。

(2)　事後確認の強化

国は、特定地域及び準特定地域の関係者が行うタクシー事業の適正化及び活性化に関する取組を側面から支援するため、関係する機関が連携して監査の充実・強化を図り、タクシー事業者に対して効率的かつ効果的に監査・指導を実施するとともに、行政処分に係る基準の強化、労働関係法令違反に対する処分の強化、行政処分の実効性の確保、法令違反行為の確実な捕捉等行政処分の強化を行うものとする。

4　地方公共団体の役割

地方公共団体は、特定地域及び準特定地域におけるタクシー事業の適正化及び活性化を推進するため、特定地域及び準特定地域におけるタクシーの位置付けを明確化し、他の地域公共交通機関と連携した総合交通ネットワークとしてのタクシーの機能の向上やまちづくり・都市政策等と一体となったタクシーの機能の向上を図る上で必要となる地域の公共交通やまちづくり・都市政策等の実情を地域計画に反映させることができるよう、地域の実情に応じ、積極的に協議会に参画することが期待される。

5　地域住民その他の関係者の役割

地域住民は、特定地域及び準特定地域におけるタクシー事業を適正化及び活性化するために必要な利用者からの視点を協議会における協議に反映させることができるよう、主体的に協議会に参画することに加え、タクシーの地域における多様な役割に関して理解を深め、日常的にタクシーを利用する際においても、タクシー事業者が行う輸送需要の把握のための取組等に積極的に協力することが期待される。

また、他の公共交通事業者、地元企業、病院、観光事業者等の関連事業者が協議会に参画した場合は、タクシー事業の適正化及び活性化の効果的な推進を図るため、当該関連事業者の事業とタクシー事業を連携させた取組を実現するよう努めることとし、特に他の公共交通事業者においては、タクシーとの連携により総合交通ネットワークの機能が向上するよう努めるものとする。

附　則（平二六・一・二四国交告五五）

この告示は、平成二十六年一月二十七日から施行する。

○特定地域及び準特定地域における一般乗用旅客自動車運送事業の適正化及び活性化に関する特別措置法施行規程（抄）

（平成二十六年一月二十四日
国土交通省告示第五十六号）

最終改正　令六国交告二八二

（定義）

第一条　この告示において使用する用語は、特定地域及び準特定地域における一般乗用旅客自動車運送事業の適正化及び活性化に関する特別措置法（以下「法」という。）において使用する用語の例による。

（法第二条第一項の国土交通大臣が指定する一般乗用旅客自動車運送事業）

第二条　法第二条第一項の国土交通大臣が指定する一般乗用旅客自動車運送事業は、次に掲げるものとする。

一　次に掲げる者（次号及び次条第一号において「要介護者等」という。）及びその付添人の運送であって、道路運送法施行規則（昭和二十六年運輸省令第七十五号）第五十一条の三第八号に規定する福祉自動車（次号において単に「福祉自動車」という。）を用いるもの

イ　身体障害者福祉法（昭和二十四年法律第二百八十三号）第四条に規定する身体障害者

ロ　介護保険法（平成九年法律第百二十三号）第十九条第一項に規定する要介護認定を受けている者

ハ　介護保険法第十九条第二項に規定する要支援認定を受けている者

ニ　その他肢体不自由、内部障害、知的障害、精神障害その他の障害を有する者であって、他人の介助によらずに移動することが困難であり、かつ、単独で事業用自動車その他の公共交通機関を利用することが困難である者

ホ　イからニまでに掲げる者に準ずる者として国土交通大臣が認める者

二　要介護者等及びその付添人の運送であって、次に掲げる者が乗務する事業用自動車（福祉自動車を除く。）を用いるもの

イ　社会福祉士及び介護福祉士法（昭和六十二年法律第三十号）第四十二条第一項の介護福祉士の登録を受けている者

ロ　要介護者等の円滑な運送に資する研修として国土交通大臣が認めるものを修了している者

ハ　イ及びロに掲げる者に準ずる者として国土交通大臣が認める者

三　タクシー業務適正化特別措置法（昭和四十五年法律第七十五号）第二条第二項に規定するハイヤーを使用して行うものであって、次に掲げるもの

イ　一日を超える期間を単位として専属で常時運送を提供できることとするための契約（書面によるものに限る。）に基づいて締結される運送契約のみにより行われるもの

ロ　二時間以上の時間を単位として締結される運送契約のみにより行われるもの（イに掲げるものを除く。）

（法第二条第九項の国土交通大臣が指定する事業用自動車）

第三条　法第二条第九項の国土交通大臣が指定するものは、次に掲げる事業用自動車とする。

一　専ら要介護者等及びその付添人の運送の用に供するもの

二　専ら前条第三号の事業の用に供するもの

（準特定地域における許可の特例）

第六条　法第十四条の四第一項の国土交通大臣が定める基準は、次に掲げるものとする。

一　許可の申請に係る事業の開始が輸送需要に対し適切なものであること

二　許可の申請に係る事業の開始によって営業区域に係る供給輸送力が輸送需要量に対し不均衡とならないものであること

三　その他許可の申請に係る事業の開始が公益上必要であり、かつ、適切なものであること

2　地方運輸局長は、許可の申請を審査する場合において、前項に掲げる基準を適用するに当たっては、形式的画一的に流れることなく、実情に沿うように努めなければならない。

（準特定地域における供給輸送力を増加させる事業計画の変更の特例）

第七条　法第十五条の二第一項第一号の国土交通大臣が定める基準は、次に掲げるものとする。

一　道路運送法（昭和二十六年法律第百八十三号）第十五条第一項（法第十五条第一項の規定により読み替えて適用する場合を含む。）の認可（以下単に「認可」という。）の申請に係る準特定地域内の営業所に配置する事業用自動車の合計数の増加が輸送需要に対し適切なものであること

二　認可の申請に係る準特定地域内の営業所に配置する事業用自動車の合計数の増加によって営業区域に係る供給輸送力が輸送需要量に対し不均衡とならないものであること

三　その他認可の申請に係る準特定地域内の営業所に配置する事業用自動車の合計数の増加が公益上必要であり、かつ、適切なものであること

2　法第十五条の二第一項第二号の国土交通大臣が定める基準は、次に掲げるものとする。

一　認可の申請に係る準特定地域内の営業所に配置する事業用自動車一台当たりの収入が前事業年度と比較して増加していること

二　業務の執行の適正を確保するための措置（経営の基本方針及び経営管理に関する措置並びに法令遵守に関する措置を含む。）がとられていること

三　事業用自動車の百万キロメートル当たりの交通事故の発生件数が、認可の申請に係る準特定地域における事業用自動車の百万キロメートル当たりの交通事故の発生件数未満であること

四　労働協約又は就業規則の定めるところにより、その雇用する全ての労働契約を締結する一般乗用旅客自動車運送事業の事業用自動車の運転者について、賃金を一定の割合以上で増額する措置がとられていること

五　一般乗用旅客自動車運送事業の活性化のための措置がと

られていること

六　認可の申請に係る準特定地域内の営業所に配置するユニバーサルデザインタクシー（移動等円滑化の促進に関する基本方針において移動等円滑化の目標が定められているノンステップバスの基準等を定める告示（平成二十四年国土交通省告示第二百五十七号）第四条第一項の規定による認定を受けたものをいう。）の台数が前事業年度と比較して増加していること

3　前条第二項の規定は、地方運輸局長が認可の申請を審査する場合について準用する。

○自動車運転代行業の業務の適正化に関する法律

（平成十三年六月二十日法律第五十七号）

沿革　平一四法四五・五四・七七、平一六法九〇・一四七、平一八法四〇、平一九法九〇、平二一法二一、平二三法六一、平二五法四三、平二六法五一、令元法三七、令二法四二、令四法三二・六八、令五法六三改正

〔編者注〕
令和四年六月一七日法律第六八号による改正のうち、令和七年六月一日から施行される部分は、直接改正を加えないで、現行条文と並列して登載した。

目次

第一章　総則

（目的）
第一条　この法律は、自動車運転代行業を営む者について必要な要件を認定する制度を実施するとともに、自動車運転代行業を営む者の遵守事項を定めること等により、自動車運転代行業の業務の適正な運営を確保し、もって交通の安全及び利用者の保護を図ることを目的とする。

（定義）
第二条　この法律において「自動車運転代行業」とは、他人に代わって自動車（道路交通法（昭和三十五年法律第百五号）第二条第一項第九号に規定する自動車をいう。以下同じ。）を運転する役務を提供する営業であって、次の各号のいずれにも該当するものをいう。

一　主として、夜間において客に飲食をさせる営業を営む者から酒類の提供を受けて酒気を帯びた状態にある者（以下この条において「酔客」という。）に代わって自動車を運転する役務を提供するものであること。
二　酔客その他の当該役務の提供を受ける者を乗車させるものであること。
三　常態として、当該自動車に当該営業の用に供する自動車が随伴するものであること。

2　この法律において「自動車運転代行業者」とは、第四条の認定を受けて自動車運転代行業を営む者をいう。
3　この法律において「利用者」とは、第一項に規定する役務であって自動車運転代行業として提供されるもの（以下「代行運転役務」という。）の提供を受ける酔客その他の者をいう。
4　この法律において「運転代行業務」とは、代行運転自動車又は随伴用自動車を運転する業務をいう。
5　この法律において「運転代行業務従事者」とは、運転代行業務に従事する者をいう。
6　この法律において「代行運転自動車」とは、自動車運転代行業を営む者による代行運転役務の対象となっている自動車をいう。
7　この法律において「随伴用自動車」とは、自動車運転代行業の用に供される自動車のうち、代行運転自動車の随伴に用いられるものをいう。

第二章　自動車運転代行業の認定等

（自動車運転代行業の要件）
第三条　次の各号のいずれかに該当する者は、自動車運転代行業を営んではならない。

一　破産手続開始の決定を受けて復権を得ない者
二　禁錮以上の刑に処せられ、又はこの法律の規定により、若しくは道路運送法（昭和二十六年法律第百八十三号）第四条第一項、第四十三条第一項若しくは第七十八条（旅客の運送に係る部分に限る。）の規定若しくは道路交通法第七十五条第一項（第一号から第四号まで及び第七号については第十九条第一項の規定により読み替えて適用される場合及び同条第二項の規定によりみなして適用される場合を含むものとし、第五号及び第六号を除く。）の規定に違反し、若しくは同法第七十五条第二項（同条第一項第一号から第四号まで及び第七号に掲げる行為に係る部分については第十九条第一項の規定により読み替えて適用される場合を含むものとし、同法第七十五条第一項第五号及び第六号に掲げる行為に係る部分を除く。）若しくは同法第七十五条の二第一項（同法第二十二条の二第一項及び第六十六条の二第一項の規定による指示に係る部分については第十九条第一項の規定により読み替えて適用される場合を含むものとし、同法第五十八条の四の規定による指示に係る部分を除く。）若しくは第二項（第十九条第一項の規定により読み替えて適用される場合を含む。）の規定による命令に違反して罰金の刑に処せられ、その執行を終わり、又は執行を受けることがなくなった日から起算して二年を経過しない者
三　最近二年間に第二十三条第一項、第二十四条第一項又は第二十五条第二項第二号若しくは第三号の規定による命令に違反する行為をした者
四　集団的に、又は常習的に暴力的不法行為その他の罪に当たる違法な行為で国家公安委員会規則で定めるものを行うおそれがあると認めるに足りる相当な理由がある者
五　心身の故障により自動車運転代行業の業務を適正に実施することができない者として国家公安委員会規則で定めるもの
六　営業に関し成年者と同一の行為能力を有しない未成年者。ただし、その者が自動車運転代行業者の相続人であって、その法定代理人が前各号及び第九号のいずれにも該当しない場合を除くものとする。

七　代行運転自動車の運行により生じた利用者その他の者の生命、身体又は財産の損害を賠償するための措置が第十二条の国土交通省令で定める基準に適合すると認められないことについて相当な理由がある者

八　第十九条第一項の規定により読み替えて適用される道路交通法第七十四条の三第一項に規定する安全運転管理者及び第十九条第一項の規定により読み替えて適用される同法第七十四条の三第四項に規定する副安全運転管理者（以下「安全運転管理者等」という。）を選任すると認められないことについて相当な理由がある者

九　法人でその役員（業務を執行する社員、取締役、執行役又はこれらに準ずる者をいい、相談役、顧問その他いかなる名称を有する者であるかを問わず、法人に対し業務を執行する社員、取締役、執行役又はこれらに準ずる者と同等以上の支配力を有するものと認められる者を含む。）のうちに第一号から第五号までのいずれかに該当する者があるもの

注　令和四年六月一七日法律六八号により改正され、令和七年六月一日から施行
第三条第二号中「禁錮」を「拘禁刑」に改める。

（認定）
第四条　自動車運転代行業を営もうとする者は、前条各号のいずれにも該当しないことについて、都道府県公安委員会（以下「公安委員会」という。）の認定を受けなければならない。

（認定手続）
第五条　前条の認定（以下「認定」という。）を受けようとする者は、その主たる営業所の所在地を管轄する公安委員会に、次に掲げる事項を記載した申請書を提出しなければならない。この場合において、当該申請書には、政令で定める書類を添付しなければならない。

一　氏名又は名称及び住所並びに法人にあっては、その代表者の氏名

二　主たる営業所その他の営業所の名称及び所在地

三　第十二条に規定する措置

四　安全運転管理者等の氏名及び住所

五　法人にあっては、その役員の氏名及び住所

六　随伴用自動車に関する事項であって政令で定めるもの

2　公安委員会は、前項の申請書を提出した者が第三条各号のいずれにも該当しないと認めたときは、認定をし、直ちにその者に対しその旨を通知しなければならない。

3　公安委員会は、第一項の申請書を提出した者が第三条各号のいずれかに該当すると認めたときは、認定を拒否する処分をし、直ちにその者に対しその旨を通知しなければならない。

4　公安委員会は、前二項の規定による処分をしようとするときは、あらかじめ、国土交通大臣に協議し、その同意を得なければならない。

（標識の掲示等）
第六条　自動車運転代行業者は、認定を受けたことを示す国家公安委員会規則で定める様式の標識について、主たる営業所の見やすい場所に掲示するとともに、その事業の規模が著しく小さい場合その他の国家公安委員会規則・国土交通省令で定める場合を除き、国家公安委員会規則で定めるところにより、電気通信回線に接続して行う自動公衆送信（公衆によって直接受信されることを目的として公衆からの求めに応じ自動的に送信を行うことをいい、放送又は有線放送に該当するものを除く。以下同じ。）により公衆の閲覧に供しなければならない。

2　自動車運転代行業者以外の者は、前項の標識又はこれに類似する標識により公衆の閲覧に供し、又は電気通信回線に接続して行う自動公衆送信により公衆の閲覧に供してはならない。

（認定の取消し）
第七条　公安委員会は、自動車運転代行業者について、次の各号に掲げるいずれかの事実が判明したときは、その認定を取り消すことができる。

一　偽りその他不正の手段により認定を受けたこと。

二　第三条各号（第七号及び第八号を除く。）に掲げる者のいずれかに該当していること。

三　正当な事由がないのに、認定を受けてから六月以内に営業を開始せず、又は引き続き六月以上営業を休止し、現に営業を営んでいないこと。

四　三月以上所在不明であること。

2　公安委員会は、前項の規定により認定を取り消そうとするときは、あらかじめ、国土交通大臣に協議し、その同意を得なければならない。

（変更の届出等）
第八条　自動車運転代行業者は、第五条第一項各号に掲げる事項に変更があったときは、国家公安委員会規則で定めるところにより、主たる営業所の所在地を管轄する公安委員会（公安委員会の管轄区域を異にして主たる営業所を変更したときは、変更した後の主たる営業所の所在地を管轄する公安委員会）に、変更に係る事項その他の政令で定める事項を記載した届出書を提出しなければならない。この場合において、当該届出書には、政令で定める書類を添付しなければならない。

2　公安委員会は、前項の規定による届出書の提出があったときは、国土交通大臣に対し、その旨を通知しなければならない。

（廃業等の届出）
第九条　認定を受けた者は、自動車運転代行業を廃止したときは、遅滞なく、主たる営業所の所在地を管轄する公安委員会に、その旨を記載した届出書を提出しなければならない。

2　認定を受けた者が次の各号に掲げる場合のいずれかに該当することとなったときは、当該各号に掲げる者は、遅滞なく、主たる営業所の所在地を管轄する公安委員会に、その旨を記載した届出書を提出しなければならない。

一　死亡した場合　同居の親族又は法定代理人

二　法人が合併により消滅した場合　合併後存続し、又は合併により設立された法人の代表者

3　公安委員会は、前二項の規定による届出書の提出があったときは、国土交通大臣に対し、その旨を通知しなければならない。

（名義貸しの禁止）

第十条　自動車運転代行業者は、自己の名義をもって、他人に自動車運転代行業を営ませてはならない。

第三章　自動車運転代行業者の遵守事項等

（料金の掲示等）

第十一条　自動車運転代行業者は、その営業の開始前に、利用者から収受する料金を定め、当該料金について、その営業所において利用者に見やすいように掲示するとともに、第六条第一項に規定する国家公安委員会規則・国土交通省令で定める場合を除き、国土交通省令で定めるところにより、電気通信回線に接続して行う自動公衆送信により公衆の閲覧に供しなければならない。これを変更するときも、同様とする。

（損害賠償措置を講ずべき義務）

第十二条　自動車運転代行業者は、代行運転自動車の運行により生じた利用者その他の者の生命、身体又は財産の損害を賠償するための措置であって国土交通省令で定める基準に適合するものを講じておかなければならない。

（自動車運転代行業約款）

第十三条　自動車運転代行業者は、その営業の開始前に、自動車運転代行業約款を定め、これをその営業所において利用者に見やすいように掲示しなければならない。これを変更するときも、同様とする。

2　自動車運転代行業約款は、次の各号のいずれにも適合しているものでなければならない。

一　利用者の正当な利益を害するおそれがないものであること。

二　少なくとも料金の収受及び自動車運転代行業者の責任に関する事項であって国土交通省令で定めるものが明確に定められていること。

3　自動車運転代行業者は、第一項の規定による掲示をするときは、あらかじめ、国土交通省令で定めるところにより、同項の自動車運転代行業約款を国土交通大臣に届け出なければならない。これを変更しようとするときも、同様とする。

4　国土交通大臣が標準自動車運転代行業約款を定めて公示した場合（これを変更して公示した場合を含む。）において、自動車運転代行業者が、標準自動車運転代行業約款と同一の自動車運転代行業約款を定め、又は現に定めている自動車運転代行業約款を標準自動車運転代行業約款と同一のものに変更し、第一項の規定による掲示をしたときは、その自動車運転代行業約款については、前項の規定による届出をしたものとみなす。

5　自動車運転代行業者は、第一項の規定により自動車運転代行業約款を定め、又は変更したときは、第六条第一項に規定する国家公安委員会規則・国土交通省令で定める場合を除き、国土交通省令で定めるところにより、当該自動車運転代行業約款を電気通信回線に接続して行う自動公衆送信により公衆の閲覧に供しなければならない。

（運転代行業務の従事制限）

第十四条　次の各号のいずれかに該当する者は、運転代行業務従事者となってはならない。

一　第三条第一号から第四号までのいずれかに該当する者

二　心身の故障により運転代行業務を適正に実施することができない者として国家公安委員会規則で定めるもの

2　自動車運転代行業者は、前項各号のいずれかに該当する者を運転代行業務に従事させてはならない。

（代行運転役務の提供の条件の説明）

第十五条　自動車運転代行業者は、利用者に代行運転役務を提供しようとするときは、利用者が提供を受けようとする代行運転役務の内容を確認した上、国土交通省令で定めるところにより、第十一条の規定により定め、又は変更した料金、第十三条第一項の規定により定め、又は変更した自動車運転代行業約款の概要その他の代行運転役務の提供の条件について利用者に説明し、その説明に従って代行運転役務を提供しなければならない。

（代行運転自動車標識の表示）

第十六条　自動車運転代行業者は、利用者に代行運転役務を提供するときは、国家公安委員会規則で定めるところにより、代行運転自動車に国家公安委員会規則で定める様式の標識を表示しなければならない。

（随伴用自動車の表示等）

第十七条　自動車運転代行業者は、随伴用自動車に、国土交通省令で定めるところにより、認定を受けて自動車運転代行業を営んでいる旨の表示その他の国土交通省令で定める表示事項又は装置を表示し、又は装着しなければならない。

2　自動車運転代行業を営む者（自動車運転代行業者を除く。）は、随伴用自動車に前項の表示事項若しくは装置又はこれらに類似するものを表示し、又は装着してはならない。

3　自動車運転代行業者は、第一項に規定するもののほか、随伴用自動車への表示事項の表示又は装置の装着について、自動車運転代行業の業務を適正に実施するために必要と認められるものとして国土交通省令で定める事項を遵守しなければならない。

（利用者の利益の保護に関する指導）

第十八条　自動車運転代行業者は、その運転代行業務従事者に対し、当該運転代行業務を適正に実施させるため、国土交通省令で定めるところにより、料金の収受方法、代行運転役務の提供の条件の説明方法その他の利用者の利益の保護に関する事項について指導しなければならない。

（道路交通法の規定の読替え適用等）

第十九条　自動車運転代行業者についての道路交通法の規定の適用については、同法第二十二条の二第一項、第六十六条の二第一項、第七十四条第一項及び第二項、第七十四条の三第二項（第五項を除く。）、第七十五条第一項（第五号及び第六号を除く。）、第百十七条の二第二項第一号及び第二号、第百十七条の二の二第二項、第百十八条第二項第三号、第百十九条の二、第百十九条の二の四第二項並びに第百十九条の三第二項第一号の規定に規定する車両（同法第二条第一項第八号に規定する車両をいう。第四項において同じ。）及び自動車には代行運転自動車が含まれるものとするほか、次の表の上欄に掲げる同法の規定中同表の中欄に掲げる字句は、それぞれ同表の下欄に掲げる字句とする。

読み替える規定	読み替えられる字句	読み替える字句
第二十二条の二第一項	当該車両の使用者（当該車両の運転者であるものを除く。以下この条において同じ。）	自動車運転代行業の業務の適正化に関する法律（平成十三年法律第五十七号。以下「運転代行業法」という。）第二条第二項に規定する自動車運転代行業者（以下単に「自動車運転代行業者」という。）
	の使用者が当該車両につき	につき自動車運転代行業者が
	当該車両の使用の本拠の位置	運転代行業法第二条第一項に規定する自動車運転代行業（以下単に「自動車運転代行業」という。）の主たる営業所（以下単に「主たる営業所」という。）の所在地
	車両の使用者に	自動車運転代行業者に
第五十八条の四	の使用者（当該車両の運転者であるものを除く。以下この条において同じ。）	（運転代行業法第二条第六項に規定する代行運転自動車（以下単に「代行運転自動車」という。）を除く。）につき自動車運転代行業者
	当該車両の使用の本拠の位置	主たる営業所の所在地
	車両の使用者に	自動車運転代行業者に
第六十六条の二第一項	当該車両の使用者（当該車両の運転者であるものを除く。以下この条において同じ。）	自動車運転代行業者
	の使用者が当該車両につき	につき自動車運転代行業者が
	当該車両の使用の本拠の位置	主たる営業所の所在地
	車両の使用者に	自動車運転代行業者に
第七十四条第一項	車両等の使用者	自動車運転代行業者
	当該車両等を	代行運転自動車又は運転代行業法第二条第七項に規定する随伴用自動車（以下単に「随伴用自動車」という。）その他の自動車運転代行業の用に供される車両を
	車両等の運転者及び安全運転管理者、副安全運転管理者その他当該車両等の運行を直接管理する地位にある者	車両の運転者並びに運転代行業法第十九条第一項の規定により読み替えて適用される第七十四条の三第一項に規定する安全運転管理者及び運転代行業法第十九条第一項の規定により読み替えて適用される第七十四条の三第四項に規定する副安全運転管理者
第七十四条第二項	車両の使用者は、当該車両	自動車運転代行業者は、代行運転自動車又は随伴用自動車その他の自動車運転代行業の用に供される車両
第七十四条の三第一項	自動車の使用者（道路運送法の規定による自動車運送事業者（貨物自動車運送事業法（平成元年法律第八十三号）の規定による貨物軽自動車運送事業を経営する者を除く。以下同じ。）、貨物利用運送事業法の規定による第二種貨物利用運送事業を経営する者及び道路運送法第七十九条の規定による登録を受けた者を除く。以下この条において同じ。）は、内閣府令で定める台数以上の自動車の使用の本拠	自動車運転代行業者は、その自動車運転代行業の営業所
第七十四条の三第二項	自動車の安全な運転を	代行運転自動車及び随伴用自動車その他の自動車運転代行業の用に供される自動車の安全な運転（以下この項、第六項及び第八項において単に「自動車の安全な運転」という。）を
	使用者の	自動車運転代行業者の
第七十四条の三第四項	自動車の使用者は、安全運転管理者	自動車運転代行業者は、運転代行業法第十九条第一項の規定により読み替えて適用される第一項に規定する安全運転管理者（以下単に「安全運転管理者」という。）
	内閣府令で定める台数以上の自動車を使用する本拠	その自動車運転代行業の営業所

第七十四条の三第六項	安全運転管理者等が	安全運転管理者等（安全運転管理者又は運転代行業法第十九条第一項の規定により読み替えて適用される第四項に規定する副安全運転管理者をいう。以下同じ。）が
	自動車の使用者	自動車運転代行業者
第七十四条の三第七項から第九項まで	自動車の使用者	自動車運転代行業者
第七十五条第一項	自動車（	自動車運転代行業者又はその安全運転管理者等は、その自動車運転代行業の業務に関し、自動車（
	使用者（安全運転管理者等その他自動車の運行を直接管理する地位にある者を含む。次項において「使用者等」という。）は、その者の業務に関し、自動車の運転者	運転者
	掲げる行為	掲げる行為（代行運転自動車については、第五号及び第六号に掲げるものを除く。）
第七十五条第一項第七号	自動車を離れて直ちに運転することができない状態にする行為（当該行為により自動車が第四十四条第一項、第四十五条第一項若しくは第二項、第四十七条第二項若しくは第三項、第四十八条、第四十九条の三第三項、第四十九条の四若しくは第七十五条の八第一項の規定に違反して駐車することとなる場合のもの又は自動車がこれらの規定に違反して駐車している場合におけるものに限る。）	第四十四条第一項、第四十五条第一項若しくは第二項、第四十七条、第四十八条、第四十九条の三第二項から第四項まで、第四十九条の四、第四十九条の五後段又は第七十五条の八第一項の規定の違反となるような行為
第七十五条第二項	自動車の使用者等	自動車運転代行業者又はその安全運転管理者等
	自動車の運転者	随伴用自動車その他の自動車運転代行業の用に供される自動車の運転者
	行為	行為（随伴用自動車の運転者については、同項第五号又は第六号に掲げるものに限る。）
	自動車の使用者がその者	自動車運転代行業者がその自動車運転代行業
	当該違反に係る自動車の使用の本拠の位置	主たる営業所の所在地
	自動車の使用者に	自動車運転代行業者に
第七十五条第九項及び第十項	自動車の使用者	自動車運転代行業者
第七十五条の付記	第百十九条の二の四第二項	第百十九条の二の四第二項、第百十九条の三第二項第一号
第七十五条の二第一項	自動車の使用者	自動車運転代行業者
	当該使用者に係る	その指示に係る
	使用者が	自動車運転代行業者が
	当該自動車の使用の本拠の位置	主たる営業所の所在地
	当該使用者に対し	当該自動車運転代行業者に対し
	できる。	できる。ただし、当該違反行為が代行運転自動車又は随伴用自動車の運転者が行う最高速度違反行為又は過労運転である場合は、この限りでない。
第七十五条の二第二項	の使用者	（随伴用自動車を除く。）の使用者である自動車運転代行業者
	当該使用者	当該自動車運転代行業者
	当該車両の使用の本拠の位置	主たる営業所の所在地
第百十七条の二	第七十五条（自動車の使用者	第七十五条（自動車の使用者の義務等）

第二項第一号	の義務等）第一項第三号	第一項第三号（運転代行業法第十九条第一項の規定により読み替えて適用される場合及び同条第二項の規定によりみなして適用される場合を含む。）
第百十七条の二第二項第二号	第七十五条（自動車の使用者の義務等）第一項第四号	第七十五条（自動車の使用者の義務等）第一項第四号（運転代行業法第十九条第一項の規定により読み替えて適用される場合及び同条第二項の規定によりみなして適用される場合を含む。）
第百十七条の二の二第二項第一号	第七十五条（自動車の使用者の義務等）第一項第一号	第七十五条（自動車の使用者の義務等）第一項第一号（運転代行業法第十九条第一項の規定により読み替えて適用される場合及び同条第二項の規定によりみなして適用される場合を含む。）
第百十七条の二の二第二項第二号	第七十五条（自動車の使用者の義務等）第一項第三号	第七十五条（自動車の使用者の義務等）第一項第三号（運転代行業法第十九条第一項の規定により読み替えて適用される場合及び同条第二項の規定によりみなして適用される場合を含む。）
第百十七条の二の二第二項第三号	第七十五条（自動車の使用者の義務等）第一項第四号	第七十五条（自動車の使用者の義務等）第一項第四号（運転代行業法第十九条第一項の規定により読み替えて適用される場合及び同条第二項の規定によりみなして適用される場合を含む。）
第百十八条第二項第三号	第七十五条（自動車の使用者の義務等）第一項第二号	第七十五条（自動車の使用者の義務等）第一項第二号（運転代行業法第十九条第一項の規定により読み替えて適用される場合及び同条第二項の規定によりみなして適用される場合を含む。）
	第五号	第五号（運転代行業法第十九条第一項の規定により読み替えて適用される場合を含む。）
第百十八条第二項第四号	第七十五条（自動車の使用者の義務等）第一項第六号	第七十五条（自動車の使用者の義務等）第一項第六号（運転代行業法第十九条第一項の規定により読み替えて適用される場合を含む。）

第百十九条第二項第四号	第七十五条（自動車の使用者の義務等）第一項第六号	第七十五条（自動車の使用者の義務等）第一項第六号（運転代行業法第十九条第一項の規定により読み替えて適用される場合を含む。）
第百十九条第二項第五号	第七十五条（自動車の使用者の義務等）第二項	第七十五条（自動車の使用者の義務等）第二項（運転代行業法第十九条第一項の規定により読み替えて適用される場合を含む。）
第百十九条の二	第七十五条の二（自動車の使用者の義務等）第一項	第七十五条の二（自動車の使用者の義務等）第一項（運転代行業法第十九条第一項の規定により読み替えて適用される場合を含む。）
	第二項の	第二項（運転代行業法第十九条第一項の規定により読み替えて適用される場合を含む。）の
	第七十四条の三（安全運転管理者等）第一項	第七十四条の三（安全運転管理者等）第一項（運転代行業法第十九条第一項の規定により読み替えて適用される場合を含む。）
	第四項	第四項（運転代行業法第十九条第一項の規定により読み替えて適用される場合を含む。）
	同条第六項	第七十四条の三第六項（運転代行業法第十九条第一項の規定により読み替えて適用される場合を含む。）
	第八項	第八項（運転代行業法第十九条第一項の規定により読み替えて適用される場合を含む。）
第百十九条の二の四第二項	第七十五条（自動車の使用者の義務等）第一項第七号の規定に違反したとき	第七十五条（自動車の使用者の義務等）第一項第七号（運転代行業法第十九条第一項の規定により読み替えて適用される場合及び同条第二項の規定によりみなして適用される場合を含む。）の規定に違反したとき（車両を離れて直ちに運転することができない状態にする行為（当該行為により車両が第四十四条第一項、第

		四十五条第一項若しくは第三項、第四十七条第二項若しくは第三項、第四十八条、第四十九条の三第三項、第四十九条の四若しくは第七十五条の八第一項の規定に違反して駐車することとなる場合のもの又は車両がこれらの規定に違反して駐車している場合におけるものに限る。）をすることを命じ、又は容認した場合に限る。）
第百十九条の三第二項第一号	又は	若しくは
	とき	とき又は運転代行業法第十九条第一項の規定により読み替えて適用される第七十五条（自動車の使用者の義務等）第一項第七号の規定に違反したとき（前条第二項の規定に該当する場合を除く。）

２　前項に規定するもののほか、代行運転自動車については、自動車運転代行業を営む者を代行運転自動車の使用者とみなして、道路交通法第七十五条第一項（第五号及び第六号を除く。）、第百十七条の二第二項第一号及び第二号、第百十七条の二の二第二項、第百十八条第二項第三号並びに第百十九条の二の四第二項の規定を適用する。

３　自動車運転代行業者が行う安全運転管理者等の選任及び解任については、道路交通法第七十四条の三第五項の規定は、適用しない。

４　自動車運転代行業の用に供される車両（随伴用自動車を除く。）の運転者が行う第一項の規定により読み替えて適用される道路交通法第七十五条第一項第七号に掲げる行為（道路交通法第七十五条第一項第七号に掲げる行為を除く。）については、第一項の規定により読み替えて適用される同法第七十五条第一項第七号及び第二項並びに第百十九条の三第二項第一号（同法第五十一条の五第一項に係る部分を除く。）の規定は、適用しない。

第四章　監督

（帳簿等の備付け）

第二十条　自動車運転代行業者は、国家公安委員会規則で定めるところにより、営業所ごとに、その運転代行業務従事者の名簿その他のその者による自動車の運転に関する帳簿又は書類で国家公安委員会規則で定めるものを備え付け、必要な事項を記載しておかなければならない。

２　前項に規定するもののほか、自動車運転代行業者は、国土交通省令で定めるところにより、営業所ごとに、苦情の処理に関する帳簿その他の代行運転役務の提供に関する帳簿又は書類で国土交通省令で定めるものを備え付け、必要な事項を記載しておかなければならない。

（報告及び立入検査）

第二十一条　公安委員会は、この法律の施行に必要な限度において、自動車運転代行業を営む者に対し、その業務に関し報告若しくは資料の提出を求め、又は警察職員に営業所に立ち入り、帳簿、書類その他の物件を検査させ、若しくは関係者に質問させることができる。

２　国土交通大臣は、この法律の施行に必要な限度において、自動車運転代行業を営む者に対し、その業務に関し報告若しくは資料の提出を求め、又はその職員に営業所に立ち入り、帳簿、書類その他の物件を検査させ、若しくは関係者に質問させることができる。

３　前二項の規定により立入検査をする職員は、その身分を示す証票を携帯し、関係者に提示しなければならない。

４　第一項及び第二項の規定による立入検査の権限は、犯罪捜査のために認められたものと解してはならない。

（指示）

第二十二条　公安委員会は、自動車運転代行業者又はその安全運転管理者等若しくは運転代行業務従事者が、この法律若しくはこの法律に基づく命令の規定（次項に規定するものを除く。次条第一項並びに第二十五条第二項第一号及び第二号において同じ。）に違反し、又は運転代行業務に関し、特定道路交通法令（第十九条第一項の規定により読み替えて適用される道路交通法の規定（同法第七十四条の三（第五項を除く。）及び第七十五条第一項（第五号及び第六号を除く。）に係るものに限る。）並びにこれらの規定に基づく命令の規定をいう。次条第一項並びに第二十五条第二項第一号及び第二号において同じ。）に違反し、若しくは第十九条第一項の規定により読み替えて適用される道路交通法第七十五条第一項第七号に掲げる行為をした場合において、自動車運転代行業の業務の適正な運営が害されるおそれがあると認められるときは、当該自動車運転代行業者に対し、当該業務に関し必要な措置をとるべきことを指示することができる。この場合において、公安委員会は、国土交通大臣に対し、当該指示をした旨を通知しなければならない。

２　国土交通大臣は、自動車運転代行業者又はその運転代行業務従事者が、この法律若しくはこの法律に基づく命令の規定（第十一条、第十二条、第十三条第一項から第三項まで及び第五項、第十五条、第十七条、第十八条、第二十条第二項並びに前条第二項に係るものに限る。次条第二項において同じ。）に違反し、又は運転代行業務に関し道路運送法第四十三条第一項若しくは第七十八条の規定に違反した場合において、自動車運転代行業の業務の適正な運営が害されるおそれがあると認められるときは、当該自動車運転代行業者に対し、当該業務に関し必要な措置をとるべきことを指示することができる。この場合において、国土交通大臣は、主たる営業所の所在地を管轄する公安委員会に対し、当該指示をした旨を通知しなければならない。

（営業の停止）

第二十三条　公安委員会は、自動車運転代行業者又はその安全運転管理者等若しくは運転代行業務従事者がこの法律若しくはこの法律に基づく命令の規定に違反し若しくは運転代行業務に関し特定道路交通法令若しくは第十九条第一項の規定により読み替えて適用される道路交通法第二十二条の二第一項若しくは第六十六条の二第一項の規定による指示に違反した場合において自動車運転代行業の業務の適正な運営が著しく害されるおそれがあると認められるとき、自動車運転代行業者が前条第一項の規定による指示に違反したとき、又は国土交通大臣から次項の規定による要請があったときは、政令で定める基準に従い、当該自動車運転代行業者に対し、六月を超えない範囲内で期間を定めて、当該自動車運転代行業の全部又は一部の停止を命ずることができる。

2　国土交通大臣は、自動車運転代行業者又はその運転代行業務従事者がこの法律若しくはこの法律に基づく命令の規定に違反し若しくは運転代行業務に関し道路運送法第四条第一項、第四十三条第一項若しくは第七十八条の規定に違反した場合において自動車運転代行業の業務の適正な運営が著しく害されるおそれがあると認められるとき、又は自動車運転代行業者が前条第二項の規定による指示に違反したときは、主たる営業所の所在地を管轄する公安委員会に対し、前項の規定による命令をすべき旨を要請することができる。

3　公安委員会は、第一項の規定による命令をしようとするときは、あらかじめ、国土交通大臣に協議し、その同意を得なければならない。

（営業の廃止）

第二十四条　公安委員会は、次の各号のいずれかに該当する者があるときは、その者に対し、自動車運転代行業の廃止を命ずることができる。

一　第五条第三項の規定による通知を受けて自動車運転代行業を営んでいる者

二　第七条第一項の規定により認定を取り消されて自動車運転代行業を営んでいる者

三　前二号に掲げる者のほか、第三条各号（第七号及び第八号を除く。）のいずれかに該当する者で自動車運転代行業を営んでいるもの（認定を受けている者を除く。）

2　公安委員会は、前項の規定による命令をしようとする場合には、あらかじめ、国土交通大臣に協議し、その同意を得なければならない。

（処分移送通知書の送付等）

第二十五条　公安委員会は、自動車運転代行業を営む者に対し、第二十二条第一項の規定による指示又は第二十三条第一項若しくは前条第一項の規定による命令をしようとする場合において、当該処分に係る自動車運転代行業を営む者が主たる営業所を他の公安委員会の管轄区域内に変更していたときは、当該処分に係る事案に関する弁明の機会の付与を終了している場合を除き、速やかに現に主たる営業所の所在地を管轄する公安委員会に国家公安委員会規則で定める処分移送通知書を送付しなければならない。

2　前項の規定により処分移送通知書が送付されたときは、当該処分移送通知書の送付を受けた公安委員会は、次の各号に掲げる場合の区分に従い、それぞれ当該各号に定める処分をすることができるものとし、当該処分移送通知書を送付した公安委員会は、第二十二条第一項、第二十三条第一項及び前条第一項の規定にかかわらず、当該事案について、これらの規定による処分をすることができないものとする。

一　自動車運転代行業者又はその安全運転管理者等若しくは運転代行業務従事者が、この法律若しくはこの法律に基づく命令の規定に違反し、又は運転代行業務に関し、特定道路交通法令に違反し、若しくは第十九条第一項の規定により読み替えて適用される道路交通法第七十五条第一項第七号に掲げる行為をした場合において、自動車運転代行業の業務の適正な運営が害されるおそれがあると認められるとき　当該自動車運転代行業者に対し、当該業務に関し必要な措置をとるべきことを指示すること。

二　自動車運転代行業者又はその安全運転管理者等若しくは運転代行業務従事者がこの法律若しくはこの法律に基づく命令の規定に違反し若しくは運転代行業務に関し特定道路交通法令若しくは第十九条第一項の規定により読み替えて適用される道路交通法第二十二条の二第一項若しくは第六十六条の二第一項の規定による指示に違反した場合において自動車運転代行業の業務の適正な運営が著しく害されるおそれがあると認められるとき、自動車運転代行業者が第二十二条第一項の規定による指示に違反した場合又は国土交通大臣から第二十三条第二項の規定による要請があった場合　同条第一項の政令で定める基準に従い、当該自動車運転代行業者に対し、六月を超えない範囲内で期間を定めて、当該自動車運転代行業の全部又は一部の停止を命ずること。

三　前条第一項各号のいずれかに該当する者がある場合　その者に対し、自動車運転代行業の廃止を命ずること。

3　第一項の規定は、公安委員会が前項の規定により処分をしようとする場合について準用する。

第五章　雑則

（公安委員会と国土交通大臣との協力）

第二十六条　公安委員会及び国土交通大臣は、自動車運転代行業の業務の適正な運営の確保に関し、相互に協力するものとする。

（方面公安委員会への権限の委任）

第二十七条　この法律に規定する道公安委員会の権限は、政令で定めるところにより、方面公安委員会に委任することができる。

（都道府県が処理する事務）

第二十八条　この法律に規定する国土交通大臣の権限に属する事務の一部は、政令で定めるところにより、都道府県知事が行うこととすることができる。

（経過措置）

第二十九条　この法律の規定に基づき命令を制定し、又は改廃する場合においては、その命令で、その制定又は改廃に伴い合理的に必要と判断される範囲内において、所要の経過措置（罰則に関する経過措置を含む。）を定めることができる。

（命令への委任）

第三十条　この法律に特別の定めがあるもののほか、この法律の実施のための手続その他この法律の施行に関し必要な事項は、国土交通省令又は国家公安委員会規則で定める。

第六章　罰則

第三十一条　第二十三条第一項、第二十四条第一項又は第二十五条第二項第二号若しくは第三号の規定による命令に違反した者は、一年以下の懲役若しくは五十万円以下の罰金に処し、又はこれを併科する。

注　令和四年六月一七日法律六八号により改正され、令和七年六月一日から施行
第三十一条中「懲役」を「拘禁刑」に改める。

第三十二条　次の各号のいずれかに該当する者は、三十万円以下の罰金に処する。

一　第五条第一項の規定による認定の申請をしないで、又はこれに係る同条第二項若しくは第三項の規定による通知を受ける前に自動車運転代行業を営んだ者

二　第十条の規定に違反して他人に自動車運転代行業を営ませた者

三　第十二条の規定に違反した者

四　第二十二条第一項若しくは第二項又は第二十五条第二項第一号の規定による指示に違反した者

五　偽りその他不正の手段により認定を受けた者

第三十三条　次の各号のいずれかに該当する者は、二十万円以下の罰金に処する。

一　第五条第一項の申請書又は添付書類に虚偽の記載をして提出した者

二　第六条の規定に違反した者

三　第八条第一項の規定に違反して届出書の提出をせず、又は同項の届出書若しくは添付書類に虚偽の記載をして提出した者

四　第九条第一項の規定に違反して届出書の提出をせず、又は同項の届出書に虚偽の記載をして提出した者

五　第十一条の規定に違反した者

六　第十三条第一項又は第五項の規定に違反した者

七　第十三条第三項の規定による届出をしないで自動車運転代行業約款を掲示した者

八　第十六条の規定に違反した者

九　第十七条第一項又は第二項の規定に違反した者

十　第二十条第一項若しくは第二項の帳簿若しくは書類を備え付けず、又はこれらに必要な事項を記載せず、若しくは虚偽の記載をした者

十一　第二十一条第一項若しくは第二項の規定に違反して報告をせず、若しくは資料の提出をせず、若しくは同条第一項若しくは第二項の規定による報告若しくは資料の提出について虚偽の報告をし、若しくは虚偽の資料を提出した者又は同条第一項若しくは第二項の規定による立入検査を拒み、妨げ、若しくは忌避した者

第三十四条　法人の代表者又は法人若しくは人の代理人、使用人その他の従業者が、その法人又は人の業務に関し、前三条の違反行為をしたときは、行為者を罰するほか、その法人又は人に対しても、各本条の罰金刑を科する。

第三十五条　第九条第二項の規定に違反して届出書の提出をせず、又は同項の届出書に虚偽の記載をして提出した者は、十万円以下の過料に処する。

附　則

（施行期日）

第一条　この法律は、公布の日から起算して一年を超えない範囲内において政令で定める日から施行する。

〔平一四政令二五により、平一四・六・一から施行〕

（経過措置）

第二条　この法律の施行の際現に自動車運転代行業を営んでいる者は、この法律の施行の日から三月を経過する日（その者がその日以前に第五条第一項の規定による申請書を提出した場合にあっては、同条第二項又は第三項の規定による通知がある日）までの間は、第四条の認定を受けないで、引き続き当該自動車運転代行業を営むことができる。

第三条　道路交通法の一部を改正する法律（平成十三年法律第五十一号。以下「改正道路交通法」という。）の施行の日がこの法律の施行の日後である場合におけるこの法律の施行の日から改正道路交通法の施行の日の前日までの間の第十九条の規定の適用については、同条中「第百十七条の四第四号から第六号まで、第百十八条第一項第四号」とあるのは「第百十八条第一項第三号の三、第百十九条第一項第十一号」と、同条第一項の表の第百十七条の四第四号の項中「第百十七条の四第四号」とあるのは「第百十八条第一項第三号の三」と、同表の第百十七条の四第五号の項中「第百十七条の四第五号」とあるのは「第百十九条第一項第十一号」と、同表の第百十七条の四第六号の項中「第百十七条の四第六号」とあるのは「第百十八条第一項第三号の三」と、「第七十五条（自動車の使用者の義務等）第一項第四号」とあるのは「第四号」と、同表の第百十八条第一項第四号の項中「第百十八条第一項第四号」とあるのは「第百十八条第一項第三号の三」と、「第七十五条（自動車の使用者の義務等）第一項第二号」とあるのは「第二号」と、同表の第百十八条第一項第五号の項中「第百十八条第一項第五号」とあるのは「第百十八条第一項第三号の四」と、同表の第百十九条第一項第十一号の項中「第百十九条第一項第十一号」とあるのは「第百十九条第一項第十二号」と、同表の第百十九条第一項第十二号の項中「第百十九条第一項第十二号」とあるのは「第百十九条第一項第十二号の二」とする。

（検討）

第四条　政府は、この法律の施行後五年を経過した場合において、この法律の施行の状況について検討を加え、必要があると認めるときは、その結果に基づいて所要の措置を講ずるものとする。

附　則（平一四・五・二九法四五抄）

（施行期日）

1　この法律は、公布の日から起算して一年を超えない範囲内において政令で定める日から施行する。

〔平一四・六政令二一七により、平一五・四・一から施行〕

附　則（平一四・五・三一法五四抄）

（施行期日）

第一条　この法律は、平成十四年七月一日から施行する。

（経過措置）

第二十八条　この法律の施行前にこの法律による改正前のそれぞれの法律若しくはこれに基づく命令（以下「旧法令」という。）の規定により海運監理部長、陸運支局長、海運支局長又は陸運支局の事務所の長（以下「海運監理部長等」という。）がした許可、認可その他の処分又は契約その他の行為（以下「処分等」という。）は、国土交通省令で定めるところにより、この法律による改正後のそれぞれの法律若しくはこれに基づく命令（以下「新法令」という。）の規定により相当の運輸監理部長、運輸支局長又は地方運輸局、運輸監理

部若しくは運輸支局の事務所の長（以下「運輸監理部長等」という。）がした処分等とみなす。

第二十九条　この法律の施行前に旧法令の規定により海運監理部長等に対してした申請、届出その他の行為（以下「申請等」という。）は、国土交通省令で定めるところにより、新法令の規定により相当の運輸監理部長等に対してした申請等とみなす。

第三十条　この法律の施行前にした行為に対する罰則の適用については、なお従前の例による。

附　則（平一四・六・一九法七七抄）

（施行期日）

第一条　この法律は、公布の日から起算して一年を超えない範囲内において政令で定める日から施行する。

〔平一四・一〇政令三二〇により、平一五・四・一から施行〕

附　則（平一六・六・九法九〇抄）

（施行期日）

第一条　この法律の規定は、次の各号に掲げる区分に従い、当該各号に定める日から施行する。

一　〔前略〕附則第三条及び第二十五条の規定　公布の日

二　第一条の規定（前号に掲げる改正規定を除く。）並びに附則第四条及び第十九条の規定　公布の日から起算して六月を超えない範囲内において政令で定める日

〔平一六・八政令二五六により、平一六・一一・一から施行〕

三　第二条並びに次条、附則第二十三条及び第二十四条の規定　公布の日から起算して一年を超えない範囲内において政令で定める日

四　第三条並びに附則第五条、第十六条及び第二十条から第二十二条までの規定　公布の日から起算して二年を超えない範囲内において政令で定める日

〔平一七・一二政令三七三により、平一八・六・一から施行〕

五　〔略〕

（自動車運転代行業の業務の適正化に関する法律の一部改正に伴う経過措置）

第二十一条　前条の規定の施行前に同条の規定による改正前の自動車運転代行業の業務の適正化に関する法律（以下この条において「旧運転代行業法」という。）第十九条第一項の規定により読み替えて適用される道路交通法第七十五条の二第一項（同法第五十一条の四（同法第七十五条の八第三項において準用する場合を含む。次項及び第三項において同じ。）の規定による指示に係る部分に限る。）の規定による命令に違反して罰金の刑に処せられた者に係る自動車運転代行業の要件については、なお従前の例による。

2　前条の規定の施行前に、旧運転代行業法第十九条第一項の規定により読み替えて適用される道路交通法第五十一条の四の規定による指示を受けた自動車運転代行業の業務の適正化に関する法律第二条第二項に規定する自動車運転代行業者については、旧運転代行業法第二十三条第一項及び第三項並びに第二十五条の規定は、前条の規定の施行後も、なおその効力を有する。

3　前条の規定の施行前に、旧運転代行業法第十九条第一項の規定により読み替えて適用される道路交通法第五十一条の四の規定によりされた指示に係る車両につき第三条の規定による改正前の道路交通法第七十五条第一項第七号に掲げる行為が行われた場合（自動車運転代行業の業務の適正化に関する法律第二条第六項に規定する代行運転自動車又は同条第七項に規定する随伴用自動車の運転者により行われた場合を除く。）については、前条の規定による改正後の同法第十九条第一項の規定により読み替えて適用される道路交通法第七十五条の二第一項の規定にかかわらず、なお従前の例による。

（罰則等に関する経過措置）

第二十三条　第二条から第四条までの規定の施行前にした行為並びに附則第五条及び第二十一条第三項の規定によりなお従前の例によることとされる場合並びに附則第二十一条第二項の規定によりなおその効力を有することとされる場合におけるこの法律の施行後にした行為に対する罰則の適用については、それぞれなお従前の例による。

（その他の経過措置の政令への委任）

第二十五条　附則第三条から第十四条まで、第二十一条、第二十三条及び前条に規定するもののほか、この法律の施行に伴い必要な経過措置（罰則に関する経過措置を含む。）は、政令で定める。

附　則（平一六・一二・一法一四七抄）

（施行期日）

第一条　この法律は、公布の日から起算して六月を超えない範囲内において政令で定める日から施行する。

〔平一七・三政令三六により、平一七・四・一から施行〕

附　則（平一八・五・一九法四〇抄）

（施行期日）

第一条　この法律は、公布の日から起算して十月を超えない範囲内において政令で定める日から施行する。〔後略〕

〔平一八・八政令二七五により、平一八・一〇・一から施行〕

附　則（平一九・六・二〇法九〇抄）

（施行期日）

第一条　この法律は、公布の日から起算して三月を超えない範囲内において政令で定める日から施行する。〔後略〕

〔平一九・八政令二六五により、平一九・九・一九から施行〕

（罰則に関する経過措置）

第十二条　この法律（附則第一条第一号に掲げる改正規定については、当該改正規定）の施行前にした行為並びに附則第三条第一項及び第四項の規定によりなお従前の例によることとされる場合における同号に掲げる規定の施行後にした行為に対する罰則の適用については、なお従前の例による。

（その他の経過措置の政令への委任）

第十三条　附則第二条から第六条まで及び前条に定めるもののほか、この法律の施行に関し必要な経過措置（罰則に関する経過措置を含む。）は、政令で定める。

附　則（平二一・四・二四法二一抄）

（施行期日）

第一条　この法律は、公布の日から起算して一年を超えない範囲内において政令で定める日から施行する。ただし、次の各号に掲げる規定は、当該各号に定める日から施行する。

〔平二一・一二政令二九〇により、平二二・四・一九から施行〕

一　〔前略〕附則第五条の規定（自動車運転代行業の業務の適正化に関する法律（平成十三年法律第五十七号）第十九条第一項の表第七十四条の三第一項の項の改正規定に係る部分に限る。）　公布の日

二　〔略〕

附　則（平二三・六・三法六一抄）

（施行期日）

第一条　この法律は、公布の日から起算して一年を超えない範囲内において政令で定める日（以下「施行日」という。）から施行する。〔後略〕

〔平二三・一二政令三九五により、平二四・四・一から施行〕

附　則（平二五・六・一四法四三抄）

（施行期日）

第一条　この法律は、公布の日から起算して一年を超えない範囲内において政令で定める日から施行する。ただし、次の各号に掲げる規定は、当該各号に定める日から施行する。

一　第一条及び附則第六条から第八条までの規定　公布の日から起算して六月を超えない範囲内において政令で定める日

二・三　〔略〕

〔平二五・一一政令三〇九により、平二五・一二・一から施行〕

附　則（平二六・六・四法五一抄）

（施行期日）

第一条　この法律は、平成二十七年四月一日から施行する。

〔後略〕

（処分、申請等に関する経過措置）

第七条　この法律（附則第一条各号に掲げる規定については、当該各規定。以下この条及び次条において同じ。）の施行前にこの法律による改正前のそれぞれの法律の規定によりされた許可等の処分その他の行為（以下この項において「処分等の行為」という。）又はこの法律の施行の際現にこの法律による改正前のそれぞれの法律の規定によりされている許可等の申請その他の行為（以下この項において「申請等の行為」という。）で、この法律の施行の日においてこれらの行為に係る行政事務を行うべき者が異なることとなるものは、附則第二条から前条までの規定又はこの法律による改正後のそれぞれの法律（これに基づく命令を含む。）の経過措置に関する規定に定めるものを除き、この法律の施行の日以後におけるこの法律による改正後のそれぞれの法律の適用については、この法律による改正後のそれぞれの法律の相当規定によりされた処分等の行為又は申請等の行為とみなす。

2　この法律の施行前にこの法律による改正前のそれぞれの法律の規定により国又は地方公共団体の機関に対し報告、届出、提出その他の手続をしなければならない事項で、この法律の施行の日前にその手続がされていないものについては、この法律及びこれに基づく政令に別段の定めがあるもののほか、これを、この法律による改正後のそれぞれの法律の相当規定により国又は地方公共団体の相当の機関に対して報告、届出、提出その他の手続をしなければならない事項についてその手続がされていないものとみなして、この法律による改正後のそれぞれの法律の規定を適用する。

（罰則に関する経過措置）

第八条　この法律の施行前にした行為に対する罰則の適用については、なお従前の例による。

（政令への委任）

第九条　附則第二条から前条までに規定するもののほか、この法律の施行に関し必要な経過措置（罰則に関する経過措置を含む。）は、政令で定める。

附　則（令元・六・一四法三七抄）

（施行期日）

第一条　この法律は、公布の日から起算して三月を経過した日から施行する。ただし、次の各号に掲げる規定は、当該各号に定める日から施行する。

一　〔前略〕次条並びに附則第三条及び第六条の規定　公布の日

二　〔前略〕第二章第二節〔中略〕の規定　公布の日から起算して六月を経過した日

三・四　〔略〕

（行政庁の行為等に関する経過措置）

第二条　この法律（前条各号に掲げる規定にあっては、当該規定。以下この条及び次条において同じ。）の施行の日前に、この法律による改正前の法律又はこれに基づく命令の規定（欠格条項その他の権利の制限に係る措置を定めるものに限る。）に基づき行われた行政庁の処分その他の行為及び当該規定により生じた失職の効力については、なお従前の例による。

（罰則に関する経過措置）

第三条　この法律の施行前にした行為に対する罰則の適用については、なお従前の例による。

（検討）

第七条　政府は、会社法（平成十七年法律第八十六号）及び一般社団法人及び一般財団法人に関する法律（平成十八年法律第四十八号）における法人の役員の資格を成年被後見人又は被保佐人であることを理由に制限する旨の規定について、この法律の公布後一年以内を目途として検討を加え、その結果に基づき、当該規定の削除その他の必要な法制上の措置を講ずるものとする。

附　則（令二・六・一〇法四二抄）

（施行期日）

第一条　この法律は、公布の日から起算して二年を超えない範囲内において政令で定める日から施行する。ただし、次の各号に掲げる規定は、当該各号に定める日から施行する。

一　〔略〕

二　〔前略〕附則第六条、第七条、第十二条及び第十三条の規定　公布の日から起算して六月を超えない範囲内において政令で定める日

〔令二・一一政令三三二により、令二・一二・一から施行〕

附　則（令四・四・二七法三二抄）

（施行期日）

第一条　この法律は、公布の日から起算して一年を超えない範囲内において政令で定める日から施行する。ただし、次の各号に掲げる規定は、当該各号に定める日から施行する。

〔令四・一二政令三九〇により、令五・四・一から施行〕

一　〔略〕

二　〔前略〕附則〔中略〕第十五条の規定　公布の日から起算して六月を超えない範囲内において政令で定める日

〔令四・九政令三〇三により、令四・一〇・一から施行〕

三・四　〔略〕

（令四・六・一七法六八抄）

（罰則の適用等に関する経過措置）

第四百四十一条　刑法等の一部を改正する法律（令和四年法律第六十七号。以下「刑法等一部改正法」という。）及びこの法律（以下「刑法等一部改正法等」という。）の施行前にした行為の処罰については、次章に別段の定めがあるもののほか、なお従前の例による。

2　刑法等一部改正法等の施行後にした行為に対して、他の法律の規定によりなお従前の例によることとされ、なお効力を有することとされ又は改正前若しくは廃止前の法律の規定の例によることとされる罰則を適用する場合において、当該罰則に定める刑（刑法施行法第十九条第一項の規定又は第八十二条の規定による改正後の沖縄の復帰に伴う特別措置に関する法律第二十五条第四項の規定の適用後のものを含む。）に刑法等一部改正法第二条の規定による改正前の刑法（明治四十年法律第四十五号。以下この項において「旧刑法」という。）第十二条に規定する懲役（以下「懲役」という。）、旧刑法第十三条に規定する禁錮（以下「禁錮」という。）又は旧刑法第十六条に規定する拘留（以下「旧拘留」という。）が含まれるときは、当該刑のうち無期の懲役又は禁錮はそれぞれ無期拘禁刑と、有期の懲役又は禁錮はそれぞれその刑と長期及び短期（刑法施行法第二十条の規定の適用後のものを含む。）を同じくする有期拘禁刑と、旧拘留は長期及び短期（刑法施行法第二十条の規定の適用後のものを含む。）を同じくする拘留とする。

（裁判の効力とその執行に関する経過措置）

第四百四十二条　懲役、禁錮及び旧拘留の確定裁判の効力並びにその執行については、次章に別段の定めがあるもののほか、なお従前の例による。

（人の資格に関する経過措置）

第四百四十三条　懲役、禁錮又は旧拘留に処せられた者に係る人の資格に関する法令の規定の適用については、無期の懲役又は禁錮に処せられた者はそれぞれ無期拘禁刑に処せられた者と、有期の懲役又は禁錮に処せられた者はそれぞれ刑期を同じくする有期拘禁刑に処せられた者と、旧拘留に処せられた者は拘留に処せられた者とみなす。

2　拘禁刑又は拘留に処せられた者に係る他の法律の規定によりなお従前の例によることとされ、なお効力を有することとされ又は改正前若しくは廃止前の法律の規定の例によることとされる人の資格に関する法令の規定の適用については、無期拘禁刑に処せられた者は無期禁錮に処せられた者と、有期拘禁刑に処せられた者は刑期を同じくする有期禁錮に処せられた者と、拘留に処せられた者は刑期を同じくする旧拘留に処せられた者とみなす。

（経過措置の政令への委任）

第五百九条　この編に定めるもののほか、刑法等一部改正法等の施行に伴い必要な経過措置は、政令で定める。

附　則（令四・六・一七法六八抄）

（施行期日）

1　この法律は、刑法等一部改正法〔刑法等の一部を改正する法律＝令和四年六月法律第六七号〕施行日〔令和七年六月一日〕から施行する。ただし、次の各号に掲げる規定は、当該各号に定める日から施行する。

一　第五百九条の規定　公布の日

二　〔略〕

附　則（令五・六・一六法六三抄）

（施行期日）

第一条　この法律は、公布の日から起算して一年を超えない範囲内において政令で定める日から施行する。ただし、次の各号に掲げる規定は、当該各号に定める日から施行する。

〔令五・九政令二八四により、令六・四・一から施行〕

一　〔前略〕附則第七条〔中略〕の規定　公布の日

二　〔略〕

（自動車運転代行業の業務の適正化に関する法律の一部改正に伴う経過措置）

第四条　この法律の施行前にした行為を理由とする自動車運転代行業の業務の適正化に関する法律第二十三条第一項又は第二十五条第二項第二号の規定による自動車運転代行業の停止の命令については、なお従前の例による。

（罰則に関する経過措置）

第六条　この法律の施行前にした行為に対する罰則の適用については、なお従前の例による。

（政令への委任）

第七条　この附則に定めるもののほか、この法律の施行に関し必要な経過措置（罰則に関する経過措置を含む。）は、政令で定める。

○自動車運転代行業の業務の適正化に関する法律施行令

（平成十四年二月六日 政令第二十六号）

沿革 平一四政令二〇〇、平一六政令二五七・三九〇、平一七政令二四、平一八政令二七六、平一九政令二六六、平二三政令三九六・四二一、平二五政令三二〇、平二六政令一九一、平二八政令一三三・三六〇、平三一政令八九、令元政令三二・一三三、令三政令三五、令四政令三〇四・三九一、令五政令五四・三一五改正

（申請書の添付書類）

第一条 自動車運転代行業の業務の適正化に関する法律（以下「法」という。）第五条第一項の政令で定める書類は、次の各号に掲げる区分に応じ、当該各号に定める書類とする。

一 法第四条の認定を受けようとする者が個人である場合 次に掲げる書類

イ 住民票の写し（住民基本台帳法（昭和四十二年法律第八十一号）第七条第五号に掲げる事項（外国人にあっては、同法第三十条の四十五に規定する国籍等）が記載されたものに限る。次号ニにおいて同じ。）

ロ 法第三条第五号に該当しない者であることを証する書類として国家公安委員会規則で定めるもの

ハ 法第二条第一項に規定する自動車運転代行業（以下単に「自動車運転代行業」という。）に関し民法（明治二十九年法律第八十九号）第六条第一項の規定により営業を許された未成年者にあっては、未成年者の登記事項証明書

ニ 法第三条第六号ただし書の適用を受ける未成年者にあっては、法第二条第二項に規定する自動車運転代行業者（以下単に「自動車運転代行業者」という。）の相続人であることを法定代理人が誓約する書面並びに法定代理人に係るイ及びロに掲げる書類（法定代理人が法人である場合にあっては、当該法人に係る次号イからホまでに掲げる書類）

ホ 法第二条第六項に規定する代行運転自動車の運行により生じた利用者その他の者の生命、身体又は財産の損害を賠償するための措置が法第十二条の国土交通省令で定める基準に適合することを証する書類として国土交通省令で定めるもの

ヘ 法第三条第八号に規定する安全運転管理者等（以下単に「安全運転管理者等」という。）が法第十九条第一項の規定により読み替えて適用される道路交通法（第五条において「読替え後の道路交通法」という。）第七十四条の三第一項又は第四項の内閣府令で定める要件を備えていることを証する書類として国家公安委員会規則で定めるもの

二 法第四条の認定を受けようとする者が法人である場合 次に掲げる書類

イ 法人の登記事項証明書

ロ 定款又はこれに代わる書類

ハ 法第三条第九号に規定する役員（以下この号において単に「役員」という。）の氏名及び住所を記載した名簿

ニ 役員の住民票の写し

ホ 役員に係る前号ロに掲げる書類

ヘ 前号ホに掲げる書類

ト 前号ヘに掲げる書類

（随伴用自動車に関する申請書の記載事項）

第二条 法第五条第一項第六号の政令で定める事項は、法第二条第七項に規定する随伴用自動車に係る道路運送車両法（昭和二十六年法律第百八十五号）の規定による自動車登録番号若しくは車両番号又は地方税法（昭和二十五年法律第二百二十六号）第四百六十三条の十八第三項（同法第一条第二項において準用する場合を含む。）に規定する標識の番号（これらが存しない場合にあっては、車台番号）とする。

（変更の届出）

第三条 法第八条第一項の政令で定める事項は、法第五条第一項各号に掲げる事項のうち変更に係る事項、変更の年月日及び変更の理由とする。

2 法第八条第一項の政令で定める書類は、次の各号に掲げる変更に係る事項の区分に応じ、当該各号に定める書類とする。

一 法第五条第一項第一号に掲げる事項（氏名、名称又は法人の代表者の氏名に限る。） 個人又は法人の別に応じ、それぞれ第一条第一号イ又は第二号イに掲げる書類

二 法第五条第一項第二号に掲げる事項（法人の主たる営業所の所在地に限る。） 第一条第二号イに掲げる書類

三 法第五条第一項第三号に掲げる事項 第一条第一号ホに掲げる書類

四 法第五条第一項第四号に掲げる事項 新たに選任された安全運転管理者等に係る第一条第一号ヘに掲げる書類

五 法第五条第一項第五号に掲げる事項 次に掲げる区分に応じ、それぞれ次に定める書類（第一条第二号イに掲げる書類にあっては、役員が登記事項である場合に限る。）

イ 役員が新たに就任した場合（再任された場合を除く。） 第一条第二号イに掲げる書類並びに当該役員に係る同号ニ及びホに掲げる書類

ロ 役員が再任され、又は退任した場合 第一条第二号イに掲げる書類

ハ 役員の氏名に変更があった場合（イ及びロに掲げる場合を除く。） 第一条第二号イに掲げる書類及び当該役員に係る同号ニに掲げる書類

（道路交通法施行令の規定の読替え適用）

第四条 自動車運転代行業者についての道路交通法施行令（昭和三十五年政令第二百七十号）の次の表の上欄に掲げる規定の適用については、これらの規定中同表の中欄に掲げる字句は、それぞれ同表の下欄に掲げる字句とする。

読み替える規定	読み替えられる字句	読み替える字句
第二十六条の六各号列記以外の部分	法第七十五条第二項	自動車運転代行業の業務の適正化に関する法律（平成十三年法律第五十七号。以下「運転代行業法」という。）第十九条第一項の規定により読み替えて適用される法第七十五条第二項

第二十六条の六第一号	自動車（	自動車運転代行業者等（運転代行業法第二条第二項に規定する自動車運転代行業者（以下単に「自動車運転代行業者」という。）又は運転代行業法第三条第八号に規定する安全運転管理者等をいう。以下この条において同じ。）が次の表の上欄に掲げる違反行為をし、当該違反行為により運転代行業法第二条第一項に規定する自動車運転代行業（以下単に「自動車運転代行業」という。）の用に供される自動車（
	使用者（安全運転管理者、副安全運転管理者その他自動車の運行を直接管理する地位にある者を含む。以下この条において「使用者等」という。）が次の表の上欄に掲げる違反行為をし、当該違反行為により自動車の運転者	運転者
	下欄に掲げる違反行為	下欄に掲げる違反行為（運転代行業法第二条第七項に規定する随伴用自動車（以下単に「随伴用自動車」という。）の運転者については、法第百十八条第一項第五号の違反行為に限る。）
	自動車の使用者等	自動車運転代行業者等
	法第百十七条の二第二項第一号	運転代行業法第十九条第一項の規定により読み替えて適用される法第百十七条の二第二項第一号
	法第百十七条の二第二項第二号	運転代行業法第十九条第一項の規定により読み替えて適用される法第百十七条の二第二項第二号
	法第百十七条の二の二第二項第一号	運転代行業法第十九条第一項の規定により読み替えて適用される法第百十七条の二の二第二項第一号
	法第百十七条の二の二第二項第二号	運転代行業法第十九条第一項の規定により読み替えて適用される法第百十七条の二の二第二項第二号
	法第百十七条の二の二第二項第三号	運転代行業法第十九条第一項の規定により読み替えて適用される法第百十七条の二の二第二項第三号
	法第百十八条第二項第三号	運転代行業法第十九条第一項の規定により読み替えて適用される法第百十八条第二項第三号
	法第七十五条第一項第五号	運転代行業法第十九条第一項の規定により読み替えて適用される法第七十五条第一項第五号
	自動車の運転者の	自動車運転代行業の用に供される自動車の運転者の
第二十六条の六第二号	自動車の使用者等	自動車運転代行業者等
	自動車の運転者	自動車運転代行業の用に供される自動車の運転者
	違反行為をした場合	違反行為（随伴用自動車の運転者については、法第百十八条第二項第一号又は第百十九条第二項第一号の違反行為に限る。）をした場合
	法第百十八条第二項第三号	運転代行業法第十九条第一項の規定により読み替えて適用される法第百十八条第二項第三号
	法第七十五条第一項第二号	運転代行業法第十九条第一項の規定により読み替えて適用される法第七十五条第一項第二号
	法第百十八条第二項第四号	運転代行業法第十九条第一項の規定により読み替えて適用される法第百十八条第二項第四号
	法第百十九条第二項第四号	運転代行業法第十九条第一項の規定により読み替えて適用される法第百十九条第二項第四号
	法第百十九条の二の四第二項	運転代行業法第十九条第一項の規定により読み替えて適用される法第百十九条の二の四第二項
	自動車の使用者が、当該自動車の使用の本拠において使用する	自動車運転代行業者が、その自動車運転代行業の用に供する
	法第七十五条第二項	運転代行業法第十九条第一項の規定により読み替えて適用される法第七十五条第二項
	法第七十五条の二第一項	運転代行業法第十九条第一項の規定により読み替えて

		適用される法第七十五条の二第一項
	当該自動車の使用の本拠におけるその者	その自動車運転代行業
	法第百十七条の二第二項第一号	運転代行業法第十九条第一項の規定により読み替えて適用される法第百十七条の二第二項第一号
	法第百十七条の二の二第二項	運転代行業法第十九条第一項の規定により読み替えて適用される法第百十七条の二の二第二項
	法第七十五条第一項第五号	運転代行業法第十九条第一項の規定により読み替えて適用される法第七十五条第一項第五号
第二十六条の七第一項	法第七十五条の二第一項	運転代行業法第十九条第一項の規定により読み替えて適用される法第七十五条の二第一項
	掲げる違反行為	掲げる違反行為（運転代行業法第二条第六項に規定する代行運転自動車の運転者の違反行為を除き、随伴用自動車の運転者については法第五十八条の三第一項に規定する過積載をして自動車を運転する行為に限る。以下同じ。）
	自動車の使用者	自動車運転代行業者
	当該使用者	当該自動車運転代行業者
	法第二十二条の二第一項の	運転代行業法第十九条第一項の規定により読み替えて適用される法第二十二条の

		二第一項の
	法第五十八条の四	運転代行業法第十九条第一項の規定により読み替えて適用される法第五十八条の四
	法第六十六条の二第一項の	運転代行業法第十九条第一項の規定により読み替えて適用される法第六十六条の二第一項の
	当該違反行為に係る自動車の使用の本拠において使用する	自動車運転代行業者がその自動車運転代行業の用に供する
	法第七十五条第二項	運転代行業法第十九条第一項の規定により読み替えて適用される法第七十五条第二項
第二十六条の八	法第七十五条の二第二項	運転代行業法第十九条第一項の規定により読み替えて適用される法第七十五条の二第二項
	車両の使用者	車両（随伴用自動車を除く。）の使用者である自動車運転代行業者
	当該使用者	当該自動車運転代行業者
	法第七十五条第二項	運転代行業法第十九条第一項の規定により読み替えて適用される法第七十五条第二項
	当該車両の使用の本拠において使用する	その自動車運転代行業の用に供する

（営業の停止の基準）

第五条　法第二十三条第一項の政令で定める基準は、次項に定めるもののほか、次に掲げるとおりとする。

一　自動車運転代行業者が次のいずれかに該当したときは、それぞれ次に定める点数が、次号に規定する累積点数の算出の基礎として、当該自動車運転代行業者に付されるものとする。

イ　法第二十二条第一項若しくは第二項又は第二十五条第二項第一号の規定による指示に違反したとき　二点

ロ　法第二条第四項に規定する運転代行業務（以下単に「運転代行業務」という。）に関し読替え後の道路交通法第二十二条の二第一項又は第六十六条の二第一項の規定による指示に違反したとき　一点

ハ　法第二十二条第一項若しくは第二項又は第二十五条第二項第一号の規定による指示を受けるに至った場合において、当該指示の理由が、当該自動車運転代行業者又はその安全運転管理者等若しくは法第二条第五項に規定する運転代行業務従事者により次の表行為の欄に掲げる行為がされたことであるとき　次の表行為の欄の区分に応じ、同表点数の欄に定める点数

行為	点数
一　運転代行業務に関し読替え後の道路交通法第七十五条第一項第一号から第四号までの規定に違反する行為	三点
二　運転代行業務に関し道路運送法（昭和二十六年法律第百八十三号）第四条第一項、第四十三条第一項又は第七十八条の規定に違反する行為	三点
三　法第五条第一項、第六条第一項、第八条第一項、第十条若しくは第十六条の規定に違反する行為、運転代行業務に関し読替え後の道路交通法第七十四条の三第一項若しくは第四項若しくは第七十五条第一項第七号の規定に違反する行為又は法第二十条第一項の規定に違反して報告をせず、若しくは資料の提出をせず、若しくは同項の規定による報告若しくは資料の提出につい	二点

て虚偽の報告をし、若しくは虚偽の資料を提出し、若しくは同項の規定による立入検査を拒み、妨げ、若しくは忌避する行為	
四 法第十一条、第十二条、第十三条第一項、第三項若しくは第五項、第十七条第一項若しくは第二十条第二項の規定に違反する行為又は法第二十一条第二項の規定に違反して報告をせず、若しくは資料の提出をせず、若しくは同項の規定による報告若しくは資料の提出について虚偽の報告をし、若しくは虚偽の資料を提出し、若しくは同項の規定による立入検査を拒み、妨げ、若しくは忌避する行為	二点
五 法第十四条第二項の規定に違反する行為又は運転代行業務に関し読替え後の道路交通法第七十四条の三第二項、第七項若しくは第九項の規定に違反する行為	一点
六 法第十五条、第十七条第三項又は第十八条の規定に違反する行為	一点

二 都道府県公安委員会は、自動車運転代行業者について次のいずれかに掲げる事由が生じたときは、その都度、当該事由が生じた日（ロに掲げる事由が生じたときにあっては法第二十二条第二項の規定による指示に違反した日とし、ニ、ホ又はヘに掲げる事由が生じたときにあってはそれぞれに規定する行為で直近のものがあった日とする。）から起算して過去二年以内に行われた法第二十二条第一項若しくは第二項若しくは第二十五条第二項第一号の規定による指示に違反する行為、運転代行業務に関し読替え後の道路交通法第二十二条の二第一項若しくは第六十六条の二第一項の規定による指示に違反する行為又は自動車運転代行業者が法第二十二条第一項若しくは第二項若しくは第二十五条第二項第一号の規定による指示を受けるに至った場合における当該指示の理由となった前号ハの表行為の欄に掲げる行為のそれぞれについて同号の規定により当該自動車運転代行業者に付された点数（当該自動車運転代行業者が当該期間内に法第二十三条第一項又は第二十五条第二項第二号の規定による命令を受けたことがある場合には、直近の当該命令後のものに限る。）を合算した点数（以下「累積点数」という。）を算出し、当該累積点数が次の表前歴の回数の欄に掲げる区分に応じ同表点数の欄に定める点数以上であるときは、同表期間の欄に定める期間の範囲内において、自動車運転代行業の停止を命ずるものとする。

イ 法第二十二条第一項又は第二十五条第二項第一号の規定による指示に違反したこと。

ロ 法第二十二条第二項の規定による指示に違反したことを理由とする法第二十三条第二項の規定による要請がされたこと。

ハ 運転代行業務に関し読替え後の道路交通法第二十二条の二第一項又は第六十六条の二第一項の規定による指示に違反したこと。

ニ 前号ハの表一の項、三の項又は五の項行為の欄に掲げる行為があったことを理由とする法第二十二条第一項又は第二十五条第二項第一号の規定による指示を受けるに至ったこと。

ホ 前号ハの表二の項、四の項又は六の項行為の欄に掲げる行為があったことを理由とする法第二十三条第二項の規定による要請がされたこと。

ヘ ホに掲げる事由が生じた場合のほか、前号ハの表二の項、四の項又は六の項行為の欄に掲げる行為があったことを理由とする指示をした旨の法第二十二条第二項の規定による通知がされたこと。

前歴の回数	点数	期間
なし	四点	四月
一回	三点	五月
二回以上	二点	六月

備考 この表において「前歴の回数」とは、自動車運転代行業者がこの号に規定する二年の期間内に法第二十三条第一項又は第二十五条第二項第二号の規定による命令を受けた回数をいう。

三 自動車運転代行業者について前号イ、ハ又はニに掲げる事由が生じた場合において、累積点数が同号の表前歴の回数の欄に掲げる区分に応じ同表点数の欄に定める点数未満であるときは、一月以内の期間、自動車運転代行業の停止を命ずることができる。

四 自動車運転代行業者について第二号ロ又はホに掲げる事由が生じた場合において、累積点数が同号の表前歴の回数の欄に掲げる区分に応じ同表点数の欄に定める点数未満であるときは、一月以内の期間、自動車運転代行業の停止を命ずるものとする。

2 法第二十三条第一項又は第二十五条第二項第二号の規定による命令の対象についての法第二十三条第一項の政令で定める基準は、次に掲げるとおりとする。

一 累積点数に係る行為のすべてが一の営業所に係るものである場合には、当該営業所における自動車運転代行業の停止を命ずるものとする。

二 前号に掲げる場合のほか、自動車運転代行業の停止を命ずる場合には、自動車運転代行業の全部の停止を命ずるものとする。

（方面公安委員会への権限の委任）

第六条 法の規定により道公安委員会の権限に属する事務は、道警察本部の所在地を包括する方面を除く方面については、当該方面公安委員会が行う。

（都道府県が処理する事務）

第七条 法に規定する国土交通大臣の権限（法第十三条第四項に規定するものを除く。）に属する事務は、自動車運転代行業を営む者の主たる営業所の所在地を管轄する都道府県知事が行うこととする。

2 前項の場合においては、法中同項に規定する事務に係る国土交通大臣に関する規定は、都道府県知事に関する規定として都道府県知事に適用があるものとする。

附 則（抄）

（施行期日）

第一条 この政令は、平成十四年六月一日から施行する。

附 則（平一四・六・七政令二〇〇抄）

（施行期日）

第一条　この政令は、平成十四年七月一日から施行する。

附　則（平一六・八・二七政令二五七抄）

（施行期日）

第一条　この政令は、道路交通法の一部を改正する法律（平成十六年法律第九十号）附則第一条第二号に掲げる規定の施行の日（平成十六年十一月一日）から施行する。

附　則（平一六・一二・一〇政令三九〇抄）

（施行期日）

第一条　この政令は、道路交通法の一部を改正する法律（平成十六年法律第九十号。以下「改正法」という。）附則第一条第四号に掲げる規定の施行の日（平成一八年六月一日）から施行する。

（自動車運転代行業の業務の適正化に関する法律施行令の一部改正に伴う経過措置）

第五条　改正法附則第二十条の規定による改正前の自動車運転代行業の業務の適正化に関する法律（平成十三年法律第五十七号。次項において「旧運転代行業法」という。）第十九条第一項の規定により読み替えて適用される旧道路交通法第七十五条の二第一項（旧道路交通法第五十一条の四（旧道路交通法第七十五条の八第三項において準用する場合を含む。次項において同じ。）の規定による指示に係る部分に限る。）の規定による命令を受けた自動車運転代行業の業務の適正化に関する法律第二条第二項に規定する自動車運転代行業者（次項において単に「自動車運転代行業者」という。）に対する前条の規定による改正後の自動車運転代行業の業務の適正化に関する法律施行令（次項において「新運転代行業法施行令」という。）第四条の規定の適用については、同条の表第二十六条の八の項中「第七十五条の二第二項」とあるのは「第七十五条の二第二項の政令」と、

「法第七十五条第二項	運転代行業法第十九条第一項の規定により読み替えて適用される法第七十五条第二項」

とあるのは

「法第七十五条第二項	運転代行業法第十九条第一項の規定により読み替えて適用される法第七十五条第二項
又は法第七十五条の二第二項	若しくは運転代行業法第十九条第一項の規定により読み替えて適用される法第七十五条の二第二項又は道路交通法の一部を改正する法律（平成十六年法律第九十号）附則第二十条の規定による改正前の自動車運転代行業の業務の適正化に関する法律第十九条第一項の規定により読み替えて適用される道路交通法の一部を改正する法律第三条の規定による改正前の道路交通法第七十五条の二第一項（同法第五十一条の四（同法第七十五条の八第三項において準用する場合を含む。）の規定による指示に係る部分に限る。）」

とする。

2　旧運転代行業法第十九条第一項の規定により読み替えて適用される旧道路交通法第五十一条の四の規定による指示を受けた自動車運転代行業者に対する新運転代行業法施行令第五条の規定の適用については、同条第一項第一号ロ中「又は第六十六条の二第一項」とあるのは「若しくは第六十六条の二第一項又は道路交通法の一部を改正する法律（平成十六年法律第九十号）附則第二十条の規定による改正前の自動車運転代行業の業務の適正化に関する法律（以下この項において「旧運転代行業法」という。）第十九条第一項の規定により読み替えて適用される道路交通法の一部を改正する法律第三条の規定による改正前の道路交通法（以下この項において「旧道路交通法」という。）第五十一条の四（旧道路交通法第七十五条の八第三項において準用する場合を含む。以下この項において同じ。）」と、同項第二号中「若しくは第六十六条の二第一項」とあるのは「若しくは第六十六条の二第一項若しくは旧運転代行業法第十九条第一項の規定により読み替えて適用される旧道路交通法第五十一条の四」と、「又は第六十六条の二第一項」とあるのは「若しくは第六十六条の二第一項又は旧運転代行業法第十九条第一項の規定により読み替えて適用される旧道路交通法第五十一条の四」とする。

附　則（平一七・二・一八政令二四抄）

（施行期日）

第一条　この政令は、不動産登記法（平成一六年六月法律第一二三号）の施行の日（平成十七年三月七日）から施行する。

附　則（平一八・八・一八政令二七六）

この政令は、道路運送法等の一部を改正する法律（平成一八年五月法律第四〇号）の施行の日（平成十八年十月一日）から施行する。

附　則（平一九・八・二〇政令二六六）

（施行期日）

1　この政令は、道路交通法の一部を改正する法律（平成一九年六月法律第九〇号）の施行の日（平成十九年九月十九日。以下「施行日」という。）から施行する。

（経過措置）

2　施行日前にした違反行為に付する点数については、なお従前の例による。

3　施行日前にした行為に対する罰則の適用については、なお従前の例による。

附　則（平二三・一二・一六政令三九六）

この政令は、民法等の一部を改正する法律（平成二三年六月法律第六一号）の施行の日（平成二十四年四月一日）から施行する。

附　則（平二三・一二・二六政令四二一抄）

（施行期日）

第一条　この政令は、改正法〔出入国管理及び難民認定法及び日本国との平和条約に基づき日本の国籍を離脱した者等の出入国管理に関する特例法の一部を改正する等の法律＝平成二一年七月法律第七九号〕施行日（平成二十四年七月九日）から施行する。〔後略〕

附　則（平二五・一一・一三政令三一〇抄）

（施行期日）

1　この政令は、道路交通法の一部を改正する法律〔平成二五

年六月法律第四三号〕附則第一条第一号に掲げる規定の施行の日（平成二十五年十二月一日）から施行する。

（経過措置）

2　この政令の施行前にした行為に対する罰則の適用については、なお従前の例による。

3　この政令の施行前にした違反行為に付する点数については、なお従前の例による。

附　則（平二六・九・三政令二九一抄）

（施行期日）

第一条　この政令は、平成二十七年四月一日から施行する。

（処分、申請等に関する経過措置）

第二条　この政令の施行前に道路運送法第四章若しくは自動車運転代行業の業務の適正化に関する法律の規定によりされた許可等の処分その他の行為（以下この条において「処分等の行為」という。）又はこの政令の施行の際現にこれらの法律の規定によりされている許可等の申請その他の行為（以下この条において「申請等の行為」という。）で、この政令の施行の日においてこれらの行為に係る行政事務を行うべき者が異なることとなるものは、この政令の施行の日以後においては、この政令の施行の日において新たに当該行政事務を行うこととなる者（以下この条において「新事務執行者」という。）のした処分等の行為又は新事務執行者に対して行った申請等の行為とみなす。

（罰則に関する経過措置）

第三条　この政令の施行前にした行為に対する罰則の適用については、なお従前の例による。

附　則（平二八・三・三一政令一三三抄）

沿革　平二八政令三六〇、平三一政令八九、令元政令三二改正

（施行期日）

第一条　この政令は、平成二十八年四月一日から施行する。ただし、次の各号に掲げる規定は、当該各号に定める日から施行する。

一～四の二　〔略〕

四の三　〔前略〕附則第三条、第四条第二項から第四項まで、第七条第三項から第七項まで、第八条から第十条まで、第十六条、第十七条及び第十八条の規定　令和元年十月一日

四の四～十三　〔略〕

附　則（平二八・一一・二八政令三六〇抄）

（施行期日）

第一条　この政令は、公布の日から施行する。〔後略〕

附　則（平三一・三・二九政令八九抄）

（施行期日）

第一条　この政令は、平成三十一年十月一日から施行する。ただし、附則第三条、第四条、第六条及び第七条（地方税法等の一部を改正する法律の一部の施行に伴う関係政令の整備等に関する政令（平成三十年政令第百二十六号）第九条（見出しを含む。）の改正規定に限る。）の規定は、公布の日から施行する。

附　則（令元・六・二一政令三二抄）

（施行期日）

第一条　この政令は、日本国の自衛隊とフランス共和国の軍隊との間における物品又は役務の相互の提供に関する日本国政府とフランス共和国政府との間の協定〔令和元年五月条約第二号〕の効力発生の日〔令和元年六月二六日〕から施行する。ただし、次の各号に掲げる規定は、当該各号に定める日から施行する。

一　〔略〕

二　〔前略〕附則第三条から第十二条までの規定　公布の日

附　則（令元・一〇・二四政令一三三）

この政令は、成年被後見人等の権利の制限に係る措置の適正化等を図るための関係法律の整備に関する法律〔令和元年六月法律第三七号〕附則第一条第二号に掲げる規定の施行の日〔令和元年一二月一四日〕から施行する。

附　則（令三・一二・一七政令三三五）

（施行期日）

1　この政令は、民法の一部を改正する法律〔平成三〇年六月法律第五九号〕の施行の日（令和四年四月一日）から施行する。

（自動車運転代行業の業務の適正化に関する法律施行令の一部改正に伴う経過措置）

2　民法の一部を改正する法律附則第二条第三項の規定又は同法附則第三条第三項の規定によりなおその効力を有することとされた同法による改正前の民法（明治二十九年法律第八十九号）第七百五十三条の規定により成年に達したものとみなされた十八歳未満の者（外国人を除く。）について第二条の規定による改正後の自動車運転代行業の業務の適正化に関する法律施行令第一条の規定を適用する場合においては、同条第一号イに掲げる書類については、同号イの規定にかかわらず、戸籍の謄本又は抄本とする。

附　則（令四・九・一四政令三〇四）

この政令は、道路交通法の一部を改正する法律〔令和四年四月法律第三二号〕附則第一条第二号に掲げる規定の施行の日（令和四年十月一日）から施行する。

附　則（令四・一二・二三政令三九一抄）

（施行期日）

1　この政令は、道路交通法の一部を改正する法律〔令和四年四月法律第三二号〕の施行の日（令和五年四月一日）から施行する。

附　則（令五・三・一七政令五四抄）

（施行期日）

第一条　この政令は、道路交通法の一部を改正する法律〔令和四年四月法律第三二号〕附則第一条第三号に掲げる規定の施行の日（令和五年七月一日）から施行する。

附　則（令五・一一・六政令三一五）

（施行期日）

1　この政令は、デジタル社会の形成を図るための規制改革を推進するためのデジタル社会形成基本法等の一部を改正する法律〔令和五年六月法律第六三号〕の施行の日（令和六年四月一日）から施行する。

（自動車運転代行業の業務の適正化に関する法律施行令の一部改正に伴う経過措置）

2　この政令の施行前にした行為に付する自動車運転代行業の業務の適正化に関する法律施行令第五条の基準に係る点数については、なお従前の例による。

○国土交通省関係自動車運転代行業の業務の適正化に関する法律施行規則

（平成十四年五月十七日
国土交通省令第六十二号）

沿革　平一四国交令七九・一〇三、平一八国交令八六、平二〇国交令四七、平二五国交令一、平二七国交令六、令四国交令七、令六国交令七・二六改正

（用語）

第一条　この省令において使用する用語は、自動車運転代行業の業務の適正化に関する法律（以下「法」という。）において使用する用語の例による。

（申請書の添付書類）

第二条　自動車運転代行業の業務の適正化に関する法律施行令第一条第一号ホの国土交通省令で定める書類は、第四条に定める基準に適合する損害賠償責任保険契約の締結を証する書類又は損害賠償責任共済契約の締結を証する書類とする。

（公衆の閲覧の方法）

第三条　法第十一条及び第十三条第五項の規定による公衆の閲覧は、自動車運転代行業者のウェブサイトへの掲載により行うものとする。

（損害賠償措置の基準）

第四条　法第十二条の国土交通省令で定める基準は、次の各号に掲げるもののいずれかとする。

一　次に掲げる要件に適合する損害賠償責任保険契約を、保険業法（平成七年法律第百五号）に基づき損害賠償責任保険を営むことができる者と締結していること。

イ　代行運転自動車の運行により生じた利用者その他の者の生命、身体又は財産の損害を賠償することによって生ずる損失を告示に定める額以上を限度額としててん補することを内容とするものであること。

ロ　自動車運転代行業者の法令違反が原因の事故について補償（代行運転自動車の損害を賠償することによって生ずる損失についての補償を除く。）が免責となっていないこと。

ハ　保険期間中の保険金支払額に制限がないこと。

ニ　随伴用自動車の台数に応じて契約を締結する場合にあっては、すべての随伴用自動車の台数分の契約を締結すること。

ホ　その他告示に定める要件に適合すること。

二　次に掲げる要件に適合する損害賠償責任共済契約を、中小企業等協同組合法（昭和二十四年法律第百八十一号）に基づき損害賠償責任共済の事業を行う事業協同組合その他の法律に基づき損害賠償責任共済の事業を行う者と締結していること。

イ　前号イ、ロ、ニ及びホに掲げる要件に適合すること。

ロ　共済期間中の共済金支払額に制限がないこと。

（自動車運転代行業約款の記載事項）

第五条　法第十三条第二項第二号の国土交通省令で定める事項は、次の各号に掲げるものとする。

一　料金の収受又は払戻しに関する事項

二　代行運転役務の提供に関する事項

三　代行運転役務の提供の責任の始期及び終期

四　免責に関する事項

五　損害賠償に関する事項

（自動車運転代行業約款の届出）

第六条　法第十三条第三項の規定により、自動車運転代行業約款の届出をしようとする者は、当該自動車運転代行業約款の実施予定期日の三十日前までに、次の各号に掲げる事項を記載した自動車運転代行業約款設定（変更）届出書を当該自動車運転代行業者の主たる営業所の所在地を管轄する都道府県知事に提出しなければならない。

一　氏名又は名称及び住所並びに法人にあっては、その代表者の氏名

二　設定又は変更をしようとする自動車運転代行業約款（変更の届出の場合にあっては、新旧の自動車運転代行業約款（変更に係る部分に限る。）を明示すること。）

三　実施予定期日

四　変更の届出の場合にあっては、変更を必要とする理由

（代行運転役務の提供の条件の説明）

第七条　法第十五条の規定による代行運転役務の提供の条件の説明（以下この条において「説明」という。）は、次の各号に掲げる事項について行うものとする。

一　代行運転役務を提供する自動車運転代行業者の氏名又は名称及び運転代行業務従事者の氏名

二　法第十一条の規定により掲示した料金

三　利用者が自動車運転代行業者に支払うこととなるべき料金の概算額

四　自動車運転代行業約款の概要

五　随伴用自動車により旅客自動車運送事業（道路運送法（昭和二十六年法律第百八十三号）第二条第三項に規定する旅客自動車運送事業をいう。以下同じ。）に該当する行為はできないこと。

2　説明は、口頭及び書面の交付により行うこととする。ただし、前項第三号に掲げる事項についての説明は口頭により行うことをもって足りる。

3　利用者が提供を受けようとする代行運転役務の提供の条件を既に十分知っていることその他の事情により利用者の了解がある場合には、前項の規定にかかわらず、第一項各号（第三号を除く。）に掲げる事項についての説明を口頭又は書面の交付により行うことをもって足りる。

（随伴用自動車の表示等）

第八条　法第十七条第一項の国土交通省令で定める表示事項は、次の各号に掲げるものとし、それぞれの表示方法及び表示箇所は、告示で定める。

一　自動車運転代行業者の名称又は記号

二　認定を行った都道府県公安委員会の名称及び認定番号

三　「代行」

四　「随伴用自動車」

2　前項の規定にかかわらず、旅客自動車運送事業の用に供する自動車を随伴用自動車として用いる場合にあっては、法第十七条第一項の国土交通省令で定める装置として、前項第二号及び第四号に掲げる表示事項を表示した表示板を告示で定めるところにより装着することをもって足りる。

3 法第十七条第三項に定める国土交通省令で定める事項は、次の各号に掲げるものとする。

一 「タクシー」その他旅客自動車運送事業の用に供する自動車であると誤認させるおそれのある事項を随伴用自動車に表示し、又は当該事項を表示した表示板を装着してはならないこと（旅客自動車運送事業の用に供する自動車を随伴用自動車として用いる場合を除く。次号において同じ。）。

二 随伴用自動車に表示灯を装着する場合にあっては、当該表示灯に「代行」の文字を見やすく表示すること（他の文字と併記するときにあっては、「代行」の文字を当該他の文字の大きさ以上の大きさで表示するものとする。）。

三 旅客自動車運送事業の用に供する自動車を随伴用自動車として用いる場合にあっては、「代行」の文字を表示した表示板を掲出すること。

（利用者の利益の保護に関する指導）

第九条 法第十八条の規定による運転代行業務従事者に対する指導は、次の各号に掲げる事項について行うものとする。

一 料金の収受方法

二 運転代行業約款の内容

三 代行運転役務の提供の条件の説明方法

四 随伴用自動車の表示等に関する事項

五 自動車運転代行業が旅客自動車運送事業と異なることその他道路運送法第四条、第四十三条及び第七十八条の遵守に関する事項

2 自動車運転代行業者は、法第十八条の規定による運転代行業務従事者に対する指導を行ったときは、次の各号に掲げる事項を記載した帳簿を作成しなければならない。

一 指導を行った者及び受けた者の氏名

二 指導を行った日時

三 指導を行った場所

四 指導内容

（帳簿の備付け）

第十条 法第二十条第二項の国土交通省令で定める帳簿は、次の各号に掲げるものとする。

一 次に掲げる事項を記載した苦情の処理に関する帳簿

イ 苦情を申し出た者の氏名及び連絡先並びに苦情の内容

ロ 原因究明の結果

ハ 苦情に対する弁明の内容

ニ 改善措置

ホ 苦情処理を担当した者

二 前条第二項の規定に基づき作成した帳簿

三 次に掲げる事項を運転代行業務従事者ごとに記載した帳簿

イ 運転代行業務従事者の氏名

ロ 利用者に提供した代行運転役務ごとの次に掲げる事項

(1) 運転した自動車が代行運転自動車か随伴用自動車かの別

(2) 代行運転自動車を運転した場合にあっては、当該代行運転自動車に随伴した随伴用自動車に係る運転代行業務従事者の氏名及び道路運送車両法（昭和二十六年法律第百八十五号）の規定による自動車登録番号その他これに類する標識の番号（以下この号において「自動車登録番号等」という。）

(3) 随伴用自動車を運転した場合にあっては、当該随伴用自動車が随伴した代行運転自動車に係る運転代行業務従事者の氏名及び当該随伴用自動車に係る自動車登録番号等

(4) 代行運転役務の提供の開始及び終了の地点及び日時並びに主な経過地点及び運転した距離

(5) 収受した料金の額

四 運転代行業務従事者の氏名を記載し、かつ、名簿作成前六月以内に撮影した単独、無帽、正面、無背景の縦三・〇センチメートル以上、横二・四センチメートル以上の大きさの写真を貼り付けた運転代行業務従事者の名簿

2 前項第一号から第三号に掲げる帳簿は、その作成の日から二年間、前項第四号に掲げる帳簿は、当該運転代行業務従事者が運転代行業務従事者でなくなった日から二年間保存しておかなければならない。

（検査員証）

第十一条 法第二十一条第二項の規定により立入検査をする職員（国の職員を除く。）の身分を示す証票は、別記様式による。

附　則

この省令は、法の施行の日（平成十四年六月一日）から施行する。

附　則（平一四・六・二八国交令七九）

（施行期日）

第一条 この省令は、平成十四年七月一日から施行する。

（経過措置）

第二条 この省令の施行の際現にあるこの省令による改正前の様式又は書式による申請書、証明書その他の文書は、この省令による改正後のそれぞれの様式又は書式にかかわらず、当分の間、なおこれを使用することができる。

附　則（平一四・九・二七国交令一〇三）

この省令は、平成十四年十月一日から施行する。

附　則（平一八・九・七国交令八六抄）

（施行期日）

第一条 この省令は、道路運送法等の一部を改正する法律〔平成十八年法律第四〇号〕の施行の日（平成十八年十月一日）から施行する。

附　則（平二〇・六・二四国交令四七）

この省令は、平成二十年十月一日から施行する。

附　則（平二五・一・二五国交令一）

この省令は、平成二十五年三月三十一日から施行する。

附　則（平二七・一・三〇国交令六抄）

（施行期日）

第一条 この省令は、地域の自主性及び自立性を高めるための改革の推進を図るための関係法律の整備に関する法律〔平成二六年六月法律第五一号〕の施行の日（平成二十七年四月一日）から施行する。〔後略〕

附　則（令四・二・二八国交令七抄）

（施行期日）

1 この省令は、令和五年二月二十八日から施行する。

附　則（令六・一・三一国交令七）

この省令は、デジタル社会の形成を図るための規制改革を推進するためのデジタル社会形成基本法等の一部を改正する法律〔令和五年六月法律第六三号〕の施行の日（令和六年四月一

日）から施行する。

附　則（令六・三・二九国交令二六抄）

（施行期日）

第一条　この省令は、令和六年四月一日から施行する。〔後略〕

別記様式（第11条関係）

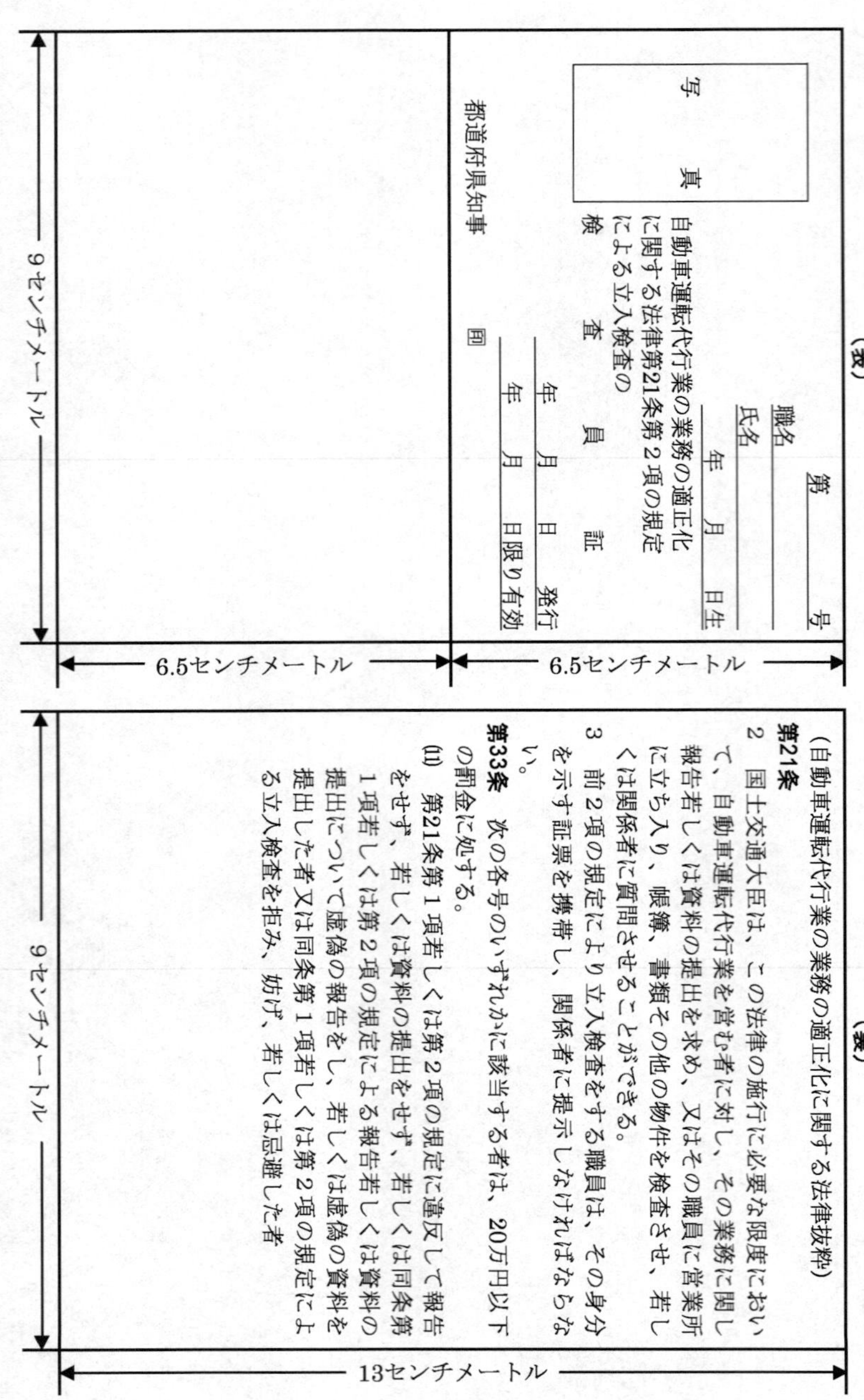
（表）
第　　　号
職名
氏名
年　月　日生
自動車運転代行業の業務の適正化に関する法律第21条第2項の規定による立入検査の
検　査　員　証
写　真
年　月　日発行
年　月　日限り有効
都道府県知事　印
6.5センチメートル
6.5センチメートル
9センチメートル
（裏）
（自動車運転代行業の業務の適正化に関する法律抜粋）
第21条
2　国土交通大臣は、この法律の施行に必要な限度において、自動車運転代行業を営む者に対し、その業務に関し報告若しくは資料の提出を求め、又はその職員に営業所に立ち入り、帳簿、書類その他の物件を検査させ、若しくは関係者に質問させることができる。
3　前2項の規定により立入検査をする職員は、その身分を示す証票を携帯し、関係者に提示しなければならない。
第33条　次の各号のいずれかに該当する者は、20万円以下の罰金に処する。
(11)　第21条第1項若しくは第2項の規定に違反して報告をせず、若しくは資料の提出をせず、若しくは同条第1項若しくは第2項の規定による報告若しくは資料の提出について虚偽の報告をし、若しくは虚偽の資料を提出した者又は同条第1項若しくは第2項の規定による立入検査を拒み、妨げ、若しくは忌避した者
13センチメートル
9センチメートル

○自動車運転代行業者が締結すべき損害賠償責任保険契約等の補償限度額及び随伴用自動車の表示事項等の表示方法等を定める告示

（平成十四年五月十七日
国土交通省告示第四百二十一号）

沿革　平二〇国交告七八一、平二八国交告六七三、令六国交告三四九改正

（用語）

第一条　この告示において使用する用語は、自動車運転代行業の業務の適正化に関する法律（平成十三年法律第五十七号）において使用する用語の例による。

（損害賠償責任保険契約等の補償限度額）

第二条　国土交通省関係自動車運転代行業の業務の適正化に関する法律施行規則（以下「規則」という。）第四条第一号イの告示で定める額は、次の各号に掲げるとおりとする。

一　代行運転自動車の運行により生じた利用者その他の者の生命又は身体の損害を賠償することによって生ずる損失にあっては、生命又は身体の損害を受けた者一人につき八千万円

二　代行運転自動車の運行により生じた利用者その他の者の財産の損害を賠償することによって生ずる損失にあっては、一事故につき二百万円

（随伴用自動車の表示事項等の表示方法等）

第三条　規則第八条第一項各号に掲げる表示事項の表示方法及び表示箇所は、別表の例によるものとする。

2　規則第八条第二項に規定する表示板は、別表の例により装着するものとする。

附　則

この告示は、平成十四年六月一日から施行する。

附　則（平二〇・六・二四国交告七八一）

この告示は、平成二十年十月一日から施行する。

附　則（平二八・四・一五国交告六七三）

この告示は、平成二十八年十月一日から施行する。

附　則（令六・四・一国交告三四九）

この告示は、デジタル社会の形成を図るための規制改革を推進するためのデジタル社会形成基本法等の一部を改正する法律（令和五年法律第六十三号）の施行の日（令和六年四月一日）から施行する。

別表

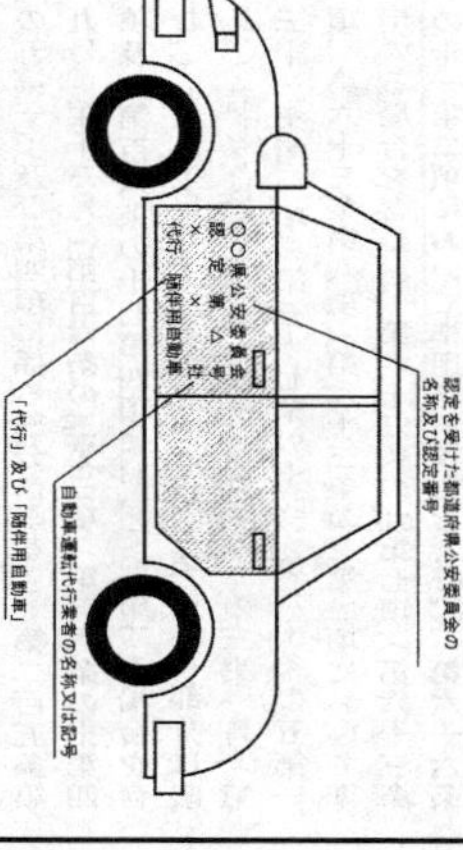

注(1)　規則第8条第1項による場合にあっては、自動車運転代行業者の名称又は記号、認定を行った都道府県公安委員会の名称及び認定番号並びに「代行」及び「随伴用自動車」の表示は、ペンキ等による横書きとし、車体の両側面に行うこと。

(2)　(1)に掲げる表示は、着脱が容易に行えるマグネット等によるものを除くこと。

(3)　規則第8条第2項による場合にあっては、(1)に掲げる事項の表示は、見やすく横書きした表示板によるものとし、はがれないようマグネット等により車体の両側面に行うこと。

(4)　(1)に掲げる事項の各文字の大きさは原則として同じとし、縦横それぞれ5センチメートル以上とすること。

(5)　(1)に掲げる事項の各文字は、公衆及び利用者に見やすいように表示すること。

○国家公安委員会関係自動車運転代行業の業務の適正化に関する法律施行規則

（平成十四年四月十九日国家公安委員会規則第十一号）

沿革　平一五公安委規則一三・一九・二〇、平一六公安委規則三・一一・二二・二五、平一七公安委規則二・一四・一六、平一八公安委規則九・一四・一六・二一・二二、平一九公安委規則二一・一八・二二・二五・二六、平二〇公安委規則二・一一・一五・二五、平二一公安委規則五、平二二公安委規則一、平二三公安委規則三・一〇・一一、平二四公安委規則七・一〇・一二、平二五公安委規則九・一五、平二六公安委規則七・八、平二七公安委規則一四・一五・二〇、平二八公安委規則三、平二九公安委規則二・七・八・一〇、平三〇公安委規則四・五、令元公安委規則三・八、令二公安委規則五・六・八・一三、令三公安委規則三・四・一一・一二、令四公安委規則三・一〇・一七・二〇、令五公安委規則八・一一・一二、令六公安委規則二・三・一〇改正

（暴力的不法行為その他の罪に当たる行為）

第一条　自動車運転代行業の業務の適正化に関する法律（以下「法」という。）第三条第四号の国家公安委員会規則で定める行為は、次の各号に掲げる罪のいずれかに当たる行為とする。

一　爆発物取締罰則（明治十七年太政官布告第三十二号）第一条から第三条までに規定する罪

二　刑法（明治四十年法律第四十五号）第九十五条、第九十六条の二から第九十六条の四まで、第九十六条の五（第九十六条の二から第九十六条の四までに係る部分に限る。）、第九十六条の六第一項、第百三条、第百四条、第百五条の二、第百七十五条、第百七十七条第一項若しくは第三項、第百七十九条第二項、第百八十条（第百七十七条第一項及び第三項並びに第百七十九条第二項に係る部分に限る。以下この号において同じ。）、第百八十一条第二項（第百七十七条第一項及び第三項、第百七十九条第二項並びに第百八十条に係る部分に限る。）、第百八十二条第三項、第百八十五条から第百八十七条まで、第百九十九条、第二百一条、第二百三条（第百九十九条に係る部分に限る。）、第二百四条、第二百五条、第二百八条、第二百八条の二、第二百二十条から第二百二十三条まで、第二百二十五条から第二百二十六条の三まで、第二百二十七条第一項（第二百二十五条及び第二百二十六条から第二百二十六条の三までに係る部分に限る。以下この号において同じ。）から第四項まで、第二百二十八条（第二百二十五条、第二百二十五条の二第一項、第二百二十六条から第二百二十六条の三まで並びに第二百二十七条第一項から第三項まで及び第四項前段に係る部分に限る。）、第二百二十八条の三、第二百三十四条、第二百三十五条の二から第二百三十七条まで、第二百四十条（第二百三十六条に係る部分に限る。以下この号において同じ。）、第二百四十一条第一項（第二百三十六条に係る部分に限る。）若しくは第三項（第二百三十六条に係る部分に限る。以下この号において同じ。）、第二百四十三条（第二百三十五条の二、第二百三十六条、第二百四十条及び第二百四十一条第三項に係る部分に限る。）、第二百四十六条（第六十条の規定が適用される場合に限る。以下この号において同じ。）、第二百四十六条の二（第六十条の規定が適用される場合に限る。以下この号において同じ。）、第二百四十九条、第二百五十条（第二百四十六条、第二百四十六条の二及び第二百四十九条に係る部分に限る。）又は第二百五十八条から第二百六十一条までに規定する罪

三　暴力行為等処罰に関する法律（大正十五年法律第六十号）に規定する罪

四　盗犯等の防止及び処分に関する法律（昭和五年法律第九号）第二条（刑法第二百三十六条及び第二百四十三条（第二百三十六条に係る部分に限る。以下この号において同じ。）に係る部分に限る。）、第三条（刑法第二百三十六条及び第二百四十三条に係る部分に限る。）又は第四条（刑法第二百三十六条に係る部分に限る。）に規定する罪

五　労働基準法（昭和二十二年法律第四十九号）第百十七条又は第百十八条第一項（第六条及び第五十六条に係る部分に限る。）に規定する罪

六　職業安定法（昭和二十二年法律第百四十一号）第六十三条、第六十四条第一号、第一号の二（第三十条第一項、第三十二条の六第二項（第三十三条第四項において準用する場合を含む。）及び第三十三条第一項に係る部分に限る。）、第四号、第五号若しくは第十号又は第六十六条第一号若しくは第三号に規定する罪

七　児童福祉法（昭和二十二年法律第百六十四号）第六十条第一項又は第二項（第三十四条第一項第四号の二、第五号、第七号及び第九号に係る部分に限る。）に規定する罪

八　金融商品取引法（昭和二十三年法律第二十五号）第百九十七条の二第十号の四、第十号の五若しくは第十号の八から第十号の十まで、第百九十八条第一号、第三号、第三号の三、第四号、第四号の二若しくは第六号から第七号まで、第百九十八条の四、第百九十八条の五第二号の二（第五十七条の二十第一項に係る部分に限る。）、第百九十八条の六第一号（第二十九条の二第一項から第三項まで、第五十九条の二第一項及び第三項、第六十条の二第一項及び第三項、第六十六条の二、第六十六条の二十八、第六十六条の五十一、第八十一条、第百二条の十五、第百六条の十一、第百五十五条の二、第百五十六条の三、第百五十六条の二十の三、第百五十六条の二十の十七、第百五十六条の二十四第二項から第四項まで並びに第百五十六条の四十に係る部分に限る。）若しくは第十一号の五、第二百条第十三号若しくは第十七号（第百六条の三第一項及び第四項、第百六条の十七第一項及び第三項並びに第百五十六条の五第一項及び第四項に係る部分に限る。）、第二百五条第九号、第十三号（第百六条の三第三項（第百六条の十第四項及び第百六条の十七第四項において準用する場合を含む。）及び第百五十六条の五の五第三項に係る部分に限る。）若しくは第十六号、第二百五条の二の三第一号（第三十一条第一項、第五十七条の十四、第六十条の五第一項、第六十三条第八項（第六十三条の三第二項において準用する場合を含む。）、第六十三条の九第七項（第六十三条の十一第二項において準用する場合を含む。）、第六十六条の五第一項、第六十六条の三十一第一項、第六十六条の五

十四第一項及び第百五十六条の五十五第一項に係る部分に限る。）、第二号（第三十一条の三及び第六十六条の六に係る部分に限る。）若しくは第四号（第三十六条の二第二項及び第六十六条の八第二項に係る部分に限る。）又は第二百六条第二号（第百四十九条第二項前段（第百五十三条の四において準用する場合を含む。）及び第百五十五条の七に係る部分に限る。）、第八号（第百五十六条の十三に係る部分に限る。）、第九号の二（第百五十六条の二十の十一及び第百五十六条の二十の二十一第二項に係る部分に限る。）若しくは第十号（第百五十六条の二十八第三項に係る部分に限る。）に規定する罪

九　風俗営業等の規制及び業務の適正化等に関する法律（昭和二十三年法律第百二十二号）第四十九条第五号若しくは第六号、第五十条第一項第四号（第二十二条第一項第三号及び第四号（第三十一条の二十三及び第三十二条第三項において準用する場合を含む。）に係る部分に限る。）、第五号（第二十八条第十二項第三号に係る部分に限る。）、第六号、第八号（第三十一条の十三第二項第三号及び第四号に係る部分に限る。）、第九号若しくは第十号又は第五十二条第一号に規定する罪

十　大麻取締法（昭和二十三年法律第百二十四号）第二十四条、第二十四条の二、第二十四条の四、第二十四条の六又は第二十四条の七に規定する罪

十一　船員職業安定法（昭和二十三年法律第百三十号）第百十二条第一号、第二号（第三十四条第一項、第五十五条第一項及び第六十条第二項に係る部分に限る。）若しくは第五号又は第百十四条第二号若しくは第三号（第六十一条第一項に係る部分に限る。）に規定する罪

十二　競馬法（昭和二十三年法律第百五十八号）第三十条第三号又は第三十四条に規定する罪

十三　自転車競技法（昭和二十三年法律第二百九号）第五十六条第二号又は第五十八条第三号に規定する罪

十四　建設業法（昭和二十四年法律第百号）第四十七条第一項第一号若しくは第三号又は第五十条第一項第一号、第二号（第十一条第一項及び第三項（第十七条において準用する場合を含む。）に係る部分に限る。）若しくは第三号に規定する罪

十五　弁護士法（昭和二十四年法律第二百五号）第七十七条第三号又は第四号に規定する罪

十六　火薬類取締法（昭和二十五年法律第百四十九号）第五十八条第一号から第四号まで又は第五十九条第二号（第二十一条に係る部分に限る。）、第四号若しくは第五号に規定する罪

十七　小型自動車競走法（昭和二十五年法律第二百八号）第六十一条第二号又は第六十三条第三号に規定する罪

十八　毒物及び劇物取締法（昭和二十五年法律第三百三号）第二十四条第一号（第三条に係る部分に限る。）に規定する罪

十九　港湾運送事業法（昭和二十六年法律第百六十一号）第三十四条第一号に規定する罪

二十　投資信託及び投資法人に関する法律（昭和二十六年法律第百九十八号）第二百四十五条第三号又は第二百四十六条第一号（第百九十一条第一項に係る部分に限る。）若しくは第八号に規定する罪

二十一　モーターボート競走法（昭和二十六年法律第二百四十二号）第六十五条第二号又は第六十八条第三号に規定する罪

二十二　覚醒剤取締法（昭和二十六年法律第二百五十二号）第四十一条、第四十一条の二、第四十一条の三第一項第一号、第三号若しくは第四号、第二項（同条第一項第一号、第三号及び第四号に係る部分に限る。）若しくは第三項（同条第一項第一号、第三号及び第四号に係る部分に限る。）、第四十一条の四第一項第三号から第五号まで、第二項（同条第一項第三号から第五号までに係る部分に限る。）若しくは第三項（同条第一項第三号から第五号まで及び第二項（同条第一項第三号から第五号までに係る部分に限る。）に係る部分に限る。）、第四十一条の六、第四十一条の七、第四十一条の九から第四十一条の十一まで又は第四十一条の十三に規定する罪

二十三　旅券法（昭和二十六年法律第二百六十七号）第二十三条第一項第一号、第二項（同条第一項第一号に係る部分に限る。以下この号において同じ。）又は第三項（同条第一項第一号及び第二項に係る部分に限る。）に規定する罪

二十四　出入国管理及び難民認定法（昭和二十六年政令第三百十九号）第七十四条から第七十四条の六まで、第七十四条の六の二第一項第一号若しくは第二号若しくは第二項、第七十四条の六の三（第七十四条の六の二第一項第一号及び第二号並びに第二項に係る部分に限る。）又は第七十四条の八に規定する罪

二十五　宅地建物取引業法（昭和二十七年法律第百七十六号）第七十九条第一号若しくは第二号、第八十二条第一号、第二号（第十二条第二項に係る部分に限る。）若しくは第三号又は第八十三条第一項第一号（第九条及び第五十三条（第六十三条の三第二項において準用する場合を含む。）に係る部分に限る。）に規定する罪

二十六　酒税法（昭和二十八年法律第六号）第五十四条第一項若しくは第二項又は第五十六条第一項第一号、第五号若しくは第七号に規定する罪

二十七　麻薬及び向精神薬取締法（昭和二十八年法律第十四号）第六十四条から第六十五条まで、第六十六条（小分け、譲渡し、譲受け及び所持に係る部分に限る。）又は第六十七条から第六十八条の二までに規定する罪

二十八　武器等製造法（昭和二十八年法律第百四十五号）第三十一条、第三十一条の二又は第三十一条の三第一号若しくは第四号に規定する罪

二十九　出資の受入れ、預り金及び金利等の取締りに関する法律（昭和二十九年法律第百九十五号）第五条に規定する罪

三十　売春防止法（昭和三十一年法律第百十八号）第六条、第七条第二項若しくは第三項（同条第二項に係る部分に限る。）、第八条第一項（第七条第二項に係る部分に限る。）又は第十条から第十三条までに規定する罪

三十一　銃砲刀剣類所持等取締法（昭和三十三年法律第六号）第三十一条から第三十一条の四まで、第三十一条の七から第三十一条の九まで、第三十一条の十一第一項第一号若しくは第二号若しくは第二項、第三十一条の十二、第三十一条の十三、第三十一条の十五、第三十一条の十六第一

項第一号から第三号まで若しくは第二項、第三十一条の十七、第三十一条の十八第一項若しくは第二項第二号、第三十二条第一号、第三号、第四号若しくは第七号又は第三十五条第二号（第二十二条の二第一項及び第二十二条の四に係る部分に限る。）に規定する罪

三十二　割賦販売法（昭和三十六年法律第百五十九号）第四十九条第二号、第三号若しくは第六号又は第五十三条の二第一号（第三十三条の三第一項、第三十五条の二の十三第一項、第三十五条の三の二十八第一項及び第三十五条の十七の六第一項に係る部分に限る。）に規定する罪

三十三　著作権法（昭和四十五年法律第四十八号）第百十九条第二項第三号に規定する罪

三十四　廃棄物の処理及び清掃に関する法律（昭和四十五年法律第百三十七号）第二十五条第一項第一号、第二号、第八号、第九号、第十三号若しくは第十四号若しくは第二項（同条第一項第十四号に係る部分に限る。）、第二十六条第三号、第四号若しくは第六号（第二十五条第一項第十四号に係る部分に限る。）、第二十九条第一号（第七条の二第四項（第十四条の二第三項及び第十四条の五第三項において読み替えて準用する場合を含む。）及び第九条第六項（第十五条の二の六第三項において読み替えて準用する場合を含む。）に係る部分に限る。）又は第三十条第二号（第七条の二第三項（第十四条の二第三項及び第十四条の五第三項において準用する場合を含む。）、第九条第三項（第十五条の二の六第三項において準用する場合を含む。）及び第九条の七第二項（第十五条の四において準用する場合を含む。）に係る部分に限る。）に規定する罪

三十五　火炎びんの使用等の処罰に関する法律（昭和四十七年法律第十七号）第二条又は第三条に規定する罪

三十六　建設労働者の雇用の改善等に関する法律（昭和五十一年法律第三十三号）第四十九条第一号又は第五十一条第四号若しくは第六号に規定する罪

三十七　銀行法（昭和五十六年法律第五十九号）第六十一条第一号、第六十二条の二第一号又は第六十三条の三第二号（第五十二条の七十八第一項に係る部分に限る。）に規定する罪

三十八　貸金業法（昭和五十八年法律第三十二号）第四十七条第一号若しくは第二号、第四十七条の三第一項第一号、第二号（第十一条第二項に係る部分に限る。）若しくは第三号、第四十八条第一項第一号の三（第二十四条第二項、第二十四条の二第二項、第二十四条の三第二項、第二十四条の四第二項及び第二十四条の五第二項において準用する第十二条の七に係る部分に限る。）、第三号の三（第二十四条第二項、第二十四条の二第二項、第二十四条の三第二項、第二十四条の四第二項及び第二十四条の五第二項において準用する第十六条の三第一項に係る部分に限る。）、第四号の二、第五号（第二十四条第二項、第二十四条の二第二項、第二十四条の三第二項、第二十四条の四第二項及び第二十四条の五第二項において準用する第二十条第三項に係る部分に限る。）、第五号の二、第五号の三若しくは第九号の八、第四十九条第七号、第五十条第一項第一号（第八条第一項に係る部分に限る。）若しくは第二号又は第五十条の二第六号（第四十一条の五十五第一項に係る部分に限る。）に規定する罪

三十九　労働者派遣事業の適正な運営の確保及び派遣労働者の保護等に関する法律（昭和六十年法律第八十八号）第五十九条第一号（第四条第一項に係る部分に限る。）から第三号まで又は第六十一条第一号若しくは第二号（第十一条第一項に係る部分に限る。）に規定する罪

四十　港湾労働法（昭和六十三年法律第四十号）第四十八条第一号又は第五十一条第二号（第十八条第二項において準用する第十二条第二項に規定する申請書及び第十八条第二項において準用する第十二条第三項に規定する書類に係る部分を除く。）若しくは第三号（第十九条第一項に係る部分に限る。）に規定する罪

四十一　国際的な協力の下に規制薬物に係る不正行為を助長する行為等の防止を図るための麻薬及び向精神薬取締法等の特例等に関する法律（平成三年法律第九十四号。以下この号及び第四十七号において「麻薬特例法」という。）第三章に規定する罪のうち、次に掲げる罪

イ　麻薬特例法第五条に規定する罪のうち、次に掲げる行為に係る罪

(1)　大麻取締法第二十四条又は第二十四条の二に規定する罪に当たる行為をすること。

(2)　覚醒剤取締法第四十一条又は第四十一条の二に規定する罪に当たる行為をすること。

(3)　麻薬及び向精神薬取締法第六十四条、第六十四条の二若しくは第六十五条又は第六十六条（小分け、譲渡し及び譲受けに係る部分に限る。）に規定する罪に当たる行為をすること。

ロ　麻薬特例法第六条又は第七条に規定する罪

ハ　麻薬特例法第八条第一項に規定する罪のうち、次に掲げる罪に係る罪

(1)　イ又はホに掲げる罪

(2)　大麻取締法第二十四条に規定する罪

(3)　覚醒剤取締法第四十一条に規定する罪

(4)　麻薬及び向精神薬取締法第六十四条又は第六十五条に規定する罪

ニ　麻薬特例法第八条第二項に規定する罪のうち、次に掲げる罪に係る罪

(1)　イ又はホに掲げる罪

(2)　大麻取締法第二十四条の二に規定する罪

(3)　覚醒剤取締法第四十一条の二に規定する罪

(4)　麻薬及び向精神薬取締法第六十四条の二又は第六十六条に規定する罪

ホ　麻薬特例法第九条に規定する罪のうち、次に掲げる罪に係る罪

(1)　イ又はロに掲げる罪

(2)　大麻取締法第二十四条、第二十四条の二、第二十四条の四、第二十四条の六又は第二十四条の七に規定する罪

(3)　覚醒剤取締法第四十一条、第四十一条の二、第四十一条の六、第四十一条の九又は第四十一条の十一に規定する罪

(4)　麻薬及び向精神薬取締法第六十四条、第六十四条の二、第六十五条、第六十六条（小分け、譲渡し、譲受け及び所持に係る部分に限る。）又は第六十七条から第六十八条の二までに規定する罪

四十二　不動産特定共同事業法（平成六年法律第七十七号）第七十七条第一号、第二号若しくは第五号から第七号まで、第八十二条第一号若しくは第五号又は第八十四条第一号（第五十八条第四項に係る部分を除く。）若しくは第三号に規定する罪

四十三　保険業法（平成七年法律第百五号）第三百十五条第六号、第三百十五条の二第四号から第六号（第二百七十二条の三十五第五項に係る部分に限る。）まで、第三百十六条の三第一号、第三百十七条の二第三号、第三百十九条第九号又は第三百二十条第九号（第三百八条の十八第一項に係る部分に限る。）に規定する罪

四十四　資産の流動化に関する法律（平成十年法律第百五号）第二百九十四条第一号（第四条第一項に係る部分に限る。）、第三号若しくは第十二号（第四条第二項から第四項まで（これらの規定を第十一条第五項において準用する場合を除く。）及び第九条第二項（第二百二十七条第二項において準用する場合を除く。）に係る部分に限る。）又は第二百九十五条第二号（第二百九条第二項（第二百八十六条第一項において準用する場合を含む。）において準用する第二百十九条の規定による命令に係る部分を除く。）に規定する罪

四十五　債権管理回収業に関する特別措置法（平成十年法律第百二十六号）第三十三条第一号若しくは第二号、第三十四条第一号若しくは第三号又は第三十五条第一号、第二号、第五号、第六号若しくは第八号に規定する罪

四十六　児童買春、児童ポルノに係る行為等の規制及び処罰並びに児童の保護等に関する法律（平成十一年法律第五十二号）第五条、第六条、第七条第二項から第八項まで又は第八条に規定する罪

四十七　組織的な犯罪の処罰及び犯罪収益の規制等に関する法律（平成十一年法律第百三十六号。以下この号において「組織的犯罪処罰法」という。）第二章に規定する罪のうち、次に掲げる罪

イ　組織的犯罪処罰法第三条第一項に規定する罪のうち、同項第二号から第十号まで又は第十二号から第十五号までに規定する罪に当たる行為に係る罪

ロ　組織的犯罪処罰法第三条第二項に規定する罪のうち、同条第一項第二号から第四号まで、第七号から第十号まで、第十二号、第十四号又は第十五号に規定する罪に係る罪

ハ　組織的犯罪処罰法第四条に規定する罪のうち、組織的犯罪処罰法第三条第一項第七号、第九号、第十号（刑法第二百二十五条の二第一項に係る部分に限る。）、第十三号又は第十四号に規定する罪に係る罪

ニ　組織的犯罪処罰法第六条に規定する罪

ホ　組織的犯罪処罰法第六条の二第一項又は第二項に規定する罪のうち、次に掲げる罪に当たる行為に係る罪

(1)　爆発物取締罰則第三条に規定する罪

(2)　刑法第百七十七条第一項若しくは第三項、第二百四条、第二百二十五条、第二百二十六条、第二百二十六条の二第一項、第四項若しくは第五項、第二百二十六条の三、第二百二十七条第一項（第二百二十五条及び第二百二十六条から第二百二十六条の三までに係る部分に限る。）、第三項若しくは第四項、第二百三十五条の二、第二百三十六条又は第二百四十六条の二に規定する罪

(3)　労働基準法第百十七条に規定する罪

(4)　職業安定法第六十三条に規定する罪

(5)　児童福祉法第六十条第一項に規定する罪

(6)　金融商品取引法第百九十七条の二第十号の四、第十号の五若しくは第十号の八から第十号の十までに規定する罪

(7)　大麻取締法第二十四条第一項又は第二十四条の二第一項に規定する罪

(8)　競馬法第三十条第三号に規定する罪

(9)　自転車競技法第五十六条第二号に規定する罪

(10)　小型自動車競走法第六十一条第二号に規定する罪

(11)　モーターボート競走法第六十五条第二号に規定する罪

(12)　覚醒剤取締法第四十一条第一項、第四十一条の二第一項若しくは第二項、第四十一条の三第一項第一号、第三号若しくは第四号若しくは第二項（同条第一項第一号、第三号及び第四号に係る部分に限る。）又は第四十一条の四第一項第三号から第五号までに規定する罪

(13)　旅券法第二十三条第一項第一号に規定する罪

(14)　出入国管理及び難民認定法第七十四条第一項、第七十四条の二第二項、第七十四条の四第一項、第七十四条の六の二第二項又は第七十四条の八第二項に規定する罪

(15)　麻薬及び向精神薬取締法第六十四条第一項、第六十四条の二第一項若しくは第二項、第六十五条第一項若しくは第二項又は第六十六条第一項（小分け、譲渡し、譲受け及び所持に係る部分に限る。）に規定する罪

(16)　武器等製造法第三十一条第一項、第三十一条の二第一項又は第三十一条の三第四号（猟銃の製造に係る部分に限る。）に規定する罪

(17)　出資の受入れ、預り金及び金利等の取締りに関する法律第五条に規定する罪

(18)　売春防止法第八条第一項（第七条第二項に係る部分に限る。）、第十一条第二項、第十二条又は第十三条に規定する罪

(19)　銃砲刀剣類所持等取締法第三十一条第一項（拳銃等の発射に係るものを除く。）、第二項若しくは第三項、第三十一条の二第一項、第三十一条の三第一項（拳銃等の所持に係るものを除く。）、第二項（拳銃等の所持に係るものを除く。）、第三項若しくは第四項、第三十一条の四第一項若しくは第二項、第三十一条の七第一項、第三十一条の八、第三十一条の九第一項、第三十一条の十一第一項第一号若しくは第二号又は第三十一条の十三に規定する罪

(20)　著作権法第百十九条第二項第三号に規定する罪

(21)　廃棄物の処理及び清掃に関する法律第二十五条第一項第一号、第二号、第八号、第九号、第十三号又は第十四号に規定する罪

(22)　火炎びんの使用等の処罰に関する法律第二条第一項に規定する罪

(23) 貸金業法第四十七条第一号又は第二号に規定する罪

(24) 麻薬特例法第六条第一項又は第七条に規定する罪

(25) 児童買春、児童ポルノに係る行為等の規制及び処罰並びに児童の保護等に関する法律第五条第一項、第六条第一項又は第七条第六項から第八項までに規定する罪

(26) 組織的犯罪処罰法第三条第一項（同項第二号から第十号まで及び第十二号から第十五号までに係る部分に限る。）若しくは第二項（同条第一項第二号から第四号まで、第七号から第十号まで、第十二号、第十四号及び第十五号に係る部分に限る。）、第七条（同条第一項第一号から第三号までに係る部分に限る。）、第七条の二第二項、第九条第一項から第三項まで、第十条第一項又は第十一条に規定する罪

(27) 会社法（平成十七年法律第八十六号）第九百七十条第四項に規定する罪

(28) 性的な姿態を撮影する行為等の処罰及び押収物に記録された性的な姿態の影像に係る電磁的記録の消去等に関する法律（令和五年法律第六十七号）第三条第二項又は第五条第一項若しくは第二項に規定する罪

へ　組織的犯罪処罰法第七条、第七条の二又は第九条から第十一条までに規定する罪

四十八　金融サービスの提供及び利用環境の整備等に関する法律（平成十二年法律第百一号）第百四十条第一号、第百四十一条第一号、第百四十二条第一号、第百四十八条第五号、第百四十九条第一号（第十六条第三項第一号に係る部分に限る。）又は第百五十一条第一号、第三号若しくは第六号（第六十七条第一項に係る部分に限る。）に規定する罪

四十九　著作権等管理事業法（平成十二年法律第百三十一号）第二十九条第一号若しくは第二号又は第三十二条第一号に規定する罪

五十　高齢者の居住の安定確保に関する法律（平成十三年法律第二十六号）第八十条第一号、第二号（第九条第一項及び第十一条第三項に係る部分に限る。）又は第三号（第十四条に係る部分に限る。）に規定する罪

五十一　使用済自動車の再資源化等に関する法律（平成十四年法律第八十七号）第百三十八条第四号若しくは第五号又は第百四十条第二号（第六十三条第一項及び第七十一条第一項に係る部分に限る。）に規定する罪

五十二　インターネット異性紹介事業を利用して児童を誘引する行為の規制等に関する法律（平成十五年法律第八十三号）第三十一条（第十四条第二項に係る部分に限る。）、第三十二条第一号又は第三十四条第一号若しくは第二号に規定する罪

五十三　裁判外紛争解決手続の利用の促進に関する法律（平成十六年法律第百五十一号）第三十二条第一項（第五条に係る部分に限る。）又は第三項第一号（第八条に係る部分に限る。）若しくは第二号に規定する罪

五十四　信託業法（平成十六年法律第百五十四号）第九十一条第一号から第三号まで若しくは第七号から第九号まで、第九十三条第一号、第二号、第九号から第十二号まで、第二十二号、第二十三号、第二十七号若しくは第三十二号、第九十四条第五号、第九十六条第二号又は第九十七条第一号、第三号、第六号、第九号（第七十一条第一項に係る部分に限る。）、第十一号若しくは第十四号に規定する罪

五十五　会社法第九百七十条第二項から第四項までに規定する罪

五十六　探偵業の業務の適正化に関する法律（平成十八年法律第六十号）第十七条（第十五条第二項に係る部分に限る。）、第十八条第一号又は第十九条第一号若しくは第二号に規定する罪

五十七　犯罪による収益の移転防止に関する法律（平成十九年法律第二十二号）第二十八条に規定する罪

五十八　電子記録債権法（平成十九年法律第百二号）第九十五条第一号又は第九十七条第二号に規定する罪

五十九　資金決済に関する法律（平成二十一年法律第五十九号）第百七条第二号（第三十七条、第四十一条第一項、第六十二条の三、第六十二条の七第一項及び第六十三条の二に係る部分に限る。）、第六号、第八号、第九号、第十二号、第十四号、第十五号若しくは第十七号から第十九号まで、第百九条第十一号若しくは第十二号、第百十二条第二号（第三十八条第一項（第四十一条第二項において準用する場合を含む。）及び第二項（第四十一条第二項において準用する場合を含む。）、第六十二条の四第一項（第六十二条の七第二項において準用する場合を含む。）及び第二項（第六十二条の七第二項において準用する場合を含む。）並びに第六十三条の三第一項及び第二項に係る部分に限る。）又は第百十四条第一号（第四十一条第三項及び第四項、第六十二条の七第三項及び第四項並びに第六十三条の六第一項及び第二項に係る部分に限る。）若しくは第七号（第六十三条の三十三第二項及び第七十七条に係る部分に限る。）に規定する罪

六十　性的な姿態を撮影する行為等の処罰及び押収物に記録された性的な姿態の影像に係る電磁的記録の消去等に関する法律第二条から第六条までに規定する罪

（心身の故障により自動車運転代行業の業務を適正に実施することができない者）

第二条　法第三条第五号の国家公安委員会規則で定める者は、精神機能の障害により法第二条第一項に規定する自動車運転代行業の業務を適正に実施するに当たって必要な認知、判断及び意思疎通を適切に行うことができない者とする。

（申請書等の提出）

第三条　法及びこの規則の規定による都道府県公安委員会（以下「公安委員会」という。）への申請書又は届出書の提出は、主たる営業所の所在地を管轄する警察署長を経由して行わなければならない。

（申請書の様式）

第四条　法第五条第一項に規定する申請書の様式は、別記様式第一号のとおりとする。

（申請書の添付書類）

第五条　自動車運転代行業の業務の適正化に関する法律施行令（次項において「令」という。）第一条第一号ロの国家公安委員会規則で定める書類は、次に掲げる書類とする。

一　法第三条第五号に該当しない者であることを誓約する書面

二　精神機能の障害に関する医師の診断書（法第三条第五号に該当しない者であるかどうかの別を

記載したものに限る。）

2　令第一条第一号への国家公安委員会規則で定める書類は、次のとおりとする。

一　法第十九条第一項の規定により読み替えて適用される道路交通法（昭和三十五年法律第百五号）第七十四条の三第一項に規定する安全運転管理者については、次に掲げる書類

イ　住民票の写し

ロ　自動車の運転の管理に関する経歴を記載した書面（自動車運転代行業の業務の適正化に関する法律の施行に伴う道路交通法施行規則の規定の読替えに関する内閣府令（平成十四年内閣府令第三十五号）の規定により読み替えて適用される道路交通法施行規則（昭和三十五年総理府令第六十号。以下この条において「読替え後の道路交通法施行規則」という。）第九条の九第一項第二号に規定する公安委員会の認定を受けた者を除く。）

ハ　読替え後の道路交通法施行規則第九条の九第一項第二号に規定する公安委員会が行う教習を修了した者にあっては、その旨を示す書面

ニ　読替え後の道路交通法施行規則第九条の九第一項第二号に規定する公安委員会の認定を受けた者にあっては、その旨を示す書面

二　法第十九条第一項の規定により読み替えて適用される道路交通法第七十四条の三第四項に規定する副安全運転管理者については、次に掲げる書類

イ　住民票の写し

ロ　自動車の運転の管理に関し一年以上実務の経験を有する者にあっては、自動車の運転の管理に関する経歴を記載した書面

ハ　読替え後の道路交通法施行規則第九条の九第二項第二号に規定する公安委員会の認定を受けた者にあっては、その旨を示す書面

（標識の様式）

第六条　法第六条第一項の国家公安委員会規則で定める様式は、別記様式第二号のとおりとする。

（公衆の閲覧の方法）

第七条　法第六条第二項の規定による公衆の閲覧は、当該自動車運転代行業者のウェブサイトへの掲載により行うものとする。

（変更の届出）

第八条　法第八条第一項に規定する届出書は、法第五条第一項各号に掲げる事項に変更があった日から十日（当該届出書に登記事項証明書を添付すべき場合にあっては、二十日）以内に提出しなければならない。

（届出書の様式）

第九条　法第八条第一項に規定する届出書の様式は、別記様式第三号のとおりとする。

（廃業等の届出）

第十条　法第九条第一項又は第二項の規定による届出書の提出は、法第九条第一項又は第二項に規定する事由の発生の日から十日以内に、別記様式第四号の廃業等届出書により行わなければならない。

（心身の故障により運転代行業務を適正に実施することができない者）

第十一条　法第十四条第一項第二号の国家公安委員会規則で定める者は、精神機能の障害により法第二条第四項に規定する運転代行業務を適正に実施するに当たって必要な認知、判断及び意思疎通を適切に行うことができない者とする。

（代行運転自動車標識の表示）

第十二条　法第十六条に規定する標識（以下この条において「代行運転自動車標識」という。）は、法第二条第六項に規定する代行運転自動車（以下単に「代行運転自動車」という。）の前面及び後面の地上〇・四メートル以上一・二メートル以下の位置に、それぞれ前方又は後方から見やすいように表示するものとする。ただし、当該代行運転自動車の車体の材質又は状態その他の事情に照らして、代行運転自動車標識を付けることが困難又は不適当であると認めるときは、当該代行運転自動車標識を当該代行運転自動車の前面の見やすい箇所に掲示することをもってこれに代えることができる。

（代行運転自動車標識の様式）

第十三条　法第十六条の国家公安委員会規則で定める様式は、別記様式第五号のとおりとする。

（帳簿等の備付け）

第十四条　法第二十条第一項の国家公安委員会規則で定める帳簿又は書類は、次の各号に掲げるとおりとする。

一　次の事項を記載した法第二条第五項に規定する運転代行業務従事者（以下「運転代行業務従事者」という。）の名簿

イ　氏名、住所、生年月日及び運転代行業務従事者となった年月日

ロ　当該運転代行業務従事者が受けている運転免許の種類並びに当該運転代行業務従事者に係る運転免許証の番号及び有効期間の末日

二　運転代行業務従事者が法第十四条第一項各号のいずれにも該当しないことを当該運転代行業務従事者が誓約した書面

三　運転代行業務従事者ごとに次の事項を記載した乗務記録

イ　氏名

ロ　始業及び終業の日時

ハ　法第二条第三項に規定する利用者に提供した同項に規定する代行運転役務ごとに、次に掲げる事項

(1)　法第二条第三項に規定する代行運転役務の開始及び終了の日時及び場所並びに主な経過地点及び運転した距離

(2)　運転した自動車が代行運転自動車であるか法第二条第七項に規定する随伴用自動車であるかの別

(3)　法第二条第七項に規定する随伴用自動車を運転した場合には、当該随伴用自動車に係る道路運送車両法（昭和二十六年法律第百八十五号）に規定する自動車登録番号その他これに類する標識の番号

(4)　同伴した運転代行業務従事者の氏名

ニ　休憩又は仮眠をした場合には、その日時及び場所

ホ　道路交通法第六十七条第二項に規定する交通事故が発生した場合には、その日時及び場所並びに概要

第十五条　前条第一号に規定する名簿は、当該名簿に係る運転代行業務従事者が退職した後においても、その退職の日から二年間は、備えておかなければならない。

2　前条第三号に規定する乗務記録は、最後に記載した日から

二年間は、備えておかなければならない。

（処分移送通知書の様式）

第十六条　法第二十五条第一項の国家公安委員会規則で定める処分移送通知書の様式は、別記様式第六号のとおりとする。

附　則

この規則は、平成十四年六月一日から施行する。

附　則（平一五・八・二九公安委規則一三）

この規則は、平成十五年九月一日から施行する。

附　則（平一五・一一・二七公安委規則一九）

この規則は、平成十五年十二月一日から施行する。

附　則（平一五・一二・二六公安委規則二〇）

この規則は、平成十六年一月一日から施行する。

附　則（平一六・二・二七公安委規則三）

この規則は、平成十六年三月一日から施行する。

附　則（平一六・四・二八公安委規則一一）

この規則は、公布の日から施行する。ただし、第二条、第四条、第六条及び第八条の規定は、平成十六年七月一日から施行する。

附　則（平一六・一二・一〇公安委規則二二）

この規則は、道路交通法の一部を改正する法律（平成十六年法律第九十号）附則第一条第四号に掲げる規定の施行の日〔平成一八年六月一日〕から施行する。

附　則（平一六・一二・二八公安委規則二五）

この規則は、次の各号に掲げる規定ごとに、それぞれ当該各号に定める日から施行する。

一　第一条、第四条、第七条、第十条、第十三条及び第十六条の改正規定　この規則の公布の日

二　第二条、第五条、第八条、第十一条、第十四条及び第十七条の改正規定　信託業法（平成十六年法律第百五十四号）の施行の日（平成十六年十二月三十日）

三　第三条、第六条、第九条、第十二条、第十五条及び第十八条の改正規定　刑法等の一部を改正する法律（平成十六年法律第百五十六号）の施行の日（平成十七年一月一日）

附　則（平一七・三・四公安委規則二）

この規則は、不動産登記法（平成一六年六月法律第一二三号）の施行の日（平成十七年三月七日）から施行する。

附　則（平一七・七・一二公安委規則一四）

この規則は、刑法等の一部を改正する法律（平成十七年法律第六十六号）の施行の日（平成十七年七月十二日）から施行する。

附　則（平一七・九・三〇公安委規則一六）

この規則は、廃棄物の処理及び清掃に関する法律等の一部を改正する法律（平成十七年法律第四十二号）の施行の日（平成十七年十月一日）から施行する。ただし、〔中略〕第五条中国家公安委員会関係自動車運転代行業の業務の適正化に関する法律施行規則第一条第二十三号の改正規定〔中略〕は、旅券法及び組織的な犯罪の処罰及び犯罪収益の規制等に関する法律の一部を改正する法律（平成十七年法律第五十五号）附則第一条第一号に掲げる規定の施行の日（平成十七年十二月十日）から施行する。

附　則（平一八・三・二七公安委規則九）

この規則は、銀行法等の一部を改正する法律（平成十七年法律第百六号）の施行の日〔平成一八年四月一日〕から施行する。

附　則（平一八・四・二四公安委規則一四抄）

（施行期日）

第一条　この規則は、風俗営業等の規制及び業務の適正化等に関する法律の一部を改正する法律（平成十七年法律第百十九号。以下「改正法」という。）の施行の日（平成十八年五月一日）から施行する。

附　則（平一八・四・二八公安委規則一六）

この規則は、会社法（平成十七年法律第八十六号）の施行の日（平成十八年五月一日）から施行する。

附　則（平一八・七・四公安委規則二一）

この規則は、証券取引法等の一部を改正する法律（平成十八年法律第六十五号）附則第一条第一号に掲げる規定の施行の日（平成十八年七月四日）から施行する。

附　則（平一八・八・一一公安委規則二二）

この規則は、銃砲刀剣類所持等取締法の一部を改正する法律（平成十八年法律第四十一号）の施行の日（平成十八年八月二十一日）から施行する。

附　則（平一九・一・一二公安委規則二）

この規則は、貸金業の規制等に関する法律等の一部を改正する法律（平成十八年法律第百十五号）附則第一条第二号に掲げる規定の施行の日（平成十九年一月二十日）から施行する。

附　則（平一九・八・七公安委規則一八）

この規則は、次の各号に掲げる規定ごとに、それぞれ当該各号に定める日から施行する。

一　第一条、第三条、第五条、第七条、第九条及び第十一条の改正規定　信託法の施行に伴う関係法律の整備等に関する法律（平成十八年法律第百九号）の施行の日〔平成一九年九月三〇日〕

二　第二条、第四条、第六条、第八条、第十条及び第十二条の改正規定　証券取引法等の一部を改正する法律（平成十八年法律第六十五号）の施行の日〔平成一九年九月三〇日〕

附　則（平一九・九・二七公安委規則二二）

この規則は、自転車競技法及び小型自動車競走法の一部を改正する法律（平成十九年法律第八十二号）附則第一条第一号に掲げる規定の施行の日〔平成一九年一〇月一日〕から施行する。ただし、〔中略〕第五条中国家公安委員会関係自動車運転代行業の業務の適正化に関する法律施行規則第一条第十六号の改正規定〔中略〕は、自転車競技法及び小型自動車競走法の一部を改正する法律附則第一条第二号に掲げる規定の施行の日〔平成二〇年四月一日〕から施行する。

附　則（平一九・一二・一二公安委規則二五）

この規則は、銃砲刀剣類所持等取締法及び武器等製造法の一部を改正する法律（平成十九年法律第百二十号）の施行の日（平成十九年十二月三十日）から施行する。

附　則（平一九・一二・一三公安委規則二六）

この規則は、貸金業の規制等に関する法律等の一部を改正する法律（平成十八年法律第百十五号）の施行の日（平成十九年十二月十九日）から施行する。

附　則（平二〇・三・一〇公安委規則二）

この規則は、モーターボート競走法の一部を改正する法律（平成十九年法律第十六号）附則第一条第二号に掲げる規定の施行の日（平成二十年四月一日）から施行する。

附　則（平二〇・五・二〇公安委規則一一）

（施行期日）

1　この規則は、公布の日から施行する。

（経過措置）

2　この規則の施行前にした行為に対する罰則の適用については、なお従前の例による。

附　則（平二〇・七・一六公安委規則一五）

この規則は、暴力団員による不当な行為の防止等に関する法律の一部を改正する法律（平成二十年法律第二十八号）附則第一条第一号に掲げる規定の施行の日（平成二十年八月一日）から施行する。ただし、〔中略〕第四条中国家公安委員会関係自動車運転代行業の業務の適正化に関する法律施行規則第一条に二号を加える改正規定（同条第五十三号に係る部分に限る。）〔中略〕は、同法附則第一条第二号に掲げる規定の施行の日〔平成二〇年一二月一日〕から施行する。

附　則（平二〇・一一・一七公安委規則二五）

この規則は、インターネット異性紹介事業を利用して児童を誘引する行為の規制等に関する法律の一部を改正する法律（平成二十年法律第五十二号）附則第一条第二号に掲げる規定の施行の日（平成二十年十二月一日）から施行する。

附　則（平二一・五・二九公安委規則五）

この規則は、金融商品取引法等の一部を改正する法律（平成二十年法律第六十五号）附則第一条第三号に掲げる規定の施行の日（平成二十一年六月一日）から施行する。

附　則（平二二・三・二六公安委規則一）

この規則は、金融商品取引法等の一部を改正する法律（平成二十一年法律第五十八号）の施行の日（平成二十二年四月一日）から施行する。

附　則（平二三・三・三〇公安委規則三）

この規則は、金融商品取引法等の一部を改正する法律（平成二十二年法律第三十二号）の施行の日（平成二十三年四月一日）から施行する。ただし、次の各号に掲げる規定は、当該各号に定める日から施行する。

一　〔前略〕第五条中国家公安委員会関係自動車運転代行業の業務の適正化に関する法律施行規則第十三条第三号ホの改正規定　公布の日

二　〔前略〕第五条中国家公安委員会関係自動車運転代行業の業務の適正化に関する法律施行規則第一条第三十三号の改正規定〔中略〕　廃棄物の処理及び清掃に関する法律の一部を改正する法律（平成二十二年法律第三十四号）の施行の日（平成二十三年四月一日）

附　則（平二三・六・一〇公安委規則一〇）

この規則は、資本市場及び金融業の基盤強化のための金融商品取引法等の一部を改正する法律（平成二十三年法律第四十九号）附則第一条第一号に掲げる規定の施行の日（平成二十三年六月十四日）から施行する。〔後略〕

附　則（平二三・七・六公安委規則一一）

この規則は、情報処理の高度化等に対処するための刑法等の一部を改正する法律（平成二十三年法律第七十四号）の施行の日（平成二十三年七月十四日）から施行する。

附　則（平二四・六・一八公安委規則七）

（施行期日）

第一条　この規則は、出入国管理及び難民認定法及び日本国との平和条約に基づき日本の国籍を離脱した者等の出入国管理に関する特例法の一部を改正する等の法律（平成二十一年法律第七十九号）の施行の日（平成二十四年七月九日）から施行する。

（経過措置）

第二条　この規則の施行の日前にした行為に対する罰則の適用については、なお従前の例による。

附　則（平二四・九・二八公安委規則一〇）

この規則は、労働者派遣事業の適正な運営の確保及び派遣労働者の就業条件の整備等に関する法律等の一部を改正する法律（平成二十四年法律第二十七号）の施行の日（平成二十四年十月一日）から施行する。

附　則（平二四・一〇・一七公安委規則一二）

（施行期日）

1　この規則は、平成二十四年十月三十日から施行する。

（経過措置）

2　この規則の施行の日から犯罪による収益の移転防止に関する法律の一部を改正する法律（平成二十三年法律第三十一号）の施行の日の前日までの間は、改正後の警備業の要件に関する規則、風俗営業等の規制及び業務の適正化等に関する法律施行規則、暴力的不法行為その他の罪に当たる違法な行為を定める規則、国家公安委員会関係自動車運転代行業の業務の適正化に関する規則及び確認事務の委託の手続等に関する規則中「犯罪による収益の移転防止に関する法律（平成十九年法律第二十二号）第二十七条に規定する罪」とあるのは、「犯罪による収益の移転防止に関する法律（平成十九年法律第二十二号）第二十六条に規定する罪」とする。

附　則（平二五・七・九公安委規則九）

この規則は、金融商品取引法等の一部を改正する法律（平成二十五年法律第四十五号）附則第一条第一号に掲げる規定の施行の日（平成二十五年七月九日）から施行する。ただし、第二条、第四条、第六条、第八条、第十条及び第十二条の規定は、同法の施行の日〔平成二六年四月一日〕から施行する。

附　則（平二五・一二・二〇公安委規則一五）

この規則は、不動産特定共同事業法の一部を改正する法律（平成二十五年法律第五十六号）の施行の日（平成二十五年十二月二十日）から施行する。

附　則（平二六・四・二五公安委規則七抄）

（施行期日）

1　この規則は、自動車の運転により人を死傷させる行為等の処罰に関する法律（平成二五年一一月法律第八六号）の施行の日（平成二十六年五月二十日）から施行する。

附　則（平二六・七・九公安委規則八）

この規則は、児童買春、児童ポルノに係る行為等の処罰及び児童の保護等に関する法律の一部を改正する法律〔平成二六年六月法律第七九号〕の施行の日〔平成二六年七月一五日〕から施行する。

附　則（平二七・九・一八公安委規則一四）

この規則は、犯罪による収益の移転防止に関する法律の一部を改正する法律〔平成二六年一一月法律第一一七号〕の施行の日（平成二十八年十月一日）から施行する。

附　則（平二七・九・二九公安委規則一五抄）

（施行期日）

1　この規則は、労働者派遣事業の適正な運営の確保及び派遣労働者の保護等に関する法律等の一部を改正する法律〔平成二七年九月法律第七三号〕の施行の日（平成二十七年九月三十日）から施行する。

（経過措置）

2　当分の間、この規則による改正後の次に掲げる国家公安委員会規則の規定中「又は」とあるのは「若しくは」と、「に規定する」とあるのは「又は労働者派遣事業の適正な運営の確保及び派遣労働者の保護等に関する法律等の一部を改正する法律（平成二十七年法律第七十三号）附則第六条第六項（同条第四項に係る部分に限る。）に規定する」とする。

一～四〔略〕

五　国家公安委員会関係自動車運転代行業の業務の適正化に関する法律施行規則第一条第三十九号

六〔略〕

附　則（平二七・一一・一三公安委規則二〇抄）

（施行期日）

1　この規則は、風俗営業等の規制及び業務の適正化等に関する法律の一部を改正する法律（平成二七年六月法律第四五号）の施行の日（平成二十八年六月二十三日）から施行する。

附　則（平二八・二・二六公安委規則三）

この規則は、金融商品取引法の一部を改正する法律（平成二七年六月法律第三二号）の施行の日（平成二十八年三月一日）から施行する。

附　則（平二九・三・二四公安委規則二）

この規則は、情報通信技術の進展等の環境変化に対応するための銀行法等の一部を改正する法律（平成二八年六月法律第六二号）の施行の日（平成二十九年四月一日）から施行する。〔後略〕

附　則（平二九・七・五公安委規則七）

この規則は、組織的な犯罪の処罰及び犯罪収益の規制等に関する法律等の一部を改正する法律（平成二九年六月法律第六七号）の施行の日（平成二九年七月一一日）から施行する。

附　則（平二九・七・五公安委規則八抄）

（施行期日）

第一条　この規則は、刑法の一部を改正する法律（平成二九年六月法律第七二号）（以下「改正法」という。）の施行の日（平成二九年七月一三日）から施行する。

附　則（平二九・一一・二一公安委規則一〇）

この規則は、不動産特定共同事業法の一部を改正する法律（平成二九年六月法律第四六号）の施行の日（平成二十九年十二月一日）から施行する。

附　則（平三〇・三・三〇公安委規則四）

この規則は、金融商品取引法の一部を改正する法律（平成二九年五月法律第三七号）の施行の日（平成三十年四月一日）から施行する。

附　則（平三〇・三・三〇公安委規則五）

この規則は、割賦販売法の一部を改正する法律（平成二八年一二月法律第九九号）の施行の日（平成三十年六月一日）から施行する。

附　則（令元・六・二一公安委規則三）

（施行期日）

1　この規則は、令和元年七月一日から施行する。

（経過措置）

2　この規則による改正前の〔中略〕国家公安委員会関係自動車運転代行業の業務の適正化に関する法律施行規則〔中略〕に規定する様式による書面については、この規則による改正後のこれらの規則に規定する様式にかかわらず、当分の間、なおこれを使用することができる。

附　則（令元・一〇・二四公安委規則八）

（施行期日）

1　この規則は、成年被後見人等の権利の制限に係る措置の適正化等を図るための関係法律の整備に関する法律（令和元年六月法律第三七号）附則第一条第二号に掲げる規定の施行の日（令和元年十二月十四日）から施行する。〔後略〕

（経過措置）

2　この規則の施行の際現に自動車運転代行業の業務の適正化に関する法律（平成十三年法律第五十七号）第二十条第一項の規定により備え付けているこの規則による改正前の運転代行業法施行規則第十三条第二号に掲げる書面は、この規則による改正後の運転代行業法施行規則第十五条第二号に掲げる書面とみなす。

3　この規則の施行前にした行為に対する罰則の適用については、なお従前の例による。

附　則（令二・三・三一公安委規則五）

この規則は、令和二年四月一日から施行する。

附　則（令二・四・二七公安委規則六）

この規則は、情報通信技術の進展に伴う金融取引の多様化に対応するための資金決済に関する法律等の一部を改正する法律（令和元年六月法律第二八号）の施行の日（令和二年五月一日）から施行する。

附　則（令二・六・一二公安委規則八）

（施行期日）

1　この規則は、道路交通法の一部を改正する法律（令和二年六月法律第四二号）附則第一条第一号に掲げる規定の施行の日（令和二年六月三十日）から施行する。

（経過措置）

2　この規則による改正前の国家公安委員会関係自動車運転代行業の業務の適正化に関する法律施行規則に規定する様式については、この規則による改正後の国家公安委員会関係自動車運転代行業の業務の適正化に関する法律施行規則に規定する様式にかかわらず、当分の間、なおこれを使用することができる。

附　則（令二・一二・二八公安委規則一三）

（施行期日）

第一条　この規則は、公布の日から施行する。

（経過措置）

第二条　この規則による改正前の様式（次項において「旧様式」という。）により使用されている書類は、当分の間、この規則による改正後の様式によるものとみなす。

2　旧様式による用紙については、当分の間、これを取り繕って使用することができる。

附　則（令三・三・三一公安委規則三）

この規則は、令和三年四月一日から施行する。

附　則（令三・三・三一公安委規則四）

この規則は、金融サービスの利用者の利便の向上及び保護を図るための金融商品の販売等に関する法律等の一部を改正する法律（令和二年法律第五十号。以下「改正法」という。）の施行の日（令和三年一一月一日）から施行する。ただし、第一条第二表に係る改正規定、第二条第二表に係る改正規定、第三条第二表に係る改正規定、第四条第二表に係る改正規定、第五条第二表に係る改正規定、第六条第二表に係る改正規定及び第七条第二表に係る改正規定は、改正法附則第一条第二号に掲げる規定の施行の日（令和三年五月一日）から施行する。

附　則（令三・一一・一八公安委規則一一）

この規則は、新型コロナウイルス感染症等の影響による社会経済情勢の変化に対応して金融の機能の強化及び安定の確保を図るための銀行法等の一部を改正する法律〔令和三年五月法律第四六号〕の施行の日（令和三年十一月二十二日）から施行する。

附　則（令三・一二・一七公安委規則一二抄）

（施行期日）

1　この規則は、民法の一部を改正する法律〔平成三〇年六月法律第五九号〕の施行の日（令和四年四月一日）から施行する。

附　則（令四・一・二七公安委規則三）

この規則は、銃砲刀剣類所持等取締法の一部を改正する法律〔令和三年六月法律第六九号〕の施行の日（令和四年三月十五日）から施行する。

附　則（令四・三・三〇公安委規則一〇）

この規則は、海事産業の基盤強化のための海上運送法等の一部を改正する法律〔令和三年五月法律第四三号〕の施行の日（令和四年四月一日）から施行する。

附　則（令四・九・二八公安委規則一七）

この規則は、令和四年十月一日から施行する。

附　則（令四・一二・二三公安委規則二〇）

この規則は、令和四年十二月二十九日から施行する。

附　則（令五・四・二八公安委規則八）

この規則は、競馬法の一部を改正する法律〔令和四年一一月法律第八五号〕附則第一条第二号に掲げる規定の施行の日（令和五年五月一日）から施行する。

附　則（令五・五・三一公安委規則一一）

この規則は、安定的かつ効率的な資金決済制度の構築を図るための資金決済に関する法律等の一部を改正する法律（令和四年法律第六十一号）の施行の日（令和五年六月一日）から施行する。

附　則（令五・七・一〇公安委規則一二抄）

（施行期日）

第一条　この規則は、令和五年七月十三日から施行する。

附　則（令六・一・三一公安委規則二）

（施行期日）

第一条　この規則は、デジタル社会の形成を図るための規制改革を推進するためのデジタル社会形成基本法等の一部を改正する法律〔令和五年六月法律第六三号〕の施行の日（令和六年四月一日）から施行する。〔後略〕

（経過措置）

第二条　この規則による改正前の様式（第二条の規定による改正前の国家公安委員会関係自動車運転代行業の業務の適正化に関する法律施行規則別記様式第二号を除く。次項において「旧様式」という。）により使用されている書類は、当分の間、この規則による改正後の様式によるものとみなす。

2　旧様式による用紙については、当分の間、これを取り繕って使用することができる。

附　則（令六・二・一公安委規則三）

（施行期日）

この規則は、金融商品取引法等の一部を改正する法律〔令和五年一一月法律第七九号〕附則第一条第二号に掲げる規定の施行の日（令和六年二月一日）から施行する。

附　則（令六・六・二八公安委規則一〇）

この規則は、銃砲刀剣類所持等取締法の一部を改正する法律〔令和六年六月法律第四八号〕附則第一条第二号に掲げる規定の施行の日（令和六年七月十四日）から施行する。

別記様式第一号（第四条関係）

※受理年月日	年　月　日
※受理番号	
※認定番号	

認定申請書

自動車運転代行業の業務の適正化に関する法律第５条第１項の規定により認定の申請をします。

年　月　日

公安委員会　殿

申請者の氏名又は名称及び住所

氏名又は名称			
住所			
主たる営業所	名称		
	所在地		
	安全運転管理者	氏名	
		住所	
	副安全運転管理者	氏名	
		住所	
	副安全運転管理者	氏名	
		住所	
その他の営業所１	名称		
	所在地		
	安全運転管理者	氏名	
		住所	
	副安全運転管理者	氏名	
		住所	
	副安全運転管理者	氏名	
		住所	
その他の営業所２	名称		
	所在地		
	安全運転管理者	氏名	
		住所	
	副安全運転管理者	氏名	
		住所	
	副安全運転管理者	氏名	
		住所	

損害賠償措置	保険引受者の名称又は加入共済の名称		
	補償限度額（円）	対人	円
		対物	円
		車両	円
	免責額（円）		円
	保険期間	年　月　日から　年　月　日まで	
	対象となる随伴用自動車に係る自動車登録番号等		

法人の代表者及び役員	氏名	住所
代表者		

随伴用自動車に係る自動車登録番号等		

記載要領　１　※印欄には記載しないこと。

２　その他の営業所欄は、営業所の数に応じて記載し、記載を要しない場合は空欄にしておくこと。

３　法人の代表者及び役員欄は、申請者が法人の場合に記載すること。

４　対象となる随伴用自動車に係る自動車登録番号等欄については、保険契約又は共済契約を随伴用自動車の台数に応じて締結している場合に記載すること。

５　対象となる随伴用自動車に係る自動車登録番号等欄及び随伴用自動車に係る自動車登録番号等欄に車両番号を記載するときはその末尾に（両）と、標識の番号を記載するときはその末尾に（標）と、車台番号を記載するときは（台）と記載すること。

６　所定の欄に記載できないときは、別紙に記載の上、これを添付すること。

備考　用紙の大きさは、日本産業規格Ａ４とする。

別記様式第二号（第六条関係）

自動車運転代行業者

認定をした公安委員会	公安委員会
認定番号	第　　　　号
認定年月日	年　　月　　日
氏名又は名称	
所在地	

記載要領　所在地欄には、主たる営業所の所在地を記載すること。

備考　1　文字及び枠線の色彩は黒色、地の色彩は白色とする。

2　標識を営業所に掲示する場合には、用紙の大きさは、日本産業規格Ａ４とする。

別記様式第三号（第九条関係）

※受理年月日	
※受理番号	

変更届出書

自動車運転代行業の業務の適正化に関する法律第８条第１項の規定により届出をします。

年　　月　　日

公安委員会　殿

申請者の氏名又は名称及び住所

氏名又は名称				
住所				
主たる営業所	名称			
	所在地			
認定をした公安委員会の名称	公安委員会		認定番号	
変更年月日				
変更事項	新		旧	
変更理由				

記載要領　1　※印欄には記載しないこと。

2　所定の欄に記載できないときは、別紙に記載の上、これを添付すること。

備考　用紙の大きさは、日本産業規格Ａ４とする。

別記様式第四号（第十条関係）

※受理年月日	
※受理番号	

廃業等届出書

自動車運転代行業の業務の適正化に関する法律第9条第1項又は第2項の規定により届出をします。

年　　月　　日

公安委員会　殿

申請者の氏名又は名称及び住所

氏名又は名称			
住　　所			
主たる営業所	名　　称		
	所在地		
認定をした公安委員会の名称	公安委員会	認定番号	
廃止の事由が発生した日			
廃止の事由	（自動車運転代行業を廃止 死亡 合併により消滅）		

記載要領　1　※印欄には記載しないこと。
2　所定の欄に記載できないときは、別紙に記載の上、これを添付すること。
3　「廃止の事由」については、不要なものを消すこと。

備　　考　　用紙の大きさは、日本産業規格Ａ４とする。

別記様式第五号（第十三条関係）

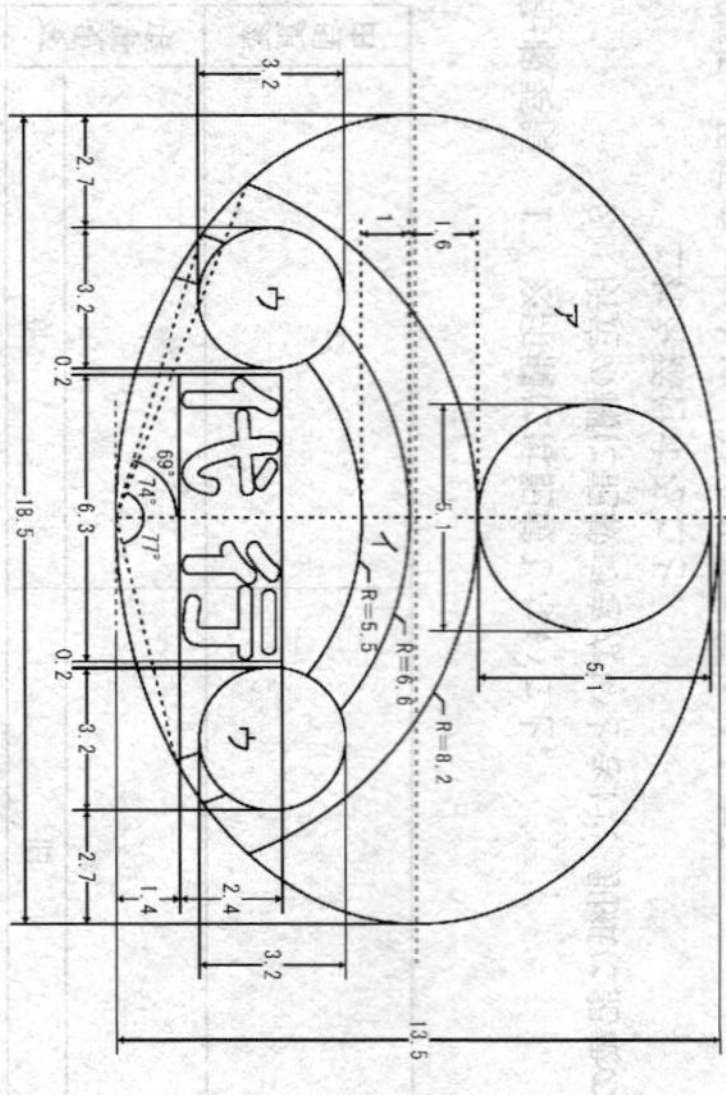

備考　1　アの部分の色彩は緑色、イの部分の色彩は青色、ウの部分の色彩は白色、代行の文字の色彩は黒色、その他の部分の色彩は黄色とする。
2　イ、ウ及び代行の文字の部分以外には反射材料を用いるものとする。
3　図示の長さの単位は、センチメートルとする。
4　「代行」のそれぞれの文字の線の太さは0.25センチメートル以上とする。

別記様式第六号（第十六条関係）

処分移送通知書

年　月　日

公安委員会　殿

公安委員会　㊞

自動車運転代行業の業務の適正化に関する法律第25条第１項の規定により、下記の者について処分移送通知書を送付する。

氏名又は名称		
住　　所		
法人にあっては代表者の氏名		
主たる営業所	名　称	
	所在地	
認定番号	第　号　年　月　日　公安委員会	
処分に係る事案の概要		
備　　考		

備考　用紙の大きさは、日本産業規格Ａ４とする。

○自動車運転代行業の業務の適正化に関する法律の施行に伴う道路交通法施行規則の規定の読替えに関する内閣府令

（平成十四年四月十九日 内閣府令第三十五号）

沿革 平一六内令七四・九七、平一九内令六六、平二五内令七二、令二内令四五・七〇、令四内令五四・六七改正

自動車運転代行業者についての道路交通法施行規則（昭和三十五年総理府令第六十号）の次の表の上欄に掲げる規定の適用については、これらの規定中同表の中欄に掲げる字句は、それぞれ同表の下欄に掲げる字句とする。

読み替える規定	読み替えられる字句	読み替える字句
第九条の九第一項	法第七十四条の三第一項	自動車運転代行業の業務の適正化に関する法律（平成十三年法律第五十七号。以下「運転代行業法」という。）第十九条第一項の規定により読み替えて適用される法第七十四条の三第一項
	副安全運転管理者	運転代行業法第十九条第一項の規定により読み替えて適用される法第七十四条の三第四項に規定する副安全運転管理者（以下単に「副安全運転管理者」という。）
	法第七十四条の三第六項	法第七十四条の三第六項（運転代行業法第十九条第一項の規定により読み替えて適用される場合を含む。）
	法第百十七条の二、法第百十七条の二の二（第一項第七号及び第九号を除く。）	法第百十七条の二第一項、運転代行業法第十九条第一項の規定により読み替えて適用される法第百十七条の二第二項、法第百十七条の二の二第一項（第七号及び第九号を除く。）、運転代行業法第十九条第一項の規定により読み替えて適用される法第百十七条の二の二第二項
	法第百十八条第二項第三号	運転代行業法第十九条第一項の規定により読み替えて適用される法第百十八条第二項第三号
	法第百十九条第二項第四号	運転代行業法第十九条第一項の規定により読み替えて適用される法第百十九条第二項第四号
	法第百十九条の二の四第二項	運転代行業法第十九条第一項の規定により読み替えて適用される法第百十九条の二の四第二項
第九条の九第二項	法第七十四条の三第四項	運転代行業法第十九条第一項の規定により読み替えて適用される法第七十四条の三第四項
第九条の十	法第七十四条の三第二項の	運転代行業法第十九条第一項の規定により読み替えて適用される法第七十四条の三第二項の
	法及び法	法及び運転代行業法並びにこれら
	法の	これらの
	法第七十五条第一項第七号に掲げる行為	運転代行業法第十九条第一項の規定により読み替えて適用される法第七十五条第一項第七号に掲げる行為
第九条の十一	法第七十四条の三第四項	運転代行業法第十九条第一項の規定により読み替えて適用される法第七十四条の三第四項
	自動車	運転代行業法第二条第七項に規定する随伴用自動車
	二十台以上四十台未満	十台以上二十台未満
	四十台以上	二十台以上
	四十台以上二十台まで	二十台以上十台まで
第九条の十四	法第七十五条第九項	運転代行業法第十九条第一項の規定により読み替えて適用される法第七十五条第九項
	法第七十五条第二項	運転代行業法第十九条第一項の規定により読み替えて適用される法第七十五条第二項
	法第七十五条の二第一項	運転代行業法第十九条第一項の規定により読み替えて適用される法第七十五条の二第一項
	車両の使用者	自動車運転代行業者

第九条の十五	法第七十五条第九項	運転代行業法第十九条第一項の規定により読み替えて適用される法第七十五条第九項
第九条の十六	法第七十五条第十項	運転代行業法第十九条第一項の規定により読み替えて適用される法第七十五条第十項

附　則

この府令は、平成十四年六月一日から施行する。

附　則（平一六・八・二七内令七四抄）

（施行期日）

1　この府令は、道路交通法の一部を改正する法律（平成十六年法律第九十号）附則第一条第二号に掲げる規定の施行の日（平成十六年十一月一日）から施行する。

附　則（平一六・一二・一〇内令九七抄）

（施行期日）

1　この府令は、道路交通法の一部を改正する法律（平成十六年法律第九十号）附則第一条第四号に掲げる規定の施行の日〔平成一八年六月一日〕から施行する。

附　則（平一九・八・二〇内令六六抄）

（施行期日）

第一条　この府令は、道路交通法の一部を改正する法律〔平成一九年六月法律第九〇号〕（以下「改正法」という。）の施行の日（平成十九年九月十九日）から施行する。

附　則（平二五・一一・一三内令七二）

この府令は、道路交通法の一部を改正する法律〔平成二五年六月法律第四三号〕附則第一条第一号に掲げる規定の施行の日（平成二十五年十二月一日）から施行する。

附　則（令二・六・一二内令四五）

この府令は、道路交通法の一部を改正する法律〔令和二年六月法律第四二号〕附則第一条第一号に掲げる規定の施行の日（令和二年六月三十日）から施行する。

附　則（令二・一一・一三内令七〇）

この府令は、道路交通法の一部を改正する法律〔令和二年六月法律第四二号〕附則第一条第二号に掲げる規定の施行の日（令和二年十二月一日）から施行する。

附　則（令四・九・一四内令五四）

この府令は、道路交通法の一部を改正する法律〔令和四年四月法律第三二号〕附則第一条第二号に掲げる規定の施行の日（令和四年十月一日）から施行する。

附　則（令四・一二・二三内令六七）

この府令は、道路交通法の一部を改正する法律〔令和四年四月法律第三二号〕の施行の日（令和五年四月一日）から施行する。

○原子力基本法（抄）

（昭和三十年十二月十九日）
（法律第百八十六号）

最終改正　令五法四四

（定義）

第三条　この法律において次に掲げる用語は、次の定義に従うものとする。

二　「核燃料物質」とは、ウラン、トリウム等原子核分裂の過程において高エネルギーを放出する物質であつて、政令で定めるものをいう。

三　「核原料物質」とは、ウラン鉱、トリウム鉱その他核燃料物質の原料となる物質であつて、政令で定めるものをいう。

※　二・三号「政令」＝核燃料物質、核原料物質、原子炉及び放射線の定義に関する政令

○核燃料物質、核原料物質、原子炉及び放射線の定義に関する政令（抄）

（昭和三十二年十一月二十一日）
（政令第三百二十五号）

最終改正　昭六三政令六二

（核燃料物質）

第一条　原子力基本法第三条第二号の核燃料物質は、次に掲げる物質とする。

一　ウラン二三五のウラン二三八に対する比率が天然の混合率であるウラン及びその化合物

二　ウラン二三五のウラン二三八に対する比率が天然の混合率に達しないウラン及びその化合物

三　トリウム及びその化合物

四　前三号の物質の一又は二以上を含む物質で原子炉において燃料として使用できるもの

五　ウラン二三五のウラン二三八に対する比率が天然の混合率をこえるウラン及びその化合物

六　プルトニウム及びその化合物

七　ウラン二三三及びその化合物

八　前三号の物質の一又は二以上を含む物質

（核原料物質）

第二条　原子力基本法第三条第三号の核原料物質は、ウラン若しくはトリウム又はその化合物を含む物質で核燃料物質以外のものとする。

○核原料物質、核燃料物質及び原子炉の規制に関する法律（抄）

（昭和三十二年六月十日法律第百六十六号）

最終改正　令五法四七

〔編者注〕

1 平成九年六月一三日法律第八〇号による改正は、包括的核実験禁止条約が日本国について効力を生ずる日から施行につき、改正文を本法の末尾に登載した。この一部改正規定は、平成一九年五月一一日法律第三八号附則第七条・第八条、平成二九年四月一四日法律第一五号附則第二八条及び令和五年六月七日法律四四号附則第二一条により一部改正された。

2 令和四年六月一七日法律第六八号による改正のうち、令和七年六月一日から施行される部分は、直接改正を加えないで、現行条文と並列して登載した。

3 令和五年六月七日法律第四四号による改正のうち、令和七年六月六日から施行される部分は、直接改正を加えないで、改正文を本法の末尾に登載した。

第一章　総則

（目的）

第一条　この法律は、原子力基本法（昭和三十年法律第百八十六号）の精神にのつとり、核原料物質、核燃料物質及び原子炉の利用が平和の目的に限られることを確保するとともに、原子力施設において重大な事故が生じた場合に放射性物質が異常な水準で当該原子力施設を設置する工場又は事業所の外へ放出されることその他の核原料物質、核燃料物質及び原子炉による災害を防止し、及び核燃料物質を防護して、公共の安全を図るために、製錬、加工、貯蔵、再処理及び廃棄の事業並びに原子炉の設置及び運転等に関し、大規模な自然災害及びテロリズムその他の犯罪行為の発生も想定した必要な規制を行うほか、原子力の研究、開発及び利用に関する条約その他の国際約束を実施するために、国際規制物資の使用等に関する必要な規制を行い、もつて国民の生命、健康及び財産の保護、環境の保全並びに我が国の安全保障に資することを目的とする。

（定義）

第二条　この法律において「原子力」とは、原子力基本法第三条第一号に規定する原子力をいう。

2 この法律において「核燃料物質」とは、原子力基本法第三条第二号に規定する核燃料物質をいう。

3 この法律において「核原料物質」とは、原子力基本法第三条第三号に規定する核原料物質をいう。

4 この法律において「原子炉」とは、原子力基本法第三条第四号に規定する原子炉をいう。

5 この法律において「発電用原子炉」とは、発電の用に供する原子炉であつて研究開発段階にあるものとして政令で定める原子炉以外の試験研究の用に供する原子炉及び船舶に設置する原子炉を除くものをいう。

6 この法律において「特定核燃料物質」とは、プルトニウム（プルトニウム二三八の同位体濃度が百分の八十を超えるものを除く。）、ウラン二三三、ウラン二三五のウラン二三八に対する比率が天然の混合率を超えるウランその他の政令で定める核燃料物質をいう。

7 この法律において「原子力施設」とは、次条第二項第二号に規定する製錬施設、第十三条第二項第二号に規定する加工施設、第二十三条第二項第五号に規定する試験研究用等原子炉施設、第四十三条の三の五第二項第五号に規定する発電用原子炉施設、第四十三条の四第二項第二号に規定する使用済燃料貯蔵施設、第四十四条第二項第二号に規定する再処理施設、第五十一条の二第二項に規定する廃棄物埋設施設及び同条第三項第二号に規定する廃棄物管理施設並びに第五十二条第二項第十号に規定する使用施設等をいう。

8 この法律において「製錬」とは、核原料物質又は核燃料物質に含まれるウラン又はトリウムの比率を高めるために、核原料物質又は核燃料物質を化学的方法により処理することをいう。

9 この法律において「加工」とは、核燃料物質を原子炉に燃料として使用できる形状又は組成とするために、これを物理的又は化学的方法により処理することをいう。

10 この法律において「再処理」とは、原子炉に燃料として使用した核燃料物質その他原子核分裂をさせた核燃料物質（以下「使用済燃料」という。）から核燃料物質その他の有用物質を分離するために、使用済燃料を化学的方法により処理することをいう。

11 この法律において「原子力規制検査」とは、第六十一条の二の二第一項の規定により、原子力規制委員会が行う検査をいう。

12 この法律において「国際規制物資」とは、核兵器の不拡散に関する条約第三条1及び4の規定の実施に関する日本国政府と国際原子力機関との間の協定（以下「保障措置協定」という。）その他日本国政府と外国政府（国際機関を含む。）との間の原子力の研究、開発及び利用に関する国際約束（核兵器の不拡散に関する条約第三条1及び4の規定の実施に関する日本国政府と国際原子力機関との間の協定の追加議定書（以下単に「追加議定書」という。）を除く。以下単に「国際約束」という。）に基づく保障措置の適用その他の規制を受ける核原料物質、核燃料物質、原子炉その他の資材又は設備をいう。

13 前項の国際規制物資は、原子力規制委員会が告示する。

14 この法律において「国際特定活動」とは、追加議定書附属書Iに掲げる活動をいう。

第三章　加工の事業に関する規制

（保安及び特定核燃料物質の防護のために講ずべき措置）

第二十一条の二　加工事業者は、次の事項について、原子力規制委員会規則で定めるところにより、保安のために必要な措置（重大事故が生じた場合における措置に関する事項を含む。）を講じなければならない。

一 加工施設の保全

二 加工設備の操作

三 核燃料物質又は核燃料物質によつて汚染された物の運搬、貯蔵又は廃棄（運搬及び廃棄にあつては、加工施設を設置した工場又は事業所内の運搬又は廃棄に限る。次条第一項において同じ。）

2　加工事業者は、加工施設を設置した工場又は事業所において特定核燃料物質を取り扱う場合で政令で定める場合には、原子力規制委員会規則で定めるところにより、防護措置を講じなければならない。

第四章　原子炉の設置、運転等に関する規制

（保安及び特定核燃料物質の防護のために講ずべき措置）

第三十五条　試験研究用等原子炉設置者及び外国原子力船運航者は、次の事項について、原子力規制委員会規則で定めるところにより、保安のために必要な措置を講じなければならない。

一　試験研究用等原子炉施設の保全
二　試験研究用等原子炉の運転
三　核燃料物質又は核燃料物質によつて汚染された物の運搬、貯蔵又は廃棄（運搬及び廃棄にあつては、試験研究用等原子炉施設を設置した工場又は事業所（原子力船を含む。次項において同じ。）において行われる運搬又は廃棄に限る。次条第一項において同じ。）

2　試験研究用等原子炉設置者及び外国原子力船運航者は、試験研究用等原子炉施設を設置した工場又は事業所において特定核燃料物質を取り扱う場合で政令で定める場合には、原子力規制委員会規則で定めるところにより、防護措置を講じなければならない。

第六章　再処理の事業に関する規制

（保安及び特定核燃料物質の防護のために講ずべき措置）

第四十八条　再処理事業者は、次の事項について、原子力規制委員会規則で定めるところにより、保安のために必要な措置（重大事故が生じた場合における措置に関する事項を含む。）を講じなければならない。

一　再処理施設の保全
二　再処理設備の操作
三　使用済燃料、使用済燃料から分離された物又はこれらによつて汚染された物の運搬、貯蔵又は廃棄（運搬及び廃棄にあつては、再処理施設を設置した工場又は事業所内の運搬又は廃棄に限る。次条第一項において同じ。）

2　再処理事業者は、再処理施設を設置した工場又は事業所において特定核燃料物質を取り扱う場合で政令で定める場合には、原子力規制委員会規則で定めるところにより、防護措置を講じなければならない。

第十章　原子力事業者等に関する規制等

（運搬に関する確認等）

第五十九条　原子力事業者等（原子力事業者等から運搬を委託された者を含む。以下この条において同じ。）は、核燃料物質又は核燃料物質によつて汚染された物を工場等の外において運搬する場合（船舶又は航空機により運搬する場合を除く。）においては、運搬する物に関しては原子力規制委員会規則（鉄道、軌道、索道、無軌条電車、自動車及び軽車両による運搬については、国土交通省令）で定める技術上の基準に従つて保安のために必要な措置（当該核燃料物質に政令で定める特定核燃料物質を含むときは、保安及び特定核燃料物質の防護のために必要な措置）を講じなければならない。

2　前項の場合において、核燃料物質又は核燃料物質によつて汚染された物による災害の防止及び特定核燃料物質の防護のため特に必要がある場合として政令で定める場合に該当するときは、原子力事業者等は、その運搬に関する措置が同項の技術上の基準に適合することについて、運搬する物に関しては原子力規制委員会規則で定めるところにより原子力規制委員会の、その他の事項に関しては原子力規制委員会規則（鉄道、軌道、索道、無軌条電車、自動車及び軽車両による運搬については、国土交通省令）で定めるところにより原子力規制委員会（鉄道、軌道、索道、無軌条電車、自動車及び軽車両による運搬については、国土交通大臣）の確認を受けなければならない。

3　原子力事業者等は、運搬に使用する容器について、あらかじめ、原子力規制委員会規則で定めるところにより、原子力規制委員会の承認を受けることができる。この場合において、原子力規制委員会の承認を受けた容器については、第一項の技術上の基準のうち容器に関する基準は、満たされたものとする。

4　第一項の場合において、原子力規制委員会又は国土交通大臣は、核燃料物質又は核燃料物質によつて汚染された物の運搬に関する措置が同項の技術上の基準に適合していないと認めるときは、原子力事業者等に対し、同項に規定する当該措置の区分に応じ、運搬の停止その他保安及び特定核燃料物質の防護のために必要な措置を命ずることができる。

5　第一項の場合において、核燃料物質又は核燃料物質によつて汚染された物による災害を防止し、及び特定核燃料物質を防護して公共の安全を図るため特に必要がある場合として政令で定める場合に該当するときは、原子力事業者等は、内閣府令で定めるところにより、その旨を都道府県公安委員会に届け出て、届出を証明する文書（以下「運搬証明書」という。）の交付を受けなければならない。

6　都道府県公安委員会は、前項の届出があつた場合において、災害を防止し、及び特定核燃料物質を防護して公共の安全を図るため必要があると認めるときは、運搬の日時、経路その他内閣府令で定める事項について、必要な指示をすることができる。

7　都道府県公安委員会は、前項の指示をしたときは、その指示の内容を運搬証明書に記載しなければならない。

8　第一項に規定する場合において、運搬証明書の交付を受けたときは、原子力事業者等は、当該運搬証明書を携帯し、かつ、当該運搬証明書に記載された内容に従つて運搬しなければならない。

9　運搬証明書の記載事項に変更を生じたときは、原子力事業者等は、内閣府令で定めるところにより、遅滞なく交付を受けた都道府県公安委員会に届け出て、その書換えを受けなければならない。

10　運搬証明書を喪失し、汚損し、又は盗取されたときは、原子力事業者等は、内閣府令で定めるところにより、その事由

を付して交付を受けた都道府県公安委員会にその再交付を文書で申請しなければならない。

11 警察官は、自動車又は軽車両により運搬される核燃料物質又は核燃料物質によつて汚染された物による災害を防止し、及び当該核燃料物質に含まれる特定核燃料物質を防護して公共の安全を図るため、特に必要があると認めるときは、当該自動車又は軽車両を停止させ、これらの物を運搬する者に対し、運搬証明書の提示を求め、若しくは、内閣府令で定めるところにより、運搬証明書に記載された内容に従つて運搬しているかどうかについて検査し、又はこれらの物による災害を防止し、及び特定核燃料物質を防護するため、第五項、第六項及び第八項の規定の実施に必要な限度で経路の変更その他の適当な措置を講ずることを命ずることができる。

12 前項に規定する権限は、犯罪捜査のために認められたものと解してはならない。

13 不要となつた運搬証明書の返納並びに運搬が二以上の都道府県にわたることとなる場合における第五項の届出、第六項の指示並びに運搬証明書の交付、書換え、再交付及び返納に関し必要な都道府県公安委員会の間の連絡については、政令で定める。

※ 1・2項「国土交通省令」＝核燃料物質等車両運搬規則、1・2・5項「政令」＝令四七～四九

第五十九条の二 原子力事業者等は、特定核燃料物質が当該原子力事業者等の工場等から運搬され又は外国の工場等から当該原子力事業者等の工場等に運搬される場合で政令で定める場合においては、運搬が開始される前に、当該特定核燃料物質が発送人の工場等から搬出されてから受取人の工場等に搬入されるまでの間における当該特定核燃料物質の運搬について責任を有する者（本邦外において当該特定核燃料物質の運搬について責任を有する者を含む。）を明らかにし、当該特定核燃料物質の運搬に係る責任が移転される時期及び場所その他の原子力規制委員会規則で定める事項について発送人、当該特定核燃料物質の運搬について責任を有する者及び受取人の間で取決めが締結されるよう措置しなければならない。

2 前項の場合において、原子力事業者等は、同項の運搬が開始される前に、同項に規定する取決めの締結について、原子力規制委員会規則で定めるところにより、原子力規制委員会の確認を受けなければならない。

※ 1項「政令」＝令五二

第十三章　雑則

（主務大臣等への報告）

第六十二条の三 原子力事業者等（核原料物質使用者を含む。以下この条において同じ。）は、原子力施設等に関し人の障害（人の障害が発生するおそれのある事故を含む。）が発生した事故その他の主務省令（次の各号に掲げる原子力事業者等の区分に応じ、当該各号に定める大臣又は委員会（以下この条において「主務大臣」という。）の発する命令（第五十九条第五項の規定による届出をした場合については、内閣府令）をいう。以下この条において同じ。）で定める事象が生じたときは、主務省令で定めるところにより、遅滞なく、事象の状況その他の主務省令で定める事項を主務大臣（同項の規定による届出をした場合については、都道府県公安委員会）に報告しなければならない。

一 製錬事業者、加工事業者、試験研究用等原子炉設置者、外国原子力船運航者、発電用原子炉設置者、使用済燃料貯蔵事業者、再処理事業者、廃棄事業者及び使用者（旧製錬事業者等、旧加工事業者等、旧試験研究用等原子炉設置者等、旧発電用原子炉設置者等、旧使用済燃料貯蔵事業者等、旧再処理事業者等、旧廃棄事業者等及び旧使用者等を含む。）　原子力規制委員会（第五十九条第一項に規定する運搬に係る場合にあつては原子力規制委員会及び国土交通大臣、船舶又は航空機による運搬に係る場合にあつては国土交通大臣）

二 核原料物質使用者　原子力規制委員会

（警察官等への届出）

第六十三条 原子力事業者等（原子力事業者等から運搬を委託された者及び受託貯蔵者を含む。）は、その所持する核燃料物質について盗取、所在不明その他の事故が生じたときは、遅滞なく、その旨を警察官又は海上保安官に届け出なければならない。

（危険時の措置）

第六十四条 原子力事業者等（原子力事業者等から運搬を委託された者及び受託貯蔵者を含む。以下この条並びに次条第一項及び第二項において同じ。）は、その所持する核燃料物質若しくは核燃料物質によつて汚染された物又は原子炉に関し、地震、火災その他の災害が起こつたことにより、核燃料物質若しくは核燃料物質によつて汚染された物又は原子炉による災害が発生するおそれがあり、又は発生した場合においては、直ちに、主務省令（第三項各号に掲げる原子力事業者等の区分に応じ、当該各号に定める大臣又は委員会の発する命令をいう。）で定めるところにより、応急の措置を講じなければならない。

2 前項の事態を発見した者は、直ちに、その旨を警察官又は海上保安官に通報しなければならない。

3 原子力規制委員会又は国土交通大臣は、第一項の場合又は核燃料物質若しくは核燃料物質によつて汚染された物若しくは原子炉による災害発生の急迫した危険がある場合において、核燃料物質若しくは核燃料物質によつて汚染された物又は原子炉による災害を防止するため緊急の必要があると認めるときは、同項に規定する者に対し、次に掲げる原子力事業者等の区分に応じ、製錬施設、加工施設、試験研究用等原子炉施設、発電用原子炉施設、使用済燃料貯蔵施設、再処理施設、廃棄物埋設施設若しくは廃棄物管理施設又は使用施設の使用の停止、核燃料物質又は核燃料物質によつて汚染された物の所在場所の変更その他核燃料物質若しくは核燃料物質によつて汚染された物又は原子炉による災害を防止するために必要な措置を講ずることを命ずることができる。

一 製錬事業者、加工事業者、試験研究用等原子炉設置者、外国原子力船運航者、発電用原子炉設置者、使用済燃料貯蔵事業者、再処理事業者、廃棄事業者及び使用者（旧製錬事業者等、旧加工事業者等、旧試験研究用等原子炉設置者等、旧発電用原子炉設置者等、旧使用済燃料貯蔵事業者等、旧再処理事業者等、旧廃棄事業者等及び旧使用者等を含む。）並びにこれらの者から運搬を委託された者　原子力規制委員会（第五十九条第一項に規定する運搬に係る場合にあつては同項に規定する区分に応じ原子力規制委員会又は国土交通大臣、船舶又は航空機による運搬に係る場合

にあっては国土交通大臣）

二　受託貯蔵者　原子力規制委員会

※１項「主務省令」＝核燃料物質等の事業所外運搬に係る危険時における措置に関する規則

（原子力規制委員会に対する申告）

第六十六条　原子力事業者等（外国原子力船運航者を除く。以下この条において同じ。）がこの法律又はこの法律に基づく命令の規定に違反する事実がある場合においては、原子力事業者等の従業者は、その事実を原子力規制委員会に申告することができる。

２　原子力事業者等は、前項の申告をしたことを理由として、その従業者に対して解雇その他不利益な取扱いをしてはならない。

（報告徴収）

第六十七条　原子力規制委員会、国土交通大臣又は都道府県公安委員会は、この法律（都道府県公安委員会にあっては、第五十九条第六項の規定）の施行に必要な限度において、原子力事業者等（核原料物質使用者、国際規制物資を使用している者及び国際特定活動実施者を含む。）に対し、第六十四条第三項各号に掲げる原子力事業者等の区分（同項各号の当該区分にかかわらず、核原料物質使用者、国際規制物資を使用している者及び国際特定活動実施者については原子力規制委員会とし、第五十九条第五項に規定する届出をした場合については都道府県公安委員会とする。）に応じ、その業務に関し報告をさせることができる。

２　原子力規制委員会又は国土交通大臣は、前項の規定による報告の徴収のほか、同項の規定により原子力事業者等（外国原子力船運航者を除き、使用者及び旧使用者等にあっては、第五十七条第一項の規定により保安規定を定めなければならないこととされているものに限る。以下この項において同じ。）に報告をさせた場合において、核燃料物質若しくは核燃料物質によって汚染された物又は原子炉による災害を防止するため特に必要があると認めるときは、この法律の施行に必要な限度において、原子力事業者等の設置する製錬施設、加工施設、試験研究用等原子炉施設、発電用原子炉施設、使用済燃料貯蔵施設、再処理施設、廃棄物埋設施設、廃棄物管理施設又は使用施設等の保守点検を行った事業者に対し、必要な報告をさせることができる。

３　原子力規制委員会は、第一項の規定による報告の徴収のほか、第四十三条の三の三十一第一項及び第四十三条の二十六の三第一項の規定の施行に必要な限度において、第四十三条の三の三十一第一項の規定により型式設計特定機器の型式について指定を受けた者又は第四十三条の二十六の三第一項の規定により型式設計特定容器等の型式について指定を受けた者に対し、必要な報告をさせることができる。

４　原子力規制委員会又は国土交通大臣は、第六十二条第一項の規定の施行に必要な限度において、船舶の船長その他の関係者に対し、必要な報告をさせることができる。

５　原子力規制委員会は、第一項の規定による報告の徴収のほか、追加議定書の定めるところにより国際原子力機関に対して報告又は説明を行うために必要な限度において、国際規制物資を使用している者その他の者に対し、国際原子力機関からの要請に係る事項その他の政令で定める事項に関し報告をさせることができる。

※５項「政令」＝令五九

（立入検査等）

第六十八条　原子力規制委員会、国土交通大臣又は都道府県公安委員会は、この法律（原子力規制委員会又は国土交通大臣にあっては第六十四条第三項各号に掲げる原子力事業者等の区分（同項各号の当該区分にかかわらず、核原料物質使用者、第六十一条の三第一項各号のいずれかに該当する場合における当該各号に規定する者、同条第五項、第六項、第八項及び第九項に規定する者並びに国際特定活動実施者については原子力規制委員会とする。）に応じこの法律の規定、都道府県公安委員会にあっては第五十九条第六項の規定）の施行に必要な限度において、当該職員（都道府県公安委員会にあっては、警察職員）に、原子力事業者等（核原料物質使用者、国際規制物資使用者、第六十一条の三第一項各号のいずれかに該当する場合における当該各号に規定する者、同条第五項、第六項、第八項及び第九項に規定する者並びに国際特定活動実施者を含む。）の事務所又は工場若しくは事業所に立ち入り、帳簿、書類その他必要な物件を検査させ、関係者に質問させ、又は試験のため必要な最小限度の量に限り、核原料物質、核燃料物質その他の必要な試料を収去させることができる。

２　原子力規制委員会は、前項の規定による立入検査のほか、第三条第一項、第六条第一項、第十三条第一項、第十六条第一項、第十六条の二第一項及び第二項、第二十三条第一項、第二十三条の二第一項、第二十六条第一項、第二十六条の二第一項、第二十七条第一項及び第二項、第四十三条の三の五第一項、第四十三条の三の八第一項及び第四項、第四十三条の三の九第一項及び第二項、第四十三条の三の十第一項、第四十三条の三の三十第一項及び第三項、第四十三条の三の三十一第一項、第四十三条の三の三十二第二項、第四十三条の四第一項、第四十三条の七第一項、第四十三条の八第一項及び第二項、第四十三条の二十六の二第一項及び第三項、第四十三条の二十六の三第一項、第四十四条第一項、第四十五条第一項及び第二項、第五十一条の二第一項、第五十一条の五第一項、第五十一条の七第一項及び第二項、第五十二条第一項、第五十五条第一項、第五十九条第三項並びに第六十一条の二の二第一項の規定の施行に必要な限度において、当該職員に、原子力施設の設計若しくは工事又は原子力施設の設備の製造を行う者その他の関係者の事務所又は工場若しくは事業所に立ち入り、帳簿、書類その他必要な物件を検査させ、又は関係者に質問させることができる。

３　原子力規制委員会は、第一項の規定による立入検査のほか、第六十二条第一項の規定の施行に必要な限度において、当該職員に、船舶に立ち入り、帳簿、書類その他必要な物件を検査させ、関係者に質問させ、又は試験のため必要な最小限度の量に限り、核原料物質、核燃料物質その他の必要な試料を収去させることができる。

４　原子力規制委員会は、第一項の規定による立入検査のほか、追加議定書の定めるところにより国際原子力機関に対して説明を行い、又は第八項の規定による立入検査の実施を確保するために必要な限度において、当該職員に、国際規制物資使用者等の事務所又は工場若しくは事業所その他の場所に立ち入り、帳簿、書類その他必要な物件を検査させ、関係者に質問させ、又は試験のため必要な最小限度の量に限り、核原料物質、核燃料物質その他の必要な試料を収去させることができる。

5　前各項の規定により当該職員が立ち入るときは、その身分を示す証明書を携帯し、かつ、関係者の請求があるときは、これを提示しなければならない。

6　第一項から第四項までの規定による権限は、犯罪捜査のために認められたものと解してはならない。

7　国際原子力機関の指定する者又は国際規制物資の供給当事国政府の指定する者は、原子力規制委員会の指定する当該職員又は第六十一条の二十三の七第二項の規定により保障措置検査を行う保障措置検査員の立会いの下に、国際約束で定める範囲内において、国際規制物資使用者、第六十一条の三第一項各号のいずれかに該当する場合における当該各号に規定する者又は同条第五項、第六項、第八項若しくは第九項に規定する者の事務所又は工場若しくは事業所に立ち入り、帳簿、書類その他必要な物件を検査し、関係者に質問し、又は試験のため必要な最小限度の量に限り、核原料物質、核燃料物質その他の必要な試料を収去することができる。

8　国際原子力機関の指定する者は、前項の規定による立入検査のほか、原子力規制委員会の指定する当該職員（政令で定める場合にあつては、原子力規制委員会の指定する当該職員及び外務大臣の指定する当該職員。第十三項において同じ。）の立会いの下に、追加議定書で定める範囲内において、国際規制物資使用者等の事務所又は工場若しくは事業所その他の場所であつて国際原子力機関が指定するものに立ち入り、帳簿、書類その他必要な物件を検査し、又は試験のため必要な最小限度の量に限り、核原料物質、核燃料物質その他の必要な試料を収去することができる。

9　第五項の規定は、前項の規定により外務大臣の指定する当該職員が立ち会う場合について準用する。

10　原子力規制委員会は、保障措置協定に基づく保障措置の実施に必要な限度において、原子力規制委員会規則で定めるところにより、当該職員に、国際規制物資を使用している者の工場又は事業所内において、国際規制物資の移動を監視するために必要な封印をさせ、又は装置を取り付けさせることができる。

11　原子力規制委員会は、前項の規定による封印又は装置の取付けのほか、追加議定書に基づく保障措置の実施に必要な限度において、当該職員に、国際規制物資を使用している者の工場又は事業所その他の場所内において、国際規制物資その他の物の移動を監視するために必要な封印をさせ、又は装置を取り付けさせることができる。

12　国際原子力機関の指定する者は、原子力規制委員会の指定する当該職員又は第六十一条の二十三の七第二項の規定により保障措置検査を行う保障措置検査員の立会いの下に、保障措置協定で定める範囲内で、国際規制物資を使用している者の工場又は事業所内において、国際規制物資の移動を監視するために必要な封印をし、又は装置を取り付けることができる。

13　国際原子力機関の指定する者は、前項の規定による封印又は装置の取付けのほか、原子力規制委員会の指定する当該職員の立会いの下に、追加議定書で定める範囲内で、国際規制物資を使用している者の工場又は事業所その他の場所内において、国際規制物資その他の物の移動を監視するために必要な封印をし、又は装置を取り付けることができる。

14　何人も、第十項から前項までの規定によりされた封印又は取り付けられた装置を、正当な理由がないのに、取り外し、又は毀損してはならない。

第六十八条の二（**秘密保持義務**）　原子力事業者等（原子力事業者等から運搬を委託された者及び受託貯蔵者を含む。次項において同じ。）及びその従業者並びにこれらの者であつた者は、正当な理由がなく、業務上知ることのできた特定核燃料物質の防護に関する秘密を漏らしてはならない。

2　国又は原子力事業者等から特定核燃料物質の防護に関する業務を委託された者及びその従業者並びにこれらの者であつた者は、正当な理由がなく、その委託された業務に関して知ることのできた特定核燃料物質の防護に関する秘密を漏らしてはならない。

3　職務上特定核燃料物質の防護に関する秘密を知ることのできた国の行政機関又は地方公共団体の職員及びこれらの職員であつた者は、正当な理由がなく、その秘密を漏らしてはならない。

第七十一条（**許可等についての意見等**）　原子力規制委員会は、第二十三条第一項、第二十三条の二第一項、第二十六条第一項、第二十六条の二第一項、第三十九条第一項若しくは第二項、第四十三条の三の五第一項、第四十三条の三の八第一項若しくは第四十三条の三の二十五第一項の規定による許可をし、又は第三十一条第一項若しくは第四十三条の三の十八第一項の規定による認可をする場合（以下この項において「許可等をする場合」という。）においては、次の各号に掲げる場合の区分に応じ、あらかじめ、当該各号に定める大臣の意見を聴かなければならない。

一　発電用原子炉に係る許可等をする場合　経済産業大臣（試験研究の用に供する原子炉に係る場合にあつては文部科学大臣及び経済産業大臣）

二　船舶に設置する原子炉に係る許可等をする場合　国土交通大臣（試験研究の用に供する原子炉に係る場合にあつては文部科学大臣及び国土交通大臣）

三　試験研究の用に供する原子炉に係る許可等をする場合（前二号に該当するものを除く。）　文部科学大臣

2　原子力規制委員会は、第三条第一項若しくは第四十四条第一項の規定による指定をし、第六条第一項、第十三条第一項、第十六条第一項、第四十三条の四第一項、第四十三条の七第一項、第四十四条の四第一項、第五十一条の二第一項、第五十一条の五第一項若しくは第五十一条の十九第一項の規定による許可をし、又は第八条第一項、第十八条第一項、第四十三条の十四第一項、第四十六条の五第一項若しくは第五十一条の十二第一項の規定による認可をする場合においては、あらかじめ、経済産業大臣の意見を聴かなければならない。

3　文部科学大臣、経済産業大臣又は国土交通大臣は、前二項の意見を求められた事項に関し特に調査する必要があると認める場合においては、当該製錬事業者、加工事業者、試験研究用等原子炉設置者、外国原子力船運航者、発電用原子炉設

置者、使用済燃料貯蔵事業者、再処理事業者若しくは廃棄事業者（第三条第一項若しくは第四十四条第一項の指定又は第十三条第一項、第二十三条第一項、第二十三条の二第一項、第三十九条第一項若しくは第二項、第四十三条の三の五第一項、第四十三条の三の二十五第一項、第四十三条の四第一項若しくは第五十一条の二第一項の許可の申請者を含む。）から必要な報告を徴し、又は当該職員に、当該製錬事業者、加工事業者、試験研究用等原子炉設置者、外国原子力船運航者、発電用原子炉設置者、使用済燃料貯蔵事業者、再処理事業者若しくは廃棄事業者の事務所若しくは工場若しくは事業所に立ち入り、帳簿、書類その他必要な物件を検査させ、関係者に質問させることができる。

4　第六十八条第五項及び第六項の規定は、前項の規定による立入検査に準用する。

5　原子力規制委員会は、第三十三条、第三十六条第一項、第四十三条の三の八第六項、第四十三条の三の二十、第四十三条の三の二十三第一項又は第六十四条第三項の規定による処分（第三十六条第一項の規定による処分にあつては試験研究用等原子炉の使用の停止の命令に限り、第四十三条の三の二十三第一項の規定による処分にあつては発電用原子炉施設の使用の停止の命令に限り、第六十四条第三項の規定による処分にあつては試験研究用等原子炉施設又は発電用原子炉施設の使用の停止の命令に限る。）をする場合においては、第一項各号に掲げる場合の区分に応じ、あらかじめ、当該各号に定める大臣に通知するものとする。

6　この法律に定めるもののほか、この法律の規定により原子力規制委員会又は国土交通大臣が処分、届出の受理その他の行為（政令で定めるものに限る。）をした場合における原子力規制委員会、文部科学大臣、経済産業大臣又は国土交通大臣への通報その他の手続については、政令で定める。

第十四章　罰則

第七十八条　次の各号のいずれかに該当する者は、一年以下の懲役若しくは百万円以下の罰金に処し、又はこれを併科する。

一　第六条第一項の規定により許可を受けなければならない事項について、同項の許可を受けないで第三条第二項第二号、第三号又は第五号に掲げる事項を変更した者

二　第十一条の二第二項、第二十一条の三第二項、第三十六条第二項、第四十三条の三の二十三第二項、第四十三条の十九第二項、第四十九条第二項、第五十一条の十七第二項、第五十六条の四第二項、第五十九条第四項（特定核燃料物質の防護のために必要な措置に係る部分に限る。）又は第六十条第二項（特定核燃料物質の防護のために必要な措置に係る部分に限る。）の規定による命令に違反した者

三　第十二条第一項、第二十二条第一項、第三十七条第一項、第四十三条の三の二十四第一項、第四十三条の二十第一項、第五十条第一項、第五十一条の十八第一項又は第五十七条第一項の規定に違反した者

四　第十二条第三項、第二十二条第三項、第三十七条第三項、第四十三条の三の二十四第三項、第四十三条の二十第三項、第五十条第三項、第五十一条の十八第三項又は第五十七条第三項の規定による命令に違反した者

四の二　第十二条の二第一項、第二十二条の六第一項、第四十三条の二第一項、第四十三条の三の二十七第一項、第四十三条の二十五第一項、第五十条の三第一項、第五十一条の二十三第一項又は第五十七条の二第一項の規定に違反した者

四の三　第十二条の二第三項（第二十二条の六第二項、第四十三条の二第二項、第四十三条の三の二十七第二項、第四十三条の二十五第二項、第五十条の三第二項、第五十一条の二十三第二項及び第五十七条の二第二項において準用する場合を含む。）の規定による命令に違反した者

五　第十二条の三第一項、第二十二条の七第一項、第四十三条の二の二第一項、第四十三条の三の二十八第一項、第四十三条の二十六第一項、第五十条の四第一項、第五十一条の二十四第一項又は第五十七条の三第一項の規定に違反した者

五の二　第十二条の六第一項の規定に違反して製錬の事業を廃止した者

五の三　第十二条の六第二項、第二十二条の八第二項、第四十三条の三の二第二項、第四十三条の三の三十四第二項、第四十三条の二十七第二項、第五十条の五第二項、第五十一条の二十五第二項又は第五十七条の五第二項の規定に違反して廃止措置を講じた者

五の四　第十二条の六第七項（第二十二条の八第三項、第四十三条の三の二第三項、第四十三条の三の三十四第三項、第四十三条の二十七第三項、第五十条の五第三項、第五十一条の二十四の二第三項、第五十一条の二十五第三項及び第五十七条の五第三項において準用する場合を含む。）の規定による命令に違反した者

五の五　第十二条の七第二項、第二十二条の九第二項、第四十三条の三の三第二項、第四十三条の三の三十五第二項、第四十三条の二十八第二項、第五十一条第二項、第五十一条の二十六第二項又は第五十七条の六第二項の規定に違反した者

五の六　第十二条の七第三項、第二十二条の九第三項、第四十三条の三の三第三項、第四十三条の三の三十五第三項、第四十三条の二十八第三項、第五十一条第三項、第五十一条の二十六第三項又は第五十七条の六第三項の規定に違反した者

五の七　第十二条の七第八項（第二十二条の九第五項、第四十三条の三の三第四項、第四十三条の三の三十五第四項、第四十三条の二十八第四項、第五十一条第四項、第五十一条の二十六第四項及び第五十七条の六第四項において準用する場合を含む。）の規定による命令に違反した者

六　第十六条第一項の規定により許可を受けなければならない事項について、同項の許可を受けないで第十三条第二項第二号、第三号又は第五号から第七号までに掲げる事項を変更した者

六の二　第十六条の三第一項、第二十八条第一項、第四十三条の三の十一第一項、第四十三条の九第一項、第四十六条第一項、第五十一条の八第一項又は第五十五条の二第一項の規定に違反して、記録せず、虚偽の記録をし、又は記録を保存しなかつた者

七　第十六条の三第三項の規定に違反して加工施設を使用した者

八　第十六条の五第一項若しくは第三項、第二十九条第一項若しくは第三項、第四十三条の三の十六第一項若しくは第三項、第四十六条の二の二第一項若しくは第三項又は第五十一条の十第一項若しくは第三項の規定に違反して、記録せず、虚偽の記録をし、若しくは記録を保存せず、又は報告をせず、若しくは虚偽の報告をした者

八の二　第二十一条の三第一項、第三十六条第一項、第四十三条の三の二十三第一項、第四十三条の十九第一項、第四十九条第一項、第五十一条の十七第一項、第五十六条の四第一項、第五十八条第三項、第五十九条第四項（特定核燃料物質の防護のために必要な措置に係る部分を除く。）又は第六十条第二項（特定核燃料物質の防護のために必要な措置に係る部分を除く。）の規定による命令に違反した者

九　第二十二条の二第一項の規定に違反した者

九の二　第二十二条の八第一項の規定に違反して加工の事業を廃止した者

十　第二十六条第一項の規定により許可を受けなければならない事項について、同項の許可を受けないで第二十三条第二項第二号から第五号まで、第八号又は第九号に掲げる事項を変更した者

十一　第二十六条の二第一項の許可を受けないで同項の変更又は保持をした者

十二　第二十八条第三項の規定に違反して試験研究用等原子炉施設を使用した者

十三　第四十条第一項の規定に違反した者

十三の二　第四十三条の三の二第一項の規定に違反して試験研究用等原子炉を廃止した者

十三の三　第四十三条の三の八第一項の規定により許可を受けなければならない事項について、同項の許可を受けないで第四十三条の三の五第二項第二号から第五号まで又は第八号から第十一号までに掲げる事項を変更した者

十三の四　第四十三条の三の十一第三項の規定に違反して発電用原子炉施設を使用した者

十三の五　第四十三条の三の二十六第一項の規定に違反した者

十三の六　第四十三条の三の三十四第一項の規定に違反して発電用原子炉を廃止した者

十四　第四十三条の七第一項の規定による許可を受けなければならない事項について、同項の許可を受けないで第四十三条の四第二項第二号から第四号まで、第六号又は第七号に掲げる事項を変更した者

十五　第四十三条の九第三項の規定に違反して使用済燃料貯蔵施設を使用した者

十六　第四十三条の二十二第一項の規定に違反した者

十六の二　第四十三条の二十七第一項の規定に違反して使用済燃料の貯蔵の事業を廃止した者

十七　第四十四条の四第一項の規定により許可を受けなければならない事項について、同項の許可を受けないで第四十四条第二項第二号から第四号まで又は第六号から第九号までに掲げる事項を変更した者

十八　第四十六条第三項の規定に違反して再処理施設を使用した者

十九　第五十条の二第一項の規定に違反した者

十九の二　第五十条の五第一項の規定に違反して再処理の事業を廃止した者

二十　第五十一条の五第一項の規定により許可を受けなければならない事項について、同項の許可を受けないで第五十一条の二第三項第二号から第五号まで又は第七号に掲げる事項を変更した者

二十一　第五十一条の八第三項の規定に違反して特定第一種廃棄物埋設施設又は特定廃棄物管理施設を使用した者

二十二　第五十一条の二十第一項の規定に違反した者

二十二の二　第五十一条の二十四の二第一項の規定に違反して閉鎖措置を講じた者

二十二の三　第五十一条の二十五第一項の規定に違反して廃棄の事業を廃止した者

二十二の四　第五十一条の二十九第一項の許可を受けないで土地を掘削した者

二十二の五　第五十一条の三十の規定による命令に違反した者

二十三　第五十五条第一項の許可を受けないで第五十二条第二項第二号から第四号まで又は第六号から第十号までに掲げる事項を変更した者

二十四　第五十五条の二第三項の規定に違反して使用施設等を使用した者

二十四の二　第五十七条の五第一項の規定に違反して核燃料物質の全ての使用を廃止した者

二十五　第六十一条の規定に違反した者

二十五の二　第六十一条の二の二第三項（第六十四条の三第八項において準用する場合を含む。）の規定による立入り、検査若しくは試料の提出を拒み、妨げ、若しくは忌避し、又は質問に対して陳述をせず、若しくは虚偽の陳述をした者

二十六　第六十二条第一項の規定に違反した者（第七十八条の五に規定する者を除く。）

二十六の二　第六十二条の三（核原料物質使用者に係る部分を除く。）の報告をせず、又は虚偽の報告をした者

二十七　第六十四条第一項の規定に違反し、又は同条第三項の規定による命令に違反した者

二十七の二　第六十四条の三第一項の規定に違反して実施計画を提出しなかった者

二十七の三　第六十四条の三第四項の規定による命令に違反した者

二十七の四　第六十四条の三第六項の規定による命令に違反した者

二十八　第六十六条第二項の規定に違反した者

二十九　第六十七条第一項（核原料物質使用者、国際規制物資を使用している者及び国際特定活動実施者に係る部分を除く。）の報告をせず、又は虚偽の報告をした者

三十　第六十八条第一項（核原料物質使用者、国際規制物資使用者、第六十一条の三第一項各号のいずれかに該当する場合における当該各号に規定する者、同条第五項、第六項、第八項及び第九項に規定する者並びに国際特定活動実施者に係る部分を除く。）の規定による立入り、検査若しくは収去を拒み、妨げ、若しくは忌避し、又は質問に対して陳述をせず、若しくは虚偽の陳述をした者

三十一　第六十八条の二の規定に違反した者

三十二　第七十二条第三項の規定による立入り若しくは検査を拒み、妨げ、若しくは忌避し、又は質問に対して陳述をせず、若しくは虚偽の陳述をした者

> 注　令和四年六月一七日法律六八号により改正され令和七年六月一日から施行
> 第七十八条中「懲役」を「拘禁刑」に改める。

第七十九条　次の各号のいずれかに該当する者は、三百万円以下の罰金に処する。

一　第十一条、第二十一条、第三十四条、第四十三条の三の二十一、第四十三条の十七、第四十七条、第五十一条の十五又は第五十六条の二の規定に違反して、記録せず、若しくは虚偽の記録をし、又は記録を備えて置かなかつた者

二　第三十六条の二第一項若しくは第二項の規定による届出をしないで原子力船を港に立ち入らせ、又は同条第四項の規定による命令に違反した者

三　第五十一条の六の規定による確認を受けないで廃棄物埋設を行つた者

四　第五十一条の二十四の二第二項の規定による確認を受けないで閉鎖措置を講じた者

五　第五十七条の七第一項の規定による届出をしないで核原料物質を使用し、又は同条第五項の規定による命令に違反した者

六　第五十八条第二項の規定による確認を受けないで核燃料物質又は核燃料物質によつて汚染された物を廃棄した者

七　第五十九条第二項の規定による確認を受けず、又は同条第五項の規定による届出をせず、若しくは虚偽の届出をして核燃料物質又は核燃料物質によつて汚染された物を運搬した者

八　第五十九条第八項の規定に違反した者

九　第六十一条の三第一項の許可を受けないで国際規制物資を使用した者

十　第六十一条の六の規定による国際規制物資の使用の停止の命令に違反した者

十一　第六十一条の八第一項の規定に違反し、又は同条第三項の規定による命令に違反した者

十二　第六十一条の九の規定による命令に違反した者

十三　第六十一条の九の三第一項の規定に違反した者

第八十条　次の各号のいずれかに該当する者は、百万円以下の罰金に処する。

一　第五十一条の二十八第一項の規定に違反して、記録せず、若しくは虚偽の記録をし、又は記録を提出しなかつた者

一の二　第五十一条の三十一第一項の報告をせず、又は虚偽の報告をした者

一の三　第五十一条の三十一第一項の規定による立入り、検査、収去若しくは調査を拒み、妨げ、若しくは忌避し、又は質問に対して陳述をせず、若しくは虚偽の陳述をした者

一の四　第五十一条の三十三第五項の規定に違反して、同条第一項の規定による立入りその他の行為を拒み、又は妨げた者

一の五　第五十七条の七第二項第二号から第四号まで又は第六号に掲げる事項の変更について同条第三項の規定による届出をせず、又は虚偽の届出をした者

二　第五十七条の七第七項若しくは第八項、第六十一条の九の二第一項若しくは第三項、第六十一条の九の四第一項若しくは第三項から第五項まで若しくは第六十三条の規定による届出をせず、又は虚偽の届出をした者

三　第五十九条第十一項の規定による警察官の停止命令に従わず、提示の要求を拒み、検査を拒み、若しくは妨げ、又は同項の規定による命令に従わなかつた者

四　第六十一条の三第四項若しくは第七項の規定による届出をしないで国際規制物資を使用し、同条第五項若しくは第八項の規定による届出をしないで国際規制物資を貯蔵し、又は同条第六項若しくは第九項の規定による届出をしないで国際規制物資を廃棄した者

五　第六十一条の五第一項の規定による届出をしないで第六十一条の三第二項第二号から第四号までに掲げる事項を変更した者

六　第六十一条の七の規定に違反して、記録せず、若しくは虚偽の記録をし、又は記録を備えて置かなかつた者

七　第六十一条の八の二第二項の規定による立入り、検査又は試料の提出を拒み、妨げ、又は忌避した者

八　第六十一条の八の二第五項又は第六十八条第十四項の規定に違反した者

九　第六十二条の三（核原料物質使用者に係る部分に限る。）の報告をせず、又は虚偽の報告をした者

十　第六十七条（第一項（核原料物質使用者、国際規制物資を使用している者及び国際特定活動実施者に係る部分を除く。）の報告をせず、又は虚偽の報告をした者

十一　第六十八条第一項（核原料物質使用者、国際規制物資使用者並びに第六十一条の三第一項各号のいずれかに該当する場合における当該各号に規定する者、同条第五項、第六項、第八項及び第九項に規定する者並びに国際特定活動実施者に係る部分に限る。）、第二項から第四項まで又は第七項の規定による立入り、検査若しくは収去を拒み、妨げ、若しくは忌避し、又は質問に対して陳述をせず、若しくは虚偽の陳述をした者

十二　第六十八条第八項の規定による立入り、検査又は収去を拒み、妨げ、又は忌避した者

〔包括的核実験禁止条約が日本国について効力を生ずる日から施行〕

最終改正　令五法四四

第一条中「研究、開発及び利用」を「利用等」に改める。

第六十七条の次に次の一条を加える。

第六十七条の二　原子力規制委員会は、包括的核実験禁止条約（以下「条約」という。）により設立される包括的核実験禁止条約機関（以下単に「包括的核実験禁止条約機関」という。）又は条約の締約国たる外国の政府（以下「締約国政府」という。）から条約の定めるところにより要請があつた場合にあつては、包括的核実験禁止条約機関又は当該締約国政府に対して説明を行うために必要な限度において、核燃料物質を取り扱う者その他の者に対し、その要請に係る事項に関し報告をさせることができる。

2　原子力規制委員会は、第六十八条の二第一項の規定による

撮影、測定、観測、調査又は収去が行われた場合にあつては、包括的核実験禁止条約機関に対して説明を行うために必要な限度において、関係者に対し、当該撮影、測定、観測、調査又は収去の対象となつた土地等に関し報告をさせることができる。

第六十八条の二を第六十八条の三とし、第六十八条の次に次の一条を加える。

第六十八条の二　包括的核実験禁止条約機関の指定する者は、原子力規制委員会の指定する当該職員及び外務大臣の指定する当該職員の立会いの下に、条約で定める範囲内において、包括的核実験禁止条約機関が指定する区域内の土地又は工作物に立ち入り、土地、工作物その他必要な物件を撮影し、放射能水準を測定し、地震を観測し、土地の状況を調査し、又は試験のため必要な最小限度の量に限り、必要な試料の収去（土地の掘削を伴う場合を含む。）をすることができる。

2　締約国政府の指定する者は、条約で定める範囲内において、前項の規定による撮影、測定、観測、調査又は収去に立ち会うことができる。

3　第一項の規定により撮影、測定、観測、調査又は収去に立ち会う当該職員は、その身分を示す証明書を携帯し、かつ、関係者の請求があるときは、これを提示しなければならない。

第六十八条の二に見出しとして「（包括的核実験禁止条約機関の指定する者等の立入検査等）」を付する。

第七十八条第三十一号中「第六十八条の二」を「第六十八条の三」に改める。

第八十条中第十二号を第十三号とし、第十一号を第十二号とし、第十号の次に次の一号を加える。

十一　第六十七条の二第一項又は第二項の報告をせず、又は虚偽の報告をしたとき。

第八十条に次の二号を加える。

十四　第六十八条の二第一項の規定による立入り、撮影、測定、観測、調査又は収去を拒み、妨げ、又は忌避したとき。

十五　第六十八条の二第二項の規定による立会いを拒み、妨げ、又は忌避したとき。

〔令和七年六月六日から施行〕

第六十八条第二項中「第四十三条の三の三十二第二項」を「第四十三条の三の三十二第一項、第三項及び第四項」に改める。

第七十一条第五項中「又は第六十四条第三項」を「、第四十三条の三の三十二第一項、第三項若しくは第四項又は第六十四条第三項」に、「場合に」を「場合（以下この項において「処分をする場合」という。）に」に、「第一項各号」を「次の各号」に改め、同項に次の各号を加える。

一　発電用原子炉に係る処分をする場合　経済産業大臣（試験研究の用に供する原子炉に係る場合にあつては、文部科学大臣及び経済産業大臣）

二　船舶に設置する原子炉に係る処分をする場合　国土交通大臣（試験研究の用に供する原子炉に係る場合にあつては、文部科学大臣及び国土交通大臣）

三　試験研究の用に供する原子炉に係る処分をする場合（前二号に該当するものを除く。）　文部科学大臣

第七十八条中「者は」を「場合には、当該違反行為をした者は」に改め、同条第一号から第十三号の五までの規定中「者」を「とき。」に改め、同条第十三号の六中「者」を「とき。」に改め、同号を同条第十三号の八とし、同条第十三号の五の次に次の二号を加える。

十三の六　第四十三条の三の三十二第一項又は第三項の規定による認可を受けなければならない場合において、これらの認可を受けないで発電用原子炉を運転したとき。

十三の七　第四十三条の三の三十二第九項の規定による命令に違反したとき。

第七十八条第十四号から第二十五号までの規定中「者」を「とき。」に改め、同条第二十六号中「者（」を「とき（」に、「規定する者を除く。）」を「該当する場合を除く。）」に改め、同条第二十六号の二中「した者」を「したとき。」に改め、同条第二十七号から第二十八号までの規定中「者」を「とき。」に改め、同条第二十九号及び第三十号中「した者」を「したとき。」に改め、同条第三十一号及び第三十二号中「者」を「とき。」に改める。

第七十九条中「者は」を「場合には、当該違反行為をした者は」に改め、同条各号中「者」を「とき。」に改める。

第八十条中「者は」を「場合には、当該違反行為をした者は」に改め、同条第一号から第八号までの規定中「者」を「とき。」に改め、同条第九号から第十一号までの規定中「した者」を「したとき。」に改め、同条第十二号中「者」を「とき。」に改める。

○核原料物質、核燃料物質及び原子炉の規制に関する法律施行令（抄）

（昭和三十二年十一月二十一日
政令第三百二十四号）

最終改正　令五政令三四四

（運搬に係る特定核燃料物質の防護のための措置が必要な特定核燃料物質）

第四十七条　法第五十九条第一項に規定する政令で定める特定核燃料物質は、防護対象特定核燃料物質とする。

（運搬に関する確認を要する場合）

第四十八条　法第五十九条第二項に規定する政令で定める場合は、次の表の上欄に掲げる場合について、それぞれ同表の下欄に掲げるもののいずれかに該当する核燃料物質又は核燃料物質によつて汚染された物を運搬する場合とする。

一　法第五十九条第一項の規定により保安のための措置が必要な場合	イ　放射線障害防止のための措置が特に必要な核燃料物質又は核燃料物質によつて汚染された物であつて、原子力規制委員会規則（国土交通大臣の確認を要する場合にあつては、国土交通省令。以下この表において同じ。）で定めるもの ロ　臨界防止のための措置が特に必要な核燃料物質であつて、原子力規制委員会規則で定めるもの
二　法第五十九条第一項の規定により保安及び特定核燃料物質の防護のための措置が必要な場合	イ　照射されていない次に掲げる物質 (1)　プルトニウム及びその化合物並びにこれらの物質の一又は二以上を含む物質であつて、プルトニウムの量が二キログラム以上のもの (2)　ウラン二三五のウラン二三五及びウラン二三八に対する比率が百分の二十以上のウラン並びにその化合物並びにこれらの物質の一又は二以上を含む物質であつて、ウラン二三五の量が五キログラム以上のもの (3)　ウラン二三三及びその化合物並びにこれらの物質の一又は二以上を含む物質であつて、ウラン二三三の量が二キログラム以上のもの ロ　照射されたイに掲げる物質であつて、その表面から一メートルの距離において吸収線量率が一グレイ毎時以下のもの（当該物質が原子力規制委員会規則で定めるところにより固型化され、又は容器に封入されている場合を除く。）

※「国土交通省令」＝核燃料物質等車両運搬規則二〇、「原子力規制委員会規則」＝核燃料物質等の工場又は事業所の外における運搬に関する規則一八

（都道府県公安委員会への届出を要する場合）

第四十九条　法第五十九条第五項に規定する政令で定める場合は、次の表の上欄に掲げる場合について、それぞれ同表の下欄に掲げるもののいずれかに該当する核燃料物質又は核燃料物質によつて汚染された物を運搬する場合とする。

一　法第五十九条第一項の規定により保安のための措置が必要な場合	イ　放射線障害防止のための措置が特に必要な核燃料物質又は核燃料物質によつて汚染された物であつて、内閣府令で定めるもの ロ　臨界防止のための措置が特に必要な核燃料物質であつて、内閣府令で定めるもの
二　法第五十九条第一項の規定により保安及び特定核燃料物質の防護のための措置が必要な場合	防護対象特定核燃料物質

（不要となつた運搬証明書の返納）

第五十条　運搬証明書の交付を受けた者は、次の各号のいずれかに該当することとなつたときは、速やかに当該運搬証明書（第三号の場合にあつては、発見し、又は回復した運搬証明書）を交付を受けた都道府県公安委員会に返納するようにしなければならない。

一　運搬を終了したとき。

二　運搬をしないこととなつたとき。

三　運搬証明書の再交付を受けた場合において、喪失し、又は盗取された運搬証明書を発見し、又は回復したとき。

（都道府県公安委員会の間の連絡）

第五十一条　運搬が二以上の都道府県にわたることとなる場合には、関係都道府県公安委員会（以下この条において「関係公安委員会」という。）は、次に掲げる措置をとるものとする。

一　出発地を管轄する都道府県公安委員会（以下この号において「出発地公安委員会」という。）以外の関係公安委員会にあつては、出発地公安委員会を通じて、法第五十九条第五項の規定による届出の受理、運搬証明書の交付及び同条第六項の指示を行うこと。

二　法第五十九条第六項の指示を行おうとするときは、あらかじめ、当該指示の内容を他の関係公安委員会に通知すること。

三　前二号に定めるもののほか、当該運搬について、災害を防止し、及び特定核燃料物質を防護して公共の安全を図るため、他の関係公安委員会と緊密な連絡を保つこと。

2　前項に規定するもののほか、運搬が二以上の都道府県にわたることとなる場合には、関係公安委員会は、一の関係公安委員会を通じて、法第五十九条第九項の規定による届出、同条第十項の規定による申請及び前条の規定による返納の受理を行うことができるものとする。この場合において、他の関係公安委員会は、当該一の関係公安委員会を通じて、運搬証明書の書換え又は再交付を行うものとする。

（特定核燃料物質の運搬に関する取決めの締結等が必要な場合）

第五十二条　法第五十九条の二第一項に規定する政令で定める

場合は、次のいずれかに該当する特定核燃料物質が運搬される場合とする。

一　防護対象特定核燃料物質

二　ウラン二三五のウラン二三五及びウラン二三八に対する比率が天然の比率であるウラン並びにその化合物並びにこれらの物質の一又は二以上を含む物質で原子炉において燃料として使用できるものであつて、ウランの量が五百キログラムを超えるもの（照射されていないものに限る。）

（受託貯蔵に係る防護措置が必要な特定核燃料物質）

第五十三条　法第六十条第一項に規定する政令で定める特定核燃料物質は、防護対象特定核燃料物質とする。

（報告）

第五十九条　法第六十七条第五項の規定により原子力規制委員会が国際規制物資を使用している者（国際規制物資を貯蔵している使用済燃料貯蔵事業者及び国際規制物資を廃棄している廃棄事業者を含む。）その他の者に対し報告をさせることができる事項は、次に掲げる事項とする。

一　国際原子力機関からの要請に係る事項

二　追加議定書第四条dに規定する疑義又は問題に係る事項

三　ウラン鉱山（ウラン鉱の探鉱、採鉱又は選鉱を行う事業場をいう。以下この号において同じ。）の所在地並びに当該ウラン鉱山におけるウラン鉱の探鉱、採鉱又は選鉱の実施の状況並びにウラン鉱の年間の生産数量及び生産能力

○核燃料物質等車両運搬規則

（昭和五十三年十二月二十八日
運輸省令第七十二号）

沿革　昭五六運令二七、昭六三運令三五、平元運令五、平二運令三四、平六運令一〇、平九運令一二、平一一運令五〇、平一二運令三九・四六、平一三国交令一〇一、平一六国交令一〇九、平一七国交令一一〇、平一八国交令一一九、平二〇国交令三八、平二四国交令七五、平二六国交令二〇・九五、平二九国交令六七、平三〇国交令七七・九〇、令元国交令二三、令六国交令七二改正

（趣旨）

第一条　核燃料物質等を鉄道、軌道、索道、無軌条電車、自動車及び軽車両により、工場又は事業所の外において運搬する場合は、この省令の定めるところによる。

（定義）

第二条　この省令において使用する用語は、核原料物質、核燃料物質及び原子炉の規制に関する法律（昭和三十二年法律第百六十六号。以下「法」という。）及び核原料物質、核燃料物質及び原子炉の規制に関する法律施行令（昭和三十二年政令第三百二十四号。以下「令」という。）において使用する用語の例による。

2　この省令において、次に掲げる用語の意義は、それぞれ当該各号に定めるところによる。

一　放射性輸送物　放射性同位元素等の規制に関する法律施行規則（昭和三十五年総理府令第五十六号。以下「施行規則」という。）第十八条の三第一項に定める放射性輸送物（同条第二項に定めるIP―1型輸送物、IP―2型輸送物及びIP―3型輸送物を含む。）をいう。

二　核燃料輸送物　核燃料物質等の工場又は事業所の外における運搬に関する規則（昭和五十三年総理府令第五十七号。以下「外運搬規則」という。）第一条第三号に定める核燃料輸送物をいう。

三　オーバーパック　荷送人によつて放射性輸送物又は核燃料輸送物が箱又は袋等（運搬途中において運搬する物自体の積替えを要せずに運搬するために作られた運搬器具であつて、反復使用に耐える構造及び強度を有し、かつ、機械による積込み及び取卸しのための装置又は車両に固定するための装置を有するものを除く。）に収納され、又は包装されているものをいう。

四　車両　鉄道、軌道若しくは無軌条電車の車両、索道の搬器、自動車又は軽車両をいう。

五　コンテナ　運搬途中において運搬する物自体の積替えを要せずに運搬するために作られた運搬器具であつて、反復使用に耐える構造及び強度を有し、かつ、機械による積込み及び取卸しのための装置又は車両に固定するための装置を有するものをいう。

六　タンク　運搬器具として用いられるタンクをいう。

七　核燃料輸送物等　核燃料輸送物、核燃料輸送物が収納され、若しくは包装されているオーバーパック又は核燃料輸送物が収納されているコンテナをいう。

八　特定核燃料輸送物等　核燃料輸送物のうち特定核燃料物質の運搬の取決めに関する規則（平成十二年総理府令第百二十四号。第十七条の二第五項において「取決め規則」という。）第一条第一項の表第一号から第六号までの上欄に掲げる特定核燃料物質が収納されているもの（以下「特定核燃料輸送物」という。）、特定核燃料輸送物が収納され、若しくは包装されているオーバーパック又は特定核燃料輸送物が収納されているコンテナをいう。

九　専用積載　大型コンテナ（内容積が三・〇立方メートルを超えるコンテナをいう。以下同じ。）又は車両が一の荷送人によつて専用され、かつ、運搬する物の積込み、取卸し及び運搬中の取扱いが荷送人又は荷受人の指示によつて行われる積載の方法をいう。

（取扱場所）

第三条　核燃料輸送物等（外運搬規則第三条第一項第一号に定めるL型輸送物（以下「L型輸送物」という。）、L型輸送物のみが収納され、若しくは包装されているオーバーパック又はL型輸送物のみが収納されているコンテナにあつては、特定核燃料輸送物等である場合に限る。以下この条において同じ。）は、関係者以外の者が通常立ち入る場所で積込み、取卸し等の取扱いをしてはならない。ただし、特定核燃料輸送物等以外の核燃料輸送物等の積込み、取卸し等の取扱いをする場合であつて縄張、標識の設置等の措置を講じたときは、この限りでない。

（積載方法等）

第四条　核燃料輸送物等の積込み又は取卸しは、核燃料輸送物の安全性が損なわれないように行わなければならない。

2　核燃料輸送物等は、運搬中において移動、転倒、転落等により核燃料輸送物の安全性が損なわれないように積載しなければならない。

3　核燃料輸送物等は、関係者以外の者が通常立ち入る場所に積載してはならない。

（臨界の防止）

第五条　核燃料物質の運搬は、いかなる場合においても臨界に達するおそれがないように措置して行わなければならない。

（混載制限）

第六条　表面からの平均熱放出率が十五ワット毎平方メートルを超える核燃料輸送物等は、熱を除去する装置の設置その他の特別な措置を講じない限り他の貨物と混載してはならない。

2　核燃料輸送物等は、次に掲げるものと同一の車両に混載してはならない。

一　火薬類取締法（昭和二十五年法律第百四十九号）第二条第一項に規定する火薬類及び同条第二項に規定するがん具煙火

二　高圧ガス保安法（昭和二十六年法律第二百四号）第二条に規定する高圧ガス（消火器に封入したものを除く。）

三　揮発油、アルコール、二硫化炭素その他の引火性液体で引火点が五十度（専用積載の場合にあつては、八十五度）以下のもの

四　塩酸、硫酸、硝酸その他の強酸類で酸の含有量が体積百分率で十パーセントを超えるもの

五　前各号に掲げるもののほか、核燃料輸送物の安全な運搬を損なうおそれのある物質

（コンテナ又はオーバーパックに係る線量当量率等）

第七条　核燃料輸送物が収納されているコンテナ又は核燃料輸

送物が収納され、若しくは包装されているオーバーパックの線量当量率（外運搬規則第四条第七号に基づき原子力規制委員会の定める線量当量率をいう。以下同じ。）は、次に掲げる場所ごとに、それぞれ、当該各号に定める値を超えてはならない。

一　表面　線量当量率の最大値（以下「最大線量当量率」という。）が二ミリシーベルト毎時

二　表面から一メートル離れた位置　最大線量当量率が百マイクロシーベルト毎時

2　核燃料輸送物が収納されているコンテナ又は核燃料輸送物が収納され、若しくは包装されているオーバーパックの表面の放射性物質の放射能面密度は、告示で定める密度（以下「表面密度限度」という。）を超えてはならない。

（輸送指数及び臨界安全指数）

第八条　輸送物（放射性輸送物及び核燃料輸送物をいう。以下この条、第十条第二項及び第三項並びに第十八条第五項、第十項及び第十六項において同じ。）、オーバーパック及び輸送物が収納されているコンテナ（同条第四項に定める汚染物等が収納されているものを除く。）については、輸送指数を定め、かつ、外運搬規則第十一条に定める核分裂性輸送物が収納され、若しくは包装されているオーバーパック及び核分裂性輸送物が収納されるコンテナについては、臨界安全指数を定めるものとする。ただし、L型輸送物（施行規則第十八条の三第一項第一号に定めるL型輸送物を含む。以下この項において同じ。）、L型輸送物のみが収納され、又は包装されているオーバーパック及びL型輸送物のみが収納されているコンテナについては、この限りでない。

2　前項の輸送指数は、次の各号に定めるところにより決定される数値とする。

一　輸送物にあつては、当該輸送物の表面から一メートル離れた位置における最大線量当量率をミリシーベルト毎時単位で表した値に百を乗じて得た値。ただし、コンテナ又はタンクが容器として使用されている輸送物にあつては、当該値に、次の表の上欄に掲げるコンテナ又はタンクの最大断面積の区分に応じ、それぞれ、同表の下欄に掲げる係数を乗じて得た値。

一平方メートル以下の場合	一
一平方メートルを超え、五平方メートル以下の場合	二
五平方メートルを超え、二十平方メートル以下の場合	三
二十平方メートルを超える場合	十

二　オーバーパックにあつては、当該オーバーパックに収納され、又は包装されている輸送物について前号による値を合計して得た値。ただし、外形が容易に変形しない構造を有するオーバーパックにあつては、当該オーバーパックの表面から一メートル離れた位置における最大線量当量率をミリシーベルト毎時単位で表した値に百を乗じて得た値に、前号の表の上欄に掲げるオーバーパックの最大断面積の区分に応じ、それぞれ、同表の下欄に掲げる係数を乗じて得た値とすることができる。

三　輸送物が収納されているコンテナにあつては、当該コンテナに収納されている輸送物及びオーバーパックについて前二号による値を合計して得た値又は当該コンテナの表面から一メートル離れた位置における最大線量当量率をミリシーベルト毎時単位で表した値に百を乗じて得た値に、第一号の表の上欄に掲げるコンテナの最大断面積の区分に応じ、それぞれ、同表の下欄に掲げる係数を乗じて得た値

3　前項の規定により輸送指数を決定する場合において、当該決定に用いられる値が〇・〇五以下であるときは、告示で定めるところにより当該値を〇とすることができる。

4　第一項の臨界安全指数は、次の各号に定めるところにより決定される数値とする。この場合において、当該決定に用いられる輸送制限個数が無制限であるときは、当該値を〇とすることができる。

一　核分裂性輸送物（次号に規定するものを除く。）にあつては、当該核分裂性輸送物の輸送制限個数（外運搬規則第十一条第二号ニ又はホで定める輸送制限個数のうちいずれか小さい値とする。）で五十を除して得た値

二　外運搬規則第十一条に基づき原子力規制委員会の定める要件に適合する核分裂性輸送物にあつては、告示で定める値

三　オーバーパックにあつては、当該オーバーパックに収納され又は包装されている核分裂性輸送物について前二号による値を合計して得た値

四　核分裂性輸送物が収納されているコンテナにあつては、当該コンテナに収納されている核分裂性輸送物及びオーバーパックについて前三号による値を合計して得た値

（標識又は表示）

第九条　次の表の上欄に掲げる核燃料輸送物等には、それぞれ、告示で定める標識を同表の下欄に掲げる箇所に付さなければならない。ただし、L型輸送物、L型輸送物のみが収納され、又は包装されているオーバーパック及びL型輸送物のみが収納されているコンテナ（以下「L型輸送物等」という。）については、この限りでない。

一　核燃料輸送物（コンテナ又はタンクが容器として使用されているものを除く。次号及び第三号において同じ。）又は核燃料輸送物が収納され、若しくは包装されているオーバーパックであつて、表面における最大線量当量率が五マイクロシーベルト毎時以下であり、かつ、輸送指数が〇であるもの	核燃料輸送物又は核燃料輸送物が収納され、若しくは包装されているオーバーパックの表面の二箇所
二　核燃料輸送物又は核燃料輸送物が収納され、若しくは包装されているオーバーパック（前号に掲げるものを除く。）であつて、表面における最大線量当量率が五百マイクロシーベルト毎時以下であり、かつ、輸送指数が一を超えないもの	核燃料輸送物又は核燃料輸送物が収納され、若しくは包装されているオーバーパックの表面の二箇所
三　前二号に掲げる核燃料輸送物が収納され、若しくは	核燃料輸送物又は核燃料輸送物

包装されているオーバーパック以外の核燃料輸送物又は核燃料輸送物が収納され、若しくは包装されているオーバーパック	が収納され、若しくは包装されているオーバーパックの表面の二箇所
四　核燃料輸送物の容器として使用されているコンテナ若しくはタンク（第十八条第一項に規定する場合に容器として使用されているコンテナ又はタンクを除く。以下この号から第六号までにおいて同じ。）又は核燃料輸送物が収納されているコンテナであつて、表面における最大線量当量率が五マイクロシーベルト毎時以下であり、かつ、輸送指数が〇であるもの	コンテナの四側面又はタンクの表面の四箇所
五　核燃料輸送物の容器として使用されているコンテナ若しくはタンク又は核燃料輸送物が収納されているコンテナ（前号に掲げるものを除く。）であつて、表面における最大線量当量率が五百マイクロシーベルト毎時以下であり、かつ、輸送指数が一を超えないもの	コンテナの四側面又はタンクの表面の四箇所
六　前二号に掲げるコンテナ又はタンク以外のコンテナ又はタンク	コンテナの四側面又はタンクの表面の四箇所
七　核分裂性輸送物又は核分裂性輸送物が収納され、若しくは包装されているオーバーパック並びに核分裂性輸送物が収納されているコンテナ又はタンク	前各号により付される標識に隣接した箇所

2　次に掲げる核燃料輸送物には、その表面の見やすい箇所に、それぞれ当該各号に定める事項を、耐久性のある方法で、鮮明に表示しておかなければならない。

一　すべての核燃料輸送物　荷送人若しくは荷受人の氏名又は名称及び住所並びに当該核燃料物質等に係る告示で定める国連番号

二　核燃料輸送物（L型輸送物を除く。）　当該核燃料物質等の告示で定める品名

三　総重量が五十キログラムを超える核燃料輸送物　総重量

四　外運搬規則第三条第一項第二号に定めるA型輸送物　「A型」の文字又は「TYPE A」の文字

五　外運搬規則第三条第一項第三号に定めるBM型輸送物（以下「BM型輸送物」という。）　「BM型」の文字又は「TYPE B(M)」の文字

六　外運搬規則第三条第一項第三号に定めるBU型輸送物（以下「BU型輸送物」という。）　「BU型」の文字又は「TYPE B(U)」の文字

七　外運搬規則第八条に定めるIP—1型輸送物　「IP—1型」の文字又は「TYPE IP—1」の文字

八　外運搬規則第九条に定めるIP—2型輸送物　「IP—2型」の文字又は「TYPE IP—2」の文字

九　外運搬規則第十条に定めるIP—3型輸送物　「IP—3型」の文字又は「TYPE IP—3」の文字

十　第四号から前号まで（第七号を除く。）に掲げる核燃料輸送物　当該輸送容器の告示で定める識別記号

3　次に掲げるオーバーパックには、その表面の見やすい箇所に、それぞれ当該各号に定める事項を、耐久性のある方法で、鮮明に表示しておかなければならない。

一　核燃料輸送物が収納され、又は包装されているオーバーパック　「オーバーパック」の文字又は「OVERPACK」の文字

二　核燃料輸送物が収納され、又は包装されているオーバーパック（個々の核燃料輸送物に表示された前項第一号及び第二号に定める事項が外部から容易に確認できる場合を除く。）　荷送人若しくは荷受人の氏名又は名称及び住所並びに当該核燃料物質等に係る告示で定める国連番号

三　核燃料輸送物（L型輸送物を除く。）が収納され、又は包装されているオーバーパック（個々の核燃料輸送物に表示された前項第一号及び第二号に定める事項が外部から容易に確認できる場合を除く。）　当該核燃料物質等の告示で定める品名

4　BM型輸送物及びBU型輸送物には、当該核燃料輸送物の容器の耐火性及び耐水性を有する最も外側の表面に、告示で定めるマークであつて、耐火性及び耐水性を有するものを明確に表示しなければならない。

5　核燃料輸送物（L型輸送物を除く。）の容器として使用されている大型コンテナ若しくはタンク又は核燃料輸送物が収納されている大型コンテナ（L型輸送物のみが収納されているものを除く。第七項において同じ。）には、告示で定めるコンテナ標識を当該大型コンテナの四側面又は当該タンクの表面の四箇所に付さなければならない。

6　前項のコンテナ標識に代えて、第一項の表第四号、第五号若しくは第六号又は第十九条第四項の標識を当該コンテナ標識の寸法に拡大して付すことができる。この場合において、第一項又は第十九条第四項の規定にかかわらず、第一項の表第四号、第五号若しくは第六号又は第十九条第四項の標識を付すことを要しない。

7　核燃料輸送物が収納されている大型コンテナであつて、告示で定める品名の核燃料物質等のうち、同一品名のもの（以下「同一核燃料物質等」という。）のみが当該核燃料輸送物に収納されているもの（本邦内のみを運搬されるものを除く。）を専用積載で運搬する場合には、告示で定めるところにより当該核燃料物質等の国連番号を当該大型コンテナに表示しなければならない。

（積載限度）

第十条　核燃料輸送物が収納され、又は包装されているオーバーパックであつて、輸送指数が十を超えるもの又は臨界安全指数が五十を超えるものは、積載してはならない。ただし、専用積載で運搬する場合には、この限りでない。

2　核燃料輸送物が収納されているコンテナであつて、輸送指数又は臨界安全指数が五十を超えるものは、積載してはならない。ただし、専用積載（車両を専用してする専用積載に限る。次項並びに第十八条第十項及び第十三項において同じ。）で運搬する場合であつて、次の各号の基準のいずれかに適合するときは、この限りでない。

一　核分裂性輸送物が収納されていないこと。

二　核分裂性輸送物が収納されている場合にあつては、当該

核分裂性輸送物の臨界安全指数の合計が五十を超えないこと。ただし、当該コンテナが、当該コンテナに収納されていない輸送物、オーバーパック及びこれらのものが収納されているコンテナから常に六メートル以上隔離される場合にあつては、当該核分裂性輸送物の臨界安全指数の合計が百を超えないこと。

3　核燃料輸送物等を積載する場合において、一の車両（二以上の自動車が連結されている場合にあつては、当該二以上の自動車。以下同じ。）に積載する輸送物（オーバーパックに収納され、又は包装されているもの及びコンテナに収納されているものを除く。）、オーバーパック（コンテナに収納されているものを除く。）及び輸送物が収納されているコンテナの輸送指数の合計及び臨界安全指数の合計は、五十を超えてはならない。ただし、専用積載で運搬する場合であつて、次の各号の基準のいずれかに適合するときは、この限りでない。

一　核分裂性輸送物を積載しないこと。

二　核分裂性輸送物を積載する場合にあつては、当該核分裂性輸送物の臨界安全指数の合計が五十を超えないこと。ただし、当該車両が、当該車両に積載されていない輸送物、オーバーパック及びこれらのものが収納されているコンテナから常に六メートル以上隔離される場合にあつては、当該核分裂性輸送物の臨界安全指数の合計が百を超えないこと。

4　核分裂性輸送物、核分裂性輸送物が収納され、若しくは包装されているオーバーパック（以下「核分裂性輸送物等」という。）及び核分裂性輸送物等が収納されているコンテナを車両の数箇所に集貨（核分裂性輸送物等及び核分裂性輸送物等が収納されているコンテナであつて、他の核分裂性輸送物等及び核分裂性輸送物等が収納されているコンテナとの間の距離が六メートル未満であるものの集合をいう。）として積載するとき、又はコンテナに核分裂性輸送物等を集貨として収納するときは、これらの臨界安全指数の合計は各集貨ごとに五十を超えてはならない。

5　外運搬規則第三条第二項に定めるＩＰ―１型輸送物、ＩＰ―２型輸送物又はＩＰ―３型輸送物を積載する場合において、一の車両に積載する施行規則第十八条の三第二項に定めるＩＰ―１型輸送物、ＩＰ―２型輸送物及びＩＰ―３型輸送物並びに外運搬規則第三条第二項に定めるＩＰ―１型輸送物、ＩＰ―２型輸送物及びＩＰ―３型輸送物（以下「ＩＰ型輸送物等」という。）に収納されている汚染物等（施行規則第十八条の三第二項に定める低比放射性同位元素及び表面汚染物並びに外運搬規則第三条第二項に定める低比放射性物質及び表面汚染物をいう。第十八条第十一項において同じ。）の放射能の量の合計は、告示で定める量を超えてはならない。

（車両に係る線量当量率等）

第十一条　核燃料輸送物等を車両に積載した状態における線量当量率は、次に掲げる場所ごとに、それぞれ当該各号に定める値を超えてはならない。

一　車両の表面（車両が開放型のものである場合にあつては、その外輪郭に接する垂直面及び車体の底面）　最大線量当量率が二ミリシーベルト毎時

二　車両の前面、後面及び両側面（車両が開放型のものである場合にあつては、その外輪郭に接する垂直面）から一メートル離れた位置　最大線量当量率が百マイクロシーベルト毎時

三　車両による運搬に従事する者が通常乗車する場所　最大線量当量率が二十マイクロシーベルト毎時

2　核燃料輸送物等を運搬する車両については、積込み及び取卸しを終了した場合には、放射性物質又は放射性物質によつて汚染された物（以下「放射性物質等」という。）による当該車両の表面の汚染の程度が告示で定める基準を超えないようにしなければならない。

（車両に係る標識）

第十二条　核燃料輸送物等（Ｌ型輸送物等を除く。以下この条、次条、第十五条及び第十六条において同じ。）を積載した車両には、告示で定める車両標識をその両側面及び後面（鉄道、新設軌道及び索道にあつては、両側面に限る。）の見やすい箇所に付さなければならない。ただし、第九条第五項に定めるコンテナ標識（同条第六項の規定に基づき拡大して付された標識を含む。）を付した大型コンテナ又はタンクを運搬する場合であつて、当該コンテナ標識に「放射性」の文字の表示があり、かつ、運搬中外部から視認できるときは、当該コンテナ標識をもつてこれに代えることができる。

2　核燃料輸送物等であつて、同一核燃料物質等のみが収納されているもの（本邦内のみを運搬されるものを除く。）を専用積載で運搬する場合には、告示で定めるところにより当該核燃料物質等の国連番号を当該車両に表示しなければならない。ただし、前項ただし書の規定に基づきコンテナ標識（第九条第六項の規定に基づき拡大して付された標識を含む。）をもつて前項の車両標識に代えた場合には、この限りでない。

3　夜間においては、核燃料輸送物等を運搬する併用軌道、無軌条電車、自動車及び軽車両の前部及び後部（軽車両にあつては、後部に限る。）の見やすい箇所に赤色灯を付け、それを点灯しなければならない。

（連結制限）

第十三条　核燃料輸送物等を積載した鉄道又は軌道の車両は、第六条第二項第一号から第三号までに掲げるもの（第三号に掲げるものにあつては、引火点が二十五度以下のものに限る。）を積載した車両と三両以上離して連結しなければならない。この場合において、ボギー車一両は、二両とみなす。

2　核燃料輸送物等を積載した鉄道又は軌道の車両は、核燃料輸送物等又は放射性同位元素等車両運搬規則（昭和五十二年運輸省令第三十三号）第三条に規定する放射性輸送物等を積載した他の車両と一両以上離して連結しなければならない。

（取扱方法等を記載した書類の携行）

第十四条　核燃料輸送物等（Ｌ型輸送物等にあつては、当該Ｌ型輸送物等に収納されている核燃料物質が防護対象特定核燃料物質であるものに限る。）を運搬する場合には、核燃料輸送物の種類、量、取扱方法、特定核燃料物質の防護のために必要な措置その他運搬に関し留意すべき事項及び事故が発生した場合の措置について記載した書類を携行しなければならない。

（交替運転者等）

第十五条　核燃料輸送物等を自動車により長距離にわたり、又は夜間に運搬する場合であつて、運転者が疲労等により安全

な運転を継続することができないおそれがあるときは、交替するための運転者の配置その他当該自動車の安全な運転の確保のため必要な措置を講じなければならない。

（接近防止措置）

第十六条 核燃料輸送物等（特定核燃料輸送物等を除く。）を積載した併用軌道若しくは無軌条電車の車両、自動車又は軽車両を道路その他一般公衆が当該車両に容易に近づくことができる場所において、駐車（道路交通法（昭和三十五年法律第百五号）第二条第一項第十八号に規定する駐車をいう。）する場合には、関係者以外の者が当該核燃料輸送物に近づくことを防止する措置を講じなければならない。

（同乗制限）

第十六条の二 第九条第一項の表第二号、第三号、第五号又は第六号に掲げる核燃料輸送物等を運搬する場合には、当該核燃料輸送物等を積載した自動車又は軽車両において運搬に従事する者が通常乗車する場所に、関係者以外の者を同乗させてはならない。

（放射線防護計画）

第十六条の三 原子力事業者等（法第五十七条の八に規定する原子力事業者等をいう。以下同じ。）及び原子力事業者等から運搬を委託された者は、核燃料輸送物等の運搬に際して適切に放射線障害を防止することができるように、放射線の線量の測定方法その他の告示で定める事項について記載した放射線防護計画を定めなければならない。

（教育及び訓練）

第十六条の四 原子力事業者等及び原子力事業者等から運搬を委託された者は、運搬に従事する者に対し、核燃料輸送物等の取扱い方法その他の告示で定める事項について、運搬に従事するのに必要な知識及び技能を保有するよう、教育及び訓練を行わなければならない。

（BM型輸送物の運搬に係る措置）

第十七条 BM型輸送物又はBM型輸送物が収納されているコンテナを運搬する場合には、放射線測定器及び保護具を携行しなければならない。

2　BM型輸送物又はBM型輸送物が収納されているコンテナを運搬する場合には、核燃料物質の取扱いに関し専門的知識を有する者を同行させ、当該核燃料輸送物の保安のため必要な監督を行わせなければならない。

（特定核燃料輸送物等の運搬に係る措置等）

第十七条の二 核燃料輸送物のうち防護対象特定核燃料物質が収納されているものを非開放型のコンテナに収納して運搬する場合には、当該コンテナに施錠及び封印をしなければならない。ただし、当該コンテナに収納されている核燃料物質の防護のため施錠及び封印と同等以上の措置を講じたときは、この限りでない。

2　核燃料輸送物等のうち防護対象特定核燃料物質が収納されているものを運搬する場合には、当該核燃料輸送物等は、保安及び特定核燃料物質の防護のために必要な方法で積載しなければならない。

3　核燃料輸送物等を運搬する車両については、核燃料輸送物等のうち防護対象特定核燃料物質が収納されているものを運搬する場合には、保安及び特定核燃料物質の防護のために必要な措置を講じなければならない。

4　核燃料輸送物等のうち防護対象特定核燃料物質が収納されているものを運搬する場合には、保安及び特定核燃料物質の防護のために必要な連絡体制を整備しなければならない。

5　核燃料輸送物等のうち防護対象特定核燃料物質が収納されているものを運搬する場合には、当該核燃料輸送物等の運搬に関する責任者（以下「運搬責任者」という。）及び見張人を配置し、保安及び特定核燃料物質の防護のために必要な措置を講じさせなければならない。ただし、核燃料輸送物等のうち取決め規則第一条第一項の表第七号から第十一号までの上欄に掲げる特定核燃料物質が収納されているものを運搬する場合にあつては、見張人を配置することを要しない。

6　運搬責任者は、保安及び特定核燃料物質の防護のために必要な措置について知識及び経験を有する者でなければならない。

7　核燃料輸送物等のうち防護対象特定核燃料物質が収納されたものを運搬する場合には、当該核燃料輸送物等の盗取又は当該核燃料輸送物等の取扱いに対する妨害行為若しくは当該核燃料輸送物等を運搬する車両若しくは装置に対する破壊行為（以下「妨害破壊行為等」という。）が行われるおそれがあり、又は行われたときにおいて、迅速かつ確実に対応できるように適切な計画（以下「緊急時対応計画」という。）を作成しなければならない。

8　特定核燃料物質の防護のために必要な措置に関する詳細な事項は、当該事項を知る必要があると認められる者以外の者に知られることがないよう管理しなければならない。この場合においては、次に掲げる特定核燃料物質の防護に関する秘密については、秘密の範囲及び業務上知り得る者を指定し、かつ、管理の方法を定めることにより、その漏えいの防止を図らなければならない。

一　国土交通大臣が別に定める妨害破壊行為等の脅威に関する事項

二　特定核燃料物質の防護のために必要な設備及び装置に関する詳細な事項

三　特定核燃料物質の防護のために必要な連絡に関する詳細な事項

四　特定核燃料物質の防護のために必要な体制に関する詳細な事項

五　見張人による監視に関する詳細な事項

六　緊急時対応計画に関する詳細な事項

七　特定核燃料物質の防護のために必要な措置の評価に関する詳細な事項

八　核燃料輸送物等のうち令第三条第一号イ、ロ及びホに掲げる特定核燃料物質（照射されたものを含む。）が収納されたものに関する詳細な事項

九　核燃料輸送物等のうち防護対象特定核燃料物質が収納されているものの運搬に関する詳細な事項

9　特定核燃料輸送物等（告示で定める物質が収納されているものを除く。以下同じ。）を運搬する場合には、あらかじめ、特定核燃料輸送物等に業務上近づき得る者（以下「業務上近づき得る者」という。）を指定し、かつ、業務上近づき得る者以外の者が当該特定核燃料輸送物等に近づくことを防止する措置を講じなければならない。

10　第八項の規定による指定（第八項各号に掲げる特定核燃料物質の防護に関する秘密（特定核燃料輸送物等に収納されて

いる特定核燃料物質に係るものに限る。）であって、当該秘密が漏えいした場合には妨害破壊行為等が行われるおそれが特に大きいものとして告示で定めるもの（以下「特定核物質防護秘密」という。）について業務上知り得る者の指定に限る。以下「特定核物質防護秘密保有者の指定」という。）又は前項の規定による業務上近づき得る者の指定を受けようとする者（以下「対象者」という。）について、次に掲げる措置を講じなければならない。

一　次に掲げるところにより、あらかじめ、対象者について、妨害破壊行為等を行うおそれがあるか否か又は特定核物質防護秘密の取扱いを行った場合にこれを漏らすおそれがあるか否かについての確認（以下この項において「確認」という。）を行うこと。

イ　対象者の履歴、外国との関係及びテロリズムその他の犯罪行為を行うおそれがある団体（暴力団を含む。）との関係、事理を弁識する能力並びに特定核燃料物質の防護に関連する犯罪及び懲戒の経歴を調査し、確認を行うこと。

ロ　告示で定めるところにより、申告書その他の書類の提出又は提示を求める方法、対象者との面接、対象者の性格等に関する適性検査その他必要な方法により調査し、確認を行うこと。

ハ　あらかじめ、対象者に対し、確認の実施に際し知り得た情報の漏えい及び目的外利用を防止する措置を講じていることその他必要な事項を説明し、個人情報の利用について対象者の同意を得た上で確認を行うこと。

二　確認を行った結果、対象者について、妨害破壊行為等を行うおそれがあり、又は特定核物質防護秘密を漏らすおそれがあると認められる場合（前号ハに規定する同意が得られない場合を含む。）は、対象者に対し、特定核物質防護秘密保有者の指定又は業務上近づき得る者の指定を行わないこと。

三　特定核物質防護秘密保有者の指定及び業務上近づき得る者の指定の有効期間は、当該これらの指定に係る確認の日から起算して五年以内とすること。ただし、有効期間内であっても、事情の変更により特別の必要が生じたときは、改めて確認を行うこと。

11　核燃料輸送物等のうち次に掲げるいずれかの物質（使用済燃料を溶解した液体から核燃料物質その他の有用物質を分離した残りの液体をガラスにより容器に固型化した物に含まれるものであって、その表面から一メートルの距離において吸収線量率（令第三条第三号に規定する吸収線量率をいう。以下この項において同じ。）が一グレイ毎時を超えるもの及び廃棄しようとするものであって、封入（圧縮して封入する場合に限る。）し、又は固型化して容器に内包されているものを除く。）が収納されているものを運搬する場合、前各項の特定核燃料物質の防護のために必要な措置は、国土交通大臣が別に定める妨害破壊行為等の脅威に対応したものとしなければならない。

一　令第三条第一号イ、ロ及びホに掲げる特定核燃料物質（照射されたものを含む。）

二　令第三条第一号ハに掲げる特定核燃料物質であって、照射直後にその表面から一メートルの距離において吸収線量率が一グレイ毎時を超えていたもの

三　令第三条第三号に掲げる特定核燃料物質

（核燃料輸送物としないで運搬できる低比放射性物質等の運搬）

第十八条　外運搬規則第十三条第一号に定める低比放射性物質及び同条第二号に定める表面汚染物を核燃料輸送物としないで運搬する場合には、次項から第十七項までの規定によらなければならない。

2　前項に定める低比放射性物質又は表面汚染物（以下「低比放射性物質等」という。）が収納されているコンテナ又はタンクの線量当量率は、次に掲げる場所ごとに、それぞれ、当該各号に定める値を超えてはならない。

一　表面　最大線量当量率が二ミリシーベルト毎時

二　表面から一メートル離れた位置　最大線量当量率が百マイクロシーベルト毎時

3　低比放射性物質等が収納されているコンテナ又はタンクの表面（当該コンテナ又はタンクを専用積載で運搬する場合にあっては、外表面に限る。）の放射性物質の放射能面密度は、表面密度限度を超えてはならない。

4　汚染物等（施行規則第十八条の十一第一号に定める低比放射性同位元素及び第一項に定める低比放射性物質並びに同条第二号に定める表面汚染物及び同項に定める表面汚染物に限る。以下この条（第十一項を除く。）において同じ。）並びに汚染物等が収納されているコンテナ及びタンクについては、輸送指数を定めるものとする。

5　前項の輸送指数は、次の各号に定めるところにより決定される数値とする。この場合において、当該決定に用いられる値が〇・〇五以下であるときは、告示で定めるところにより当該値を〇とすることができる。

一　汚染物等（タンクに収納されているものを除く。）及び汚染物等が収納されているタンクにあっては、当該汚染物等又は当該タンクの表面から一メートル離れた位置における最大線量当量率をミリシーベルト毎時単位で表した値に百を乗じて得た値に、次の表の上欄に掲げる汚染物等又はタンクの最大断面積の区分に応じ、それぞれ、同表の下欄に掲げる係数を乗じて得た値。ただし、汚染物等のうち、告示で定めるウラン又はトリウムの精鉱にあっては、当該ウラン又はトリウムの精鉱の集積の表面（タンクに収納されている場合にあっては、当該タンクの表面）から一メートル離れた位置における最大線量当量率を告示で定める値とすることができる。

一平方メートル以下の場合	一
一平方メートルを超え、五平方メートル以下の場合	二
五平方メートルを超え、二十平方メートル以下の場合	三
二十平方メートルを超える場合	十

二　汚染物等が収納されているコンテナにあっては、当該コンテナに収納されている汚染物等及び汚染物等が収納されているタンクについて前号による値を合計して得た値（当該コンテナに輸送物が収納されている場合にあっては、当該値と同一のコンテナに収納されている輸送物（オーバー

パックに収納され、又は包装されているものを除く。）及びオーバーパックについて第八条第二項第一号及び第二号による値を合計して得た値）又は当該コンテナの表面から一メートル離れた位置における最大線量当量率をミリシーベルト毎時単位で表した値に百を乗じて得た値に、前号の表の上欄に掲げるコンテナの最大断面積の区分に応じ、それぞれ、同表の下欄に掲げる係数を乗じて得た値。

6　低比放射性物質等が収納されているコンテナ又はタンクには、告示で定める標識を当該コンテナの四側面又は当該タンクの表面の四箇所に付さなければならない。

7　低比放射性物質等が収納されている大型コンテナ又はタンクには、告示で定めるコンテナ標識を当該大型コンテナの四側面又は当該タンクの表面の四箇所に付さなければならない。

8　前項のコンテナ標識に代えて、第六項又は次条第四項の標識を当該コンテナ標識の寸法に拡大して付すことができる。この場合において、第六項又は次条第四項の規定にかかわらず、第六項又は次条第四項の標識を付すことを要しない。

9　告示で定める品名の低比放射性物質等のうち、同一品名のもの（以下「同一低比放射性物質等」という。）のみが収納されている大型コンテナ又はタンク（本邦内のみを運搬されるものを除く。）を運搬する場合には、告示で定めるところにより当該低比放射性物質等の国連番号を当該大型コンテナ又はタンクに表示しなければならない。

10　低比放射性物質等又は低比放射性物質等が収納されているコンテナ若しくはタンクを積載する場合において、一の車両に積載する汚染物等（コンテナ又はタンクに収納されているものを除く。）、汚染物等が収納されているタンク及びこれらのものが収納されているコンテナの輸送指数の合計又は当該値と同一の車両に積載する輸送物（オーバーパックに収納され、又は包装されているもの及びコンテナに収納されているものを除く。）、オーバーパック（コンテナに収納されているものを除く。）及び輸送物が収納されているコンテナの輸送指数の合計は、五十を超えてはならない。ただし、専用積載で運搬する場合は、この限りでない。

11　第一項に定める表面汚染物を積載する場合において、一の車両に積載する当該表面汚染物及び施行規則第十八条の十一第二号に定める表面汚染物の放射能の量の合計又は当該量と同一の車両に積載するIP型輸送物等に収納されている汚染物等の放射能の量の合計は、告示で定める量を超えてはならない。

12　第一項に定める表面汚染物を積載する場合において、一の車両に積載する当該表面汚染物に含まれる外運搬規則第四条第九号に定める核分裂性物質に含まれる告示で定める物質の量の合計は、告示で定める量を超えてはならない。

13　低比放射性物質等又は低比放射性物質等が収納されているコンテナ若しくはタンクを運搬する車両については、積込み及び取卸しを終了した場合には、放射性物質等による当該車両の表面（専用積載で運搬する場合にあつては、外表面に限る。）の汚染の程度が告示で定める基準を超えないようにしなければならない。

14　低比放射性物質等又は低比放射性物質等が収納されているコンテナ若しくはタンクを積載した車両には、告示で定める車両標識をその両側面及び後面（鉄道、新設軌道及び索道にあつては、両側面に限る。）の見やすい箇所に付さなければならない。ただし、第七項に定めるコンテナ標識（第八項の規定に基づき拡大して付された標識を含む。）を付した大型コンテナ又はタンクを運搬する場合であつて、当該コンテナ標識に「放射性」の文字の表示があり、かつ、運搬中外部から視認できるときは、当該コンテナ標識をもつてこれに代えることができる。

15　同一低比放射性物質等又は同一低比放射性物質等のみが収納されているコンテナ若しくはタンク（本邦内のみを運搬されるものを除く。）のみを車両により運搬する場合には、告示で定めるところにより当該低比放射性物質等の国連番号を当該車両に表示しなければならない。ただし、前項ただし書の規定に基づきコンテナ標識（第八項の規定に基づき拡大して付された標識を含む。）をもつて前項の車両標識に代えた場合にあつては、この限りでない。

16　低比放射性物質等又は低比放射性物質等が収納されているコンテナ若しくはタンクを積載した鉄道又は軌道の車両は、輸送物（L型輸送物及び施行規則第十八条の三第一項第一号に定めるL型輸送物を除く。）、当該輸送物が収納され、若しくは包装されているオーバーパック、汚染物等、汚染物等が収納されているタンク又はこれらのものが収納されているコンテナを積載した他の車両と一両以上離して連結しなければならない。

17　第三条、第四条、第六条、第十条第二項、第十一条第一項、第十二条第三項、第十三条第一項及び第十四条から第十六条の二までの規定は、低比放射性物質等を運搬する場合に準用する。この場合において、これらの規定（第十六条の二を除く。）中「核燃料輸送物」とあるのは「低比放射性物質等」と、「核燃料輸送物等」とあるのは「低比放射性物質等又は低比放射性物質等が収納されているコンテナ若しくはタンク」と、第十六条の二中「第九条第一項の表第二号、第三号、第五号又は第六号に掲げる」とあるのは「告示で定める」と、「核燃料輸送物等」とあるのは「低比放射性物質等が収納されているコンテナ又はタンク」と読み替えるものとする。

（特別措置等）

第十九条　第七条、第十条（前条第十七項において第十条第二項を準用する場合を含む。）、第十一条（前条第十七項において第十一条第一項を準用する場合を含む。）並びに前条第一項から第三項まで及び第十項から第十三項までの規定に従つて運搬することが著しく困難な場合であつて、安全な運搬を確保するために必要な措置を講じ、かつ、これらの規定によらないで運搬しても安全上支障がない旨の国土交通大臣の承認を受けたときは、これらの規定によらないで運搬することができる。

2　第七条第一項、第十一条第一項第二号（前条第十七項において準用する場合を含む。）並びに前条第一項及び第二項の規定によらないで運搬しても安全上支障がない旨の国土交通大臣の承認を受けた場合には、これらの規定によらないで運搬することができる。この場合において、次の表の上欄に掲げる規定によらないで運搬するときは、それぞれ、同表の下欄に掲げる基準に適合しなければならない。

一　第七条第一項第一号	イ　専用積載で運搬すること。 ロ　関係者以外の者が当該オーバーパック又はコンテナに近づくことを防止する措置を講じること。 ハ　運搬中に積込み及び取卸しをしないこと。 ニ　表面において最大線量当量率が十ミリシーベルト毎時を超えないこと。
二　第七条第一項第二号	専用積載で運搬すること。
三　第十一条第一項第二号（前条第十七項において準用する場合を含む。）	当該車両の前面、後面及び両側面（車両が開放型のものである場合にあつては、その外輪郭に接する垂直面）から二メートル離れた位置において最大線量当量率が百マイクロシーベルト毎時を超えないこと。
四　前条第二項第一号	イ　専用積載で運搬すること。 ロ　関係者以外の者が当該コンテナ又はタンクに近づくことを防止する措置を講じること。 ハ　運搬中に積込み及び取卸しをしないこと。 ニ　表面において最大線量当量率が十ミリシーベルト毎時を超えないこと。
五　前条第二項第二号	専用積載で運搬すること。

3　外運搬規則第五条第七号及び第八号、第六条第一号、第七条第一号、第八条、第九条第一項第一号及び第二項第一号、第十条第一項第一号及び第二項第一号並びに第十四条の規定により原子力規制委員会の承認を受けて核燃料物質等又は核燃料輸送物を運搬しようとする場合には、安全な運搬を確保するために必要な措置（これらの規定（外運搬規則第五条第八号及び第十四条を除く。）により原子力規制委員会の承認を受けて表面における線量当量率が二ミリシーベルト毎時を超え十ミリシーベルト毎時以下の核燃料輸送物を運搬しようとする場合にあつては、次の各号に掲げる措置）を講じ、かつ、安全上支障がない旨の国土交通大臣の承認を受けなければならない。

一　関係者以外の者が当該核燃料輸送物に近づくことを防止する措置を講じること。

二　運搬中に積込み及び取卸しをしないこと。

4　第一項及び前項の規定により核燃料物質等、核燃料輸送物等、低比放射性物質等又は低比放射性物質等が収納されているコンテナ若しくはタンクを運搬する場合には、専用積載で運搬しなければならず、また、第九条第一項又は前条第六項の規定にかかわらず、それらの表面（核燃料物質等及び低比放射性物質等の表面を除く。）の二箇所（コンテナ又はタンクにあつては、当該コンテナの四側面又は当該タンクの表面の四箇所）に告示で定める標識を付さなければならない。

（運搬の安全の確認）

第二十条　令第四十八条の表第一号イの国土交通省令で定める核燃料物質等は、BM型輸送物又はBU型輸送物として運搬される核燃料物質等及び告示で定める量以上の六ふつ化ウランとする。

2　令第四十八条の表第一号ロの国土交通省令で定める核燃料物質は、核分裂性輸送物（一の車両に積載される核分裂性輸送物であつて、当該核分裂性輸送物の臨界安全指数の合計が五十を超えるものに限る。）として運搬される核燃料物質とする。

（確認を要しない場合）

第二十条の二　令第四十八条の表第二号のロの国土交通省令で定めるところにより固型化され、又は容器に封入されている場合は、核燃料物質等で廃棄しようとするものが封入（圧縮して封入する場合に限る。）し、又は固型化して容器に内包されている場合とする。

第二十一条　法第五十九条第二項の確認（以下「運搬の安全の確認」という。）を受けようとする者は、運搬前に、運搬に関する計画書を国土交通大臣に提出しなければならない。

第二十二条　国土交通大臣は、運搬の安全の確認をしたときは、確認証を交付するものとする。

附　則

この省令は、原子力基本法等の一部を改正する法律（昭和五十三年法律第八十六号）附則第一条第三号に掲げる規定の施行の日（昭和五十四年一月四日）から施行する。

附　則（昭五六・五・一八運令二七）

1　この省令は、放射性同位元素等による放射線障害の防止に関する法律の一部を改正する法律（昭和五十五年法律第五十二号）の施行の日（昭和五十六年五月十八日）から施行する。

2　この省令の施行の日から起算して六十日を経過する日までに行われる核燃料物質等の運搬については、改正後の第二十条第一項の規定にかかわらず、なお従前の例による。

附　則（昭六三・一一・二四運令三五）

この省令は、核原料物質、核燃料物質及び原子炉の規制に関する法律の一部を改正する法律（昭和六十三年法律第六十九号）附則第一条第一号に掲げる規定の施行の日（昭和六十三年十一月二十六日）から施行する。

附　則（平元・二・二七運令五抄）

（施行期日）

第一条　この省令は、平成元年四月一日（以下「施行日」という。）から施行する。

（核燃料物質等車両運搬規則の一部改正に伴う経過措置）

第六条　第十一条の規定による改正後の核燃料物質等車両運搬規則の規定は、施行日以後に開始される核燃料物質等の運搬について適用し、同日前に開始される核燃料物質等の運搬については、なお従前の例による。

附　則（平二・一二・三運令三四抄）

（施行期日）

第一条　この省令は、平成三年一月一日（以下「施行日」という。）から施行する。

（経過措置）

第二条　この省令の施行の際現に運搬されている放射性同位元素等又は核燃料物質等については、当該運搬が終了するまでは、なお従前の例による。

2　第一条の規定による改正前の放射性同位元素等車両運搬規則又は第二条の規定による改正前の核燃料物質等車両運搬規則の定めるところにより、放射性同位元素等による放射線障害の防止に関する法律（以下「放射線障害防止法」という。）第十八条の二第二項又は核原料物質、核燃料物質及び原子炉の規制に関する法律（以下「原子炉等規制法」という。）第五十九条の二第二項（第六十六条第二項において準用する場合を含む。）に規定する確認（放射線障害防止法第四十一条の十一第一項又は原子炉等規制法第六十一条の四十三第一項に定める指定運搬方法確認機関が行う確認を含む。）を受けて施行日以後開始される放射性同位元素等又は核燃料物質等の運搬については、第一条の規定による改正後の放射性同位元素等車両運搬規則又は第二条の規定による改正後の核燃料物質等車両運搬規則の規定にかかわらず、当該運搬が終了するまでは、なお従前の例による。

附　則（平六・三・二九運令一〇）

この省令は、平成六年四月一日から施行する。〔後略〕

附　則（平九・三・一八運令一二）

この省令は、高圧ガス取締法及び液化石油ガスの保安の確保及び取引の適正化に関する法律の一部を改正する法律の施行の日（平成九年四月一日）から施行する。

附　則（平一一・一二・一五運令五〇）

この省令は、核原料物質、核燃料物質及び原子炉の規制に関する法律の一部を改正する法律（平成十一年法律第七十五号。以下「法」という。）の施行の日（平成十一年十二月十六日）から施行する。ただし、〔中略〕第二条〔中略〕の規定は、法附則第一条第一号に掲げる規定の施行の日（平成十二年六月十六日）から施行する。

附　則（平一二・一一・二九運令三九抄）

（施行期日）

第一条　この省令は、平成十三年一月六日から施行する。

附　則（平一二・一二・二五運令四六）

この省令は、平成十三年一月六日から施行する。

附　則（平一三・六・二五国交令一〇一抄）

（施行期日）

第一条　この省令は、平成十三年七月一日（以下「施行日」という。）から施行する。

（核燃料物質等車両運搬規則の一部改正に伴う経過措置）

第五条　この省令の施行の際現に運搬されている核燃料物質等については、当該運搬が終了するまでの間は、第四条の規定による改正後の核燃料物質等車両運搬規則（以下この条において「新規則」という。）の規定にかかわらず、なお従前の例による。

2　施行日前に第四条の規定による改正前の核燃料物質等車両運搬規則の定めるところにより、核原料物質、核燃料物質及び原子炉の規制に関する法律（以下この条において「原子炉等規制法」という。）第五十九条の二第二項（第六十六条第二項において準用する場合を含む。）に規定する確認（原子炉等規制法第六十一条の四十三第一項に定める指定運搬方法確認機関が行う確認を含む。）を受けて、施行日以後運搬される核燃料物質等については、当該運搬が終了するまでの間は、新規則の規定にかかわらず、なお従前の例による。

3　国土交通大臣は施行日前においても、新規則の定めるところにより、原子炉等規制法第五十九条の二第二項の確認を行うことができる。

（罰則に関する経過措置）

第六条　施行日前にした行為及びこの附則の規定によりなお従前の例によることとされる事項に係る施行日以後にした行為に対する罰則の適用については、なお従前の例による。

附　則（平一六・一二・二四国交令一〇九抄）

（施行期日）

第一条　この省令は、平成十七年一月一日から施行する。

（核燃料物質等車両運搬規則の一部改正に伴う経過措置）

第三条　この省令の施行の際現に運搬されている核燃料物質等については、当該運搬が終了するまでの間は、第二条の規定による改正後の核燃料物質等車両運搬規則の規定にかかわらず、なお従前の例による。

附　則（平一七・一二・一国交令一一〇）

（施行期日）

第一条　この省令は、公布の日から施行する。ただし、〔中略〕第七条中核燃料物質等車両運搬規則第十七条の二に三項を加える改正規定は、平成十八年六月一日から施行する。

（核燃料物質等車両運搬規則の一部改正に伴う経過措置）

第二条　この省令の施行の際現に運搬されている核燃料物質等については、当該運搬が終了するまでの間は、第七条の規定による改正後の核燃料物質等車両運搬規則の規定にかかわらず、なお従前の例による。

附　則（平一八・一二・二六国交令一一九）

この省令は、平成十九年一月一日から施行する。

附　則（平二〇・五・三〇国交令三八）

（施行期日）

1　平成二十年七月一日（以下「施行日」という。）から施行する。

（経過措置）

2　第二条の規定による改正後の核燃料物質等車両運搬規則の規定は、施行日以後に開始される核燃料物質等の運搬について適用し、同日前に開始される核燃料物質等の運搬については、なお従前の例による。

附　則（平二四・九・一四国交令七五）

この省令は、原子力規制委員会設置法（平成二十四年六月法律第四七号）の施行の日（平成二十四年九月十九日）から施行する。ただし、次の各号に掲げる規定は、当該各号に定める日から施行する。

一　〔略〕

二　〔前略〕第十条（核燃料物質等車両運搬規則第十六条の三の改正規定に限る。）及び第十五条の規定　原子力規制委員会設置法附則第一条第四号に掲げる規定の施行の日〔平成二五年七月八日〕

附　則（平二六・三・二五国交令二〇）

（施行期日）

1　平成二十六年四月一日（以下「施行日」という。）から施行する。

（経過措置）

2　この省令による改正後の核燃料物質等車両運搬規則の規定は、施行日以後に開始される核燃料物質等の運搬について適用し、同日前に開始される核燃料物質等の運搬については、なお従前の例による。

附　則（平二六・一二・二六国交令九五）

（施行期日）

1　この省令は、平成二十七年一月一日（次項において「施行日」という。）から施行する。

（経過措置）

2　この省令による改正後の放射性同位元素等車両運搬規則及び核燃料物質等車両運搬規則の規定は、施行日以後に開始される放射性同位元素等又は核燃料物質等の運搬について適用し、同日前に開始される放射性同位元素等又は核燃料物質等の運搬については、なお従前の例による。

附　則（平二九・二・一国交令六）

この省令は、公布の日から施行する。

附　則（平三〇・一〇・一国交令七七）

この省令は、原子力利用における安全対策の強化のための核原料物質、核燃料物質及び原子炉の規制に関する法律等の一部を改正する法律［平成二九年四月法律第一五号］附則第一条第四号に掲げる規定の施行の日（平成三十年十月一日）から施行する。

附　則（平三〇・一二・二六国交令九〇抄）

（施行期日）

1　この省令は、原子力利用における安全対策の強化のための核原料物質、核燃料物質及び原子炉の規制に関する法律等の一部を改正する法律［平成二九年四月法律第一五号］附則第一条に掲げる規定の施行の日（平成三十一年九月一日）から施行する。

附　則（令元・七・一二国交令二三）

（施行期日）

1　この省令は、令和二年四月一日から施行する。ただし、第九条第五項及び第十八条第十二項の改正規定並びに次項の規定は、公布の日から施行する。

（準備行為）

2　この省令による改正後の核燃料物質等車両運搬規則（次項において「新規則」という。）第十七条の二第十項第一号の確認は、この省令の施行の日前においても行うことができる。

（経過措置）

3　新規則の規定は、この省令の施行の日以後に開始される核燃料物質等の運搬について適用し、同日前に開始される核燃料物質等の運搬については、なお従前の例による。

附　則（令六・六・二八国交令七二）

この省令は、公布の日から施行する。

○核燃料物質等車両運搬規則の細目を定める告示

（平成二年十二月三日 運輸省告示第五百九十六号）

沿革　平一三国交告一一〇七、平一六国交告一六一七、平一八国交告一五三〇、平二四国交告三八一、平二六国交告一二〇一、令元国交告二八〇、令五国交告五六四改正

（用語）

第一条　この告示において使用する用語は、核燃料物質等車両運搬規則（昭和五十三年運輸省令第七十二号。以下「規則」という。）において使用する用語の例による。

（表面密度限度）

第二条　規則第七条第二項の告示で定める密度は、次の表の上欄に掲げる放射性物質の区分に応じ、同表の下欄に掲げる非固定性汚染の密度とする。

上欄	下欄
アルファ線を放出する放射性物質	〇・四ベクレル毎平方センチメートル
アルファ線を放出しない放射性物質	四ベクレル毎平方センチメートル

（輸送物等の輸送指数の決定方法）

第三条　規則第八条第三項の輸送指数の決定に用いられる値が、〇・〇五以下であり、かつ、次の各号に掲げる値であるときは、当該値を〇とすることができる。

一　輸送物の表面から一メートル離れた位置における最大線量当量率をミリシーベルト毎時単位で表した値に百を乗じて得た値（コンテナ又はタンクが容器として使用されている輸送物にあっては、当該値に、規則第八条第二項第一号の表（以下この条において「表」という。）の上欄に掲げるコンテナ又はタンクの最大断面積の区分に応じ、それぞれ、表の下欄に掲げる係数を乗じて得た値）

二　外形が容易に変形しない構造を有するオーバーパックの

表面から一メートル離れた位置における最大線量当量率をミリシーベルト毎時単位で表した値に百を乗じて得た値に、表の上欄に掲げるオーバーパックの最大断面積の区分に応じ、それぞれ、表の下欄に掲げる係数を乗じて得た値

三 輸送物が収納されているコンテナの表面から一メートル離れた位置における最大線量当量率をミリシーベルト毎時単位で表した値に百を乗じて得た値に、表の上欄に掲げるコンテナの最大断面積の区分に応じ、それぞれ、表の下欄に掲げる係数を乗じて得た値

（核分裂性物質に係る核燃料輸送物の技術上の基準の一部を適用しない核分裂性輸送物の臨界安全指数）

第三条の二 規則第八条第四項第二号の告示で定める値は、核燃料物質等の工場又は事業所の外における運搬に関する技術上の基準に係る細目等を定める告示（平成二年科学技術庁告示第五号。以下「核燃料物質科学技術庁告示」という。）第二十三条の二の式により算出される臨界安全指数とする。

（核燃料輸送物等に係る標識）

第四条 規則第九条第一項の告示で定める標識は、次の各号に定めるとおりとする。

一 規則第九条第一項の表第一号及び第四号に掲げる核燃料輸送物等にあっては、第一類白標識（第一号様式）

二 規則第九条第一項の表第二号及び第五号に掲げる核燃料輸送物等にあっては、第二類黄標識（第二号様式）

三 規則第九条第一項の表第三号及び第六号に掲げる核燃料輸送物等にあっては、第三類黄標識（第三号様式）

四 規則第九条第一項の表第七号に掲げる核燃料輸送物等にあっては、臨界安全指数標識（第三号の二様式）

第四条の二 規則第九条第二項第一号及び第三項第二号の規定による国連番号の表示は、当該核燃料物質等（本邦内のみを運搬されるものを除く。）の品名ごとに別表で定める国連番号を「UN」の文字に続けて表示することにより行うこととする。

2 規則第九条第二項第二号及び第三項第三号の告示で定める品名は、別表の品名の欄に掲げる日本語名又は英語名（ただし、「less than 0.1kg per package」、「non－special form」及び「non－fissile or fissile－excepted」の表記の部分を除く。）のとおりとする。

3 規則第九条第二項第十号の規定による当該輸送容器の識別記号は、施行規則第十八条の十八第三号又は外運搬規則第二十二条第六号による承認容器登録番号が定められているものにあってはその番号、承認容器登録番号が定められていないものにあっては設計された国の名称及び製造業者名を表示するものとする。

（三葉マーク）

第五条 規則第九条第四項の告示で定めるマークは、三葉マーク（第四号様式）とする。

（コンテナ標識）

第六条 規則第九条第五項及び第十八条第七項の告示で定めるコンテナ標識は、コンテナ標識（第五号様式）とする。

（コンテナ標識に係る国連番号の表示）

第七条 規則第九条第七項及び第十八条第九項の告示で定める品名は、別表の品名の欄に掲げる日本語名又は英語名（ただし、「less than 0.1kg per package」、「non－special form」及び「non－fissile or fissile－excepted」の表記の部分を除く。）のとおりとする。

2 規則第九条第七項及び第十八条第九項の規定による国連番号の表示は、同一核燃料物質等又は同一低比放射性物質等の品名ごとに別表で定める国連番号を六十五ミリメートル以上の大きさの黒色の数字で、次の各号に定める場所のいずれかに表示することにより行うこととする。

一 規則第九条第五項又は第十八条第七項の規定により大型コンテナ又はタンクに付されたコンテナ標識上

二 規則第九条第五項又は第十八条第七項の規定により大型コンテナ又はタンクに付されたコンテナ標識（規則第九条第六項又は第十八条第八項の規定に基づき拡大して付された標識を含む。）に近接して付された国連番号用副標識（第六号様式）上

（IP型輸送物等に係る放射能の量の限度）

第八条 規則第十条第五項及び第十八条第十一項の告示で定める量は、次の表の上欄に掲げる汚染物等の区分に応じ、それぞれ、同表の下欄に掲げる放射能の量とする。

一 放射性同位元素等の工場又は事業所の外における運搬に関する技術上の基準に係る細目等を定める告示（平成二年科学技術庁告示第七号。以下「放射性同位元素科学技術庁告示」という。）第四条第一項第一号に定めるLSA－I及び核燃料物質科学技術庁告示第五条第一項第一号に定めるLSA－I	制限なし
二 LSA－II等（放射性同位元素科学技術庁告示第四条第一項第二号に定めるLSA－II及び核燃料物質科学技術庁告示第五条第一項第二号に定めるLSA－IIをいう。以下同じ。）及びLSA－III等（放射性同位元素科学技術庁告示第四条第一項第三号に定めるLSA－III及び核燃料物質科学技術庁告示第五条第一項第三号に定めるLSA－IIIをいう。以下同じ。）のうち可燃物以外の固体	制限なし
三 LSA－II等及びLSA－III等のうち前号に掲げるもの以外のもの	核燃料物質科学技術庁告示第三条の表の特別形核燃料物質等以外のものの項に定めるA_2値（以下「A_2値」という。）の百倍
四 放射性同位元素科学技術庁告示第四条第二項第一号に定めるSCO－I及び核燃料物質科学技術庁告示第五条第二項第一号に定めるSCO－I並びに放射性同位元素科学技術庁告示第四条第二項第二号に定めるSCO－II及び核燃	A_2値の百倍

料物質科学技術庁告示第五条第二項第二号に定めるSCO―II	

（車両表面の汚染限度）

第九条　規則第十一条第二項及び第十八条第十三項の告示で定める基準は、次に掲げる汚染の種類ごとに当該各号に定める基準とする。

一　非固定性汚染　車両の表面の放射性物質の放射能面密度が、次の表の上欄に掲げる放射性物質の区分に応じ、同表の下欄に掲げる密度を超えないこと。

アルファ線を放出する放射性物質	〇・四ベクレル毎平方センチメートル
アルファ線を放出しない放射性物質	四ベクレル毎平方センチメートル

二　固定性汚染　取卸しを終了した場合に、車両表面における線量当量率が五マイクロシーベルト毎時を超えないこと。

（車両標識）

第十条　規則第十二条第一項及び第十八条第十四項の告示で定める車両標識は、車両標識（第七号様式）とする。

（車両標識に係る国連番号の表示）

第十一条　規則第十二条第二項及び第十八条第十五項の規定による国連番号の表示は、同一核燃料物質等又は同一低比放射性物質等の品名ごとに別表で定める国連番号を六十五ミリメートル以上の大きさの黒色の数字で、次の各号に定める場所のいずれかに表示することにより行うこととする。

一　規則第十二条第一項又は第十八条第十四項の規定により車両に付された車両標識上

二　規則第十二条第一項又は第十八条第十四項の規定により車両に付された車両標識に近接して付された国連番号用副標識（第六号様式）上

（放射線防護計画の記載事項）

第十一条の二　規則第十六条の三の告示で定める事項は、次の各号に定めるものとする。

一　輸送実施体制に関する事項

二　放射線の線量の測定方法及び放射線の線量評価に関する事項

三　核燃料輸送物等の表面の汚染に関する事項

四　核燃料輸送物等からの隔離及び防護に関する事項

五　緊急時の対応に関する事項

六　緊急時のための訓練に関する事項

七　放射線防護計画の品質保証に関する事項

八　その他国土交通大臣が必要と認める事項

（教育及び訓練に関する事項）

第十一条の三　規則第十六条の四の告示で定める事項は、次の各号に定めるものとする。

一　核燃料輸送物等の取扱い方法に関する事項

二　職務に応じた特定の訓練に関する事項

三　放射線障害を想定した安全訓練に関する事項

四　その他国土交通大臣が必要と認める事項

（規則第十七条の二第九項の告示で定める物質）

第十一条の四　規則第十七条の二第九項の告示で定める物質は、取決め規則第一条第一項の表第四号ハに掲げる物質及び同表第五号に掲げる物質のうち照射された同表第四号ハに掲げる物質に係るもの（照射直後にその表面から一メートルの距離において吸収線量率が一グレイ毎時以下であったものに限る。）とする。

（特定核物質防護秘密）

第十一条の五　規則第十七条の二第十項の当該秘密が漏えいした場合には妨害破壊行為等が行われるおそれが特に大きいものとして告示で定めるものは、同条第八項第一号、第二号、第五号、第七号及び第九号に掲げる特定核燃料物質の防護に関する秘密とする。

（申告書に記載する事項等）

第十一条の六　規則第十七条の二第十項第一号ロに規定する申告書に記載する事項及び当該事項に対応するその他の書類は、次の表のとおりとする。

申告書に記載する事項	その他の書類
一　氏名	住民票記載事項証明書、個人番号カード又はこれらに準ずる書類のうち二以上の書類（うち少なくとも一つは写真があるもの）
二　生年月日	住民票記載事項証明書、個人番号カード又はこれらに準ずる書類のうち二以上の書類（うち少なくとも一つは写真があるもの）
三　国籍	住民票記載事項証明書又はこれに準ずる書類
四　住所及び居所	一　住民票記載事項証明書、個人番号カード又はこれらに準ずる書類のうち二以上の書類（うち少なくとも一つは写真があるもの） 二　公共料金の領収書又はこれに準ずる書類
五　所属する法人及び部署	
六　学歴	
七　職歴	
八　核原料物質、核燃料物質及び原子炉の規制に関する法律（昭和三十二年法律第百六十六号）第二条第七項に規定する原子力施設での勤務経験又は核燃料物質等の運搬に係る経験を有する場合にあっては、その職務内容	
九　海外渡航歴	旅券

十　犯罪及び懲戒の経歴	
十一　後見等の登記及び破産手続開始の決定の有無	相当の機関が発行する証明書又はこれに準ずる書類
十二　精神疾患の有無	
十三　アルコール及び薬物の影響の有無	アルコール及び薬物の影響に係る医師の診断書又は確認の主体となる事業者が実施するアルコール及び薬物の影響に係る検査の結果を記載した書類
十四　外国による特定核燃料物質の防護を妨げる行為との関連がないことの誓約	
十五　テロリズムその他の犯罪行為を行うおそれがある団体（暴力団を含む。）との関連がないことの誓約	
十六　申告事項に虚偽がないことの誓約	
十七　法令遵守及び秘密保持に関する誓約	

注

1　第十号の上欄に掲げる犯罪及び懲戒の経歴は、次に掲げるものについて申告すること。この場合において、当該経歴の詳細を対象者との面接において確認し、特定核燃料物質の防護に関連するものであるか否かを判断すること。

イ　次に掲げる法律に規定する罪により、罰金以上の刑に処せられ、その執行を終わり、又はその執行を受けることのなくなった日から起算して五年を経過しない者に該当する場合にあっては、その具体的な犯罪歴

(1)　核原料物質、核燃料物質及び原子炉の規制に関する法律

(2)　組織的な犯罪の処罰及び犯罪収益の規制等に関する法律（平成十一年法律第百三十六号）

(3)　公衆等脅迫目的の犯罪行為のための資金等の提供等の処罰に関する法律（平成十四年法律第六十七号）

(4)　国際連合安全保障理事会決議第千二百六十七号等を踏まえ我が国が実施する財産の凍結等に関する特別措置法（平成二十六年法律第百二十四号）

(5)　外国為替及び外国貿易法（昭和二十四年法律第二百二十八号）

(6)　関税法（昭和二十九年法律第六十一号）

ロ　イに掲げるもののほか、警備業の要件に関する規則（昭和五十八年国家公安委員会規則第一号）第一条第二号に規定する罪により、罰金以上の刑に処せられ、その執行を終わり、又はその執行を受けることのなくなった日から起算して五年を経過しない者に該当する場合にあっては、その具体的な犯罪歴

ハ　イ及びロに掲げるもののほか、禁錮以上の刑に処せられ、その執行を終わり、又は執行を受けることのなくなった日から起算して五年を経過しない者に該当する場合にあっては、その具体的な犯罪歴

ニ　イ、ロ及びハに掲げるもののほか、非違に当たる行為を行い、懲戒処分を受けた日から起算して五年を経過しない者に該当する場合にあっては、その具体的な懲戒歴

2　第十三号の下欄に規定する事業者が実施するアルコール及び薬物の影響に係る検査（以下「アルコール等検査」という。）の結果を記載した書類についての取扱いは、次のとおりとする。

イ　アルコール等検査の結果、対象者にアルコール又は薬物の影響の可能性が認められる場合には、医師の診断書を提出させること。

ロ　特定核物質防護秘密について業務上知り得る者及び業務上近づき得る者に対し、定期に又は随時にアルコール等検査を実施すること。この場合において、アルコール又は薬物の影響の可能性が認められるときには、医師の診断書を提出させること。

3　第一号、第三号、第五号又は第十号から第十五号までの上欄に掲げる事項のいずれかに変更があった場合には、改めて当該事項について申告するよう、あらかじめ、対象者に対して注意を喚起しておくこと。

（汚染物等に係る輸送指数の決定方法）

第十二条　規則第十八条第五項の輸送指数の決定に用いられる値が、〇・〇五以下であり、かつ、次の各号に掲げる値であるときは、当該値を〇とすることができる。

一　汚染物等（タンクに収納されているものを除く。）又は汚染物等が収納されているタンクの表面から一メートル離れた位置における最大線量当量率をミリシーベルト毎時単位で表した値に百を乗じて得た値に、規則第十八条第五項第一号の表（以下この条において「表」という。）の上欄に掲げる汚染物等又はタンクの最大断面積の区分に応じ、それぞれ、表の下欄に掲げる係数を乗じて得た値

二　汚染物等が収納されているコンテナの表面から一メートル離れた位置における最大線量当量率をミリシーベルト毎時単位で表した値に百を乗じて得た値に、表の上欄に掲げるコンテナの最大断面積の区分に応じ、それぞれ、表の下欄に掲げる係数を乗じて得た値

（ウラン等の精鉱の集積の輸送指数の決定に用いる値）

第十三条　規則第十八条第五項第一号の告示で定めるウラン又はトリウムの精鉱は、次の表の上欄に掲げるウラン又はトリウムの精鉱とし、同号の告示で定める値は、それぞれ、同表の下欄に掲げる値とする。

六フッ化ウラン以外のウランの化学的精鉱	〇・〇二
トリウムの化学的精鉱	〇・三

（低比放射性物質等に係る標識）

第十四条　規則第十八条第六項の告示で定める標識は、次の各号に定めるとおりとする。

一　低比放射性物質等が収納されているコンテナ又はタンクであって、輸送指数が〇であるものにあっては、第一類白標識（第一号様式）

二　低比放射性物質等が収納されているコンテナ又はタンクであって、前号に掲げるもの以外のものであり、かつ、輸送指数が一を超えないものにあっては、第二類黄標識（第二号様式）

三　低比放射性物質等が収納されているコンテナ又はタンクであって、前二号に掲げるもの以外のものにあっては、第三類黄標識（第三号様式）

四　低比放射性物質等が収納されているコンテナ又はタンクであって、かつ、核分裂性輸送物が収納されているものにあっては、臨界安全指数標識（第三号の二様式）

（表面汚染物に含まれる核分裂性物質の限度）

第十五条　規則第十八条第十二項の告示で定める物質は、ウラン二三三、ウラン二三五、プルトニウム二三九又はプルトニウム二四一とし、同項の告示で定める量は、四十五グラムとする。

（同乗制限に係る低比放射性物質等が収納されているコンテナ又はタンク）

第十六条　規則第十八条第十七項において準用する規則第十六条の二の告示で定める低比放射性物質等が収納されているコンテナ又はタンクは、第十四条第二号又は第三号に掲げる低比放射性物質等が収納されているコンテナ又はタンクとする。

（特別措置により運搬する場合に付す標識）

第十七条　規則第十九条第四項の告示で定める標識は、第三類黄標識（第三号様式）とする。

（運搬の安全の確認が必要となる六ふっ化ウランの量）

第十八条　規則第二十条第一項の告示で定める量は、収納される六ふっ化ウランが〇・一キログラムとする。

附　則

この告示は、平成三年一月一日から施行する。

附　則（平一三・六・二八国交告示一一〇七）

（施行期日）

第一条　この告示は平成十三年七月一日（以下「施行日」という。）から施行する。

（経過措置）

第二条　この告示の施行の際現に運搬されている核燃料物質等については、当該運搬が終了するまでの間は、この告示による改正後の核燃料物質等車両運搬規則の細目を定める告示（以下この条において「新告示」という。）の規定にかかわらず、なお従前の例による。

2　施行日前にこの告示による改正前の核燃料物質等車両運搬規則の細目を定める告示の定めるところにより、核原料物質、核燃料物質及び原子炉の規制に関する法律（昭和三十二年法律第百六十六号。以下この条において「原子炉等規制法」という。）第五十九条の二第二項（第六十六条第二項において準用する場合を含む。）に規定する確認（原子炉等規制法第六十一条の四十三第一項に定める指定運搬方法確認機関が行う確認を含む。）を受けて、施行日以後運搬される核燃料物質等については、当該運搬が終了するまでの間は、新告示の規定にかかわらず、なお従前の例による。

3　国土交通大臣は、施行日前においても、新告示の定めるところにより、原子炉等規制法第五十九条の二第二項の確認を行うことができる。

附　則（平一六・一二・二四国交告一六一七抄）

（施行期日）

第一条　この告示は、平成十七年一月一日から施行する。

（核燃料物質等車両運搬規則の細目を定める告示の一部改正に伴う経過措置）

第三条　この告示の施行の際現に運搬されている核燃料物質等については、当該運搬が終了するまでの間は、第二条の規定による改正後の核燃料物質等車両運搬規則の細目を定める告示の規定にかかわらず、なお従前の例による。

前　文（抄）（平一八・一二・二六国交告一五三〇）

平成十九年一月一日から適用する。

附　則（平二四・三・三〇国交告三八一）

この告示は、放射性同位元素等による放射線障害の防止に関する法律の一部を改正する法律（平成二二年五月法律第三〇号）の施行の日（平成二十四年四月一日）から施行する。

附　則（平二六・一二・二六国交告一二〇一）

（施行期日）

1　この告示は、平成二十七年一月一日（次項において「施行日」という。）から施行する。

（経過措置）

2　この告示による改正後の放射性同位元素等車両運搬規則の細目を定める告示及び核燃料物質等車両運搬規則の細目を定める告示の規定は、施行日以後に開始される放射性同位元素等又は核燃料物質等の運搬について適用し、同日前に開始された放射性同位元素等又は核燃料物質等の運搬については、なお従前の例による。

附　則（令元・七・一二国交告二八〇）

この告示は、令和二年四月一日から施行する。

附　則（令五・六・一国交告五六四）

この告示は、公布の日から施行する。ただし、第十四条の改正規定は、国際的な不正資金等の移動等に対処するための国際連合安全保障理事会決議第千二百六十七号等を踏まえ我が国が実施する国際テロリストの財産の凍結等に関する特別措置法等の一部を改正する法律（令和四年法律第九十七号）の施行の日［令和五年六月一日］から施行する。

別表（第四条の二、第七条、第十一条関係）

品名		国連番号
日本語名	英語名	
L型輸送物（空容器）	RADIOACTIVE MATERIAL, EXCEPTED PACKAGE－EMPTY PACKAGING	2908
L型輸送物（機器等を構成する未照射の天然ウラン、劣化ウラン又は天然トリウム等）	RADIOACTIVE MATERIAL, EXCEPTED PACKAGE－ARTICLES MANUFACTURED FROM NATURAL URANIUM or DEPLETED URANIUM or NATURAL THORIUM	2909
L型輸送物（放射能量が少量のもの）	RADIOACTIVE MATERIAL, EXCEPTED PACKAGE－LIMITED QUANTITY OF MATERIAL	2910
L型輸送物（機器等に内蔵される放射性物質）	RADIOACTIVE MATERIAL, EXCEPTED PACKAGE－INSTRUMENTS or ARTICLES	2911
低比放射性物質（ＬＳＡ－Ｉ）（核分裂性物質のものを除く。）（六フッ化ウランを除く。）	RADIOACTIVE MATERIAL, LOW SPECIFIC ACTIVITY(ＬＳＡ－Ｉ) non－fissile or fissile－excepted	2912
表面汚染物（ＳＣＯ－Ｉ又はＳＣＯ－II）（核分裂性物質のものを除く。）	RADIOACTIVE MATERIAL, SURFACE CONTAMINATED OBJECTS (ＳＣＯ－Ｉ or ＳＣＯ－II) non－fissile or fissile－excepted	2913
A型輸送物（特別形放射性物質等以外のものであって核分裂性輸送物のものを除く。）（六フッ化ウランを除く。）	RADIOACTIVE MATERIAL, TYPE A PACKAGE, non－special form, non－fissile or fissile－excepted	2915
BU型輸送物（核分裂性輸送物のものを除く。）	RADIOACTIVE MATERIAL, TYPE B(U) PACKAGE, non－fissile or fissile－excepted	2916
BM型輸送物（核分裂性輸送物のものを除く。）	RADIOACTIVE MATERIAL, TYPE B(M) PACKAGE, non－fissile or fissile－excepted	2917
特別措置により運送される放射性輸送物（核分裂性輸送物のものを除く。）	RADIOACTIVE MATERIAL, TRANSPORTED UNDER SPECIAL ARRANGEMENT, non－fissile or fissile－excepted	2919
六フッ化ウラン（核分裂性輸送物のもの）（L型輸送物、BU型輸送物、BM型輸送物及び特別措置により運送される放射性輸送物を除く。）	RADIOACTIVE MATERIAL, URANIUM HEXAFLUORIDE, FISSILE	2977
六フッ化ウラン（核分裂性輸送物のものを除く。）（L型輸送物、BU型輸送物、BM型輸送物及び特別措置により運送される放射性輸送物を除く。）	RADIOACTIVE MATERIAL, URANIUM HEXAFLUORIDE non－fissile or fissile－excepted	2978
低比放射性物質（ＬＳＡ－II）（核分裂性物質のものを除く。）（六フッ化ウランを除く。）	RADIOACTIVE MATERIAL, LOW SPECIFIC ACTIVITY(ＬＳＡ－II) non－fissile or fissile－excepted	3321

低比放射性物質（LSA―Ⅲ）（核分裂性物質のものを除く。）（六フッ化ウランを除く。）	RADIOACTIVE MATERIAL, LOW SPECIFIC ACTIVITY (LSA―Ⅲ) non－fissile or fissile－excepted	3322
低比放射性物質（LSA―Ⅱ）（核分裂性物質のもの）（六フッ化ウランを除く。）	RADIOACTIVE MATERIAL, LOW SPECIFIC ACTIVITY (LSA―Ⅱ), FISSILE	3324
低比放射性物質（LSA―Ⅲ）（核分裂性物質のもの）（六フッ化ウランを除く。）	RADIOACTIVE MATERIAL, LOW SPECIFIC ACTIVITY (LSA―Ⅲ), FISSILE	3325
表面汚染物（SCO―Ⅰ又はSCO―Ⅱ）（核分裂性物質のもの）	RADIOACTIVE MATERIAL, SURFACE CONTAMINATED OBJECTS (SCO―Ⅰ or SCO―Ⅱ), FISSILE	3326
A型輸送物（特別形放射性物質等以外のものであって核分裂性輸送物であるもの）（六フッ化ウランを除く。）	RADIOACTIVE MATERIAL, TYPE A PACKAGE, FISSILE non－special form	3327
BU型輸送物（核分裂性輸送物のもの）	RADIOACTIVE MATERIAL, TYPE B(U) PACKAGE, FISSILE	3328
BM型輸送物（核分裂性輸送物のもの）	RADIOACTIVE MATERIAL, TYPE B(M) PACKAGE, FISSILE	3329
特別措置により運送される放射性輸送物（核分裂性輸送物のもの）	RADIOACTIVE MATERIAL, TRANSPORTED UNDER SPECIAL ARRANGEMENT, FISSILE	3331
A型輸送物（特別形放射性物質等であって核分裂性輸送物でないもの）（六フッ化ウランを除く。）	RADIOACTIVE MATERIAL, TYPE A PACKAGE, SPECIAL FORM non－fissile or fissile－excepted	3332
A型輸送物（特別形放射性物質等であって核分裂性輸送物のもの）（六フッ化ウランを除く。）	RADIOACTIVE MATERIAL, TYPE A PACKAGE, SPECIAL FORM, FISSILE	3333
六フッ化ウラン（L型輸送物のもの）（輸送物一個当たりの六フッ化ウランの質量が〇・一キログラム未満のものであって核分裂性輸送物のものを除く。）	URANIUM HEXAFLUORIDE, RADIOACTIVE MATERIAL, EXCEPTED PACKAGE, less than 0.1kg per package, non－fissile or fissile－excepted	3507

第一号様式（第４条、第14条関係）

第一類白標識

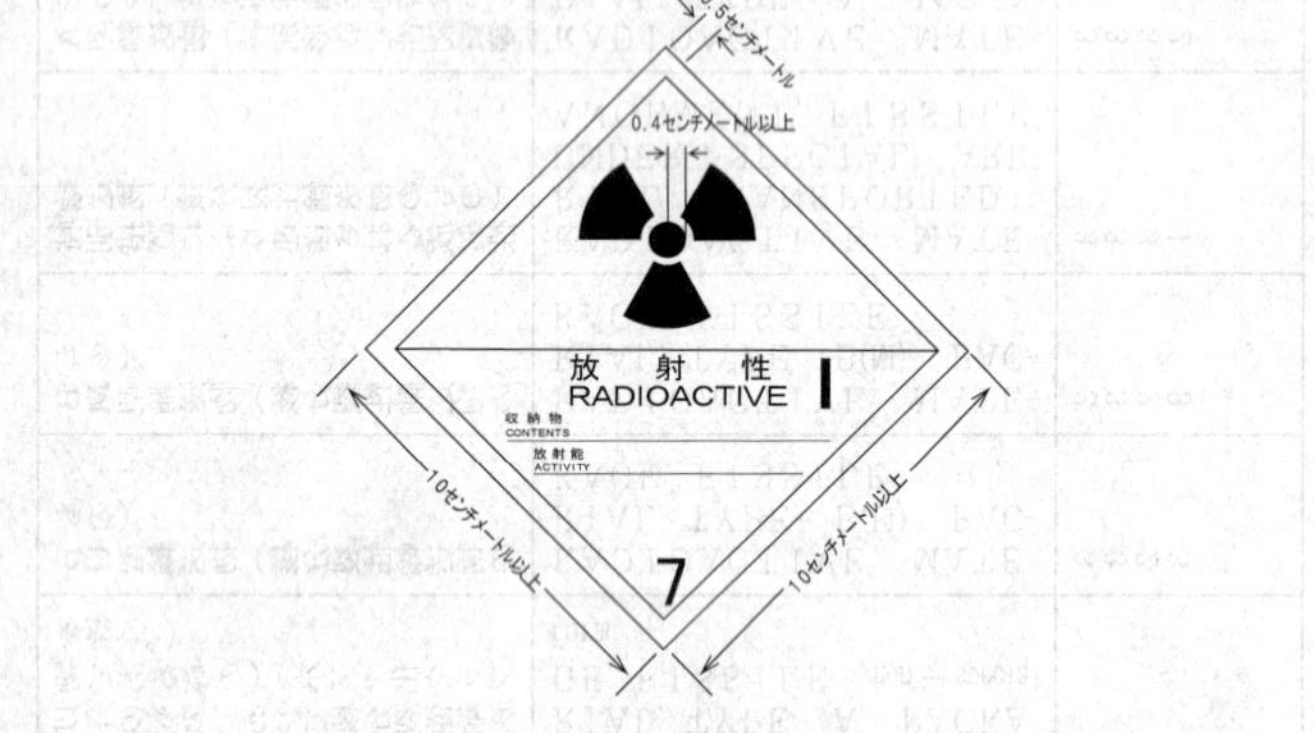

注１　三葉マークは、第四号様式によるものとする。
　２　収納物の欄には、収納されている核燃料物質等の名称（当該核燃料物質等が汚染物等に該当する場合にあっては、名称（ＬＳＡ―Ｉに該当するものの名称を除く。）及び汚染物等の区分）を記入すること。ただし、複数の核燃料物質等が収納されているときは、そのうち代表的なものの名称をできる限り記入することとする。
　３　放射能の欄には、収納されている核燃料物質等の放射能の量の合計をベクレル単位で記入すること。ただし、核分裂性物質のみが収納されている場合にあっては、その放射能の量の合計に代えてその質量の合計を記入することができる。
　４　収納されている核燃料物質等が異なる二以上の核燃料輸送物が収納され、又は包装されているオーバーパック及びコンテナにあっては、「携行書類を見ること（See Transport Documents）」と記載することができる。
　５　本邦外を運搬されるものにあっては、標識中の日本語の部分を、また、本邦内のみを運搬されるものにあっては、標識中の英語の部分をそれぞれ削ることができる。
　６　色彩は次表によるものとする。

部　　分	色　彩	部　　分	色　彩
上半分の地	白	斜線を施した部分	赤
三葉マーク	黒	ふちの部分	白
下半分の地	白	ふちの内側の線	黒
文字	黒	区分線	黒

第二号様式（第４条、第14条関係）

第二類黄標識

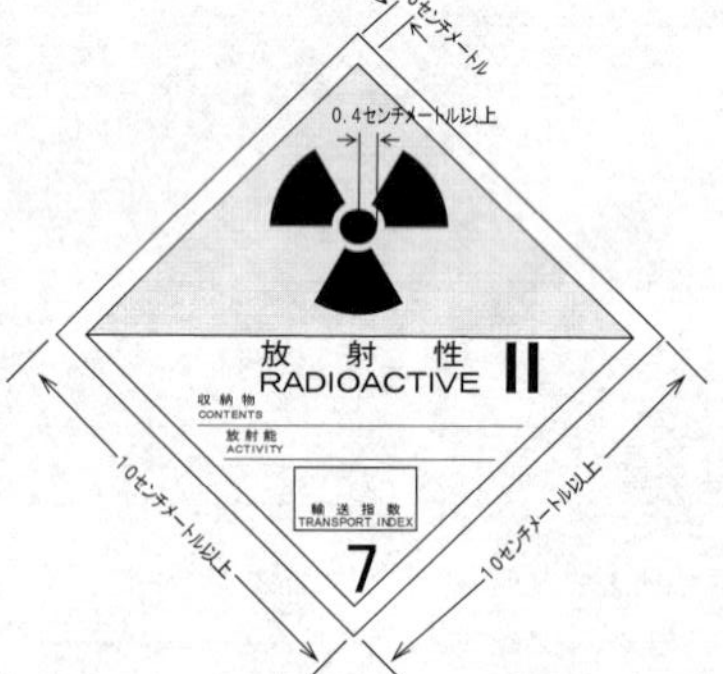

注１　三葉マークは、第四号様式によるものとする。
　２　収納物の欄には、収納されている核燃料物質等の名称（当該核燃料物質等が汚染物等に該当する場合にあっては、名称（ＬＳＡ―Ｉに該当するものの名称を除く。）及び汚染物等の区分）を記入すること。ただし、複数の核燃料物質等が収納されているときは、そのうち代表的なものの名称をできる限り記入することとする。
　３　放射能の欄には、収納されている核燃料物質等の放射能の量の合計をベクレル単位で記入すること。ただし、核分裂性物質のみが収納されている場合にあっては、その放射能の量の合計に代えてその質量の合計を記入することができる。
　４　収納されている核燃料物質等が異なる二以上の核燃料輸送物が収納され、又は包装されているオーバーパック及びコンテナにあっては、「携行書類を見ること（See Transport Documents）」と記載することができる。
　５　輸送指数の欄には、輸送指数を記入すること。
　６　本邦外を運搬されるものにあっては、標識中の日本語の部分を、また、本邦内のみを運搬されるものにあっては、標識中の英語の部分をそれぞれ削ることができる。
　７　色彩は次表によるものとする。

部　　分	色　彩	部　　分	色　彩
上半分の地	黄	斜線を施した部分	赤
三葉マーク	黒	ふちの部分	白
下半分の地	白	ふちの内側の線	黒
文字	黒	区分線	黒

第三号様式（第４条、第14条、第17条関係）

第三類黄標識

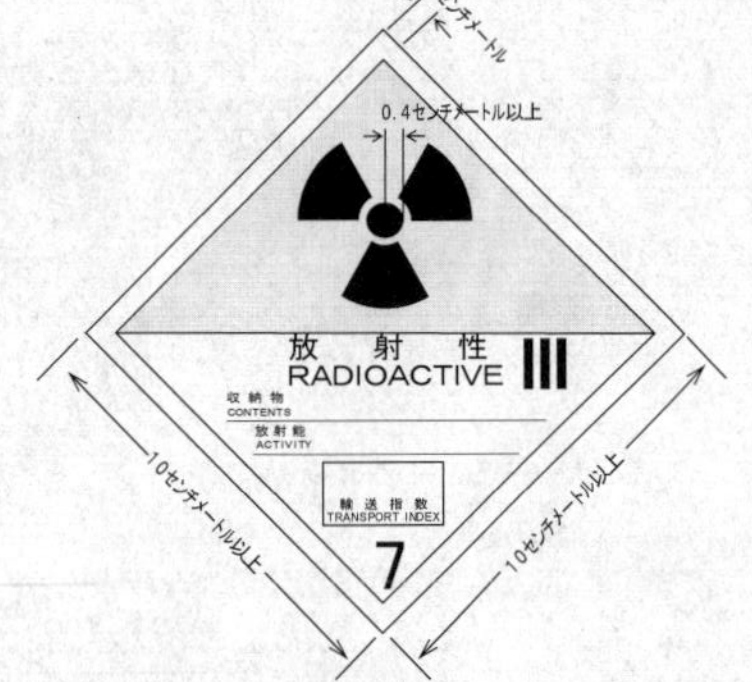

注１　三葉マークは、第四号様式によるものとする。
　２　収納物の欄には、収納されている核燃料物質等の名称（当該核燃料物質等が汚染物等に該当する場合にあっては、名称（ＬＳＡ―Ｉに該当するものの名称を除く。）及び汚染物等の区分）を記入すること。ただし、複数の核燃料物質等が収納されているときは、そのうち代表的なものの名称をできる限り記入することとする。
　３　放射能の欄には、収納されている核燃料物質等の放射能の量の合計をベクレル単位で記入すること。ただし、核分裂性物質のみが収納されている場合にあっては、その放射能の量の合計に代えてその質量の合計を記入することができる。
　４　収納されている核燃料物質等が異なる二以上の核燃料輸送物が収納され、又は包装されているオーバーパック及びコンテナにあっては、「携行書類を見ること（See Transport Documents)」と記載することができる。
　５　輸送指数の欄には、輸送指数を記入すること。
　６　本邦外を運搬されるものにあっては、標識中の日本語の部分を、また、本邦内のみを運搬されるものにあっては、標識中の英語の部分をそれぞれ削ることができる。
　７　色彩は次表によるものとする。

部　分	色　彩	部　分	色　彩
上半分の地	黄	斜線を施した部分	赤
三葉マーク	黒	ふちの部分	白
下半分の地	白	ふちの内側の線	黒
文字	黒	区分線	黒

第三号の二様式（第４条、第14条関係）

臨界安全指数標識

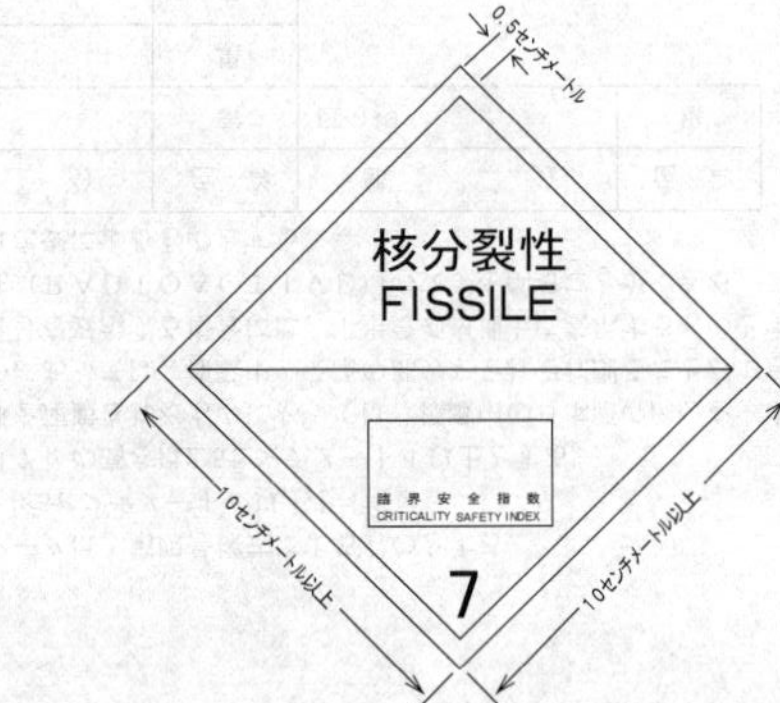

注１　臨界安全指数の欄には、臨界安全指数を記入すること。
　２　本邦外を運搬されるものにあっては、標識中の日本語の部分を、また、本邦内のみを運搬されるものにあっては、標識中の英語の部分をそれぞれ削ることができる。
　３　色彩は次表によるものとする。

部　分	色　彩
上半分の地	白
下半分の地	白
文字	黒
ふちの部分	白
ふちの内側の線	黒
区分線	黒

第四号様式（第５条関係）

三葉マーク

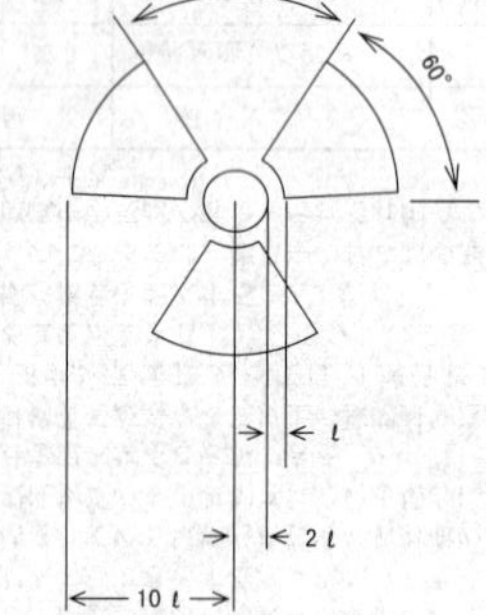

注　ℓは、0.2センチメートル以上とする。

第五号様式（第６条関係）

コンテナ標識

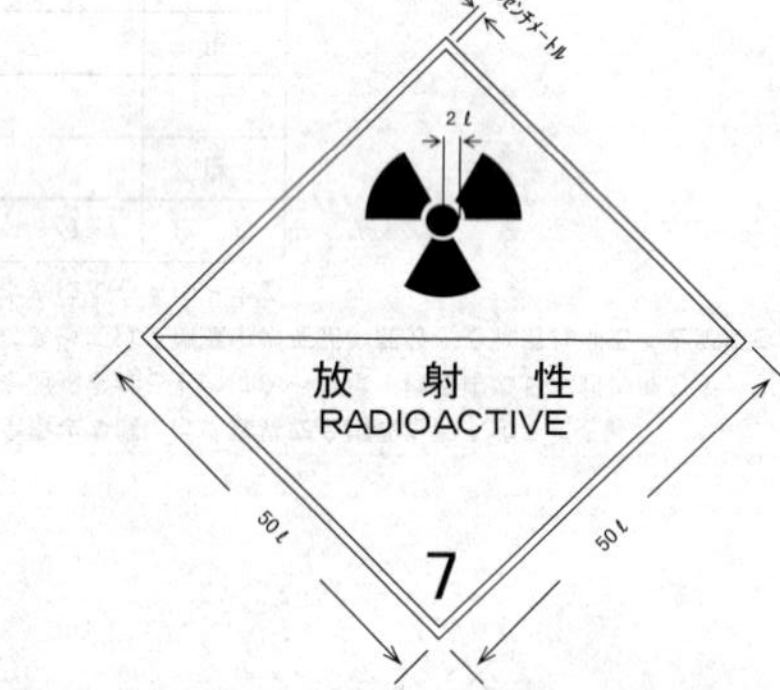

注１　三葉マークは、第四号様式によるものとする。
　２　ℓは、0.5センチメートル以上とする。
　３　数字「７」の高さは2.5センチメートル以上とする。
　４　本邦外を運搬されるものにあっては、標識中の日本語の部分を、また、本邦内のみを運搬されるものにあっては、標識中の英語の部分をそれぞれ削ることができる。
　５　国連番号を表示する場合には、下半分の白地上に表示するものとする。この場合においては、「放射性（ＲＡＤＩＯＡＣＴＩＶＥ）」の文字を削ることができる。
　６　色彩は次表によるものとする。

部　　分	色　彩	部　　分	色　彩
上半分の地	黄	区分線	黒
三葉マーク	黒		
下半分の地	白		
文字	黒		
ふちの部分	白		
ふちの内側の線	黒		

第六号様式（第７条、第11条関係）

国連番号用副標識

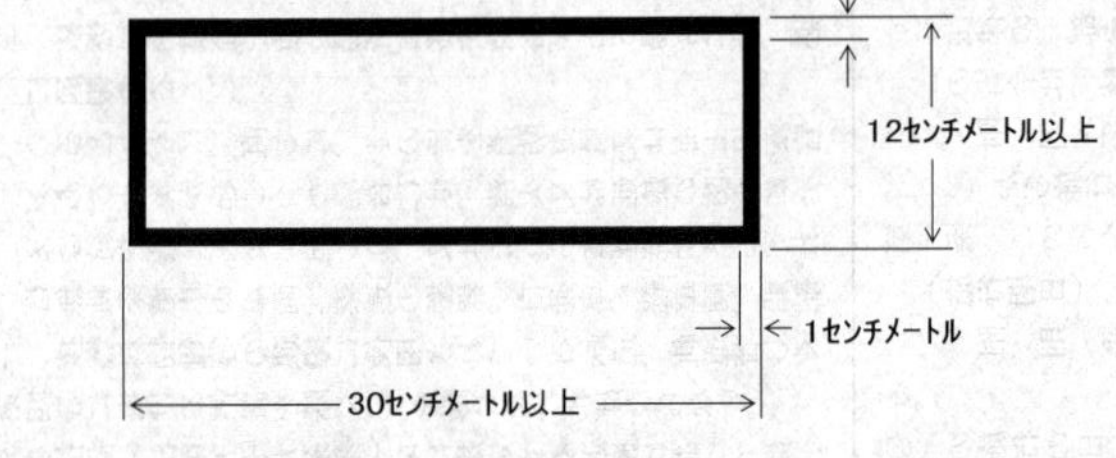

注　色彩は次表によるものとする。

部　　分	色　彩
地	橙
ふちの部分	黒

第七号様式（第10条関係）

車両標識

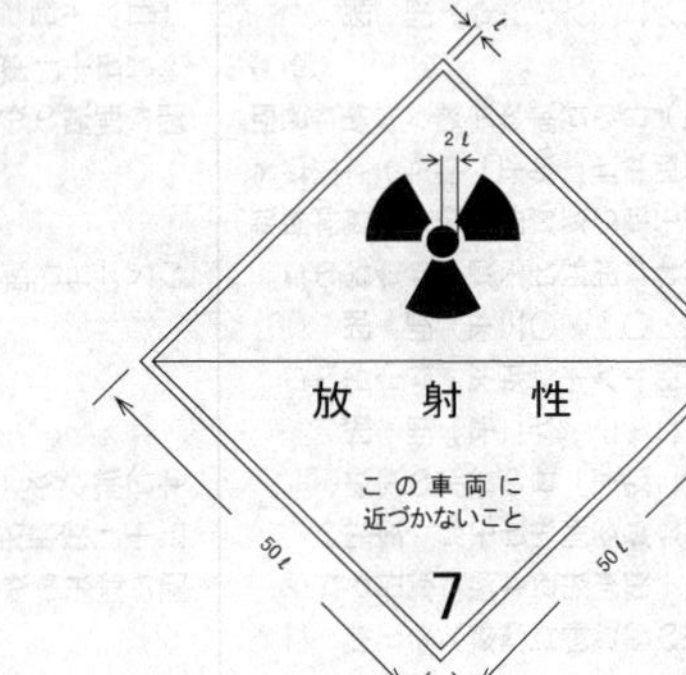

注１　三葉マークは、第四号様式によるものとする。

２　ℓは、0.5センチメートル以上とする。

３　数字「７」の高さは2.5センチメートル以上とする。ただし、注４により標識を縮小する場合には、この限りでない。

４　車両に付すことが困難な場合には、ℓを、0.2センチメートルまで縮小することができる。ただし、この場合であっては、相対的比率を保たなければならない。

５　国連番号を表示する場合には、下半分の白地上に表示するものとする。

６　色彩は次表によるものとする。

部　　分	色　彩	部　　分	色　彩
上半分の地	黄	区分線	黒
三葉マーク	黒		
下半分の地	白		
文字	黒		
ふちの部分	白		
ふちの内側の線	黒		

○核燃料物質等の事業所外運搬に係る危険時における措置に関する規則

（昭和五十三年十二月二十八日運輸省令第六十八号）

沿革　昭六一運令三六、平元運令五、平一一運令五〇、平一二運令三九、平一三国交令四〇、平一七国交令一一〇、平一八国交令一一九、平二四国交令七五、平二八国交令一八、平三〇国交令七七、令六国交令七二改正

1　核原料物質、核燃料物質及び原子炉の規制に関する法律（昭和三十二年法律第百六十六号。以下「法」という。）第六十四条第一項の規定に基づき、原子力事業者等（法第五十七条の八に規定する原子力事業者等をいう。以下同じ。）及び原子力事業者等から運搬を委託された者は、工場又は事業所の外における核燃料物質又は核燃料物質によつて汚染された物（以下「核燃料物質等」という。）の運搬中、その所持する核燃料物質等に関し、地震、火災その他の災害が起こつたことにより、核燃料物質等による災害が発生するおそれがあり、又は発生した場合においては、直ちに、次の各号に定める措置（法第五十九条第一項に規定する運搬にあつては、第四号に掲げる措置を除く。）を講じなければならない。

一　核燃料物質等の運搬に使用されている鉄道、軌道若しくは無軌条電車の車両、索道の搬器、自動車、軽車両、船舶又は航空機に火災が起こり、又はこれらに延焼するおそれがある火災が起こつた場合には、消火又は延焼の防止に努めるとともに、直ちに、その旨を消防吏員又は海上保安官に通報すること。

二　核燃料物質等を他の場所に移す余裕がある場合には、必要に応じてこれを安全な場所に移し、関係者以外の者の立入りを禁止すること。

三　放射線障害の発生を防止するため必要がある場合には、付近にいる者に避難するよう警告すること。

四　核燃料物質等による汚染が生じた場合には、速やかに、汚染の広がりの防止及び汚染の除去を行うこと。

五　放射線障害を受けた者又は受けたおそれのある者がいる場合には、速やかに、その者を救出し、避難させる等緊急の措置を講ずること。

六　その他核燃料物質等による災害を防止するために必要な措置を講ずること。

2　核燃料物質等の工場又は事業所の外における運搬に関する規則（昭和五十三年総理府令第五十七号）第一条第八号に規定する放射線業務従事者（女子にあつては、妊娠不能と診断された者又は妊娠の意思のない旨を原子力事業者等（原子力事業者等から運搬を委託された者を含む。）に書面で申し出た者に限る。）であつて、同規則第二十六条第三項各号のいずれにも該当する者が前項各号に掲げる緊急作業を行う場合における線量限度は、同条第二項に基づき原子力規制委員会の定める線量とする。

附　則

この省令は、原子力基本法等の一部を改正する法律（昭和五十三年法律第八十六号）附則第一条第三号に掲げる規定の施行の日（昭和五十四年一月四日）から施行する。

附　則（昭六一・一一・二二運令三六）

この省令は、核原料物質、核燃料物質及び原子炉の規制に関する法律の一部を改正する法律（昭和六十一年法律第七十三号）の施行の日（昭和六十一年十一月二十六日）から施行する。

附　則（平元・二・二七運令五抄）

（施行期日）

第一条　この省令は、平成元年四月一日（以下「施行日」という。）から施行する。

附　則（平一一・一二・一五運令五〇）

この省令は、核原料物質、核燃料物質及び原子炉の規制に関する法律の一部を改正する法律（平成十一年法律第七十五号。以下「法」という。）の施行の日（平成十一年十二月十六日）から施行する。ただし、第一条［中略］の規定は、法附則第一条第一号に掲げる規定の施行の日（平成十二年六月十六日）から施行する。

附　則（平一二・一一・二九運令三九抄）

（施行期日）

第一条　この省令は、平成十三年一月六日から施行する。

附　則（平一三・三・一九国交令四〇）

（施行期日）

1　この省令は、平成十三年四月一日から施行する。

（経過措置）

2　この省令の施行の際現に航海中である船舶については、当該航海が終了するまでは、なお従前の例による。

附　則（平一七・一二・一国交令一一〇抄）

（施行期日）

第一条　この省令は、平成十八年一月一日から施行する。［後略］

附　則（平一八・一二・二六国交令一一九）

この省令は、公布の日から施行する。

附　則（平二四・九・一四国交令七五）

この省令は、原子力規制委員会設置法［平成二四年六月法律第四七号］の施行の日（平成二十四年九月十九日）から施行する。ただし、次の各号に掲げる規定は、当該各号に定める日から施行する。

一　［略］

二　第五条（核燃料物質等の事業所外運搬に係る危険時における措置に関する規則第一項の改正規定に限る。）［中略］の規定　原子力規制委員会設置法附則第一条第四号に掲げる規定の施行の日［平成二五年七月八日］

附　則（平二八・三・二二国交令一八）

この省令は、平成二十八年四月一日から施行する。

附　則（平三〇・一〇・一国交令七七）

この省令は、原子力利用における安全対策の強化のための核原料物質、核燃料物質及び原子炉の規制に関する法律等の一部を改正する法律［平成二九年四月法律第一五号］附則第一条第四号に掲げる規定の施行の日（平成三十年十月一日）から施行する。

附　則（令六・六・二八国交令七二）

この省令は、公布の日から施行する。

○核原料物質、核燃料物質及び原子炉の規制に関する法律第六十二条の三に規定する国土交通大臣への報告に関する規則

（平成十七年十二月一日　国土交通省令第百九号）

沿革　平二四国交令七五、平三〇国交令七七改正

核原料物質、核燃料物質及び原子炉の規制に関する法律（以下「法」という。）第六十二条の三の規定により、原子力事業者等（法第五十七条の八に規定する原子力事業者等をいう。）は、核燃料物質又は核燃料物質によって汚染された物（以下「核燃料物質等」という。）の運搬において、次のいずれかに該当するときは、その旨を直ちに、その状況及びそれに対する処置を十日以内に国土交通大臣に報告しなければならない。

一　核燃料物質等の盗取又は所在不明が生じたとき。

二　核燃料物質等が異常に漏えいしたとき。

三　前二号のほか、核燃料物質等の運搬に関し人の障害（放射線障害以外の障害であって軽微なものを除く。）が発生し、又は発生するおそれがあるとき。

附　則

この省令は、公布の日から施行する。

附　則（平二四・九・一四国交令七五）

この省令は、原子力規制委員会設置法（平成二四年六月法律第四七号）の施行の日（平成二十四年九月十九日）から施行する。ただし、次の各号に掲げる規定は、当該各号に定める日から施行する。

一　〔略〕

二　〔前略〕第十五条の規定　原子力規制委員会設置法附則第一条第四号に掲げる規定の施行の日〔平成二五年七月八日〕

附　則（平三〇・一〇・一国交令七七）

この省令は、原子力利用における安全対策の強化のための核原料物質、核燃料物質及び原子炉の規制に関する法律等の一部を改正する法律〔平成二九年四月法律第一五号〕附則第一条第四号に掲げる規定の施行の日（平成三十年十月一日）から施行する。

○放射性同位元素等の規制に関する法律（抄）

（昭和三十二年六月十日法律第百六十七号）

最終改正　令五法四七

〔編者注〕

令和四年六月一七日法律第六八号による改正のうち、令和七年六月一日から施行される部分は、直接改正を加えないで、現行条文と並列して登載した。

（目的）

第一条　この法律は、原子力基本法（昭和三十年法律第百八十六号）の精神にのっとり、放射性同位元素の使用、販売、賃貸、廃棄その他の取扱い、放射線発生装置の使用及び放射性同位元素又は放射線発生装置から発生した放射線によつて汚染された物（以下「放射性汚染物」という。）の廃棄その他の取扱いを規制することにより、これらによる放射線障害を防止し、及び特定放射性同位元素を防護して、公共の安全を確保することを目的とする。

（定義）

第二条

2　この法律において「放射性同位元素」とは、りん三十二、コバルト六十等放射線を放出する同位元素及びその化合物並びにこれらの含有物（機器に装備されているこれらのものを含む。）で政令で定めるものをいう。

3　この法律において「特定放射性同位元素」とは、放射性同位元素であつて、その放射線が発散された場合において人の健康に重大な影響を及ぼすおそれがあるものとして政令で定めるものをいう。

※　2・3項「政令」＝令一・一の二

（運搬の基準）

第十七条　許可届出使用者及び許可廃棄業者は、放射性同位元素又は放射性汚染物を工場又は事業所（許可届出使用者にあつては使用施設、貯蔵施設又は廃棄施設を設置した工場又は事業所、許可廃棄業者にあつては廃棄物詰替施設、廃棄物貯蔵施設又は廃棄施設を設置した廃棄事業所をいう。以下同じ。）において運搬する場合においては、原子力規制委員会規則で定める技術上の基準に従つて放射線障害の防止のために必要な措置を講じなければならない。

2　前項の場合において、原子力規制委員会は、放射性同位元素又は放射性汚染物の運搬に関する措置が同項の技術上の基準に適合していないと認めるときは、許可届出使用者又は許可廃棄業者に対し、運搬の停止その他放射線障害の防止のために必要な措置を命ずることができる。

※　1項「原子力規制委員会規則」＝則一八

（運搬に関する確認等）

第十八条　許可届出使用者、届出販売業者、届出賃貸業者及び許可廃棄業者並びにこれらの者から運搬を委託された者（以下「許可届出使用者等」という。）は、放射性同位元素又は放射性汚染物を工場又は事業所の外において運搬する場合（船舶又は航空機により運搬する場合を除く。）においては、原子力規制委員会規則（鉄道、軌道、索道、無軌条電車、自動車及び軽車両による運搬については、運搬する物についての措置を除き、国土交通省令）で定める技術上の基準に従つて放射線障害の防止のために必要な措置を講じなければならない。

2　前項の場合において、放射性同位元素又は放射性汚染物による放射線障害の防止のため特に必要がある場合として政令で定める場合に該当するときは、許可届出使用者等は、その運搬に関する措置が同項の技術上の基準に適合することについて、鉄道、軌道、索道、無軌条電車、自動車及び軽車両による運搬に関する措置（運搬する物についての措置を除く。）にあつては国土交通大臣（当該措置のうち国土交通省令で定めるものにあつては、国土交通大臣の登録を受けた者（以下「登録運搬方法確認機関」という。）又は国土交通大臣）の確認（以下「運搬方法確認」という。）を、その他の運搬に関する措置にあつては原子力規制委員会（次項の承認を受けた容器を用いて運搬する物についての措置にあつては、原子力規制委員会の登録を受けた者（以下「登録運搬物確認機関」という。）又は原子力規制委員会）の確認（以下「運搬物確認」という。）を受けなければならない。

3　許可届出使用者等は、運搬に使う容器について、あらかじめ、原子力規制委員会規則で定めるところにより、原子力規制委員会の承認を受けることができる。この場合において、原子力規制委員会の承認を受けた容器については、第一項の技術上の基準のうち容器に関する基準は、満たされたものとする。

4　第一項の場合において、原子力規制委員会又は国土交通大臣は、放射性同位元素又は放射性汚染物の運搬に関する措置が同項の技術上の基準に適合していないと認めるときは、許可届出使用者等に対し、運搬の停止その他放射線障害の防止のために必要な措置を命ずることができる。

5　第一項に規定する場合において、放射性同位元素又は放射性汚染物による放射線障害を防止して公共の安全を確保するため特に必要がある場合として政令で定める場合に該当するときは、許可届出使用者等は、内閣府令で定めるところにより、放射性同位元素又は放射性汚染物を運搬する旨を都道府県公安委員会に届け出なければならない。

6　都道府県公安委員会は、前項の規定による届出があつた場合において、放射線障害を防止して公共の安全を確保するため必要があると認めるときは、内閣府令で定めるところにより、運搬の日時、経路その他内閣府令で定める事項について、必要な指示をすることができる。

7　放射性同位元素又は放射性汚染物を運搬する場合には、第五項の規定により届け出たところに従つて（前項の指示があつたときは、その内容に従つて）運搬しなければならない。

8　警察官は、自動車又は軽車両により運搬される放射性同位元素又は放射性汚染物による放射線障害を防止して公共の安全を図るため、特に必要があると認めるときは、当該自動車又は軽車両を停止させ、これらを運搬する者に対し、内閣府令で定めるところにより、第五項の規定により届け出たところに従つて（第六項の指示があつたときは、その内容に従つて）運搬しているかどうかについて検査し、又は放射線障害を防止するため、前三項の規定の実施に必要な限度で経路の変更その他の適当な措置を講ずることができる。

9　前項に規定する権限は、犯罪捜査のために認められたものと解してはならない。

10　運搬が二以上の都道府県にわたることとなる場合における第五項の届出及び第六項の指示に関し必要な都道府県公安委員会の間の連絡については、政令で定める。

※1・3項「原子力規制委員会規則」＝則一八の二～一八の一七、1項「国土交通省令」＝放射性同位元素等車両運搬規則、2・5項「政令」＝令一六・一七、5・6・8項「内閣府令」＝放射性同位元素等の運搬の届出等に関する内閣府令

第二十五条の五（工場等の外において運搬する場合における特定放射性同位元素の防護のために講ずべき措置等）　許可届出使用者等が特定放射性同位元素を工場又は事業所の外において運搬する場合（船舶又は航空機により運搬する場合を除く。）における第十八条の規定の適用については、同条第一項、第二項及び第四項中「放射線障害の防止」とあるのは「放射線障害の防止及び特定放射性同位元素の防護」と、同条第五項及び第六項中「放射線障害を防止して」とあるのは「放射線障害を防止し、及び特定放射性同位元素を防護して」と、同条第八項中「放射線障害を防止して」とあるのは「放射線障害を防止し、及び特定放射性同位元素を防護して」と、「放射線障害を防止する」とあるのは「放射線障害を防止し、及び特定放射性同位元素を防護する」とする。

第二十五条の六（取決めの締結）　許可届出使用者、届出販売業者、届出賃貸業者及び許可廃棄業者は、特定放射性同位元素を工場又は事業所の外において運搬する場合においては、原子力規制委員会規則で定めるところにより、運搬が開始される前に、当該特定放射性同位元素の運搬について責任を有する者を明らかにし、当該特定放射性同位元素の運搬に係る責任が移転される時期及び場所その他の原子力規制委員会規則で定める事項について発送人、当該特定放射性同位元素の運搬について責任を有する者及び受取人の間で取決めが締結されるよう措置しなければならない。

2　前項の場合において、許可届出使用者、届出販売業者、届出賃貸業者及び許可廃棄業者は、原子力規制委員会規則で定めるところにより、同項の運搬が開始される前に、同項に規定する取決めの締結について、原子力規制委員会に届け出なければならない。

第三十一条の二（原子力規制委員会等への報告）　許可届出使用者（表示付認証機器使用者を含む。）、届出販売業者、届出賃貸業者及び許可廃棄業者は、その放射性同位元素若しくは放射線発生装置又は放射性汚染物に関し、放射線障害が発生するおそれのある事故又は放射線障害が発生した事故その他の原子力規制委員会規則（放射性同位元素又は放射性汚染物の工場又は事業所の外における運搬に係る場合にあつては原子力規制委員会規則又は国土交通省令、第十八条第五項の規定による届出に係る場合にあつては内閣府令。以下この条において同じ。）で定める事象が生じた場合においては、遅滞なく、原子力規制委員会規則で定めるところにより、事象の状況その他の原子力規制委員会規則で定める事項を原子力規制委員会（放射性同位元素又は放射性汚染物の工場又は事業所の外における運搬に係る場合にあつては原子力規制委員会又は国土交通大臣、同項の規定による届出に係る場合にあつては都道府県公安委員会）に報告しなければならない。

第三十二条（警察官等への届出）　許可届出使用者等（表示付認証機器使用者及び表示付認証機器使用者から運搬を委託された者を含む。次条において同じ。）は、その所持する放射性同位元素について盗取、所在不明その他の事故が生じたときは、遅滞なく、その旨を警察官又は海上保安官に届け出なければならない。

第三十三条（危険時の措置）　許可届出使用者等は、その所持する放射性同位元素若しくは放射線発生装置又は放射性汚染物に関し、放射線障害のおそれがある場合又は放射線障害が発生した場合においては、直ちに、原子力規制委員会規則（放射性同位元素又は放射性汚染物の工場又は事業所の外における運搬に係る場合にあつては、原子力規制委員会規則又は国土交通省令）で定めるところにより、応急の措置を講じなければならない。

2　前項の事態を発見した者は、直ちに、その旨を警察官又は海上保安官に通報しなければならない。

3　原子力規制委員会（放射性同位元素又は放射性汚染物の工場又は事業所の外における運搬に係る場合にあつては、原子力規制委員会又は国土交通大臣）は、第一項の場合において、放射線障害を防止するため緊急の必要があると認めるときは、同項に規定する者に対し、放射性同位元素又は放射性汚染物の所在場所の変更、放射性同位元素等による汚染の除去その他放射線障害を防止するために必要な措置を講ずることを命ずることができる。

※1項「原子力規制委員会規則」＝則二九、1項「国土交通省令」＝放射性同位元素等の事業所外運搬に係る危険時における措置に関する規則

第三十三条の三（放射能濃度についての確認等）　許可届出使用者、届出販売業者、届出賃貸業者及び許可廃棄業者は、放射性汚染物に含まれる放射線を放出する同位元素についての放射能濃度が放射線による障害の防止のための措置を必要としないものとして原子力規制委員会規則で定める基準を超えないことについて、原子力規制委員会規則で定めるところにより、原子力規制委員会又は原子力規制委員会の登録を受けた者（以下「登録濃度確認機関」という。）の確認（以下「濃度確認」という。）を受けることができる。

2　濃度確認を受けようとする者は、原子力規制委員会規則で定めるところによりあらかじめ原子力規制委員会の認可を受けた放射能濃度の測定及び評価の方法に従い、その濃度確認を受けようとする物に含まれる放射線を放出する同位元素の放射能濃度の測定及び評価を行い、その結果を記載した申請書その他原子力規制委員会規則で定める書類を原子力規制委員会又は登録濃度確認機関に提出しなければならない。

3　濃度確認を受けた物は、この法律、廃棄物の処理及び清掃に関する法律（昭和四十五年法律第百三十七号）その他の政令で定める法令の適用については、放射性汚染物でないものとして取り扱うものとする。

第三十九条（登録認証機関の登録）　第十二条の二第一項の登録は、設計認証等に関する業務（以下「設計認証業務」という。）を行おうとする者の申請により行う。

第四十条（欠格条項）　原子力規制委員会は、前条の規定により登録の申請

をした者（次条において「登録申請者」という。）が、次の各号のいずれかに該当するときは、登録をしてはならない。

一　この法律又はこの法律に基づく命令に違反し、罰金以上の刑に処せられ、その執行を終わり、又は執行を受けることがなくなつた日から二年を経過しない者

二　第四十一条の十二の規定により登録を取り消され、その取消しの日から二年を経過しない者

三　法人であつて、その業務を行う役員のうちに前二号のいずれかに該当する者があるもの

（登録の要件等）

第四十一条　原子力規制委員会は、登録申請者が次に掲げる要件の全てに適合しているときは、その登録をしなければならない。この場合において、登録に関して必要な手続は、原子力規制委員会規則で定める。

一　次に掲げる条件のいずれかに適合する知識経験を有する設計認証員が設計認証等のための審査を行い、その人数が三名以上であること。

イ　第一種放射線取扱主任者免状を有する者

ロ　学校教育法（昭和二十二年法律第二十六号）による大学又は高等専門学校において理科系統の正規の課程を修めて卒業した者（当該課程を修めて同法による専門職大学の前期課程を修了した者を含む。以下同じ。）で、その後二年以上放射性同位元素若しくは放射線発生装置又は放射性汚染物の取扱いの実務（放射線障害の防止に関するものに限る。以下この章において同じ。）に従事した経験を有するもの

ハ　学校教育法による高等学校又は中等教育学校において理科系統の正規の課程を修めて卒業した者で、その後五年以上放射性同位元素若しくは放射線発生装置又は放射性汚染物の取扱いの実務に従事した経験を有するもの

ニ　イからハまでに掲げる者と同等以上の知識及び経験を有する者

二　次に掲げる条件のいずれかに適合する知識経験を有する専任の主任設計認証員（登録申請者（その者が法人である場合にあつては、その役員）又はその職員であるものに限る。）が設計認証等のための審査の管理を行うものであること。

イ　設計認証員の業務に五年以上従事した経験を有する者

ロ　第一種放射線取扱主任者免状を取得した者で、その後五年以上放射性同位元素若しくは放射線発生装置又は放射性汚染物の取扱いの実務に従事した経験を有するもの

ハ　イ又はロに掲げる者と同等以上の知識及び経験を有する者

三　登録申請者が、別表第一に掲げる者（以下この号において「利害関係者」という。）に支配されているものとして次のいずれかに該当するものでないこと。

イ　登録申請者が株式会社である場合にあつては、利害関係者がその親法人（会社法（平成十七年法律第八十六号）第八百七十九条第一項に規定する親法人をいう。第四十一条の十九の二第三号イ及び第四十一条の二十一の二第三号イにおいて同じ。）であること。

ロ　登録申請者の役員（持分会社（会社法第五百七十五条第一項に規定する持分会社をいう。第四十一条の十九の二第三号ロ及び第四十一条の二十一の二第三号ロにおいて同じ。）にあつては、業務を執行する社員）に占める利害関係者の役員又は職員（過去二年間に当該利害関係者の役員又は職員であつた者を含む。）の割合が二分の一を超えていること。

ハ　登録申請者（法人にあつては、その代表権を有する役員）が、利害関係者の役員又は職員（過去二年間に当該利害関係者の役員又は職員であつた者を含む。）であること。

四　債務超過の状態にないこと。

2　第十二条の二第一項の登録は、登録認証機関登録簿に次に掲げる事項を記載してするものとする。

一　登録年月日及び登録番号

二　登録を受けた者の氏名又は名称及び住所

三　登録を受けた者が行う設計認証業務の内容

四　登録を受けた者が設計認証業務を行う事業所の所在地

五　前各号に掲げるもののほか、原子力規制委員会規則で定める事項

（登録の更新）

第四十一条の二　第十二条の二第一項の登録は、五年以上十年以内において政令で定める期間ごとにその更新を受けなければ、その期間の経過によつて、その効力を失う。

2　前二条の規定は、前項の登録の更新について準用する。

（設計認証等のための審査の義務等）

第四十一条の三　登録認証機関は、設計認証等のための審査を行うことを求められたときは、正当な理由がある場合を除き、遅滞なく、設計認証等のための審査を行わなければならない。

2　登録認証機関は、公正に、かつ、第十二条の三第一項の技術上の基準に適合する方法その他原子力規制委員会規則で定める方法により設計認証等のための審査を行わなければならない。

（登録事項の変更の届出）

第四十一条の四　登録認証機関は、第四十一条第二項第二号から第五号までに掲げる事項を変更しようとするときは、変更しようとする日の二週間前までに、原子力規制委員会に届け出なければならない。

（設計認証業務規程）

第四十一条の五　登録認証機関は、設計認証業務に関する規程（以下「設計認証業務規程」という。）を定め、設計認証業務の開始前に、原子力規制委員会の認可を受けなければならない。これを変更しようとするときも、同様とする。

2　設計認証業務規程には、設計認証業務の実施方法、設計認証等のための審査の信頼性を確保するための措置、設計認証等のための審査に関する料金その他の原子力規制委員会規則で定める事項を定めておかなければならない。

3　原子力規制委員会は、第一項の認可をした設計認証業務規程が設計認証等のための審査の公正な実施上不適当となつたと認めるときは、登録認証機関に対し、その設計認証業務規程を変更すべきことを命ずることができる。

（業務の休廃止）

第四十一条の六　登録認証機関は、原子力規制委員会の許可を受けなければ、設計認証業務の全部又は一部を休止し、又は廃止してはならない。

（財務諸表等の備付け及び閲覧等）

第四十一条の七　登録認証機関は、毎事業年度経過後三月以内に、その事業年度の財産目録、貸借対照表及び損益計算書又は収支計算書並びに事業報告書（その作成に代えて電磁的記録（電子的方式、磁気的方式その他の人の知覚によつては認識することができない方式で作られる記録であつて、電子計算機による情報処理の用に供されるものをいう。以下この条において同じ。）の作成がされている場合における当該電磁的記録を含む。次項及び第五十八条において「財務諸表等」という。）を作成し、原子力規制委員会に提出するとともに、五年間事務所に備えて置かなければならない。

2　利害関係人は、登録認証機関の業務時間内は、いつでも、次に掲げる請求をすることができる。ただし、第二号又は第四号の請求をするには、登録認証機関の定めた費用を支払わなければならない。

一　財務諸表等が書面をもつて作成されているときは、当該書面の閲覧又は謄写の請求

二　前号の書面の謄本又は抄本の請求

三　財務諸表等が電磁的記録をもつて作成されているときは、当該電磁的記録に記録された事項を原子力規制委員会規則で定める方法により表示したものの閲覧又は謄写の請求

四　前号の電磁的記録に記録された事項を電磁的方法であつて原子力規制委員会規則で定めるものにより提供することの請求又は当該事項を記載した書面の交付の請求

（設計認証員等）

第四十一条の八　登録認証機関は、設計認証員又は主任設計認証員（以下「設計認証員等」という。）を選任したときは、選任の日から十五日以内に、原子力規制委員会にその旨を届け出なければならない。これを変更したときも、同様とする。

2　原子力規制委員会は、設計認証員等が、この法律、この法律に基づく命令若しくは処分若しくは設計認証業務規程に違反する行為をしたとき、又は設計認証業務の実施に関し著しく不適当な行為をしたときは、登録認証機関に対し、当該設計認証員等の解任を命ずることができる。

3　前項の規定による命令により設計認証員等の職を解任され、解任の日から二年を経過しない者は、設計認証員等となることができない。

（秘密保持義務等）

第四十一条の九　登録認証機関（その者が法人である場合にあつては、その役員。次項において同じ。）若しくはその職員（設計認証員を含む。同項において同じ。）又はこれらの者であつた者は、設計認証業務に関して知り得た秘密を漏らしてはならない。

2　設計認証業務に従事する登録認証機関又はその職員は、刑法（明治四十年法律第四十五号）その他の罰則の適用については、法令により公務に従事する職員とみなす。

（適合命令）

第四十一条の十　原子力規制委員会は、登録認証機関が第四十一条第一項各号のいずれかに適合しなくなつたと認めるときは、その登録認証機関に対し、これらの規定に適合するため必要な措置をとるべきことを命ずることができる。

（改善命令）

第四十一条の十一　原子力規制委員会は、登録認証機関が第四十一条の三の規定に違反していると認めるときは、その登録認証機関に対し、同条の規定に従つて設計認証業務を行うべきこと又は設計認証等のための審査の方法その他の業務の方法の改善に関し必要な措置をとるべきことを命ずることができる。

（登録の取消し等）

第四十一条の十二　原子力規制委員会は、登録認証機関が次の各号のいずれかに該当するときは、その登録を取り消し、又は期間を定めて設計認証業務の全部若しくは一部の停止を命ずることができる。

一　第四十条第一号又は第三号に該当するに至つたとき。

二　第四十一条の四、第四十一条の六、第四十一条の七第一項又は次条の規定に違反したとき。

三　第四十一条の五第一項の規定により認可を受けた設計認証業務規程によらないで設計認証等のための審査を行つたとき。

四　第四十一条の五第三項、第四十一条の八第二項、第四十一条の十又は前条の規定による命令に違反したとき。

五　正当な理由がないのに第四十一条の七第二項各号の規定による請求を拒んだとき。

六　不正の手段により登録を受けたとき。

（帳簿の記載）

第四十一条の十三　登録認証機関は、原子力規制委員会規則で定めるところにより、帳簿を備え、設計認証業務に関し原子力規制委員会規則で定める事項を記載し、これを保存しなければならない。

（原子力規制委員会による設計認証業務の実施）

第四十一条の十四　原子力規制委員会は、第十二条の二第一項の登録をしたときは、当該登録認証機関が行う設計認証等のための審査を行わないものとする。

2　原子力規制委員会は、第十二条の二第一項の登録を受けた者がいないとき、第四十一条の六の規定による設計認証業務の全部又は一部の休止又は廃止の許可をしたとき、第四十一条の十二の規定により第十二条の二第一項の登録を取り消し、又は登録認証機関に対し設計認証業務の全部若しくは一部の停止を命じたとき、登録認証機関が天災その他の事由により設計認証業務の全部又は一部を実施することが困難となつたとき、その他必要があると認めるときは、設計認証業務の全部又は一部を自ら行うことができる。

3　原子力規制委員会が前項の規定により設計認証業務の全部又は一部を自ら行う場合における設計認証業務の引継ぎその他の必要な事項については、原子力規制委員会規則で定める。

（登録検査機関の登録）

第四十一条の十五　第十二条の八第一項の登録は、施設検査及び定期検査（以下「施設検査等」という。）に関する業務（以下「検査業務」という。）を行おうとする者の申請により行う。

（準用）

第四十一条の十六　第四十条から第四十一条の十四までの規定は、第十二条の八第一項の登録について準用する。この場合において、これらの規定（第四十一条第一項第一号及び同条第二項第三号を除く。）中「設計認証員」とあるのは「検査員」と、「設計認証等のための審査」とあるのは「施設検査等」と、「主任設計認証員」とあるのは「主任検査員」と、

「設計認証業務」とあるのは「検査業務」と、「登録認証機関」とあるのは「登録検査機関」と、「設計認証業務規程」とあるのは「検査業務規程」と、「設計認証員等」とあるのは「検査員等」と、第四十一条第一項第一号中「設計認証員」とあるのは「検査員」と、「設計認証等のための審査」とあるのは「第四十一条の十五に規定する施設検査等（以下単に「施設検査等」という。）」と、同項第三号中「別表第一」とあるのは「別表第二」と、同条第二項中「登録認証機関登録簿」とあるのは「登録検査機関登録簿」と、同項第三号中「設計認証業務」とあるのは「第四十一条の十五に規定する検査業務（以下単に「検査業務」という。）」と、第四十一条の三第二項中「第十二条の三第一項の技術上の基準に適合する方法その他原子力規制委員会規則で定める方法」とあるのは「原子力規制委員会規則で定める方法」と読み替えるほか、これらの規定に関し必要な技術的読替えは、政令で定める。

（登録定期確認機関の登録）

第四十一条の十七　第十二条の十の登録は、定期確認に関する業務（以下「定期確認業務」という。）を行おうとする者の申請により行う。

（準用）

第四十一条の十八　第四十条から第四十一条の十四までの規定は、第十二条の十の登録について準用する。この場合において、これらの規定（第四十一条第二項第三号を除く。）中「設計認証員」とあるのは「定期確認員」と、「設計認証等のための審査」とあるのは「定期確認」と、「主任設計認証員」とあるのは「主任定期確認員」と、「設計認証業務」とあるのは「定期確認業務」と、「設計認証機関」とあるのは「登録定期確認機関」と、「設計認証業務規程」とあるのは「定期確認業務規程」と、「設計認証員等」とあるのは「定期確認員等」と、第四十一条第一項第三号中「別表第一」とあるのは「別表第二」と、同条第二項中「登録認証機関登録簿」とあるのは「登録定期確認機関登録簿」と、同項第三号中「設計認証業務」とあるのは「第四十一条の十七に規定する定期確認業務（以下単に「定期確認業務」という。）」と、第四十一条の三第二項中「第十二条の三第一項の技術上の基準に適合する方法その他原子力規制委員会規則で定める方法」とあるのは「原子力規制委員会規則で定める方法」と読み替えるほか、これらの規定に関し必要な技術的読替えは、政令で定める。

（登録運搬方法確認機関の登録）

第四十一条の十九　第十八条第二項の登録運搬方法確認機関に係る登録は、運搬方法確認に関する業務（以下「運搬方法確認業務」という。）を行おうとする者の申請により行う。

（登録の要件等）

第四十一条の十九の二　国土交通大臣は、前条の規定により登録の申請をした者（以下この条において「登録申請者」という。）が次に掲げる要件の全てに適合しているときは、その登録をしなければならない。この場合において、登録に関して必要な手続は、国土交通省令で定める。

一　イからニまでに掲げる条件のいずれか及びホ又はヘに掲げる条件のいずれかに適合する知識経験を有する運搬方法確認員が運搬方法確認を行い、その人数が三名以上であること。

イ　第一種放射線取扱主任者免状を有する者

ロ　学校教育法による大学又は高等専門学校において理科系統の正規の課程を修めて卒業した者で、その後二年以上放射性同位元素若しくは放射線発生装置又は放射性汚染物の取扱いの実務に従事した経験を有するもの

ハ　学校教育法による高等学校又は中等教育学校において理科系統の正規の課程を修めて卒業した者で、その後五年以上放射性同位元素若しくは放射線発生装置又は放射性汚染物の取扱いの実務に従事した経験を有するもの

ニ　イからハまでに掲げる者と同等以上の知識及び経験を有する者

ホ　特定放射性同位元素の防護に関する業務に二年以上従事した経験を有する者

ヘ　ホに掲げる者と同等以上の知識及び経験を有する者

二　イからハまでに掲げる条件のいずれか及びニ又はホに掲げる条件のいずれかに適合する知識経験を有する専任の主任運搬方法確認員（登録申請者（その者が法人である場合にあつては、その役員）又はその職員であるものに限る。）が運搬方法確認の管理を行うものであること。

イ　運搬方法確認員の業務（放射線障害の防止のために必要な措置の確認に関するものに限る。）に五年以上従事した経験を有する者

ロ　第一種放射線取扱主任者免状を取得した者で、その後五年以上放射性同位元素若しくは放射線発生装置又は放射性汚染物の取扱いの実務に従事した経験を有するもの

ハ　イ又はロに掲げる者と同等以上の知識及び経験を有する者

ニ　特定放射性同位元素の防護に関する業務に二年以上従事した経験を有する者

ホ　ニに掲げる者と同等以上の知識及び経験を有する者

三　登録申請者が、別表第三に掲げる者（以下この号及び第四十一条の二十一の二第三号において「利害関係者」という。）に支配されているものとして次のいずれかに該当するものでないこと。

イ　登録申請者が株式会社である場合にあつては、利害関係者がその親法人であること。

ロ　登録申請者の役員（持分会社にあつては、業務を執行する社員）に占める利害関係者の役員又は職員（過去二年間に当該利害関係者の役員又は職員であつた者を含む。）の割合が二分の一を超えていること。

ハ　登録申請者（法人にあつては、その代表権を有する役員）が、利害関係者の役員又は職員（過去二年間に当該利害関係者の役員又は職員であつた者を含む。）であること。

四　債務超過の状態にないこと。

（準用）

第四十一条の二十　第四十条、第四十一条第二項及び第四十一条の二から第四十一条の十四までの規定は、第十八条第二項の登録運搬方法確認機関に係る登録について準用する。この場合において、これらの規定（第四十一条第二項第三号を除く。）中「原子力規制委員会」とあるのは「国土交通大臣」と、「原子力規制委員会規則」とあるのは「国土交通省令」と、「設計認証員」とあるのは「運搬方法確認員」と、「設計認証等のための審査」とあるのは「運搬方法確認」と、「設

計認証業務」とあるのは「運搬方法確認業務」と、「登録認証機関」とあるのは「登録運搬方法確認機関」と、「設計認証業務規程」とあるのは「運搬方法確認業務規程」と、「設計認証員等」とあるのは「運搬方法確認員等」と、第四十一条第二項中「登録認証機関登録簿」とあるのは「登録運搬方法確認機関登録簿」と、同号中「設計認証業務」とあるのは「第四十一条の十九に規定する運搬方法確認業務（以下単に「運搬方法確認業務」という。）」と、第四十一条の三第二項中「第十二条の三第一項の技術上の基準に適合する方法その他原子力規制委員会規則で定める方法」とあるのは「国土交通省令で定める方法」と、第四十一条の八第一項中「主任設計認証員」とあるのは「主任運搬方法確認員」と読み替えるほか、これらの規定に関し必要な技術的読替えは、政令で定める。

（登録運搬物確認機関の登録）

第四十一条の二十一　第十八条第二項の登録運搬物確認機関に係る登録は、運搬物確認に関する業務（以下「運搬物確認業務」という。）を行おうとする者の申請により行う。

（登録の要件等）

第四十一条の二十一の二　原子力規制委員会は、前条の規定により登録の申請をした者（以下この条において「登録申請者」という。）が次に掲げる要件の全てに適合しているときは、その登録をしなければならない。この場合において、登録に関して必要な手続は、原子力規制委員会規則で定める。

一　イからニまでに掲げる条件のいずれか及びホ又はヘに掲げる条件のいずれかに適合する知識経験を有する運搬物確認員が運搬物確認を行い、その人数が三名以上であること。

イ　第一種放射線取扱主任者免状を有する者

ロ　学校教育法による大学又は高等専門学校において理科系統の正規の課程を修めて卒業した者で、その後二年以上放射性同位元素若しくは放射線発生装置又は放射性汚染物の取扱いの実務に従事した経験を有するもの

ハ　学校教育法による高等学校又は中等教育学校において理科系統の正規の課程を修めて卒業した者で、その後五年以上放射性同位元素若しくは放射線発生装置又は放射性汚染物の取扱いの実務に従事した経験を有するもの

ニ　イからハまでに掲げる者と同等以上の知識及び経験を有する者

ホ　特定放射性同位元素の防護に関する業務に二年以上従事した経験を有する者

ヘ　ホに掲げる者と同等以上の知識及び経験を有する者

二　イからハまでに掲げる条件のいずれか及びニ又はホに掲げる条件のいずれかに適合する知識経験を有する専任の主任運搬物確認員（登録申請者（その者が法人である場合にあつては、その役員）又はその職員であるものに限る。）が運搬物確認の管理を行うものであること。

イ　運搬物確認員の業務（放射線障害の防止のために必要な措置の確認に関するものに限る。）に五年以上従事した経験を有する者

ロ　第一種放射線取扱主任者免状を取得した者で、その後五年以上放射性同位元素若しくは放射線発生装置又は放射性汚染物の取扱いの実務に従事した経験を有するもの

ハ　イ又はロに掲げる者と同等以上の知識及び経験を有する者

ニ　特定放射性同位元素の防護に関する業務に二年以上従事した経験を有する者

ホ　ニに掲げる者と同等以上の知識及び経験を有する者

三　登録申請者が、利害関係者に支配されているものとして次のいずれかに該当するものでないこと。

イ　登録申請者が株式会社である場合にあつては、利害関係者がその親法人であること。

ロ　登録申請者の役員（持分会社にあつては、業務を執行する社員）に占める利害関係者の役員又は職員（過去二年間に当該利害関係者の役員又は職員であつた者を含む。）の割合が二分の一を超えていること。

ハ　登録申請者（法人にあつては、その代表権を有する役員）が、利害関係者の役員又は職員（過去二年間に当該利害関係者の役員又は職員であつた者を含む。）であること。

四　債務超過の状態にないこと。

（準用）

第四十一条の二十二　第四十条、第四十一条第二項及び第四十一条の二から第四十一条の十四までの規定は、第十八条第二項の登録運搬物確認機関に係る登録について準用する。この場合において、これらの規定（第四十一条第二項第三号を除く。）中「設計認証員」とあるのは「運搬物確認員」と、「設計認証等のための審査」とあるのは「運搬物確認」と、「設計認証業務」とあるのは「運搬物確認業務」と、「登録認証機関」とあるのは「登録運搬物確認機関」と、「設計認証業務規程」とあるのは「運搬物確認業務規程」と、「設計認証員等」とあるのは「運搬物確認員等」と、第四十一条第二項中「登録認証機関登録簿」とあるのは「登録運搬物確認機関登録簿」と、同号中「設計認証業務」とあるのは「第四十一条の二十一に規定する運搬物確認業務（以下単に「運搬物確認業務」という。）」と、第四十一条の三第二項中「第十二条の三第一項の技術上の基準に適合する方法その他原子力規制委員会規則で定める方法」とあるのは「原子力規制委員会規則で定める方法」と、第四十一条の八第一項中「主任設計認証員」とあるのは「主任運搬物確認員」と読み替えるほか、これらの規定に関し必要な技術的読替えは、政令で定める。

（登録埋設確認機関の登録）

第四十一条の二十三　第十九条の二第二項の登録は、埋設確認に関する業務（以下「埋設確認業務」という。）を行おうとする者の申請により行う。

（準用）

第四十一条の二十四　第四十条から第四十一条の十四までの規定は、第十九条の二第二項の登録について準用する。この場合において、これらの規定（第四十一条第二項第三号を除く。）中「設計認証員」とあるのは「埋設確認員」と、「設計認証等のための審査」とあるのは「埋設確認」と、「主任設計認証員」とあるのは「主任埋設確認員」と、「設計認証業務」とあるのは「埋設確認業務」と、「登録認証機関」とあるのは「登録埋設確認機関」と、「設計認証業務規程」とあるのは「埋設確認業務規程」と、「設計認証員等」とあるのは「埋設確認員等」と、第四十一条第一項第三号中「別表第一」とあるのは「別表第四」と、同条第二項中「登録認証機関登録簿」とあるのは「登録埋設確認機関登録簿」と、同項

第三号中「設計認証業務」とあるのは「第四十一条の二十三に規定する埋設確認業務（以下単に「埋設確認業務」という。）」と、第四十一条の三第二項中「第十二条の三第一項の技術上の基準に適合する方法その他原子力規制委員会規則で定める方法」とあるのは「原子力規制委員会規則で定める方法」と読み替えるほか、これらの規定に関し必要な技術的読替えは、政令で定める。

（登録濃度確認機関の登録）

第四十一条の二十五　第三十三条の三第一項の登録は、濃度確認に関する業務（以下「濃度確認業務」という。）を行おうとする者の申請により行う。

（準用）

第四十一条の二十六　第四十条から第四十一条の十四までの規定は、第三十三条の三第一項の登録について準用する。この場合において、これらの規定（第四十一条第二項第三号を除く。）中「設計認証員」とあるのは「濃度確認員」と、「設計認証等のための審査」とあるのは「濃度確認」と、「主任設計認証員」とあるのは「主任濃度確認員」と、「設計認証業務」とあるのは「濃度確認業務」と、「登録認証機関」とあるのは「濃度確認機関」と、「設計認証業務規程」とあるのは「濃度確認業務規程」と、「設計認証員等」とあるのは「濃度確認員等」と、第四十一条第一項第三号中「別表第一」とあるのは「別表第五」と、同条第二項中「登録認証機関登録簿」とあるのは「登録濃度確認機関登録簿」と、同項第三号中「設計認証業務」とあるのは「第四十一条の二十五に規定する濃度確認業務（以下単に「濃度確認業務」という。）」と、第四十一条の三第二項中「第十二条の三第一項の技術上の基準に適合する方法その他原子力規制委員会規則で定める方法」とあるのは「原子力規制委員会規則で定める方法」と読み替えるほか、これらの規定に関し必要な技術的読替えは、政令で定める。

（登録試験機関の登録）

第四十一条の二十七　第三十五条第二項の登録試験機関に係る登録は、試験の実施に関する業務（以下「試験業務」という。）を行おうとする者の申請により行う。

（登録の要件等）

第四十一条の二十八　原子力規制委員会は、前条の規定により登録の申請をした者が次に掲げる要件の全てに適合しているときは、その登録をしなければならない。この場合において、登録に関して必要な手続は、原子力規制委員会規則で定める。

一　第三十五条第七項の原子力規制委員会規則で定める課目について、試験を行うこと。

二　次に掲げる条件のいずれかに適合する知識経験を有する試験委員が問題の作成及び受験者が放射線取扱主任者として必要な知識及び能力を有するかどうかの判定を行い、その人数が二十名以上であること。

イ　学校教育法による大学において放射線に関する学科目を担当する教授若しくは准教授の職にあり、又はこれらの職にあつた者

ロ　学校教育法による大学又は高等専門学校において理科系統の正規の課程を修めて卒業した者で、その後十年以上国、地方公共団体又は特別の法律によつて設立された法人の研究機関において放射線に関する研究に従事したもの

ハ　イ又はロに掲げる者と同等以上の知識及び経験を有する者

三　試験の信頼性の確保のための専任の管理者及び試験業務の管理を行う専任の部門が置かれていること。

四　債務超過の状態にないこと。

（信頼性の確保）

第四十一条の二十九　登録試験機関は、試験業務の管理（試験に関する秘密の保持及び試験の合格の基準に関することを含む。）に関する文書の作成その他原子力規制委員会規則で定める試験業務の信頼性の確保のための措置を講じなければならない。

2　登録試験機関は、第三十五条第九項の試験の実施細目に従い、公正に試験を実施しなければならない。

（準用）

第四十一条の三十　第四十条、第四十一条第二項、第四十一条の二及び第四十一条の四から第四十一条の十四までの規定は、第三十五条第二項の登録試験機関に係る登録について準用する。この場合において、これらの規定（第四十一条第二項第三号を除く。）中「設計認証業務」とあるのは「試験業務」と、「登録認証機関」とあるのは「登録試験機関」と、「設計認証業務規程」とあるのは「試験業務規程」と、「設計認証等のための審査」とあるのは「試験」と、第四十一条第二項中「登録認証機関登録簿」とあるのは「登録試験機関登録簿」と、同項第三号中「設計認証業務」とあるのは「第四十一条の二十七に規定する試験業務（以下単に「試験業務」という。）」と、第四十一条の八の見出し並びに同条第二項及び第三項中「設計認証員等」とあり、同条第一項中「設計認証員又は主任設計認証員（以下「設計認証員等」という。）」とあり、並びに第四十一条の九第一項中「設計認証員」とあるのは「試験委員」と、第四十一条の十中「第四十一条第一項各号のいずれか」とあるのは「第四十一条の二十八各号のいずれか」と、第四十一条の十一中「第四十一条の三」とあるのは「第四十一条の二十九」と読み替えるほか、これらの規定に関し必要な技術的読替えは、政令で定める。

（登録資格講習機関の登録）

第四十一条の三十一　第三十五条第二項の登録資格講習機関に係る登録は、資格講習の実施に関する業務（以下「資格講習業務」という。）を行おうとする者の申請により行う。

（登録の要件等）

第四十一条の三十二　原子力規制委員会は、前条の規定により登録の申請をした者が次に掲げる要件の全てに適合しているときは、その登録をしなければならない。この場合において、登録に関して必要な手続は、原子力規制委員会規則で定める。

一　第三十五条第八項の原子力規制委員会規則で定める課目について、資格講習を行うこと。

二　次に掲げる条件のいずれかに適合する知識経験を有する講師が資格講習を行うこと。

イ　第一種放射線取扱主任者免状を取得した者で、その後二年以上放射性同位元素若しくは放射線発生装置又は放射性汚染物の取扱いの実務に従事した経験を有するもの

ロ　イに掲げる者と同等以上の知識及び経験を有する者

三　債務超過の状態にないこと。

（資格講習の実施に係る義務）

第四十一条の三十三　登録資格講習機関は、第三十五条第九項の資格講習の実施細目に従い、公正に資格講習を実施しなければならない。

（準用）

第四十一条の三十四　第四十条、第四十一条第二項、第四十一条の二及び第四十一条の四から第四十一条の十四までの規定は、第三十五条第二項の登録資格講習機関に係る登録について準用する。この場合において、これらの規定（第四十一条第二項第三号を除く。）中「設計認証業務」とあるのは「資格講習業務」と、「登録認証機関」とあるのは「登録資格講習機関」と、「設計認証業務規程」とあるのは「資格講習業務規程」と、「設計認証等のための審査」とあるのは「資格講習」と、第四十一条第二項中「登録認証機関登録簿」とあるのは「登録資格講習機関登録簿」と、同項第三号中「設計認証業務」とあるのは「第四十一条の三十一に規定する資格講習業務（以下単に「資格講習業務」という。）」と、第四十一条の八の見出し並びに同条第二項及び第三項中「設計認証員等」とあり、同条第一項中「設計認証員又は主任設計認証員（以下「設計認証員等」という。）」とあり、並びに第四十一条の九第一項中「設計認証員」とあるのは「講師」と、第四十一条の十中「第四十一条第一項各号のいずれか」とあるのは「第四十一条の三十二各号のいずれか」と、第四十一条の十一中「第四十一条の三」とあるのは「第四十一条の三十三」と読み替えるほか、これらの規定に関し必要な技術的読替えは、政令で定める。

（登録放射線取扱主任者定期講習機関の登録）

第四十一条の三十五　第三十六条の二第一項の登録は、放射線取扱主任者定期講習の実施に関する業務（以下「放射線取扱主任者定期講習業務」という。）を行おうとする者の申請により行う。

（登録の要件等）

第四十一条の三十六　原子力規制委員会は、前条の規定により登録の申請をした者が次に掲げる要件の全てに適合しているときは、その登録をしなければならない。この場合において、登録に関して必要な手続は、原子力規制委員会規則で定める。

一　第三十六条の二第二項の原子力規制委員会規則で定める課目について、放射線取扱主任者定期講習を行うこと。

二　次に掲げる条件のいずれかに適合する知識経験を有する講師が放射線取扱主任者定期講習を行うこと。

イ　第一種放射線取扱主任者免状を取得した者で、その後二年以上放射性同位元素若しくは放射線発生装置又は放射性汚染物の取扱いの実務に従事した経験を有するもの

ロ　イに掲げる者と同等以上の知識及び経験を有する者

三　債務超過の状態にないこと。

（放射線取扱主任者定期講習の実施に係る義務）

第四十一条の三十七　登録放射線取扱主任者定期講習機関は、第三十六条の二第三項の実施細目に従い、公正に放射線取扱主任者定期講習を実施しなければならない。

（放射線取扱主任者定期講習業務規程）

第四十一条の三十八　登録放射線取扱主任者定期講習機関は、放射線取扱主任者定期講習業務に関する規程（次項において「放射線取扱主任者定期講習業務規程」という。）を定め、放射線取扱主任者定期講習業務の開始前に、原子力規制委員会に届け出なければならない。これを変更しようとするときも、同様とする。

2　放射線取扱主任者定期講習業務規程には、放射線取扱主任者定期講習業務の実施方法、放射線取扱主任者定期講習に関する料金その他原子力規制委員会規則で定める事項を定めておかなければならない。

（業務の休廃止）

第四十一条の三十九　登録放射線取扱主任者定期講習機関は、放射線取扱主任者定期講習業務の全部又は一部を休止し、又は廃止しようとするときは、原子力規制委員会規則で定めるところにより、あらかじめ、その旨を原子力規制委員会に届け出なければならない。

（準用）

第四十一条の四十　第四十条、第四十一条第二項、第四十一条の二、第四十一条の四、第四十一条の七、第四十一条の十から第四十一条の十三まで並びに第四十一条の十四第二項及び第三項の規定は、第三十六条の二第一項の登録について準用する。この場合において、これらの規定（第四十一条第二項第三号を除く。）中「設計認証業務」とあるのは「放射線取扱主任者定期講習業務」と、「登録認証機関」とあるのは「登録放射線取扱主任者定期講習機関」と、第四十一条第二項中「登録認証機関登録簿」とあるのは「登録放射線取扱主任者定期講習機関登録簿」と、同号中「設計認証業務」とあるのは「第四十一条の三十五に規定する放射線取扱主任者定期講習業務（以下単に「放射線取扱主任者定期講習業務」という。）」と、第四十一条の十中「第四十一条第一項各号のいずれか」とあるのは「第四十一条の三十六各号のいずれか」と、第四十一条の十一中「第四十一条の三」とあるのは「第四十一条の三十七」と、第四十一条の十四第二項中「第四十一条の六」とあるのは「第四十一条の三十九」と、「許可をしたとき」とあるのは「届出があったとき」と読み替えるほか、これらの規定に関し必要な技術的読替えは、政令で定める。

（報告徴収）

第四十二条　原子力規制委員会、国土交通大臣又は都道府県公安委員会は、この法律（国土交通大臣にあつては第十八条第一項、第二項及び第四項並びに第三十三条第一項及び第三項の規定、都道府県公安委員会にあつては第十八条第六項の規定）の施行に必要な限度で、原子力規制委員会規則、国土交通省令又は内閣府令で定めるところにより、許可届出使用者（表示付認証機器届出使用者を含む。）、届出販売業者、届出賃貸業者若しくは許可廃棄業者又はこれらの者から運搬を委託された者に対し、報告をさせることができる。

2　原子力規制委員会又は国土交通大臣は、この法律の施行に必要な限度で、原子力規制委員会規則又は国土交通省令で定めるところにより、原子力規制委員会にあつては登録認証機関、登録検査機関、登録定期確認機関、登録運搬物確認機関、登録埋設確認機関、登録濃度確認機関、登録試験機関、登録資格講習機関、登録放射線取扱主任者定期講習機関又は登録特定放射性同位元素防護管理者定期講習機関に対し、国土交通大臣にあつては登録運搬方法確認機関に対し、報告をさせることができる。

3　原子力規制委員会は、前二項の規定による報告の徴収のほ

か、第三十条の二第一項の規定の施行に必要な限度で、船舶の船長その他の関係者に対し、必要な報告をさせることができる。

※　1項「内閣府令」＝則三九、1・2項「国土交通省令」＝放射性同位元素等車両運搬規則、放射性同位元素等の事業所外運搬に係る危険時における措置に関する規則、放射性同位元素等に係る登録運搬方法確認機関に関する省令

（立入検査）

第四十三条の二　原子力規制委員会、国土交通大臣又は都道府県公安委員会は、この法律（国土交通大臣にあつては第十八条第一項、第二項及び第四項並びに第三十三条第一項及び第三項の規定、都道府県公安委員会にあつては第十八条第六項の規定）の施行に必要な限度で、その職員（原子力規制委員会にあつては放射線検査官、都道府県公安委員会にあつては警察職員）に、許可届出使用者（表示付認証機器届出使用者を含む。）、届出販売業者、届出賃貸業者若しくは許可廃棄業者又はこれらの者から運搬を委託された者の事務所又は工場若しくは事業所に立ち入り、その者の帳簿、書類その他必要な物件を検査させ、関係者に質問させ、又は検査のため必要な最小限度において、放射性同位元素若しくは放射性汚染物を収去させることができる。

2　原子力規制委員会は、前項の規定による立入検査、質問及び収去のほか、第三十条の二第一項の規定の施行に必要な限度で、その職員に、船舶に立ち入り、帳簿、書類その他必要な物件を検査させ、関係者に質問させ、又は検査のため必要な最小限度において、放射性同位元素その他の必要な試料を収去させることができる。

3　前二項の規定により立入検査を行う職員は、その身分を示す証明書を携帯し、かつ、関係者の請求があるときは、これを提示しなければならない。

4　第一項及び第二項に規定する権限は、犯罪捜査のために認められたものと解してはならない。

第四十三条の三　原子力規制委員会又は国土交通大臣は、この法律の施行に必要な限度で、その職員に、原子力規制委員会にあつては登録認証機関、登録検査機関、登録定期確認機関、登録運搬物確認機関、登録埋設確認機関、登録濃度確認機関、登録試験機関、登録資格講習機関、登録放射線取扱主任者定期講習機関又は登録特定放射性同位元素防護管理者定期講習機関の、国土交通大臣にあつては登録運搬方法確認機関の事務所に立ち入り、これらの機関の帳簿、書類その他必要な物件を検査させ、又は関係者に質問させることができる。

2　前条第三項及び第四項の規定は、前項の規定による立入検査について準用する。

（公示）

第四十五条の二　原子力規制委員会又は国土交通大臣は、次の場合には、その旨を官報に公示しなければならない。

一　第十二条の二第一項の設計認証又は同条第二項の特定設計認証をしたとき。

二　第十二条の二第一項、第十二条の八第一項、第十二条の十、第十八条第二項、第十九条の二第二項、第三十三条の三第一項、第三十五条第二項又は第三十六条の二第一項（第三十八条の三において準用する場合を含む。）の登録をしたとき。

三　第十二条の七第一項の規定による設計認証等の取消しをしたとき。

四　第四十一条の四（第四十一条の十六、第四十一条の十八、第四十一条の二十、第四十一条の二十二、第四十一条の二十四、第四十一条の二十六、第四十一条の三十、第四十一条の三十四、第四十一条の四十及び第四十一条の四十六において準用する場合を含む。）の規定による届出があつたとき。

五　第四十一条の六（第四十一条の十六、第四十一条の十八、第四十一条の二十、第四十一条の二十二、第四十一条の二十四、第四十一条の二十六、第四十一条の三十及び第四十一条の三十四において準用する場合を含む。）の許可をしたとき。

六　第四十一条の十二（第四十一条の十六、第四十一条の十八、第四十一条の二十、第四十一条の二十二、第四十一条の二十四、第四十一条の二十六、第四十一条の三十、第四十一条の三十四、第四十一条の四十及び第四十一条の四十六において準用する場合を含む。）の規定により登録を取り消し、又は業務の全部若しくは一部の停止を命じたとき。

七　第四十一条の十四第二項（第四十一条の十六、第四十一条の十八、第四十一条の二十、第四十一条の二十二、第四十一条の二十四、第四十一条の二十六、第四十一条の三十、第四十一条の三十四、第四十一条の四十及び第四十一条の四十六において準用する場合を含む。）の規定により原子力規制委員会が設計認証業務、検査業務、定期確認業務、運搬物確認業務、埋設確認業務、濃度確認業務、試験業務、資格講習業務、放射線取扱主任者定期講習業務若しくは特定放射性同位元素防護管理者定期講習業務の、国土交通大臣が運搬方法確認業務の全部若しくは一部を自ら行うものとするとき、又は原子力規制委員会若しくは国土交通大臣が自ら行つていたこれらの業務を行わないこととしたとき。

八　第四十一条の三十九又は第四十一条の四十五の規定による届出があつたとき。

（手数料の納付）

第四十九条　第三条第一項本文、第四条の二第一項、第十条第二項若しくは第十一条第二項の許可、設計認証等（登録認証機関の行うものを除く。）、施設検査等（登録検査機関の行うものを除く。）、定期確認（登録定期確認機関の行うものを除く。）、運搬方法確認（登録運搬方法確認機関の行うものを除く。）、運搬物確認（登録運搬物確認機関の行うものを除く。）、第十八条第三項の承認、埋設確認（登録埋設確認機関の行うものを除く。）、濃度確認（登録濃度確認機関の行うものを除く。）、第三十三条の三第二項の認可、試験（登録試験機関の行うものを除く。）、資格講習（登録資格講習機関の行うものを除く。）、放射線取扱主任者免状の交付若しくは再交付、放射線取扱主任者定期講習（登録放射線取扱主任者定期講習機関の行うものを除く。）、第三十六条の三第一項（第三十八条の三において準用する場合を含む。）の研修又は特定放射性同位元素防護管理者定期講習（登録特定放射性同位元素防護管理者定期講習機関の行うものを除く。）を受けようとする者は、政令で定めるところにより、手数料を国に納付しなければならない。

2　前項の規定は、独立行政法人通則法（平成十一年法律第百三号）第二条第一項に規定する独立行政法人であつてその業務の内容その他の事情を勘案して政令で定めるもの及び国立健康危機管理研究機構については、適用しない。

※1・2項「政令」＝令三一

第五十二条　次の各号のいずれかに該当する者は、一年以下の懲役若しくは百万円以下の罰金に処し、又はこれを併科する。

一　第九条第四項の規定に違反した者

二　第十条第二項の規定による許可を受けないで第三条第二項第二号から第七号までに掲げる事項を変更した者

三　第十一条第二項の規定による許可を受けないで第四条の二第二項第二号から第七号までに掲げる事項を変更した者

四　第十二条の七第二項の規定による命令に違反した者

五　第十二条の八第一項若しくは第二項、第二十九条、第三十条、第三十一条、第三十四条第一項（第三十七条第二項において準用する場合を含む。）又は第三十七条第一項の規定に違反した者

六　第十四条、第十五条第二項、第十六条第二項、第十七条第二項、第十八条第四項（第二十五条の二第二項及び第二十五条の五の規定により読み替えて適用する場合を含む。）、第十九条第三項又は第二十五条の二第三項において準用する同条第二項の規定により読み替えて適用する第十八条第四項の規定による命令に違反した者

七　第二十五条の三第二項の規定による命令に違反した者

八　第二十八条第一項の規定に違反し、又は同条第六項の規定による命令に違反した者

九　第三十条の二第一項の規定に違反した者（第五十三条の二に規定する者を除く。）

十　第三十一条の二の規定に違反して、報告をせず、又は虚偽の報告をした者

十一　第三十三条第一項の規定に違反し、又は同条第三項の規定による命令に違反した者

十二　第三十八条の二第一項、第三十八条の三において準用する第三十七条第二項において準用する第三十四条第一項の規定に違反した者

十三　第四十二条第一項（同項に規定する運搬を委託された者に係る部分を除く。）の報告をせず、又は虚偽の報告をした者

十四　第四十三条の二第一項（同項に規定する運搬を委託された者に係る部分を除く。）の規定による立入り、検査若しくは収去を拒み、妨げ、若しくは忌避し、又は質問に対して陳述をせず、若しくは虚偽の陳述をした者

十五　第四十八条の二第四項又は第五項の規定による立入り若しくは検査を拒み、妨げ、若しくは忌避し、又は質問に対して陳述をせず、若しくは虚偽の陳述をした者

> **注**　令和四年六月一七日法律六八号により改正され、令和七年六月一日から施行
> 第五十二条中「懲役」を「拘禁刑」に改める。

第五十四条　次の各号のいずれかに該当する者は、三百万円以下の罰金に処する。

一　第三条の二第一項本文の規定による届出をせず、又は虚偽の届出をして同項本文に規定する放射性同位元素の使用をした者

二　第三条の三第一項の規定による届出をせず、又は虚偽の届出をして表示付認証機器の使用をした者

三　第四条第一項本文の規定による届出をせず、又は虚偽の届出をして放射性同位元素を業として販売し、又は賃貸した者

四　第八条第一項（第十条第三項及び第十一条第三項において準用する場合を含む。）の条件に違反した者

五　第十二条の五第二項若しくは第三項、第十三条、第十五条第一項、第十六条第一項若しくは第三項、第十七条第一項、第十八条第一項（第二十五条の二第二項及び第二十五条の五の規定により読み替えて適用する場合を含む。）若しくは第七項、第十九条第一項、第二項、第四項若しくは第五項又は第二十五条の二第三項において準用する同条第二項の規定により読み替えて適用する第十八条第一項の規定に違反した者

六　第十八条第二項（第二十五条の二第二項及び第二十五条の五の規定により読み替えて適用する場合を含む。）若しくは第二十五条の二第三項において準用する同条第二項の規定により読み替えて適用する第十八条第二項の規定による確認を受けず、又は第十八条第五項（第二十五条の五の規定により読み替えて適用する場合を含む。）の規定による届出をせず、若しくは虚偽の届出をして放射性同位元素又は放射性汚染物を運搬した者

七　第十九条の二第一項の規定による確認を受けないで放射性同位元素又は放射性汚染物を廃棄した者

八　第十九条の二第二項の規定による埋設確認を受けないで廃棄物埋設をした者

九　第二十五条の三第一項の規定に違反した者

十　第二十六条第二項の規定による使用又は販売若しくは賃貸の停止の命令に違反した者

第五十五条　次の各号のいずれかに該当する者は、百万円以下の罰金に処する。

一　第三条の二第二項の規定による届出をしないで同項に規定する事項を変更した者

二　第四条第二項の規定による届出をしないで同項に規定する事項を変更した者

三　第十条第五項の規定による届出をせず、又は虚偽の届出をして同条第二項ただし書に規定する変更をした者

四　第十条第六項の規定による届出をしないで第三条第二項第四号に掲げる事項を変更した者

五　第十二条の四第二項の規定に違反して検査記録を作成せず、若しくは虚偽の記録をし、又は検査記録を保存しなかつた者

六　第十二条の九第一項又は第二項の規定による定期検査を拒み、妨げ、又は忌避した者

七　第十二条の十の規定による定期確認を拒み、妨げ、又は忌避した者

八　第十八条第八項（第二十五条の五の規定により読み替えて適用する場合を含む。）の規定による警察官の停止命令に従わず、検査を拒み、若しくは妨げ、又は同項の規定による命令に従わなかつた者

九　第二十条、第二十二条、第二十三条、第二十四条又は第

三十六条の三第二項の規定に違反した者
十　第二十五条第一項（第二十五条の二第四項の規定により読み替えて適用する場合を含む。）、第二項若しくは第三項の規定に違反して帳簿を備えず、帳簿に記載せず、若しくは虚偽の記載をし、又は第二十五条第四項の規定に違反して帳簿を保存しなかつた者
十一　第二十五条の七の規定に違反して、報告をせず、又は虚偽の報告をした者
十二　第二十五条の八又は第三十八条の三において準用する第三十六条の三第二項の規定に違反した者
十三　第二十五条の九第一項の規定に違反して帳簿を備えず、帳簿に記載せず、若しくは虚偽の記載をし、又は同条第二項の規定に違反して帳簿を保存しなかつた者
十四　第二十七条第一項若しくは第三項若しくは第三十二条の規定による届出をせず、又は虚偽の届出をした者
十五　第二十八条第二項又は第四項の規定に違反して同条第一項の措置を講じた者
十六　第二十八条第五項の規定に違反して、報告をせず、又は虚偽の報告をした者
十七　第四十二条第一項（同項に規定する運搬を委託された者に係る部分に限る。）若しくは第三項の報告をせず、又は虚偽の報告をした者
十八　第四十三条の二第一項（同項に規定する運搬を委託された者に係る部分に限る。）又は第二項の規定による立入り、検査若しくは収去を拒み、妨げ、若しくは忌避し、又は質問に対して陳述をせず、若しくは虚偽の陳述をした者

第五十六条　次の各号のいずれかに該当する者は、三十万円以下の罰金に処する。
一　第四十一条の六（第四十一条の十八、第四十一条の二十、第四十一条の二十二、第四十一条の二十四、第四十一条の二十六、第四十一条の三十及び第四十一条の三十四において準用する場合を含む。）の許可を受けないで設計認証業務、検査業務、定期確認業務、運搬方法確認業務、運搬物確認業務、埋設確認業務、濃度確認業務、試験業務又は資格講習業務の全部を廃止した者
二　第四十一条の十三（第四十一条の十六、第四十一条の十八、第四十一条の二十、第四十一条の二十二、第四十一条の二十四、第四十一条の二十六、第四十一条の三十、第四十一条の三十四及び第四十一条の四十において準用する場合を含む。）の規定に違反して帳簿を備えず、帳簿に記載せず、若しくは帳簿に虚偽の記載をし、又は帳簿を保存しなかつた者
三　第四十一条の三十九又は第四十一条の四十五の規定による届出をしないで放射線取扱主任者定期講習業務又は特定放射性同位元素防護管理者定期講習業務の全部を廃止した者
四　第四十二条第二項の報告をせず、又は虚偽の報告をした者
五　第四十三条の三第一項の規定による立入り若しくは検査を拒み、妨げ、若しくは忌避し、又は質問に対して陳述をせず、若しくは虚偽の陳述をした者

○放射性同位元素等の規制に関する法律施行令（抄）

（昭和三十五年九月三十日政令第二百五十九号）

最終改正　令五政令三四四

（放射性同位元素）

第一条　放射性同位元素等の規制に関する法律（昭和三十二年法律第百六十七号。第二十条の三第二号及び第二十条の四第一号を除き、以下「法」という。）第二条第二項の放射性同位元素は、放射線を放出する同位元素及びその化合物並びにこれらの含有物（機器に装備されているこれらのものを含む。）で、放射線を放出する同位元素の数量及び濃度がその種類ごとに原子力規制委員会が定める数量（以下「下限数量」という。）及び濃度を超えるものとする。ただし、次に掲げるものを除く。

一　原子力基本法（昭和三十年法律第百八十六号）第三条第二号に規定する核燃料物質及び同条第三号に規定する核原料物質

二　使用その他の取扱いについて、次に掲げる法律及びこれらに基づく命令の規定により法及びこれに基づく命令の規定による規制と同等の規制を受けるものとして原子力規制委員会が厚生労働大臣又は農林水産大臣と協議して指定するもの

イ　医療法（昭和二十三年法律第二百五号）

ロ　臨床検査技師等に関する法律（昭和三十三年法律第七十六号）

ハ　医薬品、医療機器等の品質、有効性及び安全性の確保等に関する法律（昭和三十五年法律第百四十五号）

ニ　獣医療法（平成四年法律第四十六号）

（特定放射性同位元素）

第一条の二　法第二条第三項に規定する政令で定める特定放射性同位元素は、放射性同位元素であって、その種類及び密封の有無に応じて原子力規制委員会が定める数量以上のものとする。

（運搬に関する確認を要する場合）

第十六条　法第十八条第二項に規定する政令で定める場合は、放射線障害の防止のための措置が特に必要な放射性同位元素又は放射性汚染物として原子力規制委員会規則（鉄道、軌道、索道、無軌条電車、自動車及び軽車両による運搬に係る確認（運搬する物に係る確認を除く。）を要する場合にあっては、国土交通省令）で定めるものを運搬する場合とする。

（都道府県公安委員会への届出を要する場合）

第十七条　法第十八条第五項に規定する政令で定める場合は、放射線障害を防止して公共の安全を確保するための措置が特に必要な放射性同位元素又は放射性汚染物として内閣府令で定めるものを運搬する場合とする。

（都道府県公安委員会の間の連絡）

第十八条　運搬が二以上の都道府県にわたることとなる場合には、関係都道府県公安委員会（以下この条において「関係公安委員会」という。）は、次に掲げる措置をとるものとする。

一　出発地を管轄する都道府県公安委員会（以下この号において「出発地公安委員会」という。）以外の関係公安委員会にあっては、出発地公安委員会を通じて、法第十八条第五項の届出の受理及び同条第六項の指示を行うこと。

二　法第十八条第六項の指示を行おうとするときは、あらかじめ、当該指示の内容を他の関係公安委員会に通知すること。

三　前二号に定めるもののほか、当該運搬について、放射線障害を防止して公共の安全を確保するため、他の関係公安委員会と緊密な連絡を保つこと。

○放射性同位元素等車両運搬規則

（昭和五十二年十一月十七日
運輸省令第三十三号）

沿革　昭五三運令七三、昭五五運令三四、昭五六運令二六、平元運令五、平二運令三四、平七運令五二、平九運令一二、平一二運令三九、平一三国交令一〇一、平一六国交令一〇九、平一七国交令六一・一一〇、平一八国交令一一九、平二四国交令三一・七五、平二六国交令九五、平三〇国交令三・九〇、令六国交令七二改正

（趣旨）

第一条　放射性同位元素等を鉄道、軌道、索道、無軌条電車、自動車及び軽車両により、工場又は事業所の外において運搬する場合は、この省令の定めるところによる。

（定義）

第二条　この省令において使用する用語は、放射性同位元素等の規制に関する法律（昭和三十二年法律第百六十七号。以下「法」という。）において使用する用語の例による。

2　この省令において、次に掲げる用語の意義は、それぞれ当該各号に定めるところによる。

一　核燃料輸送物　核燃料物質等の工場又は事業所の外における運搬に関する規則（昭和五十三年総理府令第五十七号。以下「外運搬規則」という。）第一条第三号に定める核燃料輸送物をいう。

二　放射性輸送物　放射性同位元素等の規制に関する法律施行規則（昭和三十五年総理府令第五十六号。以下「施行規則」という。）第十八条の三第一項に定める放射性輸送物（同条第二項に定めるIP—1型輸送物、IP—2型輸送物及びIP—3型輸送物を含む。）をいう。

三　オーバーパック　荷送人によつて核燃料輸送物又は放射性輸送物が箱又は袋等（運搬途中において運搬する物自体の積替えを要せずに運搬するために作られた運搬器具であつて、反復使用に耐える構造及び強度を有し、かつ、機械による積込み及び取卸しのための装置を有するものを除く。）に収納され、又は包装されているものをいう。

四　車両　鉄道、軌道若しくは無軌条電車の車両、索道の搬器、自動車又は軽車両をいう。

五　コンテナ　運搬途中において運搬する物自体の積替えを要せずに運搬するために作られた運搬器具であつて、反復使用に耐える構造及び強度を有し、かつ、機械による積込み及び取卸しのための装置又は車両に固定するための装置を有するものをいう。

六　タンク　運搬器具として用いられるタンクをいう。

七　放射性輸送物等　放射性輸送物、放射性輸送物が収納され、若しくは包装されているオーバーパック又は放射性輸送物が収納されているコンテナをいう。

八　専用積載　大型コンテナ（内容積が三・〇立方メートルを超えるコンテナをいう。以下同じ。）又は車両が一の荷送人によつて専用され、かつ、運搬する物の積込み、取卸し及び運搬中の取扱いが荷送人又は荷受人の指示によつて行われる積載の方法をいう。

（取扱場所）

第三条　放射性輸送物等（施行規則第十八条の三第一項第一号に定めるL型輸送物（以下「L型輸送物」という。）、L型輸送物のみが収納され、又は包装されているオーバーパック及びL型輸送物のみが収納されているコンテナ（以下「L型輸送物等」という。）を除く。第八条及び第十一条から第十五条までにおいて同じ。）は、関係者以外の者が通常立ち入る場所で積込み、取卸し等の取扱いをしてはならない。ただし、縄張、標識の設置等の措置を講じた場合には、この限りでない。

（積載方法等）

第四条　放射性輸送物等の積込み又は取卸しは、放射性輸送物の安全性が損なわれないように行わなければならない。

2　放射性輸送物等は、運搬中において移動、転倒、転落等により放射性輸送物の安全性が損なわれないように積載しなければならない。

3　放射性輸送物等は、関係者以外の者が通常立ち入る場所に積載してはならない。

（混載制限）

第五条　表面からの平均熱放出率が十五ワット毎平方メートルを超える放射性輸送物等は、熱を除去する装置の設置その他の特別な措置を講じない限り他の貨物と混載してはならない。

2　放射性輸送物等は、次に掲げるものと同一の車両に混載してはならない。

一　火薬類取締法（昭和二十五年法律第百四十九号）第二条第一項に規定する火薬類及び同条第二項に規定するがん具煙火

二　高圧ガス保安法（昭和二十六年法律第二百四号）第二条に規定する高圧ガス（消火器に封入したものを除く。）

三　揮発油、アルコール、二硫化炭素その他の引火性液体で引火点が五十度（専用積載の場合にあつては、八十五度）以下のもの

四　塩酸、硫酸、硝酸その他の強酸類で酸の含有量が体積百分率で十パーセントを超えるもの

五　前各号に掲げるもののほか、放射性輸送物の安全な運搬を損なうおそれのある物質

（コンテナ又はオーバーパックに係る線量当量率等）

第六条　放射性輸送物が収納されているコンテナ又は放射性輸送物が収納され、若しくは包装されているオーバーパックの線量当量率（外運搬規則第四条第七号に基づき原子力規制委員会の定める線量当量率をいう。以下同じ。）は、次に掲げる場所ごとに、それぞれ、当該各号に定める値を超えてはならない。

一　表面　線量当量率の最大値（以下「最大線量当量率」という。）が二ミリシーベルト毎時

二　表面から一メートル離れた位置　最大線量当量率が百マイクロシーベルト毎時

2　放射性輸送物が収納されているコンテナ又は放射性輸送物が収納され、若しくは包装されているオーバーパックの表面の放射性同位元素の放射能面密度は、告示で定める密度（以下「表面密度限度」という。）を超えてはならない。

（輸送指数及び臨界安全指数）

第七条　輸送物（核燃料輸送物及び放射性輸送物をいう。以下この条、第九条第二項及び第三項並びに第十七条第五項、第十一項及び第十六項において同じ。）、オーバーパック及び輸送物が収納されているコンテナ（同条第四項に定める汚染物等が収納されているものを除く。）については、輸送指数を定め、かつ、外運搬規則第十一条に定める核分裂性輸送物（以下「核分裂性輸送物」という。）、核分裂性輸送物が収納され、若しくは包装されているオーバーパック及び核分裂性輸送物が収納されるコンテナについては、臨界安全指数を定めるものとする。ただし、L型輸送物（外運搬規則第三条第一項第一号に定めるL型輸送物を含む。以下この項において同じ。）、L型輸送物のみが収納され、又は包装されているオーバーパック及びL型輸送物のみが収納されているコンテナについては、この限りでない。

2　前項の輸送指数は、次の各号に定めるところにより決定される数値とする。

一　輸送物にあつては、当該輸送物の表面から一メートル離れた位置における最大線量当量率をミリシーベルト毎時単位で表した値に百を乗じて得た値。ただし、コンテナ又はタンクが容器として使用されている輸送物にあつては、当該値に、次の表の上欄に掲げるコンテナ又はタンクの最大断面積の区分に応じ、それぞれ、同表の下欄に掲げる係数を乗じて得た値。

一平方メートル以下の場合	一
一平方メートルを超え、五平方メートル以下の場合	二
五平方メートルを超え、二十平方メートル以下の場合	三
二十平方メートルを超える場合	十

二　オーバーパックにあつては、当該オーバーパックに収納され、又は包装されている輸送物について前号による値を合計して得た値。ただし、外形が容易に変形しない構造を有するオーバーパックにあつては、当該オーバーパックの表面から一メートル離れた位置における最大線量当量率をミリシーベルト毎時単位で表した値に百を乗じて得た値に、前号の表の上欄に掲げるオーバーパックの最大断面積の区分に応じ、それぞれ、同表の下欄に掲げる係数を乗じて得た値とすることができる。

三　輸送物が収納されているコンテナにあつては、当該コンテナに収納されている輸送物及びオーバーパックについて前二号による値を合計して得た値又は当該コンテナの表面から一メートル離れた位置における最大線量当量率をミリシーベルト毎時単位で表した値に、第一号の表の上欄に掲げるコンテナの最大断面積の区分に応じ、それぞれ、同表の下欄に掲げる係数を乗じて得た値

3　前項の規定により輸送指数を決定する場合において、当該決定に用いられる値が〇・〇五以下であるときは、告示で定めるところにより当該値を〇とすることができる。

4　第一項の臨界安全指数は、次の各号に定めるところにより決定される数値とする。この場合において、当該決定に用いられる輸送制限個数が無制限であるときは、当該値を〇とすることができる。

一　核分裂性輸送物にあつては、当該核分裂性輸送物の輸送制限個数（外運搬規則第十一条第二号ニ又はホで定める輸送制限個数のうちいずれか小さい値とする。）で五十を除して得た値

二　オーバーパックにあつては、当該オーバーパックに収納され又は包装されている核分裂性輸送物について前号による値を合計して得た値

三　核分裂性輸送物が収納されているコンテナにあつては、当該コンテナに収納されている核分裂性輸送物及びオーバーパックについて前号による値を合計して得た値

第八条　**（標識又は表示）**　次の表の上欄に掲げる放射性輸送物等には、それぞれ、告示で定める標識を同表の下欄に掲げる箇所に付さなければならない。

一　放射性輸送物（コンテナ又はタンクが容器として使用されているものを除く。次号及び第三号において同じ。）又は放射性輸送物が収納され、若しくは包装されているオーバーパックであつて、表面における最大線量当量率が五マイクロシーベルト毎時以下であり、かつ、輸送指数が〇であるもの	放射性輸送物又は放射性輸送物が収納され、若しくは包装されているオーバーパックの表面の二箇所
二　放射性輸送物又は放射性輸送物が収納され、若しくは包装されているオーバーパック（前号に掲げるものを除く。）であつて、表面における最大線量当量率が五百マイクロシーベルト毎時以下であり、かつ、輸送指数が一を超えないもの	放射性輸送物又は放射性輸送物が収納され、若しくは包装されているオーバーパックの表面の二箇所
三　前二号に掲げる放射性輸送物又は放射性輸送物が収納され、若しくは包装されているオーバーパック以外の放射性輸送物又は放射性輸送物が収納され、若しくは包装されているオーバーパック	放射性輸送物又は放射性輸送物が収納され、若しくは包装されているオーバーパックの表面の二箇所
四　放射性輸送物の容器として使用されているコンテナ若しくはタンク（第十七条第一項に規定する場合に容器として使用されているコンテナ又はタンクを除く。以下この号から第六号までにおいて同じ。）又は放射性輸送物が収納されているコンテナであつて、表面における最大線量当量率が五マイクロシーベルト毎時以下であり、かつ、輸送指数が〇であるもの	コンテナの四側面又はタンクの表面の四箇所
五　放射性輸送物の容器として使用されているコンテナ若しくはタンク又は放射性輸送物が収納されているコンテナ（前号に掲げるものを除く。）であつて、表面における最大線量当量率が五百マイクロシーベルト毎時以下であり、かつ、輸送指数が一を超えないもの	コンテナの四側面又はタンクの表面の四箇所

六　前二号に掲げるコンテナ又はタンク以外のコンテナ又はタンク	コンテナの四側面又はタンクの表面の四箇所

2　次に掲げる放射性輸送物には、その表面の見やすい箇所に、それぞれ当該各号に定める事項を、耐久性のある方法で、鮮明に表示しておかなければならない。
一　すべての放射性輸送物　荷送人若しくは荷受人の氏名又は名称及び住所並びに当該放射性同位元素等に係る告示で定める国連番号
二　放射性輸送物（L型輸送物を除く。）　当該放射性同位元素等の告示で定める品名
三　総重量が五十キログラムを超える放射性輸送物　総重量
四　施行規則第十八条の三第一項第二号に定めるA型輸送物　「A型」の文字又は「TYPE　A」の文字
五　施行規則第十八条の三第一項第三号に定めるBM型輸送物（以下「BM型輸送物」という。）「BM型」の文字又は「TYPE　B(M)」の文字
六　施行規則第十八条の三第一項第三号に定めるBU型輸送物（以下「BU型輸送物」という。）「BU型」の文字又は「TYPE　B(U)」の文字
七　施行規則第十八条の三第二項に定めるIP―1型輸送物　「IP―1型」の文字又は「TYPE　IP―1」の文字
八　施行規則第十八条の三第二項に定めるIP―2型輸送物　「IP―2型」の文字又は「TYPE　IP―2」の文字
九　施行規則第十八条の三第二項に定めるIP―3型輸送物　「IP―3型」の文字又は「TYPE　IP―3」の文字
十　第四号から前号まで（第七号を除く。）に掲げる放射性輸送物　当該輸送容器の告示で定める識別記号

3　次に掲げるオーバーパックには、その表面の見やすい箇所に、それぞれ当該各号に定める事項を、耐久性のある方法で、鮮明に表示しておかなければならない。
一　放射性輸送物が収納され、又は包装されているオーバーパック　「オーバーパック」の文字又は「OVERPACK」の文字
二　放射性輸送物が収納され、又は包装されているオーバーパック（個々の放射性輸送物に表示された前項第一号及び第二号に定める事項が外部から容易に確認できる場合を除く。）　荷送人若しくは荷受人の氏名又は名称及び住所並びに当該放射性同位元素等に係る告示で定める国連番号
三　放射性輸送物（L型輸送物を除く。）が収納され、又は包装されているオーバーパック（個々の放射性輸送物に表示された前項第一号及び第二号に定める事項が外部から容易に確認できる場合を除く。）　当該放射性同位元素等の告示で定める品名

4　BM型輸送物及びBU型輸送物には、当該放射性輸送物の容器又は包装の耐火性及び耐水性を有する最も外側の表面に、告示で定めるマークであって、耐火性及び耐水性を有するものを明確に表示しなければならない。

5　放射性輸送物（L型輸送物を除く。）の容器として使用されている大型コンテナ若しくはタンク又は放射性輸送物が収納されている大型コンテナ（L型輸送物のみが収納されているものを除く。第六項において同じ。）には、告示で定めるコンテナ標識を当該大型コンテナの四側面又は当該タンクの表面の四箇所に付さなければならない。

6　前項のコンテナ標識に代えて、第一項の標識を当該コンテナ標識の寸法に拡大して付すことができる。この場合において、第一項の表第四号、第五号若しくは第六号又は第十八条第四項の規定にかかわらず、第一項の表第四号、第五号若しくは第六号又は第十八条第四項の標識を付すことを要しない。

7　放射性輸送物が収納されている大型コンテナであって、告示で定める品名の放射性同位元素又は放射性汚染物（以下「放射性同位元素等」という。）のうち、同一品名のもの（以下「同一放射性同位元素等」という。）のみが当該放射性輸送物に収納されているもの（本邦内のみを運搬されるものを除く。）を専用積載で運搬する場合には、告示で定めるところにより当該放射性同位元素等の国連番号を当該大型コンテナに表示しなければならない。

（**積載限度**）

第九条　放射性輸送物が収納され、又は包装されているオーバーパックであって、輸送指数が十を超えるもの又は臨界安全指数が五十を超えるものは、積載してはならない。ただし、専用積載で運搬する場合には、この限りでない。

2　放射性輸送物が収納されているコンテナであって、輸送指数又は臨界安全指数が五十を超えるものは、積載してはならない。ただし、専用積載（車両を専用してする専用積載に限る。次項並びに第十七条第十一項及び第十三項において同じ。）で運搬する場合であって、次の各号の基準のいずれかに適合するときは、この限りでない。
一　核分裂性輸送物が収納されていないこと。
二　核分裂性輸送物が収納されている場合にあっては、当該核分裂性輸送物の臨界安全指数の合計が五十を超えないこと。ただし、当該コンテナが、当該コンテナに収納されていない輸送物、オーバーパック及びこれらのものが収納されているコンテナから常に六メートル以上隔離される場合にあっては、当該核分裂性輸送物の臨界安全指数の合計が百を超えないこと。

3　放射性輸送物等を積載する場合において、一の車両（二以上の自動車が連結されている場合にあっては、当該二以上の自動車。以下同じ。）に積載する輸送物（オーバーパックに収納され、又は包装されているもの及びコンテナに収納されているものを除く。）、オーバーパック（コンテナに収納されているものを除く。）及び輸送物が収納されているコンテナの輸送指数の合計及び臨界安全指数の合計は、五十を超えてはならない。ただし、専用積載で運搬する場合であって、次の各号の基準のいずれかに適合するときは、この限りでない。
一　核分裂性輸送物を積載しないこと。
二　核分裂性輸送物を積載する場合にあっては、当該核分裂性輸送物の臨界安全指数の合計が五十を超えないこと。ただし、当該車両が、当該車両に積載されていない輸送物、オーバーパック及びこれらのものが収納されているコンテナから常に六メートル以上隔離される場合にあっては、当該核分裂性輸送物の臨界安全指数の合計が百を超えないこと。

4　核分裂性輸送物、核分裂性輸送物が収納され、若しくは包

装されているオーバーパック（以下「核分裂性輸送物等」という。）及び核分裂性輸送物等が収納されているコンテナを車両の数箇所に集貨（核分裂性輸送物等及び核分裂性輸送物等が収納されているコンテナであつて、他の核分裂性輸送物等及び核分裂性輸送物等が収納されているコンテナとの間の距離が六メートル未満であるものの集合をいう。）として積載するとき、又はコンテナに核分裂性輸送物等を集貨として収納するときは、これらの臨界安全指数の合計は各集貨ごとに五十を超えてはならない。

5　施行規則第十八条の三第二項に定めるＩＰ―１型輸送物、ＩＰ―２型輸送物又はＩＰ―３型輸送物を積載する場合において、一の車両に積載する外運搬規則第三条第二項に定めるＩＰ―１型輸送物、ＩＰ―２型輸送物及びＩＰ―３型輸送物並びに施行規則第十八条の三第二項に定めるＩＰ―１型輸送物、ＩＰ―２型輸送物及びＩＰ―３型輸送物（以下「ＩＰ型輸送物等」という。）に収納されている汚染物等（外運搬規則第三条第二項に定める低比放射性物質及び表面汚染物並びに施行規則第十八条の三第二項に定める低比放射性同位元素及び表面汚染物をいう。第十七条第十二項において同じ。）の放射能の量の合計は、告示で定める量を超えてはならない。

（車両に係る線量当量率等）

第十条　放射性輸送物等を車両に積載した状態における線量当量率は、次に掲げる場所ごとに、それぞれ当該各号に定める値を超えてはならない。

一　車両の表面（車両が開放型のものである場合にあつては、その外輪郭に接する垂直面及び車体の底面）　最大線量当量率が二ミリシーベルト毎時

二　車両の前面、後面及び両側面（車両が開放型のものである場合にあつては、その外輪郭に接する垂直面）から一メートル離れた位置　最大線量当量率が百マイクロシーベルト毎時

三　車両による運搬に従事する者が通常乗車する場所　最大線量当量率が二十マイクロシーベルト毎時

2　放射性輸送物等を運搬する車両については、積込み及び取卸しを終了した場合には、放射性同位元素等による当該車両の表面の汚染の程度が告示で定める基準を超えないようにしなければならない。

（車両に係る標識）

第十一条　放射性輸送物等を積載した車両には、告示で定める車両標識をその両側面及び後面（鉄道、新設軌道及び索道にあつては、両側面に限る。）の見やすい箇所に付さなければならない。ただし、第八条第五項に定めるコンテナ標識（同条第六項の規定に基づき拡大して付された標識を含む。）を付した大型コンテナ又はタンクを運搬する場合であつて、当該コンテナ標識に「放射性」の文字の表示があり、かつ、運搬中外部から視認できるときは、当該コンテナ標識をもつてこれに代えることができる。

2　放射性輸送物等であつて、同一放射性同位元素等のみが収納されているもの（本邦内のみを運搬されるものを除く。）を専用積載で運搬する場合には、告示で定めるところにより当該放射性同位元素等の国連番号を当該車両に表示しなければならない。ただし、前項ただし書の規定に基づきコンテナ標識（第八条第六項の規定に基づき拡大して付された標識を含む。）をもつて前項の車両標識に代えた場合には、この限りでない。

3　夜間においては、放射性輸送物等を運搬する併用軌道、無軌条電車、自動車及び軽車両の前部及び後部（軽車両にあつては、後部に限る。）の見やすい箇所に赤色灯を付け、これを点灯しなければならない。

（連結制限）

第十二条　放射性輸送物等を積載した鉄道又は軌道の車両は、第五条第二項第一号から第三号までに掲げるもの（第三号に掲げるものにあつては、引火点が二十五度以下のものに限る。）を積載した車両と三両以上離して連結しなければならない。この場合において、ボギー車一両は、二両とみなす。

2　放射性輸送物等又は核燃料物質等車両運搬規則（昭和五十三年運輸省令第七十二号）第十二条第一項に規定する核燃料輸送物等を積載した鉄道又は軌道の車両は、放射性輸送物等を積載した他の車両と一両以上離して連結しなければならない。

（取扱方法等を記載した書類の携行）

第十三条　放射性輸送物等を運搬する場合には、放射性輸送物の種類、量、取扱方法その他運搬に関し留意すべき事項及び事故が発生した場合の措置について記載した書類を携行しなければならない。

（交替運転者等）

第十四条　放射性輸送物等を自動車により長距離にわたり、又は夜間に運搬する場合であつて、運転者が疲労等により安全な運転を継続することができないおそれがあるときは、交替するための運転者の配置その他当該自動車の安全な運転の確保のため必要な措置を講じなければならない。

（接近防止措置）

第十五条　放射性輸送物等（施行規則第二十四条の二の八第一項の表第一号に規定する特定放射性同位元素を含む放射性輸送物、当該放射性輸送物が収納され、又は包装されているオーバーパック及び当該放射性輸送物が収納されているコンテナを除く。）を積載した併用軌道若しくは無軌条電車の車両、自動車又は軽車両を道路その他一般公衆が当該車両に容易に近づくことができる場所において、駐車（道路交通法（昭和三十五年法律第百五号）第二条第一項第十八号に規定する駐車をいう。）する場合には、関係者以外の者が当該放射性輸送物に近づくことを防止する措置を講じなければならない。

（同乗制限）

第十五条の二　第八条第一項の表第二号、第三号、第五号又は第六号に掲げる放射性輸送物等を運搬する場合には、当該放射性輸送物等を積載した自動車又は軽車両において運搬に従事する者が通常乗車する場所に、関係者以外の者を同乗させてはならない。

（放射線防護計画）

第十五条の三　許可届出使用者（表示付認証機器使用者を含む。）、届出販売業者、届出賃貸業者及び許可廃棄業者並びにこれらの者から運搬を委託された者（次条において「許可届出使用者等」という。）は、放射性輸送物等の運搬に際して適切に放射線障害を防止することができるように、放射線の線量の測定方法その他の告示で定める事項について記載した放射線防護計画を定めなければならない。

（教育及び訓練）

第十五条の四　許可届出使用者等は、運搬に従事する者に対し、放射性輸送物等の取扱い方法その他の告示で定める事項について、運搬に従事するのに必要な知識及び技能を保有するよう、教育及び訓練を行わなければならない。

（ＢＭ型輸送物の運搬に係る措置）

第十六条　ＢＭ型輸送物又はＢＭ型輸送物が収納されているコンテナを運搬する場合には、放射線測定器及び保護具を携行しなければならない。

２　ＢＭ型輸送物又はＢＭ型輸送物が収納されているコンテナを運搬する場合には、放射性同位元素の取扱いに関し専門的知識を有する者を同行させ、当該放射性輸送物の保安のため必要な監督を行わせなければならない。

（特定放射性同位元素の運搬に係る措置等）

第十六条の二　施行規則第二十四条の二の八第一項の表第一号に規定する特定放射性同位元素を含む放射性輸送物を運搬する場合には、次の各号に掲げる措置を講じなければならない。

一　非開放型の車両又はコンテナに積載して運搬する場合には、当該車両又はコンテナを施錠すること。ただし、特定放射性同位元素の防護のため施錠と同等以上の措置を講じたときは、この限りでない。

二　放射性輸送物は、放射線障害の防止及び特定放射性同位元素の防護のために必要な方法で積載すること。

三　放射性輸送物を運搬する車両については、放射線障害の防止及び特定放射性同位元素の防護のために必要な措置を講じること。

四　放射線障害の防止及び特定放射性同位元素の防護のために必要な連絡体制を整備すること。

五　放射性輸送物の運搬に関する責任者（放射線障害の防止及び特定放射性同位元素の防護のために必要な措置について知識及び経験を有する者に限る。）を配置し、放射線障害の防止及び特定放射性同位元素の防護のために必要な措置を講じさせること。

六　放射性輸送物の運搬に関する見張人を配置し、放射線障害の防止及び特定放射性同位元素の防護のために必要な措置を講じさせること。ただし、特定放射性同位元素の防護のため見張人の配置と同等以上の措置を講じたときは、この限りでない。

七　放射性輸送物の取扱いに対する妨害行為若しくは放射性輸送物を運搬する車両若しくは特定放射性同位元素の防護のために必要な設備若しくは装置に対する破壊行為が行われるおそれがあり、又は行われたときにおいて、迅速かつ確実に対応できるように適切な計画を作成すること。

八　特定放射性同位元素の防護のために必要な措置に関する詳細な事項は、当該事項を知る必要があると認められる者以外の者に知られることがないよう管理すること。

２　施行規則第二十四条の二の八第一項の表第二号に規定する特定放射性同位元素を含む放射性輸送物を運搬する場合には、前項（第四号、第六号及び第七号を除く。）の規定を準用する。この場合において、同項第八号中「詳細な事項は」とあるのは、「詳細な事項（放射性輸送物の運搬経路に関するものに限る。）は」と読み替えるものとする。

（放射性輸送物としないで運搬できる低比放射性同位元素等の運搬）

第十七条　施行規則第十八条の十一第一号に定める低比放射性同位元素及び同条第二号に定める表面汚染物を放射性輸送物としないで運搬する場合には、次項から第十七項までの規定によらなければならない。

２　前項に定める低比放射性同位元素又は表面汚染物（以下「低比放射性同位元素等」という。）が収納されているコンテナ又はタンクの線量当量率は、次に掲げる場所ごとに、それぞれ、当該各号に定める値を超えてはならない。

一　表面　最大線量当量率が二ミリシーベルト毎時

二　表面から一メートル離れた位置　最大線量当量率が百マイクロシーベルト毎時

３　低比放射性同位元素等が収納されているコンテナ又はタンクの表面（当該コンテナ又はタンクを専用積載で運搬する場合にあつては、外表面に限る。）の放射性同位元素の放射能面密度は、表面密度限度を超えてはならない。

４　汚染物等（外運搬規則第十三条第一号に定める低比放射性物質及び第一項に定める低比放射性同位元素並びに同条第二号に定める表面汚染物及び同項に定める表面汚染物に限る。以下この条（第十二項を除く。）において同じ。）並びに汚染物等が収納されているコンテナ及びタンクについては、輸送指数を定め、かつ、核分裂性輸送物が収納されているコンテナについては、臨界安全指数を定めるものとする。

５　前項の輸送指数は、次の各号に定めるところにより決定される数値とする。この場合において、当該決定に用いられる値が〇・〇五以下であるときは、告示で定めるところにより当該値を〇とすることができる。

一　汚染物等（タンクに収納されているものを除く。）及び汚染物等が収納されているタンクにあつては、当該汚染物等又は当該タンクの表面から一メートル離れた位置における最大線量当量率をミリシーベルト毎時単位で表した値に百を乗じて得た値に、次の表の上欄に掲げる汚染物等又はタンクの最大断面積の区分に応じ、それぞれ同表の下欄に掲げる係数を乗じて得た値。ただし、汚染物等のうち、告示で定めるウラン又はトリウムの精鉱にあつては、当該ウラン又はトリウムの精鉱の集積の表面（タンクに収納されている場合にあつては、当該タンクの表面）から一メートル離れた位置における最大線量当量率を告示で定める値とすることができる。

一平方メートル以下の場合	一
一平方メートルを超え、五平方メートル以下の場合	二
五平方メートルを超え、二十平方メートル以下の場合	三
二十平方メートルを超える場合	十

二　汚染物等が収納されているコンテナにあつては、当該コンテナに収納されている汚染物等及び汚染物等が収納されているタンクについて前号による値を合計して得た値（当該コンテナに輸送物が収納されている場合にあつては、当該値と同一のコンテナに収納されている輸送物（オーバー

パックに収納され、又は包装されているものを除く。）及びオーバーパックについて第七条第二項第一号及び第二号による値を合計して得た値）又は当該コンテナの表面から一メートル離れた位置における最大線量当量率をミリシーベルト毎時単位で表した値に百を乗じて得た値に、前号の表の上欄に掲げるコンテナの最大断面積の区分に応じ、それぞれ、同表の下欄に掲げる係数を乗じて得た値。

6　第四項の臨界安全指数は、コンテナに収納されている核分裂性輸送物について当該核分裂性輸送物の輸送制限個数で五十を除して得た値を合計した値とする。この場合において、当該決定に用いられる輸送制限個数が無制限であるときは、当該値を〇とすることができる。

7　低比放射性同位元素等が収納されているコンテナ又はタンクには、告示で定める標識を当該コンテナの四側面又は当該タンクの表面の四箇所に付さなければならない。

8　低比放射性同位元素等が収納されている大型コンテナ又はタンクには、告示で定めるコンテナ標識を当該大型コンテナの四側面又は当該タンクの表面の四箇所に付さなければならない。

9　前項のコンテナ標識に代えて、第七項又は次条第四項の標識を当該コンテナ標識の寸法に拡大して付することができる。この場合において、第七項又は次条第四項の規定にかかわらず、第七項又は次条第四項の標識を付することを要しない。

10　告示で定める品名の低比放射性同位元素等のうち、同一品名のもの（以下「同一低比放射性同位元素等」という。）のみが収納されている大型コンテナ又はタンク（本邦内のみを運搬されるものを除く。）を運搬する場合には、告示で定めるところにより当該低比放射性同位元素等の国連番号を当該大型コンテナ又はタンクに表示しなければならない。

11　低比放射性同位元素等又は低比放射性同位元素等が収納されているコンテナ若しくはタンクを積載する場合において、一の車両に積載する汚染物等（コンテナ又はタンクに収納されているものを除く。）、汚染物等が収納されているタンク及びこれらのものが収納されているコンテナの輸送指数の合計及び臨界安全指数の合計又は当該値と同一の車両に積載する輸送物（オーバーパックに収納され、又は包装されているもの及びコンテナに収納されているものを除く。）、オーバーパック（コンテナに収納されているものを除く。）及び輸送物が収納されているコンテナの輸送指数若しくは臨界安全指数の合計は、五十を超えてはならない。ただし、専用積載で運搬する場合であって、次の各号の基準のいずれかに適合するときは、この限りでない。

一　核分裂性輸送物を積載しないこと。

二　核分裂性輸送物を積載する場合にあっては、当該核分裂性輸送物の臨界安全指数の合計が五十を超えないこと。ただし、当該車両が、当該車両に積載されていない輸送物、オーバーパック、汚染物等が収納されているタンク及びこれらのものが収納されているコンテナから常に六メートル以上隔離される場合にあっては、当該核分裂性輸送物の臨界安全指数の合計が百を超えないこと。

12　第一項に定める表面汚染物を積載する場合において、一の車両に積載する当該表面汚染物及び外運搬規則第十三条第二号に定める表面汚染物の放射能の量の合計又は当該量と同一の車両に積載するＩＰ型輸送物等に収納されている汚染物等の放射能の量の合計は、告示で定める量を超えてはならない。

13　低比放射性同位元素等又は低比放射性同位元素等が収納されているコンテナ若しくはタンクを運搬する車両については、積込み及び取卸しを終了した場合には、放射性同位元素等による当該車両の表面（専用積載で運搬する場合にあっては、外表面に限る。）の汚染の程度が告示で定める基準を超えないようにしなければならない。

14　低比放射性同位元素等又は低比放射性同位元素等が収納されているコンテナ若しくはタンクを積載した車両には、告示で定める車両標識をその両側面及び後面（鉄道、新設軌道及び索道にあっては、両側面に限る。）の見やすい箇所に付さなければならない。ただし、第八項に定めるコンテナ標識（第九項の規定に基づき拡大して付された標識を含む。）を付した大型コンテナ又はタンクを運搬する場合であって、当該コンテナ標識に「放射性」の文字の表示があり、かつ、運搬中外部から視認できるときは、当該コンテナ標識をもってこれに代えることができる。

15　同一低比放射性同位元素等又は同一低比放射性同位元素等のみが収納されているコンテナ若しくはタンク（本邦内のみを運搬されるものを除く。）のみを車両により運搬する場合には、告示で定めるところにより当該低比放射性同位元素等の国連番号を当該車両に表示しなければならない。ただし、前項ただし書の規定に基づきコンテナ標識（第九項の規定に基づき拡大して付された標識を含む。）をもって前項の車両標識に代えた場合にあっては、この限りでない。

16　低比放射性同位元素等又は低比放射性同位元素等が収納されているコンテナ若しくはタンクを積載した鉄道又は軌道の車両は、輸送物（Ｌ型輸送物及び外運搬規則第三条第一項第一号に定めるＬ型輸送物を除く。）、当該輸送物が収納され、若しくは包装されているオーバーパック、汚染物等、汚染物等が収納されているタンク又はこれらのものが収納されているコンテナを積載した他の車両と一両以上離して連結しなければならない。

17　第三条から第五条まで、第九条第二項、第十条第一項、第十一条第三項、第十二条第一項及び第十三条から第十五条の二までの規定は、低比放射性同位元素等を運搬する場合に準用する。この場合において、これらの規定（第十五条の二を除く。）中「放射性輸送物」とあるのは「低比放射性同位元素等」と、「放射性輸送物等」とあるのは「低比放射性同位元素等又は低比放射性同位元素等が収納されているコンテナ若しくはタンク」と、第十五条の二中「第八条第一項の表第二号、第三号、第五号又は第六号に掲げる」とあるのは「告示で定める」と、「放射性輸送物等」とあるのは「低比放射性同位元素等が収納されているコンテナ又はタンク」と読み替えるものとする。

（特別措置等）

第十八条　第六条、第九条（前条第十七項において第九条第二項を準用する場合を含む。）、第十条（前条第十七項において第十条第一項を準用する場合を含む。）並びに前条第一項から第三項まで及び第十一項から第十三項までの規定に従って運搬することが著しく困難な場合であって、安全な運搬を確保するために必要な措置を講じ、かつ、これらの規定によらないで運搬しても安全上支障がない旨の国土交通大臣の承認を受けたときは、これらの規定によらないで運搬することができる。

2　第六条第一項、第十条第一項第二号（前条第十七項において準用する場合を含む。）並びに前条第一項及び第二項の規定によらないで運搬しても安全上支障がない旨の国土交通大臣の承認を受けた場合には、これらの規定によらないで運搬することができる。この場合において、次の表の上欄に掲げる規定によらないで運搬するときは、それぞれ、同表の下欄に掲げる基準に適合しなければならない。

一　第六条第一項第一号	イ　専用積載で運搬すること。 ロ　関係者以外の者が当該オーバーパック又はコンテナに近づくことを防止する措置を講じること。 ハ　運搬中に積込み及び取卸しをしないこと。 ニ　表面において最大線量当量率が十ミリシーベルト毎時を超えないこと。
二　第六条第一項第二号	専用積載で運搬すること。
三　第十条第一項第二号（前条第十七項において準用する場合を含む。）	当該車両の前面、後面及び両側面（車両が開放型のものである場合にあつては、その外輪郭に接する垂直面）から二メートル離れた位置において最大線量当量率が百マイクロシーベルト毎時を超えないこと。
四　前条第二項第一号	イ　専用積載で運搬すること。 ロ　関係者以外の者が当該コンテナ又はタンクに近づくことを防止する措置を講じること。 ハ　運搬中に積込み及び取卸しをしないこと。 ニ　表面において最大線量当量率が十ミリシーベルト毎時を超えないこと。
五　前条第二項第二号	専用積載で運搬すること。

3　施行規則第十八条の五第七号及び第八号、第十八条の六第一号、第十八条の七第一号、第十八条の八、第十八条の九第一項第一号及び第二項第一号、第十八条の十第一項第一号及び第二項第一号並びに第十八条の十二の規定により原子力規制委員会の承認を受けて放射性同位元素等又は放射性輸送物を運搬しようとする場合には、安全な運搬を確保するために必要な措置（これらの規定（施行規則第十八条の五第八号及び第十八条の十二を除く。）により原子力規制委員会の承認を受けて表面における線量当量率が二ミリシーベルト毎時を超え十ミリシーベルト毎時以下の放射性輸送物を運搬しようとする場合にあつては、次の各号に掲げる措置）を講じ、かつ、安全上支障がない旨の国土交通大臣の承認を受けなければならない。

一　関係者以外の者が当該放射性輸送物に近づくことを防止する措置を講じること。

二　運搬中に積込み及び取卸しをしないこと。

4　第一項及び前項の規定により放射性同位元素等、放射性輸送物等、低比放射性同位元素等又は低比放射性同位元素等が収納されているコンテナ若しくはタンクを運搬する場合には、専用積載で運搬しなければならず、また、第八条第一項又は前条第七項の規定にかかわらず、それらの表面（放射性同位元素等及び低比放射性同位元素等の表面を除く。）の二箇所（コンテナ又はタンクにあつては、当該コンテナの四側面又は当該タンクの表面の四箇所）に告示で定める標識を付さなければならない。

（運搬の安全の確認）

第十九条　放射性同位元素等の規制に関する法律施行令（昭和三十五年政令第二百五十九号）第十六条（同令第十九条の三の規定により読み替えて適用する場合を含む。）の放射性同位元素等として国土交通省令で定めるものは、BM型輸送物又はBU型輸送物として運搬される放射性同位元素等とする。

第二十条　法第十八条第二項の国土交通大臣の確認（以下「運搬の安全の確認」という。）を受けようとする者は、運搬前に、運搬に関する計画書を国土交通大臣に提出しなければならない。

第二十一条　国土交通大臣は、運搬の安全の確認をしたときは、確認証を交付するものとする。

（報告徴収）

第二十二条　国土交通大臣は、法第十八条第一項、第二項及び第四項の規定の施行に必要な限度で、許可届出使用者（表示付認証機器届出使用者を含む。）、届出販売業者、届出賃貸業者及び許可廃棄業者並びにこれらの者から運搬を委託された者に対し、放射性同位元素等の運搬の状況その他の事項について報告させることができる。

附　則

（施行期日）

1　この省令は、昭和五十三年一月一日から施行する。

（経過措置）

2　核燃料物質以外の放射性同位元素等が容器に収納され、又は包装されている放射性輸送物であつて、この省令による改正後の放射性物質等車両運搬規則（以下「新規則」という。）第四条から第七条までに規定する技術上の基準に適合しないものに係る放射性輸送物としての技術上の基準については、これらの規定にかかわらず、この省令の施行の日から昭和五十三年十月三十一日までの間は、なお従前の例による。

3　放射性輸送物であつて、前項の規定により従前の放射性輸送物としての技術上の基準の例によることとしたものについては、昭和五十三年十月三十一日までの間に、新規則第八条の規定は適用しない。

4　この省令の施行の際現に運搬されている放射性同位元素等については、当該運搬が終了するまでは、なお従前の例による。

附　則（昭五三・一二・二八運令七三）

この省令は、原子力基本法等の一部を改正する法律（昭和五十三年法律第八十六号）附則第一条第三号に掲げる規定の施行の日（昭和五十四年十一月四日）から施行する。

附　則（昭五五・一〇・二四運令三四）

この省令は、公布の日から施行する。

附　則（昭五六・五・一八運令二六）

この省令は、放射性同位元素等による放射線障害の防止に関する法律の一部を改正する法律（昭和五十五年法律第五十二号）の施行の日（昭和五十六年五月十八日）から施行する。

附　則（平元・二・二七運令五抄）

（施行期日）

第一条　この省令は、平成元年四月一日（以下「施行日」という。）から施行する。

（放射性同位元素等車両運搬規則の一部改正に伴う経過措置）

第五条　第八条の規定による改正後の放射性同位元素等車両運搬規則の規定は、施行日以後に開始される放射性同位元素等の運搬について適用し、同日前に開始される放射性同位元素等の運搬については、なお従前の例による。

附　則（平二・一二・三運令三四抄）

（施行期日）

第一条　この省令は、平成三年一月一日（以下「施行日」という。）から施行する。

（経過措置）

第二条　この省令の施行の際現に運搬されている放射性同位元素等又は核燃料物質等については、当該運搬が終了するまでは、なお従前の例による。

２　第一条の規定による改正前の放射性同位元素等車両運搬規則又は第二条の規定による改正前の核燃料物質等車両運搬規則の定めるところにより、放射性同位元素等による放射線障害の防止に関する法律（以下「放射線障害防止法」という。）第十八条の二第二項又は核原料物質、核燃料物質及び原子炉の規制に関する法律（以下「原子炉等規制法」という。）第五十九条の二第二項（第六十六条第二項において準用する場合を含む。）に規定する確認（放射線障害防止法第四十一条の十一第一項又は原子炉等規制法第六十一条の四十三第一項に定める指定運搬方法確認機関が行う確認を含む。）を受けて施行日以後開始される放射性同位元素等又は核燃料物質等の運搬については、第一条の規定による改正後の放射性同位元素等車両運搬規則又は第二条の規定による改正後の核燃料物質等車両運搬規則の規定にかかわらず、当該運搬が終了するまでは、なお従前の例による。

附　則（平七・九・二八運令五二）

この省令は、放射性同位元素等による放射線障害の防止に関する法律の一部を改正する法律（平成七年法律第五十九号）の施行の日（平成七年九月三十日）から施行する。

附　則（平九・三・一八運令一二）

この省令は、高圧ガス取締法及び液化石油ガスの保安の確保及び取引の適正化に関する法律の一部を改正する法律の施行の日（平成九年四月一日）から施行する。

附　則（平一二・一一・二九運令三九）

（施行期日）

第一条　この省令は、平成十三年一月六日から施行する。

（経過措置）

第二条　この省令による改正前の船員法施行規則第十七号書式による災害補償審査（仲裁）申請書、水先法施行規則第一号様式による水先人免許申請書、第三号様式による水先免状再交付申請書、第四号様式による水先人免許更新申請書、第五号様式による水先人試験（第一次第二次）受験申請書並びに第十二号様式による納付書、自動車登録番号標交付代行者規則別記様式による標識、自動車整備士技能検定規則第一号様式による自動車整備士技能検定申請書、自動車事故報告規則別記様式による自動車事故報告書、道路運送車両法施行規則第一号様式の三による封印取付受託者の標識、第四号様式による回送運行許可証、第十二号様式の三による検査標章、第十五号様式による軽自動車届出書、第十六号様式による軽自動車届出済証、第十七号様式の二による臨時運転番号標貸与証並びに第十七号様式の三による軽自動車届出済証記入申請書、船舶職員法施行規則別記様式による海技免状引換え申請書、第二号様式による海技従事者免許申請書、第三号様式による限定解除申請書、第六号様式による登録事項（海技免状）訂正申請書、第七号様式による海技免状更新申請書、第九号様式による海技免状再交付申請書、第十一号様式その一による海技士（航海）・海技士（機関）・海技士（通信）及び海技士（電子通信）の資格に係る海技従事者国家試験申請書（一）、第十一号様式その二による小型船舶操縦士の資格に係る海技従事者国家試験申請書、第十三号様式による船舶職員養成の実施状況報告書、第十五号様式による乗組み基準特例許可申請書、第十五号様式の二による締約国資格受有者承認申請書・登録事項（承認証）訂正申請書・承認証再交付申請書、第十六号様式その一による納付書並びに第十六号様式その二による納付書、船舶に乗り組む医師及び衛生管理者に関する省令第一号様式による衛生管理者資格認定申請書、道路交通に関する条約の実施に伴う道路運送車両法の特例等に関する法律施行規則第三号様式による登録証書、自動車の登録及び検査に関する申請書等の様式等を定める省令第十号様式による登録事項等通知書、第十一号様式による抹消登録証明書、第十三号様式から第十四号様式までによる登録事項等証明書、第十五号様式による自動車検査証、第十六号様式による自動車検査証返納証明書、第十七号様式による自動車予備検査証並びに第十八号様式による限定自動車検査証、旅行業法施行規則第一号様式による新規登録申請書、変更登録申請書及び更新登録申請書、第三号様式による旅行業者登録簿及び旅行業者代理業者登録簿、第四号様式による登録事項変更届出書、第五号様式による変更届出添付書類、第六号様式による取引額報告書、第十一号様式及び第十二号様式による旅行業登録票並びに第十三号様式及び第十四号様式による旅行業者代理業登録票、船舶安全法の規定に基づく事業場の認定に関する規則第十号様式による変更承認申請書並びに船舶料理士に関する省令第一号様式による船舶料理士資格証明書交付申請書及び第三号様式による船舶料理士資格証明書再交付申請書は、この省令による改正後のそれぞれの書式又は様式にかかわらず、当分の間、なおこれを使用することができる。

附　則（平一三・六・二五国交令一〇一抄）

（施行期日）

第一条　この省令は、平成十三年七月一日（以下「施行日」という。）から施行する。

（放射性同位元素等車両運搬規則の一部改正に伴う経過措

置）

第四条　この省令の施行の際現に運搬されている放射性同位元素等については、当該運搬が終了するまでの間は、第三条の規定による改正後の放射性同位元素等車両運搬規則（以下この条において「新規則」という。）の規定にかかわらず、なお従前の例による。

2　施行日前に第三条の規定による改正前の放射性同位元素等車両運搬規則の定めるところにより、放射性同位元素等による放射線障害の防止に関する法律（以下この条において「放射線障害防止法」という。）第十八条の二第二項に規定する確認（放射線障害防止法第四十一条の十一第一項に定める指定運搬方法確認機関が行う確認を含む。）を受けて、施行日以後運搬される放射性同位元素等については、当該運搬が終了するまでの間は、新規則の規定にかかわらず、なお従前の例による。

3　国土交通大臣は、施行日前においても、新規則の定めるところにより、放射線障害防止法第十八条の二第二項の確認を行うことができる。

（罰則に関する経過措置）

第六条　施行日前にした行為及びこの附則の規定によりなお従前の例によることとされる事項に係る施行日以後にした行為に対する罰則の適用については、なお従前の例による。

附　則（平一六・一二・二四国交令一〇九抄）

（施行期日）

第一条　この省令は、平成十七年一月一日から施行する。

（放射性同位元素等車両運搬規則の一部改正に伴う経過措置）

第二条　この省令の施行の際現に運搬されている放射性同位元素等については、当該運搬が終了するまでの間は、第一条の規定による改正後の放射性同位元素等車両運搬規則の規定にかかわらず、なお従前の例による。

附　則（平一七・六・一国交令六一）

この省令は、放射性同位元素等による放射線障害の防止に関する法律の一部を改正する法律〔平成一六年六月法律第六九号〕の施行の日（平成十七年六月一日）から施行する。

附　則（平一七・一二・一国交令一一〇抄）

（施行期日）

第一条　この省令は、公布の日から施行する。〔後略〕

附　則（平一八・一二・二六国交令一一九）

この省令は、平成十九年一月一日から施行する。

附　則（平二四・三・三〇国交令三一抄）

（施行期日）

第一条　この省令は、放射性同位元素等による放射線障害の防止に関する法律の一部を改正する法律〔平成二二年五月法律第三〇号〕の施行の日（平成二十四年四月一日）から施行する。

（放射性同位元素等車両運搬規則の一部改正に伴う経過措置）

第三条　この省令の施行の際現に運搬されている放射性同位元素等による放射線障害の防止に関する法律（昭和三十二年法律第百六十七号）第二条第四項に規定する放射線発生装置から発生した同条第一項に規定する放射線によって汚染された物については、当該運搬が終了するまでの間は、第二条の規定による改正後の放射性同位元素等車両運搬規則の規定にかかわらず、なお従前の例による。

附　則（平二四・九・一四国交令七五）

この省令は、原子力規制委員会設置法〔平成二四年六月法律第四七号〕の施行の日（平成二十四年九月十九日）から施行する。ただし、次の各号に掲げる規定は、当該各号に定める日から施行する。

一　第四条（放射性同位元素等車両運搬規則第十八条第三項の改正規定に限る。）、第七条、第十一条及び第十二条の規定　原子力規制委員会設置法附則第一条第三号に掲げる規定の施行の日（平成二十五年四月一日）

二　〔略〕

附　則（平二六・一二・二六国交令九五）

（施行期日）

1　この省令は、平成二十七年一月一日（次項において「施行日」という。）から施行する。

（経過措置）

2　この省令による改正後の放射性同位元素等車両運搬規則及び核燃料物質等車両運搬規則の規定は、施行日以後に開始される放射性同位元素等又は核燃料物質等の運搬について適用し、同日前に開始される放射性同位元素等又は核燃料物質等の運搬については、なお従前の例による。

附　則（平三〇・一・一九国交令三）

この省令は、原子力利用における安全対策の強化のための核原料物質、核燃料物質及び原子炉の規制に関する法律等の一部を改正する法律〔平成二九年四月法律第一五号〕附則第一条第三号に掲げる規定の施行の日（平成三十年四月一日）から施行する。

附　則（平三〇・一二・二六国交令九〇抄）

（施行期日）

1　この省令は、原子力利用における安全対策の強化のための核原料物質、核燃料物質及び原子炉の規制に関する法律等の一部を改正する法律〔平成二九年四月法律第一五号〕附則第一条に掲げる規定の施行の日（平成三十一年九月一日）から施行する。

（放射性同位元素等車両運搬規則の一部改正に伴う経過措置）

2　この省令による改正後の放射性同位元素等車両運搬規則の規定は、施行日以後に開始される放射性同位元素等の運搬について適用し、同日前に開始される放射性同位元素等の運搬については、なお従前の例による。

附　則（令六・六・二八国交令七二）

この省令は、公布の日から施行する。

○放射性同位元素等車両運搬規則の細目を定める告示

（平成二年十二月三日 運輸省告示第五百九十五号）

沿革 平一三国交告一一〇六、平一六国交告一六一七、平一八国交告一五三〇、平二四国交告三八一、平二六国交告一二〇一改正

（用語）

第一条 この告示において使用する用語は、放射性同位元素等車両運搬規則（昭和五十二年運輸省令第三十三号。以下「規則」という。）において使用する用語の例による。

（表面密度限定）

第二条 規則第六条第二項の告示で定める密度は、次の表の上欄に掲げる放射性同位元素の区分に応じ、同表の下欄に掲げる非固定性汚染の密度とする。

アルファ線を放出する放射性同位元素	○・四ベクレル毎平方センチメートル
アルファ線を放出しない放射性同位元素	四ベクレル毎平方センチメートル

（輸送物等の輸送指数の決定方法）

第三条 規則第七条第三項の輸送指数の決定に用いられる値が、○・○五以下であり、かつ、次の各号に掲げる値であるときは、当該値を○とすることができる。

一 輸送物の表面から一メートル離れた位置における最大線量当量率をミリシーベルト毎時単位で表した値に百を乗じて得た値（コンテナ又はタンクが容器として使用されている輸送物にあっては、当該値に、規則第七条第二項第一号の表（以下この条において「表」という。）の上欄に掲げるコンテナ又はタンクの最大断面積の区分に応じ、それぞれ、表の下欄に掲げる係数を乗じて得た値）

二 外形が容易に変形しない構造を有するオーバーパックの表面から一メートル離れた位置における最大線量当量率をミリシーベルト毎時単位で表した値に百を乗じて得た値に、表の上欄に掲げるオーバーパックの最大断面積の区分に応じ、それぞれ、表の下欄に掲げる係数を乗じて得た値

三 輸送物が収納されているコンテナの表面から一メートル離れた位置における最大線量当量率をミリシーベルト毎時単位で表した値に百を乗じて得た値に、表の上欄に掲げるコンテナの最大断面積の区分に応じ、それぞれ、表の下欄に掲げる係数を乗じて得た値

（放射性輸送物等に係る標識）

第四条 規則第八条第一項の告示で定める標識は、次の各号に定めるとおりとする。

一 規則第八条第一項の表第一号及び第四号に掲げる放射性輸送物等にあっては、第一類白標識（第一号様式）

二 規則第八条第一項の表第二号及び第五号に掲げる放射性輸送物等にあっては、第二類黄標識（第二号様式）

三 規則第八条第一項の表第三号及び第六号に掲げる放射性輸送物等にあっては、第三類黄標識（第三号様式）

第四条の二 規則第八条第二項第一号及び第三項第二号の規定による国連番号の表示は、当該放射性同位元素等（本邦内のみを運搬されるものを除く。）の品名ごとに核燃料物質等車両運搬規則の細目を定める告示（平成二年運輸省告示第五百九十六号。以下「核運搬規則細目告示」という。）別表に定める国連番号と同一のものを「UN」の文字に続けて表示することにより行うこととする。

2 規則第八条第二項第二号及び第三項第三号の告示で定める品名は、核運搬規則細目告示別表の品名の該当する欄に掲げる日本語名又は英語名（ただし、「less than 0.1 kg per package」、「non-special form」及び「non-fissile or fissile-excepted」の表記の部分を除く。）と同一のものとする。

3 規則第八条第二項第十号の規定による当該輸送容器の識別記号は、外運搬規則第二十二条第六号又は施行規則第十八条の十八第三号による承認容器登録番号が定められているものにあってはその番号、承認容器登録番号が定められていないものにあっては設計された国の名称及び製造業者名を表示するものとする。

（三葉マーク）

第五条 規則第八条第四項の告示で定めるマークは、三葉マーク（第四号様式）とする。

（コンテナ標識）

第六条 規則第八条第五項及び第十七条第八項の告示で定めるコンテナ標識は、コンテナ標識（第五号様式）とする。

（コンテナ標識に係る国連番号の表示）

第七条 規則第八条第七項及び第十七条第十項の告示で定める品名は、核運搬規則細目告示別表の品名の該当する欄に掲げる日本語名又は英語名（ただし、「less than 0.1 kg per package」、「non-special form」及び「non-fissile or fissile-excepted」の表記の部分を除く。）と同一のものとする。

2 規則第八条第七項及び第十七条第十項の規定による国連番号の表示は、同一放射性同位元素等又は同一低比放射性同位元素等の品名ごとに核運搬規則細目告示別表に定める国連番号と同一のものを六十五ミリメートル以上の大きさの黒色の数字で、次の各号に定める場所のいずれかに表示することにより行うこととする。

一 規則第八条第五項又は第十七条第八項の規定により大型コンテナ又はタンクに付されたコンテナ標識上

二 規則第八条第五項又は第十七条第八項の規定により大型コンテナ又はタンクに付されたコンテナ標識（規則第八条第六項又は第十七条第九項の規定に基づき拡大して付された標識を含む。）に近接して付された国連番号用副標識（第六号様式）上

（IP型輸送物等に係る放射能の量の限度）

第八条 規則第九条第五項及び第十七条第十二項の告示で定める量は、次の表の上欄に掲げる汚染物等の区分に応じ、それぞれ、同表の下欄に掲げる放射能の量とする。

一 核燃料物質等の工場又は事業所の外における運搬に関する技術上の基準に係る細目等を定める告示（平成二年科学技術庁告	制限なし

示第五号。以下「核燃料物質科学技術庁告示」という。）第五条第一項第一号に定めるＬＳＡ—Ｉ及び放射性同位元素等の工場又は事業所の外における運搬に関する技術上の基準に係る細目等を定める告示（平成二年科学技術庁告示第七号。以下「放射性同位元素科学技術庁告示」という。）第四条第一項第一号に定めるＬＳＡ—Ｉ	
二　ＬＳＡ—Ⅱ等（核燃料物質科学技術庁告示第五条第一項第二号に定めるＬＳＡ—Ⅱ及び放射性同位元素科学技術庁告示第四条第一項第二号に定めるＬＳＡ—Ⅱをいう。以下同じ。）及びＬＳＡ—Ⅲ等（核燃料物質科学技術庁告示第五条第一項第三号に定めるＬＳＡ—Ⅲ及び放射性同位元素科学技術庁告示第四条第一項第三号に定めるＬＳＡ—Ⅲをいう。以下同じ。）のうち可燃物以外の固体	制限なし
三　ＬＳＡ—Ⅱ等及びＬＳＡ—Ⅲ等のうち前号に掲げるもの以外のもの	核燃料物質科学技術庁告示第三条の表の特別形核燃料物質等以外のものの項に定めるA_2値（以下「A_2値」という。）の百倍
四　核燃料物質科学技術庁告示第五条第二項第一号に定めるＳＣＯ—Ｉ及び放射性同位元素科学技術庁告示第四条第二項第一号に定めるＳＣＯ—Ｉ並びに核燃料物質科学技術庁告示第五条第二項第二号に定めるＳＣＯ—Ⅱ及び放射性同位元素科学技術庁告示第四条第二項第二号に定めるＳＣＯ—Ⅱ	A_2値の百倍

（車両表面の汚染限度）

第九条　規則第十条第二項及び第十七条第十三項の告示で定める基準は、次に掲げる汚染の種類ごとに当該各号に定める基準とする。

一　非固定性汚染　車両の表面の放射性同位元素の放射能面密度が、次の表の上欄に掲げる放射性同位元素の区分に応じ、同表の下欄に掲げる密度を超えないこと。

アルファ線を放出する放射性同位元素	〇・四ベクレル毎平方センチメートル
アルファ線を放出しない放射性同位元素	四ベクレル毎平方センチメートル

二　固定性汚染　取卸しを終了した場合に、車両表面における線量当量率が五マイクロシーベルト毎時を超えないこと。

（車両標識）

第十条　規則第十一条第一項及び第十七条第十四項の告示で定める車両標識は、車両標識（第七号様式）とする。

（車両標識に係る国連番号の表示）

第十一条　規則第十一条第二項及び第十七条第十五項の規定による国連番号の表示は、同一放射性同位元素等又は同一低比放射性同位元素等の品名ごとに核運搬規則細目告示別表に定める国連番号と同一のものを六十五ミリメートル以上の大きさの黒色の数字で、次の各号に定める場所のいずれかに表示することにより行うこととする。

一　規則第十一条第一項又は第十七条第十四項の規定により車両に付された車両標識上

二　規則第十一条第一項又は第十七条第十四項の規定により車両に付された車両標識に近接して付された国連番号用副標識（第六号様式）上

（放射線防護計画の記載事項）

第十一条の二　規則第十五条の三の告示で定める事項は、次の各号に定めるものとする。

一　輸送実施体制に関する事項

二　放射線の線量の測定方法及び放射線の線量評価に関する事項

三　放射性輸送物等の表面の汚染に関する事項

四　放射性輸送物等からの隔離及び防護に関する事項

五　緊急時の対応に関する事項

六　緊急時のための訓練に関する事項

七　放射線防護計画の品質保証に関する事項

八　その他国土交通大臣が必要と認める事項

（教育及び訓練に関する事項）

第十一条の三　規則第十五条の四の告示で定める事項は、次の各号に定めるものとする。

一　放射性輸送物等の取扱い方法に関する事項

二　職務に応じた特定の訓練に関する事項

三　放射線障害を想定した安全訓練に関する事項

四　その他国土交通大臣が必要と認める事項

（汚染物等に係る輸送指数の決定方法）

第十二条　規則第十七条第五項の輸送指数の決定に用いられる値が、〇・〇五以下であり、かつ、次の各号に掲げる値であるときは、当該値を〇とすることができる。

一　汚染物等（タンクに収納されているものを除く。）又は汚染物等が収納されているタンクの表面から一メートル離れた位置における最大線量当量率をミリシーベルト毎時単位で表した値に百を乗じて得た値に、規則第十七条第五項第一号の表（以下この条において「表」という。）の上欄に掲げる汚染物等又はタンクの最大断面積の区分に応じ、それぞれ、表の下欄に掲げる係数を乗じて得た値

二　汚染物等が収納されているコンテナの表面から一メートル離れた位置における最大線量当量率をミリシーベルト毎時単位で表した値に百を乗じて得た値に、表の上欄に掲げるコンテナの最大断面積の区分に応じ、それぞれ、表の下欄に掲げる係数を乗じて得た値

（ウラン等の精鉱の集積の輸送指数の決定に用いる値）

第十三条　規則第十七条第五項第一号の告示で定めるウラン又

はトリウムの精鉱は、次の表の上欄に掲げるウラン又はトリウムの精鉱とし、同号の告示で定める値は、それぞれ、同表の下欄に掲げる値とする。

六フッ化ウラン以外のウランの化学的精鉱	〇・〇二
トリウムの化学的精鉱	〇・三

（低比放射性同位元素等に係る標識）

第十四条　規則第十七条第七項の告示で定める標識は、次の各号に定めるとおりとする。

一　低比放射性同位元素等が収納されているコンテナ又はタンクであって、輸送指数が〇であるものにあっては、第一類白標識（第一号様式）

二　低比放射性同位元素等が収納されているコンテナ又はタンクであって、前号に掲げるもの以外のものであり、かつ、輸送指数が一を超えないものにあっては、第二類黄標識（第二号様式）

三　低比放射性同位元素等が収納されているコンテナ又はタンクであって、前二号に掲げるもの以外のものにあっては、第三類黄標識（第三号様式）

（同乗制限に係る低比放射性同位元素等が収納されているコンテナ又はタンク）

第十五条　規則第十七条第十七項において準用する規則第十五条の二の告示で定める低比放射性同位元素等が収納されているコンテナ又はタンクは、前条第二号又は第三号に掲げる低比放射性同位元素等が収納されているコンテナ又はタンクとする。

（特別措置により運搬する場合に付す標識）

第十六条　規則第十八条第四項の告示で定める標識は、第三類黄標識（第三号様式）とする。

附　則

この告示は、平成三年一月一日から施行する。

附　則（平一三・六・二八国交告一一〇六）

（施行期日）

第一条　この告示は平成十三年七月一日（以下「施行日」という。）から施行する。

（経過措置）

第二条　この告示の施行の際現に運搬されている放射性同位元素等については、当該運搬が終了するまでの間は、この告示による改正後の放射性同位元素等車両運搬規則の細目を定める告示（以下この条において「新告示」という。）の規定にかかわらず、なお従前の例による。

2　施行日前にこの告示による改正前の放射性同位元素等車両運搬規則の細目を定める告示の定めるところにより、放射性同位元素等による放射線障害の防止に関する法律（昭和三十二年法律第百六十七号。以下この条において「放射線障害防止法」という。）第十八条の二第二項に規定する確認（放射線障害防止法第四十一条の十一第一項に定める指定運搬方法確認機関が行う確認を含む。）を受けて、施行日以後運搬される放射性同位元素等については、当該運搬が終了するまでの間は、新告示の規定にかかわらず、なお従前の例による。

3　国土交通大臣は、施行日前においても、新告示の定めるところにより、放射線障害防止法第十八条の二第二項の確認を行うことができる。

附　則（平一六・一二・二四国交告一六一七抄）

（施行期日）

第一条　この告示は、平成十七年一月一日から施行する。

（放射性同位元素等車両運搬規則の細目を定める告示の一部改正に伴う経過措置）

第二条　この告示の施行の際現に運搬されている放射性同位元素等については、当該運搬が終了するまでの間は、第一条の規定による改正後の放射性同位元素等車両運搬規則の細目を定める告示の規定にかかわらず、なお従前の例による。

前　文（抄）（平一八・一二・二六国交告一五三〇）

平成十九年一月一日から適用する。

附　則（平二四・三・三〇国交告三八一）

この告示は、放射性同位元素等による放射線障害の防止に関する法律の一部を改正する法律（平成二二年五月法律第三〇号）の施行の日（平成二十四年四月一日）から施行する。

附　則（平二六・一二・二六国交告一二〇一）

（施行期日）

1　この告示は、平成二十七年一月一日（次項において「施行日」という。）から施行する。

（経過措置）

2　この告示による改正後の放射性同位元素等車両運搬規則の細目を定める告示及び核燃料物質等車両運搬規則の細目を定める告示の規定は、施行日以後に開始される放射性同位元素等又は核燃料物質等の運搬について適用し、同日前に開始された放射性同位元素等又は核燃料物質等の運搬については、なお従前の例による。

第一号様式（第４条、第14条関係）

第一類白標識

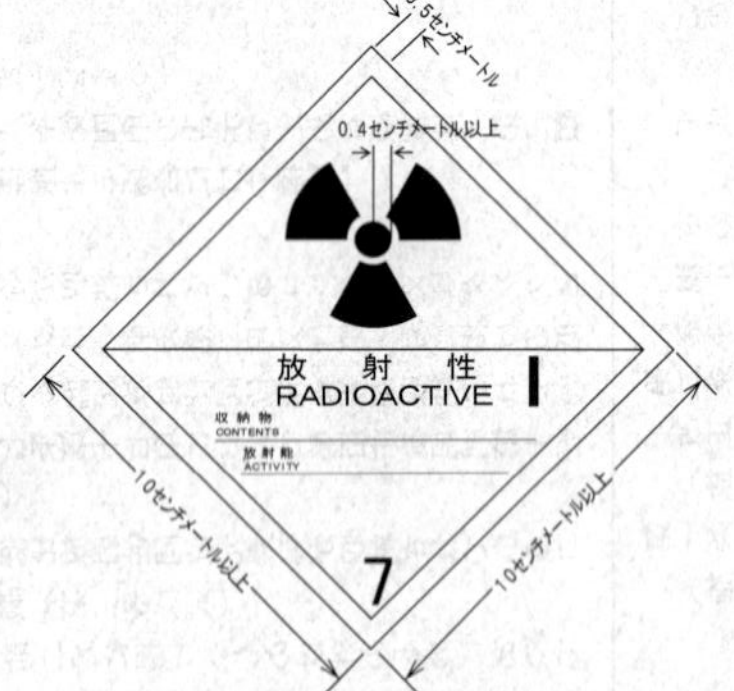

注１　三葉マークは、第四号様式によるものとする。

２　収納物の欄には、収納され、又は包装されている放射性同位元素等の名称（当該放射性同位元素等が汚染物等に該当する場合にあっては、名称（ＬＳＡ－Ｉに該当するものの名称を除く。）及び汚染物等の区分）を記入すること。ただし、複数の放射性同位元素等が収納され、又は包装されているときは、そのうち代表的なものの名称をできる限り記入することとする。

３　放射能の欄には、収納され、又は包装されている放射性同位元素等の放射能の量の合計をベクレル単位で記入すること。

４　収納されている放射性同位元素等が異なる二以上の放射性輸送物が収納され、又は包装されているオーバーパック及びコンテナにあっては、「携行書類を見ること（See Transport Documents）」と記載することができる。

５　本邦外を運搬されるものにあっては、標識中の日本語の部分を、また、本邦内のみを運搬されるものにあっては、標識中の英語の部分をそれぞれ削ることができる。

６　色彩は次表によるものとする。

部　　　分	色　彩	部　　　分	色　彩
上半分の地	白	斜線を施した部分	赤
三葉マーク	黒	ふちの部分	白
下半分の地	白	ふちの内側の線	黒
文字	黒	区分線	黒

第二号様式（第４条、第14条関係）

第二類黄標識

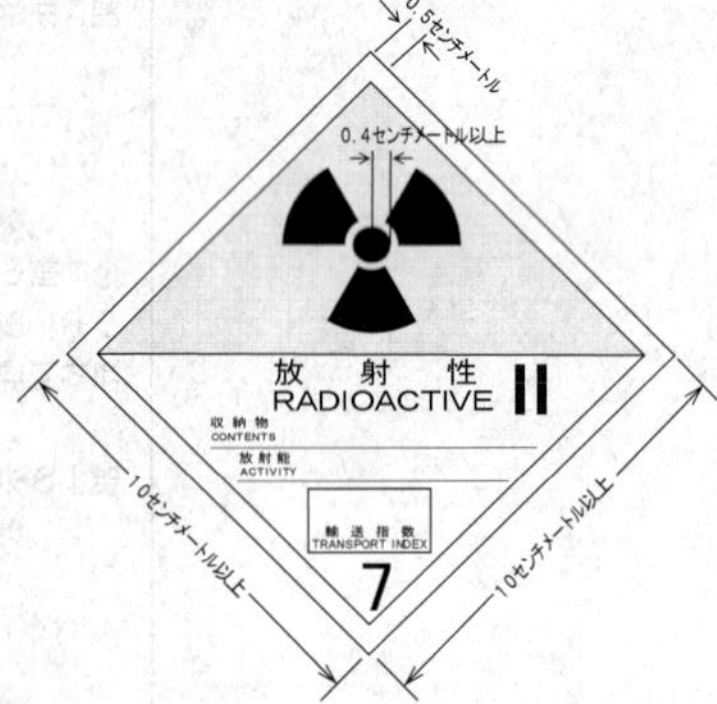

注１　三葉マークは、第四号様式によるものとする。

２　収納物の欄には、収納され、又は包装されている放射性同位元素等の名称（当該放射性同位元素等が汚染物等に該当する場合にあっては、名称（ＬＳＡ－Ｉに該当するものの名称を除く。）及び汚染物等の区分）を記入すること。ただし、複数の放射性同位元素等が収納され、又は包装されているときは、そのうち代表的なものの名称をできる限り記入することとする。

３　放射能の欄には、収納され、又は包装されている放射性同位元素等の放射能の量の合計をベクレル単位で記入すること。

４　収納されている放射性同位元素等が異なる二以上の放射性輸送物が収納され、又は包装されているオーバーパック及びコンテナにあっては、「携行書類を見ること（See Transport Documents）」と記載することができる。

５　輸送指数の欄には、輸送指数を記入すること。

６　本邦外を運搬されるものにあっては、標識中の日本語の部分を、また、本邦内のみを運搬されるものにあっては、標識中の英語の部分をそれぞれ削ることができる。

７　色彩は次表によるものとする。

部　　　分	色　彩	部　　　分	色　彩
上半分の地	黄	斜線を施した部分	赤
三葉マーク	黒	ふちの部分	白
下半分の地	白	ふちの内側の線	黒
文字	黒	区分線	黒

第三号様式（第４条、第14条、第16条関係）

第三類黄標識

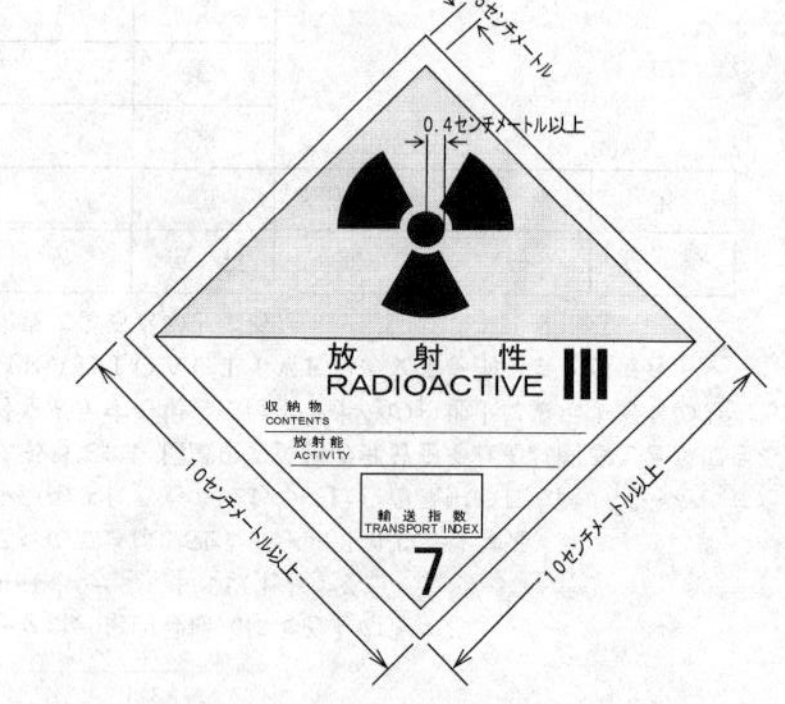

注１　三葉マークは、第四号様式によるものとする。
２　収納物の欄には、収納され、又は包装されている放射性同位元素等の名称（当該放射性同位元素等が汚染物等に該当する場合にあっては、名称（ＬＳＡ－Ｉに該当するものの名称を除く。）及び汚染物等の区分）を記入すること。ただし、複数の放射性同位元素等が収納され、又は包装されているときは、そのうち代表的なものの名称をできる限り記入することとする。
３　放射能の欄には、収納され、又は包装されている放射性同位元素等の放射能の量の合計をベクレル単位で記入すること。
４　収納されている放射性同位元素等が異なる二以上の放射性輸送物が収納され、又は包装されているオーバーパック及びコンテナにあっては、「携行書類を見ること（See Transport Documents）」と記載することができる。
５　輸送指数の欄には、輸送指数を記入すること。
６　本邦外を運搬されるものにあっては、標識中の日本語の部分を、また、本邦内のみを運搬されるものにあっては、標識中の英語の部分をそれぞれ削ることができる。
７　色彩は次表によるものとする。

部　　分	色　彩	部　　分	色　彩
上半分の地	黄	斜線を施した部分	赤
三葉マーク	黒	ふちの部分	白
下半分の地	白	ふちの内側の線	黒
文字	黒	区分線	黒

第四号様式（第５条関係）

三葉マーク

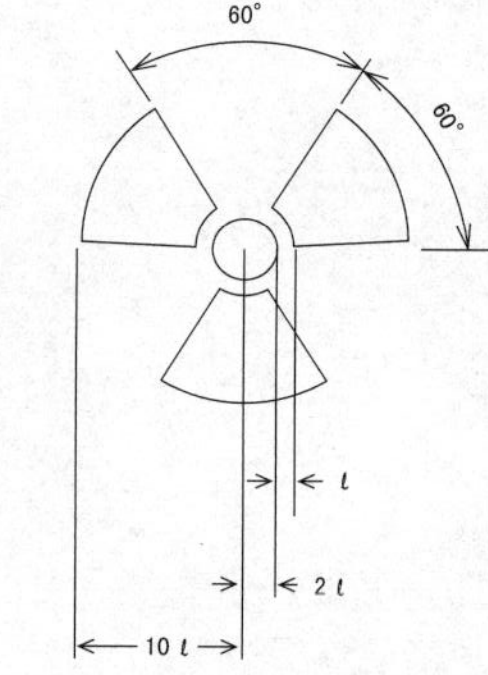

注　ℓは、0.2センチメートル以上とする。

第五号様式（第６条関係）

コンテナ標識

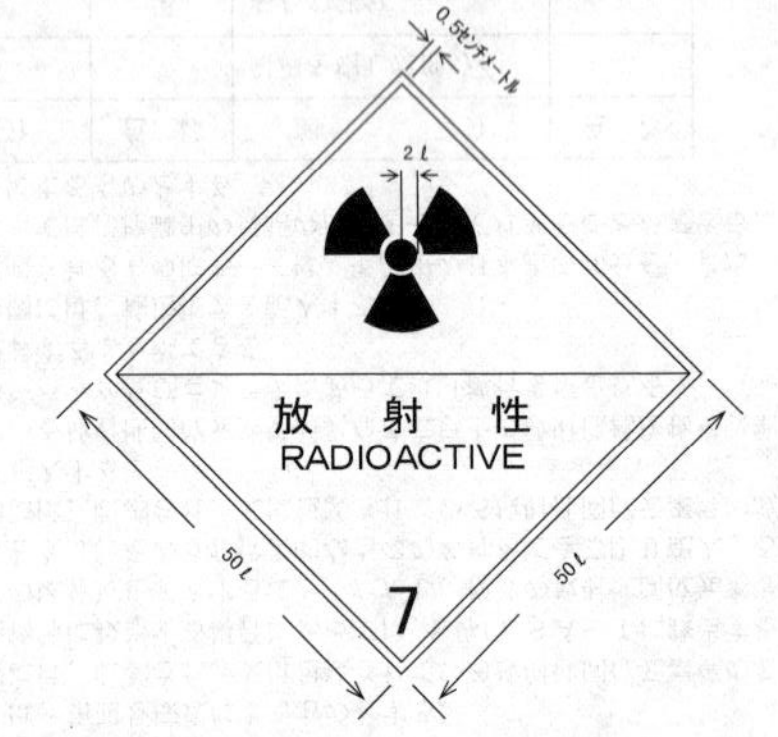

注１　三葉マークは、第四号様式によるものとする。
　２　ℓは、0.5センチメートル以上とする。
　３　数字「７」の高さは2.5センチメートル以上とする。
　４　本邦外を運搬されるものにあっては、標識中の日本語の部分を、また、本邦内のみを運搬されるものにあっては、標識中の英語の部分をそれぞれ削ることができる。
　５　国連番号を表示する場合には、下半分の白地上に表示するものとする。この場合においては、「放射性（ＲＡＤＩＯＡＣＴＩＶＥ）」の文字を削ることができる。
　６　色彩は次表によるものとする。

部　　分	色　彩	部　　分	色　彩
上半分の地	黄	区分線	黒
三葉マーク	黒		
下半分の地	白		
文字	黒		
ふちの部分	白		
ふちの内側の線	黒		

第六号様式（第７条、第11条関係）

国連番号用副標識

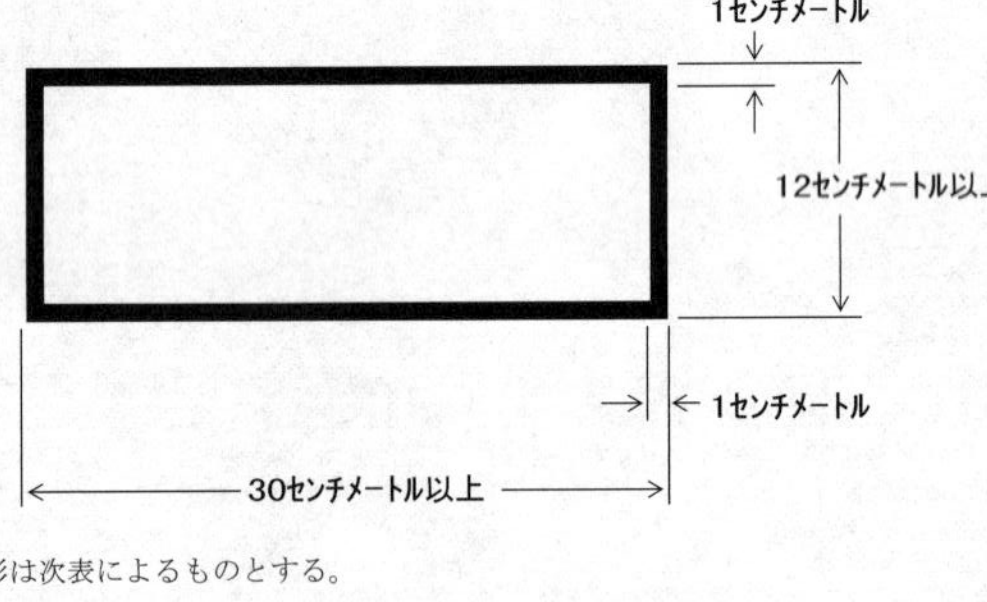

注　色彩は次表によるものとする。

部　　分	色　彩
地	橙
ふちの部分	黒

第七号様式（第10条関係）

車両標識

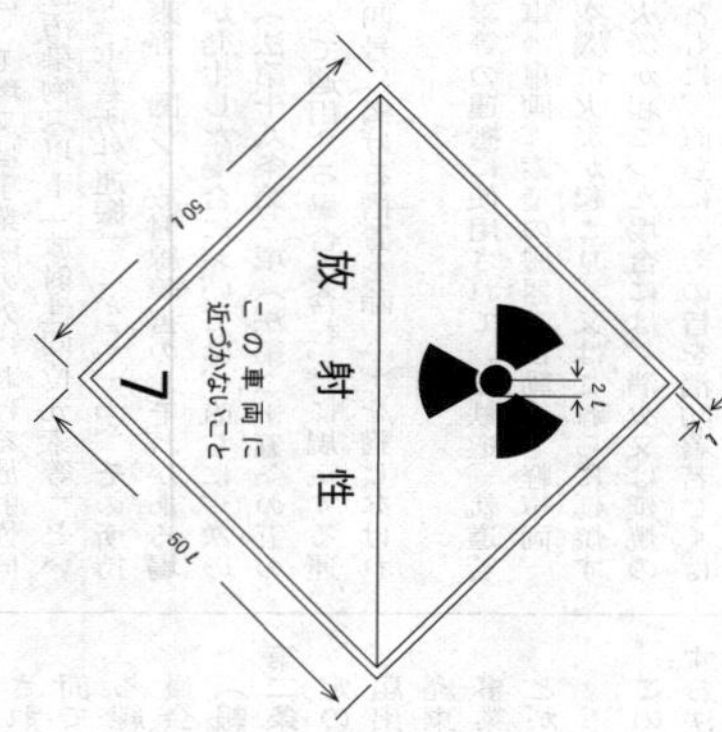

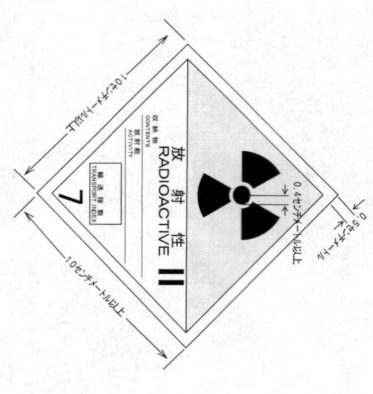

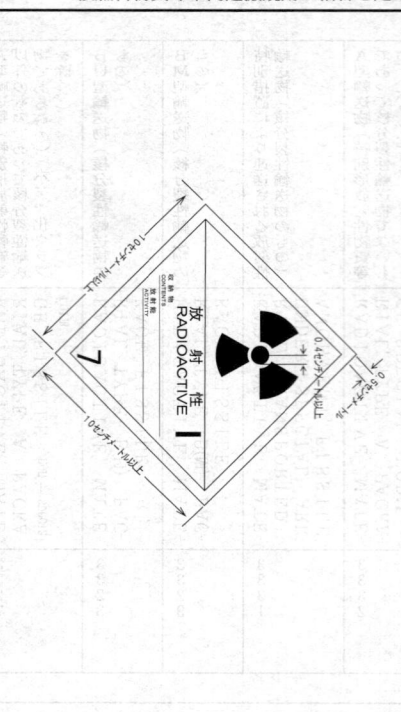

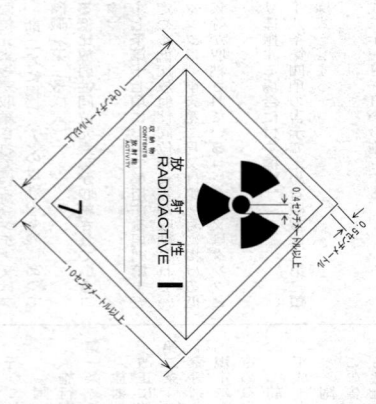

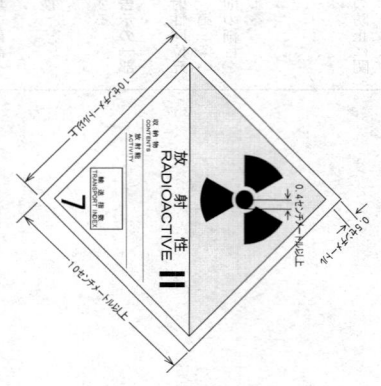

注1　三葉マークは、第四号様式によるものとする。

2　ℓは、0.5センチメートル以上とする。

3　数字「7」の高さは2.5センチメートル以上とする。ただし、注4により標識を縮小する場合には、この限りでない。

4　車両に付すことが困難な場合には、ℓを、0.2センチメートルまで縮小することができる。ただし、この場合であっては、相対的比率を保たなければならない。

5　国連番号を表示する場合には、下半分の白地上に表示するものとする。

6　色彩は次表によるものとする。

部分	色彩	部分	色彩
上半分の地	黄	区分線	黒
三葉マーク	黒		
下半分の地	白		
文字	黒		
ふちの部分	白		
ふちの内側の線	黒		

○放射性同位元素等の事業所外運搬に係る危険時における措置に関する規則

（昭和五十六年五月十八日 運輸省令第二十二号）

沿革 平元運令五、平七運令五二、平一二運令三九、平一三国交令四〇、平一七国交令六一、平二四国交令三一・七五、平三〇国交令三・九〇、令六国交令七二改正

（応急の措置）

第一条 放射性同位元素等の規制に関する法律（昭和三十二年法律第百六十七号。以下「法」という。）第三十三条第一項の規定に基づき、許可届出使用者（表示付認証機器使用者を含む。）、届出販売業者、届出賃貸業者及び許可廃棄業者並びにこれらの者から運搬を委託された者（以下「許可届出使用者等」という。）は、工場又は事業所の外における放射性同位元素又は放射性汚染物（以下「放射性同位元素等」という。）の運搬（以下「事業所外運搬」という。）中、その所持する放射性同位元素等に関し、放射線障害のおそれがある場合又は放射線障害が発生した場合においては、直ちに、次の各号に定める措置（法第十八条第一項（法第二十五条の五の規定により読み替えて適用する場合を含む。）に規定する運搬にあつては、第四号に掲げる措置を除く。）を講じなければならない。

一 放射性同位元素等の運搬に使用されている鉄道、軌道若しくは無軌条電車の車両、索道の搬器、自動車、軽車両、船舶若しくは航空機に火災が起こり、又はこれらに延焼するおそれがある火災が起こつた場合には、消火又は延焼の防止に努めるとともに、直ちに、その旨を消防署若しくは消防法（昭和二十三年法律第百八十六号）第二十四条の規定により市町村長の指定した場所又は最寄りの海上保安庁の事務所に通報すること。

二 放射性同位元素等を他の場所に移す余裕がある場合には、必要に応じてこれを安全な場所に移し、関係者以外の者の立入りを禁止すること。

三 放射線障害の発生を防止するために必要がある場合には、付近にいる者に避難するよう警告すること。

四 放射性同位元素等による汚染が生じた場合には、速やかに、汚染の広がりの防止及び汚染の除去を行うこと。

五 放射線障害を受けた者又は受けたおそれのある者がいる場合には、速やかに、その者を救出し、避難させる等緊急の措置を講ずること。

六 その他放射線障害を防止するために必要な措置を講ずること。

2 許可届出使用者等は、前項各号に掲げる措置を講ずる場合には、遮蔽具、かん子又は保護具を用いること、放射線に被ばくする時間を短くすること等により、当該作業に従事する者の線量を、できる限り少なくするようにしなければならない。この場合において、放射性同位元素等の規制に関する法律施行規則（昭和三十五年総理府令第五十六号）第一条第八号に規定する放射線業務従事者のうち男子、妊娠不能と診断された女子又は妊娠の意思のない旨を許可届出使用者等に書面で申し出た女子が前項各号に掲げる作業を行う場合における線量限度は、同令第二十九条第二項に基づき原子力規制委員会の定める線量とする。

（報告徴収）

第二条 国土交通大臣は、法第三十三条第一項及び第三項の規定の施行に必要な限度で、許可届出使用者（表示付認証機器届出使用者を含む。）、届出販売業者、届出賃貸業者及び許可廃棄業者並びにこれらの者から運搬を委託された者に対し、事業所外運搬の状況その他の事項について、報告をさせることができる。

附 則

この省令は、放射性同位元素等による放射線障害の防止に関する法律の一部を改正する法律（昭和五十五年法律第五十二号）の施行の日（昭和五十六年五月十八日）から施行する。

附 則（平元・二・二七運令五抄）

（施行期日）

第一条 この省令は、平成元年四月一日（以下「施行日」という。）から施行する。

附 則（平七・九・二八運令五二）

この省令は、放射性同位元素等による放射線障害の防止に関する法律の一部を改正する法律（平成七年法律第五十九号）の施行の日（平成七年九月三十日）から施行する。

附 則（平一二・一一・二九運令三九抄）

（施行期日）

第一条 この省令は、平成十三年一月六日から施行する。

附 則（平一三・三・一九国交令四〇）

（施行期日）

1 この省令は、平成十三年四月一日から施行する。

（経過措置）

2 この省令の施行の際現に航海中である船舶については、当該航海が終了するまでは、なお従前の例による。

附 則（平一七・六・一国交令六一）

この省令は、放射性同位元素等による放射線障害の防止に関する法律の一部を改正する法律（平成一六年六月法律第六九号）の施行の日（平成十七年六月一日）から施行する。

附 則（平二四・三・三〇国交令三一抄）

（施行期日）

第一条 この省令は、放射性同位元素等による放射線障害の防止に関する法律の一部を改正する法律（平成二二年五月法律第三〇号）の施行の日（平成二十四年四月一日）から施行する。

（放射性同位元素等の事業所外運搬に係る危険時における措置に関する規則の一部改正に伴う経過措置）

第四条 この省令の施行前に生じた事態に関する応急の措置及び届出については、第二条の規定による改正後の放射性同位元素等の事業所外運搬に係る危険時における措置に関する規則の規定にかかわらず、なお従前の例による。

附 則（平二四・九・一四国交令七五）

この省令は、原子力規制委員会設置法（平成二四年六月法律第四七号）の施行の日（平成二十四年九月十九日）から施行する。ただし、次の各号に掲げる規定は、当該各号に定める日から施行する。

一 〔前略〕第十一条及び第十二条の規定　原子力規制委員

会設置法附則第一条第三号に掲げる規定の施行の日（平成二十五年四月一日）

二　〔略〕

附　則（平三〇・一・一九国交令三）

この省令は、原子力利用における安全対策の強化のための核原料物質、核燃料物質及び原子炉の規制に関する法律等の一部を改正する法律〔平成二九年四月法律第一五号〕附則第一条第三号に掲げる規定の施行の日（平成三十年四月一日）から施行する。

附　則（平三〇・一二・二六国交令九〇抄）

（施行期日）

1　この省令は、原子力利用における安全対策の強化のための核原料物質、核燃料物質及び原子炉の規制に関する法律等の一部を改正する法律〔平成二九年四月法律第一五号〕附則第一条に掲げる規定の施行の日（平成三十一年九月一日）から施行する。

附　則（令六・六・二八国交令七二）

この省令は、公布の日から施行する。

○放射性同位元素等の規制に関する法律第三十一条の二に規定する国土交通大臣への報告に関する規則

（平成三十年一月十九日 国土交通省令第二号）

沿革　平三〇国交令九〇改正

放射性同位元素等の規制に関する法律第三十一条の二の規定により、許可届出使用者（表示付認証機器使用者を含む。）、届出販売業者、届出賃貸業者及び許可廃棄業者は、その放射性同位元素又は放射性汚染物（以下「放射性同位元素等」という。）の運搬において、次のいずれかに該当するときは、その旨を直ちに、その状況及びそれに対する処置を十日以内に国土交通大臣に報告しなければならない。

一　放射性同位元素等の盗取又は所在不明が生じたとき。

二　放射性同位元素等が漏えいしたとき。

三　前二号のほか、放射性同位元素等の運搬に関し放射線障害が発生し、又は発生するおそれがあるとき。

附　則

この省令は、原子力利用における安全対策の強化のための核原料物質、核燃料物質及び原子炉の規制に関する法律等の一部を改正する法律（平成二十九年法律第十五号）附則第一条第三号に掲げる規定の施行の日（平成三十年四月一日）から施行する。

附　則（平三〇・一二・二六国交令九〇抄）

（施行期日）

1　この省令は、原子力利用における安全対策の強化のための核原料物質、核燃料物質及び原子炉の規制に関する法律等の一部を改正する法律〔平成二九年四月法律第一五号〕附則第一条に掲げる規定の施行の日（平成三十一年九月一日）から施行する。

第二編　貨物利用運送事業法関係

○貨物利用運送事業法

（平成元年十二月十九日法律第八十二号）

沿革　平五法八九、平六法九七、平一一法一六〇、平一四法五四・七七、平一七法八〇・八七、平二〇法七五、令四法六八、令五法六三、令六法二三改正

〔編者注〕

1　令和四年六月一七日法律第六八号による改正のうち、令和七年六月一日から施行される部分は、直接改正を加えないで、現行条文と並列して登載した。

2　令和六年五月一五日法律第二三号による改正のうち、公布の日から起算して一年を超えない範囲内において政令で定める日から施行される部分は、直接改正を加えないで、現行条文と並列して登載した。

目次

第一章　総則

（目的）

第一条　この法律は、貨物利用運送事業の運営を適正かつ合理的なものとすることにより、貨物利用運送事業の健全な発達を図るとともに、貨物の流通の分野における利用者の需要の高度化及び多様化に対応した貨物の運送サービスの円滑な提供を確保し、もって利用者の利益の保護及びその利便の増進に寄与することを目的とする。

※　本条…一部改正〔平一四法七七〕
「貨物利用運送事業」＝本法二6

（定義）

第二条　この法律において「実運送」とは、船舶運航事業者、航空運送事業者、鉄道運送事業者又は貨物自動車運送事業者（以下「実運送事業者」という。）の行う貨物の運送をいい、「利用運送」とは、運送事業者の行う運送（実運送に係るものに限る。）を利用してする貨物の運送をいう。

2　この法律において「船舶運航事業者」とは、海上運送法（昭和二十四年法律第百八十七号）第二条第二項の船舶運航事業（同法第四十四条の規定により同法が準用される船舶運航の事業を含む。）を経営する者をいう。

3　この法律において「航空運送事業者」とは、航空法（昭和二十七年法律第二百三十一号）第二条第十八項の航空運送事業を経営する者をいう。

4　この法律において「鉄道運送事業者」とは、鉄道事業法（昭和六十一年法律第九十二号）第二条第二項の第一種鉄道事業若しくは同条第三項の第二種鉄道事業を経営する者又は軌道法（大正十年法律第七十六号）第四条に規定する軌道経営者をいう。

5　この法律において「貨物自動車運送事業者」とは、貨物自動車運送事業法（平成元年法律第八十三号）第二条第二項の一般貨物自動車運送事業又は同条第三項の特定貨物自動車運送事業を経営する者をいう。

6　この法律において「貨物利用運送事業」とは、第一種貨物利用運送事業及び第二種貨物利用運送事業をいう。

7　この法律において「第一種貨物利用運送事業」とは、他人の需要に応じ、有償で、利用運送を行う事業であって、第二種貨物利用運送事業以外のものをいう。

8　この法律において「第二種貨物利用運送事業」とは、他人の需要に応じ、有償で、船舶運航事業者、航空運送事業者又は鉄道運送事業者の行う運送に係る利用運送と当該利用運送に先行し及び後続する当該利用運送に係る貨物の集貨及び配達のためにする自動車（道路運送車両法（昭和二十六年法律第百八十五号）第二条第二項の自動車（三輪以上の軽自動車及び二輪の自動車を除く。）をいう。以下同じ。）による運送（貨物自動車運送事業者の行う運送に係る利用運送を含む。以下「貨物の集配」という。）とを一貫して行う事業をいう。

※　六・一〇項…削除・旧七―九項…一部改正し一項ずつ繰上〔平一四法七七〕、三項…一部改正〔平一七法八〇、平二〇法七五〕

第二章　第一種貨物利用運送事業

章名…改正〔平一四法七七〕

（登録）

第三条　第一種貨物利用運送事業を経営しようとする者は、国土交通大臣の行う登録を受けなければならない。

2　第二種貨物利用運送事業について第二十条の許可を受けた者は、第二十一条第一項第二号の事業計画に係る利用運送の区間の範囲内において、当該事業において利用する他の運送事業者の行う運送に係る第一種貨物利用運送事業を経営するときは、当該第一種貨物利用運送事業について、前項の登録を受けることを要しない。

※　一項…一部改正〔平一一法一六〇〕、見出…全部改正・一項…一部改正・二項…削除・旧三項…一部改正し二項に繰上〔平一四法七七〕
「権限の委任」＝本法五七、則四七1①、「罰則」＝本法六二①・六七、2項「本項の準用」＝本法三五3

（登録の申請）

第四条　前条第一項の登録を受けようとする者は、次に掲げる事項を記載した申請書を国土交通大臣に提出しなければならない。

一　氏名又は名称及び住所並びに法人にあっては、その代表者の氏名
二　主たる事務所その他の営業所の名称及び所在地
三　事業の経営上使用する商号があるときはその商号
四　利用運送に係る運送機関の種類、利用運送の区域又は区間及び業務の範囲

2　前項の申請書には、事業の計画その他の国土交通省令で定める事項を記載した書類を添付しなければならない。

一・二項…一部改正〔平一一法一六〇〕、見出…全部改正・一・二項…一部改正〔平一四法七七〕

※2項「国土交通省令」＝則四・五

（登録の実施）

第五条　国土交通大臣は、前条の規定による登録の申請があったときは、次条第一項の規定により登録を拒否する場合を除き、次に掲げる事項を第一種貨物利用運送事業者登録簿（以下「第一種登録簿」という。）に登録しなければならない。

一　前条第一項各号に掲げる事項

二　登録年月日及び登録番号

2　国土交通大臣は、前項の規定による登録をしたときは、遅滞なく、その旨を登録の申請者に通知しなければならない。

3　国土交通大臣は、第一種登録簿を公衆の縦覧に供しなければならない。

本条…全部改正〔平一四法七七〕

（登録の拒否）

第六条　国土交通大臣は、第四条の規定による登録の申請をした者が次の各号のいずれかに該当するときは、その登録を拒否しなければならない。

一　一年以上の懲役又は禁錮の刑に処せられ、その執行を終わり、又は執行を受けることがなくなった日から二年を経過しない者

二　第一種貨物利用運送事業の登録又は第二種貨物利用運送事業の許可の取消しを受け、その取消しの日から二年を経過しない者

三　申請前二年以内に貨物利用運送事業に関し不正な行為をした者

四　法人であって、その役員（いかなる名称によるかを問わず、これと同等以上の職権又は支配力を有する者を含む。以下同じ。）のうちに前三号のいずれかに該当する者のあるもの

五　船舶運航事業者若しくは航空運送事業者が本邦と外国との間において行う貨物の運送（以下「国際貨物運送」という。）又は航空運送事業者が行う本邦内の各地間において発着する貨物の運送（以下「国内貨物運送」という。）に係る第一種貨物利用運送事業を経営しようとする者であって、次に掲げる者に該当するもの

イ　日本国籍を有しない者

ロ　外国又は外国の公共団体若しくはこれに準ずるもの

ハ　外国の法令に基づいて設立された法人その他の団体

ニ　法人であって、イからハまでに掲げる者がその代表者であるもの又はこれらの者がその役員の三分の一以上若しくは議決権の三分の一以上を占めるもの

六　その事業に必要と認められる国土交通省令で定める施設を有しない者

七　その事業を遂行するために必要と認められる国土交通省令で定める基準に適合する財産的基礎を有しない者

> **注　令和四年六月一七日法律六八号により改正され、令和七年六月一日から施行**
>
> 第六条第一項第一号中「懲役又は禁錮の刑」を「拘禁刑」に改める。

2　国土交通大臣は、前項の規定により登録の拒否をしたときは、遅滞なく、その理由を示して、その旨を登録の申請者に通知しなければならない。

本条…一部改正〔平一一法一六〇〕、全部改正〔平一四法七七〕

※「一般貨物自動車運送事業の許可」＝貨物自動車運送事業法三、「特定貨物自動車運送事業の許可」＝貨物自動車運送事業法三五、1項⑥・⑦「国土交通省令」＝則六・七

（変更登録等）

第七条　第三条第一項の登録を受けた者（以下「第一種貨物利用運送事業者」という。）は、第四条第一項第四号に掲げる事項を変更しようとするときは、国土交通大臣の行う変更登録を受けなければならない。ただし、国土交通省令で定める軽微な変更については、この限りでない。

2　前三条の規定は、前項の変更登録について準用する。この場合において、第四条第一項及び第五条第一項中「次に掲げる事項」とあるのは、「変更に係る事項」と読み替えるものとする。

3　第一種貨物利用運送事業者は、第四条第一項第一号から第三号までに掲げる事項について変更があったとき又は第一項ただし書の軽微な変更をしたときは、その日から三十日以内に、その旨を国土交通大臣に届け出なければならない。

4　国土交通大臣は、前項の規定による届出を受理したときは、遅滞なく、届出があった事項を第一種登録簿に登録しなければならない。

二項…一部改正〔平一一法一六〇〕、本条…全部改正〔平一四法七七〕

※1項「罰則」＝本法六六①・六七、「権限の委任」＝本法五七、則四七1②・③、3項「罰則」＝本法六八①、「権限の委任」＝本法五七、則四七1④

（利用運送約款）

第八条　第一種貨物利用運送事業者は、利用運送約款を定め、国土交通大臣の認可を受けなければならない。これを変更しようとするときも、同様とする。

2　国土交通大臣は、前項の認可をしようとするときは、次に掲げる基準によって、これをしなければならない。

一　荷主の正当な利益を害するおそれがないものであること。

二　少なくとも貨物の受取及び引渡し、運賃及び料金の収受並びに第一種貨物利用運送事業者の責任に関する事項が明確に定められているものであること。

3　国土交通大臣が標準利用運送約款を定めて公示した場合（これを変更して公示した場合を含む。）において、第一種貨物利用運送事業者が、標準利用運送約款と同一の利用運送約款を定め、又は現に定めている利用運送約款を標準利用運送約款と同一のものに変更したときは、その利用運送約款については、第一項の規定による認可を受けたものとみなす。

三項…全部改正・四項…削除〔平六法九七〕、一―三項…一部改正〔平一一法一六〇〕、一―三項…一部改正・旧一一条…繰上〔平一四法七七〕

※1項「申請手続」＝則一一、「利用運送約款の記載事項」＝則一二、「権限の委任」＝本法五七、則四七1⑤、「罰則」＝本法六五①・六七、2項「本項の準用」＝本法二九2、3項＝「本項の準用」＝本法二九2

（事業の種別等の掲示等）

第九条　第一種貨物利用運送事業者は、第一種貨物利用運送事業者である旨、利用運送に係る運送機関の種類、運賃及び料金（個人（事業として又は事業のために運送契約の当事者となる場合におけるものを除く。以下「消費者」という。）を

対象とするものに限る。）、利用運送約款その他の国土交通省令で定める事項について、主たる事務所その他の営業所において公衆に見やすいように掲示するとともに、その事業の規模が著しく小さい場合その他の国土交通省令で定める場合を除き、国土交通省令で定めるところにより、電気通信回線に接続して行う自動公衆送信（公衆によって直接受信されることを目的として公衆からの求めに応じ自動的に送信を行うことをいい、放送又は有線放送に該当するものを除く。第二十七条において同じ。）により公衆の閲覧に供しなければならない。

本条…一部改正〔平一一法一六〇〕、一部改正・旧一二条…繰上〔平一四法七七〕、見出・本条…一部改正〔令五法六三〕

※「本条の準用」＝本法一八3、「国土交通省令」＝則一三〜一三の三、「罰則」＝本法六八②

（差別的取扱いの禁止）

第十条　第一種貨物利用運送事業者は、特定の荷主に対して不当な差別的取扱いをしてはならない。

本条…一部改正・旧一三条…繰上〔平一四法七七〕

※「本条の準用」＝本法三四1

（運輸に関する協定）

第十一条　第一種貨物利用運送事業者は、他の運送事業者と設備の共用又は共同経営に関する協定その他の運輸に関する協定で国土交通省令で定める事項に係るものを締結しようとするときは、その旨を国土交通大臣に届け出なければならない。これを変更しようとするときも、同様とする。

本条…一部改正〔平一一法一六〇〕、一部改正・旧一四条…繰上〔平一四法七七〕

※「国土交通省令」＝則一四、「権限の委任」＝法五七、則四七1⑥、「罰則」＝本法六八①

（事業改善の命令）

第十二条　国土交通大臣は、第一種貨物利用運送事業の適正かつ合理的な運営を確保するため必要があると認めるときは、第一種貨物利用運送事業者に対し、次に掲げる事項を命ずることができる。

一　利用運送約款を変更すること。

二　貨物の運送に関し生じた損害を賠償するために必要な金額を担保することができる保険契約を締結すること。

三　運賃又は料金が利用者の利便その他公共の利益を阻害している事実があると認められる場合において、当該運賃又は料金を変更すること。

四　前三号に掲げるもののほか、荷主の利便を害している事実がある場合その他事業の適正な運営が著しく阻害されていると認められる場合において、事業の運営を改善するために必要な措置を執ること。

本条…一部改正〔平一一法一六〇〕、一部改正・旧一五条…繰上〔平一四法七七〕

※「本条の準用」＝本法一八3、「権限の委任」＝本法五七、則四七1⑦・⑧、「罰則」＝本法六五②・六七

（名義の利用等の禁止）

第十三条　第一種貨物利用運送事業者は、その名義を他人に第一種貨物利用運送事業のため利用させてはならない。

2　第一種貨物利用運送事業者は、事業の貸渡しその他いかなる方法をもってするかを問わず、第一種貨物利用運送事業を他人にその名において経営させてはならない。

一・二項…一部改正・旧一六条…繰上〔平一四法七七〕

※「本条の準用」＝本法三四1、1項「罰則」＝本法六二②・六七、2項「罰則」＝本法六二③・六七

（承継）

第十四条　第一種貨物利用運送事業者がその事業を譲渡し、又は第一種貨物利用運送事業者について相続、合併若しくは分割があったときは、当該事業を譲り受けた者又は相続人（相続人が二人以上ある場合においてその協議により当該第一種貨物利用運送事業を承継すべき相続人を定めたときは、その者。以下この項において同じ。）、合併後存続する法人（第一種貨物利用運送事業者たる法人と第一種貨物利用運送事業を経営しない法人の合併後存続する第一種貨物利用運送事業者たる法人を除く。以下この項において同じ。）若しくは合併により設立された法人若しくは分割により当該事業を承継した法人は、当該第一種貨物利用運送事業者の地位を承継する。ただし、当該事業を譲り受けた者又は相続人、合併後存続する法人若しくは合併により設立された法人若しくは分割により当該事業を承継した法人が第六条第一項各号のいずれかに該当するときは、この限りでない。

2　前項の規定により第一種貨物利用運送事業者の地位を承継した者は、その承継の日から三十日以内に、その旨を国土交通大臣に届け出なければならない。

3　第七条第四項の規定は、前項の規定による届出について準用する。

本条…追加〔平一四法七七〕

※　2項「罰則」＝本法六八①

（事業の廃止）

第十五条　第一種貨物利用運送事業者は、その事業を廃止したときは、その日から三十日以内に、その旨を国土交通大臣に届け出なければならない。

本条…一部改正〔平一一法一六〇〕、見出…全部改正・本条…一部改正・旧一九条…繰上〔平一四法七七〕

※「届出手続」＝則一六、「権限の委譲」＝本法五七、則四七1⑩、「罰則」＝本法六八①

（事業の停止及び登録の取消し）

第十六条　国土交通大臣は、第一種貨物利用運送事業者が次の各号のいずれかに該当するときは、三月以内において期間を定めて事業の全部若しくは一部の停止を命じ、又は登録を取り消すことができる。

一　この法律若しくはこの法律に基づく命令若しくはこれらに基づく処分又は登録若しくは認可に付した条件に違反したとき。

二　不正の手段により第三条第一項の登録又は第七条第一項の変更登録を受けたとき。

三　第六条第一項各号のいずれかに該当するに至ったとき。

本条…一部改正〔平一一法一六〇〕、見出・本条…一部改正・旧二一条…繰上〔平一四法七七〕

※「権限の委任」＝本法五七、則四七1⑪、「欠格事由」＝本法六、「利用運送事業の許可」＝本法三1、「一般貨物自動車運送事業の許可の取消し等」＝貨物自動車運送事業法三三、「罰則」＝本法六三・六七

（登録の抹消）

第十七条　国土交通大臣は、第十五条の規定による届出があったとき、又は前条の規定による登録の取消しをしたときは、当該第一種貨物利用運送事業の登録を抹消しなければならない。

本条…削り・追加〔平一四法七七〕

（附帯業務）

第十八条 第一種貨物利用運送事業者は、当該第一種貨物利用運送事業に附帯して貨物の荷造り、保管又は仕分（以下「貨物の荷造り等」という。）、代金の取立て及び立替えその他の通常第一種貨物利用運送事業に附帯する業務を行うことができる。

2　第一種貨物利用運送事業者は、当該第一種貨物利用運送事業に附帯して貨物の荷造り等を行うときは、貨物の荷崩れを防止するための措置、貨物の取扱いに関する従業員に対する適切な指導その他の国土交通省令で定める輸送の安全を確保するために必要な措置を講じなければならない。

3　第九条及び第十二条の規定は、通常第一種貨物利用運送事業に附帯する業務について準用する。

本条…削り・追加〔平一四法七七〕

※　2項「国土交通省令」＝則一七、3項で読み替えて準用する九条「国土交通省令」＝則一三～一三の三、3項「罰則」＝本法六五②・六七・六八②

（適用除外）

第十九条 この法律の規定は、貨物自動車運送事業法第二条第七項の貨物自動車利用運送については、適用しない。

本条…追加〔平一四法七七〕

第三章　第二種貨物利用運送事業

章名…改正〔平一四法七七〕

（許可）

第二十条 第二種貨物利用運送事業を経営しようとする者は、国土交通大臣の許可を受けなければならない。

本条…削り・追加〔平一四法七七〕

※　「罰則」＝本法六〇①・六七

（許可の申請）

第二十一条 前条の許可を受けようとする者は、次に掲げる事項を記載した申請書を国土交通大臣に提出しなければならない。

一　氏名又は名称及び住所並びに法人にあっては、その代表者の氏名

二　利用運送に係る運送機関の種類、利用運送の区域又は区間、営業所の名称及び位置、業務の範囲その他の国土交通省令で定める事項に関する事業計画

三　貨物の集配の拠点、貨物の集配の体制その他の国土交通省令で定める事項に関する集配事業計画

2　前項の申請書には、事業の施設その他の国土交通省令で定める事項を記載した書類を添付しなければならない。

本条…追加〔平一四法七七〕

※　1項「国土交通省令」＝則一八、2項「国土交通省令」＝則一九

（欠格事由）

第二十二条 次の各号のいずれかに該当する者は、第二十条の許可を受けることができない。

一　第六条第一項第一号から第四号までのいずれかに該当する者

二　船舶運航事業者若しくは航空運送事業者の行う国際貨物運送又は航空運送事業者の行う国内貨物運送に係る第二種貨物利用運送事業を経営しようとする者であって、第六条第一項第五号イから二までに掲げる者（以下「外国人等」という。）に該当するもの

本条…削り・追加〔平一四法七七〕

（許可の基準）

第二十三条 国土交通大臣は、第二十条の許可の申請が次に掲げる基準に適合していると認めるときでなければ、同条の許可をしてはならない。

一　その事業の遂行上適切な計画（集配事業計画を除く。）を有するものであること。

二　その事業を自ら適確に遂行するに足る能力を有するものであること。

三　その事業に係る実運送により定時に、及び定量で提供される輸送力の利用効率の向上に資するものであること。

四　貨物の集配を利用運送と一貫して円滑に実施するための適切な集配事業計画が定められているものであること。

五　貨物の集配を申請者が自動車を使用して行おうとする場合であって申請者が当該貨物の集配について貨物自動車運送事業法第三条又は第三十五条第一項の許可を受けていない者であるときは、集配事業計画が当該貨物の集配に係る輸送の安全を確保するため適切なものであること。

本条…一部改正〔平一一法一六〇〕、全部改正〔平一四法七七〕

（事業計画及び集配事業計画）

第二十四条 第二十条の許可を受けた者（以下「第二種貨物利用運送事業者」という。）は、その業務を行う場合には、事業計画及び集配事業計画に定めるところに従わなければならない。

2　国土交通大臣は、第二種貨物利用運送事業者が前項の規定に違反していると認めるときは、当該第二種貨物利用運送事業者に対し、事業計画及び集配事業計画に従い業務を行うべきことを命ずることができる。

一項…一部改正〔平六法九七〕、一・二項…一部改正〔平一一法一六〇〕、本条…全部改正〔平一四法七七〕

※　「罰則」二項＝本法六五条②・六七

第二十五条 第二種貨物利用運送事業者は、事業計画及び集配事業計画の変更（第三項に規定するものを除く。）をしようとするときは、国土交通大臣の認可を受けなければならない。

2　第二十三条の規定は、前項の認可について準用する。

3　第二種貨物利用運送事業者は、国土交通省令で定める集配事業計画の変更をするときは、あらかじめその旨を、国土交通省令で定める軽微な事項に関する事業計画及び集配事業計画の変更をしたときは、遅滞なくその旨を、国土交通大臣に届け出なければならない。

一・二項…一部改正〔平一一法一六〇〕、本条…全部改正〔平一四法七七〕

※　1項「罰則」＝本法六五③・六七、3項「罰則」＝本法六八①

（利用運送約款）

第二十六条 第二種貨物利用運送事業者は、利用運送約款を定め、国土交通大臣の認可を受けなければならない。これを変更しようとするときも、同様とする。

2　第八条第二項及び第三項の規定は、前項の利用運送約款の認可について準用する。この場合において、これらの規定中「第一種貨物利用運送事業者」とあるのは、「第二種貨物利用運送事業者」と読み替えるものとする。

二項…一部改正〔平五法八九〕、一・二項…一部改正〔平一一法一六〇〕、本条…全部改正〔平一四法七七〕

※ 1項「申請手続」＝則二四、「権限の委任」＝本法五七、則四七1⑲、「罰則」＝本法六五①・六七、2項「準用規定」＝本法八2〜3（利用運送約款）、「権限の委任」＝本法五七、則四七1⑲

（事業の種別等の掲示等）

第二十七条　第二種貨物利用運送事業者は、第二種貨物利用運送事業者である旨、利用運送に係る運送機関の種類、運賃及び料金（消費者を対象とするものに限る。）、利用運送約款その他の国土交通省令で定める事項について主たる事務所その他の営業所において公衆に見やすいように掲示するとともに、その事業の規模が著しく小さい場合その他の国土交通省令で定める場合を除き、国土交通省令で定めるところにより、電気通信回線に接続して行う自動公衆送信により公衆の閲覧に供しなければならない。

一・二・四項…一部改正〔平一一法一六〇〕、本条…全部改正〔平一四法七七〕、見出・本条…一部改正〔令五法六三〕

※「本条の準用」＝本法三四2、「国土交通省令」＝則二五〜二五の三、「罰則」＝本法六八②

（事業改善の命令）

第二十八条　国土交通大臣は、第二種貨物利用運送事業の適正かつ合理的な運営を確保するため必要があると認めるときは、第二種貨物利用運送事業者に対し、次に掲げる事項を命ずることができる。

一　事業計画又は集配事業計画を変更すること。

二　利用運送約款を変更すること。

三　貨物の運送に関し生じた損害を賠償するために必要な金額を担保することができる保険契約を締結すること。

四　運賃又は料金が利用者の利便その他公共の利益を阻害している事実があると認められる場合において、当該運賃又は料金を変更すること。

五　前各号に掲げるもののほか、荷主の利便を害している事実がある場合その他事業の適正な運営が著しく阻害されていると認められる場合において、事業の運営を改善するために必要な措置を執ること。

一項…一部改正〔平一一法一六〇〕、本条…全部改正〔平一四法七七〕

※「罰則」＝本法六五②・六七

（事業の譲渡し及び譲受け等）

第二十九条　第二種貨物利用運送事業の譲渡し及び譲受けは、国土交通大臣の認可を受けなければ、その効力を生じない。

2　第二種貨物利用運送事業者たる法人の合併及び分割は、国土交通大臣の認可を受けなければ、その効力を生じない。ただし、第二種貨物利用運送事業者たる法人と第二種貨物利用運送事業を経営しない法人が合併する場合において第二種貨物利用運送事業者たる法人が存続するとき又は第二種貨物利用運送事業者たる法人が分割をする場合において第二種貨物利用運送事業を承継させないときは、この限りでない。

3　第二十二条及び第二十三条の規定は、前二項の認可について準用する。

4　第一項の認可を受けて第二種貨物利用運送事業を譲り受けた者又は第二項の認可を受けて第二種貨物利用運送事業者たる法人が合併若しくは分割をした場合における合併後存続する法人若しくは合併により設立された法人若しくは分割により第二種貨物利用運送事業を承継した法人は、許可に基づく権利義務を承継する。

二項…一部改正〔平六法九七〕、一項…一部改正〔平一一法一六〇〕、本条…全部改正〔平一四法七七〕

（相続）

第三十条　第二種貨物利用運送事業者が死亡した場合において、相続人（相続人が二人以上ある場合においてその協議により当該第二種貨物利用運送事業を承継すべき相続人を定めたときは、その者。次項において同じ。）が被相続人の経営していた第二種貨物利用運送事業を引き続き経営しようとするときは、被相続人の死亡後六十日以内に、国土交通大臣の認可を受けなければならない。

2　相続人が前項の認可の申請をした場合には、被相続人の死亡の日からその認可をする旨又はその認可をしない旨の通知を受ける日までは、被相続人に対してした第二種貨物利用運送事業の許可は、その相続人に対してしたものとみなす。

3　第二十二条及び第二十三条の規定は、第一項の認可について準用する。

4　第一項の認可を受けた者は、被相続人に係る許可に基づく権利義務を承継する。

本条…一部改正〔平一一法一六〇〕、全部改正〔平一四法七七〕

（事業の休止及び廃止）

第三十一条　第二種貨物利用運送事業者は、その事業を休止し、又は廃止したときは、その日から三十日以内に、その旨を国土交通大臣に届け出なければならない。

見出…全部改正・一項…一部改正・二・四項…削除〔平六法九七〕、本条…一部改正〔平一一法一六〇〕、全部改正〔平一四法七七〕

※「届出手続」＝則二九、「権限の委任」＝本法五七、則四七1⑳、「罰則」＝本法六八①

（貨物の集配に係る輸送の安全）

第三十二条　第二種貨物利用運送事業者（貨物自動車運送事業法第三条又は第三十五条第一項の許可を受けて当該事業に係る貨物の集配を行う者を除く。）が自動車を使用して行う貨物の集配に係る運行管理者の選任その他の輸送の安全の確保等に関する事項については、同法第三十七条第三項に定めるところによる。

注　令和六年五月一五日法律二三号により改正され、公布の日から起算して一年を超えない範囲内において政令で定める日から施行

第三十二条中「第三十七条第三項」を「第三十七条の二第三項」に改める。

二項…削除〔平五法八九〕、本条…一部改正〔平一一法一六〇〕、全部改正〔平一四法七七〕

（事業の停止及び許可の取消し）

第三十三条　国土交通大臣は、第二種貨物利用運送事業者が次の各号のいずれかに該当するときは、三月以内（第三号に該当する場合にあっては、六月以内）において期間を定めて事業の全部若しくは一部の停止を命じ、又は許可を取り消すことができる。

一　この法律若しくはこの法律に基づく命令若しくはこれらに基づく処分又は許可若しくは認可に付した条件に違反したとき。

二　第二十二条各号のいずれかに該当するに至ったとき。

三　貨物の集配を自動車を使用して行っている場合において、貨物自動車運送事業法第三十三条（同法第三十五条第六項及び第三十七条第三項において準用する場合を含む。）の規定により当該貨物の集配に係る事業の停止、当

該事業に係る許可の取消しその他の処分を受けたとき。

注　令和六年五月一五日法律二三号により改正され、公布の日から起算して一年を超えない範囲内において政令で定める日から施行

第三十三条第三号中「第三十七条第三項」を「第三十七条の二第三項」に改める。

本条…一部改正〔平五法八九、平六法九七、平一一法一六〇〕、全部改正〔平一四法七七〕

※　「権限の委任」＝本法五七、則四七Ⅰ㉑㉒、「罰則」＝本法六一・六七

（準用規定）

第三十四条　第十条、第十一条、第十三条並びに第十八条第一項及び第二項の規定は、第二種貨物利用運送事業者について準用する。この場合において、第十三条第一項中「第一種貨物利用運送事業のため」とあるのは「貨物利用運送事業のため」と、同条第二項中「第一種貨物利用運送事業を」とあるのは「貨物利用運送事業を」と読み替えるものとする。

2　第二十七条及び第二十八条の規定は、通常第二種貨物利用運送事業に附帯する業務について準用する。

二項…一部改正〔平六法九七〕、本条…全部改正〔平一四法七七〕

※　1項「準用規定」＝本法一〇（差別的取扱いの禁止）、「準用規定」＝本法一一（運輸に関する協定）、「権限の委任」＝本法五七、則四七Ⅰ㉓、「罰則」＝本法六〇②・③・六二②・③・六七・六八①、「準用規定」＝本法一三（名義の利用等の禁止）、「準用規定」＝本法一八（附帯業務）、「罰則」＝本法六五②、六七、2項「準用規定」＝本法二七（事業の種別等の掲示）、（略…この部分は第二七条参照）、「準用規定」＝本法二八、「罰則」＝本法六五②、六七、六八②

第四章　外国人等による国際貨物運送に係る貨物利用運送事業

章名…改正〔平一四法七七〕

（登録）

第三十五条　外国人等は、第三条第一項及び第六条第一項（第五号に係る部分に限る。）の規定にかかわらず、国土交通大臣の行う登録を受けて、船舶運航事業者の行う国際貨物運送に係る第一種貨物利用運送事業又は航空運送事業者の行う国際貨物運送に係る第一種貨物利用運送事業を経営することができる。

2　前項の登録は、同項に規定する国際貨物運送の区分に応じて行う。

3　第三条第二項の規定は、第四十五条第一項の許可を受けた者について準用する。この場合において、第三条第二項中「第二十一条第一項第二号の事業計画」とあるのは、「第四十五条第三項の事業計画」と読み替えるものとする。

本条…追加〔平一四法七七〕

※　1項「罰則」＝本法六二④・六七

（登録の申請）

第三十六条　前条第一項の登録を受けようとする者は、第四条第一項各号に掲げる事項その他の国土交通省令で定める事項を記載した申請書を国土交通大臣に提出しなければならない。

2　国土交通大臣は、前条第一項の登録の申請者に対し、前項に規定するもののほか、事業の計画その他の必要と認める書類の提出を求めることができる。

本条…追加〔平一四法七七〕

※　「届出手続」＝則三〇

（登録の実施）

第三十七条　国土交通大臣は、前条の規定による登録の申請があったときは、次条第一項の規定により登録を拒否する場合を除き、次に掲げる事項を外国人国際第一種貨物海上利用運送事業者登録簿（以下「外国人国際第一種海上登録簿」という。）又は外国人国際第一種貨物航空利用運送事業者登録簿（以下「外国人国際第一種航空登録簿」という。）に登録しなければならない。

一　前条第一項に規定する事項

二　登録年月日及び登録番号

2　国土交通大臣は、前項の規定による登録をしたときは、遅滞なく、その旨を登録の申請者に通知しなければならない。

3　国土交通大臣は、外国人国際第一種海上登録簿及び外国人国際第一種航空登録簿を公衆の縦覧に供しなければならない。

本条…削り・追加〔平一四法七七〕

（登録の拒否）

第三十八条　国土交通大臣は、第三十六条の規定による登録の申請をした者が次の各号のいずれかに該当するときは、その登録を拒否しなければならない。

一　一年以上の懲役又は禁錮の刑（これに相当する外国の法令による刑を含む。）に処せられ、その執行を終わり、又は執行を受けることがなくなった日から二年を経過しない者

二　第一種貨物利用運送事業若しくは第二種貨物利用運送事業の許可の取消しを受け、その取消しの日から二年を経過しない者又はこの法律に相当する外国の法令の規定により当該外国において受けている同種類の登録若しくは許可（当該登録又は許可に類する免許その他の行政処分を含む。）の取消しを受け、その取消しの日から二年を経過しない者

三　申請前二年以内に貨物利用運送事業に関し不正な行為をした者

四　法人であって、その役員のうちに前三号のいずれかに該当する者のあるもの

五　第六条第一項第六号又は第七号に掲げる者のいずれかに該当する者

六　国際貨物運送に係る第一種貨物利用運送事業の分野における公正な事業活動の確保を図るために登録を拒否することが適切であると認められる事由として国土交通省令で定めるものに該当する者

注　令和四年六月一七日法律六八号により改正され令和七年六月一日から施行

第三十八条第一項第一号中「懲役又は禁錮の刑」を「拘禁刑」に改める。

2　国土交通大臣は、前項の規定により登録の拒否をしたときは、遅滞なく、その理由を示して、その旨を登録の申請者に通知しなければならない。

本条…追加〔平一四法七七〕

※　1項⑥「国土交通省令」＝則三二

（変更登録等）

第三十九条 第三十五条第一項の登録を受けた者（以下「外国人国際第一種貨物利用運送事業者」という。）は、第三十六条第一項に規定する事項（第四条第一項第一号から第三号までに掲げる事項を除く。）を変更しようとするときは、国土交通大臣の行う変更登録を受けなければならない。ただし、国土交通省令で定める軽微な変更については、この限りでない。

2 前三条の規定は、前項の変更登録について準用する。この場合において、第三十六条第一項中「第四条第一項各号に掲げる事項その他の国土交通省令で定める事項」とあり、第三十七条第一項中「次に掲げる事項」とあるのは、「変更に係る事項」と読み替えるものとする。

3 外国人国際第一種貨物利用運送事業者は、第三十六条第一項に規定する事項（第四条第一項第一号から第三号までに掲げる事項に限る。）について変更があったとき又は第一項ただし書の軽微な変更をしたときは、その日から三十日以内に、その旨を国土交通大臣に届け出なければならない。

4 国土交通大臣は、前項の規定による届出を受理したときは、遅滞なく、届出があった事項を外国人国際第一種海上登録簿又は外国人国際第一種航空登録簿に登録しなければならない。

※ 本条…追加〔平一四法七七〕
※ 1項「罰則」＝本法六六①・六七、3項「罰則」＝本法六八①

（運賃又は料金の変更命令）

第四十条 国土交通大臣は、必要があると認めるときは、外国人国際第一種貨物利用運送事業者に対し、運賃又は料金の変更を命ずることができる。

本条…削り・追加〔平一四法七七〕
※ 「罰則」＝本法六五②・六七

（事業の廃止）

第四十一条 外国人国際第一種貨物利用運送事業者は、その事業を廃止したときは、その日から三十日以内に、その旨を国土交通大臣に届け出なければならない。

本条…削り・追加〔平一四法七七〕
※ 「届出手続」＝則三六、「罰則」＝本法六八①

（事業の停止及び登録の取消し）

第四十二条 国土交通大臣は、次の各号のいずれかに該当するときは、外国人国際第一種貨物利用運送事業者に対し、期間を定めて事業の全部若しくは一部の停止を命じ、又は登録を取り消すことができる。

一 外国人国際第一種貨物利用運送事業者が法令、法令に基づく処分又は登録に付した条件に違反したとき。

二 外国人国際第一種貨物利用運送事業者が不正の手段により第三十五条第一項の登録又は第三十九条第一項の変更登録を受けたとき。

三 外国人国際第一種貨物利用運送事業者が第三十八条第一項各号のいずれかに該当するに至ったとき。

四 外国人国際第一種貨物利用運送事業者の所属国（外国人国際第一種貨物利用運送事業者が個人である場合にあってはその者が国籍を有する国をいい、外国人国際第一種貨物利用運送事業者が法人その他の団体である場合にあってはその株式等の所有その他の方法によりその経営する事業を実質的に支配する者が国籍を有する国又は当該支配する者の本店その他の主たる事務所が所在する国をいう。以下この号において同じ。）が、当該外国人国際第一種貨物利用運送事業者が第三十五条第一項の登録を受けた時における所属国と異なるものとなったとき。

五 外国人国際第一種貨物航空利用運送事業者（航空運送事業者の行う国際貨物運送に係る第一種貨物利用運送事業について第三十五条第一項の登録を受けた者をいう。以下この号において同じ。）にあっては、日本国と当該外国人国際第一種貨物航空利用運送事業者が国籍を有し、又はその本店その他の主たる事務所が所在する外国との間に航空に関する協定がある場合において、当該外国若しくは当該外国人国際第一種貨物航空利用運送事業者が当該協定に違反し、又は当該協定が効力を失ったとき。

六 前各号に掲げる場合のほか、公共の利益のためその処分をする必要があると認められる事由として国土交通省令で定めるものに該当するに至ったとき。

本条…削り・追加〔平一四法七七〕
※ 「罰則」＝本法六三・六七

（登録の抹消）

第四十三条 国土交通大臣は、第四十一条の規定による届出があったとき、又は前条の規定による登録の取消しをしたときは、当該外国人国際第一種貨物利用運送事業の登録を抹消しなければならない。

本条…削り・追加〔平一四法七七〕

（附帯業務）

第四十四条 外国人国際第一種貨物利用運送事業者は、当該外国人国際第一種貨物利用運送事業に附帯して貨物の荷造り等、代金の取立て及び立替えその他の通常外国人国際第一種貨物利用運送事業に附帯する業務を行うことができる。

2 外国人国際第一種貨物利用運送事業者は、当該外国人国際第一種貨物利用運送事業に附帯して貨物の荷造り等を行うときは、貨物の荷崩れを防止するための措置、貨物の取扱いに関する従業員に対する適切な指導その他の国土交通省令で定める輸送の安全を確保するために必要な措置を講じなければならない。

3 第九条及び第十二条の規定は、通常外国人国際第一種貨物利用運送事業に附帯する業務について準用する。

本条…削り・追加〔平一四法七七〕
※ 2項「国土交通省令」＝則三八、3項で読み替えて準用する九条「国土交通省令」＝則一三～一三の三、3項「罰則」＝本法六五②・六七

（許可）

第四十五条 外国人等は、第二十条及び第二十二条（第二号に係る部分に限る。）の規定にかかわらず、国土交通大臣の許可を受けて、船舶運航事業者の行う国際貨物運送に係る第二種貨物利用運送事業又は航空運送事業者の行う国際貨物運送に係る第二種貨物利用運送事業を経営することができる。

2 前項の許可は、同項に規定する国際貨物運送の区分に応じて行う。

3 第一項の許可を受けようとする者は、利用運送の区間等に関する事業計画その他の国土交通省令で定める事項を記載した申請書を国土交通大臣に提出しなければならない。

4 国土交通大臣は、第一項の許可の申請者に対し、前項に規定するもののほか、必要と認める書類の提出を求めることができる。

5　国土交通大臣は、第一項の許可については、国際約束を誠実に履行するとともに、国際貨物運送に係る第二種貨物利用運送事業の分野において公正な事業活動が行われ、その健全な発達が確保されるよう配慮するものとする。

一・四—六項…一部改正〔平一一法一六〇〕、一・二項…一部改正・三項…削除・旧六項…一部改正し五項に繰上・旧四・五項…一項ずつ繰上・旧三五条…繰下〔平一四法七七〕

※　1項「罰則」＝本法六〇④・六七、「申請手続」＝則三九

（事業計画）

第四十六条　前条第一項の許可を受けた者（以下「外国人国際第二種貨物利用運送事業者」という。）は、その業務を行う場合には、事業計画に定めるところに従わなければならない。

2　外国人国際第二種貨物利用運送事業者は、事業計画の変更（第四項に規定するものを除く。）をしようとするときは、国土交通大臣の認可を受けなければならない。

3　前条第五項の規定は、前項の認可について準用する。

4　外国人国際第二種貨物利用運送事業者は、国土交通省令で定める事業計画の変更をするときは、あらかじめその旨を、国土交通省令で定める軽微な事項に関する事業計画の変更をしたときは、遅滞なくその旨を、国土交通大臣に届け出なければならない。

5　国土交通大臣は、必要があると認めるときは、外国人国際第二種貨物利用運送事業者に対し、事業計画の変更を命ずることができる。

二項…一部改正・四項…全部改正〔平六法九七〕、二・四・五項…一部改正〔平一一法一六〇〕、一—五項…一部改正・旧三六条…繰下〔平一四法七七〕

※　2項「申請手続」＝則四〇、「権限の委任」＝本法五七、則四七1㉔、「罰則」＝本法六五③・六七、4項「国土交通省令」＝則四一・四二、「権限の委任」＝本法五七、則四七1㉔、「罰則」＝本法六八①、5項「権限の委任」＝本法五七、則四七1㉔、「罰則」＝本法六五②・六七

（運賃又は料金の変更命令）

第四十七条　国土交通大臣は、必要があると認めるときは、外国人国際第二種貨物利用運送事業者に対し、運賃又は料金の変更を命ずることができる。

※　本条…削り・追加〔平一四法七七〕
「罰則」＝本法六五②・六七

（事業の廃止）

第四十八条　外国人国際第二種貨物利用運送事業者は、その事業を廃止したときは、その日から三十日以内に、その旨を国土交通大臣に届け出なければならない。

本条…一部改正〔平一一法一六〇〕、一部改正・旧三八条…繰下〔平一四法七七〕

※　「届出手続」＝則四三、「罰則」＝本法六八①

（貨物の集配に係る輸送の安全）

第四十九条　外国人国際第二種貨物利用運送事業者（貨物自動車運送事業法第三条又は第三十五条第一項の許可を受けて当該事業に係る貨物の集配を行う者を除く。）が自動車を使用して行う貨物の集配に係る運行管理者の選任その他の輸送の安全の確保等に関する事項については、同法第三十七条第三項に定めるところによる。

> 注　令和六年五月一五日法律二三号により改正され、公布の日から起算して一年を超えない範囲内において政令で定める日から施行
> 第四十九条中「第三十七条第三項」を「第三十七条の二第三項」に改める。

本条…削り・追加〔平一四法七七〕

（事業の停止及び許可の取消し）

第四十九条の二　国土交通大臣は、次の各号のいずれかに該当するときは、外国人国際第二種貨物利用運送事業者に対し、期間を定めて事業の全部若しくは一部の停止を命じ、又は許可を取り消すことができる。

一　外国人国際第二種貨物利用運送事業者が法令、法令に基づく処分又は許可若しくは認可に付した条件に違反したとき。

二　外国人国際第二種貨物利用運送事業者の所属国（外国人国際第二種貨物利用運送事業者が個人である場合にあってはその者が国籍を有する国をいい、外国人国際第二種貨物利用運送事業者が法人その他の団体である場合にあってはその株式等の所有その他の方法によりその経営する事業を実質的に支配する者が国籍を有する国又は当該支配する者の本店その他の主たる事務所が所在する国をいう。以下この号において同じ。）が、当該外国人国際第二種貨物利用運送事業者が第四十五条第一項の許可を受けた時における所属国と異なるものとなったとき。

三　外国人国際第二種貨物航空利用運送事業者（航空運送事業者の行う国際貨物運送に係る第二種貨物利用運送事業について第四十五条第一項の許可を受けた者をいう。以下この号において同じ。）にあっては、日本国と当該外国人国際第二種貨物航空利用運送事業者が国籍を有し、又はその本店その他の主たる事務所が所在する外国との間に航空に関する協定がある場合において、当該外国若しくは当該外国人国際第二種貨物航空利用運送事業者が当該協定に違反し、又は当該協定が効力を失ったとき。

四　前三号に掲げる場合のほか、公共の利益のため必要があるとき。

本条…一部改正〔平一一法一六〇〕、一部改正・旧三九条…繰下〔平一四法七七〕

※　「外国人等による国際貨物運送取扱事業の許可」＝本法三五1、「罰則」＝本法六二・六七

（準用規定）

第四十九条の三　第四十四条の規定は、外国人国際第二種貨物利用運送事業者について準用する。

本条…追加〔平一四法七七〕

※　本条で準用する四四条2項「国土交通省令」＝則三八、本条で準用する四四条3項で読み替えて準用する九条「国土交通省令」＝則一三～一三の三、「罰則」＝本法六五②・六七

（登録等の条件等）

第五十条　この章に規定する登録、許可又は認可には、条件又は期限を付し、これを変更し、及び登録、許可又は認可の後これに条件又は期限を付することができる。

見出…全部改正・本条…一部改正〔平一四法七七〕

（行政手続法の適用除外）

第五十条の二　国際貨物運送に係る第一種貨物利用運送事業の分野における公正な事業活動の確保を図るためその処分をする必要があると認められる事由として国土交通省令で定めるものに該当する場合における第四十条、第四十二条、第四十四条第三項又は前条の規定による処分については、行政手続

法（平成五年法律第八十八号）第三章の規定は、適用しない。

2　国際貨物運送に係る第二種貨物利用運送事業の分野における公正な事業活動の確保を図るためその処分をする必要があると認められる事由として国土交通省令で定めるものに該当する場合における第四十六条第五項、第四十七条、第四十九条の二、第四十九条の三において準用する第四十四条第三項又は前条の規定による処分については、行政手続法第三章の規定は、適用しない。

※　本条…追加〔平五法八九〕、一・二項…一部改正〔平一一法一六〇、平一四法七七〕

※「国土交通省令」＝則四四

第五章　雑則

（貨物利用運送事業を営む者以外の者による人を誤認させる行為の禁止）

第五十一条　貨物利用運送事業を営む者以外の者は、その行う営業が貨物利用運送事業であると人を誤認させるような表示、広告その他の行為をしてはならない。

2　国土交通大臣は、貨物利用運送事業を営む者以外の者に対し、その行う営業が貨物利用運送事業であると人を誤認させないようにするための措置を執るべきことを命ずることができる。

※　本条…追加〔平一四法七七〕

※　2項「罰則」＝本法六四・六六②・六七

（貨物利用運送事業の健全な発達等のためにする施策）

第五十二条　国土交通大臣は、貨物の流通の円滑化に資するため、高度かつ多様な貨物の運送サービスに対する利用者の選好の動向、これに対応する貨物の流通に関する事業活動の動向等に配慮しつつ、貨物利用運送事業の健全な発達並びに利用者に対する貨物の運送サービスの改善及び向上を図るために必要な施策を総合的に実施するよう努めなければならない。

本条…一部改正〔平一一法一六〇〕、見出・本条…一部改正・旧五一条…繰下〔平一四法七七〕

（貨物利用運送事業に関する団体の届出）

第五十三条　貨物の運送サービスの改善及び向上又は貨物利用運送事業の健全な発達を図ることを目的として貨物利用運送事業を経営する者が組織する団体は、その成立の日から三十日以内に、国土交通省令で定める事項を国土交通大臣に届け出なければならない。

2　国土交通大臣は、貨物の運送サービスの改善及び向上又は貨物利用運送事業の健全な発達を図るために必要があるときは、前項の規定による届出をした団体に対し、その業務に関し報告を求めることができる。

一・二項…一部改正〔平一一法一六〇〕、見出・一・二項…一部改正・旧五二条…繰下〔平一四法七七〕

※　1項「国土交通省令」＝則四五、2項「報告手続」＝貨物利用運送事業等報告規則

（登録等の条件等）

第五十四条　この法律（第四章の規定を除く。）に規定する登録、許可又は認可には、条件又は期限を付し、及びこれを変更することができる。

2　前項の条件又は期限は、登録、許可又は認可に係る事項の確実な実施を図るため必要な最小限度のものに限り、かつ、当該登録、許可又は認可を受ける者に不当な義務を課することとならないものでなければならない。

見出…全部改正・一・二項…一部改正〔平一四法七七〕

（報告の徴収及び立入検査）

第五十五条　国土交通大臣は、この法律の施行に必要な限度において、国土交通省令で定めるところにより、第一種貨物利用運送事業者、第二種貨物利用運送事業者、外国人国際第一種貨物利用運送事業者又は外国人国際第二種貨物利用運送事業者（以下単に「貨物利用運送事業者」という。）に対し、その事業に関し報告をさせることができる。

2　国土交通大臣は、この法律の施行に必要な限度において、その職員に、貨物利用運送事業者の主たる事務所その他の営業所に立ち入り、業務若しくは経理の状況若しくは事業の用に供する施設、帳簿、書類その他の物件を検査させ、又は関係者に質問させることができる。

3　前項の規定により立入検査をする職員は、その身分を示す証明書を携帯し、関係者の請求があつたときは、これを提示しなければならない。

4　第二項の規定による権限は、犯罪捜査のために認められたものと解してはならない。

一・二項…一部改正〔平一一法一六〇、平一四法七七〕

※　1項「国土交通省令」＝貨物利用運送事業報告規則、「権限の委任」＝本法五七、則四七2②、「罰則」＝本法六五④・六七、2項「権限の委任」＝本法五七、則四七2②、「罰則」＝本法六五⑤・六七

（経過措置）

第五十六条　この法律の規定に基づき命令を制定し、又は改廃するときは、その命令で、その制定又は改廃に伴い合理的に必要と判断される範囲内において、所要の経過措置（罰則に関する経過措置を含む。）を定めることができる。

（権限の委任）

第五十七条　この法律に規定する国土交通大臣の権限は、国土交通省令で定めるところにより、地方運輸局長（運輸監理部長を含む。）に委任することができる。

本条…一部改正〔平一一法一六〇、平一四法五四〕

※「国土交通省令」＝則四七・附則九

第五十八条　削除〔平五法八九〕

（国土交通省令への委任）

第五十九条　この法律に定めるもののほか、この法律の実施のため必要な手続その他の事項は、国土交通省令で定める。

見出・本条…一部改正〔平一一法一六〇〕

※「国土交通省令」＝則、貨物利用運送事業報告規則、貨物流通事業者の氏名の変更の届出等の一本化した提出の手続を定める省令

第六章　罰則

> 注　令和四年六月一七日法律六八号により改正され、令和七年六月一日から施行
> 第六十条から第六十三条までの規定中「懲役」を「拘禁刑」に改める。

第六十条　次の各号のいずれかに該当する者は、三年以下の懲役若しくは三百万円以下の罰金に処し、又はこれを併科する。

一　第二十条の規定に違反して第二種貨物利用運送事業を経

営した者

二　第三十四条第一項において準用する第十三条第一項の規定に違反してその名義を他人に第二種貨物利用運送事業のため利用させた者

三　第三十四条第一項において準用する第十三条第二項の規定に違反して第二種貨物利用運送事業を他人にその名において経営させた者

四　第四十五条第一項の規定により第二種貨物利用運送事業について許可を受けてしなければならない事項を許可を受けないでした者

本条…一部改正〔平一四法七七〕

第六十一条　第三十三条又は第四十九条の二の規定による事業の停止の命令に違反した者は、一年以下の懲役若しくは百五十万円以下の罰金に処し、又はこれを併科する。

本条…追加〔平一四法七七〕

第六十二条　次の各号のいずれかに該当する者は、一年以下の懲役若しくは百万円以下の罰金に処し、又はこれを併科する。

一　第三条第一項の規定に違反して第一種貨物利用運送事業を経営した者

二　第十三条第一項（第三十四条第一項において準用する場合を含む。）の規定に違反してその名義を他人に第一種貨物利用運送事業のため利用させた者

三　第十三条第二項（第三十四条第一項において準用する場合を含む。）の規定に違反して第一種貨物利用運送事業を他人にその名において経営させた者

四　第三十五条第一項の規定により第一種貨物利用運送事業について登録を受けてしなければならない事項を登録を受けないでした者

本条…一部改正・旧六一条…繰下〔平一四法七七〕

第六十三条　第十六条又は第四十二条の規定による事業の停止の命令に違反した者は、六月以下の懲役若しくは五十万円以下の罰金に処し、又はこれを併科する。

本条…全部改正〔平一四法七七〕

第六十四条　第五十一条第二項の規定による命令（第二種貨物利用運送事業に係るものに限る。）に違反した者は、百五十万円以下の罰金に処する。

本条…一部改正〔平五法八九、平六法九七〕、全部改正〔平一四法七七〕

第六十五条　次の各号のいずれかに該当する者は、百万円以下の罰金に処する。

一　第八条第一項又は第二十六条第一項の規定による認可を受けないで、又は認可を受けた利用運送約款によらないで、運送契約を締結した者

二　第十二条（第十八条第三項において準用する場合を含む。）、第二十四条第二項、第二十八条（第三十四条第二項において準用する場合を含む。）、第四十条、第四十四条第三項（第四十九条の三において準用する場合を含む。）、第四十六条第五項又は第四十七条の規定による命令に違反した者

三　第二十五条第一項又は第四十六条第二項の規定に違反して事業計画又は集配事業計画を変更した者

四　第五十五条第一項の規定による報告をせず、又は虚偽の報告をした者

五　第五十五条第二項の規定による検査を拒み、妨げ、若しくは忌避し、又は質問に対して陳述をせず、若しくは虚偽の陳述をした者

本条…追加〔平一四法七七〕

第六十六条　次の各号のいずれかに該当する者は、五十万円以下の罰金に処する。

一　第七条第一項の規定に違反して第四条第一項第四号に掲げる事項について変更をし、又は第三十九条第一項の規定に違反して第三十六条第一項に規定する事項について変更をした者

二　第五十一条第二項の規定による命令（第一種貨物利用運送事業に係るものに限る。）に違反した者

本条…追加〔平一四法七七〕

第六十七条　法人の代表者又は法人若しくは人の代理人、使用人その他の従業者が、その法人又は人の業務に関し、第六十条から前条までの違反行為をしたときは、行為者を罰するほか、その法人又は人に対しても、各本条の罰金刑を科する。

旧六五条…繰下〔平一四法七七〕

第六十八条　次の各号のいずれかに該当する者は、五十万円以下の過料に処する。

一　第七条第三項、第十一条（第三十四条第一項において準用する場合を含む。）、第十四条第二項、第十五条、第二十五条第三項、第三十一条、第三十九条第三項、第四十一条、第四十六条第四項又は第四十八条の規定による届出をせず、又は虚偽の届出をした者

二　第九条（第十八条第三項において準用する場合を含む。以下この号において同じ。）若しくは第二十七条（第三十四条第二項において準用する場合を含む。以下この号において同じ。）の規定による掲示をせず、若しくは虚偽の掲示をし、又は第九条若しくは第二十七条の規定に違反して公衆の閲覧に供せず、若しくは虚偽の事項を公衆の閲覧に供した者

本条…一部改正〔平六法九七〕、一部改正・旧六六条…繰下〔平一四法七七〕、一部改正〔令五法六三〕

附　則（抄）

（施行期日）

第一条　この法律は、公布の日から起算して一年を超えない範囲内において政令で定める日から施行する。

〔平二・七政令二〇九により、平二・一二・一から施行〕

（通運事業法の廃止）

第二条　通運事業法（昭和二十四年法律第二百四十一号）は、廃止する。

（経過措置）

第七条　この法律の施行の際現に附則第二条の規定による廃止前の通運事業法（以下「旧通運事業法」という。）第二条第一項第一号の行為を行う事業（次条第一項の規定により第二種利用運送事業に含まれるものとみなされる者が経営する当該許可に係る事業の許可を受けたものとみなされるものを除く。）について旧通運事業法第四条第一項の免許を受けている者は、当該免許に係る事業の範囲内において、この法律の施行の日（以下「施行日」という。）に第一種利用運送事業及び運送取次事業についてそれぞれ第三条第一項の許可及び第二十三条の登録を受けたものとみなす。

2　前項の規定により第一種利用運送事業の許可を受けたもの

とみなされる者については、当該事業に係る旧通運事業法第五条第三項の事業計画（第四条第一項第三号に規定する事項に相当する事項に係る部分に限る。）を同号の事業計画とみなして、この法律の規定を適用する。

3　運輸大臣は、第一項の規定により運送取次事業の登録を受けたものとみなされる者に係る当該登録については、当該事業に係る旧通運事業法第五条第三項の事業計画に記載されている事項のうち第二十五条第一項第一号に掲げる事項に相当するもの及び同項第二号に掲げる事項を運送取次事業者登録簿に記載することにより行うものとする。

4　運輸大臣は、前項の場合において、第二十五条第一項第一号に掲げる事項の一部の事項について旧通運事業法第五条第三項の事業計画にこれに相当する事項の記載がないときその他必要があると認めるときは、施行日から一年を経過する日までの間に限り、運輸省令で定めるところにより、職権により、当該登録を更正することができる。

第八条　この法律の施行の際現に次の各号のいずれかに該当する者であって第二種利用運送事業に該当する事業を経営しているものは、当該免許（第二号に掲げる者にあっては、当該免許及び当該指定又は登録）に係る事業の範囲内において、施行日に第二種利用運送事業について第三条第一項の許可を受けたものとみなす。

一　旧通運事業法第二条第一項第一号及び第二号の行為を行う事業について旧通運事業法第四条第一項の免許を受けている者

二　旧通運事業法第二条第一項第一号の行為を行う事業について旧通運事業法第四条第一項の免許を受けている者であって、旧通運事業法第十五条の規定により運輸大臣から取扱駅の指定を受けているもの又は附則第四条の規定による改正前の道路運送法（以下「旧道路運送法」という。）第二条第四項第三号の行為を行う事業について旧道路運送法第八十条第一項の登録を受けているもの

2　前項の規定により第二種利用運送事業の許可を受けたものとみなされる者については、当該事業に係る旧通運事業法第五条第三項の事業計画（第四条第一項第三号に規定する事項に相当する事項に係る部分に限る。）を同号の事業計画と、当該事業に係る旧通運事業法第五条第三項の事業計画（第四条第一項第四号に規定する事項に相当する事項に係る部分に限る。）若しくは旧道路運送法第五条第一項第三号の事業計画（第四条第一項第四号に規定する事項に相当する事項に係る部分に限る。）又は当該事業に係る旧道路運送法第八十二条第一項の自動車運送取扱事業者登録簿に記載されている事項のうち第四条第一項第四号に規定する事項に相当するものを同号の集配事業計画とみなして、この法律の規定を適用する。

3　運輸大臣は、前項の場合において、第四条第一項第四号に規定する事項の一部の事項について旧通運事業法第五条第三項の事業計画、旧道路運送法第五条第一項第三号の事業計画又は旧道路運送法第八十二条第一項の自動車運送取扱事業者登録簿にこれに相当する事項の記載がないときその他必要があると認めるときは、当該第二種利用運送事業の許可を受けたものとみなされる者に対し、施行日から一年を経過する日までの間に限り、運輸省令で定めるところにより、当該集配事業計画に追加する必要があると認められる事項を記載した届出書の提出を求めることができる。この場合において当該届出書の提出があったときは、第七条、第八条第一項及び第十五条第一号中「集配事業計画」とあるのは、「集配事業計画（附則第八条第三項に規定する届出書に記載された事項を含む。）」とする。

4　第一項の規定により第二種利用運送事業の許可を受けたものとみなされる者（同項第二号に掲げる者に限る。）がこの法律の施行後最初に第九条第一項の規定により届け出なければならない運賃及び料金については、同項中「あらかじめ」とあるのは、「この法律の施行の日から三月以内に」とする。

5　前項に規定する者がこの法律の施行後最初に第十一条第一項の規定により認可を受けなければならない利用運送約款については、同項中「、運輸大臣」とあるのは「、この法律の施行の日から三月以内に、運輸大臣」とする。

第九条　この法律の施行の際現に旧通運事業法第二十八条第一項の認可を受けている者は、施行日に第五十三条第一項の届出をしたものとみなす。

第十条　この法律の施行の際現に旧通運事業法第二条第一項第二号の行為を行う事業について旧通運事業法第四条第一項の免許を受けている者又は旧通運事業法第十五条の規定により運輸大臣から取扱駅の指定を受けている者であって、貨物運送取扱事業に該当する事業（附則第七条第一項の規定により第一種利用運送事業の許可若しくは運送取次事業の登録を受けたものとみなされる者又は附則第八条第一項の規定により第二種利用運送事業の許可を受けたものとみなされる者が経営する当該許可又は登録に係る事業に含まれるものを除く。）を経営しているものは、施行日から六月間は、第三条第一項の許可又は第二十三条の登録を受けないで、当該事業を引き続き経営することができる。

2　前項に規定する者は、同項に規定する期間を超えて引き続き当該事業を経営しようとするときは、当該期間内に、当該事業の概要その他運輸省令で定める事項を記載した申請書を運輸大臣に提出して、当該事業の範囲その他の運輸省令で定める事項について確認を受けることができる。

3　前項の確認を受けた者は、第一項の規定にかかわらず、施行日から五年間は、第三条第一項の許可又は第二十三条の登録を受けないで、確認を受けた事業の範囲内において、当該事業を引き続き経営することができる。

4　第九条から第十三条まで、第十五条から第二十二条まで、第五十五条、第六十条（第二号及び第三号に係る部分に限る。）、第六十一条（第二号に係る部分に限る。）、第六十三条（第二号に係る部分に限る。）、第六十四条（第四号及び第五号に係る部分を除く。）、第六十五条及び第六十六条の規定は利用運送事業に該当する事業について第二項の確認を受けた者について、第十条、第十三条、第十五条（第一号及び第三号に係る部分を除く。）、第十六条、第二十八条から第三十二条まで、第三十四条第二項、第五十五条、第六十二条（第二号及び第三号に係る部分に限る。）、第六十四条（第五号に係る部分を除く。）、第六十五条及び第六十六条の規定は運送取次事業に該当する事業について第二項の確認を受けた者について準用する。この場合において必要な技術的読替えは、政令で定める。

第十一条　この法律の施行の際現に附則第三条の規定による改

正前の海上運送法（以下「旧海上運送法」という。）第二条第八項の海上運送取扱業について旧海上運送法第三十三条（旧海上運送法第四十四条において準用する場合を含む。）において準用する旧海上運送法第二十条第一項の届出をしている者は、施行日から三月間（次項の規定により届出書を提出したときは、その届出書を提出した日までの間）は、第二十三条の登録を受けないで、当該事業を従前の例により引き続き経営することができる。

2　前項に規定する者は、同項に規定する期間内に、当該事業に係る第二十四条第一項各号に掲げる事項を記載した届出書に当該事業の計画その他運輸省令で定める事項を記載した書類を添付して運輸大臣に提出したときは、施行日に運送取次事業について第二十三条の登録を受けたものとみなす。

3　運輸大臣は、前項の規定により運送取次事業の登録を受けたものとみなされる者に係る当該登録については、同項の規定により提出された届出書に記載された第二十四条第一項各号に掲げる事項及び第二十五条第一項第二号に掲げる事項を運送取次事業者登録簿に記載することにより行うものとする。

第十二条　この法律の施行の際現に旧道路運送法第二条第四項第一号又は第二号の行為を行う事業について旧道路運送法第八十条第一項の登録を受けている者は、当該登録に係る事業の範囲内において、施行日に運送取次事業について第二十三条の登録を受けたものとみなす。

2　附則第七条第三項及び第四項の規定は、前項の規定により運送取次事業の登録を受けたものとみなされる者に係る当該登録について準用する。この場合において、これらの規定中「旧通運事業法第五条第三項の事業計画」とあるのは、「附則第四条の規定による改正前の道路運送法第八十二条第一項の自動車運送取扱事業者登録簿」と読み替えるものとする。

第十三条　この法律の施行の際現に旧道路運送法第二条第四項第三号の行為を行う事業（附則第八条第一項の規定により第二種利用運送事業の許可を受けたものとみなされる者が経営する当該許可に係る事業に含まれるものを除く。）について旧道路運送法第八十条第一項の登録を受けている者は、当該登録に係る事業の範囲内において、施行日に第一種利用運送事業について第三条第一項の許可を受けたものとみなす。

2　前項の規定により第一種利用運送事業の許可を受けたものとみなされる者については、当該事業に係る旧道路運送法第八十二条第一項の自動車運送取扱事業者登録簿に記載されている事項のうち第四条第一項第三号に規定する事項に相当する事項を同号の事業計画とみなして、この法律の規定を適用する。

3　運輸大臣は、前項の場合において、第四条第一項第三号に規定する事項の一部の事項について旧道路運送法第八十二条第一項の自動車運送取扱事業者登録簿にこれに相当する事項の記載がないときその他必要があると認めるときは、当該第一種利用運送事業の許可を受けたものとみなされる者に対し、施行日から一年を経過する日までの間に限り、運輸省令で定めるところにより、当該事業計画に追加する必要があると認められる事項を記載した届出書の提出を求めることができる。この場合において当該届出書の提出があったときは、第七条、第八条第一項及び第十五条第一号中「事業計画」とあるのは、「事業計画（附則第十三条第三項に規定する届出書に記載された事項を含む。）」とする。

第十四条　この法律の施行の際現に附則第五条の規定による改正前の内航海運業法（以下「旧内航海運業法」という。）第三条第一項（旧内航海運業法第二十七条において準用する場合を含む。）の規定による内航運送取扱業の許可を受けている者は、当該許可に係る事業の範囲内において、施行日に第一種利用運送事業及び運送取次事業についてそれぞれ第三条第一項の許可及び第二十三条の登録を受けたものとみなす。

2　前項の規定により第一種利用運送事業の許可を受けたものとみなされる者については、当該事業に係る旧内航海運業法第四条第一項第三号の事業計画（第四条第一項第三号に規定する事項に相当する事項に係る部分に限る。）を第四条第一項第三号の事業計画とみなして、この法律の規定を適用する。

3　附則第七条第三項及び第四項の規定は、第一項の規定により運送取次事業の登録を受けたものとみなされる者に係る当該登録について準用する。この場合において、これらの規定中「旧通運事業法第五条第三項の事業計画」とあるのは、「附則第五条の規定による改正前の内航海運業法第四条第一項第三号の事業計画」と読み替えるものとする。

4　第一項の規定により第一種利用運送事業の許可及び運送取次事業の登録を受けたものとみなされる者がこの法律の施行後第九条第一項の規定により最初に届け出なければならない運賃及び料金並びに第二十八条第一項の規定により最初に届け出なければならない料金については、これらの規定中「あらかじめ」とあるのは、「この法律の施行の日から三月以内に」とする。

5　前項に規定する者がこの法律の施行後第十一条第一項の規定により最初に認可を受けなければならない利用運送約款及び第二十九条第一項の規定により最初に認可を受けなければならない運送取次約款については、これらの規定中「、運輸大臣」とあるのは、「、この法律の施行の日から三月以内に、運輸大臣」とする。

第十五条　この法律の施行の際現に旧内航海運業法第三条第一項（旧内航海運業法第二十七条において準用する場合を含む。）の規定による内航運送取扱業の許可を受けている者（以下「内航運送取扱業者」という。）は、施行日に附則第三条の規定による改正後の海上運送法第二条第八項の海運仲立業について同法第三十三条（同法第四十四条において準用する場合を含む。）において準用する同法第二十条第一項の届出をしたものとみなす。

第十六条　この法律の施行の際現に旧内航海運業法第九条第一項、第十条第一項又は第十一条第一項（これらの規定を旧内航海運業法第二十七条において準用する場合を含む。）の規定により営業保証金を供託している者は、当該供託に係る営業保証金を取り戻すことができる。

2　前項の営業保証金の取戻しは、この法律の施行前に当該営業保証金につき旧内航海運業法第十三条第一項（旧内航海運業法第二十七条において準用する場合を含む。）の権利を有していた者に対し、六月を下らない一定期間内に申し出るべき旨を公告し、その期間中にその申出がなかった場合でなければ、これをすることができない。ただし、施行日から十年を経過したときは、この限りでない。

3　前項の公告その他営業保証金の取戻しに関し必要な手続

は、法務省令・国土交通省令で定める。

4　前三項の規定にかかわらず、この法律の施行前に旧内航海運業法第二十四条第一項（旧内航海運業法第二十七条において準用する場合を含む。）に規定する営業保証金を取り戻すことを得べき事由が発生している者の当該営業保証金の取戻しについては、なお従前の例による。

5　この法律の施行前に内航運送に関し内航運送取扱業者と取引をした者が有する当該取引により生じた債権については、旧内航海運業法第十三条及び第二十七条の規定は、この法律の施行後も、なおその効力を有する。この場合において、第十三条第二項中「省令」とあるのは、「法務省令・国土交通省令」とする。

第十七条　この法律の施行の際現に附則第六条の規定による改正前の航空法（以下「旧航空法」という。）第二条第十九項の利用航空運送事業（次条第一項の規定により第二種利用運送事業の許可を受けたものとみなされる者が経営する当該許可に係る事業に含まれるものを除く。）について旧航空法第百二十二条の二第一項の免許を受けている者は、当該免許に係る事業の範囲内において、施行日に第一種利用運送事業について第三条第一項の許可を受けたものとみなす。

2　前項の規定により第一種利用運送事業の許可を受けたものとみなされる者については、当該事業に係る旧航空法第百二十二条の二第二項において準用する旧航空法第百条第二項の事業計画（第四条第一項第三号に規定する事項に相当する事項に係る部分に限る。）を同号の事業計画とみなして、この法律の規定を適用する。

第十八条　この法律の施行の際現に旧航空法第百二十二条の二第一項の免許を受け、かつ、旧道路運送法第二条第四項第三号の行為を行う事業について旧道路運送法第八十条第一項の登録を受けている者であって第二種利用運送事業に該当する事業を経営しているものは、当該免許又は登録に係る事業の範囲内において、施行日に第二種利用運送事業について第三条第一項の許可を受けたものとみなす。

2　前項の規定により第二種利用運送事業の許可を受けたものとみなされる者については、当該事業に係る旧航空法第百二十二条の二第二項において準用する旧航空法第百条第二項の事業計画（第四条第一項第三号に規定する事項に相当する事項に係る部分に限る。）を同号の事業計画と、当該事業に係る旧道路運送法第五条第一項第三号の事業計画（第四条第一項第四号に規定する事項に相当する事項に係る部分に限る。）又は当該事業に係る旧道路運送法第八十二条第一項の自動車運送取扱事業者登録簿に記載されている事項のうち第四条第一項第四号に規定する事項に相当するものを同号の集配事業計画とみなして、この法律の規定を適用する。

3　附則第八条第三項の規定は、前項の場合に準用する。この場合において、同条第三項中「旧通運事業法第五条第三項の事業計画、旧道路運送法第五条第一項第三号の事業計画」とあるのは「旧道路運送法第五条第一項第三号の事業計画」と、「附則第八条第三項」とあるのは「附則第十八条第三項において準用する附則第八条第三項」と読み替えるものとする。

4　附則第八条第四項及び第五項の規定は、第一項の規定により第二種利用運送事業の許可を受けたものとみなされる者について準用する。

第十九条　この法律の施行の際現に旧航空法第二条第十九項の利用航空運送事業（次条第一項の規定により第二種利用運送事業の許可を受けたものとみなされる者が経営する当該許可に係る事業に含まれるものを除く。）について旧航空法第百三十一条の二第一項の許可を受けている者は、当該許可に係る事業の範囲内において、施行日に第一種利用運送事業について第三十五条第一項の許可を受けたものとみなす。

2　前項の規定により第一種利用運送事業の許可を受けたものとみなされる者については、当該事業に係る旧航空法第百三十一条の二第二項において準用する旧航空法第百二十九条第二項の事業計画（第三十五条第四項の事業計画について同項の国土交通省令で定める事項に相当する事項に係る部分に限る。）を第三十五条第四項の事業計画とみなして、この法律の規定を適用する。

第二十条　この法律の施行の際現に旧航空法第百三十一条の二第一項の許可を受け、かつ、旧道路運送法第二条第四項第三号の行為を行う事業について旧道路運送法第八十条第一項の登録を受けている者であって第二種利用運送事業に該当する事業を経営しているものは、当該許可及び当該免許又は登録に係る事業の範囲内において、施行日に第二種利用運送事業について第三十五条第一項の許可を受けたものとみなす。

2　前項の規定により第二種利用運送事業の許可を受けたものとみなされる者については、当該事業に係る旧航空法第百三十一条の二第二項において準用する旧航空法第百二十九条第二項の事業計画（第三十五条第四項の事業計画について同項の国土交通省令で定める事項に相当する事項に係る部分に限る。）及び当該事業に係る旧道路運送法第五条第一項第三号の事業計画（第三十五条第四項の事業計画について同項の国土交通省令で定める事項に相当する事項に係る部分に限る。）又は旧道路運送法第八十二条第一項の自動車運送取扱事業者登録簿に記載されている事項のうち第三十五条第四項の事業計画について同項の国土交通省令で定める事項に相当するものを同項の事業計画とみなして、この法律の規定を適用する。

3　運輸大臣は、前項の場合において、第三十五条第四項の事業計画について同項の運輸省令で定める事項の一部の事項について旧道路運送法第五条第一項第三号の事業計画又は旧道路運送法第八十二条第一項の自動車運送取扱事業者登録簿にこれに相当する事項がないときその他必要があると認めるときは、当該第二種利用運送事業の許可を受けたものとみなされる者に対し、施行日から一年を経過する日までの間に限り、運輸省令で定めるところにより、当該第三十五条第四項の事業計画に追加する必要があると認められる事項を記載した届出書の提出を求めることができる。この場合において当該届出書の提出があったときは、第三十六条第一項、第二項及び第五項中「事業計画」とあるのは、「事業計画（附則第二十条第三項に規定する届出書に記載された事項を含む。）」とする。

4　附則第八条第四項の規定は、第一項の規定により第二種利用運送事業の許可を受けたものとみなされる者について準用する。この場合において、同条第四項中「第九条第一項」とあるのは「第三十七条第一項」と読み替えるものとする。

第二十一条　この法律の施行の際現に旧航空法第百三十三条第一項の規定による航空運送取扱業の届出をしている者（外国人等を除く。）は、施行日から三月間（次項の規定により届出書を提出したときは、その届出書を提出した日までの間）は、第二十三条の登録を受けないで、当該事業（貨物の運送の取次ぎに係るものに限る。）を従前の例により引き続き経営することができる。

2　前項に規定する者は、同項に規定する期間内に、当該事業に係る第二十四条第一項各号に掲げる事項を記載した届出書に当該事業の計画その他運輸省令で定める事項を記載した書類を添付して運輸大臣に提出したときは、施行日に運送取次事業について第二十三条の登録を受けたものとみなす。

3　附則第十一条第三項の規定は、前項の規定により運送取次事業の登録を受けたものとみなされる者に係る当該登録について準用する。

第二十二条　附則第七条第一項、第八条第一項、第十一条第二項、第十二条第一項、第十三条第一項、第十四条第一項、第十七条第一項若しくは第十八条第一項の規定又は前条第二項の規定により第三条第一項の許可又は第二十三条の登録を受けたものとみなされる者であって、これらの規定により第一種利用運送事業若しくは第二種利用運送事業又は運送取次事業についてそれぞれ二以上の許可又は登録を受けたものとみなされるものについては、当該二以上の許可又は登録を一の許可又は登録とみなして、この法律の規定を適用する。

第二十三条　附則第七条第一項、第八条第一項、第十一条第二項、第十二条第一項、第十三条第一項、第十四条第一項、第十七条第一項、第十八条第一項又は第二十一条第二項の規定により第三条第一項の許可又は第二十三条の登録を受けたものとみなされる者についての第二十一条第二号及び第三十二条第一項第三号の規定の適用については、これらの規定中「該当するに至ったとき」とあるのは、「該当していたことが判明したとき又はいずれかに該当するに至ったとき」とする。

第二十四条　この法律の施行の際現に旧航空法第百三十三条第一項の規定による航空運送取扱業の届出をしている者（旅客の運送の取次ぎに係る航空運送取扱業を経営しているものに限る。）は、施行日に附則第六条の規定による改正後の航空法第百三十三条第一項の規定による旅客航空運送取扱業の届出をしたものとみなす。

第二十五条　旧海上運送法、旧通運事業法、旧道路運送法、旧内航海運業法若しくは旧航空法（附則第二十八条において「旧海上運送法等」という。）又はこれらに基づく命令によりした処分、手続その他の行為で、この法律中相当する規定があるものは、附則第七条から第十五条まで、附則第十七条から第二十一条まで及び前条に規定するものを除き、運輸省令で定めるところにより、この法律によりしたものとみなす。

第二十六条　この法律の施行の際現に船舶運航事業者の行う国際貨物運送に係る利用運送事業に該当する事業を経営している外国人等は、施行日から六月間は、第三十五条第一項の許可を受けないで、当該事業を引き続き経営することができる。その者がその期間内に当該事業について同項の許可の申請をした場合において、その許可をする旨又はその許可をしない旨の通知を受ける日までの間についても、同様とする。

第二十七条　この法律の施行の際現に船舶運航事業者の行う国際貨物運送に係る運送取次事業に該当する事業を経営している外国人等又は旧航空法第百三十三条第一項の規定による航空運送取扱業（貨物の運送の取次ぎに係るものに限る。）の届出をしている外国人等（以下「外国人航空運送取扱業者」という。）は、施行日から六月間は、第四十一条第一項の登録を受けないで、当該事業を引き続き（外国人航空運送取扱業者にあっては、従前の例により引き続き）経営することができる。その者がその期間内に同項の登録の申請をした場合において、その登録をする旨又はその登録を拒否する旨の通知を受ける日までの間についても、同様とする。

第二十八条　この法律の施行の際現に貨物運送取扱事業に該当する事業（旧海上運送法等に基づき免許、許可若しくは登録を受けること又は届出をすることを要する事業並びに附則第十条及び前二条の規定が適用される事業を除く。）を経営している者は、施行日から六月間は、第三条第一項若しくは第三十五条第一項の許可又は第二十三条若しくは第四十一条第一項の登録を受けないで、当該事業を経営することができる。その者がその期間内に当該事業についてこれらの規定による許可又は登録の申請をした場合において、その許可をする旨若しくはその許可をしない旨又はその登録をする旨若しくはその登録を拒否する旨の通知を受ける日までの間についても、同様とする。

第二十九条　この法律の施行の際現に第五十二条第一項に規定する貨物運送取扱事業を経営する者が組織している団体に該当する団体についての同項の規定の適用については、同項中「その成立の日」とあるのは、「この法律の施行の日」とする。

第三十条　この法律の施行前にした行為及び附則第十一条第一項又は第二十一条第一項若しくは第二十七条の規定により従前の例によることとされる海上運送取扱業又は航空運送取扱業に係るこの法律の施行後にした行為に対する罰則の適用については、なお従前の例による。

第三十一条　附則第七条から前条までに定めるもののほか、この法律の施行に関して必要な経過措置は、政令で定める。

（検討）

第五十二条　政府は、この法律の施行後三年を経過した場合において、この法律の施行の状況について検討を加え、その結果に基づいて必要な措置を講ずるものとする。

附　則（平五・一一・一二法八九抄）

（施行期日）

第一条　この法律は、行政手続法（平成五年法律第八十八号）の施行の日〔平成六年一〇月一日〕から施行する。

（諮問等がされた不利益処分に関する経過措置）

第二条　この法律の施行前に法令に基づき審議会その他の合議制の機関に対し行政手続法第十三条に規定する聴聞又は弁明の機会の付与の手続その他の意見陳述のための手続に相当する手続を執るべきことの諮問その他の求めがされた場合においては、当該諮問その他の求めに係る不利益処分の手続に関しては、この法律による改正後の関係法律の規定にかかわらず、なお従前の例による。

（罰則に関する経過措置）

第十三条　この法律の施行前にした行為に対する罰則の適用については、なお従前の例による。

（聴聞に関する規定の整理に伴う経過措置）

第十四条　この法律の施行前に法律の規定により行われた聴聞、聴問若しくは聴聞会（不利益処分に係るものを除く。）又はこれらのための手続は、この法律による改正後の関係法律の相当規定により行われたものとみなす。

（政令への委任）

第十五条　附則第二条から前条までに定めるもののほか、この法律の施行に関して必要な経過措置は、政令で定める。

附　則（平六・一一・一一法九七抄）

（施行期日）

第一条　この法律は、公布の日から施行する。ただし、次の各号に掲げる規定は、それぞれ当該各号に定める日から施行する。

一～三〔略〕

四　第二十七条から第三十条まで及び第三十二条から第三十五条までの規定並びに附則第十二条から第十九条まで、第二十四条及び第二十五条の規定　公布の日から起算して六月を超えない範囲内において政令で定める日

〔平七・一政令五により、平七・四・一から施行〕

（貨物運送取扱事業法の一部改正に伴う経過措置）

第十二条　第二十七条の規定の施行の際現にされている同条の規定による改正前の貨物運送取扱事業法（第三項において「旧取扱事業法」という。）第八条第一項の規定による集配事業計画の変更の認可の申請であって、第二十七条の規定による改正後の貨物運送取扱事業法（第三項において「新取扱事業法」という。）第八条第三項の運輸省令で定める集配事業計画の変更に係るものは、同項の規定によりした当該集配事業計画の変更の届出とみなす。

2　第二十七条の規定の施行前に運送取次事業者がその事業の全部を譲渡し、若しくは死亡した場合又は運送取次事業者たる法人が合併により消滅し、若しくは合併以外の事由により解散した場合における届出及び当該届出に係る運送取次事業の登録の抹消並びに相続人の運送取次事業の経営については、なお従前の例による。

3　第二十七条の規定の施行の際現にされている旧取扱事業法第三十六条第二項の規定による事業計画の変更の認可の申請であって、新取扱事業法第三十六条第四項の運輸省令で定める事業計画の変更に係るものは、同項の規定によりした当該事業計画の変更の届出とみなす。

（罰則に関する経過措置）

第二十条　この法律（附則第一条各号に掲げる規定については、当該各規定）の施行前にした行為並びに附則第二条、第四条、第七条第二項、第八条、第十一条、第十二条第二項、第十三条及び第十五条第四項の規定によりなお従前の例によることとされる場合における第一条、第四条、第八条、第九条、第十三条、第二十七条、第二十八条及び第三十条の規定の施行後にした行為に対する罰則の適用については、なお従前の例による。

（政令への委任）

第二十一条　附則第二条から前条までに定めるもののほか、この法律の施行に関して必要となる経過措置（罰則に関する経過措置を含む。）は、政令で定める。

附　則（平成一一年一二月二二日法律第一六〇号抄）

（処分、申請等に関する経過措置）

第千三百一条　中央省庁等改革関係法及びこの法律（以下「改革関係法等」と総称する。）の施行前に法令の規定により従前の国の機関がした免許、許可、認可、承認、指定その他の処分又は通知その他の行為は、法令に別段の定めがあるもののほか、改革関係法等の施行後は、改革関係法等の施行後の法令の相当規定に基づいて、相当の国の機関がした免許、許可、認可、承認、指定その他の処分又は通知その他の行為とみなす。

2　改革関係法等の施行の際現に法令の規定により従前の国の機関に対してされている申請、届出その他の行為は、法令に別段の定めがあるもののほか、改革関係法等の施行後は、改革関係法等の施行後の法令の相当規定に基づいて、相当の国の機関に対してされた申請、届出その他の行為とみなす。

3　改革関係法等の施行前に法令の規定により従前の国の機関に対し報告、届出、提出その他の手続をしなければならないとされている事項で、改革関係法等の施行の日前にその手続がされていないものについては、法令に別段の定めがあるもののほか、改革関係法等の施行後は、これを、改革関係法等の施行後の法令の相当規定により相当の国の機関に対して報告、届出、提出その他の手続をしなければならないとされた事項についてその手続がされていないものとみなして、改革関係法等の施行後の法令の規定を適用する。

（従前の例による処分等に関する経過措置）

第千三百二条　なお従前の例によることとする法令の規定により、従前の国の機関がすべき免許、許可、認可、承認、指定その他の処分若しくは通知その他の行為又は従前の国の機関に対してすべき申請、届出その他の行為については、法令に別段の定めがあるもののほか、改革関係法等の施行後は、改革関係法等の施行後の法令の規定に基づくその任務及び所掌事務の区分に応じ、それぞれ、相当の国の機関がすべきものとし、又は相当の国の機関に対してすべきものとする。

（罰則に関する経過措置）

第千三百三条　改革関係法等の施行前にした行為に対する罰則の適用については、なお従前の例による。

（政令への委任）

第千三百四十四条　第七十一条から第七十六条まで及び第千三百一条から前条まで並びに中央省庁等改革関係法に定めるもののほか、改革関係法等の施行に関し必要な経過措置（罰則に関する経過措置を含む。）は、政令で定める。

附　則（平一一・一二・二二法一六〇抄）

（施行期日）

第一条　この法律（第二条及び第三条を除く。）は、平成十三年一月六日から施行する。ただし、次の各号に掲げる規定は、当該各号に定める日から施行する。

一〔前略〕第千三百四十四条の規定　公布の日

二〔略〕

附　則（平一二・五・三一法九一抄）

（施行期日）

1　この法律は、商法等の一部を改正する法律（平成十二年法律第九十号）の施行の日〔平成一三年四月一日〕から施行する。

附　則（平一四・五・三一法五四抄）

（施行期日）

第一条　この法律は、平成十四年七月一日から施行する。

（経過措置）

第二十八条　この法律の施行前にこの法律による改正前のそれぞれの法律若しくはこれに基づく命令（以下「旧法令」という。）の規定により海運監理部長、陸運支局長、海運支局長又は陸運支局の事務所の長（以下「海運監理部長等」という。）がした許可、認可その他の処分又は契約その他の行為（以下「処分等」という。）は、国土交通省令で定めるところにより、この法律による改正後のそれぞれの法律若しくはこれに基づく命令（以下「新法令」という。）の規定により相当の運輸監理部長、運輸支局長又は地方運輸局、運輸監理部若しくは運輸支局の事務所の長（以下「運輸監理部長等」という。）がした処分等とみなす。

第二十九条　この法律の施行前に旧法令の規定により海運監理部長等に対してした申請、届出その他の行為（以下「申請等」という。）は、国土交通省令で定めるところにより、新法令の規定により相当の運輸監理部長等に対してした申請等とみなす。

第三十条　この法律の施行前にした行為に対する罰則の適用については、なお従前の例による。

附　則（平一四・六・一九法七七抄）

（施行期日）

第一条　この法律は、公布の日から起算して一年を超えない範囲内において政令で定める日から施行する。

〔平一四・一〇政令三二〇により、平一五・四・一から施行〕

（経過措置）

第二条　この法律の施行前に第一条の規定による改正前の鉄道事業法（以下「旧鉄道事業法」という。）附則第七条第三項の規定によりされた申請に係る鉄道事業の休止又は廃止については、なお従前の例による。

第三条　この法律の施行の際現に第一種利用運送事業（次条第一項の規定により第二条の規定による改正後の貨物利用運送事業法（以下「新貨物利用運送法」という。）第二十条の許可を受けたものとみなされる者が経営する当該許可に係る事業に含まれるもの、附則第六条第一項の規定により新貨物利用運送法第四十五条第一項の許可を受けたものとみなされる者が経営する当該許可に係る事業に含まれるもの及び貨物自動車運送事業者が行う第三条の規定による改正後の貨物自動車運送事業法（以下「新貨物自動車法」という。）第二条第七項の貨物自動車利用運送に含まれるものを除く。）について第二条の規定による改正前の貨物運送取扱事業法（以下「旧貨物取扱法」という。）第三条第一項の許可を受けている者は、当該許可に係る事業の範囲内において、この法律の施行の日（以下「施行日」という。）に新貨物利用運送法第三条第一項の登録を受けたものとみなす。

第四条　この法律の施行の際現に船舶運航事業者の行う運送に係る第一種利用運送事業について旧貨物取扱法第三条第一項の許可を受け、かつ、貨物自動車運送事業者の行う運送に係る第一種利用運送事業についての同項の許可又は第三条の規定による改正前の貨物自動車運送事業法（以下「旧貨物自動車法」という。）第三条の許可を受けている者であって新貨物利用運送法第二条第八項の第二種貨物利用運送事業に該当する事業を経営しているものは、当該許可に係る事業の範囲内において、施行日に新貨物利用運送法第二十条の許可を受けたものとみなす。

2　前項の規定により新貨物利用運送法第二十条の許可を受けたものとみなされる者については、当該事業に係る旧貨物取扱法第四条第一項第三号の事業計画（新貨物利用運送法第二十一条第一項第二号に規定する事項に相当する事項に係る部分に限る。）を新貨物利用運送法第二十一条第一項第二号の事業計画と、当該事業に係る旧貨物取扱法第四条第一項第三号の事業計画（新貨物利用運送法第二十一条第一項第三号に規定する事項に相当する事項に係る部分に限る。）又は旧貨物自動車法第四条第一項第二号の事業計画（新貨物利用運送法第二十一条第一項第三号に規定する事項に相当する事項に係る部分に限る。）を新貨物利用運送法第二十一条第一項第三号の集配事業計画とみなして、新貨物利用運送法の規定を適用する。

3　国土交通大臣は、前項の場合において、新貨物利用運送法第二十一条第一項第二号に規定する事項の一部の事項について旧貨物取扱法第四条第一項第三号の事業計画にこれに相当する事項の記載がないとき、新貨物利用運送法第二十一条第一項第三号に規定する事項の一部の事項について旧貨物取扱法第四条第一項第三号の事業計画又は旧貨物自動車法第四条第一項第二号の事業計画にこれに相当する事項の記載がないときその他必要があると認めるときは、当該許可を受けたものとみなされる者に対し、施行日から一年を経過する日までの間に限り、国土交通省令で定めるところにより、新貨物利用運送法第二十一条第一項第二号の事業計画又は同項第三号の集配事業計画に追加する必要があると認められる事項を記載した届出書の提出を求めることができる。この場合において、当該届出書の提出があったときは、新貨物利用運送法第二十四条、第二十五条第一項及び第三項並びに第二十八条第一号中「事業計画」とあるのは「事業計画（鉄道事業法等の一部を改正する法律（平成十四年法律第七十七号）附則第四条第三項に規定する届出書を含む。）」と、「集配事業計画」とあるのは「集配事業計画（鉄道事業法等の一部を改正する法律附則第四条第三項に規定する届出書を含む。）」とする。

4　第一項の規定により新貨物利用運送法第二十条の許可を受けたものとみなされる者がこの法律の施行後最初に新貨物利用運送法第二十六条第一項の規定により認可を受けなければならない利用運送約款については、同項中「、国土交通大臣」とあるのは「、鉄道事業法等の一部を改正する法律の施行の日から三月以内に、国土交通大臣」とする。

第五条　この法律の施行の際現に第一種利用運送事業（次条第一項の規定により新貨物利用運送法第四十五条第一項の許可を受けたものとみなされる者が経営する当該許可に係る事業に含まれるものを除く。）について旧貨物取扱法第三十五条第一項の許可を受けている者は、当該許可に係る事業の範囲内において、施行日に新貨物利用運送法第三十五条第一項の登録を受けたものとみなす。

第六条　この法律の施行の際現に船舶運航事業者の行う運送に係る第一種利用運送事業について旧貨物取扱法第三十五条第一項の許可を受け、かつ、貨物自動車運送事業者の行う運送に係る第一種利用運送事業についての旧貨物取扱法第三条第一項の許可又は旧貨物自動車法第三条の許可を受けている者であって新貨物利用運送法第二条第八項の第二種貨物利用運送事業に該当する事業を経営しているものは、当該許可に係る事業の範囲内において、施行日に新貨物利用運送法第四十五条第一項の許可を受けたものとみなす。

2　前項の規定により新貨物利用運送法第四十五条第一項の許可を受けたものとみなされる者については、当該事業に係る旧貨物取扱法第三十五条第四項の事業計画（新貨物利用運送法第四十五条第三項に規定する事項に相当する事項に係る部分に限る。）及び旧貨物取扱法第四条第一項第三号の事業計画（新貨物利用運送法第四十五条第三項に規定する事項に相当する事項に係る部分に限る。）又は旧貨物自動車法第四条第一項第二号の事業計画（新貨物利用運送法第四十五条第三項に規定する事項に相当する事項に係る部分に限る。）を新貨物利用運送法第四十五条第三項の事業計画とみなして、新貨物利用運送法の規定を適用する。

3　国土交通大臣は、前項の場合において、新貨物利用運送法第四十五条第三項に規定する事項の一部の事項について旧貨物取扱法第三十五条第四項の事業計画及び旧貨物自動車法第四条第一項第三号の事業計画又は旧貨物取扱法第四条第一項第二号の事業計画にこれに相当する事項の記載がないときその他必要があると認めるときは、当該許可を受けたものとみなされる者に対し、施行日から一年を経過する日までの間に限り、国土交通省令で定めるところにより、新貨物利用運送法第四十五条第三項の事業計画に追加する必要があると認められる事項を記載した届出書の提出を求めることができる。この場合において、当該届出書の提出があったときは、新貨物利用運送法第四十六条第一項、第二項、第四項及び第五項中「事業計画」とあるのは、「事業計画（鉄道事業法等の一部を改正する法律附則第六条第三項に規定する届出書を含む。）」とする。

第七条　この法律の施行の際現に貨物自動車運送事業者の行う運送に係る第一種利用運送事業（附則第四条第一項の規定により新貨物利用運送法第二十条の許可を受けたものとみなされる者が経営する当該許可に係る事業に含まれるもの及び前条第一項の規定により新貨物利用運送法第四十五条第一項の許可を受けたものとみなされる者が経営する当該許可に係る事業に含まれるものを除く。）についての旧貨物取扱法第三条第一項の許可及び旧貨物自動車法第三条又は第三十五条第一項の許可を受けている者については、当該第一種利用運送事業に係る旧貨物取扱法第四条第一項第三号の事業計画（新貨物自動車法第四条第一項第二号及び第二項第二号又は新貨物自動車法第三十五条第二項第三号及び同条第四項において準用する新貨物自動車法第四条第二項第二号に規定する事項に相当する事項に係る部分に限る。）を新貨物自動車法第四条第一項第二号の事業計画における同条第二項第二号に規定する事項の記載又は新貨物自動車法第三十五条第二項第三号の事業計画における同条第四項において準用する新貨物自動車法第四条第二項第二号に規定する事項の記載とみなして、新貨物自動車法の規定を適用する。

第八条　附則第二条から前条までに規定するもののほか、施行日前に旧鉄道事業法、旧貨物取扱法若しくは旧貨物自動車法又はこれらの法律に基づく命令によりした処分、手続その他の行為で、第一条の規定による改正後の鉄道事業法、新貨物利用運送法又は新貨物自動車法中相当する規定があるものは、それぞれこれらの法律によりしたものとみなす。

（罰則に関する経過措置）

第九条　この法律の施行前にした行為及び附則第二条の規定によりなお従前の例によることとされる場合におけるこの法律の施行後にした行為に対する罰則の適用については、なお従前の例による。

（政令への委任）

第十条　附則第二条から前条までに定めるもののほか、この法律の施行に関し必要となる経過措置（罰則に関する経過措置を含む。）は、政令で定める。

附　則（平一七・七・六法八〇抄）

（施行期日等）

第一条　この法律は、平成十七年十月一日から施行する。〔後略〕

附　則（平二〇・六・一八法七五抄）

（施行期日等）

第一条　この法律は、公布の日から施行する。〔後略〕

2　〔略〕

（令四・六・一七法六八抄）

（罰則の適用等に関する経過措置）

第四百四十一条　刑法等の一部を改正する法律（令和四年法律第六十七号。以下「刑法等一部改正法」という。）及びこの法律（以下「刑法等一部改正法等」という。）の施行前にした行為の処罰については、次章に別段の定めがあるもののほか、なお従前の例による。

2　刑法等一部改正法等の施行後にした行為に対して、他の法律の規定によりなお従前の例によることとされ、なお効力を有することとされ又は改正前若しくは廃止前の法律の規定の例によることとされる罰則を適用する場合において、当該罰則に定める刑（刑法施行法第十九条第一項の規定又は第八十二条の規定による改正後の沖縄の復帰に伴う特別措置に関する法律第二十五条第四項の規定の適用後のものを含む。）に刑法等一部改正法第二条の規定による改正前の刑法（明治四十年法律第四十五号。以下この項において「旧刑法」という。）第十二条に規定する懲役（以下「懲役」という。）、旧刑法第十三条に規定する禁錮（以下「禁錮」という。）又は旧刑法第十六条に規定する拘留（以下「旧拘留」という。）が含まれるときは、当該刑のうち無期の懲役又は禁錮はそれぞれ無期拘禁刑と、有期の懲役又は禁錮はそれぞれその刑と長期及び短期（刑法施行法第二十条の規定の適用後のものを含む。）を同じくする有期拘禁刑と、旧拘留は長期及び短期（刑法施行法第二十条の規定の適用後のものを含む。）を同じくする拘留とする。

（裁判の効力とその執行に関する経過措置）

第四百四十二条　懲役、禁錮及び旧拘留の確定裁判の効力並びにその執行については、次章に別段の定めがあるもののほか、なお従前の例による。

（人の資格に関する経過措置）

第四百四十三条　懲役、禁錮又は旧拘留に処せられた者に係る人の資格に関する法令の規定の適用については、無期の懲役又は禁錮に処せられた者はそれぞれ無期拘禁刑に処せられた者と、有期の懲役又は禁錮に処せられた者はそれぞれ刑期を同じくする有期拘禁刑に処せられた者と、旧拘留に処せられた者は拘留に処せられた者とみなす。

2　拘禁刑又は拘留に処せられた者に係る他の法律の規定によりなお従前の例によることとされ、なお効力を有することとされされ又は改正前若しくは廃止前の法律の規定の例によることとされる人の資格に関する法令の規定の適用については、無期拘禁刑に処せられた者は無期禁錮に処せられた者と、有期拘禁刑に処せられた者は刑期を同じくする有期禁錮に処せられた者と、拘留に処せられた者は刑期を同じくする旧拘留に処せられた者とみなす。

（経過措置の政令への委任）

第五百九条 この編に定めるもののほか、刑法等一部改正法等の施行に伴い必要な経過措置は、政令で定める。

附　則（令四・六・一七法六八抄）

（施行期日）

1　この法律は、刑法等一部改正法〔刑法等の一部を改正する法律＝令和四年六月法律第六七号〕施行日〔令和七年六月一日〕から施行する。ただし、次の各号に掲げる規定は、当該各号に定める日から施行する。

一　第五百九条の規定　公布の日

二　〔略〕

附　則（令五・六・一六法六三抄）

（施行期日）

第一条 この法律は、公布の日から起算して一年を超えない範囲内において政令で定める日から施行する。ただし、次の各号に掲げる規定は、当該各号に定める日から施行する。〔令五・九政令二八四により、令六・四・一から施行〕

一　〔前略〕附則第七条〔中略〕の規定　公布の日

二　〔略〕

（罰則に関する経過措置）

第六条 この法律の施行前にした行為に対する罰則の適用については、なお従前の例による。

（政令への委任）

第七条 この附則に定めるもののほか、この法律の施行に関し必要な経過措置（罰則に関する経過措置を含む。）は、政令で定める。

附　則（令六・五・一五法二三抄）

（施行期日）

第一条 この法律は、公布の日から起算して一年を超えない範囲内において政令で定める日から施行する。〔後略〕

○貨物利用運送事業法施行規則

（平成二年七月三十日　運輸省令第二十号）

沿革　平六運令一一・四六、平七運令一四・二七・三六・三七、平一〇運令八、平一一運令一七、平一二運令三〇・三九、平一三国交令三七、平一四国交令七九、平一五国交令一一、平一七国交令一二、平一八国交令五八、平二八国交令三八、令二国交令九八、令五国交令三一、令六国交令二・二六改正

目次

第一章　総則

（用語）

第一条　この省令において使用する用語は、貨物利用運送事業法（以下「法」という。）において使用する用語の例による。

第二章　貨物利用運送事業者が遵守すべき事項

（貨物利用運送事業の適正な運営の確保等）

第二条　貨物利用運送事業者（貨物利用運送事業を経営する者をいう。以下同じ。）は、確実かつ適切に事業を遂行しなければならない。

2　貨物利用運送事業者は、実運送事業者の行う事業及び貨物利用運送事業に関連する貨物の流通に関するその他の事業の正常な運営を阻害しないよう配慮しなければならない。

3　貨物利用運送事業者は、荷主又は公衆に対して、公平かつ懇切な取扱いをしなければならない。

（危険品等の運送の取扱い）

第三条　貨物利用運送事業者は、火薬類その他の危険品、不潔な物品等他の貨物に損害を及ぼすおそれのある貨物の運送を取り扱うときは、他の貨物に損害を及ぼすことのないように注意してしなければならない。

第三章　第一種貨物利用運送事業

（登録の申請）

第四条　法第四条第一項の規定により第一種貨物利用運送事業の登録を申請しようとする者は、同項各号に掲げる事項を記載した第一種貨物利用運送事業登録申請書を提出しなければならない。

2　前項の申請書には、次に掲げる書類を添付しなければならない。

一　次に掲げる事項を記載した事業の計画

イ　利用する運送を行う実運送事業者又は貨物利用運送事業者の概要

ロ　貨物の保管体制を必要とする場合にあっては、保管施設の概要

ハ　その他事業の計画の内容として必要な事項

二　利用する運送を行う実運送事業者又は貨物利用運送事業者との運送に関する契約書の写し

三　貨物利用運送事業の用に供する施設に関する事項を記載した書類（貨物の保管体制を必要とする場合にあっては、保管施設の面積、構造及び附属設備を記載した書類を含む。）

四　既存の法人にあっては、次に掲げる書類

イ　定款又は寄附行為及び登記事項証明書

ロ　最近の事業年度における貸借対照表

ハ　役員又は社員の名簿及び履歴書

五　法人を設立しようとするものにあっては、次に掲げる書類

イ　定款（商法（明治三十二年法律第四十八号）第百六十七条及びその準用規定により認証を必要とする場合にあっては、認証のある定款）又は寄附行為の謄本

ロ　発起人、社員又は設立者の名簿及び履歴書

ハ　設立しようとする法人が株式会社である場合にあっては、株式の引受けの状況及び見込みを記載した書類

六　個人にあっては、次に掲げる書類

イ　財産に関する調書

ロ　戸籍抄本

ハ　履歴書

七　法第六条第一項第一号から第五号までのいずれにも該当しない旨を証する書類

3　国土交通大臣（法第三条第一項の規定による権限が地方運輸局長（国土交通省設置法（平成十一年法律第百号）第四条第一項第十五号、第十八号、第八十六号、第八十七号、第九十二号、第九十三号及び第百二十八号に掲げる事務並びに同項第八十六号に掲げる事務に係る権限については、運輸監理部長を含む。以下同じ。）に委任されている場合にあっては、地方運輸局長）が必要ないと認めたときは、前項各号の書類の一部の添付を省略することができる。

（第一種貨物利用運送事業者登録簿）

第五条　第一種貨物利用運送事業者登録簿は、第一号様式によるものとする。

（事業に必要な施設）

第六条　法第六条第一項第六号の国土交通省令で定める施設は、次のとおりとする。

一　第一種貨物利用運送事業を遂行するために必要な事務所その他の営業所

二　貨物の保管体制を必要とする場合にあっては、第一種貨物利用運送事業を遂行するために必要な保管能力を有し、かつ、盗難等に対する適切な予防方法を講じた保管施設

（財産的基礎）

第七条　法第六条第一項第七号の国土交通省令で定める基準

は、次条に定めるところにより算定した資産額（以下「基準資産額」という。）が三百万円以上であることとする。

第八条　基準資産額は、第四条第二項第四号ロ又は同項第六号イに掲げる貸借対照表又は財産に関する調書（以下「基準資産表」という。）に計上された資産（創業費その他の繰延資産及び営業権を除く。以下同じ。）の総額から当該基準資産表に計上された負債の総額に相当する金額を控除した額とする。

2　前項の場合において、資産又は負債の評価額が基準資産表に計上された価格と異なることが明確であるときは、当該資産又は負債の価格は、その評価額によって計算するものとする。

3　第一項の規定にかかわらず、前二項の規定により算定される額に増減があったことが明確であるときは、当該増減後の額を基準資産額とする。

（変更登録の申請）

第九条　法第七条第一項の規定により第一種貨物利用運送事業の変更登録を申請しようとする者は、次に掲げる事項を記載した変更登録申請書を提出しなければならない。

一　氏名又は名称及び住所並びに法人にあっては、その代表者の氏名

二　登録番号

三　変更しようとする事項（当該事項に係る利用運送に係る運送機関（以下「利用運送機関」という。）の種類及び新旧の対照を明示すること。）

四　変更を必要とする理由

2　前項の申請書には、第四条第二項に掲げる書類のうち変更登録に伴いその内容が変更されるものを添付しなければならない。

（登録事項の変更の届出）

第十条　法第七条第三項の規定により登録事項の変更の届出をしようとする者は、次に掲げる事項を記載した登録事項変更届出書を提出しなければならない。

一　氏名又は名称及び住所並びに法人にあっては、その代表者の氏名

二　登録番号

三　変更した事項（当該事項に係る利用運送機関の種類及び新旧の対照を明示すること。）

四　変更の実施の日

五　変更を必要とした理由

2　前項の届出書には、第四条第二項に掲げる書類のうち登録事項の変更に伴いその内容が変更されるものを添付しなければならない。

（利用運送約款の認可の申請）

第十一条　法第八条第一項の規定により利用運送約款の設定又は変更の認可を申請しようとする者は、次に掲げる事項を記載した利用運送約款設定（変更）認可申請書を提出しなければならない。

一　氏名又は名称及び住所並びに法人にあっては、その代表者の氏名並びに登録番号

二　設定し、又は変更しようとする利用運送約款に係る利用運送機関の種類

三　設定し、又は変更しようとする利用運送約款（変更の認可の申請の場合にあっては、新旧の対照を明示すること。）

四　変更の認可の申請の場合にあっては、変更を必要とする理由

（利用運送約款の記載事項）

第十二条　法第八条第一項の利用運送約款には、次に掲げる事項を記載しなければならない。

一　第一種貨物利用運送事業である旨及び利用運送機関の種類

二　運賃及び料金の収受又は払戻しに関する事項

三　利用運送の引受けに関する事項

四　受取、引渡し及び保管に関する事項

五　損害賠償その他責任に関する事項

六　その他利用運送約款の内容として必要な事項

（掲示事項等）

第十三条　法第九条（法第十八条第三項及び法第四十四条第三項（法第四十九条の三において準用する場合を含む。次条及び第十三条の三において同じ。この場合において、本条から第十三条の三までの規定中「第一種貨物利用運送事業」とあるのは「第二種貨物利用運送事業」と読み替えるものとする。）において準用する場合を含む。次条及び第十三条の三において同じ。）の規定により掲示するとともに、公衆の閲覧に供しなければならない事項は、次のとおりとする。

一　第一種貨物利用運送事業者である旨

二　利用運送機関の種類

三　運賃及び料金（個人（事業として又は事業のために運送契約の当事者となる場合におけるものを除く。）を対象とするものに限る。）

四　利用運送約款

五　利用運送の区域又は区間

六　業務の範囲

（公衆の閲覧の方法）

第十三条の二　法第九条の規定による公衆の閲覧は、第一種貨物利用運送事業者のウェブサイトへの掲載により行うものとする。

（公衆の閲覧に供することを要しない場合）

第十三条の三　法第九条に規定する国土交通省令で定める場合は、次の各号のいずれかに該当する場合とする。

一　第一種貨物利用運送事業に常時使用する従業員の数が二十人以下である場合

二　第一種貨物利用運送事業者が自ら管理するウェブサイトを有していない場合

（運輸に関する協定の届出）

第十四条　法第十一条（法第三十四条第一項で準用する場合を含む。以下この条において同じ。）の国土交通省令で定める事項は、次のとおりとする。

一　設備の共用

二　連絡運輸

三　共同積荷その他の共同経営

2　法第十一条の規定により運輸に関する協定の締結又は変更の届出をしようとする者は、次に掲げる事項を記載した運輸に関する協定締結（変更）届出書を提出しなければならない。

一　氏名又は名称及び住所並びに法人にあっては、その代表者の氏名並びに利用運送機関の種類

二　相手方の氏名又は名称及び住所並びに法人にあっては、その代表者の氏名並びに利用運送機関又は運送機関の種類
三　締結し、又は変更しようとする協定の主な内容（変更の届出の場合にあっては、新旧の対照を明示すること。）
四　締結し、又は変更しようとする協定の効力発生の日及び存続の期間
五　協定の締結又は変更を必要とする理由
3　前項の届出書には、協定書の写しを添付しなければならない。

（承継の届出）
第十五条　法第十四条第二項の規定により第一種貨物利用運送事業者の地位の承継の届出をしようとする者は、次に掲げる事項を記載した承継届出書を提出しなければならない。
一　氏名又は名称及び住所並びに承継人が法人である場合にあっては、その代表者の氏名
二　登録番号
三　被承継人の氏名又は名称及び住所並びに法人にあっては、その代表者の氏名
四　承継の理由
五　承継した年月日
2　前項の届出書には、次に掲げる書類を添付しなければならない。
一　当該承継の事実を証する書類
二　承継人が承継前に第一種貨物利用運送事業を経営していない場合にあっては、第四条第二項第四号、第五号又は第六号及び第七号に掲げる書類

（事業の廃止の届出）
第十六条　法第十五条の規定により第一種貨物利用運送事業の廃止の届出をしようとする者は、次に掲げる事項を記載した事業の廃止届出書を提出しなければならない。
一　氏名又は名称及び住所並びに法人にあっては、その代表者の氏名
二　登録番号
三　廃止した第一種貨物利用運送事業の内容
四　廃止の日
五　廃止を必要とした理由

（附帯業務に係る輸送の安全確保）
第十七条　法第十八条第二項（法第三十四条第一項において準用する場合を含む。）の国土交通省令で定める輸送の安全を確保するために必要な措置は、次のとおりとする。
一　貨物の荷造り、保管又は仕分け（以下「貨物の荷造り等」という。）の際における荷崩れを防止するための措置
二　貨物の荷造り等の際における貨物の取扱いに関する従業員に対する適切な指導及び関係事業者に対する周知又は指導
三　危険物その他の取扱いに注意を要する貨物について貨物の荷造り等を行う際における当該貨物の性質に応じた適切な取扱い

第四章　第二種貨物利用運送事業

（事業計画及び集配事業計画）
第十八条　法第二十一条第一項第二号の事業計画には、次に掲げる事項を記載しなければならない。
一　利用運送機関の種類
二　利用運送の区域又は区間
三　主たる事務所の名称及び位置
四　営業所の名称及び位置
五　業務の範囲
六　貨物の保管体制を必要とする場合にあっては、保管施設の概要
七　利用する運送を行う実運送事業者又は貨物利用運送事業者の概要
八　実運送事業者又は貨物利用運送事業者からの貨物の受取を他の者に委託して行う場合にあっては、受託者の氏名又は名称及び住所並びに法人にあっては、その代表者の氏名並びに営業所の名称及び位置
2　法第二十一条第一項第三号の集配事業計画には、次に掲げる事項を記載しなければならない。
一　貨物の集配の拠点
二　貨物の集配を行う地域
三　貨物の集配に係る営業所の名称及び位置
四　貨物の集配を自動車を使用して行う場合にあっては、次に掲げる事項（当該貨物の集配について貨物自動車運送事業法（平成元年法律第八十三号）第三条又は第三十五条第一項の許可を受けている者にあっては、ニに掲げる事項を除く。）
イ　各営業所に配置する事業用自動車（貨物の集配の用に供する自動車をいう。以下同じ。）の数
ロ　自動運行貨物運送（貨物自動車運送事業法施行規則（平成二年運輸省令第二十一号）第二条第一項第四号に規定する自動運行貨物運送をいう。以下同じ。）を行おうとする場合にあっては、当該自動運行貨物運送に係るイに掲げる事項
ハ　自動車車庫の位置及び収容能力
ニ　事業用自動車の運転者、特定自動運行保安員（貨物自動車運送事業輸送安全規則（平成二年運輸省令第二十二号）第三十四条において準用する同令第三条第一項に規定する特定自動運行保安員をいう。）及び運行の業務の補助に従事する従業員（以下「乗務員等」という。）の休憩又は睡眠のための施設の位置及び収容能力
五　貨物の集配を他の者に委託して行う場合にあっては、受託者の氏名又は名称及び住所並びに法人にあっては、その代表者の氏名並びに営業所の名称及び位置並びに受託者が当該貨物運送を行おうとする場合にあっては、当該貨物の集配の用に供する事業用自動車の数（自動運行貨物の集配の用に供する事業用自動車の数に加え、当該事業用自動車のうち当該自動運行貨物運送の用に供する事業用自動車の数）

（添付書類）
第十九条　法第二十一条第二項の国土交通省令で定める事項を記載した書類は、次のとおりとする。
一　利用する運送を行う実運送事業者又は貨物利用運送事業者との運送に関する契約書の写し
二　貨物利用運送事業の用に供する施設に関する事項を記載した書類（貨物の保管体制を必要とする場合にあっては、保管施設の面積、構造及び附属設備を記載した書類を含

む。）
三　自動車を使用して貨物の集配を行おうとする者（当該貨物の集配について貨物自動車運送事業法第三条又は第三十五条第一項の許可を受けている者を除く。）にあっては、次に掲げる書類
イ　事業用自動車の運行管理の体制を記載した書類
ロ　自動運行貨物運送を行おうとする場合にあっては、当該自動運行貨物運送の用に供する事業用自動車の自動運行装置（道路運送車両法（昭和二十六年法律第百八十五号）第四十一条第一項第二十号に規定する自動運行装置をいう。以下同じ。）に係る使用条件（同条第二項に規定する条件をいう。以下同じ。）が記載された書類
ハ　特定自動運行貨物運送（貨物自動車運送事業法施行規則第三条第三号の三に規定する特定自動運行貨物運送をいう。以下同じ。）を行おうとする場合にあっては、当該特定自動運行に係る道路交通法（昭和三十五年法律第百五号）第七十五条の十二第二項に規定する申請書の写しその他の同条第一項の許可の見込みに関する書類
四　既存の法人にあっては、次に掲げる書類
イ　定款又は寄附行為及び登記事項証明書
ロ　最近の事業年度における貸借対照表及び損益計算書
ハ　役員又は社員の名簿及び履歴書
五　法人を設立しようとするものにあっては、次に掲げる書類
イ　定款（商法（明治三十二年法律第四十八号）第百六十七条及びその準用規定により認証を必要とする場合にあっては、認証のある定款）又は寄附行為の謄本
ロ　発起人、社員又は設立者の名簿及び履歴書
ハ　設立しようとする法人が株式会社である場合にあっては、株式の引受けの状況及び見込みを記載した書類
六　個人にあっては、次に掲げる書類
イ　財産に関する調書
ロ　戸籍抄本
ハ　履歴書
七　法第二十二条各号のいずれにも該当しない旨を証する書類

2　国土交通大臣が必要ないと認めたときには、前項各号の書類の一部の添付を省略することができる。

（事業計画及び集配事業計画の変更の認可の申請）

第二十条　法第二十五条第一項の規定により事業計画又は集配事業計画の変更の認可を申請しようとする者は、次に掲げる事項を記載した事業計画変更認可申請書又は集配事業計画変更認可申請書を提出しなければならない。
一　氏名又は名称及び住所並びに法人にあっては、その代表者の氏名
二　変更しようとする事項（当該事項に係る利用運送機関の種類及び新旧の対照を明示すること。）
三　変更を必要とする理由

2　前項の申請書には、前条第一項に掲げる書類のうち事業計画又は集配事業計画の変更に伴いその内容が変更されるものを添付しなければならない。

（集配事業計画の変更の届出）

第二十一条　法第二十五条第三項の国土交通省令で定める集配事業計画の変更は、第十八条第二項第四号イ又はロに掲げる事項に係る変更であって、利用運送機関の種類の変更に伴うもの以外のものとする。

2　前項の集配事業計画の変更の届出をしようとする者は、次に掲げる事項を記載した集配事業計画変更事前届出書を提出しなければならない。
一　氏名又は名称及び住所並びに法人にあっては、その代表者の氏名
二　変更しようとする事項（当該事項に係る利用運送機関の種類及び新旧の対照を明示すること。）
三　変更を必要とする理由

3　前項の届出書には、第十九条第一項に掲げる書類のうち集配事業計画の変更に伴いその内容が変更されるものを添付しなければならない。

（事業計画及び集配事業計画の軽微な変更の届出）

第二十二条　法第二十五条第三項の国土交通省令で定める軽微な事項に関する事業計画及び集配事業計画の変更は、次に掲げる事項に係る変更であって、利用運送機関の種類の変更に伴うもの以外のものとする。
一　事業計画の変更の場合にあっては、第十八条第一項第三号、第四号及び第六号から第八号までに掲げる事項
二　集配事業計画の変更の場合にあっては、第十八条第二項第二号、第三号及び第五号に掲げる事項（同項第三号に掲げる事項にあっては、貨物の集配を自動車を使用して行う営業所の位置を除く。）

2　前項の事業計画又は集配事業計画の変更の届出をしようとする者は、次に掲げる事項を記載した事業計画変更事後届出書又は集配事業計画変更事後届出書を提出しなければならない。
一　氏名又は名称及び住所並びに法人にあっては、その代表者の氏名
二　変更した事項（当該事項に係る利用運送機関の種類及び新旧の対照を明示すること。）
三　変更を必要とした理由

3　前項の届出書には、第十九条第一項に掲げる書類のうち事業計画又は集配事業計画の変更に伴いその内容が変更されるものを添付しなければならない。

（事業計画又は集配事業計画の変更の認可の申請又は届出に関する手続の省略）

第二十三条　第二種貨物利用運送事業の譲渡し及び譲受け、第二種貨物利用運送事業者たる法人の合併若しくは分割又は相続による第二種貨物利用運送事業の継続の認可を申請しようとする第二種貨物利用運送事業者は、これらの事由に伴って事業計画又は集配事業計画を変更しようとするときは、当該認可の申請書に事業計画又は集配事業計画について変更しようとする事項を記載した書類（当該事項に係る利用運送機関の種類及び新旧の対照を明示すること。）及び第十九条第一項に掲げる書類のうち事業計画又は集配事業計画の変更に伴いその内容が変更されるものを添付することにより、当該事業計画又は集配事業計画の変更の認可の申請又は届出に関する手続を省略することができる。

（利用運送約款の認可の申請等）

第二十四条　第十一条の規定は、法第二十六条第一項の規定による利用運送約款の設定又は変更の認可の申請について準用する。この場合において、第十一条第一号中「その代表者の

氏名並びに登録番号」とあるのは、「その代表者の氏名」と読み替えるものとする。

2　第十二条の規定は、法第二十六条第一項の利用運送約款の記載事項について準用する。この場合において、第十二条第一号中「第一種貨物利用運送事業である旨」とあるのは、「第二種貨物利用運送事業である旨」と読み替えるものとする。

（掲示事項等）

第二十五条　法第二十七条（法第三十四条第二項において準用する場合を含む。）の規定により掲示するとともに、公衆の閲覧に供しなければならない事項は、次のとおりとする。

一　第十三条第二号から第六号までに掲げる事項

二　第二種貨物利用運送事業者である旨

三　貨物の集配の拠点

（公衆の閲覧の方法）

第二十五条の二　法第二十七条（法第三十四条第二項において準用する場合を含む。次条において同じ。）の規定による公衆の閲覧は、第二種貨物利用運送事業者のウェブサイトへの掲載により行うものとする。

（公衆の閲覧に供することを要しない場合）

第二十五条の三　法第二十七条に規定する国土交通省令で定める場合は、次の各号のいずれかに該当する場合とする。

一　第二種貨物利用運送事業に常時使用する従業員の数が二十人以下である場合

二　第二種貨物利用運送事業者が自ら管理するウェブサイトを有していない場合

（事業の譲渡し及び譲受けの認可の申請）

第二十六条　法第二十九条第一項の規定により第二種貨物利用運送事業の譲渡し及び譲受けの認可を申請しようとする者は、次に掲げる事項を記載した事業の譲渡譲受認可申請書を提出しなければならない。

一　譲渡人及び譲受人の氏名又は名称及び住所並びに法人にあっては、その代表者の氏名

二　譲渡し及び譲受けに係る利用運送機関の種類、利用運送の区域又は区間、業務の範囲及び貨物の集配の拠点

三　譲渡し及び譲受けの価格

四　譲渡し及び譲受けの予定日

五　譲渡し及び譲受けを必要とする理由

2　前項の申請書には、次に掲げる書類を添付しなければならない。

一　譲渡譲受契約書の写し

二　譲渡し及び譲受けの価格の明細書

三　譲受人が現に第二種貨物利用運送事業を経営していない場合にあっては、第十九条第一項第一号及び第四号、第五号又は第六号並びに第七号に掲げる書類

（法人の合併又は分割の認可の申請）

第二十七条　法第二十九条第二項の規定により第二種貨物利用運送事業者たる法人の合併又は分割の認可を申請しようとする者は、次に掲げる事項を記載した法人の合併（分割）認可申請書を提出しなければならない。

一　当事者の名称、住所及び代表者の氏名並びに利用運送機関の種類、利用運送の区域又は区間、業務の範囲及び貨物の集配の拠点

二　合併後存続する法人若しくは合併により設立される法人又は分割により第二種貨物利用運送事業を承継する法人の名称、住所及び代表者の氏名

三　合併又は分割の方法及び条件

四　合併又は分割の予定日

五　合併又は分割を必要とする理由

2　前項の申請書には、次に掲げる書類を添付しなければならない。

一　合併契約書又は分割契約書（新設分割の場合にあっては、分割計画書）の写し

二　合併又は分割の方法及び条件の説明書

三　合併後存続する法人若しくは合併により設立される法人又は分割により第二種貨物利用運送事業を承継する法人が現に第二種貨物利用運送事業を経営していない場合にあっては、第十九条第一項第一号及び第四号又は第五号並びに第七号に掲げる書類

（相続人の事業継続の認可の申請）

第二十八条　法第三十条第一項の規定により相続による第二種貨物利用運送事業の継続の認可を申請しようとする相続人は、次に掲げる事項を記載した事業の継続認可申請書を提出しなければならない。

一　氏名及び住所並びに被相続人との続柄

二　被相続人の氏名及び住所

三　継続して経営しようとする被相続人の利用運送機関の種類、利用運送の区域又は区間、業務の範囲及び貨物の集配の拠点

四　相続の開始の日

2　前項の申請書には、次に掲げる書類を添付しなければならない。

一　申請者と被相続人との続柄を証する書類

二　申請者が現に第二種貨物利用運送事業を経営していない場合にあっては、第十九条第一項第一号、第六号イ及びハ並びに第七号に掲げる書類

三　申請者以外に相続人がある場合にあっては、当該第二種貨物利用運送事業を申請者が継続して経営することに対する当該申請者以外の相続人の同意書

（事業の休止及び廃止の届出）

第二十九条　法第三十一条の規定により第二種貨物利用運送事業の休止又は廃止の届出をしようとする者は、次に掲げる事項を記載した事業の休止（廃止）届出書を提出しなければならない。

一　氏名又は名称及び住所並びに法人にあっては、その代表者の氏名

二　休止し、又は廃止した第二種貨物利用運送事業の内容

三　休止又は廃止の日

四　休止の届出の場合にあっては、休止の予定期間

五　休止又は廃止を必要とした理由

第五章　外国人等による国際貨物利用運送事業

（登録の申請）

第三十条　法第三十六条第一項の規定により外国人等による国際貨物運送に係る第一種貨物利用運送事業（以下「外国人国際第一種貨物利用運送事業」という。）の登録を申請しよう

とする者は、法第三十五条第一項に規定する国際貨物運送の区分に応じ、次に掲げる事項を記載した外国人国際第一種貨物利用運送事業登録申請書を提出しなければならない。

一 法第四条第一項各号に掲げる事項

二 法人にあっては、次に掲げる事項

イ 代表者及び役員の国籍

ロ 役員の氏名

ハ 資本金並びに出資者の国籍別及び国、公共団体又は私人の別による出資額の比率

三 個人にあっては、国籍

2 前項の申請書には、次に掲げる書類を添付しなければならない。

一 次に掲げる事項を記載した事業の計画

イ 利用する運送を行う実運送事業者又は貨物利用運送事業者の概要

ロ 貨物の保管体制を必要とする場合にあっては、保管施設の概要

ハ その他事業の計画の内容として必要な事項

二 利用する運送を行う実運送事業者又は貨物利用運送事業者との運送に関する契約書の写し

三 外国人国際第一種貨物利用運送事業の用に供する施設に関する事項を記載した書類（貨物の保管体制を必要とする場合にあっては、保管施設の面積、構造及び附属設備を記載した書類を含む。）

四 利用運送約款

五 法人にあっては、次に掲げる書類

イ 定款若しくは寄附行為又はこれらに準ずるもの

ロ 最近の事業年度における貸借対照表

六 個人にあっては、財産に関する調書

七 法第三十八条第一項第一号から第五号までのいずれにも該当しない旨を証する書類

（登録簿）

第三十一条 外国人国際第一種貨物海上利用運送事業者登録簿及び外国人国際第一種貨物航空利用運送事業者登録簿は、それぞれ第二号様式及び第三号様式によるものとする。

（登録を拒否することが適切であると認められる事由）

第三十二条 法第三十八条第一項第六号の国土交通省令で定める事由は、外国人国際第一種貨物利用運送事業者の所属国（外国人国際第一種貨物利用運送事業者が個人である場合にあってはその者が国籍を有する国をいい、外国人国際第一種貨物利用運送事業者が法人その他の団体である場合にあってはその株式等の所有その他の方法によりその経営する事業を実質的に支配する者が国籍を有する国又は当該支配する者の本店その他の主たる事務所が所在する国をいう。以下同じ。）における法令等の内容が当該国と本邦との間における国際貨物運送に関し貨物利用運送事業者の公正な事業活動を阻害するものであることその他国際貨物運送に係る貨物利用運送事業の分野における公正な事業活動の確保を図るために登録を拒否することが適切であると認められる事由とする。

（変更登録の申請）

第三十三条 法第三十九条第一項の規定により外国人国際第一種貨物利用運送事業の変更登録を申請しようとする者は、次に掲げる事項を記載した変更登録申請書を提出しなければならない。

一 氏名又は名称及び住所並びに法人にあってはその代表者の氏名

二 登録番号

三 変更しようとする事項（新旧の対照を明示すること。）

四 変更を必要とする理由

2 前項の申請書には、第三十条第二項に掲げる書類のうち変更登録に伴いその内容が変更されるものを添付しなければならない。

（軽微な変更）

第三十四条 法第三十九条第一項の国土交通省令で定める軽微な変更は、第三十条第一項第二号ロに掲げる事項に係る変更とする。

（登録事項の変更の届出）

第三十五条 法第三十九条第三項の規定により登録事項の変更の届出をしようとする者は、次に掲げる事項を記載した登録事項変更届出書を提出しなければならない。

一 氏名又は名称及び住所並びに法人にあっては、その代表者の氏名

二 登録番号

三 変更した事項（新旧の対照を明示すること。）

四 変更の実施の日

五 変更を必要とした理由

2 前項の届出書には、第三十条第二項に掲げる書類のうち登録事項の変更に伴いその内容が変更されるものを添付しなければならない。

（事業の廃止の届出）

第三十六条 法第四十一条の規定により外国人国際第一種貨物利用運送事業の廃止の届出をしようとする者は、次に掲げる事項を記載した事業の廃止届出書を提出しなければならない。

一 氏名又は名称及び住所並びに法人にあっては、その代表者の氏名並びに登録番号

二 廃止した第一種貨物利用運送事業の内容

三 廃止の日

四 廃止を必要とした理由

（事業の停止等の処分をする必要があると認められる事由）

第三十七条 法第四十二条第六号の国土交通省令で定める事由は、外国人国際第一種貨物利用運送事業者がその名義を他人に国際貨物運送に係る第一種貨物利用運送事業のため利用させたことその他公共の利益のため同項の規定に基づく処分をする必要があると認められる事由とする。

（附帯業務に係る輸送の安全確保）

第三十八条 法第四十四条第二項（法第四十九条の三において準用する場合を含む。）の国土交通省令で定める輸送の安全を確保するために必要な措置は、次のとおりとする。

一 貨物の荷造り等の際における荷崩れを防止するための措置

二 貨物の荷造り等の際における貨物の取扱いに関する従業員に対する適切な指導及び関係事業者に対する周知又は指導

三 危険物その他の取扱いに注意を要する貨物について貨物の荷造り等を行う際における当該貨物の性質に応じた適切な取扱い

（事業の許可の申請）

第三十九条　法第四十五条第一項の規定により外国人等による国際貨物運送に係る第二種貨物利用運送事業（以下「外国人国際第二種貨物利用運送事業」という。）の許可を申請しようとする者は、同項に規定する国際貨物運送の区分に応じ、次に掲げる事項を記載した外国人国際第二種貨物利用運送事業許可申請書を提出しなければならない。

一　法人にあっては、次に掲げる事項
　イ　名称並びに本店その他の主たる事務所の所在地並びに代表者及び役員の氏名及び国籍
　ロ　資本金並びに出資者の国籍別及び国、公共団体又は私人の別による出資額の比率
二　個人にあっては、氏名、国籍及び住所
三　利用運送機関の種類
四　事業開始の予定日
五　次に掲げる事項を記載した事業計画
　イ　利用運送に関して次に掲げる事項を記載した計画
　　(1)　利用運送の区域又は区間
　　(2)　国内における主たる事務所の名称及び位置
　　(3)　国内における営業所の名称及び位置
　　(4)　業務の範囲
　　(5)　貨物の保管体制を必要とする場合にあっては、保管施設の概要
　　(6)　利用する運送を行う実運送事業者又は貨物利用運送事業者の概要
　　(7)　実運送事業者又は貨物利用運送事業者からの貨物の受取を他の者に委託して行う場合にあっては、受託者の氏名又は名称及び住所並びに法人にあっては、その代表者の氏名並びに営業所の名称及び位置
　ロ　貨物の集配に関して次に掲げる事項を記載した計画
　　(1)　貨物の集配の拠点
　　(2)　貨物の集配を行う地域
　　(3)　貨物の集配に係る営業所の名称及び位置
　　(4)　貨物の集配を自動車を使用して行う場合にあっては、次に掲げる事項（当該貨物の集配について貨物自動車運送事業法第三条又は第三十五条第一項の許可を受けている者にあっては、(iv)に掲げる事項を除く。）
　　　(i)　各営業所に配置する事業用自動車の数
　　　(ii)　自動運行貨物運送を行おうとする場合にあっては、当該自動運行貨物運送に係る(i)に掲げる事項
　　　(iii)　自動車車庫の位置及び収容能力
　　　(iv)　乗務員等の休憩又は睡眠のための施設の位置及び収容能力
　　(5)　貨物の集配を他の者に委託して行う場合にあっては、受託者の氏名又は名称及び住所並びに法人にあっては、その代表者の氏名並びに営業所の名称及び位置並びに受託者が当該貨物の集配の用に供する事業用自動車の数（自動運行貨物運送を行おうとする場合にあっては、受託者が当該貨物の集配の用に供する事業用自動車の数に加え、当該事業用自動車のうち当該自動運行貨物運送の用に供する事業用自動車の数）

2　前項の申請書には、次に掲げる書類を添付しなければならない。
一　貨物利用運送事業の用に供する施設に関する事項を記載した書類（貨物の保管体制を必要とする場合にあっては、保管施設の面積、構造及び附属設備を記載した書類を含む。）
二　自動車を使用して貨物の集配を行おうとする者（当該貨物の集配について貨物自動車運送事業法第三条又は第三十五条第一項の許可を受けている者を除く。）にあっては、次に掲げる書類
　イ　事業用自動車の運行管理の体制を記載した書類
　ロ　自動運行貨物運送を行おうとする場合にあっては、当該自動運行貨物運送の用に供する事業用自動車の自動運行装置に係る使用条件が記載された書類
　ハ　特定自動運行貨物運送を行おうとする場合にあっては、当該特定自動運行貨物運送に係る道路交通法第七十五条の十二第二項に規定する申請書の写しその他の同条第一項の許可の見込みに関する書類
三　利用運送約款
四　法人にあっては、次に掲げる書類
　イ　定款若しくは寄附行為又はこれらに準ずるもの
　ロ　最近の事業年度における貸借対照表
五　個人にあっては、財産に関する調書
六　法第三十八条第一項第一号から第四号までのいずれにも該当しない旨を証する書類

（事業計画の変更の認可の申請）

第四十条　法第四十六条第二項の規定により事業計画の変更の認可を申請しようとする者は、次に掲げる事項を記載した事業計画変更認可申請書を提出しなければならない。
一　氏名又は名称及び住所並びに法人にあっては、その代表者の氏名
二　変更しようとする事項（新旧の対照を明示すること。）
三　変更を必要とする理由

2　前項の申請書には、前条第二項に掲げる書類のうち事業計画の変更に伴いその内容が変更されるものを添付しなければならない。

（事業計画の変更の届出）

第四十一条　法第四十六条第四項の国土交通省令で定める事業計画の変更は、第三十九条第一項第五号ロ(4)(i)又は(ii)に掲げる事項に係る変更とする。

2　前項の事業計画の変更の届出をしようとする者は、次に掲げる事項を記載した事業計画変更事前届出書を提出しなければならない。
一　氏名又は名称及び住所並びに法人にあっては、その代表者の氏名
二　変更しようとする事項（新旧の対照を明示すること。）
三　変更を必要とする理由

3　前項の届出書には、第三十九条第二項に掲げる書類のうち事業計画の変更に伴いその内容が変更されるものを添付しなければならない。

第四十二条　法第四十六条第四項の国土交通省令で定める軽微な事項に関する事業計画の変更は、次に掲げる事項に係る変更とする。
一　第三十九条第一項第五号イ(2)、(3)、(5)、(6)及び(7)に掲げる事項
二　第三十九条第一項第五号ロ(2)、(3)及び(5)に掲げる事項（(3)に掲げる事項にあっては、貨物の集配を自動車を使用して行う営業所の位置を除く。）

2　前項の事業計画の変更の届出をしようとする者は、次に掲げる事項を記載した事業計画変更事後届出書を提出しなければならない。

一　氏名又は名称及び住所並びに法人にあっては、その代表者の氏名

二　変更した事項（新旧の対照を明示すること。）

三　変更を必要とした理由

3　前項の届出書には、第三十九条第二項に掲げる書類のうち事業計画の変更に伴いその内容が変更されたものを添付しなければならない。

（事業の廃止の届出）

第四十三条　第三十六条の規定は、法第四十八条の規定による外国人国際第二種貨物利用運送事業の廃止の届出について準用する。この場合において、第三十六条第一号中「その代表者の氏名」とあるのは、「その代表者の氏名並びに登録番号」と読み替えるものとする。

（処分をする必要があると認められる事由）

第四十四条　法第五十条の二第一項の国土交通省令で定める事由は、外国人国際第一種貨物利用運送事業者の所属国における法令等の内容が当該国と本邦との間における国際貨物運送に関し第一種貨物利用運送事業者の公正な事業活動を阻害するものであることその他国際貨物運送に係る第一種貨物利用運送事業の分野における公正な事業活動の確保を図るためにその処分をする必要があると認められる事由とする。

2　法第五十条の二第二項の国土交通省令で定める事由は、外国人国際第二種貨物利用運送事業者の所属国における法令等の内容が当該国と本邦との間における国際貨物運送に関し第二種貨物利用運送事業者の公正な事業活動を阻害するものであることその他国際貨物運送に係る第二種貨物利用運送事業の分野における公正な事業活動の確保を図るためにその処分をする必要があると認められる事由とする。

第六章　雑則

（貨物利用運送事業に関する団体の届出）

第四十五条　法第五十三条第一項の規定により貨物運送取扱事業に関する団体の届出をしようとする者は、次に掲げる事項を記載した届出書を提出しなければならない。

一　名称及び主たる事務所の所在地並びに代表者の氏名

二　目的

三　事業の概要

四　成立の年月日

五　団体を組織する貨物運送取扱事業者の氏名又は名称及び主たる事務所の所在地

第四十六条　削除

（権限の委任）

第四十七条　法に規定する国土交通大臣の権限で次の表上欄に掲げるもののうち、下欄に掲げるものに係るものは、地方運輸局長に委任する。

上欄	下欄
一　法第三条第一項の規定による登録及び法第五条第二項又は法第六条第二項の規定による通知	船舶運航事業者の行う本邦内の各地間における貨物の運送（以下「内航運送」という。）又は貨物自動車運送事業者の行う貨物の運送（以下「貨物自動車運送」という。）
二　法第七条第一項の規定による変更登録及び法第七条第二項において準用する法第五条第二項又は法第六条第二項の規定による通知（利用運送機関の変更及び当該変更に伴う変更に関するものに限る。）	内航運送又は貨物自動車運送
三　法第七条第一項の規定による変更登録及び法第七条第二項において準用する法第五条第二項又は法第六条第二項の規定による通知（利用運送機関の変更及び当該変更に伴う変更に関するものを除く。）	内航運送、鉄道運送事業者の行う貨物の運送（以下「鉄道運送」という。）又は貨物自動車運送
四　法第七条第三項の規定による届出の受理	内航運送、鉄道運送又は貨物自動車運送
五　法第八条第一項の規定による認可	内航運送、鉄道運送又は貨物自動車運送
六　法第十一条の規定による届出の受理	内航運送、鉄道運送又は貨物自動車運送
七　法第十二条（法第十八条第三項において準用する場合を含む。以下この号において同じ。）の規定による命令（法第十二条第三号に規定する運賃又は料金の変更に関する命令に限る。）	内航運送又は貨物自動車運送
八　法第十二条（法第十八条第三項において準用する場合を含む。以下この号において同じ。）の規定による命令（法第十二条第三号に規定する運賃又は料金の変更に関する命令を除く。）	内航運送、鉄道運送又は貨物自動車運送
九　法第十四条第二項の規定による届出の受理	内航運送又は貨物自動車運送
十　法第十五条の規定による届出の受理	内航運送又は貨物自動車運送
十一　法第十六条の規定による事業の停止の命令又は登録の取消し	内航運送又は貨物自動車運送
十二　法第十七条の規定による登録の抹消	内航運送又は貨物自動車運送
十三　法第二十四条第二項の規定による命令（集配事業計画に関するものに限る。）	内航運送、船舶運航事業者の行う国際貨物運送（以下「外航運送」という。）、鉄道運送又は航空運送事業者の行う貨物の運送（以下「航空運送」という。）

十四　法第二十四条第二項の規定による命令（集配事業計画に関するものを除く。）	内航運送又は鉄道運送
十五　法第二十五条第一項の規定による認可（集配事業計画に関するものに限る。）	内航運送、外航運送、鉄道運送、又は航空運送
十六　法第二十五条第一項の規定による認可（利用運送機関の変更及び当該変更に伴う変更に関するもの並びに集配事業計画に関するものを除く。）	内航運送又は鉄道運送
十七　法第二十五条第三項の規定による届出の受理（集配事業計画に関するものに限る。）	内航運送、外航運送、鉄道運送又は航空運送
十八　法第二十五条第三項の規定による届出の受理（集配事業計画に関するものを除く。）	内航運送又は鉄道運送
十九　法第二十六条第一項の規定による認可	内航運送又は鉄道運送
二十　法第二十八条（法第三十四条第二項で準用する場合を含む。）の規定による命令（集配事業計画に関する命令に限る。）	内航運送、外航運送、鉄道運送又は航空運送
二十一　法第二十八条（法第三十四条第二項で準用する場合を含む。）の規定による命令（集配事業計画に関する命令及び法第二十八条第四項に規定する運賃又は料金の変更に関する命令を除く。）	内航運送又は鉄道運送
二十二　法第三十一条の規定による事業の休止の届出の受理	内航運送又は鉄道運送
二十三　法第三十四条第一項において準用する法第十一条の規定による届出の受理	内航運送又は鉄道運送
二十四　法第四十六条第二項の規定による認可、同条第四項の規定による届出の受理及び同条第五項の規定による命令（貨物の集配に係るものに限る。）	外航運送及び航空運送事業者の行う国際貨物運送

2　法に規定する国土交通大臣の権限で次に掲げるものは、地方運輸局長も行うことができる。

一　法第五十一条第二項の規定による命令

二　法第五十五条第一項の規定による報告の徴収及び同条第二項の規定による立入検査（航空運送に係る第一種貨物利用運送事業に関するもの及び航空運送に係る第二種貨物利用運送事業に関するもの（貨物の集配に係るものを除く。）を除く。）

（聴聞の方法の特例）

第四十八条　国土交通大臣又は地方運輸局長は、法第十六条の規定による登録の取消し、法第三十三条の規定による許可の取消し、法第四十二条の規定による登録の取消し又は法第四十九条の二の規定による許可の取消しの処分に係る聴聞を行うに当たっては、その期日の十日前までに、行政手続法（平成五年法律第八十八号）第十五条第一項の規定による通知をしなければならない。

2　前項の通知を行政手続法第十五条第三項に規定する方法によって行う場合においては、同条第一項の規定により聴聞の期日までにおくべき相当な期間は、二週間を下回ってはならない。

（届出）

第四十九条　貨物利用運送事業者及び貨物利用運送事業に関する団体は、次に掲げる場合に該当することとなったときは、その旨を当該各号に掲げる国土交通大臣又は地方運輸局長に届け出なければならない。

一　第四条第二項第一号及び第三十条第二項第一号の事業の計画の内容に変更があった場合（第四条第二項第一号ハ及び第三十条第二項第一号ハを除く。）　登録をした国土交通大臣又は地方運輸局長

二　休止していた第二種貨物利用運送事業を再開した場合　当該休止の届出を受理した国土交通大臣又は地方運輸局長

三　法第十二条（法第十八条第三項で準用する場合を含む。）、法第二十四条第二項及び法第二十八条（法第三十四条第二項で準用する場合を含む。）の規定に基づく命令を実施した場合　当該命令を発した国土交通大臣又は地方運輸局長

四　貨物利用運送事業者の氏名若しくは名称、住所又は国籍に変更があった場合　当該事業の許可又は登録をした国土交通大臣又は地方運輸局長

五　貨物利用運送事業者たる法人であって、役員又は社員に変更があった場合　当該事業の許可又は登録をした国土交通大臣又は地方運輸局長

六　貨物利用運送事業に関する団体が解散し、又は第四十五条第一号から第三号までに掲げる事項に変更を生じた場合　国土交通大臣

2　前項の届出は、届出事由の発生した後遅滞なく（同項第五号に掲げる場合（代表権を有しない役員又は社員に変更があった場合に限る。）にあっては前年七月一日から六月三十日までの期間に係る変更について毎年七月三十一日までに、同項第六号に掲げる場合にあっては届出事由の発生した日から三十日以内に）行わなければならない。

3　第一項の届出をしようとする者は、次に掲げる事項を記載した届出書を提出しなければならない。この場合において、当該届出事項に関し、法人の設立、合併又は分割があったときは、その登記事項証明書、役員又は社員に変更があったときは、新たに役員又は社員になった者が法第六条第一号から第三号までに該当しない旨の宣誓書を添付しなければならない。

一　氏名又は名称及び住所並びに法人にあっては、その代表者の氏名

二　届出事項

三　届出事項の発生した日

4　第一項第四号又は第五号の届出書の提出については、前項及び次条の規定にかかわらず、貨物流通事業者の氏名の変更の届出等の一本化した提出の手続を定める省令（平成七年運輸省令第三十七号）の定めるところによることができる。

第五十条（書類の提出）　法及びこの省令の規定により地方運輸局長に提出すべき申請書又は届出書は、それぞれ当該事案の関する土地を管轄する地方運輸局長（当該事案が二以上の地方運輸局長の管轄区域（当該事案が外航運送又は内航運送に係るものである場合の近畿運輸局長の管轄区域にあっては、神戸運輸監理部長の管轄区域を除く。）にわたるときは、それぞれ当該事案の主として関する土地を管轄する地方運輸局長。以下「所轄地方運輸局長」という。）に提出しなければならない。

2　法及びこの省令の規定により国土交通大臣に提出すべき申請書又は届出書であって鉄道運送のみに係る事案又は内航運送に係る第二種貨物利用運送事業のみに係る事案に係るものは、それぞれ所轄地方運輸局長を経由して提出しなければならない。

3　前項に規定するもののほか、法及びこの省令の規定により国土交通大臣に提出すべき申請書又は届出書（外国人等による国際貨物利用運送事業に係るものを除く。）は、それぞれ所轄地方運輸局長を経由して提出することができる。

4　法及びこの省令の規定により地方運輸局長に提出すべき申請書又は届出書であって貨物自動車運送のみに係る事案に係るものは、それぞれ当該事案の関する土地を管轄する運輸監理部長又は運輸支局長（当該事案が運輸監理部長と運輸支局長又は二以上の運輸支局長の管轄区域にわたるときは、当該事案の主として関する土地を管轄する運輸監理部長又は運輸支局長。以下同じ。）を経由して提出しなければならない。

5　法及びこの省令の規定により地方運輸局長に提出すべき申請書又は届出書であって内航運送若しくは外航運送に係るもの又は外国人国際第二種貨物海上利用運送事業のみに係る事案に係るものは、それぞれ当該事案の関する土地を管轄する運輸支局長又は海事事務所長（当該事案が二以上の運輸支局長又は海事事務所長の管轄区域にわたるときは、当該事案の主として関する土地を管轄する運輸支局長又は海事事務所長）を経由して提出することができる。

6　法及びこの省令の規定により地方運輸局長に提出すべき申請書又は届出書であって航空運送若しくは鉄道運送に係る第二種貨物利用運送事業に係る集配事業計画又は外国人国際第二種貨物航空利用運送事業者の事業計画（貨物の集配に係るものに限る。）の変更に係る事案に係るものは、それぞれ当該事案の関する土地を管轄する運輸監理部長又は運輸支局長を経由して提出することができる。

7　法及びこの省令の規定により地方運輸局長に提出すべき届出書（貨物自動車運送事業法第三条の許可を受けている者が行うものに限る。）であって鉄道運送に係る第二種貨物利用運送事業に係る事業計画（第十八条第一項第三号又は第四号に掲げる事項に限る。）の変更に係る事案に係るものは、それぞれ当該事案の関する土地を管轄する運輸監理部長又は運輸支局長を経由して提出することができる。

第五十一条（申請書等の進達）　地方運輸局長は、前条第三項の規定により申請書又は届出書を受け付けたときは、遅滞なく国土交通大臣に進達しなければならない。

附　則

（施行期日）

第一条　この省令は、法の施行の日（平成二年十二月一日）から施行する。

（通運事業法施行規則の廃止）

第二条　通運事業法施行規則（昭和二十五年運輸省令第九号）は、廃止する。

（登録の職権更正）

第三条　地方運輸局長は、法附則第七条第四項（法附則第十二条第二項及び第十四条第三項において準用する場合を含む。）の規定により登録を更正するときは、更正すべき内容を当該運送取次事業の登録を受けたものとみなされる者に通知し、当該者の書面による確認を受けた上、その内容を運送取次事業者登録簿に記載することにより行う。

（集配事業計画の追加記載）

第四条　地方運輸局長は、法附則第八条第三項（法附則第十八条第三項において準用する場合を含む。）の規定により届出書の提出を求めるときは、当該第二種利用運送事業の許可を受けたものとみなされる者に対し、集配事業計画に追加して記載すべき事項及び届出書の提出の期限を通知するものとする。

2　前項の通知を受けた者は、同項の提出の期限までに次に掲げる事項を記載した届出書を運輸大臣に提出しなければならない。

一　氏名又は名称及び住所並びに法人にあっては、その代表者の氏名

二　利用運送機関の種類

三　追加して記載すべき事項

（法附則第十条第二項の確認の申請等）

第五条　法附則第十条第二項の確認（以下単に「確認」という。）を申請しようとする者は、次に掲げる事項を記載した確認申請書を提出しなければならない。

一　氏名又は名称及び住所並びに法人にあっては、その代表者の氏名

二　法の施行の際現に旧通運事業法第二条第一項第二号の行為に係る同法第四条第一項の免許又は同法第十五条の指定を受けて行っている事業の内容

三　当該事業の最近の三事業年度の実績

四　業務の提携をしている鉄道又は軌道に係る貨物運送取扱事業者の氏名又は名称及び住所並びに法人にあっては、その代表者の氏名

五　貨物運送取扱事業に該当する事業を営んでいることを示す書類

六　貨物の配達を他の者に委託している場合にあっては、受託者の氏名又は名称及び住所並びに法人にあっては、その代表者の氏名

2　地方運輸局長は、前項の申請があった場合は、次に掲げる事項を確認するものとし、当該確認をしたときは、遅滞なくその旨を申請者に通知するものとする。

一　取扱駅その他引き続き経営することができる事業の範囲

二　当該事業が該当することとなる貨物運送取扱事業

三　利用運送事業又は運送取次事業の相手方となる利用運送事業者の氏名又は名称

四　貨物の配達を利用運送で行っている場合は、その運送を利用する運送事業者の氏名又は名称

3　第二章、第三章（第四条から第九条まで及び第十五条を除く。）、第四章（第二十一条から第二十八条までを除く。）、第

五十四条、第五十五条、第五十七条及び第五十八条の規定は、確認を受けた者について準用する。

（海上運送取扱業に係る経過措置）

第六条　法附則第十一条第二項の運輸省令で定める事項は、次のとおりとする。

一　第五条第五号及び第二十一条第二項第三号に掲げる事項

二　当該事業の最近の三事業年度の実績

（自動車運送取扱事業等に係る経過措置）

第七条　附則第四条の規定は、法附則第十三条第三項及び第二十条第三項の規定による事業計画の追加記載について準用する。

（航空運送取扱業に係る経過措置）

第八条　附則第六条の規定は、法附則第二十一条第二項の届出書の記載事項について準用する。

（経過措置に関する権限の委任）

第九条　法附則第七条第三項及び第四項（法附則第十二条第二項及び第十四条第三項において準用する場合を含む。）及び法附則第八条第三項（法附則第十八条第三項において準用する場合を含む。）並びに法附則第十条第二項、第十一条第二項及び第三項、第十三条第三項並びに第二十条第三項に規定する運輸大臣の権限は、地方運輸局長に委任する。

（旧法に基づく処分、手続等の効力）

第十条　次の表の上欄に掲げる者に係る同表の中欄に掲げる旧海上運送法、旧通運事業法、旧道路運送法、旧内航海運業法若しくは旧航空法（以下「旧海上運送法等」という。）又はこれらに基づく命令によりした処分、手続その他の行為で、法又はこの省令中相当する規定があるものは、法に規定するものを除き、それぞれ同表の下欄に掲げる行為とみなす。

法附則第七条第一項、第十三条第一項、第十四条第一項又は第十七条第一項の規定により第一種利用運送事業について法第三条第一項の許可を受けたものとみなされる者	旧通運事業法、旧道路運送法、旧内航海運業法若しくは旧航空法又はこれらに基づく命令によりした運賃及び料金の認可、運送約款の認可その他の処分、手続その他の行為	法又はこの省令によりした運賃及び料金の届出の受理、利用運送約款の認可その他の処分、手続その他の行為
法附則第八条第一項又は第十八条第一項の規定により第二種利用運送事業について法第三条第一項の許可を受けたものとみなされる者	旧通運事業法若しくは旧航空法又はこれらに基づく命令によりした運賃及び料金の認可、運送約款の認可その他の処分、手続その他の行為	法又はこの省令によりした運賃及び料金の届出の受理、利用運送約款の認可その他の処分、手続その他の行為
法附則第七条第一項、第十二条第一項、第十四条第一項又は第二十一条第二項の規定により運送取次事業について法第二十三条の登録を受けたものとみなされる者	旧海上運送法等若しくはこれらに基づく命令によりした料金の認可又は届出の受理、運送約款の認可又は届出の受理その他の処分、手続その他の行為	法又はこの省令によりした料金の届出の受理、運送取次約款の認可その他の処分、手続その他の行為
法附則第十九条第一項又は第二十条第一項の規定により利用運送事業について法第三十五条第一項の許可を受けたものとみなされる者	旧航空法若しくは旧道路運送法又はこれらに基づく命令によりした運賃及び料金の認可その他の処分、手続その他の行為	法又はこの省令によりした運賃及び料金の届出の受理その他の処分、手続その他の行為

2　前項に規定するもののほか、旧海上運送法等又はこれらに基づく命令によりした処分、手続その他の行為で、法又はこの省令中相当する規定があるものは、法に規定するものを除き、法又はこの省令によりしたものとみなす。

附　則（平六・三・二九運令一一）

この省令は、平成六年四月一日から施行する。

附　則（平六・九・三〇運令四六抄）

（施行期日）

第一条　この省令は、行政手続法の施行の日（平成六年十月一日）から施行する。

（聴聞に関する規定の整備に伴う経過措置）

第三条　この省令の施行前に運輸省令の規定により行われた聴聞、聴問若しくは聴聞会（不利益処分に係るものを除く。）又はこれらのための手続は、この省令による改正後の関係省令の相当規定により行われたものとみなす。

附　則（平七・三・二三運令一四）

この省令は、許可、認可等の整理及び合理化に関する法律第二十七条から第三十条まで、第三十二条、第三十三条及び第三十五条の規定の施行の日（平成七年四月一日）から施行する。

附　則（平七・四・二八運令二七）

この省令は、平成七年六月一日から施行する。

附　則（平七・六・二三運令三六）

（施行期日）

この省令は、公布の日から施行する。

附　則（平七・六・二三運令三七抄）

（施行期日）

第一条　この省令は、公布の日から施行する。

附　則（平一〇・三・一三運令八）

この省令は、平成十年四月一日から施行する。

附　則（平一一・三・三一運令一七）

この省令は、公布の日から施行する。

附　則（平一二・九・一運令三〇抄）

（施行期日）

第一条　この省令は、海上運送法の一部を改正する法律（平成十一年法律第七十一号。以下「改正法」という。）の施行の日（平成十二年十月一日）から施行する。

附　則（平一二・一一・二九運令三九抄）

（施行期日）

第一条　この省令は、平成十三年一月六日から施行する。

附　則（平一三・三・一五国交令三七）

この省令は、平成十三年四月一日から施行する。

附　則（平一四・六・二八国交令七九抄）

（施行期日）

第一条　この省令は、平成十四年七月一日から施行する。

附　則（平一五・二・一四国交令一一抄）

（施行期日）

第一条　この省令は、鉄道事業法等の一部を改正する法律〔平成一四年六月法律第七七号〕の施行の日（平成十五年四月一日）から施行する。

附　則（平一七・三・七国交令一二抄）

（施行期日）

第一条　この省令は、公布の日から施行する。

附　則（平一八・四・二八国交令五八抄）

（施行期日）

第一条　この省令は、会社法〔平成一七年七月法律第八六号〕の施行の日（平成十八年五月一日）から施行する。

〔経過措置〕

第三条　この省令の施行前にしたこの省令による改正前の省令の規定による処分、手続、その他の行為は、この省令による改正後の省令（以下「新令」という。）の相当規定によってしたものとみなす。ては、新令の相当規定によってしたものとみなす。

附　則（平二八・三・三一国交令三八）

この省令は、平成二十八年四月一日から施行する。

附　則（令二・一二・二三国交令九八抄）

（施行期日）

1　この省令は、令和三年一月一日から施行する。

附　則（令五・三・三一国交令三一抄）

（施行期日）

第一条　この省令は、令和五年四月一日から施行する。

附　則（令六・一・一九国交令二抄）

（施行期日）

1　この省令は、デジタル社会の形成を図るための規制改革を推進するためのデジタル社会形成基本法等の一部を改正する法律〔令和五年六月法律第六三号〕の施行の日（令和六年四月一日）から施行する。

附　則（令六・三・二九国交令二六抄）

（施行期日）

第一条　この省令は、令和六年四月一日から施行する。〔後略〕

第１号様式（第５条関係）

第一種貨物利用運送事業者登録簿

<table>
<tr><td>登　録　番　号</td><td colspan="2"></td><td colspan="2">登　録　年　月　日</td><td></td></tr>
<tr><td>氏名又は名称</td><td colspan="2"></td><td colspan="2">商　　　号</td><td></td></tr>
<tr><td>法人にあっては
その代表者の氏名</td><td colspan="2"></td><td colspan="2">住　　　所</td><td></td></tr>
<tr><td>主たる事務所の名称</td><td colspan="2"></td><td colspan="2">主たる事務所の
所　在　地</td><td></td></tr>
<tr><td rowspan="2">事業に係る
運送機関の種類</td><td>外航</td><td>内航</td><td>航空</td><td>鉄道</td><td>自動車</td></tr>
<tr><td></td><td></td><td></td><td></td><td></td></tr>
<tr><td>業務の範囲</td><td></td><td></td><td></td><td></td><td></td></tr>
<tr><td>営業所の名称及び
所　在　地</td><td></td><td></td><td></td><td></td><td></td></tr>
<tr><td>利用運送の区域
又　は　区　間</td><td></td><td></td><td></td><td></td><td></td></tr>
<tr><td>備　　　考</td><td colspan="5"></td></tr>
</table>

第２号様式（第31条関係）

外国人国際第一種貨物海上利用運送事業者登録簿

登録番号		登録年月日		所属国	
氏名又は名称		商号			
法人にあってはその代表者の氏名		住所			
主たる事務所の名称		主たる事務所の所在地			
業務の範囲					
営業所の名称及び所在地					
利用運送の区域又は区間	国内				
	国外				
備考					

法人にあっては代表者及び役員の国籍		法人にあっては資本金並びに出資者の国籍別及び国、公共団体又は私人の別による出資額の比率				
（役職）氏名	国籍	出資者	国籍	国、公共団体、私人の別	出資額	%

第３号様式（第31条関係）

外国人国際第一種貨物航空利用運送事業者登録簿

<table>
<tr><td>登録番号</td><td></td><td>登録年月日</td><td></td><td>所属国</td><td></td></tr>
<tr><td>氏名又は名称</td><td></td><td>商号</td><td colspan="3"></td></tr>
<tr><td>法人にあってはその代表者の氏名</td><td></td><td>住所</td><td colspan="3"></td></tr>
<tr><td>主たる事務所の名称</td><td></td><td>主たる事務所の所在地</td><td colspan="3"></td></tr>
<tr><td>業務の範囲</td><td colspan="5"></td></tr>
<tr><td>営業所の名称及び所在地</td><td colspan="5"></td></tr>
<tr><td rowspan="2">利用運送の区域又は区間</td><td>国内</td><td colspan="4"></td></tr>
<tr><td>国外</td><td colspan="4"></td></tr>
<tr><td>備考</td><td colspan="5"></td></tr>
</table>

<table>
<tr><td colspan="2">法人にあっては代表者及び役員の国籍</td><td colspan="5">法人にあっては資本金並びに出資者の国籍別及び国、公共団体又は私人の別による出資額の比率</td></tr>
<tr><td>(役職)氏名</td><td>国籍</td><td>出資者</td><td>国籍</td><td>国、公共団体、私人の別</td><td>出資額</td><td>%</td></tr>
<tr><td></td><td></td><td></td><td></td><td></td><td></td><td></td></tr>
<tr><td></td><td></td><td></td><td></td><td></td><td></td><td></td></tr>
<tr><td></td><td></td><td></td><td></td><td></td><td></td><td></td></tr>
<tr><td></td><td></td><td></td><td></td><td></td><td></td><td></td></tr>
<tr><td></td><td></td><td></td><td></td><td></td><td></td><td></td></tr>
<tr><td></td><td></td><td></td><td></td><td></td><td></td><td></td></tr>
<tr><td></td><td></td><td></td><td></td><td></td><td></td><td></td></tr>
</table>

○貨物利用運送事業報告規則

（平成二年十一月二十九日）
（運輸省令第三十二号）

沿革　平六運令一一、平七運令四三、平八運令二一、平九運令七九、平一二運令三九、平一四国交令二七・七九、平一五国交令一一、平一八国交令五八、平二八国交令三八、令元国交令二〇改正

（趣旨）

第一条　貨物利用運送事業法（以下「法」という。）第五十三条第二項及び第五十五条第一項の規定による報告については、この省令の定めるところによる。

（事業報告書及び事業実績報告書）

第二条　貨物利用運送事業を経営する者は、次の表の第一欄に掲げる事業者の区分に応じ、同表の第二欄に掲げる国土交通大臣又はその主たる事務所の所在地を管轄する地方運輸局長（国土交通省設置法（平成十一年法律第百号）第四条第一項第十五号、第十八号、第八十六号、第八十七号、第九十二号、第九十三号及び第百二十八号に掲げる事務並びに同項第八十六号に掲げる事務に係る同項第十九号及び第二十二号に掲げる事務に係る権限については、運輸監理部長を含む。以下同じ。）（以下「所轄地方運輸局長」という。）に、同表の第三欄に掲げる報告書を、同表の第四欄に掲げる時期にそれぞれ一通提出しなければならない。

第一欄	第二欄	第三欄	第四欄
一　船舶運航事業者の行う国際貨物運送（以下「外航運送」という。）又は航空運送事業者の行う貨物の運送（以下「航空運送」という。）に係る貨物利用運送事業のみを経営する者（第三号に掲げる者を除く。）	国土交通大臣	毎事業年度に係る事業報告書	毎事業年度の経過後百日以内
		前年四月一日から三月三十一日までの期間に係る事業実績報告書	毎年七月十日まで
二　船舶運航事業者の行う本邦内の各地間における貨物の運送（以下「内航運送」という。）又は貨物自動車運送事業者の行う貨物の運送（以下「貨物自動車運送」という。）に係る第一種貨物利用運送事業のみを経営する者（次号及び第四号に掲げる者を除く。）	所轄地方運輸局長	毎事業年度に係る事業報告書	毎事業年度の経過後百日以内
		前年四月一日から三月三十一日までの期間に係る事業実績報告書	毎年七月十日まで
三　外国人等による国際貨物運送に係る貨物利用運送事業（以下「外国人国際貨物利用運送事業」という。）のみを経営する者	国土交通大臣	毎事業年度に係る事業報告書	毎事業年度の経過後百日以内
		前年四月一日から三月三十一日までの期間に係る事業実績報告書	毎年七月十日まで
四　外国人等であって、内航運送又は貨物自動車運送に係る第一種貨物利用運送事業及び外国人国際貨物利用運送事業のみを経営するもの	所轄地方運輸局長	毎事業年度に係る事業報告書	毎事業年度の経過後百日以内
	国土交通大臣及び所轄地方運輸局長	前年四月一日から三月三十一日までの期間に係る事業実績報告書	毎年七月十日まで
五　前四号のいずれにも該当しない者	国土交通大臣及び所轄地方運輸局長	毎事業年度に係る事業報告書	毎事業年度の経過後百日以内
		前年四月一日から三月三十一日までの期間に係る事業実績報告書	毎年七月十日まで

2　前項の事業報告書は、事業概況報告書（第一号様式。外国人国際貨物利用運送事業に係る事項の記載は要しない。）、貸借対照表、損益計算書及び損益明細表（第二号様式。外国人国際貨物利用運送事業に係るものは除く。）とする。

3　第一項の事業実績報告書は、貨物利用運送事業実績報告書（第三号様式。外国人国際貨物利用運送事業のみを経営する者にあっては、第二表に限る。）とする。

（運賃及び料金の届出）

第三条　貨物利用運送事業者（内航運送又は貨物自動車運送に係る第一種貨物利用運送事業を経営する者に限る。）は、運賃及び料金を定め又は変更したときは、運賃及び料金の設定又は変更後三十日以内に、次の各号に掲げる事項を記載した運賃料金設定（変更）届出書を所轄地方運輸局長に提出しなければならない。

一　氏名又は名称及び住所並びに法人にあっては、その代表者の氏名

二　設定し、又は変更した運賃及び料金を適用した貨物利用運送事業の種別及び利用運送に係る運送機関の種類

三　設定し、又は変更した運賃及び料金の種類、額及び適用方法（変更の届出の場合にあっては、新旧の対照を明示すること。）

四　設定又は変更の実施の日

2　貨物利用運送事業者（前項に規定する者を除く。）は、運賃及び料金を定め又は変更したときは、前項各号に掲げる事項を記載した運賃料金設定（変更）届出書を国土交通大臣に提出しなければならない。

3　海上運送法（昭和二十四年法律第百八十七号）第二条第六項に規定する不定期航路事業（貨物の運送に係るものに限る。）を営む者が行う貨物の運送又は海上運送法施行規則（昭和二十四年運輸省令第四十九号）第一条第一項に規定する外航貨物定期航路事業を営む者が行う同令第二十一条の二十二に掲げる貨物の運送若しくは同項に規定する内航貨物定期航路事業を営む者が行う同令第二十一条の三第一項に掲げる貨物の運送に係る利用運送を営む者は、前二項の規定にかかわらず、運賃料金設定（変更）届出書を提出しなくてもよい。

（臨時の報告）

第四条　貨物利用運送事業者又は貨物利用運送事業に関する団体は、前二条に定める報告書又は届出書のほか、国土交通大臣又は地方運輸局長から、その事業に関し報告を求められたときは、報告書を提出しなければならない。

2　国土交通大臣又は地方運輸局長は、前項の報告を求めるときは、報告書の様式、報告書の提出期限その他必要な事項を明示するものとする。

（報告書及び届出書の経由）

第五条　この省令の規定により国土交通大臣に提出すべき報告書又は届出書であって鉄道運送に係る貨物利用運送事業及び内航運送に係る第二種貨物利用運送事業に係るものは、それぞれ所轄地方運輸局長を経由して提出しなければならない。

2　この省令の規定により国土交通大臣に提出すべき報告書又は届出書（前項に規定するもの及び外国人国際貨物利用運送事業を経営する者が提出するものを除く。）は、それぞれ所轄地方運輸局長を経由して提出することができる。

3　この省令の規定により地方運輸局長に提出すべき報告書又は届出書（運賃料金設定（変更）届出書を除く。）であって貨物自動車運送に係るものは、それぞれその主たる事務所の所在地を管轄する運輸監理部長又は運輸支局長を経由して提出することができる。

4　この省令の規定により地方運輸局長に提出すべき運賃料金設定（変更）届出書であって貨物自動車運送に係る第一種貨物利用運送事業に係るものは、それぞれその主たる事務所の所在地を管轄する運輸監理部長又は運輸支局長を経由して提出しなければならない。

5　この省令の規定により地方運輸局長に提出すべき報告書又は届出書であって内航運送に係るものは、それぞれその主たる事務所の所在地を管轄する運輸支局長又は海事事務所長を経由して提出することができる。

附　則

（施行期日）

第一条　この省令は、法の施行の日（平成二年十二月一日）から施行し、第二条の規定は平成二年十二月一日以降に開始する事業年度に係る営業報告書について適用し、第三条の規定は平成三年度以降に係る事業実績報告書について適用する。

（通運事業報告規則等の廃止）

第二条　次に掲げる省令は、廃止する。

一　通運事業報告規則（昭和二十五年運輸省令第百号）

二　通運事業の財務諸表の様式を定める省令（昭和二十八年運輸省令第六号）

三　通運計算事業の財務諸表の様式を定める省令（昭和二十八年運輸省令第七号）

（通運事業者等の提出する報告書に関する経過措置）

第三条　この省令の施行の際現に法附則第二条の規定による廃止前の通運事業法（昭和二十四年法律第二百四十一号）第四条第一項の免許又は同法第二十八条第一項の認可を受けている者の平成二年十一月三十日以前に開始する事業年度に係る前条の規定による廃止前の通運事業報告規則第二条第一項及び第六条第一項に規定する営業報告書、平成二年度の事業の実績等に係る同令第三条及び第七条に規定する報告書並びに同日以前に発生した事故に係る同令第八条第二項に規定する報告書の提出については、なお従前の例による。

（法附則第十条第二項の確認を受けた者についての準用）

第四条　この省令の規定は、法附則第十条第二項の規定による運輸大臣の確認を受けた者の行う貨物運送取扱事業に該当する事業に関する同条第四項において準用する法第五十五条第一項の規定による報告について準用する。

附　則（平六・三・二九運令一一）

この省令は、平成六年四月一日から施行する。

附　則（平七・七・一〇運令四三）

この省令は、公布の日から施行する。

附　則（平八・三・二五運令二一抄）

（施行期日）

1　この省令は、平成八年四月一日から施行する。

附　則（平九・一二・一五運令七九）

この省令は、平成十年一月一日から施行する。

附　則（平一二・一一・二九運令三九抄）

（施行期日）

第一条　この省令は、平成十三年一月六日から施行する。

附　則（平一四・三・二七国交令二七）

この省令は、公布の日から施行する。

附　則（平一四・六・二八国交令七九抄）

（施行期日）

第一条　この省令は、平成十四年七月一日から施行する。

附　則（平一五・二・一四国交令一一抄）

（施行期日）

第一条　この省令は、鉄道事業法等の一部を改正する法律（平成一四年六月法律第七七号）の施行の日（平成十五年四月一日）から施行する。

附　則（平一八・四・二八国交令五八）

（施行期日）

第一条　この省令は、会社法（平成一七年七月法律第八六号）の施行の日（平成十八年五月一日）から施行する。

（経過措置）

第二条　この省令の施行の際現にあるこの省令による改正前の様式又は書式による申請書その他の文書は、この省令による改正後のそれぞれの様式又は書式にかかわらず、当分の間なおこれを使用することができる。

第三条　この省令の施行前にしたこの省令による改正前の省令の規定による処分、手続、その他の行為は、この省令による改正後の省令（以下「新令」という。）の規定の適用については、新令の相当規定によってしたものとみなす。

附　則（平二八・三・三一国交令三八）

この省令は、平成二十八年四月一日から施行する。

附　則（令元・六・二八国交令二〇）

この省令は、不正競争防止法等の一部を改正する法律（平成三〇年五月法律第三三号）の施行の日（令和元年七月一日）から施行する。

第１号様式（第２条関係）第１表（日本産業規格Ａ列４番）

事業者番号	

事　業　概　況　報　告　書
事　業　概　況　総　括　表
（　年　月　日から　年　月　日まで）

あて

住　　　　　　　　所
事　　業　　者　　名
代表者名（役職名及び氏名）
運　送　機　関　の　種　類
第一種貨物利用運送事業（外航・内航・国際航空・国内航空・鉄道・自動車）
第二種貨物利用運送事業（外航・内航・国際航空・国内航空・鉄道）

経営形態及び資本金

経営形態（該当事項を〇で囲むこと。）	株式会社　組合 合名会社　個人 合資会社　地方公共団体 合同会社　その他	資本金	資本金の額又は出資の総額	千円	株式	発行する株式の総数	株
			当期中の増減額	千円			
			株主（社員又は組合員）数	人		発行済株式の総数	株

主な株主（所有株式数の多い順に10名を記載すること。）

株主名	株式数（株）	発行済株式総数に対する割合（%）	株主名	株式数（株）	発行済株式総数に対する割合（%）

役　員

	役職名	氏名	常勤非常勤の別	所有株式数（株）又は出資の額（円）	発行済株式総数又は出資の総額に対する割合（%）
取締役（理事）等					
監査役（監事）等					

経営している事業

事業の名称		従業員数（人）	営業収入（売上高）構成比率（%）	事業の名称		従業員数（人）	営業収入（売上高）構成比率（%）
貨物利用運送事業	外　航			兼業事業			
	内　航						
	国際航空						
	国内航空						
	鉄　道						
	自動車			計			100%

備考　１　運送機関の種類の該当項目に〇印を付すること。

２　従業員数は、給料支払の対象となった月別支給人員（臨時雇用員にあっては、25日を１人として換算）の当該事業年度における合計人員を当該事業年度の月数で除した人数とし、他事業と区分できない人員については、適正な基準により配分したものとすること。

第２表（日本産業規格Ａ列４番）

事業者番号	

貨物利用運送事業営業実績総括表

（　年　月　日から　年　月　日まで）

住　　　　　　所＿＿＿＿＿＿＿＿＿＿＿＿＿＿＿＿

事　業　者　名＿＿＿＿＿＿＿＿＿＿＿＿＿＿＿＿

運送機関の種類

第一種貨物利用運送事業（外航・内航・国際航空・国内航空・鉄道・自動車）

第二種貨物利用運送事業（外航・内航・国際航空・国内航空・鉄道）

運送機関別営業実績

運送機関	事	項	第一種貨物利用運送事業	第二種貨物利用運送事業	合　　計
外航海運	損益	営業収益（千円）			
		営業費用（千円）			
		営業損益（千円）			
		営業利益率（%）			
内航海運	損益	営業収益（千円）			
		営業費用（千円）			
		営業損益（千円）			
		営業利益率（%）			
航空　国内	損益	営業収益（千円）			
		営業費用（千円）			
		営業損益（千円）			
		営業利益率（%）			
航空　国際	損益	営業収益（千円）			
		営業費用（千円）			
		営業損益（千円）			
		営業利益率（%）			
鉄道	損益	営業収益（千円）			
		営業費用（千円）			
		営業損益（千円）			
		営業利益率（%）			
自動車	損益	営業収益（千円）			
		営業費用（千円）			
		営業損益（千円）			
		営業利益率（%）			
合計	損益	営業収益（千円）			
		営業費用（千円）			
		営業損益（千円）			
		営業利益率（%）			

備考　１　必要のない項目については、省略して様式を作成できる。

　　　２　運送機関の種類の該当項目に○印を付すること。

第２号様式（第２条関係）（日本産業規格Ａ列４番）

事業者番号	

貨物利用運送事業損益明細表
（　年　月　日から　年　月　日まで）

住　　　　所＿＿＿＿＿＿＿＿＿＿
事　業　者　名＿＿＿＿＿＿＿＿＿＿
運送機関の種類
第一種貨物利用運送事業（外航・内航・国際航空・国内航空・鉄道・自動車）
第二種貨物利用運送事業（外航・内航・国際航空・国内航空・鉄道）

第一種貨物利用運送事業損益明細表　（単位：千円）

運送機関の種類			外航	内航	国際航空	国内航空	鉄道	自動車
営業収益	利用運送運賃・料金							
	附帯業務収入							
	雑収入							
	合計							
営業費用	貨物利用運送事業費用	支払運賃・料金						
		人件費						
		物件費						
		保険料						
		施設使用料						
		租税公課						
		その他経費						
	一般管理費							
合計								
営業損益								
営業利益率（％）								

第二種貨物利用運送事業損益明細表　（単位：千円）

運送機関の種類			外航	内航	国際航空	国内航空	鉄道
営業収益	利用運送運賃・料金						
	附帯業務収入						
	雑収入						
	合計						
営業費用	貨物利用運送事業費用	支払運賃・料金					
		人件費					
		物件費					
		保険料					
		施設使用料					
		租税公課					
		その他経費					
	一般管理費						
合計							
営業損益							
営業利益率（％）							

備考
1　運送機関の種類の該当項目に○印を付すること。
2　営業収益の部は収受運賃・料金、附帯業務収入、雑収入等収益の性質を示す適当な名称を付した科目に細分するものとする。
3　営業費用の部は貨物利用運送事業費用の部及び一般管理費の部に細分し、貨物利用運送事業費用の部は支払運賃・料金、人件費、物件費等費用の性質を示す適当な名称を付した科目に細分し、一般管理費の部は他事業と区分できない共通経費を適正な基準により配分した額を記載するものとする。
4　収受運賃・料金を営業収益と、支払運賃・料金を営業費用としない会計処理を行う場合は、その旨を注記し、収受運賃・料金及び支払運賃・料金の額を別記すること。

第３号様式（第２条関係）第１表（日本産業規格Ａ列第４番）

事業者番号	

貨物利用運送事業実績報告書

貨物利用運送事業実績総括表

（　年度）

住　　　　　　　所＿＿＿＿＿＿＿＿＿＿＿＿＿＿＿＿

事　　業　　者　　名＿＿＿＿＿＿＿＿＿＿＿＿＿＿＿＿

運　送　機　関　の　種　類

第一種貨物利用運送事業（外航・内航・国際航空・国内航空・鉄道・自動車）

第二種貨物利用運送事業（外航・内航・国際航空・国内航空・鉄道）

運送機関別事業実績

運送機関	事項		事業の種別		合計
			第一種貨物利用運送事業	第二種貨物利用運送事業	
外航海運		ＦＣＬ			
	取扱量				
内航海運		ＦＣＬ			
	取扱量				
国際航空	取扱量				
国内航空	取扱量				
鉄道	取扱量	車扱			
		コンテナ扱			
		混載荷物扱			
		手荷物扱			
	小計				
自動車	取扱量				
合計	取扱量				

備考

1　運送機関の種類の該当項目に○印を付すること。

2　必要のない項目については、省略して様式を作成することができる。

3　単位はトン単位（ＦＣＬについてはトン換算）にて記載すること。

第２表（日本産業規格Ａ列第４番）

事業者番号	

国際貨物運送仕向地別取扱量

（　年度）

住　　　　所＿＿＿＿＿＿＿＿＿＿＿＿＿＿＿＿

事　業　者　名＿＿＿＿＿＿＿＿＿＿＿＿＿＿＿

運送機関の種類

第一種貨物利用運送事業（外航・内航・国際航空・国内航空・鉄道・自動車）

第二種貨物利用運送事業（外航・内航・国際航空・国内航空・鉄道）

運送機関別取扱量

運送機関	種別	事項	仕向地 北米	中南米	ヨーロッパ	アジア	豪州	アフリカ
外航海運	第一種貨物利用運送事業	ＦＣＬ						
		取扱量						
		比率（%）						
	第二種貨物利用運送事業	ＦＣＬ						
		取扱量						
		比率（%）						
	合計	ＦＣＬ						
		取扱量						
		比率（%）						
国際航空	第一種貨物利用運送事業	取扱量						
		比率（%）						
	第二種貨物利用運送事業	取扱量						
		比率（%）						
	合計	取扱量						
		比率（%）						

備考

1　運送機関の種類の該当項目に○印を付すること。

2　必要のない項目については、省略して様式を作成することができる。

3　取扱量の単位はトン単位（ＦＣＬについてはトン換算）にて記載すること。

4　仕向地は、最終仕向地とすること。

5　比率は、合計量に占める仕向地ごとの取扱量の割合を記載すること。

○貨物流通事業者の氏名の変更の届出等の一本化した提出の手続を定める省令

（平成七年六月二十三日）
（運輸省令第三十七号）

沿革　平八運令一〇、平九運令七七、平一〇運令八、平一二運令三九、平一四国交令三・七九、平一五国交令一一、平一七国交令一、平一八国交令五七、令元国交令一・二〇改正

（趣旨）

第一条　港湾運送事業者、内航海運業者、倉庫業者、貨物利用運送事業者又は貨物自動車運送事業者が氏名若しくは名称、住所又は役員若しくは社員に変更があった場合の届出又は報告を、それぞれの事業ごとに提出することに代えて一本化して提出する場合の手続については、この省令の定めるところによる。

（対象となる変更の届出又は報告）

第二条　次に掲げる場合の届出又は報告を一本化した提出の手続により行う場合には、第一号様式による届出書一通を、遅滞なく（代表権を有しない役員又は社員に変更があった場合に限る。）には、前年七月一日から六月三十日までの期間に係る変更について毎年七月三十一日までに）、国土交通大臣又は地方運輸局長（運輸監理部長を含む。以下同じ。）に提出するものとする。

一　港湾運送事業法施行規則（昭和三十四年運輸省令第四十六号）第三十条第一項に規定する港湾運送事業者の氏名若しくは名称、住所又は役員若しくは社員に変更があった場合

二　内航海運業法（昭和二十七年法律第百五十一号）第四条第一項第一号に規定する内航海運業者の氏名、名称、住所又は法人の場合にあっては、その代表者の氏名に変更があった場合

三　倉庫業法（昭和三十一年法律第百二十一号）第四条第一項第一号に規定する倉庫業者の氏名、名称、住所又は法人の場合にあっては、その代表者の氏名に変更があった場合

四　倉庫業法施行規則（昭和三十一年運輸省令第五十九号）第二十四条第二項に規定する倉庫業者たる法人の役員に変更があった場合

五　貨物利用運送事業法施行規則（平成二年運輸省令第二十号）第四十九条第一項第四号に規定する貨物利用運送事業者の氏名若しくは名称又は住所に変更があった場合

六　貨物利用運送事業法施行規則第四十九条第一項第五号に規定する貨物利用運送事業者たる法人の役員又は社員に変更があった場合

七　貨物自動車運送事業法施行規則（平成二年運輸省令第二十一号）第四十四条第一項第五号に規定する一般貨物自動車運送事業者又は特定貨物自動車運送事業者の氏名、名称又は住所に変更があった場合

八　貨物自動車運送事業法施行規則第四十四条第一項第六号に規定する一般貨物自動車運送事業者又は特定貨物自動車運送事業者たる法人の役員又は社員に変更があった場合

2　前項の届出書であって役員又は社員の変更に係るものには、新たに役員又は社員になった者が関係法令の欠格事由（内航海運業法第六条第一号から第三号までに掲げる事由に基づくものを除く。）のいずれにも該当しない旨の第二号様式による宣誓書一通を添付しなければならない。

（書類の提出）

第三条　前条の規定により国土交通大臣に提出する書類は、当該書類を提出する者の主たる営業所の所在地を管轄する地方運輸局長を経由するものとする。ただし、当該営業所の所在地を管轄する地方運輸局（海運監理部を含む。次項において同じ。）の運輸支局又は海事事務所があるときは、その運輸支局長又は海事事務所長を経由するものとする。

2　前条の規定により地方運輸局長に提出する書類は、当該書類を提出する者の主たる営業所の所在地を管轄する地方運輸局の陸運支局又は海運支局があるときは、その陸運支局長又は海運支局長を経由するものとする。

附　則

（施行期日）

第一条　この省令は、公布の日から施行する。

附　則（平八・二・二七運令一〇抄）

（施行期日）

第一条　この省令は、公布の日から施行する。

附　則（平九・一二・一五運令七七）

この省令は、平成十年一月一日から施行する。

附　則（平一〇・三・一三運令八）

この省令は、平成十年四月一日から施行する。

附　則（平一二・九・二九運令三四抄）

（施行期日）

1　この省令は、港湾運送事業法の一部を改正する法律（平成十二年法律第六十七号。以下「改正法」という。）附則第一条の政令で定める日（平成十二年十一月一日）から施行する。

附　則（平一二・一一・二九運令三九抄）

（施行期日）

第一条　この省令は、平成十三年一月六日から施行する。

附　則（平一四・一・三一国交令三）

（施行期日）

第一条　この省令は、倉庫業法の一部を改正する法律（平成十三年法律第四十二号。以下「改正法」という。）の施行の日（平成十四年四月一日）から施行する。

（経過措置）

第二条　改正法附則第二条の規定により改正法による改正後の倉庫業法第三条の登録を受けたものとみなされた者に係る登録簿については、当分の間、この省令による改正後の倉庫業法施行規則第三条の二の規定を適用しない。

附　則（平一四・六・二八国交令七九抄）

（施行期日）

第一条　この省令は、平成十四年七月一日から施行する。

附　則（平一五・二・一四国交令一一抄）

（施行期日）

第一条　この省令は、鉄道事業法等の一部を改正する法律の施行の日（平成十五年四月一日）から施行する。

附　則（平一七・一・二〇国交令一抄）

（施行期日）

第一条　この省令は、海上運送事業の活性化のための船員法等の一部を改正する法律〔平成一六年六月法律第七一号〕の施行の日（平成十七年四月一日）から施行する。

附　則（平一八・四・二一国交令五七抄）

（施行期日）

1　この省令は、港湾の活性化のための港湾法等の一部を改正する法律〔平成一七年五月法律第四五号〕（以下「改正法」という。）附則第一条第二号に掲げる規定の施行の日（平成十八年五月十五日）から施行する。

附　則（令元・五・七国交令一）

この省令は、公布の日から施行する。

附　則（令元・六・二八国交令二〇）

この省令は、不正競争防止法等の一部を改正する法律〔平成三〇年五月法律第三三号〕の施行の日（令和元年七月一日）から施行する。

第１号様式（第２条関係）

令和　　年　　月　　日

＿＿＿＿＿＿＿＿＿＿あて

住　　　　所
電　話　番　号
名　称（氏名）
代　表　者　名

＿＿＿＿＿＿＿＿変更届出書

＿＿＿＿＿＿＿＿を変更しましたので、下記のとおり、（関係書類を添えて）届け出ます。

記

１．事業の種類及び提出先

各事業における提出先、経由局及び関係局／事業の種類	国土交通大臣	地方運輸局長等											備考（免許番号等を記載）
		北海道	東北	北陸信越	関東	中部	近畿	神戸	中国	四国	九州	沖縄	

２．変更事項

①住所　②名称　③氏名　④役員　⑤社員

３．根拠条項

①　港湾運送事業法施行規則第30条第１項

②　内航海運業法第４条第１項

③　倉庫業法施行規則第24条第２項

④　貨物利用運送事業法施行規則第49条第１項

⑤　貨物自動車運送事業法施行規則第44条第１項

４．新旧対照表

<table>
<tr><td colspan="2">変　更　事　項</td><td>新</td><td>旧</td></tr>
<tr><td colspan="2">住　　　　所</td><td></td><td></td></tr>
<tr><td colspan="2">名　称（氏名）</td><td></td><td></td></tr>
<tr><td rowspan="3">役員・社員</td><td>代　表　者</td><td></td><td></td></tr>
<tr><td rowspan="2">代表者以外の役員（社員）</td><td></td><td></td></tr>
<tr><td></td><td></td></tr>
</table>

５．届出事由発生の日

令和　　年　　月　　日

官庁使用欄

（注）１．役員又は社員に変更があったときは、関係書類として、関係法令の欠格事由のいずれにも該当しない旨の宣誓書（第２号様式）を添付すること。

２．記の１については、事業の種類ごとに提出先に◎、経由局及び関係局（港湾運送事業、貨物利用運送事業及び貨物自動車運送事業にあっては事業所又は営業所の所在地を管轄する地方運輸局、倉庫業にあっては営業所の所在地を管轄する地方運輸局及び倉庫の所在地を管轄する地方運輸局をいう。）に○を記入すること。

３．記の２及び３については、該当する事項に印をつけること。

４．記の４については、変更となった事項だけを記載すること。

５．用紙の大きさは日本産業規格Ａ４とすること。

６．官庁使用欄として、余白を３㎝程度とること。

第２号様式（第２条関係）

宣　　　誓　　　書

私は、＿＿＿＿＿＿＿＿に規定する役員又は社員の欠格事由のいずれにも該当しないことを誓います。

令和　　年　　月　　日

氏　名

注）下線部には、関係事業法全ての題名を記載すること。

第三編　倉庫業法関係

○倉庫業法

（昭和三十一年六月一日
法律第百二十一号）

沿革　昭三六法一一八、昭三七法一六一、昭四五法八〇、昭五五法八五、昭五九法二五、昭六〇法一〇二、平五法八九、平九法九六、平一一法一六〇、平一二法九一、平一三法四二、平一四法五四、平三〇法二九、令四法六八、令五法六三改正

〔編者注〕　令和四年六月一七日法律第六八号による改正のうち令和七年六月一日から施行される部分は、直接改正を加えないで、現行条文と並列して登載した。

目次

第一章　総則

（目的）

第一条　この法律は、倉庫業の適正な運営を確保し、倉庫の利用者の利益を保護するとともに、倉荷証券の円滑な流通を確保することを目的とする。

（定義）

第二条　この法律で「倉庫」とは、物品の滅失若しくは損傷を防止するための工作物又は物品の滅失若しくは損傷を防止するための工作を施した土地若しくは水面であつて、物品の保管の用に供するものをいう。

2　この法律で「倉庫業」とは、寄託を受けた物品の倉庫における保管（保護預りその他の他の営業に付随して行われる保管又は携帯品の一時預りその他の比較的短期間に限り行われる保管であつて、保管する物品の種類、保管の態様、保管期間等からみて第六条第一項第四号の基準に適合する施設又は設備を有する倉庫において行うことが必要でないと認められるものとして政令で定めるものを除く。）を行う営業をいう。

3　この法律で「トランクルーム」とは、その全部又は一部を寄託を受けた個人（事業として又は事業のために寄託契約の当事者となる場合におけるものを除く。以下「消費者」という。）の物品の保管の用に供する倉庫をいう。

第二章　倉庫業及び倉荷証券

（登録）

第三条　倉庫業を営もうとする者は、国土交通大臣の行う登録を受けなければならない。

（登録の申請）

第四条　前条の登録を受けようとする者は、次に掲げる事項を記載した申請書を国土交通大臣に提出しなければならない。

一　氏名又は名称及び住所並びに法人にあつては、その代表者の氏名
二　倉庫の所在地
三　国土交通省令で定める倉庫の種類（トランクルームを含み、以下「倉庫の種類」という。）
四　倉庫の施設及び設備
五　保管する物品の種類
六　その他国土交通省令で定める事項

2　前項の申請書には、倉庫の図面その他国土交通省令で定める書類を添附しなければならない。

（登録の実施）

第五条　国土交通大臣は、前条の規定による登録の申請があつた場合においては、次条第一項の規定により登録を拒否する場合を除くほか、次に掲げる事項を倉庫業者登録簿（以下「登録簿」という。）に登録しなければならない。

一　前条第一項各号に掲げる事項
二　登録年月日及び登録番号

2　国土交通大臣は、前項の規定による登録をした場合においては、遅滞なく、その旨を申請者に通知しなければならない。

3　国土交通大臣は、登録簿を公衆の縦覧に供しなければならない。

（登録の拒否）

第六条　国土交通大臣は、第四条の規定による登録の申請が次の各号のいずれかに該当する場合には、その登録を拒否しなければならない。

一　申請者が一年以上の懲役又は禁錮の刑に処せられ、その執行を終わり、又は執行を受けることがなくなつた日から二年を経過しない者であるとき。

> 注　令和四年六月一七日法律六八号により改正され、令和七年六月一日から施行
> 第六条第一項第一号中「懲役又は禁錮の刑」を「拘禁刑」に改める。

二　申請者が第二十一条の規定による登録の取消しを受け、その取消しの日から二年を経過しない者であるとき。
三　申請者が法人である場合において、その役員が前二号のいずれかに該当する者であるとき。
四　倉庫の施設又は設備が倉庫の種類に応じて国土交通省令で定める基準に適合しないとき。
五　第十一条の規定による倉庫管理主任者を確実に選任すると認められないとき。

2　国土交通大臣は、前項の規定による登録の拒否をした場合においては、遅滞なく、その理由を示して、その旨を申請者に通知しなければならない。

（変更登録等）

第七条　第三条の登録を受けた者（以下「倉庫業者」という。）は、第四条第一項各号に掲げる事項を変更しようとするときは、国土交通大臣の行う変更登録を受けなければならない。ただし、倉庫の用途の廃止その他の国土交通省令で定める軽微な変更については、この限りでない。

２　前二条の規定は、前項の変更登録について準用する。この場合において、第五条第一項中「次に掲げる事項」とあるのは「変更に係る事項」と、前条第一項中「次の各号のいずれか」とあるのは「第四号」と読み替えるものとする。

３　倉庫業者は、第一項ただし書の軽微な変更をしたときは、その日から三十日以内に、その旨を国土交通大臣に届け出なければならない。

４　国土交通大臣は、前項の規定による届出を受理したときは、届出があった事項を登録簿に登録しなければならない。

（倉庫寄託約款）

第八条　倉庫業者は、倉庫寄託約款を定め、その実施前に、国土交通大臣に届け出なければならない。これを変更しようとするときも同様とする。

２　国土交通大臣は、前項の倉庫寄託約款が寄託者又は倉荷証券の所持人の正当な利益を害するおそれがあると認めるときは、当該倉庫業者に対し、期限を定めてその倉庫寄託約款を変更すべきことを命ずることができる。

３　国土交通大臣が標準倉庫寄託約款（標準トランクルーム寄託約款を含む。以下同じ。）を定めて公示した場合（これを変更して公示した場合を含む。）において、倉庫業者が、標準倉庫寄託約款と同一の倉庫寄託約款を定め、又は現に定めている倉庫寄託約款を標準倉庫寄託約款と同一のものに変更したときは、その倉庫寄託約款については、第一項の規定による届出をしたものとみなす。

（料金等の掲示等）

第九条　倉庫業者は、国土交通省令で定めるところにより、保管料その他の料金（消費者から収受するものに限る。）、倉庫寄託約款、倉庫の種類その他の事項について、営業所その他の事業所において利用者に見やすいように掲示するとともに、その事業の規模が著しく小さい場合その他の国土交通省令で定める場合を除き、電気通信回線に接続して行う自動公衆送信（公衆によって直接受信されることを目的として公衆からの求めに応じ自動的に送信を行うことをいい、放送又は有線放送に該当するものを除く。）により公衆の閲覧に供しなければならない。

（差別的取扱の禁止）

第十条　倉庫業者は、特定の利用者に対して不当な差別的取扱をしてはならない。

（倉庫管理主任者）

第十一条　倉庫業者は、倉庫ごとに、管理すべき倉庫の規模その他の国土交通省令で定める基準に従って、倉庫の適切な管理に必要な知識及び能力を有するものとして国土交通省令で定める要件を備える倉庫管理主任者を選任して、倉庫における火災の防止その他の国土交通省令で定める倉庫の管理に関する業務を行わせなければならない。

（倉庫の施設及び設備）

第十二条　倉庫業者は、営業に使用する倉庫をその施設及び設備が第六条第一項第四号の基準に適合するように維持しなければならない。

２　国土交通大臣は、営業に使用する倉庫の施設又は設備が第六条第一項第四号の基準に適合していないと認めるときは、当該倉庫業者に対し、期限を定めて当該倉庫を修理し、若しくは改造し、又は倉庫の種類を変更すべきことを命ずることができる。

（倉荷証券の発行）

第十三条　倉荷証券は、国土交通大臣の許可を受けた倉庫業者でなければ、発行してはならない。

２　国土交通大臣は、前項の許可をしようとするときは、次の基準によってしなければならない。

一　当該業務を適確に遂行するに必要な経験又は能力を有すること。

二　当該業務を適確に遂行するに足る資力信用を有すること。

３　国土交通大臣は、第一項の許可を受けようとする者が次の各号の一に該当するときは、その許可をしてはならない。

一　第一項の許可の取消を受け、その取消の日から二年を経過しない者であるとき。

二　法人である場合において、その役員が前号に該当する者であるとき。

４　国土交通大臣は、第一項の許可をしたときは、その旨を当該倉庫業者の登録に付記しなければならない。

（火災保険に付する義務）

第十四条　前条第一項の許可を受けた倉庫業者（以下「発券倉庫業者」という。）は、倉荷証券を発行する場合においては、寄託者のために当該受寄物を火災保険に付さなければならない。ただし、寄託者が反対の意思を表示した場合又は国土交通省令で定める場合は、この限りでない。

（事業改善命令）

第十五条　国土交通大臣は、倉庫業者の事業について倉庫の利用者の利便その他公共の利益を阻害している事実があると認めるときは、当該倉庫業者に対し、第八条第二項及び第十二条第二項に規定するもののほか、料金の変更その他の事業の運営を改善するために必要な措置をとるべきことを命ずることができる。

（名義の利用等の禁止）

第十六条　倉庫業者は、その名義を他人に倉庫業のため利用させてはならない。

２　倉庫業者は、事業の貸渡しその他いかなる方法をもってするかを問わず、倉庫業を他人にその名において経営させてはならない。

（営業の譲渡及び譲受並びに法人の合併及び分割）

第十七条　倉庫業者（発券倉庫業者を除く。）が当該倉庫業の全部又は一部を譲渡したときは、譲受人は、倉庫業者の地位を承継する。

２　倉庫業者（発券倉庫業者を除く。）たる法人の合併又は分割（当該倉庫業の全部又は一部を承継させるものに限る。）があったときは、合併後存続する法人若しくは合併により設立された法人又は分割により当該倉庫業の全部若しくは一部を承継した法人は、倉庫業者の地位を承継する。

３　前二項の規定により倉庫業者の地位を承継した者は、その承継の日から三十日以内に、その旨を国土交通大臣に届け出なければならない。

第十八条　発券倉庫業者が当該倉庫業の全部又は一部を譲渡する場合において、譲渡人及び譲受人が譲渡及び譲受について国土交通大臣の認可を受けたときは、譲受人は、発券倉庫業者の地位を承継する。

２　発券倉庫業者たる法人と発券倉庫業者でない法人が合併して発券倉庫業者たる法人と発券倉庫業者たる法

人が存続する場合を除く。）又は分割の場合（当該倉庫業の全部又は一部を承継させる場合に限る。）において、当該合併又は分割について国土交通大臣の認可を受けたときは、合併後存続する法人若しくは合併により設立された法人又は分割により当該倉庫業の全部若しくは一部を承継した法人は、発券倉庫業者の地位を承継する。

3　第十三条第二項から第四項までの規定は、前二項の認可について準用する。

（**相続**）

第十九条　倉庫業者が死亡したときは、その相続人は、被相続人たる倉庫業者の地位を承継する。この場合において、相続人は、その旨を被相続人の死亡を知つた日から三十日以内に国土交通大臣に届け出なければならない。

2　被相続人が発券倉庫業者である場合においては、前項の相続人が被相続人の死亡後六十日以内にその相続について国土交通大臣の認可を申請しなければ、その期間の経過後は、第十三条第一項の許可は、その効力を失う。認可の申請に対し認可しない旨の処分があつた場合においても、その旨の通知を受けた日以後についても同様とする。

3　第十三条第二項から第四項までの規定は、前項の認可について準用する。

（**営業等の廃止**）

第二十条　倉庫業者は、その営業を廃止したときは、その日から三十日以内に、その旨を国土交通大臣に届け出なければならない。

2　発券倉庫業者は、第十三条第一項の許可に係る業務を廃止したときは、その日から三十日以内に、その旨を国土交通大臣に届け出なければならない。

（**営業の停止及び登録の取消し**）

第二十一条　国土交通大臣は、倉庫業者が次の各号のいずれかに該当するときは、六月以内において期間を定めて営業の停止を命じ、又は第三条の登録を取り消すことができる。

一　この法律、この法律に基づく処分又は登録、許可若しくは認可に付した条件に違反したとき。

二　第六条第一項第一号から第三号までのいずれかに該当することとなつたとき。

三　営業に関し不正な行為をしたとき。

2　第六条第二項の規定は、前項の場合について準用する。

（**倉荷証券の発行の停止及び許可の取消し**）

第二十二条　国土交通大臣は、発券倉庫業者が第十三条第三項第二号に該当することとなつたとき、又は前条第一号若しくは第三号に該当するときは、六月以内において期間を定めて倉荷証券の発行の停止を命じ、又は第十三条第一項の許可を取り消すことができる。

（**登録等の条件**）

第二十三条　登録、許可又は認可には、条件を付し、及びこれを変更することができる。

2　前項の条件は、公共の利益を確保するため必要な最少限度のものに限り、かつ、当該倉庫業者に不当な義務を課することとならないものでなければならない。

（**登録等の抹消**）

第二十四条　国土交通大臣は、第二十条第一項の規定による届出があつたとき、又は第二十一条第一項の規定による登録の取消しをしたときは、当該倉庫業者の登録を抹消しなければならない。

2　国土交通大臣は、第二十条第二項の規定による届出があつたとき、又は第二十二条の規定による許可の取消しをしたときは、第十三条第四項に規定する付記を抹消しなければならない。

第三章　トランクルームの認定

（**トランクルームの認定**）

第二十五条　トランクルームをその営業に使用する倉庫業者は、トランクルームごとに、当該トランクルームが第二十五条の四第一項の基準に適合して優良である旨の国土交通大臣の認定を受けることができる。

（**認定の申請**）

第二十五条の二　前条の認定を受けようとする者は、認定を受けようとするトランクルームごとに、次に掲げる事項を記載した申請書を国土交通大臣に提出しなければならない。

一　氏名又は名称及び住所並びに法人にあつては、その代表者の氏名

二　トランクルームの名称及び所在地

三　トランクルームの施設及び設備

四　保管する物品の種類

五　第十一条の規定により選任された倉庫管理主任者の氏名

六　その他国土交通省令で定める事項

2　前項の申請書には、トランクルームの図面その他国土交通省令で定める書類を添付しなければならない。

（**欠格事由**）

第二十五条の三　次の各号のいずれかに該当する者は、第二十五条の認定を受けることができない。

一　申請者が一年以上の懲役又は禁錮の刑に処せられ、その執行を終わり、又は執行を受けることがなくなつた日から二年を経過しない者であるとき。

> **注**　**令和四年六月一七日法律六八号により改正され、令和七年六月一日から施行**
>
> 第二十五条の三第一号中「懲役又は禁錮の刑」を「拘禁刑」に改める。

二　申請者が、第二十五条の九第一項の規定により当該申請者に係る認定がその効力を失い、その効力を失つた日から二年を経過しない者又は同条第二項の規定による認定の取消しを受け、その取消しの日から二年を経過しない者であるとき。

三　申請者が法人である場合において、その役員が前二号のいずれかに該当する者であるとき。

（**認定の実施**）

第二十五条の四　国土交通大臣は、第二十五条の二の規定による認定の申請が次に掲げる基準に適合すると認めるときでなければ、第二十五条の認定をしてはならない。

一　当該トランクルームの施設及び設備が保管する物品の種類に応じて国土交通省令で定める基準に適合するものであること。

二　当該トランクルームにおいて行われる保管が標準トランクルーム寄託約款と同等の内容又はこれよりも消費者に有利な内容を有するトランクルーム寄託約款に基づき行われ

るものであること。

三　前二号に掲げるもののほか、当該トランクルームにおいて行われる営業が消費者の利益を保護するために特に必要と認められる国土交通省令で定める基準に適合するものであること。

2　国土交通大臣は、第二十五条の認定をした場合においては、遅滞なく、その旨を申請者に通知するとともに、その旨を公示しなければならない。

3　国土交通大臣は、第二十五条の二の規定による認定の申請が第一項の基準に適合しないと認める場合においては、遅滞なく、その理由を示して、その旨を申請者に通知しなければならない。

（認定トランクルームの維持）

第二十五条の五　第二十五条の認定を受けたトランクルーム（以下「認定トランクルーム」という。）をその営業に使用する倉庫業者（以下「認定トランクルーム業者」という。）は、認定トランクルームを前条第一項の基準に適合するように維持しなければならない。

2　国土交通大臣は、認定トランクルームが前条第一項の基準に適合していないと認める場合においては、当該トランクルームに係る認定トランクルーム業者に対し、期限を定めて当該トランクルームの改造その他当該トランクルームの是正のために必要な措置をとるべきことを命ずることができる。

（変更の届出等）

第二十五条の六　認定トランクルーム業者は、第二十五条の二第一項各号に掲げる事項を変更しようとするときは、あらかじめ、その旨を国土交通大臣に届け出なければならない。

2　認定トランクルーム業者は、認定トランクルームの全部又は一部を廃止したときは、その日から三十日以内に、その旨を国土交通大臣に届け出なければならない。

3　国土交通大臣は、前二項の届出があつたときは、遅滞なく、その旨を公示しなければならない。

（名称の使用制限）

第二十五条の七　何人も、認定トランクルーム以外の倉庫について、認定トランクルーム若しくは優良トランクルームという名称又はこれらと紛らわしい名称を用いてはならない。

（倉庫管理主任者に係る特例）

第二十五条の八　認定トランクルーム業者は、第十一条の規定にかかわらず、認定トランクルームに係る倉庫管理主任者の選任の方法について国土交通省令で定める基準に従つて倉庫管理主任者を選任することができる。

（認定の失効等）

第二十五条の九　認定トランクルーム業者が第二十一条の規定により登録を取り消されたときは、当該認定トランクルーム業者に係るトランクルームの認定は、その効力を失う。

2　国土交通大臣は、認定トランクルーム業者が次の各号のいずれかに該当するときは、第二十五条の認定の全部又は一部を取り消すことができる。

一　この法律、この法律に基づく処分又は登録、許可若しくは認可に付した条件に違反したとき。

二　第二十五条の三第一号又は第三号に該当することとなつたとき。

三　不正な手段により第二十五条の認定を受けたとき。

3　国土交通大臣は、第一項の規定によりトランクルームの認定がその効力を失い、又は前項の規定によりトランクルームの認定を取り消したときは、遅滞なく、その理由を示して、その旨をその者に通知するとともに、その旨を公示しなければならない。

第四章　雑則

（倉庫業を営む者以外の者による人を誤認させる行為の禁止）

第二十五条の十　倉庫業を営む者以外の者は、その行う営業が寄託を受けた物品の倉庫における保管を行うものであると人を誤認させるような表示、広告その他の行為をしてはならない。

2　国土交通大臣は、倉庫業を営む者以外の者に対し、その行う営業が寄託を受けた物品の倉庫における保管を行うものであると人を誤認させないようにするための措置をとるべきことを命ずることができる。

（権限の委任）

第二十六条　この法律の規定により国土交通大臣の権限に属する事項は、政令で定めるところにより、地方運輸局長（運輸監理部長を含む。）に行わせることができる。

（報告及び検査）

第二十七条　国土交通大臣は、第一条の目的を達成するために必要な限度において、倉庫業を営む者に対して、その営業に関し報告をさせ、又はその職員に営業所、倉庫その他の場所に立ち入り、帳簿書類その他の物件を検査させることができる。

2　前項の規定により立入検査をする職員は、その身分を示す証票を携帯し、かつ、関係者の請求があつたときは、これを提示しなければならない。

3　第一項の規定による立入検査の権限は、犯罪捜査のために認められたものと解釈してはならない。

第五章　罰則

第二十八条　次の各号のいずれかに該当する者は、一年以下の懲役若しくは百万円以下の罰金に処し、又はこれを併科する。

一　第三条の規定に違反して倉庫業を営んだ者

二　第十六条第一項の規定に違反してその名義を他人に倉庫業のため利用させた者

三　第十六条第二項の規定に違反して倉庫業を他人にその名において経営させた者

> **注　令和四年六月一七日法律六八号により改正され、令和七年六月一日から施行**
>
> 第二十八条中「懲役」を「拘禁刑」に改める。

第二十八条の二　第二十一条第一項の規定による営業の停止の命令に違反した者は、六月以下の懲役若しくは五十万円以下の罰金に処し、又はこれを併科する。

> **注　令和四年六月一七日法律六八号により改正され、令和七年六月一日から施行**
>
> 第二十八条の二中「懲役」を「拘禁刑」に改める。

第二十九条　次の各号のいずれかに該当する者は、五十万円以下の罰金に処する。

一　第七条第一項の規定に違反して第四条第一項各号に掲げる事項を変更した者

二　第八条第二項、第十二条第二項、第十五条又は第二十五条の十第二項の規定による命令に違反した者

三　第十一条の規定に違反して倉庫管理主任者を選任しなかつた者

四　第十三条第一項の許可を受けないで倉荷証券を発行した者

五　第二十二条の規定による倉荷証券の発行の停止の命令に違反した者

第三十条　次の各号のいずれかに該当する者は、三十万円以下の罰金に処する。

一　第八条第一項の規定による届出をしないで寄託の引受けをした者

二　第二十五条の五第二項の規定による命令に違反した者

三　第二十五条の六第一項の規定に違反して第二十五条の二第一項各号に掲げる事項を変更した者

四　第二十五条の七の規定に違反して認定トランクルーム若しくは優良トランクルームという名称又はこれらと紛らわしい名称を用いた者

五　第二十七条第一項の規定による報告をせず、又は虚偽の報告をした者

六　第二十七条第一項の規定による検査を拒み、妨げ、又は忌避した者

第三十一条　法人の代表者又は法人若しくは人の代理人、使用人その他の従業者がその法人又は人の業務に関して、第二十八条から前条までの違反行為をしたときは、行為者を罰するほか、その法人又は人に対しても、各本条の罰金刑を科する。

第三十二条　次の各号のいずれかに該当する者は、五十万円以下の過料に処する。

一　第七条第三項、第十七条第三項、第十九条第一項後段、第二十条第一項若しくは第二項又は第二十五条の六第二項の規定による届出をせず、又は虚偽の届出をした者

二　第九条の規定による掲示をせず、若しくは虚偽の掲示をし、又は同条の規定に違反して公衆の閲覧に供せず、若しくは虚偽の事項を公衆の閲覧に供した者

附　則（抄）

（施行期日）

第一条　この法律は、公布の日から起算して六月を経過した日から施行する。

（倉庫業法の廃止）

第二条　倉庫業法（昭和十年法律第四十一号。以下「旧法」という。）は、廃止する。

（経過規定）

第三条　この法律の施行の際現に旧法第七条ノ二の規定による営業開始の届出をして倉庫業（附則第六条第一項に規定する倉庫業を除く。）を営んでいる者は、この法律の施行の日から三年間は、倉庫業者とみなす。その者がその期間内に第三条の許可を申請した場合において、その申請について許可をする旨又は許可をしない旨の通知を受けるまでの期間についても同様とする。

2　前項の規定により倉庫業者とみなされた者がこの法律の施行の際現に営業に使用している倉庫についての第十二条の規定の適用に関しては、この法律の施行の日から三年間は、同条中「第五条第四号の基準」とあるのは、「運輸省令で定める基準」とする。

第四条　この法律の施行前に旧法の規定によりした許可、届出その他の行為で、この法律中相当する規定があるものは、運輸省令で定めるところにより、この法律の規定によりしたものとみなす。

第五条　この法律の施行前にした行為に対する罰則の適用については、旧法は、なおその効力を有する。

附　則（昭三六・六・七法一一八）

（施行期日）

1　この法律は、昭和三十六年十月一日から施行する。

（経過規定）

2　この法律の施行の際現に改正前の附則第六条第二項の規定による届出をして同条第一項に規定する倉庫業を営んでいる者は、この法律の施行の日から三月以内に第四条第一項各号に掲げる事項を運輸大臣に届け出た場合は、この法律の施行の日から三年間は、倉庫業者とみなす。その者がその期間内に第三条の許可を申請した場合において、その申請について許可をする旨又は許可をしない旨の通知を受けるまでの期間についても、同様とする。

3　前項の規定により倉庫業者とみなされた者がこの法律の施行の際現に営業に使用している倉庫についての第十二条の規定の適用に関しては、その倉庫業者とみなされる期間内は、同条中「第五条第四号の基準」とあるのは、「運輸省令で定める基準」とする。

4　この法律の施行前にした行為に対する罰則の適用については、なお従前の例による。

附　則（昭三七・九・一五法一六一抄）

1　この法律は、昭和三十七年十月一日から施行する。

2　この法律による改正後の規定は、この附則に特別の定めがある場合を除き、この法律の施行前にされた行政庁の処分、この法律の施行前にされた申請に係る行政庁の不作為その他この法律の施行前に生じた事項についても適用する。ただし、この法律による改正前の規定によつて生じた効力を妨げない。

3　この法律の施行前に提起された訴願、審査の請求、異議の申立てその他の不服申立て（以下「訴願等」という。）については、この法律の施行後も、なお従前の例による。この法律の施行前にされた訴願等の裁決、決定その他の処分（以下「裁決等」という。）又はこの法律の施行前に提起された訴願等につきこの法律の施行後にされる裁決等にさらに不服がある場合の訴願等についても、同様とする。

4　前項に規定する訴願等で、この法律の施行後は行政不服審査法による不服申立てをすることができることとなる処分に係るものは、同法以外の法律の適用については、行政不服審査法による不服申立てとみなす。

5　第三項の規定によりこの法律の施行後にされる審査の請求、異議の申立てその他の不服申立ての裁決等については、行政不服審査法による不服申立てをすることができない。

6　この法律の施行前にされた行政庁の処分で、この法律による改正前の規定により訴願等をすることができるものとされ、かつ、その提起期間が定められていなかつたものについ

て、行政不服審査法による不服申立てをすることができる期間は、この法律の施行の日から起算する。

8　この法律の施行前にした行為に対する罰則の適用については、なお従前の例による。

9　前八項に定めるもののほか、この法律の施行に関して必要な経過措置は、政令で定める。

附　則（昭四五・五・二〇法八〇抄）

（施行期日）

1　この法律は、公布の日から施行する。〔後略〕

附　則（昭五五・一一・一九法八五抄）

（施行期日）

第一条　この法律は、昭和五十六年四月一日から施行する。

（経過措置）

第二十条　この法律の施行前にしたこの法律による改正に係る国の機関の法律若しくはこれに基づく命令の規定による許可、認可その他の処分又は契約その他の行為（以下この条において「処分等」という。）は、政令で定めるところにより、この法律による改正後のそれぞれの法律若しくはこれに基づく命令の規定により又はこれらの規定に基づく所掌事務の区分に応じ、相当の国の機関のした処分等とみなす。

第二十一条　この法律の施行前にこの法律による改正に係る国の機関に対してした申請、届出その他の行為（以下この条において「申請等」という。）は、政令で定めるところにより、この法律による改正後のそれぞれの法律若しくはこれに基づく命令の規定により又はこれらの規定に基づく所掌事務の区分に応じ、相当の国の機関に対してした申請等とみなす。

附　則（昭五九・五・八法二五抄）

（施行期日）

第一条　この法律は、昭和五十九年七月一日から施行する。

（経過措置）

第二十三条　この法律の施行前に海運局長、海運監理部長、海運局若しくは海運監理部の支局その他の地方機関の長（以下「支局長等」という。）又は陸運局長が法律若しくはこれに基づく命令の規定によりした許可、認可その他の処分又は契約その他の行為（以下この条において「処分等」という。）は、政令（支局長等がした処分等にあっては、運輸省令）で定めるところにより、この法律による改正後のそれぞれの法律若しくはこれに基づく命令の規定により相当の地方運輸局長、海運監理部長又は地方運輸局若しくは海運監理部の海運支局その他の地方機関の長（以下「海運支局長等」という。）がした処分等とみなす。

第二十四条　この法律の施行前に海運局長、海運監理部長、支局長等又は陸運局長に対してした申請、届出その他の行為（以下この条において「申請等」という。）は、政令（支局長等に対してした申請等にあっては、運輸省令）で定めるところにより、この法律による改正後のそれぞれの法律若しくはこれに基づく命令の規定により相当の地方運輸局長、海運監理部長又は海運支局長等に対してした申請等とみなす。

第二十五条　この法律の施行前にした行為に対する罰則の適用については、なお従前の例による。

附　則（昭六〇・一二・二四法一〇二抄）

（施行期日）

第一条　この法律は、公布の日から施行する。〔後略〕

（罰則に関する経過措置）

第八条　この法律（附則第一条各号に掲げる規定については、当該各規定）の施行前にした行為及び附則第四条の規定により従前の例によることとされる場合における第十一条の規定の施行後にした行為に対する罰則の適用については、なお従前の例による。

附　則（平五・一一・一二法八九抄）

（施行期日）

第一条　この法律は、行政手続法（平成五年法律第八十八号）の施行の日〔平成六年一〇月一日〕から施行する。

（諮問等がされた不利益処分に関する経過措置）

第二条　この法律の施行前に法令に基づき審議会その他の合議制の機関に対し行政手続法第十三条に規定する聴聞又は弁明の機会の付与の手続その他の意見陳述のための手続に相当する手続を執るべきことの諮問その他の求めがされた場合においては、当該諮問その他の求めに係る不利益処分の手続に関しては、この法律による改正後の関係法律の規定にかかわらず、なお従前の例による。

（罰則に関する経過措置）

第十三条　この法律の施行前にした行為に対する罰則の適用については、なお従前の例による。

（聴聞に関する規定の整理に伴う経過措置）

第十四条　この法律の施行前に法律の規定により行われた聴聞、聴問若しくは聴聞会（不利益処分に係るものを除く。）又はこれらのための手続は、この法律による改正後の関係法律の相当規定により行われたものとみなす。

（政令への委任）

第十五条　附則第二条から前条までに定めるもののほか、この法律の施行に関して必要な経過措置は、政令で定める。

附　則（平九・六・二〇法九六抄）

（施行期日）

第一条　この法律は、公布の日から起算して一月を経過した日から施行する。

（罰則に関する経過措置）

第十六条　この法律の施行前にした行為並びに附則第三条第一項及び第四条第一項の規定によりなお効力を有することとされる場合並びに附則第五条、第六条、第七条第一項及び第八条第一項の規定によりなお従前の例によることとされる場合におけるこの法律の施行後にした行為に対する罰則の適用については、なお従前の例による。

附　則（平一一・一二・二二法一六〇抄）

第十六章　経過措置等

（処分、申請等に関する経過措置）

第千三百一条　中央省庁等改革関係法及びこの法律（以下「改革関係法等」と総称する。）の施行前に法令の規定により従前の国の機関がした免許、許可、認可、承認、指定その他の処分又は通知その他の行為は、法令に別段の定めがあるもののほか、改革関係法等の施行後は、改革関係法等の施行後の法令の相当規定に基づいて、相当の国の機関がした免許、許可、認可、承認、指定その他の処分又は通知その他の行為とみなす。

2　改革関係法等の施行の際現に法令の規定により従前の国の機関に対してされている申請、届出その他の行為は、法令に別段の定めがあるもののほか、改革関係法等の施行後は、改革関係法等の施行後の法令の相当規定に基づいて、相当の国の機関に対してされた申請、届出その他の行為とみなす。

3　改革関係法等の施行前に法令の規定により従前の国の機関に対し報告、届出、提出その他の手続をしなければならない事項で、改革関係法等の施行の日前にその手続がされていないものについては、法令に別段の定めがあるもののほか、改革関係法等の施行後は、これを、改革関係法等の施行後の法令の相当規定により相当の国の機関に対して報告、届出、提出その他の手続をしなければならないとされた事項についてその手続がされていないものとみなして、改革関係法等の施行後の法令の規定を適用する。

（従前の例による処分等に関する経過措置）

第千三百二条　なお従前の例によることとする法令の規定により、従前の国の機関がすべき免許、許可、認可、承認、指定その他の処分若しくは通知その他の行為又は従前の国の機関に対してすべき申請、届出その他の行為については、法令に別段の定めがあるもののほか、改革関係法等の施行後は、改革関係法等の施行後の法令の規定に基づくその任務及び所掌事務の区分に応じ、それぞれ、相当の国の機関がすべきものとし、又は相当の国の機関に対してすべきものとする。

（罰則に関する経過措置）

第千三百三条　改革関係法等の施行前にした行為に対する罰則の適用については、なお従前の例による。

（政令への委任）

第千三百四十四条　第七十一条から第七十六条まで及び第千三百一条から前条まで並びに中央省庁等改革関係法に定めるもののほか、改革関係法等の施行に関し必要な経過措置（罰則に関する経過措置を含む。）は、政令で定める。

附　則（平一一・一二・二二法一六〇抄）

（施行期日）

第一条　この法律（第二条及び第三条を除く。）は、平成十三年一月六日から施行する。ただし、次の各号に掲げる規定は、当該各号に定める日から施行する。

一　〔前略〕第千三百四十四条の規定　公布の日

二　〔略〕

附　則（平一二・五・三一法九一抄）

（施行期日）

1　この法律は、商法等の一部を改正する法律（平成十二年法律第九十号）の施行の日〔平成十三年四月一日〕から施行する。

附　則（平一三・六・八法四二抄）

（施行期日）

第一条　この法律は、公布の日から起算して一年を超えない範囲内において政令で定める日（以下「施行日」という。）から施行する。

〔平一三・一二政令四〇九により、平一四・四・一から施行〕

（経過措置）

第二条　この法律の施行の際現にこの法律による改正前の倉庫業法（以下「旧法」という。）第三条の許可を受けている者（以下「既存倉庫業者」という。）は、施行日にこの法律による改正後の倉庫業法（以下「新法」という。）第三条の登録を受けたものとみなす。

2　既存倉庫業者については、施行日から一年間は、新法第十一条の規定は適用しない。

3　この法律の施行の際現に認定トランクルーム若しくは優良トランクルームという名称又はこれらと紛らわしい名称を用いている者については、施行日から六月間は、新法第二十五条の七の規定は、適用しない。

第三条　前条に定めるもののほか、施行日前に旧法又は旧法に基づく命令によりした処分、手続その他の行為は、新法の相当する規定によりした処分、手続その他の行為とみなす。

（罰則に関する経過措置）

第四条　施行日前にした行為に対する罰則の適用については、なお従前の例による。

（政令への委任）

第五条　附則第二条から前条までに定めるもののほか、この法律の施行に関し必要となる経過措置（罰則に関する経過措置を含む。）は、政令で定める。

附　則（平一四・五・三一法五四抄）

（施行期日）

第一条　この法律は、平成十四年七月一日から施行する。

（経過措置）

第二十八条　この法律の施行前にこの法律による改正前のそれぞれの法律若しくはこれに基づく命令（以下「旧法令」という。）の規定により海運監理部長、陸運支局長、海運支局長又は陸運支局の事務所の長（以下「海運監理部長等」という。）がした許可、認可その他の処分又は契約その他の行為（以下「処分等」という。）は、国土交通省令で定めるところにより、この法律による改正後のそれぞれの法律若しくはこれに基づく命令（以下「新法令」という。）の規定により相当の運輸監理部長、運輸支局長又は地方運輸局、運輸監理部若しくは運輸支局の事務所の長（以下「運輸監理部長等」という。）がした処分等とみなす。

第二十九条　この法律の施行前に旧法令の規定により海運監理部長等に対してした申請、届出その他の行為（以下「申請等」という。）は、国土交通省令で定めるところにより、新法令の規定により相当の運輸監理部長等に対してした申請等とみなす。

第三十条　この法律の施行前にした行為に対する罰則の適用については、なお従前の例による。

附　則（平三〇・五・二五法二九抄）

（施行期日）

第一条　この法律は、公布の日から起算して一年を超えない範囲内において政令で定める日から施行する。ただし、附則第五十条及び第五十二条の規定は、公布の日から施行する。

〔平三〇・一二政令三三八により、平三一・四・一から施行〕

（倉庫業法の一部改正に伴う経過措置）

第三十二条　旧寄託契約に基づく預証券及び質入証券については、倉庫業法の適用については、なお従前の例による。

（罰則に関する経過措置）

第五十一条　施行日前にした行為及びこの附則の規定によりなお従前の例によることとされる場合における施行日以後にした行為に対する罰則の適用については、なお従前の例による。

（政令への委任）

第五十二条　この附則に規定するもののほか、この法律の施行に関し必要な経過措置は、政令で定める。

（令四・六・一七法六八抄）

第四百四十一条（罰則の適用等に関する経過措置） 刑法等の一部を改正する法律（令和四年法律第六十七号。以下「刑法等一部改正法」という。）及びこの法律（以下「刑法等一部改正法等」という。）の施行前にした行為の処罰については、次章に別段の定めがあるもののほか、なお従前の例による。

2　刑法等一部改正法等の施行後にした行為に対して、他の法律の規定によりなお従前の例によることとされ、なお効力を有することとされ又は改正前若しくは廃止前の法律の規定の例によることとされる罰則を適用する場合において、当該罰則に定める刑（刑法施行法第十九条第一項の規定又は第八十二条の規定による改正後の沖縄の復帰に伴う特別措置に関する法律第二十五条第四項の規定の適用後のものを含む。）に刑法等一部改正法第二条の規定による改正前の刑法（明治四十年法律第四十五号。以下この項において「旧刑法」という。）第十二条に規定する懲役（以下「懲役」という。）、旧刑法第十三条に規定する禁錮（以下「禁錮」という。）又は旧刑法第十六条に規定する拘留（以下「旧拘留」という。）が含まれるときは、当該刑のうち無期の懲役又は禁錮はそれぞれ無期拘禁刑と、有期の懲役又は禁錮はそれぞれその刑と長期及び短期（刑法施行法第二十条の規定の適用後のものを含む。）を同じくする有期拘禁刑と、旧拘留は長期及び短期（刑法施行法第二十条の規定の適用後のものを含む。）を同じくする拘留とする。

第四百四十二条（裁判の効力とその執行に関する経過措置） 懲役、禁錮及び旧拘留の確定裁判の効力並びにその執行については、次章に別段の定めがあるもののほか、なお従前の例による。

第四百四十三条（人の資格に関する経過措置） 懲役、禁錮又は旧拘留に処せられた者に係る人の資格に関する法令の規定の適用については、無期の懲役又は禁錮に処せられた者はそれぞれ無期拘禁刑に処せられた者と、有期の懲役又は禁錮に処せられた者はそれぞれ刑期を同じくする有期拘禁刑に処せられた者と、旧拘留に処せられた者は拘留に処せられた者とみなす。

2　拘禁刑又は拘留に処せられた者に係る他の法律の規定によりなお従前の例によることとされ、なお効力を有することとされ又は改正前若しくは廃止前の法律の規定の例によることとされる人の資格に関する法令の規定の適用については、無期拘禁刑に処せられた者は無期禁錮に処せられた者と、有期拘禁刑に処せられた者は刑期を同じくする有期禁錮に処せられた者と、拘留に処せられた者は刑期を同じくする旧拘留に処せられた者とみなす。

第五百九条（経過措置の政令への委任） この編に定めるもののほか、刑法等一部改正法等の施行に伴い必要な経過措置は、政令で定める。

附　則（令四・六・一七法六八抄）

第一条（施行期日）

1　この法律は、刑法等一部改正法［刑法等の一部を改正する法律＝令和四年六月法律第六七号］施行日［令和七年六月一日］から施行する。ただし、次の各号に掲げる規定は、当該各号に定める日から施行する。

一　第五百九条の規定　公布の日

二　［略］

附　則（令五・六・一六法六三抄）

第一条（施行期日） この法律は、公布の日から起算して一年を超えない範囲内において政令で定める日から施行する。ただし、次の各号に掲げる規定は、当該各号に定める日から施行する。

［令五・九政令二八四により、令六・四・一から施行］

一　［前略］附則第七条［中略］の規定　公布の日

二　［略］

第六条（罰則に関する経過措置） この法律の施行前にした行為に対する罰則の適用については、なお従前の例による。

第七条（政令への委任） この附則に定めるもののほか、この法律の施行に関し必要な経過措置（罰則に関する経過措置を含む。）は、政令で定める。

○倉庫業法施行令

（昭和三十一年六月二十二日
政令第百九十七号）

沿革　昭三六政令三〇六、昭四五政令一二七・二七八、昭五六政令四二、昭五九政令一七六、平一二政令三一二・五五四、平一三政令四一〇、平一四政令二〇〇改正

（保護預り等）

第一条　倉庫業法（以下「法」という。）第二条第二項の政令で定める保管は、次に掲げるものとする。

一　銀行法（昭和五十六年法律第五十九号）第十条第二項第十号その他の法令の規定による保護預り

二　特定の物品を製造若しくは加工した後に他人に譲渡する営業又は特定の物品を他人から預かり、当該特定の物品について洗濯、修理その他の役務（保管を除く。）を提供する営業を営む者が、当該営業の後に当該営業に付随して自ら行う当該特定の物品の保管

三　手荷物、衣類その他の人が通常外出時に携帯する範囲内の物品の保管であつて、当該人の外出中にその携帯を解いて寄託が行われるもの

四　他人の使用する自転車、自動車その他これらに準ずる物品の保管

（権限の委任）

第二条　次に掲げる国土交通大臣の権限は、地方運輸局長（運輸監理部長を含む。以下同じ。）が行う。

一　法第五条第三項、第七条第二項において準用する法第五条及び第六条、第七条第三項及び第四項、第三章並びに第二十五条の十第二項に規定する権限

二　前号に掲げる権限以外の法（第二十七条第一項を除く。）に規定する権限で、その使用する倉庫にあつては、その有効面積（国土交通省令で定める種類の倉庫にあつては、その有効面積又は有効容積を国土交通省令で定めるところにより換算して得られた面積）の合計が国土交通省令で定める面積に満たない倉庫業に関するもの

2　法第十八条第一項又は第二項に規定する国土交通大臣の権限について前項の規定を適用する場合においては、同項第二号の倉庫業は、譲受人又は合併後存続する法人若しくは合併により設立される法人若しくは分割により倉庫業の全部若しくは一部を承継する法人が営むこととなる倉庫業とする。

3　法第二十七条第一項に規定する国土交通大臣の権限は、地方運輸局長も行うことができる。

附　則

1　この政令は、法施行の日（昭和三十一年十二月一日）から施行する。

2　倉庫業法施行令（昭和二十五年政令第二百十三号）は、廃止する。

附　則（昭三六・九・一一政令三〇六）

この政令は、昭和三十六年十月一日から施行する。

附　則（昭四五・五・二〇政令一二七）

この政令は、公布の日から施行する。

附　則（昭四五・九・二八政令二七八）

1　この政令は、昭和四十五年十月一日から施行する。

2　この政令の施行前にした倉庫業法の規定による申請に係る処分に関しては、なお従前の例により運輸大臣が権限を行なう。

附　則（昭五六・三・二七政令四二）

（施行期日）

1　この政令は、地方支分部局の整理のための行政管理庁設置法等の一部を改正する法律（昭和五五年一一月法律第八五号）（以下「改正法」という。）の施行の日（昭和五十六年四月一日）から施行する。

（経過措置）

2　改正法の施行前に新潟海運局長が法律若しくはこれに基づく命令の規定によりした許可、認可その他の処分又は契約その他の行為（以下「処分等」という。）は、改正法による改正後のそれぞれの法律若しくはこれに基づく命令の規定又はこの政令による改正後のそれぞれの政令の規定により新潟海運監理部長がした処分等とみなす。

3　改正法の施行前に新潟海運局長に対してした申請、届出その他の行為（以下「申請等」という。）は、改正法による改正後のそれぞれの法律若しくはこれに基づく命令の規定又はこの政令による改正後のそれぞれの政令の規定により新潟海運監理部長に対してした申請等とみなす。

附　則（昭五九・六・六政令一七六抄）

（施行期日）

第一条　この政令は、昭和五十九年七月一日から施行する。

（経過措置）

第二条　この政令の施行前に次の表の上欄に掲げる行政庁が法律若しくはこれに基づく命令の規定によりした許可、認可その他の処分又は契約その他の行為（以下「処分等」という。）は、同表の下欄に掲げるそれぞれの行政庁がした処分等とみなし、この政令の施行前に同表の上欄に掲げる行政庁に対してした申請、届出その他の行為（以下「申請等」という。）は、同表の下欄に掲げるそれぞれの行政庁に対してした申請等とみなす。

上欄	下欄
北海海運局長	北海道運輸局長
東北海運局長（山形県又は秋田県の区域に係る処分等又は申請等に係る場合を除く。）	東北運輸局長
東北海運局長（山形県又は秋田県の区域に係る処分等又は申請等に係る場合に限る。）及び新潟海運監理部長	新潟運輸局長
関東海運局長	関東運輸局長
東海海運局長	中部運輸局長
近畿海運局長	近畿運輸局長
中国海運局長	中国運輸局長
四国海運局長	四国運輸局長
九州海運局長	九州運輸局長

神戸海運局長	神戸海運監理部長
札幌陸運局長	北海道運輸局長
仙台陸運局長	東北運輸局長
新潟陸運局長	新潟運輸局長
東京陸運局長	関東運輸局長
名古屋陸運局長	中部運輸局長
大阪陸運局長	近畿運輸局長
広島陸運局長	中国運輸局長
高松陸運局長	四国運輸局長
福岡陸運局長	九州運輸局長

附　則（平一二・六・七政令三一二抄）

（施行期日）

1　この政令は、内閣法の一部を改正する法律（平成十一年法律第八十八号）の施行の日（平成十三年一月六日）から施行する。〔後略〕

附　則（平一二・一二・二七政令五五四）

この政令は、商法等の一部を改正する法律の施行に伴う関係法律の整備に関する法律〔平成一二年五月法律第九一号〕の施行の日（平成十三年四月一日）から施行する。

附　則（平一三・一二・一九政令四一〇）

この政令は、倉庫業法の一部を改正する法律〔平成一三年六月法律第四二号〕の施行の日（平成十四年四月一日）から施行する。

附　則（平一四・六・七政令二〇〇抄）

（施行期日）

第一条　この政令は、平成十四年七月一日から施行する。

○倉庫業法施行規則

（昭和三十一年十月二十五日）
（運輸省令第五十九号）

沿革　昭三六運令一四・四八、昭三八運令三一、昭四五運令三六・七七・八五、昭四七運令一四、昭四八運令一七、昭五三運令三二・五四、昭五六運令一二、昭五九運令一八、昭六〇運令一八・二二・四〇、平二運令三、平六運令一一・四六、平七運令二五・三六・三七、平八運令一〇、平九運令一二・四七、平一〇運令八、平一一運令四三、平一二運令三九、平一三国交令三七、平一四国交令三・七九、平一七国交令一二、平一八国交令五八、平一九国交令三七、平三〇国交令五四、令元国交令二〇・二一、令二国交令九八、令三国交令三八、令六国交令二・二六・五三改正

（権限の委任）

第一条　倉庫業法施行令（昭和三十一年政令第百九十七号。以下「令」という。）第二条第一項第二号の国土交通省令で定める面積は、十万平方メートルとする。

2　令第二条第一項第二号の国土交通省令で定める種類の倉庫は、野積倉庫、水面倉庫、危険品倉庫（野積で保管するものを除く。以下この項において同じ。）、貯蔵槽倉庫及び冷蔵倉庫とし、野積倉庫及び水面倉庫にあつては有効面積一平方メートルにつき〇・五平方メートル、危険品倉庫にあつては有効面積一平方メートルにつき二平方メートル（貯蔵槽で保管するものにあつては、有効容積一立方メートルにつき一・六平方メートル）、貯蔵槽倉庫及び冷蔵倉庫にあつては有効容積一立方メートルにつき〇・八平方メートルの割合でそれぞれ換算するものとする。

3　令第二条第一項の規定により国土交通大臣の権限を行う地方運輸局長（運輸監理部長を含む。以下同じ。）は、次のとおりとする。

一　倉庫業法（昭和三十一年法律第百二十一号。以下「法」という。）第三条、法第四条第一項、法第五条、法第六条第一項、同条第二項（法第二十一条第二項において準用する場合を含む。）、法第七条第三項及び第四項（法第四条第一項第一号又は第二条第一項第三号に係る場合に限る。）、法第八条第一項及び第二項、法第十三条第一項、同条第四項（法第十八条第一項において準用する場合を含む。）、法第十五条、法第十七条第三項、法第十九条第一項及び第二項、法第二十条、法第二十一条第一項、法第二十二条並びに法第二十四条に規定する権限にあつては、主たる営業所の所在地を管轄する地方運輸局長（以下「所轄地方運輸局長」という。）

二　法第七条第一項、同条第二項において準用する法第五条及び法第六条、法第七条第三項及び第四項（法第四条第一項第一号並びに第二条第一項第二号及び第三号に係る場合を除く。）並びに法第十二条第二項に規定する権限にあつては、当該倉庫の所在地を管轄する地方運輸局長

三　法第七条第三項及び第四項（第二条第一項第二号に係る場合に限る。）に規定する権限にあつては、当該営業所の所在地を管轄する地方運輸局長

四　法第十八条第一項及び同条第三項において準用する法第十三条第四項（法第十八条第一項の認可に係るものに限る。）に規定する権限にあつては、譲受人の所轄地方運輸局長

五　法第十八条第二項及び同条第三項において準用する法第十三条第四項（法第十八条第二項の認可に係るものに限る。）に規定する権限にあつては、合併後存続する法人若しくは合併により設立される法人又は分割により当該倉庫業の全部若しくは一部を承継する法人の所轄地方運輸局長

六　法第三章に規定する権限にあつては、当該トランクルームの所在地を管轄する地方運輸局長

七　法第二十五条の十第二項に規定する権限にあつては、当該倉庫業を営む者以外の者の事業場の所在地を管轄する地方運輸局長

（書類の経由等）

第一条の二　次に掲げる申請又は届出（以下この条において「申請等」という。）であつて国土交通大臣にするものは、所轄地方運輸局長を経由してしなければならない。

一　法第四条第一項の登録の申請

二　法第八条第一項の届出

三　法第十三条第一項の許可の申請

四　法第十七条第三項又は法第十九条第一項の届出

五　法第十九条第二項の認可の申請

六　法第二十条第一項又は第二項の届出

2　法第十八条第一項の認可の申請であつて国土交通大臣にするものは、譲受人の所轄地方運輸局長を、同条第二項の認可の申請であつて国土交通大臣にするものは、合併後存続する法人若しくは合併により設立される法人又は分割により当該倉庫業の全部若しくは一部を承継する法人の所轄地方運輸局長を経由してしなければならない。

3　第二十四条第一項の届出であつて国土交通大臣にするものは、当該届出に係る料金の適用される倉庫の所在地を管轄する地方運輸局長を経由してしなければならない。ただし、当該倉庫の所在地が二以上の地方運輸局（運輸監理部を含む。以下同じ。）の管轄区域（近畿運輸局にあつては、神戸運輸監理部の管轄区域を除く。以下同じ。）にわたるときは、所轄地方運輸局長を経由してしなければならない。

4　前三項の申請等は、次に掲げる運輸支局又は海事事務所（以下「運輸支局等」という。）がある場合は、当該運輸支局等の長を経由してすることができる。

一　第一項各号の申請等にあつては、主たる営業所の所在地を管轄する運輸支局等（以下「所轄運輸支局等」という。）

二　法第十八条第一項の認可の申請にあつては、譲受人の所轄運輸支局等

三　法第十八条第二項の認可の申請にあつては、合併後存続する法人若しくは合併により設立される法人又は分割により当該倉庫業の全部若しくは一部を承継する法人の所轄運輸支局等

四　第二十四条第一項の届出にあつては、当該届出に係る料金の適用される倉庫の所在地を管轄する運輸支局等（当該倉庫の所在地が一の運輸支局等の管轄区域の内外にわたる場合にあつては、所轄運輸支局等）

5　第一項及び第二項の申請等に関する書類（法第八条第一項の届出に関するものを除く。）のうち、地方運輸局長を経由して提出するものには、副本一通を、運輸支局等の長を経由

して提出するものには、副本二通を添付しなければならない。

6　法第八条第一項の届出であつて国土交通大臣にするものについては、当該届出に係る営業所又は倉庫が当該届出の経由にあたる地方運輸局の管轄区域外に所在する場合は、前項の規定によるほか、当該管轄区域外に所在する営業所又は倉庫の所在地を管轄する地方運輸局長の数に応じた通数の第五条第一項第二号に掲げる事項を記載した書類を添付しなければならない。

第一条の三　次に掲げる申請、届出又は報告（以下この条において「申請等」という。）であつて地方運輸局長にするものは、当該各号に定める運輸支局等がある場合は、その長を経由してすることができる。

一　法第七条第三項の届出（法第四条第一項第一号又は第二条第一項第三号に係る場合に限る。）、前条第一項各号に掲げる申請又は届出並びに第二十四条第二項及び第三項の届出　所轄運輸支局等

二　法第七条第一項の申請、同条第三項の届出（法第四条第一項第一号並びに第二条第一項第二号及び第三号に係る場合を除く。）、第四条の三第一項の確認の申請及び第二十四条第四項の届出　当該倉庫の所在地を管轄する運輸支局等

三　法第七条第三項の届出（第二条第一項第二号に係る場合に限る。）並びに第二十四条第五項及び第六項の報告　当該営業所の所在地を管轄する運輸支局等

四　法第十八条第一項の認可の申請　譲受人の所轄運輸支局等

五　法第十八条第二項の認可の申請　合併後存続する法人若しくは合併により設立される法人又は分割により当該倉庫業の全部若しくは一部を承継する法人の所轄運輸支局等

六　法第二十五条の二第一項の申請並びに法第二十五条の六第一項及び第二項の届出　当該トランクルームの所在地を管轄する運輸支局等

七　第二十四条第一項の届出　当該届出に係る料金の適用される倉庫の所在地を管轄する運輸支局等（当該料金の適用される倉庫の所在地が一の運輸支局等の管轄区域の内外にわたる場合にあつては、所轄運輸支局等）

2　前項の申請等に関する書類には、副本一通を添付しなければならない。ただし、法第七条第三項の届出（法第四条第一項第一号、第二条第一項第三号又は第四条の二第一項第一号に係る場合に限る。）並びに第二十四条第一項の届出並びに同条第五項及び第六項の報告については、この限りでない。

3　法第八条第一項の届出であつて運輸支局等の長を経由して地方運輸局長にするものについては、当該届出に係る営業所又は倉庫が当該地方運輸局の管轄区域外に所在する場合は、前項の規定によるほか、当該管轄区域外に所在する営業所又は倉庫の所在地を管轄する地方運輸局長の数に応じた通数の第五条第一項第二号に掲げる事項を記載した書類を添付しなければならない。

（営業の登録の申請）

第二条　法第三条の登録を申請しようとする者は、次の各号に掲げる事項を記載した倉庫業登録申請書を国土交通大臣又は地方運輸局長に提出しなければならない。

一　法第四条第一項第一号から第五号までに掲げる事項

二　営業所の名称、所在地及び連絡先

三　資本金又は出資の総額

四　営業開始予定期日

2　前項の申請書には、次に掲げる書類を添付しなければならない。

一　倉庫に関する書類

イ　倉庫明細書（第一号様式）及び第三条第八号に掲げる倉庫にあつては、冷蔵施設明細書（第二号様式）

ロ　倉庫及びその敷地（水面を含む。以下同じ。）についての使用権原を証する書類

ハ　倉庫が第三条の三第二号及び第三条の四から第三条の十一までの基準に適合していることを証するものとして国土交通大臣の定める書類

ニ　倉庫の平面図、立面図及び断面図

ホ　倉庫付近の見取図及び倉庫の配置図

ヘ　倉庫管理主任者の配置の状況及び当該倉庫管理主任者が第九条第一項各号に規定する要件のうちのいずれか一の要件を満たす者である旨を記載した書類

二　既存の法人にあつては、次に掲げる書類

イ　登記事項証明書

ロ　役員が法第六条第一項第一号及び第二号の事由（以下「欠格事由」という。）に該当しない旨の宣誓書

三　設立中の法人にあつては、次に掲げる書類

イ　設立趣意書

ロ　定款（会社法（平成十七年法律第八十六号）第三十条第一項（他の法令において準用する場合を含む。以下同じ。）により認証を必要とする場合には、認証のあるもの）

ハ　発起人又は役員が欠格事由に該当しない旨の宣誓書

ニ　株式の引受又は出資の状況及び見込を記載した書類

四　個人にあつては、次に掲げる書類

イ　戸籍抄本又は本籍の記載のある住民票の写し

ロ　申請者が欠格事由に該当しない旨の宣誓書

ハ　資産調書

（倉庫の種類）

第三条　法第四条第一項第三号の国土交通省令で定める倉庫の種類は、次のとおりとする。

一　一類倉庫

二　二類倉庫

三　三類倉庫

四　野積倉庫

五　水面倉庫

六　貯蔵槽倉庫

七　危険品倉庫

八　冷蔵倉庫

九　トランクルーム

十　特別の倉庫

（登録簿の様式）

第三条の二　法第五条第一項の規定による登録簿は、第三号様式によるものとする。

（倉庫の基準）

第三条の三　第三条第一号から第九号までに掲げる倉庫に係る法第六条第一項第四号の倉庫の施設又は設備の基準（以下「施設設備基準」という。）は、次のとおりとする。

一　申請者が、その営業に使用する倉庫及びその敷地につい

て所有権その他の使用権原を有すること。

二　第三条各号に掲げる倉庫の種類ごとに国土交通大臣の定める建築基準法（昭和二十五年法律第二百一号）その他の法令の規定に適合していること。

（一類倉庫）

第三条の四　一類倉庫は、別表に掲げる第一類物品、第二類物品、第三類物品（第七類物品を除く。以下同じ。）、第四類物品（第七類物品を除く。以下同じ。）、第五類物品又は第六類物品（第七類物品を除く。以下同じ。）を保管する倉庫とする。

２　一類倉庫に係る施設設備基準は、前条に定めるもののほか、次のとおりとする。

一　土地に定着し、かつ、屋根及び周囲に壁を有する工作物であること。

二　軸組み、外壁又は荷ずり及び床の強度が、国土交通大臣の定める基準に適合していること。

三　構造及び設備が、倉庫内への水の浸透を防止するに足るものとして国土交通大臣の定める基準に適合していること。

四　土地からの水分の浸透及び床面の結露を防ぐため、床に国土交通大臣の定める防湿措置が講じられていること。

五　国土交通大臣の定める遮熱措置が講じられていること。

六　倉庫の設けられている建物が、耐火性能又は防火性能を有するものとして国土交通大臣の定める基準に適合していること。

七　危険物等を取り扱う施設その他の国土交通大臣の定める施設に近接する倉庫にあつては、国土交通大臣の定める災害防止上有効な構造又は設備を有すること。

八　倉庫の設けられている建物内に事務所、住宅、商店等の火気を使用する施設又は危険物等を取り扱う施設が設けられている場合にあつては、当該施設が、国土交通大臣の定めるところにより区画されていること。

九　消防法施行規則（昭和三十六年自治省令第六号）第六条に定めるところにより消火器等の消火器具が設けられていること。この場合において、倉庫の延べ面積が百五十平方メートル未満であるときは、これを延べ面積が百五十平方メートルの倉庫とみなして、同規則第六条の規定を適用する。

十　国土交通大臣の定めるそ害の防止上有効な構造及び設備を有していること。

十一　国土交通大臣の定める防犯上有効な設備を有していること。

（二類倉庫）

第三条の五　二類倉庫は、別表に掲げる第二類物品、第三類物品、第四類物品、第五類物品又は第六類物品を保管する倉庫とする。

２　二類倉庫に係る施設設備基準は、第三条の三に定めるもののほか、前条第二項各号（第六号を除く。）の基準に適合していることとする。

（三類倉庫）

第三条の六　三類倉庫は、別表に掲げる第三類物品、第四類物品又は第五類物品を保管する倉庫とする。

２　三類倉庫に係る施設設備基準は、第三条の三に定めるもののほか、第三条の四第二項各号（第三号から第六号まで及び第十一号を除く。）の基準に適合していることとする。ただし、鋼材その他の重量物の保管のため、天井走行クレーン等の固定荷役機械を設置しており、周囲に壁を設けることができない倉庫にあつては、国土交通大臣が別に定めるところによることとする。

（野積倉庫）

第三条の七　野積倉庫は、別表に掲げる第四類物品又は第五類物品を保管する倉庫とする。

２　野積倉庫に係る施設設備基準は、第三条の三に定めるもののほか、次のとおりとする。

一　第三条の四第二項第九号の基準に適合していること。

二　工作物又は土地であつて、その周囲が塀、柵等の国土交通大臣の定める防護施設をもつて防護されていること。

三　国土交通大臣が定める防犯上有効な設備を有していること。

四　建物の屋上を野積倉庫として用いる場合にあつては、当該屋上の床の強度が国土交通大臣の定める基準に適合しているとともに、保管する物品が屋上から落下することを防ぐ措置が講じられていること。

（水面倉庫）

第三条の八　水面倉庫は、別表に掲げる第五類物品を保管する倉庫とする。

２　水面倉庫に係る施設設備基準は、第三条の三に定めるもののほか、次のとおりとする。

一　水面であつてその周囲が築堤その他の国土交通大臣の定める工作物をもつて防護されていること。

二　高潮等による保管する物品の流失を防止するため、周囲の防護施設に保管する物品を係留する等の措置が講じられていること。

三　国土交通大臣が定める防犯上有効な設備を有していること。

（貯蔵槽倉庫）

第三条の九　貯蔵槽倉庫は、別表に掲げる第一類物品及び第二類物品のうちばらの物品並びに第六類物品を保管する倉庫とする。

２　貯蔵槽倉庫に係る施設設備基準は、第三条の三に定めるもののほか、次のとおりとする。

一　土地に定着し、かつ、周壁により密閉された貯蔵槽であること。

二　周壁の側面及び底面の強度が国土交通大臣の定める基準に適合していること。

三　第三条の四第二項第三号、第六号、第七号、第九号及び第十号の基準に適合していること。

（危険品倉庫）

第三条の十　危険品倉庫は、別表に掲げる第七類物品、危険物（消防法（昭和二十三年法律第百八十六号）第二条第七項の危険物をいう。同表において同じ。）（同法第九条の四第一項の指定数量未満のものに限る。）又は高圧ガス（高圧ガス保安法（昭和二十六年法律第二百四号）第二条の高圧ガスをいう。同表において同じ。）（同法第三条第一項第八号に掲げるものに限る。）を保管する倉庫とする。

２　危険品倉庫に係る施設設備基準は、第三条の三に定めるもののほか、土地に定着した工作物である場合においては、第三条の四第二項第九号及び第十号の基準とし、土地である場合においては、第三条の七第二項各号の基準とする。

（冷蔵倉庫）

第三条の十一　冷蔵倉庫は、別表に掲げる第八類物品を保管する倉庫とする。

2　冷蔵倉庫に係る施設設備基準は、第三条の三に定めるもののほか、次のとおりとする。

一　第三条の四第二項各号（第四号から第六号まで及び第十一号を除く。）の基準に適合していること。

二　倉庫内の要所に、倉庫内と外部との連絡のための通報機その他の設備を有すること。

三　冷蔵室の保管温度が常時摂氏十度以下に保たれるものとして国土交通大臣の定める基準を満たしていること。

四　見やすい場所に冷蔵室の温度を表示する温度計が設けられていること。

（特別の倉庫）

第三条の十二　災害の救助その他公共の福祉を維持するため物品の保管を必要と認めて国土交通大臣が定める倉庫については、第三条の三から前条までの規定にかかわらず、その定める基準によるものとする。

（変更登録の申請等）

第四条　法第七条第一項の変更登録を申請しようとする者は、次の各号に掲げる事項を記載した変更登録申請書を地方運輸局長に提出しなければならない。

一　氏名又は名称及び住所並びに法人にあっては、その代表者の氏名（以下「氏名等」という。）

二　変更に係る倉庫及び当該倉庫を所管する営業所の名称及び位置

三　変更しようとする事項及び変更予定期日

2　前項の申請書には、次に掲げる書類を添付しなければならない。

一　変更に係る倉庫が新たに営業に使用されるものである場合（規模の拡大を伴う主要構造（小屋組み、軸組み、床組み、外壁、屋根及び床並びに野積倉庫及び水面倉庫の周囲の防護施設をいう。以下同じ。）の変更（外壁及び屋根に係る配管設備の設置その他の構造耐力上支障がない軽微な変更を除く。）を含む。）にあっては、当該倉庫についての次に掲げる書類

イ　第二条第二項第一号（へを除く。）に掲げる書類

ロ　発券倉庫業者にあっては、集荷見積書（第四号様式）並びに所要資金及びその調達方法に関する説明書（第六号様式）

二　規模の拡大を伴わない主要構造の一部の変更（倉庫の種類の変更を含む。）の場合にあっては、当該倉庫についての次に掲げる書類

イ　倉庫明細書（第一号様式）及び倉庫の種類を冷蔵倉庫に変更する場合にあっては冷蔵施設明細書（第二号様式）

ロ　第二条第二項第一号ハ及びニに掲げる書類

ハ　借庫の場合にあっては、所有者の承諾書

三　冷蔵倉庫の圧縮機、蒸発器又は防熱装置の変更の場合にあっては、当該倉庫についての冷蔵施設明細書（第二号様式）

3　前項（第一号に係る部分に限る。）の場合において、当該倉庫について、法第四条第一項の登録若しくは法第七条第一項の変更登録が過去二年以内に行われている場合又は第四条の三第四項の規定により有効な確認書が交付されている場合であって、これらの申請の際に提出された書類（国土交通大臣が定めるものに限る。）の内容に変更がないときは、その旨を示すことをもって当該書類の提出に代えることができる。ただし、地方運輸局長は、特に必要があると認めるときは、当該書類を提出すべきことを命ずることができる。

4　前項の規定により変更登録の申請が行われたときは、当該申請に係る倉庫の施設及び設備は、当該変更登録において、第四条の三第一項の特定施設設備基準に適合しているものとみなす。

（軽微な変更）

第四条の二　法第七条第一項ただし書の国土交通省令で定める軽微な変更は、次のとおりとする。

一　倉庫の用途の廃止

二　法第四条第一項第一号及び第二号並びに第二条第一項第二号及び第三号に掲げる事項の変更

三　倉庫の名称及び使用権原の内容の変更

四　倉庫業者が現に営業に使用している倉庫を現状のまま引き続き他の倉庫業者がその営業に使用する場合

五　倉庫の主要構造以外の構造の変更又は屋根及び外壁に係る配管の設置その他の構造耐力上支障がない軽微な変更

2　法第七条第三項の規定により、前項に規定する軽微な変更を行った旨の届出をしようとする者は、次の各号に掲げる事項を記載した軽微変更届出書を地方運輸局長に提出しなければならない。

一　氏名等

二　変更の内容

三　変更を行った日

3　前項の届出書には、次に掲げる書類を添付しなければならない。

一　第二条第一項第三号に係る届出の場合にあっては、登記事項証明書又は資産調書

二　第一項第三号（使用権原の内容の変更の場合に限る。）又は第四号に係る届出の場合にあっては、当該変更に係る倉庫及びその敷地についての使用権原を証する書類

4　第一項第二号に係る届出のうち、法第四条第一項第一号に掲げる事項の変更の届出にあっては、法第七条第三項及び本条第二項の規定にかかわらず、貨物流通事業者の氏名の変更の届出等の一本化した提出の手続を定める省令（平成七年運輸省令第三十七号。以下「一本化省令」という。）の定めるところによることができる。

（倉庫の基準適合確認）

第四条の三　倉庫の所有者は、当該倉庫の施設及び設備が第三条の三から第三条の十二までに定める施設設備基準（国土交通大臣が定めるものを除く。以下「特定施設設備基準」という。）に適合しているかどうかについて、当該倉庫の所在地を管轄する地方運輸局長に確認を求めることができる。

2　前項の確認を受けようとする者は、法第四条第一項第一号から第四号までに掲げる事項を記載した確認申請書を前項の地方運輸局長に提出しなければならない。

3　前項の申請書には、第二条第二項第一号に掲げる書類（国土交通大臣が定めるものを除く。）を添付しなければならない。

4 第一項の地方運輸局長は、同項の確認の申請があつた場合において、当該倉庫の施設及び設備が特定施設設備基準に適合していることを確認したときは、確認書を交付しなければならない。

5 前項の確認書の有効期間は、二年とする。

6 第一項の地方運輸局長は、同項の確認を受けた倉庫について、次の各号のいずれかに該当するときは、当該確認を取り消すことができる。

一 当該倉庫の施設又は設備が特定施設設備基準に適合していないと認めるとき。

二 当該倉庫の所有者が偽りその他不正な手段により当該確認を受けたとき。

（倉庫寄託約款の届出）

第五条 法第八条第一項の届出をしようとする者は、当該倉庫寄託約款の実施予定期日の三十日前までに、次の各号に掲げる事項を記載した倉庫寄託約款設定（変更）届出書を国土交通大臣又は地方運輸局長に提出しなければならない。

一 氏名等

二 設定又は変更をしようとする倉庫寄託約款（変更の場合にあつては、新旧の対照を明示すること。）

三 実施予定期日

2 法第三条の登録若しくは法第七条第一項の変更登録（倉庫の種類を変更する場合に限る。）又は法第十三条第一項の許可の申請をしようとする者は、登録又は許可の申請に際して当該申請書に前項第二号に掲げる事項を記載した書類を添付することにより、第一項の手続に代えることができる。

（倉庫寄託約款の記載事項）

第六条 法第八条第一項の倉庫寄託約款に定める事項は、次の通りとする。

一 業務内容に関する事項

二 寄託の引受に関する事項

三 受寄物の入庫、保管及び出庫に関する事項

四 受寄物の損害保険に関する事項

五 受寄物に対する責任及び免責に関する事項

六 受寄物の損害賠償に関する事項

七 料金の収受に関する事項

八 発券倉庫業者にあつては、倉荷証券に関する事項

九 その他倉庫寄託約款の内容として必要な事項

（料金等の掲示等）

第七条 法第九条の規定により倉庫業者は、営業所その他の事業所に次の各号に掲げる事項を利用者に見やすいように掲示するとともに、公衆の閲覧に供しなければならない。

一 保管料その他の料金（消費者から収受するものに限る。）

二 倉庫寄託約款

三 当該営業所その他の事業所ごとの倉庫の種類

四 冷蔵倉庫にあつては、当該営業所その他の事業所の倉庫の冷蔵室ごとの保管温度

五 法第二十五条の五の認定トランクルームにあつては、第二十条第三項に定めるトランクルーム認定証（第七号様式）

（公衆の閲覧の方法）

第七条の二 法第九条の規定による公衆の閲覧は、倉庫業者のウェブサイトへの掲載により行うものとする。

（公衆の閲覧に供することを要しない場合）

第七条の三 法第九条に規定する国土交通省令で定める場合は、次の各号のいずれかに該当する場合とする。

一 倉庫業に常時使用する従業員の数が二十人以下である場合

二 倉庫業者が自ら管理するウェブサイトを有していない場合

（倉庫管理主任者）

第八条 倉庫業者は、倉庫ごとに一人の倉庫管理主任者を置かなければならない。ただし、次に掲げる倉庫にあつては、同一の者をもつて当該倉庫に係る倉庫管理主任者とすることができる。

一 同一の敷地内に設けられている倉庫その他の機能上一体の倉庫とみなされる複数の倉庫

二 同一の営業所その他の事業所が直接管理又は監督している複数の倉庫（同一都道府県の区域内に存するものに限る。）であつて、それらの有効面積（国土交通大臣の定める倉庫にあつては、その有効面積又は有効容積を国土交通大臣の定めるところにより換算した値）の合計（認定トランクルームが当該複数の倉庫に含まれる場合には、当該認定トランクルームに係る床面積の合計を除く。）が国土交通大臣の定める値以下であるもの

（倉庫管理主任者の要件）

第九条 倉庫業者の選任する倉庫管理主任者は、次の各号のいずれかに該当する者でなければならない。

一 倉庫の管理の業務に関して二年以上の指導監督的実務経験を有する者

二 倉庫の管理の業務に関して三年以上の実務経験を有する者

三 国土交通大臣の定める倉庫の管理に関する講習を修了した者

四 国土交通大臣が第一号から前号までに掲げる者と同等以上の知識及び能力を有すると認める者

2 倉庫業者は、次の各号のいずれかに該当する者を倉庫管理主任者として選任してはならない。

一 一年以上の懲役又は禁錮の刑に処せられ、その執行を終わり又は執行を受けることがなくなつた日から二年を経過しない者

二 法第二十一条の規定による登録の取消しを受け、その取消しの日から二年を経過しない者

（倉庫管理主任者の業務）

第九条の二 倉庫管理主任者は、次に掲げる業務を行うものとする。

一 次に掲げる業務の総括に関すること。

イ 倉庫における火災の防止その他倉庫の施設の管理に関すること。

ロ 倉庫管理業務の適正な運営の確保に関すること。

ハ 労働災害の防止に関すること。

二 現場従業員の研修に関すること。

（倉荷証券の発行の許可の申請）

第十条 法第十三条第一項の許可を申請しようとする者は、氏名等を記載した倉荷証券発行許可申請書を国土交通大臣又は地方運輸局長に提出しなければならない。

2 前項の申請書には、次の各号に掲げる書類を添附しなければ

ばならない。

一　集荷実績書及び集荷見積書（第四号様式）

二　見積損益計算書（第五号様式）

三　最近の事業年度の貸借対照表、損益計算書及び損益処分表

四　倉荷証券の様式

五　倉荷証券発行原簿の様式を記載した書類

六　発券業務の管理組織及び倉荷証券の取扱手続に関する説明書

七　附帯業務又は兼営事業があるときは、その種類及び概要を記載した書類

（火災保険に付することを要しない場合）

第十一条　法第十四条ただし書の国土交通省令で定める場合は、当該受寄物が他の発券倉庫業者に再寄託され、当該再寄託を受けた発券倉庫業者がこれを火災保険に付した場合又は水面において保管されているものである場合とする。

第十二条　削除

（事業の譲受による承継の届出）

第十三条　法第十七条第三項の規定により事業の譲受による倉庫業者の地位の承継の届出をしようとする者は、次の各号に掲げる事項を記載した事業譲受届出書を国土交通大臣又は地方運輸局長に提出しなければならない。

一　当事者の氏名等

二　譲り受けた倉庫業の範囲

三　譲受の日

２　前項の届出書には、次の各号に掲げる書類を添付しなければならない。

一　譲渡譲受契約書の写

二　譲受により承継した営業所及び倉庫の名称の新旧対照表

三　既存の法人にあつては、次に掲げる書類

イ　登記事項証明書

ロ　役員が欠格事由に該当しない旨の宣誓書

四　個人にあつては、次に掲げる書類

イ　戸籍抄本又は本籍の記載のある住民票の写し

ロ　申請者が欠格事由に該当しない旨の申請書

（合併又は分割による承継の届出）

第十四条　法第十七条第三項の規定により法人の合併又は分割による倉庫業者の地位の承継の届出をしようとする者は、次の各号に掲げる事項を記載した合併届出書又は分割届出書を国土交通大臣又は地方運輸局長に提出しなければならない。

一　合併後存続する法人若しくは合併により設立した法人又は分割により当該倉庫業の全部若しくは一部を承継する法人の名称、住所及び代表者の氏名

二　合併により消滅した法人又は分割をした法人の名称、住所及び代表者の氏名

三　合併又は分割の方法及び条件

四　合併又は分割の日

２　前項の届出書には、次の各号に掲げる書類を添付しなければならない。

一　合併契約書又は分割契約書（新設分割の場合にあつては、分割計画書）の写し

二　合併又は分割により承継した営業所及び倉庫の名称の新旧対照表

三　登記事項証明書及び役員が欠格事由に該当しない旨の宣誓書

（発券倉庫業者の事業の譲渡及び譲受の認可の申請）

第十五条　法第十八条第一項の認可を申請しようとする者は、次の各号に掲げる事項を記載した事業譲渡譲受認可申請書を国土交通大臣又は地方運輸局長に提出しなければならない。

一　当事者の氏名等

二　譲渡譲受をする倉庫業の範囲

三　譲渡譲受の価格

四　譲渡譲受予定期日

２　前項の申請書には、次に掲げる書類を添付しなければならない。

一　譲渡譲受契約書の写し

二　譲渡譲受により承継する営業所及び倉庫の名称の新旧対照表

三　譲渡譲受をしようとする倉庫業の最近の事業年度の損益計算書

四　倉荷証券の様式

五　倉荷証券発行原簿の様式を記載した書類

六　発券業務の管理組織及び倉荷証券の取扱手続に関する説明書

七　現に倉庫業を営んでいない譲受人にあつては、次に掲げる書類

イ　集荷見積書（第四号様式）

ロ　見積損益計算書（第五号様式）

ハ　所要資金及びその調達方法に関する説明書（第六号様式）

ニ　既存の法人にあつては、登記事項証明書、役員が欠格事由に該当しない旨の宣誓書並びに最近の事業年度の貸借対照表、損益計算書及び損益処分表

ホ　設立中の法人にあつては、設立趣意書、定款（会社法第三十条第一項により認証を必要とする場合には、認証のあるもの）、発起人又は社員が欠格事由に該当しない旨の宣誓書並びに株式の引受け又は出資の状況及び見込みを記載した書類

ヘ　個人にあつては、戸籍抄本又は本籍の記載のある住民票の写し、譲受人が欠格事由に該当しない旨の宣誓書及び資産調書

ト　附帯業務又は兼営事業があるときは、その種類及び概要を記載した書類

八　現に倉庫業を営んでいる譲受人にあつては、次に掲げる書類

イ　集荷実績書及び集荷見積書（第四号様式）

ロ　見積損益計算書（第五号様式）

ハ　譲受しようとする倉庫業についての所要資金及びその調達方法に関する説明書（第六号様式）

ニ　最近の事業年度の貸借対照表、損益計算書及び損益処分表

（発券倉庫業者の合併又は分割の認可の申請）

第十六条　法第十八条第二項の認可を申請しようとする者は、次の各号に掲げる事項を記載した合併認可申請書又は分割認可申請書を国土交通大臣又は地方運輸局長に提出しなければならない。

一　当事者の名称、住所及び代表者の氏名

二　合併又は分割の方法及び条件

三　合併又は分割予定期日
2　前項の申請書には、次に掲げる書類を添付しなければならない。
一　合併契約書の写し及び合併比率説明書又は分割契約書（新設分割の場合にあつては、分割計画書）の写し及び分割比率説明書
二　合併又は分割により承継する営業所及び倉庫の名称の新旧対照表
三　合併又は分割により設立される法人についての次に掲げる書類
イ　集荷見積書（第四号様式）
ロ　見積損益計算書（第五号様式）
ハ　定款（会社法第三十条第一項により認証を必要とする場合には、認証のあるもの）
ニ　役員が欠格事由に該当しない旨の宣誓書
ホ　倉荷証券の様式
ヘ　倉荷証券発行原簿の様式を記載した書類
ト　発券業務の管理組織及び倉荷証券の取扱手続に関する説明書
チ　附帯業務又は兼営事業があるときは、その種類及び概要を記載した書類
四　合併後存続する法人又は吸収分割により当該倉庫業の全部若しくは一部を承継する法人が現に発券倉庫業者でない場合における当該法人についての次に掲げる書類
イ　前号イからチまでに掲げる書類
ロ　最近の事業年度の貸借対照表、損益計算書及び損益処分表

（相続による承継の届出）
第十七条　法第十九条第一項の届出をしようとする者は、次の各号に掲げる事項を記載した相続届出書を国土交通大臣又は地方運輸局長に提出しなければならない。
一　氏名、住所及び被相続人との続柄
二　被相続人の氏名及び住所
三　相続開始の日
四　承継した倉庫業の範囲
2　前項の届出をしようとする者が相続開始の日に倉庫業を営んでいない者であるときは、前項の届出書に戸籍抄本及び相続人が欠格事由に該当しない旨の宣誓書を添付しなければならない。

（相続による発券倉庫業者の地位の承継の認可の申請）
第十八条　法第十九条第二項の認可の申請をしようとする者は、氏名及び住所を記載した発券倉庫業相続認可申請書を国土交通大臣又は地方運輸局長に提出しなければならない。
2　前項の申請書には、次の各号に掲げる書類を添附しなければならない。
一　集荷見積書（第四号様式）
二　見積損益計算書（第五号様式）
三　資産調書
四　倉荷証券の様式
五　倉荷証券発行原簿の様式を記載した書類
六　発券業務の管理組織及び倉荷証券の取扱手続に関する説明書

（営業等の廃止の届出）
第十九条　法第二十条の届出をしようとする者は、次の各号に掲げる事項を記載した倉庫業廃止届出書を国土交通大臣又は地方運輸局長に提出しなければならない。
一　氏名等
二　廃止した営業所の名称及び位置
三　廃止の日
2　法第二十条第二項の届出をしようとする者は、次の各号に掲げる事項を記載した倉荷証券発行業務廃止届出書を国土交通大臣又は地方運輸局長に提出しなければならない。
一　氏名等
二　倉荷証券の発行回収高及び流通高報告書（第十号様式）
三　廃止の日

（トランクルームの認定の申請）
第二十条　法第二十五条の認定を申請しようとする倉庫業者は、次の各号に掲げる事項を記載したトランクルーム認定申請書を地方運輸局長に提出しなければならない。
一　法第二十五条の二第一項第一号から第五号までに掲げる事項
二　第二十一条第一項各号に掲げるトランクルームの性能
三　トランクルームの利用者からの相談の窓口に係る組織及び業務の内容
2　前項の申請書には、次に掲げる書類を添付しなければならない。
一　トランクルームの性能を発揮させるための設備を明らかにする書類
二　トランクルームに配置された倉庫管理主任者が第九条第一項各号に掲げる要件のうちのいずれか一の要件を満たす者である旨を記載した書類
3　地方運輸局長は、法第二十五条の認定をしたときは、当該倉庫業者にトランクルーム認定証（第七号様式）を交付するものとする。

（トランクルームの認定の基準）
第二十一条　法第二十五条の四第一項第一号のトランクルーム（一類倉庫に該当するものに限る。）の施設及び設備の基準は、次の各号に掲げる物品の種類ごとに、それぞれ当該各号に定める性能を有するものとして国土交通大臣の定める基準を満たしていることとする。
一　酒類その他の温度により変質しやすい物品　定温性能
二　漆器類その他の湿度により変質しやすい物品　定湿性能
三　精密機械、楽器その他の粉塵からの保護を必要とする物品　防塵性能
四　絹製品、毛皮類その他の害虫による被害を受けやすい物品　防虫性能
五　磁気テープ、磁気ディスクその他の磁気による影響を受けやすい物品　防磁性能
六　温度又は湿度により変質し難い物品又は第一号から前号までの性能を有するトランクルームにおける保管を行う必要がないものとして寄託者の同意の得られた物品　常温及び常湿性能
2　法第二十五条の四第一項第三号のトランクルームにおいて行われる営業の基準は、次のとおりとする。
一　営業所ごとに、トランクルームの利用者からの相談の窓口が置かれていること。
二　相談窓口にトランクルームの営業に係る必要な知識及び能力を有している者が置かれていること。

三　申請者が寄託契約に関して不正又は不誠実な行為をするおそれが明らかでないことその他トランクルームにおいて行われる営業が消費者の利益の保護を図るものとして不適当であると認められないこと。

（認定トランクルームに係る変更の届出等）

第二十二条　法第二十五条の六第一項の届出をしようとする者は、次の各号に掲げる事項を記載した認定トランクルーム変更届出書を地方運輸局長に提出しなければならない。

一　氏名等

二　変更に係る認定トランクルーム及び当該認定トランクルームを所管する営業所の名称及び位置

三　変更しようとする事項及び変更予定期日

2　前項の届出書には、次に掲げる書類を添付しなければならない。

一　法第二十五条の二第一項第三号に掲げる事項の変更（トランクルームの性能を発揮させるための設備の変更の場合に限る。）の場合にあつては、第二十条第二項第一号に掲げる書類

二　法第二十五条の二第一項第五号に掲げる事項の変更の場合にあつては、第二十条第二項第二号に掲げる書類

3　法第二十五条の六第二項の届出をしようとする者は、次の各号に掲げる事項を記載した認定トランクルーム廃止届出書を地方運輸局長に提出しなければならない。

一　氏名等

二　廃止に係る認定トランクルーム及び当該認定トランクルームを所管する営業所の名称及び位置

三　廃止日

（聴聞の方法の特例）

第二十三条　国土交通大臣又は地方運輸局長は、法第二十一条第一項の規定による登録の取消し、法第二十二条の規定による許可の取消し又は法第二十五条の九第二項の規定による認定の取消しの処分に係る聴聞を行うに当たつては、その期日の十日前までに、行政手続法（平成五年法律第八十八号）第十五条第一項の規定による通知をしなければならない。

2　前項の通知を受けた者（行政手続法第十五条第三項後段の規定により当該通知が到達したとみなされる者を含む。次項において「当事者」という。）は、補佐人を選任したときは、聴聞の日の前日までに、その者の住所、氏名及び前項の通知を受けた者（行政手続法第十五条第三項後段の規定により当該通知が到達したとみなされる者を含む。次項において「当事者」という。）との関係を記載した書面を主宰者に提出しなければならない。

3　当事者は、自己のために証言しようとする者（行政手続法第十七条第一項の規定により当該聴聞に関する手続に参加する者を除く。次項において「証人」という。）があるときは、聴聞の日の前日までに、その者の住所、氏名及び証言の内容を記載した書面を主宰者に提出しなければならない。

4　証人が発言し、又は証拠を提出しようとするときは、主宰者の許可を受けなければならない。

（料金の届出等）

第二十四条　倉庫業者は、その営業に係る倉庫保管料及び倉庫荷役料その他の営業に関する料金を定め又は変更したときは、料金の設定又は変更後三十日以内に、次に掲げる事項を記載した倉庫料金届出書を、国土交通大臣が登録の権限を有する倉庫業に係る場合にあつては国土交通大臣に、地方運輸局長が登録の権限を有する倉庫業に係る場合にあつては当該料金の適用される倉庫の所在地を管轄する地方運輸局長（当該料金の適用される倉庫の所在地が二以上の地方運輸局の管轄区域にわたる場合にあつては、所轄地方運輸局長）に提出しなければならない。

一　氏名等

二　料金の種別、額及び適用方法

三　設定又は変更に係る料金の施行日

2　倉庫業者（法人に限る。）は、その役員を変更したときは、その日から三十日以内に、氏名等及び変更に係る役員の氏名を記載した役員変更届出書に、当該変更に係る役員が欠格事由に該当しない旨の宣誓書を添付して、これを所轄地方運輸局長に提出しなければならない。

3　発券倉庫業者は、第十条第二項第四号の倉荷証券の様式を変更をしたときは、その日から三十日以内に、氏名等を記載した倉荷証券様式変更届出書に、新旧倉荷証券の様式を添付して、これを所轄地方運輸局長に提出しなければならない。

4　倉庫業者は、その営業に使用する倉庫の火災、損壊その他倉庫に関する重大な事故が発生した場合においては、当該事故の発生後二週間以内に、氏名等及び発生した事故の概要を記載した事故届出書を当該倉庫の所在地を管轄する地方運輸局長に提出しなければならない。

5　倉庫業者は、毎四半期（四月を起算月とする毎三箇月を一の四半期とする。）ごとの期末倉庫使用状況を記載した期末倉庫使用状況報告書（第八号様式）並びに受寄物入出庫高及び保管残高を記載した受寄物入出庫高及び保管残高報告書（第九号様式）を、当該四半期の経過後三十日以内に当該倉庫業者の営業所の所在地を管轄する地方運輸局長に提出しなければならない。

6　発券倉庫業者は、前年四月一日から三月三十一日までの期間における倉荷証券の流通高がある場合にあつては、倉荷証券発行回収高及び流通高報告書（第十号様式）を、毎年四月三十日までに当該発券倉庫業者の営業所の所在地を管轄する地方運輸局長に提出しなければならない。

7　第二項の届出については、第一条第三項第一号、第一条の三第一項第一号及び本条第三項の規定にかかわらず、一本化省令の定めるところによることができる。

附　則

（施行期日）

1　この省令は、法施行の日（昭和三十一年十二月一日）から施行する。

（倉庫業法施行規則等の廃止）

2　倉庫業法施行規則（昭和二十五年運輸省令第四十六号）及び倉庫業法に基き開催する公聴会に関する省令（昭和二十六年運輸省令第九十六号）は、廃止する。

（倉庫の構造及び設備の基準の特例）

3　法附則第三条第二項の運輸省令で定める基準は、次の通りとする。

一　倉庫の立地条件及び保管する物品の性質に応じ、適当な強度を有すること。

二　倉庫の立地条件及び保管する物品の性質に応じ、耐火構造若しくは防火構造を有し、又は消火器具を整備する等有効な防火措置が講じてあること。

三　倉庫の立地条件及び保管する物品の性質に応じ、へい、さく、照明装置又は非常ベルを整備する等有効な盗難防止措置が講じてあること。

四　倉庫の立地条件及び保管する物品の性質に応じ、風水害、ぬれ損、そ害等に対して有効な防止措置が講じてあること。

五　定温装置を有する倉庫については、常時表定温度が保持できるように有効な措置が講じてあること。

（旧法に基く処分、手続等の効力）

4　次表上欄に掲げる行為は、それぞれ同表下欄に掲げる行為とみなす。

旧法第一条の許可又はその申請	法第十三条第一項の許可又はその申請
旧法第三条又は旧法第七条ノ二の料金の届出	法第六条第一項の届出
旧法第三条又は旧法第七条ノ二の営業規則の届出	法第八条第一項の届出
旧法第十条の規定による預証券及び質入証券又は倉荷証券の発行の停止	法第二十二条の規定による倉庫証券の発行の停止
旧法第十条の規定による旧法第一条の許可の取消	法第二十二条の規定による法第十三条第一項の許可の取消
旧法第十一条ノ二の認可又はその申請	法第十八条第一項若しくは第二項の認可又はその申請

附　則（昭三六・三・三一運令一四）

この省令は、昭和三十六年四月一日から施行する。

附　則（昭三六・九・一一運令四八）

1　この省令は、昭和三十六年十月一日から施行する。

2　倉庫業法の一部を改正する法律（昭和三十六年法律第百十八号。以下「法」という。）附則第二項の届出をしようとする者は、次の各号に掲げる事項を記載した届出書をその主たる営業所の所在地を管轄する海運局長又は陸運局長を経由して運輸大臣に提出しなければならない。

一　氏名又は名称及び住所

二　倉庫業法第四条第一項第一号及び第二号に掲げる事項

3　前項の届出をしようとする者は、届出書の副本をその届出に係る営業所の所在地を管轄する海運局長又は陸運局長に提出しなければならない。

4　法附則第三項の運輸省令で定める基準は、倉庫業法施行規則附則第三項各号の基準とする。

附　則（昭三八・六・二六運令三一）

1　この省令は、昭和三十八年九月一日から施行する。

2　この省令の施行の際現に倉庫業者が営業に使用している倉庫についての倉庫業法第十二条の規定の適用に関しては、その倉庫業者が営業に使用する場合に限り、改正後の第三条の規定及び別表にかかわらず、昭和三十九年八月三十一日まで（倉庫業法附則第三条第一項の規定により倉庫業者とみなされた者にあっては、その者が倉庫業者とみなされる期間）は、なお従前の例による。

附　則（昭四五・五・二〇運令三六抄）

（施行期日）

1　この省令は、公布の日から施行する。

附　則（昭四五・九・一〇運令七七）

この省令は、公布の日から施行する。

附　則（昭四五・九・二八運令八五）

この省令は、昭和四十五年十月一日から施行する。

附　則（昭四七・四・一〇運令一四）

この省令は、公布の日から施行し、昭和四十七年四月以降の倉庫証券の発行回収高及び流通高に係る報告から適用する。

附　則（昭四八・五・八運令一七）

この省令は、公布の日から施行する。

附　則（昭五三・六・二三運令三二抄）

（施行期日）

第一条　この省令は、公布の日から施行する。〔後略〕

附　則（昭五三・一〇・三一運令五四抄）

（施行期日）

1　この省令は、公布の日から施行する。

（経過措置）

2　この省令の施行前に倉庫業法（昭和三十一年法律第百二十一号）の規定により運輸大臣に対してされた申請に係る処分に関しては、なお従前の例により運輸大臣が職権を行う。

附　則（昭五六・三・三〇運令一二抄）

（施行期日）

第一条　この省令は、地方支分部局の整理のための行政管理庁設置法等の一部を改正する法律〔昭和五五年一一月法律第八五号〕の施行の日（昭和五十六年四月一日）から施行する。

附　則（昭五九・六・二二運令一八抄）

（施行期日）

第一条　この省令は、昭和五十九年七月一日から施行する。

（経過措置）

第二条　この省令の施行前に次の表の上欄に掲げる行政庁が法律若しくはこれに基づく命令の規定によりした許可、認可その他の処分又は契約その他の行為（以下「処分等」という。）は、同表の下欄に掲げるそれぞれの行政庁がした処分等とみなし、この省令の施行前に同表の上欄に掲げる行政庁に対してした申請、届出その他の行為（以下「申請等」という。）は、同表の下欄に掲げるそれぞれの行政庁に対してした申請等とみなす。

北海運局長	北海道運輸局長
東北海運局長（山形県又は秋田県の区域に係る処分等又は申請等に係る場合を除く。）	東北運輸局長
東北海運局長（山形県又は秋田県の区域に係る処分等又は申請等に係る場合に限る。）及び新潟海運監理部長	新潟運輸局長
関東海運局長	関東運輸局長
東海海運局長	中部運輸局長
近畿海運局長	近畿運輸局長

中国海運局長	中国運輸局長
四国海運局長	四国運輸局長
九州海運局長	九州運輸局長
神戸海運局長	神戸海運監理部長
札幌陸運局長	北海道運輸局長
仙台陸運局長	東北運輸局長
新潟陸運局長	新潟運輸局長
東京陸運局長	関東運輸局長
名古屋陸運局長	中部運輸局長
大阪陸運局長	近畿運輸局長
広島陸運局長	中国運輸局長
高松陸運局長	四国運輸局長
福岡陸運局長	九州運輸局長

第三条 この省令の施行前に海運局支局長が法律又はこれに基づく命令の規定によりした処分等は、相当の地方運輸局又は海運監理部の海運支局長がした処分等とみなし、この省令の施行前に海運局支局長に対してした申請等は、相当の地方運輸局又は海運監理部の海運支局長に対してした申請等とみなす。

附　則（昭六〇・四・二五運令一八抄）

（施行期日）

1　この省令は、公布の日から施行する。〔後略〕

附　則（昭六〇・六・一五運令二二抄）

（施行期日）

1　この省令は、公布の日から施行する。

附　則（昭六〇・一二・二四運令四〇抄）

（施行期日）

1　この省令は、公布の日から施行する。ただし、第九条の規定（倉庫業法施行規則第二十一条第一項の規定、第七号様式及び第八号様式に係る部分に限る。）は、昭和六十一年四月一日から施行する。

〔経過措置〕

5　この省令の施行前にした申請に係る運輸大臣の権限であつて、第九条の規定による改正後の倉庫業法施行規則第一条第一項の規定又は第十三条の規定による改正後の航空法施行規則第二百四十条の規定により新たに地方運輸局長（海運監理部長を含む。）又は地方航空局長が行うこととなつたものについては、改正後のこれらの規定にかかわらず、なお運輸大臣が行う。

附　則（平二・二・二六運令三）

1　この省令は、公布の日から施行する。

2　この省令の施行前にした申請に係る運輸大臣の権限であつて、この省令による改正後の倉庫業法施行規則第一条第一項及び第二項の規定により新たに地方運輸局長（海運監理部長を含む。）が行うこととなつたものについては、改正後のこれらの規定にかかわらず、なお運輸大臣が行う。

附　則（平六・三・二九運令一一）

この省令は、平成六年四月一日から施行する。

附　則（平六・九・三〇運令四六抄）

（施行期日）

第一条　この省令は、行政手続法（平成五年一一月法律第八八号）の施行の日（平成六年十月一日）から施行する。

（聴聞に関する規定の整備に伴う経過措置）

第三条　この省令の施行前に運輸省令の規定により行われた聴聞、聴問若しくは聴聞会（不利益処分に係るものを除く。）又はこれらのための手続は、この省令による改正後の関係省令の相当規定により行われたものとみなす。

附　則（平七・四・一四運令二五）

この省令は、公布の日から施行する。ただし、第七号様式及び第八号様式の改正規定は、平成七年四月を起算月とする四半期の期末倉庫状況並びに受寄物入出庫高及び保管残高に係る報告から適用する。

附　則（平七・六・二三運令三六）

（施行期日）

この省令は、公布の日から施行する。

附　則（平七・六・二三運令三七抄）

（施行期日）

第一条　この省令は、公布の日から施行する。

附　則（平八・二・二七運令一〇抄）

（施行期日）

第一条　この省令は、公布の日から施行する。

附　則（平九・三・一八運令一二）

この省令は、高圧ガス取締法及び液化石油ガスの保安の確保及び取引の適正化に関する法律の一部を改正する法律の施行の日（平成九年四月一日）から施行する。

附　則（平九・七・九運令四七）

この省令は、私的独占の禁止及び公正取引の確保に関する法律の適用除外制度の整理等に関する法律〔平成九年六月法律第九六号〕の施行の日（平成九年七月二十日）から施行する。

附　則（平一〇・三・一三運令八）

この省令は、平成十年四月一日から施行する。

附　則（平一一・九・三〇運令四三）

この省令は、平成十一年十月一日から施行する。

附　則（平一二・一一・二九運令三九抄）

（施行期日）

第一条　この省令は、平成十三年一月六日から施行する。

附　則（平一三・三・一五国交令三七）

この省令は、平成十三年四月一日から施行する。

附　則（平一四・一・三一国交令三）

（施行期日）

第一条　この省令は、倉庫業法の一部を改正する法律（平成十三年法律第四十二号。以下「改正法」という。）の施行の日（平成十四年四月一日）から施行する。

（経過措置）

第二条　改正法附則第二条の規定により改正法による改正後の倉庫業法第三条の登録を受けたものとみなされた者に係る登録簿については、当分の間、この省令による改正後の倉庫業法施行規則第三条の二の規定を適用しない。

附　則（平一四・六・二八国交令七九）

（施行期日）

第一条 この省令は、平成十四年七月一日から施行する。

（経過措置）

第二条 この省令の施行の際現にあるこの省令による改正前の様式又は書式による申請書、証明書その他の文書は、この省令による改正後のそれぞれの様式又は書式にかかわらず、当分の間、なおこれを使用することができる。

附 則（平一七・三・七国交令一二抄）

（施行期日）

第一条 この省令は、公布の日から施行する。

附 則（平一八・四・二八国交令五八）

（施行期日）

第一条 この省令は、会社法〔平成一七年七月法律第八六号〕の施行の日（平成十八年五月一日）から施行する。

（経過措置）

第二条 この省令の施行の際現にあるこの省令による改正前の様式又は書式による申請書その他の文書は、この省令による改正後のそれぞれの様式又は書式にかかわらず、当分の間、なおこれを使用することができる。

第三条 この省令の施行前にしたこの省令による改正前の省令の規定による処分、手続、その他の行為は、この省令による改正後の省令（以下「新令」という。）の規定の適用については、新令の相当規定によってしたものとみなす。

附 則（平二九・六・一五国交令三七）

この省令は、公布の日から施行する。

附 則（平三〇・六・二九国交令五四）

この省令は、公布の日から施行する。

附 則（令元・六・二八国交令二〇）

この省令は、不正競争防止法等の一部を改正する法律〔平成三〇年五月法律第三三号〕の施行の日（令和元年七月一日）から施行する。

附 則（令元・六・二八国交令二一）

この省令は、公布の日から施行する。

附 則（令二・一二・二三国交令九八抄）

（施行期日）

1 この省令は、令和三年一月一日から施行する。

附 則（令三・五・三一国交令三八）

この省令は、食品衛生法等の一部を改正する法律〔平成三〇年六月法律第四六号〕附則第一条第三号に掲げる規定の施行の日（令和三年六月一日）から施行する。

附 則（令六・一・一九国交令二抄）

（施行期日）

1 この省令は、デジタル社会の形成を図るための規制改革を推進するためのデジタル社会形成基本法等の一部を改正する法律〔令和五年六月法律第六三号〕の施行の日（令和六年四月一日）から施行する。

附 則（令六・三・二九国交令二六抄）

（施行期日）

第一条 この省令は、令和六年四月一日から施行する。〔後略〕

附 則（令六・四・八国交令五三）

この省令は、公布の日から施行する。

別表〔第三条の四―第三条の一一〕

第一類物品	第二類物品、第三類物品、第四類物品、第五類物品、第六類物品、第七類物品及び第八類物品以外の物品
第二類物品	麦、でん粉、ふすま、飼料、塩、野菜類、果実類、水産物の乾品及び塩蔵品、皮革、肥料、鉄製品その他の金物製品、セメント、石こう、白墨、わら工品、石綿及び石綿製品
第三類物品	板ガラス、ガラス管、ガラス器、陶磁器、タイル、ほうろう引容器、木炭、パテ、貝がら、海綿、農業用機械その他素材及び用途がこれらに類する物品であつて湿気又は気温の変化により変質し難いもの
第四類物品	地金、銑鉄、鉄材、鉛管、鉛板、銅板、ケーブル、セメント製品、鉱物及び土石、自動車及び車両（構造上主要部分が被覆されているものに限る。）、大型機械その他の容大品（被覆した場合に限る。）、木材（合板及び化粧材を除く。）、ドラムかんに入れた物品、空コンテナ・空びん類、れんが・かわら類、がい子・がい管類、土管類、くづ鉄・くづガラス・古タイヤ類等野積で保管することが可能な物品
第五類物品	原木等水面において保管することが可能な物品
第六類物品	容器に入れてない粉状又は液状の物品
第七類物品	危険物（消防法第九条の四第一項の指定数量未満のものを除く。）及び高圧ガス（高圧ガス保安法第三条第一項第八号に掲げるものを除く。）
第八類物品	農畜水産物の生鮮品及び凍結品等の加工品その他の摂氏十度以下の温度で保管することが適当な物品

第一号様式（第2条、第4条関係）

倉　庫　明　細　書

倉庫の名称					
倉庫の所在地					
主要構造					
倉庫の種別及び保管物品の種類					
建築年月日又は建築完了予定年月日					
土地及び倉庫に係る使用権原の状況					
各階別の規模	階別名称	面積（㎡）	軒高、階高又は天井高（m）	容積（㎥）	備考
	合計				

構造の詳細		
基礎	柱下	
	壁下	
骨組み	小屋組み	
	軸組み	
	床組み	
壁	外壁	
	間仕切り壁	
	防火壁	
屋根		
天井		
床		
窓	側窓	
	天窓	

出入口	外壁にある出入口	
	間仕切り壁にある出入口	
	防火壁にある出入口	
附属設備	消火設備	
	防犯設備	
	防そ設備	
	遮熱措置	
	その他の設備	
その他		

（注意）

1　工作物たる倉庫については棟又は貯蔵槽ごとに、野積倉庫又は水面倉庫については一連の柵等により囲まれた区画ごとに、それぞれ別葉に作成すること。

2　「主要構造」の欄は、骨組み、外壁、屋根及び階数をその順に記載すること。

3　「倉庫の種別及び保管物品の種類」の欄は、倉庫の種別並びに別表に掲げる物品の類別及び主として保管する物品の名称を記載すること。

4　「土地及び倉庫の使用権原の状況」の欄は、所有庫・借庫の別等土地及び倉庫の使用権原の状況について記載すること。

5 a　「面積」の欄は、延べ面積を記載し、貯蔵槽倉庫及び冷蔵倉庫の場合は「容積」の欄に有効容積をあわせて記載すること。

b　「軒高、階高又は天井高」の欄は、倉庫に天井が設けられている場合には天井高を記載すること。

c　「備考」の欄は、定温装置を有する倉庫の保管温度及び面積を記載すること。

6 a　「基礎」の欄は、その種類及び材質を記載すること。

b　「小屋組み」の欄は、梁及び合掌について、それぞれの材質及び寸法並びに張り間及び間隔を記載すること。

c　「軸組み」の欄は、柱その他の主要構材の材質及び寸法を記載すること。

d　「床組み」の欄は、その種類及び材質を記載すること。

e 「外壁」及び「間仕切り壁」の欄は、その下地及び仕上材について、それぞれの材質及び厚さ並びにその1㎡あたりの強度（外壁及び外壁に設けられた荷ずり木に係るものに限る。）を記載し、野積倉庫又は水面倉庫の場合にあっては、その周囲の塀、柵、格子、鉄条網、築堤等の防護施設の構造の概要を記載すること。なお、ラック保管等荷崩れ防止のための措置がとられている場合にあっては、その旨明記すること。

f 「防火壁」の欄は、その下地及び仕上材について、それぞれの材質及び厚さを記載し、小屋裏に耐火構造又は防火構の隔壁を設けた場合には、その下地及び仕上材について、それぞれの材質、厚さ及び箇所数を記載すること。また、災害防止上特に設けた構造又は設備については、その旨を明記し、かつ、構造又は設備の詳細を記載すること。

g 「屋根」の欄は、その下地及び仕上（葺）材の材質並びに1.2類倉庫にあっては厚さを記載すること。

h 「天井」の欄は、その材質を記載すること。

i 「床」の欄は、その床材及び仕上（舗装）材について、それぞれの材質及び厚さ並びに床高（地盤面より1階床上までの高さをいう。）及び各階の1㎡あたりの積載荷重を記載すること。

j 「窓」及び「出入口」の欄は、その開閉方法、材質、大きさ及び箇所数を記載すること。なお、網戸を設けた場合は、この欄にその材質、大きさ及び箇所数を記載すること。また、災害防止上特に設けた設備については、その旨を明記し、かつ、設備の詳細を記載すること。

7 a 「消火設備」の欄は、その種類及び数量を記載すること。

b 「防犯設備」の欄は、その種類及び配置の概要を記載すること。

c 「防そ設備」の欄は、その有無及び種類を記載すること。

d 「遮熱措置」の欄は、一・二類倉庫の場合にあっては、屋根及び外壁における熱貫流率の1㎡あたりの平均値を記載することとし、換気扇等の排熱設備を設けている場合には、その旨明記した上で設備の詳細を記載すること。

8 「その他」の欄には、関税法による保税蔵置場、消防法による危険物の貯蔵所、高圧ガス保安法による高圧ガスの貯蔵所等にあっては、その旨を明記し、かつ、許可年月日及び許可番号を記載し、冷蔵倉庫にあっては、高圧ガス保安法による許可年月日及び許可番号を記載すること。

第二号様式（第2条、第4条関係）

冷　蔵　施　設　明　細　書

（その一）　冷凍機表

機械別							
冷却方式							
蒸発方式							
冷凍能力（日本冷凍トン）							
使用する冷媒の種類							
当該冷凍機と冷蔵室との連絡状態							
圧縮機の型式							
ブライン冷却用蒸発器	型式						
	冷却面積（㎡）						
凍結装置	日産凍結能力（トン）						
製氷装置	日産凍結能力（トン）						
準備室	所要冷凍能力（日本冷凍トン）						

（注意）

1　当該冷凍機と冷蔵室との連絡状態の欄は、当該冷凍機に係る冷蔵室の名称を記載すること。

2　ブライン冷却起用蒸発器の欄は、間接膨張による冷却方式の場合に限り記載すること。

3　凍結装置の欄は、当該冷凍機に係る凍結装置がある場合に限り記載すること。

4　製氷装置の欄は、当該冷凍機に係る製氷装置がある場合に限り記載すること。

5　準備室の欄は、当該冷凍機に係る準備室に冷却管が配管されている場合に限り記載すること。

（その二）　冷蔵室表

冷蔵室の名称							
冷蔵室の規模	面積（㎡）						
	高さ（m）						
	容積（m^3）						
収容能力（トン）							
保管温度（℃）							
配管の冷却面積（㎡）	天井						
	壁						
防熱装置の材料の種類、熱伝導率（W／（m・℃））及び厚さ	天井						
	床						
	側壁						
	間壁						
電気扇風機（馬力又はキロワツト）							
温度計の種類及び数							

第三号様式（第３条の２関係）

倉　庫　業　者　登　録　簿

１／Ｘ

都道府県		管轄局 及び整理番号	
登録番号及び年月日			
氏名又は名称			
代表者の氏名 （法人の場合）			
住所			
資本の額又は出資の総額			
主たる営業所の名称			
主たる営業所の連絡先	（電話） （FAX） （E-mail）		
主たる営業所の所在地			
発券・非発券の別	発券　・　非発券	発券許可番号及び年月日	

倉庫の棟数及び所管面（容）積			
	有効面積の合計		
	１類倉庫	棟	m2
	２類倉庫	棟	m2
	３類倉庫	棟	m2
	野積倉庫	区	m2
	水面倉庫	区	m2
	貯蔵槽倉庫	基	m3
	危険品倉庫		
	冷蔵倉庫	棟　m^3 うち　ＳＦ級　棟　m^3 Ｆ級　棟　m^3 Ｃ級　棟　m^3	

＜　営　業　所　の　概　要　＞

γ／Ｘ

営業所所在都道府県		管轄局 及び整理番号	
営業所の名称			
営業所の所在地			
営業所の連絡先	（電話） （FAX） （E-mail）		

倉庫の棟数及び所管面（容）積			
	有効面積の合計		
	１類倉庫	棟	m2
	２類倉庫	棟	m2
	３類倉庫	棟	m2
	野積倉庫	区	m2
	水面倉庫	区	m2
	貯蔵槽倉庫	基	m3
	危険品倉庫		
	冷蔵倉庫	棟　m^3 うち　ＳＦ級　棟　m^3 Ｆ級　棟　m^3 Ｃ級　棟　m^3	

（営　業　所　所　管　倉　庫　の　概　要）

設置登録番号及び年月日	名称	類別	所在地	倉庫面(容)積	主要構造	所有・借庫の別	保管物品の種類	備考

注）「倉庫の棟数及び所管面積」中「危険品倉庫」の欄については、建屋又は野積により危険品を保管するものにあつては、面積立てで、貯蔵槽により危険品を保管するものにあつては容積立てで記載すること。

トランクルームにあつては、構造基準上対応する倉庫の欄に括弧書きでトランクルームの面積又は容積を記入すること。

第四号様式（第４条、第10条、第15条、第16条、第18条関係）

集荷見積（実績）書

営業所の名称			
品目	年間入庫高（トン）	平均月末保管残高（トン）	備考
合計			

（注意）

1　営業所ごとに別葉に作成すること。

2　集荷見積書は通常の１年間について、集荷実績書は最近の１年間について作成すること。

3　「備考」の欄は、トン当り寄託価格を記載すること。ただし、冷蔵倉庫の場合には保管温度の級別を、水面倉庫の場合には「いかだけい留」と「さん積」の区別を記載すること。

第五号様式（第10条、第15条、第16条、第18条関係）

見積損益計算書

収入		支出		差損益
科目	金額	科目	金額	
倉庫業収入		倉庫業支出		
保管料収入		保管業務費		
荷役料収入		荷役業務費		
その他収入		その他支出		
兼営事業収入		兼営事業支出		
		一般管理費		
		共通費		
営業外収入		営業外支出		
収入合計		支出合計		

（倉庫業支出内訳表）

科目	費目	金額
保管業務費	人件費	
	倉庫減価償却費	
	倉庫修繕費	
	倉庫火災保険料	
	倉庫固定資産税	
	借庫料	
	受寄物保険料	
	その他	
	小計	
荷役業務費	人件費	
	下払労務費	
	機械設備減価償却費	
	機械設備修繕費	
	機械設備保険料	
	機械設備固定資産税	
	その他	
	小計	

（注意）

1　金額は、1,000円単位とすること。

2　申請者の事業全体を対象として通常の1年間について作成すること。

3　「その他支出」の欄は、保管業務費及び荷役業務費以外の業務費並びに保管業務費及び荷役業務費のいずれにも直接計上し難い費用を一括計上すること。倉庫業支出の全部又は大部分をその他支出に計上しなければならない場合は、人件費、修繕費、減価償却費、固定資産税、火災保険料、借地借家料、その他の諸経費等に細分したその他支出内訳表を添附すること。

4　「兼営事業収入」及び「兼営事業支出」の欄は、各兼営事業ごとに計上すること。ただし、収入合計額の1割に満たない収入の兼営事業が2以上あるときは、これらを一括計上すること。

5　「共通費」の欄は、倉庫業支出、兼営事業支出又は一般管理費のいずれにも直接計上し難い費用を計上すること。費用の全部又は大部分を共通費に計上しなければならない場合は、人件費、修繕費、減価償却費、固定資産税、火災保険料、借地借家料、その他の諸経費等に細分した共通費内訳表を添附すること。

第六号様式（第4条、第15条関係）

所要資金及びその調達方法に関する説明書

所要資金		調達方法		
種別	金額	種別	金額	摘要
新規資産購入資金		資本金		
運転資金		長期借入金		
その他		短期借入金		
		その他		
合計		合計		

（新規資産購入資金内訳）

種別	数量	金額	摘要
土地			
倉庫			
荷役機械			
事務所建物			
その他			
合計			

（注意）

1　金額は、1,000円単位とする。

2　「所要資金」の「その他」の欄は創業費等を、「調達方法」の「その他」の欄は現有資金の流用等を計上すること。

3　「調達方法」の「摘要」の欄は、それぞれの調達方法の概要を記載し、「借入金」の欄は、借入先、借入期間及びその利率を記載すること。

第七号様式（第20条関係）（日本産業規格Ａ列４番）

番　　号

ト　ラ　ン　ク　ル　ー　ム　認　定　証

住　所
氏　名（又は名称）

倉庫業法（昭和31年法律第121号）第25条の規定により下記に掲げるトランクルームを認定する。

記

1．トランクルームの名称及び位置
2．トランクルームの性能

年　　月　　日

地方運輸局長
印
運輸監理部長

第八号様式（第24条関係）

期　末　倉　庫　使　用　状　況　報　告　書

年度第　　四半期末現在　　　　氏名又は名称

都道府県　　　　営業所の名称

事項 / 倉庫の類別		所管面積（容積）	使用状況			備考
			受寄物在貨面積（容積）	自家貨物在貨面積（容積）	空面積（容積）	
一～三類倉庫		㎡	㎡	㎡	㎡	
野積倉庫		〃	〃	〃	〃	
水面倉庫		〃	〃	〃	〃	
貯蔵槽倉庫		m^3	m^3	m^3	m^3	
危険品倉庫	タンク	〃	〃	〃	〃	
	その他	㎡	㎡	㎡	㎡	
冷蔵倉庫		m^3	m^3	m^3	m^3	
			〃			

（注意）

1　営業所ごとに作成すること。

2　面積は延べ面積を、容積は有効容積を記載すること。

3　冷蔵倉庫の「受寄物在貨容積」の欄の下段は、容積建保管に使用している容積を内数として記載すること。

第九号様式（第24条関係）

受寄物入出庫高及び保管残高報告書

年度第　　四半期分　　　　　　　　氏名又は名称

都道府県　　　　　　　　　　　　　営業所の名称

事項／品目	前期末保管残高	当期中入庫高			当期中出庫高			当期末保管残高				備考
		月　中入庫高	月　中入庫高	月　中入庫高	月　中出庫高	月　中出庫高	月　中出庫高	月末保管残高	月末保管残高			
	数量（トン）	数量（トン）	数量（トン）	数量（トン）	数量（トン）	数量（トン）	数量（トン）	数量（トン）	数量（トン）	数量（トン）	金額（千円）	
合計												

（注意）

1　営業所ごとに、かつ、倉庫の類別（この場合において、一類倉庫、二類倉庫及び三類倉庫は同一類別とみなす。）ごとに作成すること。

2　水面倉庫に係る数量の単位はm^3とする。

3　受寄物の滅失、損傷等は出庫として記載し、その旨を「備考」の欄に付記すること。

4　「金額」の欄については、冷蔵倉庫にあつては記載することを要せず、その他の倉庫にあつては第一四半期末の記載のみでよい。

第十号様式（第24条関係）

倉荷証券発行回収高及び流通高報告書

年度　　　　　　　　　　　　　　　氏名又は名称

都道府県　　　　　　　　　　　　　営業所の名称

事項／品目	前年度末流通高			当年度中発行高			当年度中回収高			当年度末流通高			備考
	件数	数量（トン）	金額（千円）	件数	数量（トン）	金額（千円）	件数	数量（トン）	金額（千円）	件数	数量（トン）	金額（千円）	
合計													

（注意）

営業所ごとに、かつ、倉庫の類別（この場合において、一類倉庫、二類倉庫及び三類倉庫は同一類別とみなす。）ごとに作成すること。

○流通業務の総合化及び効率化の促進に関する法律

（平成十七年七月二十二日）
（法律第八十五号）

沿革 平一七法八七、平一八法五〇、平一九法七〇、平二三法九・七四、平二七法二九、平二八法三二、平三〇法六二、令二法三六、令五法二四、令六法二三改正

〔編者注〕
1 令和五年五月一二日法律第二四号による改正のうち、公布の日から起算して二年を超えない範囲内において政令で定める日から施行される部分は、直接改正を加えないで、現行条文と並列して登載した。
2 令和六年五月一五日法律第二三号による改正のうち、公布の日から起算して一年を超えない範囲内において政令で定める日及び公布の日から起算して二年を超えない範囲内において政令で定める日から起算して二年を超えない範囲内において政令で定める日から施行される部分は、直接改正を加えないで、改正文を本法の末尾に登載した。

目次

第一章　総則

（目的）

第一条 この法律は、最近における物資の流通をめぐる経済的社会的事情の変化に伴い、我が国産業の国際競争力の強化、消費者の需要の高度化及び多様化への対応並びに物資の流通に伴う環境への負荷の低減を図ることの重要性が増大するとともに、流通業務に必要な労働力の確保に支障が生じつつあることに鑑み、流通業務総合効率化事業について、その計画の認定、その実施に必要な関係法律の規定による許可等の特例、中小企業者が行う場合における資金の調達の円滑化に関する措置等について定めることにより、流通業務の総合化及び効率化の促進を図り、もって国民経済の健全な発展に寄与することを目的とする。

（定義）

第二条 この法律において次の各号に掲げる用語の意義は、それぞれ当該各号に定めるところによる。

一　流通業務　輸送、保管、荷さばき、流通加工（物資の流通の過程における簡易な加工をいう。以下同じ。）その他の物資の流通に係る業務をいう。

二　流通業務総合効率化事業　二以上の者が連携して、輸送、保管、荷さばき及び流通加工を一体的に行うことによる流通業務の総合化を図るとともに、輸送網の集約、効率性の高い輸送手段の選択、配送の共同化その他の輸送の合理化を行うことによる流通業務の効率化を図る事業（当該事業の用に供する特定流通業務施設の整備を行う事業を含む。）であって、物資の流通に伴う環境への負荷の低減に資するとともに、流通業務の省力化を伴うものをいう。

三　特定流通業務施設　流通業務施設（トラックターミナル、卸売市場、倉庫又は上屋をいう。）であって、高速自動車国道、鉄道の貨物駅、港湾、漁港、空港その他の物資の流通を結節する機能を有する社会資本等の近傍に立地し、物資の搬入及び搬出の円滑化を図るための情報処理システムその他の輸送の合理化を図るための設備並びに流通加工の用に供する設備を有するものをいう。

四　貨客運送効率化事業　地域公共交通の活性化及び再生に関する法律（平成十九年法律第五十九号）第二条第十二号に規定する貨客運送効率化事業をいう。

五　港湾流通拠点地区　第六条第一項の規定により指定された地区をいう。

六　港湾管理者　港湾法（昭和二十五年法律第二百十八号）第二条第一項の港湾管理者をいう。

七　第一種貨物利用運送事業　貨物利用運送事業法（平成元年法律第八十二号）第二条第七項の第一種貨物利用運送事業をいう。

八　第二種貨物利用運送事業　貨物利用運送事業法第二条第八項の第二種貨物利用運送事業をいう。

九　外国人国際第二種貨物利用運送事業　貨物利用運送事業法第四十五条第一項の許可を受けて行う事業をいう。

十　一般貨物自動車運送事業　貨物自動車運送事業法（平成元年法律第八十三号）第二条第二項の一般貨物自動車運送事業をいう。

十一　貨物軽自動車運送事業　貨物自動車運送事業法第二条第四項の貨物軽自動車運送事業をいう。

十二　貨物運送一般旅客定期航路事業　海上運送法（昭和二十四年法律第百八十七号）第二条第五項の一般旅客定期航路事業（本邦の港と本邦以外の地域の港との間又は本邦以外の地域の各港間に航路を定めて行うものを除く。）のうち貨物の運送を行うものをいう。

十三　貨物鉄道事業　鉄道事業法（昭和六十一年法律第九十二号）第二条第一項の鉄道事業のうち貨物の運送を行うもの及び貨物の運送を行う同法第七条第一項に規定する鉄道事業者に鉄道施設を譲渡し、又は使用させるものをいう。

十四　貨物軌道事業　軌道法（大正十年法律第七十六号）による軌道事業のうち貨物の運送を行うものをいう。

十五　トラックターミナル事業　自動車ターミナル法（昭和三十四年法律第百三十六号）によるトラックターミナル事業をいう。

十六　倉庫業　倉庫業法（昭和三十一年法律第百二十一号）第二条第二項の倉庫業をいう。

十七　中小企業者　次のいずれかに該当する者をいう。

イ　資本金の額又は出資の総額が三億円以下の会社並びに常時使用する従業員の数が三百人以下の会社及び個人であって、製造業、建設業、運輸業その他の業種（ロからニまでに掲げる業種及びホの政令で定める業種を除く。）に属する事業を主たる事業として営むもの

ロ　資本金の額又は出資の総額が一億円以下の会社並びに常時使用する従業員の数が百人以下の会社及び個人であって、卸売業（ホの政令で定める業種を除く。）に属する事業を主たる事業として営むもの

ハ　資本金の額又は出資の総額が五千万円以下の会社並び

に常時使用する従業員の数が百人以下の会社及び個人であって、サービス業（ホの政令で定める業種を除く。）に属する事業を主たる事業として営むもの

ニ　資本金の額又は出資の総額が五千万円以下の会社並びに常時使用する従業員の数が五十人以下の会社及び個人であって、小売業（ホの政令で定める業種を除く。）に属する事業を主たる事業として営むもの

ホ　資本金の額又は出資の総額がその業種ごとに政令で定める金額以下の会社並びに常時使用する従業員の数がその業種ごとに政令で定める数以下の会社及び個人であって、その政令で定める業種に属する事業を主たる事業として営むもの

ヘ　企業組合

ト　協業組合

チ　事業協同組合、協同組合連合会その他の特別の法律により設立された組合及びその連合会であって、政令で定めるもの

十八　食品等生産業者等　次のいずれかに該当する者をいう。

イ　食品等（食品等の流通の合理化及び取引の適正化に関する法律（平成三年法律第五十九号）第二条第一項の食品等をいう。）の生産又は販売の事業を行う者

ロ　農業協同組合その他の農林水産省令で定める法人でイに掲げる者を直接又は間接の構成員とするもの

ハ　卸売市場を開設する者

> 注　令和五年五月一二日法律二四号により改正され、公布の日から起算して二年を超えない範囲内において政令で定める日から施行
>
> 第二条中「それぞれ」を削り、同条第十二号中「（本邦の港と本邦以外の地域の港との間又は本邦以外の地域の各港間に航路を定めて行うものを除く。）」を削る。

第二章　基本方針

第三条　主務大臣は、流通業務総合効率化事業の実施に関し、基本的な方針（以下「基本方針」という。）を定めるものとする。

2　基本方針に定める事項は、次のとおりとする。

一　流通業務の総合化及び効率化の意義及び目標に関する事項

二　流通業務総合効率化事業の内容に関する事項

三　流通業務総合効率化事業の実施方法に関する事項

四　港湾流通拠点地区に関する事項

五　中小企業者が実施する流通業務総合効率化事業に関する事項

六　その他流通業務総合効率化事業の実施に当たって配慮すべき重要事項

3　主務大臣は、基本方針を定め、又はこれを変更しようとするときは、環境大臣に協議するとともに、前項第五号に係る部分については中小企業政策審議会の意見を聴くものとする。

4　主務大臣は、基本方針を定め、又はこれを変更したときは、遅滞なく、これを公表するものとする。

第三章　総合効率化計画の認定等

（総合効率化計画の認定）

第四条　流通業務総合効率化事業を実施しようとする者（当該流通業務総合効率化事業を実施する法人を設立しようとする者を含む。以下「総合効率化事業者」という。）は、共同して、その実施しようとする流通業務総合効率化事業についての計画（以下「総合効率化計画」という。）を作成し、これを主務大臣に提出して、その総合効率化計画が適当である旨の認定を受けることができる。

2　総合効率化計画には、次に掲げる事項を記載しなければならない。

一　流通業務総合効率化事業の目標

二　流通業務総合効率化事業の内容

三　流通業務総合効率化事業の実施時期

四　流通業務総合効率化事業の実施に必要な資金の額及びその調達方法

五　流通業務総合効率化事業に係る貨物利用運送事業法第十一条（同法第三十四条第一項において準用する場合を含む。）又は鉄道事業法第十八条に規定する運輸に関する協定を締結するときは、その内容

六　流通業務総合効率化事業のうち貨客運送効率化事業に該当するものを実施するときは、その関係地方公共団体

3　総合効率化計画には、前項各号に掲げる事項のほか、流通業務総合効率化事業の用に供する特定流通業務施設の整備に関する次に掲げる事項を記載することができる。

一　当該特定流通業務施設の政令で定める区分の別並びに規模、構造及び設備その他の当該特定流通業務施設の整備の内容

二　当該特定流通業務施設の用に供する土地の所在及び面積

三　その他主務省令で定める事項

4　主務大臣は、第一項の認定の申請があった場合において、その総合効率化計画が次の各号のいずれにも適合するものであると認めるときは、その認定をするものとする。

一　総合効率化計画に記載された事項が基本方針に照らして適切なものであること。

二　総合効率化計画に記載された事項が流通業務総合効率化事業を確実に遂行するため適切なものであること。

三　総合効率化計画に記載された事業のうち、第一種貨物利用運送事業に該当するものについては、当該事業を実施する者が貨物利用運送事業法第六条第一項各号（第五号を除く。）のいずれにも該当しないこと。

四　総合効率化計画に記載された事業のうち、第二種貨物利用運送事業（外国人国際第二種貨物利用運送事業を除く。以下この号において同じ。）に該当するものについては、当該事業を実施する者が貨物利用運送事業法第二十二条各号のいずれにも該当せず、かつ、その総合効率化計画に記載された第二種貨物利用運送事業の内容が同法第二十三条各号に掲げる基準に適合すること。

五　総合効率化計画に記載された事業のうち、一般貨物自動車運送事業に該当するものについては、当該事業を実施する者が貨物自動車運送事業法第五条各号のいずれにも該当

せず、かつ、その総合効率化計画に記載された一般貨物自動車運送事業の内容が同法第六条各号に掲げる基準に適合すること。

六　総合効率化計画に記載された事業のうち、貨物運送一般旅客定期航路事業に該当するものについては、その総合効率化計画に記載された貨物運送一般旅客定期航路事業の内容が海上運送法第四条各号に掲げる基準に適合し、かつ、当該事業を実施する者が同法第五条各号のいずれにも該当しないこと。

七　総合効率化計画に記載された事業のうち、貨物鉄道事業に該当するものについては、その総合効率化計画に記載された貨物鉄道事業の内容が鉄道事業法第五条第一項各号に掲げる基準に適合し、かつ、当該事業を実施する者が同法第六条各号のいずれにも該当しないこと。

八　総合効率化計画に記載された事業のうち、貨物軌道事業に該当するものについては、その総合効率化計画に記載された貨物軌道事業の内容が軌道法第三条の特許の基準に適合すること。

九　総合効率化計画に記載された事業のうち、トラックターミナル事業に該当するものについては、当該事業を実施する者が自動車ターミナル法第五条各号のいずれにも該当せず、かつ、その総合効率化計画に記載されたトラックターミナル事業の内容が同法第六条各号に掲げる基準に適合すること。

十　総合効率化計画に記載された事業のうち、倉庫業に該当するものについては、当該事業を実施する者が倉庫業法第六条第一項各号のいずれにも該当しないこと。

十一　総合効率化計画に記載された事業のうち、貨客運送効率化事業に該当するものについては、その総合効率化計画に記載された貨客運送効率化事業の内容が、関係地方公共団体が実施する地域公共交通（地域公共交通の活性化及び再生に関する法律第二条第一号に規定する地域公共交通をいう。）に関する施策と調和したものであること。

十二　総合効率化計画に前項各号に掲げる事項が記載されている場合には、同項の特定流通業務施設の立地、規模、構造及び設備が同項第一号の区分に従い主務省令で定める基準に適合すること。

5　流通業務総合効率化事業のうち貨客運送効率化事業（地域公共交通計画（地域公共交通の活性化及び再生に関する法律第五条第一項に規定する地域公共交通計画をいう。以下同じ。）に定められたものに限る。）に該当するものが記載された総合効率化計画に対する前項の規定の適用については、同項中「次の各号」とあるのは、「次の各号（第十一号を除く。）」とする。

6　国土交通大臣は、第一項の認定の申請があった場合において、総合効率化計画に記載された事業のうち外国人国際第二種貨物利用運送事業に該当するものについては、その総合効率化計画の認定において、国際約束を誠実に履行するとともに、国際貨物運送に係る第二種貨物利用運送事業の分野において公正な事業活動が行われ、その健全な発達が確保されるよう配慮するものとする。

7　国土交通大臣は、軌道法第三条の特許を要する事業が記載された総合効率化計画について第一項の認定をしようとするときは、あらかじめ、運輸審議会に諮るものとする。

8　国土交通大臣は、総合効率化計画について第一項の認定をしようとするときは、あらかじめ、国土交通省令で定めるところにより関係する道路管理者（道路法（昭和二十七年法律第百八十号）第十八条第一項に規定する道路管理者をいう。以下この項において同じ。）に、国土交通省令・内閣府令で定めるところにより関係する都道府県公安委員会に、それぞれ意見を聴くものとする。ただし、道路管理者の意見を聴く必要がないものとして国土交通省令で定める場合、又は都道府県公安委員会の意見を聴く必要がないものとして国土交通省令・内閣府令で定める場合は、この限りでない。

9　国土交通大臣は、流通業務総合効率化事業のうち貨客運送効率化事業（地域公共交通計画に定められたものを除く。）に該当するものが記載された総合効率化計画について第一項の認定をしようとするときは、あらかじめ、関係地方公共団体に意見を聴くものとする。

10　主務大臣は、第三項各号に掲げる事項が記載された総合効率化計画について第一項の認定をしようとするときは、あらかじめ、都道府県知事の意見を聴くものとする。

11　国土交通大臣は、第三項各号に掲げる事項（港湾流通拠点地区において同項の特定流通業務施設の整備を行うものに係るものに限る。第十三項において同じ。）が記載された総合効率化計画について第一項の認定をしようとするときは、あらかじめ、当該港湾流通拠点地区を指定した港湾管理者に協議し、その同意を得るものとする。

12　国土交通大臣は、流通業務総合効率化事業のうち貨客運送効率化事業に該当するものが記載された総合効率化計画について第一項の認定をしたときは、遅滞なく、その旨及び当該総合効率化計画に記載された事項を当該関係地方公共団体に通知するものとする。

13　国土交通大臣は、第三項各号に掲げる事項が記載された総合効率化計画について第一項の認定をしたときは、遅滞なく、その旨を当該港湾流通拠点地区を指定した港湾管理者に通知するものとする。

14　第一項の認定に関し必要な事項は、主務省令で定める。

（総合効率化計画の変更等）

第五条　前条第一項の規定による総合効率化計画の認定を受けた総合効率化事業者（以下「認定総合効率化事業者」という。）は、当該認定に係る総合効率化計画を変更しようとするときは、主務大臣の認定を受けなければならない。

2　主務大臣は、前条第一項の認定に係る総合効率化計画（前項の規定による変更の認定があったときは、その変更後のもの。以下「認定総合効率化計画」という。）が同条第四項各号のいずれかに適合しなくなったと認めるとき、又は認定総合効率化事業者が認定総合効率化計画に従って事業を実施していないと認めるときは、その認定を取り消すことができる。

3　国土交通大臣は、流通業務総合効率化事業のうち貨客運送効率化事業（地域公共交通計画に定められたものに限る。）に該当するものが記載された認定総合効率化計画の認定を前項の規定により取り消したときは、遅滞なく、その旨を当該関係地方公共団体に通知するものとする。

4　前条第四項から第十四項までの規定は、第一項の認定について準用する。この場合において、同条第七項中「軌道法第三条の特許」とあるのは、「軌道法第三条の特許（軌道の譲渡に係る部分に限る。）若しくは第二十二条ノ二の許可又は同法第二十二条の認可」と読み替えるものとする。

（港湾流通拠点地区）

第六条　港湾法第二条第二項に規定する国際戦略港湾、国際拠点港湾又は重要港湾の港湾管理者は、基本方針に基づき、臨港地区（同条第四項の臨港地区をいう。）及び港湾区域（同条第三項の港湾区域をいう。）内の公有水面の埋立てに係る埋立地（公有水面埋立法（大正十年法律第五十七号）第二十二条第二項の竣功認可の告示があった日から一定期間を経過したものその他の国土交通省令で定めるものを除く。）のうち、貨物取扱量、港湾施設（港湾法第二条第五項の港湾施設をいう。）の整備の状況、土地利用の動向等を勘案し、特定流通業務施設の立地を促進するために適当と認められる地区を港湾流通拠点地区として指定することができる。

2　港湾管理者は、港湾流通拠点地区を指定したときは、遅滞なく、当該港湾流通拠点地区の区域を公示するとともに、当該区域を国土交通大臣に通知するものとする。当該区域を変更したときも、同様とする。

（特定流通業務施設の確認）

第七条　総合効率化事業者が実施する流通業務総合効率化事業の用に供するため特定流通業務施設を整備しようとする者は、当該整備しようとする特定流通業務施設の計画が第四条第四項第十二号の主務省令で定める基準に適合するものであることについて、主務省令で定めるところにより主務大臣の確認を申請することができる。

2　主務大臣は、前項の申請があった場合において、当該申請に係る計画が第四条第四項第十二号の基準に適合すると認めるときは、確認をするものとする。

3　前項の確認に係る特定流通業務施設（同項の確認を受けてから主務省令で定める期間を経過していないものに限る。）を利用して実施する総合効率化計画に対する第四条（第五条第四項において準用する場合を含む。）の規定の適用については、第四条第四項中「次の各号」とあるのは、「次の各号（第十二号を除く。）」とする。

第四章　流通業務総合効率化事業の促進

（貨物利用運送事業法の特例）

第八条　総合効率化事業者がその総合効率化計画について第四条第一項の認定を受けたときは、当該総合効率化計画に記載された事業のうち、第一種貨物利用運送事業についての貨物利用運送事業法第三条第一項の登録若しくは同法第七条第一項の変更登録を受け、又は同条第三項の規定による届出をしなければならないものについては、これらの規定により登録若しくは変更登録を受け、又は届出をしたものとみなす。

2　第一種貨物利用運送事業を営む認定総合効率化事業者がその認定総合効率化計画の変更について第五条第一項の認定を受けたときは、当該認定総合効率化計画に記載された事業のうち、第一種貨物利用運送事業についての貨物利用運送事業法第七条第一項の変更登録を受け、又は同条第三項若しくは同法第十四条第二項若しくは第十五条の規定による届出をしなければならないものについては、これらの規定により変更登録を受け、又は届出をしたものとみなす。

3　認定総合効率化事業者が事業協同組合、協同組合連合会その他の特別の法律により設立された組合若しくはその連合会であって政令で定めるもの又は一般社団法人（以下「組合等」という。）である場合にあっては、当該認定総合効率化事業者が認定総合効率化計画に従って行う第一種貨物利用運送事業であって荷主を認定総合効率化事業者たる組合等の構成員に限定して行うものについては、貨物利用運送事業法第八条第一項及び第九条（同法第十八条第三項において準用する場合を含む。）の規定は、適用しない。

4　認定総合効率化事業者たる第一種貨物利用運送事業者（貨物利用運送事業法第三条第一項の登録を受けた者をいう。）が認定総合効率化事業者たる他の運送事業者と認定総合効率化計画に従って同法第十一条に規定する運輸に関する協定を締結したときは、当該協定につき、あらかじめ、同条の規定による届出をしたものとみなす。認定総合効率化計画に従ってこれを変更したときも、同様とする。

第九条　総合効率化事業者がその総合効率化計画について第四条第一項の認定を受けたときは、当該総合効率化計画に記載された事業のうち、第二種貨物利用運送事業についての貨物利用運送事業法第二十条若しくは第四十五条第一項の許可若しくは同法第二十五条第一項若しくは第四十六条第二項の認可を受け、又は同法第二十五条第三項若しくは第四十六条第四項の規定による届出をしなければならないものについては、これらの規定により許可若しくは認可を受け、又は届出をしたものとみなす。

2　第二種貨物利用運送事業を営む認定総合効率化事業者がその認定総合効率化計画の変更について第五条第一項の認定を受けたときは、当該認定総合効率化計画に記載された事業のうち、第二種貨物利用運送事業についての貨物利用運送事業法第二十五条第一項、第二十九条第一項若しくは第二項、第三十条第一項若しくは第四十六条第二項の認可を受け、又は同法第二十五条第三項、第三十一条、第四十六条第四項若しくは第四十八条の規定による届出をしなければならないものについては、これらの規定により認可を受け、又は届出をしたものとみなす。

3　認定総合効率化事業者が組合等である場合にあっては、当該認定総合効率化事業者が認定総合効率化計画に従って行う第二種貨物利用運送事業であって荷主を認定総合効率化事業者たる組合等の構成員に限定して行うものについては、貨物利用運送事業法第二十六条第一項及び第二十七条（同法第三十四条第二項において準用する場合を含む。）の規定は、適用しない。

4　認定総合効率化事業者たる第二種貨物利用運送事業者（貨物利用運送事業法第二十条の許可を受けた者をいう。）が認定総合効率化事業者たる他の運送事業者と認定総合効率化計画に従って同法第三十四条第一項において準用する同法第十一条に規定する運輸に関する協定を締結したときは、当該協定につき、あらかじめ、同項において準用する同条の規定による届出をしたものとみなす。認定総合効率化計画に従ってこれを変更したときも、同様とする。

（貨物自動車運送事業法の特例）

第十条　総合効率化事業者がその総合効率化計画について第四条第一項の認定を受けたときは、当該総合効率化計画に記載された事業のうち、一般貨物自動車運送事業についての貨物自動車運送事業法第三条の許可若しくは同法第九条第一項の認可を受け、又は同条第三項の規定による届出をしなければならないものについては、これらの規定により許可若しくは認可を受け、又は届出をしたものとみなす。

2　一般貨物自動車運送事業を営む認定総合効率化事業者がその認定総合効率化計画の変更について第五条第一項の認定を受けたときは、当該認定総合効率化計画に記載された事業のうち、一般貨物自動車運送事業についての貨物自動車運送事業法第九条第一項、第三十条第一項若しくは第二項若しくは第三十一条第一項の認可を受け、又は同法第九条第三項若しくは第三十二条の規定による届出をしなければならないものについては、これらの規定により認可を受け、又は届出をしたものとみなす。

3　認定総合効率化事業者が組合等である場合にあっては、当該認定総合効率化事業者が認定総合効率化計画に従って行う一般貨物自動車運送事業であって荷主を認定総合効率化事業者たる組合等の構成員に限定して行うものについては、貨物自動車運送事業法第十条第一項及び第十一条の規定は、適用しない。

第十一条　総合効率化事業者がその総合効率化計画について第四条第一項の認定を受けたときは、当該総合効率化計画に記載された事業のうち、貨物軽自動車運送事業についての貨物自動車運送事業法第三十六条第一項の規定による届出をしなければならないものについては、同項の規定により届出をしたものとみなす。

2　貨物軽自動車運送事業を営む認定総合効率化事業者がその認定総合効率化計画の変更について第五条第一項の認定を受けたときは、当該認定総合効率化計画に記載された事業のうち、貨物軽自動車運送事業についての貨物自動車運送事業法第三十六条第一項後段、第三項又は第四項の規定による届出をしなければならないものについては、これらの規定により届出をしたものとみなす。

（海上運送法の特例）

第十二条　総合効率化事業者がその総合効率化計画について第四条第一項の認定を受けたときは、当該総合効率化計画に記載された事業のうち、貨物運送一般旅客定期航路事業についての海上運送法第三条第一項の許可若しくは同法第十一条第一項の認可を受け、又は同条第三項の規定による届出をしなければならないものについては、これらの規定により許可若しくは認可を受け、又は届出をしたものとみなす。

2　貨物運送一般旅客定期航路事業を営む認定総合効率化事業者がその認定総合効率化計画の変更について第五条第一項の認定を受けたときは、当該認定総合効率化計画に記載された事業のうち、貨物運送一般旅客定期航路事業についての海上運送法第十一条第一項、第十八条第一項、第二項若しくは第四項の認可を受け、又は同法第十一条第三項若しくは第十六条第一項若しくは第二項の規定による届出をしなければならないものについては、これらの規定により認可を受け、又は届出をしたものとみなす。

（鉄道事業法の特例）

第十三条　総合効率化事業者がその総合効率化計画について第四条第一項の認定を受けたときは、当該総合効率化計画に記載された事業のうち、貨物鉄道事業についての鉄道事業法第三条第一項の許可若しくは同法第七条第一項の認可を受け、又は同条第三項の規定による届出をしなければならないものについては、これらの規定により許可若しくは認可を受け、又は届出をしたものとみなす。

2　貨物鉄道事業を営む認定総合効率化事業者がその認定総合効率化計画の変更について第五条第一項の認定を受けたときは、当該認定総合効率化計画に記載された事業のうち、貨物鉄道事業についての鉄道事業法第七条第一項、第二十六条第一項若しくは第二項若しくは第二十七条第一項の認可を受け、又は同法第七条第三項、第二十八条第一項若しくは第二十八条の二第六項の規定による届出をしなければならないものについては、これらの規定により認可を受け、又は届出をしたものとみなす。

3　認定総合効率化事業者たる貨物鉄道事業者（貨物鉄道事業について鉄道事業法第三条第一項の許可を受けた者をいう。）が認定総合効率化事業者たる他の運送事業者と認定総合効率化計画に従って同法第十八条に規定する運輸に関する協定を締結したときは、当該協定につき、あらかじめ、同条の規定による届出をしたものとみなす。認定総合効率化計画に従ってこれを変更したときも、同様とする。

（軌道法の特例）

第十四条　総合効率化事業者がその総合効率化計画について第四条第一項の認定を受けたときは、当該総合効率化計画に記載された事業のうち、貨物軌道事業についての軌道法第三条の特許を受けなければならないものについては、同条の規定により特許を受けたものとみなす。

2　貨物軌道事業を営む認定総合効率化事業者がその認定総合効率化計画の変更について第五条第一項の認定を受けたときは、当該認定総合効率化計画に記載された事業のうち、貨物軌道事業についての軌道法第十五条、第十六条第一項（軌道の譲渡に係る部分に限る。）若しくは第二十二条ノ二の許可又は同法第二十二条若しくは同法第二十六条において準用する鉄道事業法第二十七条第一項の認可を受けなければならないものについては、これらの規定により許可又は認可を受けたものとみなす。

（自動車ターミナル法の特例）

第十五条　総合効率化事業者がその総合効率化計画について第四条第一項の認定を受けたときは、当該総合効率化計画に記載された事業のうち、トラックターミナル事業についての自動車ターミナル法第三条若しくは第十一条第一項の許可を受け、又は同法第十条若しくは第十一条第三項の規定による届出をしなければならないものについては、これらの規定により許可を受け、又は届出をしたものとみなす。

2　トラックターミナル事業を営む認定総合効率化事業者がその認定総合効率化計画の変更について第五条第一項の認定を受けたときは、当該認定総合効率化計画に記載された事業のうち、トラックターミナル事業についての自動車ターミナル法第十一条第一項の許可若しくは同法第十二条第一項若しくは第十二条第三項の認可を受け、又は同法第十条、第十一条第三項、第十二条第五項若しくは第十三条の規定による届出をしなければならないものについては、これらの規定により許可若しくは認可を受け、又は届出をしたものとみなす。

（倉庫業法の特例）

第十六条　総合効率化事業者がその総合効率化計画について第四条第一項の認定を受けたときは、当該総合効率化計画に記載された事業のうち、倉庫業についての倉庫業法第三条の登録若しくは同法第七条第一項の変更登録を受け、又は同条第三項の規定による届出をしなければならないものについては、これらの規定により登録若しくは変更登録を受け、又は届出をしたものとみなす。

2　倉庫業を営む認定総合効率化事業者がその認定総合効率化計画の変更について第五条第一項の認定を受けたときは、当該認定総合効率化計画に記載された事業のうち、倉庫業についての倉庫業法第七条第一項の変更登録若しくは同法第十八条第一項の認可を受け、又は同法第七条第三項、第十七条第三項、第十九条第一項若しくは第二十条第一項の規定による届出をしなければならないものについては、これらの規定により変更登録若しくは認可を受け、又は届出をしたものとみなす。

3　認定総合効率化事業者が組合等である場合にあっては、当該認定総合効率化事業者が認定総合効率化計画に従って行う倉庫業であって利用者を認定総合効率化事業者たる組合等の構成員に限定して行うものについては、倉庫業法第八条第一項及び第九条の規定は、適用しない。

（港湾法の特例）

第十七条　総合効率化事業者がその総合効率化計画（第四条第三項各号に掲げる事項が記載されたものに限る。）について同条第一項の認定を受けたときは、当該総合効率化計画に記載された事業のうち、港湾流通拠点地区において特定流通業務施設の整備を行うに当たり港湾法第三十八条の二第一項の規定による届出をしなければならないものについては、同項の規定により届出をしたものとみなす。

2　前項の規定は、認定総合効率化事業者がその認定総合効率化計画（第四条第三項各号に掲げる事項が記載されたものに限る。第二十一条において「特定認定総合効率化計画」という。）について第五条第一項の認定を受けた場合について準用する。

（中小企業信用保険法の特例）

第十八条　中小企業信用保険法（昭和二十五年法律第二百六十四号）第三条第一項に規定する普通保険（以下「普通保険」という。）、同法第三条の二第一項に規定する無担保保険（以下「無担保保険」という。）又は同法第三条の三第一項に規定する特別小口保険（以下「特別小口保険」という。）の保険関係であって、流通業務総合効率化関連保証（同法第三条第一項、第三条の二第一項又は第三条の三第一項に規定する債務の保証であって、認定総合効率化計画に記載された事業（以下「認定総合効率化事業」という。）に必要な資金に係るものをいう。以下同じ。）を受けた中小企業者に係るものについての次の表の上欄に掲げる同法の規定の適用については、これらの規定中同表の中欄に掲げる字句は、同表の下欄に掲げる字句とする。

第三条第一項	保険価額の合計額が	流通業務の総合化及び効率化の促進に関する法律（平成十七年法律第八十五号）第十八条第一項に規定する流通業務総合効率化関連保証（以下「流通業務総合効率化関連保証」という。）に係る保険関係の保険価額の合計額とその他の保険関係の保険価額の合計額とがそれぞれ
第三条の二第一項及び第三条の三第一項	保険価額の合計額が	流通業務総合効率化関連保証に係る保険関係の保険価額の合計額とその他の保険関係の保険価額の合計額とがそれぞれ
第三条の二第三項及び第三条の三第二項	当該借入金の額のうち	流通業務総合効率化関連保証及びその他の保証ごとに、それぞれ当該借入金の額のうち
	当該債務者	流通業務総合効率化関連保証及びその他の保証ごとに、当該債務者

2　普通保険の保険関係であって、流通業務総合効率化関連保証に係るものについての中小企業信用保険法第三条第二項及び第五条の規定の適用については、同法第三条第二項中「百分の七十」とあり、及び同法第五条中「百分の七十（無担保保険、特別小口保険、流動資産担保保険、公害防止保険、エネルギー対策保険、海外投資関係保険、新事業開拓保険、事業再生保険及び特定社債保険にあっては、百分の八十）」とあるのは、「百分の八十」とする。

3　普通保険、無担保保険又は特別小口保険の保険関係であって、流通業務総合効率化関連保証に係るものについての保険料の額は、中小企業信用保険法第四条の規定にかかわらず、保険金額に年百分の二以内において政令で定める率を乗じて得た額とする。

（中小企業投資育成株式会社法の特例）

第十九条　中小企業投資育成株式会社は、中小企業投資育成株式会社法（昭和三十八年法律第百一号）第五条第一項各号に掲げる事業のほか、次に掲げる事業を行うことができる。

一　中小企業者が認定総合効率化事業を実施するために資本金の額が三億円を超える株式会社を設立する際に発行する株式の引受け及び当該引受けに係る株式の保有

二　中小企業者のうち資本金の額が三億円を超える株式会社が認定総合効率化事業を実施するために必要とする資金の調達を図るために発行する株式、新株予約権（新株予約権付社債等に付されたものを除く。）又は新株予約権付社債等（中小企業投資育成株式会社法第五条第一項第二号に規定する新株予約権付社債等をいう。以下この条において同じ。）の引受け及び当該引受けに係る株式、新株予約権（その行使により発行され、又は移転された株式を含む。）又は新株予約権付社債等（新株予約権付社債等に付された新株予約権の行使により発行され、又は移転された株式を含む。）の保有

2　前項第一号の規定による株式の引受け及び当該引受けに係る株式の保有並びに同項第二号の規定による株式、新株予約権（新株予約権付社債等に付されたものを除く。）又は新株予約権付社債等の引受け及び当該引受けに係る株式、新株予約権（その行使により発行され、又は移転された株式を含む。）又は新株予約権付社債等（新株予約権付社債等に付された新株予約権の行使により発行され、又は移転された株式を含む。）の保有は、中小企業投資育成株式会社法の適用に

については、それぞれ同法第五条第一項第一号及び第二号の事業とみなす。

（食品等の流通の合理化及び取引の適正化に関する法律の特例）

第二十条 食品等の流通の合理化及び取引の適正化に関する法律第十六条第一項の規定により指定された食品等流通合理化促進機構は、同法第十七条各号に掲げる業務のほか、次に掲げる業務を行うことができる。

一　食品等生産業者等が実施する認定総合効率化事業に必要な資金の借入れに係る債務の保証

二　食品等生産業者等が実施する認定総合効率化事業に必要な資金のあっせん

三　前二号に掲げる業務に附帯する業務

2　前項の規定により食品等流通合理化促進機構の業務が行われる場合には、次の表の上欄に掲げる食品等の流通の合理化及び取引の適正化に関する法律の規定の適用については、これらの規定中同表の中欄に掲げる字句は、同表の下欄に掲げる字句とする。

第十八条第一項	前条第一号に掲げる業務	前条第一号に掲げる業務及び流通業務の総合化及び効率化の促進に関する法律（平成十七年法律第八十五号。以下「流通業務総合効率化促進法」という。）第二十条第一項第一号に掲げる業務
第十九条第一項	第十七条第一号に掲げる業務	第十七条第一号に掲げる業務及び流通業務総合効率化促進法第二十条第一項第一号に掲げる業務
第二十三条第一項、第二十四条及び第二十五条第一項第一号	第十七条各号に掲げる業務	第十七条各号に掲げる業務又は流通業務総合効率化促進法第二十条第一項各号に掲げる業務
第二十五条第一項第三号	この節	この節若しくは流通業務総合効率化促進法
第三十二条第二号	第二十三条第一項	流通業務総合効率化促進法第二十条第二項の規定により読み替えて適用する第二十三条第一項
第三十二条第三号	第二十四条	流通業務総合効率化促進法第二十条第二項の規定により読み替えて適用する第二十四条

（独立行政法人鉄道建設・運輸施設整備支援機構による流通業務総合効率化事業の推進）

第二十条の二 独立行政法人鉄道建設・運輸施設整備支援機構（以下「機構」という。）は、流通業務総合効率化事業を推進するため、次の業務を行う。

一　認定総合効率化事業の実施に必要な資金の出資及び貸付けを行うこと。

二　前号に掲げる業務に関連して必要な調査を行うこと。

2　機構は、前項第一号に掲げる業務を行う場合には、国土交通大臣の認可を受けて定める基準に従わなければならない。

3　国土交通大臣は、前項の規定による認可をしようとするときは、財務大臣、農林水産大臣及び経済産業大臣に協議しなければならない。

（都市計画法等による処分についての配慮）

第二十一条 国の行政機関の長又は都道府県知事は、特定認定総合効率化計画に記載された事業（以下「特定認定総合効率化事業」という。）の実施のため都市計画法（昭和四十三年法律第百号）その他の法律の規定による許可その他の処分を求められたときは、当該特定認定総合効率化事業の用に供する特定流通業務施設の整備が円滑に行われるよう適切な配慮をするものとする。

（工場立地法による事務の実施についての配慮）

第二十二条 国の行政機関の長又は都道府県知事は、特定認定総合効率化事業について工場立地法（昭和三十四年法律第二十四号）に規定する事務の実施に当たっては、当該特定認定総合効率化事業の実施が環境への負荷の低減に資することに鑑み、当該特定認定総合効率化事業の用に供する特定流通業務施設の整備が円滑に行われるよう適切な配慮をするものとする。

（資金の確保）

第二十三条 国及び都道府県は、認定総合効率化事業に必要な資金の確保又はその融通のあっせんに努めるものとする。

2　前項の措置を講ずるに当たっては、中小企業者に対する特別の配慮をするものとする。

（関係者の協力）

第二十四条 認定総合効率化事業者の取引の相手方その他の関係者は、当該認定総合効率化事業の円滑な実施に協力するよう努めなければならない。

（国及び地方公共団体の措置）

第二十五条 国及び地方公共団体は、流通業務の総合化及び効率化を促進するため、情報の提供、人材の養成その他必要な措置を講ずるよう努めるものとする。

2　国及び都道府県は、認定総合効率化事業者に対し、認定総合効率化事業の適確な実施に必要な助言及び協力を行うものとする。

第五章　雑則

（報告の徴収）

第二十六条 主務大臣は、認定総合効率化事業者に対し、認定総合効率化事業の実施状況について報告を求めることができる。

（主務大臣等）

第二十七条　この法律における主務大臣は、政令で定めるところにより、国土交通大臣、経済産業大臣又は農林水産大臣とする。

2　この法律における主務省令は、主務大臣の発する命令とする。

（都道府県が処理する事務）

第二十八条　この法律に規定する主務大臣の権限に属する事務の一部は、政令で定めるところにより、都道府県知事が行うこととすることができる。

（権限の委任）

第二十九条　この法律による主務大臣の権限は、政令で定めるところにより、地方支分部局の長に委任することができる。

第六章　罰則

第三十条　第二十六条の規定による報告をせず、又は虚偽の報告をした者は、三十万円以下の罰金に処する。

2　法人の代表者又は法人若しくは人の代理人、使用人その他の従業者が、その法人又は人の業務に関し、前項の違反行為をしたときは、行為者を罰するほか、その法人又は人に対して同項の刑を科する。

第三十一条　第二十条の二第二項の規定により国土交通大臣の認可を受けなければならない場合において、その認可を受けなかったときは、その違反行為をした機構の役員は、二十万円以下の過料に処する。

附　則（抄）

（施行期日）

第一条　この法律は、公布の日から起算して六月を超えない範囲内において政令で定める日から施行する。

〔平一七・九政令二九七により、平一七・一〇・一から施行〕

（中小企業流通業務効率化促進法の廃止）

第二条　中小企業流通業務効率化促進法（平成四年法律第六十五号）は、廃止する。

（中小企業流通業務効率化促進法の廃止に伴う経過措置）

第三条　前条の規定による廃止前の中小企業流通業務効率化促進法第四条第一項の認定を受けた事業協同組合等に関する計画の変更の認定及び認定の取消し、流通業務効率化関連保証についての中小企業信用保険法の特例、中小企業投資育成株式会社法の特例、貨物利用運送事業法の特例、貨物自動車運送事業法の特例並びに報告の徴収については、なお従前の例による。

（罰則に関する経過措置）

第四条　この法律の施行前にした附則第二条の規定による廃止前の中小企業流通業務効率化促進法第十八条に該当する違反行為及び前条の規定によりなお従前の例によることとされる場合におけるこの法律の施行後にした同法第十八条に該当する違反行為に対する罰則の適用については、なお従前の例による。

（検討）

第五条　政府は、この法律の施行後適当な時期において、この法律の施行の状況を勘案し、必要があると認めるときは、この法律の規定について検討を加え、その結果に基づいて必要な措置を講ずるものとする。

附　則（平一七・七・二六法八七抄）

第十二章　罰則に関する経過措置及び政令への委任

（罰則に関する経過措置）

第五百二十七条　施行日前にした行為及びこの法律の規定によりなお従前の例によることとされる場合における施行日以後にした行為に対する罰則の適用については、なお従前の例による。

（政令への委任）

第五百二十八条　この法律に定めるもののほか、この法律の規定による法律の廃止又は改正に伴い必要な経過措置は、政令で定める。

附　則（平一七・七・二六法八七）

この法律は、会社法〔平成一七年七月法律第八六号〕の施行の日〔平成一八年五月一日〕から施行する。〔後略〕

附　則（平一八・六・二法五〇抄）

（罰則に関する経過措置）

第四百五十七条　施行日前にした行為及びこの法律の規定によりなお従前の例によることとされる場合における施行日以後にした行為に対する罰則の適用については、なお従前の例による。

（政令への委任）

第四百五十八条　この法律に定めるもののほか、この法律の規定による法律の廃止又は改正に伴い必要な経過措置は、政令で定める。

附　則（平一八・六・二法五〇）

沿革　平二三法七四改正

この法律は、一般社団・財団法人法〔一般社団法人及び一般財団法人に関する法律＝平成一八年六月法律第四八号〕の施行の日〔平成二〇年一二月一日〕から施行する。〔後略〕

附　則（平一九・六・一法七〇抄）

（施行期日）

第一条　この法律は、公布の日から起算して三月を超えない範囲内において政令で定める日から施行する。〔後略〕

〔平一九・八政令二四一により、平一九・八・四から施行〕

附　則（平二三・三・三一法九抄）

（施行期日）

第一条　この法律は、平成二十三年四月一日から施行する。〔後略〕

附　則（平二三・六・二四法七四抄）

（施行期日）

第一条　この法律は、公布の日から起算して二十日を経過した日から施行する。〔後略〕

附　則（平二七・五・二七法二九抄）

（施行期日）

第一条　この法律は、公布の日から施行する。ただし、第二条（中小企業信用保険法附則に一項を加える改正規定を除く。）並びに附則第五条から第十二条まで及び第十五条から第十九条までの規定は、公布の日から起算して一年を超えない範囲内において政令で定める日から施行する。

〔平二七・八政令二九二により、平二七・一〇・一から施行〕

附　則（平二八・五・一三法三六抄）

（施行期日）

第一条　この法律は、公布の日から起算して六月を超えない範囲内において政令で定める日から施行する。

［平二八・九政令二九五により、平二八・一〇・一から施行］

（経過措置）

第二条　この法律の施行前にこの法律による改正前の流通業務の総合化及び効率化の促進に関する法律（以下「旧法」という。）第四条第一項の認定（旧法第五条第一項の変更の認定を含む。）を受けた旧法第四条第一項に規定する総合効率化計画については、なお従前の例による。

（罰則に関する経過措置）

第三条　前条の規定によりなお従前の例によることとされる場合におけるこの法律の施行後にした行為に対する罰則の適用については、なお従前の例による。

（政令への委任）

第七条　この附則に規定するもののほか、この法律の施行に関し必要な経過措置は、政令で定める。

附　則（平三〇・六・二二法六二抄）

（施行期日）

第一条　この法律は、公布の日から起算して六月を超えない範囲内において政令で定める日から施行する。ただし、次の各号に掲げる規定は、当該各号に定める日から施行する。

［平三〇・一〇政令二九二により、平三〇・一〇・二二から施行］

一　次条並びに附則第五条、第八条、第九条及び第三十二条の規定　公布の日

二・三　［略］

（中心市街地の活性化に関する法律等の一部改正に伴う経過措置）

第二十八条　附則第七条第一項の規定により新食品等流通法第十六条第一項の規定による指定を受けたものとみなされた旧機構は、新食品等流通法第十七条各号に掲げる業務及び旧債務保証業務等のほか、次の各号に掲げる規定により施行日前に旧機構が締結した債務保証契約に係る当該各号に定める規定に掲げる業務及びこれに附帯する業務（以下この条において「旧特例債務保証業務等」という。）を行うものとする。この場合において、旧特例債務保証業務等は、新食品等流通法の適用については、新食品等流通法第十七条第一号に掲げる業務及びこれに附帯する業務とみなす。

一・二　［略］

三　附則第二十二条の規定による改正前の流通業務の総合化及び効率化の促進に関する法律第二十条第一項（第一号に係る部分に限る。）　同号

四～八　［略］

（罰則に関する経過措置）

第三十一条　この法律の施行前にした行為及びこの附則の規定によりなお従前の例によることとされる場合におけるこの法律の施行後にした行為に対する罰則の適用については、なお従前の例による。

（政令への委任）

第三十二条　この附則に定めるもののほか、この法律の施行に関し必要な経過措置（罰則に関する経過措置を含む。）は、政令で定める。

附　則（令二・六・三法三六抄）

（施行期日）

第一条　この法律は、公布の日から起算して六月を超えない範囲内において政令で定める日から施行する。ただし、附則第五条の規定［中略］は、公布の日から施行する。

［令二・一一政令三三〇により、令二・一一・二七から施行］

（流通業務の総合化及び効率化の促進に関する法律の一部改正に伴う経過措置）

第三条　施行日前にされた流通業務の総合化及び効率化の促進に関する法律第四条第一項の認定の申請（第三条の規定による改正後の同法第二条第四号に規定する貨客運送効率化事業に相当する事業が記載された同項に規定する総合効率化計画に係るものに限る。）であって、この法律の施行の際、認定をするかどうかの処分がされていないものについての認定の処分については、なお従前の例による。

2　施行日前に流通業務の総合化及び効率化の促進に関する法律第四条第一項の認定（同法第五条第一項の変更の認定を含む。）を受けた同法第四条第一項に規定する総合効率化計画（前項に規定する事業が記載されたものに限る。）の変更の認定及び認定の取消し並びに当該総合効率化計画に関する報告の徴収については、なお従前の例による。

（罰則に関する経過措置）

第四条　施行日前にした行為及び前条第二項の規定によりなお従前の例によることとされる場合における施行日以後にした行為に対する罰則の適用については、なお従前の例による。

（政令への委任）

第五条　前三条に定めるもののほか、この法律の施行に関して必要な経過措置（罰則に関する経過措置を含む。）は、政令で定める。

（検討）

第六条　政府は、この法律の施行後五年を経過した場合において、この法律による改正後のそれぞれの法律の施行の状況について検討を加え、その結果に基づいて必要な措置を講ずるものとする。

2　政府は、情報通信技術その他の先端的な技術の活用が地域における旅客の運送に関するサービスの向上に重要な役割を果たすことに鑑み、この法律の施行後適当な時期において、当該サービスの利用者の利便の増進に資する多様な情報の共有を図るための基盤の整備、情報通信技術を活用した運賃及び料金の支払の円滑化の促進その他の当該サービスの提供に係る先端的な技術の活用に関する施策について検討を加え、その結果に基づいて必要な措置を講ずるものとする。

附　則（令五・五・一二法二四抄）

（施行期日）

第一条　この法律は、公布の日から起算して一年を超えない範囲内において政令で定める日から施行する。ただし、次の各号に掲げる規定は、当該各号に定める日から施行する。

［令五・一一政令三三三により、令六・四・一から施行］

一～三　［略］

四　［前略］附則第二十二条の規定（流通業務の総合化及び効率化の促進に関する法律（平成十七年法律第八十五号）第十二条第二項の改正規定を除く。）［中略］　公布の日から起算して二年を超えない範囲内において政令で定める日

五　［略］

附　則（令六・五・一五法二三抄）

（施行期日）

第一条　この法律は、公布の日から起算して一年を超えない範囲内において政令で定める日から施行する。ただし、次の各号に掲げる規定は、当該各号に定める日から施行する。

一　第一条中流通業務の総合化及び効率化の促進に関する法律第四条第三項第一号の改正規定及び附則第七条の規定　公布の日

二　第一条中流通業務の総合化及び効率化の促進に関する法律第二十条の二第一項第一号の改正規定並びに附則第六条の規定〔中略〕　公布の日から起算して一月を超えない範囲内において政令で定める日

〔令六・五政令一九三により、令六・六・一から施行〕

三・四〔略〕

五　第二条〔中略〕規定　公布の日から起算して二年を超えない範囲内において政令で定める日

（罰則に関する経過措置）

第六条　この法律（附則第一条第二号に掲げる規定については、当該規定）の施行前にした行為及び附則第三条の規定によりなお従前の例によることとされる場合におけるこの法律の施行後にした行為に対する罰則の適用については、なお従前の例による。

（政令への委任）

第七条　この附則に定めるもののほか、この法律の施行に関し必要な経過措置（罰則に関する経過措置を含む。）は、政令で定める。

（検討）

第八条　政府は、この法律の施行後五年を経過した場合において、この法律による改正後のそれぞれの法律の規定について、その施行の状況等を勘案しつつ検討を加え、必要があると認めるときは、その結果に基づいて必要な措置を講ずるものとする。

（海上運送法等の一部を改正する法律の一部改正に伴う調整規定）

第十五条　前条の規定は、海上運送法等の一部を改正する法律附則第一条第四号に掲げる規定の施行の日が施行日前である場合には、適用しない。

〔公布の日（令和六年五月一五日）から起算して二年を超えない範囲内において政令で定める日から施行〕

題名を次のように改める。

物資の流通の効率化に関する法律

目次を次のように改める。

目次

第一章　総則（第一条―第三条）
第二章　流通業務の総合化及び効率化
第一節　総則（第四条・第五条）
第二節　総合効率化計画の認定等（第六条―第九条）
第三節　流通業務総合効率化事業の促進（第十条―第二十八条）
第四節　雑則（第二十九条）
第三章　運転者の運送及び荷役等の効率化
第一節　総則（第三十条―第三十三条）
第二節　貨物自動車運送事業者等に係る措置（第三十四条―第三十六条）
第三節　荷主に係る措置（第三十七条―第四十条）
第四節　貨物自動車関連事業者に係る措置（第四十一条―第四十三条）
第五節　貨物自動車運送事業者に係る特別の措置等
第一款　第一種荷主との間で運送契約を締結する場合における貨物自動車運送事業者及び貨物利用運送事業者に係る特別の措置（第四十四条）
第二款　連鎖化事業者に係る措置（第四十五条―第四十八条）
第六節　雑則（第四十九条）
第四章　雑則（第五十条―第五十二条）
第五章　罰則（第五十三条・第五十四条）
附則

第一条中「労働力」の下に「、とりわけ必要な員数の運転者」を加え、「について定めることにより、流通業務の総合化及び効率化の促進」を「を定めるとともに、貨物自動車を用いた貨物の運送の役務の持続可能な提供の確保に資する運転者の運送及び荷役等の効率化に関し貨物自動車運送事業者等、荷主及び貨物自動車関連事業者が講ずべき措置等を定めることにより、物資の流通の効率化」に改める。

第二章から第六章までの章名を削る。

第三十一条中「第二十条の二第二項」を「第二十三条第二項」に改め、同条を第五十四条とする。

第三十条第一項中「第二十六条」を「第二十九条」に、「者は」を「ときは、その違反行為をした者は」に改め、同条を第五十三条とする。

第二十九条中「この法律による」を「第二章に規定する」に改め、「権限」の下に「並びに前章第三節に規定する荷主事業所管大臣及び同章第五節第二款に規定する連鎖化事業所管大臣の権限」を加え、同条を第五十二条とし、同条の次に次の章名を付する。

第五章　罰則

第二十八条中「この法律」を「第二章」に改め、同条を第五十一条とする。

第二十七条第一項中「この法律」を「第二章」に改め、同条第二項中「この法律」を「第二章」に改め、「主務省令は、」の下に「第一項に定める」を加え、同項を同条第三項とし、同条第一項の次に次の一項を加える。

2　第三十三条第一項、第三項及び第四項における主務大臣は、国土交通大臣、経済産業大臣及び農林水産大臣とする。

第二十七条に次の二項を加える。

4　前章第三節における主務省令は、荷主事業所管大臣の発する命令とする。

5　前章第五節第二款における主務省令は、連鎖化事業所管大臣の発する命令とする。

第二十七条を第五十条とする。

第二十六条の見出しを削り、同条を第二十九条とし、同条の次に次の一章及び章名を加える。

第三章　運転者の運送及び荷役等の効率化

第一節　総則

（定義）

第三十条　この章において次の各号に掲げる用語の意義は、当該各号に定めるところによる。

一　貨物自動車　道路運送車両法（昭和二十六年法律第百八十五号）第二条第二項の自動車であって、貨物の運送の用に供するものをいう。

二　運転者　貨物自動車の運転者をいう。

三　荷待ち時間等　荷待ち時間及び荷役等時間をいう。

四　荷待ち時間　運転者が貨物自動車の運転の業務に従事した時間のうち、集貨若しくは配達を行うべき場所又はその周辺の場所において、荷主、当該場所の管理者その他国土交通省令で定める者の都合により貨物の受渡しのために待機した時間であって、国土交通省令で定めるところにより算定されるものをいう。

五　荷役等時間　運転者が荷役その他貨物自動車の運転以外の業務として国土交通省令で定める業務（以下「荷役等」という。）に従事した時間であって、国土交通省令で定めるところにより算定されるものをいう。

六　貨物自動車運送事業者等　貨物自動車運送事業法第三十九条第一号に規定する貨物自動車運送事業者（以下「貨物自動車運送事業者」という。）及び同法第三十七条の二第三項に規定する特定第二種貨物利用運送事業者をいう。

七　荷主　第一種荷主及び第二種荷主をいう。

八　第一種荷主　自らの事業（貨物の運送の事業を除く。）に関して継続して貨物自動車運送事業者又は貨物利用運送事業者（第一種貨物利用運送事業者、第二種貨物利用運送事業者及び貨物利用運送事業法第四十六条第一項に規定する外国人国際第二種貨物利用運送事業者をいう。以下同じ。）に貨物の運送を行わせることを内容とする契約（貨物自動車を使用しないで貨物の運送を行わせることを内容とする契約を除く。）を締結する者をいう。

九　第二種荷主　次に掲げる者をいう。

イ　自らの事業（貨物の運送及び保管の事業を除く。ロにおいて同じ。）に関して継続して貨物（自らが貨物自動車運送事業者又は貨物利用運送事業者に運送を委託する貨物を除く。ロ及び第三十七条第四項において同じ。）を運転者（他の者に雇用されている運転者に限る。以下この号において同じ。）から受け取る者又は他の者をして運転者から受け取らせる者

ロ　自らの事業に関して継続して貨物を運転者に引き渡す者又は他の者をして運転者に引き渡させる者

十　貨物自動車関連事業者　次に掲げる者をいう。

イ　倉庫業法第七条第一項に規定する倉庫業者（以下「倉庫業者」という。）

ロ　港湾運送事業法（昭和二十六年法律第百六十一号）第三条第一号に掲げる事業を経営する者であって、当該事業について運転者との間で貨物の受渡しを行うもの

ハ　航空法（昭和二十七年法律第二百三十一号）第二条第十八項の航空運送事業を経営する者のうち貨物の運送を行うものであって、当該航空運送事業について運転者との間で貨物の受渡しを行う者

ニ　鉄道事業法第二条第二項の第一種鉄道事業又は同条第三項の第二種鉄道事業を経営する者のうち貨物の運送を行うものであって、当該第一種鉄道事業又は当該第二種鉄道事業について運転者との間で貨物の受渡しを行う者

（国の責務）

第三十一条　国は、貨物自動車運送役務（貨物自動車を用いた貨物の運送の役務をいう。以下同じ。）の持続可能な提供の確保に資する運転者の運送及び荷役等の効率化並びに輸送される物資の貨物自動車への過度の集中の是正に関する情報の収集、整理、分析及び提供、助言その他の援助並びに研究開発の推進に努めなければならない。

2　国は、広報活動その他の活動を通じて、集貨又は配達に係る運転者への負荷の低減に資する施策に関して国民の理解を深めるとともに、その施策の実施に関する国民の協力を求めるよう努めなければならない。

（事業者等の責務）

第三十二条　物資の流通に関する事業を行う者、その事業を利用する事業者及び物資の流通に関する施設を管理する者は、その事業の実施又はその施設の管理に関し、これらに伴う運転者への負荷の低減その他の貨物自動車運送役務の持続可能な提供の確保に資する措置を講ずるよう努めなければならない。

（基本方針）

第三十三条　主務大臣は、貨物自動車運送役務の持続可能な提供の確保に資する運転者の運送及び荷役等の効率化の推進に関する基本的な方針（以下この章において「基本方針」という。）を定めるものとする。

2　基本方針に定める事項は、次のとおりとする。

一　貨物自動車運送役務の持続可能な提供の確保に資する運転者の運送及び荷役等の効率化の推進の意義及び目標に関する事項

二　貨物自動車運送役務の持続可能な提供の確保に資する運転者の運送及び荷役等の効率化の推進に関する施策に関する基本的な事項

三　貨物自動車運送役務の持続可能な提供の確保に資する運転者の運送及び荷役等の効率化に関し、貨物自動車運送事業者等、荷主及び貨物自動車関連事業者が講ずべき措置に関する基本的な事項

四　集貨又は配達に係る運転者への負荷の低減に資する事業者の活動に関する国民の理解の増進に関する基本的な事項

五　その他貨物自動車運送役務の持続可能な提供の確保に資する運転者の運送及び荷役等の効率化の推進に関し必要な事項

3　主務大臣は、基本方針を定め、又はこれを変更しようとするときは、関係行政機関の長（当該行政機関が合議制である場合にあっては、当該行政機関）に協議するものとする。

4　主務大臣は、基本方針を定め、又はこれを変更したときは、遅滞なく、これを公表するものとする。

第二節　貨物自動車運送事業者等に係る措置

（貨物自動車運送事業者等の努力義務）

第三十四条　貨物自動車運送事業者等は、自らの事業に伴うその雇用する運転者への負荷の低減に資するよう当該運転者一人当たりの一回の運送ごとの貨物の重量の増加を図るため、輸送網の集約、配送の共同化その他の措置を講ずるよう努めなければならない。

（貨物自動車運送事業者等の判断の基準となるべき事項）

第三十五条　国土交通大臣は、基本方針に基づき、国土交通省令で、前条に規定する措置に関し、貨物自動車運送事業者等の判断の基準となるべき事項を定めるものとする。

2　前項に規定する判断の基準となるべき事項は、運転者一人

当たりの一回の運送ごとの貨物の重量の状況その他の事情を勘案して定めるものとし、これらの事情の変動に応じて必要な改定をするものとする。

（指導及び助言）

第三十六条　国土交通大臣は、貨物自動車運送事業者等の第三十四条に規定する措置の適確な実施を確保するため必要があると認めるときは、当該貨物自動車運送事業者等に対し、前条第一項に規定する判断の基準となるべき事項を勘案して、当該措置の実施について必要な指導及び助言をすることができる。

第三節　荷主に係る措置

（荷主の努力義務）

第三十七条　第一種荷主は、貨物自動車運送事業者又は貨物利用運送事業者に貨物の運送を委託する場合（貨物自動車を使用しないで貨物の運送を行うことを委託する場合を除く。）には、当該貨物を運送する運転者の荷待ち時間等の短縮及び運転者一人当たりの一回の運送ごとの貨物の重量の増加を図るため、次に掲げる措置を講ずるよう努めなければならない。

一　貨物の運送の委託の時から貨物を引き渡し、又は受け取るべき時までの間に、貨物自動車運送事業者等が他の貨物との積合せその他の措置により、その雇用する運転者一人当たりの一回の運送ごとの貨物の重量を増加させることができるよう、貨物の受渡しを行う日及び時刻又は時間帯を決定すること。

二　貨物の受渡しを行う日及び時刻又は時間帯を決定するに当たっては、停留場所の数その他の条件により定まる荷役をすることができる車両台数を上回り一時に多数の貨物自動車が集貨又は配達を行うべき場所に到着しないようにすること。

三　運転者に荷役等を行わせる場合にあっては、パレットその他の荷役の効率化に資する輸送用器具（貨物自動車に積み込むものに限る。第三項において同じ。）を運転者が利用できるようにする措置その他の運転者の荷役等を省力化する措置

2　前項の規定により第一種荷主が短縮すべき荷待ち時間等は、荷待ち時間にあっては次に掲げる施設又はその周辺の場所におけるものに、荷役等時間にあっては次に掲げる施設におけるものに限られるものとする。

一　当該第一種荷主が管理する施設

二　当該第一種荷主との間で当該貨物に係る寄託契約を締結した者が管理する施設

3　第一項に規定する運転者一人当たりの一回の運送ごとの貨物の重量の増加には、同項第三号に規定するパレットその他の荷役の効率化に資する輸送用器具を使用しないことにより増加した貨物の重量は含まれないものとする。

4　第二種荷主は、貨物を運転者から受け取り、若しくは他の者をして運転者から受け取らせ、又は運転者に引き渡し、若しくは他の者をして運転者に引き渡させる場合には、当該貨物を運送する運転者の荷待ち時間等の短縮及び運転者一人当たりの一回の運送ごとの貨物の重量の増加を図るため、次に掲げる措置（当該貨物の受渡しを行う日又は時刻及び時間帯を運転者に指示することができない場合にあっては、第三号に掲げる措置に限る。）を講ずるよう努めなければならない。

一　貨物の受渡しを行う日及び時刻又は時間帯を運転者に指示するに当たっては、停留場所の数その他の条件により定まる荷役をすることができる車両台数を上回り一時に多数の貨物自動車が集貨又は配達を行うべき場所に到着しないようにすること。

二　第一種荷主が第一項第一号に掲げる措置を円滑に実施するため貨物の受渡しを行う日及び時刻又は時間帯について協議したい旨を申し出た場合にあっては、これに応じて、必要な協力を行うこと。

三　運転者に荷役等を行わせる場合であり、かつ、運転者に荷役等の方法を指示することができる場合にあっては、貨物の品質又は数量がこれらについて定める契約の内容に適合するかどうかの検査の効率的な実施その他の運転者の荷役等を省力化する措置

5　前項の規定により第二種荷主が短縮すべき荷待ち時間等は、荷待ち時間にあっては次に掲げる施設又はその周辺の場所におけるものに、荷役等時間にあっては次に掲げる施設におけるものに限られるものとする。

一　当該第二種荷主が管理する施設

二　当該第二種荷主との間で当該貨物に係る寄託契約を締結した者が管理する施設

（荷主の判断の基準となるべき事項）

第三十八条　荷主の行う事業を所管する大臣（以下「荷主事業所管大臣」という。）は、基本方針に基づき、主務省令で、前条第一項及び第四項に規定する措置に関し、荷主の判断の基準となるべき事項を定めるものとする。

2　前項に規定する判断の基準となるべき事項は、運転者の荷待ち時間等及び運転者一人当たりの一回の運送ごとの貨物の重量の状況その他の事情を勘案して定めるものとし、これらの事情の変動に応じて必要な改定をするものとする。

（指導及び助言）

第三十九条　荷主事業所管大臣は、荷主の第三十七条第一項又は第四項に規定する措置の適確な実施を確保するため必要があると認めるときは、当該荷主に対し、前条第一項に規定する判断の基準となるべき事項を勘案して、当該措置の実施について必要な指導及び助言をすることができる。

（国土交通大臣の意見）

第四十条　国土交通大臣は、貨物自動車運送役務の持続可能な提供の確保に資する運転者の運送及び荷役等の効率化を図るため特に必要があると認めるときは、前条の規定の運用に関し、荷主事業所管大臣に意見を述べることができる。

第四節　貨物自動車関連事業者に係る措置

（貨物自動車関連事業者の努力義務）

第四十一条　倉庫業者は、自ら管理する施設又はその周辺における運転者の荷待ち時間及び当該施設における運転者の荷役等時間の短縮を図るため、次に掲げる措置を講ずるよう努めなければならない。

一　第一種荷主から寄託を受けた貨物の受渡しを行う日及び時刻を運転者に伝達するに当たっては、当該第一種荷主が決定した貨物の受渡しを行うべき時間帯における当該施設の状況を考慮して、停留場所の数その他の条件により定まる荷役をすることができる車両台数を上回り一時に多数の貨物自動車が集貨又は配達を行うべき場所に到着しないよ

うにすること。

二　第二種荷主から寄託を受けた貨物の受渡しを行う日及び時刻を運転者に伝達するに当たっては、当該第二種荷主が指示した貨物の受渡しを行うべき時間帯における当該施設の状況を考慮して、停留場所の数その他の条件により定まる荷役をすることができる車両台数を上回り一時に多数の貨物自動車が集貨又は配達を行うべき場所に到着しないようにすること。

三　運転者に荷役等を行わせる場合にあっては、荷役等に係る停留場所の拡張、荷役等に先行する貨物の搬出又は荷役等に後続する貨物の搬入の迅速な実施その他の運転者が行う荷役等の円滑な実施を図るための措置

2　倉庫業者以外の貨物自動車関連事業者（第四十三条第二項において「貨物自動車関連輸送事業者」という。）は、自ら管理する施設における運転者の荷役等時間の短縮を図るため、前項第三号に掲げる措置を講ずるよう努めなければならない。

（貨物自動車関連事業者の判断の基準となるべき事項）

第四十二条　国土交通大臣は、基本方針に基づき、国土交通省令で、前条に規定する措置に関し、貨物自動車関連事業者の判断の基準となるべき事項を定めるものとする。

2　前項に規定する判断の基準となるべき事項は、運転者の荷待ち時間等の状況その他の事情を勘案して定めるものとし、これらの事情の変動に応じて必要な改定をするものとする。

（指導及び助言）

第四十三条　国土交通大臣は、倉庫業者の第四十一条第一項に規定する措置の適確な実施を確保するため必要があると認めるときは、当該倉庫業者に対し、前条第一項に規定する判断の基準となるべき事項を勘案して、当該措置の実施について必要な指導及び助言をすることができる。

2　国土交通大臣は、貨物自動車関連輸送事業者の第四十一条第二項に規定する措置の適確な実施を確保するため必要があると認めるときは、当該貨物自動車関連輸送事業者に対し、前条第一項に規定する判断の基準となるべき事項を勘案して、当該措置の実施について必要な指導及び助言をすることができる。

第五節　貨物自動車運送事業者に係る特別の措置等

第一款　第一種荷主との間で運送契約を締結する場合における貨物自動車運送事業者及び貨物利用運送事業者に係る特別の措置

第四十四条　第一種荷主との間で運送契約を締結する貨物自動車運送事業者は、当該第一種荷主から引き受けた貨物の運送について他の貨物自動車運送事業者の行う運送（貨物自動車を使用しないで貨物の運送を行わせることを内容とする契約によるものを除く。）を利用する場合は、その利用する運送に係る貨物について当該第一種荷主からその実施する第三十七条第一項に規定する措置に関し協力を求められたときは、その求めに応ずるよう努めなければならない。

2　第一種荷主との間で運送契約を締結する貨物利用運送事業者は、当該第一種荷主から引き受けた貨物の運送について貨物自動車運送事業者又は他の貨物利用運送事業者の行う運送（貨物自動車を使用しないで貨物の運送を行わせることを内容とする契約によるものを除く。）を利用する場合は、その利用する運送に係る貨物について当該第一種荷主からその実施する第三十七条第一項に規定する措置に関し協力を求められたときは、その求めに応ずるよう努めなければならない。

第二款　連鎖化事業者に係る措置

（連鎖化事業者の努力義務）

第四十五条　定型的な約款による契約に基づき、特定の商標、商号その他の表示を使用させ、商品の販売又は役務の提供に関する方法を指定し、かつ、継続的に経営に関する指導を行う事業を行う者であって、当該約款に基づき、当該契約の相手方（以下この条において「連鎖対象者」という。）と運転者との間の貨物の受渡しの日及び時刻又は時間帯を運転者に指示することができるもの（以下「連鎖化事業者」という。）は、当該連鎖対象者が取り扱う貨物（当該連鎖対象者が貨物利用運送事業者又は貨物自動車運送事業者に運送を委託するもの並びに当該連鎖化事業者が当該契約に基づき受渡しの日又は時刻及び時間帯を運転者に指示することができないものを除く。以下この款において同じ。）について、当該連鎖対象者が運転者から受け取り、又は他の者をして運転者から受け取らせる場合には、当該貨物を運送する運転者の荷待ち時間の短縮及び運転者一人当たりの一回の運送ごとの貨物の重量の増加を図るため、次に掲げる措置を講ずるよう努めなければならない。

一　貨物の受渡しを行う日及び時刻又は時間帯を運転者に指示するに当たっては、停留場所の数その他の条件により定まる荷役をすることができる車両台数を上回り一時に多数の貨物自動車が集貨又は配達を行うべき場所に到着しないようにすること。

二　第一種荷主が第三十七条第一項第一号に掲げる措置を円滑に実施するため貨物の受渡しを行う日及び時刻又は時間帯について協議したい旨を申し出た場合にあっては、これに応じて、必要な協力を行うこと。

2　前項の規定により連鎖化事業者が短縮すべき荷待ち時間は、次に掲げる施設又はその周辺の場所におけるものに限られるものとする。

一　当該連鎖対象者が管理する施設

二　当該連鎖対象者との間で当該貨物に係る寄託契約を締結した者が管理する施設

（連鎖化事業者の判断の基準となるべき事項）

第四十六条　連鎖化事業者の行う事業を所管する大臣（以下「連鎖化事業所管大臣」という。）は、基本方針に基づき、連鎖化事業主務省令で、前条第一項に規定する措置に関し、連鎖化事業者の判断の基準となるべき事項を定めるものとする。

2　前項に規定する判断の基準となるべき事項は、運転者の荷待ち時間及び運転者一人当たりの一回の運送ごとの貨物の重量の状況その他の事情を勘案して定めるものとし、これらの事情の変動に応じて必要な改定をするものとする。

（指導及び助言）

第四十七条　連鎖化事業所管大臣は、連鎖化事業者の第四十五条第一項に規定する措置の適確な実施を確保するため必要があると認めるときは、当該連鎖化事業者に対し、前条第一項に規定する判断の基準となるべき事項を勘案して、当該措置の実施について必要な指導及び助言をすることができる。

（国土交通大臣の意見）

第四十八条　国土交通大臣は、貨物自動車運送役務の持続可能な提供の確保に資する運転者の運送の効率化を図るため特に

必要があると認めるときは、前条の規定の運用に関し、連鎖化事業所管大臣に意見を述べることができる。

第六節　雑則

第四十九条　国は、貨物自動車運送役務の持続可能な提供の確保に資する運転者の運送及び荷役等の効率化のために必要があると認めるときは、第三十五条第一項、第三十八条第一項、第四十二条第一項及び第四十六条第一項に規定する判断の基準となるべき事項について調査を行い、その結果を公表するものとする。

第四章　雑則

第二十五条を第二十八条とし、同条の次に次の節名を付する。

第四節　雑則

第二十四条を第二十七条とし、第二十一条から第二十三条までを三条ずつ繰り下げる。

第二十条の二を第二十三条とする。

第二十条第二項の表第十八条第一項の項中「流通業務の総合化及び効率化の促進に関する法律」を「物資の流通の効率化に関する法律」に、「流通業務総合効率化促進法」を「物資流通効率化法」に、「第二十条第一項第一号」を「第二十二条第一項第一号」に改め、同表第十九条第一項の項中「流通業務総合効率化促進法第二十条第一項第一号」を「物資流通効率化法第二十二条第一項第一号」に改め、同表第二十三条第一項、第二十四条及び第二十五条第一項第一号の項中「流通業務総合効率化促進法第二十条第一項各号」を「物資流通効率化法第二十二条第一項各号」に改め、同表第二十五条第一項第三号の項中「流通業務総合効率化促進法」を「物資流通効率化法」に改め、同表第三十二条第二号の項及び第三十二条第三号の項中「流通業務総合効率化促進法第二十条第二項」を「物資流通効率化法第二十二条第二項」に改め、同条を第二十二条とし、第十九条を第二十一条とする。

第十八条第一項の表第三条第一項の項中「流通業務の総合化及び効率化の促進に関する法律」を「物資の流通の効率化に関する法律」に、「第十八条第一項」を「第二十条第一項」に改め、同条を第二十条とする。

第十七条を削る。

第十六条第一項中「第四条第一項」を「第六条第一項」に改め、同条第二項中「第五条第一項」を「第七条第一項」に改め、同条を第十八条とし、同条の次に次の一条を加える。

（港湾法の特例）

第十九条　港湾法第三十八条の二第一項の規定は、認定総合効率化事業者が認定総合効率化計画（第六条第三項各号に掲げる事項が記載されたものに限る。第二十四条において「特定認定総合効率化計画」という。）に従って同法第三十八条の二第一項の規定による届出を要する行為をする場合については、適用しない。

第十五条第一項中「第四条第一項」を「第六条第一項」に改め、同条第二項中「第五条第一項」を「第七条第一項」に改め、同条を第十七条とする。

第十四条第一項中「第四条第一項」を「第六条第一項」に改め、同条第二項中「第五条第一項」を「第七条第一項」に改め、同条を第十六条とする。

第十三条第一項中「第四条第一項」を「第六条第一項」に改め、同条第二項中「第五条第一項」を「第七条第一項」に改め、同条を第十五条とする。

第十二条第一項中「第四条第一項」を「第六条第一項」に改め、同条第二項中「第五条第一項」を「第七条第一項」に改め、同条を第十四条とする。

第十一条第一項中「第四条第一項」を「第六条第一項」に改め、同条第二項中「第五条第一項」を「第七条第一項」に改め、同条を第十三条とする。

第十条の前の見出しを削り、同条第一項中「第四条第一項」を「第六条第一項」に改め、同条第二項中「第五条第一項」を「第七条第一項」に改め、同条を第十二条とし、同条の前に見出しとして「（貨物自動車運送事業法の特例）」を付する。

第九条第一項中「第四条第一項」を「第六条第一項」に改め、同条第二項中「第五条第一項」を「第七条第一項」に改め、同条第四項中「をいう」の下に「。第三十条第八号において同じ」を加え、同条を第十一条とする。

第八条の前の見出しを削り、同条第一項中「第四条第一項」を「第六条第一項」に改め、同条第二項中「第五条第一項」を「第七条第一項」に改め、同条第四項中「をいう」の下に「。第三十条第八号において同じ」を加え、同条を第十条とし、同条の前に見出しとして「（貨物利用運送事業法の特例）」を付する。

第七条第一項及び第二項中「第四条第四項第十二号」を「第六条第四項第十二号」に改め、同条第三項中「第四条（第五条第四項）」を「第六条（第七条第四項）」に、「第四条第四項」を「第六条第四項」に改め、同条を第九条とし、同条の次に次の節名を付する。

第三節　流通業務総合効率化事業の促進

第六条を第八条とし、第五条を第七条とする。

第四条第七項から第十一項までの規定中「、あらかじめ」を削り、同条を第六条とする。

第三条に見出しとして「（基本方針）」を付し、同条第一項中「以下」の下に「この章において」を加え、同条を第五条とし、同条の次に次の節名を付する。

第二節　総合効率化計画の認定等

第二条中「この法律」を「この章」に改め、同条第一号中「輸送」を「輸送、荷役」に、「係る業務」を「関する行為であって、業として行われるもの」に改め、同条第二号中「輸送、」を「輸送、荷役、」に改め、同条第五号中「第六条第一項」を「第八条第一項」に改め、同条を第四条とする。

第一条の次に次の二条、章名及び節名を加える。

（基本理念）

第二条　物資の流通の効率化のための取組は、次に掲げる事項を基本理念として行われなければならない。

一　物資の流通は我が国における国民生活及び経済活動の基盤であることに鑑み、その担い手の確保に支障が生ずる状況にあっても、将来にわたって必要な物資が必要なときに確実に運送されることを旨とすること。

二　物資の流通は物資の生産及び製造の過程と密接に関連し、かつ、多様な主体により担われていることに鑑み、物資の生産又は製造を行う者、物資の流通の担い手その他の関係者が相互に連携を図ることにより、その取組の効果を一層高めることを旨とすること。

三　物資の流通の過程において二酸化炭素の排出等による環境への負荷が生じていることに鑑み、当該負荷の低減を図ることにより、地球温暖化対策の推進に関する法律（平成十年法律第百十七号）第二条の二に規定する脱炭素社会の実現に寄与することを旨とすること。

（国の責務）

第三条　国は、前条の基本理念にのっとり、物資の流通の効率化に関する総合的な施策を策定し、及びこれを実施する責務を有する。

第二章　流通業務の総合化及び効率化

第一節　総則

［公布の日（令和六年五月一五日）から起算して二年を超えない範囲内において政令で定める日から施行］

目次中「第三十六条」を「第四十一条」に、「第三十七条―第四十条」を「第四十二条―第五十二条」に、「第四十一条―第四十三条」を「第五十三条―第五十九条」に、「第四十四条」を「第六十条」に、「第四十五条―第四十八条」を「第六十一条―第七十条」に、「第四十九条」を「第七十一条」に、「第五十条―第五十二条」を「第七十二条―第七十四条」に、「第五十三条・第五十四条」を「第七十五条―第八十条」に改める。

第三十条第九号イ中「ロにおいて」を「ロ及び第四十五条第五項において」に、「第三十七条第四項」を「第四十二条第四項」に改める。

第五十四条を第七十九条とし、同条の前に次の一条を加える。

第七十八条　法人の代表者又は法人若しくは人の代理人、使用人その他の従業者が、その法人又は人の業務に関し、前三条の違反行為をしたときは、行為者を罰するほか、その法人又は人に対して各本条の刑を科する。

第五十三条第二項を削り、同条を第七十七条とし、第五章中同条の前に次の二条を加える。

第七十五条　次の各号のいずれかに該当する場合には、その違反行為をした者は、百万円以下の罰金に処する。

一　第四十条第三項、第四十九条第三項、第五十八条第三項又は第六十八条第三項の規定による命令に違反したとき。

二　第四十七条第一項又は第六十六条第一項の規定に違反したとき。

第七十六条　次の各号のいずれかに該当する場合には、その違反行為をした者は、五十万円以下の罰金に処する。

一　第三十七条第二項、第四十五条第二項若しくは第六項、第五十五条第二項若しくは第六十四条第二項の規定による届出をせず、又は虚偽の届出をしたとき。

二　第三十八条、第四十六条、第五十六条又は第六十五条の規定による提出をしなかったとき。

三　第三十九条、第四十八条、第五十七条若しくは第六十七条の規定による報告をせず、又は虚偽の報告をしたとき。

四　第四十一条第一項若しくは第二項、第五十条第一項若しくは第二項、第五十九条第一項若しくは第二項若しくは第六十九条第一項若しくは第二項の規定による報告をせず、若しくは虚偽の報告をし、又はこれらの規定による検査を拒み、妨げ、若しくは忌避したとき。

第四章中第五十二条を第七十四条とし、第五十一条を第七十三条とし、第五十条を第七十二条とする。

第四十九条中「第三十八条第一項、第四十二条第一項及び第四十六条第一項」を「第四十三条第一項、第五十三条第一項及び第六十二条第一項」に改め、第三章第六節中同条を第七十一条とする。

第四十八条中「前条」を「第六十三条及び第六十八条」に改め、第三章第五節第二款中同条を第七十条とする。

第四十七条中「第四十五条第一項」を「第六十一条第一項」に改め、同条を第六十三条とし、同条の次に次の六条を加える。

（特定連鎖化事業者の指定）

第六十四条　連鎖化事業所管大臣は、連鎖化事業者のうち、次に掲げる貨物について政令で定めるところにより算定した年度の貨物の合計の重量が政令で定める重量（次項及び第三項第二号において「基準重量」という。）以上であるものを、運転者の荷待ち時間の短縮及び運転者一人当たりの一回の運送ごとの貨物の重量の増加に特に寄与する必要がある者として指定するものとする。

一　当該連鎖化事業者の連鎖対象者が運転者から受け取る貨物

二　当該連鎖化事業者の連鎖対象者が他の者をして運転者から受け取らせる貨物

2　連鎖化事業者は、前項各号に掲げる貨物の重量について、同項の政令で定めるところにより算定した前年度の貨物の合計の重量が基準重量以上であるときは、主務省令で定めるところにより、当該連鎖化事業者の連鎖対象者の貨物の受渡しの状況に関し、主務省令で定める事項を連鎖化事業所管大臣に届け出なければならない。ただし、同項の規定により指定された連鎖化事業者（以下「特定連鎖化事業者」という。）であるときは、この限りでない。

3　特定連鎖化事業者は、次の各号に掲げる事由のいずれかが生じたときは、主務省令で定めるところにより、連鎖化事業所管大臣に、第一項の規定による指定を取り消すべき旨の申出をすることができる。

一　連鎖化事業者に該当しなくなったとき。

二　第一項各号に掲げる貨物の重量について、同項の政令で定めるところにより算定した年度の貨物の合計の重量が基準重量を下回った場合において、同項の政令で定めるところにより算定する年度の貨物の合計の重量が再び当該基準重量以上となることがないと明らかに認められるとき。

4　連鎖化事業所管大臣は、前項の申出があった場合において、その申出に理由があると認めるときは、遅滞なく、第一項の規定による指定を取り消すものとする。前項の申出がない場合において、同項各号に掲げる事由のいずれかが生じたと認められるときも、同様とする。

（中長期的な計画の作成）

第六十五条　特定連鎖化事業者は、主務省令で定めるところにより、定期に、第六十二条第一項に規定する判断の基準となるべき事項を踏まえ、第六十一条第一項に規定する措置の実施に関する中長期的な計画を作成し、連鎖化事業所管大臣に提出しなければならない。

（物流統括管理者の選任）

第六十六条　特定連鎖化事業者は、第六十四条第一項の規定による指定を受けた後、速やかに、主務省令で定めるところにより、次に掲げる業務を統括管理する者（以下この条において「物流統括管理者」という。）を選任しなければならない。

一　前条の中長期的な計画の作成

二　当該特定連鎖化事業者の連鎖対象者の事業に係る貨物の運送を行う運転者への負荷を低減し、及び輸送される物資の貨物自動車への過度の集中を是正するための事業の運営方針の作成及び事業の管理体制の整備に関する業務

三　その他運転者の運送の効率化のために必要な業務として主務省令で定める業務

2　物流統括管理者は、特定連鎖化事業者が行う事業運営上の重要な決定に参画する管理的地位にある者をもって充てなければならない。

3　特定連鎖化事業者は、第一項の規定により物流統括管理者を選任したときは、主務省令で定めるところにより、遅滞なく、その氏名及び役職を連鎖化事業所管大臣に届け出なければならない。これを解任したときも、同様とする。

（定期の報告）

第六十七条　特定連鎖化事業者は、第六十四条第一項の規定による指定を受けた日の属する年度の翌年度以降、毎年度、主務省令で定めるところにより、第六十一条第一項に規定する措置の実施の状況に関し、主務省令で定める事項を連鎖化事業所管大臣に報告しなければならない。

（勧告及び命令）

第六十八条　連鎖化事業所管大臣は、特定連鎖化事業者の第六十一条第一項に規定する措置の実施に関する状況が、第六十二条第一項に規定する判断の基準となるべき事項に照らして著しく不十分であると認めるときは、当該特定連鎖化事業者に対し、その判断の根拠を示して、当該措置をとるべき旨の勧告をすることができる。

2　連鎖化事業所管大臣は、前項の勧告を受けた特定連鎖化事業者がその勧告に従わなかったときは、その旨を公表することができる。

3　連鎖化事業所管大臣は、第一項の勧告を受けた特定連鎖化事業者が、正当な理由がなくてその勧告に係る措置をとらなかったときは、政令で定める審議会等の意見を聴いて、当該特定連鎖化事業者に対し、当該措置をとるべきことを命ずることができる。

（報告徴収及び立入検査）

第六十九条　連鎖化事業所管大臣は、第六十四条第一項の規定による指定及び同条第四項の規定による指定の取消しを行うために必要な限度において、連鎖化事業者に対し、その連鎖対象者の貨物の受渡しの状況に関し報告をさせ、又はその職員に、連鎖化事業者の事務所その他の事業場に立ち入り、帳簿、書類その他の物件を検査させることができる。

2　連鎖化事業所管大臣は、前条第一項及び第三項の規定の施行に必要な限度において、特定連鎖化事業者に対し、第六十一条第一項に規定する措置の実施の状況に関し報告をさせ、又はその職員に、特定連鎖化事業者若しくは当該特定連鎖化事業者の連鎖対象者の事務所その他の事業場に立ち入り、帳簿、書類その他の物件を検査させることができる。ただし、当該連鎖対象者の事務所その他の事業場に立ち入る場合においては、あらかじめ、当該連鎖対象者の承諾を得なければならない。

3　前二項の規定により立入検査をする職員は、その身分を示す証明書を携帯し、関係人に提示しなければならない。

4　第一項及び第二項の規定による立入検査の権限は、犯罪捜査のために認められたものと解釈してはならない。

第四十六条を第六十二条とする。

第四十五条第一項中「この条において」を削り、同項第二号中「第三十七条第一項第一号」を「第四十二条第一項第一号」に改め、同条を第六十一条とする。

第四十四条中「第三十七条第一項」を「第四十二条第一項」に改め、第三章第五節第一款中同条を第六十条とする。

第四十三条第一項中「第四十一条第一項」を「第五十二条第一項」に改め、同条第二項中「第四十一条第二項」を「第五十二条第二項」に改め、第三章第四節中同条を第五十四条とし、同条の次に次の五条を加える。

（特定倉庫業者の指定）

第五十五条　国土交通大臣は、倉庫業者のうち、政令で定めるところにより算定した年度の貨物の保管量が政令で定める保管量（次項及び第三項第二号において「基準保管量」という。）以上であるものを、運転者の荷待ち時間等の短縮に特に寄与する必要がある者として指定するものとする。

2　倉庫業者は、前項の政令で定めるところにより算定した前年度の貨物の保管量が基準保管量以上であるときは、国土交通省令で定めるところにより、貨物の保管量の状況に関し、国土交通省令で定める事項を国土交通大臣に届け出なければならない。ただし、同項の規定により指定された倉庫業者（以下「特定倉庫業者」という。）であるときは、この限りでない。

3　特定倉庫業者は、次の各号に掲げる事由のいずれかが生じたときは、国土交通省令で定めるところにより、国土交通大臣に、第一項の規定による指定を取り消すべき旨の申出をすることができる。

一　貨物の保管の事業を行わなくなったとき。

二　第一項の政令で定めるところにより算定した年度の貨物の保管量が基準保管量を下回った場合において、同項の政令で定めるところにより算定する年度の貨物の保管量が再び当該基準保管量以上となることがないと明らかに認められるとき。

4　国土交通大臣は、前項の申出があった場合において、その申出に理由があると認めるときは、遅滞なく、第一項の規定による指定を取り消すものとする。前項の申出がない場合において、同項各号に掲げる事由のいずれかが生じたと認められるときも、同様とする。

（中長期的な計画の作成）

第五十六条　特定倉庫業者は、国土交通省令で定めるところにより、定期に、第五十三条第一項に規定する判断の基準となるべき事項を踏まえ、第五十二条第一項に規定する措置の実施に関する中長期的な計画を作成し、国土交通大臣に提出しなければならない。

（定期の報告）

第五十七条　特定倉庫業者は、第五十五条第一項の規定による指定を受けた日の属する年度の翌年度以降、毎年度、国土交通省令で定めるところにより、第五十二条第一項に規定する措置の実施の状況に関し、国土交通省令で定める事項を国土交通大臣に報告しなければならない。

（勧告及び命令）

第五十八条　国土交通大臣は、特定倉庫業者の第五十二条第一項に規定する措置の実施に関する状況が、第五十三条第一項に規定する判断の基準となるべき事項に照らして著しく不十分であると認めるときは、当該特定倉庫業者に対し、その判断の根拠を示して、当該措置をとるべき旨の勧告をすることができる。

2　国土交通大臣は、前項の勧告を受けた特定倉庫業者がその勧告に従わなかったときは、その旨を公表することができる。

3　国土交通大臣は、第一項の勧告を受けた特定倉庫業者が、正当な理由がなくてその勧告に係る措置をとらなかったときは、運輸審議会の意見を聴いて、当該特定倉庫業者に対し、当該措置をとるべきことを命ずることができる。

（報告徴収及び立入検査）

第五十九条　国土交通大臣は、第五十五条第一項の規定による指定及び同条第四項の規定による指定の取消しを行うために必要な限度において、倉庫業者に対し、その貨物の保管量の状況に関し報告をさせ、又はその職員に、倉庫業者の事務所その他の事業場に立ち入り、帳簿、書類その他の物件を検査させることができる。

2　国土交通大臣は、前条第一項及び第三項の規定の施行に必要な限度において、特定倉庫業者に対し、第五十二条第一項に規定する措置の実施の状況に関し報告をさせ、又はその職員に、特定倉庫業者の事務所その他の事業場に立ち入り、帳簿、書類その他の物件を検査させることができる。

3　前二項の規定により立入検査をする職員は、その身分を示す証明書を携帯し、関係人に提示しなければならない。

4　第一項及び第二項の規定による立入検査の権限は、犯罪捜査のために認められたものと解釈してはならない。

第四十二条を第五十三条とする。

第四十一条第二項中「第四十三条第二項」を「第五十四条第二項」に改め、同条を第五十二条とする。

第四十条中「前条」を「第四十四条及び第四十九条」に改め、第三章第三節中同条を第五十一条とする。

第三十九条中「第三十七条第一項」を「第四十二条第一項」に改め、同条を第四十四条とし、同条の次に次の六条を加える。

る。

（特定荷主の指定）

第四十五条　荷主事業所管大臣は、第一種荷主のうち、貨物自動車運送事業者又は貨物利用運送事業者に運送（貨物自動車を使用しないで貨物の運送を行わせることを内容とする契約によるものを除く。次項及び第三項第二号において同じ。）を行わせた貨物について政令で定めるところにより算定した年度の貨物の合計の重量が政令で定める重量（次項及び第三項第二号において「基準重量」という。）以上であるものを、運転者の荷待ち時間等の短縮及び運転者一人当たりの一回の運送ごとの貨物の重量の増加に特に寄与する必要がある者として指定するものとする。

2　第一種荷主は、貨物自動車運送事業者又は貨物利用運送事業者に運送を行わせた貨物の重量について、前項の政令で定めるところにより算定した前年度の貨物の合計の重量が基準重量以上であるときは、主務省令で定めるところにより、貨物の運送の委託の状況に関し、主務省令で定める事項を荷主事業所管大臣に届け出なければならない。ただし、同項の規定により指定された第一種荷主（以下「特定第一種荷主」という。）であるときは、この限りでない。

3　特定第一種荷主は、次の各号に掲げる事由のいずれかが生じたときは、主務省令で定めるところにより、荷主事業所管大臣に、第一項の規定による指定を取り消すべき旨の申出をすることができる。

一　第一種荷主に該当しなくなったとき。

二　貨物自動車運送事業者又は貨物利用運送事業者に運送を行わせた貨物の重量について、第一項の政令で定めるところにより算定した年度の貨物の合計の重量が基準重量を下回った場合において、同項の政令で定めるところにより算定する年度の貨物の合計の重量が再び当該基準重量以上となることがないと明らかに認められるとき。

4　荷主事業所管大臣は、前項の申出があった場合において、その申出に理由があると認めるときは、遅滞なく、第一項の規定による指定を取り消すものとする。前項の申出がない場合において、同項各号に掲げる事由のいずれかが生じたと認められるときも、同様とする。

5　荷主事業所管大臣は、第二種荷主のうち、次に掲げる貨物（当該第二種荷主が貨物自動車運送事業者又は貨物利用運送事業者に運送を委託するもの並びに当該第二種荷主が貨物の受渡しを行う日又は時刻及び時間帯を運転者に指示することができないものを除く。次項及び第七項第二号において同じ。）について政令で定めるところにより算定した年度の貨物の合計の重量が政令で定める重量（次項及び第七項第二号において「基準重量」という。）以上であるものを、運転者の荷待ち時間等の短縮及び運転者一人当たりの一回の運送ごとの貨物の重量の増加に特に寄与する必要がある者として指定するものとする。

一　自らの事業に関して、運転者から受け取る貨物

二　自らの事業に関して、他の者をして運転者から受け取らせる貨物

三　自らの事業に関して、運転者に引き渡す貨物

四　自らの事業に関して、他の者をして運転者に引き渡させる貨物

6　第二種荷主は、前項各号に掲げる貨物について、同項の政令で定めるところにより算定した前年度の貨物の合計の重量が基準重量以上であるときは、主務省令で定めるところにより、貨物の受渡しの状況に関し、主務省令で定める事項を荷主事業所管大臣に届け出なければならない。ただし、同項の規定により指定された第二種荷主（以下「特定第二種荷主」という。）であるときは、この限りでない。

7　特定第二種荷主は、次の各号に掲げる事由のいずれかが生じたときは、主務省令で定めるところにより、荷主事業所管大臣に、第五項の規定による指定を取り消すべき旨の申出をすることができる。

一　第二種荷主に該当しなくなったとき。

二　第五項各号に掲げる貨物の重量について、同項の政令で定めるところにより算定した年度の貨物の合計の重量が基準重量を下回った場合において、同項の政令で定めるところにより算定する年度の貨物の合計の重量が再び当該基準重量以上となることがないと明らかに認められるとき。

8　荷主事業所管大臣は、前項の申出があった場合において、その申出に理由があると認めるときは、遅滞なく、第五項の

規定による指定を取り消すものとする。前項の申出がない場合において、同項各号に掲げる事由のいずれかが生じたと認められるときも、同様とする。

（中長期的な計画の作成）

第四十六条　特定第一種荷主及び特定第二種荷主（以下「特定荷主」という。）は、主務省令で定めるところにより、定期に、第四十三条第一項に規定する判断の基準となるべき事項を踏まえ、第四十二条第一項又は第四項に規定する措置の実施に関する中長期的な計画を作成し、荷主事業所管大臣に提出しなければならない。

（物流統括管理者の選任）

第四十七条　特定荷主は、第四十五条第一項又は第五項の規定による指定を受けた後、速やかに、主務省令で定めるところにより、次に掲げる業務を統括管理する者（以下この条において「物流統括管理者」という。）を選任しなければならない。

一　前条の中長期的な計画の作成

二　自らの事業に係る貨物の運送を行う運転者への負荷を低減し、及び輸送される物資の貨物自動車への過度の集中を是正するための事業の運営方針の作成及び事業の管理体制の整備に関する業務

三　その他運転者の運送及び荷役等の効率化のために必要な業務として主務省令で定める業務

2　物流統括管理者は、特定荷主が行う事業運営上の重要な決定に参画する管理的地位にある者をもって充てなければならない。

3　特定荷主は、第一項の規定により物流統括管理者を選任したときは、主務省令で定めるところにより、遅滞なく、その氏名及び役職を荷主事業所管大臣に届け出なければならない。これを解任したときも、同様とする。

（定期の報告）

第四十八条　特定荷主は、第四十五条第一項又は第五項の規定による指定を受けた日の属する年度の翌年度以降、毎年度、主務省令で定めるところにより、第四十二条第一項又は第四項に規定する措置の実施の状況に関し、主務省令で定める事項を荷主事業所管大臣に報告しなければならない。

（勧告及び命令）

第四十九条　荷主事業所管大臣は、特定荷主の第四十二条第一項又は第四項に規定する措置の実施に関する状況が、第四十三条第一項に規定する判断の基準となるべき事項に照らして著しく不十分であると認めるときは、当該特定荷主に対し、その判断の根拠を示して、当該措置をとるべき旨の勧告をすることができる。

2　荷主事業所管大臣は、前項の勧告を受けた特定荷主がその勧告に従わなかったときは、その旨を公表することができる。

3　荷主事業所管大臣は、第一項の勧告を受けた特定荷主が、正当な理由がなくてその勧告に係る措置をとらなかったときは、政令で定める審議会等（国家行政組織法（昭和二十三年法律第百二十号）第八条に規定する機関をいう。第六十八条第三項において同じ。）の意見を聴いて、当該特定荷主に対し、当該措置をとるべきことを命ずることができる。

（報告徴収及び立入検査）

第五十条　荷主事業所管大臣は、第四十五条第一項及び第五項の規定による指定並びに同条第四項及び第八項の規定による指定の取消しを行うために必要な限度において、荷主に対し、その貨物の運送の委託若しくは受渡しの状況に関し報告をさせ、又はその職員に、荷主の事務所その他の事業場に立ち入り、帳簿、書類その他の物件を検査させることができる。

2　荷主事業所管大臣は、前条第一項及び第三項の規定の施行に必要な限度において、特定荷主に対し、第四十二条第一項若しくは第四項に規定する措置の実施の状況に関し報告をさせ、又はその職員に、特定荷主の事務所その他の事業場に立ち入り、帳簿、書類その他の物件を検査させることができる。

3　前二項の規定により立入検査をする職員は、その身分を示す証明書を携帯し、関係人に提示しなければならない。

4　第一項及び第二項の規定による立入検査の権限は、犯罪捜査のために認められたものと解釈してはならない。

第三十八条を第四十三条とし、第三十七条を第四十二条とする。

第三章第二節中第三十六条の次に次の五条を加える。

（特定貨物自動車運送事業者等の指定）

第三十七条　国土交通大臣は、貨物自動車運送事業者等のうち、政令で定めるところにより算定した年度の輸送能力が政令で定める輸送能力（次項及び第三項第二号において「基準能力」という。）以上であるものを、その雇用する運転者一人当たりの一回の運送ごとの貨物の重量を特に増加させる必要がある者として指定するものとする。

2　貨物自動車運送事業者等は、前項の政令で定めるところにより算定した前年度の輸送能力が基準能力以上であるときは、国土交通省令で定めるところにより、その輸送能力に関し、国土交通省令で定める事項を国土交通大臣に届け出なければならない。ただし、同項の規定により指定された貨物自動車運送事業者等（以下「特定貨物自動車運送事業者等」という。）であるときは、この限りでない。

3　特定貨物自動車運送事業者等は、次の各号に掲げる事由のいずれかが生じたときは、国土交通大臣に、第一項の規定による指定を取り消すべき旨の申出をすることができる。

一　貨物自動車を用いた貨物の運送の事業を行わなくなったとき。

二　第一項の政令で定めるところにより算定した年度の輸送能力が基準能力を下回った場合において、同項の政令で定めるところにより算定する年度の輸送能力が再び当該基準能力以上となることがないと明らかに認められるとき。

4　国土交通大臣は、前項の申出があった場合において、その申出に理由があると認めるときは、遅滞なく、第一項の規定による指定を取り消すものとする。前項の申出がない場合において、同項各号に掲げる事由のいずれかが生じたと認められるときも、同様とする。

（中長期的な計画の作成）

第三十八条　特定貨物自動車運送事業者等は、国土交通省令で定めるところにより、定期に、第三十五条第一項に規定する判断の基準となるべき事項を踏まえ、第三十四条に規定する措置の実施に関する中長期的な計画を作成し、国土交通大臣に提出しなければならない。

（定期の報告）
第三十九条　特定貨物自動車運送事業者等は、第三十七条第一項の規定による指定を受けた日の属する年度の翌年度以降、毎年度、国土交通省令で定めるところにより、第三十四条に規定する措置の実施の状況に関し、国土交通省令で定める事項を国土交通大臣に報告しなければならない。

（勧告及び命令）
第四十条　国土交通大臣は、特定貨物自動車運送事業者等の第三十四条に規定する措置の実施に関する状況が、第三十五条第一項に規定する判断の基準となるべき事項に照らして著しく不十分であると認めるときは、当該特定貨物自動車運送事業者等に対し、その判断の根拠を示して、当該措置をとるべき旨の勧告をすることができる。

2　国土交通大臣は、前項の勧告を受けた特定貨物自動車運送事業者等がその勧告に従わなかったときは、その旨を公表することができる。

3　国土交通大臣は、第一項の勧告を受けた特定貨物自動車運送事業者等が、正当な理由がなくてその勧告に係る措置をとらなかったときは、運輸審議会の意見を聴いて、当該特定貨物自動車運送事業者等に対し、当該措置をとるべきことを命ずることができる。

（報告徴収及び立入検査）
第四十一条　国土交通大臣は、第三十七条第一項の規定による指定及び同条第四項の規定による指定の取消しを行うために必要な限度において、貨物自動車運送事業者等に対し、その輸送能力の状況に関し報告をさせ、又はその職員に、貨物自動車運送事業者等の事務所その他の事業場に立ち入り、帳簿、書類その他の物件を検査させることができる。

2　国土交通大臣は、前条第一項及び第三項の規定の施行に必要な限度において、特定貨物自動車運送事業者等に対し、第三十四条に規定する措置の実施の状況に関し報告をさせ、又はその職員に、特定貨物自動車運送事業者等の事務所その他の事業場に立ち入り、帳簿、書類その他の物件を検査させることができる。

3　前二項の規定により立入検査をする職員は、その身分を示す証明書を携帯し、関係人に提示しなければならない。

4　第一項及び第二項の規定による立入検査の権限は、犯罪捜査のために認められたものと解釈してはならない。

本則に次の一条を加える。

第八十条　第四十七条第三項若しくは第六十六条第三項の規定による届出をせず、又は虚偽の届出をした者は、二十万円以下の過料に処する。

○流通業務の総合化及び効率化の促進に関する法律施行令

（平成十七年九月九日政令第二百九十八号）

沿革　平一八政令一八〇、平二三政令四九、平二五政令二七六、平二八政令二九六、平三〇政令二九三、令二政令三二一、令六政令三二改正

（中小企業者の範囲）

第一条　流通業務の総合化及び効率化の促進に関する法律（以下「法」という。）第二条第七号ホに規定する政令で定める業種並びにその業種ごとの資本金の額又は出資の総額及び常時使用する従業員の数は、次の表のとおりとする。

	業種	資本金の額又は出資の総額	常時使用する従業員の数
一	ゴム製品製造業（自動車又は航空機用タイヤ及びチューブ製造業並びに工業用ベルト製造業を除く。）	三億円	九百人
二	ソフトウェア業又は情報処理サービス業	三億円	三百人
三	旅館業	五千万円	二百人

2　法第二条第十七号チの政令で定める組合及びその連合会は、次のとおりとする。

一　事業協同組合及び事業協同小組合並びに協同組合連合会
二　水産加工業協同組合及び水産加工業協同組合連合会
三　商工組合及び商工組合連合会

（特定流通業務施設の区分）

第二条　法第四条第三項第一号の政令で定める区分は、次のとおりとする。

一　卸売市場
二　倉庫（倉庫業の用に供するものに限る。）
三　前二号に掲げるもの以外の流通業務施設であって、中小企業者が実施する流通業務総合効率化事業（以下「中小企業流通業務総合効率化事業」という。）の用に供するもの
四　前三号に掲げるもの以外の流通業務施設

（貨物利用運送事業法の特例に係る組合又はその連合会）

第三条　法第八条第三項の政令で定める組合又はその連合会は、次のとおりとする。

一　事業協同組合若しくは事業協同小組合又は協同組合連合会
二　農業協同組合又は農業協同組合連合会
三　漁業協同組合又は漁業協同組合連合会
四　水産加工業協同組合又は水産加工業協同組合連合会
五　商工組合又は商工組合連合会
六　森林組合又は森林組合連合会

（保険料率）

第四条　法第十八条第三項の政令で定める率（次項において「保険料率」という。）は、保証をした借入れの期間（中小企業信用保険法施行令（昭和二十五年政令第三百五十号）第二条第一項に規定する借入れの期間をいう。）一年につき、中小企業信用保険法（昭和二十五年法律第二百六十四号）第三条第一項に規定する普通保険及び同法第三条の二第一項に規定する無担保保険（次項において「無担保保険」という。）にあっては〇・四一パーセント（手形割引等特殊保証（同令第二条第一項に規定する手形割引等特殊保証をいう。以下この項において同じ。）及び当座貸越し特殊保証（同令第二条第一項に規定する当座貸越し特殊保証をいう。以下この項において同じ。）の場合は、〇・三五パーセント）、同法第三条の三第一項に規定する特別小口保険にあっては〇・一九パーセント（手形割引等特殊保証及び当座貸越し特殊保証の場合は、〇・一五パーセント）とする。

2　前項の規定にかかわらず、債務の保証を受けた中小企業者が中小企業信用保険法第三条の二第一項の経済産業省令で定める要件を備えている法人である場合における無担保保険の保険関係についての保険料率は、前項に定める率にそれぞれ〇・〇六二五パーセントを加えた率とする。

（主務大臣）

第五条　法第三条第一項、第三項及び第四項における主務大臣は、基本方針のうち、同条第二項第四号に掲げる事項に係る部分については国土交通大臣、同項第五号に掲げる事項に係る部分については経済産業大臣とし、その他の部分については国土交通大臣、経済産業大臣及び農林水産大臣とする。

2　法第四条第一項並びに第四項及び第十項（これらの規定を法第五条第四項において準用する場合を含む。第七条において同じ。）、第五条第一項及び第二項並びに第二十六条における主務大臣は、次の各号に掲げる流通業務総合効率化事業の区分に応じ、当該各号に定める大臣とする。ただし、貨客運送効率化事業又は港湾流通拠点地区において特定流通業務施設の整備を行う事業を含む流通業務総合効率化事業については、当該各号に定める大臣及び国土交通大臣とする。

一　中小企業流通業務総合効率化事業　イからハまでの区分に応じ、それぞれイからハまでに定める大臣
イ　貨物流通事業者（貨物の輸送、保管その他の流通のうち国土交通省の所掌に係るものの事業を行う者をいう。以下この項において同じ。）が実施するもの　国土交通大臣及び経済産業大臣
ロ　食品等生産業者等が実施するもの　農林水産大臣
ハ　貨物流通事業者及び食品等生産業者等以外の者が実施するもの　経済産業大臣
二　前号に掲げるもの以外の流通業務総合効率化事業　イからニまでの区分に応じ、それぞれイからニまでに定める大臣
イ　貨物流通事業者が実施するもの　国土交通大臣
ロ　食品等生産業者等が実施するもの（ハに掲げるものを除く。）　農林水産大臣
ハ　食品等生産業者等が実施するもののうち、物資の流通の効率化を図るための情報処理システム、設備又は一連の措置（物資の種類を問わず利用し、又は実施し得るものに限る。）を導入するもの　経済産業大臣及び農林水

産大臣

二　貨物流通事業者及び食品等生産業者等以外の者が実施するもの　経済産業大臣

3　法第七条第一項及び第二項における主務大臣は、次の各号に掲げる特定流通業務施設の区分に応じ、当該各号に定める大臣とする。

一　卸売市場　農林水産大臣

二　倉庫（倉庫業の用に供するものに限る。）　国土交通大臣

三　前二号に掲げるもの以外の流通業務施設であって、中小企業流通業務総合効率化事業の用に供するもの　経済産業大臣

四　前三号に掲げるもの以外の流通業務施設　国土交通大臣、経済産業大臣及び農林水産大臣

（都道府県が処理する事務）

第六条　法第四条第一項及び第四項（法第五条第四項において準用する場合を含む。）、第五条第一項、第七条第一項及び第二項並びに第二十六条の規定による主務大臣の権限に属する事務のうち経済産業大臣の権限（一の都道府県の区域内のみにおいて実施される中小企業流通業務総合効率化事業に係るものに限る。）に属する事務は、当該区域を管轄する都道府県知事が行うこととする。この場合においては、当該事務に係る主務大臣に関するこれらの規定は、都道府県知事に関する規定として都道府県知事に適用があるものとする。

（権限の委任）

第七条　法第四条第一項、第四項及び第十項、第五条第一項及び第二項並びに第二十六条の規定による主務大臣の権限のうち国土交通大臣に属する権限並びに法第四条第八項、第九項及び第十二項（これらの規定を法第五条第四項において準用する場合を含む。）並びに第五条第三項の規定による国土交通大臣の権限（いずれも一の地方運輸局の管轄区域内のみにおいて実施される流通業務総合効率化事業に係るものに限り、貨物軌道事業に係るもの及び港湾流通拠点地区において特定流通業務施設の整備を行う事業に係るものを除く。）並びに法第七条第一項及び第二項の規定による主務大臣の権限のうち国土交通大臣に属する権限（当該区域内のみにおいて実施される流通業務総合効率化事業に係るものに限る。）は、当該区域を管轄する地方運輸局長（運輸監理部長を含む。）に委任する。

2　法第四条第一項、第四項及び第十項、第五条第一項及び第二項並びに第二十六条の規定による主務大臣の権限のうち国土交通大臣に属する権限並びに法第四条第八項（法第五条第四項において準用する場合を含む。）の規定による国土交通大臣の権限（いずれも一の地方整備局又は北海道開発局の管轄区域内のみにおいて実施される流通業務総合効率化事業に係るもののうち港湾流通拠点地区において特定流通業務施設の整備を行う事業に係るものに限る。）並びに法第四条第十一項及び第十三項（これらの規定を法第五条第四項において準用する場合を含む。）の規定による国土交通大臣の権限（当該区域内のみにおいて実施される流通業務総合効率化事業に係るものに限る。）は、当該区域を管轄する地方整備局長又は北海道開発局長に委任する。

3　法第四条第一項、第四項及び第十項、第五条第一項及び第二項並びに第二十六条の規定による主務大臣の権限のうち経済産業大臣に属する権限（一の経済産業局の管轄区域内のみにおいて実施される流通業務総合効率化事業に係るものに限り、中小企業流通業務総合効率化事業に係るものを除く。）は、当該区域を管轄する経済産業局長に委任する。

4　法第四条第一項、第四項及び第十項、第五条第一項及び第二項、第七条第一項及び第二項並びに第二十六条の規定による主務大臣の権限のうち農林水産大臣に属する権限（一の地方農政局の管轄区域内のみにおいて実施される流通業務総合効率化事業に係るものに限る。）は、当該区域を管轄する地方農政局長に委任する。

附　則（抄）

（施行期日）

第一条　この政令は、法の施行の日（平成十七年十月一日）から施行する。

（中小企業流通業務効率化促進法施行令の廃止）

第二条　中小企業流通業務効率化促進法施行令（平成四年政令第二百八十二号）は、廃止する。

附　則（平一八・四・二六政令一八〇抄）

（施行期日）

第一条　この政令は、会社法〔平成一七年七月法律第八六号〕の施行の日（平成十八年五月一日）から施行する。

附　則（平二三・三・三〇政令四九）

（施行期日）

第一条　この政令は、平成二十三年四月一日から施行する。

（経過措置）

第二条　この政令の施行前に成立している保険関係については、なお従前の例による。

附　則（平二五・九・一九政令二七六）

この政令は、小規模企業の事業活動の活性化のための中小企業基本法等の一部を改正する等の法律〔平成二五年六月法律第五七号〕の施行の日（平成二十五年九月二十日）から施行する。

附　則（平二八・九・七政令二九六）

この政令は、流通業務の総合化及び効率化の促進に関する法律の一部を改正する法律〔平成二八年五月法律第三六号〕の施行の日（平成二十八年十月一日）から施行する。

附　則（平三〇・一〇・一七政令二九三抄）

（施行期日）

第一条　この政令は、改正法〔卸売市場法及び食品流通構造改善促進法の一部を改正する法律＝平成三〇年六月法律第六二号〕の施行の日（平成三十年十月二十二日）から施行する。

〔後略〕

附　則（令二・一一・一一政令三三一）

この政令は、持続可能な運送サービスの提供の確保に資する取組を推進するための地域公共交通の活性化及び再生に関する法律等の一部を改正する法律〔令和二年六月法律第三六号〕の施行の日（令和二年十一月二十七日）から施行する。

附　則（令六・二・一六政令三二）

この政令は、中小企業信用保険法及び株式会社商工組合中央金庫法の一部を改正する法律（令和五年法律第六十一号）の施行の日（令和六年三月十五日）から施行する。

○流通業務の総合化及び効率化の促進に関する法律施行規則

（平成十七年九月三十日 農林水産省 経済産業省 国土交通省 令第一号）

沿革 平二一農水・経産・国交令一、平二五農水・経産・国交令一、平二七農水・経産・国交令一、平二八農水・経産・国交令一、平三〇農水・経産・国交令一、令二農水・経産・国交令一、令四農水・経産・国交令一、令六農水・経産・国交令一改正

（流通業務総合効率化事業の用に供する特定流通業務施設の整備に関して総合効率化計画に記載すべき事項）

第一条 流通業務の総合化及び効率化の促進に関する法律（以下「法」という。）第四条第三項第三号の主務省令で定める事項は、次に掲げる事項とする。

一 特定流通業務施設の整備を行う者の氏名又は名称及び住所並びに法人にあっては、その代表者の氏名

二 特定流通業務施設の整備の実施時期

三 特定流通業務施設が貨物自動車運送事業法（平成元年法律第八十三号）第二条第一項に規定する貨物自動車運送事業の用に供する営業所及び自動車車庫（以下「営業所等」という。）を有する場合にあっては、次に掲げる事項

イ 営業所等を設置する者の氏名又は名称及び住所並びに法人にあっては、その代表者の氏名

ロ 営業所の名称及び位置

ハ 営業所に配置する事業用自動車の数

ニ 自動車車庫の位置及び収容能力

ホ 営業所等において行う業務の内容

（特定流通業務施設の基準）

第二条 法第四条第四項第十二号の主務省令で定める基準は、流通業務の総合化及び効率化の促進に関する法律施行令（平成十七年政令第二百九十八号。以下「令」という。）第二条第一号に掲げる区分に該当する特定流通業務施設については、次のとおりとする。

一 次に掲げる社会資本等の周辺五キロメートルの区域内に立地するものであること。

イ 高速自動車国道のインターチェンジ等（高速自動車国道法（昭和三十二年法律第七十九号）第四条第一項に規定する高速自動車国道（まだ供用の開始がないものを除く。以下「高速自動車国道」という。）又は道路法（昭和二十七年法律第百八十号）第四十八条の四に規定する自動車専用道路（高速自動車国道に接続しているものに限り、まだ供用の開始がないものを除く。）と同法第三条第二号に規定する一般国道、同条第三号に規定する都道府県道又は同条第四号に規定する市町村道（いずれも同法第四十八条の四に規定する自動車専用道路を除く。）を連結させるための施設をいう。）

ロ 鉄道の貨物駅

ハ 港湾

ニ 漁港

ホ 空港

ヘ 流通業務団地

ト 工業団地

二 その取扱品目がイからニまでに掲げる品目のいずれかに該当する場合にあっては、それぞれイからニまでに掲げる面積以上の卸売場を有するものであること。

イ 青果物（野菜及び果実をいう。） 九百九十平方メートル

ロ 水産物 六百平方メートル（主として漁業者又は水産業協同組合から出荷される水産物の卸売のためその水産物の陸揚地において開設される卸売市場で、その水産物を主として他の卸売市場に出荷する者、水産加工業を営む者に卸売する者又は水産加工業を営む者に対し卸売するためのものにあっては、九百九十平方メートル）

ハ 肉類 三百平方メートル

ニ 花き 六百平方メートル

三 温度を調節する機能を備えた卸売場又は保管所のいずれかを有するものであること。

四 次のいずれかを有するものであること。

イ 営業所等

ロ 到着時刻表示装置（特定流通業務施設における貨物の搬入及び搬出の状況に係る情報並びに当該情報を利用して貨物自動車運送事業法第三十九条第一号に規定する貨物自動車運送事業者から提供された当該特定流通業務施設に到着する予定時刻に係る情報を管理するシステムを使用して当該予定時刻に係る情報を表示する装置であって、主務大臣の定める基準に適合するものをいう。以下同じ。）

ハ ターレット式構内運搬自動車（電気又はガスを動力源とするものに限る。）及び動力の供給装置

ニ 大型車対応荷さばき・転回場（特定流通業務施設に設けられた貨物の搬出入場所であって、その前面に奥行き十五メートル以上の空地を有するものをいう。以下同じ。）

五 データ交換システム（取引の相手方その他の関係者との間で商取引に関するデータを電子的に交換するシステムに限る。）を有するものであること。

六 流通加工の用に供する設備を有するものであること。

2 法第四条第四項第十二号の主務省令で定める基準は、令第二条第二号に掲げる区分に該当する特定流通業務施設については、次のとおりとする。

一 前項第一号イからトまでに掲げる社会資本等又は卸売市場の周辺五キロメートルの区域内に立地するものであること。

二 特定流通業務施設の主要構造部（建築基準法（昭和二十五年法律第二百一号）第二条第五号に規定する主要構造部をいう。）である柱及びはりが鉄骨造、鉄筋コンクリート造又は鉄骨鉄筋コンクリート造であること。

三 非常用データ保存システム（特定流通業務施設内において取り扱う貨物に関するデータを当該特定流通業務施設外の適当な場所において保存するシステムであって、非常時において当該場所において保存された当該データを活用するために必要となる通信の機能及び電源を備えるものに限

る。）を有するものであること。
四 貨物保管場所管理システム（電子情報処理組織に基づき倉庫内における貨物の保管場所を特定するシステムをいう。以下同じ。）を有するものであること。
五 大型車対応荷さばき・転回場を有するものであること。
六 貯蔵槽倉庫（倉庫業法施行規則（昭和三十一年運輸省令第五十九号）第三条の九第一項に規定する貯蔵槽倉庫をいう。以下同じ。）にあっては、次のいずれにも該当するものであること。ただし、ヘ(3)に規定する特定搬出用自動運搬装置を有する場合にあっては、ハに該当することを要しない。
イ その容積が六千立方メートル以上のものであること。
ロ 搬入用自動運搬装置（貨物の搬入口から貯蔵槽内に貨物の搬入を連続して自動的に行う装置のうち自動検量装置並びに貯蔵槽ごとに搬入する貨物の種類及び重量を自動的に指定する機能を有するものであって、主務大臣の定める基準に適合するものをいう。以下同じ。）を有するものであること。
ハ 搬出用自動運搬装置（貯蔵槽から貨物の搬出口に貨物の搬出を連続して自動的に行う装置であって、自動検量装置並びに貯蔵槽ごとに搬出する貨物の種類及び重量を自動的に指定する機能を有するものをいう。以下同じ。）を有するものであること。
ニ くん蒸ガス循環装置（貯蔵槽倉庫内の臭化メチルを循環させ、その濃度を均一化するための装置であって、主務大臣の定める基準に適合するものをいう。）を有するものであること。
ホ くん蒸ガス保有力（貯蔵槽倉庫の容積一立方メートルにつき臭化メチルを十グラム使用した場合の四十八時間後における当該臭化メチルの残存率をいう。）が主務大臣の定める基準以上であること。
ヘ 次のいずれかを有するものであること。
(1) 営業所等
(2) 到着時刻表示装置
(3) 特定搬出用自動運搬装置（貯蔵槽から加工施設に貨物の搬出を連続して自動的に行う装置のうち自動検量装置並びに貯蔵槽ごとに搬出する貨物の種類及び重量を自動的に指定する機能を有するものであって、主務大臣の定める基準に適合するものをいう。）
七 冷蔵倉庫（倉庫業法施行規則第三条の十一第一項に規定する冷蔵倉庫をいう。以下同じ。）にあっては、次のいずれにも該当するものであること。
イ その容積が六千立方メートル以上のものであること。
ロ 高規格バース（特定流通業務施設の一の階のいずれかの外壁面に技術的に可能な範囲で設けられている貨物の搬出入場所（当該貨物の搬出入場所から奥行き五メートル以上の荷さばきの用に供する空間が設けられているものに限る。）をいう。以下同じ。）を有するものであること。
ハ 強制送風式冷蔵装置（冷却された空気を供給することで氷点下の室温を保持する冷却能力を有する装置のうち室温の調整を自動で行うものであって、主務大臣の定める基準に適合するものをいう。）を有するものであること。
ニ 次のいずれかを有するものであること。
(1) 営業所等
(2) 到着時刻表示装置
ホ 倉庫内における作業の効率化を図るために、次のいずれかを有するものであること。
(1) 無人搬送車（自動的に走行し、貨物を搬送する機能を有する車両であって、主務大臣の定めるものをいう。）
(2) 自動化保管装置（貨物保管場所管理システムと連動して貨物の出し入れを自動的に行う装置であって、地震の影響を軽減する機能を有するものをいう。）
(3) 高度荷さばき装置（労働安全衛生規則（昭和四十七年労働省令第三十二号）第三十六条第三十一号に規定する産業用ロボットであって貨物の荷さばきを行うもの、又は作業員が行う荷さばきを補助する装置であって貨物の保管場所及び品名、数量等の情報を表示し、若しくは音声により通知するものをいう。）
(4) 自動検品システム（スキャナ（これに準ずる画像読取装置を含む。）又は無線設備により読み取った貨物の品名、数量等の情報と当該貨物の入出庫に係る荷主からの指図の内容又は帳簿上の在庫の情報とを照合するシステムをいう。）
ヘ 地震による貨物の荷崩れのおそれがあると認められるものにあっては、これを相当程度防止するために、次のいずれかを有するものであること。
(1) 保管場所免震装置（貨物又は保管棚と床との間に設置するものであって、地震による貨物又は保管棚の振動を軽減するものに限る。）
(2) 保管棚制震装置（保管棚と床、壁、支柱等を連結するものであって、地震による保管棚の振動を軽減するものに限る。）
(3) 保管棚固定装置（保管棚を床、壁、支柱等に固定するものに限る。）
(4) 貨物落下防止装置（保管棚からの貨物の落下を防止するものに限る。）
(5) パレット連結装置（貨物を積み付けた複数のパレットを相互に連結するものに限る。）
(6) 貨物・パレット一体包装装置（貨物及び当該貨物を積み付けたパレットを一体的に包装するものに限る。）
八 貯蔵槽倉庫又は冷蔵倉庫以外の令第二条第二号に掲げる区分に該当する特定流通業務施設にあっては、次のいずれにも該当する場合にあっては、ロに該当することを要しない。
イ その床面積が三千平方メートル（当該特定流通業務施設の階数が二以上のものにあっては、六千平方メートル）以上のものであること。
ロ 当該特定流通業務施設の階数が二以上のものにあっては、最大積載荷重が二トン以上のエレベーターを有するものであること。
ハ 前号ロ及びニからへまでに該当するものであること。
九 前項第五号及び第六号に該当するものであること。
3 法第四条第四項第十二号の主務省令で定める基準は、令第二条第三号に掲げる区分に該当する特定流通業務施設については、次のとおりとする。

一　第一項第一号イからトまでに掲げる社会資本等又は卸売市場の周辺五キロメートルの区域内、地場産業が集積している地域の周辺の区域内、商店街の区域内その他これらに準ずる区域内で物資の輸送の合理化に資すると認められる地点に立地するものであること。

二　次のいずれかを有するものであること。

イ　営業所等

ロ　到着時刻表示装置

ハ　大型車対応荷さばき・転回場

ニ　搬入用自動運搬装置及び搬出用自動運搬装置

ホ　高規格バース

三　第一項第五号及び第六号に該当するものであること。

4　法第四条第四項第十二号の主務省令で定める基準は、令第二条第四号に掲げる区分に該当する特定流通業務施設については、次のとおりとする。

一　次号に規定する上屋以外の特定流通業務施設にあっては、第一項第五号及び第六号、第二項第一号及び第八号イ並びに前項第二号に該当するものであること。

二　貨物流通事業者が実施する流通業務総合効率化事業の用に供する上屋にあっては、第一項第五号及び第六号、第二項第八号イ並びに前項第一号及び第二号に該当するものであること。ただし、商店街の区域内その他これに準ずる区域内で物資の輸送の合理化に資すると認められる地点に立地する上屋にあっては、第二項第八号イに該当することを要しない。

（総合効率化計画の認定の申請）

第三条　法第四条第一項の規定により総合効率化計画の認定を受けようとする総合効率化事業者は、次に掲げる事項を記載した申請書を提出しなければならない。

一　氏名又は名称及び住所並びに法人にあっては、その代表者の氏名

二　流通業務総合効率化事業の実施区域

三　中小企業流通業務総合効率化事業又はそれ以外の流通業務総合効率化事業の別

四　法第四条第二項各号に掲げる事項

五　法第四条第三項各号に掲げる事項（流通業務総合効率化事業の用に供する特定流通業務施設を整備する場合に限る。）

2　前項の申請書には、次に掲げる書類を添付しなければならない。

一　既存の法人にあっては、次に掲げる書類

イ　定款又は寄附行為及び登記事項証明書

ロ　最近の事業年度における財産目録、貸借対照表及び損益計算書

二　法人を設立しようとする者にあっては、次に掲げる書類

イ　定款又は寄附行為の謄本

ロ　株式の引受け、出資又は財産の寄附の状況又は見込みを記載した書類

三　個人にあっては、次に掲げる書類

イ　戸籍抄本

ロ　資産調書

四　特定流通業務施設の平面図、立面図及び断面図、社会資本等との位置関係を明らかにする図面並びに特定流通業務施設が有する設備の能力を説明する書類（流通業務総合効率化事業の用に供する特定流通業務施設を整備する場合に限る。）

3　第一項の場合において、別表第一の上欄に掲げる規定の適用を受けようとするときは、同項各号に掲げる事項のほか、同表の中欄に掲げる事項（同項各号に掲げる事項を除く。）を記載し、かつ、前項各号に掲げる書類のほか、同表の下欄に掲げる書類（同項各号に掲げる書類を除く。）を添付しなければならない。

4　第一項の場合において、法第七条第三項の規定の適用を受けようとするときは、前二項の規定にかかわらず、第五条第二項各号に掲げる書類の添付を省略することができる。

5　第一項の申請書は、次の各号に掲げる流通業務総合効率化事業（令第六条の規定により都道府県知事が行うこととされる事務に係るもの又は当該事業に係る主務大臣の権限が令第七条の規定により地方支分部局の長に委任されているものを除く。）の区分に応じ、当該各号に掲げる当該事業の主たる実施区域を管轄する地方支分部局の長又は都道府県知事（次条第五項において「所管地方支分部局長等」という。）を経由して主務大臣に提出しなければならない。

一　港湾流通拠点地区において特定流通業務施設の整備を行う事業を含む流通業務総合効率化事業　地方整備局長又は北海道開発局長

二　貨物流通事業者が実施する流通業務総合効率化事業（前号に掲げるものを除く。）　地方運輸局長

三　食品等生産業者等が実施する流通業務総合効率化事業（前二号に掲げるものを除く。）　地方農政局長

四　中小企業流通業務総合効率化事業（前三号に掲げるものを除く。）　都道府県知事

五　前各号に掲げるもの以外の流通業務総合効率化事業　経済産業局長

（総合効率化計画の変更の認定の申請）

第四条　法第五条第一項の規定により総合効率化計画の変更の認定を受けようとする認定総合効率化事業者は、次に掲げる事項を記載した申請書を提出しなければならない。

一　氏名又は名称及び住所並びに法人にあっては、その代表者の氏名

二　変更しようとする事項

三　変更の理由

2　前項の申請書には、次に掲げる書類を添付しなければならない。

一　当該総合効率化計画に係る流通業務総合効率化事業の実施状況を記載した書類

二　当該総合効率化計画の変更が前条第二項各号に掲げる書類の変更を伴う場合にあっては、当該変更後の書類

3　第一項の場合において、別表第二の上欄に掲げる規定の適用を受けようとするときは、同項各号に掲げる事項のほか、同表の中欄に掲げる事項（同項各号に掲げる事項を除く。）を記載し、かつ、前項各号に掲げる書類のほか、同表の下欄に掲げる書類（同項各号に掲げる書類を除く。）を添付しなければならない。

4　第一項の場合において、法第七条第三項の規定の適用を受けようとするときは、前二項の規定にかかわらず、次条第二項各号に掲げる書類の添付を省略することができる。

5　第一項の申請書は、前条第五項各号に掲げる流通業務総合効率化事業（令第六条の規定により都道府県知事が行うこととされる事務に係るもの又は当該事業に係る主務大臣の権限が令第七条の規定により地方支分部局の長に委任されているものを除く。）の区分に応じ、当該各号に掲げる所管地方支分部局長等を経由して主務大臣に提出しなければならない。

（特定流通業務施設の確認の申請）

第五条　法第七条第一項の規定により特定流通業務施設の計画の確認を受けようとする者は、次に掲げる事項を記載した申請書を提出しなければならない。

一　氏名又は名称及び住所並びに法人にあっては、その代表者の氏名

二　流通業務総合効率化事業の実施区域

三　法第四条第三項各号に掲げる事項

2　前項の申請書には、次に掲げる書類を添付しなければならない。

一　当該特定流通業務施設の平面図、立面図及び断面図並びに社会資本等との位置関係を明らかにする図面

二　当該特定流通業務施設が令第二条第二号に掲げる区分に該当する場合にあっては、倉庫業法施行規則第二条第二項第一号イからハまで及びホに掲げる書類

3　第一項の申請書は、次の各号に掲げる特定流通業務施設（令第六条の規定により都道府県知事が行うこととされる事務に係るもの又は当該施設に係る主務大臣の権限が令第七条の規定により地方支分部局の長に委任されているものを除く。）の区分に応じ、当該各号に掲げる特定流通業務施設の所在地を管轄する地方支分部局の長又は都道府県知事を経由して主務大臣に提出しなければならない。

一　卸売市場　地方農政局長

二　倉庫（倉庫業の用に供するものに限る。）　地方運輸局長

三　前二号に掲げるもの以外の流通業務施設であって、中小企業流通業務総合効率化事業の用に供するもの　都道府県知事

四　前三号に掲げるもの以外の流通業務施設　地方運輸局長

（特定流通業務施設の確認の有効期間）

第六条　法第七条第三項の主務省令で定める期間は、五年とする。

附　則

この省令は、法の施行の日（平成十七年十月一日）から施行する。

附　則（平二二・八・一四農水・経産・国交令一）

この省令は、公布の日から施行する。

附　則（平二五・四・一農水・経産・国交令一）

（施行期日）

1　この省令は、平成二十五年四月一日から施行する。

（経過措置）

2　この省令の施行の日前に行われた流通業務の総合化及び効率化の促進に関する法律第四条第一項、第五条第一項又は第七条第一項の規定による認定又は確認の申請であって、この省令の施行の際、認定又は確認がなされていないものについてのこれらの処分については、なお従前の例による。

附　則（平二七・四・一農水・経産・国交令一）

（施行期日）

1　この省令は、平成二十七年四月一日から施行する。

（経過措置）

2　この省令の施行の日前に行われた流通業務の総合化及び効率化の促進に関する法律第四条第一項、第五条第一項又は第七条第一項の規定による認定又は確認の申請であって、この省令の施行の際、認定又は確認がなされていないものについてのこれらの処分については、なお従前の例による。

附　則（平二八・九・三〇農水・経産・国交令一）

この省令は、流通業務の総合化及び効率化の促進に関する法律の一部を改正する法律〔平成二八年五月法律第三六号〕の施行の日（平成二十八年十月一日）から施行する。

附　則（平三〇・一〇・一七農水・経産・国交令一）

この省令は、卸売市場法及び食品流通構造改善促進法の一部を改正する法律〔平成三〇年六月法律第六二号〕の施行の日（平成三十年十月二十二日）から施行する。

附　則（令二・一一・二七農水・経産・国交令一）

この省令は、持続可能な運送サービスの提供の確保に資する取組を推進するための地域公共交通の活性化及び再生に関する法律等の一部を改正する法律〔令和二年六月法律第三六号〕の施行の日（令和二年十一月二十七日）から施行する。

附　則（令四・三・三一農水・経産・国交令一）

（施行期日）

1　この省令は、令和四年四月一日から施行する。

（経過措置）

2　この省令の施行の日前に行われた流通業務の総合化及び効率化の促進に関する法律第四条第一項、第五条第一項又は第七条第一項の規定による認定又は確認の申請であって、この省令の施行の際、認定又は確認がなされていないものについてのこれらの処分については、なお従前の例による。

附　則（令六・一・一九農水・経産・国交令一）

この省令は、海上運送法等の一部を改正する法律〔令和五年五月法律第二四号〕の施行の日（令和六年四月一日）から施行する。

別表第一（第三条関係）

規定		事項	書類
法第八条第一項	貨物利用運送事業法（平成元年法律第八十二号）第三条第一項の登録に係る部分	貨物利用運送事業法第四条第一項各号に掲げる事項	貨物利用運送事業法施行規則（平成二年運輸省令第二十号）第四条第二項各号に掲げる書類
	貨物利用運送事業法第七条第一項の変更登録に係る部分	貨物利用運送事業法施行規則第九条第一項各号に掲げる事項	貨物利用運送事業法施行規則第九条第二項に規定する書類
	貨物利用運送事業法第七条第三項の規定による届出に係る部分	貨物利用運送事業法施行規則第十条第一項各号に掲げる事項	貨物利用運送事業法施行規則第十条第二項に規定する書類
法第八条第四項前段	貨物利用運送事業法第十一条の規定による届出に係る部分	貨物利用運送事業法施行規則第十四条第二項各号に掲げる事項	貨物利用運送事業法施行規則第十四条第三項に規定する書類
法第九条第一項	貨物利用運送事業法第二十条の許可に係る部分	貨物利用運送事業法第二十一条第一項各号に掲げる事項	貨物利用運送事業法施行規則第十九条第一項各号に掲げる書類
	貨物利用運送事業法第二十五条第一項の認可に係る部分	貨物利用運送事業法施行規則第二十条第一項各号に掲げる事項	貨物利用運送事業法施行規則第二十条第二項に規定する書類
	貨物利用運送事業法第二十五条第三項の規定による届出に係る部分	貨物利用運送事業法施行規則第二十一条第二項各号又は第二十二条第二項各号に掲げる事項	貨物利用運送事業法施行規則第二十一条第三項又は第二十二条第三項に規定する書類
	貨物利用運送事業法第四十五条第一項の許可に係る部分	貨物利用運送事業法施行規則第三十九条第一項各号に掲げる事項	貨物利用運送事業法施行規則第三十九条第二項各号に掲げる書類
	貨物利用運送事業法第四十六条第二項の認可に係る部分	貨物利用運送事業法施行規則第四十条第一項各号に掲げる事項	貨物利用運送事業法施行規則第四十条第二項に規定する書類
	貨物利用運送事業法第四十六条第四項の規定による届出に係る部分	貨物利用運送事業法施行規則第四十一条第二項各号又は第四十二条第二項各号に掲げる事項	貨物利用運送事業法施行規則第四十一条第三項又は第四十二条第三項に規定する書類
法第九条第四項前段	貨物利用運送事業法第三十四条第一項において準用する同法第十一条の規定による届出に係る部分	貨物利用運送事業法施行規則第十四条第二項各号に掲げる事項	貨物利用運送事業法施行規則第十四条第三項に規定する書類
法第十条第一項	貨物自動車運送事業法（平成元年法律第八十三号）第三条の許可に係る部分	貨物自動車運送事業法第四条第一項各号及び第二項各号に掲げる事項	貨物自動車運送事業法施行規則（平成二年運輸省令第二十一号）第三条各号に掲げる書類
	貨物自動車運送事業法第九条第一項の認可に係る部分	貨物自動車運送事業法施行規則第五条第一項各号に掲げる事項	貨物自動車運送事業法施行規則第五条第二項に規定する書類
	貨物自動車運送事業法第九条第三項の規定による届出に係る部分	貨物自動車運送事業法施行規則第六条第二項各号又は第七条第二項各号に掲げる事項	貨物自動車運送事業法施行規則第六条第三項又は第七条第三項に規定する書類
法第十一条第一項	貨物自動車運送事業法第三十六条第一項前段の規定による届出に係る部分	貨物自動車運送事業法施行規則第三十三条第一項各号に掲げる事項	貨物自動車運送事業法施行規則第三十三条第二項に規定する書類
	貨物自動車運送事業法第三十六条第一項後段の規定による届出に係る部分	貨物自動車運送事業法施行規則第三十三条第三項各号に掲げる事項	貨物自動車運送事業法施行規則第三十三条第四項に規定する書類
法第十二条第一項	海上運送法（昭和二十四年法律第百八十七号）第三条第一項の許可に係る部分	海上運送法施行規則（昭和二十四年運輸省令第四十九号）第二条第一項各号に掲げる事項	海上運送法施行規則第二条第二項各号に掲げる書類
	海上運送法第十一条第一項の認可に係る部分	海上運送法施行規則第八条各号に掲げる事項	

	海上運送法第十一条第三項の規定による届出に係る部分	海上運送法施行規則第八条の二第二項各号に掲げる事項	
法第十三条第一項	鉄道事業法（昭和六十一年法律第九十二号）第三条第一項の許可に係る部分	鉄道事業法第四条第一項各号に掲げる事項	鉄道事業法施行規則（昭和六十二年運輸省令第六号）第二条第二項各号に掲げる書類及び図面
	鉄道事業法第七条第一項の認可に係る部分	鉄道事業法施行規則第七条第一項各号に掲げる事項	鉄道事業法施行規則第七条第二項に規定する書類及び図面
	鉄道事業法第七条第三項の規定による届出に係る部分	鉄道事業法施行規則第八条第二項各号に掲げる事項	
法第十三条第三項前段	鉄道事業法第十八条の規定による届出に係る部分	鉄道事業法施行規則第三十六条第一項各号に掲げる事項	鉄道事業法施行規則第三十六条第二項各号に掲げる書類
法第十四条第一項	軌道法（大正十年法律第七十六号）第三条の特許に係る部分		軌道法施行規則（大正十二年内務省・鉄道省令）第一条第一項各号に掲げる書類及び図面並びに同条第二項に規定する事由書
法第十五条第一項	自動車ターミナル法（昭和三十四年法律第百三十六号）第三条の許可に係る部分	自動車ターミナル法第四条第一項各号に掲げる事項	自動車ターミナル法施行規則（昭和三十四年運輸省令第四十七号）第一条第一項各号に掲げる書類
	自動車ターミナル法第十条の規定による届出に係る部分	自動車ターミナル法施行規則第三条各号に掲げる事項	
	自動車ターミナル法第十一条第一項の許可に係る部分	自動車ターミナル法施行規則第四条第一項各号に掲げる事項	自動車ターミナル法施行規則第四条第二項各号に掲げる書類
	自動車ターミナル法第十一条第三項の規定による届出に係る部分	自動車ターミナル法施行規則第五条第二項各号に掲げる事項	
法第十六条第一項	倉庫業法（昭和三十一年法律第百二十一号）第三条の登録に係る部分	倉庫業法施行規則第二条第一項各号に掲げる事項	倉庫業法施行規則第二条第二項各号に掲げる書類
	倉庫業法第七条第一項の変更登録に係る部分	倉庫業法施行規則第四条第一項各号に掲げる事項	倉庫業法施行規則第四条第二項各号に掲げる書類
	倉庫業法第七条第三項の規定による届出に係る部分	倉庫業法施行規則第四条の二第二項各号に掲げる事項	倉庫業法施行規則第四条の二第三項各号に掲げる書類
法第十七条第一項	港湾法（昭和二十五年法律第二百十八号）第三十八条の二第一項の規定による届出に係る部分	港湾法施行規則（昭和二十六年運輸省令第九十八号）第五条第一項に規定する臨港地区内行為届出書に記載すべき事項	港湾法施行規則第五条第二項各号に掲げる書類

別表第二（第四条関係）

規定		事項	書類
法第八条第二項	貨物利用運送事業法第七条第一項の変更登録に係る部分	貨物利用運送事業法施行規則第九条第一項各号に掲げる事項	貨物利用運送事業法施行規則第九条第二項に規定する書類
	貨物利用運送事業法第七条第三項の規定による届出に係る部分	貨物利用運送事業法施行規則第十条第一項各号に掲げる事項	貨物利用運送事業法施行規則第十条第二項に規定する書類
	貨物利用運送事業法第十四条第二項の規定による届出に係る部分	貨物利用運送事業法施行規則第十五条第一項各号に掲げる事項	貨物利用運送事業法施行規則第十五条第二項各号に掲げる書類

	貨物利用運送事業法第十五条の規定による届出に係る部分	貨物利用運送事業法施行規則第十六条各号に掲げる事項	
法第八条第四項後段	貨物利用運送事業法第十一条の規定による届出に係る部分	貨物利用運送事業法施行規則第十四条第二項各号に掲げる事項	貨物利用運送事業法施行規則第十四条第三項に規定する書類
法第九条第二項	貨物利用運送事業法第二十五条第一項の認可に係る部分	貨物利用運送事業法施行規則第二十条第一項各号に掲げる事項	貨物利用運送事業法施行規則第二十条第二項に規定する書類
	貨物利用運送事業法第二十五条第三項の規定による届出に係る部分	貨物利用運送事業法施行規則第二十一条第二項各号又は第二十二条第二項各号に掲げる事項	貨物利用運送事業法施行規則第二十一条第三項又は第二十二条第三項に規定する書類
	貨物利用運送事業法第二十九条第一項の認可に係る部分	貨物利用運送事業法施行規則第二十六条第一項各号に掲げる事項	貨物利用運送事業法施行規則第二十六条第二項各号に掲げる書類
	貨物利用運送事業法第二十九条第二項の認可に係る部分	貨物利用運送事業法施行規則第二十七条第一項各号に掲げる事項	貨物利用運送事業法施行規則第二十七条第二項各号に掲げる書類
	貨物利用運送事業法第三十条第一項の認可に係る部分	貨物利用運送事業法施行規則第二十八条第一項各号に掲げる事項	貨物利用運送事業法施行規則第二十八条第二項各号に掲げる書類
	貨物利用運送事業法第三十一条の規定による届出に係る部分	貨物利用運送事業法施行規則第二十九条各号に掲げる事項	
	貨物利用運送事業法第四十六条第二項の認可に係る部分	貨物利用運送事業法施行規則第四十条第一項各号に掲げる事項	貨物利用運送事業法施行規則第四十条第二項に規定する書類
	貨物利用運送事業法第四十六条第四項の規定による届出に係る部分	貨物利用運送事業法施行規則第四十一条第二項各号又は第四十二条第二項各号に掲げる事項	貨物利用運送事業法施行規則第四十一条第三項又は第四十二条第三項に規定する書類

	貨物利用運送事業法第四十八条の規定による届出に係る部分	貨物利用運送事業法施行規則第四十三条において準用する同令第三十六条各号に掲げる事項	
法第九条第四項後段	貨物利用運送事業法第三十四条第一項において準用する同法第十一条の規定による届出に係る部分	貨物利用運送事業法施行規則第十四条第二項各号に掲げる事項	貨物利用運送事業法施行規則第十四条第三項に規定する書類
法第十条第二項	貨物自動車運送事業法第九条第一項の認可に係る部分	貨物自動車運送事業法施行規則第五条第一項各号に掲げる事項	貨物自動車運送事業法施行規則第五条第二項に規定する書類
	貨物自動車運送事業法第九条第三項の規定による届出に係る部分	貨物自動車運送事業法施行規則第六条第二項各号又は第七条第二項各号に掲げる事項	貨物自動車運送事業法施行規則第六条第三項又は第七条第三項に規定する書類
	貨物自動車運送事業法第三十条第一項の認可に係る部分	貨物自動車運送事業法施行規則第十七条第一項各号に掲げる事項	貨物自動車運送事業法施行規則第十七条第二項各号に掲げる書類
	貨物自動車運送事業法第三十条第二項の認可に係る部分	貨物自動車運送事業法施行規則第十八条第一項各号に掲げる事項	貨物自動車運送事業法施行規則第十八条第二項各号に掲げる書類
	貨物自動車運送事業法第三十一条第一項の認可に係る部分	貨物自動車運送事業法施行規則第十九条第一項各号に掲げる事項	貨物自動車運送事業法施行規則第十九条第二項各号に掲げる書類
	貨物自動車運送事業法第三十二条の規定による届出に係る部分	貨物自動車運送事業法施行規則第二十条各号に掲げる事項	
法第十一条第二項	貨物自動車運送事業法第三十六条第一項後段の規定による届出に係る部分	貨物自動車運送事業法施行規則第三十三条第三項各号に掲げる事項	貨物自動車運送事業法施行規則第三十三条第四項に規定する書類
	貨物自動車運送事業法第三十六条第三項の規	貨物自動車運送事業法施行規則第三十四条第	

	定による届出に係る部分	一項各号に掲げる事項	
	貨物自動車運送事業法第三十六条第四項の規定による届出に係る部分	貨物自動車運送事業法施行規則第三十四条第二項各号に掲げる事項	
法第十二条第二項	海上運送法第十一条第一項の認可に係る部分	海上運送法施行規則第八条各号に掲げる事項	
	海上運送法第十一条第三項の規定による届出に係る部分	海上運送法施行規則第八条の二第二項各号に掲げる事項	
	海上運送法第十六条第一項又は第二項の規定による届出に係る部分	海上運送法施行規則第十五条各号に掲げる事項	
	海上運送法第十八条第一項の認可に係る部分	海上運送法施行規則第十六条第一項各号に掲げる事項	海上運送法施行規則第十六条第二項各号に掲げる書類
	海上運送法第十八条第二項の認可に係る部分	海上運送法施行規則第十七条第一項各号に掲げる事項	海上運送法施行規則第十七条第二項各号に掲げる書類
	海上運送法第十八条第四項の認可に係る部分	海上運送法施行規則第十九条第一項各号に掲げる事項	海上運送法施行規則第十九条第二項各号に掲げる書類
法第十三条第二項	鉄道事業法第七条第一項の認可に係る部分	鉄道事業法施行規則第七条第一項各号に掲げる事項	鉄道事業法施行規則第七条第二項に規定する書類及び図面
	鉄道事業法第七条第三項の規定による届出に係る部分	鉄道事業法施行規則第八条第二項各号に掲げる事項	
	鉄道事業法第二十六条第一項の認可に係る部分	鉄道事業法施行規則第三十九条第一項各号に掲げる事項	鉄道事業法施行規則第三十九条第二項各号に掲げる書類
	鉄道事業法第二十六条第二項の認可に係る部分	鉄道事業法施行規則第四十条第一項各号に掲げる事項	鉄道事業法施行規則第四十条第二項各号に掲げる書類
	鉄道事業法第二十七条第一項の認可に係る部分	鉄道事業法施行規則第四十一条第一項各号に掲げる事項	鉄道事業法施行規則第四十一条第二項各号に掲げる書類
	鉄道事業法第二十八条第一項又は第二十八条の二第六項の規定による届出に係る部分	鉄道事業法施行規則第四十二条第一項各号に掲げる事項	鉄道事業法施行規則第四十二条第二項各号に掲げる書類
法第十三条第三項後段	鉄道事業法第十八条の規定による届出に係る部分	鉄道事業法施行規則第三十六条第一項各号に掲げる事項	鉄道事業法施行規則第三十六条第二項各号に掲げる書類
法第十四条第二項	軌道法第十六条第一項の許可（軌道の譲渡に係る部分に限る。）に係る部分		軌道法施行規則第二十五条第一項各号に掲げる書類
	軌道法第二十二条の認可に係る部分	軌道法施行規則第二十六条に規定する事項	軌道法施行規則第二十六条各号に掲げる書類
	軌道法第二十二条ノ二の許可に係る部分	軌道法施行規則第二十八条第一項及び第二項に規定する事項	軌道法施行規則第二十八条第二項に規定する書類
	軌道法第二十六条において準用する鉄道事業法第二十七条第一項の認可に係る部分	軌道法施行規則第二十七条第一項各号に掲げる事項	軌道法施行規則第二十七条第二項に規定する書類
法第十五条第二項	自動車ターミナル法第十条の規定による届出に係る部分	自動車ターミナル法施行規則第三条各号に掲げる事項	
	自動車ターミナル法第十一条第一項の許可に係る部分	自動車ターミナル法施行規則第四条第一項各号に掲げる事項	自動車ターミナル法施行規則第四条第二項各号に掲げる書類
	自動車ターミナル法第十一条第三項の規定による届出に係る部分	自動車ターミナル法施行規則第五条第二項各号に掲げる事項	

	自動車ターミナル法第十二条第一項の認可に係る部分	自動車ターミナル法施行規則第六条第一項各号に掲げる事項	自動車ターミナル法施行規則第六条第二項各号に掲げる書類
	自動車ターミナル法第十二条第二項の認可に係る部分	自動車ターミナル法施行規則第七条第一項各号に掲げる事項	自動車ターミナル法施行規則第七条第二項各号に掲げる書類
	自動車ターミナル法第十二条第五項の規定による届出に係る部分	自動車ターミナル法施行規則第八条各号に掲げる事項	
	自動車ターミナル法第十三条の規定による届出に係る部分	自動車ターミナル法施行規則第九条各号に掲げる事項	
法第十六条第二項	倉庫業法第七条第一項の変更登録に係る部分	倉庫業法施行規則第四条第一項各号に掲げる事項	倉庫業法施行規則第四条第二項各号に掲げる書類
	倉庫業法第七条第三項の規定による届出に係る部分	倉庫業法施行規則第四条の二第二項各号に掲げる事項	倉庫業法施行規則第四条の二第三項各号に掲げる書類
	倉庫業法第十七条第三項の規定による届出に係る部分	倉庫業法施行規則第十三条第一項各号又は第十四条第一項各号に掲げる事項	倉庫業法施行規則第十三条第二項各号又は第十四条第二項各号に掲げる書類
	倉庫業法第十八条第一項の認可に係る部分	倉庫業法施行規則第十五条第一項各号に掲げる事項	倉庫業法施行規則第十五条第二項各号に掲げる書類
	倉庫業法第十九条第一項の規定による届出に係る部分	倉庫業法施行規則第十七条第一項各号に掲げる事項	倉庫業法施行規則第十七条第二項に規定する書類
	倉庫業法第二十条第一項の規定による届出に係る部分	倉庫業法施行規則第十九条第一項各号に掲げる事項	
法第十七条第二項において準用する同条第一項	港湾法第三十八条の二第一項の規定による届出に係る部分	港湾法施行規則第五条第一項に規定する臨港地区内行為届出書に記載すべき事項	港湾法施行規則第五条第二項各号に掲げる書類

○国土交通省関係流通業務の総合化及び効率化の促進に関する法律施行規則

（平成十七年九月三十日国土交通省令第百号）

沿革　平二八国交令七一、令二国交令九三改正

（道路管理者の意見の聴取）

第一条　国土交通大臣（流通業務の総合化及び効率化の促進に関する法律（以下「法」という。）第二十九条の規定により権限が地方支分部局の長に委任された場合にあっては、当該委任を受けた者。以下同じ。）は、法第四条第一項に規定する総合効率化計画の認定の申請があった場合には、法第四条第八項ただし書に該当する場合を除き、遅滞なく、期限を指定して、貨物軌道事業を実施する区域を管轄する道路管理者（以下「関係道路管理者」という。）の意見を徴しなければならない。

2　関係道路管理者である地方公共団体の長は、前項の規定により意見を求められたときは、期限を指定して、当該地方公共団体の議会の意見を徴しなければならない。

（道路管理者の意見を聴く必要がない場合）

第二条　法第四条第八項ただし書の国土交通省令で定める場合は、法第四条第二項第二号に掲げる流通業務総合効率化事業の内容に貨物軌道事業が含まれない場合とする。

（総合効率化計画の変更の認定）

第三条　第一条及び前条の規定は、法第五条第一項に規定する総合効率化計画の変更に係る認定の申請があった場合について準用する。

（法第六条第一項の国土交通省令で定める埋立地）

第四条　法第六条第一項の国土交通省令で定める埋立地は、同項の指定の時において次のいずれかに該当する埋立地とする。

一　公有水面埋立法（大正十年法律第五十七号）第二十二条第二項の竣功認可の告示があった日から十年を経過した埋立地（港湾管理者又は港湾管理者の出資に係る法人が港湾の開発、利用及び保全に密接に関連する施設を整備するため所有する埋立地であって建築物その他の構築物（仮設のものを除く。）の用に供されていないものを除く。）

二　住宅又は教育施設の用に供する埋立地その他の港湾の開発、利用及び保全に密接に関連する施設の整備を図る必要がない埋立地

附　則（抄）

（施行期日）

第一条　この省令は、法の施行の日（平成十七年十月一日）から施行する。

（中小企業流通業務効率化促進法第十一条第七項の第一種貨物利用運送事業登録に係る手続的事項を定める省令の廃止）

第二条　中小企業流通業務効率化促進法第十一条第七項の第一種貨物利用運送事業登録に係る手続的事項を定める省令（平成四年運輸省令第二十九号）は、廃止する。

附　則（平二八・九・三〇国交令七一）

この省令は、流通業務の総合化及び効率化の促進に関する法律の一部を改正する法律（平成二十八年法律第三十六号）の施行の日（平成二十八年十月一日）から施行する。

附　則（令二・一一・二七国交令九三抄）

（施行期日）

第一条　この省令は、持続可能な運送サービスの提供の確保に資する取組を推進するための地域公共交通の活性化及び再生に関する法律等の一部を改正する法律（令和二年六月法律第三十六号）の施行の日（令和二年十一月二十七日）から施行する。

○流通業務の総合化及び効率化の促進に関する法律に基づく総合効率化計画の認定に係る都道府県公安委員会の意見の聴取に関する命令

（平成二十八年九月三十日
内閣府
国土交通省令第三号）

沿革　令二内閣・国交令八改正

（都道府県公安委員会への書面の送付）

第一条　国土交通大臣（流通業務の総合化及び効率化の促進に関する法律（以下「法」という。）第二十九条の規定により権限が地方支分部局の長に委任された場合にあっては、当該委任を受けた者。以下同じ。）は、法第四条第一項に規定する総合効率化計画の認定の申請（以下「認定申請」という。）があった場合には、法第四条第八項ただし書に該当する場合を除き、遅滞なく、貨物軌道事業又はトラックターミナル事業を実施する区域を管轄する都道府県公安委員会（以下「関係公安委員会」という。）に対し、当該認定申請に係る申請書の写しを添えて、意見を求める旨の書面を送付するものとする。

（意見の提出）

第二条　関係公安委員会は、前条に規定する書面の送付を受けたときは、当該書面の送付を受けた日から二十日以内に国土交通大臣に対し、意見を提出するものとする。

（意見を聴く必要がない場合）

第三条　法第四条第八項ただし書の国土交通省令・内閣府令で定める場合は、次の各号のいずれかに該当する場合とする。

一　法第四条第二項第二号に掲げる流通業務総合効率化事業の内容（次号において「事業内容」という。）に貨物軌道事業又はトラックターミナル事業のいずれもが含まれない場合

二　事業内容に貨物軌道事業が含まれ、かつ、トラックターミナル事業が含まれない場合であって、貨物軌道事業（法第五条第二項に規定する認定総合効率化計画に従って行われていたものに限る。）に係る線路及び停留場の使用の廃止に伴って他の軌道経営者（軌道法（大正十年法律第七十六号）による軌道経営者をいう。）が新たに当該線路及び停留場と同一の線路及び停留場の位置により運行しようとする場合

（処分の通知）

第四条　国土交通大臣は、第二条の規定による関係公安委員会の意見の提出があった認定申請について、法第四条第四項の規定による認定に関する処分を行ったときは、遅滞なく、当該処分の内容を当該関係公安委員会に通知するものとする。

（総合効率化計画の変更の認定）

第五条　前各条の規定は、法第五条第一項に規定する総合効率化計画の変更に係る認定の申請があった場合について準用する。

附　則

この命令は、流通業務の総合化及び効率化の促進に関する法律の一部を改正する法律（平成二十八年法律第三十六号）の施行の日（平成二十八年十月一日）から施行する。

附　則（令二・一一・二七内閣・国交令八）

この命令は、持続可能な運送サービスの提供の確保に資する取組を推進するための地域公共交通の活性化及び再生に関する法律等の一部を改正する法律（令和二年六月法律第三六号）の施行の日（令和二年十一月二十七日）から施行する。

第四編　道路運送車両法関係

○道路運送車両法

（昭和二十六年六月一日法律第百八十五号）

沿革　昭二七法一〇二・一八一、昭二八法二一三・二五九、昭二九法九五・九七、昭三〇法二六・一一二、昭三一法一六、昭三三法五四、昭三六法一四五、昭三七法一〇六・一六一、昭三八法一四九、昭三九法四七、昭四四法六八、昭四五法八〇、昭四六法九・八九、昭四七法六二、昭五〇法三四、昭五四法五、昭五七法九一、昭五八法五七、昭五九法二三・二五・六七、昭六二法四〇、平元法八三・九一、平五法八九、平六法八六、平一〇法七四・一〇一、平一一法四三・六六・八七・一五一・一六〇・二〇七・二一八・二二〇、平一二法九一、平一四法五四・八九・一〇〇・一五二、平一五法六一、平一六法五五・一二四・一四七、平一七法八七、平一八法一〇・四〇・五〇、平一九法九、平二〇法一〇・二一、平二一法九、平二三法六一・七四、平二六法二二・六九、平二七法四四、平二八法一三・五一・八六、平二九法四〇、平三一法四、令元法一四・一六・三七、令二法五、令三法三七、令四法四・六八、令五法六三改正

〔編者注〕令和四年六月一七日法律第六八号による改正のうち、令和七年六月一日から施行される部分は、直接改正を加えないで、現行条文と並列して登載した。

目次

第一章　総則

（この法律の目的）

第一条　この法律は、道路運送車両に関し、所有権についての公証等を行い、並びに安全性の確保及び公害の防止その他の環境の保全並びに整備についての技術の向上を図り、併せて自動車の整備事業の健全な発達に資することにより、公共の福祉を増進することを目的とする。

本条…一部改正〔昭五七法九一・平一四法八九〕

（定義）

第二条　この法律で「道路運送車両」とは、自動車、原動機付自転車及び軽車両をいう。

2　この法律で「自動車」とは、原動機により陸上を移動させることを目的として製作した用具で軌条若しくは架線を用いないもの又はこれにより牽引して陸上を移動させることを目的として製作した用具であつて、次項に規定する原動機付自転車以外のものをいう。

3　この法律で「原動機付自転車」とは、国土交通省令で定める総排気量又は定格出力を有する原動機により陸上を移動させることを目的として製作した用具で軌条若しくは架線を用いないもの又はこれにより牽引して陸上を移動させることを目的として製作した用具をいう。

4　この法律で「軽車両」とは、人力若しくは畜力により陸上を移動させることを目的として製作した用具で軌条若しくは架線を用いないもの又はこれにより牽引して陸上を移動させることを目的として製作した用具であつて、政令で定めるものをいう。

5　この法律で「運行」とは、人又は物品を運送するとしないとにかかわらず、道路運送車両を当該装置の用い方に従い用いること（道路以外の場所のみにおいて用いることを除く。）をいう。

6　この法律で「道路」とは、道路法（昭和二十七年法律第百八十号）による道路、道路運送法（昭和二十六年法律第百八十三号）による自動車道及びその他の一般交通の用に供する場所をいう。

7　この法律で「自動車運送事業」とは、道路運送法による自動車運送事業（貨物軽自動車運送事業を除く。）をいい、「自動車運送事業者」とは、自動車運送事業を経営する者をいう。

8　この法律で「使用済自動車」とは、使用済自動車の再資源化等に関する法律（平成十四年法律第八十七号）による使用済自動車をいう。

9　この法律で「登録識別情報」とは、第四条の自動車登録ファイルに自動車の所有者として記録されている者が当該自動車に係る登録を申請する場合において、当該記録されている者自らが当該登録を申請していることを確認するために用いられる符号その他の情報であつて、当該記録されている者を識別することができるものをいう。

六項…一部改正〔昭二七法一八一〕、二～四・七項…一部改正〔昭三八法一四九〕、七項…全部改正〔平元法八三〕、三項…一部改正〔平一一法一六〇〕、八項…追加〔平一四法八九〕、九項…追加〔平一八法四〇〕

※　3項「国土交通省令」＝則一、4項「政令」＝令一、

6項「道路」＝道路法二1、「自動車道」＝道運法二8、7項「自動車運送事業」＝道運法二2、「貨物軽自動車運送事業」＝貨物自動車運送事業法二4

（自動車の種別）

第三条　この法律に規定する普通自動車、小型自動車、軽自動車、大型特殊自動車及び小型特殊自動車の別は、自動車の大きさ及び構造並びに原動機の種類及び総排気量又は定格出力を基準として国土交通省令で定める。

本条…一部改正〔昭三八法一四九平一一法一六〇〕

※　「国土交通省令」＝則二・別表一、「他法令における自動車の種別」＝自賠法一〇・同法施行令九・道交法三・同法施行規則二

第二章　自動車の登録等

章名…改正〔平一四法八九〕

（登録の一般的効力）

第四条　自動車（軽自動車、小型特殊自動車及び二輪の小型自動車を除く。以下第二十九条から第三十二条までを除き本章において同じ。）は、自動車登録ファイルに登録を受けたものでなければ、これを運行の用に供してはならない。

本条…一部改正〔昭二七法一〇二昭三八法一四九昭四四法六八〕

※　「罰則」＝本法一〇八条一号・一一一条、「適用除外」＝本法三四・三六の二、安保協定等の実施に伴う道運法等の特例法一、道路交通条約の実施に伴う車両法の特例法四

第五条　登録を受けた自動車の所有権の得喪は、登録を受けなければ、第三者に対抗することができない。

2　前項の規定は、自動車抵当法（昭和二十六年法律第百八十七号）第二条但書に規定する大型特殊自動車については、適用しない。

本条…一部改正〔昭二七法一〇二〕、二項…追加〔昭二九法九七〕、一部改正〔昭三八法一四九〕

※　「不動産の対抗要件」＝民法一七七、「大型特殊自動車」＝本法三・則二・別表一

（自動車登録ファイル等）

第六条　自動車の自動車登録ファイルへの登録は、政令で定めるところにより、電子情報処理組織によつて行なう。

2　自動車登録ファイル及び前項の電子情報処理組織は、国土交通大臣が管理する。

本条…全部改正〔昭四四法六八〕、二項…一部改正〔平一一法一六〇〕

※　1項「政令」＝登録令六〜八

（新規登録の申請）

第七条　登録を受けていない自動車の登録（以下「新規登録」という。）を受けようとする場合には、その所有者は、国土交通大臣に対し、次に掲げる事項を記載した申請書に、国土交通省令で定める区分により、第三十三条に規定する譲渡証明書、輸入の事実を証明する書面又は当該自動車の所有権を証明するに足るその他の書面を添えて提出し、かつ、当該自動車を提示しなければならない。

一　車名及び型式

二　車台番号（車台の型式についての表示を含む。以下同じ。）

三　原動機の型式

四　所有者の氏名又は名称及び住所

五　使用の本拠の位置

六　取得の原因

2　国土交通大臣は、前項の申請をする者に対し、同項に規定するもののほか、車台番号又は原動機の型式の打刻に関する証明書その他必要な書面の提出を求めることができる。

3　第一項の申請をする場合において、次の各号に掲げる自動車にあつては、それぞれ当該各号に定める書面の提出をもつて当該自動車の提示に代えることができる。

一　第七十一条第二項の規定による有効な自動車予備検査証の交付を受けている自動車　自動車予備検査証

二　第七十五条第一項の規定によりその型式について指定を受けた自動車　同条第四項の規定による完成検査終了証（発行後国土交通省令で定める期間を経過しないものに限る。次項第二号において同じ。）

三　第十六条第一項の申請に基づく一時抹消登録を受けた後に第九十四条の五第一項の規定による有効な保安基準適合証の交付を受けている乗用自動車等（人の運送の用に供する自動車又は貨物の運送の用に供する小型自動車のうち、当該自動車の構造等に関する事項（第七十一条の二第一項に規定する構造等に関する事項をいう。）に変更が生ずることが少ないものとして国土交通省令で定めるものをいう。第九十四条の五第七項において同じ。）　保安基準適合証

四　第七十一条の二第一項の規定による有効な限定自動車検査証の交付を受けた後に第九十四条の五の二第一項の規定による有効な限定保安基準適合証の交付を受けている自動車　限定自動車検査証及び限定保安基準適合証

4　第一項の申請をする者は、次の各号に掲げる規定によりそれぞれ当該各号に掲げる規定に規定する事項が第九十六条の二から第九十六条の四までの規定により国土交通大臣の登録を受けた者（以下「登録情報処理機関」という。）に提供されたときは、国土交通省令で定めるところにより、同項の申請書にその旨を記載することをもつてそれぞれ当該各号に掲げる書面の提出に代えることができる。

一　第三十三条第四項　譲渡証明書

二　第七十五条第五項　完成検査終了証

三　第九十四条の五第二項　保安基準適合証

四　第九十四条の五の二第二項において準用する第九十四条の五第二項　限定保安基準適合証

5　前項の規定により同項各号に掲げる規定に規定する事項が登録情報処理機関に提供されたことが第一項の申請書に記載されたときは、国土交通大臣は、登録情報処理機関に対し、国土交通省令で定めるところにより、必要な事項を照会するものとする。

6　第一項の申請は、新規検査の申請又は第七十一条第四項の交付の申請と同時にしなければならない。

一・二項…一部改正〔昭三〇法二六〕、一・二項…一部改正・四項…追加〔昭四四法六八〕、三項…一部改正〔昭五八法五七〕、全部改正〔平六法八六〕、三項…一部改正〔平一〇法七四〕、一〜三項…一部改正〔平一一法一六〇〕、一・三項…一部改正・四・五項…追加・旧四項…六項に繰下〔平一六法五五〕、一・三項…一部改正〔平一八法四〇〕、三項…一部改正〔平二七法四四〕

※　1項「国土交通省令」＝登録規則六、「権限委任」＝令一五1、「申請手続」＝登録令一四、「手数料」＝本法一〇二、道路運送車両法関係手数料令、2項「車台番号等の打刻」＝本法二九・三〇・三二、3項二号「国土交通省令」＝則二の二、3項三号「国土交通省令」＝則二の三、「本項の準用」＝本法五九、5項「国土交通省

令」＝登録規則六の二

（新規登録の基準）

第八条　国土交通大臣は、前条の申請書を受理したときは、次の各号のいずれかに該当する場合を除き、新規登録をしなければならない。

一　申請者が当該自動車の所有権を有するものと認められないとき。

二　当該自動車が新規検査を受け、保安基準に適合すると認められたもの又は有効な自動車予備検査証の交付を受けているものでないとき。

三　当該自動車に打刻されている車台番号及び原動機の型式（前条第三項各号に掲げる書面の提出をもつて当該自動車の提示に代えた場合には、当該書面に記載されている車台番号及び原動機の型式）が申請書に記載されている車台番号及び原動機の型式と同一でないとき。

四　その他その申請に係る事項に虚偽があると認めるとき。

本条…一部改正〔昭三〇法二六昭四四法六八平六法八六平一一法一六〇令元法一四〕

※「本条の準用」＝本法一二3

（新規登録事項）

第九条　新規登録は、自動車登録ファイルに第七条第一項第一号から第五号までに掲げる事項及び新規登録の年月日を登録し、かつ、国土交通省令で定める基準により自動車登録番号を定め、これを自動車登録ファイルに登録することによつて行う。

本条…一部改正〔昭三〇法二六昭四四法六八平一一法一六〇〕

※「国土交通省令」＝登録規則一三、別表一～三、「本条の準用」＝本法一四2、登録令四三2

（登録事項の通知）

第十条　国土交通大臣は、新規登録をしたときは、国土交通省令で定めるところにより、申請者に対し、登録事項を通知しなければならない。

見出…全部改正・本条…一部改正〔昭四四法六八〕、本条…一部改正〔平一一法一六〇令元法一四〕

※「権限委任」＝令一五1、「本条の準用」＝本法一二4・一三4・一四2・三八2、登録令四三2、「国土交通省令」＝登録規則六の二の二

（自動車登録番号標の封印等）

第十一条　自動車の所有者は、前条の規定により自動車登録番号の通知を受けたときは、当該番号を記載した自動車登録番号標を国土交通大臣又は第二十五条の自動車登録番号標交付代行者から交付を受け、国土交通省令で定めるところによりこれを当該自動車に取り付けた上、国土交通大臣（政令で定める離島にあつては、国土交通大臣又は政令で定める市町村の長。以下この条（次項第三号及び第三項を除く。）において同じ。）又は第二十八条の三第一項の規定による委託を受けた者（以下この条において「封印取付受託者」という。）の行う封印の取付けを受けなければならない。

2　前項の規定は、次に掲げる場合について準用する。この場合において必要となる自動車登録番号標又は封印の取り外しは、国土交通大臣又は封印取付受託者が行うものとする。

一　自動車登録番号標が滅失し、毀損し、又は第三十九条第二項の規定に基づく国土交通省令で定める様式に適合しなくなつたとき。

二　自動車登録番号標に記載された自動車登録番号の識別が困難となつたとき。

三　次項の規定により国土交通大臣が自動車登録番号標の交換を認めたとき。

3　国土交通大臣は、自動車の所有者から当該自動車に係る自動車登録番号標の交換の申請があつたときは、これを認めるものとする。

4　自動車の所有者は、当該自動車に係る自動車登録番号標に取り付けられた封印が滅失し、又は毀損したとき（次項ただし書の国土交通省令で定めるやむを得ない事由に該当して取り外したときを除く。）は、国土交通大臣又は封印取付受託者の行う封印の取付けを受けなければならない。

5　何人も、国土交通大臣若しくは封印取付受託者が取付けをした封印又はこれらの者が封印の取付けをした自動車登録番号標は、これを取り外してはならない。ただし、整備のため特に必要があるときその他の国土交通省令で定めるやむを得ない事由に該当するときは、この限りでない。

6　前項ただし書の場合において、当該自動車の所有者は、同項ただし書の国土交通省令で定めるやむを得ない事由に該当しなくなつたときは、封印のみを取り外した場合にあつては国土交通大臣又は封印取付受託者の行う封印の取付けを受け、封印の取付けをした自動車登録番号標を取り外した場合にあつては国土交通省令で定めるところにより当該自動車登録番号標を当該自動車に取り付けた上で国土交通大臣又は封印取付受託者の行う封印の取付けを受けなければならない。

四項…一部改正〔昭三〇法二六〕、一項…一部改正〔昭三八法一四九〕、一項…一部改正・二項…全部改正・一部改正・三項…追加・一部改正・四項…削除・旧三項…一部改正し四項に繰下〔昭四四法六八〕、一～四項…一部改正・五項…追加〔平六法八六〕、一～五項…一部改正〔平一一法一六〇平一八法四〇〕、一・二項…一部改正・三項…追加・旧三項…一部改正し四項に繰下・旧四・五項…一項ずつ繰下〔平二七法四四〕

※「権限委任」＝令一五1、1項「国土交通省令」＝則七、「政令」＝令二、「本項の準用」＝本法一四2、「罰則」＝本法一〇九①・一一一、2項「政令」＝令二、「罰則」＝本法一〇九①・一一一、3項「罰則」＝本法一〇九①・一一一、4項「権限の読替え」＝令一五7、「国土交通省令」＝則八3、「罰則」＝本法一〇八①・一一一、5項「国土交通省令」＝則七「罰則」＝本法一〇九①・一一一

（変更登録）

第十二条　自動車の所有者は、登録されている型式、車台番号、原動機の型式、所有者の氏名若しくは名称若しくは住所又は使用の本拠の位置に変更があつたときは、その事由があつた日から十五日以内に、国土交通大臣の行う変更登録の申請をしなければならない。ただし、次条の規定による移転登録又は第十五条の規定による永久抹消登録の申請をすべき場合は、この限りでない。

2　前項の申請をすべき事由により第六十七条第一項の規定による自動車検査証の変更記録の申請をすべきときは、これらの申請は、同時にしなければならない。

3　第一項の変更登録のうち、車台番号又は原動機の型式の変更に係るものについては、第八条（第三号及び第四号に係る部分に限る。）の規定を、その他の変更に係るものについては、同条（同号に係る部分に限る。）の規定を準用する。

4　第十条の規定は、変更登録をした場合について準用する。

一・二項…一部改正〔昭三〇法二六〕、一項…一部改正〔昭三八法一四九〕、一項…一部改正・二・四項…追加・旧二項…一部改正し三項に繰下〔昭四四法六

八〕、一項…一部改正〔平一一法一六〇平一四法八九〕、二・三項…一部改正〔令元法二四〕

※　1・4項「権限委任」＝令一五1、1項「申請手続」＝登録令一四、「手数料」＝本法一〇二、道路運送車両法関係手数料令、「罰則」＝本法一〇九②・一一一、2項「本項の準用」＝本法一三3、3項「準用規定」＝本法八（新規登録の基準）、4項「準用規定」＝本法一〇（登録事項の通知）、準用する一〇条の「国土交通省令」＝登録規則六の二の二

（移転登録）

第十三条　新規登録を受けた自動車（以下「登録自動車」という。）について所有者の変更があつたときは、新所有者は、その事由があつた日から十五日以内に、国土交通大臣の行う移転登録の申請をしなければならない。

2　国土交通大臣は、前項の申請を受理したときは、第八条第一号若しくは第四号に該当する場合又は当該自動車に係る自動車検査証が有効なものでない場合を除き、移転登録をしなければならない。

3　前条第二項の規定は、第一項の申請について準用する。

4　第十条の規定は、移転登録をした場合について準用する。

一項…一部改正・二項…全部改正・一部改正・三・四項…追加〔昭四四法六八〕、一・二項…一部改正〔平一一法一六〇〕

※　1項「権限委任」＝令一五1、「申請手続」＝登録令一四、「手数料」＝本法一〇二、道路運送車両法関係手数料令、「罰則」＝本法一〇九②・一一一、2項「引用条項」＝本法八（新規登録の基準）、3項「準用規定」＝前条2（同時申請）、4項「準用規定」＝本法一〇（登録事項の通知）、「権限委任」＝令一五1、準用する一〇条の「国土交通省令」＝登録規則六の二の二

（自動車登録番号の変更）

第十四条　国土交通大臣は、前二条の申請があつた場合その他の場合において、登録自動車についてその自動車登録番号が第九条の国土交通省令で定める基準に適合しなくなつたと認めるときは、その自動車登録番号を変更するものとする。

2　第九条、第十条及び第十一条第一項の規定は、前項の規定による自動車登録番号の変更について準用する。

本条…追加・一項…一部改正・旧一三条の二…繰下〔昭四四法六八〕、一項…一部改正〔平一一法一六〇〕

※　1項「国土交通省令」＝登録規則一三・別表一〜三、「権限委任」＝令一五1、「その他の場合」＝登録令四三・四四、2項「準用規定」＝本法九（新規登録事項）・一〇（登録事項の通知）・一一1（自動車登録番号標の封印等）、「罰則」＝本法一〇九①・一一一、「権限委任」＝令一五1、準用する一〇条の「国土交通省令」＝登録規則六の二の二、準用する一一条一項の「国土交通省令」＝則七

（永久抹消登録）

第十五条　登録自動車の所有者は、次に掲げる場合には、その事由があつた日（当該事由が使用済自動車の解体である場合にあつては、使用済自動車の再資源化等に関する法律による情報管理センター（以下単に「情報管理センター」という。）に当該自動車が同法の規定に基づき適正に解体された旨の報告がされたことを証する記録として政令で定める記録（以下「解体報告記録」という。）がなされたことを知つた日）から十五日以内に、永久抹消登録の申請をしなければならない。

一　登録自動車が滅失し、解体し（整備又は改造のために解体する場合を除く。）、又は自動車の用途を廃止したとき。

二　当該自動車の車台が当該自動車の新規登録の際存したものでなくなつたとき。

2　引取業者（使用済自動車の再資源化等に関する法律による引取業者をいう。第百条第一項第三号において同じ。）は、同法の規定に基づきその取扱いに係る登録自動車の解体報告記録がなされたことを確認し、これを確認したときは、自らが当該自動車の所有者である場合を除き、その旨を当該自動車の所有者に通知するものとする。

3　登録自動車の所有者は、使用済自動車の解体に係る第一項の申請をするときは、同項の解体報告記録がなされた日及び車台番号その他の当該解体報告記録が当該自動車に係るものであることを特定するために必要な事項として国土交通省令で定める事項を明らかにしなければならない。

4　第一項の場合において、登録自動車の所有者が永久抹消登録の申請をしないときは、国土交通大臣は、その定める七日以上の期間内において、これをなすべきことを催告しなければならない。

5　国土交通大臣は、前項の催告をした場合において、登録自動車の所有者が正当な理由がないのに永久抹消登録の申請をしないときは、永久抹消登録をし、その旨を所有者に通知しなければならない。

二・三項…一部改正〔昭四四法六八平一一法一六〇〕、見出…削り・追加・一項…一部改正・二・三項…追加・旧二・三項…一部改正し二項ずつ繰下〔平一四法八九〕

※　「権限委任」＝令一五1、1項「申請手続」＝登録令一四、「罰則」＝本法一〇九②・一一一、2・3項「登録のまつ消」＝登録規則二二

（輸出抹消登録）

第十五条の二　登録自動車（国土交通省令で定めるものを除く。）の所有者は、その自動車を輸出しようとするときは、当該輸出の予定日から国土交通省令で定める期間さかのぼつた日から当該輸出をする時までの間に、輸出抹消仮登録の申請をし、かつ、次項の規定による輸出抹消仮登録証明書の交付を受けなければならない。ただし、その自動車を一時的に輸出した後に本邦に再輸入することが見込まれる場合であつて輸出抹消仮登録を受けさせる必要性に乏しいものとして国土交通省令で定めるものに該当する場合には、国土交通省令で定めるところにより、あらかじめ、その旨を国土交通大臣に届け出なければならない。

2　国土交通大臣は、前項の申請に基づき輸出抹消仮登録をしたときは、申請者に対し、当該自動車について輸出が予定されている旨が記載され、かつ、当該輸出の予定日までを有効期間とする輸出抹消仮登録証明書を交付するものとする。

3　国土交通大臣は、第一項の申請に基づき輸出抹消仮登録をしたときは、税関長に対し、当該自動車の輸出の予定日が経過した後速やかに、前項に規定する輸出抹消仮登録証明書の具備について関税法（昭和二十九年法律第六十一号）第七十条第二項の確認をしたことその他当該自動車の輸出の事実を確認するために必要な照会をしなければならない。この場合において、国土交通大臣は、当該自動車の輸出の事実を確認したときは、輸出抹消登録をするものとする。

4　第二項の規定により交付を受けた輸出抹消仮登録証明書に係る自動車が輸出されることなく当該輸出抹消仮登録証明書の有効期間が満了したときは、当該自動車の所有者は、当該有効期間が満了した日から十五日以内に、国土交通大臣に当該輸出抹消仮登録証明書を返納しなければならない。

5　国土交通大臣は、前項の規定その他の事由により輸出抹消

仮登録証明書の返納を受けたときは、次条第一項の規定による一時抹消登録の申請があつたものとみなして一時抹消登録をするものとする。

本条…追加〔平一四法八九〕、五項…一部改正〔平一八法四〇〕

※1項「国土交通省令」＝登録規則六の四～六の七、「罰則」＝本法一〇九③・一一〇1④・一一一、4項「罰則」＝本法一一二

（一時抹消登録）

第十六条　登録自動車の所有者は、前二条に規定する場合を除くほか、その自動車を運行の用に供することをやめたときは、一時抹消登録の申請をすることができる。

2　一時抹消登録を受けた自動車（国土交通省令で定めるものを除く。）の所有者は、次に掲げる場合には、その事由があつた日（当該事由が使用済自動車の解体である場合にあつては、解体報告記録がなされたことを知つた日）から十五日以内に、国土交通省令で定めるところにより、その旨を国土交通大臣に届け出なければならない。

一　当該自動車が滅失し、解体し（整備又は改造のために解体する場合を除く。）、又は自動車の用途を廃止したとき。

二　当該自動車の車台が当該自動車の新規登録の際存したものでなくなつたとき。

3　第十五条第二項及び第三項の規定は、使用済自動車の解体に係る前項の規定による届出をする場合について準用する。この場合において、これらの規定中「登録自動車」とあるのは、「一時抹消登録を受けた自動車」と読み替えるものとする。

4　一時抹消登録を受けた自動車（国土交通省令で定めるものを除く。）の所有者は、その自動車を輸出しようとするときは、当該輸出の予定日から国土交通省令で定める期間さかのぼつた日から当該輸出をする時までの間に、国土交通省令で定めるところにより、国土交通大臣にその旨の届出をし、かつ、次項の規定による輸出予定届出証明書の交付を受けなければならない。

5　国土交通大臣は、前項の規定による届出があつたときは、当該届出をした者に対し、当該自動車について輸出が予定されている旨が記載され、かつ、当該輸出の予定日までを有効期間とする輸出予定届出証明書を交付するものとする。

6　前条第三項及び第四項の規定は、一時抹消登録を受けた自動車の輸出に係る第四項の規定による届出があつた場合について準用する。この場合において、同条第三項中「輸出抹消仮登録証明書」とあるのは「輸出予定届出証明書」と、「輸出抹消登録を」とあるのは「その旨を自動車登録ファイルに記録」と、同条第四項中「第二項」とあるのは「次条第五項」と、「輸出抹消仮登録証明書」とあるのは「輸出予定届出証明書」と読み替えるものとする。

7　国土交通大臣は、前項において準用する前条第四項の規定その他の事由により輸出予定届出証明書の返納を受けたときは、その旨を自動車登録ファイルに記録するものとする。

二項…追加〔昭四四法六八〕、一部改正〔平一一法一六〇〕、見出…三～八項…追加・一・二項…一部改正〔平一四法八九〕、二項…削除・旧五・七・八項…一部改正し一項ずつ繰上・旧三・四・六項…一項ずつ繰上〔平一八法四〇〕

※「権限委任」＝令一五1、1項「申請手続」＝登録令一四、「手数料」＝本法一〇二、道路運送車両法関係手数料令、2項「罰則」＝本法一一〇1②・3項で準用する一五条3項・4項「国土交通省令」＝登録規則六の三・六の八～六の一二、4項「罰則」＝本法一一〇1④・一一一、6項「罰則」＝本法一一二

（届出記録）

第十七条　国土交通大臣は、第十五条の二第一項ただし書又は前条第二項若しくは第四項の規定による届出があつたときは、その旨を、政令で定めるところにより、第六条第一項の電子情報処理組織によつて、自動車登録ファイルに記録するものとする。

本条…削除〔平六法八六〕、追加〔平一四法八九〕、一部改正〔平一八法四〇〕

※「権限委任」＝令一五1

（自動車登録ファイルの正確な記録を確保するための措置）

第十八条　国土交通大臣は、一時抹消登録をした自動車について、国土交通省令で定める期間が経過してもなお第十六条第二項又は第四項の規定による届出がなされないことその他の事情から判断して、当該自動車の所有者が正当な理由がなくてこれらの規定に違反しており、又は違反するおそれがあると認めるときは、これらの規定による届出をなすべき旨の催告その他の当該自動車に係る自動車登録ファイルの正確な記録を確保するために必要と認められる措置を講ずることができる。

2　一時抹消登録を受けた自動車について所有者の変更があつたときは、旧所有者は、次項の規定により当該所有者の変更について自動車登録ファイルに記録がなされた場合その他の国土交通省令で定める場合を除き、当該所有者の変更があつた旨を証明することができる契約書その他の資料を作成し、又は取得して、これを国土交通省令で定める期間保存し、国土交通大臣から求められたときは、これを提示し、又は提出しなければならない。

3　一時抹消登録を受けた自動車について所有者の変更があつたときは、新所有者は、政令で定めるところにより、当該所有者の変更について自動車登録ファイルに記録を受けることができる。

本条…削除〔平六法八六〕、追加〔平一四法八九〕、一項…一部改正〔平一八法四〇〕

※1・2項「国土交通省令」＝登録規則六の一三、2項「罰則」＝本法一一二、3項「政令」＝登録令四八

（登録識別情報の通知）

第十八条の二　国土交通大臣は、新規登録、変更登録、移転登録又は一時抹消登録をしたときは、国土交通省令で定めるところにより、速やかに、当該登録の申請者に対し、当該登録に係る登録識別情報を通知しなければならない。ただし、当該申請者があらかじめ登録識別情報の通知を希望しない旨の申出をした場合その他の国土交通省令で定める場合は、この限りでない。

2　前項ただし書の規定による申出をした者は、国土交通省令で定めるところにより、いつでも、国土交通大臣に対し、登録識別情報を通知することを請求することができる。

本条…追加〔平一八法四〇〕

※1・2項「国土交通省令」＝登録規則六の一六～六の一八

（登録識別情報の提供）

第十八条の三　新規登録（一時抹消登録があつた自動車に係るものに限る。）、変更登録、移転登録、永久抹消登録、輸出抹消仮登録又は一時抹消登録の申請をする場合には、申請者は、国土交通省令で定めるところにより、登録識別情報を提

供しなければならない。ただし、申請者が登録識別情報を提供できないことにつき正当な理由がある場合その他国土交通省令で定める場合は、この限りでない。

2　一時抹消登録があつた自動車を譲渡する者は、国土交通省令で定めるところにより、登録識別情報を譲受人に提供しなければならない。

本条…追加〔平一八法四〇〕

※　1・2項「国土交通省令」＝登録規則六の一九～六の二一

（自動車登録番号標の表示の義務）

第十九条　自動車は、第十一条第一項（同条第二項及び第十四条第二項において準用する場合を含む。）の規定により国土交通大臣又は第二十五条の自動車登録番号標交付代行者から交付を受けた自動車登録番号標を国土交通省令で定める位置に、かつ、被覆しないことその他当該自動車登録番号標に記載された自動車登録番号の識別に支障が生じないものとして国土交通省令で定める方法により表示しなければ、運行の用に供してはならない。

本条…全部改正・一部改正〔昭四四法六八〕、一部改正〔平六法八六平一一法一六〇〕、見出…全部改正・本条…一部改正〔平二七法四四〕

※　「国土交通省令」＝則八の二、「適用除外」＝本法三四・三六の二、安保協定等の実施に伴う道運法等の特例法一、道路交通条約の実施に伴う車両法の特例法四、「権限の読替え」＝令一五7、「罰則」＝本法一〇九①・一一一

（自動車登録番号標の廃棄等）

第二十条　登録自動車の所有者は、次の各号のいずれかに該当するときは、遅滞なく、当該自動車登録番号標及び封印を取り外し、国土交通省令で定める方法により、これを破壊し、若しくは廃棄し、又は国土交通大臣若しくは第二十五条の自動車登録番号標交付代行者に返納しなければならない。

一　第十四条第二項において準用する第十条の規定により自動車登録番号の通知を受けたとき。

二　第十五条第一項の申請に基づく永久抹消登録、第十五条の二第一項の申請に基づく輸出抹消仮登録又は第十六条第一項の申請に基づく一時抹消登録を受けたとき。

三　第十五条第五項の規定により永久抹消登録のあつた旨の通知を受けたとき。

2　登録自動車の所有者は、当該自動車の使用者が第六十九条第二項の規定により自動車検査証を返納したときは、遅滞なく、当該自動車登録番号標及び封印を取りはずし、自動車登録番号標について国土交通大臣の領置を受けなければならない。

3　前項の自動車の使用者が第六十九条第三項の規定により自動車検査証の返付を受けたときは、国土交通大臣は、遅滞なく、領置をした自動車登録番号標を返付しなければならない。

4　前項の自動車登録番号標の返付を受けた者は、国土交通省令で定めるところにより当該自動車登録番号標を当該自動車に取り付け、国土交通大臣の行う封印の取付けを受けなければならない。

五項…追加〔昭二八法二一三〕、三項…一部改正〔昭三〇法二六〕、一項…一部改正〔昭三八法一四九〕、一～五項…一部改正〔昭四四法六八〕、一・四項…一部改正・五項…削除〔平六法八六〕、一～四項…一部改正〔平一一法一六〇〕、一項…一部改正〔平一四法八九〕

※　「権限委任」＝令一五1、1項「国土交通省令」＝則九・一〇、「罰則」＝本法一〇八①・一一一、2項「罰則」＝本法一〇八①・一一一、4項「国土交通省令」＝則七、「罰則」＝本法一〇九①・一一一

（自動車登録ファイルの記録等の保存）

第二十一条　永久抹消登録、輸出抹消登録又は一時抹消登録をした自動車に係る自動車登録ファイルの記録は、それぞれ、永久抹消登録にあつては当該永久抹消登録をした日、輸出抹消登録にあつては当該輸出抹消登録をした日、一時抹消登録にあつては第十六条第二項の規定による届出に係る第十七条の規定による記録をした日又は第十六条第六項において準用する第十五条の二第三項後段の規定による記録をした日から五年間保存しなければならない。

2　自動車の登録に係る申請書及び添附書類は、当該申請書を受理した日から五年間保存しなければならない。

一・二項…一部改正〔昭三〇法二六〕、一項…一部改正〔昭三八法一四九〕、本条…全部改正〔昭四四法六八〕、一項…一部改正〔平一四法八九平一八法四〇〕

（登録事項等証明書等）

第二十二条　何人も、国土交通大臣に対し、登録事項その他の自動車登録ファイルに記録されている事項を証明した書面（以下「登録事項等証明書」という。）の交付を請求することができる。

2　前項の規定により登録事項等証明書の交付を請求する者は、国土交通省令で定めるところにより、第百二条第一項の規定による手数料のほか送付に要する費用を納付して、その送付を請求することができる。

3　第九十六条の十五から第九十六条の十七までの規定により国土交通大臣の登録を受けた者（以下「登録情報提供機関」という。）は、登録事項その他の自動車登録ファイルに記録されている情報（以下「登録情報」という。）の電気通信回線による提供を受けようとする者の委託を受けて、その者に対し、国土交通大臣から提供を受けた登録情報を電気通信回線を使用して送信する業務（以下「情報提供業務」という。）を行うため、国土交通大臣に対し、当該委託に係る登録情報の提供を電気通信回線を使用して請求することができる。

4　国土交通大臣又は登録情報提供機関は、第一項の規定による請求をする者又は前項の委託をする者について、国土交通省令で定める方法により本人であることの確認を行うものとする。

5　第一項及び第三項の規定による請求は、請求の事由又は請求に係る委託の事由その他国土交通省令で定める事項を明らかにしてしなければならない。ただし、自動車の所有者が当該自動車について第一項の規定による請求をする場合その他の国土交通省令で定める場合は、この限りでない。

6　国土交通大臣は、第一項の規定による請求若しくは第三項の委託が不当な目的によることが明らかなとき又は第一項の登録事項等証明書の交付若しくは第三項の登録情報の提供により知り得た事項が不当な目的に使用されるおそれがあることその他の第一項又は第三項の規定による請求を拒むに足りる相当な理由があると認めるときは、当該請求を拒むことができる。

三項…追加〔昭三八法一四九〕、本条…全部改正〔昭四四法六八〕、一項…一部改正〔平一一法一六〇〕、見出…全部改正・二項…一部改正〔平一四法一〇〇〕、三～六項…追加〔平一八法四〇〕

※「権限委任」＝令一五1、2項「国土交通省令」＝登録規則二四、「手数料」＝本法一〇二、道路運送車両法関係手数料令、4項「国土交通省令」＝登録規則二五、5項本文「国土交通省令」＝登録規則二六、5項ただし書「国土交通省令」＝登録規則二七

（自動車登録ファイルの登録の回復）

第二十三条　自動車登録ファイルの記録の全部又は一部が滅失した場合における登録の回復に関して必要な事項は、政令で定める。

本条…全部改正〔昭四四法六八〕

※「政令」＝登録令三六の二

（自動車登録官）

第二十四条　国土交通大臣は、国土交通省の職員のうちから自動車登録官を任命し、本章に規定する登録に関する事務を執行させるものとする。

2　自動車登録官の任命、服務及び研修について必要な事項は、国家公務員法（昭和二十二年法律第百二十号）及びこれに基づく命令によるほか、国土交通省令で定める。

一項…一部改正〔昭四四法六八〕、一・二項…一部改正〔平一一法一六〇〕、二項…一部改正〔平二六法二二〕

※2項「国土交通省令」＝自動車登録官及び自動車検査官の任命、服務及び研修に関する規則四～八

（独立行政法人自動車技術総合機構の確認調査）

第二十四条の二　国土交通大臣は、この章に規定する自動車の登録に関する事務のうち、その申請に係る事項に虚偽がないかどうかの確認その他の事実の確認をするために必要な調査（以下この条において「確認調査」という。）を独立行政法人自動車技術総合機構（以下「機構」という。）に行わせるものとする。

2　機構は、確認調査を行つたときは、遅滞なく、当該確認調査の結果を国土交通省令で定めるところにより国土交通大臣に通知しなければならない。

3　国土交通大臣は、機構が天災その他の事由により確認調査を円滑に処理することが困難となつた場合において必要があると認めるときは、確認調査を自ら行うことができる。

4　国土交通大臣が前項の規定により確認調査を行うこととし、又は同項の規定により行つている確認調査を行わないこととする場合における確認調査の引継ぎに関する所要の事項は、国土交通省令で定める。

本条…追加〔平二七法四四〕

（自動車登録番号標交付代行者）

第二十五条　自動車登録番号標を登録自動車の所有者に交付する業を行おうとする者は、事業場ごとに、国土交通大臣の指定を受けなければならない。

2　前項の指定には、条件又は期限を附し、及びこれを変更することができる。

3　前項の条件又は期限は、第一項の規定により指定を受けた者（以下「自動車登録番号標交付代行者」という。）が行なう自動車登録番号標の交付が適切に行なわれるために必要とする最小限度のものに限り、かつ、当該自動車登録番号標交付代行者に不当な義務を課することとならないものでなければならない。

二・三項…追加〔昭三八法一四九〕、一項…一部改正〔平一一法一六〇〕

※1項「権限委任」＝令一五1、「罰則」＝本法一〇九④・一一一

（禁止行為等）

第二十六条　自動車登録番号標交付代行者は、左の各号に掲げる行為をしてはならない。

一　第十一条第一項（同条第二項及び第十四条第二項において準用する場合を含む。）の規定により自動車登録番号標の交付を受けなければならない者の請求がある場合において、災害その他やむを得ない事由がないのに自動車登録番号標を交付しないこと。

二　前号の者以外の者に自動車登録番号標を交付すること。

2　国土交通大臣は、自動車登録番号標交付代行者がこの法律若しくはこの法律に基く命令又はこれらに基く処分に違反したときは、三箇月以内において期間を定めてその事業の停止を命じ、又はその指定を取り消すことができる。

一項…一部改正〔昭三八法一四九昭四四法六八〕、二項…一部改正〔平一一法一六〇〕

※1項「本項の準用」＝本法二八の三、「罰則」＝本法一一〇1①・一一一、2項「権限委任」＝令一五1、「罰則」＝本法一〇九⑤・一一一、「聴聞」＝本法一〇三

（自動車登録番号標の交付手数料）

第二十七条　自動車登録番号標交付代行者は、自動車登録番号標の交付につき収受する手数料については、国土交通大臣の認可を受けなければならない。

2　国土交通大臣は、前項の認可をしようとするときは、自動車登録番号標の交付に要する実費を考慮して、これをしなければならない。

3　自動車登録番号標交付代行者は、第一項の手数料について、事業場において公衆の見やすいように掲示するとともに、国土交通省令で定めるところにより、電気通信回線に接続して行う自動公衆送信（公衆によつて直接受信されることを目的として公衆からの求めに応じ自動的に送信を行うことをいい、放送又は有線放送に該当するものを除く。以下同じ。）により公衆の閲覧に供しなければならない。

四項…削除〔平六法八六〕、一・二項…一部改正〔平一一法一六〇〕、三項…一部改正〔令五法六三〕

※「権限委任」＝令一五1、1項「罰則」＝本法一一〇1②・一一一、3項「国土交通省令」＝自動車登録番号標交付代行者規則四の二、「罰則」＝本法一一二1

（標識）

第二十八条　自動車登録番号標交付代行者は、事業場において、公衆の見易いように、国土交通省令で定める様式の標識を掲げなければならない。

2　自動車登録番号標交付代行者以外の者は、前項の標識又はこれに類似する標識を掲げてはならない。

一項…一部改正〔平一一法一六〇〕

※1項「国土交通省令」＝自動車登録番号標交付代行者規則五、「本項の準用」＝本法二八の三2、「罰則」＝本法一一二、2項「罰則」＝本法一一〇1①・一一一

（遵守事項）

第二十八条の二　この法律に規定するもののほか、自動車登録番号標の管理の方法、事業場に掲示すべき事項その他自動車登録番号標の適正な交付の確保のために自動車登録番号標交付代行者の遵守すべき事項は、国土交通省令で定める。

2　国土交通大臣は、自動車登録番号標交付代行者が前項の国土交通省令で定める事項を遵守していないため自動車登録番号標の適正な交付が確保されていないと認めるときは、当該自動車登録番号標交付代行者に対し、自動車登録番号標の管

理の方法の改善その他その是正のために必要な措置を講ずべきことを命ずることができる。

本条…追加〔昭三八法一四九〕、一・二項…一部改正〔平一一法一六〇〕

※ 1項「国土交通省令」＝自動車登録番号標交付代行者規則、「本項の準用」＝本法二八の三2、2項「権限委任」＝令一五1、「罰則」＝本法一〇九⑥・一一一

（封印の取付けの委託）

第二十八条の三 国土交通大臣は、登録自動車に取り付けた自動車登録番号標への封印の取付けを国土交通省令で定める要件を備える者に委託することができる。

2 第二十六条第一項、第二十八条第一項及び前条第一項の規定は、前項の規定による封印の取付けの委託を受けた者について準用する。この場合において、これらの規定中「自動車登録番号標交付代行者」とあるのは「第二十八条の三第一項の規定による封印の取付けの委託を受けた者」と、「の規定」とあるのは「、第三項及び第五項の規定」と、「自動車登録番号標」とあるのは「封印」と、「交付」とあるのは「取付け」と読み替えるものとする。

本条…追加・一項…一部改正〔昭四四法六八〕、一項…一部改正〔平一一法一六〇〕、見出・一・二項…一部改正〔平一八法四〇〕

※ 1項「権限委任」＝令一五1、「国土交通省令」＝則一三、「申請手続」＝則一二、「標識」＝則一四・一号様式の三、「遵守事項」＝則一五～一五の三、2項「準用規定」＝本法二六1（自動車登録番号標交付代行者の禁止行為）、本法二八1（標識）・前条1（遵守事項）、則一四～一五の四「罰則」＝本法一一〇1①・一一一・一一二

（車台番号等の打刻）

第二十九条 自動車の製作を業とする者、自動車の車台又は原動機の製作を業とする者及び国土交通大臣が指定した者以外の者は、自動車の車台番号又は原動機の型式を打刻してはならない。

2 自動車の製作を業とする者、自動車の車台又は原動機の製作を業とする者及び前項の指定を受けた者が自動車の車台番号又は原動機の型式を打刻しようとするときは、その様式、その他の国土交通省令で定める事項についてあらかじめ国土交通大臣に届け出て、その届け出たところに従い、これをしなければならない。

3 国土交通大臣は、前項の届出に係る事項が適当でないと認めるときは、その変更を命ずることができる。

一・二項…一部改正・三項…追加〔昭二七法一〇二〕、一項…一部改正〔昭三〇法二六〕、一～三項…一部改正〔昭三七法一〇六〕、二・三項…一部改正〔平六法八六〕、一～三項…一部改正〔平一一法一六〇〕

※ 「適用除外」＝安保協定等の実施に伴う道運法等の特例法一、道路交通条約の実施に伴う車両法の特例法四、1項「大臣の指定」＝則三〇、「罰則」＝本法一〇七②・一一一、2項「国土交通省令」＝則二六の七、「打刻の届出」＝則二七・七〇、「罰則」＝本法一一〇1①・一一一、3項「罰則」＝本法一一〇1⑦・一一一

（輸入自動車等の打刻の届出）

第三十条 自動車又はその部分の輸入を業とする者は、自動車又は自動車の車台若しくは原動機を輸入したときは、その都度その車台番号及び原動機の型式の様式その他の国土交通省令で定める事項を輸入の日から二十日以内に国土交通大臣に届け出なければならない。

2 前項の者が、その輸入しようとする自動車又は自動車の車台若しくは原動機の車台番号又は原動機の型式に係る前条第二項の国土交通省令で定める事項について、その事実を証明するに足りる当該自動車又は自動車の車台若しくは原動機の製作者の書面を添えて、国土交通大臣に届け出たときは、前項の規定による届出はしなくてもよい。

二項…追加〔昭二七法一〇二〕、一・二項…一部改正〔昭三七法一〇六平六法八六平一一法一六〇〕

※ 1項「国土交通省令」＝則三〇の二、「届出」＝則三一・七号様式、「罰則」＝本法一一〇1③・一一一、2項…「届出」＝則三一の二

（打刻の塗まつ等の禁止）

第三十一条 何人も、自動車の車台番号又は原動機の型式の打刻を塗まつし、その他車台番号又は原動機の型式の識別を困難にするような行為をしてはならない。但し、整備のため特に必要な場合その他やむを得ない場合において、国土交通大臣の許可を受けたとき、又は次条の規定による命令を受けたときは、この限りでない。

本条…一部改正〔昭三七法一〇六昭四四法六八平一一法一六〇〕

※ 「適用除外」＝安保協定等の実施に伴う道運法等の特例法一、道路交通条約の実施に伴う車両法の特例法四、「罰則」＝本法一〇七②・一一一、ただし書「罰則」＝本法一〇七①・一一一

（職権による打刻等）

第三十二条 国土交通大臣は、自動車が左の各号の一に該当するときは、その所有者に対し、車台番号若しくは原動機の型式の打刻を受け、若しくはその打刻を塗まつすべきことを命じ、又は自ら車台番号若しくは原動機の型式の打刻を塗まつし、若しくは打刻をすることができる。

一 車台番号又は原動機の型式の打刻を有しないとき。

二 当該自動車の車台番号又は原動機の型式の打刻が他の自動車の車台番号又は原動機の型式の打刻と類似のものであるとき。

三 当該自動車の車台番号又は原動機の型式の打刻が識別困難なものであるとき。

本条…一部改正〔昭三七法一〇六昭四四法六八平一一法一六〇〕

※ 「適用除外」＝安保協定等の実施に伴う道運法等の特例法一、道路交通条約の実施に伴う車両法の特例法四、「罰則」＝本法一〇九⑥・一一一

（譲渡証明書等）

第三十三条 自動車を譲渡する者は、次に掲げる事項を記載した譲渡証明書を譲受人に交付しなければならない。

一 譲渡の年月日

二 車名及び型式

三 車台番号及び原動機の型式

四 譲渡人及び譲受人の氏名又は名称及び住所

2 前項の譲渡証明書は、譲渡に係る自動車一両につき、二通以上交付してはならない。

3 自動車を譲渡する者は、当該自動車に関して既に交付を受けている第一項の譲渡証明書を有するときは、これを譲受人に交付しなければならない。

4 自動車（国土交通省令で定めるものを除く。）を譲渡する者は、第一項の規定による譲渡証明書の交付に代えて、政令で定めるところにより、当該譲受人の承諾を得て、当該譲渡証明書に記載すべき事項を電磁的方法（電子情報処理組織を使用する方法その他の情報通信の技術を利用する方法であって国土交通省令で定めるものをいう。以下同じ。）により登録情報処理機関に提供することができる。

5　前項の規定により譲渡証明書に記載すべき事項が登録情報処理機関に提供されたときは、同項の自動車を譲渡する者は、当該譲渡証明書を当該譲受人に交付したものとみなす。

一項…一部改正〔昭三〇法二六昭四四法六八平一四法八九〕、四・五項…追加〔平一六法五五〕、一項…一部改正〔平一八法四〇〕

※「適用除外」＝安保協定等の実施に伴う道運法等の特例法一、道路交通条約の実施に伴う車両法の特例法四、「罰則」＝本法一一〇1⑤・一一一、1項「罰則」＝本法一一〇1①、一一一、4項「国土交通省令」＝則六四の二・二の四、「政令」＝令三

（臨時運行の許可）

第三十四条　臨時運行の許可を受けた自動車を、当該自動車に係る臨時運行許可証に記載された目的及び経路に従つて運行の用に供するときは、第四条、第十九条、第五十八条第一項及び第六十六条第一項の規定は、当該自動車について適用しない。

2　前項の臨時運行の許可は、地方運輸局長、市及び特別区の長並びに政令で定める町村の長（「行政庁」という。次条において同じ。）が行う。

一項…全部改正〔昭四四法六八〕、二項…一部改正〔昭五九法二五〕

※「本条の準用」＝本法七三2、「手数料」＝本法一〇二、道路運送車両法関係手数料令、地方自治法二二七、地方公共団体手数料令、1項「適用除外」＝本法四（登録の一般的効力）・一九（自動車登録番号標等の表示の義務）・五八1（自動車の検査及び自動車検査証）・六六1（自動車検査証の備付け等）、「許可手続」＝則二〇・二一、「罰則」＝本法一〇七①・一一一、2項「政令」＝令四、「権限委任」＝令一五2

（許可基準等）

第三十五条　前条の臨時運行の許可は、当該自動車の試運転を行う場合、新規登録、新規検査又は当該自動車検査証が有効でない自動車についての継続検査その他の検査の申請をするために必要な提示のための回送を行う場合その他特に必要がある場合に限り、行うことができる。

2　臨時運行の許可は、有効期間を附して行う。

3　前項の有効期間は、五日をこえてはならない。但し、長期間を要する回送の場合その他特にやむを得ない場合は、この限りでない。

4　行政庁は、臨時運行の許可をしたときは、臨時運行許可証を交付し、且つ、臨時運行許可番号標を貸与しなければならない。

5　前項の臨時運行許可証には、臨時運行の目的及び経路並びに第二項の有効期間を記載しなければならない。

6　臨時運行の許可を受けた者は、第二項の有効期間が満了したときは、その日から五日以内に、当該行政庁に臨時運行許可証及び臨時運行許可番号標を返納しなければならない。

六項…一部改正〔昭三〇法二六〕、一項…一部改正〔昭四四法六八〕

※「本条の準用」＝本法七三2、4項「臨時運行許可証」＝則二二・二三・二五・二号様式、「臨時運行許可番号標」＝則二五・三号様式、6項「罰則」＝本法一〇八①・一一一

（臨時運行許可番号標表示等の義務）

第三十六条　臨時運行の許可に係る自動車は、次に掲げる要件を満たさなければ、これを運行の用に供してはならない。

一　臨時運行許可番号標を国土交通省令で定める位置に、かつ、被覆しないことその他当該臨時運行許可番号標に記載された番号の識別に支障が生じないものとして国土交通省令で定める方法により表示していること。

二　臨時運行許可証を備え付けていること。

一項…一部改正・二項…削除〔昭四四法六八〕、本条…一部改正〔平六法八六平一一法一六〇平二七法四四〕

※「国土交通省令」＝則二四、「本条の準用」＝本法七三2、「臨時運行許可証の表示」＝則二三、「罰則」＝本法一〇八①・一一一

（回送運行の許可）

第三十六条の二　自動車の回送を業とする者で地方運輸局長の許可を受けたものが、その業務として回送する自動車（以下「回送自動車」という。）で、次に掲げる要件を満たすものを、当該回送運行許可の有効期間内に、当該回送運行許可証に記載された目的に従つて運行の用に供するときは、第四条、第十九条、第五十八条第一項及び第六十六条第一項の規定は、当該自動車について適用しない。

一　回送運行許可番号標を国土交通省令で定める位置に、かつ、被覆しないことその他当該回送運行許可番号標に記載された番号の識別に支障が生じないものとして国土交通省令で定める方法により表示していること。

二　回送運行許可証を備え付けていること。

2　前項の許可の有効期間は、五年を超えてはならない。

3　第一項の許可には、条件を付し、及びこれを変更することができる。

4　前項の条件は、第一項の許可を受けた者が行う自動車の回送が適切に行われるために必要とする最小限度のものに限り、かつ、当該許可を受けた者に不当な義務を課することとならないものでなければならない。

5　地方運輸局長は、第一項の許可を受けた者に対し、その申請に基づき、必要と認められる数の回送運行許可証を交付するとともに、これに対応する数の回送運行許可番号標を貸与するものとする。

6　回送運行許可証には、交付年月日及び第一項の許可の有効期間の満了の日、回送の目的並びに当該回送運行許可証に係る回送運行許可番号標の番号を記載しなければならない。

7　第一項の許可を受けた者は、当該許可の有効期間が満了したとき又は次項の規定により許可を取り消されたときは現に交付を受けている回送運行許可証及び現に貸与を受けている回送運行許可番号標（以下この条において「交付を受けている回送運行許可証等」という。）の全部を、同項の規定による命令を受けたときはその命令に応じ交付を受けている回送運行許可証等の全部又は一部を、その日から五日以内（同項の規定により許可を取り消されたとき又は同項の規定による命令を受けたときにあつては、その通知を受けてから五日以内）に、それぞれ地方運輸局長に返納しなければならない。

8　地方運輸局長は、次に掲げる場合においては、第一項の許可を受けた者に対し交付を受けている回送運行許可証等の全部若しくは一部の返納を命じ、又は同項の許可を取り消すことができる。

一　回送運行許可証又は回送運行許可番号標が回送自動車以外の自動車の運行のために利用されたとき。

二　回送運行許可証に記載された回送の目的に従わないで回送自動車を運行の用に供したとき。

三　第三項の規定により許可に付した条件に違反したとき。

9　地方運輸局長は、前項の規定による命令を受けた者に対しては、六月以内の期間を定めて、回送運行許可証の交付及び

回送運行許可番号標の貸与を行わないことができる。

10　地方運輸局長は、第八項の規定により許可を取り消された者に対しては、その取消しの日から二年を経過する日までの間は、新たな第一項の許可を行わないものとする。

　本条…追加〔昭四四法六八〕、一・二・四・五・七項…一部改正・八項…全部改正・九・一〇項…追加〔昭五七法九一〕、一・三・六―一〇項…一部改正〔昭五九法二五〕、一・二・五項…一部改正〔平六法八六〕、一項…一部改正〔平一一法一六〇〕、一・二・五項…一部改正〔平一六法五五〕、一・九・一〇項…一部改正・三・四項…追加・五・八項…削除・旧四項…一部改正し六項に繰下・旧六・七項…一部改正し一項ずつ繰下・旧三項…五項に繰下〔平二七法四四〕

※　1項「国土交通省令」＝則二六の五、「許可の申請」＝則二六、「申請書の経由」＝則六六、「許可基準」＝則二六の二、「罰則」＝本法一〇七①・一一一、3項「権限委任」＝令一五2、「回送運行許可証の交付の申請等、記載事項、表示及び様式」＝則二六の三〜二六の六、「回送運行許可番号標の貸与の申請、表示、取りつけ及び様式」＝則二六の三・二六の五・二六の六、「手数料」＝本法一〇二、道路運送車両法関係手数料令、6・8項「権限の読替え」＝令一五7、6項「罰則」＝本法一〇七①・一一一、7項「聴聞」＝本法一〇三、8項「罰則」＝本法一〇八①・一一一

（登録識別情報の安全確保）

第三十六条の三　国土交通大臣は、その取り扱う登録識別情報の漏えい、滅失又はき損の防止その他の登録識別情報の安全管理のために必要かつ適切な措置を講じなければならない。

2　自動車登録官その他の登録に関する事務に従事する国土交通省の職員又はその職にあつた者は、その事務に関して知り得た登録識別情報の作成又は管理に関する秘密を漏らしてはならない。

　本条…追加〔平一八法四〇〕

※　2項「罰則」＝一〇六の二

（他の法律の適用除外）

第三十六条の四　登録については、行政手続法（平成五年法律第八十八号）第二章及び第三章の規定は、適用しない。

2　自動車登録番号標及びその封印に関する処分並びに登録事項等証明書の交付については、行政手続法第二章の規定は、適用しない。

3　自動車登録ファイルについては、行政機関の保有する情報の公開に関する法律（平成十一年法律第四十二号）の規定は、適用しない。

4　自動車登録ファイルに記録されている保有個人情報（個人情報の保護に関する法律（平成十五年法律第五十七号）第六十条第一項に規定する保有個人情報をいう。）については、同法第五章第四節の規定は、適用しない。

　本条…追加〔平五法八九〕、二項…一部改正〔平六法八六〕、見出…全部改正・三項…追加〔平一一法四三〕、四項…追加〔平一五法六一〕、旧三六条の三…繰下〔平一八法四〇〕、四項…一部改正〔平二八法五一令三法三七〕

（審査請求期間等の特例）

第三十七条　登録についての審査請求については、行政不服審査法（平成二十六年法律第六十八号）第十五条第六項及び第十八条の規定は、適用しない。

　本条…追加〔昭三七法一六一〕、見出…全部改正・本条…一部改正・旧三七条の二…繰上〔昭四四法六八〕、見出…全部改正・本条…一部改正〔平二六法六九〕

※　「引用条項」＝行政不服審査法四五（異議申立期間）・四八（審査請求に関する規定の準用）・一四（審査請求期間）・三七（手続の承継）

（審査請求が理由がある場合）

第三十八条　国土交通大臣は、登録についての審査請求が理由があるときは、当該審査請求に係る登録について更正をし、その旨を当該登録についての利害関係人に通知しなければならない。

2　第十条の規定は、前項の規定により更正をした場合について準用する。

　本条…全部改正〔昭三七法一六一・昭四四法六八〕、一項…一部改正〔平一一法一六〇〕、見出・一項…一部改正〔平二六法六九〕

※　「権限委任」＝令一五1、1項「権限の読替え」＝令一五7、2項「準用規定」＝本法一〇（登録事項の通知）、準用する一〇条の「国土交通省令」＝登録規則六の二の二

（命令への委任）

第三十九条　登録の更正に関する事項その他の登録の実施のために必要な事項は、政令で定める。

2　自動車登録番号標、その封印、譲渡証明書並びに臨時運行及び第三十六条の二第一項の許可に関する細目的事項は、国土交通省令で定める。

　一・二項…一部改正〔昭四四法六八〕、二項…一部改正〔平六法八六平一一法一六〇〕

※　「罰則」＝本法一〇一1⑥・一一一、1項「政令」＝登録令、2項「引用条項」＝本法三六の二（回送運行の許可）、「国土交通省令」＝則二章・三章

第三章　道路運送車両の保安基準

（自動車の構造）

第四十条　自動車は、その構造が、次に掲げる事項について、国土交通省令で定める保安上又は公害防止その他の環境保全上の技術基準に適合するものでなければ、運行の用に供してはならない。

一　長さ、幅及び高さ
二　最低地上高
三　車両総重量（車両重量、最大積載量及び五十五キログラムに乗車定員を乗じて得た重量の総和をいう。）
四　車輪にかかる荷重
五　車輪にかかる荷重の車両重量（運行に必要な装備をした状態における自動車の重量をいう。）に対する割合
六　車輪にかかる荷重の車両総重量に対する割合
七　最大安定傾斜角度
八　最小回転半径
九　接地部及び接地圧

　本条…一部改正〔昭三八法律一四九昭五七法九一平一一法一六〇平一四法八九〕

※　「国土交通省令」＝則六二の二の三三、保安基準二―七・五五・五七―五八の二、「本条の準用」＝本法九九、「適用除外」＝安保協定等の実施に伴う道運法等の特例法一

（自動車の装置）

第四十一条　自動車は、次に掲げる装置について、国土交通省令で定める保安上又は公害防止その他の環境保全上の技術基準に適合するものでなければ、運行の用に供してはならない。

一　原動機及び動力伝達装置
二　車輪及び車軸、そりその他の走行装置
三　操縦装置

四　制動装置
五　ばねその他の緩衝装置
六　燃料装置及び電気装置
七　車枠及び車体
八　連結装置
九　乗車装置及び物品積載装置
十　前面ガラスその他の窓ガラス
十一　消音器その他の騒音防止装置
十二　ばい煙、悪臭のあるガス、有毒なガス等の発散防止装置
十三　前照灯、番号灯、尾灯、制動灯、車幅灯その他の灯火装置及び反射器
十四　警音器その他の警報装置
十五　方向指示器その他の指示装置
十六　後写鏡、窓拭き器その他の視野を確保する装置
十七　速度計、走行距離計その他の計器
十八　消火器その他の防火装置
十九　内圧容器及びその附属装置
二十　自動運行装置
二十一　その他政令で定める特に必要な自動車の装置

2　前項第二十号の「自動運行装置」とは、プログラム（電子計算機（入出力装置を含む。この項及び第九十九条の三第一項第一号を除き、以下同じ。）に対する指令であつて、一の結果を得ることができるように組み合わされたものをいう。以下同じ。）により自動的に自動車を運行させるために必要な、自動車の運行時の状態及び周囲の状況を検知するためのセンサー並びに当該センサーから送信された情報を処理するための電子計算機及びプログラムを主たる構成要素とする装置であつて、当該装置ごとに国土交通大臣が付する条件で使用される場合において、自動車を運行する者の操縦に係る認知、予測、判断及び操作に係る能力の全部を代替する機能を有し、かつ、当該機能の作動状態の確認に必要な情報を記録するための装置を備えるものをいう。

本条…一部改正〔昭二七法一〇二昭三八法一四九昭五七法九一平一一法一六〇平一四法八九〕、一項…一部改正・二項…追加、二項…一部改正〔令元法一四〕

※「本条の準用」＝本法九九、「整備不良車の運転の禁止等」＝本法五四、道交法六二、「適用除外」＝安保協定等の実施に伴う道運法等の特例法一、1項「国土交通省令」＝則六二の二の三三1・2、保安基準八―五二・五五―五八の二、「政令」＝令六

（乗車定員又は最大積載量）

第四十二条　自動車は、乗車定員又は最大積載量について、国土交通省令で定める保安上又は公害防止その他の環境保全上の技術基準に適合するものでなければ、運行の用に供してはならない。

本条…一部改正〔昭五七法九一平一一法一六〇平一四法八九〕

※「国土交通省令」＝則六二の二の三三1・2、保安基準五三・五四、「本条の準用」＝本法九九、「乗車又は積載の制限等」＝道交法五七、「適用除外」＝安保協定等の実施に伴う道運法等の特例法一、「自動車の使用者の義務等」＝道交法七五

（自動車の保安上の技術基準についての制限の付加）

第四十三条　地方運輸局長は、勾配、曲折、ぬかるみ、積雪、結氷その他の路面の状況等により保安上危険な道路において主として運行する自動車の使用者に対し、当該自動車につき、第四十条の規定による同条各号についての制限、第四十一条第一項の規定による走行装置、制動装置、灯火装置若しくは警報装置についての制限又は前条の規定による乗車定員若しくは最大積載量についての制限を付加することができる。

2　地方運輸局長は、前項の行為をするときは、あらかじめ、国土交通大臣の承認を受けなければならない。

一・二項…一部改正〔昭五九法二五〕、二項…一部改正〔平一一法一六〇〕、見出・一・二項…一部改正〔令元法一四〕

※「適用除外」＝安保協定等の実施に伴う道運法等の特例法一、1項「権限委任」＝令一五2、「制限の表示」＝則五四、2項「権限委任」＝令一五1

（原動機付自転車の構造及び装置）

第四十四条　原動機付自転車は、次に掲げる事項について、国土交通省令で定める保安上又は公害防止その他の環境保全上の技術基準に適合するものでなければ、運行の用に供してはならない。

一　長さ、幅及び高さ
二　接地部及び接地圧
三　制動装置
四　車体
五　ばい煙、悪臭のあるガス、有毒なガス等の発散防止装置
六　前照灯、番号灯、尾灯、制動灯及び後部反射器
七　警音器
八　消音器
九　方向指示器
十　後写鏡
十一　速度計

本条…一部改正〔昭三〇法二六昭三八法一四九〕、見出・本条…一部改正〔昭五七法九一〕、本条…一部改正〔平一一法一六〇平一四法八九〕

※「国土交通省令」＝則六二の二の三三3、保安基準五九―六七の三、「整備不良車両の運転の禁止」＝道交法六二、「適用除外」＝安保協定等の実施に伴う道運法等の特例法一

（軽車両の構造及び装置）

第四十五条　軽車両は、次に掲げる事項について、国土交通省令で定める保安上の技術基準に適合するものでなければ、運行の用に供してはならない。

一　長さ、幅及び高さ
二　接地部及び接地圧
三　制動装置
四　車体
五　警音器

見出・本条…一部改正〔昭五七法九一〕、本条…一部改正〔平一一法一六〇〕

※「国土交通省令」＝則六二の二の三三4、保安基準六八―七三、「整備不良車両の運転の禁止」＝道交法六二、「適用除外」＝安保協定等の実施に伴う道運法等の特例法一

（保安基準の原則）

第四十六条　第四十条から第四十二条まで、第四十四条及び前条の規定による保安上又は公害防止その他の環境保全上の技術基準（以下「保安基準」という。）は、道路運送車両の構造及び装置が運行に十分堪え、操縦その他の使用のための作業に安全であるとともに、通行人その他に危害を与えないことを確保するものでなければならず、かつ、これにより製作者又は使用者に対し、自動車の製作又は使用について不当な

制限を課することとなるものであつてはならない。

見出・本条…一部改正〔昭五七法九一〕、本条…一部改正〔平一四法八九〕

第四章　道路運送車両の点検及び整備

章名…改正〔平六法八六〕

（使用者の点検及び整備の義務）

第四十七条　自動車の使用者は、自動車の点検をし、及び必要に応じ整備をすることにより、当該自動車を保安基準に適合するように維持しなければならない。

見出…全部改正〔昭五七法九一〕、本条…全部改正〔平六法八六〕

（日常点検整備）

第四十七条の二　自動車の使用者は、自動車の走行距離、運行時の状態等から判断した適切な時期に、国土交通省令で定める技術上の基準により、灯火装置の点灯、制動装置の作動その他の日常的に点検すべき事項について、目視等により自動車を点検しなければならない。

2　次条第一項第一号及び第二号に掲げる自動車の使用者又はこれらの自動車を運行する者は、前項の規定にかかわらず、一日一回、その運行の開始前において、同項の規定による点検をしなければならない。

3　自動車の使用者は、前二項の規定による点検の結果、当該自動車が保安基準に適合しなくなるおそれがある状態又は適合しない状態にあるときは、保安基準に適合しなくなるおそれをなくするため、又は保安基準に適合させるために当該自動車について必要な整備をしなければならない。

本条…追加〔平六法八六〕、一項…一部改正〔平一一法一六〇〕

※　1項「国土交通省令」＝自動車点検基準一、別表一・二

（定期点検整備）

第四十八条　自動車（小型特殊自動車を除く。以下この項、次条第一項及び第五十四条第四項において同じ。）の使用者は、次の各号に掲げる自動車について、それぞれ当該各号に掲げる期間ごとに、点検の時期及び自動車の種別、用途等に応じ国土交通省令で定める技術上の基準により自動車を点検しなければならない。

一　自動車運送事業の用に供する自動車及び車両総重量八トン以上の自家用自動車その他の国土交通省令で定める自家用自動車　三月

二　道路運送法第七十八条第二号に規定する自家用有償旅客運送の用に供する自家用自動車（国土交通省令で定めるものを除く。）、同法第八十条第一項の許可を受けて業として有償で貸し渡す自家用自動車その他の国土交通省令で定める自家用自動車（前号に掲げる自家用自動車を除く。）　六月

三　前二号に掲げる自動車以外の自動車　一年

2　前条第三項の規定は、前項の場合に準用する。この場合において、同条第三項中「前二項」とあるのは、「前項」と読み替えるものとする。

本条…全部改正〔昭三八法一四九〕、一項…一部改正・二項…追加・旧二項…一部改正し三項に繰下〔昭五七法九一〕、本条…全部改正〔平六法八六〕、一項…一部改正〔平一一法六六・一六〇平一八法四〇〕

※　1項「国土交通省令」＝自動車点検基準二・三1・三2・三3・別表三～六、「適用除外」＝安保協定等の実施に伴う道運法等の特例法一、道路交通条約の実施に伴う車両法の特例法四

（点検整備記録簿）

第四十九条　自動車の使用者は、点検整備記録簿を当該自動車に備え置き、当該自動車について前条の規定により点検又は整備をしたときは、遅滞なく、次に掲げる事項を記載しなければならない。

一　点検の年月日

二　点検の結果

三　整備の概要

四　整備を完了した年月日

五　その他国土交通省令で定める事項

2　自動車（第五十八条第一項に規定する検査対象外軽自動車及び小型特殊自動車を除く。以下この項において同じ。）の使用者は、当該自動車について特定整備（原動機、動力伝達装置、走行装置、操縦装置、制動装置、緩衝装置、連結装置又は自動運行装置（第四十一条第二項に規定する自動運行装置をいう。第九十九条の三第一項第一号において同じ。）を取り外して行う自動車の整備又は改造その他のこれらの装置の作動に影響を及ぼすおそれがある整備又は改造（同号に掲げる行為を除く。）であつて国土交通省令で定めるものをいう。以下同じ。）をしたときは、遅滞なく、前項の点検整備記録簿に同項第三号から第五号までに掲げる事項を記載しなければならない。ただし、前条第二項において準用する第四十七条の二第三項の規定による必要な整備として当該特定整備をしたとき及び第七十八条第四項に規定する自動車特定整備事業者が当該特定整備を実施したときは、この限りでない。

3　点検整備記録簿の保存期間は、国土交通省令で定める。

本条…全部改正〔昭三八法一四九〕、一項…一部改正・三項…全部改正〔昭五七法九一〕、二項…削除・旧三項…一部改正し二項に繰上〔平六法八六〕、見出・一項…一部改正・二項…追加・旧二項…一部改正し三項に繰下〔平一〇法七四〕、一－三項…一部改正〔平一一法一六〇〕、二項…一部改正〔令元法一四〕

※　1項「国土交通省令」＝自動車点検基準四1、2項「国土交通省令」＝則三、3項「国土交通省令」＝自動車点検基準四2、「適用除外」＝安保協定等の実施に伴う道運法等の特例法一、道路交通条約の実施に伴う車両法の特例法四

（整備管理者）

第五十条　自動車の使用者は、自動車の点検及び整備並びに自動車車庫の管理に関する事項を処理させるため、自動車の点検及び整備に関し特に専門的知識を必要とすると認められる車両総重量八トン以上の自動車その他の国土交通省令で定める自動車であつて国土交通省令で定める台数以上のものの使用の本拠ごとに、自動車の点検及び整備に関する実務の経験その他について国土交通省令で定める一定の要件を備える者のうちから、整備管理者を選任しなければならない。

2　前項の規定により整備管理者を選任しなければならない者（以下「大型自動車使用者等」という。）は、整備管理者に対し、その職務の執行に必要な権限を与えなければならない。

一項…一部改正〔昭三八法一四九〕、見出・一項…全部改正〔平一四法八九〕

※　「罰則」＝本法一一〇1①・一一一、「適用除外」＝安保協定等の実施に伴う道運法等の特例法一、道路交通条約の実施に伴う車両法の特例法四、2項「整備管理者

の権限」＝則三二

第五十一条　削除〔平一四法八九〕

（選任届）

第五十二条　大型自動車使用者等は、整備管理者を選任したときは、その日から十五日以内に、地方運輸局長にその旨を届け出なければならない。これを変更したときも同様である。

本条…一部改正〔昭五九法二五〕

※「選任届等」＝則三三・七〇、「届出書の経由」＝則六六、「罰則」＝本法一一〇１③、一一二

（解任命令）

第五十三条　地方運輸局長は、整備管理者がこの法律若しくはこの法律に基く命令又はこれらに基く処分に違反したときは、大型自動車使用者等に対し、整備管理者の解任を命ずることができる。

本条…一部改正〔昭五九法二五〕

※「聴聞」＝本法一〇三、「罰則」＝本法一一〇１⑦・一一二

（整備命令等）

第五十四条　地方運輸局長は、自動車が保安基準に適合しなくなるおそれがある状態又は適合しない状態にあるとき（次条第一項に規定するときを除く。）は、当該自動車の使用者に対し、保安基準に適合しなくなるおそれをなくするため、又は保安基準に適合させるために必要な整備を行うべきことを命ずることができる。この場合において、地方運輸局長は、保安基準に適合しない状態にある当該自動車の使用者に対し、当該自動車が保安基準に適合するに至るまでの間の運行に関し、当該自動車の使用の方法又は経路の制限その他の保安上又は公害防止その他の環境保全上必要な指示をすることができる。

２　地方運輸局長は、自動車の使用者が前項の規定による命令又は指示に従わない場合において、当該自動車が保安基準に適合しない状態にあるときは、当該自動車の使用を停止することができる。

３　地方運輸局長は、前項の処分に係る自動車が保安基準に適合するに至つたときは、直ちに同項の処分を取り消さなければならない。

４　地方運輸局長は、第一項の規定により整備を命ずる場合において、当該保安基準に適合しなくなるおそれがある状態又は適合しない状態が、劣化又は摩耗により生ずる状態であつて国土交通省令で定めるものであり、かつ、当該自動車について、点検整備記録簿の有無及び記載内容その他の事項を確認した結果第四十八条第一項の規定による点検で国土交通省令で定めるものが行われていないことが判明したときは、当該自動車の使用者に対し、当該点検（第一項の規定により整備を命ずる部分に係るものを除く。）をし、及び必要に応じ整備をすべきことを勧告することができる。

一項…一部改正〔昭五七法九一〕、一―三項…一部改正〔昭五九法二五〕、見出…全部改正・四項…追加〔平六法八六〕、四項…一部改正〔平一〇法七四平一一法一六〇〕、一・二項…一部改正〔平一四法八九〕

※「権限委任」＝令一五１、「整備不良車両の運転の禁止」＝道交法六二、「適用除外」＝安保協定等の実施に伴う道運法等の特例法、１項「罰則」＝本法一〇九⑦・一一一、２項「検査証の返納」＝本法六九、「検査証への記載等」＝則五二・五三・五四、「罰則」＝本法一〇八②・一一一、３項「検査証の返付」＝本法六九、４項「国土交通省令」＝自動車点検基準五、「適用除外」＝道路交通条約の実施に伴う車両法の特例法四

第五十四条の二　地方運輸局長は、自動車（小型特殊自動車を除く。）が保安基準に適合しない状態にあり、かつ、その原因が自動車又はその部分の改造、装置の取付け又は取り外しその他これらに類する行為に起因するものと認められるときは、当該自動車の使用者に対し、保安基準に適合させるために必要な整備を行うべきことを命ずることができる。この場合において、地方運輸局長は、当該自動車の使用者に対し、当該自動車が保安基準に適合するに至るまでの間の運行に関し、当該自動車の使用の方法又は経路の制限その他の保安上又は公害防止その他の環境保全上必要な指示をすることができる。

２　地方運輸局長は、前項の規定により整備を命じたときは、当該自動車の前面の見やすい箇所に、国土交通省令で定めるところにより、整備命令標章をはり付けなければならない。

３　何人も、前項の規定によりはり付けられた整備命令標章を破損し、又は汚損してはならず、また、第五項の規定により第一項の規定による命令が取り消された後でなければこれを取り除いてはならない。

４　第一項の規定による命令を受けた自動車の使用者は、当該命令を受けた日から十五日以内に、地方運輸局長に対し、保安基準に適合させるために必要な整備を行つた当該自動車及び当該自動車に係る自動車検査証を提示しなければならない。

５　地方運輸局長は、前項の提示に係る自動車が保安基準に適合するに至つたときは、直ちに第一項の規定による命令を取り消さなければならない。

６　地方運輸局長は、自動車の使用者が第一項の規定による命令若しくは指示に従わないとき又は第三項若しくは第四項の規定に違反したときは、六月以内の期間を定めて、当該自動車の使用を停止することができる。

７　前項の処分に係る自動車の使用者は、同項の規定による自動車の使用の停止の期間の満了の日までに当該自動車が保安基準に適合するに至らないときは、当該期間の満了後も当該自動車が保安基準に適合するに至るまでの間は、これを運行の用に供してはならない。

本条…追加〔平一四法八九〕

※１項「罰則」＝本法一〇九⑦・一一一、２項「国土交通省令」＝則三四、４項「罰則」＝本法一〇九①・一一一、６項「罰則」＝本法一〇八②・一一一、７項「罰則」＝本法一〇八①・一一一

（報告及び検査）

第五十四条の三　地方運輸局長は、前条の規定の施行に必要な限度において、自動車又はその部分の改造、装置の取付け又は取り外しその他これらに類する行為を行つた者に対し、その業務に関し報告をさせ、又はその職員に、当該者の事務所その他の事業場に立ち入り、帳簿書類その他の物件を検査させ、若しくは関係者に質問させることができる。

２　前項の規定により立入検査をする職員は、その身分を示す証票を携帯し、かつ、関係者の請求があるときは、これを提示しなければならない。

３　第一項の規定による立入検査の権限は、犯罪捜査のために認められたものと解釈してはならない。

本条…追加〔平一八法四〇〕

※１項「罰則」＝本法一〇八③・一一一

（自動車整備士の技能検定）

第五十五条　国土交通大臣は、自動車の整備の向上を図るため、申請により、自動車整備士の技能検定を行う。

2　前項の技能検定は、申請者が保安基準その他の自動車の整備に関する知識及び技能を有するかどうかを学科試験及び実技試験により判定することによつて行う。

3　国土交通大臣が申請により指定する自動車整備士の養成施設の課程を修了した者その他一定の資格を有する者については、国土交通省令で学科試験又は実技試験の全部又は一部を免除することができる。

4　第二項の試験に関し不正の行為があつたときは、国土交通大臣は、当該不正行為に関係のある者について、その受験を停止し、又はその合格を無効とすることができる。この場合においては、その者について、三年以内の期間を定めて同項の試験を受けさせないことができる。

5　自動車整備士の技能検定の種類、試験科目、受験手続その他技能検定の実施細目及び第三項の養成施設の指定の実施細目は、国土交通省令で定める。

　三項…追加・旧三項…四項に繰下〔昭三八法一四九〕、三・四項…一部改正〔昭四四法六八〕、四項…追加・旧四項…一部改正し五項に繰下〔昭五七法九一〕、一・三〜五項…一部改正〔平一一法一六〇〕

※　1項「手数料」＝本法一〇二、道路運送車両法関係手数料令、3・5項「国土交通省令」＝自動車整備士技能検定規則

（自動車車庫に関する勧告）

第五十六条　国土交通大臣は、自動車の使用者に対し、その用に供する自動車車庫に関し、国土交通省令で定める技術上の基準によるべきことを勧告することができる。

　本条…一部改正〔平一一法一六〇〕

※　「国土交通省令」＝自動車点検基準六、「適用除外」＝安保協定等の実施に伴う道運法等の特例法一、道路交通条約の実施に伴う車両法の特例法四

（自動車の点検及び整備に関する手引）

第五十七条　国土交通大臣は、自動車を使用し、又は運行する者が、自動車の点検及び整備の実施の方法を容易に理解することができるようにするため、次に掲げる事項を内容とする手引を作成し、これを公表するものとする。

一　第四十七条の二第一項及び第二項並びに第四十八条第一項の規定による点検の実施の方法

二　前号に規定する点検の結果必要となる整備の実施の方法

三　前二号に掲げるもののほか、点検及び整備に関し必要な事項

　本条…削除〔昭二七法一〇二〕、追加〔昭五七法九一〕、一部改正〔平六法八六平一一法一六〇〕

※　「手引」＝自動車の点検及び整備に関する手引

（自動車の点検及び整備に関する情報の提供）

第五十七条の二　自動車の製作を業とする者又は外国において本邦に輸出される自動車を製作することを業とする者から当該自動車を購入する契約を締結している者であつて当該自動車を輸入することを業とするもの（以下「自動車製作者等」という。）は、国土交通省令で定めるところにより、その製作する自動車で本邦において運行されるもの又はその輸入する自動車について、第七十八条第四項に規定する自動車特定整備事業者又は当該自動車の使用者が点検及び整備（第四十七条の二及び第四十八条の規定によるものを除く。次項において同じ。）をするに当たつて必要となる当該自動車の型式に固有の技術上の情報であつて国土交通省令で定めるものをこれらの者に提供しなければならない。

2　前項に定めるもののほか、自動車製作者等は、その製作する自動車で本邦において運行されるもの又はその輸入する自動車について、当該自動車の使用者が第四十七条の規定による点検及び整備をするに当たつて必要となる技術上の情報であつて国土交通省令で定めるものを当該自動車の使用者に提供するよう努めなければならない。

　本条…追加〔平六法八六〕、一部改正〔平一一法一六〇〕、一項…一部改正・二項…追加〔令元法一四〕

※　1・2項「国土交通省令」＝自動車点検基準七・八

第五章　道路運送車両の検査等

　章名…改正〔平一四法八九〕

（自動車の検査及び自動車検査証）

第五十八条　自動車（国土交通省令で定める軽自動車（以下「検査対象外軽自動車」という。）及び小型特殊自動車を除く。以下この章において同じ。）は、この章に定めるところにより、国土交通大臣の行う検査を受け、有効な自動車検査証の交付を受けているものでなければ、これを運行の用に供してはならない。

2　自動車検査証は、車台番号、使用者の氏名又は名称その他国土交通省令で定める事項が記載され、かつ、これらの事項、有効期間その他国土交通省令で定める事項（以下「自動車検査証記録事項」という。）が電子的方法、磁気的方法その他の人の知覚によつては認識することができない方法により記録されたカードとする。

3　自動車検査証は、特定の自動車を識別して行う事務を処理する国の行政機関、地方公共団体、民間事業者その他の者であつて国土交通省令で定めるものが、国土交通省令で定めるところにより、自動車検査証の自動車検査証記録事項が記録された部分と区分された部分に、当該事務を処理するために必要な事項を記録して利用することができる。この場合において、これらの者は、自動車検査証記録事項の漏えい、滅失又は毀損の防止その他の自動車検査証記録事項の安全管理を図るため必要なものとして国土交通大臣が定める基準に従つて自動車検査証を取り扱わなければならない。

　本条…一部改正〔昭二七法一〇二昭三八法一四九〕、見出…全部改正・一項…一部改正・二項…追加〔昭四四法六八〕、一項…一部改正〔昭四七法六二〕、一・二項…一部改正〔平一一法一六〇〕、二項…全部改正・三項…追加〔令元法一四〕

※　「適用除外」＝本法三四・三六の二、安保協定等の実施に伴う道運法等の特例法一、道路交通条約の実施に伴う車両法の特例法四、1項「権限の読替え」＝令一五の7、「国土交通省令」＝則三五の二、「罰則」＝本法一〇八①・一一一、2項「国土交通省令」＝則三五の三―三五の五

（検査の実施の方法）

第五十八条の二　この章に定めるところにより国土交通大臣の行なう検査の項目その他の検査の実施の方法は、新規検査その他の検査の種別ごとに国土交通省令で定める。

　本条…追加・一部改正〔昭四四法六八〕、一部改正〔平一一法一六〇〕

※　「国土交通省令」＝則三五の六・別表二、「権限の読替え」＝令一五の7

（新規検査）

第五十九条　登録を受けていない第四条に規定する自動車又は次条第一項の規定による車両番号の指定を受けていない検査対象外軽自動車以外の軽自動車（以下「検査対象軽自動車」

という。）若しくは二輪の小型自動車を運行の用に供しようとするときは、当該自動車の使用者は、当該自動車を提示して、国土交通大臣の行なう新規検査を受けなければならない。

2　新規検査（検査対象軽自動車及び二輪の小型自動車に係るものを除く。）の申請は、新規登録の申請と同時にしなければならない。

3　国土交通大臣は、新規検査を受けようとする者に対し、当該自動車に係る点検及び整備に関する記録の提示を求めることができる。

4　第七条第三項（第二号に係る部分に限る。）、第四項（第二号に係る部分に限る。）及び第五項の規定は、第一項の場合に準用する。

一項…一部改正〔昭三〇法二六〕、二項…追加・旧二項…一部改正し三項に繰下〔昭三八法一四九〕、見出…一部改正・一項…全部改正・一部改正・二項…追加・旧二項…一部改正し三項に繰下・旧三項…四項に繰下〔昭四四法六八〕、一・二項…一部改正〔昭四七法六二〕、三項…一部改正〔昭五七法九一〕、四項…一部改正〔平六法八六〕、一・三項…一部改正〔平一一法一六〇〕、四項…一部改正〔平一六法五五〕

※　「権限委任」＝令一五1、1項「検査の実施の方法」＝則三五の四・別表二、2項「新規検査の申請」＝則三六、「手数料」＝本法一〇二、道路運送車両法関係手数料令、3項「本項の準用」＝本法六二・六三・六七・七一、4項「準用規定」＝本法七3（完成検査終了証の提出）

第六十条　国土交通大臣は、新規検査の結果、当該自動車が保安基準に適合すると認めるときは、自動車検査証を当該自動車の使用者に交付しなければならない。この場合において、検査対象軽自動車及び二輪の小型自動車については車両番号を指定しなければならない。

2　検査対象軽自動車及び二輪の小型自動車以外の自動車に係る前項の規定による自動車検査証の交付は、当該自動車について新規登録をした後にしなければならない。

本条…一部改正〔昭二七法一〇二昭三〇法二六昭三七法一〇六昭三八法一四九〕、見出…削除・一項…一部改正・二項…追加〔昭四四法六八〕、一・二項…一部改正〔昭四七法六二〕、一項…一部改正〔平一一法一六〇〕

※　1項「権限委任」＝令一五1、「自動車検査証の様式」＝様式省令三、「検査対象軽自動車の車両番号」＝則三六の一七、「二輪の小型自動車の車両番号」＝則三六の一八、「罰則」＝本法一〇七①・一一一、2項「本項の準用」＝本法七一

（自動車検査証の有効期間）

第六十一条　自動車検査証の有効期間は、旅客を運送する自動車運送事業の用に供する自動車、貨物の運送の用に供する自動車及び国土交通省令で定める自家用自動車であつて、検査対象軽自動車以外のものにあつては一年、その他の自動車にあつては二年とする。

2　次の各号に掲げる自動車について、初めて前条第一項又は第七十一条第四項の規定により自動車検査証を交付する場合においては、前項の規定にかかわらず、当該自動車検査証の有効期間は、それぞれ当該各号に掲げる期間とする。

一　前項の規定により自動車検査証の有効期間を一年とされる自動車のうち車両総重量八トン未満の貨物の運送の用に供する自動車及び国土交通省令で定める自家用自動車であるもの　二年

二　前項の規定により自動車検査証の有効期間を二年とされる自動車のうち自家用乗用自動車（人の運送の用に供する自家用自動車であつて、国土交通省令で定めるものを除く。）及び二輪の小型自動車であるもの　三年

3　国土交通大臣は、前条第一項、第六十二条第二項（第六十三条第三項及び第六十七条第四項において準用する場合を含む。）又は第七十一条第四項の規定により自動車検査証を交付し、又は返付する場合において、当該自動車が第一項又は前項の有効期間を経過しない前に保安基準に適合しなくなるおそれがあると認めるときは、第一項又は前項の有効期間を短縮することができる。

4　第七十条の規定により自動車検査証の再交付をする場合にあつては、新たに交付する自動車検査証の有効期間は、従前の自動車検査証の有効期間の残存期間とする。

一項…全部改正・二項…一部改正〔昭二七法一〇二〕、二項…一部改正・三項…追加・旧三項…四項に繰下〔昭三〇法二六〕、一項…一部改正・三項…削除・旧四項…三項に繰上〔昭三七法一〇六〕、二項…一部改正〔昭三八法一四九〕、二・三項…一部改正〔昭四四法六八〕、一項…一部改正〔昭四七法六二〕、二項…追加・旧二項…一部改正し三項に繰下・旧三項…四項に繰下〔昭五七法九一〕、三項…一部改正〔平一〇法七四〕、二項…全部改正〔平一一法六六〕、一〜三項…一部改正〔平一一法一六〇〕、二項…一部改正〔平一八法四〇〕

※　1項「国土交通省令」＝則三七1、「有効期間の起算日」＝則四四、2項「国土交通省令」＝則三七2・3、「権限委任」＝令一五1、「引用条項」＝本法前条1（新規検査）・六二2（継続検査の場合の自動車検査証の返付等）・六三3（臨時検査）・六七4（構造変更検査）・七一（予備検査）

第六十一条の二　国土交通大臣は、一定の地域に使用の本拠の位置を有する自動車の使用者が、天災その他やむを得ない事由により、継続検査を受けることができないと認めるときは、当該地域に使用の本拠の位置を有する自動車の自動車検査証の有効期間を、期間を定めて伸長する旨を公示することができる。

2　前項の公示があつた場合には、当該地域に使用の本拠の位置を有する自動車の自動車検査証の有効期間は、公示の定めるところにより伸長したものとみなす。

3　第六十七条第一項の規定は、前項の規定による自動車検査証の有効期間の伸長については、適用しない。

本条…追加〔昭三〇法二六〕、一項…一部改正〔昭四四法六八・平一一法一六〇〕

※　1項「権限委任」＝令一五1、3項「適用除外」＝本法六七1（自動車検査証の記載事項の変更）

（継続検査）

第六十二条　登録自動車又は車両番号の指定を受けた検査対象軽自動車若しくは二輪の小型自動車の使用者は、自動車検査証の有効期間の満了後も当該自動車を使用しようとするときは、当該自動車を提示して、国土交通大臣の行う継続検査を受けなければならない。この場合において、当該自動車の使用者は、当該自動車検査証を国土交通大臣に提出しなければならない。

2　国土交通大臣は、継続検査の結果、当該自動車が保安基準に適合すると認めるときは、当該自動車検査証に有効期間を記録して、これを当該自動車の使用者に返付し、当該自動車が保安基準に適合しないと認めるときは、当該自動車検査証を当該自動車の使用者に返付しないものとする。

3　第五十九条第三項の規定は、継続検査について準用する。

4　次条第二項の規定により臨時検査を受けるべき自動車につ

いては、臨時検査を受けていなければ、継続検査を受けることができない。

5　自動車の使用者は、継続検査を申請しようとする場合において、第六十七条第一項の規定による自動車検査証の変更記録の申請をすべき事由があるときは、あらかじめ、その申請をしなければならない。

一項…一部改正〔昭三〇法二六昭三七法一〇六〕、一項…一部改正・三項…追加〔昭三八法一四九〕、本条…全部改正・一・二項…一部改正〔昭四四法六八〕、一項…一部改正〔昭四七法六二〕、五項…削除・旧六項…五項に繰下〔平一〇法七四〕、一・二項…一部改正〔平一一法一六〇〕、一・二・五項…一部改正〔令元法一四〕

※　1～3項「権限委任」＝令一五1、1項「検査の実施の方法」＝則三五の四・別表二、「手数料」＝本法一〇二、道路運送車両法関係手数料令、「本項後段の準用」＝本法六三、2項「自動車検査証の有効期間」＝本法六一、「本項の準用」＝本法六三・六四・六七、「罰則」＝本法一〇七①・一一一、3項「準用規定」＝本法五九3（定期点検整備記録簿の呈示）、5項「引用条項」＝本法六七1（自動車検査証の記載事項の変更）

（臨時検査）

第六十三条　国土交通大臣は、一定の範囲の自動車又は検査対象外軽自動車について、事故が著しく生じている等によりその構造、装置又は性能が保安基準に適合していないおそれがあると認めるときは、期間を定めて、これらの自動車又は検査対象外軽自動車について次項の規定による臨時検査を受けるべき旨を公示することができる。

2　前項の公示に係る自動車（登録自動車並びに車両番号の指定を受けた検査対象軽自動車及び二輪の小型自動車に限る。以下この条において同じ。）又は検査対象外軽自動車の使用者は、当該公示に係る同項の期間内に、当該自動車又は検査対象外軽自動車を提示して、国土交通大臣の行なう臨時検査を受けなければならない。ただし、同項の公示に係る自動車で当該公示に係る同項の期間の末日の前に有効期間が満了した自動車検査証の交付を受けているものについて臨時検査を受けるべき時期は、当該有効期間の満了後これを使用しようとする時とすることができる。

3　第五十九条第三項、前条第一項後段及び同条第二項の規定は、臨時検査について準用する。

4　第一項の公示に係る自動車で当該公示に係る同項の期間内に臨時検査を受けなかつたものに係る自動車検査証でその期間の末日に有効であるものは、その期間の経過後は、その効力を失う。この場合において、当該自動車の使用者は、すみやかに、当該自動車検査証を国土交通大臣に返納しなければならない。

5　国土交通大臣は、臨時検査の結果、当該検査対象外軽自動車が保安基準に適合すると認めるときは、その使用者に臨時検査合格標章を交付するものとする。

6　第一項の公示に係る検査対象外軽自動車は、当該公示に係る同項の期間に引き続く国土交通省令で定める期間内は、国土交通省令で定めるところにより臨時検査合格標章を表示しなければ、運行の用に供してはならない。

7　第二項及び第四項の規定は、第一項の公示に係る自動車で当該公示のあつた日以後当該公示に係る同項の期間の末日までに新規検査又は構造等変更検査を受けたもの及びこれに係る自動車検査証については、適用しない。

三項…一部改正〔昭三〇法二六昭三七法一〇六〕、本条…全部改正・二・四・五項…一部改正〔昭三八法一四九〕、一・三・四項…一部改正〔昭四四法六八〕、一・二・五・六項…一部改正〔昭四七法六二〕、一・二・四―六項・七項…一部改正〔平一〇法七四〕、一・二・四―六項…一部改正〔平一一法一六〇〕

※　「適用除外」＝安保協定等の実施に伴う道運法等の特例法一、道路交通条約の実施に伴う車両法の特例法四、2・3・5項「権限委任」＝令一五1、2項「検査の実施の方法」＝則三五の四・別表二、「臨時検査の申請」＝則三七の二、「罰則」＝本法一一〇1①・一一一、3項「準用規定」＝本法五九3（定期点検整備記録簿の呈示）・前条（継続検査）、「罰則」＝本法一〇七①・一一一、4項「権限委任」＝令一五1、「権限の読替え」＝令一五7、「罰則」本法一一二、6項「国土交通省令」＝則三七の二3・4「罰則」＝本法一〇九①・一一一

（改善措置の勧告等）

第六十三条の二　国土交通大臣は、前条第一項の場合において、その構造、装置又は性能が保安基準に適合していないおそれがあると認める同一の型式の一定の範囲の自動車（検査対象外軽自動車を含む。以下この項及び次項並びに次条第一項から第三項までにおいて同じ。）について、その原因が設計又は製作の過程にあると認めるときは、当該自動車（自動車を輸入することを業とする者以外の者が輸入した自動車その他国土交通省令で定める自動車を除く。以下「基準不適合自動車」という。）を製作し、又は輸入した自動車製作者等に対し、当該基準不適合自動車を保安基準に適合させるために必要な改善措置を講ずべきことを勧告することができる。

2　国土交通大臣は、前条第一項の場合において、保安基準に適合していないおそれがあると認める同一の型式の一定の範囲の装置（自動車の製作の過程において取り付けられた装置その他現に自動車に取り付けられている装置であつてその設計又は製作の過程からみて前項の規定により当該自動車の自動車製作者等が改善措置を講ずることが適当と認められるものを除く。以下「後付装置」という。）であつて主として後付装置として大量に使用されていると認められる政令で定めるもの（以下「特定後付装置」という。）について、その原因が設計又は製作の過程にあると認めるときは、当該特定後付装置（自動車の装置を輸入することを業とする者以外の者が輸入した特定後付装置その他国土交通省令で定める特定後付装置を除く。以下「基準不適合特定後付装置」という。）を製作し、又は輸入した装置製作者等（自動車の装置の製作を業とする者又は外国において本邦に輸出される自動車の装置を製作することを業とする者から当該装置を購入する契約を締結している者であつて当該装置を輸入することを業とするものをいう。以下この条、次条第二項から第四項まで及び第六十三条の四第一項において同じ。）に対し、当該基準不適合特定後付装置を保安基準に適合させるために必要な改善措置を講ずべきことを勧告することができる。

3　国土交通大臣は、その原因が設計又は製作の過程にあると認める基準不適合自動車又は基準不適合特定後付装置について、次条第一項の規定による届出をした自動車製作者等又は同条第二項の規定による届出をした装置製作者等による改善措置が講じられ、その結果保安基準に適合していないおそれがなくなつたと認めるときは、第一項又は前項の規定による勧告をしないものとする。

4　国土交通大臣は、第一項又は第二項の規定による勧告をした場合において、その勧告を受けた自動車製作者等又は装置製作者等がその勧告に従わないときは、その旨を公表することができる。

5　国土交通大臣は、第一項又は第二項に規定する勧告を受けた自動車製作者等又は装置製作者等が、前項の規定によりその勧告に従わなかつた旨を公表された後において、なお、正当な理由がなくてその勧告に係る措置をとらなかつたときは、当該自動車製作者等又は装置製作者等に対し、その勧告に係る措置をとるべきことを命ずることができる。

6　国土交通大臣は、第一項又は第二項の規定による勧告を行おうとする場合において必要があると認めるときは、自動車の構造、装置若しくは性能又は特定後付装置が保安基準に適合していないおそれの原因が設計又は製作の過程にあるかどうかの技術的な検証を機構に行わせるものとする。

7　機構は、前項の技術的な検証を行つたときは、遅滞なく、当該技術的な検証の結果を国土交通大臣に通知しなければならない。

本条…追加〔平六法八六〕、一―三項…一部改正〔平一一法一六〇〕、一項…一部改正・二・五項…追加・旧二・三項…一部改正し一項ずつ繰下〔平一四法八九〕、六・七項…追加〔平一八法四〇〕、一部改正〔平二七法四四〕

※　1項「国土交通省令」＝則五〇1、2項「政令」＝令七、「国土交通省令」＝則五〇2、5項「罰則」＝本法一〇六の四①・一一一

第六十三条の三（**改善措置の届出等**）　自動車製作者等は、その製作し、又は輸入した同一の型式の一定の範囲の自動車の構造、装置又は性能が保安基準に適合しなくなるおそれがある状態又は適合していない状態にあり、かつ、その原因が設計又は製作の過程にあると認める場合において、当該自動車について、保安基準に適合させるために必要な改善措置を講じようとするときは、あらかじめ、国土交通大臣に次に掲げる事項を届け出なければならない。

一　保安基準に適合しなくなるおそれがある状態又は適合していない状態にあると認める構造、装置又は性能の状況及びその原因

二　改善措置の内容

三　前二号に掲げる事項を当該自動車の使用者に周知させるための措置その他の国土交通省令で定める事項

2　装置製作者等は、その製作し、又は輸入した同一の型式の一定の範囲の特定後付装置が保安基準に適合しなくなるおそれがある状態又は適合していない状態にあり、かつ、その原因が設計又は製作の過程にあると認める場合において、当該特定後付装置について、保安基準に適合しなくなるおそれをなくするため又は保安基準に適合させるために必要な改善措置を講じようとするときは、あらかじめ、国土交通大臣に次に掲げる事項を届け出なければならない。

一　保安基準に適合しなくなるおそれがある状態又は適合していない状態にあると認める特定後付装置の状況及びその原因

二　改善措置の内容

三　前二号に掲げる事項を当該特定後付装置の使用者に周知させるための措置その他の国土交通省令で定める事項

3　国土交通大臣は、第一項又は前項の規定による届出に係る改善措置の内容が、当該自動車又は特定後付装置について、保安基準に適合しなくなるおそれをなくするため又は保安基準に適合させるために適切でないと認めるときは、当該届出をした自動車製作者等又は装置製作者等に対し、その変更を指示することができる。

4　第一項の規定による届出をした自動車製作者等又は第二項の規定による届出をした装置製作者等は、国土交通省令で定めるところにより、当該届出に係る改善措置の実施状況について国土交通大臣に報告しなければならない。

5　国土交通大臣は、第三項の規定による指示を行おうとする場合において必要があると認めるときは、自動車の構造、装置若しくは性能又は特定後付装置について、保安基準に適合しなくなるおそれをなくするため又は保安基準に適合させるために、第一項又は第二項の規定による届出に係る改善措置の内容が適切であるかどうかの技術的な検証を機構に行わせるものとする。

6　機構は、前項の技術的な検証を行つたときは、遅滞なく、当該技術的な検証の結果を国土交通大臣に通知しなければならない。

本条…追加〔平六法八六〕、一―三項…一部改正〔平一一法一六〇〕、二項…追加・旧二・三項…一部改正し一項ずつ繰下〔平一四法八九〕、五・六項…追加〔平一八法四〇〕、一部改正〔平二七法四四〕

※　1項「国土交通省令」＝則五一1、「罰則」＝本法一〇六の四②・一一一、2項「国土交通省令」＝則五一2、「罰則」＝本法一〇六の四②・一一一、4項「国土交通省令」＝則五一の二、「罰則」＝本法一〇一③・一一一

第六十三条の四（**報告及び検査**）　国土交通大臣は、前二条の規定の施行に必要な限度において、基準不適合自動車を製作し、若しくは輸入した自動車製作者等（当該基準不適合自動車の装置（後付装置を除く。以下この項において同じ。）のうち、保安基準に適合していないおそれがあると認めるものを製作し、又は輸入した装置製作者等を含む。）若しくは基準不適合特定後付装置を製作し、若しくは輸入した装置製作者等又は前条第一項の規定による届出をした自動車製作者等（当該届出に係る自動車の装置のうち、保安基準に適合しなくなるおそれがある状態又は適合していない状態にあると認めるものを製作し、又は輸入した装置製作者等を含む。）若しくは同条第二項の規定による届出をした装置製作者等に対し、その業務に関し報告をさせ、又はその職員に、当該自動車製作者等若しくは装置製作者等の事務所その他の事業場に立ち入り、帳簿書類その他の物件を検査させ、若しくは関係者に質問させることができる。

2　前項の規定により立入検査をする職員は、その身分を示す証票を携帯し、かつ、関係者の請求があるときは、これを提示しなければならない。

3　第一項の規定による立入検査の権限は、犯罪捜査のために認められたものと解釈してはならない。

本条…追加〔平六法八六〕、一項…一部改正〔平一一法一六〇平一四法八九平二七法四四〕

※　1項「罰則」＝本法一〇六の四③・一一一、2項「証票」＝則五一の三

第六十四条　国土交通大臣は、前条第一項の規定によりその職員が立入検査を行う場合には、第六十三条の二第六項又は第六十三条の三第五項の規定による技術的な検証のために必要な調査を機構に行わせることができる。

2　機構は、前項の調査を行つたときは、遅滞なく、当該調査の結果を国土交通大臣に通知しなければならない。

本条…削除〔平一〇法七四〕、追加〔平一八法四〇〕、一・二項…一部改正〔平二七法四四〕

第六十五条　削除〔平一八法四〇〕

（自動車検査証の備付け等）

第六十六条　自動車は、自動車検査証を備え付け、かつ、国土交通省令で定めるところにより検査標章を表示しなければ、運行の用に供してはならない。

2　国土交通大臣は、次の場合には、使用者に検査標章を交付しなければならない。

一　第六十条第一項又は第七十一条第四項の規定により自動車検査証を交付するとき。

二　第六十二条第二項（第六十三条第三項及び次条第四項において準用する場合を含む。）の規定により自動車検査証に有効期間を記録して、これを返付するとき。

3　検査標章には、国土交通省令で定めるところにより、その交付の際の当該自動車検査証の有効期間の満了する時期を表示するものとする。

4　検査標章の有効期間は、その交付の際の当該自動車の自動車検査証の有効期間と同一とする。

5　検査標章は、当該自動車検査証がその効力を失つたとき、又は継続検査、臨時検査若しくは構造等変更検査の結果、当該自動車検査証の返付を受けることができなかつたときは、当該自動車に表示してはならない。

見出…全部改正・一項…一部改正・二～五項…追加〔昭三七法一〇六〕、一・二項…一部改正・五項…全部改正〔昭四四法六八〕、二・五項…一部改正〔平一〇法七四〕、一～三項…一部改正〔平一一法一六〇〕、二項…一部改正〔令元法一四〕

※　「適用除外」＝本法三四・三六の二、安保協定等の実施に伴う道運法等の特例法一、道路交通条約の実施に伴う車両法の特例法四、1項「国土交通省令」＝則三七の三、「検査標章の様式」＝則四五、「罰則」＝本法一〇九⑨・一一一、2項「引用条項」＝本法六〇1（新規検査の場合の自動車検査証の交付）・七一4（予備検査証の交付を受けた自動車についての自動車検査証の交付）・六二2（継続検査の場合の自動車検査証の返付）・六三（臨時検査）・次条（構造等変更検査）、「権限委任」＝令一五1、3項「国土交通省令」＝則三七の三、5項「罰則」＝本法一一〇①・一一一

（自動車検査証記録事項の変更及び構造等変更検査）

第六十七条　自動車の使用者は、自動車検査証記録事項について変更があつたときは、その事由があつた日から十五日以内に、当該変更について、国土交通大臣が行う自動車検査証の変更記録を受けなければならない。ただし、その効力を失つている自動車検査証については、これに変更記録を受けるべき時期は、当該自動車を使用しようとする時とすることができる。

2　前項の規定は、行政区画又は土地の名称の変更により、自動車の使用者若しくは所有者の住所又は自動車の使用の本拠の位置についての自動車検査証記録事項の変更があつた場合については、適用しない。

3　国土交通大臣は、第一項の変更が国土交通省令で定める事由に該当する場合において、保安基準に適合しなくなるおそれがあると認めるときは、当該自動車が保安基準に適合するかどうかについて、これを提示して構造等変更検査を受けるべきことを命じなければならない。

4　第五十九条第三項及び第六十二条第二項の規定は、構造等変更検査について準用する。

二項…一部改正〔昭二七法一〇二〕、一・二項…一部改正〔昭三〇法二六〕、二項…一部改正〔昭三七法一〇六昭三八法一四九〕、見出…全部改正・一項…一部改正・二項…追加・一部改正・三項…削除・四項…追加・旧二項…一部改正し三項に繰下〔昭四四法六八〕、一・三項…一部改正〔平一一法一六〇〕、見出…全部改正・一・二項…一部改正〔令元法一四〕

※　「本条の準用」＝本法七一8、1・3項「権限委任」＝令一五1、1項「検査の実施の方法」＝本法一二三・一三、「罰則」＝本法一〇八①・一一一、「同時申請」＝則三五の四・別表二、3項「国土交通省令」＝則三八、「手数料」＝本法一〇二、道路運送車両法関係手数料令、「罰則」＝本法一〇八⑦・一一一、4項「準用規定」＝本法五九3（定期点検整備記録簿の呈示）・六二2（自動車検査証の返付）、「権限委任」＝令一五1、「罰則」＝本法一〇七①・一一一

第六十八条　削除〔昭四四法六八〕

（自動車検査証の返納等）

第六十九条　自動車の使用者は、当該自動車について次に掲げる事由があつたときは、その事由があつた日（当該事由が使用済自動車の解体である場合にあつては、解体報告記録がなされたことを知つた日）から十五日以内に、当該自動車検査証を国土交通大臣に返納しなければならない。

一　当該自動車が滅失し、解体し（整備又は改造のために解体する場合を除く。）、又は自動車の用途を廃止したとき。

二　当該自動車の車台が当該自動車の新規登録の際（検査対象軽自動車及び二輪の小型自動車にあつては、車両番号の指定の際）存したものでなくなつたとき。

三　当該自動車について第十五条の二第一項の申請に基づく輸出抹消仮登録又は第十六条第一項の申請に基づく一時抹消登録があつたとき。

四　当該自動車について次条第三項の規定による届出に基づく輸出予定届出証明書の交付がされたとき。

2　自動車の使用の停止を命ぜられた者は、遅滞なく、当該自動車検査証を国土交通大臣に返納しなければならない。

3　国土交通大臣は、第五十四条第二項又は第五十四条の二第六項の規定により自動車の使用の停止を命じたとき又は第五十四条第三項の規定により使用の停止の取消をしたとき又は第五十四条の二第六項の規定による自動車の使用の停止の期間が満了し、かつ、当該自動車が保安基準に適合するに至つたときは、返納を受けた自動車検査証を返付しなければならない。

4　車両番号の指定を受けた検査対象軽自動車又は二輪の小型自動車の使用者は、当該自動車を運行の用に供することをやめたときは、当該自動車検査証を国土交通大臣に返納して自動車検査証返納証明書の交付を受けることができる。

三・五項…削除・旧四項…三項に繰上〔昭三〇法二六〕、見出…全部改正・一・二項…全部改正・一部改正・三項…一部改正〔昭四四法六八〕、一項…全部改正・四項…追加〔平六法八六〕、一～四項…一部改正〔平一一法一六〇〕、一～三項…一部改正〔平一四法八九〕

※　「権限委任」＝令一五1、1・2項「権限の読替え」＝令一五7、1項「引用条項」＝本法一五の二（まつ消登録）・本法一六1（申請に基づくまつ消登録）、「罰則」＝本法一一二、2項「引用条項」＝本法五四2（整備命令に従わない場合）、「自動車検査証保管証明書」＝則四〇、「罰則」＝本法一〇八①・一一一、4項「自動車検査証返納証明書の様式」＝様式省令三

（解体等又は輸出に係る届出）

第六十九条の二　検査対象軽自動車又は二輪の小型自動車（国土交通省令で定めるものを除く。）の所有者は、当該自動車について前条第一項第一号又は第二号に掲げる事由があつたときは、その事由があつた日（当該事由が使用済自動車の解体である場合にあつては、解体報告記録がなされたことを知

つた日）から十五日以内に、国土交通省令で定めるところにより、その旨を国土交通大臣に届け出なければならない。

2　第十五条第二項及び第三項の規定は、使用済自動車の解体に係る前項の規定による届出をする場合について準用する。この場合において、これらの規定中「登録自動車」とあるのは、「検査対象軽自動車又は二輪の小型自動車」と読み替えるものとする。

3　検査対象軽自動車又は二輪の小型自動車（国土交通省令で定めるものを除く。）の所有者は、その自動車を輸出しようとするときは、当該輸出の予定日から国土交通省令で定める期間さかのぼつた日から当該輸出をする時までの間に、国土交通省令で定めるところにより、国土交通大臣にその旨の届出をし、かつ、次項の規定による輸出予定届出証明書の交付を受けなければならない。ただし、その自動車を一時的に輸出した後に本邦に再輸入することが見込まれる場合であつて当該届出をさせる必要性に乏しいものとして国土交通省令で定めるものに該当する場合には、国土交通省令で定めるところにより、あらかじめ、その旨を国土交通大臣に届け出なければならない。

4　国土交通大臣は、前項本文の規定による届出があつたときは、当該届出をした者に対し、当該自動車について輸出が予定されている旨が記載され、かつ、当該輸出の予定日までを有効期間とする輸出予定届出証明書を交付するものとする。

5　第十五条の二第三項及び第四項の規定は、検査対象軽自動車又は二輪の小型自動車の輸出に係る第三項本文の規定による届出があつた場合について準用する。この場合において、同条第三項中「輸出抹消仮登録証明書」とあるのは「輸出予定届出証明書」と、「輸出抹消登録を」とあるのは「その旨を第七十二条第一項に規定する軽自動車検査ファイル又は二輪自動車検査ファイルに記録」と、同条第四項中「第二項」とあるのは「第六十九条の二第四項」と、「輸出抹消仮登録証明書」とあるのは「輸出予定届出証明書」と読み替えるものとする。

6　国土交通大臣は、前項において準用する第十五条の二第四項の規定その他の事由により輸出予定届出証明書の返納を受けたときは、その旨を第七十二条第一項に規定する軽自動車検査ファイル又は二輪自動車検査ファイルに記録するものとする。

本条…追加〔平一四法八九〕

※　1項「国土交通省令」＝則四〇の二、「罰則」＝本法一一〇1③・一一一、3項「罰則」＝本法一一〇1④・一一一、「国土交通省令」＝則四〇の五、則四〇の六、則四〇の一一、5項「罰則」＝本法一一二

（準用規定）

第六十九条の三　第十八条の規定は、自動車検査証が返納された検査対象軽自動車又は二輪の小型自動車について準用する。この場合において、同条中「自動車登録ファイル」とあるのは「第七十二条第一項に規定する軽自動車検査ファイル又は二輪自動車検査ファイル」と、同条第一項中「第十六条第二項又は第四項」とあるのは「第六十九条の二第一項又は第三項」と、同条第二項中「次項」とあるのは「第六十九条の三において準用する第十八条第三項」と読み替えるものとする。

本条…追加〔平一四法八九〕、一部改正〔平一八法四〇〕

※　準用する一八条1・2項「国土交通省令」＝則四〇の一〇、「罰則」＝本法一一二

（再交付）

第七十条　自動車又は検査対象外軽自動車の使用者は、自動車検査証若しくは検査標章又は臨時検査合格標章が滅失し、き損し、又はその識別が困難となつた場合その他国土交通省令で定める場合には、その再交付を受けることができる。

本条…一部改正〔昭三七法一〇六昭四四法六八昭四七法六二平一一法一六〇〕

※　「国土交通省令」＝則四一の二・四一の三、「本条の準用」＝本法七一9、「手数料」＝本法一〇二、道路運送車両法関係手数料令、「有効期間」＝本法六一3、「罰則」＝本法一〇七①・一一一

（予備検査）

第七十一条　登録を受けていない第四条に規定する自動車又は車両番号の指定を受けていない検査対象軽自動車若しくは二輪の小型自動車の所有者は、当該自動車を提示して、国土交通大臣の行う予備検査を受けることができる。

2　国土交通大臣は、予備検査の結果、当該自動車が保安基準に適合すると認めるときは、自動車予備検査証を当該自動車の所有者に交付しなければならない。

3　自動車予備検査証の有効期間は、三月とする。

4　自動車予備検査証の交付を受けた自動車についてその使用の本拠の位置が定められたときは、その使用者は、国土交通大臣に当該自動車予備検査証を提出して、自動車検査証の交付を受けることができる。

5　第五十九条第二項及び第三項並びに第六十二条第五項の規定は、前項の交付の申請について準用する。この場合において、同条第五項中「使用者」とあるのは「所有者」と、「第七十一条第一項の規定による自動車検査証」とあるのは「第七十一条第八項において準用する第六十七条第一項の規定による自動車予備検査証」と読み替えるものとする。

6　第六十条第一項後段の規定は、第四項の規定により国土交通大臣が自動車検査証を交付する場合について適用があるものとし、同条第二項の規定は、第四項の交付について準用する。

7　第六十三条第二項本文、第三項及び第四項の規定は、自動車予備検査証の交付に係る自動車について準用する。この場合において、これらの規定並びに同条第三項において準用する第六十二条第一項後段及び第二項の規定中「使用者」とあるのは「所有者」と、「自動車検査証」とあるのは「自動車予備検査証」と読み替えるものとする。

8　第六十七条の規定は、自動車予備検査証の記載事項について変更があつた場合について準用する。この場合において、同条中「使用者」とあるのは、「所有者」と読み替えるものとする。

9　第六十一条第四項及び前条の規定は、自動車予備検査証について準用する。この場合において、同条中「使用者」とあるのは、「所有者」と読み替えるものとする。

三～五・八項…一部改正〔昭三〇法二六〕、五項…一部改正〔昭三八法一四九〕、一・二・四項…全部改正・一部改正・三・五項…全部改正・六項…追加・八・九項…削除・一〇項…追加・削除・旧六項…一部改正し七項に繰下・旧七項…八項に繰下・旧一〇項…九項に繰上〔昭四四法六八〕、一・六項…一部改正〔昭四七法六二〕、五・九項…一部改正〔平六法八六〕、五・七項…一部改正〔平一〇法七四〕、一・二・四・六項…一部改正〔平一一法一六〇〕、一・五・七―九項…一部改正〔令元法一四〕

※　1・2項「権限委任」＝令一五1、1項「検査の実施の方法」＝則三五の四・別表二、「手数料」＝本法一〇二、道路運送関係手数料令、2・4項「罰則」＝本法一〇七①・一一一、5項「準用規定」＝本法五九2（同時申請）・五九3（定期点検整備記録簿の呈示）、6項「準用規定」＝本法六〇2（新規検査の場合の自動車検査証の交付時期）、7項「準用規定」＝本法六三（臨時検査）・六二1後段（継続検査の場合の自動車検査証の提出）・六二2（自動車検査証の返付）、「本項で準用する六二条二項の罰則」＝本法一〇七・一一一、「本項で準用する六三条二項罰則」＝本法一一〇・一一一、8項「準用規定」＝本法六七（自動車検査証の記載事項の変更及び構造等変更検査）、「罰則」＝本法一〇七①・一一〇1①・⑦・一一一、9項「準用規定」＝前条（再交付）、「手数料」＝本法一〇二、道路運送車両法関係手数料令

（限定自動車検査証等）

第七十一条の二　国土交通大臣は、新規検査若しくは予備検査（第十六条第一項の申請に基づく一時抹消登録を受けた自動車又は第六十九条第四項の規定による自動車検査証返納証明書の交付を受けた検査対象軽自動車若しくは二輪の小型自動車であつて、当該自動車の長さ、幅又は高さその他の国土交通省令で定める事項（以下「構造等に関する事項」という。）がそれぞれ当該自動車に係る自動車登録ファイルに記録され、又は自動車検査証返納証明書に記載された構造等に関する事項と同一であるものに係るものに限る。）又は継続検査の結果、当該自動車が保安基準に適合しないと認める場合には、当該自動車の使用を停止する必要があると認めるときを除き、限定自動車検査証を当該自動車の使用者（予備検査にあつては、所有者）に交付するものとする。

2　第五十四条第四項の規定は、前項の規定により継続検査の結果限定自動車検査証を交付する場合について準用する。この場合において、同条第四項中「地方運輸局長」とあるのは「国土交通大臣」と、「当該保安基準に適合しなくなるおそれがある状態又は適合しない状態」とあるのは「当該自動車が保安基準に適合しないと認める状態」と、「第一項の規定により整備を命ずる部分」とあるのは「当該限定自動車検査証に記載された保安基準に適合しない部分」と読み替えるものとする。

3　限定自動車検査証の有効期間は、十五日とする。

4　継続検査の結果限定自動車検査証の交付を受けている自動車を、当該継続検査の申請の際提出された自動車検査証の有効期間内において、当該限定自動車検査証に記載された保安基準に適合しない部分について整備を行うため又は継続検査の申請をするために運行の用に供する場合についての第五十八条第一項及び第六十六条第一項の規定の適用については、これらの規定中「自動車検査証」とあるのは、「限定自動車検査証」とする。

5　限定自動車検査証の交付を受けている自動車の検査標章については、その有効期間は、第六十六条第四項の規定にかかわらず、当該限定自動車検査証の有効期間（継続検査の申請の際提出された自動車検査証の有効期間の残存期間が限定自動車検査証の有効期間より短い場合にあつては、当該自動車検査証の有効期間の残存期間）と同一とし、同条第五項の規定にかかわらず、その有効期間内において表示することができる。

6　限定自動車検査証は、当該限定自動車検査証の交付を受けている自動車に係る自動車登録ファイルに記録され、又は自動車検査証返納証明書に記載された構造等に関する事項について変更があつたときは、その効力を失う。

7　第六十一条第四項及び第七十条の規定は、限定自動車検査証について準用する。この場合において、同条中「使用者」とあるのは、「使用者（予備検査にあつては、所有者）」と読み替えるものとする。

本条…追加〔平六法八六〕、一・二・四・五項…一部改正〔平一〇法七四〕、一・二項…一部改正〔平一一法一六〇〕、一・六項…一部改正〔平一四法八九平一八法四〇〕

※　1項「権限委任」＝令一五1、「国土交通省令」＝則四三の二「限定自動車検査証の様式」＝様式省令三、2項「準用規定」＝本法五四4（点検等の勧告）、7項「準用規定」＝本法六一4・七〇（再交付）、1項「罰則」＝本法一〇七①・一一一、4項「罰則」＝本法一〇九⑨・一一一

（検査記録）

第七十二条　国土交通大臣は、この章に規定する自動車の検査、第六十九条の二第一項及び第三項の規定による届出並びに自動車検査証及び自動車検査証返納証明書の交付、変更記録、返納及び再交付に関する事項を、政令で定めるところにより、電子情報処理組織によつて、自動車登録ファイル（検査対象軽自動車にあつては軽自動車検査ファイル、二輪の小型自動車にあつては二輪自動車検査ファイル）に記録するものとする。

2　軽自動車検査ファイル及び二輪自動車検査ファイルは、国土交通大臣が管理する。

本条…一部改正〔昭三八法一四九〕、見出…全部改正・一項…一部改正・二項…追加〔昭四四法六八〕、一・二項…一部改正〔昭四七法六二平一一法一六〇〕、一項…一部改正〔平一四法八九令元法一四〕

※　1項「政令」＝令八、「権限委任」＝令一五1

（軽自動車検査ファイル等の記録の保存）

第七十二条の二　自動車検査証が返納された検査対象軽自動車又は二輪の小型自動車に係る前条第一項に規定する軽自動車検査ファイル又は二輪自動車検査ファイルの記録は、第六十九条の二第一項の規定による届出に係る前条第一項の規定による記録をした日又は第六十九条の二第五項において準用する第十五条の二第三項後段の規定による記録をした日から五年間保存しなければならない。

本条…追加〔平一四法八九〕

（証明書の交付）

第七十二条の三　検査対象軽自動車又は二輪の小型自動車の所有者は、国土交通大臣に対し、第七十二条第一項に規定する軽自動車検査ファイル又は二輪自動車検査ファイルに記録されている事項を証明した書面の交付を請求することができる。

本条…追加〔平一四法八九〕

（車両番号標の表示の義務等）

第七十三条　検査対象軽自動車及び二輪の小型自動車は、第六十条第一項後段の規定により指定を受けた車両番号を記載した車両番号標を国土交通省令で定める位置に、かつ、被覆しないことその他当該車両番号の識別に支障が生じないものとして国土交通省令で定める方法により表示しなければ、これを運行の用に供してはならない。

2　第三十四条から第三十六条の二までの規定は、検査対象軽自動車及び二輪の小型自動車について準用する。この場合において、第三十四条第一項及び第三十六条の二第一項中「第十九条」とあるのは「第七十三条第一項」と読み替える。

本条…全部改正〔昭二七法一〇二〕、一・二項…一部改正〔昭四四法六八昭四七法六二〕、一項…一部改正〔平一一法一六〇平二七法四四〕

※ 1項「国土交通省令」＝則四三の七、「本項の準用」＝本法九七の三、「車両番号」＝則三六の一七・三六の一八、「適用除外」＝安保協定等の実施に伴う道運法等の特例法一、道路交通条約の実施に伴う車両法の特例法四、「罰則」＝本法一〇九①・一一一、2項「準用規定」＝本法三四～三六（臨時運行の許可）・三六の二（回送運送の許可）、「本項で準用する三四条一項及び三六条の二第一項の罰則」＝本法一〇七、「本項で準用する三六条の二第六項及び第八項の罰則」＝本法一〇八①・一一一、「権限の読替え」＝令一五7

（自動車検査官）

第七十四条 国土交通大臣は、国土交通省の職員のうちから自動車検査官を任命し、この章に規定する自動車（検査対象外軽自動車を含む。）の検査、第五十四条第一項から第三項まで及び第五十四条の二（第三項、第四項及び第七項を除く。）の規定による処分並びに第五十四条第四項（第七十一条の二第二項において準用する場合を含む。）の規定による勧告に関する事務を執行させるものとする。

2 第二十四条第二項の規定は、自動車検査官に準用する。

一項…一部改正〔昭三八法一四九昭四四法六八昭四七法六二昭五七法九一平六法八六平一一法一六〇平一四法八九〕

※ 1項「引用条項」＝本法五四（整備命令）、2項「準用規定」＝本法二四2（自動車登録官）、「自動車検査官の任命等」＝自動車登録官及び自動車検査官の任命、服務及び研修に関する規則九～一四

（道路運送車両の検査に係る独立行政法人自動車技術総合機構の審査）

第七十四条の二 国土交通大臣は、この章に規定する自動車及び検査対象外軽自動車の検査に関する事務のうち、自動車及び検査対象外軽自動車が保安基準に適合するかどうかの審査（以下「基準適合性審査」という。）を機構に行わせるものとする。ただし、次条の規定により軽自動車検査協会に軽自動車の検査事務を行わせる場合における基準適合性審査については、この限りでない。

2 機構は、基準適合性審査を行つたときは、遅滞なく、当該基準適合性審査の結果を国土交通省令で定めるところにより国土交通大臣に通知しなければならない。

3 国土交通大臣は、機構が天災その他の事由により基準適合性審査を円滑に処理することが困難となつた場合において必要があると認めるときは、基準適合性審査を自ら行うこととすることができる。この場合において、国土交通大臣は、機構の設備を、基準適合性審査のため必要な限度において、無償で使用することができる。

4 国土交通大臣は、前項の規定により行つている基準適合性審査を行わないこととするときは、あらかじめ、その旨を官報で公示しなければならない。

5 国土交通大臣が第三項の規定により基準適合性審査を行うこととし、又は同項の規定により行つている基準適合性審査を行わないこととする場合における基準適合性審査の引継ぎに関する所要の事項及び基準適合性審査に関する申請、手数料の納付その他の手続に関する所要の経過措置は、国土交通省令で定める。

本条…追加〔平一一法二一八〕、一・二項…一部改正・三～五項…追加〔平一九法九〕、見出…全部改正・一—三項…一部改正〔平二七法四四〕

※ 2項「国土交通省令」＝則四九の二、5項「国土交通省令」＝則四七の二・四七の三

（軽自動車検査協会の検査等）

第七十四条の三 国土交通大臣は、次章の規定により軽自動車検査協会が設立されたときは、軽自動車検査協会に、この章に規定する自動車の検査に関する事務（第六十一条の二及び第六十三条第一項の規定による事務並びに基準適合性審査に必要な技術上の情報であつて国土交通省令で定めるものの管理に関する事務（第百二条第二項において「審査用技術情報管理事務」という。）を除く。）であつて軽自動車に係るもの（以下「軽自動車の検査事務」という。）を行わせるものとする。

2 国土交通大臣は、前項の規定により軽自動車検査協会に軽自動車の検査事務を行わせるときは、軽自動車検査協会が当該事務を開始する日及び当該事務を行う事務所の所在地を官報で公示しなければならない。

3 国土交通大臣は、軽自動車検査協会が天災その他の事由により軽自動車の検査事務を円滑に処理することが困難となつた場合において必要があると認めるときは、軽自動車の検査事務を自ら行うこととすることができる。

4 国土交通大臣は、前項の規定により行つている軽自動車の検査事務を行わないこととするときは、あらかじめ、その旨を官報で公示しなければならない。

5 第一項の規定により軽自動車検査協会に軽自動車の検査事務を行わせる場合又は国土交通大臣が第三項の規定により軽自動車の検査事務を行うこととし、若しくは同項の規定により行つている軽自動車の検査事務を行わないこととする場合における軽自動車の検査事務の引継ぎに関する所要の事項及び軽自動車の検査に関する申請、手数料の納付その他の手続に関する所要の経過措置は、国土交通省令で定める。

6 国土交通大臣は、第三項の規定により軽自動車の検査事務を行うこととするときは、軽自動車が保安基準に適合するかどうかの審査を機構に行わせることができる。

7 機構は、前項の審査を行つたときは、遅滞なく、当該審査の結果を国土交通省令で定めるところにより国土交通大臣に通知しなければならない。

本条…追加〔昭四七法六二〕、一～五項…一部改正〔平一一法一六〇〕、六・七項…追加・旧七四条の二…繰下〔平一一法二一八〕、六・七項…一部改正〔平二七法四四〕、一—五項…一部改正〔令元法一四〕

※ 1項「引用条項」＝本法六一の二（自動車検査証の有効期間の伸長）・六三1（臨時検査を受けるべき旨の公示）、「国土交通省令」＝則四五の四、5項「国土交通省令」＝則四六～四九

第七十四条の四 軽自動車検査協会が行う軽自動車の検査事務に関してこの章（第六十一条の二、第六十三条第一項、第六十三条の二から第六十三条の四まで、第七十一条の二第二項、第七十四条からこの条まで、第七十五条から第七十五条の三まで、第七十五条の五及び第七十五条の六を除く。）の規定を適用する場合においては、これらの規定中「国土交通大臣」とあるのは、「軽自動車検査協会」とする。

本条…追加〔昭四七法六二〕、一部改正〔平六法八六平一一法一六〇法二〇七〕、旧七四条の三…繰下〔平一一法二一八〕、一部改正〔平二七法四四平二九法四〇令元法一四〕

※ 「引用条項」＝本法六一の二（自動車検査証の有効期間の伸長）・六三1（臨時検査を受けるべき旨の公示）・七四（自動車検査官）・七四の二（軽自動車検査協会の

検査等）、次条（自動車の指定）

（継続検査に係る自動車検査証への記録等に関する事務の委託）

第七十四条の五　国土交通大臣は、国土交通省令で定めるところにより、第六十二条第二項の規定による自動車検査証の返付並びに第六十六条第二項の規定による検査標章の交付に関する事務（継続検査の結果の判定その他国土交通省令で定める事務を除く。）を国土交通省令で定める要件を備える者に委託することができる。

２　前項の規定による委託を受けた者（次項及び第百条第一項第八号において「特定記録等事務代行者」という。）は、次に掲げる行為をしてはならない。

一　第六十二条第二項の規定により自動車検査証の返付を受けるべき者の請求がある場合において、災害その他やむを得ない事由がないのに当該自動車検査証への記録をせず、若しくはこれを返付せず、又は検査標章を交付しないこと。

二　前号に規定する場合において、当該自動車検査証以外の自動車検査証への記録をし、若しくは同号の者以外の者に自動車検査証を返付し、又は同号の者以外の者に検査標章を交付すること。

３　第二十八条第一項及び第二十八条の二第一項の規定は、特定記録等事務代行者が自動車検査証への記録及び自動車検査証の返付並びに検査標章の交付に関する事務を行う場合について準用する。

本条…追加〔令元法一四〕

※　1項「国土交通省令」＝則四九の三―四九の七、2項「罰則」＝本法一一〇①・一一一

（自動車検査証の変更記録に関する事務の委託）

第七十四条の六　国土交通大臣は、国土交通省令で定めるところにより、第六十七条第一項の自動車検査証の変更記録に関する事務（変更記録をすることが適当であるかどうかの審査その他国土交通省令で定める事務を除く。）を国土交通省令で定める要件を備える者に委託することができる。

２　前項の規定による委託を受けた者（次項及び第百条第一項第九号において「特定変更記録事務代行者」という。）は、次に掲げる行為をしてはならない。

一　第六十七条第一項の規定により自動車検査証の変更記録を受けるべき者の請求がある場合において、災害その他やむを得ない事由がないのに当該自動車検査証への記録をしないこと。

二　前号に規定する場合において、当該自動車検査証以外の自動車検査証への記録をすること。

３　第二十八条第一項及び第二十八条の二第一項の規定は、特定変更記録事務代行者が自動車検査証の変更記録に関する事務を行う場合について準用する。

本条…追加〔令元法一四〕

※　1項「国土交通省令」＝則四九の一七―四九の二一、2項「罰則」＝本法一一〇①・一一一

（自動車の指定）

第七十五条　国土交通大臣は、自動車の安全性の増進及び自動車による公害の防止その他の環境の保全を図るため、申請により、自動車をその型式について指定する。

２　前項の規定による指定の申請は、本邦に輸出される自動車について、外国において当該自動車を製作することを業とする者又はその者から当該自動車を購入する契約を締結している者であつて当該自動車を本邦に輸出することを業とするものも行うことができる。

３　第一項の規定による指定は、申請に係る自動車の構造、装置及び性能が保安基準に適合し、かつ、当該自動車が均一性を有するものであるかどうかを判定することによつて行う。この場合において、次条第一項の規定によりその型式について指定を受けた特定共通構造部（同項に規定する特定共通構造部をいう。）の当該指定に係る構造、装置及び性能並びに第七十五条の三第一項の規定によりその型式について指定を受けた装置は、保安基準に適合しているものとみなす。

４　第一項の申請をした者は、その型式について指定を受けた自動車（第二項に規定する者であつてその製作し、又は輸出する自動車の型式について第一項の規定による指定を受けたもの（第九項において「指定外国製作者等」という。）に係る自動車にあつては、本邦に輸出されるものに限る。第八項及び第九項第四号において同じ。）を譲渡する場合において、当該自動車の構造、装置及び性能が保安基準に適合しているかどうかを検査し、適合すると認めるときは、完成検査終了証を発行し、これを譲受人に交付しなければならない。

５　第一項の申請をした者は、その型式について指定を受けた自動車（国土交通省令で定めるものを除く。）に係る前項の規定による完成検査終了証の発行及び交付に代えて、政令で定めるところにより、当該譲受人の承諾を得て、当該完成検査終了証に記載すべき事項を電磁的方法により登録情報処理機関に提供することができる。

６　前項の規定により完成検査終了証に記載すべき事項が登録情報処理機関に提供されたときは、第一項の申請をした者は、当該完成検査終了証を発行し、これを当該譲受人に交付したものとみなす。

７　国土交通大臣は、第一項の申請をした者が第七十六条の規定に基づく国土交通省令の規定（同項の規定による指定に係る部分に限る。）に違反していると認めるときは、当該者に対し、当該違反を是正するために必要な措置をとるべきことを命じ、又は当該違反を是正するために必要な措置が講じられたものと認めるまでの間、同項の規定による指定の効力を停止することができる。この場合において、国土交通大臣は、指定の効力を停止するときは、当該停止の日までに製作された自動車について当該停止の効力の及ぶ範囲を限定することができる。

８　国土交通大臣は、次の各号のいずれかに該当する場合には、第一項の規定による指定を取り消すことができる。この場合において、国土交通大臣は、取消しの日までに製作された自動車について取消しの効力の及ぶ範囲を限定することができる。

一　その型式について指定を受けた自動車の構造、装置又は性能が保安基準に適合しなくなつたとき。

二　その型式について指定を受けた自動車が均一性を有するものでなくなつたとき。

三　不正の手段によりその型式について指定を受けたとき。

９　前項の規定によるほか、国土交通大臣は、次の各号のいずれかに該当する場合には、当該指定外国製作者等に係る第一項の規定による指定を取り消すことができる。

一　指定外国製作者等が第四項の規定に違反したとき。
二　指定外国製作者等が第七十六条の規定に基づく国土交通省令の規定（第一項の規定による指定に係る部分に限る。）に違反したとき。
三　国土交通大臣が第一条の目的を達成するため必要があると認めて指定外国製作者等に対しその業務に関し報告を求めた場合において、その報告がされず、又は虚偽の報告がされたとき。
四　国土交通大臣が第一条の目的を達成するため特に必要があると認めてその職員に指定外国製作者等の事務所その他の事業場又はその型式について指定を受けた自動車の所在すると認める場所において当該自動車、帳簿書類その他の物件についての検査をさせ、又は関係者に質問をさせようとした場合において、その検査が拒まれ、妨げられ、若しくは忌避され、又は質問に対し陳述がされず、若しくは虚偽の陳述がされたとき。

一項…一部改正〔昭五七法九一〕、二・六項…追加・旧二～四項…一部改正し一項ずつ繰下〔昭五八法五七〕、三～六項…一部改正〔平一〇法七四〕、一・五・六項…一部改正〔平一一法一六〇〕、一項…一部改正〔平一四法八九〕、四項…一部改正・五・六項…追加・旧五・六項…二項ずつ繰下〔平一六法五五〕、三項…一部改正〔平二七法四四〕、七項…一部改正〔平二九法四〇〕、二―四項…一部改正・七項…追加・旧七・八項…一部改正し一項ずつ繰下〔令元法一四〕

※「現車呈示の省略」＝本法七3・五九4、1項「型式指定」＝自動車型式指定規則、「手数料」＝本法一〇二、道路運送車両法関係手数料令、4項「罰則」＝本法一一一、7項「罰則」＝本法一〇九⑩・一一一、8項・9項「聴聞」＝本法一〇三

（共通構造部の指定）

第七十五条の二　国土交通大臣は、自動車の安全性の増進及び自動車による公害の防止その他の環境の保全を図るため、申請により、車枠又は車体及びその他の第四十一条第一項各号に掲げる装置の一部から構成される自動車の構造部分であつて、複数の型式の自動車に共通して使用されるもの（以下この条において「共通構造部」という。）のうち、当該共通構造部により当該共通構造部を有する自動車の第四十条第八号に掲げる事項が特定されることとなるもの（以下「特定共通構造部」という。）をその型式について指定する。

2　前項の規定による指定の申請は、本邦に輸出される特定共通構造部について、外国において当該特定共通構造部を製作することを業とする者又はその者から当該特定共通構造部を購入する契約を締結している者であつて当該特定共通構造部を本邦に輸出することを業とするものも行うことができる。

3　第一項の規定による指定は、申請に係る特定共通構造部の当該申請に係る構造、装置及び性能が保安基準に適合し、かつ、当該特定共通構造部が均一性を有するものであるかどうかを判定することによつて行う。この場合において、次条第一項の規定によりその型式について指定を受けた装置は、保安基準に適合しているものとみなす。

4　国土交通大臣は、第一項の申請をした者が第七十六条の規定に基づく国土交通省令の規定（同項の規定による指定に係る部分に限る。）に違反していると認めるときは、当該者に対し、当該違反を是正するために必要な措置をとるべきことを命じ、又は当該違反を是正するために必要な措置が講じられたものと認めるまでの間、同項の規定による指定の効力を停止することができる。この場合において、国土交通大臣は、指定の効力を停止するときは、当該停止の日までに製作された共通構造部について当該停止の効力の及ぶ範囲を限定することができる。

5　国土交通大臣は、次の各号のいずれかに該当する場合には、第一項の規定による指定を取り消すことができる。この場合において、国土交通大臣は、取消しの日までに製作された共通構造部について取消しの効力の及ぶ範囲を限定することができる。
一　その型式について指定を受けた特定共通構造部の当該指定に係る構造、装置又は性能が保安基準に適合しなくなつたとき。
二　その型式について指定を受けた特定共通構造部が均一性を有するものでなくなつたとき。
三　不正の手段によりその型式について指定を受けたとき。

6　前項の規定によるほか、国土交通大臣は、指定外国共通構造部製作者等（第二項に規定する者であつてその製作し、又は輸出する特定共通構造部の型式について第一項の規定による指定を受けたものをいう。以下この項において同じ。）が次の各号のいずれかに該当する場合には、当該指定外国共通構造部製作者等に係る第一項の規定による指定を取り消すことができる。
一　指定外国共通構造部製作者等が第七十六条の規定に基づく国土交通省令の規定（第一項の規定による指定に係る部分に限る。）に違反したとき。
二　国土交通大臣が第一条の目的を達成するため必要があると認めて指定外国共通構造部製作者等に対しその業務に関し報告を求めた場合において、その報告がされず、又は虚偽の報告がされたとき。
三　国土交通大臣が第一条の目的を達成するため特に必要があると認めてその職員に指定外国共通構造部製作者等の事務所その他の事業場又はその型式について指定を受けた特定共通構造部の所在すると認める場所において当該特定共通構造部、帳簿書類その他の物件についての検査をさせ、又は関係者に質問をさせようとした場合において、その検査が拒まれ、妨げられ、若しくは忌避され、又は質問に対し陳述がされず、若しくは虚偽の陳述がされたとき。

7　特定共通構造部のうち国土交通省令で定めるものは、国土交通省令で定めるところによりその型式について外国が行う第一項の規定による指定に相当する認定その他の証明を受けた場合には、前条第三項後段の規定の適用については、第一項の規定によりその型式について指定を受けた特定共通構造部とみなす。

本条…追加〔平二七法四四〕、四項…一部改正〔平二九法四〇〕、一―三項…一部改正・四項…追加・旧四―六項…一部改正し一項ずつ繰下、一項…一部改正〔令元法一四〕

※4項「罰則」＝本法一〇九⑩・一一一

（装置の指定）

第七十五条の三　国土交通大臣は、自動車の安全性の増進及び自動車による公害の防止その他の環境の保全を図るため、申請により、第四十一条第一項各号に掲げる装置のうち国土交通省令で定めるもの（以下「特定装置」という。）をその型式について指定する。

2　前項の規定による指定の申請は、本邦に輸出される特定装置について、外国において当該特定装置を製作することを業

とする者又はその者から当該特定装置を購入する契約を締結している者であって当該特定装置を本邦に輸出することを業とするものも行うことができる。

3 第一項の規定による指定は、申請に係る特定装置が保安基準に適合し、かつ、均一性を有するものであるかどうかを判定することによつて行う。

4 第一項の規定による指定は、当該特定装置を取り付けることができる自動車又は特定共通構造部の範囲を限定して行うことができる。

5 国土交通大臣は、第一項の申請をした者が第七十六条の規定に基づく国土交通省令の規定（同項の規定による指定に係る部分に限る。）に違反していると認めるときは、当該者に対し、当該違反を是正するために必要な措置をとるべきことを命じ、又は当該違反を是正するために必要な措置が講じられたものと認めるまでの間、同項の規定による指定の効力を停止することができる。この場合において、国土交通大臣は、指定の効力を停止するときは、当該停止の日までに製作された装置について当該停止の効力の及ぶ範囲を限定することができる。

6 国土交通大臣は、次の各号のいずれかに該当する場合には、第一項の規定による指定を取り消すことができる。この場合において、国土交通大臣は、取消しの日までに製作された装置について取消しの効力の及ぶ範囲を限定することができる。

一 その型式について指定を受けた特定装置が保安基準に適合しなくなつたとき。

二 その型式について指定を受けた特定装置が均一性を有するものでなくなつたとき。

三 不正の手段によりその型式について指定を受けたとき。

7 前項の規定によるほか、国土交通大臣は、指定外国装置製作者等（第二項に規定する者であつてその製作し、又は輸出する特定装置の型式について第一項の規定による指定を受けたものをいう。以下この項において同じ。）が次の各号のいずれかに該当する場合には、当該指定外国装置製作者等に係る第一項の規定による指定を取り消すことができる。

一 指定外国装置製作者等が第七十六条の規定に基づく国土交通省令の規定（第一項の規定による指定に係る部分に限る。）に違反したとき。

二 国土交通大臣が第一条の目的を達成するため必要があると認めて指定外国装置製作者等に対しその業務に関し報告を求めた場合において、その報告がされず、又は虚偽の報告がされたとき。

三 国土交通大臣が第一条の目的を達成するため特に必要があると認めてその職員に指定外国装置製作者等の事務所その他の事業場又はその型式について指定を受けた特定装置の所在すると認める場所において当該特定装置、帳簿書類その他の物件についての検査をさせ、又は関係者に質問をさせようとした場合において、その検査が拒まれ、妨げられ、若しくは忌避され、又は質問に対し陳述がされず、若しくは虚偽の陳述がされたとき。

8 特定装置のうち国土交通省令で定めるものは、国土交通省令で定めるところによりその型式について外国が行う第一項の規定による指定に相当する認定その他の証明を受けた場合には、第七十五条第三項後段及び前条第三項後段の規定の適用については、第一項の規定によりその型式について指定を受けた装置とみなす。

本条…追加〔平一〇法七四〕、一・五〜七項…一部改正〔平一一法一六〇〕、一項…一部改正〔平一四法八九〕、四・七項…一部改正・旧七五条の二…繰下〔平二七法四四〕、五項…一部改正〔平二九法四〇〕、二―四項…一部改正・五項…追加・旧五―七項…一部改正し一項ずつ繰下、一項…一部改正〔令元法一四〕

※ 1項「国土交通省令」＝装置型式指定規則二、5項「罰則」＝本法一〇九⑩・一一一、8項「国土交通省令」＝装置型式指定規則五

（特定共通構造部及び特定装置の表示）

第七十五条の四 第七十五条の二第一項又は前条第一項の申請をした者は、その型式について指定を受けた特定共通構造部又は特定装置につき、国土交通省令で定めるところにより、第七十五条の二第一項又は前条第一項の指定を受けたものであることを示す国土交通省令で定める方式による特別な表示を付することができる。

2 何人も、前項に規定する場合を除くほか、特定共通構造部又は特定装置に同項の表示又はこれと紛らわしい表示を付してはならない。

3 特定共通構造部又は特定装置を輸入することを業とする者は、第一項の規定により表示が付されている場合を除くほか、同項の表示又はこれと紛らわしい表示が付されている特定共通構造部又は特定装置を輸入したときは、これを譲渡する時までにその表示を除去しなければならない。

本条…追加〔平一〇法七四〕、一項…一部改正〔平一一法一六〇〕、見出…全部改正・一―三項…一部改正・旧七五条の三…繰下〔平二七法四四〕

※ 1項「国土交通省令」＝装置型式指定規則六、「罰則」＝本法一一〇1

（型式についての指定に係る独立行政法人自動車技術総合機構の審査）

第七十五条の五 国土交通大臣は、第七十五条第一項に規定する自動車の型式についての指定、第七十五条の二第一項に規定する特定共通構造部の型式についての指定及び第七十五条の三第一項に規定する特定装置の型式についての指定に関する事務のうち、当該自動車及び当該特定共通構造部の構造、装置及び性能並びに当該特定装置が保安基準に適合するかどうかの審査を機構に行わせるものとする。

2 機構は、前項の審査を行つたときは、遅滞なく、当該審査の結果を国土交通省令で定めるところにより国土交通大臣に通知しなければならない。

本条…追加〔平一一法二〇七〕、一項…一部改正〔平一八法四〇〕、見出…全部改正・一・二項…一部改正・旧七五条の四…繰下〔平二七法四四〕

※ 2項「国土交通省令」＝装置型式指定規則一三、自動車型式指定規則一一

（報告及び検査）

第七十五条の六 国土交通大臣は、第七十五条第七項及び第八項、第七十五条の二第四項及び第五項並びに第七十五条の三第五項及び第六項の規定の施行に必要な限度において、第七十五条第一項の規定により自動車の型式について指定を受けた者、第七十五条の二第一項の規定により特定共通構造部の型式について指定を受けた者若しくは第七十五条の三第一項の規定により特定装置の型式について指定を受けた者に対し、その業務に関し報告をさせ、又はその職員に、これらの者の事務所その他の事業場に立ち入り、帳簿書類その他の物

件を検査させ、若しくは関係者に質問させることができる。

2　前項の規定により立入検査をする職員は、その身分を示す証票を携帯し、かつ、関係者の請求があるときは、これを提示しなければならない。

3　第一項の規定による立入検査の権限は、犯罪捜査のために認められたものと解釈してはならない。

本条…追加〔平一九法四〇〕、一項…一部改正〔令元法一四〕

※　1項「罰則」＝本法一〇六の四③・一一一

（国土交通省令への委任）

第七十六条　自動車検査証、臨時検査合格標章、検査標章、自動車予備検査証及び限定自動車検査証の様式及び再交付の手続、自動車検査証返納証明書の様式、第七十三条第一項の車両番号標に関する事項、第七十五条第一項の規定による指定の手続、同条第四項の規定による検査の基準、同項の完成検査終了証の様式、第七十五条の二第一項の規定による指定の手続、第七十五条の三第一項の規定による指定の手続その他この章に規定する道路運送車両の検査の実施細目は、国土交通省令で定める。

本条…一部改正〔昭二七法一〇二昭三七法一〇六昭四四法六八昭五八法五七平六法八六平一〇法七四〕、見出…全部改正・本条…一部改正〔平一一法一六〇〕、本条…一部改正〔平二七法四四令元法一四〕

※　「国土交通省令」＝則三六・三七の二・三八―四五の二、共通構造部型式指定規則、装置型式指定規則、自動車の登録及び検査に関する申請書等の様式等を定める省令、自動車型式指定規則、道路運送車両法の一部を改正する法律の施行に伴う経過措置を定める省令（昭四八運令三二）、「罰則」＝本法一一〇1⑥・一一一

第五章の二　軽自動車検査協会

本章…追加〔昭四七法六二〕

第一節　総則

本節…追加〔昭四七法六二〕

（目的）

第七十六条の二　軽自動車検査協会は、軽自動車の安全性を確保し、及び軽自動車による公害の防止その他の環境の保全を図るため軽自動車の検査事務を行い、併せてこれに関連する事務を行うことを目的とする。

本条…追加〔昭四七法六二〕、一部改正〔昭五七法九一平一四法八九〕

（法人格）

第七十六条の三　軽自動車検査協会（以下「協会」という。）は、法人とする。

本条…追加〔昭四七法六二〕

※　「法人」＝民法三三・三四

（数）

第七十六条の四　協会は、一を限り、設立されるものとする。

本条…追加〔昭四七法六二〕

第七十六条の五　削除〔昭六二法四〇〕

（名称）

第七十六条の六　協会は、その名称中に軽自動車検査協会という文字を用いなければならない。

2　協会でない者は、その名称中に軽自動車検査協会という文字を用いてはならない。

本条…追加〔昭四七法六二〕

※　2項「罰則」＝本法一一〇1①・一一一

（登記）

第七十六条の七　協会は、政令で定めるところにより、登記しなければならない。

2　前項の規定により登記しなければならない事項は、登記の後でなければ、これをもって第三者に対抗することができない。

本条…追加〔昭四七法六二〕

※　1項「政令」＝独立行政法人等登記令、「罰則」＝本法一一二2②

（一般社団法人及び一般財団法人に関する法律の準用）

第七十六条の八　一般社団法人及び一般財団法人に関する法律（平成十八年法律第四十八号）第四条及び第七十八条の規定は、協会について準用する。

本条…追加〔昭四七法六二〕、全部改正〔平一八法五〇〕

※　「準用規定」＝一般社団法人及び一般財団法人に関する法律四・七八

第二節　設立

本節…追加〔昭四七法六二〕

（発起人）

第七十六条の九　協会を設立するには、自動車の安全性の確保及び自動車による公害の防止について学識経験を有する者七人以上が発起人となることを必要とする。

本条…追加〔昭四七法六二〕、一部改正〔昭六二法四〇〕

（設立の認可等）

第七十六条の十　発起人は、定款及び事業計画書を国土交通大臣に提出して、設立の認可を申請しなければならない。

2　設立当初の役員は、定款で定めなければならない。

3　第一項の事業計画書に記載すべき事項は、国土交通省令で定める。

本条…追加〔昭四七法六二〕、二項…追加・旧二項…一部改正し三項に繰下〔昭六二法四〇〕、一・三項…一部改正〔平一一法一六〇〕

※　1項「設立の認可の申請」＝軽協省令一、3項「定款」＝民法三七、「国土交通省令」＝軽協省令二

第七十六条の十一　国土交通大臣は、前条第一項の規定による認可の申請があつた場合において、申請の内容が次の各号の一に該当せず、かつ、その業務が健全に行われ、軽自動車の安全性の確保及び軽自動車による公害の防止に寄与することが確実であると認められるときは、設立の認可をしなければならない。

一　設立の手続又は定款若しくは事業計画書の内容が法令に違反するとき。

二　定款又は事業計画書に虚偽の記載があり、又は記載すべき事項の記載が欠けているとき。

本条…追加〔昭四七法六二〕、一部改正〔昭六二法四〇平一一法一六〇〕

※　「定款・事業計画書」＝本法前条

第七十六条の十二　削除〔昭六二法四〇〕

（事務の引継ぎ）

第七十六条の十三　設立の認可があつたときは、発起人は、遅滞なく、その事務を協会の理事長となるべき者に引き継がなければならない。

本条…追加〔昭四七法六二〕、全部改正〔昭六二法四〇〕

※　1項「発起人」＝本法七六の九

（設立の登記）

第七十六条の十四　理事長となるべき者は、前条の規定による事務の引継ぎを受けたときは、遅滞なく、政令で定めるところにより、設立の登記をしなければならない。
2　協会は、設立の登記をすることによつて成立する。
　本条…追加〔昭四七法六二〕、一項…一部改正〔昭六二法四〇〕
※　1項「政令」＝独立行政法人等登記令

第三節　管理

　本節…追加〔昭四七法六二〕

（定款記載事項）
第七十六条の十五　協会の定款には、次の事項を記載しなければならない。
一　目的
二　名称
三　事務所の所在地
四　役員の定数、任期、選任方法その他役員に関する事項
五　評議員会に関する事項
六　業務及びその執行に関する事項
七　財務及び会計に関する事項
八　定款の変更に関する事項
九　公告の方法
2　協会の定款の変更は、国土交通大臣の認可を受けなければ、その効力を生じない。
　本条…追加〔昭四七法六二〕、一項…一部改正〔昭六二法四〇〕、二項…一部改正〔平一一法一六〇〕
※　1項「定款記載事項」＝民法三七、2項「定款の変更の認可の申請」＝軽協省令三

（役員）

第七十六条の十六　協会に、役員として、理事長、理事及び監事を置く。

　本条…追加〔昭四七法六二〕、一部改正〔昭六二法四〇〕
※　「理事」＝民法五二、「監事」＝民法五八

（役員の職務及び権限）
第七十六条の十七　理事長は、協会を代表し、その業務を総理する。
2　理事は、定款で定めるところにより、理事長を補佐して協会の業務を掌理し、理事長に事故があるときはその職務を代理し、理事長が欠員のときはその職務を行なう。
3　監事は、協会の業務を監査する。
4　監事は、監査の結果に基づき、必要があると認めるときは、理事長又は国土交通大臣に意見を提出することができる。
　本条…追加〔昭四七法六二〕、四項…追加〔昭六二法四〇〕、一部改正〔平一一法一六〇〕
※　「理事の職務」＝民法五三、「監事の職務」＝民法五九

（役員の欠格条項）
第七十六条の十八　次の各号のいずれかに該当する者は、役員となることができない。
一　政府又は地方公共団体の職員（非常勤の者を除く。）
二　自動車若しくは自動車の部品の製造、改造、整備、販売、引取り、解体若しくは破砕の事業を営む者又はこれらの者が法人であるときはその役員（いかなる名称によるかを問わず、これと同等以上の職権又は支配力を有する者を含む。）
三　前号に掲げる事業者の団体の役員（いかなる名称によるかを問わず、これと同等以上の職権又は支配力を有する者を含む。）
　本条…追加〔昭四七法六二〕、旧七六条の二〇…繰上〔昭六二法四〇〕、一部改正〔平一四法八九〕

第七十六条の十九　協会は、役員が前条各号の一に該当するに至つたときは、その役員を解任しなければならない。
　本条…追加〔昭六二法四〇〕

（役員の選任及び解任）
第七十六条の二十　役員の選任及び解任は、国土交通大臣の認可を受けなければ、その効力を生じない。
2　国土交通大臣は、役員が、この法律、この法律に基づく命令若しくは処分、定款、業務方法書若しくは第七十六条の三十第一項に規定する検査事務規程に違反する行為をしたとき、又は協会の業務に関し著しく不適当な行為をしたときは、協会に対し、期間を指定して、その役員を解任すべきことを命ずることができる。
3　国土交通大臣は、役員が第七十六条の十八各号の一に該当するに至つた場合において協会がその役員を解任しないとき、又は協会が前項の規定による命令に従わなかつたときは、当該役員を解任することができる。
　本条…追加〔昭六二法四〇〕、一～三項…一部改正〔平一一法一六〇〕

（役員の兼職禁止）

第七十六条の二十一　役員は、営利を目的とする団体の役員となり、又は自ら営利事業に従事してはならない。ただし、国土交通大臣の承認を受けたときは、この限りでない。

　本条…追加〔昭四七法六二〕、旧七六条の二二…繰上〔昭六二法四〇〕、一部改正〔平一一法一六〇〕
※　「役員の兼職の承認の申請」＝軽協省令五

（代表権の制限）

第七十六条の二十二　協会と理事長との利益が相反する事項については、理事長は、代表権を有しない。この場合には、監事が協会を代表する。

　本条…追加〔昭四七法六二〕、旧七六条の二三…繰上〔昭六二法四〇〕
※　「利益相反事項と特別代理人」＝民法五七

（評議員会）
第七十六条の二十三　協会に、その運営に関する重要事項を審議する機関として、評議員会を置く。
2　評議員会は、評議員二十人以内で組織する。
3　評議員は、自動車の安全性の確保及び自動車による公害の防止その他の環境の保全について学識経験を有する者のうちから、国土交通大臣の認可を受けて、理事長が任命する。
　本条…追加〔昭六二法四〇〕、三項…一部改正〔平一一法一六〇平一四法八九〕
※　3項「認可の申請」＝軽協省令六

（職員の任命）

第七十六条の二十四　協会の職員は、理事長が任命する。

　本条…追加〔昭四七法六二〕

（職員の兼職禁止）
第七十六条の二十五　職員は、自動車若しくは自動車の部品の製造、改造、整備、販売、引取り、解体若しくは破砕の事業を経営し、これらの事業の業務に従事し、又はこれらの事業を経営する者の団体の役員若しくは職員となつてはならない。

本条…追加〔昭四七法六二〕、一部改正〔平一四法八九〕

（役員及び職員の公務員たる性質）

第七十六条の二十六 役員及び職員は、刑法（明治四十年法律第四十五号）その他の罰則の適用については、法令により公務に従事する職員とみなす。

本条…追加〔昭四七法六二〕

※ 「法令により公務に従事する職員」＝刑法四・七・九五・九六・一五五～一五七・一九三～一九七～一九七ノ四

第四節　業務

本節…追加〔昭四七法六二〕

（業務）

第七十六条の二十七 協会は、第七十六条の二の目的を達成するため、次の業務を行う。

一 軽自動車の検査事務

二 検査対象軽自動車に係る自動車重量税の納付の確認及び税額の認定の事務

三 検査対象軽自動車に係る軽自動車税種別割（軽自動車税の種別割（地方税法（昭和二十五年法律第二百二十六号）第四百四十二条第二号に掲げる種別割をいう。）をいう。第九十七条の二第一項及び第二項において同じ。）の納付の確認の事務

四 検査対象軽自動車に係る自動車損害賠償責任保険の契約又は自動車損害賠償責任共済の契約の締結の確認の事務

五 前各号の業務に附帯する業務

六 前各号に掲げるもののほか、第七十六条の二の目的を達成するために必要な業務

2 協会は、前項第六号に掲げる業務を行なおうとするときは、国土交通大臣の認可を受けなければならない。

本条…追加〔昭四七法六二〕、二項…一部改正〔平一一法一六〇〕、一項…一部改正〔平二八法一三〕

※ 1項二号「自動車重量税関係事務」＝本法九七の四、1項三号「軽自動車税関係事務」＝本法九七の二、1項四号「自動車損害賠償責任保険契約関係事務」＝自賠法九、「自動車損害賠償責任共済契約関係事務」＝自賠法九の四、「罰則」＝本法一一二②③、2項「認可の申請」＝軽協省令七

（業務方法書）

第七十六条の二十八 協会は、業務の開始前に、業務方法書を作成し、国土交通大臣の認可を受けなければならない。これを変更しようとするときも、同様とする。

2 業務方法書に記載すべき事項は、国土交通省令で定める。

本条…追加〔昭四七法六二〕、一・二項…一部改正〔平一一法一六〇〕

※ 1項「業務方法書の変更の認可の申請」＝軽協省令八、2項「国土交通省令」＝軽協省令九

（軽自動車の検査事務の開始等の届出）

第七十六条の二十九 協会は、軽自動車の検査事務を開始する際、当該事務を開始する日及び当該事務を行なう事務所の所在地を国土交通大臣に届け出なければならない。協会が軽自動車の検査事務を行なう事務所の所在地を変更しようとするときも、同様とする。

本条…追加〔昭四七法六二〕、一部改正〔平一一法一六〇〕

※ 「事務所の所在地の変更の届出」＝軽協省令一〇

（検査事務規程）

第七十六条の三十 協会は、軽自動車の検査事務の開始前に、軽自動車の検査事務の実施に関する規程（以下「検査事務規程」という。）を定め、国土交通大臣の認可を受けなければならない。これを変更しようとするときも、同様とする。

2 国土交通大臣は、前項の認可をした検査事務規程が軽自動車の検査事務の適正かつ確実な実施上不適当となつたと認めるときは、その検査事務規程を変更すべきことを命ずることができる。

3 検査事務規程で定めるべき事項は、国土交通省令で定める。

本条…追加〔昭四七法六二〕、一～三項…一部改正〔平一一法一六〇〕

※ 1項「検査事務規程の変更の認可の申請」＝軽協省令一一、3項「国土交通省令」＝軽協省令一二

（軽自動車の検査設備）

第七十六条の三十一 協会は、軽自動車の検査事務を行なう事務所ごとに、国土交通省令で定める基準に適合する検査設備を備え、かつ、これを当該基準に適合するように維持しなければならない。

本条…追加〔昭四七法六二〕、一部改正〔平一一法一六〇〕

※ 「国土交通省令」＝軽協省令一三

（軽自動車検査員）

第七十六条の三十二 協会は、軽自動車の検査事務を行なう場合において、軽自動車が保安基準に適合するかどうかの判定に関する業務については、軽自動車検査員に行なわせなければならない。

2 軽自動車検査員は、自動車の検査について国土交通省令で定める一定の実務の経験その他の要件を備える者のうちから、選任しなければならない。

3 協会は、軽自動車検査員を選任したときは、その日から十五日以内に、国土交通大臣にその旨を届け出なければならない。これを変更したときも、同様とする。

4 国土交通大臣は、軽自動車検査員が、この法律、この法律に基づく命令若しくは処分若しくは検査事務規程に違反する行為をしたとき、又は軽自動車の検査事務に関し著しく不適当な行為をしたときは、協会に対し、軽自動車検査員の解任を命ずることができる。

5 前項又は第九十四条の四第四項の規定による命令により軽自動車検査員又は自動車検査員の職を解任され、解任の日から二年を経過しない者は、軽自動車検査員となることができない。

本条…追加〔昭四七法六二〕、五項…一部改正〔平一〇法七四〕、二～四項…一部改正〔平一一法一六〇〕

※ 2項「国土交通省令」＝軽協省令一四、3項「軽自動車検査員の選任届出等」＝軽協省令一五、5項「引用条項」＝本法九四条の四4（指定自動車整備事業者の自動車検査員の解任命令）

第五節　財務及び会計

本節…追加〔昭四七法六二〕

（事業年度）

第七十六条の三十三 協会の事業年度は、毎年四月一日に始まり、翌年三月三十一日に終わる。

本条…追加〔昭四七法六二〕

（予算等の認可）

第七十六条の三十四 協会は、毎事業年度、予算及び事業計画

を作成し、当該事業年度の開始前に、国土交通大臣の認可を受けなければならない。これを変更しようとするときも、同様とする。

本条…追加〔昭四七法六二〕、一部改正〔昭六二法四〇平一一法一六〇〕

※「予算」＝軽協財務会計省令二〜八、「事業計画」＝軽協財務会計省令九、「予算及び事業計画の認可の申請」＝軽協財務会計省令十

（財務諸表）

第七十六条の三十五　協会は、毎事業年度、財産目録、貸借対照表及び損益計算書（以下「財務諸表」という。）を作成し、当該事業年度の終了後三月以内に国土交通大臣に提出しなければならない。

2　協会は、前項の規定により財務諸表を国土交通大臣に提出するときは、これに、予算の区分に従い作成した当該事業年度の決算報告書並びに財務諸表及び決算報告書に関する監事の意見書を添附しなければならない。

本条…追加〔昭四七法六二〕、一項…一部改正〔昭六二法四〇〕、一・二項…一部改正〔平一一法一六〇〕

※２項「決算報告書」＝軽協財務会計省令一一〜一三

第七十六条の三十六及び第七十六条の三十七　削除〔昭六二法四〇〕

（国土交通省令への委任）

第七十六条の三十八　この法律に規定するもののほか、協会の財務及び会計に関し必要な事項は、国土交通省令で定める。

本条…追加〔昭四七法六二〕、見出・本条…一部改正〔平一一法一六〇〕

※「国土交通省令」＝軽協財務会計省令

第六節　監督

本節…追加〔昭四七法六二〕

（監督命令）

第七十六条の三十九　国土交通大臣は、この法律を施行するため必要があると認めるときは、協会に対し、その業務に関し監督上必要な命令をすることができる。

本条…追加〔昭四七法六二〕、一部改正〔平一一法一六〇〕

（報告及び検査）

第七十六条の四十　国土交通大臣は、この法律を施行するため必要があると認めるときは、協会に対しその業務に関し報告をさせ、又はその職員に、協会の事務所その他の事業場に立ち入り、業務の状況若しくは帳簿書類その他の物件を検査させることができる。

2　前項の規定により立入検査をする場合においては、当該職員は、その身分を示す証票を携帯し、かつ、関係者の請求があるときは、これを提示しなければならない。

3　第一項の規定による立入検査の権限は、犯罪捜査のために認められたものと解釈してはならない。

本条…追加〔昭四七法六二〕、一項…一部改正〔平一一法一六〇〕

※１項「協会の業務」＝本法七六の二七、「協会の事務所」＝本法七六の二九、２項「身分を示す証票」＝軽協省令一六、「罰則」＝本法一一〇１⑧・２

第七節　解散

本節…追加〔昭四七法六二〕、節名…改正〔昭六二法四〇〕

（解散）

第七十六条の四十一　協会の解散については、別に法律で定める。

本条…追加〔昭四七法六二〕

※「解散についての別の法律の定め」＝なし

第六章　自動車の整備事業

（自動車特定整備事業の種類）

第七十七条　自動車特定整備事業（自動車（検査対象外軽自動車及び小型特殊自動車を除く。）の特定整備を行う事業をいう。以下同じ。）の種類は、次に掲げるものとする。

一　普通自動車特定整備事業（普通自動車、四輪の小型自動車及び大型特殊自動車を対象とする自動車特定整備事業をいう。）

二　小型自動車特定整備事業（小型自動車及び検査対象軽自動車を対象とする自動車特定整備事業をいう。）

三　軽自動車特定整備事業（検査対象軽自動車を対象とする自動車特定整備事業をいう。）

本条…一部改正〔昭三八法一四九平一〇法七四〕、見出…全部改正・本条…一部改正〔令元法一四〕

※「特定整備の定義」＝則三

（認証）

第七十八条　自動車特定整備事業を経営しようとする者は、自動車特定整備事業の種類及び特定整備を行う事業場ごとに、地方運輸局長の認証を受けなければならない。

2　自動車特定整備事業の認証は、対象とする自動車の種類を指定し、その他業務の範囲を限定して行うことができる。

3　自動車特定整備事業の認証には、条件を付し、及びこれを変更することができる。

4　前項の条件は、自動車特定整備事業の認証を受けた者（以下「自動車特定整備事業者」という。）が行う自動車の特定整備が適切に行われるために必要とする最小限度のものに限り、かつ、当該自動車特定整備事業者に不当な義務を課することとならないものでなければならない。

一項…一部改正〔昭五九法二五平一〇法七四〕、一—四項…一部改正〔令元法一四〕

※１項「認証」＝則五七、「罰則」＝本法一〇九⑪・一一一、２・３・４項「本項の準用」＝本法九四の二２、２項「罰則」＝本法一〇九⑫・一一一、３・４項「本項の準用」＝本法九九の三２

（申請）

第七十九条　自動車特定整備事業の認証を受けようとする者は、次に掲げる事項を記載した申請書を地方運輸局長に提出しなければならない。

一　氏名又は名称及び住所並びに法人にあつては、その役員の氏名

二　自動車特定整備事業の種類

三　事業場の所在地

四　前条第二項の規定により業務の範囲を限定する認証を受けようとする者にあつては、対象とする自動車の種類その他業務の範囲

2　前項の申請書には、その申請が次条第一項各号に掲げる要件に適合するものであることを証する書面を添付しなければならない。

3　地方運輸局長は、前二項に規定するもののほか、自動車特定整備事業の認証を申請した者に対し、その者の登記事項証明書その他必要な書面の提出を求めることができる。

一項…一部改正〔昭三〇法二六〕、一・二項…全部改正〔昭五七法九一〕、一・三項…一部改正〔昭五九法二五〕、三項…一部改正〔平一六法一二四〕、一・三項…一部改正〔令元法一四〕

※「申請書の経由」＝則六六、「手数料」＝本法一〇二、道路運送車両法関係手数料令

（認証基準）

第八十条 地方運輸局長は、前条の規定による申請が次に掲げる基準に適合するときは、自動車特定整備事業の認証をしなければならない。

一 当該事業場の設備及び従業員が、国土交通省令で定める基準に適合するものであること。

二 申請者が、次に掲げる者に該当しないものであること。

イ 一年以上の懲役又は禁錮の刑に処せられ、その執行を終わり、又は執行を受けることがなくなつた日から二年を経過しない者

ロ 第九十三条の規定による自動車特定整備事業の認証の取消しを受け、その取消しの日から二年を経過しない者（当該認証を取り消された者が法人である場合においては、当該取消しに係る聴聞の期日及び場所に関する第百三条第二項の公示の日前六十日以内に当該法人の役員（いかなる名称によるかを問わず、これと同等以上の職権又は支配力を有するものを含む。ニにおいて同じ。）であつた者で当該取消しの日から二年を経過しないものを含む。）

ハ 営業に関し成年者と同一の行為能力を有しない未成年者であつて、その法定代理人がイ、ロ又はニのいずれかに該当するもの

ニ 法人であつて、その役員のうちにイ、ロ又はハのいずれかに該当する者があるもの

注 令和四年六月一七日法律六八号により改正され、令和七年六月一日から施行

第八十条第一項第二号イ中「懲役又は禁錮の刑」を「拘禁刑」に改める。

2 前項第一号の規定による基準は、自動車特定整備事業の種類別に自動車の特定整備に必要な最低限度のものでなければならない。

一・二項…一部改正〔昭三〇法二六〕、一項…一部改正〔昭五七法九一昭五九法二五平一〇法七四〕、二項…一部改正〔平一一法六六〕、一項…一部改正〔平一一法一五一〕、二項…一部改正〔平一一法一六〇平一六法一四七平二三法六一令元法三七〕、一・二項…一部改正〔令元法一四〕

※1項「国土交通省令」＝則五七、「本項の一部準用」＝本法九四の二2

（変更届等）

第八十一条 自動車特定整備事業者は、次に掲げる事項について変更が生じたときは、その事由が生じた日から三十日以内に、地方運輸局長に届け出なければならない。

一 氏名又は名称及び住所

二 法人にあつては、その役員の氏名

三 事業場の所在地

四 事業場の設備のうち国土交通省令で定める特に重要なもの

2 自動車特定整備事業者は、その事業を廃止したときは、その日から三十日以内に、その旨を地方運輸局長に届け出なければならない。

一項…一部改正〔昭五七法九一〕、一・二項…一部改正〔昭五九法二五〕、二項…一部改正〔平六法八六〕、一項…一部改正〔平一一法一六〇〕、一・二項…一部改正〔令元法一四〕

※1項「国土交通省令」＝則五八、「四号の準用」＝本法九四の九、「届出書の経由」＝則六六、1・2項「罰則」＝本法一一〇1③・一一一

（相続、合併及び分割）

第八十二条 自動車特定整備事業者について相続、合併又は分割（自動車特定整備事業を承継させるものに限る。）があつたときは、相続人（相続人が二人以上ある場合において、被相続人の死亡後三十日以内にその協議により事業を承継すべき相続人を選定したときは、その者）、合併後存続する法人若しくは合併により設立された法人又は分割により自動車特定整備事業を承継した法人は、自動車特定整備事業者のこの法律の規定による地位を承継する。

2 前項の規定により自動車特定整備事業者の地位を承継した者は、その事由の生じた日から三十日以内にその旨を地方運輸局長に届け出なければならない。

二項…一部改正〔昭五九法二五〕、見出・一項…一部改正〔平一二法九一〕、一・二項…一部改正〔令元法一四〕

※2項「届出書の経由」＝則六六、「本項の準用」＝本法次条2、「罰則」＝本法一一〇1③・一一一

（事業の譲渡）

第八十三条 自動車特定整備事業者が自動車特定整備事業を譲渡したときは、譲受人は、譲渡人のこの法律の規定による地位を承継する。

2 前条第二項の規定は、前項の場合に準用する。

一項…一部改正〔令元法一四〕

※2項「届出書の経由」＝則六六、「罰則」＝本法一一〇1③・一一一

（認証の失効）

第八十四条 第八十一条第二項の規定により事業の廃止の届出があつたときは、自動車特定整備事業の認証は、その効力を失う。

本条…一部改正〔平六法八六令元法一四〕

第八十五条から第八十八条まで 削除〔平一〇法七四〕

（標識）

第八十九条 自動車特定整備事業者は、事業場において、公衆の見やすいように、国土交通省令で定める様式の標識を掲げなければならない。

2 自動車特定整備事業者以外の者は、前項の標識又はこれに類似する標識を掲げてはならない。

一項…一部改正〔平一一法一六〇〕、一・二項…一部改正〔令元法一四〕

※「本条の準用」＝本法九四の九、1項「国土交通省令」＝則六二、「罰則」＝本法一一〇1①・一一一、2項「罰則」＝本法一一二1

（自動車特定整備事業者の義務）

第九十条 自動車特定整備事業者は、特定整備を行う場合においては、当該自動車の特定整備に係る部分が保安基準に適合するようにしなければならない。

本条…一部改正〔昭三七法一〇六昭三八法一四九平六法八六〕、全部改正〔平一〇法七四〕、見出…全部改正・本条…一部改正〔令元法一四〕

※「引用条項」＝本法九四の五（指定自動車整備事業者の保安基準適合証等）、九四の五の二（限定保安基準適合証）

（特定整備記録簿）

第九十一条　自動車特定整備事業者は、特定整備記録簿を備え、特定整備をしたときは、これに次に掲げる事項を記載しなければならない。

一　登録自動車にあつては自動車登録番号、第六十条第一項後段の車両番号の指定を受けた自動車にあつては車両番号、その他の自動車にあつては車台番号
二　特定整備の概要
三　特定整備を完了した年月日
四　依頼者の氏名又は名称及び住所
五　その他国土交通省令で定める事項

2　自動車特定整備事業者は、当該自動車の使用者に前項各号に掲げる事項を記載した特定整備記録簿の写しを交付しなければならない。

3　特定整備記録簿は、その記載の日から二年間保存しなければならない。

一項…一部改正〔昭三七法一〇六〕、一項…一部改正・二項…追加・旧二項…三項に繰下〔昭三八法一四九〕、一項…一部改正〔昭四四法六八〕、一・三項…一部改正・四項…追加〔昭五七法九一〕、四項…削除〔平六法八六〕、一・二項…一部改正〔平一〇法七四〕、一項…一部改正〔平一一法一六〇〕、見出…全部改正・一—三項…一部改正〔令元法一四〕

※　1項「自動車登録番号」＝本法九、「引用条項」＝本法六〇1後段（新規検査の場合の車両番号の指定）・九七の三（軽自動車の使用の届出等）、「国土交通省令」＝則六二の二、「罰則」＝本法一一〇1①・⑤・一一一、2・3項「罰則」＝本法一一〇1①・一一一

（設備の維持等）

第九十一条の二　自動車特定整備事業者は、当該事業場に関し、第八十条第一項第一号の規定による基準に適合するように設備を維持し、及び従業員を確保しなければならない。

本条…追加〔昭五七法九一〕、一部改正〔平一〇法七四令元法一四〕

（遵守事項）

第九十一条の三　自動車特定整備事業者は、第八十九条から前条までに定めるもののほか、自動車の整備についての技術の向上、適切な点検及び整備の励行の促進その他自動車特定整備事業の業務の適正な運営を確保するために国土交通省令で定める事項を遵守しなければならない。

本条…追加〔昭五七法九一〕、一部改正〔平一〇法七四平一一法一六〇令元法一四〕

※　「国土交通省令」＝則六二の二の二

（改善命令）

第九十二条　地方運輸局長は、自動車特定整備事業者の事業場の設備及び従業員が第八十条第一項第一号の規定による基準に適合せず、又はその業務の運営に関し前条の国土交通省令で定める事項を遵守していないと認めるときは、当該自動車特定整備事業者に対し、その設備及び従業員を基準に適合させるため、又はその業務の運営を改善するため必要な措置をとるべきことを命ずることができる。

本条…一部改正〔昭三〇法二六〕、見出…全部改正・本条…一部改正〔昭五七法九一〕、本条…一部改正〔昭五九法二五平一〇法七四平一一法一六〇令元法一四〕

※　「引用条項」＝本法八〇1（認証基準）、「罰則」＝本法一〇九⑬・一一一

（事業の停止等）

第九十三条　地方運輸局長は、自動車特定整備事業者が、次の各号のいずれかに該当するときは、三月以内において期間を定めて事業の停止を命じ、又は認証を取り消すことができる。

一　この法律若しくはこの法律に基づく命令又はこれらに基づく処分に違反したとき。
二　第七十八条第二項の規定による業務の範囲の限定又は同条第三項の規定により認証に付した条件に違反したとき。
三　第八十条第一項第二号イ、ハ又はニに掲げる者となつたとき。

本条…一部改正〔昭五七法九一昭五九法二五平一〇法七四令元法一四〕

※　「引用条項」＝本法七八（認証）・八〇1（認証基準）、「聴聞」＝本法一〇三、「罰則」＝本法一〇九⑤・一一一

（優良自動車整備事業者の認定）

第九十四条　地方運輸局長は、自動車の整備の向上を図るため、申請により、自動車又はその部分の整備又は改造を業とする者について、国土交通省令で定める基準に適合する設備、技術及び管理組織を有する事業場ごとに、優良自動車整備事業者の認定を行う。

2　優良自動車整備事業者の認定を受けた者は、事業場において、公衆の見易いように、国土交通省令で定める様式の標識を掲げなければならない。

3　優良自動車整備事業者の認定を受けた者以外の者は、前項の標識又はこれに類似する標識を掲げてはならない。

4　地方運輸局長は、第一項の認定を受けた者が同項の国土交通省令で定める基準に適合する設備、技術及び管理組織を有しなくなつたと認めるときは、認定を取り消すことができる。

5　第一項の認定の種類その他認定の実施細目は、国土交通省令で定める。

一・四・五項…一部改正〔昭四六法九〕、一・四項…一部改正〔昭五九法二五〕、一・二・四・五項…一部改正〔平一一法一六〇〕

※　1項「国土交通省令」＝優良自動車整備事業者認定規則五～七、「手数料」＝本法一〇二、道路運送車両法関係手数料令、2項「国土交通省令」＝優良自動車整備事業者認定規則八、「罰則」＝本法一一二、3項「罰則」＝本法一一〇1①・一一一、4項「聴聞」＝本法一〇三、5項「国土交通省令」＝優良自動車整備事業者認定規則

（指定自動車整備事業の指定等）

第九十四条の二　地方運輸局長は、自動車特定整備事業者の申請により、自動車特定整備事業の認証を受けた事業場であつて、自動車の整備について前条第一項の国土交通省令で定める基準に適合する設備、技術及び管理組織を有するほか、国土交通省令で定める基準に適合する自動車の検査の設備を有し、かつ、確実に第九十四条の四第一項の自動車検査員を選任して第九十四条の五第一項の自動車の点検及び整備について検査をさせると認められるものについて、指定自動車整備事業の指定をすることができる。

2　第七十八条第二項から第四項まで及び第八十条第一項（第二号ロからニまでに係る部分に限る。）の規定は、前項の指定について準用する。この場合において、同号ロ中「第九十三条の規定による自動車特定整備事業の認証」とあるのは「第九十四条の八第一項の規定による指定」と、「当該認証」とあるのは「当該指定」と読み替えるものとする。

3　第一項の規定の適用については、二以上の自動車特定整備事業の事業場のために用いられる自動車の検査の設備は、その管理の方法、位置その他について国土交通省令で定める要

件を備えるときは、当該二以上の事業場のそれぞれに所属する自動車の検査の設備とみなすことができる。

本条…追加〔昭三七法一〇六〕、一項…一部改正・三項…追加〔昭四六法九〕、二項…一部改正〔昭五七法九一〕、一項…一部改正〔昭五九法二五平六法八六〕、二項…一部改正〔平一〇法七四〕、一・三項…一部改正〔平一一法一六〇〕、一―三項…一部改正〔令元法一四〕

※　1項「国土交通省令」＝指定自動車整備事業規則二、「指定の申請」＝指定自動車整備事業規則一、「申請書の経由」＝指定自動車整備事業規則一六、2項「準用規定」＝本法七八（特定整備事業の認証）・八〇（認証基準）、「七八条二項の準用規定の罰則」＝本法一〇七③・一一一、3項「国土交通省令」＝指定自動車整備事業規則三

（設備の維持等）

第九十四条の三　前条第一項の指定を受けた者（以下「指定自動車整備事業者」という。）は、同項の設備（自動車の検査の設備を含む。次項において同じ。）、技術及び管理組織を同条第一項に規定する基準に適合するように維持しなければならない。

2　地方運輸局長は、前条第一項の設備、技術及び管理組織が同項に規定する基準に適合していないと認めるときは、当該指定自動車整備事業者に対し、その是正のために必要な措置をとるべきことを命ずることができる。

本条…追加〔昭三七法一〇六〕、見出・一・二項…一部改正〔昭四六法九〕、二項…一部改正〔昭五九法二五〕

※　2項「罰則」＝本法一〇九⑬・一一一

（自動車検査員）

第九十四条の四　指定自動車整備事業者は、事業場ごとに、自動車の検査について国土交通省令で定める一定の実務の経験その他の要件を備える者のうちから、自動車検査員を選任しなければならない。

2　自動車検査員は、他の事業場の自動車検査員となることができない。ただし、同一の指定自動車整備事業者の他の事業場で、位置その他について国土交通省令で定める要件を備えるものについては、この限りでない。

3　指定自動車整備事業者は、自動車検査員を選任したときは、その日から十五日以内に、地方運輸局長にその旨を届け出なければならない。これを変更したときも、同様とする。

4　地方運輸局長は、自動車検査員がその業務について不正の行為をしたとき、又はその他この法律若しくはこの法律に基づく命令の規定に違反したときは、指定自動車整備事業者に対し、自動車検査員の解任を命ずることができる。

5　前項又は第七十六条の三十二第四項の規定による命令により自動車検査員又は軽自動車検査員の職を解任され、解任の日から二年を経過しない者は、自動車検査員となることができない。

本条…追加〔昭三七法一〇六〕、二項…追加・旧二項…一部改正し三項に繰下・旧三・四項…一項ずつ繰下〔昭四六法九〕、五項…一部改正〔昭四七法六二〕、四項…一部改正〔昭五九法二五〕、五項…一部改正〔昭六二法四〇〕、三項…全部改正・五項…一部改正〔平一〇法七四〕、一・二項…一部改正〔平一一法一六〇〕

※　1項「国土交通省令」＝指定自動車整備事業規則四、「罰則」＝本法一一〇1①・一一一、2項「国土交通省令」＝指定自動車整備事業規則四の二、3項「準用規定」＝本法七六の三二5、「自動車検査員の選任届等」＝指定自動車整備事業規則五・一六、「罰則」＝本法一一〇1③・一一一、4項「聴聞」＝本法一〇三、「罰則」＝本法一一〇1⑦・一一一

（保安基準適合証等）

第九十四条の五　指定自動車整備事業者は、自動車（検査対象外軽自動車及び小型特殊自動車を除く。）を国土交通省令で定める技術上の基準により点検し、当該自動車の保安基準に適合しなくなるおそれがある部分及び適合しない部分について必要な整備をした場合において、当該自動車が保安基準に適合する旨を自動車検査員が証明したときは、請求により、保安基準適合証及び保安基準適合標章（第十六条第一項の申請に基づく一時抹消登録を受けた自動車並びに第六十九条第四項の規定による自動車検査証返納証明書の交付を受けた検査対象軽自動車及び二輪の小型自動車にあつては、保安基準適合証）を依頼者に交付しなければならない。ただし、第六十三条第二項の規定により臨時検査を受けるべき自動車については、臨時検査を受けていなければ、これらを交付してはならない。

2　指定自動車整備事業者は、自動車（検査対象外軽自動車及び小型特殊自動車その他国土交通省令で定める自動車を除く。）に係る前項の規定による保安基準適合証の交付に代えて、政令で定めるところにより、当該依頼者の承諾を得て、当該保安基準適合証に記載すべき事項を電磁的方法により登録情報処理機関に提供することができる。

3　前項の規定により保安基準適合証に記載すべき事項が登録情報処理機関に提供されたときは、当該指定自動車整備事業者は、当該保安基準適合証を当該依頼者に交付したものとみなす。

4　第一項の場合においては、自動車検査員は、国土交通省令で定める基準により、当該自動車が保安基準に適合するかどうかを検査し、その結果これに適合すると認めるときでなければ、その証明をしてはならない。この場合において、自動車検査員が当該自動車について国土交通省令で定める技術上の基準により同項の点検を行い、その結果保安基準に適合すると認めた部分は、国土交通省令で定めるところにより、検査において保安基準に適合するものとみなす。

5　自動車検査員は、第十六条第一項の申請に基づく一時抹消登録を受けた自動車又は第六十九条第四項の規定による自動車検査証返納証明書の交付を受けた検査対象軽自動車若しくは二輪の小型自動車については、当該自動車の構造等に関する事項がそれぞれ当該自動車に係る自動車登録ファイルに記録され、又は自動車検査証返納証明書に記載された構造等に関する事項と同一でなければ、第一項の証明をしてはならない。

6　保安基準適合証及び保安基準適合標章には、国土交通省令で定めるところにより、有効期間を付さなければならない。

7　新規検査又は予備検査（第十六条第一項の申請に基づく一時抹消登録を受けた乗用自動車等又は第六十九条第四項の規定による自動車検査証返納証明書の交付を受けた検査対象軽自動車若しくは二輪の小型自動車に係るものに限る。）に際し、当該自動車に係る自動車検査証返納証明書（同項の規定による自動車検査証返納証明書の交付を受けた検査対象軽自動車又は二輪の小型自動車に係るものに限る。）とともに有効な保安基準適合証の提出があつた場合には、第五十九条及び第六十条並びに第七十一条の規定の適用については、当該自動車は、国土交通大臣（第七十四条の四の規定の適用があるときは、協会。次項、第十項及び次条第四項において同

じ。）に対する提示があり、かつ、保安基準に適合するものとみなす。

8　継続検査に際し、有効な保安基準適合証の提出があつた場合には、第六十二条の規定の適用については、当該自動車は、国土交通大臣に対する提示があり、かつ、保安基準に適合するものとみなす。

9　前二項の検査の申請をする者は、第二項の規定により同項に規定する事項が登録情報処理機関に提供されたときは、国土交通省令で定めるところにより、前二項の申請書にその旨を記載することをもつて保安基準適合証の提出に代えることができる。

10　前項の規定により保安基準適合証に記載すべき事項が登録情報処理機関に提供されたことが第七項又は第八項の申請書に記載されたときは、国土交通大臣は、登録情報処理機関に対し、国土交通省令で定めるところにより、必要な事項を照会するものとする。

11　第一項の規定による自動車検査員の証明を受けた自動車が国土交通省令で定めるところにより当該証明に係る有効な保安基準適合標章を表示しているときは、第五十八条第一項及び第六十六条第一項の規定は、当該自動車について適用しない。

12　第七十一条の二第六項の規定は、保安基準適合証について準用する。

本条…追加〔昭三七法一〇六〕、見出…全部改正・一・三・四項…一部改正・五項…追加〔昭四四法六八〕、一・四項…一部改正〔昭四七法六二〕、一・二項…一部改正・三・五・八項…追加・旧三項…一部改正し四項に繰下・旧四項…一部改正し六項に繰下・旧五項…七項に繰下〔平六法八六〕、一・六項…一部改正〔平一〇法七四〕、一・二・四～七項…一部改正〔平一一法一六〇〕、一・三・五項…一部改正〔平一四法八九〕、二・三・九・一〇項…追加・旧二・五項…一部改正し二項ずつ繰下・旧三・四・六項…二項ずつ繰下・旧七・八項…四項ずつ繰下〔平一六法五五〕、五・七項…一部改正〔平一八法四〇〕、七項…一部改正〔平二七法四四〕

※　1項「国土交通省令」＝指定自動車整備事業規則六、「保安基準」＝本法四〇～四二、「罰則」＝本法一〇七④・一一一、2項「国土交通省令」＝指定自動車整備事業規則九の二、「政令」＝令一〇、4項「国土交通省令」＝指定自動車整備事業規則八、「罰則」＝本法一〇七②・一一一、5項「罰則」＝本法一〇七②・一一一、6項「国土交通省令」＝指定自動車整備事業規則九、8項「引用条項」＝本法六二（継続検査）「権限の読替」＝令一五7、9項「国土交通省令」＝自動車登録検査様式省令二・三、10項「国土交通省令」＝指定自動車整備事業規則九の二、11項「国土交通省令」＝則三七の四、「適用除外」＝本法五八1（自動車の検査及び自動車検査証）・六六1（自動車検査証の備付け等）

（限定保安基準適合証）

第九十四条の五の二　指定自動車整備事業者は、有効な限定自動車検査証の交付を受けている自動車の当該限定自動車検査証に記載された保安基準に適合しない部分を整備した場合において、当該整備に係る部分が保安基準に適合する旨を自動車検査員が証明したときは、請求により、限定保安基準適合証を依頼者に交付しなければならない。

2　前条第二項及び第三項の規定は、有効な限定自動車検査証の交付を受けている自動車（国土交通省令で定めるものを除く。）に係る前項の規定による限定保安基準適合証の交付について準用する。

3　前条第一項ただし書及び第四項前段の規定は、第一項の場合について準用する。この場合において、同条第四項前段中「当該自動車」とあるのは、「当該整備に係る部分」と読み替えるものとする。

4　有効な限定自動車検査証及び限定保安基準適合証の提出があつた場合には、第五十九条及び第六十条、第六十二条並びに第七十一条の規定の適用については、当該自動車は、国土交通大臣に対する提示があり、かつ、保安基準に適合するものとみなす。

5　前条第九項及び第十項の規定は、限定保安基準適合証の提出について準用する。

本条…追加〔平六法八六〕、三項…一部改正〔平一〇法七四平一一法一六〇〕、二・五項…追加・旧二項…一部改正し三項に繰下・旧三項…四項に繰下〔平一六法五五〕

※　1項「限定保安基準適合証の様式」＝指定自動車整備事業規則九、2、3項「準用規定」＝本法九四の五1ただし書（臨時検査を受けるべき自動車の扱い）・2前段（保安基準適合性の検査）、「罰則」1項＝本法一〇七⑤・一一一、3項＝本法一〇七②・一一一

（指定整備記録簿）

第九十四条の六　指定自動車整備事業者は、指定整備記録簿を備え、保安基準適合証、保安基準適合標章又は限定保安基準適合証を交付した自動車について、次に掲げる事項を記載しなければならない。

一　車名及び型式、車台番号、原動機の型式並びに登録自動車にあつては自動車登録番号、第六十条第一項後段の規定により車両番号の指定を受けた自動車にあつては車両番号

二　点検及び整備並びに検査の概要

三　検査の年月日

四　自動車検査員の氏名

五　国土交通省令で定める保安基準適合証、保安基準適合標章及び限定保安基準適合証に関する事項

六　依頼者の氏名又は名称及び住所

2　指定整備記録簿は、その記載の日から二年間保存しなければならない。

本条…追加〔昭三七法一〇六〕、一項…一部改正〔昭三八法一四九昭四四法六八平六法八六平一一法一六〇〕

※　「罰則」＝本法一一〇1①・一一一、1項「国土交通省令」＝指定自動車整備事業規則一〇、「罰則」＝本法一一〇1①・⑤・一一一

（罰則の適用）

第九十四条の七　自動車検査員その他第九十四条の五第一項及び第九十四条の五の二第一項の証明その他の保安基準適合証、保安基準適合標章及び限定保安基準適合証の交付の業務に従事する指定自動車整備事業者並びにその役員及び職員は、刑法その他の罰則の適用については、法令により公務に従事する職員とみなす。

本条…追加〔昭三七法一〇六〕、一部改正〔昭四四法六八昭四七法六二平六法八六〕

※　「刑法その他の罰則」＝刑法四・七・九五・九六・一五五～一五七・一九三・一九七～一九七ノ四

（保安基準適合証の交付の停止等）

第九十四条の八　地方運輸局長は、指定自動車整備事業者が次の各号のいずれかに該当するときは、六月以内において期間を定めて保安基準適合証、保安基準適合標章及び限定保安基準適合証の交付の停止を命じ、又は指定を取り消すことができる。

一　この法律若しくはこの法律に基づく命令又はこれらに基

基づく処分に違反したとき。

二　第九十三条第二号又は第三号に該当するとき。

三　第九十四条の二第二項において準用する第七十八条第二項又は第三項の規定による業務の範囲の限定又は指定に付した条件に違反したとき。

四　第九十四条の二第二項において準用する第八十条第一項第二号ハ又はニに掲げる者となつたとき。

五　自動車損害賠償保障法（昭和三十年法律第九十七号）第九条第七項の規定に違反したとき。

2　指定自動車整備事業者が自動車特定整備事業者でなくなつたとき、又は次条において準用する第八十一条第二項の規定による事業の廃止の届出があつたときは、その指定は、効力を失う。

本条…追加〔昭三七法一〇六〕、一項…一部改正〔昭四四法六八〕、二項…一部改正〔昭四六法九〕、一項…一部改正〔昭五七法九一・昭五九法二五・平六法八六・平一〇法七四・平一六法五五〕、二項…一部改正〔令元法一四〕

※　1項「聴聞」＝本法一〇三、「罰則」＝本法一〇七⑥・一一一

（準用規定）

第九十四条の九　第八十一条第一項（同項第四号に係る部分に限る。）及び第二項並びに第八十九条の規定は、指定自動車整備事業者について準用する。

本条…追加〔昭三七法一〇六〕、一部改正〔昭五七法九一・平六法八六〕

※　「準用規定」＝本法八一（変更届等）、本法八九（標識）、「本条で準用する八一・八九2の罰則」＝本法一一〇1①・③・一一一、「本条で準用する八九1の罰則」＝本法一一二

（国土交通省令への委任）

第九十四条の十　第九十四条の五第一項及び第九十四条の五の二第一項の証明の方式、保安基準適合証、保安基準適合標章及び限定保安基準適合証の様式その他保安基準適合証、保安基準適合標章及び限定保安基準適合証に関する実施細目、指定整備記録簿の様式並びに業務の適正な運営の確保のために指定自動車整備事業者及び自動車検査員の遵守すべき事項は、国土交通省令で定める。

本条…追加〔昭三七法一〇六〕、一部改正〔昭四四法六八・昭五七法九一・平六法八六〕、見出…全部改正・本条…一部改正〔平一一法一六〇〕

※　「国土交通省令」＝指定自動車整備事業規則

（自動車整備振興会）

第九十五条　一般社団法人又は一般財団法人であつて、その名称中に自動車整備振興会の文字を用いるものは、自動車の整備に関する設備の改善及び技術の向上を促進し、並びに自動車の整備事業の業務の適正な運営を確保するため、次に掲げる事業を行うことを目的とするものでなければならない。

一　自動車整備振興会としての意見を公表し、又は適当な行政庁に申し出ること。

二　必要な調査研究を行い、統計を作成し、資料を収集し、若しくはこれらを公刊し、又は情報を提供し、若しくはあつせんすること。

三　講演又は講習を行うこと。

四　自動車の整備又は整備事業に関し、自動車の使用者等の苦情を処理し、又はその相談に応ずること。

五　自動車の整備に関する技術の向上及び自動車の整備事業の業務の運営の改善に関し、自動車特定整備事業者その他の者の相談に応じ、又はこれらの者を指導すること。

六　広報を行うこと。

本条…一部改正〔昭二八法二五九・昭四七法六二・昭五七法九一・平一八法五〇・令元法一四〕

第九十六条　前条の法人以外の者は、その名称中に自動車整備振興会の文字を用いてはならない。

※　「罰則」＝本法一一〇1①・一一一

第六章の二　登録情報処理機関

本章…追加〔平一六法五五〕

（登録）

第九十六条の二　第七条第四項の登録（以下この章において単に「登録」という。）は、第三十三条第四項、第七十五条第五項又は第九十四条の五第二項（第九十四条の五の二第二項において準用する場合を含む。）に規定する事項の提供を受け、当該提供をした者について国土交通省令で定める方法による本人であることの確認その他の国土交通省令で定める事項の確認を行い、並びに第七条第五項（第五十九条第四項において準用する場合を含む。）及び第九十四条の五第十項（第九十四条の五の二第五項において準用する場合を含む。）の規定による国土交通大臣の照会に対して回答する業務（以下「情報処理業務」という。）を行おうとする者の申請により行う。

本条…追加〔平一六法五五〕

※　「国土交通省令」＝則六二の二の三・六二の二の四

（欠格条項）

第九十六条の三　次の各号のいずれかに該当する者は、登録を受けることができない。

一　この法律又はこの法律に基づく命令に違反し、罰金以上の刑に処せられ、その執行を終わり、又は執行を受けることがなくなつた日から二年を経過しない者

二　第九十六条の十三の規定により登録を取り消され、その取消しの日から二年を経過しない者

三　法人であつて、その業務を行う役員のうちに前二号のいずれかに該当する者があるもの

本条…追加〔平一六法五五〕

（登録基準等）

第九十六条の四　国土交通大臣は、第九十六条の二の規定により登録を申請した者が電子計算機及び情報処理業務に必要なプログラムを有するものであるときは、その登録をしなければならない。この場合において、登録に関して必要な手続は、国土交通省令で定める。

2　登録は、登録情報処理機関登録簿に次に掲げる事項を記載してするものとする。

一　登録年月日及び登録番号

二　登録情報処理機関の氏名又は名称及び住所並びに法人にあつては、その代表者の氏名

三　登録情報処理機関が情報処理業務を行う事業場の所在地

四　自動公衆送信において送信元である登録情報処理機関を識別するための文字、番号、記号その他の符号

五　登録情報処理機関が提供を受ける第七条第四項各号に掲げる規定に規定する事項の別

六　前各号に掲げるもののほか、国土交通省令で定める事項

3　国土交通大臣は、国土交通省令で定めるところにより、登

録情報処理機関登録簿を公衆の閲覧に供しなければならない。

4　登録情報処理機関は、電気通信回線に接続して行う自動公衆送信により、その氏名又は名称、登録情報処理機関登録簿に記載された登録番号、情報処理業務に関する約款及び料金その他の国土交通省令で定める事項を公衆の閲覧に供しなければならない。

本条…追加〔平一六法五五〕、一項…一部改正〔平一八法四〇令元法一四〕、二項…一部改正〔令五法六三〕

※「国土交通省令」＝則六二の二の五～六二の二の八

（登録の更新）

第九十六条の五　登録は、五年以上十年以内において政令で定める期間ごとにその更新を受けなければ、その期間の経過によつて、その効力を失う。

2　前三条の規定は、前項の登録の更新について準用する。

本条…追加〔平一六法五五〕

※1項「政令」＝令一一

（業務の実施に係る義務）

第九十六条の六　登録情報処理機関は、情報処理業務を行うことを求められたときは、正当な理由がある場合を除き、遅滞なく、情報処理業務を行わなければならない。

2　登録情報処理機関は、公正に、かつ、国土交通省令で定める基準に適合する方法により情報処理業務を行わなければならない。

3　登録情報処理機関は、国土交通省令で定める場合を除き、情報処理業務の全部又は一部を他人に委託してはならない。

本条…追加〔平一六法五五〕

※2項「国土交通省令」＝則六二の二の一〇、3項「国土交通省令」＝則六二の二の一一

（変更の届出）

第九十六条の七　登録情報処理機関は、第九十六条の四第二項第二号から第四号まで又は第六号に掲げる事項を変更しようとするときは、変更しようとする日の二週間前までに、その旨を国土交通大臣に届け出なければならない。

本条…追加〔平一六法五五〕

（業務規程）

第九十六条の八　登録情報処理機関は、情報処理業務の実施に関する規程（以下「業務規程」という。）を定め、情報処理業務の開始前に、国土交通大臣に届け出なければならない。これを変更しようとするときも、同様とする。

2　業務規程には、情報処理業務の実施方法、情報処理業務に関する料金その他の国土交通省令で定める事項を定めておかなければならない。

本条…追加〔平一六法五五〕

※2項「国土交通省令」＝則六二の二の一四

（業務の休廃止）

第九十六条の九　登録情報処理機関は、情報処理業務の全部又は一部を休止し、又は廃止しようとするときは、国土交通省令で定めるところにより、あらかじめ、その旨を国土交通大臣に届け出なければならない。

本条…追加〔平一六法五五〕

※「国土交通省令」＝則六二の二の一五、「罰則」＝本法一一〇1③・一一一

（財務諸表等の備付け及び閲覧等）

第九十六条の十　登録情報処理機関は、毎事業年度経過後三月以内に、当該事業年度の財産目録、貸借対照表及び損益計算書又は収支計算書並びに事業報告書（その作成に代えて電磁的記録（電子的方式、磁気的方式その他の人の知覚によつては認識することができない方式で作られる記録であつて、電子計算機による情報処理の用に供されるものをいう。以下この条において同じ。）の作成がされている場合における当該電磁的記録を含む。次項及び第百十三条において「財務諸表等」という。）を作成し、五年間事務所に備えて置かなければならない。

2　第三十三条第四項、第七十五条第五項又は第九十四条の五第二項（第九十四条の五の二第二項において準用する場合を含む。）に規定する事項を提供しようとする者その他の利害関係人は、登録情報処理機関の業務時間内は、いつでも、次に掲げる請求をすることができる。ただし、第二号又は第四号の請求をするには、登録情報処理機関の定めた費用を支払わなければならない。

一　財務諸表等が書面をもつて作成されているときは、当該書面の閲覧又は謄写の請求

二　前号の書面の謄本又は抄本の請求

三　財務諸表等が電磁的記録をもつて作成されているときは、当該電磁的記録に記録された事項を国土交通省令で定める方法により表示したものの閲覧又は謄写の請求

四　前号の電磁的記録に記録された事項を電磁的方法であつて国土交通省令で定めるものにより提供することの請求又は当該事項を記載した書面の交付の請求

本条…追加〔平一六法五五〕、二項…一部改正〔平一七法八七〕

※2項「国土交通省令」＝則六二の二の一六・六二の二の一七、1・2項各号「罰則」＝本法一一三

（適合命令）

第九十六条の十一　国土交通大臣は、登録情報処理機関が第九十六条の四第一項の規定に適合しなくなつたと認めるときは、その登録情報処理機関に対し、同項の規定に適合するため必要な措置をとるべきことを命ずることができる。

本条…追加〔平一六法五五〕

（改善命令）

第九十六条の十二　国土交通大臣は、登録情報処理機関が第九十六条の六の規定に違反していると認めるときは、その登録情報処理機関に対し、情報処理業務を行うべきこと又は情報処理業務の方法その他の業務の方法の改善に関し必要な措置をとるべきことを命ずることができる。

本条…追加〔平一六法五五〕

（登録の取消し等）

第九十六条の十三　国土交通大臣は、登録情報処理機関が次の各号のいずれかに該当するときは、その登録を取り消し、又は期間を定めて情報処理業務の全部若しくは一部の停止を命ずることができる。

一　第九十六条の三第一号又は第三号に該当するに至つたとき。

二　第九十六条の七から第九十六条の九まで、第九十六条の十第一項又は次条の規定に違反したとき。

三　正当な理由がないのに第九十六条の十第二項各号の規定による請求を拒んだとき。

四　前二条の規定による命令に違反したとき。

五　不正の手段により登録を受けたとき。

本条…追加〔平一六法五五〕

※「罰則」＝本法一〇七⑦・一一一

（帳簿の記載）

第九十六条の十四　登録情報処理機関は、国土交通省令で定めるところにより、帳簿を備え、情報処理業務に関し国土交通省令で定める事項を記載し、これを保存しなければならない。

本条…追加〔平一六法五五〕

※「国土交通省令」＝則六二の二の一八、「罰則」＝本法一一〇⑩・一一一

第六章の三　登録情報提供機関

本章…追加〔平一八法四〇〕

（登録）

第九十六条の十五　第二十二条第三項の登録（以下この章において単に「登録」という。）は、情報提供業務を行おうとする者の申請により行う。

本条…追加〔平一八法四〇〕

（欠格条項）

第九十六条の十六　次の各号のいずれかに該当する者は、登録を受けることができない。

一　この法律又はこの法律に基づく命令に違反し、罰金以上の刑に処せられ、その執行を終わり、又は執行を受けることがなくなつた日から二年を経過しない者

二　第九十六条の十九において準用する第九十六条の十三の規定により登録を取り消され、その取消しの日から二年を経過しない者

三　法人であつて、その業務を行う役員のうちに前二号のいずれかに該当する者があるもの

本条…追加〔平一八法四〇〕

（登録基準等）

第九十六条の十七　国土交通大臣は、第九十六条の十五の規定により登録を申請した者が電子計算機及び情報提供業務に必要なプログラムを有するものであるときは、その登録をしなければならない。この場合において、登録に関して必要な手続は、国土交通省令で定める。

2　登録は、登録情報提供機関登録簿に次に掲げる事項を記載してするものとする。

一　登録年月日及び登録番号

二　登録情報提供機関の氏名又は名称及び住所並びに法人にあつては、その代表者の氏名

三　登録情報提供機関が情報提供業務を行う事業場の所在地

四　自動公衆送信において送信元である登録情報提供機関を識別するための文字、番号、記号その他の符号

五　前各号に掲げるもののほか、国土交通省令で定める事項

3　国土交通大臣は、国土交通省令で定めるところにより、登録情報提供機関登録簿を公衆の閲覧に供しなければならない。

4　登録情報提供機関は、電気通信回線に接続して行う自動公衆送信により、その氏名又は名称、登録情報提供機関登録簿に記載された登録番号、情報提供業務に関する約款及び料金その他の国土交通省令で定める事項を公衆の閲覧に供しなければならない。

本条…追加〔平一八法四〇〕

※1項「国土交通省令」＝則六二の二の一九、2項「国土交通省令」＝則六二の二の二〇、3項「国土交通省令」＝則六二の二の二一、4項「国土交通省令」＝則六二の二の二二

（登録の更新）

第九十六条の十八　登録は、五年以上十年以内において政令で定める期間ごとにその更新を受けなければ、その期間の経過によつて、その効力を失う。

2　前三条の規定は、前項の登録の更新について準用する。

本条…追加〔平一八法四〇〕

※1項「政令」＝令一一の二、2項で準用する九六の一七「国土交通省令」＝則六二の二の二三

（準用）

第九十六条の十九　第九十六条の六から第九十六条の十四までの規定は、登録情報提供機関及び情報提供業務について準用する。この場合において、第九十六条の七中「第九十六条の四第二項第二号から第四号まで又は第六号」とあるのは「第九十六条の十七第二項第二号から第五号まで」と、第九十六条の十第二項中「第三十三条第四項、第七十五条第五項又は第九十四条の五第二項（第九十四条の五の二第二項において準用する場合を含む。）に規定する事項を提供しようとする者」とあるのは「登録情報の電気通信回線による提供を受けようとする者」と、第九十六条の十一中「第九十六条の四第一項」とあるのは「第九十六条の十七第一項」と、第九十六条の十三第一号中「第九十六条の三第一号又は第三号」とあるのは「第九十六条の十六第一号又は第三号」と読み替えるものとする。

本条…追加〔平一八法四〇〕

※「罰則」＝本法一〇七⑦・一一〇①③・⑩・一一一・一一三

第七章　雑則

（登録自動車に対する強制執行等）

第九十七条　登録自動車に対する強制執行及び仮差押えの執行については、地方裁判所が執行裁判所又は保全執行裁判所として、これを管轄する。ただし、仮差押えの執行で最高裁判所規則で定めるものについては、地方裁判所以外の裁判所が保全執行裁判所として、これを管轄する。

2　前項の強制執行及び仮差押えの執行に関し必要な事項は、最高裁判所規則で定める。

3　前二項の規定は、登録自動車の競売について準用する。

4　前三項の規定は、自動車抵当法第二条但書に規定する大型特殊自動車については、適用しない。

一・三項…一部改正〔昭二七法一〇二〕、四項…追加〔昭二九法九七〕、一部改正〔昭三八法一四九〕、一～三項…一部改正〔昭五四法五〕、一・三項…一部改正〔平元法九一〕

※1項「最高裁判所規則」＝民事保全規則三八、2項「最高裁判所規則」＝民事執行規則八六―九七、〈民事保全規則〉三五―三八

第九十七条の二　自動車の使用者が第六十二条第二項（第六十七条第四項において準用する場合を含む。）の規定により自動車検査証の返付を受けようとする場合（検査対象軽自動車又は二輪の小型自動車の使用者にあつては、第六十二条第二項の規定により自動車検査証の返付を受けようとする場合に限る。）には、当該自動車の使用者は、当該自動車の所有者が当該自動車について現に自動車税種別割（自動車税の種別割（地方税法第百四十五条第二号に掲げる種別割をいう。次項において同じ。）又は軽自動車税種別割の滞納

（天災その他やむを得ない事由によるものを除く。）がないことを証するに足る書面を提示しなければならない。

2　前項の場合において、現に自動車税種別割又は軽自動車税種別割の滞納がないことを証するに足る書面の提示については、当該書面の提示に代えて、政令で定めるところにより、国土交通大臣（第七十四条の四の規定の適用があるときは、協会。次項において同じ。）が当該自動車税種別割又は軽自動車税種別割を課した地方公共団体にその額の納付の有無の事実を確認することにより行うことができる。

3　国土交通大臣は、第一項の書面の提示又は前項の納付の事実の確認がないときは、自動車検査証の返付をしないものとする。

本条…追加〔昭二九法九五〕、一項…一部改正〔昭三三法五四〕、一・二項…一部改正〔昭三八法一四九昭四四法六八〕、二項…一部改正〔昭四七法六二平一一法一六〇平一四法八九〕、一項…一部改正・二項…追加・旧二項…一部改正し三項に繰下〔平一六法五五〕、一・三項…一部改正〔平二〇法二一〕、一・二項…一部改正〔平二八法一三〕

※　1項「自動車税」＝地方税法一四五～一五四、「軽自動車税」＝地方税法四四二～四四九

（検査対象外軽自動車の使用の届出等）

第九十七条の三　検査対象外軽自動車は、その使用者が、その使用の本拠の位置を管轄する地方運輸局長に届け出て、車両番号の指定を受けなければ、これを運行の用に供してはならない。

2　第七十三条第一項の規定は、検査対象外軽自動車について準用する。

3　前項において準用する第七十三条第一項の規定により検査対象外軽自動車に表示する車両番号標に関する事項は、国土交通省令で定める。

本条…追加〔昭二七法一〇二〕、旧九七条の二…繰下〔昭二九法九五〕、二項…一部改正・三項…追加〔昭三八法一四九〕、見出・一—三項…一部改正〔昭四七法六二〕、一項…一部改正〔昭五九法二五〕、三項…一部改正〔平一一法一六〇〕

※　「適用除外」＝安保協定等の実施に伴う道運法等の特例法四、「検査対象外軽自動車」＝本法五八1・則三五の二、1項「権限委任」＝令一五1、「届出書」＝則六三の二、「軽自動車届出済証」＝則六三の二～六三の四、六三の六・六三の七、「車両番号の変更」＝則六三の五、「罰則」＝本法一一〇1①・一一一、2項「準用規定」＝本法七三1（車両番号標の表示の義務等）、「国土交通省令」＝則六三の八、「罰則」＝本法一〇九①・一一一、3項「国土交通省令」＝則六三の二4・5、3項「罰則」＝本法一一〇1⑥・一一一

（自動車重量税の不納付による自動車検査証の不交付等）

第九十七条の四　国土交通大臣（第七十四条の四の規定の適用があるときは、協会）は、第六十条第一項、第六十二条第二項（第六十三条第三項及び第六十七条第四項において準用する場合を含む。）又は第七十一条第四項の規定により自動車検査証を交付し、又は返付する場合において、当該自動車検査証の交付又は返付に係る自動車につき課されるべき自動車重量税が納付されていないとき（当該自動車重量税の納付につき、自動車重量税法（昭和四十六年法律第八十九号）第十条の三第一項の規定による委託がされているときを除く。）は、当該自動車検査証の交付又は返付をしないものとする。

2　前項の規定は、前条第一項の規定により地方運輸局長が車両番号を指定する場合について準用する。

本条…追加〔昭四六法八九〕、一項…一部改正〔昭四七法六二〕、二項…一部改正〔昭五九法二五〕、一項…一部改正〔平一〇法七四平一一法一六〇平一四法八九令四法四〕

※　「引用条項」＝本法六〇（新規検査）・六二（継続検査）・六三（臨時検査）・六七（構造等変更検査）・七一（予備検査）、「自動車重量税」＝自動車重量税法

（不正使用等の禁止）

第九十八条　何人も、行使の目的をもつて、自動車登録番号標、臨時運行許可番号標、回送運行許可番号標、保安基準適合標章、検査標章、臨時検査合格標章、検査標章若しくは保安基準適合標章を偽造し、若しくは変造し、又は偽造若しくは変造に係るこれらの物を使用してはならない。

2　何人も、行使の目的をもつて、自動車登録番号標、臨時運行許可番号標、回送運行許可番号標、臨時検査合格標章、検査標章若しくは保安基準適合標章に紛らわしい外観を有する物を製造し、又はこれらの物を使用してはならない。

3　自動車登録番号標、臨時運行許可番号標、回送運行許可番号標、臨時検査合格標章、検査標章又は保安基準適合標章は、当該自動車以外の自動車に使用してはならない。

本条…一部改正〔昭二七法一〇二〕、一項…一部改正・二・三項…追加〔昭三七法一〇六〕、一—三項…一部改正〔昭四四法六八平六法八六〕

※　1項「罰則」＝本法一〇六、2項「罰則」＝本法一〇六の五、3項「罰則」＝本法一〇九①・一一一

（保安基準の規定の準用）

第九十九条　第四十条から第四十二条までの規定は、道路以外の場所において使用する自動車であつて多数の人員の輸送を行うものその他政令で定める保安上又は公害防止その他の環境保全上特に重要なものの使用について準用する。

本条…一部改正〔昭五七法九一平一四法八九〕

※　「適用除外」＝安保協定等の実施に伴う道運法等の特例法一、「準用規定」＝本法四〇（自動車の構造）・四一（自動車の装置）・四二（乗車定員又は最大積載量）、本条で準用する四〇条から四二条までの「国土交通省令」＝則六二の二の三、道路運送車両の保安基準、「政令」＝令一三、「罰則」＝本法一一〇1①・一一一

（不正改造等の禁止）

第九十九条の二　何人も、第五十八条第一項の規定により有効な自動車検査証の交付を受けている自動車又は第九十七条の三第一項の規定により使用の届出を行つている検査対象外軽自動車（以下「自動車検査証交付済自動車等」という。）について、自動車又はその部分の改造、装置の取付け又は取り外しその他これらに類する行為であつて、当該自動車が保安基準に適合しないこととなるものを行つてはならない。

本条…追加〔平一四法八九〕、一部改正〔令元法一四〕

※　「罰則」＝本法一〇八①・一一一

（特定改造等の許可）

第九十九条の三　自動車検査証交付済自動車等について、次に掲げる行為（以下「特定改造等」という。）をしようとする者は、国土交通省令で定めるところにより、あらかじめ、国土交通大臣の許可を受けなければならない。

一　自動運行装置その他の装置に組み込まれたプログラム等（プログラムその他の電子計算機による処理の用に供する情報をいう。以下同じ。）の改変による自動車の改造であつて、当該改造のためのプログラム等が適切なものでなければ自動車が保安基準に適合しなくなるおそれのあるものとして国土交通省令で定めるものを電気通信回線を使用す

る方法その他の国土交通省令で定める方法によりする行為

二　前号に規定する改造をさせる目的をもつて、電気通信回線を使用する方法その他の国土交通省令で定める方法により自動車の使用者その他の者に対し当該改造のためのプログラム等を提供する行為

2　第七十八条第三項及び第四項の規定は、前項の許可について準用する。この場合において、これらの規定中「条件」とあるのは、「条件又は期限」と読み替えるものとする。

3　国土交通大臣は、第一項の許可の申請が次に掲げる基準に適合していると認めるときでなければ、同項の許可をしてはならない。

一　申請者が特定改造等を適確に実施するに足りる能力及び体制を有する者として国土交通省令で定める基準に適合する者であること。

二　申請に係るプログラム等の改変により改造された自動車が保安基準に適合すること。

4　第一項の許可を受けた者は、その能力及び体制を、前項第一号の国土交通省令で定める基準に適合するように維持しなければならない。

5　第一項の許可を受けた者は、前項に定めるもののほか、プログラム等の適切な管理及び確実な改変その他特定改造等の適確な実施を確保するために必要なものとして国土交通省令で定める事項を遵守しなければならない。

6　国土交通大臣は、第一項の許可を受けた者の能力及び体制が第三項第一号の国土交通省令で定める基準に適合せず、又は第一項の許可を受けた者が特定改造等に関し前項の国土交通省令で定める事項を遵守していないと認めるときは、当該者に対し、その能力及び体制を基準に適合させるため、又は特定改造等の適確な実施を確保するため必要な措置をとるべきことを命ずることができる。

7　国土交通大臣は、第一項の許可を受けた者が次の各号のいずれかに該当するときは、期間を定めて特定改造等の停止を命じ、又は同項の許可を取り消すことができる。

一　この法律若しくはこの法律に基づく命令又はこれらに基づく処分に違反したとき。

二　第二項において準用する第七十八条第三項の規定により許可に付した条件に違反したとき。

三　偽りその他不正の手段により第一項の許可を受けたとき。

8　国土交通大臣は、第一項の許可に関する事務のうち、次に掲げるものを機構に行わせるものとする。

一　第一項の許可の申請者が特定改造等を適確に実施するに足りる能力を有するかどうかの審査

二　第一項の許可の申請に係るプログラム等の改変により改造された自動車が保安基準に適合するかどうかの審査

9　機構は、前項各号に掲げる審査を行つたときは、遅滞なく、これらの審査の結果を国土交通省令で定めるところにより国土交通大臣に通知しなければならない。

本条…追加〔令元法一四〕

※「手数料」＝本法一〇二、道路運送車両法関係手数料令、1項「国土交通省令」＝自動車の特定改造等の許可に関する省令一1〜3、「罰則」＝本法一〇九⑭・一一一、3項「国土交通省令」＝自動車の特定改造等の許可に関する省令四、5項「国土交通省令」＝同五、6項「罰則」＝本法一〇九⑮・一一一、7項「聴聞」＝本法一〇三、「罰則」＝本法一〇九⑤・一一一、9項「国土交通省令」＝自動車の特定改造等の許可に関する省令六

（情報管理センターに対する照会）

第九十九条の四　国土交通大臣は、情報管理センターに対し、国土交通省令で定めるところにより、解体報告記録に関し、必要な事項を照会することができる。

本条…追加〔平一四法八九〕、旧九九条の三…繰下〔令元法一四〕

※「国土交通省令」＝則六七の二、登録規則三二

（報告徴収及び立入検査）

第百条　当該行政庁は、第七十五条の六第一項に定めるもののほか、第一条の目的を達成するため必要があると認めるときは、次に掲げる者に、道路運送車両の所有若しくは使用又は事業若しくは業務に関し報告をさせることができる。

一　道路運送車両の所有者又は使用者

二　自動車登録番号標交付代行者

三　引取業者

四　第二十八条の三第一項の規定により封印の取付けの委託を受けた者

五　第二十九条第二項又は第三十条の規定により届出をした者

六　第三十六条の二第一項の許可を受けた者

七　第五十五条第三項の規定によりその設ける自動車整備士の養成施設について指定を受けた者

八　特定記録等事務代行者

九　特定変更記録事務代行者

十　第七十五条第一項の規定により自動車の型式について指定を受けた者

十一　第七十五条の二第一項の規定により特定共通構造部の型式について指定を受けた者

十二　第七十五条の三第一項の規定により特定装置の型式について指定を受けた者

十三　自動車特定整備事業者

十四　優良自動車整備事業者の認定を受けた者

十五　指定自動車整備事業者

十六　登録情報処理機関

十七　登録情報提供機関

十八　情報管理センター

十九　第九十九条の三第一項の許可を受けた者

2　当該職員は、第七十五条の六第一項に定めるもののほか、第一条の目的を達成するため特に必要があると認めるときは、前項各号に掲げる者の事務所その他の事業場又は道路運送車両の所在すると認める場所に立ち入り、道路運送車両、帳簿書類その他の物件を検査し、又は関係者に質問することができる。

3　前項の場合には、当該職員は、その身分を示す証票を携帯し、かつ、関係者の請求があるときは、これを提示しなければならない。

4　第二項の規定による権限は、犯罪捜査のために認められたものと解釈してはならない。

一項…一部改正〔昭二七法一〇二昭三七法一〇六昭四四法六八平一〇法七四平一四法八九平一六法五五平一八法四〇平二七法四四〕、追加〔平成一一年一二月法律二一八号〕、一・二項…一部改正〔平二九法四〇〕、一・三・四項…一部改正、一項…一部改正〔令元法一四〕

※「適用除外」＝安保協定等の実施に伴う道運法等の特例法一、1項「報告」＝則六八、自動車事故報告規則、

「罰則」＝本法一一〇1③・一一一、2項「立入検査」＝自動車運送事業等監査規則、「罰則」＝本法一一〇1⑨・一一一、3項「証票」＝則六五

第百一条　当該行政庁は、前条第二項の規定により当該職員が次の各号に掲げるものを検査する場合には、それぞれ当該各号に定める審査を機構に行わせることができる。
一　自動車　当該自動車が保安基準に適合するかどうかの審査
二　第九十九条の三第一項の許可を受けた者の物件　同項の許可を受けた者が特定改造等を適確に実施するに足りる能力を有するかどうかの審査
2　機構は、前項各号に定める審査を行つたときは、遅滞なく、これらの審査の結果を国土交通省令で定めるところにより当該行政庁に通知しなければならない。

本条…削除〔昭三七法一〇六〕、追加〔平一一法二一八〕、一・二項…一部改正〔平二七法四四令元法一四〕

※　2項「国土交通省令」＝則四九の二

（手数料の納付）
第百二条　次に掲げる者（国及び独立行政法人（独立行政法人通則法（平成十一年法律第百三号）第二条第一項に規定する独立行政法人であつて当該独立行政法人の業務の内容その他の事情を勘案して政令で定めるものに限る。第八号において同じ。）を除く。次項において同じ。）は、実費を勘案して政令で定める額の手数料を国（第四号、第十号又は第十一号に掲げる者が協会にその申請をする場合には、協会）に納めなければならない。
一　新規登録を申請する者
二　変更登録、移転登録、輸出抹消仮登録又は一時抹消登録を申請する者
三　第十八条の二の規定による登録識別情報の通知を受ける者（第十五条の二第五項の一時抹消登録に係るものに限る。）
四　輸出予定届出証明書の交付を申請する者
五　地方運輸局長が行う臨時運行の許可を申請する者
六　回送運行許可証の交付を申請する者
七　登録事項等証明書の交付を請求する者
八　第二十二条第三項の規定による請求（国又は独立行政法人の委託に係るものを除く。）に係る登録情報の提供を受ける登録情報提供機関
九　自動車整備士の技能検定を申請する者
十　自動車検査証返納証明書又は第七十二条の三の規定による証明書の交付を申請する者
十一　自動車検査証、臨時検査合格標章、検査標章、自動車予備検査証又は限定自動車検査証の再交付を申請する者
十二　指定自動車整備事業の指定を申請する者
2　新規検査、継続検査、構造等変更検査又は予備検査を申請する者は、実費（審査用技術情報管理事務に係る実費を除く。）を勘案して政令で定める額の手数料を国（協会にその申請をする場合には、協会）に、審査用技術情報管理事務に係る実費を勘案して政令で定める額の手数料を機構に、それぞれ納めなければならない。
3　前項に規定する者のうち機構が行う基準適合性審査を受けようとする者は、同項の規定にかかわらず、自動車検査証の交付に係る実費を勘案して政令で定める額の手数料を国に、基準適合性審査に係る実費を勘案して政令で定める額の手数料を機構に、それぞれ納めなければならない。
4　次の各号に掲げる者は、実費（それぞれ当該各号に定める審査に係る実費を除く。）を勘案して政令で定める額の手数料を国に、それぞれ当該各号に定める審査に係る実費を勘案して政令で定める額の手数料を機構に、それぞれ納めなければならない。
一　自動車、特定共通構造部又は特定装置の型式について指定を申請する者　第七十五条の五第一項の審査
二　第九十九条の三第一項の許可を申請する者　同条第八項各号に掲げる審査
5　第一項第一号から第四号まで、第七号、第八号又は第十号から第十二号までに掲げる者の同項の手数料、第二項に規定する者の同項及び第三項の手数料並びに前項各号に掲げる者の同項の手数料の納付は、機構及び協会に納める場合を除き、国土交通省令で定めるところにより、自動車検査登録印紙をもつてしなければならない。ただし、第一項第八号の請求をする場合には、国土交通省令で定めるところにより、現金をもつてすることができる。
6　第一項第八号の請求をする者又は情報通信技術を活用した行政の推進等に関する法律（平成十四年法律第百五十一号）第六条第一項の規定により同項に規定する電子情報処理組織を使用して第一項各号（第八号を除く。）、第二項若しくは第四項各号の規定による申請等をする者が、国土交通省令で定める期間内に手数料を納付しないときは、国土交通大臣（第七十四条の四の規定の適用があるときは、協会）は、当該申請等を却下することができる。
7　第一項及び第二項の手数料で協会に納められたものは、協会の収入とする。
8　第二項から第四項までの手数料で機構に納められたものは、機構の収入とする。

本条…一部改正〔昭二七法一〇二昭三〇法二六法一一二昭三一法一六〕、一項…一部改正・二項…追加〔昭三九法四七〕、一・二項…一部改正〔昭四四法六八〕、二項…一部改正〔昭四五法八〇〕、一・二項…一部改正〔昭四六法九〕、一・二項…一部改正・三項…追加〔昭四七法六二〕、一項…一部改正〔昭五〇法三四昭五七法九一〕、一・二項…一部改正〔昭五九法二三〕、一項…一部改正〔昭五九法二五〕、一・二項…一部改正〔昭六一法八六〕、一項…一部改正〔平一〇法七四〕、二項…一部改正〔平一一法一六〇〕、一項…一部改正〔平一一法二二〇〕、二項…一部改正〔平一四法一五二〕、一・二項…一部改正〔平一四法八九〕、三項…追加・旧三項…四項に繰下〔平一六法五五〕、一・二項…一部改正〔平一八法一〇法四〇〕、二・六項…追加・旧二項…一部改正し三項に繰下・旧三・四項…一項ずつ繰下〔平一九法九〕、一項…一部改正〔平二〇法四〇〕、一・二項…一部改正・三項…追加・旧三・四・六項…一部改正し一項ずつ繰下・旧五項…六項に繰下〔平二七法四四〕、四・五項…一部改正〔令元法一六〕、一項…一部改正・二項…追加・旧二・四項…一部改正し一項ずつ繰下・旧三項…四項に繰下、四―六項…一部改正〔令元法一四〕

※　1項「政令」＝道路運送車両法関係手数料令一、令一四、2項「政令」＝同手数料令二、3・4項「政令」＝同手数料令三、5・6項「国土交通省令」＝則六九〜六九の三

（聴聞の特例）
第百三条　当該行政庁は、第二十六条第二項若しくは第九十三条の規定による事業の停止又は第九十四条の八第一項の規定による保安基準適合証、保安基準適合標章及び限定保安基準

適合証の交付の停止の命令をしようとするときは、行政手続法第十三条第一項の規定による意見陳述のための手続の区分にかかわらず、聴聞を行わなければならない。

2　当該行政庁は、第二十六条第二項、第三十六条の二第八項（許可の取消しの場合に限る。）、第五十三条、第七十五条第八項若しくは第九項、第七十五条の二第五項若しくは第六項、第七十五条の三第六項若しくは第七項、第九十三条、第九十四条第四項、第九十四条の四第四項、第九十四条の八第一項又は第九十九条の三第七項（許可の取消しの場合に限る。）の規定による処分に係る聴聞を行うに当たつては、その期日の一週間前までに、行政手続法第十五条第一項の規定による通知をし、かつ、聴聞の期日及び場所を公示しなければならない。

3　前項の通知を行政手続法第十五条第三項に規定する方法によつて行う場合においては、同条第一項の規定により聴聞の期日までにおくべき相当な期間は、二週間を下回つてはならない。

4　第二項の聴聞の期日における審理は、公開により行わなければならない。

一項…一部改正〔昭三七法一〇六昭四四法六八昭四六法九一〕、二項…一部改正・二・三項…全部改正〔昭五七法九一〕、二項…一部改正〔昭五八法五七〕、本条…全部改正〔平五法八九〕、一項…一部改正〔平六法八六〕、二項…一部改正〔平一〇法七四平一六法五五平二七法四四令元法一四〕

（協会がした処分等に係る審査請求）

第百三条の二　協会が行う軽自動車の検査事務に係る処分又はその不作為に不服がある者は、国土交通大臣に対し審査請求をすることができる。この場合において、国土交通大臣は、行政不服審査法第二十五条第二項及び第三項、第四十六条第一項及び第二項、第四十七条並びに第四十九条第三項の規定の適用については、協会の上級行政庁とみなす。

本条…追加〔昭四七法六二〕、一部改正〔平一一法一六〇〕、見出し・本条…一部改正〔平二六法六九〕

（経過措置）

第百四条　この法律の規定に基づき政令又は国土交通省令を制定し、又は改廃する場合においては、それぞれ、政令又は国土交通省令で、その制定又は改廃に伴い合理的に必要と判断される範囲内において、所要の経過措置（罰則に関する経過措置を含む。）を定めることができる。

本条…削除〔昭三七法一六一〕、追加〔昭四四法六八〕、一部改正〔平一一法一六〇平一四法八九〕

※　「政令」＝令、道路運送車両法の一部を改正する法律附則第二条第一項に規定する検査対象軽自動車についての経過措置を適用する期限を定める政令（昭四七政四三八）等「国土交通省令」＝則、自動車の特定改造等の許可に関する省令

（権限の委任）

第百五条　この法律に規定する国土交通大臣の権限は、政令で定めるところにより、地方運輸局長に委任することができる。

2　この法律に規定する地方運輸局長の権限及び前項の規定により地方運輸局長に委任された権限は、政令で定めるところにより、運輸監理部長又は運輸支局長に委任することができる。

3　国土交通大臣又は地方運輸局長の権限が第一項又は前項の規定により地方運輸局長又は運輸監理部長若しくは運輸支局長に委任された場合においては、政令で、合理的に必要と判断される範囲内において、この法律その他の法令の規定の適用に関し必要な事項を定めることができる。

二項…一部改正〔昭二七法一〇二昭三一法一六〕、三項…追加〔昭三七法一六一〕、一項…一部改正・二・四～六項…追加・三項…削除・旧二項…一部改正し三項に繰下〔昭四四法六八〕、二項…一部改正〔昭四七法六二〕、三項…一部改正〔昭五七法九一〕、二項…一部改正〔昭五八法五七〕、一・三・六項…一部改正〔昭五九法二五〕、本条…全部改正〔昭五九法六七〕、一～三・五・六項…一部改正〔平一一法一六〇〕、二・三・五・六項…一部改正〔平一四法五四〕、三―五項…削除・旧六項…一部改正し三項に繰上〔平二六法六九〕

※　1・2項「政令」＝令一五1～6、6項「政令」＝令一五7

（事務の区分）

第百五条の二　第十一条第一項、第二項、第四項及び第六項並びに第三十四条第二項及び第三十五条第四項（これらの規定を第七十三条第二項において準用する場合を含む。）の規定により市町村（特別区を含む。）が処理することとされている事務は、地方自治法（昭和二十二年法律第六十七号）第二条第九項第一号に規定する第一号法定受託事務とする。

本条…追加〔平一一法八七〕、一部改正〔平一八法四〇平二七法四四〕

第八章　罰則

第百六条　第九十八条第一項の規定に違反した者は、三年以下の懲役若しくは百万円以下の罰金に処し、又はこれを併科する。

注　令和四年六月一七日法律六八号により改正され、令和七年六月一日から施行
第百六条中「懲役」を「拘禁刑」に改める。

本条…一部改正〔昭三七法一〇六昭五七法九一平六法八六〕

第百六条の二　第三十六条の三第二項の規定に違反して、登録識別情報の作成又は管理に関する秘密を漏らした者は、二年以下の懲役又は百万円以下の罰金に処する。

注　令和四年六月一七日法律六八号により改正され、令和七年六月一日から施行
第百六条の二中「懲役」を「拘禁刑」に改める。

本条…追加〔平一八法四〇〕

第百六条の三　自動車登録ファイルに不実の記録をさせることとなる登録の申請の用に供する目的で、登録識別情報を取得した者は、二年以下の懲役又は五十万円以下の罰金に処する。情を知つて、その情報を提供した者も、同様とする。

注　令和四年六月一七日法律六八号により改正され、令和七年六月一日から施行
第百六条の三第一項中「懲役」を「拘禁刑」に改める。

2　不正に取得された登録識別情報を、前項の目的で保管した者も、同項と同様とする。

本条…追加〔平一八法四〇〕

注　令和四年六月一七日法律六八号により改正され、令和七年六月一日から施行
第百六条の四から第百八条までの規定中「懲役」を「拘禁刑」に改める。

第百六条の四　次の各号のいずれかに該当する者は、一年以下の懲役若しくは三百万円以下の罰金に処し、又はこれを併科する。

一　第六十三条の二第五項の規定による命令に違反した者

二　第六十三条の三第一項又は第二項の規定による届出をせず、又は虚偽の届出をした者

三　第六十三条の四第一項若しくは第七十五条の六第一項の規定による報告をせず、若しくは虚偽の報告をし、又はこれらの規定による検査を拒み、妨げ、若しくは忌避し、若しくは質問に対し陳述をせず、若しくは虚偽の陳述をした者

本条…追加〔平一四法八九〕、旧一〇六条の二…繰下〔平一八法四〇〕、一部改正〔平二九法四〇〕

第百六条の五　第九十八条第二項の規定に違反した者は、一年以下の懲役又は百万円以下の罰金に処する。

本条…追加〔昭三七法一〇六〕、一部改正〔昭五七法九一平六法八六〕、旧一〇六条の二…繰下〔平一四法八九〕、旧一〇六条の三…繰下〔平一八法四〇〕

第百七条　次の各号のいずれかに該当する者は、一年以下の懲役若しくは五十万円以下の罰金に処し、又はこれを併科する。

一　詐偽その他不正の手段により、第三十一条ただし書、第三十四条第一項（第七十三条第二項において準用する場合を含む。）、第三十六条の二第一項（第七十三条第二項において準用する場合を含む。）、第六十条第一項、第六十二条第二項（第六十三条第三項（第七十一条第四項において準用する場合を含む。）及び第六十七条第四項（第七十一条第八項において準用する場合を含む。）において準用する場合を含む。）、第七十条、第七十一条第二項若しくは第四項又は第七十一条の二第一項の規定による許可その他の処分を受けた者

二　第二十九条第一項、第三十一条、第九十四条の五第四項（第九十四条の五の二第三項において準用する場合を含む。）又は第九十四条の五第五項の規定に違反した者

三　第九十四条の二第二項において準用する第七十八条第二項の規定による業務の範囲の限定に違反した者

四　第九十四条の五第一項の規定による自動車検査員の証明がないのに保安基準適合証又は保安基準適合標章を交付した者

五　第九十四条の五の二第一項の規定による自動車検査員の証明がないのに限定保安基準適合証を交付した者

六　第九十四条の八第一項の規定による保安基準適合証、保安基準適合標章及び限定保安基準適合証の交付の停止の処分に違反した者

七　第九十六条の十三（第九十六条の十九において準用する場合を含む。）の規定による情報処理業務又は情報提供業務の停止の命令に違反した登録情報処理機関又は登録情報提供機関の役員又は職員

本条…一部改正〔昭二七法一〇二昭三七法一〇六昭四四法六八昭五七法九一平六法八六平一〇法七四平一四法八九平一六法五五平一八法四〇〕

第百八条　次の各号のいずれかに該当する者は、六月以下の懲役又は三十万円以下の罰金に処する。

一　第四条、第十一条第五項、第二十条第一項若しくは第二項、第三十五条第六項、第三十六条、第三十六条の二第七項（第七十三条第二項において準用する場合を含む。）、第五十四条の二第七項、第五十八条第一項、第六十九条第二項又は第九十九条の二の規定に違反した者

二　第五十四条第二項又は第五十四条の二第六項の規定による処分に違反した者

三　第五十四条の三第一項の規定による報告をせず、若しくは虚偽の報告をし、又は同項の規定による検査を拒み、妨げ、若しくは忌避し、若しくは質問に対し陳述をせず、若しくは虚偽の陳述をした者

本条…一部改正〔昭二七法一〇二昭三〇法二六昭四四法六八昭五七法九一平六法八六平一四法八九平一八法四〇平二七法四四〕

第百九条　次の各号のいずれかに該当する者は、五十万円以下の罰金に処する。

一　第十一条第一項（同条第二項及び第十四条第二項において準用する場合を含む。）、第十一条第四項若しくは第六項、第十九条、第二十条第四項、第五十四条の二第四項、第六十三条第六項、第七十三条第一項（第九十七条の三第二項において準用する場合を含む。）又は第九十八条第三項の規定に違反した者

二　第十二条第一項、第十三条第一項又は第十五条第一項の規定による申請をせず、又は虚偽の申請をした者

三　第十五条の二第一項本文の規定による申請をせず、又は虚偽の申請をして輸出した者

四　第二十五条第一項の規定による指定を受けないで自動車登録番号標を登録自動車の所有者に交付する業を行つた者

五　第二十六条第二項、第九十三条又は第九十九条の三第七項の規定による命令に違反した者

六　第二十八条の二第二項又は第三十二条の規定による命令に違反した者

七　第五十四条第一項又は第五十四条の二第一項の規定による命令又は指示に違反した者

八　第五十七条の二第一項の規定による情報の提供をせず、又は虚偽の情報の提供をした者

九　第六十六条第一項（第七十一条の二第四項において読み替えて適用する場合を含む。）の規定に違反して、自動車検査証若しくは限定自動車検査証を備え付けず、又は検査標章を表示しないで自動車を運行の用に供した者

十　第七十五条第七項、第七十五条の二第四項又は第七十五条の三第五項の規定による命令に違反した者

十一　第七十八条第一項の規定による認証を受けないで自動車特定整備事業を経営した者

十二　第七十八条第二項の規定による業務の範囲の限定に違反した者

十三　第九十二条又は第九十四条の三第二項の規定による命令に違反した者

十四　第九十九条の三第一項の規定に違反して、特定改造等をした者（同項第二号の規定による提供をした者にあつては、当該違反により当該提供を受けた者が自動車検査証交付済自動車等について、当該違反に係るプログラム等の改変による自動車の改造をした場合に限る。）

十五　第九十九条の三第六項の規定による命令に違反した者

本条…一部改正〔昭二七法一〇二昭三〇法一一二昭三七法一〇六昭三八法一四九昭四四法六八〕、一項…一

部改正・二項…追加〔昭四七法六二〕、一項…一部改正・二項・削除〔昭五七法九一〕、本条…一部改正〔平六法八六平一四法八九平二七法四四令元法一四〕

第百十条 次の各号のいずれかに該当する者は、三十万円以下の罰金に処する。

一 第二十六条第一項（第二十八条の三第二項において準用する場合を含む。）、第二十八条第二項、第二十九条第二項、第三十三条、第五十条、第六十三条第二項（第七十一条第七項において準用する場合を含む。）、第六十六条第五項、第六十七条第一項（第七十一条第八項において準用する場合を含む。）、第七十四条の五第二項、第七十四条の六第二項、第七十五条の四第二項若しくは第三項、第七十六条の六第二項、第八十九条第二項（第九十四条の九において準用する場合を含む。）、第九十一条第一項から第三項まで、第九十四条第三項、第九十四条の四第一項、第九十四条の六、第九十六条、第九十七条の三第一項又は第九十九条において準用する第四十条、第四十一条第一項若しくは第四十二条の規定に違反した者

二 第二十七条第一項の規定による認可を受けないで手数料を収受した者

三 第十六条第二項、第三十条第一項、第五十二条、第六十三条の三第四項、第六十九条の二第一項、第八十一条（第九十四条の九において準用する場合を含む。）、第八十二条第二項（第八十三条第二項において準用する場合を含む。）、第九十四条の四第三項、第九十六条の九（第九十六条の十九において準用する場合を含む。）又は第百条第一項の規定に基づく届出若しくは報告をせず、又は虚偽の届出若しくは報告をした者

四 第十五条の二第一項ただし書、第十六条第四項又は第六十九条の二第三項の規定による届出をせず、又は虚偽の届出をして輸出した者

五 第三十三条第一項、第九十一条第一項又は第九十四条の六第一項の規定による譲渡証明書等に虚偽の記載をした者

六 第三十九条、第七十六条及び第九十七条の三第三項の規定に基づく命令の規定に違反した者

七 第二十九条第三項、第五十三条、第六十七条第三項（第七十一条第八項において準用する場合を含む。）又は第九十四条の四第四項の規定による命令に違反した者

八 第七十六条の四十第一項の規定による検査を拒み、妨げ、又は忌避した者

九 第百条第二項の規定による検査を拒み、妨げ、若しくは忌避し、又は質問に対し陳述をせず、若しくは虚偽の陳述をした者

十 第九十六条の十四（第九十六条の十九において準用する場合を含む。）の規定に違反して、帳簿を備えず、帳簿に記載せず、若しくは帳簿に虚偽の記載をし、又は帳簿を保存しなかつた者

2 第七十六条の四十第一項の規定による報告をせず、又は虚偽の報告をした場合には、その違反行為をした協会の役員又は職員は、二十万円以下の罰金に処する。

本条…一部改正〔昭二七法一〇二昭三〇法二六・一一二昭三七法一〇六昭三八法一四九昭四四法六八昭四六法九昭四七法六二〕、一項…一部改正・二項…追加〔昭五七法九一〕、一・二項…一部改正〔平六法八六〕、一項…一部改正〔平一〇法七四平一四法八九平一六法五五平一八法四〇平二七法四四令元法一四〕

第百十一条 法人の代表者又は法人若しくは人の代理人、使用人その他の従業者が、その法人又は人の業務又は所有し、若しくは使用する道路運送車両に関し、次の各号に掲げる規定の違反行為をしたときは、行為者を罰するほか、その法人に対して当該各号に定める罰金刑を、その人に対して各本条の罰金刑を科する。

一 第百六条の四　二億円以下の罰金刑

二 第百七条から前条まで（同条第一項第八号及び同条第二項を除く。）　各本条の罰金刑

本条…一部改正〔昭四七法六二昭五七法九一平一〇法七四平一四法八九平一八法四〇〕

第百十二条 第十五条の二第五項において準用する第十六条第六項又は第六十九条の二第五項（第六十九条の三において準用する場合を含む。）、第十八条第二項（第六十九条の三において準用する場合を含む。）、第二十七条第三項、第二十八条第一項（第二十八条の三第二項において準用する場合を含む。）、第六十三条第四項後段、第六十九条第一項、第七十五条第四項、第八十九条第一項（第九十四条の九において準用する場合を含む。）又は第九十四条の四第二項の規定に違反した者は、三十万円以下の過料に処する。

2 次の各号のいずれかに該当する場合には、その違反行為をした協会の役員は、三十万円以下の過料に処する。

一 第五章の二の規定により国土交通大臣の認可又は承認を受けなければならない場合において、その認可又は承認を受けなかつたとき。

二 第七十六条の七第一項の規定による政令に違反して、登記することを怠つたとき。

三 第七十六条の二十七第一項に規定する業務以外の業務を行つたとき。

本条…一部改正〔昭三七法一〇六昭四四法六八〕、一項…追加・旧一項…二項に繰下〔昭四七法六二〕、一項…追加・二項…削除・旧一項…一部改正し二項に繰下〔昭五七法九一〕、一項…一部改正〔昭五八法五七〕、一・二項…一部改正〔平六法八六〕、一項…全部改正〔平一〇法七四〕、一・二項…一部改正〔平一一法一六〇〕、一・二項…一部改正〔平一四法八九〕、一・二項…一部改正〔平一八法四〇〕

第百十三条 第九十六条の十第一項（第九十六条の十九において準用する場合を含む。）の規定に違反して財務諸表等を備えて置かず、財務諸表等に記載すべき事項を記載せず、若しくは虚偽の記載をし、又は正当な理由がないのに第九十六条の十第二項各号（第九十六条の十九において準用する場合を含む。）の規定による請求を拒んだ者は、二十万円以下の過料に処する。

本条…追加〔平一六法五五〕、一部改正〔平一八法四〇〕

附　則

この法律は、昭和二十六年七月一日から施行する。但し、第五条並びに第九十七条第一項及び第三項（同条第一項の準用に係る部分に限る。）の規定は、昭和二十七年四月一日から施行する。

附　則（昭二七・四・二八法一〇二抄）

1 この法律は、公布の日から施行する。

2 この法律の施行の際、現に改正前の道路運送車両法（以下「法」という。）第二十九条第二項の規定により指定を受けた車台番号又は原動機番号の様式、番号、位置及び方法は、それぞれ改正後の同項の規定により届け出た車台番号又は

原動機番号の様式、番号、位置及び方法とみなす。

3　この法律の施行の際、現に有効な自動車検査証の有効期間は、改正後の法第六十一条の規定にかかわらず、現に記載されている有効期間によるものとする。

4　この法律の施行の際、現に軽自動車又は二輪の小型自動車に表示した自動車登録番号標は、改正後の法第七十三条第一項（法第九十七条の二第二項において準用する場合を含む。）の規定により表示した車両番号標とみなす。

5　この法律の施行前にした行為に対する罰則の適用については、この法律の施行後も、なお従前の例による。

附　則（昭二七・六・一〇法一八一）

この法律は、新法〔道路法＝昭二七・六法一八〇〕施行の日〔昭和二七年一二月五日〕から施行する。

附　則（昭二九・五・一五法九七抄）

沿革　昭五九法二五、平一一法一六〇、平一四法八九、平一八法四〇改正

1　この法律の施行期日は、公布の日から起算して六箇月をこえない範囲内において、政令で定める。

〔昭二九・一一政令二九三により、昭二九・一一・一四から施行〕

（経過規定）

4　この法律の施行の際現に道路運送車両法により所有権の登録を受けている建設機械については、その登録がある間は、なお、従前の例による。

5　陸運局長は、この法律の施行の日から十五日以内に、前項に規定する建設機械の自動車登録原簿の謄本を建設大臣に送付しなければならない。

6　国土交通大臣は、附則第四項に規定する建設機械については、道路運送車両法第十五条の規定による永久抹消登録、同法第十五条の二第二項の規定による輸出抹消仮登録又は同法第十六条第一項の申請に基づく一時抹消登録をするまでは、同法第四条の規定による打刻をすることができない。

附　則（昭三〇・六・二八法二六）

1　この法律は、昭和三十年十月一日から施行する。

2　この法律の施行の際現に存する改正前の道路運送車両法の規定によりした申請又はその記載は、運輸省令で定めるところにより、改正後の道路運送車両法の規定によりした申請又はその記載とみなす。

3　この法律の施行前、改正前の道路運送車両法の規定により作製し、又は交付した自動車登録原簿、自動車登録原簿の謄本若しくは抄本、自動車検査証、自動車予備検査証若しくは譲渡証明書又はこれらに対する記載は、この法律の施行後は、運輸省令で定めるところにより、それぞれ改正後の道路運送車両法の規定により作製し、又は交付した自動車登録原簿、自動車登録原簿の謄本若しくは抄本、自動車検査証、自動車予備検査証若しくは譲渡証明書又はこれらに対する記載とみなす。

4　この法律の施行の際現に自動車登録原簿に自動車の所有権の登録以外の登録がある自動車に係る自動車登録原簿、自動車登録原簿の謄本若しくは抄本又は譲渡証明書の記載は、当該自動車に係る所有権の登録以外の登録がまつ消されるまでの間は、前項の規定にかかわらず、なお従前の例による。

5　前項の自動車に係る改正後の道路運送車両法第十二条、第十七条及び第三十三条の規定の適用については、これらの規定にかかわらず、前項の期間内は、なお従前の例による。

6　改正後の道路運送車両法第十四条第三項及び第八項並びに第六十八条の規定の適用については、この法律の施行の際現に存する改正前の道路運送車両法第十四条第一項の規定によりした登録換の申請は、この法律の施行の日にしたものとみなす。

7　改正後の道路運送車両法第三十五条第六項の違反行為に対する罰則の適用については、この法律の施行前に満了した改正前の道路運送車両法第三十五条第二項の有効期間は、この法律の施行の日に満了したものとみなす。

附　則（昭三一・三・二〇法一六）

この法律は、公布の日から起算して二月をこえない範囲内において政令で定める日から施行する。

〔昭三一・四政令九五により、昭三一・五・一〇から施行〕

附　則（昭三六・六・一七法一四五）

この法律は、学校教育法の一部を改正する法律（昭和三十六年法律第百四十四号）の施行の日〔昭和三六年六月一七日〕から施行する。〔後略〕

附　則（昭三七・五・四法一〇六抄）

（施行期日）

第一条　この法律は、昭和三十七年十月一日から施行する。ただし、〔中略〕道路運送車両法第七十六条、第九十八条及び第百六条の改正規定、同法に第百六条の二を加える改正規定並びに同法第百九条第一号の改正規定〔中略〕並びに附則第三条の規定は、昭和三十七年八月一日から施行する。

（道路運送車両法の改正に伴う経過措置）

第二条　この法律（前条ただし書に規定する部分を除く。以下同じ。）の施行の際現に有効な自動車検査証及び自動車予備検査証の有効期間は、改正後の道路運送車両法第六十一条第一項（同法第七十一条第五項において準用する場合を含む。）の規定にかかわらず、現にこれらに記載されている有効期間によるものとする。

2　この法律の施行の際現に有効な自動車検査証の交付を受けている自動車（次条第一項の規定によりこの法律の施行の日前に検査標章の交付を受けた自動車を除く。）は、改正後の道路運送車両法第六十六条第一項の規定にかかわらず、次の各号の区分に従い、それぞれ当該各号に掲げる日までは、検査標章を表示しなくても運行の用に供することができる。

一　昭和三十七年十二月三十一日以前に当該自動車検査証に記載されている有効期間が満了する自動車にあつては、その満了の日

二　昭和三十七年十二月三十一日以前に検査標章の交付を受ける自動車にあつては、この法律の施行後最初に交付を受ける日

三　その他の自動車にあつては、昭和三十七年十二月三十一日

3　この法律の施行前にした改正前の道路運送車両法の規定に違反する行為に対する罰則の適用については、なお従前の例による。

第三条　陸運局長（道路運送車両法第百五条第二項の規定に基づく政令の規定により同法第五章に規定する陸運局長の権限に属する事項の委任を受けた都道府県知事を含む。）は、運輸省令で定めるところにより、次の各号に掲げる自動車の使用者に対して検査標章を交付しなければならない。

一　この条の規定の施行の日から昭和三十七年九月三十日までの間において自動車検査証の交付又はその有効期間の更新を受ける自動車

二　この条の規定の施行の際現に有効な自動車検査証の交付を受けている自動車（前条第二項第一号に規定する自動車及びすでに検査標章の交付を受けた自動車を除く。）

2　前項の検査標章及びその交付については、改正後の道路運送車両法第六十六条第三項及び第四項並びに改正後の自動車損害賠償保障法第九条第二項の規定の例によるものとする。

附　則（昭三八・七・一五法一四九抄）

（施行期日）

第一条　この法律は、公布の日から起算して三月を経過した日から施行する。

（経過規定）

第二条　この法律の施行前に改正前の道路運送車両法（以下「旧法」という。）第十四条第一項の規定により申請された登録換えについては、なお従前の例による。

2　前項の規定により閉鎖した自動車登録原簿は、その閉鎖の日から五年間保存しなければならない。

3　この法律の施行前に旧法第十四条第七項の規定により閉鎖した自動車登録原簿の保存については、なお従前の例による。

第三条　この法律の施行の際現に乗車定員十人以下で車両総重量八トン以上の自家用自動車を使用する者であつて第五十条第一項の規定の改正により新たに五両以上九両以下の自動車の使用の本拠につき整備管理者を選任しなければならなくなつたものは、この法律の施行の日から一年間は、改正後の道路運送車両法（以下「新法」という。）第五十一条第一項各号の一に該当しない者を当該使用の本拠における整備管理者に選任することができる。

第四条　この法律の施行前にした旧法の規定による自動車分解整備事業の認証は、運輸省令で定めるところにより、新法の規定に基づいてしたものとみなす。その認証の申請についても、同様とする。

2　この法律の施行の際現に軽自動車分解整備事業に相当する事業を経営している者は、新法第七十八条第一項の規定にかかわらず、この法律の施行の日から一年間は、軽自動車分解整備事業の認証を受けたものとみなす。その者が、その期間内に新法第七十八条第一項の認証を申請した場合において、認証があつた旨又は認証をしない旨の通知を受ける日までも、同様とする。

3　前項の規定により軽自動車分解整備事業の認証を受けた者とみなされたものは、この法律の施行の日から一年間は、新法第八十六条第一項各号の一に該当しない者を検査主任者に選任することができる。

第五条　この法律の施行前にした行為に対する罰則の適用については、なお従前の例による。

附　則（昭四四・八・一法六八抄）

沿革　平一一法一六〇改正

（施行期日）

第一条　この法律中、第一条、次条、附則第三条及び附則第六条の規定は、公布の日から起算して六月をこえない範囲内において政令で定める日から、第二条、附則第四条及び附則第五条の規定は、公布の日から起算して一年をこえない範囲内において政令で定める日から施行する。

〔昭四四・一二政令三〇七により、第一条、附則第二条、附則第三条及び附則第六条の規定は、昭四五・一・一から、第二条、附則第四条及び附則第五条の規定は、昭四五・三・一から施行〕

（第一条の規定による改正に伴う経過措置）

第二条　第一条の規定の施行の際現に同条の規定による改正前の道路運送車両法（以下この条において「旧法」という。）第十一条第二項の規定により封印の取りつけの委託をしている場合における当該委託は、第一条の規定による改正後の道路運送車両法（以下この条において「新法」という。）第二十八条の三第一項の規定による封印の取りつけの委託とみなす。

2　第一条の規定の施行前に旧法第六十三条第三項の規定による検査を行なうため同条第一項の規定により期間が公示され、又は通知された場合において、当該期間が第一条の規定の施行後にわたるときにおいても、当該検査については、なお従前の例による。

3　第一条の規定の施行前に旧法第七十一条第四項の規定により交付された自動車予備検査証の有効期間については、なお従前の例による。

4　第一条の規定の施行の際現に旧法第八十六条第一項各号の一に該当し、かつ、検査主任者に選任されている者で、第一条の規定の施行前に旧法第八十七条の規定による届出があつたものは、新法第八十六条第一項の運輸省令で定める要件を備える者でない場合においても、第一条の規定の施行後引き続き当該事業場の検査主任者に選任されている間は、新法第八十六条第一項の運輸省令で定める要件を備える者とみなす。

（第二条の規定による改正に伴う経過措置）

第四条　第二条の規定の施行前に同条の規定による改正前の道路運送車両法（以下「旧法」という。）及びこれに基づく命令の規定によつてした処分、手続その他の行為は、同条の規定による改正後の道路運送車両法（以下「新法」という。）及びこれに基づく命令の相当規定によつてした処分、手続その他の行為とみなす。

2　第二条の規定の施行前に旧法の規定により交付された検認票、新規登録用謄本、自動車検査証、臨時検査合格標章、検査標章及び自動車予備検査証は、それぞれ新法の規定により交付された検認票、まつ消登録証明書、自動車検査証、臨時検査合格標章、検査標章及び自動車予備検査証とみなす。

3　第二条の規定の施行前に自動車登録原簿にした登録（他の法令の規定によつてしたものを含む。）は、自動車登録ファイルにした登録とみなす。

4　運輸大臣は、政令で定める日までは、政令で定めるところにより、自動車登録原簿を設け、これに自動車の登録をすることができる。

5　国土交通大臣は、当分の間、他の法令の規定により自動車登録ファイルに登録すべき事項について、政令で定めるところにより、自動車登録原簿を設け、これに登録することができる。

6　前二項の規定により自動車登録原簿にした登録は、新法及び他の法令の規定の適用については、自動車登録ファイルにした登録とみなす。

7　国土交通大臣は、政令で定めるところにより、旧法並びに第四項及び第五項の規定により設けた自動車登録原簿に登録された事項を自動車登録ファイルに移し替えることができる。

8　運輸大臣は、政令で定める日までは、政令で定めるところにより、自動車検査記録簿を備え、これに新法第七十二条に規定する事項を記録することができる。

9　前各項に定めるもののほか第二条の規定の施行に関して必要となる経過措置並びに第四項、第五項及び前二項の規定の施行に伴い必要と認められる権限の委任その他の措置は、政令で定めることができる。

※　9項「政令」＝道路運送車両法の一部を改正する法律の施行に伴う経過措置を定める政令（昭四四政令三〇九）

（罰則に関する経過措置）

第六条　この法律の施行前にした行為及び附則第二条第二項の規定により従前の例によることとされる検査に係る第一条の規定の施行後にした行為に対する罰則の適用については、なお従前の例による。

附　則（昭四七・六・一二法六二抄）

沿革　平一一法一六〇改正

（施行期日）

第一条　この法律は、昭和四十八年十月一日から施行する。ただし、目次の改正規定、第七十四条の次に二条を加える改正規定、第五章の次に一章を加える改正規定、第九十四条の七、第九十五条、第百五条及び第百九条から第百十二条までの改正規定並びに次条第五項、附則第三条、附則第七条（地方税法（昭和二十五年法律第二百二十六号）第六百九十九条の三第三項及び第六百九十九条の十一第一項の改正に係る部分を除く。）及び附則第九条から附則第十三条までの規定は、公布の日から施行する。

（経過措置）

第二条　この法律の施行の際現にこの法律による改正前の道路運送車両法（以下「旧法」という。）第九十七条の三第一項の規定による使用の届出をしている検査対象軽自動車については、当該検査対象軽自動車について最初に使用の届出があつた日からこの法律の施行の日までの期間に応じ、この法律の施行の日から起算して二年をこえない範囲内において政令で定める日まで、この法律による改正後の道路運送車両法（以下「新法」という。）第五章の規定による検査を受け、新法第六十六条第一項の規定による自動車検査証を備え付け、及び検査標章を表示し、並びに新法第七十三条第一項の規定による車両番号標及び車両番号を表示することを要しない。ただし、新法第六十条第一項の規定により自動車検査証の交付を受けた後においては、この限りでない。

2　前項の規定により新法第七十三条第一項の規定による車両番号標を表示しない検査対象軽自動車については、当該自動車を検査対象外軽自動車とみなして新法第九十七条の三（同条の規定に違反する行為に対する罰則を含む。）の規定を適用する。

3　第一項に規定する検査対象軽自動車の使用者が同項の政令で定める日以前に新法第五十九条の規定による新規検査を受けようとする場合において、当該検査対象軽自動車に係る保安基準適合証を提出したときは、同条の規定の適用については、当該検査対象軽自動車は、運輸大臣（新法第七十四条の三の規定の適用があるときは、協会）に対する提示があり、かつ、保安基準に適合するものとみなす。

4　国土交通大臣（新法第七十四条の三の規定の適用があるときは、協会）は、検査対象軽自動車については、当分の間、政令で定めるところにより、軽自動車検査記録簿を備え、これに新法第七十二条第一項に規定する事項を記録することができる。

5　運輸大臣は、この法律の施行前においても、旧法第七十五条第一項及び第二項の規定の例により検査対象軽自動車をその型式について指定することができるものとする。この場合には、同条第三項及び第四項、旧法第百条、第百二条及び第百三条並びに新法第百十二条第二項の規定の適用があるものとする。

※　1項本文「政令」＝道路運送車両法の一部を改正する法律附則第二条第一項に規定する検査対象軽自動車についての経過措置を適用する期限を定める政令（昭四七政令四三八）、4項「政令」＝道路運送車両法の一部を改正する法律の施行に伴う経過措置を定める政令（昭四八政令二五五）

第三条　新法第七十六条の六第二項の規定の施行の際現にその名称中に軽自動車検査協会という文字を用いている者については、同項の規定は、同項の規定の施行後六月間は、適用しない。

2　協会の最初の事業年度は、新法第七十六条の三十三の規定にかかわらず、その成立の日に始まり、翌年三月三十一日に終わるものとする。

3　協会の最初の事業年度の予算、事業計画及び資金計画については、新法第七十六条の三十四中「当該事業年度の開始前に」とあるのは、「協会の成立後遅滞なく」とする。

第四条　前二条に規定するもののほか、この法律の施行に関して必要となる経過措置は、政令で定めることができる。

※　「政令」＝道路運送車両法の一部を改正する法律の施行に伴う経過措置を定める政令（昭四八政令二五五）

（罰則に関する経過措置）

第十五条　この法律の施行前にした行為に対する罰則の適用については、なお従前の例による。

附　則（昭五四・三・三〇法五）

（施行期日）

1　この法律は、民事執行法（昭和五十四年法律第四号）の施行の日（昭和五十五年十月一日）から施行する。

（経過措置）

2　この法律の施行前に申し立てられた民事執行、企業担保権の実行及び破産の事件については、なお従前の例による。

3　前項の事件に関し執行官が受ける手数料及び支払又は償還を受ける費用の額については、同項の規定にかかわらず、最高裁判所規則の定めるところによる。

4　この法律の施行後に申し立てられた民事執行の事件に係るこの法律の施行前に生じた第四十八条の規定による改正前の民事訴訟費用等に関する法律第二条第十三号及び第十四号に掲げる費用については、なお従前の例による。

附　則（昭五七・九・二法九一抄）

（施行期日）

第一条　この法律は、公布の日から起算して一年を超えない範囲内において政令で定める日から施行する。ただし、第三十六条の二、第五十五条、第五十七条、第百二条及び第百三条の改正規定並びに次条及び附則第十条から第十二条までの規定は、公布の日から施行する。

〔昭五七・一二政令三二一により、昭五八・七・一から施行〕

（経過措置）

第二条 改正後の道路運送車両法（以下「新法」という。）第三十六条の二第七項の規定は、この法律の公布の日（以下「公布日」という。）以後に生じ同項各号に掲げる事由について適用し、公布日前に生じた改正前の道路運送車両法（以下「旧法」という。）第三十六条の二第七項各号に掲げる事由に係る処分については、なお従前の例による。

第三条 新法第四十八条第二項の規定は、この法律の施行の日（以下「施行日」という。）以後に初めて新法第六十条第一項若しくは第七十一条第四項の規定により自動車検査証の交付を受け、又は新法第九十七条の三の規定により車両番号の指定を受けた自動車について適用する。

第四条 新法第六十一条第二項の規定は、施行日以後に初めて新法第六十条第一項又は第七十一条第四項の規定により自動車検査証の交付を受けた自動車について適用する。

第五条 新法第八十条第一項第三号の規定は、施行日以後になされた自動車分解整備事業の認証の申請について適用する。

第六条 新法第八十条第一項第四号イの規定は、施行日以後に同号イに規定する刑に処せられた者について適用し、施行日前に旧法第八十条第一項第三号イに規定する刑に処せられた者については、なお従前の例による。

第七条 新法第八十一条第一項の規定は、施行日以後に生じた同項各号に掲げる事項についての変更について適用し、施行日前に生じた旧法第八十一条第一項各号に掲げる事項についての変更に係る届出については、なお従前の例による。

第八条 新法第九十一条第三項の規定は、施行日以後にされた新法第九十条の検査に係る分解整備記録簿について適用し、施行日前にされた旧法第九十条の検査に係る分解整備記録簿の保存期間については、なお従前の例による。

第九条 新法第百八条第二号の規定は、施行日前にされた旧法第五十四条第二項の規定による処分（使用の停止に限る。）に係る違反行為については、適用しない。

2 新法第百九条第六号又は第十号の規定は、施行日前にされた旧法第五十四条第一項又は第九十二条の規定による命令に係る違反行為については、適用しない。

第十条 旧法の規定によってした処分、手続その他の行為は、新法の相当規定によってした処分、手続その他の行為とみなす。

第十一条 この法律（第三十六条の二の改正規定については、当該改正規定）の施行前にした行為並びに附則第七条及び第八条の規定によりなお従前の例によることとされる変更の届出及び分解整備記録簿の保存に係るこの法律の施行後にした行為に対する罰則の適用については、なお従前の例による。

第十二条 附則第二条から前条までに規定するもののほか、この法律の施行に伴い必要となる経過措置（罰則に関する経過措置を含む。）は、政令で定めることができる。

附　則（昭五八・五・二五法五七抄）

（施行期日）

第一条 この法律は、公布の日から起算して三月を超えない範囲内において政令で定める日から施行する。〔後略〕

〔昭五八・七政令一六六により、昭五八・八・一から施行〕

附　則（昭五九・五・一法二三抄）

（施行期日）

1 この法律は、公布の日から起算して二十日を経過した日から施行する。〔後略〕

附　則（昭五九・五・八法二五抄）

（施行期日）

第一条 この法律は、昭和五十九年七月一日から施行する。

（経過措置）

第二十三条 この法律の施行前に海運局長、海運監理部長、海運局若しくは海運監理部の支局その他の地方機関の長（以下「支局長等」という。）又は陸運局長が法律若しくはこれに基づく命令の規定によりした許可、認可その他の処分又は契約その他の行為（以下この条において「処分等」という。）は、政令（支局長等がした処分等にあつては、運輸省令）で定めるところにより、この法律による改正後のそれぞれの法律若しくはこれに基づく命令の規定により相当の地方運輸局長、海運監理部長又は地方運輸局若しくは海運監理部の海運支局その他の地方機関の長（以下「海運支局長等」という。）がした処分等とみなす。

第二十四条 この法律の施行前に海運局長、海運監理部長、支局長等又は陸運局長に対してした申請、届出その他の行為（以下この条において「申請等」という。）は、政令（支局長等に対してした申請等にあつては、運輸省令）で定めるところにより、この法律による改正後のそれぞれの法律若しくはこれに基づく命令の規定により相当の地方運輸局長、海運監理部長又は海運支局長等に対してした申請等とみなす。

第二十五条 この法律の施行前にした行為に対する罰則の適用については、なお従前の例による。

附　則（昭五九・八・一〇法六七抄）

（施行期日）

第一条 この法律は、公布の日から起算して一年を超えない範囲内において政令で定める日から施行する。

〔昭五九・一一政令三三〇により、昭六〇・四・一から施行〕

（経過措置）

第九条 この法律の施行前に、この法律による改正前の〔中略〕道路運送車両法〔中略〕に基づく命令の規定によりした処分、手続その他の行為は、この法律による改正後の〔中略〕道路運送車両法〔中略〕に基づく命令の相当規定によりした処分、手続その他の行為とみなす。

附　則（昭六二・五・二九法四〇抄）

（施行期日）

第一条 この法律は、公布の日から起算して六月を超えない範囲内において政令で定める日から施行する。〔後略〕

〔昭六二・九政令三四〇により、昭六二・一〇・一から施行〕

（罰則に関する経過措置）

第六条 この法律の施行前にした行為に対する罰則の適用については、なお従前の例による。

附　則（平元・一二・一九法八三抄）

（施行期日）

第一条 この法律は、公布の日から起算して一年を超えない範囲内において政令で定める日から施行する。

〔平二・七政令二一二により、平二・一二・一から施行〕

附　則（平元・一二・二二法九一抄）

（施行期日）

第一条　この法律は、公布の日から起算して二年を超えない範囲内において政令で定める日から施行する。

〔平二・九政令二八三により、平三・一・一から施行〕

附　則（平五・一一・一二法八九抄）

（施行期日）

第一条　この法律は、行政手続法（平成五年法律第八十八号）の施行の日〔平成六年一〇月一日〕から施行する。

（諮問等がされた不利益処分に関する経過措置）

第二条　この法律の施行前に法令に基づき審議会その他の合議制の機関に対し行政手続法第十三条に規定する聴聞又は弁明の機会の付与の手続その他の意見陳述のための手続に相当する手続を執るべきことの諮問その他の求めがされた場合においては、当該諮問その他の求めに係る不利益処分の手続に関しては、この法律による改正後の関係法律の規定にかかわらず、なお従前の例による。

（罰則に関する経過措置）

第十三条　この法律の施行前にした行為に対する罰則の適用については、なお従前の例による。

（聴聞に関する規定の整理に伴う経過措置）

第十四条　この法律の施行前に法律の規定により行われた聴聞、聴問若しくは聴聞会（不利益処分に係るものを除く。）又はこれらのための手続は、この法律による改正後の関係法律の相当規定により行われたものとみなす。

（政令への委任）

第十五条　附則第二条から前条までに定めるもののほか、この法律の施行に関して必要な経過措置は、政令で定める。

附　則（平六・七・四法八六抄）

（施行期日）

第一条　この法律は、公布の日から起算して一年を超えない範囲内において政令で定める日から施行する。ただし、第十一条、第十七条から第二十条まで、第二十七条、第二十九条、第三十条、第三十六条から第三十六条の三まで及び第三十九条の改正規定、第六十三条の次に三条を加える改正規定、第七十四条の三の改正規定（第七十一条の二第二項に係る部分を除く。）、第八十一条、第八十四条、第九十四条の九、第九十八条、第百六条及び第百六条の二の改正規定、第百七条の改正規定（「二十万円」を「三十万円」に改める部分並びに同条第一号中「、第十七条第三項」を削る部分及び「検認」を削る部分に限る。）、第百八条の改正規定、第百九条の改正規定（第七号に係る部分を除く。）、第百十条の改正規定並びに第百十二条の改正規定（第一項第二号に係る部分を除く。）並びに附則第二条、第五条、第八条から第十条までの規定は、公布の日から起算して六月を超えない範囲内において政令で定める日から施行する。

〔平七・四政令一八一により、本文に係る部分は、平七・七・一から施行。平六・一〇政令三三九により、ただし書に係る部分は、平七・一・一から施行〕

（経過措置）

第二条　第十一条第四項の改正規定の施行の際現にこの法律による改正前の道路運送車両法（以下「旧法」という。）第十一条第四項ただし書の規定により運輸大臣の許可を受けて取り外されている封印又は封印の取付けをした自動車登録番号標は、この法律による改正後の道路運送車両法（以下「新法」という。）第十一条第四項ただし書の運輸省令で定めるやむを得ない事由に該当して取り外されたものとみなす。

第三条　この法律の施行前に旧法第五十三条の二第一項の指示を受けた自動車の使用者が当該指示に基づいて講ずる措置については、なお従前の例による。

第四条　新法第六十九条第一項の規定は、この法律の施行の日（以下「施行日」という。）以後に同項第一号又は第二号に掲げる事由に該当することとなる検査対象軽自動車及び二輪の小型自動車について適用し、施行日前に当該事由に該当することとなったこれらの自動車については、なお従前の例による。

第五条　この法律（附則第一条ただし書に規定する改正規定については、当該各改正規定。以下この条及び附則第八条から第十条までにおいて同じ。）の施行の際現に旧法第七十八条第一項の規定により認証を受けている自動車分解整備事業者に対する新法第九十三条の規定による事業の停止の処分又は認証の取消しに関しては、この法律の施行前に生じた事由については、なお従前の例による。

第六条　旧法第九十四条の五第一項の規定により交付された保安基準適合証及び保安基準適合標章でこの法律の施行の際現に効力を有するものは、その有効期間中に限り、新法第九十四条の五第一項の規定により交付された保安基準適合証及び保安基準適合標章とみなす。ただし、新法第七条第三項（第三号に係る部分に限る。）及び第九十四条の五第五項の規定の適用については、この限りでない。

第七条　この法律の施行の際現に旧法第九十四条の二第一項の規定により指定を受けている指定自動車整備事業者に対する新法第九十四条の八第一項の規定による交付の停止の処分又は指定の取消しに関しては、この法律の施行前に生じた事由については、なお従前の例による。

第八条　この法律の施行前に旧法又はこれに基づく命令の規定によってした処分、手続その他の行為であって新法又はこれに基づく命令の規定に相当の規定があるものは、附則第二条及び第六条に規定するものを除き、新法又はこれに基づく命令の相当規定によってしたものとみなす。

（罰則に関する経過措置）

第九条　この法律の施行前にした行為及び附則第三条の規定によりなお従前の例によることとされる場合におけるこの法律の施行後にした行為に対する罰則の適用については、なお従前の例による。

（政令への委任）

第十条　附則第二条から前条までに定めるもののほか、この法律の施行に関して必要となる経過措置（罰則に関する経過措置を含む。）は、政令で定める。

附　則（平一〇・五・二七法七四抄）

（施行期日）

第一条　この法律は、公布の日から起算して六月を超えない範囲内において政令で定める日から施行する。ただし、第七条第三項第二号の改正規定は、公布の日から施行する。

〔平一〇・一〇政令三一八により、平一〇・一一・二四から施行〕

（経過措置）

第二条　自動車（検査対象外軽自動車及び小型特殊自動車を除

く。）の使用者は、この法律の施行の日（以下「施行日」という。）前十五日以内にこの法律による改正前の道路運送車両法（以下「旧法」という。）第六十四条第一項の分解整備をし、施行日の前日までに同項の規定による分解整備検査を受けなかったときは、この法律の施行後遅滞なく、この法律による改正後の道路運送車両法（以下「新法」という。）第四十九条第一項の点検整備記録簿に同項第三号から第五号までに掲げる事項を記載しなければならない。ただし、旧法第四十八条第二項において準用する旧法第四十七条の二第三項の規定による必要な整備として当該分解整備をし、かつ、旧法第四十九条第一項の規定により同項の定期点検整備記録簿に記載をしたとき又は旧法第七十八条第四項の自動車分解整備事業者が当該分解整備を実施し、かつ、旧法第九十条の規定による検査をしたときは、この限りでない。

第三条 旧法第四十九条第一項の定期点検整備記録簿の保存については、なお従前の例による。

第四条 旧法第六十三条第一項の規定によりされた公示であって同項の規定により定められた期間の末日が施行日以後の日であるものに係る自動車であって、当該公示があった日以後施行日の前日までに旧法第六十四条第一項の規定による分解整備検査を受けたもの及びこれに係る自動車検査証については、新法第六十三条第二項及び第四項の規定は、適用しない。

第五条 この法律の施行前に受けた旧法第六十四条の規定による分解整備検査の結果、自動車検査証の返付を受けることができなかった自動車についての検査標章の表示については、新法第六十六条第五項の規定にかかわらず、なお従前の例による。

第六条 この法律の施行前に旧法第八十八条の規定による命令により検査主任者の職を解任され、解任の日から二年を経過しない者は、新法第七十六条の三十二第五項及び第九十四条の四第五項の規定にかかわらず、軽自動車検査員及び自動車検査員となることができない。

（罰則に関する経過措置）

第七条 この法律の施行前にした行為及び附則第五条の規定によりなお従前の例によることとされる場合におけるこの法律の施行後にした行為に対する罰則の適用については、なお従前の例による。

附　則（平一一・五・一四法四三抄）

（施行期日）

第一条 この法律は、行政機関の保有する情報の公開に関する法律（平成十一年法律第四十二号。以下「情報公開法」という。）の施行の日〔平成一三年四月一日〕から施行する。〔後略〕

附　則（平一一・六・四法六六）

1　この法律は、公布の日から起算して一年を超えない範囲内において政令で定める日から施行する。

〔平一一・一二政令三九二により、平一二・五・一から施行〕

2　改正後の道路運送車両法第六十一条第二項（第一号に係る部分に限る。）の規定は、この法律の施行の日以後に初めて同法第六十条第一項又は第七十一条第四項の規定により自動車検査証の交付を受けた自動車について適用する。

附　則（平一一・七・一六法八七抄）

（施行期日）

第一条 この法律は、平成十二年四月一日から施行する。ただし、次の各号に掲げる規定は、当該各号に定める日から施行する。

一　〔前略〕附則第七条、第十条、第十二条、第五十九条ただし書、第六十条第四項及び第五項、第七十三条、第七十七条、第百五十七条第四項から第六項まで、第百六十条、第百六十三条、第百六十四条並びに第二百二条の規定　公布の日

二～六　〔略〕

（国等の事務）

第百五十九条 この法律による改正前のそれぞれの法律に規定するもののほか、この法律の施行前において、地方公共団体の機関が法律又はこれに基づく政令により管理し又は執行する国、他の地方公共団体その他公共団体の事務（附則第百六十一条において「国等の事務」という。）は、この法律の施行後は、地方公共団体が法律又はこれに基づく政令により当該地方公共団体の事務として処理するものとする。

（処分、申請等に関する経過措置）

第百六十条 この法律（附則第一条各号に掲げる規定については、当該各規定。以下この条及び附則第百六十三条において同じ。）の施行前に改正前のそれぞれの法律の規定によりされた許可等の処分その他の行為（以下この条において「処分等の行為」という。）又はこの法律の施行の際現に改正前のそれぞれの法律の規定によりされている許可等の申請その他の行為（以下この条において「申請等の行為」という。）で、この法律の施行の日においてこれらの行為に係る行政事務を行うべき者が異なることとなるものは、附則第二条から前条までの規定又は改正後のそれぞれの法律（これに基づく命令を含む。）の経過措置に関する規定に定めるものを除き、この法律の施行の日以後における改正後のそれぞれの法律の適用については、改正後のそれぞれの法律の相当規定によりされた処分等の行為又は申請等の行為とみなす。

2　この法律の施行前に改正前のそれぞれの法律の規定により国又は地方公共団体の機関に対し報告、届出、提出その他の手続をしなければならない事項で、この法律の施行の日前にその手続がされていないものについては、この法律及びこれに基づく政令に別段の定めがあるもののほか、これを、改正後のそれぞれの法律の相当規定により国又は地方公共団体の相当の機関に対して報告、届出、提出その他の手続をしなければならない事項についてその手続がされていないものとみなして、この法律による改正後のそれぞれの法律の規定を適用する。

（不服申立てに関する経過措置）

第百六十一条 施行日前にされた国等の事務に係る処分であって、当該処分をした行政庁（以下この条において「処分庁」という。）に施行日前に行政不服審査法に規定する上級行政庁（以下この条において「上級行政庁」という。）があったものについての同法による不服申立てについては、施行日以後においても、当該処分庁に引き続き上級行政庁があるものとみなして、行政不服審査法の規定を適用する。この場合において、当該処分庁の上級行政庁とみなされる行政庁は、施行日前に当該処分庁の上級行政庁であった行政庁とする。

2　前項の場合において、上級行政庁とみなされる行政庁が地

方公共団体の機関であるときは、当該機関が行政不服審査法の規定により処理することとされる事務は、新地方自治法第二条第九項第一号に規定する第一号法定受託事務とする。

（手数料に関する経過措置）

第百六十二条　施行日前においてこの法律による改正前のそれぞれの法律（これに基づく命令を含む。）の規定により納付すべきであった手数料については、この法律及びこれに基づく政令に別段の定めがあるもののほか、なお従前の例による。

（罰則に関する経過措置）

第百六十三条　この法律の施行前にした行為に対する罰則の適用については、なお従前の例による。

（その他の経過措置の政令への委任）

第百六十四条　この附則に規定するもののほか、この法律の施行に伴い必要な経過措置（罰則に関する経過措置を含む。）は、政令で定める。

2　附則第十八条、第五十一条及び第百八十四条の規定の適用に関して必要な事項は、政令で定める。

附　則（平一一・一二・八法一五一抄）

（施行期日）

第一条　この法律は、平成十二年四月一日から施行する。〔後略〕

（経過措置）

第三条　民法の一部を改正する法律（平成十一年法律第百四十九号）附則第三条第三項の規定により従前の例によることとされる準禁治産者及びその保佐人に関するこの法律による改正規定の適用については、次に掲げる改正規定を除き、なお従前の例による。

一〜二十五〔略〕

第四条　この法律の施行前にした行為に対する罰則の適用については、なお従前の例による。

〔平一一・一二・二二法律一六〇抄〕

（処分、申請等に関する経過措置）

第千三百一条　中央省庁等改革関係法及びこの法律（以下「改革関係法等」と総称する。）の施行前に法令の規定により従前の国の機関がした免許、許可、認可、承認、指定その他の処分又は通知その他の行為は、法令に別段の定めがあるもののほか、改革関係法等の施行後は、改革関係法等の施行後の法令の相当規定に基づいて、相当の国の機関がした免許、許可、認可、承認、指定その他の処分又は通知その他の行為とみなす。

2　改革関係法等の施行の際現に法令の規定により従前の国の機関に対してされている申請、届出その他の行為は、法令に別段の定めがあるもののほか、改革関係法等の施行後は、改革関係法等の施行後の法令の相当規定に基づいて、相当の国の機関に対してされた申請、届出その他の行為とみなす。

3　改革関係法等の施行前に法令の規定により従前の国の機関に対し報告、届出、提出その他の手続をしなければならないとされている事項で、改革関係法等の施行の日前にその手続がされていないものについては、法令に別段の定めがあるもののほか、改革関係法等の施行後は、これを、改革関係法等の施行後の法令の相当規定により相当の国の機関に対して報告、届出、提出その他の手続をしなければならないとされた事項についてその手続がされていないものとみなして、改革関係法等の施行後の法令の規定を適用する。

（従前の例による処分等に関する経過措置）

第千三百二条　なお従前の例によることとする法令の規定により、従前の国の機関がすべき免許、許可、認可、承認、指定その他の処分若しくは通知その他の行為又は従前の国の機関に対してすべき申請、届出その他の行為については、法令に別段の定めがあるもののほか、改革関係法等の施行後は、改革関係法等の施行後の法令の規定に基づくその任務及び所掌事務の区分に応じ、それぞれ、相当の国の機関がすべきもの又は相当の国の機関に対してすべきものとする。

（罰則に関する経過措置）

第千三百三条　改革関係法等の施行前にした行為に対する罰則の適用については、なお従前の例による。

（政令への委任）

第千三百四十四条　第七十一条から第七十六条まで及び第千三百一条から前条まで並びに中央省庁等改革関係法に定めるもののほか、改革関係法等の施行に関し必要な経過措置（罰則に関する経過措置を含む。）は、政令で定める。

附　則（平一一・一二・二二法一六〇抄）

（施行期日）

第一条　この法律（第二条及び第三条を除く。）は、平成十三年一月六日から施行する。ただし、次の各号に掲げる規定は、当該各号に定める日から施行する。

一　〔前略〕第千三百四十四条の規定　公布の日

二　〔略〕

附　則（平一一・一二・二二法二〇七抄）

（施行期日）

第一条　この法律は、平成十三年一月六日から施行する。ただし、附則第八条及び第九条の規定は、同日から起算して六月を超えない範囲内において政令で定める日から施行する。

〔平一二政令三三三により、平一三・四・一から施行〕

附　則（平一一・一二・二二法二一八抄）

（施行期日）

第一条　この法律は、平成十三年一月六日から施行する。ただし、附則第八条及び第九条の規定は、同日から起算して一年九月を超えない範囲内において政令で定める日から施行する。

〔平一三政令二九六により、平一四・七・一から施行〕

附　則（平一一・一二・二二法二二〇抄）

（施行期日）

第一条　この法律（第一条を除く。）は、平成十三年一月六日から施行する。〔後略〕

（政令への委任）

第四条　前二条に定めるもののほか、この法律の施行に関し必要な事項は、政令で定める。

附　則（平一二・五・三一法九一抄）

（施行期日）

1　この法律は、商法等の一部を改正する法律（平成十二年法律第九十号）の施行の日〔平成一三年四月一日〕から施行する。

附　則（平一四・五・三一法五四抄）

（施行期日）

第一条　この法律は、平成十四年七月一日から施行する。

（経過措置）

第二十八条　この法律の施行前にこの法律による改正前のそれぞれの法律若しくはこれに基づく命令（以下「旧法令」という。）の規定により海運監理部長、陸運支局長、海運支局長又は陸運支局の事務所の長（以下「海運監理部長等」という。）がした許可、認可その他の処分又は契約その他の行為（以下「処分等」という。）は、国土交通省令で定めるところにより、この法律による改正後のそれぞれの法律若しくはこれに基づく命令（以下「新法令」という。）の規定により相当の運輸監理部長、運輸支局長又は地方運輸局、運輸監理部若しくは運輸支局の事務所の長（以下「運輸監理部長等」という。）がした処分等とみなす。

第二十九条　この法律の施行前に旧法令の規定により海運監理部長等に対してした申請、届出その他の行為（以下「申請等」という。）は、国土交通省令で定めるところにより、新法令の規定により相当の運輸監理部長等に対してした申請等とみなす。

第三十条　この法律の施行前にした行為に対する罰則の適用については、なお従前の例による。

附　則（平一四・七・一七法八九抄）

（施行期日）

第一条　この法律は、公布の日から起算して二年六月を超えない範囲内において政令で定める日から施行する。ただし、次の各号に掲げる規定は、当該各号に定める日から施行する。

［平一五政令四九四により、平一七・一・一から施行］

一　第一条の改正規定（「公害の防止」の下に「その他の環境の保全」を加える部分及び「あわせて」を「併せて」に改める部分に限る。）、第四十条から第四十二条まで、第四十四条及び第四十六条の改正規定、第六十三条の二に一項を加える改正規定（装置製作者等に係る部分を除く。）、第七十五条、第七十五条の二、第七十六条、第七十六条の二十三、第九十七条の二、第九十七条の四及び第百四条の改正規定、第百六条の二の改正規定、同条を第百六条の三とする改正規定、第百六条の次に一条を加える改正規定（第六十三条の三第二項の規定による届出をせず、又は虚偽の届出をした者に係る部分を除く。）、第百七条の改正規定、第百八条の改正規定（「各号の一」を「各号のいずれか」に、「二十万円」を「三十万円」に改める部分に限る。）、第百九条の改正規定（「各号の一」を「各号のいずれか」に、「三十万円」を「五十万円」に改める部分に限る。）、第百十条の改正規定（同条第一項中「各号の一」を「各号のいずれか」に、「二十万円」を「三十万円」に改める部分及び同項第三号中「、第六十三条の四第一項又は」を削る部分に限る。）、第百十一条の改正規定、第百十一条の二を削る改正規定、第百十二条第一項の改正規定（「二十万円」を「三十万円」に改める部分に限る。）、同条第二項の改正規定、附則第十二条の規定（地方税法（昭和二十五年法律第二百二十六号）附則第三十二条第八項の改正規定中「公害防止」の下に「その他の環境保全」を加える部分に限る。）並びに附則第十九条の規定　公布の日から起算して六月を経過した日

二　第五十条、第五十一条及び第五十四条の改正規定、第五十四条の次に一条を加える改正規定、第六十九条第二項及び第三項の改正規定、第七十四条の改正規定、第九十九条の次に二条を加える改正規定（第九十九条の二に係る部分に限る。）、第百八条第一号及び第二号の改正規定、第百九条第一号及び第六号の改正規定並びに附則第十五条の規定　公布の日から起算して一年を超えない範囲内において政令で定める日

［平一四政令三四二により、平一五・四・一から施行］

三　第六十三条の二の改正規定、同条に一項を加える改正規定（装置製作者等に係る部分に限る。）、第六十三条の三及び第六十三条の四の改正規定、第百六条の次に一条を加える改正規定（第六十三条の三第二項の規定による届出をせず、又は虚偽の届出をした者に係る部分に限る。）並びに第百十条第一項第三号の改正規定（「第六十三条の三第三項」を「第六十三条の三第四項」に改める部分に限る。）　公布の日から起算して一年六月を超えない範囲内において政令で定める日

［平一五政令二五八により、平一六・一・一から施行］

（経過措置）

第二条　この法律による改正後の道路運送車両法（以下「新法」という。）第十五条第一項、第十六条第三項、第六十九条第一項及び第六十九条の二第一項の規定（使用済自動車の解体に係る部分に限る。）は、この法律の施行の日（以下「施行日」という。）以後に使用済自動車の再資源化等に関する法律の規定により所有者から引取業者に引き渡された自動車について適用し、施行日前に引き渡された自動車については、なお従前の例による。

第三条　新法第十五条第一項、第十六条第三項、第六十九条第一項及び第六十九条の二第一項の規定（使用済自動車の解体に係る部分を除く。）は、施行日以後にこれらの規定に掲げる事由に該当することとなる自動車について適用し、施行日前に当該事由に該当することとなった自動車については、なお従前の例による。

第四条　新法第十五条の二第一項、第十六条第五項及び第六十九条の二第三項の規定は、施行日以後にこれらの規定における当該輸出の予定日から国土交通省令で定める期間さかのぼった日が到来する自動車について適用し、施行日前に当該輸出の予定日から国土交通省令で定める期間さかのぼった日が到来した自動車については、なお従前の例による。

第五条　新法第十八条第二項（第六十九条の三において準用する場合を含む。）の規定は、施行日以後に新法第十六条第二項の規定による一時抹消登録を受ける自動車又は施行日以後に自動車検査証を返納する検査対象軽自動車若しくは二輪の小型自動車について適用し、施行日前にこの法律による改正前の道路運送車両法（以下「旧法」という。）第十六条第二項の規定による抹消登録を受けた自動車又は施行日前に自動車検査証を返納した検査対象軽自動車若しくは二輪の小型自動車については、なお従前の例による。

第六条　第五十四条の改正規定の施行の際現に旧法第五十四条第一項の規定による命令を受けている自動車については、なお従前の例による。

第七条　第六十三条の二に一項を加える改正規定（装置製作者等に係る部分を除く。）の施行の日前に旧法第六十三条の二第一項の規定による勧告を受けた自動車製作者等については、なお従前の例による。

第八条　附則第二条から前条までに規定するもののほか、この

法律（附則第一条各号に掲げる改正規定については、当該各改正規定。次条及び附則第十条において同じ。）の施行前に旧法又はこれに基づく命令の規定によってした処分、手続その他の行為であって新法又はこれに基づく命令の規定に相当の規定があるものは、新法又はこれに基づく命令の相当規定によってしたものとみなす。

（罰則に関する経過措置）

第九条 この法律の施行前にした行為及び附則第六条の規定によりなお従前の例によることとされる場合におけるこの法律の施行後にした行為に対する罰則の適用については、なお従前の例による。

（政令への委任）

第十条 附則第二条から前条までに定めるもののほか、この法律の施行に関して必要となる経過措置（罰則に関する経過措置を含む。）は、政令で定める。

附　則（平一四・七・三一法一〇〇）

（施行期日）

第一条 この法律は、民間事業者による信書の送達に関する法律（平成十四年法律第九十九号）の施行の日（平成一五年四月一日）から施行する。

（罰則に関する経過措置）

第二条 この法律の施行前にした行為に対する罰則の適用については、なお従前の例による。

（その他の経過措置の政令への委任）

第三条 前条に定めるもののほか、この法律の施行に関し必要な経過措置は、政令で定める。

附　則（平一四・一二・一三法一五二抄）

（施行期日）

第一条 この法律は、行政手続等における情報通信の技術の利用に関する法律（平成十四年法律第百五十一号）の施行の日から施行する。ただし、次の各号に掲げる規定は、当該各号に定める日から施行する。

一・二〔略〕

三　〔前略〕第六十九条〔中略〕の規定　この法律の公布の日から起算して二年を超えない範囲内において政令で定める日

〔平一六政令五二により、平一六・三・三一から施行〕

四～十一〔略〕

（罰則に関する経過措置）

第四条 この法律の施行前にした行為に対する罰則の適用については、なお従前の例による。

（その他の経過措置の政令への委任）

第五条 前三条に定めるもののほか、この法律の施行に関し必要な経過措置は、政令で定める。

附　則（平一五・五・三〇法六一抄）

（施行期日）

第一条 この法律は、行政機関の保有する個人情報の保護に関する法律〔平成一五年五月法律第五八号〕の施行の日〔平成一七年四月一日〕から施行する。

（その他の経過措置の政令への委任）

第四条 前二条に定めるもののほか、この法律の施行に関し必要な経過措置は、政令で定める。

附　則（平一六・五・二六法五五）

（施行期日）

第一条 この法律は、平成十七年十二月三十一日までの間において政令で定める日から施行する。ただし、第一条中道路運送車両法第三十六条の二の改正規定、同法第六章の次に一章を加える改正規定及び同法第百条第一項の改正規定は、公布の日から起算して一年を超えない範囲内において政令で定める日から施行する。

〔平一七・五政令一八六により、本文に係る部分は平一七・一二・二六から施行。平一七・五政令一七九により、ただし書に係る部分は平一七・五・二五から施行〕

（経過措置）

第二条 この法律の施行前に第一条の規定による改正前の道路運送車両法（以下「旧道路運送車両法」という。）第三十三条第一項の規定により自動車（国土交通省令で定めるものを除く。）の譲受人に譲渡証明書を交付した者が、政令で定めるところにより、第一条の規定による改正後の道路運送車両法（以下「新道路運送車両法」という。）第七条第一項の申請に係る当該自動車の譲受人の承諾を得て、当該譲渡証明書に記載されていた事項を電磁的方法により登録情報処理機関に提供したときは、新道路運送車両法第三十三条第四項の規定により同項に規定する事項の提供がされたものとみなす。

2　前項の場合においては、当該自動車の譲受人は、当該譲渡証明書を交付した者にこれを返却しなければならない。

第三条 附則第一条ただし書に規定する規定（道路運送車両法第三十六条の二の改正規定に限る。以下同じ。）の施行の際現に旧道路運送車両法第三十六条の二第一項の許可（以下この項において「旧許可」という。）を受けている者は、附則第一条ただし書の政令で定める日（以下この条において「一部施行日」という。）に新道路運送車両法第三十六条の二第一項の許可（以下この項において「新許可」という。）を受けた者とみなす。この場合において、当該新許可を受けた者とみなされる者に係る新許可の有効期間は、一部施行日におけるその者に係る旧許可の有効期間の残存期間のうち最も長い残存期間と同一の期間とする。

2　附則第一条ただし書に規定する規定の施行の際現に旧道路運送車両法第三十六条の二第一項の許可の申請をしている者（国土交通省令で定める者を除く。）は、一部施行日に新道路運送車両法第三十六条の二第一項の許可の申請をしたものとみなす。

3　附則第一条ただし書に規定する規定の施行の際現に旧道路運送車両法第三十六条の二第三項の規定により交付を受けている回送運行許可証（以下この項において「旧回送運行許可証」という。）及び貸与を受けている回送運行許可番号標は、新道路運送車両法第三十六条の二第三項の規定により交付を受けた回送運行許可証（以下この項において「新回送運行許可証」という。）及び貸与を受けた回送運行許可番号標とみなす。この場合において、当該新回送運行許可証とみなされる旧回送運行許可証の有効期間は、一部施行日における当該旧回送運行許可証の有効期間の残存期間と同一の期間とする。

第四条 この法律の施行前に旧道路運送車両法第七十五条第四項の規定により完成検査終了証を発行し、これを自動車（国土交通省令で定めるものを除く。）の譲受人に交付した者が、国土交通省令で定める期間内に、政令で定めるところにより、新道路運送車両法第七条第一項又は第五十九条第一項の申請をする者の承諾を得て、当該完成検査終了証に記載されていた事項を電磁的方法により登録情報処理機関に提供したときは、新道路運送車両法第七十五条第五項の規定により同項に規定する事項の提供がされたものとみなす。

第五条　前条の規定は、この法律の施行前に旧道路運送車両法第九十四条の五第一項の規定により保安基準適合証を依頼者に交付した者について準用する。この場合において、前条中「第七条第一項又は第五十九条第一項」とあるのは「第七条第一項又は第五十九条第一項若しくは第六十二条第一項」と、「当該完成検査終了証」とあるのは「当該保安基準適合証」と、「第七十五条第五項」とあるのは「第九十四条の五第二項」と読み替えるものとする。

第六条　附則第四条の規定は、この法律の施行前に旧道路運送車両法第九十四条の五の二第一項の規定により限定保安基準適合証を依頼者に交付した者について準用する。この場合において、附則第四条中「第七条第一項又は第五十九条第一項」とあるのは「第七条第一項又は第五十九条第一項若しくは第六十二条第一項」と、「当該完成検査終了証」とあるのは「当該限定保安基準適合証」と、「第七十五条第五項」とあるのは「第九十四条の五の二第二項において準用する第九十四条の五第二項」と読み替えるものとする。

（罰則に関する経過措置）

第七条　附則第一条ただし書に規定する規定の施行前にした行為に対する罰則の適用については、なお従前の例による。

（政令への委任）

第八条　附則第二条から前条までに定めるもののほか、この法律の施行に関して必要となる経過措置（罰則に関する経過措置を含む。）は、政令で定める。

附　則（平一六・六・一八法一二四抄）

（施行期日）

第一条　この法律は、新不動産登記法（不動産登記法＝平成一六年六月法律第一二三号）の施行の日（平成一七年三月七日）から施行する。〔後略〕

附　則（平一六・一二・一法一四七抄）

（施行期日）

第一条　この法律は、公布の日から起算して六月を超えない範囲内において政令で定める日から施行する。

〔平一七・三政令三六により、平一七・四・一から施行〕

（平一七・七・二六法八七抄）

第十二章　罰則に関する経過措置及び政令への委任

（罰則に関する経過措置）

第五百二十七条　施行日前にした行為及びこの法律の規定によりなお従前の例によることとされる場合における施行日以後にした行為に対する罰則の適用については、なお従前の例による。

（政令への委任）

第五百二十八条　この法律に定めるもののほか、この法律の規定による法律の廃止又は改正に伴い必要な経過措置は、政令で定める。

附　則（平一七・七・二六法八七）

この法律は、会社法〔平成一七年七月法律第八六号〕の施行の日〔平成一八年五月一日〕から施行する。〔後略〕

附　則（平一八・三・三一法一〇抄）

（施行期日）

第一条　この法律は、平成十八年四月一日から施行する。〔後略〕

（罰則に関する経過措置）

第二百十一条　この法律（附則第一条各号に掲げる規定にあっては、当該規定。以下この条において同じ。）の施行前にした行為及びこの附則の規定によりなお従前の例によることとされる場合におけるこの法律の施行後にした行為に対する罰則の適用については、なお従前の例による。

（その他の経過措置の政令への委任）

第二百十二条　この附則に規定するもののほか、この法律の施行に関し必要な経過措置は、政令で定める。

附　則（平一八・五・一九法四〇抄）

（施行期日）

第一条　この法律は、公布の日から起算して十月を超えない範囲内において政令で定める日から施行する。ただし、次の各号に掲げる規定は、当該各号に定める日から施行する。

〔平一八・八政令二七五により、平一八・一〇・一から施行〕

一　第二条中道路運送車両法第五十四条の二の次に一条を加える改正規定、同法第六十三条の二に二項を加える改正規定、同法第六十三条の三に二項を加える改正規定、同法第六十四条及び第六十五条並びに第七十五条の四第一項の改正規定並びに同法第百八条に一号を加える改正規定並びに第三条の規定　公布の日

二　第二条中道路運送車両法第十一条及び第二十八条の三の改正規定、同法第六十一条第二項第二号の改正規定（「及び二輪の小型自動車」を加える部分に限る。）及び同法第百五条の二の改正規定並びに附則第十一条及び第十五条の規定　公布の日から起算して一年を超えない範囲内において政令で定める日

〔平一八・九政令三一六により、平一八・一一・一から施行。ただし、第六十一条第二項第二号の改正規定（「及び二輪の小型自動車」を加える部分に限る。）及び附則第十一条の規定は、平一九・四・一から施行〕

三　第二条中道路運送車両法の目次の改正規定、同法第二十二条の見出しの改正規定及び同条に四項を加える改正規定、同法第九十六条の四第一項の改正規定、同法第六章の二の次に一章を加える改正規定、同法第百条第一項の改正規定、同法第百二条第一項及び第二項の改正規定（同条第一項第三号の改正規定を除く。）、同法第百七条第七号の改正規定、同法第百十条第一項の改正規定（同項第三号中「第九十六条の九」の下に「（第九十六条の十九において準用する場合を含む。）」を加える部分及び同項第十号に係る部分に限る。）並びに同法第百十三条の改正規定〔中略〕　公布の日から起算して一年六月を超えない範囲内において政令で定める日

〔平一九・一〇政令三一二により、平一九・一一・一八から施行〕

四　〔前略〕第二条の規定（前三号に掲げる改正規定並びに道路運送車両法第四十八条第一項の改正規定及び同法第六十一条第二項第二号の改正規定（「及び二輪の小型自動車」を加える部分を除く。）を除く。）並びに附則第八条から第十条まで、第十七条、第二十一条〔中略〕の規定　公布の日から起算して二年六月を超えない範囲内において政

令で定める日

〔平二〇・三政令八一により、平二〇・一一・四から施行〕

（道路運送車両法の一部改正に伴う経過措置）

第八条　附則第一条第四号に掲げる規定の施行の日（以下「一部施行日」という。）前に第二条の規定による改正前の道路運送車両法（以下「旧道路運送車両法」という。）の規定による新規登録を受けた自動車の所有者は、一部施行日以後初めて同条の規定による改正後の道路運送車両法（以下「新道路運送車両法」という。）の規定による変更登録、移転登録、永久抹消登録、輸出抹消仮登録又は一時抹消登録の申請をする場合（第三項の電子情報処理組織を使用して申請する場合を除く。）に限り、新道路運送車両法第十八条の三第一項の規定にかかわらず、登録識別情報を提供することを要しない。

2　一部施行日前に旧道路運送車両法に基づく一時抹消登録を受けた自動車（以下「一時抹消登録自動車」という。）の所有者は、一部施行日以後に新道路運送車両法の規定による新規登録の申請をする場合（次項の電子情報処理組織を使用して申請をする場合を除く。）には、新道路運送車両法第十八条の三第一項の規定にかかわらず、登録識別情報を提供することを要しない。

3　前二項の自動車の所有者は、行政手続等における情報通信の技術の利用に関する法律（平成十四年法律第百五十一号）第三条第一項の規定により同項に規定する電子情報処理組織を使用して申請をする場合には、国土交通省令で定めるところにより、いつでも、国土交通大臣に対し、登録識別情報を通知することを請求することができる。

4　一時抹消登録自動車の所有者は、第二項の申請又は前項の請求をする場合には、当該一時抹消登録自動車に係る一時抹消登録証明書を国土交通大臣に提出しなければならない。

第九条　一時抹消登録自動車の所有者は、一部施行日以後に一時抹消登録自動車を譲渡する場合には、当該一時抹消登録自動車に係る一時抹消登録証明書を譲受人に交付しなければならない。この場合において、新道路運送車両法第十八条の三第二項の規定は、適用しない。

第十条　一時抹消登録自動車の所有者は、一部施行日以後に新道路運送車両法第十六条第四項の届出をする場合には、当該一時抹消登録自動車に係る一時抹消登録証明書を国土交通大臣に返納しなければならない。

2　国土交通大臣は、前項の届出をした一時抹消登録自動車について新道路運送車両法第十六条第七項の規定によりその旨を自動車登録ファイルに記録したときは、当該一時抹消登録自動車の所有者に対し、登録識別情報を通知するものとする。

第十一条　新道路運送車両法第六十一条第二項第二号（二輪の小型自動車に係る部分に限る。）の規定は、附則第一条第二号に掲げる規定の施行の日以後に初めて新道路運送車両法第六十条第一項又は第七十一条第四項の規定により自動車検査証の交付を受けた自動車について適用する。

（罰則に関する経過措置）

第十二条　この法律（附則第一条各号に掲げる規定については、当該規定）の施行前にした行為に対する罰則の適用については、なお従前の例による。

（政令への委任）

第十三条　附則第二条から前条までに定めるもののほか、この法律の施行に関し必要となる経過措置（罰則に関する経過措置を含む。）は、政令で定める。

（検討）

第十四条　政府は、この法律の施行後五年を目途として、この法律による改正後の規定の実施状況を勘案し、必要があると認めるときは、当該規定について検討を加え、その結果に基づいて必要な措置を講ずるものとする。

〔平一八・六・二法五〇抄〕

（罰則に関する経過措置）

第四百五十七条　施行日前にした行為及びこの法律の規定によりなお従前の例によることとされる場合における施行日以後にした行為に対する罰則の適用については、なお従前の例による。

（政令への委任）

第四百五十八条　この法律に定めるもののほか、この法律の規定による法律の廃止又は改正に伴い必要な経過措置は、政令で定める。

附　則（平一八・六・二法五〇）

沿革　平二三法七四改正

この法律は、一般社団・財団法人法〔一般社団法人及び一般財団法人に関する法律＝平成一八年六月法律第四八号〕の施行の日〔平成二〇年一二月一日〕から施行する。〔後略〕

一項の見出…削除・一項…一部改正〔平二三法七四〕

附　則（平一九・三・三〇法九抄）

（施行期日）

第一条　この法律は、平成十九年四月一日から施行する。ただし、第二条中道路運送車両法第百二条の改正規定〔中略〕は、公布の日から起算して一年を超えない範囲内において政令で定める日から施行する。

〔平一九・一〇政令三二四により、平二〇・一一・一から施行〕

（政令への委任）

第八条　附則第二条から前条までに定めるもののほか、この法律の施行に関し必要な経過措置は、政令で定める。

附　則（平二〇・三・三一法二〇抄）

（施行期日）

第一条　この法律は、平成二十年四月一日から施行する。ただし、次条の規定は、地方税法等の一部を改正する法律（平成二十年法律第二十一号）の公布の日〔平成二〇年四月三〇日〕から施行する。

附　則（平二〇・四・三〇法二一抄）

沿革　平二一法九改正

（施行期日）

第一条　この法律は、平成二十年四月一日から施行する。ただし、次の各号に掲げる規定は、当該各号に定める日から施行する。

一～四〔略〕

五〔前略〕附則第三条第十八項から第二十三項まで、第八条第十六項から第二十一項まで及び第二十二条の規定　平成二十二年四月一日

六～十三〔略〕

（この法律の公布の日が平成二十年四月一日後となる場合に

おける経過措置）

第二十条の二　この法律の公布の日が平成二十年四月一日後となる場合におけるこの法律による改正後のそれぞれの法律の規定の適用に関し必要な事項（この附則の規定の読替えを含む。）その他のこの法律の円滑な施行に関し必要な経過措置は、政令で定める。

附　則（平二一・三・三一法九抄）

（施行期日）

第一条　この法律は、平成二十一年四月一日から施行する。
〔後略〕

（政令への委任）

第十八条　この法律の公布の日が附則第一条本文に規定する日後となる場合におけるこの法律による改正後のそれぞれの法律の規定の適用に関し必要な事項（この附則の規定の読替えを含む。）その他のこの法律の円滑な施行に関し必要な経過措置は、政令で定める。

第十九条　附則第二条から前条までに定めるもののほか、この法律の施行に関し必要な経過措置は、政令で定める。

附　則（平二三・六・三法六一抄）

（施行期日）

第一条　この法律は、公布の日から起算して一年を超えない範囲内において政令で定める日（以下「施行日」という。）から施行する。〔後略〕
〔平二三・一二政令三九五により、平二四・四・一から施行〕

附　則（平二三・六・二四法七四抄）

（施行期日）

第一条　この法律は、公布の日から起算して二十日を経過した日から施行する。〔後略〕

附　則（平二六・四・一八法二二抄）

（施行期日）

第一条　この法律は、公布の日から起算して六月を超えない範囲内において、政令で定める日から施行する。〔後略〕
〔平二六・五・政令一九〇により、平二六・五・三〇から施行〕

附　則（平二六・六・一三法六九抄）

（施行期日）

第一条　この法律は、行政不服審査法（平成二十六年法律第六十八号）の施行の日〔平成二八年四月一日〕から施行する。

（経過措置の原則）

第五条　行政庁の処分その他の行為又は不作為についての不服申立てであってこの法律の施行前にされた行政庁の処分その他の行為又はこの法律の施行前にされた申請に係る行政庁の不作為に係るものについては、この附則に特別の定めがある場合を除き、なお従前の例による。

（訴訟に関する経過措置）

第六条　この法律による改正前の法律の規定により不服申立てに対する行政庁の裁決、決定その他の行為を経た後でなければ訴えを提起できないこととされる事項であって、当該不服申立てを提起しないでこの法律の施行前にこれを提起すべき期間を経過したもの（当該不服申立てが他の不服申立てに対する行政庁の裁決、決定その他の行為を経た後でなければ提起できないとされる場合にあっては、当該他の不服申立てを提起しないでこの法律の施行前にこれを提起すべき期間を経過したものを含む。）の訴えの提起については、なお従前の例による。

2　この法律の規定による改正前の法律の規定（前条の規定によりなお従前の例によることとされる場合を含む。）により異議申立てが提起された処分その他の行為であって、この法律の規定による改正後の法律の規定により審査請求に対する裁決を経た後でなければ取消しの訴えを提起することができないこととされるものの取消しの訴えの提起については、なお従前の例による。

3　不服申立てに対する行政庁の裁決、決定その他の行為の取消しの訴えであって、この法律の施行前に提起されたものについては、なお従前の例による。

（罰則に関する経過措置）

第九条　この法律の施行前にした行為並びに附則第五条及び前二条の規定によりなお従前の例によることとされる場合におけるこの法律の施行後にした行為に対する罰則の適用については、なお従前の例による。

（その他の経過措置の政令への委任）

第十条　附則第五条から前条までに定めるもののほか、この法律の施行に関し必要な経過措置（罰則に関する経過措置を含む。）は、政令で定める。

附　則（平二七・六・二四法四四抄）

（施行期日）

第一条　この法律は、平成二十八年四月一日から施行する。ただし、次の各号に掲げる規定は、当該各号に定める日から施行する。

一　第一条中道路運送車両法第六十三条の四第一項の改正規定並びに附則第十二条第二項及び第三項並びに第十九条の規定　公布の日

二　第一条中道路運送車両法第七条第三項、第十一条、第九十四条の五第七項及び第百五条の二の改正規定、同法第百八条第一号の改正規定（「第十一条第四項」を「第十一条第五項」に改める部分に限る。）並びに同法第百九条第一号の改正規定並びに附則第二十一条の規定　平成二十八年三月三十一日までの間において政令で定める日
〔平二七・一二政令四三七により、平二八・二・一から施行〕

（確認調査に関する経過措置）

第二条　国土交通大臣は、第一条の規定による改正後の道路運送車両法（次条において「新道路運送車両法」という。）第二十四条の二第一項の規定にかかわらず、平成三十年四月一日（以下「指定日」という。）の前日までは、政令で定める区域内に使用の本拠の位置を有する自動車の登録に関する確認調査（同項に規定する確認調査をいう。附則第十条において同じ。）を自ら行うものとする。

（回送運行の許可に関する経過措置）

第三条　新道路運送車両法第三十六条の二（新道路運送車両法第七十三条第二項において準用する場合を含む。以下この条において同じ。）の規定は、この法律の施行の日（以下「施行日」という。）以後に新道路運送車両法第三十六条の二第一項の許可を受けた者について適用し、この法律の施行の際現に第一条の規定による改正前の道路運送車両法（以下「旧道路運送車両法」という。）第三十六条の二第一項（旧道路運送車両法第七十三条第二項において準用する場合を含む。

以下この条において同じ。）の許可を受けている者については、なお従前の例による。この場合において、旧道路運送車両法第三十六条の二第一項中次の表の上欄に掲げる字句は、同表の下欄に掲げる字句とする。

国土交通省令で定めるところにより回送運行許可番号標及びこれに記載された番号を見やすいように表示し、かつ、回送運行許可証を備え付けたものを、当該回送運行許可証の有効期間内に、これに記載された目的に従つて運行の用に供するときは、第四条、第十九条、第五十八条第一項及び第六十六条第一項の規定は、当該自動車について適用しない。	次に掲げる要件を満たすものを、当該回送運行許可証の有効期間内に、これに記載された目的に従つて運行の用に供するときは、第四条、第十九条、第五十八条第一項及び第六十六条第一項の規定は、当該自動車について適用しない。 一　回送運行許可番号標を国土交通省令で定める位置に、かつ、被覆しないことその他当該回送運行許可番号標に記載された番号の識別に支障が生じないものとして国土交通省令で定める方法により表示していること。 二　回送運行許可証を備え付けていること。

（罰則に関する経過措置）

第十八条　この法律の施行前にした行為並びに附則第三条及び前条の規定によりなお従前の例によることとされる場合におけるこの法律の施行後にした行為に対する罰則の適用については、なお従前の例による。

（政令への委任）

第十九条　この附則に規定するもののほか、この法律の施行に関し必要な経過措置（罰則に関する経過措置を含む。）は、政令で定める。

附　則（平二八・三・三一法一三抄）

沿革　平二八法八六、平三一法四、令二法五改正

（施行期日）

第一条　この法律は、平成二十八年四月一日から施行する。ただし、次の各号に掲げる規定は、当該各号に定める日から施行する。

一〜五の三　〔略〕

五の四　〔前略〕附則第四条第二項、〔中略〕第三十九条、第四十条〔中略〕の規定　令和元年十月一日

五の四の二〜十五　〔略〕

本条…一部改正〔平二八法八六平三一法四令二法五〕

（道路運送車両法の一部改正に伴う経過措置）

第四十条　前条の規定による改正後の道路運送車両法（以下この条及び附則第五十三条において「新道路運送車両法」という。）の規定の適用については、当分の間、新道路運送車両法第七十六条の二十七第一項第三号中「納付」とあるのは、「納付（検査対象軽自動車に係る令和元年度以前の年度分の地方税法等の一部を改正する等の法律（平成二十八年法律第十三号）附則第一条第五号の四に掲げる規定による改正前の地方税法に規定する軽自動車税の納付を含む。）」とする。

2　令和元年度以前の年度分の元年旧法に規定する自動車税又は軽自動車税を課されたことがある自動車についての新道路運送車両法第九十七条の二第一項及び第二項の規定の適用については、同条第一項中「自動車税種別割（」とあるのは「令和元年度以前の年度分の旧自動車税（地方税法等の一部を改正する等の法律（平成二十八年法律第十三号）附則第一条第五号の四に掲げる規定による改正前の地方税法（以下この項において「改正前地方税法」という。）に規定する自動車税をいう。次項において同じ。）若しくは自動車税種別割（」と、「軽自動車税種別割」とあるのは「令和元年度以前の年度分の旧軽自動車税（改正前地方税法に規定する軽自動車税をいう。次項において同じ。）若しくは軽自動車税種別割」と、同条第二項中「自動車税種別割又は軽自動車税種別割」とあるのは「令和元年度以前の年度分の旧自動車税若しくは自動車税種別割又は令和元年度以前の年度分の旧軽自動車税若しくは軽自動車税種別割」とする。

一・二項…一部改正〔平二八法八六令二法五〕

附　則（平二八・五・二七法五一抄）

（施行期日）

第一条　この法律は、公布の日から起算して一年六月を超えない範囲内において政令で定める日から施行する。〔後略〕

〔平二九・二政令一八により、平二九・五・三〇から施行〕

附　則（平二八・一一・二八法八六抄）

（施行期日）

1　この法律は、公布の日から施行する。

附　則（平二九・五・二六法四〇抄）

（施行期日）

第一条　この法律は、公布の日から起算して二十日を経過した日から施行する。ただし、第七十五条第七項、第七十五条の二第四項及び第七十五条の三第五項の改正規定並びに次条の規定は、公布の日から施行する。

（政令への委任）

第二条　この法律の施行に関し必要な経過措置は、政令で定める。

（検討）

第三条　政府は、この法律の施行後五年を経過した場合において、この法律による改正後の道路運送車両法の施行の状況について検討を加え、必要があると認めるときは、その結果に基づいて所要の措置を講ずるものとする。

附　則（平三一・三・二九法四抄）

沿革　令二法五改正

（施行期日）

第一条　この法律は、令和元年十月一日から施行する。ただし、次の各号に掲げる規定は、当該各号に定める日から施行する。

一　附則第二十四条の規定　公布の日

二　〔略〕

本条…一部改正〔令二法五〕

附　則（令元・五・二四法一四抄）

沿革　令元法一六改正

（施行期日）

第一条　この法律は、公布の日から起算して一年を超えない範

囲内において政令で定める日から施行する。ただし、次の各号に掲げる規定は、当該各号に定める日から施行する。

〔令二・一政令二〇により、令二・四・一から施行〕

一 第一条及び附則第九条の規定 公布の日

二 第二条中道路運送車両法第七十五条の六の改正規定 公布の日から起算して二十日を経過した日

三 附則第三条の規定 公布の日から起算して一年三月を超えない範囲内において政令で定める日

四 第三条並びに附則第十四条、第二十条及び第二十一条の二の規定 公布の日から起算して一年六月を超えない範囲内において政令で定める日

〔令二・八政令二三七により、令二・一一・二三から施行〕

五 附則第四条の規定 公布の日から起算して三年を超えない範囲内において政令で定める日

六 第四条並びに附則第五条から第八条まで、第十三条（地方税法（昭和二十五年法律第二百二十六号）第百六十条第一項第三号の改正規定及び同法第四百五十四条第一項第二号の改正規定に限る。）、第十五条、第十六条（租税特別措置法（昭和三十二年法律第二十六号）第九十条の十五第一項及び第二項の改正規定に限る。）、第十八条及び第二十二条（総合特別区域法（平成二十三年法律第八十一号）第二十二条の二第三項の改正規定並びに同条第十二項の表第百条第一項の項及び同表第百条第二項の項の改正規定に限る。）の規定 公布の日から起算して四年を超えない範囲内において政令で定める日

〔令四・五政令一九四により、令五・一・一から施行〕

本条…一部改正〔令元法一六〕

（第二条の規定による改正に伴う経過措置）

第二条 この法律の施行の日（次項及び第三項において「施行日」という。）前にした第二条の規定による改正前の道路運送車両法（同項において「旧法」という。）第七十八条第一項の規定による自動車分解整備事業の認証は、国土交通省令で定めるところにより、第二条の規定による改正後の道路運送車両法（次項及び第三項において「新法」という。）第七十八条第一項の規定に基づいてした自動車特定整備事業の認証とみなす。その認証の申請についても、同様とする。

2 この法律の施行の際現に新法第七十七条第一項に規定する自動車特定整備事業に相当する事業（原動機、動力伝達装置、走行装置、操縦装置、制動装置、緩衝装置又は連結装置を取り外して行う整備又は改造であって国土交通省令で定めるものを行わないものに限る。）を経営している者は、施行日から起算して四年を経過する日までの間は、新法第七十八条第一項の規定にかかわらず、国土交通省令で定めるところにより、引き続き当該事業を経営することができる。その者がその期間内に同項の認証を申請した場合において、認証があった旨又は認証をしない旨の通知を受ける日までも、同様とする。

3 この法律の施行の際現に備えている旧法第九十一条の分解整備記録簿は、施行日において、新法第九十一条の特定整備記録簿とみなす。

※ 2項「国土交通省令」＝道路運送車両法施行規則等の一部を改正する省令〔令和二年国交令六号〕附則三・四

（第三条の規定による改正に伴う経過措置）

第三条 第三条の規定による改正後の道路運送車両法第九十九条の三第一項の許可を受けようとする者は、附則第一条第四号に掲げる規定の施行の日前においても、その申請を行うことができる。

（第四条の規定による改正に伴う経過措置）

第四条 第四条の規定による改正後の道路運送車両法（以下「第六号新法」という。）第七十四条の五第一項及び第七十四条の六第一項の規定による委託に関し必要な手続その他の行為は、附則第一条第六号に掲げる規定の施行の日（以下「第六号施行日」という。）前においても行うことができる。

第五条 第六号施行日前に第四条の規定による改正前の道路運送車両法（以下「第六号旧法」という。）第六十条第一項、第六十二条第二項（第六号旧法第六十三条第三項及び第六十七条第四項において準用する場合を含む。）若しくは第七十一条第四項の規定又は附則第二十二条の規定による改正前の総合特別区域法第二十二条の二第三項の規定により交付され、又は返付された自動車検査証については、第六号施行日以後も、第六号新法第五十八条第二項及び第三項の規定にかかわらず、なお従前の例による。

第六条 第六号新法第五十八条第二項及び第三項の規定の適用については、第六号施行日から起算して一年六月を超えない範囲内において政令で定める日までの間は、同条第二項中「カード」とあるのは「カード（第五十九条第一項に規定する検査対象軽自動車の自動車検査証にあつては、自動車検査証記録事項が記載された書面）」と、同条第三項中「自動車検査証は」とあるのは「自動車検査証（第五十九条第一項に規定する検査対象軽自動車の自動車検査証を除く。）は」とする。

2 第六号施行日から前項の政令で定める日までの間に第六号新法第六十条第一項、第六十二条第二項（第六号新法第六十三条第三項及び第六十七条第四項において準用する場合を含む。）若しくは第七十一条第四項の規定又は附則第二十二条の規定による改正後の総合特別区域法第二十二条の二第三項の規定により交付され、又は返付された第六号新法第五十八条第二項に規定する検査対象軽自動車の自動車検査証については、同日後も、第六号新法第五十八条第二項及び第三項の規定にかかわらず、なお従前の例による。

第七条 第六号施行日前に第六号旧法及びこれに基づく命令の規定によってした処分、手続その他の行為は、第六号新法及びこれに基づく命令の相当規定によってした処分、手続その他の行為とみなす。

第八条 第六号施行日前にした行為に対する罰則の適用については、なお従前の例による。

（政令への委任）

第九条 この附則に規定するもののほか、この法律の施行に関し必要な経過措置（罰則に関する経過措置を含む。）は、政令で定める。

（検討）

第十条 政府は、この法律の施行後五年を経過した場合において、この法律による改正後の道路運送車両法の施行の状況について検討を加え、必要があると認めるときは、その結果に基づいて所要の措置を講ずるものとする。

附　則（令元・五・三一法一六抄）

（施行期日）

第一条　この法律は、公布の日から起算して九月を超えない範囲内において政令で定める日から施行する。〔後略〕

〔令元・一二政令一八二により、令元・一二・一六から施行〕

（車両法改正法の一部改正に伴う調整規定）

第八十二条　施行日が車両法改正法の施行の日以後である場合には、附則第三十三条中「第百二条第四項ただし書」とあるのは「第百二条第五項ただし書」と、「第十三号まで若しくは前項の」とあるのは「第十二号まで、第二項若しくは前項の規定による」と、「同条第五項」とあるのは「同条第六項」と、附則第六十二条中「第十三号」とあるのは「第十二号」と、「及び同条第二項」とあるのは「の手数料、同条第二項に規定する者の同項及び同条第三項」と、「同条第三項」とあるのは「同条第四項」と、「同条第四項ただし書」とあるのは「同条第五項ただし書」とし、前条（車両法改正法第二条のうち道路運送車両法第百二条の改正規定の改正規定及び車両法改正法附則第二十一条のうち特別会計に関する法律第二百十三条第二項第一号ロの改正規定の改正規定に限る。）の規定は、適用しない。

附　則（令元・六・一四法三七抄）

（施行期日）

第一条　この法律は、公布の日から起算して三月を経過した日から施行する。ただし、次の各号に掲げる規定は、当該各号に定める日から施行する。

一　〔前略〕第百四十九条、第百五十二条、第百五十四条（不動産の鑑定評価に関する法律第二十五条第六号の改正規定に限る。）及び第百六十八条並びに次条並びに附則第三条及び第六条の規定　公布の日

二～四　〔略〕

（行政庁の行為等に関する経過措置）

第二条　この法律（前条各号に掲げる規定にあっては、当該規定。以下この条及び次条において同じ。）の施行の日前に、この法律による改正前の法律又はこれに基づく命令の規定（欠格条項その他の権利の制限に係る措置を定めるものに限る。）に基づき行われた行政庁の処分その他の行為及び当該規定により生じた失職の効力については、なお従前の例による。

（罰則に関する経過措置）

第三条　この法律の施行前にした行為に対する罰則の適用については、なお従前の例による。

（検討）

第七条　政府は、会社法（平成十七年法律第八十六号）及び一般社団法人及び一般財団法人に関する法律（平成十八年法律第四十八号）における法人の役員の資格を成年被後見人又は被保佐人であることを理由に制限する旨の規定について、この法律の公布後一年以内を目途として検討を加え、その結果に基づき、当該規定の削除その他の必要な法制上の措置を講ずるものとする。

附　則（令二・三・三一法五抄）

（施行期日）

第一条　この法律は、令和二年四月一日から施行する。〔後略〕

附　則（令三・五・一九法三七抄）

（施行期日）

第一条　この法律は、令和三年九月一日から施行する。ただし、次の各号に掲げる規定は、当該各号に定める日から施行する。

一　〔前略〕附則第八条第一項、第五十九条から第六十三条まで、第六十七条及び第七十一条から第七十三条までの規定　公布の日

二・三　〔略〕

四　〔前略〕附則第三条、第五条、第六条、第七条（第三項を除く。）、第十三条、第十四条、第十八条（戸籍法第百二十九条の改正規定（「戸籍の」の下に「正本及び」を加える部分を除く。）に限る。）、第十九条から第二十一条まで〔中略〕の規定　公布の日から起算して一年を超えない範囲内において、各規定につき、政令で定める日

〔令三・一〇政令二九一により、令四・四・一から施行〕

五～十　〔略〕

（罰則に関する経過措置）

第七十一条　この法律（附則第一条各号に掲げる規定にあっては、当該規定。以下この条において同じ。）の施行前にした行為及びこの附則の規定によりなお従前の例によることとされる場合におけるこの法律の施行後にした行為に対する罰則の適用については、なお従前の例による。

（政令への委任）

第七十二条　この附則に定めるもののほか、この法律の施行に関し必要な経過措置（罰則に関する経過措置を含む。）は、政令で定める。

（検討）

第七十三条　政府は、行政機関等に係る申請、届出、処分の通知その他の手続において、個人の氏名を平仮名又は片仮名で表記したものを利用して当該個人を識別できるようにするため、個人の氏名を平仮名又は片仮名で表記したものを戸籍の記載事項とすることを含め、この法律の公布後一年以内を目途としてその具体的な方策について検討を加え、その結果に基づいて必要な措置を講ずるものとする。

附　則（令四・三・三一法四抄）

（施行期日）

第一条　この法律は、令和四年四月一日から施行する。〔後略〕

（罰則に関する経過措置）

第九十八条　この法律（附則第一条各号に掲げる規定にあっては、当該規定。以下この条において同じ。）の施行前にした行為並びにこの附則の規定によりなお従前の例によることとされる場合及びこの附則の規定によりなおその効力を有することとされる場合におけるこの法律の施行後にした行為に対する罰則の適用については、なお従前の例による。

（政令への委任）

第九十九条　この附則に規定するもののほか、この法律の施行に関し必要な経過措置は、政令で定める。

附　則（令四・六・一七法六八抄）

（罰則の適用等に関する経過措置）

第四百四十一条　刑法等の一部を改正する法律（令和四年法律第六十七号。以下「刑法等一部改正法」という。）及びこの法律（以下「刑法等一部改正法等」という。）の施行前にした行為の処罰については、次章に別段の定めがあるもののほか、なお従前の例による。

2　刑法等一部改正法等の施行後にした行為に対して、他の法律の規定によりなお従前の例によることとされ、なお効力を有することとされ又は改正前若しくは廃止前の法律の規定の例によることとされる罰則を適用する場合において、当該罰則に定める刑（刑法施行法第十九条第一項の規定又は第八十二条の規定による改正後の沖縄の復帰に伴う特別措置に関する法律第二十五条第四項の規定の適用後のものを含む。）に刑法等一部改正法第二条の規定による改正前の刑法（明治四十年法律第四十五号。以下この項において「旧刑法」という。）第十二条に規定する懲役（以下「懲役」という。）、旧刑法第十三条に規定する禁錮（以下「禁錮」という。）又は旧刑法第十六条に規定する拘留（以下「旧拘留」という。）が含まれるときは、当該刑のうち無期の懲役又は禁錮はそれぞれ無期拘禁刑と、有期の懲役又は禁錮はそれぞれその刑と長期及び短期（刑法施行法第二十条の規定の適用後のものを含む。）を同じくする有期拘禁刑と、旧拘留は長期及び短期（刑法施行法第二十条の規定の適用後のものを含む。）を同じくする拘留とする。

（裁判の効力とその執行に関する経過措置）

第四百四十二条　懲役、禁錮及び旧拘留の確定裁判の効力並びにその執行については、次章に別段の定めがあるもののほか、なお従前の例による。

（人の資格に関する経過措置）

第四百四十三条　懲役、禁錮又は旧拘留に処せられた者に係る人の資格に関する法令の規定の適用については、無期の懲役又は禁錮に処せられた者はそれぞれ無期拘禁刑に処せられた者と、有期の懲役又は禁錮に処せられた者はそれぞれ刑期を同じくする有期拘禁刑に処せられた者と、旧拘留に処せられた者は拘留に処せられた者とみなす。

2　拘禁刑又は拘留に処せられた者に係る他の法律の規定によりなお従前の例によることとされ、なお効力を有することとされ又は改正前若しくは廃止前の法律の規定の例によることとされる人の資格に関する法令の規定の適用については、無期拘禁刑に処せられた者は無期禁錮に処せられた者と、有期拘禁刑に処せられた者は刑期を同じくする有期禁錮に処せられた者と、拘留に処せられた者は刑期を同じくする旧拘留に処せられた者とみなす。

（経過措置の政令への委任）

第五百九条　この編に定めるもののほか、刑法等一部改正法等の施行に伴い必要な経過措置は、政令で定める。

附　則（令四・六・一七法六八抄）

（施行期日）

1　この法律は、刑法等一部改正法〔刑法等の一部を改正する法律＝令和四年六月法律第六七号〕施行日〔令和七年六月一日〕から施行する。ただし、次の各号に掲げる規定は、当該各号に定める日から施行する。

一　第五百九条の規定　公布の日

二　〔略〕

附　則（令五・六・一六法六三抄）

（施行期日）

第一条　この法律は、公布の日から起算して一年を超えない範囲内において政令で定める日から施行する。ただし、次の各号に掲げる規定は、当該各号に定める日から施行する。

〔令五・九政令二八四により、令六・四・一から施行〕

一　〔前略〕附則第七条〔中略〕の規定　公布の日

二　〔略〕

（罰則に関する経過措置）

第六条　この法律の施行前にした行為に対する罰則の適用については、なお従前の例による。

（政令への委任）

第七条　この附則に定めるもののほか、この法律の施行に関し必要な経過措置（罰則に関する経過措置を含む。）は、政令で定める。

○道路運送車両法施行法

（昭和二十六年六月一日
法律第百八十六号）

沿革　昭四四法六八、平六法八六改正

（車両規則等の廃止）

第一条　車両規則（昭和二十二年運輸省令第三十六号）は、廃止する。

2　自動車整備士技能検定規則（昭和二十四年運輸省令第五十号）は廃止する。

3　自動車整備工場認定規則（昭和二十三年運輸省令第二十七号）は、廃止する。

（運輸省設置法の改正）

第二条　運輸省設置法（昭和二十四年法律第百五十七号）の一部を次のように改正する。

〔次のよう略〕

（経過規定）

第三条　道路運送法（昭和二十二年法律第百九十一号。以下「旧法」という。）第五十六条第一項の規定によりした自動車（原動機付自転車並びに軽自動車及び二輪の小型自動車に相当するものを除く。）の登録は、昭和二十七年三月三十一日までの間は、道路運送車両法（昭和二十六年法律第百八十五号。以下「法」という。）の規定によりした自動車の新規登録とみなす。

第四条　旧法第五十六条第一項の規定によりした自動車（軽自動車及び二輪の小型自動車に相当するものに限る。）の登録は、法の規定によりした自動車の新規登録とみなす。

第五条　車両規則第三十二条の規定によりした臨時運転の許可は、法の規定によりした自動車の臨時運行の許可とみなす。

第六条　旧法第五十四条第一項の規定によりした自動車（原動機付自転車に相当するものを除く。）の検査（車両規則第二十六条の検査を除く。）は、法第五十八条の規定によりした検査とみなす。

第七条　車両規則第二十六条の規定によりした自動車の検査は、法第七十一条の規定によりした検査とみなす。

第八条　旧法第五十四条第一項の規定によりした自動車（原動機付自転車に相当するものに限る。）の検査は、法第七十三条の規定によりした原動機付自転車の検査とみなす。

第九条　旧法第五十四条第一項の規定によりした旅客軽車両の検査は、法第七十三条の規定によりした旅客軽車両の検査とみなす。

第十条　自動車整備士技能検定規則の規定による検定に合格した者は、運輸省令で定める種類について、法第五十五条の自動車整備士の技能検定に合格した者とみなす。

※　「国土交通省令」＝自動車整備士技能検定規則附則二項

第十一条　車両規則第二十六条の二の規定によりした自動車の指定は、法第七十五条の規定によりした自動車の指定とみなす。

第十二条　自動車整備工場認定規則の規定による認定を受けた者は、運輸省令で定める種類について、法第九十四条の優良自動車整備事業者の認定を受けた者とみなす。

※　「国土交通省令」＝優良自動車整備事業者認定規則附則二項

第十三条　車両規則第二十九条の規定により自動車（原動機付自転車に相当するものを除く。）に表示した車両番号標及びその封印は、昭和二十七年三月三十一日までの間は、法第十一条の規定により取りつけた自動車登録番号標及びその封印とみなす。

第十四条　車両規則第二十九条の規定により自動車（原動機付自転車に相当するものに限る。）に表示した車両番号標は、法第七十三条の規定により表示した原動機付自転車番号標とみなす。

第十五条　車両規則第四十六条の規定により旅客軽車両に表示した車両番号標は、法第七十三条の規定により表示した旅客軽車両番号標とみなす。

第十六条　車両規則により交付又は貸与を受けた臨時運転許可証、臨時車両番号標、自動車（原動機付自転車に相当するものを除く。）の車両検査証、車両番号の指定されていない自動車の車両検査証、自動車（原動機付自転車に相当するものに限る。）の車両検査証又は旅客軽車両の車両検査証は、それぞれ、法の規定により交付又は貸与を受けた臨時運行許可証、臨時運行許可番号標、自動車検査証、自動車予備検査証、原動機付自転車検査証又は旅客軽車両検査証とみなす。

第十七条　法施行の際、現に自動車（原動機付自転車に相当するものを除く。）の車両番号標の販売を業としている者は、法第二十五条の規定にかかわらず、法施行の日から六箇月間は、自動車登録番号標交付代行者とみなす。その者がその期間内に法第二十五条の指定を申請した場合において、指定があつた旨又は指定をしない旨の通知を受ける日までも同様である。

2　法第二十七条第一項及び第四項の規定は、前項の規定により自動車登録番号標交付代行者とみなされた者には、適用しない。

第十八条　法第五十条の規定により整備管理者を選任しなければならない者は、法施行の日から一年間は、法第五十一条第一項各号の一に該当しない者を整備管理者に選任することができる。

第十九条　法施行の際、現に自動車分解整備事業に相当する事業を経営している者は、法第七十八条第一項の規定にかかわらず、法施行の日から一年間は、運輸省令で定める種類について、自動車分解整備事業の認証を受けた者とみなす。その者がその期間内に法第七十八条第一項の認証を申請した場合において、認証があつた旨又は認証をしない旨の通知を受ける日までも同様である。

※　「運輸省令」＝道路運送車両法施行規則附則八項

第二十条　前条の規定により自動車分解整備事業者とみなされた者は、法施行の日から一年間は、第八十六条第一項各号の一に該当しない者を検査主任者に選任することができる。

第二十一条　第三条の規定により法の規定による新規登録を受けたものとみなされていた自動車について、昭和二十七年三月三十一日までの間に法の規定による新規登録を申請する者に対しては、法第百二条の規定による新規登録についての手数料は、徴収しない。

第二十二条　法第十一条第一項の規定により運輸大臣の行う自動車登録番号標の交付及び法第二十条第一項の規定により運輸大臣の行う自動車登録番号標の返納の受理は、運輸大臣が告示する日までは、これを行わない。

附　則

この法律は、法施行の日（昭和二六年七月一日）から施行する。

附　則（昭四四・八・一法六八抄）

（施行期日）

第一条　この法律中〔中略〕附則第六条の規定は、公布の日から起算して六月をこえない範囲内において政令で定める日から〔中略〕附則第五条の規定は、公布の日から起算して一年をこえない範囲内において政令で定める日から施行する。

〔昭四四・一二政令三〇七により、附則第六条の規定は、昭四五・一・一から、附則第五条の規定は、昭四五・三・一から施行〕

（罰則に関する経過措置）

第六条　この法律の施行前にした行為〔中略〕に対する罰則の適用については、なお従前の例による。

附　則（平六・七・四法八六抄）

（施行期日）

第一条　この法律は、公布の日から起算して一年を超えない範囲内において政令で定める日から施行する。ただし、〔中略〕附則〔中略〕第十二条の規定は、公布の日から起算して六月を超えない範囲内において政令で定める日から施行する。

〔平六・一〇政令三三九により、ただし書に係る部分は、平七・一・一から施行〕

○道路運送車両法施行令

（昭和二十六年六月三十日　政令第二百五十四号）

沿革　昭二七政令一一六、昭三〇政令二六二、昭三一政令九六、昭三七政令二三二、昭三八政令三二四、昭四二政令七二、昭四四政令三〇八、昭四五政令二二四、昭四六政令三三五、昭四八政令二五四、昭五七政令三二二、昭五八政令一七二、昭五九政令一七六・三三一、昭六一政令一六五、平二政令二一四、平六政令三〇三・三四〇、平七政令一八二、平一〇政令三一九、平一一政令二六五、平一二政令三一二・三三三・五〇七・五三三、平一三政令二五二・二九七、平一四政令二〇〇・二九六・三四三、平一五政令二四四・二五九・三六八・三九〇・四八三・四九五、平一六政令一四・二一一、平一七政令一八〇・一八七、平一八政令一五九・一六一・一六四・一六五・一六七・一九八・三一七、平一九政令五五・一一〇・一一一・三一三、平二〇政令八二、平二一政令一一一・二四〇、平二二政令四一、平二六政令一六・三九・三五六、平二七政令三五・七四・三九二・四三八、平二八政令一一・一三・二一・五七・七八・八六・三九六、平二九政令二二・一五九、平三〇政令一二、令元政令一四、令二政令二一・二一七・二三八・三二一、令四政令一九五、令五政令二四六改正

（軽車両の定義）

第一条　道路運送車両法（以下「法」という。）第二条第四項の軽車両は、馬車、牛車、馬そり、荷車、人力車、三輪自転車（側車付の二輪自転車を含む。）及びリヤカーをいう。

（自動車登録番号標の封印等に関する離島及び市町村の指定）

第二条　法第十一条第一項の離島は、本土との隔絶の状態及び当該離島に使用の本拠を有する自動車の数を考慮して国土交通大臣が指定する離島とする。

2　法第十一条第一項の市町村は、自動車の使用の本拠の分布の状態を考慮して国土交通大臣が指定する市町村とする。

※　1・2項「国土交通大臣の指定」＝道路運送車両法施行令第二条の規定により運輸大臣が指定する離島及び市町村（昭四二運告三四九）

（譲渡証明書に記載すべき事項の電磁的方法による提供）

第三条　自動車を譲渡する者は、法第三十三条第四項の規定により譲渡証明書に記載すべき事項を登録情報処理機関に提供しようとするときは、あらかじめ、当該譲受人からの書面又は電磁的方法による承諾を得なければならない。

2　前項の規定による承諾を得た自動車を譲渡する者は、当該譲受人から書面又は電磁的方法により、電磁的方法による登録情報処理機関への提供を承諾しない旨の申出があつたときは、登録情報処理機関に対し、譲渡証明書に記載すべき事項の提供を電磁的方法によつてしてはならない。ただし、当該譲受人が再び同項の規定による承諾をした場合は、この限りでない。

（臨時運行の許可に関する町村の指定）

第四条　法第三十四条第二項の町村は、左に掲げる事項を考慮して国土交通大臣が指定する町村とする。

一　自動車の使用の本拠の分布の状態

二　臨時運行の許可の権限を有するもよりの行政庁の事務所の位置及びその行政庁のした臨時運行の許可に関する実績

※　「国土交通大臣の指定」＝自動車の臨時運行の許可に関する町村指定（昭四二運告三四八）

（指定の告示）

第五条　国土交通大臣は、第二条又は前条の規定により指定したときは、その旨を告示する。

（特に必要な自動車の装置）

第六条　法第四十一条第一項第二十一号の特に必要な自動車の装置は、運行記録計及び速度表示装置とする。

（特定後付装置）

第七条　法第六十三条の二第二項の政令で定める後付装置は、タイヤ及び年少者用補助乗車装置（幼児その他の年少者を乗車させる際、座席ベルトに代わる機能を果たさせるため、又は座席ベルトの機能を確保するために座席に固定して用いる乗車装置をいう。）とする。

（検査記録事項の自動車登録ファイル等への記録）

第八条　登録自動車に係る法第七十二条第一項に規定する事項（以下「検査記録事項」という。）は、現在記録ファイルに記録する。ただし、当該記録した事項に係る自動車検査証記録事項が変更されたときは、変更前の自動車検査証記録事項に係る検査記録事項は、保存記録ファイルに記録する。

2　永久抹消登録、輸出抹消仮登録又は一時抹消登録をした自動車に係る検査記録事項は、保存記録ファイルに記録する。

3　自動車登録令（昭和二十六年政令第二百五十六号）第七条から第八条までの規定は、自動車登録ファイルに検査記録事項を記録する場合について準用する。

4　自動車登録令第六条第一項及び第四項の規定は軽自動車検査ファイルについて、前三項の規定は軽自動車検査ファイルに検査対象軽自動車に係る検査記録事項を記録する場合について準用する。この場合において、自動車登録令第六条第四項中「国土交通大臣」とあるのは「国土交通大臣（法第七十四条の四の規定の適用があるときは、軽自動車検査協会）」と、第二項中「永久抹消登録、輸出抹消仮登録又は一時抹消登録をした」とあるのは「自動車検査証が返納された」と、前二項中「検査記録事項」とあるのは「検査記録事項その他国土交通省令で定める事項」と読み替えるものとする。

5　自動車登録令第六条第一項及び第四項の規定は二輪自動車検査ファイルについて、第一項から第三項までの規定は二輪自動車検査ファイルに二輪の小型自動車に係る検査記録事項を記録する場合について準用する。この場合において、第二項中「永久抹消登録、輸出抹消仮登録又は一時抹消登録をした」とあるのは「自動車検査証が返納された」と、同項及び第三項中「検査記録事項」とあるのは「検査記録事項その他国土交通省令で定める事項」と読み替えるものとする。

6　自動車登録令第四十八条の規定は、法第六十九条の三において準用する法第十八条第三項の規定により所有者の変更について軽自動車検査ファイル又は二輪自動車検査ファイルに記録を受けようとする場合について準用する。

※　3項で準用する自動車登録令七条の二及び八条「国土交通省令」＝則四三の五・四三の六、4項で読み替えて準用する本条2・3項「国土交通省令」＝則四三の三、5項で読み替えて準用する本条2・3項「国土交通省令」＝則四三の四、6項で準用する自動車登録令四八条1項「国土交通省令」＝則四〇の一一

（完成検査終了証に記載すべき事項の電磁的方法による提供）

第九条　法第七十五条第一項の申請をした者は、同条第五項の規定により完成検査終了証に記載すべき事項を登録情報処理

機関に提供しようとするときは、あらかじめ、当該譲受人からの書面又は電磁的方法による承諾を得なければならない。

２　前項の規定による承諾を得た法第七十五条第一項の申請をした者は、当該譲受人から書面又は電磁的方法により、電磁的方法による登録情報処理機関への提供を承諾しない旨の申出があつたときは、登録情報処理機関に対し、完成検査終了証に記載すべき事項の提供を電磁的方法によつてしてはならない。ただし、当該譲受人が再び前項の規定による承諾をした場合は、この限りでない。

（保安基準適合証等に記載すべき事項の電磁的方法による提供）

第十条　指定自動車整備事業者は、法第九十四条の五第二項の規定により保安基準適合証に記載すべき事項を登録情報処理機関に提供しようとするときは、あらかじめ、当該依頼者からの書面又は電磁的方法による承諾を得なければならない。

２　前項の規定による承諾を得た指定自動車整備事業者は、当該依頼者から書面又は電磁的方法により、電磁的方法による登録情報処理機関への提供を承諾しない旨の申出があつたときは、登録情報処理機関に対し、保安基準適合証に記載すべき事項の提供を電磁的方法によつてしてはならない。ただし、当該依頼者が再び同項の規定による承諾をした場合は、この限りでない。

３　前二項の規定は、法第九十四条の五の二第二項において法第九十四条の五第二項の規定を準用する場合について準用する。

（登録情報処理機関の登録の有効期間）

第十一条　法第九十六条の五第一項の政令で定める期間は、五年とする。

（登録情報提供機関の登録の有効期間）

第十一条の二　法第九十六条の十八第一項の政令で定める期間は、五年とする。

（納付の有無の事実を確認する方法）

第十二条　法第九十七条の二第二項の納付の有無の事実の確認は、国土交通省令で定めるところにより、電磁的方法又はこれに準ずる方法により行うものとする。

（保安基準の規定を準用する自動車）

第十三条　法第九十九条の自動車は、十一人以上の人員を乗車させることができる設備を有する自動車とする。

（手数料の納付を要しない独立行政法人）

第十四条　法第百二条第一項の政令で定める独立行政法人は、独立行政法人国立公文書館、国立研究開発法人情報通信研究機構、独立行政法人酒類総合研究所、独立行政法人国立特別支援教育総合研究所、独立行政法人国立青少年教育振興機構、独立行政法人国立女性教育会館、独立行政法人国立科学博物館、国立研究開発法人物質・材料研究機構、国立研究開発法人防災科学技術研究所、独立行政法人国立美術館、独立行政法人国立文化財機構、独立行政法人農林水産消費安全技術センター、独立行政法人家畜改良センター、国立研究開発法人農業・食品産業技術総合研究機構、国立研究開発法人国際農林水産業研究センター、国立研究開発法人森林研究・整備機構、国立研究開発法人水産研究・教育機構、独立行政法人経済産業研究所、独立行政法人工業所有権情報・研修館、国立研究開発法人産業技術総合研究所、独立行政法人製品評価技術基盤機構、国立研究開発法人土木研究所、国立研究開発法人建築研究所、国立研究開発法人海上・港湾・航空技術研究所、独立行政法人海技教育機構、独立行政法人航空大学校、国立研究開発法人国立環境研究所、独立行政法人駐留軍等労働者労務管理機構、独立行政法人自動車技術総合機構、独立行政法人統計センター、独立行政法人教職員支援機構、独立行政法人国立高等専門学校機構、国立研究開発法人国立がん研究センター、国立研究開発法人国立循環器病研究センター、国立研究開発法人国立精神・神経医療研究センター、国立研究開発法人国立国際医療研究センター、国立研究開発法人国立成育医療研究センター及び国立研究開発法人国立長寿医療研究センターとする。

（権限の委任）

第十五条　法に規定する国土交通大臣の権限で次の各号に掲げるものは、当該各号に定める地方運輸局長に委任する。

一　法第二章（第六条第二項、第十五条の二第三項（法第十六条第六項及び第六十九条の二第五項において準用する場合を含む。）、第二十四条第一項、第二十四条の二、第二十九条及び第三十条を除く。）、第四十一条第二項（使用の本拠の位置が定められた自動車に取り付けられた装置に係るものに限り、当該自動車に係る法第九十九条の三第一項の許可（同条第二項において準用する法第七十八条第三項の規定による許可の条件の付与及び変更並びに法第九十九条の三第七項の規定による許可の取消しを含む。）に伴い当該装置について付され、又は変更される条件に係るものを除く。）、第四十三条第二項及び第五章（第六十三条第一項、第六十三条の二（第三項を除く。）、第六十三条の三、第六十三条の四第一項、第六十四条、第七十二条第二項、第七十四条第一項、第七十四条の二、第七十四条の三、第七十五条第一項及び第四項から第六項まで、第七十五条の二第一項及び第五項から第七項まで、第七十五条の三第一項及び第五項から第七項まで、第七十五条の五並びに第七十五条の六第一項を除く。）に規定する国土交通大臣の権限（次号から第四号までに掲げるものを除く。）　自動車の使用の本拠の位置を管轄する地方運輸局長

二　法第十一条第四項及び第六項、第十五条の二第四項（法第十六条第六項及び第六十九条の二第五項において準用する場合を含む。）及び第五項、第十六条第二項、第四項、第五項及び第七項、第十八条第三項（法第六十九条の三において準用する場合を含む。）、第二十二条第一項、第四十一条第二項（予備検査を受けようとする自動車に取り付けられた装置に係るものに限る。）、第六十二条第一項及び第二項（法第六十三条第三項において準用する場合を含む。）、第六十三条第二項及び第五項、第六十六条第二項（第二号に係る部分（構造等変更検査に係るものを除く。）に限る。）、第六十九条の二第一項、第三項本文、第四項及び第六項、第七十一条第一項及び第二項、第七十一条の二第一項（新規検査に係るものを除く。）、同条第二項において準用する法第五十四条第四項、第七十二条の三並びに第七十四条の五第一項に規定する国土交通大臣の権限並びにこれらの権限に係る法第七十二条第一項に規定する国土交通大臣の権限　最寄りの地方運輸局長

三　法第十八条第一項（法第六十九条の三において準用する場合を含む。）に規定する国土交通大臣の権限　一時抹消登録の申請又は自動車検査証の返納が行われた時における

当該自動車の使用の本拠の位置を管轄する地方運輸局長（法第十八条第三項（法第六十九条の三において準用する場合を含む。）の規定により当該自動車の所有者の変更が自動車登録ファイル（二輪の小型自動車にあつては、二輪自動車検査ファイル）に記録された場合にあつては、新所有者の住所地を管轄する地方運輸局長）

四　法第二十五条第一項、第二十六条第二項、第二十七条第一項及び第二項並びに第二十八条の二第二項に規定する国土交通大臣の権限　自動車登録番号標交付代行者の事業場の所在地を管轄する地方運輸局長

2　法に規定する地方運輸局長の権限及び前項の規定により地方運輸局長に委任された権限で次の各号に掲げるものは、当該各号に定める運輸監理部長又は運輸支局長に委任する。

一　法第三十四条第二項（法第七十三条第二項において準用する場合を含む。）並びに第五十四条の二第四項及び第五項に規定する地方運輸局長の権限並びに前項第二号の規定により地方運輸局長に委任された権限（法第四十一条第二項に係るものを除く。）　最寄りの運輸監理部長又は運輸支局長

二　法第三十六条の二第五項（法第七十三条第二項において準用する場合を含む。）に規定する地方運輸局長の権限　自動車の回送を業とする者の営業所の所在地を管轄する運輸監理部長又は運輸支局長

三　法第四十三条第一項及び第九十七条の三第一項に規定する地方運輸局長の権限並びに前項第一号の規定により地方運輸局長に委任された権限（法第四十一条第二項及び第四十三条第二項に係るものを除く。）　自動車の使用の本拠の位置を管轄する運輸監理部長又は運輸支局長

四　前項第三号の規定により地方運輸局長に委任された権限　一時抹消登録の申請又は自動車検査証の返納が行われた時における当該自動車の使用の本拠の位置を管轄する運輸監理部長又は運輸支局長（法第十八条第三項（法第六十九条の三において準用する場合を含む。）の規定により当該自動車の所有者の変更が自動車登録ファイル（二輪の小型自動車にあつては、二輪自動車検査ファイル）に記録された場合にあつては、新所有者の住所地を管轄する運輸監理部長又は運輸支局長）

3　法第五十四条第一項の規定による命令及び指示、同条第四項の規定による勧告、法第五十四条の二第一項の規定による命令及び指示並びに同条第二項の規定による標章の貼付けは、自動車の現在地を管轄する運輸監理部長又は運輸支局長も行うことができる。

4　法第五十四条第二項の規定による処分及び同条第三項の規定による処分の取消し並びに法第五十四条の二第六項の規定による処分は、自動車の使用の本拠の位置を管轄する運輸監理部長又は運輸支局長も行うことができる。

5　法第五十四条の三第一項の規定による報告徴収及び立入検査の権限は、自動車若しくはその部分の改造、装置の取付け若しくは取り外しその他これらに類する行為を行つた者の事務所その他の事業場の所在地又は自動車の使用の本拠の位置若しくは現在地を管轄する運輸監理部長又は運輸支局長も行うことができる。

6　法第九十二条の規定による命令は、自動車特定整備事業者の事業場の所在地を管轄する運輸監理部長又は運輸支局長も行うことができる。

7　第二項の場合において、次の表の上欄に掲げる法律の規定の適用については、これらの規定中同表の中欄に掲げる字句は、それぞれ同表の下欄に掲げる字句とする。

法第十一条第五項本文及び第十九条	国土交通大臣	運輸監理部長、運輸支局長
法第五十八条第一項及び第五十八条の二	国土交通大臣	運輸監理部長又は運輸支局長
法第三十六条の二第七項（法第七十三条第二項において準用する場合を含む。）	地方運輸局長	自動車の回送を業とする者の営業所の所在地を管轄する運輸監理部長又は運輸支局長
法第六十三条第四項並びに第六十九条第一項及び第二項	国土交通大臣	自動車の使用の本拠の位置を管轄する運輸監理部長又は運輸支局長
法第九十四条の五第七項（法第五十九条及び第六十七条の規定の適用に係る部分に限る。）及び第九十四条の五の二第四項（法第五十九条及び第六十七条の規定の適用に係る部分に限る。）	国土交通大臣	自動車の使用の本拠の位置を管轄する運輸監理部長又は運輸支局長
法第九十四条の五第七項（法第七十一条の規定の適用に係る部分に限る。）及び第九十四条の五の二第四項（法第六十二条及び第七十一条の規定の適用に係る部分に限る。）	国土交通大臣	最寄りの運輸監理部長又は運輸支局長
鉄道抵当法（明治三十八年法律第五十三号）第三十七条第二項及び第六十八条第三項（第三号に係る部分に限る。）（これらの規定を軌道ノ抵当ニ関スル法律（明治四十二年法律第二十八号）第一条（運河法（大正二年法律第十六号）第十三条において準用する場合を含む。）及び道路運送法施行法（昭和二十六年法律第百八十四号）第十二条の規定によりなおその効力を有するものとされた旧道路運送法（昭和二十二年法律第百九十一号）附則第五条の規定によりなおその効力を有するも	国土交通大臣	管轄運輸監理部長又ハ運輸支局長

のとされた旧自動車交通事業法（昭和六年法律第五十二号）第三十八条第三項において準用する場合を含む。）		
工場抵当法（明治三十八年法律第五十四号）第二十三条第四項ただし書、第二十八条第二項及び第三項、第四十四条第四項ただし書並びに第四十七条第一項（これらの規定を鉱業抵当法（明治三十八年法律第五十五号）第三条、漁業財団抵当法（大正十四年法律第九号）第五条、港湾運送事業法（昭和二十六年法律第百六十一号）第二十六条及び道路交通事業抵当法（昭和二十七年法律第二百四号）第十九条において準用する場合を含む。）	国土交通大臣	管轄運輸監理部長若ハ運輸支局長
観光施設財団抵当法（昭和四十三年法律第九十一号）第十一条において準用する工場抵当法第二十三条第四項ただし書、第二十八条第二項及び第三項、第四十四条第四項ただし書並びに第四十七条第一項	国土交通大臣	管轄運輸監理部長若ハ運輸支局長若ハ国土交通大臣
道路運送法（昭和二十六年法律第百八十三号）第四十一条第三項及び第四項（これらの規定を同法第四十三条第五項及び第八十一条第二項、タクシー業務適正化特別措置法（昭和四十五年法律第七十五号）第五十二条第二項、地域公共交通の活性化及び再生に関する法律（平成十九年法律第五十九号）第二十七条の十八第七項（同法第二十七条の九において準用する場合を含む。）並びに特定地域における一般乗用旅客自動車運送事業の適正化及び活性化に関する特別措置法（平成二十一年法律第六十四号）第十七条の三第二項において準用する場合を含む。）並びに貨物自動車運送事業法（平成元年法律第八十三号）第三十四条第三項及び第四項（これらの規定を同法第三十五条第六項及び第三十七条第三項において準用する場合を含む。）	国土交通大臣	自動車の使用の本拠の位置を管轄する運輸監理部長又は運輸支局長
自動車抵当法（昭和二十六年法律第百八十七号）第十六条及び第十七条第三項	国土交通大臣	自動車の使用の本拠の位置を管轄する運輸監理部長又は運輸支局長
土砂等を運搬する大型自動車による交通事故の防止等に関する特別措置法（昭和四十二年法律第百三十一号）第九条第三項及び第四項	国土交通大臣	自動車の使用の本拠の位置を管轄する運輸監理部長又は運輸支局長

附　則

（施行期日）

1　この政令は、昭和二十六年七月一日から施行する。

（提供する登録情報の範囲）

2　法第二十二条第三項の登録情報には、当分の間、保存記録ファイルに記録されている事項に係るものは、含まないものとする。

附　則（昭四二・五・一六政令七二）

1　この政令は、昭和四十二年九月一日から施行する。

2　改正後の第四条（速度表示装置に係る部分に限る。）の規定は、昭和四十三年三月三十一日までの間は適用しない。

附　則（昭四四・一二・一九政令三〇八）

この政令中、第一条から第三条までの規定は、昭和四十五年一月一日から、第四条から第六条までの規定は、同年三月一日から、第七条の規定は、同年四月一日から施行する。

附　則（昭五九・六・六政令一七六抄）

（施行期日）

第一条　この政令は、昭和五十九年七月一日から施行する。

（経過措置）

第二条　この政令の施行前に次の表の上欄に掲げる行政庁が法律若しくはこれに基づく命令の規定によりした許可、認可その他の処分又は契約その他の行為（以下「処分等」という。）は、同表の下欄に掲げるそれぞれの行政庁がした処分等とみなし、この政令の施行前に同表の上欄に掲げる行政庁に対してした申請、届出その他の行為（以下「申請等」という。）は、同表の下欄に掲げるそれぞれの行政庁に対してした申請等とみなす。

北海海運局長	北海道運輸局長
東北海運局長（山形県又は秋田県の区域に係る処分等又は申請等に係る場合を除く。）	東北運輸局長
東北海運局長（山形県又は秋田県の区域に係る処分等又は申請等に係る場合に限る。）及び新潟海運監理部長	新潟運輸局長

関東海運局長	関東運輸局長
東海海運局長	中部運輸局長
近畿海運局長	近畿運輸局長
中国海運局長	中国運輸局長
四国海運局長	四国運輸局長
九州海運局長	九州運輸局長
神戸海運局長	神戸海運監理部長
札幌陸運局長	北海道運輸局長
仙台陸運局長	東北運輸局長
新潟陸運局長	新潟運輸局長
東京陸運局長	関東運輸局長
名古屋陸運局長	中部運輸局長
大阪陸運局長	近畿運輸局長
広島陸運局長	中国運輸局長
高松陸運局長	四国運輸局長
福岡陸運局長	九州運輸局長

附　則（平六・一〇・二八政令三四〇）

この政令は、道路運送車両法の一部を改正する法律（平成六年法律第八十六号）の一部の施行の日（平成七年一月一日）から施行する。

附　則（平七・四・一二政令一八二）

この政令は、道路運送車両法の一部を改正する法律（平成六年法律第八十六号）の施行の日（平成七年七月一日）から施行する。

附　則（平一〇・一〇・九政令三一九）

この政令は、道路運送車両法の一部を改正する法律（平成十年法律第七十四号）の施行の日（平成十年十一月二十四日）から施行する。

附　則（平一一・九・一六政令二六五）

この政令は、道路運送法の一部を改正する法律の施行の日（平成十二年二月一日）から施行する。

附　則（平一二・六・七政令三一二抄）

（施行期日）

1　この政令は、内閣法の一部を改正する法律（平成十一年法律第八十八号）の施行の日（平成十三年一月六日）から施行する。〔後略〕

附　則（平一二・六・七政令三三三抄）

（施行期日）

1　この政令（第一条を除く。）は、平成十三年四月一日から施行する。

附　則（平一二・一二・二二政令五三三抄）

（施行期日）

第一条　この政令は、道路運送法及びタクシー業務適正化臨時措置法の一部を改正する法律〔平成一二年五月法律第八六号〕の施行の日（平成十四年二月一日）から施行する。

附　則（平一三・九・一二政令二九七）

この政令は、法附則第一条ただし書に規定する規定の施行の日（平成十四年七月一日）から施行する。〔後略〕

附　則（平一四・六・七政令二〇〇抄）

（施行期日）

第一条　この政令は、平成十四年七月一日から施行する。

附　則（平一四・九・四政令二九六）

この政令は、平成十五年四月一日から施行する。〔後略〕

附　則（平一四・一一・二七政令三四三）

この政令は、平成十五年四月一日から施行する。

附　則（平一五・六・四政令二四四）

この政令は、法〔独立行政法人原子力安全基盤機構法＝平成一四年一二月法律第一七九号〕附則第一条ただし書の政令で定める日（平成十五年十月一日）から施行する。〔後略〕

附　則（平一五・六・一八政令二五九）

この政令は、道路運送車両法の一部を改正する法律〔平成一四年七月法律第八九号〕附則第一条第三号に掲げる規定の施行の日（平成十六年一月一日）から施行する。

附　則（平一五・八・八政令三六八抄）

（施行期日）

第一条　この政令は、公布の日から施行する。ただし、附則第十四条から第三十八条までの規定は、平成十五年十月一日から施行する。

附　則（平一五・八・二九政令三九〇）

この政令は、平成十五年十月一日から施行する。

附　則（平一五・一二・三政令四八三抄）

（施行期日）

第一条　この政令は、平成十六年四月一日から施行する。

附　則（平一五・一二・一〇政令四九五）

この政令は、道路運送車両法の一部を改正する法律〔平成一四年七月法律第八九号〕附則第一条本文の規定の施行の日（平成十七年一月一日）から施行する。

附　則（平一六・一・三〇政令一四抄）

（施行期日）

第一条　この政令は、平成十六年四月一日から施行する。〔後略〕

附　則（平一六・六・二三政令二一一抄）

（施行期日）

第一条　この政令は、平成十六年十月一日から施行する。〔後略〕

附　則（平一七・五・二〇政令一八〇）

この政令は、自動車関係手続における電子情報処理組織の活用のための道路運送車両法等の一部を改正する法律〔平成一六年五月法律第五五号〕附則第一条ただし書に規定する規定の施行の日（平成十七年五月二十五日）から施行する。

附　則（平一七・五・二七政令一八七）

（施行期日）

第一条　この政令は、自動車関係手続における電子情報処理組織の活用のための道路運送車両法等の一部を改正する法律〔平成一六年五月法律第五五号〕（以下「改正法」という。）の施行の日（平成十七年十二月二十六日）から施行する。

（経過措置）

第二条　改正法の施行前に改正法第一条の規定による改正前の

道路運送車両法第三十三条第一項の規定により自動車の譲受人に譲渡証明書を交付した者（次項において「譲渡証明書交付者」という。）は、改正法附則第二条第一項の規定により当該譲渡証明書に記載されていた事項を登録情報処理機関に提供しようとするときは、あらかじめ、当該自動車の譲受人の書面又は電磁的方法による承諾を得なければならない。

2　前項の規定による承諾を得た譲渡証明書交付者は、当該自動車の譲受人から書面又は電磁的方法により、電磁的方法による登録情報処理機関への提供を承諾しない旨の申出があったときは、登録情報処理機関に対し、当該譲渡証明書に記載されていた事項の提供を電磁的方法によってしてはならない。ただし、当該自動車の譲受人が再び同項の規定による承諾をした場合は、この限りでない。

第三条　改正法の施行前に改正法第一条の規定による改正前の道路運送車両法第七十五条第四項の規定により完成検査終了証を発行し、これを自動車の譲受人に交付した者（次項において「完成検査終了証交付者」という。）は、改正法附則第四条の規定により当該完成検査終了証に記載されていた事項を登録情報処理機関に提供しようとするときは、あらかじめ、改正法第一条の規定による改正後の道路運送車両法第七条第一項又は第五十九条第一項の申請をする者（次項において「申請者」という。）の書面又は電磁的方法による承諾を得なければならない。

2　前項の規定による承諾を得た完成検査終了証交付者は、申請者から書面又は電磁的方法により、電磁的方法による登録情報処理機関への提供を承諾しない旨の申出があったときは、登録情報処理機関に対し、当該完成検査終了証に記載されていた事項の提供を電磁的方法によってしてはならない。ただし、申請者が再び同項の規定による承諾をした場合は、この限りでない。

附　則（平一八・三・三一政令一五九）

この政令は、平成十八年四月一日から施行する。

附　則（平一八・三・三一政令一六一抄）

（施行期日）

1　この政令は、平成十八年四月一日から施行する。〔後略〕

附　則（平一八・三・三一政令一六四）

この政令は、整備法〔独立行政法人に係る改革を推進するための厚生労働省関係法律の整備に関する法律＝平成一八年三月法律第二五号〕の施行の日（平成十八年四月一日）から施行する。〔後略〕

附　則（平一八・三・三一政令一六五抄）

（施行期日）

第一条　この政令は、整備法〔独立行政法人に係る改革を推進するための農林水産省関係法律の整備に関する法律＝平成一八年三月法律第二六号〕の施行の日（平成十八年四月一日）から施行する。〔後略〕

附　則（平一八・三・三一政令一六七抄）

（施行期日）

1　この政令は、平成十八年四月一日から施行する。〔後略〕

附　則（平一八・五・一九政令一九八抄）

（施行期日）

1　この政令は、公布の日から施行する。

附　則（平一八・九・二六政令三一七）

この政令は、道路運送法等の一部を改正する法律〔平成一八年五月法律第四〇号〕附則第一条第二号に掲げる規定（同法第二条中道路運送車両法（昭和二十六年法律第百八十五号）第六十一条第二項第二号の改正規定（「及び二輪の小型自動車」を加える部分に限る。）及び道路運送法等の一部を改正する法律附則第十一条の規定を除く。）の施行の日（平成十八年十一月一日）から施行する。

附　則（平一九・三・二二政令五五抄）

（施行期日）

第一条　この政令は、平成十九年四月一日から施行する。

附　則（平一九・三・三〇政令一一〇）

この政令は、平成十九年四月一日から施行する。〔後略〕

附　則（平一九・三・三〇政令一一一）

この政令は、平成十九年四月一日から施行する。〔後略〕

附　則（平一九・一〇・一七政令三一三）

この政令は、道路運送法等の一部を改正する法律〔平成一八年五月法律第四〇号〕附則第一条第三号に掲げる規定の施行の日（平成十九年十一月十八日）から施行する。

附　則（平二〇・三・二八政令八二）

この政令は、道路運送法等の一部を改正する法律〔平成一八年五月法律第四〇号〕附則第一条第四号に掲げる規定の施行の日（平成二十年十一月四日）から施行する。

附　則（平二一・三・三一政令一一一）

この政令は、平成二十一年四月一日から施行する。〔後略〕

附　則（平二一・九・一一政令二四〇）

この政令は、平成二十一年十月一日から施行する。〔後略〕

附　則（平二二・三・二五政令四一抄）

（施行期日）

第一条　この政令は、平成二十二年四月一日から施行する。〔後略〕

附　則（平二六・一・二四政令一六）

この政令は、特定地域における一般乗用旅客自動車運送事業の適正化及び活性化に関する特別措置法等の一部を改正する法律〔平成二五年一一月法律第八三号〕の施行の日〔平成二六年一月二七日〕から施行する。〔後略〕

附　則（平二六・二・一九政令三九抄）

（施行期日）

1　この政令は、法〔独立行政法人原子力安全基盤機構の解散に関する法律＝平成二五年一一月法律第八二号〕の施行の日（平成二十六年三月一日）から施行する。

附　則（平二六・一一・六政令三五六）

この政令は、地域公共交通の活性化及び再生に関する法律の一部を改正する法律〔平成二六年五月法律第四一号〕の施行の日（平成二十六年十一月二十日）から施行する。

附　則（平二七・二・四政令三五抄）

（施行期日）

1　この政令は、平成二十七年四月一日から施行する。〔後略〕

附　則（平二七・三・一八政令七四）

この政令は、平成二十七年四月一日から施行する。〔後略〕

附　則（平二七・一一・二六政令三九二抄）

（施行期日）

第一条　この政令は、行政不服審査法（平成二六年六月法律第六八号）の施行の日（平成二十八年四月一日）から施行する。

（経過措置の原則）

第二条 行政庁の処分その他の行為又は不作為についての不服申立てであってこの政令の施行前にされた行政庁の処分その他の行為又はこの政令の施行前にされた申請に係る行政庁の不作為に係るものについては、この附則に特別の定めがある場合を除き、なお従前の例による。

附 則（平二七・一二・二四政令四三八）

この政令は、道路運送車両法及び自動車検査独立行政法人法の一部を改正する法律〔平成二七年六月法律第四四号〕附則第一条第二号に掲げる規定の施行の日（平成二十八年二月一日）から施行する。

附 則（平二八・一・二二政令一一抄）

（施行期日）

1 この政令は、平成二十八年四月一日から施行する。〔後略〕

附 則（平二八・一・二二政令一三抄）

（施行期日）

1 この政令は、平成二十八年四月一日から施行する。〔後略〕

〔平二八・一・二六政令二一抄〕

沿革 平三〇政令一二改正

（確認調査に係る政令で定める区域）

第十八条 道路運送車両法及び自動車検査独立行政法人法の一部を改正する法律（以下「改正法」という。）附則第二条の政令で定める区域は、次に掲げる区域とする。

一 函館運輸支局、旭川運輸支局、室蘭運輸支局、釧路運輸支局、帯広運輸支局、北見運輸支局、青森運輸支局、秋田運輸支局、山形運輸支局、福島運輸支局、栃木運輸支局、千葉運輸支局、東京運輸支局、神奈川運輸支局、山梨運輸支局、新潟運輸支局、富山運輸支局、石川運輸支局、長野運輸支局、福井運輸支局、岐阜運輸支局、愛知運輸支局、三重運輸支局、滋賀運輸支局、京都運輸支局、和歌山運輸支局、鳥取運輸支局、島根運輸支局、広島運輸支局、徳島運輸支局、香川運輸支局、高知運輸支局、福岡運輸支局、佐賀運輸支局、長崎運輸支局、熊本運輸支局、大分運輸支局、宮崎運輸支局及び鹿児島運輸支局の管轄区域（国土交通省令で定める区域を除く。）

二 沖縄総合事務局の管轄区域

（職員の引継ぎに係る政令で定める部局又は機関）

第十九条 改正法附則第四条第一項の政令で定める国土交通省の部局又は機関のうち、改正法の施行の日（以下「改正法施行日」という。）の前日に係るものは、次に掲げる部局又は機関とする。

一 自動車局自動車情報課

二 神戸運輸監理部の内部組織のうち自動車の登録に関する事務を所掌するものであって国土交通大臣が定めるもの

三 札幌運輸支局、岩手運輸支局、宮城運輸支局、福島運輸支局、茨城運輸支局、群馬運輸支局、埼玉運輸支局、東京運輸支局、神奈川運輸支局、静岡運輸支局、愛知運輸支局、大阪運輸支局、奈良運輸支局、岡山運輸支局、山口運輸支局、愛媛運輸支局及び福岡運輸支局の内部組織のうち自動車の登録に関する事務を所掌するものであって国土交通大臣が定めるもの

2 改正法附則第四条第一項の政令で定める国土交通省の部局又は機関のうち、改正法附則第二条に規定する指定日（以下単に「指定日」という。）の前日に係るものは、旭川運輸支局、青森運輸支局、秋田運輸支局、山形運輸支局、福島運輸支局、栃木運輸支局、千葉運輸支局、神奈川運輸支局、山梨運輸支局、新潟運輸支局、富山運輸支局、石川運輸支局、長野運輸支局、福井運輸支局、岐阜運輸支局、三重運輸支局、滋賀運輸支局、京都運輸支局、和歌山運輸支局、広島運輸支局、香川運輸支局、高知運輸支局、福岡運輸支局、佐賀運輸支局、長崎運輸支局、熊本運輸支局、大分運輸支局、宮崎運輸支局及び鹿児島運輸支局の内部組織のうち自動車の登録に関する事務を所掌するものであって国土交通大臣が定めるものとする。

3 改正法附則第四条第二項の政令で定める内閣府の部局又は機関のうち、指定日の前日に係るものは、沖縄総合事務局の内部組織のうち自動車の登録に関する事務を所掌するものであって内閣総理大臣が定めるものとする。

（独立行政法人自動車技術総合機構が国から承継する権利及び義務）

第二十条 改正法施行日の前日に係る改正法附則第九条の政令で定める権利及び義務のうち、改正法施行日の前日に係るものは、次に掲げる権利及び義務とする。

一 国土交通大臣の所管に属する物品のうち国土交通大臣が指定するものに関する権利及び義務

二 改正法第二条の規定による改正後の独立行政法人自動車技術総合機構法（平成十一年法律第二百十八号）第十二条第三号に掲げる業務（これに附帯する業務を含む。次項第二号において「確認調査業務」という。）に関し国が有する権利及び義務のうち前号に掲げるもの以外のものであって、国土交通大臣が指定するもの

2 改正法附則第九条の政令で定める権利及び義務のうち、指定日の前日に係るものは、次に掲げる権利及び義務とする。

一 国土交通大臣の所管に属する物品のうち国土交通大臣が指定するものに関する権利及び義務

二 確認調査業務に関し国が有する権利及び義務のうち前号に掲げるもの以外のものであって、国土交通大臣が指定するもの

（国有財産の無償使用）

第二十一条 改正法附則第十条の政令で定める国有財産のうち、改正法施行日の前日に係るものは、同日において現に専ら第十九条第一項第二号及び第三号に掲げる部局又は機関に使用されている庁舎等（国の庁舎等の使用調整等に関する特別措置法（昭和三十二年法律第百十五号）第二条第二項に規定する庁舎等をいう。第三項において同じ。）とする。

2 国土交通大臣は、独立行政法人自動車技術総合機構（以下「機構」という。）の理事長の申請に基づき、機構に対し、前項の国有財産を無償で使用させることができる。

3 改正法附則第十条の政令で定める国有財産のうち、指定日の前日に係るものは、同日において現に専ら次に掲げる部局又は機関に使用されている庁舎等とする。

一 第十九条第二項及び第三項に規定する部局又は機関

二 函館運輸支局、室蘭運輸支局、釧路運輸支局、帯広運輸支局、北見運輸支局、青森運輸支局、山形運輸支局、栃木運輸支局、東京運輸支局、新潟運輸支局、長野運輸支局、岐阜運輸支局、愛知運輸支局、鳥取運輸支局、島根運輸支

局、徳島運輸支局、福岡運輸支局、長崎運輸支局及び鹿児島運輸支局の内部組織のうち自動車の登録に関する事務を所掌するものであって国土交通大臣が定めるもの

三　沖縄総合事務局の内部組織のうち自動車の登録に関する事務を所掌するものであって国土交通大臣が定めるもの

4　第二項の規定は、前項の国有財産について準用する。

（国が承継する資産の範囲等）

第二十二条　改正法附則第十一条第二項の規定により国が承継する資産は、国土交通大臣が財務大臣に協議して指定するものとする。

2　前項の規定により国が承継する資産は、国土交通大臣が財務大臣に協議して定めるところにより、一般会計又は自動車安全特別会計の自動車検査登録勘定に帰属させるものとする。

（積立金の処分に関する経過措置）

第二十三条　機構は、改正法附則第十一条第六項の規定による処理において、独立行政法人通則法（平成十一年法律第百三号。以下この項及び第二十六条第二項において「通則法」という。）第四十四条第一項又は第二項の規定による整理を行った後、同条第一項の規定による積立金がある場合であって、その額に相当する金額の全部又は一部を改正法附則第十一条第七項の規定によりなおその効力を有するものとして読み替えて適用される改正法附則第十六条の規定による廃止前の独立行政法人交通安全環境研究所法（平成十一年法律第二百七号。以下この項及び第三項において「なお効力を有する旧交通安全環境研究所法」という。）第十六条第一項の規定により機構の平成二十八年四月一日を含む通則法第二十九条第二項第一号に規定する中期目標の期間における業務の財源に充てようとするときは、次に掲げる事項を記載した承認申請書を国土交通大臣に提出し、同年六月三十日までに、なお効力を有する旧交通安全環境研究所法第十六条第一項の規定による承認を受けなければならない。

一　なお効力を有する旧交通安全環境研究所法第十六条第一項の規定による承認を受けようとする金額

二　前号の金額を財源に充てようとする業務の内容

2　前項の承認申請書には、独立行政法人交通安全環境研究所（以下「交通安全環境研究所」という。）の平成二十七年四月一日に始まる事業年度（以下この項及び次項において「最終事業年度」という。）の事業年度末の貸借対照表、交通安全環境研究所の最終事業年度の損益計算書その他の国土交通省令で定める書類を添付しなければならない。

3　機構は、なお効力を有する旧交通安全環境研究所法第十六条第三項に規定する残余があるときは、同項の規定による納付金（以下この条において「国庫納付金」という。）の計算書に、交通安全環境研究所の最終事業年度の事業年度末の貸借対照表、交通安全環境研究所の最終事業年度の損益計算書その他の当該国庫納付金の計算の基礎を明らかにした書類を添付して、平成二十八年六月三十日までに、これを国土交通大臣に提出しなければならない。ただし、第一項の承認申請書を提出したときは、これに添付した前項に規定する書類を重ねて提出することを要しない。

4　国土交通大臣は、前項の国庫納付金の計算書及び添付書類の提出があったときは、遅滞なく、当該国庫納付金の計算書及び添付書類の写しを財務大臣に送付するものとする。

5　国庫納付金は、平成二十八年七月十日までに納付しなければならない。

6　国庫納付金は、一般会計（改正法附則第十六条の規定による廃止前の独立行政法人交通安全環境研究所法第十二条第三号及び第四号に掲げる業務（これに附帯する業務を含む。）に係る経理における国庫納付金にあっては、自動車安全特別会計の自動車検査登録勘定）に帰属する。

（交通安全環境研究所の解散の登記の嘱託等）

第二十四条　改正法附則第十一条第一項の規定により交通安全環境研究所が解散したときは、国土交通大臣は、遅滞なく、その解散の登記を登記所に嘱託しなければならない。

2　登記官は、前項の規定による嘱託に係る解散の登記をしたときは、その登記記録を閉鎖しなければならない。

（機構が承継する資産に係る評価委員の任命等）

第二十五条　改正法附則第十二条第二項の評価委員は、次に掲げる者につき国土交通大臣が任命する。

一　財務省の職員　一人

二　国土交通省の職員　一人

三　機構の役員（平成二十八年三月三十一日までの間は、交通安全環境研究所の役員）　一人

四　学識経験のある者　二人

2　改正法附則第十二条第二項の規定による評価は、同項の評価委員の過半数の一致によるものとする。

3　改正法附則第十二条第二項の規定による評価に関する庶務は、国土交通省自動車局技術政策課において処理する。

（機構の役員又は職員についての依頼等の規制等に関する経過措置）

第二十六条　機構についての独立行政法人の組織、運営及び管理に係る共通的な事項に関する政令（次項において「共通事項政令」という。）第十三条の規定の適用については、同条第二号中「）の総額」とあるのは「以下この号において単に「契約」という。）の総額（以下この号において「機構契約総額」という。）又は道路運送車両法及び自動車検査独立行政法人法の一部を改正する法律（平成二十七年法律第四十四号）附則第十一条第一項の規定により解散した旧独立行政法人交通安全環境研究所（独立行政法人通則法の一部を改正する法律（平成二十六年法律第六十六号）の施行の日以後のものに限る。）との間に締結した契約の総額（以下この号において「旧研究所契約総額」という。）」と、「当該契約の総額」とあるのは「機構契約総額又は旧研究所契約総額」とする。

2　改正法施行日の前日の属する年度（共通事項政令第十七条に規定する年度をいう。以下この項において同じ。）に交通安全環境研究所の理事長に対してされた通則法第五十条の六の規定による届出並びに同年度に交通安全環境研究所の理事長が講じた通則法第五十条の八第一項及び第二項の措置の内容に係る同条第三項の規定による報告については、機構の理事長が行うものとする。

附　則（平二八・一・二六政令二一）

（施行期日）

1　この政令は、平成二十八年四月一日から施行する。ただし、第二十五条及び次項の規定は、公布の日から施行する。

（国有財産の無償使用の申請に関する経過措置）

2　自動車検査独立行政法人の理事長は、この政令の施行の日

前においても、第二十一条第一項の国有財産の無償使用の申請を行うことができる。この場合において、当該申請は、この政令の施行の日において、機構の理事長がした同条第二項の規定による申請とみなす。

附　則（平二八・三・九政令五七抄）

（施行期日）

1　この政令は、平成二十八年四月一日から施行する。〔後略〕

附　則（平二八・三・二五政令七八抄）

（施行期日）

第一条　この政令は、平成二十八年四月一日から施行する。〔後略〕

附　則（平二八・三・三〇政令八六抄）

（施行期日）

第一条　この政令は、平成二十八年四月一日から施行する。〔後略〕

附　則（平二八・一二・二六政令三九六）

この政令は、平成二十九年四月一日から施行する。

附　則（平二九・二・一七政令二二抄）

（施行期日）

1　この政令は、平成二十九年四月一日から施行する。〔後略〕

附　則（平二九・六・一四政令一五九）

この政令は、道路運送車両法の一部を改正する法律（平成二十九年法律第四十号）の施行の日〔平成二九年六月一五日〕から施行する。

附　則（平三〇・一・二六政令一二）

（施行期日）

1　この政令は、平成三十年四月一日から施行する。ただし、次項の規定は、公布の日から施行する。

（国有財産の無償使用の申請に関する経過措置）

2　独立行政法人自動車技術総合機構の理事長は、この政令の施行の日前においても、この政令による改正後の道路運送車両法及び自動車検査独立行政法人法の一部を改正する法律の施行に伴う関係政令の整備及び経過措置に関する政令第二十一条第三項の国有財産の無償使用の申請を行うことができる。

附　則（令元・五・二四政令一四）

この政令は、公布の日から施行する。

附　則（令二・一・三一政令二一）

この政令は、道路運送車両法の一部を改正する法律〔令和元年五月法律第一四号〕の施行の日（令和二年四月一日）から施行する。

附　則（令二・七・八政令二一七抄）

（施行期日）

第一条　この政令は、改正法〔漁業法等の一部を改正する等の法律＝平成三〇年一二月法律第九五号〕施行日（令和二年十二月一日）から施行する。〔後略〕

（罰則に関する経過措置）

第五条　この政令の施行前にした行為及び附則第二条の規定によりなおその効力を有することとされる場合におけるこの政令の施行後にした行為に対する罰則の適用については、なお従前の例による。

附　則（令二・八・五政令二三八）

この政令は、道路運送車両法の一部を改正する法律（令和元年法律第十四号）附則第一条第四号に掲げる規定の施行の日（令和二年十一月二十三日）から施行する。〔後略〕

附　則（令二・一一・一一政令三二一）

この政令は、持続可能な運送サービスの提供の確保に資する取組を推進するための地域公共交通の活性化及び再生に関する法律等の一部を改正する法律〔令和二年六月法律第三六号〕の施行の日（令和二年十一月二十七日）から施行する。

附　則（令四・五・二〇政令一九五）

この政令は、道路運送車両法の一部を改正する法律〔令和元年五月法律第一四号〕附則第一条第六号に掲げる規定の施行の日（令和五年一月一日）から施行する。

附　則（令五・七・二一政令二四六）

この政令は、地域公共交通の活性化及び再生に関する法律等の一部を改正する法律〔令和五年四月法律第一八号〕の施行の日（令和五年十月一日）から施行する。

○道路運送車両法施行規則

（昭和二十六年八月十六日）
（運輸省令第七十四号）

沿革　昭二七運令一八・五三・九〇、昭二八運令一一・四七・七四、昭二九運令三・五〇、昭三〇運令七・五一、昭三二運令一八・二八、昭三三運令五・四〇、昭三四運令〇、三三・四二・四五・四九、昭三五運令三〇、昭三六運令九・五二・六一、昭三七運令二〇・二六・四八、昭三八運令四八、昭三九運令一七・七七、昭四一運令一六、昭四二運令一七・二三・二七・六一・七〇、昭四三運令一一・二八・四四、昭四四運令五六、昭四五運令六・五三・六三、昭四六運令一七・五五・六四、昭四七運令二九・六五、昭四八運令一一・三三、昭四九運令二・一八、昭五〇運令四・六・三四・三五・五二、昭五一運令四七、昭五二運令二・一一、昭五三運令五・七・八・一九・六〇・六三、昭五四運令五・一四・三四・三六、昭五五運令一〇・二七、昭五六運令三九、昭五七運令一・二三・三一・三二、昭五八運令八・三五・四五・四六、昭五九運令一三・一八・二七・三四、昭六〇運令一・五・三〇・三一、昭六一運令一八、昭六二運令三・二七・五二、昭六三運令一・三八、平元運令一・四・一九・二四、平二運令三一、平三運令三・三八・三九、平四運令三三、平五運令六・一四・三一、平六運令一〇・四八、平七運令八・二四・五六・五八・六六・七〇、平八運令四・四七・五三・五六・六六、平九運令九・二・五二・七四・八一、平一〇運令三一・六五・六七・七六、平一一運令三七・四六・五一、平一二運令八・二五・三一・三九、平一三国交令七二・九八・一〇五・一一四・一四六、平一四国交令五八・七九・八〇・八四・八九、平一五国交令一一・一八・八〇・八一・八七・九五、平一六国交令三四・三六・三七・六五・八三、平一七国交令一二・一四・二一・五七・七一・一〇四、平一八国交令二二・三〇・三二・五八・六六・八六・八九・一〇六、平一九国交令三五・六〇・六八・八七・八九・九五、平二〇国交令五九・七六、平二一国交令三九、平二三国交令七九、平二四国交令二一、平二五国交令八八・九三、平二六国交令九・七二・七五・八三・八九、平二七国交令一〇・一一・一六・二〇・四七・四八・五二・八二・八七、平二八国交令二・一四・七三・七八・八七、平二九国交令三八・四六・五六、平三〇国交令五一・五九・六二、平三一国交令一八、令元国交令一四・二〇・三三・四〇・四七・八四・八八、令二国交令六・二〇・六七・七三・八四・九八、令三国交令二八・四〇・五九、令四国交令三六・四五・四六、令五国交令一一・六・九八、令六国交令二三・二六・五八・六六・六七改正

〔編者注〕　令和四年五月二五日国土交通省令第四六号による改正のうち、令和九年一月一日から施行の部分は、直接改正を加えないで、現行条文と並列して登載した。

目次

第一章　総則

（原動機付自転車の範囲及び種別）

第一条　道路運送車両法（昭和二十六年法律第百八十五号。以下「法」という。）第二条第三項の総排気量又は定格出力は、左のとおりとする。

一　内燃機関を原動機とするものであつて、二輪を有するもの（側車付のものを除く。）にあつては、その総排気量は〇・一二五リットル以下、その他のものにあつては〇・〇五〇リットル以下

二　内燃機関以外のものを原動機とするものであつて、二輪を有するもの（側車付のものを除く。）にあつては、その定格出力は一・〇〇キロワット以下、その他のものにあつては〇・六〇キロワット以下

2　前項に規定する総排気量又は定格出力を有する原動機付自転車のうち、総排気量が〇・〇五〇リットル以下又は定格出力が〇・六〇キロワット以下のものを第一種原動機付自転車とし、その他のものを第二種原動機付自転車とする。

（自動車の種別）

第二条　法第三条の普通自動車、小型自動車、軽自動車、大型特殊自動車及び小型特殊自動車の別は、別表第一に定めるところによる。

（法第七条第三項第二号の国土交通省令で定める期間）

第二条の二　法第七条第三項第二号（法第五十九条第四項において準用する場合を含む。）の国土交通省令で定める期間は、九月とする。

（法第七条第三項第三号の国土交通省令で定める自動車）

第二条の三　法第七条第三項第三号の国土交通省令で定める自動車は、次の各号に掲げる自動車とする。

一　人の運送の用に供する自動車のうち、次に掲げるもの以外のもの

イ　乗車定員十一人以上の普通自動車及び小型自動車

ロ　専ら幼児の運送を目的とする普通自動車及び小型自動車及び小型自動車

ハ　三輪の小型自動車
ニ　広告宣伝用自動車その他特種の用途に供する普通自動車及び小型自動車
ホ　大型特殊自動車

二　貨物の運送の用に供する小型自動車のうち、最大積載量が一トン以下であり、かつ、当該小型自動車に係る登録識別情報等通知書（登録識別情報その他の自動車登録ファイルに記録されている事項を記載した書面をいう。以下同じ。）の車体の形状の欄に「バン」又は「三輪バン」と記載されているもの

（電磁的方法）

第二条の四　法第三十三条第四項の国土交通省令で定める方法は、次に掲げる方法とする。

一　送信者の使用に係る電子計算機と受信者の使用に係る電子計算機とを電気通信回線で接続した電子情報処理組織を使用する方法であつて、当該電気通信回線を通じて情報が送信され、受信者の使用に係る電子計算機に備えられたファイルに当該情報が記録されるもの

二　磁気ディスクその他これに準ずる方法により一定の情報を確実に記録しておくことができる物をもつて調製するファイルに情報を記録したものを交付する方法

（特定整備の定義）

第三条　法第四十九条第二項の特定整備とは、第一号から第七号までのいずれかに該当するもの（以下「分解整備」という。）又は第八号若しくは第九号に該当するもの（以下「電子制御装置整備」という。）をいう。

一　原動機を取り外して行う自動車の整備又は改造

二　動力伝達装置のクラッチ（二輪の小型自動車のクラッチを除く。）、トランスミッション、プロペラ・シャフト、デファレンシャル又はドライブ・シャフトを取り外して行う自動車の整備又は改造

三　走行装置のフロント・アクスル、前輪独立懸架装置（ストラットを除く。）又はリア・アクスル・シャフトを取り外して行う自動車（二輪の小型自動車を除く。）の整備又は改造

四　かじ取り装置のギヤ・ボックス、リンク装置の連結部又はかじ取りホークを取り外して行う自動車の整備又は改造

五　制動装置のマスタ・シリンダ、バルブ類、ホース、パイプ、倍力装置、ブレーキ・チャンバ、ブレーキ・ドラム（二輪の小型自動車のブレーキ・ドラムを除く。）若しくはディスク・ブレーキのキャリパを取り外し、又は二輪の小型自動車のブレーキ・ライニングを交換するためにブレーキ・シューを取り外して行う自動車の整備又は改造

六　緩衝装置のシャシばね（コイルばね及びトーションバー・スプリングを除く。）を取り外して行う自動車の整備又は改造

七　けん引自動車又は被けん引自動車の連結装置（トレーラ・ヒッチ及びボール・カプラを除く。）を取り外して行う自動車の整備又は改造

八　次に掲げるもの（以下「運行補助装置」という。）の取り外し、取付位置若しくは取付角度の変更又は機能の調整を行う自動車の整備又は改造（かじ取り装置又は制動装置の作動に影響を及ぼすおそれがあるものに限り、次号に掲げるものを除く。）
イ　自動車の運行時の状態及び前方の状況を検知するためのセンサー
ロ　イに規定するセンサーから送信された情報を処理するための電子計算機
ハ　イに規定するセンサーが取り付けられた自動車の車体前部又は窓ガラス

九　自動運行装置を取り外して行う自動車の整備又は改造その他の当該自動運行装置の作動に影響を及ぼすおそれがある自動車の整備又は改造

第二章　自動車登録番号標及び封印

（自動車登録番号標の交付を受けるための手続）

第四条　自動車登録番号標交付代行者に、法第十条（法第十四条第二項及び自動車登録令（昭和二十六年政令第二百五十六号。以下「令」という。）第四十三条第二項において準用する場合を含む。）の規定による書面を提示し、又は交付を受けるべき自動車登録番号標に係る自動車登録番号を指示した運輸監理部長又は運輸支局長の書面を提出しなければならない。

第五条及び第六条　削除

（自動車登録番号標の取付け）

第七条　法第十一条第一項（同条第二項及び第十四条第二項において準用する場合を含む。）及び第六項並びに法第二十条第四項の規定による自動車登録番号標の取付けは、第八条の二第一項本文に規定する位置に、同条第二項に規定する方法により表示されるように行うものとする。ただし、三輪自動車、被牽（けん）引自動車又は国土交通大臣の指定する大型特殊自動車にあつては、前面の自動車登録番号標を省略することができる。

※「国土交通大臣の指定」＝大型特殊自動車であるものを前面の自動車登録番号標又は臨時運行許可番号標を省略できる大型特殊自動車として指定（昭三八運告三六〇・昭四九運告一九三）

（封印）

第八条　封印の取りつけは、自動車の後面に取りつけた自動車登録番号標の左側の取りつけ箇所に行うものとする。

2　封印には、運輸監理部又は運輸支局の表示をしなければならない。

3　法第十一条第五項ただし書の国土交通省令で定めるやむを得ない事由は次のとおりとする。

一　自動車の整備のため特に必要があるとき。

二　道路交通に関する条約の実施に伴う道路運送車両法の特例等に関する法律（昭和三十九年法律第百九号）第五条第一項の規定により国土交通大臣から交付を受けた登録証書（第四十条の五第一号において単に「登録証書」という。）に記載された登録番号を表示するとき。

（自動車登録番号標の表示）

第八条の二　法第十九条の国土交通省令で定める位置は、自動車の前面及び後面であつて、自動車登録番号標に記載された自動車登録番号の識別に支障が生じないものとして告示で定める位置とする。ただし、三輪自動車、被牽（けん）引自動車又は国土交通大臣の指定する大型特殊自動車にあつては、前面の自動車登録番号標を省略することができる。

2　法第十九条の国土交通省令で定める方法は、次のいずれにも該当するものとする。
一　自動車の車両中心線に直交する鉛直面に対する角度その他の自動車登録番号標の表示の方法に関し告示で定める基準に適合していること。
二　自動車登録番号標に記載された自動車登録番号の識別に支障が生じないものとして告示で定める物品以外のものが取り付けられておらず、かつ、汚れがないこと。

（自動車登録番号標の廃棄等の方法）
第九条　法第二十条第一項の規定による自動車登録番号標の破壊は、自動車登録番号標を切断すること又は自動車登録番号標の表面から裏面に貫通する直径四十ミリメートル以上の穴をあけることにより行うものとする。
2　法第二十条第一項の規定による自動車登録番号標の廃棄は、運輸監理部長又は運輸支局長の指定する場所において行うものとする。

（自動車登録番号標の返納）
第十条　自動車の所有者は、法第二十条第一項の規定により自動車登録番号標を自動車登録番号標交付代行者に返納したときは、その旨を信じさせるに足りる書面を運輸監理部長又は運輸支局長に提出しなければならない。

（自動車登録番号標の様式等）
第十一条　自動車登録番号標は、第一号様式による。
2　前項の規定にかかわらず、宮内庁の所管に属する自動車であつて、専ら天皇、皇后又は皇太后の用に供すべきものの自動車登録番号標は、第一号様式の二による。
3　自動車登録番号標は、次の各号に適合するものでなければならない。
一　金属製のもの又は金属及び透明材料を用いたものであること。
二　使用に十分耐える厚さ及び硬度を有するものであること。
三　腐食、さび又は亀裂の生ずるおそれの少ないものであること。
四　塗装の色が変わり又はあせるおそれの少ないものであること。
五　塗膜の剝げ落ち又は亀裂の生ずるおそれの少ないものであること。

（封印の取付けの委託の申請）
第十二条　法第二十八条の三第一項の規定により封印の取付けの委託を受けようとする者は、次に掲げる事項を記載した申請書を運輸監理部長又は運輸支局長に提出しなければならない。
一　氏名又は名称及び住所
二　事業場の名称及び所在地
三　封印の取付けを行おうとする自動車の範囲を限定して委託を受けようとする者にあつては、その自動車の範囲
2　運輸監理部長又は運輸支局長は、前項の申請書のほか、現に営んでいる事業の種類及びその概要を記載した書面並びに次条に規定する要件に該当することを信じさせるに足りる書面その他必要な書面の提出を求めることができる。

（封印取付受託者の要件）
第十三条　法第二十八条の三第一項の国土交通省令で定める要件は、次のとおりとする。
一　封印の取付けを適確に遂行する能力を有すること。
二　委託を受けて封印の取付けを行うことが登録自動車の所有者の利便を増進するものであること。
三　封印の取付けを行おうとする自動車の範囲を法第七条第三項の規定により書面の提出をもつて提示に代えた自動車又は法第十四条第一項の規定によりその自動車登録番号を変更した自動車（令第四十条の規定による提示をした自動車を除く。）に限定して委託を受けようとする者以外の者にあつては、その事業場の所在地が運輸監理部、運輸支局又は自動車検査登録事務所の所在地に近接していること。
四　次に掲げる者に該当しないこと。
イ　一年以上の懲役又は禁錮の刑に処せられ、その執行を終わり、又は執行を受けることがなくなつた日から二年を経過しない者
ロ　第十五条の四の規定により委託を解除され、その解除の日から二年を経過しない者
ハ　営業に関し成年者と同一の行為能力を有しない未成年者であつて、その法定代理人がイ、ロ又はニのいずれかに該当するもの
ニ　法人であつて、その役員（いかなる名称によるかを問わず、これと同等以上の職権又は支配力を有する者を含む。）のうちに、イからハまでのいずれかに該当する者があるもの

（標識）
第十四条　法第二十八条の三第一項の規定による委託を受けた者（以下「封印取りつけ受託者」という。）が掲げる標識の様式は、第一号様式の三とする。

（封印取りつけ責任者）
第十五条　封印取りつけ受託者は、事業場ごとに、封印の取りつけ、保管及び出納に関する事項を処理させるため、封印取りつけ責任者を選任しなければならない。
2　封印取付受託者は、封印取付責任者を選任し、又は変更したときは、遅滞なく、運輸監理部長又は運輸支局長に、その旨を届け出なければならない。

（自動車登録番号及び車台番号の確認）
第十五条の二　封印取りつけ受託者は、当該自動車に取りつけられた自動車登録番号標に記載された自動車登録番号及び当該自動車の車台番号が当該自動車検査証に記載された自動車登録番号及び車台番号と同一であることを確認した後でなければ、封印の取りつけをしてはならない。

（事業場の位置の変更等の承認）
第十五条の三　封印取付受託者は、事業場の位置を変更しようとするとき、又は封印の取付けの業務をやめようとするときは、あらかじめ、運輸監理部長又は運輸支局長の承認を受けなければならない。

（委託の解除）
第十五条の四　運輸監理部長又は運輸支局長は、封印取付受託者が次の各号の一に該当することとなつたときは、封印の取付けの委託を解除することができる。
一　第十三条各号の要件を備えなくなつたとき。
二　法又はこの省令の規定に違反したとき。

第十六条から第十九条まで　削除

第三章　臨時運行の許可及び回送運行の許可

第一節　臨時運行の許可

（臨時運行の許可）

第二十条　法第三十四条第一項（法第七十三条第二項において準用する場合を含む。）の臨時運行の許可は、その運行の経路の最寄りの行政庁（運輸監理部長若しくは運輸支局長又は市、特別区若しくは道路運送車両法施行令（昭和二十六年政令第二百五十四号。以下「施行令」という。）第四条に規定する町村の長をいう。）が行う。

（臨時運行許可申請書）

第二十一条　臨時運行の許可の申請書には、左に掲げる事項を記載しなければならない。

一　氏名又は名称及び住所
二　車名
三　形状
四　車台番号
五　運行の目的
六　運行の経路
七　運行の期間

（臨時運行許可証の記載事項）

第二十二条　法第三十五条第四項（法第七十三条第二項において準用する場合を含む。）の臨時運行許可証には、法第三十五条第五項に規定するものの外、左に掲げる事項をも記載しなければならない。

一　許可を受けた者の氏名又は名称及び住所
二　車名
三　形状
四　車台番号

（臨時運行許可証の表示）

第二十三条　臨時運行許可証（有効期間を記載した裏面に限る。）は、自動車の運行中その前面の見やすい位置に表示しなければならない。

（臨時運行許可番号標の表示）

第二十四条　第八条の二の規定は、法第三十六条第一号（法第七十三条第二項において準用する場合を含む。）の規定による臨時運行許可番号標の表示の位置及び方法について準用する。この場合において、第八条の二第一項中「前面及び後面」とあるのは「前面及び後面（第二十条の行政庁が、当該自動車の構造、運行の態様等を勘案して、前面に表示することにより自動車の安全性の確保に支障を及ぼすおそれがあると認める場合であって、臨時運行の許可を受けていることを明らかにするために必要な措置を講じていると認めるときは、後面）」と、同項ただし書中「三輪自動車」とあるのは「二輪自動車、側車付二輪自動車、三輪自動車」と読み替えるものとする。

※　本条で準用する八条の二第1項「告示」＝自動車登録番号標等の表示の位置及び表示の方法の基準を定める告示二、本条で準用する八条の二第2項一号「告示」＝同三1・2、本条で準用する八条の二第2項二号「告示」＝自動車登録番号標、臨時運行許可番号標、回送運行許可番号標又は車両番号標に取り付けることのできる物品を定める告示、本条で準用する八条の二第1項「指定」＝平成七年運輸省告示第四十号（道路運送車両法施行規則第七条ただし書等の規定に基づく前面の自動車登録番号標、臨時運行許可番号標又は回送運行許可番号標を省略できる大型特殊自動車）

（臨時運行許可証等）

第二十五条　臨時運行許可証は第二号様式、臨時運行許可番号標は第三号様式による。

2　第十一条第三項の規定は、臨時運行許可番号標について準用する。

第二節　回送運行の許可

（回送運行の許可の申請）

第二十六条　法第三十六条の二第一項（法第七十三条第二項において準用する場合を含む。）の許可（以下「回送運行の許可」という。）を受けようとする者は、次に掲げる事項を記載した申請書を地方運輸局長に提出しなければならない。

一　氏名又は名称及び住所
二　営業所の名称及び所在地
三　現に営んでいる事業の種類及びその概要

2　地方運輸局長は、必要があると認めるときは、前項の申請者に対し、自動車の回送を業とすることを証する書面の提出を求めることができる。

（許可基準）

第二十六条の二　地方運輸局長は、回送運行の許可をしようとするときは、次の基準に適合するかどうかを審査して、これをしなければならない。

一　法及び法に基づく命令の規定を遵守して回送自動車を運行の用に供すると認められること。
二　回送運行許可証及び回送運行許可番号標を適切に管理すると認められること。
三　自動車の製作、陸送、販売又は特定整備を業とする者であること。

（回送運行許可証の交付の申請等）

第二十六条の三　回送運行の許可を受けた者は、回送運行許可証の交付及び回送運行許可番号標の貸与を受けようとするときは、次に掲げる事項を記載した申請書を運輸監理部長又は運輸支局長に提出しなければならない。

一　氏名又は名称及び住所
二　営業所の名称及び所在地
三　回送の目的
四　交付を受けようとする回送運行許可証及び貸与を受けようとする回送運行許可番号標の数（回送運行許可番号標にあっては、金属製のものか合成樹脂製のものかの別を含む。）

2　運輸監理部長又は運輸支局長は、必要があると認めるときは、前項の申請者に対し、前項第四号の数の回送運行許可証及び回送運行許可番号標を必要とすることを証する書面の提出を求めることができる。

（回送運行許可証の記載事項）

第二十六条の四　回送運行許可証には、法第三十六条の二第六項に規定する事項のほか、前条第一項第一号及び第二号に掲げる事項をも記載しなければならない。

（回送運行許可証の表示等）

第二十六条の五　第八条の二の規定は法第三十六条の二第一項

第一号（法第七十三条第二項において準用する場合を含む。）の規定による回送運行許可番号標の表示の位置及び方法について、第二十三条の規定は回送運行許可証の表示について準用する。この場合において、第八条の二第一項中「前面及び後面」とあるのは「前面及び後面（運輸監理部長又は運輸支局長が、回送運行の許可を受けていることを明らかにするために必要な措置を講じていると認めるときは、前面又は前面及び後面）」と、同項ただし書中「三輪自動車」とあるのは「二輪自動車、側車付二輪自動車、三輪自動車」と、「前面」とあるのは「この項本文の規定により後面に表示しない場合を除き、前面」と読み替えるものとする。

（回送運行許可証等）

第二十六条の六　回送運行許可証は第四号様式、回送運行許可番号標は第五号様式による。

2　回送運行許可番号標は、次の各号に適合するものでなければならない。

一　金属製のもの又は合成樹脂製のものであること。

二　使用に十分耐える厚さを有するものであること。

三　金属製のものにあつては、使用に十分耐える硬度を有するものであること。

四　腐食、さび又は亀裂の生ずるおそれの少ないものであること。

五　塗装の色が変わり又はあせるおそれの少ないものであること。

六　塗膜の剥げ落ち又は亀裂の生ずるおそれの少ないものであること。

第四章　自動車の車台番号及び原動機の型式の打刻

（打刻の届出事項）

第二十六条の七　法第二十九条第二項の国土交通省令で定める事項は、次のとおりとする。

一　打刻様式

二　打刻字体

三　打刻位置

四　打刻しようとする自動車の車名

（打刻の届出）

第二十七条　法第二十九条第二項の届出は、第六号様式により自動車の車台又は原動機の型式ごとに行わなければならない。

2　国土交通大臣は、必要があると認めるときは、前項の届出をする者に対し、自動車、自動車の車台又は原動機の製作を業とすることを証する書面の提出を求めることができる。

第二十八条及び第二十九条　削除

（国土交通大臣の指定）

第三十条　法第二十九条第一項の指定を受けようとする者は、左に掲げる事項を記載した申請書を国土交通大臣に提出しなければならない。

一　氏名又は名称及び住所

二　事業場の名称及び所在地

三　事業内容

2　国土交通大臣は、前項の申請に係る者が、車台番号又は原動機の型式を打刻することが適当と認めるときは、指定する。

3　国土交通大臣は、前項の指定を受けた者が、車台番号又は原動機の型式を打刻することが適当でないと認めたときは、その指定を取り消すことができる。

（輸入自動車等の打刻の届出事項）

第三十条の二　法第三十条第一項の国土交通省令で定める事項は、第二十六条の七各号に掲げる事項とする。

（輸入自動車等の打刻の届出書）

第三十一条　法第三十条第一項の規定による届出書は、第七号様式による。

第三十一条の二　第二十七条の規定は、法第三十条第二項の国土交通大臣に届け出る場合に準用する。

第四章の二　条件の付与

第三十一条の二の二　法第四十一条第二項の条件（以下この条において単に「条件」という。）の付与を受けようとする者（以下「申請者」という。）は、次に掲げる事項を記載した申請書を国土交通大臣（施行令第十五条第一項第一号の規定により地方運輸局長に国土交通大臣の権限が委任されている場合にあつては、当該地方運輸局長。以下この条において同じ。）に提出しなければならない。

一　申請者の氏名又は名称及び住所

二　条件の付与を受けようとする装置の名称及び型式

三　自動運行装置が使用される場所、気象及び交通の状況その他の状況

2　前項の申請書には、次に掲げる書類を添付しなければならない。

一　前項の条件の付与の申請に係る装置が第四項の基準に適合するものであることを証する書類

二　自動運行装置を取り付けることができる自動車又は特定共通構造部の範囲

3　国土交通大臣は、前二項に規定するもののほか、申請者に対し、条件の付与に関し必要があると認めるときは、必要な書面の提出を求めることができる。

4　国土交通大臣は、第一項の条件の付与の申請に係る装置が、第一項第三号に掲げる状況で使用されるものと仮定した場合において、道路運送車両の保安基準（昭和二十六年運輸省令第六十七号）第四十八条に定める基準に適合すると認めるときは、条件を付するものとする。

5　国土交通大臣は、次の各号のいずれかに該当する場合には、第四項の規定による条件の付与を取り消すことができる。

一　当該条件の付与の取消しを求める申請があつたとき。

二　不正の手段により付与を受けたとき。

第五章　道路運送車両の点検及び整備

（整備管理者の選任）

第三十一条の三　法第五十条第一項の国土交通省令で定める自動車は、次の各号に掲げるものとし、同項の国土交通省令で定める台数は、当該各号に定める台数とする。

一　乗車定員十一人以上の自動車（次号に掲げる自動車を除

く。）一両

二　乗車定員十一人以上二十九人以下の自家用自動車（道路運送法（昭和二十六年法律第百八十三号）第八十条第一項の許可に係るものを除く。）　二両

三　乗車定員十人以下で車両総重量八トン以上の自家用自動車及び乗車定員十人以下の自動車運送事業の用に供する自動車　五両

四　貨物軽自動車運送事業の用に供する自動車及び乗車定員十人以下で車両総重量八トン未満の自家用自動車であつて、第二号の許可に係るもの　十両

（整備管理者の資格）

第三十一条の四　法第五十条第一項の自動車の点検及び整備に関する実務経験その他について国土交通省令で定める一定の要件は、次の各号のいずれかに該当し、かつ、法第五十三条に規定する命令により解任され、解任の日から二年（前条第一号又は第二号の規定の適用を受けて選任される整備管理者にあつては、五年）を経過しない者でないこととする。

一　整備の管理を行おうとする自動車と同種類の自動車の点検若しくは整備又は整備の管理に関して二年以上実務の経験を有し、かつ、地方運輸局長が行う研修を修了した者であること。

二　自動車整備士技能検定規則（昭和二十六年運輸省令第七十一号）の規定による一級、二級又は三級の自動車整備士技能検定に合格した者であること。

注　令和四年五月二五日国交令四六号により改正され、令和九年一月一日から施行
第三十一条の四第二号中「」を「。以下「検定規則」という。」」に改める。

三　前二号に掲げる技能と同等の技能として国土交通大臣が告示で定める基準以上の技能を有すること。

（整備管理者の権限等）

第三十二条　法第五十条第二項の規定により整備管理者に与えなければならない権限は、次のとおりとする。

一　法第四十七条の二第一項及び第二項に規定する日常点検の実施方法を定めること。

二　前号の点検の結果に基づき、運行の可否を決定すること。

三　法第四十八条第一項に規定する定期点検を実施すること。

四　第一号及び前号の点検のほか、随時必要な点検を実施すること。

五　第一号、第三号又は前号の点検の結果必要な整備を実施すること。

六　第三号の点検及び前号の整備の実施計画を定めること。

七　法第四十九条第一項の点検整備記録簿その他の点検及び整備に関する記録簿を管理すること。

八　自動車車庫を管理すること。

九　前各号に掲げる事項を処理するため、運転者、整備員その他の者を指導し、又は監督すること。

2　整備管理者は、前項に掲げる事項の執行に係る基準に関する規程を定め、これに基づき、その業務を行わなければならない。

第三十二条の二　削除

（整備管理者の選任届）

第三十三条　法第五十二条の規定による届出書には、次に掲げる事項を記載しなければならない。

一　届出者の氏名又は名称及び住所

二　届出者が自動車運送事業者であるかどうかの別

三　整備管理者の選任に係る自動車の使用の本拠の名称及び位置

四　第三十一条の三各号に掲げる自動車の数

五　整備管理者の氏名及び生年月日

六　第三十一条の四各号のうち前号の者が該当するもの

七　整備管理者の兼職の有無（兼職がある場合は、その職名及び職務内容）

2　前項の届出書には、同項第五号の者が同項第六号に掲げる者に該当すること及び法第五十三条に規定する命令により解任され、解任の日から二年（第三十一条の三第一号又は第二号の規定の適用を受けて選任される整備管理者にあつては、五年）を経過しない者でないことを信じさせるに足る書面を添付しなければならない。

（整備命令標章）

第三十四条　整備命令標章は、自動車の前面ガラスに前方から見やすいようにはり付けるものとする。ただし、運転者室又は前面ガラスのない自動車にあつては、自動車の前面に見やすいようにはり付けるものとする。

2　法第五十四条の二第一項の規定による命令を受けた自動車の使用者は、同条第五項の規定により命令を取り消されたときは、遅滞なく、当該命令に係る整備命令標章を取り除かなければならない。

3　整備命令標章の様式は、第七号様式の二とする。

（整備命令の取消し）

第三十四条の二　運輸監理部長又は運輸支局長は、法第五十四条の二第一項の規定により必要な整備を行うべきことを命じた自動車が滅失し、解体し（整備又は改造のために解体する場合を除く。）若しくは自動車の用途を廃止したとき又は当該自動車の車台が当該自動車の新規登録の際存したものでなくなつたときは、当該命令を取り消すことができる。

第三十五条　削除

第六章　道路運送車両の検査等

第一節　自動車の検査等

（検査対象外軽自動車）

第三十五条の二　法第五十八条第一項の国土交通省令で定める軽自動車は、次の各号に掲げる軽自動車とする。

一　二輪の軽自動車

二　カタピラ及びそりを有する軽自動車

三　被牽（けん）引自動車である軽自動車（第一号に掲げる軽自動車又は小型特殊自動車により牽（けん）引されるものに限る。）

（自動車検査証の記載事項）

第三十五条の三　法第五十八条第二項前段に規定する国土交通省令で定める事項は、次のとおりとする。

一　自動車登録番号（検査対象軽自動車及び二輪の小型自動車にあつては、車両番号。以下第四十九条の二第一項第一号イを除き同じ。）

二　車両識別符号（当該自動車を識別するために、国土交通大臣（法第七十四条の四の規定の適用があるときは、軽自動車検査協会）が付与するものをいう。）
三　自動車検査証の交付年月日
四　車名及び型式
五　普通自動車、小型自動車、検査対象軽自動車又は大型特殊自動車の別
六　長さ、幅及び高さ
七　車体の形状
八　原動機の型式
九　燃料の種類
十　原動機の総排気量又は定格出力
十一　自家用又は事業用の別
十二　用途
十三　牽引自動車にあつては、牽引重量（原動機の性能その他牽引自動車の駆動性能を基礎にして当該牽引自動車が最大限牽引することができるものとして算出された重量をいう。）又は第五輪荷重（セミトレーラ（前車軸を有しない被牽引自動車であつて、その一部が牽引自動車に載せられ、かつ、当該被牽引自動車及びその積載物の重量の相当部分が牽引自動車によつて支えられる構造のものをいう。）を牽引することを目的とする牽引自動車の連結装置に垂直に負荷することができる最大荷重をいう。）
十四　被牽引自動車（次のイ及びロに掲げるものを除く。）にあつては、その旨
イ　次条第二項の規定により自動車検査証に当該被牽引自動車と同じ車名及び型式を記録した牽引自動車によつて牽引されるもの
ロ　次条第三項の規定により自動車検査証に牽引することができるキャンピングトレーラ等（車両総重量二、〇〇〇キログラム未満の被牽引自動車であつて、セミトレーラに該当しないものをいう。同項及び第四十三条の二第十号の二において同じ。）の車両総重量（原動機の性能その他牽引自動車の駆動性能並びに牽引自動車及び当該牽引自動車によつて牽引されるキャンピングトレーラ等の制動性能を基礎にして当該牽引自動車が最大限牽引することができるものとして算出されたキャンピングトレーラ等の車両総重量をいう。以下この条、次条第三項及び第四十三条の二第十号において「牽引可能なキャンピングトレーラ等の車両総重量」という。）を記録した牽引自動車（当該牽引可能なキャンピングトレーラ等の車両総重量が当該被牽引自動車の車両総重量以上のものに限る。）によつて牽引されるもの
十五　法第四十三条第一項の規定により制限を附加した自動車にあつては、その内容
十六　乗車定員又は最大積載量
十七　車両重量及び車両総重量
十八　空車状態における軸重
十九　初度登録年月（検査対象軽自動車及び二輪の小型自動車にあつては、初度検査年月）
二十　法第五十四条第一項前段又は法第五十四条の二第一項前段の規定により必要な整備を行うべきことを命じた自動車にあつては、その旨
二十一　法第五十四条第一項後段又は法第五十四条の二第一項後段の規定により使用の方法又は経路の制限その他の保安上又は公害防止その他の環境保全上必要な指示をした自動車にあつては、その旨
二十二　次に掲げる自動車にあつては、それぞれ次に定める事項
イ　道路運送車両の保安基準第五十五条の規定により基準の緩和をした自動車　その旨
ロ　国家戦略特別区域法（平成二十五年法律第百七号。以下「特区法」という。）第八条第八項の規定により内閣総理大臣の認定を受けた技術実証区域計画（特区法第二十五条の二第一項に規定する技術実証区域計画をいう。次条第一項第七号ロ及び第五十二条第二項第一号において同じ。）に従つて行われる技術実証（特区法第二十五条の二第一項に規定する技術実証をいい、特殊仕様自動車運行（同条第二項第三号イに規定する特殊仕様自動車運行をいう。次条第一項第七号ロ及び第五十二条第二項第一号において同じ。）を含むものに限る。）に使用される特殊仕様自動車（特区法第二十五条の二第二項第三号イに規定する特殊仕様自動車をいう。次条第一項第七号ロにおいて同じ。）　その旨
二十三　タンク自動車（爆発性液体、高圧ガスその他の物品を運送するため、車台にタンク又はガス容器を固定した自動車をいう。以下同じ。）であつて爆発性液体又は高圧ガスを運送するものにあつては、積載物品名
二十四　道路運送車両の保安基準第一条の三の破壊試験を行つていない装置を備える自動車にあつては、その旨
二十五　道路運送車両の保安基準第四十九条の二の規定により灯火を備える自動車にあつては、その旨
二十六　道路運送車両の保安基準第四十九条の三の規定により青色防犯灯を備える自動車にあつては、その旨
二十七　貨物の運送の用に供する普通自動車であつて車両総重量が七トン以上のものにあつては、燃料タンクの個数及びそれぞれの燃料タンクの容量
二十八　道路運送法第八十条第一項の許可を受けて業として有償で貸し渡す自家用自動車であつて、貸渡人が当該自家用自動車の使用の状況を情報通信技術の活用により把握した上で特定の利用者に対して貸し渡すもののうち、当該自家用自動車の使用の本拠以外の貸渡人の事務所（道路運送法施行規則（昭和二十六年運輸省令第七十五号）第五十二条第一項第二号の貸渡人の事務所をいう。）において貸し渡すものにあつては、その旨
二十九　長さ二・五〇メートル、幅一・三〇メートル、高さ二・〇〇メートルを超えない軽自動車であつて、最高速度六十キロメートル毎時以下のもののうち、高速自動車国道（高速自動車国道法（昭和三十二年法律第七十九号）第四条第一項に規定する道路をいう。）又は自動車専用道路（道路法（昭和二十七年法律第百八十号）第四十八条の四に規定する自動車専用道路をいう。）において運行しないもの（第二十二号イ又はロに掲げる自動車を除く。）にあつては、その旨

2　次条第二項の規定により自動車検査証に牽引することができる被牽引自動車（前車軸の取付け及び取り外しができる被牽引自動車であつて、前車軸を取り外した場合にのみその一部が牽引自動車に載せられ、かつ、当該被牽引自動車及びそ

の積載物の重量の相当部分が牽引自動車によつて支えられる構造のものを除く。同項において同じ。）の車名及び型式を記録した牽引自動車にあつては、前項各号に掲げるもののほか、自動車検査証にその旨を記載することができる。

3　次条第三項の規定により自動車検査証に牽引可能なキャンピングトレーラ等の車両総重量を記録したキャンピングトレーラ等を牽引する自動車にあつては、第一項各号に掲げるもののほか、自動車検査証にその旨を記載することができる。

（自動車検査証の記録事項）

第三十五条の四　法第五十八条第二項後段に規定する国土交通省令で定める事項は、次のとおりとする。

一　自動車検査証の有効期間の満了する日

二　使用者の住所

三　所有者の氏名又は名称及び住所（当該自動車の所有者が当該自動車に係る登録識別情報を保有していない場合に限る。）

四　使用の本拠の位置

五　被牽引自動車（前条第一項第十四号のイ及びロに掲げるものを除く。）にあつては、牽引自動車の車名及び型式

六　法第五十四条第一項後段又は法第五十四条の二第一項後段の規定により使用の方法又は経路の制限その他の保安上又は公害防止その他の環境保全上必要な指示をした自動車にあつては、その内容

七　次に掲げる自動車にあつては、それぞれ次に定める事項

イ　道路運送車両の保安基準第五十五条の規定により基準の緩和をした自動車　当該基準の緩和の内容

ロ　特区法第八条第八項の規定により内閣総理大臣の認定を受けた技術実証区域計画に従つて行われる技術実証に使用される特殊仕様自動車　特区法第二十五条の二第二項第三号イ⑴、⑷及び⑸に掲げる事項

2　牽引自動車にあつては、前項各号に掲げるもののほか、自動車検査証に牽引することができる被牽引自動車の車名及び型式を記録することができる。

3　キャンピングトレーラ等を牽引する自動車にあつては、第一項各号に掲げるもののほか、自動車検査証に牽引可能なキャンピングトレーラ等の車両総重量を記録することができる。

（自動車検査証の利用）

第三十五条の五　法第五十八条第三項の国土交通省令で定める者は、次に掲げるものとする。

一　道路運送車両に係る関係者の利便性の向上に資するものとして国土交通大臣が定める事務を処理する行政機関、地方公共団体、独立行政法人、個人情報の保護に関する法律（平成十五年法律第五十七号）別表第一に掲げる法人又は地方独立行政法人（地方独立行政法人法（平成十五年法律第百十八号）第二条第一項に規定する地方独立行政法人をいう。）

二　道路運送車両に係る関係者の利便性の向上に資するものとして国土交通大臣が定める事務を処理する民間事業者（当該事務及び自動車検査証記録事項の安全管理を適切に実施することができるものとして国土交通大臣が定める基準に適合する者に限る。）

2　前項各号に掲げる者が、法第五十八条第三項前段の規定により自動車検査証を利用するときは、あらかじめ、当該自動車検査証に係る登録自動車又は車両番号の指定を受けた検査対象軽自動車若しくは二輪の小型自動車の使用者にその利用の目的を明示し、その同意を得なければならない。

（検査の実施の方法）

第三十五条の六　新規検査その他の検査の実施の方法は、別表第二のとおりとする。

（新規検査の申請）

第三十六条　新規検査を申請する者は、次の各号に該当する場合を除き、当該自動車の使用者の住所を証するに足りる書面を提出しなければならない。

一　当該自動車が国若しくは地方公共団体の使用する自動車又は自動車運送事業の用に供する自動車であるとき。

二　当該自動車（検査対象軽自動車及び二輪の小型自動車を除く。）の所有者と使用者が同一であるとき。

2　自動車運送事業の用に供する自動車に係る新規検査の申請書を提出する場合には、次の各号のいずれかに掲げる書面を提示しなければならない。

一　当該新規検査に係る事業用自動車の使用が、自動車運送事業の経営の開始に伴つて必要となる場合にあつては、道路運送法による一般旅客自動車運送事業若しくは特定旅客自動車運送事業の許可を受けたことを証する書面、貨物自動車運送事業法（平成元年法律第八十三号）による一般貨物自動車運送事業若しくは特定貨物自動車運送事業の許可を受けたことを証する書面又は貨物利用運送事業法（平成元年法律第八十二号）による第二種貨物利用運送事業の許可を受けたことを証する書面及びこれらに係る事業計画（第二種貨物利用運送事業の場合にあつては、集配事業計画。以下この条において同じ。）を記載した書面

二　当該新規検査に係る事業用自動車の使用が、自動車運送事業の事業計画の変更に伴つて必要となる場合にあつては、道路運送法、貨物自動車運送事業法又は貨物利用運送事業法による事業計画の変更の認可を受け、若しくは変更の届出をしたことを証する書面又は届出事項の変更の届出をしたことを証する書面及びこれらに係る事業計画又は届出事項を記載した書面

三　当該新規検査に係る事業用自動車が、自動車運送事業者が既に使用していた事業用自動車の代替車である場合は、その旨を証する書面

3　一時抹消登録を受けた自動車について新規検査を申請する者は、当該自動車に係る登録識別情報等通知書を提示しなければならない。

4　車両番号の指定を受けていない検査対象軽自動車及び二輪の小型自動車について新規検査を申請する者は、当該自動車の使用者であることを証する書面を提出しなければならない。この場合において、法第六十九条第四項の規定により自動車検査証返納証明書の交付を受けているときは、これをあわせて提出するものとする。

5　国土交通大臣が指定する自動車について新規検査を申請する者は、当該自動車が道路運送車両の保安基準第三十条第一項の基準（同令第五十八条の規定に基づく告示により当該基準が適用されないこととされている自動車にあつては、当該基準に代えて適用すべきものとして当該告示に定める基準）に適合するものであることを証する書面を提出しなければならない。

らない。

6　法第七十五条第一項の規定によりその型式について指定を受けた自動車（以下「型式指定自動車」という。）、法第七十五条の三第一項の規定によりその型式について指定を受けた一酸化炭素等発散防止装置を備えた自動車（型式指定自動車を除く。以下「一酸化炭素等発散防止装置指定自動車」という。）及び国土交通大臣が指定する自動車について新規検査を申請する者は、当該自動車が道路運送車両の保安基準第三十一条第二項の基準（同令第五十八条の規定に基づく告示により当該基準が適用されないこととされている自動車にあつては、当該基準に代えて適用すべきものとして当該告示に定める基準）のうち、国土交通大臣が指定するものに適合するものであることを証する書面を提出しなければならない。

7　次の各号に掲げる自動車について新規検査を申請する場合には、第一号に定める書面にあつては、前二項に規定する書面とし、第二号及び第三号に定める書面にあつては第六項に規定する書面とすることができる。

一　型式指定自動車　法第七十五条第四項の規定による完成検査終了証

二　一酸化炭素等発散防止装置指定自動車　第六十二条の五の規定による排出ガス検査終了証

三　外国において本邦に輸出される自動車を製作することを業とする者が製作した自動車（前二号に掲げるものを除く。）であつて当該自動車の製作者がその構造及び性能を記載した書面を提示するもの　国土交通大臣の登録を受けた者（以下「登録試験機関」という。）が行う試験（以下「登録試験」という。）又は登録試験機関に準ずるものとして国土交通大臣が告示で定める外国の機関が行う試験の結果を記載した書面

8　法第五十九条において準用する法第七条第四項の規定により完成検査終了証に記載すべき事項が登録情報処理機関に提供されたことが新規検査の申請書に記載されたときは、国土交通大臣（法第七十四条の四の規定の適用があるときは、軽自動車検査協会）は、登録情報処理機関に対し、完成検査終了証に記載すべき事項について、電磁的方法により照会するものとする。

9　新規検査を申請する者は、第六十二条の五第二項の規定により排出ガス検査終了証に記載すべき事項が登録情報処理機関に提供されたときは、新規検査の申請書にその旨を記載することをもつて排出ガス検査終了証の提出に代えることができる。

10　前項の規定により排出ガス検査終了証に記載すべき事項が登録情報処理機関に提供されたことが新規検査の申請書に記載されたときは、国土交通大臣（当該申請が検査対象軽自動車の新規検査に係るものであるときは、軽自動車検査協会）は、登録情報処理機関に対し、排出ガス検査終了証に記載すべき事項について、電磁的方法により照会するものとする。

11　法第七十五条の二第一項の規定によりその型式について指定を受けた特定共通構造部を有する自動車（型式指定自動車を除く。以下この項及び第六十二条の六において「特定共通構造部型式指定自動車」という。）について新規検査を申請する者は、第六十二条の六第一項の規定により出荷検査証が交付されたときにあつては当該特定共通構造部型式指定自動車が同項各号に掲げる基準に適合するものであることを証する書面として出荷検査証を提出し、同条第二項において準用する第六十二条の五第二項の規定により出荷検査証に記載すべき事項が登録情報処理機関に提供されたときにあつては新規検査の申請書にその旨を記載しなければならない。

12　第十項の規定は、前項の規定により出荷検査証に記載すべき事項が登録情報処理機関に提供されたことが新規検査の申請書に記載された場合について準用する。

13　第八項又は第十項（前項において準用する場合を含む。）の照会を受けた登録情報処理機関は、電磁的方法により当該照会に係る事項について国土交通大臣（当該照会が検査対象軽自動車の新規検査に係るものであるときは、軽自動車検査協会）に対し通知しなければならない。

14　国土交通大臣が指定する自動車について新規検査を申請する者は、当該自動車に適用される道路運送車両の保安基準第四条、第四条の二第一項、第二項若しくは第三項、第五条、第六条第一項若しくは第二項、第七条、第八条第一項若しくは第五項、第九条第一項、第二項若しくは第三項、第十条、第十一条第一項若しくは第二項、第十一条の二第二項若しくは第三項、第十二条第一項若しくは第二項、第十三条、第十四条、第十五条第一項若しくは第二項、第十七条第一項、第二項若しくは第三項、第十七条の二第一項、第二項、第三項、第四項、第五項若しくは第六項、第十八条第二項、第三項、第四項、第五項、第六項若しくは第七項、第十八条の二第三項、第四項、第五項若しくは第六項、第十九条、第二十条第四項、第五項若しくは第六項、第二十一条、第二十二条第三項及び第四項、第二十二条の三第一項、第二項（同条第四項において準用する場合を含む。）、第三項（同条第四項において準用する場合を含む。）若しくは第五項、第二十二条の四第二項、第二十二条の五第二項若しくは第三項、第二十五条第四項、第二十九条第一項、第二項及び第三項、第三十二条第一項、第二項、第三項、第四項、第五項、第六項、第七項、第八項、第九項、第十項、第十一項、第十二項若しくは第十三項、第三十三条第二項、第三項若しくは第四項、第三十三条の二第二項若しくは第三項、第三十三条の三第二項若しくは第三項、第三十四条第二項若しくは第三項、第三十四条の二第二項若しくは第三項、第三十四条の三第二項若しくは第三項、第三十五条第二項若しくは第三項、第三十五条の二第二項、第三項、第四項若しくは第五項、第三十六条第二項若しくは第三項、第三十七条第二項若しくは第三項、第三十七条の二第二項若しくは第三項、第三十七条の三第二項若しくは第三項、第三十七条の四第二項若しくは第三項、第三十八条第二項若しくは第三項、第三十八条の二第二項若しくは第三項、第三十八条の三第二項若しくは第三項、第三十九条第二項若しくは第三項、第三十九条の二第二項若しくは第三項、第四十条第二項若しくは第三項、第四十一条第二項若しくは第三項、第四十一条の二第二項若しくは第三項、第四十一条の三第二項若しくは第三項、第四十一条の四第三項若しくは第四項、第四十一条の五第三項若しくは第四項、第四十二条、第四十三条第二項若しくは第三項、第四十三条の二、第四十三条の三、第四十三条の四第一項、第四十三条の五第二項、第四十三条の六、第四十三条の七、第四十三条の八、第四十三条の九、第四十三条の十第二項及び第三項、第四十四条第一項、第二項、第三項、第四項、第五項若しくは第六項、第四十四条の二、第四十五条第一項若しくは第二

項、第四十六条第一項、第四十六条の二、第四十七条第一項、第四十七条の二、第四十八条第二項、第四十八条の二第二項、第四十八条の三第二項又は第五十条の基準（同令第五十八条の規定に基づく告示によりこれらの基準が適用されないこととされている自動車にあつては、これらの基準に代えて適用すべきものとして当該告示に定める基準）のうち、国土交通大臣が指定する基準に適合するものであることを証する書面を提出しなければならない。

15　第一項、第四項から第七項まで、第十一項及び前項の規定により書面を提出しようとする者は、当該書面に虚偽の記載をしてはならない。

（登録）

第三十六条の二　前条第七項第三号の登録は、登録試験を行おうとする者の申請により行う。

2　前条第七項第三号の登録を受けようとする者は、次に掲げる事項を記載した申請書を国土交通大臣に提出しなければならない。

一　登録を受けようとする者の氏名又は名称及び住所並びに法人にあつては、その代表者の氏名

二　登録を受けようとする者が登録試験に係る業務（以下「登録試験業務」という。）を行おうとする事務所の名称及び所在地

三　別表第二の二の上欄に掲げる試験のうち、登録を受けようとする者が行おうとするもの

四　登録を受けようとする者が登録試験業務を開始する日

3　前項の申請書には、次に掲げる書類を添付しなければならない。

一　登録を受けようとする者が法人である場合には、次に掲げる事項を記載した書類

イ　定款又は寄付行為及び登記事項証明書

ロ　役員の氏名、住所及び経歴を記載した書類

二　登録を受けようとする者が個人である場合には、その住民票の写し及び履歴書

三　試験に用いる別表第二の二の下欄に掲げる施設及び設備の数、性能、所在の場所及びその所有又は借入れの別を記載した書類

四　試験を行う者の氏名及び経歴を記載した書類

五　試験を行う者が、次条第一項第二号に該当する者であることを証する書類

六　登録を受けようとする者が、次条第一項第三号及び第二項各号のいずれにも該当しない者であることを信じさせるに足る書類

（登録の要件等）

第三十六条の三　国土交通大臣は、前条の規定による登録の申請をした者（以下この項及び次項において「登録申請者」という。）が次に掲げる要件のすべてに適合しているときは、その登録をしなければならない。

一　別表第二の二の上欄に掲げる試験の区分に応じ、それぞれ同表の下欄に掲げる施設及び設備を用いて登録試験を行うものであること。

二　次に掲げる条件のいずれかに適合する知識経験を有する者が登録試験を行い、その人数が五名以上であること。

イ　自動車若しくは自動車の部品の製造、改造若しくは整備に関する研究、設計又は検査について、別表第二の三の上欄に掲げる学歴の区分に応じ、それぞれ同表の下欄に掲げる年数以上の実務の経験を有する者

ロ　自動車若しくは自動車の部品の製造、改造若しくは整備に関する研究、設計又は検査について、六年以上の実務の経験を有する者

ハ　イ又はロに掲げる者と同等以上の知識経験を有する者

三　登録申請者が、自動車又は自動車の部品の製造、改造、整備、輸入又は販売の事業を営む者（以下「自動車関連事業者」という。）に支配されているものとして次のいずれかに該当するものでないこと。

イ　登録申請者が株式会社である場合にあつては、自動車関連事業者がその親法人（会社法（平成十七年法律第八十六号）第八百七十九条第一項に規定する親法人をいう。）であること。

ロ　登録申請者の役員（持分会社（会社法第五百七十五条第一項に規定する持分会社をいう。）にあつては、業務を執行する社員）に占める自動車関連事業者の役員又は職員（過去二年間に当該自動車関連事業者の役員又は職員であつた者を含む。）の割合が二分の一を超えていること。

ハ　登録申請者（法人にあつては、その代表権を有する役員）が自動車関連事業者の役員又は職員（過去二年間に当該自動車関連事業者の役員又は職員であつた者を含む。）であること。

2　国土交通大臣は、登録申請者が、次の各号のいずれかに該当するときは、第三十六条第七項第三号の登録をしてはならない。

一　法又は法に基づく命令に違反し、罰金以上の刑に処せられ、その執行を終わり、又は執行を受けることがなくなつた日から二年を経過しない者

二　第三十六条の十三の規定により第三十六条第七項第三号の登録を取り消され、その取消しの日から二年を経過しない者

三　法人であつて、登録試験業務を行う役員のうちに前二号のいずれかに該当する者があるもの

3　第三十六条第七項第三号の登録は、登録試験機関登録簿に次に掲げる事項を記載してするものとする。

一　登録年月日及び登録番号

二　登録試験機関の氏名又は名称及び住所並びに法人にあつては、その代表者の氏名

三　登録を受けた者が登録試験業務を行う事務所の名称及び所在地

四　別表第二の二の上欄に掲げる試験のうち、登録試験機関が行おうとするもの

五　登録を受けた者が登録試験業務を開始する日

（登録の更新）

第三十六条の四　第三十六条第七項第三号の登録は、五年ごとにその更新を受けなければ、その期間の経過によつて、その効力を失う。

2　前二条の規定は、前項の登録の更新について準用する。

（登録試験の義務）

第三十六条の五　登録試験機関は、登録試験を行うことを求められたときは、正当な理由がある場合を除き、遅滞なく、登録試験を行わなければならない。

2　登録試験機関は、公正に、かつ、第三十六条の三第一項第一号及び第二号に掲げる要件に適合する方法により登録試験を行わなければならない。

（登録事項の変更の届出）

第三十六条の六　登録試験機関は、第三十六条の三第三項第二号及び第三号に掲げる事項を変更しようとするときは、あらかじめ、次に掲げる事項を記載した届出書を国土交通大臣に提出しなければならない。

一　変更しようとする事項
二　変更しようとする日
三　変更の理由

（登録試験業務規程）

第三十六条の七　登録試験機関は、登録試験業務の開始前に、次に掲げる事項を記載した登録試験業務の実施に関する規程を定め、国土交通大臣に届け出なければならない。これを変更しようとするときも、同様とする。

一　登録試験の申請に関する事項
二　登録試験の手数料の額及び収納の方法に関する事項
三　登録試験の日程、場所その他登録試験の実施の方法に関する事項
四　登録試験の合否判定の方法に関する事項
五　登録試験の結果を記載した書面の交付及び再交付に関する事項
六　登録試験業務に関する秘密の保持に関する事項
七　登録試験業務に関する公正の確保に関する事項
八　不正に登録試験を受けた者に対する処分に関する事項
九　その他登録試験業務の実施に関し必要な事項

（登録試験業務の休廃止）

第三十六条の八　登録試験機関は、登録試験業務を休止又は廃止しようとするときは、あらかじめ、次に掲げる事項を記載した届出書を国土交通大臣に提出しなければならない。

一　登録試験機関の氏名又は名称及び住所並びに法人にあつては、その代表者の氏名
二　登録試験業務を休止又は廃止しようとする事務所の名称及び所在地
三　登録試験業務を休止又は廃止しようとする日
四　登録試験業務を休止しようとする期間
五　登録試験業務を休止又は廃止しようとする理由

（財務諸表等の備付け及び閲覧等）

第三十六条の九　登録試験機関は、毎事業年度経過後三月以内に、その事業年度の財産目録、貸借対照表及び損益計算書又は収支計算書並びに事業報告書（その作成に代えて電磁的記録（電子的方式、磁気的方式その他の人の知覚によっては認識することができない方式で作られる記録であつて、電子計算機による情報処理の用に供されるものをいう。以下同じ。）の作成がされている場合における当該電磁的記録を含む。次項において「財務諸表等」という。）を作成し、国土交通大臣に提出するとともに、五年間事務所に備えて置かなければならない。

2　自動車関連事業者その他の利害関係人は、登録試験機関の業務時間内は、いつでも、次に掲げる請求をすることができる。ただし、第二号又は第四号の請求をするには、登録試験機関の定めた費用を支払わなければならない。

一　財務諸表等が書面をもつて作成されているときは、当該書面の閲覧又は謄写の請求
二　前号の書面の謄本又は抄本の請求
三　財務諸表等が電磁的記録をもつて作成されているときは、当該電磁的記録に記録された事項を紙面又は出力装置の映像面に表示する方法により表示したものの閲覧又は謄写の請求
四　前号の電磁的記録に記録された事項を電磁的方法であつて次条に定めるものにより提供することの請求又は当該事項を記載した書面の交付の請求

（電磁的記録に記録された事項を提供するための電磁的方法）

第三十六条の十　前条第二項第四号に規定する電磁的方法は、次に掲げるもののうち、登録試験機関が定めるものとする。

一　送信者の使用に係る電子計算機と受信者の使用に係る電子計算機とを電気通信回線で接続した電子情報処理組織を使用する方法であつて、当該電気通信回線を通じて情報が送信され、受信者の使用に係る電子計算機に備えられたファイルに当該情報が記録されるもの
二　磁気ディスクその他これに準ずる方法により一定の情報を確実に記録しておくことができる物をもつて調整するファイルに情報を記録したものを交付する方法

2　前項各号に掲げる方法は、受信者がファイルへの記録を出力することによる書面を作成できるものでなければならない。

（適合命令）

第三十六条の十一　国土交通大臣は、登録試験機関が第三十六条の三第一項各号のいずれかに適合しなくなつたと認めるときは、その登録試験機関に対し、これらの規定に適合するための必要な措置をとるべきことを命ずることができる。

（改善命令）

第三十六条の十二　国土交通大臣は、登録試験機関が第三十六条の五の規定に違反していると認めるときは、その登録試験機関に対し、同条の規定による登録試験業務を行うべきこと又は登録試験の方法その他の業務の方法の改善に関し必要な措置をとるべきことを命ずることができる。

（登録の取消し等）

第三十六条の十三　国土交通大臣は、登録試験機関が次の各号のいずれかに該当するときは、第三十六条第七項第三号の登録を取り消し、又は期間を定めて登録試験業務の全部若しくは一部の停止を命ずることができる。

一　第三十六条の三第二項第一号又は第三号に該当するに至つたとき。
二　第三十六条の六から第三十六条の八まで、第三十六条の九第一項又は次条の規定に違反したとき。
三　正当な理由がないのに第三十六条の九第二項各号の規定による請求を拒んだとき。
四　前二条の規定による命令に違反したとき。
五　不正の手段により第三十六条第七項第三号の登録を受けたとき。

（帳簿の記載）

第三十六条の十四　登録試験機関は、次に掲げる事項を記載した帳簿を備え、これを記載の日から五年間保存しなければならない。

一　登録試験の手数料の収納に関する事項

二　登録試験の申請の受理に関する事項
三　登録試験の結果に関する事項
四　その他登録試験の実施状況に関する事項

（報告の徴収）

第三十六条の十五　国土交通大臣は、登録試験業務の実施のため必要な限度において、登録試験機関に対し、登録試験業務又は経理の状況に関し報告させることができる。

（公示）

第三十六条の十六　国土交通大臣は、次の場合には、その旨を官報に公示しなければならない。
一　第三十六条第七項第三号の登録をしたとき。
二　第三十六条の六の規定による届出があつたとき。
三　第三十六条の八の規定による届出があつたとき。
四　第三十六条の十三の規定により第三十六条第七項第三号の登録を取り消し、又は登録試験業務の停止を命じたとき。

（検査対象軽自動車の車両番号）

第三十六条の十七　検査対象軽自動車の車両番号は、次に掲げる文字をその順序により組み合わせて定めるものとする。
一　検査対象軽自動車の使用の本拠の位置を管轄する運輸監理部又は運輸支局（使用の本拠の位置が自動車検査登録事務所の管轄区域に属する場合にあつては、当該自動車検査登録事務所。以下この条、次条及び第六十三条の四において同じ。）を表示する文字
二　検査対象軽自動車の用途による分類番号を表示する二字のアラビア数字又は最初の字がアラビア数字であつて、その他の字がアラビア数字若しくはローマ字若しくはこれらの組合せである三字（別表第二の四）
三　自家用又は事業用の別等を表示する平仮名又はローマ字（別表第二の五）
四　四けた以下のアラビア数字

2　前項第一号の運輸監理部又は運輸支局を表示する文字については、自動車登録規則（昭和四十五年運輸省令第七号。以下「規則」という。）の別表第一に定めるところによる。

3　運輸監理部又は運輸支局の管轄区域が変更された場合においては、当該変更前に法の規定により指定を受けた検査対象軽自動車の車両番号については、当該変更又は当該変更に係る区域を含む市町村（特別区を含む。）の区域内における当該車両番号に係る検査対象軽自動車の使用の本拠の位置の変更により前二項に規定する基準に適合しないこととなつたときであつても、前二項に規定する基準に適合するものとみなす。

（二輪の小型自動車の車両番号）

第三十六条の十八　二輪の小型自動車の車両番号は、次に掲げる文字をその順序により組み合わせて定めるものとする。
一　二輪の小型自動車の使用の本拠の位置を管轄する運輸監理部又は運輸支局を表示する文字
二　自家用又は事業用の別等を表示する平仮名又はローマ字（別表第三）
三　四けた以下のアラビア数字

2　前条第二項の規定は前項第一号の運輸監理部又は運輸支局を表示する文字について、同条第三項の規定は運輸監理部又は運輸支局の管轄区域が変更された場合において当該変更前に法の規定により指定を受けた二輪の小型自動車の車両番号について準用する。

（法第六十一条第一項及び第二項第一号の国土交通省令で定める自家用自動車）

第三十七条　法第六十一条第一項の国土交通省令で定める自家用自動車は、次に掲げる自動車とする。
一　乗車定員十一人以上の自家用自動車
二　専ら幼児の運送を目的とする自家用自動車
三　第三十一条の三第二号の許可に係る自家用自動車

2　法第六十一条第二項第一号の国土交通省令で定める自家用自動車は、前項第三号に掲げる自動車のうち、貨物の運送の用に供する自動車並びに同項第一号及び第二号に掲げる自動車を除いたものとする。

3　法第六十一条第二項第二号の国土交通省令で定める人の運送の用に供する自家用自動車は、次に掲げる自動車とする。
一　車両総重量八トン以上の自家用自動車
二　乗車定員十一人以上の自家用自動車
三　道路運送法第八十条第一項の許可を受けて業として有償で貸し渡す自家用自動車
四　専ら幼児の運送を目的とする自家用自動車
五　自家用三輪自動車
六　広告宣伝用自動車その他特種の用途に供する自家用自動車
七　自家用大型特殊自動車

（継続検査）

第三十七条の二　第三十六条第十四項の規定は、継続検査の申請について準用する。

2　前項において準用する第三十六条第十四項の規定により書面を提出しようとする者は、当該書面に虚偽の記載をしてはならない。

（臨時検査）

第三十七条の二の二　検査対象外軽自動車に係る臨時検査の申請書は、第八号様式による。

2　前項の申請書を提出する場合には、第六十三条の二第三項の規定により交付を受けた当該自動車の軽自動車届出済証又は臨時運転番号標貸与証を提示しなければならない。

3　第三十六条第十四項の規定は、臨時検査の申請について準用する。

4　前項において準用する第三十六条第十四項の規定により書面を提出しようとする者は、当該書面に虚偽の記載をしてはならない。

5　法第六十三条第六項の国土交通省令で定める期間は、一年とする。

6　第三十七条の三第一項の規定は、臨時検査合格標章の表示について準用する。

（限定自動車検査証等の提出）

第三十七条の二の三　継続検査又は臨時検査を受けようとする者は、次の各号に掲げる場合にあつては、当該各号に掲げる書面を提出しなければならない。
一　限定自動車検査証の交付を受けている場合　当該限定自動車検査証
二　第四十条第一項の自動車検査証保管証明書の交付を受けている場合　当該自動車検査証保管証明書

（検査標章）

第三十七条の三　検査標章は、自動車の前面ガラスの内側に前

方から見易いように貼り付けることによつて表示するものとする。ただし、運転者室又は前面ガラスのない自動車にあつては、自動車の後面に取りつけられた自動車登録番号標又は車両番号標の左上部に見易いように貼り付けることによつて表示するものとする。

2 法第六十六条第三項の当該自動車検査証の有効期間の満了する時期は、年及び月をもつて表示するものとする。

（保安基準適合標章の表示）

第三十七条の四 保安基準適合標章は、自動車の運行中その前面に指定自動車整備事業規則（昭和三十七年運輸省令第四十九号）第二号様式又は第二号様式の二による有効期間及び自動車登録番号が見やすいように表示しなければならない。

（自動車検査証の変更記録の申請等）

第三十八条 第三十六条第一項の規定は、使用者の氏名若しくは名称又は住所の変更を事由とする自動車検査証の変更記録の申請をする場合に準用する。

2 第三十六条第二項の規定は、使用者の変更（当該自動車を引き続き自動車運送事業の用に供する場合に限る。）又は自動車運送事業の用に供しない自動車を自動車運送事業の用に供するものとすることを事由とする自動車検査証の変更記録の申請をする場合に準用する。

3 法第六十七条第一項の規定により国土交通大臣が行う自動車検査証の変更記録の申請をする者は、次の各号に掲げる場合にあつては、当該各号に掲げる書面を提出しなければならない。

一 限定自動車検査証の交付を受けている場合　当該限定自動車検査証

二 第四十条第一項の自動車検査証保管証明書の交付を受けている場合　当該自動車検査証保管証明書

4 運輸監理部長又は運輸支局長（法第七十四条の四の規定の適用があるときは、軽自動車検査協会）は、検査対象軽自動車について自動車検査証の変更記録の申請があつた場合において、当該自動車の車両番号が第三十六条の十七に規定する基準に適合しなくなつたと認めるときは、その車両番号を変更するものとする。

5 運輸監理部長又は運輸支局長（法第七十四条の四の規定の適用があるときは、軽自動車検査協会）は、検査対象軽自動車について自動車検査証の変更記録の申請があつた場合において、車両番号標が滅失し、毀損し、その識別が困難となり、法第七十六条の規定に基づき国土交通省令で定める様式に適合しなくなり、又は車両番号の変更の申請があつたときは、車両番号を変更することができる。

6 運輸監理部長又は運輸支局長（法第七十四条の四の規定の適用があるときは、軽自動車検査協会）は、前二項の規定により車両番号を変更したときは、その変更について、自動車検査証に変更記録しなければならない。

7 前三項の規定は、二輪の小型自動車について準用する。この場合において、第四項中「第三十六条の十七」とあるのは「第三十六条の十八」と読み替えるものとする。

8 法第六十七条第三項の国土交通省令で定める事由は、次に掲げる事項に係る変更とする。

一 自動車から排出される窒素酸化物及び粒子状物質の特定地域における総量の削減等に関する特別措置法（平成四年法律第七十号）第十三条第一項に規定する指定自動車にあつては、使用の本拠の位置（同法第六条第一項に規定する窒素酸化物対策地域外から同項に規定する窒素酸化物対策地域内への変更（変更後の使用の本拠の位置が自動車から排出される窒素酸化物の特定地域における総量の削減等に関する特別措置法施行令の一部を改正する政令（平成十三年政令第四百六号）による改正前の自動車から排出される窒素酸化物の特定地域における総量の削減等に関する特別措置法施行令（平成四年政令第三百六十五号）第一条の特定地域であつた地域（以下この号において「旧特定地域」という。）である場合にあつては、旧特定地域外から旧特定地域内への変更）に限る。）

二 自動車の長さ、幅又は高さ

三 車体の形状

四 原動機の型式

五 燃料の種類

六 自家用又は事業用の別

七 用途

八 被牽（けん）引自動車にあつては、牽（けん）引自動車の車名又は型式

九 乗車定員又は最大積載量

十 牽（けん）引自動車にあつては、被牽（けん）引自動車の車名又は型式

十一 第三十五条の三第一項第二十九号に掲げる事項

9 第三十六条第十四項の規定は、構造等変更検査の申請について準用する。

10 第一項において準用する第三十六条第一項、第三項及び前項において準用する第三十六条第十四項の規定により書面を提出しようとする者は、当該書面に虚偽の記載をしてはならない。

（点検整備記録簿の提示）

第三十九条 継続検査、臨時検査又は構造等変更検査を受けようとする者は、法第六十七条第四項において準用する法第五十九条第三項又は法第六十二条第三項、法第六十三条第三項の点検及び整備に関する記録の提示として、当該自動車に係る点検整備記録簿を提示しなければならない。

（限定自動車検査証等の返納）

第三十九条の二 限定自動車検査証の交付を受けている自動車の使用者（予備検査の結果交付を受けた自動車にあつては、所有者）又は第四十条第一項の自動車検査証保管証明書の交付を受けている自動車の使用者は、当該自動車について法第六十九条第一項各号に掲げる事由があつたときは、当該限定自動車検査証又は当該自動車検査証保管証明書を返納しなければならない。

（自動車検査証保管証明書の交付等）

第四十条 法第六十九条第二項の規定により自動車検査証の返納があつたときは、当該自動車の使用者に第九号様式による自動車検査証保管証明書を交付しなければならない。

2 法第六十九条第三項の規定により自動車検査証の返付を受ける者は、当該自動車検査証と引き換えに自動車検査証保管証明書を返納しなければならない。

（解体等に係る届出を必要としない自動車）

第四十条の二 法第六十九条の二第一項の国土交通省令で定める自動車は、次に掲げる自動車とする。

一 車両番号の指定を受けたことがない検査対象軽自動車

二 被牽（けん）引自動車である検査対象軽自動車

三 二輪の小型自動車

（解体等に係る届出）

第四十条の三　法第六十九条の二第一項の規定により届出をしようとする者は、次に掲げる事項（使用済自動車の解体に係る届出にあつては、第四号に掲げる事項を除く。）を記載した届出書を提出しなければならない。

一　車両番号（自動車検査証が返納された自動車に係る届出にあつては、自動車検査証が返納された際の車両番号）
二　車台番号
三　届出者の氏名又は名称及び住所
四　届出の原因及びその日付
五　届出の年月日

2　前項の届出書には、次に掲げる書面（当該届出をしようとする者が国又は地方公共団体であるものにあつては、第一号に掲げる書面を除く。）を添付しなければならない。

一　当該届出に係る自動車に係る軽自動車検査ファイルに記録されている所有者の氏名若しくは名称又は住所に変更があつたときは、当該届出をしようとする者の住所を証するに足りる書面
二　自動車検査証が返納された後に所有者の変更があつた場合であつて、当該所有者の変更について軽自動車検査ファイルに法第六十九条の三において準用する法第十八条第三項の記録がなされていないときは、当該所有者の変更があつた旨を証明することができる書面
三　当該届出に係る自動車が滅失し、若しくは自動車の用途を廃止したとき又は当該自動車の車台が当該自動車の車両番号の指定の際存したものでなくなつたときは、その事実を証するに足りる書面

（使用済自動車の解体に係る届出の際の明示事項）

第四十条の四　法第六十九条の二第二項において準用する法第十五条第三項の国土交通省令で定める事項は、次に掲げる事項とする。

一　車台番号
二　使用済自動車の再資源化等に関する法律（平成十四年法律第八十七号）第八十一条第九項又は第十項の規定による移動報告の番号（第六十七条の二第一項第二号において「移動報告番号」という。）

（輸出に係る届出を必要としない自動車）

第四十条の五　法第六十九条の二第三項本文の国土交通省令で定める自動車は、次に掲げる自動車とする。

一　車両番号の指定を受けたことがない検査対象軽自動車
二　被牽引自動車である検査対象軽自動車
三　二輪の小型自動車
四　登録証書の交付を受けた検査対象軽自動車

（輸出に係る届出の開始時期）

第四十条の六　法第六十九条の二第三項の国土交通省令で定める期間は、六月とする。

（輸出に係る届出）

第四十条の七　法第六十九条の二第三項の規定により届出をしようとする者は、次に掲げる事項を記載した届出書を提出しなければならない。

一　車両番号（自動車検査証が返納された自動車に係る届出にあつては、自動車検査証が返納された際の車両番号）
二　車台番号
三　届出者の氏名又は名称及び住所
四　届出の年月日
五　輸出の予定日

2　前項の届出書には、次に掲げる書面（当該届出をしようとする者が国又は地方公共団体であるものにあつては、第一号に掲げる書面を除く。）を添付しなければならない。

一　当該届出に係る自動車に係る軽自動車検査ファイルに記録されている所有者の氏名若しくは名称又は住所に変更があつたときは、当該届出をしようとする者の住所を証するに足りる書面
二　自動車検査証が返納された後に所有者の変更があつた場合であつて、当該所有者の変更について軽自動車検査ファイルに法第六十九条の三において準用する法第十八条第三項の記録がなされていないときは、当該所有者の変更があつた旨を証明することができる書面

3　運輸監理部長又は運輸支局長（法第七十四条の四の規定の適用があるときは、軽自動車検査協会）は、第一項の届出があつた場合であつて、当該届出に係る自動車に係る軽自動車検査ファイルに記録されている所有者の氏名若しくは名称又は住所に変更があつたときは、当該変更について軽自動車検査ファイルに記録するものとする。

（本邦に再輸入することが見込まれる自動車）

第四十条の八　法第六十九条の二第三項ただし書の輸出に係る届出をさせる必要性に乏しいものとして国土交通省令で定める自動車は、検査対象軽自動車のうち本邦と外国との間を往来する自動車であつて、次に掲げるものとする。

一　貨物の運送の用に供するもの
二　本邦と外国との間を往来する者の乗用に供するもの

（本邦に再輸入することが見込まれる自動車の届出）

第四十条の九　法第六十九条の二第三項ただし書の規定により届出をしようとする者は、次に掲げる事項を記載した届出書を提出しなければならない。

一　車両番号
二　車台番号
三　使用の本拠の位置
四　届出者の氏名又は名称及び住所
五　届出の年月日

2　前項の届出を行う場合には、自動車検査証及び前条に規定する自動車であることを証するに足りる書面を提示しなければならない。

（軽自動車検査ファイル及び二輪自動車検査ファイルの正確な記録を確保するための措置）

第四十条の十　法第六十九条の三において準用する法第十八条第一項の国土交通省令で定める期間は、一年とする。

2　法第六十九条の三において準用する法第十八条第二項の国土交通省令で定める場合は、法第六十九条の三において準用する法第十八条第三項の規定により所有者の変更について軽自動車検査ファイルに記録がなされた場合又は二輪の小型自動車について所有者の変更があつた場合とする。

3　法第六十九条の三において準用する法第十八条第二項の国土交通省令で定める期間は、三年とする。

（自動車検査証の返納後の所有者の変更に係る記録の申請）

第四十条の十一　施行令第八条第六項において準用する令第四十八条第一項の国土交通省令で定める書面（新所有者が国又は地方公共団体であるときは、第二号に掲げる書面を除

く。）は、次に掲げる書面とする。

一　当該自動車の所有権を証明するに足る書面

二　新所有者の住所を証するに足りる書面

（臨時検査合格標章の再交付の申請書）

第四十一条　法第七十条の臨時検査合格標章の再交付の申請書は、第十号様式による。

（検査標章の再交付）

第四十一条の二　検査標章の再交付を申請する者は、自動車検査証又は限定自動車検査証の再交付の申請と同時にする場合を除き、当該自動車検査証又は限定自動車検査証を提示しなければならない。

2　検査標章の再交付を受けることができる場合は、検査標章が滅失し、き損し、又はその識別が困難となつた場合のほか、次の各号に掲げる場合とする。

一　検査標章をはりつけた前面ガラスを使用することができなくなつた場合

二　検査標章をはりつけた自動車登録番号標又は車両番号標を表示することができなくなつた場合（当該自動車を引き続き運行の用に供する場合に限る。）

三　その他再交付を受けることについて正当な理由があると認められる場合

（臨時検査合格標章の再交付）

第四十一条の三　前条第二項の規定は、臨時検査合格標章の再交付について準用する。

（予備検査）

第四十二条　第三十六条第三項、第四項（自動車検査証返納証明書に係る部分に限る。）、第五項から第七項まで及び第九項から第十四項までの規定は、予備検査の申請について準用する。この場合において、同条第四項中「あわせて提出する」とあるのは、「提示する」と読み替えるものとする。

2　前項において準用する第三十六条第五項から第七項まで、第十一項及び第十四項の規定により書面を提出しようとする者は、当該書面に虚偽の記載をしてはならない。

3　予備検査を申請する者は、法第七十五条第五項の規定により完成検査終了証に記載すべき事項が登録情報処理機関に提供されたときは、予備検査の申請書にその旨を記載することをもつて書面の提出に代えることができる。

4　前項の規定により完成検査終了証に記載すべき事項が登録情報処理機関に提供されたことが予備検査の申請書に記載されたときは、国土交通大臣（当該申請が検査対象軽自動車の予備検査に係るものであるときは、軽自動車検査協会）は、登録情報処理機関に対し、完成検査終了証に記載すべき事項について、電磁的方法により照会するものとする。

5　前項の照会を受けた登録情報処理機関は、電磁的方法により当該照会に係る事項について国土交通大臣（当該照会が検査対象軽自動車の予備検査に係るものであるときは、軽自動車検査協会）に対し通知しなければならない。

第四十三条　第三十六条第一項、第二項及び第四項の規定は、法第七十一条第四項の規定により自動車検査証の交付を受ける場合について準用する。

（構造等に関する事項）

第四十三条の二　法第七十一条の二第一項の国土交通省令で定める事項は、次のとおりとする。

一　車名及び型式

二　普通自動車、小型自動車、検査対象軽自動車又は大型特殊自動車の別

三　長さ、幅及び高さ

四　車体の形状

五　原動機の型式

六　燃料の種類

七　原動機の総排気量又は定格出力

八　人の運送の用に供する自動車であつて乗車定員十一人以上のものにあつては、自家用又は事業用

九　用途

十　牽引自動車にあつては、牽引重量又は第五輪荷重並びに被牽引自動車の車名及び型式並びに牽引可能なキャンピングトレーラ等の車両総重量

十一　被牽引自動車にあつては、牽引自動車の車名及び型式

十二　乗車定員又は最大積載量

十三　車両重量及び車両総重量

十四　空車状態における軸重

十五　タンク自動車であつて爆発性液体又は高圧ガスを運送するものにあつては、積載物品名

十六　貨物の運送の用に供する普通自動車であつて車両総重量が七トン以上のものにあつては、燃料タンクの個数及びそれぞれの燃料タンクの容量

（軽自動車検査ファイルに記録する事項）

第四十三条の三　施行令第八条第四項の規定により読み替えて準用する同条第二項及び第三項の国土交通省令で定める事項は、次に掲げるものとする。

一　法第六十九条の二第五項において準用する法第十五条の二第三項後段の確認をした年月日

二　法第六十九条の二第六項の返納を受けた年月日

三　法第六十九条の三において準用する法第十八条第三項の変更の年月日並びに新所有者の氏名又は名称及び住所

（二輪自動車検査ファイルに記録する事項）

第四十三条の四　施行令第八条第五項の規定により読み替えて準用する同条第二項及び第三項の国土交通省令で定める事項は、法第六十九条の三において準用する法第十八条第三項の変更の年月日並びに新所有者の氏名又は名称及び住所とする。

（検査記録等事項の略号化）

第四十三条の五　自動車登録ファイル、軽自動車検査ファイル及び二輪自動車検査ファイルの検査記録事項並びに第四十三条の三及び第四十三条の四に規定する事項（以下「検査記録等事項」という。）のうち次に掲げるものは、略号にして記録するものとする。

一　使用者及び所有者の住所並びに使用の本拠の位置（これらを表示する行政区画又は土地の名称に限る。）

二　その型式について法第七十五条第一項の指定を受けた自動車に係る車名及び型式、長さ、幅及び高さ、車体の形式、原動機の型式、燃料の種類、原動機の総排気量又は定格出力、乗車定員又は最大積載量、車両重量並びに空車状態における軸重

三　前号に規定する自動車以外の自動車に係る車名及び車体の形状

四　国土交通大臣が指定した者に係る氏名又は名称及び住所

五　道路運送車両の保安基準第五十五条第一項の規定により

基準の緩和をした自動車に係るその内容であつて、国土交通大臣の定めるもの
六　タンク自動車に係る積載物品名
2　前項の略号は、国土交通大臣が定めて告示するものとする。

※2項「国土交通大臣の定め」＝自動車登録ファイルの登録事項及び検査記録事項並びに二輪自動車検査ファイルの検査記録事項に係る略号

（検査記録等事項の表示に用いる記号）

第四十三条の六　規則第四条の規定は、検査記録等事項の表示について準用する。

（検査対象軽自動車及び二輪の小型自動車の車両番号標の表示）

第四十三条の七　第八条の二第一項本文及び第二項の規定は、法第七十三条第一項の規定による車両番号標の表示の位置及び方法について準用する。この場合において、第八条の二第一項本文中「後面」とあるのは「後面（三輪の検査対象軽自動車若しくは被牽引自動車である検査対象軽自動車又は二輪の小型自動車にあつてはその後面）」と読み替えるものとする。

（自動車検査証等の有効期間の起算日）

第四十四条　自動車検査証の有効期間の起算日は、当該自動車検査証を交付する日又は当該自動車検査証に係る有効期間を法第七十二条第一項の規定により記録する日とする。ただし、自動車検査証の有効期間が満了する日の二月前から当該期間が満了する日までの間に継続検査を行い、当該自動車検査証に係る有効期間を法第七十二条第一項の規定により記録する場合は、当該自動車検査証の有効期間が満了する日の翌日とする。
2　自動車予備検査証又は限定自動車検査証の有効期間の起算日は、当該自動車予備検査証又は限定自動車検査証を交付する日とする。

（臨時検査合格標章等の様式等）

第四十五条　次の表の上欄に掲げるものの様式は、それぞれ同表の下欄に掲げる様式とする。

一　臨時検査合格標章	第十一号様式
二　検査対象軽自動車の車両番号標	第十二号様式
三　二輪の小型自動車の車両番号標	第十三号様式

2　第十一条第三項の規定は、前項の車両番号標について準用する。

（申請書等の様式）

第四十五条の二　自動車の検査並びに軽自動車検査ファイル及び二輪自動車検査ファイルの正確な記録を確保するための措置に関する申請書、届出書及び請求書、輸出予定届出証明書、自動車予備検査証、検査標章、自動車検査証返納証明書、自動車検査証、限定自動車検査証並びに法第七十二条の三の規定による証明書（以下「検査記録事項等証明書」という。）の様式については、この省令に定めるもののほか、自動車の登録及び検査に関する申請書等の様式等を定める省令（昭和四十五年運輸省令第八号）の定めるところによる。

（検査記録事項等証明書）

第四十五条の三　検査記録事項等証明書は、法第七十二条第一項の電子情報処理組織によつて作成するものとする。

（基準適合性審査に必要な技術上の情報）

第四十五条の四　法第七十四条の三第一項の国土交通省令で定める技術上の情報は、次の各号に掲げるものとする。
一　道路運送車両の保安基準に定めのあるものであつて自動車の故障の状態を識別するための番号、記号その他の符号
二　前号の符号を記録する装置との通信により当該符号を取得するための情報

（軽自動車検査協会の事務所の管轄区域）

第四十六条　軽自動車検査協会は、法第七十四条の三第一項の規定により軽自動車の検査事務を行うこととなつた場合においては、その事務を行う事務所ごとに管轄区域を定め、国土交通大臣に報告しなければならない。
2　国土交通大臣は、前項の報告を受けた場合においては、遅滞なく当該管轄区域を官報で公示しなければならない。

※2項「国土交通大臣の公示」＝軽自動車検査協会が軽自動車の検査事務を開始する日並びに当該事務を行なう事務所の所在地及び管轄区域

（検査対象軽自動車の検査の申請等）

第四十七条　前条第一項の規定により軽自動車検査協会がその事務所ごとの管轄区域を定めた場合においては、次の各号に掲げる軽自動車の検査事務に係る申請等は、当該申請等に係る軽自動車の使用の本拠の位置を管轄する軽自動車検査協会の事務所に対してしなければならない。
一　法第五十九条第一項の新規検査の申請
二　法第六十三条第四項に規定する自動車検査証の返納
三　法第六十七条第一項の自動車検査証の変更記録の申請又は同条第三項の構造等変更検査の申請
四　法第六十九条第一項又は第二項に規定する自動車検査証の返納
五　法第六十九条第四項の自動車検査証返納証明書の交付の申請
六　法第六十九条の二第三項ただし書の輸出に係る届出をさせる必要性に乏しいものとして国土交通省令に定める自動車に該当する旨の届出
七　法第七十条の自動車検査証又は検査標章の再交付の申請
八　法第七十一条第四項の自動車検査証の交付の申請
2　前項各号に掲げる軽自動車の検査事務に係る申請等以外の申請等は、最寄りの軽自動車検査協会の事務所に対してしなければならない。

（独立行政法人自動車技術総合機構の基準適合性審査の運輸監理部長又は運輸支局長への引継ぎ）

第四十七条の二　国土交通大臣は、法第七十四条の二第三項の規定により基準適合性審査を行うこととするときは、次に掲げる事項を官報に公示するものとする。
一　国土交通大臣の委任を受けて基準適合性審査を行うこととなる運輸監理部長又は運輸支局長
二　基準適合性審査を開始する日
2　独立行政法人自動車技術総合機構（以下「機構」という。）は、前項第一号に掲げる運輸監理部長又は運輸支局長の管轄区域内に存する機構の事務所において同項第二号に掲げる日前に納付された基準適合性審査に係る手数料を当該納

付に係る基準適合性審査を同日前に開始していない場合においては、納付した者に速やかに返還しなければならない。

3　機構は、第一項第一号に掲げる運輸監理部長又は運輸支局長が基準適合性審査を処理するため必要とする書類を当該運輸監理部長又は運輸支局長に対して送付しなければならない。

（運輸監理部長又は運輸支局長の基準適合性審査の機構への引継ぎ）

第四十七条の三　国土交通大臣は、法第七十四条の二第三項の規定により運輸監理部長又は運輸支局長が行つている基準適合性審査を行わないこととするときは、次に掲げる事項を官報に公示するものとする。

一　基準適合性審査を行わないこととする運輸監理部長又は運輸支局長

二　基準適合性審査を終止する日

2　前項第一号に掲げる運輸監理部長又は運輸支局長は、同項第二号に掲げる日以後において、前条第三項の規定により送付された書類を機構に返還しなければならない。

3　第一項第一号に掲げる運輸監理部長又は運輸支局長は、同項第二号に掲げる日以後において、法第七十四条の二第三項の規定により行つた基準適合性審査に係る書類（第一項第二号に掲げる日において終了している基準適合性審査に係るものを除く。）を機構に送付しなければならない。

（軽自動車検査協会の検査事務等の運輸監理部長又は運輸支局長への引継ぎ）

第四十八条　国土交通大臣は、法第七十四条の三第三項の規定により軽自動車の検査事務を行うこととするときは、次に掲げる事項を官報に公示するものとする。

一　国土交通大臣の委任を受けて軽自動車の検査事務を行うこととなる運輸監理部長又は運輸支局長

二　軽自動車の検査事務を開始する日

2　その使用の本拠の位置が前項第一号に掲げる運輸監理部長又は運輸支局長の管轄区域内に存する軽自動車に係る第四十七条第一項各号に掲げる申請等は、前項第二号に掲げる日以後においては、同条同項の規定にかかわらず、当該運輸監理部長又は運輸支局長に対してするものとする。

3　前項の軽自動車に係る継続検査又は臨時検査の申請は、第一項第二号に掲げる日以後においては、第四十七条第二項の規定にかかわらず第一項第一号に掲げる運輸監理部長又は運輸支局長の管轄区域においてする場合は当該運輸監理部長又は運輸支局長に対して、当該管轄区域以外の区域においてする場合は最寄りの軽自動車検査協会の事務所に対してするものとする。

4　軽自動車検査協会は、第一項第一号に掲げる運輸監理部長又は運輸支局長の管轄区域内に存する軽自動車検査協会の事務所において第一項第二号に掲げる日前に受け付けた軽自動車の検査事務に関する申請に係る申請書及び手数料を当該申請に係る軽自動車の検査事務を同日前に開始していない場合においては、速やかに申請者に返還しなければならない。

5　軽自動車検査協会は、第一項第一号に掲げる運輸監理部長又は運輸支局長が第二項の規定による申請に係る軽自動車の検査事務を処理するため必要とする書類を当該運輸監理部長又は運輸支局長に対して送付しなければならない。

（運輸監理部長又は運輸支局長の検査事務等の軽自動車検査協会への引継ぎ）

第四十九条　国土交通大臣は、法第七十四条の三第三項の規定により運輸監理部長又は運輸支局長が行つている軽自動車の検査事務を行わないこととするときは、次に掲げる事項を官報に公示するものとする。

一　検査事務を行わないこととする運輸監理部長又は運輸支局長

二　軽自動車の検査事務を終止する日

2　前項第二号に掲げる日以後においては、前項第一号に掲げる運輸監理部長又は運輸支局長の管轄区域内に存する軽自動車に係る第四十七条第一項各号に掲げる申請等又は当該軽自動車に係る継続検査若しくは臨時検査に係る申請は、前条第二項又は第三項の規定にかかわらず、それぞれ第四十七条第一項又は第二項の規定の例による。

3　第一項第一号に掲げる運輸監理部長又は運輸支局長は、同項第二号に掲げる日以後において、前条第五項の規定により送付された書類を軽自動車検査協会に返還しなければならない。

4　第一項第一号に掲げる運輸監理部長又は運輸支局長は、同項第二号に掲げる日以後において、前条第二項及び第三項の規定により行なつた軽自動車の検査に係る検査記録事項を軽自動車検査協会に通報しなければならない。

（審査結果の通知）

第四十九条の二　法第七十四条の二第二項及び第百一条第二項の規定による通知は、次の各号に掲げる審査の区分に応じ、当該各号に定める事項を記載した書面により行うものとする。

一　法第七十四条の二第一項及び第百一条第一項第一号の審査　次に掲げる事項

イ　車台番号又は自動車登録番号（軽自動車及び二輪の小型自動車にあつては、車両番号）

ロ　当該審査の結果

二　法第百一条第一項第二号の審査　次に掲げる事項

イ　法第九十九条の三第一項の許可を受けた者の氏名又は名称及び当該許可に係る自動車の特定改造等の許可に関する省令（令和二年国土交通省令第六十六号）第二条第二項第一号に規定する業務管理システムの名称

ロ　当該審査の結果

2　前項の場合において、前項各号に掲げる審査の結果の記録が電磁的記録で作成されているときは、書面による通知に代えて、電磁的方法により通知することができる。

（継続検査に係る自動車検査証への記録等に関する事務の委託の申請等）

第四十九条の三　法第七十四条の五第一項の規定により継続検査に係る法第六十二条第二項の規定による自動車検査証の記録及び自動車検査証の返付並びに法第六十六条第二項の規定による検査標章の交付に関する事務（継続検査の結果の判定及び第四十九条の六に規定する事務を除く。以下「特定記録等事務」という。）の委託を受けようとする者は、次に掲げる事項を記載した申請書を最寄りの運輸監理部長又は運輸支局長（法第七十四条の四の規定の適用があるときは、軽自動車検査協会）に提出しなければならない。

一　氏名又は名称及び住所並びに法人にあつては、その代表者の氏名

二　事業場の名称及び所在地

三　第四十九条の九の規定により選任する特定記録等事務責任者の氏名

四　現に営んでいる事業の種類

2　運輸監理部長又は運輸支局長（法第七十四条の四の規定の適用があるときは、軽自動車検査協会）は、前項の申請書のほか、第四十九条の七に規定する要件に該当することを信じさせるに足りる書面その他必要な書面の提出を求めることができる。

3　運輸監理部長又は運輸支局長（法第七十四条の四の規定の適用があるときは、軽自動車検査協会）は、法第七十四条の五第一項の委託をしたときは、その旨及び委託番号を同項の委託を受けた者に通知するものとする。

（運輸支局長等からの記録事項の通知）

第四十九条の四　運輸監理部長又は運輸支局長（法第七十四条の四の規定の適用があるときは、軽自動車検査協会）は、継続検査により自動車検査証を返付する場合において、次の各号に掲げる場合のいずれにも該当するときは、当該自動車が保安基準に適合すると認める旨、自動車検査証の有効期間、自動車登録番号その他の自動車検査証への記録を行うために必要な事項を、当該継続検査の申請に係る申請書に記載された委託番号を有する特定記録等事務代行者に通知するものとする。

一　当該継続検査の申請が電子申請（電子情報処理組織を使用して行う申請をいう。以下同じ。）による場合

二　当該継続検査の申請書に特定記録等事務代行者が特定記録等事務を行う旨及び特定記録等事務代行者の委託番号の記載がある場合

三　当該継続検査の申請書に記載された委託番号を有する特定記録等事務代行者が、当該申請を受けた運輸監理部長又は運輸支局長（法第七十四条の四の規定の適用があるときは、軽自動車検査協会）から法第七十四条の五第一項の規定による委託を受けている場合

四　当該継続検査の申請書に記載された委託番号を有する特定記録等事務代行者が当該継続検査に際し、法第九十四条の五第二項の規定による提供を行つた者又は当該継続検査の申請を電子申請により行つた者のいずれかである場合

（特定記録等事務代行者の公表等）

第四十九条の五　運輸監理部長又は運輸支局長（法第七十四条の四の規定の適用があるときは、軽自動車検査協会）は、法第七十四条の五第一項の規定により委託をしたとき又は第四十九条の十三の規定による承認をしたとき若しくは第四十九条の十四の規定による届出を受けたときは、特定記録等事務代行者に関する記録を作成しなければならない。

2　国土交通大臣は、前項の規定により作成された記録を取りまとめ、インターネットの利用その他適切な方法により次に掲げる事項を公表するものとする。

一　特定記録等事務代行者の氏名又は名称並びに法人にあつては、住所及びその代表者の氏名

二　委託に係る特定記録等事務を処理する事業場の名称及び所在地

三　委託に係る特定記録等事務の対象とする自動車の範囲

（委託することのできない事務）

第四十九条の六　法第七十四条の五第一項の国土交通省令で定める事務は、次に掲げる事務とする。

一　法第六十一条第三項の規定による自動車検査証の有効期間の短縮に係る事務

二　法第九十七条の二第二項の規定による自動車税種別割又は軽自動車税種別割を課した地方公共団体に対するその額の納付の有無の事実の確認に係る事務及び同条第三項の規定による自動車検査証の不返付に係る事務

三　法第九十七条の四第一項（同条第二項において準用する場合を含む。）の規定による自動車検査証の不返付に係る事務

四　道路交通法（昭和三十五年法律第百五号）第五十一条の七第二項の規定による自動車検査証の不返付に係る事務

（特定記録等事務代行者の要件）

第四十九条の七　法第七十四条の五第一項の国土交通省令で定める要件は、次のとおりとする。

一　特定記録等事務を行うのに必要かつ適切な組織及び能力を有すること。

二　特定記録等事務を適確に遂行するために必要な設備を有すること。

三　次に掲げる者に該当しないこと。

イ　一年以上の懲役又は禁錮の刑に処せられ、その執行を終わり、又は執行を受けることがなくなつた日から二年を経過しない者

ロ　第四十九条の十六又は第四十九条の二十九の規定により委託を解除され、その解除の日から二年を経過しない者

ハ　営業に関し成年者と同一の行為能力を有しない未成年者であつて、その法定代理人がイ、ロ又はニのいずれかに該当するもの

ニ　法人であつて、その役員（いかなる名称によるかを問わず、これと同等以上の職権又は支配力を有する者を含む。）のうちに、イからハまでのいずれかに該当する者があるもの

（標識）

第四十九条の八　特定記録等事務代行者が掲げる標識の様式は、第一号様式の四とする。

（特定記録等事務責任者）

第四十九条の九　特定記録等事務代行者は、事業場ごとに、特定記録等事務に関する事項を処理させるため、特定記録等事務責任者を選任しなければならない。

（通知を受けて講ずる措置）

第四十九条の十　第四十九条の四の規定による通知があつた場合には、特定記録等事務代行者は、次に掲げる措置を執らなければならない。

一　通知を受けた自動車検査証の有効期間、自動車登録番号その他の自動車検査証への記録を行うために必要な事項を自動車検査証に記録すること。

二　通知を受けた自動車検査証の有効期間と同一の有効期間を表示した検査標章を交付すること。

（自動車登録番号の確認）

第四十九条の十一　特定記録等事務代行者は、前条の措置を執る場合において自動車検査証に記載された自動車登録番号が第四十九条の四の規定により通知を受けた自動車登録番号と同一であることを確認した後でなければ、特定記録等事務を

してはならない。

（検査標章の保管）

第四十九条の十二　特定記録等事務代行者は、事業場ごとに、検査標章の適切な保管設備を設け、これに検査標章を保管しなければならない。

2　特定記録等事務代行者は、保管中の検査標章を紛失した場合には、直ちに、その年月日、枚数、理由その他必要な事項を運輸監理部長又は運輸支局長（法第七十四条の四の規定の適用があるときは、軽自動車検査協会）に届け出なければならない。

（事業場の位置の変更の承認）

第四十九条の十三　特定記録等事務代行者は、事業場の位置を変更しようとするときは、あらかじめ、運輸監理部長又は運輸支局長（法第七十四条の四の規定の適用があるときは、軽自動車検査協会）の承認を受けなければならない。

（氏名又は名称等の変更の届出）

第四十九条の十四　特定記録等事務代行者は、次に掲げる事項を変更しようとするときは、あらかじめ、その旨を運輸監理部長又は運輸支局長（法第七十四条の四の規定の適用があるときは、軽自動車検査協会）に届け出なければならない。

一　氏名又は名称及び住所並びに法人にあつては、その代表者の氏名

二　事業場の名称

三　特定記録等事務責任者の氏名

（委託業務廃止の届出）

第四十九条の十五　特定記録等事務代行者は、特定記録等事務の業務をやめようとするときは、あらかじめ、運輸監理部長又は運輸支局長（法第七十四条の四の規定の適用があるときは、軽自動車検査協会）に届け出なければならない。

（委託の解除）

第四十九条の十六　運輸監理部長又は運輸支局長（法第七十四条の四の規定の適用があるときは、軽自動車検査協会）は、特定記録等事務代行者が次の各号のいずれかに該当することとなつたときは、特定記録等事務の委託を解除することができる。

一　第四十九条の七各号の要件を備えなくなつたとき。

二　法又はこの省令の規定に違反したとき。

（自動車検査証の変更記録に関する事務の委託の申請等）

第四十九条の十七　法第七十四条の六第一項の規定により法第六十七条第一項の自動車検査証の変更記録に関する事務（変更記録をすることが適当であるかどうかの審査及び第四十九条の二十に規定する事務を除く。以下「特定変更記録事務」という。）の委託を受けようとする者は、次に掲げる事項を記載した申請書を運輸監理部長又は運輸支局長（法第七十四条の四の規定の適用があるときは、軽自動車検査協会）に提出しなければならない。

一　氏名又は名称及び住所並びに法人にあつては、その代表者の氏名

二　事業場の名称及び所在地

三　第四十九条の二十三の規定により選任する特定変更記録事務責任者の氏名

四　現に営んでいる事業の種類

2　運輸監理部長又は運輸支局長（法第七十四条の四の規定の適用があるときは、軽自動車検査協会）は、前項の申請書のほか、第四十九条の二十一に規定する要件に該当することを信じさせるに足りる書面その他必要な書面の提出を求めることができる。

3　運輸監理部長又は運輸支局長（法第七十四条の四の規定の適用があるときは、軽自動車検査協会）は、法第七十四条の六第一項の委託をしたときは、その旨及び委託番号を同項の委託を受けた者に通知するものとする。

（運輸支局長等からの記録事項の通知）

第四十九条の十八　運輸監理部長又は運輸支局長（法第七十四条の四の規定の適用があるときは、軽自動車検査協会）は、変更記録をする場合において、次の各号に掲げる場合のいずれにも該当するときは、当該変更記録をすることが適当であると認める旨、変更があつた自動車検査証記録事項、変更記録に係る自動車登録番号その他の自動車検査証の変更記録を行うために必要な事項を当該変更記録の申請に係る申請書に記載された委託番号を有する特定変更記録事務代行者に通知するものとする。

一　当該変更記録の申請が電子申請による場合

二　当該変更記録の申請書に特定変更記録事務を行う旨及び特定変更記録事務代行者委託番号の記載がある場合

三　当該変更記録の申請書に記載された委託番号を有する特定変更記録事務代行者が、当該申請を受けた運輸監理部長又は運輸支局長（法第七十四条の四の規定の適用があるときは、軽自動車検査協会）から法第七十四条の六第一項の規定による委託を受けている場合

四　当該変更記録の申請書に記載された委託番号を有する特定変更記録事務代行者が当該変更記録の申請を電子申請により行つた者である場合（ただし、所有者又は使用者が自ら当該変更記録の申請を電子申請により行つた場合にあつては、この限りではない。）

五　当該変更記録の申請が、自動車検査証記録事項のうち第三十五条の三に規定する自動車検査証の記載事項の変更を伴うものでない場合

（特定変更記録事務代行者の公表等）

第四十九条の十九　運輸監理部長又は運輸支局長（法第七十四条の四の規定の適用があるときは、軽自動車検査協会）は、法第七十四条の六第一項の規定により委託をしたとき又は第四十九条の二十六の規定による承認をしたとき若しくは第四十九条の二十七の規定による届出を受けたときは、特定変更記録事務代行者に関する記録を作成しなければならない。

2　国土交通大臣は、前項の規定により作成された記録を取りまとめ、インターネットの利用その他適切な方法により次に掲げる事項を公表するものとする。

一　特定変更記録事務代行者の氏名又は名称並びに法人にあつては、住所及びその代表者の氏名

二　委託に係る特定変更記録事務を処理する事業場の名称及び所在地

三　委託に係る特定変更記録事務の対象とする自動車の範囲

（委託することのできない事務）

第四十九条の二十　法第七十四条の六第一項の国土交通省令で

定める事務は、法第六十七条第三項の規定による保安基準に適合しなくなるおそれがあると認めるかどうかの判定に係る事務とする。

（特定変更記録事務代行者の要件）

第四十九条の二十一 法第七十四条の六第一項の国土交通省令で定める要件は、次のとおりとする。

一 特定変更記録事務を行うのに必要かつ適切な組織及び能力を有すること。

二 特定変更記録事務を適確に遂行するために必要な設備を有すること。

三 次に掲げる者に該当しないこと。

イ 一年以上の懲役又は禁錮の刑に処せられ、その執行を終わり、又は執行を受けることがなくなつた日から二年を経過しない者

ロ 第四十九条の十六又は第四十九条の二十九の規定により委託を解除され、その解除の日から二年を経過しない者

ハ 営業に関し成年者と同一の行為能力を有しない未成年者であつて、その法定代理人がイ、ロ又はニのいずれかに該当するもの

ニ 法人であつて、その役員（いかなる名称によるかを問わず、これと同等以上の職権又は支配力を有する者を含む。）のうちに、イからハまでのいずれかに該当する者があるもの

（標識）

第四十九条の二十二 特定変更記録事務代行者が掲げる標識の様式は、第一号様式の五とする。

（特定変更記録事務責任者）

第四十九条の二十三 特定変更記録事務代行者は、事業場ごとに、自動車検査証の変更記録に関する事項を処理させるため、特定変更記録事務責任者を選任しなければならない。

（通知を受けて講ずる措置）

第四十九条の二十四 第四十九条の十八の規定による通知があつた場合には、特定変更記録事務代行者は、変更があつた自動車検査証記録事項、変更記録に係る自動車登録番号その他の自動車検査証の変更記録を行うために必要な事項を自動車検査証に記録しなければならない。

（自動車登録番号の確認）

第四十九条の二十五 特定変更記録事務代行者は、前条の措置を執る場合において自動車検査証に記載された自動車登録番号が第四十九条の十八の規定により通知を受けた自動車登録番号と同一であることを確認した後でなければ、特定変更記録事務をしてはならない。

（事業場の位置の変更の承認）

第四十九条の二十六 特定変更記録事務代行者は、事業場の位置を変更しようとするときは、あらかじめ、運輸監理部長又は運輸支局長（法七十四条の四の規定の適用があるときは、軽自動車検査協会）の承認を受けなければならない。

（氏名又は名称等の変更の届出）

第四十九条の二十七 特定変更記録事務代行者は、次に掲げる事項を変更しようとするときは、あらかじめ、その旨を運輸監理部長又は運輸支局長（法第七十四条の四の規定の適用があるときは、軽自動車検査協会）に届け出なければならない。

一 氏名又は名称及び住所並びに法人にあつては、その代表者の氏名

二 事業場の名称

三 特定変更記録事務責任者の氏名

（委託業務廃止の届出）

第四十九条の二十八 特定変更記録事務代行者は、特定変更記録事務の業務をやめようとするときは、あらかじめ、運輸監理部長又は運輸支局長（法第七十四条の四の規定の適用があるときは、軽自動車検査協会）に届け出なければならない。

（委託の解除）

第四十九条の二十九 運輸監理部長又は運輸支局長（法第七十四条の四の規定の適用があるときは、軽自動車検査協会）は、特定変更記録事務代行者が次の各号のいずれかに該当することとなつたときは、特定変更記録事務の委託を解除することができる。

一 第四十九条の二十一各号の要件を備えなくなつたとき。

二 法又はこの省令の規定に違反したとき。

第二節　改善措置の勧告等

（改善措置の勧告の対象とならない自動車及び特定後付装置）

第五十条 法第六十三条の二第一項の国土交通省令で定める自動車は、自動車を輸入することを業とする者が輸入した自動車であつて、外国において本邦に輸出される自動車を製作することを業とする者から自動車を輸入する契約を締結している者が当該契約に基づいて輸入した自動車（外国において本邦に輸出される自動車を製作することを業とする者が自ら輸入した自動車を含む。）以外のものとする。

2 法第六十三条の二第二項の国土交通省令で定める特定後付装置は、自動車の装置を輸入することを業とする者が輸入した特定後付装置であつて、外国において本邦に輸出される自動車の装置を製作することを業とする者から特定後付装置を輸入する契約を締結している者が当該契約に基づいて輸入した特定後付装置（外国において本邦に輸出される自動車の装置を製作することを業とする者が自ら輸入した特定後付装置を含む。）以外のものとする。

（使用者等への周知の措置）

第五十一条 法第六十三条の三第一項第三号の国土交通省令で定める事項は、同項第一号及び第二号に掲げる事項を自動車の使用者及び自動車特定整備事業者に周知させるための措置とする。

2 法第六十三条の三第二項第三号の国土交通省令で定める事項は、同項第一号及び第二号に掲げる事項を特定後付装置の使用者、自動車特定整備事業者及び特定後付装置の販売業者に周知させるための措置とする。

（実施状況の報告）

第五十一条の二 法第六十三条の三第四項に規定する自動車製作者等の報告は、改善措置が完了するまで（国土交通大臣が報告の必要がなくなつたと認めた場合は、その時まで）、三月ごとに行うものとする。

2 法第六十三条の三第四項に規定する装置製作者等の報告

は、改善措置の届出の日から三年間、三月ごとに行うものとする。ただし、国土交通大臣は、特定後付装置の改善措置の実施状況その他の事情を考慮して必要があると認めるときは、当該報告の期間を延長し又は短縮することができる。

第三節　保安基準についての制限及び緩和

（自動車検査証等の提示の命令）

第五十二条　地方運輸局長、運輸監理部長又は運輸支局長は、次の各号のいずれかに掲げる処分をしようとするときは、自動車の使用者に対し、当該自動車検査証、限定自動車検査証又は軽自動車届出済証の提示を求めることができる。

一　法第四十三条第一項の規定による制限の付加

二　法第五十四条第一項又は法第五十四条の二第一項の規定による命令又は指示

三　道路運送車両の保安基準第五十五条の規定による基準の緩和

四　前三号に掲げる処分（法第五十四条第一項及び法第五十四条の二第一項の規定による命令を除く。）の取消し

五　第二号の命令（法第五十四条第一項の規定によるものに限る。）に従つたことの確認

2　地方運輸局長は、次の各号のいずれかに掲げる処分が行われたとき（第三号に掲げる処分にあつては、当該処分をしようとするとき）は、自動車の使用者に対し、当該自動車検査証、限定自動車検査証又は軽自動車届出済証の提示を求めることができる。

一　特区法第八条第八項の規定による技術実証区域計画（特殊仕様自動車運行を含むものに限る。）の認定

二　特区法第十一条第一項又は特区法第二十五条の二第十七項の規定による前号の認定の取消し

三　特区法第二十五条の三第二項の規定による特区法第二十五条の二第七項の指定の取消し

（制限又は緩和の記録）

第五十三条　前条第一項各号に掲げる処分（第二号、第四号（第二号の指示の取消しに限る。）及び第五号に掲げる処分を除く。）は、当該自動車検査証にその旨を記録することにより行う。

（制限の表示）

第五十四条　自動車の使用者は、第五十二条第一項第一号、第二号（法第五十四条第一項及び法第五十四条の二第一項の規定による指示に係るものに限る。）及び第三号並びに第二項第一号に掲げる処分に係る自動車（第一項第三号に係るものにあつては、その運行のため必要な保安上又は公害防止上の制限を付されたもの（専ら道路（専ら自転車及び歩行者の一般交通の用に供する場所に限る。）の上を移動させることを目的として製作した特殊な構造を有するものを除く。）に限る。）を運行の用に供しようとするときは、第十九号様式による標識を当該自動車の後面に見やすいように表示しなければならない。

2　自動車の使用者は、第五十二条第一項第四号に掲げる処分を受けたとき並びに第二項第二号及び第三号に掲げる処分が行われたときは、遅滞なく、前項の標識を抹消しなければならない。

第七章　自動車特定整備事業

第五十五条及び第五十六条　削除

（認証基準）

第五十七条　法第八十条第一項第一号の事業場の設備及び従業員の基準は、次のとおりとする。

一　事業場は、常時特定整備をしようとする自動車を収容することができる十分な場所を有し、かつ、次に掲げる作業場及び別表第四に掲げる規模の車両置場を有するものであること。

イ　分解整備を行う場合にあつては、別表第四に掲げる規模の屋内作業場

ロ　電子制御装置整備を行う場合にあつては、別表第四に掲げる規模の電子制御装置点検整備作業場。ただし、電子制御装置点検整備作業場は、屋内作業場（車両整備作業場及び点検作業場に限る。次号において同じ。）と兼用することができる。

二　屋内作業場及び電子制御装置点検整備作業場の天井の高さは、対象とする自動車について特定整備又は点検を実施するのに十分であること。

三　屋内作業場及び電子制御装置点検整備作業場の床面は、平滑に舗装されていること。

四　事業場は、別表第五に掲げる作業機械等を備えたものであり、かつ、当該作業機械等のうち国土交通大臣の定めるものは、国土交通大臣が定める技術上の基準に適合するものであること。

五　電子制御装置整備を行う事業場にあつては、法第五十七条の二第一項に規定する自動車の型式に固有の技術上の情報（第三条第九号の自動車の整備又は改造を行わない場合にあつては、自動運行装置に係るものを除く。）及び運行補助装置の機能の調整（第六十二条の二の二第一項第六号において「エーミング作業」という。）に必要な機器を入手することができる体制を有すること。

六　事業場には、二人以上の特定整備に従事する従業員を有すること。

七　事業場において特定整備に従事する従業員について、次のイからハまでに掲げる事業場の区分に応じ、当該イからハまでに定める要件を満たすこと。

イ　分解整備を行う事業場（ハに掲げるものを除く。）　少なくとも一人の自動車整備士技能検定規則の規定による一級又は二級の自動車整備士の技能検定（当該事業場が原動機を対象とする分解整備を行う場合にあつては、二級自動車シャシ整備士の技能検定を除く。ハ前段並びに第六十二条の二の二第一項第七号イ及びハにおいて同じ。）に合格した者を有し、かつ、一級、二級又は三級の自動車整備士の技能検定に合格した者の数が、従業員の数を四で除して得た数（その数に一未満の端数があるときは、これを一とする。）以上であること。

ロ　電子制御装置整備を行う事業場（ハに掲げるものを除く。）　少なくとも一人の自動車整備士技能検定規則の規定による一級の自動車整備士の技能検定（一級二輪自動車整備士の技能検定を除く。ハ前段並びに第六十二条の二の二第一項第七号ロ及びハにおいて同じ。）に合格

した者又は同規則の規定による一級二輪自動車整備士、二級の自動車整備士、自動車車体整備士若しくは自動車電気装置整備士の技能検定に合格した者であって電子制御装置整備に必要な知識及び技能について運輸監理部長若しくは運輸支局長が行う講習を修了した者を有し、かつ、一級、二級若しくは三級の自動車整備士、自動車車体整備士又は自動車電気装置整備士の技能検定に合格した者の数が、従業員の数を四で除して得た数（その数に一未満の端数があるときは、これを一とする。）以上であること。

ハ　分解整備及び電子制御装置整備を行う事業場　少なくとも一人の一級の自動車整備士の技能検定に合格した者又は同規則の規定による一級二輪自動車整備士若しくは二級の自動車整備士の技能検定に合格した者であって電子制御装置整備に必要な知識及び技能について運輸監理部長若しくは運輸支局長が行う講習を修了した者を有し、かつ、一級、二級又は三級の自動車整備士の技能検定に合格した者の数が、従業員の数を四で除して得た数（その数に一未満の端数があるときは、これを一とする。）以上であること。

注　令和四年五月二五日国交令四六号により改正され、令和九年一月一日から施行

第五十七条第七号イからハまでを次のように改める。

イ　分解整備を行う事業場（ハに掲げるものを除く。）　次の⑴から⑷までに掲げる事業場の区分に応じ、当該⑴から⑷までに定める要件を満たすこと。

⑴　原動機を対象とする分解整備を行う事業場（⑵に掲げるものを除く。）　少なくとも一人の検定規則の規定による一級自動車整備士（総合）又は二級自動車整備士（総合）の技能検定に合格した者を有し、かつ、検定規則の規定による一級自動車整備士（総合）、二級自動車整備士（総合）又は三級自動車整備士（総合）の技能検定に合格した者の数が、従業員の数を四で除して得た数（その数に一未満の端数があるときは、これを一とする。）以上であること。

⑵　原動機を対象とする分解整備を行う事業場であって、対象とする自動車が二輪の小型自動車のみであるもの　少なくとも一人の検定規則の規定による一級又は二級の自動車整備士の技能検定に合格した者を有し、かつ、検定規則の規定による一級、二級又は三級の自動車整備士の技能検定に合格した者の数が、従業員の数を四で除して得た数（その数に一未満の端数があるときは、これを一とする。）以上であること。

⑶　原動機を対象とする分解整備を行わない事業場（⑷に掲げるものを除く。）　少なくとも一人の検定規則の規定による一級自動車整備士（総合）若しくは二級自動車整備士（総合）の技能検定に合格した者又は検定規則の規定による自動車車体・電子制御装置整備士の技能検定に合格した者であって国土交通大臣が定める講習を修了した者を有し、かつ、検定規則の規定による一級自動車整備士（総合）、二級自動車整備士（総合）若しくは三級自動車整備士（総合）の技能検定に合格した者又は検定規則の規定による自動車車体・電子制御装置整備士の技能検定に合格した者であって国土交通大臣が定める講習を修了した者の数が、従業員の数を四で除して得た数（その数に一未満の端数があるときは、これを一とする。）以上であること。

⑷　原動機を対象とする分解整備を行わない事業場であって、対象とする自動車が二輪の小型自動車のみであるもの　少なくとも一人の検定規則の規定による一級若しくは二級の自動車整備士の技能検定に合格した者又は検定規則の規定による自動車車体・電子制御装置整備士の技能検定に合格した者であって国土交通大臣が定める講習を修了した者を有し、かつ、検定規則の規定による一級、二級若しくは三級の自動車整備士の技能検定に合格した者又は検定規則の規定による自動車車体・電子制御装置整備士の技能検定に合格した者であって国土交通大臣が定める講習を修了した者の数が、従業員の数を四で除して得た数（その数に一未満の端数があるときは、これを一とする。）以上であること。

ロ　電子制御装置整備を行う事業場（ハに掲げるものを除く。）　少なくとも一人の検定規則の規定による一級自動車整備士（総合）、二級自動車整備士（総合）、自動車車体・電子制御装置整備士又は自動車電気・電子制御装置整備士の技能検定に合格した者を有し、かつ、検定規則の規定による一級自動車整備士（総合）、二級自動車整備士（総合）、三級自動車整備士（総合）、自動車車体・電子制御装置整備士又は自動車電気・電子制御装置整備士の技能検定に合格した者の数が、従業員の数を四で除して得た数（その数に一未満の端数があるときは、これを一とする。）以上であること。

ハ　分解整備及び電子制御装置整備を行う事業場　次の⑴又は⑵に掲げる事業場の区分に応じ、当該⑴又は⑵に定める要件を満たすこと。

⑴　原動機を対象とする分解整備を行う事業場　少なくとも一人の検定規則の規定による一級自動車整備士（総合）又は二級自動車整備士（総合）の技能検定に合格した者を有し、かつ、検定規則の規定による一級自動車整備士（総合）、二級自動車整備士（総合）又は三級自動車整備士（総合）の技能検定に合格した者の数が、従業員の数を四で除して得た数（その数に一未満の端数があるときは、こ

れを一とする。）以上であること。

(2)　原動機を対象とする分解整備を行わない事業場　少なくとも一人の検定規則の規定による一級自動車整備士（総合）若しくは二級自動車整備士（総合）の技能検定に合格した者又は検定規則の規定による自動車車体・電子制御装置整備士の技能検定に合格した者であつて国土交通大臣が定める講習を修了した者を有し、かつ、検定規則の規定による一級自動車整備士（総合）、二級自動車整備士（総合）若しくは三級自動車整備士（総合）の技能検定に合格した者又は検定規則の規定による自動車車体・電子制御装置整備士の技能検定に合格した者であつて国土交通大臣が定める講習を修了した者の数が、従業員の数を四で除して得た数（その数に一未満の端数があるときは、これを一とする。）以上であること。

※　四号「国土交通大臣の定め」＝〈道路運送車両法施行規則の規定に基づき国土交通大臣の定める作業機械等〉（昭五三運告七〇）

（変更届出事項）

第五十八条　法第八十一条第一項第四号に規定する事業場の設備は、屋内作業場若しくは電子制御装置点検整備作業場の面積又は間口若しくは奥行の長さとする。

第五十九条から第六十一条まで　削除

（標識の様式）

第六十二条　法第八十九条の様式は、第二十号様式による。

（特定整備記録簿の記載事項）

第六十二条の二　法第九十一条第一項第五号の国土交通省令で定める事項は、次のとおりとする。

一　特定整備時の総走行距離

二　第六十二条の二の二第一項第七号に規定する整備主任者の氏名

三　自動車特定整備事業者の氏名又は名称及び事業場の所在地並びに認証番号

（自動車特定整備事業者の遵守事項）

第六十二条の二の二　法第九十一条の三の国土交通省令で定める事項は、次のとおりとする。

一　法第四十八条に規定する点検又は整備の作業を行う事業場にあつては、当該作業に係る料金について、当該事業場において依頼者の見やすいように掲示するとともに、次のいずれかに該当する場合を除き、自ら管理するウェブサイトに掲載して公衆の閲覧に供すること。

イ　自動車特定整備事業に常時使用する従業員の数が五人以下である場合

ロ　自ら管理するウェブサイトを有していない場合

二　法第四十八条に規定する点検又は整備の作業を行う事業場にあつては、当該作業の依頼者に対し、必要となると認められる整備の内容及び当該整備の必要性について説明し、料金の概算見積りを記載した書面を交付し、又はこれを記録した電磁的記録を提供すること。

三　依頼者に対し、行つていない点検若しくは整備の料金を請求し、又は依頼されない点検若しくは整備を不当に行い、その料金を請求しないこと。

四　道路運送車両の保安基準に定める基準に適合しなくなるように自動車の改造を行わないこと。

五　電子制御装置整備を行う事業場にあつては、当該電子制御装置整備を適切に実施するため、法第五十七条の二第一項に規定する自動車の型式に固有の技術上の情報に基づき、必要な点検及び整備を実施すること。

六　電子制御装置整備を行う事業場にあつては、エーミング作業が適切に実施されるよう必要な措置を講ずること。

六の二　エアコンディショナーが搭載されている自動車の点検又は整備の作業を行う事業場にあつては、みだりに当該エアコンディショナーに充塡されているフロン類（フロン類の使用の合理化及び管理の適正化に関する法律（平成十三年法律第六十四号）第二条第一項に規定するフロン類をいう。）を大気中に放出しないこと。

六の三　検査整備用電子情報処理組織（車載式故障診断装置の診断の結果を活用して自動車が道路運送車両の保安基準に定める基準に適合するかどうかの確認を行うため、機構の使用に係る電子計算機と自動車特定整備事業者の使用に係る電子計算機とを電気通信回線で接続した電子情報処理組織をいう。次号において同じ。）を使用する事業場にあつては、当該検査整備用電子情報処理組織の安全性を確保するために必要な措置を講ずること。

六の四　検査整備用電子情報処理組織を使用する事業場にあつては、当該検査整備用電子情報処理組織を使用して機構の使用に係る電子計算機に備えられたファイルに情報を記録するときは、正確な情報を記録すること。

七　事業場ごとに、当該事業場において特定整備に従事する従業員であつて、かつ、次のイからハまでに掲げる事業場の区分に応じ、当該イからハまでに定める者のうち少なくとも一人に特定整備及び法第九十一条の特定整備記録簿の記載に関する事項を統括管理させること（自ら統括管理する場合を含む。）。ただし、当該事項を統括管理する者（以下「整備主任者」という。）は、他の事業場の整備主任者になることができない。

イ　分解整備を行う事業場（ハに掲げるものを除く。）　一級又は二級の自動車整備士の技能検定に合格した者

ロ　電子制御装置整備を行う事業場（ハに掲げるものを除く。）　一級の自動車整備士の技能検定に合格した者又は一級二輪自動車整備士、二級の自動車整備士、自動車車体整備士若しくは自動車電気装置整備士の技能検定に合格した者であつて電子制御装置整備に必要な知識及び技能について運輸監理部長若しくは運輸支局長が行う講習を修了した者

ハ　分解整備及び電子制御装置整備を行う事業場　一級自動車整備士の技能検定に合格した者又は一級二輪自動車整備士若しくは二級の自動車整備士の技能検定に合格した者であつて電子制御装置整備に必要な知識及び技能について運輸監理部長若しくは運輸支局長が行う講習を修了した者

八　整備主任者であつて次に掲げるものに運輸監理部長又は運輸支局長が行う研修を受けさせること。

イ　整備主任者として新たに届け出た者

ロ　最後に当該研修を受けた日の属する年度の末日を経過

した者

九　他人に対して法若しくは法に基づく命令若しくは処分に違反する行為（以下この号において「違反行為」という。）をすることを要求し、依頼し、若しくは唆し、又は他人が違反行為をすることを助けないこと。

2　自動車特定整備事業者は、整備主任者に関する次に掲げる事項を、自動車特定整備事業の開始の日又は次に掲げる事項に変更のあつた日から十五日以内に、運輸監理部長又は運輸支局長に届け出なければならない。

一　届出者の氏名又は名称及び住所

二　整備主任者が統括管理業務を行う事業場の名称及び所在地

三　整備主任者の氏名、生年月日及び統括管理業務の開始の日

3　前項の届出書には、同項第三号の者が一級若しくは二級の自動車整備士の技能検定（第一項第七号ロ及びハに掲げる事業場にあつては、一級の自動車整備士の技能検定（一級二輪自動車整備士の技能検定を除く。）に限る。）に合格したこと又は電子制御装置整備に必要な知識及び技能について運輸監理部長若しくは運輸支局長が行う講習を修了したこと（前項第三号の者が第一項第七号ロ及びハに掲げる事業場の統括管理業務を行う場合に限る。）を証する書面を添付しなければならない。

注　**令和四年五月二五日国交令四六号により改正され、令和九年一月一日から施行**

第六十二条の二の二第一項第七号イからハまでを次のように改める。

イ　分解整備を行う事業場（ハに掲げるものを除く。）　次の(1)から(4)までに掲げる事業場の区分に応じ、当該(1)から(4)までに定める者

(1)　原動機を対象とする分解整備を行う事業場（(2)に掲げるものを除く。）　検定規則の規定による一級自動車整備士（総合）又は二級自動車整備士（総合）の技能検定に合格した者

(2)　原動機を対象とする分解整備を行う事業場であつて、対象とする自動車が二輪の小型自動車のみであるもの　検定規則の規定による一級又は二級の自動車整備士の技能検定に合格した者

(3)　原動機を対象とする分解整備を行わない事業場（(4)に掲げるものを除く。）　検定規則の規定による一級自動車整備士（総合）若しくは二級自動車整備士（総合）の技能検定に合格した者又は検定規則の規定による自動車車体・電子制御装置整備士の技能検定に合格した者であつて国土交通大臣が定める講習を修了した者

(4)　原動機を対象とする分解整備を行わない事業場であつて、対象とする自動車が二輪の小型自動車のみであるもの　検定規則の規定による一級若しくは二級の自動車整備士の技能検定に合格した者又は検定規則の規定による自動車車体・電子制御装置整備士の技能検定に合格した者であつて国土交通大臣が定める講習を修了した者

ロ　電子制御装置整備を行う事業場（ハに掲げるものを除く。）　検定規則の規定による一級自動車整備士（総合）、二級自動車整備士（総合）、自動車車体・電子制御装置整備士又は自動車電気・電子制御装置整備士の技能検定に合格した者

ハ　分解整備及び電子制御装置整備を行う事業場　次の(1)又は(2)に掲げる事業場の区分に応じ、当該(1)又は(2)に定める者

(1)　原動機を対象とする分解整備を行う事業場　検定規則の規定による一級自動車整備士（総合）又は二級自動車整備士（総合）の技能検定に合格した者

(2)　原動機を対象とする分解整備を行わない事業場　検定規則の規定による一級自動車整備士（総合）若しくは二級自動車整備士（総合）の技能検定に合格した者又は検定規則の規定による自動車車体・電子制御装置整備士の技能検定に合格した者であつて国土交通大臣が定める講習を修了した者

第六十二条の二の二第三項中「一級若しくは二級の自動車整備士の技能検定（第一項第七号ロ及びハに掲げる事業場にあつては、一級の自動車整備士の技能検定（一級二輪自動車整備士の技能検定を除く。）に限る。）に合格したこと又は電子制御装置整備に必要な知識及び技能について運輸監理部長若しくは運輸支局長が行う講習を修了したこと（前項第三号の者が第一項第七号ロ及びハに掲げる事業場の統括管理業務を行う場合に限る。）」を「第一項第七号本文に規定する者に該当すること」に改める。

第七章の二　登録情報処理機関

（本人確認方法）

第六十二条の二の三　法第九十六条の二の国土交通省令で定める方法は、次のとおりとする。

一　商業登記法（昭和三十八年法律第百二十五号）第十二条の二第一項及び第三項の規定に基づき登記官が作成した電子証明書及びそれにより確認される電子署名（電子署名及び認証業務に関する法律（平成十二年法律第百二号）第二条第一項に規定する電子署名をいう。）が行われた法第三十三条第四項、法第七十五条第五項又は法第九十四条の五第二項（法第九十四条の五の二第二項において準用する場合を含む。）に規定する事項の提供を受ける方法

二　電子署名等に係る地方公共団体情報システム機構の認証業務に関する法律（平成十四年法律第百五十三号）第三条第一項に規定する署名用電子証明書及びそれにより確認される電子署名（同法第二条第一項に規定する電子署名をいう。）が行われた法第三十三条第四項、法第七十五条第五項又は法第九十四条の五第二項（法第九十四条の五の二第二項において準用する場合を含む。）に規定する事項の提

供を受ける方法

三　識別番号及び暗証番号を用いる方法

四　氏名又は名称及び住所を証するに足りる書面を提示させる方法

（確認事項）

第六十二条の二の四　法第九十六条の二の国土交通省令で定める事項は、次のとおりとする。

一　法第三十三条第四項、法第七十五条第五項又は法第九十四条の五第二項（法第九十四条の五の二第二項において準用する場合を含む。）に規定する事項の提供をした者が本人であること。

二　法第七十五条第五項に規定する事項の提供をした者が同条第一項の規定により自動車の型式について指定を受けた者であること。

三　法第九十四条の五第二項（法第九十四条の五の二第二項において準用する場合を含む。）に規定する事項の提供をした者が指定自動車整備事業者であること。

（登録の申請）

第六十二条の二の五　法第九十六条の二の規定により登録情報処理機関の登録の申請をしようとする者は、次に掲げる事項を記載した申請書を、国土交通大臣に提出しなければならない。

一　氏名又は名称及び住所並びに法人にあつては代表者の氏名

二　情報処理業務を行おうとする事業場の名称及び所在地

三　情報処理業務の開始の予定日

四　自動公衆送信において登録情報処理機関の登録の申請をしようとする者を識別するための文字、番号、記号その他の符号

五　提供を受けようとする法第七条第四項各号に掲げる規定に規定する事項の別

六　附帯情報処理業務（第三項に規定する附帯情報処理業務をいう。以下同じ。）を行おうとする場合にあつては、次に掲げる事項

イ　附帯情報処理業務の開始の予定日

ロ　提供又は通知を受けようとする次に掲げる規定に規定する事項の別

(1)　自動車損害賠償保障法（昭和三十年法律第九十七号）第九条第二項

(2)　使用済自動車の再資源化等に関する法律第七十四条第一項ただし書

(3)　第六十二条の五第二項（第六十二条の六第二項において準用する場合を含む。）

2　前項の申請書には、次に掲げる書類を添付しなければならない。

一　法人にあつては定款又は寄附行為及び登記事項証明書

二　個人にあつては住民票の写し

三　法人にあつては役員の名簿及び履歴書

四　組織及び運営に関する事項を記載した書類

五　情報処理業務の実施の方法に関する計画を記載した書類

六　登録申請者が法第九十六条の三各号に該当しないことを信じさせるに足る書類

七　登録申請者が法第九十六条の四第一項前段の電子計算機及びプログラムを有することを証する書類

八　附帯情報処理業務を行おうとする場合にあつては、次に掲げる書類

イ　附帯情報処理業務の実施の方法に関する計画を記載した書類

ロ　登録申請者が附帯情報処理業務に必要な電子計算機及びプログラムを有することを記載した書類

九　その他参考になることを証する書類

3　登録情報処理機関は、附帯情報処理業務として、次に掲げる業務の全部又は一部を行うことができる。

一　自動車損害賠償保障法第九条第二項に規定する事項の提供を受け、委託を受けて当該提供をした者について第六十二条の二の三で定める方法による本人であることの確認及び同法第六条第一項に規定する保険会社又は同条第二項に規定する組合であることの確認を行い、並びに同法第九条第四項の規定による当該行政庁の照会に対して回答する業務

二　使用済自動車の再資源化等に関する法律第七十四条第一項ただし書に規定する通知を受け、委託を受けて当該通知をした者について第六十二条の二の三で定める方法による本人であることの確認及び同法第九十二条第一項に規定する資金管理法人であることの確認を行い、並びに同法第七十四条第二項の規定による国土交通大臣等の照会に対して回答する業務

三　令第十四条第四項並びに規則第六条の九第五項、第六条の十二第五項及び第六条の十五第四項の規定による国土交通大臣の照会に対して回答する業務（令第十四条第四項の規定による国土交通大臣の照会に対して回答する業務にあつては、法第七条第五項の規定によるものを除く。）

四　第六十二条の五第二項（第六十二条の六第二項において準用する場合を含む。）に規定する事項の提供を受け、当該提供をした者について第六十二条の二の三で定める方法による本人であることの確認及び法第七十五条の三第一項の規定により一酸化炭素等発散防止装置の型式について指定を受けた者（第六十二条の六第二項において準用する場合にあつては、法第七十五条の二第一項の規定により特定共通構造部の型式について指定を受けた者）であることの確認を行い、並びに第三十六条第十項（同条第十二項及び第四十二条第一項において準用する場合を含む。）及び第四十二条第四項の規定による国土交通大臣又は軽自動車検査協会の照会に対して回答する業務

（登録情報処理機関登録簿の記載事項）

第六十二条の二の六　法第九十六条の四第二項第六号の国土交通省令で定める事項は、次のとおりとする。

一　情報処理業務を行う事業場の名称

二　情報処理業務の開始の日

三　附帯情報処理業務を行う場合にあつては、次に掲げる事項

イ　附帯情報処理業務の開始の日

ロ　提供又は通知を受ける前条第一項第六号ロ(1)から(3)までに掲げる規定に規定する事項の別

（登録情報処理機関登録簿の閲覧）

第六十二条の二の七　法第九十六条の四第三項の登録情報処理機関登録簿は、国土交通省に備えて公衆の閲覧に供するものとする。

（公衆の閲覧に供する事項）
第六十二条の二の八　法第九十六条の四第四項の国土交通省令で定める事項は、次のとおりとする。
一　氏名又は名称及び住所並びに法人にあつては代表者の氏名
二　登録年月日及び登録情報処理機関登録簿に記載された登録番号
三　情報処理業務に関する約款及び料金
四　情報処理業務を行う事業場の名称及び所在地
五　提供を受ける法第七条第四項各号に掲げる規定に規定する事項の別
六　附帯情報処理業務を行う場合にあつては、次に掲げる事項
イ　附帯情報処理業務に関する約款及び料金
ロ　提供又は通知を受ける第六十二条の二の五第一項第六号ロ⑴から⑶までに掲げる規定に規定する事項の別

（登録の更新）
第六十二条の二の九　第六十二条の二の三から前条までの規定は、法第九十六条の五第一項の登録の更新について準用する。

（情報処理業務の実施基準）
第六十二条の二の十　法第九十六条の六第二項の国土交通省令で定める基準は、次のとおりとする。
一　情報処理業務の用に供する電子計算機（以下この条及び第六十二条の二の十四において「情報処理設備」という。）を不正アクセス行為（不正アクセス行為の禁止等に関する法律（平成十一年法律第百二十八号）第三条に規定する不正アクセス行為をいう。以下同じ。）から防御するための措置を講ずること。
二　情報処理設備を設置する施設への立入りを制限するための措置を講ずること。
三　従業者に対し、情報処理業務の実施のために必要な教育及び訓練を施すこと。
四　法第九十六条の二の規定により提供を受けた事項を記録する情報処理設備に備えられたファイル又は磁気ディスク（これに準ずる方法により一定の事項を確実に記録しておくことができる物を含む。以下同じ。）に記録した事項と同一の事項を記録する情報処理設備に備えられたファイル又は磁気ディスクを調製すること。
五　情報処理設備の故障その他の事由により情報処理設備の機能に支障が生じた場合に、速やかに当該支障を除去することができるための措置を講ずること。
六　情報処理業務を委託する場合は、当該委託した業務が前各号に掲げる基準に適合する方法により行われるよう、委託を受けた者に対する必要かつ適切な監督を行うこと。
七　附帯情報処理業務を行う場合にあつては、次に掲げる基準に適合する方法により附帯情報処理業務を行うこと。
イ　附帯情報処理業務を行うことを求められたときは、正当な理由がある場合を除き、遅滞なく、附帯情報処理業務を行うこと。
ロ　公正に、かつ、次に掲げる基準に適合する方法により附帯情報処理業務を行うこと。
⑴　附帯情報処理業務に必要な電子計算機及びプログラムを有すること。
⑵　附帯情報処理業務の用に供する電子計算機（以下「附帯情報処理設備」という。）を不正アクセス行為から防御するための措置を講ずること。
⑶　附帯情報処理設備を設置する施設への立入りを制限するための措置を講ずること。
⑷　従業者に対し、附帯情報処理業務の実施のために必要な教育及び訓練を施すこと。
⑸　第六十二条の二の五第三項の規定により提供又は通知を受けた事項を記録する情報処理設備に備えられたファイル又は磁気ディスクに記録した事項と同一の事項を記録する情報処理設備に備えられたファイル又は磁気ディスクを調製すること。
⑹　附帯情報処理設備の故障その他の事由により附帯情報処理設備の機能に支障が生じた場合に、速やかに当該支障を除去することができるための措置を講ずること。
⑺　附帯情報処理業務を委託する場合は、当該委託した業務が⑵から⑹までに掲げる基準に適合する方法により行われるよう、委託を受けた者に対する必要かつ適切な監督を行うこと。
ハ　次に掲げる基準を満たす者に委託する場合を除き、附帯情報処理業務の全部又は一部を他人に委託しないこと。
⑴　委託を受けた附帯情報処理業務に必要な電子計算機及びプログラムを有すること。
⑵　法第九十六条の三各号のいずれにも該当しないこと。
⑶　正当な理由がある場合を除き、遅滞なく、委託を受けた附帯情報処理業務を行うこと。
⑷　公正に、かつ、ロ⑵から⑹までに掲げる基準に適合する方法により委託を受けた附帯情報処理業務を行うこと。
⑸　自ら委託を受けた附帯情報処理業務を行うこと。

（情報処理業務を委託することができる場合）
第六十二条の二の十一　法第九十六条の六第三項の国土交通省令で定める場合は、次に掲げる基準に適合する者に委託する場合とする。
一　電子計算機及び委託を受けた情報処理業務に必要なプログラムを有すること。
二　法第九十六条の三各号のいずれにも該当しないこと。
三　正当な理由がある場合を除き、遅滞なく、委託を受けた情報処理業務を行うこと。
四　公正に、かつ、前条第一号から第五号までに掲げる基準に適合する方法により委託を受けた情報処理業務を行うこと。
五　自ら委託を受けた情報処理業務を行うこと。

（登録事項の変更の届出）
第六十二条の二の十二　登録情報処理機関は、法第九十六条の七の規定による届出をしようとするときは、次に掲げる事項を記載した届出書を、国土交通大臣に提出しなければならない。
一　変更しようとする事項
二　変更しようとする日
三　変更の理由

2 第六十二条の二の六第三号ロに掲げる事項を変更しようとするときは、前項の届出書に第六十二条の二の五第二項第八号に掲げる書類を添付しなければならない。

（役員の選任及び解任の届出）

第六十二条の二の十三 登録情報処理機関は、役員を選任又は解任したときは、次に掲げる事項を記載した届出書を、国土交通大臣に提出しなければならない。

一 選任した役員の氏名又は解任した役員の氏名

二 選任の場合にあつては、その者の履歴

三 解任の場合にあつては、その理由

（業務規程）

第六十二条の二の十四 法第九十六条の八第二項の国土交通省令で定める事項は、次のとおりとする。

一 情報処理業務の実施方法に関する事項

二 情報処理業務に関する料金、その算出根拠及び収納の方法に関する事項

三 情報処理業務を行う時間及び休日に関する事項

四 情報処理設備を不正アクセス行為から防御するための措置に関する事項

五 情報処理設備を設置する施設への立入りを制限するための措置に関する事項

六 従業者に対する教育及び訓練の実施に関する事項

七 法第九十六条の二の規定により提供を受けた事項を記録する情報処理設備に備えられたファイル又は磁気ディスクに記録した事項と同一の事項を記録する情報処理設備に備えられたファイル又は磁気ディスクの調製に関する事項

八 情報処理設備の機能に支障が生じた場合の措置に関する事項

九 情報処理業務を委託する場合は、委託を受けた者の氏名又は名称及び住所並びに当該者の監督に関する事項

十 情報処理業務に関する情報を漏えいし、滅失し、又はき損した従業者の処分に関する事項

十一 その他情報処理業務の実施に関し必要な事項

十二 附帯情報処理業務を行う場合にあつては、次に掲げる事項

イ 附帯情報処理業務の実施方法に関する事項

ロ 附帯情報処理業務に関する料金、その算出根拠及び収納の方法に関する事項

ハ 附帯情報処理設備を不正アクセス行為から防御するための措置に関する事項

ニ 附帯情報処理設備を設置する施設への立入りを制限するための措置に関する事項

ホ 第六十二条の二の五第三項の規定により提供又は通知を受けた事項を記録する情報処理設備に備えられたファイル又は磁気ディスクに記録した事項と同一の事項を記録する情報処理設備に備えられたファイル又は磁気ディスクの調製に関する事項

ヘ 附帯情報処理設備の機能に支障が生じた場合の措置に関する事項

ト 附帯情報処理業務を委託する場合は、委託を受けた者の氏名又は名称及び住所並びに当該者の監督に関する事項

チ 附帯情報処理業務に関する情報を漏えいし、滅失し、又はき損した従業者の処分に関する事項

リ その他附帯情報処理業務の実施に関し必要な事項

（情報処理業務の休廃止の届出）

第六十二条の二の十五 登録情報処理機関は、法第九十六条の九の届出をしようとするときは、次に掲げる事項を記載した届出書を、国土交通大臣に提出しなければならない。

一 休止又は廃止しようとする情報処理業務

二 休止又は廃止しようとする日

三 休止しようとする期間

四 休止又は廃止しようとする理由

（電磁的記録に記録された事項を表示する方法）

第六十二条の二の十六 法第九十六条の十第二項第三号の国土交通省令で定める方法は、当該電磁的記録に記録された事項を紙面又は出力装置の映像面に表示する方法とする。

（電磁的記録に記録された事項を提供するための電磁的方法）

第六十二条の二の十七 法第九十六条の十第二項第四号の国土交通省令で定める電磁的方法は、登録情報処理機関が定める電磁的方法（受信者がファイルへの記録を出力することによる書面を作成できるものに限る。）とする。

（帳簿）

第六十二条の二の十八 法第九十六条の十四の国土交通省令で定める事項は、各月における次に掲げる件数とする。

一 法第三十三条第四項に規定する事項について、法第九十六条の二の規定により提供を受けた件数及び回答した件数

二 法第七十五条第五項に規定する事項について、法第九十六条の二の規定により提供を受けた件数及び回答した件数

三 法第九十四条の五第二項に規定する事項について、法第九十六条の二の規定により提供を受けた件数及び回答した件数

四 法第九十四条の五の二第二項において準用する法第九十四条の五第二項に規定する事項について、法第九十六条の二の規定により提供を受けた件数及び回答した件数

五 附帯情報処理業務を行う場合にあつては、次に掲げる件数

イ 自動車損害賠償保障法第九条第二項に規定する事項について、第六十二条の二の五第三項第一号の規定により提供を受けた件数及び回答した件数

ロ 使用済自動車の再資源化等に関する法律第七十四条第一項ただし書に規定する通知について、第六十二条の二の五第三項第二号の規定により通知を受けた件数及び回答した件数

ハ 法第三十三条第四項に規定する事項について、第六十二条の二の五第三項第三号の規定により回答した件数

ニ 第六十二条の五第二項に規定する事項について、第六十二条の二の五第三項第四号の規定により提供を受けた件数及び回答した件数

ホ 第六十二条の六第二項において準用する第六十二条の二の五第二項に規定する事項について、第六十二条の二の五第三項第四号の規定により提供を受けた件数及び回答した件数

2 法第九十六条の十四の帳簿は、情報処理業務を行う事業場

ごとに作成して備え付け、情報処理業務を廃止するまで保存しなければならない。

第七章の三　登録情報提供機関

（登録の申請）

第六十二条の二の十九　法第九十六条の十五の規定により登録情報提供機関の登録の申請をしようとする者は、次に掲げる事項を記載した申請書を、国土交通大臣に提出しなければならない。

一　氏名又は名称及び住所並びに法人にあつては代表者の氏名

二　情報提供業務を行おうとする事業場の名称及び所在地

三　情報提供業務の開始の予定日

四　自動公衆送信において登録情報提供機関の登録の申請をしようとする者を識別するための文字、番号、記号その他の符号

2　前項の申請書には、次に掲げる書類を添付しなければならない。

一　法人にあつては定款又は寄附行為及び登記事項証明書

二　個人にあつては住民票の写し

三　法人にあつては役員の名簿及び履歴書

四　組織及び運営に関する事項を記載した書類

五　情報提供業務の実施の方法に関する計画を記載した書類

六　登録申請者が法第九十六条の十六各号に該当しないことを信じさせるに足る書類

七　登録申請者が法第九十六条の十七第一項前段の電子計算機及びプログラムを有することを証する書類

八　その他参考になることを記載した書類

（登録情報提供機関登録簿の記載事項）

第六十二条の二の二十　法第九十六条の十七第二項第五号の国土交通省令で定める事項は、次のとおりとする。

一　情報提供業務を行う事業場の名称

二　情報提供業務の開始の日

（登録情報提供機関登録簿の閲覧）

第六十二条の二の二十一　法第九十六条の十七第三項の登録情報提供機関登録簿は、国土交通省に備えて公衆の閲覧に供するものとする。

（公衆の閲覧に供する事項）

第六十二条の二の二十二　法第九十六条の十七第四項の国土交通省令で定める事項は、次のとおりとする。

一　氏名又は名称及び住所並びに法人にあつては代表者の氏名

二　登録年月日及び登録情報提供機関登録簿に記載された登録番号

三　情報提供業務に関する約款及び料金

四　情報提供業務を行う事業場の名称及び所在地

（登録の更新）

第六十二条の二の二十三　第六十二条の二の十九から前条までの規定は、法第九十六条の十八第一項の登録の更新について準用する。

（情報提供業務の実施基準）

第六十二条の二の二十四　法第九十六条の十九において準用する法第九十六条の六第二項の国土交通省令で定める基準は、次のとおりとする。

一　情報提供業務の用に供する電子計算機（以下この条及び第六十二条の二の二十八において「情報提供設備」という。）を不正アクセス行為から防御するための措置を講ずること。

二　情報提供設備を設置する施設への立入りを制限するための措置を講ずること。

三　従業者に対し、情報提供業務の実施のために必要な教育及び訓練を施すこと。

四　情報提供設備の故障その他の事由により情報提供設備の機能に支障が生じた場合に、速やかに当該支障を除去することができるための措置を講ずること。

五　情報提供業務を委託する場合は、当該委託した業務が前各号に掲げる基準に適合する方法により行われるよう、委託を受けた者に対する必要かつ適切な監督を行うこと。

（情報提供業務を委託することができる場合）

第六十二条の二の二十五　法第九十六条の十九において準用する法第九十六条の六第三項の国土交通省令で定める場合は、次に掲げる基準に適合する者に委託する場合とする。

一　電子計算機及び委託を受けた情報提供業務に必要なプログラムを有すること。

二　法第九十六条の十六各号のいずれにも該当しないこと。

三　正当な理由がある場合を除き、遅滞なく、委託を受けた情報提供業務を行うこと。

四　公正に、かつ、前条第一号から第四号までに掲げる基準に適合する方法により委託を受けた情報提供業務を行うこと。

五　自ら委託を受けた情報提供業務を行うこと。

（登録事項の変更の届出）

第六十二条の二の二十六　登録情報提供機関は、法第九十六条の十九において準用する法第九十六条の七の規定による届出をしようとするときは、次に掲げる事項を記載した届出書を、国土交通大臣に提出しなければならない。

一　変更しようとする事項

二　変更しようとする日

三　変更の理由

（役員の選任及び解任の届出）

第六十二条の二の二十七　登録情報提供機関は、役員を選任又は解任したときは、次に掲げる事項を記載した届出書を、国土交通大臣に提出しなければならない。

一　選任した役員の氏名又は解任した役員の氏名

二　選任の場合にあつては、その者の履歴

三　解任の場合にあつては、その理由

（業務規程）

第六十二条の二の二十八　法第九十六条の十九において準用する法第九十六条の八第二項の国土交通省令で定める事項は、次のとおりとする。

一　情報提供業務の実施方法に関する事項

二　情報提供業務に関する料金、その算出根拠及び収納の方法に関する事項

三　情報提供業務を行う時間及び休日に関する事項

四　情報提供設備を不正アクセス行為から防御するための措置に関する事項

五　情報提供設備を設置する施設への立入りを制限するため

の措置に関する事項

六　従業者に対する教育及び訓練の実施に関する事項

七　情報提供設備の機能に支障が生じた場合の措置に関する事項

八　情報提供業務を委託する場合は、委託を受けた者の氏名又は名称及び住所並びに当該者の監督に関する事項

九　情報提供業務に関する情報を漏えいし、滅失し、又はき損した従業者の処分に関する事項

十　その他情報提供業務の実施に関し必要な事項

（情報提供業務の休廃止の届出）

第六十二条の二の二十九　登録情報提供機関は、法第九十六条の十九において準用する法第九十六条の九の届出をしようとするときは、次に掲げる事項を記載した届出書を、国土交通大臣に提出しなければならない。

一　休止又は廃止しようとする情報提供業務

二　休止又は廃止しようとする日

三　休止しようとする期間

四　休止又は廃止しようとする理由

（電磁的記録に記録された事項を表示する方法）

第六十二条の二の三十　法第九十六条の十九において準用する法第九十六条の十第二項第三号の国土交通省令で定める方法は、当該電磁的記録に記録された事項を紙面又は出力装置の映像面に表示する方法とする。

（電磁的記録に記録された事項を提供するための電磁的方法）

第六十二条の二の三十一　法第九十六条の十九において準用する法第九十六条の十第二項第四号の国土交通省令で定める電磁的方法は、登録情報提供機関が定める電磁的方法（受信者がファイルへの記録を出力することによる書面を作成できるものに限る。）とする。

（帳簿）

第六十二条の二の三十二　法第九十六条の十九において準用する法第九十六条の十四の国土交通省令で定める事項は、各月における次に掲げる事項とする。

一　法第二十二条第三項の規定により登録情報提供機関が委託を受けた件数

二　法第二十二条第三項の規定により登録情報提供機関が登録情報を送信した件数及び当該登録情報に含まれる自動車の台数

2　法第九十六条の十九において準用する法第九十六条の十四の帳簿は、情報提供業務を行う事業場ごとに作成して備え付け、情報提供業務を廃止するまで保存しなければならない。

第八章　雑則

（保安上又は公害防止上の技術基準）

第六十二条の二の三十三　法第四十条から第四十二条までの検査対象外軽自動車及び小型特殊自動車以外の自動車（法第九十九条において準用する場合を含む。）についての保安上又は公害防止上の技術基準は、道路運送車両の保安基準に定める基準とする。

2　法第四十条から第四十二条までの検査対象外軽自動車及び小型特殊自動車についての保安上又は公害防止上の技術基準は、道路運送車両の保安基準に定める基準又は次条の規定により国土交通大臣の認定した型式とする。

3　法第四十四条の原動機付自転車についての保安上又は公害防止上の技術基準は、道路運送車両の保安基準に定める基準又は次条の規定により国土交通大臣の認定した型式とする。

4　法第四十五条の軽車両についての保安上の技術基準は、道路運送車両の保安基準に定める基準とする。

（検査対象外軽自動車等の型式認定）

第六十二条の三　検査対象外軽自動車、小型特殊自動車又は原動機付自転車（以下「検査対象外軽自動車等」という。）の製作を業とする者又はその者と検査対象外軽自動車等の販売契約を結んでいる者は、その製作し、又は販売する検査対象外軽自動車等の型式について国土交通大臣の認定を受けることができる。

2　前項の認定を受けようとする者は、左に掲げる事項を記載した申請書を国土交通大臣に提出し、かつ、当該型式の検査対象外軽自動車等を呈示しなければならない。ただし、農耕作業用の小型特殊自動車及び国土交通大臣の指定する小型特殊自動車以外の検査対象外軽自動車等の提示については、地方運輸局長にするものとする。

一　車名及び型式

二　車台の名称及び型式

三　製作工場の名称及び所在地

3　前項の申請書には、諸元、外観図、強度計算書、製作方法、検査方法等当該型式の内容並びに当該型式の検査対象外軽自動車等が道路運送車両の保安基準に適合すること及び製作における均一性を有することを明らかにした書類を添付しなければならない。

4　国土交通大臣は、第一項の認定をしたときは、当該型式の内容及び当該認定に係る型式認定番号を告示する。

5　第一項の認定を受けた者は、当該検査対象外軽自動車等を譲渡する場合には、当該型式の検査対象外軽自動車等が道路運送車両の保安基準に適合しているかどうかを検査し、適合すると認めるときは、当該検査対象外軽自動車等に第十六号様式による型式認定番号標を、その原動機に総排気量又は定格出力を表示しなければならない。

6　国土交通大臣は、次の各号に掲げる場合は、第一項の認定を取り消すものとする。

一　当該型式の検査対象外軽自動車等が道路運送車両の保安基準に適合しなくなり、又は均一性を有するものでなくなつたと認められるとき。

二　第一項の認定を受けた者が第五項の規定に違反したとき又は虚偽の型式認定番号標を表示したとき。

三　第一項の認定を受けた者が第七十条第一項の規定に違反して届出をしなかつたとき。

7　国土交通大臣は、前項の規定により第一項の認定を取り消したときは、その旨及びその理由を告示する。

（型式指定番号標の表示）

第六十二条の四　装置型式指定規則（平成十年運輸省令第六十六号）第二条第十七号の二の騒音防止装置について法第七十五条の三第一項の申請をした者は、その型式について指定を受けた騒音防止装置を備えた自動車（型式指定自動車を除く。）を譲渡する場合には、当該自動車が道路運送車両の保安基準第三十条第一項に定める基準（同令第五十八条の規定に基づく告示により当該基準が適用されないこととされてい

る自動車にあつては、当該基準に代えて適用すべきものとして当該告示に定める基準）に適合しているかどうかを検査し、適合すると認めるときは、当該自動車に第十七号様式による型式指定番号標を表示しなければならない。

（排出ガス検査終了証の発行）

第六十二条の五　装置型式指定規則第二条第十八号の一酸化炭素等発散防止装置について法第七十五条の三第一項の申請をした者は、その型式について指定を受けた一酸化炭素等発散防止装置を備えた一酸化炭素等発散防止装置指定自動車を譲渡する場合には、当該一酸化炭素等発散防止装置指定自動車が道路運送車両の保安基準第三十一条第二項及び第三項の基準（同令第五十八条の規定に基づく告示により当該基準が適用されないこととされている自動車にあつては、当該基準に代えて適用すべきものとして当該告示に定める基準）のうち、国土交通大臣が指定するものに適合しているかどうかを検査し、適合すると認めるときは、排出ガス検査終了証を発行し、これを譲受人に交付しなければならない。

2　前項の申請をした者は、一酸化炭素等発散防止装置指定自動車（二輪の小型自動車を除く。）に係る前項の規定による排出ガス検査終了証の発行及び交付に代えて、あらかじめ、当該譲受人からの書面又は電磁的方法による承諾を得て、当該排出ガス検査終了証に記載すべき事項を電磁的方法により登録情報処理機関に提供することができる。

3　前項の規定による承諾を得た第一項の申請をした者は、当該譲受人から書面又は電磁的方法により、電磁的方法による登録情報処理機関への提供を承諾しない旨の申出があつたときは、登録情報処理機関に対し、排出ガス検査終了証に記載すべき事項の提供を電磁的方法によつてしてはならない。ただし、当該譲受人が再び前項の規定による承諾をした場合は、この限りでない。

4　前二項の規定により排出ガス検査終了証に記載すべき事項が登録情報処理機関に提供されたときは、第一項の申請をした者は、当該排出ガス検査終了証を発行し、これを当該譲受人に交付したものとみなす。

（出荷検査証の発行）

第六十二条の六　法第七十五条の二第一項の申請をした者は、その型式について指定を受けた特定共通構造部を有する特定共通構造部型式指定自動車を譲渡する場合には、当該特定共通構造部型式指定自動車が次に掲げる基準に適合しているかどうかを検査し、適合すると認めるときは、出荷検査証を発行し、これを譲受人に交付することができる。

一　指定を受けた型式としての構造、装置及び性能を有すること。

二　道路運送車両の保安基準の規定（当該特定共通構造部が対象となる部分に限る。）に適合すること。

三　法第二十九条第二項又は法第三十条の届出をした車台番号及び原動機の型式が明確に打刻されていること。

2　前条第二項及び第三項の規定は、特定共通構造部型式指定自動車に係る前項の規定による出荷検査証の発行及び交付について準用する。

3　第一項の申請をした者は、同項の規定により出荷検査証を発行したときは、当該特定共通構造部型式指定自動車の点検整備方式（自動車点検基準（昭和二十六年運輸省令第七十号）第七条第三項及び第八条の技術上の情報を含む。）を使用者に対して周知させるための措置を講じなければならない。

（自動車税種別割又は軽自動車税種別割の納付の有無の事実を確認する方法）

第六十三条　施行令第十二条の納付の有無の事実の確認は、国土交通大臣（法第七十四条の四の規定の適用があるときは、軽自動車検査協会）の使用に係る電子計算機に登録されている情報を電気通信回線を通じて都道府県知事又は市町村長（特別区の区長を含む。）の使用に係る電子計算機に登録されている情報と照合することによつて行うものとする。

（検査対象外軽自動車の使用の届出等）

第六十三条の二　車両番号の指定を受けていない検査対象外軽自動車を運行の用に供しようとする者は、運輸監理部長又は運輸支局長に届出書を提出しなければならない。この場合において、運輸監理部長又は運輸支局長は、第六十三条の六第三項の軽自動車届出済証返納証明書その他の必要な書面の提出を求めることができる。

2　第三十六条第一項（第一号に係る部分に限る。）及び第二項の規定は、前項の届出書を提出する場合に準用する。

3　法第九十七条の三第一項の規定により運輸監理部長又は運輸支局長が行う車両番号の指定は、当該届出に係る検査対象外軽自動車の車両番号を定め、軽自動車届出済証を交付することによつて行う。ただし、試運転又は回送その他特別の事由がある場合は、法第九十七条の三第二項で準用する法第七十三条第一項の規定により表示すべき車両番号標として臨時運転番号標を貸与し、かつ、臨時運転番号標貸与証を交付することによつて行う。

4　法第九十七条の三第二項で準用する法第七十三条第一項の規定により表示すべき車両番号標（臨時運転番号標を除く。）及び臨時運転番号標の様式は、それぞれ第十四号様式及び第十五号様式による。

5　第十一条第三項の規定は、第四項の車両番号標及び臨時運転番号標について準用する。

（軽自動車届出済証等の備付）

第六十三条の三　検査対象外軽自動車を運行の用に供する者は、前条第三項の規定により交付を受けた軽自動車届出済証又は臨時運転番号標貸与証を当該検査対象外軽自動車に備え付けなければならない。

（検査対象外軽自動車の車両番号）

第六十三条の四　検査対象外軽自動車の車両番号は、次に掲げる文字をその順序により組み合わせて定めるものとする。

一　検査対象外軽自動車の用途による分類番号を表示するアラビア数字

二　検査対象外軽自動車の使用の本拠の位置を管轄する運輸監理部又は運輸支局を表示する文字

三　自家用又は事業用の別等を表示する平仮名又はローマ字

四　四桁以下のアラビア数字

2　第三十六条の十七第二項の規定は前項第二号の運輸監理部又は運輸支局を表示する文字について、同条第三項の規定は運輸監理部又は運輸支局の管轄区域が変更された場合において、当該変更前に法の規定により指定を受けた検査対象外軽自動車の車両番号について準用する。

（軽自動車届出済証の記載事項の変更）

第六十三条の五　検査対象外軽自動車の使用者は、軽自動車届出済証の記載事項について変更があつたときは、その日から十五日以内に、当該事項の変更について、運輸監理部長又は運輸支局長が行う軽自動車届出済証の記入を受けなければならない。

2　前項の記入を受けようとする者は、申請書を提出しなければならない。

3　第三十六条第一項（第一号に係る部分に限る。）の規定は、使用者の氏名若しくは名称又は住所の変更を事由とする前項の申請書を提出する場合に準用する。

4　第三十六条第二項の規定は、使用者の変更（当該検査対象外軽自動車を引き続き自動車運送事業の用に供する場合に限る。）又は自動車運送事業の用に供しない検査対象外軽自動車を自動車運送事業の用に供するものとすることを事由とする第二項の申請書を提出する場合に準用する。

5　第三十八条第四項から第六項までの規定は、検査対象外軽自動車について準用する。この場合において、これらの規定中「自動車検査証」とあるのは「軽自動車届出済証」と、第三十八条第四項中「第三十六条の十七」とあるのは「第六十三条の四」と、同条第五項中「法第七十六条」とあるのは「法第九十七条の三第三項」と読み替えるものとする。

（軽自動車届出済証の返納等）

第六十三条の六　検査対象外軽自動車の使用者は、次の各号のいずれかに該当するときは、遅滞なく、当該軽自動車届出済証を運輸監理部長又は運輸支局長に返納しなければならない。

一　法第五十四条第二項又は法第五十四条の二第六項の規定により、検査対象外軽自動車の使用の停止を命ぜられたとき。

二　検査対象外軽自動車の使用を廃止したとき。

2　前項第二号の規定により軽自動車届出済証の返納をしようとする者は、申請書を提出しなければならない。

3　第一項第二号の規定により軽自動車届出済証の返納があつたときは、申請により、当該軽自動車届出済証を返納した者に対し、軽自動車届出済証返納証明書を交付するものとする。

4　運輸監理部長又は運輸支局長は、法第五十四条第三項の規定により使用の停止の取消をしたとき又は法第五十四条の二第六項の規定による自動車の使用の停止の期間が満了し、かつ、当該自動車が保安基準に適合するに至つたときは、返納を受けた軽自動車届出済証を返付しなければならない。

（軽自動車届出済証の再交付）

第六十三条の七　検査対象外軽自動車の使用者は、軽自動車届出済証が滅失し、き損し又はその識別が困難となつたときは、その再交付を受けることができる。

2　軽自動車届出済証の再交付を受けようとする者は、申請書を提出しなければならない。

（検査対象外軽自動車の車両番号標の表示）

第六十三条の八　第八条の二第一項本文及び第二項の規定は、法第九十七条の三第二項において準用する法第七十三条第一項の規定による車両番号標の表示の位置及び方法について準用する。この場合において、第八条の二第一項本文中「前面及び後面」とあるのは「後面」と読み替えるものとする。

（車両番号標の領置等）

第六十三条の九　検査対象軽自動車又は二輪の小型自動車の所有者は、当該自動車の使用者が法第六十九条第二項の規定により自動車検査証を返納したときは、遅滞なく、当該自動車の車両番号を記載した車両番号標を取りはずし、車両番号標について運輸監理部長又は運輸支局長（検査対象軽自動車にあつては、法第七十四条の四の規定の適用があるときは、軽自動車検査協会）の領置を受けなければならない。

2　検査対象外軽自動車の所有者は、当該自動車の使用者が第六十三条の六第一項第一号の規定により軽自動車届出済証を返納したときは、遅滞なく、当該自動車の車両番号を記載した車両番号標を取りはずし、運輸監理部長又は運輸支局長の領置を受けなければならない。

3　第一項の自動車の使用者が法第六十九条第三項の規定により自動車検査証の返付を受けたとき又は前項の自動車の使用者が第六十三条の六第四項の規定により軽自動車届出済証の返付を受けたときは、運輸監理部長又は運輸支局長（検査対象軽自動車にあつては、法第七十四条の四の規定の適用があるときは、軽自動車検査協会）は、遅滞なく、領置をした車両番号標を返付しなければならない。

（検査対象外軽自動車の使用に関する届出書等の様式）

第六十三条の十　検査対象外軽自動車の使用に関する次の表の上欄に掲げる届出書及び申請書の様式は、それぞれ同表の下欄に掲げる様式とする。

一　検査対象外軽自動車の使用の届出書（次号及び第五号に掲げる場合を除く。）	軽二輪第一号様式及び軽二輪第二号様式
二　検査対象外軽自動車の使用の届出書（第六十三条の六第三項の規定による軽自動車返納証明書の交付を受けた検査対象外軽自動車であつて、軽二輪第二号様式の諸元欄に掲げる事項（以下「この条において「諸元欄事項」という。）に変更のないものについて届出を行う場合に限る。）	軽二輪第一号様式
三　軽自動車届出済証の記入の申請書（第四号及び第六号に掲げる場合を除く。）	
四　軽自動車届出済証の記入の申請書（諸元欄事項に変更がある場合に限る。）	軽二輪第二号様式
五　検査対象外軽自動車の使用の届出書（試運転又は回送その他特別の事由がある場合に限る。）	軽二輪第三号様式
六　軽自動車届出済証の記入の申請書（検査対象外軽自動車の車両番号のみに変更がある場合に限る。）	軽二輪第四号様式
七　軽自動車届出済証の再交付の申請書	
八　軽自動車届出済証の返納の申請書	軽二輪第五号様式
九　軽自動車届出済証返納証明書の交付の申請書	

2　軽二輪第一号様式の届出書及び申請書に記載すべき事項で氏名又は名称に係るものが当該届出書又は申請書だけでは記載することができないときは、その記載することができない部分は、軽二輪第六号様式の追加用紙に記載するものとする。

3　前二項に規定する届出書及び申請書（軽二輪第三号様式を除く。）に記載すべき事項で当該届出書又は申請書だけでは記載することができないときは、その記載することができない部分は、軽二輪第七号様式の追加用紙に記載するものとする。

（軽自動車届出済証等の様式）

第六十三条の十一　検査対象外軽自動車の使用に関する次の表の上欄に掲げる書面の様式は、それぞれ同表の下欄に掲げる様式とする。

一　軽自動車届出済証	軽二輪第八号様式
二　臨時運転番号標貸与証	軽二輪第九号様式
三　軽自動車届出済証返納証明書	軽二輪第十号様式

（届出書等の紙質等）

第六十三条の十二　ＯＣＲに用いる届出書及び申請書（次項において「届出書等」という。）は、その紙質、印刷等について国土交通大臣の定める基準に適合するものでなければならない。

2　届出書等は、折損し、又は汚損したものであつてはならない。

（公印の省略）

第六十三条の十三　法第六条第一項の電子情報処理組織によつて印字する軽自動車届出済証及び軽自動車届出済証返納証明書については、運輸監理部長又は運輸支局長の公印は、押印しないものとする。

（譲渡証明書）

第六十四条　法第三十三条第四項の譲渡証明書は、第二十一号様式による。

（法第三十三条第四項の国土交通省令で定める自動車）

第六十四条の二　法第三十三条第四項の国土交通省令で定める自動車は、自動車を譲渡する者が当該自動車に関して既に交付を受けている譲渡証明書を有する場合における当該自動車とする。

第六十五条　削除

（申請書の経由等）

第六十六条　第二十六条第一項若しくは法第七十九条第一項の申請書又は第三十三条、第七十条第一項（第三号及び第四号の場合に限る。）、法第八十一条若しくは法第八十二条第二項（法第八十三条第二項において準用する場合を含む。）の届出書は、正副二通を営業所若しくは事業場の所在地又は使用の本拠の位置を管轄する運輸監理部長又は運輸支局長を経由して、地方運輸局長に提出しなければならない。

2　第六十二条の三第二項の申請書又は第七十条第一項（第五号の場合に限る。）の届出書は、正副二通を地方運輸局長を経由して国土交通大臣に提出しなければならない。

3　前項の規定にかかわらず、農耕作業用の小型特殊自動車又は第六十二条の三第二項ただし書の国土交通大臣の指定する小型特殊自動車に係る同項の申請書及び第七十条第一項（第五号の場合に限る。）の届出書は、一通を地方運輸局長を経由しないで国土交通大臣に提出するものとする。

（自動車検査登録事務所における申請等）

第六十六条の二　法の規定により運輸監理部長又は運輸支局長に対してする申請、届出その他の行為（規則第三十条に規定するものを除く。）又はこの省令の規定により運輸監理部長又は運輸支局長に対してする申請、届出その他の行為（前条第一項に規定するもの（第二十六条第一項に関するものを除く。）を除く。）（以下「申請等」という。）は、次の各号に掲げる場合にあつては、当該自動車検査登録事務所においてするものとする。

一　前条第一項（第二十六条第一項に係る部分に限る。）又は法第三十六条の二第五項若しくは第七項の申請等にあつては、当該申請等をする者の営業所の所在地が自動車検査登録事務所の管轄区域に属する場合

二　前号及び第三項に掲げるものを除く申請等にあつては、当該申請等に係る自動車の使用の本拠の位置が自動車検査登録事務所の管轄区域に属する場合

2　前項の規定にかかわらず、法第十一条第四項若しくは第六項、法第三十三条第二項（法第七十三条第二項において準用する場合を含む。）、法第三十四条第二項、法第五十四条の二第四項、法第六十二条第一項（法第六十三条第三項において準用する場合を含む。）、法第六十三条第二項又は法第七十一条第一項の規定により運輸監理部長又は運輸支局長に対してする申請等は、最寄りの自動車検査登録事務所においてすることができる。

3　法第六十九条の二第一項若しくは第三項本文、法第六十九条の二第五項において準用する法第十五条の二第四項、法第六十九条の三において準用する法第十八条第三項又は法第七十二条の三の規定により運輸監理部長又は運輸支局長に対してする申請等は、最寄りの運輸監理部若しくは運輸支局又は自動車検査登録事務所においてするものとする。

（原動機付自転車用原動機の型式認定）

第六十七条　原動機付自転車用原動機の製作を業とする者は、その製作する原動機の型式について国土交通大臣の型式認定を受けることができる。

2　前項の型式認定を受けようとする者は、次に掲げる事項を記載した申請書を国土交通大臣に提出しなければならない。

一　氏名又は名称及び住所

二　原動機付自転車用原動機の名称及び型式

三　原動機付自転車用原動機の主要諸元

四　原動機付自転車用原動機の構造に関する図面

3　第一項の型式認定は、当該原動機の総排気量又は定格出力が第一条に規定する範囲内にあるかどうかを判定することによつて行う。

4　国土交通大臣は、第一項の型式認定をしたときは、当該型式認定に係る型式認定番号を指定する。

5　第一項の型式認定を受けた者は、当該型式の原動機に第二十三号様式による型式認定番号標及び総排気量又は定格出力を表示しなければならない。

6　国土交通大臣は、次に掲げる場合は、第一項の型式認定を取り消すことができる。

一　当該原動機付自転車用原動機の構造、性能及び使用方法に著しい変更があつたと認められたとき。

二　第七十条第一項第六号の規定による届出（同号ハに係るものに限る。）があつたとき。
三　第一項の型式認定を受けた者が、前項の規定に違反したとき又は虚偽の型式認定番号標を表示したとき。
四　第一項の型式認定を受けた者が、第七十条第一項の規定に違反したとき。

（情報管理センターに対する照会）
第六十七条の二　検査対象軽自動車に係る法第九十九条の四の照会は、次に掲げる事項について行うものとする。
一　車台番号
二　移動報告番号
三　解体報告記録がなされた年月日
四　車両番号（自動車検査証が返納された自動車に係る照会にあつては、自動車検査証が返納された際の車両番号）
五　使用済自動車の再資源化等に関する法律第八十一条第一項の規定により引取業者が情報管理センターに報告した年月日
2　前項の照会を受けた情報管理センターは、電子情報処理組織を使用する方法により当該照会に係る事項について国土交通大臣に対し通知しなければならない。

（報告書）
第六十八条　法第百条第一項の規定により国土交通大臣又は地方運輸局長から報告を求められた者は、速やかに当該報告書を提出しなければならない。
2　前項の規定による報告書は、国土交通大臣に提出するものにあつては三通を、地方運輸局長に提出するものにあつては二通を、当該事業場の所在地を管轄する運輸監理部長又は運輸支局長を経由して提出しなければならない。
3　運輸監理部長又は運輸支局長は、前項の報告書を受理したときは、遅滞なく、これを地方運輸局長に進達しなければならない。

（手数料の納付）
第六十九条　法第百二条第一項から第四項までの手数料は、同条第一項第一号から第四号まで、第七号、第八号、第十号若しくは第十一号に掲げる者（同号に掲げる者にあつては、臨時検査合格標章の再交付を申請する者を除く。）又は同条第二項に規定する者にあつては自動車検査登録印紙を手数料納付書に貼つて、同条第一項第十一号若しくは第十二号に掲げる者（同項第十一号に掲げる者にあつては、臨時検査合格標章の再交付を申請する者に限る。）又は同条第四項に規定する者にあつては自動車検査登録印紙を申請書に貼つて納めなければならない。
2　法第百二条第一項第五号、第六号又は第九号に掲げる者の同項の手数料は、収入印紙を申請書に貼つて納めなければならない。

（法第百二条第六項の国土交通省令で定める期間）
第六十九条の二　法第百二条第六項の国土交通省令で定める期間は、同項の規定による申請等があつた日から十五日間とする。

（申請等の却下）
第六十九条の三　国土交通大臣（法第七十四条の四の規定の適用があるときは、軽自動車検査協会）は、法第百二条第六項の規定により申請等を却下したときは、遅滞なく、その理由を示して、その旨を当該申請等をした者に通知しなければならない。

（届出）
第七十条　次の各号に掲げる者は、当該各号に掲げる場合に該当することとなつたときは、その旨を国土交通大臣（第三号及び第四号にあつては地方運輸局長）に届け出なければならない。
一　第二十七条の届出をした者が、次のいずれかに該当した場合
イ　氏名若しくは名称又は住所又は打刻を行う事業場の名称若しくは所在地に変更があつたとき。
ロ　届出に係る型式の車台又は原動機の製作をやめたとき。
二　法第二十九条第一項の指定を受けた者に関し、第三十条第一項各号に掲げる事項について変更があつた場合
三　法第五十条第二項の大型自動車使用者等に関し、第三十三条第一項第一号から第三号まで、第五号又は第七号に掲げる事項について変更があつた場合
四　第三十三条第一項の届出をした者が、大型自動車使用者等に該当しなくなつた場合
五　第六十二条の三第一項の認定を受けた者が、次のいずれかに該当した場合
イ　氏名若しくは名称又は住所に変更があつたとき。
ロ　当該型式の検査対象外軽自動車等の製作又は販売をやめたとき。
六　第六十七条第一項の認定を受けた者が、次のいずれかに該当した場合
イ　氏名若しくは名称又は住所に変更があつたとき。
ロ　当該型式の原動機付自転車用原動機の主要諸元、構造に関する図面又は使用方法に変更があつたとき。
ハ　当該型式の原動機付自転車用原動機の製作をやめたとき。
2　前項の届出は、届出事由の発生した日後三十日以内に（同項第三号に掲げる場合にあつては十五日以内に、同項第六号に掲げる場合にあつては遅滞なく）行わなければならない。

附　則（抄）

（施行期日）
1　この省令は、公布の日から施行し、昭和二十六年七月一日から適用する。

（経過規定）
2　自動車登録番号標は、運輸大臣が指定する日までの間に限り、第十一条の規定にかかわらず、旧車両規則（昭和二十二年運輸省令第三十六号）第二十五条第四項に規定する車両番号標の様式によることができる。
3　都道府県知事は、運輸大臣の指定する日までの間に限り、第八条第二項の規定にかかわらず、なお、従前の封印を使用することができる。
4　自動車登録規則（昭和二十六年運輸省令第六十二号）附則第九項の規定により、自動車登録番号の変更の通知を受けた所有者は、運輸大臣の指定する日までの間に、第五条の規定に準じて自動車登録番号標及び封印の取りはずしを受け、且つ、新しい自動車登録番号標の取りつけをした上、封印の取りつけを受けなければならない。
5　自動車の製作を業とする者であつて法施行の日までに、自動車の車台番号又は原動機番号の打刻に関し運輸大臣に届け

出た者が届出書の記載に従って行った打刻は、運輸大臣の指定する日までの間に限り、法第二十九条第二項の規定により指定を受けその範囲内において行ったものとみなす。

6　旧車両規則による臨時運転許可証の用紙又は臨時車両番号標は、運輸大臣の指定する日までの間に限り、第二十五条の規定にかかわらず、なお、これを使用することができる。

7　旧車両規則による自動車検査証の用紙は、運輸大臣の指定する日までの間に限り、第四十五条の規定にかかわらず、なお、これを使用することができる。

8　道路運送車両法施行法（昭和二十六年法律第百八十六号）第十九条の種類は、左のとおりとする。

一　法第七十七条の普通自動車分解整備事業に相当する事業については、普通自動車分解整備事業

二　法第七十七条の小型自動車分解整備事業に相当する事業については、小型自動車分解整備事業

三　法第七十七条の電気自動車分解整備事業に相当する事業については、電気自動車分解整備事業

9　法施行の際現に法第七十七条各号の事業に相当する事業を経営する者であって、それぞれの対象とする自動車の種類のうち特定の範囲を対象とするものについては、道路運送車両法施行法第十九条の規定により受けたものとみなされる認証は、法第七十八条第二項の規定により、自動車の種類のうち当該特定範囲を指定して、これを行ったものとみなす。

97　平成十年改正新令第五十八条第百五項の規定の適用を受ける自動車について新規検査又は予備検査を申請する者に対する第三十六条第五項（第四十二条第二項において準用する場合を含む。）の規定の適用については、第三十六条第五項第一号中「同項及び同条第三項」とあり、及び同項第二号中「同項及び同条第五項」とあるのは「同令第五十八条第百五項（第三号に係る部分を除く。）」とする。

98　輸入された自動車であって平成十年改正新令第五十八条第百五項の規定の適用を受けるものに備える法第四十一条第十二号の発散防止装置のうち排気管から大気中に排出される排出物に含まれる一酸化炭素、炭化水素及び窒素酸化物を減少させる装置に対する第六十三条の規定の適用又は準用については、同条第一号中「同項並びに同条第五項及び第十四項」とあるのは「同令第五十八条第百五項」とする。

99　道路運送車両の保安基準第三十一条第六項の国土交通大臣の指定を受けた自動車について平成十年改正新令第五十八条第百六項の規定により新規検査又は予備検査を申請する者は、当該自動車が同条第百六項（第二号に係る部分を除く。）の規定に掲げる基準に適合するものであることを証する書面を提出しなければならない。

100　輸入された自動車であって平成十年改正新令第五十八条第百六項の規定の適用を受けるものに備える法第四十一条第十二号の発散防止装置のうち排気管から大気中に排出される排出物に含まれる一酸化炭素、炭化水素及び窒素酸化物を減少させる装置に対する第六十三条の規定の適用又は準用については、同条第二号中「同項及び同条第十四項」とあるのは「同令第五十八条第百六項」とする。

103　平成十年改正新令第五十八条第百九項の規定の適用を受ける自動車について新規検査又は予備検査を申請する者に対する第三十六条第五項（第四十二条第二項において準用する場合を含む。）の規定の適用については、第三十六条第五項第一号中「同項及び同条第三項」とあり、及び同項第二号中「同項及び同条第五項」とあるのは「同令第五十八条第百九項（第三号に係る部分を除く。）」とする。

104　輸入された自動車であって平成十年改正新令第五十八条第百九項の規定の適用を受けるものに備える法第四十一条第十二号の発散防止装置のうち排気管から大気中に排出される排出物に含まれる一酸化炭素、炭化水素及び窒素酸化物を減少させる装置に対する第六十三条の規定の適用又は準用については、同条第二号中「同項及び同条第十四項」とあるのは、「同令第五十八条第百九項」とする。

105　道路運送車両の保安基準の一部を改正する省令（平成十二年運輸省令第三十一号）による改正後の道路運送車両の保安基準（次項から附則第百十項までにおいて「平成十二年改正新令」という。）第五十八条第百十項の規定の適用を受ける自動車について新規検査又は予備検査を申請する者に対する第三十六条第五項（第四十二条第二項において準用する場合を含む。）の規定の適用については、第三十六条第五項第三号中「同項」とあるのは「同令第五十八条第百十項（同項第二号に係る部分を除く。）」とする。

106　平成十二年改正新令第五十八条第百十一項の規定の適用を受ける自動車について新規検査又は予備検査を申請する者に対する第三十六条第五項（第四十二条第二項において準用する場合を含む。）の規定の適用については、第三十六条第五項第四号中「同項」とあるのは「同令第五十八条第百十一項（同項第二号に係る部分を除く。）」とする。

107　平成十二年改正新令第五十八条第百十一項の規定の適用を受ける自動車に備える装置型式指定規則第二条第六号の一酸化炭素等発散防止装置に対する第六十三条の規定の適用については、同条第三号中「同項並びに同条第十四項及び第二十一項」とあるのは「同条第二十一項（同項第一号イに係る部分を除く。）及び同令第五十八条第百十一項」とする。

108　平成十二年改正新令第五十八条第百十二項の規定の適用を受ける自動車について新規検査又は予備検査を申請する者に対する第三十六条第六項（第四十二条第二項において準用する場合を含む。）の規定の適用については、第三十六条第六項中「に掲げる基準」とあるのは「に掲げる基準（同令第三十一条第十二項の規定により国土交通大臣の指定を受けた自動車にあっては、同令第五十八条第百十二項（同項第二号に係る部分を除く。）」とする。

109　平成十二年改正新令第五十八条第百十三項の規定の適用を受ける自動車について新規検査又は予備検査を申請する者に対する第三十六条第六項（第四十二条第二項において準用する場合を含む。）の規定の適用については、第三十六条第六項中「に掲げる基準」とあるのは「に掲げる基準（同令第三十一条第十三項の規定により国土交通大臣の指定を受けた自動車にあっては、同令第五十八条第百十三項（同項第二号に係る部分を除く。）」とする。

110　平成十二年改正新令第五十八条第百十三項の規定の適用を受ける自動車に備える装置型式指定規則第二条第六号の一酸化炭素等発散防止装置に対する第六十三条の規定の適用については、同項第五号中「同項並びに同条第十四項及び第二十一項」とあるのは「同条第二十一項（同項第一号イに係る部分を除く。）及び同令第五十八条第百十三項」とする。

附　則（昭二七・四・二八運令一八）

1　この省令は、公布の日から施行する。

2　この省令施行の際、現に法第六十条の規定により交付を受けた軽自動車の自動車検査証は、第六十三条の二の規定により交付を受けた軽自動車届出済証とみなす。この場合において軽自動車届出済証の記載事項に相当する自動車検査証の記載事項の変更及び自動車検査証の返納については、それぞれ第六十三条の四及び第六十三条の五の規定を準用する。

3　この省令施行の際、現に法第六十条の規定により交付を受けた二輪の小型自動車の自動車検査証は、第十二号様式備考(10)の規定にかかわらず自動車検査証とみなす。

4　この省令施行の際、道路運送車両法の一部を改正する法律(昭和二十七年法律第百二号)附則第四項の規定により車両番号標とみなされた二輪の小型自動車に表示した自動車登録番号標は、第十四号様式備考(9)の規定にかかわらず、昭和二十七年十月三十一日までは、これを使用することができる。

5　自動車検査証は、第六十三条の二第二項の規定にかかわらず、昭和二十七年七月三十一日までは、軽自動車届出済証に替えて使用することができる。

附　則(昭二七・七・二二運令五三)

この省令は、昭和二十七年八月一日から施行する。

附　則(昭二七・一〇・二九運令九〇)

この省令は、公布の日から施行する。

附　則(昭二八・三・二運令一一)

1　この省令は、昭和二十八年三月十六日から施行する。

2　この省令の改正規定により、新たに軽自動車となつた従前の二輪の小型自動車については、昭和二十八年六月十五日までに法第九十七条の二の規定による届出をしなければならない。

3　この省令の改正規定により、新たに軽自動車となつた従前の二輪の小型自動車については、当該自動車の車両番号標及び自動車検査証は、前項に定める期日までは、それぞれ軽自動車の車両番号標及び軽自動車届出済証とみなす。

附　則(昭二八・八・三一運令四七)

この省令は、昭和二十八年九月一日から施行する。

附　則(昭二八・一二・二運令七四)

1　この省令は、公布の日から施行する。

2　この省令施行前に、改正前の規定により法第五十二条の届出をした者は、昭和二十九年三月三十一日までに第三十三条第一項第七号に掲げる事項について届け出るものとする。

附　則(昭二九・一・一九運令三)

この省令は、公布の日から施行する。但し、第六十三条第四項の改正規定及び第十八号様式の改正規定は、昭和二十九年四月一日から施行する。

附　則(昭二九・一〇・一運令五〇抄)

1　この省令は、公布の日から施行する。但し、原動機付自転車に係る改正規定及び道路運送車両法施行規則別表第一号の改正規定は、昭和三十年四月一日から施行する。

2　この省令の改正規定により、新たに軽自動車となつた従前の小型自動車については、当該自動車の車両番号標及び自動車検査証は、昭和三十年五月三十一日までに、法第九十七条の三の規定による届出をして車両番号の指定を受けるまでは、それぞれ軽自動車の車両番号標及び軽自動車届出済証とみなす。

3　この省令の改正規定により、新たに原動機付自転車となつた従前の軽自動車については、昭和三十年五月三十一日までに、その軽自動車届出済証を返納しなければならない。

4　この省令の改正規定により、新たに軽自動車となつた従前の原動機付自転車については、昭和三十四年三月三十一日までに、法第九十七条の三の規定による届出をして車両番号の指定を受けるまでは、第一種原動機付自転車とみなす。

附　則(昭三〇・三・二八運令七)

1　この省令は、公布の日から施行する。

2　自動車登録番号標及び車両番号標は、この省令の改正規定にかかわらず、昭和三十年九月三十日までは、従前の様式によることができる。

3　前項に規定する日までに交付された従前の様式による自動車登録番号標及び車両番号標は、この省令の改正規定にかかわらず、昭和三十五年六月三十日までは、それぞれ改正後の様式によるものとみなす。

4　第五号様式から第十三号様式まで、第十五号様式及び第十六号様式は、この省令の改正規定にかかわらず、昭和三十年六月三十日までは、従前の様式によることができる。

5　前項に規定する日までに交付された従前の様式による自動車検査証及び軽自動車届出済証は、この省令の改正規定にかかわらず、それぞれ改正後の様式によるものとみなす。

附　則(昭三〇・一〇・一運令五一)

1　この省令は、公布の日から施行する。但し、第二十二条の二及び第三号様式の二改正規定は、昭和三十一年一月一日から、第二十二条の三、第二十五条(臨時運行許可期限票の様式に係るものに限る。)及び第三号様式の三の改正規定は、別に定める日から施行する。

2　道路運送車両法の一部を改正する法律(昭和三十年法律第二十六号)の施行の際、現に存する改正前の道路運送車両法の規定によりした申請又はその記載は、改正後の道路運送車両法の規定によりした申請又はその記載とみなす。

3　この省令の施行前、改正前の規定により法第五十二条の届出をした者は、昭和三十一年三月三十一日までに第三十三条第一項第八号に掲げる事項について届け出るものとする。

4　この省令の施行前、改正前の道路運送車両法施行規則の規定により作製し、又は交付した自動車検査証、自動車予備検査証若しくは譲渡証明書又はこれらに対する記載は、それぞれ改正後の道路運送車両法施行規則の規定により作製し、又は交付した自動車検査証、自動車予備検査証若しくは譲渡証明書又はこれらに対する記載とみなす。

5　この省令の施行の際、現に自動車登録原簿に自動車の所有権の登録以外の登録がある自動車に係る自動車の譲渡証明書の記載は、当該自動車に係る所有権の登録以外の登録がまつ消されるまでの間は、前項の規定にかかわらず、なお従前の例による。

附　則(昭三二・六・一運令一八)

1　この省令は、公布の日から施行し、附則第五項の規定は、昭和三十二年四月一日から適用する。ただし、別表第一号の改正規定中小型自動車に係る部分は、昭和三十三年四月一日から施行する。

2　第六十三条第四項及び第六十三条の七第五項の改正規定は、前項の規定にかかわらず、昭和三十二年十二月三十一日以前に製作された原動機については、適用しない。

3　この省令の改正規定により新たに軽自動車となつた従前の軽自動車以外の自動車の自動車登録番号標（二輪の小型自動車にあつては、車両番号標）及び自動車検査証は昭和三十二年九月三十日までは、それぞれ軽自動車の車両番号標及び軽自動車届出済証とみなす。

4　軽自動車届出書及び軽自動車届出済証の様式は、昭和三十二年九月三十日までは、なお従前の様式によることができる。

5　道路運送車両法施行規則の一部を改正する省令（昭和二十九年運輸省令第五十号）附則第四項中「昭和三十二年三月三十一日」を「昭和三十四年三月三十一日」に改める。

附　則（昭三二・八・九運令二八）

この省令は、公布の日から施行する。

附　則（昭三三・三・二七運令五）

この省令は、公布の日から施行する。

附　則（昭三三・九・二五運令四〇）

1　この省令は、昭和三十三年十月一日から施行する。

2　昭和三十四年九月三十日までの間は、軽自動車で二輪自動車、農耕作業用自動車又は特殊作業用自動車以外のものの使用者であつて、この省令の施行の際現に改正前の道路運送車両法施行規則第六十三条の二第一項の規定により軽自動車届出済証の交付を受けている者は、改正前の第十六号様式による軽自動車届出済証を備え付けておけばよい。

3　前項の軽自動車の使用者は、同項に定める日までに、都道府県知事に当該軽自動車届出済証を提出して、乗車定員及び最大積載量の記載を受けなければならない。

附　則（昭三四・七・一運令三三）

この省令は、公布の日から施行する。

附　則（昭三四・九・一五運令四二抄）

（施行期日）

1　この省令は、昭和三十五年四月一日から施行する。〔後略〕

附　則（昭三四・九・二三運令四五）

1　この省令は、昭和三十四年十月一日から施行する。

2　道路運送車両法第九十二条の規定の適用における同法第八十条第一項第二号の規定による基準は、改正後の規定にかかわらず、この省令の施行の際現に自動車分解整備事業の認証を受けている者に関しては、改正前の規定の例による。ただし、作業機械等の備置及び従業員に関する基準については、昭和三十六年十月三十一日までとする。

3　この省令の施行の際現に法第八十九条第一項の標識を掲げている者は、改正後の第二十号様式にかかわらず、昭和三十六年十月三十一日までの間は、改正前の同様式によることができる。

4　この省令の施行前に、改正前の第六十三条の七第一項の規定により運輸大臣の型式認定を受けた軽自動車の型式は、改正後の第六十二条の三第一項の規定により認定を受けたものとみなす。

5　改正前の第十七号様式による臨時運転番号標は、昭和三十七年十月三十一日までは、改正後の同様式によるものとみなす。

附　則（昭三四・一〇・一四運令四九抄）

1　この省令は、昭和三十四年十月二十日から施行する。

附　則（昭三五・七・二〇運令三〇）

1　この省令は、昭和三十五年九月一日から施行する。

2　この省令の改正規定により新たに軽自動車となつた従前の軽自動車以外の自動車の自動車登録番号標（二輪の小型自動車にあつては、車両番号標）及び自動車検査証は、昭和三十五年十月三十一日までは、それぞれ軽自動車の車両番号標及び軽自動車届出済証とみなす。

附　則（昭三六・二・二五運令九）

1　この省令は、昭和三十六年三月一日から施行する。

2　車両番号標は、この省令の改正規定にかかわらず、昭和三十六年八月三十一日までは、従前の様式によることができる。

3　前項に規定する日までに指定された車両番号を記載した従前の様式による車両番号標は、この省令の改正規定にかかわらず、改正後の様式によるものとみなす。

附　則（昭三六・一〇・三運令五二）

1　この省令は、公布の日から施行する。

2　この省令の施行の際、道路運送法施行規則（昭和二十六年運輸省令第七十五号）第六十二条の二の規定により受けた許可に係る自家用自動車について現に交付されている自動車登録番号標は、昭和三十六年十月三十一日までは、改正後の第一号様式によるものとみなす。

附　則（昭三六・一二・一九運令六一）

1　この省令は、昭和三十七年二月十五日から施行する。

2　この省令施行前に通知された自動車登録番号を記載した自動車登録番号標及びこの省令施行前に指定された車両番号を記載した車両番号標については、この省令の改正規定にかかわらず、なお従前の例による。

附　則（昭三七・四・一六運令二〇）

1　この省令は、昭和三十七年八月十六日から施行する。

2　自動車登録番号標は、この省令の改正規定にかかわらず、昭和三十七年十月十五日までは、従前の様式によることができる。

3　車両番号標は、この省令の改正規定にかかわらず、昭和三十七年十月十五日までは、従前の様式によることができる。

4　第二項に規定する日までに通知された自動車登録番号を記載した従前の様式による自動車登録番号標（第一号様式備考(5)後段の自動車に取りつけたものを除く。）及び前項に規定する日までに指定された車両番号を記載した従前の様式による車両番号標（事業用自動車に係るものを除く。）並びに従前の様式による軽自動車届出済証（事業用自動車に係るものを除く。）については、この省令の改正規定にかかわらず、なお従前の例による。

5　第二項に規定する日までに通知された自動車登録番号を記載した従前の様式による自動車登録番号標（第一号様式備考(5)後段の自動車に取りつけたものに限る。）及び第三項に規定する日までに指定された車両番号を記載した従前の様式による車両番号標（事業用自動車に係るものに限る。）並びに従前の様式による軽自動車届出済証（事業用自動車に係るものに限る。）については、この省令の改正規定にかかわらず、昭和三十八年十月十五日までは、なお従前の例による。

附　則（昭三七・五・一六運令二六）

1　この省令は、昭和三十七年十月一日から施行する。ただし、第四十五条の改正規定、第十二号様式の二を加える改正規定並びに附則第二項及び第三項の規定は、昭和三十七年八月一日から、第三十八条及び第七号様式の改正規定は、昭和三十七年八月十六日から施行する。

2　道路運送車両法等の一部を改正する法律（昭和三十七年法律第百六号。以下「改正法」という。）附則第三条第一項に規定する検査標章の交付は、同項第一号の自動車にあつては当該自動車検査証を交付し、又はその有効期間を更新するときに行なうものとし、同項第二号の自動車にあつては交付の期間及び場所について都道府県知事が自動車の種別又は用途、自動車の使用の本拠の位置の分布の状態等を考慮して定め、かつ、公示するところにより行なうものとする。

3　改正法附則第三条第一項第二号の自動車の使用者が検査標章の交付を受けようとするときは、都道府県知事に対して当該自動車の自動車検査証を呈示しなければならない。

附　則（昭三七・九・二六運令四八）

1　この省令は、昭和三十七年十月一日から施行する。

2　この省令施行前に交付された道路運送車両法施行規則第二十一号様式による譲渡証明書は、改正後の同様式にかかわらず、なお有効とする。

附　則（昭三八・一〇・一運令四八抄）

（施行期日）

1　この省令は、昭和三十八年十月十五日から施行する。

2　この省令の施行前に交付を受けた臨時運行許可期限票の表示については、なお従前の例による。

（経過規定）

3　道路運送車両法の一部を改正する法律（昭和三十八年法律第百四十九号。以下「改正法」という。）による改正前の道路運送車両法（以下「旧法」という。）の規定による普通自動車分解整備事業又は小型自動車分解整備事業の認証であつて、対象とする自動車の種類の指定の範囲が次表上欄に掲げる自動車であるものは、それぞれ改正法による改正後の道路運送車両法（以下「新法」という。）の規定による同表の当該下欄に掲げる自動車を対象とする自動車の種類の指定の範囲とする普通自動車分解整備事業又は小型自動車分解整備事業の認証とみなす。その認証の申請についても同様とする。

旧法の規定による普通自動車分解整備事業又は小型自動車分解整備事業の対象とする自動車の種類の指定の範囲	新法の規定による普通自動車分解整備事業又は小型自動車分解整備事業の対象とする自動車の種類の指定の範囲
普通自動車　小型四輪自動車　特殊自動車	普通自動車　小型四輪自動車　大型特殊自動車
普通自動車　小型四輪自動車	普通自動車　小型四輪自動車
普通自動車　特殊自動車	普通自動車　大型特殊自動車
普通自動車	普通自動車
乗用自動車　小型四輪自動車　特殊自動車	乗用自動車　小型四輪自動車　大型特殊自動車
乗用自動車　小型四輪自動車	乗用自動車　小型四輪自動車
乗用自動車　特殊自動車	乗用自動車　大型特殊自動車
乗用自動車	乗用自動車
小型四輪自動車　特殊自動車	小型四輪自動車　大型特殊自動車
特殊自動車	大型特殊自動車
小型四輪自動車　小型三輪自動車　小型二輪自動車	小型四輪自動車　小型三輪自動車　小型二輪自動車　軽自動車
小型四輪自動車　小型三輪自動車	小型四輪自動車　小型三輪自動車　軽自動車
小型四輪自動車　小型二輪自動車	小型四輪自動車　軽自動車　小型二輪自動車
小型四輪自動車	小型四輪自動車　軽自動車
小型三輪自動車　小型二輪自動車	小型三輪自動車　小型二輪自動車
小型三輪自動車	小型三輪自動車
小型二輪自動車	小型二輪自動車

4　前項の場合において、旧法の規定による認証に条件が附されていたときは、当該条件は新法の規定による認証に附されたものとみなす。

5　小型特殊自動車であつて、この省令の施行前にその型式について軽自動車として運輸大臣の認定を受けたものは、小型特殊自動車としてその型式について運輸大臣の認定を受けたものとみなす。

6　この省令の施行前に車両番号の指定を受けた第六十三条の八第二号の軽自動車については、同号の規定にかかわらず、昭和三十九年三月三十日までは、前面の車両番号標の表示を省略することができる。

7　別表第一号の改正により新たに小型特殊自動車となつた従前の軽自動車については、昭和三十九年三月三十一日までに、その軽自動車届出済証を返納しなければならない。

8　自動車登録番号標及び車両番号標（臨時運転番号標を除く。以下次項において同じ。）は、改正後の第一号様式及び第十四号様式にかかわらず、昭和三十九年三月三十一日までは、従前の様式によることができる。

9　前項に規定する日までに通知された自動車登録番号を記載した従前の様式による自動車登録番号標及び同項に規定する日までに指定された車両番号を記載した従前の様式による車両番号標は、改正後の第一号様式及び第十四号様式によるものとみなす。

10　この省令の施行前に交付された改正前の第二号様式による臨時運行許可証は、改正後の同様式によるものとみなす。

11　臨時運行許可番号標及び臨時運転番号標は、改正後の第三号様式、第三号様式の二及び第十七号様式にかかわらず、運輸大臣の指定する日までは、従前の様式によることができる。

12　この省令の施行の際現に改正前の第二十号様式による標識を掲げている者は、昭和三十九年三月三十一日までは、改正前の同様式によることができる。

附　則（昭三九・三・三一運令一七）

この省令は、昭和三十九年四月一日から施行する。

附　則（昭三九・一〇・二二運令七七抄）

1　この省令は、公布の日から施行する。

2　自動車登録番号標及び車両番号標（臨時運転番号標を除く。以下次項において同じ。）は、改正後の第一号様式及び第十四号様式にかかわらず、昭和四十年三月三十一日までは、従前の様式によることができる。

3　前項に規定する日までに通知された自動車登録番号を記載した従前の様式による自動車登録番号標及び同項に規定する日までに指定された車両番号を記載した従前の様式による車両番号標は、改正後の第十号様式及び第十四号様式によるものとみなす。

4　臨時運行許可番号標及び臨時運転番号標は、改正後の第三号様式、第三号様式の二及び第十七号様式にかかわらず、運輸大臣の指定する日までは、従前の様式によることができる。

附　則（昭四一・三・三一運令一六）

1　この省令は、昭和四十一年四月一日から施行する。

2　自動車登録番号標及び車両番号標（臨時運転番号標を除く。以下次項において同じ。）は、改正後の第一号様式及び第十四号様式にかかわらず、昭和四十一年六月三十日までは、従前の様式によることができる。

3　前項に規定する日までに通知された自動車登録番号を記載した従前の様式による自動車登録番号標及び同項に規定する日までに指定された車両番号を記載した従前の様式による車両番号標は、改正後の第一号様式及び第十四号様式によるものとみなす。

4　臨時運行許可番号標及び臨時運転番号標は、改正後の第三号様式、第三号様式の二及び第十七号様式にかかわらず、運輸大臣の指定する日までは、従前の様式によることができる。

附　則（昭四二・三・三一運令一七抄）

1　この省令は、昭和四十二年八月一日から施行する。

2　この省令の施行の際現に存する改正前の自動車登録規則、道路運送車両法施行規則又は自動車型式指定規則の規定によりした申請は、改正後の自動車登録規則、道路運送車両法施行規則又は自動車型式指定規則の規定によりした申請とみなす。

3　この省令の施行前に改正前の自動車登録規則、道路運送車両法施行規則又は自動車型式指定規則の規定により作製し、又は交付した自動車登録原簿、自動車登録原簿の謄本若しくは抄本、新規登録用謄本、自動車検査証、自動車予備検査証、軽自動車届出済証、臨時運転番号標貸与証、譲渡証明書若しくは完成検査終了証又はこれらに対する記載は、それぞれ改正後の自動車登録規則、道路運送車両法施行規則又は自動車型式指定規則の規定により作成し、又は交付した自動車登録原簿、自動車登録原簿の謄本若しくは抄本、新規登録用謄本、自動車検査証、自動車予備検査証、軽自動車届出済証、臨時運転番号標貸与証、譲渡証明書若しくは完成検査終了証又はこれらに対する記載とみなす。

附　則（昭四二・五・一六運令二二抄）

1　この省令は、昭和四十二年九月一日から施行する。

附　則（昭四二・五・二六運令二七抄）

1　この省令は、公布の日から施行する。ただし、道路運送車両法施行規則第一号様式の改正規定並びに附則第四項から第六項まで、第八項及び第九項の規定は、昭和四十二年六月一日から、同規則第三条の改正規定は、昭和四十三年四月一日から施行する。

2　この省令の施行の際現に、道路運送車両法の規定による認証を受けて自動車分解整備事業を経営している者及び同法の規定により自動車分解整備事業の認証を申請している者に係る同法第八十条第一項第二号の規定による基準（事業場の規模に関するものに限る。）については、改正後の道路運送車両法施行規則第五十七条第一号及び別表第二号の規定にかかわらず、この省令の施行後最初に事業場の位置を変更するまでの間は、なお従前の例による。

3　前項に規定する者に係る道路運送車両法第八十条第一項第二号の規定による基準（事業場の規模に関するものを除く。）については、改正後の道路運送車両法施行規則第五十七条第二号から第六号まで及び別表第三号の規定にかかわらず、昭和四十四年三月三十一日までの間は、なお従前の例による。

4　自動車登録番号標又は車両番号標（臨時運転番号標を除く。次項において同じ。）は、改正後の道路運送車両法施行規則第一号様式又は第十四号様式にかかわらず、昭和四十二年六月三十日までの間は、従前の様式によることができる。

5　前項に規定する日までに、道路運送車両法の規定により通知された自動車登録番号を記載した従前の様式による自動車登録番号標又は同法の規定により指定された車両番号を記載した従前の様式による車両番号標は、改正後の道路運送車両法施行規則第一号様式又は第十四号様式によるものとみなす。

6　臨時運行許可番号標又は臨時運転番号標は、改正後の道路運送車両法施行規則第三号様式若しくは第三号様式の二又は第十七号様式にかかわらず、運輸大臣の指定する日までの間は、従前の様式によることができる。

9　昭和四十二年五月三十一日までに道路交通に関する条約の実施に伴う道路運送車両法の特例等に関する法律施行規則の規定により指定された原動機付自転車番号については、改正後の同規則別表の規定にかかわらず、なお従前の例による。

附　則（昭四二・八・一運令六一抄）

1　〔前略〕昭和四十三年四月一日から施行する。

附　則（昭四二・九・二五運令七〇）

この省令は、公布の日から施行する。

附　則（昭四三・四・一二運令一二抄）

1　この省令は、昭和四十三年四月十六日から施行する。

2　自動車登録番号標及び車両番号標（臨時運転番号標を除く。次項において同じ。）は、改正後の道路運送車両法施行規則（以下「新規則」という。）第一号様式又は第十四号様式にかかわらず、昭和四十三年六月三十日までは、従前の様式によることができる。

3　前項に規定する日までに道路運送車両法の規定により通知

された自動車登録番号を記載した従前の様式による自動車登録番号標及び同日までに同法の規定により指定された車両番号を記載した従前の様式による車両番号標は、新規則第一号様式又は第十四号様式によるものとみなす。

4　臨時運行許可番号標及び臨時運転番号標は、新規則第三号様式若しくは第三号様式の二又は第十七号様式にかかわらず、運輸大臣の指定する日までの間は、従前の様式によることができる。

6　この省令の施行の日の前日までに道路交通に関する条約の実施に伴う道路運送車両法の特例等に関する法律施行規則の規定により指定された原動機付自転車番号については、改正後の同規則別表の規定にかかわらず、なお従前の例による。

附　則（昭四三・七・四運令二八抄）

1　この省令は、公布の日から施行する。

附　則（昭四三・九・二五運令四四抄）

（施行期日）

1　この省令は、昭和四十三年十月一日から施行する。

附　則（昭四四・一二・二六運令五六抄）

1　この省令は、昭和四十五年一月一日から施行する。

2　この省令の施行の際現に改正前の第二十一条第二項の規定による承認を受けている者に係る臨時運行許可証及び臨時運行許可番号標については、昭和四十五年三月三十一日（その有効期間が同日前に満了する承認を受けている者に係るものについては、その有効期間が満了する日）までは、なお従前の例による。

3　回送運行許可証は、昭和四十五年三月三十一日までは、臨時運行許可証の用紙を適宜補正して作成することができる。

4　この省令の施行前に交付された他の都道府県知事による実地審査許可書は、この省令の施行後は、改正後の第六号様式の二による他の都道府県知事による実地審査許可書とみなす。

5　この省令の施行前に道路運送車両法第五十四条第二項の規定により自動車の使用の停止を命ぜられた者に交付された返納証明書は、この省令の施行後は、改正後の第九号様式による自動車検査証保管証明書とみなす。

附　則（昭四五・二・二〇運令六）

この省令は、昭和四十五年三月一日から施行する。

附　則（昭四五・六・二五運令五三）

この省令は、昭和四十五年七月一日から施行する。

附　則（昭四五・七・二三運令六三）

1　この省令は、昭和四十五年八月一日から施行する。ただし、第一条の規定中道路運送車両の保安基準第三十一条第二項の改正規定は、昭和四十六年一月一日から施行する。

2　第一条の規定による改正後の道路運送車両の保安基準第三十一条第四項及び第五項の規定は昭和四十五年十二月三十一日以前に製作された軽自動車については、適用しない。

附　則（昭四六・三・三一運令一七）

この省令は、昭和四十六年四月一日から施行する。

附　則（昭四六・九・八運令五五）

1　この省令は、昭和四十六年十二月一日から施行する。

2　この省令の施行前に交付した自動車検査証の記載事項については、当該自動車検査証についてこの省令の施行後はじめて有効期間の記入をするまでの間は、改正後の第三十五条の二の規定にかかわらず、なお従前の例による。

附　則（昭四六・一一・二七運令六四）

この省令は、昭和四十六年十二月一日から施行する。〔後略〕

附　則（昭四七・五・一三運令二九）

この省令は、公布の日から起算して十日を経過した日から施行する。

附　則（昭四七・一二・二一運令六五抄）

1　この省令は、道路運送車両法の一部を改正する法律（昭和四十七年法律第六十二号）の施行の日（昭和四十八年十月一日）から施行する。

附　則（昭四八・三・三一運令一一抄）

1　この省令は、公布の日から施行する。

附　則（昭四八・九・二八運令三三抄）

沿革　昭五四運令三四、昭六〇運令五、平一二運令三九、平一五国交令一八改正

1　この省令は、道路運送車両法の一部を改正する法律（昭和四十七年法律第六十二号。以下「改正法」という。）の施行の日（昭和四十八年十月一日）から施行する。ただし、第一条の規定中第四十五条の二の次に四条を加える改正規定（第四十六条に係る部分に限る。）及び第五条の規定中第三号様式の改正規定は、公布の日から施行する。

2　この省令の施行前に改正法による改正前の道路運送車両法（昭和二十六年法律第百八十五号。以下「旧法」という。）第九十七条の三第一項の規定により車両番号の指定を受けた軽自動車のうち改正法による改正後の道路運送車両法（以下「新法」という。）第五十九条第一項の検査対象軽自動車に該当するもの及び昭和五十年三月三十一日までに新法第六十条第一項の規定により車両番号の指定を受けた検査対象軽自動車に係る車両番号標の様式は、この省令による改正後の道路運送車両法施行規則（以下「新施行規則」という。）第十三号様式の三にかかわらず、この省令による改正前の道路運送車両法施行規則（以下「旧施行規則」という。）第十四号様式によることができる。

3　前項の規定により旧施行規則第十四号様式の車両番号標を表示する検査対象軽自動車の車両番号については、新施行規則第三十六条の二の規定は適用しない。

4　運輸監理部長又は運輸支局長（新法第七十四条の四の規定の適用があるときは、軽自動車検査協会）は、附則第二項の検査対象軽自動車に係る自動車検査証の記入をした場合において、その記入が使用の本拠の位置又は自家用若しくは事業用の別若しくは用途等の区分の変更に係るものであるときは、車両番号を変更することができる。

5　附則第二項に規定する検査対象軽自動車の臨時運行許可番号標の様式は、新施行規則第三号様式にかかわらず、次の様式によることができる。

(A)　（その一）

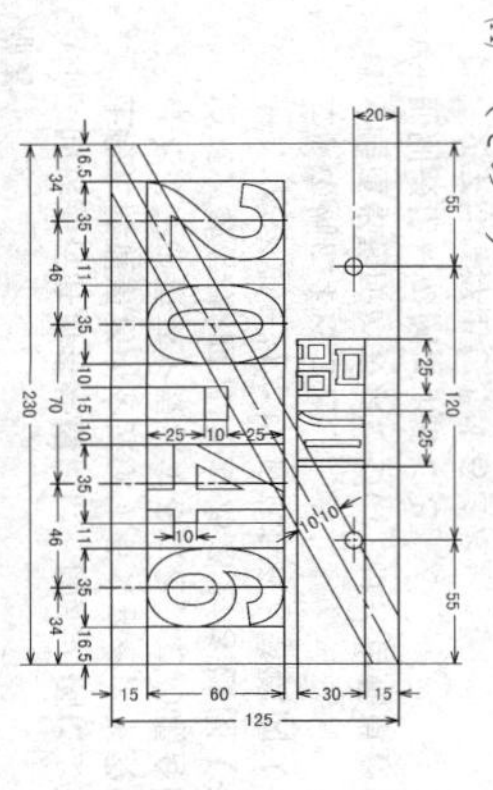

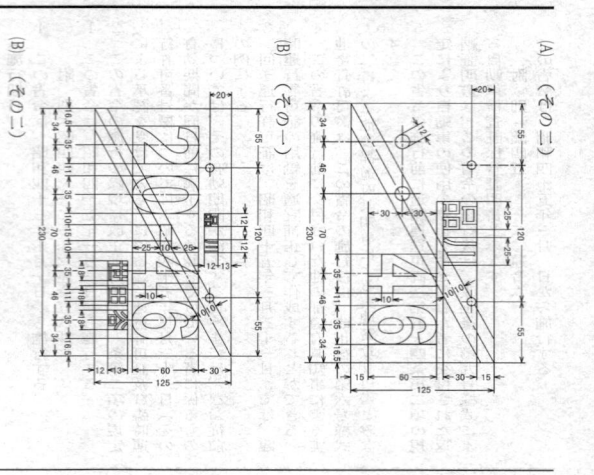

(A)（その二）

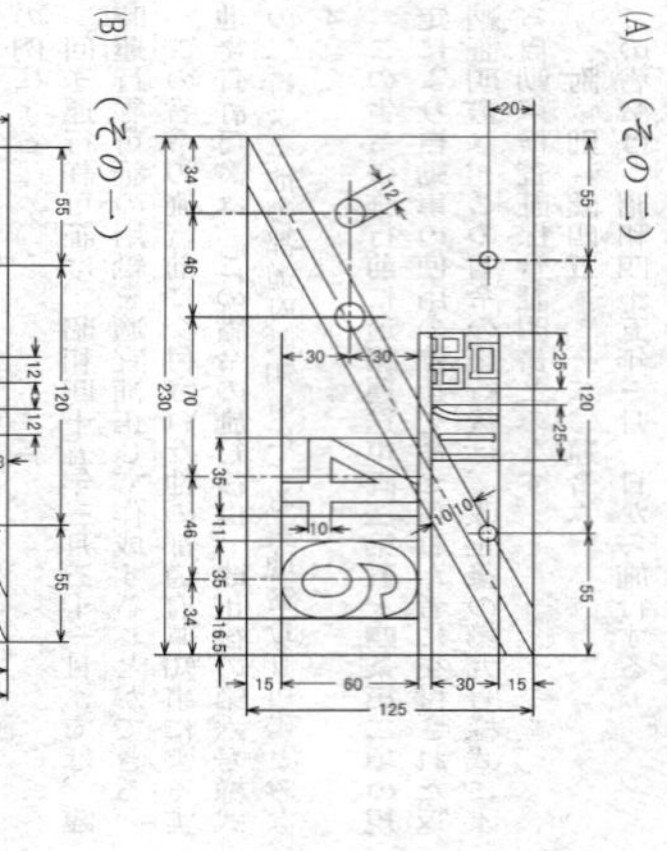

(B)（その一）

(B)（その二）

備考

(1)　都道府県知事が貸与する臨時運行許可番号標は(A)、当該行政庁（都道府県知事を除く。）が貸与するものは(B)によること。

(2)　臨時運行許可番号標には、図示の例により、陸運事務所を表示する文字、四けた以下の数字、斜線及び当該行政庁名を表示すること。この場合において、数字が四けたであるときは図（その一）、数字が三けた以下であるときは図（その二）の例によること。

(3)　陸運事務所の表示については、自動車登録規則別表第一の例によること。

(4)　文字は浮出しとすること。ただし、当該行政庁名を表示する文字は、浮出しとしないことができる。

(5)　臨時運行許可番号標の塗色は、白色に黒文字とし、斜線は赤色とすること。

(6)　図(A)の陸運事務所を表示する文字が三文字又は四文字の場合は、当該文字の横の長さは22ミリメートルとすること。

(7)　寸法の単位は、ミリメートルとすること。

6　附則第二項に規定する検査対象軽自動車の回送運行許可番号標の様式は、新施行規則第五号様式にかかわらず、次の様式によることができる。

（その一）

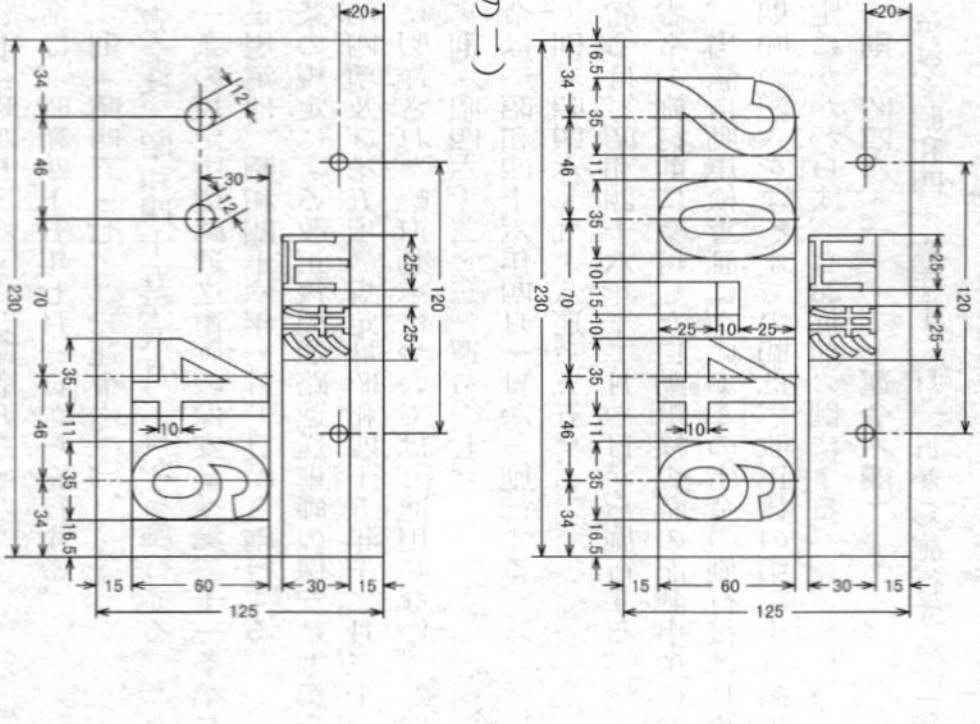

（その二）

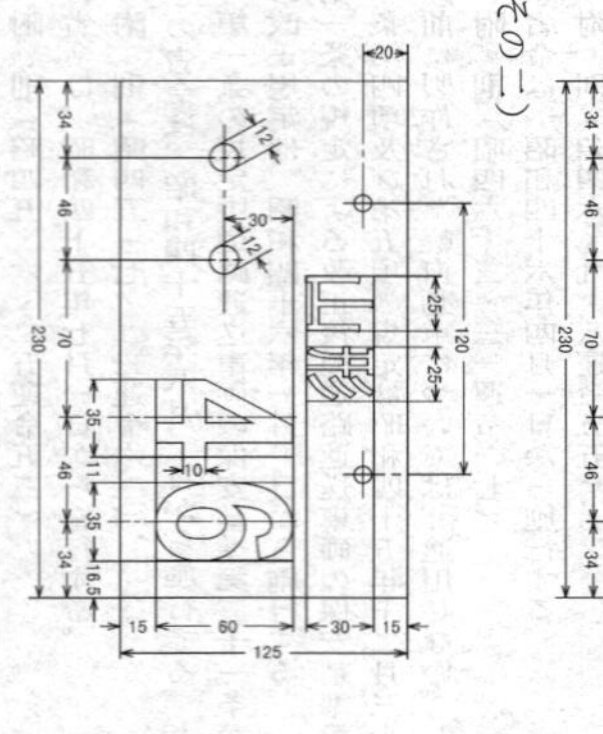

備考

(1)　回送運行許可番号標には、図示の例により、上段に陸運事務所を表示する文字を、下段に四けた以下の数字を表示すること。この場合において、数字が四けたであるときは図（その一）、数字が三けた以下であるときは図（その二）の例によること。

(2)　陸運事務所の表示については、自動車登録規則別表第一の例によること。

(3)　文字は、浮出しとすること。

(4)　回送運行許可番号標の塗色は、白地に黒文字とし、その内側に幅10ミリメートルの赤色の枠を附すること。

(5)　陸運事務所を表示する文字が三文字又は四文字の場合は、当該文字の横の長さは22ミリメートルとすること。

(6)　寸法の単位はミリメートルとすること。

7　改正法附則第二条第三項の規定により新法第五十九条の規定の適用について国土交通大臣（新法第七十四条の四の規定の適用があるときは、軽自動車検査協会）に対する提示があり、かつ、保安基準に適合するとみなされた検査対象軽自動車に係る新規検査の実施方法は、提出された保安基準適合証を審査することにより検査するものとする。

附　則（昭四九・一・二五運令二抄）

沿革　昭四九運令一八改正

1　この省令は、昭和五十年四月一日から施行する。ただし、第二条中道路運送車両法施行規則第六十二条の三の次に一条を加える改正規定及び同令第六十三条の見出しを削る改正規定は、昭和四十九年九月一日から施行する。

附　則（昭四九・五・二四運令一八抄）

（施行期日）

1　この省令の規定は、次の各号に掲げる区分に従い、それぞれ当該各号に定める日から施行する。

一［略］

二［前略］第四条の規定中［中略］道路運送車両法施行規則の一部を改正する省令第二条の改正規定及び同令附則第一項にただし書を加える改正規定　昭和四十九年九月一日

三〔前略〕次項〔中略〕の規定　昭和五十年一月一日
四　前三号に掲げる規定以外の規定　昭和五十年四月一日

附　則（昭五〇・二・二六運令四抄）

1　この省令は、昭和五十一年四月一日から施行する。〔後略〕

附　則（昭五〇・三・一三運令六抄）

1　この省令は、昭和五十年三月二十日から施行する。

3　昭和五十年五月三十一日（昭和四十八年九月三十日までに道路運送車両法の一部を改正する法律（昭和四十七年法律第六十二号）による改正前の法第九十七条の三第一項の規定による使用の届出があった検査対象軽自動車にあっては、昭和五十年九月三十日）までに法の規定により指定する車両番号（二輪の小型自動車に係るものを除く。）は、第一条の規定による改正後の自動車登録規則及び第二条の規定による改正後の道路運送車両法施行規則（以下「新登録規則等」という。）の規定にかかわらず、なお従前の例によることができる。

4　この省令の施行前に法の規定により指定された車両番号及び前項の規定により従前の例により指定された車両番号は、新登録規則等の規定による車両番号とみなす。

5　臨時運行許可番号標、回送運行許可番号標及び臨時運転番号標は、第一条の規定による改正後の自動車登録規則の規定にかかわらず、当分の間、なお従前の例によることができる。

附　則（昭五〇・九・一運令三四）

1　この省令は、昭和五十一年一月一日から施行する。ただし、別表第一大型特殊自動車の項及び同表小型特殊自動車の項の改正規定は、公布の日から施行する。

2　この省令の施行の日前に製作された自動車の種別については、改正後の道路運送車両法施行規則別表第一の規定にかかわらず、なお従前の例による。

附　則（昭五〇・九・五運令三五抄）

（施行期日）

1　この省令は、昭和五十一年一月一日から施行する。〔後略〕

附　則（昭五〇・一二・八運令五二抄）

（施行期日）

1　この省令は、公布の日から施行する。

附　則（昭五一・一二・二三運令四七抄）

沿革　昭五二運令二改正

（施行期日）

1　この省令の規定は、次の各号に掲げる区分に従い、それぞれ当該各号に定める日から施行する。
一・二〔略〕
三　前二号に掲げる規定以外の規定　昭和五十三年四月一日

附　則（昭五二・一・二七運令二）

この省令は、公布の日から施行する。

附　則（昭五二・五・七運令一一）

沿革　平一二運令三九改正

（施行期日）

1　この省令は、昭和五十二年五月九日から施行する。

（経過措置）

2　この省令の施行前に道路運送車両法（昭和二十六年法律第百八十五号。以下「法」という。）の規定により登録された自動車登録番号は、法第十四条第一項の規定の適用については、第一条の規定による改正後の自動車登録規則（以下「新登録規則」という。）第十三条に規定する基準に適合する自動車登録番号とみなす。

3　この省令の施行前に法の規定により指定された車両番号は、道路運送車両法施行規則第三十八条第三項又は同条第六項において準用する同条第三項若しくは第六十三条の五第一項の規定の適用については、第二条の規定による改正後の道路運送車両法施行規則第三十六条の二の規定又は新登録規則別表第一及び道路運送車両法施行規則第三十六条の三若しくは第六十三条の二第四項に規定する基準に適合する車両番号とみなす。

4　この省令の施行後に法又は道路運送車両法施行規則の規定により貸与する臨時運行許可番号標、回送運行許可番号標又は臨時運転番号標の様式については、新登録規則別表第一及び道路運送車両法施行規則第二十五条第一項、第二十六条の六第一項又は第六十三条の二第四項の規定にかかわらず、国土交通大臣の指定する日までの間は、なお従前の例によることができる。

附　則（昭五三・二・四運令五）

この省令は、昭和五十四年一月一日から施行する。〔後略〕

附　則（昭五三・二・八運令七抄）

（施行期日）

1　この省令は、公布の日から施行する。〔後略〕

（経過措置）

2　この省令の施行の際現に、道路運送車両法の規定による認証を受けて自動車分解整備事業を経営している者及び同法の規定により自動車分解整備事業の認証を申請している者に係る同法第八十条第一項第二号の規定による基準（事業場の規模に関するものに限る。）については、改正後の道路運送車両法施行規則（以下「新施行規則」という。）別表第四の規定にかかわらず、この省令の施行後最初に事業場の位置を変更するまでの間は、なお従前の例による。

3　前項に規定する者に係る道路運送車両法第八十条第一項第二号の規定による基準（事業場の規模に関するものを除く。）については、新施行規則第五十七条第四号及び第六号並びに別表第五の規定にかかわらず、この省令の施行の日から二年間を経過する日までの間は、なお従前の例による。

4　この省令の施行の際現に、改正前の道路運送車両法施行規則（以下「旧施行規則」という。）第六十七条第一項又は第七項の規定により型式認定を受けている機械器具は、新施行規則第六十七条第一項の規定により型式認定を受けた自動車整備検査用機械器具とみなす。

5　この省令の施行前に旧施行規則第六十七条第一項又は第七項の型式認定を受けた機械器具であって同条第六項第二号、第三号又は第四号（同条第八項で準用する場合を含む。）に該当することを事由として型式認定の取消しを受けたものは、新施行規則第五十七条第四号、改正後の指定自動車整備事業規則第二条第二項又は改正後の軽自動車検査協会に関する省令第十三条第二項の適用については、新施行規則第六十七条第一項の規定により型式認定を受けた自動車整備検査用機械器具であって同条第八項第二号、第四号、第五号又は第六号に該当することを事由として型式認定の取消しを受けたものとみなす。

附　則（昭五三・二・一七運令八）

沿革　平一二運令三九改正

（施行期日）

1　この省令は、昭和五十三年二月二十日から施行する。

（経過措置）

2　この省令の施行前に道路運送車両法（昭和二十六年法律第百八十五号。以下「法」という。）の規定により登録された自動車登録番号は、法第十四条第一項の規定の適用については、第一条の規定による改正後の自動車登録規則（以下「新登録規則」という。）第十三条に規定する基準に適合する自動車登録番号とみなす。

3　この省令の施行前に法の規定により指定された車両番号は、道路運送車両法施行規則第三十八条第三項又は同条第六項において準用する同条第三項若しくは第六十三条の五第一項の規定の適用については、第二条の規定による改正後の道路運送車両法施行規則第三十六条の二の規定又は新登録規則別表第一及び道路運送車両法施行規則第三十六条の三若しくは第六十三条の二第四項に規定する基準に適合する車両番号とみなす。

4　この省令の施行後に法又は道路運送車両法施行規則の規定により貸与する臨時運行許可番号標、回送運行許可番号標又は臨時運転番号標の様式については、新登録規則別表第一及び道路運送車両法施行規則第二十五条第一項、第二十六条の六第一項又は第六十三条の二第四項の規定にかかわらず、国土交通大臣の指定する日までの間は、なお従前の例によることができる。

附　則（昭五三・四・一三運令一九）

沿革　平一二運令三九改正

（施行期日）

1　この省令は、昭和五十三年四月十七日から施行する。

（経過措置）

2　この省令の施行前に道路運送車両法（昭和二十六年法律第百八十五号。以下「法」という。）の規定により登録された自動車登録番号は、法第十四条第一項の規定の適用については、第一条の規定による改正後の自動車登録規則（以下「新登録規則」という。）第十三条に規定する基準に適合する自動車登録番号とみなす。

3　この省令の施行前に法の規定により指定された車両番号は、道路運送車両法施行規則第三十八条第三項又は同条第六項において準用する同条第三項若しくは第六十三条の五第一項の規定の適用については、第二条の規定による改正後の道路運送車両法施行規則第三十六条の二の規定又は新登録規則別表第一及び道路運送車両法施行規則第三十六条の三若しくは第六十三条の二第四項に規定する基準に適合する車両番号とみなす。

4　この省令の施行後に法又は道路運送車両法施行規則の規定により貸与する臨時運行許可番号標、回送運行許可番号標又は臨時運転番号標の様式については、新登録規則別表第一及び道路運送車両法施行規則第二十五条第一項、第二十六条の六第一項又は第六十三条の二第四項の規定にかかわらず、国土交通大臣の指定する日までの間は、なお従前の例によることができる。

附　則（昭五三・一一・二〇運令六〇）

この省令は、昭和五十三年十二月一日から施行する。

附　則（昭五三・一二・一八運令六三）

（施行期日）

1　この省令は、昭和五十四年一月一日から施行する。

（経過措置）

2　この省令の施行の際現に道路運送車両法（昭和二十六年法律第百八十五号。以下「法」という。）の規定により登録を受けている自動車又は法の規定により車両番号の指定を受けている検査対象軽自動車若しくは二輪の小型自動車に係る自動車検査証の記載事項については、当該自動車についてこの省令の施行後はじめて法第十五条第一項若しくは第三項若しくは第十六条第一項の規定によりまつ消登録を受けるまで若しくは道路運送車両法施行規則第四十条の二第一項の規定により自動車検査証を返納するまで又は法第六十七条第三項の規定により構造等変更検査を受けるまでの間は、第一条の規定による改正後の道路運送車両法施行規則第三十五条の三の規定にかかわらず、なお従前の例によることができる。

3　この省令の施行前に法の規定により交付された従前の様式による登録事項等通知書、まつ消登録証明書、登録事項等証明書、自動車検査証、自動車予備検査証又は完成検査終了証は、それぞれこの省令による改正後の様式によるものとみなす。

附　則（昭五四・二・二二運令五抄）

（施行期日）

1　この省令中、福岡県陸運事務所に係る部分〔中略〕は、昭和五十四年二月二十六日から、山形県陸運事務所に係る部分は、同年三月十二日から施行する。

（経過措置）

3　この省令の施行前に法の規定により指定された車両番号は、道路運送車両法施行規則第三十八条第三項又は同条第六項において準用する同条第三項若しくは第六十三条の五第一項の規定の適用については、第二条の規定による改正後の道路運送車両法施行規則第三十六条の二の規定又は新登録規則別表第一及び道路運送車両法施行規則第三十六条の三若しくは第六十三条の二第四項に規定する基準に適合する車両番号とみなす。

4　この省令の施行後に法又は道路運送車両法施行規則の規定により貸与する臨時運行許可番号標、回送運行許可番号標又は臨時運転番号標の様式については、新登録規則別表第一及び道路運送車両法施行規則第二十五条第一項、第二十六条の六第一項又は第六十三条の二第四項の規定にかかわらず、当分の間、なお従前の例によることができる。

附　則（昭五四・四・二〇運令一四）

（施行期日）

1　この省令は、昭和五十四年四月二十三日から施行する。

（経過措置）

2　この省令の施行前に道路運送車両法（昭和二十六年法律第百八十五号。以下「法」という。）の規定により登録された自動車登録番号であって、この省令の施行により法第十四条第一項に規定する場合に該当することとなるものは、同項の規定の適用については、第一条の規定による改正後の自動車登録規則第十三条に規定する基準に適合する自動車登録番号とみなす。

3　この省令の施行前に法の規定により指定された車両番号であって、この省令の施行により道路運送車両法施行規則第三十八条第三項（同条第六項において準用する場合を含む。以下同じ。）又は第六十三条の五第一項に規定する場合に該当することとなるものは、同令第三十八条第三項又は第六十三条の五第一項の規定の適用については、それぞれ第二条の規定による改正後の道路運送車両法施行規則第三十六条の二又は第三十六条の三若しくは第六十三条の二第四項に規定する基準に適合する車両番号とみなす。

4　この省令の施行後に法又は道路運送車両法施行規則の規定により貸与する臨時運行許可番号標、回送運行許可番号標又は臨時運転番号標の様式については、道路運送車両法施行規則第二十五条第一項、第二十六条の六第一項又は第六十三条の二第四項の規定にかかわらず、当分の間、なお従前の例によることができる。

附　則（昭五四・七・二〇運令三四）

（施行期日）

1　この省令は、昭和五十四年八月六日から施行する。

（経過措置）

2　この省令の施行前に道路運送車両法（昭和二十六年法律第百八十五号。以下「法」という。）の規定により登録された自動車登録番号であって、この省令の施行により法第十四条第一項に規定する場合に該当することとなるものは、同項の規定の適用については、第一条の規定による改正後の自動車登録規則第十三条に規定する基準に適合する自動車登録番号とみなす。

3　この省令の施行前に法の規定により指定された車両番号であって、この省令の施行により道路運送車両法施行規則第三十八条第三項（同条第六項において準用する場合を含む。以下同じ。）又は第六十三条の五第一項に規定する場合に該当することとなるものは、同令第三十八条第三項又は第六十三条の五第一項の規定の適用については、それぞれ第二条の規定による改正後の道路運送車両法施行規則第三十六条の二又は第三十六条の三若しくは第六十三条の二第四項に規定する基準に適合する車両番号とみなす。

4　この省令の施行後に法又は道路運送車両法施行規則の規定により貸与する臨時運行許可番号標、回送運行許可番号標又は臨時運転番号標の様式については、道路運送車両法施行規則第二十五条第一項、第二十六条の六第一項又は第六十三条の二第四項の規定にかかわらず、当分の間、なお従前の例によることができる。

附　則（昭五四・八・一四運令三六抄）

（施行期日）

1　この省令中〔中略〕次項の規定（道路運送車両法施行規則（昭和二十六年運輸省令第七十四号）附則第十八項及び第二十項に係る部分に限る。）は昭和五十六年一月一日から、その他の規定は同年十二月一日から施行する。

附　則（昭五五・四・一七運令一〇）

（施行期日）

1　この省令は、昭和五十五年四月二十一日から施行する。

（経過措置）

2　この省令の施行前に道路運送車両法（昭和二十六年法律第百八十五号。以下「法」という。）の規定により登録された自動車登録番号であって、この省令の施行により法第十四条第一項に規定する場合に該当することとなるものは、同項の規定の適用については、第一条の規定による改正後の自動車登録規則第十三条に規定する基準に適合する自動車登録番号とみなす。

3　この省令の施行前に法の規定により指定された車両番号であって、この省令の施行により道路運送車両法施行規則第三十八条第三項（同条第六項において準用する場合を含む。以下同じ。）又は第六十三条の五第一項に規定する場合に該当することとなるものは、同令第三十八条第三項又は第六十三条の五第一項の規定の適用については、それぞれ第二条の規定による改正後の道路運送車両法施行規則第三十六条の二又は第三十六条の三若しくは第六十三条の二第四項に規定する基準に適合する車両番号とみなす。

4　この省令の施行後に法又は道路運送車両法施行規則の規定により貸与する臨時運行許可番号標、回送運行許可番号標又は臨時運転番号標の様式については、道路運送車両法施行規則第二十五条第一項、第二十六条の六第一項又は第六十三条の二第四項の規定にかかわらず、当分の間、なお従前の例によることができる。

附　則（昭五五・九・一一運令二七抄）

（施行期日）

1　この省令中〔中略〕次項の規定（道路運送車両法施行規則（昭和二十六年運輸省令第七十四号）附則第二十二項、第二十四項、第二十六項及び第二十七項に係る部分に限る。）は昭和五十七年一月一日から、その他の規定は同年十月一日から施行する。

附　則（昭五六・八・二七運令三九抄）

（施行期日）

1　この省令中、〔中略〕次項の規定（道路運送車両法施行規則（昭和二十六年運輸省令第七十四号）附則第二十九項及び第三十一項に係る部分に限る。）は昭和五十八年八月一日から、その他の規定は同年十月一日から施行する。

附　則（昭五七・一・二〇運令一）

（施行期日）

1　この省令は、昭和五十七年二月一日から施行する。

（経過措置）

2　この省令の施行前に道路運送車両法（昭和二十六年法律第百八十五号。以下「法」という。）の規定により登録された自動車登録番号であって、この省令の施行により法第十四条第一項に規定する場合に該当することとなるものは、同項の規定の適用については、第一条の規定による改正後の自動車登録規則第十三条に規定する基準に適合する自動車登録番号とみなす。

3　この省令の施行前に法の規定により指定された車両番号であって、この省令の施行により道路運送車両法施行規則第三十八条第三項（同条第六項において準用する場合を含む。以下同じ。）又は第六十三条の五第一項に規定する場合に該当することとなるものは、同令第三十八条第三項又は第六十三条の五第一項の規定の適用については、それぞれ第二条の規定による改正後の道路運送車両法施行規則第三十六条の二又は第三十六条の三若しくは第六十三条の二第四項に規定する基準に適合する車両番号とみなす。

4　この省令の施行後に法又は道路運送車両法施行規則の規定により貸与する臨時運行許可番号標、回送運行許可番号標又は臨時運転番号標の様式については、道路運送車両法施行規則第二十五条第一項、第二十六条の六第一項又は第六十三条の二第四項の規定にかかわらず、当分の間、なお従前の例によることができる。

附　則（昭五七・九・二運令二三）

（施行期日）

1　この省令は、公布の日から施行する。

（経過措置）

2　この省令の施行前に交付された改正前の第四号様式による回送運行許可証は、改正後の同様式によるものとみなす。

附　則（昭五七・九・三〇運令三一抄）

（施行期日）

1　この省令中、第六十五条第二項の改正規定、第六十七条の二に一項を加える改正規定は昭和五十九年四月一日から、その他の規定は同年十月一日から施行する。

附　則（昭五七・一二・二四運令三二）

（施行期日）

1　この省令は、昭和五十七年十二月二十日から施行する。

（経過措置）

2　この省令の施行前に道路運送車両法（昭和二十六年法律第百八十五号。以下「法」という。）の規定により登録された自動車登録番号であって、この省令の施行により法第十四条第一項に規定する場合に該当することとなるものは、同項の規定の適用については、第一条の規定による改正後の自動車登録規則第十三条に規定する基準に適合する自動車登録番号とみなす。

3　この省令の施行前に法の規定により指定された車両番号であって、この省令の施行により道路運送車両法施行規則第三十八条第三項（同条第六項において準用する場合を含む。以下同じ。）又は第六十三条の五第一項に規定する場合に該当することとなるものは、同令第三十八条第三項又は第六十三条の五第一項の規定の適用については、それぞれ第二条の規定による改正後の道路運送車両法施行規則第三十六条の二又は道路運送車両法施行規則第三十六条の三若しくは第六十三条の二第四項に規定する基準に適合する車両番号とみなす。

4　この省令の施行後に法又は道路運送車両法施行規則の規定により貸与する臨時運行許可番号標、回送運行許可番号標又は臨時運転番号標の様式については、道路運送車両法施行規則第二十五条第一項、第二十六条の六第一項又は第六十三条の二第四項の規定にかかわらず、当分の間、なお従前の例によることができる。

附　則（昭五八・三・一五運令八抄）

（施行期日）

1　この省令は、道路運送車両法の一部を改正する法律（昭和五十七年法律第九十一号）の施行の日（昭和五十八年七月一日）から施行する。〔後略〕

附　則（昭五八・七・三〇運令三五）

この省令は、外国事業者による型式承認等の取得の円滑化のための関係法律の一部を改正する法律の施行の日（昭和五十八年八月一日）から施行する。〔後略〕

附　則（昭五八・一〇・六運令四五抄）

（施行期日）

1　この省令中、大阪府陸運事務所に係る部分〔中略〕は、昭和五十八年十一月十四日から、青森県陸運事務所に係る部分〔中略〕は、同年十二月五日から施行する。

（経過措置）

2　この省令の施行前に道路運送車両法（昭和二十六年法律第百八十五号。以下「法」という。）の規定により登録された自動車登録番号であって、この省令の施行により法第十四条第一項に規定する場合に該当することとなるものは、同項の規定の適用については、第一条の規定による改正後の自動車登録規則第十三条に規定する基準に適合する自動車登録番号とみなす。

3　この省令の施行前に法の規定により指定された車両番号であって、この省令の施行により道路運送車両法施行規則第三十八条第三項（同条第六項において準用する場合を含む。以下同じ。）又は第六十三条の五第一項に規定する場合に該当することとなるものは、同令第三十八条第三項又は第六十三条の五第一項の規定の適用については、それぞれ第二条の規定による改正後の道路運送車両法施行規則第三十六条の二又は道路運送車両法施行規則第三十六条の三若しくは第六十三条の二第四項に規定する基準に適合する車両番号とみなす。

4　この省令の施行後に法又は道路運送車両法施行規則の規定により貸与する臨時運行許可番号標、回送運行許可番号標又は臨時運転番号標の様式については、道路運送車両法施行規則第二十五条第一項、第二十六条の六第一項又は第六十三条の二第四項の規定にかかわらず、当分の間、なお、従前の例によることができる。

附　則（昭五八・一〇・二九運令四六抄）

（施行期日）

1　この省令は、昭和六十年十月一日から施行する。〔後略〕

附　則（昭五九・五・一五運令一三）

この省令は、各種手数料等の額の改定及び規定の合理化に関する法律の施行の日（昭和五十九年五月二十一日）から施行する。

附　則（昭五九・六・二二運令一八抄）

（施行期日）

第一条　この省令は、昭和五十九年七月一日から施行する。

第五条　この省令の施行の際現に〔中略〕自動車分解整備事業者〔中略〕が道路運送車両法（昭和二十六年法律第百八十五号）の規定により掲げている標識の様式については、〔中略〕道路運送車両法施行規則第二十号様式〔中略〕にかかわらず、なお従前の例による。

附　則（昭五九・八・二九運令二七抄）

（施行期日）

1　この省令は、昭和五十九年十月一日から施行する。

附　則（昭五九・一〇・一九運令三四抄）

（施行期日）

1　この省令は、昭和六十一年十月一日から施行する。ただし、次項〔第二項〕の規定（道路運送車両法施行規則（昭和二十六年運輸省令第七十四号）附則第三十七項及び第三十九項に係る部分に限る。）は、同年十二月一日から施行する。

附　則（昭六〇・一・一〇運令一抄）

（施行期日）

1　この省令は、昭和六十年二月四日から施行する。

（経過措置）

3　この省令の施行前に法の規定により指定された車両番号であって、この省令の施行により道路運送車両法施行規則第三十八条第三項（同条第六項において準用する場合を含む。以下同じ。）又は第六十三条の五第一項に規定する場合に該当することとなるものは、同令第三十八条第三項又は第六十三条の五第一項の規定の適用については、それぞれ第二条の規定による改正後の道路運送車両法施行規則第三十六条の二又は道路運送車両法施行規則第三十六条の三若しくは第六十三条の二第四項に規定する基準に適合する車両番号とみなす。

4　この省令の施行後に法又は道路運送車両法施行規則の規定により貸与する臨時運行許可番号標、回送運行許可番号標又は臨時運転番号標の様式については、道路運送車両法施行規則第二十五条第一項、第二十六条の六第一項又は第六十三条の二第四項の規定にかかわらず、当分の間、なお従前の例によることができる。

附　則（昭六〇・二・五運令五抄）

（施行期日）

1　この省令は、道路運送法等の一部を改正する法律の施行の日（昭和六十年四月一日）から施行する。

（経過措置）

2　この省令の施行の際現に自動車登録番号標交付代行者又は封印取付受託者が道路運送車両法（昭和二十六年法律第百八十五号）の規定により掲げている標識の様式については、それぞれこの省令による改正後の〔中略〕道路運送車両法施行規則第一号様式の三にかかわらず、なお従前の例による。

3　この省令の施行前に道路運送車両法又は道路運送車両法施行規則の規定により交付された従前の様式による検認票、回送運行許可証、自動車予備検査証、軽自動車届出済証、臨時運転番号標貸与証、登録事項等通知書、自動車検査証又は登録事項等証明書〔中略〕は、この省令による改正後のそれぞれの様式によるものとみなす。

附　則（昭六〇・九・二〇運令三〇）

（施行期日）

1　この省令は、昭和六十年十月一日から施行する。ただし、第二条から第五条までの規定（以下「自動車登録規則等の改正規定」という。）及び附則第二項から第四項までの規定は、昭和六十年十月二十一日から施行する。

（経過措置）

2　自動車登録規則等の改正規定の施行前に道路運送車両法（以下「法」という。）の規定により登録された自動車登録番号であって、その改正規定の施行により法第十四条第一項に規定する場合に該当することとなるものは、同項の規定の適用については、第二条の規定による改正後の自動車登録規則第十三条に規定する基準に適合する自動車登録番号とみなす。

3　自動車登録規則等の改正規定の施行前に法の規定により指定された車両番号であって、その改正規定の施行により道路運送車両法施行規則第三十八条第三項（同条第六項において準用する場合を含む。以下同じ。）又は第六十三条の五第一項に規定する場合に該当することとなるものは、同令第三十八条第三項又は第六十三条の五第一項の規定の適用については、それぞれ第三条の規定による改正後の道路運送車両法施行規則第三十六条の二又は道路運送車両法施行規則第三十六条の三若しくは第六十三条の二第四項に規定する基準に適合する車両番号とみなす。

4　自動車登録規則等の改正規定の施行後に法又は道路運送車両法施行規則の規定により貸与する臨時運行許可番号標、回送運行許可番号標又は臨時運転番号標の様式については、道路運送車両法施行規則第二十五条第一項、第二十六条の六第一項又は第六十三条の二第四項の規定にかかわらず、当分の間、なお従前の例によることができる。

附　則（昭六〇・九・二五運令三一抄）

（施行期日）

1　この省令の規定は、次の各号に掲げる区分に従い、それぞれ当該各号に定める日から施行する。

一・二　〔略〕

三　第三条及び附則第二項の規定　昭和六十二年十月一日

四　前三号に掲げる規定以外の規定　昭和六十三年九月一日

附　則（昭六一・五・一六運令一八）

この省令は、昭和六十一年六月一日から施行する。

附　則（昭六二・一・二三運令三抄）

（施行期日）

1　この省令の規定は、次の各号に掲げる区分に従い、それぞれ当該各号に定める日から施行する。

一　第一条及び附則第二項の規定　昭和六十三年十二月一日

二　第二条及び附則第三項の規定　昭和六十四年十月一日

三　前二号に掲げる規定以外の規定　昭和六十五年十月一日

附　則（昭六二・三・二六運令一七抄）

（施行期日）

1　この省令は、公布の日から施行する。

附　則（昭六二・八・一一運令五二）

（施行期日）

1　この省令は、昭和六十三年一月一日から施行する。

（経過措置）

2　この省令の施行前に道路運送車両法（以下「法」という。）の規定により登録された自動車登録番号であって、この省令の施行により法第十四条第一項に規定する場合に該当することとなるものは、同項の規定の適用については、第二条の規定による改正後の自動車登録規則第十三条に規定する基準に適合する自動車登録番号とみなす。

3　この省令の施行前に法の規定により指定された車両番号であって、この省令の施行により道路運送車両法施行規則第三十八条第六項において準用する同条第三項又は第六十三条の五第一項に該当することとなるものは、同令第三十八条第六項において準用する同条第三項又は第六十三条の五第一項の規定の適用については、それぞれ第一条の規定による改正後の道路運送車両法施行規則第三十六条の三又は道路運送車両法施行規則第六十三条の二第四項に規定する基準に適合する車両番号とみなす。

4　この省令の施行後に法又は道路運送車両法施行規則の規定により貸与する臨時運行許可番号標、回送運行許可番号標又は臨時運転番号標の様式については、道路運送車両法施行規則第二十五条第一項、第二十六条の六第一項又は第六十三条の二第四項の規定にかかわらず、当分の間、なお従前の例によることができる。

5　この省令の施行前に法の規定により交付された従前の様式による登録事項等通知書、抹消登録証明書、登録事項等証明書、自動車検査証又は自動車予備検査証は、この省令による改正後のそれぞれの様式によるものとみなす。

6　この省令の施行前に法第七十一条第二項の規定により交付された自動車予備検査証（検査対象軽自動車に係るものを除く。）の記入又は再交付の申請書については、第三条の規定による改正後の自動車の登録及び検査に関する申請書等の様式等を定める省令第一号様式から第三号様式までにかかわらず、なお従前の例による。

7　前項の申請書による申請の手数料の納付については、第一条の規定による改正後の道路運送車両法施行規則第六十八条の規定にかかわらず、なお従前の例による。

附　則（昭六三・一一・二九運令一抄）

（施行期日）

1　この省令中第一条及び附則第二項の規定は昭和六十三年六月一日から、第二条及び附則第三項の規定は昭和六十四年六月一日から施行する。

附　則（昭六三・一二・一六運令三八抄）

（施行期日）

1　この省令中、〔中略〕附則第二項の規定は、昭和六十五年十二月一日から、その他の規定は昭和六十七年十月一日から施行する。

附　則（平元・一・二一運令一）

この省令は、公布の日から施行する。

附　則（平元・二・一〇運令四）

1　この省令は、平成二年一月一日から施行する。

2　この省令の施行の日前に製作された自動車の種別については、改正後の道路運送車両法施行規則別表第一の規定にかかわらず、なお従前の例による。

附　則（平元・六・二一運令一九抄）

（施行期日）

1　この省令は、平成元年八月一日から施行する。

附　則（平元・七・二〇運令二四）

この省令は、公布の日から施行する。

附　則（平二・一一・二九運令三一抄）

（施行期日）

1　この省令は、貨物運送取扱事業法及び貨物自動車運送事業法の施行の日（平成二年十二月一日）から施行する。

附　則（平三・三・二七運令三抄）

（施行期日）

1　この省令の規定は、次の各号に掲げる区分に従い、それぞれ当該各号に定める日から施行する。

一　第一条並びに次項並びに附則第三項及び第七項の規定　平成三年十一月一日

二　第二条並びに附則第四項及び第八項の規定　平成四年十月一日

三　第三条並びに附則第五項及び第九項の規定　平成五年十月一日

四　前三号に掲げる規定以外の規定　平成六年十月一日

附　則（平三・一一・一六運令三八抄）

（施行期日）

1　この省令は、平成四年六月一日から施行する。

附　則（平三・一一・三〇運令三九）

沿革　平七運令五六改正

（施行期日）

1　この省令は、平成四年二月一日から施行する。

（経過措置）

2　この省令による改正前の道路運送車両法施行規則第十五号様式による届出書は、この省令による改正後の様式にかかわらず、当分の間、なおこれを使用することができる。

附　則（平四・一一・二〇運令三三）

この省令は、平成四年十二月一日から施行する。

附　則（平五・三・二六運令六抄）

（施行期日等）

1　この省令の規定は、次の各号に掲げる区分に応じ、それぞれ当該各号に掲げる日から施行する。

一　第一条中道路運送車両の保安基準第一条、第五十三条の二から第五十五条まで及び第五十八条の二の改正規定並びに附則第三項（次号に規定する改正規定を除く。）の規定　公布の日

二　第一条（前号に規定する改正規定を除く。）、次項及び附則第三項中道路運送車両法施行規則（昭和二十六年運輸省令第七十四号）第三十八条の改正規定　平成五年十二月一日

三〔略〕

附　則（平五・四・一三運令一四抄）

（施行期日）

1　この省令の規定は、次の各号に掲げる区分に従い、それぞれ当該各号に定める日から施行する。

一〔略〕

二　第二条並びに附則第三項及び第四項の規定　平成六年四月一日

三〔略〕

附　則（平五・一〇・四運令三一抄）

（施行期日）

1　この省令は、平成六年十二月一日から施行する。ただし、〔中略〕附則第三項の規定は、平成七年十二月一日から施行する。

附　則（平六・三・二九運令一〇）

この省令は、平成六年四月一日から施行する。〔後略〕

附　則（平六・一一・一運令四八抄）

（施行期日）

1　この省令は、道路運送車両法の一部を改正する法律（平成六年法律第八十六号）の一部の施行の日（平成七年一月一日）から施行する。

附　則（平七・二・二八運令八抄）

（施行期日等）

1　この省令は、道路運送車両法の一部を改正する法律（平成六年法律第八十六号）の施行の日（以下「施行日」という。）から施行する。ただし、第一条の規定による改正後の道路運送車両法施行規則（以下「新施行規則」という。）第三十七条の規定は、平成七年六月一日から施行し、次の各号に掲げる区分に応じ、それぞれ当該各号に掲げる日から適用する。

一　自動車検査証の有効期間の満了する日が平成七年七月一日から同年七月三十一日までである自動車であって道路運送車両法施行規則第四十四条第一項ただし書の規定により継続検査を受けるもの　当該継続検査の日

二　前号に掲げる自動車以外の自動車　平成七年七月一日以後に初めて受ける検査の日

（経過措置）

2　この省令の施行の際現に道路運送車両法（以下「法」という。）第七十八条第一項の規定による認証を受けて小型自動車分解整備事業（対象とする自動車に三輪以上の小型自動車

が含まれるものに限る。）を経営している者であって道路運送車両法施行規則の一部を改正する省令（昭和四十二年運輸省令第二十七号）附則第二項の規定により法第八十条第一項第二号の規定による基準（事業場の規模に関するものに限る。）についてはなお従前の例によることとされたものが、この省令の施行後に法第七十八条第一項の規定による普通自動車分解整備事業（普通自動車（車両総重量が八トン以上のもの、乗車定員が十一人以上のもの、貨物の運送の用に供するもの又は散水自動車、広告宣伝用自動車、霊きゅう自動車その他特種の用途に供するものを除く。以下同じ。）を対象とするものに限る。）の認証を受けるときは、法第八十条第一項第二号の規定による基準（事業場の規模に関するものに限る。）の適用については、新施行規則第五十七条第一項第一号及び別表第四の規定による基準に適合するものとみなす。

3　この省令の施行の際現に改正前の道路運送車両法施行規則（以下「旧施行規則」という。）第六十七条第六項の規定により型式認定番号標が表示された作業機械等又は旧施行規則第五十七条第一項第四号の規定により地方運輸局長が自動車の分解整備用として適当であると認定した作業機械等は、新施行規則第五十七条第一項第四号の運輸大臣が定める技術上の基準に適合したものであって運輸大臣の定める者の行う検査に合格したもの又は地方運輸局長が自動車の分解整備用として適当であると定めたものとみなす。

4　この省令の施行の際現に法第七十八条第一項の規定による認証を受けて自動車分解整備事業を経営している者及び法第七十九条第一項の規定により自動車分解整備事業の認証を申請している者であって次の表の上欄に掲げる作業機械等を備えているものは、法第八十条第一項第二号の規定による基準（事業場の作業機械等に関するものに限る。）の適用については、この省令の施行後最初に当該作業機械等を変更するまでの間は、同表下欄に掲げる作業機械等を備えている者とみなす。

上欄	下欄
ボルト・メータ又はアンペア・メータ	サーキット・テスタ
バッテリ・テスタ	充電器
バキューム・ゲージ	ハンディ・バキューム・ポンプ
ダイヤル・ゲージ付トースカン	ダイヤル・ゲージ

5　旧施行規則第十号様式による申請書については、新施行規則第十号様式にかかわらず、当分の間、なおこれを使用することができる。

6　この省令の施行の際現に普通自動車分解整備事業者（対象とする自動車に普通自動車が含まれるものに限る。）が法第八十九条第一項の規定により掲げている標識については、新施行規則第二十号様式にかかわらず、施行日から一年間は、なおこれを使用することができる。

附　則（平七・四・一二運令二四）

この省令は、道路運送車両法の一部を改正する法律（平成六年法律第八十六号）の施行の日（平成七年七月一日）から施行する。

附　則（平七・一〇・二運令五六抄）

（施行期日）

1　この省令は、平成八年一月一日から施行する。

附　則（平七・一〇・二〇運令五八）

この省令は、公布の日から施行する。

附　則（平七・一二・一五運令六六抄）

（施行期日）

第一条　この省令は、平成八年二月一日から施行する。ただし、第十七条第一項及び第五十三条第一項の改正規定並びに附則第二条及び第三条（第二号様式燃料装置の部及び第二号様式の二燃料装置の部中「液化石油ガス装置」を「高圧ガス装置」に改める部分に限る。）の規定は、公布の日から施行する。

附　則（平七・一二・二八運令七〇）

（施行期日）

1　この省令は、平成八年七月一日から施行する。ただし、道路運送車両法施行規則第二十一号様式及び自動車型式指定規則第四号様式の改正規定は、同年一月一日から施行する。

（経過措置）

2　第一条の規定による改正前の道路運送車両法施行規則第八号様式、第十五号様式、第十七号様式の三及び第二十一号様式による検査対象外軽自動車臨時検査申請書、軽自動車届出書、軽自動車届出済証記入申請書及び譲渡証明書、第二条の規定による改正前の自動車型式指定規則第四号様式による完成検査終了証並びに第三条の規定による改正前の道路交通に関する条約の実施に伴う道路運送車両法の特例等に関する法律施行規則第一号様式、第二号様式及び第四号様式による登録証書交付申請書、原動機付自転車届出書及び登録証書再交付申請書については、それぞれ第一条の規定による改正後の道路運送車両法施行規則第八号様式、第十五号様式、第十七号様式の三及び第二十一号様式、第二条の規定による改正後の自動車型式指定規則第四号様式並びに第三条の規定による改正後の道路交通に関する条約の実施に伴う道路運送車両法の特例等に関する法律施行規則第一号様式、第二号様式及び第四号様式にかかわらず、当分の間、なおこれを使用することができる。

3　この省令の施行前に交付した道路運送車両法施行規則第二号様式、第四号様式、第十六号様式及び第十七号様式の二による臨時運行許可証、回送運行許可証、軽自動車届出済証及び臨時運転番号標貸与証は、それぞれ改正後の道路運送車両法施行規則第二号様式、第四号様式、第十六号様式及び第十七号様式の二によるものとみなす。

附　則（平八・一・一九運令四抄）

（施行期日）

第一条　この省令の規定は、平成九年十月一日から施行する。ただし、第二条及び附則第三条の規定は、平成十年十月一日から施行する。

附　則（平八・八・二〇運令四七）

この省令は、公布の日から施行する。

附　則（平八・九・三〇運令五三）

（施行期日）

1　この省令は、公布の日から施行する。ただし、第二条の規定は、平成十年十月一日から施行する。

（経過措置）

2　第二条の規定の施行の日前に製作された自動車の種別については、同条の規定による改正後の道路運送車両法施行規則別表第一の規定にかかわらず、なお従前の例による。

附　則（平八・一〇・三一運令五六）

（施行期日）

第一条　この省令は、平成九年一月一日から施行する。

（経過措置）

第二条　この省令による改正前の道路運送車両法施行規則別表第一に掲げる大型特殊自動車であってこの省令の施行により新たに小型特殊自動車となるもの（以下この条において「特定自動車」という。）が、この省令の施行の際現に道路運送車両法（昭和二十六年法律第百八十五号。以下この条において「法」という。）の規定により受けている登録については、この省令の施行後初めて法第十三条第二項の規定による当該特定自動車に係る移転登録の申請が受理されるまで（嘱託により移転登録がなされる場合にあっては当該嘱託がなされるまで）の間（所有権の登録以外の登録がある特定自動車にあっては当該特定自動車に係る移転登録を受けた後当該特定自動車に係る所有権の登録以外の登録が抹消されるまでの間）又は法第十五条第一項若しくは第十六条第一項の規定による当該特定自動車に係る抹消登録の申請が受理されるまで（嘱託により抹消登録がなされる場合にあっては当該嘱託がなされるまで）の間は、なお従前の例による。ただし、所有権の登録以外の登録（この省令の施行の際現に受けている所有権の登録以外の登録の原因たる事実関係に関してなされるものを除く。）は、新たに受けることができない。

2　前項の規定によりなお従前の例によることとされる場合における特定自動車については、法第六十二条、第六十三条及び第六十四条の規定は、適用しない。

3　第一項の規定によりなお従前の例によることとされる場合における特定自動車に係る道路運送車両法施行規則第十五条の二の規定の適用については、同条中「自動車検査証」とあるのは「自動車の登録及び検査に関する申請書等の様式を定める省令（昭和四十五年運輸省令第八号）第三条の表第一号に掲げる登録事項等通知書又は登録事項等証明書」とする。

第三条　農耕作業の用に供することを目的として製作した大型特殊自動車であってこの省令の施行により新たに小型特殊自動車となるもの（以下この条において「特定自動車」という。）を自己のために運行の用に供する者がこの省令の施行前に当該特定自動車を運行し、これによって他人の生命又は身体を害した場合における損害賠償の責任に関しては、なお従前の例による。

2　特定自動車に係る自動車損害賠償責任保険の契約（以下この条において「責任保険契約」という。）であってこの省令の施行の際現に締結されているものは、当該責任保険契約の保険期間の残存期間中、保有者（自動車損害賠償保障法（昭和三十年法律第九十七号。以下この条において「自賠法」という。）第二条第三項に規定する保有者をいう。）又は運転者（自賠法第二条第四項に規定する運転者をいう。）が特定自動車の運行によって他人の生命又は身体に加えた損害の賠償責任を負うことにより受けることあるべき損害をてん補することを目的として、当該責任保険契約の当事者間において締結された保険契約として存続するものとする。ただし、保険金額については、自賠法第十三条第二項の規定による定めがなされた場合においては、当該変更後の保険金額と同じ額とする。

3　前項に規定するものを除き、同項の保険契約に係る保険関係については、自動車損害賠償責任保険に関する自賠法（第二十条の二第二項の規定を除く。）その他の法令の規定を準用する。

4　自動車損害賠償責任再保険に関する自賠法の規定の適用については、第二項の保険契約は責任保険契約とみなす。

5　第二項から第四項までの規定は、特定自動車に係る自動車損害賠償責任共済の契約について準用する。この場合において、第二項中「第十三条第二項」とあるのは「第二十三条の二第一項において準用する第十三条第二項」と、第三項中「第二十条の二第二項」とあるのは「第二十三条の三第二項において準用する第二十条の二第二項」と読み替えるものとする。

第四条　この省令の施行前にした行為及び附則第二条第一項の規定によりなお従前の例によることとされる登録に係るこの省令の施行後にした行為に対する罰則の適用については、なお従前の例による。

附　則（平八・一二・二〇運令六六）

この省令は、平成十年十月一日から施行する。

附　則（平九・二・二〇運令九）

この省令は、公布の日から施行する。

附　則（平九・三・三一運令二二）

この省令は、平成十年十月一日から施行する。ただし、第二条及び第四条の規定は、平成十一年十月一日から施行する。

附　則（平九・八・四運令五二抄）

1　この省令は、公布の日から施行する。〔後略〕

附　則（平九・一二・一二運令七四）

この省令は、平成十一年十月一日から施行する。

附　則（平九・一二・一五運令八一抄）

（施行期日）

1　この省令は、平成十年一月一日から施行する。

（経過措置）

2　〔前略〕第三条の規定による改正前の道路運送車両法施行規則第十号様式、第十一号様式、第十二号様式及び第十五号様式による検査標章再交付申請書・臨時検査合格標章再交付申請書・自動車予備検査証再交付申請書・限定自動車検査証再交付申請書・軽自動車届出済証再交付申請書、予備検査申請書、自動車予備検査証記入申請書及び軽自動車届出書（臨時運転番号標貸与証の交付を受けようとする場合）〔中略〕は、それぞれ〔中略〕第三条の規定による改正後の道路運送車両法施行規則第十号様式、第十一号様式、第十二号様式及び第十五号様式〔中略〕にかかわらず、当分の間、なおこれを使用することができる。この場合には、氏名を記載し、押印することに代えて、署名することができる。

3　第三条の規定による改正前の道路運送車両法施行規則第十五号様式及び第十七号様式の三による軽自動車届出書（軽自動車届出済証の交付を受けようとする場合）及び軽自動車届出済証記入申請書並びに第十二条の規定による改正前の道路運送車両法の一部を改正する法律の施行に伴う経過措置を定める省令第一号様式及び第三号様式による新規検査申請書・自動車検査証交付申請書及び自動車検査証記入申請書は、それぞれ第三条の規定による改正後の道路運送車両法施行規則第十五号様式及び第十七号様式の三並びに第十二条の規定による改正後の道路運送車両法の一部を改正する法律の施行に伴う経過措置を定める省令第一号様式及び第三号様式にかかわらず、当分の間、なおこれを使用することができる。この場合には、届出者（使用者）申請者（使用者）又は申請者は、氏名を記載し、押印することに代えて、署名することができる。

附　則（平一〇・五・二七運令三一抄）

（施行期日）

1　この省令は、公布の日から施行する。

附　則（平一〇・九・三〇運令六五抄）

（施行期日）

第一条　この省令は、平成十二年十月一日から施行する。ただし、第二条及び附則第三条の規定は、平成十三年十月一日から、第三条及び附則第四条の規定は、平成十四年十月一日から施行する。

附　則（平一〇・一〇・九運令六七抄）

沿革　平一一運令三七

（施行期日）

1　この省令は、道路運送車両法の一部を改正する法律（平成十年法律第七十四号）の施行の日（平成十年十一月二十四日）から施行する。

（道路運送車両法施行規則の一部改正に伴う経過措置）

2　この省令の施行の際現に、道路運送車両法の一部を改正する法律（平成十年法律第七十四号）による改正前の道路運送車両法（以下「旧法」という。）第八十五条第一項に規定する検査主任者に選任されている者は、この省令の施行後引き続き当該事業場の従業員である間は、この省令による改正後の道路運送車両法施行規則（以下「新規則」という。）第六十二条の二の二第一項第五号に規定する整備主任者とみなす。この場合において、自動車分解整備事業者が、この省令の施行前に旧法第八十七条の規定によりした届出は、新規則第六十二条の二の二第二項の規定によりした届出とみなし、当該事業場に対する新規則第五十七条第六号の適用については、同号中「自動車整備士技能検定規則（昭和二十六年運輸省令第七十一号）の規定による一級又は二級の自動車整備士の技能検定（当該事業場が原動機を対象とする分解整備を行う場合にあつては、二級自動車シャシ整備士の技能検定を除く。第六十二条の二の二第一項第五号において同じ。）に合格した者」とあるのは「道路運送車両法の一部を改正する法律（平成十年法律第七十四号）による改正前の道路運送車両法第八十五条第一項の規定により検査主任者として選任された者」と読み替えるものとする。

3　この省令の施行の際現に、この省令による改正前の道路運送車両法施行規則（以下「旧規則」という。）第六十二条の三の二第一項の認定を受けている自動車、旧規則第六十二条の四第一項の認定を受けている装置又は旧規則第六十三条第一項の認定を受けている装置については、旧規則第六十二条の二の三第四項、第六十二条の三の二第二項において準用する第六十二条の三第六項及び第七項、第六十二条の四第四項、同条第五項において準用する第六十二条の三第六項及び第六十三条第二項において準用する第六十三条第三項並びに第七十条第一項第七号から第九号までの規定は、なおその効力を有する。

4　この省令の施行の際現に、旧規則第六十二条の三の二第一項の認定を申請中の自動車、旧規則第六十二条の四第一項の認定を申請中の装置又は旧規則第六十三条の認定を申請中の装置については、旧規則第六十二条の二の三第四項、第六十二条の三の二第一項、同条第二項において準用する第六十二条の三第二項本文及び第三項、第四項、第六項及び第七項、第六十二条の四第一項、第二項及び第四項、同条第五項において準用する第六十二条の三第二項本文、第三項、第四項及び第七項、第六十三条第一項、同条第二項において準用する第六十二条の三第二項本文（第二号に係る部分を除く。）、第三項、第四項、第六項及び第七項、第六十三条第三項並びに第七十条第一項第七号から第九号までの規定は、なおその効力を有する。

5　第六十二条の四の規定は、この省令の施行の際現に、旧規則第六十二条の三の二第一項の認定を受けている自動車及び同項の認定を申請中の自動車について準用する。この場合において、第六十二条の四中「装置型式指定規則（平成十年運輸省令第六十六号）第二条第三号の騒音防止装置について法第七十五条の二第一項の申請をした者」とあるのは「旧規則第六十二条の三の二第一項の認定を受けた者」と、「指定を受けた騒音防止装置」とあるのは「認定を受けた騒音防止装置」と、「第十八号様式の二による型式指定番号標」とあるのは「旧規則第十八号様式の二による型式認定番号標」と読み替えるものとする。

6　第六十三条の規定は、この省令の施行の際現に、旧規則第六十二条の四第一項の認定を受けている装置及び同項の認定を申請中の装置について準用する。この場合において、第六十三条中「装置型式指定規則第二条第四号の一酸化炭素等発散防止装置について法第七十五条の二第一項の申請をした者」とあるのは「旧規則第六十二条の四第一項の認定を受けた者」と、「指定を受けた一酸化炭素等発散防止装置」とあるのは「認定を受けた一酸化炭素等発散防止装置」と読み替えるものとする。

附　則（平一〇・一二・八運令七六抄）

（施行期日）

1　この省令は、平成十二年十月一日から施行する。〔後略〕

附　則（平一一・八・六運令三七抄）

（施行期日）

1　この省令は、平成十一年九月三十日から施行する。

附　則（平一一・一〇・二七運令四六抄）

（施行期日）

1　この省令は、道路運送車両法の一部を改正する法律（平成十一年法律第六十六号）の施行の日〔平成一二年五月一日〕から施行する。

附　則（平一一・一二・二〇運令五一抄）

（施行期日）

第一条　この省令は、道路運送法の一部を改正する法律（平成十一年法律第四十八号。以下「改正法」という。）の施行の日（平成一二年二月一日）から施行する。

附　則（平一二・二・二一運令五抄）

（施行期日）

第一条　この省令中、〔中略〕第二条並びに附則第四条及び第五条の規定は、公布の日から、〔中略〕附則〔中略〕第三条の規定は、平成十三年十月一日から施行する。

附　則（平一二・三・二運令八）

（施行期日）

1　この省令は、平成十二年四月一日から施行する。

（経過措置）

2　民法の一部を改正する法律附則第三条第三項の規定により従前の例によることとされる準禁治産者及びその保佐人に関するこの省令による改正規定の適用については、第三条の規定による自動車登録番号標交付代行者規則第三条第四号ハの改正規定を除き、なお従前の例による。

附　則（平一二・七・三運令二五抄）

1　この省令は、平成十二年十月一日から施行する。

附　則（平一二・九・五運令三一抄）

沿革　平一五国交令八一改正

（施行期日）

第一条　この省令は、平成十四年十月一日から施行する。ただし、次条の規定は公布の日から、第二条及び附則第四条の規定は平成十五年十月一日から施行する。

附　則（平一二・一一・二九運令三九）

（施行期日）

第一条　この省令は、平成十三年一月六日から施行する。

（経過措置）

第二条　この省令による改正前の〔中略〕道路運送車両法施行規則第一号様式の三による封印取付受託者の標識、第四号様式による回送運行許可証、第十二号様式の三による検査標章、第十五号様式による軽自動車届出書、第十六号様式による軽自動車届出済証、第十七号様式の二による臨時運転番号標貸与証並びに第十七号様式の三による軽自動車届出済証記入申請書〔中略〕は、この省令による改正後のそれぞれの書式又は様式にかかわらず、当分の間、なおこれを使用することができる。

附　則（平一三・三・三〇国交令七二）

この省令は、平成十三年四月一日から施行する。

附　則（平一三・六・二五国交令九八）

この省令は、公布の日から施行する。

附　則（平一三・七・一一国交令一〇五抄）

（施行期日）

第一条　この省令は、道路運送法及びタクシー業務適正化臨時措置法の一部を改正する法律（平成一二年五月法律第八六号）の施行の日（平成十四年二月一日）から施行する。

附　則（平一三・八・三国交令一一四抄）

（施行期日）

第一条　この省令は、平成十五年十月一日から施行する。ただし、道路運送車両の保安基準第五十八条の改正規定並びに附則第二条及び第四条から第六条までの規定は、平成十三年九月一日から施行する。

附　則（平一三・一二・一四国交令一四六）

この省令は、自動車から排出される窒素酸化物の特定地域における総量の削減等に関する特別措置法の一部を改正する法律（平成十三年法律第七十三号）の施行の日（平成十三年十二月十五日）から施行する。

附　則（平一四・四・二国交令五八）

この省令は、検査法人法附則第一条ただし書に規定する規定の施行の日（平成十四年七月一日）から施行する。

附　則（平一四・六・二八国交令七九）

（施行期日）

第一条　この省令は、平成十四年七月一日から施行する。

（経過措置）

第二条　この省令の施行の際現にあるこの省令による改正前の様式又は書式による申請書、証明書その他の文書は、この省令による改正後のそれぞれの様式又は書式にかかわらず、当分の間、なおこれを使用することができる。

附　則（平一四・六・二八国交令八〇）

この省令は、平成十四年十月一日から施行する。

附　則（平一四・七・三国交令八四抄）

（施行期日）

第一条　この省令は、平成十四年九月一日から施行する。

附　則（平一四・七・二二国交令八九抄）

（施行期日）

第一条　この省令は、平成十四年十月一日から施行する。

（経過措置）

第二条　この省令の施行の際現に道路運送車両法（以下「法」という。）の規定により登録を受けている自動車の種別については、次に掲げる日のいずれか早い日までの間は、改正後の道路運送車両法施行規則別表第一の規定にかかわらず、なお従前の例による。

一　当該自動車がこの省令の施行後初めて受ける継続検査、臨時検査又は構造等変更検査の日

二　当該自動車についてこの省令の施行後初めて法第十四条の規定により自動車登録番号を変更する日

附　則（平一五・二・一四国交令一一抄）

（施行期日）

第一条　この省令は、鉄道事業法等の一部を改正する法律（平成一四年六月法律第七七号）の施行の日（平成十五年四月一日）から施行する。

附　則（平一五・三・一二国交令一八）

（施行期日）

1　この省令は、道路運送車両法の一部を改正する法律（平成十四年法律第八十九号）の一部の施行の日（平成十五年四月一日）から施行する。

（経過措置）

2　この省令の施行の際現に整備管理者に選任されていた者については、この省令による改正後の道路運送車両法施行規則第三十一条の四各号に掲げる者に該当する者とみなす。

附　則（平一五・七・三国交令八〇）

（施行期日）

第一条　この省令は、平成十六年一月一日から施行する。

（経過措置）

第二条　この省令の施行前に交付したこの省令による改正前の道路運送車両法施行規則第十二号様式の三による検査標章又はこの省令による改正前の自動車の登録及び検査に関する申請書等の様式等を定める省令第十号様式から第十八号様式までによる登録事項等通知書、抹消登録証明書、登録事項等証明書、自動車検査証、自動車検査証返納証明書、自動車予備検査証若しくは限定自動車検査証は、それぞれこの省令による改正後の自動車の登録及び検査に関する申請書等の様式等を定める省令第十一号様式から第二十号様式までによるものとみなす。

2　この省令による改正前の道路運送車両法施行規則第十二号

様式の三による検査標章は、この省令による改正後の自動車の登録及び検査に関する申請書等の様式等を定める省令第二十号様式にかかわらず、当分の間、なおこれを使用することができる。

附　則（平一五・七・七国交令八一抄）

（施行期日）

第一条　この省令は、公布の日から施行する。ただし、〔中略〕次条（道路運送車両法施行規則（昭和二十六年運輸省令第七十四号）第六十二条の四中「第三条第十四号」を「第二条第十七号」に改める部分、同令第六十三条中「第二条第十五号」を「第二条第十八号」に改める部分、同令附則第百一項及び第百二項を削る部分並びに同令第十八号様式の三及び第二十二号様式を改める部分を除く。）、附則第三条及び第六条の規定は平成十五年十月一日から施行する。

附　則（平一五・八・四国交令八七）

この省令は、道路運送車両法の一部を改正する法律（平成一四年七月法律第八九号）附則第一条第三号に掲げる規定の施行の日（平成十六年一月一日）から施行する。

附　則（平一五・九・二六国交令九五）

この省令は、平成十五年十月一日から施行する。

附　則（平一六・三・三国交令三四）

この省令は、公布の日から施行する。

附　則（平一六・三・二一国交令三六）

この省令は、公布の日から施行する。

附　則（平一六・三・三一国交令三七抄）

（施行期日）

第一条　この省令は、平成十六年七月一日から施行する。

附　則（平一六・五・二一国交令六五抄）

（施行期日）

第一条　この省令は、公布の日から施行する。

（道路運送車両法施行規則の一部改正に伴う経過措置）

第三条　第二条の規定の施行の際現に同条の規定による改正前の道路運送車両法施行規則（次項において「旧道路運送車両法施行規則」という。）第三十六条第七項第三号の認定を受けている者は、第二条の規定の施行の日から起算して六月を経過するまでの間は、第二条の規定による改正後の道路運送車両法施行規則（次項において「新道路運送車両法施行規則」という。）第三十六条第七項第三号の登録を受けているものとみなす。

2　第二条の規定の施行前に交付された旧道路運送車両法施行規則第三十六条第七項第三号の規定による書面は、新道路運送車両法施行規則第三十六条第七項第三号の規定による書面とみなす。

（処分、手続等の効力に関する経過措置）

第十一条　この省令の施行前に、この省令による改正前の道路運送車両法施行規則、船舶に乗り組む医師及び衛生管理者に関する省令、救命艇手規則、小型船造船業法施行規則、海洋汚染及び海上災害の防止に関する法律施行規則又は鉄道事業法施行規則の規定によりした処分、手続その他の行為は、附則第二条から前条までの規定に定めるものを除き、この省令による改正後の道路運送車両法施行規則、船舶に乗り組む医師及び衛生管理者に関する省令、救命艇手規則、小型船造船業法施行規則、海洋汚染及び海上災害の防止に関する法律施行規則又は鉄道事業法施行規則の相当規定によりした処分、手続その他の行為とみなす。

附　則（平一六・八・一七国交令八三）

（施行期日）

第一条　この省令は、道路運送車両法の一部を改正する法律〔平成一四年七月法律第八九号〕附則第一条本文の規定の施行の日（平成十七年一月一日）から施行する。

（経過措置）

第二条　この省令の施行前に交付したこの省令による改正前の道路運送車両法施行規則第十三号様式による自動車予備検査証及び第十三号様式の二による限定自動車検査証並びにこの省令による改正前の自動車の登録及び検査に関する申請書等の様式等を定める省令第十二号様式による抹消登録証明書及び第十七号様式による自動車検査証返納証明書は、それぞれこの省令による改正後の自動車の登録及び検査に関する申請書等の様式等を定める省令軽第十一号様式、軽第十二号様式、第十三号様式及び第二十号様式によるものとみなす。

2　この省令による改正前の道路運送車両法施行規則第十号様式による申請書並びにこの省令による改正前の自動車の登録及び検査に関する申請書等の様式等を定める省令第一号様式及び専用第四号様式による請求書及び専用第四号様式による申請書は、この省令による改正後のそれぞれの様式にかかわらず、当分の間、なおこれを使用することができる。

（道路運送車両法の一部を改正する法律の施行に伴う経過措置を定める省令の廃止）

第三条　道路運送車両法の一部を改正する法律の施行に伴う経過措置を定める省令（昭和四十八年運輸省令第三十二号）は、廃止する。

2　この省令の施行前に交付したこの省令による廃止前の道路運送車両法の一部を改正する法律の施行に伴う経過措置を定める省令第七号様式の三による限定自動車検査証は、この省令による改正後の自動車の登録及び検査に関する申請書等の様式等を定める省令軽第十二号様式によるものとみなす。

3　この省令による廃止前の道路運送車両法の一部を改正する法律の施行に伴う経過措置を定める省令第一号様式から第六号様式まで及び専用第一号様式から専用第三号様式までによる申請書は、当分の間、なおこれを使用することができる。

附　則（平一七・三・七国交令一二抄）

（施行期日）

第一条　この省令は、公布の日から施行する。

附　則（平一七・三・一一国交令一四抄）

（施行期日）

第一条　この省令は、平成十七年三月三十一日から施行する。

附　則（平一七・三・二八国交令二一）

この省令は、民法の一部を改正する法律（平成一六年一二月法律第一四七号）の施行の日（平成十七年四月一日）から施行する。

附　則（平一七・五・二〇国交令五七抄）

（施行期日）

第一条　この省令は、自動車関係手続における電子情報処理組織の活用のための道路運送車両法等の一部を改正する法律〔平成一六年五月法律第五五号〕（次条において「改正法」という。）附則第一条ただし書に規定する規定の施行の日（平成十七年五月二十五日）から施行する。

（経過措置）

第二条　改正法附則第三条第二項の国土交通省令で定める者は、改正法附則第一条ただし書に規定する規定の施行の際現に改正法附則第三条第一項前段の規定により新許可を受けた者とみなされる者とする。

附　則（平一七・六・二九国交令七一）

この省令は、公布の日から施行する。

附　則（平一七・一一・二国交令一〇四抄）

（施行期日）

第一条　この省令は、平成十七年十二月二十六日から施行する。

（経過措置）

第二条　自動車関係手続における電子情報処理組織の活用のための道路運送車両法等の一部を改正する法律（以下「改正法」という。）附則第二条第一項の国土交通省令で定める自動車は、次に掲げる自動車とする。

一　登録を受けたことがある自動車

二　軽自動車

三　小型特殊自動車

四　二輪の小型自動車

第三条　改正法附則第四条の国土交通省令で定める自動車は、次に掲げる自動車とする。

一　軽自動車

二　小型特殊自動車

三　二輪の小型自動車

第四条　改正法附則第四条の国土交通省令で定める期間は、完成検査終了証の発行の日から九月間とする。

第五条　この省令の施行前に第一条の規定による改正前の道路運送車両法施行規則（以下「旧道路運送車両法施行規則」という。）第六十三条の規定により排出ガス検査終了証を発行し、これを一酸化炭素等発散防止装置指定自動車（検査対象軽自動車及び二輪の小型自動車を除く。）の譲受人に交付した者（次項において「排出ガス検査終了証交付者」という。）が、あらかじめ、新規検査又は予備検査を申請する者（次項において「申請者」という。）の書面又は電磁的方法による承諾を得て、当該排出ガス検査終了証に記載されていた事項を電磁的方法により登録情報処理機関に提供したときは、第一条の規定による改正後の道路運送車両法施行規則（次条において「新道路運送車両法施行規則」という。）第六十三条第四項の規定により同項に規定する事項の提供がされたものとみなす。

2　前項の規定による承諾を得た排出ガス検査終了証交付者は、申請者から書面又は電磁的方法により、電磁的方法による登録情報処理機関への提供を承諾しない旨の申出があったときは、登録情報処理機関に対し、当該排出ガス検査終了証に記載されていた事項の提供を電磁的方法によってしてはならない。ただし、申請者が再び同項の規定による承諾をした場合は、この限りでない。

附　則（平一八・三・三一国交令二二）

この省令は、平成十八年十月一日から施行する。ただし、〔中略〕第二条の規定は、平成十八年七月一日から施行する。

附　則（平一八・三・三一国交令三〇抄）

（施行期日）

第一条　この省令は、平成十八年四月一日から施行する。

附　則（平一八・三・三一国交令三二抄）

（施行期日）

第一条　この省令は、所得税法等の一部を改正する等の法律（平成十八年法律第十号）の施行の日（平成十八年四月一日。以下「施行日」という。）から施行する。

附　則（平一八・四・二八国交令五八抄）

第一条　この省令は、会社法（平成一七年七月法律第八六号）の施行の日（平成十八年五月一日）から施行する。

（経過措置）

第三条　この省令の施行前にしたこの省令による改正前の省令の規定による処分、手続その他の行為は、この省令による改正後の省令（以下「新令」という。）の規定の適用については、新令の相当規定によってしたものとみなす。

附　則（平一八・五・一九国交令六六）

（施行期日）

第一条　この省令は、公布の日から施行する。ただし、第一条中道路運送車両法施行規則第三十五条の三第一項に一号を加える改正規定及び同令第四十三条の二に一号を加える改正規定は、平成十八年八月一日から施行する。

（経過措置）

第二条　前条ただし書に規定する規定の施行の際現に、道路運送車両法（以下「法」という。）の規定により登録を受けている自動車に係る自動車検査証の記載事項については、次に掲げる日のいずれか早い日までの間は、第一条の規定による改正後の道路運送車両法施行規則（以下「新施行規則」という。）第三十五条の三の規定にかかわらず、なお従前の例による。

一　当該自動車について法第十五条第一項の申請に基づく永久抹消登録を受ける日

二　当該自動車について法第十五条第五項の規定により永久抹消登録のあった旨の通知を受ける日

三　当該自動車について法第十五条の二第一項の申請に基づく輸出抹消仮登録を受ける日

四　当該自動車がこの省令の施行後初めて法第十六条第一項の申請に基づく一時抹消登録を受ける日

五　当該自動車がこの省令の施行後初めて受ける構造等変更検査の日

第三条　この省令の施行の際現に、法の規定による認証を受けて自動車分解整備事業を経営している者及び法の規定により自動車分解整備事業の認証を申請している者に係る法第八十条第一項第一号の規定による基準（一酸化炭素測定器及び炭化水素測定器に係るものに限る。）については、新施行規則別表第五の規定にかかわらず、この省令の施行の日から二年間を経過する日までの間は、なお従前の例による。

附　則（平一八・九・七国交令八六抄）

（施行期日）

第一条　この省令は、道路運送法等の一部を改正する法律（平成一八年五月法律第四〇号）の施行の日（平成十八年十月一日）から施行する。

附　則（平一八・九・二一国交令八九）

（施行期日）

1　この省令は、平成十八年十月十日から施行する。〔後略〕

（経過措置）

2　この省令（前項ただし書に規定する規定については、当該規定）の施行前に道路運送車両法の規定により登録された自動車登録番号又は指定を受けた車両番号であって、この省令の施行により新たに自動車登録規則第十三条又は道路運送車両法施行規則第三十六条の十七、第三十六条の十八若しくは第六十三条の二第四項に規定する基準に適合しなくなったものについては、これらの規定に規定する基準に適合するものとみなすことができる。

附　則（平一八・一二・九国交令一〇六抄）

（施行期日）

1　この省令は、平成十九年一月四日から施行する。ただし、第一条の規定中第六十二条の二の三及び第七号様式の三の改正規定は、公布の日から施行する。

附　則（平一九・三・三〇国交令三五抄）

（施行期日）

1　この省令は、平成十九年四月一日から施行する。

附　則（平一九・五・一七国交令六〇抄）

（施行期日）

第一条　この省令は、平成十九年七月三十一日から施行する。ただし、次の各号に掲げる規定は、当該各号に定める日から施行する。

一　（略）

二　第二条の規定　平成二十年八月一日

附　則（平一九・六・二九国交令六八抄）

（施行期日）

1　この省令は、平成十九年六月二十九日から施行する。

附　則（平一九・一一・九国交令八七）

この省令は、平成十九年十一月十日から施行する。

附　則（平一九・一一・一六国交令八九）

（施行期日）

1　この省令は、道路運送法等の一部を改正する法律〔平成一八年五月法律第四〇号〕附則第一条第三号に掲げる規定の施行の日（平成十九年十一月十八日）から施行する。

（経過措置）

2　この省令の施行の際現に交付されている第一条の規定による改正前の道路運送車両法施行規則第二十二号様式による証票は、第一条の規定による改正後の道路運送車両法施行規則第二十二号様式による証票とみなす。

附　則（平一九・一二・二八国交令九五）

この省令は、自動車検査独立行政法人法及び道路運送車両法の一部を改正する法律〔平成一九年三月法律第九号〕附則第一条ただし書に規定する規定の施行の日（平成二十年一月一日）から施行する。

附　則（平二〇・七・七国交令五九抄）

（施行期日）

第一条　この省令は、公布の日から施行する。〔後略〕

附　則（平二〇・九・一国交令七六抄）

（施行期日）

第一条　この省令は、道路運送法等の一部を改正する法律〔平成一八年五月法律第四〇号〕（以下「改正法」という。）附則第一条第四号に掲げる規定の施行の日（平成二十年十一月四日）から施行する。〔後略〕

附　則（平二一・六・八国交令三九）

この省令は、公布の日から施行する。

附　則（平二三・一一・七国交令七九）

この省令は、公布の日から施行する。

附　則（平二四・三・二六国交令二一）

この省令は、民法等の一部を改正する法律（平成二十三年法律第六十一号）の施行の日（平成二十四年四月一日）から施行する。

附　則（平二五・一一・二二国交令八八）

この省令は、公布の日から施行する。

附　則（平二五・一二・三国交令九三抄）

（施行期日）

第一条　この省令は、平成二十六年一月一日から施行する。

（道路運送車両法施行規則の一部改正に伴う経過措置）

第二条　第二条の規定による改正前の自動車の登録及び検査に関する申請書等の様式等を定める省令（以下「旧様式省令」という。）軽第九号様式による検査標章の表示については、第一条の規定による改正後の道路運送車両法施行規則（以下「新施行規則」という。）第三十七条の三第一項の規定にかかわらず、なお従前の例による。

2　道路運送車両法施行規則等の一部を改正する省令（昭和四十八年運輸省令第三十三号）第一条の規定による改正前の道路運送車両法施行規則第十四号様式による車両番号標を表示する検査対象軽自動車（運転者室又は前面ガラスのないものに限る。）についての第二条の規定による改正後の自動車の登録及び検査に関する申請書等の様式を定める省令（以下「新様式省令」という。）軽第九号様式による検査標章の表示については、新施行規則第三十七条の三第一項の規定にかかわらず、なお従前の例による。

附　則（平二六・二・四国交令九）

この省令は、公布の日から施行する。

附　則（平二六・九・一国交令七二）

この省令は、公布の日から施行する。

附　則（平二六・九・三〇国交令七五抄）

（施行期日）

1　この省令は、平成二十六年十月一日から施行する。

附　則（平二六・一〇・一七国交令八三）

（施行期日）

1　この省令は、平成二十六年十一月十七日から施行する。

（経過措置）

2　この省令の施行前に道路運送車両法の規定により登録された自動車登録番号又は指定を受けた車両番号であって、この省令の施行により新たに自動車登録規則第十三条又は道路運送車両法施行規則（次項において「車両規則」という。）第三十六条の十七、第三十六条の十八若しくは第六十三条の二第四項に規定する基準に適合しないこととなったものについては、この省令による改正後の自動車登録規則別表第一の規定にかかわらず、なお従前の例によることができる。

3　この省令の施行後に道路運送車両法又は車両規則の規定により貸与する臨時運行許可番号標、回送運行許可番号標又は臨時運転番号標の様式については、この省令による改正後の車両規則第三号様式備考(2)の規定にかかわらず、当分の間、なお従前の例によることができる。

附　則（平二六・一一・二八国交令八九）

この省令は、平成二十七年四月一日から施行する。

附　則（平二七・三・一九国交令一〇）

この省令は、公布の日から施行する。

附　則（平二七・三・一九国交令一一）

この省令は、特定製品に係るフロン類の回収及び破壊の実施の確保等に関する法律の一部を改正する法律〔平成二五年六月法律第三九号〕の施行の日（平成二十七年四月一日）から施行する。

附　則（平二七・三・三〇国交令一六）

この省令は、公布の日から施行する。

附　則（平二七・三・三一国交令二〇）

この省令は、平成二十七年四月一日から施行する。

附　則（平二七・六・一五国交令四七抄）

（施行期日）

1　この省令は、公布の日から施行する。

附　則（平二七・六・二四国交令四八）

この省令は、道路運送車両法及び自動車検査独立行政法人法の一部を改正する法律〔平成二七年六月法律第四四号〕の公布の日〔平成二七年六月二四日〕から施行する。

附　則（平二七・七・一〇国交令五二抄）

（施行期日）

1　この省令は、公布の日から施行する。

附　則（平二七・一二・九国交令八二抄）

（施行期日）

第一条　この省令は、公布の日から施行する。ただし、第三条、第八条、第十七条、第二十四条及び第二十五条の規定は、行政手続における特定の個人を識別するための番号の利用等に関する法律（平成二十五年法律第二十七号。以下「番号利用法」という。）附則第一条第四号に掲げる規定の施行の日（平成二十八年一月一日）から施行する。

附　則（平二七・一二・二八国交令八七）

この省令は、平成二十八年四月一日から施行する。

附　則（平二八・一・二〇国交令二）

この省令は、道路運送車両法及び自動車検査独立行政法人法の一部を改正する法律〔平成二七年六月法律第四四号〕附則第一条第二号に掲げる規定の施行の日（平成二十八年二月一日）から施行する。

附　則（平二八・三・一国交令一四抄）

（確認調査に係る国土交通省令で定める区域）

第十五条　道路運送車両法及び自動車検査独立行政法人法の一部を改正する法律の施行に伴う関係政令の整備及び経過措置に関する政令（平成二十八年政令第二十一号。以下「整備政令」という。）第十八条第一号の国土交通省令で定める区域は、次に掲げる区域とする。

一　福島運輸支局の管轄区域のうちいわき自動車検査登録事務所の管轄区域以外の区域

二　東京運輸支局の管轄区域のうち八王子自動車検査登録事務所の管轄区域以外の区域

三　神奈川運輸支局の管轄区域のうち湘南自動車検査登録事務所の管轄区域以外の区域

四　愛知運輸支局の管轄区域のうち豊橋自動車検査登録事務所の管轄区域以外の区域

五　福岡運輸支局の管轄区域のうち北九州自動車検査登録事務所、久留米自動車検査登録事務所及び筑豊自動車検査登録事務所の管轄区域以外の区域

（積立金の処分に関する経過措置）

第十六条　整備政令第二十三条第二項に規定する添付書類は、次に掲げるものとする。

一　独立行政法人交通安全環境研究所（以下「研究所」という。）の平成二十七年四月一日に始まる事業年度（以下「最終事業年度」という。）の事業年度末の貸借対照表

二　研究所の最終事業年度の損益計算書

三　研究所の最終事業年度の事業年度末の利益の処分に関する書類

四　承認を受けようとする金額の計算の基礎を明らかにした書類

附　則（平二八・三・一国交令一四抄）

（施行期日）

第一条　この省令は、平成二十八年四月一日から施行する。

附　則（平二八・一〇・七国交令七三）

この省令は、公布の日から施行する。ただし、第一条中道路運送車両の保安基準第四十三条の六の次に一条を加える改正規定、第三条の規定〔中略〕は、平成二十八年十月八日から施行する。

附　則（平二八・一一・一五国交令七八抄）

（施行期日）

第一条　この省令は、平成二十八年十二月一日から施行する。ただし、次の各号に掲げる規定は、当該各号に定める日から施行する。

一　第一条の規定、第二条中道路運送車両法施行規則第三十六条第十二項の改正規定及び第六条の規定　公布の日

二　〔略〕

附　則（平二八・一二・二八国交令八七抄）

（施行期日）

第一条　この省令は、平成二十九年一月一日から施行する。ただし、第一条中第一号様式備考(6)の改正規定を除く。）〔中略〕の規定は、平成二十九年四月一日から施行する。

附　則（平二九・六・一五国交令三八）

（施行期日）

1　この省令は、道路運送車両法の一部を改正する法律〔平成二九年五月法律第四〇号〕の施行の日〔平成二九年六月一五日〕から施行する。

（経過措置）

2　この省令の施行の際現に交付されている第一条の規定による改正前の道路運送車両法施行規則第十八号様式の三及び第二十二号様式による証票は、同条の規定による改正後の道路運送車両法施行規則第十八号様式の三及び第二十二号様式による証票とみなす。

附　則（平二九・七・一九国交令四六）

この省令は、公布の日から施行する。

附　則（平二九・九・二九国交令五六）

この省令は、学校教育法の一部を改正する法律〔平成二九年五月法律第四一号〕の施行の日（平成三十一年四月一日）から施行する。

附　則（平三〇・六・二七国交令五一）

この省令は、平成三十年十月一日から施行する。

附　則（平三〇・七・一九国交令五九抄）

（施行期日）

1　この省令は、公布の日から施行する。

附　則（平三〇・八・一〇国交令六二）

この省令は、公布の日から施行する。

附　則（平三一・一・四国交令一）

1　この省令は、平成三十一年七月一日から施行する。

（経過措置）

2　この省令の施行の際現にあるこの省令による改正前の道路運送車両法施行規則（以下「旧規則」という。）第十六号様式による軽自動車届出済証及び第十七号様式の二による臨時運転番号標貸与証は、それぞれこの省令による改正後の道路運送車両法施行規則（以下「新規則」という。）軽二輪第八号様式による軽自動車届出済証及び軽二輪第九号様式による臨時運転番号標貸与証とみなす。

3　この省令の施行の際現にある旧規則第六十三条の六第二項の規定により軽自動車届出済証を返納した者に交付された軽自動車届出済証返納証明書は、新規則軽二輪第十号様式による軽自動車届出済証返納証明書とみなす。

附　則（平三一・三・八国交令八抄）

（施行期日）

1　この省令は、公布の日から施行する。

附　則（令元・六・一四国交令一四）

この省令は、公布の日から施行する。

附　則（令元・六・二八国交令二〇）

この省令は、不正競争防止法等の一部を改正する法律（平成三〇年五月法律第三三号）の施行の日（令和元年七月一日）から施行する。

附　則（令元・九・一〇国交令三三抄）

（施行期日）

1　この省令は、地方税法等の一部を改正する等の法律〔平成二八年三月法律第一三号〕附則第一条第五号の四に掲げる規定の施行の日（令和元年十月一日）から施行する。

附　則（令元・一〇・一五国交令四〇抄）

（施行期日）

第一条　この省令は、令和元年十一月十五日から施行する。

〔後略〕

附　則（令元・一二・一六国交令四七抄）

（施行期日）

第一条　この省令は、情報通信技術の活用による行政手続等に係る関係者の利便性の向上並びに行政運営の簡素化及び効率化を図るための行政手続等における情報通信の技術の利用に関する法律等の一部を改正する法律〔令和元年五月法律第一六号〕の施行の日（令和元年十二月十六日）から施行する。

附　則（令二・二・六国交令六抄）

（施行期日）

第一条　この省令は、道路運送車両法の一部を改正する法律〔令和元年五月法律第一四号〕（以下「改正法」という。）の施行の日〔令和二年四月一日〕（以下「施行日」という。）から施行する。〔後略〕

（経過措置）

第二条　施行日において現に改正法による改正前の道路運送車両法の規定による認証を受けて自動車分解整備事業を経営している者及び同法の規定により自動車分解整備事業の認証を申請している者に係る同法第七十八条第二項の規定により限定された対象とする自動車の種類その他業務の範囲、同条第三項の規定により附された条件及び同法第八十九条第一項の規定により掲げる標識については、第一条の規定による改正後の道路運送車両法施行規則（以下「新施行規則」という。）第二十号様式の規定にかかわらず、施行日以後初めて改正法による改正後の道路運送車両法第八十一条第一項の規定による届出（同項第二号に係るものを除く。）をするまでの間は、なお従前の例による。

第三条　改正法附則第二条第二項前段の国土交通省令で定める整備又は改造は、新施行規則第三条に規定する分解整備とする。

第四条　改正法附則第二条第二項の規定により自動車特定整備事業に相当する事業を経営している者が、施行日から起算して四年を経過する日までの間に引き続き経営することができる当該事業の範囲は、次の各号に掲げる区分に応じ、それぞれ当該各号に掲げるものとする。

一　新施行規則第三条第八号に規定する機能の調整を行う自動車の整備若しくは改造又はこれに相当する事業を経営している者　当該機能の調整を行う自動車の整備又は改造

二　新施行規則第三条第八号イに規定するセンサーの取り外し若しくは取付位置若しくは取付角度の変更を行う自動車の整備若しくは改造又はこれに相当する事業を経営している者　当該センサーの取り外し又は取付位置若しくは取付角度の変更を行う自動車の整備又は改造

三　新施行規則第三条第八号ロに規定する電子計算機の取り外し若しくは取付位置若しくは取付角度の変更を行う自動車の整備若しくは改造又はこれに相当する事業を経営している者　当該電子計算機の取り外し又は取付位置若しくは取付角度の変更を行う自動車の整備又は改造

四　新施行規則第三条第八号ハに規定する自動車の車体前部の取り外し若しくは取付位置若しくは取付角度の変更を行う自動車の整備若しくは改造又はこれに相当する事業を経営している者　当該車体前部の取り外し又は取付位置若しくは取付角度の変更を行う自動車の整備又は改造

五　新施行規則第三条第八号ハに規定する自動車の窓ガラスの取り外し若しくは取付位置若しくは取付角度の変更を行う自動車の整備若しくは改造又はこれに相当する事業を経営している者　当該窓ガラスの取り外し又は取付位置若しくは取付角度の変更を行う自動車の整備又は改造

第五条　施行日において現に第一条の規定による改正前の道路運送車両法施行規則（以下この項及び次条において「旧施行規則」という。）第六十二条の二の二第一項第五号に規定する整備主任者である者並びに道路運送車両法の一部を改正する法律（昭和四十四年法律第六十八号）附則第二条第四項及び道路運送車両法施行規則等の一部を改正する省令（平成十年運輸省令第六十七号）附則第二項の規定により旧施行規則第六十二条の二の二第一項第五号に規定する整備主任者とみなされている者（次項において「旧整備主任者」という。）は、施行日以後引き続き当該事業場の従業員である間は、新施行規則第六十二条の二の二第一項第七号（同号イに掲げる事業場の区分に限る。）に規定する整備主任者とみなす。

2　前項の規定により整備主任者とみなされている者（旧整備主任者に限る。）に対する新施行規則第六十二条の二の二第一項第七号の適用については、同号ハ中「一級二輪自動車整備士若しくは二級の自動車整備士の技能検定に合格した者」とあるのは、「道路運送車両法の一部を改正する法律（昭和四十四年法律第六十八号）附則第二条第四項及び道路運送車両法施行規則等の一部を改正する省令（平成十年運輸省令第六十七号）附則第二項の規定により道路運送車両法施行規則第六十二条の二の二第一項第五号に規定する整備主任者とみなされている者」とすることができる。

第六条 施行日において現に交付されている旧施行規則第二十二号様式による証票は、新施行規則第二十二号様式による証票とみなす。

附　則（令二・三・三一国交令二〇）

この省令は、道路運送車両法の一部を改正する法律〔令和元年五月法律第一四号〕の施行の日（令和二年四月一日）から施行する。

附　則（令二・八・五国交令六七）

この省令は、道路運送車両法の一部を改正する法律（令和元年法律第十四号）附則第一条第四号に掲げる規定の施行の日（令和二年十一月二十三日）から施行する。〔後略〕

附　則（令二・九・一国交令七三）

この省令は、公布の日から施行する。

附　則（令二・一〇・三〇国交令八四抄）

（施行期日）

第一条 この省令は、令和三年四月一日から施行する。ただし、第一条、第三条及び附則第三条の規定は、公布の日から施行する。

附　則（令二・一二・二三国交令九八）

（施行期日）

1　この省令は、令和三年一月一日から施行する。

（経過措置）

2　この省令の施行の際現にあるこの省令による改正前の様式による用紙は、当分の間、これを取り繕って使用することができる。

附　則（令三・三・三一国交令二八）

この省令は、令和五年一月一日から施行する。ただし、第五十一条の三、第六十二条の四、第六十七条の二第一項、第六十九条第一項、第六十九条の二（見出しを含む。）及び第六十九条の三の改正規定は、公布の日から施行する。

附　則（令三・六・九国交令四〇抄）

（施行期日）

第一条 この省令は、令和三年六月十日から施行する。〔後略〕

附　則（令三・九・三〇国交令五九抄）

（施行期日）

第一条 この省令は令和三年九月三十日から施行する。

附　則（令四・三・三一国交令三六抄）

（施行期日）

第一条 この省令は、公布の日から施行する。

（経過措置）

第二条 この省令の施行前に道路運送車両法第三十五条第四項（法第七十三条第二項において準用する場合を含む。）の規定により貸与した臨時運行許可番号標でこの省令の施行の際現に効力を有するものの表示の位置及び方法については、この省令による改正後の道路運送車両法施行規則第二十四条の規定にかかわらず、なお従前の例による。

附　則（令四・五・二〇国交令四五抄）

（施行期日）

第一条 この省令は、道路運送車両法の一部を改正する法律（令和元年法律第十四号）附則第一条第六号に掲げる規定の施行の日（令和五年一月一日）から施行する。〔後略〕

（経過措置）

第二条 第一条の規定による改正後の道路運送車両法施行規則第三十五条の三、第四十九条の四及び第四十九条の十八の規定の適用については、令和五年十二月三十一日までの間は、第三十五条の三中「車両番号。以下第四十九条の二第一項第一号イを除き同じ。」とあるのは「車両番号。第三十七条の四において同じ。」と、第四十九条の四及び第四十九条の十八中「運輸監理部長又は運輸支局長（法第七十四条の四の規定の適用があるときは、軽自動車検査協会」とあるのは、「運輸監理部長又は運輸支局長」とする。

附　則（令四・五・二五国交令四六抄）

（施行期日）

第一条 この省令は、令和九年一月一日から施行する。〔後略〕

（道路運送車両法施行規則の一部改正に伴う経過措置）

第八条 少なくとも一人の旧検定に合格した者を有する事業場に関して第三条の規定による改正後の道路運送車両法施行規則（以下「新道路運送車両法施行規則」という。）第五十七条及び第六十二条の二の二の規定を適用する場合においては、次の表の上欄に掲げる新道路運送車両法施行規則の規定中同表の中欄に掲げる字句は、それぞれ同表の下欄に掲げる字句とする。

第五十七条第七号イ(1)	又は二級自動車整備士（総合）	若しくは二級自動車整備士（総合）又は自動車整備士技能検定規則等の一部を改正する省令（令和四年国土交通省令第四十六号）第二条の規定による改正前の自動車整備士技能検定規則（以下「旧検定規則」という。）の規定による一級若しくは二級の自動車整備士（二級自動車シャシ整備士を除く。）
	又は三級自動車整備士（総合）	若しくは三級自動車整備士（総合）又は旧検定規則の規定による一級、二級若しくは三級の自動車整備士
第五十七条第七号イ(2)	又は二級の自動車整備士	若しくは二級の自動車整備士又は旧検定規則の規定による一級若しくは二級の自動車整備士（二級自動車シャシ整備士を除く。）
	又は三級の自動車整備士	若しくは三級の自動車整備士又は旧検定

		規則の規定による一級、二級若しくは三級の自動車整備士
第五十七条第七号イ(3)及び(4)	又は検定規則の規定による自動車車体・電子制御装置整備士の技能検定に合格した者であつて国土交通大臣が定める講習を修了した者を	若しくは検定規則の規定による自動車車体・電子制御装置整備士の技能検定に合格した者であつて国土交通大臣が定める講習を修了した者又は旧検定規則の規定による一級若しくは二級の自動車整備士の技能検定に合格した者を
	又は検定規則の規定による自動車車体・電子制御装置整備士の技能検定に合格した者であつて国土交通大臣が定める講習を修了した者の	若しくは検定規則の規定による自動車車体・電子制御装置整備士の技能検定に合格した者であつて国土交通大臣が定める講習を修了した者又は旧検定規則の規定による一級、二級若しくは三級の自動車整備士の技能検定に合格した者の
第五十七条第七号ロ	又は自動車車体・電子制御装置整備士の技能検定に合格した者を	若しくは自動車車体・電子制御装置整備士の技能検定に合格した者又は旧検定規則の規定による一級の自動車整備士（一級二輪自動車整備士を除く。）の技能検定に合格した者若しくは旧検定規則の規定による一級二輪自動車整備士、二級の自動車整備士、自動車車体整備士若しくは自動車電気装置整備士の技能検定に合格した者であつて電子制御装置整備に必要な知識及び技能について運輸監理部長若しくは運輸支局長が行う講習を修了した者を
	又は自動車車体・電子制御装置整備士の技能検定に合格した者の	若しくは自動車車体・電子制御装置整備士又は旧検定規則の規定による一級、二級若しくは三級の自動車整備士、自動車車体整備士若しくは自動車電気装置整備士の技能検定に合格した者の
第五十七条第七号ハ(1)	又は二級自動車整備士（総合）の技能検定に合格した者	若しくは二級自動車整備士（総合）の技能検定に合格した者又は旧検定規則の規定による一級の自動車整備士（一級二輪自動車整備士を除く。）の技能検定に合格した者若しくは旧検定規則の規定による一級二輪自動車整備士若しくは二級の自動車整備士（二級自動車シャシ整備士を除く。）の技能検定に合格した者であつて電子制御装置整備に必要な知識及び技能について運輸監理部長若しくは運輸支局長が行う講習を修了した者を
	又は三級自動車整備士（総合）	若しくは三級自動車整備士（総合）又は旧検定規則の規定による一級、二級若しくは三級の自動車整備士
第五十七条第七号ハ(2)	又は検定規則の規定による自動車車体・電子制御装置整備士の技能検定に合格した者であつて国土交通大臣が定める講習を修了した者を	若しくは検定規則の規定による自動車車体・電子制御装置整備士の技能検定に合格した者であつて国土交通大臣が定める講習を修了した者又は旧検定規則の規定による一級の自動車整備士（一級二輪自動車整備士を除く。）の技能検定に合格した者若しくは旧検定規則の規定による一級二輪自動車整備士若しくは二級の自動車整備士の技能検定に合格した者であつて電子制御装置整備に必要な知識及び技能について運輸監理部長若しくは運輸支局長が行う講習を修了した者を
	又は検定規則の規定による自動車車体・電子制御装置整備士の技能検定に合格した者であつて国土交通大臣が定める講習を修了した者の	若しくは検定規則の規定による自動車車体・電子制御装置整備士の技能検定に合格した者であつて国土交通大臣が定める講習を修了した者又は旧検定規則の規定による一級、二級若しくは三級の自動車整備士の技能検定に合格した者の

第六十二条の二の二第一項第七号イ(1)	又は二級自動車整備士（総合）	若しくは二級自動車整備士（総合）又は旧検定規則の規定による一級若しくは二級の自動車整備士（二級自動車シャシ整備士を除く。）
第六十二条の二の二第一項第七号イ(2)	又は二級の自動車整備士	若しくは二級の自動車整備士又は旧検定規則の規定による一級若しくは二級の自動車整備士（二級自動車シャシ整備士を除く。）
第六十二条の二の二第一項第七号イ(3)及び(4)	又は検定規則の規定による自動車車体・電子制御装置整備士の技能検定に合格した者であつて国土交通大臣が定める講習を修了した者	若しくは検定規則の規定による自動車車体・電子制御装置整備士の技能検定に合格した者であつて国土交通大臣が定める講習を修了した者又は旧検定規則の規定による一級若しくは二級の自動車整備士の技能検定に合格した者
第六十二条の二の二第一項第七号ロ	又は自動車電気・電子制御装置整備士の技能検定に合格した者	若しくは自動車電気・電子制御装置整備士の技能検定に合格した者又は旧検定規則の規定による一級の自動車整備士（一級二輪自動車整備士を除く。）の技能検定に合格した者若しくは旧検定規則の規定による一級二輪自動車整備士、二級の自動車車体整備士若しくは自動車電気装置整備士の技能検定を合格した者であつて電子制御装置整備に必要な知識及び技能について運輸監理部長若しくは運輸支局長が行う講習を修了した者
第六十二条の二の二第一項第七号ハ(1)	又は二級自動車整備士（総合）の技能検定に合格した者	若しくは二級自動車整備士（総合）の技能検定に合格した者又は旧検定規則の規定による一級の自動車整備士（一級二輪自動車整備士を除く。）の技能検定に合格した者若しくは旧検定規則の規定による一級二輪自動車整備士若しくは二級の自動車整備士（二級自動車シャシ整備士を除く。）の技能検定に合格した者であつて電子制御装置整備に必要な知識及び技能について運輸監理部長若しくは運輸支局長が行う講習を修了した者
第六十二条の二の二第一項第七号ハ(2)	又は検定規則の規定による自動車車体・電子制御装置整備士の技能検定に合格した者であつて国土交通大臣が定める講習を修了した者	若しくは検定規則の規定による自動車車体・電子制御装置整備士の技能検定に合格した者であつて国土交通大臣が定める講習を修了した者又は旧検定規則の規定による一級の自動車整備士（一級二輪自動車整備士を除く。）の技能検定に合格した者若しくは旧検定規則の規定による一級二輪自動車整備士若しくは二級の自動車整備士の技能検定に合格した者であつて電子制御装置整備に必要な知識及び技能について運輸監理部長若しくは運輸支局長が行う講習を修了した者
第六十二条の二の二第三項	第一項第七号本文	第一項第七号本文（自動車整備士技能検定規則等の一部を改正する省令附則第八条の規定により読み替えて適用する場合を含む。）

附　則（令五・一・四国交令一抄）

（施行期日）

第一条　この省令は、公布の日から施行する。ただし、次の各号に掲げる規定は、令和五年一月十九日から施行する。

一　〔略〕

二　第二条の規定

三・四　〔略〕

附　則（令五・九・一国交令六六）

この省令は、公布の日から施行する。

附　則（令五・一二・二八国交令九八）

この省令は、公布の日から施行する。

附　則（令六・三・二一国交令二三抄）

（施行期日）

第一条　この省令は、令和六年十月一日から施行する。ただし、第三条第二号の改正規定は、公布の日から施行する。

附　則（令六・三・二九国交令二六抄）

（施行期日）

第一条　この省令は、令和六年四月一日から施行する。〔後略〕

附　則（令六・四・三〇国交令五八抄）

（施行期日）

1　この省令は、令和六年六月三十日から施行する。

附　則（令六・六・一四国交令六六抄）

（施行期日）

第一条　この省令は、令和六年六月十五日から施行する。〔後略〕

附　則（令六・六・二五国交令六七）

この省令は、令和七年四月一日から施行する。

別表第一（第二条関係）

自動車の種別	自動車の構造及び原動機	自動車の大きさ 長さ	幅	高さ
普通自動車	小型自動車、軽自動車、大型特殊自動車及び小型特殊自動車以外の自動車			
小型自動車	四輪以上の自動車及び被けん引自動車で自動車の大きさが下欄に該当するもののうち軽自動車、大型特殊自動車及び小型特殊自動車以外のもの（内燃機関を原動機とする自動車（軽油を燃料とする自動車及び天然ガスのみを燃料とする自動車を除く。）にあつては、その総排気量が二・〇〇リットル以下のものに限る。）	四・七〇メートル以下	一・七〇メートル以下	二・〇〇メートル以下
	二輪自動車（側車付二輪自動車を含む。）及び三輪自動車で軽自動車、大型特殊自動車及び小型特殊自動車以外のもの			
軽自動車	二輪自動車（側車付二輪自動車を含む。）以外の自動車及び被けん引自動車で自動車の大きさが下欄に該当するもののうち大型特殊自動車及び小型特殊自動車以外のもの（内燃機関を原動機とする自動車にあつては、その総排気量が〇・六六〇リットル以下のものに限る。）	三・四〇メートル以下	一・四八メートル以下	二・〇〇メートル以下
	二輪自動車（側車付二輪自動車を含む。）で自動車の大きさが下欄に該当するもののうち大型特殊自動車及び小型特殊自動車以外のもの（内燃機関を原動機とする自動車にあつては、その総排気量が〇・二五〇リットル以下のものに限る。）	二・五〇メートル以下	一・三〇メートル以下	二・〇〇メートル以下
大型特殊自動車	一　次に掲げる自動車であつて、小型特殊自動車以外のもの イ　ショベル・ローダ、タイヤ・ローラ、ロード・ローラ、グレーダ、ロード・スタビライザ、スクレーパ、ロータリ除雪自動車、アスファルト・フィニッシャ、タイヤ・ドーザ、モータ・スイーパ、ダンパ、ホイール・ハンマ、ホイール・ブレーカ、フォーク・リフト、フォーク・ローダ、ホイール・クレーン、ストラドル・キャリヤ、ターレット式構内運搬自動車、自動車の車台が屈折して操向する構造の自動車、国土交通大臣の指定する構造のカタピラを有する自動車及び国土交通大臣の指定する特殊な構造を有する自動車 ロ　農耕トラクタ、農業用薬剤散布車、刈取脱穀作業車、田植機及び国土交通大臣の指定する農耕作業用自動車 二　ポール・トレーラ及び国土交通大臣の指定する特殊な構造を有する自動車			
小型特殊自動車	一　前項第一号イに掲げる自動車であつて、自動車の大きさが下欄に該当するもののうち最高速度十五キロメートル毎時以下のもの	四・七〇メートル以下	一・七〇メートル以下	二・八〇メートル以下
	二　前項第一号ロに掲げる自動車であつて、最高速度三十五キロメートル毎時未満のもの			

※「国土交通大臣の指定」＝大型特殊自動車を指定（昭三八運告三九四）、小型特殊自動車を指定（昭三八運告三九五）、国土交通大臣の指定する特殊な構造を有する自動車を指定（昭四八運告四四二、平八運告六二七、平九運告一六四、平一三国告一六六四）、農耕作業用自動車を指定（令元国告九四六）

別表第二（第三十五条の六関係）

検査の種別	検査の実施の方法
新規検査及び予備検査	一　審査結果の通知がある自動車の検査 　審査結果の通知がある自動車については、その内容を審査することにより検査するものとする。 二　完成検査終了証の提出（法第五十九条第四項において準用する法第七条第四項の規定による申請書への記載をもつて提出に代える場合を含む。以下この号において同じ。）がある自動車の検査 　完成検査終了証の提出がある自動車については、当該完成検査終了証（法第七十五条第五項の規定により登録情報処理機関に提供される完成検査終了証に記載すべき事項を含む。）を審査することにより検査するものとする。 三　登録識別情報等通知書の提示又は自動車検査証返納証明書の提出若しくは提示及び審査結果の通知又は保安基準適合証の提出（法第九十四条の五第九項の規定により申請書への記載をもつて提出に代える場合（継続検査に係る場合を除く。）を含む。以下この号において同じ。）がある自動車の検査 　登録識別情報等通知書の提示又は自動車検査証返納証明書の提出若しくは提示及び審査結果の通知又は保安基準適合証の提出がある自動車については、当該登録識別情報等通知書又は自動車検査証返納証明書及び審査結果の通知の内容又は保安基準適合証（法第九十四条の五第二項の規定により登録情報処理機関に提供される保安基準適合証に記載すべき事項を含む。）を審査することにより検査するものとする。 四　限定保安基準適合証の提出又は審査結果の通知及び限定自動車検査証の提出がある自動車の検査 　限定保安基準適合証の提出又は審査結果の通知及び限定自動車検査証の提出がある自動車については、当該限定保安基準適合証又は審査結果の通知の内容及び限定自動車検査証を審査することにより検査するものとする。
継続検査、臨時検査及び構造等変更検査	一　審査結果の通知がある自動車の検査 　審査結果の通知がある自動車については、その内容を審査することにより検査するものとする。 二　保安基準適合証の提出（法第九十四条の五第九項の規定により申請書への記載をもつて提出に代える場合（継続検査に係る場合に限る。）を含む。以下この号において同じ。）がある自動車の検査 　保安基準適合証の提出がある自動車については、当該保安基準適合証（法第九十四条の五第二項の規定により登録情報処理機関に提供される保安基準適合証に記載すべき事項を含む。）を審査することにより検査するものとする。 三　限定保安基準適合証の提出又は審査結果の通知及び限定自動車検査証の提出がある自動車の検査 　限定保安基準適合証の提出又は審査結果の通知及び限定自動車検査証の提出がある自動車については、当該限定保安基準適合証又は審査結果の通知の内容及び限定自動車検査証を審査することにより検査するものとする。

別表第二の二（第三十六条の二、第三十六条の三関係）

試　　　　験	施 設 及 び 設 備
自動車の排気管から大気中に排出される排出物に含まれる一酸化炭素、炭化水素、窒素酸化物、粒子状物質及び黒煙を測定する第36条第６項に規定する基準に係る試験であつて、原動機をエンジンダイナモメータに設置して行うもの	1　エンジンダイナモメータ 2　吸入空気量測定装置 3　燃料消費量測定装置 4　排気導入管 5　記録装置 6　試験室 7　希釈トンネル、希釈排出ガスサンプル流量計、フィルタホルダ、サンプリング吸引ポンプ、秤量室及び秤量計（粒子状物質を測定する場合に限る。） 8　定容量採取装置 9　排出ガス分析計 10　標準ガス 11　黒煙測定器（黒煙を測定する場合に限る。） 12　オパシメータ（粒子状物質を測定する場合に限る。） 13　温度計 14　湿度計 15　気圧計 16　エンジン回転速度計
自動車の排気管から大気中に排出される排出物に含まれる一酸化炭素、炭化水素、窒素酸化物、粒子状物質及び黒煙を測定する第36条第６項に規定する基準に係る試験であつて、自動車をシャシダイナモメータに設置して行うもの	1　シャシダイナモメータ 2　送風機 3　運転指示装置 4　車速測定装置 5　風速計 6　風向計 7　惰行時間測定装置又はホイールトルク測定装置 8　排気導入管 9　記録装置 10　試験室 11　希釈トンネル、希釈排出ガスサンプル流量計、フィルタホルダ、サンプリング吸引ポンプ、秤量室及び秤量計（粒子状物質を測定する場合に限る。） 12　定容量採取装置 13　排出ガス分析計 14　標準ガス 15　黒煙測定器（黒煙を測定する場合に限る。） 16　オパシメータ（粒子状物質を測定する場合に限る。） 17　温度計 18　湿度計 19　気圧計 20　エンジン回転速度計

別表第二の三（第三十六条の三関係）

学　　　　　歴	年　数
学校教育法（昭和22年法律第26号）による大学院若しくは大学（短期大学を除く。）又は旧大学令（大正７年勅令第388号）による大学（以下「大学等」という。）において機械に関する学科を修得して卒業した者	１年
大学等において機械に関する学科以外の工学に関する学科を修得して卒業した者又は学校教育法による短期大学（同法による専門職大学の前期課程を含む。）若しくは高等専門学校若しくは旧専門学校令（明治36年勅令第61号）による専門学校（以下「短期大学等」という。）において機械に関する学科を修得して卒業した者（同法による専門職大学の前期課程にあつては、修了した者）	２年
短期大学等において機械に関する学科以外の工学に関する学科を修得して卒業した者（学校教育法による専門職大学の前期課程にあつては、修了した者）又は同法による高等学校若しくは中等教育学校若しくは旧中等学校令（昭和18年勅令第36号）による実業学校において機械に関する学科を修得して卒業した者	４年

別表第二の四（第三十六条の十七関係）

自動車の用途による区分	分類番号
１　貨物の運送の用に供する自動車	40から49まで、400から499まで、600から699まで、40Ａから49Ｚまで、60Ａから69Ｚまで、４Ａ０から４Ｚ９まで、６Ａ０から６Ｚ９まで、４ＡＡから４ＺＺまで及び６ＡＡから６ＺＺまで
２　人の運送の用に供する自動車	50から59まで、500から599まで、700から799まで、50Ａから59Ｚまで、70Ａから79Ｚまで、５Ａ０から５Ｚ９まで、７Ａ０から７Ｚ９まで、５ＡＡから５ＺＺまで及び７ＡＡから７ＺＺまで
３　散水自動車、広告宣伝用自動車、霊きゆう自動車その他特種の用途に供する自動車	80から89まで、800から899まで、80Ａから89Ｚまで、８Ａ０から８Ｚ９まで及び８ＡＡから８ＺＺまで

別表第二の五（第三十六条の十七関係）

自　動　車　の　区　分	平仮名及びローマ字
１　事業用自動車	りれ
２　自家用自動車（次号及び第４号に規定するものを除く。）	あいうえかきくけこさすせそたちつてとなにぬねのはひふほまみむめもやゆよらるろを
３　道路運送法施行規則第52条の規定により受けた許可に係る自家用自動車	わ
４　日本国籍を有しない者が所有する自家用自動車で、法令の規定により関税又は消費税が免除されているもの。	ＡＢ

別表第三（第三十六条の十八関係）

自動車の区分	平仮名及びローマ字
1　事業用自動車	ゆりれ
2　自家用自動車（次号及び第４号に規定するものを除く。）	(1)　次に掲げる文字 あいうえかきくけこさすせそたちつてとなにぬねのはひふほまみむめもやらるを (2)　次に掲げる文字をその順序により組み合わせたもの イ　ＣＬＶ ロ　(1)に掲げる文字
3　道路運送法施行規則第52条の規定により受けた許可に係る自家用自動車	ろわ
4　日本国籍を有しない者が所有する自家用自動車で、法令の規定により関税又は消費税が免除されているもの及び別に国土交通大臣が指定するもの	ＡＢＥＨＫＭＴＹよ

別表第四（第五十七条関係）

事業の種類	特定整備の種類			屋内作業場の規模の基準					電子制御装置点検整備作業場の規模の基準（括弧内は屋内の規模の基準）		車両置場の規模の基準	
	対象とする自動車の種類	対象とする整備の種類	対象とする装置の種類	車両整備作業場		部品整備作業場	点検作業場					
				間口	奥行		間口	奥行	間口	奥行	間口	奥行
普通自動車特定整備事業	普通自動車（車両総重量が8トン以上のもの、最大積載量が5トン以上のもの又は乗車定員が30人以上のものに限る。）	分解整備	原動機	5メートル以上	13メートル以上	12平方メートル以上	5メートル以上	13メートル以上			3.5メートル以上	11メートル以上
			動力伝達装置	5メートル以上	12メートル以上	7平方メートル以上	5メートル以上	12メートル以上				
			走行装置									
			操縦装置									
			制動装置									
			緩衝装置									
			連結装置	3.5メートル以上	12.5メートル以上	7平方メートル以上	3.5メートル以上	12.5メートル以上				
		電子制御装置整備	運行補助装置						5メートル以上（5メートル以上）	16メートル以上（7メートル以上）		
			自動運行装置									
	普通自動車（最大積載量が2トンを超えるもの又は乗車定員が11人以上のものに限り、上欄に掲げるものを除く。）	分解整備	原動機	5メートル以上	10メートル以上	12平方メートル以上	5メートル以上	10メートル以上			3.5メートル以上	8メートル以上
			動力伝達装置	5メートル以上	9メートル以上	7平方メートル以上	5メートル以上	9メートル以上				
			走行装置									
			操縦装置									
			制動装置									
			緩衝装置									
			連結装置	3.5メートル以上	9.5メートル以上	7平方メートル以上	3.5メートル以上	9.5メートル以上				
		電子制御装置整備	運行補助装置						3メートル以上（3メートル以上）	13メートル以上（7メートル以上）		
			自動運行装置									
	大型特殊自動車	分解整備	原動機	5メートル以上	10メートル以上	12平方メートル以上	5メートル以上	10メートル以上				
			動力伝達装置	5メートル以上	9メートル以上	7平方メートル以上	5メートル以上	9メートル以上				
			走行装置									
			操縦装置									
			制動装置									
			緩衝装置									
			連結装置	3.5メートル以上	9.5メートル以上	7平方メートル以上	3.5メートル以上	9.5メートル以上				
	普通自動車（貨物の運送の用に供するもの又は散水自動車、広告宣伝用自動車、霊きゅう自動車その他特種の用途に供するものに限り、上三欄に掲げるものを除く。）	分解整備	原動機	4.5メートル以上	8メートル以上	10平方メートル以上	4.5メートル以上	8メートル以上			3メートル以上	6メートル以上
			動力伝達装置	4.5メートル以上	7メートル以上	6平方メートル以上	4.5メートル以上	7メートル以上				
			走行装置									
			操縦装置									
			制動装置									
			緩衝装置									

			連結装置	3メートル以上	7.5メートル以上	6平方メートル以上	3メートル以上	7.5メートル以上				
		電子制御装置整備	運行補助装置						2.5メートル以上（2.5メートル以上）	7メートル以上（3メートル以上）		
			自動運行装置									
	普通自動車（上四欄に掲げるものを除く。）	分解整備	原動機	4メートル以上	8メートル以上	8平方メートル以上	4メートル以上	8メートル以上			3メートル以上	5.5メートル以上
			動力伝達装置	4メートル以上	6メートル以上	5平方メートル以上	4メートル以上	6メートル以上				
			走行装置									
			操縦装置									
			制動装置									
			緩衝装置									
			連結装置	2.8メートル以上	6.5メートル以上	5平方メートル以上	2.8メートル以上	6.5メートル以上				
		電子制御装置整備	運行補助装置						2.5メートル以上（2.5メートル以上）	6メートル以上（3メートル以上）		
			自動運行装置									
小型自動車特定整備事業	四輪の小型自動車	分解整備	原動機	4メートル以上	8メートル以上	8平方メートル以上	4メートル以上	8メートル以上			3メートル以上	5.5メートル以上
			動力伝達装置	4メートル以上	6メートル以上	5平方メートル以上	4メートル以上	6メートル以上				
			走行装置									
			操縦装置									
			制動装置									
			緩衝装置									
			連結装置	2.8メートル以上	6.5メートル以上	5平方メートル以上	2.8メートル以上	6.5メートル以上				
		電子制御装置整備	運行補助装置						2.5メートル以上（2.5メートル以上）	6メートル以上（3メートル以上）		
			自動運行装置									
	三輪の小型自動車	分解整備	原動機	4メートル以上	8メートル以上	8平方メートル以上	4メートル以上	8メートル以上			3メートル以上	5.5メートル以上
			動力伝達装置	4メートル以上	6メートル以上	5平方メートル以上	4メートル以上	6メートル以上				
			走行装置									
			操縦装置									
			制動装置									
			緩衝装置									
			連結装置	2.8メートル以上	6.5メートル以上	5平方メートル以上	2.8メートル以上	6.5メートル以上				
		電子制御装置整備	運行補助装置						2.5メートル以上（2.5メートル以上）	6メートル以上（3メートル以上）		
			自動運行装置									

	二輪の小型自動車	分解整備	原動機	3メートル以上	3.5メートル以上	4平方メートル以上	3メートル以上	3.5メートル以上			2メートル以上	2.5メートル以上
			動力伝達装置									
			走行装置									
			操縦装置									
			制動装置									
			緩衝装置									
			連結装置									
	軽自動車	分解整備	原動機	3.5メートル以上	5メートル以上	6.5平方メートル以上	3.5メートル以上	5メートル以上			2.5メートル以上	3.5メートル以上
			動力伝達装置	3.5メートル以上	4.4メートル以上	4.5平方メートル以上	3.5メートル以上	4.4メートル以上				
			走行装置									
軽自動車特定整備事業			操縦装置									
			制動装置									
			緩衝装置									
			連結装置	2.5メートル以上	4.7メートル以上	4.5平方メートル以上	2.5メートル以上	4.7メートル以上				
		電子制御装置整備	運行補助装置						2メートル以上（2メートル以上）	5.5メートル以上（4メートル以上）		
			自動運行装置									

備考

二以上の種類の特定整備を行う事業場の屋内作業場、電子制御装置点検整備作業場及び車両置場の規模は、該当する特定整備の種類ごとに定められている基準のすべてに適合するものでなければならない。

別表第五（第五十七条関係）

対象とする整備の種類		分解整備							電子制御装置整備		
作業機械等 ＼ 対象とする装置の種類		原動機	動力伝達装置	走行装置	操縦装置	制動装置	緩衝連結	連結装置	運行補助装置	自動運行装置	
作業機械	(1)　プレス	○	○	○	○	○	○	○			小型自動車特定整備事業で対象とする自動車が二輪の小型自動車であるものにあつては、第1号、第3号及び第4号に掲げるものを除く。
	(2)　エア・コンプレッサ	○	○	○	○	○	○	○			
	(3)　チェーン・ブロック	○						○			
	(4)　ジャッキ	○	○	○	○	○	○				
	(5)　バイス	○	○	○	○	○	○	○			
	(6)　充電器	○									
作業計器	(1)　ノギス	○	○	○	○	○	○	○			
	(2)　トルク・レンチ	○	○	○	○	○	○	○			
	(3)　水準器								○	○	
点検計器及び点検装置	(1)　サーキット・テスタ	○	○	○	○	○	○	○			1　普通自動車特定整備事業で対象とする自動車がカタピラを有する大型特殊自動車であるものにあつては、第9号から第12号までに掲げるものを除く。 2　小型自動車特定整備事業で対象とする自動車が三輪の小型自動車及び二輪の小型自動車であるもの並びに三輪の小型自動車であるものにあつては、第9号から第11号までに掲げるものを、二輪の小型自動車であるものにあつては、第9号から第11号まで及び第13号に掲げるものを除く。 3　ガソリン又は液化石油ガスを燃料とする原動機の点検を行わない事業場にあつては、第6号、第14号及び第15号に掲げるものを、内燃機関の点検を行わない事業場にあつては、第3号、第6号、第14号及び第15号に掲げるものを除く。
	(2)　比重計	○									
	(3)　コンプレッション・ゲージ	○									
	(4)　ハンディ・バキューム・ポンプ	○	○		○	○					
	(5)　エンジン・タコ・テスタ	○	○		○						
	(6)　タイミング・ライト	○									
	(7)　シックネス・ゲージ	○	○	○	○	○		○			
	(8)　ダイヤル・ゲージ	○	○	○	○	○	○				
	(9)　トーイン・ゲージ			○	○		○				
	(10)　キャンバ・キャスタ・ゲージ			○	○		○				
	(11)　ターニング・ラジアス・ゲージ			○	○		○				
	(12)　タイヤ・ゲージ			○							
	(13)　検車装置	○	○	○	○	○					
	(14)　一酸化炭素測定器	○									
	(15)　炭化水素測定器	○									
	(16)　整備用スキャンツール								○	○	
工具	(1)　ホイール・プーラ			○		○					小型自動車特定整備事業で対象とする自動車が二輪の小型自動車であるものにあつては、第1号及び第2号に掲げるものを除く。
	(2)　ベアリング・レース・プーラ		○	○		○					
	(3)　グリース・ガン又はシャシ・ルブリケータ	○	○	○	○	○	○	○			
	(4)　部品洗浄槽	○	○	○	○	○	○	○			

備考

○印は、対象とする装置の種類の項に掲げる装置を対象とする特定整備を行う事業場が当該各欄に掲げる作業機械等をそれぞれ備えなければならないことを示す。

第一号様式（自動車登録番号標）（第十一条関係）

（その一）

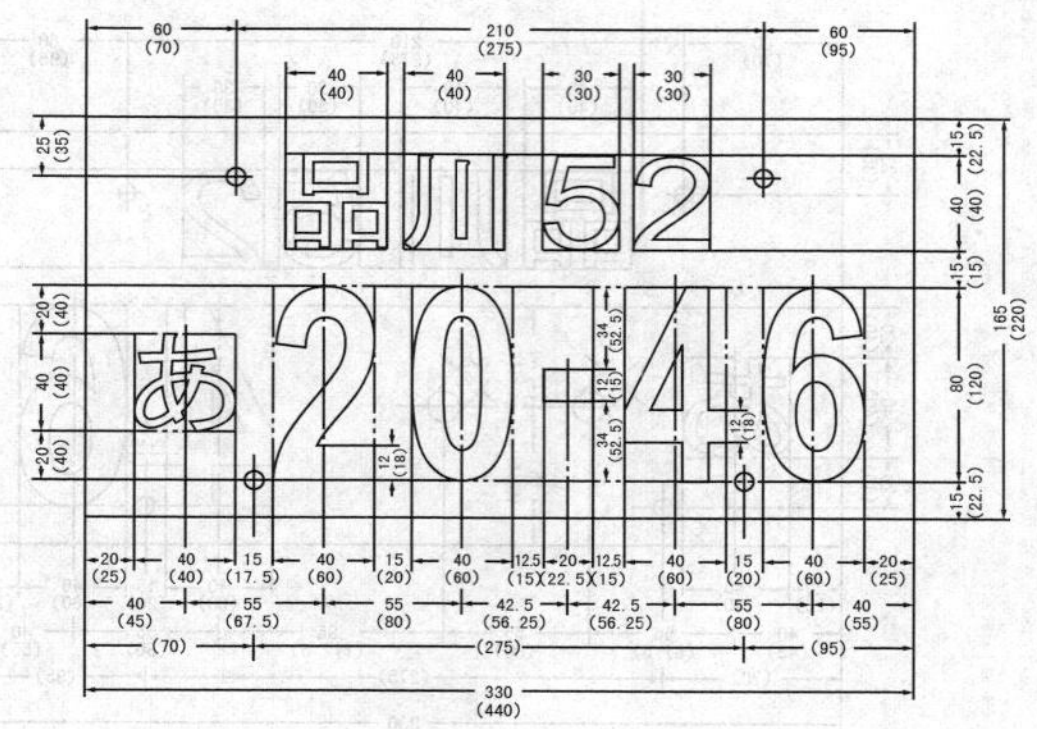

（その二）

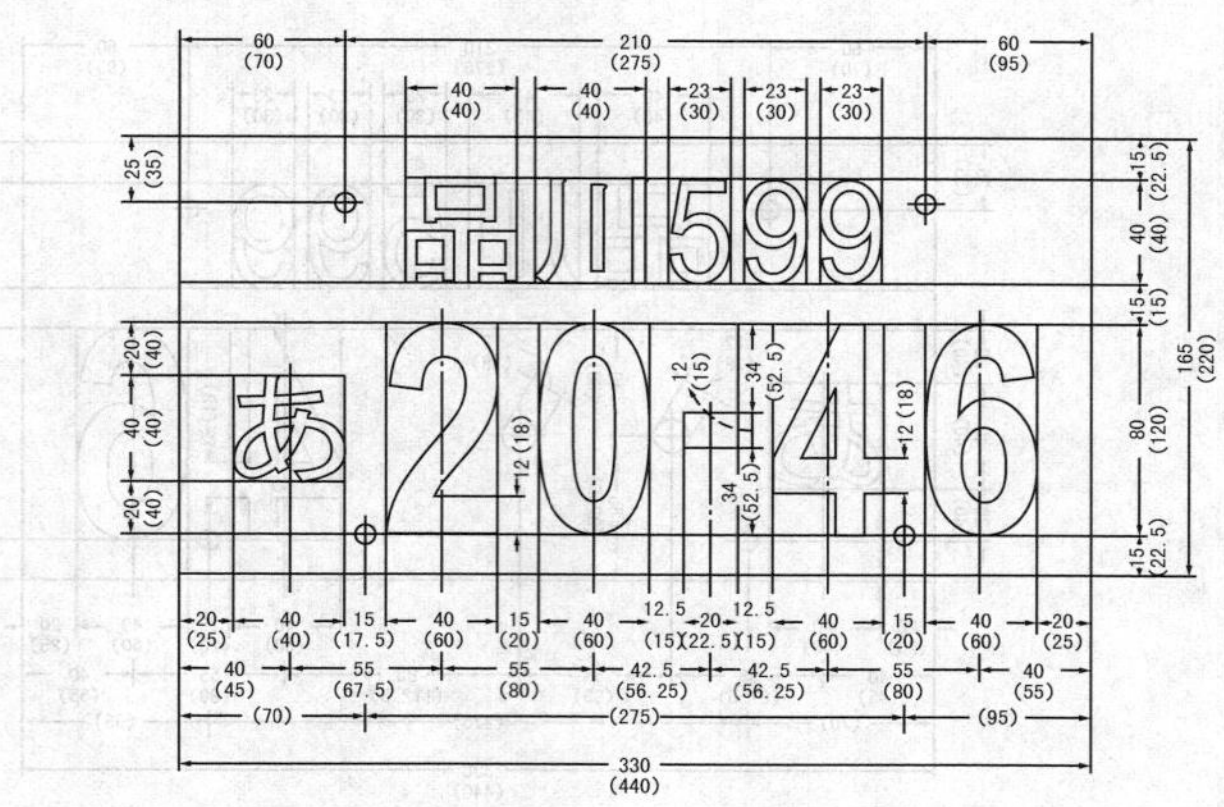

（その三）

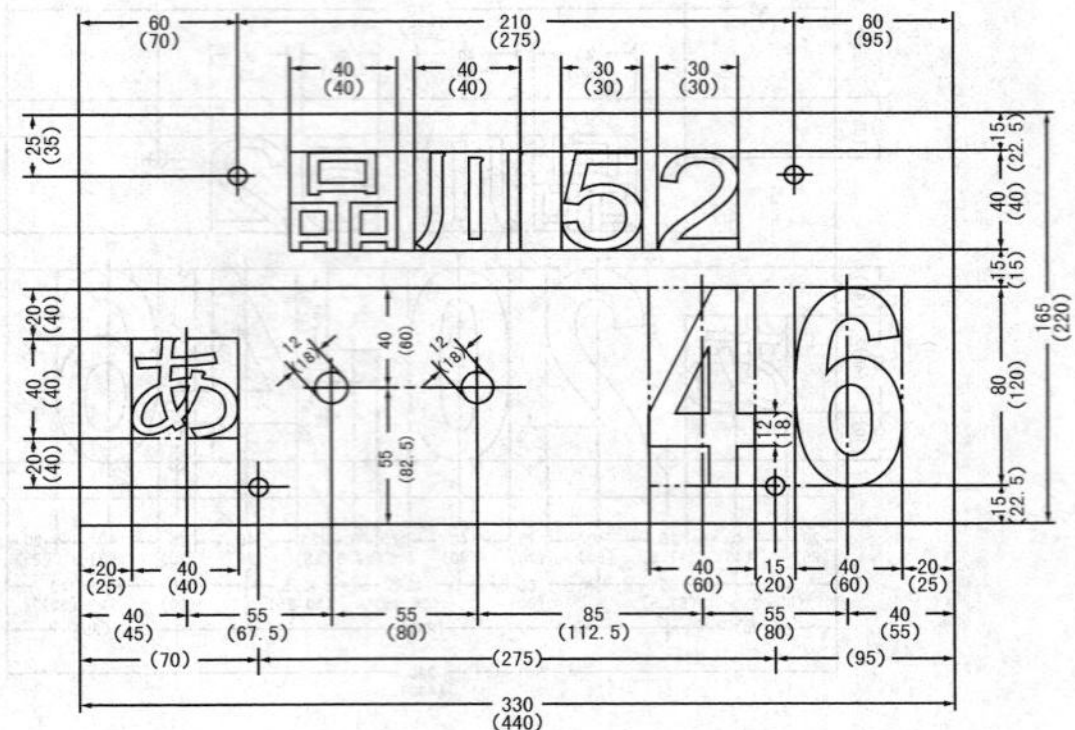
品川52
あ
46
60
(70)
210
(275)
330
(440)
165
(220)

（その四）

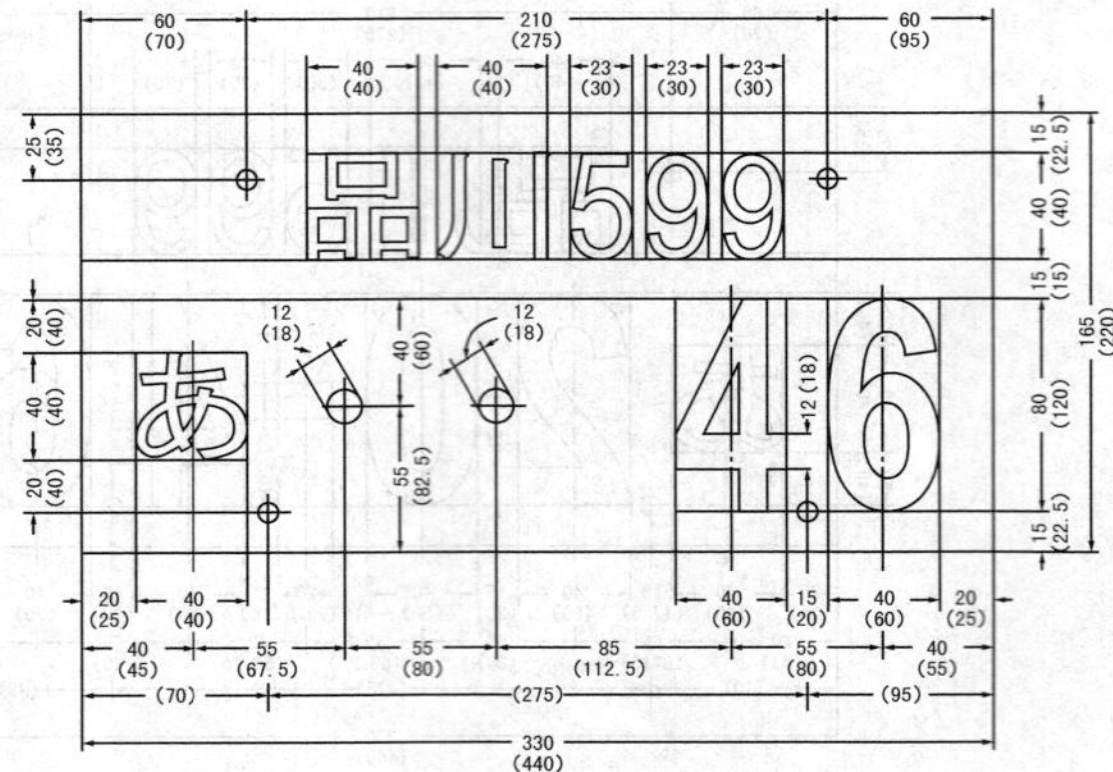
品川599
あ
46
60
(70)
210
(275)
330
(440)
165
(220)

備考

⑴　自動車登録番号は、図示の例により表示すること。この場合において、数字が四けたであるときは図（その一）又は図（その二）、数字が三けた以下であるときは図（その三）又は図（その四）の例によること。

⑵　自動車登録番号は、浮出しとすること。

⑶　自動車登録番号標の塗色は、事業用自動車にあつては緑地に白文字とし、自家用自動車にあつては白地に緑文字とするほか、国土交通大臣の定めるところによる。

⑷　運輸監理部、運輸支局又は自動車検査登録事務所を表示する文字が三文字の場合（⑸に規定する場合以外の場合であつて、自動車の種別及び用途による分類番号（以下この備考において「分類番号」という。）が一けたであるときを除く。）は、当該文字の横の長さは30ミリメートルとすること。ただし、普通自動車であつて、車両総重量が8,000キログラム以上のもの、最大積載量が5,000キログラム以上のもの又は乗車定員が30人以上のものに取り付ける自動車登録番号標については、この限りでない。

⑸　運輸監理部、運輸支局又は自動車検査登録事務所を表示する文字が三文字の場合（第二文字目がケであるときに限る。）は、当該ケの縦の長さは33ミリメートル、横の長さは28ミリメートルとし、それ以外の文字の横の長さは30ミリメートルとすること。ただし、⑷ただし書に規定する自動車に取り付ける自動車登録番号標については、当該ケの縦の長さは35ミリメートル、横の長さは30ミリメートルとし、それ以外の文字の横の長さは40ミリメートルとすること。

⑹　運輸監理部、運輸支局又は自動車検査登録事務所を表示する文字が四文字の場合は、当該文字の横の長さは分類番号が二字であるときは27ミリメートル、分類番号が三字であるときは22ミリメートルとし、分類番号を表示するアラビア数字又はローマ字の横の長さは分類番号が二字であるときは27ミリメートル、分類番号が三字であるときは23ミリメートルとすること。ただし、⑷ただし書に規定する自動車に取り付ける自動車登録番号標については、運輸監理部、運輸支局又は自動車検査登録事務所を表示する文字の横の長さは分類番号が二字であるときは35ミリメートル、分類番号が三字であるときは33ミリメートルとし、分類番号を表示するアラビア数字又はローマ字の横の長さは30ミリメートルとすること。

⑺　寸法の単位は、「ミリメートル」とする。この場合において、括弧内に示す寸法は、⑷ただし書に規定する自動車に取り付ける自動車登録番号標における寸法とする。

第一号様式の二（自動車登録番号標）（第十一条関係）

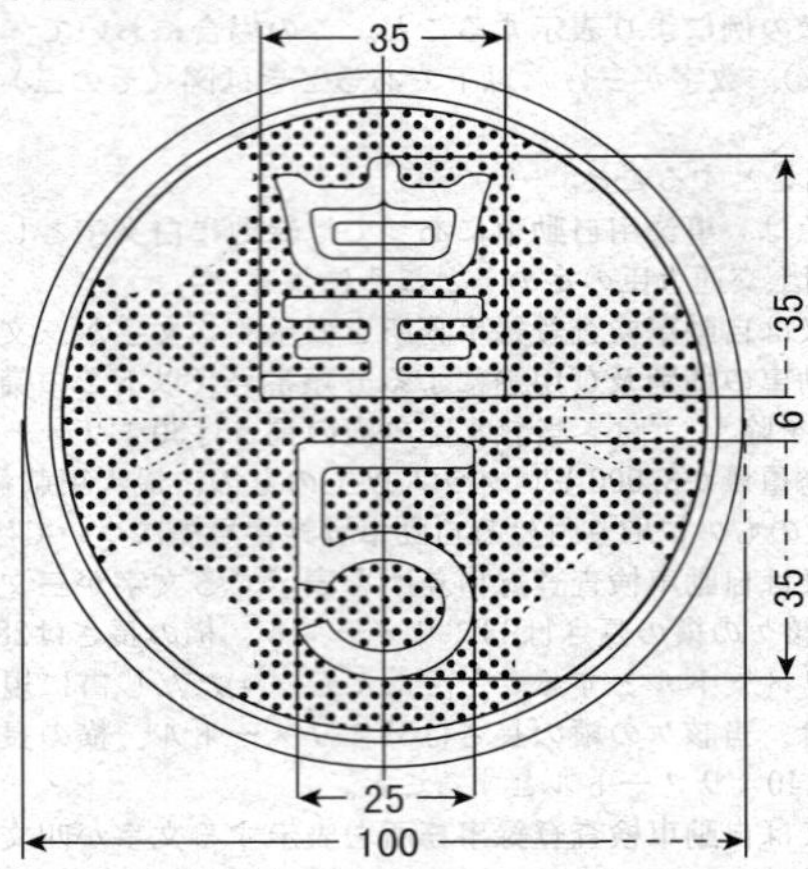

備考

(1) 自動車登録番号は、図示の例により、上段の「皇」及び下段の数字をもつて表示すること。

(2) 自動車登録番号標は、梨地に図示の紋様を配し、自動車登録番号は、浮出しとすること。

(3) 自動車登録番号標の塗色は、銀色地に金文字とすること。

(4) 文字は、幅４ミリメートルとすること。

(5) 寸法の単位は、「ミリメートル」とする。

第一号様式の三（封印取付受託者の標識）（第十四条関係）

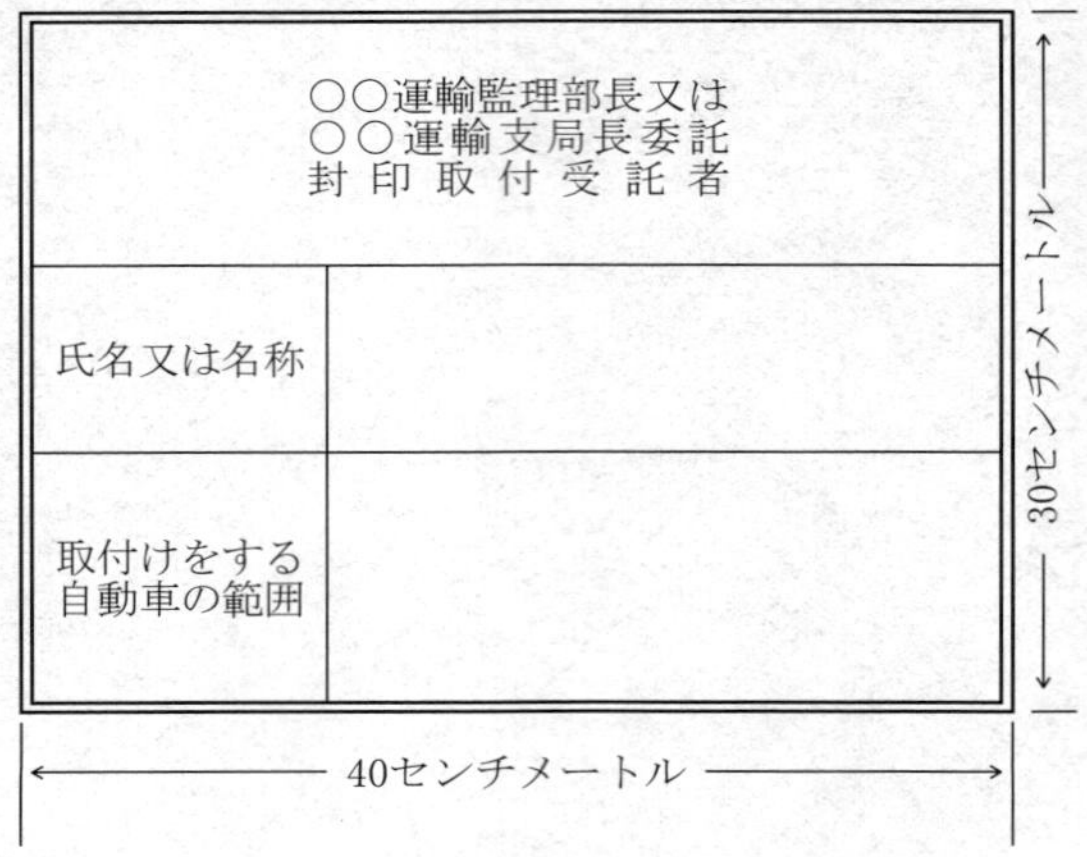

第一号様式の四（特定記録等事務代行者の標識）（第四十九条の八関係）

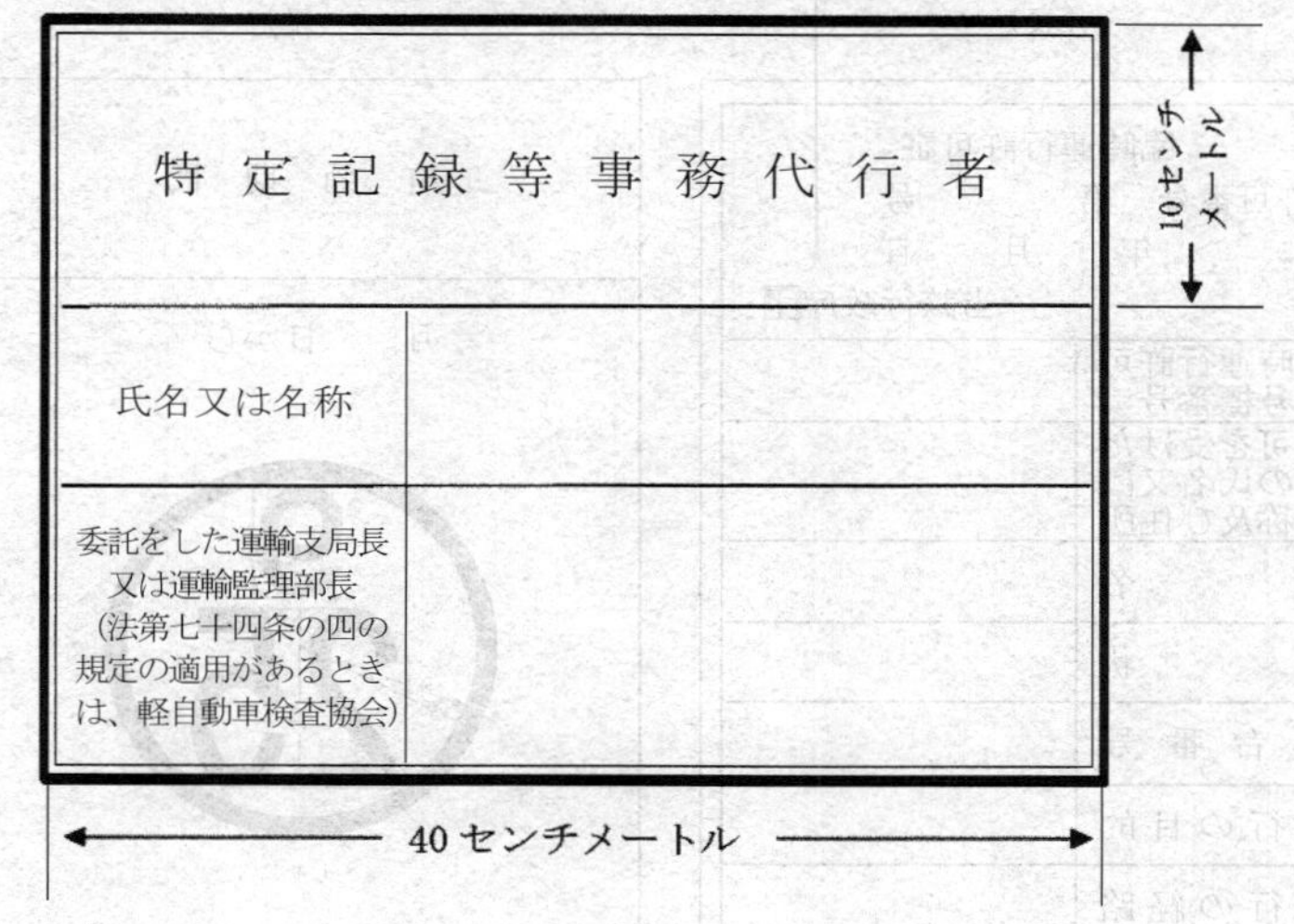

第一号様式の五（特定変更記録事務代行者の標識）（第四十九条の二十二関係）

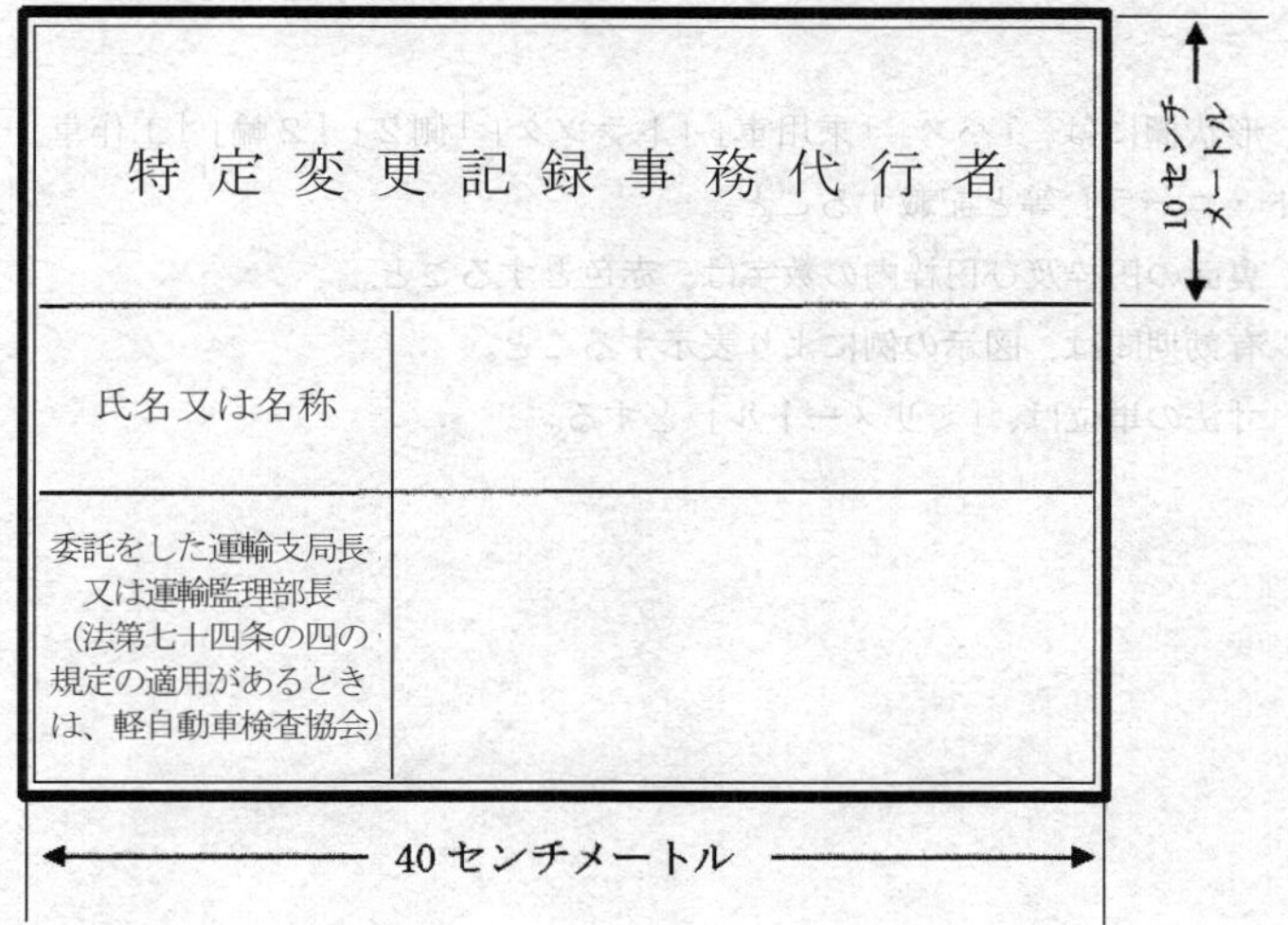

第二号様式（臨時運行許可証）（第二十五条関係）

（表）

臨時運行許可証 許可番号　第　　　号 年　　月　　日 当該行政庁印	
臨時運行許可番号標番号	
許可を受けた者の氏名又は名称及び住所	
車　　　名	
形　　　状	
車台番号	
運行の目的	
運行の経路	
備　　　考	

（裏）

（日本産業規格Ａ列６番）

備考

⑴　形状欄には、「バス」「乗用車」「トラツク」「側２」「２輪」「工作車」「ロード・ローラ」等と記載すること。

⑵　裏面の円枠（わく）及び円枠（わく）内の数字は、赤色とすること。

⑶　有効期間は、図示の例により表示すること。

⑷　寸法の単位は、「ミリメートル」とする。

第三号様式（臨時運行許可番号標）（第二十五条関係）

（その一）

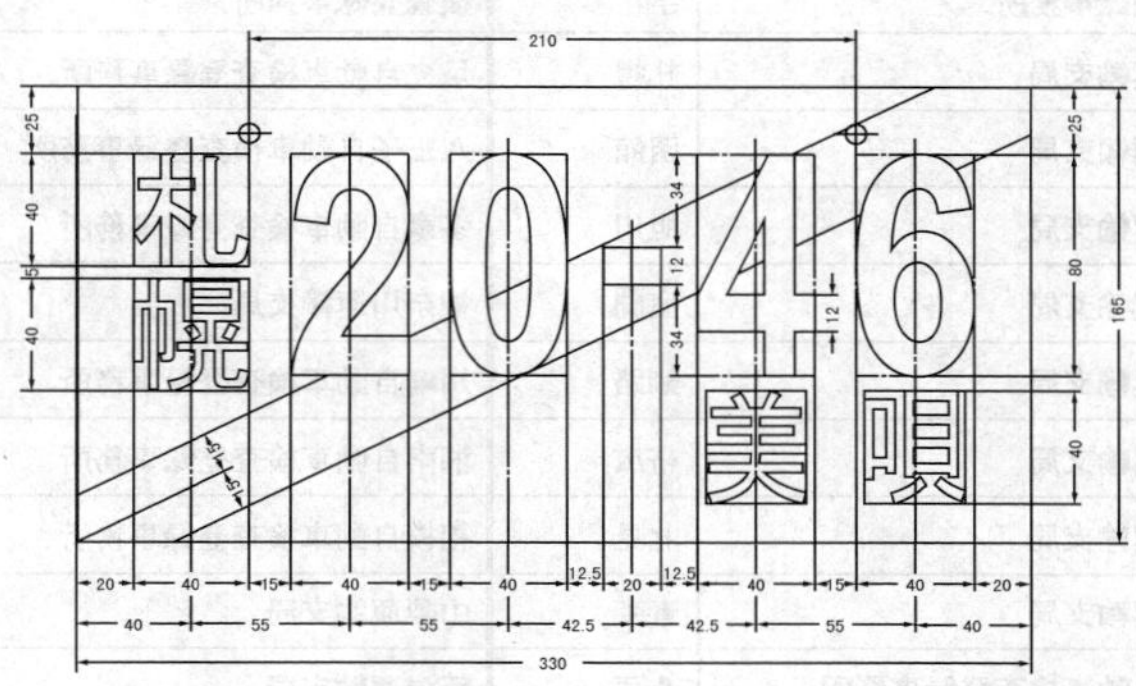

（その二）

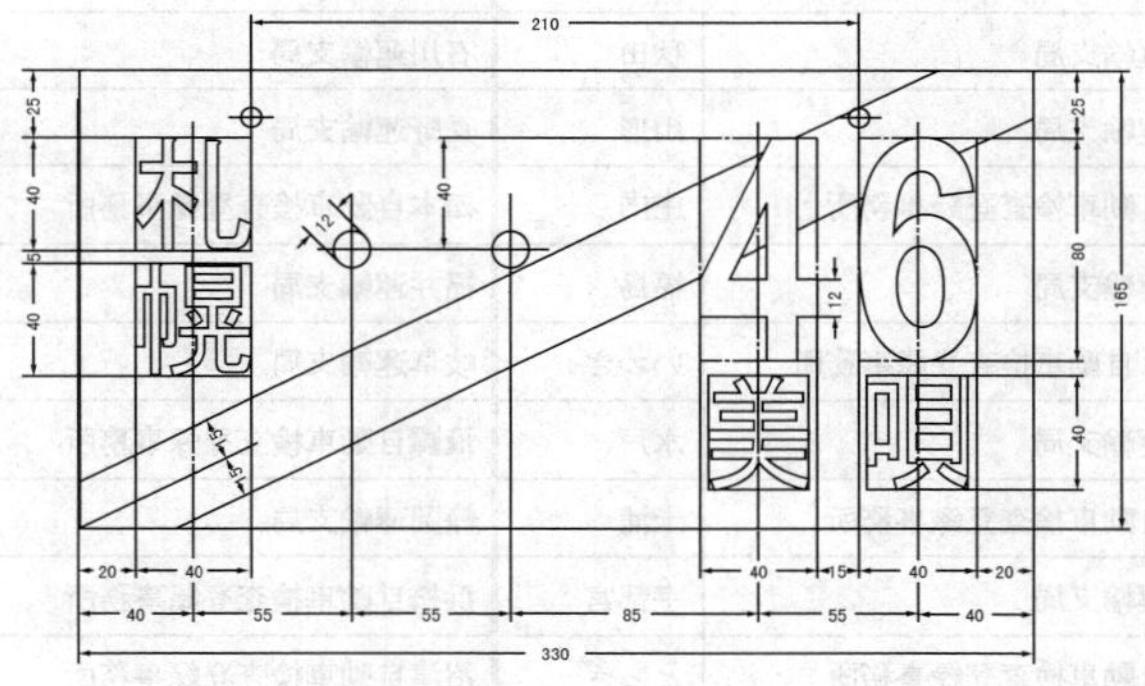

備考

(1) 臨時運行許可番号標には、図示の例により、運輸監理部、運輸支局又は自動車検査登録事務所を表示する文字、四けた以下の数字、斜線及び当該行政庁名を表示すること。この場合において、数字が四けたであるときは図（その一）、数字が三けた以下であるときは図（その二）の例によること。ただし、運輸監理部長又は運輸支局長が貸与する臨時運行許可番号標には、当該行政庁名の表示をしないこと。

(2) 運輸監理部、運輸支局又は自動車検査登録事務所の表示については、次の表によること。

運輸監理部、運輸支局又は自動車検査登録事務所	表示する文字	運輸監理部、運輸支局又は自動車検査登録事務所	表示する文字
札幌運輸支局	札幌	足立自動車検査登録事務所	足立
函館運輸支局	函館	八王子自動車検査登録事務所	八王子
旭川運輸支局	旭川	多摩自動車検査登録事務所	多摩
室蘭運輸支局	室蘭	神奈川運輸支局	横浜
釧路運輸支局	釧路	川崎自動車検査登録事務所	川崎
帯広運輸支局	帯広	湘南自動車検査登録事務所	湘南
北見運輸支局	北見	相模自動車検査登録事務所	相模
青森運輸支局	青森	山梨運輸支局	山梨
八戸自動車検査登録事務所	八戸	新潟運輸支局	新潟
岩手運輸支局	岩手	長岡自動車検査登録事務所	長岡
宮城運輸支局	宮城	富山運輸支局	富山
秋田運輸支局	秋田	石川運輸支局	石川
山形運輸支局	山形	長野運輸支局	長野
庄内自動車検査登録事務所	庄内	松本自動車検査登録事務所	松本
福島運輸支局	福島	福井運輸支局	福井
いわき自動車検査登録事務所	いわき	岐阜運輸支局	岐阜
茨城運輸支局	水戸	飛驒自動車検査登録事務所	飛驒
土浦自動車検査登録事務所	土浦	静岡運輸支局	静岡
栃木運輸支局	宇都宮	浜松自動車検査登録事務所	浜松
佐野自動車検査登録事務所	とちぎ	沼津自動車検査登録事務所	沼津
群馬運輸支局	群馬	愛知運輸支局	名古屋
埼玉運輸支局	大宮	豊橋自動車検査登録事務所	豊橋
所沢自動車検査登録事務所	所沢	西三河自動車検査登録事務所	三河
熊谷自動車検査登録事務所	熊谷	小牧自動車検査登録事務所	尾張小牧
春日部自動車検査登録事務所	春日部	三重運輸支局	三重
千葉運輸支局	千葉	滋賀運輸支局	滋賀
習志野自動車検査登録事務所	習志野	京都運輸支局	京都
袖ヶ浦自動車検査登録事務所	袖ヶ浦	大阪運輸支局	大阪
野田自動車検査登録事務所	野田	なにわ自動車検査登録事務所	なにわ
東京運輸支局	品川	和泉自動車検査登録事務所	和泉
練馬自動車検査登録事務所	練馬	神戸運輸監理部	神戸

姫路自動車検査登録事務所	姫路	福岡運輸支局	福岡
奈良運輸支局	奈良	北九州自動車検査登録事務所	北九州
和歌山運輸支局	和歌山	久留米自動車検査登録事務所	久留米
鳥取運輸支局	鳥取	筑豊自動車検査登録事務所	筑豊
島根運輸支局	島根	佐賀運輸支局	佐賀
岡山運輸支局	岡山	長崎運輸支局及び厳原自動車検査登録事務所	長崎
広島運輸支局	広島	佐世保自動車検査登録事務所	佐世保
福山自動車検査登録事務所	福山	熊本運輸支局	熊本
山口運輸支局	山口	大分運輸支局	大分
徳島運輸支局	徳島	宮崎運輸支局	宮崎
香川運輸支局	香川	鹿児島運輸支局	鹿児島
愛媛運輸支局	愛媛	奄美自動車検査登録事務所	奄美
高知運輸支局	高知	沖縄総合事務局陸運事務所、宮古運輸事務所及び八重山運輸事務所	沖縄

(3) 文字は、浮出しとすること。ただし、当該行政庁名を表示する文字は、浮出しとしないことができる。

(4) 臨時運行許可番号標の塗色は、白地に黒文字とし、斜線は赤色とすること。

(5) 運輸監理部、運輸支局又は自動車検査登録事務所を表示する文字が三文字の場合（第二文字目がケであるときに限る。）は、当該ケの縦の長さは35ミリメートル、横の長さは30ミリメートルとすること。

(6) 運輸監理部、運輸支局又は自動車検査登録事務所を表示する文字が四文字の場合は、当該文字の縦の長さは27ミリメートル、横の長さは30ミリメートルとすること。

(7) 寸法の単位は、「ミリメートル」とする。

(8) 第一号様式（自動車登録番号標）備考(4)たゞし書の自動車に取り付ける臨時運行許可番号標にあつては、取付孔の間隔は、275ミリメートルとすること。

第四号様式（回送運行許可証）（第二十六条の六関係）

（表）

回送運行許可証 交付番号　第　　号 年　月　日 運輸監理部長又は運輸支局長　印	
回送運行許可番号標の番号	
交付を受けた者の氏名又は名称及び住所	
営業所の名称及び所在地	
回送の目的	
備　考	

（裏）

（日本産業規格Ａ列６番）

備考

(1)　有効期間は、図示の例により表示すること。

(2)　裏面の円枠及び円枠内の数字は、赤色とすること。

(3)　寸法の単位は、ミリメートルとする。

第五号様式（回送運行許可番号標）（第二十六条の六関係）

（その一）

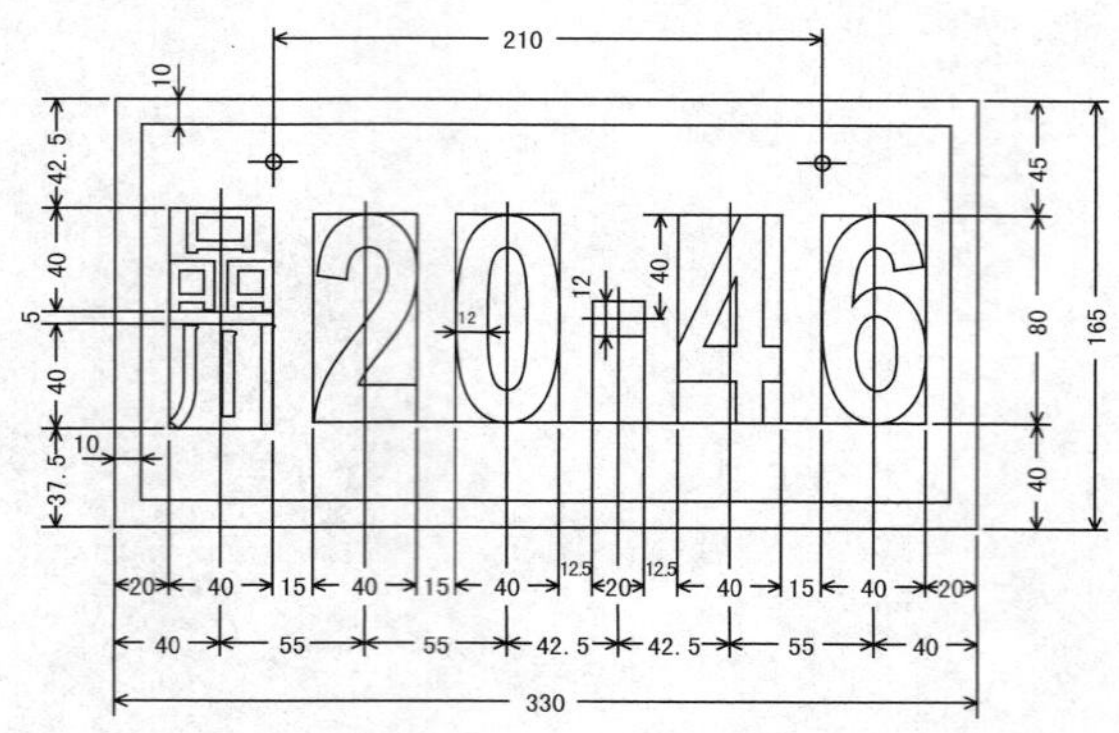

（その二）

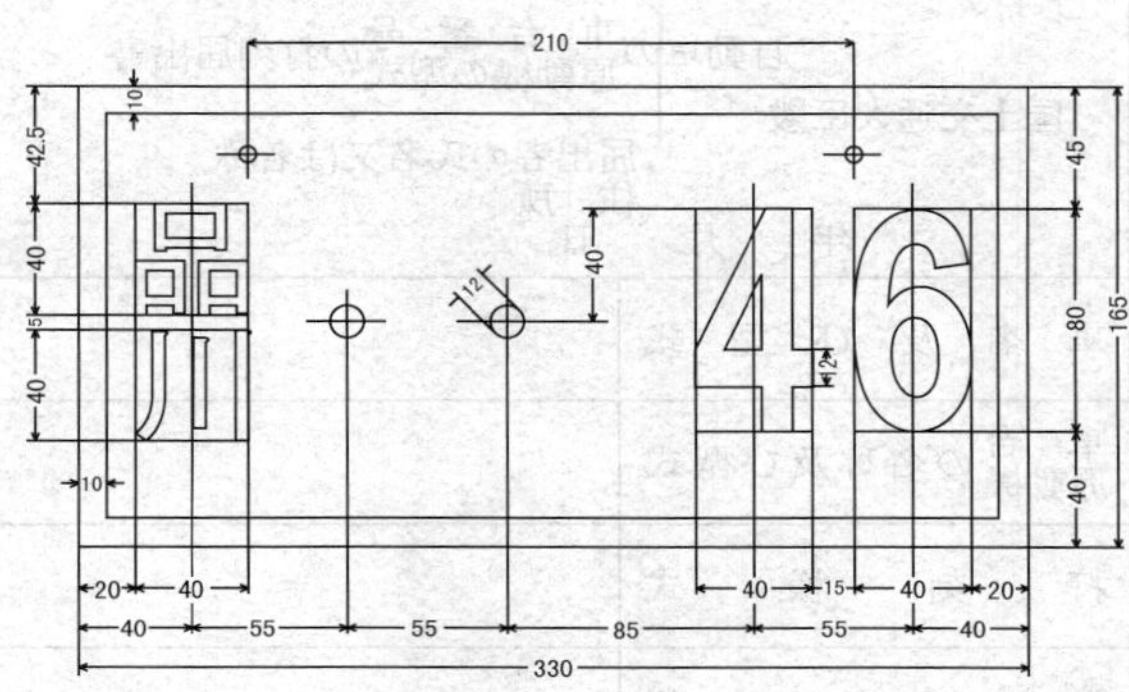

備考

⑴　回送運行許可番号標には、図示の例により、運輸監理部、運輸支局又は自動車検査登録事務所を表示する文字、四けた以下の数字及び枠を表示すること。この場合において、数字が四けたであるときは図（その一）、数字が三けた以下であるときは図（その二）の例によること。

⑵　運輸監理部、運輸支局又は自動車検査登録事務所の表示については、第三号様式備考⑵の表の例によること。

⑶　回送運行許可番号標の塗色は、白地に黒文字とし、枠は赤色とすること。

⑷　回送運行許可番号標の上辺と運輸監理部、運輸支局又は自動車検査登録事務所を表示する文字との間隔は、当該文字が三文字又は四文字の場合は25ミリメートルとすること。

⑸　運輸監理部、運輸支局又は自動車検査登録事務所を表示する文字が三文字の場合（第二文字目がケであるときに限る。）は、当該ケの縦の長さは35ミリメートル、横の長さは30ミリメートルとすること。

⑹　運輸監理部、運輸支局又は自動車検査登録事務所を表示する文字が四文字の場合は、当該文字の縦の長さは27ミリメートル、横の長さは30ミリメートルとすること。

⑺　寸法の単位は、ミリメートルとする。

⑻　第一号様式（自動車登録番号標）備考⑷ただし書の自動車に取り付ける回送運行許可番号標にあつては、取付孔の間隔は、275ミリメートルとすること。

⑼　合成樹脂製の回送運行許可番号標にあつては、取付孔を設けないことができる。

第六号様式（自動車の車台番号等の打刻届出書）（第二十七条関係）

長辺

自動車の車台番号 原動機の型式の打刻届出書 国土交通大臣殿 届出者の氏名又は名称 住　所 年　月　日	
車名及び型式	
車台 原動機の名称及び型式	
打刻様式	
打刻字体	
打刻位置説明図	
打刻を行う事業場の名称及び所在地	
備　　考	

短辺　　　　（日本産業規格Ａ列４番型）

備考

(1)　用紙は、白地とすること。

(2)　打刻様式欄には、打刻の訂正を行う場合の訂正様式をも記載すること。

(3)　打刻字体欄には、使用するすべての打刻字体を押印するか、又は打刻の拓本若しくは打刻と同一寸法の写真若しくは図面をはり付けること。

(4)　自動車の車台番号の打刻届出書にあつては「原動機の型式」及び「原動機」の文字を、自動車の原動機の型式の打刻届出書にあつては「車台番号」及び「車台」の文字をそれぞれ抹消すること。

第七号様式（輸入自動車等の打刻届出書）（第三十一条関係）

短辺

輸入自動車等の打刻届出書

国土交通大臣殿

届出者の氏名又は名称
住　所

年　月　日

車名及び型式		
車台の型式		
原動機の型式		
	車台番号	原動機の型式
打刻様式及び打刻字体		
打刻位置		
備考		

長辺

（日本産業規格Ａ列４番）

注　打刻様式及び打刻字体欄には、車台番号又は原動機の型式の拓本をはり付けること。

第七号様式の二（整備命令標章）（第三十四条関係）

（表）

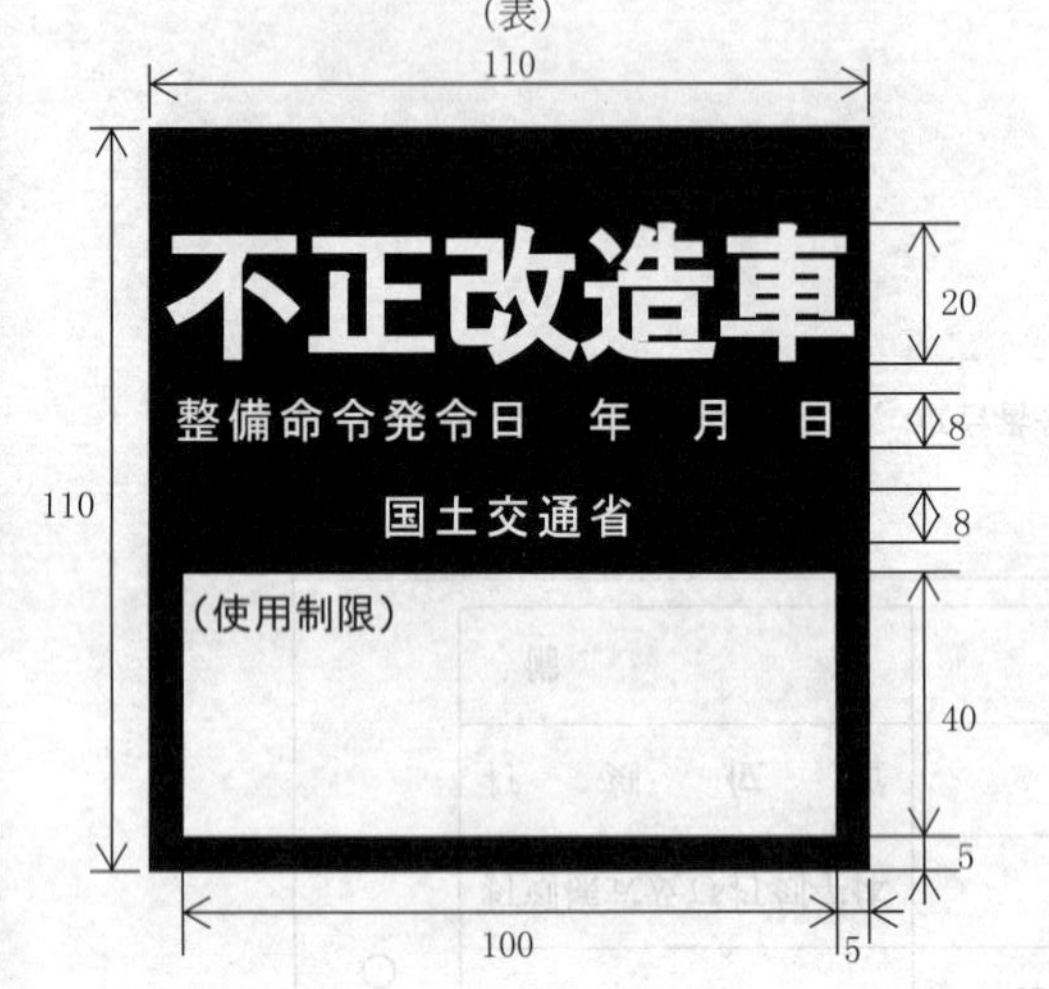

（裏）

注意事項

1　発令日から15日以内に、この自動車を保安基準に適合するよう整備を行った後、最寄りの運輸監理部、運輸支局又は自動車検査登録事務所へ持ち込み、確認を受けてください。

2　上記の確認を受けるまでは、この標章は、はがしたり、汚したりしないようにしてください。

3　使用制限の欄に制限が記載されている場合には、その記載事項に従ってください。

4　上記の事項に違反した場合には、法律に基づき、この自動車の使用が停止されるとともに、罰せられることとなります。

備考

(1)　整備命令標章の地色は、赤色とし、「(使用制限)」を記載する欄は、白色とすること。

(2)　「(使用制限)」の文字の色は、黒色とし、それ以外の文字の色は、黄色とすること。

(3)　寸法の単位は、「ミリメートル」とする。

第八号様式（検査対象外軽自動車臨時検査申請書）（第三十七条の二の二関係）

検査対象外軽自動車臨時検査申請書

運輸監理部長又は運輸支局長殿

年　月　日

申請者の氏名又は名称

住　所

車名		型式	
車両番号又は臨時運転番号標の番号			
車台番号			
備考			

長辺

短辺

（日本産業規格Ａ列５番）

第九号様式（自動車検査証保管証明書）（第四十条関係）

<table>
<tr><td colspan="3">自動車検査証保管証明書
証明書番号　第　　　号</td></tr>
<tr><td rowspan="2">返納した者</td><td>氏名または名称</td><td></td></tr>
<tr><td>住　　　所</td><td></td></tr>
<tr><td colspan="2">返納した自動車検査証の自動車登録番号または車両番号</td><td></td></tr>
<tr><td colspan="2">返　納　年　月　日</td><td>年　　月　　日</td></tr>
<tr><td colspan="2">備　　　考</td><td></td></tr>
<tr><td colspan="3">以上証明する。
年　　月　　日　　　　　　　　　　　　印</td></tr>
</table>

（日本産業規格A列５番型）

第十号様式（臨時検査合格標章再交付申請書）（第四十一条関係）

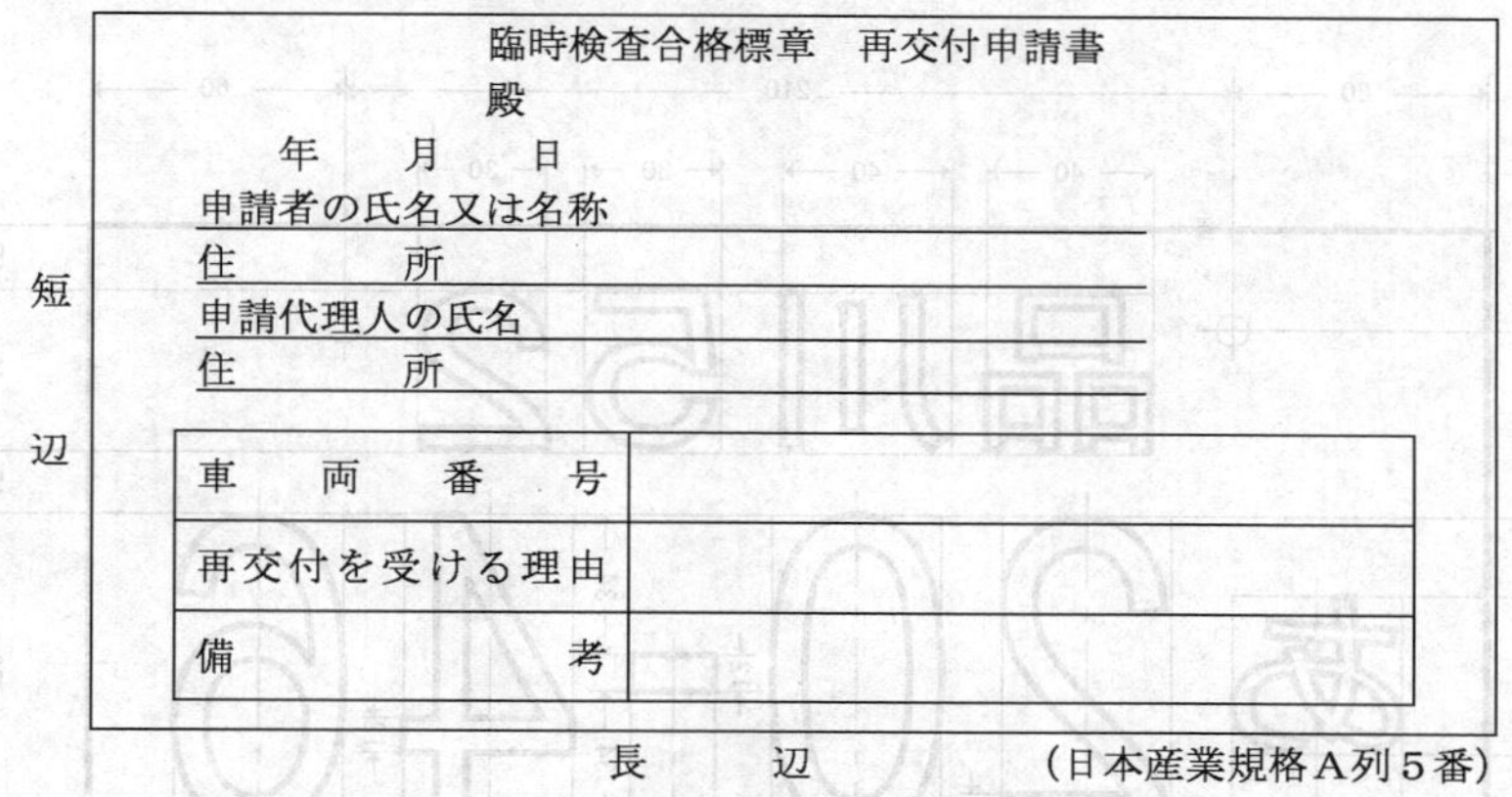

臨時検査合格標章　再交付申請書

殿

年　月　日

申請者の氏名又は名称

住　所

申請代理人の氏名

住　所

車両番号	
再交付を受ける理由	
備考	

短辺

長辺

（日本産業規格A列５番）

注 ⑴　不要の文字を抹消すること。

⑵　当該自動車が運転者室及び前面ガラスを有するかどうかの別を備考欄に記載すること。

第十一号様式（臨時検査合格標章）（第四十五条関係）

（その一）

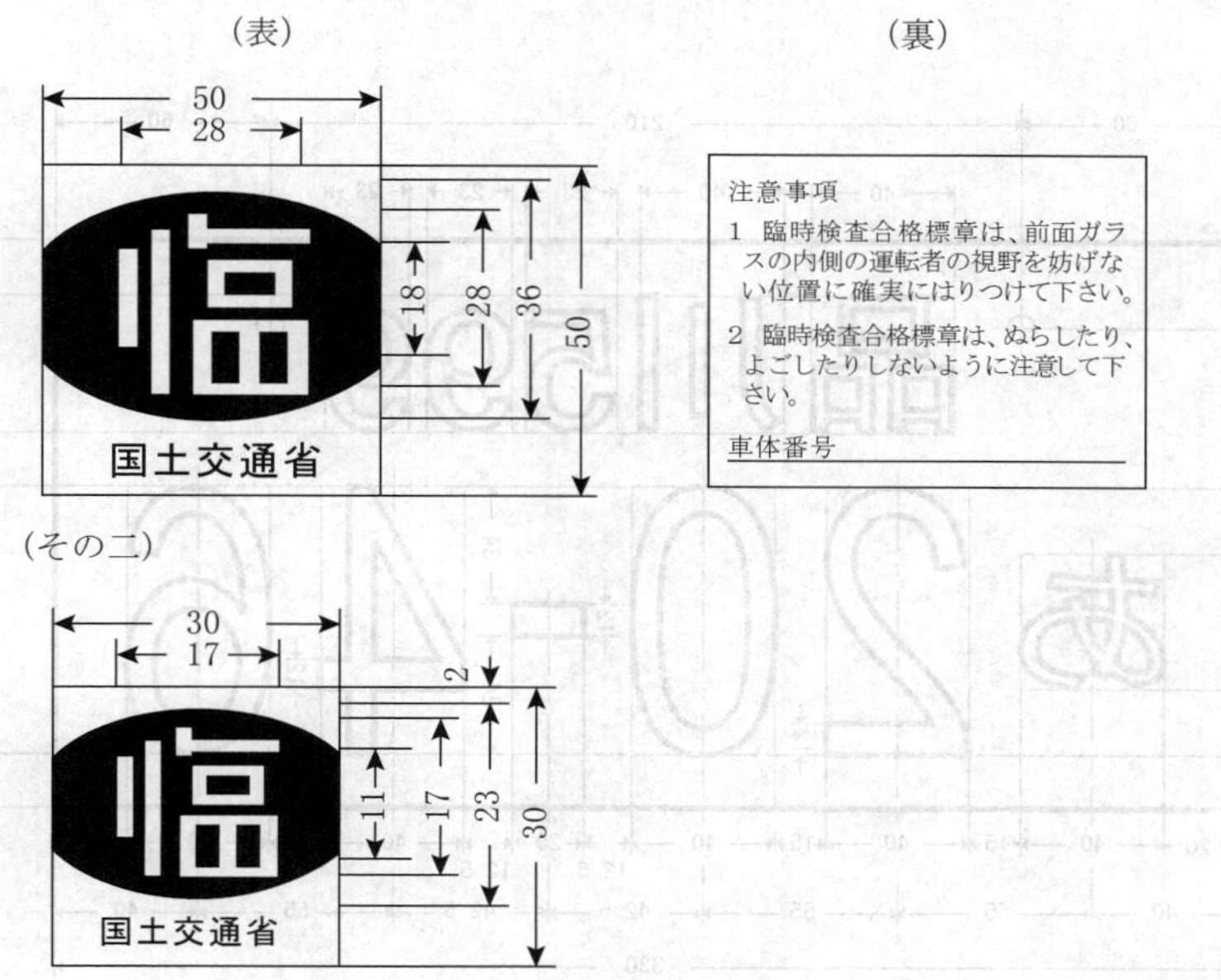

注⑴　自動車の前面ガラスにはりつけるものにあつては図（その一）、車両番号標にはりつけるものにあつては図（その二）の例によること。

⑵　寸法の単位は、ミリメートルとする。

第十二号様式（車両番号標）（第四十五条関係）

（その一）

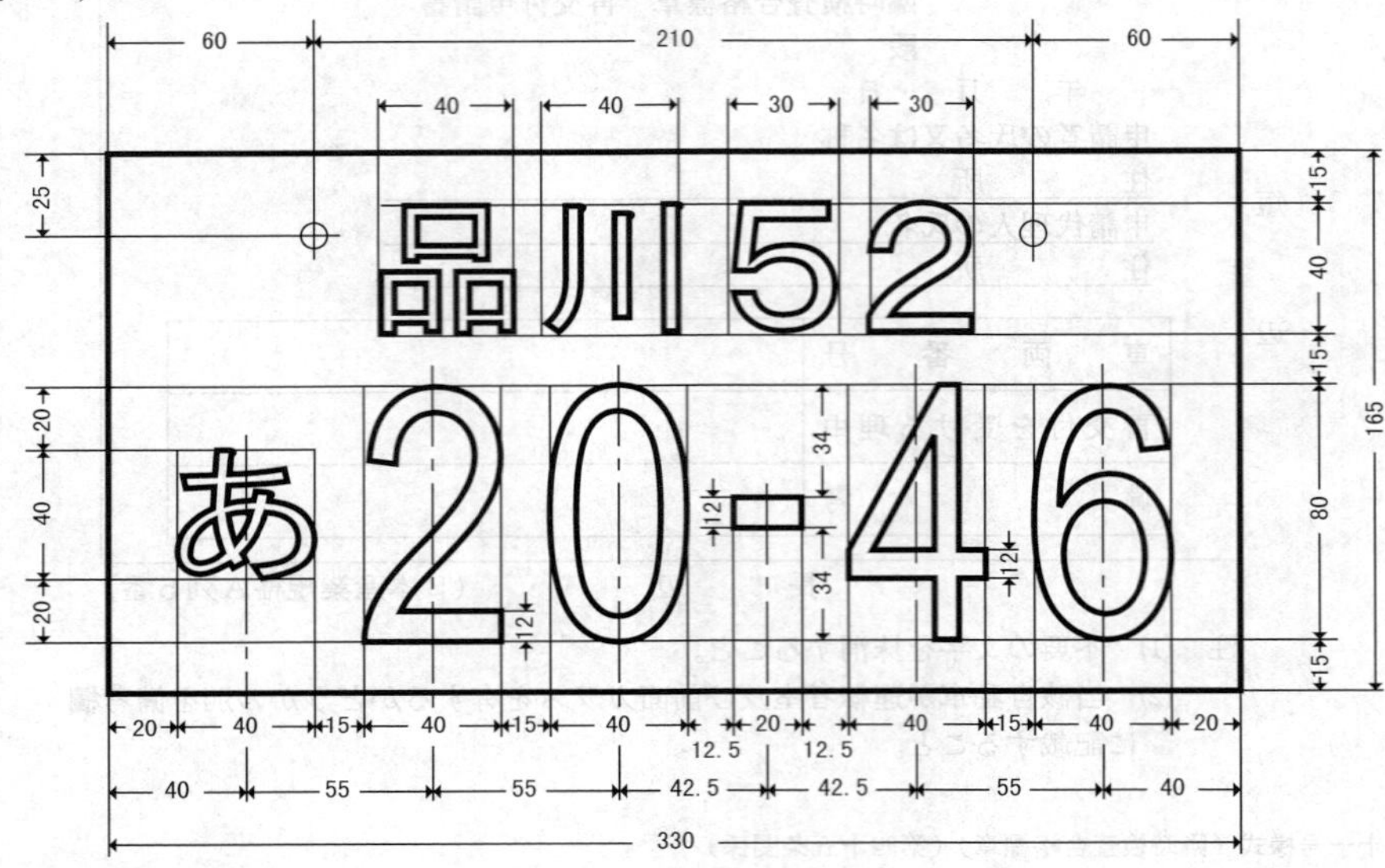

（その二）

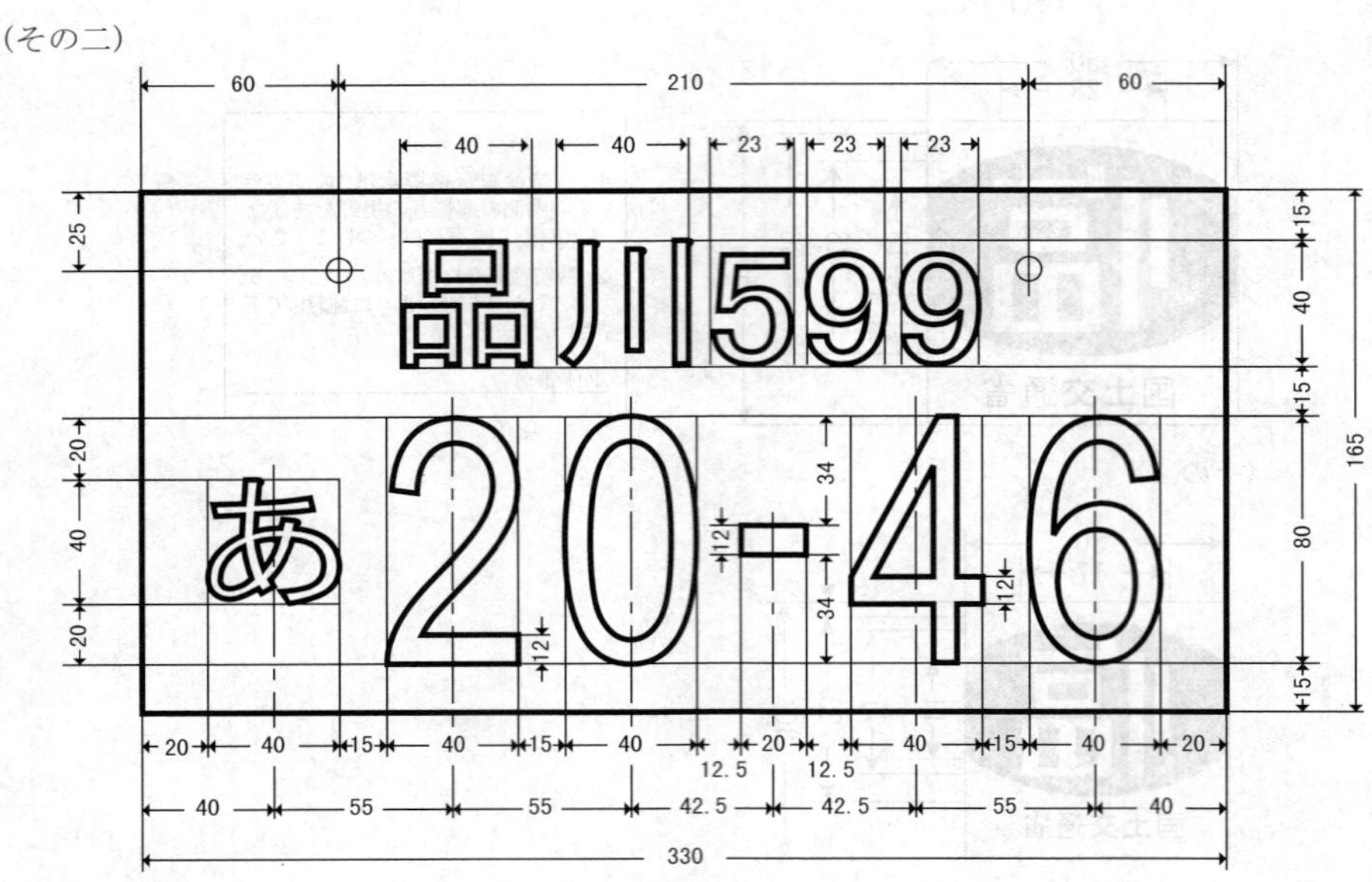

（その三）

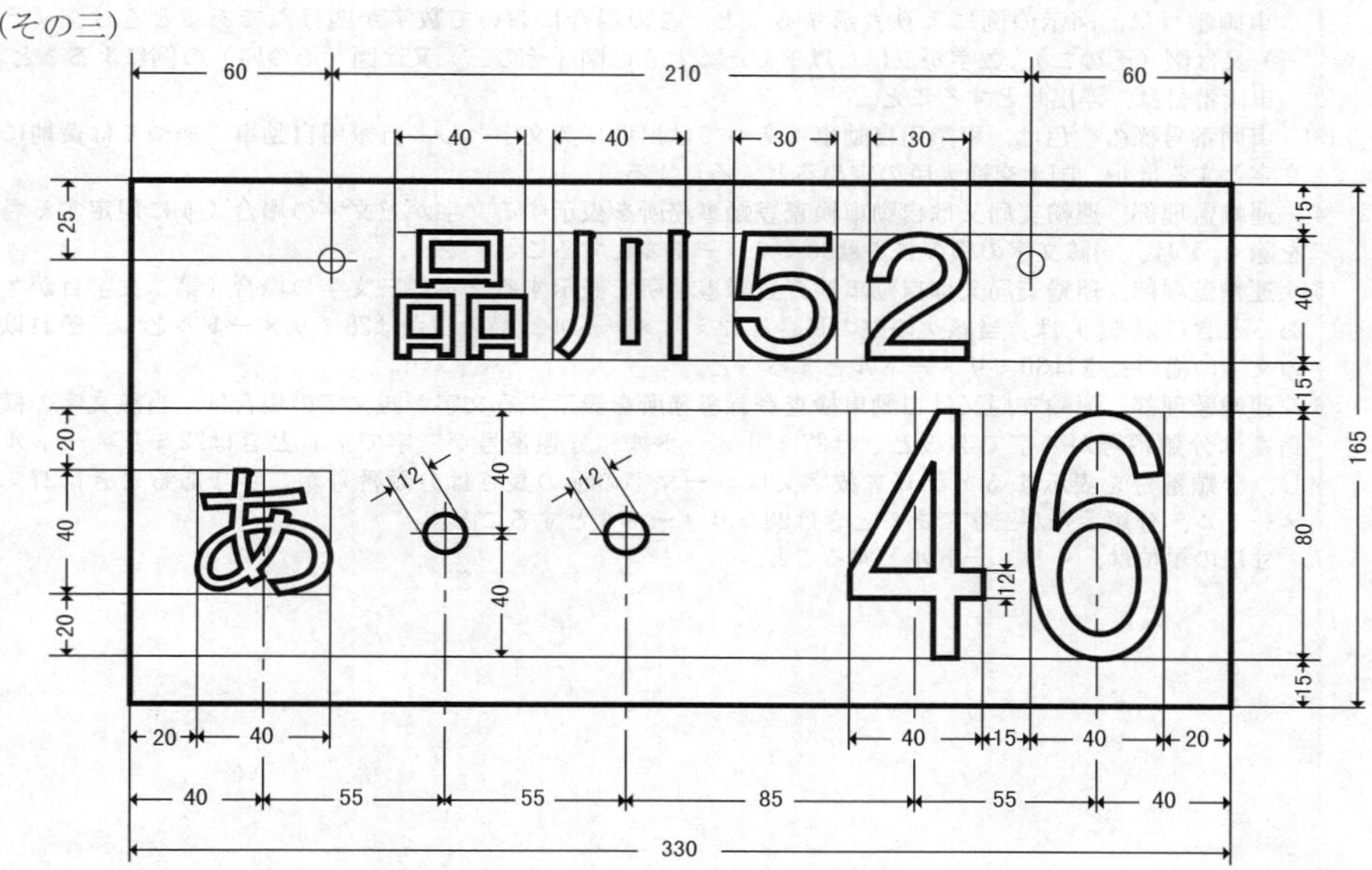
60
210
60
40
40
30
30
25
15
40
15
品川52
20
12
40
12
40
あ
40
80
165
40
12
46
20
15
20
40
40
15
40
20
40
55
55
85
55
40
330

（その四）

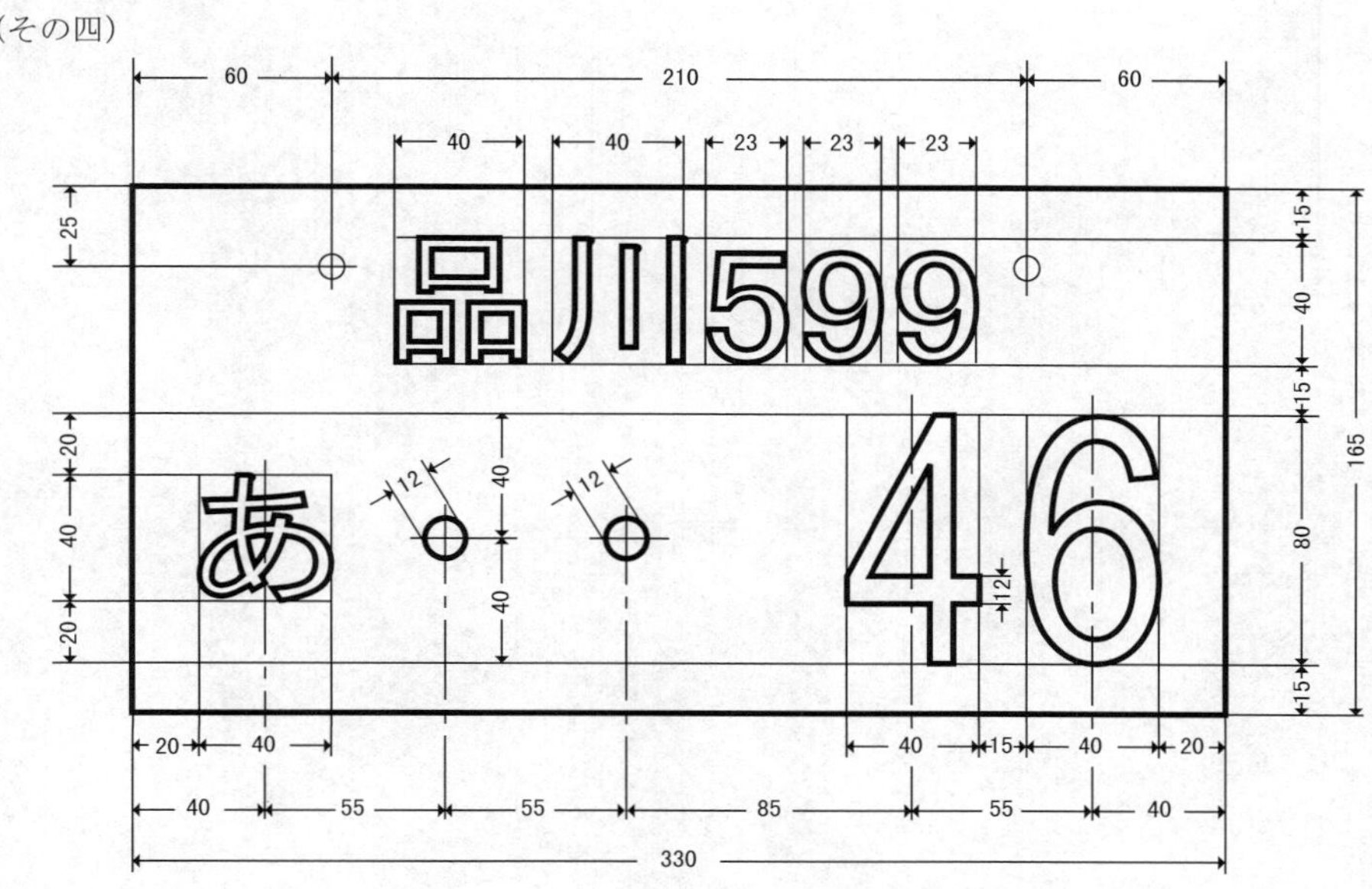
60
210
60
40
40
23
23
23
25
15
40
15
品川599
20
12
40
12
40
あ
40
80
165
40
12
46
20
15
20
40
40
15
40
20
40
55
55
85
55
40
330

備考

(1) 車両番号は、図示の例により表示すること。この場合において数字が四けたであるときは図（その一）又は図（その二）、数字が三けた以下であるときは図（その三）又は図（その四）の例によること。

(2) 車両番号は、浮出しとすること。

(3) 車両番号標の塗色は、事業用自動車にあつては黒地に黄文字とし、自家用自動車にあつては黄地に黒文字とするほか、国土交通大臣の定めるところによる。

(4) 運輸監理部、運輸支局又は自動車検査登録事務所を表示する文字が三文字の場合（(5)に規定する場合を除く。）は、当該文字の横の長さは30ミリメートルとすること。

(5) 運輸監理部、運輸支局又は自動車検査登録事務所を表示する文字が三文字の場合（第二文字目がケであるときに限る。）は、当該ケの縦の長さは33ミリメートル、横の長さは28ミリメートルとし、それ以外の文字の横の長さは30ミリメートルとすること。

(6) 運輸監理部、運輸支局又は自動車検査登録事務所を表示する文字が四文字の場合は、当該文字の横の長さは分類番号が二字であるときは27ミリメートル、分類番号が三字であるときは22ミリメートルとし、分類番号を表示するアラビア数字又はローマ字の横の長さは分類番号が二字であるときは27ミリメートル、分類番号が三字であるときは23ミリメートルとすること。

(7) 寸法の単位は、ミリメートルとすること。

第十三号様式（車両番号標）（第四十五条関係）

（その一）

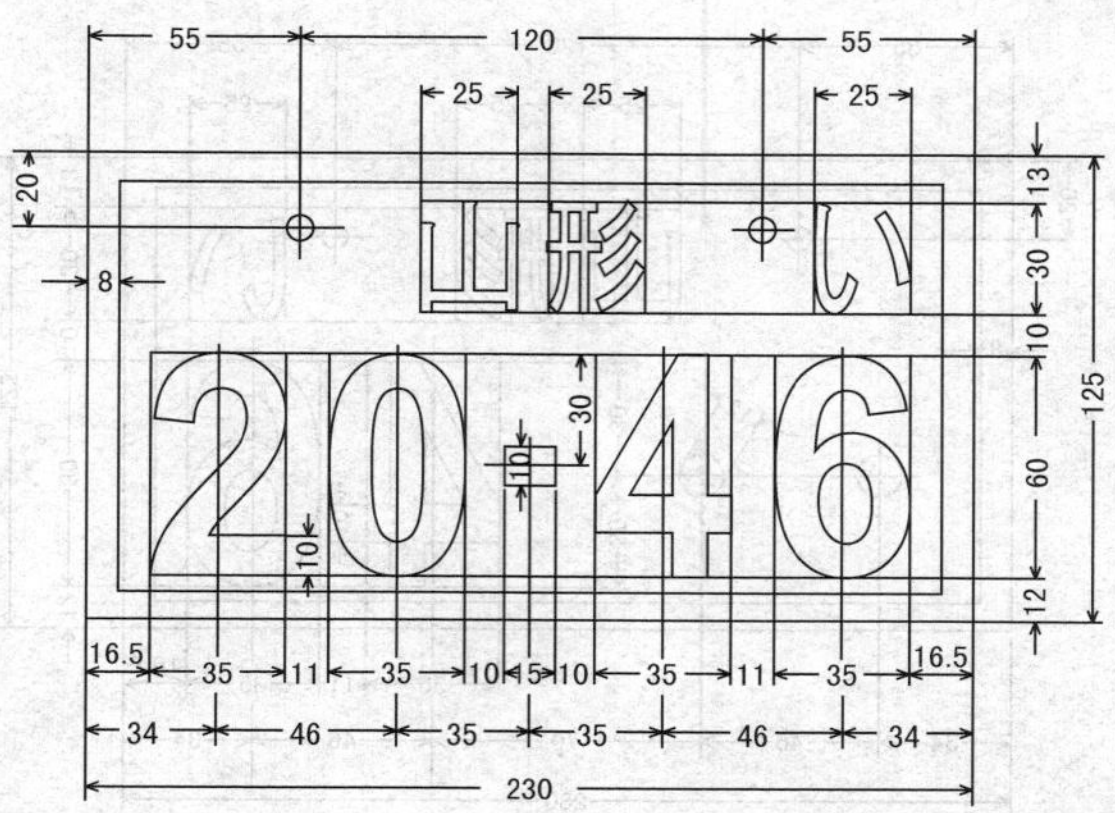

（その二）

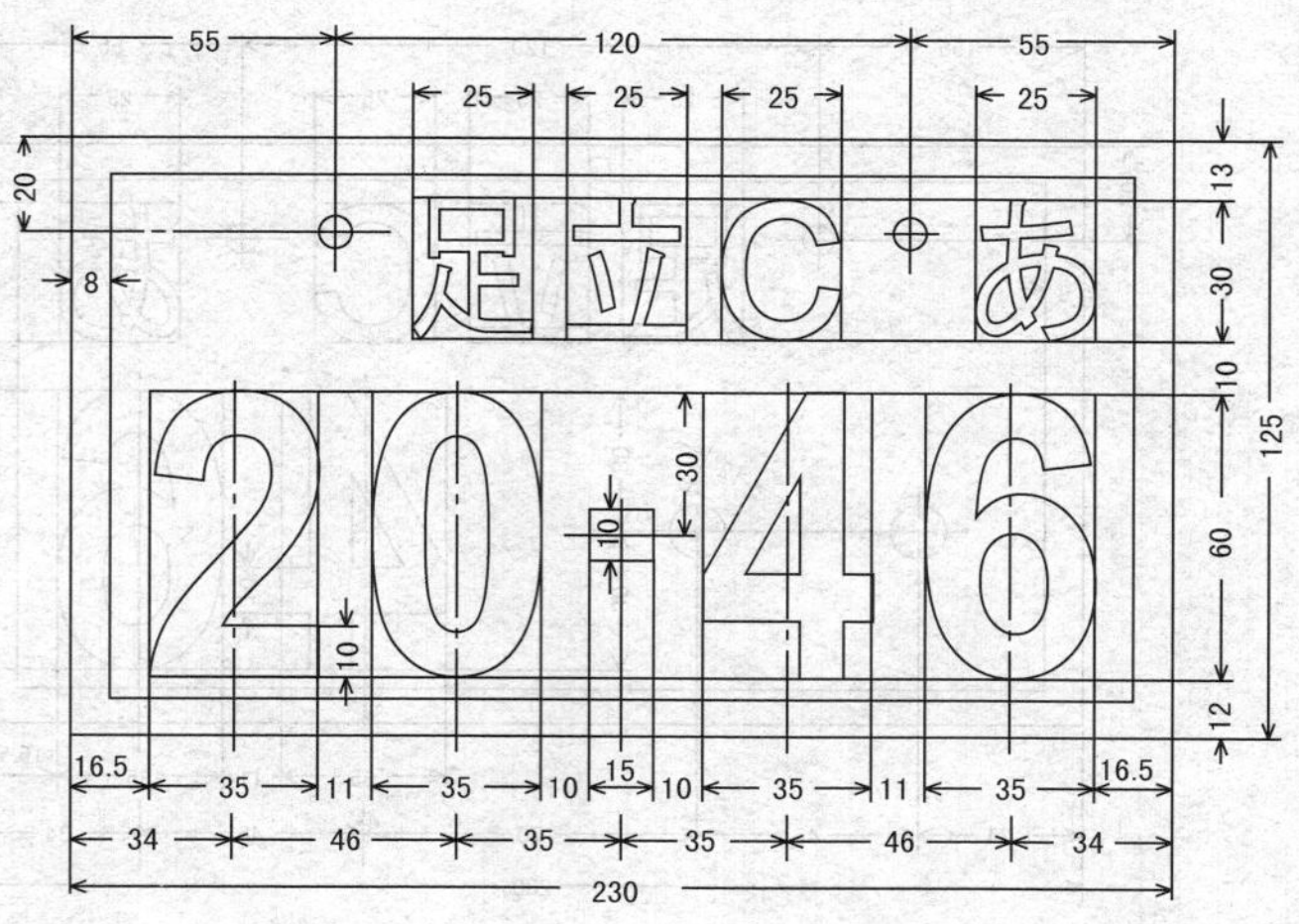

（その三）

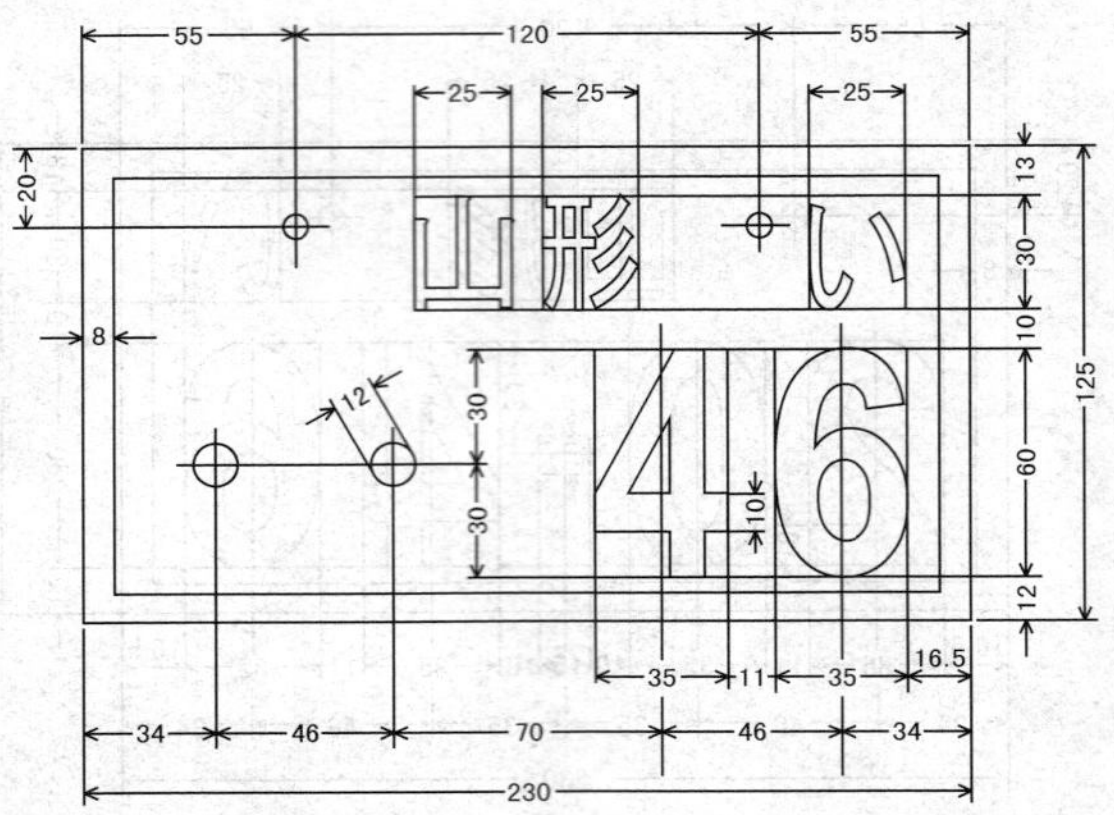
55
120
55
25
25
25
山
形
い
20
8
12
30
30
4
6
10
13
30
10
60
12
125
35
11
35
16.5
34
46
70
46
34
230

（その四）

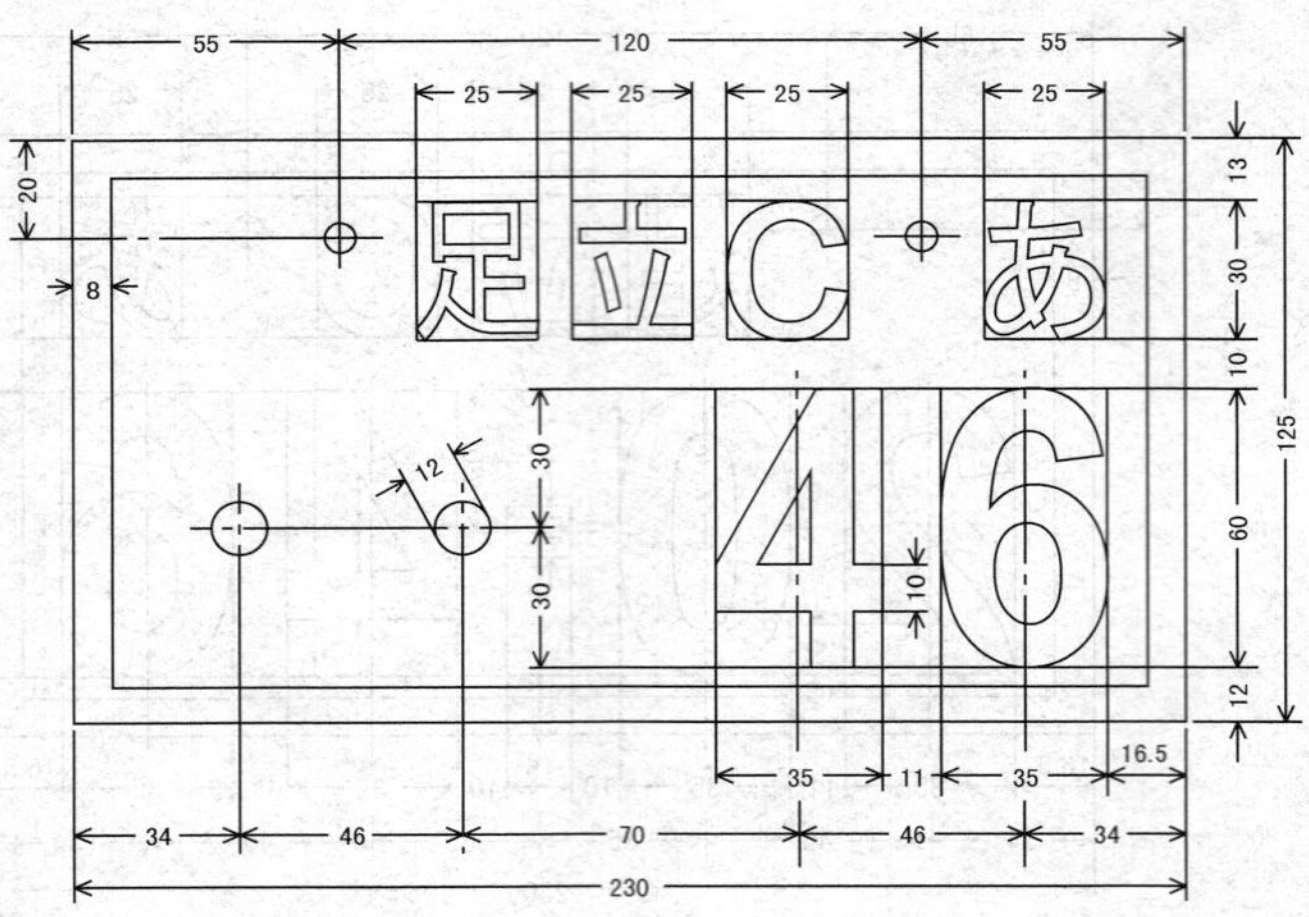
55
120
55
25
25
25
25
足
立
C
あ
20
8
12
30
30
4
6
10
13
30
10
60
12
125
35
11
35
16.5
34
46
70
46
34
230

備考

⑴　車両番号は、図示の例により表示すること。この場合において、数字が四けたであるときは図（その一）又は図（その二）、数字が三けた以下であるときは図（その三）又は図（その四）の例によること。

⑵　車両番号は、浮出しとすること。

⑶　車両番号標の塗色は、事業用自動車にあつては緑地に白文字、枠は白色とし、自家用自動車にあつては白地に緑文字、枠は緑地とすること。

⑷　運輸監理部、運輸支局又は自動車検査登録事務所を表示する文字が三文字の場合（⑸に規定する場合を除く。）又は四文字の場合（⑹に規定する場合を除く。）は、当該文字の横の長さは22ミリメートルとすること。

⑸　運輸監理部、運輸支局又は自動車検査登録事務所を表示する文字が三文字の場合（第二文字目がケであるときに限る。）は、当該ケの縦の長さは24ミリメートル、横の長さは19ミリメートルとし、それ以外の文字の横の長さは22ミリメートルとすること。

⑹　運輸監理部、運輸支局又は自動車検査登録事務所を表示する文字が四文字であつて、自家用又は事業用の別等を表示する文字として文字の組合せを用いる場合には、運輸監理部、運輸支局又は自動車検査登録事務所を表示する文字の横の長さは17.5ミリメートルとし、自家用又は事業用の別等を表示する文字の組合せに含まれるローマ字の横の長さは19ミリメートルとすること。

⑺　寸法の単位は、ミリメートルとする。

第十四号様式（車両番号標）（第六十三条の二関係）

（その一）

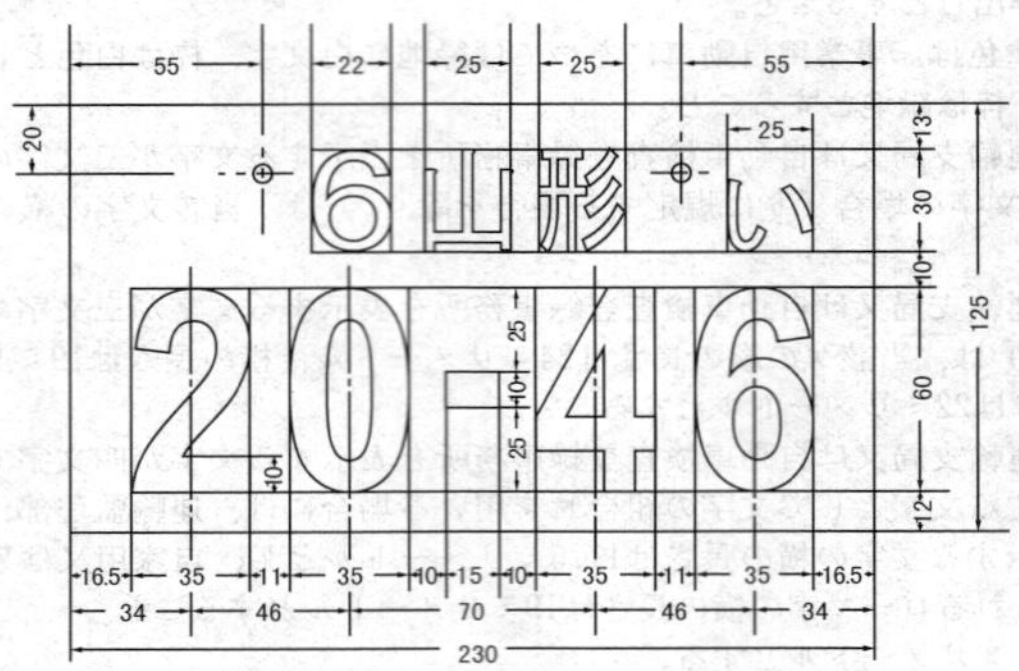

（その二）

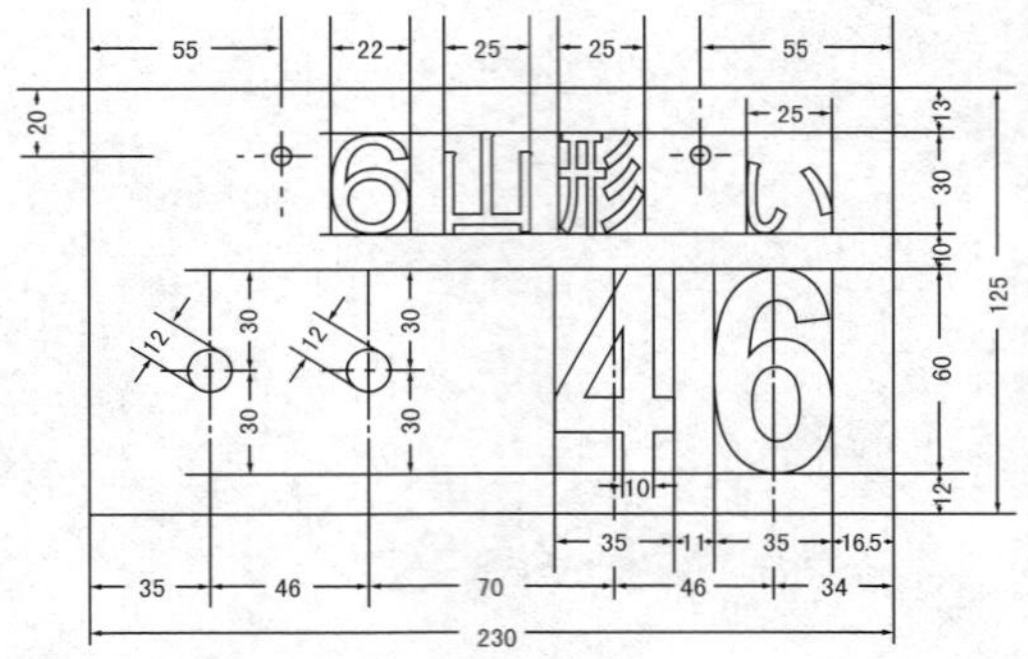

備考

(1)　車両番号は、図示の例により表示すること。この場合において、数字が四桁であるときは図（その一）、数字が三桁以下であるときは図（その二）の例によること。

(2)　車両番号は、浮出しとすること。

(3)　車両番号標の塗色は、事業用自動車にあつては緑地に白文字とし、自家用自動車にあつては白地に緑文字とすること。

(4)　運輸監理部、運輸支局又は自動車検査登録事務所を表示する文字が、三文字の場合（(5)に規定する場合を除く。）は当該文字の横の長さは22ミリメートル、四文字の場合は17ミリメートルとすること。

(5)　運輸監理部、運輸支局又は自動車検査登録事務所を表示する文字が三文字の場合（第二文字目がケであるときに限る。）は、当該ケの縦の長さは24ミリメートル、横の長さは19ミリメートルとし、それ以外の文字の横の長さは22ミリメートルとすること。

(6)　寸法の単位は、「ミリメートル」とする。

第十五号様式（臨時運転番号標）（第六十三条の二関係）

（その一）

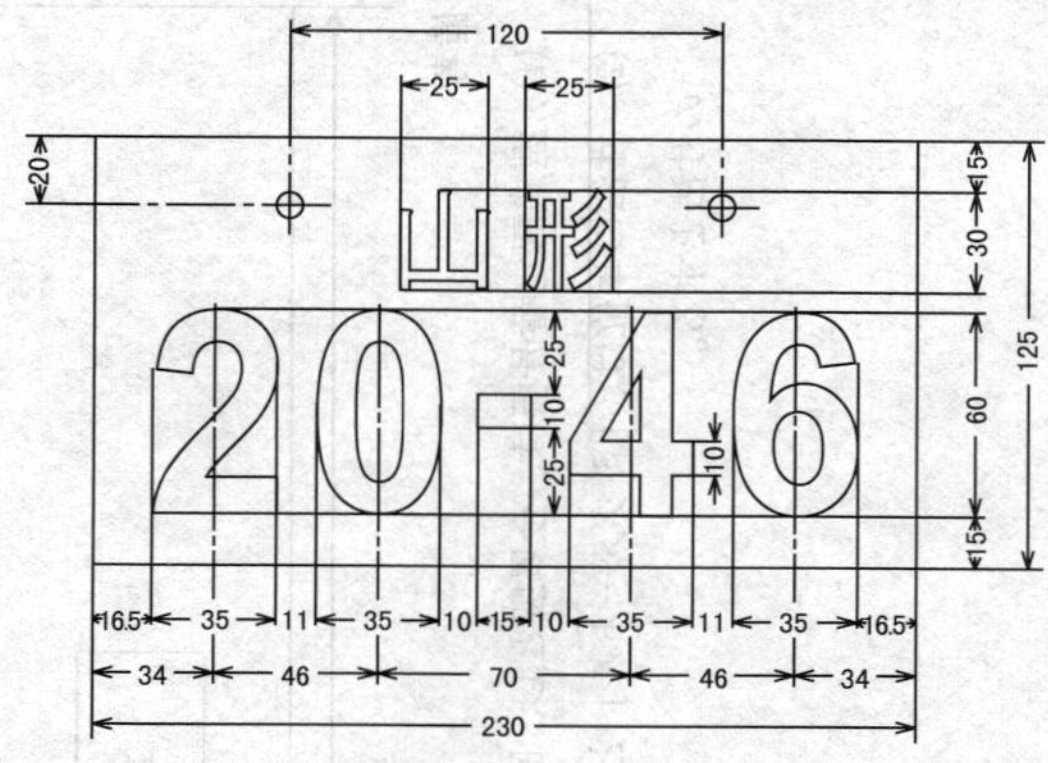

（その二）

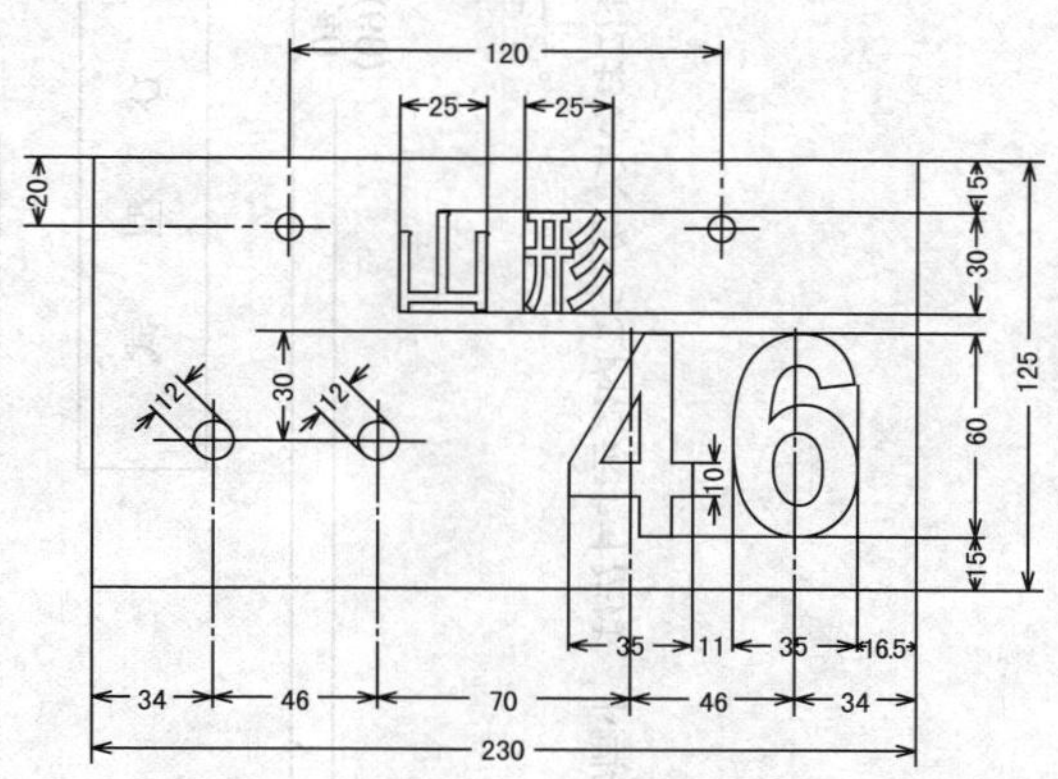

備考

(1) 臨時運転番号標には、図示の例により、上段に運輸監理部、運輸支局又は自動車検査登録事務所を表示する文字を、下段に四けた以下の数字を表示すること。この場合において、数字が四けたであるときは図（その一）、数字が三けた以下であるときは図（その二）の例によること。

(2) 運輸監理部、運輸支局又は自動車検査登録事務所の表示については、第三号様式備考(2)の表の例によること。

(3) 文字は、浮出しとすること。

(4) 臨時運転番号標の塗色は、白地に黒文字とし、その内側に幅10ミリメートルの赤色の枠を付すること。

(5) 運輸監理部、運輸支局又は自動車検査登録事務所を表示する文字が三文字の場合(6)に規定する場合を除く。）又は四文字の場合は、当該文字の横の長さは22ミリメートルとすること。

(6) 運輸監理部、運輸支局又は自動車検査登録事務所を表示する文字が三文字の場合（第二文字目がケであるときに限る。）は、当該ケの縦の長さは24ミリメートル、横の長さは19ミリメートルとし、それ以外の文字の横の長さは22ミリメートルとすること。

(7) 寸法の単位は、「ミリメートル」とする。

第十六号様式（型式認定番号標）（第六十三条の三関係）

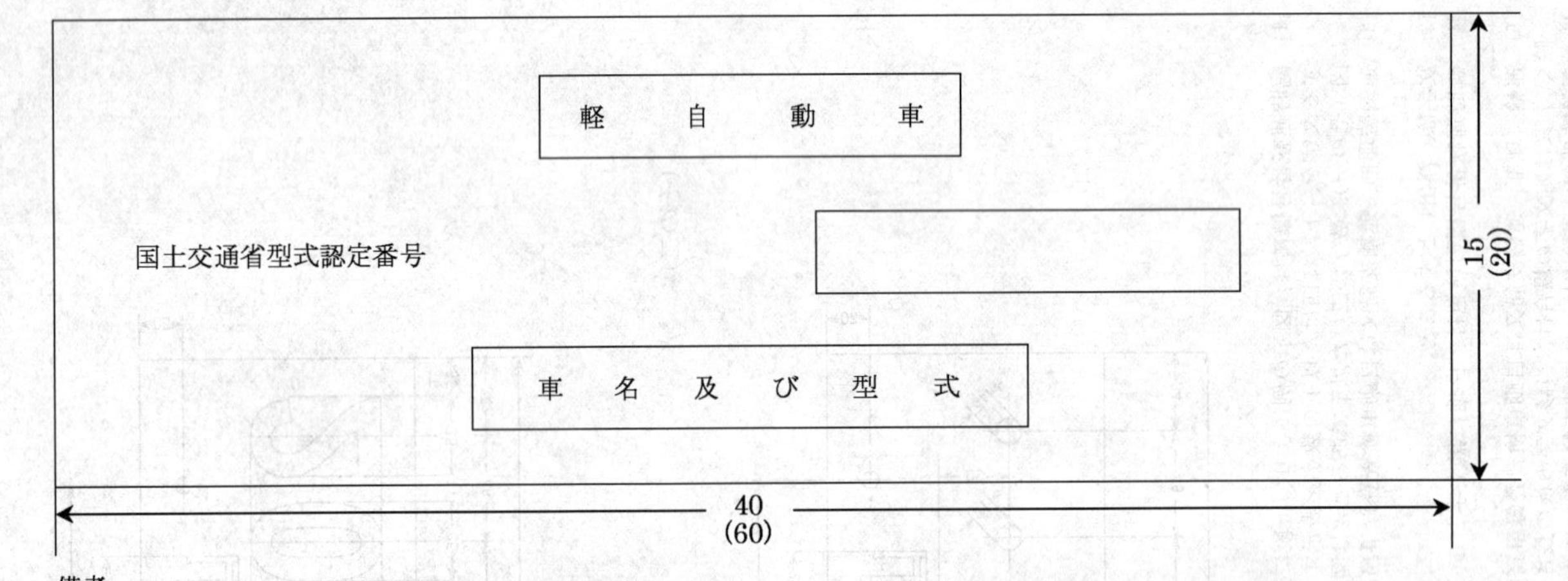

備考

(1)　型式認定番号標は、金属製とし、図示の例によること。

(2)　寸法の単位は、「ミリメートル」とする。この場合において、かつこ内に示す寸法は、小型特殊自動車に表示する場合の寸法とする。

第十七号様式（型式指定番号標）（第六十二条の四関係）

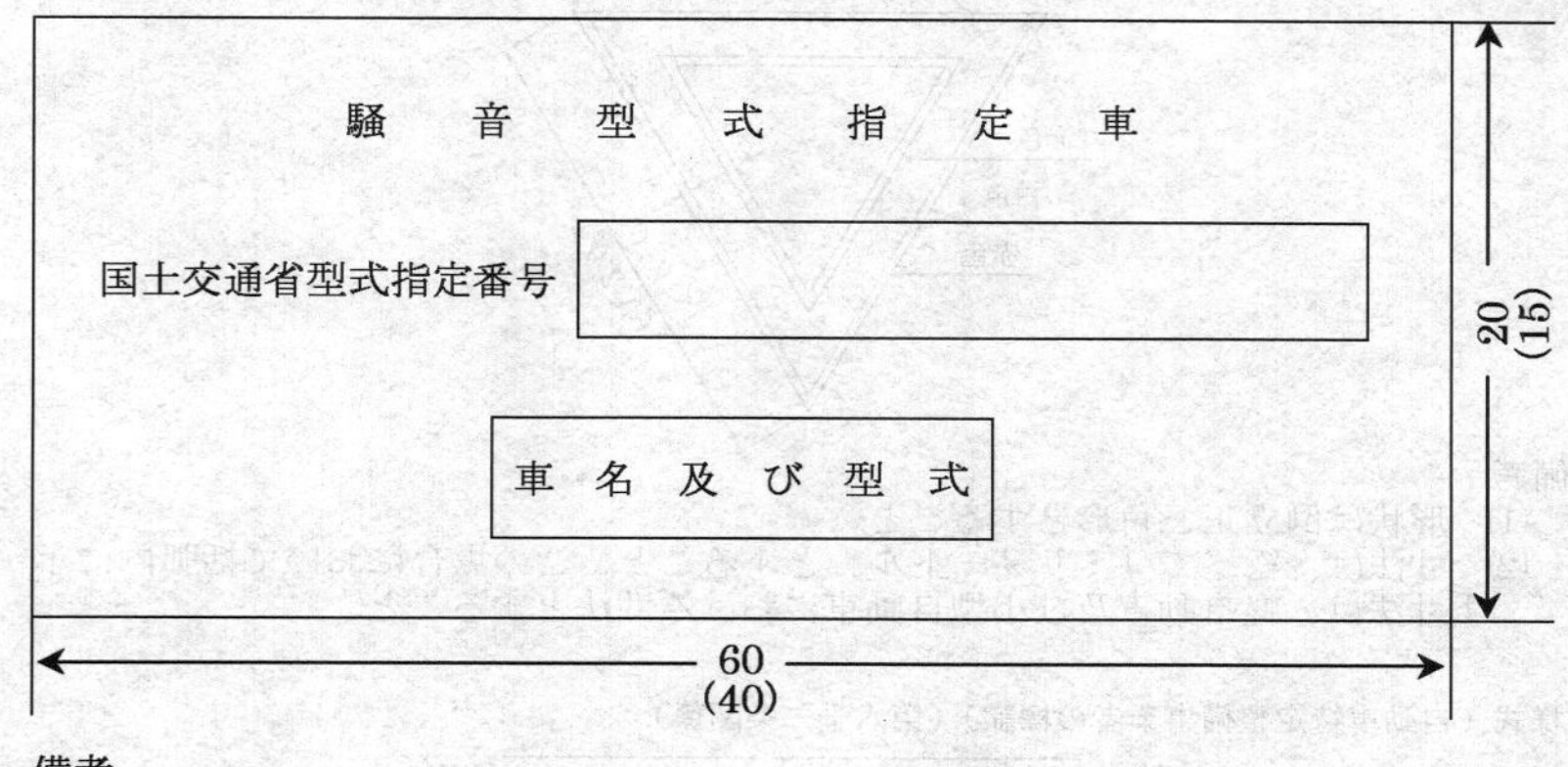

備考

(1) 型式指定番号標は、金属製とし、図示の例によること。

(2) 寸法の単位は、「ミリメートル」とする。この場合において、かつこ内に示す寸法は、二輪自動車（側車付二輪自動車を含む。）に表示する場合の寸法とする。

第十八号様式　削除

第十九号様式（制限を受けた自動車の標識）（第五十四条関係）

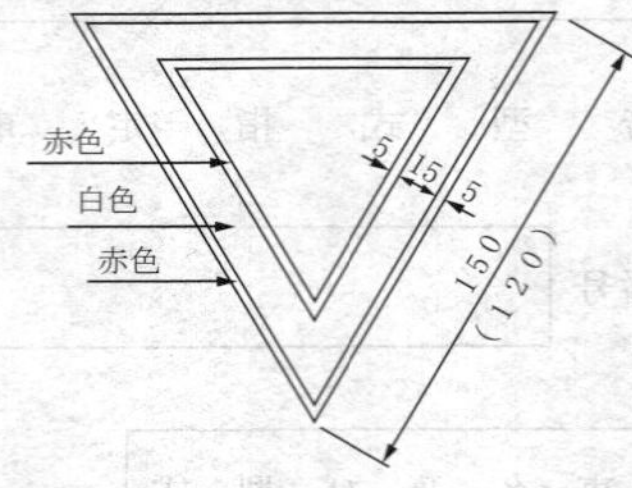

備考

(1) 形状は倒立正三角形とすること。

(2) 寸法は、総べて「ミリメートル」とすること。この場合において括弧内に示す寸法は、軽自動車及び小型自動車における寸法とすること。

第二十号様式（自動車特定整備事業者の標識）（第六十二条関係）

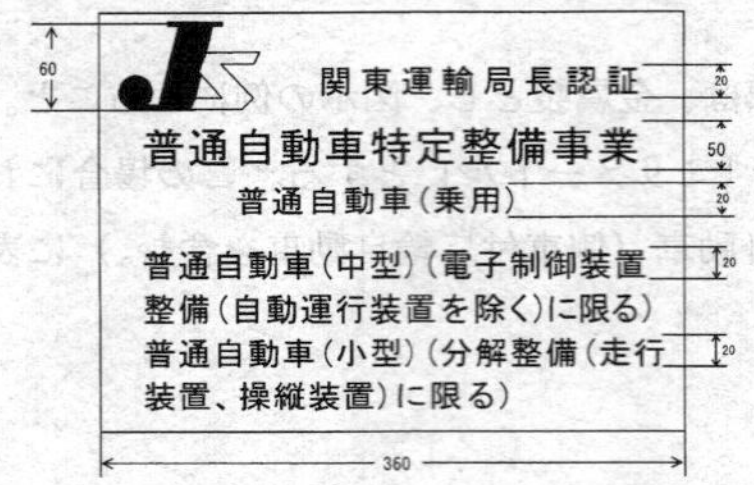

備考

(1) 自動車特定整備事業者の標識は、図示の例により、自動車特定整備事業者の標章、認証を行った地方運輸局長名、自動車特定整備事業の種類及び対象とする自動車の種類をそれぞれ表示すること。この場合において、対象とする自動車の種類は、次の区分により表示すること。

普通自動車（大型）	（普通自動車のうち車両総重量が８トン以上のもの、最大積載量が５トン以上のもの又は乗車定員が30人以上のものを対象とする場合に限る。）
普通自動車（中型）	（普通自動車のうち最大積載量が２トンを超えるもの又は乗車定員が11人以上のものであって、普通自動車（大型）以外のものを対象とする場合に限る。）
普通自動車（小型）	（普通自動車のうち貨物の運送の用に供するもの又は散水自動車、広告宣伝用自動車、霊きゅう自動車その他特種の用途に供するものであって、普通自動車（大型）及び普通自動車（中型）以外のものを対象とする場合に限る。）
普通自動車（乗用）	（普通自動車のうち普通自動車（大型）、普通自動車（中型）及び普通自動車（小型）以外のものを対象とする場合に限る。）

小型四輪自動車
小型三輪自動車
小型二輪自動車
軽自動車
大型特殊自動車

(2) 自動車特定整備事業の種類が二種類以上にわたるものにあっては、「普通/小型自動車特定整備事業」のように表示すること。この場合において、「普通」及び「小型」の文字は、図示の寸法にかかわらず、縦25ミリメートルとする。

(3) 対象とする整備の種類又は装置を限定する場合は、図示の例により、その旨を表示すること。

(4) 対象とする自動車の種類のうち、対象とする装置を限定しないものが４以上のときは、左右二列に配置すること。

(5) 寸法の単位は、「ミリメートル」とする。

(6) 標識は、金属製又は合成樹脂製とすること。

(7) 標識の塗色は、第三条第一号から第七号までに掲げる分解整備の全部及び電子制御装置整備を行う事業場のものにあつては若草色地に黒文字、それ以外のものにあつては橙黄色地に黒文字とし、標章は赤色とすること。

第二十一号様式（譲渡証明書）（第六十四条関係）

譲　渡　証　明　書

次の自動車を譲渡したことを証明する。

車　名	型　式	車台番号	原動機の型式

譲渡年月日	譲渡人及び譲受人の氏名又は名称及び住所	譲渡人印
備　考		

長辺

短辺　（日本産業規格Ａ列５番）

注　型式の変更等があつた場合は、備考欄にその旨を記入すること。

第二十二号様式　削除

第二十三号様式（型式認定番号標）（第六十七条関係）

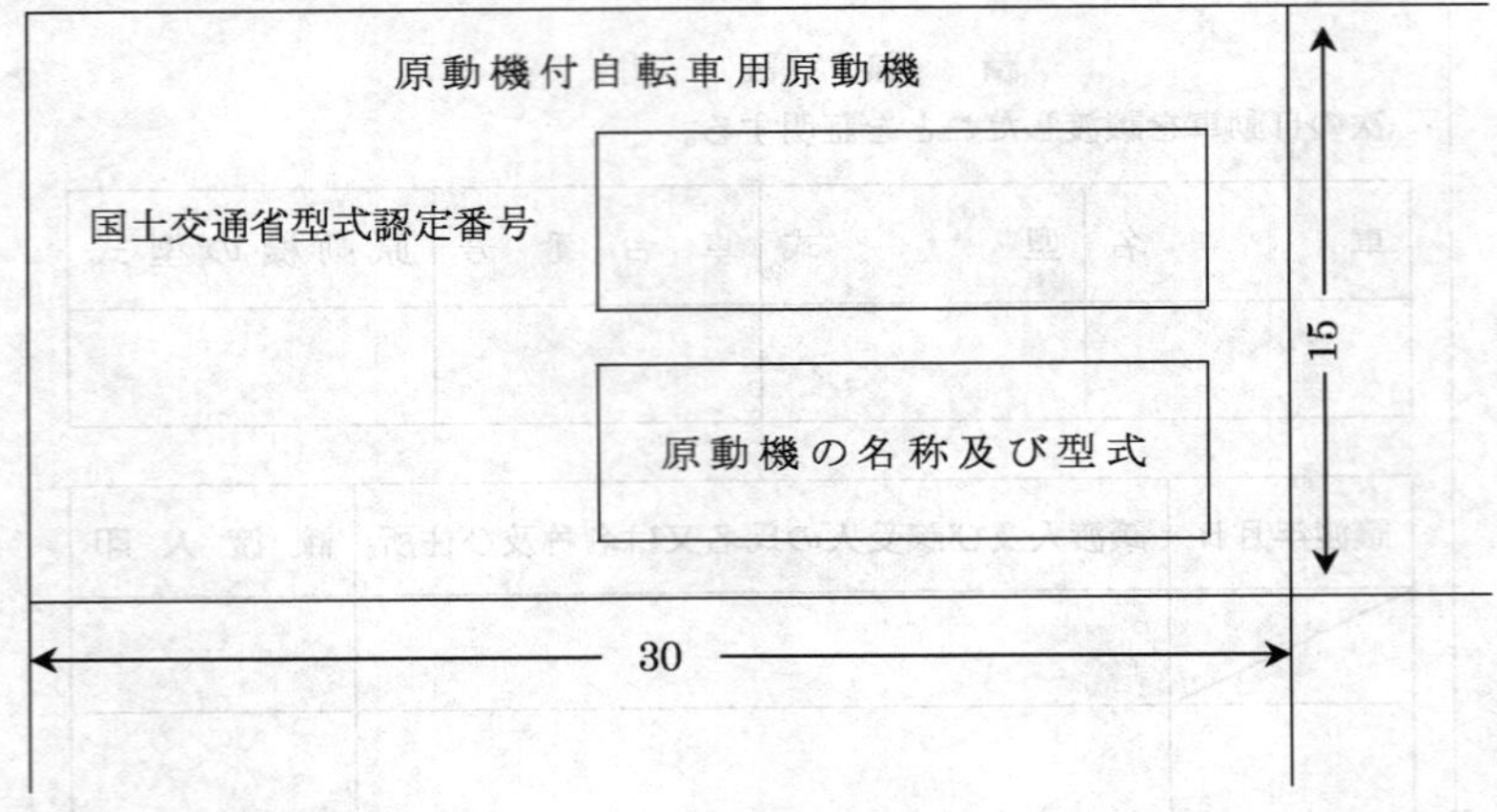

備考

(1) 型式認定番号標は、金属製とし、図示の例によること。

(2) 型式認定番号は、第一種原動機付自転車用原動機にあつては赤色、第二種原動機付自転車用原動機にあつては黒色をもつて表示すること。

(3) 寸法の単位は、「ミリメートル」とする。

軽二輪第一号様式（軽自動車届出書 / 軽自動車届出済証記入申請書）（第六十三条の十関係）

□ 新規届出書　□ 軽自動車届出済証記入申請書

軽二輪 第 1 号様式

①業務種別　1 新規届出　8 記載変更

④補助シート　枚

⑥番号指示　（種別）0 特殊　1 二輪　3 被けん引　2 特種　（用途）1 自家用　2 事業用　3 貸渡　5 AB　（振板）2 転入返納

⑪処理　1 訂正　2 復元　1 届出済証不要　2 支局等指示番号　3 切替

⑯例外　1 全例外　2 諸元

⑰制限解除　1 全解除　2 使用者限定　5 処理制限

⑬重量税

㉑車両番号

㉒車台番号　ローマ字記入時は下欄をマークして下さい

⑧車台番号変更　1 職権打刻　2 職権打刻以外　3 職権打刻例外

所有者欄

⑰氏名又は名称（所有権留保を解除する場合は左欄に「1」を記入し、下欄は記入不要です）

1 所有権留保の解除

漢字で記入して下さい（氏名を記入する場合は氏と名の間に1マスあけて記入、濁点・半濁点は同一マス目に「ガ」「パ」と記入）

⑯住　所

住所コードで記入して下さい　（都道府県市区郡コード　－　町村コード　－　小字コード）　丁目

（番、号、番地、棟番号等）ローマ字記入時は下欄をマークして下さい

⑩所有者コード（販売店等以外は記入不要）

使用者欄

㊺氏名又は名称（㊼所有者と同じ場合は左欄に「1」を、㊼所有者名に後続して使用者名を付加する場合は左欄に「2」を、届出済証の所有者と同じ場合は左欄に「3」を、届出済証の所有者名に後続して使用者名を付加する場合は左欄に「4」を、⑩所有者コードの内容を使用者の項目に流用する場合は左欄に「9」を記入して下さい。また、これらに該当しないときは左欄には記入せず、下欄に使用者氏名又は名称を記入して下さい。）

1 所有者に同じ

漢字で記入して下さい（氏名を記入する場合は氏と名の間に1マスあけて記入、濁点・半濁点は同一マス目に「ガ」「パ」と記入）

㊸住　所（所有者住所と同じ場合は左欄に「1」を記入し、異なるときは下欄にその使用者住所を記入して下さい）

1 所有者住所に同じ

住所コードで記入して下さい　（都道府県市区郡コード　－　町村コード　－　小字コード）　丁目

（番、号、番地、棟番号等）ローマ字記入時は下欄をマークして下さい

⑫使用の本拠の位置

使用者住所と同じ場合は左欄に「1」を記入し、異なるときは下欄にその使用の本拠の位置を記入して下さい

1 使用者住所に同じ

住所コードで記入して下さい　（都道府県市区郡コード　－　町村コード　－　小字コード）　丁目

（番、号、番地、棟番号等）ローマ字記入時は下欄をマークして下さい

⑬軽自動車型式認定番号　ローマ数字がある場合は数字で記入して下さい

（記入例）Ⅱ-123の場合　2 - 123

運輸支局長 / 運輸監理部長　殿

平成　年　月　日

届出人・申請者（使用者）
氏名又は名称

住所

（所有者）
氏名又は名称

住所

（旧使用者）
氏名又は名称

住所

（旧所有者）
氏名又は名称

住所

使用の本拠の位置

変更の事由とその日付　平成　年　月　日

（持参人）
氏名

電話番号

軽二輪第二号様式（軽自動車届出済証記入申請書）（第六十三条の十関係）

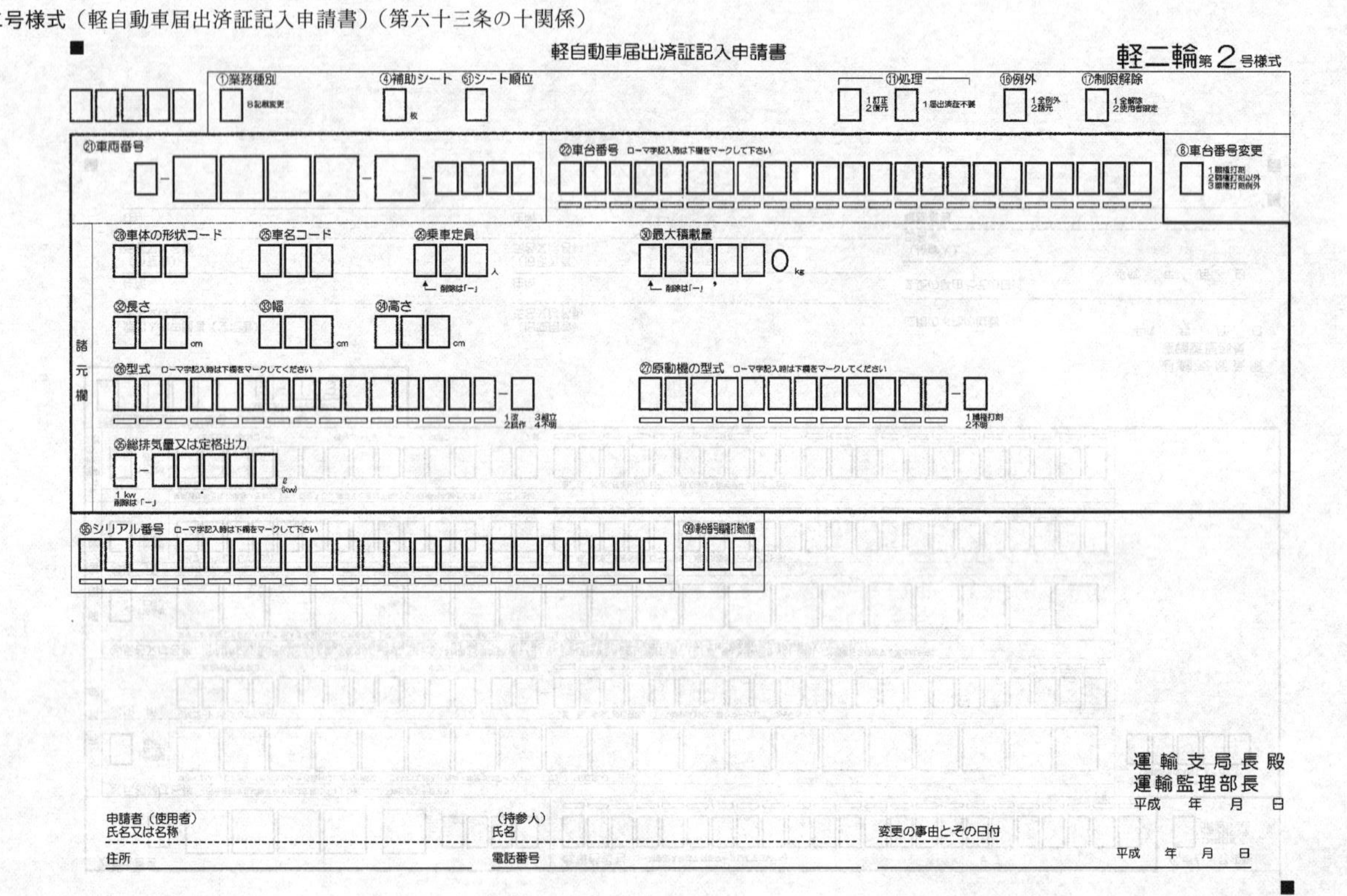

軽自動車届出済証記入申請書

軽二輪第2号様式

①業務種別 8記載変更
④補助シート 枚
51シート順位
⑪処理 1訂正 2復元 1届出済証不要
⑯例外 1全例外 2諸元
⑰制限解除 1全解除 2使用者限定

㉑車両番号
㉒車台番号 ローマ字記入時は下欄をマークして下さい
⑧車台番号変更 1職権打刻 2職権打刻以外 3職権打刻例外

諸元欄
㉓車体の形状コード
㉕車名コード
㉙乗車定員 人 削除は「－」
㉚最大積載量 0 kg 削除は「－」
㉜長さ cm
㉝幅 cm
㉞高さ cm
㉖型式 ローマ字記入時は下欄をマークしてください 1改 2試作 3組立 4不明
㉗原動機の型式 ローマ字記入時は下欄をマークしてください 1補職打刻 2不明
㉟総排気量又は定格出力 ℓ (kw) 1 kw 削除は「－」

55シリアル番号 ローマ字記入時は下欄をマークして下さい
56車台番号職権打刻位置

運輸支局長殿
運輸監理部長
平成　年　月　日

申請者（使用者）
氏名又は名称
住所

（持参人）
氏名
電話番号

変更の事由とその日付
平成　年　月　日

軽二輪第三号様式（軽自動車届出書）（第六十三条の十関係）

軽自動車届出書

運輸監理部長又は運輸支局長　殿

年　月　日　届出者の氏名又は名称

住所

長辺

※臨時運転番号標番号	
臨時運転番号標の貸与を受けようとする者の氏名又は名称及び住所	
車名	
運行の目的	
返還期日	年　月　日
備考	

短辺　（日本産業規格Ａ列５番）

注 ⑴　※印の欄は、記入しないこと。

⑵　二輪の軽自動車（側車付二輪自動車を除く。）以外の軽自動車にあつては、乗車定員及び最大積載量を備考欄に記入すること。

軽二輪第四号様式（軽自動車届出済証再交付申請書）（第六十三条の十関係）

（□軽自動車届出済証記入 □軽自動車届出済証再交付）申請書　　軽二輪第4号様式

①業務種別　3再交付　8二輪番号変更

⑥番号指示　（種別）0特殊　1二輪　3被けん引　2特種　（用途）1自家用　2事業用　3貸渡　5AB　（様板）

⑪処理　2復元　1届出済証不要　2支局等指示番号

⑰制限解除　1全解除　5処理制限

㉑車両番号

（記入例）1－運輸－さ－1234

㉒車台番号　ローマ字記入時は下欄をマークして下さい（軽自動車届出済証の車台番号のうち下7桁の数字等を記入）

（記入例）AB3－1234567　記入

（① 軽自動車届出済証の再交付をする場合には、この欄に記入する必要はありません。）

運輸支局長殿
運輸監理部長
平成　年　月　日

申請者（使用者・所有者）
氏名又は名称

住所

（持参人）
氏名

電話番号

申請の事由

軽二輪第五号様式（軽自動車届出済証返納証明書申請書）（第六十三条の十関係）

□ 軽自動車届出済証返納証明書交付申請書　　□ 軽自動車届出済証返納申請書

軽二輪第5号様式

①業務種別　9抹消

⑫抹消　1解体　2一時使用中止　5滅失

⑪処理　2復元　1届出済証不要

㉑車両番号

（記入例）1-運輸　　-さ-1234

㉒車台番号（軽自動車届出済証の車台番号のうち下7桁の数字等を記入）

ローマ字記入時は下欄をマークして下さい

（記入例）AB3－1234567

記入

運輸支局長殿
運輸監理部長
平成　年　月　日

申請者（使用者）

氏名又は名称

住所

（所有者）

氏名又は名称

住所

（持参人）

氏名

電話番号

申請の原因とその日付

□ 滅失
□ 解体
□ 一時使用中止

平成　年　月　日

軽二輪第六号様式（氏名等補助シート）（第六十三条の十関係）

氏名等補助シート

軽二輪第6号様式

㊿シート順位

所有者オーバーフロー欄	⑲氏名又は名称 漢字で記入して下さい（氏名を記入する場合は氏と名の間に1マスあけて記入、濁点・半濁点は同一マス目に「ガ」「パ」と記入） 1オーバーフロー
使用者オーバーフロー欄	⑲氏名又は名称 漢字で記入して下さい（氏名を記入する場合は氏と名の間に1マスあけて記入、濁点・半濁点は同一マス目に「ガ」「パ」と記入） 1オーバーフロー

軽二輪第七号様式（記載事項等補助シート）（第六十三条の十関係）

記載事項等補助シート

軽二輪第 **7** 号様式

⑤¹シート順位

⑤²処理
1 設定
2 削除
3 追加

⑤³種別
1 登録事項
2 検査事項

その他登録事項等

⑤⁴項目番号

（登録事項）
25 車名
42 使用の本拠の位置
43 使用者の住所
56 所有者の住所
99 その他

（検査事項）
検査事項通番を記入

⑤⁵登録事項等記入欄

軽二輪第八号様式（軽自動車届出済証）（第六十三条の十一関係）

番　号

年　月　日　　　　運輸監理部長又は運輸支局長

軽　自　動　車　届　出　済　証

車両番号	届出年月日／交付年月日	初度届出年月	用途	自家用・事業用の別	車体の形状
	年　月　日	年　月			

車名	乗車定員	最大積載量
	人	kg

車台番号	

型式	原動機の型式

所有者の氏名又は名称	
所有者の住所	
使用者の氏名又は名称	
使用者の住所	
使用の本拠の位置	

備　考

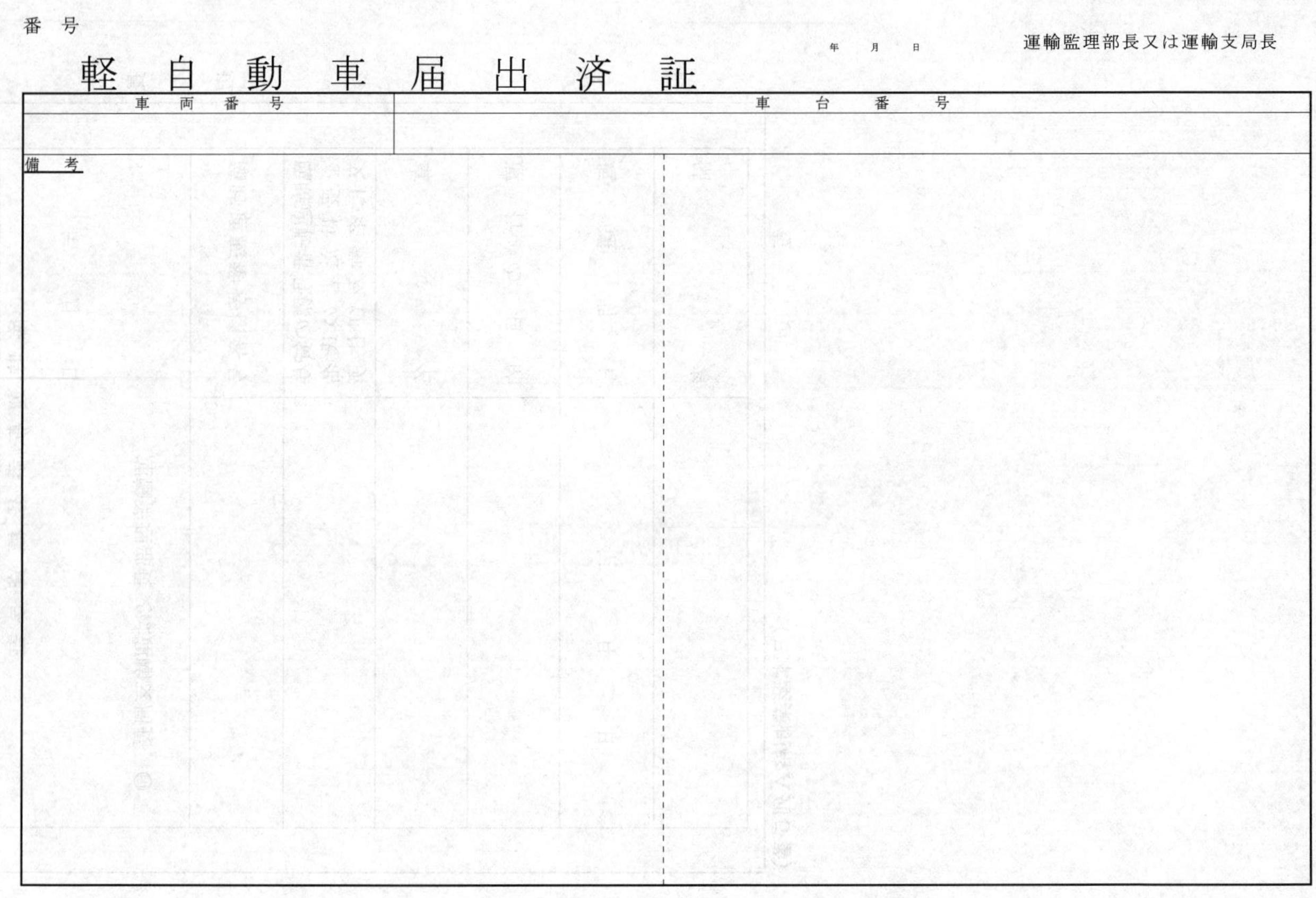

番号

年　月　日　運輸監理部長又は運輸支局長

軽自動車届出済証

車両番号	車台番号

備考

軽二輪第九号様式（臨時運転番号標貸与証）（第六十三条の十一関係）

<table>
<tr><td colspan="2">臨 時 運 転 番 号 標 貸 与 証
年　月　日
運輸監理部長又は運輸支局長　㊞</td></tr>
<tr><td>臨時運転番号標番号</td><td></td></tr>
<tr><td>臨時運転番号標の貸与を受けた者の氏名又は名称及び住所</td><td></td></tr>
<tr><td>車　　名</td><td></td></tr>
<tr><td>運 行 の 目 的</td><td></td></tr>
<tr><td>返 還 期 日</td><td>年　月　日</td></tr>
<tr><td>備　　考</td><td></td></tr>
</table>

長辺

短辺　　　　（日本産業規格Ａ列５番）

軽二輪第十号様式（軽自動車届出済証返納証明書）（第六十三条の十一関係）

番　号

軽自動車届出済証返納証明書

<table>
<tr><td colspan="3">車　両　番　号</td><td>交付年月日</td><td>初度届出年月</td><td colspan="3">車　台　番　号</td></tr>
<tr><td colspan="3"></td><td>年　月　日</td><td>年　月</td><td colspan="3"></td></tr>
<tr><td colspan="5">車　名</td><td colspan="2">型　式</td><td>原動機の型式</td></tr>
<tr><td colspan="5"></td><td colspan="2"></td><td></td></tr>
<tr><td>所有者の氏名又は名称</td><td colspan="7"></td></tr>
<tr><td>所有者の住所</td><td colspan="7"></td></tr>
<tr><td>使用者の氏名又は名称</td><td colspan="7"></td></tr>
<tr><td>使用者の住所</td><td colspan="7"></td></tr>
<tr><td>使用の本拠の位置</td><td colspan="7"></td></tr>
<tr><td>用　途</td><td>自家用・事業用の別</td><td colspan="3">車体の形状</td><td colspan="2">乗車定員</td><td>最大積載量</td></tr>
<tr><td></td><td></td><td colspan="3"></td><td colspan="2">人</td><td>kg</td></tr>
<tr><td>総排気量又は定格出力</td><td colspan="4">軽自動車型式認定番号</td><td>長さ</td><td>幅</td><td>高さ</td></tr>
<tr><td>kW
L</td><td colspan="4"></td><td>cm</td><td>cm</td><td>cm</td></tr>
<tr><td colspan="8">備　考</td></tr>
</table>

年　月　日　　運輸監理部長又は運輸支局長

番号

軽自動車届出済証返納証明書

車両番号	車台番号

備考

年　月　日　　運輸監理部長又は運輸支局長

○自動車登録令

（昭和二十六年六月三十日
政令第二百五十六号）

沿革（前略）昭三九政令二五、昭四二政令一六二、昭四四政令三〇八、昭四七政令三九、昭五五政令二三一、昭五九政令一七六・三三一、昭六二政令二八〇、平二政令二八一、平六政令三〇三、平九政令三三三、平一二政令三一二、平一四政令二〇〇、平一五政令二六〇・四九五・五四五、平一六政令四一九、平一七政令二四・三七・一八七、平一九政令二〇七、平二〇政令八二、平二四政令一九七、平二七政令三〇、平三〇政令一八三、令元政令四四・一八三、令二政令三六三、令四政令一九五改正

目次

第一章　総則

（目的）

第一条　この政令は、道路運送車両法（昭和二十六年法律第百八十五号）による自動車の登録等及び自動車抵当法（昭和二十六年法律第百八十七号）による自動車の抵当権の登録に関する事項を定めることを目的とする。

（付記登録）

第二条　次に掲げる登録は、付記登録とする。

一　登録名義人の表示の変更の登録

二　一部が抹消された登録の回復の登録

三　自動車の変更登録

四　抵当権の移転の登録

五　信託による抵当権の変更の登録

六　自動車抵当法第十九条の二第二項において準用する民法（明治二十九年法律第八十九号）第三百九十八条の八第一項又は第二項の合意の登録

2　次に掲げる登録は、登録上利害関係を有する第三者がないとき、又は登録上利害関係を有する第三者の承諾書若しくはこれに対抗することができる裁判の謄本が提出されたときに限り、付記登録とする。

一　更正の登録

二　抵当権の変更の登録（信託による抵当権の変更の登録を除く。）

（順位）

第三条　附記登録の順位は、主登録の順位により、附記登録間の順位は、その前後による。

（登録の欠缺を主張できない者）

第四条　詐欺又は強迫によつて登録の申請を妨げた第三者は、その登録の欠缺を主張することができない。

第五条　他人のため登録を申請する義務がある者は、その登録の欠缺を主張することができない。但し、その登録の原因が自己の登録の原因の後に発生したときは、この限りでない。

第二章　自動車登録ファイル及び電子情報処理組織

（自動車登録ファイル等）

第六条　自動車登録ファイルは、現在記録ファイル及び保存記録ファイルとする。

2　現在記録ファイルには、自動車に関する登録に係る登録事項で現に効力を有すべきもの及び道路運送車両法第十五条の二第一項ただし書の届出に関する事項その他の国土交通省令で定める事項を記録する。

3　保存記録ファイルには、現在記録ファイルに記録した自動車に関する登録に係る登録事項で抹消したもの並びに道路運送車両法第十六条第二項及び第四項の届出に関する事項その他の国土交通省令で定める事項を記録する。

4　国土交通大臣は、自動車登録ファイルに記録した事項と同一の事項を記録する副自動車登録ファイルを調製しておくものとする。

※　3項「国土交通省令」＝自動車登録規則一の二

（電子情報処理組織）

第七条　道路運送車両法第六条第一項の電子情報処理組織（次項において単に「電子情報処理組織」という。）により自動車登録ファイルにする登録等（登録並びに前条第二項及び第三項の国土交通省令で定める事項の記録その他の自動車登録ファイルの正確な記録を確保するための措置をいう。以下同じ。）に関する事務の処理は、オンライン・リアルタイム処理方式による。ただし、同法第二十二条第一項の規定による登録事項等証明書の交付に関する事務で国土交通省令で定めるものの処理については、この限りでない。

2　自動車登録ファイルにする登録等に関する事務の処理のための電子情報処理組織への入力はＯＣＲ（光学的文字読取装置をいう。）を用い又は電気通信回線を通じて行い、その出力は印字又は電磁的方法（電子的方法、磁気的方法その他人の知覚によつて認識することができない方法をいう。）により行う。

※　1項ただし書「国土交通省令」＝自動車登録規則二

（登録等事項の略号化）

第七条の二　自動車登録ファイルの登録等に関する事項（以下「登録等事項」という。）の一部は、国土交通省令で定めるところにより、略号にして記録することができる。

※　「国土交通省令」＝自動車登録規則三

（登録等事項の表示に用いる文字等）

第八条　自動車登録ファイルの登録等事項は、漢字、平仮名、片仮名、アラビア数字、ローマ字及び国土交通省令で定める記号により表示する。

※　「国土交通省令」＝自動車登録規則四

第三章　登録等の手続

第一節　通則

（登録を行う場合）

第九条 登録は、法令に別段の定がある場合を除く外、申請又は嘱託（通知を含む。）がなければ、これをしてはならない。

2 申請による登録に関する規定は、法令に別段の定がある場合を除く外、嘱託（通知を含む。）による登録の手続に準用する。

※ 1項「別段の定」＝本令二五・三一、道路運送車両法一五等、2項「別段の定」＝本令三五・三六・四五等

（共同申請）

第十条 登録は、登録権利者及び登録義務者又はこれらの者の代理人が運輸監理部又は運輸支局に出頭して申請しなければならない。

（単独申請）

第十一条 判決による登録、相続その他の一般承継による登録並びに自動車の新規登録、永久抹消登録、輸出抹消仮登録及び一時抹消登録は、登録権利者だけで申請することができる。

第十二条 自動車の変更登録は、登録名義人だけで申請することができる。

2 自動車の抵当権の登録名義人の表示の変更又は自動車の抵当権の登録名義人と自動車の登録名義人とが同一人となつた場合の抵当権のまつ消の登録は、登録名義人だけで申請することができる。

第十三条 削除

（申請手続）

第十四条 登録の申請をする者（以下「申請人」という。）は、申請書に次に掲げる書面を添えて提出しなければならない。

一 登録の原因を証する書面

二 登録の原因について第三者の許可、同意又は承諾を要するときは、これを証する書面

三 代理人により登録の申請をするときは、その権限を証する書面

2 前項第一号の書面が執行力のある判決であるときは、同項第二号の書面を提出しなくてもよい。

3 申請人は、道路運送車両法第三十三条第四項の規定により譲渡証明書に記載すべき事項が登録情報処理機関に提供されたときは、その旨を記載することをもつて同項第一号の書面（譲渡証明書に限る。）の提出に代えることができる。

4 前項の規定により譲渡証明書に記載すべき事項が登録情報処理機関に提供されたことが第一項の申請書に記載されたときは、国土交通大臣は、登録情報処理機関に対し、国土交通省令で定めるところにより、必要な事項を照会するものとする。

（申請書）

第十五条 申請書には、申請人の氏名又は名称その他の国土交通省令で定める事項を記載し、申請人がこれに押印しなければならない。ただし、自動車の変更登録又は更正の登録の申請書にあつては申請人が抹消した登録の回復又は抵当権の登録の申請書にあつては登録権利者である申請人が、押印することを要しない。

2 申請書の様式及び記載方法は、国土交通省令で定める。

※ 1項「国土交通省令」＝自動車登録規則五、2項「国土交通省令」＝自動車登録規則二八、自動車の登録及び検査に関する申請書等の様式等を定める省令

（印鑑に関する証明書の添付）

第十六条 前条第一項の規定により押印した申請書には、やむを得ない場合を除き、申請人及びその第三者（第十四条第一項第二号の書面を提出する場合に限る。）の印鑑に関する証明書（住所地の市町村長（特別区の区長を含むものとし、地方自治法（昭和二十二年法律第六十七号）第二百五十二条の十九第一項の指定都市にあつては、市長又は区長若しくは総合区長とする。）又は登記官が作成するものに限る。以下同じ。）を添付しなければならない。

2 前項の規定は、申請人又はその第三者が国又は地方公共団体である場合には、適用しない。

3 第一項の印鑑に関する証明書は、作成後三月以内のものでなければならない。

（同意書等の省略）

第十七条 申請書に第三者の許可、同意又は承諾を証する書面を添えて提出することを要する場合において、申請書にその第三者が記名押印したときは、その書面を提出することを要しない。

2 前項に規定する場合においては、その第三者の印鑑に関する証明書を添付しなければならない。ただし、やむを得ない場合を除き、その申請書に、その第三者が国又は地方公共団体である場合は、この限りでない。

3 前項の規定は、その第三者が国又は地方公共団体である場合には、適用しない。

4 第二項の印鑑に関する証明書は、作成後三月以内のものでなければならない。

（戸籍謄本等の提出）

第十八条 次に掲げる場合には、申請書にその事実を証する戸籍の謄本若しくは抄本若しくは登記事項証明書又はこれを証するに足りるその他の書面を添付しなければならない。

一 登録の原因が相続その他の一般承継であるとき。

二 申請人が登録権利者又は登録義務者の相続人その他の一般承継人であるとき。

三 登録名義人の表示の変更の登録の申請をするとき。

（債権者の代位）

第十九条 債権者は、民法第四百二十三条第一項又は第四百二十三条の七の規定により債務者に代位して登録の申請をする場合には、申請書に債権者及び債務者の氏名又は名称及び住所並びに代位の原因を記載し、かつ、これに代位の原因を証する書面を添えて提出しなければならない。

第二十条 削除

（申請の受理をしない場合）

第二十一条 運輸監理部長又は運輸支局長は、登録の申請が次に掲げる場合に該当するときは、その申請を受理してはならない。

一 使用の本拠の所在地がその管轄に属しないとき。

二 登録の申請をした事項が登録をすべきものでないとき。

三 情報通信技術を活用した行政の推進等に関する法律（平成十四年法律第百五十一号）第六条第一項の規定により同項に規定する電子情報処理組織を使用して申請する場合を除くほか、当事者が出頭しないとき。

四 申請が方式に適合しないとき。

五 道路運送車両法第七条第六項又は同法第十二条第二項

（同法第十三条第三項において準用する場合を含む。）の規定に違反するとき。

六　申請書に記載した抵当権の表示が登録されている事項と符合しないとき。

七　第十八条第二号に規定する場合を除くほか、申請書に記載した登録義務者又は登録名義人の表示が登録されている事項と符合しないとき。

八　その他申請書に記載した事項のうち国土交通省令で定める事項が登録されている事項と符合しないとき。

九　登録の手数料又は登録免許税を納付しないとき。

2　運輸監理部長又は運輸支局長は、登録の申請を受理する前に、その申請が道路運送車両法第八条（同法第十二条第三項において準用する場合を含む。）、同法第十三条第二項又は次条第一項の規定により登録すべきものでないと認めるときは、これを受理しないものとする。

3　運輸監理部長又は運輸支局長は、登録の申請を受理しないときは、申請人に対し、その理由を示さなければならない。

※　1項八号「国土交通省令」＝自動車登録規則一二

（登録をしない場合）

第二十二条　運輸監理部長又は運輸支局長は、新規登録、変更登録及び移転登録以外の登録の申請を受理した場合において、その申請について道路運送車両法第八条第四号に掲げる事由があるときは、これを登録しないものとする。

2　運輸監理部長又は運輸支局長は、登録の申請を受理した場合において、その申請について道路運送車両法第八条第四号に掲げる事由の有無を審査するときは、次に掲げる事項について審査しなければならない。

一　申請書に記載した事項が登録の原因を証する書面と符合するかどうか。

二　申請書及び添付書類に記載した事項が真正なものであると認められるかどうか。

三　提示された自動車の車台番号又は原動機の型式の打刻が真正なものであると認められるかどうか。

3　運輸監理部長又は運輸支局長は、登録の申請を受理した場合において、その登録をしないこととしたときは、その理由を示して、その旨を申請人に通知しなければならない。

（登録の順序）

第二十三条　一の運輸監理部又は運輸支局において一の自動車に関し二以上の登録の申請があったときは、これらの登録は、これらの申請を受理した順序に従ってしなければならない。

（行政区画の名称等の変更）

第二十四条　行政区画又は土地の名称の変更があったときは、当該行政区画又は土地の名称に係る登録等は、変更後の行政区画又は土地の名称に変更されたものとみなす。

（更正登録）

第二十五条　運輸監理部長又は運輸支局長は、登録を完了した後、その登録について錯誤又は脱落があることを発見した場合において、錯誤又は脱落が運輸監理部長又は運輸支局長の過誤に基づくものであるときは、更正の登録をし、その旨を登録権利者及び登録義務者又は登録名義人に通知しなければならない。ただし、登録上利害関係を有する第三者がある場合は、この限りでない。

2　運輸監理部長又は運輸支局長は、前項の更正の登録（道路運送車両法第七条第一項第一号、第二号、第三号若しくは第五号に掲げる事項又は自動車登録番号に係るものを除く。）をしようとするときは、あらかじめ、地方運輸局長の許可を受けなければならない。

第二十六条　運輸監理部長又は運輸支局長は、前条の規定により更正の登録をする場合を除くほか、登録を完了した後、その登録について錯誤又は脱落があることを発見したときは、その旨を登録権利者及び登録義務者又は登録名義人に通知しなければならない。

第二十七条　前二条の通知は、登録が第十九条の規定による申請に係るものであるときは、債権者にも、これをしなければならない。

第二十八条　登録について錯誤又は脱落がある場合には、当該登録の申請人は、運輸監理部長又は運輸支局長に対し、更正の登録を申請することができる。

（登録の抹消）

第二十九条　運輸監理部長又は運輸支局長は、登録を完了した後、その登録が第二十一条第一項第一号若しくは第二号又は道路運送車両法第八条第一号に掲げる事由に該当することを発見したときは、登録権利者、登録義務者、登録名義人及び登録上利害関係を有する第三者に対し、一箇月以内の期間を定め、その期間内に異議を述べないときは、その登録を抹消すべき旨を通知しなければならない。

2　通知を受けるべき者の住所又は居所が不明のときは、前項の通知に代えて、官報で公告をしなければならない。

3　運輸監理部長又は運輸支局長は、官報のほか相当と認める新聞紙に同一の公告を掲載することができる。

第三十条　運輸監理部長又は運輸支局長は、前条の規定により異議を述べる者があったときは、その異議について決定をしなければならない。

第三十一条　異議を述べる者がないとき、又は異議を却下したときは、運輸監理部長又は運輸支局長は、第二十九条第一項に規定する登録を抹消しなければならない。

第三十二条　登録のまっ消の申請をする場合において、そのまっ消について登録上利害関係を有する第三者があるときは、申請書に添えてその者の承諾書又はこれに対抗することができる裁判の謄本を添附しなければならない。但し、道路運送車両法第十五条第一項第一号に規定する自動車の滅失により申請をする場合は、この限りでない。

第三十二条の二　登録自動車の所有権について民事保全法（平成元年法律第九十一号）第五十四条において準用する同法第五十三条第一項の規定による仮処分の登録（同法第五十四条において準用する同法第五十三条第二項の規定による仮処分による仮登録（以下「保全仮登録」という。）とともにしたものを除く。以下この条及び次条において同じ。）をした後、その仮処分の債権者がその仮処分の債務者を登録義務者として自動車の登録を申請する場合においては、その債権者だけでその仮処分の登録に後れる登録の抹消を申請することができる。

2　前項の規定により登録の抹消を申請する場合には、申請書に民事保全法第六十一条において準用する同法第五十九条第一項の規定による通知をしたことを証する書面を添付しなければならない。

3　運輸監理部長又は運輸支局長は、第一項の規定により仮処分の登録に後れる登録を抹消したときは、その仮処分の登録を抹消しなければならない。

第三十二条の三　前条第一項及び第二項の規定は、登録自動車の抵当権について民事保全法第五十四条において準用する同法第五十三条第一項の規定による仮処分の登録をした後、その仮処分の債権者がその仮処分の債務者を登録義務者として抵当権の移転又は消滅の登録を申請する場合について準用する。

2　前条第三項の規定は、前項において準用する同条第一項の規定により仮処分の登録に後れる登録を抹消した場合について準用する。

第三十二条の四　運輸監理部長又は運輸支局長は、保全仮登録をした後、本登録をしたときは、その保全仮登録及びこれとともにした処分禁止の登録を抹消しなければならない。

（まつ消した登録の回復）

第三十三条　まつ消した登録の回復の申請をする場合において、登録上利害関係を有する第三者があるときは、申請書に添えて、その者の承諾書又はこれに対抗することができる裁判の謄本を提出しなければならない。

（予告登録）

第三十四条　予告登録は、登録自動車に係る登録の原因の無効又は取消による登録のまつ消又は回復について訴の提起があつた場合にするものとする。但し、登録の原因の取消による訴については、その取消をもつて善意の第三者に対抗することができる場合に限る。

（予告登録の嘱託）

第三十五条　裁判所書記官は、前条に規定する訴えの提起があつたときは、職権で、嘱託書に訴状の謄本又は抄本を添付して、予告登録を運輸監理部長又は運輸支局長に嘱託しなければならない。

（予告登録の抹消）

第三十六条　第一審裁判所の裁判所書記官は、第三十四条の訴えを却下した裁判若しくはこれを提起した者に対して敗訴を言い渡した裁判が確定したとき、訴えの取下げがあつたとき、請求の放棄があつたとき、又は請求の目的について和解があつたときは、職権で、嘱託書に裁判の謄本若しくは抄本又は訴えの取下げ、請求の放棄若しくは和解を証する書面を添付して、予告登録の抹消を運輸監理部長又は運輸支局長に嘱託しなければならない。

（自動車登録ファイルの登録等の回復）

第三十六条の二　国土交通大臣は、自動車登録ファイルの登録等事項の記録の全部又は一部が滅失したときは、副自動車登録ファイルの記録により登録等の回復をする。

2　国土交通大臣は、副自動車登録ファイルの記録がないため前項の規定により登録等の回復をすることができないときは、記録の滅失した自動車の範囲及び登録等の回復の申請をすることができる期間（三月を下らない期間とする。）を告示する。

3　前項の規定により告示された範囲の自動車に係る登録名義人（一時抹消登録を受けた自動車にあつては、当該一時抹消登録の申請が行われた時における当該自動車の所有者又は道路運送車両法第十八条第三項の規定により当該自動車の新所有者として記録を受けた者）は、同項の規定により告示された期間内に、運輸監理部長又は運輸支局長に対し、登録等の回復の申請をすることができる。

4　運輸監理部長又は運輸支局長は、前項の申請に基づき、登録等の回復をする。

5　回復された登録の順位は、滅失前の登録の順位による。

6　第一項の規定により登録等の回復をするまでの間における自動車に関する登録等は、副自動車登録ファイルに行う。この場合においては、副自動車登録ファイルを自動車登録ファイルとみなす。

（申請書等の記載）

第三十七条　申請書その他登録等の申請又は届出に関する書面を作成する場合には、文字、記号等を明確に記載しなければならない。

2　前項に規定する場合（申請書を作成する場合を除く。）において、文字を改め、加え、又は削つたときは、その字数を国土交通省令で定める箇所に記載しなければならない。その削除に係る文字は、なお読むことができるように字体を残さなければならない。

3　前項の場合において、第十四条第一項第二号の書面及び同項第三号の書面（第十五条第一項ただし書に規定する申請人の代理人に係るものを除く。）については、その字数を記載した箇所に押印しなければならない。

※　2項「国土交通省令」＝自動車登録規則八

（国土交通省令への委任）

第三十八条　この政令に定めるもののほか、自動車に関する登録等の実施及び登録等の回復に関して必要な事項は、国土交通省令で定める。

※　「国土交通省令」＝自動車登録規則、自動車の登録及び検査に関する申請書等の様式等を定める省令

第二節　自動車の登録等

第三十九条　削除

（変更登録）

第四十条　自動車の変更登録を申請する場合において、型式、車台番号又は原動機の型式の変更が登録の原因であるときは、当該自動車を提示しなければならない。

第四十一条及び第四十二条　削除

（自動車登録番号の変更）

第四十三条　運輸監理部長又は運輸支局長は、道路運送車両法第十一条第二項において準用する同条第一項の規定により自動車登録番号標の交付を受けようとする自動車の所有者から申請があつたときは、自動車登録番号を変更することができる。

2　道路運送車両法第九条及び第十条の規定は、前項の規定により自動車登録番号を変更する場合について準用する。

※　2項準用する道路運送車両法一〇条の「国土交通省令」＝登録規則六の二の二

第四十四条　運輸監理部長又は運輸支局長は、道路運送車両法第十四条第一項又は前条第一項の規定により自動車登録番号を変更したときは、遅滞なく、その旨を登録上利害関係を有する第三者に通知しなければならない。

（公売処分による移転登録）

第四十五条　登録自動車の公売処分をした者は、国税徴収法（昭和三十四年法律第百四十七号）その他の法令に別段の定めがある場合を除き、登録権利者の請求により、嘱託書に登

録の原因を証する書面を添付して、自動車の移転登録を運輸監理部長又は運輸支局長に嘱託しなければならない。

（解体報告記録）

第四十六条 道路運送車両法第十五条第一項の政令で定める記録は、使用済自動車の再資源化等に関する法律（平成十四年法律第八十七号）第八十一条第九項の規定により解体業者（同法による解体業者をいう。以下同じ。）が解体自動車全部利用者（同法による解体自動車全部利用者をいう。以下同じ。）に解体自動車（同法による解体自動車をいう。以下同じ。）を引き渡したとき（当該解体自動車全部利用者に当該解体自動車を引き渡すために行う運搬を他人に委託する場合にあつては、当該解体自動車の運搬を受託した者に当該解体自動車を引き渡したとき）、又は同条第十項の規定により破砕業者（同法による破砕業者をいう。）が解体業者から解体自動車を引き取つたときにおける情報管理センターに対する報告の記録とする。

（抵当自動車の輸出抹消仮登録等）

第四十七条 運輸監理部長又は運輸支局長は、抵当自動車について輸出抹消仮登録又は一時抹消登録の申請を受理した場合において、自動車抵当法第十六条後段の規定により通知をしたときは、その旨の登録をしなければならない。

2 運輸監理部長又は運輸支局長は、自動車抵当法第十七条第二項の規定により抵当権の実行の手続をすることができる期間内に競売の申立てがなかつたときは、輸出抹消仮登録又は一時抹消登録をし、その旨を登録権利者に通知する。

3 運輸監理部長又は運輸支局長は、自動車抵当法第十七条第二項の規定により抵当権の実行の手続をすることができる期間内に競売に係る差押えの登録の嘱託があり、これに基づきその登録をした場合において、競売申立ての取下げ又は競売手続の取消決定によるその登録の抹消の嘱託があり、これに基づきその登録を抹消したときは、その期間経過後輸出抹消仮登録又は一時抹消登録をし、その旨を登録権利者に通知する。

4 運輸監理部長又は運輸支局長は、自動車抵当法第十七条第四項の規定により輸出抹消仮登録又は一時抹消登録の申請がなかつたものとみなされた自動車について、競売に係る代金納付による移転登録の嘱託があり、これに基づきその登録をするときは、併せて、第一項の登録を抹消しなければならない。

（一時抹消登録後の所有者の変更に係る記録の申請）

第四十八条 道路運送車両法第十八条第三項の規定により所有者の変更について自動車登録ファイルに記録を受けようとする新所有者は、申請書に、当該自動車の所有権を証明するに足る書面その他の国土交通省令で定める書面を添えて提出しなければならない。

2 前項の申請書の様式及び記載方法は、国土交通省令で定める。

第三節 抵当権の登録

（設定の登録）

第四十九条 抵当権の設定の登録の申請をする場合には、申請書にその債権の額を記載し、且つ、登録の原因に利息に関する定があるとき、その債権に条件を附したとき、又は自動車抵当法第六条但書の定があるときは、これを記載しなければならない。

2 自動車抵当法第十九条の二第一項の抵当権（以下「根抵当権」という。）の設定の登録の申請をする場合には、前項の規定にかかわらず、申請書に、担保すべき債権の範囲及び極度額を記載し、かつ、同法第六条ただし書の定めがあるとき、又は担保すべき元本の確定すべき期日の定めがあるときは、これを記載しなければならない。

第五十条 抵当権の設定の登録の申請をする場合において、抵当権の設定者が債務者でないときは、申請書にその債務者の氏名又は名称及び住所を記載しなければならない。

第五十一条 一定の金額を目的としない債権の担保たる抵当権の設定登録の申請をする場合には、申請書にその債権の価格を記載しなければならない。

（共同抵当）

第五十二条 同一の債権を担保するため二両以上の自動車を目的とする抵当権の設定の登録の申請をする場合には、それぞれの自動車に係る申請書に他の自動車についての国土交通省令で定める事項を記載しなければならない。

※「国土交通省令」＝自動車登録規則九

第五十三条 自動車の抵当権の設定の登録をした後、同一の債権を担保するため他の自動車について抵当権の設定の登録を申請する場合には、申請書に前の登録を表示するに足る事項を記載しなければならない。

（根抵当権当事者の相続に関する合意の登録）

第五十四条 自動車抵当法第十九条の二第二項において準用する民法第三百九十八条の八第一項又は第二項の合意の登録は、相続による根抵当権の移転又は債務者の変更の登録をした後でなければすることができない。

（移転の登録）

第五十五条 抵当権（元本の確定前の根抵当権を除く。）の移転の登録の申請をする場合には、申請書に添えて債権の移転を証する書面を提出しなければならない。

第五十六条 債権の一部の譲渡又は代位弁済による抵当権の移転の登録の申請をする場合には、申請書に譲渡又は代位弁済の目的たる債権の額を記載しなければならない。

第五十七条 削除

（登録の抹消）

第五十八条 登録権利者は、登録義務者の所在が不分明であるため抵当権の登録の抹消の申請をすることができないときは、非訟事件手続法（平成二十三年法律第五十一号）第九十九条に規定する公示催告の申立てをすることができる。

2 前項の場合において、非訟事件手続法第百六条第一項に規定する除権決定があつたときは、申請書にその謄本を添付して、登録権利者だけで抵当権の登録の抹消の申請をすることができる。

3 登録義務者の所在が不分明であるため根抵当権以外の抵当権について登録の抹消の申請をすることができない場合において、申請書に添付して、債権証書、債権の受取証書並びに自動車抵当法第十二条の規定により抵当権を行使することができる定期金及び損害賠償の受取証書を提出したときは、登録権利者だけで抵当権の登録の抹消の申請をすることができる。

第五十九条 運輸監理部長又は運輸支局長は、第四十五条の規定による公売処分による自動車の移転登録の嘱託があつた場合において、当該自動車について抵当権の登録があるときは、その登録を抹消しなければならない。

（保全仮登録に基づく本登録の順位）

第六十条　保全仮登録に基づく本登録の順位は、保全仮登録の順位による。

第四節　信託に関する登録

（信託の登録の申請書）

第六十一条　信託の登録の申請書には、次に掲げる事項を記載しなければならない。

一　委託者、受託者及び受益者の氏名又は名称及び住所

二　受益者の指定に関する条件又は受益者を定める方法の定めがあるときは、その定め

三　信託管理人があるときは、その氏名又は名称及び住所

四　受益者代理人があるときは、その氏名又は名称及び住所

五　信託法（平成十八年法律第百八号）第百八十五条第三項に規定する受益証券発行信託であるときは、その旨

六　信託法第二百五十八条第一項に規定する受益者の定めのない信託であるときは、その旨

七　公益信託ニ関スル法律（大正十一年法律第六十二号）第一条に規定する公益信託であるときは、その旨

八　信託の目的

九　信託財産の管理方法

十　信託の終了の事由

十一　その他の信託の条項

2　前項の申請書に同項第二号から第六号までに掲げる事項のいずれかを記載したときは、同項第一号の受益者（同項第四号に掲げる事項を記載した場合にあつては、当該受益者代理人が代理する受益者に限る。）の氏名又は名称及び住所を記載することを要しない。

3　運輸監理部長又は運輸支局長は、第一項各号に掲げる事項を明らかにするため、国土交通省令で定めるところにより、信託目録を作成することができる。

（信託の登録の申請方法等）

第六十二条　信託の登録の申請は、当該信託に係る自動車に関する権利の設定、移転又は変更の登録の申請と同時にしなければならない。

2　自動車に関する権利の信託の登録は、受託者だけで申請することができる。

3　信託法第三条第三号に掲げる方法によつてされた信託による権利の変更の登録は、受託者だけで申請することができる。

（代位による信託の登録の申請）

第六十三条　受益者又は委託者は、受託者に代位して信託の登録を申請することができる。

2　第十九条の規定は、前項の規定による申請について準用する。

（受託者の変更による登録等）

第六十四条　受託者の任務が死亡、後見開始若しくは保佐開始の審判、破産手続開始の決定、法人の合併以外の理由による解散又は裁判所若しくは主務官庁（その権限の委任を受けた国に所属する行政庁及びその権限に属する事務を処理する都道府県の執行機関を含む。第六十六条第二項において同じ。）の解任命令により終了し、新たに受託者が選任されたときは、信託財産に属する自動車についてする受託者の変更による権利の移転の登録は、第十条の規定にかかわらず、新たに選任された当該受託者だけで申請することができる。

2　受託者が二人以上ある場合において、その一部の受託者の任務が前項に規定する事由により終了したときは、信託財産に属する自動車についてする当該受託者の任務の終了による権利の変更の登録は、第十条の規定にかかわらず、他の受託者だけで申請することができる。

（職権による信託の変更の登録）

第六十五条　運輸監理部長又は運輸支局長は、信託財産に属する自動車について次に掲げる登録をするときは、職権で、信託の変更の登録をしなければならない。

一　信託法第七十五条第一項又は第二項の規定による権利の移転の登録

二　信託法第八十六条第四項本文の規定による権利の変更の登録

三　受託者である登録名義人の氏名若しくは名称又は住所についての変更の登録又は更正の登録

（嘱託による信託の変更の登録）

第六十六条　裁判所書記官は、受託者の解任の裁判があつたとき、信託管理人若しくは受益者代理人の選任若しくは解任の裁判があつたとき、又は信託の変更を命ずる裁判があつたときは、職権で、遅滞なく、信託の変更の登録を運輸監理部長又は運輸支局長に嘱託しなければならない。

2　主務官庁は、受託者を解任したとき、信託管理人若しくは受益者代理人を選任し、若しくは解任したとき、又は信託の変更を命じたときは、遅滞なく、信託の変更の登録を運輸監理部長又は運輸支局長に嘱託しなければならない。

（信託の変更の登録の申請）

第六十七条　前二条に規定するもののほか、第六十一条第一項各号に掲げる事項について変更があつたときは、受託者は、遅滞なく、信託の変更の登録を申請しなければならない。

2　受益者又は委託者は、受託者に代位して前項の規定による申請をすることができる。

3　第十九条の規定は、前項の規定による申請について準用する。

（信託の登録の抹消）

第六十八条　信託財産に属する自動車に関する権利が移転、変更又は消滅により信託財産に属しないこととなつた場合における信託の登録の抹消の申請は、自動車に関する権利の移転若しくは変更の登録又は当該権利の登録の抹消の申請と同時にしなければならない。

2　信託の登録の抹消は、受託者だけで申請することができる。

（権利の変更の登録等の特則）

第六十九条　信託の併合又は分割により自動車に関する権利が一の信託の信託財産に属する財産から他の信託の信託財産に属する財産となつた場合における当該権利に係る当該一の信託についての信託の登録の抹消及び当該他の信託についての信託の登録の申請は、信託の併合又は分割による権利の変更の登録の申請と同時にしなければならない。信託の併合又は分割以外の事由により自動車に関する権利が一の信託の信託

財産に属する財産から受託者を同一とする他の信託の信託財産に属する財産となつた場合も、同様とする。

2　信託財産に属する自動車についてする次の表の上欄に掲げる場合における権利の変更の登録（第六十二条第三項の登録を除く。）については、同表の中欄に掲げる者を登録権利者とし、同表の下欄に掲げる者を登録義務者とする。

一　自動車に関する権利が固有財産に属する財産から信託財産に属する財産となつた場合	受益者（信託管理人がある場合にあつては、信託管理人。以下この表において同じ。）	受託者
二　自動車に関する権利が信託財産に属する財産から固有財産に属する財産となつた場合	受託者	受益者
三　自動車に関する権利が一の信託の信託財産に属する財産から他の信託の信託財産に属する財産となつた場合	当該他の信託の受益者及び受託者	当該一の信託の受益者及び受託者

附　則

1　この政令は、昭和二十六年七月一日から施行する。但し、第三条から第五条まで、第七条第二項、第十条（抵当権の登録に関する部分に限る。）、第十二条第二項、第三十四条から第三十七条まで、第四十一条及び第四十五条から第五十九条までの規定は、昭和二十七年四月一日から施行する。

2　自動車抵当法施行法（昭和二十六年法律第百八十八号）第七条の規定による質権の登録の申請は、登録権利者が自動車を呈示して行う場合に限り、その者だけで行うことができる。

3　前項の質権の登録を申請する場合において、登録権利者である質権者が質権の目的たる自動車を転質とした場合には、当該質権者は、転質権者の承諾書の添附を同項の自動車の呈示に代えることができる。

4　転質権者は、質権の設定の登録がされていないときでも、附則第二項の規定により転質の登録を申請することができる。

5　都道府県知事は、前項の申請により転質の登録をするときは、職権により、質権の設定の登録をしなければならない。

6　質権の設定又は転質の登録を申請する場合には、申請書に債権の額を記載し、且つ、登録の原因に存続期間若しくは弁済期の定があるとき、違約金若しくは賠償額の定があるとき、その債権に条件を附したとき又は民法第三百四十六条但書の定があるときは、これを記載しなければならない。

7　前六項に定めるものの外、附則第二項の質権の登録については、自動車の抵当権の登録に関する規定を準用する。

附　則（昭三〇・九・二八政令二六三）

1　この政令は、昭和三十年十月一日から施行する。

2　この政令の施行の際現に自動車登録原簿に自動車の所有権の登録以外の登録がある自動車については、第十五条、第四十条及び第四十一条の改正規定にかかわらず、当該自動車に係る所有権の登録以外の登録がまつ消されるまでの間は、なお従前の例による。

附　則（昭四四・一二・一九政令三〇八）

この政令中、第一条から第三条までの規定は、昭和四十五年一月一日から、第四条から第六条までの規定は、同年三月一日から〔中略〕施行する。

附　則（昭四七・三・二八政令三九）

1　この政令は、昭和四十七年四月一日から施行する。

2　民法の一部を改正する法律（昭和四十六年法律第九十九号）附則第二十三条及び第二十五条の規定によりその例によるものとされた同法附則第二条ただし書の規定により効力を有する事項の登録については、なお従前の例による。

附　則（昭五五・八・三〇政令二三一抄）

（施行期日）

1　この政令は、民事執行法の施行の日（昭和五十五年十月一日）から施行する。

附　則（昭五九・六・六政令一七六抄）

（施行期日）

第一条　この政令は、昭和五十九年七月一日から施行する。

（経過措置）

第二条　この政令の施行前に次の表の上欄に掲げる行政庁が法律若しくはこれに基づく命令の規定によりした許可、認可その他の処分又は契約その他の行為（以下「処分等」という。）は、同表の下欄に掲げるそれぞれの行政庁がした処分等とみなし、この政令の施行前に同表の上欄に掲げる行政庁に対してした申請、届出その他の行為（以下「申請等」という。）は、同表の下欄に掲げるそれぞれの行政庁に対してした申請等とみなす。

北海海運局長	北海道運輸局長
東北海運局長（山形県又は秋田県の区域に係る処分等又は申請等に係る場合を除く。）	東北運輸局長
東北海運局長（山形県又は秋田県の区域に係る処分等又は申請等に係る場合に限る。）及び新潟海運監理部長	新潟運輸局長
関東海運局長	関東運輸局長
東海海運局長	中部運輸局長
近畿海運局長	近畿運輸局長
中国海運局長	中国運輸局長
四国海運局長	四国運輸局長
九州海運局長	九州運輸局長
神戸海運局長	神戸海運監理部長
札幌陸運局長	北海道運輸局長
仙台陸運局長	東北運輸局長

新潟陸運局長	新潟運輸局長
東京陸運局長	関東運輸局長
名古屋陸運局長	中部運輸局長
大阪陸運局長	近畿運輸局長
広島陸運局長	中国運輸局長
高松陸運局長	四国運輸局長
福岡陸運局長	九州運輸局長

附　則（昭五九・一一・二四政令三三一）

この政令は、道路運送法等の一部を改正する法律の施行の日（昭和六十年四月一日）から施行する。

附　則（昭六二・八・一一政令二八〇）

この政令は、昭和六十三年一月一日から施行する。

〔平二・九・二七政令二八五抄〕

（自動車登録令の一部改正に伴う経過措置）

第十二条　前条の規定による改正後の自動車登録令第三十二条の二第三項の規定は、この政令の施行前にした仮処分の命令の申請に基づき発せられた登録自動車に関する権利についての登録を請求する権利を保全するための処分禁止の仮処分（家事審判法第十五条の三第一項の仮処分にあっては、民事保全法附則第十二条に規定する審判前の保全処分であるものに限る。）の債権者がする申請に基づき、その仮処分の登録に後れる登録を抹消する場合について準用する。

附　則（平二・九・二七政令二八五）

この政令は、民事保全法の施行の日（平成三年一月一日）から施行する。

附　則（平六・九・一九政令三〇三抄）

（施行期日）

第一条　この政令は、行政手続法の施行の日（平成六年十月一日）から施行する。

附　則（平九・一一・一九政令三三三）

この政令は、民事訴訟法の施行の日（平成十年一月一日）から施行する。

附　則（平一二・六・七政令三一二抄）

（施行期日）

1　この政令は、内閣法の一部を改正する法律（平成十一年法律第八十八号）の施行の日（平成十三年一月六日）から施行する。〔後略〕

附　則（平一四・六・七政令二〇〇抄）

（施行期日）

第一条　この政令は、平成十四年七月一日から施行する。

附　則（平一五・六・一八政令二六〇）

この政令は、平成十六年一月一日から施行する。

附　則（平一五・一二・一〇政令四九五）

この政令は、道路運送車両法の一部を改正する法律〔平成一四年七月法律第八九号〕附則第一条本文の規定の施行の日（平成十七年一月一日）から施行する。

附　則（平一五・一二・二五政令五四五）

この政令は、仲裁法〔平成一五年八月法律第一三八号〕の施行の日（平成十六年三月一日）から施行する。

附　則（平一六・一二・二七政令四一九）

（施行期日）

1　この政令は、民事関係手続の改善のための民事訴訟法等の一部を改正する法律〔平成一六年一二月法律第一五二号〕（以下「改正法」という。）の施行の日（平成十七年四月一日）から施行する。

（除権判決に関する経過措置）

2　改正法の施行前にされた改正法附則第三条の規定による廃止前の公示催告手続ニ関スル法律（明治二十三年法律第二十九号。以下「旧公示催告手続法」という。）の規定による除権判決又は改正法の施行後に改正法附則第六条第一項の規定によりなお従前の例によることとされる同項の公示催告手続においてされた旧公示催告手続法の規定による除権判決は、改正法第二条の規定による改正後の非訟事件手続法（明治三十一年法律第十四号）の規定による除権決定とみなす。

附　則（平一七・二・一八政令二四抄）

（施行期日）

第一条　この政令は、不動産登記法〔平成一六年六月法律第一二三号〕の施行の日（平成十七年三月七日）から施行する。

附　則（平一七・三・九政令三七）

この政令は、民法の一部を改正する法律〔平成一六年一二月法律第一四七号〕の施行の日（平成十七年四月一日）から施行する。

附　則（平一七・五・二七政令一八七抄）

（施行期日）

第一条　この政令は、自動車関係手続における電子情報処理組織の活用のための道路運送車両法等の一部を改正する法律〔平成一六年五月法律第五五号〕（以下「改正法」という。）の施行の日（平成十七年十二月二十六日）から施行する。

〔平一九・七・一三政令二〇七抄〕

（自動車登録令の一部改正に伴う経過措置）

第八条　施行日前にされた登録の申請に係る登録に関する手続については、前条の規定による改正後の自動車登録令（次項において「新自動車登録令」という。）の規定にかかわらず、なお従前の例による。

2　施行日前に信託に係る自動車に関する権利の設定又は移転の登録の申請をした者（当該申請が却下されたものを除く。）が、施行日以後に当該権利の信託の登録の申請をする場合においては、新自動車登録令第六十二条第一項の規定は、適用しない。

附　則（平一九・七・一三政令二〇七）

この政令は、信託法〔平成一八年一二月法律第一〇八号〕の施行の日〔平成一九年九月三〇日〕から施行する。

附　則（平二〇・三・二八政令八二）

この政令は、道路運送法等の一部を改正する法律〔平成一八年五月法律第四〇号〕附則第一条第四号に掲げる規定の施行の日（平成二十年十一月四日）から施行する。

〔平二四・七・一九政令一九七抄〕

（自動車登録令の一部改正に伴う経過措置）

第十三条　前条の規定による改正後の自動車登録令第五十八条第二項の規定の適用については、旧非訟事件手続法第百四十八条第一項に規定する除権決定（整備法第二条の規定によりなお従前の例によることとされる場合におけるものを含む。）を新非訟事件手続法第百六条第一項に規定する除権決定とみなす。

附　則（平二四・七・一九政令一九七）

この政令は、新非訟事件手続法〔非訟事件手続法＝平成二三年五月法律第五一号〕の施行の日（平成二十五年一月一日）から施行する。

附　則（平二七・一一・三〇政令三〇抄）

（施行期日）

第一条　この政令は、地方自治法の一部を改正する法律〔平成二六年五月法律第四二号〕（次条において「改正法」という。）の施行の日（平成二十八年四月一日）から施行する。

〔後略〕

附　則（平三〇・六・六政令一八三）

沿革　令元政令四四改正

この政令は、民法の一部を改正する法律〔平成二九年六月法律第四四号〕の施行の日（令和二年四月一日）から施行する。

附　則（令元・六・二八政令四四抄）

（施行期日）

第一条　この政令は、不正競争防止法等の一部を改正する法律〔平成三〇年五月法律第三三号〕の施行の日（令和元年七月一日）から施行する。

附　則（令元・一二・一三政令一八三抄）

（施行期日）

第一条　この政令は、情報通信技術の活用による行政手続等に係る関係者の利便性の向上並びに行政運営の簡素化及び効率化を図るための行政手続等における情報通信の技術の利用に関する法律等の一部を改正する法律〔令和元年五月法律第一六号〕（次条において「改正法」という。）の施行の日（令和元年十二月十六日）から施行する。

附　則（令二・一二・二三政令三六三）

この政令は、令和三年一月一日から施行する。

附　則（令四・五・二〇政令一九五）

この政令は、道路運送車両法の一部を改正する法律〔令和元年五月法律第一四号〕附則第一条第六号に掲げる規定の施行の日（令和五年一月一日）から施行する。

○自動車登録規則

（昭和四十五年二月二十日）
（運輸省令第七号）

沿革　昭四七運令三二、昭五〇運令六、昭五二運令一一、昭五三運令八・一九・六三、昭五四運令五・一四・三四、昭五五運令一〇、昭五七運令一・三二、昭五八運令四五、昭五九運令二二、昭六〇運令一・五・三〇、昭六二運令五二、昭六三運令二八、平元運令一九、平二運令二九・三一、平三運令三〇、平六運令三六、平九運令五二・五四、平一一運令三八、平一二運令三九、平一四国交令七九、平一五国交令三八、平一六国交令三六・八三、平一七国交令七一・一〇四、平一八国交令三〇・八九、平一九国交令八九、平二〇国交令七六・九〇、平二四国交令七〇、平二六国交令七・七五・八三、平二七国交令八二、平二八国交令一四・八七、令二国交令四五・九八、令四国交令八・四五改正

目次

第一章　自動車登録ファイル及び電子情報処理組織

（現在記録ファイルに記録する事項）
第一条　自動車登録令（昭和二十六年政令第二百五十六号。以下「令」という。）第六条第二項の国土交通省令で定める事項は、次に掲げるものとする。
一　道路運送車両法（昭和二十六年法律第百八十五号。以下「法」という。）第十五条の二第一項ただし書の規定による届出があつた年月日
二　法第十八条の二第一項本文の登録識別情報

（保存記録ファイルに記録する事項）
第一条の二　令第六条第三項の国土交通省令で定める事項は、次に掲げるものとする。
一　新規登録の年月日（移転登録を受けた自動車に係るものに限る。）
二　移転登録の年月日（最新の移転登録の年月日を除く。）
三　新規登録及び移転登録以外の登録の年月日
四　法第十六条第二項の届出があつた年月日
五　解体報告記録がなされた年月日及び使用済自動車の再資源化等に関する法律（平成十四年法律第八十七号）第八十一条第九項又は第十項の規定による移動報告の番号（以下「移動報告番号」という。）
六　法第十六条第四項の届出があつた年月日及び当該届出に係る輸出の予定日
七　法第十六条第六項において準用する法第十五条の二第三項後段の確認をした年月日
八　法第十六条第七項の返納を受けた年月日
九　法第十八条第三項の変更の年月日並びに新所有者の氏名又は名称及び住所

（オンライン・リアルタイム処理方式によらない登録に関する事務）
第二条　令第七条第一項ただし書の国土交通省令で定める事務は、三十両以下の自動車について一括して作成する登録事項等証明書で現在記録ファイルに記録されている事項のみに係るものの交付に関する事務とする。

（登録等事項の略号化）
第三条　自動車登録ファイルの登録等事項のうち次に掲げるものは、略号にして記録するものとする。
一　住所及び使用の本拠の位置（これらを表示する行政区画又は土地の名称に限る。）
二　その型式について法第七十五条第一項の指定を受けた自動車に係る車名及び型式並びに原動機の型式
三　前号に規定する自動車以外の自動車に係る車名
四　国土交通大臣が指定した者に係る氏名又は名称及び住所
五　抵当権によつて担保される債権に付された条件であつて、国土交通大臣の定めるもの
六　抵当権の登録の原因又は抵当権によつて担保される債権の範囲であつて、国土交通大臣の定めるもの
2　前項の略号は、国土交通大臣が定めて告示するものとする。

※　2項「国土交通大臣の定め」＝自動車登録ファイルの登録事項及び検査記録事項、軽自動車検査ファイルの検査記録事項並びに二輪自動車検査ファイルの検査記録事項に係る略号に関する告示

（登録等事項の表示に用いる記号）
第四条　令第八条の国土交通省令で定める記号は、「＊＊＊」とする。

第二章　登録の申請等の手続

（申請書の記載事項）
第五条　新規登録の申請書には、次に掲げる事項を記載しなければならない。
一　車名及び型式
二　車台番号
三　原動機の型式
四　使用の本拠の位置
五　一時抹消登録を受けた自動車に係る申請にあつては、一時抹消登録を受けた際の自動車登録番号
六　申請人の氏名又は名称及び住所
七　代理人により登録の申請をするときは、その氏名又は名称及び住所
八　登録の原因及びその日付
九　申請の年月日
2　変更登録、移転登録、永久抹消登録、輸出抹消仮登録、一時抹消登録又は更正の登録の申請書には、次に掲げる事項を記載しなければならない。
一　自動車登録番号

二　前項第二号、第四号及び第六号から第九号まで（使用済自動車の解体に係る永久抹消登録及び輸出抹消仮登録の申請にあつては、第八号を除く。）に掲げる事項

3　変更登録、移転登録又は更正の登録の申請にあつては、

三　当該変更又は更正に係る事項

四　輸出抹消仮登録の申請にあつては、輸出の予定日

3　抵当権の登録の申請書には、次に掲げる事項を記載しなければならない。

一　自動車登録番号

二　第一項第二号、第四号及び第六号から第九号までに掲げる事項

三　抵当権の変更、移転又は更正の登録の申請にあつては、当該変更又は更正に係る事項

四　登録免許税の額

4　登録の抹消又は抹消した登録の回復の申請書には、次に掲げる事項を記載しなければならない。

一　自動車登録番号

二　第一項第二号、第六号及び第九号に掲げる事項

三　代理人により登録の抹消又は抹消した登録の回復の申請をするときは、その氏名又は名称及び住所

四　登録の抹消又は抹消した登録の回復の原因及びその日付

（新規登録申請書の添付書類の提出区分）

第六条　法第七条第一項の国土交通省令で定める区分は、次のとおりとする。

一　登録を受けたことがない自動車　譲渡証明書及び輸入自動車にあつては、輸入の事実を証明する書面

二　登録を受けたことがある自動車　譲渡証明書

2　登録の原因が相続その他の一般承継である場合における前項の規定の適用については、令第十八条の規定により提出する書面を譲渡証明書とみなす。

3　第一項の書面を提出することができないときは、当該自動車の所有権を証明するに足りる書面を提出しなければならない。

（登録情報処理機関に対する照会）

第六条の二　法第七条第五項の照会は、同条第四項各号に掲げる規定に規定する事項について、電磁的方法により行うものとする。

2　前項の照会を受けた登録情報処理機関は、電磁的方法により当該照会に係る事項について国土交通大臣に対し通知しなければならない。

（登録事項の通知方法）

第六条の二の二　法第十条（法第十二条第四項、第十三条第四項、第十四条第二項及び第三十八条第二項並びに令第四十三条第二項において準用する場合を含む。）の規定による登録事項の通知は、次の各号に掲げる場合の区分に応じ、当該各号に定める方法により行うものとする。

一　法第七十四条の六第一項に規定する変更記録に関する事務による場合　自動車登録ファイルに記録された登録事項を法第六条第一項の電子情報処理組織（第六条の十六第一号、第六条の十八、第六条の十九第二号及び第二十九条において単に「電子情報処理組織」という。）を使用して送信し、これを当該情報を受けようとする特定変更記録事務代行者の使用に係る電子計算機に備えられたファイルに記録することにより、当該特定変更記録事務代行者を介して行う方法

二　前号以外の場合　登録事項等通知書を交付する方法

（使用済自動車の解体に係る永久抹消登録の申請の際の明示事項）

第六条の三　法第十五条第三項（法第十六条第三項において準用する場合を含む。）の国土交通省令で定める事項は、次の各号に掲げる事項とする。

一　車台番号

二　移動報告番号

（輸出抹消仮登録を必要としない自動車）

第六条の四　法第十五条の二第一項本文の国土交通省令で定める自動車は、次に掲げる自動車とする。

一　大型特殊自動車

二　被牽引自動車

三　道路交通に関する条約の実施に伴う道路運送車両法の特例等に関する法律（昭和三十九年法律第百九号）第五条第一項の規定による登録証書の交付を受けた自動車

（輸出抹消仮登録の申請の開始時期）

第六条の五　法第十五条の二第一項の国土交通省令で定める期間は、六月とする。

（本邦に再輸入することが見込まれる登録自動車）

第六条の六　法第十五条の二第一項ただし書の輸出抹消仮登録を受けさせる必要性に乏しいものとして国土交通省令で定める自動車は、本邦と外国との間を往来する自動車であつて、次に掲げるものとする。

一　貨物の運送の用に供するもの

二　本邦と外国との間を往来する者の乗用に供するもの

（本邦に再輸入することが見込まれる登録自動車の届出）

第六条の七　法第十五条の二第一項ただし書の規定により届出をしようとする者は、次に掲げる事項を記載した届出書を提出しなければならない。

一　自動車登録番号

二　車台番号

三　使用の本拠の位置

四　届出をしようとする者の氏名又は名称及び住所

五　届出の年月日

2　前項の届出を行う場合には、自動車検査証及び前条に規定する自動車であることを証するに足りる書面を提示しなければならない。

（一時抹消登録後の解体等に係る届出を必要としない自動車）

第六条の八　法第十六条第二項の国土交通省令で定める自動車は、第六条の四第一号及び第二号に掲げる自動車とする。

（一時抹消登録後の解体等に係る届出）

第六条の九　法第十六条第二項の規定により届出をしようとする者は、次に掲げる事項（使用済自動車の解体に係る届出にあつては、第四号に掲げる事項を除く。）を記載した届出書を提出しなければならない。

一　一時抹消登録を受けた際の自動車登録番号

二　車台番号

三　届出をしようとする者の氏名又は名称及び住所

四　届出の原因及びその日付

五　届出の年月日

2　前項の届出書には、次に掲げる書面（当該届出をしようと

する者が国又は地方公共団体であるものにあつては、第二号に掲げる書面を除く。）を添付しなければならない。

一　登録識別情報等通知書（登録識別情報その他の自動車登録ファイルに記録されている事項を記載した書面をいう。以下同じ。）

二　当該届出に係る自動車に係る自動車登録ファイルに記録されている所有者の氏名若しくは名称又は住所に変更があつたときは、当該届出をしようとする者の住所を証するに足りる書面

三　所有者の変更があつた場合であつて、当該所有者の変更について自動車登録ファイルに法第十八条第三項の記録がなされていないときは、譲渡証明書

四　当該届出に係る自動車が滅失し、若しくは自動車の用途を廃止したとき又は当該自動車の車台が当該自動車の新規登録の際存したものでなくなつたときは、その事実を証するに足りる書面

3　前項第三号の書面を提出することができないときは、当該自動車の所有権を証明するに足りる書面を提出しなければならない。

4　第一項の届出をする者は、法第三十三条第四項の規定により譲渡証明書に記載すべき事項が登録情報処理機関に提供されたときは、第一項の届出書にその旨を記載することをもつて第二項第三号の書面の提出に代えることができる。

5　前項の規定により譲渡証明書に記載すべき事項が登録情報処理機関に提供されたことが第一項の届出書に記載されたときは、国土交通大臣は、登録情報処理機関に対し、譲渡証明書に記載すべき事項について、電磁的方法により照会するものとする。

6　前項の照会を受けた登録情報処理機関は、電磁的方法により当該照会に係る事項について国土交通大臣に対し通知しなければならない。

（一時抹消登録後の輸出に係る届出を必要としない自動車）

第六条の十　法第十六条第四項の国土交通省令で定める自動車は、第六条の四第一号及び第二号に掲げる自動車とする。

（一時抹消登録後の輸出に係る届出の開始時期）

第六条の十一　法第十六条第四項の国土交通省令で定める期間は、六月とする。

（一時抹消登録後の輸出に係る届出）

第六条の十二　法第十六条第四項の規定により届出をしようとする者は、次に掲げる事項を記載した届出書を提出しなければならない。

一　一時抹消登録を受けた際の自動車登録番号

二　車台番号

三　届出をしようとする者の氏名又は名称及び住所

四　届出の年月日

五　輸出の予定日

2　前項の届出書には、次に掲げる書面（当該届出をしようとする者が国又は地方公共団体であるものにあつては、第二号に掲げる書面を除く。）を添付しなければならない。

一　登録識別情報等通知書

二　当該届出に係る自動車に係る自動車登録ファイルに記録されている所有者の氏名若しくは名称又は住所に変更があつたときは、当該届出をしようとする者の住所を証するに足りる書面

三　所有者の変更があつた場合であつて、当該所有者の変更について自動車登録ファイルに法第十八条第三項の記録がなされていないときは、譲渡証明書

3　前項第三号の書面を提出することができないときは、当該自動車の所有権を証明するに足りる書面を提出しなければならない。

4　第一項の届出をする者は、法第三十三条第四項の規定により譲渡証明書に記載すべき事項が登録情報処理機関に提供されたときは、第一項の届出書にその旨を記載することをもつて第二項第三号の書面の提出に代えることができる。

5　前項の規定により譲渡証明書に記載すべき事項が登録情報処理機関に提供されたことが第一項の届出書に記載されたときは、国土交通大臣は、登録情報処理機関に対し、譲渡証明書に記載すべき事項について、電磁的方法により照会するものとする。

6　前項の照会を受けた登録情報処理機関は、電磁的方法により当該照会に係る事項について国土交通大臣に対し通知しなければならない。

7　運輸監理部長又は運輸支局長は、第一項の届出があつた場合であつて、当該届出に係る自動車に係る自動車登録ファイルに記録されている所有者の氏名若しくは名称又は住所に変更があつたときは、当該変更について自動車登録ファイルに記録するものとする。

8　運輸監理部長又は運輸支局長は、法第十六条第七項の規定により輸出予定届出証明書の返納について自動車登録ファイルに記録したときは、第二項の規定により提出を受けた登録識別情報等通知書を当該自動車の所有者に返付するものとする。

（自動車登録ファイルの正確な記録を確保するための措置）

第六条の十三　法第十八条第一項の国土交通省令で定める期間は、一年とする。

2　法第十八条第二項の国土交通省令で定める場合は、同条第三項の規定により所有者の変更について自動車登録ファイルに記録がなされた場合とする。

3　法第十八条第三項の国土交通省令で定める期間は、三年とする。

（移転登録の原因を証する書面）

第六条の十四　自動車の移転登録を申請する場合において、自動車の譲渡が登録の原因であるときは、令第十四条第一項第一号の登録の原因を証する書面は、譲渡証明書とする。

（登録情報処理機関に対する照会）

第六条の十四の二　令第十四条第四項の照会は、譲渡証明書に記載すべき事項について、電磁的方法により行うものとする。

2　前項の照会を受けた登録情報処理機関は、電磁的方法により当該照会に係る事項について国土交通大臣に対し通知しなければならない。

（一時抹消登録後の所有者の変更に係る記録の申請）

第六条の十五　令第四十八条第一項の国土交通省令で定める書面（新所有者が国又は地方公共団体であるときは、第三号に掲げる書面を除く。）は、次に掲げる書面とする。

一　登録識別情報等通知書

二　譲渡証明書その他の当該自動車の所有権を証明するに足る書面

三　新所有者の住所を証するに足りる書面

2　運輸監理部長又は運輸支局長は、法第十八条第三項の規定により所有者の変更について自動車登録ファイルに記録したときは、前項の規定により提出を受けた登録識別情報等通知書に当該変更についての記入をし、これを新所有者に返付するものとする。

3　令第四十八条第一項の申請をする新所有者は、法第三十三条第四項の規定により譲渡証明書に記載すべき事項が登録情報処理機関に提供されたときは、令第四十八条第一項の申請書にその旨を記載することをもって第一項第二号の書面の提出に代えることができる。

4　前項の規定により譲渡証明書に記載すべき事項が登録情報処理機関に提供されたことが令第四十八条第一項の申請書に記載されたときは、国土交通大臣は、登録情報処理機関に対し、譲渡証明書に記載すべき事項について、電磁的方法により照会するものとする。

5　前項の照会を受けた登録情報処理機関は、電磁的方法により当該照会に係る事項について国土交通大臣に対し通知しなければならない。

（登録識別情報の通知方法）

第六条の十六　法第十八条の二第一項の規定による登録識別情報の通知は、次の各号に掲げる場合の区分に応じ、当該各号に定める方法により行うものとする。

一　新規登録、変更登録又は移転登録をした場合　自動車登録ファイルに記録された登録識別情報を電子情報処理組織を使用して送信し、これを申請者があらかじめ入手した識別番号及び暗証番号を用いて申請者の使用に係る電子計算機に備えられたファイルに記録する方法

二　一時抹消登録をした場合　登録識別情報等通知書を交付する方法

（登録識別情報の通知を必要としない場合）

第六条の十七　法第十八条の二第一項ただし書の国土交通省令で定める場合は、次に掲げる場合とする。

一　申請者があらかじめ登録識別情報の通知を希望しない旨の申出をした場合

二　所有者と使用者が同一の場合

三　変更登録が次に掲げる事項の変更のみに係る場合（使用者の変更により自動車の所有者と使用者が異なることとなる場合を除く。）

イ　登録されている型式

ロ　車台番号

ハ　原動機の型式

ニ　使用の本拠の位置

2　一時抹消登録をした場合にあつては、前項の規定にかかわらず、申請者に対し、登録識別情報を通知するものとする。

（登録識別情報の通知の請求）

第六条の十八　法第十八条の二第二項の規定により登録識別情報の通知を請求する者は、次に掲げる事項を、その者の使用に係る電子計算機から、あらかじめ入手した識別番号及び暗証番号を用いて電子情報処理組織に送信しなければならない。

一　自動車登録番号

二　所有者の氏名又は名称及び住所

（登録識別情報の提供方法）

第六条の十九　法第十八条の三第一項の規定による登録識別情報の提供は、次の各号に掲げる場合の区分に応じ、当該各号に定める方法により行うものとする。

一　新規登録（一時抹消登録があった自動車に係るものに限る。）の申請をする場合　登録識別情報等通知書を申請書に添付して提出する方法

二　変更登録、移転登録、永久抹消登録、輸出抹消仮登録又は一時抹消登録の申請をする場合　あらかじめ入手した識別番号及び暗証番号を用いて申請者の使用に係る電子計算機から電子情報処理組織に登録識別情報を提供する方法又は申請書に登録識別情報を記載する方法

（登録識別情報の提供を必要としない場合）

第六条の二十　法第十八条の三第一項ただし書の国土交通省令で定める場合は、変更登録が第六条の十七第一項第三号イからニまでに掲げる事項の変更のみに係る場合（使用者の変更により自動車の所有者と使用者が同一となる場合を除く。）とする。

（登録識別情報の譲受人への提供）

第六条の二十一　法第十八条の三第二項の規定による譲受人への登録識別情報の提供は、登録識別情報等通知書の交付により行うものとする。

（自動車登録ファイルの登録等の回復の申請）

第七条　令第三十六条の二第三項の規定により登録等の回復の申請をしようとする者は、現在記録ファイルの登録等事項の記録の滅失の際有効であった登録等（以下「滅失前の登録等」という。）に関する次に掲げる事項を記載した申請書を提出しなければならない。

一　自動車登録番号

二　第五条第一項各号（同項第五号を除く。）に掲げる事項

三　登録年月日

2　前項の申請書には、登録事項等証明書その他登録等の存したことを証するに足りる書面を添付しなければならない。

（訂正等の字数を記載する箇所）

第八条　令第三十七条第二項の国土交通省令で定める箇所は、書面の欄外とする。

（共同抵当の申請）

第九条　令第五十二条の国土交通省令で定める事項は、自動車登録番号並びに第五条第一項第二号及び第四号に掲げる事項とする。

第十条　令第五十三条の規定により申請書に前の登録を表示するときは、前の登録の年月日及び当該登録に係る自動車の自動車登録番号を記載するものとする。

第三章　登録等の手続

（受理番号）

第十一条　運輸監理部長又は運輸支局長は、自動車に関する登録の申請を受理したときは、申請書にその年月日及び受理番号を記載しなければならない。

（申請を受理する際の照合事項）

第十二条　令第二十一条第一項第八号の国土交通省令で定める事項は、自動車登録番号及び第五条第一項第一号から第四号までに掲げる事項とする。

（自動車登録番号）

第十三条　自動車登録番号は、次に掲げる文字をその順序により組み合わせて定めるものとする。

一　自動車の使用の本拠の位置を管轄する運輸監理部又は運輸支局（使用の本拠の位置が自動車検査登録事務所の管轄区域に属する場合にあつては、当該自動車検査登録事務所。次項において同じ。）を表示する文字（別表第一）

二　自動車の種別及び用途による分類番号を表示する二字以下のアラビア数字又は最初の字がアラビア数字であつて、その他の字がアラビア数字若しくはローマ字若しくはこれらの組合せである三字（別表第二）

三　自動車運送事業の用に供するかどうかの別等を表示する平仮名又はローマ字（別表第三）

四　四けた以下のアラビア数字

2　運輸監理部又は運輸支局の管轄区域が変更された場合においては、当該変更前に法の規定により登録された自動車登録番号については、当該変更又は当該変更に係る区域を含む市町村（特別区を含む。）の区域内における当該自動車登録番号に係る自動車の使用の本拠の位置の変更により前項に規定する基準に適合しないこととなつたときであつても、同項に規定する基準に適合するものとみなす。

（登録年月日）

第十四条　自動車に関する登録をするときは、登録の年月日を記録するものとする。

（行政区画の名称等の変更）

第十五条　運輸監理部長又は運輸支局長は、令第二十四条の場合には、変更の登録をすることができる。

（代理人の氏名等）

第十六条　申請書に記載した代理人の氏名又は名称及び住所は、登録することを要しない。

（自動車登録ファイルの登録等の回復）

第十七条　令第三十六条の二第二項の規定により告示された期間内に受理した第七条の申請書及び添付書類並びに令第三十六条の二第三項の規定により告示された範囲の自動車についての新しい登録等の申請書、嘱託書（通知書を含む。以下同じ。）及び添付書類は、第二十一条の規定にかかわらず、編てつ年月日を記載し、同一の自動車登録番号に係るものごとに一括して受理した順序に従つて登録等回復申請書類編てつ簿に編てつしなければならない。

2　前項の規定による編てつがあつたときは、登録等をすべき事項については、編てつの時に登録等があつた場合と同一の効力を生ずる。

第十八条　令第三十六条の二第四項の規定による登録等の回復は、同条第二項の規定により告示された期間が満了した後に、滅失前の登録等を記録することにより行なうものとする。

2　運輸監理部長又は運輸支局長は、登録等の回復をする場合において、滅失前の登録等について職権をもつて記録した事項があつたことを発見したときは、その事項をも記録しなければならない。

第十九条　運輸監理部長又は運輸支局長は、前条の規定により登録等の回復をしたときは、第十七条第一項の規定により登録等回復申請書類編てつ簿に編てつされている新しい登録等の申請書又は嘱託書に基づき、登録等をしなければならない。

（債権者代位の場合の通知）

第二十条　運輸監理部長又は運輸支局長は、令第十九条の場合においてその登録を完了したときは、その旨を登録権利者に通知しなければならない。

（申請書類編てつ簿）

第二十一条　運輸監理部長又は運輸支局長は、申請書類編てつ簿を設け、これに自動車に関する登録等に係る申請書、嘱託書及び添付書類を受理した順序に従つて編てつしなければならない。

（通知簿）

第二十二条　運輸監理部長又は運輸支局長は、通知簿を設け、これに法第十五条第四項及び第五項、自動車抵当法（昭和二十六年法律第百八十七号）第十六条、令第二十五条第一項、第二十六条、第二十七条、第二十九条第一項、第四十四条並びに第四十七条第二項及び第三項並びに第二十条の規定による通知事項及び通知の年月日を記載しなければならない。

（職権による登録等）

第二十三条　職権による登録等は、申請又は届出による登録等に準じて行なうものとする。

第四章　登録事項等証明書の交付等に係る手続

（送付に要する費用の納付方法）

第二十四条　法第二十二条第二項の送付に要する費用は、郵便切手又は国土交通大臣が定めるこれに類する証票をもつて納付しなければならない。

（本人確認方法）

第二十五条　国土交通大臣が、法第二十二条第一項の規定による請求（以下「交付請求」という。）をする者について本人であることの確認を行う場合における同条第四項の国土交通省令で定める方法は、次のとおりとする。

一　登録事項等証明書の交付の請求書に記載されている交付請求をする者の氏名及び住所と同一の氏名及び住所が記載されている運転免許証、健康保険の被保険者証、行政手続における特定の個人を識別するための番号の利用等に関する法律（平成二十五年法律第二十七号）第二条第七項に規定する個人番号カード、出入国管理及び難民認定法（昭和二十六年政令第三百十九号）第十九条の三に規定する在留カード、日本国との平和条約に基づき日本の国籍を離脱した者等の出入国管理に関する特例法（平成三年法律第七十一号）第七条第一項に規定する特別永住者証明書その他法律又はこれに基づく命令の規定により交付された書類であつて、当該交付請求をする者が本人であることを確認するに足りるものを提示させる方法

二　前号に掲げる書類をやむを得ない理由により提示することができない場合にあつては、当該交付請求をする者が本人であることを確認するため国土交通大臣が適当と認める書類を提示させる方法

2　前項の規定にかかわらず、国土交通大臣は、交付請求をする者が登録事項等証明書の交付の請求書を国土交通大臣に送付するときは、次に掲げる書類を提出させる方法により本人であることの確認を行うものとする。

一　前項各号に掲げる書類のいずれかを複写機により複写し

たもの

二　その者の住民票の写しその他その者が前号に掲げる書類に記載された本人であることを示すものとして国土交通大臣が適当と認める書類であつて、交付請求をする日前三十日以内に作成されたもの

3　登録情報提供機関が、法第二十二条第三項の委託（以下単に「委託」という。）をする者について本人であることの確認を行う場合における同条第四項の国土交通省令で定める方法は、次のとおりとする。

一　商業登記法（昭和三十八年法律第百二十五号）第十二条の二第一項及び第三項の規定に基づき登記官が作成した電子証明書及びそれにより確認される電子署名（電子署名及び認証業務に関する法律（平成十二年法律第百二号）第二条第一項に規定する電子署名をいう。）が行われた法第二十二条第五項に規定する事項（同条第三項の規定による請求（以下「提供請求」という。）に係るものに限る。）の提供を受ける方法

二　電子署名等に係る地方公共団体情報システム機構の認証業務に関する法律（平成十四年法律第百五十三号）第三条第一項に規定する署名用電子証明書及びそれにより確認される電子署名（同法第二条第一項に規定する電子署名をいう。）が行われた法第二十二条第五項に規定する事項（提供請求に係るものに限る。）の提供を受ける方法

三　識別番号及び暗証番号を用いる方法

四　氏名又は名称及び住所を証するに足りる書面を提示させる方法

（交付請求及び提供請求の際の明示事項）

第二十六条　法第二十二条第五項の国土交通省令で定める事項のうち交付請求に係るものは、次に掲げるものとする。

一　交付請求をする者の氏名及び住所

二　次のイ又はロに掲げる場合の区分に応じ、当該イ又はロに定める事項

イ　次のいずれかに該当する場合　交付請求に係る自動車登録番号又は車台番号

(1)　国又は地方公共団体が法令の定める事務又は業務の遂行に必要な限度で登録事項等証明書の交付を受ける場合

(2)　(1)に掲げる場合のほか、登録事項等証明書を交付することについて特別の理由がある場合

ロ　イに掲げる場合以外の場合　交付請求に係る自動車登録番号及び車台番号

2　法第二十二条第五項の国土交通省令で定める事項のうち提供請求に係るものは、次に掲げるものとする。

一　委託をする者の氏名又は名称及び住所

二　次のイ又はロに掲げる場合の区分に応じ、当該イ又はロに定める事項

イ　次のいずれかに該当する場合　提供請求に係る自動車登録番号、車台番号その他の提供請求に関し必要な事項

(1)　登録情報に自動車登録番号又は車台番号並びに自動車の所有者及び使用者の氏名又は名称及び住所（以下「所有者等情報」という。）が含まれていない場合

(2)　登録情報に含まれる所有者等情報によつて識別される自動車の所有者が当該自動車について登録情報の提供を受ける場合

(3)　国又は地方公共団体が法令の定める事務又は業務の遂行に必要な限度で登録情報の提供を受ける場合

(4)　法第六十三条の三第一項の規定による届出その他これに準ずる手続（以下この(4)において「届出等」という。）をした自動車製作者等が当該届出等に係る自動車の使用者の氏名又は名称及び住所を特定し、かつ、同項第一号及び第二号に掲げる事項その他これに準ずる事項を当該自動車の使用者に周知させるために登録情報の提供を受ける場合

(5)　道路運送法（昭和二十六年法律第百八十三号）第四十三条の二第一項に規定する旅客自動車運送適正化事業実施機関が同法第四十三条の三第一号に掲げる事業を行うために登録情報の提供を受ける場合

(6)　道路整備特別措置法（昭和三十一年法律第七号）第二条第六項に規定する会社等が同法第三条第一項、第十条第一項、第十一条第一項、第十二条第一項若しくは第十五条第一項の規定による料金の徴収若しくは同法第二十六条第一項の規定による割増金の徴収を行うため、又は構造改革特別区域法（平成十四年法律第百八十九号）第二十八条第一項に規定する公社管理道路運営権者が同項の規定による利用料金の収受を行うために登録情報の提供を受ける場合

(7)　貨物自動車運送事業法（平成元年法律第八十三号）第三十八条第一項に規定する地方貨物自動車運送適正化事業実施機関が同法第三十九条第一号に掲げる事業を行うために登録情報の提供を受ける場合

(8)　使用済自動車の再資源化等に関する法律第九十二条第一項に規定する資金管理法人、同法第百五条に規定する指定再資源化機関又は同法第百十四条に規定する情報管理センターが、同法第九十二条に規定する業務、同法第百六条に規定する業務又は同法第百十五条に規定する業務を行うために登録情報の提供を受ける場合

ロ　イに掲げる場合以外の場合　提供請求に係る自動車登録番号及び車台番号

三　登録情報のうち、委託をする者が編集し、又は加工することができるものの提供を受ける場合にあつては、委託をする者における登録情報の安全管理の方法

（請求の事由の明示を必要としない場合）

第二十七条　法第二十二条第五項ただし書の国土交通省令で定める場合は、自動車の所有者が当該自動車について交付請求をする場合（同条第二項の規定に基づく交付請求をする場合を除く。）とする。

第四章の二　独立行政法人自動車技術総合機構の確認調査に係る手続

（調査結果の通知）

第二十七条の二　法第二十四条の二第二項の規定による確認調査の結果（以下「調査結果」という。）の通知は、次に掲げる事項を記載した書面により行うものとする。

一　車台番号又は自動車登録番号

二　調査結果

2　前項の場合において、調査結果の記録が電磁的記録で作成されているときは、書面による通知に代えて、電磁的方法により通知することができる。

（独立行政法人自動車技術総合機構の確認調査の運輸監理部長又は運輸支局長への引継ぎ）

第二十七条の三　独立行政法人自動車技術総合機構（以下「機構」という。）は、法第二十四条の二第三項の規定により国土交通大臣の委任を受けて確認調査を行うこととするときは、国土交通大臣が確認調査を行うこととなる運輸監理部長又は運輸支局長がこれを処理するため必要とする書類を、当該運輸監理部長又は運輸支局長に対して送付しなければならない。

（運輸監理部長又は運輸支局長の確認調査の機構への引継ぎ）

第二十七条の四　運輸監理部長又は運輸支局長は、法第二十四条の二第三項の規定により当該運輸監理部長又は運輸支局長が行っている確認調査を行わないこととするときは、確認調査を終止する日以後において、前条の規定により送付された書類を機構に返還しなければならない。

2　前項に規定する場合には、運輸監理部長又は運輸支局長は、確認調査を終止する日以後において、法第二十四条の二第三項の規定により行った確認調査に係る書類（当該日において終了している確認調査に係るものを除く。）を機構に送付しなければならない。

第五章　雑則

（申請書等の様式）

第二十八条　自動車に関する登録等の申請書、届出書、登録事項等証明書の交付の請求書、嘱託書、登録事項等通知書、輸出抹消仮登録証明書、登録識別情報等通知書及び登録事項等証明書の様式については、自動車の登録及び検査に関する申請書等の様式等を定める省令（昭和四十五年運輸省令第八号）の定めるところによる。

（登録事項等証明書）

第二十九条　登録事項等証明書は、電子情報処理組織によって作成するものとする。

（自動車検査登録事務所における申請等）

第三十条　法令の規定により運輸監理部長又は運輸支局長に対してする自動車の登録等に関する申請、届出、嘱託その他の行為（以下「申請等」という。）は、当該申請等に係る自動車の使用の本拠の位置が自動車検査登録事務所の管轄区域に属する場合にあっては、当該自動車検査登録事務所においてするものとする。

2　前項の規定にかかわらず、法第二十二条第一項の規定により運輸監理部長又は運輸支局長に対してする請求は、最寄りの自動車検査登録事務所においてすることができる。

3　法第十五条の二第四項（法第十六条第六項において準用する場合を含む。）、法第十六条第二項若しくは第四項又は法第十八条第三項の規定により運輸監理部長又は運輸支局長に対してする申請等は、最寄りの運輸監理部若しくは運輸支局又は自動車検査登録事務所においてするものとする。

（登録を申請する場所）

第三十一条　令第十条の規定による出頭は、運輸監理部又は運輸支局（自動車検査登録事務所を含む。）の自動車登録官が登録に関する事務を取り扱う窓口にしなければならない。

（情報管理センターに対する照会）

第三十二条　登録自動車に係る法第九十九条の四の照会は、次に掲げる事項について行うものとする。

一　車台番号

二　移動報告番号

三　解体報告記録がなされた年月日

四　自動車登録番号（一時抹消登録を受けた自動車に係る照会にあっては、一時抹消登録を受けた際の自動車登録番号）

五　使用済自動車の再資源化等に関する法律第八十一条第一項の規定により引取業者が情報管理センターに報告した年月日

2　前項の照会を受けた情報管理センターは、電子情報処理組織を使用する方法により当該照会に係る事項について国土交通大臣に対し通知しなければならない。

附　則

1　この省令は、昭和四十五年三月一日から施行する。

2　自動車登録規則（昭和二十六年運輸省令第六十二号）は、廃止する。

附　則（昭五〇・三・一三運令六）

1　この省令は、昭和五十年三月二十日から施行する。

2　この省令の施行前に道路運送車両法（以下「法」という。）の規定により登録された自動車登録番号は、第一条の規定による改正後の自動車登録規則の規定による自動車登録番号とみなす。

3　昭和五十年五月三十一日（昭和四十八年九月三十日までに道路運送車両法の一部を改正する法律（昭和四十七年法律第六十二号）による改正前の法第九十七条の三第一項の規定による使用の届出があった検査対象軽自動車にあっては、昭和五十年九月三十日）までに法の規定により指定する車両番号（二輪の小型自動車に係るものを除く。）は、第一条の規定による改正後の自動車登録規則及び第二条の規定による改正後の道路運送車両法施行規則（以下「新登録規則等」という。）の規定にかかわらず、なお従前の例によることができる。

4　この省令の施行前に法の規定により指定された車両番号及び前項の規定により従前の例により指定された車両番号は、新登録規則等の規定による車両番号とみなす。

5　臨時運行許可番号標、回送運行許可番号標及び臨時運転番号標は、第一条の規定による改正後の自動車登録規則の規定にかかわらず、当分の間、なお従前の例によることができる。

附　則（昭五二・五・七運令一一）

（施行期日）

1　この省令は、昭和五十二年五月九日から施行する。

（経過措置）

2　この省令の施行前に道路運送車両法（昭和二十六年法律第百八十五号。以下「法」という。）の規定により登録された自動車登録番号は、法第十四条第一項の規定の適用については、第一条の規定による改正後の自動車登録規則（以下「新登録規則」という。）第十三条に規定する基準に適合する自動車登録番号とみなす。

3　この省令の施行前に法の規定により指定された車両番号は、道路運送車両法施行規則第三十八条第三項又は同条第六項において準用する同条第三項若しくは第六十三条の五第一項の規定の適用については、第二条の規定による改正後の道路運送車両法施行規則第三十六条の二の規定又は新登録規則別表第一及び道路運送車両法施行規則第三十六条の三若しくは第六十三条の二第四項に規定する基準に適合する車両番号とみなす。

4　この省令の施行後に法又は道路運送車両法施行規則の規定により貸与する臨時運行許可番号標、回送運行許可番号標又は臨時運転番号標の様式については、新登録規則別表第一及び道路運送車両法施行規則第二十五条第一項、第二十六条の六第一項又は第六十三条の二第四項の規定にかかわらず、運輸大臣の指定する日までの間は、なお従前の例によることができる。

附　則（昭五三・二・一七運令八抄）

（施行期日）

1　この省令は、昭和五十三年二月二十日から施行する。

（経過措置）

2　この省令の施行前に道路運送車両法（昭和二十六年法律第百八十五号。以下「法」という。）の規定により登録された自動車登録番号は、法第十四条第一項の規定の適用については、第一条の規定による改正後の自動車登録規則（以下「新登録規則」という。）第十三条に規定する基準に適合する自動車登録番号とみなす。

附　則（昭五三・四・一三運令一九抄）

（施行期日）

1　この省令は、昭和五十三年四月十七日から施行する。

（経過措置）

2　この省令の施行前に道路運送車両法（昭和二十六年法律第百八十五号。以下「法」という。）の規定により登録された自動車登録番号は、法第十四条第一項の規定の適用については、第一条の規定による改正後の自動車登録規則（以下「新登録規則」という。）第十三条に規定する基準に適合する自動車登録番号とみなす。

附　則（昭五四・二・二二運令五）

（施行期日）

1　この省令中、福岡県陸運事務所に係る部分〔中略〕は、昭和五十四年二月二十六日から、山形県陸運事務所に係る部分〔中略〕は、同年三月十二日から施行する。

（経過措置）

2　この省令の施行前に道路運送車両法（昭和二十六年法律第百八十五号。以下「法」という。）の規定により登録された自動車登録番号であつて、この省令の施行により法第十四条第一項に規定する場合に該当することとなるものは、同項の規定の適用については、第一条の規定による改正後の自動車登録規則（以下「新登録規則」という。）第十三条に規定する基準に適合する自動車登録番号とみなす。

3　この省令の施行前に法の規定により指定された車両番号は、道路運送車両法施行規則第三十八条第三項又は同条第六項において準用する同条第三項若しくは第六十三条の五第一項の規定の適用については、第二条の規定による改正後の道路運送車両法施行規則第三十六条の二の規定又は新登録規則別表第一及び道路運送車両法施行規則第三十六条の三若しくは第六十三条の二第四項に規定する基準に適合する車両番号とみなす。

4　この省令の施行後に法又は道路運送車両法施行規則の規定により貸与する臨時運行許可番号標、回送運行許可番号標又は臨時運転番号標の様式については、新登録規則別表第一及び道路運送車両法施行規則第二十五条第一項、第二十六条の六第一項又は第六十三条の二第四項の規定にかかわらず、当分の間、なお従前の例によることができる。

附　則（昭五四・四・二〇運令一四）

（施行期日）

1　この省令は、昭和五十四年四月二十三日から施行する。

（経過措置）

2　この省令の施行前に道路運送車両法（昭和二十六年法律第百八十五号。以下「法」という。）の規定により登録された自動車登録番号であつて、この省令の施行により法第十四条第一項に規定する場合に該当することとなるものは、同項の規定の適用については、第一条の規定による改正後の自動車登録規則第十三条に規定する基準に適合する自動車登録番号とみなす。

3　この省令の施行前に法の規定により指定された車両番号であつて、この省令の施行により道路運送車両法施行規則第三十八条第三項（同条第六項において準用する場合を含む。以下同じ。）又は第六十三条の五第一項に規定する場合に該当することとなるものは、同令第三十八条第三項又は第六十三条の五第一項の規定の適用については、それぞれ第二条の規定による改正後の道路運送車両法施行規則第三十六条の二又は道路運送車両法施行規則第三十六条の三若しくは第六十三条の二第四項に規定する基準に適合する車両番号とみなす。

4　この省令の施行後に法又は道路運送車両法施行規則の規定により貸与する臨時運行許可番号標、回送運行許可番号標又は臨時運転番号標の様式については、道路運送車両法施行規則第二十五条第一項、第二十六条の六第一項又は第六十三条の二第四項の規定にかかわらず、当分の間、なお従前の例によることができる。

附　則（昭五四・七・二〇運令三四）

（施行期日）

1　この省令は、昭和五十四年八月六日から施行する。

（経過措置）

2　この省令の施行前に道路運送車両法（昭和二十六年法律第百八十五号。以下「法」という。）の規定により登録された自動車登録番号であつて、この省令の施行により法第十四条第一項に規定する場合に該当することとなるものは、同項の規定の適用については、第一条の規定による改正後の自動車登録規則第十三条に規定する基準に適合する自動車登録番号とみなす。

3　この省令の施行前に法の規定により指定された車両番号であつて、この省令の施行により道路運送車両法施行規則第三十八条第三項（同条第六項において準用する場合を含む。以下同じ。）又は第六十三条の五第一項に規定する場合に該当することとなるものは、同令第三十八条第三項又は第六十三条の五第一項の規定の適用については、それぞれ第二条の規定による改正後の道路運送車両法施行規則第三十六条の二又は道路運送車両法施行規則第三十六条の三若しくは第六十三条の二第四項に規定する基準に適合する車両番号とみなす。

4　この省令の施行後に法又は道路運送車両法施行規則の規定により貸与する臨時運行許可番号標、回送運行許可番号標又は臨時運転番号標の様式については、道路運送車両法施行規則第二十五条第一項、第二十六条の六第一項又は第六十三条の二第四項の規定にかかわらず、当分の間、なお従前の例によることができる。

附　則（昭五五・四・一七運令一〇）

（施行期日）

1　この省令は、昭和五十五年四月二十一日から施行する。

（経過措置）

2　この省令の施行前に道路運送車両法（昭和二十六年法律第百八十五号。以下「法」という。）の規定により登録された自動車登録番号であつて、この省令の施行により法第十四条第一項に規定する場合に該当することとなるものは、同項の規定の適用については、第一条の規定による改正後の自動車登録規則第十三条に規定する基準に適合する自動車登録番号とみなす。

3　この省令の施行前に法の規定により指定された車両番号であつて、この省令の施行により道路運送車両法施行規則第三十八条第三項（同条第六項において準用する場合を含む。以下同じ。）又は第六十三条の五第一項に規定する場合に該当することとなるものは、同令第三十八条第三項又は第六十三条の五第一項の規定の適用については、それぞれ第二条の規定による改正後の道路運送車両法施行規則第三十六条の二又は道路運送車両法施行規則第三十六条の三若しくは第六十三条の二第四項に規定する基準に適合する車両番号とみなす。

4　この省令の施行後に法又は道路運送車両法施行規則の規定により貸与する臨時運行許可番号標、回送運行許可番号標又は臨時運転番号標の様式については、道路運送車両法施行規則第二十五条第一項、第二十六条の六第一項又は第六十三条の二第四項の規定にかかわらず、当分の間、なお従前の例によることができる。

附　則（昭五七・一・二〇運令一）

（施行期日）

1　この省令は、昭和五十七年二月一日から施行する。

（経過措置）

2　この省令の施行前に道路運送車両法（昭和二十六年法律第百八十五号。以下「法」という。）の規定により登録された自動車登録番号であつて、この省令の施行により法第十四条第一項に規定する場合に該当することとなるものは、同項の規定の適用については、第一条の規定による改正後の自動車登録規則第十三条に規定する基準に適合する自動車登録番号とみなす。

3　この省令の施行前に法の規定により指定された車両番号であつて、この省令の施行により道路運送車両法施行規則第三十八条第三項（同条第六項において準用する場合を含む。以下同じ。）又は第六十三条の五第一項に規定する場合に該当することとなるものは、同令第三十八条第三項又は第六十三条の五第一項の規定の適用については、それぞれ第二条の規定による改正後の道路運送車両法施行規則第三十六条の二又は道路運送車両法施行規則第三十六条の三若しくは第六十三条の二第四項に規定する基準に適合する車両番号とみなす。

4　この省令の施行後に法又は道路運送車両法施行規則の規定により貸与する臨時運行許可番号標、回送運行許可番号標又は臨時運転番号標の様式については、道路運送車両法施行規則第二十五条第一項、第二十六条の六第一項又は第六十三条の二第四項の規定にかかわらず、当分の間、なお従前の例によることができる。

附　則（昭五七・一二・一四運令三二）

（施行期日）

1　この省令は、昭和五十七年十二月二十日から施行する。

（経過措置）

2　この省令の施行前に道路運送車両法（昭和二十六年法律第百八十五号。以下「法」という。）の規定により登録された自動車登録番号であつて、この省令の施行により法第十四条第一項に規定する場合に該当することとなるものは、同項の規定の適用については、第一条の規定による改正後の自動車登録規則第十三条に規定する基準に適合する自動車登録番号とみなす。

3　この省令の施行前に法の規定により指定された車両番号であつて、この省令の施行により道路運送車両法施行規則第三十八条第三項（同条第六項において準用する場合を含む。以下同じ。）又は第六十三条の五第一項に規定する場合に該当することとなるものは、同令第三十八条第三項又は第六十三条の五第一項の規定の適用については、それぞれ第二条の規定による改正後の道路運送車両法施行規則第三十六条の二又は道路運送車両法施行規則第三十六条の三若しくは第六十三条の二第四項に規定する基準に適合する車両番号とみなす。

4　この省令の施行後に法又は道路運送車両法施行規則の規定により貸与する臨時運行許可番号標、回送運行許可番号標又は臨時運転番号標の様式については、道路運送車両法施行規則第二十五条第一項、第二十六条の六第一項又は第六十三条の二第四項の規定にかかわらず、当分の間、なお従前の例によることができる。

附　則（昭五八・一〇・一八運令四五）

（施行期日）

1　この省令中、大阪府陸運事務所に係る部分及び第三条の改正規定中「大阪 ＯＳＯ」を改める部分は、昭和五十八年十一月十四日から、青森県陸運事務所に係る部分及び同条の改正規定中「青森 ＡＭＡ」を改める部分は、同年十二月五日から施行する。

（経過措置）

2　この省令の施行前に道路運送車両法（昭和二十六年法律第百八十五号。以下「法」という。）の規定により登録された自動車登録番号であつて、この省令の施行により法第十四条第一項に規定する場合に該当することとなるものは、同項の規定の適用については、第一条の規定による改正後の自動車登録規則第十三条に規定する基準に適合する自動車登録番号とみなす。

3　この省令の施行前に法の規定により指定された車両番号であつて、この省令の施行により道路運送車両法施行規則第三十八条第三項（同条第六項において準用する場合を含む。以下同じ。）又は第六十三条の五第一項に規定する場合に該当することとなるものは、同令第三十八条第三項又は第六十三条の五第一項の規定の適用については、それぞれ第二条の規定による改正後の道路運送車両法施行規則第三十六条の二又は道路運送車両法施行規則第三十六条の三若しくは第六十三条の二第四項に規定する基準に適合する車両番号とみなす。

4　この省令の施行後に法又は道路運送車両法施行規則の規定により貸与する臨時運行許可番号標、回送運行許可番号標又は臨時運転番号標の様式については、道路運送車両法施行規則第二十五条第一項、第二十六条の六第一項又は第六十三条の二第四項の規定にかかわらず、当分の間、なお、従前の例によることができる。

附　則（昭六〇・一・一〇運令一抄）

（施行期日）

1　この省令は、昭和六十年二月四日から施行する。

（経過措置）

2　この省令の施行前に道路運送車両法（以下「法」という。）の規定により登録された自動車登録番号であって、この省令の施行により法第十四条第一項に規定する場合に該当することとなるものは、同項の規定の適用については、第一条の規定による改正後の自動車登録規則第十三条に規定する基準に適合する自動車登録番号とみなす。

附　則（昭六〇・二・五運令五抄）

（施行期日）

1　この省令は、道路運送法等の一部を改正する法律の施行の日（昭和六十年四月一日）から施行する。

附　則（昭六〇・九・二〇運令三〇）

（施行期日）

1　この省令は、昭和六十年十月一日から施行する。ただし、第二条から第五条までの規定（以下「自動車登録規則等の改正規定」という。）及び附則第二項から第四項までの規定は、昭和六十年十月二十一日から施行する。

（経過措置）

2　自動車登録規則等の改正規定の施行前に道路運送車両法（以下「法」という。）の規定により登録された自動車登録番号であって、その改正規定の施行により法第十四条第一項に規定する場合に該当することとなるものは、同項の規定の適用については、第二条の規定による改正後の自動車登録規則第十三条に規定する基準に適合する自動車登録番号とみなす。

3　自動車登録規則等の改正規定の施行前に法の規定により指定された車両番号であって、その改正規定の施行により道路運送車両法施行規則第三十八条第三項（同条第六項において準用する場合を含む。以下同じ。）又は第六十三条の五第一項に規定する場合に該当することとなるものは、同令第三十八条第三項又は第六十三条の五第一項の規定の適用については、それぞれ第三条の規定による改正後の道路運送車両法施行規則第三十六条の二又は道路運送車両法施行規則第三十六条の三若しくは第六十三条の二第四項に規定する基準に適合する車両番号とみなす。

4　自動車登録規則等の改正規定の施行後に法又は道路運送車両法施行規則の規定により貸与する臨時運行許可番号標、回送運行許可番号標又は臨時運転番号標の様式については、道路運送車両法施行規則第二十五条第一項、第二十六条の六第一項又は第六十三条の二第四項の規定にかかわらず、当分の間、なお従前の例によることができる。

附　則（昭六二・八・一一運令五二抄）

（施行期日）

1　この省令は、昭和六十三年一月一日から施行する。

（経過措置）

2　この省令の施行前に道路運送車両法（以下「法」という。）の規定により登録された自動車登録番号であって、この省令の施行により法第十四条第一項に規定する場合に該当することとなるものは、同項の規定の適用については、第二条の規定による改正後の自動車登録規則第十三条に規定する基準に適合する自動車登録番号とみなす。

附　則（昭六三・九・二六運令二八抄）

（施行期日）

1　この省令は、昭和六十三年（中略）十月二十四日から施行する。

（経過措置）

2　この省令の施行後に道路運送車両法施行規則（昭和二十六年運輸省令第七十四号）第六十六条の二、自動車登録規則第二十六条及び道路交通に関する条約の実施に伴う道路運送車両法の特例等に関する法律施行規則第六条の規定により豊橋自動車検査登録事務所においてするものとされ、又はすることができるものとされた申請、届出その他の行為については、自動車登録規則等の改正規定の施行までの間は、なお従前の例による。

3　この省令の施行前に道路運送車両法（以下「法」という。）の規定により登録された自動車登録番号又は指定を受けた車両番号であって、第一条の規定の施行により法第十四条第一項又は道路運送車両法施行規則第三十八条第三項（同条第六項において準用する場合を含む。以下同じ。）若しくは第六十三条の五第一項に規定する場合に該当することとなるものは、法第十四条第一項又は同令第三十八条第三項若しくは第六十三条の五第一項の規定の適用については、それぞれ自動車登録規則第十三条又は道路運送車両法施行規則第三十六条の二、第三十六条の三若しくは第六十三条の二第四項に規定する基準に適合するものとみなす。

4　この省令の施行後自動車登録規則等の改正規定の施行までの間に、法の規定により自動車登録番号を定められる自動車又は車両番号の指定を受ける自動車であって、その使用の本拠の位置が豊橋自動車検査登録事務所の管轄区域に属するものに対する自動車登録規則第十三条又は道路運送車両法施行規則第三十六条の二、第三十六条の三若しくは第六十三条の二第四項の規定の適用については、なお従前の例による。

5　この省令の施行後に法又は道路運送車両法施行規則の規定により貸与する臨時運行許可番号標、回送運行許可番号標又は臨時運転番号標の様式については、同令第二十五条第一項、第二十六条の六第一項又は第六十三条の二第四項の規定にかかわらず、当分の間、なお従前の例によることができる。

附　則（平二・一〇・二六運令二九抄）

（施行期日）

1　この省令は、平成二年十一月一日から施行する。ただし、第二条から第四条までの規定（以下「自動車登録規則等の改正規定」という。）は、同年十一月二十六日から施行する。

（経過措置）

2　この省令の施行後に道路運送車両法施行規則（昭和二十六年運輸省令第七十四号）第六十六条の二、自動車登録規則第

二十六条及び道路交通に関する条約の実施に伴う道路運送車両法の特例等に関する法律施行規則第六条の規定により春日部自動車検査登録事務所においてするものとされ、又はすることができるものとされた申請、届出その他の行為については、自動車登録規則等の改正規定の施行までの間は、なお従前の例による。

3　この省令の施行前に道路運送車両法（以下「法」という。）の規定により登録された自動車登録番号又は指定を受けた車両番号であって、第一条の規定の施行により法第十四条第一項又は道路運送車両法施行規則第三十八条第三項（同条第六項において準用する場合を含む。以下同じ。）若しくは第六十三条の五第一項に規定する場合に該当することとなるものは、法第十四条第一項又は同令第三十八条第三項若しくは第六十三条の五第一項の規定の適用については、それぞれ自動車登録規則第十三条又は道路運送車両法施行規則第三十六条の二、第三十六条の三若しくは第六十三条の二第四項に規定する基準に適合するものとみなす。

4　この省令の施行後自動車登録規則等の改正規定の施行までの間に、法の規定により自動車登録番号を定められる自動車又は車両番号の指定を受ける自動車であって、その使用の本拠の位置が春日部自動車検査登録事務所の管轄区域に属するものに対する自動車登録規則第十三条又は道路運送車両法施行規則第三十六条の二、第三十六条の三若しくは第六十三条の二第四項の規定の適用については、なお従前の例による。

5　この省令の施行後に法又は道路運送車両法施行規則の規定により貸与する臨時運行許可番号標、回送運行許可番号標又は臨時運転番号標の様式については、同令第二十五条第一項、第二十六条の六第一項又は第六十三条の二第四項の規定にかかわらず、当分の間、なお従前の例によることができる。

附　則（平二・一一・二九運令三一抄）

（施行期日）

1　この省令は、貨物運送取扱事業法及び貨物自動車運送事業法の施行の日（平成二年十二月一日）から施行する。

附　則（平三・九・三〇運令三〇抄）

（施行期日）

1　この省令は、平成三年十月一日から施行する。ただし、第二条から第四条までの規定（以下「自動車登録規則等の改正規定」という。）は、同年十月二十八日から施行する。

（経過措置）

2　この省令の施行後に道路運送車両法施行規則（昭和二十六年運輸省令第七十四号）第六十六条の二、自動車登録規則第二十六条及び道路交通に関する条約の実施に伴う道路運送車両法の特例等に関する法律施行規則第六条の規定により飛騨自動車検査登録事務所においてするものとされ、又はすることができるものとされた申請、届出その他の行為については、自動車登録規則等の改正規定の施行までの間は、なお従前の例による。

3　この省令の施行前に道路運送車両法（以下「法」という。）の規定により登録された自動車登録番号又は指定を受けた車両番号であって、第一条の規定の施行により法第十四条第一項又は道路運送車両法施行規則第三十八条第三項（同条第六項において準用する場合を含む。以下同じ。）若しくは第六十三条の五第一項に規定する場合に該当することとなるものは、法第十四条第一項又は同令第三十八条第三項若しくは第六十三条の五第一項の規定の適用については、それぞれ自動車登録規則第十三条又は道路運送車両法施行規則第三十六条の二、第三十六条の三若しくは第六十三条の二第四項に規定する基準に適合するものとみなす。

4　この省令の施行後自動車登録規則等の改正規定の施行までの間に、法の規定により自動車登録番号を定められる自動車又は車両番号の指定を受ける自動車であって、その使用の本拠の位置が飛騨自動車検査登録事務所の管轄区域に属するものに対する自動車登録規則第十三条又は道路運送車両法施行規則第三十六条の二、第三十六条の三若しくは第六十三条の二第四項の規定の適用については、なお従前の例による。

5　この省令の施行後に法又は道路運送車両法施行規則の規定により貸与する臨時運行許可番号標、回送運行許可番号標又は臨時運転番号標の様式については、同令第二十五条第一項、第二十六条の六第一項又は第六十三条の二第四項の規定にかかわらず、当分の間、なお従前の例によることができる。

附　則（平六・八・三一運令三六抄）

（施行期日）

1　この省令は、平成六年九月一日から施行する。ただし、第二条から第四条までの規定（以下「自動車登録規則等の改正規定」という。）は、同年十月三十日から施行する。

（経過措置）

2　この省令の施行後に道路運送車両法施行規則（昭和二十六年運輸省令第七十四号。以下「車両規則」という。）第六十六条の二、自動車登録規則第二十六条及び道路交通に関する条約の実施に伴う道路運送車両法の特例等に関する法律施行規則第六条の規定により湘南自動車検査登録事務所においてするものとされ、又はすることができるものとされた申請、届出その他の行為については、自動車登録規則等の改正規定の施行までの間は、なお従前の例による。

3　この省令の施行前に道路運送車両法（以下「法」という。）の規定により登録された自動車登録番号又は指定を受けた車両番号であって、第一条の規定の施行により法第十四条第一項又は車両規則第三十八条第三項（同条第六項において準用する場合を含む。以下同じ。）若しくは第六十三条の五第一項に規定する場合に該当することとなるものは、法第十四条第一項又は車両規則第三十八条第三項若しくは第六十三条の五第一項の規定の適用については、それぞれ自動車登録規則第十三条又は車両規則第三十六条の二、第三十六条の三若しくは第六十三条の二第四項に規定する基準に適合するものとみなす。

4　この省令の施行後自動車登録規則等の改正規定の施行までの間に法の規定により自動車登録番号を定められる自動車又は車両番号の指定を受ける自動車であって、その使用の本拠の位置が湘南自動車検査登録事務所の管轄区域に属するものに対する自動車登録番号又は車両番号については、なお従前の例による。

5　この省令の施行後に法又は車両規則の規定により貸与する臨時運行許可番号標、回送運行許可番号標又は臨時運転番号標の様式については、車両規則第二十五条第一項、第二十六条の六第一項又は第六十三条の二第四項の規定にかかわらず、当分の間、なお従前の例によることができる。

附　則（平九・八・二六運令五四抄）

（施行期日）

1　この省令は、平成九年九月一日から施行する。ただし、第二条から第四条までの規定は、同年十月二十日から施行する。

（経過措置）

2　この省令の施行後平成九年十月十九日までの間に道路運送車両法施行規則（昭和二十六年運輸省令第七十四号。以下「車両規則」という。）第六十六条の二、自動車登録規則第二十六条及び道路交通に関する条約の実施に伴う道路運送車両法の特例等に関する法律施行規則第六条の規定により野田自動車検査登録事務所においてするものとされ、又はすることができるものとされた申請、届出その他の行為については、第一条の規定による改正後の地方運輸局陸運支局等組織規程別表第二にかかわらず、なお従前の例による。

3　この省令の施行前に道路運送車両法（以下「法」という。）の規定により登録された自動車登録番号又は指定を受けた車両番号であって第一条の規定の施行により法第十四条第一項又は車両規則第三十八条第四項（同条第七項において準用する場合を含む。以下同じ。）若しくは第六十三条の五第一項に規定する場合に該当することとなるものは、法第十四条第一項又は車両規則第三十八条第四項若しくは第六十三条の五第一項の規定の適用については、それぞれ自動車登録規則第十三条又は車両規則第三十六条の二、第三十六条の三若しくは第六十三条の二第四項に規定する基準に適合するものとみなす。

4　この省令の施行後平成九年十月十九日までの間に法の規定により自動車登録番号を定められる自動車又は車両番号の指定を受ける自動車であってその使用の本拠の位置が野田自動車検査登録事務所の管轄区域に属するものに対する自動車登録番号又は車両番号については、なお従前の例による。

5　この省令の施行後に法又は車両規則の規定により貸与する臨時運行許可番号標、回送運行許可番号標又は臨時運転番号標の様式については、車両規則第三号様式備考(2)、第五号様式備考(2)又は第十七号様式備考(2)の規定にかかわらず、当分の間、なお従前の例によることができる。

附　則（平一一・八・二六運令三八抄）

（施行期日）

1　この省令は、平成十一年九月一日から施行する。ただし、第二条から第四条までの規定は、同年十一月十五日から施行する。

（経過措置）

2　この省令の施行後平成十一年十一月十四日までの間に道路運送車両法施行規則（昭和二十六年運輸省令第七十四号。以下「車両規則」という。）第六十六条の二、自動車登録規則第二十六条及び道路交通に関する条約の実施に伴う道路運送車両法の特例等に関する法律施行規則第六条の規定により佐野自動車検査登録事務所においてするものとされ、又はすることができるものとされた申請、届出その他の行為については、第一条の規定による改正後の地方運輸局陸運支局等組織規程別表第二にかかわらず、なお従前の例による。

3　この省令の施行前に道路運送車両法（以下「法」という。）の規定により登録された自動車登録番号又は指定を受けた車両番号であって第一条の規定の施行により法第十四条第一項又は車両規則第三十八条第四項（同条第七項において準用する場合を含む。以下同じ。）若しくは第六十三条の五第一項に規定する場合に該当することとなるものは、法第十四条第一項又は車両規則第三十八条第四項若しくは第六十三条の五第一項の規定の適用については、それぞれ自動車登録規則第十三条又は車両規則第三十六条の二、第三十六条の三若しくは第六十三条の二第四項に規定する基準に適合するものとみなす。

4　この省令の施行後平成十一年十一月十四日までの間に法の規定により自動車登録番号を定められる自動車又は車両番号の指定を受ける自動車であってその使用の本拠の位置が佐野自動車検査登録事務所の管轄区域に属するものに対する自動車登録番号又は車両番号については、なお従前の例による。

5　この省令の施行後に法又は車両規則の規定により貸与する臨時運行許可番号標、回送運行許可番号標又は臨時運転番号標の様式については、車両規則第三号様式備考(2)、第五号様式備考(2)又は第十七号様式備考(2)の規定にかかわらず、当分の間、なお従前の例によることができる。

附　則（平一二・一一・二九運令三九抄）

（施行期日）

第一条　この省令は、平成十三年一月六日から施行する。

附　則（平一四・六・二八国交令七九抄）

（施行期日）

第一条　この省令は、平成十四年七月一日から施行する。

附　則（平一五・三・二八国交令三八）

この省令は、平成十五年四月一日から施行する。

附　則（平一六・三・三一国交令三六）

この省令は、公布の日から施行する。

附　則（平一六・八・一七国交令八三抄）

（施行期日）

第一条　この省令は、道路運送車両法の一部を改正する法律〔平成十四年七月法律第八九号〕附則第一条本文の規定の施行の日（平成十七年一月一日）から施行する。

附　則（平一七・六・二九国交令七一）

この省令は、公布の日から施行する。

附　則（平一七・一一・二国交令一〇四抄）

（施行期日）

第一条　この省令は、平成十七年十二月二十六日から施行する。

（経過措置）

第二条　自動車関係手続における電子情報処理組織の活用のための道路運送車両法等の一部を改正する法律（以下「改正法」という。）附則第二条第一項の国土交通省令で定める自動車は、次に掲げる自動車とする。

一　登録を受けたことがある自動車
二　軽自動車
三　小型特殊自動車
四　二輪の小型自動車

第三条　改正法附則第四条の国土交通省令で定める自動車は、次に掲げる自動車とする。

一　軽自動車
二　小型特殊自動車
三　二輪の小型自動車

第四条　改正法附則第四条の国土交通省令で定める期間は、完成検査終了証の発行の日から九月間とする。

附　則（平一八・三・三一国交令三〇抄）

第一条（施行期日）　この省令は、平成十八年四月一日から施行する。

附　則（平一八・九・二一国交令八九）

（施行期日）

1　この省令は、平成十八年十月十日から施行する。ただし、第三条及び第五条の規定は、平成十九年二月十三日から施行する。

（経過措置）

2　この省令（前項ただし書に規定する規定については、当該規定）の施行前に道路運送車両法の規定により登録された自動車登録番号又は指定を受けた車両番号であって、この省令の施行により新たに自動車登録規則第十三条又は道路運送車両法施行規則第三十六条の十七、第三十六条の十八若しくは第六十三条の二第四項に規定する基準に適合しなくなったものについては、これらの規定に規定する基準に適合するものとみなすことができる。

附　則（平一九・一一・一六国交令八九抄）

（施行期日）

1　この省令は、道路運送法等の一部を改正する法律（平成一八年五月法律第四〇号）附則第一条第三号に掲げる規定の施行の日（平成十九年十一月十八日）から施行する。

附　則（平二〇・九・一一国交令七六抄）

沿革　平二八国交令八七改正

（施行期日）

第一条　この省令は、道路運送法等の一部を改正する法律（平成一八年五月法律第四〇号）（以下「改正法」という。）附則第一条第四号に掲げる規定の施行の日（平成二十年十一月四日）から施行する。〔後略〕

（改正法の施行に伴う経過措置）

第三条　改正法附則第十条第一項及び第二項に規定する場合においては、第四条の規定による改正後の自動車登録規則（以下「新登録規則」という。）第六条の十二第二項第一号及び第八項の規定は適用しない。

第四条　新登録規則第六条の十六第二号の規定は、改正法附則第十条第二項の規定による通知について準用する。

（登録識別情報の通知の請求）

第五条　新登録規則第六条の十八の規定は、改正法附則第八条第三項の規定による請求について準用する。

附　則（平二〇・一〇・三一国交令九〇）

（施行期日）

1　この省令は、平成二十年十一月四日から施行する。

（経過措置）

2　この省令の施行前に道路運送車両法の規定により登録された自動車登録番号又は指定を受けた車両番号であって、この省令の施行により新たに自動車登録規則第十三条又は道路運送車両法施行規則（昭和二十六年運輸省令第七十四号）第三十六条の十七、第三十六条の十八若しくは第六十三条の二第四項に規定する基準に適合しなくなったものについては、これらの規定に規定する基準に適合するものとみなすことができる。

附　則（平二四・七・六国交令七〇抄）

（施行期日）

第一条　この省令は、住民基本台帳法の一部を改正する法律（平成二一年七月法律第七七号）附則第一条第一号に掲げる規定及び出入国管理及び難民認定法及び日本国との平和条約に基づき日本の国籍を離脱した者等の出入国管理に関する特例法の一部を改正する等の法律（平成二一年七月法律第七九号）（次条において「改正法」という。）の施行の日（平成二十四年七月九日）から施行する。

（経過措置）

第二条　第一条の規定による改正後の自動車登録規則（次条において「新自動車登録規則」という。）第二十五条第一項第一号の規定の適用については、出入国管理及び難民認定法（昭和二十六年政令第三百十九号。以下この項において「入管法」という。）第十九条の三に規定する中長期在留者が所持する改正法第四条の規定による廃止前の外国人登録法（昭和二十七年法律第百二十五号。次条において「旧外国人登録法」という。）に規定する外国人登録証明書（以下この条において「登録証明書」という。）は入管法第十九条の三に規定する在留カード（次項において「在留カード」という。）とみなし、日本国との平和条約に基づき日本の国籍を離脱した者等の出入国管理に関する特例法（平成三年法律第七十一号。以下この項において「特例法」という。）に規定する特別永住者が所持する登録証明書は特例法第七条第一項に規定する特別永住者証明書（次項において「特別永住者証明書」という。）とみなす。

2　前項の規定により、登録証明書が在留カードとみなされる期間は改正法附則第十五条第二項各号に定める期間とし、特別永住者証明書とみなされる期間は改正法附則第二十八条第二項各号に定める期間とする。

第三条　新自動車登録規則第二十五条第二項第二号の規定の適用については、旧外国人登録法に規定する外国人登録原票の写しは、それが作成された日から起算して三十日を経過する日までの間は、新自動車登録規則第二十五条第二項第二号に掲げる国土交通大臣が適当と認める書類とみなす。

附　則（平二六・一・二四国交令七抄）

（施行期日）

1　この省令は、特定地域における一般乗用旅客自動車運送事業の適正化及び活性化に関する特別措置法等の一部を改正する法律〔平成二五年一一月法律第八三号〕の施行の日〔平成二六年一月二七日〕から施行する。〔後略〕

附　則（平二六・九・三〇国交令七五抄）

（施行期日）

1　この省令は、平成二十六年十月一日から施行する。

附　則（平二六・一〇・一七国交令八三抄）

（施行期日）

1　この省令は、平成二十六年十一月十七日から施行する。

（経過措置）

2　この省令の施行前に道路運送車両法の規定により登録された自動車登録番号又は指定を受けた車両番号であって、この省令の施行により新たに自動車登録規則第十三条又は道路運送車両法施行規則（次項において「車両規則」という。）第三十六条の十七、第三十六条の十八若しくは第六十三条の二第四項に規定する基準に適合しないこととなったものについては、この省令による改正後の自動車登録規則別表第一の規定にかかわらず、なお従前の例によることができる。

附　則（平二七・一二・九国交令八二抄）

（施行期日）

第一条　この省令は、公布の日から施行する。ただし、第三条、第八条、第十七条、第二十四条及び第二十五条の規定は、行政手続における特定の個人を識別するための番号の利用等に関する法律（平成二十五年法律第二十七号。以下「番号利用法」という。）附則第一条第四号に掲げる規定の施行の日（平成二十八年一月一日）から施行する。

（自動車登録規則の一部改正に伴う経過措置）

第八条　第八条の規定による改正後の自動車登録規則第二十五条第一項第一号の規定の適用については、行政手続における特定の個人を識別するための番号の利用等に関する法律の施行に伴う関係法律の整備等に関する法律（以下「番号利用法整備法」という。）第十九条の規定による改正前の住民基本台帳法（昭和四十二年法律第八十一号。以下「旧住民基本台帳法」という。）第三十条の四十四第三項の規定により交付された同条第一項に規定する住民基本台帳カードは、番号利用法整備法第二十条第一項の規定によりなお従前の例によることとされた旧住民基本台帳法第三十条の四十四第九項の規定によりその効力を失う時までの間は、番号利用法第二条第七号に規定する個人番号カードとみなす。

附　則（平二八・三・一国交令一四抄）

（施行期日）

第一条　この省令は、平成二十八年四月一日から施行する。

附　則（平二八・一二・二八国交令八七抄）

（施行期日）

第一条　この省令は、平成二十九年一月一日から施行する。ただし、〔中略〕第四条（第十三条第二項第二号の改正規定及び別表第二の改正規定を除く。）の規定は、平成二十九年四月一日から施行する。

附　則（令二・四・一〇国交令四五）

（施行期日）

1　この省令は、令和二年五月十一日から施行する。

（経過措置）

2　この省令の施行前に道路運送車両法の規定により登録された自動車登録番号又は指定を受けた車両番号であって、この省令の施行により新たに自動車登録規則第十三条又は道路運送車両法施行規則第三十六条の十七、第三十六条の十八若しくは第六十三条の二第四項に規定する基準に適合しないこととなったものについては、この省令による改正後の自動車登録規則別表第一の規定にかかわらず、なお従前の例によることができる。

附　則（令二・一二・二三国交令九八抄）

（施行期日）

1　この省令は、令和三年一月一日から施行する。

附　則（令四・二・二八国交令八）

この省令は、公布の日から施行する。

附　則（令四・五・二〇国交令四五抄）

（施行期日）

第一条　この省令は、道路運送車両法の一部を改正する法律（令和元年法律第十四号）附則第一条第六号に掲げる規定の施行の日（令和五年一月一日）から施行する。〔後略〕

別表第一（第十三条関係）

運輸監理部、運輸支局又は自動車検査登録事務所	使用の本拠の位置	表示する文字
札幌運輸支局	札幌運輸支局の管轄区域内	札幌
函館運輸支局	函館運輸支局の管轄区域内	函館
旭川運輸支局	旭川運輸支局の管轄区域内	旭川
室蘭運輸支局	室蘭運輸支局の管轄区域（苫小牧市を除く。）内	室蘭
	室蘭運輸支局の管轄区域（苫小牧市に限る。）内	苫小牧
釧路運輸支局	釧路運輸支局の管轄区域（野付郡、標津郡及び目梨郡を除く。）内	釧路
	釧路運輸支局の管轄区域（野付郡、標津郡及び目梨郡に限る。）内	知床
帯広運輸支局	帯広運輸支局の管轄区域内	帯広
北見運輸支局	北見運輸支局の管轄区域（斜里郡を除く。）内	北見
	北見運輸支局の管轄区域（斜里郡に限る。）内	知床
青森運輸支局	青森運輸支局の管轄区域（弘前市及び中津軽郡を除く。）内	青森
	青森運輸支局の管轄区域（弘前市及び中津軽郡に限る。）内	弘前
八戸自動車検査登録事務所	八戸自動車検査登録事務所の管轄区域内	八戸
岩手運輸支局	岩手運輸支局の管轄区域（盛岡市、八幡平市、滝沢市及び紫波郡に限る。）内	盛岡
	岩手運輸支局の管轄区域（盛岡市、一関市、八幡平市、奥州市、滝沢市、紫波郡、胆沢郡及び西磐井郡を除く。）内	岩手
	岩手運輸支局の管轄区域（一関市、奥州市、胆沢郡及び西磐井郡に限る。）内	平泉
宮城運輸支局	宮城運輸支局の管轄区域（仙台市に限る。）内	仙台
	宮城運輸支局の管轄区域（仙台市を除く。）内	宮城
秋田運輸支局	秋田運輸支局の管轄区域内	秋田
山形運輸支局	山形運輸支局の管轄区域内	山形
庄内自動車検査登録事務所	庄内自動車検査登録事務所の管轄区域内	庄内
福島運輸支局	福島運輸支局の管轄区域（会津若松市、郡山市、白河市、喜多方市、南会津郡、耶麻郡、河沼郡、大沼郡及び西白河郡を除く。）内	福島
	福島運輸支局の管轄区域（会津若松市、喜多方市、南会津郡、耶麻郡、河沼郡及び大沼郡に限る。）内	会津
	福島運輸支局の管轄区域（郡山市に限る。）内	郡山
	福島運輸支局の管轄区域（白河市及び西白河郡に限る。）内	白河
いわき自動車検査登録事務所	いわき自動車検査登録事務所の管轄区域内	いわき

茨城運輸支局	茨城運輸支局の管轄区域内	水戸
土浦自動車検査登録事務所	土浦自動車検査登録事務所の管轄区域（古河市、結城市、下妻市、常総市、つくば市、守谷市、筑西市、坂東市、桜川市、つくばみらい市、結城郡及び猿島郡を除く。）内	土浦
	土浦自動車検査登録事務所の管轄区域（古河市、結城市、下妻市、常総市、つくば市、守谷市、筑西市、坂東市、桜川市、つくばみらい市、結城郡及び猿島郡に限る。）内	つくば
栃木運輸支局	栃木運輸支局の管轄区域（大田原市、那須塩原市及び那須郡（那須町に限る。）を除く。）内	宇都宮
	栃木運輸支局の管轄区域（大田原市、那須塩原市及び那須郡（那須町に限る。）に限る。）内	那須
佐野自動車検査登録事務所	佐野自動車検査登録事務所の管轄区域内	とちぎ
群馬運輸支局	群馬運輸支局の管轄区域（前橋市及び北群馬郡（吉岡町に限る。）に限る。）内	前橋
	群馬運輸支局の管轄区域（高崎市及び安中市に限る。）内	高崎
	群馬運輸支局の管轄区域（前橋市、高崎市、安中市及び北群馬郡（吉岡町に限る。）を除く。）内	群馬
埼玉運輸支局	埼玉運輸支局の管轄区域（川口市を除く。）内	大宮
	埼玉運輸支局の管轄区域（川口市に限る。）内	川口
所沢自動車検査登録事務所	所沢自動車検査登録事務所の管轄区域（川越市、坂戸市、鶴ヶ島市及び入間郡（三芳町を除く。）に限る。）内	川越
	所沢自動車検査登録事務所の管轄区域（川越市、坂戸市、鶴ヶ島市及び入間郡（三芳町を除く。）を除く。）内	所沢
熊谷自動車検査登録事務所	熊谷自動車検査登録事務所の管轄区域内	熊谷
春日部自動車検査登録事務所	春日部自動車検査登録事務所の管轄区域（越谷市を除く。）内	春日部
	春日部自動車検査登録事務所の管轄区域（越谷市に限る。）内	越谷
千葉運輸支局	千葉運輸支局の管轄区域（成田市、富里市、山武市、香取郡（東庄町を除く。）及び山武郡（芝山町及び横芝光町に限る。）を除く。）内	千葉
	千葉運輸支局の管轄区域（成田市、富里市、山武市、香取郡（東庄町を除く。）及び山武郡（芝山町及び横芝光町に限る。）に限る。）内	成田
習志野自動車検査登録事務所	習志野自動車検査登録事務所の管轄区域（市川市に限る。）内	市川
	習志野自動車検査登録事務所の管轄区域（船橋市に限る。）内	船橋
	習志野自動車検査登録事務所の管轄区域（市川市及び船橋市を除く。）内	習志野
袖ヶ浦自動車検査登録事務所	袖ヶ浦自動車検査登録事務所の管轄区域（市原市を除く。）内	袖ヶ浦

	袖ヶ浦自動車検査登録事務所の管轄区域（市原市に限る。）内	市原
野田自動車検査登録事務所	野田自動車検査登録事務所の管轄区域（松戸市に限る。）内	松戸
	野田自動車検査登録事務所の管轄区域（松戸市、柏市及び我孫子市を除く。）内	野田
	野田自動車検査登録事務所の管轄区域（柏市及び我孫子市に限る。）内	柏
東京運輸支局	東京運輸支局の管轄区域（世田谷区を除く。）内	品川
	東京運輸支局の管轄区域（世田谷区に限る。）内	世田谷
練馬自動車検査登録事務所	練馬自動車検査登録事務所の管轄区域（杉並区及び板橋区を除く。）内	練馬
	練馬自動車検査登録事務所の管轄区域（杉並区に限る。）内	杉並
	練馬自動車検査登録事務所の管轄区域（板橋区に限る。）内	板橋
足立自動車検査登録事務所	足立自動車検査登録事務所の管轄区域（江東区及び葛飾区を除く。）内	足立
	足立自動車検査登録事務所の管轄区域（江東区に限る。）内	江東
	足立自動車検査登録事務所の管轄区域（葛飾区に限る。）内	葛飾
八王子自動車検査登録事務所	八王子自動車検査登録事務所の管轄区域内	八王子
多摩自動車検査登録事務所	多摩自動車検査登録事務所の管轄区域内	多摩
神奈川運輸支局	神奈川運輸支局の管轄区域内	横浜
川崎自動車検査登録事務所	川崎自動車検査登録事務所の管轄区域内	川崎
湘南自動車検査登録事務所	湘南自動車検査登録事務所の管轄区域内	湘南
相模自動車検査登録事務所	相模自動車検査登録事務所の管轄区域内	相模
山梨運輸支局	山梨運輸支局の管轄区域（富士吉田市及び南都留郡を除く。）内	山梨
	山梨運輸支局の管轄区域（富士吉田市及び南都留郡に限る。）内	富士山
新潟運輸支局	新潟運輸支局の管轄区域内	新潟
長岡自動車検査登録事務所	長岡自動車検査登録事務所の管轄区域（糸魚川市、妙高市及び上越市を除く。）内	長岡
	長岡自動車検査登録事務所の管轄区域（糸魚川市、妙高市及び上越市に限る。）内	上越
富山運輸支局	富山運輸支局の管轄区域内	富山
石川運輸支局	石川運輸支局の管轄区域（金沢市、かほく市、河北郡に限る。）内	金沢
	石川運輸支局の管轄区域（金沢市、かほく市、河北郡を除く。）内	石川

長野運輸支局	長野運輸支局の管轄区域内	長野
松本自動車検査登録事務所	松本自動車検査登録事務所の管轄区域（岡谷市、諏訪市、茅野市及び諏訪郡を除く。）内	松本
	松本自動車検査登録事務所の管轄区域（岡谷市、諏訪市、茅野市及び諏訪郡に限る。）内	諏訪
福井運輸支局	福井運輸支局の管轄区域内	福井
岐阜運輸支局	岐阜運輸支局の管轄区域内	岐阜
飛騨自動車検査登録事務所	飛騨自動車検査登録事務所の管轄区域内	飛騨
静岡運輸支局	静岡運輸支局の管轄区域内	静岡
浜松自動車検査登録事務所	浜松自動車検査登録事務所の管轄区域内	浜松
沼津自動車検査登録事務所	沼津自動車検査登録事務所の管轄区域（熱海市、三島市、富士宮市、伊東市、富士市、御殿場市、下田市、裾野市、伊豆市、伊豆の国市、賀茂郡、田方郡及び駿東郡（小山町に限る。）を除く。）内	沼津
	沼津自動車検査登録事務所の管轄区域（熱海市、三島市、伊東市、下田市、伊豆市、伊豆の国市、賀茂郡及び田方郡に限る。）内	伊豆
	沼津自動車検査登録事務所の管轄区域（富士宮市、富士市、御殿場市、裾野市及び駿東郡（小山町に限る。）に限る。）内	富士山
愛知運輸支局	愛知運輸支局の管轄区域内	名古屋
豊橋自動車検査登録事務所	豊橋自動車検査登録事務所の管轄区域内	豊橋
西三河自動車検査登録事務所	西三河自動車検査登録事務所の管轄区域（岡崎市及び額田郡に限る。）内	岡崎
	西三河自動車検査登録事務所の管轄区域（岡崎市、豊田市及び額田郡を除く。）内	三河
	西三河自動車検査登録事務所の管轄区域（豊田市に限る。）内	豊田
小牧自動車検査登録事務所	小牧自動車検査登録事務所の管轄区域（一宮市に限る。）内	一宮
	小牧自動車検査登録事務所の管轄区域（一宮市及び春日井市を除く。）内	尾張小牧
	小牧自動車検査登録事務所の管轄区域（春日井市に限る。）内	春日井
三重運輸支局	三重運輸支局の管轄区域（四日市市、伊勢市、鈴鹿市、亀山市、鳥羽市、志摩市、多気郡（明和町に限る。）及び度会郡（大紀町を除く。）を除く。）内	三重
	三重運輸支局の管轄区域（四日市市に限る。）内	四日市
	三重運輸支局の管轄区域（伊勢市、鳥羽市、志摩市、多気郡（明和町に限る。）及び度会郡（大紀町を除く。）に限る。）内	伊勢志摩
	三重運輸支局の管轄区域（鈴鹿市及び亀山市に限る。）内	鈴鹿
滋賀運輸支局	滋賀運輸支局の管轄区域内	滋賀

京都運輸支局	京都運輸支局の管轄区域内	京都
大阪運輸支局	大阪運輸支局の管轄区域内	大阪
なにわ自動車検査登録事務所	なにわ自動車検査登録事務所の管轄区域内	なにわ
和泉自動車検査登録事務所	和泉自動車検査登録事務所の管轄区域（堺市に限る。）内	堺
	和泉自動車検査登録事務所の管轄区域（堺市を除く。）内	和泉
神戸運輸監理部	神戸運輸監理部の管轄区域内	神戸
姫路自動車検査登録事務所	姫路自動車検査登録事務所の管轄区域内	姫路
奈良運輸支局	奈良運輸支局の管轄区域（橿原市、磯城郡（川西町を除く。）及び高市郡を除く。）内	奈良
	奈良運輸支局の管轄区域（橿原市、磯城郡（川西町を除く。）及び高市郡に限る。）内	飛鳥
和歌山運輸支局	和歌山運輸支局の管轄区域内	和歌山
鳥取運輸支局	鳥取運輸支局の管轄区域内	鳥取
島根運輸支局	島根運輸支局の管轄区域（出雲市、仁多郡及び飯石郡を除く。）内	島根
	島根運輸支局の管轄区域（出雲市、仁多郡及び飯石郡に限る。）内	出雲
岡山運輸支局	岡山運輸支局の管轄区域（倉敷市、笠岡市、井原市、浅口市、浅口郡及び小田郡を除く。）内	岡山
	岡山運輸支局の管轄区域（倉敷市、笠岡市、井原市、浅口市、浅口郡及び小田郡に限る。）内	倉敷
広島運輸支局	広島運輸支局の管轄区域内	広島
福山自動車検査登録事務所	福山自動車検査登録事務所の管轄区域内	福山
山口運輸支局	山口運輸支局の管轄区域（下関市に限る。）内	下関
	山口運輸支局の管轄区域（下関市を除く。）内	山口
徳島運輸支局	徳島運輸支局の管轄区域内	徳島
香川運輸支局	香川運輸支局の管轄区域（高松市に限る。）内	高松
	香川運輸支局の管轄区域（高松市を除く。）内	香川
愛媛運輸支局	愛媛運輸支局の管轄区域内	愛媛
高知運輸支局	高知運輸支局の管轄区域内	高知
福岡運輸支局	福岡運輸支局の管轄区域内	福岡
北九州自動車検査登録事務所	北九州自動車検査登録事務所の管轄区域内	北九州
久留米自動車検査登録事務所	久留米自動車検査登録事務所の管轄区域内	久留米
筑豊自動車検査登録事務所	筑豊自動車検査登録事務所の管轄区域内	筑豊
佐賀運輸支局	佐賀運輸支局の管轄区域内	佐賀
長崎運輸支局及び厳原自動車検査登録事務所	長崎運輸支局及び厳原自動車検査登録事務所の管轄区域内	長崎

佐世保自動車検査登録事務所	佐世保自動車検査登録事務所の管轄区域内	佐世保
熊本運輸支局	熊本運輸支局の管轄区域内	熊本
大分運輸支局	大分運輸支局の管轄区域内	大分
宮崎運輸支局	宮崎運輸支局の管轄区域内	宮崎
鹿児島運輸支局	鹿児島運輸支局の管轄区域内	鹿児島
奄美自動車検査登録事務所	奄美自動車検査登録事務所の管轄区域内	奄美
沖縄総合事務局陸運事務所、宮古運輸事務所及び八重山運輸事務所	沖縄総合事務局陸運事務所、宮古運輸事務所及び八重山運輸事務所の管轄区域内	沖縄

別表第二（第十三条関係）

自　　動　　車　　の　　範　　囲	分　　類　　番　　号
1　貨物の運送の用に供する普通自動車	1、10から19まで、100から199まで、10Aから19Ｚまで、1Ａ0から1Ｚ9まで及び1ＡＡから1ＺＺまで
2　人の運送の用に供する乗車定員11人以上の普通自動車	2、20から29まで、200から299まで、20Ａから29Ｚまで、2Ａ0から2Ｚ9まで及び2ＡＡから2ＺＺまで
3　人の運送の用に供する乗車定員10人以下の普通自動車	3、30から39まで、300から399まで、30Ａから39Ｚまで、3Ａ0から3Ｚ9まで及び3ＡＡから3ＺＺまで
4　貨物の運送の用に供する小型自動車	4、6、40から49まで、60から69まで、400から499まで、600から699まで、40Ａから49Ｚまで、60Ａから69Ｚまで、4Ａ0から4Ｚ9まで、6Ａ0から6Ｚ9まで、4ＡＡから4ＺＺまで及び6ＡＡから6ＺＺまで
5　人の運送の用に供する小型自動車	5、7、50から59まで、70から79まで、500から599まで、700から799まで、50Ａから59Ｚまで、70Ａから79Ｚまで、5Ａ0から5Ｚ9まで、7Ａ0から7Ｚ9まで、5ＡＡから5ＺＺまで及び7ＡＡから7ＺＺまで
6　散水自動車、広告宣伝用自動車、霊きゅう自動車その他特種の用途に供する普通自動車及び小型自動車	8、80から89まで、800から899まで、80Ａから89Ｚまで、8Ａ0から8Ｚ9まで及び8ＡＡから8ＺＺまで
7　大型特殊自動車（次号に規定するものを除く）	9、90から99まで、900から999まで、90Ａから99Ｚまで、9Ａ0から9Ｚ9まで及び9ＡＡから9ＺＺまで
8　自動車抵当法第2条ただし書に規定する大型特殊自動車	0、00から09まで、000から099まで、00Ａから09Ｚまで、0Ａ0から0Ｚ9まで及び0ＡＡから0ＺＺまで

別表第三（第十三条関係）

自　動　車　の　区　分	平仮名及びローマ字
1　自動車運送事業の用に供する自動車	あいうえかきくけこを
2　自家用自動車（次号及び第４号に規定するものを除く。）	さすせそたちつてとなにぬねのはひふほまみむめもやゆらりるろ
3　道路運送法施行規則（昭和26年運輸省令第75号）第52条の規定により受けた許可に係る自家用自動車	れわ
4　日本国籍を有しない者が所有する自家用自動車で、法令の規定により関税又は消費税が免除されているもの及び別に国土交通大臣が指定するもの	ＥＨＫＭＴＹよ

○自動車登録ファイルの登録事項及び検査記録事項、軽自動車検査ファイルの検査記録事項並びに二輪自動車検査ファイルの検査記録事項に係る略号に関する告示

（平成十六年十二月二十日国土交通省告示第千六百号）

沿革　平一八国交告四六一、平二三国交告七一七、令五国交告九八二・一一六六改正

第一条　自動車登録ファイルの登録事項及び検査記録事項、軽自動車検査ファイルの検査記録事項並びに二輪自動車検査ファイルの検査記録事項に係る略号は次のとおりとする。

一　住所又は使用の本拠の位置を表示する行政区画又は土地の名称　当該行政区画又は土地の名称の別ごとに付された数字番号

二　その型式について指定を受けた自動車に係る車名及び型式、長さ、幅及び高さ、車体の形状、原動機の型式、燃料の種類、原動機の総排気量又は定格出力、乗車定員又は最大積載量、車両重量並びに空車状態における軸重　自動車型式指定番号（自動車型式指定規則（昭和二十六年運輸省令第八十五号）第五条の規定により告示した指定の番号をいう。）及び類別区分番号

三　その型式について指定を受けた自動車以外の自動車に係る車名　当該車名の別ごとに付された数字番号

四　その型式について指定を受けた自動車以外の自動車に係る車体の形状　当該車体の形状の別ごとに付された数字番号

五　国土交通大臣が指定した者に係る氏名又は名称及び住所　当該氏名又は名称及び住所の別ごとに付された数字番号

六　抵当権によって担保される債権に付された条件であって、国土交通大臣の定めるもの　当該条件の別ごとに付された数字番号

七　抵当権の登録の原因又は抵当権によって担保される債権の範囲であって、国土交通大臣の定めるもの　当該抵当権の登録の原因又は抵当権によって担保される債権の範囲の別ごとに付された数字番号

八　道路運送車両の保安基準（昭和二十六年運輸省令第六十七号）第五十五条の規定により基準の緩和をした自動車に係る基準を緩和された事項　当該事項の別ごとに付された数字番号

九　道路運送車両の保安基準第五十五条の規定により基準の緩和をした自動車に係る保安上の制限　当該保安上の制限の別ごとに付された数字番号

十　タンク自動車（道路運送車両法施行規則（昭和二十六年運輸省令第七十四号）第三十五条の三第二十三号に規定するタンク自動車をいう。）に係る積載物品名　当該積載物品名ごとに付された数字番号

第二条　前条各号の数字番号については、文書にて、国土交通省物流・自動車局、地方運輸局、運輸監理部、運輸支局及び自動車検査登録事務所並びに軽自動車検査協会（道路運送車両法（昭和二十六年法律第百八十五号）第五章の二の規定により設立された軽自動車検査協会をいう。）（前条第六号及び第七号の数字番号を除く。）に備え置いて縦覧に供するとともに、国土交通省のウェブサイトに掲載して公衆の閲覧に供するものとする。

附　則

この告示は、平成十七年一月一日から施行する。

附　則（平一八・三・三一国交告四六一）

この告示は、平成十八年四月一日から施行する。

附　則（平二三・七・一国交告七一七）

この告示は、公布の日から施行する。

附　則（令五・九・二九国交告九八二）

この告示は、令和五年十月一日から施行する。

附　則（令五・一二・八国交告一一六六）

この告示は、公布の日から施行する。

○自動車の登録及び検査に関する申請書等の様式等を定める省令

（昭和四十五年二月二十日　運輸省令第八号）

沿革　昭四七運令六五、昭五三運令六三、昭五六運令九、昭五八運令八、昭五九運令一八・二七、昭六〇運令五・一〇、昭六二運令二九・五二、平元運令二四、平三運令三九、平七運令八・五六、平九運令五二・八一、平一〇運令六七、平一一運令二五・三九、平一三国交令一一一、平一四国交令七九・九六、平一五国交令八〇、平一六国交令三七・八三、平一七国交令一〇四、平一八国交令一〇六、平一九国交令八九、平二〇国交令七三・七六、平二三国交令一〇七、平二四国交令七〇、平二五国交令九三、平二七国交令二〇、平二八国交令八七、平三〇国交令一八・九五、令元国交令二〇、令二国交令八四・九八、令三国交令五三、令四国交令四五改正

（趣旨）

第一条　この省令は、自動車に関する登録及び検査に関するＯＣＲに用いる申請書等の様式等を定めるものとする。

（登録及び検査に関する申請書等の様式）

第二条　自動車（軽自動車及び小型特殊自動車を除く。以下この条及び第四条第一項において同じ。）の登録等に関する次の表の上欄に掲げる申請書、届出書、請求書及び嘱託書の様式は、それぞれ同表の下欄に掲げる様式とする。

申請書等	様式
一　新規登録の申請書（第三号に掲げる場合を除く。）	第一号様式及び第二号様式
二　自動車登録番号標の交付の申請書（第八号の申請と同時に申請する場合に限る。）	
三　新規登録の申請書（次に掲げる場合に限る。） イ　道路運送車両法（昭和二十六年法律第百八十五号。以下「法」という。）第七十五条第一項の規定により型式について指定を受けた自動車であつて、第二号様式の諸元欄に掲げる事項（以下この条において「諸元欄事項」という。）に変更のないものについて申請を行う場合 ロ　一時抹消登録を受けた自動車（法第十六条第六項において準用する法第十五条の二第三項後段の規定による記録を受けたものを除く。）であつて、諸元欄事項に変更のないものについて申請を行う場合 ハ　道路運送車両法施行規則（昭和二十六年運輸省令第七十四号。以下「施行規則」という。）第四十九条の二第二項の規定により通知が電磁的方法により行われた場合における当該自動車について申請を行う場合	第一号様式
四　変更登録又は更正の登録の申請書（第八号に掲げる場合を除く。）	
五　移転登録の申請書	
六　自動車登録番号標の交付の申請書（第四号及び前号の申請と同時に申請する場合に限る。）	
七　一時抹消登録後の所有者の変更に係る記録の申請書	
八　変更登録又は更正の登録の申請書（諸元欄事項に変更がある場合に限る。）（施行規則第四十九条の二第二項の規定により通知が電磁的方法により行われた場合における当該自動車について申請を行う場合を除く。）	第二号様式
九　自動車登録番号標の交付の申請書（第二号及び第六号に掲げる場合を除く。）	第三号様式
十　登録事項等証明書（自動車一両ごとに作成するものに限る。）の交付の請求書	
十一　永久抹消登録、輸出抹消仮登録又は一時抹消登録の申請書（第十六号に掲げる場合を除く。）	第三号様式の二
十二　本邦に再輸入することが見込まれる登録自動車の届出書	
十三　一時抹消登録後の解体等又は輸出に係る届出書（第十六号に掲げる場合を除く。）	
十四　輸出予定届出証明書の交付の申請書	
十五　輸出抹消仮登録証明書又は輸出予定届出証明書の返納の届出書	
十六　永久抹消登録の申請書又は一時抹消登録後の解体等に係る届出書（使用済自動車の解体に係る場合に限る。）	第三号様式の三
十七　登録事項等証明書（三十両以下の自動車について一括して作成する証明書で現在記録ファイルに記録されている事項のみに係るものに限る。）の交付の請求書	第四号様式
十八　抵当権の登録の申請書	第五号様式
十九　登録の嘱託書	第六号様式

2　自動車の検査及び二輪自動車検査ファイルの正確な記録を確保するための措置に関する次の表の上欄に掲げる申請書及び請求書の様式は、それぞれ同表の下欄に掲げる様式とする。

申請書等	様式
一　新規検査、予備検査又は自動車予備検査証に基づく自動車検査証の交付の	第一号様式及び第二号様式

申請書（次号に掲げる場合を除く。）	
二　新規検査、予備検査又は自動車予備検査証に基づく自動車検査証の交付の申請書（次に掲げる場合に限る。） イ　法第七十五条第一項の規定により型式について指定を受けた自動車であつて、諸元欄事項に変更のないものについて申請を行う場合 ロ　一時抹消登録を受けた自動車（法第十六条第六項において準用する法第十五条の二第三項後段の規定による記録を受けたものを除く。）又は法第六十九条第四項の規定による自動車検査証返納証明書の交付を受けた自動車であつて、諸元欄事項に変更のないものについて申請を行う場合 ハ　施行規則第四十九条の二第二項の規定により通知が電磁的方法により行われた場合における当該自動車について申請を行う場合	第一号様式
三　自動車検査証又は自動車予備検査証の変更記録の申請書（第五号及び第七号に掲げる場合を除く。）	
四　自動車検査証の返納後の二輪の小型自動車の所有者の変更に係る記録の申請書	
五　自動車検査証又は自動車予備検査証の変更記録の申請書（諸元欄事項に変更がある場合に限る。）（施行規則第四十九条の二第二項の規定により通知が電磁的方法により行われた場合における当該自動車について申請を行う場合を除く。）	第二号様式
六　継続検査又は臨時検査の申請書	第三号様式
七　自動車検査証の変更記録の申請書（施行規則第三十五条の三第一項第一号に掲げる事項のみに変更がある場合に限る。）	
八　自動車検査証、自動車予備検査証、限定自動車検査証又は検査標章の再交付の申請書	
九　検査記録事項等証明書（自動車一両ごとに作成するものに限る。）の交付の請求書	
十　自動車検査証返納証明書の交付の申請書	第三号様式の二
十一　検査記録事項等証明書（三十両以下の自動車について一括して作成する証明書で現在記録ファイルに記録されている事項のみに係るものに限る。）の交付の請求書	第四号様式
十二　新規検査の申請書（次に掲げる事項のみを記録する場合に限る。）又は自動車検査証の変更記録の申請書（次に掲げる事項のみに変更がある場合に限る。）（それぞれ施行規則第四十九条の二第二項の規定により通知が電磁的方法により行われた場合における当該自動車について申請を行う場合を除く。） イ　掘削、除雪その他の作業の用に供する附属装置を取り付けた自動車にあつては、長さ、幅及び高さ、乗車定員又は最大積載量、車両重量並びに当該附属装置の名称 ロ　タンク自動車（爆発性液体、高圧ガスその他の物品を運送するため、車台にタンク又はガス容器を固定した自動車をいう。）にあつては、最大積載容積、積載物品名及び当該物品の比重又は定数 ハ　施行規則第三十五条の四第一項第七号に掲げる事項	第七号様式
十三　新規検査の申請書（施行規則第三十五条の四第一項第五号及び第二項に掲げる事項のみを記録する場合に限る。）又は自動車検査証の変更記録の申請書（同号に掲げる事項のみに変更がある場合に限る。）（それぞれ施行規則第四十九条の二第二項の規定により通知が電磁的方法により行われた場合における当該自動車について申請を行う場合を除く。）	第八号様式

3　自動車の登録及び検査に関する次の表の上欄に掲げる申請書の様式は、前二項の規定にかかわらず、それぞれ同表の下欄に掲げる様式によることができる。

一　変更登録の申請と自動車検査証の変更記録の申請を同時に行う場合の申請書（当該申請に係る自動車の所有者と使用者が同一の場合であつて、所有者の住所又は使用の本拠の位置のみの変更に係るものに限る。）	専用第一号様式
二　移転登録の申請と自動車検査証の変更記録の申請（使用者の氏名若しくは名称又は施行規則第三十五条の四第一項第二号から第四号までに掲げる事項のみに変更がある場合に限る。）を同時に行う場合の申請書	専用第二号様式

4　第三項に定めるもののほか、自動車の検査に関する次の表の上欄に掲げる申請書の様式は、第二項の規定にかかわらず、それぞれ同表の下欄に掲げる様式によることができる。

一　自動車検査証の変更記録の申請書（当該申請に係る自動車の所有者と使用者が同一の場合であつて、所有者の住所又は使用の本拠の位置のみの変更に係るものに限る。）	専用第一号様式

二　自動車検査証の変更記録の申請書（使用者の氏名若しくは名称又は施行規則第三十五条の四第一項第二号から第四号までに掲げる事項のみに変更がある場合に限る。）	専用第二号様式
三　継続検査の申請書	専用第三号様式

5　第一号様式及び専用第二号様式の申請書に記載すべき事項で氏名若しくは名称又は住所に係るものが当該申請書だけでは記載することができないときは、その記載することができない部分は、第九号様式の追加用紙に記載するものとする。

6　前各項に規定する申請書、届出書及び嘱託書に記載すべき事項で当該申請書、届出書又は嘱託書だけでは記載することができないとき（施行規則第四十九条の二第二項の規定により通知が電磁的方法により行われた場合における当該自動車について申請を行うときを除く。）は、その記載することができない部分は、第十号様式の追加用紙に記載するものとする。

（検査対象軽自動車の検査等に関する申請書等の様式）

第三条　検査対象軽自動車の検査及び軽自動車検査ファイルの正確な記録を確保するための措置（第四条第二項において「検査対象軽自動車の検査等」という。）に関する次の表の上欄に掲げる申請書、届出書及び請求書の様式は、それぞれ同表の下欄に掲げる様式とする。

一　新規検査、予備検査又は自動車予備検査証に基づく自動車検査証の交付の申請書（次号に掲げる場合を除く。）	軽第一号様式及び軽第二号様式
二　新規検査、予備検査又は自動車予備検査証に基づく自動車検査証の交付の申請書（次に掲げる場合に限る。） イ　法第七十五条第一項の規定により型式について指定を受けた自動車であつて、軽第二号様式の諸元欄に掲げる事項（以下この条において「軽諸元欄事項」という。）に変更のないものについて申請を行う場合 ロ　法第六十九条第四項の規定による自動車検査証返納証明書の交付を受けた自動車（法第六十九条の二第五項において準用する法第十五条の二第三項後段の規定による記録を受けたものを除く。）であつて、軽諸元欄事項に変更のないものについて申請を行う場合 ハ　軽自動車検査協会により軽諸元欄事項の記録が電磁的記録で作成された自動車について申請を行う場合	軽第一号様式
三　自動車検査証又は自動車予備検査証の変更記録の申請書（使用者の氏名若しくは名称又は施行規則第三十五条の四第一項第二号から第四号までに掲げる事項のみに変更がある場合に限る。）	
四　自動車検査証の返納後の所有者の変更に係る記録の申請書	
五　自動車検査証又は自動車予備検査証の変更記録の申請書（軽諸元欄事項に変更がある場合に限る。）（第三号の申請と同時に申請する場合であつて、軽自動車検査協会により軽諸元欄事項の記録が電磁的記録で作成された自動車について申請を行う場合を除く。）	軽第二号様式
六　継続検査又は臨時検査の申請書	軽第三号様式
七　自動車検査証の変更記録の申請書（施行規則第三十五条の三第一項第一号に掲げる事項のみに変更がある場合に限る。）	
八　限定自動車検査証、自動車検査証、自動車予備検査証又は検査標章の再交付の申請書	
九　検査記録事項等証明書（自動車一両ごとに作成するものに限る。）の交付の請求書	
十　自動車検査証返納証明書の交付の申請書	軽第四号様式
十一　解体等又は輸出に係る届出書（第十五号に掲げる場合を除く。）	軽第四号様式の二
十二　本邦に再輸入することが見込まれる自動車の届出書	
十三　輸出予定届出証明書の交付の申請書	
十四　輸出予定届出証明書の返納の届出書	
十五　解体等に係る届出書（使用済自動車の解体に係る場合に限る。）	軽第四号様式の三

2　検査対象軽自動車の検査に関する次の表の上欄に掲げる申請書及び届出書の様式は、前項の規定にかかわらず、それぞれ同表の下欄に掲げる様式によることができる。

一　自動車検査証の変更記録の申請書（使用者の氏名若しくは名称又は施行規則第三十五条の四第一項第二号から第四号までに掲げる事項のみに変更がある場合に限る。）	軽専用第一号様式
二　継続検査の申請書	軽専用第二号様式

3　検査対象軽自動車の検査に関する申請書であつて、次の各号に掲げる事項について、自動車検査証に記録し、又は自動車検査証記録事項を変更する場合（軽自動車検査協会により当該事項の記録が電磁的記録で作成された自動車について申請を行う場合を除く。）の様式は、軽第五号様式とする。

一　被牽（けん）引自動車にあつては、牽（けん）引自動車の車名及び型式

二　牽引自動車にあつては、被牽引自動車の車名及び型式

三　タンク自動車（爆発性液体、高圧ガスその他の物品を運送するため、車台にタンク又はガス容器を固定した自動車をいう。）にあつては、最大積載容積、積載物品名及び当該積載物品の比重又は定数

四　施行規則第三十五条の四第一項第七号に掲げる事項

4　前三項に規定する申請書及び届出書に記載すべき事項で当該申請書又は届出書だけでは記載することができないとき（軽自動車検査協会により当該事項の記録が電磁的記録で作成された自動車について申請を行うときを除く。）は、その記載することができない部分は、軽第六号様式の追加用紙に記載するものとする。

（登録事項等通知書等の様式）

第四条　自動車の登録等及び検査に関する次の表の上欄に掲げる書面の様式は、それぞれ同表の下欄に掲げる様式とする。

書面	様式
一　登録事項等通知書（法第十条（法第十二条第四項、第十三条第四項、第十四条第二項及び第三十八条第二項並びに自動車登録令（昭和二十六年政令第二百五十六号）第四十三条第二項において準用する場合を含む。）の規定により登録事項を通知する書面をいう。）	第十一号様式
二　輸出抹消仮登録証明書	第十二号様式
三　輸出予定届出証明書	第十三号様式
四　登録識別情報等通知書	第十四号様式
五　登録事項等証明書 イ　自動車一両ごとに作成する証明書で現在記録ファイルに記録されている事項のみに係るもの	第十五号様式
ロ　自動車一両ごとに作成する証明書で現在記録ファイル及び保存記録ファイルに記録されている事項に係るもの	第十六号様式
ハ　三十両以下の自動車について一括して作成する証明書で現在記録ファイルに記録されている事項のみに係るもの	第十七号様式
六　自動車検査証	第十八号様式
七　検査標章	第十九号様式
八　自動車検査証返納証明書	第二十号様式
九　自動車予備検査証	第二十一号様式
十　限定自動車検査証	第二十二号様式
十一　検査記録事項等証明書 イ　自動車一両ごとに作成する証明書で現在記録ファイルに記録されている事項のみに係るもの	第二十三号様式
ロ　自動車一両ごとに作成する証明書で現在記録ファイル及び保存記録ファイルに記録されている事項に係るもの	第二十四号様式
ハ　三十両以下の自動車について一括して作成する証明書で現在記録ファイルに記録されている事項のみに係るもの	第二十五号様式

2　検査対象軽自動車の検査等に関する次の表の上欄に掲げる書面の様式は、それぞれ同表の下欄に掲げる様式とする。

書面	様式
一　輸出予定届出証明書	軽第七号様式
二　自動車検査証	軽第八号様式
三　検査標章	軽第九号様式
四　自動車検査証返納証明書	軽第十号様式
五　自動車予備検査証	軽第十一号様式
六　限定自動車検査証	軽第十二号様式
七　検査記録事項等証明書 イ　自動車一両ごとに作成する証明書で現在記録ファイルに記録されている事項のみに係るもの	軽第十三号様式
ロ　自動車一両ごとに作成する証明書で現在記録ファイル及び保存記録ファイルに記録されている事項に係るもの	軽第十四号様式

（ＯＣＲに用いる申請書等の記載方法等）

第五条　ＯＣＲに用いる申請書、届出書、請求書及び嘱託書（以下「申請書等」という。）の記載方法並びに登録事項等通知書、輸出抹消仮登録証明書、輸出予定届出証明書、登録識別情報等通知書、登録事項等証明書、自動車検査証、自動車検査証返納証明書、自動車予備検査証、限定自動車検査証及び検査記録事項等証明書の表示方法は、告示で定める。

（申請書等の紙質等）

第六条　申請書等は、その紙質、印刷等について国土交通大臣（法第七十四条の四の規定の適用があるときは、軽自動車検査協会）の定める基準に適合するものでなければならない。

2　申請書等は、折損し、又は汚損したものであつてはならない。

（光ディスクによる手続）

第七条　新規登録、変更登録、移転登録、永久抹消登録、輸出抹消仮登録、一時抹消登録若しくは新規検査（検査対象軽自動車に係るものを除く。）に係る申請又は変更登録若しくは移転登録と同時にする自動車検査証の変更記録の申請であつて第一号様式又は第三号様式の二によるものについては、当該様式の記載事項を告示で定める方式により記録した光ディスク及び当該光ディスクに記録された内容を告示で定めるところにより記載した書面をもつて当該申請に係る申請書に代えることができる。

2　検査対象軽自動車に係る新規検査又は自動車検査証返納証明書の交付の申請若しくは自動車検査証の変更記録の申請で

あって、軽第一号様式又は軽第四号様式によるものについては、当該様式の記載事項を告示で定める方式により記録した光ディスク及び当該光ディスクに記録された内容を告示で定めるところにより記載した書面をもつて当該申請に係る申請書に代えることができる。

3 前二項の光ディスクの構造は、産業標準化法（昭和二十四年法律第百八十五号）に基づく日本産業規格（以下「日本産業規格」という。）X六二八三に適合する情報交換用百二十ミリメートルリライタブル光ディスクでなければならない。

4 第一項及び第二項の光ディスクには、日本産業規格X六二八三に規定するラベルに、告示で定める事項を記載しなければならない。

（公印の省略）

第八条 法第六条第一項の電子情報処理組織によって印字する登録事項等通知書、輸出抹消仮登録証明書、輸出予定届出証明書、登録識別情報等通知書、登録事項等証明書、自動車検査証、自動車検査証返納証明書、自動車予備検査証、限定自動車検査証及び検査記録事項等証明書については、運輸監理部長又は運輸支局長（法第七十四条の四の規定の適用があるときは、軽自動車検査協会）の公印は、押印しないものとする。

附　則

この省令は、昭和四十五年三月一日から施行する。

附　則（昭五三・一二・一八運令六三抄）

（施行期日）

1 この省令は、昭和五十四年一月一日から施行する。

（経過措置）

2 この省令の施行の際現に道路運送車両法（昭和二十六年法律第百八十五号。以下「法」という。）の規定により登録を受けている自動車又は法の規定により車両番号の指定を受けている検査対象軽自動車若しくは二輪の小型自動車に係る自動車検査証の記載事項については、当該自動車についてこの省令の施行後はじめて法第十五条第一項若しくは第三項若しくは第十六条第一項の規定によりまつ消登録を受けるまで若しくは道路運送車両法施行規則第四十条の二第一項の規定により自動車検査証を返納するまで又は法第六十七条第三項の規定により構造等変更検査を受けるまでの間は、第一条の規定にかかわらず、なお従前の例によることができる。

3 この省令の施行前に法の規定により交付された従前の様式による登録事項等通知書、まつ消登録証明書、登録事項等証明書、自動車検査証、自動車予備検査証又は完成検査終了証は、それぞれこの省令による改正後の様式によるものとみなす。

附　則（昭五六・三・二五運令九）

1 この省令は、昭和五十六年四月一日から施行する。

2 改正前の第一号様式から第四号様式までの様式による申請書は、改正後の第一号様式から第四号様式までの様式にかかわらず、当分の間、なおこれを使用することができる。

3 この省令の施行前に交付した改正前の第十六号様式による登録事項等証明書は、改正後の第十六号様式によるものとみなす。

附　則（昭五九・六・二三運令一八抄）

（施行期日）

第一条 この省令は、昭和五十九年七月一日から施行する。

第六条 この省令による改正前の［中略］自動車の登録及び検査に関する申請書等の様式等を定める省令第十三号様式による備考欄補助シート・自動車検査証記入申請書は、この省令による改正後の［中略］様式にかかわらず、当分の間、なおこれを使用することができる。

附　則（昭五九・八・二九運令二七抄）

（施行期日）

1 この省令は、昭和五十九年十月一日から施行する。

（経過措置）

2 改正前の第一号様式から第四号様式までの様式による申請書は、改正後の第一号様式から第四号様式までの様式にかかわらず、当分の間なおこれを使用することができる。

附　則（昭六〇・二・五運令五抄）

（施行期日）

1 この省令は、道路運送法等の一部を改正する法律の施行の日（昭和六十年四月一日）から施行する。

（経過措置）

4 この省令による改正前の［中略］自動車の登録及び検査に関する申請書等の様式等を定める省令第一号様式又は第二号様式による新規登録申請書・新規検査申請書・自動車検査証交付申請書、第三号様式による変更登録申請書、移転登録申請書又は更正登録申請書・自動車検査証記入申請書・自動車登録番号標交付申請書、第四号様式による変更登録申請書、移転登録申請書又は更正登録申請書・自動車検査証記入申請書、第五号様式によるまつ消登録申請書、第六号様式による登録事項等証明書交付請求書、自動車検査証再交付申請書、第七号様式による登録事項等証明書交付請求書、第八号様式による自動車登録番号標交付申請書、第九号様式による抵当権登録申請書（その一）・登録嘱託書、第十号様式による継続検査申請書・臨時検査申請書又は分解整備検査申請書及び第十三号様式による備考欄補助シート・自動車検査証記入申請書は、この省令による改正後のそれぞれの様式にかかわらず、当分の間、なおこれを使用することができる。

附　則（昭六〇・三・二三運令一〇）

（施行期日）

1 この省令は、昭和六十年四月一日から施行する。

（経過措置）

2 自動車登録番号標交付代行者規則等の一部を改正する省令（昭和六十年運輸省令第五号）による改正前の自動車の登録及び検査に関する申請書等の様式等を定める省令第一号様式から第四号様式までの様式並びにこの省令による改正前の自動車の登録及び検査に関する申請書等の様式等を定める省令第一号様式から第四号様式までの様式及び第十二号様式による申請書は、この省令による改正後のそれぞれの様式にかかわらず、当分の間なおこれを使用することができる。

附　則（昭六二・三・二七運令二九抄）

（施行期日）

第一条 この省令は、昭和六十二年四月一日から施行する。

（自動車の登録及び検査に関する申請書等の様式等を定める省令の一部改正に伴う経過措置）

第十条 第二十五条の規定による改正前の自動車の登録及び検査に関する申請書等の様式等を定める省令第一号様式から第四号様式までの様式及び第十二号様式による申請書は、同条の規定による改正後のそれぞれの様式にかかわらず、当分の間、なおこれを使用することができる。

附　則（昭六二・八・一一運令五二抄）

（施行期日）

1　この省令は、昭和六十三年一月一日から施行する。

（経過措置）

5　この省令の施行前に法の規定により交付された従前の様式による登録事項等通知書、抹消登録証明書、登録事項等証明書、自動車検査証又は自動車予備検査証は、この省令による改正後のそれぞれの様式によるものとみなす。

6　この省令の施行前に法第七十一条第二項の規定により交付された自動車予備検査証（検査対象軽自動車に係るものを除く。）の記入又は再交付の申請書については、第三条の規定による改正後の自動車の登録及び検査に関する申請書等の様式等を定める省令第一号様式から第三号様式までにかかわらず、なお従前の例による。

7　前項の申請書による申請の手数料の納付については、第一条の規定による改正後の道路運送車両法施行規則第六十八条の規定にかかわらず、なお従前の例による。

附　則（平三・一一・三〇運令三九）

沿革　平七運令五六改正

（施行期日）

1　この省令は、平成四年二月一日から施行する。

（経過措置）

2　この省令による改正前の道路運送車両法施行規則第十五号様式による届出書は、この省令による改正後の様式にかかわらず、当分の間、なおこれを使用することができる。

附　則（平七・二・二八運令八抄）

沿革　平七運令五六改正

（施行期日等）

1　この省令は、道路運送車両法の一部を改正する法律（平成六年法律第八十六号）の施行の日（以下「施行日」という。）から施行する。〔後略〕

附　則（平七・一〇・二運令五六抄）

（施行期日）

1　この省令は、平成八年一月一日から施行する。

（経過措置）

2　この省令の施行前に交付した改正前の第十号様式から第十三号様式まで及び第十五号様式から第十八号様式までによる登録事項等通知書、抹消登録証明書、登録事項等証明書（三十両以下の自動車について一括して作成するものを除く。）、自動車検査証、自動車検査証返納証明書、自動車予備検査証及び限定自動車検査証は、それぞれ改正後の第十号様式から第十三号様式まで及び第十五号様式から第十八号様式までによるものとみなす。

附　則（平九・八・四運令五二）

1　この省令は、公布の日から施行する。ただし、第三条（専用第四号様式の改正規定を除く。）及び次項の規定は、平成十年五月一日から施行する。

2　第三条の規定による改正前の自動車の登録及び検査に関する申請書等の様式等を定める省令第一号様式から第三号様式までの様式、専用第一号様式から専用第三号様式までの様式、専用第五号様式及び第八号様式による申請書は、同条の規定による改正後のそれぞれの様式にかかわらず、当分の間なおこれを使用することができる。

附　則（平九・一二・一五運令八一抄）

（施行期日）

1　この省令は、平成十年一月一日から施行する。

（経過措置）

2　〔前略〕第十条の規定による改正前の自動車の登録及び検査に関する申請書等の様式等を定める省令（以下「旧様式省令」という。）専用第五号様式及び第八号様式による継続検査申請書及び自動車検査証記入申請書・備考欄補助シート〔中略〕は、それぞれ〔中略〕第十条の規定による改正後の自動車の登録及び検査に関する申請書等の様式等を定める省令（以下「新様式省令」という。）専用第五号様式及び第八号様式〔中略〕にかかわらず、当分の間、なおこれを使用することができる。この場合には、氏名を記載し、押印することに代えて、署名することができる。

4　旧様式省令第一号様式又は第二号様式、第三号様式、専用第一号様式、専用第三号様式及び専用第四号様式による新規登録申請書・変更登録申請書・移転登録申請書・更正登録申請書・新規検査申請書・予備検査申請書・自動車検査証記入申請書・自動車予備検査証記入申請書・自動車検査証交付申請書・自動車登録番号標交付申請書・抹消登録申請書・自動車検査証返納証明書交付申請書・継続検査申請書・臨時検査申請書・分解整備検査申請書・自動車検査証記入申請書・自動車検査証再交付申請書・自動車予備検査証再交付申請書・限定自動車検査証再交付申請書・自動車登録番号標交付申請書、新規登録申請書・新規検査申請書、移転登録申請書・自動車検査証記入申請書及び抹消登録申請書・自動車検査証返納証明書交付申請書は、それぞれ新様式省令第一号様式又は第二号様式、第三号様式、専用第一号様式、専用第三号様式及び専用第四号様式にかかわらず、当分の間、なおこれを使用することができる。この場合には、所有者（予備検査申請若しくは自動車予備検査証記入申請又は自動車予備検査証再交付申請を行う場合に限る。）及び使用者は、氏名を記載し、押印することに代えて、署名することができ、申請代理人又は請求者は、押印することを要しない。

5　旧様式省令第三号様式又は第四号様式による登録事項等証明書交付請求書〔中略〕は、それぞれ新様式省令第三号様式又は第四号様式〔中略〕にかかわらず、当分の間、なおこれを使用することができる。この場合には、押印することを要しない。

6　旧様式省令第五号様式及び専用第二号様式による抵当権登録申請書及び変更登録申請書〔中略〕は、それぞれ新様式省令第五号様式及び専用第二号様式〔中略〕にかかわらず、当分の間、なおこれを使用することができる。この場合には、申請代理人又は申請者は、押印することを要しない。

附　則（平一〇・一〇・九運令六七抄）

（施行期日）

1　この省令は、道路運送車両法の一部を改正する法律（平成十年法律第七十四号）の施行の日（平成十年十一月二十四日）から施行する。

（自動車の登録及び検査に関する申請書等の様式等を定める省令の一部改正に伴う経過措置）

7　第六条の規定による改正前の自動車の登録及び検査に関する申請書等の様式等を定める省令第三号様式による申請書

は、同条の規定による改正後の様式にかかわらず、当分の間、なおこれを使用することができる。

附　則（平一二・七・三運令二五）

1　この省令は、平成十二年十月一日から施行する。

2　第二条の規定による改正前の自動車の登録及び検査に関する申請書等の様式等を定める省令第一号様式から第三号様式までの様式、専用第一号様式から専用第五号様式までの様式及び第八号様式による申請書は、同条の規定による改正後のそれぞれの様式にかかわらず、当分の間、なおこれを使用することができる。

附　則（平一三・一・二九運令三九）

（施行期日）

第一条　この省令は、平成十三年一月六日から施行する。

（経過措置）

第二条　この省令による改正前の「中略」自動車の登録及び検査に関する申請書等の様式等を定める省令第十号様式による登録事項等通知書、第十一号様式による抹消登録証明書、第十二号様式から第十四号様式までによる登録事項等証明書、第十五号様式による自動車検査証、第十六号様式による自動車検査証返納証明書、第十七号様式による自動車予備検査証並びに第十八号様式による限定自動車検査証「中略」は、この省令による改正後のそれぞれの書式又は様式にかかわらず、当分の間、なおこれを使用することができる。

附　則（平一四・六・二八国交令七九）

（施行期日）

第一条　この省令は、平成十四年七月一日から施行する。

（経過措置）

第二条　この省令の施行の際現にあるこの省令による改正前の様式又は書式による申請書、証明書その他の文書は、この省令による改正後のそれぞれの様式又は書式にかかわらず、当分の間、なおこれを使用することができる。

附　則（平一四・八・二二国交令九六）

（施行期日）

第一条　この省令は、平成十四年九月一日から施行する。

（経過措置）

第二条　この省令による改正前の自動車の登録及び検査に関する申請書等の様式等を定める省令第一号様式から第三号様式、専用第一号様式及び専用第五号様式（以下「旧様式」という。）による申請書は、この省令による改正後のそれぞれの様式（以下「新様式」という。）にかかわらず、当分の間なおこれを使用することができる。この場合において、新様式中受検者の欄に記載すべき事項は、旧様式の空欄に記載するものとする。

附　則（平一五・七・三国交令八〇）

（施行期日）

第一条　この省令は、平成十六年一月一日から施行する。

（経過措置）

第二条　この省令の施行前に交付したこの省令による改正前の道路運送車両法施行規則第十二号様式の三による検査標章又はこの省令による改正前の自動車の登録及び検査に関する申請書等の様式等を定める省令第十号様式から第十八号様式までによる登録事項等通知書、抹消登録証明書、登録事項等証明書、自動車検査証、自動車検査証返納証明書、自動車予備検査証若しくは限定自動車検査証は、それぞれこの省令による改正後の自動車の登録及び検査に関する申請書等の様式等を定める省令第十一号様式から第二十号様式までによるものとみなす。

2　この省令による改正前の道路運送車両法施行規則第十二号様式の三による検査標章は、この省令による改正後の自動車の登録及び検査に関する申請書等の様式等を定める省令第二十号様式にかかわらず、当分の間、なおこれを使用することができる。

附　則（平一六・三・三一国交令三七抄）

（施行期日）

第一条　この省令は、平成十六年七月一日から施行する。

（経過措置）

第二条　第二条の規定による改正前の自動車の登録及び検査に関する申請書等の様式等を定める省令第八号様式による申請書については、第二条の規定による改正後の自動車の登録及び検査に関する申請書等の様式等を定める省令第八号様式にかかわらず、当分の間、なおこれを使用することができる。

附　則（平一六・八・一七国交令八三抄）

（施行期日）

第一条　この省令は、道路運送車両法の一部を改正する法律〔平成一四年七月法律第八九号〕附則第一条本文の規定の施行の日（平成十七年一月一日）から施行する。

（経過措置）

第二条　この省令の施行前に交付したこの省令による改正前の道路運送車両法施行規則第十三号様式による自動車予備検査証及び第十三号様式の二による限定自動車検査証並びにこの省令による改正前の自動車の登録及び検査に関する申請書等の様式等を定める省令第十二号様式による抹消登録証明書及び第十七号様式による自動車検査証返納証明書は、それぞれこの省令による改正後の自動車の登録及び検査に関する申請書等の様式等を定める省令軽第十一号様式、軽第十二号様式、第十三号様式及び第二十号様式によるものとみなす。

2　この省令による改正前の道路運送車両法施行規則第十号様式による申請書並びにこの省令による改正前の自動車の登録及び検査に関する申請書等の様式等を定める省令第一号様式による申請書、第四号様式による請求書及び専用第四号様式による申請書は、この省令による改正後のそれぞれの様式にかかわらず、当分の間、なおこれを使用することができる。

附　則（平一七・一一・二国交令一〇四抄）

（施行期日）

第一条　この省令は、平成十七年十二月二十六日から施行する。

（経過措置）

第二条　自動車関係手続における電子情報処理組織の活用のための道路運送車両法等の一部を改正する法律（以下「改正法」という。）附則第二条第一項の国土交通省令で定める自動車は、次に掲げる自動車とする。

一　登録を受けたことがある自動車

二　軽自動車

三　小型特殊自動車

四　二輪の小型自動車

第三条　改正法附則第四条の国土交通省令で定める自動車は、次に掲げる自動車とする。

一　軽自動車

二　小型特殊自動車
三　二輪の小型自動車

第四条　改正法附則第四条の国土交通省令で定める期間は、完成検査終了証の発行の日から九月間とする。

第六条　第六条の規定による改正前の自動車の登録及び検査に関する申請書等の様式等を定める省令第一号様式による申請書は、次に掲げる場合を除き、同条の規定による改正後の様式にかかわらず、当分の間、なおこれを使用することができる。

一　道路運送車両法第三十三条第四項の規定により譲渡証明書に記載すべき事項が登録情報処理機関に提供された場合
二　道路運送車両法第七十五条第五項の規定により完成検査終了証に記載すべき事項が登録情報処理機関に提供された場合
三　使用済自動車の再資源化等に関する法律第七十四条第一項ただし書の規定により資金管理法人に委託して預託証明書に相当する通知を登録情報処理機関に対して行った場合
四　新道路運送車両法施行規則第六十三条第二項の規定により排出ガス検査終了証に記載すべき事項が登録情報処理機関に提供された場合

附　則（平一八・一一・九国交令一〇六）

（施行期日）
1　この省令は、平成十九年一月四日から施行する。〔後略〕

（経過措置）
2　第三条の規定による改正前の自動車の登録及び検査に関する申請書等の様式等を定める省令軽第一号様式及び軽専用第一号様式による申請書は、次に掲げる場合を除き、平成十九年十二月三十一日までの間、これを使用することができる。

一　道路運送車両法第七十五条第五項の規定により完成検査終了証に記載すべき事項が登録情報処理機関に提供された場合
二　使用済自動車の再資源化等に関する法律第七十四条第一項ただし書の規定により資金管理法人に委託して預託証明書に相当する通知を登録情報処理機関に対して行った場合
三　道路運送車両法施行規則第六十三条第二項の規定により排出ガス検査終了証に記載すべき事項が登録情報処理機関に提供された場合

附　則（平一九・一一・一六国交令八九抄）

（施行期日）
1　この省令は、道路運送法等の一部を改正する法律（平成一八年五月法律第四〇号）附則第一条第三号に掲げる規定の施行の日（平成十九年十一月十八日）から施行する。

（経過措置）
3　この省令の施行の際現にある第三条の規定による改正前の自動車の登録及び検査に関する申請書等の様式等を定める省令第三号様式による申請書又は請求書は、第三条の規定による改正後の自動車の登録及び検査に関する申請書等の様式を定める省令第三号様式にかかわらず、当分の間、なおこれを使用することができる。

附　則（平二〇・八・八国交令七三）

（施行期日）
1　この省令は、平成二十年十月一日から施行する。

（経過措置）
2　この省令の施行の際現にある第一条の規定による改正前の船員法施行規則第十六号書式による船員手帳、第十八号書式による証明書、第二十二号の二書式による証印、第二十二号の四書式による証印及び第二十三号書式による証明書、第二条の規定による改正前の水先法施行規則第二号様式による水先免状、第三条の規定による改正前の海上運送法施行規則第四号様式による証票、第四条の規定による改正前の船舶職員及び小型船舶操縦者法施行規則第四号様式による海技免状、第十六号様式による承認証及び第二十号様式による操縦免許証、第五条の規定による改正前の航空法施行規則第三号様式による航空機登録証明書、第八号様式による耐空証明書、第二十号様式による技能証明書、第二十四号様式による航空身体検査証明書、第二十七号様式による航空機操縦練習許可書、第二十九号様式による運航管理者技能検定合格証明書及び第三十号様式による証票、第六条の規定による改正前の連合国財産の返還の請求の手続等に関する命令様式第一号による現状調査請求書及び様式第二号による返還請求書、第七条の規定による改正前の船舶に乗り組む医師及び衛生管理者に関する省令第二号様式による衛生管理者適任証書、第八条の規定による改正前の道路交通に関する条約の実施に伴う道路運送車両法の特例等に関する法律施行規則第三号様式による登録証書、第九条の規定による改正前の自動車の登録及び検査に関する申請書等の様式等を定める省令第十二号様式による輸出抹消仮登録証明書及び第十四号様式による輸出予定届出証明書、第十条の規定による改正前の船舶料理士に関する省令第二号様式による船舶料理士資格証明書並びに第十一条の規定による改正前の船舶油濁損害賠償保障法施行規則第三号様式による保証契約証明書及び第十号様式による証票は、それぞれ第一条の規定による改正後の船員法施行規則第十六号書式による船員手帳、第十八号書式による証明書、第二十二号の二書式による証印、第二十二号の四書式による証印及び第二十三号書式による証明書、第二条の規定による改正後の水先法施行規則第二号様式による水先免状、第三条の規定による改正後の海上運送法施行規則第四号様式による証票、第四条の規定による改正後の船舶職員及び小型船舶操縦者法施行規則第四号様式による海技免状、第十六号様式による承認証及び第二十号様式による操縦免許証、第五条の規定による改正後の航空法施行規則第三号様式による航空機登録証明書、第八号様式による耐空証明書、第二十号様式による技能証明書、第二十四号様式による航空身体検査証明書、第二十七号様式による航空機操縦練習許可書、第二十九号様式による運航管理者技能検定合格証明書及び第三十号様式による証票、第六条の規定による改正後の連合国財産の返還の請求の手続等に関する命令様式第一号による現状調査請求書及び様式第二号による返還請求書、第七条の規定による改正後の船舶に乗り組む医師及び衛生管理者に関する省令第二号様式による衛生管理者適任証書、第八条の規定による改正後の道路交通に関する条約の実施に伴う道路運送車両法の特例等に関する法律施行規則第三号様式による登録証書、第九条の規定による改正後の自動車の登録及び検査に関する申請書等の様式等を定める省令第十二号様式による輸出抹消仮登録証明書及び第十四号様式による輸出予定届出証明書、第十条の規定による改正後の船舶料理士に関する省令第二号様式による船舶料理士資格証明書並びに第十一条の規定による改正後の船舶油濁損害賠償保障法施行規則第三号様式による保証契約証明書及び第十号様式による証票とみなす。

附　則（平二〇・九・一国交令七六抄）

（施行期日）

第一条　この省令は、道路運送法等の一部を改正する法律〔平成一八年五月法律第四〇号〕（以下「改正法」という。）附則第一条第四号に掲げる規定の施行の日（平成二十年十一月四日）から施行する。ただし、第五条中自動車の登録及び検査に関する申請書等の様式等を定める省令第三条第二項の表、第七条第二項、軽第一号様式から軽第四号様式まで、軽第四号様式の二、軽第四号様式の三、軽第五号様式、軽第六号様式、軽専用第一号様式及び軽専用第二号様式の改正規定並びに軽専用第三号様式を削る改正規定は、平成二十一年一月一日から施行する。

（自動車の登録及び検査に関する申請書等の様式等を定める省令の一部改正に伴う経過措置）

第六条　この省令の施行前に交付された第五条の規定による改正前の自動車の登録及び検査に関する申請書等の様式等を定める省令（以下「旧様式省令」という。）第十三号様式による一時抹消登録証明書は、第五条の規定による改正後の自動車の登録及び検査に関する申請書等の様式等を定める省令（以下「新様式省令」という。）第十四号様式による登録識別情報等通知書とみなす。

2　前項の場合において、新登録規則第六条の十五第二項の規定の適用については、同項中「前項の規定により提出を受けた」とあるのは「当該自動車に係る」と、「に返付する」とあるのは「についての記入をし、これを新所有者に返付する」とする。

第七条　旧様式省令第十九号様式による検査標章は、新様式省令第十九号様式にかかわらず、平成二十三年十月三十日までは、なおこれを使用することができる。

附　則（平二三・一二・二八国交令一〇七）

（施行期日）

1　この省令は、平成二十四年一月一日から施行する。

（経過措置）

2　この省令による改正前の自動車の登録及び検査に関する申請書等の様式等を定める省令（以下「旧省令」という。）第二号様式及び軽第二号様式による申請書は、この省令による改正後の自動車の登録及び検査に関する申請書等の様式等を定める省令（以下「新省令」という。）第二号様式及び軽第二号様式にかかわらず、当分の間、なおこれを使用することができる。

3　旧省令第十九号様式による検査標章は、新省令第十九号様式にかかわらず、平成二十六年十二月三十一日までは、なおこれを使用することができる。

附　則（平二四・七・六国交令七〇抄）

（施行期日）

第一条　この省令は、住民基本台帳法の一部を改正する法律〔平成二一年七月法律第七七号〕附則第一条第一号に掲げる規定及び出入国管理及び難民認定法及び日本国との平和条約に基づき日本の国籍を離脱した者等の出入国管理に関する特例法の一部を改正する等の法律〔平成二一年七月法律第七九号〕（次条において「改正法」という。）の施行の日（平成二十四年七月九日）から施行する。

（経過措置）

第四条　第二条の規定による改正前の自動車の登録及び検査に関する申請書等の様式等を定める省令第三号様式による申請書は、同条の規定による改正後の自動車の登録及び検査に関する申請書等の様式等を定める省令第三号様式にかかわらず、当分の間、なおこれを使用することができる。

附　則（平二五・一二・三国交令九三抄）

（施行期日）

第一条　この省令は、平成二十六年一月一日から施行する。

（自動車の登録及び検査に関する申請書等の様式等を定める省令の一部改正に伴う経過措置）

第三条　この省令の施行前に交付された旧様式省令軽第九号様式による検査標章は、新様式省令軽第九号様式によるものとみなす。

2　旧様式省令軽第九号様式による検査標章は、新様式省令軽第九号様式にかかわらず、当分の間、なおこれを使用することができる。

附　則（平二七・三・三一国交令二〇）

この省令は、平成二十七年四月一日から施行する。

附　則（平二八・一二・二八国交令八七抄）

（施行期日）

第一条　この省令は、平成二十九年一月一日から施行する。〔後略〕

（経過措置）

第二条　第五条の規定による改正前の自動車の登録及び検査に関する申請書等の様式等を定める省令（次条において「旧様式省令」という。）第一号様式から第四号様式まで、第五号様式（その一）、第六号様式、専用第一号様式から専用第三号様式まで、第七号様式から第十号様式まで、軽第一号様式から軽第三号様式まで及び軽専用第二号様式による申請書は、同条の規定による改正後のそれぞれの様式にかかわらず、当分の間、なおこれを使用することができる。

第三条　旧様式省令第十九号様式による検査標章は、第五条の規定による改正後の自動車の登録及び検査に関する申請書等の様式等を定める省令第十九号様式にかかわらず、平成三十一年十二月三十一日までは、なおこれを使用することができる。

附　則（平三〇・三・三〇国交令一八）

（施行期日）

1　この省令は、平成三十年四月一日から施行する。

（経過措置）

2　この省令による改正前の自動車の登録及び検査に関する申請書等の様式等を定める省令第二号様式、第八号様式及び軽第二号様式による申請書は、この省令による改正後の自動車の登録及び検査に関する申請書等の様式等を定める省令第二号様式、第八号様式及び軽第二号様式にかかわらず、当分の間、なおこれを使用することができる。

附　則（平三〇・一二・二八国交令九五）

（施行期日）

1　この省令は、平成三十一年一月四日から施行する。ただし、第二号様式の改正規定は、平成三十一年四月一日から施行する。

（経過措置）

2　この省令による改正前の自動車の登録及び検査に関する申請書等の様式等を定める省令軽第一号様式から軽第六号様式

までの様式並びに軽専用第一号様式及び軽専用第二号様式による申請書は、この省令による改正後のそれぞれの様式にかかわらず、当分の間、なおこれを使用することができる。

附　則（令元・六・二八国交令二〇）

この省令は、不正競争防止法等の一部を改正する法律〔平成三〇年五月法律第三三号〕の施行の日（令和元年七月一日）から施行する。

附　則（令二・一〇・三〇国交令八四抄）

（施行期日）

第一条　この省令は、令和三年四月一日から施行する。ただし、第一条、第三条及び附則第三条の規定は、公布の日から施行する。

（自動車の登録及び検査に関する申請書等の様式等を定める省令の一部改正に伴う経過措置）

第三条　第三条の規定による改正前の自動車の登録及び検査に関する申請書等の様式等を定める省令第一号様式による申請書は、同条の規定による改正後の自動車の登録及び検査に関する申請書等の様式等を定める省令第一号様式にかかわらず、当分の間、なおこれを使用することができる。

附　則（令二・一二・二三国交令九八）

（施行期日）

1　この省令は、令和三年一月一日から施行する。

（経過措置）

2　この省令の施行の際現にあるこの省令による改正前の様式による用紙は、当分の間、これを取り繕って使用することができる。

附　則（令三・八・三一国交令五三）

（施行期日）

1　この省令は、令和三年九月一日から施行する。

（経過措置）

2　この省令の施行の際現にあるこの省令による改正前の様式による用紙は、当分の間、これを取り繕って使用することができる。

附　則（令四・五・二〇国交令四五抄）

（施行期日）

第一条　この省令は、道路運送車両法の一部を改正する法律（令和元年法律第十四号）附則第一条第六号に掲げる規定の施行の日（令和五年一月一日）から施行する。ただし、第三条の規定中軽第九号様式の改正規則及び附則第三条第二項の規定は令和六年一月一日から施行する。

（経過措置）

第三条　この省令の施行の日において現に交付されている第三条の規定による改正前の自動車の登録及び検査に関する申請書等の様式等を定める省令第十九号様式による検査標章は、第三条の規定による改正後の自動車の登録及び検査に関する申請書等の様式等を定める省令第十九号様式による検査標章とみなす。

2　附則第一条ただし書に規定する規定の施行の日において現に交付されている第三条の規定による改正前の自動車の登録及び検査に関する申請書等の様式等を定める省令軽第九号様式による検査標章は、第三条の規定による改正後の自動車の登録及び検査に関する申請書等の様式等を定める省令軽第九号様式による検査標章とみなす。

第一号様式〔新規 変更 移転 更正 登録申請書／新規 予備 検査 申請書／自動車検査証 自動車予備検査証 記入申請書／自動車検査証 自動車登録番号標 交付申請書／所有者 変更 記録申請書〕（第二条関係）

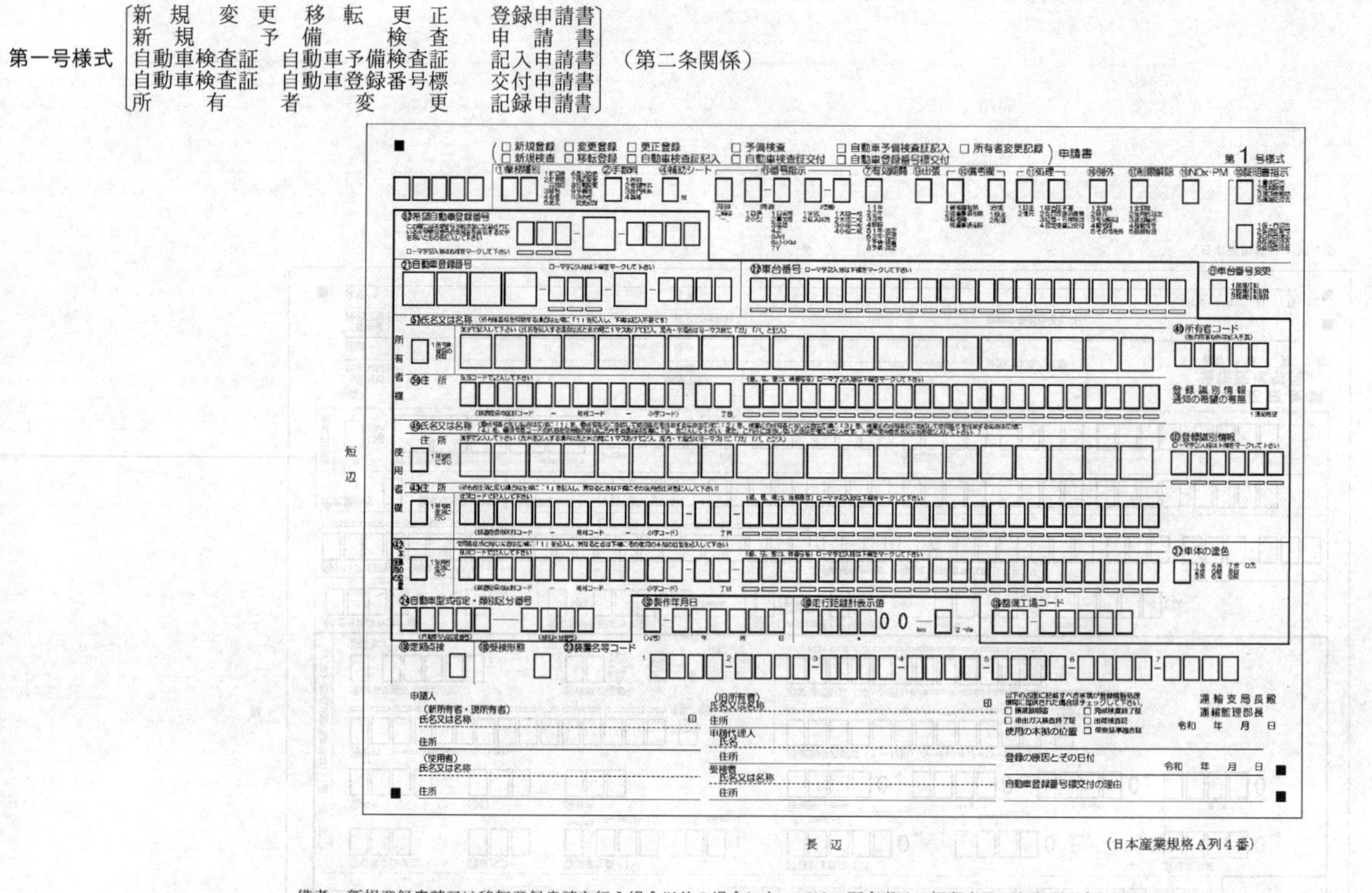

（□新規登録 □変更登録 □更正登録 □予備検査 □自動車予備検査証記入 □所有者変更記録 □新規検査 □移転登録 □自動車検査証記入 □自動車検査証交付 □自動車登録番号標交付）申請書

第1号様式

①車検種別　②手数料　④補助シート　番号指示　⑦有効期間　⑧出張　備考欄　処理　例外　制限解除　NOx・PM　証明書指示

⑥希望自動車登録番号

②自動車登録番号

③車台番号

車台番号変更

所有者欄　⑤氏名又は名称　⑨住所

⑩所有者コード

登録識別情報通知の希望の有無

使用者欄　氏名又は名称　住所

登録識別情報

本拠の位置

車体の塗色

短辺

㉔自動車型式指定・類別区分番号

製作年月日

走行距離計表示値

整備工場コード

定期点検　受検形態　装置名等コード

申請人（新所有者・現所有者）氏名又は名称　印　住所

（使用者）氏名又は名称　住所

（旧所有者）氏名又は名称　印　住所

申請代理人 氏名　住所

受検者 氏名又は名称　住所

使用の本拠の位置

登録の原因とその日付　令和　年　月　日

自動車登録番号標交付の理由

運輸支局長殿　運輸監理部長　令和　年　月　日

長辺

（日本産業規格A列4番）

備考　新規登録申請又は移転登録申請を行う場合以外の場合にあっては、所有者は、押印することを要しない。

第二号様式〔変更登録申請書／自動車検査証更正記入申請書／自動車予備検査証更正記入申請書〕（第二条関係）

（原文は括弧内を二段組で表示：上段「変　更　　更　正　登録申請書」、下段「自動車検査証　自動車予備検査証　記入申請書」）

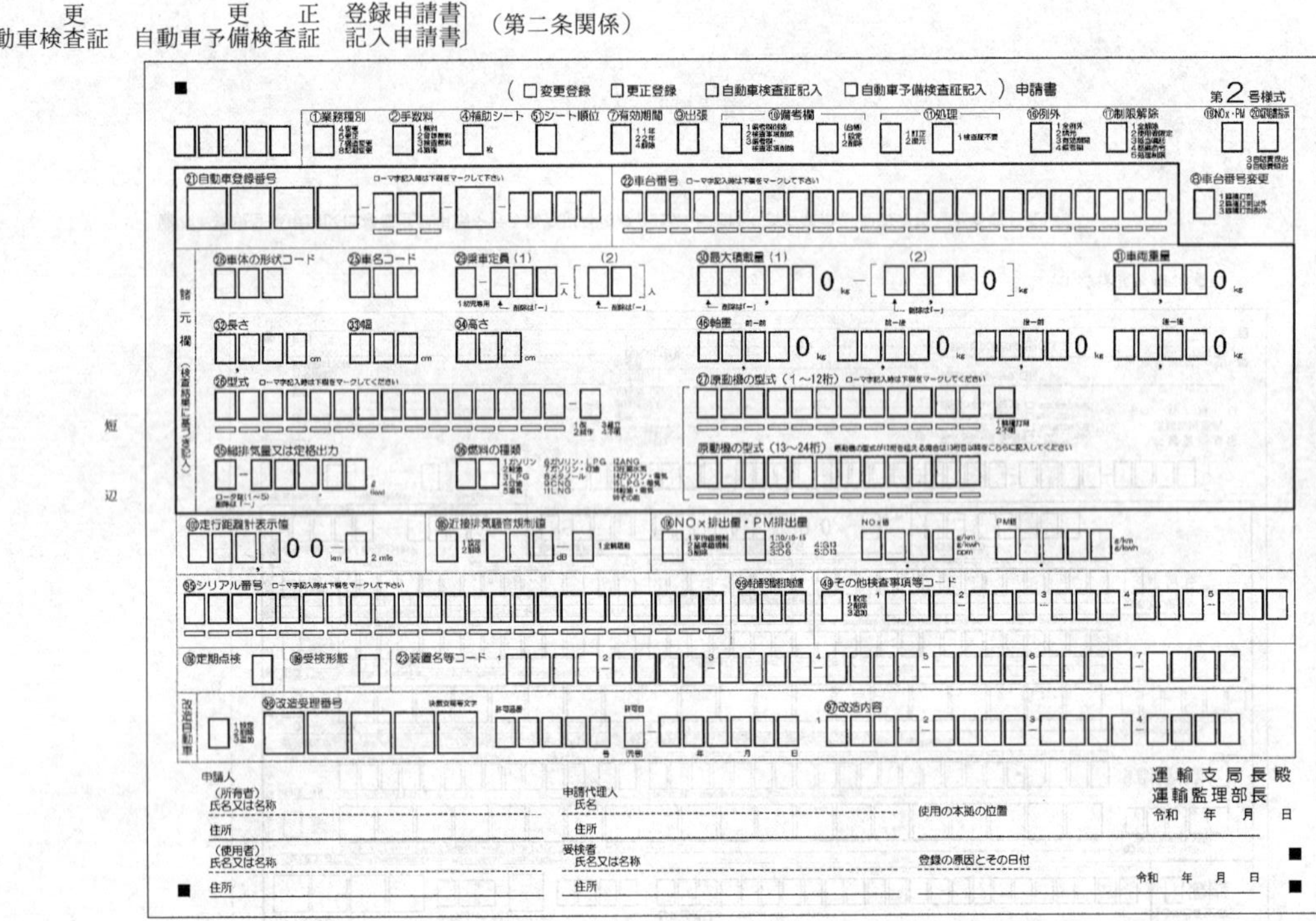

（□変更登録　□更正登録　□自動車検査証記入　□自動車予備検査証記入）申請書

第2号様式

①業務種別　②手数料　④補助シート　⑤シート順位　⑦有効期間　⑨出張　⑩備考欄　⑪処理　⑯例外　⑰制限解除　⑲NOx・PM　⑳初年度登録

㉑自動車登録番号　ローマ字記入時は下線をマークして下さい

㉒車台番号　ローマ字記入時は下線をマークして下さい

㉕車台番号変更

諸元欄（検査証記載に準じて記入）

㉘車体の形状コード　㉙車名コード　㉚乗車定員（1）（2）人

㉛最大積載量（1）（2）kg　㉜車両重量 kg

㉝長さ cm　㉞幅 cm　㉟高さ cm

㊱軸重　前-前　前-後　後-前　後-後 kg

㊲型式　ローマ字記入時は下線をマークしてください

㊳原動機の型式（1～12桁）　ローマ字記入時は下線をマークしてください

原動機の型式（13～24桁）

㊴総排気量又は定格出力 ℓ kW

㊵燃料の種類

㊶走行距離計表示値 km 2 mile

㊷近接排気騒音規制値 dB

㊸NOx排出量・PM排出量　NOx値 g/km g/kWh ppm　PM値 g/km g/kWh

㊹シリアル番号　ローマ字記入時は下線をマークして下さい

㊺適合標識

㊻その他検査事項等コード 1 2 3 4 5

㊼定期点検　㊽受検形態　㊾装置名等コード 1 2 3 4 5 6 7

改造自動車　㊿改造受理番号　許可番号　許可日　号　年　月　日　改造内容 1 2 3 4

申請人
（所有者）
氏名又は名称
住所
（使用者）
氏名又は名称
住所

申請代理人
氏名
住所
受検者
氏名又は名称
住所

使用の本拠の位置

登録の原因とその日付

運輸支局長殿
運輸監理部長
令和　年　月　日

令和　年　月　日

短辺

長辺

（日本産業規格Ａ列４番）

第三号様式

〔継続臨時検査申請書
自動車検査証記入申請書
自動車検査証　自動車予備検査証再交付申請書
限定自動車検査証　検査標章再交付申請書
自動車登録番号標交付申請書
登録事項等証明書交付請求書
検査記録事項等証明書交付請求書〕

（第二条関係）

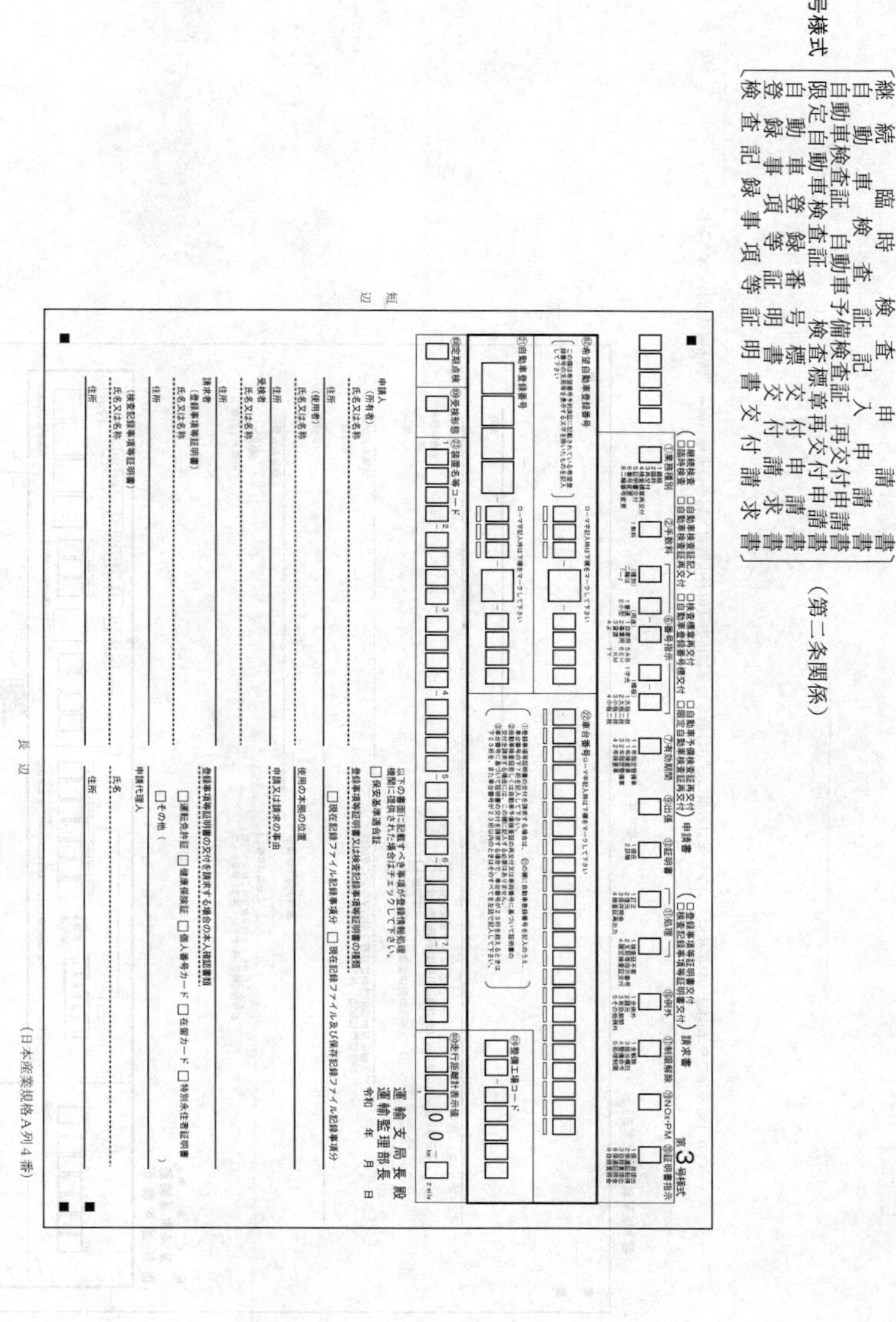

第3号様式

申請書　請求書

運輸支局長 殿
運輸監理部長

令和　年　月　日

申請人
（所有者）
氏名又は名称
住所

（使用者）
氏名又は名称
住所

受検者
氏名又は名称
住所

請求者
（登録事項等証明書）
氏名又は名称
住所

（検査記録事項等証明書）
氏名又は名称
住所

使用の本拠の位置

申請又は請求の事由

申請代理人
氏名
住所

短辺

長辺

（日本産業規格A列4番）

第三号様式の二（永久抹消登録　一時抹消登録　輸出抹消登録　申請書 / 自動車検査証返納証明書交付申請書 / 輸出予定届出証明書交付申請書 / 解体等　輸出　再輸入見込　届出書 / 輸出抹消仮登録証明書　輸出予定届出証明書　返納届出書）（第二条関係）

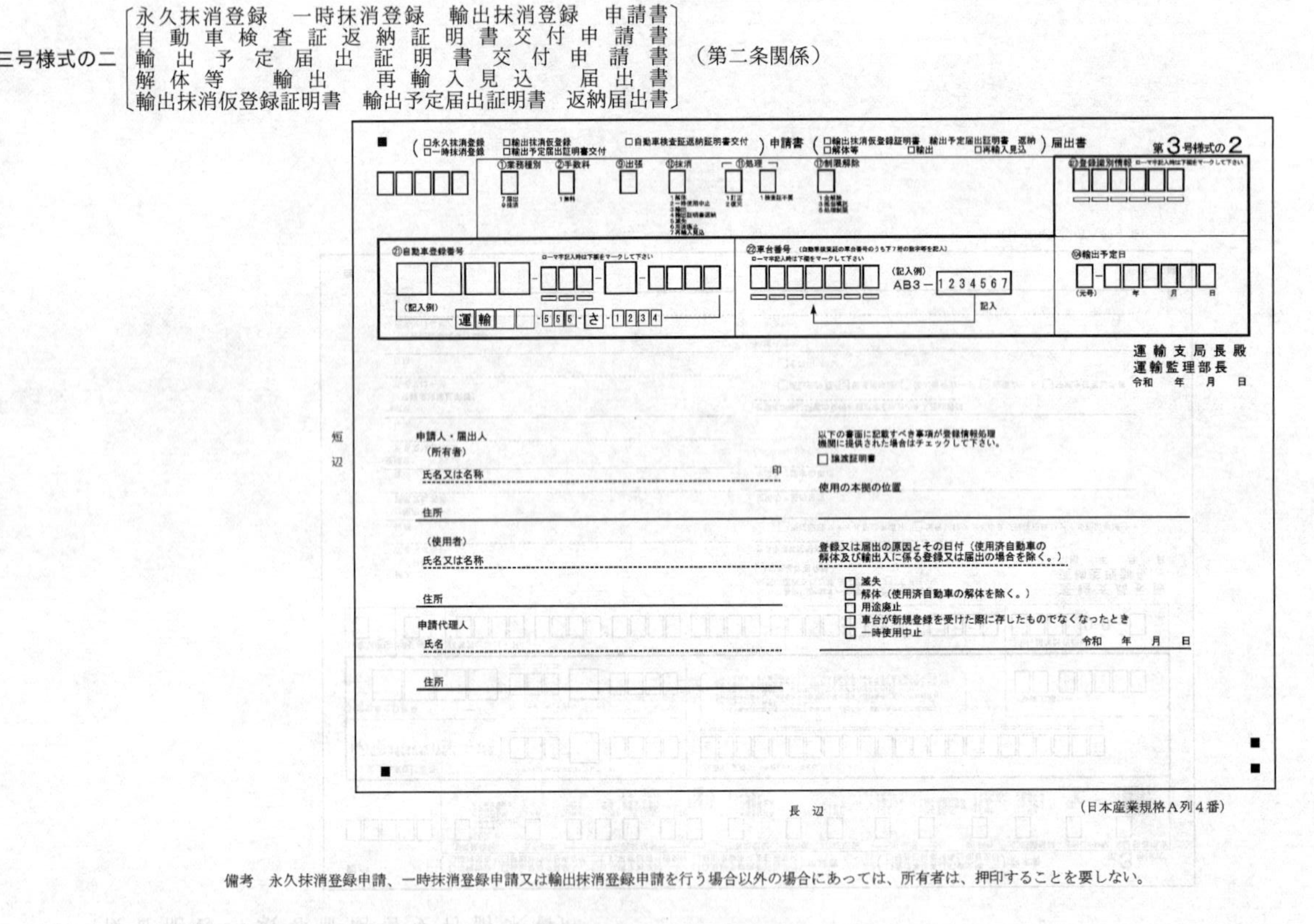
（□永久抹消登録　□一時抹消登録　□輸出抹消仮登録　□輸出予定届出証明書交付　□自動車検査証返納証明書交付）申請書（□輸出抹消仮登録証明書　□解体等　輸出予定届出証明書　□輸出　返納　□再輸入見込）届出書　第3号様式の2

①業務種別　②手数料　⑤出張　⑩抹消　⑪処理　⑪制限解除　⑥登録識別情報

㉑自動車登録番号　（記入例）運輸　-555-さ-1234

㉒車台番号　（記入例）AB3－1234567　記入

⑭輸出予定日　年　月　日

運輸支局長殿
運輸監理部長
令和　年　月　日

短辺

申請人・届出人
（所有者）
氏名又は名称　印
住所
（使用者）
氏名又は名称
住所
申請代理人
氏名
住所

以下の書面に記載すべき事項が登録情報処理機関に提供された場合はチェックして下さい。
□譲渡証明書

使用の本拠の位置

登録又は届出の原因とその日付（使用済自動車の解体及び輸出入に係る登録又は届出の場合を除く。）
□滅失
□解体（使用済自動車の解体を除く。）
□用途廃止
□車台が新規登録を受けた際に存したものでなくなったとき
□一時使用中止
令和　年　月　日

長辺　（日本産業規格A列4番）

備考　永久抹消登録申請、一時抹消登録申請又は輸出抹消登録申請を行う場合以外の場合にあっては、所有者は、押印することを要しない。

第三号様式の三〔永久抹消登録申請書 解体届出書〕（第二条関係）

□永久抹消登録申請書　□解体届出書

第3号様式の3

①業務種別（7 解体届出　9 抹消（解体））　⑨出張　⑪処理（1 訂正　2 復元）　⑰制限解除（1 全解除　3 提出猶予）

㉑自動車登録番号　ローマ字記入時は下欄をマークして下さい

㉒車台番号　ローマ字記入時は下欄をマークして下さい

⑩移動報告番号

㉛登録識別情報　ローマ字記入時は下欄をマークして下さい

運輸支局長殿
運輸監理部長

令和　年　月　日

申請人・届出人（所有者）
氏名又は名称　印
住所

申請代理人
氏名
住所

以下の書面に記載すべき事項が登録情報処理機関に提供された場合はチェックして下さい。
□譲渡証明書

解体報告記録がなされた年月日　令和　年　月　日

短辺

長辺

（日本産業規格Ａ列４番）

備考　永久抹消登録申請を行う場合以外の場合にあっては、所有者は、押印することを要しない。

第四号様式〔登録事項等証明書交付請求書／検査記録事項等証明書交付請求書〕（第二条関係）

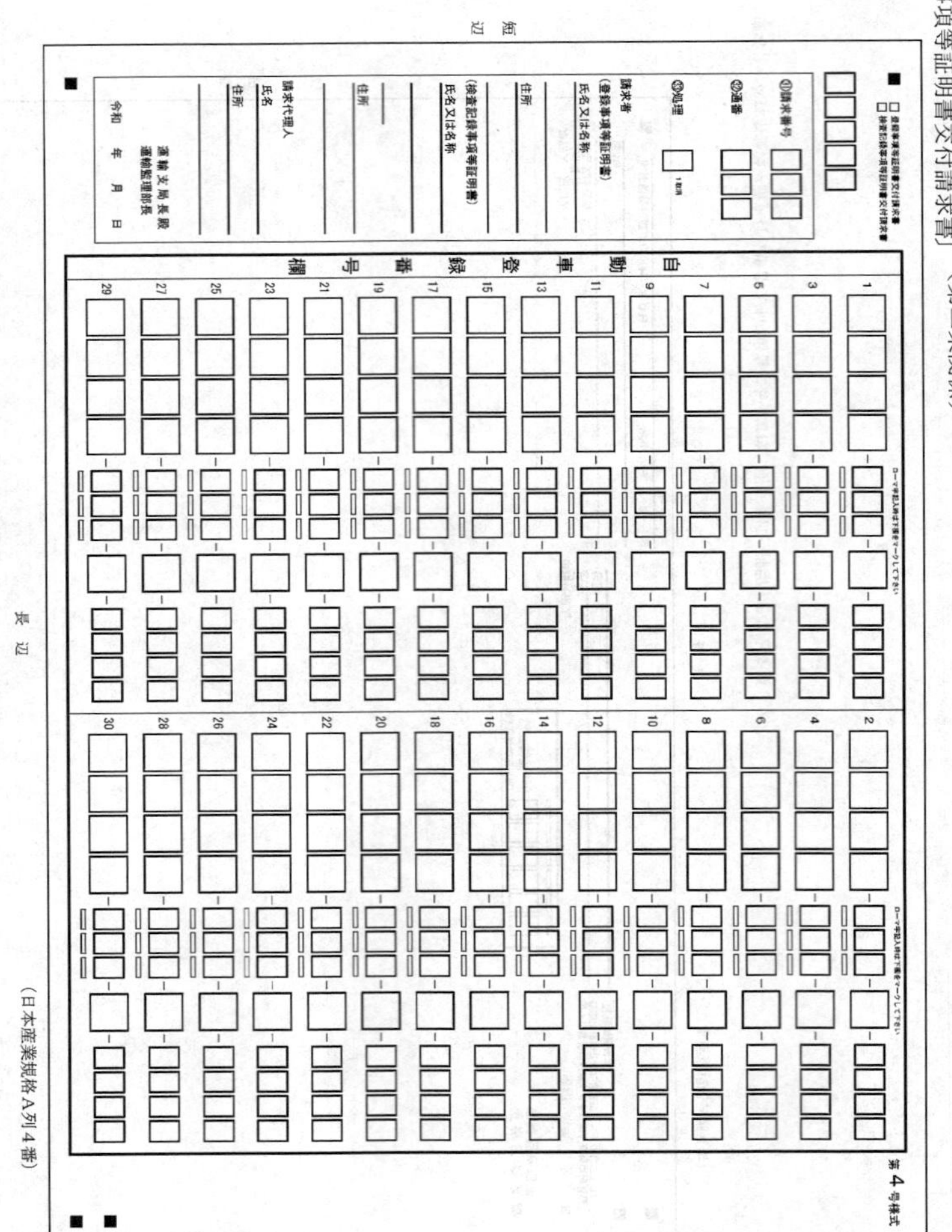
□登録事項等証明書交付請求書
□検査記録事項等証明書交付請求書

①請求番号
②通番
③処理

請求者
（登録事項等証明書）
氏名又は名称
住所

（検査記録事項等証明書）
氏名又は名称
住所

請求代理人
氏名
住所

令和　年　月　日

運輸支局長
運輸監理部長　殿

自動車登録番号欄

ローマ字記入時は下部をマークして下さい

1 2 3 4 5 6 7 8 9 10 11 12 13 14 15 16 17 18 19 20 21 22 23 24 25 26 27 28 29 30

第4号様式

短辺

長辺

（日本産業規格A列4番）

第五号様式（抵当権登録申請書）（第二条関係）

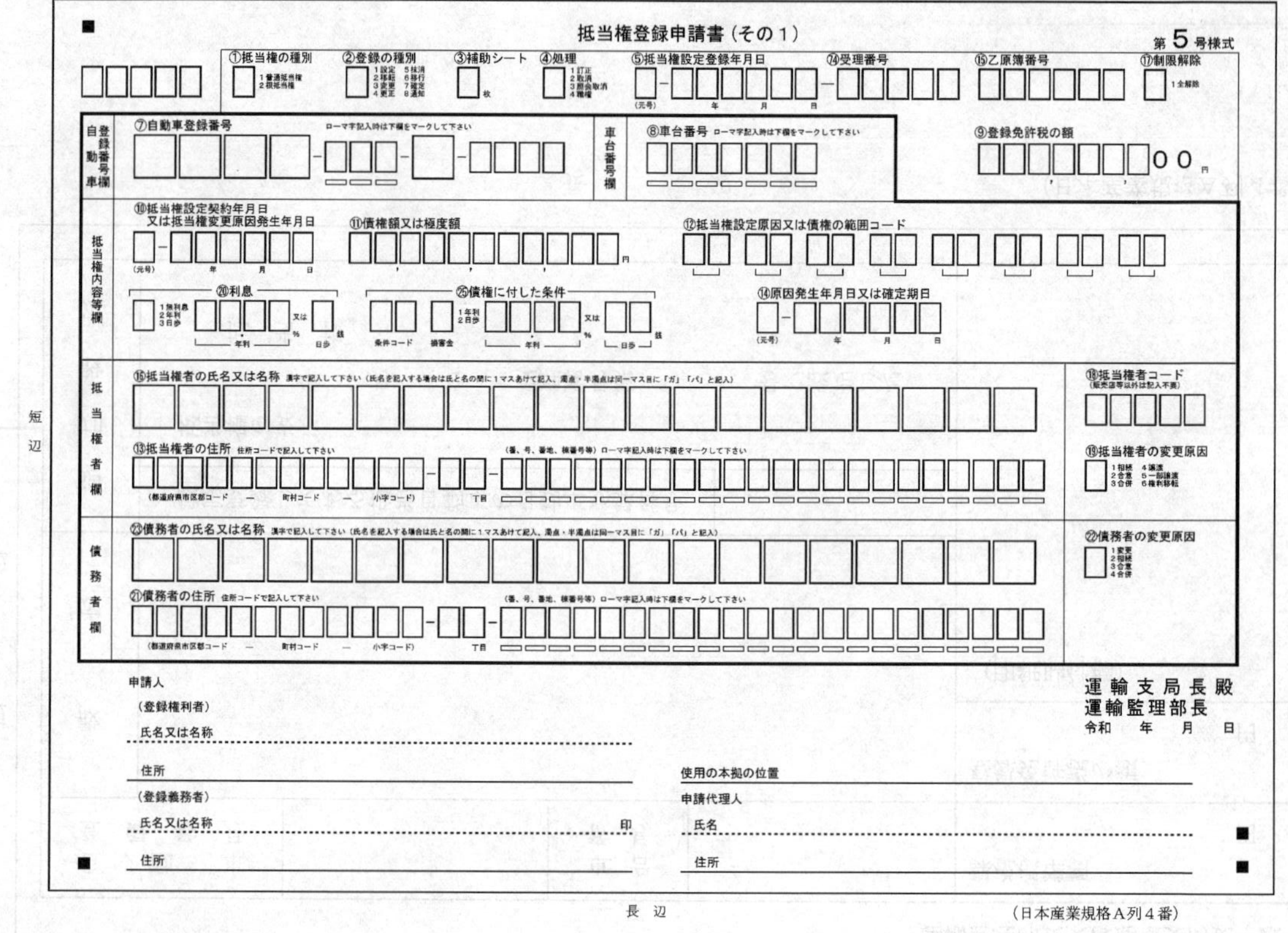

抵当権登録申請書（その１）

第５号様式

①抵当権の種別　1 普通抵当権　2 根抵当権

②登録の種別　1 設定　2 移転　3 変更　4 更正　5 抹消　6 移行　7 確定　8 通知

③補助シート　枚

④処理　1 訂正　2 取消　3 照会取消　4 職権

⑤抵当権設定登録年月日　（元号）　年　月　日

㉔受理番号

⑮乙原簿番号

⑰制限解除　1 全解除

自動車登録番号欄　⑦自動車登録番号　ローマ字記入時は下欄をマークして下さい

車台番号欄　⑧車台番号　ローマ字記入時は下欄をマークして下さい

⑨登録免許税の額　００円

抵当権内容等欄

⑩抵当権設定契約年月日又は抵当権変更原因発生年月日　（元号）　年　月　日

⑪債権額又は極度額　円

⑫抵当権設定原因又は債権の範囲コード

⑳利息　1 無利息　2 年利　3 日歩　年利　％　又は　日歩　銭

㉕債権に付した条件　条件コード　損害金　1 年利　2 日歩　年利　％　又は　日歩　銭

⑭原因発生年月日又は確定期日　（元号）　年　月　日

抵当権者欄

⑯抵当権者の氏名又は名称　漢字で記入して下さい（氏名を記入する場合は氏と名の間に１マスあけて記入、濁点・半濁点は同一マス目に「ガ」「パ」と記入）

⑬抵当権者の住所　住所コードで記入して下さい　（都道府県市区郡コード　―　町村コード　―　小字コード）　丁目　（番、号、番地、棟番号等）ローマ字記入時は下欄をマークして下さい

⑱抵当権者コード（販売店等以外は記入不要）

⑲抵当権者の変更原因　1 相続　2 合意　3 合併　4 譲渡　5 一部譲渡　6 権利移転

債務者欄

㉓債務者の氏名又は名称　漢字で記入して下さい（氏名を記入する場合は氏と名の間に１マスあけて記入、濁点・半濁点は同一マス目に「ガ」「パ」と記入）

㉑債務者の住所　住所コードで記入して下さい　（都道府県市区郡コード　―　町村コード　―　小字コード）　丁目　（番、号、番地、棟番号等）ローマ字記入時は下欄をマークして下さい

㉒債務者の変更原因　1 変更　2 相続　3 合意　4 合併

運輸支局長殿
運輸監理部長
令和　年　月　日

申請人

（登録権利者）

氏名又は名称

住所

使用の本拠の位置

（登録義務者）

申請代理人

氏名又は名称　印

氏名

住所

住所

短辺

長辺

（日本産業規格Ａ列４番）

抵　当　権　登　録　申　請　書（その２）

運輸監理部長又は運輸支局長　殿

自動車登録番号		車台番号		課税標準額　　　円
設定				登録免許税の額　　　円
				（印紙貼付欄）
追加設定	設定登録してある抵当自動車の自動車登録番号			
	抵当権の表示 年　月　日　受理番号第　　号で設定した 抵　当　権			

短辺

長　　辺

（日本産業規格Ａ列４番）

第六号様式（登録嘱託書）（第二条関係）

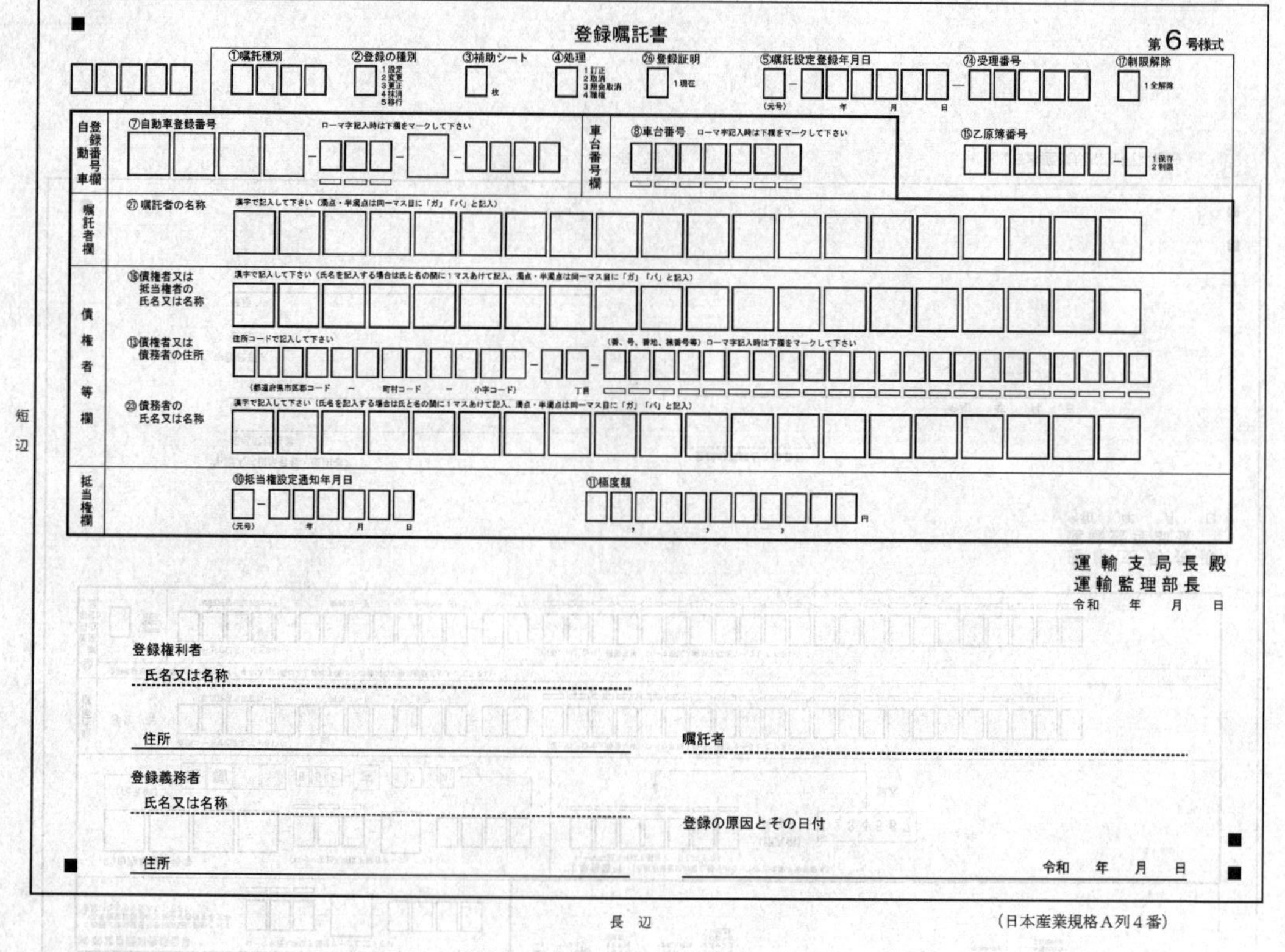

登録嘱託書

第6号様式

①嘱託種別　②登録の種別（1設定 2変更 3更正 4抹消 5移行）　③補助シート（枚）　④処理（1訂正 2取消 3照会取消 4職権）　㉖登録証明（1現在）　⑤嘱託設定登録年月日（元号 年 月 日）　㉔受理番号　⑰制限解除（1全解除）

自動車登録番号欄　⑦自動車登録番号　ローマ字記入時は下欄をマークして下さい

車台番号欄　⑧車台番号　ローマ字記入時は下欄をマークして下さい

⑲乙原簿番号（1保存 2削除）

嘱託者欄　㉗嘱託者の名称　漢字で記入して下さい（濁点・半濁点は同一マス目に「ガ」「パ」と記入）

債権者等欄
⑯債権者又は抵当権者の氏名又は名称　漢字で記入して下さい（氏名を記入する場合は氏と名の間に1マスあけて記入、濁点・半濁点は同一マス目に「ガ」「パ」と記入）
⑬債権者又は債務者の住所　住所コードで記入して下さい（都道府県市区郡コード － 町村コード － 小字コード）丁目（番、号、番地、枝番号等）ローマ字記入時は下欄をマークして下さい
㉓債務者の氏名又は名称　漢字で記入して下さい（氏名を記入する場合は氏と名の間に1マスあけて記入、濁点・半濁点は同一マス目に「ガ」「パ」と記入）

抵当権欄　⑩抵当権設定通知年月日（元号 年 月 日）　⑪極度額（円）

短辺

運輸支局長殿
運輸監理部長
令和　年　月　日

登録権利者
氏名又は名称
住所

嘱託者

登録義務者
氏名又は名称
住所

登録の原因とその日付
令和　年　月　日

長辺

（日本産業規格A列4番）

専用第一号様式（変更登録　自動車検査証記入　申請書）（第二条関係）

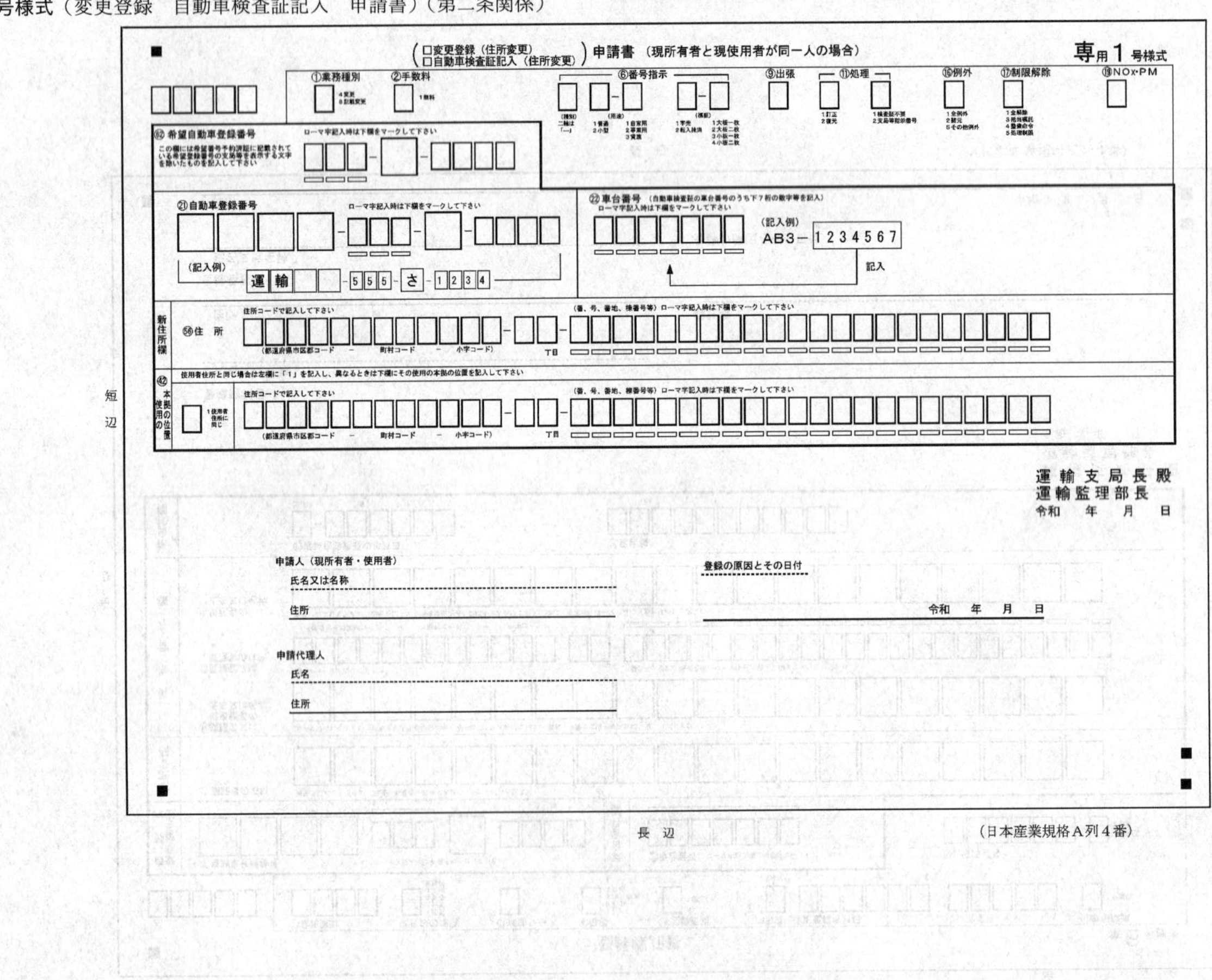

（□変更登録（住所変更）
□自動車検査証記入（住所変更））申請書　（現所有者と現使用者が同一人の場合）

専用1号様式

①業務種別　②手数料　⑥番号指示　⑨出張　⑪処理　⑯例外　⑰制限解除　⑲NOx・PM

⑫希望自動車登録番号　ローマ字記入時は下欄をマークして下さい

この欄には希望番号予約済証に記載されている希望登録番号の支局等を表示する文字を除いたものを記入して下さい

㉑自動車登録番号　ローマ字記入時は下欄をマークして下さい

（記入例）運輸 -555- さ -1234

㉒車台番号　（自動車検査証の車台番号のうち下7桁の数字等を記入）
ローマ字記入時は下欄をマークして下さい

（記入例）AB3－1234567　記入

新住所欄　㊻住　所　住所コードで記入して下さい　（都道府県市区郡コード － 町村コード － 小字コード）　丁目　（番、号、番地、棟番号等）ローマ字記入時は下欄をマークして下さい

㊷本拠の位置　使用者住所と同じ場合は左欄に「1」を記入し、異なるときは下欄にその使用の本拠の位置を記入して下さい
1使用者住所に同じ
住所コードで記入して下さい　（都道府県市区郡コード － 町村コード － 小字コード）　丁目　（番、号、番地、棟番号等）ローマ字記入時は下欄をマークして下さい

運輸支局長殿
運輸監理部長
令和　年　月　日

申請人（現所有者・使用者）
氏名又は名称
住所

登録の原因とその日付
令和　年　月　日

申請代理人
氏名
住所

短辺

長辺

（日本産業規格A列4番）

専用第二号様式（移転登録　自動車検査証記入　申請書）（第二条関係）

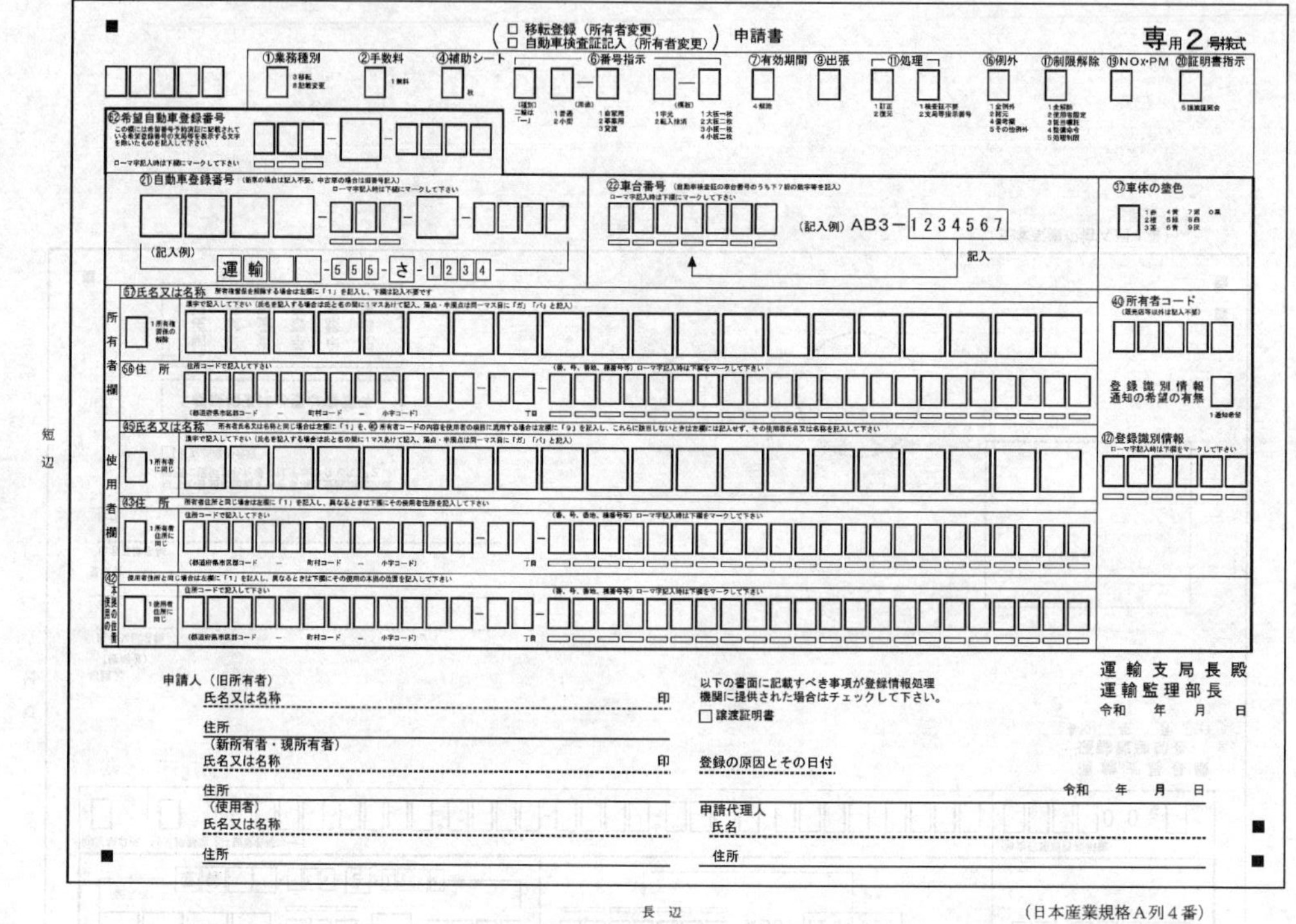

（□移転登録（所有者変更）　□自動車検査証記入（所有者変更））申請書

専用2号様式

①業務種別　②手数料　④補助シート　⑥番号指示　⑦有効期間　⑨出張　⑪処理　⑯例外　⑰制限解除　⑲NOx・PM　⑳証明書指示

希望自動車登録番号

ローマ字記入時は下欄にマークして下さい

自動車登録番号

（記入例）運輸 555 さ 1234

車台番号

（記入例）AB3－1234567　記入

車体の塗色

所有者欄　氏名又は名称　住所

所有者コード

登録識別情報通知の希望の有無

使用者欄　氏名又は名称　住所

登録識別情報

使用の本拠の位置

（都道府県市区郡コード　－　町村コード　－　小字コード）　丁目

申請人（旧所有者）
氏名又は名称　印

住所

（新所有者・現所有者）
氏名又は名称　印

住所

（使用者）
氏名又は名称

住所

以下の書面に記載すべき事項が登録情報処理機関に提供された場合はチェックして下さい。
□譲渡証明書

登録の原因とその日付

令和　年　月　日

申請代理人
氏名
住所

運輸支局長　殿
運輸監理部長

令和　年　月　日

短辺

長辺

（日本産業規格A列4番）

備考　移転登録申請を行う場合以外の場合にあっては、所有者は、押印することを要しない。

専用第三号様式（継続検査申請書）（第二条関係）

継続検査申請書

専用3号様式

①業務種別 1　②手数料　⑦有効期間　⑨出張　⑪処理　⑯例外　⑰制限解除　⑲NOx・PM　⑳証明書指示

㉑自動車登録番号　ローマ字記入時は下欄をマークして下さい

（記入例）運輸□□-555-さ-1234

㉒車台番号

ローマ字記入時は下欄をマークして下さい

（記入例）AB3－1234567　記入

㉖整備工場コード

⑩定期点検　⑩受検形態　㉓装置名等コード 1 2 3 4 5 6 7

⑩走行距離計表示値　00　km　mile

運輸支局長殿
運輸監理部長

令和　年　月　日

短辺

申請人
（使用者）
氏名又は名称
住所

受検者
氏名又は名称
住所

以下の書面に記載すべき事項が登録情報処理機関に提供された場合はチェックして下さい。
□保安基準適合証

継続検査に必要な書類等

納税証　保険証　重量税　手数料　申請書　記録簿

長辺

（日本産業規格A列4番）

第七号様式〔自動車検査証記入申請書 備考欄補助シート〕（第二条関係）

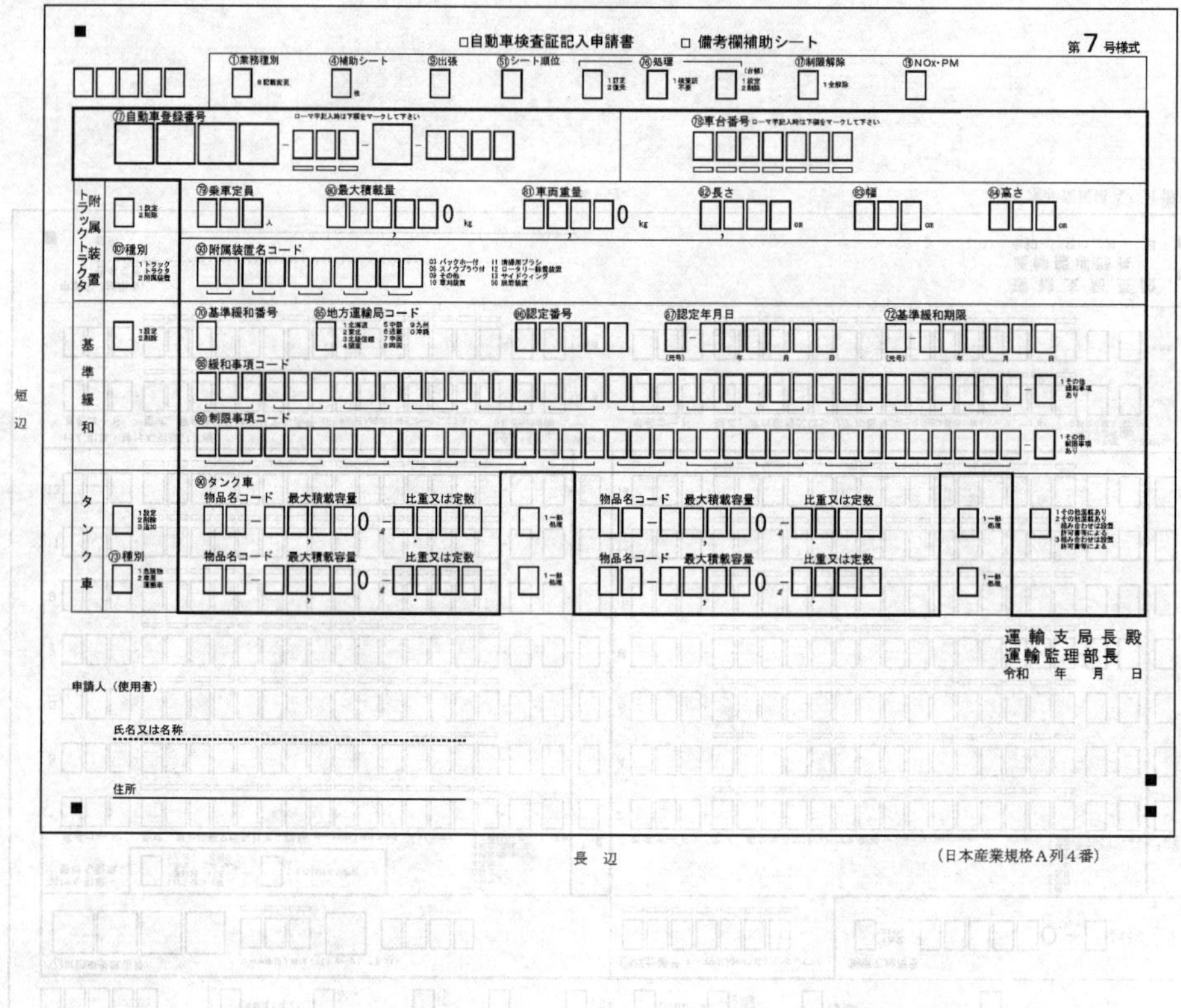

□自動車検査証記入申請書　□ 備考欄補助シート

第7号様式

①業務種別　④補助シート　⑨出張　⑤シート順位　⑯処理　⑰制限解除　⑮NOx・PM

⑦自動車登録番号　ローマ字記入時は下欄をマークして下さい

⑱車台番号　ローマ字記入時は下欄をマークして下さい

附属トラックトラクタ装置

⑩種別

⑲乗車定員　人

⑳最大積載量　0 kg

㉑車両重量　0 kg

㉒長さ　cm

㉓幅　cm

㉔高さ　cm

㉚附属装置名コード

基準緩和

㉛基準緩和番号

㉜地方運輸局コード

㉝認定番号

㉞認定年月日　年　月　日

㉟基準緩和期限　年　月　日

㊱緩和事項コード

㊲制限事項コード

タンク車

㉓種別

㊳タンク車

物品名コード　最大積載容量　0 ℓ　比重又は定数

物品名コード　最大積載容量　0 ℓ　比重又は定数

物品名コード　最大積載容量　0 ℓ　比重又は定数

物品名コード　最大積載容量　0 ℓ　比重又は定数

運輸支局長殿
運輸監理部長
令和　年　月　日

申請人（使用者）

氏名又は名称

住所

短辺

長辺

（日本産業規格A列4番）

第八号様式〔自動車検査証記入申請書 備考欄補助シート〕（第二条関係）

■ □自動車検査証記入申請書　□備考欄補助シート　第8号様式

①業務種別　8記載変更
④補助シート　枚
⑨出張
51シート順位
76処理　1訂正 2復元　1検査証不要　（台帳）1設定 2削除
⑰制限解除　1全解除
⑲NOx·PM

⑦自動車登録番号　ローマ字記入時は下欄をマークして下さい
78車台番号　ローマ字記入時は下欄をマークして下さい
96第五輪荷重　1設定 2削除　0 kg　1以上 2以下

91けん引車・被けん引車　1けん引車設定 2削除 3追加 4一部訂正 5被けん引車設定　1その他けん引車有

車名コード　型式、車台番号又はシリアル番号　ローマ字記入時は下欄をマークして下さい　1改 2試作 3組立 4不明 5試作（職権打刻） 6組立（職権打刻） 7不明（シリアル）　1NR有　1一部処理

1　2
3　4
5　6
7　8
9　10
11　12
13　14

短辺

けん引車・被けん引車訂正欄
車名コード　型式、車台番号又はシリアル番号　ローマ字記入時は下欄をマークして下さい　1改 2試作 3組立 4不明 5試作（職） 6組立（職） 7不明（シ）　1NR有

申請人（使用者）
氏名又は名称
住所

運輸支局長殿
運輸監理部長
令和　年　月　日

長辺

（日本産業規格A列4番）

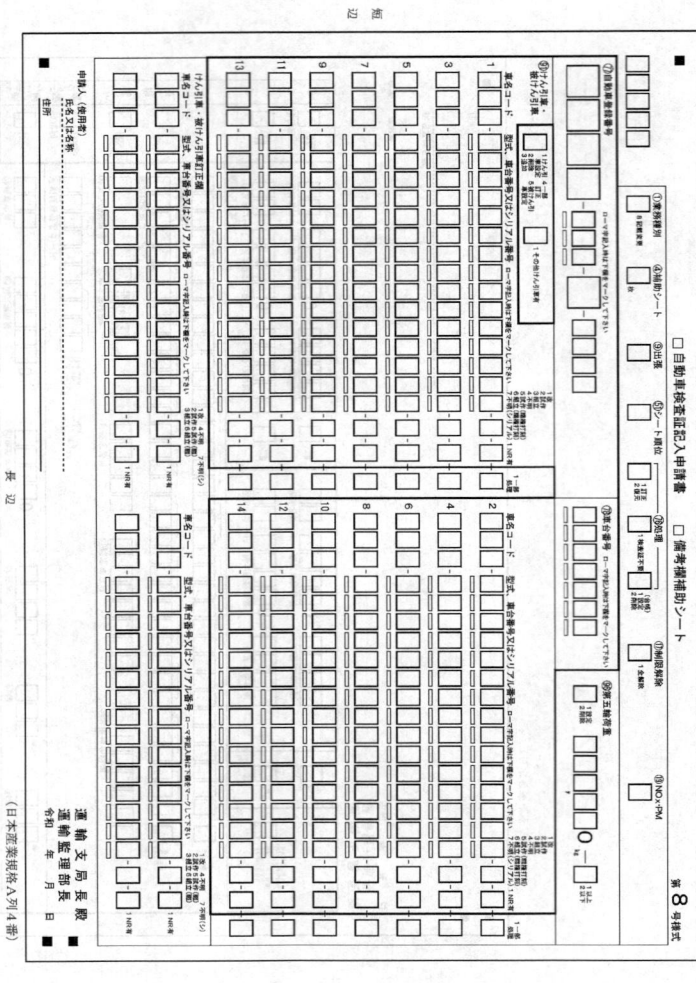

第九号様式（氏名等補助シート）（第二条関係）

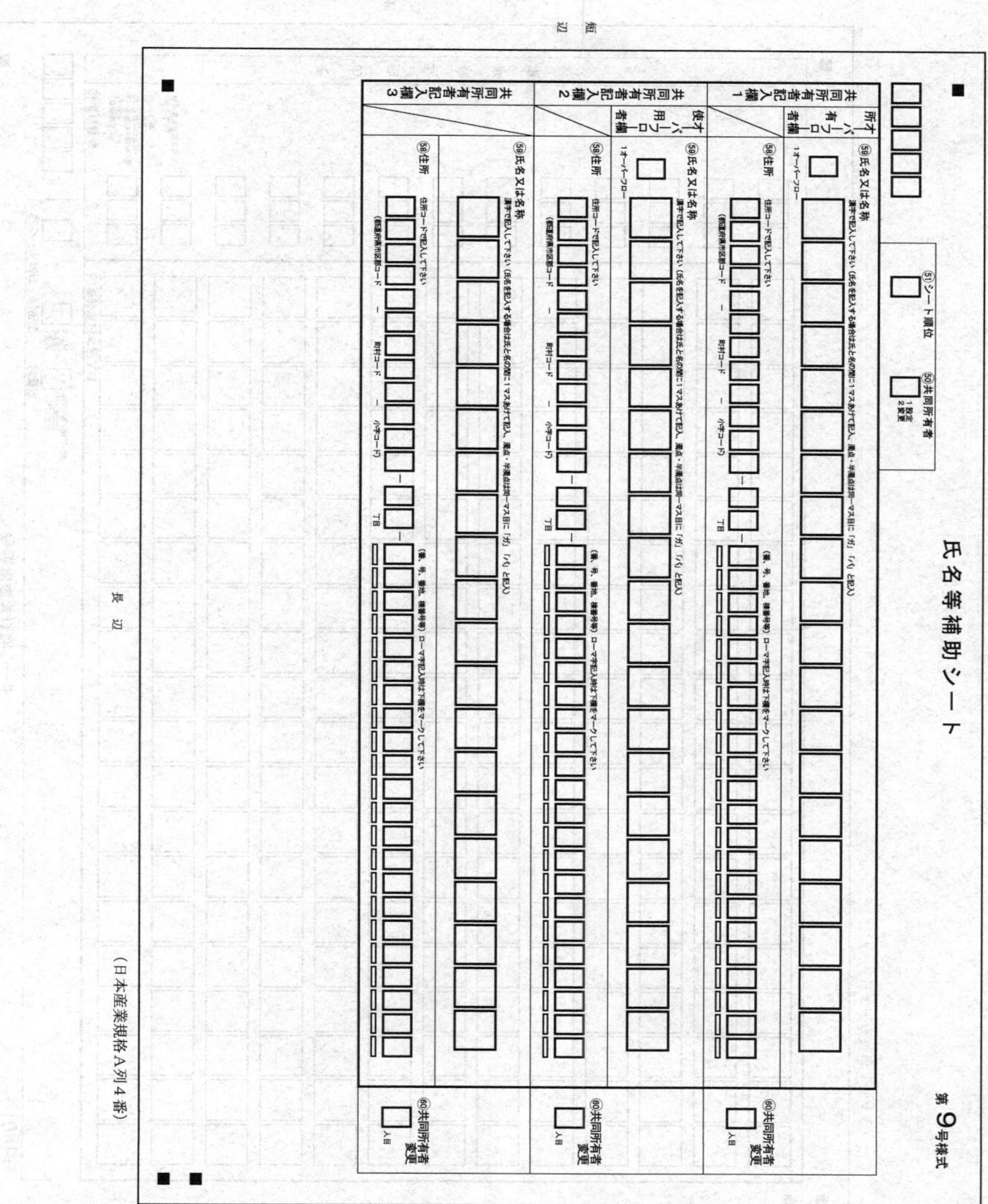

第9号様式

氏名等補助シート

51シート順位

50共同所有者　1設定　2変更

所有者オーバーフロー欄	59氏名又は名称（漢字で記入して下さい（氏名を記入する場合は氏と名の間に1マス空けて記入、濁点・半濁点は同一マス目に「が」「ぱ」と記入））　1オーバーフロー	
共同所有者記入欄1	58住所（住所コードで記入して下さい（都道府県市区郡コード　―　町村コード　―　小字コード）　丁目　（番、号、番地、枝番号等）ローマ字記入時は下欄をマークして下さい）	60共同所有者変更　人目
使用者オーバーフロー欄	59氏名又は名称（漢字で記入して下さい（氏名を記入する場合は氏と名の間に1マス空けて記入、濁点・半濁点は同一マス目に「が」「ぱ」と記入））　1オーバーフロー	
共同所有者記入欄2	58住所（住所コードで記入して下さい（都道府県市区郡コード　―　町村コード　―　小字コード）　丁目　（番、号、番地、枝番号等）ローマ字記入時は下欄をマークして下さい）	60共同所有者変更　人目
共同所有者記入欄3	59氏名又は名称（漢字で記入して下さい（氏名を記入する場合は氏と名の間に1マス空けて記入、濁点・半濁点は同一マス目に「が」「ぱ」と記入））	
	58住所（住所コードで記入して下さい（都道府県市区郡コード　―　町村コード　―　小字コード）　丁目　（番、号、番地、枝番号等）ローマ字記入時は下欄をマークして下さい）	60共同所有者変更　人目

短辺

長辺

（日本産業規格Ａ列４番）

第十号様式（登録事項等補助シート）（第二条関係）

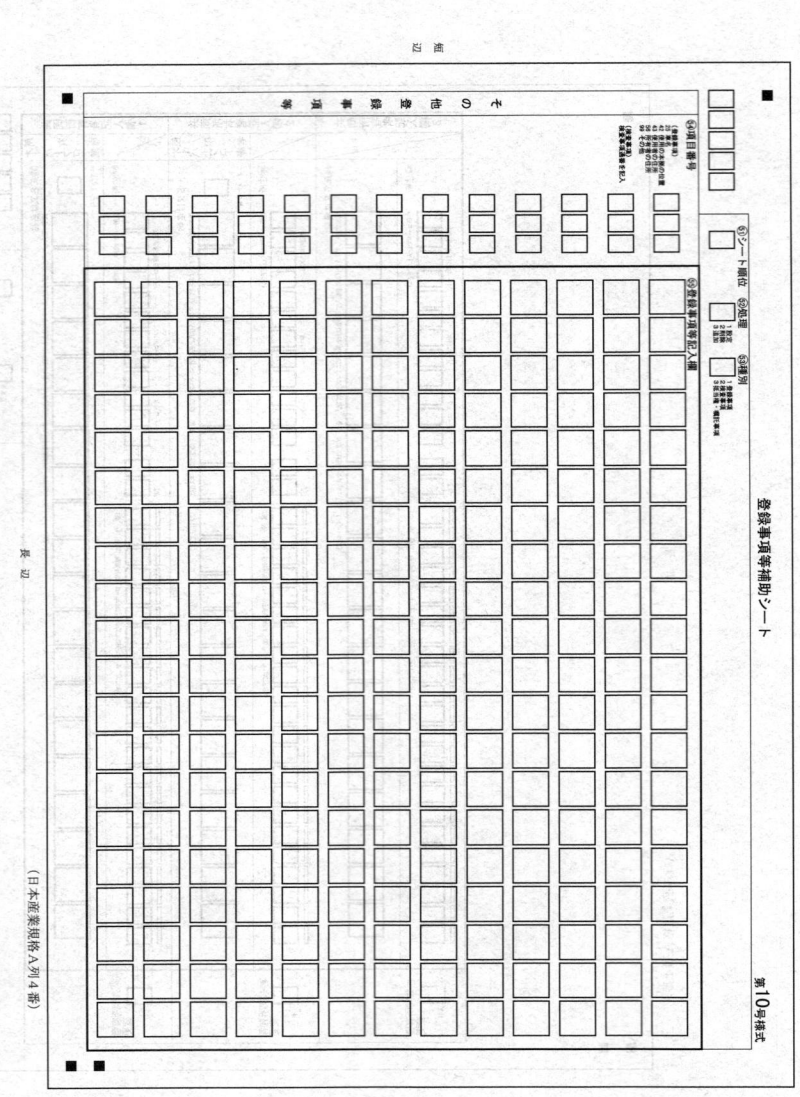

登録事項等補助シート

第10号様式

⑤①シート順位

⑤②処理
1 設定
2 削除
3 追加

⑤③種別
1 登録事項
2 検査事項
3 抵当権・嘱託事項

その他登録事項等

⑤④項目番号
（登録事項）
25 車名
42 使用の本拠の位置
43 使用者の住所
56 所有者の住所
99 その他
（検査事項）
検査事項通番を記入

⑤⑤登録事項等記入欄

短辺

長辺

（日本産業規格Ａ列４番）

軽第一号様式〔新規予備検査申請書／自動車検査証　自動車予備検査証　記入申請書／自動車検査証交付申請書／所有者変更記録申請書〕（第三条関係）

■ ■ （□新規検査 □予備検査 □自動車検査証記入 □自動車予備検査証記入 □自動車検査証交付 □所有者変更記録）申請書　　軽第1号様式 ■

㊿業務種別（1 新規検査　4 記載変更　5 構造変更　6 番号変更　7 所有者変更　8 予備検査）
51 車両提示（1 持込）
52 手数料（1 無料）
53 補助シート（枚）
55 番号指示（用途1：1 乗用　2 貨物　3 特種／用途2：1 自家用　2 事業用　3 貸渡　4 AB／標板1：1 字光　2 紅入　退色／標板2：1 中板二枚　2 中板一枚　3 小板二枚　4 小板一枚）
59 備考欄（1 備考欄削除）
60 処理（1 訂正　2 復元／1 検査証不要　2 事務所指示番号　3 切替、五年経過　4 限定検査証交付　5 再出力）
61 例外
65 制限解除
64 証明書指示（1 保・自提出　2 保適証提出　3 自期責提出／1 書面提出　2 預託金解除）

②希望車両番号　ローマ字記入時は下欄にマークして下さい
（この欄には希望番号予約済証に記載されている希望車両番号の支局等を表示する文字を除いたものを記入して下さい）

①車両番号　ローマ字記入時は下欄にマークして下さい　1 小板

③車台番号　ローマ字記入時は下欄にマークして下さい

56 車台番号変更（1 職権打刻　2 職権打刻例外）

④使用者氏名又は名称　漢字で記入して下さい（氏名を記入する場合は氏と名の間に1マスあけて記入、濁点・半濁点は同一マスに「ガ」「パ」と記入）

90 流通確認

⑤使用者住所　住所コードで記入して下さい　（都道府県市区郡コード　－　町村コード　－　小字コード）丁目　（番、号、番地、枝番番号）ローマ字記入時は下欄にマークして下さい

91 販売店コード

短辺

⑥所有者氏名又は名称（使用者氏名又は名称と同じ場合は左欄に「1」を記入、異なる場合には下欄にその所有者氏名又は名称を記入して下さい）
漢字で記入して下さい（氏名を記入する場合は氏と名の間に1マスあけて記入、濁点・半濁点は同一マスに「ガ」「パ」と記入）
1 使用者に同じ

⑧所有者コード（販売店等以外は記入不要）

⑦所有者住所（使用者住所と同じ場合は左欄に「1」を記入、異なる場合には下欄にその所有者住所を記入して下さい）
1 使用者住所に同じ　住所コードで記入して下さい　（都道府県市区郡コード　－　町村コード　－　小字コード）丁目　（番、号、番地、枝番番号）ローマ字記入時は下欄にマークして下さい

1 使用者

⑨使用の本拠の位置（使用者住所と同じ場合は左欄に「1」を記入、異なる場合には下欄に使用の本拠の位置を記入して下さい）
1 使用者住所に同じ　住所コードで記入して下さい　（都道府県市区郡コード　－　町村コード　－　小字コード）丁目　（番、号、番地、枝番番号）ローマ字記入時は下欄にマークして下さい

㉗車体の塗色（1 赤　2 橙　3 茶　4 黄　5 緑　6 青　7 紫　8 白　9 灰　0 黒）

⑩自動車型式指定・類別区分番号（自動車型式指定番号）（類別区分番号）
58 製作年月日（元号）年　月　日
46 走行距離計表示値　00　km　2 mile
47 整備工場コード

62 定期点検
67 受検形態
63 装置名等コード　1　2　3　4　5　6　7

申請者（使用者）氏名又は名称
住所
（旧使用者）氏名又は名称
住所
（所有者）氏名又は名称
住所
（旧所有者）氏名又は名称
住所
受検者氏名又は名称
住所

以下の書面に記載すべき事項が登録情報処理機関に提供された場合はチェックして下さい。
□完成検査終了証　□排出ガス検査終了証
□保安基準適合証

軽自動車検査協会　殿
令和　年　月　日
変更事項

■

長辺

（日本産業規格A列4番）

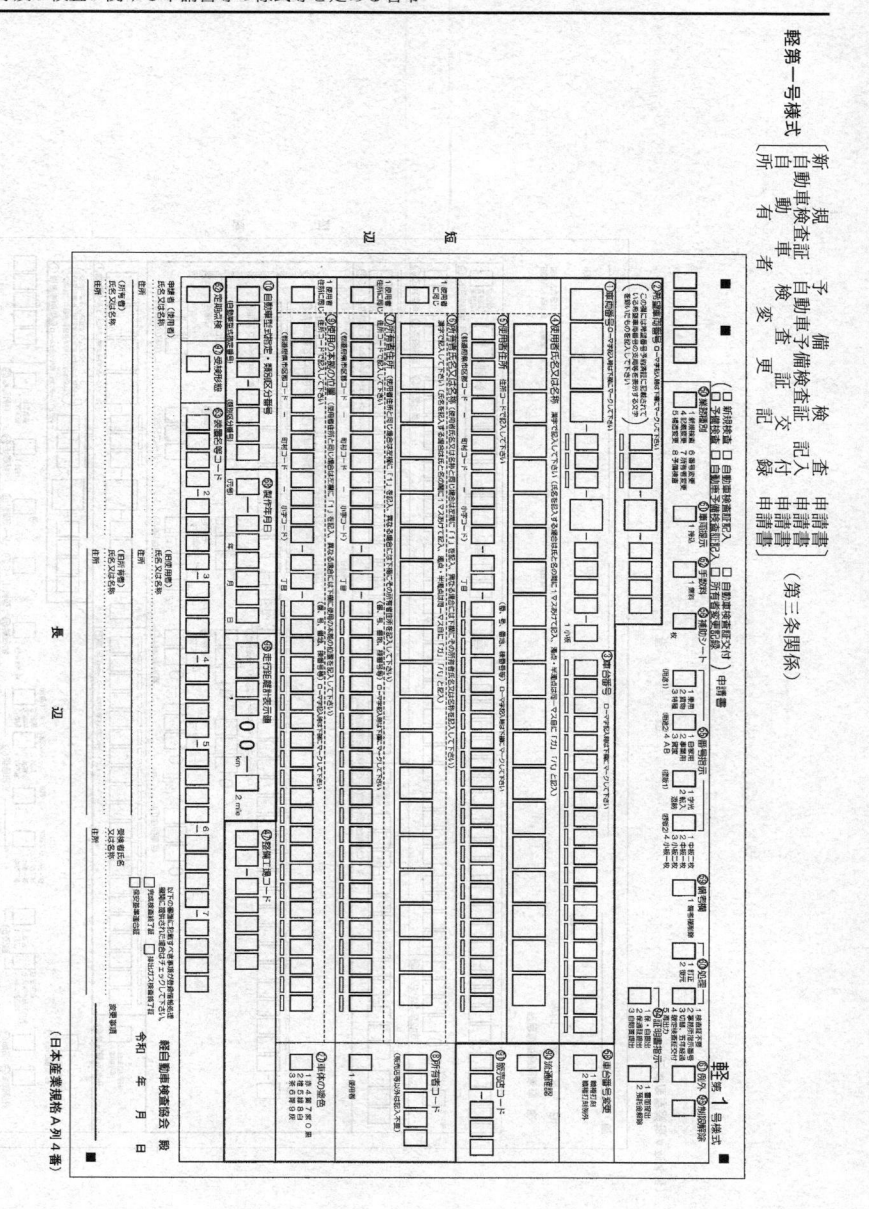

軽第二号様式〔新規予備検査申請書／自動車検査証　自動車予備検査証　記入　申請書／自動車検査証交付申請書〕（第三条関係）

短辺

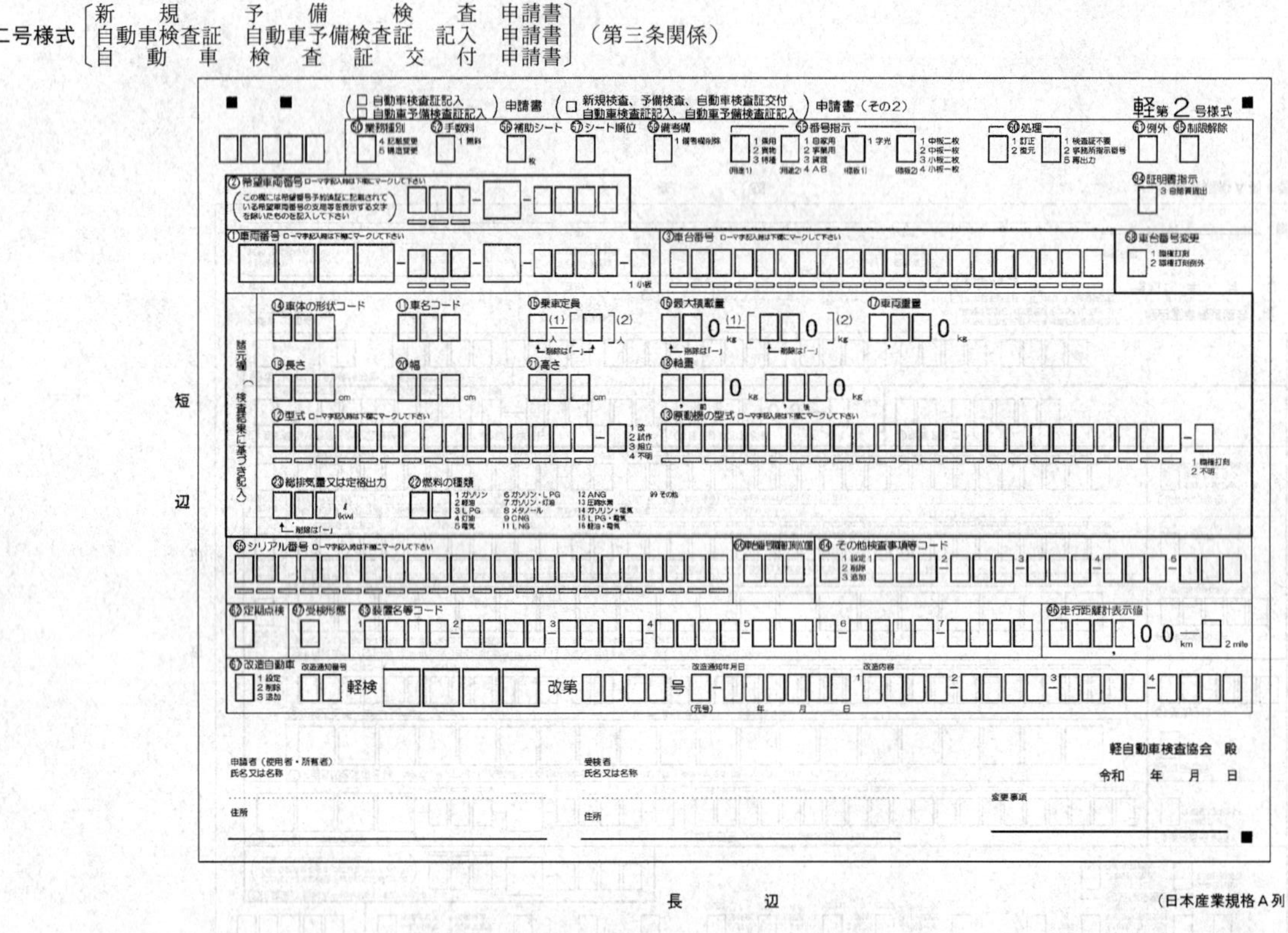

（□自動車検査証記入／□自動車予備検査証記入）申請書（□新規検査、予備検査、自動車検査証交付／自動車検査証記入、自動車予備検査証記入）申請書（その2）

軽第2号様式

業務種別　4 記載変更　5 構造変更

手数料　1 無料

補助シート　枚

シート順位

備考欄　1 備考欄削除

番号指示　1 個用　2 貨物　3 特種（用途1）　1 自家用　2 事業用　3 貸渡　4 AB（用途2）　1 字光（標板1）　1 中板二枚　2 中板一枚　3 小板二枚　4 小板一枚（標板2）

処理　1 訂正　2 復元　1 検査証不要　2 事務所指示番号　5 再出力

例外

制限解除

証明書指示　3 自動車検査証

② 希望車両番号 ローマ字記入時は下欄にマークして下さい

（この欄には希望番号予約済証に記載されている希望車両番号の支局等を表示する文字を除いたものを記入して下さい）

① 車両番号 ローマ字記入時は下欄にマークして下さい　1 小板

③ 車台番号 ローマ字記入時は下欄にマークして下さい

車台番号変更　1 職権打刻　2 職権打刻例外

諸元欄（検査結果に基づき記入）

車体の形状コード

車名コード

乗車定員　(1) 人　(2) 人　削除は「－」

最大積載量　0 kg (1)　0 kg (2)　削除は「－」

車両重量　0 kg

長さ cm

幅 cm

高さ cm

軸重　前 0 kg　後 0 kg

型式 ローマ字記入時は下欄にマークして下さい　1 改　2 試作　3 組立　4 不明

原動機の型式 ローマ字記入時は下欄にマークして下さい　1 職権打刻　2 不明

総排気量又は定格出力　ℓ kW　削除は「－」

燃料の種類　1 ガソリン　2 軽油　3 LPG　4 灯油　5 電気　6 ガソリン・LPG　7 ガソリン・灯油　8 メタノール　9 CNG　11 LNG　12 ANG　13 圧縮水素　14 ガソリン・電気　15 LPG・電気　16 軽油・電気　99 その他

シリアル番号 ローマ字記入時は下欄にマークして下さい

車台番号職権打刻位置

その他検査事項等コード　1 設定　2 削除　3 追加

定期点検

受検形態

装置名等コード

走行距離計表示値　00 km　2 mile

改造自動車　1 設定　2 削除　3 追加　改造通知番号　軽検　改第　号　改造通知年月日（元号）年　月　日　改造内容

軽自動車検査協会　殿

令和　年　月　日

申請者（使用者・所有者）氏名又は名称

住所

受検者　氏名又は名称

住所

変更事項

長辺

（日本産業規格Ａ列４番）

軽第三号様式〔継続　臨時　検査　申請書／自動車検査証記入申請書／自動車検査証　自動車予備検査証　再交付　申請書／限定自動車検査証　検査標章　再交付　申請書／検査記録事項等証明書交付　請求書〕（第三条関係）

■　■　（□継続検査　□自動車検査証記入　□自動車予備検査証再交付　□検査標章再交付／□臨時検査　□自動車検査証再交付　□限定自動車検査証再交付）申請書　□検査記録事項等証明書交付請求書　　軽第3号様式 ■

㊿業務種別　2 継続　3 臨時　6 番号変更　7 証明書交付　9 再交付
51 車両提示　1 持込
52 手数料　1 無料
53 再交付　1 検査標章
72 証明書　1 現在　2 詳細
55 番号指示　1 乗用　2 貨物　3 特種（用途1）　1 自家用　2 事業用　3 貸渡　4 AB（用途2）　1 字光（標板1）　1 中板二枚　2 中板一枚　3 小板二枚　4 小板一枚（標板2）
60 処理　1 訂正　2 復元　1 検査証不要　2 事務所指示番号　4 限定検査証交付　5 再出力
61 例外
95 制限解除

②希望車両番号　ローマ字記入時は下欄にマークして下さい
（この欄には希望番号予約済証に記載されている希望車両番号の支局等を表示する文字を除いたものを記入して下さい）

③車台番号　ローマ字記入時は下欄にマークして下さい

94 証明書指示　1 保・自提出　2 保適証提出　3 自賠責提出

①車両番号　ローマ字記入時は下欄にマークして下さい　1 小板

（① 自動車検査証、自動車予備検査証、限定自動車検査証の再交付及び証明書の交付請求を車両番号に基づいておこなう場合、この欄に記入する必要はありません。
② 車台番号に基づいて証明書の交付請求をする場合で、車台番号が20桁を超えるときは下20桁を、また車台番号が20桁以内のときはその全てを左詰で記入して下さい。）

47 整備工場コード

67 定期点検　97 受検形態　83 装置名等コード　1　2　3　4　5　6　7

96 走行距離計表示値　00　km 2 mile

以下の書面に記載すべき事項が登録情報処理機関に提供された場合はチェックして下さい。

□保安基準適合証

検査記録事項等証明書の種類

□現在記録ファイル記録事項分

□現在記録ファイル及び保存記録ファイル記録事項分

軽自動車検査協会　殿

令和　　年　　月　　日

申請者（使用者・所有者）氏名又は名称

住所

請求者（所有者）氏名又は名称

住所

交付又は再交付を受ける理由

受検者氏名又は名称

住所

申請代理人氏名

住所

変更事項

■

短辺

長辺

（日本産業規格A列4番）

軽第四号様式〔自動車検査証返納証明書交付申請書〕（第三条関係）

自動車検査証返納証明書交付申請書

軽第4号様式

(50)業務種別 7　(52)手数料 1 無料

(60)処理　1 訂正 2 復元　1 検査証不要 5 再出力 6 滅失・解体等

①車両番号 ローマ字記入時は下欄にマークして下さい　1 小板

③車台番号（自動車検査証の車台番号のうち下7桁の数字等を記入）ローマ字記入時は下欄にマークして下さい

軽自動車検査協会　殿

令和　年　月　日

申請者（使用者）
氏名又は名称

住所

（所有者）
氏名又は名称

住所

返納の原因
□ 滅失、解体等（被けん引車に限る）
□ 一時使用中止

短辺

長辺

（日本産業規格Ａ列４番）

軽第四号様式の二〔輸出予定届出証明書交付　申請書／解体等　輸出　再輸入見込　届出書／輸出予定届出証明書返納　届出書〕（第三条関係）

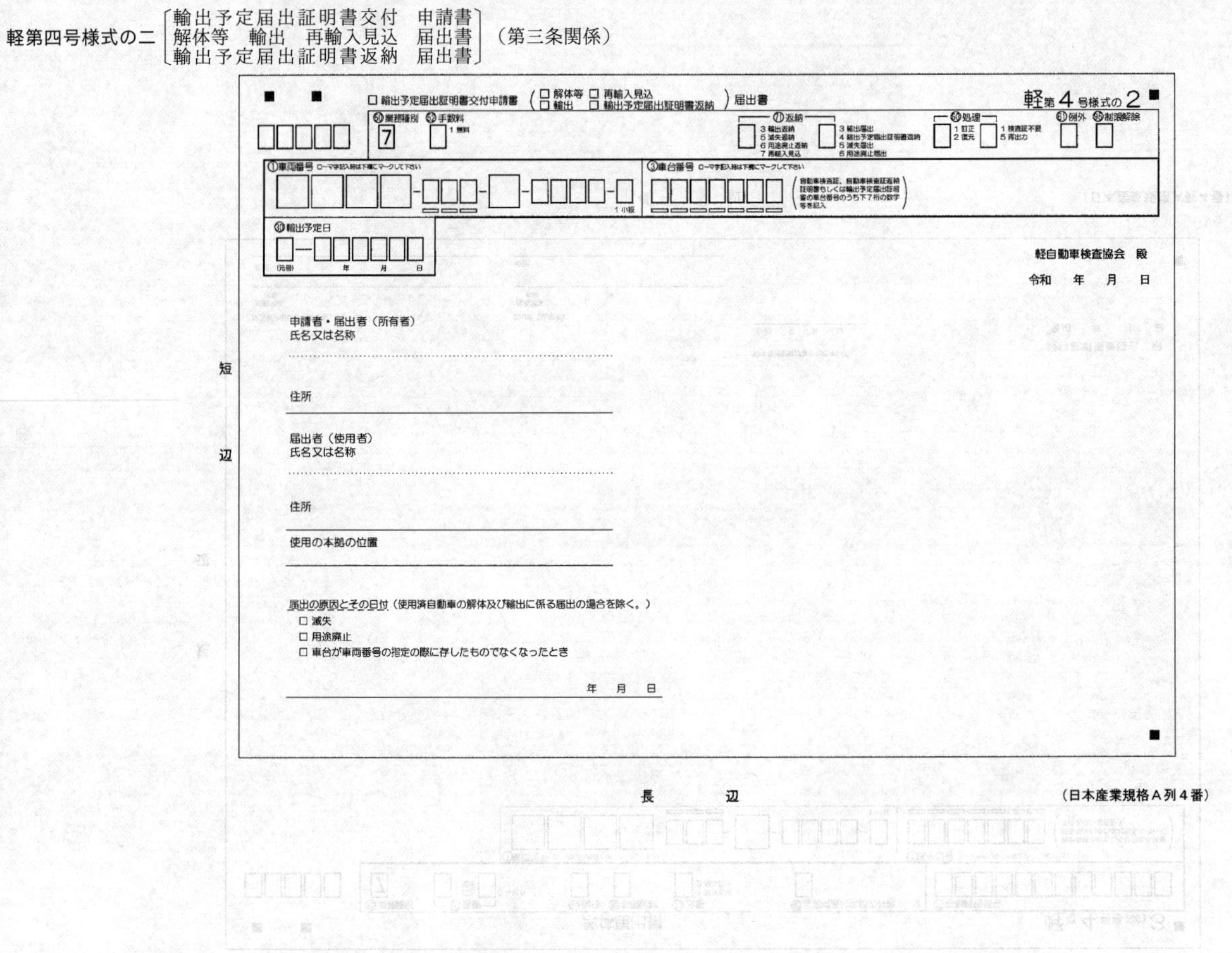

□ 輸出予定届出証明書交付申請書（□ 解体等 □ 再輸入見込 □ 輸出 □ 輸出予定届出証明書返納）届出書

軽第4号様式の2

㊿業務種別 7　�765手数料 1 無料

⑦返納 3 輸出返納 5 滅失返納 6 用途廃止返納 7 再輸入見込　3 輸出届出 4 輸出予定届出証明書返納 5 滅失届出 6 用途廃止届出

⑩処理 1 訂正 2 復元　1 検査証不要 5 再出力

⑪例外　⑮制限解除

①車両番号 ローマ字記入時は下欄にマークして下さい　1 小板

③車台番号 ローマ字記入時は下欄にマークして下さい（自動車検査証、自動車検査証返納証明書もしくは輸出予定届出証明書の車台番号のうち下7桁の数字等を記入）

⑩輸出予定日 （元号） 年 月 日

軽自動車検査協会　殿

令和　年　月　日

申請者・届出者（所有者）
氏名又は名称

住所

届出者（使用者）
氏名又は名称

住所

使用の本拠の位置

届出の原因とその日付（使用済自動車の解体及び輸出に係る届出の場合を除く。）
- □ 滅失
- □ 用途廃止
- □ 車台が車両番号の指定の際に存したものでなくなったとき

年　月　日

短辺　長辺

（日本産業規格Ａ列４番）

軽第四号様式の三〔解体届出書〕（第三条関係）

短辺

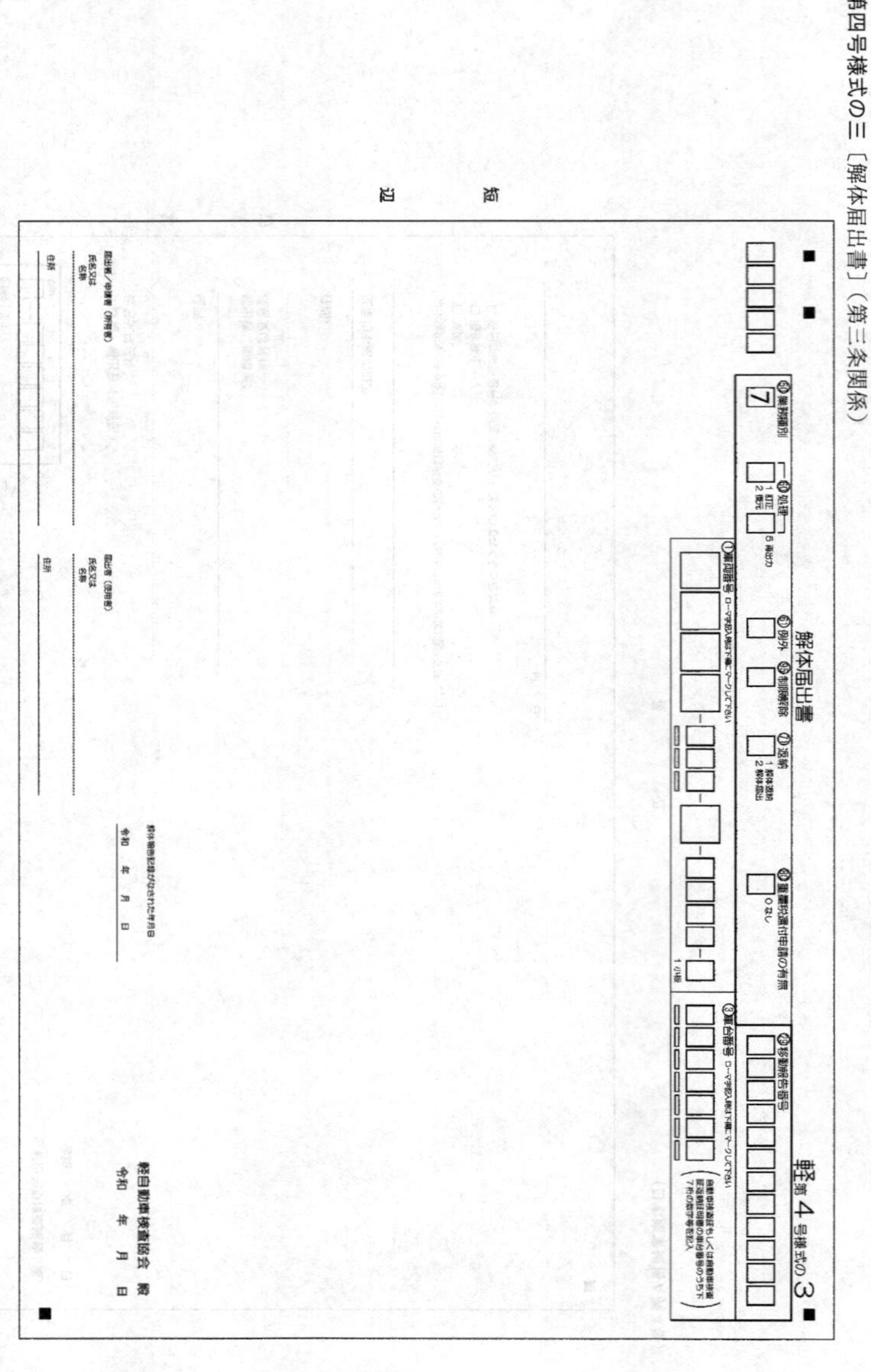
軽第4号様式の3

解体届出書

⑩業務種別 7

⑩処理 1 訂正 2 取消 5 再出力

①車両番号 ローマ字記入時は下欄にマークして下さい

⑪例外　⑮制限解除　⑦返納 1 解体返納 2 解体届出　⑳重量税還付申請の有無 0 なし

㉙移動報告番号

③車台番号 ローマ字記入時は下欄にマークして下さい

（自動車検査証若しくは自動車検査証返納証明書の車台番号のうち下7桁の数字等を記入）

解体報告記録がなされた年月日
令和　年　月　日

届出者／申請者（所有者）
氏名又は名称
住所

届出者（使用者）
氏名又は名称
住所

軽自動車検査協会　殿
令和　年　月　日

長辺

（日本産業規格A列4番）

軽第五号様式〔新規 予備 検査 申請書
自動車検査証 自動車予備検査証 記入 申請書
自動車検査証交付 申請書〕（第三条関係）

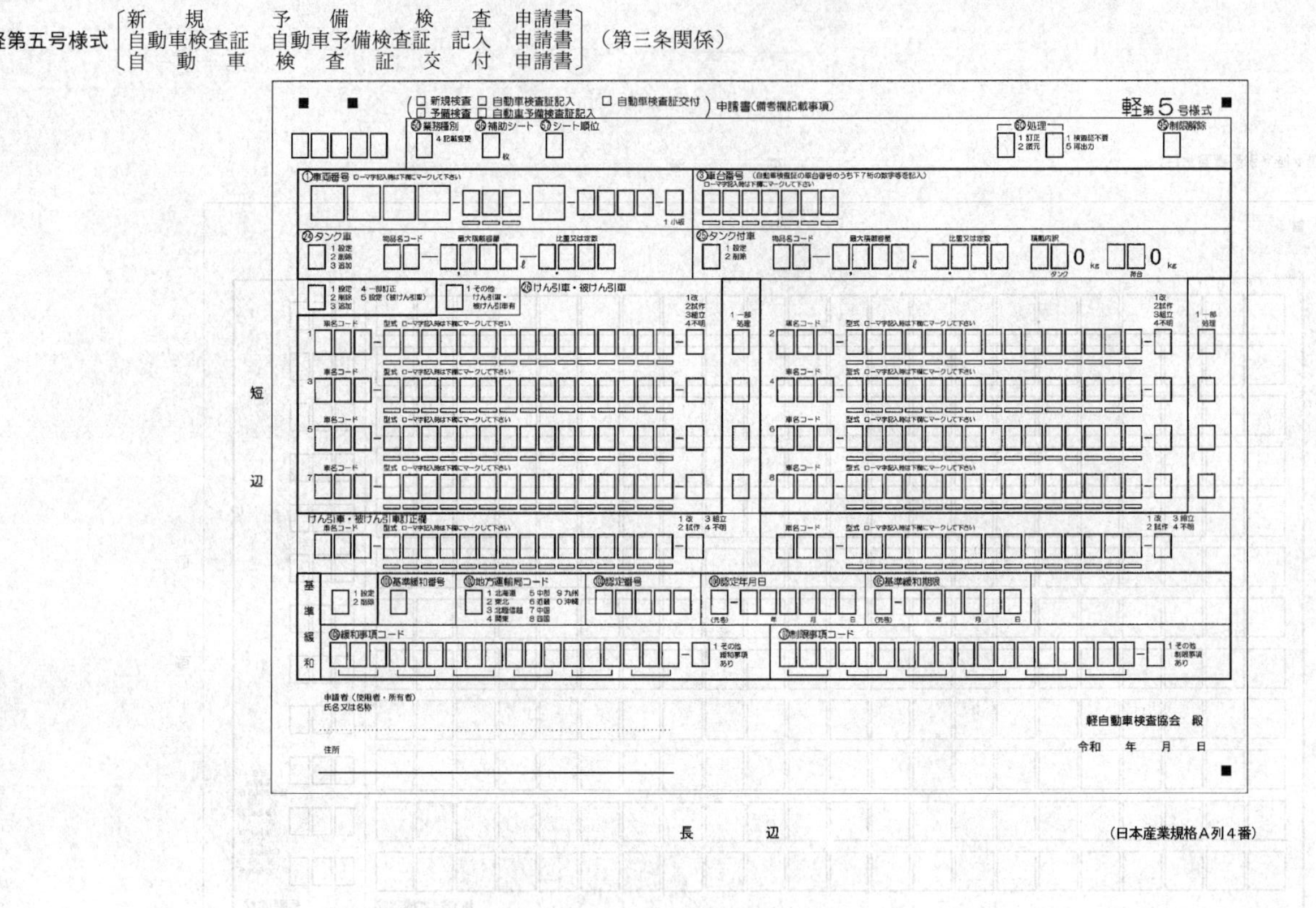

（□ 新規検査 □ 自動車検査証記入 □ 自動車検査証交付 / □ 予備検査 □ 自動車予備検査証記入）申請書（備考欄記載事項）

軽第5号様式

㊿業務種別　4 記載変更

㊿補助シート　枚

㊿シート順位

処理　1 訂正 2 復元　1 検査証不要 5 再出力

制限解除

①車両番号　ローマ字記入時は下欄にマークして下さい　1 小板

③車台番号（自動車検査証の車台番号のうち下7桁の数字等を記入）ローマ字記入時は下欄にマークして下さい

タンク車　1 設定 2 削除 3 追加　物品名コード　最大積載容量 ℓ　比重又は定数

タンク付車　1 設定 2 削除　物品名コード　最大積載容量 ℓ　比重又は定数　積載内訳　0 kg タンク　0 kg 荷台

1 設定 2 削除 3 追加 4 一部訂正 5 設定（被けん引車）　1 その他けん引車・被けん引車有

けん引車・被けん引車

車名コード　型式　ローマ字記入時は下欄にマークして下さい　1 改 2 試作 3 組立 4 不明　1 一部処理

けん引車・被けん引車訂正欄

基準緩和　1 設定 2 削除　基準緩和番号　地方運輸局コード（1 北海道 2 東北 3 北陸信越 4 関東 5 中部 6 近畿 7 中国 8 四国 9 九州 0 沖縄）　認定番号　認定年月日（元号）年 月 日　基準緩和期限（元号）年 月 日

緩和事項コード　1 その他緩和事項あり

制限事項コード　1 その他制限事項あり

申請者（使用者・所有者）
氏名又は名称

住所

軽自動車検査協会　殿

令和　　年　　月　　日

短辺

長辺

（日本産業規格A列4番）

軽第六号様式〔記載事項等補助シート〕（第三条関係）

軽第6号様式

記載事項等補助シート

(57) シート順位

(60) 処理
3 設定
4 削除
5 追加

(70) 項目番号
4 使用者オーバーフロー
5 使用者の住所
6 所有者オーバーフロー
7 所有者の住所
9 使用の本拠の位置
11 車名

(28) 記載事項等記入欄

短辺

長辺

（日本産業規格Ａ列４番）

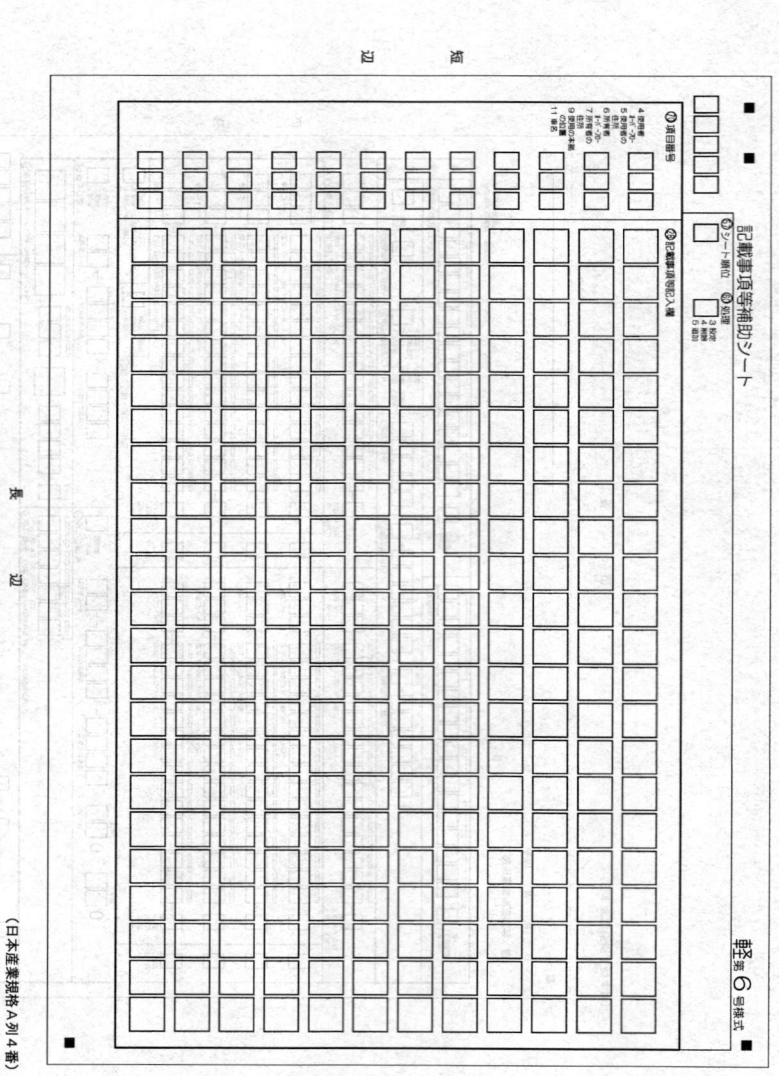

軽専用第一号様式〔自動車検査証記入申請書〕（第三条関係）

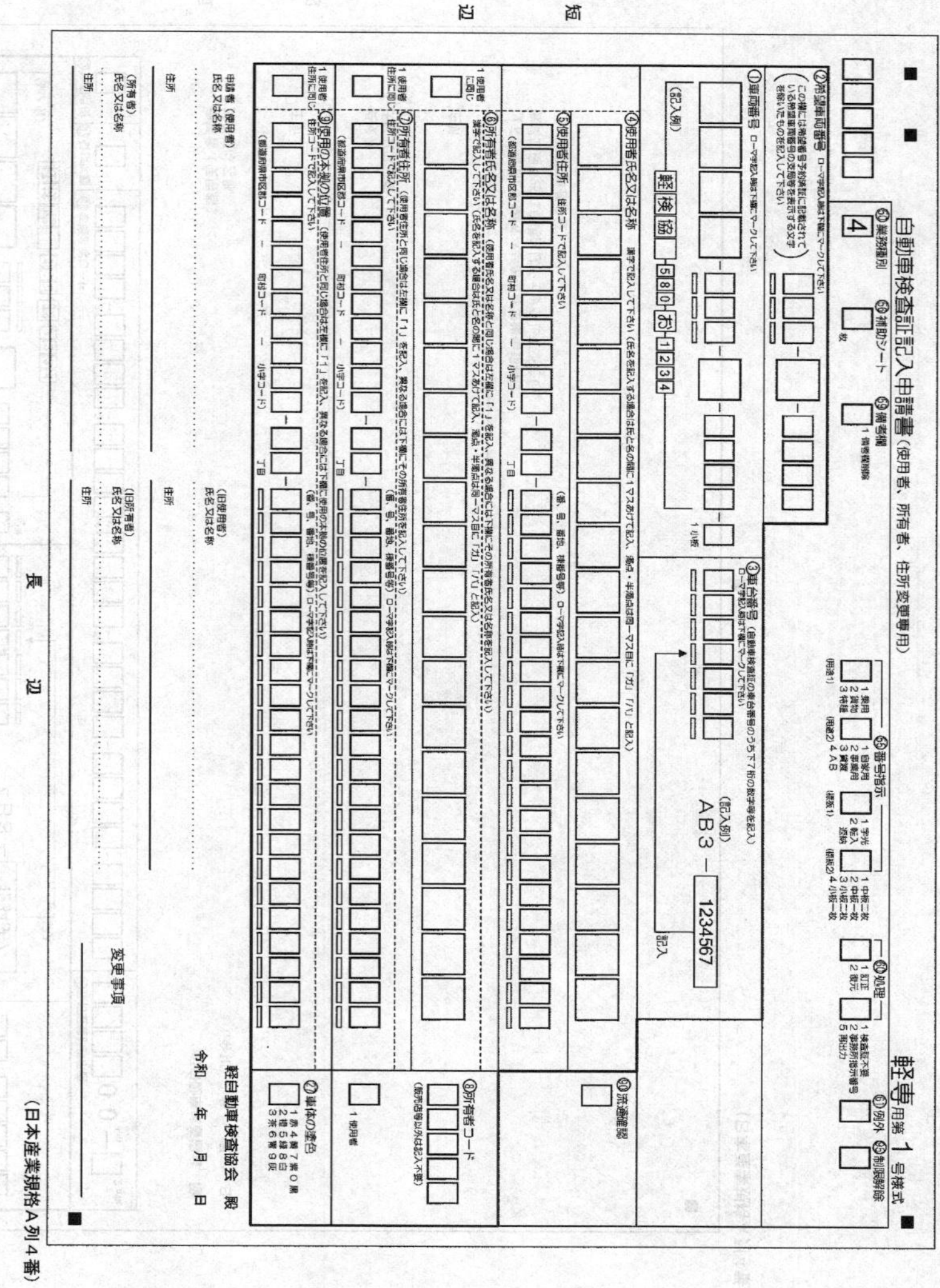
■ 軽専用第1号様式

自動車検査証記入申請書（使用者、所有者、住所変更専用）

①登録番号

③車台番号

（記入例）AB3－1234567

④使用者氏名又は名称

⑤使用者住所

⑥所有者氏名又は名称

⑦所有者住所

⑧所有者コード

⑨使用の本拠の位置

⑫車体の塗色

軽自動車検査協会　殿

令和　　年　　月　　日

申請者（使用者）氏名又は名称

住所

（所有者）氏名又は名称

住所

（旧使用者）氏名又は名称

住所

（旧所有者）氏名又は名称

住所

変更事項

短辺

長辺

（日本産業規格A列4番）

軽専用第二号様式〔継続検査申請書〕（第三条関係）

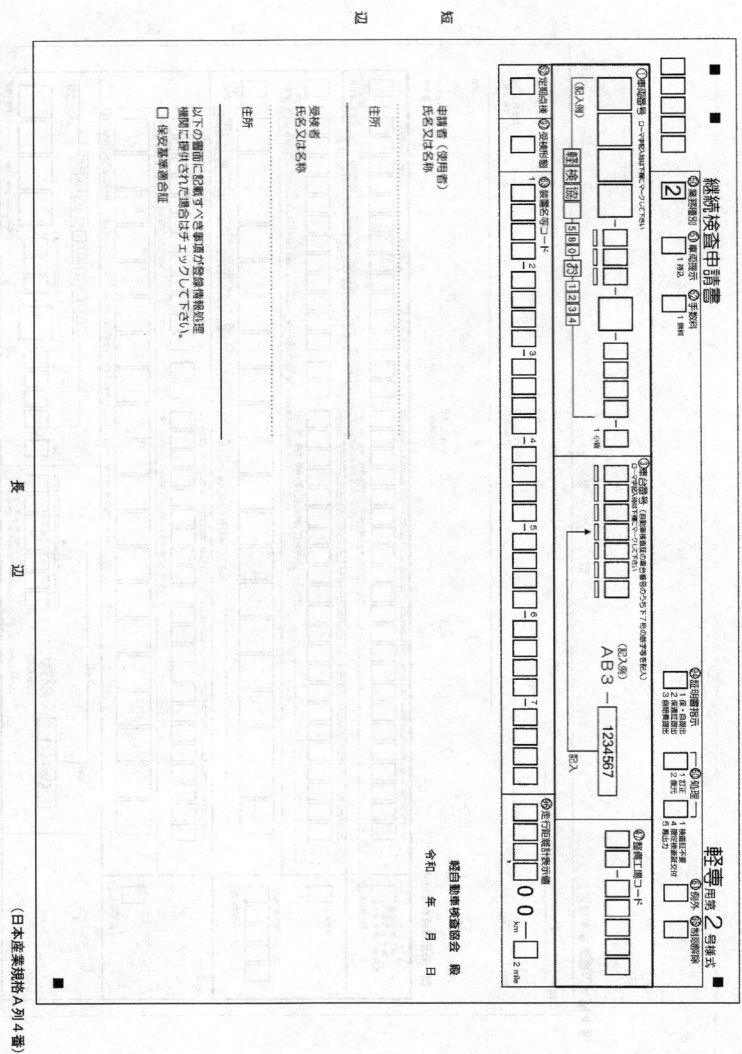

継続検査申請書

軽専用第2号様式

□□□□□

㊿業務種別	51 車両提示	52 手数料	94 証明書指示	60 処理		61 例外	95 制限解除
2	□ 1 持込	□ 1 無料	□ 1 保・自提出 2 保適証提出 3 自賠責提出	□ 1 訂正 2 復元	□ 1 検査証不要 4 限定検査証交付 5 再出力	□	□

①車両番号 ローマ字記入時は下欄にマークして下さい	③車台番号（自動車検査証の車台番号のうち下7桁の数字等を記入） ローマ字記入時は下欄にマークして下さい	47 整備工場コード
□□□□-□□□-□-□□□□-□ 1 小板 （記入例） 軽検協□-580-お-1234	□□□□□□□ （記入例） AB3 － 1234567 記入	□□-□□□□□

52 定期点検	97 受検形態	63 装置名等コード	96 走行距離計表示値
□	□	1 □□□□-2 □□□□-3 □□□□-4 □□□□-5 □□□□-6 □□□□-7 □□□□	□□□□,00 km — □ 2 mile

軽自動車検査協会　殿

令和　　年　　月　　日

申請者（使用者）
氏名又は名称

住所

受検者
氏名又は名称

住所

以下の書面に記載すべき事項が登録情報処理機関に提供された場合はチェックして下さい。

□ 保安基準適合証

短辺

長辺

（日本産業規格A列4番）

第十一号様式（登録事項等通知書）（第三条関係）

番　号

年　月　日　　運輸監理部長又は運輸支局長

登　録　事　項　等　通　知　書

自動車登録番号又は車両番号	登録年月日／交付年月日	初度登録年月	車　台　番　号
	年　月　日	年　月	

車　名	型　式	原動機の型式

所有者の氏名又は名称	
所有者の住所	
使用の本拠の位置	
備　考	

旧自動車登録番号又は車両番号	自動車登録番号標　交付印

短辺

長　辺　　（日本産業規格Ａ列４番）

第十二号様式（輸出抹消仮登録証明書）（第四条関係）

番　号

整　理　番　号

輸出抹消仮登録証明書 ／ Export Certificate

自動車登録番号 ／ Registration No.	登録年月日 ／ Registration Date	初度登録年月 ／ First Reg. Date	車　台　番　号 ／ Maker's serial number
	年 year　月 month　日 day	年 year　月 month	

車　名 ／ Trademark of the maker of the vehicle	型　式 ／ Model	原動機の型式 ／ Engine Model

所有者の氏名又は名称 Name of Owner	
所有者の住所 Address of Owner	
使用者の氏名又は名称 Name of User	
使用者の住所 Address of User	
使用の本拠の位置 Locality of principal abode of use	

自動車の種別 Classification of Vehicle	用途 Use	自家用・事業用の別 Purpose	車体の形状 Type of Body	乗車定員 Fixed Number	最大積載量 Maxim, Carry	車両重量 Weight	車両総重量 G/Weight
				人	kg	kg	kg

総排気量又は定格出力 Engine Capacity	燃料の種別 Classification of Fuel	型式指定番号 Specification No.	類別区分番号 Classification No.	長さ Length	幅 Width	高さ Height	前前軸重 FF Weight	前後軸重 FR Weight	後前軸重 RF Weight	後後軸重 RR Weight
kW L				cm	cm	cm	kg	kg	kg	kg

輸出予定日（証明書有効期間満了日） Export scheduled day	年 year　月 month　日 day

備　考

年 year　月 month　日 day

Director-General of the District Transport Bureau or
Director-General of the Transport Branch of the District Transport Bureau,
Ministry of Land, Infrastructure, Transport and Tourism, Japan

運輸監理部長又は運輸支局長

短辺

長辺

（日本産業規格Ａ列４番）

短辺

番　号

輸出抹消仮登録証明書 ／ Export Certificate

自動車登録番号 ／ Registration No.	車 台 番 号 ／ Maker's serial number

備　考

年 year　月 month　日 day

Director-General of the District Transport Bureau or
Director-General of the Transport Branch of the District Transport Bureau,
Ministry of Land, Infrastructure, Transport and Tourism, Japan

運輸監理部長又は運輸支局長

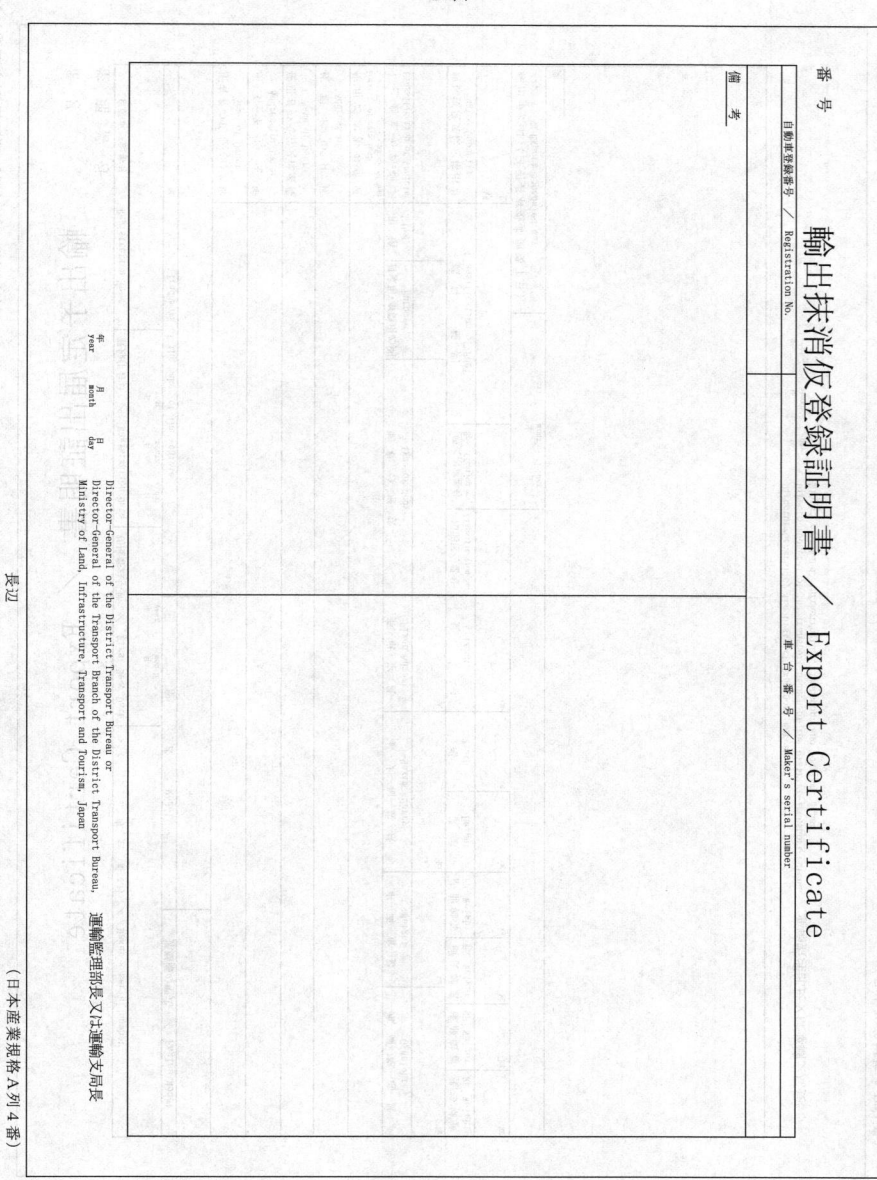

長辺

（日本産業規格Ａ列４番）

第十三号様式（輸出予定届出証明書）（第四条関係）

番　号

整理番号

輸出予定届出証明書 ／ Export Certificate

自動車登録番号 ／ Registration No.	登録年月日 ／ Registration Date	初度登録年月 ／ First Reg. Date	車台番号 ／ Maker's serial number
	年 year　月 month　日 day	年 year　月 month	

車名 ／ Trademark of the maker of the vehicle	型式 ／ Model	原動機の型式 ／ Engine Model

所有者の氏名又は名称 Name of Owner	
所有者の住所 Address of Owner	
使用者の氏名又は名称 Name of User	
使用者の住所 Address of User	
使用の本拠の位置 Locality of principal abode of use	

自動車の種別 Classification of Vehicle	用途 Use	自家用・事業用の別 Purpose	車体の形状 Type of Body	乗車定員 Fixed Number	最大積載量 Maxim. Carry	車両重量 Weight	車両総重量 G/Weight
				人	kg	kg	kg

総排気量又は定格出力 Engine Capacity	燃料の種別 Classification of Fuel	型式指定番号 Specification No.	類別区分番号 Classification No.	長さ Length	幅 Width	高さ Height	前前軸重 FF Weight	前後軸重 FR Weight	後前軸重 RF Weight	後後軸重 RR Weight
kW L				cm	cm	cm	kg	kg	kg	kg

輸出予定日（証明書有効期間満了日） Export scheduled day	年 year　月 month　日 day	

備考

年 year　月 month　日 day

Director-General of the District Transport Bureau or
Director-General of the Transport Branch of the District Transport Bureau,
Ministry of Land, Infrastructure, Transport and Tourism, Japan

運輸監理部長又は運輸支局長

短辺

長辺

（日本産業規格Ａ列４番）

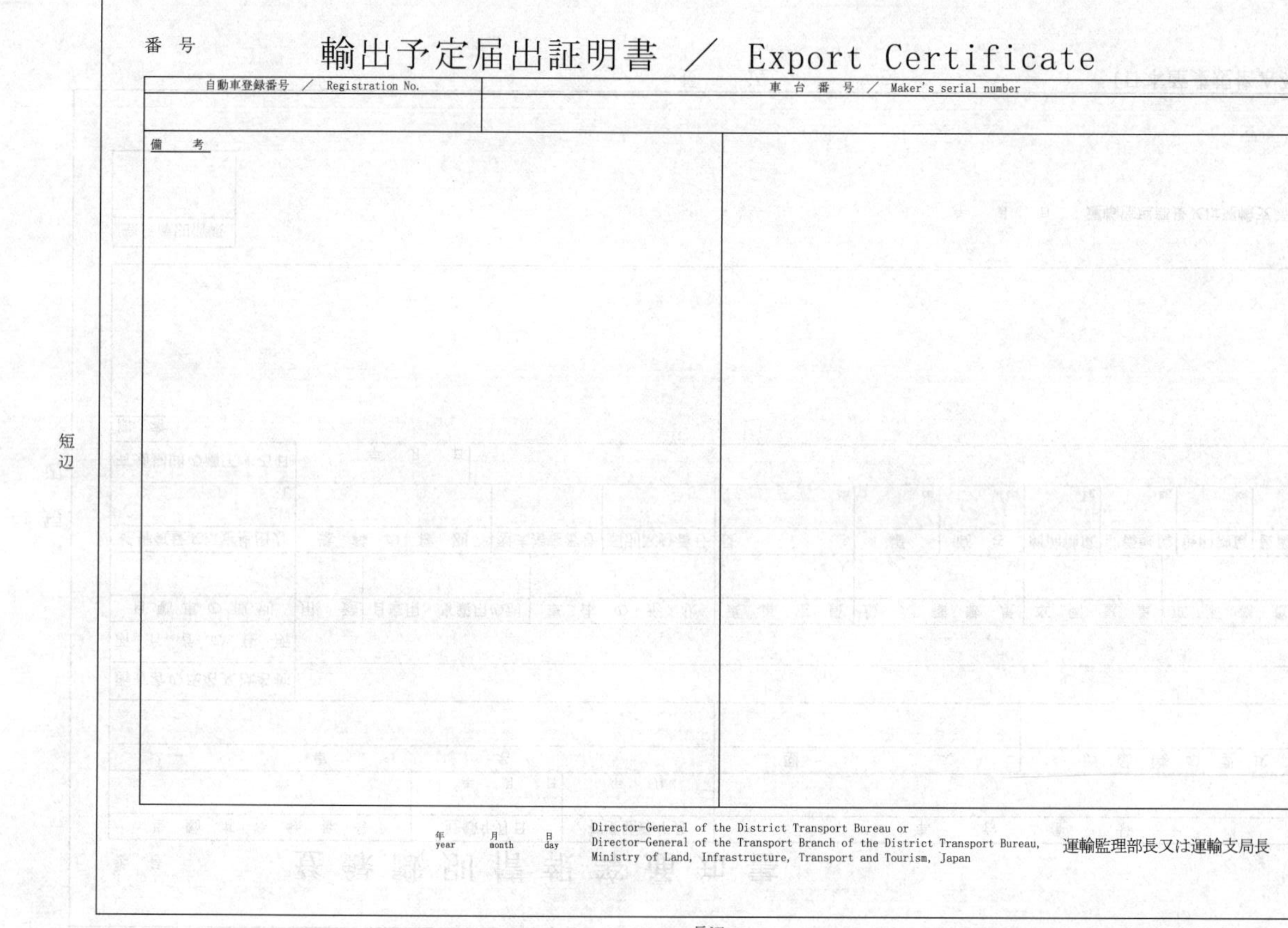

短辺

番号

輸出予定届出証明書／Export Certificate

自動車登録番号／Registration No.	車台番号／Maker's serial number

備考

年　月　日
year　month　day

Director-General of the District Transport Bureau or
Director-General of the Transport Branch of the District Transport Bureau,
Ministry of Land, Infrastructure, Transport and Tourism, Japan

運輸監理部長又は運輸支局長

長辺

（日本産業規格Ａ列４番）

第十四号様式（登録識別情報等通知書）（第四条関係）

番号

登録識別情報等通知書

自動車登録番号	登録年月日	初度登録年月	車台番号
	年　月　日	年　月	

車名	型式	原動機の型式

所有者の氏名又は名称	
所有者の住所	

自動車の種別	用途	自家用・事業用の別	車体の形状	乗車定員	最大積載量	車両重量	車両総重量
				人	kg	kg	kg

総排気量又は定格出力	燃料の種別	型式指定番号	類別区分番号	長さ	幅	高さ	前前軸重	前後軸重	後前軸重	後後軸重
kW L				cm	cm	cm	kg	kg	kg	kg

有効期間の満了する日	年　月　日	

備考

登録識別情報

年　月　日　運輸監理部長又は運輸支局長

短辺

長辺

（日本産業規格A列4番）

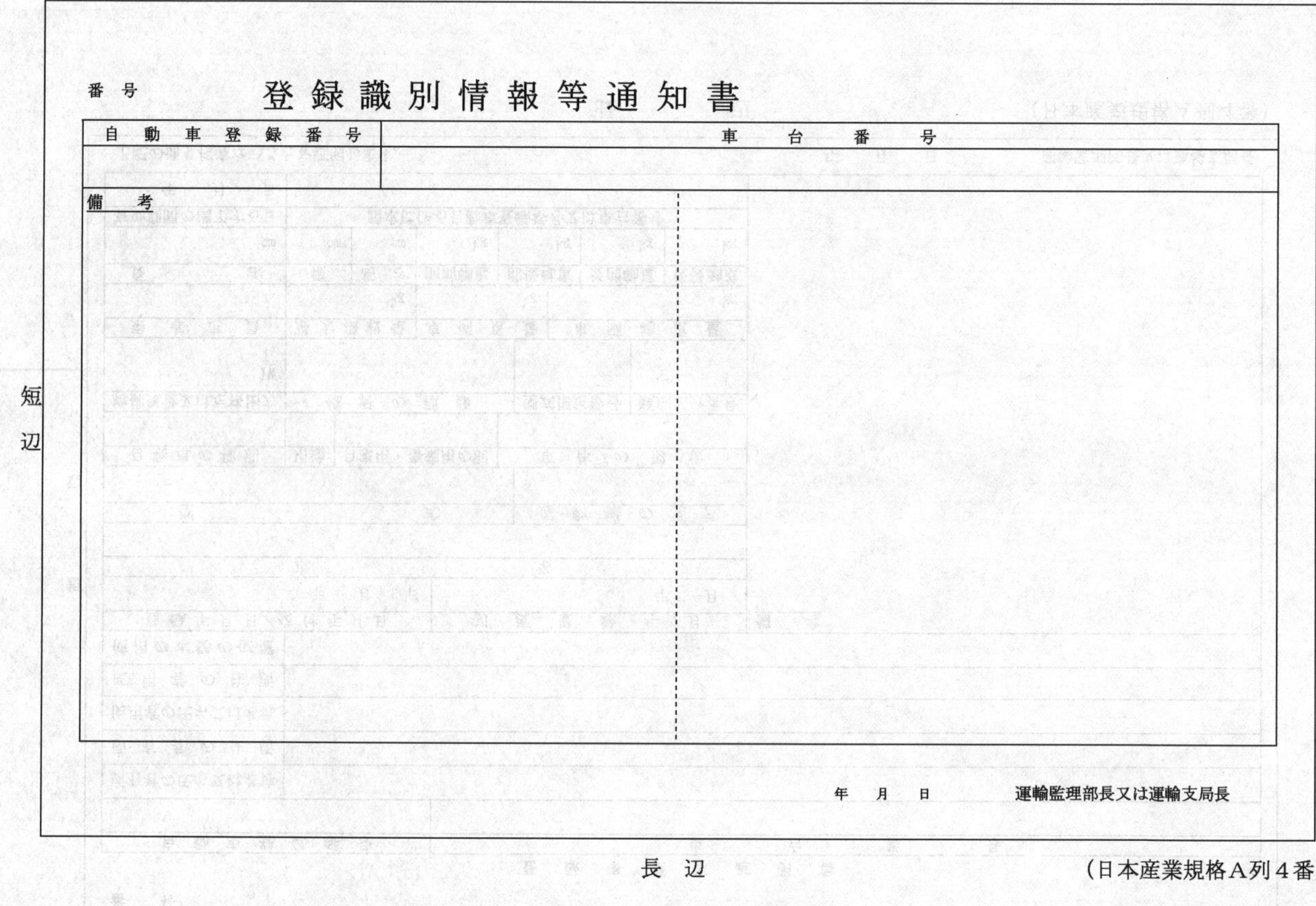

番号

登録識別情報等通知書

自動車登録番号	車台番号

備考

短辺

年　月　日　　運輸監理部長又は運輸支局長

長辺　　（日本産業規格A列4番）

第十五号様式（登録事項等証明書）（第四条関係）

番　号

登　録　事　項　等　証　明　書

自動車登録番号	車台番号

所有者の氏名又は名称	
所有者の住所	
使用者の氏名又は名称	
使用者の住所	
使用の本拠の位置	

登録年月日／交付年月日	初度登録年月	備考
年　月　日	年　月	

車名

型式	原動機の型式

自動車の種別	用途	自家用・事業用の別	車体の形状

総排気量又は定格出力	燃料の種類	型式指定番号	類別区分番号
kW L			

乗車定員	最大積載量	車両重量	車両総重量
人	kg	kg	kg

長さ	幅	高さ	前前軸重	前後軸重	後前軸重	後後軸重
cm	cm	cm	kg	kg	kg	kg

有効期間の満了する日	請求に係る自動車登録番号又は車台番号
年　月　日	

上記の通り相違ないことを証明します。　　年　月　日　　運輸監理部長又は運輸支局長

短辺

長辺

（日本産業規格Ａ列４番）

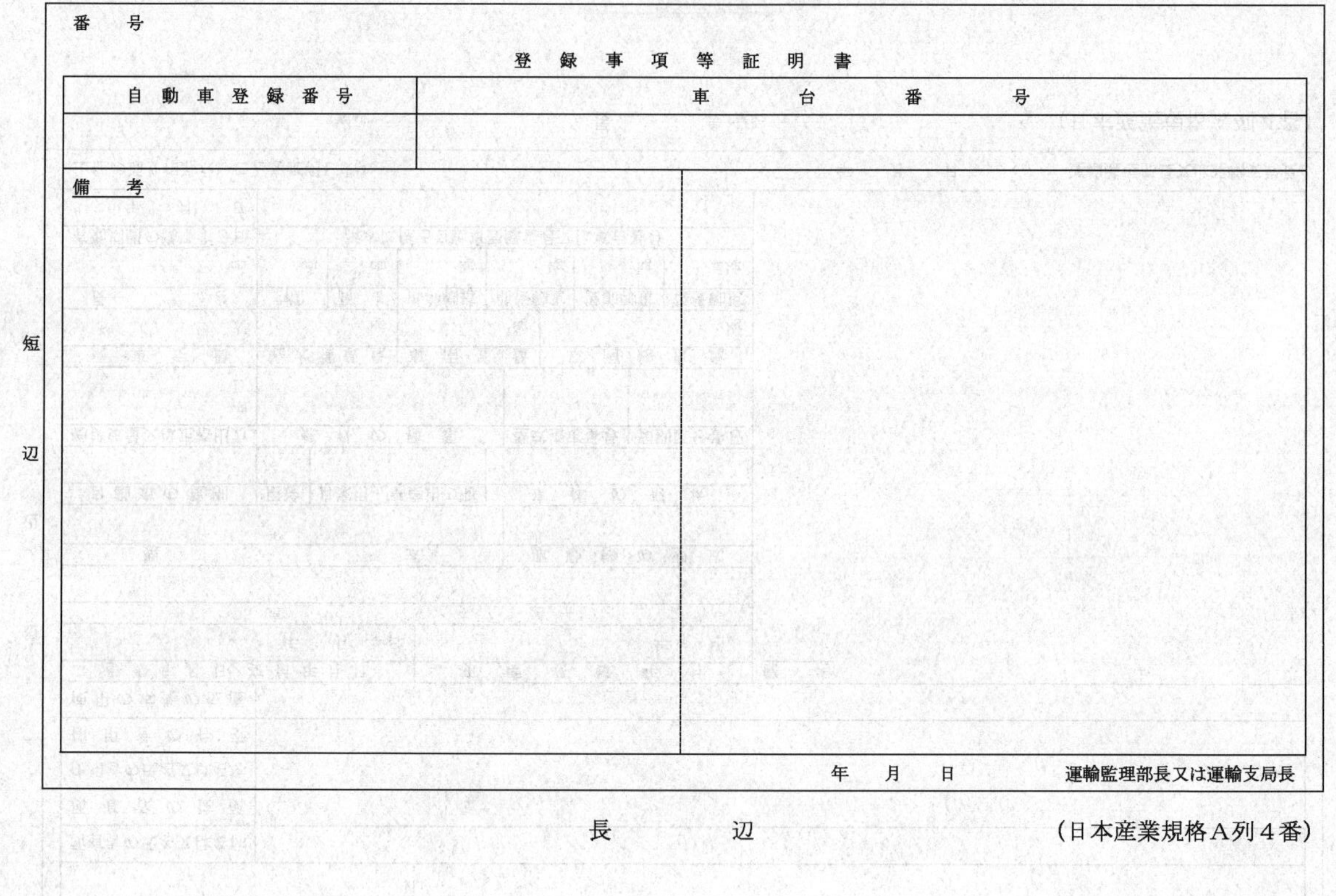

番号

登録事項等証明書

自動車登録番号	車台番号

備考

年　月　日　　運輸監理部長又は運輸支局長

短辺

長辺

（日本産業規格A列4番）

第十六号様式（登録事項等証明書）（第四条関係）

番　号

登録事項等証明書　現在記録

自動車登録番号	車台番号

所有者の氏名又は名称	
所有者の住所	
使用者の氏名又は名称	
使用者の住所	
使用の本拠の位置	

登録年月日／交付年月日	初度登録年月	備考
年　月　日	年　月	

車名

型式	原動機の型式

自動車の種別	用途	自家用・事業用の別	車体の形状

総排気量又は定格出力	燃料の種類	型式指定番号	類別区分番号
kW L			

乗車定員	最大積載量	車両重量	車両総重量
人	kg	kg	kg

長さ	幅	高さ	前前軸重	前後軸重	後前軸重	後後軸重
cm	cm	cm	kg	kg	kg	kg

有効期間の満了する日	請求に係る自動車登録番号又は車台番号
年　月　日	

上記の通り相違ないことを証明します。　　年　月　日　　運輸監理部長又は運輸支局長

短辺

長辺

（日本産業規格Ａ列４番）

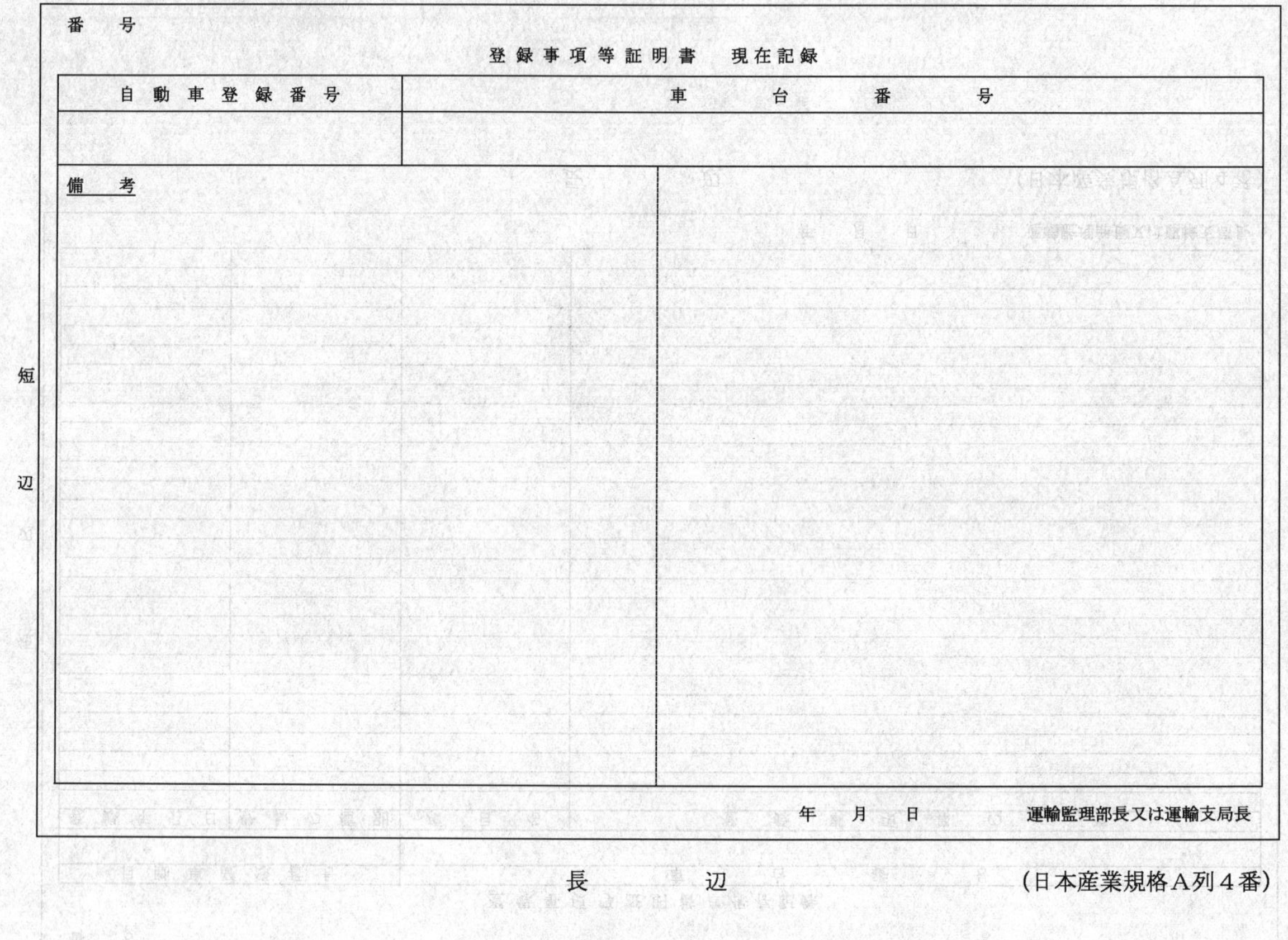

番号

登録事項等証明書　現在記録

自動車登録番号	車台番号

備考

年　月　日　　運輸監理部長又は運輸支局長

短辺

長辺

（日本産業規格Ａ列４番）

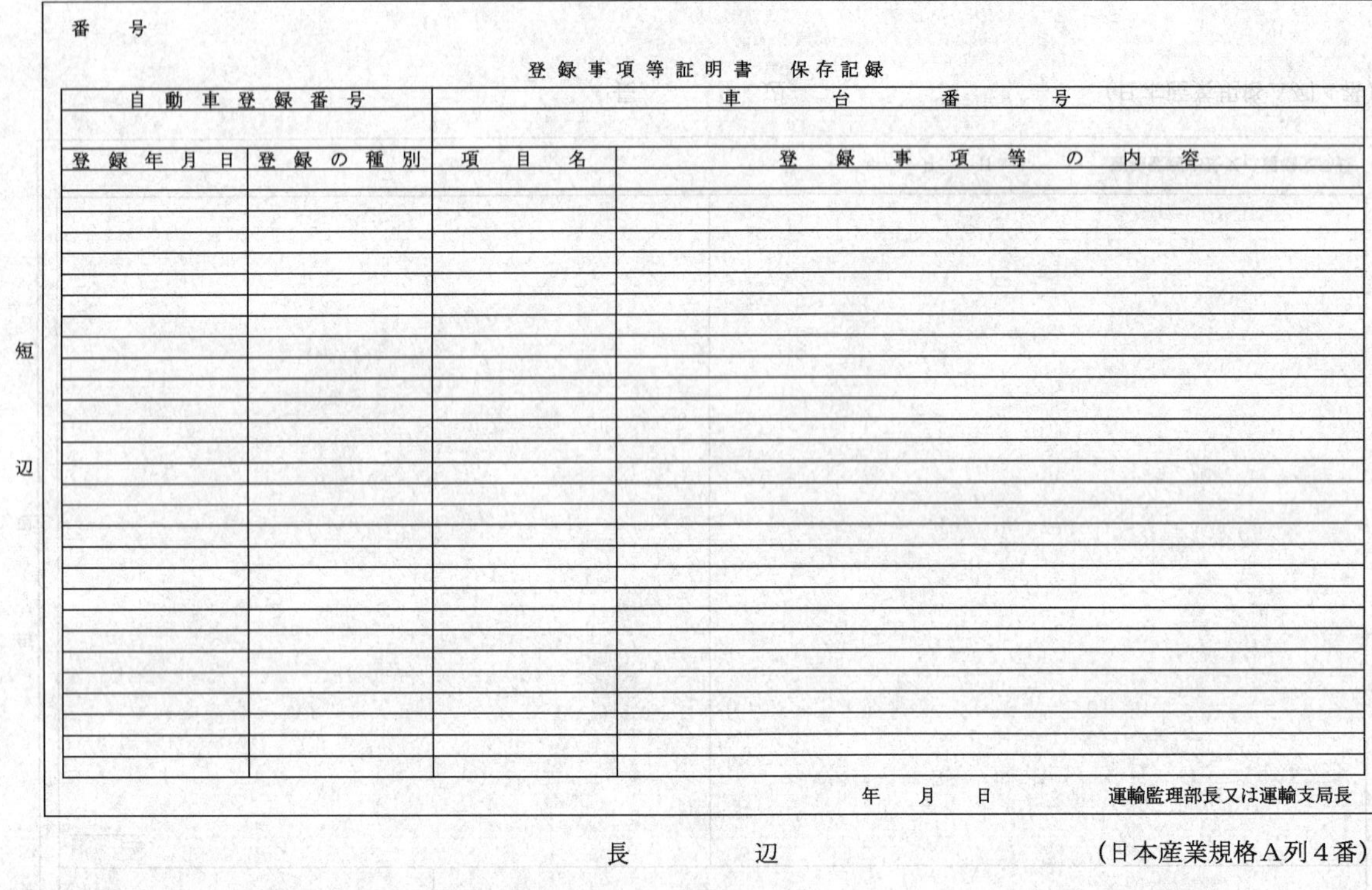

番号

登録事項等証明書　保存記録

自動車登録番号		車台番号	
登録年月日	登録の種別	項目名	登録事項等の内容

年　月　日　運輸監理部長又は運輸支局長

短辺

長辺

（日本産業規格A列4番）

第十七号様式（登録事項等証明書）（第四条関係）

交付年月日　　年　月　日

登録事項等証明書

運輸監理部長又は運輸支局長

番号	自動車登録番号	型式	原動機の型式			所有者の氏名又は名称	所有者の住所	使用の本拠の位置	燃料の種類			
	車名及び車台番号		初度登録年月	登録年月日	有効期間の満了日	使用者の氏名又は名称	使用者の住所		車体の形状	乗車定員	最大積載量	総排気量又は定格出力
1												
2												
3												
4												
5												
6												
7												
8												
9												
10												
11												
12												
13												
14												
15												
16												
17												
18												
19												
20												
21												
22												
23												
24												
25												
26												
27												
28												
29												
30												

短辺

長辺

（日本産業規格A列３番）

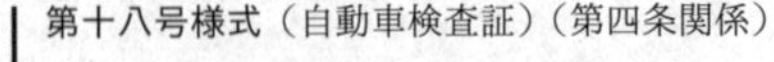
第十八号様式（自動車検査証）（第四条関係）

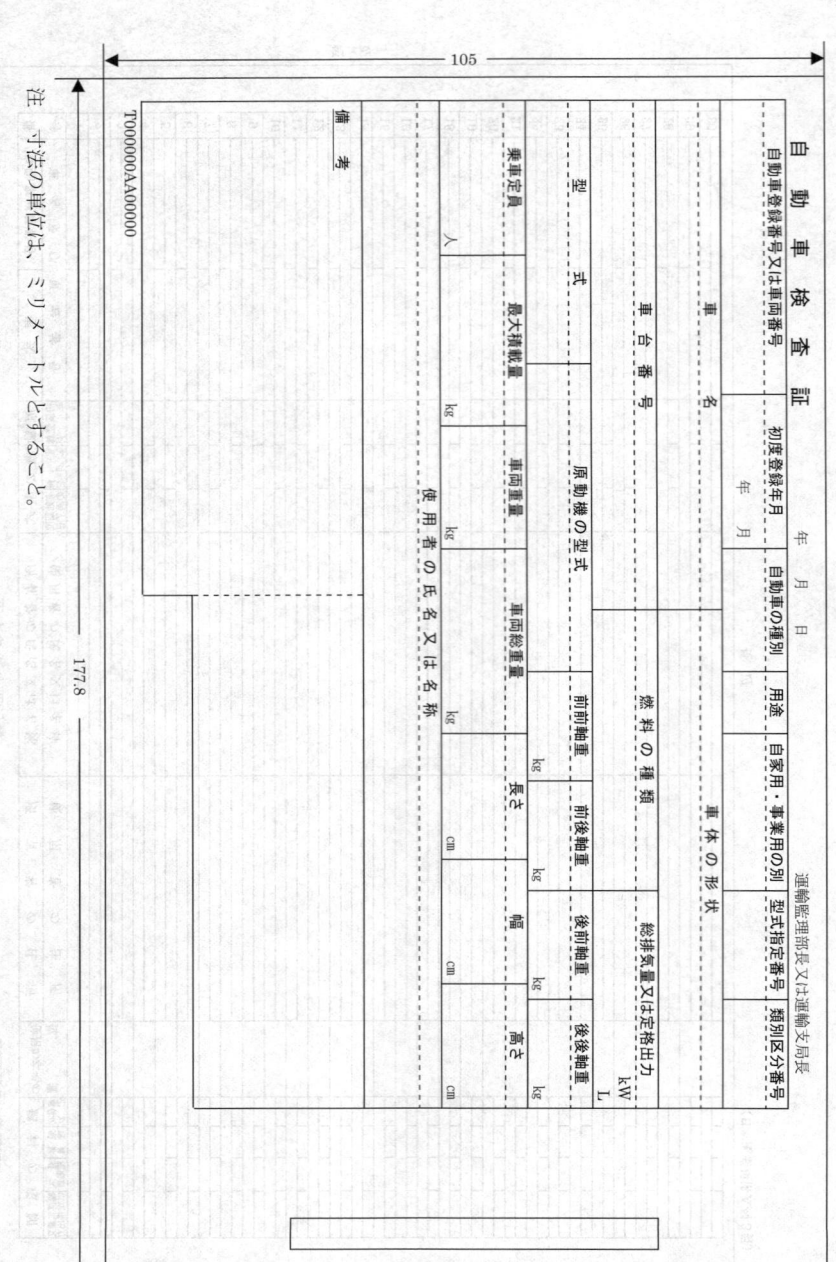

105

自　動　車　検　査　証

年　月　日　　　　運輸監理部長又は運輸支局長

自動車登録番号又は車両番号	初度登録年月	自動車の種別	用途	自家用・事業用の別	型式指定番号	類別区分番号
	年　月					

車　名	車体の形状

車台番号	燃料の種類	総排気量又は定格出力
		kW L

型　式	原動機の型式	前前軸重	前後軸重	後前軸重	後後軸重
		kg	kg	kg	kg

乗車定員	最大積載量	車両重量	車両総重量	長さ	幅	高さ
人	kg	kg	kg	cm	cm	cm

使用者の氏名又は名称

備　考

T000000AA00000

177.8

注　寸法の単位は、ミリメートルとすること。

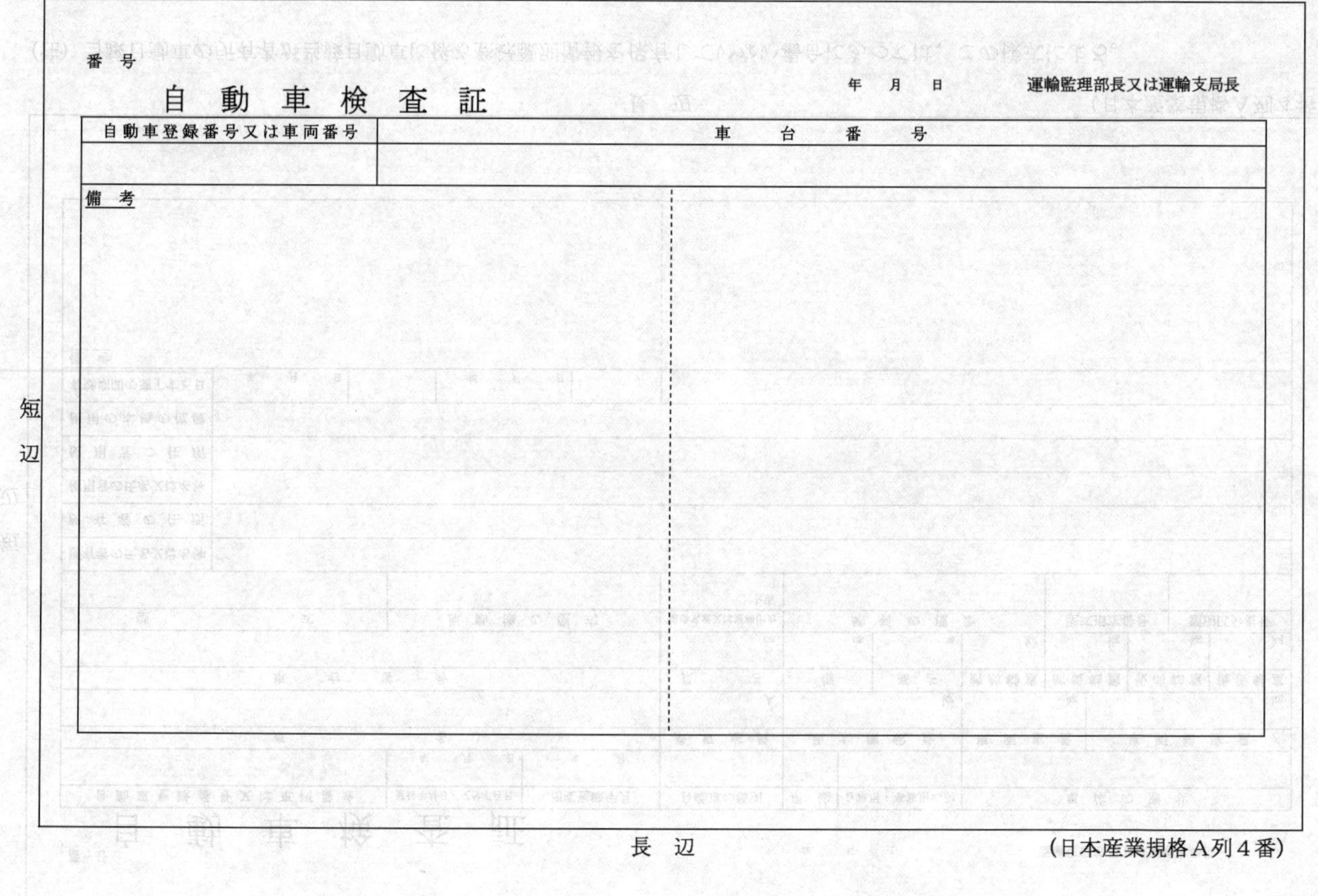
番号

自動車検査証

年　月　日　運輸監理部長又は運輸支局長

自動車登録番号又は車両番号	車台番号

備考

短辺

長辺

（日本産業規格A列4番）

番号　　　　　　　　　　　　　　　　　年　月　日　　　運輸監理部長又は運輸支局長

自動車検査証

自動車登録番号又は車両番号	登録年月日／交付年月日	初度登録年月	自動車の種別	用途	自家用・事業用の別	車体の形状		
	年　月　日	年　月						
車名			乗車定員	最大積載量		車両重量	車両総重量	
			人	kg		kg	kg	
車台番号			長さ	幅	高さ	前前軸重	前後軸重	後前軸重	後後軸重
			cm	cm	cm	kg	kg	kg	kg
型式	原動機の型式		総排気量又は定格出力	燃料の種類		型式指定番号	類別区分番号	
			kW l					

所有者の氏名又は名称			
所有者の住所			
使用者の氏名又は名称			
使用者の住所			
使用の本拠の位置			
有効期間の満了する日	年　月　日	年　月　日	
備考			

短辺

長辺　　　　　　　　　　　　　　　　（日本産業規格Ａ列４番）

(注) 当該自動車の所有者が当該自動車に係る登録識別情報を保有していない場合にあつては、この様式による。

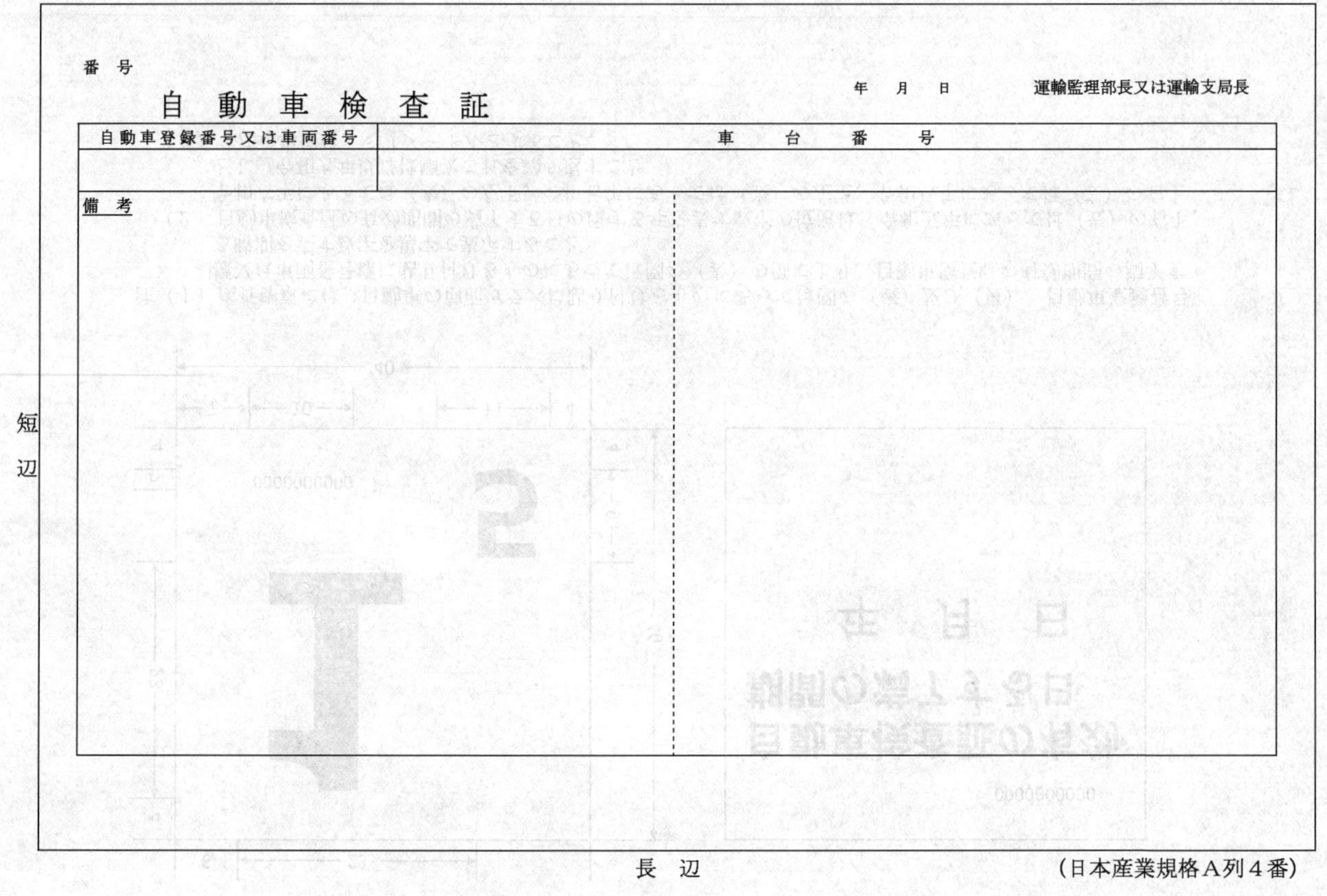

番号

自動車検査証

年　月　日　　運輸監理部長又は運輸支局長

自動車登録番号又は車両番号	車台番号

備考

短辺

長辺

（日本産業規格Ａ列４番）

第十九号様式（検査標章）（第四条関係）

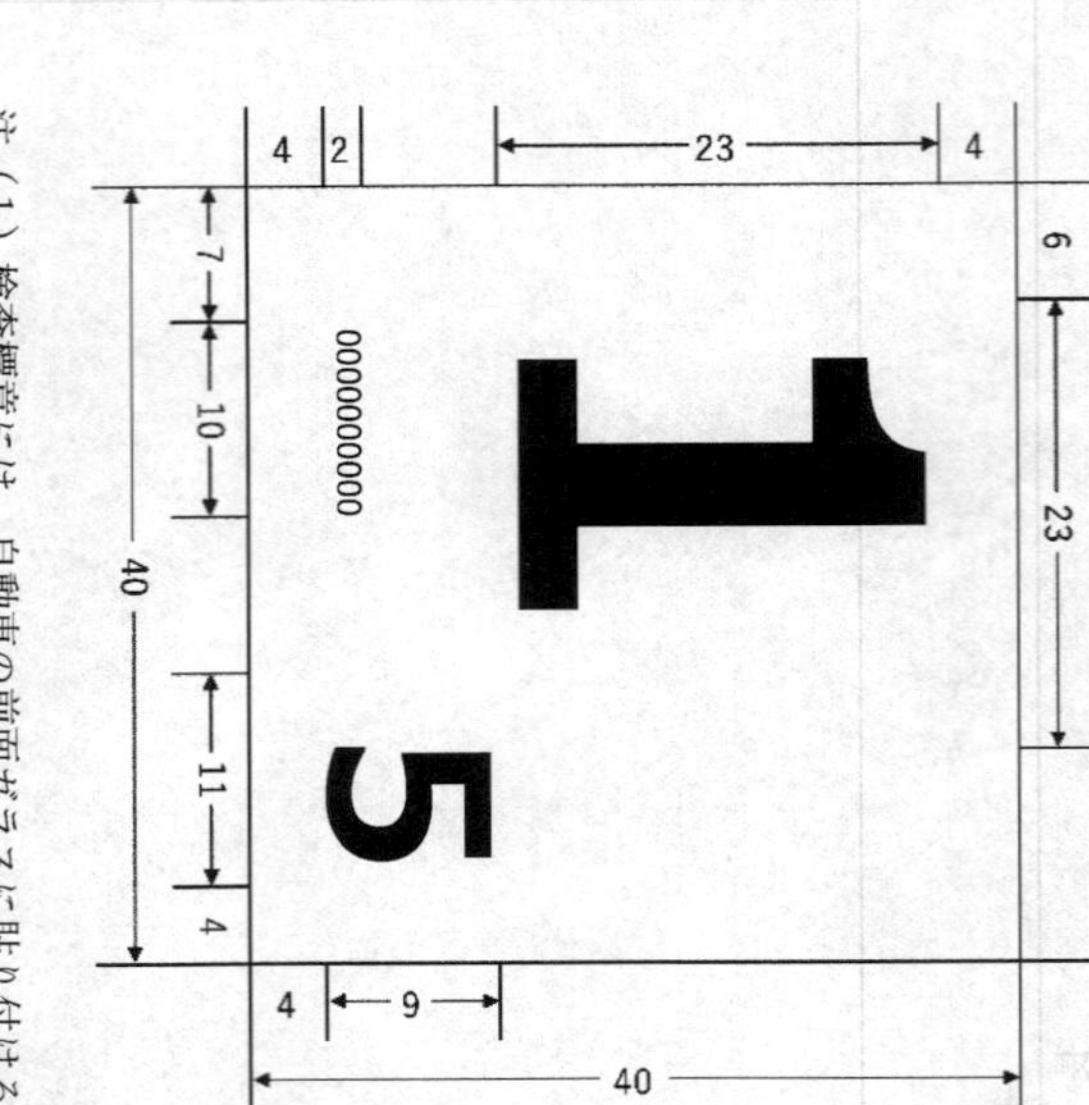

（裏）

0000000000

自動車検査証の有効期間の満了する日

年　月　日

注（1）検査標章には、自動車の前面ガラスに貼り付けるものにあっては図の（表）及び（裏）、自動車登録番号標又は車両番号標に貼り付けるものにあっては図の（表）の例により、自動車検査証の有効期間の満了する時期を表す数字を黒字で表示すること。

（2）自動車検査証の有効期間の満了する日の属する年を表す数字の位置は、令和五年にあっては（表）の右下、令和六年にあっては（表）の左下、令和七年にあっては（表）の左上、令和八年にあっては（表）の右上とし、令和九年以降は順次これを繰り返すこと。

（3）寸法の単位は、ミリメートルとすること。

第二十号様式（自動車検査証返納証明書）（第四条関係）

番号

自動車検査証返納証明書

車両番号	交付年月日	初度検査年月	車台番号
	年　月　日	年　月	

車名	型式	原動機の型式

所有者の氏名又は名称	
所有者の住所	
使用者の氏名又は名称	
使用者の住所	
使用の本拠の位置	

自動車の種別	用途	自家用・事業用の別	車体の形状	乗車定員	最大積載量	車両重量	車両総重量
				人	kg	kg	kg

総排気量又は定格出力	燃料の種別	型式指定番号	類別区分番号	長さ	幅	高さ	前前軸重	前後軸重	後前軸重	後後軸重
kW L				cm	cm	cm	kg	kg	kg	kg

有効期間の満了する日	
年　月　日	

備考

年　月　日　　運輸監理部長又は運輸支局長

短辺

長辺

（日本産業規格A列4番）

番号

自動車検査証返納証明書

車両番号	車台番号

備考

短辺

年　月　日　　運輸監理部長又は運輸支局長

長辺

（日本産業規格A列4番）

第二十一号様式（自動車予備検査証）（第四条関係）

番　号

年　月　日　　運輸監理部長又は運輸支局長

自　動　車　予　備　検　査　証

自動車予備検査証番号	交付年月日	初度登録年月	自動車の種別	用途	事業用の適否	車体の形状
	年　月　日	年　月				

車名	乗車定員	最大積載量	車両重量	車両総重量
	人	kg	kg	kg

車台番号	長さ	幅	高さ	前前軸重	前後軸重	後前軸重	後後軸重
	cm	cm	cm	kg	kg	kg	kg

型式	原動機の型式	総排気量又は定格出力	燃料の種類	型式指定番号	類別区分番号
		kW L			

所有者の氏名又は名称				
所有者の住所				
自動車の所在する位置				
有効期間の満了する日	年　月　日		年　月　日	
備考				

短辺

長　辺　　（日本産業規格Ａ列４番）

番　号

年　月　日　　　　運輸監理部長又は運輸支局長

自　動　車　予　備　検　査　証

自動車予備検査証番号	車　台　番　号

備　考

短辺

長　辺　　　　（日本産業規格Ａ列４番）

第二十二号様式（限定自動車検査証）（第四条関係）

番　号　　　　　　　　　　　　年　月　日　　運輸監理部長又は運輸支局長

限定自動車検査証（その１）

自動車登録番号又は車両番号	登録年月日／交付年月日	初度登録年月	自動車の種別	用　途	自家用・事業用の別	車体の形状
	年　月　日	年　月				

車　名	乗車定員	最大積載量	車両重量	車両総重量
	人	kg	kg	kg

車台番号	長さ	幅	高さ	前前軸重	前後軸重	後前軸重	後後軸重
	cm	cm	cm	kg	kg	kg	kg

型　式	原動機の型式	総排気量又は定格出力	燃料の種類	型式指定番号	類別区分番号
		kW L			

使用者の氏名又は名称					
使用者の住所					
使用の本拠の位置					
有効期間の満了する日	年　月　日		年　月　日		
備　考					

短辺

長辺

（日本産業規格Ａ列４番）

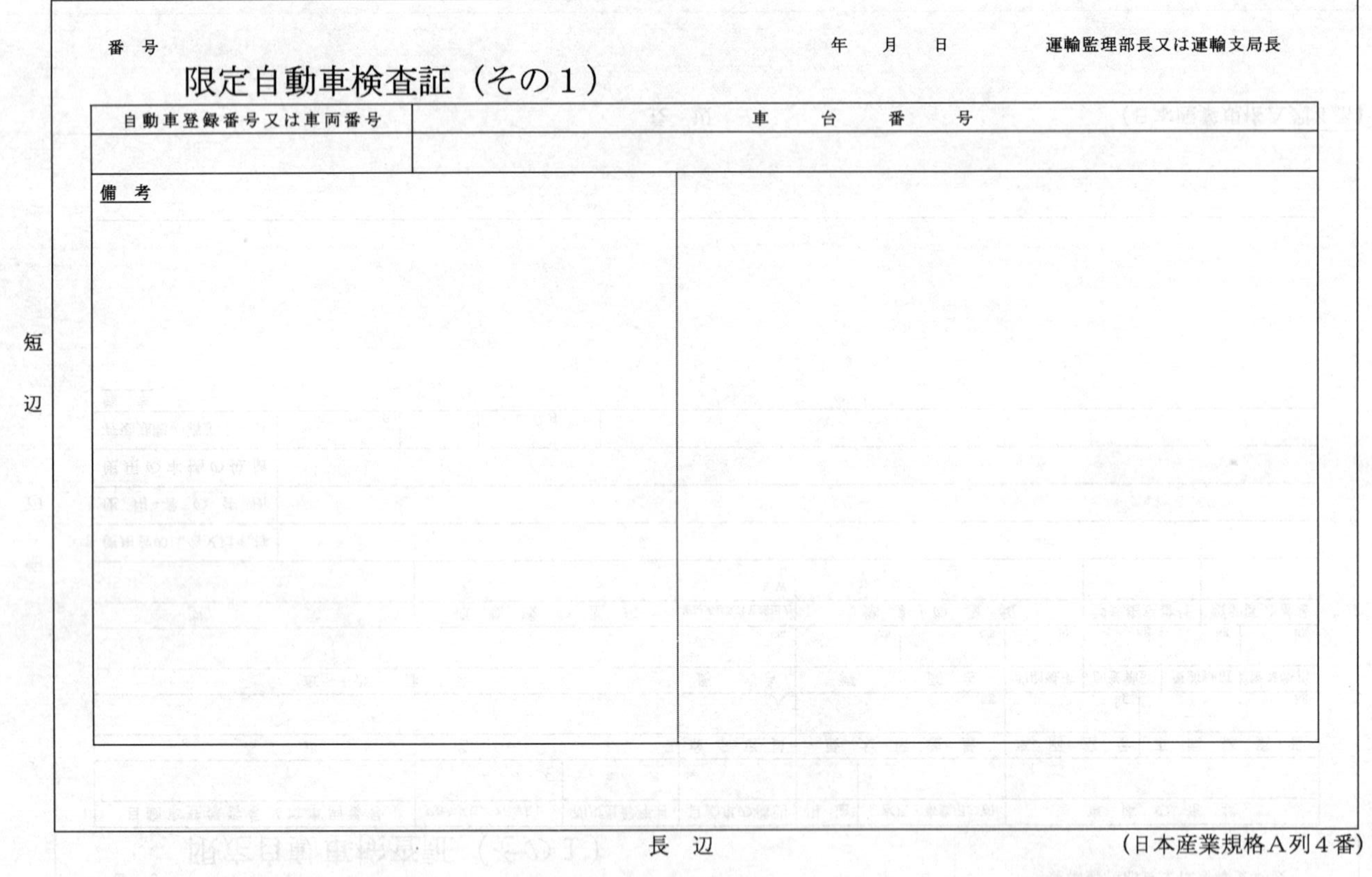

番号　　　　　　　　年　月　日　　運輸監理部長又は運輸支局長

限定自動車検査証（その１）

自動車登録番号又は車両番号	車台番号

備考

短辺

長辺

（日本産業規格Ａ列４番）

番号　　　　　　　　　　　　　　　　　　　　年　月　日　　　運輸監理部長又は運輸支局長

限定自動車検査証（その１）

自動車登録番号又は車両番号	登録年月日／交付年月日	初度登録年月	自動車の種別	用途	自家用・事業用の別	車体の形状
	年　月　日	年　月				

車名	乗車定員	最大積載量	車両重量	車両総重量
	人	kg	kg	kg

車台番号	長さ	幅	高さ	前前軸重	前後軸重	後前軸重	後後軸重
	cm	cm	cm	kg	kg	kg	kg

型式	原動機の型式	総排気量又は定格出力	燃料の種類	型式指定番号	類別区分番号
		kW l			

所有者の氏名又は名称				
所有者の住所				
使用者の氏名又は名称				
使用者の住所				
使用の本拠の位置				
有効期間の満了する日	年　月　日		年　月　日	

備考

短辺

長辺

（日本産業規格Ａ列４番）

（注）当該自動車の所有者が当該自動車に係る登録識別情報を保有していない場合にあつては、この様式による。

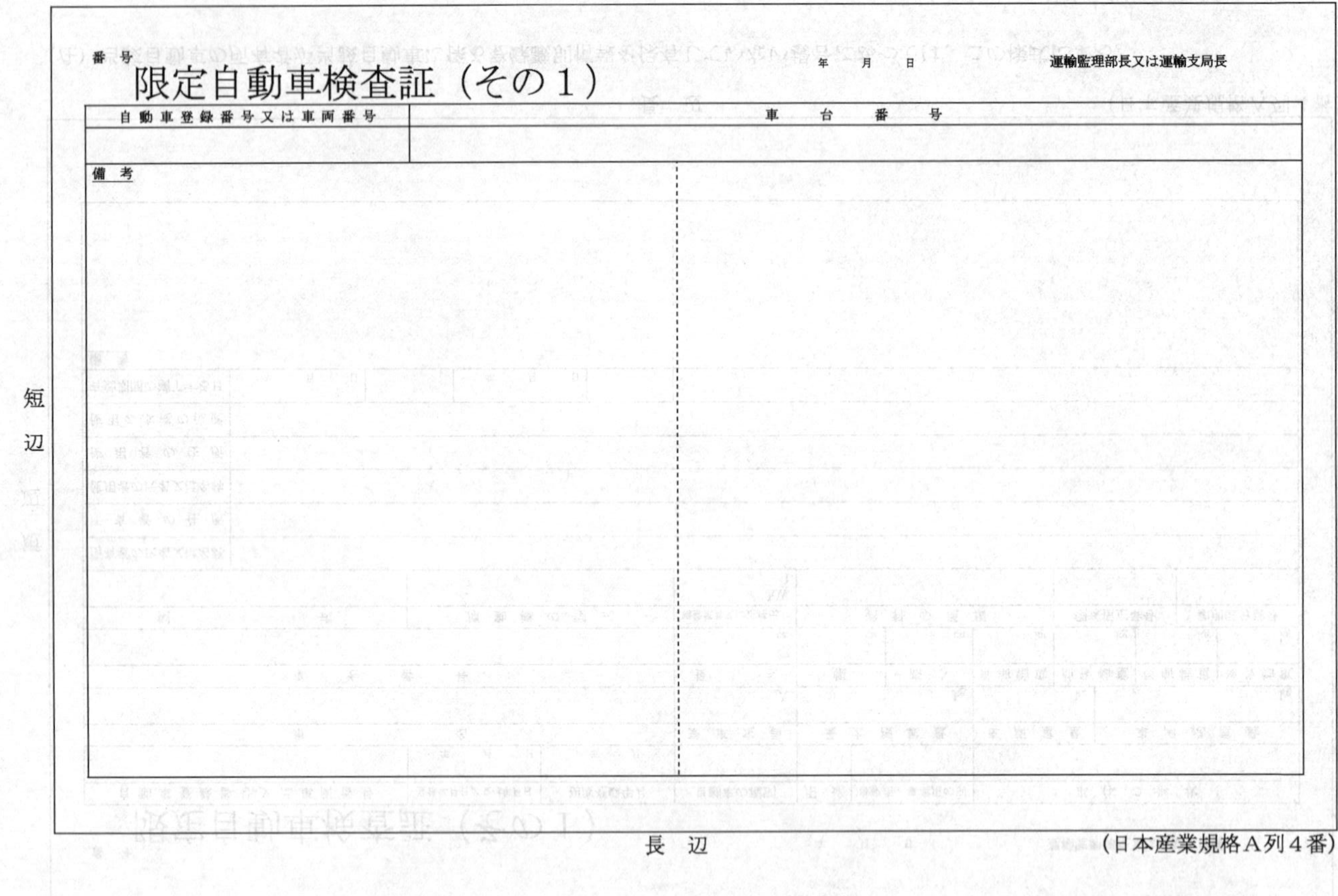

番号　　限定自動車検査証（その１）　　年　月　日　　運輸監理部長又は運輸支局長

自動車登録番号又は車両番号	車台番号

備考

短辺

長辺

（日本産業規格Ａ列４番）

番号　　　　　　　　　　　　　　　　　　　　　　　年　月　日　　運輸監理部長又は運輸支局長

限定自動車検査証（その１）

自動車予備検査証番号	交付年月日	初度登録年月	自動車の種別	用途	事業用の適否	車体の形状
	年　月　日	年　月				

車名	乗車定員	最大積載量	車両重量	車両総重量
	人	kg	kg	kg

車台番号	長さ	幅	高さ	前前軸重	前後軸重	後前軸重	後後軸重
	cm	cm	cm	kg	kg	kg	kg

型式	原動機の型式	総排気量又は定格出力	燃料の種類	型式指定番号	類別区分番号
		kW l			

所有者の氏名又は名称				
所有者の住所				
自動車の所在する位置				
有効期間の満了する日	年　月　日		年　月　日	
備考				

短辺

長辺

（日本産業規格Ａ列４番）

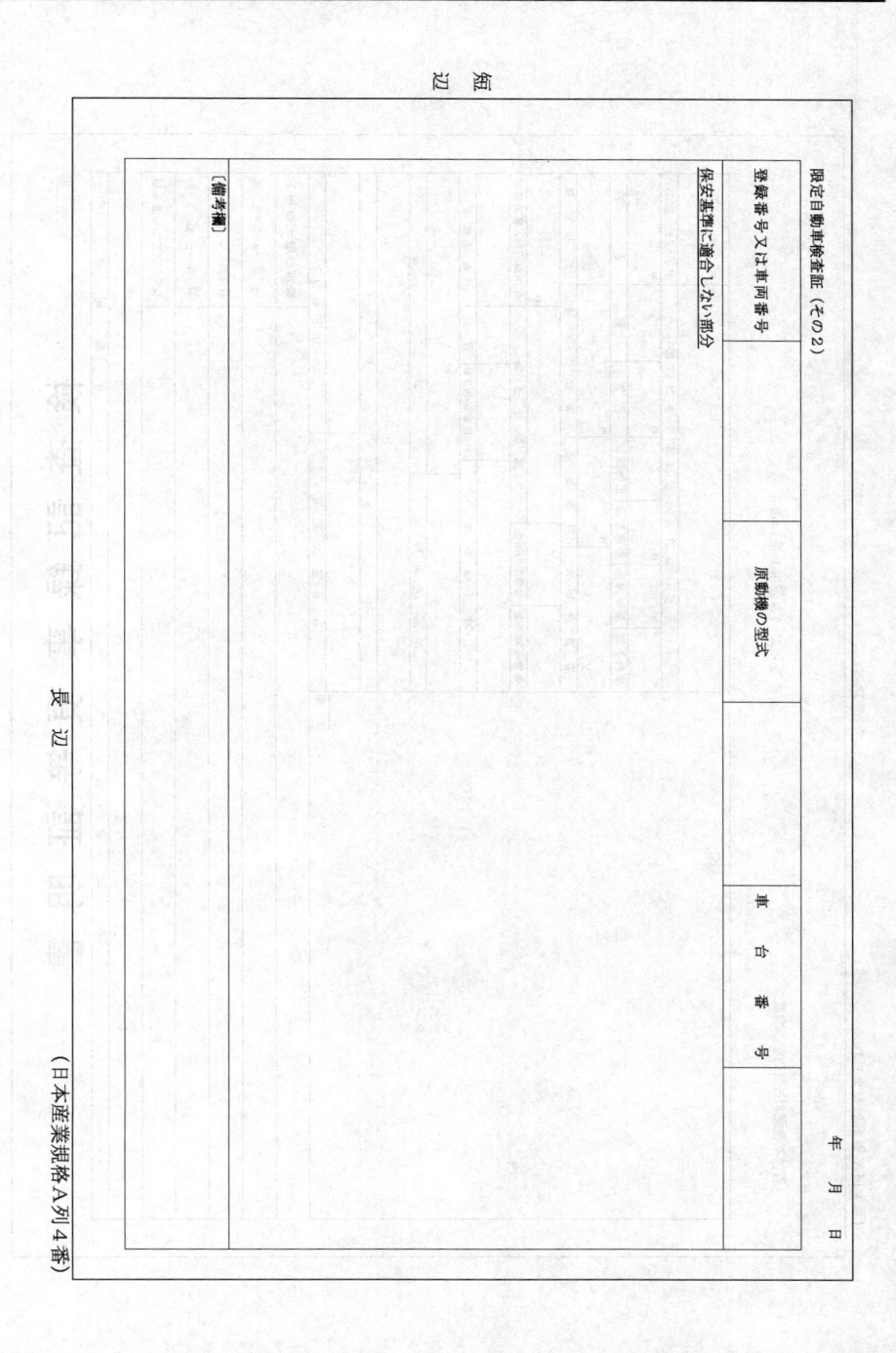

（注）予備検査車両に対して交付する場合にあつては、この様式による。

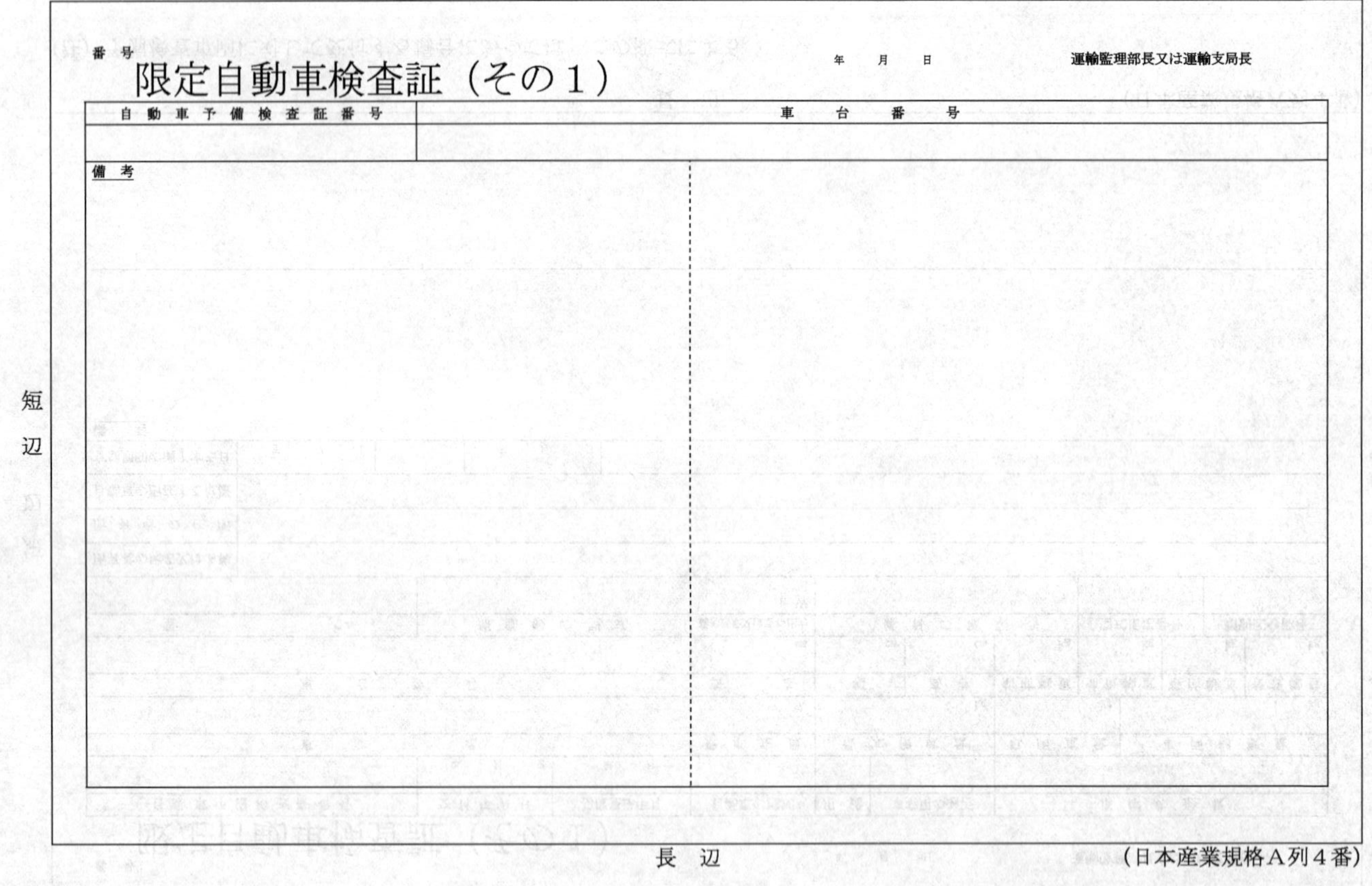

番号

限定自動車検査証（その１）

年　月　日　　　運輸監理部長又は運輸支局長

自動車予備検査証番号	車台番号

備考

短辺

長辺

（日本産業規格Ａ列４番）

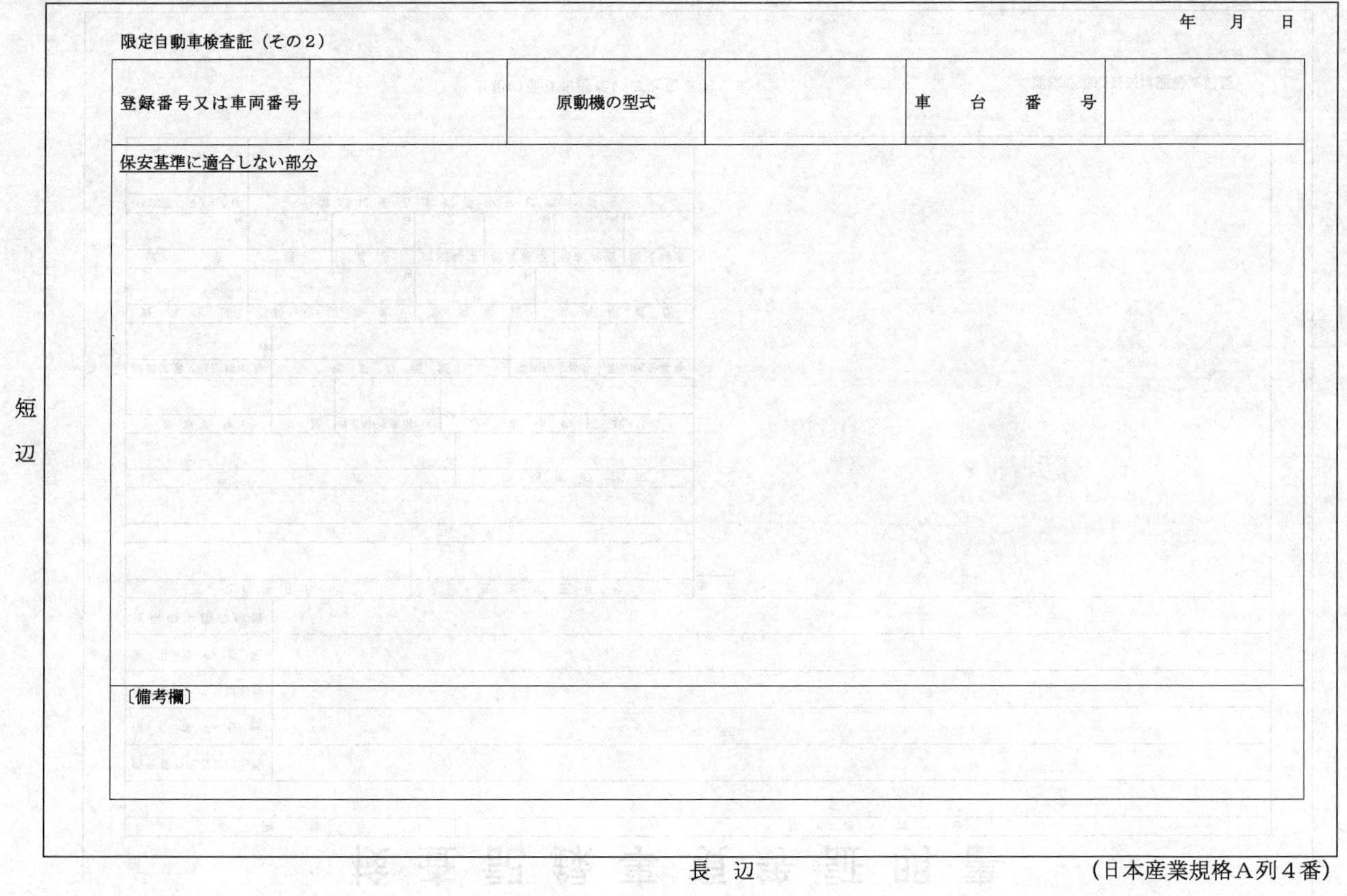

短辺

年　月　日

限定自動車検査証（その2）

登録番号又は車両番号		原動機の型式		車台番号	

保安基準に適合しない部分

〔備考欄〕

長辺　　（日本産業規格A列4番）

第二十三号様式（検査記録事項等証明書）（第四条関係）

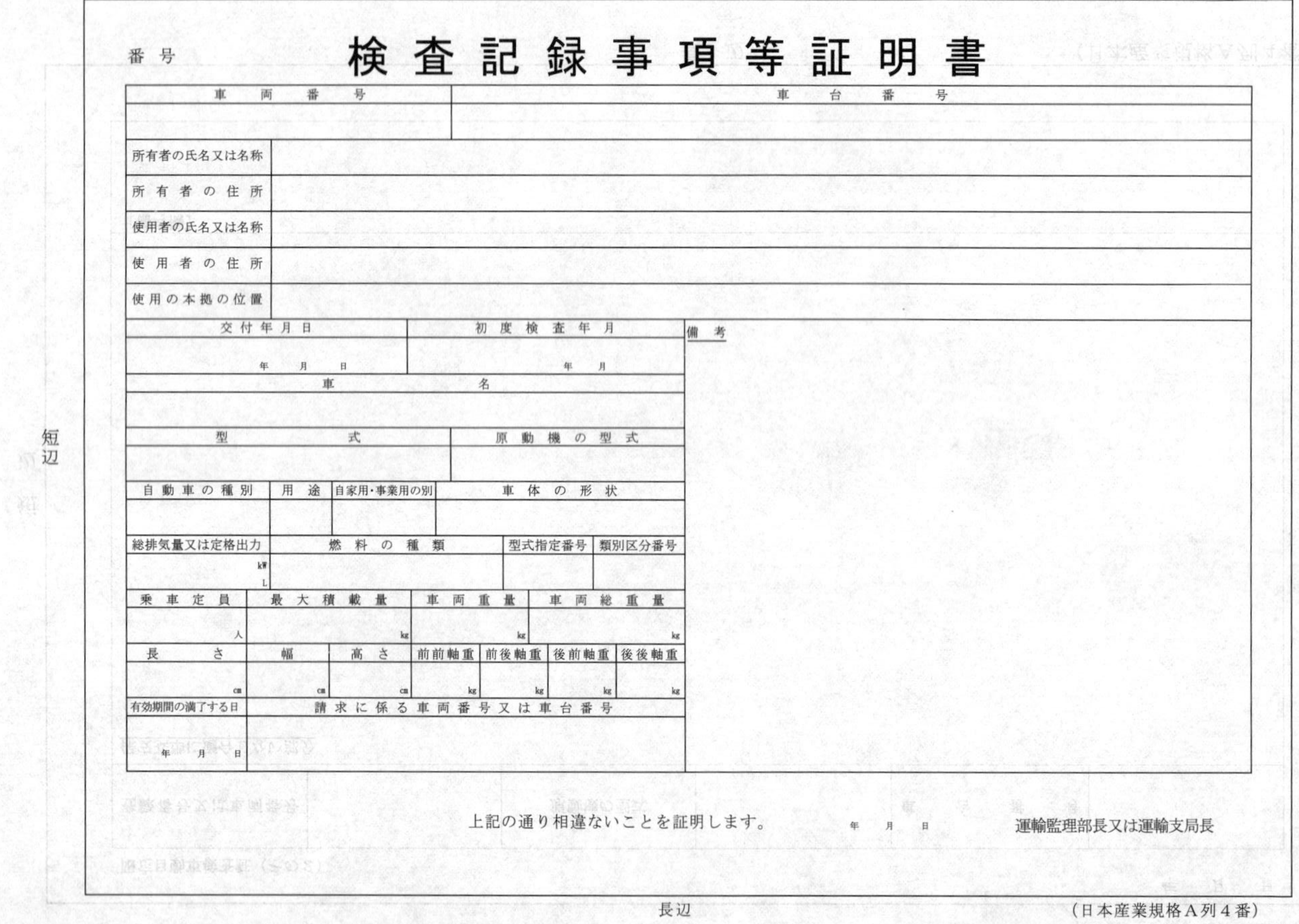

番号

検査記録事項等証明書

車両番号	車台番号

所有者の氏名又は名称	
所有者の住所	
使用者の氏名又は名称	
使用者の住所	
使用の本拠の位置	

交付年月日	初度検査年月
年 月 日	年 月

車名

型式	原動機の型式

自動車の種別	用途	自家用・事業用の別	車体の形状

総排気量又は定格出力	燃料の種類	型式指定番号	類別区分番号
kW L			

乗車定員	最大積載量	車両重量	車両総重量
人	kg	kg	kg

長さ	幅	高さ	前前軸重	前後軸重	後前軸重	後後軸重
cm	cm	cm	kg	kg	kg	kg

有効期間の満了する日	請求に係る車両番号又は車台番号
年 月 日	

備考

上記の通り相違ないことを証明します。 年 月 日 運輸監理部長又は運輸支局長

短辺

長辺

（日本産業規格Ａ列４番）

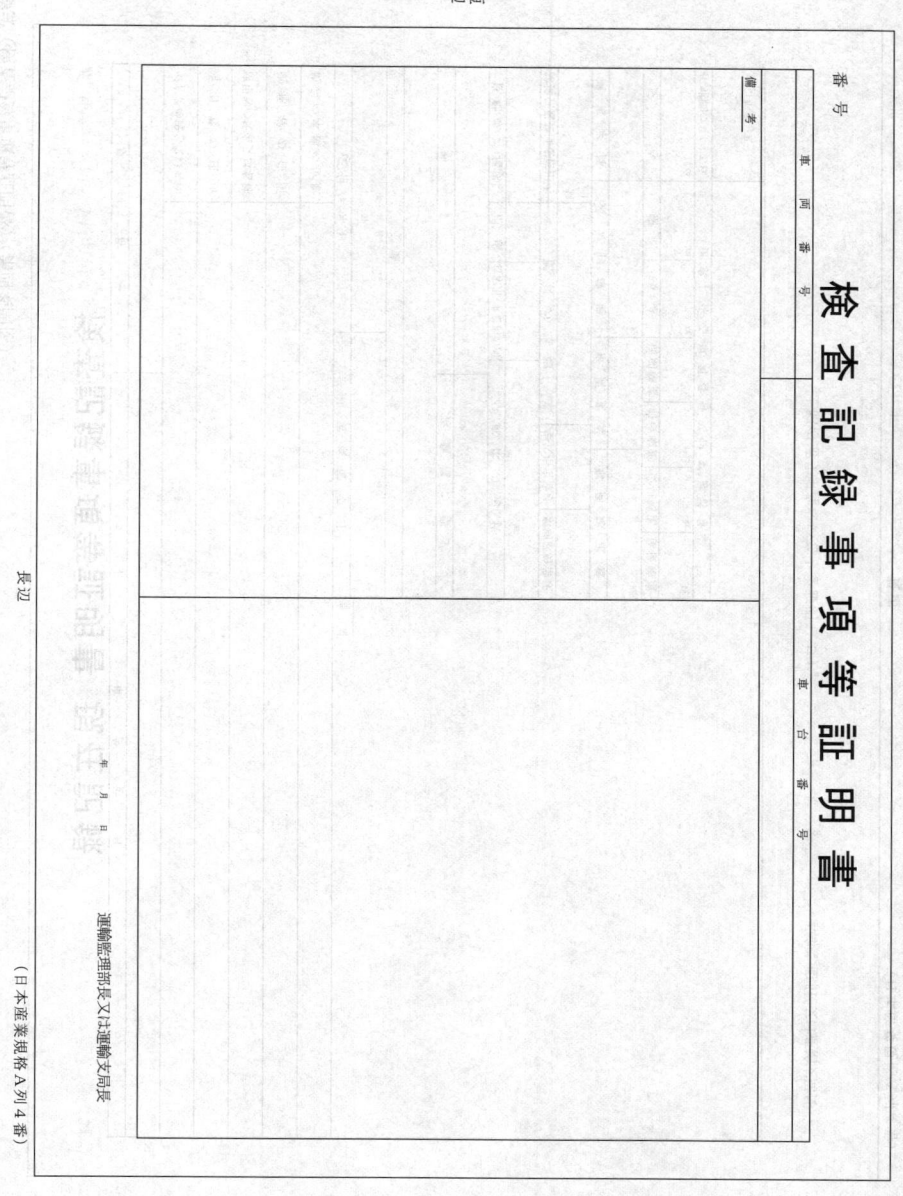

短辺

番号

検査記録事項等証明書

車両番号	車台番号

備考

年　月　日

運輸監理部長又は運輸支局長

長辺

（日本産業規格A列4番）

第二十四号様式（検査記録事項等証明書）（第四条関係）

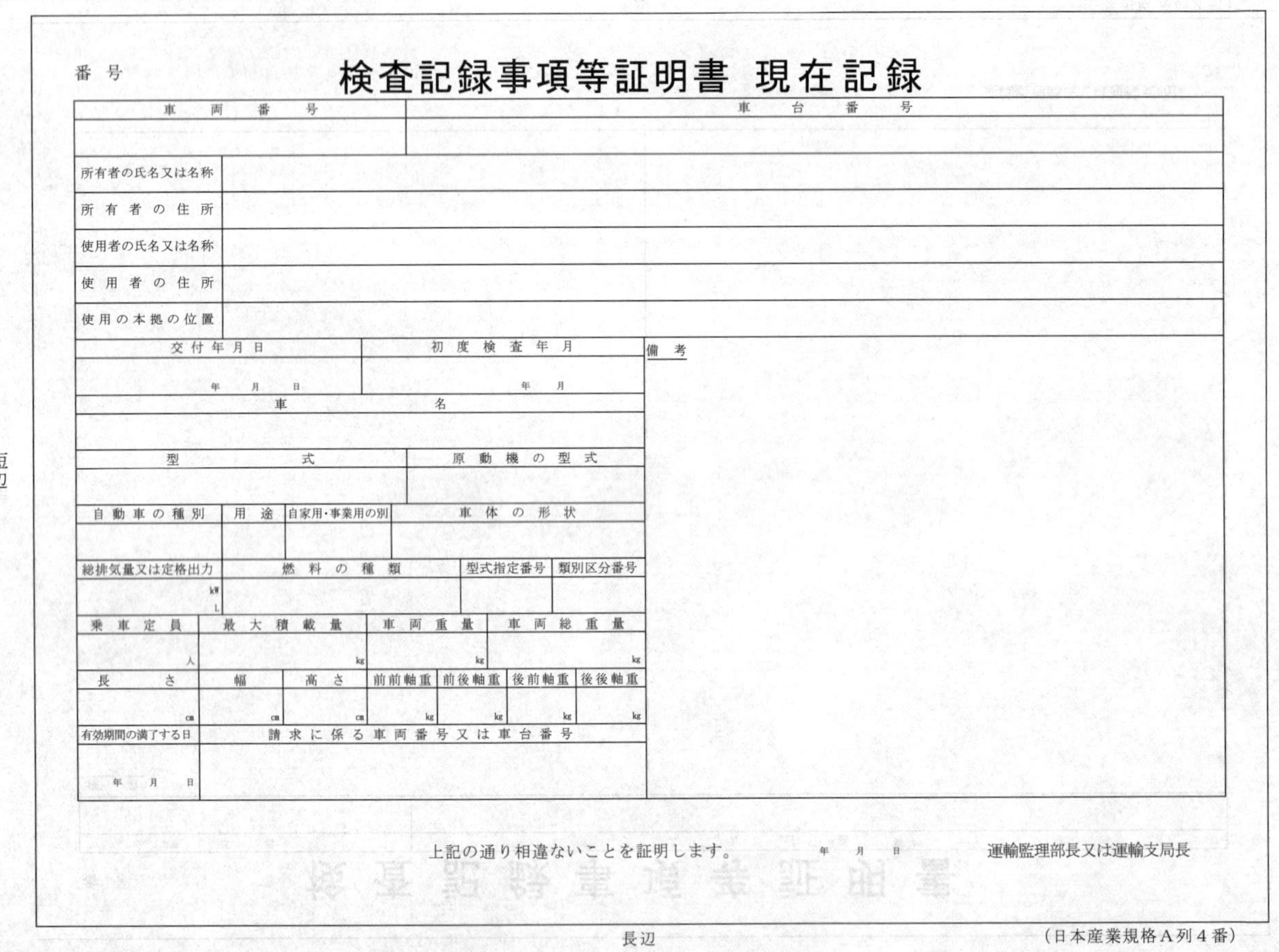

番号

検査記録事項等証明書 現在記録

車両番号	車台番号

所有者の氏名又は名称	
所有者の住所	
使用者の氏名又は名称	
使用者の住所	
使用の本拠の位置	

交付年月日	初度検査年月
年 月 日	年 月

車名

型式	原動機の型式

自動車の種別	用途	自家用・事業用の別	車体の形状

総排気量又は定格出力	燃料の種類	型式指定番号	類別区分番号
kW L			

乗車定員	最大積載量	車両重量	車両総重量
人	kg	kg	kg

長さ	幅	高さ	前前軸重	前後軸重	後前軸重	後後軸重
cm	cm	cm	kg	kg	kg	kg

有効期間の満了する日	請求に係る車両番号又は車台番号
年 月 日	

備考

上記の通り相違ないことを証明します。　年　月　日　運輸監理部長又は運輸支局長

短辺

長辺

（日本産業規格Ａ列４番）

短辺

番号

検査記録事項等証明書　現在記録

車両番号	車台番号

備考

年　月　日　　運輸監理部長又は運輸支局長

長辺

（日本産業規格A列4番）

短辺

検査記録事項等証明書　保存記録

番号

車両番号		車台番号	
交付年月日	検査の種別	項目名	検査記録事項等の内容

年　月　日

運輸監理部長又は運輸支局長

長辺

（日本産業規格Ａ列４番）

第二十五号様式（検査記録事項等証明書）（第四条関係）

交付年月日　　年　月　日

検査記録事項等証明書

運輸監理部長又は運輸支局長

番号	車両番号	型式	原動機の型式			所有者の氏名又は名称	所有者の住所	使用の本拠の位置	燃料の種類			
	車名及び車台番号		初度検査年月	交付年月日	有効期間の満了日	使用者の氏名又は名称	使用者の住所		車体の形状	乗車定員	最大積載量	総排気量又は定格出力
1												
2												
3												
4												
5												
6												
7												
8												
9												
10												
11												
12												
13												
14												
15												
16												
17												
18												
19												
20												
21												
22												
23												
24												
25												
26												
27												
28												
29												
30												

短辺

長辺

（日本産業規格A列３番）

軽第七号様式（輸出予定届出証明書）（第四条関係）

番　　号
整理番号

輸出予定届出証明書
Export Certificate

年　月　日

車両番号 ／ Motor vehicle number	交付年月日 ／ Grant Date	初度検査年月 First Grant Date	自動車の種別 Classification of Vehicle	用途 Use	自家用・事業用の別 Purpose	車体の形状 ／ Type of Body
	年 year　月 month　日 day	年 year　月 month				

車台番号 ／ Maker's serial number	乗車定員 Fixed Number	最大積載量 Maxim. Carry	車両重量 Weight	車両総重量 G/Weight	長さ Length	幅 Width	高さ Height
	人	kg	kg	kg	cm	cm	cm

車名 ／ Trademark of the maker of the vehicle	型式 ／ Model	原動機の型式 Engine Model	燃料の種類 Classification of Fuel	総排気量又は定格出力 Engine Capacity	前軸重 F Weight	後軸重 R Weight	型式指定番号 Specification No.	類別区分番号 Classification No.
				l kw	kg	kg		

使用者の氏名又は名称 Name of User	
使用者の住所 Address of User	
所有者の氏名又は名称 Name of Owner	
所有者の住所 Address of Owner	
使用の本拠の位置 Locality of principal abode of use	
輸出予定日（証明書有効期間満了日） Export scheduled day	備考
年 year　月 month　日 day	

短辺

長辺

（日本産業規格Ａ列４番）

軽第八号様式（自動車検査証）（第四条関係）

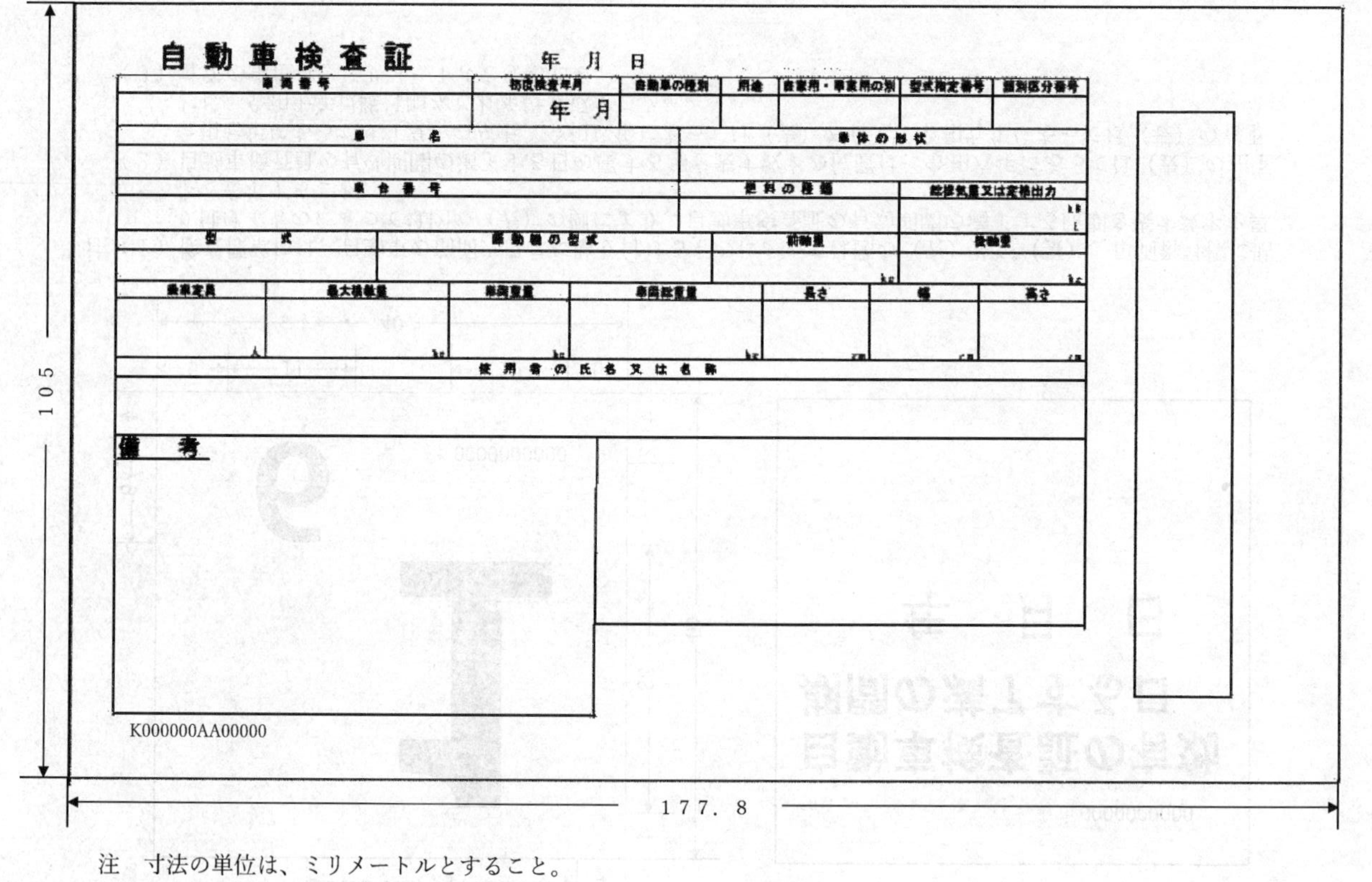

105

自動車検査証　　年　月　日

車両番号	初度検査年月	自動車の種別	用途	自家用・事業用の別	型式指定番号	類別区分番号
	年　月					

車名	車体の形状

車台番号	燃料の種類	総排気量又は定格出力
		kW l

型式	原動機の型式	前軸重	後軸重
		kg	kg

乗車定員	最大積載量	車両重量	車両総重量	長さ	幅	高さ
人	kg	kg	kg	cm	cm	cm

使用者の氏名又は名称

備考

K000000AA00000

177.8

注　寸法の単位は、ミリメートルとすること。

軽第九号様式（検査標章）（第四条関係）

（表）　　　　（裏）

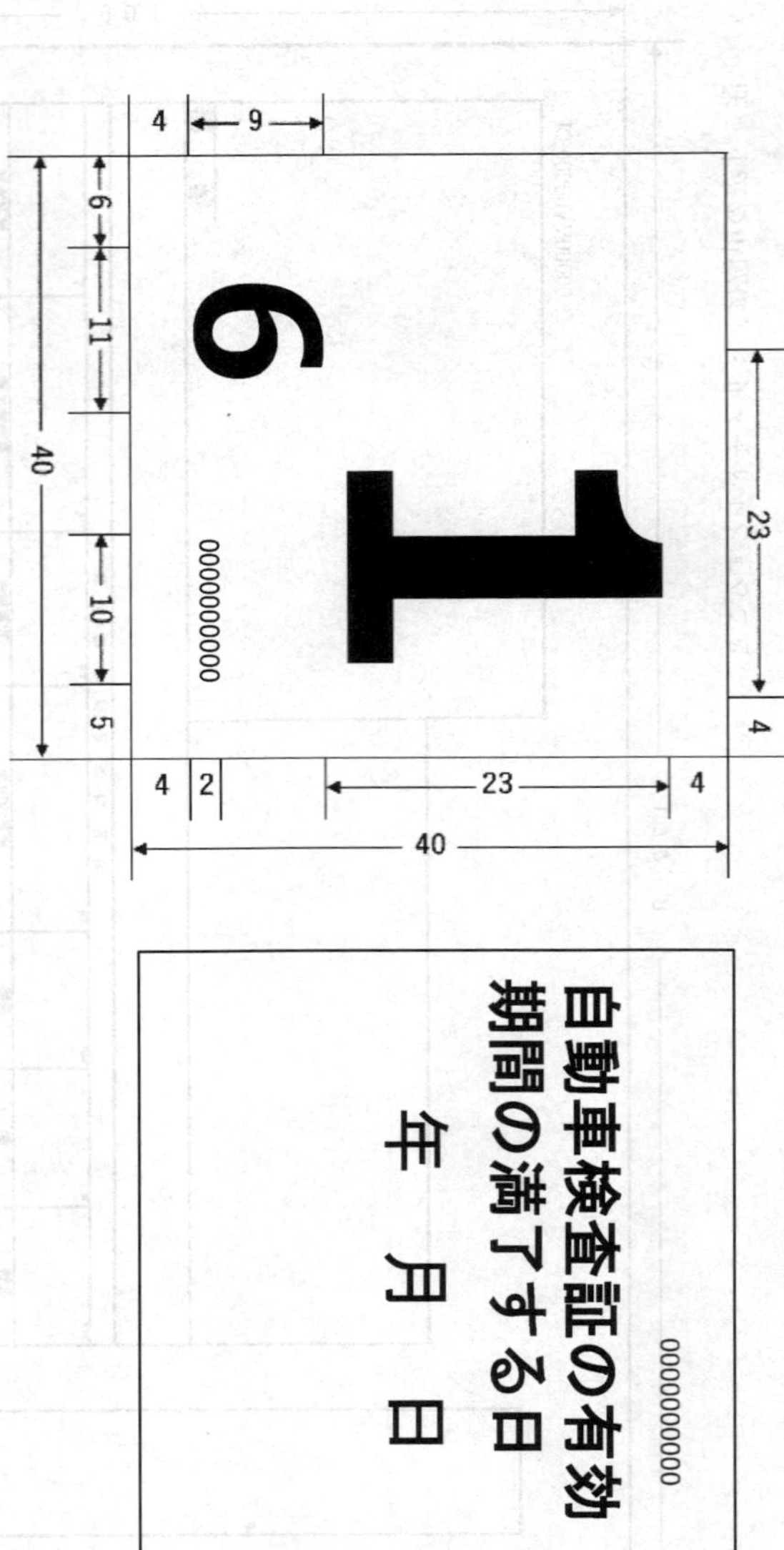

注（1）検査標章には、自動車の前面ガラスに貼り付けるものにあつては図の（表）及び（裏）、車両番号標に貼り付けるものにあつては図の（表）の例により、自動車検査証の有効期間の満了する時期を表す数字を黒字で表示すること。

（2）自動車検査証の有効期間の満了する日の属する年を表す数字の位置は、令和六年にあつては（表）の左下、令和七年にあつては（表）の左上、令和八年にあつては（表）の右上、令和九年にあつては（表）の右下とし、令和十年以降は順次これを繰り返すこと。

（3）寸法の単位は、ミリメートルとすること。

軽第十号様式（自動車検査証返納証明書）（第四条関係）

番　号

自動車検査証返納証明書

年　月　日

車両番号		交付年月日	初度検査年月	自動車の種別	用途	自家用・事業用の別	車体の形状		
		年　月　日	年　月						
車台番号		乗車定員	最大積載量	車両重量	車両総重量		長さ	幅	高さ
		人	kg	kg	kg		cm	cm	cm
車名	型式	原動機の型式	燃料の種類	総排気量又は定格出力	前軸重	後軸重	型式指定番号	類別区分番号	
				l kw	kg	kg			

使用者	氏名又は名称	
	住　所	
所有者	氏名又は名称	
	住　所	
使用の本拠の位置		
有効期間の満了する日		備考
年　月　日		

短辺

長辺

（日本産業規格A列4番）

軽第十一号様式（自動車予備検査証）（第四条関係）

番　号

自動車予備検査証

年　月　日

自動車予備検査証番号			交付年月日	初度検査年月	自動車の種別	用途	事業用の適否	車体の形状		
			年　月　日	年　月						
車台番号		乗車定員	最大積載量	車両重量	車両総重量			長さ	幅	高さ
		人	kg	kg	kg			cm	cm	cm
車名	型式	原動機の型式	燃料の種類	総排気量又は定格出力	前軸重	後軸重		型式指定番号	類別区分番号	
				l kw	kg	kg				

所有者	氏名又は名称	
	住所	
自動車の所在する位置		
有効期間の満了する日		備考
年　月　日		

短辺

長辺

（日本産業規格Ａ列４番）

軽第十二号様式（限定自動車検査証）（第四条関係）

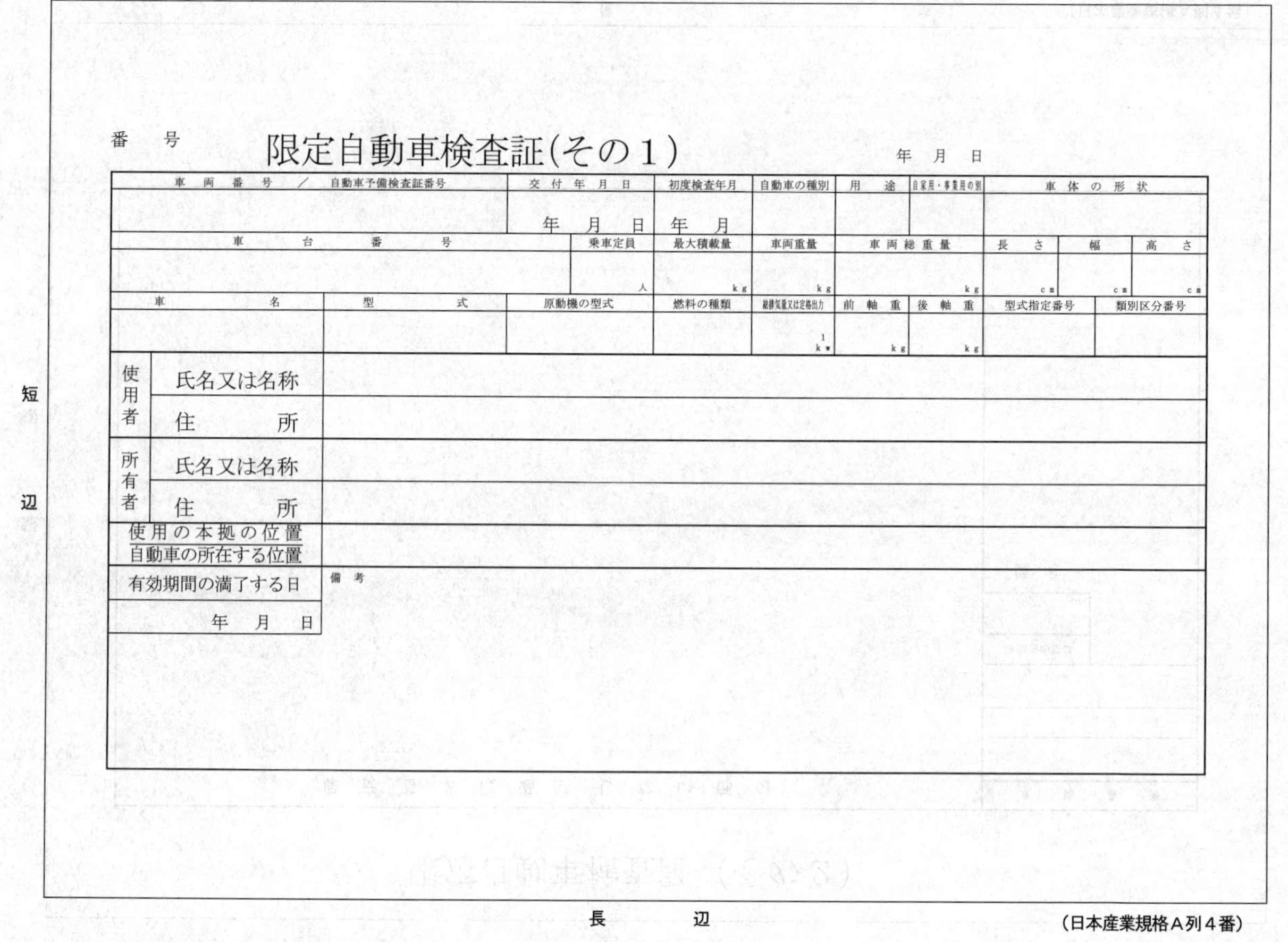

番　号

限定自動車検査証（その１）

年　月　日

車両番号／自動車予備検査証番号	交付年月日	初度検査年月	自動車の種別	用途	自家用・事業用の別	車体の形状
	年　月　日	年　月				

車台番号	乗車定員	最大積載量	車両重量	車両総重量	長さ	幅	高さ
	人	kg	kg	kg	cm	cm	cm

車名	型式	原動機の型式	燃料の種類	総排気量又は定格出力	前軸重	後軸重	型式指定番号	類別区分番号
				l kw	kg	kg		

使用者	氏名又は名称	
	住　所	
所有者	氏名又は名称	
	住　所	
使用の本拠の位置 自動車の所在する位置		
有効期間の満了する日 年　月　日		備考

短辺

長辺

（日本産業規格Ａ列４番）

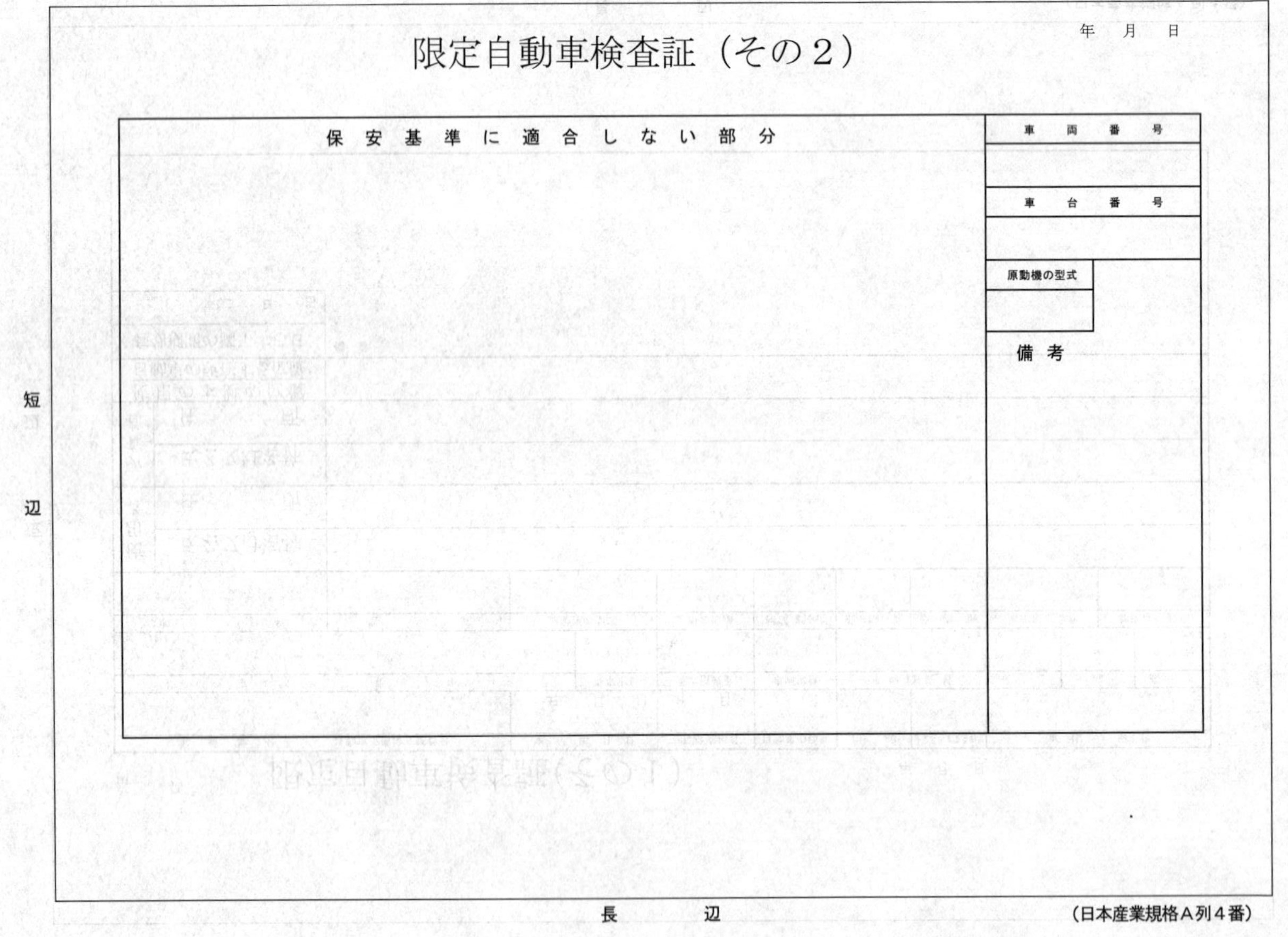

限定自動車検査証（その２）

年　月　日

保安基準に適合しない部分	車両番号
	車台番号
	原動機の型式
	備考

短辺

長辺

（日本産業規格Ａ列４番）

軽第十三号様式（検査記録事項等証明書）（第四条関係）

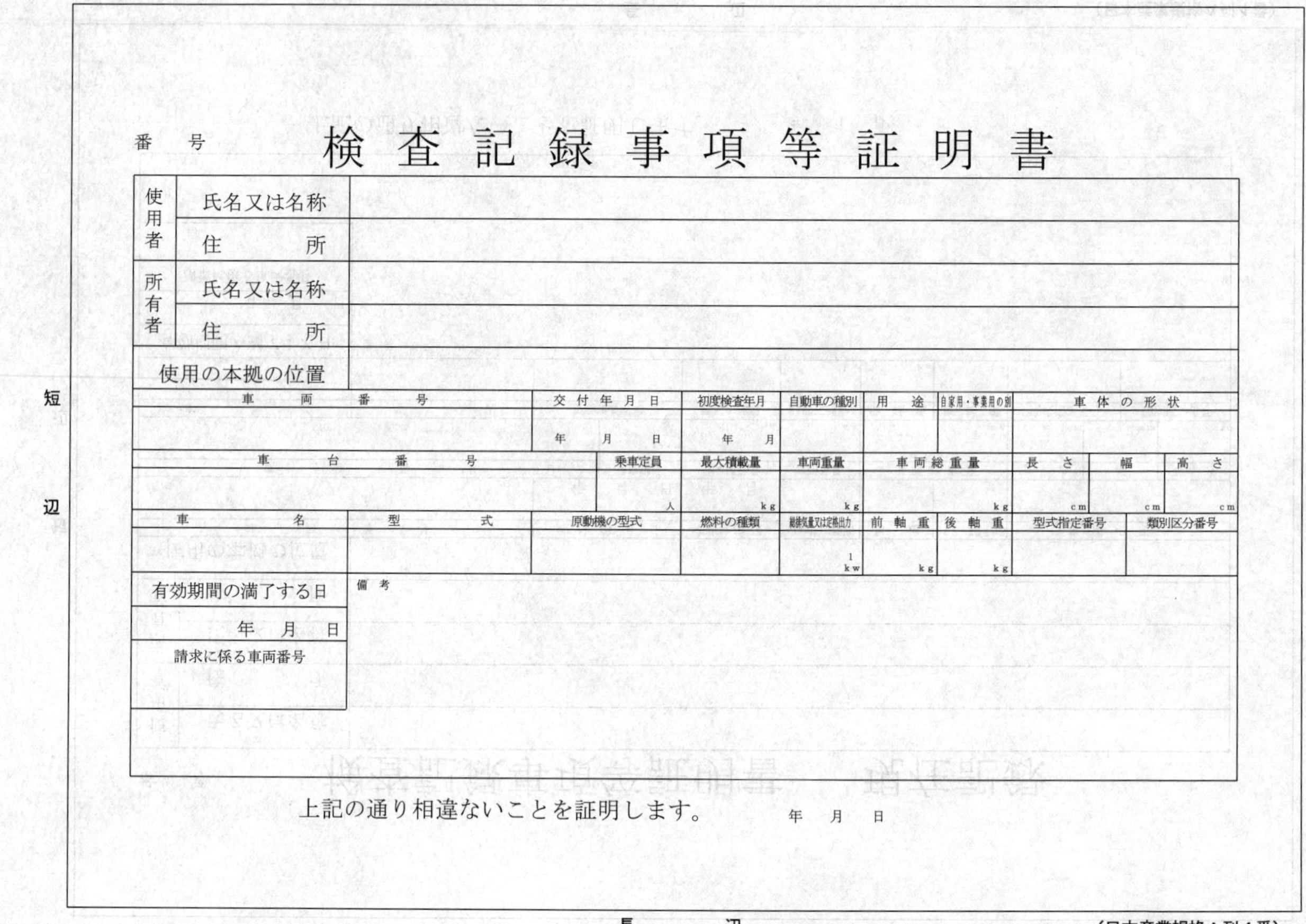

番　号

検査記録事項等証明書

使用者	氏名又は名称	
	住　所	
所有者	氏名又は名称	
	住　所	
使用の本拠の位置		

車両番号	交付年月日	初度検査年月	自動車の種別	用途	自家用・事業用の別	車体の形状		
	年　月　日	年　月						
車台番号	乗車定員	最大積載量	車両重量	車両総重量	長さ	幅	高さ	
	人	kg	kg	kg	cm	cm	cm	
車名	型式	原動機の型式	燃料の種類	総排気量又は定格出力	前軸重	後軸重	型式指定番号	類別区分番号
				l / kw	kg	kg		

有効期間の満了する日	備考
年　月　日	
請求に係る車両番号	

上記の通り相違ないことを証明します。　　年　月　日

短辺

長辺

（日本産業規格Ａ列４番）

軽第十四号様式（検査記録事項等証明書）（第四条関係）

番　号

検査記録事項等証明書　現在記録

使用者	氏名又は名称	
	住　所	
所有者	氏名又は名称	
	住　所	
使用の本拠の位置		

車両番号	交付年月日	初度検査年月	自動車の種別	用途	自家用・事業用の別	車体の形状		
	年　月　日	年　月						
車台番号	乗車定員	最大積載量	車両重量	車両総重量		長さ	幅	高さ
	人	kg	kg	kg		cm	cm	cm
車名	型式	原動機の型式	燃料の種類	総排気量又は定格出力	前軸重	後軸重	型式指定番号	類別区分番号
				l kw	kg	kg		

有効期間の満了する日	備考
年　月　日	
請求に係る車両番号	

上記の通り相違ないことを証明します。　　年　月　日

短辺

長辺

（日本産業規格Ａ列４番）

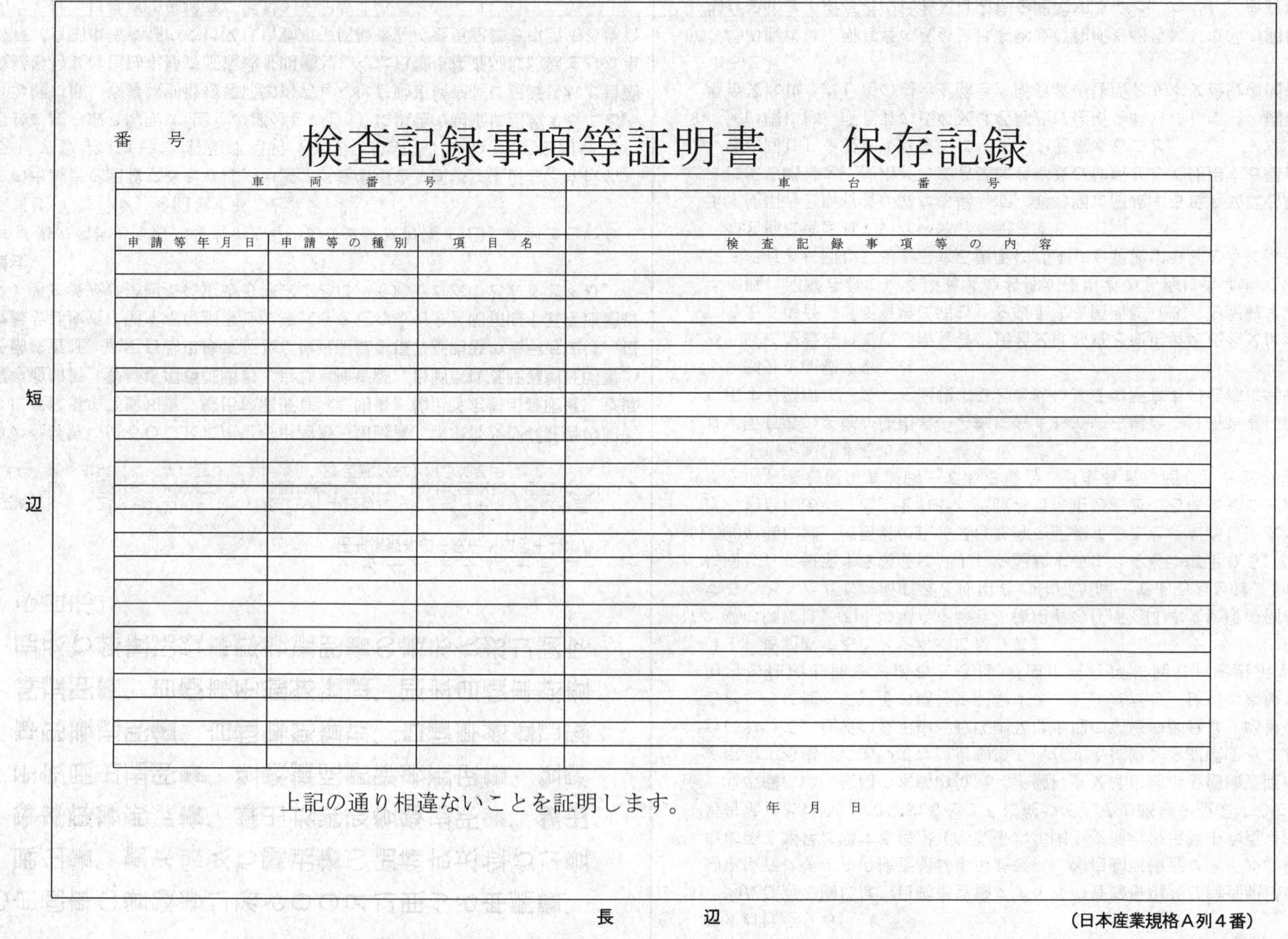

番号

検査記録事項等証明書　保存記録

車両番号			車台番号
申請等年月日	申請等の種別	項目名	検査記録事項等の内容

短辺

上記の通り相違ないことを証明します。　　年　月　日

長辺

（日本産業規格A列4番）

○自動車の登録等に係るＯＣＲに用いる申請書、届出書、請求書及び嘱託書の記載方法並びに登録事項等通知書、輸出抹消仮登録証明書、輸出予定届出証明書、登録識別情報等通知書、登録事項等証明書、自動車検査証、自動車検査証返納証明書、自動車予備検査証、限定自動車検査証及び検査記録事項等証明書の表示方法に関する告示

（平成十五年十月十四日）
（国土交通省告示第千三百四十七号）

沿革　平一六国交告七七三・一六二四、平一七国交告一四一九、平一八国交告四六一、平一九国交告一五〇〇、平二〇国交告一〇三〇、平二八国交告一四四九、平三〇国交告五二六、令二国交告一三三一、令四国交告一三〇六改正

自動車の登録等に係るＯＣＲに用いる申請書、届出書、請求書及び嘱託書の記載方法並びに登録事項等通知書、輸出抹消仮登録証明書、輸出予定届出証明書、登録識別情報等通知書、登録事項等証明書、自動車検査証、自動車検査証返納証明書、自動車予備検査証、限定自動車検査証及び検査記録事項等証明書の表示方法は、自動車の登録及び検査に関する申請書等の様式等を定める省令（昭和四十五年運輸省令第八号）第二条及び第四条に定める様式ごとに、それぞれ次のとおりとする。

第一号様式

申請書の記載方法

(1)　申請書の名称のうち、該当するもののチェックの欄（「□」の部分をいう。以下同じ。）に「レ」を記載すること。

(2)　この申請書を記載するときは、申請すべき事項を、漢字、平仮名、片仮名、アラビア数字、ローマ字及び記号（以下「文字等」という。）を用いて、ＯＣＲの読み取り箇所（「□」の部分をいう。）に黒色で明確に記載すること。

(3)　㉑の欄には、登録識別情報等通知書若しくは自動車検査証に記録された自動車登録番号又は自動車検査証返納証明書若しくは自動車予備検査証に記録された車両番号（自動車検査証の交付又は自動車予備検査証の変更記録を申請する場合にあっては、自動車予備検査証番号）を記載すること。

(4)　㉒の欄には、新規登録、新規検査若しくは予備検査を申請する場合又は車台番号を変更する場合を除き、車台番号が八字以上のときは末尾の七字のみを記載すれば足りる。

(5)　㉔及び㊵の欄には、自動車登録ファイルの登録事項及び検査記録事項、軽自動車検査ファイルの検査記録事項並びに二輪自動車検査ファイルの検査記録事項に係る略号に関する告示（平成十六年国土交通省告示第千六百号。以下「略号告示」という。）で定めるところに従って、その略号を記載すること。

(6)　㊷の欄には、使用の本拠の位置（予備検査又は自動車予備検査証の変更記録を申請する場合にあっては、自動車の所在する位置）を記載すること。この場合において、住所の表示中行政区画又は土地の名称の部分は、略号告示で定めるところに従って、その略号を記載すること。ただし、使用の本拠の位置が使用者の住所と同一であるときは、「使用者住所に同じ」を表示する箇所に「1」を記載することをもって足りる。

(7)　㊸の欄には、(8)ホの場合を除き、使用者の住所を(6)本文後段の例により記載すること。ただし、所有者と使用者の住所が同一であるときは、「所有者住所に同じ」を表示する箇所に「1」を記載することをもって足りる。

(8)　㊺の欄には、使用者の氏名又は名称を記載すること。ただし、次の各号に掲げる場合にあっては、それぞれ当該各号に定めるところによることができる。

イ　所有者と使用者が同一である場合　「所有者に同じ」を表示する箇所に「1」を記載すること。

ロ　所有者の名称が使用者の名称に含まれている場合　「所有者に同じ」を表示する箇所に「2」を記載するとともに、その所有者の名称に含まれていない部分を記載すること。

ハ　既に記録されている所有者の氏名又は名称と使用者の氏名又は名称が同一である場合　「所有者に同じ」を表示する箇所に「3」を記載すること。

ニ　既に記録されている所有者の名称が使用者の名称に含まれている場合　「所有者に同じ」を表示する箇所に「4」を記載するとともに、その所有者の名称に含まれていない部分を記載すること。

ホ　使用者と所有者が異なる場合で、㊵の欄に記載する氏名又は名称及び住所に係る略号を、使用者の氏名又は名称及び住所として使用する場合　「所有者に同じ」を表示する箇所に「9」を記載すること。

(9)　�56の欄には、所有者の氏名又は名称及び住所を略号にして㊵の欄に記載した場合又は(10)ただし書の場合を除き、所有者の住所を(6)本文後段の例により記載すること。

(10)　�57の欄には、所有者の氏名又は名称及び住所を略号にして㊵の欄に記載した場合を除き、所有者の氏名又は名称を記載すること。ただし、所有権留保を解除するときは、「所有権留保の解除」を表示する箇所に「1」を記載すること

をもって足りる。

(11) ㊺及び(57)の欄に記載すべき使用者及び所有者の氏名又は名称がこれらの欄だけでは記載できないときは、第九号様式の用紙を追加して、同様式の(59)の欄の「オーバーフロー」を表示する箇所に「1」を記載し、それぞれその記載できない文字等を記載すること。

(12) 共有の場合には、第一号様式に記載した所有者以外の所有者の氏名又は名称及び住所を、第九号様式の(59)及び(58)の欄に記載すること。

(13) (62)の欄には、希望番号予約済証に記載されている希望登録番号のうち、運輸監理部、運輸支局及び自動車検査登録事務所を表示する文字を除いたものを記載すること。

(14) 受検者の欄には、現に自動車を提示し検査を受ける者の氏名又は名称及び住所を記載すること。

(15) 譲渡証明書、完成検査終了証、保安基準適合証、排出ガス検査終了証又は出荷検査証に記載すべき事項が登録情報処理機関に提供された場合には、該当するもののチェックの欄に「レ」を記載すること。

(16) (121)の欄には、申請書に記載することにより登録識別情報の提供を行う場合にあっては、当該登録識別情報を記載すること。ただし、登録識別情報の通知を受けていない場合又は登録識別情報等通知書により通知を受けた場合にあっては記載することを要しない。

(17) 登録識別情報を保有していない場合において、登録識別情報の通知を希望するときは、「通知希望」を表示する箇所に「1」を記載すること。

第二号様式

(1) ㉚の欄には、けん引自動車にあっては、(1)にけん引重量を、セミトレーラにあっては(2)に第五輪荷重を記載すること。

(2) ㊻の欄には、空車状態における軸重を記載すること。この場合において、軸重が一の場合にあっては後後軸重の欄に、軸重が二の場合にあっては前前軸重及び後後軸重の欄に、軸重が三の場合にあっては前前軸重、前後軸重及び後後軸重又は前前軸重、後前軸重及び後後軸重の欄に記載すること。

(3) ㉕及び㉘の欄には、略号告示で定めるところに従って、その略号を記載すること。

(4) その他第一号様式の記載方法(1)から(4)まで及び(14)の例により記載すること。ただし、第一号様式と併せて使用する場合には、㉑及び㉒の欄並びに申請人、申請代理人及び受検者並びに使用の本拠の位置並びに登録の原因の欄は、記載することを要しない。

第三号様式

(1) 登録事項等証明書又は検査記録事項等証明書の種類については、該当するもののチェックの欄に「レ」を記載すること。

(2) 車台番号に基づいて証明書の交付を請求する場合で、車台番号が二十三桁を超えるときは下二十三桁を、二十三桁以内のときはそのすべてを左詰で記載すること。

(3) 検査記録事項等証明書の交付の代理請求の場合には、請求代理人の氏名又は名称及び住所を申請代理人の欄に記載すること。

(4) 登録事項等証明書の交付を請求する場合の本人確認書類については、該当するもののチェックの欄に「レ」を記載し、「その他」に該当するときは、提示する書類を具体的に記載すること。

(5) 保安基準適合証に記載すべき事項が登録情報処理機関に提供された場合には、チェックの欄に「レ」を記載すること。

(6) その他第一号様式の記載方法(1)から(4)まで、(13)及び(14)の例により記載すること。ただし、自動車検査証又は自動車予備検査証の再交付を申請する場合には、㉒の欄は記載することを要しない。また、登録事項等証明書の交付を請求する場合には、原則として㉑及び㉒の欄を記載することとし、検査記録事項等証明書の交付を請求する場合には、㉑又は㉒の欄のいずれかの記載をもって足りる。

第三号様式の二

(1) 登録又は届出の原因については、該当するもののチェックの欄に「レ」を記載すること。

(2) 譲渡証明書に記載すべき事項が登録情報処理機関に提供された場合には、チェックの欄に「レ」を記載すること。

(3) その他第一号様式の記載方法(1)から(4)まで及び(16)の例により記載すること。

第三号様式の三

(1) (103)の欄には、使用済自動車の再資源化等に関する法律（平成十四年法律第八十七号）第八十一条第九項又は第十項の規定による移動報告番号を記載すること。

(2) その他第一号様式の記載方法(1)から(4)まで及び(16)並びに第三号様式の二の記載方法(2)の例により記載すること。

第四号様式

第一号様式の記載方法(1)及び(2)並びに第三号様式の記載方法(3)の例により記載すること。

第五号様式

(1) ⑫及び⑱の欄並びに㉕の欄（「条件」を表示する箇所に限る。）には、略号告示で定めるところに従って、その略号を記載すること。

(2) 共同抵当に関する申請をする場合には、申請書の（その1）は自動車一両ごとに記載し、（その２）は目的となるすべての自動車について同一の用紙を用いて記載すること。

(3) その他第一号様式の記載方法(2)から(4)まで及び(6)本文後段の例により記載すること。

第六号様式

専用第一号様式

(1) (56)の欄には、所有者であり、かつ、使用者である者の住所を第一号様式の記載方法(6)本文後段の例により記載すること。

(2) その他第一号様式の記載方法(1)から(4)まで、(6)及び(13)の例により記載すること。

専用第二号様式

第一号様式の記載方法(1)から(13)まで、(16)及び(17)並びに第三号様式の二の記載方法(2)の例により記載すること。

専用第三号様式

第一号様式の記載方法(2)から(4)まで及び(14)並びに第三号様式の記載方法(5)の例により記載すること。

第七号様式

(1) (85)から(89)まで及び(72)の欄には、道路運送車両の保安基準（昭和二十六年運輸省令第六十七号）第五十五条の規定により基準の緩和をした自動車に係るその内容を記載すること。この場合において、(88)及び(89)の欄には、略号告示で定めるところに従って略号順にそれぞれ緩和事項コード及び制限事項コードを記載することとし、記載すべき事項が十二項目を超えるときは、この様式の用紙を追加して当該事項を記載し（合計二十一項目まで記載することができる。）、また、記載すべき事項が二十一項目を超えるときは、最後の用紙の「その他緩和事項あり」又は「その他制限事項あり」を表示する箇所に「1」を記載すること。

(2) (90)の欄には、略号告示で定めるところに従って物品名コードを記載するとともに、その最大積載容量及び比重又は定数を記載することとし、記載すべき事項が四項目を超えるときは、この様式の用紙を追加して当該事項を記載し（合計十二項目まで記載することができる。）、また、記載すべき事項が十二項目を超えるときは、最後の用紙の「その他混載あり」を表示する箇所に「1」を記載すること。ただし、単に物品名を追加するときは、物品名コード、最大積載容量及び比重又は定数のみを記載すること。（既に記録されている項目を含め、十二項目まで記載することができる。）

(3) その他第一号様式の記載方法(1)から(4)までの例により記載すること。ただし、第一号様式、第二号様式、専用第二号様式又は本様式に追加して使用する場合には、(77)及び(78)の欄並びに申請人の氏名又は名称及び住所の欄は記載することを要しない。

第八号様式

(1) (91)の欄には、略号告示で定めるところに従って車名コードを記載するとともに、型式、車台番号（国土交通大臣の職権により打刻されたものに限る。）又はシリアル番号（一連番号以外の部分に限る。）（以下「型式等」と総称する。）を記載することとし、記載すべきけん引自動車又は被けん引自動車（以下「けん引自動車等」という。）が十四両を超えるときは、この様式の用紙を追加して当該けん引自動車等を記載し（合計七十両まで記載することができる。）、また、記載すべきけん引自動車等が七十両を超えるときは、最後の用紙の「その他けん引車有」を表示する箇所に「1」を記載すること。ただし、単にけん引自動車等を追加するときは、追加するけん引自動車等の車名コード及び型式等のみを記載すること（既に記録されているけん引自動車等を含め、七十両まで記載することができる。）。

(2) その他第一号様式の記載方法(1)から(4)まで及び第七号様式の記載方法(4)の例により記載すること。ただし、第一号様式、第二号様式、専用第二号様式、第七号様式又は本様式に追加して使用する場合には、(77)及び(78)の欄並びに申請人の氏名又は名称及び住所の欄は記載することを要しない。

第九号様式

第一号様式の記載方法(2)の例により記載すること。

第十号様式

第一号様式の記載方法(2)の例により記載すること。

第十一号様式

(1) 所有者の住所と使用の本拠の位置が同一の場合には使用の本拠の位置の欄に、「＊＊＊」の記号を表示するものとする。

(2) 登録年月日／交付年月日の欄には、新規登録の年月日又は最新の移転登録の年月日を表示するものとする。

第十二号様式

(1) 登録年月日／Registration Dateの欄には、輸出抹消仮登録の年月日を表示するものとする。

(2) 輸出予定日（証明書有効期間満了日）Export scheduled dayの欄には、輸出抹消仮登録証明書の有効期間満了日を表示するものとする。

(3) 所有者と使用者が同一の場合には使用者の氏名又は名称Name of Userの欄及び使用者の住所Address of Userの欄に、使用者の住所と使用の本拠の位置が同一の場合には使用の本拠の位置Locality of principal abode

of　useの欄に、それぞれ「＊＊」の記号を表示するものとする。

(4)　最大積載量Maxim. Carryの欄には、けん引自動車にあってはけん引重量を、セミトレーラにあっては［ ］内に第五輪荷重を表示するものとする。

第十三号様式

(1)　登録年月日／Registration Dateの欄には、一時抹消登録の年月日を表示するものとする。

(2)　輸出予定日（証明書有効期間満了日）Export scheduled dayの欄には、輸出予定届出証明書の有効期間満了日を表示するものとする。

(3)　その他第十二号様式の表示方法(3)及び(4)の例により表示するものとする。

第十四号様式

(1)　登録年月日の欄には、一時抹消登録の年月日を表示するものとする。

(2)　最大積載量の欄には、けん引自動車にあってはけん引重量を、セミトレーラにあっては［ ］内に第五輪荷重を表示するものとする。

第十五号様式

(1)　登録年月日／交付年月日の欄には、新規登録の年月日、最新の移転登録の年月日、永久抹消登録の年月日、輸出抹消仮登録の年月日又は一時抹消登録の年月日を表示するものとする。

(2)　所有者と使用者が同一の場合には使用者の氏名又は名称の欄及び使用者の住所の欄に、使用者の住所と使用の本拠の位置が同一の場合には使用の本拠の位置の欄に、それぞれ「＊＊」の記号を表示するものとする。

(3)　その他第十四号様式の表示方法(2)の例により表示するものとする。

第十六号様式

(1)　現在記録の部における登録年月日／交付年月日の欄及び保存記録の部における登録年月日の欄には、それぞれ新規登録の年月日、最新の移転登録の年月日、永久抹消登録の年月日、輸出抹消仮登録の年月日又は一時抹消登録の年月日を表示するものとする。

(2)　保存記録の部には、保存記録ファイルに記録されている登録事項等を表示するものとする。

(3)　その他第十四号様式の表示方法(2)及び第十五号様式の表示方法(2)の例により表示するものとする。

第十七号様式

(1)　登録年月日の欄には、新規登録の年月日、最新の移転登録の年月日、永久抹消登録の年月日、輸出抹消仮登録の年月日、輸出抹消登録の年月日又は一時抹消登録の年月日を表示するものとする。

(2)　その他第十五号様式の表示方法(2)の例により表示するものとする。

第十八号様式

第十四号様式の表示方法(2)の例により表示するものとする。

第二十号様式

(1)　交付年月日の欄には、自動車検査証が返納された年月日を表示するものとする。

(2)　その他第十四号様式の表示方法(2)及び第十五号様式の表示方法(2)の例により表示するものとする。

第二十一号様式

(1)　初度登録年月の欄には、新規登録及び新規検査を受けていない登録自動車並びに新規検査を受けていない二輪の小型自動車にあっては空欄とし、新規登録及び新規検査を受けたことのある登録自動車にあっては初度登録年月を、新規検査を受けたことのある二輪の小型自動車にあっては初度検査年月を表示するものとする。

(2)　その他第十四号様式の表示方法(2)の例により表示するものとする。

第二十二号様式

(1)　新規検査又は予備検査の結果、限定自動車検査証を交付する場合にあっては、自動車登録番号又は車両番号の欄には、登録識別情報等通知書又は自動車検査証返納証明書に記載された自動車登録番号又は車両番号を表示するものとする。

(2)　新規検査の結果、限定自動車検査証を交付する場合にあっては、所有者の氏名又は名称の欄、所有者の住所の欄及び使用の本拠の位置欄は空欄とする。

(3)　予備検査の結果、限定自動車検査証を交付する場合にあっては、使用者の氏名又は名称の欄、使用者の住所の欄及び自動車の所在する位置の欄は空欄とする。

(4)　その他第十四号様式の表示方法(2)並びに第十五号様式の表示方法(1)及び(2)の例により表示するものとする。

第二十三号様式

(1)　交付年月日の欄には、新規検査の年月日、自動車検査証への変更記録の年月日又は自動車検査証返納の年月日を表示するものとする。

(2)　その他第十五号様式の表示方法(2)の例により表示するものとする。

第二十四号様式

(1)　保存記録の部には、保存記録ファイルに記録されている検査記録事項等を表示するものとする。

(2)　その他第十五号様式の表示方法(2)及び第二十三号様式の表示方法(1)の例により表示するものとする。

第二十五号様式

第二十三号様式の表示方法(1)及び(2)の例により表示するものとする。

前　文（抄）（平一六・六・三〇国交告七七三）

平成十六年七月一日から適用する。

附　則（平一六・一二・二七国交告一六二四）

1　この告示は、平成十七年一月一日から施行する。

2　道路運送車両法施行規則等の一部を改正する省令（平成十六年国土交通省令第八十三号）附則第二条第二項の規定により当分の間使用することができる申請書及び請求書の記載方法については、この告示の規定にかかわらず、なお従前の例による。

附　則（平一七・一二・一四国交告一四一九）

この告示は、平成十七年十二月二十六日から施行する。

附　則（平一八・三・三一国交告四六一）

この告示は、平成十八年四月一日から施行する。

附　則（平一九・一一・一六国交告一五〇〇）

この告示は、平成十九年十一月十八日から施行する。

附　則（平二〇・九・一国交告一〇三〇）

この告示は、平成二十年十一月四日から施行する。〔後略〕

附　則（平二八・一二・二八国交告一四四九）

この告示は、平成二十九年一月一日から施行する。

附　則（平三〇・三・三〇国交告五二六）

この告示は、平成三十年四月一日から施行する。

附　則（令二・一〇・三〇国交告一三三一抄）

（施行期日）

1　この告示は、公布の日から施行する。〔後略〕

附　則（令四・一二・二八国交告一三〇六）

この告示は、令和五年一月一日から施行する。〔後略〕

○自動車の登録及び検査に関する申請における光ディスクによる手続に係る光ディスクへの記録方式等に関する告示

（平成十三年七月三十一日
国土交通省告示第千二百七十五号）

沿革　平一四国交告五四〇・九五二、平一五国交告一三四八、平一六国交告一六〇一、平一七国交告一四二〇、平一八国交告一三六二、平二〇国交告一〇三〇、平二三国交告一三二二、平二八国交告一四四九、平三〇国交告一〇四〇、令元国交告一・二三七、令二国交告一三三一・一五六七、令四国交告一三〇六改正

自動車の登録及び検査に関する申請書等の様式等を定める省令（昭和四十五年運輸省令第八号）（以下「様式省令」という。）第七条第一項及び第二項の記録方式並びに同項の書面及び同条第四項の書面への記載事項等を次のとおり定める。

第1　様式省令第7条第1項に定める光ディスクへの記録方式

1　光ディスクのファイル構成等

(1)　光ディスクのトラックフォーマットは、産業標準化法（昭和24年法律第185号）に基づく日本産業規格（以下「日本産業規格」という。）X6283による。

(2)　ボリューム及びファイル構成は、日本産業規格X0606による。

(3)　光ディスクに記録するファイル及びファイル名は次のとおりとし、各ファイルは1に限る。

①　共通申請データファイル　COMMON.TXT

②　個別申請データファイル　OCRDATA.TXT

(4)　光ディスクには、(3)のファイル以外は記録してはならない。

2　ファイルへの記録事項及び記録方法等

(1)　各ファイルの内容

①　共通申請データファイルには、当該申請に係る事項のうち共通する事項を記録する。

②　個別申請データファイルには、①以外の申請車両ごとの申請事項を記録する。

(2)　各ファイルに共通する記録方法は次のとおりとする。

①　使用できる文字の範囲は次に掲げるとおりとし、文字の符号化表現は、日本産業規格X0208－1997附属書1に規定する方式による。

ア　日本産業規格X0208－1997が定義する文字集合のうち、別表第1に示すもの

イ　日本産業規格X0201が定義する制御文字のうち、別表第2に示すもの

ウ　日本産業規格X0211が定義する制御文字のうち、「復帰（CR）」及び「改行（LF）」

②　記録する事項がない場合においても、区切りは省略できない。

③　各ファイルの最後には、ファイルの終端を示す制御記号（EOF）を記録する。

(3)　共通申請データファイルへの記録事項及び記録方法

①　共通申請データファイルには、別表第3に掲げる「項目」欄の事項を、同表に示す順序により「文字種類」欄に示す文字種類を用いて記録する。

②　各記録事項の後に、区切りを示す「復帰（CR）」＋「改行（LF）」を記録する。

(4)　個別申請データファイルへの記録事項及び記録方法

①　個別申請データファイルには、各申請車両ごとの申請事項を連続して記録する。

②　新規登録、変更登録、移転登録若しくは新規検査に係る申請又は変更登録若しくは移転登録と同時にする自動車検査証の変更記録の申請にあっては、別表第4に掲げる「項目」欄の事項を同表に示す順序により、「文字種類」欄に示す文字種類を用いて記録する。

③　永久抹消登録、輸出抹消仮登録又は一時抹消登録に係る申請にあっては、別表第5に掲げる「項目」欄の事項を同表に示す順序により、「文字種類」欄に示す文字種類を用いて記録する。

④　各記録事項の後に、区切りを示す「半角スラッシュ（／）」を記録する。

⑤　各々の申請車両に係る事項の一連の記録を1レコードとし、各レコードの最後に区切りを示す「復帰（CR）」＋「改行（LF）」を記録する。

(5)　光ディスクへ記録する申請件数（申請車両数）の限度

1枚の光ディスクについて行う個別申請データファイルへの記録は、申請件数1000件以内とする。

第2　様式省令第7条第1項に定める書面への記載事項等

1　記載事項及び形式

(1)　様式省令第7条第1項に定める書面（以下第2において「申請一覧」という。）には、次の事項を記載する。

①　申請年月日

②　申請人又は代理人の氏名又は名称

③　申請人又は代理人の住所

④　申請件数（光ディスクに記録した申請車両数）

⑤　光ディスクに記録した申請車両ごとに以下のア～キの事項（ただし、新規登録及び新規

検査に係る申請にあってはウを除く。）

ア　申請番号

イ　申請の種類

ウ　自動車登録番号

エ　車台番号

オ　所有者の氏名又は名称

カ　使用者の氏名又は名称

キ　使用の本拠の位置

(2) 申請一覧は光ディスクごとに１通作成する。申請車両が30両を超えるときは、30両ごとに別の用紙を用いて(1)の事項を記載し、それらの用紙が容易に散逸しないようにとじなければならない。

(3) 申請一覧は、日本産業規格Ａ列４番、横書きとする。

(4) 申請人本人としての申請と代理人としての申請を同一の光ディスクによりする場合は、それぞれについて申請一覧を作成する。

2 記載方法

(1) 申請一覧の表題は、「光ディスク申請一覧」と記載する。

(2) 申請人本人としての申請については、自動車登録令（昭和26年政令第256号）第15条第１項の押印は、申請一覧の「申請人の氏名又は名称」の位置に行うものとする。

(3) 申請番号は、光ディスクに記録した申請車両ごとに１番からの連続した番号を付したものを記載する。複数の光ディスクを用いるときは、申請番号は連続した番号を付するものとする。

(4) 申請の種類は、新規登録又は新規検査に係る申請にあっては「新規」、変更登録の申請及びこれと同時にする自動車検査証の変更記録の申請にあっては「変更」、移転登録の申請及びこれと同時にする自動車検査証の変更記録の申請にあっては「移転」、永久抹消登録の申請にあっては「永久」、輸出抹消仮登録の申請にあっては「輸出」、一時抹消登録の申請にあっては「一時」とそれぞれ記載する。

第３ 様式省令第７条第２項に定める光ディスクへの記録方式

1 光ディスクのファイル構成等

(1) 光ディスクのトラックフォーマットは日本産業規格Ｘ6283による。

(2) ボリューム及びファイル構成は、日本産業規格Ｘ0606による。

(3) 光ディスクに記録するファイル及びファイル名は次のとおりとし、各ファイルは１に限る。

① 共通申請データファイル
ＫＣＯＭＭＯＮ．ＴＸＴ

② 個別申請データファイル
ＫＯＣＲＤＡＴＡ．ＴＸＴ

(4) 光ディスクには、(3)のファイル以外は記録してはならない。

2 ファイルへの記録事項及び記録方法等

(1) 各ファイルの内容

① 共通申請データファイルには、当該申請に係る事項のうち共通する事項を記録する。

② 個別申請データファイルには、①以外の申請車両ごとの申請事項を記録する。

(2) 各ファイルに共通する記録方法は次のとおりとする。

① 使用できる文字の範囲は次に掲げるとおりとし、文字の符号化表現は、日本産業規格Ｘ0208―1997附属書１に規定する方式による。

ア　日本産業規格Ｘ0208―1997が定義する文字集合のうち、別表第１に示すもの

イ　日本産業規格Ｘ0201が定義する文字集合のうち、別表第２に示すもの

ウ　日本産業規格Ｘ0211が定義する制御文字のうち、「復帰（ＣＲ）」及び「改行（ＬＦ）」

② 記録する事項がない場合においても、区切りは省略できない。

③ 各ファイルの最後には、ファイルの終端を示す制御記号（ＥＯＦ）を記録する。

(3) 共通申請データファイルへの記録事項及び記録方法

① 共通申請データファイルには、別表第６に掲げる「項目」欄の事項を、同表に示す順序により「文字種類」欄に示す文字種類を用いて記録する。

② 各記録事項の後に、区切りを示す「復帰（ＣＲ）」＋「改行（ＬＦ）」を記録する。

(4) 個別申請データファイルへの記録事項及び記録方法

① 個別申請データファイルには、各申請車両ごとの申請事項を連続して記録する。

② 新規検査又は自動車検査証の変更記録の申請にあっては、別表第７に掲げる「項目」欄の事項を同表に示す順序により、「文字種類」欄に示す文字種類を用いて記録する。

③ 自動車検査証返納証明書の交付の申請にあっては、別表第８に掲げる「項目」欄の事項を同表に示す順序により、「文字種類」欄に示す文字種類を用いて記録する。

④ 各記録事項の後に、区切りを示す「半角スラッシュ（／）」を記録する。

⑤ 各々の申請車両に係る事項の一連の記録を１レコードとし、各レコードの最後に区切りを示す「復帰（ＣＲ）」＋「改行（ＬＦ）」を記録する。

(5) 光ディスクへ記録する申請件数（申請車両数）の限度

１枚の光ディスクについて行う個別申請データファイルへの記録は、申請件数1000件以内とする。

第４ 様式省令第７条第２項に定める書面への記載事

項等

1 記載事項及び形式

(1) 様式省令第7条第2項に定める書面（以下第4において「申請一覧」という。）には、次の事項を記載する。

① 申請年月日

② 申請者又は代理人の氏名又は名称

③ 申請者又は代理人の住所

④ 申請件数（光ディスクに記録した申請車両数）

⑤ 光ディスクに記録した申請車両ごとに以下のア〜キの事項（ただし、新規検査に係る申請にあってはウを除く。）

ア 申請番号

イ 申請の種類

ウ 車両番号

エ 車台番号

オ 使用者の氏名又は名称

カ 所有者の氏名又は名称

キ 使用の本拠の位置

(2) 申請一覧は光ディスクごとに1通作成する。申請車両が30両を超えるときは、30両ごとに別の用紙を用いて(1)の事項を記載し、それらの用紙が容易に散逸しないようにとじなければならない。

(3) 申請一覧は、日本産業規格A列4番、横書きとする。

(4) 申請者本人としての申請と代理人としての申請を同一の光ディスクによりする場合は、それぞれについて申請一覧を作成する。

2 記載方法

(1) 申請一覧の表題は、「光ディスク申請一覧」と記載する。

(2) 申請番号は、光ディスクに記録した申請車両ごとに1番から連続した番号を付したものを記載する。複数の光ディスクを用いるときは、申請番号は連続した番号を付すものとする。

(3) 申請の種類は、新規検査に係る申請にあっては「新規」、自動車検査証の変更記録の申請にあっては「記入」、自動車検査証返納証明書の交付の申請にあっては「返納」とそれぞれ記載する。

第5 様式省令第7条第4項に定める記載事項

様式省令第7条第4項に定める記載事項は次のとおりとする。

① 申請年月日

② 申請人又は代理人の氏名

③ 当該光ディスクに記録されている申請車両の初めと終わりの申請番号

④ 申請件数（光ディスクに記録した申請車両数）

附 則

この告示は、平成十三年八月一日から適用する。

前 文（抄）（平一四・七・一国交告五四〇）

平成十四年七月一日から施行する。

前 文（抄）（平一四・一〇・三一国交告九五二）

平成十四年十一月一日から適用する。

前 文（抄）（平一五・一〇・一四国交告一三四八）

平成十六年一月一日から施行する。

附 則（平一六・一二・二〇国交告一六〇一抄）

1 この告示は、平成十七年一月一日から施行する。

附 則（平一七・一二・一四国交告一四二〇）

この告示は、平成十七年十二月二十六日から施行する。

附 則（平一八・一一・九国交告一三六二）

この告示は、平成十九年一月四日から施行する。

附 則（平二〇・九・一国交告一〇三〇）

この告示は、平成二十年十一月四日から施行する。ただし、第一条の改正規定（自動車の登録及び検査に関する申請におけるフレキシブルディスクによる手続に係るフレキシブルディスクへの記録方式等に関する告示別表第4及び別表第5に係るものを除く。）及び第三条の改正規定は、平成二十一年一月一日から施行する。

附 則（平二三・一二・二八国交告一三二二）

この告示は、平成二十四年一月一日から施行する。

附 則（平二八・一二・二八国交告一四四九）

この告示は、平成二十九年一月一日から施行する。

附 則（平三〇・八・一〇国交告一〇四〇）

この告示は、公布の日から施行する。

附 則（令元・五・七国交告一）

この告示は、公布の日から施行する。

附 則（令元・六・二八国交告二三七）

この告示は、不正競争防止法等の一部を改正する法律［平成三〇年五月法律第三三号］の施行の日（令和元年七月一日）から施行する。

附 則（令二・一〇・三〇国交告一三三一抄）

（施行期日）

1 この告示は、公布の日から施行する。［後略］

附 則（令二・一二・二三国交告一五六七抄）

（施行期日）

1 この告示は、押印を求める手続の見直し等のための国土交通省関係政令の一部を改正する政令［令和二年一二月政令第三六三号］の施行の日（令和三年一月一日）から施行する。

附 則（令四・一二・二八国交告一三〇六）

この告示は、令和五年一月一日から施行する。［後略］

別表第１（全角文字コード表）

文字種類		字数	ＪＩＳコード （ＳＨＩＦＴ—ＪＩＳコード）		備考：個別コード等
			範囲始め	範囲終り	
漢字	第１水準	2965	0 x3021 （0 x889 f）	0 x4 f53 （0 x9872）	亜～腕
	第２水準	3390	0 x5021 （0 x989 f）	0 x7426 （0xeaa 4）	弌～熙
ひらがな		83	0 x2421 （0 x829 f）	0 x2473 （0 x82 f 1）	あ～ん
カタカナ		86	0 x2521 （0 x8340）	0 x2576 （0 x8396）	ァ～ヶ
数字		10	0 x2330 （0 x824 f）	0 x2339 （0 x8258）	０～９
アルファベット		26	0 x2341 （0 x8260）	0 x235 a （0 x8279）	Ａ～Ｚ
特殊文字（記号等）		18			、：0 x2122（0 x8141）
					。：0 x2123（0 x8142）
					，：0 x2124（0 x8143）
					．：0 x2125（0 x8144）
					・：0 x2126（0 x8145）
					ゞ：0 x2136（0 x8155）
					々：0 x2139（0 x8158）
					ー：0 x213 c（0 x815 b）
					'：0 x2147（0 x8166）
					（：0 x214 a（0 x8169）
					）：0 x214 b（0 x816 a）
					＋：0 x215 c（0 x817 b）
					－：0 x215 d（0 x817 c）
					￥：0 x216 f（0 x818 f）
					＃：0 x2174（0 x8194）
					＆：0 x2175（0 x8195）
					＊：0 x2176（0 x8196）
					「間隔」（スペース）：0 x2121 （0 x8140）
合計		6578			

（注）１　ＳＨＩＦＴ—ＪＩＳコードは連続した領域ではない。

２　0 xＸＸは16進表記を示す。

別表第２（半角文字コード表）（第１及び第３関係）

<table>
<tr><th rowspan="2">文字種類</th><th rowspan="2">字数</th><th colspan="2">ＪＩＳコード</th><th rowspan="2">備考：（個別コード等）</th></tr>
<tr><th>範囲始め</th><th>範囲終り</th></tr>
<tr><td>数字</td><td>10</td><td>0x30</td><td>0x39</td><td>０～９</td></tr>
<tr><td>アルファベット</td><td>26</td><td>0x41</td><td>0x5a</td><td>Ａ～Ｚ
（小文字は不可）</td></tr>
<tr><td rowspan="4">特殊文字（記号等）</td><td rowspan="4">4</td><td rowspan="4"></td><td rowspan="4"></td><td>￥　：0x5c</td></tr>
<tr><td>－　：0x2d</td></tr>
<tr><td>．　：0x2e</td></tr>
<tr><td>「ＳＰ」（スペース）：0x20</td></tr>
<tr><td>合計</td><td>40</td><td></td><td></td><td></td></tr>
</table>

（注）0xXXは16進表記を示す。

別表第３（共通申請データファイル）（第１関係）

<table>
<tr><th rowspan="2">記録順序</th><th rowspan="2" colspan="2">項目</th><th rowspan="2">最大文字数</th><th>サイズ</th><th rowspan="2">文字種類</th><th rowspan="2">区切り</th><th rowspan="2">備考</th></tr>
<tr><th>(Byte)</th></tr>
<tr><td>1</td><td colspan="2">運輸監理部長又は運輸支局長名</td><td>3</td><td>6</td><td>全角</td><td>復帰改行コード</td><td>「運輸監理部長又は運輸支局長」は除く（例：「東京」）</td></tr>
<tr><td>2</td><td colspan="2">申請年月日</td><td>11</td><td>22</td><td>全角</td><td>復帰改行コード</td><td>令和ＸＸ年ＸＸ月ＸＸ日（元号は和暦、十の位の「０」は省略可）</td></tr>
<tr><td>3</td><td rowspan="2">申請人又は代理人</td><td>氏名又は名称</td><td>80</td><td>160</td><td>全角</td><td>復帰改行コード</td><td></td></tr>
<tr><td>4</td><td>住所</td><td>80</td><td>160</td><td>全角</td><td>復帰改行コード</td><td>地番等も「全角」で記録</td></tr>
<tr><td>5</td><td colspan="2">申請件数</td><td>4</td><td>4</td><td>半角数字</td><td>復帰改行コード</td><td>光ディスクに記録した申請車両数（1000件までに限る）</td></tr>
<tr><td></td><td colspan="2">（ファイルの終り）</td><td></td><td></td><td></td><td>（ＥＯＦ）</td><td>ＥＯＦ：０ｘ１ａ（０ｘＸＸは16進表記を示す）</td></tr>
</table>

別表第４（個別申請データファイル：新規登録・検査、変更登録、移転登録）

記録順序	項　　目			最大文字数	サイズ（Byte）	文字種類	区　切　り	備　　考
1	帳表ＩＤ			5	5	半角数字	半角スラッシュ	”10119”固定
2	申請種別等欄	業務種別		2	2	半角数字	半角スラッシュ	新規登録検査「1」、移転登録「3」、変更登録「4」を記録
3		手数料		1	1	半角数字	半角スラッシュ	申請人が国の場合のみ「1」を記録
4		補助シート		1	1	半角数字	半角スラッシュ	（項目区切りのみ）
5		番号指示	種別	1	1	半角数字記号	半角スラッシュ	分類番号の上一桁（3、5、4等）を記録。二輪は「－」
6			用途１	1	1	半角数字	半角スラッシュ	普通「1」、小型「2」を記録
7			用途２	1	1	半角数字	半角スラッシュ	自家用「1」、事業用「2」等を記録
8			標板１	1	1	半角数字	半角スラッシュ	字光式の場合「1」を記録（他は項目区切りのみ）
9			標板２	1	1	半角数字	半角スラッシュ	大板２枚「2」、小板２枚「4」等を記録
10		有効期間		1	1	半角数字	半角スラッシュ	1年「1」、2年「2」、3年「3」を記録
11		出張		1	1	半角数字	半角スラッシュ	（項目区切りのみ）
12		備考欄		1	1	半角数字	半角スラッシュ	（項目区切りのみ）
13			台帳	1	1	半角数字	半角スラッシュ	（項目区切りのみ）
14		処理	処理１	1	1	半角数字	半角スラッシュ	
15			処理２	1	1	半角数字	半角スラッシュ	
16		例外		1	1	半角数字	半角スラッシュ	
17		制限解除		1	1	半角数字	半角スラッシュ	
18		ＮＯｘ・ＰＭ		1	1	半角数字	半角スラッシュ	
19		証明書指示		1	1	半角数字	半角スラッシュ	
20		証明書指示２		1	1	半角数字	半角スラッシュ	
21		希望自動車登録番号	分類番号	3	3	半角英数字	半角スラッシュ	希望番号を予約している場合のみ記録
22			かな文字	1	2	全角	半角スラッシュ	希望番号を予約している場合のみ記録
23			一連指定番号	4	4	半角数字	半角スラッシュ	希望番号を予約している場合のみ記録
24		自動車登録番号	運輸支局等を表示する文字	4	8	全角	半角スラッシュ	
25			分類番号	3	3	半角英数字	半角スラッシュ	
26			かな文字	1	2	全角	半角スラッシュ	
27			一連指定番号	4	4	半角数字	半角スラッシュ	

28		車台番号			23	23	半角英数字記号	半角スラッシュ	23桁以上の場合は、下23桁を記録
29		車台番号変更			1	1	半角数字	半角スラッシュ	
30		所有者	氏名又は名称	所有権留保の解除	1	1	半角数字	半角スラッシュ	
31				漢字	20	40	全角	半角スラッシュ	氏名の場合は氏と名の間に「全角空白」を記録
32		所有者コード			5	5	半角数字	半角スラッシュ	販売店等コード登録者以外は「空白」とする
33		所有者	住所	都道府県市区郡－町村－小字コード	12	12	半角数字	半角スラッシュ	「住所コード」を記録
34	申請車両データ欄			丁目	2	2	半角数字	半角スラッシュ	
35				番、号、番地、棟番号等	22	22	半角英数字記号	半角スラッシュ	
36		使用者	氏名又は名称	所有者と同じ	1	1	半角数字	半角スラッシュ	使用者が所有者と同じ場合は「1」を記録
37				漢字	20	40	全角	半角スラッシュ	氏名の場合は氏と名の間に「全角空白」を記録
38		登録識別情報			6	6	半角英数字	半角スラッシュ	「登録識別情報」を記録
39		使用者	住所	所有者住所に同じ	1	1	半角数字	半角スラッシュ	住所が所有者と同じ場合は「1」を記録
40				都道府県市区郡－町村－小字コード	12	12	半角数字	半角スラッシュ	「住所コード」を記録
41				丁目	2	2	半角数字	半角スラッシュ	
42				番、号、番地、棟番号等	22	22	半角英数字記号	半角スラッシュ	
43		使用の本拠の位置		使用者住所に同じ	1	1	半角数字	半角スラッシュ	使用の本拠が使用者住所と同じ場合は「1」を記録
44			住所	都道府県市区郡－町村－小字コード	12	12	半角数字	半角スラッシュ	「住所コード」を記録
45				丁目	2	2	半角数字	半角スラッシュ	
46				番、号、番地、棟番号等	22	22	半角英数字記号	半角スラッシュ	
47		車体の塗色			1	1	半角数字	半角スラッシュ	赤「1」、橙「2」、茶「3」、黄「4」、緑「5」、青「6」、紫「7」、白「8」、灰「9」、黒「0」を記録
48		自動車型式指定・類別区分番号		自動車型式指定番号	5	5	半角数字	半角スラッシュ	
49				類別区分番号	4	4	半角数字	半角スラッシュ	
50		製作年月日	元号		1	1	半角数字	半角スラッシュ	昭和「1」、平成「2」を記録、令和は未記入

番号	欄	項目	細目	文字数		バイト数	文字種	区切り	備考
51			年月日	6		6	半角数字	半角スラッシュ	
52		走行距離計表示値		6		6	半角数字	半角スラッシュ	
53			mile	1		1	半角数字	半角スラッシュ	
54		整備工場コード		2		2	半角数字	半角スラッシュ	
55				5		5	半角数字	半角スラッシュ	
56	支局等記入欄	定期点検		1		1	半角数字	半角スラッシュ	
57		受検形態		1		1	半角数字	半角スラッシュ	
58		装置名等コード	1	4		4	半角数字	半角スラッシュ	
59			2	4		4	半角数字	半角スラッシュ	
60			3	4		4	半角数字	半角スラッシュ	
61			4	4		4	半角数字	半角スラッシュ	
62			5	4		4	半角数字	半角スラッシュ	
63			6	4		4	半角数字	半角スラッシュ	
64			7	4		4	半角数字	半角スラッシュ	
65	記名等事項欄	申請人（新所有者・現所有者）	氏名又は名称	80		160	全角	半角スラッシュ	氏名の場合は氏と名の間に「全角空白」を記録
66			住所	80		160	全角	半角スラッシュ	地番等も「全角」で記録する
67		（使用者）	氏名又は名称	80		160	全角	半角スラッシュ	氏名の場合は氏と名の間に「全角空白」を記録
68			住所	80		160	全角	半角スラッシュ	地番等も「全角」で記録する
69		（旧所有者）	氏名又は名称	80		160	全角	半角スラッシュ	氏名の場合は氏と名の間に「全角空白」を記録
70			住所	80		160	全角	半角スラッシュ	地番等も「全角」で記録する
71		登録情報処理機関への提供事項		15		30	全角	半角スラッシュ	「譲渡証明書」、「完成検査終了証」、「保安基準適合証」、「排出ガス検査終了証」、「出荷検査証」のうち該当する事項を記録し、該当する事項が複数ある場合には、各事項の間に「全角空白」を記録
72		使用の本拠の位置		80		160	全角	半角スラッシュ	地番等も「全角」で記録する
73		登録の原因とその日付	原因	28		56	全角	半角スラッシュ	
74			日付	11		22	全角	半角スラッシュ	“令和ＸＸ年ＸＸ月ＸＸ日”（元号は和暦、十の位の「０」は省略可）
75		自動車登録番号標交付の理由		40		80	全角	半角スラッシュ	（項目区切りのみ）
76		登録識別情報通知の希望の有無		1		1	半角数字	復帰改行コード	登録識別情報の通知を希望している場合のみ「1」を記載
	（申請車両ごとの事項を連続して記録）								
	（ファイルの終り）							（ＥＯＦ）	ＥＯＦ:コード 0x1a（0xXXは16進表記を示す）

（注）申請の内容により、様式省令に定める第１号様式の記載方法に準じ必要事項を記録する。

別表第５（個別申請データファイル：抹消登録）

記録順序	項	目		最大文字数	サイズ（Ｂｙｔｅ）	文字種類	区切り	備考
1	帳表ＩＤ			5	5	半角数字	半角スラッシュ	”13319”固定
2	申請種別等欄	業務種別		1	1	半角数字	半角スラッシュ	抹消登録「９」を記録
3	申請種別等欄	手数料		1	1	半角数字	半角スラッシュ	申請人が国の場合のみ「１」を記録
4	申請種別等欄	出張		1	1	半角数字	半角スラッシュ	（項目区切りのみ）
5	申請種別等欄	抹消		1	1	半角数字	半角スラッシュ	解体「１」、一時使用中止「２」、輸出「３」、滅失「５」、用途廃止「６」を記録
6	申請種別等欄	処理	処理１	1	1	半角数字	半角スラッシュ	（項目区切りのみ）
7	申請種別等欄	処理	処理２	1	1	半角数字	半角スラッシュ	（項目区切りのみ）
8	申請種別等欄	制限解除		1	1	半角数字	半角スラッシュ	
9	申請種別等欄	登録識別情報		6	6	半角英数字	半角スラッシュ	「登録識別情報」を記録
10	申請車両データ欄	自動車登録番号	運輸支局等を表示する文字	4	8	全角	半角スラッシュ	
11	申請車両データ欄	自動車登録番号	分類番号	3	3	半角英数字	半角スラッシュ	
12	申請車両データ欄	自動車登録番号	かな文字	1	2	全角	半角スラッシュ	
13	申請車両データ欄	自動車登録番号	一連指定番号	4	4	半角数字	半角スラッシュ	
14	申請車両データ欄	車台番号		7	7	半角英数字記号	半角スラッシュ	下７桁を記録
15	申請車両データ欄	輸出予定日	元号	1	1	半角数字	半角スラッシュ	（項目区切りのみ）
16	申請車両データ欄	輸出予定日	年月日	6	6	半角数字	半角スラッシュ	
17	記名等事項欄	申請人（所有者）	氏名又は名称	80	160	全角	半角スラッシュ	氏名の場合は氏と名の間に「全角空白」を記録
18	記名等事項欄	申請人（所有者）	住所	80	160	全角	半角スラッシュ	地番等も「全角」で記録する
19	記名等事項欄	（使用者）	氏名又は名称	80	160	全角	半角スラッシュ	氏名の場合は氏と名の間に「全角空白」を記録
20	記名等事項欄	（使用者）	住所	80	160	全角	半角スラッシュ	地番等も「全角」で記録する
21	記名等事項欄	使用の本拠の位置		80	160	全角	半角スラッシュ	地番等も「全角」で記録する
22	記名等事項欄	登録の原因とその日付	原因	28	56	全角	半角スラッシュ	
23	記名等事項欄	登録の原因とその日付	日付	11	22	全角	復帰改行コード	“令和ＸＸ年ＸＸ月ＸＸ日”（元号は和暦、十の位の「０」は省略可）
（申請車両ごとの事項を連続して記録）								
	（ファイルの終り）						（ＥＯＦ）	ＥＯＦ：コード０ｘ１ａ（０ｘＸＸは16進表記を示す）

（注）申請の内容により、様式省令に定める第３号様式の２の記載方法に準じ必要事項を記録する。

別表第６（共通申請データファイル）（第３関係）

記録順序	項目		最大文字数	サイズ（Byte）	文字種類	区切り	備考
1	軽自動車検査協会		8	16	全角	復帰改行コード	軽自動車検査協会（固定値）
2	申請年月日		11	22	全角	復帰改行コード	令和ＸＸ年ＸＸ月ＸＸ日（元号は和暦、十の位の「０」は省略可）
3	申請者又は代理人	氏名又は名称	80	160	全角	復帰改行コード	
4		住所	80	160	全角	復帰改行コード	地番等も「全角」で記録
5	申請件数		4	4	半角数字	復帰改行コード	光ディスクに記録した申請車両数（1000件までに限る）
	（ファイルの終り）					（ＥＯＦ）	ＥＯＦ：０ｘ１ａ（０ｘＸＸは16進表記を示す）

別表第７（個別申請データファイル：新規検査、自動車検査証の変更記録）（第３関係）

記録順序	項目			最大文字数	サイズ（Byte）	文字種類	区切り	備考
1	帳表ＩＤ			5	5	半角数字	半角スラッシュ	「00109」を記録（固定値）
2	業務種別等・申請車両データ欄	業務種別		1	1	半角数字	半角スラッシュ	新規検査「１」、変更記録申請「４」を記録
3		車両提示		1	1	半角数字	半角スラッシュ	（項目区切りのみ）
4		手数料		1	1	半角数字	半角スラッシュ	申請人が国の場合のみ「１」を記録（他は項目区切りのみ）
5		補助シート		1	1	半角数字	半角スラッシュ	（項目区切りのみ）
6		番号指示	用途１	1	1	半角数字	半角スラッシュ	（項目区切りのみ）
7			用途２	1	1	半角数字	半角スラッシュ	自家用「１」、事業用「２」等を記録
8			標板１	1	1	半角数字	半角スラッシュ	字光式の場合は「１」を記録（他は項目区切りのみ）
9			標板２	1	1	半角数字	半角スラッシュ	中板２枚「１」、小板２枚「３」等を記録
10		備考欄		1	1	半角数字	半角スラッシュ	（項目区切りのみ）
11		処理１		1	1	半角数字	半角スラッシュ	（項目区切りのみ）
12		処理２		1	1	半角数字	半角スラッシュ	（項目区切りのみ）
13		例外		1	1	半角数字	半角スラッシュ	（項目区切りのみ）
14		制限解除		1	1	半角数字	半角スラッシュ	（項目区切りのみ）
15		証明書指示		1	1	半角数字	半角スラッシュ	
16		証明書指示２		1	1	半角数字	半角スラッシュ	
17		希望車両番号	分類番号	3	3	半角英数字	半角スラッシュ	希望車両番号以外は項目区切りのみ
18			かな文字	1	2	全角	半角スラッシュ	希望車両番号以外は項目区切りのみ

19		一連希望番号		4	4	半角数字	半角スラッシュ	希望車両番号以外は項目区切りのみ
20	車両番号	運輸監理部又は運輸支局等を表示する文字		4	8	全角	半角スラッシュ	
21		分類番号		3	3	半角英数字	半角スラッシュ	
22		かな文字		1	2	全角	半角スラッシュ	
23		一連指定番号		4	4	半角数字	半角スラッシュ	
24		小板		1	1	半角数字	半角スラッシュ	小板の場合「1」を記録（他は項目区切りのみ）
25	車台番号			20	20	半角英数字記号	半角スラッシュ	20桁以上の場合は、下20桁を記録
26	車台番号変更			1	1	半角数字	半角スラッシュ	（項目区切りのみ）
27	使用者	氏名又は名称	漢字	20	40	全角	半角スラッシュ	氏名の場合は氏と名の間に「全角空白」を記録
28		住所	都道府県市区郡—町村—小字コード	12	12	半角数字	半角スラッシュ	「住所コード」を記録
29			丁目	2	2	半角数字	半角スラッシュ	
30			番、号、番地、棟番号等	22	22	半角英数字記号	半角スラッシュ	
31	流通確認			1	1	半角数字	半角スラッシュ	（項目区切りのみ）
32	販売店コード			5	5	半角数字	半角スラッシュ	（項目区切りのみ）
33	所有者	氏名又は名称	使用者と同じ	1	1	半角数字	半角スラッシュ	所有者が使用者と同じ場合は「1」を記録（他は項目区切りのみ）
34			漢字	20	40	全角	半角スラッシュ	氏名の場合は氏と名の間に「全角空白」を記録
35		住所	使用者住所に同じ	1	1	半角数字	半角スラッシュ	住所が使用者と同じ場合は「1」を記録（他は項目区切りのみ）
36			都道府県市区郡—町村—小字コード	12	12	半角数字	半角スラッシュ	「住所コード」を記録
37			丁目	2	2	半角数字	半角スラッシュ	
38			番、号、番地、棟番号等	22	22	半角英数字記号	半角スラッシュ	
39	所有者コード			5	5	半角数字	半角スラッシュ	所有者コード登録者は「所有者コード」を記録する（他は項目区切りのみ）
40		使用者		1	1	半角数字	半角スラッシュ	所有者が使用者と同じ場合は「1」を記録（他は項目区切りのみ）
41	使用の本拠の位置		使用者住所に同じ	1	1	半角数字	半角スラッシュ	使用の本拠が使用者住所と同じ場合は「1」を記録（他は項目区切りのみ）
42		住所	都道府県市区郡—町村—小字コード	12	12	半角数字	半角スラッシュ	「住所コード」を記録
43			丁目	2	2	半角数字	半角スラッシュ	
44			番、号、番地、棟番号等	22	22	半角英数字記号	半角スラッシュ	

45		車体の塗色		1	1	半角数字	半角スラッシュ	赤「1」、橙「2」、茶「3」、黄「4」、緑「5」、青「6」、紫「7」、白「8」、灰「9」、黒「0」を記録
46		自動車型式指定・類別区分番号		9	9	半角数字	半角スラッシュ	
47		製作年月日	元号	1	1	半角数字	半角スラッシュ	昭和「1」、平成「2」を記録。令和は未記入
48			年月日	6	6	半角数字	半角スラッシュ	
49		走行距離計表示値		6	6	半角数字	半角スラッシュ	
50			mile	1	1	半角数字	半角スラッシュ	
51		整備工場コード		2	2	半角数字	半角スラッシュ	
52				5	5	半角数字	半角スラッシュ	
53		定期点検		1	1	半角数字	半角スラッシュ	（項目区切りのみ）
54		受検形態		1	1	半角数字	半角スラッシュ	（項目区切りのみ）
55		装置名等コード１		4	4	半角数字	半角スラッシュ	（項目区切りのみ）
56		装置名等コード２		4	4	半角数字	半角スラッシュ	（項目区切りのみ）
57		装置名等コード３		4	4	半角数字	半角スラッシュ	（項目区切りのみ）
58		装置名等コード４		4	4	半角数字	半角スラッシュ	（項目区切りのみ）
59		装置名等コード５		4	4	半角数字	半角スラッシュ	（項目区切りのみ）
60		装置名等コード６		4	4	半角数字	半角スラッシュ	（項目区切りのみ）
61		装置名等コード７		4	4	半角数字	半角スラッシュ	（項目区切りのみ）
62	記名等事項欄	申請者（使用者）	氏名又は名称	80	160	全角	半角スラッシュ	氏名の場合は氏と名の間に「全角空白」を記録
63			住所	80	160	全角	半角スラッシュ	地番等も「全角」で記録する
64		（所有者）	氏名又は名称	80	160	全角	半角スラッシュ	氏名の場合は氏と名の間に「全角空白」を記録
65			住所	80	160	全角	半角スラッシュ	地番等も「全角」で記録する
66		（旧使用者）	氏名又は名称	80	160	全角	半角スラッシュ	氏名の場合は氏と名の間に「全角空白」を記録
67			住所	80	160	全角	半角スラッシュ	地番等も「全角」で記録する
68		（旧所有者）	氏名又は名称	80	160	全角	半角スラッシュ	氏名の場合は氏と名の間に「全角空白」を記録
69			住所	80	160	全角	半角スラッシュ	地番等も「全角」で記録する
70		受検者	氏名又は名称	80	160	全角	半角スラッシュ	（項目区切りのみ）
71			住所	80	160	全角	半角スラッシュ	（項目区切りのみ）
72		登録情報処理機関への提供事項		9	18	全角	半角スラッシュ	「完成検査終了証」、「保安基準適合証」、「排出ガス検査終了証」のうち該当する事項を記録する
73		変更事項		28	56	全角	復帰＋改行	（レコード区切り）
（申請車両ごとの事項を連続して記録）								
	（ファイルの終わり）						（ＥＯＦ）	ＥＯＦ：コード０ｘ１ａ（０ｘＸＸは16進表記を示す）

（注）申請の内容により、様式省令に定める軽第１号様式の記載方法に準じ必要事項を記録する。

別表第８（個別申請データファイル：自動車検査証返納証明書交付）（第３関係）

記録順序	項目			最大文字数	サイズ（Byte）	文字種類	区切り	備考
1	帳表ＩＤ			5	5	半角数字	半角スラッシュ	「00409」を記録（固定値）
2	業務種別等・申請車両データ欄	業務種別		1	1	半角数字	半角スラッシュ	自動車検査証返納証明書交付「７」を記録（固定値）
3		手数料		1	1	半角数字	半角スラッシュ	申請人が国の場合のみ「１」を記録（他は項目区切りのみ）
4		処理１		1	1	半角数字	半角スラッシュ	（項目区切りのみ）
5		処理２		1	1	半角数字	半角スラッシュ	（項目区切りのみ）
6		車両番号	運輸監理部又は運輸支局等を表示する文字	4	8	全角	半角スラッシュ	
7			分類番号	3	3	半角英数字	半角スラッシュ	
8			かな文字	1	2	全角	半角スラッシュ	
9			一連指定番号	4	4	半角数字	半角スラッシュ	
10			小板	1	1	半角数字	半角スラッシュ	小板の場合「１」を記録（他は項目区切りのみ）
11		車台番号		7	7	半角英数字記号	半角スラッシュ	下７桁を記録
12	記名等事項欄	申請者（使用者）	氏名又は名称	80	160	全角	半角スラッシュ	氏名の場合は氏と名の間に「全角空白」を記録
13			住所	80	160	全角	半角スラッシュ	地番等も「全角」で記録する
14		（所有者）	氏名又は名称	80	160	全角	半角スラッシュ	氏名の場合は氏と名の間に「全角空白」を記録
15			住所	80	160	全角	復帰＋改行	地番等も「全角」で記録する（レコード区切り）
（申請車両ごとの事項を連続して記録）								
	（ファイルの終り）						（ＥＯＦ）	ＥＯＦ：コード 0x1a（0ｘＸＸは16進表記を示す）

（注）申請の内容により、様式省令に定める軽第４号様式の記載方法に準じ必要事項を記録する。

○自動車登録官及び自動車検査官の任命、服務及び研修に関する規則

（昭和二十七年一月十八日運輸省令第二号）

沿革　昭二九運令六一、昭三二運令四九、昭五九運令一八、昭六〇運令三八、平七運令八、平九運令二七、平一〇運令七二、平一二運令三九、平一四国交令五八、平一八国交令二九、平一九国交令三五、平二八国交令一四、平二九国交令五六、令六国交令一三改正

第一章　総則

（この省令の適用）

第一条　道路運送車両法（昭和二十六年法律第百八十五号。以下「法」という。）第二十四条に規定する自動車登録官（以下「登録官」という。）及び同法第七十四条に規定する自動車検査官（以下「検査官」という。）の任命、服務及び研修に関しては、別に定めるもののほか、この省令の定めるところによる。

（登録官及び検査官）

第二条　登録官及び検査官は、自動車に関する登録及び検査に関する業務を円滑に遂行するため、その職務に関し、相互に協力しなければならない。

（監察）

第三条　国土交通大臣又は地方運輸局長が指定する職員は、登録官及び検査官の服務の状況を監察し、且つ、その結果をそれぞれ国土交通大臣又は地方運輸局長に報告しなければならない。

2　前項の監察の時期、方法その他監察に関し必要な事項は、国土交通大臣又は地方運輸局長が定める。

第二章　自動車登録官

（任命）

第四条　登録官は、一般職の職員の給与に関する法律（昭和二十五年法律第九十五号）第六条第一項第一号イに規定する行政職俸給表㈠による職務の級が二級以上の者で、次の各号のいずれかに該当するもののうちから、国土交通大臣が命ずる。

一　自動車に関する登録事務（独立行政法人自動車技術総合機構が行う確認調査（法第二十四条の二第一項に規定する確認調査をいう。）を含む。以下同じ。）について五年以上の経験を有する者

二　学校教育法（昭和二十二年法律第二十六号）による高等学校（旧中等学校令（昭和十八年勅令第三十六号）による中等学校を含む。）又は中等教育学校を卒業した者であつて、自動車に関する登録事務につき三年以上又は自動車に関する登録事務その他の陸上輸送管理事務につき、これらを通算して四年以上の経験を有する者

三　学校教育法による大学（旧大学令（大正七年勅令第三百八十八号）による大学を含む。）又は高等専門学校（旧専門学校令（明治三十六年勅令第六十一号）による専門学校を含む。）を卒業した者（同法による専門職大学の前期課程を修了した者を含む。）であつて、自動車に関する登録事務につき一年以上又は自動車に関する登録事務その他の陸上輸送管理事務につき、これらを通算して三年以上の経験を有する者

四　国土交通大臣が、前各号のいずれかに該当する者と同等以上の知識及び経験を有すると認めた者

2　国土交通大臣は、登録官であつて次の各号の一に該当するもののうちから、上席自動車登録官（以下「上席登録官」という。）を命ずる。

一　登録官として自動車に関する登録事務について九年以上の経験を有する者

二　初めて登録官に命ぜられた後、自動車に関する登録事務その他の陸上輸送管理事務について、これらを通算して十二年以上の経験を有する者

三　国土交通大臣が、前二号の一に該当する者と同等以上の知識及び経験を有すると認めた者

（服務）

第五条　登録官は、自動車の流通の状況につき特に注意をしなければならない。

2　上席登録官は、前項の規定によるほか、自動車の登録事務の業務計画の調整並びに上席登録官以外の登録官に対する登録事務の適正かつ円滑な実施が図られるよう注意しなければならない。

第六条　登録官は、自動車に関する登録についての法令並びに自動車の構造及び装置について、必要な知識の修得につとめなければならない。

2　上席登録官は、前項の規定によるほか、自動車の製造、流通等に関する事項について、必要な知識の修得に努めなければならない。

第七条　上席登録官以外の登録官は、自動車に関する登録について、重大又は異例な事項があると認めたときは、すみやかに上席登録官に報告し、その指示を受けなければならない。

（研修）

第八条　国土交通大臣又は地方運輸局長は、自動車に関する登録事務の適正な執行及び能率の増進を図るため、登録官に対し、次に掲げる事項について、研修を行わなければならない。

一　民法、商法及び自動車関係法令

二　自動車に関する登録事務

三　自動車の構造、装置及び性能

四　その他必要な事項

2　国土交通大臣又は地方運輸局長は、上席登録官がその任務を適確に遂行できるようにするため、上席登録官に対し、前項各号に掲げるもののほか、次に掲げる事項について、研修を行わなければならない。

一　自動車の製造及び流通に関する事項

二　自動車に関する登録に係る犯罪の実態

三　その他必要な事項

3　研修の時期、場所その他研修に関し必要な事項は、国土交通大臣又は地方運輸局長が定める。

第三章　自動車検査官

（任命）

第九条　検査官は、一般職の職員の給与に関する法律第六条第一項第一号イに規定する行政職俸給表㈠による職務の級が二級以上の者で、次の各号のいずれかに該当するもののうちから、国土交通大臣が命ずる。

一　自動車の検査業務（独立行政法人自動車技術総合機構が行う審査業務（法第七十五条の五第一項に基づく審査に係る業務を除く。）を含む。以下同じ。）について五年以上の経験を有する者

二　第四条第二号に規定する高等学校又は中等教育学校を卒業した者であつて、自動車の検査業務につき三年以上又は自動車に関する業務及び自動車の検査業務につき、これらを通算して四年以上の経験を有する者

三　第四条第一項第三号に規定する大学又は高等専門学校において理科系統の正規の課程を修めて卒業した者（当該課程を修めて同号に規定する専門職大学の前期課程を修了した者を含む。）で、自動車の検査業務につき一年以上又は自動車に関する業務及び自動車の検査業務につき、これらを通算して三年以上の経験を有する者

四　国土交通大臣が、前各号のいずれかに該当する者と同等以上の知識及び経験を有すると認めた者

2　国土交通大臣は、検査官であつて次の各号の一に該当するもののうちから、上席自動車検査官（以下「上席検査官」という。）を命ずる。

一　検査官又は独立行政法人自動車技術総合機構法（平成十一年法律第二百十八号。以下「機構法」という。）第十三条に規定する審査事務を実施する者として自動車の検査業務について九年以上の経験を有する者

二　初めて検査官又は機構法第十三条に規定する審査事務を実施する者に命ぜられた後、自動車に関する業務及び自動車の検査業務について、これらを通算して十二年以上の経験を有する者

三　国土交通大臣が、前二号のいずれかに該当する者と同等以上の知識及び経験を有すると認めた者

（服務）

第十条　検査官は、自動車の検査を公正且つ確実に行い、常に自動車の使用の状況及び事故の原因防止方法等について研究しなければならない。

2　上席検査官は、前項の規定によるほか、自動車の検査業務の業務計画の調整並びに上席検査官以外の検査官に対する助言及び指導を適切に行うことにより、自動車の検査業務の適正かつ円滑な実施が図られるよう注意しなければならない。

第十一条　検査官は、自動車の検査業務に関する法令並びに自動車の検査、構造、装置、性能、整備等につき必要な知識の修得につとめなければならない。

2　上席検査官は、前項の規定によるほか、自動車に関する技術の開発及び普及の状況並びに自動車の製造、流通等に関する事項について、必要な知識の修得に努めなければならない。

第十二条　検査官は、職務を執行するときは、腕章又はこれに代るものを着用し、検査官であることを表示しなければならない。

2　前項の腕章及びこれに代るものの制式は、国土交通大臣が定める。

※　2項「国土交通大臣の定め」＝自動車検査官の着用する腕章の制式（昭二七運輸告一〇〇）、腕章に代る自動車検査官の着用する被服の制式（昭四六運輸告二八四）

第十三条　上席検査官以外の検査官は、自動車の検査に関し、重大又は異例な事項があると認めたときは、すみやかに上席検査官に報告し、その指示を受けなければならない。

（研修）

第十四条　国土交通大臣又は地方運輸局長は、自動車の検査業務の適正な執行及び能率の増進を図るため、検査官に対し、次に掲げる事項について研修を行わなければならない。

一　自動車の検査業務に関する法令

二　自動車の構造、装置及び性能並びに検査用機械器具の構造及び機能

三　自動車の検査業務

四　自動車の運転及び整備

五　その他必要な事項

2　国土交通大臣又は地方運輸局長は、上席検査官がその任務を適確に遂行できるようにするため、上席検査官に対し、前項各号に掲げるもののほか、次に掲げる事項について、研修を行わなければならない。

一　自動車に関する技術の開発及び普及の状況

二　自動車の製造及び流通に関する事項

三　自動車に関する検査に係る犯罪の実態

四　その他必要な事項

3　研修の時期、場所、その他研修に関し必要な事項は、国土交通大臣又は地方運輸局長が定める。

附　則

この省令は、公布の日から施行する。但し、第四条及び第九条の規定は、昭和二十六年七月一日から適用する。

附　則（昭三二・一二・一一運令四九）

この省令は、公布の日から施行し、昭和三十二年四月一日から適用する。

附　則（昭五九・六・二二運令一八抄）

（施行期日）

第一条　この省令は、昭和五十九年七月一日から施行する。

第五条　この省令の施行の際現に自動車登録番号標交付代行者［中略］が道路運送車両法（昭和二十六年法律第百八十五号）の規定により掲げている標識の様式については［中略］改正後の自動車登録番号標交付代行者規則別記様式［中略］にかかわらず、なお従前の例による。

附　則（昭六〇・一二・二一運令三八）

この省令は、昭和六十一年一月一日から施行する。ただし、第四条及び第九条の改正規定中「職務の等級が六等級」を「職務の級が三級」に改める部分は、公布の日から施行し、昭和六十年七月一日から適用する。

附　則（平七・二・二八運令八抄）

（施行期日等）

1　この省令は、道路運送車両法の一部を改正する法律（平成六年法律第八十六号）の施行の日（以下「施行日」という。）から施行する。［後略］

附　則（平九・四・一運令二七）

この省令は、公布の日から施行する。

附　則（平一〇・一〇・三〇運令七二）

この省令は、平成十一年四月一日から施行する。

附　則（平一二・一一・二九運令三九抄）

（施行期日）
第一条　この省令は、平成十三年一月六日から施行する。

附　則（平一四・四・二国交令五八）

この省令は、検査法人法附則第一条ただし書に規定する規定の施行の日（平成十四年七月一日）から施行する。

附　則（平一八・三・三一国交令二九）

この省令は、平成十八年四月一日から施行する。

附　則（平一九・三・三〇国交令三五抄）

（施行期日）
1　この省令は、平成十九年四月一日から施行する。

附　則（平二八・三・一国交令一四抄）

（施行期日）
第一条　この省令は、平成二十八年四月一日から施行する。

（自動車検査官の任命に関する経過措置）
第三条　この省令の施行の日（以下「施行日」という。）前にこの省令による改正前の自動車登録官及び自動車検査官の任命、服務及び研修に関する規則第九条第一項第一号又は同条第二項第一号若しくは第二号に規定する業務に従事した期間については、それぞれ、この省令による改正後の自動車登録官及び自動車検査官の任命、服務及び研修に関する規則第九条第一項第一号又は同条第二項第一号若しくは第二号に規定する業務に従事した期間とみなす。

附　則（平二九・九・二九国交令五六）

この省令は、学校教育法の一部を改正する法律（平成二十九年五月法律第四十一号）の施行の日（平成三十一年四月一日）から施行する。

附　則（令六・二・一九国交令一三）

この省令は、公布の日から施行する。

○自動車登録番号標交付代行者規則

（昭和二十六年七月三十一日 運輸省令第六十九号）

沿革 昭三八運令四六、昭四五運令一〇、昭五三運令七、昭五九運令一八、昭六〇運令五・二二、平元運令二四、平六運令一〇・四八、平一二運令八・三九、平一三国交令三七、平一四国交令七九、平一六国交令一一四、平一七国交令一二・二一、平二〇国交令九七、平二四国交令二一、令元国交令一四、令六国交令二・五八改正

（指定）

第一条 道路運送車両法（以下「法」という。）第二十五条第一項の規定による指定（以下「指定」という。）は、自動車登録番号標を交付し、又は返納を受けるべき範囲（以下「業務の範囲」という。）を限定して行う。

2 前項の規定による限定は、同項の自動車登録番号標に係る登録自動車の使用の本拠の位置の属する区域について、運輸監理部又は運輸支局の管轄区域を特定することにより行う。

3 地方運輸局長は、前項の規定による外、必要があると認めるときは、同項の登録自動車について自動車の種別等を特定することにより、第一項の規定による限定をすることができる。

第二条 指定の申請書には、左に掲げる事項を記載しなければならない。

一 氏名又は名称及び住所
二 前条第二項の規定による特定を受けようとする区域
三 前条第三項の規定による特定を受けようとする者にあつては、その特定の範囲
四 事業場の位置
五 事業開始予定期日
六 交付に係る自動車登録番号標を製作する者の氏名又は名称及び住所

2 前項の申請書には、次に掲げる書面を添付しなければならない。

一 事業場の施設の概要その他事業計画を記載した書面
二 事業の収支見積書
三 法第二十七条の交付手数料の予定額及びその算定の基礎を記載した書面
四 前項第六号に掲げる者が申請者に対し自動車登録番号標を適切に供給する能力を有し、かつ、その供給に同意したことを証する書面
五 既存の法人にあつては、次に掲げる書面（地方公共団体にあつては、ニに掲げるものに限る。）
イ 定款又は寄附行為の写及び登記事項証明書
ロ 最近の事業年度における（事業年度のない場合にあつては、最近一箇年における）貸借対照表、損益計算書及び事業報告書
ハ 役員及び無限責任社員の名簿及び履歴書
ニ 指定の申請に関する意思の決定を証する書面
六 新設の法人（地方公共団体を除く。）にあつては、次に掲げる書面
イ 定款（商法（明治三十二年法律第四十八号）第百六十七条及びその準用規定により認証を必要とする場合には、認証のある定款）又は寄附行為
ロ 発起人、無限責任社員又は一般社団法人若しくは一般財団法人の設立者の名簿及び履歴書
七 組合契約による共同申請にあつては、次に掲げる書面
イ 組合契約書の写
ロ 組合員の名簿及び履歴書
ハ 組合員の最近の納税証明書
八 個人にあつては、次に掲げる書面
イ 履歴書
ロ 最近の納税証明書
九 次条第四号に適合する場合には、その旨を信じさせるに足る書面
十 他の事業を兼営する者にあつては、事業の種類及びその概要を記載した書面

3 申請者が法第二十五条第三項の自動車登録番号標交付代行者（以下「交付代行者」という。）である場合には、前項第五号（ニを除く。）及び第七号から第十号までに掲げる書面は、添附しなくてもよい。

4 地方運輸局長は、特に必要があると認めるときは、申請者に対し、第二項に規定するものの外、必要な書面の提出を求めることができる。

第三条 地方運輸局長は、前条の規定による申請が次の各号のいずれにも適合する場合に限り、指定をすることができる。

一 当該事業の開始が自動車登録番号標の交付を必要とする件数に対し適切であること。
二 当該事業の開始が登録自動車の所有者の利便を増進するものであること。
三 当該事業を適確に遂行するに足る能力を有するものであること。
四 申請者が、次に掲げる者に該当しないものであること。
イ 一年以上の懲役又は禁錮の刑に処せられ、その執行を終わり、又は執行を受けることがなくなつた日から二年を経過しない者
ロ 法第二十六条第二項の規定による指定の取消しを受け、その取消しの日から二年を経過しない者
ハ 営業に関し成年者と同一の行為能力を有しない未成年者であつて、その法定代理人がイ、ロ又はニのいずれかに該当するもの
ニ 法人であつて、その役員（いかなる名称によるかを問わず、これと同等以上の職権又は支配力を有する者を含む。）のうちに、イからハまでのいずれかに該当する者があるもの

（手数料）

第四条 法第二十七条第一項の認可の申請書には、次に掲げる事項を記載しなければならない。

一 氏名又は名称及び住所
二 手数料を設定しようとする場合には、業務の範囲
三 設定し、又は変更しようとする手数料（変更の場合にあつては、新旧の対照を明示すること。）
四 前号の手数料の適用方法
五 変更の場合には、変更を必要とする理由

2 前項の申請書には、次に掲げる書面を添付しなければなら

ない。

一　原価計算書その他手数料の算出基礎を明らかにした書面

二　変更の場合にあつては、最近の事業年度における損益計算書及び貸借対照表

（公衆の閲覧の方法）

第四条の二　法第二十七条第三項の規定による公衆の閲覧は、交付代行者のウェブサイトへの掲載により行うものとする。

（標識）

第五条　法第二十八条の様式は、別記様式による。

（掲示すべき事項等）

第六条　交付代行者は、事業場ごとに、自動車登録番号標を交付する業務を行う日時について、公衆の見やすいように掲示するとともに、当該交付代行者のウェブサイトに掲載して公衆の閲覧に供しなければならない。

（管理責任者の選任）

第七条　交付代行者は、事業場ごとに、自動車登録番号標の保管及び出納に関する事項を処理させるため、管理責任者を選任しなければならない。

（自動車登録番号標の保管及び出納）

第八条　交付代行者は、事業場ごとに、自動車登録番号標の適切な保管設備を設け、これに自動車登録番号標を保管しなければならない。

2　交付代行者は、事業場ごとに、自動車登録番号標の出納簿を備え、これにその交付及び返納の実績を毎日記載しなければならない。

3　交付代行者は、保管中の自動車登録番号標が紛失した場合には、直ちにその年月日、番号、枚数及び理由を地方運輸局長に届け出なければならない。

（返納を受けた自動車登録番号標の切断等）

第九条　交付代行者は、法第二十条第一項の規定により返納を受けた自動車登録番号標を直ちに切断し、又は自動車登録番号標の表面から裏面に貫通する直径四十ミリメートル以上の穴をあけなければならない。

（事業場の位置の変更等）

第十条　交付代行者は、事業場の位置を変更しようとする場合又は事業の全部若しくは一部を休止し、若しくは廃止しようとする場合には、地方運輸局長の承認を受けなければならない。

2　前項の承認の申請書には、事業場の位置を変更しようとする場合にあつては第一号から第五号までに掲げる事項を、事業の全部若しくは一部を休止し、又は廃止しようとする場合にあつては第一号及び第六号から第九号までに掲げる事項を記載しなければならない。

一　氏名又は名称及び住所

二　業務の範囲

三　事業場の現在位置

四　変更しようとする位置

五　変更を必要とする理由

六　休止し、又は廃止しようとする事業及び業務の範囲

七　休止又は廃止を必要とする理由

八　休止又は廃止の時期

九　休止にあつては、その期間

3　前項の事業廃止の承認の申請書には、法人にあつては、事業の廃止に関する意思の決定を証する書面を添付しなければならない。

4　地方運輸局長は、当該の事業場の位置の変更によつて登録自動車の所有者の利便を害することとなるおそれがあると認める場合又は当該事業の休止若しくは廃止によつて登録自動車の所有者の利便が著しく害されるおそれがあると認める場合は、第一項の承認をしてはならない。

（相続等）

第十一条　交付代行者について相続、合併又は分割があつた場合において、相続人（相続人が二人以上ある場合においては、その協議により選定した一人の相続人をいう。以下この条において同じ。）、合併後存続する法人（交付代行者たる法人と交付代行者でない法人が合併した場合において、交付代行者たる法人が存続するときは、その法人を除く。以下この条において同じ。）若しくは合併により設立された法人又は分割により交付代行者の事業を承継した法人が、相続、合併又は分割の日から六十日以内に指定の申請をしたときは、相続、合併又は分割の日から指定をした旨又は指定をしない旨の通知を受ける日までは、相続人、合併後存続する法人若しくは合併により設立された法人は、被相続人、合併により解散した法人又は分割をした法人の法及びこの省令の規定による地位を承継する。

（届出）

第十二条　交付代行者（第一号に掲げる場合にあつては清算人、第三号に掲げる場合にあつては破産管財人、第五号に掲げる場合にあつては相続人）は、次の各号に掲げる場合に該当することとなつたときには、その旨を地方運輸局長に届け出なければならない。

一　法人が合併及び破産手続開始の決定以外の事由により解散したとき。

二　法人が合併により解散したとき。

三　法人が破産手続開始の決定により解散したとき。

四　組合契約による共同事業者について組合が解散したとき。

五　死亡したとき。

六　事業を廃止したとき。

七　第二条第一項第一号又は第六号に掲げる事項について変更が生じたとき。

2　前項の届出は、届出事由が生じた日から三十日以内に（同項第七号に掲げる場合にあつては、十五日以内に）行うものとする。

（指定の失効）

第十三条　次に掲げる場合には、指定は、その効力を失う。

一　第十条第一項の事業の廃止の承認を受けたとき。

二　前条第一項第四号の規定による届出があつたとき。

（経由等）

第十四条　この省令の規定による申請書及び届出書は、二通を事業場（予定するものを含む。）の所在地を管轄する運輸監理部長又は運輸支局長を経由して、地方運輸局長に提出しなければならない。

2　運輸監理部長又は運輸支局長は、前項の規定により申請書を受理したときは、調査報告及び意見を付して、遅滞なく、その一通を地方運輸局長に進達しなければならない。

附　則

1　この省令は、公布の日から施行し、昭和二十六年七月一日

から適用する。

2　道路運送車両法施行法（昭和二十六年法律第百八十六号）第十七条第一項の規定により、自動車登録番号標交付代行者とみなされる者については、指定は、車両番号標を、法施行の際現に販売する範囲に相当する範囲について第一条の限定をしてこれを行つたものとみなす。

附　則（昭三八・一〇・一運令四六）

1　この省令は、昭和三十八年十月十五日から施行する。

2　この省令施行の際現に交付代行者である者は、この省令施行の日から十五日以内に、改正後の第八条の三の規定により管理責任者を選任し、その旨を陸運局長に届け出なければならない。

附　則（昭四五・二・二〇運令一〇）

この省令は、昭和四十五年三月一日から施行する。

附　則（昭五三・二・八運令七抄）

（施行期日）

1　この省令は、公布の日から施行する。〔後略〕

附　則（昭五九・六・二二運令一八抄）

（施行期日）

第一条　この省令は、昭和五十九年七月一日から施行する。

附　則（昭六〇・二・五運令五抄）

（施行期日）

1　この省令は、道路運送法等の一部を改正する法律の施行の日（昭和六十年四月一日）から施行する。

（経過措置）

2　この省令の施行の際現に自動車登録番号標交付代行者又は封印取付受託者が道路運送車両法（昭和二十六年法律第百八十五号）の規定により掲げている標識の様式については、それぞれこの省令による改正後の自動車登録番号標交付代行者規則別記様式〔中略〕にかかわらず、なお従前の例による。

附　則（昭六〇・六・一五運令二二抄）

（施行期日）

1　この省令は、公布の日から施行する。

附　則（平元・七・二〇運令二四）

この省令は、公布の日から施行する。

附　則（平六・三・二九運令一〇）

この省令は、平成六年四月一日から施行する。〔後略〕

附　則（平六・一一・一運令四八抄）

（施行期日）

1　この省令は、道路運送車両法の一部を改正する法律（平成六年法律第八十六号）の一部の施行の日（平成七年一月一日）から施行する。

附　則（平一二・三・二運令八）

（施行期日）

1　この省令は、平成十二年四月一日から施行する。

（経過措置）

2　民法の一部を改正する法律附則第三条第三項の規定により従前の例によることとされる準禁治産者及びその保佐人に関するこの省令による改正規定の適用については、第三条の規定による自動車登録番号標交付代行者規則第三条第四号ハの改正規定を除き、なお従前の例による。

附　則（平一二・一一・二九運令三九）

（施行期日）

第一条　この省令は、平成十三年一月六日から施行する。

（経過措置）

第二条　この省令による改正前の〔中略〕自動車登録番号標交付代行者規則別記様式による標識〔中略〕は、この省令による改正後のそれぞれの書式又は様式にかかわらず、当分の間、なおこれを使用することができる。

附　則（平一三・三・一五国交令三七）

この省令は、平成十三年四月一日から施行する。

附　則（平一四・六・二八国交令七九）

（施行期日）

第一条　この省令は、平成十四年七月一日から施行する。

（経過措置）

第二条　この省令の施行の際現にあるこの省令による改正前の様式又は書式による申請書、証明書その他の文書は、この省令による改正後のそれぞれの様式又は書式にかかわらず、当分の間、なおこれを使用することができる。

附　則（平一六・一二・二八国交令一一四）

この省令は、破産法〔平成一六年六月法律第七五号〕の施行の日（平成十七年一月一日）から施行する。

附　則（平一七・三・七国交令一二抄）

（施行期日）

第一条　この省令は、公布の日から施行する。

附　則（平一七・三・二八国交令二一）

この省令は、民法の一部を改正する法律〔平成一六年法律第一四七号〕の施行の日（平成十七年四月一日）から施行する。

附　則（平二〇・一二・一国交令九七抄）

（施行期日）

1　この省令は、公布の日から施行する。

（自動車登録番号標交付代行者規則の一部改正に伴う経過措置）

2　一般社団法人及び一般財団法人に関する法律及び公益社団法人及び公益財団法人の認定等に関する法律の施行に伴う関係法律の整備等に関する法律（平成十八年法律第五十号）第四十二条第二項に規定する特例民法法人（附則第三項において単に「特例民法法人」という。）にあっては、第五条の規定による改正後の自動車登録番号標交付代行者規則第二条第二項第五号ロの規定の適用については、同号ロ中「損益計算書」とあるのは、「損益計算書又は収支決算書」とする。

附　則（平二四・三・二六国交令二一）

この省令は、民法等の一部を改正する法律（平成二十三年法律第六十一号）の施行の日（平成二十四年四月一日）から施行する。

附　則（令元・六・一四国交令一四）

この省令は、公布の日から施行する。

附　則（令六・一・一九国交令二抄）

（施行期日）

1　この省令は、デジタル社会の形成を図るための規制改革を推進するためのデジタル社会形成基本法等の一部を改正する法律〔令和五年六月法律第六三号〕の施行の日（令和六年四月一日）から施行する。

附　則（令六・四・三〇国交令五八抄）

（施行期日）

1　この省令は、令和六年六月三十日から施行する。

別記様式（第五条関係）

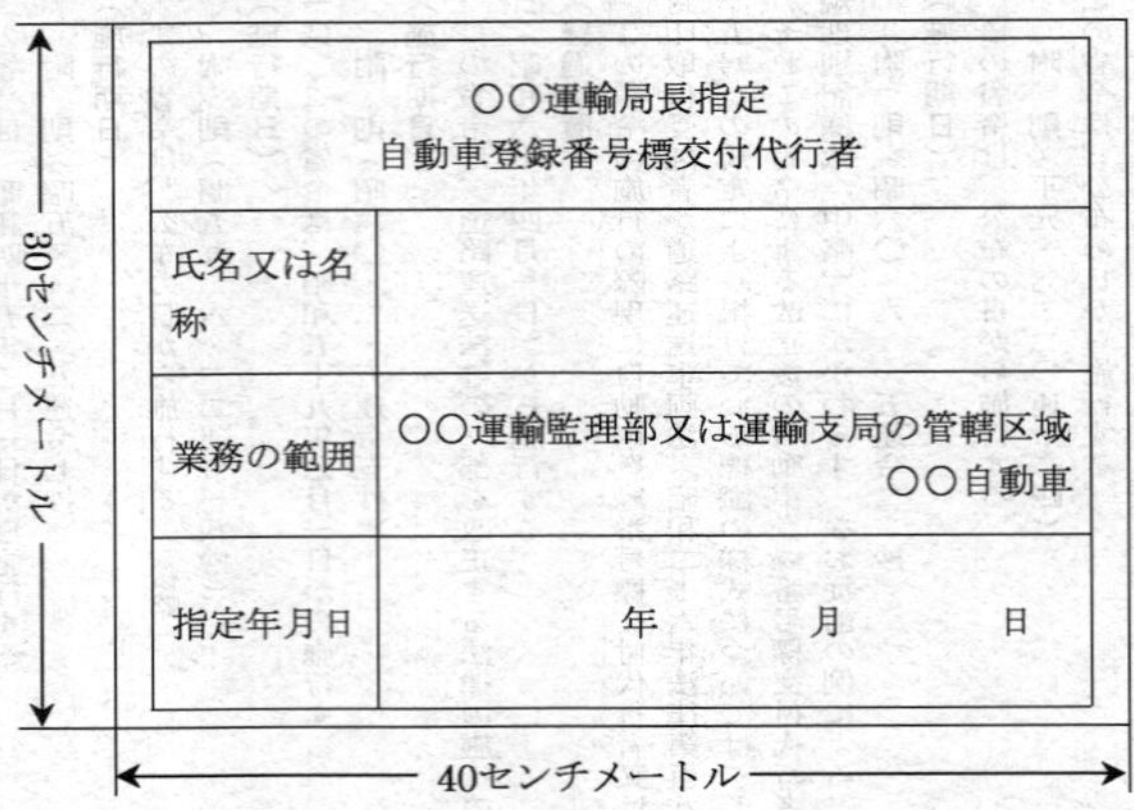

○○運輸局長指定 自動車登録番号標交付代行者	
氏名又は名称	
業務の範囲	○○運輸監理部又は運輸支局の管轄区域 ○○自動車
指定年月日	年　月　日

○自動車登録番号標等の表示の位置及び表示の方法の基準を定める告示

（平成二十七年十二月二十八日　国土交通省告示第千二百六十五号）

沿革　令三国交告二八〇改正

（用語）

第一条　この告示における用語の定義は、道路運送車両法（昭和二十六年法律第百八十五号。以下「法」という。）第二条に定めるもののほか、次の各号の定めるところによる。

一　「車両中心線」とは、道路運送車両の保安基準の細目を定める告示（平成十四年国土交通省告示第六百十九号）第二条第五号の車両中心線をいう。

二　「上向き」とは、自動車の前面の自動車登録番号標、臨時運行許可番号標、回送運行許可番号標又は車両番号標（以下「自動車登録番号標等」という。）にあってはその下端がその上端よりも前方にある状態をいい、自動車の後面の自動車登録番号標等にあってはその上端がその下端よりも前方にある状態をいう。

三　「下向き」とは、自動車の前面の自動車登録番号標等にあってはその上端がその下端よりも前方にある状態をいい、自動車の後面の自動車登録番号標等にあってはその下端がその上端よりも前方にある状態をいう。

四　「左向き」とは、自動車の前面の自動車登録番号標等にあっては当該自動車の右側面に近い部分が当該自動車の左側面に近い部分よりも前方にある状態をいい、自動車の後面の自動車登録番号標等にあっては当該自動車の右側面に近い部分が当該自動車の左側面に近い部分よりも前方にある状態をいう。

（自動車登録番号標等の表示の位置）

第二条　道路運送車両法施行規則（以下「規則」という。）第八条の二第一項（規則第二十四条（規則第二十六条の五において準用する場合を含む。）、第四十三条の七及び第六十三条の八において準用する場合を含む。）の告示で定める位置は、自動車登録番号標に記載された自動車登録番号、臨時運行許可番号標若しくは回送運行許可番号標に記載された番号又は車両番号標に記載された車両番号（以下「自動車登録番号等」という。）の識別に支障が生じないように、見やすい位置とする。

（自動車登録番号標等の表示の方法の基準）

第三条　規則第八条の二第二項第一号（規則第二十四条（規則第二十六条の五において準用する場合を含む。）及び第四十三条の七において準用する場合を含む。）の告示で定める基準は、次に掲げるものとする。

一　自動車の前面の自動車登録番号標等にあっては、その上下両端を結ぶ直線が車両中心線に直交する鉛直面に対して平行又は当該鉛直面に対する角度が上向き十度以下若しくは下向き十度以下であること。

二　自動車の後面の自動車登録番号標等であって、その上端が地上面から一・二メートル以下の高さの位置にある場合にあっては、その上下両端を結ぶ直線が車両中心線に直交する鉛直面に対して平行又は当該鉛直面に対する角度が上向き四十五度以下若しくは下向き五度以下であること。

三　自動車の後面の自動車登録番号標等であって、その上端が地上面から一・二メートルを超える高さの位置にある場合にあっては、その上下両端を結ぶ直線が車両中心線に直交する鉛直面に対して平行又は当該鉛直面に対する角度が上向き二十五度以下若しくは下向き十五度以下であること。

四　自動車の前面の自動車登録番号標等にあっては、その左右両端を結ぶ直線が車両中心線に直交する鉛直面に対して平行又は当該鉛直面に対する角度が左向き十度以下であること。

五　自動車の後面の自動車登録番号標等にあっては、その左右両端を結ぶ直線が車両中心線に直交する鉛直面に対して平行又は当該鉛直面に対する角度が左向き五度以下であること。

六　自動車登録番号標等の左右両端を結ぶ直線が水平であること。

七　自動車登録番号標等を確実に取り付けることによって表示していること。ただし、合成樹脂製の回送運行許可番号標にあっては、脱落しないように取り付けることによって表示していること。

八　前各号に掲げるもののほか、自動車登録番号標等が折り返されていないこと、その表裏又は上下が逆さでないことその他の自動車登録番号等の識別に支障が生じない方法によって表示していること。

2　規則第二十四条（二輪自動車及び側車付二輪自動車に係る部分に限り、規則第二十六条の五において準用する場合を含む。）及び第四十三条の七（二輪の小型自動車に係る部分に限る。）において準用する規則第八条の二第二項第一号の告示で定める基準は、前項の規定にかかわらず、次に掲げるものとする。

一　臨時運行許可番号標、回送運行許可番号標又は車両番号標（以下「臨時運行許可番号標等」という。）の上下両端を結ぶ直線が車両中心線に直交する鉛直面に対して平行又は当該鉛直面に対する角度が上向き四十度以下若しくは下向き十五度以下であること。

二　臨時運行許可番号標等の左右両端を結ぶ直線が車両中心線に直交する鉛直面に対して平行であること。

三　臨時運行許可番号標等の左右両端を結ぶ直線が水平であること。

四　臨時運行許可番号標等を確実に取り付けることによって表示していること。ただし、合成樹脂製の回送運行許可番号標にあっては、脱落しないように取り付けることによって表示していること。

五　前各号に掲げるもののほか、臨時運行許可番号標等が折り返されていないこと、その表裏又は上下が逆さでないことその他の臨時運行許可番号標若しくは回送運行許可番号標に記載された番号又は車両番号標に記載された車両番号の識別に支障が生じない方法によって表示していること。

3　規則第六十三条の八において準用する規則第八条の二第二項第一号の告示で定める基準は、前項各号に掲げるものとする。

附　則

（施行期日）

1　この告示は、平成二十八年四月一日から施行する。

（経過措置）

2　令和三年九月三十日以前に、法の規定により登録を受けた自動車、自動車検査証の交付を受けた検査対象軽自動車若しくは二輪の小型自動車又は使用の届出があった検査対象外軽自動車に係る自動車登録番号標等については、第三条第一項第一号から第五号まで、第二項第一号及び第二号並びに第三項（同条第二項第一号及び第二号に係る部分に限る。）の規定にかかわらず、これらの自動車の運行中当該自動車に係る自動車登録番号等が判読できるような見やすい角度によることができる。

3　法第三十四条第一項（法第七十三条第二項において準用する場合を含む。）の臨時運行の許可又は法第三十六条の二第一項（法第七十三条第二項において準用する場合を含む。）の許可を受けて運行の用に供する自動車に係る臨時運行許可番号標又は回送運行許可番号標（前項に規定するものを除く。）については、第三条第一項第一号から第五号まで並びに第二項第一号及び第二号の規定にかかわらず、令和三年九月三十日までの間は、これらの自動車の運行中当該臨時運行許可番号標又は当該回送運行許可番号標に記載された番号が判読できるような見やすい角度によることができる。

附　則（令三・三・三一国交告二八〇）

この告示は、公布の日から施行する。

○自動車登録番号標、臨時運行許可番号標、回送運行許可番号標又は車両番号標に取り付けることのできる物品を定める告示

（平成二十七年十二月二十八日　国土交通省告示第千二百六十六号）

沿革　平二九国交告七〇一、令三国交告二八〇改正

自動車登録番号標、臨時運行許可番号標、回送運行許可番号標又は車両番号標に取り付けることのできる物品に関し道路運送車両法施行規則（以下「規則」という。）第八条の二第二項第二号（規則第二十四条（規則第二十六条の五において準用する場合を含む。）、第四十三条の七及び第六十三条の八において準用する場合を含む。）の告示で定める物品は、次の各号に掲げるものとする。

一　封印（規則第八条第一項の規定に基づき自動車の後面に取り付けられた自動車登録番号標の左側の取付け箇所に取り付ける場合に限る。）

二　臨時検査合格標章（規則第三十七条の二の二第六項において準用する規則第三十七条の三第一項の規定に基づき自動車の後面に取り付けられた自動車登録番号標又は車両番号標（以下「自動車登録番号標等」という。）の左上部に見やすいように貼り付ける場合に限る。）

三　検査標章（規則第三十七条の三第一項の規定に基づき自動車の後面に取り付けられた自動車登録番号標等の左上部に見やすいように貼り付ける場合に限る。）

四　自動車損害賠償保障法（昭和三十年法律第九十七号）第九条の二第一項の保険標章（自動車損害賠償保障法施行規則（昭和三十年運輸省令第六十六号）第一条の五第三項の規定に基づき検査対象外軽自動車の後面に取り付けられた車両番号標の左上部に見やすいように貼り付ける場合に限る。）

五　自動車損害賠償保障法第九条の四において準用する同法第九条の二第一項の共済標章（自動車損害賠償保障法施行規則第八条で準用する同令第一条の五第三項の規定に基づき検査対象外軽自動車の後面に取り付けられた車両番号標の左上部に見やすいように貼り付ける場合に限る。）

六　自動車損害賠償保障法第十条の二第一項の保険・共済除外標章（検査対象外軽自動車に表示する場合に限る。）

七　自動車登録番号標又は検査対象軽自動車の車両番号標に取り付けるフレームであって、次に掲げる基準に適合するもの

イ　その幅（自動車登録番号標等に取り付けたときの当該自動車登録番号標等の外縁からフレームの内縁までの長さをいう。以下同じ。）が、上部にあっては十ミリメートル以下、左右にあっては十八・五ミリメートル以下、下部にあっては十三・五ミリメートル以下のもの

ロ　その厚さ（自動車登録番号標等に取り付けたフレームの当該自動車登録番号標等の表面から突出している部分の厚さをいう。）が、上部にあっては六ミリメートル以下（上部の幅が七ミリメートル以下の場合にあっては十ミリメートル以下）、それ以外の部分にあっては三十ミリメートル以下のもの

ハ　脱落するおそれのないもの

八　自動車登録番号標等に取り付けるボルトカバーであって、次に掲げる基準に適合するもの

イ　その直径が二十八ミリメートル以下であって、自動車登録番号標に記載された自動車登録番号又は車両番号標に記載された車両番号（以下「自動車登録番号等」という。）に被覆しないもの

ロ　その厚さ（自動車登録番号標等に取り付けたボルトカバーの当該自動車登録番号標等の表面から突出している部分の厚さをいう。）が九ミリメートル以下のもの

ハ　脱落するおそれのないもの

附　則

（施行期日）

1　この告示は、平成二十八年四月一日から施行する。

（経過措置）

2　令和三年九月三十日以前に、道路運送車両法の規定により登録を受けた自動車、自動車検査証の交付を受けた検査対象軽自動車若しくは二輪の小型自動車又は使用の届出があった検査対象外軽自動車に係る自動車登録番号標等については、第七号及び第八号の規定にかかわらず、次の各号に掲げる基準に適合するフレーム又はボルトカバーを取り付けることができる。

一　これらの自動車に係る自動車登録番号等に被覆しないもの

二　脱落するおそれのないもの

三　これらの自動車の運行中当該自動車登録番号等が判読できるもの

附　則（平二九・七・一九国交告七〇一）

この告示は、公布の日から施行する。

附　則（令三・三・三一国交告二八〇）

この告示は、公布の日から施行する。

○平成七年運輸省告示第四十号（道路運送車両法施行規則第七条ただし書等の規定に基づく前面の自動車登録番号標、臨時運行許可番号標又は回送運行許可番号標を省略できる大型特殊自動車）

（平成七年一月十二日）
（運輸省告示第四十号）

沿革　平二七国交告一二六七改正

道路運送車両法施行規則（昭和二十六年運輸省令第七十四号）第七条ただし書及び第八条の二第一項ただし書（同令第二十四条（同令第二十六条の五において準用する場合を含む。）において準用する場合を含む。）の規定に基づき、次に掲げる自動車のうち大型特殊自動車であるものを前面の自動車登録番号標、臨時運行許可番号標又は回送運行許可番号標を省略できる大型特殊自動車として指定し、○昭和三十八年運輸省告示第三百六十号、昭和四十九年運輸省告示第百九十三号及び平成二年運輸省告示第二百九十八号は、廃止する。

平成七年運輸省告示第四十号（道路運送車両法施行規則第七条ただし書等の規定に基づく前面の自動車登録番号標、臨時運行許可番号標又は回送運行許可番号標を省略できる大型特殊自動車）

ブル・ドーザ
刈取脱穀作業車
雪上車（前面に除雪装置等がないものを除く。）
タイヤ・ドーザ
グレーダ
ショベル・ローダ
ホーク・リフト
アスファルト・フィニッシャ
ホイール・ハンマ
ホイール・ブレーカ
ホーク・ローダ
農耕作業用自動車
ロータリ除雪自動車

前　文（抄）（平二七・一二・二八国交告一二六七）

平成二十八年四月一日から施行する。

○自動車登録番号標及び車両番号標の塗色を定める告示

（平成二十九年二月十三日）
（国土交通省告示第九十九号）

沿革 平二九国交告八一六、平三〇国交告一〇八九、平三一国交告四九九、令二国交告五四二・八一〇、令四国交告三六三・一〇一〇・一〇八五、令五国交告一〇一九改正

（自動車登録番号標の塗色）

第一条 道路運送車両法施行規則（昭和二十六年運輸省令第七十四号。以下「規則」という。）第一号様式備考(3)の規定により国土交通大臣の定める自動車登録番号標の塗色は、次に掲げる自動車登録番号標の区分に応じ、当該各号に定める塗色とする。

一 道路運送車両法（昭和二十六年法律第百八十五号）第四条に規定する自動車（以下「登録対象自動車」という。）の種別及び用途による分類番号が三字である自動車登録番号標 自家用自動車に係る自動車登録番号標（以下「自家用自動車登録番号標」という。）又は事業用自動車に係る自動車登録番号標（以下「事業用自動車登録番号標」という。）の区分に応じて、それぞれ別表第一各号に定める塗色

二 前号の自動車登録番号標のうち、特定登録対象自動車（所有者又は使用者の別表第二各号第一欄に掲げる取組への寄与の程度を勘案し、前号に定める塗色とは別の塗色による自動車登録番号標を表示することを国土交通大臣が認めた登録対象自動車をいう。以下同じ。）に係る自動車登録番号標 前号に定める塗色又は自家用自動車登録番号標若しくは事業用自動車登録番号標の区分に応じて、それぞれ別表第二各号に定める塗色

2 登録対象自動車の所有者又は使用者が国、地方公共団体（地方自治法（昭和二十二年法律第六十七号）第一条の三第一項に規定する地方公共団体をいう。次条第二項において同じ。）又は公職（公職選挙法（昭和二十五年法律第百号）第三条に規定する公職をいう。次条第二項において同じ。）にある者である場合には、当該登録対象自動車は、特定登録対象自動車とみなす。

（車両番号標の塗色）

第二条 規則第十二号様式備考(3)の規定により国土交通大臣の定める車両番号標（検査対象軽自動車であって、自家用自動車であるものに係るものに限る。以下同じ。）の塗色は、次に掲げる車両番号標の区分に応じ、当該各号に定める塗色とする。

一 検査対象軽自動車の用途による分類番号が三字であって、自家用又は事業用の別等を表示する平仮名又はローマ字が規則別表第二の五第二号に掲げるものである車両番号標（以下「自家用車両番号標」という。） 別表第一各号に定める塗色

二 自家用車両番号標のうち、特定検査対象軽自動車（所有者又は使用者の別表第二各号第一欄に掲げる取組への寄与の程度を勘案し、前号に定める塗色とは別の塗色による車両番号標を表示することを国土交通大臣が認めた検査対象軽自動車をいう。以下同じ。）に係る車両番号標 前号に定める塗色又は別表第二各号に定める塗色

2 前条第二項の規定は、検査対象軽自動車の所有者又は使用者が国、地方公共団体又は公職にある者である場合に準用する。この場合において、「特定登録対象自動車」とあるのは「特定検査対象軽自動車」と読み替えるものとする。

（期間）

第三条 自動車登録番号標及び車両番号標が別表第三上欄に掲げる塗色によることができる期間は、同表下欄に定める期間とする。

2 別表第三下欄に規定する期間の末日までに交付された自動車登録番号標及び同日までに表示された車両番号標で別表第三上欄に掲げる塗色によるものの塗色については、前項の規定にかかわらず、当該期間の末日以後においてもなお従前の例による。

附 則

この告示は、平成二十九年四月一日から施行する。

附 則（平二九・九・四国交告八一六）

この告示は、平成二十九年十月十日から施行する。

附 則（平三〇・九・一〇国交告一〇八九）

この告示は、平成三十年十月一日から施行する。

附 則（平三一・四・一国交告四九九）

この告示は、公布の日から施行し、この告示による改正後の自動車登録番号標及び車両番号標の塗色を定める告示の規定は、平成二十九年四月一日から適用する。

附 則（令二・四・一〇国交告五四二）

この告示は、令和二年五月十一日から施行する。

附 則（令二・八・二六国交告八一〇）

この告示は、公布の日から施行する。

附 則（令四・三・一八国交告三六三）

この告示は、令和四年四月十八日から施行する。

附 則（令四・九・二二国交告一〇一〇）

この告示は、令和四年十月二十四日から施行する。

附 則（令四・一〇・三一国交告一〇八五）

この告示は、公布の日から施行する。

附 則（令五・一〇・六国交告一〇一九）

この告示は、令和五年十月二十三日から施行する。

別表第一　自動車登録番号標及び車両番号標の塗色（第一条第一項第一号、第二条第一項第一号関係）

一　令和元年に開催されるラグビーワールドカップ大会を記念して交付する自動車登録番号標又は車両番号標　次の表に定める塗色

（その一）	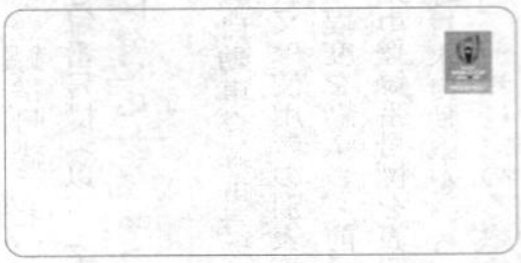 彩色	一　地色 白色、灰色、青色、濃い青色、青紫色、ピンク色及び赤色 二　文字色 緑色
（その二）	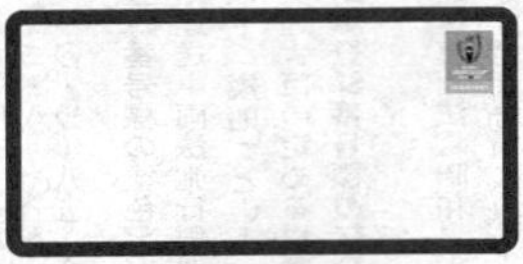 彩色	一　地色 白色、灰色、青色、濃い青色、青紫色、ピンク色及び赤色 二　縁色 黄緑色 三　文字色 緑色

備考

塗色は、自動車の前面及び後面において、自家用自動車登録番号標及び自家用車両番号標にあっては図（その一）、事業用自動車登録番号標にあっては図（その二）によること。

二　令和三年に開催される東京オリンピック競技大会及び東京パラリンピック競技大会を記念して交付する自動車登録番号標又は車両番号標　次の表に定める塗色

（その一）	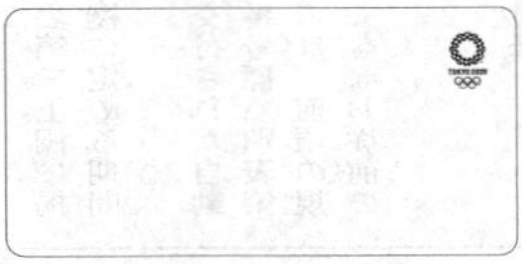 彩色	一　地色 白色、黒色、青色、青紫色、赤色、黄色及び緑色 二　文字色 緑色
（その二）	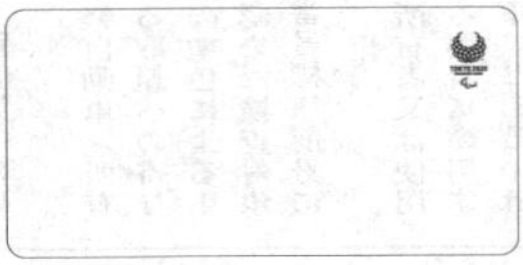 彩色	一　地色 白色、青色、青紫色、赤色及び緑色 二　文字色 緑色
（その三）	 彩色	一　地色 白色、黒色、青色、青紫色、赤色、黄色及び緑色 二　縁色 黄緑色 三　文字色 緑色

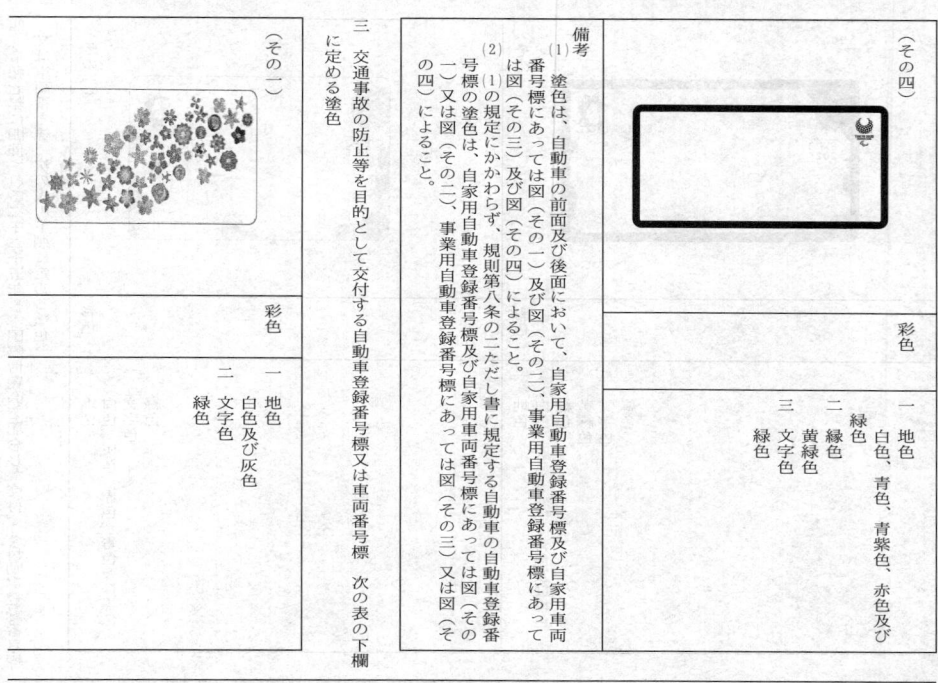

（その四）

彩色

一　地色　白色、青色、青紫色、赤色及び緑色
二　縁色　黄緑色
三　文字色　緑色

備考
(1)　塗色は、自動車の前面及び後面において、自家用自動車登録番号標及び自家用車両番号標にあっては図（その一）及び図（その二）、事業用自動車登録番号標にあっては図（その三）及び図（その四）によること。
(2)　(1)の規定にかかわらず、規則第八条の二ただし書に規定する自動車の自動車登録番号標の塗色は、自家用自動車登録番号標及び自家用車両番号標にあっては図（その一）又は図（その二）、事業用自動車登録番号標にあっては図（その三）又は図（その四）によること。

三　交通事故の防止等を目的として交付する自動車登録番号標又は車両番号標　次の表の下欄に定める塗色

（その一）

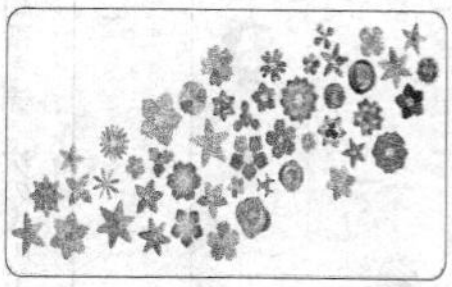

彩色

一　地色　白色及び灰色
二　文字色　緑色

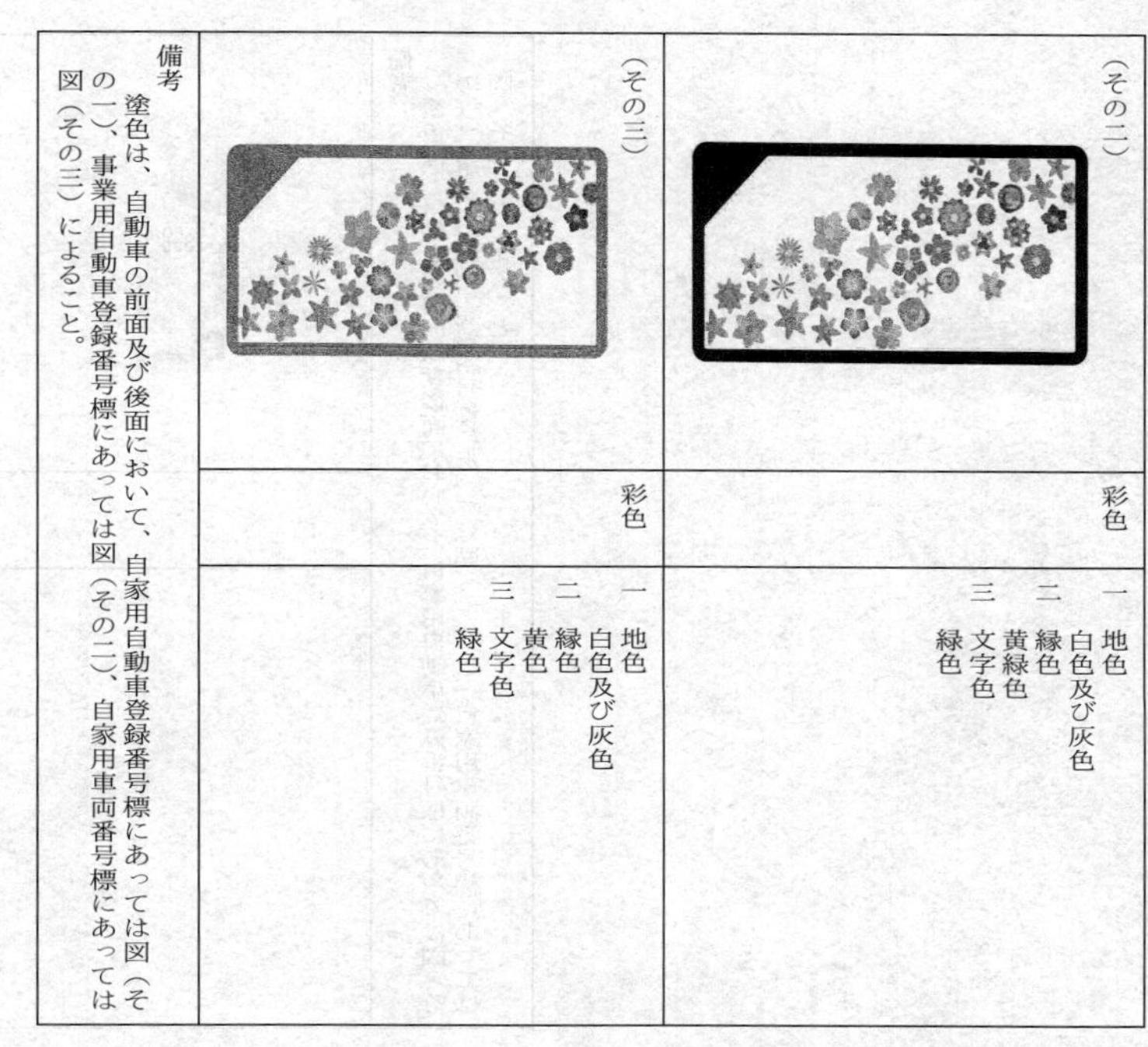

（その二）

彩色

一　地色　白色及び灰色
二　縁色　黄緑色
三　文字色　緑色

（その三）

彩色

一　地色　白色及び灰色
二　縁色　黄色
三　文字色　緑色

備考
塗色は、自動車の前面及び後面において、自家用自動車登録番号標にあっては図（その一）、事業用自動車登録番号標にあっては図（その二）、自家用車両番号標にあっては図（その三）によること。

四　令和七年に開催される二千二十五年日本国際博覧会を記念して交付する自動車登録番号標又は車両番号標　次の表の下欄に定める塗色

図	彩色
（その一） 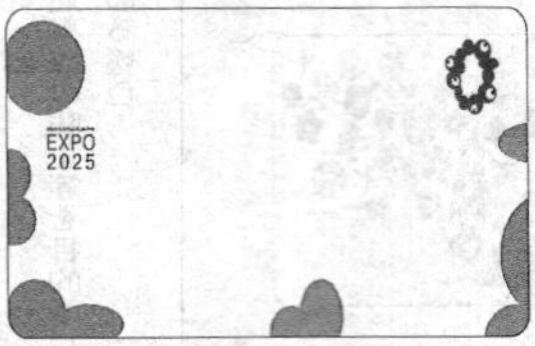	一　地色　白色、灰色、赤色、青色及び黒色 二　文字色　緑色
（その二） 	一　地色　白色、灰色、赤色、青色及び黒色 二　緑色　黄緑色 三　文字色　緑色
（その三）	一　地色　白色、灰色、赤色、青色及び黒色 二　緑色　黄色 三　文字色　緑色

備考

塗色は、自動車の前面及び後面において、自家用自動車登録番号標にあっては図（その一）、事業用自動車登録番号標にあっては図（その二）、自家用車両番号標にあっては図（その三）によること。

五　地域名表示ごとの地域振興等を目的として交付する自動車登録番号標又は車両番号標　次の表の下欄に定める塗色

自動車登録規則（昭和四十五年運輸省令第七号）第十三条第一項第一号の規定に基づき表示する文字	塗色：自家用自動車登録番号標	塗色：事業用自動車登録番号標又は自家用車両番号標	塗色：彩色
苫小牧			一　地色　白色、灰色及び黒色 二　縁色 イ　事業用自動車登録番号標にあっては、黄緑色 ロ　自家用車両番号標にあっては、黄色 三　文字色　緑色
知床			一　地色　白色、灰色及び黒色 二　縁色 イ　事業用自動車登録番号標にあっては、黄緑色 ロ　自家用車両番号標にあっては、黄色 三　文字色　緑色

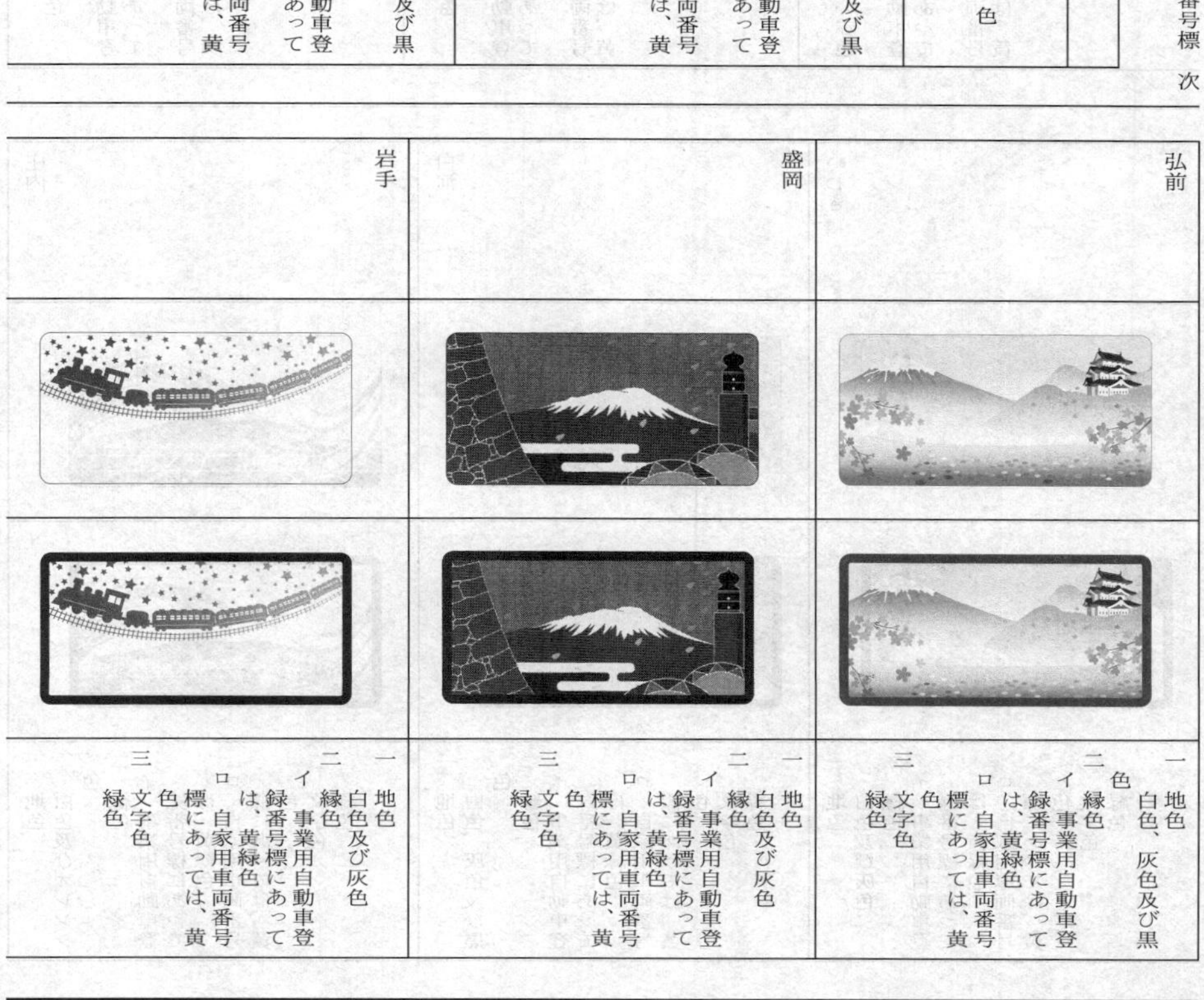

自動車登録規則（昭和四十五年運輸省令第七号）第十三条第一項第一号の規定に基づき表示する文字	塗色：自家用自動車登録番号標	塗色：事業用自動車登録番号標又は自家用車両番号標	塗色：彩色
弘前			一　地色　白色、灰色及び黒色 二　縁色 イ　事業用自動車登録番号標にあっては、黄緑色 ロ　自家用車両番号標にあっては、黄色 三　文字色　緑色
盛岡			一　地色　白色及び灰色 二　縁色 イ　事業用自動車登録番号標にあっては、黄緑色 ロ　自家用車両番号標にあっては、黄色 三　文字色　緑色
岩手			一　地色　白色及び灰色 二　縁色 イ　事業用自動車登録番号標にあっては、黄緑色 ロ　自家用車両番号標にあっては、黄色 三　文字色　緑色

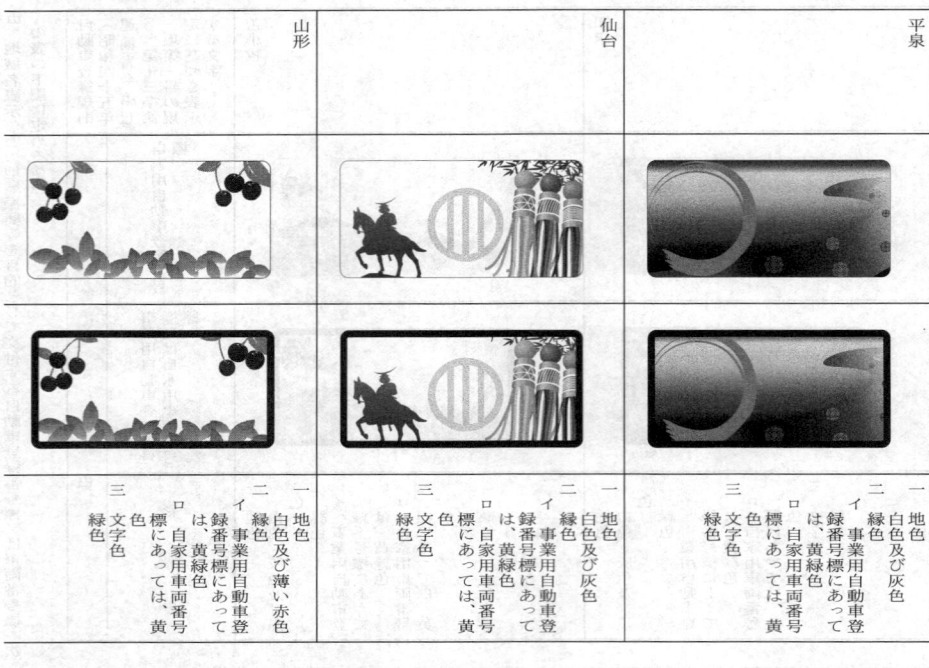

平泉	仙台	山形
		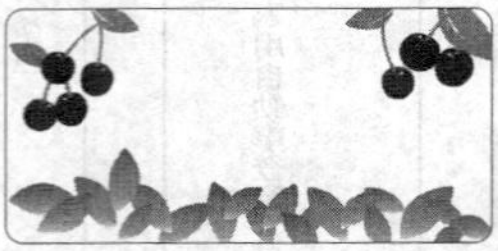

一 地色 白色及び灰色 二 縁色 イ 事業用自動車登録番号標にあっては、黄緑色 ロ 自家用車両番号標にあっては、黄色 三 文字色 緑色	一 地色 白色及び灰色 二 縁色 イ 事業用自動車登録番号標にあっては、黄緑色 ロ 自家用車両番号標にあっては、黄色 三 文字色 緑色	一 地色 白色及び薄い赤色 二 縁色 イ 事業用自動車登録番号標にあっては、黄緑色 ロ 自家用車両番号標にあっては、黄色 三 文字色 緑色

庄内	白河	いわき
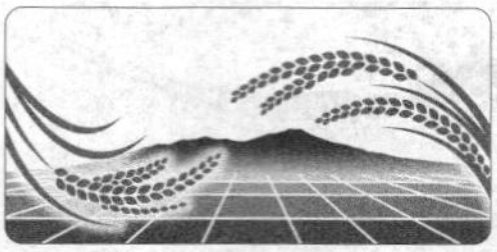		

一 地色 白色及びオレンジ色 二 縁色 イ 事業用自動車登録番号標にあっては、黄緑色 ロ 自家用車両番号標にあっては、黄色 三 文字色 緑色	一 地色 白色、灰色及び黒色 二 縁色 イ 事業用自動車登録番号標にあっては、黄緑色 ロ 自家用車両番号標にあっては、黄色 三 文字色 緑色	一 地色 白色及び灰色 二 縁色 イ 事業用自動車登録番号標にあっては、黄緑色 ロ 自家用車両番号標にあっては、黄色 三 文字色 緑色

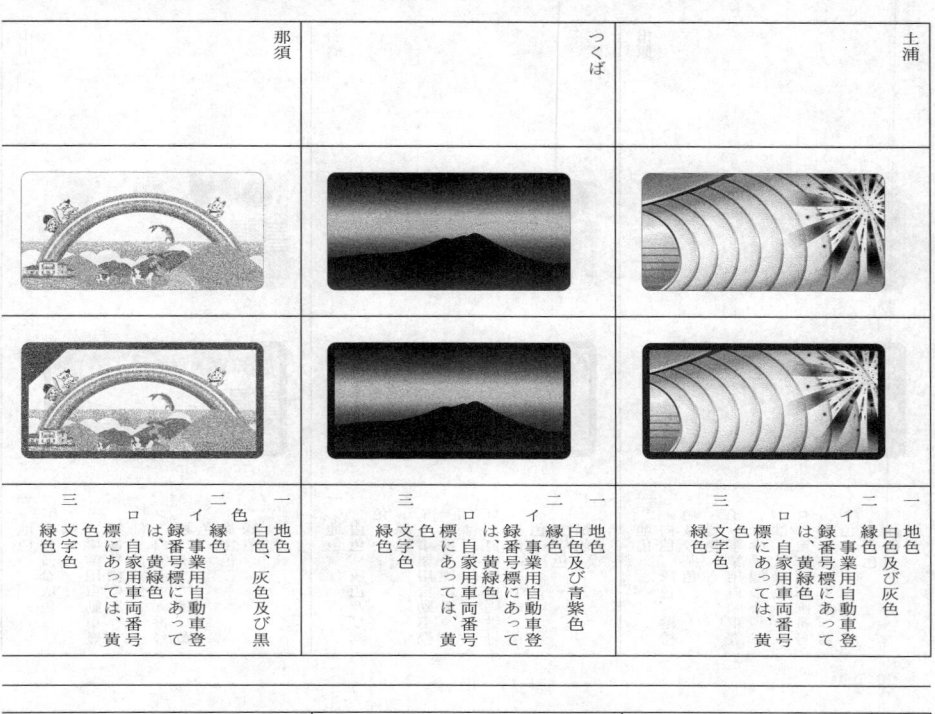

土浦			一 地色 白色及び灰色 二 縁色 イ 事業用自動車登録番号標にあっては、黄緑色 ロ 自家用車両番号標にあっては、黄色 三 文字色 緑色
つくば			一 地色 白色及び青紫色 二 縁色 イ 事業用自動車登録番号標にあっては、黄緑色 ロ 自家用車両番号標にあっては、黄色 三 文字色 緑色
那須			一 地色 白色、灰色及び黒色 二 縁色 イ 事業用自動車登録番号標にあっては、黄緑色 ロ 自家用車両番号標にあっては、黄色 三 文字色 緑色

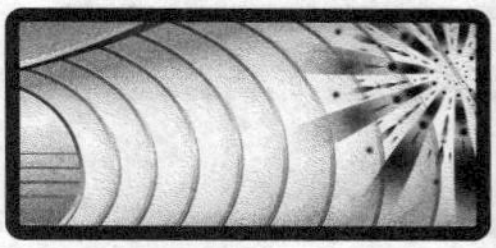

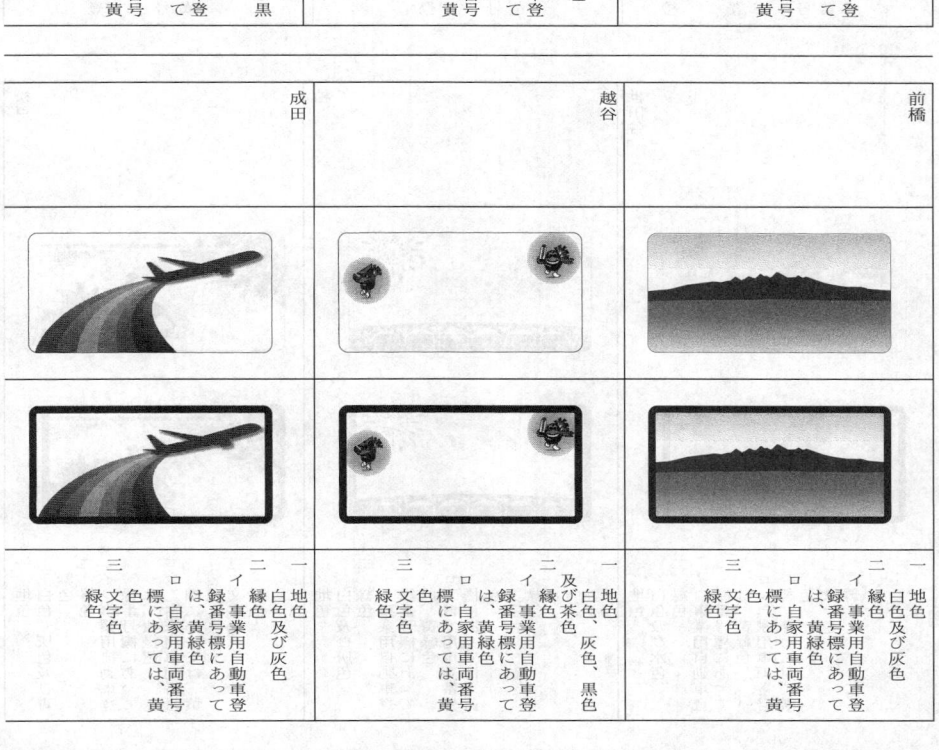

前橋			一 地色 白色及び灰色 二 縁色 イ 事業用自動車登録番号標にあっては、黄緑色 ロ 自家用車両番号標にあっては、黄色 三 文字色 緑色
越谷			一 地色 白色、灰色、黒色及び茶色 二 縁色 イ 事業用自動車登録番号標にあっては、黄緑色 ロ 自家用車両番号標にあっては、黄色 三 文字色 緑色
成田			一 地色 白色及び灰色 二 縁色 イ 事業用自動車登録番号標にあっては、黄緑色 ロ 自家用車両番号標にあっては、黄色 三 文字色 緑色

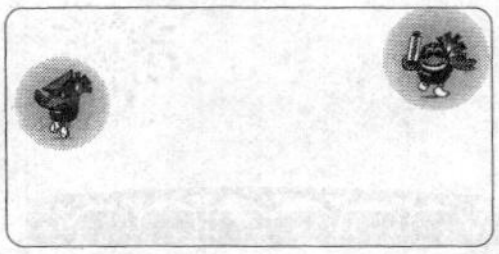

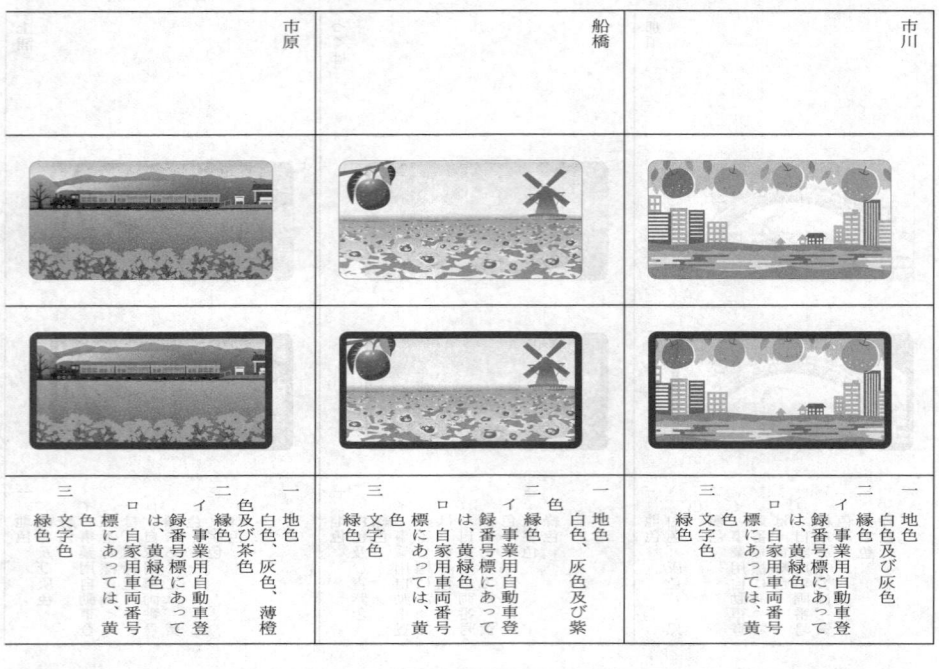

市川	船橋	市原
一　地色 白色及び灰色 二　緑色 イ　事業用自動車登録番号標にあっては、黄緑色 ロ　自家用車両番号標にあっては、黄色 三　文字色 緑色	一　地色 白色、灰色及び紫色 二　緑色 イ　事業用自動車登録番号標にあっては、黄緑色 ロ　自家用車両番号標にあっては、黄色 三　文字色 緑色	一　地色 白色、灰色、薄橙色及び茶色 二　緑色 イ　事業用自動車登録番号標にあっては、黄緑色 ロ　自家用車両番号標にあっては、黄色 三　文字色 緑色

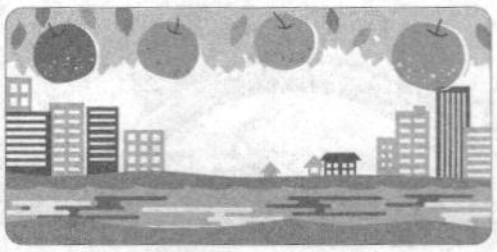

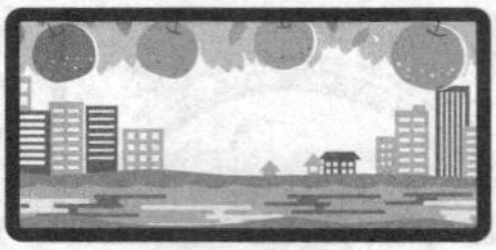

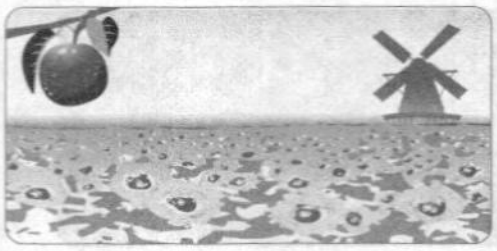

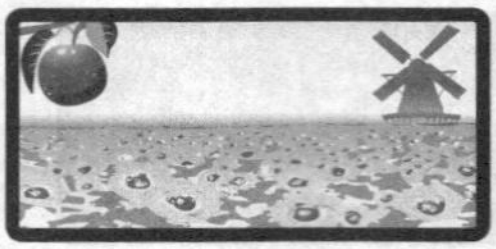

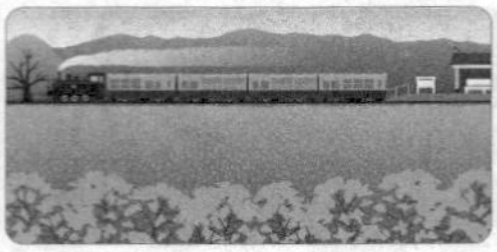

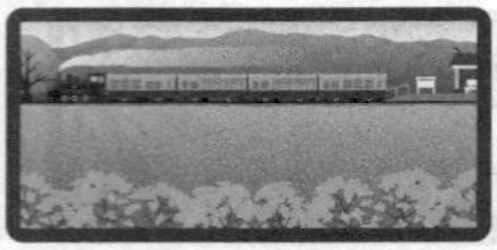

松戸	柏	世田谷
一　地色 白色、灰色及び青紫色 二　緑色 イ　事業用自動車登録番号標にあっては、黄緑色 ロ　自家用車両番号標にあっては、黄色 三　文字色 緑色	一　地色 白色及び灰色 二　緑色 イ　事業用自動車登録番号標にあっては、黄緑色 ロ　自家用車両番号標にあっては、黄色 三　文字色 緑色	一　地色 白色及び水色 二　緑色 イ　事業用自動車登録番号標にあっては、黄緑色 ロ　自家用車両番号標にあっては、黄色 三　文字色 緑色

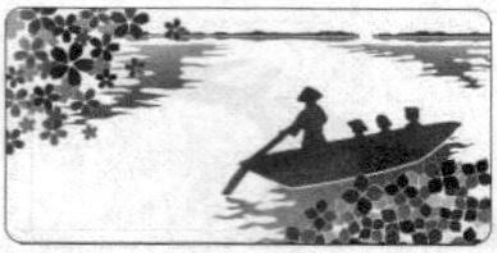

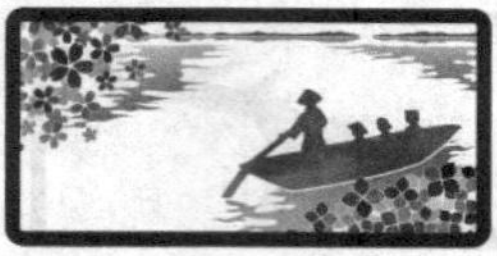

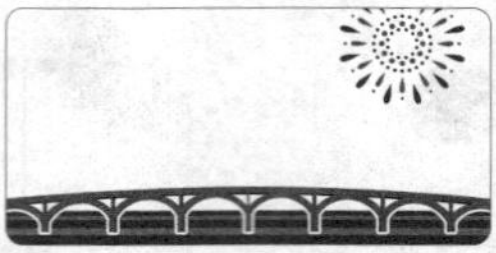

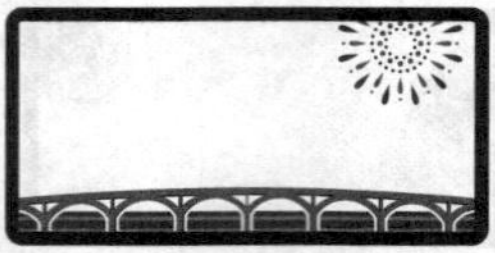

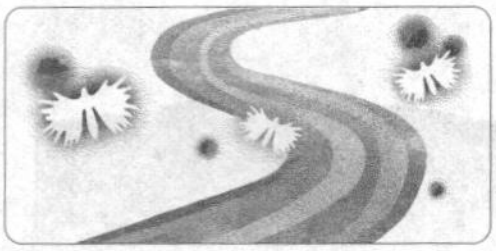

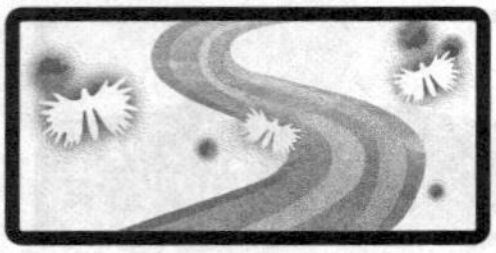

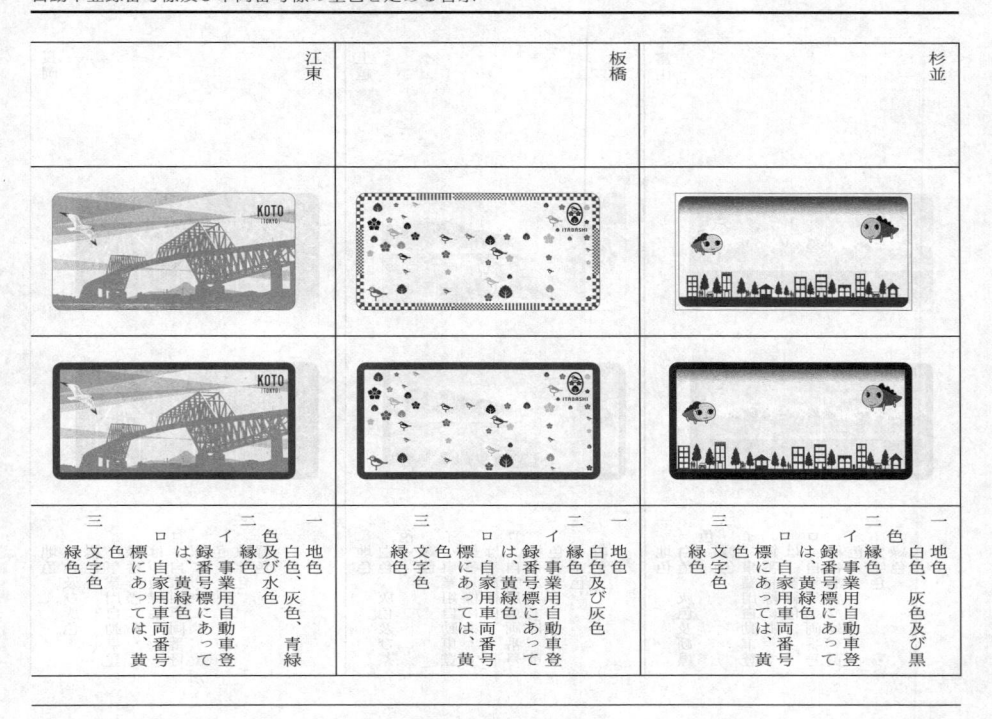

地域	塗色
杉並	  一 地色 白色、灰色及び黒色 二 緑色 イ 事業用自動車登録番号標にあっては、黄緑色 ロ 自家用車両番号標にあっては、黄色 三 文字色 緑色
板橋	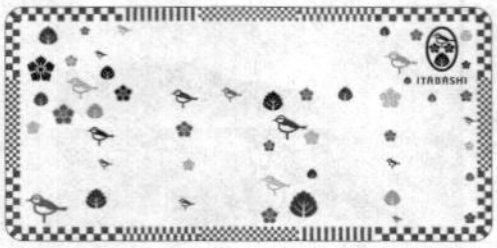 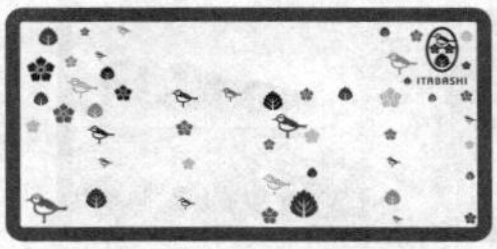 一 地色 白色及び灰色 二 緑色 イ 事業用自動車登録番号標にあっては、黄緑色 ロ 自家用車両番号標にあっては、黄色 三 文字色 緑色
江東	一 地色 白色、灰色、青緑色及び水色 二 緑色 イ 事業用自動車登録番号標にあっては、黄緑色 ロ 自家用車両番号標にあっては、黄色 三 文字色 緑色

地域	塗色
葛飾	  一 地色 白色、赤紫色、青紫色及び紫色 二 緑色 イ 事業用自動車登録番号標にあっては、黄緑色 ロ 自家用車両番号標にあっては、黄色 三 文字色 緑色
富士山（山梨運輸支局の管轄区域に限る。）	  一 地色 白色及び灰色 二 緑色 イ 事業用自動車登録番号標にあっては、黄緑色 ロ 自家用車両番号標にあっては、黄色 三 文字色 緑色
新潟	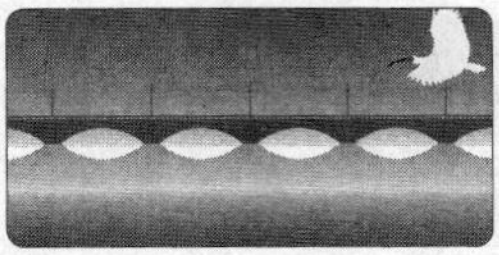 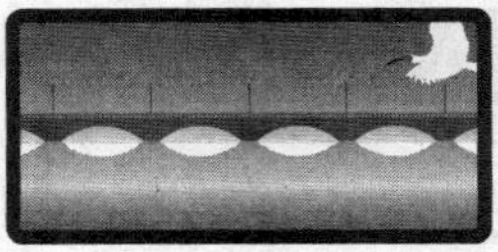 一 地色 白色及び灰色 二 緑色 イ 事業用自動車登録番号標にあっては、黄緑色 ロ 自家用車両番号標にあっては、黄色 三 文字色 緑色

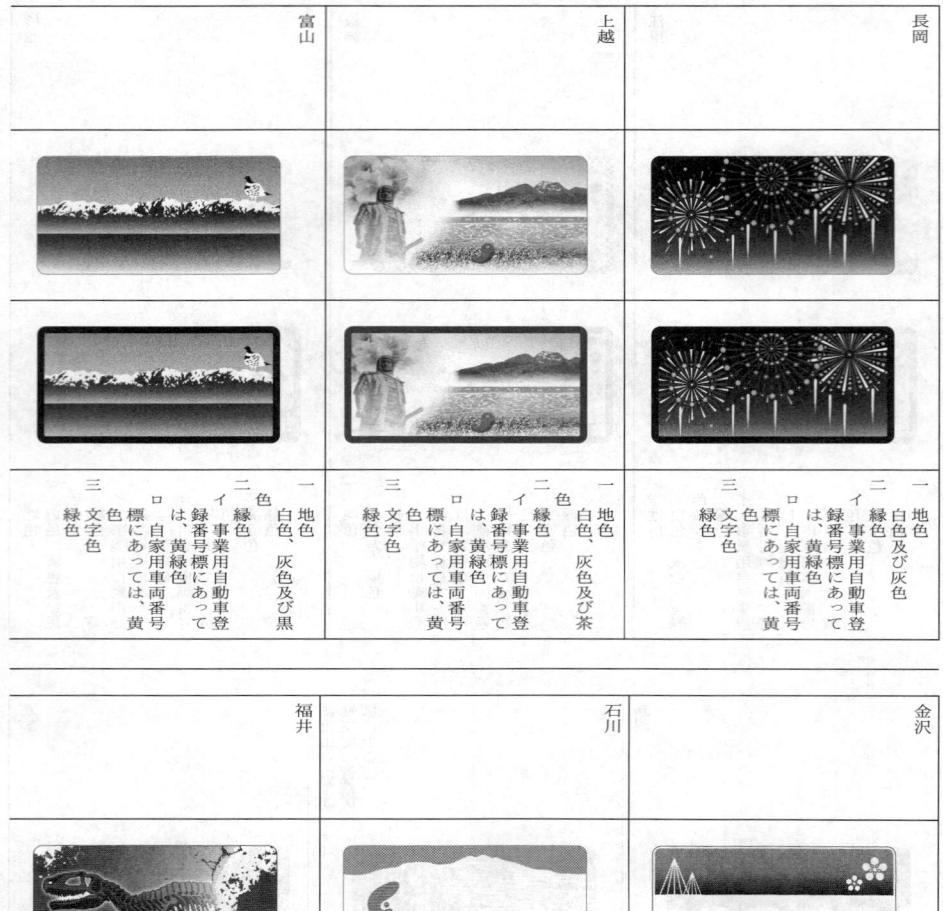

長岡	上越	富山

一　地色 白色及び灰色 二　縁色 イ　事業用自動車登録番号標にあっては、黄緑色 ロ　自家用車両番号標にあっては、黄色 三　文字色 緑色	一　地色 白色、灰色及び茶色 二　縁色 イ　事業用自動車登録番号標にあっては、黄緑色 ロ　自家用車両番号標にあっては、黄色 三　文字色 緑色	一　地色 白色、灰色及び黒色 二　縁色 イ　事業用自動車登録番号標にあっては、黄緑色 ロ　自家用車両番号標にあっては、黄色 三　文字色 緑色

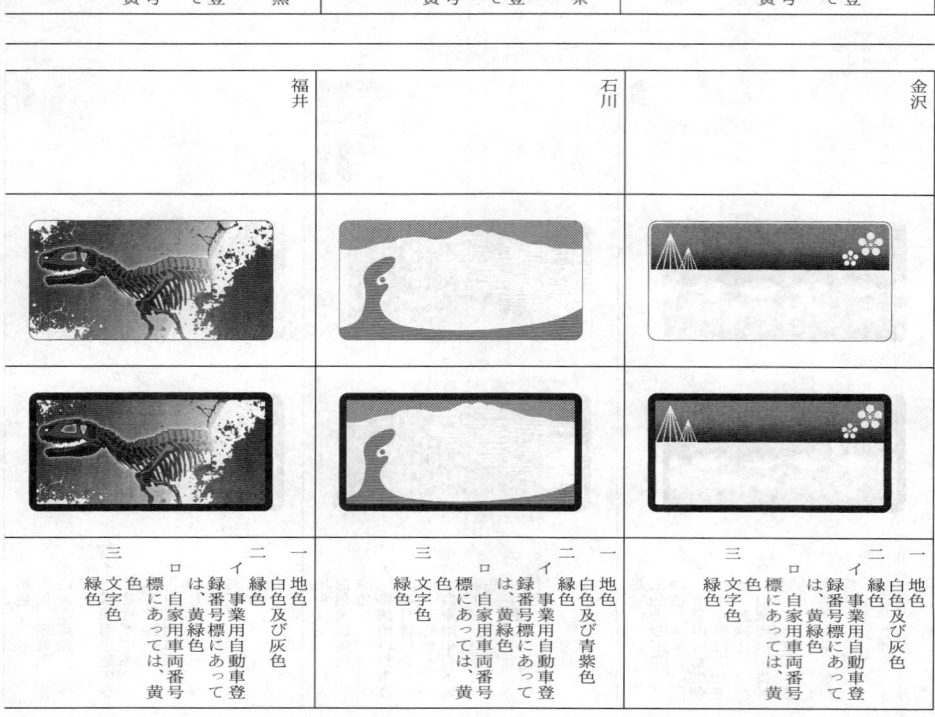

金沢	石川	福井
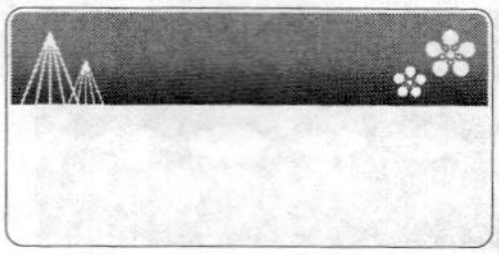		

一　地色 白色及び灰色 二　縁色 イ　事業用自動車登録番号標にあっては、黄緑色 ロ　自家用車両番号標にあっては、黄色 三　文字色 緑色	一　地色 白色及び青紫色 二　縁色 イ　事業用自動車登録番号標にあっては、黄緑色 ロ　自家用車両番号標にあっては、黄色 三　文字色 緑色	一　地色 白色及び灰色 二　縁色 イ　事業用自動車登録番号標にあっては、黄緑色 ロ　自家用車両番号標にあっては、黄色 三　文字色 緑色

富士山（沼津自動車検査登録事務所の管轄区域に限る。）	岡崎	豊田
一 地色 白色及び青紫色 二 縁色 イ 事業用自動車登録番号標にあっては、黄緑色 ロ 自家用車両番号標にあっては、黄色 三 文字色 緑色	一 地色 白色及び灰色 二 縁色 イ 事業用自動車登録番号標にあっては、黄緑色 ロ 自家用車両番号標にあっては、黄色 三 文字色 緑色	一 地色 白色、灰色及び黒色 二 縁色 イ 事業用自動車登録番号標にあっては、黄緑色 ロ 自家用車両番号標にあっては、黄色 三 文字色 緑色

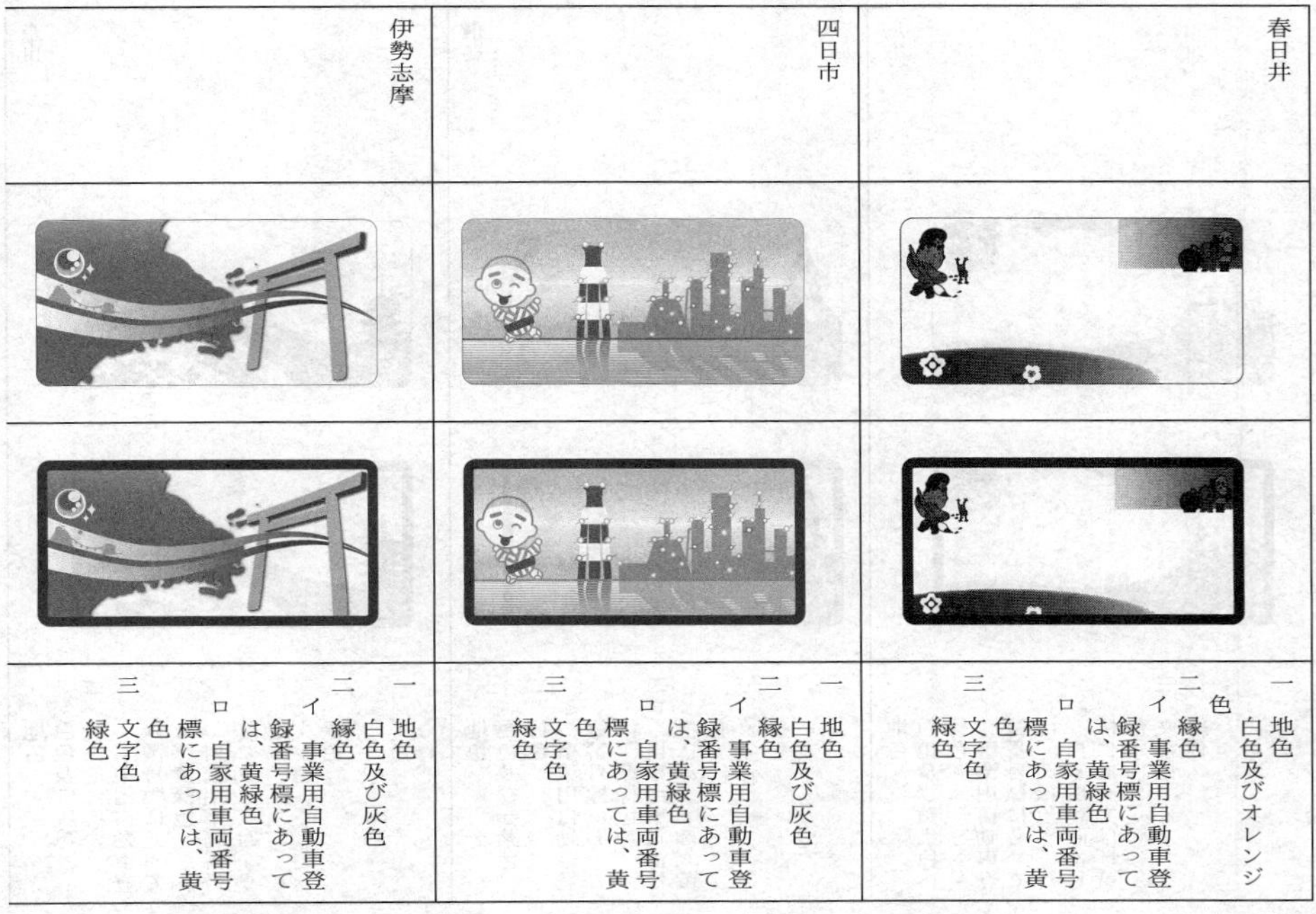

春日井	四日市	伊勢志摩
一 地色 白色及びオレンジ色 二 縁色 イ 事業用自動車登録番号標にあっては、黄緑色 ロ 自家用車両番号標にあっては、黄色 三 文字色 緑色	一 地色 白色及び灰色 二 縁色 イ 事業用自動車登録番号標にあっては、黄緑色 ロ 自家用車両番号標にあっては、黄色 三 文字色 緑色	一 地色 白色及び灰色 二 縁色 イ 事業用自動車登録番号標にあっては、黄緑色 ロ 自家用車両番号標にあっては、黄色 三 文字色 緑色

滋賀

一 地色 白色及び水色
二 縁色
イ 事業用自動車登録番号標にあっては、黄緑色
ロ 自家用車両番号標にあっては、黄色
三 文字色 緑色

京都

一 地色 白色及び灰色
二 縁色
イ 事業用自動車登録番号標にあっては、黄緑色
ロ 自家用車両番号標にあっては、黄色
三 文字色 緑色

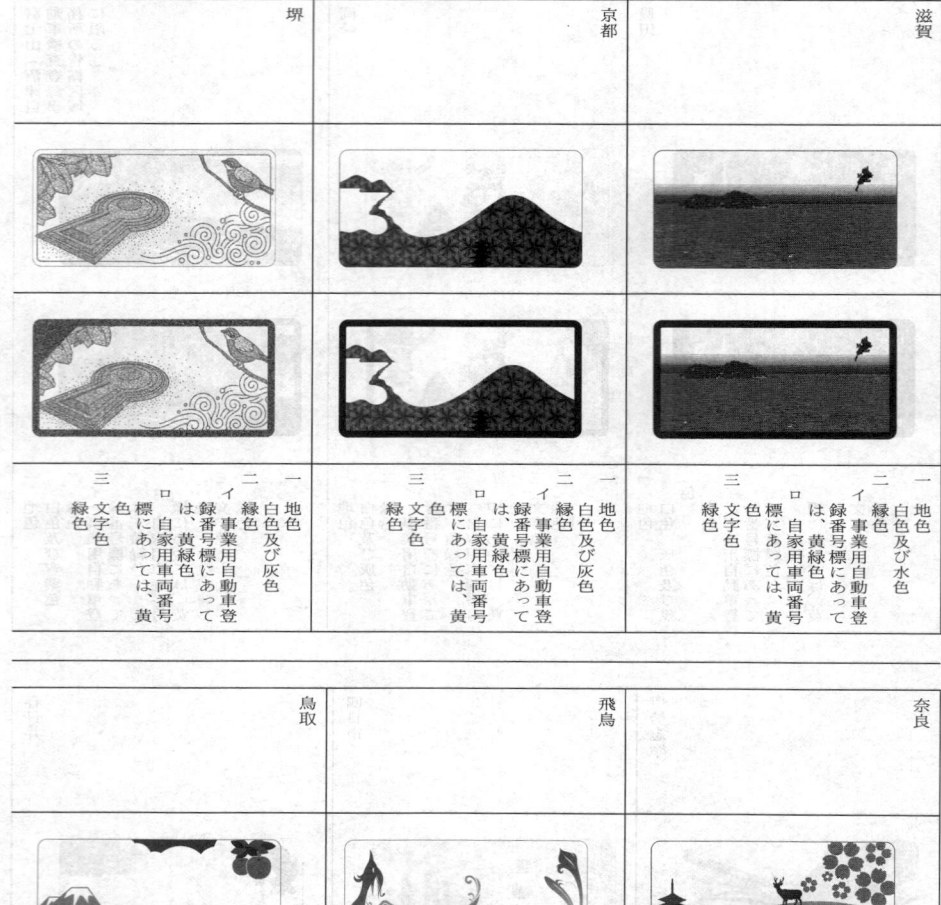

堺

一 地色 白色及び灰色
二 縁色
イ 事業用自動車登録番号標にあっては、黄緑色
ロ 自家用車両番号標にあっては、黄色
三 文字色 緑色

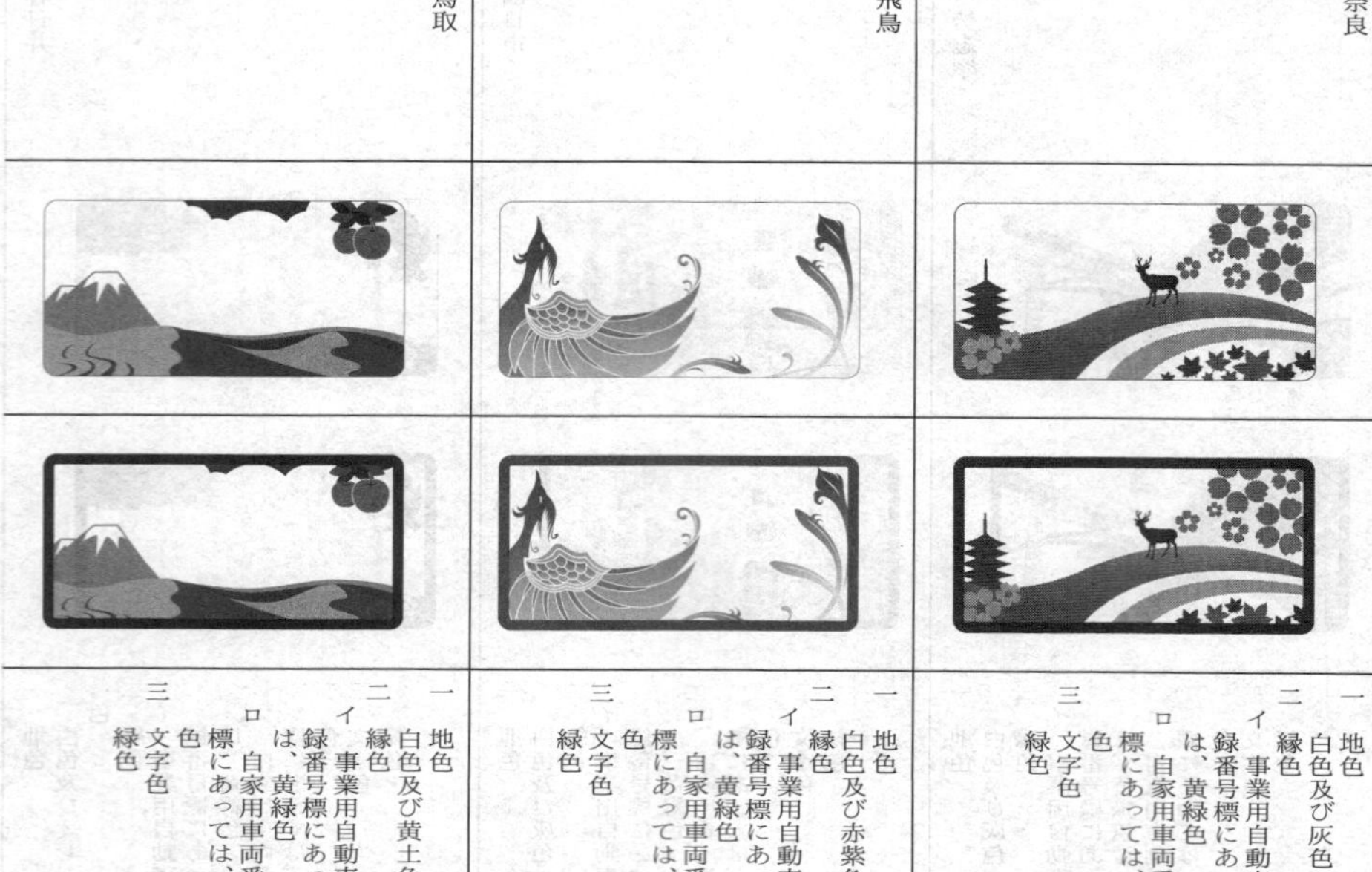

奈良

一 地色 白色及び灰色
二 縁色
イ 事業用自動車登録番号標にあっては、黄緑色
ロ 自家用車両番号標にあっては、黄色
三 文字色 緑色

飛鳥

一 地色 白色及び赤紫色
二 縁色
イ 事業用自動車登録番号標にあっては、黄緑色
ロ 自家用車両番号標にあっては、黄色
三 文字色 緑色

鳥取

一 地色 白色及び黄土色
二 縁色
イ 事業用自動車登録番号標にあっては、黄緑色
ロ 自家用車両番号標にあっては、黄色
三 文字色 緑色

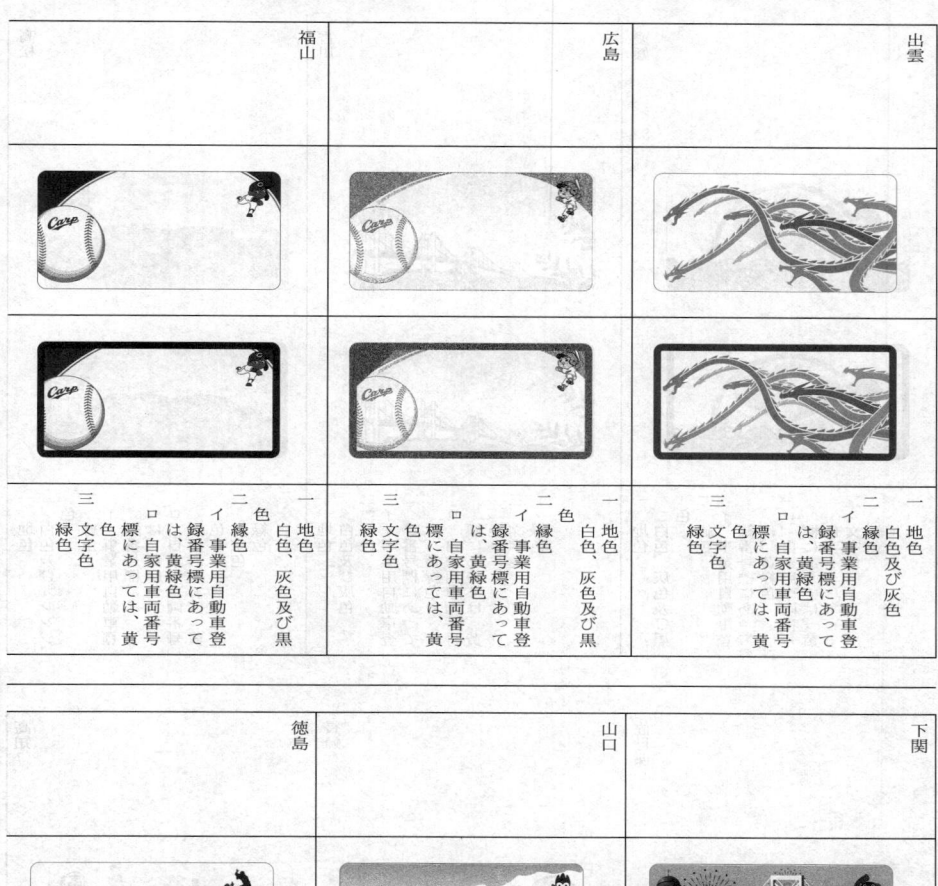

出雲	広島	福山
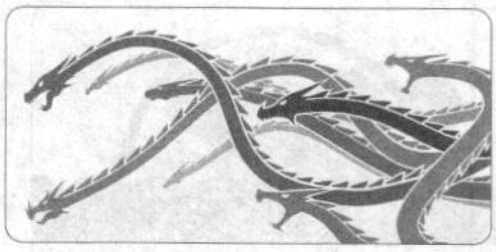	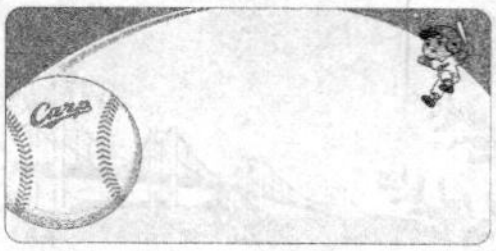	

一　地色　白色及び灰色 二　縁色 イ　事業用自動車登録番号標にあっては、黄緑色 ロ　自家用車両番号標にあっては、黄色 三　文字色　緑色	一　地色　白色、灰色及び黒色 二　縁色 イ　事業用自動車登録番号標にあっては、黄緑色 ロ　自家用車両番号標にあっては、黄色 三　文字色　緑色	一　地色　白色、灰色及び黒色 二　縁色 イ　事業用自動車登録番号標にあっては、黄緑色 ロ　自家用車両番号標にあっては、黄色 三　文字色　緑色

下関	山口	徳島

一　地色　白色、灰色及び黒色 二　縁色 イ　事業用自動車登録番号標にあっては、黄緑色 ロ　自家用車両番号標にあっては、黄色 三　文字色　緑色	一　地色　白色、灰色及び黒色 二　縁色 イ　事業用自動車登録番号標にあっては、黄緑色 ロ　自家用車両番号標にあっては、黄色 三　文字色　緑色	一　地色　白色及び灰色 二　縁色 イ　事業用自動車登録番号標にあっては、黄緑色 ロ　自家用車両番号標にあっては、黄色 三　文字色　緑色

高松	香川	愛媛

一 地色 白色及びオレンジ 二 色 緑色 イ 事業用自動車登録番号標にあっては、黄緑色 ロ 自家用車両番号標にあっては、黄色 三 文字色 緑色	一 地色 白色及び灰色 二 緑色 イ 事業用自動車登録番号標にあっては、黄緑色 ロ 自家用車両番号標にあっては、黄色 三 文字色 緑色	一 地色 白色、灰色及び黒 二 色 緑色 イ 事業用自動車登録番号標にあっては、黄緑色 ロ 自家用車両番号標にあっては、黄色 三 文字色 緑色

高知	長崎	佐世保

一 地色 白色、灰色及び黒 二 色 緑色 イ 事業用自動車登録番号標にあっては、黄緑色 ロ 自家用車両番号標にあっては、黄色 三 文字色 緑色	一 地色 白色及び灰色 二 緑色 イ 事業用自動車登録番号標にあっては、黄緑色 ロ 自家用車両番号標にあっては、黄色 三 文字色 緑色	一 地色 白色及び灰色 二 緑色 イ 事業用自動車登録番号標にあっては、黄緑色 ロ 自家用車両番号標にあっては、黄色 三 文字色 緑色

熊本	大分	宮崎
一 地色 白色、灰色、黒色及び茶色 二 緑色 イ 事業用自動車登録番号標にあっては、黄緑色 ロ 自家用車両番号標にあっては、黄色 三 文字色 緑色	一 地色 白色、灰色及び黒色 二 緑色 イ 事業用自動車登録番号標にあっては、黄緑色 ロ 自家用車両番号標にあっては、黄色 三 文字色 緑色	一 地色 白色、灰色及び黒色 二 緑色 イ 事業用自動車登録番号標にあっては、黄緑色 ロ 自家用車両番号標にあっては、黄色 三 文字色 緑色

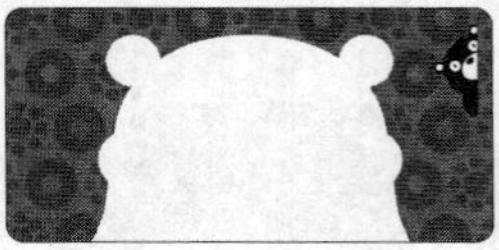

鹿児島
一 地色 白色、灰色及び茶色 二 緑色 イ 事業用自動車登録番号標にあっては、黄緑色 ロ 自家用車両番号標にあっては、黄色 三 文字色 緑色

六 都道府県ごとの地域振興等を目的として交付する自動車登録番号標又は車両番号標　次の表の下欄に定める塗色

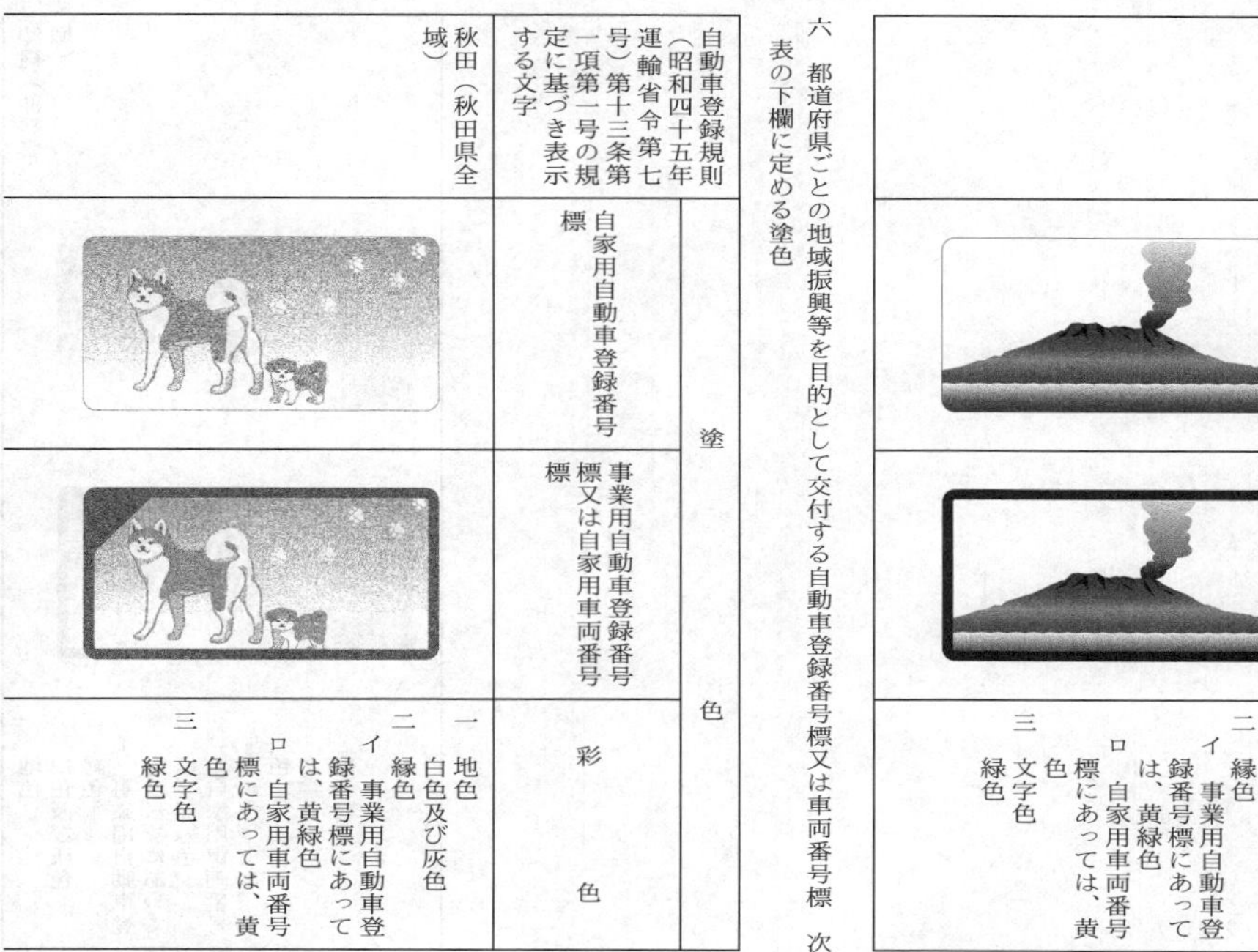

自動車登録規則（昭和四十五年運輸省令第七号）第十三条第一項第一号の規定に基づき表示する文字	塗色		
	自家用自動車登録番号標	事業用自動車登録番号標又は自家用車両番号標	彩色
秋田（秋田県全域）			一 地色 白色及び灰色 二 緑色 イ 事業用自動車登録番号標にあっては、黄緑色 ロ 自家用車両番号標にあっては、黄色 三 文字色 緑色

宇都宮・那須・とちぎ（栃木県全域）	前橋・高崎・群馬（群馬県全域）	品川・世田谷・練馬・杉並・板橋・足立・江東・葛飾・八王子・多摩（東京都全域）
一 地色 白色及び灰色 二 縁色 イ 事業用自動車登録番号標にあっては、黄緑色 ロ 自家用車両番号標にあっては、黄色 三 文字色 緑色	一 地色 白色及び灰色 二 縁色 イ 事業用自動車登録番号標にあっては、黄緑色 ロ 自家用車両番号標にあっては、黄色 三 文字色 緑色	一 地色 白色、灰及び黒色 二 縁色 イ 事業用自動車登録番号標にあっては、黄緑色 ロ 自家用車両番号標にあっては、黄色 三 文字色 緑色

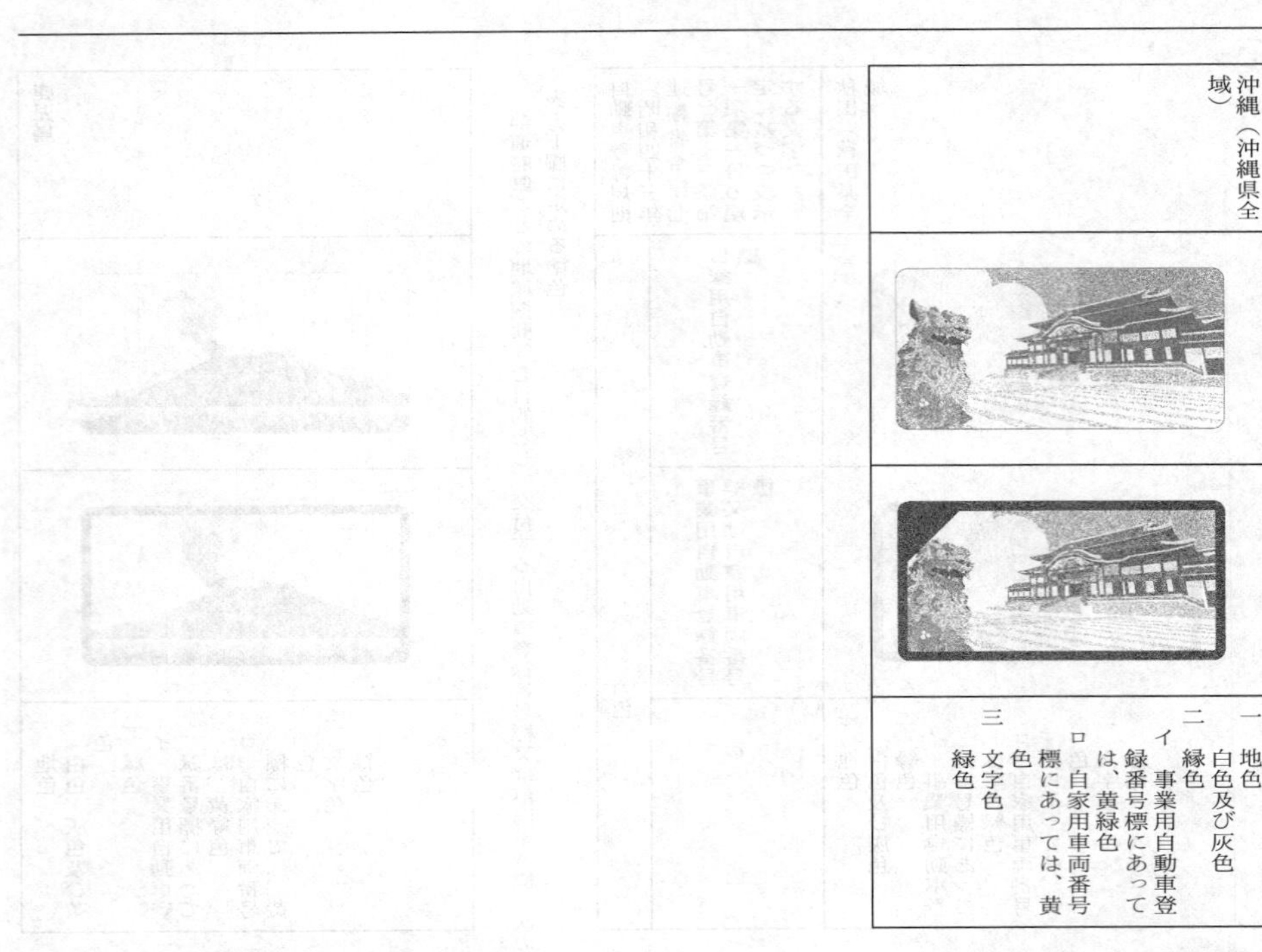

沖縄（沖縄県全域）
一 地色 白色及び灰色 二 縁色 イ 事業用自動車登録番号標にあっては、黄緑色 ロ 自家用車両番号標にあっては、黄色 三 文字色 緑色

別表第二　特定登録対象自動車に係る取組及び自動車登録番号標の塗色並びに特定検査対象軽自動車に係る取組及び車両番号標の塗色（第一条第一項第二号、第二条第一項第二号関係）

一　令和元年に開催されるラグビーワールドカップ大会を記念して交付する自動車登録番号標又は車両番号標　次の表の下欄に定める塗色

取組	塗色		
道路運送法（昭和二十六年法律第百八十三号）第三条第一号に規定する一般旅客自動車運送事業の定時性の確保、速達性又は利便性の向上、供給輸送力の増加、外国人その他の自動車の利用者の多様な需要に対応した自動車に関連する設備又はソフトウェアの普及その他の令和元年に開催されるラグビーワールドカップ大会の円滑な運営に資する自動車交通の機能の確保及び向上を図るための取組	（その一）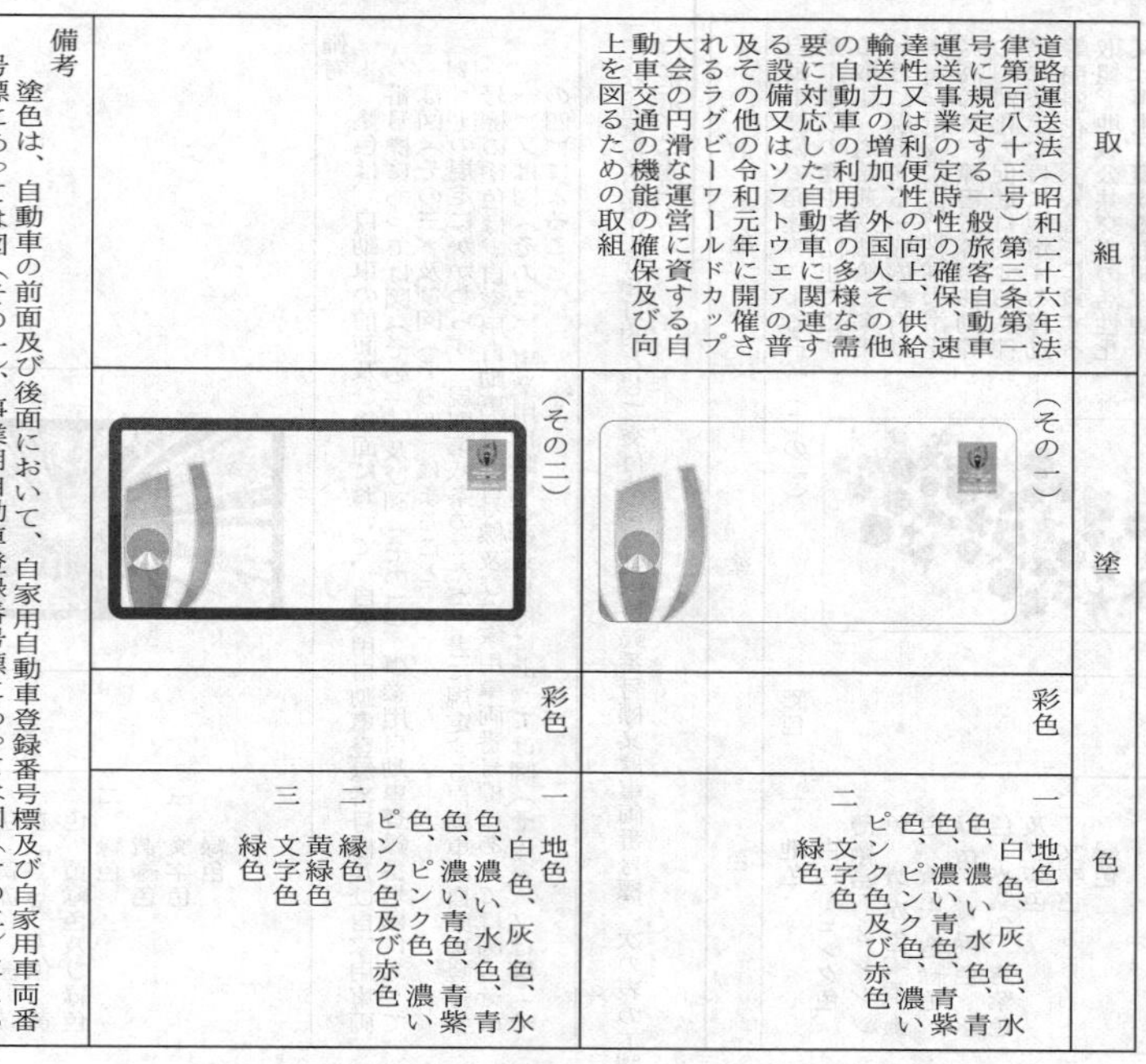	彩色	一　地色　白色、灰色、水色、濃い水色、青色、濃い青色、青紫色、ピンク色、濃いピンク色及び赤色 二　文字色　緑色
	（その二）	彩色	一　地色　白色、灰色、水色、濃い水色、青色、濃い青色、青紫色、ピンク色、濃いピンク色及び赤色 二　緑色　黄緑色 三　文字色　緑色
備考　塗色は、自動車の前面及び後面において、自家用自動車登録番号標及び自家用車両番号標にあっては図（その一）、事業用自動車登録番号標にあっては図（その二）によること。			

二　令和三年に開催される東京オリンピック競技大会及び東京パラリンピック競技大会を記念して交付する自動車登録番号標又は車両番号標　次の表の下欄に定める塗色

取組	塗色		
道路運送法第三条第一号に規定する一般旅客自動車運送事業の移動等円滑化（高齢者、障害者等の移動等の円滑化の促進に関する法律（平成十八年法律第九十一号）第二条第二号に規定する移動等円滑化をいう。）、定時性の確保、速達性又は利便性の向上、供給輸送力の増加、外国人その他の自動車の利用者の多様な需要に対応した自動車に関連する設備又はソフトウェアの普及その他の令和三年に開催される東京オリンピック競技大会及び東京パラリンピック競技大会の円滑な運営に資する自動車交通の機能の確保及び向上を図るための取組	（その一） 	彩色	一　地色　白色、灰色、水色、黒色、青緑色、青紫色、濃い青紫色、紫色、ピンク色、赤色、黄赤色、濃い黄赤色、黄土色、黄色、黄緑色及び緑色 二　文字色　緑色
	（その二） 	彩色	一　地色　白色、灰色、青緑色、水色、青色、青紫色、濃い青紫色、紫色、ピンク色、赤色、黄赤色、濃い黄赤色、黄土色、黄色、黄緑色及び緑色 二　文字色　緑色
	（その三） 	彩色	一　地色　白色、灰色、水色、黒色、青緑色、青紫色、濃い青紫色、紫色、ピンク色、赤色、黄赤色、濃い黄赤色、黄土色、黄色、黄緑色及び緑色 二　緑色　黄緑色 三　文字色　緑色

（その四）

彩色

一　地色
白色、灰色、青緑色、水色、青色、青紫色、濃い青紫色、紫色、ピンク色、赤色、黄赤色、濃い黄赤色、黄土色、黄色、黄緑色及び緑色

二　緑色
黄緑色

三　文字色
緑色

備考

(1)　塗色は、自動車の前面及び後面において、自家用自動車登録番号標及び自家用車両番号標にあっては図（その一）及び図（その二）、事業用自動車登録番号標にあっては図（その三）及び図（その四）によること。

(2)　(1)の規定にかかわらず、規則第八条の二ただし書に規定する自動車の自動車登録番号標の塗色は、自家用自動車登録番号標及び自家用車両番号標にあっては図（その一）又は図（その二）、事業用自動車登録番号標にあっては図（その三）又は図（その四）によること。

三　交通事故の防止等を目的として交付する自動車登録番号標又は車両番号標　次の表の下欄に定める塗色

取組	塗色
自動車技術の発達等による自動車事故の発生の防止に資する取組、道路運送法第三条第一号に規定する一般旅客自動車運送事業の移動等円滑化（高齢者、障害者等の移動等の円滑化の促進に関する法律第二条第二号に規定する移動等円滑化をいう。）に資する取組、地域公共交通の活性化又は再生に資する取組、観光その他の地域間の交流の促進に資する取組及び交通に係る環境への負荷の低減に資する取組	（その一） 彩色 一　地色 白色、ピンク色、薄橙色、オレンジ色、黄赤色、黄土色、黄色、黄緑色、緑色、青緑色、水色、赤紫色、青紫色及び紫色 二　文字色 緑色

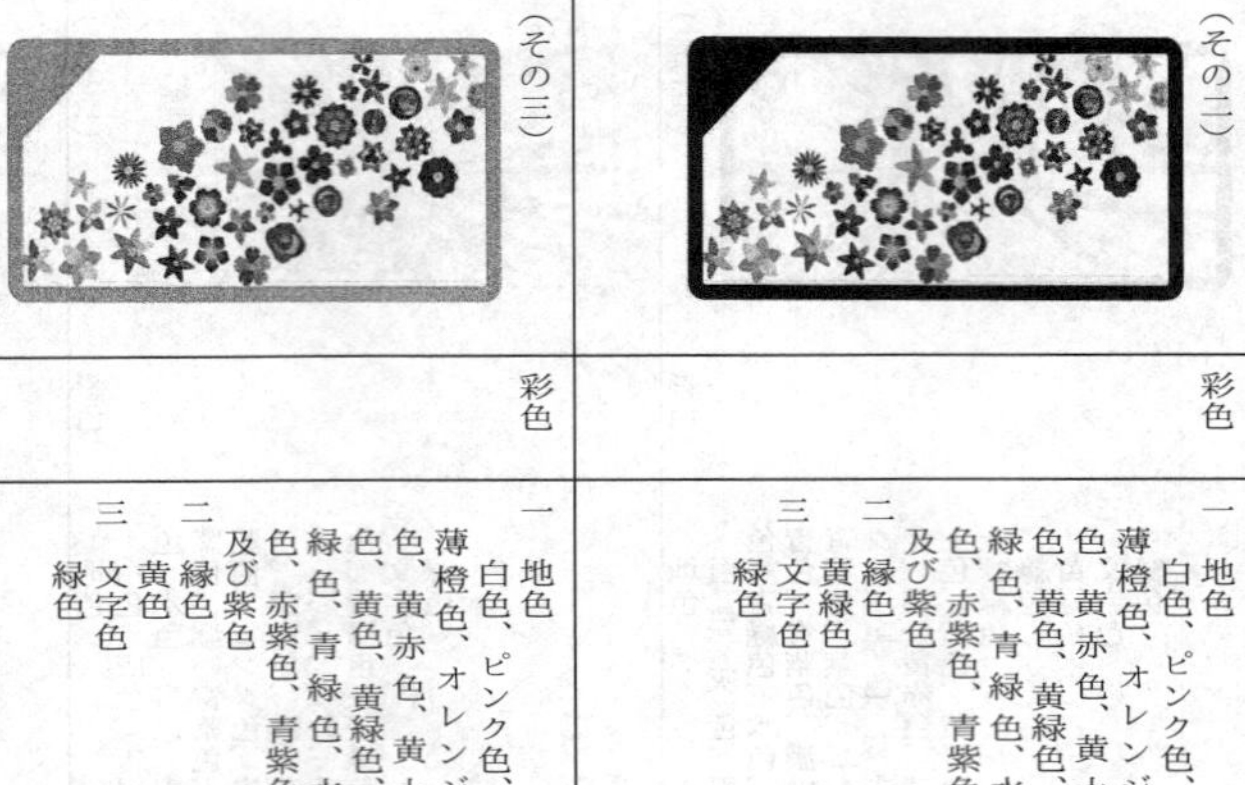

（その二）

彩色

一　地色
白色、ピンク色、薄橙色、オレンジ色、黄赤色、黄土色、黄色、黄緑色、緑色、青緑色、水色、赤紫色、青紫色及び紫色

二　緑色
黄緑色

三　文字色
緑色

（その三）

彩色

一　地色
白色、ピンク色、薄橙色、オレンジ色、黄赤色、黄土色、黄色、黄緑色、緑色、青緑色、水色、赤紫色、青紫色及び紫色

二　緑色
黄色

三　文字色
緑色

備考

塗色は、自動車の前面及び後面において、自家用自動車登録番号標にあっては図（その一）、事業用自動車登録番号標にあっては図（その二）、自家用車両番号標にあっては図（その三）によること。

四　令和七年に開催される二千二十五年日本国際博覧会を記念して交付する自動車登録番号標又は車両番号標　次の表の下欄に定める塗色

取組	塗色		
道路運送法第三条第一号に規定する一般旅客自動車運送事業の定時性の確保、速達性又は利便性の向上、供給輸送力の増加、外国人その他の自動車の利用者の多様な需要に対応した自動車に関連する設備又はソフトウェアの普及その他の令和七年に開催される二千二十五年日本国際博覧会の円滑な運営に資する自動車交通の機能の確保及び向上を図るための取組	（その一）	彩色	一　地色　白色、赤色、青色及び黒色 二　文字色　緑色
	（その二）	彩色	一　地色　白色、赤色、青色及び黒色 二　縁色　黄緑色 三　文字色　緑色
	（その三）	彩色	一　地色　白色、赤色、青色及び黒色 二　縁色　黄色 三　文字色　緑色

備考
　塗色は、自動車の前面及び後面において、自家用自動車登録番号標にあっては図（その一）、事業用自動車登録番号標にあっては図（その二）、自家用車両番号標にあっては図（その三）によること。

五　地域名表示ごとの地域振興等を目的として交付する自動車登録番号標又は車両番号標　次の表の下欄に定める塗色

自動車登録規則（昭和四十五年運輸省令第七号）第十三条第一項第一号の規定に基づき表示する文字	取組	塗色 自家用自動車登録番号標	塗色 事業用自動車登録番号標又は自家用車両番号標	塗色 彩色
苫小牧	地域住民の自立した日常生活及び社会生活の確保、活力ある都市活動の実現、観光その他の地域間の交流の促進並びに交通に係る環境への負荷の低減その他の地域公共交通の活性化若しくは再生に資する取組又は被害者の保護の増進を図るとともに自動車事故の発生の防止に資する取組			一　地色　白色、灰色、黒色、ピンク色、薄橙色、黄土色、オレンジ色、緑色、水色、黄緑色、青色及び青紫色 二　縁色 イ　事業用自動車登録番号標にあっては、黄緑色 ロ　自家用車両番号標にあっては、黄色 三　文字色　緑色
知床				一　地色　白色、オレンジ色、茶色、黄緑色、水色及び青紫色 二　縁色 イ　事業用自動車登録番号標にあっては、黄緑色 ロ　自家用車両番号標にあっては、黄色 三　文字色　緑色

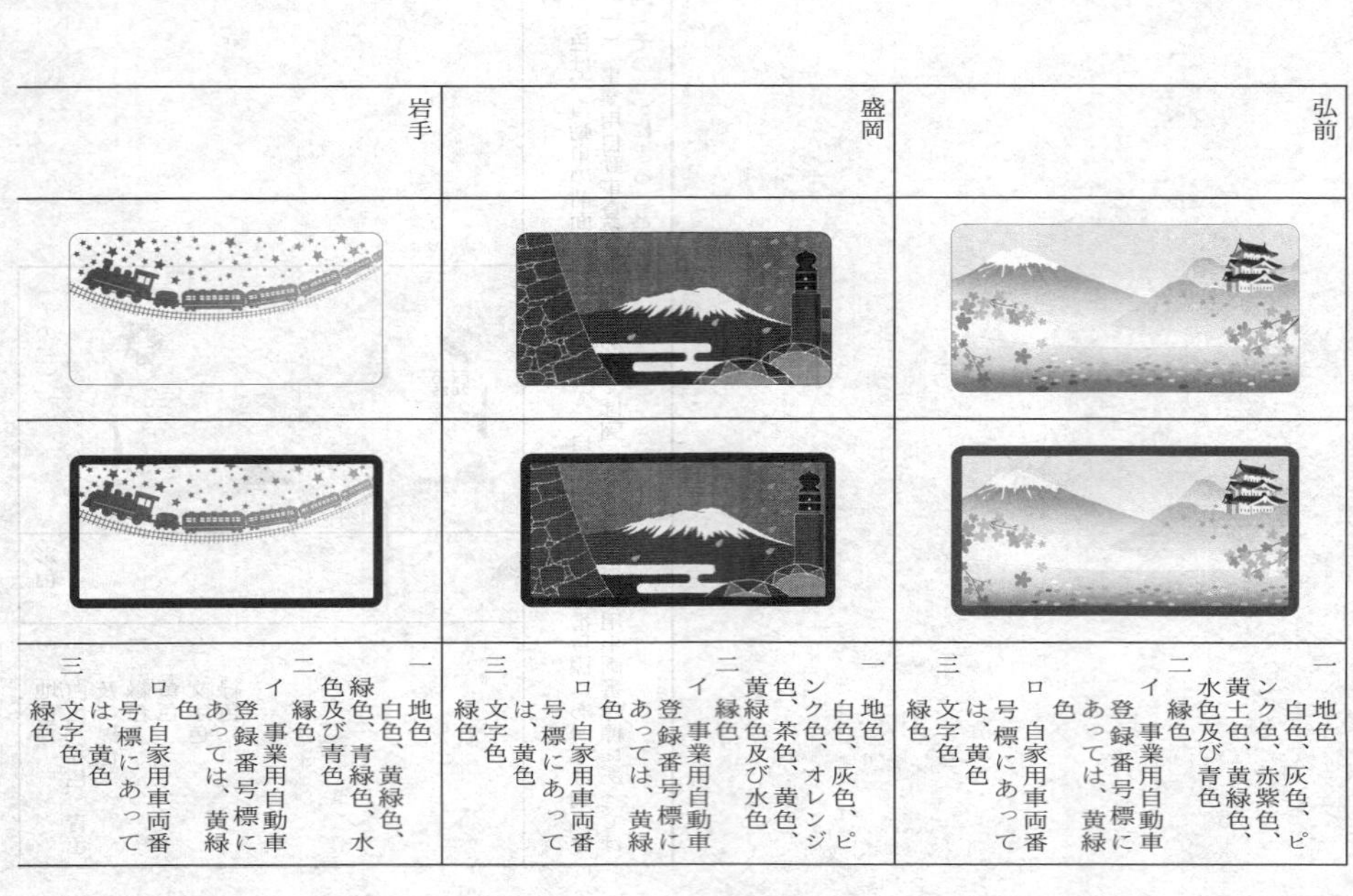

自動車登録規則（昭和四十五年運輸省令第七号）第十三条第一項第一号の規定に基づき表示する文字	取組	塗色 自家用自動車登録番号標	塗色 事業用自動車登録番号標又は自家用車両番号標	塗色 彩色
弘前				一　地色　白色、灰色、ピンク色、赤紫色、黄土色、黄緑色、水色及び青色 二　縁色 イ　事業用自動車登録番号標にあっては、黄緑色 ロ　自家用車両番号標にあっては、黄色 三　文字色　緑色
盛岡				一　地色　白色、灰色、ピンク色、オレンジ色、茶色、黄色、黄緑色及び水色 二　縁色 イ　事業用自動車登録番号標にあっては、黄緑色 ロ　自家用車両番号標にあっては、黄色 三　文字色　緑色
岩手				一　地色　白色、黄緑色、緑色、青緑色、水色及び青色 二　縁色 イ　事業用自動車登録番号標にあっては、黄緑色 ロ　自家用車両番号標にあっては、黄色 三　文字色　緑色

平泉	仙台	山形
一　地色 薄橙色、黄土色、茶色及び黄色 二　緑色 イ　事業用自動車登録番号標にあっては、黄緑色 ロ　自家用車両番号標にあっては、黄色 三　文字色 緑色	一　地色 白色、灰色、ピンク色、赤紫色、オレンジ色、黄色、黄緑色、水色及び青色 二　緑色 イ　事業用自動車登録番号標にあっては、黄緑色 ロ　自家用車両番号標にあっては、黄色 三　文字色 緑色	一　地色 白色、灰色、赤色、黄土色及び黄緑色 二　緑色 イ　事業用自動車登録番号標にあっては、黄緑色 ロ　自家用車両番号標にあっては、黄色 三　文字色 緑色

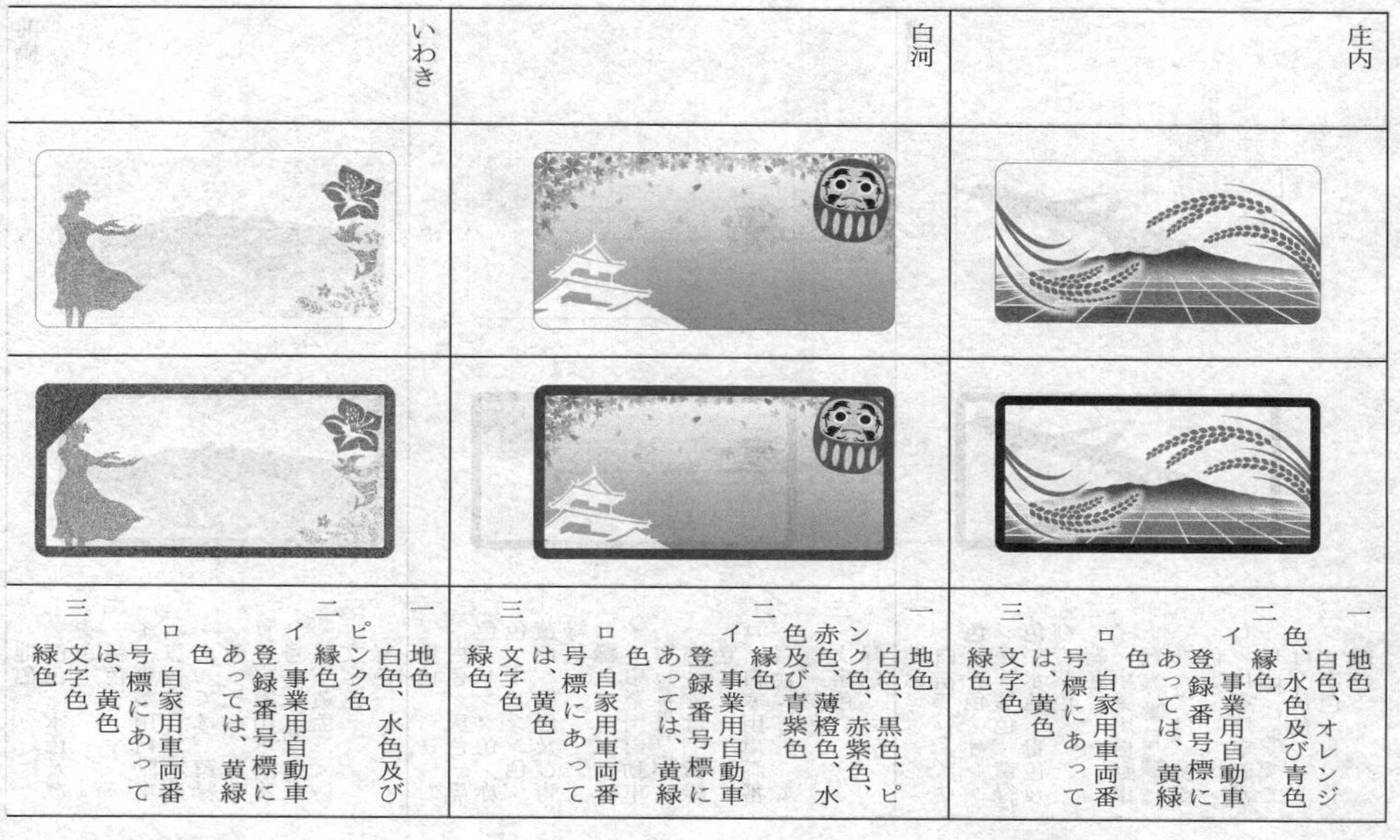

庄内	白河	いわき
一　地色 白色、水色、オレンジ色及び青色 二　緑色 イ　事業用自動車登録番号標にあっては、黄緑色 ロ　自家用車両番号標にあっては、黄色 三　文字色 緑色	一　地色 白色、黒色、ピンク色、赤紫色、赤色、薄橙色、水色及び青紫色 二　緑色 イ　事業用自動車登録番号標にあっては、黄緑色 ロ　自家用車両番号標にあっては、黄色 三　文字色 緑色	一　地色 白色、水色及びピンク色 二　緑色 イ　事業用自動車登録番号標にあっては、黄緑色 ロ　自家用車両番号標にあっては、黄色 三　文字色 緑色

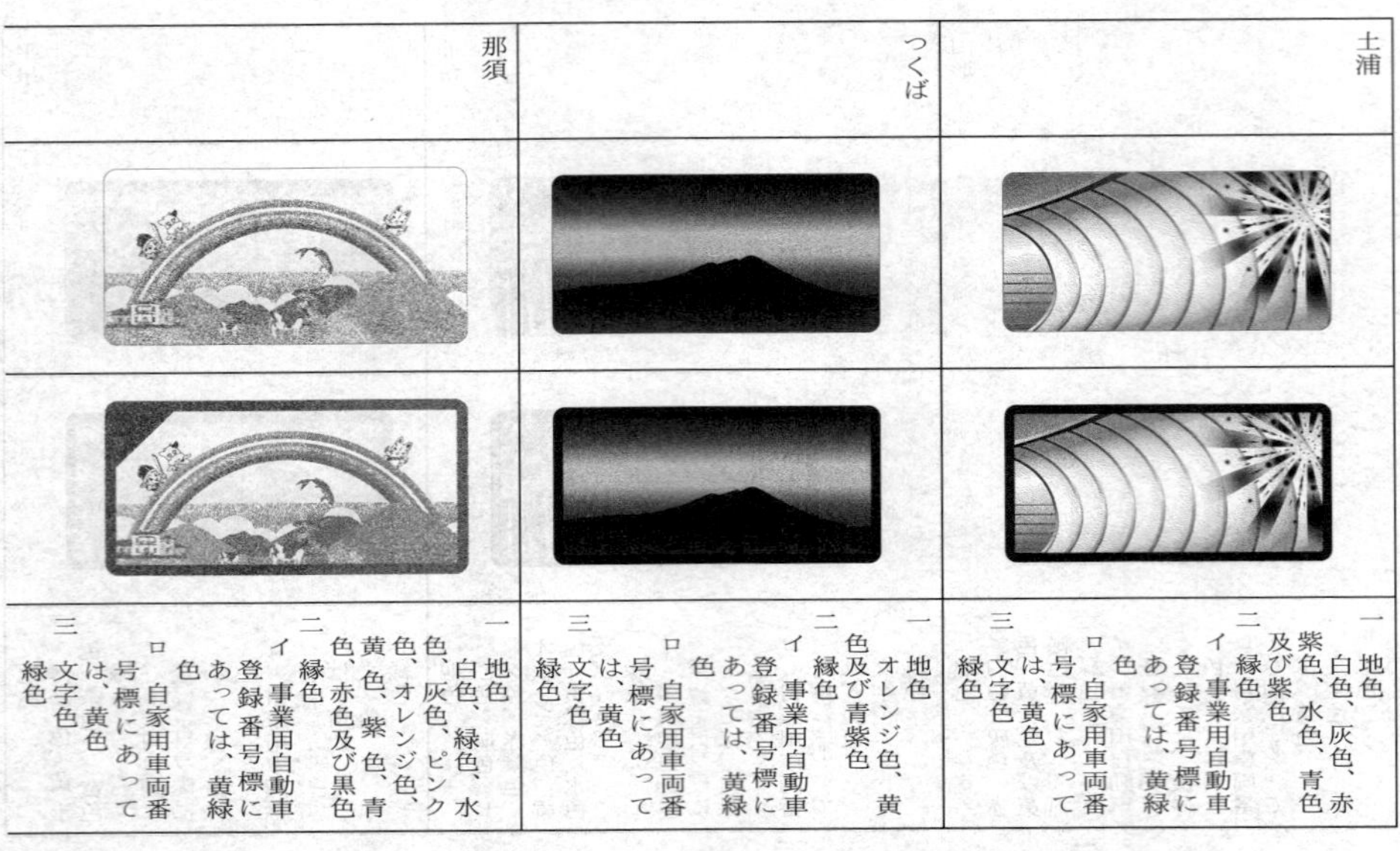

土浦	つくば	那須
一 地色 白色、灰色、赤紫色、水色、青色及び紫色 二 縁色 イ 事業用自動車登録番号標にあっては、黄緑色 ロ 自家用車両番号標にあっては、黄色 三 文字色 緑色	一 地色 オレンジ色、黄色及び青紫色 二 縁色 イ 事業用自動車登録番号標にあっては、黄緑色 ロ 自家用車両番号標にあっては、黄色 三 文字色 緑色	一 地色 白色、灰色、緑色、水色、ピンク色、オレンジ色、黄色、紫色、青色、赤色及び黒色 二 縁色 イ 事業用自動車登録番号標にあっては、黄緑色 ロ 自家用車両番号標にあっては、黄色 三 文字色 緑色

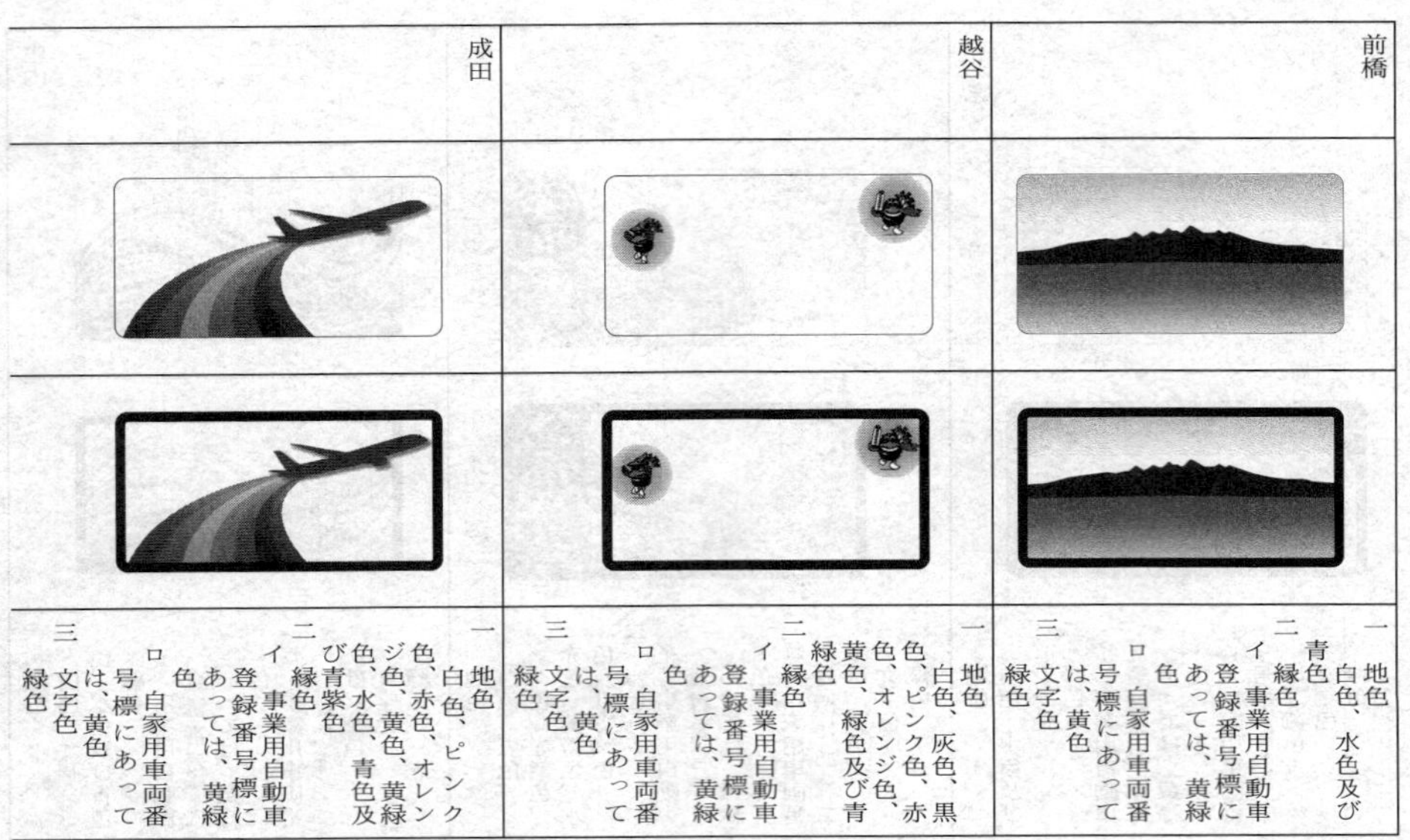

前橋	越谷	成田
一 地色 白色、水色及び青色 二 縁色 イ 事業用自動車登録番号標にあっては、黄緑色 ロ 自家用車両番号標にあっては、黄色 三 文字色 緑色	一 地色 白色、灰色、黒色、ピンク色、赤色、オレンジ色、黄色、緑色及び青緑色 二 縁色 イ 事業用自動車登録番号標にあっては、黄緑色 ロ 自家用車両番号標にあっては、黄色 三 文字色 緑色	一 地色 白色、ピンク色、赤色、オレンジ色、黄色、黄緑色、水色、青色及び青紫色 二 縁色 イ 事業用自動車登録番号標にあっては、黄緑色 ロ 自家用車両番号標にあっては、黄色 三 文字色 緑色

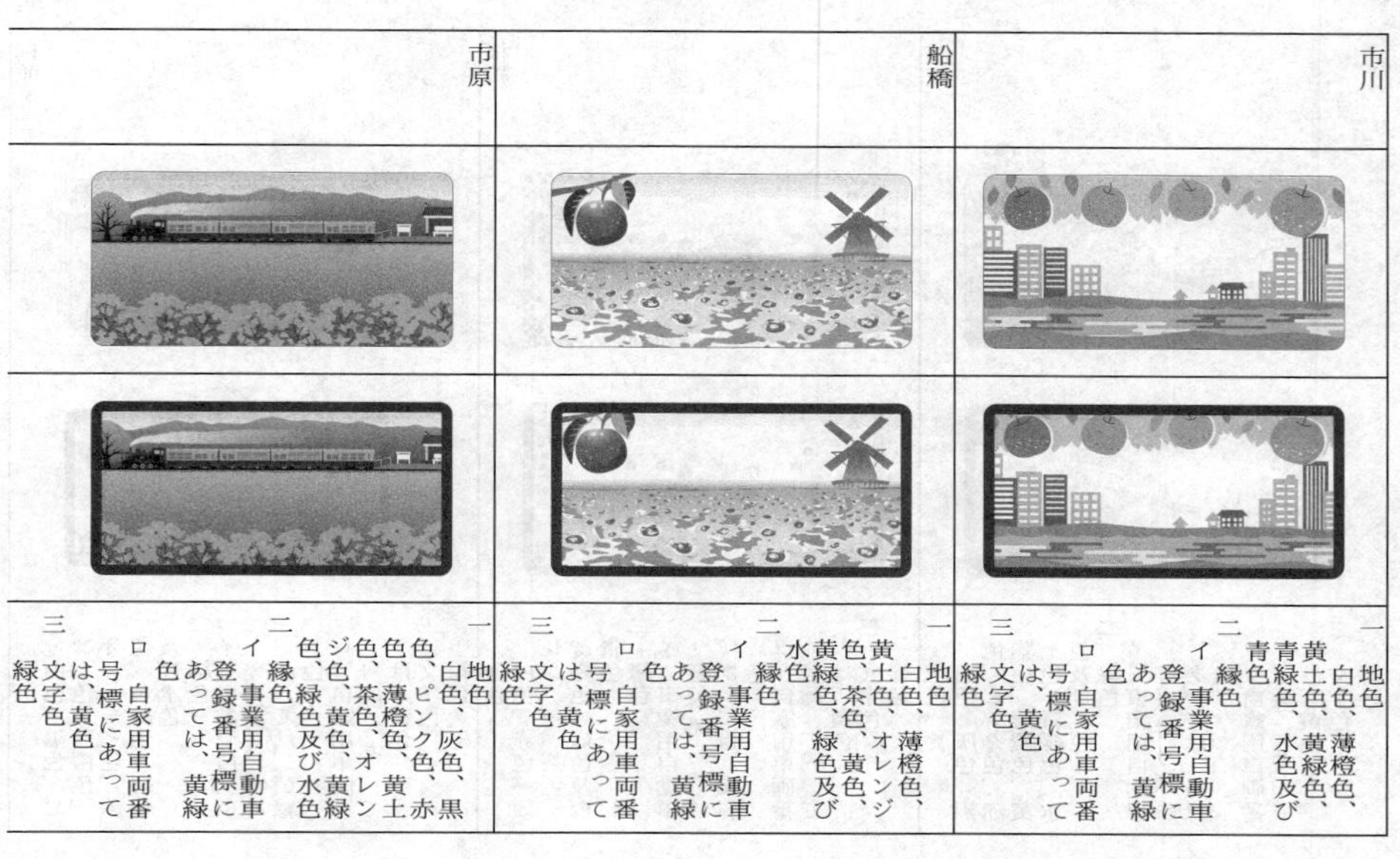

市川	船橋	市原
一 地色 白色、薄橙色、黄土色、黄緑色、青緑色、水色及び青色 二 縁色 イ 事業用自動車登録番号標にあっては、黄緑色 ロ 自家用車両番号標にあっては、黄色 三 文字色 緑色	一 地色 白色、薄橙色、黄土色、オレンジ色、茶色、黄色、黄緑色、緑色及び水色 二 縁色 イ 事業用自動車登録番号標にあっては、黄緑色 ロ 自家用車両番号標にあっては、黄色 三 文字色 緑色	一 地色 白色、灰色、黒色、ピンク色、赤色、薄橙色、黄土色、茶色、オレンジ色、黄色、黄緑色、緑色及び水色 二 縁色 イ 事業用自動車登録番号標にあっては、黄緑色 ロ 自家用車両番号標にあっては、黄色 三 文字色 緑色

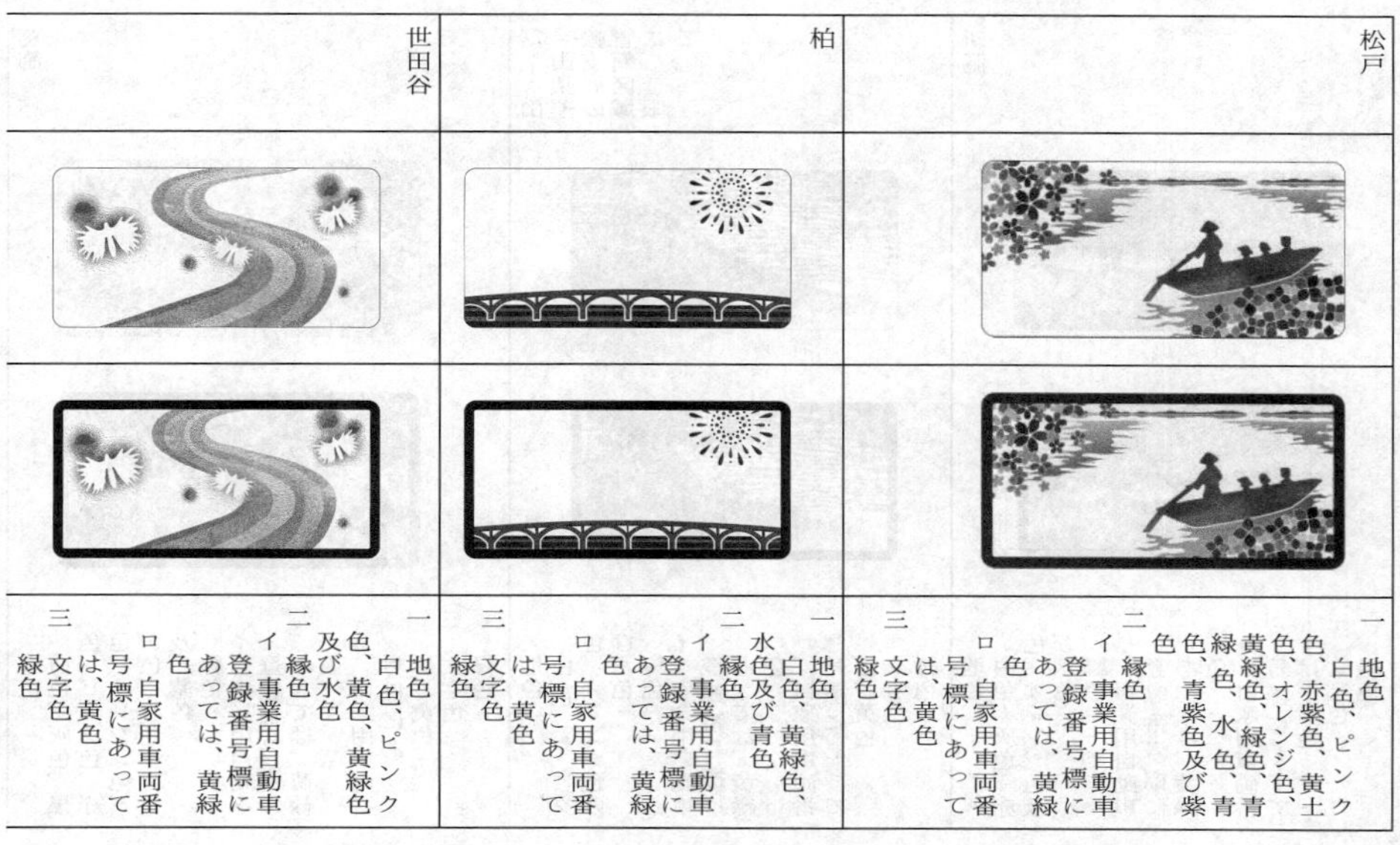

松戸	柏	世田谷
一 地色 白色、ピンク色、赤紫色、黄土色、オレンジ色、黄緑色、緑色、青緑色、水色、青色、青紫色及び紫色 二 縁色 イ 事業用自動車登録番号標にあっては、黄緑色 ロ 自家用車両番号標にあっては、黄色 三 文字色 緑色	一 地色 白色、黄緑色、水色及び青色 二 縁色 イ 事業用自動車登録番号標にあっては、黄緑色 ロ 自家用車両番号標にあっては、黄色 三 文字色 緑色	一 地色 白色、ピンク色、黄色、黄緑色及び水色 二 縁色 イ 事業用自動車登録番号標にあっては、黄緑色 ロ 自家用車両番号標にあっては、黄色 三 文字色 緑色

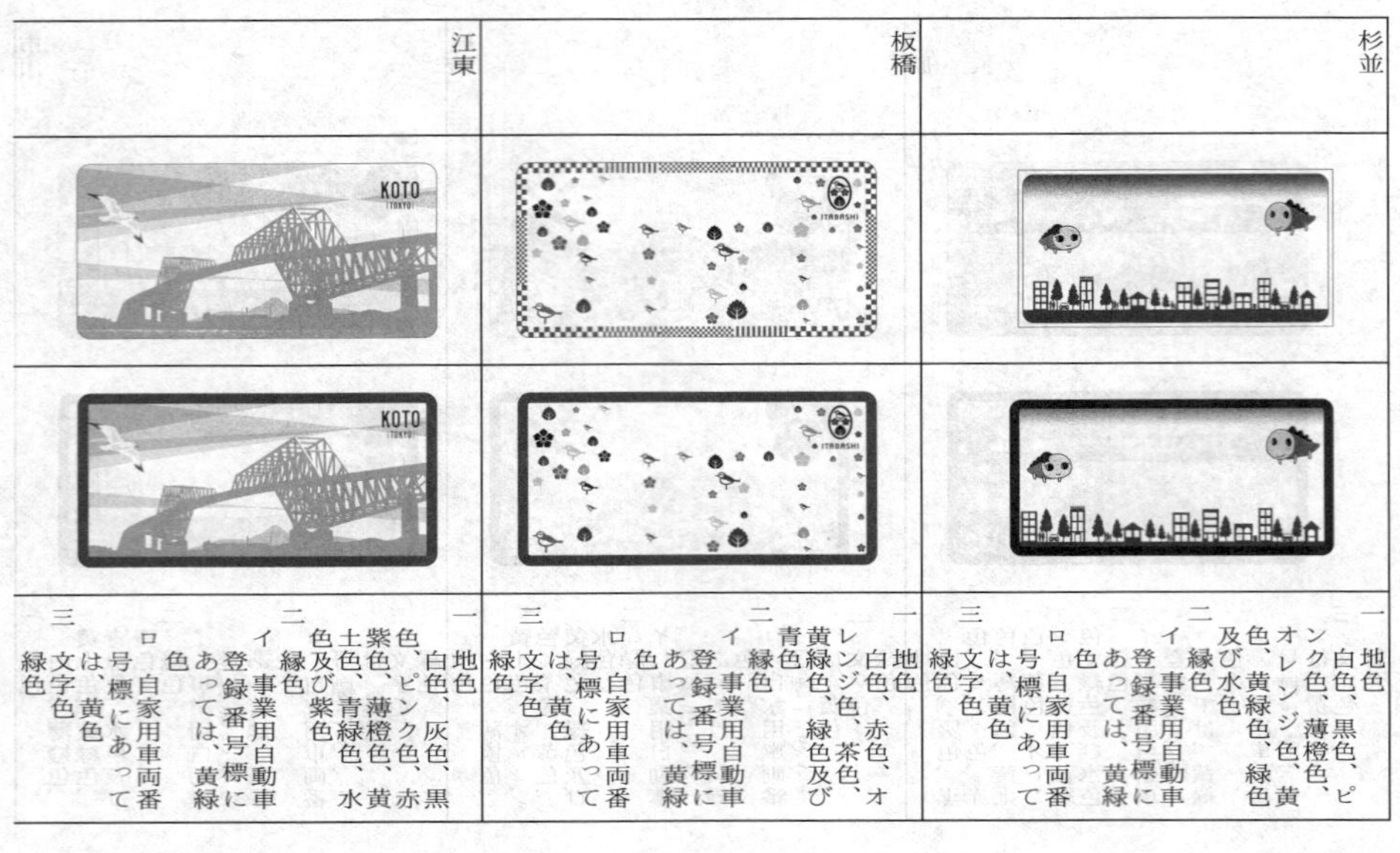

杉並	板橋	江東
一 地色 白色、黒色、ピンク色、薄橙色、オレンジ色、黄色、黄緑色、緑色及び水色 二 イ 事業用自動車登録番号標にあっては、黄緑色 ロ 自家用車両番号標にあっては、黄色 三 文字色 緑色	一 地色 白色、赤色、オレンジ色、茶色、黄緑色、緑色及び青色 二 イ 事業用自動車登録番号標にあっては、黄緑色 ロ 自家用車両番号標にあっては、黄色 三 文字色 緑色	一 地色 白色、灰色、黒色、ピンク色、赤紫色、薄橙色、黄土色、青緑色、水色及び紫色 二 イ 事業用自動車登録番号標にあっては、黄緑色 ロ 自家用車両番号標にあっては、黄色 三 文字色 緑色

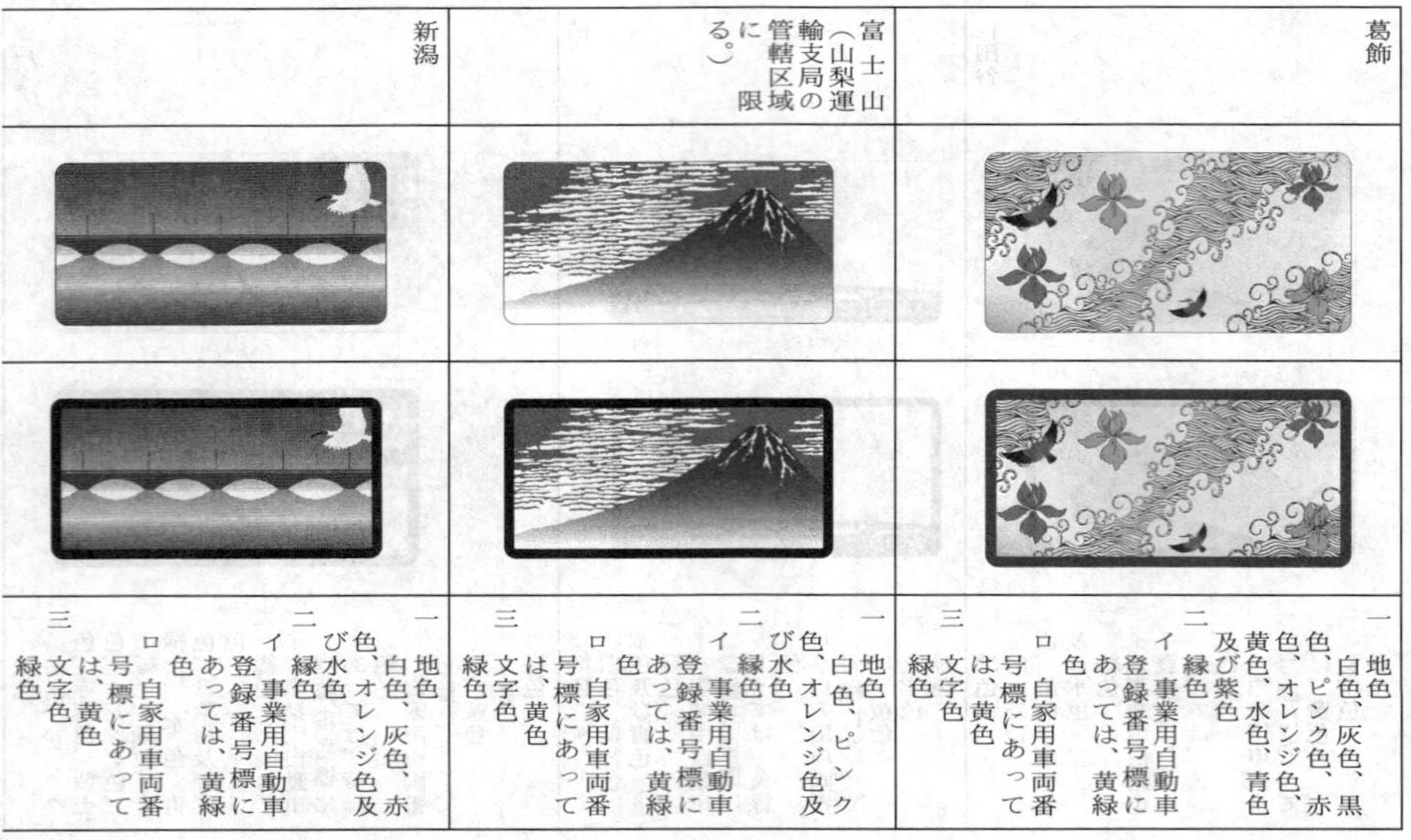

葛飾	富士山（山梨運輸支局の管轄区域に限る。）	新潟
一 地色 白色、灰色、黒色、ピンク色、赤色、オレンジ色、黄色、水色、青色及び紫色 二 イ 事業用自動車登録番号標にあっては、黄緑色 ロ 自家用車両番号標にあっては、黄色 三 文字色 緑色	一 地色 白色、ピンク色、オレンジ色及び水色 二 イ 事業用自動車登録番号標にあっては、黄緑色 ロ 自家用車両番号標にあっては、黄色 三 文字色 緑色	一 地色 白色、灰色、赤色、オレンジ色及び水色 二 イ 事業用自動車登録番号標にあっては、黄緑色 ロ 自家用車両番号標にあっては、黄色 三 文字色 緑色

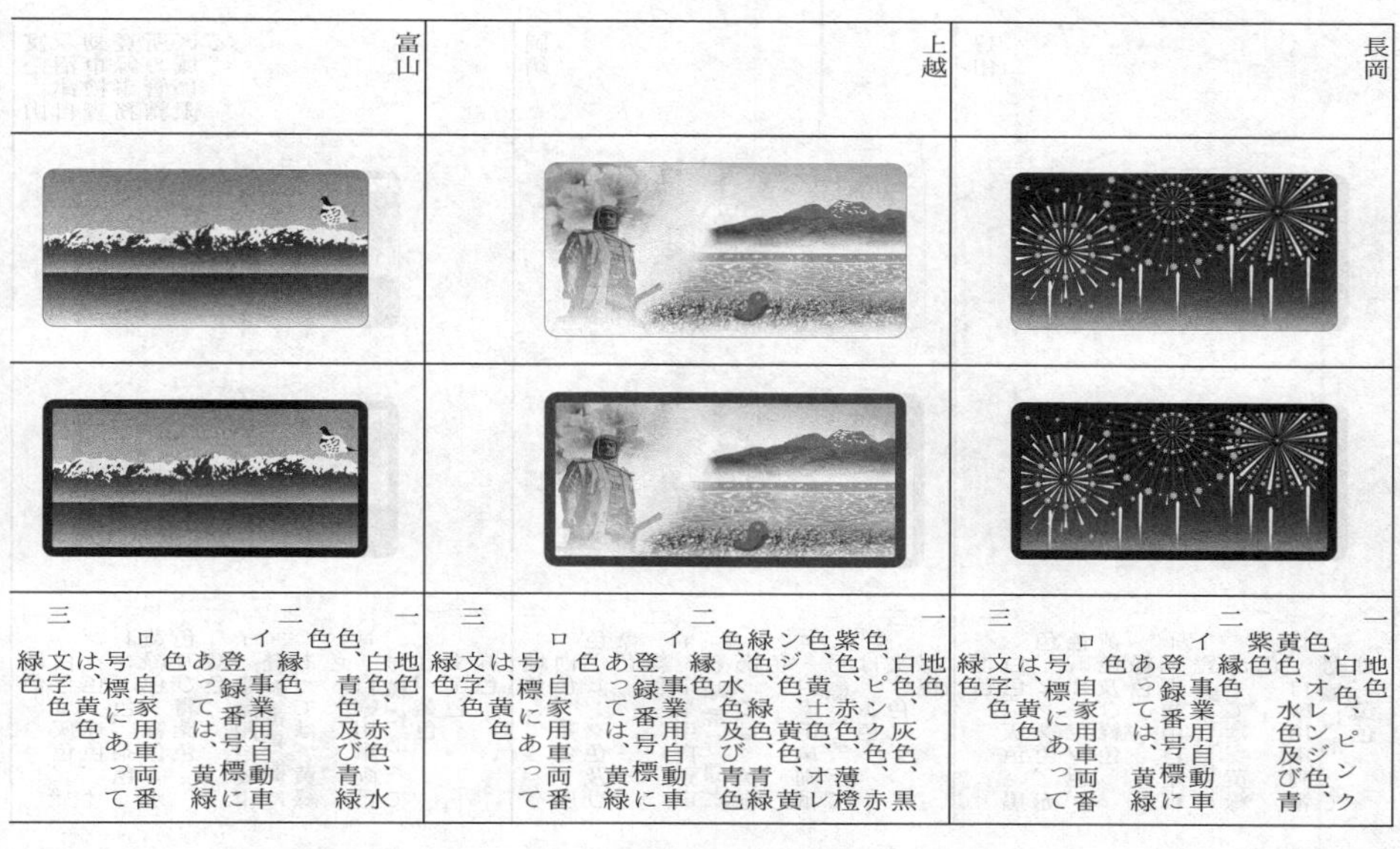

地域	塗色
長岡	一　地色　白色、ピンク色、オレンジ色、黄色、水色及び青紫色 二　緑色 イ　事業用自動車登録番号標にあっては、黄緑色 ロ　自家用車両番号標にあっては、黄色 三　文字色　緑色
上越	一　地色　白色、灰色、黒色、ピンク色、赤紫色、赤色、薄橙色、黄土色、オレンジ色、黄色、黄緑色、緑色、青緑色、水色及び青色 二　緑色 イ　事業用自動車登録番号標にあっては、黄緑色 ロ　自家用車両番号標にあっては、黄色 三　文字色　緑色
富山	一　地色　白色、赤色、水色、青色及び青緑色 二　緑色 イ　事業用自動車登録番号標にあっては、黄緑色 ロ　自家用車両番号標にあっては、黄色 三　文字色　緑色

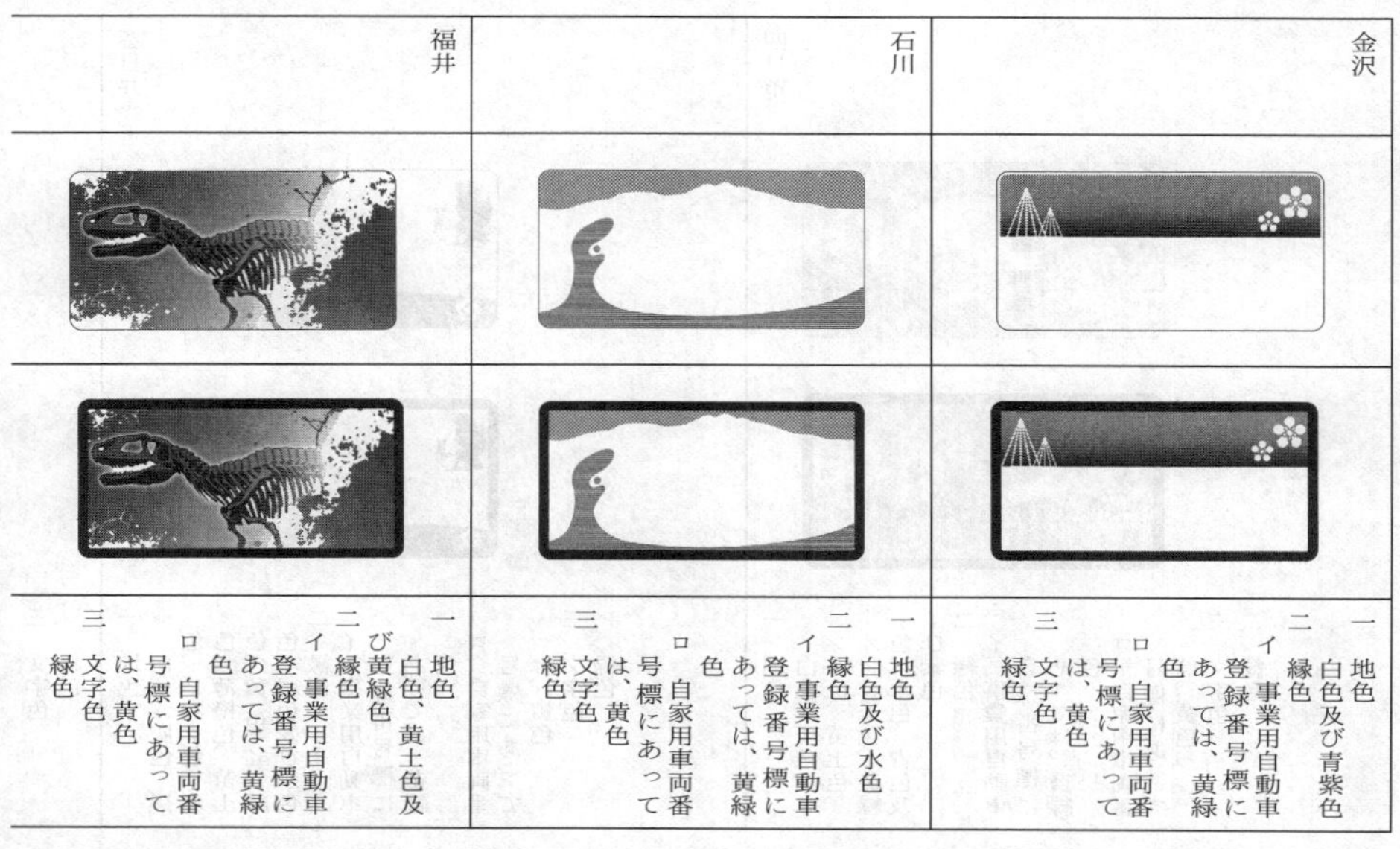

地域	塗色
金沢	一　地色　白色及び青紫色 二　緑色 イ　事業用自動車登録番号標にあっては、黄緑色 ロ　自家用車両番号標にあっては、黄色 三　文字色　緑色
石川	一　地色　白色及び水色 二　緑色 イ　事業用自動車登録番号標にあっては、黄緑色 ロ　自家用車両番号標にあっては、黄色 三　文字色　緑色
福井	一　地色　白色、黄土色及び黄緑色 二　緑色 イ　事業用自動車登録番号標にあっては、黄緑色 ロ　自家用車両番号標にあっては、黄色 三　文字色　緑色

富士山（沼津自動車検査登録事務所の管轄区域に限る。）	岡崎	豊田
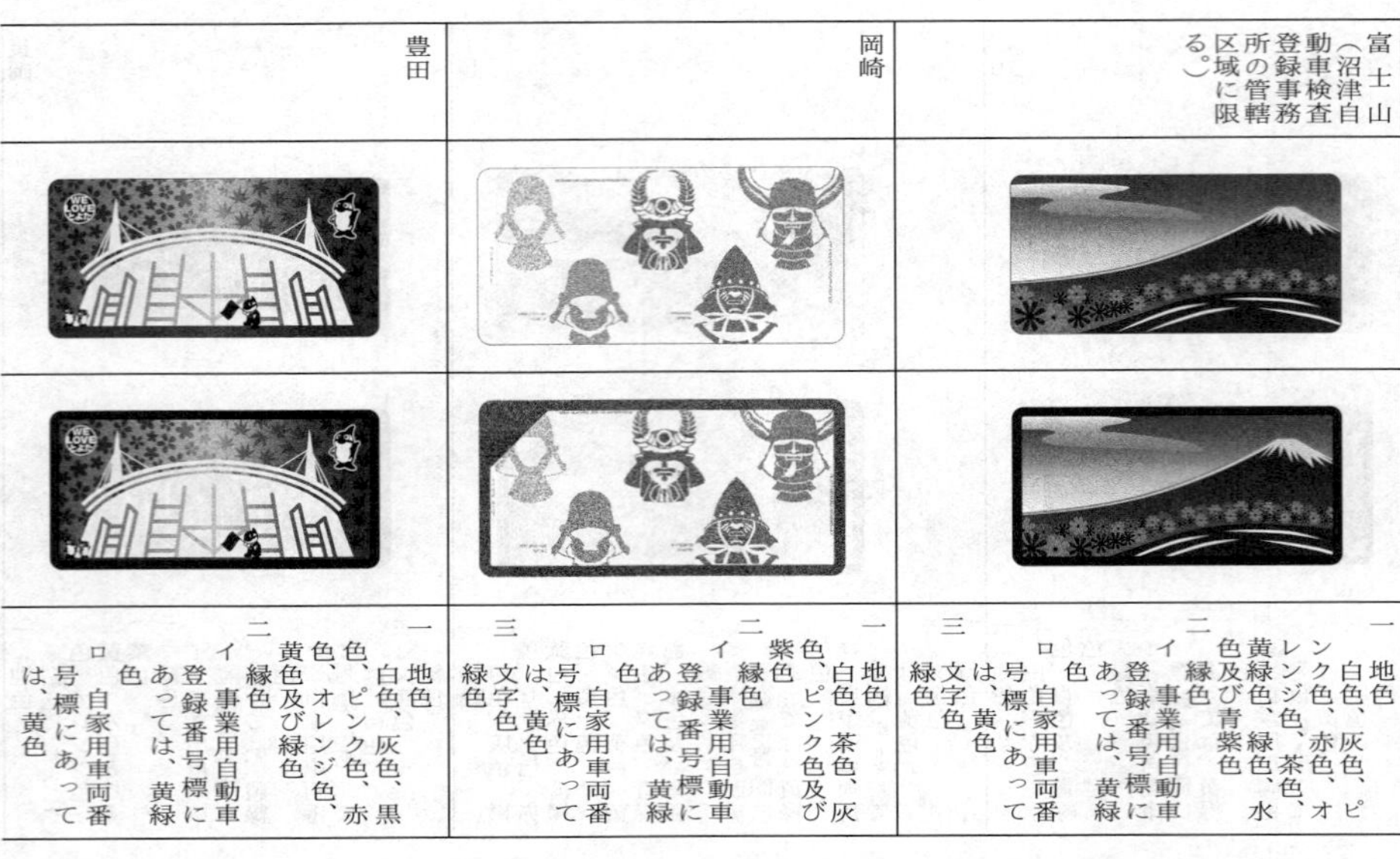		
一 地色 白色、灰色、ピンク色、赤色、オレンジ色、茶色、黄緑色、緑色、水色及び青紫色 二 緑色 イ 事業用自動車登録番号標にあっては、黄緑色 ロ 自家用車両番号標にあっては、黄色 三 文字色 緑色	一 地色 白色、茶色、灰色、ピンク色及び紫色 二 緑色 イ 事業用自動車登録番号標にあっては、黄緑色 ロ 自家用車両番号標にあっては、黄色 三 文字色 緑色	一 地色 白色、灰色、黒色、ピンク色、赤色、オレンジ色、黄色及び緑色 二 緑色 イ 事業用自動車登録番号標にあっては、黄緑色 ロ 自家用車両番号標にあっては、黄色

	春日井	四日市
	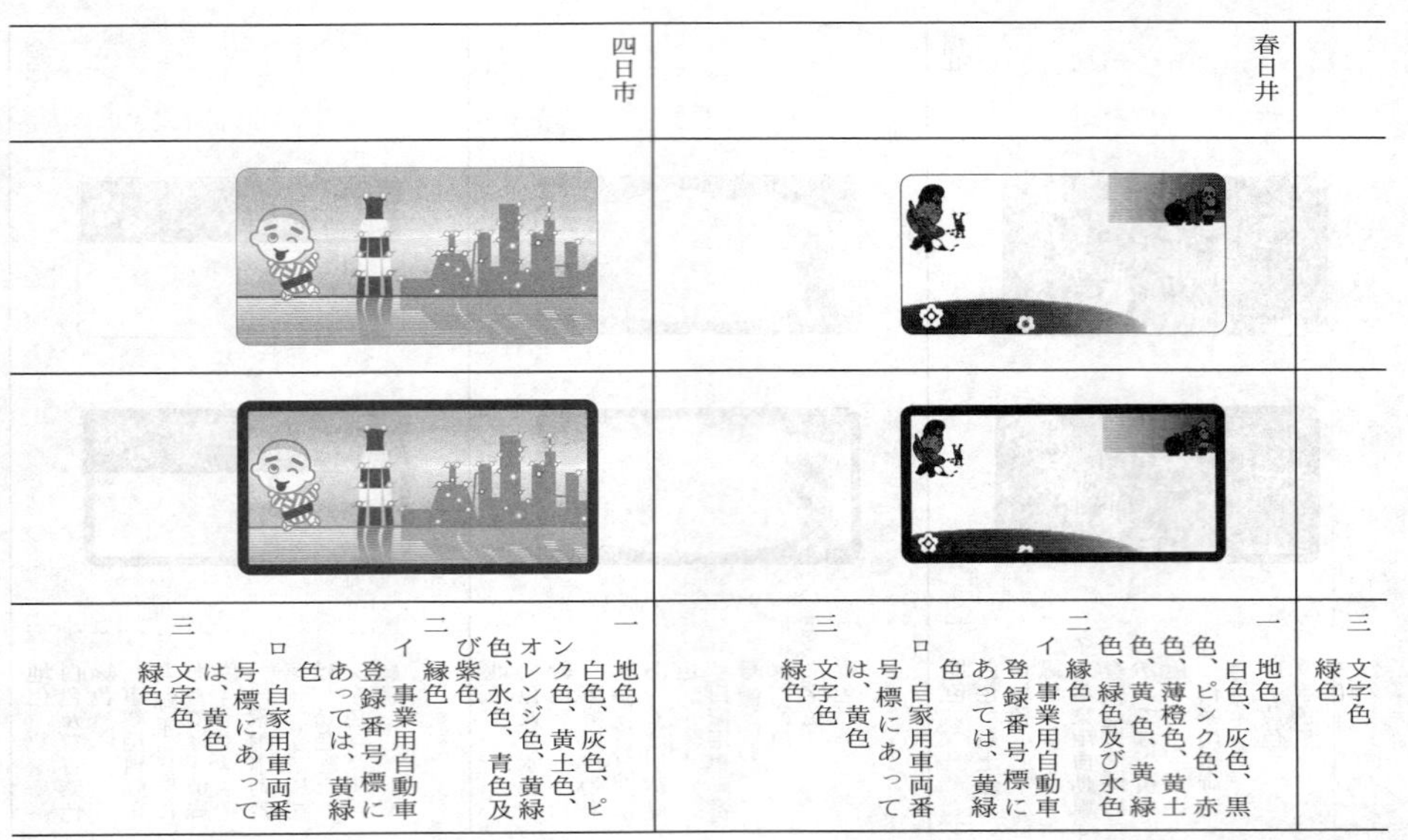	
三 文字色 緑色	一 地色 白色、灰色、黒色、ピンク色、赤色、薄橙色、黄土色、黄色、黄緑色、緑色及び水色 二 緑色 イ 事業用自動車登録番号標にあっては、黄緑色 ロ 自家用車両番号標にあっては、黄色 三 文字色 緑色	一 地色 白色、灰色、ピンク色、黄土色、オレンジ色、黄緑色、水色、青色及び紫色 二 緑色 イ 事業用自動車登録番号標にあっては、黄緑色 ロ 自家用車両番号標にあっては、黄色 三 文字色 緑色

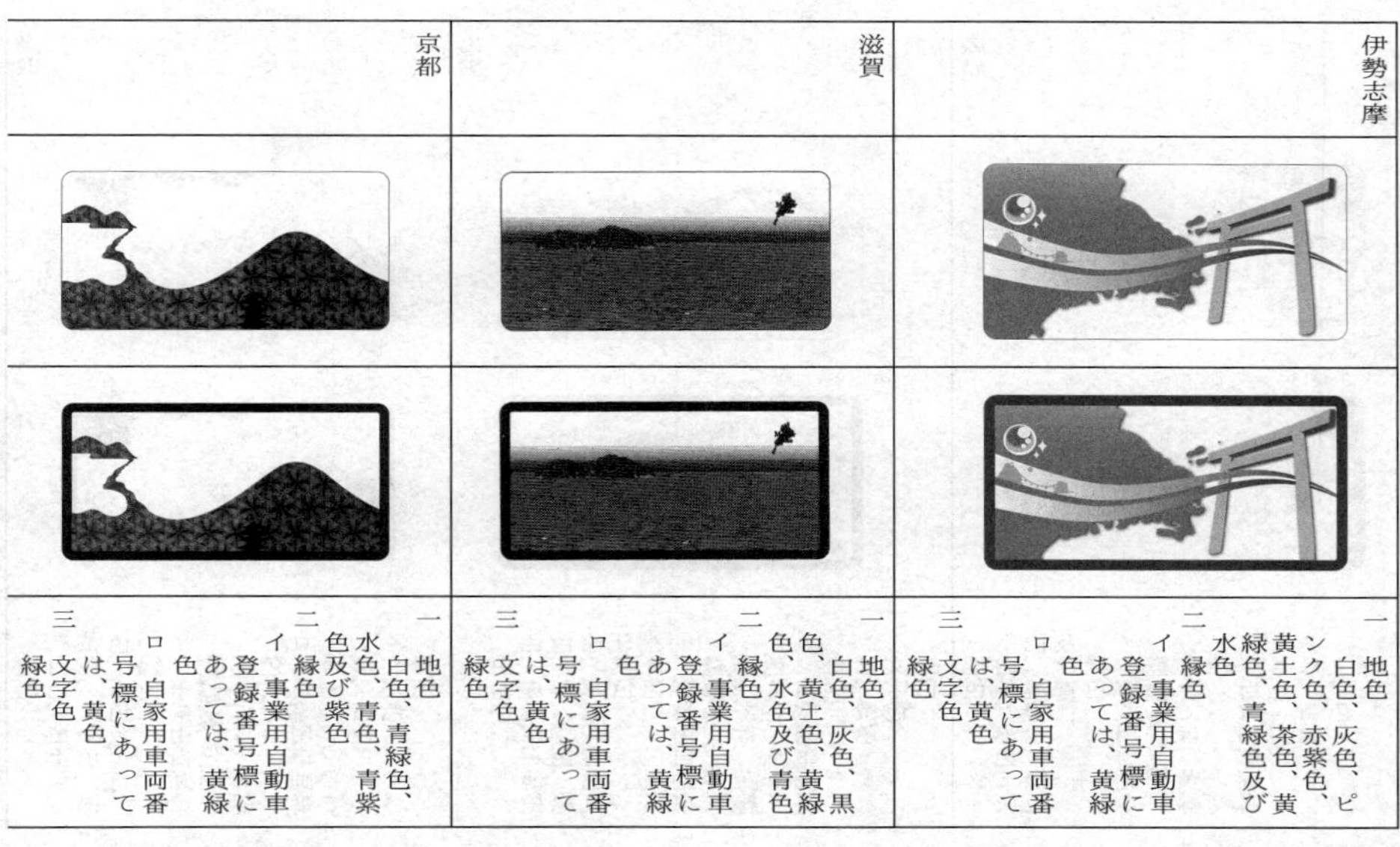

伊勢志摩	滋賀	京都
一　地色 白色、灰色、ピンク色、赤紫色、黄土色、茶色、黄緑色、青緑色及び水色 二　縁色 イ　事業用自動車登録番号標にあっては、黄緑色 ロ　自家用車両番号標にあっては、黄色 三　文字色 緑色	一　地色 白色、灰色、黒色、黄土色、黄緑色、水色及び青色 二　縁色 イ　事業用自動車登録番号標にあっては、黄緑色 ロ　自家用車両番号標にあっては、黄色 三　文字色 緑色	一　地色 白色、青緑色、水色、青色、青紫色及び紫色 二　縁色 イ　事業用自動車登録番号標にあっては、黄緑色 ロ　自家用車両番号標にあっては、黄色 三　文字色 緑色

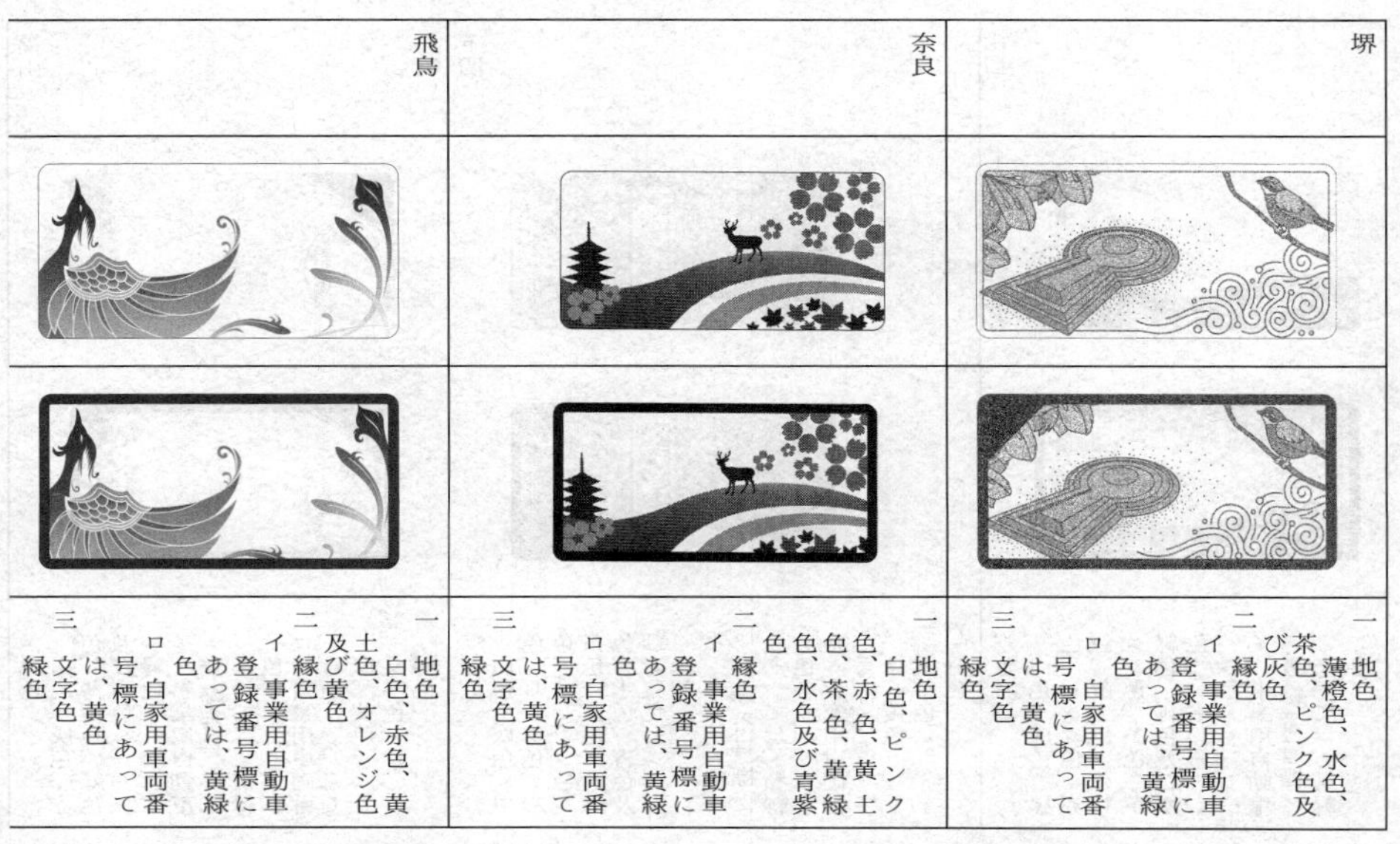

堺	奈良	飛鳥
一　地色 薄橙色、水色、茶色、ピンク色及び灰色 二　縁色 イ　事業用自動車登録番号標にあっては、黄緑色 ロ　自家用車両番号標にあっては、黄色 三　文字色 緑色	一　地色 白色、ピンク色、赤色、黄土色、茶色、黄緑色、水色及び青紫色 二　縁色 イ　事業用自動車登録番号標にあっては、黄緑色 ロ　自家用車両番号標にあっては、黄色 三　文字色 緑色	一　地色 白色、赤色、黄土色、オレンジ色及び黄色 二　縁色 イ　事業用自動車登録番号標にあっては、黄緑色 ロ　自家用車両番号標にあっては、黄色 三　文字色 緑色

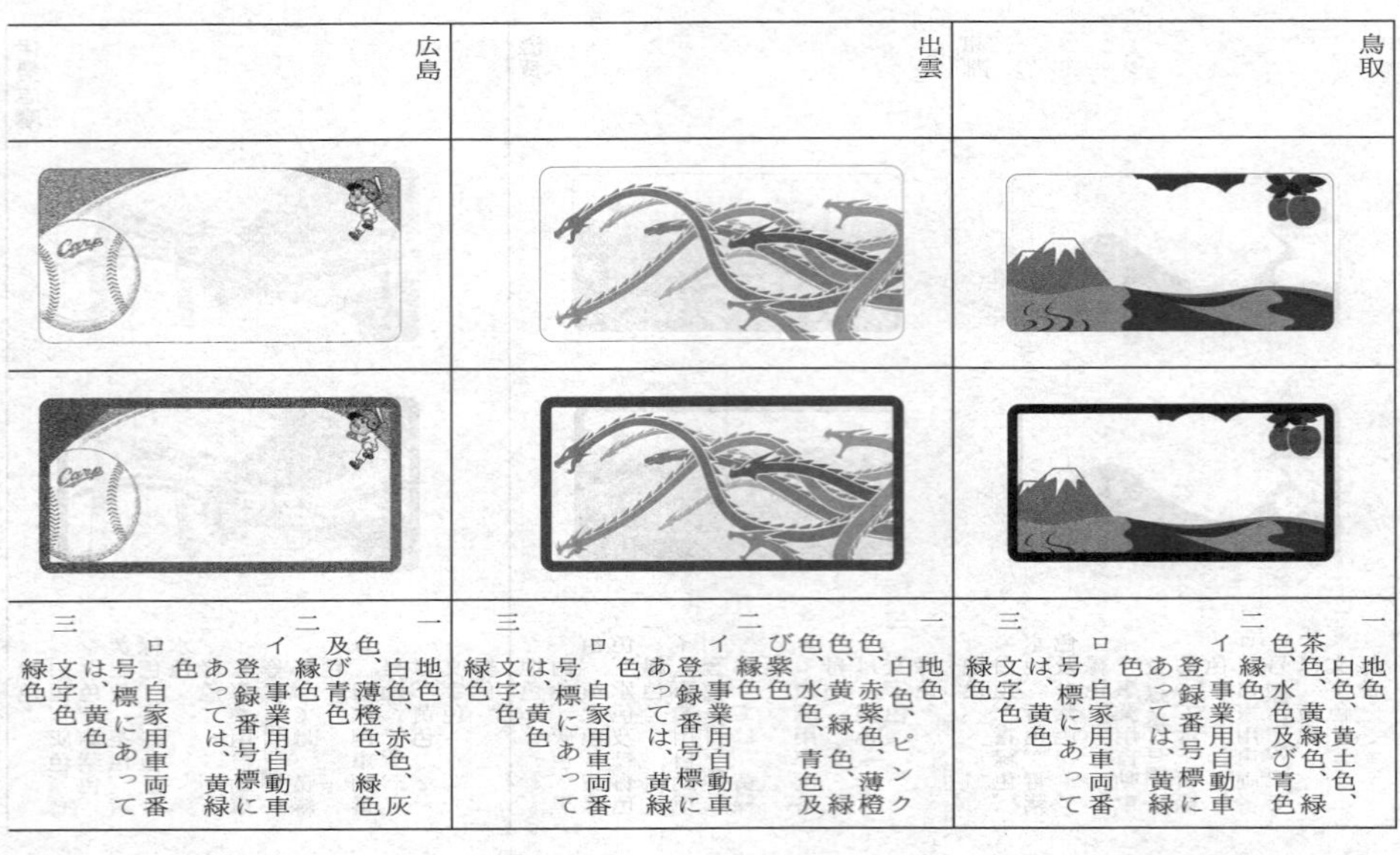

鳥取	出雲	広島
一　地色　白色、黄土色、茶色、黄緑色、緑色、水色及び青色 二　縁色 イ　事業用自動車登録番号標にあっては、黄緑色 ロ　自家用車両番号標にあっては、黄色 三　文字色　緑色	一　地色　白色、ピンク色、赤紫色、薄橙色、黄緑色、緑色、水色、青色及び紫色 二　縁色 イ　事業用自動車登録番号標にあっては、黄緑色 ロ　自家用車両番号標にあっては、黄色 三　文字色　緑色	一　地色　白色、赤色、灰色、薄橙色、緑色及び青色 二　縁色 イ　事業用自動車登録番号標にあっては、黄緑色 ロ　自家用車両番号標にあっては、黄色 三　文字色　緑色

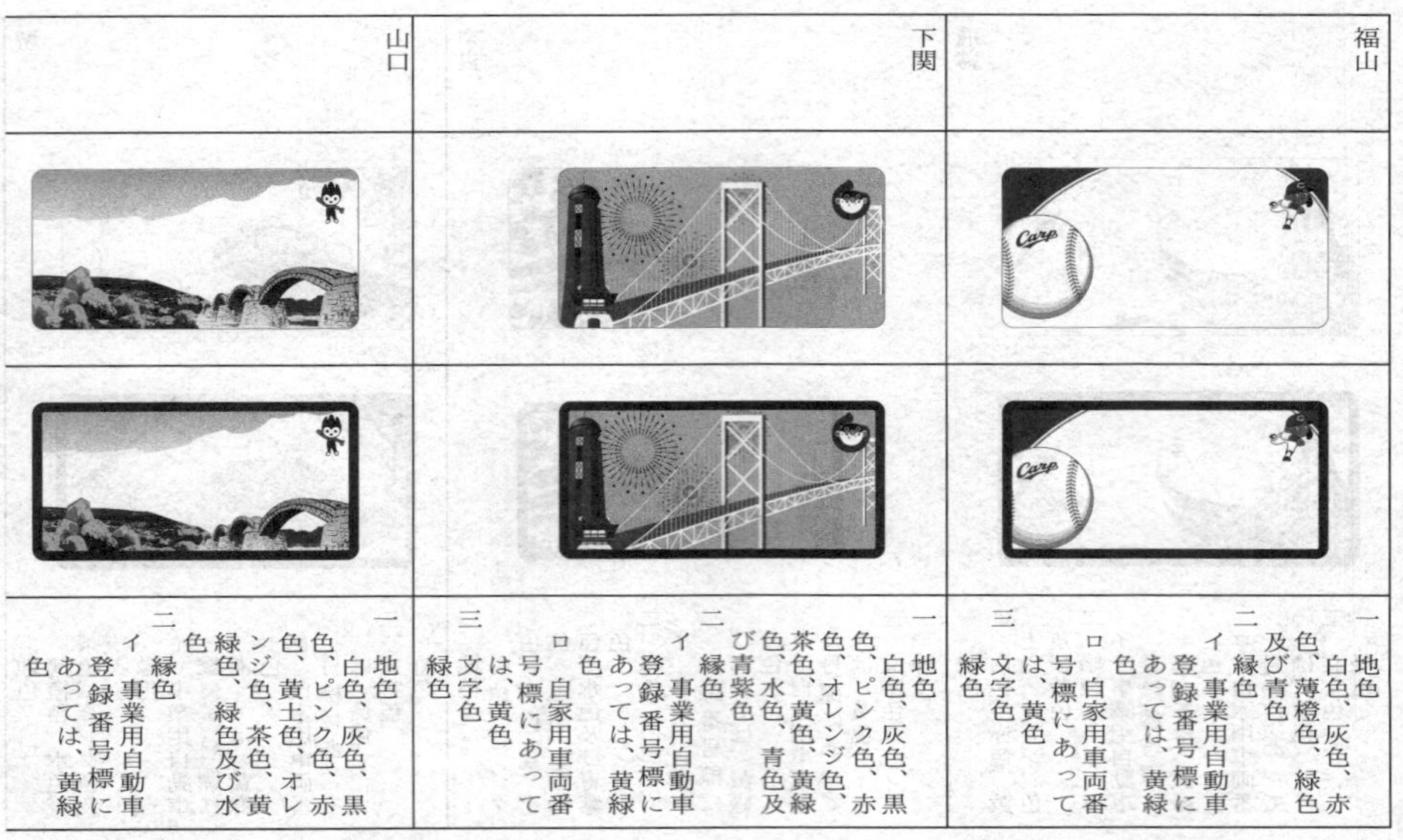

福山	下関	山口
一　地色　白色、灰色、赤色、薄橙色、緑色及び青色 二　縁色 イ　事業用自動車登録番号標にあっては、黄緑色 ロ　自家用車両番号標にあっては、黄色 三　文字色　緑色	一　地色　白色、灰色、黒色、ピンク色、赤色、オレンジ色、茶色、黄色、黄緑色、水色、青色及び青紫色 二　縁色 イ　事業用自動車登録番号標にあっては、黄緑色 ロ　自家用車両番号標にあっては、黄色 三　文字色　緑色	一　地色　白色、灰色、黒色、ピンク色、赤色、黄土色、オレンジ色、茶色、黄緑色、緑色及び水色 二　縁色 イ　事業用自動車登録番号標にあっては、黄緑色

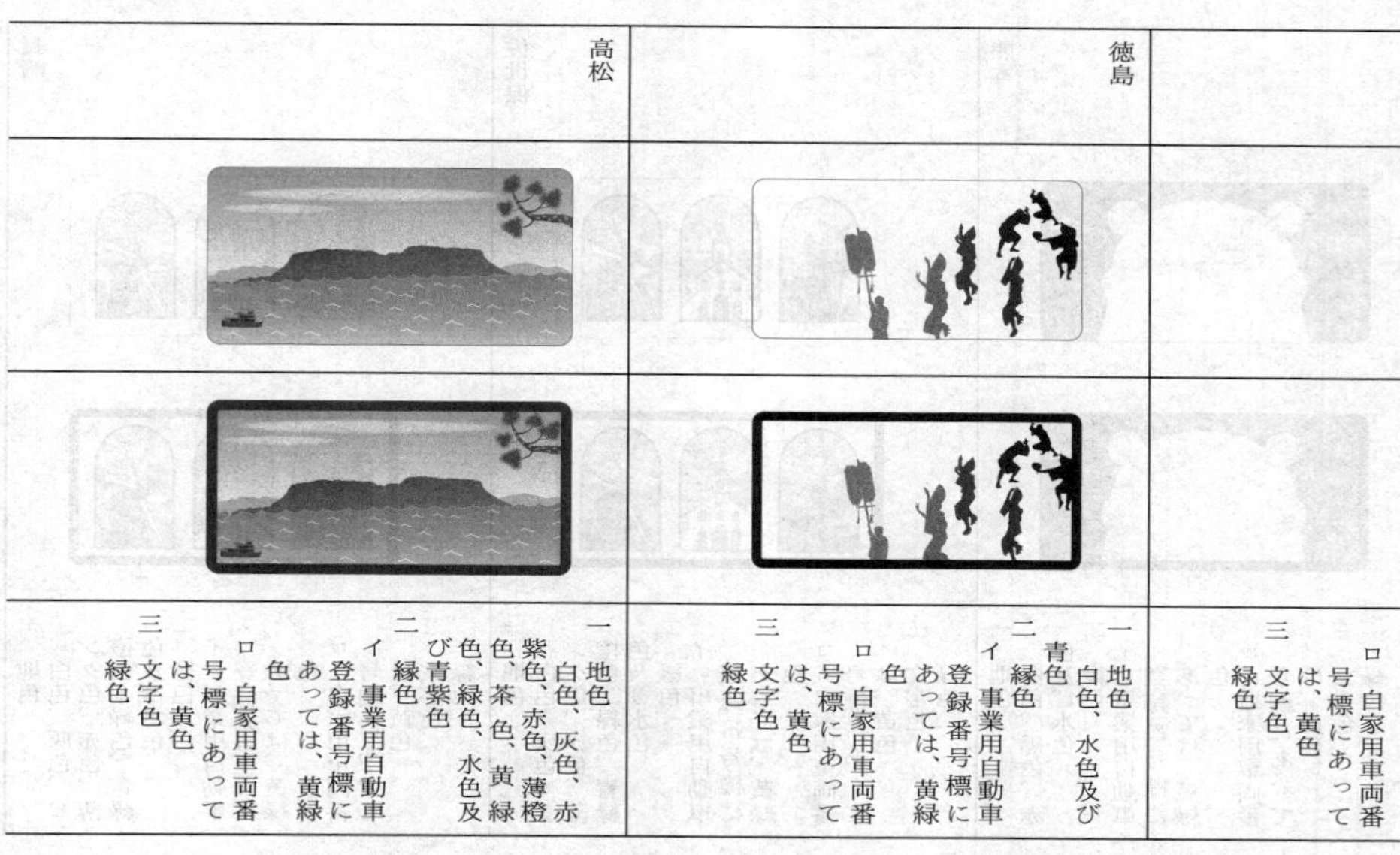

	徳島	高松
ロ　自家用車両番号標にあっては、黄色 三　文字色 緑色	一　地色 白色、水色及び青色 二　緑色 イ　事業用自動車登録番号標にあっては、黄緑色 ロ　自家用車両番号標にあっては、黄色 三　文字色 緑色	一　地色 白色、灰色、赤紫色、赤色、薄橙色、茶色、黄緑色、緑色、水色及び青紫色 二　緑色 イ　事業用自動車登録番号標にあっては、黄緑色 ロ　自家用車両番号標にあっては、黄色 三　文字色 緑色

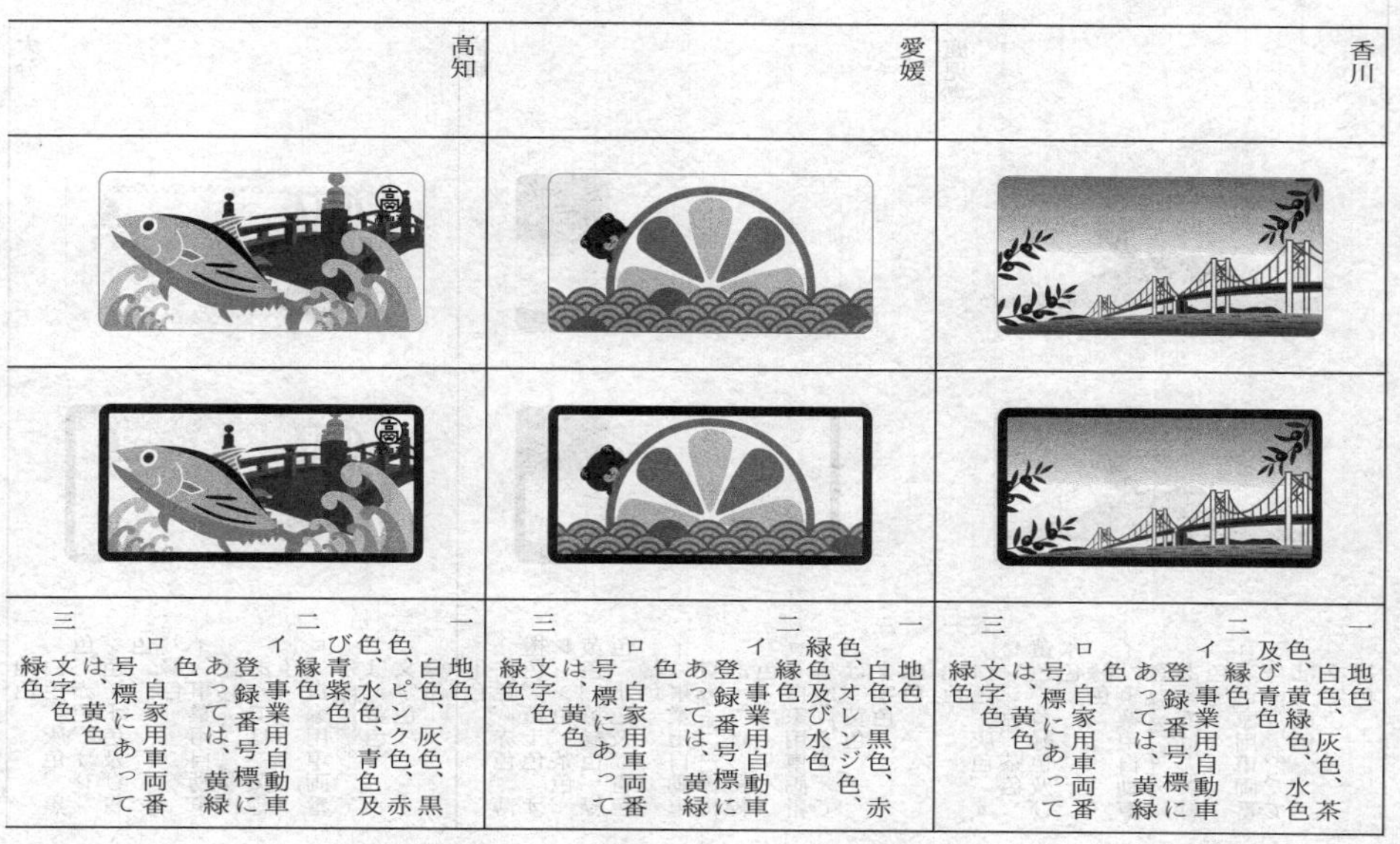

香川	愛媛	高知
一　地色 白色、灰色、茶色、黄緑色、水色及び青色 二　緑色 イ　事業用自動車登録番号標にあっては、黄緑色 ロ　自家用車両番号標にあっては、黄色 三　文字色 緑色	一　地色 白色、黒色、赤色、オレンジ色、緑色及び水色 二　緑色 イ　事業用自動車登録番号標にあっては、黄緑色 ロ　自家用車両番号標にあっては、黄色 三　文字色 緑色	一　地色 白色、灰色、黒色、ピンク色、赤色、水色、青色及び青紫色 二　緑色 イ　事業用自動車登録番号標にあっては、黄緑色 ロ　自家用車両番号標にあっては、黄色 三　文字色 緑色

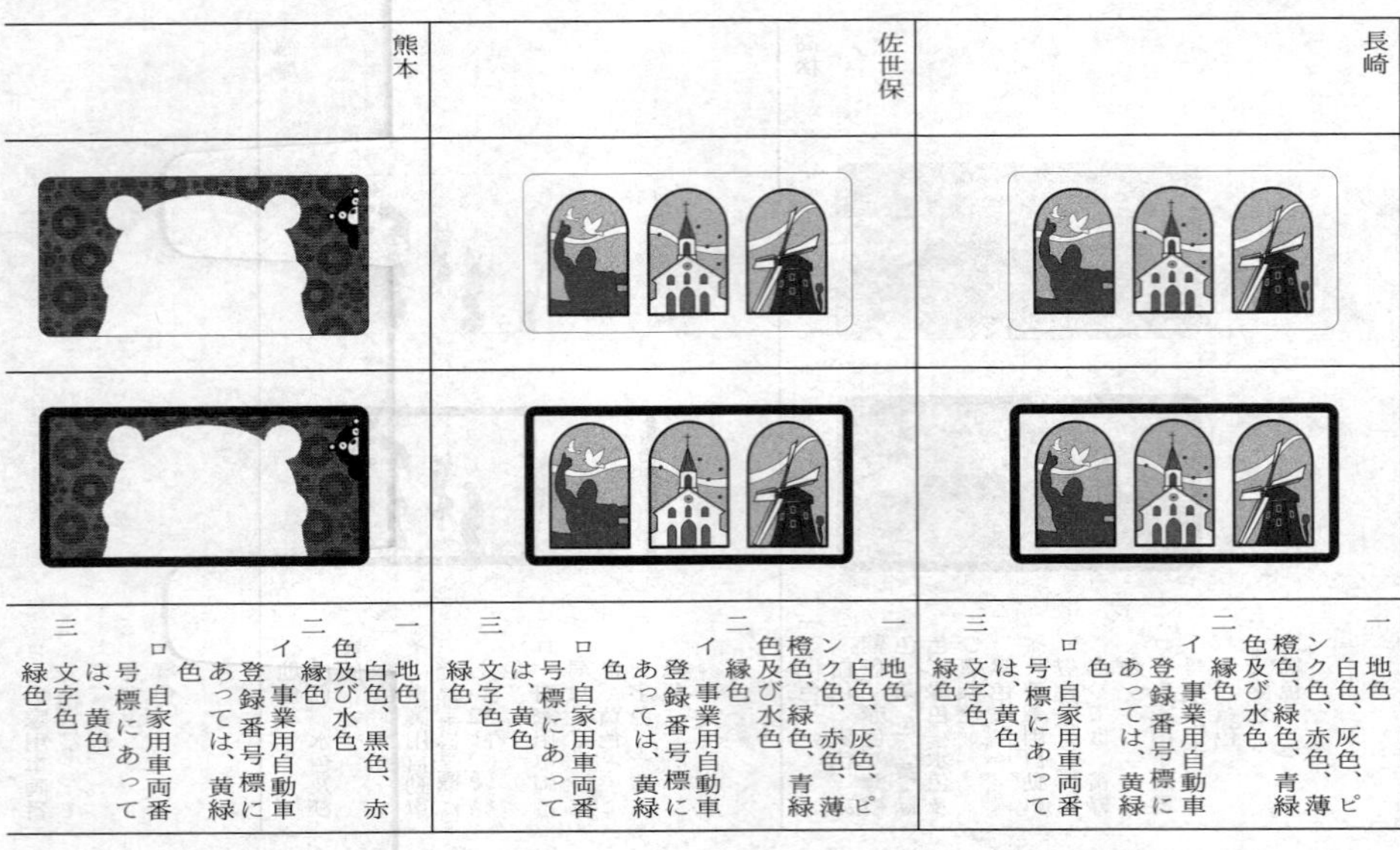

地域	塗色
長崎	一 地色 白色、灰色、ピンク色、赤色、薄橙色、緑色、青緑色及び水色 二 縁色 イ 事業用自動車登録番号標にあっては、黄緑色 ロ 自家用車両番号標にあっては、黄色 三 文字色 緑色
佐世保	一 地色 白色、灰色、ピンク色、赤色、薄橙色、緑色、青緑色及び水色 二 縁色 イ 事業用自動車登録番号標にあっては、黄緑色 ロ 自家用車両番号標にあっては、黄色 三 文字色 緑色
熊本	一 地色 白色、黒色、赤色及び水色 二 縁色 イ 事業用自動車登録番号標にあっては、黄緑色 ロ 自家用車両番号標にあっては、黄色 三 文字色 緑色

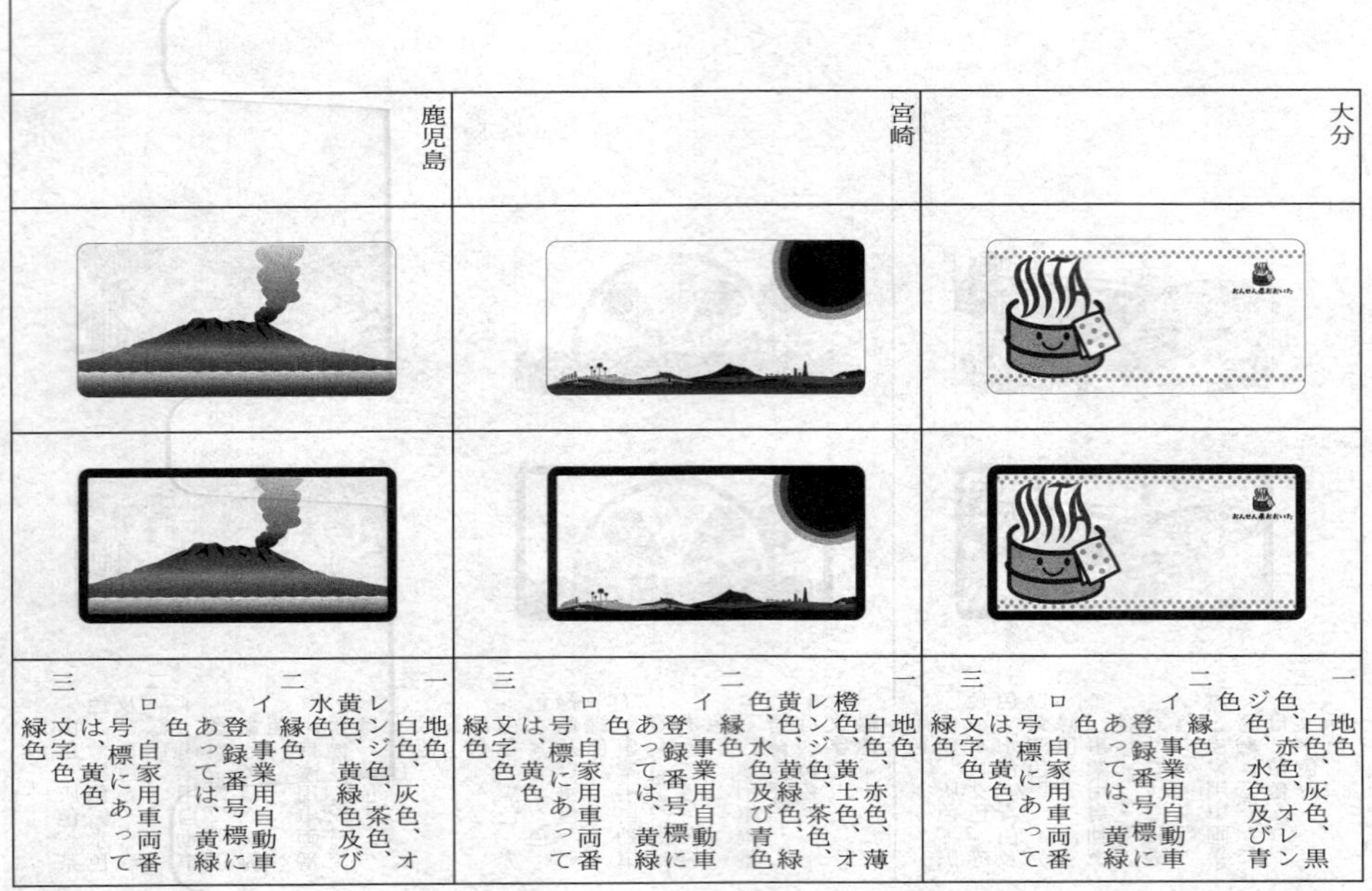

地域	塗色
大分	一 地色 白色、灰色、黒色、赤色、オレンジ色、水色及び青色 二 縁色 イ 事業用自動車登録番号標にあっては、黄緑色 ロ 自家用車両番号標にあっては、黄色 三 文字色 緑色
宮崎	一 地色 白色、赤色、薄橙色、黄土色、オレンジ色、茶色、黄色、黄緑色、緑色、水色及び青色 二 縁色 イ 事業用自動車登録番号標にあっては、黄緑色 ロ 自家用車両番号標にあっては、黄色 三 文字色 緑色
鹿児島	一 地色 白色、灰色、オレンジ色、茶色、黄色、黄緑色及び水色 二 縁色 イ 事業用自動車登録番号標にあっては、黄緑色 ロ 自家用車両番号標にあっては、黄色 三 文字色 緑色

六　都道府県ごとの地域振興等を目的として交付する自動車登録番号標又は車両番号標　次の表の下欄に定める塗色

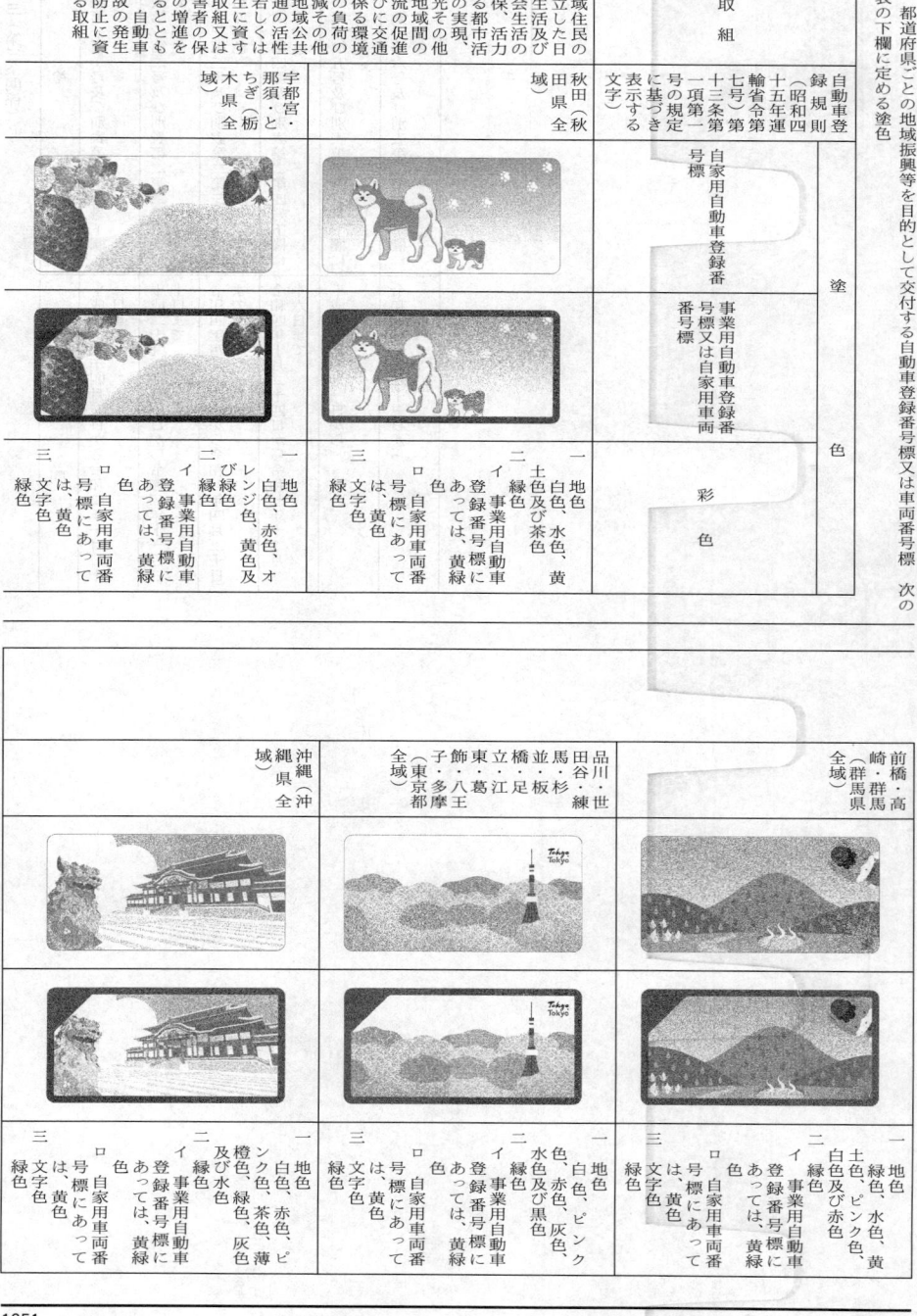

取組	自動車登録規則（昭和四十五年運輸省令第七号）第十三条第一項第一号の規定に基づき表示する文字	塗色 自家用自動車登録番号標	塗色 事業用自動車登録番号標又は自家用車両番号標	塗色 彩色
地域住民の自立した日常生活及び社会生活の確保、活力ある都市活動の実現、観光その他の地域間の交流の促進並びに交通に係る環境への負荷の低減その他の地域公共交通の活性化若しくは再生に資する取組又は被害者の保護の増進を図るとともに、自動車事故の発生の防止に資する取組	秋田（秋田県全域）			一　地色　白色、水色、黄土色及び茶色 二　緑色 イ　事業用自動車登録番号標にあっては、黄緑色 ロ　自家用車両番号標にあっては、黄色 三　文字色　緑色
	宇都宮・那須・とちぎ（栃木県全域）			一　地色　白色、赤色、オレンジ色、黄色及び緑色 二　緑色 イ　事業用自動車登録番号標にあっては、黄緑色 ロ　自家用車両番号標にあっては、黄色 三　文字色　緑色
	前橋・高崎・群馬（群馬県全域）	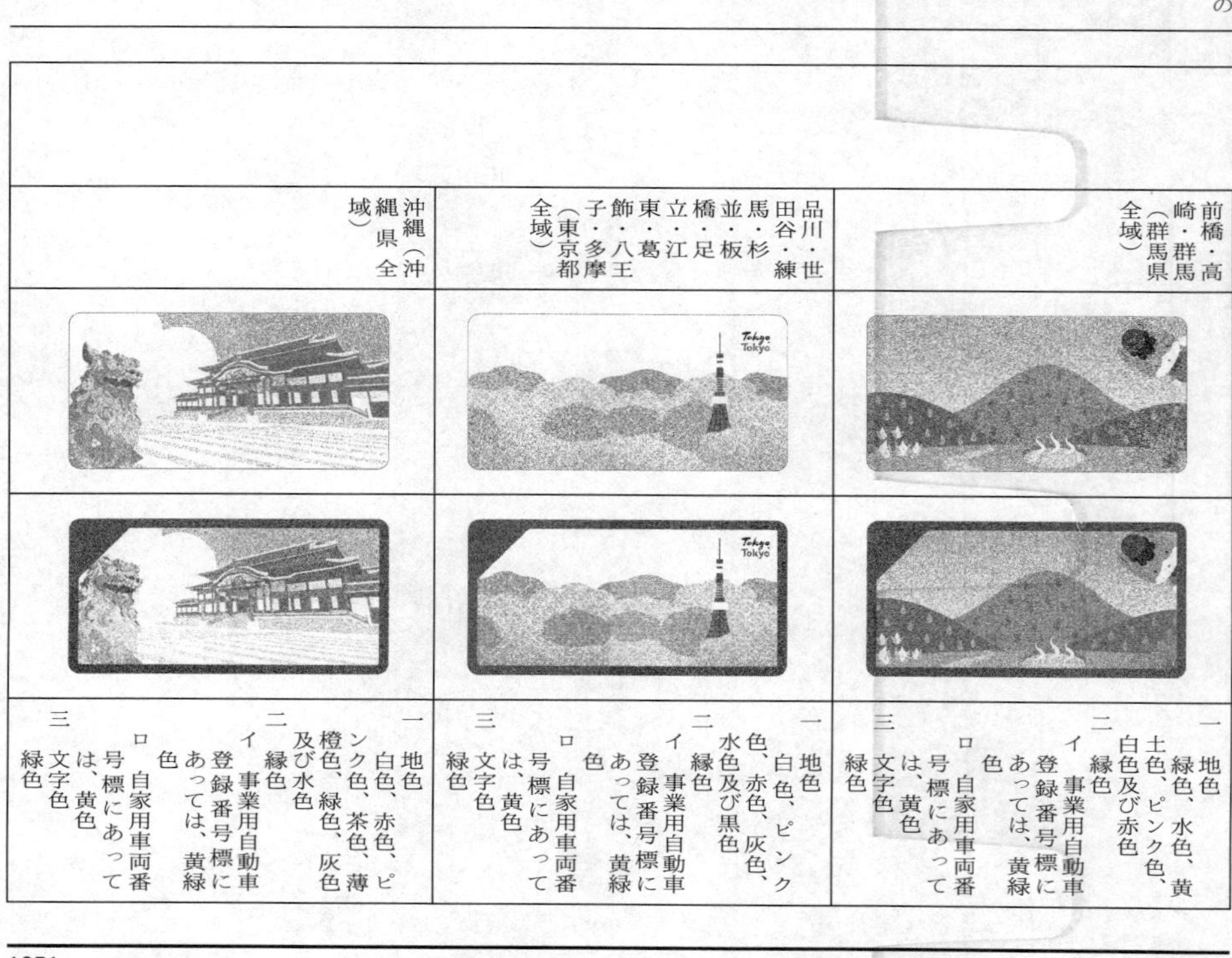		一　地色　緑色、水色、ピンク色、黄土色、白色及び赤色 二　緑色 イ　事業用自動車登録番号標にあっては、黄緑色 ロ　自家用車両番号標にあっては、黄色 三　文字色　緑色
	品川・世田谷・練馬・杉並・板橋・足立・江東・葛飾・八王子・多摩（東京都全域）			一　地色　白色、ピンク色、赤色、灰色、水色及び黒色 二　緑色 イ　事業用自動車登録番号標にあっては、黄緑色 ロ　自家用車両番号標にあっては、黄色 三　文字色　緑色
	沖縄（沖縄県全域）			一　地色　白色、赤色、ピンク色、茶色、薄橙色、緑色、灰色及び水色 二　緑色 イ　事業用自動車登録番号標にあっては、黄緑色 ロ　自家用車両番号標にあっては、黄色 三　文字色　緑色

別表第三（第三条関係）

塗色	期間
別表第一第一号及び別表第二第一号下欄に定める塗色	平成二十九年四月三日から令和二年一月三十一日まで
別表第一第二号及び別表第二第二号下欄に定める塗色	平成二十九年十月十日から令和三年十一月三十日まで
別表第一第三号及び別表第二第三号下欄に定める塗色	令和四年四月十八日から令和九年四月三十日まで
別表第一第四号及び別表第二第四号下欄に定める塗色	令和四年十月二十四日から令和七年十二月二十六日まで
別表第一第五号及び別表第二第五号下欄に定める塗色	平成三十年十月一日から
別表第一第六号及び別表第二第六号下欄に定める塗色	令和五年十月二十三日から

○道路運送車両の保安基準

（昭和二十六年七月二十八日
運輸省令第六十七号）

沿革　（前略）昭四五運令六三・九一、昭四七運令九・六二、昭四八運令一・一六・二三・三六、昭四九運令二・一八・四五、昭五〇運令四・三五・五二、昭五一運令四・一五・四七、昭五二運令二・七・三四、昭五三運令五・六二・七四、昭五四運令八・三六、昭五五運令二七、昭五六運令二五・三九、昭五七運令四・三一、昭五八運令八・三五・四四・四六、昭五九運令一八・三四、昭六〇運令三一、昭六一運令三・三三、昭六二運令三、昭六三運令一・四・三八、平元運令五・七・一八、平二運令一一・二五、平三運令三・三八、平五運令六・一四・三一・三八、平六運令一〇・一五・四八、平七運令八・四五・六六、平八運令四・一八・五三・五六・六六、平九運令一二・二一・二二・三五・五三・六一・六八・七四、平一〇運令一四・二八・六五・六九・七六、平一一運令一八・三九・四三、平一二運令五・三一・三九、平一三国交令九四・一一四・一二三・一四六、平一四国交令二三・八四、平一五国交令一八・四五・八一・九五、平一六国交令五七・九七、平一七国交令二八・四九・一一六、平一八国交令二一、平一九国交令一・三・一四・六八・八七、平二〇国交令五九・八五、平二一国交令四八、平二三国交令七・四四・四七、平二四国交令七二・八四、平二五国交令七三・八八、平二六国交令五・五四・九五、平二七国交令三・一三・一八・四六・四七・五一・五二・七四、平二八国交令一・四・一四・五〇・六三・七三・七八、平二九国交令七・三九、平三〇国交令五・四一・五九・九〇、令元国交令四〇、令二国交令二〇・四一・七八・一〇〇、令三国交令四〇・五九、令四国交令五二・九一、令五国交令一・四五・七四、令六国交令六六改正

目次

第一章　総則

（用語の定義）

第一条　この省令における用語の定義は、道路運送車両法（以下「法」という。）第二条に定めるもののほか、次の各号の定めるところによる。

一　「けん引自動車」とは、専ら被けん引自動車をけん引することを目的とすると否とにかかわらず、被けん引自動車をけん引する目的に適合した構造及び装置を有する自動車をいう。

二　「被けん引自動車」とは、自動車によりけん引されることを目的とし、その目的に適合した構造及び装置を有する自動車をいう。

二の二　「ポール・トレーラ」とは、柱、パイプ、橋げたその他長大な物品を運搬することを目的とし、これらの物品により他の自動車にけん引される構造の被けん引自動車をいう。

二の三　「セミトレーラ」とは、前車軸を有しない被牽(けん)引自動車であつて、その一部が牽(けん)引自動車に載せられ、かつ、当該被牽(けん)引自動車及びその積載物の重量の相当部分が牽(けん)引自動車によつて支えられる構造のものをいう。

三　削除

四　「旅客自動車運送事業用自動車」とは、道路運送法第二条第三項の旅客自動車運送事業の用に供する自動車をいう。

五　「幼児専用車」とは、専ら幼児の運送の用に供する自動車をいう。

六　「空車状態」とは、道路運送車両が、原動機及び燃料装置に燃料、潤滑油、冷却水等の全量を搭載し及び当該車両の目的とする用途に必要な固定的な設備を設ける等運行に必要な装備をした状態をいう。

七　「高圧ガス」とは、高圧ガス保安法（昭和二十六年法律第二百四号）第二条の高圧ガスをいう。

八　「ガス容器」とは、前号の高圧ガスを蓄積するための容器をいう。

九　「ガス運送容器」とは、第七号の高圧ガスを運送するため車台に固定されたガス容器をいう。

十　「内圧容器」とは、常用の温度における圧力（ゲージ圧力をいう。以下同じ。）が〇・二メガパスカル以上の圧縮ガスで高圧ガス以外のものを蓄積するための容器（制動装置用容器以外の容器で、内径二百ミリメートル未満、長さ千ミリメートル未満のもの又は容積四十リットル未満のものを除く。）をいう。

十一　「火薬類」とは、火薬類取締法（昭和二十五年法律第百四十九号）第二条の火薬類をいう。

十二　「危険物」とは、消防法（昭和二十三年法律第百八十六号）別表の品名欄に掲げる物品で、同表に定める区分に応じ同表の性質欄に掲げる性状を有するものをいう。

十三　「緊急自動車」とは、消防自動車、警察自動車、検察庁において犯罪捜査のため使用する自動車又は防衛省用自動車であつて緊急の出動の用に供するもの、刑務所その他の矯正施設において緊急警備のため使用する自動車、入国者収容所又は地方入国管理局において容疑者の収容又は被収容者の警備のため使用する自動車、保存血液を販売する医薬品販売業者が保存血液の緊急輸送のため使用する自動車、医療機関が臓器の移植に関する法律（平成九年法律第百四号）の規定により死体（脳死した者の身体を含む。）から摘出された臓器、同法の規定により臓器の摘出をしようとする医師又はその摘出に必要な器材の緊急輸送のため使用する自動車、救急自動車、公共用応急作業自動車、不法に開設された無線局の探査のため総務省において使用する自動車及び国土交通大臣が定めるその他の緊急の用に供する自動車をいう。

十三の二　「道路維持作業用自動車」とは、道路交通法（昭和三十五年法律第百五号）第四十一条第四項の道路維持作

業用自動車をいう。

十三の三　「締約国登録自動車」とは、道路交通に関する条約の実施に伴う道路運送車両法の特例等に関する法律（昭和三十九年法律第百九号。以下「特例法」という。）第二条第二項の締約国登録自動車をいう。

十三の四　「締約国登録原動機付自転車」とは、特例法第二条第二項の締約国若しくはその下部機構によりその法令に定める方法で登録されている原動機付自転車（付随車を除く。）であつて次に掲げる要件に該当するもの又はこれによりけん引される付随車であつて次に掲げる要件に該当するものをいう。

イ　自家用自動車の一時輸入に関する通関条約第二条1、自家用自動車の一時輸入に関する通関条約の実施に伴う関税法等の特例に関する法律（昭和三十九年法律第百一号）第十条又は関税定率法（明治四十三年法律第五十四号）第十四条（第七号に係る部分に限る。）若しくは第十七条第一項（第十号に係る部分に限る。）の規定の適用を受けて輸入されたものであること。

ロ　当該原動機付自転車を輸入した者の使用に供されるものであること。

ハ　関税法（昭和二十九年法律第六十一号）第六十七条の輸入の許可を受けた日から一年を経過しないものであること。

十三の五　「一般原動機付自転車」とは、原動機付自転車であつて、次号に規定する特定小型原動機付自転車以外のものをいう。

十三の六　「特定小型原動機付自転車」とは、原動機付自転車のうち、外部電源により供給される電気を動力源とするものであつて、次に掲げる要件の全てに該当するものをいう。

イ　原動機の定格出力が〇・六〇キロワット以下であること。

ロ　告示で定める方法により測定した場合において、長さ一・九メートル以下、幅〇・六メートル以下であること。

ハ　最高速度が二十キロメートル毎時以下であること。

十四　「付随車」とは、原動機付自転車によつてけん引されることを目的とし、その目的に適合した構造及び装置を有する道路運送車両をいう。

十五　「軸重」とは、自動車の車両中心線に垂直な一メートルの間隔を有する二平行鉛直面間に中心のあるすべての車輪の輪荷重の総和をいう。

十六　「最遠軸距」とは、自動車の最前部の車軸中心（セミトレーラにあつては、連結装置中心）から最後部の車軸中心までの水平距離をいう。

十七　「輪荷重」とは、自動車の一個の車輪を通じて路面に加わる鉛直荷重をいう。

十八　「高速道路等」とは、道路交通法（昭和三十五年法律第百五号）第二十二条第一項の規定により当該道路において定められている自動車の最高速度が六十キロメートル毎時を超える道路をいう。

2　法第四十条第五号の運行に必要な装備をした状態とは、前項第六号に規定する状態をいう。

※1項一三号「国土交通大臣の定め」＝道路運送車両の保安基準の規定に基づく国土交通大臣の定める緊急の用に供する自動車

（燃料の規格）

第一条の二　この省令の燃料の性状又は燃料に含まれる物質と密接な関係を有する技術基準は、告示で定める燃料が使用される場合に自動車又は原動機付自転車の安全性の確保及び公害の防止が図られるよう定めるものである。

（破壊試験）

第一条の三　この省令に規定する衝突等による衝撃と密接な関係を有する技術基準については、当該技術基準が適用される装置と同一の構造を有する装置の破壊試験により適合するかどうかの判定を行わなければならないものとする。ただし、第十一条第二項、第十五条第三項、第十七条の二第六項及び第十八条第二項から第七項までに規定する技術基準を、同一の構造を有する装置が他に存在しない又は著しく少ないため破壊試験を行うことが著しく困難であると国土交通大臣が認める装置に適用する場合にあつては、この限りでない。

第二章　自動車の保安基準

（長さ、幅及び高さ）

第二条　自動車は、告示で定める方法により測定した場合において、長さ（セミトレーラにあつては、連結装置中心から当該セミトレーラの後端までの水平距離）十二メートル（セミトレーラのうち告示で定めるものにあつては、十三メートル）、幅二・五メートル、高さ三・八メートルを超えてはならない。

2　次の各号に掲げるものは、告示で定める方法により測定した場合において、それぞれ当該各号に定める突出量の範囲を超えて突出していてはならない。

一　外開き式の窓及び換気装置並びに第四十四条第五項の装置　その自動車の最外側から二百五十ミリメートル未満又はその自動車の高さから三百ミリメートル未満

二　後写鏡及び後方等確認装置（自動車の外側線付近及び後方の状況の画像を撮影し、運転者席において確認できる位置に備えられた当該画像を表示する装置をいう。以下同じ。）　その自動車の最外側（その自動車より幅の広い被牽引自動車を牽引する牽引自動車に備える場合にあつては、その被牽引自動車の最外側）から二百五十ミリメートル未満又はその自動車の高さから三百ミリメートル未満

三　自動車の周囲の状況の検知又は監視を行い、運転者に対し当該状況に係る情報の提供又は当該自動車の制御を行う装置その他の告示で定める装置　その自動車の最外側から二百五十ミリメートル未満かつその自動車の高さから三百ミリメートル未満であつて告示で定める突出量の範囲

（最低地上高）

第三条　自動車の接地部以外の部分は、安全な運行を確保できるものとして、地面との間に告示で定める間げきを有しなければならない。

（車両総重量）

第四条　自動車の車両総重量は、次の表の上欄に掲げる自動車の種別に応じ、同表の下欄に掲げる重量を超えてはならな

い。

自動車の種別	最遠軸距（メートル）	車両総重量（トン）
一　セミトレーラ以外の自動車	五・五未満	二十
	五・五以上七未満	二十二（長さが九メートル未満の自動車にあつては、二十）
	七以上	二十五（長さが九メートル未満の自動車にあつては二十、長さが九メートル以上十一メートル未満の自動車にあつては二十二）
二　セミトレーラ（次号に掲げるものを除く。）	五未満	二十
	五以上七未満	二十二
	七以上八未満	二十四
	八以上九・五未満	二十六
	九・五以上	二十八
三　セミトレーラのうち告示で定めるもの		三十六

（軸重等）

第四条の二　自動車の軸重は、十トン（牽引自動車のうち告示で定めるものにあつては、十一・五トン）を超えてはならない。

２　隣り合う車軸にかかる荷重の和は、その軸距が一・八メートル未満である場合にあつては十八トン（その軸距が一・三メートル以上であり、かつ、一の車軸にかかる荷重が九・五トン以下である場合にあつては、十九トン）、一・八メートル以上である場合にあつては二十トンを超えてはならない。

３　自動車の輪荷重は、五トン（牽引自動車のうち告示で定めるものにあつては、五・七五トン）を超えてはならない。ただし、専ら路面の締め固め作業の用に供することを目的とする自動車の車輪のうち、当該目的に適合した構造を有し、かつ、接地部が平滑なもの（当該車輪の中心を含む鉛直面上に他の車輪の中心がないものに限る。）の輪荷重にあつては、この限りでない。

（安定性）

第五条　自動車は、安定した走行を確保できるものとして、安定性に関し告示で定める基準に適合しなければならない。

（最小回転半径）

第六条　自動車の最小回転半径は、最外側のわだちについて十二メートル以下でなければならない。

２　けん引自動車及び被けん引自動車にあつては、けん引自動車と被けん引自動車とを連結した状態において、前項の基準に適合しなければならない。

（接地部及び接地圧）

第七条　自動車の走行装置の接地部及び接地圧は、道路を破損するおそれのないものとして、告示で定める基準に適合しなければならない。

（原動機及び動力伝達装置）

第八条　自動車の原動機及び動力伝達装置は、運行に十分耐えるものとして、構造等に関し告示で定める基準に適合するものでなければならない。

２　自動車（二輪自動車、側車付二輪自動車、最高速度二十キロメートル毎時未満の軽自動車及び小型特殊自動車を除く。）の原動機は、運転者席において始動できるものでなければならない。

３　自動車（二輪自動車、側車付二輪自動車、カタピラ及びそりを有する軽自動車、大型特殊自動車、農耕作業用小型特殊自動車（道路運送車両法施行規則（昭和二十六年運輸省令第七十四号）別表第一小型特殊自動車の項第二号に掲げる自動車をいう。以下同じ。）並びに最高速度二十キロメートル毎時未満の自動車を除く。）の加速装置は、運転者が操作を行わない場合に、当該装置の作動を自動的に解除するための独立に作用する二個以上のばねその他の装置を備えなければならない。

４　次の自動車（最高速度が九十キロメートル毎時以下の自動車、緊急自動車及び被牽引自動車を除く。）の原動機は、速度抑制装置を備えなければならない。

一　貨物の運送の用に供する普通自動車であつて、車両総重量が八トン以上又は最大積載量が五トン以上のもの

二　前号の自動車に該当する被牽引自動車を牽引する牽引自動車

５　前項の速度抑制装置は、自動車が九十キロメートル毎時を超えて走行しないよう燃料の供給を調整し、かつ、自動車の速度の制御を円滑に行うことができるものとして、速度制御性能等に関し告示で定める基準に適合するものでなければならない。

６　自動車（二輪自動車、側車付二輪自動車、カタピラ及びそりを有する軽自動車、大型特殊自動車、小型特殊自動車並びに被牽引自動車を除く。以下この項及び次項において同じ。）の燃料消費率（自動車の一定の条件での使用に際し消費される燃料の量を基礎として算出される燃料一リットル（圧縮水素ガス（水素ガスを主成分とする高圧ガスをいう。第十七条第三項において同じ。）を燃料とする自動車にあつては、一キログラム）当たりの走行距離をキロメートルで表した数値をいう。）は、告示で定める方法により測定されなければならない。

７　自動車の電力消費率（外部電源により供給される電気を動力源とする自動車の一定の条件での使用に際し消費される電力量を基礎として算出される走行距離一キロメートル当たりの電力量をワット時で表した数値をいう。）は、告示で定める方法により測定されなければならない。

（走行装置等）

第九条　自動車の走行装置（空気入ゴムタイヤを除く。）は、堅ろうで、安全な運行を確保できるものとして、強度等に関し告示で定める基準に適合するものでなければならない。

２　自動車の空気入ゴムタイヤは、堅ろうで、安全な運行を確保できるものとして、強度、滑り止めに係る性能等に関し告

示で定める基準に適合するものでなければならない。

3　自動車（二輪自動車、側車付二輪自動車、三輪自動車、大型特殊自動車及び小型特殊自動車を除く。）の空気入ゴムタイヤは、騒音を著しく発しないものとして、騒音の大きさに関し告示で定める基準に適合するものでなければならない。

4　タイヤ・チエン等は走行装置に確実に取り付けることができ、かつ、安全な運行を確保することができるものでなければならない。

（操縦装置）

第十条　自動車の運転に際して操作を必要とする次に掲げる装置は、運転者が定位置において容易に識別でき、かつ、操作できるものとして、配置、識別表示等に関し告示で定める基準に適合するものでなければならない。

一　始動装置、加速装置、点火時期調節装置、噴射時期調節装置、クラッチ、変速装置その他の原動機及び動力伝達装置の操作装置

二　制動装置の操作装置

三　前照灯、警音器、方向指示器、窓ふき器、洗浄液噴射装置及びデフロスタ（前面ガラスの水滴等の曇りを除去するための装置をいう。以下同じ。）の操作装置

第十一条　自動車のかじ取装置は、堅ろうで、安全な運行を確保できるものとして、強度、操作性能等に関し告示で定める基準に適合するものでなければならない。

2　自動車（次の各号に掲げるものを除く。）のかじ取装置は、当該自動車が衝突等による衝撃を受けた場合において、運転者に傷害を与えるおそれの少ないものとして、運転者の保護に係る性能に関し告示で定める基準に適合するものでなければならない。

一　専ら乗用の用に供する自動車であつて乗車定員十一人以上のもの

二　前号の自動車の形状に類する自動車

三　貨物の運送の用に供する自動車であつて車両総重量二・五トン以上のもの

四　前号の自動車の形状に類する自動車

五　二輪自動車

六　側車付二輪自動車

七　カタピラ及びそりを有する軽自動車

八　大型特殊自動車

九　小型特殊自動車

十　被牽引自動車

（施錠装置等）

第十一条の二　専ら乗用の用に供する自動車（乗車定員十一人以上の自動車及び被牽引自動車を除く。）及び貨物の運送の用に供する自動車（車両総重量が三・五トンを超える自動車及び被牽引自動車を除く。）の原動機、動力伝達装置、走行装置、変速装置、かじ取装置又は制動装置（二輪自動車、側車付二輪自動車、三輪自動車並びにカタピラ及びそりを有する軽自動車に備える制動装置を除く。）には、施錠装置を備えなければならない。

2　自動車の原動機、動力伝達装置、走行装置、変速装置、かじ取装置又は制動装置に備える施錠装置は、その作動により施錠装置を備えた装置の機能を確実に停止させ、かつ、安全な運行を妨げないものとして、構造、施錠性能等に関し告示で定める基準に適合するものでなければならない。

3　専ら乗用の用に供する自動車（乗車定員十人以上の自動車、二輪自動車、側車付二輪自動車、三輪自動車、カタピラ及びそりを有する軽自動車並びに被牽引自動車を除く。）及び貨物の運送の用に供する自動車（車両総重量が二トンを超える自動車、三輪自動車及び被牽引自動車を除く。）に備えるイモビライザ（原動機その他運行に必要な装置の機能を電子的方法により停止させる装置をいう。）は、その作動により原動機その他運行に必要な装置の機能を確実に停止させ、かつ、安全な運行を妨げないものとして、構造、施錠性能等に関し告示で定める基準に適合するものでなければならない。

（制動装置）

第十二条　自動車には、走行中の自動車が確実かつ安全に減速及び停止を行うことができ、かつ、平坦な舗装路面等で確実に当該自動車を停止状態に保持できるものとして、制動性能に関し告示で定める基準に適合する二系統以上の制動装置を備えなければならない。ただし、最高速度三十五キロメートル毎時未満の大型特殊自動車、農耕作業用小型特殊自動車及び最高速度二十五キロメートル毎時未満の自動車にあつては、走行中の自動車が確実かつ安全に減速及び停止を行うことができ、かつ、平坦な舗装路面等で確実に当該自動車を停止状態に保持できるものとして、制動性能に関し告示で定める基準に適合する一系統の制動装置を備えればよい。

2　車両総重量七百五十キログラム以下の被牽引自動車にあつては、当該被牽引自動車を牽引する牽引自動車が、当該被牽引自動車を連結した状態において、走行中の牽引自動車及び被牽引自動車が確実かつ安全に減速及び停止を行うことができるものとして、制動性能に関し告示で定める基準に適合する制動装置を備えた場合には、前項の規定にかかわらず、主制動装置（走行中の自動車の制動に常用する制動装置をいう。以下同じ。）を省略することができる。

第十三条　牽引自動車及び被牽引自動車の制動装置は、牽引自動車と被牽引自動車とを連結した状態において、連結状態における制動性能に関し告示で定める基準に適合しなければならない。

（緩衝装置）

第十四条　自動車には、地面からの衝撃に対し十分な容量を有し、かつ、安全な運行を確保できるものとして、強度、緩衝性能等に関し告示で定める基準に適合するばねその他の緩衝装置を備えなければならない。ただし、大型特殊自動車、農耕作業用小型特殊自動車、車両総重量二トン未満の被牽引自動車及び最高速度二十キロメートル毎時未満の自動車のうち、危険物を運送する自動車として告示で定めるもの以外のものにあつては、これを省略することができる。

（燃料装置）

第十五条　ガソリン、灯油、軽油、アルコールその他の引火しやすい液体を燃料とする自動車の燃料装置は、燃料への引火等のおそれのないものとして、強度、構造、取付方法等に関し告示で定める基準に適合するものでなければならない。

2　ガソリン、灯油、軽油、アルコールその他の引火しやすい液体を燃料とする自動車（乗車定員十一人以上の自動車、貨物の運送の用に供する自動車であつて車両総重量が三・五トンを超える自動車、二輪自動車、側車付二輪自動車、カタピラ及びそりを有する軽自動車、大型特殊自動車、小型特殊自

動車並びに被牽引自動車を除く。）の燃料タンク及び配管は、当該自動車が衝突、他の自動車の追突等による衝撃を受けた場合において、燃料が著しく漏れるおそれの少ないものとして、燃料漏れ防止に係る性能等に関し告示で定める基準に適合するものでなければならない。

第十六条　発生炉ガスを燃料とする自動車の燃料装置は、火災等のおそれのないものとして、強度、構造、取付方法等に関し告示で定める基準に適合するものでなければならない。

第十七条　高圧ガスを燃料とする自動車の燃料装置は、爆発等のおそれのないものとして、強度、構造、取付方法等に関し告示で定める基準に適合するものでなければならない。

2　液化石油ガス（プロパン・ガス又はブタン・ガスを主成分とする液化ガスをいう。）を燃料とする自動車の燃料装置は、爆発、燃料への引火等のおそれのないものとして、強度、構造、取付方法等に関し告示で定める基準に適合するものでなければならない。

3　圧縮水素ガスを燃料とする自動車（二輪自動車、側車付二輪自動車、カタピラ及びそりを有する軽自動車、大型特殊自動車、小型特殊自動車並びに被牽引自動車を除く。）のガス容器、配管その他の水素ガスの流路にある装置は、当該自動車が衝突、他の自動車の追突等による衝撃を受けた場合において、燃料が著しく漏れるおそれの少ないものとして、燃料漏れ防止に係る性能及び構造に関し告示で定める基準に適合するものでなければならない。

（電気装置）

第十七条の二　自動車の電気装置は、火花による乗車人員への傷害等を生ずるおそれがなく、かつ、その発する電波が無線設備の機能に継続的かつ重大な障害を与えるおそれのないものとして、取付位置、取付方法、性能等に関し告示で定める基準に適合するものでなければならない。

2　自動車（大型特殊自動車及び小型特殊自動車を除く。）の電気装置は、電波による影響により当該装置を備える自動車の制御に重大な障害を生ずるおそれのないものとして、性能に関し告示で定める基準に適合するものでなければならない。

3　自動車（二輪自動車、側車付二輪自動車、三輪自動車、カタピラ及びそりを有する軽自動車、大型特殊自動車並びに小型特殊自動車を除く。）の電気装置は、サイバーセキュリティ（サイバーセキュリティ基本法（平成二十六年法律第百四号）第二条に規定するサイバーセキュリティをいう。）を確保できるものとして、性能に関し告示で定める基準に適合するものでなければならない。

4　自動車（二輪自動車、側車付二輪自動車、三輪自動車、カタピラ及びそりを有する軽自動車、大型特殊自動車並びに小型特殊自動車を除く。）の電気装置は、当該装置に組み込まれたプログラム等を確実に改変できるものとして、機能及び性能に関し告示で定める基準に適合するものでなければならない。

5　電力により作動する原動機を有する自動車（カタピラ及びそりを有する軽自動車、大型特殊自動車、小型特殊自動車並びに被牽引自動車を除く。）の電気装置は、高電圧による乗車人員への傷害等を生ずるおそれがないものとして、乗車人員の保護に係る性能及び構造に関し告示で定める基準に適合するものでなければならない。

6　電力により作動する原動機を有する自動車（二輪自動車、側車付二輪自動車、三輪自動車、カタピラ及びそりを有する軽自動車、大型特殊自動車、小型特殊自動車並びに被牽引自動車を除く。）の電気装置は、当該自動車が衝突、他の自動車の追突等による衝撃を受けた場合において、高電圧による乗車人員への傷害等を生ずるおそれが少ないものとして、乗車人員の保護に係る性能及び構造に関し告示で定める基準に適合するものでなければならない。

（車枠及び車体）

第十八条　自動車の車枠及び車体は、次の基準に適合するものでなければならない。

一　車枠及び車体は、堅ろうで運行に十分耐えるものとして、強度、取付方法等に関し告示で定める基準に適合するものであること。

二　車体の外形その他自動車の形状は、鋭い突起がないこと、回転部分が突出していないこと等他の交通の安全を妨げるおそれがないものとして、告示で定める基準に適合するものであること。ただし、大型特殊自動車及び小型特殊自動車にあっては、この限りでない。

三　最後部の車軸中心から車体の後面までの水平距離は、告示で定める距離以下であること。ただし、大型特殊自動車であって、操向する場合に必ず車台が屈折するもの又は最高速度三十五キロメートル毎時未満のもの及び小型特殊自動車にあっては、この限りでない。

2　自動車（次の各号に掲げるものを除く。）の車枠及び車体は、当該自動車の前面が衝突等による衝撃を受けた場合において、運転者席及びこれと並列の座席のうち自動車の側面に隣接するものの乗車人員に過度の傷害を与えるおそれの少ないものとして、乗車人員の保護に係る性能に関し告示で定める基準に適合するものでなければならない。

一　専ら乗用の用に供する自動車であって乗車定員十一人以上のもの

二　貨物の運送の用に供する自動車であって車両総重量三・五トンを超えるもの

三　前二号の自動車の形状に類する自動車として告示で定めるもの

四　二輪自動車

五　側車付二輪自動車

六　カタピラ及びそりを有する軽自動車

七　大型特殊自動車

八　小型特殊自動車

九　最高速度二十キロメートル毎時未満の自動車

十　被牽引自動車

3　自動車（次の各号に掲げるものを除く。）の車枠及び車体は、当該自動車の前面のうち運転者席側の一部が衝突等により変形を生じた場合において、運転者席及びこれと並列の座席のうち自動車の側面に隣接するものの乗車人員に過度の傷害を与えるおそれの少ないものとして、乗車人員の保護に係る性能に関し告示で定める基準に適合するものでなければならない。

一　専ら乗用の用に供する自動車であって次に掲げるもの

イ　乗車定員十人以上の自動車

ロ　乗車定員十人未満の自動車であって車両総重量三・五トンを超えるもの

二　貨物の運送の用に供する自動車であつて車両総重量二・五トンを超えるもの
三　前二号の自動車の形状に類する自動車として告示で定めるもの
四　二輪自動車
五　側車付二輪自動車
六　カタピラ及びそりを有する軽自動車
七　大型特殊自動車
八　小型特殊自動車
九　被牽引自動車

4　自動車（次の各号に掲げるものを除く。）の車枠及び車体は、当該自動車の側面が衝突等による衝撃を受けた場合において、運転者席又はこれと並列の座席のうち衝突等による衝撃を受けた側面に隣接するものの乗車人員に過度の傷害を与えるおそれの少ないものとして、乗車人員の保護に係る性能に関し告示で定める基準に適合するものでなければならない。
一　専ら乗用の用に供する自動車であつて次に掲げるもの
イ　乗車定員十人以上の自動車
ロ　乗車定員十人未満の自動車であつて車両総重量が三・五トンを超え、かつ、座席の着席基準点（着座位置を設定する際に基準とされる点であつて告示で定めるものをいう。以下同じ。）の地面からの高さが七百ミリメートルを超えるもの
二　貨物の運送の用に供する自動車であつて車両総重量三・五トンを超えるもの
三　前二号の自動車の形状に類する自動車として告示で定めるもの
四　二輪自動車
五　側車付二輪自動車
六　三輪自動車
七　カタピラ及びそりを有する軽自動車
八　大型特殊自動車
九　小型特殊自動車
十　被牽引自動車

5　自動車（次の各号に掲げるものを除く。）の車枠及び車体は、当該自動車の側面の一部が衝突等により変形を生じた場合において、運転者席又はこれと並列の座席のうち変形を生じた側面に隣接するものの乗車人員に過度の傷害を与えるおそれの少ないものとして、乗車人員の保護に係る性能に関し告示で定める基準に適合するものでなければならない。
一　専ら乗用の用に供する自動車であつて乗車定員十人以上のもの
二　貨物の運送の用に供する自動車であつて、運転者席の着席基準点と前車軸中心線を含む平面と前車軸中心線を含む水平面とのなす角度が二十二・〇度以上であり、かつ、運転者席の着席基準点から後車軸中心線を含む鉛直面までの水平距離の運転者席の着席基準点から前車軸中心線を含む鉛直面までの水平距離に対する比が一・三〇以上のもの
三　車両総重量三・五トンを超える自動車
四　前三号の自動車の形状に類する自動車
五　二輪自動車
六　側車付二輪自動車
七　三輪自動車
八　カタピラ及びそりを有する軽自動車
九　大型特殊自動車
十　小型特殊自動車
十一　被牽引自動車

6　自動車（次の各号に掲げるものを除く。）の車枠及び車体は、当該自動車の前面が歩行者に衝突した場合において、当該歩行者の頭部及び脚部に過度の傷害を与えるおそれの少ないものとして、当該歩行者の保護に係る性能に関し告示で定める基準に適合するものでなければならない。
一　専ら乗用の用に供する自動車であつて乗車定員十人以上のもの
二　前号の自動車の形状に類する自動車
三　貨物の運送の用に供する自動車（車両総重量三・五トン以下であり、かつ、運転者席の着席基準点が前車軸中心線から後方に一・一メートルの線より後方に位置するものを除く。）
四　前号の自動車の形状に類する自動車
五　二輪自動車
六　側車付二輪自動車
七　カタピラ及びそりを有する軽自動車
八　大型特殊自動車
九　小型特殊自動車
十　最高速度二十キロメートル毎時未満の自動車
十一　被牽引自動車

7　自動車（次の各号に掲げるものを除く。）の車枠及び車体は、当該自動車の車体の上部が転覆等により変形を生じた場合において、乗車人員に過度の傷害を与えるおそれの少ないものとして、乗車人員の保護に係る性能に関し告示で定める基準に適合するものでなければならない。
一　乗車定員十七人以下の自動車
二　車両総重量十二トン以下の自動車
三　立席を有する自動車
四　二階建ての自動車
五　貨物の運送の用に供する自動車
六　前各号の自動車の形状に類する自動車
七　二輪自動車
八　側車付二輪自動車
九　三輪自動車
十　カタピラ及びそりを有する軽自動車
十一　大型特殊自動車
十二　小型特殊自動車

8　自動車の車体の後面には、最大積載量（タンク自動車にあつては、最大積載量、最大積載容積及び積載物品名）を表示しなければならない。

9　専ら小学校、中学校、義務教育学校、特別支援学校、幼稚園、幼保連携型認定こども園、保育所又は児童福祉法（昭和二十二年法律第百六十四号）第六条の三第十項に規定する小規模保育事業若しくは同条第十二項に規定する事業所内保育事業を行う施設に通う児童、生徒又は幼児の運送を目的とする自動車（乗車定員十一人以上のものに限る。）の車体の前面、後面及び両側面には、告示で定めるところにより、これらの者の運送を目的とする自動車である旨の表示をしなければならない。

（巻込防止装置等）

第十八条の二　貨物の運送の用に供する普通自動車及び車両総重量が八トン以上の普通自動車（乗車定員十一人以上の自動車及びその形状が乗車定員十一人以上の自動車の形状に類する自動車を除く。）の両側面には、堅ろうであり、かつ、歩行者、自転車の乗車人員等が当該自動車の後車輪へ巻き込まれることを有効に防止することができるものとして、強度、形状等に関し告示で定める基準に適合する巻込防止装置を備えなければならない。ただし、歩行者、自転車の乗車人員等が当該自動車の後車輪へ巻き込まれるおそれの少ない構造を有するものとして告示で定める構造の自動車にあつては、この限りでない。

2　巻込防止装置は、その性能を損なわないように、かつ、取付位置、取付方法等に関し告示で定める基準に適合するように取り付けられなければならない。

3　自動車（二輪自動車、側車付二輪自動車、カタピラ及びそりを有する軽自動車、大型特殊自動車（ポール・トレーラを除く。）、小型特殊自動車並びに牽引自動車を除く。）の後面には、他の自動車が追突した場合に追突した自動車の車体前部が突入することを有効に防止することができるものとして、強度、形状等に関し告示で定める基準に適合する突入防止装置を備えなければならない。ただし、突入防止装置を備えた自動車と同程度以上に他の自動車が追突した場合に追突した自動車の車体前部が突入することを防止することができる構造を有するものとして告示で定める構造の自動車にあつては、この限りでない。

4　突入防止装置は、その性能を損なわないように、かつ、取付位置、取付方法等に関し告示で定める基準に適合するように取り付けられなければならない。

5　貨物の運送の用に供する自動車（三輪自動車、被牽引自動車及び前部潜り込み防止装置を備えることができないものとして告示で定める自動車を除く。）であつて車両総重量三・五トンを超えるものの前面には、他の自動車が衝突した場合に衝突した自動車の車体前部が潜り込むことを有効に防止することができるものとして、強度、形状等に関し告示で定める基準に適合する前部潜り込み防止装置を備えなければならない。ただし、前部潜り込み防止装置を備えた自動車と同程度以上に他の自動車が衝突した場合に衝突した自動車の車体前部が潜り込むことを防止することができる構造を有するものとして告示で定める自動車にあつては、この限りでない。

6　前部潜り込み防止装置は、その性能を損なわないように、かつ、取付位置、取付方法等に関し告示で定める基準に適合するように取り付けられなければならない。

（連結装置）

第十九条　牽引自動車及び被牽引自動車の連結装置は、堅ろうで運行に十分耐え、かつ、牽引自動車と被牽引自動車とを相互に確実に結合するものとして、強度、構造等に関し告示で定める基準に適合するものでなければならない。

（乗車装置）

第二十条　自動車の乗車装置は、乗車人員が動揺、衝撃等により転落又は転倒することなく安全な乗車を確保できるものとして、構造に関し告示で定める基準に適合するものでなければならない。

2　運転者及び運転者助手以外の者の用に供する乗車装置を備えた自動車には、これらの者の用に供する車室（以下「客室」という。）を備えなければならない。ただし、二輪自動車、側車付二輪自動車、カタピラ及びそりを有する軽自動車並びに緊急自動車にあつては、この限りでない。

3　自動車の運転者室及び客室は、必要な換気を得られる構造でなければならない。

4　自動車（二輪自動車、側車付二輪自動車、カタピラ及びそりを有する軽自動車、大型特殊自動車並びに小型特殊自動車を除く。）の座席、座席ベルト、頭部後傾抑止装置、年少者用補助乗車装置、天井張り、内張りその他の運転者室及び客室の内装（次項において単に「内装」という。）には、告示で定める基準に適合する難燃性の材料を使用しなければならない。

5　専ら乗用の用に供する自動車（乗車定員十一人以上の自動車、二輪自動車、側車付二輪自動車、カタピラ及びそりを有する軽自動車並びに最高速度二十キロメートル毎時未満の自動車を除く。）の内装のうち告示で定めるものは、乗車人員に傷害を与えるおそれの少ないものとして、乗車人員の保護に係る性能等に関し告示で定める基準に適合するものでなければならない。

6　自動車（乗車定員十一人以上の自動車、大型特殊自動車、農耕作業用小型特殊自動車及び最高速度二十キロメートル毎時未満の自動車を除く。）のサンバイザ（車室内に備える太陽光線の直射による乗車人員のげん惑を防止するための装置をいう。）は、当該自動車が衝突等による衝撃を受けた場合において、乗車人員の頭部等に傷害を与えるおそれの少ないものとして、乗車人員の保護に係る性能等に関し告示で定める基準に適合するものでなければならない。

（座席）

第二十一条　自動車の運転者席は、運転に必要な視野を有し、かつ、乗車人員、積載物品等により運転操作を妨げられないものとして、運転者の視野、物品積載装置等との隔壁の構造等に関し告示で定める基準に適合するものでなければならない。

第二十二条　座席は、安全に着席できるものとして、着席するに必要な空間（運転者席にあつては、運転するに必要な空間）及び当該座席の向きに関し告示で定める基準に適合するように設けられていなければならない。

2　自動車の運転者席以外の用に供する座席（またがり式の座席を除く。）は、安全に着席できるものとして、その寸法に関し告示で定める基準に適合するものでなければならない。ただし、旅客自動車運送事業用自動車（乗車定員十一人以上の自動車に限る。）の座席及び幼児専用車の幼児用座席以外の座席であつて第二十二条の三第一項に規定する座席ベルト及び当該座席ベルトの取付装置を備えるものにあつては、この限りでない。

3　専ら乗用の用に供する自動車（二輪自動車、側車付二輪自動車及び最高速度二十キロメートル毎時未満の自動車を除く。）及び貨物の運送の用に供する自動車（最高速度二十キロメートル毎時未満の自動車を除く。）の座席（当該座席の取付装置を含む。）は、当該自動車が衝突等による衝撃を受けた場合において、乗車人員等から受ける荷重に十分耐えるものとして、構造等に関し告示で定める基準に適合するものでなければならない。ただし、次の各号に掲げる座席にあつては、この限りでない。

一　またがり式の座席
二　容易に折り畳むことができる座席で通路その他専ら座席の用に供する床面以外の床面に設けられるもの
三　かじ取ハンドルの回転角度がかじ取車輪の回転角度の七倍未満である三輪自動車の運転者席の側方に設けられる一人用の座席
四　横向きに備えられた座席
五　後向きに備えられた座席
六　非常口付近に備えられた座席
七　法第四十七条の二の規定により自動車を点検する場合に取り外しを必要とする座席

4　前項の自動車（次に掲げる自動車を除く。）の座席の後面部分は、当該自動車が衝突等による衝撃を受けた場合において、乗車人員を保護するものとして、構造等に関し告示で定める基準に適合するものでなければならない。ただし、前項各号に掲げる座席にあつては、この限りでない。
一　乗車定員が十一人以上の自動車（高速道路等において運行しないものに限る。）
二　貨物の運送の用に供する自動車

5　乗車定員十一人以上の自動車には、大部分の窓の開放部が有効幅五百ミリメートル以上、有効高さ三百ミリメートル以上である場合に限り、その通路に補助座席を設けることができる。

6　幼児専用車には、補助座席を幼児用座席として設けることができない。

第二十二条の二　自動車の補助座席、車掌用座席その他これに類する座席以外の座席の定員は、座席定員又は乗車定員のうち告示で定める割合以上でなければならない。

（座席ベルト等）

第二十二条の三　次の表の上欄に掲げる自動車（二輪自動車、側車付二輪自動車及び最高速度二十キロメートル毎時未満の自動車を除く。）には、当該自動車が衝突等による衝撃を受けた場合において、同表の中欄に掲げるその自動車の座席（第二十二条第三項第一号から第三号まで及び第六号に掲げる座席（第二号に掲げる座席にあつては、座席の後面部分のみが折り畳むことができるもの及び通路に設けられるものを除く。）並びに幼児専用車の幼児用座席を除く。）の乗車人員が座席の前方に移動することを防止し、又は上半身を過度に前傾することを防止するため、それぞれ同表の下欄に掲げる座席ベルト及び当該座席ベルトの取付装置を備えなければならない。

自動車の種別	座席の種別	座席ベルトの種別
一　専ら乗用の用に供する自動車であつて、次に掲げるもの イ　乗車定員十人未満の自動車 ロ　乗車定員十人以上の自動車であつて、車両総重量が三・五トン以下のもの（第三号に掲げるものを除く。）	運転者席その他の座席であつて、前向きのもの（以下この表において「前向き座席」という。）（容易に折り畳むことができる座席で通路に設けられるものを除く。）	当該座席の乗車人員が、座席の前方に移動することを防止し、かつ、上半身を過度に前傾することを防止するための座席ベルト（以下「第二種座席ベルト」という。）
	前欄に掲げる座席以外の座席	当該座席の乗車人員が、座席の前方に移動することを防止するための座席ベルト（第二種座席ベルトを除く。以下「第一種座席ベルト」という。）又は第二種座席ベルト
二　専ら乗用の用に供する自動車であつて、乗車定員十人以上のもの（前号ロ及び次号に掲げるものを除く。）	前向き座席（告示で定める基準に適合するものを除く。）	第二種座席ベルト
	前欄に掲げる座席以外の座席	第一種座席ベルト又は第二種座席ベルト
三　専ら乗用の用に供する自動車であつて、乗車定員十人以上のもの（高速道路等において運行しないものに限る。）	運転者席及びこれと並列の座席	第一種座席ベルト又は第二種座席ベルト
四　貨物の運送の用に供する自動車であつて、車両総重量が三・五トン以下のもの	前向き座席のうち、運転者席及びこれと並列の座席並びに自動車の側面に隣接する座席（告示で定める基準に適合するものを除く。）	第二種座席ベルト
	前欄に掲げる座席以外の座席	第一種座席ベルト又は第二種座席ベルト
五　貨物の運送の用に供する自動車であつて、車両総重量が三・五トンを超えるもの	前向き座席のうち、運転者席及びこれと並列の座席（告示で定める基準に適合するものを除く。）	第二種座席ベルト
	前欄に掲げる座席以外の座席	第一種座席ベルト又は第二種座席ベルト

2　前項の座席ベルトの取付装置は、座席ベルトから受ける荷重等に十分耐え、かつ、取り付けられる座席ベルトが有効に作用し、かつ、乗降の支障とならないものとして、強度、取付位置等に関し告示で定める基準に適合するものでなければならない。

3　第一項の座席ベルトは、当該自動車が衝突等による衝撃を受けた場合において、当該座席ベルトを装着した者に傷害を与えるおそれが少なく、かつ、容易に操作等を行うことができるものとして、構造、操作性能等に関し告示で定める基準に適合するものでなければならない。

4　前二項の規定は、第一項の表の上欄に掲げる自動車（二輪自動車、側車付二輪自動車及び最高速度二十キロメートル毎時未満の自動車を除く。）が衝突等による衝撃を受けた場合において、同項の規定の適用を受けない座席（第二十二条第三項第一号に掲げる座席及び幼児専用車の幼児用座席を除く。）の乗車人員が座席の前方に移動することを防止し、又は上半身を過度に前傾することを防止するために当該自動車に備える座席ベルト及び当該座席ベルトの取付装置について準用する。この場合において、第二項中「前項」とあるのは「第四項」と、前項中「第一項」とあるのは「次項」と読み替えるものとする。

5　次の表の上欄に掲げる自動車（二輪自動車、側車付二輪自動車及び最高速度二十キロメートル毎時未満の自動車を除く。）には、同表の下欄に掲げるその自動車の座席の座席ベルト（告示で定めるものを除く。）が装着されていない場合に、その旨を運転者席の運転者に警報するものとして、警報性能等に関し告示で定める基準に適合する装置を備えなければならない。

自動車の種別	座席の種別
一　専ら乗用の用に供する自動車であつて乗車定員十人未満のもの及び貨物の運送の用に供する自動車であつて車両総重量が三・五トン以下のもの	運転者席その他の座席
二　専ら乗用の用に供する自動車であつて乗車定員十人以上のもの及び貨物の運送の用に供する自動車であつて車両総重量が三・五トンを超えるもの	運転者席及びこれと並列の座席

第二十二条の四　**（頭部後傾抑止装置等）**　自動車（車両総重量が三・五トンを超える自動車（専ら乗用の用に供する自動車であつて乗車定員十人以下のものを除く。）、二輪自動車、側車付二輪自動車、大型特殊自動車、農耕作業用小型特殊自動車及び最高速度二十キロメートル毎時未満の自動車を除く。）の座席（第二十二条第三項第一号から第四号までに掲げる座席及び自動車の側面に隣接しない座席を除く。次項において同じ。）のうち運転者席及びこれと並列の座席には、頭部後傾抑止装置を備えなければならない。

2　自動車（車両総重量が三・五トンを超える自動車（専ら乗用の用に供する自動車であつて乗車定員十人以下のものを除く。）、二輪自動車、側車付二輪自動車、大型特殊自動車、農耕作業用小型特殊自動車及び最高速度二十キロメートル毎時未満の自動車を除く。）の座席に備える頭部後傾抑止装置は、他の自動車の追突等による衝撃を受けた場合において、乗車人員の頭部の過度の後傾を有効に抑止し、かつ、乗車人員の頭部等に傷害を与えるおそれの少ないものとして、構造等に関し告示で定める基準に適合するものでなければならない。ただし、当該座席自体が当該装置と同等の性能を有するものであるときは、この限りでない。

第二十二条の五　**（年少者用補助乗車装置等）**　専ら乗用の用に供する自動車（乗車定員十人以上の自動車、運転者席及びこれと並列の座席以外の座席を有しない自動車、二輪自動車、側車付二輪自動車、三輪自動車、カタピラ及びそりを有する軽自動車、被牽引自動車並びに最高速度二十キロメートル毎時未満の自動車を除く。）には、年少者用補助乗車装置取付具を備えなければならない。ただし、高齢者、障害者等（高齢者、障害者等の移動等の円滑化の促進に関する法律（平成十八年法律第九十一号）第二条第一号に規定する高齢者、障害者等をいう。以下この項において同じ。）が移動のための車いすその他の用具を使用したまま車両に乗り込むことが可能な自動車及び運転者席より後方に備えられた座席が回転することにより高齢者、障害者等が円滑に車内に乗り込むことが可能な自動車にあつては、この限りでない。

2　年少者用補助乗車装置取付具は、年少者用補助乗車装置から受ける荷重等に十分耐え、かつ、取り付けられる年少者用補助乗車装置が有効に作用し、かつ、乗降の支障とならないものとして、強度、取付位置等に関し告示で定める基準に適合するものでなければならない。

3　年少者用補助乗車装置は、座席ベルト等を損傷しないものであり、かつ、当該自動車が衝突等による衝撃を受けた場合において、当該年少者用補助乗車装置を装着した者に傷害を与えるおそれが少なく、かつ、容易に着脱することができるものとして、構造、操作性能等に関し告示で定める基準に適合するものでなければならない。

第二十三条　**（通路）**　通路は、安全かつ容易に通行できるものでなければならない。

2　乗車定員十一人以上の自動車（緊急自動車を除く。）及び幼児専用車には、告示で定めるところにより、乗降口から座席へ至ることのできる通路を設けなければならない。ただし、乗降口から直接着席できる座席については、この限りでない。

第二十四条　**（立席）**　自動車の立席は、客室内の告示で定める床面に限り設けることができる。ただし、緊急自動車の立席、車掌の用に供する立席、これに相当する立席及び運転者助手の用に供する立席については、この限りでない。

2　前項の規定にかかわらず、幼児専用車には、立席を設けることができない。

3　立席人員一人の占める広さは、告示で定める面積とする。

第二十五条　**（乗降口）**　運転者室及び客室には、乗降口を設けなければならない。この場合において、客室の乗降口のうち一個は、右側面以外の面に設けなければならない。

2　乗車定員十一人以上の自動車（緊急自動車を除く。）及び幼児専用車の客室には、運転者及び運転者助手以外のすべての者が利用できる乗降口をその左側面に一個以上設けなければならない。

3　客室の乗降口には、確実に閉じることができるとびらを備えなければならない。但し、鎖、ロープ等乗車している者が走行中に転落することを防止する装置を備えた場合は、この限りでない。

4　自動車（乗車定員十一人以上の自動車、大型特殊自動車、農耕作業用小型特殊自動車及び最高速度二十キロメートル毎時未満の自動車を除く。）の乗降口に備える扉は、当該自動車が衝突等による衝撃を受けた場合において、容易に開放するおそれがないものとして、構造に関し告示で定める基準に適合するものでなければならない。

5　乗車定員十一人以上の自動車（緊急自動車及び幼児専用車を除く。）の乗降口は、安全な乗降ができるものとして、大きさ、構造等に関し告示で定める基準に適合するものでなければならない。ただし、乗降口から直接着席できる座席のためのみの乗降口にあつては、この限りでない。

6　幼児専用車の乗降口は、幼児による安全な乗降ができるものとして、大きさ、構造等に関し告示で定める基準に適合するものでなければならない。ただし、乗降口から直接着席できる座席のためのみの乗降口にあつては、この限りでない。

（非常口）

第二十六条　幼児専用車及び乗車定員三十人以上の自動車（緊急自動車を除く。）には、非常時に容易に脱出できるものとして、設置位置、大きさ等に関し告示で定める基準に適合する非常口を設けなければならない。ただし、すべての座席が乗降口から直接着席できる自動車にあつては、この限りでない。

2　非常口を設ける自動車には、非常口又はその附近に、見やすいように、非常口の位置及びとびらの開放の方法が表示されていなければならない。この場合において、灯火により非常口の位置を表示するときは、その灯光の色は、緑色でなければならない。

3　非常口を設けた自動車には、非常口のとびらが開放した場合にその旨を運転者に警報する装置を備えなければならない。

（物品積載装置）

第二十七条　自動車の荷台その他の物品積載装置は、堅ろうで、かつ、安全、確実に物品を積載できるものとして、強度、構造等に関し告示で定める基準に適合するものでなければならない。

2　土砂等を運搬する大型自動車による交通事故の防止等に関する特別措置法（昭和四十二年法律第百三十一号）第四条に規定する土砂等運搬大型自動車には、当該自動車の最大積載量をこえて同法第二条第一項に規定する土砂等を積載できるものとして告示で定める物品積載装置を備えてはならない。

（高圧ガス運送装置）

第二十八条　高圧ガスを運送する自動車のガス運送装置は、爆発等のおそれのないものとして、強度、取付方法等に関し告示で定める基準に適合するものでなければならない。

（窓ガラス）

第二十九条　自動車（最高速度二十五キロメートル毎時以下の自動車を除く。）の窓ガラスは、告示で定める基準に適合する安全ガラスでなければならない。ただし、衝突等により窓ガラスが損傷した場合において、当該ガラスの破片により乗車人員が傷害を受けるおそれの少ないものとして告示で定める場所に備えられたものにあつては、この限りでない。

2　自動車（最高速度四十キロメートル毎時未満の自動車を除く。）の前面ガラスは、損傷した場合においても運転者の視野を確保できるものであり、かつ、容易に貫通されないものとして、強度等に関し告示で定める基準に適合するものでなければならない。

3　自動車（被牽引自動車を除く。）の前面ガラス及び側面ガラス（告示で定める部分を除く。）は、運転者の視野を妨げないものとして、ひずみ、可視光線の透過率等に関し告示で定める基準に適合するものでなければならない。

4　前項に規定する窓ガラスには、次に掲げるもの以外のものが装着され、貼り付けられ、塗装され、又は刻印されていてはならない。

一　整備命令標章

一の二　臨時検査合格標章

二　検査標章

二の二　保安基準適合標章（中央点線のところから二つ折りとしたものに限る。）

三　自動車損害賠償保障法（昭和三十年法律第九十七号）第九条の二第一項（同法第九条の四において準用する場合を含む。）又は第十条の二第一項の保険標章、共済標章又は保険・共済除外標章

四　道路交通法第六十三条第四項の標章

五　削除

六　前各号に掲げるもののほか、運転者の視野の確保に支障がないものとして告示で定めるもの

七　前各号に掲げるもののほか、国土交通大臣又は地方運輸局長が指定したもの

※4項七号「国土交通大臣の指定」＝道路運送車両の保安基準第二十九条第四項第七号に規定する国土交通大臣が指定したものを定める告示（平一一運告八二〇）

（騒音防止装置）

第三十条　自動車（被牽引自動車を除く。以下この条において同じ。）は、騒音を著しく発しないものとして、構造、騒音の大きさ等に関し告示で定める基準に適合するものでなければならない。

2　内燃機関を原動機とする自動車には、騒音の発生を有効に抑止することができるものとして、構造、騒音防止性能等に関し告示で定める基準に適合する消音器を備えなければならない。

3　法第七十五条の三第一項の規定によりその型式について指定を受ける騒音防止装置は、当該装置を備える自動車を第一項の基準に適合させるものでなければならない。

（ばい煙、悪臭のあるガス、有害なガス等の発散防止装置）

第三十一条　自動車は、運行中ばい煙、悪臭のあるガス又は有害なガスを多量に発散しないものでなければならない。

2　自動車は、排気管から大気中に排出される排出物に含まれる一酸化炭素、炭化水素、窒素酸化物、粒子状物質及び黒煙を多量に発散しないものとして、燃料の種別等に応じ、性能に関し告示で定める基準に適合するものでなければならない。

3　前項の規定に適合させるために自動車に備えるばい煙、悪臭のあるガス、有害なガス等の発散防止装置は、当該装置及び他の装置の機能を損なわないものとして、構造、機能、性能等に関し告示で定める基準に適合するものでなければならない。

4　内燃機関を原動機とする自動車には、炭化水素等の発散を防止することができるものとして、機能、性能等に関し告示で定める基準に適合するブローバイ・ガス還元装置（原動機

の燃焼室からクランクケースに漏れるガスを還元させる装置をいう。以下同じ。）を備えなければならない。

5　普通自動車、小型自動車及び軽自動車であつて、ガソリンを燃料とするものは、炭化水素の発散を有効に防止することができるものとして、当該自動車及びその燃料から蒸発する炭化水素の排出量に関し告示で定める基準に適合するものでなければならない。

6　自動車の客室内の冷房を行うための装置の導管及び安全装置は、乗車人員に傷害を与えるおそれの少ないものとして、取付位置、取付方法等に関し告示で定める基準に適合するものでなければならない。

7　自動車の排気管は、発散する排気ガス等により、乗車人員等に傷害を与えるおそれが少なく、かつ、制動装置等の機能を阻害しないものとして、取付位置、取付方法等に関し告示で定める基準に適合するものでなければならない。

8　法第七十五条の三第一項の規定によりその型式について指定を受ける一酸化炭素等発散防止装置は、当該装置を備える自動車を第二項から第四項までの基準に適合させるものでなければならない。

（窒素酸化物排出自動車等の特例）

第三十一条の二　自動車から排出される窒素酸化物及び粒子状物質の特定地域における総量の削減等に関する特別措置法（平成四年法律第七十号）第十二条第一項に規定する窒素酸化物排出自動車及び粒子状物質排出自動車であつて告示で定めるものは、告示で定める窒素酸化物排出基準及び粒子状物質排出基準に適合するものでなければならない。

（前照灯等）

第三十二条　自動車（被牽引自動車を除く。第四項において同じ。）の前面には、走行用前照灯を備えなければならない。ただし、当該装置と同等の性能を有する配光可変型前照灯（夜間の走行状態に応じて、自動的に照射光線の光度及びその方向の空間的な分布を調整できる前照灯をいう。以下同じ。）を備える自動車として告示で定めるものにあつては、この限りでない。

2　走行用前照灯は、夜間に自動車の前方にある交通上の障害物を確認できるものとして、灯光の色、明るさ等に関し告示で定める基準に適合するものでなければならない。

3　走行用前照灯は、その性能を損なわないように、かつ、取付位置、取付方法等に関し告示で定める基準に適合するように取り付けられなければならない。

4　自動車の前面には、すれ違い用前照灯を備えなければならない。ただし、配光可変型前照灯又は最高速度二十キロメートル毎時未満の自動車であつて光度が告示で定める基準未満である走行用前照灯を備えるものにあつては、この限りでない。

5　すれ違い用前照灯は、夜間に自動車の前方にある交通上の障害物を確認でき、かつ、その照射光線が他の交通を妨げないものとして、灯光の色、明るさ等に関し告示で定める基準に適合するものでなければならない。

6　すれ違い用前照灯は、その性能を損なわないように、かつ、取付位置、取付方法等に関し告示で定める基準に適合するように取り付けられなければならない。

7　自動車（側車付二輪自動車、三輪自動車、カタピラ及びそりを有する軽自動車、大型特殊自動車、小型特殊自動車並びに被牽引自動車を除く。）の前面には、配光可変型前照灯を備えることができる。

8　配光可変型前照灯は、自動車の前方にある交通上の障害物を確認でき、かつ、必要な場合にあつてはその照射光線が他の交通を妨げないものとして、灯光の色、明るさ等に関し告示で定める基準に適合するものでなければならない。

9　配光可変型前照灯は、その性能を損なわないように、かつ、取付位置、取付方法等に関し告示で定める基準に適合するように取り付けられなければならない。

10　自動車には、前照灯の照射方向の調節に係る性能等に関し告示で定める基準に適合する前照灯照射方向調節装置（前照灯（走行用前照灯、すれ違い用前照灯及び配光可変型前照灯をいう。以下この章において同じ。）の照射方向を自動車の乗車又は積載の状態に応じて鉛直方向に調節するための装置をいう。）を備えることができる。

11　配光可変型前照灯（当該灯火装置の光源から出される光の総量等が告示で定める性能を有するものに限る。）には、前照灯洗浄器を備えなければならない。ただし、二輪自動車に備えるものにあつては、この限りではない。

12　前照灯洗浄器は、前照灯のレンズ面の外側が汚染された場合において、当該部分を洗浄することにより前照灯の光度を回復できるものとして、洗浄性能等に関し告示で定める基準に適合するものでなければならない。

13　前照灯洗浄器は、その性能を損なわないように、かつ、取付位置、取付方法等に関し告示で定める基準に適合するように取り付けられなければならない。

（前部霧灯）

第三十三条　自動車の前面には、前部霧灯を備えることができる。

2　前部霧灯は、霧等により視界が制限されている場合において、自動車の前方を照らす照度を増加させ、かつ、その照射光線が他の交通を妨げないものとして、灯光の色、明るさ等に関し告示で定める基準に適合するものでなければならない。

3　前部霧灯は、その性能を損なわないように、かつ、取付位置、取付方法等に関し告示で定める基準に適合するように取り付けられなければならない。

4　自動車には、前部霧灯の照射方向の調節に係る性能等に関し告示で定める基準に適合する前部霧灯照射方向調節装置（前部霧灯の照射方向を自動車の乗車又は積載の状態に応じて鉛直方向に調節するための装置をいう。）を備えることができる。

（側方照射灯）

第三十三条の二　自動車の前面の両側又は両側面の前部には、側方照射灯を一個ずつ備えることができる。

2　側方照射灯は、自動車が右左折又は進路の変更をする場合において、当該自動車の進行方向にある交通上の障害物を確認でき、かつ、その照射光線が他の交通を妨げないものとして、灯光の色、明るさ等に関し告示で定める基準に適合するものでなければならない。

3　側方照射灯は、その性能を損なわないように、かつ、取付位置、取付方法等に関し告示で定める基準に適合するように取り付けられなければならない。

（低速走行時側方照射灯）

第三十三条の三　自動車（二輪自動車、側車付二輪自動車、三輪自動車、カタピラ及びそりを有する軽自動車、大型特殊自動車並びに小型特殊自動車を除く。）の側面には、低速走行時側方照射灯を備えることができる。

2　低速走行時側方照射灯は、自動車が告示で定める速度以下の速度で走行する場合において当該自動車の側方にある交通上の障害物を確認でき、かつ、その照射光線が他の交通を妨げないものとして、灯光の色、明るさ等に関し告示で定める基準に適合するものでなければならない。

3　低速走行時側方照射灯は、その性能を損なわないように、かつ、取付位置、取付方法等に関し告示で定める基準に適合するように取り付けられなければならない。

（車幅灯）

第三十四条　自動車（カタピラ及びそりを有する軽自動車、最高速度二十キロメートル毎時未満の軽自動車並びに小型特殊自動車（長さ四・七メートル以下、幅一・七メートル以下、高さ二・〇メートル以下、かつ、最高速度十五キロメートル毎時以下の小型特殊自動車に限る。第三十六条第一項、第三十七条第一項、第三十九条第一項及び第四十条第一項において同じ。）を除く。）の前面の両側には、車幅灯を備えなければならない。ただし、二輪自動車にあつては車幅灯を前面に一個備えればよいものとし、幅〇・八メートル以下の自動車（二輪自動車を除く。）にあつては当該自動車に備えるすれ違い用前照灯の照明部の最外縁が自動車の最外側から四百ミリメートル以内となるように取り付けられている場合には、その側の車幅灯を備えないことができる。

2　車幅灯は、夜間に自動車の前方にある他の交通に当該自動車の幅（二輪自動車にあつては、当該自動車の存在）を示すことができ、かつ、その照射光線が他の交通を妨げないものとして、灯光の色、明るさ等に関し告示で定める基準に適合するものでなければならない。

3　車幅灯は、その性能を損なわないように、かつ、取付位置、取付方法等に関し告示で定める基準に適合するように取り付けられなければならない。

（前部上側端灯）

第三十四条の二　自動車の前面の両側には、前部上側端灯を備えることができる。

2　前部上側端灯は、夜間に自動車の前方にある他の交通に当該自動車の高さ及び幅を示すことができ、かつ、その照射光線が他の交通を妨げないものとして、灯光の色、明るさ等に関し告示で定める基準に適合するものでなければならない。

3　前部上側端灯は、その性能を損なわないように、かつ、取付位置、取付方法等に関し告示で定める基準に適合するように取り付けられなければならない。

（昼間走行灯）

第三十四条の三　自動車（側車付二輪自動車、三輪自動車、カタピラ及びそりを有する軽自動車、大型特殊自動車、小型特殊自動車並びに被牽引自動車を除く。）の前面には、昼間走行灯を備えることができる。

2　昼間走行灯は、昼間に自動車の前方にある他の交通からの視認性を向上させ、かつ、その照射光線が他の交通を妨げないものとして、灯光の色、明るさ等に関し告示で定める基準に適合するものでなければならない。

3　昼間走行灯は、その性能を損なわないように、かつ、取付位置、取付方法等に関し告示で定める基準に適合するように取り付けられなければならない。

（前部反射器）

第三十五条　被牽引自動車の前面の両側には、前部反射器を備えなければならない。

2　前部反射器は、夜間に自動車の前方にある他の交通に当該自動車の幅を示すことができるものとして、反射光の色、明るさ、反射部の形状等に関し告示で定める基準に適合するものでなければならない。

3　前部反射器は、その性能を損なわないように、かつ、取付位置、取付方法等に関し告示で定める基準に適合するように取り付けられなければならない。

（側方灯及び側方反射器）

第三十五条の二　次に掲げる自動車の両側面には、側方灯又は側方反射器（第四号に掲げる自動車にあつては、側方反射器）を備えなければならない。

一　長さ六メートルを超える普通自動車

二　長さ六メートル以下の普通自動車である牽引自動車

三　長さ六メートル以下の普通自動車である被牽引自動車

四　二輪自動車

五　ポール・トレーラ

2　側方灯は、夜間に自動車の側方にある他の交通に当該自動車の長さを示すことができ、かつ、その照射光線が他の交通を妨げないものとして、灯光の色、明るさ等に関し告示で定める基準に適合するものでなければならない。

3　側方灯は、その性能を損なわないように、かつ、取付位置、取付方法等に関し告示で定める基準に適合するように取り付けられなければならない。

4　側方反射器は、夜間に自動車の側方にある他の交通に当該自動車の長さ（第一項第四号に掲げる自動車にあつては、当該自動車の存在）を示すことができるものとして、反射光の色、明るさ、反射部の形状等に関し告示で定める基準に適合するものでなければならない。

5　側方反射器は、その性能を損なわないように、かつ、取付位置、取付方法等に関し告示で定める基準に適合するように取り付けられなければならない。

（番号灯）

第三十六条　自動車の後面には、番号灯を備えなければならない。ただし、最高速度二十キロメートル毎時未満の軽自動車及び小型特殊自動車にあつては、この限りでない。

2　番号灯は、夜間に自動車登録番号標、臨時運行許可番号標、回送運行許可番号標又は車両番号標の番号等を確認できるものとして、灯光の色、明るさ等に関し告示で定める基準に適合するものでなければならない。

3　番号灯は、その性能を損なわないように、かつ、取付位置、取付方法等に関し告示で定める基準に適合するように取り付けられなければならない。

（尾灯）

第三十七条　自動車（最高速度二十キロメートル毎時未満の軽自動車及び小型特殊自動車を除く。）の後面の両側には、尾灯を備えなければならない。ただし、二輪自動車、カタピラ及びそりを有する軽自動車並びに幅〇・八メートル以下の自動車には、尾灯を後面に一個備えればよい。

2　尾灯は、夜間に自動車の後方にある他の交通に当該自動車の幅（二輪自動車にあつては、当該自動車の存在）を示すことができ、かつ、その照射光線が他の交通を妨げないものとして、灯光の色、明るさ等に関し告示で定める基準に適合するものでなければならない。

3　尾灯は、その性能を損なわないように、かつ、取付位置、取付方法等に関し告示で定める基準に適合するように取り付けられなければならない。

（後部霧灯）

第三十七条の二　自動車の後面には、後部霧灯を備えることができる。

2　後部霧灯は、霧等により視界が制限されている場合において、自動車の後方にある他の交通からの視認性を向上させ、かつ、その照射光線が他の交通を妨げないものとして、灯光の色、明るさ等に関し告示で定める基準に適合するものでなければならない。

3　後部霧灯は、その性能を損なわないように、かつ、取付位置、取付方法等に関し告示で定める基準に適合するように取り付けられなければならない。

（駐車灯）

第三十七条の三　自動車の前面及び後面の両側（カタピラ及びそりを有する軽自動車並びに幅〇・八メートル以下の自動車にあつては、前面及び後面又は後面）又はその両側面には、駐車灯を備えることができる。

2　駐車灯は、夜間に駐車している自動車の存在を他の交通に示すことができ、かつ、その照射光線が他の交通を妨げないものとして、灯光の色、明るさ等に関し告示で定める基準に適合するものでなければならない。

3　駐車灯は、その性能を損なわないように、かつ、取付位置、取付方法等に関し告示で定める基準に適合するように取り付けられなければならない。

（後部上側端灯）

第三十七条の四　自動車には、後部上側端灯を備えることができる。

2　後部上側端灯は、夜間に自動車の後方にある他の交通に当該自動車の高さ及び幅を示すことができ、かつ、その照射光線が他の交通を妨げないものとして、灯光の色、明るさ等に関し告示で定める基準に適合するものでなければならない。

3　後部上側端灯は、その性能を損なわないように、かつ、取付位置、取付方法等に関し告示で定める基準に適合するように取り付けられなければならない。

（後部反射器）

第三十八条　自動車の後面には、後部反射器を備えなければならない。

2　後部反射器は、夜間に自動車の後方にある他の交通に当該自動車の幅を示すことができるものとして、反射光の色、明るさ、反射部の形状等に関し告示で定める基準に適合するものでなければならない。

3　後部反射器は、その性能を損なわないように、かつ、取付位置、取付方法等に関し告示で定める基準に適合するように取り付けられなければならない。

（大型後部反射器）

第三十八条の二　貨物の運送の用に供する普通自動車であつて車両総重量が七トン以上のものの後面には、前条の基準に適合する後部反射器を備えるほか、大型後部反射器を備えなければならない。

2　大型後部反射器は、自動車の後方にある他の交通に当該自動車の存在を示すことができるものとして、反射光の色、明るさ、反射部の形状等に関し告示で定める基準に適合するものでなければならない。

3　大型後部反射器は、その性能を損なわないように、かつ、取付位置、取付方法等に関し告示で定める基準に適合するように取り付けられなければならない。

（再帰反射材）

第三十八条の三　自動車（次の各号に掲げるものを除く。）の前面（被牽引自動車の前面に限る。）、両側面及び後面には再帰反射材を備えることができる。

一　専ら乗用の用に供する自動車であつて乗車定員十人未満のもの

二　前号の自動車の形状に類する自動車

三　二輪自動車

四　側車付二輪自動車

五　カタピラ及びそりを有する軽自動車

2　再帰反射材は、光を光源方向に効果的に反射することにより夜間に自動車の前方（被牽引自動車の前方に限る。）、側方又は後方にある他の交通に当該自動車の長さ又は幅を示すことができるものとして、反射光の色、明るさ、反射部の形状等に関し告示で定める基準に適合するものでなければならない。

3　再帰反射材は、その性能を損なわないように、かつ、取付位置、取付方法等に関し告示で定める基準に適合するように取り付けられなければならない。

（制動灯）

第三十九条　自動車（最高速度二十キロメートル毎時未満の軽自動車及び小型特殊自動車を除く。）の後面の両側には、制動灯を備えなければならない。ただし、二輪自動車、カタピラ及びそりを有する軽自動車並びに幅〇・八メートル以下の自動車には、制動灯を後面に一個備えればよい。

2　制動灯は、自動車の後方にある他の交通に当該自動車が主制動装置（牽引自動車と被牽引自動車とを連結した場合においては、当該牽引自動車又は当該被牽引自動車の主制動装置。以下本条及び次条において同じ。）又は補助制動装置（主制動装置を補助し、走行中の自動車を減速させるための制動装置をいう。以下同じ。）を操作していることを示すことができ、かつ、その照射光線が他の交通を妨げないものとして、灯光の色、明るさ等に関し告示で定める基準に適合するものでなければならない。

3　制動灯は、その性能を損なわないように、かつ、取付位置、取付方法等に関し告示で定める基準に適合するように取り付けられなければならない。

4　制動灯を緊急制動表示灯（急激な減速時に灯火装置を点滅させる装置をいう。以下同じ。）として使用する場合にあつては、その間、当該制動灯については前二項の基準は適用しない。

（補助制動灯）

第三十九条の二　次に掲げる自動車（二輪自動車、側車付二輪自動車、三輪自動車、カタピラ及びそりを有する軽自動車並びに被牽引自動車を除く。）の後面には、補助制動灯を備えなければならない。

一　専ら乗用の用に供する自動車であって乗車定員十人未満のもの
二　貨物の運送の用に供する自動車（バン型の自動車に限る。）であって車両総重量が三・五トン以下のもの
2　補助制動灯は、自動車の後方にある他の交通に当該自動車が主制動装置又は補助制動装置を操作していることを示すことができ、かつ、その照射光線が他の交通を妨げないものとして、灯光の色、明るさ等に関し告示で定める基準に適合するものでなければならない。
3　補助制動灯は、その性能を損なわないように、かつ、取付位置、取付方法等に関し告示で定める基準に適合するように取り付けられなければならない。
4　補助制動灯を緊急制動表示灯として使用する場合にあっては、その間、当該補助制動灯については前二項の基準は適用しない。

（後退灯）
第四十条　自動車には、後退灯を備えなければならない。ただし、二輪自動車、側車付二輪自動車、カタピラ及びそりを有する軽自動車、小型特殊自動車並びに幅〇・八メートル以下の自動車並びにこれらによりけん引される被けん引自動車にあっては、この限りでない。
2　後退灯は、自動車の後方にある他の交通に当該自動車が後退していることを示すことができ、かつ、その照射光線が他の交通を妨げないものとして、灯光の色、明るさ等に関し告示で定める基準に適合するものでなければならない。
3　後退灯は、その性能を損なわないように、かつ、取付位置、取付方法等に関し告示で定める基準に適合するように取り付けられなければならない。

（方向指示器）
第四十一条　自動車（次の各号に掲げる自動車を除く。）には、方向指示器を備えなければならない。
一　最高速度二十キロメートル毎時未満の自動車であって長さが六メートル未満のもの（かじ取ハンドルの中心から自動車の最外側までの距離が六百五十ミリメートル未満であり、かつ、運転者席が車室内にないものに限る。）
二　牽引自動車と被牽引自動車とを連結した状態における長さが六メートル未満となる被牽引自動車
2　方向指示器は、自動車が右左折又は進路の変更をすることを他の交通に示すことができ、かつ、その照射光線が他の交通を妨げないものとして、灯光の色、明るさ等に関し告示で定める基準に適合するものでなければならない。
3　方向指示器は、その性能を損なわないように、かつ、取付位置、取付方法等に関し告示で定める基準に適合するように取り付けられなければならない。
4　方向指示器を緊急制動表示灯又は後面衝突警告表示灯として使用する場合にあっては、その間、当該方向指示器については前二項の基準は適用しない。

（補助方向指示器）
第四十一条の二　自動車の両側面には、補助方向指示器を一個ずつ備えることができる。
2　補助方向指示器は、自動車が右左折又は進路の変更をすることを他の交通に示すことができ、かつ、その照射光線が他の交通を妨げないものとして、灯光の色、明るさ等に関し告示で定める基準に適合するものでなければならない。
3　補助方向指示器は、その性能を損なわないように、かつ、取付位置、取付方法等に関し告示で定める基準に適合するように取り付けられなければならない。
4　補助方向指示器を緊急制動表示灯又は後面衝突警告表示灯として使用する場合にあっては、その間、当該補助方向指示器については前二項の基準は適用しない。

（非常点滅表示灯）
第四十一条の三　自動車には、非常点滅表示灯を備えなければならない。ただし、二輪自動車、側車付二輪自動車、カタピラ及びそりを有する軽自動車、大型特殊自動車、幅〇・八メートル以下の自動車並びに最高速度四十キロメートル毎時未満の自動車並びにこれらによりけん引される被けん引自動車にあっては、この限りでない。
2　非常点滅表示灯は、非常時等に他の交通に警告することができ、かつ、その照射光線が他の交通を妨げないものとして、灯光の色、明るさ等に関し告示で定める基準に適合するものでなければならない。
3　非常点滅表示灯は、その性能を損なわないように、かつ、取付位置、取付方法等に関し告示で定める基準に適合するように取り付けられなければならない。

（緊急制動表示灯）
第四十一条の四　自動車（カタピラ及びそりを有する軽自動車、大型特殊自動車並びに小型特殊自動車を除く。）には、緊急制動表示灯を備えることができる。
2　緊急制動表示灯として使用する灯火装置は、制動灯、補助制動灯、方向指示器又は補助方向指示器とする。
3　緊急制動表示灯は、自動車の後方にある他の交通に当該自動車が急激に減速していることを示すことができ、かつ、その照射光線が他の交通を妨げないものとして、灯光の色、明るさ等に関し告示で定める基準に適合するものでなければならない。
4　緊急制動表示灯は、その性能を損なわないように、かつ、取付位置、取付方法等に関し告示で定める基準に適合するように取り付けられなければならない。

（後面衝突警告表示灯）
第四十一条の五　自動車（側車付二輪自動車、カタピラ及びそりを有する軽自動車を除く。）には、後面衝突警告表示灯を備えることができる。
2　後面衝突警告表示灯として使用する灯火装置は、方向指示器又は補助方向指示器とする。
3　後面衝突警告表示灯は、自動車の後方にある交通に当該自動車と衝突するおそれがあることを示すことができ、かつ、その照射光線が他の交通を妨げないものとして、灯光の色、明るさ等に関し告示で定める基準に適合するものでなければならない。
4　後面衝突警告表示灯は、その性能を損なわないように、かつ、取付位置、取付方法等に関し告示で定める基準に適合するように取り付けられなければならない。

（その他の灯火等の制限）
第四十二条　自動車には、第三十二条から前条までの灯火装置若しくは反射器又は指示装置と類似する等により他の交通の妨げとなるおそれのあるものとして告示で定める灯火又は反射器を備えてはならない。

（警音器）

第四十三条　自動車（被牽引自動車を除く。）には、警音器を備えなければならない。

2　警音器の警報音発生装置は、次項に定める警音器の性能を確保できるものとして、音色、音量等に関し告示で定める基準に適合するものでなければならない。

3　自動車の警音器は、警報音を発生することにより他の交通に警告することができ、かつ、その警報音が他の交通を妨げないものとして、音色、音量等に関し告示で定める基準に適合するものでなければならない。

4　自動車（緊急自動車を除く。）には、車外に音を発する装置であつて警音器と紛らわしいものを備えてはならない。ただし、歩行者の通行その他の交通の危険を防止するため自動車が右左折、進路の変更若しくは後退するときにその旨を歩行者等に警報するブザその他の装置又は盗難、車内における事故その他の緊急事態が発生した旨を通報するブザその他の装置については、この限りでない。

（非常信号用具）

第四十三条の二　自動車には、非常時に灯光を発することにより他の交通に警告することができ、かつ、安全な運行を妨げないものとして、灯光の色、明るさ、備付け場所等に関し告示で定める基準に適合する非常信号用具を備えなければならない。ただし、二輪自動車、側車付二輪自動車、大型特殊自動車、小型特殊自動車及び被牽引自動車にあつては、この限りでない。

（警告反射板）

第四十三条の三　自動車に備える警告反射板は、その反射光により他の交通に警告することができるものとして、形状、反射光の色、明るさ等に関し告示で定める基準に適合するものでなければならない。

（停止表示器材）

第四十三条の四　自動車に備える停止表示器材は、けい光及び反射光により他の交通に当該自動車が停止していることを表示することができるものとして、形状、けい光及び反射光の明るさ、色等に関し告示で定める基準に適合するものでなければならない。

2　停止表示器材は、使用に便利な場所に備えられたものでなければならない。

（盗難発生警報装置）

第四十三条の五　自動車には、盗難発生警報装置（自動車の盗難が発生しようとしている、又は発生している旨を音又は音及び灯光等により車外へ警報することにより自動車の盗難を防止する装置をいう。以下同じ。）を備えることができる。

2　専ら乗用の用に供する自動車（乗車定員十人以上の自動車、二輪自動車、側車付二輪自動車、三輪自動車、カタピラ及びそりを有する軽自動車並びに被牽引自動車を除く。）及び貨物の運送の用に供する自動車（車両総重量が二トンを超える自動車、三輪自動車及び被牽引自動車を除く。）に備える盗難発生警報装置は、安全な運行を妨げないものとして、盗難の検知及び警報に係る性能等に関し告示で定める基準に適合するものでなければならない。

（車線逸脱警報装置）

第四十三条の六　専ら乗用の用に供する自動車（二輪自動車、側車付二輪自動車、三輪自動車、カタピラ及びそりを有する軽自動車、被牽引自動車並びに車線逸脱警報装置（自動車が走行中に車線から逸脱しようとしている、又は逸脱している旨を運転者に警報することにより自動車の車線からの逸脱を防止する装置をいう。以下この条において同じ。）を備えることができないものとして告示で定める自動車を除く。）であつて乗車定員十人以上のもの及び貨物の運送の用に供する自動車（三輪自動車、カタピラ及びそりを有する軽自動車、被牽引自動車並びに車線逸脱警報装置を備えることができないものとして告示で定める自動車を除く。）であつて車両総重量三・五トンを超えるものには、安全な運行を確保できるものとして、車線からの逸脱の検知及び警報に係る性能等に関し告示で定める基準に適合する車線逸脱警報装置を備えなければならない。ただし、高速道路等において運行しない自動車にあつては、この限りでない。

（車両接近通報装置）

第四十三条の七　電力により作動する原動機を有する自動車（二輪自動車、側車付二輪自動車、三輪自動車、カタピラ及びそりを有する軽自動車、大型特殊自動車、小型特殊自動車並びに被牽引自動車を除く。）には、当該自動車の接近を歩行者等に通報するものとして、機能、性能等に関し告示で定める基準に適合する車両接近通報装置を備えなければならない。ただし、走行中に内燃機関が常に作動する自動車にあつては、この限りでない。

（事故自動緊急通報装置）

第四十三条の八　自動車（次に掲げるものを除く。）に備える事故自動緊急通報装置は、当該自動車が衝突等による衝撃を受ける事故が発生した場合において、その旨及び当該事故の概要を所定の場所に自動的かつ緊急に通報するものとして、機能、性能等に関し告示で定める基準に適合するものでなければならない。

一　専ら乗用の用に供する自動車であつて次に掲げるもの

イ　乗車定員十人以上の自動車

ロ　乗車定員十人未満の自動車であつて車両総重量三・五トンを超えるもの

二　前号の自動車の形状に類する自動車

三　貨物の運送の用に供する自動車であつて車両総重量三・五トンを超えるもの

四　前号の自動車の形状に類する自動車

五　二輪自動車

六　側車付二輪自動車

七　三輪自動車

八　カタピラ及びそりを有する軽自動車

九　大型特殊自動車

十　小型特殊自動車

十一　被牽引自動車

（側方衝突警報装置）

第四十三条の九　次に掲げる自動車（被牽引自動車及び側方衝突警報装置を備えることができないものとして告示で定める自動車を除く。）には、自転車の乗車人員が当該自動車の左側面に衝突するおそれがある場合に、その旨を運転者に警報するものとして、機能、性能等に関し告示で定める基準に適合する側方衝突警報装置を備えなければならない。

一　貨物の運送の用に供する普通自動車であつて、車両総重量が八トンを超えるもの

二　前号の自動車に該当する被牽引自動車を牽引する牽引自

動車

（車両後退通報装置）

第四十三条の十　自動車（次に掲げるものを除く。）には、車両後退通報装置（自動車が後退している旨を歩行者等に通報する装置をいう。以下この条において同じ。）を備えなければならない。

一　専ら乗用の用に供する自動車（第五号から第十一号までに掲げるものを除く。以下この号から第四号までにおいて同じ。）であつて次に掲げるもの

イ　乗車定員十人未満の自動車

ロ　乗車定員十人以上の自動車であつて車両総重量三・五トン以下のもの

二　前号の自動車の形状に類する自動車

三　貨物の運送の用に供する自動車であつて車両総重量三・五トン以下のもの

四　前号の自動車の形状に類する自動車

五　二輪自動車

六　側車付二輪自動車

七　三輪自動車

八　カタピラ及びそりを有する軽自動車

九　大型特殊自動車

十　小型特殊自動車

十一　被牽引自動車

2　車両後退通報装置の通報音発生装置は、歩行者等が確実に聞き取ることができる通報音を発することができるものとして、音色、音量等に関し告示で定める基準に適合するものでなければならない。

3　車両後退通報装置は、自動車の後退を歩行者等に通報することにより歩行者等の当該自動車との衝突を防止することができるものとして、機能、性能等に関し告示で定める基準に適合するものでなければならない。

（後写鏡等）

第四十四条　自動車（被牽引自動車を除く。）には、後写鏡を備えなければならない。ただし、運転者の視野、乗車人員等の保護に係る性能等に関し告示で定める基準に適合する後方等確認装置を備える自動車（二輪自動車、側車付二輪自動車、三輪自動車、カタピラ及びそりを有する軽自動車、大型特殊自動車、小型特殊自動車並びに被牽引自動車を除く。）にあつては、この限りでない。

2　自動車（ハンドルバー方式のかじ取装置を備える二輪自動車、側車付二輪自動車及び三輪自動車であつて車室（運転者席において自動車の外側線付近の交通状況を確認できるものを除く。次項、第五十八条第百十一項及び第六十五条において同じ。）を有しないものを除く。）に備える後写鏡は、運転者が運転者席において自動車の外側線付近及び後方の交通状況を確認でき、かつ、乗車人員、歩行者等に傷害を与えるおそれの少ないものとして、当該後写鏡による運転者の視野、乗車人員等の保護に係る性能等に関し告示で定める基準に適合するものでなければならない。

3　ハンドルバー方式のかじ取装置を備える二輪自動車、側車付二輪自動車及び三輪自動車であつて車室を有しないものに備える後写鏡は、運転者が後方の交通状況を確認でき、かつ、歩行者等に傷害を与えるおそれのないものとして、当該後写鏡による運転者の視野、歩行者等の保護に係る性能等に関し告示で定める基準に適合するものでなければならない。

4　第一項の後方等確認装置並びに第二項及び前項の後写鏡はそれぞれ、これらの規定に掲げる性能を損なわないように、かつ、取付位置、取付方法等に関し告示で定める基準に適合するように取り付けられなければならない。

5　自動車（二輪自動車、側車付二輪自動車、カタピラ及びそりを有する軽自動車、大型特殊自動車、小型特殊自動車並びに被牽引自動車を除く。）には、運転者が運転者席において告示で定める障害物を確認できる鏡その他の装置を備えなければならない。ただし、運転者が運転者席において当該障害物を直接又は後写鏡若しくは後方等確認装置により確認できる構造の自動車にあつては、この限りでない。

6　前項の鏡その他の装置は、同項の障害物を確認でき、かつ、歩行者等に傷害を与えるおそれの少ないものとして、当該鏡その他の装置による運転者の視野、歩行者等の保護に係る性能等に関し告示で定める基準に適合するものでなければならない。

7　第五項の鏡その他の装置は、その性能を損なわないように、かつ、取付位置、取付方法等に関し告示で定める基準に適合するように取り付けられなければならない。

（後退時車両直後確認装置）

第四十四条の二　自動車（二輪自動車、側車付二輪自動車、三輪自動車、カタピラ及びそりを有する軽自動車、大型特殊自動車、小型特殊自動車、被牽引自動車並びに後退時車両直後確認装置を備えることができないものとして告示で定める自動車を除く。）には、後退時に運転者が運転者席において当該自動車の直後の状況を確認できるものとして、運転者の視野に係る性能等に関し告示で定める基準に適合する後退時車両直後確認装置を備えなければならない。ただし、後退時に運転者が運転者席において当該自動車の直後の状況を直接確認できる構造を有するものとして告示で定める自動車にあつては、この限りでない。

（窓ふき器等）

第四十五条　自動車（二輪自動車、側車付二輪自動車、カタピラ及びそりを有する軽自動車並びに被牽引自動車を除く。）の前面ガラスには、前面ガラスの直前の視野を確保できるものとして、視野の確保に係る性能等に関し告示で定める基準に適合する自動式の窓ふき器を備えなければならない。

2　前項の規定により窓ふき器を備えなければならない自動車（大型特殊自動車、農耕作業用小型特殊自動車及び最高速度二十キロメートル毎時未満の自動車を除く。）には、前面ガラスの外側が汚染された場合又は前面ガラスに水滴等により著しい曇りが生じた場合において、前面ガラスの直前の視野を確保でき、かつ、安全な運行を妨げないものとして、視野の確保に係る性能等に関し告示で定める基準に適合する洗浄液噴射装置及びデフロスタを備えなければならない。ただし、車室と車体外とを屋根、窓ガラス等の隔壁により仕切ることのできない自動車にあつては、デフロスタは備えることを要しない。

（速度計等）

第四十六条　自動車（最高速度二十キロメートル毎時未満の自動車及び被牽引自動車を除く。）には、運転者が容易に走行時における速度を確認でき、かつ、平坦な舗装路面での走行時において、著しい誤差がないものとして、取付位置、精度

等に関し告示で定める基準に適合する速度計を運転者の見やすい箇所に備えなければならない。ただし、最高速度三十五キロメートル毎時未満の大型特殊自動車及び農耕作業用小型特殊自動車にあつては、原動機回転計をもつて速度計に代えることができる。

2　自動車（カタピラ及びそりを有する軽自動車、最高速度二十キロメートル毎時未満の自動車及び被牽引自動車を除く。）には、運転者が運転者席において容易に走行距離を確認できるものとして、表示、取付位置等に関し告示で定める基準に適合する走行距離計を備えなければならない。ただし、最高速度三十五キロメートル毎時未満の大型特殊自動車及び農耕作業用小型特殊自動車にあつては、原動機運転時間計をもつて走行距離計に代えることができる。

（事故情報計測・記録装置）

第四十六条の二　専ら乗用の用に供する自動車（二輪自動車、側車付二輪自動車、三輪自動車、カタピラ及びそりを有する軽自動車並びに被牽引自動車を除く。）及び貨物の運送の用に供する自動車（三輪自動車及び被牽引自動車を除く。）には、当該自動車が衝突等による衝撃を受ける事故が発生した場合において、当該自動車の瞬間速度その他の情報を計測し、及びその結果を記録するものとして、記録性能等に関し告示で定める基準に適合する事故情報計測・記録装置を備えなければならない。

（消火器）

第四十七条　次に掲げる自動車には、消火器を備えなければならない。

一　火薬類（第五十一条各号に掲げる数量以下のものを除く。）を運送する自動車（被牽引自動車を除く。）

二　危険物の規制に関する政令（昭和三十四年政令第三百六号）別表第三に掲げる指定数量以上の危険物を運送する自動車（被牽引自動車を除く。）

三　告示で定める品名及び数量以上の可燃物を運送する自動車（被牽引自動車を除く。）

四　百五十キログラム以上の高圧ガス（可燃性ガス及び酸素に限る。）を運送する自動車（被牽引自動車を除く。）

五　前各号に掲げる火薬類、危険物、可燃物又は高圧ガスを運送する自動車を牽引する牽引自動車

六　放射性同位元素等の規制に関する法律施行規則（昭和三十五年総理府令第五十六号）第十八条の三第一項に規定する放射性輸送物（L型輸送物を除き、同条第二項に定めるIP―1型輸送物、IP―2型輸送物及びIP―3型輸送物を含む。）を運送する場合若しくは放射性同位元素等車両運搬規則（昭和五十二年運輸省令第三十三号）第十八条の規定により運送する場合又は核燃料物質等の工場又は事業所の外における運搬に関する規則（昭和五十三年総理府令第五十七号）第三条に規定する核燃料輸送物（L型輸送物を除く。）若しくは同令第十一条に規定する核分裂性輸送物を運送する場合若しくは核燃料物質等車両運搬規則（昭和五十三年運輸省令第七十二号）第十九条の規定により運送する場合に使用する自動車

七　乗車定員十一人以上の自動車

八　乗車定員十一人以上の自動車を牽引する牽引自動車

九　幼児専用車

2　前項各号に掲げる自動車に備える消火器は、運送物品等の消火に適応することができ、かつ、安全な運行を妨げないものとして、消化剤の種類及び充てん量、構造、取付位置等に関し告示で定める基準に適合するものでなければならない。

（内圧容器及びその附属装置）

第四十七条の二　自動車の内圧容器及びその附属装置は、内圧に耐えることができ、かつ、安全な運行を妨げないものとして、規格、表示、取付け等に関し告示で定める基準に適合するものでなければならない。

（自動運行装置）

第四十八条　自動車（二輪自動車、側車付二輪自動車、三輪自動車、カタピラ及びそりを有する軽自動車、大型特殊自動車、小型特殊自動車並びに被牽引自動車を除く。）には、自動運行装置を備えることができる。

2　自動運行装置を備える自動車は、プログラムによる当該自動車の自動的な運行の安全性を確保できるものとして、機能、性能等に関し告示で定める基準に適合しなければならない。

3　法第七十五条の三第一項の規定によりその型式について指定を受ける自動運行装置は、当該装置を備える自動車を前項の基準に適合させるものでなければならない。

（運行記録計）

第四十八条の二　次の各号に掲げる自動車（緊急自動車及び被牽引自動車を除く。）には、運行記録計を備えなければならない。

一　貨物の運送の用に供する普通自動車であつて、車両総重量が八トン以上又は最大積載量が五トン以上のもの

二　前号の自動車に該当する被牽引自動車を牽引する牽引自動車

2　前項各号に掲げる自動車に備える運行記録計は、二十四時間以上の継続した時間内における当該自動車の瞬間速度及び二時刻間の走行距離を自動的に記録することができ、かつ、平坦な舗装路面での走行時において、著しい誤差がないものとして、記録性能、精度等に関し告示で定める基準に適合するものでなければならない。

（速度表示装置）

第四十八条の三　自動車には、速度表示装置を備えることができる。

2　速度表示装置は、当該自動車の速度を他の交通に容易に表示することができ、かつ、平坦な舗装路面での走行時において、著しい誤差がないものとして、表示方法、灯光の色、明るさ、精度等に関し告示で定める基準に適合するものでなければならない。

3　速度表示装置は、その性能を損なわないように、かつ、取付位置、取付方法等に関し告示で定める基準に適合するように取り付けられなければならない。

（緊急自動車）

第四十九条　緊急自動車には、当該自動車が緊急自動車であることを他の交通に示すことができるものとして、警光灯の色、明るさ、サイレンの音量に関し告示で定める基準に適合する警光灯及びサイレンを備えなければならない。

2　緊急自動車は、当該自動車が緊急自動車であることを他の交通に示すことができるものとして、車体の塗色に関し告示で定める基準に適合しなければならない。

（道路維持作業用自動車）

第四十九条の二　道路維持作業用自動車には、当該自動車が道路維持作業用自動車であることを他の交通に示すことができるものとして、灯光の色、明るさ等に関し告示で定める基準に適合する灯火を車体の上部の見やすい箇所に備えなければならない。

（自主防犯活動用自動車）

第四十九条の三　自主防犯活動用自動車（地方公共団体その他の団体が自主防犯活動のため使用する自動車であつて告示で定めるものをいう。次項において同じ。）には、青色防犯灯を備えることができる。

2　青色防犯灯は、当該自動車が自主防犯活動用自動車であることを他の交通に示すことができ、かつ、その照射光線が他の交通を妨げないものとして、灯光の色、明るさ等に関し告示で定める基準に適合するものでなければならない。

3　青色防犯灯は、その性能を損なわないように、かつ、取付位置、取付方法等に関し告示で定める基準に適合するように取り付けられなければならない。

（旅客自動車運送事業用自動車）

第五十条　旅客自動車運送事業用自動車（乗車定員十一人以上の自動車に限る。）は、第二条から第四十八条までの規定によるほか、旅客自動車運送事業の用に供するため必要な性能及び構造に関し告示で定める基準に適合しなければならない。

（ガス運送容器を備える自動車等）

第五十条の二　ガス運送容器を備える自動車その他のガス容器を運送するための構造及び装置を有する自動車は、第二条から第四十八条の三までの規定によるほか、衝突によるガス容器及びその附属装置の損傷を防止できるものとして、強度、取付位置等に関し告示で定める基準に適合するバンパその他の緩衝装置を車台の後部に備えなければならない。

2　ガス運送容器を備える自動車は、前項の規定によるほか、ガス運送容器の後面及び附属装置と前項の緩衝装置との間隔に関し告示で定める基準に適合しなければならない。

（火薬類を運送する自動車）

第五十一条　火薬類を運送する自動車は、第二条から第四十八条の三までの規定によるほか、火薬類を安全に運送できるものとして、構造、装置等に関し告示で定める基準に適合しなければならない。ただし、次に掲げる数量以下の火薬類を運送する自動車にあつては、この限りでない。

一　火薬にあつては、五キログラム

二　猟銃雷管にあつては、二千個

三　実包、空包、信管又は火管にあつては、二百個

（危険物を運送する自動車）

第五十二条　危険物を運送する自動車は、第二条から第四十八条の三までの規定によるほか、危険物を安全に運送できるものとして、構造、装置等に関し告示で定める基準に適合しなければならない。

（乗車定員及び最大積載量）

第五十三条　自動車の乗車定員又は最大積載量は、本章の規定に適合して安全な運行を確保し、及び公害を防止できるものとして、告示で定める基準に基づき算出される範囲内において乗車し又は積載することができる人員又は物品の積載量のうち最大のものとする。ただし、二輪の軽自動車（側車付二輪自動車を除く。）にあつては乗車定員二人以下、車両総重量二トン未満の被牽（けん）引自動車にあつては乗車定員なしとする。

2　前項の乗車定員は、十二歳以上の者の数をもつて表すものとする。この場合において、十二歳以上の者一人は、十二歳未満の小児又は幼児一・五人に相当するものとする。

（臨時乗車定員）

第五十四条　地方運輸局長は、路線を定めて定期に運行する旅客自動車運送事業用自動車（前条の乗車定員が三十人以上のものに限る。）について、前条の乗車定員のほか、その運行のため必要な保安上又は公害防止上の制限を附して臨時乗車定員を定めることができる。

2　前項の臨時乗車定員は、告示で定める人数を超えないものでなければならない。

3　前条第二項の規定は、第一項の臨時乗車定員について準用する。

（基準の緩和）

第五十五条　地方運輸局長が、その構造により若しくはその使用の態様が特殊であることにより保安上及び公害防止上支障がないと認定した自動車については、本章の規定及びこれに基づく告示であつて当該自動車について適用しなくても保安上及び公害防止上支障がないものとして国土交通大臣が告示で定めるもののうち、地方運輸局長が当該自動車ごとに指定したものは、適用しない。

2　前項の認定は、条件若しくは期限又は認定に係る自動車の運行のため必要な保安上若しくは公害防止上の制限を付して行うことができる。

3　第一項の認定を受けようとする者は、次に掲げる事項を記載した申請書を地方運輸局長に提出しなければならない。

一　氏名又は名称及び住所

二　車名及び型式

三　種別及び用途

四　車体の形状

五　車台番号

六　使用の本拠の位置

七　構造又は使用の態様の特殊性

八　認定により適用を除外する規定

九　認定を必要とする理由

4　前項の申請書には、同項第八号に掲げる規定を適用しない場合においても保安上及び公害防止上支障がないことを証する書面を添付しなければならない。

5　地方運輸局長は、第三項の申請者に対し、前二項に規定するもののほか、第三項第九号の事項として同項の申請書に記載した輸送の必要性を示す書面その他必要な書面の提出を求めることができる。

6　地方運輸局長は、次の各号の一に該当する場合には、第一項の認定を取り消すことができる。

一　認定の取消しを求める申請があつたとき。

二　第一項の規定により地方運輸局長が適用を除外する規定として指定した規定を適用しないことにより保安上又は公害防止上支障を生じるおそれがあるとき又は支障を生じたとき。

三　第二項の規定による条件又は制限に違反したとき。

7　地方運輸局長は、第一項の認定の申請に係る自動車が第三項の申請書に記載された同項第七号の使用の態様以外の態様

により使用されるおそれ又は第二項の規定により付そうとする条件又は制限に違反して使用されるおそれがあると疑うに足りる相当な理由があるときは、第一項の認定をしないものとする。

第五十六条　製造又は改造の過程にある自動車で法第三十四条第一項（法第七十三条第二項において準用する場合を含む。）の臨時運行の許可又は法第三十六条の二第一項（法第七十三条第二項において準用する場合を含む。）の許可を受けて運行の用に供するものについては、工場と工場、保管施設若しくは試験場との間又はこれらの相互間を運行する場合に限り、本章の規定及びこれに基づく告示のうち当該自動車について適用しなくても保安上及び公害防止上支障がないものとして国土交通大臣が告示で定めるものは、適用しない。

2　前項の自動車には、第三十七条第一項本文又は第三十九条第一項本文の規定にかかわらず、尾灯及び制動灯を後面にそれぞれ一個ずつ備えればよい。

3　法の規定による検査等により本章に定める基準に適合していないことが明らかとなつた自動車又は故障若しくは事故によりこれらの基準に適合しなくなつた自動車については、これらの基準に適合させるため整備若しくは改造を行う場所又は積載物品等による危険を除去するために必要な措置を行う場所に運行する場合に限り、当該基準に係る本章の規定は、適用しない。ただし、その運行が他の交通に危険を及ぼし、又は他人に迷惑を及ぼすおそれのあるものにあつては、この限りでない。

4　国土交通大臣が構造又は装置について本章に定める基準の改善に資するため必要があると認定した試作自動車又は試験自動車でその運行のため必要な保安上又は公害防止上の制限を付したものについては、当該構造又は装置に係る本章の規定は、適用しない。

第五十七条　法第九十九条の自動車については、本章の規定及びこれに基づく告示のうち当該自動車について適用しなくても保安上及び公害防止上支障がないものとして国土交通大臣が告示で定めるものは、適用しない。

2　前条第二項の規定は、前項の自動車について準用する。

（適用関係の整理）

第五十八条　第二章の規定が改正された場合における改正後の規定の適用に関しては、告示で、当該規定の適用関係の整理のため必要な事項を定めることができる。

（締約国登録自動車の特例）

第五十八条の二　締約国登録自動車については、第三条及び第五条から第五十四条までの規定は、適用しない。

2　締約国登録自動車の装置は、道路交通に関する条約附属書六（以下「附属書六」という。）の規定に適合しなければならない。

3　締約国登録自動車の乗車定員又は最大積載量は、当該自動車の登録国の権限のある当局が乗車定員又は最大積載量を宣言した場合にあつては、当該乗車定員又は最大積載量とし、その他の場合にあつては、附属書六の規定に適合して安全な運行を確保し、及び公害を防止できる範囲内において乗車し又は積載することができる人員又は物品の積載量のうち最大のものとする。

第三章　原動機付自転車の保安基準

第一節　一般原動機付自転車の保安基準

（長さ、幅及び高さ）

第五十九条　一般原動機付自転車は、告示で定める方法により測定した場合において、長さ二・五メートル、幅一・三メートル、高さ二メートルを超えてはならない。ただし、地方運輸局長の許可を受けたものにあつては、この限りでない。

（接地部及び接地圧）

第六十条　一般原動機付自転車の接地部及び接地圧は、道路を破損するおそれのないものとして、告示で定める基準に適合しなければならない。

（制動装置）

第六十一条　一般原動機付自転車（付随車を除く。）には、走行中の一般原動機付自転車が確実かつ安全に減速及び停止を行うことができ、かつ、平坦な舗装路面等で確実に当該一般原動機付自転車を停止状態に保持できるものとして、制動性能に関し告示で定める基準に適合する二系統以上の制動装置を備えなければならない。

2　付随車を牽引する一般原動機付自転車の制動装置（当該付随車に制動装置が備えられている場合にあつては、当該制動装置を含む。）は、付随車とこれを牽引する一般原動機付自転車とを連結した状態において、走行中の一般原動機付自転車の減速及び停止等に係る制動性能に関し告示で定める基準に適合しなければならない。

（車体）

第六十一条の二　一般原動機付自転車（二輪のもの及び付随車を除く。）の車体は、次の基準に適合するものでなければならない。

一　車体は、堅ろうで運行に十分耐え、かつ、一般原動機付自転車の周囲にある他の交通からの視認性を向上させるものとして、強度、構造等に関し告示で定める基準に適合するものであること。

二　車体の外形その他一般原動機付自転車の形状は、回転部分が突出していないこと等他の交通の安全を妨げるおそれがないものとして、告示で定める基準に適合するものであること。

（ばい煙、悪臭のあるガス、有害なガス等の発散防止装置）

第六十一条の三　一般原動機付自転車は、運行中ばい煙、悪臭のあるガス又は有害なガスを多量に発散しないものでなければならない。

2　一般原動機付自転車は、排気管から大気中に排出される排出物に含まれる一酸化炭素、炭化水素及び窒素酸化物を多量に発散しないものとして、性能に関し告示で定める基準に適合するものでなければならない。

3　前項の規定に適合させるために一般原動機付自転車に備えるばい煙、悪臭のあるガス、有害なガス等の発散防止装置は、当該装置の機能を損なわないものとして、構造、機能、性能等に関し告示で定める基準に適合するものでなければならない。

4　内燃機関を原動機とする一般原動機付自転車には、炭化水素等の発散を防止することができるものとして、機能、性能等に関し告示で定める基準に適合するブローバイ・ガス還元装置を備えなければならない。

5　一般原動機付自転車であつて、ガソリンを燃料とするものは、炭化水素の発散を有効に防止することができるものとして、当該一般原動機付自転車及びその燃料から蒸発する炭化水素の排出量に関し告示で定める基準に適合するものでなければならない。

6　一般原動機付自転車の排気管は、発散する排気ガス等により乗車人員等に傷害を与えるおそれが少なく、かつ、制動装置等の機能を阻害しないものとして、取付位置、取付方法等に関し告示で定める基準に適合するものでなければならない。

（前照灯）

第六十二条　一般原動機付自転車（付随車を除く。）の前面には、前照灯を備えなければならない。

2　前照灯は、夜間に一般原動機付自転車の前方にある交通上の障害物を確認でき、かつ、その照射光線が他の交通を妨げないものとして、灯光の色、明るさ等に関し告示で定める基準に適合するものでなければならない。

3　前照灯は、その性能を損なわないように、かつ、取付位置、取付方法等に関し告示で定める基準に適合するように取り付けられなければならない。

（番号灯）

第六十二条の二　一般原動機付自転車（最高速度二十キロメートル毎時未満のものを除く。第六十二条の三、第六十二条の四、第六十四条の三、第六十五条の二、第六十五条の三、第六十六条の二及び第六十六条の三において同じ。）の番号灯は、夜間にその後面に取り付けた市町村（特別区を含む。）の条例で付すべき旨を定めている標識の番号等を確認できるものとして、灯光の色、明るさ等に関し告示で定める基準に適合するものでなければならない。

2　番号灯は、その性能を損なわないように、かつ、取付方法等に関し告示で定める基準に適合するように取り付けられなければならない。

（尾灯）

第六十二条の三　一般原動機付自転車の後面には、尾灯を備えなければならない。

2　尾灯は、夜間に一般原動機付自転車の後方にある他の交通に当該一般原動機付自転車の存在を示すことができ、かつ、その照射光線が他の交通を妨げないものとして、灯光の色、明るさ等に関し告示で定める基準に適合するものでなければならない。

3　尾灯は、その性能を損なわないように、かつ、取付位置、取付方法等に関し告示で定める基準に適合するように取り付けられなければならない。

（制動灯）

第六十二条の四　一般原動機付自転車の後面には、制動灯を備えなければならない。

2　制動灯は、一般原動機付自転車の後方にある他の交通に当該一般原動機付自転車の制動装置が作動していることを示すことができ、かつ、その照射光線が他の交通を妨げないものとして、灯光の色、明るさ等に関し告示で定める基準に適合するものでなければならない。

3　制動灯は、その性能を損なわないように、かつ、取付位置、取付方法等に関し告示で定める基準に適合するように取り付けられなければならない。

4　制動灯を緊急制動表示灯として使用する場合にあつては、その間、当該制動灯については前二項の基準は適用しない。

（後部反射器）

第六十三条　一般原動機付自転車の後面には、後部反射器を備えなければならない。

2　後部反射器は、夜間に一般原動機付自転車の後方にある他の交通に当該一般原動機付自転車の存在を示すことができるものとして、反射光の色、明るさ、反射部の形状等に関し告示で定める基準に適合するものでなければならない。

3　後部反射器は、その性能を損なわないように、かつ、取付位置、取付方法等に関し告示で定める基準に適合するように取り付けられなければならない。

（警音器）

第六十四条　一般原動機付自転車（付随車を除く。）には、警音器を備えなければならない。

2　警音器の警報音発生装置は、次項に定める警音器の性能を確保できるものとして、音色、音量等に関し告示で定める基準に適合するものでなければならない。

3　警音器は、警報音を発生することにより他の交通に警告することができ、かつ、その警報音が他の交通を妨げないものとして、音色、音量等に関し告示で定める基準に適合するものでなければならない。

4　一般原動機付自転車には、車外に音を発する装置であつて警音器と紛らわしいものを備えてはならない。ただし、歩行者の通行その他の交通の危険を防止するため一般原動機付自転車が右左折、進路の変更若しくは後退するときにその旨を歩行者等に警報するブザその他の装置又は盗難、車内における事故その他の緊急事態が発生した旨を通報するブザその他の装置については、この限りでない。

（消音器）

第六十四条の二　一般原動機付自転車（付随車を除く。以下この条において同じ。）は、騒音を著しく発しないものとして、構造、騒音の大きさ等に関し告示で定める基準に適合するものでなければならない。

2　内燃機関を原動機とする一般原動機付自転車には、騒音の発生を有効に抑止することができるものとして、構造、騒音防止性能等に関し告示で定める基準に適合する消音器を備えなければならない。

（方向指示器）

第六十四条の三　一般原動機付自転車には、方向指示器を備えなければならない。

2　方向指示器は、一般原動機付自転車が右左折又は進路の変更をすることを他の交通に示すことができ、かつ、その照射光線が他の交通を妨げないものとして、灯光の色、明るさ等に関し告示で定める基準に適合するものでなければならない。

3　方向指示器は、その性能を損なわないように、かつ、取付位置、取付方法等に関し告示で定める基準に適合するように取り付けられなければならない。

4　方向指示器を緊急制動表示灯又は後面衝突警告表示灯として使用する場合にあつては、その間、当該方向指示器については前二項の基準は適用しない。

（後写鏡）

第六十五条　一般原動機付自転車（付随車を除く。）には、後写鏡を備えなければならない。

２　一般原動機付自転車（ハンドルバー方式のかじ取装置を備える一般原動機付自転車であつて車室を有しないものを除く。）に備える後写鏡は、運転者が運転者席において一般原動機付自転車の後方の交通状況を確認でき、かつ、乗車人員、歩行者等に傷害を与えるおそれの少ないものとして、当該後写鏡による運転者の視野、乗車人員、歩行者等の保護に係る性能等に関し告示で定める基準に適合するものでなければならない。

３　ハンドルバー方式のかじ取装置を備える一般原動機付自転車であつて車室を有しないものに備える後写鏡は、運転者が後方の交通状況を確認でき、かつ、歩行者等に傷害を与えるおそれの少ないものとして、当該後写鏡による運転者の視野、歩行者等の保護に係る性能等に関し告示で定める基準に適合するものでなければならない。

４　前二項の後写鏡は、それぞれ、これらの規定に掲げる性能を損なわないように、かつ、取付位置、取付方法等に関し告示で定める基準に適合するように取り付けられなければならない。

（速度計）

第六十五条の二　一般原動機付自転車（付随車を除く。）には、運転者が容易に走行時における速度を確認でき、かつ、平坦な舗装路面での走行時において、著しい誤差がないものとして、取付位置、精度等に関し告示で定める基準に適合する速度計を運転者の見やすい箇所に備えなければならない。

（かじ取装置）

第六十五条の三　一般原動機付自転車（二輪のもの及び付随車を除く。）のかじ取装置は、当該一般原動機付自転車が衝突等による衝撃を受けた場合において、運転者に傷害を与えるおそれの少ないものとして、運転者の保護に係る性能に関し告示で定める基準に適合するものでなければならない。

（乗車装置）

第六十六条　一般原動機付自転車の乗車装置は、乗車人員が動揺、衝撃等により転落又は転倒することなく安全な乗車を確保できるものとして、構造に関し告示で定める基準に適合するものでなければならない。

２　一般原動機付自転車の運転者以外の者の用に供する座席（またがり式の座席を除く。）は、安全に着席できるものとして、寸法等に関し告示で定める基準に適合するものでなければならない。

（座席ベルト等）

第六十六条の二　一般原動機付自転車（二輪のもの及び付随車を除く。）には、当該一般原動機付自転車が衝突等による衝撃を受けた場合において、運転者が、座席の前方に移動することを防止し、かつ、上半身を過度に前傾することを防止するため、座席ベルト及び当該座席ベルトの取付装置を備えなければならない。ただし、座席がまたがり式であるものにあつては、この限りでない。

２　前項の座席ベルトの取付装置は、座席ベルトから受ける荷重等に十分耐え、かつ、取り付けられる座席ベルトが有効に作用し、かつ、乗降の支障とならないものとして、強度、取付位置等に関し告示で定める基準に適合するものでなければならない。

３　第一項の座席ベルトは、当該一般原動機付自転車が衝突等による衝撃を受けた場合において、当該座席ベルトを装着した者に傷害を与えるおそれが少なく、かつ、容易に操作等を行うことができるものとして、構造、操作性能等に関し告示で定める基準に適合するものでなければならない。

（頭部後傾抑止装置等）

第六十六条の三　一般原動機付自転車（二輪のもの及び付随車を除く。）の座席（またがり式の座席を除く。）には、他の自動車の追突等による衝撃を受けた場合において、運転者の頭部の過度の後傾を有効に抑止し、かつ、運転者の頭部等に傷害を与えるおそれの少ないものとして、構造等に関し告示で定める基準に適合する頭部後傾抑止装置を備えなければならない。ただし、当該座席自体が当該装置と同等の性能を有するものであるときは、この限りでない。

（緊急制動表示灯）

第六十六条の四　一般原動機付自転車には、緊急制動表示灯を備えることができる。

２　緊急制動表示灯として使用する灯火装置は、制動灯又は方向指示器とする。

３　緊急制動表示灯は、一般原動機付自転車の後方にある他の交通に当該一般原動機付自転車が急激に減速していることを示すことができ、かつ、その照射光線が他の交通を妨げないものとして、灯光の色、明るさ等に関し告示で定める基準に適合するものでなければならない。

４　緊急制動表示灯は、その性能を損なわないように、かつ、取付位置、取付方法等に関し告示で定める基準に適合するように取り付けられなければならない。

（後面衝突警告表示灯）

第六十六条の四の二　一般原動機付自転車（二輪のものに限る。）には、後面衝突警告表示灯を備えることができる。

２　後面衝突警告表示灯として使用する灯火装置は、方向指示器とする。

３　後面衝突警告表示灯は、一般原動機付自転車の後方にある交通に当該一般原動機付自転車と衝突するおそれがあることを示すことができ、かつ、その照射光線が他の交通を妨げないものとして、灯光の色、明るさ等に関し告示で定める基準に適合するものでなければならない。

４　後面衝突警告表示灯は、その性能を損なわないように、かつ、取付位置、取付方法等に関し告示で定める基準に適合するように取り付けられなければならない。

第二節　特定小型原動機付自転車の保安基準

（接地部及び接地圧）

第六十六条の五　特定小型原動機付自転車の接地部及び接地圧は、道路を破損するおそれのないものとして、告示で定める基準に適合しなければならない。

（制動装置）

第六十六条の六　特定小型原動機付自転車には、走行中の特定小型原動機付自転車が確実かつ安全に減速及び停止を行うことができ、かつ、平坦な舗装路面等で確実に当該特定小型原動機付自転車を停止状態に保持できるものとして、制動性能に関し告示で定める基準に適合する制動装置を備えなければならない。

2　付随車を牽引する特定小型原動機付自転車の制動装置（当該付随車に制動装置が備えられている場合にあつては、当該制動装置を含む。）は、付随車とこれを牽引する特定小型原動機付自転車とを連結した状態において、走行中の原動機付自転車の減速及び停止等に係る制動性能に関し告示で定める基準に適合しなければならない。

3　付随車の制動装置は、これを牽引する特定小型原動機付自転車の制動装置のみで、前項の基準に適合する場合には、これを省略することができる。

（車体）

第六十六条の七　特定小型原動機付自転車の車体は、次の基準に適合するものでなければならない。

一　車体は、堅ろうで運行に十分耐え、かつ、特定小型原動機付自転車の周囲にある他の交通からの視認性を向上させるものとして、強度、構造等に関し告示で定める基準に適合するものであること。

二　車体の外形その他特定小型原動機付自転車の形状は、回転部分が突出していないこと等他の交通の安全を妨げるおそれがないものとして、告示で定める基準に適合するものであること。

三　安定した走行を確保できるものとして、安定性に関し告示で定める基準に適合するものであること。

（前照灯）

第六十六条の八　特定小型原動機付自転車の前面には、前照灯を備えなければならない。

2　前照灯は、夜間に特定小型原動機付自転車の前方にある交通上の障害物を確認でき、かつ、その照射光線が他の交通を妨げないものとして、灯光の色、明るさ等に関し告示で定める基準に適合するものでなければならない。

3　前照灯は、その性能を損なわないように、かつ、取付位置、取付方法等に関し告示で定める基準に適合するように取り付けられなければならない。

（尾灯）

第六十六条の九　特定小型原動機付自転車の後面には、尾灯を備えなければならない。

2　尾灯は、夜間に特定小型原動機付自転車の後方にある他の交通に当該特定小型原動機付自転車の存在を示すことができ、かつ、その照射光線が他の交通を妨げないものとして、灯光の色、明るさ等に関し告示で定める基準に適合するものでなければならない。

3　尾灯は、その性能を損なわないように、かつ、取付位置、取付方法等に関し告示で定める基準に適合するように取り付けられなければならない。

（制動灯）

第六十六条の十　特定小型原動機付自転車の後面には、制動灯を備えなければならない。

2　制動灯は、特定小型原動機付自転車の後方にある他の交通に当該特定小型原動機付自転車の制動装置が作動していることを示すことができ、かつ、その照射光線が他の交通を妨げないものとして、灯光の色、明るさ等に関し告示で定める基準に適合するものでなければならない。

3　制動灯は、その性能を損なわないように、かつ、取付位置、取付方法等に関し告示で定める基準に適合するように取り付けられなければならない。

（後部反射器）

第六十六条の十一　特定小型原動機付自転車の後面には、後部反射器を備えなければならない。

2　後部反射器は、夜間に特定小型原動機付自転車の後方にある他の交通に当該特定小型原動機付自転車の存在を示すことができるものとして、反射光の色、明るさ、反射部の形状等に関し告示で定める基準に適合するものでなければならない。

3　後部反射器は、その性能を損なわないように、かつ、取付位置、取付方法等に関し告示で定める基準に適合するように取り付けられなければならない。

（警音器）

第六十六条の十二　特定小型原動機付自転車には、警音器を備えなければならない。

2　警音器の警報音発生装置は、次項に定める警音器の性能を確保できるものとして、音色、音量等に関し告示で定める基準に適合するものでなければならない。

3　警音器は、警報音を発生することにより他の交通に警告することができ、かつ、その警報音が他の交通を妨げないものとして、音色、音量等に関し告示で定める基準に適合するものでなければならない。

4　特定小型原動機付自転車には、車外に音を発する装置であつて警音器と紛らわしいものを備えてはならない。ただし、歩行者の通行その他の交通の危険を防止するため特定小型原動機付自転車が右左折、進路の変更若しくは後退するときにその旨を歩行者等に警報するブザその他の装置又は盗難、車内における事故その他の緊急事態が発生した旨を通報するブザその他の装置については、この限りでない。

（方向指示器）

第六十六条の十三　特定小型原動機付自転車には、方向指示器を備えなければならない。

2　方向指示器は、特定小型原動機付自転車が右左折又は進路の変更をすることを他の交通に示すことができ、かつ、その照射光線が他の交通を妨げないものとして、灯光の色、明るさ等に関し告示で定める基準に適合するものでなければならない。

3　方向指示器は、その性能を損なわないように、かつ、取付位置、取付方法等に関し告示で定める基準に適合するように取り付けられなければならない。

（速度抑制装置）

第六十六条の十四　特定小型原動機付自転車には、速度制御性能に関し告示で定める基準に適合する速度抑制装置を備えなければならない。

（電気装置）

第六十六条の十五　特定小型原動機付自転車の電気装置は、火災等により乗車人員への傷害等を生ずるおそれがないものとして、乗車人員の保護に係る性能及び構造に関し告示で定める基準に適合するものでなければならない。

（乗車装置）

第六十六条の十六　特定小型原動機付自転車の乗車装置は、乗車人員が動揺、衝撃等により転倒することなく安全な乗車を確保できるものとして、構造に関し告示で定める基準に適合するものでなければならない。

（最高速度表示灯）

第六十六条の十七　特定小型原動機付自転車（道路交通法第十七条第三項に規定する特定小型原動機付自転車をいう。次項において同じ。）には、最高速度表示灯を備えなければならない。

２　最高速度表示灯は、当該特定小型原動機付自転車が、車両の構造上、告示で定める速度を超えて走行できないことを他の交通に示すことができ、かつ、その照射光線が他の交通を妨げないものとして、灯光の色、明るさ等に関し告示で定める基準に適合するものでなければならない。

３　最高速度表示灯は、その性能を損なわないように、かつ、取付位置、取付方法等に関し告示で定める基準に適合するように取り付けられなければならない。

第三節　雑則

（基準の緩和）

第六十七条　第五十五条の規定は、原動機付自転車について準用する。

２　第五十六条第三項の規定は、原動機付自転車について準用する。

（適用関係の整理）

第六十七条の二　第三章の規定が改正された場合における改正後の規定の適用に関しては、告示で、当該規定の適用の関係整理のため必要な事項を定めることができる。

（締約国登録原動機付自転車の特例）

第六十七条の三　締約国登録原動機付自転車については、第六十条から第六十六条の十七までの規定は、適用しない。

２　締約国登録原動機付自転車の装置は、附属書六の規定に適合しなければならない。

第四章　軽車両の保安基準

（長さ、幅及び高さ）

第六十八条　軽車両は、空車状態において、その長さ、幅及び高さが左表に掲げる大きさをこえてはならない。但し、地方運輸局長の許可を受けたものにあつては、この限りでない。

種別	長さ（メートル）	幅（メートル）	高さ（メートル）
人力により運行する軽車両	四	二	三
畜力により運行する軽車両	十二	二・五	三・五

（接地部及び接地圧）

第六十九条　軽車両の接地部及び接地圧については、第七条の規定を準用する。

（制動装置）

第七十条　乗用に供する軽車両には、適当な制動装置を備えなければならない。但し、人力車にあつては、この限りでない。

（車体）

第七十一条　乗用に供する軽車両の車体は、安全な乗車を確保できるものでなければならない。

２　乗用に供する軽車両の座席及び立席については、第二十二条第一項（座席の向きに係る部分を除く。）、第二項、第五項及び第六項、第二十二条の二、第二十三条並びに第二十四条の規定を準用する。

（警音器）

第七十二条　乗用に供する軽車両には、適当な音響を発する警音器を備えなければならない。

（基準の緩和）

第七十三条　第五十六条第三項の規定は、軽車両について準用する。

附　則

１　この省令は、公布の日から施行し、昭和二十六年七月一日から適用する。但し、第十五条、第十六条、第二十五条、第三十条、第三十一条第二項、第三十五条、第三十九条、第四十条第三項、第四十一条第三項、第四十二条第二号、第四十三条第一項第四号、第四十五条後段、第五十条第二項第一号、第五十二条（第九号を除く。）及び第七十条の規定は、昭和二十七年一月一日から、第十二条第二項第二号、第十九条第三号、第三十四条（側車付二輪自動車及び旧車両規則（昭和二十二年運輸省令第三十六号）第十五条第二項の規定により都道府県知事が車幅灯の取付を命じた自動車を除く。）、第四十三条第一項（第四号及び第五号を除く。）及び同条第二項の規定は、昭和二十七年七月一日から施行する。

２　軽自動車にあつては、昭和二十六年十二月三十一日までは、第四十四条の規定にかかわらず後写鏡を備えないで運行の用に供することができる。

３　自動車運送事業以外の用に供する自動車で乗車定員十一人以上のものにあつては、昭和二十六年十二月三十一日までは、第四十七条の規定にかかわらず消火器を備えないで運行の用に供することができる。

４　運転者室を有しない自動車にあつては、第四十三条の規定にかかわらず昭和二十七年六月三十日までは、方向指示器を備えないで運行の用に供することができる。

５　旧車両規則第四条第一号の自動車については、昭和二十七年六月三十日までは、第四十四条及び第四十六条の規定は、これを適用しない。

６　前項の自動車については、昭和二十七年六月三十日までは、第五十四条の規定を準用する。

７　この省令施行の際現に運行の用に供している自動車にあつては、昭和二十六年十二月三十一日までは、制動装置の性能について第十二条第一項第五号及び第六号の、警音器の性能について第四十二条第一号の、後写鏡の性能について第四十四条の規定は、これを適用しない。

８　圧縮ガス又は液化ガスを燃料とする自動車等の特別な構造、装置及び性能に関する省令（昭和二十六年運輸省令第三号）は、これを廃止する。

附　則（昭二九・一〇・一運令五〇抄）

１　この省令は、公布の日から施行する。但し、原動機付自転車に係る改正規定〔中略〕は、昭和三十年四月一日から施行する。

5　道路運送車両の保安基準第五十九条の改正規定により、新たに同条本文の基準に適合しなくなつた原動機付自転車については、同条但書の規定による陸運局長の許可を受けたものとみなす。

附　則（昭三〇・九・一七運令四八）

1　この省令は、昭和三十年十月一日から施行する。

2　第四条の二の改正規定により新たにその基準に適合しなくなつた自動車については、第五十七条第二項の規定による陸運局長の認定を受けたものとみなす。

附　則（昭三四・九・一五運令四二抄）

（施行期日）

1　この省令は、昭和三十五年四月一日から施行する。ただし、第十八条第一項に一号を加える改正規定、第二十九条第二項の改正規定、第三十条の改正規定、第四十条第二項及び第三項の改正規定、第六十七条の改正規定、第七十三条の改正規定並びに次項の規定は、昭和三十四年九月十六日から施行する。

（経過措置）

2　昭和三十五年三月三十一日までの間は、改正後の第十八条第一項第四号の規定は、昭和三十四年九月十五日以前に製作された自動車について、適用しない。ただし、最後部の車軸中心から車体の後面までの水平距離が長くなる改造を行う場合は、この限りでない。

3　昭和三十五年九月三十日までの間は、改正後の第四十二条第五項の規定にかかわらず、自動車に備える方向指示器は、改正前の第四十三条第一項各号の基準に適合する灯火式方向指示器で点滅式以外のものとすることができる。

4　この省令の施行の際現に改正前の第五十三条又は第五十七条第二項の規定に基き陸運局長が保安上の危険がないと認定した自動車については、改正前のこれらの規定により適用をうけていない規定の改正後の相当規定は、適用しない。

附　則（昭三五・二・一運令二）

1　この省令は、昭和三十五年十月一日から施行する。ただし、第一条第一項の改正規定、第五条第一号の改正規定、第五十条第一項第五号及び第六号を加える改正規定、第五十条第四項を加える改正規定、第五十二条の改正規定、第五十八条第一項の表中「、第二十五条第四項第三号及び第五十二条第七号」を「及び第二十五条第四項第三号」に改める改正規定並びに次項の規定は、昭和三十五年四月一日から施行する。

2　改正後の第五十条第一項第五号及び第六号並びに改正後の同条第四項第二号から第四号までの規定は、昭和三十五年三月三十一日において現に旅客自動車運送事業用自動車である自動車については、適用しない。

附　則（昭三七・九・二八運令五〇）

1　この省令は、昭和三十七年十月一日から施行する。ただし、第四十四条の改正規定及び附則第四項の規定は、昭和三十八年四月一日から施行する。

2　昭和三十七年九月三十日以前に製作されたタンク自動車で爆発性液体を運送するもの以外のものの最大積載量等の表示については、改正後の第十八条第三項の規定にかかわらず、昭和三十八年九月三十日までは、なお従前の例による。

3　昭和三十七年九月三十日以前に製作された自動車の排気管については、改正後の第三十一条第三項第一号の規定にかかわらず、昭和三十八年九月三十日までは、なお従前の例による。

4　昭和三十八年三月三十一日以前に製作された自動車の後写鏡については、改正後の第四十四条の規定にかかわらず、昭和三十九年三月三十一日までは、なお従前の例による。

附　則（昭三八・一〇・一運令四五）

1　この省令は、昭和三十八年十月十五日から施行する。

2　昭和三十九年五月三十一日までの間は、改正後の第十七条第一項第一号の二の規定は、昭和三十八年十二月三十一日以前に液化石油ガスを燃料とする自動車として製作された自動車については、適用しない。

3　この省令の施行前に交付を受けた臨時運行許可期限票は、改正後の第二十九条第二項の規定にかかわらず、自動車の前面ガラスにはりつけることができる。

附　則（昭四二・五・一六運令二二抄）

1　この省令は、昭和四十二年九月一日から施行する。

2　改正後の道路運送車両の保安基準第四十八条の二の規定は、次に掲げる自動車については、昭和四十三年二月二十九日までは、適用しない。

一　荷台を傾斜させる装置を有する自動車であつて、この省令の施行の際現に有効な自動車検査証の交付を受けているもの

二　荷台を傾斜させる装置を有しない自動車

3　改正後の道路運送車両の保安基準第四十八条の二の規定は、前項第二号に掲げる自動車であつて、同項に規定する日を経過する際現に有効な自動車検査証の交付を受けているものについては、昭和四十三年三月一日から同年七月三十一日までの間は、適用しない。

附　則（昭四二・八・一運令六一抄）

1　この省令は、公布の日から施行する。ただし、第四十二条の改正規定、第四十八条の二の次に一条を加える改正規定、第五十一条第一項及び第五十二条第一項の改正規定、第五十四条第二項、第五十六条第一項及び第五十七条の改正規定（速度表示装置に係る部分に限る。）並びに次項から附則第四項までの規定は、昭和四十三年四月一日から施行する。

2　改正後の道路運送車両の保安基準第四十八条の三の規定は、次に掲げる自動車については、昭和四十三年九月三十日までは、適用しない。

一　荷台を傾斜させる装置を有する自動車であつて、昭和四十三年三月三十一日以前に製作されたもの

二　荷台を傾斜させる装置を有しない自動車

3　改正後の道路運送車両の保安基準第四十八条の三の規定は、前項第二号に掲げる自動車であつて昭和四十三年九月三十日以前に製作されたものについては、同年十月一日から昭和四十四年二月二十八日までの間は、適用しない。

附　則（昭四三・七・四運令二八抄）

1　この省令は、公布の日から施行する。ただし、第三十四条第二項第四号を加える改正規定及び同条第三項を加える改正規定は、昭和四十四年四月一日から施行する。

2　改正後の道路運送車両の保安基準第二十二条の四の規定は、一般乗用旅客自動車運送事業の用に供する自動車であつて昭和四十四年三月三十一日以前に製作されたものについては、昭和四十五年三月三十一日までは、適用しない。

3　改正後の道路運送車両の保安基準第四十三条の二の規定は、普通自動車又はもっぱら乗用の用に供する自動車であって昭和四十四年三月三十一日以前に製作されたものについては、同年九月三十日までは、適用しない。

4　改正後の道路運送車両の保安基準第四十三条の二の規定は、昭和四十四年三月三十一日以前に製作された自動車（前項の自動車を除く。）については、昭和四十五年三月三十一日までは、適用しない。

5　改正後の道路運送車両の保安基準第四十四条第二項の規定は、昭和四十四年三月三十一日以前に製作された自動車（乗車定員十一人以上の旅客自動車運送事業用自動車を除く。）については、昭和四十五年三月三十一日までは、適用しない。

附　則（昭四四・六・一二運令三五）

1　この省令は、昭和四十五年六月一日から施行する。ただし、第三十一条第二項の改正規定及び次項の規定は昭和四十四年九月一日から、第十八条第六項を加える改正規定及び別記様式を加える改正規定は昭和四十五年一月一日から施行する。

2　第三十一条第二項の改正規定の施行の日前に道路運送車両法第七十五条第一項の規定により、その型式について指定を受けた自動車については、改正後の道路運送車両の保安基準第三十一条第二項の規定にかかわらず、昭和四十四年十二月三十一日（貨物の運送の用に供する自動車及び乗車定員十一人以上の自動車にあっては、昭和四十五年三月三十一日）までは、なお従前の例による。

3　この省令の施行の日前に製作された自動車（改正後の道路運送車両の保安基準第四十七条第一項第一号から第五号までに掲げる自動車（同項第三号及び第五号に掲げる自動車にあっては、別表第八号から第十四号までに掲げる可燃物のみを運送するもの及びこれを牽引する牽引自動車に限る。）に備える消火器については、同条第二項又は第三項の規定にかかわらず、昭和四十六年五月三十一日までは、なお従前の例による。

附　則（昭四五・七・二三運令六三）

1　この省令は、昭和四十五年八月一日から施行する。ただし、第一条の規定中道路運送車両の保安基準第三十一条第二項の改正規定は、昭和四十六年一月一日から施行する。

2　第一条の規定による改正後の道路運送車両の保安基準第三十一条第四項及び第五項の規定は、昭和四十五年十二月三十一日以前に製作された軽自動車については、適用しない。

附　則（昭四五・一二・四運令九一）

1　この省令は、昭和四十六年一月一日から施行する。ただし、第一条第一項第十一号の改正規定、第三十条の改正規定（同条第二項に係る部分に限る。）、第四十七条の改正規定、第六十五条第二項を加える改正規定及び別表第一の次に一表を加える改正規定は、同年四月一日から施行する。

2　改正後の第四十三条第二項第二号の規定は、この省令の施行の日前に製作された自動車に備える警音器については、昭和四十六年三月三十一日までは、適用しない。

3　改正後の第三十条第二項及び第六十五条第二項の規定は、昭和四十六年三月三十一日以前に道路運送車両法第七十五条第一項又は道路運送車両法施行規則第六十二条の三第一項の規定によりその型式について指定又は認定を受けた自動車及び同日前に同項の規定によりその型式について認定を受けた原動機付自転車については、同年十二月三十一日までは、適用しない。

附　則（昭四七・三・三一運令九）

この省令は、昭和四十七年四月一日から施行する。ただし、第三十一条に第八項を加える改正規定は同年七月一日から、同条第三項の改正規定は同年十月一日から施行する。

附　則（昭四七・一二・一二運令六二抄）

（施行期日）

1　この省令は、昭和四十八年四月一日から施行する。

（経過措置）

2　軽自動車は、改正後の第三十一条第四項の規定にかかわらず、昭和四十八年九月三十日までは、第三十一条第一項及び第二項の規定によるほか、道路運送車両法第七十五条第三項又は道路運送車両法施行規則第六十二条の三第五項の検査の際、原動機を無負荷運転している状態で発生し、大気中に排出される排出物に含まれる一酸化炭素の容量比で表わした測定値が四・五パーセント以下であればよい。

附　則（昭四八・一・八運令一）

沿革　昭五二運令七改正

（施行期日）

1　この省令は、昭和四十八年五月一日から施行する。

（経過措置）

2　次の表の上欄に掲げる自動車については、同表の下欄に掲げる日までは、改正後の第三十一条第五項の規定にかかわらず、運輸大臣が指示するところにより、排気管から大気中に排出される排出物に含まれる炭化水素又は窒素酸化物を減少させるように点火装置を調整すればよい。

自動車の種別		期日
もっぱら乗用の用に供する自動車であって原動機の総排気量が一・八〇リットルをこえるもの	神奈川県、埼玉県、千葉県、愛知県又は兵庫県の区域に使用の本拠の位置を有するもの	昭和四十八年八月三十一日
	東京都、神奈川県、埼玉県、千葉県、愛知県、大阪府又は兵庫県以外の道府県の区域に使用の本拠の位置を有するもの	昭和四十九年十二月三十一日
もっぱら乗用の用に供する自動車であって原動機の総排気量が一・六〇リットルをこえ、一・八〇リットル以下のもの	東京都、神奈川県、埼玉県、千葉県、愛知県、大阪府又は兵庫県の区域に使用の本拠の位置を有するもの	昭和四十八年十一月三十日
	東京都、神奈川県、埼玉県、千葉県、愛知県、大阪府又は兵庫県以外の道府県の区域に使用の本拠の位置を有するもの	昭和五十年三月三十一日
もっぱら乗用の用に供する自動車であって原動機の総排気量が一・	東京都、神奈川県、埼玉県、千葉県、愛知県、大阪府又は兵庫県の区域に使用の本拠の位置を有するもの	昭和四十九年三月三十一日

○○リットルをこえ、一・六○リットル以下のもの	東京都、神奈川県、埼玉県、千葉県、愛知県、大阪府又は兵庫県以外の道府県の区域に使用の本拠の位置を有するもの	昭和五十年三月三十一日
もっぱら乗用の用に供する自動車であって原動機の総排気量が一・○○リットル以下のもの		昭和五十年三月三十一日
もっぱら乗用の用に供する自動車以外の自動車	東京都、神奈川県、埼玉県、千葉県、愛知県、大阪府又は兵庫県の区域に使用の本拠の位置を有するもの	昭和四十九年十二月三十一日
	東京都、神奈川県、埼玉県、千葉県、愛知県、大阪府又は兵庫県以外の道府県の区域に使用の本拠の位置を有するもの	昭和五十年三月三十一日

※　2項「運輸大臣の指示」＝道路運送車両の保安基準第三十一条第十一項及び道路運送車両の保安基準の一部を改正する省令附則第二項の規定による点火装置の調整に関する運輸大臣の指示（昭四八運告六八）

附　則（昭四八・四・二八運令一六）

この省令は、昭和四十八年五月一日から施行する。

附　則（昭四八・七・六運令二三抄）

（施行期日）

1　この省令は、昭和四十八年十二月一日から施行する。ただし、第二十七条に一項を加える改正規定は、同年九月一日から、第十八条第一項第三号の改正規定（回転部分の突出に係る部分に限る。）は、昭和四十九年七月一日から施行する。

附　則（昭四八・一〇・一一運令三六）

この省令は、公布の日から施行する。

附　則（昭四九・一・二五運令二抄）

1　この省令は、昭和五十年四月一日から施行する。〔後略〕

沿革　昭四九運令一八、昭五二運令七改正

2　第一条の規定による改正後の道路運送車両の保安基準第五十八条第六項、第七項及び第十六項の自動車について新規検査又は予備検査を申請する者については、第二条の規定による改正後の道路運送車両法施行規則第三十六条第五項（同令第四十二条第二項において準用する場合を含む。）の規定は、適用しない。

附　則（昭四九・五・二四運令一八抄）

（施行期日）

1　この省令の規定は、次の各号に掲げる区分に従い、それぞれ当該各号に定める日から施行する。

一　第一条の規定　公布の日

二　第二条の規定並びに第四条の規定中道路運送車両の保安基準〔中略〕の改正規定　昭和四十九年九月一日

三　第三条〔中略〕の規定　昭和五十年一月一日

四　前三号に掲げる規定以外の規定　昭和五十年四月一日

附　則（昭四九・一一・一二運令四五抄）

（施行期日）

1　この省令は、昭和五十年四月一日から施行する。〔後略〕

附　則（昭五〇・二・二六運令四）

1　この省令は、昭和五十一年四月一日から施行する。ただし、第三十一条第八項の改正規定は、昭和五十年六月一日から施行する。

2　運輸大臣は、この省令の施行前においても、この省令による改正前の第三十一条第八項の表第三号の規定の例によりもっぱら乗用の用に供する自動車以外の自動車をその型式について認定することができるものとする。

附　則（昭五〇・九・五運令三五抄）

（施行期日）

1　この省令は、昭和五十一年一月一日から施行する。ただし、第二条の規定は、昭和五十二年一月一日から施行する。

附　則（昭五〇・一二・八運令五二抄）

（施行期日）

1　この省令は、公布の日から施行する。

附　則（昭五一・二・二一運令四）

この省令は、昭和五十一年二月二十二日から施行する。

附　則（昭五一・五・七運令一五）

1　この省令は、昭和五十一年五月二十日から施行する。

2　改正後の第五十条の二第一項の規定は、この省令の施行の日前に製作された自動車については、昭和五十二年十一月十九日までは、適用しない。

附　則（昭五一・一二・二二運令四七抄）

沿革　昭五二運令二改正

（施行期日）

1　この省令の規定は、次の各号に掲げる区分に従い、それぞれ当該各号に定める日から施行する。

一　附則第二項及び第三項の規定　公布の日

二　第三十一条第五項及び第六項の改正規定並びに第五十八条に三項を加える改正規定（同条第二十八項に係る部分を除く。）　昭和五十二年八月一日

三　前二号に掲げる規定以外の規定　昭和五十三年四月一日

附　則（昭五二・一・二七運令二）

この省令は、公布の日から施行する。

附　則（昭五二・三・二八運令七）

この省令は、昭和五十二年四月一日から施行する。

附　則（昭五二・一二・一七運令三四）

この省令は、昭和五十三年一月一日から施行する。

附　則（昭五三・二・四運令五）

この省令は、昭和五十四年一月一日から施行する。ただし、第一条中道路運送車両の保安基準第三十一条第六項及び第十三項の改正規定は公布の日から、同令第三十一条第九項の改正規定、同令第五十八条に四項を加える改正規定（同条第三十二項に係る部分に限る。）、同令第六十五条第二項の改正規定及び同令第六十七条の二に一項を加える改正規定は同年四月一日から施行する。

附　則（昭五三・一一・二七運令六二）

この省令は、昭和五十三年十二月一日から施行する。

附　則（昭五三・一二・二八運令七四）

この省令は、原子力基本法等の一部を改正する法律（昭和五十三年法律第八十六号）附則第一条第三号に掲げる規定の施行の日（昭和五十四年一月四日）から施行する。

附　則（昭五四・三・一五運令八抄）

沿革　平一五国交令八一改正

（施行期日）

1　この省令は、公布の日から施行する。

（経過措置）

2　改正後の第十八条の二第一項の規定は、昭和四十三年七月三十一日以前に製作された貨物の運送の用に供する普通自動車（車両総重量が八トン以上又は最大積載量が五トン以上のものに限る。）及びこの省令の施行の日前に製作された車両総重量が八トン以上の普通自動車（貨物の運送の用に供する自動車、乗車定員十一人以上の自動車及びその形状が乗車定員十一人以上の自動車の形状に類する自動車を除く。）については、昭和五十五年十月三十一日までは、適用しない。

3　この省令の施行の日前に製作された貨物の運送の用に供する車両総重量が八トン以上又は最大積載量が五トン以上の普通自動車（昭和四十三年七月三十一日以前に製作されたものを除く。）に対する改正後の第十八条の二第一項第一号及び第二号の規定の適用については、昭和五十五年十月三十一日までは、同項第一号中「板状その他歩行者、自転車の乗車人員等が当該自動車の後車輪へ巻き込まれることを有効に防止することができる形状」とあるのは「歩行者が当該自動車の後車輪へ巻き込まれるおそれの少ない構造」と、同項第二号中「地上四百五十ミリメートル以下、その上縁の高さが地上六百五十ミリメートル以上となるように取り付けられ、かつ、その上縁と荷台等との間隔が歩行者、自転車の乗車人員等が当該自動車の後車輪へ巻き込まれることを有効に防止することができるもの」とあるのは「地上六百ミリメートル以下」と読み替えるものとする。

4　貨物の運送の用に供する普通自動車（車両総重量が八トン以上又は最大積載量が五トン以上のものを除く。）に対する改正後の第十八条の二第一項及び第二項の規定の適用については、当分の間、告示で定めるものとする。

5　この省令の施行の日前に製作された自動車については、改正後の第四十一条第四項の規定にかかわらず、昭和五十五年十月三十一日までは、なお従前の例による。

6　昭和五十年十一月三十日以前に製作された自動車に対する改正後の第四十四条第三項の表第二号の規定の適用については、昭和五十五年十月三十一日までは、同号中「二メートルの距離にある鉛直面及び当該自動車の左側面から三メートル」とあるのは「〇・三メートル」と読み替えるものとする。

7　この省令の施行の日前に製作された自動車（昭和五十年十一月三十日以前に製作されたものを除く。）に対する改正後の第四十四条第三項の表第二号の規定の適用については、昭和五十五年十月三十一日までは、同号中「二メートル」及び「三メートル」とあるのは「〇・三メートル」と読み替えるものとする。

附　則（昭五四・八・一四運令三六抄）

（施行期日）

1　この省令中、第三十一条第二項の表第二号の改正規定、同条第三項の表第二号の改正規定、第五十八条に二項を加える改正規定（同条第三十三項に係る部分に限る。）〔中略〕は昭和五十六年一月一日から、その他の規定は同年十二月一日から施行する。

附　則（昭五五・九・一一運令二七抄）

（施行期日）

1　この省令中、第三十一条第二項の表第四号の改正規定、同条第五項の改正規定、同条第六項の改正規定、第五十八条に四項を加える改正規定（同条第三十六項から第三十八項までに係る部分に限る。）及び次項の規定（道路運送車両法施行規則（昭和二十六年運輸省令第七十四号）附則第二十二項、第二十四項、第二十六項及び第二十七項に係る部分に限る。）は昭和五十七年一月一日から、その他の規定は同年十月一日から施行する。

附　則（昭五六・五・一八運令二五）

この省令は、放射性同位元素等による放射線障害の防止に関する法律の一部を改正する法律（昭和五十五年法律第五十二号）の施行の日（昭和五十六年五月十八日）から施行する。

附　則（昭五六・八・二七運令三九抄）

（施行期日）

1　この省令中、第三十一条第六項の改正規定、第五十八条に二項を加える改正規定（同条第四十項に係る部分に限る。）〔中略〕は昭和五十八年八月一日から、その他の規定は同年十月一日から施行する。

附　則（昭五七・三・二四運令四抄）

（施行期日）

1　この省令は、公布の日から施行する。〔後略〕

附　則（昭五七・九・三〇運令三一抄）

（施行期日）

1　この省令中、第六十五条第二項の改正規定、第六十七条の二に一項を加える改正規定は昭和五十九年四月一日から、その他の規定は同年十月一日から施行する。

附　則（昭五八・三・一五運令八抄）

（施行期日）

1　この省令は、道路運送車両法の一部を改正する法律（昭和五十七年法律第九十一号）の施行の日（昭和五十八年七月一日）から施行する。〔後略〕

附　則（昭五八・七・三〇運令三五）

この省令は、外国事業者による型式承認等の取得の円滑化のための関係法律の一部を改正する法律の施行の日（昭和五十八年八月一日）から施行する。ただし、第三条の規定は昭和五十八年十月一日から、第四条の規定は昭和五十九年十月一日から施行する。

附　則（昭五八・一〇・一運令四四）

この省令は、公布の日から施行する。ただし、第十四条の改正規定、第四十三条に一項を加える改正規定、第五十四条第二項中「、第十四条」を加える改正規定及び第五十八条第二項の表に一号を加える改正規定は、昭和五十九年一月一日から施行する。

附　則（昭五八・一〇・二九運令四六抄）

（施行期日）

1　この省令は、昭和六十年十月一日から施行する。ただし、第三十条第一項の改正規定、第三十条第二項の改正規定中「掲げる自動車」の下に「（被けん引自動車を除く。）」を加える部分及び別表第二の改正規定は、公布の日から施行する。

附　則（昭五九・六・一二運令一八抄）

（施行期日）

第一条　この省令は、昭和五十九年七月一日から施行する。

附　則（昭五九・一〇・一九運令三四抄）

（施行期日）

1　この省令は、昭和六十一年十月一日から施行する。ただし、第三十条第二項の改正規定、第五十八条に二項を加える改正規定（同条第四十三項に係る部分に限る。）〔中略〕は、同年十二月一日から施行する。

附　則（昭六〇・九・二五運令三一抄）

（施行期日）

1　この省令の規定は、次の各号に掲げる区分に従い、それぞれ当該各号に定める日から施行する。

一　第一条の規定（道路運送車両の保安基準第二十二条の四の次に一条を加える改正規定を除く。）並びに附則第三項及び第四項の規定　公布の日

二　第二条及び附則第五項の規定　昭和六十一年六月一日

三　第三条及び附則第二項の規定　昭和六十二年十月一日

四　前三号に掲げる規定以外の規定　昭和六十三年九月一日

附　則（昭六一・三・一九運令三抄）

（施行期日）

1　この省令は、公布の日から施行する。

附　則（昭六一・一〇・二八運令三三）

この省令は、昭和六十一年十二月一日から施行する。ただし、第二十九条第三項の改正規定は、昭和六十二年四月一日から施行する。

附　則（昭六二・一一・二三運令三抄）

（施行期日）

1　この省令の規定は、次の各号に掲げる区分に従い、それぞれ当該各号に定める日から施行する。

一　第一条及び附則第二項の規定　昭和六十三年十二月一日

二　第二条及び附則第三項の規定　昭和六十四年十月一日

三　前二号に掲げる規定以外の規定　昭和六十五年十月一日

附　則（昭六三・一・二九運令一抄）

（施行期日）

1　この省令中第一条及び附則第二項の規定は昭和六十三年六月一日から、第二条及び附則第三項の規定は昭和六十四年六月一日から施行する。

附　則（昭六三・二・二九運令四抄）

（施行期日）

1　この省令は、公布の日から施行する。

附　則（昭六三・一二・一六運令三八抄）

（施行期日）

1　この省令中、第三十一条第六項の表の改正規定（同表第一号に係る部分に限る。）、第五十八条に二項を加える改正規定（同条第五十九項を加える部分に限る。）及び附則第二項の規定は昭和六十五年十二月一日から、その他の規定は昭和六十七年十月一日から施行する。

附　則（平元・二・二七運令五抄）

（施行期日）

第一条　この省令は、平成元年四月一日（以下「施行日」という。）から施行する。

附　則（平元・三・二〇運令七抄）

（施行期日）

1　この省令は、平成元年五月一日から施行する。

附　則（平元・六・九運令一八）

この省令は、平成元年七月一日から施行する。

附　則（平二・五・二三運令一一）

この省令は、平成二年五月二十三日から施行する。ただし、第五十条第三項の改正規定、第五十八条第四十七項から第六十項までの改正規定及び第六十七条の二第十九項の改正規定は、公布の日から施行する。

附　則（平二・八・二運令二五）

この省令は、平成三年十月一日から施行する。ただし、第十二条第一項に一号を加える改正規定（けん引自動車に係る部分を除く。）は、平成四年四月一日から施行する。

附　則（平三・三・二七運令三抄）

（施行期日）

1　この省令の規定は、次の各号に掲げる区分に従い、それぞれ当該各号に定める日から施行する。

一　第一条並びに次項並びに附則第三項及び第七項の規定　平成三年十一月一日

二　第二条並びに附則第四項及び第八項の規定　平成四年十一月一日

三　第三条並びに附則第五項及び第九項の規定　平成五年十月一日

四　前三号に掲げる規定以外の規定　平成六年十月一日

（道路運送車両の保安基準の一部を改正する省令の廃止）

2　道路運送車両の保安基準の一部を改正する省令（昭和六十三年運輸省令第三十八号）は、廃止する。

附　則（平三・一一・一六運令三八抄）

（施行期日）

1　この省令は、平成四年六月一日から施行する。

（経過措置）

2　改正後の第三十八条第二項の規定は、この省令の施行の日前に製作された自動車については、平成五年九月三十日までは、適用しない。

附　則（平五・三・二六運令六抄）

沿革　平一二・一一・二九運令三九、平一四国交令二二改正

（施行期日等）

この省令の規定は、次の各号に掲げる区分に応じ、それぞれ当該各号に掲げる日から施行する。

一　第一条中道路運送車両の保安基準第一条、第五十三条の二から第五十五条まで及び第五十八条の二の改正規定並びに附則第三項（次号に規定する改正規定を除く。）の規定　公布の日

二　第一条（前号に規定する改正規定を除く。）、次項及び附則第三項中道路運送車両法施行規則（昭和二十六年運輸省令第七十四号）第三十八条の改正規定　平成五年十二月一日

三　第二条の規定　平成六年十月一日

附　則（平五・四・一三運令一四抄）

（施行期日）

1　この省令の規定は、次の各号に掲げる区分に従い、それぞれ当該各号に定める日から施行する。

一　第一条及び次項の規定　公布の日

二　第二条並びに附則第三項及び第四項の規定　平成六年四月一日

三　第三条の規定　平成七年九月一日

（経過措置）

2　平成六年三月三十一日以前に製作された自動車については、この省令による改正後の第三十九条第二項第二号及び第

三号の規定にかかわらず、平成七年三月三十一日までは、なお、従前の例によることができる。

附　則（平五・一〇・四運令三一抄）

（施行期日）

1　この省令は、平成六年十二月一日から施行する。ただし、第三十一条第四項の改正規定、第三十一条の二第二項の改正規定、第五十八条に第七十五項を加える改正規定及び附則第三項の規定は、平成七年十二月一日から施行する。

附　則（平五・一二・二五運令三八抄）

（施行期日）

1　この省令は、公布の日から施行する。

（経過措置）

2　車両総重量が二十トンを超える自動車（被けん引自動車を除く。）の車体の前面には、改正後の道路運送車両の保安基準第十八条に規定するもののほか、当分の間、附則様式による標識を見やすいように表示しなければならない。ただし、同令第五十五条の規定により同令第四条の規定の適用を受けない車両にあっては、この限りでない。

附則様式

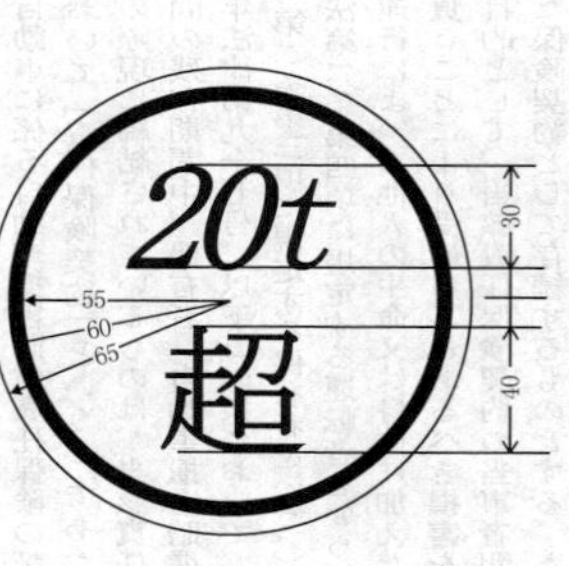

備考

一　色彩は、縁線及び文字を黒色とし、縁及び地を白色とする。

二　寸法の単位は、ミリメートルとする。

附　則（平六・三・二九運令一〇）

この省令は、平成六年四月一日から施行する。ただし、第一条の規定については、公布の日から起算して三月を経過した日から施行する。

附　則（平六・三・三一運令一五）

（施行期日）

1　この省令は、平成七年四月一日から施行する。ただし、第三十八条第二項の改正規定及び次項の規定は、平成七年九月一日から施行する。

（経過措置）

2　改正後の第三十八条第二項の規定は、平成七年八月三十一日以前に製作された自動車については、平成八年八月三十一日までは、適用しない。

附　則（平六・一一・一運令四八抄）

（施行期日）

1　この省令は、道路運送車両法の一部を改正する法律（平成六年法律第八十六号）の施行の日（平成七年七月一日）から施行する。

附　則（平七・二・二八運令八抄）

（施行期日等）

1　この省令は、道路運送車両法の一部を改正する法律（平成六年法律第八十六号）の施行の日（以下「施行日」という。）から施行する。〔後略〕

附　則（平七・七・一四運令四五）

この省令は、公布の日から施行する。

附　則（平七・一二・一五運令六六抄）

（施行期日）

第一条　この省令は、平成八年二月一日から施行する。ただし、第十七条第一項及び第五十三条第一項の改正規定〔中略〕は、公布の日から施行する。

附　則（平八・一・一九運令四抄）

（施行期日）

第一条　この省令の規定は、平成九年十月一日から施行する。ただし、第二条及び附則第三条の規定は、平成十年十月一日から施行する。

附　則（平八・三・一八運令一八）

この省令は、平成八年四月一日から施行する。

附　則（平八・九・三〇運令五三抄）

（施行期日）

1　この省令は、公布の日から施行する。〔後略〕

附　則（平八・一〇・三一運令五六）

（施行期日）

第一条　この省令は、平成九年一月一日から施行する。

（経過措置）

第二条　この省令による改正前の道路運送車両法施行規則別表第一に掲げる大型特殊自動車であってこの省令の施行により新たに小型特殊自動車となるもの（以下この条において「特定自動車」という。）が、この省令の施行の際現に道路運送車両法（昭和二十六年法律第百八十五号。以下この条において「法」という。）の規定により受けている登録については、この省令の施行後初めて法第十三条第二項の規定による当該特定自動車に係る移転登録の申請が受理されるまで（嘱託により移転登録がなされる場合にあっては当該嘱託がなされるまで）の間（所有権の登録以外の登録がある特定自動車にあっては当該特定自動車に係る移転登録を受けた後当該特定自動車に係る所有権の登録以外の登録が抹消されるまでの間）又は法第十五条第一項若しくは第十六条第一項の規定による当該特定自動車に係る抹消登録の申請が受理されるまで（嘱託により抹消登録がなされる場合にあっては当該嘱託がなされるまで）の間は、なお従前の例による。ただし、所有権の登録以外の登録（この省令の施行の際現に受けている所有権の登録以外の登録の原因たる事実関係に関してなされるものを除く。）は、新たに受けることができない。

2　前項の規定によりなお従前の例によることとされる場合における特定自動車については、法第六十二条、第六十三条及び第六十四条の規定は、適用しない。

3　第一項の規定によりなお従前の例によることとされる場合における特定自動車に係る道路運送車両法施行規則第十五条の二の規定の適用については、同条中「自動車検査証」とあるのは「自動車の登録及び検査に関する申請書等の様式を定める省令（昭和四十五年運輸省令第八号）第三条の表第一号に掲げる登録事項等通知書又は登録事項等証明書」とする。

第三条　農耕作業の用に供することを目的として製作した大型

特殊自動車であってこの省令の施行により新たに小型特殊自動車となるもの（以下この条において「特定自動車」という。）を自己のために運行の用に供する者がこの省令の施行前に当該特定自動車を運行し、これによって他人の生命又は身体を害した場合における損害賠償の責任に関しては、なお従前の例による。

2　特定自動車に係る自動車損害賠償責任保険の契約（以下この条において「責任保険契約」という。）であってこの省令の施行の際現に締結されているものは、当該責任保険契約の保険期間の残存期間中、保有者（自動車損害賠償保障法（昭和三十年法律第九十七号。以下この条において「自賠法」という。）第二条第三項に規定する保有者をいう。）又は運転者（自賠法第二条第四項に規定する運転者をいう。）が特定自動車の運行によって他人の生命又は身体に加えた損害の賠償責任を負うことにより受けることあるべき損害をてん補することを目的として、当該責任保険契約の当事者間において締結された保険契約として存続するものとする。ただし、保険金額については、自賠法第十三条第二項の規定による定めがなされた場合においては、当該変更後の保険金額と同じ額とする。

3　前項に規定するものを除き、同項の保険契約に係る保険関係については、自動車損害賠償責任保険に関する自賠法（第二十条の二第二項の規定を除く。）その他の法令の規定を準用する。

4　自動車損害賠償責任再保険に関する自賠法の規定の適用については、第二項の保険契約は責任保険契約とみなす。

5　第二項から第四項までの規定は、特定自動車に係る自動車損害賠償責任共済の契約について準用する。この場合において、第二項中「第十三条第二項」とあるのは「第二十三条の二第一項において準用する第十三条第二項」と、第三項中「第二十条の二第二項」とあるのは「第二十三条の三第二項において準用する第二十条の二第二項」と読み替えるものとする。

第四条　この省令の施行前にした行為及び附則第二条第一項の規定によりなお従前の例によることとされる登録に係るこの省令の施行後にした行為に対する罰則の適用については、なお従前の例による。

附　則（平八・一二・二〇運令六六）

この省令は、平成十年十月一日から施行する。

附　則（平九・三・一八運令一二）

この省令は、高圧ガス取締法及び液化石油ガスの保安の確保及び取引の適正化に関する法律の一部を改正する法律の施行の日（平成九年四月一日）から施行する。

附　則（平九・三・三一運令二一）

この省令は、平成九年五月一日から施行する。

附　則（平九・三・三一運令二二）

この省令は、平成十年十月一日から施行する。ただし、第二条及び第四条の規定は、平成十一年十月一日から施行する。

附　則（平九・六・四運令三五）

この省令は、平成九年十月一日から施行する。

附　則（平九・八・一一運令五三）

（施行期日）

1　この省令は、平成九年十月一日から施行する。

（経過措置）

2　この省令の施行前にこの省令による改正前の道路運送車両の保安基準（以下「旧保安基準」という。）第五十五条の規定により運輸大臣に対してした認定の申請は、この省令による改正後の道路運送車両の保安基準（以下「新保安基準」という。）第五十五条第一項の規定により地方運輸局長に対してした認定の申請とみなす。

3　この省令の施行の際現に旧保安基準第五十五条の認定を受けている自動車について同条の規定により付された保安上又は公害防止上の制限は、新保安基準第五十五条第二項の規定による保安上又は公害防止上の制限とみなす。

附　則（平九・九・一六運令六一）

この省令は、平成九年十月一日から施行する。

附　則（平九・一〇・一運令六八）

この省令は、公布の日から施行する。ただし、第一条第一項第十三号の改正規定は、平成九年十月十六日から施行する。

附　則（平九・一二・一二運令七四）

この省令は、平成十一年十月一日から施行する。

附　則（平一〇・三・三〇運令一四）

この省令は、公布の日から施行する。

附　則（平一〇・五・二五運令二八）

この省令は、公布の日から施行する。

附　則（平一〇・九・三〇運令六五抄）

沿革　平一二運令五改正

（施行期日）

第一条　この省令は、平成十二年十月一日から施行する。ただし、第二条及び附則第三条の規定は、平成十三年十月一日から、第三条及び附則第四条の規定は、平成十四年十月一日から施行する。

（道路運送車両の保安基準の一部改正に伴う経過措置）

第五条　道路運送車両法施行規則等の一部を改正する省令（平成十年運輸省令第六十七号）による改正前の道路運送車両法施行規則（以下「旧規則」という。）第六十二条の四第一項の規定によりその型式について認定を受けた一酸化炭素等発散防止装置を備えた自動車に対する平成十年改正新令第三十一条の適用については、同条第二項中「法第七十五条の二第一項の規定によりその型式について指定を受けた一酸化炭素等発散防止装置を備えた自動車（以下「一酸化炭素等発散防止装置指定自動車」という。）」とあるのは「道路運送車両法施行規則等の一部を改正する省令（平成十年運輸省令第六十七号）による改正前の道路運送車両法施行規則第六十二条の四第一項の規定によりその型式について認定を受けた一酸化炭素等発散防止装置を備えた自動車（以下「一酸化炭素等発散防止装置認定自動車」という。）」と、同条第三項中「一酸化炭素等発散防止装置指定自動車」とあるのは「一酸化炭素等発散防止装置認定自動車」と、同条第四項中「一酸化炭素等発散防止装置指定自動車」とあるのは「一酸化炭素等発散防止装置認定自動車」と、「道路運送車両法施行規則第六十三条」とあるのは「道路運送車両法施行規則第六十二条の四第三項」と、同条第五項から第十三項までの規定中「一酸化炭素等発散防止装置指定自動車」とあるのは「一酸化炭素等発散防止装置認定自動車」と読み替えるものとする。

附　則（平一〇・一〇・九運令六九抄）

（施行期日）

1　この省令は、道路運送車両法の一部を改正する法律（平成十年法律第七十四号）の施行の日（平成十年十一月二十四日）から施行する。ただし、附則第九項及び第十項の規定は、平成十一年十月一日から施行する。

（道路運送車両の保安基準の一部改正に伴う経過措置）

2　輸入された自動車であって第一条の規定による改正後の道路運送車両の保安基準（以下「平成十年改正新令」という。）第五十八条第七十七項の規定の適用を受けるものに備える一酸化炭素等発散防止装置に対する同令第三十一条第二十三項の規定の適用については、平成十二年三月三十一日までは、同項第三号中「同項、第七項、第十四項及び第十五項」とあるのは「第五十八条第七十七項及び第七十九項」とする。

3　輸入された自動車であって平成十年改正新令第五十八条第七十八項の規定の適用を受けるものに備える一酸化炭素等発散防止装置に対する同令第三十一条第二十三項の規定の適用については、平成十二年三月三十一日までは、同項第四号中「同項、第七項、第十四項及び第十五項」とあるのは、「第五十八条第七十八項及び第七十九項」とする。

4　輸入された自動車であって平成十年改正新令第五十八条第八十一項の規定の適用を受けるものに備える一酸化炭素等発散防止装置に対する同令第三十一条第二十三項の規定の適用については、平成十二年三月三十一日までは、同項第三号中「同項、第七項、第十四項及び第十五項」とあるのは、「第五十八条第八十一項及び第八十三項」とする。

5　輸入された自動車であって平成十年改正新令第五十八条第八十二項の規定の適用を受けるものに備える一酸化炭素等発散防止装置に対する同令第三十一条第二十三項の規定の適用については、平成十二年三月三十一日までは、同項第四号中「同項、第七項、第十四項及び第十五項」とあるのは、「第五十八条第八十二項及び第八十三項」とする。

6　輸入された自動車であって平成十年改正新令第五十八条第八十六項の規定の適用を受けるものに備える騒音防止装置に対する同令第三十条第四項の規定の適用については、平成十二年三月三十一日までは、同項中「第一項及び第二項」とあるのは、「第五十八条第八十五項及び第八十六項」とする。

7　輸入された自動車であって平成十年改正新令第五十八条第八十七項の規定の適用を受けるものに備える一酸化炭素等発散防止装置に対する同令第三十一条第二十三項の規定の適用については、平成十二年三月三十一日までは、同項第一号中「同項、第三項、第七項から第九項まで、第十二項及び第十三項」とあるのは、「第五十八条第八十七項」とする。

8　輸入された自動車であって平成十年改正新令第五十八条第八十八項の規定の適用を受けるものに備える一酸化炭素等発散防止装置に対する同令第三十一条第二十三項の規定の適用については、平成十二年三月三十一日までは、同項第二号中「第四項の自動車にあっては、同項、第七項から第九項まで、第十二項及び第十三項」とあるのは、「第五十八条第八十八項」とする。

9　輸入された自動車であって道路運送車両の保安基準及び道路運送車両法施行規則の一部を改正する省令（平成九年運輸省令第七十四号）による改正後の道路運送車両の保安基準（以下「平成九年改正新令」という。）第五十八条第九十三項の規定の適用を受けるものに対する平成十年改正新令第三十条第四項の規定の適用については、平成十三年三月三十一日までは、同項中「第一項及び第二項」とあるのは、「第五十八条第九十一項及び第九十三項」とする。

10　輸入された自動車であって平成九年改正新令第五十八条第九十四項の規定の適用を受けるものに対する平成十年改正新令第三十条第四項の規定の適用については、平成十四年三月三十一日までは、同項中「第一項及び第二項」とあるのは、「第五十八条第九十二項及び第九十四項」とする。

11　道路運送車両法施行規則等の一部を改正する省令（平成十年運輸省令第六十七号）による改正前の道路運送車両法施行規則（以下「旧規則」という。）第六十二条の三の二第一項の規定によりその型式について認定を受けた自動車に対する平成十年改正新令第三十条第二項の規定の適用については、同項中「同令第六十二条の四」とあるのは「旧規則第六十二条の三の二第二項において準用する旧規則第六十二条の三第五項」と、「同令第六十二条の三第一項」とあるのは「旧規則第六十二条の三の二第一項」と読み替えるものとする。

12　旧規則第六十二条の四第一項の規定によりその型式について認定を受けた一酸化炭素等発散防止装置を備えた自動車に対する平成十年改正新令第三十一条の規定の適用については、同条第二項中「法第七十五条の二第一項の規定によりその型式について指定を受けた一酸化炭素等発散防止装置を備えた自動車（型式指定自動車を除く。以下「一酸化炭素等発散防止装置指定自動車」という。）にあっては道路運送車両法施行規則第六十三条」とあるのは「旧規則第六十二条の四第一項の規定によりその型式について認定を受けた一酸化炭素等発散防止装置を備えた自動車にあっては同条第三項」と、同条第四項中「一酸化炭素等発散防止装置指定自動車にあっては道路運送車両法施行規則第六十三条」とあるのは「旧規則第六十二条の四第一項の規定によりその型式について認定を受けた一酸化炭素等発散防止装置を備えた自動車にあっては同条第三項」と、「及び一酸化炭素等発散防止装置指定自動車」とあるのは「及び旧規則第六十二条の四第一項の規定によりその型式について認定を受けた一酸化炭素等発散防止装置を備えた自動車」と、同条第十項第三号の二中「一酸化炭素等発散防止指定自動車」とあるのは「旧規則第六十二条の四第一項の規定によりその型式について認定を受けた一酸化炭素等発散防止装置を備えた自動車」と読み替えるものとする。

附　則（平一〇・一二・八運令七六抄）

沿革　平一二運令五改正

（施行期日）

1　この省令は、平成十二年十月一日から施行する。ただし、附則第四項及び第五項の規定は、道路運送車両の保安基準等の一部を改正する省令（平成十二年運輸省令第五号）の公布の日から施行する。

（経過措置）

2　輸入された自動車であってこの省令による改正後の道路運送車両の保安基準第五十八条第九十八項の規定の適用を受けるものに備える騒音防止装置に対する道路運送車両の保安基準第三十条第四項の規定の適用については、平成十三年八月三十一日（この省令による改正後の道路運送車両の保安基準第五十八条第九十八項第二号に掲げる自動車にあっては、平成十四年八月三十一日）までは、道路運送車両の保安基準第三十条第四項中「第一項及び第二項」とあるのは、「第五十八条第九十七項及び第九十八項」とする。

附　則（平一一・三・三一運令一八）

この省令は、公布の日から施行する。

附　則（平一一・九・一七運令三九）

この省令は、平成十二年一月一日から施行する。

附　則（平一一・九・三〇運令四三）

この省令は、平成十一年十月一日から施行する。

附　則（平一二・二・二一運令五抄）

沿革　平一三国交令九四改正

（施行期日）

第一条　この省令中、第一条及び第二条並びに附則第四条及び第五条の規定は、公布の日から、第三条及び第四条の規定は、平成十二年三月三十一日から、第五条並びに附則第二条及び第三条の規定は、平成十三年十月一日から施行する。

（経過措置）

第二条　輸入された自動車であってこの省令による改正後の道路運送車両の保安基準第五十八条第百十六項の規定の適用を受けるものに備える騒音防止装置に対する道路運送車両の保安基準第三十条第四項の規定の適用については、平成十四年八月三十一日（この省令による改正後の道路運送車両の保安基準第五十八条第百十六項第一号及び第三号に掲げる自動車にあっては、平成十五年八月三十一日）までは、道路運送車両の保安基準第三十条第四項中「第一項及び第二項」とあるのは、「第五十八条第百十五項及び第百十六項」とする。

附　則（平一二・九・五運令三一抄）

沿革　平一五国交令八一改正

（施行期日）

第一条　この省令は、平成十四年十月一日から施行する。ただし、次条の規定は公布の日から、第二条及び附則第四条の規定は平成十五年十月一日から施行する。

附　則（平一二・一一・二九運令三九抄）

（施行期日）

第一条　この省令は、平成十三年一月六日から施行する。

附　則（平一三・五・三一国交令九四抄）

（施行期日）

第一条　この省令は、平成十三年六月三十日から施行する。

附　則（平一三・八・三国交令一一四抄）

（施行期日）

第一条　この省令は、平成十五年十月一日から施行する。ただし、道路運送車両の保安基準第五十八条の改正規定並びに附則第二条及び第四条から第六条までの規定は、平成十三年九月一日から施行する。

附　則（平一三・八・三一国交令一二二）

この省令は、公布の日から施行する。ただし、第八条に二項を加える改正規定は、平成十五年九月一日から施行する。

附　則（平一三国交令一四六）

この省令は、自動車から排出される窒素酸化物の特定地域における総量の削減等に関する特別措置法の一部を改正する法律（平成十三年法律第七十三号）の施行の日（平成十三年十二月十五日）から施行する。

附　則（平一四国交令二二）

この省令は、自動車から排出される窒素酸化物の特定地域における総量の削減等に関する特別措置法の一部を改正する法律（平成十三年法律第七十三号）附則第一条第三号に規定する同法第二条の規定（自動車から排出される窒素酸化物及び粒子状物質の特定地域における総量の削減等に関する特別措置法（平成四年法律第七十号）第十四条の改正規定に限る。）の施行の日（平成十四年十月一日）から施行する。

附　則（平一四・七・三国交令八四抄）

（施行期日）

第一条　この省令は、平成十四年九月一日から施行する。

附　則（平一五・三・一二国交令一八抄）

（施行期日）

1　この省令は、道路運送車両法の一部を改正する法律（平成十四年法律第八十九号）の一部の施行の日（平成十五年四月一日）から施行する。

附　則（平一五・四・一国交令四五）

この省令は、公布の日から施行する。

附　則（平一五・七・七国交令八一抄）

（施行期日）

第一条　この省令は、公布の日から施行する。ただし、第一条中道路運送車両の保安基準第一条、第三十条、第三十一条、第四十七条、第六十一条の二、第六十二条の二、第六十五条及び別表第一から別表第八までの改正規定並びに〔中略〕附則第三条及び第六条の規定は平成十五年十月一日から施行する。

附　則（平一五・九・二六国交令九五）

この省令は、平成十五年十月一日から施行する。

附　則（平一六・四・二〇国交令五七）

この省令は、公布の日から施行する。

附　則（平一六・一二・二国交令九七）

この省令は、平成十七年一月一日から施行する。

附　則（平一七・三・三一国交令二八）

この省令は、公布の日から施行する。

附　則（平一七・四・六国交令四九）

この省令は、公布の日から施行する。

附　則（平一七・一二・二一国交令一一六）

この省令は、公布の日から施行する。

附　則（平一八・三・三一国交令二二）

この省令は、平成十八年十月一日から施行する。ただし、道路運送車両の保安基準第四十九条の二の次に一条を加える規定及び第二条の規定は、平成十八年七月一日から施行する。

附　則（平一九・一・四国交令一）

この省令は、防衛庁設置法等の一部を改正する法律〔平成一八年一二月法律第一一八号〕の施行の日〔平成一九年一月九日〕から施行する。

附　則（平一九・一・三〇国交令三）

この省令は、平成十九年四月一日から施行する。

附　則（平一九・三・二〇国交令一四）

この省令は、平成十九年四月一日から施行する。

附　則（平一九・六・二九国交令六八抄）

（施行期日）

1　この省令は、平成十九年六月二十九日から施行する。

附　則（平一九・一一・九国交令八七）

この省令は、平成十九年十一月十日から施行する。

附　則（平二〇・七・七国交令五九抄）

（施行期日）

第一条　この省令は、公布の日から施行する。ただし、第一条中道路運送車両の保安基準第三十三条に一項を加える改正規定及び第四条の改正規定は、平成二十年七月十一日から施行する。

附　則（平二〇・一〇・一五国交令八五）

この省令は、平成二十年十月十五日から施行する。

附　則（平二一・七・一七国交令四八抄）

（施行期日）

第一条　この省令は、平成二十一年七月二十二日から施行する。〔後略〕

附　則（平二三・一・二八国交令七抄）

（施行期日）

第一条　この省令は、平成二十三年一月三十日から施行する。

附　則（平二三・五・三一国交令四四抄）

（施行期日）

1　この省令の規定は、次の各号に掲げる区分に応じ、それぞれ当該各号に定める日から施行する。

一　第二条中装置型式指定規則第五条に二項を加える改正規定及び同令第三号様式の改正規定（前部霧灯及び側方照射灯に係る部分に限る。）　公布の日

二　第一条中道路運送車両の保安基準第十八条第五項及び第二十二条の五第一項の改正規定　平成二十三年六月一日

三　前二号に掲げる規定以外の規定　平成二十三年八月一日

附　則（平二三・六・二三国交令四七抄）

（施行期日）

第一条　この省令は、平成二十三年六月二十三日から施行する。

附　則（平二四・七・二六国交令七二抄）

（施行期日）

第一条　この省令は、平成二十四年七月二十六日から施行する。

附　則（平二四・一一・一六国交令八四）

この省令は、平成二十四年十一月十八日から施行する。

附　則（平二五・八・三〇国交令七三）

この省令は、公布の日から施行する。

附　則（平二五・一一・一二国交令八八）

この省令は、公布の日から施行する。

附　則（平二六・一・二〇国交令五）

この省令は、公布の日から施行する。

附　則（平二六・六・一〇国交令五四）

この省令は、公布の日から施行する。

附　則（平二六・一二・二六国交令九五抄）

（施行期日）

1　この省令は、平成二十七年一月一日（次項において「施行日」という。）から施行する。

附　則（平二七・一・二二国交令三抄）

（施行期日）

1　この省令は、公布の日から施行する。

附　則（平二七・三・二七国交令一三）

この省令は、子ども・子育て支援法〔平成二四年八月法律第六五号〕の施行の日（平成二十七年四月一日）から施行する。

附　則（平二七・三・三一国交令一八）

この省令は、平成二十七年五月一日から施行する。〔後略〕

附　則（平二七・六・一二国交令四六）

この省令は、公布の日から施行する。

附　則（平二七・六・二五国交令四七抄）

（施行期日）

1　この省令は、公布の日から施行する。

附　則（平二七・七・一国交令五一）

この省令は、公布の日から施行する。

附　則（平二七・七・一〇国交令五二抄）

（施行期日）

1　この省令は、公布の日から施行する。

（国土交通省関係構造改革特別区域法第二条第三項に規定する省令の特例に関する措置及びその適用を受ける特定事業を定める省令の廃止に伴う経過措置）

3　この省令の施行の日前に前項の規定による廃止前の国土交通省関係構造改革特別区域法第二条第三項に規定する省令の特例に関する措置及びその適用を受ける特定事業を定める省令第一条の規定により準用する道路運送車両の保安基準第五十五条第一項の規定により地方運輸局長が行った認定は、第一条の規定による改正後の道路運送車両の保安基準第六十七条の規定により準用する同令第五十五条第一項の規定により地方運輸局長が行った認定とみなす。

附　則（平二七・一〇・八国交令七四）

この省令は、公布の日から施行する。

附　則（平二八・一・二〇国交令一抄）

（施行期日）

1　この省令は、公布の日から施行する。

附　則（平二八・一・二八国交令四）

この省令は、学校教育法等の一部を改正する法律〔平成二七年六月法律第四六号〕の施行の日（平成二十八年四月一日）から施行する。

附　則（平二八・三・一国交令一四抄）

（施行期日）

第一条　この省令は、平成二十八年四月一日から施行する。

附　則（平二八・六・一七国交令五〇抄）

（施行期日）

1　この省令は、平成二十八年六月十八日から施行する。ただし、第一条中道路運送車両の保安基準第十七条第三項の改正規定〔中略〕は、平成二十八年六月三十日から施行する。

附　則（平二八・八・三一国交令六三抄）

（施行期日）

第一条　この省令は、公布の日から施行する。〔後略〕

附　則（平二八・一〇・七国交令七三）

この省令は、公布の日から施行する。ただし、第一条中道路運送車両の保安基準第四十三条の六の次に一条を加える改正規定〔中略〕は、平成二十八年十月八日から施行する。

附　則（平二八・一一・一五国交令七八抄）

（施行期日）

第一条　この省令は、平成二十八年十二月一日から施行する。ただし、次の各号に掲げる規定は、当該各号に定める日から施行する。

一　第一条の規定、第二条中道路運送車両法施行規則第三十六条第十二項の改正規定及び第六条の規定　公布の日

二　〔略〕

附　則（平二九・二・九国交令七抄）

（施行期日）

第一条　この省令は、平成二十九年二月九日から施行する。

附　則（平二九・六・二二国交令三九抄）

（施行期日）

1　この省令は、平成二十九年六月二十二日から施行する。

附　則（平三〇・一・三一国交令五）

この省令は、公布の日から施行する。

附　則（平三〇・四・二七国交令四一）

この省令は、公布の日から施行する。

附　則（平三〇・七・一九国交令五九抄）

（施行期日）

1　この省令は、公布の日から施行する。

附　則（平三〇・一二・二六国交令九〇抄）

（施行期日）

1　この省令は、原子力利用における安全対策の強化のための核原料物質、核燃料物質及び原子炉の規制に関する法律等の一部を改正する法律〔平成二九年四月法律第一五号〕附則第一条に掲げる規定の施行の日（平成三十一年九月一日）から施行する。

附　則（令元・一〇・一五国交令四〇抄）

（施行期日）

第一条　この省令は、令和元年十一月十五日から施行する。ただし、第一条中道路運送車両の保安基準第四十七条の改正規定〔中略〕は、公布の日から施行する。

附　則（令二・三・三一国交令二〇）

この省令は、道路運送車両法の一部を改正する法律〔令和元年五月法律第一四号〕の施行の日（令和二年四月一日）から施行する。

附　則（令二・四・一国交令四一）

この省令は、公布の日から施行する。

附　則（令二・九・二五国交令七八抄）

（施行期日）

第一条　この省令は、公布の日から施行する。

附　則（令二・一二・二五国交令一〇〇抄）

（施行期日）

第一条　この省令は、令和三年一月二十二日から施行する。ただし、次の各号に掲げる規定は、当該各号に定める日から施行する。

一　第一条中道路運送車両の保安基準第二条の改正規定　公布の日

二　第一条中道路運送車両の保安基準第十八条の改正規定〔中略〕　令和三年一月三日

附　則（令三・六・九国交令四〇抄）

（施行期日）

第一条　この省令は、令和三年六月十日から施行する。〔後略〕

附　則（令三・九・三〇国交令五九抄）

（施行期日）

第一条　この省令は、令和三年九月三十日から施行する。

附　則（令四・六・二二国交令五二抄）

（施行期日）

第一条　この省令は、令和四年六月二十二日から施行する。

附　則（令四・一二・二三国交令九一）

（施行期日）

1　この省令は、公布の日から施行する。ただし、第六十六条の十七の改正規定は、道路交通法の一部を改正する法律（令和四年法律第三十二号）附則第一条第三号に掲げる規定の施行の日〔令和五年七月一日〕から施行する。

（経過措置）

2　この省令の施行の日から道路交通法の一部を改正する法律附則第一条第三号に掲げる規定の施行の日の前日までの間は、この省令による改正後の道路運送車両の保安基準目次及び第六十七条の三第一項中「第六十六条の十七」とあるのは、「第六十六条の十六」とする。

附　則（令五・一・四国交令一抄）

（施行期日）

第一条　この省令は、公布の日から施行する。ただし、次の各号に掲げる規定は令和五年一月十九日から施行する。

一　第一条中道路運送車両の保安基準第四十三条の十の改正規定

二〜四　〔略〕

附　則（令五・六・一五国交令四五抄）

（施行期日）

第一条　この省令は、公布の日から施行する。〔後略〕

附　則（令五・九・二二国交令七四抄）

（施行期日）

第一条　この省令は、令和五年九月二十四日から施行する。〔後略〕

附　則（令六・六・一四国交令六六抄）

（施行期日）

第一条　この省令は、令和六年六月十五日から施行する。ただし、次の各号に掲げる規定は、令和六年六月二十日から施行する。

一　第一条中道路運送車両の保安基準第四十六条の二の改正規定

二・三　〔略〕

○道路運送車両の保安基準第三十一条の二に規定する窒素酸化物排出自動車等及び窒素酸化物排出基準等を定める告示

（平成十四年四月五日　国土交通省告示第三百十号）

沿革　平一五国交告一三二九、平一六国交告一四六四、平一八国交告一二七〇、平二三国交告四二五・九七一、平二八国交告六一九、令四国交告一三〇六改正

（窒素酸化物等排出自動車）

第一条　道路運送車両の保安基準（昭和二十六年運輸省令第六十七号。以下「保安基準」という。）第三十一条の二に規定する自動車から排出される窒素酸化物及び粒子状物質の特定地域における総量の削減等に関する特別措置法（平成四年法律第七十号）第十二条第一項に規定する窒素酸化物排出自動車及び粒子状物質排出自動車であって告示で定めるものとは、同法第十二条第一項に規定する窒素酸化物排出自動車及び粒子状物質排出自動車のうち、ガソリン、液化石油ガス又は軽油を燃料とする自動車であって、次の各号に掲げるものを除いたもの（以下「窒素酸化物等排出自動車」という。）をいう。

一　車両総重量二・五トンを超える普通自動車及び小型自動車（専ら乗用の用に供する乗車定員十人以下の普通自動車及び小型自動車（以下「乗用自動車」という。）を除く。）であって、初めて運行の用に供しようとするときに道路運送車両法（昭和二十六年法律第百八十五号。以下「法」という。）第七十五条第四項の検査（法第七十五条の三第一項の規定によりその型式について指定を受けた一酸化炭素等発散防止装置を備えた自動車（法第七十五条第一項の規定によりその型式について指定を受けた自動車を除く。以下「一酸化炭素等発散防止装置指定自動車」という。）にあっては道路運送車両法施行規則（昭和二十六年運輸省令第七十四号。以下「規則」という。）第六十三条の検査、国土交通大臣が指定する自動車にあっては新規検査又は予備検査）を受けない自動車

二　ガソリン又は液化石油ガスを燃料とする乗用自動車

三　ガソリン又は液化石油ガスを燃料とする車両総重量一・七トン以下の普通自動車及び小型自動車（乗用自動車を除く。以下この条において同じ。）であって、平成元年十一月一日以降に製作されたもの（輸入された自動車にあっては、平成三年四月一日以降に製作されたもの）及び道路運送車両の保安基準の一部を改正する省令（昭和六十二年運輸省令第三号）第一条の規定による改正後の保安基準第三十一条第二項の規定の適用を受ける自動車のうち、同項の基準に適合するもの

四　ガソリン又は液化石油ガスを燃料とする車両総重量一・七トンを超え二・五トン以下の普通自動車及び小型自動車であって、平成七年十一月一日以降に製作されたもの（輸入された自動車にあっては、平成八年四月一日以降に製作されたもの）及び道路運送車両の保安基準の一部を改正する省令（平成五年運輸省令第三十一号）の規定による改正後の保安基準第三十一条第二項の規定の適用を受ける自動車のうち、同項の基準に適合するもの

五　ガソリン又は液化石油ガスを燃料とする車両総重量二・五トンを超える普通自動車及び小型自動車であって、平成八年十一月一日以降に製作されたもの（輸入された自動車にあっては、平成九年四月一日以降に製作されたもの）及び道路運送車両の保安基準の一部を改正する省令（平成五年運輸省令第三十一号）の規定による改正後の保安基準第三十一条第四項の規定の適用を受ける自動車のうち、同項の基準に適合するもの

六　軽油を燃料とする自動車のうち乗用自動車並びに車両総重量三・五トン以下の普通自動車及び小型自動車であって、平成十九年九月一日以降に製作されたもの及び道路運送車両の保安基準の細目を定める告示（平成十四年国土交通省告示第六百十九号）第四十一条第一項第七号若しくは第八号又は第百十九条第一項第四号の規定の適用を受ける自動車のうち、当該各号の基準に適合するもの

七　軽油を燃料とする車両総重量三・五トンを超え一二トン以下の普通自動車及び小型自動車であって、平成十一年九月一日以降に製作されたもの（輸入された自動車にあっては、平成十二年四月一日以降に製作されたもの）及び道路運送車両の保安基準の一部を改正する省令（平成八年運輸省令第四号）第二条の規定による改正後の保安基準第三十一条第六項の規定の適用を受ける自動車のうち、同項の基準に適合するもの

八　軽油を燃料とする車両総重量一二トンを超える普通自動車及び小型自動車であって、平成十二年九月一日以降に製作されたもの（輸入された自動車にあっては、平成十三年四月一日以降に製作されたもの）及び道路運送車両の保安基準の一部を改正する省令（平成九年運輸省令第二十二号）第二条の規定による改正後の保安基準第三十一条第六項の規定の適用を受ける自動車のうち、同項の基準に適合するもの

（窒素酸化物特定自動車の基準）

第二条　窒素酸化物等排出自動車であって、自動車から排出される窒素酸化物の特定地域における総量の削減等に関する特別措置法の一部を改正する法律（平成十三年法律第七十三号）による改正前の自動車から排出される窒素酸化物の特定地域における総量の削減等に関する特別措置法（平成四年法律第七十号）第十条に規定する特定自動車（以下「窒素酸化物特定自動車」という。）（次項に掲げるものを除く。）は、次の各号に掲げる検査であって初めて受けるものの際、別表第1の窒素酸化物特定自動車の種別の欄に掲げる自動車に応じ、排気管から大気中に排出される排出物に含まれる窒素酸化物の排出量について、それぞれ算出方法の欄に掲げる方法により算出した値が、それに対応する窒素酸化物排出基準の欄に掲げる値を超えないものでなければならない。

一　新規検査、予備検査、継続検査又は構造等変更検査（本条の規定が当該自動車に適用される日の前日までに交付された有効な限定自動車検査証の提出がある場合にあっては、本条の規定に適合するかどうかを検査する必要がある

部分を整備した場合に限る。）（以下「新規検査等」という。）であって、別表第2の窒素酸化物特定自動車の種別の欄に掲げる自動車に応じ、それぞれ同表の期日の欄に掲げる日（以下「窒素酸化物特定期日」という。）以降の日が初めて有効期間の満了日として記録された自動車検査証の交付又は返付を受けた日以降に受けるもの

二　臨時検査であって窒素酸化物特定期日以降に受けるもの

2　初度登録日が平成五年十一月三十日（車両総重量が三・五トンを超え五トン以下の自動車（以下「特例自動車」という。）にあっては平成八年三月三十一日）以前の窒素酸化物特定自動車であって、窒素酸化物特定期日において有効な自動車検査証の交付を受けていないもの（窒素酸化物特定期日以降の日が有効期間の満了日として記録された自動車検査証の交付又は返付を受けたことがあるものを除く。）については、窒素酸化物特定期日の翌日以降に初めて受ける新規検査等の際、別表第1の窒素酸化物特定自動車の種別の欄に掲げる自動車に応じ、排気管から大気中に排出される排出物に含まれる窒素酸化物の排出量について、それぞれ算出方法の欄に掲げる方法により算出した値が、それに対応する窒素酸化物排出基準の欄に掲げる値を超えないものでなければならない。

3　前二項の規定の適用にあたって、一の自動車について算出方法が二種以上あるものについては、いずれかの方法及びそれに対応する窒素酸化物排出基準を選択することができる。

（第二条の規定に適合しない窒素酸化物特定自動車の取扱）

第三条　窒素酸化物特定自動車であって、第二条に規定する基準に適合しないものについては、次条及び第五条の規定は適用しない。

（窒素酸化物等排出自動車の基準）

第四条　窒素酸化物等排出自動車（次項及び第三項に掲げるものを除く。）は、次の各号に掲げる検査であって初めて受けるものの際、別表第3の窒素酸化物等排出自動車の種別の欄に掲げる自動車に応じ、排気管から大気中に排出される排出物に含まれる窒素酸化物の排出量について、それぞれ算出方法の欄に掲げる方法により算出した値が、それに対応する窒素酸化物排出基準の欄に掲げる値を超えないものでなければならない。

一　新規検査等であって、別表第4の窒素酸化物等排出自動車の種別の欄に掲げる自動車に応じ、それぞれ同表の期日の欄に掲げる日（以下、「特定期日」という。）以降の日が初めて有効期間の満了日として記録された自動車検査証の交付又は返付を受けた日以降に受けるもの

二　臨時検査であって特定期日以降に受けるもの

2　初度登録日が平成十四年九月三十日以前の窒素酸化物等排出自動車であって、特定期日において有効な自動車検査証の交付を受けていないもの（特定期日以降の日が有効期間の満了日として記録された自動車検査証の交付又は返付を受けたことがあるものを除く。）については、特定期日の翌日以降に初めて受ける新規検査等の際、別表第3の窒素酸化物等排出自動車の種別の欄に掲げる自動車に応じ、排気管から大気中に排出される排出物に含まれる窒素酸化物の排出量について、それぞれ算出方法の欄に掲げる方法により算出した値が、それに対応する窒素酸化物排出基準の欄に掲げる値を超えないものでなければならない。

3　窒素酸化物等排出自動車であって、平成十四年十月一日以降に初度登録を行うものについては、平成十四年十月一日以降に初めて受ける新規検査若しくは予備検査（型式指定自動車にあっては法第七十五条第四項の検査、一酸化炭素等発散防止装置指定自動車にあっては規則第六十三条の検査を含む。）、継続検査又は構造等変更検査の際、別表第3の窒素酸化物等排出自動車の種別の欄に掲げる自動車に応じ、排気管から大気中に排出される排出物に含まれる窒素酸化物の排出量について、それぞれ算出方法の欄に掲げる方法により算出した値が、それに対応する窒素酸化物排出基準の欄に掲げる値を超えないものでなければならない。

4　第二条第三項の規定は、前三項の規定の適用について準用する。

第五条　前条の規定は、粒子状物質排出基準について準用する。この場合において、前条中「別表第3」とあるのは「別表第5」と、「窒素酸化物の排出量」とあるのは「粒子状物質の排出量」と、「窒素酸化物排出基準」とあるのは「粒子状物質排出基準」と読み替えるものとする。

（原動機等の変更を行った場合の特例）

第六条　第二条、第四条及び第五条に規定する基準に適合しない窒素酸化物特定自動車又は窒素酸化物等排出自動車であって、当該基準に適合させるため原動機等の変更を行ったものに対する第二条、第四条及び第五条の規定の適用については、これらの規定中「次の各号に掲げる検査であって初めて受けるもの」とあるのは「次の各号に掲げる検査であって初めて受けるもの又は原動機等の変更を行った後に受ける法第十六条の規定により抹消登録を受けた自動車に係る新規検査若しくは予備検査、継続検査、臨時検査又は構造等変更検査」とする。

（窒素酸化物等減少装置の機能の維持）

第七条　この告示に規定する基準に適合させるために自動車に備える窒素酸化物又は粒子状物質を減少させる装置は、原動機の作動中、確実に機能するものでなければならない。

附　則

（施行期日）

第一条　この告示は、道路運送車両の保安基準及び道路運送車両の保安基準の一部を改正する省令の一部を改正する省令（平成十四年国土交通省令第二十二号）の施行の日（平成十四年十月一日）から施行する。

（猶予期間の確定）

第二条　この告示中、第二条の規定の適用にあたって窒素酸化物特定自動車に適用される窒素酸化物特定期日は、平成五年十二月一日（特例自動車にあっては平成八年四月一日）における窒素酸化物特定自動車の種別に応じて適用される窒素酸化物特定期日とする。

2　第四条及び第五条の規定の適用にあたって窒素酸化物等排出自動車（本則第二条に規定する基準に適合しないものを除く。）に適用される特定期日は、この告示の施行の日における窒素酸化物等排出自動車の種別に応じて適用される特定期日とする。

（東日本大震災に伴う窒素酸化物等排出自動車の基準の特例）

第三条　窒素酸化物等排出自動車（第四条第二項及び第三項に掲げるものを除く。以下この条において同じ。）は、道路運

送車両の保安基準第三十一条の二に規定する窒素酸化物排出自動車等及び窒素酸化物排出基準等を定める告示の一部を改正する告示（平成二十三年国土交通省告示第四百二十五号）の施行の日から平成二十三年九月三十日までの間に初めて受ける検査であって、次の各号に掲げるものを受けるときは、第四条及び第五条の規定は適用しない。

一　継続検査であって、特定期日以降の日が初めて有効期間の満了日として記入された自動車検査証（平成二十三年三月十一日から平成二十三年九月三十日までのいずれかの日が有効期間の満了日として記入されたものに限る。）の交付又は返付を受けた日以降に受けるもの

二　臨時検査であって、特定期日以降に受けるもの

2　前項の検査を受けた窒素酸化物等排出自動車の特定期日については、別表第4の規定にかかわらず、平成二十三年十月一日とする。

第四条　窒素酸化物等排出自動車（第四条第二項及び第三項に掲げるものを除く。）のうち消防自動車（別表第四第八号及び第九号に掲げるものに限る。）は、平成二十三年十月一日から平成二十四年三月三十一日までの間に初めて受ける検査であって、次の各号に掲げるものを受けるときは、第四条及び第五条の規定は適用しない。

一　継続検査であって、特定期日以降の日が初めて有効期間の満了日として記入された自動車検査証（平成二十三年十月一日から平成二十四年三月三十一日までのいずれかの日が有効期間の満了日として記入されたものに限る。）の交付又は返付を受けた日以降に受けるもの

二　臨時検査であって、特定期日以降に受けるもの

2　前項の検査を受けた消防自動車の特定期日については、別表第四の規定にかかわらず、平成二十四年四月一日とする。

附　則（平一五・九・二六国交告一三一九）

この告示は、平成十五年十月一日から施行する。

附　則（平一六・一一・二六国交告一四六四）

この告示は、公布の日から施行する。

附　則（平二三・四・二六国交告四二五）

この告示は、公布の日から施行する。

附　則（平二三・九・二七国交告九七一）

この告示は、平成二十三年十月一日から施行する。

附　則（平二八・四・一国交告六一九）

この告示は、平成二十八年四月一日から施行する。

附　則（令四・一二・二八国交告一三〇六）

この告示は、令和五年一月一日から施行する。〔後略〕

別表第１（第２条関係）

窒素酸化物特定自動車の種別		算出方法	窒素酸化物排出基準
車両総重量が1.7トン以下の自動車	ガソリン又は液化石油ガスを燃料とする自動車	10モード算出法	１km走行当たり0.48g
		10・15モード算出法	
	軽油を燃料とする自動車	ディーゼル６モード算出法	100万分の100
		10モード算出法	１km走行当たり0.48g
		10・15モード算出法	
車両総重量が1.7トンを超え2.5トン以下の自動車	ガソリン又は液化石油ガスを燃料とする自動車	10モード算出法	１km走行当たり0.98g
		10・15モード算出法	
	軽油を燃料とする自動車	ディーゼル６モード算出法	100万分の210
		10・15モード算出法	１km走行当たり0.98g
車両総重量が2.5トンを超え５トン以下の自動車	ガソリン又は液化石油ガスを燃料とする自動車	ガソリン６モード算出法	100万分の600
		ガソリン13モード算出法	１kW／ｈ当たり6.8g
	軽油を燃料とする自動車	ディーゼル６モード算出法	100万分の350
		ディーゼル13モード算出法	１kW／ｈ当たり6.8g
車両総重量が５トンを超える自動車	ガソリン又は液化石油ガスを燃料とする自動車	ガソリン６モード算出法	100万分の900
		ガソリン13モード算出法	１kW／ｈ当たり7.8g
	軽油を燃料とする自動車	ディーゼル６モード算出法	100万分の520
		ディーゼル13モード算出法	１kW／ｈ当たり7.8g

備　考

一　この表において「10・15モード算出法」とは、道路運送車両の保安基準の細目を定める告示の一部を改正する告示（平成18年国土交通省告示第1268号）による改正前の道路運送車両の保安基準の細目を定める告示（平成14年国土交通省告示第619号）別添42「軽・中量車排出ガスの測定方法」に規定する10・15モード法により運行する場合に発生し、排気管から排出される排出物に含まれる窒素酸化物の走行距離１km当たりの排出量をグラムで表すことをいう。

二　この表において「ガソリン13モード算出法」とは、保安基準第二章及び第三章の規定の適用関係の整理のため必要な事項を定める告示（平成15年国土交通省告示第1318号。以下「適用関係告示」という。）別表第１の上欄に掲げる運転条件で運行する場合に発生し、排気管から大気中に排出される排出物に含まれる窒素酸化物の１時間当たりの排出量をグラムで表した値にそれぞれ同表の下欄に掲げる係数を乗じて得た値を加算した値を、同表の上欄に掲げる運転条件で運行する場合に発生した仕事率をキロワットで表した値にそれぞれ同表の下欄に掲げる係数を乗じて得た値を加算した値で除することをいう。

三　この表において「ディーゼル13モード算出法」とは、適用関係告示別表第２の上欄に掲げる運転条件で運行する場合に発生し、排気管から大気中に排出される排出物に含まれる窒素酸化物の１時間当たりの排出量をグラムで表した値にそれぞれ同表の下欄に掲げる係数を乗じて得た値を加算した値を、同表の上欄に掲げる運転条件で運行する場合に発生した仕事率をキロワットで表した値にそれぞれ同表の下欄に掲げる係数を乗じて得た値を加算した値で除することをいう。

四　この表において「10モード算出法」とは、38km／ｈ以上42km／ｈ以下の範囲内の速度で15分間以上運転を行った当該自動車を空車状態とし、これに２人の人員（人員１人の重量は55kgとして計算する。）が乗車し、又は110kgの物品が搭載された状態で、適用関係告示第28条第４項第２表に掲げる運転条件で運行する場合に発生し、排気管から大気中に排出される排出物に含まれる窒素酸化物の走行距離１km当たりの排出量をグラムで表すことをいう。

五　この表において「ガソリン６モード算出法」とは、適用関係告示第28条第７項第２表に掲げる運転条件で運行する場合に発生し、排気管から大気中に排出される排出物に含まれる窒素酸化物の容量比で表した測定値に、それぞれ同表の下欄に掲げる係数を乗じて得た値を加算することをいう。

六　この表において「ディーゼル６モード算出法」とは、適用関係告示第28条第８項の表に掲げる運転条件で運行する場合に発生し、排気管から大気中に排出される排出物に含まれる窒素酸化物の容量比で表した測定値に、それぞれ同表の下欄に掲げる係数を乗じて得た値を加算することをいう。

別表第２（第２条関係）

窒素酸化物特定自動車の種別			期日
一　窒素酸化物特定自動車のうち、令第４条第一号に掲げる普通貨物自動車	イ　ロに掲げる自動車以外の自動車	昭和59年11月30日以前に初度登録を受けたもの	平成６年11月30日
		昭和59年12月１日から昭和61年11月30日までに初度登録を受けたもの	平成７年11月30日
		昭和61年12月１日から平成５年11月30日までに初度登録を受けたもの	初度登録日から起算して９年間の末日に当たる日
	ロ　特例自動車	昭和62年３月31日以前に初度登録を受けたもの	平成８年３月31日
		昭和62年４月１日から昭和63年３月31日までに初度登録を受けたもの	平成９年３月31日
		昭和63年４月１日から平成８年３月31日までに初度登録を受けたもの	初度登録日から起算して９年間の末日に当たる日
二　窒素酸化物特定自動車のうち、令第４条第二号に掲げる小型貨物自動車	イ　ロに掲げる自動車以外の自動車	昭和60年11月30日以前に初度登録を受けたもの	平成６年11月30日
		昭和60年12月１日から昭和62年11月30日までに初度登録を受けたもの	平成７年11月30日
		昭和62年12月１日から平成５年11月30日までに初度登録を受けたもの	初度登録日から起算して８年間の末日に当たる日
	ロ　特例自動車	昭和63年３月31日以前に初度登録を受けたもの	平成８年３月31日
		昭和63年４月１日から平成元年３月31日までに初度登録を受けたもの	平成９年３月31日
		平成元年４月１日から平成８年３月31日までに初度登録を受けたもの	初度登録日から起算して８年間の末日に当たる日
三　窒素酸化物特定自動車のうち、令第４条第三号に掲げる大型バス	イ　ロに掲げる自動車以外の自動車	昭和56年11月30日以前に初度登録を受けたもの	平成６年11月30日
		昭和56年12月１日から昭和58年11月30日までに初度登録を受けたもの	平成７年11月30日
		昭和58年12月１日から平成５年11月30日までに初度登録を受けたもの	初度登録日から起算して12年間の末日に当たる日
	ロ　特例自動車	昭和59年３月31日以前に初度登録を受けたもの	平成８年３月31日
		昭和59年４月１日から昭和60年３月31日までに初度登録を受けたもの	平成９年３月31日
		昭和60年４月１日から平成８年３月31日までに初度登録を受けたもの	初度登録日から起算して12年間の末日に当たる日
四　窒素酸化物特定自動車のうち、令第４条第四号に掲げるマイクロバス	イ　ロに掲げる自動車以外の自動車	昭和58年11月30日以前に初度登録を受けたもの	平成６年11月30日
		昭和58年12月１日から昭和60年11月30日までに初度登録を受けたもの	平成７年11月30日
		昭和60年12月１日から平成５年11月30日までに初度登録を受けたもの	初度登録日から起算して10年間の末日に当たる日
	ロ　特例自動車	昭和61年３月31日以前に初度登録を受けたもの	平成８年３月31日
		昭和61年４月１日から昭和62年３月31	平成９年３月31日

		日までに初度登録を受けたもの	
		昭和62年4月1日から平成8年3月31日までに初度登録を受けたもの	初度登録日から起算して10年間の末日に当たる日
五　窒素酸化物特定自動車のうち、令第4条第六号に掲げる特種自動車であって、次号及び第七号に掲げる自動車以外のもの	イ　ロに掲げる自動車以外の自動車	昭和58年11月30日以前に初度登録を受けたもの	平成6年11月30日（平成5年11月30日における自動車検査証の有効期間の残余期間が1年を超える自動車にあっては、平成7年11月30日）
		昭和58年12月1日から昭和60年11月30日までに初度登録を受けたもの	平成7年11月30日
		昭和60年12月1日から平成5年11月30日までに初度登録を受けたもの	初度登録日から起算して10年間の末日に当たる日
	ロ　特例自動車	昭和61年3月31日以前に初度登録を受けたもの	平成8年3月31日
		昭和61年4月1日から昭和62年3月31日までに初度登録を受けたもの	平成9年3月31日（法第61条第1項の規定により自動車検査証の有効期間が二年とされている自動車にあっては、初度登録日から起算して10年間の末日に当たる日）
		昭和62年4月1日から平成8年3月31日までに初度登録を受けたもの	初度登録日から起算して10年間の末日に当たる日
六　窒素酸化物特定自動車のうち、消防警察自動車	イ　ロに掲げる自動車以外の自動車	昭和54年11月30日以前に初度登録を受けたもの	平成6年11月30日
		昭和54年12月1日から平成5年11月30日までに初度登録を受けたもの	初度登録日から起算して15年間の末日に当たる日
	ロ　特例自動車	昭和56年3月31日以前に初度登録を受けたもの	平成8年3月31日
		昭和56年4月1日から平成8年3月31日までに初度登録を受けたもの	初度登録日から起算して15年間の末日に当たる日
七　窒素酸化物特定自動車のうち、特定消防警察自動車	イ　ロに掲げる自動車以外の自動車	昭和49年11月30日以前に初度登録を受けたもの	平成6年11月30日
		昭和49年12月1日から平成5年11月30日までに初度登録を受けたもの	初度登録日から起算して20年間の末日に当たる日
	ロ　特例自動車	昭和51年3月31日以前に初度登録を受けたもの	平成8年3月31日
		昭和51年4月1日から平成8年3月31日までに初度登録を受けたもの	初度登録日から起算して20年間の末日に当たる日

備　考

一　この表において、「令」とは、自動車から排出される窒素酸化物及び粒子状物質の特定地域における総量の削減等に関する特別措置法施行令（平成4年政令第365号。）をいう。

二　この表において、「消防警察自動車」とは、消防自動車のうち、火災、震災等の災害に対する消防活動に用いられる自動車であって、ポンプ装置その他の消防のために必要な特殊な構造又は装置を有するもの及び警察自動車のうち、騒乱、大規模な災害その他の場合における警備のために用いられる自動車であって、爆発物処理装置、非常用通信装置その他の警備のために必要な特殊な構造又は装置を有するもの（次号に掲げる自動車を除く。）をいう。

三　この表において、「特定消防警察自動車」とは、消防自動車のうち、高所火災、油脂火災等の特殊な災害に対する消防活動に用いられる自動車であって、高所活動用のはしご、泡消火薬剤槽その他の特殊な災害に対する消防のために必要な特殊な構造又は装置を有するもの及び警察自動車のうち、騒乱、大規模な災害その他の場合における警備のために用いられる自動車であって、投石、火炎びん（火炎びんの使用等の処罰に関する法律（昭和47年法律第17号）第一条に規定する火炎びんをいう。）の使用その他これらに類する行為又は災害による損傷を防ぐための特殊な鋼板を車体に用いたものをいう。

別表第３（第４条関係）

窒素酸化物等排出自動車の種別		算出方法	窒素酸化物排出基準
乗用自動車及び車両総重量が1.7トン以下の自動車	ガソリン又は液化石油ガスを燃料とする自動車	10・15モード算出法	１km走行当たり0.48g
		10モード算出法	
	軽油を燃料とする自動車	10・15モード算出法	１km走行当たり0.48g
		10モード算出法	
		ディーゼル６モード算出法	100万分の100
車両総重量が1.7トンを超え2.5トン以下の自動車	ガソリン又は液化石油ガスを燃料とする自動車	10・15モード算出法	１km走行当たり0.63g
		10モード算出法	
	軽油を燃料とする自動車	10・15モード算出法	１km走行当たり0.63g
		ディーゼル６モード算出法	100万分の130
車両総重量が2.5トンを超える自動車	ガソリン又は液化石油ガスを燃料とする自動車	ガソリン６モード算出法	100万分の580
		ガソリン13モード算出法	１kW／h当たり5.9g
	軽油を燃料とする自動車	ディーゼル６モード算出法	100万分の340
		ディーゼル13モード算出法	１kW／h当たり5.9g
備考 この表において使用する用語は、別表第１において使用する用語の例による。			

別表第４（第４条及び第５条関係）

窒素酸化物等排出自動車の種別		期日
一　窒素酸化物等排出自動車のうち、令第４条第一号に掲げる普通貨物自動車	平成元年９月30日以前に初度登録を受けたもの	平成15年９月30日
	平成元年10月１日から平成５年９月30日までに初度登録を受けたもの	平成16年９月30日
	平成５年10月１日から平成８年９月30日までに初度登録を受けたもの	平成17年９月30日
	平成８年10月１日から平成14年９月30日までに初度登録を受けたもの	初度登録日から起算して９年間の末日に当たる日
二　窒素酸化物等排出自動車のうち、令第４条第二号に掲げる小型貨物自動車	平成２年９月30日以前に初度登録を受けたもの	平成15年９月30日
	平成２年10月１日から平成６年９月30日までに初度登録を受けたもの	平成16年９月30日
	平成６年10月１日から平成９年９月30日までに初度登録を受けたもの	平成17年９月30日
	平成９年10月１日から平成14年９月30日までに初度登録を受けたもの	初度登録日から起算して８年間の末日に当たる日
三　窒素酸化物等排出自動車のうち、令第４条第三号に掲げる大型バス	昭和61年９月30日以前に初度登録を受けたもの	平成15年９月30日
	昭和61年10月１日から平成２年９月30日までに初度登録を受けたもの	平成16年９月30日
	平成２年10月１日から平成５年９月30	平成17年９月30日

	日までに初度登録を受けたもの	
	平成５年10月１日から平成14年９月30日までに初度登録を受けたもの	初度登録日から起算して12年間の末日に当たる日
四　窒素酸化物等排出自動車のうち、令第４条第四号に掲げるマイクロバス	昭和63年９月30日以前に初度登録を受けたもの	平成15年９月30日
	昭和63年10月１日から平成４年９月30日までに初度登録を受けたもの	平成16年９月30日
	平成４年10月１日から平成７年９月30日までに初度登録を受けたもの	平成17年９月30日
	平成７年10月１日から平成14年９月30日までに初度登録を受けたもの	初度登録日から起算して10年間の末日に当たる日
五　窒素酸化物等排出自動車のうち、令第４条第五号の乗用自動車（法第61条第１項の規定により自動車検査証の有効期間が２年とされているものに限る。）	平成７年９月30日以前に初度登録を受けたもの	平成16年９月30日
	平成７年10月１日から平成14年９月30日までに初度登録を受けたもの	初度登録日から起算して９年間の末日に当たる日
六　窒素酸化物等排出自動車のうち、令第４条第五号の乗用自動車であって、前号に掲げる自動車以外の自動車	平成元年９月30日以前に初度登録を受けたもの	平成15年９月30日
	平成元年10月１日から平成５年９月30日までに初度登録を受けたもの	平成16年９月30日
	平成５年10月１日から平成８年９月30日までに初度登録を受けたもの	平成17年９月30日
	平成８年10月１日から平成14年９月30日までに初度登録を受けたもの	初度登録日から起算して９年間の末日に当たる日
七　窒素酸化物等排出自動車のうち、令第４条第六号に掲げる特種自動車であって、次号及び第九号に掲げる自動車以外の自動車	昭和63年９月30日以前に初度登録を受けたもの	平成15年９月30日（平成14年９月30日における自動車検査証の有効期間の残余期間が１年を超える自動車にあっては、平成16年９月30日）
	昭和63年10月１日から平成４年９月30日までに初度登録を受けたもの	平成16年９月30日
	平成４年10月１日から平成７年９月30日までに初度登録を受けたもの	平成17年９月30日
	平成７年10月１日から平成14年９月30日までに初度登録を受けたもの	初度登録日から起算して10年間の末日に当たる日
八　窒素酸化物等排出自動車のうち、消防警察自動車	昭和63年９月30日以前に初度登録を受けたもの	平成15年９月30日（法第61条第１項の規定により自動車検査証の有効期間が２年とされている自動車にあっては、平成16年９月30日）
	昭和63年10月１日から平成元年９月30日までに初度登録を受けたもの	平成16年９月30日
	平成元年10月１日から平成14年９月30日までに初度登録を受けたもの	初度登録日から起算して15年間の末日に当たる日
九　窒素酸化物等排出自動車	昭和58年９月30日以前に初度登録を受けたもの	平成15年９月30日（法第61条第１項の規定により自動車検査証の有効期間が２年とされている自動車にあっては、平成16年９月30日）

のうち、特定消防警察自動車	昭和58年10月１日から昭和59年９月30日までに初度登録を受けたもの	平成16年９月30日
	昭和58年10月１日から平成14年９月30日までに初度登録を受けたもの	初度登録日から起算して20年間の末日に当たる日
備　考 この表において使用する用語は、別表第２において使用する用語の例による。		

別表第５（第５条関係）

窒素酸化物等排出自動車の種別	算　出　方　法	粒子状物質排出基準
乗用自動車又は車両総重量が1.7トン以下の自動車であって軽油を燃料とする自動車	10・15モード算出法	1km走行当たり0.055g
車両総重量が1.7トンを超え2.5トン以下の自動車であって軽油を燃料とする自動車	10・15モード算出法	1km走行当たり0.06g
車両総重量が2.5トンを超え3.5トン以下の自動車であって軽油を燃料とする自動車	ディーゼル13モード算出法	1kW／h当たり0.175g
車両総重量が3.5トンを超える自動車であって軽油を燃料とする自動車	ディーゼル13モード算出法	1kW／h当たり0.49g

備　考
　この表において使用する用語は、別表第１において使用する用語の例による。この場合、「窒素酸化物」とあるのは「粒子状物質」と読み替えるものとする。

○道路運送車両の保安基準第二十九条第四項第七号に規定する国土交通大臣が指定したものを定める告示

（平成十一年十二月二十七日運輸省告示第八百二十号）

道路運送車両の保安基準（昭和二十六年運輸省令第六十七号）第二十九条第四項第七号の規定に基づき、道路運送車両の保安基準第二十九条第四項第七号に規定する運輸大臣が指定したものを定める告示を次のように定める。

道路運送車両の保安基準第二十九条第四項第七号の規定に基づき、同条第三項に規定する窓ガラスにはり付け、又は塗装することができるものとして、次に掲げるものを指定する。

一　道路等に設置された通信設備との通信のための機器、道路及び交通の状況に係る情報の入手のためのカメラ、車両間の距離を測定するための機器、雨滴等を感知して窓ふき器を自動的に作動させるための感知器又は受光量を感知して前照灯、車幅灯等を自動的に作動させるための感知器であって、次に掲げる要件に該当するもの

イ　専ら乗用の用に供する乗車定員が十人以下の自動車（以下「乗用自動車」という。）にあっては、次の(1)又は(2)に掲げる範囲にはり付けられたものであること。

(1)　運転者席の運転者が、ＪＩＳＲ三二一二「自動車用安全ガラス試験方法」の附属書「安全ガラスの光学的特性及び耐候性についての試験領域」（以下「附属書」という。）に規定するＶ点から前方を視認する際、室内後写鏡により遮へいされる前面ガラスの範囲

(2)　附属書に規定する前面ガラスの試験領域Ｂ（以下「試験領域Ｂ」という。）及び試験領域Ｂを前面ガラスの水平方向に拡大した領域以外の範囲

ロ　乗用自動車以外の自動車にあっては、次の(1)又は(2)に掲げる範囲にはり付けられたものであること。

(1)　運転者席の運転者が、附属書に規定するＯ点から前方を視認する際、室内後写鏡により遮へいされる前面ガラスの範囲

(2)　附属書に規定する前面ガラスの試験領域Ｉ（以下「試験領域Ｉ」という。）及び試験領域Ｉを前面ガラスの水平方向に拡大した領域以外の範囲

二　公共の電波の受信のために前面ガラスにはり付けるアンテナであって、乗用自動車にあっては次のイ及びロに掲げる要件、乗用自動車以外の自動車にあってはハに掲げる要件に該当するもの

イ　附属書に規定する前面ガラスの試験領域Ａ（以下「試験領域Ａ」という。）にはり付ける場合にあっては、機器の幅が〇・五ミリメートル以下であり、かつ、三本以下であること。

ロ　試験領域Ｂ（試験領域Ａと重複する領域を除く。）にはり付ける場合にあっては、機器の幅が一・〇ミリメートル以下であること。

ハ　試験領域Ｉにはり付ける場合にあっては、機器の幅が一・〇ミリメートル以下であること。

三　窓ふき器の凍結を防止する機器であって、次に掲げる要件に該当するもの

イ　乗用自動車にあっては、試験領域Ｂ及び試験領域Ｂを前面ガラスの水平方向に拡大した領域の下端より下方の範囲にはり付けられたものであること。

ロ　乗用自動車以外の自動車にあっては試験領域Ｉ及び試験領域Ｉを前面ガラスの水平方向に拡大した領域の下端より下方の範囲にはり付けられたものであること。

四　駐留軍憲兵隊の発行する自動車の登録に関する標識

附　則

1　この告示は、平成十一年十二月三十一日から施行する。

2　昭和二十七年運輸省告示第百九十八号は、平成十一年十二月三十日限り廃止する。

〇自動車点検基準

（昭和二十六年八月十日 運輸省令第七十号）

沿革 （前略）昭三八運令五三、昭四三運令五七、昭四五運令六七、昭四八運令四三、昭四九運令四五、昭五四運令三三、昭五八運令八、昭六二運令二七、平二運令三一、平七運令八、平一〇運令六七、平一一運令四六、平一二運令三九、平一七国交令一一二、平一八国交令八六、平一九国交令一一、平二七国交令五一、平三〇国交令五一、令二国交令六、令五国交令一八・八六 改正

（日常点検基準）

第一条 道路運送車両法（昭和二十六年法律第百八十五号。以下「法」という。）第四十七条の二第一項の国土交通省令で定める技術上の基準は、次の各号に掲げる自動車の区分に応じ、当該各号に定めるとおりとする。

一 法第四十八条第一項第一号及び第二号に掲げる自動車 別表第一

二 法第四十八条第一項第三号に掲げる自動車 別表第二

（定期点検基準）

第二条 法第四十八条第一項の国土交通省令で定める技術上の基準は、次の各号に掲げる自動車の区分に応じ、当該各号に定めるとおりとする。

一 法第四十八条第一項第一号に掲げる自動車（被牽引自動車を除く。） 別表第三

二 法第四十八条第一項第一号に掲げる自動車（被牽引自動車に限る。） 別表第四

三 法第四十八条第一項第二号に掲げる自動車（二輪自動車を除く。） 別表第五

四 法第四十八条第一項第二号に掲げる自動車（二輪自動車に限る。） 別表第五の二

五 法第四十八条第一項第三号に掲げる自動車（二輪自動車を除く。） 別表第六

六 法第四十八条第一項第三号に掲げる自動車（二輪自動車に限る。） 別表第七

第三条 法第四十八条第一項第一号の国土交通省令で定める自家用自動車は、次に掲げる自動車とする。

一 車両総重量八トン以上の自家用自動車

二 車両総重量八トン未満で乗車定員十一人以上の自家用自動車

三 次に掲げる自動車であつて、道路運送法（昭和二十六年法律第百八十三号）第八十条第一項の規定により受けた許可に係る自家用自動車（前二号に掲げるもの及び二輪自動車（側車付二輪自動車を含む。）を除く。）

イ 貨物の運送の用に供する普通自動車及び小型自動車

ロ 専ら幼児の運送を目的とする普通自動車及び小型自動車

ハ 人の運送の用に供する三輪自動車

ニ 散水自動車、広告宣伝用自動車、霊きゆう自動車その他特種の用途に供する普通自動車及び小型自動車

ホ 大型特殊自動車

ヘ 検査対象外軽自動車

2 法第四十八条第一項第二号の国土交通省令で定める自家用有償旅客運送の用に供する自家用自動車は、次に掲げる自動車とする。

一 法第六十一条第二項第二号に規定する自家用乗用自動車

二 患者の輸送の用に供する車その他特種の用途に供する検査対象軽自動車（人の運送の用に供する三輪のものを除く。）

3 法第四十八条第一項第二号の国土交通省令で定める自家用自動車は、次に掲げる自動車とする。

一 道路運送法第七十八条第二号に規定する自家用有償旅客運送の用に供する自家用自動車（前項に規定するものを除く。）

二 道路運送法第八十条第一項の許可を受けて業として有償で貸し渡す自家用自動車

三 貨物の運送の用に供する自家用普通自動車及び小型自動車

四 専ら幼児の運送を目的とする自家用普通自動車及び小型自動車

五 自家用三輪自動車

六 広告宣伝用自動車その他特種の用途に供する自家用普通自動車及び小型自動車（二輪自動車（側車付二輪自動車を含む。）を除く。）

七 自家用大型特殊自動車

八 自家用検査対象外軽自動車（二輪の軽自動車を除く。）

（点検整備記録簿の記載事項等）

第四条 法第四十九条第一項第五号の国土交通省令で定める事項は、次のとおりとする。

一 登録自動車にあつては自動車登録番号、法第六十条第一項後段の車両番号の指定を受けた自動車にあつては車両番号、その他の自動車にあつては車台番号

二 点検又は特定整備時の総走行距離

三 点検又は整備を実施した者の氏名又は名称及び住所（点検又は整備を実施した者が使用者と同一の者である場合にあつては、その者の氏名又は名称）

2 点検整備記録簿の保存期間は、その記載の日から、第二条第一号から第四号までに掲げる自動車にあつては一年間、同条第五号及び第六号に掲げる自動車にあつては二年間とする。

（点検等の勧告に係る基準）

第五条 法第五十四条第四項の国土交通省令で定める劣化又は摩耗により生ずる状態（法第七十一条の二第二項において準用する場合を含む。）は、別表第八に掲げるとおりとする。

2 法第五十四条第四項の国土交通省令で定める点検（法第七十一条の二第二項において準用する場合を含む。）は、次の各号に掲げる自動車の区分に応じ、当該各号に定めるとおりとする。

一 法第四十八条第一項第一号に掲げる自動車（被牽引自動車を除く。） 別表第三に定める十二月ごとに行う点検

二 法第四十八条第一項第一号に掲げる自動車（被牽引自動車に限る。） 別表第四に定める十二月ごとに行う点検

三 法第四十八条第一項第二号に掲げる自動車（二輪自動車を除く。） 別表第五に定める十二月ごとに行う点検

四 法第四十八条第一項第二号に掲げる自動車（二輪自動車に限る。） 別表第五の二に定める十二月ごとに行う点検

五　法第四十八条第一項第三号に掲げる自動車（二輪自動車を除く。）　別表第六に定める二年ごとに行う点検

六　法第四十八条第一項第三号に掲げる自動車（二輪自動車に限る。）　別表第七に定める二年ごとに行う点検

（自動車車庫の基準）

第六条　法第五十六条の技術上の基準は、次のとおりとする。

一　自動車車庫は、自動車車庫以外の施設と明りように区画されていること。

二　自動車車庫の面積は、常時保管しようとする自動車について、第一条に定める日常点検並びに当該自動車の清掃及び調整が実施できる充分な広さを有すること。

三　自動車車庫は、左の表に掲げる測定用器具、作業用器具、工具及び手工具（当該自動車車庫に常時保管しようとするすべての自動車に備えられているものを除く。）を有すること。

測定用器具	作業用器具、工具	手工具
イ　物さし又は巻尺	イ　ジャッキ又はリフト	イ　両口スパナ
ロ　タイヤ・ゲージ	ロ　注油器	ロ　ソケット・レンチ
ハ　タイヤ・デプス・ゲージ	ハ　ホイール・ナット・レンチ	ハ　プラグ・レンチ
ニ　（蓄電池の充放電の測定具）	ニ　輪止め	ニ　モンキー・レンチ
	ホ　（タイヤの空気充てん具）	ホ　プライヤ
	ヘ　（グリース・ガン）	ヘ　ペンチ
	ト　（点検灯）	ト　ねじ回し
	チ　（トルク・レンチ）	チ　（ハンド・ハンマ）
		リ　（点検用ハンマ）

プラグ・レンチについては、ジーゼル自動車のみの車庫には適用しない。

括弧内のものは、有していることが望ましいものを示す。

（自動車の点検及び整備に関する情報）

第七条　法第五十七条の二第一項の規定による自動車の型式に固有の技術上の情報の提供は、次に定めるところにより行うものとする。

一　当該自動車の販売を開始した日から六月以内に行うこと。

二　自動車特定整備事業者又は使用者が容易に入手できる方法により行うこと。ただし、少数生産車であること等により当該提供を受ける者が限定される場合又は次項（第二号に係る部分に限る。）の規定により情報を提供する場合にあつては、この限りでない。

三　自動車特定整備事業者又は使用者が第三項第三号に規定する作業機械（自動車製作者等が自ら製作、販売、授与又は貸与するものに限る。）の情報を用いて点検及び整備をすることができるよう、当該作業機械を提供すること。

四　提供した情報を変更したときは、これを周知させるための措置を講ずること。

2　前項の規定による提供は、次のとおりとすることができる。

一　有償（合理的かつ妥当な金額であつて、不当に差別的でないものに限る。）とすること。

二　自動運行装置その他点検及び整備のために通常利用される技術よりも高度な技術を利用する装置に係る情報を提供する場合にあつては、当該情報の提供を受ける者を、当該情報に基づく点検及び整備を適確に実施するに足りる能力及び体制を有することが確認された者に限ること。

三　当該自動車の流通の状況からみて当該提供を受ける者が著しく少数となつた場合においては、当該提供を終了すること。

3　法第五十七条の二第一項の国土交通省令で定める技術上の情報は、次に掲げるものとする。ただし、自動車の点検及び整備の目的以外の目的で使用されることにより、当該自動車について保安上及び公害防止上支障があるものとして国土交通大臣が定めるものを除く。

一　自動車の故障の状態を識別するための番号、記号その他の符号

二　道路運送車両法施行規則（昭和二十六年運輸省令第七十四号）第四十五条の四第二号に規定する装置の構造及び作動条件に関する情報

三　法第四十九条第二項に規定する特定整備に必要な自動車の構造及び装置に関する情報、点検及び整備の実施の方法に関する情報並びに作業機械の情報

四　前三号に掲げるもののほか、自動車の点検及び整備の適切な実施のために必要なものとして国土交通大臣が定める情報

第八条　法第五十七条の二第二項の国土交通省令で定める技術上の情報は、点検（法第四十七条の二及び第四十八条の規定によるものを除く。）の箇所、時期及び実施の方法並びに当該点検の結果必要となる整備の実施の方法とする。

附　則

1　この省令は、公布の日から施行し、昭和二十六年七月一日から適用する。

2　第二条第四号及び第五号に規定する自動車整備基準については、これが告示されるまでは、自動車整備修正基準（昭和二十三年七月運輸省告示第百八十五号）の例による。

附　則（昭四五・七・二九運令六七）

この省令は、昭和四十五年八月一日から施行する。

附　則（昭四八・一一・二六運令四三）

この省令は、昭和四十八年十二月一日から施行する。

附　則（昭四九・一一・二一運令四五抄）

（施行期日）

1　この省令は、昭和五十年四月一日から施行する。〔後略〕

附　則（昭五四・七・一六運令三三）

この省令は、昭和五十四年十月一日から施行する。

附　則（昭五八・三・一五運令八抄）

（施行期日）

1　この省令は、道路運送車両法の一部を改正する法律（昭和五十七年法律第九十一号）の施行の日（昭和五十八年七月一日）から施行する。〔後略〕

附　則（昭六二・三・二六運令二七抄）

（施行期日）

1　この省令は、公布の日から施行する。

附　則（平二・一一・二九運令三一抄）

（施行期日）

1　この省令は、貨物運送取扱事業法及び貨物自動車運送事業法の施行の日（平成二年十二月一日）から施行する。

附　則（平七・二・二八運令八抄）

（施行期日等）

1　この省令は、道路運送車両法の一部を改正する法律（平成六年法律第八十六号）の施行の日（以下「施行日」という。）から施行する。〔後略〕

附　則（平一〇・一〇・九運令六七抄）

（施行期日）

1　この省令は、道路運送車両法の一部を改正する法律（平成十年法律第七十四号）の施行の日（平成十年十一月二十四日）から施行する。

附　則（平一一・一〇・二七運令四六抄）

（施行期日）

1　この省令は、道路運送車両法の一部を改正する法律（平成十一年法律第六十六号）の施行の日〔平成一二年五月一日〕から施行する。

附　則（平一二・一一・二九運令三九抄）

（施行期日）

第一条　この省令は、平成十三年一月六日から施行する。

附　則（平一七・一二・二国交令一一二抄）

（施行期日）

1　この省令は、公布の日から施行する。ただし、第二条の改正規定は、公布の日から起算して六月を経過した日から施行する。

附　則（平一八・九・七国交令八六抄）

（施行期日）

第一条　この省令は、道路運送法等の一部を改正する法律〔平成一八年五月法律第四〇号〕の施行の日（平成十八年十月一日）から施行する。

附　則（平一九・三・一四国交令一一抄）

（施行期日）

1　この省令は、平成十九年四月一日から施行する。

附　則（平二七・七・一国交令五一）

この省令は、公布の日から施行する。

附　則（平三〇・六・二七国交令五一）

この省令は、平成三十年十月一日から施行する。

附　則（令二・二・六国交令六抄）

（施行期日）

第一条　この省令は、道路運送車両法の一部を改正する法律〔令和元年五月法律第一四号〕（以下「改正法」という。）の施行の日〔令和二年四月一日〕（以下「施行日」という。）から施行する。ただし、次の各号に掲げる規定は、当該各号に定める日から施行する。

一　第二条中自動車点検基準第二条、第四条第二項及び第五条第二項の改正規定並びに別表第五の次に一表を加える改正規定並びに第七条中指定自動車整備事業規則第六条第一項の改正規定　令和二年十月一日

二　第二条中自動車点検基準別表第三、別表第五及び別表第六の改正規定〔中略〕　令和三年十月一日

（経過措置）

第七条　施行日において現に販売されている自動車の型式に固有の技術上の情報（自動車製作者等が自ら製作、販売、授与又は貸与する作業機械に関するものに限る。）であってその提供に相当の期間を要するものについては、令和二年十二月三十一日までは、第二条の規定による改正後の自動車点検基準第七条第一項（第三号に係る部分に限る。）の規定は、適用しない。

附　則（令五・三・三一国交令一八）

この省令は、令和五年七月一日から施行する。

附　則（令五・一〇・二〇国交令八六抄）

（施行期日）

第一条　この省令は、令和五年十二月二十一日から施行する。

別表第１（事業用自動車、自家用貨物自動車等の日常点検基準）（第一条関係）

点検箇所	点検内容
1　ブレーキ	1　ブレーキ・ペダルの踏みしろが適当で、ブレーキの効きが十分であること。 2　ブレーキの液量が適当であること。 3　空気圧力の上がり具合が不良でないこと。 4　ブレーキ・ペダルを踏み込んで放した場合にブレーキ・バルブからの排気音が正常であること。 5　駐車ブレーキ・レバーの引きしろが適当であること。
2　タイヤ	1　タイヤの空気圧が適当であること。 2　亀裂及び損傷がないこと。 3　異状な摩耗がないこと。 （※１）4　溝の深さが十分であること。 （※２）5　ディスク・ホイールの取付状態が不良でないこと。
3　バッテリ	（※１）　液量が適当であること。
4　原動機	（※１）1　冷却水の量が適当であること。 （※１）2　ファン・ベルトの張り具合が適当であり、かつ、ファン・ベルトに損傷がないこと。 （※１）3　エンジン・オイルの量が適当であること。 （※１）4　原動機のかかり具合が不良でなく、かつ、異音がないこと。 （※１）5　低速及び加速の状態が適当であること。
5　灯火装置及び方向指示器	点灯又は点滅具合が不良でなく、かつ、汚れ及び損傷がないこと。
6　ウインド・ウォッシャ及びワイパー	（※１）1　ウインド・ウォッシャの液量が適当であり、かつ、噴射状態が不良でないこと。 （※１）2　ワイパーの払拭状態が不良でないこと。
7　エア・タンク	エア・タンクに凝水がないこと。
8　運行において異状が認められた箇所	当該箇所に異状がないこと。

（注）①　（※１）印の点検は、当該自動車の走行距離、運行時の状態等から判断した適切な時期に行うことで足りる。

②　（※２）印の点検は、車両総重量８トン以上又は乗車定員30人以上の自動車に限る。

別表第２（自家用乗用自動車等の日常点検基準）（第一条関係）

点検箇所	点検内容
1　ブレーキ	1　ブレーキ・ペダルの踏みしろが適当で、ブレーキのききが十分であること。 2　ブレーキの液量が適当であること。 3　駐車ブレーキ・レバーの引きしろが適当であること。
2　タイヤ	1　タイヤの空気圧が適当であること。 2　亀裂及び損傷がないこと。 3　異状な摩耗がないこと。 4　溝の深さが十分であること。
3　バッテリ	液量が適当であること。
4　原動機	1　冷却水の量が適当であること。 2　エンジン・オイルの量が適当であること。 3　原動機のかかり具合が不良でなく、かつ、異音がないこと。 4　低速及び加速の状態が適当であること。
5　灯火装置及び方向指示器	点灯又は点滅具合が不良でなく、かつ、汚れ及び損傷がないこと。
6　ウインド・ウォッシャ及びワイパー	1　ウインド・ウォッシャの液量が適当であり、かつ、噴射状態が不良でないこと。 2　ワイパーの払拭（しょく）状態が不良でないこと。
7　運行において異状が認められた箇所	当該箇所に異状がないこと。

別表第３（事業用自動車等の定期点検基準）（第二条、第五条関係）

点検箇所		3　月　ご　と	12　月　ご　と （3月ごとの点検に次の点検を加えたもの）
かじ取り装置	ハンドル		操作具合
	ギヤ・ボックス		1　油漏れ 2　取付けの緩み
	ロッド及びアーム類	（※２）　緩み、がた及び損傷	ボール・ジョイントのダスト・ブーツの亀裂及び損傷
	ナックル	（※２）　連結部のがた	
	かじ取り車輪		ホイール・アライメント
	パワー・ステアリング装置	1　ベルトの緩み及び損傷 （※２）2　油漏れ及び油量	取付けの緩み
制動装置	ブレーキ・ペダル	1　遊び及び踏み込んだときの床板とのすき間 2　ブレーキの効き具合	
	駐車ブレーキ機構	1　引きしろ 2　ブレーキの効き具合	
	ホース及びパイプ	漏れ、損傷及び取付状態	
	リザーバ・タンク	液量	
	マスタ・シリンダ、ホイール・シリンダ及びディスク・キャリパ		機能、摩耗及び損傷
	ブレーキ・チャンバ	ロッドのストローク	機能
	ブレーキ・バルブ、クイック・レリーズ・バルブ及びリレー・バルブ		機能
	倍力装置		1　エア・クリーナの詰まり 2　機能
	ブレーキ・カム		摩耗
	ブレーキ・ドラム及びブレーキ・シュー	1　ドラムとライニングとのすき間 （※２）2　シューの摺動部分及びライニングの摩耗	ドラムの摩耗及び損傷
	バック・プレート		バック・プレートの状態
	ブレーキ・ディスク及びパッド	（※２）1　ディスクとパッドとのすき間 （※２）2　パッドの摩耗	ディスクの摩耗及び損傷
	センタ・ブレーキ・ドラム及びライニング	1　ドラムの取付けの緩み 2　ドラムとライニングとのすき間	1　ライニングの摩耗 2　ドラムの摩耗及び損傷
	二重安全ブレーキ機構		機能
走行装置	ホイール	（※２）1　タイヤの状態 2　ホイール・ナット及びホイール・ボルトの緩み （※２）3　フロント・ホイール・ベアリングのがた	（※３）1　ホイール・ナット及びホイール・ボルトの損傷 2　リム、サイド・リング及びディスク・ホイールの損傷 3　リヤ・ホイール・ベアリングのがた

緩衝装置	リーフ・サスペンション	スプリングの損傷	取付部及び連結部の緩み、がた及び損傷
	コイル・サスペンション		1　スプリングの損傷 2　取付部及び連結部の緩み、がた及び損傷
	エア・サスペンション	1　エア漏れ （※２）２　ベローズの損傷 （※２）３　取付部及び連結部の緩み及び損傷	レベリング・バルブの機能
	ショック・アブソーバ	油漏れ及び損傷	
動力伝達装置	クラッチ	1　ペダルの遊び及び切れたときの床板とのすき間 2　作用 3　液量	
	トランスミッション及びトランスファ	（※２）　油漏れ及び油量	
	プロペラ・シャフト及びドライブ・シャフト	（※２）　連結部の緩み	1　自在継手部のダスト・ブーツの亀裂及び損傷 2　継手部のがた 3　センタ・ベアリングのがた
	デファレンシャル	（※２）　油漏れ及び油量	
電気装置	点火装置	（※２）（※４）１　点火プラグの状態 （※７）２　点火時期	（※７）　ディストリビュータのキャップの状態
	バッテリ	ターミナル部の接続状態	
	電気配線	接続部の緩み及び損傷	
原動機	本体	（※２）１　エア・クリーナ・エレメントの状態 2　低速及び加速の状態 3　排気の状態	シリンダ・ヘッド及びマニホールド各部の締付状態
	潤滑装置	油漏れ	
	燃料装置	燃料漏れ	
	冷却装置	ファン・ベルトの緩み及び損傷	水漏れ
ばい煙、悪臭のあるガス、有害なガス等の発散防止装置	ブローバイ・ガス還元装置		1　メータリング・バルブの状態 2　配管の損傷
	燃料蒸発ガス排出抑止装置		1　配管等の損傷 2　チャコール・キャニスタの詰まり及び損傷 3　チェック・バルブの機能
	一酸化炭素等発散防止装置		1　触媒反応方式等排出ガス減少装置の取付けの緩み及び損傷 2　二次空気供給装置の機能 3　排気ガス再循環装置の機能 4　減速時排気ガス減少装置の機能 5　配管の損傷及び取付状態

警音器、窓拭き器、洗浄液噴射装置、デフロスタ及び施錠装置		作用
エグゾースト・パイプ及びマフラ	（※２）　取付けの緩み及び損傷	マフラの機能
エア・コンプレッサ	エア・タンクの凝水	コンプレッサ、プレッシャ・レギュレータ及びアンローダ・バルブの機能
高圧ガスを燃料とする燃料装置等	1　導管及び継手部のガス漏れ及び損傷 （※８）２　ガス容器及びガス容器附属品の損傷	ガス容器取付部の緩み及び損傷
車枠及び車体	1　非常口の扉の機能 2　緩み及び損傷 （※３）３　スペアタイヤ取付装置の緩み、がた及び損傷 （※３）４　スペアタイヤの取付状態 （※３）５　ツールボックスの取付部の緩み及び損傷	
連結装置		1　カプラの機能及び損傷 2　ピントル・フックの摩耗、亀裂及び損傷
座席		（※１）　座席ベルトの状態
開扉発車防止装置		機能
その他	シャシ各部の給油脂状態	（※５）（※６）　車載式故障診断装置の診断の結果

（注）①　（※１）印の点検は、人の運送の用に供する自動車に限る。

②　（※２）印の点検は、自動車検査証の交付を受けた日又は当該点検を行つた日以降の走行距離が３月当たり２千キロメートル以下の自動車については、前回の当該点検を行うべきこととされる時期に当該点検を行わなかつた場合を除き、行わないことができる。

③　（※３）印の点検は、車両総重量８トン以上又は乗車定員30人以上の自動車に限る。

④　（※４）印の点検は、点火プラグが白金プラグ又はイリジウム・プラグの場合は、行わないことができる。

⑤　（※５）印の点検は、大型特殊自動車を除く。

⑥　（※６）印の点検は、原動機、制動装置、アンチロック・ブレーキシステム及びエアバッグ（かじ取り装置並びに車枠及び車体に備えるものに限る。）、衝突被害軽減制動制御装置、自動命令型操舵機能及び自動運行装置に係る識別表示（道路運送車両の保安基準（昭和26年運輸省令第74号）に適合しないおそれがあるものとして警報するものに限る。）の点検をもって代えることができる。

⑦　（※７）印の点検は、ディストリビュータを有する自動車に限る。

⑧　（※８）印の点検は、圧縮天然ガス、液化天然ガス及び圧縮水素を燃料とする自動車に限り、大型特殊自動車及び検査対象外軽自動車を除く。

別表第４（被牽引自動車の定期点検基準）（第二条、第五条関係）

点検箇所 ＼ 点検時期		３　月　ご　と	12　月　ご　と （３月ごとの点検に次の点検を加えたもの）
制動装置	ブレーキ・ペダル	ブレーキの効き具合	
	駐車ブレーキ機構	１　引きしろ ２　ブレーキの効き具合	
	ホース及びパイプ	漏れ、損傷及び取付状態	
	ブレーキ・チャンバ	ロッドのストローク	機能
	リレー・エマージェンシ・バルブ		機能
	ブレーキ・カム		摩耗
	ブレーキ・ドラム及びブレーキ・シュー	１　ドラムとライニングとのすき間 （※１）２　シューの摺動部分及びライニングの摩耗	ドラムの摩耗及び損傷
	バック・プレート		バック・プレートの状態
	ブレーキ・ディスク及びパッド	（※１）１　ディスクとパッドとのすき間 （※１）２　パッドの摩耗	ディスクの摩耗及び損傷
走行装置	ホイール	（※１）１　タイヤの状態 ２　ホイール・ナット及びホイール・ボルトの緩み	（※２）１　ホイール・ナット及びホイール・ボルトの損傷 ２　リム、サイド・リング及びディスク・ホイールの損傷 ３　ホイール・ベアリングのがた
緩衝装置	リーフ・サスペンション	スプリングの損傷	取付部及び連結部の緩み、がた及び損傷
	エア・サスペンション	１　エア漏れ （※１）２　ベローズの損傷 （※１）３　取付部及び連結部の緩み及び損傷	レベリング・バルブの機能
	ショック・アブソーバ	油漏れ及び損傷	
電気装置	電気配線	接続部の緩み及び損傷	
エア・コンプレッサ		エア・タンクの凝水	
車枠及び車体		１　緩み及び損傷 （※２）２　スペアタイヤ取付装置の緩み、がた及び損傷 （※２）３　スペアタイヤの取付状態 （※２）４　ツールボックスの取付部の緩み及び損傷	
連結装置			１　カプラの機能及び損傷 ２　キング・ピン及びルネット・アイの摩耗、亀裂及び損傷

その他	シャシ各部の給油脂状態	

（注）①　（※１）印の点検は、自動車検査証の交付を受けた日又は当該点検を行つた日以降の走行距離が３月当たり２千キロメートル以下の自動車については、前回の当該点検を行うべきこととされる時期に当該点検を行わなかつた場合を除き、行わないことができる。

②　（※２）印の点検は、車両総重量８トン以上の自動車に限る。

別表第５（自家用貨物自動車等の定期点検基準）（第二条、第五条関係）

点検箇所＼点検時期		６月ごと	12月ごと（６月ごとの点検に次の点検を加えたもの）
かじ取り装置	ハンドル		操作具合
	ギヤ・ボックス		取付けの緩み
	ロッド及びアーム類		１　緩み、がた及び損傷 ２　ボール・ジョイントのダスト・ブーツの亀裂及び損傷
	ナックル		連結部のがた
	かじ取り車輪		（※１）　ホイール・アライメント
	パワー・ステアリング装置	ベルトの緩み及び損傷	１　油漏れ及び油量 ２　取付けの緩み
制動装置	ブレーキ・ペダル	（※１）１　遊び及び踏み込んだときの床板とのすき間 （※１）２　ブレーキの効き具合	１　遊び及び踏み込んだときの床板とのすき間 ２　ブレーキの効き具合
	駐車ブレーキ機構	（※１）１　引きしろ （※１）２　ブレーキの効き具合	１　引きしろ ２　ブレーキの効き具合
	ホース及びパイプ	漏れ、損傷及び取付状態	
	リザーバ・タンク		液量
	マスタ・シリンダ、ホイール・シリンダ及びディスク・キャリパ		機能、摩耗及び損傷
	ブレーキ・バルブ、クイック・レリーズ・バルブ及びリレー・バルブ		機能
	倍力装置		１　エア・クリーナの詰まり ２　機能
	ブレーキ・ドラム及びブレーキ・シュー	ドラムとライニングとのすき間	１　シューの摺（しゅう）動部分及びライニングの摩耗 ２　ドラムの摩耗及び損傷
	ブレーキ・ディスク及びパッド		１　ディスクとパッドとのすき間 ２　パッドの摩耗 ３　ディスクの摩耗及び損傷
	センタ・ブレーキ・ドラム及びライニング		１　ドラムの取付けの緩み ２　ドラムとライニングとのすき間 ３　ライニングの摩耗 ４　ドラムの摩耗及び損傷
	二重安全ブレーキ機構		機能
走行装置	ホイール	ホイール・ナット及びホイール・ボルトの緩み	（※４）１　タイヤの状態 ２　フロント・ホイール・ベアリングのがた ３　リヤ・ホイール・ベアリングのがた
緩衝	リーフ・サスペンション		１　スプリングの損傷 ２　取付部及び連結部の緩み、がた及び損傷

装置	コイル・サスペンション		取付部及び連結部の緩み、がた及び損傷
	ショック・アブソーバ		油漏れ及び損傷
動力伝達装置	クラッチ	1　ペダルの遊び及び切れたときの床板とのすき間 2　作用	液量
	トランスミッション及びトランスファ	（※４）　油漏れ及び油量	
	プロペラ・シャフト及びドライブ・シャフト	（※４）　連結部の緩み	1　自在継手部のダスト・ブーツの亀裂及び損傷 2　継手部のがた 3　センタ・ベアリングのがた
	デファレンシャル	（※４）　油漏れ及び油量	
電気装置	点火装置	（※４）（※５）1　点火プラグの状態 （※８）2　点火時期	（※８）　ディストリビュータのキャップの状態
	バッテリ		ターミナル部の接続状態
	電気配線		接続部の緩み及び損傷
原動機	本体	1　排気の状態 （※４）2　エア・クリーナ・エレメントの状態 （※２）3　エア・クリーナの油の汚れ及び量	低速及び加速の状態
	潤滑装置	油漏れ	
	燃料装置		燃料漏れ
	冷却装置	ファン・ベルトの緩み及び損傷	水漏れ
ばい煙、悪臭のあるガス、有害なガス等の発散防止装置	ブローバイ・ガス還元装置		1　メターリング・バルブの状態 2　配管の損傷
	燃料蒸発ガス排出抑止装置		（※１）1　配管等の損傷 （※１）2　チャコール・キャニスタの詰まり及び損傷 （※１）3　チェック・バルブの機能
	一酸化炭素等発散防止装置		1　触媒反応方式等排出ガス減少装置の取付けの緩み及び損傷 2　二次空気供給装置の機能 3　排気ガス再循環装置の機能 4　減速時排気ガス減少装置の機能 5　配管の損傷及び取付状態
警音器、窓拭き器、洗浄液噴射装置、デフロスタ及び施錠装置			作用
エグゾースト・パイプ及びマフラ			（※４）1　取付けの緩み及び損傷 2　マフラの機能

エア・コンプレッサ	エア・タンクの凝水	コンプレッサ、プレッシャ・レギュレータ及びアンローダ・バルブの機能
高圧ガスを燃料とする燃料装置等	1　導管及び継手部のガス漏れ及び損傷 （※９）２　ガス容器及びガス容器附属品の損傷	ガス容器取付部の緩み及び損傷
車枠及び車体		緩み及び損傷
座席		（※３）　座席ベルトの状態
その他	シャシ各部の給油脂状態	（※６）（※７）　車載式故障診断装置の診断の結果

（注）①　（※１）印の点検は、大型特殊自動車にあつては、行わなくてもよい。
②　（※２）印の点検は、大型特殊自動車に限る。
③　（※３）印の点検は、道路運送法第80条第１項の規定により受けた許可に係る自動車に限る。
④　（※４）印の点検は、自動車検査証の交付を受けた日又は当該点検を行つた日以降の走行距離が６月当たり４千キロメートル以下の自動車については、前回の当該点検を行うべきこととされる時期に当該点検を行わなかつた場合を除き、行わないことができる。
⑤　（※５）印の点検は、点火プラグが白金プラグ又はイリジウム・プラグの場合は、行わないことができる。
⑥　（※６）印の点検は、大型特殊自動車を除く。
⑦　（※７）印の点検は、原動機、制動装置、アンチロック・ブレーキシステム及びエアバッグ（かじ取り装置並びに車枠及び車体に備えるものに限る。）、衝突被害軽減制動制御装置、自動命令型操舵機能及び自動運行装置に係る識別表示（道路運送車両の保安基準に適合しないおそれがあるものとして警報するものに限る。）の点検をもって代えることができる。
⑧　（※８）印の点検は、ディストリビュータを有する自動車に限る。
⑨　（※９）印の点検は、圧縮天然ガス、液化天然ガス及び圧縮水素を燃料とする自動車に限り、大型特殊自動車及び検査対象外軽自動車を除く。

別表第５の２（有償で貸し渡す自家用二輪自動車等の定期点検基準）（第二条、第五条関係）

点検箇所		点検時期 ６月ごと	12月ごと （６月ごとの点検に次の点検を加えたもの）
かじ取り装置	ハンドル		操作具合
	フロント・フォーク	ステアリング・ステムの軸受部のがた	１　損傷 ２　ステアリング・ステムの取付状態
制動装置	ブレーキ・ペダル及びブレーキ・レバー	１　遊び ２　ブレーキの効き具合	
	ロッド及びケーブル類	緩み、がた及び損傷	
	ホース及びパイプ	漏れ、損傷及び取付状態	
	マスタ・シリンダ、ホイール・シリンダ及びディスク・キャリパ	液漏れ	機能、摩耗及び損傷
	ブレーキ・ドラム及びブレーキ・シュー	（※１）１　ドラムとライニングとのすき間 （※１）２　シューの摺（しゅう）動部分及びライニングの摩耗	ドラムの摩耗及び損傷
	ブレーキ・ディスク及びパッド	（※１）１　ディスクとパッドとのすき間 （※１）２　パッドの摩耗	ディスクの摩耗及び損傷
走行装置	ホイール	（※１）１　タイヤの状態 ２　ホイール・ナット及びホイール・ボルトの緩み （※１）３　フロント・ホイール・ベアリングのがた （※１）４　リヤ・ホイール・ベアリングのがた	
緩衝装置	サスペンション・アーム		連結部のがた及びアームの損傷
	ショック・アブソーバ		油漏れ及び損傷
動力伝達装置	クラッチ	クラッチ・レバーの遊び	作用
	トランスミッション	（※１）　油漏れ及び油量	
	プロペラ・シャフト及びドライブ・シャフト		継手部のがた
	チェーン及びスプロケット	１　チェーンの緩み ２　スプロケットの取付状態及び摩耗	
	ドライブ・ベルト	（※１）　摩耗及び損傷	
電気装置	点火装置	（※１）（※２）１　点火プラグの状態 ２　点火時期	
	バッテリ	ターミナル部の接続状態	
	電気配線		接続部の緩み及び損傷

<table>
<tr><td rowspan="4">原動機</td><td>本体</td><td>（※1）1　エア・クリーナ・エレメントの状態
2　低速及び加速の状態
3　排気の状態</td><td></td></tr>
<tr><td>潤滑装置</td><td>油漏れ</td><td></td></tr>
<tr><td>燃料装置</td><td>1　燃料漏れ
2　リンク機構の状態
3　スロットル・バルブ及びチョーク・バルブの作動状態</td><td></td></tr>
<tr><td>冷却装置</td><td>水漏れ</td><td></td></tr>
<tr><td rowspan="3">ばい煙、悪臭のあるガス、有害なガス等の発散防止装置</td><td>ブローバイ・ガス還元装置</td><td></td><td>配管の損傷</td></tr>
<tr><td>燃料蒸発ガス排出抑止装置</td><td></td><td>1　配管等の損傷
2　チャコール・キャニスタの詰まり及び損傷
3　チェック・バルブの機能</td></tr>
<tr><td>一酸化炭素等発散防止装置</td><td></td><td>1　二次空気供給装置の機能
2　配管の損傷及び取付状態</td></tr>
<tr><td colspan="2">エグゾースト・パイプ及びマフラ</td><td>取付けの緩み及び損傷</td><td>マフラの機能</td></tr>
<tr><td colspan="2">高圧ガスを燃料とする燃料装置等</td><td>1　導管及び継手部のガス漏れ及び損傷
（※3）2　ガス容器及びガス容器附属品の損傷</td><td>ガス容器取付部の緩み及び損傷</td></tr>
<tr><td colspan="2">フレーム</td><td>緩み及び損傷</td><td></td></tr>
<tr><td colspan="2">その他</td><td>シャシ各部の給油脂状態</td><td></td></tr>
</table>

（注）①　（※1）印の点検は、自動車検査証の交付を受けた日又は当該点検を行った日以降の走行距離が6月当たり1千5百キロメートル以下の自動車については、前回の当該点検を行うべきこととされている時期に当該点検を行わなかった場合を除き、行わないことができる。

②　（※2）印の点検は、点火プラグが白金プラグ又はイリジウム・プラグの場合は、行わないことができる。

③　（※3）印の点検は、圧縮天然ガス、液化天然ガス及び圧縮水素を燃料とする自動車に限り、検査対象外軽自動車を除く。

別表第６（自家用乗用自動車等の定期点検基準）（第二条、第五条関係）

点検箇所 ＼ 点検時期		１　年　ご　と	２　年　ご　と （１年ごとの点検に次の点検を加えたもの）
かじ取り装置	ハンドル		操作具合
	ギヤ・ボックス		（※１）　取付けの緩み
	ロッド及びアーム類		（※１）１　緩み、がた及び損傷 ２　ボール・ジョイントのダスト・ブーツの亀裂及び損傷
	かじ取り車輪		（※１）　ホイール・アライメント
	パワー・ステアリング装置	ベルトの緩み及び損傷	１　油漏れ及び油量 （※１）２　取付けの緩み
制動装置	ブレーキ・ペダル	１　遊び及び踏み込んだときの床板とのすき間 ２　ブレーキの効き具合	
	駐車ブレーキ機構	１　引きしろ ２　ブレーキの効き具合	
	ホース及びパイプ	漏れ、損傷及び取付状態	
	マスタ・シリンダ、ホイール・シリンダ及びディスク・キャリパ	液漏れ	機能、摩耗及び損傷
	ブレーキ・ドラム及びブレーキ・シュー	（※１）１　ドラムとライニングとのすき間 （※１）２　シューの摺動部分及びライニングの摩耗	ドラムの摩耗及び損傷
	ブレーキ・ディスク及びパッド	（※１）１　ディスクとパッドとのすき間 （※１）２　パッドの摩耗	ディスクの摩耗及び損傷
走行装置	ホイール	（※１）１　タイヤの状態 （※１）２　ホイール・ナット及びホイール・ボルトの緩み	（※１）１　フロント・ホイール・ベアリングのがた （※１）２　リヤ・ホイール・ベアリングのがた
緩衝装置	取付部及び連結部		緩み、がた及び損傷
	ショック・アブソーバ		油漏れ及び損傷
動力伝達装置	クラッチ	ペダルの遊び及び切れたときの床板とのすき間	
	トランスミッション及びトランスファ	（※１）　油漏れ及び油量	
	プロペラ・シャフト及びドライブ・シャフト	（※１）　連結部の緩み	自在継手部のダスト・ブーツの亀裂及び損傷
	デファレンシャル		（※１）　油漏れ及び油量
電気装	点火装置	（※１）（※２）１　点火プラグの状態 （※４）２　点火時期 （※４）３　ディストリビュータのキャップの状態	

置	バッテリ	ターミナル部の接続状態	
	電気配線		接続部の緩み及び損傷
原動機	本体	1　排気の状態 （※1）2　エア・クリーナ・エレメントの状態	
	潤滑装置	油漏れ	
	燃料装置		燃料漏れ
	冷却装置	1　ファン・ベルトの緩み及び損傷 2　水漏れ	
ばい煙、悪臭のあるガス、有害なガス等の発散防止装置	ブローバイ・ガス還元装置		1　メターリング・バルブの状態 2　配管の損傷
	燃料蒸発ガス排出抑止装置		1　配管等の損傷 2　チャコール・キャニスタの詰まり及び損傷 3　チェック・バルブの機能
	一酸化炭素等発散防止装置		1　触媒反応方式等排出ガス減少装置の取付けの緩み及び損傷 2　二次空気供給装置の機能 3　排気ガス再循環装置の機能 4　減速時排気ガス減少装置の機能 5　配管の損傷及び取付状態
エグゾースト・パイプ及びマフラ		（※1）　取付けの緩み及び損傷	マフラの機能
高圧ガスを燃料とする燃料装置等		1　導管及び継手部のガス漏れ及び損傷 （※5）2　ガス容器及びガス容器附属品の損傷	ガス容器取付部の緩み及び損傷
車枠及び車体			緩み及び損傷
その他		（※3）　車載式故障診断装置の診断の結果	

（注）①　法第61条第2項の規定により自動車検査証の有効期間を3年とされた自動車にあつては、2年目の点検は1年ごとの欄に掲げる基準によるものとし、3年目の点検は2年ごとの欄に掲げる基準によるものとする。

②　（※1）印の点検は、自動車検査証の交付を受けた日又は当該点検を行つた日以降の走行距離が1年当たり5千キロメートル以下の自動車については、前回の当該点検を行うべきこととされる時期に当該点検を行わなかつた場合を除き、行わないことができる。

③　（※2）印の点検は、点火プラグが白金プラグ又はイリジウム・プラグの場合は、行わないことができる。

④　（※3）印の点検は、原動機、制動装置、アンチロック・ブレーキシステム及びエアバッグ（かじ取り装置並びに車枠及び車体に備えるものに限る。）、衝突被害軽減制動制御装置、自動命令型操舵機能及び自動運行装置に係る識別表示（道路運送車両の保安基準に適合しないおそれがあるものとして警報するものに限る。）の点検をもって代えることができる。

⑤　（※4）印の点検は、ディストリビュータを有する自動車に限る。

⑥　（※5）印の点検は、圧縮天然ガス、液化天然ガス及び圧縮水素を燃料とする自動車に限る。

別表第７（二輪自動車の定期点検基準）（第二条、第五条関係）

点検箇所		１年ごと	２年ごと（１年ごとの点検に次の点検を加えたもの）
かじ取り装置	ハンドル		操作具合
	フロント・フォーク	ステアリング・ステムの軸受部のがた	１　損傷 ２　ステアリング・ステムの取付状態
制動装置	ブレーキ・ペダル及びブレーキ・レバー	１　遊び ２　ブレーキの効き具合	
	ロッド及びケーブル類	緩み、がた及び損傷	
	ホース及びパイプ	漏れ、損傷及び取付状態	
	マスタ・シリンダ、ホイール・シリンダ及びディスク・キャリパ	液漏れ	機能、摩耗及び損傷
	ブレーキ・ドラム及びブレーキ・シュー	（※１）１　ドラムとライニングとのすき間 （※１）２　シューの摺動部分及びライニングの摩耗	ドラムの摩耗及び損傷
	ブレーキ・ディスク及びパッド	（※１）１　ディスクとパッドとのすき間 （※１）２　パッドの摩耗	ディスクの摩耗及び損傷
走行装置	ホイール	（※１）１　タイヤの状態 ２　ホイール・ナット及びホイール・ボルトの緩み （※１）３　フロント・ホイール・ベアリングのがた （※１）４　リヤ・ホイール・ベアリングのがた	
緩衝装置	サスペンション・アーム		連結部のがた及びアームの損傷
	ショック・アブソーバ		油漏れ及び損傷
動力伝達装置	クラッチ	クラッチ・レバーの遊び	作用
	トランスミッション	（※１）　油漏れ及び油量	
	プロペラ・シャフト及びドライブ・シャフト		継手部のがた
	チェーン及びスプロケット	１　チェーンの緩み ２　スプロケットの取付状態及び摩耗	
	ドライブ・ベルト	（※１）　摩耗及び損傷	
電気装置	点火装置	（※１）（※２）１　点火プラグの状態 ２　点火時期	
	バッテリ	ターミナル部の接続状態	
	電気配線		接続部の緩み及び損傷

原動機	本体	（※１）１　エア・クリーナ・エレメントの状態 ２　低速及び加速の状態 ３　排気の状態	
	潤滑装置	油漏れ	
	燃料装置	１　燃料漏れ ２　リンク機構の状態 ３　スロットル・バルブ及びチョーク・バルブの作動状態	
	冷却装置	水漏れ	
ばい煙、悪臭のあるガス、有害なガス等の発散防止装置	ブローバイ・ガス還元装置		配管の損傷
	燃料蒸発ガス排出抑止装置		１　配管等の損傷 ２　チャコール・キャニスタの詰まり及び損傷 ３　チェック・バルブの機能
	一酸化炭素等発散防止装置		１　二次空気供給装置の機能 ２　配管の損傷及び取付状態
エグゾースト・パイプ及びマフラ		取付けの緩み及び損傷	マフラの機能
高圧ガスを燃料とする燃料装置等		１　導管及び継手部のガス漏れ及び損傷 （※３）２　ガス容器及びガス容器附属品の損傷	ガス容器取付部の緩み及び損傷
フレーム		緩み及び損傷	
その他		シャシ各部の給油脂状態	

（注）①　法第61条第２項の規定により自動車検査証の有効期間を３年とされた自動車にあつては、２年目の点検は１年ごとの欄に掲げる基準によるものとし、３年目の点検は２年ごとの欄に掲げる基準によるものとする。

②　（※１）印の点検は、自動車検査証の交付を受けた日又は当該点検を行つた日以降の走行距離が１年当たり１千５百キロメートル以下の自動車については、前回の当該点検を行うべきこととされる時期に当該点検を行わなかつた場合を除き、行わないことができる。

③　（※２）印の点検は、点火プラグが白金プラグ又はイリジウム・プラグの場合は、行わないことができる。

④　（※３）印の点検は、圧縮天然ガス、液化天然ガス及び圧縮水素を燃料とする自動車に限り、検査対象外軽自動車を除く。

別表第８（劣化又は摩耗により生ずる状態）（第五条関係）

装置	劣化又は摩耗により生ずる状態
かじ取り装置	1　ハンドルの操作具合の不良 2　ギヤ・ボックスの油漏れ 3　ロッド類又はアーム類の緩み、がた又は損傷 4　ロッド類又はアーム類のボール・ジョイントのダスト・ブーツの亀裂又は損傷 5　かじ取り車輪のホイール・アライメントの不良 6　パワー・ステアリング装置のベルトの緩み又は損傷 7　パワー・ステアリング装置の油漏れ 8　フロント・フォークの損傷 9　フロント・フォークのステアリング・ステムの取付状態の不良 10　フロント・フォークのステアリング・ステムの軸受部のがた
制動装置	1　主制動装置のきき具合の不良 2　駐車ブレーキのきき具合の不良 3　ホース又はパイプの漏れ、損傷又は取付状態の不良 4　マスタ・シリンダ、ホイール・シリンダ又はディスク・キャリパの液漏れ
走行装置	1　フロント・ホイール・ベアリングのがた 2　リヤ・ホイール・ベアリングのがた
緩衝装置	1　スプリングの損傷（エア・スプリングのエア漏れを含む。） 2　緩衝装置の取付部又は連結部の緩み、がた又は損傷 3　ショック・アブソーバの油漏れ又は損傷
動力伝達装置	1　トランスミッション又はトランスファの油漏れ 2　プロペラ・シャフト又はドライブ・シャフトの連結部の緩み 3　プロペラ・シャフト又はドライブ・シャフトの自在継手部のダスト・ブーツの亀裂又は損傷 4　デファレンシャルの油漏れ 5　チェーンの緩み 6　スプロケットの取付状態の不良又は摩耗
原動機	1　排気の状態の不良 2　潤滑装置の油漏れ 3　燃料装置の燃料漏れ 4　冷却装置のファン・ベルトの緩み又は損傷 5　冷却装置の水漏れ
その他	1　一酸化炭素等発散防止装置の触媒反応方式等排出ガス減少装置の取付けの緩み又は損傷 2　エグゾースト・パイプ又はマフラの取付けの緩み又は損傷 3　マフラの機能の不良

○自動車の点検及び整備に関する手引

（平成十九年三月十四日
国土交通省告示第三百十七号）

沿革　平二七国交告八二八、平二八国交告一四四九、平三〇国交告七八一、令二国交告五五五、令三国交告二七九、令五国交告二六三・一〇四八改正

道路運送法等の一部を改正する法律（平成十八年法律第四十号）及び自動車点検基準の一部を改正する省令（平成十九年国土交通省令第十一号）の施行に伴い、自動車の点検及び整備に関する手引の全部を次のように改正し、平成十九年四月一日から適用するとともに、道路運送車両法（昭和二十六年法律第百八十五号）第五十七条第一項に基づき公表する。

目次

1　はじめに

我が国における自動車保有台数は約8,200万台に達し、まさに日々の生活と社会・経済活動に欠くことのできないものとなっています。また、近年、自動車は電子制御を用いた新技術の採用により益々高度化してより便利なものになっており、安全で環境負荷の小さい車社会の確立が求められているところです。一方、交通事故や環境問題は依然として大きな社会問題になっております。

自動車は数多くの様々な部品で構成された機械であるため、使用に伴い、また時間の経過によって劣化・摩耗が進み、その構造や装置の性能が低下しますので、点検整備を怠れば、故障や排出ガスの増加、燃料の浪費等を招きかねません。例えば、タイヤの空気圧が不足すれば安全上のトラブルを引き起こすおそれがあるだけでなく、燃費の悪化にもつながります。自動車を常に良好な状態で使用するためには、ユーザーの皆さんが責任をもって常日頃から自動車の状態を把握し、適切に維持することが重要です。

点検整備の実施に当たり、ユーザーの皆さんは自動車の使用状況（走行距離や悪路、雪道などの使用環境）や構造・装置の種類に応じて、自動車メーカーなどが公表している点検整備の情報（自動車に備え付けられているいわゆるメンテナンスノートなど）を参考とし、必要があれば専門的な知識を有する技術者に相談するなどにより、各々の自動車にふさわしい適切な点検整備を実施することが求められています。また、点検整備に伴って不要となる使用済みバッテリー、廃タイヤなどの廃棄物については、それらの処理が可能な事業者に依頼するなど適正に処理することも必要です。

この手引は、ユーザーの皆さん一人一人が自動車の点検整備についての理解を深め、使用する自動車に対して責任をもって「日常点検整備」及び「定期点検整備」を確実かつ適切に実施していただけるよう、一般的な自動車についてその標準的な使用を前提とした「日常点検」及び「定期点検」の実施方法並びにこれらの点検に伴い必要となる整備の実施方法の指針を示したものです。

今世紀にふさわしい、安全で環境負荷の小さい車社会が形成されるよう、ユーザーの皆さんがこの手引を積極的に活用され、自動車を安全かつ快適に使用することが期待されます。

(注)1　この「手引」の中で用いる「日常点検」と「定期点検」の内容については、自動車点検基準（昭和26年運輸省令第70号）の定めるところによっています。

2　この「手引」の中で用いる「大型車」とは、車両総重量8トン以上又は乗車定員30人以上の自動車をいいます。

3　この「手引」の中で用いる「レンタカー」とは、道路運送法第80条第1項の規定による有償貸渡しの許可を受けた自家用自動車（二輪自動車を除く。）をいい、「レンタルバイク」とは、同項に規定する有償貸渡しの許可を受けた自家用自動車（二輪自動車に限る。）をいいます。

4　この「手引」の中で用いる自動車の区分（「自家用乗用など」、「自家用貨物など」、「事業用など」）の意味は次のとおりです。

	対象となる主な自動車	自動車登録番号標又は車両番号標（例）	
		分類番号	塗色など
自家用乗用など	○　自家用乗用自動車	○　3、30～39、300～399、30A～39Z、3A0～3Z9、3AA～3ZZ、5、50～59、500～599、50A～59Z、5A0～5Z9、5AA～5ZZ、7、70～79、700～799、70A～79Z、7A0～7Z9、7AA～7ZZ	○　白地に緑文字若しくは黄地に黒文字又は国土交通大臣が定める塗色
	○　貨物の運送の用に供する自家用の検査対象軽自動車	○　40～49、400～499、40A～49Z、4A0～4Z9、4AA～4ZZ	○　黄地に黒文字又は国土交通大臣が定める塗色

	○　特種の用途に供する自家用の検査対象軽自動車	○　80～89、800～899、80A～89 Z、8A0～8Z9、8AA～8ZZ	○　黄地に黒文字又は国土交通大臣が定める塗色
	○　貨物軽自動車運送事業の用に供する検査対象軽自動車	○　40～49、400～499、40A～49 Z、4A0～4Z9、4AA～4ZZ	○　黒地に黄文字
	○　二輪の小型自動車		○　緑地に白文字、枠は白色又は白地に緑文字、枠は緑地
	○　二輪の軽自動車		○　緑地に白文字又は白地に緑文字
自家用貨物など	○　車両総重量が8トン未満の貨物の運送の用に供する自家用の普通自動車及び小型自動車	○　1、10～19、100～199、10 A ～19 Z、1A0～1Z9、1AA～1ZZ、4、40～49、400～499、40A～49 Z、4A0～4Z9、4AA～4ZZ、6、60～69、600～699、60A～69Z、6A0～6Z9、6AA～6ZZ	○　白地に緑文字又は国土交通大臣が定める塗色
	○　乗車定員が10人以下の専ら幼児の運送を目的とする自家用の普通自動車、小型自動車	○　3、30～39、300～399、30 A ～39 Z、3A0～3Z9、3AA～3ZZ、5、50～59、500～599、50A～59 Z、5A0～5Z9、5AA～5ZZ、7、70～79、700～799、70A～79Z、7A0～7Z9、7AA～7ZZ	○　白地に緑文字又は国土交通大臣が定める塗色
	○　乗車定員が10人以下で車両総重量が8トン未満の特種の用途に供する自家用の普通自動車、小型自動車	○　8、80～89、800～899、80 A ～89 Z、8A0～8Z9、8AA～8ZZ	○　白地に緑文字又は国土交通大臣が定める塗色
	○　乗車定員が10人以下で車両総重量が8トン未満の自家用の大型特殊自動車	○　9、90～99、900～999、90 A ～99 Z、9A0～9Z9、9AA～9ZZ、0、00～09、000～099、00A～09 Z、0A0～0Z9、0AA～0ZZ	○　白地に緑文字又は国土交通大臣が定める塗色
	○　乗車定員が10人以下の乗用の普通自動車、小型自動車及び検査対象軽自動車であるレンタカー	○　3、30～39、300～399、30 A ～39 Z、3A0～3Z9、3AA～3ZZ、5、50～59、500～599、50A～59 Z、5A0～5Z9、5AA～5ZZ、7、70～79、700～799、70A～79Z、7A0～7Z9、7AA～7ZZ	○　白地に緑文字若しくは黄地に黒文字又は国土交通大臣が定める塗色であって、平仮名文字が「れ」、「わ」のもの
	○　貨物の運送の用に供する検査対象軽自動車であるレンタカー	○　0～49、400～499、40A～49 Z、4A0～4Z9、4AA～4ZZ	○　黄地に黒文字又は国土交通大臣が定める塗色であって、平仮名文字が「わ」のもの
	○　小型自動車であるレンタルバイク		○　白地に緑文字、枠は緑地であって、平仮名文字が「ろ」、「わ」のもの
	○　軽自動車であるレンタルバイク		○　白地に緑文字であって、平仮名文字が「わ」のもの
事業用など	○　自動車運送事業（貨物軽自動車運送事業を除く。）の用に供する自動車		○　緑地に白文字又は国土交通大臣が定める塗色
	○　貨物の運送の用に供する普通自動車及び小型自動車であるレンタカー	○　1、10～19、100～199、10 A ～19 Z、1A0～1Z9、1AA～1ZZ、4、40～49、400～499、40A～49 Z、4A0～4Z9、4AA～4ZZ、6、60～69、600～699、60A～69Z、6A0～6Z9、6AA～6ZZ	○　白地に緑文字又は国土交通大臣が定める塗色であって、平仮名文字が「れ」、「わ」のもの
	○　乗車定員が11人以上の自家用自動車（いわゆる自家用のバスなど）	○　2、20～29、200～299、20 A ～29 Z、2A0～2Z9、2AA～2ZZ、8、80～89、800～899、80A～89 Z、8A0～8Z9、8AA～8ZZ	○　白地に緑文字又は国土交通大臣が定める塗色
	○　乗車定員が10人以下で車両総重量が8トン以上の自家用自動車（いわゆる自家	○　1、10～19、100～199、10 A ～19 Z、1A0～1Z9、1AA～1ZZ、	○　白地に緑文字又は国土交通大臣が定める塗色

	用の大型貨物自動車など）	８、80～89、800～899、80Ａ～89Ｚ、８Ａ０～８Ｚ９、８ＡＡ～８ＺＺ、９、90～99、900～999、90Ａ～99Ｚ、９Ａ０～９Ｚ９、９ＡＡ～９ＺＺ、０、00～09、000～099、00Ａ～09Ｚ、０Ａ０～０Ｚ９、０ＡＡ～０ＺＺ	

2　日常点検の実施の方法

日常点検は、ユーザーの皆さんが、日頃自動車を使用していく中で、自分自身の責任において行う点検です。この点検は、ユーザーの皆さん自身が運転席にすわったり、エンジン・ルームをのぞいたり、また、自動車の周りを回りながら自動車の状態をみることによって容易に実施可能なものを中心としています。

「自家用乗用など」に分類される自動車のユーザーの皆さんは、走行距離や運行時の状態などから判断した適切な時期に、例えば、行楽や帰省などの高速道路を利用した長距離走行の前や、洗車・給油を行うときなどを一つの目安に実施することが必要です。なお、全ての点検項目をまとめて実施する必要はありません。タイヤの点検などは機会あるごとに行うのがよく、使用期間の長いバッテリーなども注意を払うのがよいでしょう。

また、「自家用貨物車など」と「事業用など」に分類される自動車については、一日一回、その運行の前に実施することが必要です。『これは大型トラックやバス、タクシーなどの自動車は、多くの人や物を運搬し、公共性が高いことなどから、より確実な点検を実施していただくためのものです。』特に安全上重要な装置であるタイヤ、ブレーキ等に関しては、大型車を対象として、機構に応じたより丁寧な点検を適切な時期に実施することが必要です。

ここでは、以上の点を踏まえて標準的な点検の実施の方法について説明しています。

日常点検の実施方法

点検箇所		点検項目	点検の実施の方法
運行中の異状箇所		当該箇所の異状	○　前日又は前回の運行中に異状を認めた箇所について、運行に支障がないかを点検します。
運転席での点検	ブレーキ・ペダル	踏みしろ、ブレーキのきき	○　エンジンをかけた状態でブレーキ・ペダルをいっぱいに踏み込んだとき、床板とのすき間（踏み残りしろ）や踏みごたえが適当であるかを点検します。（床板とのすき間が少なくなっているときや、踏みごたえがやわらかく感じるときは、ブレーキ液の液漏れ、空気の混入によるブレーキのきき不良のおそれがあります。）

		○　トラック、バスなどのエア・ブレーキが装着されている自動車にあっては、踏みしろの点検は不要です。 なお、「車の周りからの点検」の欄を参照してください。
駐車ブレーキ・レバー（パーキング・ブレーキ・レバー）	引きしろ（踏みしろ）	○　パーキング・ブレーキ・レバーをいっぱいに引いた（踏んだ）とき、引きしろ（踏みしろ）が多すぎたり、少なすぎたりしないかを点検します。 ○　トラック、バスなどにおいて用いられるホイールパーク式（空気式車輪制動型）にあっては、エンジンをかけて規定の空気圧の状態で、レバーを駐車位置まで引いたとき、レバーが固定され、空気の排出音が聞こえるかを点検します。 ○　電動式駐車ブレーキが装着されている自動車にあっては、スキャンツールによる車載式故障診断装置の診断の結果を読み取ること又は制動装置に係る識別表示が異常を示す点灯をしていないかを目視により確認することにより点検します。
タイヤ	空気圧	○　タイヤ空気圧監視装置が装着されている自動車にあっては、当該装置に係る空気圧表示を目視により確認することにより、空気圧値が規定値であるかを点検することができます。
原動機（エンジン）	※かかり具合、異音	○　エンジンが速やかに始動し、スムーズに回転するかを点検します。また、エンジン始動時及びアイドリング状態で、異音がないかを点検します。
	※低速、加速の状態	○　エンジンを暖機させた状態で、アイドリング時の回転がスムーズに続くかを点検します。 ○　エンジンを徐々に加速したとき、アクセル・ペダルに引っ掛かりがないか、また、エンスト、ノッキングなどを起こすことなくスムーズに回転するかを走行するなどして点検します。
ウィンド・ウォッシャ	※噴射状態	○　ウィンド・ウォッシャ液の噴射の向き及び高さが適当かを点検します。
ワイパー	※拭き取りの状態	○　ワイパーを作動させ、低速及び高速の各作動が不良でないかを点検します。 ○　きれいに拭き取れるかを点検します。
◎空気圧力計	空気圧力の上がり具合	○　エンジンをかけて、空気圧力の上がり具合が極端に遅くないかを点検します。また、空気圧力が空気圧力計の表示に示された範囲にあるかを点検します。
◎ブレーキ・バルブ	排気音	○　ブレーキ・ペダルを踏み込んで放した場合に、ブレーキ・バルブからの排出音が正常であるかを点検します。

エンジン・ルームの点検	ウインド・ウオッシャ・タンク	※液量	○ウインド・ウオッシャ液の量が適当かを点検します。
	ブレーキのリザーバ・タンク	液量	○リザーバ・タンク内の液量が規定の範囲（MAX～MINなど）にあるかを点検します。
	バッテリ	※液量	○バッテリ各槽の液量が規定の範囲（UPPER～LOWERなど）にあるかを車両を揺らすなどして点検します。
	ラジエータなどの冷却装置	※水量	○リザーバ・タンク内の冷却水の量が規定の範囲（MAX～MINなど）にあるかを点検します。（冷却水の量が著しく減少しているときは、ラジエータ、ラジエータ・ホースなどからの水漏れのおそれがあります。）
	潤滑装置	※エンジン・オイルの量	○エンジン・オイルの量がオイル・レベル・ゲージにより示された範囲内にあるかを点検します。
	△ファン・ベルト	※張り具合、損傷	○ベルトの中央部を手で押し、ベルトが少したわむ程度であるかを点検します。 ○ベルトに損傷がないかを点検します。
車の周りからの点検	灯火装置、方向指示器	点灯・点滅具合、汚れ、損傷	○エンジン・スイッチを入れ、前照灯、制動灯などの灯火装置の点灯具合や方向指示器の点滅具合が不良でないかを点検します。 ○レンズや反射器に汚れや変色、損傷などがないかを点検します。
	タイヤ	空気圧	○タイヤの接地部のたわみの状態により、空気圧が不足していないかを点検します。（扁平チューブレスタイヤなどのようにたわみの状態により空気圧不足が分かりにくいものや、長距離走行や高速走行を行う場合には、タイヤゲージを用いて点検します。） なお、タイヤ空気圧監視装置が装着されている自動車にあっては、「運転席での点検」の欄に示された方法に代えることができます。
		□取付けの状態	○ディスク・ホイールの取付状態について、目視により次の点検を行います。 ・ホイール・ナットの脱落、ホイール・ボルトの折損等の異状はないか。 ・ホイール・ナット付近にさび汁が出た痕跡はないか。 ・ホイール・ナットから突出しているホイール・ボルトの長さに不揃いはないか。 ○ディスク・ホイールの取付状態について、ホイール・ボルトの折損、ホイール・ナットの緩み等がないかを点検ハンマなどを使用して点検します。なお、ISO方式のホイール・ナットの緩みの点検にあっては、ホイール・ナット及びホイール・ボルトへのマーキングを施しマーキングのずれを目視により確認する方法又はホイール・ナットの回転を指示するインジケータを装着しインジケータ相互の指示のずれやインジケータ連結部の変形を目視により確認する方法に代えることができます。ただし、ホイール・ナット及びホイール・ボルトを一体で覆うインジケータにあっては、目視によりディスク・ホイールの取付状態を点検する際に、インジケータを取り外して点検しなければならないことに注意してください。
		亀裂、損傷	○タイヤの全周に著しい亀裂や損傷がないかを点検します。また、タイヤの全周にわたり、釘、石、その他の異物が刺さったり、かみ込んでいないかを点検します。
		異状な摩耗	○タイヤの接地面が異状に摩耗していないかを点検します。
		※溝の深さ	○溝の深さに不足がないかをウェア・インジケータ（スリップ・サイン）などにより点検します。
	◎エア・タンク	タンク内の凝水	○ドレン・コックを開いて、タンクに水がたまっていないかを点検します。
	◎（ブレーキ・ペダル）	※（踏みしろ、ブレーキのきき）	○トラック、バスなどのエア・ブレーキが装着されている自動車にあっては、運行状況により適切な時期にブレーキ・チャンバのロッドのストロークと、ブレーキ・ドラムとライニングのすき間について、次の点検を行います。 ・ブレーキ・ドラムとライニングのすき間が手動調整方式のものにあっては、規定の空気圧の状態で、ブレーキペダルを数回操作し、ブレーキ・シューを安定させた後、点検孔のあるものはシクネス・ゲージにより、また、点検孔のないものはアジャスタにより、すき間を点検します。 ・フル・エア・ブレーキが装着されている自動車にあっては、規定の空気圧の状態で補助者にブレーキ・ペダルをいっぱいに踏み込ませ、ブレーキ・チャンバのロッドのストロークが規定の範囲にあるかをスケールなどにより点検します。

(注)1　※印の点検項目は、「自家用貨物など」、「事業用など」に分類される自動車にあっても、自動車の走行距離や運行時の状態などから判断した適切な時期に行えばよいものです。

2　◎印の点検箇所は、エア・ブレーキが装着されている場合に点検してください。
3　△印の点検箇所は、「自家用乗用など」に分類される自動車にあっては、定期点検の際に実施するなどしてください。
4　□印の点検項目は、「大型車」の場合に点検してください。

3　定期点検の実施の方法

定期点検は、一般的な構造・装置の自動車に関し標準的な使用を前提として、定期的に行う必要のある点検を定めたものです。「自家用乗用など」に分類される自動車には、1年点検と2年点検の2種類があります。「自家用貨物など」に分類される自動車には、3月点検と12月点検の2種類が、また、「事業用など」に分類される自動車には、3月点検と12月点検の2種類があります。ここでは、標準的な点検の実施の方法を説明しています。

なお、特種な構造・装置の自動車や、走行距離が多いなど使用の状況が厳しい場合（いわゆるシビアコンディション）には、表に示されていない点検（メーカーなどが発行する点検整備の情報を参考として行う点検）が必要となります。点検の際に、特に注意を要する事項は、次のとおりです。

① 安全な場所を選ぶ。
② ユーザー自身が定期点検のうちの一定部分を行おうとする場合には、知識、技量に見合ったものを行う。
③ 適切な機械・工具や測定器具を使用する。
④ 自動車をリフト・アップする場合には、適切なジャッキ、スタンド、リフトなどを使用して安全に点検を行う。（自動車に備付けの簡易なジャッキは、タイヤ交換時に使用するものです。）

(注)1　表中「実施方法」欄で用いている用語などの意味は、次のとおりです。

「リフト・アップなどの状態で」……ジャッキ・アップしスタンドで保持することにより、又はリフトやピットなどを使用して、自動車の下部を点検しやすい状態にすることをいいます。

「目視などにより点検する」……主として目視や手により点検することをいいます。

「スパナなどにより点検する」……スパナ、レンチ、点検ハンマなどの工具を使用して点検することをいいます。

「スケールなどにより点検する」……スケール、ノギス、ダイヤル・ゲージなどの測定器により、測定・点検することをいいます。

「規定・・・」……自動車製作者の定める方法、範囲又は値などをいいます。

「<　>」……点検の対象となる構造・装置などを示します。

2　「四輪自動車など」の表中「点検時期」欄で、「距離」と付した点検項目については、前回その項目について定期点検をしたときからの走行距離が、「自家用乗用など」については年間当たり5,000km（2年点検の対象の場合は2年間で10,000km）に満たない場合、「自家用貨物など」と「事業用など」については3月当たり2,000km、（点検項目が6月点検の対象の場合は6月で4,000km、12月点検の対象の場合は年間で8,000km）に満たない場合には省略することができますが、2回連続して省略することはできません。
3　「二輪自動車」の表中「点検時期」欄で、「距離」と付した点検項目については、前回その項目について定期点検をした時からの走行距離が、年間当たり1,500kmに満たない場合には省略することができますが、2回連続して省略することはできません。
4　「四輪自動車など」の表中「点検項目」欄で、※印を付した点検項目については、バス、タクシー、乗用のレンタカーなどについて行ってください。

定期点検の実施方法

(1)　四輪自動車など

点検箇所		点検項目	点検時期（年又は月ごと）					点検の実施方法
			自家用乗用など	自家用貨物など	大型特殊	事業用など	被牽引自動車	
かじ取り装置（ステアリング）	ハンドル	操作具合	2年	12月	12月	12月		○次の点検を行います。 ・一定車速で平坦な路面を直進中、ハンドルが取られることがないか。また、左右に取られることがないか。 ・走行中にハンドルを操作したとき、操作が異常に重くないか。また、戻りがよいか。 ・ハンドルを上下、左右、軸方向に動かしたときにがたがないか。また、ハンドルを直進位置から左右に回したときの遊びの量が適当であるか。
	ギヤ・ボックス	オイル漏れ				12月		○リフト・アップなどの状態で、ギヤ・ボックス各部

							からのオイル漏れがないかを目視などにより点検します。
	取付けの緩み	2年 距離	12月	12月	12月		○リフト・アップなどの状態で、ギヤ・ボックスとフレームとの取付けに緩みがないかをスパナなどにより点検します。
ロッド、アーム類（ステアリング・リンケージ）	緩み、がた、損傷	2年 距離	12月	12月	3月 距離		○リフト・アップなどの状態で、ロッド、アーム類について、可動部を操舵力の伝わる方向に手で揺するなどして、次の点検を行います。 ・連結部にがたがないか。 ・取付部に緩みがないか。 ・曲がりや損傷がないか。 ・割ピンが欠損していないか。
	ボール・ジョイントのダスト・ブーツの亀裂と損傷	2年	12月	12月	12月		○リフト・アップなどの状態で、ロッド、アーム類のボール・ジョイントのダスト・ブーツに亀裂や損傷がないかを目視などにより点検します。
ナックル	連結部のがた		12月	12月	3月 距離		○リフト・アップなどの状態で、補助者にブレーキ・ペダルを踏ませ、タイヤの上下に手を掛けて動かし、キング・ピン又はボール・ジョイントにがたがないかを点検します。
かじ取り車輪	ホイール・アライメント	2年 距離	12月		12月		○ホイール・アライメント・テスタ（又は、キャンバ・キャスタ・キング・ピン・ゲージ、ターニング・ラジアス・ゲージ）を用いて、トーイン、キャンバ、キャスタ、キング・ピンの傾斜角度）が規定の範囲にあるかを点検します。（タイヤの異状摩耗、ハンドルの振れ、車体の傾きなどの異状が認められない場合は、サイド・スリップ・テスタにより点検してもよい。）
パワー・ステアリング装置	ベルトの緩みと損傷	1年	6月	6月	3月		○定められたプーリ間のベルト中央部を手（約10kg）で押したとき、たわみ量が規定の範囲にあるかをスケールなどにより点検します。 ○ベルト全周にわたって内側、側面に著しい摩耗や損傷、亀裂がないかを目視などにより点検します。
	オイル漏れ、オイル量	2年	12月	12月	3月 距離		○リフト・アップなどの状態で、次の点検を行います。 ・ギヤ・ボックス、ホース、オイル・ポンプ、パイプ、接続部などからのオイル漏れがないか。 ・ホースの劣化によるふくらみや損傷、亀裂などがないか。 ○アイドリング状態でハンドルを数回据え切りをして油温を上げた後、リザーバ・タンクのオイル量を点検します。（車両によっては、冷間時エンジン停止状態で点検する車両もあります。）
	取付けの緩み	2年 距離	12月	12月	12月		○リフト・アップの状態で、スパナなどにより、次の点検を行います。 ・オイル・ポンプ及びギヤ・ボックスの取付部に緩みがないか。 ・ホース及びパイプの接続部に緩みがないか。

制動装置（ブレーキ）	ブレーキ・ペダル	遊び、踏み込んだときの床板とのすき間	1年	6月	12月	3月	3月	○エンジン停止状態でブレーキ・ペダルを数回踏み、ブースター内を大気圧にしてから、ブレーキ・ペダルを手で抵抗を感じるまで押し、遊びの量が規定の範囲にあるかをスケールなどにより点検します。 ○エンジンをかけた状態でブレーキ・ペダルを強く踏み込んで、ブレーキ・ペダルと床板とのすき間が規定の範囲にあるかをスケールなどにより点検します。また、踏みごたえから、エアの混入がないかを点検します。
		ブレーキの効き具合	1年	6月	12月	3月	3月	○乾燥した路面を走行してブレーキ・ペダルを踏み込んだとき、踏力に応じた制動力が得られ、進行方向にまっすぐに止まることができるかを点検します。 ○ブレーキ・テスタで点検する場合は、左右前後輪の制動力の総和及び左右差が規定値にあるかを点検します。
	駐車ブレーキ機構	引きしろ（踏みしろ）	1年	6月	12月	3月	3月	○パーキング・ブレーキ・レバー（ペダル）を規定の力で操作したとき、引きしろ（踏みしろ）が、規定のノッチ数（ラチェット音で確認）の範囲にあるか、また、開放時に走行位置に保持されるかを点検します。 ○トラック、バスなどにおいて用いられるホイールパーク式（空気式車輪制動型）にあっては、エンジンをかけて規定の空気圧の状態で、レバーを駐車位置まで引いたとき、引っかかりなどの異状がなく、かつ、空気の排出音が聞こえること。また、駐車位置及び走行位置にそれぞれレバーが保持されるかを点検します。 ○電動式駐車ブレーキが装着されている自動車にあっては、「その他」の「車載式故障診断装置の診断の結果」の欄に示された方法により点検します。
		ブレーキの効き具合	1年	6月	12月	3月	3月	○乾燥した急坂（5分の1（20%）勾配）の路面で、停止状態が保持できるかを点検します。 ○ブレーキ・テスタで点検する場合は、制動力が規定値以上あるかを点検します。ただし、トラック、バスなどにおいて用いられるホイールパーク式（空気式車輪制動型）にあっては、エンジンをかけて規定の空気圧の状態にして、レバーを駐車位置（又はテストポジション）まで引き点検します。
	ホース及びパイプ	漏れ、損傷及び取付状態	1年	6月	6月	3月	3月	○リフト・アップなどの状態で、次の点検を行います。 ・ホース、パイプ及び接続部に液漏れや損傷がないかを目視などにより点検します。 ・走行中の振動やハンドル操作などによりパイプ及びホースが車体その他の部分と接触のおそれがないかを目視などにより点検します。 ・ホースに劣化によるふくらみ、亀裂及び損傷がないかを目視などにより点検します。 ・接続部及びクランプに緩みなどがないかをスパナなどにより点検します。 ○エア・ブレーキにあっては、リフト・アップなどの状態で、ホース及びパイプ

									の接続部に石けん水などを塗ってエア漏れがないかを目視などにより点検し、又はエンジンを始動させ、タンク内圧力が規定値に達したときエンジンを停止させ、圧力計により空気圧の保持状態からエア漏れがないかを点検します。
		リザーバ・タンク	ブレーキ液の量		12月	12月	3月		○　リザーバ・タンクの液量が規定の範囲（MAX～MINなど）にあるかを点検します。 ○　リザーバ・タンク周辺から液漏れがないかを目視などにより点検します。また、通気孔のある場合には、通気孔の詰まりを目視などにより点検します。
		マスタ・シリンダ、ホイール・シリンダ、ディスク・キャリパ	液漏れ	1年					○　マスタ・シリンダの周辺から液漏れがないかを目視などにより点検します。 ○　リフト・アップなどの状態で、ブレーキ・ドラムを取り外し、ホイール・シリンダのブーツ周辺から液漏れがないかを目視などにより点検します。 ○　リフト・アップなどの状態で、ホイールを取り外し、ディスク・キャリパの周辺から液漏れがないかを目視などにより点検します。
			機能、摩耗、損傷	2年	12月	12月	12月		（摩耗、損傷の点検） ○　マスタ・シリンダに損傷や液漏れがないかを目視などにより点検します。 ○　リフト・アップなどの状態で、ブレーキ・ドラムを取り外し、ホイール・シリンダ（シリンダ・ブーツ内を含む。）に損傷や液漏れがないかを目視などにより点検します。 ○　リフト・アップなどの状態で、ホイールを取り外し、ディスク・キャリパに損傷や液漏れがないかを目視などにより点検します。 ○　必要がある場合には、マスタ・シリンダ、ホイール・シリンダ及びディスク・キャリパを分解し、シリンダ、ピストン、ピストン・カップ、ピストン・シール、チェック・バルブ、ブーツなどに摩耗、損傷、腐食、劣化などがないかを目視などにより点検します。 （機能の点検） ○　ブレーキ・ペダルの遊び、踏み込んだときの床板とのすき間及びブレーキのきき具合に異状がないことを確認します。
		ブレーキ・チャンバ	ロッドのストローク				3月	3月	○　規定の空気圧の状態で、当該点検の補助者にブレーキ・ペダルを一杯に踏み込ませ、ロッドのストロークが規定の範囲にあるかをスケールなどにより点検します。
			機能				12月	12月	○　規定の空気圧の状態で、当該点検の補助者にブレーキ・ペダルを一杯に踏み込ませ、チャンバのクランプ回りに石けん水などを塗ってエア漏れがないかを目視などにより点検します。 ○　ペダルを戻したときのチャンバ・ロッドの戻りに異状がないかを目視などにより点検します。 ○　必要がある場合には、ブレーキ・チャンバを分解し、ダイヤフラム、スプリング、ゴム部品などに損傷や劣化がないかを目視などにより点検します。

ブレーキ・バルブ、クイック・レリーズ・バルブ、リレー・バルブ	機能		12月	12月	12月		○　規定の空気圧の状態で、当該点検の補助者にブレーキ・ペダルを一杯に踏み込ませ、ブレーキ・バルブ、クイック・レリーズ・バルブ及びリレー・バルブからエア漏れがないかを音により点検します。また、ペダルを戻したとき、各バルブからのエアの排出に異状がないかを音により点検します。 ○　ブレーキ・バルブにあっては、必要がある場合に次の点検を行います。 ・　ブレーキ・バルブのエアの吐出側に圧力計を取り付け、規定の空気圧の状態で、当該点検の補助者にブレーキ・ペダルを一杯に踏み込ませ、圧力計がエア・タンク内の圧力と同じ圧力であるかを点検します。 ・　圧力計を用いない場合には、点検箇所を分解して、バルブ、ピストン、バルブ・スプリング、ゴム部品などに損傷、へたり及び劣化がないかを目視などにより点検します。 ○　リレー・バルブにあっては、必要がある場合に次の点検を行います。 ・　入口側と出口側に圧力計を取り付け、規定の空気圧の状態で、当該点検の補助者にブレーキ・ペダルを踏み込ませ、入口側と出口側の圧力差が規定の範囲にあるかを点検します。 ・　圧力計を用いない場合には、点検箇所を分解して、バルブ、ピストン、ダイヤフラム、スプリング、ゴム部品などに損傷、へたり及び劣化がないかを目視などにより点検します。
リレー・エマージェンシ・バルブ	機能					12月	○　規定の空気圧の状態で、当該点検の補助者にブレーキ・ペダルを一杯に踏み込ませ、リレー・エマージェンシ・バルブからエア漏れがないかを音により点検します。また、ペダルを戻したとき、バルブからのエアの排出に異状がないかを音により点検します。 ○　必要がある場合に次の点検を行います。 ・　リレー・エマージェンシ・バルブの入口側と出口側に圧力計を取り付け、規定の空気圧の状態で、当該点検の補助者にブレーキ・ペダルを踏み込ませ、入口側と出口側の圧力差が規定の範囲にあるかを点検します。 ・　圧力計を用いない場合には、点検箇所を分解して、バルブ、ピストン、ダイヤフラム、スプリング、ゴム部品などに損傷、へたり及び劣化がないかを目視などにより点検します。
倍力装置（ブレーキ・ブースタ）	エア・クリーナの詰まり		12月	12月	12月		○　分離型真空倍力式にあっては、エレメントを取り出し、汚れによる詰まり、損傷がないかを目視などにより点検します。
	機能		12月	12月	12月		<真空又は空気倍力式> ○　エンジン停止状態で、ブレーキ・ペダルを数回踏むなどして真空圧又は空気圧を大気圧にしてから、次にブレーキ・ペダルを強く踏み込んだままエンジンを始動し、真空圧又は空気圧が規定値に達したとき、ブ

							レーキ・ペダルと床板とのすき間が減少するかを点検します。 ○　エンジンを停止させ、真空圧又は空気圧が大気圧になるまでブレーキ・ペダルを普通に踏み込んだとき、1回目より2回目、3回目と踏み込むにしたがってブレーキ・ペダルと床板とのすき間が増大するかを点検します。 ○　必要がある場合には次の点検を行います。 ・　油圧計などのテスタを使用して、油圧の低下及び発生油圧などが規定の範囲にあるかを点検します。 ・　真空計又は圧力計などのテスタを使用して、圧力の低下などが規定の範囲にあるかを点検します。 ・　真空計又は圧力計などのテスタを使用して、チェック・バルブ及びリレー・バルブの機能を点検します。又は、分解して、チェック・バルブ、リレー・バルブ、ダイヤフラム、ピストン・カップなどのゴム部品に損傷、劣化がないかを確認することにより機能を点検します。 <空気油圧複合式> ○　エア・タンク内圧力が規定値の状態で、ブレーキ・ペダルを踏み込んだときに規定の制動力が出るか、また、ブレーキ・ペダルから足を離したときにブレーキの引きずりがないかをブレーキ・テスタなどを使用して点検します。 ○　必要がある場合には次の点検を行います。

							・　油圧計などのテスタを使用して、油圧の低下及び発生油圧などが規定の範囲にあるかを点検します。 ・　圧力計などのテスタを使用して、圧力の低下などが規定の範囲にあるかを点検します。 ・　圧力計などのテスタを使用して、チェック・バルブ及びリレー・バルブの機能を点検します。又は、分解して、チェック・バルブ、リレー・バルブ、ダイヤフラム、ピストン・カップなどのゴム部品に損傷、劣化がないかを確認することにより機能を点検します。
ブレーキ・カム	摩耗				12月	12月	○　リフト・アップなどの状態で、ブレーキ・ドラムを取り外し、カムに摩耗及び損傷がないかを目視などにより点検します。
ブレーキ・ドラム、ブレーキ・シュー	ドラムとライニングとのすき間	1年 距離	6月	6月	3月	3月	<自動調整方式> ○　リフト・アップなどの状態で、ブレーキ・ペダル又はパーキング・ブレーキ・レバーを数回操作し、ブレーキ・シューを安定させた後、タイヤを手で回したとき、引きずりがないかを点検します。 <手動調整方式> ○　リフト・アップなどの状態で、ブレーキ・ペダル又はパーキング・ブレーキ・レバーを数回操作し、ブレーキ・シューを安定させた後、点検孔のあるものはシックネス・ゲージにより、又は点検孔のないものはアジャスタにより、すき間を点検します。 （ドラムが駐車ブレーキとしてのみ使用される自動車

							について は、駐車ブレーキ機構に異状がなければ、この点検を省略できます。）
	シューの摺動部分及びライニングの摩耗	1年 距離	12月	12月	3月 距離	3月 距離	○ ライニングの残量を直接確認できる点検孔を有する構造又はドラム・カバーが取り外せる構造の車両にあっては、次の方法により点検を行うことができます。ただし、点検の結果、ライニングの残量がその使用限度に近づいている場合その他異状が認められる場合は、ドラムを取り外して行います。 ・ドラム・カバーを取り外すことにより、又はライニング残量点検孔から、ライニングの残量を目視により点検します。また、ライニングの端面に亀裂、剥離などの損傷がないかを目視などにより点検します。 ・低速で走行中に緩やかにブレーキ・ペダルを踏んだ際に、ブレーキから異音が発生しないかを確認することによってリベット及びボルトの緩みを点検します。 ・リフト・アップなどの状態でタイヤを回し、ブレーキ・ペダルを踏んだ状態からペダルを放した際に、すぐにタイヤが回せるかによって、シューの戻り不良（ブレーキの引きずり）がないかを点検します。 ○ リフト・アップなどの状態で、ブレーキ・ドラムを取り外し、次の点検を行います。 ・ライニングに異状な摩耗、損傷及び剥離がないかを目視などにより点検します。
							・ライニングの厚みをスケールなどにより点検します。 ・リベット、ボルトに緩みがないかを点検します。 ○ 必要がある場合には、シューを分解し、次の点検を行います。 ・ブレーキ・シューの摺動部分に異状な摩耗や損傷がないか。 ・アンカ・ピンに異状な摩耗がないか、又はさび付いていないか。 ・リターン・スプリングにへたりがないか。 ・調整装置がスムーズに作動するか。 （ドラムが駐車ブレーキとしてのみ使用される自動車については、駐車ブレーキ機構に異状がなければ、この点検を省略できます。）
	ドラムの摩耗及び損傷	2年	12月	12月	12月	12月	○ リフト・アップなどの状態で、ブレーキ・ドラムを取り外し、ドラムの内側に異状な摩耗、亀裂、損傷などがないかを目視などにより点検します。 （ドラムが駐車ブレーキとしてのみ使用される自動車については、駐車ブレーキ機構に異状がなければ、この点検を省略できます。）
バック・プレート	バック・プレートの状態				12月	12月	○ リフト・アップなどの状態で、バック・プレート又はアンカ・ブラケットに損傷、亀裂及び変形がないかを目視などにより点検します。 ○ リフト・アップなどの状態で、バック・プレートの取付ボルト又はアンカ・ブラケットの取付ボルトに緩みがないかをスパナなどにより点検します。

		ブレーキ・ディスク及びパッド	ディスクとパッドとのすき間	1年 距離	12月	12月	3月 距離	3月 距離	○　リフト・アップなどの状態で、タイヤを手で回したとき異状な引きずりがないかを点検します。
			パッドの摩耗	1年 距離	12月	12月	3月 距離	3月 距離	○　リフト・アップなどの状態で、ホイールを取り外しキャリパ・ボディーの点検孔から、パッドの厚みを点検します。また、必要に応じてスケールなどにより点検します。
			ディスクの摩耗及び損傷	2年	12月	12月	12月	12月	○　リフト・アップなどの状態で、ホイールを取り外し、ディスク・ロータに異状な摩耗及び損傷がないかを目視などにより点検します。
		センタ・ブレーキ・ドラム、ライニング	ドラムの取付けの緩み		12月	12月	3月		○　リフト・アップなどの状態で、センタ・ブレーキ・ドラムの取付ボルトに緩みがないかをスパナなどにより点検します。
			ドラムとライニングとのすき間		12月	12月	3月		○　リフト・アップなどの状態で、パーキング・ブレーキ・レバーを数回操作し、ブレーキ・シューを安定させた後、点検孔のあるものは、シックネス・ゲージにより、また、点検孔のないものは、アジャスタにより、すき間を点検します。
			ライニングの摩耗		12月	12月	12月		○　リフト・アップなどの状態で、センタ・ブレーキ・ドラムを取り外し、ライニングに異状な摩耗や損傷、剥(はく)離がないかを目視などにより点検します。 （ドラムとライニングとのすき間に異状がなければ、この点検を省略できます。）
			ドラムの摩耗と損傷		12月	12月	12月		○　リフト・アップなどの状態で、センタ・ブレーキ・ドラムを取り外し、ドラムの内側に異状な摩耗、損傷などがないかを目視などにより点検します。 （ドラムとライニングとのすき間に異状がなければ、この点検を省略できます。）
		二重安全ブレーキ機構	機能		12月	12月	12月		<油圧式二重安全ブレーキ機構（セフティ・シリンダ式）> ○　フロント・ホイール・シリンダのエア・ブリーダを緩めた状態とリヤ・ホイール・シリンダのエア・ブリーダを緩めた状態のそれぞれにおいて、ブレーキ・ペダルを反復して踏み込んだとき、ブレーキ・ペダルと床板とのすき間があるかを点検します。
	走行装置	ホイール	タイヤの状態	1年 距離	12月 距離	12月 距離	3月 距離	3月 距離	○　リフト・アップなどの状態で、次の点検を行います。 ・　タイヤ・ゲージを用いて、空気圧が規定値であるかを点検します。必要がある場合にはスペア・タイヤについても点検します。 ・　タイヤの全周にわたり、亀(き)裂や損傷がないか、釘(くぎ)、石及びその他の異物が刺さったり、かみ込んだりしていないか、かつ、偏摩耗などの異常な摩耗がないかを目視などにより点検します。 ・　タイヤの接地面に設けられているウェア・インジケータ（スリップ・サイン）の表示により点検するか、又はタイヤの接地面の全周にわたり、溝の深さが規定値以上あるかをディプス・ゲージなどにより点検します。

						○　タイヤ空気圧監視装置が装着されている自動車にあっては、当該装置に係る空気圧表示の目視確認により、空気圧値が規定値であるかを点検することができます。
ホイール・ナット及びホイール・ボルトの緩み	1年距離	6月	6月	3月	3月	○　ホイール・ナット、ホイール・ボルトに緩みがないかをホイール・ナット・レンチなどにより点検します。 ○　大型車にあっては次の点検を行います。 ・　ＪＩＳ方式のシングル・タイヤ及びＩＳＯ方式のタイヤの場合は、トルク・レンチを用いるなどによりホイール・ナットを規定トルクで締め付けます。 ・　ＪＩＳ方式のダブル・タイヤの場合は、ホイール・ボルトの半数（1個おき）のアウター・ナットを緩めて、インナー・ナットをトルク・レンチを用いるなどにより規定トルクで締め付けます。 次に、緩めたアウター・ナットをトルク・レンチを用いるなどにより規定トルクで締め付けます。その後、ホイール・ボルトの残りの半数のアウター・ナット及びインナー・ナットについても同様の措置を講じます。 ○　リヤ・シャフトの支持方式が全浮動式のものにあっては、アクスル・シャフトの取付けナット及びボルトに緩みがないかを点検します。
ホイール・ナット及びホイール・ボルトの損傷（大型車において行う点検）				12月	12月	○　リフト・アップなどの状態で、ディスク・ホイールを取り外し、次の点検を行います。 ・　ホイール・ボルト及びホイール・ナットについて、亀裂や損傷、著しいさびの発生はないか、ボルトに伸びはないか等を目視などにより点検します。また、ねじ部につぶれ、やせ、かじり等の異状がないかを目視などにより点検します。加えて、ＩＳＯ方式の場合は、ホイール・ナットの座金が円滑に回転するかを手で回すなどして確認します。特に、ホイール・ボルト及びホイール・ナットが新品の状態から一定期間（目安は4年）を経過している場合は入念に確認してください。 ・　ディスク・ホイールについて、ボルト穴や飾り穴のまわり及び溶接部に亀裂及び損傷がないか、ホイール・ナットの当たり面に亀裂、損傷及びへたりがないかを目視などにより点検します。また、ハブへの取付面とディスク・ホイール合わせ面に摩耗や損傷がないかを目視などにより点検します。 ○　ディスク・ホイールを取付ける際に次の点検を行います。 ・　関係部品の清掃について、ディスク・ホイールのハブへの取付面とディスク・ホイール合わせ面、ホイール・ナットの当たり面、ハブのディスク・ホイール取付面（ＩＳＯ方式の場合はハブのはめ合い部（イン

ロー部）を含む。）、ホイール・ボルトのねじ部、ホイール・ナットのねじ部等（ＪＩＳ方式の場合はホイール・ナットの座面部を含む。）を清掃し、さび、ゴミ、泥、追加塗装等の異物を取り除きます。特に、積雪地域や舗装されていない道路を走行する車両にあっては、入念に清掃してください。

・ホイール・ボルト及びホイール・ナットの潤滑について、ＪＩＳ方式の場合は、ホイール・ボルト及びホイール・ナットのねじ部並びにホイール・ナットの当たり面に規定の油類を薄く塗布します。ＩＳＯ方式の場合は、ホイール・ナットねじ部及びホイール・ナットとワッシャとの間にのみ規定の油類を薄く塗布し、ハブのはめ合い部（インロー部）に規定のグリスを薄く塗布します。（潤滑について自動車製作者の指示がある場合は、その指示に従ってください。）

・ホイール・ナットの締付けは、当該ディスク・ホイールの中心点を挟んで反対側にある２つのホイール・ナットを交互に、かつ、個々のホイール・ナットが均等に締め付けられるように数回に分けて徐々に締める方法に則り行い、最後にトルク・レンチを用いるなどにより規定トルクで締め付けます。この場合、なるべく奥まで手で回して入れ、円滑に回ることを確認し、ひっかかり等異

状がある場合にはホイール・ボルト等を交換します。特に、ホイール・ナット及びホイール・ボルトが新品の状態から一定期間（目安は４年）を経過している場合は、手で回して円滑に回ることを入念に確認してください。

・インパクト・レンチで締め付ける場合は、締付時間、圧縮空気圧力等に留意し、締めすぎないように十分注意を払い、最終的な締付けは、トルク・レンチを用いるなどにより規定トルクで締め付けます。

○ＪＩＳ方式のダブル・タイヤの場合は、始めにインナー・ナットについて、上記のリフト・アップなどの状態で、ディスク・ホイールを取り外して行う点検及びディスク・ホイールを取り付ける際に行う点検を行った後、アウター・ナットについて、インナー・ナットと同様に点検を行います。

○ディスク・ホイールの取付け後、ディスク・ホイールの取付状態に適度な馴染みが生じる走行後（一般的に50～100km走行後が最も望ましいとされています。）、ホイール・ボルト及びホイール・ナットの緩み（３月ごとの点検項目）に示す方法によりホイール・ナットを締め付けます。

リム、サイド・リング及びディスク・ホイールの損傷

12月　12月

○リム、サイド・リング及びディスク・ホイールに損傷、腐食などがないかを目視などにより点検します。また、サイド・リング付きのディスク・ホイールにあっては、合い口のすき間

									についても規定値内であるかを点検します。
			フロント・ホイール・ベアリングのがた	2年 距離	12月	12月	3月 距離		○ リフト・アップなどの状態で、次の点検を行います。 ・ タイヤの上下に手をかけて動かし、がたがないかを点検し、がたがあった場合には、ブレーキ・ペダルを踏んで再度点検し、ホイール・ベアリングのがたであるかどうかを点検します。（ブレーキ・ペダルを踏んで再度点検した時にがたがなくなれば、サスペンションなどのがたではなくホイール・ベアリングのがたとなります。） ・ ディスク・ホイールを回転させて、異音がないかを点検します。 ・ 必要がある場合には、フロント・ホイール・ベアリングを取り外し、ベアリングなどに摩耗や損傷、泥水などの浸入がないかを点検します。
			リヤ・ホイール・ベアリングのがた	2年 距離	12月	12月	12月		○ リフト・アップなどの状態で、次の点検を行います。 ・ タイヤの上下に手をかけて動かし、がたがないかを点検し、がたがあった場合には、ブレーキ・ペダルを踏んで再度点検し、リヤ・ホイール・ベアリングのがたであるかを点検します。（ブレーキ・ペダルを踏んで再度点検した時にがたがなくなれば、サスペンションなどのがたではなくホイール・ベアリングのがたとなります。） ・ ディスク・ホイールを回転させて、異音がないかを点検します。
									・ 必要がある場合には、リヤ・ホイール・ベアリングを取り外し、ベアリングなどに摩耗、損傷及び泥水などの浸入がないかを点検します。
			ホイール・ベアリングのがた					12月	○ リフト・アップなどの状態で、次の点検を行います。 ・ タイヤの上下に手をかけて動かすことにより、がたがないかを点検し、がたがあった場合は、ブレーキ・ペダルを踏んで再度点検し、ホイール・ベアリングのがたであるかを点検します。（ブレーキ・ペダルを踏んで再度点検したときにがたがなければ、ホイール・ベアリングのがたとなります。） ・ ディスク・ホイールを回転させて、異音がないかを点検します。 ・ 必要がある場合は、ホイール・ベアリングを取り外し、ベアリングなどに摩耗、損傷、泥水の浸入等がないかを点検します。
	緩衝装置	リーフ・サスペンション	スプリングの損傷		12月	12月	3月	3月	○ リフト・アップなどの状態で、リーフ・スプリングに折損、亀裂などがないかを目視などにより点検します。
			取付部及び連結部の緩み、がた及び損傷		12月	12月	12月	12月	○ リフト・アップなどの状態で、次の点検を行います。 ・ リーフ・スプリングのUボルト、スプリング・バンドなどに緩み及び損傷がないかをスパナなどにより点検します。 ・ スプリング・ブラケットの取付部に緩み及び損

							傷がないかを点検ハンマなどにより点検します。 ・リーフ・スプリングのピンなどで連結されている部分を点検ハンマ又は手で揺するなどして、軸方向又は直角方向にがたがないかを点検します。 ・後二軸のトラニオン式などにあっては、トルク・ロッド（ラジアス・ロッド）の連結部にがたがないかを点検ハンマなどにより点検します。
コイル・サスペンション（トーション・バーを含む。）	スプリングの損傷				12月		○リフト・アップなどの状態で、コイル・スプリングの折損、亀裂などがないかを目視などにより点検します。
	取付部、連結部のがた、緩み、損傷		12月	12月	12月		○リフト・アップなどの状態で、次の点検を行います。 ・サスペンションの各取付ボルトやナットに緩みがないかをスパナなどにより点検します。 ・サスペンションの各連結部を手で揺するなどして軸方向又は直角方向にがたがないかを点検します。 ・サスペンション各部に損傷がないか、また、ボール・ジョイントのダスト・ブーツに亀裂や損傷がないかを目視などにより点検します。
サスペンションの取付部と連結部	がた、緩み、損傷	2年					○リフト・アップなどの状態で、次の点検を行います。 ・サスペンションの各取付ボルトやナットに緩みがないかをスパナなどにより点検します。 ・サスペンションの各連結部を手で揺するなどし
							て軸方向又は直角方向にがたがないかを点検します。 ・サスペンション各部に損傷がないか、また、ボール・ジョイントのダスト・ブーツに亀裂や損傷がないかを目視などにより点検します。
エア・サスペンション	エア漏れ				3月	3月	○エンジンを始動させ、タンク内圧力が規定値に達したときエンジンを停止させ、圧力計により空気圧の保持状態からエア漏れがないかを点検します。 ○リフト・アップなどの状態で、ベローズ、レベリング・バルブ及びパイプの接続部などに石けん水などを塗って、エア漏れがないかを点検します。
	ベローズの損傷				3月 距離	3月 距離	○リフト・アップなどの状態で、ベローズに損傷がないかを目視などにより点検します。
	取付部及び連結部の緩み並びに損傷				3月 距離	3月 距離	○リフト・アップなどの状態で、次の点検を行います。 ・ラジアス・ロッド、スタビライザ、リンケージなどの取付部と連結部に緩みがないかをスパナなどにより点検します。 ・取付部及び連結部に損傷がないかを目視などにより点検します。
	レベリング・バルブの機能				12月	12月	○車両を水平な場所に置き、エア・タンク内圧力が規定の範囲にあることを確認した後、フロント、リヤのベローズの高さが規定の範囲にあることをスケールなどにより点検します。（ただし、規定の方法により点検を行うこととされている場合には、その方法に

								より点検します。）
	ショック・アブソーバ	油漏れ及び損傷	2年	12月	12月	3月	3月	○　リフト・アップなどの状態で、目視などにより、次の点検を行います。 ・　ショック・アブソーバに油漏れ及び損傷がないか。 ・　取付部に損傷がないか。
動力伝達装置	クラッチ	ペダルの遊び、切れたときの床板とのすき間	1年	6月	6月	3月		○　クラッチ・ペダルを手で抵抗を感じるまで押し、遊びの量が規定の範囲にあるかをスケールなどにより点検します。このとき、マスタ・シリンダと一体型の倍力装置付きのクラッチにあっては、エンジンを停止しクラッチ・ペダルを数回踏み込んで、タンク内圧力を大気圧にして点検します。 ○　レリーズ・フォーク先端を手で動かし、レリーズ・フォーク先端の遊びの量が規定の範囲にあるかをスケールなどにより点検します。 （無調整式レリーズ・シリンダの場合は点検は不要です。） ○　アイドリング状態でパーキング・ブレーキを確実に作動させ、さらに、ブレーキ・ペダルを踏んだ状態で1速にシフトしてクラッチ・ペダルを徐々に離し、クラッチがつながる直前のクラッチ・ペダルと床板とのすき間（又は、床いっぱいまでクラッチ・ペダルを踏み込んだ位置からのすき間）が規定の範囲にあるかをスケールなどにより点検します。
		作用		6月	6月	3月		○　アイドリング状態でクラッチ・ペダルを踏み込んだとき、異音がなく、異常に重くないかを点検します。また、1速又は後退（リバース）への変速操作がスムーズにできるかを点検します。 ○　クラッチ・ペダルを徐々に離し発進したとき、滑りがなく、接続がスムーズであるかを点検します。
		液量		12月	12月	3月		○　リザーバ・タンクの液量が規定の範囲にあるかを目視などにより点検します。
	トランスミッション・トランスファー	オイル漏れ、オイル量	1年 距離	6月 距離	6月 距離	3月 距離		（オイル漏れの点検） ＜M／T車＞ ○　リフト・アップなどの状態で、トランスミッション及びトランスファ本体周辺（ケースの合わせ目）やオイル・シール部からオイル漏れがないかを目視などにより点検します。 ＜A／T車＞ ○　リフト・アップなどの状態で、トランスミッション及びトランスファ本体周辺（ケースの合わせ目）やオイル・シール部からのオイル漏れがないかを目視などにより点検します。また、オイル・クーラ・ホースに亀裂や損傷がないかを点検します。 （オイル量の点検） ＜M／T車＞ ○　リフト・アップなどの状態で、トランスミッション及びトランスファのフィラ・プラグを取り外し、プラグ穴に指を入れるなどしてオイル量を点検します。（オイル漏れがなければ、オイル量は正常と判断して、この点検を省略できます。） ＜A／T車＞ ○　水平な場所に車両を止め、パーキング・ブレーキ

								を確実に作動させてエンジンを暖機し、アイドリング状態で、ブレーキ・ペダルを踏み込んだ状態でシフト・レバーをゆっくり各レンジにシフトした後Pレンジ（車両によっては、Nレンジ）に戻します。そして、レベル・ゲージによりオイル量を点検します。 （トランスミッションオイルのレベル・ゲージがない場合には、この点検は不要です。） ○　レンジ操作の際、シフト・レバーに異状な重さやがたがなく、ポジション・インジケータの表示と一致しているかを点検します。
	プロペラ・シャフト、ドライブ・シャフト	連結部の緩み	1年 距離	6月 距離	6月 距離	3月 距離		○　リフト・アップなどの状態で、プロペラ・シャフトのジョイント・フランジ・ヨーク取付ボルト、ナット、センタ・ベアリング・ブラケット取付ボルトに緩みがないかをスパナなどにより点検します。 ○　リフト・アップなどの状態で、ドライブ・シャフトの取付ナットに緩みがないかをスパナなどにより点検します。
		自在継手部（ユニバーサル・ジョイント）のダスト・ブーツの亀裂と損傷	2年	12月	12月	12月		○　リフト・アップなどの状態で、ユニバーサル・ジョイントのダスト・ブーツに亀裂や損傷がないかを目視などにより点検します。また、ブーツからのグリース漏れやブーツ・クランプの緩みがないかを目視などにより点検します。
		継手部のがた		12月	12月	12月		○　リフト・アップなどの状態で、プロペラ・シャフト、ドライブ・シャフトを手で動かし、次の点検を行います。 ・　回転方向に動かすことで、主にスプライン部の摩耗などによるがたがないかを点検します。 ・　上下、左右に動かすことで、主に自在継手部の摩耗などによるがたがないかを点検します。
		センタ・ベアリングのがた		12月	12月	12月		○　リフト・アップなどの状態で、センタ・ベアリング付近のシャフトを手で上下、左右方向に動かし、がたがないかを点検します。
	デファレンシャル	オイル漏れ、オイル量	2年 距離	6月 距離	6月 距離	3月 距離		○　リフト・アップなどの状態で、デファレンシャル周辺からオイル漏れがないかを目視などにより点検します。 ○　リフト・アップなどの状態で、フィラ・プラグを取り外してプラグ穴に指を入れるなどしてオイル量を点検します。 （オイル漏れがなければ、オイル量は正常と判断して、この点検を省略できます。）
電気装置	点火装置	点火プラグ（スパーク・プラグ）の状態	1年 距離	6月 距離	6月 距離	3月 距離		○　スパーク・プラグ（白金プラグ及びイリジウム・プラグを除く。）を取り外し、次の点検を行います。 ・　電極に汚れ、損傷及び摩耗がないか、また、絶縁碍子に焼損がないかを目視などにより点検します。 ・　中心電極と接地電極とのすき間（プラグ・ギャップ）が規定の範囲にあるかをプラグ・ギャップ・ゲージなどにより点検します。
		点火時期	1年	6月	6月	3月		○　ディストリビュータを有する自動車にあっては、エンジン暖機後、規定のアイ

								ドリング回転数で、タイミング・ライトなどを用いて、点火時期が適切であるかをクランク・プーリなどの合わせマークを見て点検します。
		ディストリビュータのキャップの状態	1年	12月	12月	12月		○　ディストリビュータを有する自動車にあっては、ディストリビュータのキャップを取り外し、目視などにより、次の点検を行います。 ・　キャップ及びロータの汚れがないか。 ・　ハイテンション・コードの差込部に緩み、さびなどがないか。 ・　キャップ内側各端子（セグメント）に焼損及びさびがないか。 ・　キャップの合わせ面がほこりなどで汚れていないか。 ・　センタ・ピースに損傷及び摩耗がないか、かつ、スプリングにへたりなどがないか。
	バッテリ	ターミナル部の接続状態	1年	12月	12月	3月		○　ターミナル部が、緩みや腐食により接続状態が不良でないかを点検します。
	電気配線	接続部の緩み及び損傷	2年	12月	12月	3月	3月	○　エンジン・ルーム内の電気配線について、次の点検を行います。 ・　接続部に緩みがないかを手で動かすなどして点検します。 ・　電気配線に損傷がないか、かつ、クランプに緩みがないかを目視などにより点検します。 ・　電気配線が他部品と干渉するおそれがないかを点検します。 ○　必要に応じ、シャシ各部の電気配線についても点検します。
原動機（エンジン）	本体	低速と加速の状態		12月	12月	3月		○　エンジンを暖機させた状態で、アイドリング時の回転がスムーズに続くかを点検します。また、回転計を用いて点検する場合は、アイドリング時の回転数が規定の範囲にあるかを点検します。 ○　エンジンを徐々に加速したとき、アクセル・ペダルに引っ掛かりがないか、また、エンスト、ノッキングなどを起こすことなくスムーズに回転するかを走行するなどして点検します。
		排気の状態	1年	6月	6月	3月		<ガソリン車、ＬＰＧ車> ○　エンジンを十分に暖機させた状態で、回転計を用いてアイドリング回転数が規定の範囲にあるかを確認した後、排気ガスの色が白煙や黒煙でないかを目視により点検します。また、アイドリング時のＣＯ（一酸化炭素）及びＨＣ（炭化水素）の排出濃度をＣＯ・ＨＣテスタにより点検します。 <ジーゼル車> ○　エンジンを十分に暖機させた状態で、異状な黒煙を排出していないかを目視などにより点検します。
		エア・クリーナ・エレメントの状態	1年 距離	6月 距離	6月 距離	3月 距離		○　エレメントを取り外し、汚れ、詰まり、損傷などがないかを目視などにより点検します。
		エア・クリーナの油の汚れと量			6月			○　エア・クリーナのケースを取り外し、オイルの汚れ具合を目視などにより点検します。また、オイルの量が規定の範囲にあるかを目視などにより点検します。
		シリンダ・ヘッドとマニホ				12月		○　シリンダ・ヘッド及びマニホールド各部の締付部に緩みがないかをトルク・レ

		ールド各部の締付状態						ンチなどにより点検します。 （塑性域締め（角度締め）方式の場合には、この点検は不要です。）
	潤滑装置	オイル漏れ	1年	6月	6月	3月		○　リフト・アップなどの状態で、目視などにより、次の点検を行います。 ・　シリンダ・ヘッド・カバー、オイル・パン、ドレーン・プラグなどからオイル漏れがないか。 ・　オイル・クーラ・ホースなどに劣化によるふくらみや亀裂、損傷がないか。
	燃料装置	燃料漏れ	2年	12月	12月	3月		○　リフト・アップなどの状態で、目視などにより、次の点検を行います。 ・　フューエル・タンク、フューエル・ポンプ、ホース、パイプ、キャブレータ、インジェクタ、ノズル・ホルダ、インジェクション・ポンプなどから燃料漏れがないか。 ・　フューエル・ホース及びパイプに亀裂及び損傷がないか。 ・　ホース及びパイプのクランプの取付けに緩みがないか。 ・　クランプのゴム等の劣化等によりホース及びパイプの固定に異状がないか。
	冷却装置	ファン・ベルトの緩みと損傷	1年	6月	6月	3月		○　定められたプーリ間のベルト中央部を手（約10kg）で押したときのたわみ量が、規定の範囲にあるかをスケールなどにより点検します。又は、ベルト・テンション・ゲージ（張力計）を用いてベルトの張力が規定値内にあるかを点検します。 ○　ベルトの全周にわたっての内側や側面に、摩耗や損傷、亀裂がないかを目視などにより点検します。
		水漏れ	1年	12月	12月	12月		○　アイドリング状態か、又はラジエータ・キャップ・テスタで加圧した状態で、ラジエータ、ウォータ・ポンプ、ラジエータ・ホース、ヒータ・ホースなどから水漏れがないかを目視などにより点検します。 ○　ラジエータ・ホースやヒータ・ホースに劣化や損傷がないか、また、ホースのクランプに緩みがないかをスパナなどにより点検します。
ばい煙、悪臭のあるガス、有害なガス等の発散防止装置	ブローバイ・ガス還元装置	メターリング・バルブの状態	2年	12月	12月	12月		○　エンジンを作動させ、アイドリング状態でメターリング・バルブのインテーク・マニホールド側のホースをつまんだり放したりしたとき、バルブの作動音（カチカチ音）が発生するかを点検します。又は、メターリング・バルブの片側から通気し、反対側から通気しないことを点検します。
		配管の損傷	2年	12月	12月	12月		○　目視などにより、次の点検を行います。 ・　ホース、パイプなどの配管に劣化や損傷がないか。 ・　クランプの取付状態に異状がないか。
	燃料蒸発ガス排出抑止装置	配管等の損傷	2年	12月		12月		○　ホース、パイプなどに損傷がないかを目視などにより点検します。
		チャコール・キャニスタの	2年	12月		12月		○　チャコール・キャニスタのフューエル・タンク側のホースを取り外しエアを送

	詰まり及び損傷						り、詰まりがないかを点検します。 ○パージ・コントロール・バルブのフューエル・タンクからきているホース側を強く吹いたとき通気し、吸気側マニホールドからきているホースを強く吹いたとき通気しないこと、また、大気開放側から強く吹いたとき通気することを点検します。 ○チャコール・キャニスタ本体に損傷がないかを目視などにより点検します。（ただし、規定の方法により点検を行うこととされている場合には、その方法により点検します。）
	チェック・バルブの機能	2年	12月		12月		○チェック・バルブを取り外すなどして、チェック・バルブの両側から交互にエアを送り、通気状態に差があるかを手を当てるなどして点検します。（ただし、規定の方法により点検を行うこととされている場合には、その方法により点検します。）
一酸化炭素等発散防止装置	触媒反応方式等排出ガス減少装置の取付けの緩みと損傷	2年	12月	12月	12月		○リフト・アップなどの状態で、次の点検を行います。 ・触媒などの排出ガス減少装置本体の取付けに緩みがないかをスパナなどにより点検します。 ・触媒本体に損傷がないかを目視などにより点検します。（遮熱板に変形や損傷がなければ、この点検を省略できます。） ・排気温度警告装置の配線の取付けに異状がないかを目視などにより点検します。
	二次空気供給装置の機能	2年	12月	12月	12月		○二次空気供給装置用フィルタの詰まり及び損傷を点検します。また、アイドリング状態で、二次空気供給装置のエア・ホースをエア・クリーナ側で外し、ホースからの空気の吸い込みを点検します。（ただし、規定の方法により点検を行うこととされている場合には、その方法により点検します。）
	排気ガス再循環装置の機能	2年	12月	12月	12月		○エンジン暖機状態で、EGRコントロール・バルブのダイヤフラム部に手を当て、エンジン回転数を変化させたときのダイヤフラムの作動状態を確認します。（ただし、規定の方法により点検を行うこととされている場合には、その方法により点検します。）
	減速時排気ガス減少装置の機能	2年	12月	12月	12月		○ダッシュ・ポットのロッドを指で押したとき抵抗感があり、指を離したとき瞬時に戻ることを確認することにより点検します。（ただし、規定の方法により点検を行うこととされている場合には、その方法により点検します。）
	配管の損傷と取付状態	2年	12月	12月	12月		○ホース及びパイプに損傷、外れなどがないかを目視などにより点検します。
警音器（ホーン）、窓拭器（ワイパー）、洗浄液噴射装置（ウインド・ウオッシャ）、デフロスタ、施錠装置（ステアリング・ロック）	作用		12月	12月	12月		（ホーンの点検） ○ホーンの音量及び音質を聴くことなどにより点検します。 （ワイパー及びウインド・ウオッシャの点検） ○次の点検を行います。 ・ウインド・ウオッシャ液の量が適当か。 ・ウインド・ウオッシャ液の噴射の向き及び高さが適当か。

							・ ワイパーの低速及び高速の各作動が不良でないか。 ・ ワイパーの払拭（しょく）状態が不良でないか。 （デフロスタの点検） ○ デフロスタを作動させ、吹き出し口（サイドを含む。）からの空気の吹き出しや風量の切り換えに異状がないかを手を当てて点検します。 （ステアリング・ロックの点検） ○ エンジン・キーを抜いたときステアリング・ロックが確実に作用するかを点検します。
エグゾースト・パイプとマフラ	取付けの緩みと損傷	1年距離	12月距離	12月距離	3月距離		○ リフト・アップなどの状態で、次の点検を行います。 ・ エグゾースト・パイプ及びマフラの取付部、接続部に緩みがないかを手で揺するなどして点検します。 ・ エグゾースト・パイプ、マフラ及び遮熱板の取付ボルト、ナットに緩みがないかをスパナなどにより点検します。 ・ ラバー・ハンガーの劣化や損傷、取付状態を点検します。 ・ エグゾースト・パイプ、マフラ及び遮熱板に損傷や腐食がないかを点検します。 ・ エグゾースト・パイプ及びマフラが他の部分との接触のおそれがないかを点検します。 ・ エンジンを始動し、接続部などより排気ガスが漏れていないかを点検します。
	マフラの機能	2年	12月	12月	12月		○ エンジンを始動し、回転数を変化させ、排気音に異状がないかを聴くことなどにより点検します。
エア・コンプレッサ	エア・タンクの凝水		6月	6月	3月	3月	○ エア・タンクのドレン・コックを開き、タンクに水がたまっていないかを点検します。
	コンプレッサ、プレッシャ・レギュレータとアンローダ・バルブの機能		12月	12月	12月		（エア・コンプレッサの点検） ○ エア・タンクのエアを排出した後、エンジンを始動させ、アイドリング状態で、タンク内圧が規定値になるまでの所要時間を調べることにより点検します。 （プレッシャ・レギュレータ、アンローダ・バルブの点検） ○ エンジン運転状態で、ブレーキ・ペダルを数回踏み、タンク内圧力が下限規定値に低下したときに、自動的にエア・コンプレッサが働き、上限規定値で自動的に停止するかを点検します。
高圧ガスを燃料とする燃料装置等	導管、継手部のガス漏れ及び損傷	1年	6月		3月		○ リフト・アップなどの状態で、容器カバーを外し、次の点検を行います。 ・ ベーパライザ、導管及び継手部に石けん水を塗るなどの方法により、ガス漏れがないかを目視などにより点検します。 ・ 導管及び継手部に損傷がないかを目視などにより点検します。
	ガス容器取付部の緩み及び損傷	2年	12月		12月		○ リフト・アップなどの状態で、容器カバーを外し、ガス容器又はコンテナ取付部及びクランプに緩みがないかをスパナなどにより点検します。また、損傷がないかを目視などにより点検します。

	ガス容器及びガス容器附属品の損傷	1年	6月		3月		○ リフト・アップなどの状態で、容器カバーを外し、目視などにより、次の点検を行います。 ・ 容器の一部又は全部に膨張又は変形を生じていないか。 ・ 容器表面に変色又は局所的な損傷がないか。 ・ 継目なし容器の場合は、凹みなどの衝撃を受けた痕跡がないか。 ・ 複合容器の場合は、樹脂層表面の割れ又は繊維の破断がないか。 ・ ネックリングがある容器の場合は、保護キャップ及びセミコンテナケースに屈曲又は歪みなどの変形がないか。
車枠（フレーム）、車　体（ボディー）	非常口の扉の機能				3月		○ 非常口の扉がスムーズに開き、確実に閉まるかを点検します。また、開いたときに警報装置が作動するかを点検します。
	緩み及び損傷	2年	12月	12月	3月	3月	<乗用車など> ○ リフト・アップなどの状態で、フレーム、クロス・メンバなどのリベット及びボルトに緩みがないかをスパナなどにより点検します。また、フレーム、クロス・メンバなどに損傷などがないかを目視などにより点検します。 ○ ドア、エンジン・フード、トランク・リッドなどの各ヒンジに緩みがないかを手で動かすなどして点検します。 <貨物車など> ○ リフト・アップなどの状態で、フレーム、サイド・メンバ、クロス・メンバなどのリベット及びボルトに緩みがないかをスパナなどにより点検します。また、フレーム各部に損傷などがないかを目視などにより点検します。 ○ チルト式キャブにあっては、キャブ・チルト・ロック装置、ヒンジなどの各部に緩み及び損傷がないかを目視などにより点検します。また、機能に異状がないかを点検します。 ○ 物品積載装置、巻込防止装置、突入防止装置などの取付ボルトに緩みがないかをスパナなどにより点検します。また、物品積載装置、巻込防止装置、突入防止装置などに損傷などがないかを目視などにより点検します。 ○ ドア、エンジン・フード、バック・ドアなどのヒンジに緩みがないかを手で動かすなどして点検します。また、損傷がないかを目視などにより点検します。
	スペアタイヤ取付装置の緩み、がた及び損傷				3月	3月	○ スペアタイヤを取り外し、次の点検を行います。 ・ スペアタイヤ取付装置の取付部に緩みがないかをスパナなどにより点検します。また、損傷がないかを目視などにより点検します。 ・ スペアタイヤ取付装置に緩みがないかをスパナなどにより点検します。また、がたがないかを手で揺するなどして点検します。さらに、損傷がないかを目視などにより点検します。 ・ スペアタイヤのディスク・ホイールについて、ボルト穴や飾り穴の周り及び溶接部に亀裂及び損傷がないかを目視などにより点検します。また、スペアタイヤ取付装置とディスク・ホイール合わ

							せ面に摩耗や損傷がないかを目視などにより点検します。
	スペアタイヤの取付状態				3月	3月	○　スペアタイヤを取り付ける際に次の点検を行います。 ・　スペアタイヤ取付装置のハンドルが円滑に回ること及び吊上チェーンにねじれやひっかかりがないことを確認し、規定トルクで締め付けます。 ・　スペアタイヤを取り付けた後、スペアタイヤに異常な傾きがないかを目視などにより点検します。また、スペアタイヤの取付けに緩みがないかをスペアタイヤを強く押すなどして点検します。
	ツールボックスの取付部の緩み及び損傷				3月	3月	○　ツールボックスの取付部に緩みがないかをスパナなどにより点検します。また、損傷がないかを目視などにより点検します。
連結装置	カプラの機能及び損傷				12月	12月	○　平坦な場所で、トレーラなどとの連結及び切離しがスムーズに行えるかを点検します。 ○　カプラの取付部に緩みがないかをスパナなどにより点検します。 ○　カプラ・ジョー、ジョー・ピン、シャフト及び軸受部に摩耗、損傷及びがたがないかを目視などにより点検します。また、ラバー式カプラの場合には、ラバーに損傷及び摩耗がないかを目視などにより点検します。 ○　カプラ・サドル（ベース）の上面に損傷及び摩耗がないかを目視などにより点検します。
	キング・ピン及びルネット・アイの摩耗、亀裂及び損傷					12月	○　トレーラのキング・ピン及びキング・ピン・プレートに亀裂、摩耗及び損傷がないかを目視などにより点検します。また、キング・ピン取付部に損傷がないかを目視などにより点検します。 ○　ルネット・アイに亀裂、摩耗及び損傷がないかを目視などにより点検します。また、取付部に緩みがないかをスパナなどにより点検します。
	ピントル・フックの摩耗、亀裂及び損傷				12月		○　ピントル・フックに亀裂、摩耗及び損傷がないかを目視などにより点検します。また、取付部に緩みがないかをスパナなどにより点検します。
座席	※座席ベルト（シート・ベルト）の状態		12月		12月		○　シート・ベルトに損傷がないかを目視などにより点検します。また、バックルを操作してかみ具合に異状がないかを点検します。
開扉発車防止装置	機能				12月		○　乗降口の扉を開いたとき、運転席の警報装置が作動するか、また、扉を閉じた後でなければ発車しないかを点検します。
その他	シャシ各部の給油脂状態		6月	6月	3月	3月	○　シャシ各部の給油脂の状態が十分であるかを目視などにより点検します。 ○　給油脂部のダスト・ブーツの破損並びにグリース・ニップルの脱落及び緩みを点検します。 ○　自動給脂式のものは、自動給脂装置のスイッチを操作し、パイロット・ランプの点灯により、給脂が十分であるかを目視などにより点検します。

	点検項目						点検の実施方法
	車載式故障診断装置の診断の結果	12月	12月		12月		<スキャンツールを用いる場合> ○　スキャンツールの接続部を車載式故障診断装置と接続し診断の結果を読み取ることにより点検します。 <識別表示を用いる場合> ○　イグニッション電源をオンにした状態で診断の対象となる識別表示が点灯することを確認し、原動機を始動させます。そして、診断の対象となる識別表示が点灯又は点滅し続けないかを目視により点検します。 （ただし、自動車メーカー等の作成するユーザーマニュアル等により点検を行うこととされている場合には、その方法により点検します。）

(2)　二輪自動車

点検箇所		点検項目	点検時期（年又は月ごと） 自家用乗用など	点検時期（年又は月ごと） 自家用貨物など	点検の実施方法
かじ取り装置（ハンドル、フロント・フォーク）	ハンドル	操作具合	2年	1年	○　フロント・ホイールを浮かせて、手でハンドルを左右に動かし、左右の動きがスムーズであるかを点検します。 ○　ハンドルに対して前輪の曲がり（ひねり）がないかを目視などにより点検します。 ○　走行して、ハンドルが異状に振れたり、取られないか、また、操作が異常に重くないかを点検します。
	フロント・フォーク	損傷	2年	1年	○　フロント・フォークに損傷及び曲がりなどがないかを目視により点検します。 ○　フロント・フォークを上下に作動させて、フロント・フォークに異音、油漏れなどがないかを点検します。
		ステアリング・ステムの取付状態	2年	1年	○　ステアリング・ステムの締付ボルト及びナットに緩みがないかをスパナなどにより点検します。
		ステアリング・ステムの軸受部のがた	1年	6月	○　ホイールを浮かした状態で、手でフロント・フォークの下部を前後に動かし、軸受部にがたがないかを点検し、又はフロント・ブレーキを作動させた状態で、ハンドルを前後、上下に動かし、軸受部にがたがないかを点検します。 ○　必要がある場合には、ステアリング・ステムを取り外し、摩耗、亀裂、曲がりなどがないかを目視などにより点検します。
制動装置（ブレーキ）	ブレーキ・ペダル及びブレーキ・レバー	遊び	1年	6月	○　ブレーキ・ペダルを手で抵抗を感じるまで押し、遊びの量が規定の範囲にあるかをスケールなどにより点検します。なお、ペダルの下に床板を有するものにあってもペダルの遊びを点検します。 ○　ブレーキ・レバーを手で抵抗を感じるまで引き、遊びの量が規定の範囲にあるかをスケールなどにより点検します。 ○　油圧式のものにあっては、ブレーキ・レバーの引き具合により、又はペダルの踏みごたえにより、エアが混入していないかを点検します。
		ブレーキの効き具合	1年	6月	○　乾燥した路面を走行して、フロント・ブレーキ及びリヤ・ブレーキを別々に作動させ、効き具合が十分であるかを点検し、又はブレーキ・テスタを用いて、制動力が規定値以上であるかを点検します。
	ロッド及びケーブル類	緩み、がた及び損傷	1年	6月	○　ブレーキを作動させ、ロッド及びケーブル類に損傷、曲がりなどがないか、取付部及び連結部に緩み、がた及び損傷がないかをスパナなどにより点検します。 ○　ブレーキを作動させたとき、異常に重くないかを点検します。また、割ピン類に欠損がないかを目視などにより点検します。

	ホース及びパイプ	漏れ、損傷及び取付状態	1年	6月	○ブレーキを作動させ、ホース、パイプ及び接続部からブレーキ液の漏れがないかを点検します。 ○ホース、パイプ及び接続部に劣化、損傷などがないか及びクランプに緩みがないか、また、ハンドルを左右に切ったとき又は走行中の振動によりホース及びパイプが他の機構部分に干渉しないかを点検します。
	マスタ・シリンダ、ホイール・シリンダ及びディスク・キャリパ	機能、摩耗及び損傷	2年	1年	○ブレーキを作動させ、マスタ・シリンダ及びディスク・キャリパの作動具合を外部からパッドの動きにより点検します。 ○マスタ・シリンダ及びディスク・キャリパに損傷がないかを目視などにより点検します。 ○マスタ・シリンダ及びディスク・キャリパ・アセンブリを分解したときは、ピストン・カップ、ピストン・シール、ブーツなどに摩耗、損傷、腐食、劣化などがないかを目視などにより点検します。
		液漏れ	1年	6月	○マスタ・シリンダ、ディスク・キャリパ及びその周辺から液漏れがないかを目視などにより点検します。
	ブレーキ・ドラム及びブレーキ・シュー	ドラムとライニングとのすき間	1年 距離	6月 距離	○ブレーキを数回作動させ、シューを安定させた後、ホイールを浮かせて手で回したとき、引きずりがないかを点検します。
		シューの摺動部分及びライニングの摩耗	1年 距離	6月 距離	○ブレーキを作動させ、ブレーキ・アームとブレーキ・パネル部のウェア・インジケータ（摩耗限度ライン）により、シューの摺動部分及びライニングに摩耗がないかを目視などにより点検します。ただし、ウェア・インジケータが規定値を超えている場合又はウェア・インジケータが付いていない場合には、ブレーキ・パネルを取り外し、シューの作動状態に異状がないか、ライニングに異状な摩耗、損傷及び剥離がないかを目視などにより点検します。また、ライニングの厚みをスケールなどにより点検します。
					○必要がある場合には、ブレーキ・シューを取り外し、シューの摺動部分の摩耗及び損傷、アンカ・ピンの摩耗及びさび付状態、リターン・スプリングのへたり、ブレーキ・カム面の摩耗並びにセレーション部のねじれを目視などにより点検します。
		ドラムの摩耗及び損傷	2年	1年	○ブレーキを作動させ、ブレーキ・アーム及びブレーキ・パネル部のウェア・インジケータ（摩耗限度ライン）によりドラムの摩耗状況を点検し、かつ、ドラムの外観に損傷がないかを点検します。 ○ブレーキ作動時に異音がある場合、ウェア・インジケータが規定値を超えている場合、又はウェア・インジケータが付いていない場合には、ホイールを取り外しドラム内面に異状な摩耗、損傷などがないかを目視などにより点検します。
	ブレーキ・ディスク及びパッド	ディスクとパッドとのすき間	1年 距離	6月 距離	○ブレーキを数回作動させてパッドを安定させた後、ホイールを浮かせて手で回し、ブレーキの引きずりがないかを点検します。
		パッドの摩耗	1年 距離	6月 距離	○キャリパ・ボディーの点検孔からウェア・インジケータ（摩耗限度ライン）によりパッドの厚みを点検します。また、必要に応じてスケールなどにより点検します。
		ディスクの摩耗及び損傷	2年	1年	○ディスクに摩耗及び損傷がないかを目視などにより点検します。
走行装置	ホイール	タイヤの状態	1年 距離	6月 距離	○タイヤ・ゲージを用いて、空気圧が規定値であるか点検します。 ○タイヤの全周にわたり、亀裂及び損傷がないか、釘、石及びその他の異物が刺さったり、かみ込んだりしていないか、又は偏摩耗などの異状な摩耗がないかを目視などにより点検します。 ○タイヤの接地面に設けられているウェア・インジケータ（スリップ・サイン）の表示により点検するか、又はタイヤの接地面の全周にわたり、溝の深さが規定値以上あるかをディプス・ゲージなどにより点検します。

		ホイール・ナット及びホイール・ボルトの緩み	1年	6月	○　アクスル・シャフトとアクスル・ホルダの締付ナット及びボルトに緩みがないか並びにホイール・ナット及びホイール・ボルトに緩みがないかをスパナなどにより点検します。また、割ピン類に欠損がないかを目視などにより点検します。
		フロント・ホイール・ベアリングのがた	1年 距離	6月 距離	○　フロント・フォークを動かないようにして、タイヤの両端に手をかけて動かし、フロント・ホイール・ベアリングにがたがないかを点検します。また、ホイールを浮かせて手で回したとき、スムーズに回転し異音がないかを点検します。
		リヤ・ホイール・ベアリングのがた	1年 距離	6月 距離	○　タイヤの両端に手をかけて動かし、リヤ・ホイール・ベアリングにがたがないかを点検します。また、ホイールを浮かせて手で回したとき、スムーズに回転し異音がないかを点検します。
緩衝装置	サスペンション・アーム（スイング・アーム）	連結部のがた及びアームの損傷	2年	1年	○　スイング・アーム、リンクなどの連結部に、がたがないかを手で揺するなどして目視などにより点検します。 ○　スイング・アームに損傷などがないかを目視などにより点検します。また、スイング・アームの取付ボルトに緩みがないかをスパナなどにより点検します。 ○　ボトム・リンク式のフロント・フォークを採用している場合は、フォーク・ロッカ・アームの連結部にがたがないかを手で揺するなどして点検します。また、フォーク・ロッカ・アームの損傷及び取付部に緩みがないかをスパナなどにより点検します。
	ショック・アブソーバ	油漏れ及び損傷	2年	1年	○　フロント・フォーク及びリヤ・ショック・アブソーバに油漏れ及び損傷がないかを目視などにより点検します。
動力伝達装置	クラッチ	クラッチ・レバーの遊び	1年	6月	○　クラッチ・レバーを手で抵抗を感じるまで引き、遊びの量が規定の範囲にあるかをスケールなどにより点検します。
		作用	2年	1年	○　アイドリング状態で、クラッチ・レバーを一杯に引いたときに異音がないか及び異常に重くないかを点検します。また、変速操作がスムーズにできるか点検します。 ○　クラッチ・レバーを徐々に離して発進したとき、滑りがなく、かつ、接続がスムーズであるかを点検します。 ○　自動クラッチにあっては、走行するなどして接続が滑らかであるかを点検します。
	トランスミッション	油漏れ及び油量	1年 距離	6月 距離	○　トランスミッション周辺から油漏れがないかを目視などにより点検します。 ○　車両を水平な状態にして、エンジンを停止させ、数分後に油量が規定の範囲にあるかをオイル・レベル・ゲージなどにより点検します。
	プロペラ・シャフト及びドライブ・シャフト	継手部のがた	2年	1年	○　エンジンを止めた状態で、リヤ・ホイールを浮かせて1速の位置に変速した後、ホイールを手で回したとき、異状ながたがないかを点検します。 ○　ブーツに亀裂及び損傷がないか目視などにより点検します。
	チェーン及びスプロケット	チェーンの緩み	1年	6月	○　リヤ・ホイールを浮かせて、ホイールを低速で回しながらチェーンに緩みがないかを点検します。また、チェーンのさび付き、給油脂状態を目視などにより点検します。 ○　スプロケット間のチェーンの中央部を上下に動かし、チェーンのたわみが規定の範囲にあるかをスケールなどにより点検します。
		スプロケットの取付状態及び摩耗	1年	6月	○　スプロケットの取付ナット及びボルトに緩みがないかをスパナなどにより点検します。 ○　スプロケットに摩耗及び損傷がないかを目視などにより点検します。
	ドライブ・ベルト	摩耗及び損傷	1年 距離	6月 距離	○　アイドリング又は空ぶかしの状態で異音がないかを点検します。 ○　走行して、変速が円滑にできるかを点検します。

電気装置	点火装置	点火プラグ（スパーク・プラグ）の状態	1年 距離	6月 距離	○　スパーク・プラグ（白金プラグ及びイリジウム・プラグを除く。）を取り外し、次の点検を行います。 ・　電極に汚れ、損傷及び摩耗がないか並びに絶縁碍（がい）子に焼損がないかを目視などにより点検します。 ・　中心電極と接地電極とのすき間（プラグ・ギャップ）が規定の範囲にあるかをプラグ・ギャップ・ゲージなどにより点検します。
		点火時期	1年	6月	○　エンジン暖機後、アイドリング状態でタイミング・ライトなどを用いて、点火時期が適切であるかを規定の合わせマークを見て点検します。
	バッテリ	ターミナル部の接続状態	1年	6月	○　ターミナル部に、緩み及び腐食がないかを目視などにより点検します。
	電気配線	接続部の緩み及び損傷	2年	1年	○　電気配線の接続部に緩みがないかを手で動かすなどして点検します。 ○　ハンドルを動かしたときにフレームとフロント・フォークとの間にかみ込みがないかを目視などにより点検します。 ○　電気配線に損傷がないか及びクランプに緩みがないかを目視などにより点検します。
原動機（エンジン）	本体	低速及び加速の状態	1年	6月	○　エンジンを暖機させた状態で、アイドリング時の回転がスムーズに続くかを点検します。また、回転計を用いて点検する場合は、アイドリング時の回転数が規定の範囲にあるかを点検します。 ○　エンジンを徐々に加速したとき、スロットル・グリップに引っ掛かりがないか、かつ、エンスト、ノッキングなどを起こすことなくスムーズに回転するかを走行するなどして点検します。
		排気の状態	1年	6月	○　エンジンを十分に暖機させた状態で、回転計を用いてアイドリング回転数が規定の範囲にあるかを点検します。 ○　排気ガスの色が白煙及び黒煙でないかを目視などにより点検します。 ○　以下の項目に異状がないことを確認するか、又はアイドリング時のCO（一酸化炭素）及びHC（炭化水素）の排出濃度をCO・HCテスタにより点検します。 確認項目 ・　エンジンオイルの汚れ及び量 ・　スロットル・バルブ及びチョークバルブの作動 ・　燃料装置のリンク機構の状態 ・　エグゾースト・パイプ、マフラの緩み及び損傷 ・　原動機のかかり具合及び異音 ・　キャブレータの同調 ・　原動機本体の弁すき間 ・　低速及び加速の状態 ・　点火時期 ・　ブローバイ・ガス還元装置の配管の損傷 ・　一酸化炭素等発散防止装置の配管の損傷及び取付状態 ・　一酸化炭素等発散防止装置の二次空気供給装置の機能 ・　マフラの機能
		エア・クリーナ・エレメントの状態	1年 距離	6月 距離	○　エレメントを取り外し、汚れ、詰まり、損傷などがないかを目視などにより点検します。
	潤滑装置	油漏れ	1年	6月	○　シリンダ、クランク・ケース、オイル・パイプ、オイル・ホースなどから油漏れがないかを目視などにより点検します。 ○　2サイクル・エンジンにあっては、オイル・ポンプの取付部、オイル・タンクなどから油漏れがないかを目視などにより点検します。
	燃料装置	燃料漏れ	1年	6月	○　フューエル・タンク、フューエル・コック、ホース、パイプ及びキャブレータなどから燃料漏れがないかを、フューエル・コックのすべての切替位置で目視などにより点検します。 ○　フューエル・ホース及びパイプに損傷及び劣化がないかを目視などにより点検します。
		リンク機構の状態	1年	6月	○　リンク機構がスムーズに動くかをスロットル・グリップの操作により点検します。

		スロットル・バルブ及びチョーク・バルブの作動状態	1年	6月	○　スロットル・バルブ及びチョーク・バルブがスムーズに動くかをスロットル・グリップ、チョーク・レバーなどを操作して点検します。
	冷却装置	水漏れ	1年	6月	○　アイドリング状態又はラジエータ・キャップ・テスタで加圧した状態で、ラジエータ、ウォータ・ポンプ、ラジエータ・ホースなどから水漏れがないかを目視などにより点検します。 ○　ラジエータ・ホースに損傷及び劣化がないか、かつ、ホースのクランプ類に緩みがないかを目視などにより点検します。
ばい煙、悪臭のあるガス、有害なガス等の発散防止装置	ブローバイ・ガス還元装置	配管の損傷	2年	1年	○　目視などにより、次の点検を行います。 ・　ホース、パイプなどの配管に劣化及び損傷がないか。 ・　クランプの取付状態に異状がないか。
	燃料蒸発ガス排出抑止装置	配管等の損傷	2年	1年	○　ホース、パイプなどに損傷がないかを目視などにより点検します。
		チャコール・キャニスタの詰まり及び損傷	2年	1年	○　チャコール・キャニスタのフューエル・タンク側のホースを取り外しエアを送り、詰まりがないかを点検します。 ○　パージ・コントロール・バルブのフューエル・タンクからきているホース側を強く吹いたとき通気し、吸気側マニホールドからきているホース側を強く吹いたとき通気しないこと、また、大気開放側から強く吹いたとき通気することを点検します。 ○　チャコール・キャニスタ本体に損傷がないかを目視などにより点検します。
		チェック・バルブの機能	2年	1年	○　チェック・バルブを取り外すなどして、チェック・バルブの両側から交互にエアを送り、通気状態に差があるかを手を当てるなどして点検します。
	一酸化炭素等発散防止装置	二次空気供給装置の機能	2年	1年	○　二次空気供給装置用フィルタの詰まり及び損傷を点検します。また、アイドリング状態で、二次空気供給装置のエア・ホースをエア・クリーナ側で外し、ホースからの空気の吸い込みを点検します。（ただし、規定の方法により点検を行うこととされている場合には、その方法により点検します。）
		配管の損傷及び取付状態	2年	1年	○　ホース及びパイプに損傷、外れなどがないかを目視などにより点検します。
エグゾースト・パイプ及びマフラ		取付けの緩み及び損傷	1年	6月	○　エグゾースト・パイプとマフラの接続部及び取付部に緩みがないかをスパナなどにより点検します。 ○　損傷、排気ガスの漏れ及び他の部分との接触のおそれがないかを目視などにより点検します。
		マフラの機能	2年	1年	○　エンジンの回転数を変化させて、排気音に異状がないかを聴くことなどにより点検します。
高圧ガスを燃料とする燃料装置等		導管、継手部のガス漏れ及び損傷	1年	6月	○　ベーパライザ、導管及び継手部に石けん水などを塗って、ガス漏れがないかを目視などにより点検します。 ○　導管及び継手部に損傷がないかを目視などにより点検します。
		ガス容器取付部の緩み及び損傷	2年	1年	○　ガス容器又はコンテナ取付部及びクランプに緩みがないかをスパナなどにより点検します。また、損傷がないかを目視などにより点検します。
		ガス容器及びガス容器附属品の損傷	1年	6月	○　目視などにより、次の点検を行います。 ・　容器の一部又は全部に膨張又は変形を生じていないか。 ・　容器表面に変色又は局所的な損傷がないか。 ・　継目なし容器の場合は、凹みなどの衝撃を受けた痕跡がないか。 ・　複合容器の場合は、樹脂層表面の割れ又は繊維の破断がないか。 ・　ネックリングがある容器の場合は、保護キャップ及びセミコンテナケースに屈曲又は歪みなどの変形がないか。
フレーム		緩み及び損傷	1年	6月	○　フレームなどのボルト及びナットに緩みがないかをスパナなどにより点検

				します。また、フレームなどに損傷などがないかを目視などにより点検します。
その他	シャシ各部の給油脂状態	1年	6月	○　シャシ各部の給油脂状態が十分であるかを目視などにより点検します。

4　整備の実施の方法

ここでは、「2　日常点検の実施の方法」や「3　定期点検の実施の方法」に基づき点検を行った結果又は点検を行わなくとも使用状況等によって、清掃、調整、交換などの整備が必要となった場合、通常行われることが多いものの代表例について、その実施の方法を説明しています。

整備の際に、特に注意を要する事項は、次のとおりです。

① 安全な場所を選ぶ。
② ユーザー自身が整備を行おうとする場合は、知識、技量の範囲内で行う。
③ 適切な工具を使用する。
④ エンジンは停止状態で行う。
⑤ 駐車ブレーキ・レバーを十分に引き、車輪に輪止めをかけるなどして、車両を動かないようにして行う。
⑥ 自動車をリフト・アップする場合には、適切なジャッキ、スタンド、リフトなどを使用して安全に行う。（自動車に備付けの簡易なジャッキは、タイヤ交換時に使用するものです。）
⑦ 廃棄部品や油脂液類は、環境に悪影響を与えないよう適切に処理を行う。

(1)　四輪自動車など

装置	整備項目	整備の実施方法	注意事項
制動装置（ブレーキ）	ブレーキ液の補給	(1)　ブレーキ液が不足している場合は、ブレーキ液のリザーバ・タンクのキャップを外し、上限（MAX）までブレーキ液を補給します。 (2)　補給後は、キャップを確実に締め付けます。	(1)　ブレーキ液は、上限（MAX）を超えて補給しないでください。 (2)　ブレーキ液を補給するときは、タンク内にごみなどが入らないように十分注意してください。 (3)　ブレーキ液を補給するときは、こぼさないようにしてください。車体にこぼしたときは、拭き取ってください。 (4)　補給はエンジンが冷えてから行ってください。エンジン温度が高いときに、排気系統へブレーキ液が付くと発煙する危険があります。 (5)　ブレーキ液は、車両にあった品質のものを使用してください。 （ブレーキ液の規格は、リザーバ・タンクのキャップの上面などに表示してあります。） 異質のものを混用すると、性能が低下したり、ホースなどのゴム部品の損傷を早めるおそれがあります。 (6)　ブレーキ液の減り具合が著しいときは、ブレーキ系統の液漏れが考えられます。
走行装置	タイヤの交換	(1)　工具、ジャッキ及びスペア・タイヤを取り出します。 (2)　駐車ブレーキ・レバーを十分に引き、交換するタイヤとの対角線のタイヤ（例：右後輪を交換する場合は左前輪）の前後に輪止めをかけます。 (3)　交換するタイヤに近いジャッキ・ポイントにジャッキをかけます。 (4)　ホイール・レンチでホイール・ナットを少し（約1回転）緩めます。 (5)　タイヤが地面から少し浮くまで静かにジャッキ・アップします。 (6)　ホイール・ナットを外し、タイヤを交換します。 (7)　大型車のタイヤ交換の場合は、「3　定期点検の実施の方法」の「ホイール・ナット及びホイール・ボルトの損傷（大型車において行う点検）」に示す方法による点検を行います。 (8)　ディスク・ホイールががたつかない程度までホイール・ナットを締め付けます。このとき、ホイール・ナットの大きく斜めになっている部分（テーパ部）とディスク・ホイールのホイール・ナット当たり面が均等に密着するように締め付けます。	(1)　ジャッキ・アップ中は危険ですからエンジンをかけたり、車の下に潜り込んだり、のぞき込まないようにしてください。 (2)　取り出したスペア・タイヤは、ジャッキが外れたときの危険防止のため、ジャッキ近くの車体の下に置きます。 (3)　締め付けるときは、レンチを足で踏んだり、パイプなどを使用して必要以上に締め付けないでください。 (4)　万一、パンクにより路上でタイヤを交換するときは、交通のじゃまにならず、安全に作業できる平らな地面の硬いところを選びます。 また、非常点滅表示灯や停止表示器材で後続車に注意を促し、同乗者は降ろしてください。 (5)　インナー・ナット付ダブル・タイヤの場合 ①　内側と外側のエア・バルブ位置をずらして取り付けてください。 ②　内輪を交換したときは、インナー・ナットを完全に締め付けた後、外輪を取り付けてください。 ③　外輪だけを交換するときは、インナー・ナットが確実

		(9) タイヤが地面に接するまでジャッキを下げ、ホイール・ナットを対角線の順序で2、3回に分けて、徐々に締め付けます。最後の締め付けは確実に行ってください。 （最後の締め付け方法は、車の種類によって異なりますので、定められた方法で確実に締め付けてください。） (10) ジャッキを外して、工具、ジャッキ及び交換したタイヤを所定の位置に片付けます。 (11) 大型車の場合、タイヤ交換後、ディスク・ホイールの取付状態に適度な馴染みが生じる走行後（一般的に50～100km走行後が最も望ましいとされています。）、トルク・レンチを用いるなどにより規定トルク（自動車製作者が定めるトルク値をいう。）でホイール・ナットを締め付けます。この場合において、ＪＩＳ方式のダブル・タイヤの場合は、ホイール・ボルトの半数（１個おき）のアウター・ナットを緩めて、インナー・ナットを締め付けます。次に、緩めたアウター・ナットを締め付けます。その後、ホイール・ボルトの残りの半数のアウター・ナット及びインナー・ナットについても同様の措置を講じます。 (12) 交換したタイヤは早めに修理してください。	に締め付けられていることを確認してください。 (6) 車によっては、ホイール・ナットが、車両の右側のものは右ねじ、左側のものは左ねじになっているものがありますので、緩めたり締め付けたりするときは、その方向に注意してください。 (7) ホイール・ナットの締付けは、当該ディスク・ホイールの中心点を挟んで反対側にある２つのホイール・ナットを交互に、かつ、個々のホイール・ナットが均等に締め付けられるように数回に分けて徐々に締める方法に則り行い、最後にトルク・レンチを用いるなどにより規定トルクで締め付けます。 (8) スチール製ディスク・ホイール又はアルミ製ディスク・ホイールの取付けには、それぞれ専用のホイール・ボルト及びホイール・ナットが必要な車の種類があります。このような車両では、アルミ製ディスク・ホイールからスチール製ディスク・ホイール又はスチール製ディスク・ホイールからアルミ製ディスク・ホイールに交換する場合は、専用のホイール・ボルト及びホイール・ナットに交換してください。
電気装置	バッテリ・ターミナル部の清掃	(1) ターミナル部に汚れや腐食があるときは清掃します。 なお、ターミナル部が腐食して白い粉が付いているときは、ぬるま湯を湿した布で拭（ふ）くとよく落ちます。 (2) ターミナル部の腐食が著しいものは、ターミナル部を取り外し、ワイヤ・ブラシ、サンド・ペーパで磨きます。 (3) 清掃、締付後は、ターミナル部にグリースを薄く塗っておきます。	(1) バッテリの整備を行うときは、必ずエンジンを停止させてください。 (2) 作業中、バッテリの十一端子が工具などによりショートすると危険ですから注意してください。 (3) 清掃のときは、バッテリ槽内に異物が入らないように注液口のキャップを締めておいてください。 (4) ターミナルからバッテリ端子を取り外す場合は、アース側の端子から外してください。また、取り付ける場合は、アース側の端子を最後に取り付けてください。 (5) ターミナル部に緩みが生じないよう確実に締め付けてください。
	バッテリ液の補給	(1) バッテリ液が不足している場合は、キャップを外し、各槽とも上限（ＵＰＰＥＲ―ＬＥＶＥＬ）まで精製水を補給します。 (2) 補給後はキャップを確実に締め付けます。	バッテリ液は、腐食性が大きく皮膚炎を起こしたり、金属を腐食させるなど非常に危険なので、人体、衣服、車体などに付着しないよう取扱いには十分注意してください。 （メンテナンス・フリー・バッテリ（密封型）の場合は、バッテリにはってある注意書きに従ってください。）
	ヒューズの交換 ○ 灯火装置（前照灯、制動灯など） ○ 方向指示器 ○ 窓拭（ふき）器（ワイパー） ○ 洗浄液噴射装置（ウィンド・ウォッシャ）など	(1) エンジン・スイッチを切り、故障状況から、点検すべきヒューズをヒューズ・ボックスの表示に従い確認し、ヒューズが切れていないかを点検します。 (2) ヒューズが切れている場合は、ヒューズ・ボックスの表示に従い、指定されている容量のヒューズと交換します。	(1) 指定容量を超えるヒューズ、針金、銀紙などは、配線の加熱、焼損の原因になるので使用しないでください。 (2) 交換してもすぐにヒューズが切れる場合は、他の原因が考えられます。
原動機（エンジン）	エア・クリーナ・エレメントの清掃、交換	(1) クリップ、ナットなどの締付金具を外し、カバーを取り外します。 (2) 乾式ろ紙タイプの場合は、ろ紙を傷つけないよう軽くたたくか、又はエレメントの内側から圧縮空気を吹きつけ、塵などを吹き飛ばしてください。 なお、湿式ろ紙タイプの場合は、清掃すると目詰まりを引き起こすおそれがあるので清掃しないでください。	(1) カバーを取り外したとき、ナットをキャブレータ内などに落としたりしないようにしてください。 (2) 取り外したカバー、ナットをエンジン・ルーム内に置いたままでエンジンをかけると、けがをしたり部品が破損するおそれがあります。

	(3) エレメントを交換する際は、エレメントの取付方向、カバーの取付方向が定められているものは、その方法に従ってください。 (4) カバーを取り付け、クリップ、ナットなどの締付金具を確実に締め付けます。	
エンジン・オイルの補給	(1) オイル・フィラ・キャップを外し、オイルを補給します。 (2) オイル補給後、オイルの量が規定の範囲にあるかをオイル・レベル・ゲージで確認します。 (3) オイル・フィラ・キャップを確実に取り付けます。	(1) 作業は平坦な場所で行います。 (2) オイルは、車両にあった品質のものを使用してください。 (3) 補給するときは、オイル・フィラからごみなどが入らないようにしてください。 (4) オイルの量は規定の範囲の上限（MAX）を超えないようにしてください。 (5) オイルをこぼしたときは、完全に拭き取ってください。
ジーゼル車の燃料フィルタの水抜き	燃料フィルタ又は水分離器の底に水がたまった場合には、下に受け皿を置き、水抜き用プラグを緩めて排水します。 なお、プライミング（手動）ポンプを操作して燃料を送ると早く排水できます。	周囲に付着した燃料をよく拭き取ってください。
ジーゼル車の燃料系統のエア抜き	(1) 燃料フィルタ又は噴射ポンプのエア・プラグをスパナなどの工具により緩めます。 (2) エア・プラグから出る燃料中の気泡がなくなるまでプライミング・ポンプを操作し、混入したエアを抜きます。 なお、燃料系統にエアが入ると、エンジンが始動しにくくなります。 (3) エア抜き後は、プライミング・ポンプとエア・プラグを固定します。	(1) エア・プラグ、燃料フィルタなどから燃料漏れがないかを確認します。 (2) 周囲に付着した燃料をよく拭き取ってください。
冷却水の補給	（リザーバ・タンク付きの車両） (1) 冷却水が不足している場合は、リザーバ・タンクのキャップを外し、タンクの上限（FULL）まで冷却水を補給します。	(1) 冷却水は上限（FULL）を超えて入れないでください。 冷却水の温度が高いとき、急にラジエータ・キャップを外すと蒸気や熱湯が吹き出し危険です。水温が下がってから、布き

	(2) 通常は、ラジエータ・キャップを外さないでください。 ただし、リザーバ・タンクに冷却水がないときは、ラジエータのキャップを外し、ラジエータの口元いっぱいまで補給します。 (3) 補給後はキャップを確実に取り付けます。 （リザーバ・タンクなしの車両） (1) ラジエータ・キャップを外し、冷却水を規定の量まで補給します。 (2) 補給後はラジエータ・キャップを確実に取り付けます。	れなどでキャップを包み静かに開けてください。 (2) 冷却水の減り具合が著しいときは、ラジエータ本体、ホースなどからの水漏れが考えられます。
冷却水の交換	（冷却水の抜き方） (1) ラジエータ・キャップを外し、次にドレン・プラグを外し、冷却水を抜きます。 (2) リザーバ・タンクの冷却水も同時に抜きます。 （冷却水の入れ方） (1) ラジエータのドレン・プラグを確実に締め付けます。 (2) 室内のヒータの温度調整レバーを「HOT」の位置にします。 (3) リザーバ・タンク付きの車両の場合は、冷却水をラジエータの口元まで入れ、次にリザーバ・タンクの上限（FULL）まで入れます。 また、リザーバ・タンクなしの車両の場合は冷却水をラジエータの規定の量まで入れます。 (4) 補給後はキャップを確実に取り付けます。 (5) エンジンを始動させ、しばらくたってからエンジンを停止させ、ラジエータ・キャップを外して冷却水の減り具合を確認し、減り具合が著しいときは、冷却水を補給します。 (6) 補給後はラジエータ・キャップを確実に取り付けます。	(1) 冷却水の温度が高いとき、急にラジエータ・キャップを外すと蒸気や熱湯が吹き出し危険です。水温が下がってから、布きれなどでキャップを包み静かに開けてください。 (2) ロング・ライフ・クーラント、不凍液などは、車両にあった品質のものを使用してください。

<table>
<tr><td rowspan="2">その他</td><td>洗浄液噴射装置の洗浄液（ウィンド・ウォッシャ液）の補給</td><td>ウィンド・ウォッシャ液の原液の希釈割合は気温によって異なるので、次の割合を参考にして希釈した洗浄液をタンクに補給します。
<table><tr><td>使用地域・季節</td><td>希釈割合</td><td>凍結温度</td></tr><tr><td>通常</td><td>原液1に水2</td><td>−10℃程度</td></tr><tr><td>寒冷地の冬季</td><td>原液1に水1</td><td>−20℃程度</td></tr><tr><td>極寒冷地の冬季</td><td>原液のまま</td><td>−50℃程度</td></tr></table></td><td>タンクが空のままウインド・ウォッシャを使用すると、モーターが破損することがあります。</td></tr>
<tr><td>窓拭器（ワイパー）のブレードの交換</td><td>ワイパーのアームを起こし、ブレード取付部を外してブレードを交換します。</td><td>(1) 車の種類により左右のブレードの長さが異なる場合がありますので、取り外す前に長さを確認しておいてください。
(2) 収納型ワイパー（コンシールド・タイプ）の場合は、ワイパーを作動させ、アームが上方に向いたときエンジン・スイッチを切り、作動を停止させてから作業します。
なお、アームを起こしたまま作動させると車体に傷を付けることがあります。
(3) ブレードを取り外したとき、アームを倒すとガラスに傷を付けることがあります。</td></tr>
</table>

(2) 二輪自動車

装置	整備項目	整備の実施方法	注意事項
制動装置（ブレーキ）	ブレーキ液の補給	(1) ブレーキ液が不足している場合は、ブレーキ液のリザーバ・タンクのキャップを外し、上限（MAX）までブレーキ液を補給します。 (2) 補給後は、キャップを確実に締め付けます。	(1) ブレーキ液は、上限（MAX）を超えて補給しないでください。 (2) ブレーキ液を補給するときは、タンク内にごみなどが入らないように十分注意してください。 (3) ブレーキ液は、車両にあった品質のものを使用してください。異質のものを混用すると性能が低下することがあります。 (4) ブレーキ液の減り具合が著しいときは、ブレーキ系統の液漏れが考えられます。
	フロント・ブレーキ・レバー、リヤ・ブレーキ・レバーの遊びの調整（ディスク・ブレーキを除く。）	(1) ブレーキ・ケーブルのブレーキ・レバー側又はブレーキ・パネル側のアジャスタにより遊びを調整します。 (2) 調整後は、ブレーキ・レバーを手で抵抗を感じるまで引き、遊びの量が規定の範囲にあるかをスケールなどにより確認します。 (3) 遊びを確認する箇所と遊びの量は車の種類により異なりますので、自動車製作者が指定する方法により確認してください。	
	リヤ・ブレーキ・ペダルの遊びの調整（ディスク・ブレーキを除く。）	(1) ブレーキ・パネル部のアジャスタにより遊びを調整します。 (2) 調整後は、ブレーキ・ペダルを手で抵抗を感じるまで押し、遊びの量が規定の範囲にあるかをスケールなどにより確認します。 (3) 遊びを確認する箇所と遊びの量は車の種類により異なりますので、自動車製作者が指定する方法により確認してください。	
緩衝装置	リヤ・ショック・アブソーバの調整	スプリングの強弱をアジャスタにより調整します。	アジャスタによる調整は、左右の不揃い（そろ）がないよう位置又は数字などを合わせて行ってください。
動力伝達装置	クラッチ・レバーの遊びの調整（油圧式を除く。）	(1) クラッチ・ケーブルのクラッチ・レバー側又はクラッチ側のアジャスタにより遊びを調整します。 (2) 調整後は、クラッチ・レバーを手で抵抗を感じる位置まで引き、遊びの量が規定の範囲にあるかをスケールなどにより確認します。 (3) 遊びを確認する箇所と遊びの量は車の種類により異なりますので、自動車製作者が指定する方法により点検してください。	

電気装置	バッテリ・ターミナル部の清掃	(1) ターミナル部に汚れや腐食があるときは清掃します。 なお、ターミナル部が腐食して白い粉が付いているときは、ぬるま湯を湿した布で拭くとよく落ちます。 (2) ターミナル部の腐食が著しいものは、ターミナル部を取り外し、ワイヤ・ブラシ、サンド・ペーパで磨きます。 (3) 清掃、締付後は、ターミナル部にグリースを薄く塗っておきます。	(1) バッテリの整備を行うときは、必ずエンジンを停止させてください。 (2) 作業中、バッテリの＋－端子が工具などによりショートすると危険ですから注意してください。 (3) 清掃のときは、バッテリ槽内に異物が入らないように注液口のキャップを締めておいてください。 (4) ターミナルからバッテリ端子を取り外す場合は、アース側の端子から外してください。 また、取り付ける場合は、アース側の端子を最後に取り付けてください。 (5) ターミナル部に緩みが生じないよう確実に締め付けてください。
	バッテリ液の補給	(1) バッテリ液が不足している場合は、キャップを外し、各槽とも上限（UPPER－LEVEL）まで精製水を補給します。 (2) 補給後はキャップを確実に締め付けます。	バッテリ液は、腐食性が大きく皮膚炎を起こしたり、金属を腐食させるなど非常に危険なので、人体、衣服、車体などに付着しないよう取扱いには十分注意してください。 （メンテナンス・フリー・バッテリ（密封型）の場合は、バッテリにはってある注意書きに従ってください。）
	ヒューズの交換 ○ 灯火装置（前照灯、制動灯など） ○ 方向指示器	(1) エンジン・スイッチを切り、故障状況から、点検すべきヒューズをヒューズ・ボックスの表示に従い確認し、ヒューズが切れていないかを点検します。 (2) ヒューズが切れている場合は、ヒューズ・ボックスの表示に従い、指定されている容量のヒューズと交換します。	(1) 指定容量を超えるヒューズ、針金、銀紙などは、配線の加熱、焼損の原因になるので使用しないでください。 (2) 交換してもすぐにヒューズが切れる場合は、他の原因が考えられます。
原動機（エンジン）	エア・クリーナ・エレメントの清掃、交換	(1) クリップ、ナットなどの締付金具を外し、カバーを取り外します。 (2) 湿式ウレタン・タイプの場合は、洗浄油で洗って乾燥させた後オイルに浸し、固くしぼって取り付けます。 また、乾式ろ紙タイプの場合は、ろ紙を傷つけないよう軽くたたくか、又はエレメントの内側から圧縮空気を吹き付け、塵などを吹き飛ばしてください。 なお、湿式ろ紙タイプの場合は、清掃すると目詰まりを引き起こすおそれがあるので清掃しないでください。 (3) エレメントを交換する際は、エレメントの取付方向、カバーの取付方向が定められているものは、その方法に従ってください。 (4) カバーを取り付け、クリップ、ナットなどの締付金具を確実に締め付けます。	湿式ウレタン・タイプの場合は、車両にあった品質のオイルを使用してください。
	エンジン・オイルの補給	(1) オイル・フィラ・キャップを外し、オイルを補給します。 (2) オイル補給後、オイルの量が規定の範囲にあるかをレベル・ゲージで確認します。 (3) オイル・フィラ・キャップを確実に取り付けます。	(1) 作業は平坦な場所で行います。 (2) オイルは、車両にあった品質のものを使用してください。 (3) 補給するときは、オイル・フィラからごみなどが入らないようにしてください。 (4) オイルの量は規定の範囲の上限（MAX）を超えないようにしてください。 (5) オイルをこぼしたときは、完全に拭き取ってください。
	冷却水の補給	（リザーバ・タンク付きの車両） (1) 冷却水が不足している場合は、リザーバ・タンクのキャップを外し、タンクの上限（FULL）まで冷却水を補給します。 (2) 通常は、ラジエータ・キャップを外さないでください。 ただし、リザーバ・タンクに冷却水がないときは、ラジエータのキャップを外し、ラジエータの口元いっぱいまで補給します。 (3) 補給後はキャップを確実に取り付けます。 （リザーバ・タンクなしの車両） (1) ラジエータ・キャップを外し、冷却水を規定の量まで補給します。	(1) 冷却水は上限（FULL）を超えて入れないでください。 冷却水の温度が高いとき、急にラジエータ・キャップを外すと蒸気や熱湯が吹き出し危険です。水温が下がってから、布きれなどでキャップを包み、静かに開けてください。 (2) 冷却水の減り具合が著しいときは、ラジエータ本体、ホースなどからの水漏れが考えられます。

		(2) 補給後はラジエータ・キャップを確実に取り付けます。	
	冷却水の交換	（冷却水の抜き方） (1) ラジエータ・キャップを外し、次にドレン・プラグを外し、冷却水を抜きます。 (2) リザーバ・タンクの冷却水も同時に抜きます。 （冷却水の入れ方） (1) ラジエータのドレン・プラグを確実に締め付けます。 (2) リザーバ・タンク付きの車両の場合は、冷却水をラジエータの口元まで入れ、次にリザーバ・タンクの上限（FULL）まで入れます。 また、リザーバ・タンクなしの車両の場合は、冷却水をラジエータの規定の量まで入れます。 (3) 給水後はキャップを確実に取り付けます。 (4) エンジンを始動させ、しばらくたってからエンジンを停止させ、ラジエータ・キャップを外して冷却水の減り具合を確認し、減り具合が著しいときは、冷却水を補給します。 (5) 補給後はラジエータ・キャップを確実に取り付けます。	(1) 冷却水の温度が高いとき、急にラジエータ・キャップを外すと蒸気や熱湯が吹き出し危険です。水温が下がってから、布きれなどでキャップを包み、静かに開けてください。 (2) ロング・ライフ・クーラント、不凍液などは、車両にあった品質のものを使用してください。
その他	ドライブ・チェーンの給油	(1) リヤ・ホイールを浮かした状態で、ホイールを手でゆっくり回しながら、チェーンやスプロケットに付着した泥、汚れをブラシなどで落とし、洗浄油で洗浄します。 (2) 乾燥後、リヤ・ホイールを手でゆっくり回しながら給油を行います。 なお、グリス封入式ドライブ・チェーンの場合は、洗浄は行わないでください。	(1) オイルは、車両にあった品質のものを使用してください。 (2) オイルがチェーン各部によく行きわたるようにチェーン・ローラの両側に給油してください。 (3) 給油後は、余分なオイルは拭き取ってください。

5　その他

○点検整備記録簿

点検整備記録簿は、点検の結果と整備の概要を記録、保存して、自動車の維持管理に役立てるためのものです。

点検整備記録簿は、自動車に備え付けることになっており、その保存期間は、自家用乗用自動車などにあっては2年間、その他の自動車にあっては1年間となっています。なお、自動車の維持管理を適切に継続していくためにも、この記録簿を可能な限り長期間保存し、自動車の「生涯記録簿」として活用されることが望まれます。

点検整備記録簿の記載事項と記載要領は次のとおりです。

＜記載事項及び記載要領＞

(1) 「点検の年月日」……点検を実施した年月日を記載します。

(2) 「点検の結果」、「整備概要」……① それぞれの点検項目について、下表に示す作業区分に従ってチェック記号を用いるなどして、点検の結果及び必要となった整備の概要を記載します。
② 整備の概要については、交換した主な部品（ブレーキ液、ブレーキ・ホースなど）や測定結果（ブレーキ・ライニング、ブレーキ・パッドの厚みなど）なども必要に応じ記載します。
③ 点検整備の際に特定整備を行った場合には、チェック記号を○で囲むなどして記録しておきます。

(3) 「整備を完了した年月日」……整備を完了した年月日を記載します。

(4) 「車台番号」、「自動車登録番号又は車両番号」……自動車に備え付けの自動車検査証又は軽自動車届出済証を見て記載します。

(5) 「点検時の総走行距離」……積算距離計（オドメータ）を見て点検時における自動車の総走行距離の数値を記載します。

(6) 「点検又は整備を実施した者の氏名又は名称及び住所」……点検又は整備を実施した者の氏名（法人は会社名）と住所を記載します。
なお、ユーザー自身が点検又は整備を実施した場合には、住所の記載は省略できます。
また、点検と整備を実施した者が異なるときは、両者を記載します。

（作業区分）

作業区分	意味	作業例	チェック記号の例
点検	点検の結果、異状がなかった。	—	レ

整備作業			
交換	点検の結果、交換した。（部品、油脂、液類の交換作業を示す。）	○ブレーキ・ライニングの交換 ○ホイール・ベアリングの交換 ○カメラ、レーダーその他のセンサーの交換	×
修理	点検の結果、修理した。（摩耗、損傷などのため部品を修復する作業を示す。）	○電気配線の損傷の修復 ○タイヤのパンク修理 ○カメラ、レーダーその他のセンサーの修理	△
調整	点検の結果、調整した。（機能維持のため、遊び、すき間、角度などを基準値に戻す作業を示す。）	○ブレーキ・ドラムとライニングとのすき間調整 ○クラッチ・ペダルの遊び調整	A
	点検の結果、調整した。（スキャンツール等で機能調整する作業を示す。）	○カメラ、レーダーその他のセンサーの機能調整	
締付	点検の結果、締め付けた。（緩んだ箇所を増し締めする作業を示す。）	○ホイール・ナットの増し締め ○リーフ・スプリングのUボルトの増し締め ○カメラ、レーダーその他のセンサーの取付ボルトの増し締め	T
清掃	点検の結果、清掃した。（粉塵、油などによる汚れを取り除く作業を示す。）	○ブレーキ・ドラム内の汚れの清掃 ○バッテリのターミナル部の清掃	C
給油	点検の結果、給油した。（油脂、液類を補給する作業を示す。）	○エンジン・オイルの補給 ○シャシ各部の給油脂	L

附　則（令二・二・六国交告五五）

（施行期日）

この告示は、道路運送車両法の一部を改正する法律〔令和元年五月法律第一四号〕の施行の日〔令和二年四月一日〕から施行する。ただし、次の各号に掲げる規定は、当該各号に定める日から施行する。

一　第一条中自動車の点検及び整備に関する手引3(2)の規定　令和二年十月一日

二　第一条中自動車の点検及び整備に関する手引3(1)の規定　令和三年十月一日

附　則（令三・三・三一国交告二七九）

この告示は、令和三年四月一日から施行する。

附　則（令五・三・三一国交告二六三）

この告示は、令和五年七月一日から施行する。

附　則（令五・一〇・二〇国交告一〇四八）

（施行期日）

この告示は、令和五年十二月二十一日から施行する。〔後略〕

○自動車点検基準第七条第三項ただし書の国土交通大臣が定める技術上の情報を定める告示

（令和二年二月二十八日国土交通省告示第二百三号）

自動車点検基準（昭和二十六年運輸省令第七十号）第七条第三項ただし書の国土交通大臣が定める技術上の情報は、次に掲げるものとする。

一　施錠装置及び盗難発生警報装置の構造及び性能に係る情報

二　電気通信回線を通じて自動車の電子計算機に指令を与えるための情報であって、当該自動車の改造に不正に使用されるおそれのあるもの

三　プログラム等の設計及び自動車を販売するときに行うプログラム等の改変に係る情報

附　則

この告示は、道路運送車両法の一部を改正する法律（令和元年法律第十四号）の施行の日（令和二年四月一日）から施行する。

○車載式故障診断装置を活用した点検整備に係る情報の取扱指針

（平成二十三年三月二日 国土交通省告示第百九十六号）

沿革　平二五国交告二二六一、令二国交告五五改正

（目的）

第一条　この指針は、自動車の装置における情報処理の技術の発達に伴い、車載式故障診断装置を利用して行う自動車の点検及び整備に係る技術上の情報に関し、自動車製作者等が自動車又はその部分の整備又は改造を行う者（以下「自動車の整備等を行う者」という。）等に対して提供すべき内容及び提供する方法についての指針を定めることにより、ばい煙、悪臭のあるガス、有毒なガス等の発散防止装置（道路運送車両法（昭和二十六年法律第百八十五号。以下「法」という。）第四十一条第十二号に規定する装置をいう。以下「排気に係る装置」という。）に関し、法律第四十七条から第四十八条までの規定に基づき自動車の使用者が行う点検及び整備が円滑に実施できる環境の整備を行い、自動車の安全性の確保及び自動車による公害の防止その他の環境の保全を図ることを目的とする。

（定義）

第二条　この指針における用語の定義は、法第二条に定めるもののほか、次の各号の定めるところによる。

一　「自動車製作者等」とは、法第五十七条の二に規定する自動車製作者等をいう。

二　「J―OBDⅠ」とは、道路運送車両の保安基準の細目を定める告示（平成十四年国土交通省告示第六百十九号。以下「細目告示」という。）別添四十八Ⅰ・1・に規定された装置をいい、「J―OBDⅡ」とは、細目告示別添四十八Ⅰ・2・に規定された装置をいう。

三　「制御装置」とは、自動車の装置を電子的方法により制御する装置をいう。

四　「外部故障診断装置」とは、制御装置と接続し、自動車の装置の作動状況を診断又は整備するために使用する外部装置をいう。

五　「リプログラミング」とは、制御装置のプログラムを書き換えることをいう。

六　「故障コード」とは、番号、記号その他の符号であって自動車の故障の状態を識別するためのものをいう。

七　「故障診断の履歴情報データ」とは、細目告示別添四十八Ⅲ・7・1に規定する故障診断の履歴情報データをいう。

八　「故障時の自動車使用状況データ等」とは、細目告示別添四十八Ⅲ・7・2に規定する故障時の自動車使用状況データ等をいう。

九　「エンジン関連現在情報出力機能」とは、細目告示別添四十八Ⅲ・8・に規定するエンジン関連現在情報出力機能をいう。

（適用対象）

第三条　この指針は、次の各号に掲げる自動車に適用する。

一　軽油を燃料とする普通自動車及び小型自動車であって車両総重量三・五トンを超えるもののうち、平成十七年十月一日から平成十九年八月三十一日までに製作されたもの（平成十七年十月一日以降に指定を受けた型式指定自動車及び一酸化炭素等発散防止装置指定自動車に限り、輸入された自動車を除く。）及び平成十九年九月一日から平成二十二年八月三十一日（車両総重量が三・五トンを超え十二トン以下のものにあっては、平成二十三年九月三十日）までに製作されたもの（輸入された自動車以外の自動車であって、平成二十一年十月一日（車両総重量が三・五トンを超え十二トン以下のものにあっては、平成二十二年十月一日）以降に指定を受けた型式指定自動車及び一酸化炭素等発散防止装置指定自動車を除く。）であって、次に掲げる自動車以外のもの

イ　一型式当たりの年間販売台数が五十台以下の自動車

ロ　その他この指針を適用する必要性が低いものとして国土交通大臣が定める自動車

二　ガソリン又は液化石油ガスを燃料とする普通自動車及び小型自動車（二輪自動車（側車付二輪自動車を含む。以下同じ。）を除く。）であって専ら乗用の用に供する乗車定員十人以下のもの又は車両総重量三・五トン以下のもの並びに軽自動車（二輪自動車を除く。）のうち、次に掲げる自動車以外のもの

イ　一型式当たりの年間販売台数が二千台以下の自動車

ロ　平成二十二年八月三十一日以前に製作されたもの（輸入された自動車以外の自動車であって平成二十年十月一日以降に指定を受けた型式指定自動車（平成二十年九月三十日以前に指定を受けた型式指定自動車と種別、用途、車体の外形、原動機の種類及び主要構造、燃料の種類及び動力用電源装置の種類、動力伝達装置の種類及び主要構造、走行装置の種類及び主要構造、操縦装置の種類及び主要構造、懸架装置の種類及び主要構造、車枠、軸距、主制動装置の種類並びに排出ガス発散防止装置の仕様が同一であるものは除く。）及び一酸化炭素等発散防止装置指定自動車を除く。）

（外部故障診断装置開発情報の提供）

第四条　自動車製作者等は、自動車を販売の用に供するときは、外部故障診断装置を開発又は改良するに当たって必要な技術上の情報のうち、排気に係る装置に関する次に掲げるもの（以下「外部故障診断装置開発情報」という。）を外部故障診断装置の開発又は改良を行おうとする者に提供するものとする。

一　次に掲げる事項を外部故障診断装置に表示させるために必要な情報

イ　故障コード

ロ　故障診断の履歴情報データ

ハ　故障時の自動車使用状況データ等

ニ　エンジン関連現在情報出力機能

二　リプログラミングの実施に関する情報

三　制御装置の調整に関する情報

四　自動車の装置を強制的に作動させるための情報

五　その他外部故障診断装置の開発又は改良に当たって必要となる情報

2　自動車製作者等は、前項の規定にかかわらず、第三条第一号に掲げる自動車に係る次に掲げる情報は、提供をしなくてもよいものとする。
一　第一項第二号に掲げる情報
二　第一項第三号及び第四号に掲げる情報のうち、自動車の装置の機能を損なう等のおそれがあるものとして特別の注意を必要とするもの
3　自動車製作者等は、第一項に基づき提供した情報（インターネットを通じて提供したものを含む。）の内容に変更があったときは、その内容を適切に提供するものとする。
4　自動車製作者等は、外部故障診断装置開発情報の提供に当たって、特定の者に対し、不当な差別的取扱いをしてはならない。
5　自動車製作者等は、外部故障診断装置開発情報を有償で提供するときは、適正な価格で提供するものとする。

（国土交通大臣の確認等）

第五条　自動車製作者等は、国土交通大臣に対し、その製作する自動車の型式ごとに、当該自動車製作者等が行う外部故障診断装置開発情報の提供の状況について、この指針に適合しているかどうかの確認を求めることができる。
2　前項の確認を受けようとする者は、次に掲げる事項を記載した申請書を国土交通大臣に提出しなければならない。
一　氏名又は名称及び住所
二　車名、型式及び販売の開始の日
三　外部故障診断装置開発情報の提供の開始の日
四　外部故障診断装置開発情報の提供の状況を示す書面
3　第一項の確認は、当該自動車製作者等が行う外部故障診断装置開発情報の提供の状況が前条の規定に適合しているかどうか判定することによって行う。
4　国土交通大臣は、第一項の確認をしたときは、当該確認に係る事項を公表するものとする。
5　第一項の確認を受けた者は、次の各号に掲げる場合に該当することとなったときは、その旨を国土交通大臣に届け出なければならない。
一　氏名若しくは名称又は住所に変更があったとき。
二　外部故障診断装置開発情報の提供の状況に変更があったとき。
三　外部故障診断装置開発情報の提供をやめたとき。
6　国土交通大臣は、前項の規定による届出（同項第三号に係るものを除く。）があったときは、当該届出に係る事項を公表するものとする。
7　国土交通大臣は、次に掲げる場合は、第一項の確認を取り消すことができる。
一　外部故障診断装置開発情報の提供の状況が前条の規定に適合しなくなったと認めるとき。
二　第五項第三号の規定による届出があったとき。
8　国土交通大臣は、前項の規定により確認を取り消したときは、その旨を公表するものとする。
9　国土交通大臣は、自動車製作者等に対し、この指針に適合するよう指導及び助言を行うことができる。

附　則

（施行期日等）

第一条　この告示は公布の日から施行することとし、平成二十三年四月一日（輸入された自動車にあっては、平成二十五年四月一日）から適用する。ただし、外部故障診断装置開発情報の提供に関する規定（第六条第三項各号に規定する情報の提供に関する規定を除く。）にあっては、平成二十四年四月一日（輸入された自動車にあっては、平成二十六年四月一日）から、外部故障診断装置の提供に関する規定（同項各号に規定する情報の提供に関する規定に限る。）及び専用外部故障診断装置の提供に関する規定にあっては、平成二十五年四月一日（輸入された自動車にあっては、平成二十七年四月一日）から適用するものとする。
2　この告示の規定の適用の際現に販売されている自動車については、当該規定の適用の日を当該自動車の販売の開始の日とみなして当該規定を適用する。

（検討）

第二条　国土交通大臣は、この告示の規定の実施状況を勘案し、必要があると認めるときは、当該規定について検討を加え、その結果に基づいて必要な措置を講ずるものとする。

〇自動車整備士技能検定規則

（昭和二十六年八月十日 運輸省令第七十一号）

沿革 昭二七運令八一、昭二九運令二〇、昭三一運令六三、昭三三運令四六、昭三八運令五六、昭三九運令一一、昭四五運令一二、昭四六運令二〇、昭四八運令一一、昭五〇運令四一、昭五三運令二三、昭五四運令一四、昭五七運令二二、昭五八運令二〇・五一、昭五九運令一八、昭六〇運令五・二二・三二、昭六二運令二七、平元運令二四、平三運令一五、平五運令一六、平六運令一二、平八運令四七、平九運令八一、平一〇運令七一・七二、平一一運令三七・四二、平一二運令三五・三九、平一三国交令七二、平一四国交令七九、平一五国交令二七・九二・一〇九、平一九国交令二七・六〇、平二三国交令五〇・七四、平二七国交令一〇、平二九国交令五六、令元国交令二〇、令二国交令九八、令四国交令四六、令五国交令七六改正

〔編者注〕 令和四年五月二五日国土交通省令第四六号による改正のうち、令和九年一月一日から施行される部分は、本文には直接改正を加えないで、改正文をこの省令の末尾に登載した。

（この省令の適用）

第一条 道路運送車両法（昭和二十六年法律第百八十五号。以下「法」という。）第五十五条第三項に規定する自動車整備士の養成施設の指定及び試験の免除並びに同条第五項に規定する自動車整備士の技能検定の種類、試験科目、受験手続その他技能検定の実施細目は、この省令の定めるところによる。

（自動車整備士の種類）

第二条 自動車整備士の種類は、次のとおりとする。

一級大型自動車整備士
一級小型自動車整備士
一級二輪自動車整備士
二級ガソリン自動車整備士
二級ジーゼル自動車整備士
二級自動車シャシ整備士
二級二輪自動車整備士
三級自動車シャシ整備士
三級自動車ガソリン・エンジン整備士
三級自動車ジーゼル・エンジン整備士
三級二輪自動車整備士
自動車タイヤ整備士
自動車電気装置整備士
自動車車体整備士

（技能検定の種類）

第三条 自動車整備士の技能検定（以下「技能検定」という。）は、前条の種類ごとに行う。

（検定委員及び検定専門委員）

第四条 技能検定に関する事項を管理させるため、物流・自動車局及び地方運輸局に自動車整備士技能検定委員（以下「検定委員」という。）を置く。

2 技能検定につき、専門の事項を調査審議するため、物流・自動車局及び地方運輸局に、自動車整備士技能検定専門委員（以下「検定専門委員」という。）を置くことができる。

3 検定委員及び検定専門委員は、関係行政機関の職員及び自動車の整備技術に関し学識経験を有するもののうちから国土交通大臣が任命する。

4 自動車の整備技術に関し学識経験を有するもののうちから任命された検定委員及び検定専門委員の任期は、二年以内とし、再任されることを妨げない。ただし、補欠の検定委員及び検定専門委員の任期は、前任者の残任期間とする。

5 検定委員及び検定専門委員は非常勤とする。

（技能検定の施行）

第五条 技能検定は、国土交通大臣が必要と認めるときに行うものとする。

2 前項の規定にかかわらず、次条第五項及び第六項の規定により同一種類の技能検定に係る法第五十五条第二項の学科試験（以下「学科試験」という。）及び同項の実技試験（以下「実技試験」という。）の全部が免除される者（以下「全部免除者」という。）についての技能検定は、随時、申請により行うものとする。

3 技能検定に係る学科試験及び実技試験の期日、場所その他必要な事項は、国土交通大臣がその都度公示する。

（技能検定の試験及び試験の一部免除）

第六条 学科試験は、筆記（一級の技能検定の学科試験にあっては、筆記及び口述）の方法により行う。

2 口述による学科試験（以下「口述試験」という。）は、同一種類の技能検定に係る筆記による学科試験（以下「筆記試験」という。）に合格した者について行う。

3 筆記試験に合格し口述試験に不合格となった者に対しては、その筆記試験の日から二年以内に行われる同一種類の技能検定に係る筆記試験を免除する。

4 実技試験は、同一種類の技能検定に係る学科試験に合格した者について行う。

5 学科試験に合格し実技試験に不合格となった者に対しては、その実技試験の日から二年以内に行われる同一種類の技能検定に係る学科試験を免除する。

6 次の表の上欄に掲げる者については、それぞれ同表の下欄に掲げる試験を免除する。

試験を免除される者	免除される試験
一 第六条の十八に規定する一種養成施設の所定の課程を修了して、その修了の日から技能検定の申請の日までに二年を経過しない者で一級、二級若しくは三級の技能検定又は自動車タイヤ整備士、自動車電気装置整備士若しくは自動車車体整備士（以下「自動車タイヤ整備士等」という。）の技能検定を受けるもの	当該課程において養成する種類の自動車整備士の技能検定についての実技試験
一の二 第六条の十八に規定する一種養成施設の二級ガソリン自動車整備士を養成する課程及び二級ジーゼル自動車整備士を養成する課程を修了し	実技試験

て、それぞれの修了の日のうちいずれか早い日から技能検定の申請の日までに二年を経過しない者で二級自動車シャシ整備士の技能検定を受けるもの	
二　第六条の十八に規定する二種養成施設の所定の課程を修了して、その修了の日から技能検定の申請の日までに二年を経過しない者で一級、二級若しくは三級の技能検定又は自動車タイヤ整備士等の技能検定を受けるもの	当該課程において養成する種類の自動車整備士の技能検定についての実技試験
二の二　第六条の十八に規定する二種養成施設の二級ガソリン自動車整備士を養成する課程及び二級ジーゼル自動車整備士を養成する課程を修了して、それぞれの修了の日のうちいずれか早い日から技能検定の申請の日までに二年を経過しない者で二級自動車シャシ整備士の技能検定を受けるもの	実技試験
三　職業能力開発促進法（昭和四十四年法律第六十四号）による自動車整備科を免許職種とする職業訓練指導員試験に合格した者（以下「自動車整備科を免許職種とする職業訓練指導員試験合格者」という。）又は職業能力開発促進法による職業能力開発総合大学校において産業機械工学科を訓練科とする指導員訓練の長期課程を修了した者（以下「職業能力開発総合大学校修了者」という。）であつて、二級又は三級の技能検定を受けるもの	学科試験（道路運送車両の保安基準（昭和二十六年運輸省令第六十七号。以下「保安基準」という。）その他の自動車の整備に関する法規の科目を除く。）及び実技試験
四　職業能力開発促進法による自動車車体整備科を免許職種とする職業訓練指導員試験に合格した者（以下「自動車車体整備科を免許職種とする職業訓練指導員試験合格者」という。）であつて、自動車車体整備士の技能検定を受けるもの	学科試験（保安基準その他の自動車の整備に関する法規の科目を除く。）及び実技試験
五　次条及び第六条の三の規定により国土交通大臣の登録を受けた者（以下「登録試験実施機関」という。）が行う試験（以下「登録試験」という。）に国土交通大臣が定める基準以上の成績で合格して、その合格の日から技能検定の申請の日までに二年を経過しない者で技能検定を受けるもの	当該試験に対応する技能検定についての学科試験又は実技試験

（登録）

第六条の二　第六条第六項の表第五号の登録は、登録試験を行おうとする者の申請により行う。

2　第六条第六項の表第五号の登録を受けようとする者は、次に掲げる事項を記載した申請書を国土交通大臣に提出しなければならない。

一　登録を受けようとする者の氏名又は名称並びに法人にあつては、その代表者の氏名

二　登録試験の実施に関する事務（以下「登録試験事務」という。）を行おうとする事務所の名称及び所在地

三　登録試験事務の開始予定日

3　前項の申請書には、次に掲げる書類を添付しなければならない。

一　別表に掲げる施設及び設備を保有することを証する書類

二　次条第一項第二号及び第三号に掲げる条件に適合する者の氏名及び略歴を記載した書類

三　前項の登録を受けようとする者が次条第二項各号のいずれにも該当しないことを信じさせるに足る書類

四　その他参考となる事項を記載した書類

（登録の要件等）

第六条の三　国土交通大臣は、前条の規定による登録の申請が次に掲げる要件のすべてに適合しているときは、その登録をしなければならない。

一　別表に掲げる施設及び設備を用いて試験を行うものであること。

二　次に掲げる条件に適合する者をそれぞれ二名以上含む十名以上で構成される合議制の機関により試験問題の作成を行うものであること。

イ　一級又は二級の自動車整備士技能検定に合格した者であつて、自動車の整備作業に関し十五年以上の実務の経験を有するもの

ロ　学校教育法（昭和二十二年法律第二十六号）による大学において通算して三年以上工学に属する科目の教授若しくは准教授の職にあつた者又は工学に属する科目に関する研究により博士の学位を授与された者

ハ　第四条第一項の物流・自動車局に置かれる検定委員又は同条第二項の物流・自動車局に置かれる検定専門委員として技能検定に関する事項の管理又は技能検定についての専門の事項の調査審議に関する業務を行つている者

ニ　国の公務員として自動車の点検若しくは整備若しくは検査に関する法令に関する事務に従事した者又はこれと同等以上の知識を有する者

三　次に掲げる条件のいずれかに適合する者により口述試験

及び実技試験の採点を行うものであること。

イ 一級又は二級の自動車整備士技能検定に合格した者であつて、自動車の整備作業に関し五年以上の実務の経験を有するもの

ロ 第四条第一項の検定委員又は同条第二項の検定専門委員として技能検定に関する事項の管理又は技能検定についての専門の事項の調査審議に関する業務を行つている者

ハ 国の公務員として自動車の点検若しくは整備又は検査に関する法令に関する事務に従事した者

ニ イ、ロ又はハに掲げる者と同等以上の知識及び技能を有する者

2 国土交通大臣は、前条の規定により登録の申請をした者が、次の各号のいずれかに該当するときは、その登録をしてはならない。

一 法又は法に基づく命令に違反し、罰金以上の刑に処せられ、その執行を終わり、又は執行を受けることがなくなつた日から二年を経過しない者

二 第六条の十三の規定により第六条第六項の表第五号の登録を取り消され、その取消しの日から二年を経過しない者

三 法人であつて、登録試験事務を行う役員のうちに前二号のいずれかに該当する者があるもの

3 第六条第六項の表第五号の登録は、登録試験実施機関登録簿に次に掲げる事項を記載してするものとする。

一 登録年月日及び登録番号

二 登録試験実施機関の氏名又は名称並びに法人にあつては、その代表者の氏名

三 登録試験事務を行う事務所の名称及び所在地

四 登録試験事務を開始する日

（登録の更新）

第六条の四 第六条第六項の表第五号の登録は、五年ごとにその更新を受けなければ、その期間の経過によつて、その効力を失う。

2 前二条の規定（第六条の二第二項第三号を除く。）は、前項の登録の更新について準用する。

（登録試験事務の実施に係る義務）

第六条の五 登録試験実施機関は、公正に、かつ、第六条第二項及び第四項並びに第七条から第十九条の二までの規定並びに第六条の三第一項各号に掲げる要件に適合する方法により登録試験事務を行わなければならない。

（登録事項の変更の届出）

第六条の六 登録試験実施機関は、第六条の三第三項第二号から第四号までに掲げる事項を変更しようとするときは、あらかじめ、その旨を国土交通大臣に届け出なければならない。

（登録試験事務規程）

第六条の七 登録試験実施機関は、登録試験事務の開始前に、次に掲げる事項を記載した登録試験事務の実施に関する規程（以下「登録試験事務規程」という。）を定め、国土交通大臣に届け出なければならない。これを変更しようとするときも、同様とする。

一 登録試験の受験申請に関する事項

二 登録試験の受験手数料の額及び収納の方法に関する事項

三 登録試験の日程、公示方法その他登録試験の実施の方法に関する事項

四 登録試験の問題の作成及び登録試験の合否判定の方法に関する事項

五 終了した登録試験の問題及び登録試験の合格基準の公表に関する事項

六 登録試験の合格証書の交付及び再交付に関する事項

七 登録試験事務に関する秘密の保持に関する事項

八 登録試験事務に関する公正の確保に関する事項

九 不正受験者の処分に関する事項

十 その他登録試験事務の実施に関し必要な事項

（登録試験事務の休廃止）

第六条の八 登録試験実施機関は、登録試験事務を休止又は廃止しようとするときは、あらかじめ、次に掲げる事項を記載した届出書を国土交通大臣に提出しなければならない。

一 登録試験実施機関の氏名又は名称並びに法人にあつては、その代表者の氏名

二 登録試験事務を休止又は廃止しようとする事務所の所在地

三 登録試験事務を休止又は廃止しようとする日

四 登録試験事務を休止しようとする期間

五 登録試験事務を休止又は廃止しようとする理由

（財務諸表等の備付け及び閲覧等）

第六条の九 登録試験実施機関は、毎事業年度経過後三月以内に、その事業年度の財産目録、貸借対照表及び損益計算書又は収支計算書並びに営業報告書又は事業報告書（その作成に代えて電磁的記録（電子的方式、磁気的方式その他の人の知覚によつては認識することができない方式で作られる記録であつて、電子計算機による情報処理の用に供されるものをいう。以下この条において同じ。）の作成がされている場合における当該電磁的記録を含む。次項において「財務諸表等」という。）を作成し、五年間事務所に備えて置かなければならない。

2 登録試験を受験しようとする者その他の利害関係人は、登録試験実施機関の業務時間内は、いつでも、次に掲げる請求をすることができる。ただし、第二号又は第四号の請求をするには、登録試験実施機関の定めた費用を支払わなければならない。

一 財務諸表等が書面をもつて作成されているときは、当該書面の閲覧又は謄写の請求

二 前号の書面の謄本又は抄本の請求

三 財務諸表等が電磁的記録をもつて作成されているときは、当該電磁的記録に記録された事項を紙面又は出力装置の映像面に表示する方法により表示したものの閲覧又は謄写の請求

四 前号の電磁的記録に記録された事項を電磁的方法であつて次条に定めるものにより提供することの請求又は当該事項を記載した書面の交付の請求

（電磁的記録に記録された事項を提供するための電磁的方法）

第六条の十 前条第二項第四号に規定する電磁的方法は、次に掲げるもののうち、登録試験実施機関が定めるものとする。

一 送信者の使用に係る電子計算機と受信者の使用に係る電子計算機とを電気通信回線で接続した電子情報処理組織を使用する方法であつて、当該電気通信回線を通じて情報が送信され、受信者の使用に係る電子計算機に備えられた

ファイルに当該情報が記録されるもの

二　磁気ディスクその他これに準ずる方法により一定の情報を確実に記録しておくことができる物をもつて調整するファイルに情報を記録したものを交付する方法

2　前項各号に掲げる方法は、受信者がファイルへの記録を出力することによる書面を作成できるものでなければならない。

（適合命令）

第六条の十一　国土交通大臣は、登録試験実施機関が第六条の三第一項各号のいずれかに適合しなくなつたと認めるときは、その登録試験実施機関に対し、これらの規定に適合するための必要な措置をとるべきことを命ずることができる。

（改善命令）

第六条の十二　国土交通大臣は、登録試験実施機関が第六条の五の規定に違反していると認めるときは、その登録試験実施機関に対し、同条の規定による登録試験を行うべきこと又は登録試験事務の方法の改善に関し必要な措置をとるべきことを命ずることができる。

（登録の取消し等）

第六条の十三　国土交通大臣は、登録試験実施機関が次の各号のいずれかに該当するときは、第六条第六項の表第五号の登録を取り消し、又は期間を定めて登録試験事務の停止を命ずることができる。

一　第六条の三第二項第一号又は第三号に該当するに至つたとき。

二　第六条の六から第六条の八まで、第六条の九第一項又は次条の規定に違反したとき。

三　正当な理由がないのに第六条の九第二項各号の規定による請求を拒んだとき。

四　前二条の規定による命令に違反したとき。

五　不正の手段により第六条第六項の表第五号の登録を受けたとき。

（帳簿の記載）

第六条の十四　登録試験実施機関は、帳簿を備え、次に掲げる事項を記載し、これを保存しなければならない。

一　登録試験の受験手数料の収納に関する事項

二　登録試験の採点結果及び合否判定に関する事項

三　登録試験の合格証書の交付等に関する事項

四　登録試験の実施状況に関する事項

五　その他登録試験に関する事項

2　登録試験実施機関は、次の各号に掲げる書類を備え、登録試験を実施した日から三年間保存しなければならない。

一　登録試験の受験申請書及び添付書類

二　終了した登録試験の問題及び答案用紙

（登録試験事務の引継ぎ）

第六条の十五　登録試験実施機関は、第六条の八の規定により登録試験事務を休止又は廃止した場合その他該事務を行わないこととなつた場合には、次に掲げる事項を行わなければならない。

一　前条第一項の帳簿及び同条第二項の書類を国土交通大臣に引き継ぐこと。

二　その他国土交通大臣が必要と認める事項

（報告の徴収）

第六条の十六　国土交通大臣は、登録試験の実施のため必要な限度において、登録試験実施機関に対し、登録試験事務又は経理の状況に関し報告させることができる。

（公示）

第六条の十七　国土交通大臣は、次の場合には、その旨を官報に公示しなければならない。

一　第六条第六項の表第五号の登録をしたとき。

二　第六条の六の規定による届出があつたとき。

三　第六条の八の規定による届出があつたとき。

四　第六条の十三の規定により第六条第六項の表第五号の登録を取り消し、又は登録試験実施事務の停止を命じたとき。

（自動車整備士の養成施設の指定等）

第六条の十八　法第五十五条第三項の自動車整備士の養成施設の指定（以下「養成施設の指定」という。）は、次に掲げる養成施設の種類別に行う。

一　一種養成施設（主として自動車の整備作業に関する実務の経験を有しない者を対象とする養成施設）

二　二種養成施設（主として自動車の整備作業に関する実務の経験を有する者を対象とする養成施設）

2　養成施設の指定を受けようとする者は、次に掲げる事項を記載した申請書二通を、指定を受けようとする養成施設の所在地を管轄する地方運輸局長を経由して国土交通大臣に提出しなければならない。

一　養成施設の名称及び所在地並びに代表者の氏名

二　受けようとする養成施設の指定の種類

三　養成施設の課程の名称及び定員、当該課程において養成を受けることができる者の資格及び養成しようとする整備士の種類並びに当該課程の修業年限

3　前項の申請書には、次に掲げる書類を添付しなければならない。

一　規則又は学則

二　学校教育法第四条（同法第八十三条第二項において準用する場合を含む。）の規定による学校の設置の認可を受けた者にあつては、認可書の写し

三　教育を行う者の氏名、略歴及び担当科目を記載した書面

四　教育科目、時間数等教育の内容を記載した書面

五　教科書

六　教室、実習場、実習用機械設備、実習用教材等の概要を記載した書面

4　養成施設の指定を受けた者は、第二項第一号及び第三号並びに前項第四号及び第六号に掲げる事項に変更があつたときは、三十日以内に変更届を第二項の地方運輸局長に届け出なければならない。

5　国土交通大臣は、養成施設の指定を受けた者が自動車整備士の養成に不適当であると認めるときは、その指定を取り消すことができる。

（一級の技能検定）

第七条　一級の技能検定の学科試験及び実技試験は、次の表の自動車の種類の欄に掲げる自動車に関し、それぞれ同表の学科試験の科目の欄及び実技試験の科目の欄に掲げる科目について行う。

技能検定の種類	自動車の種類	学科試験の科目	実技試験の科目
一級大型自動車整備士の技能検定	一　普通自動車であって次に掲げるもの イ　車両総重量が八トン以上 ロ　最大積載量が五トン超 ハ　乗車定員が十一人以上 二　大型特殊自動車	一　構造、機能及び取扱い法 二　点検、修理、調整及び完成検査の方法 三　整備用機械に関する初等知識 四　整備用の試験機、計量器及び工具の構造、機能及び取扱い法 五　材料及び燃料油脂の性質及び用法 六　図面に関する一般知識 七　保安基準その他の自動車の整備に関する法規	一　基本工作 二　点検、分解、組立て、調整及び完成検査 三　修理 四　整備用の試験機、計量器及び工具の取扱い
一級小型自動車整備士の技能検定	一　普通自動車であって次に掲げるもの以外のもの イ　車両総重量が八トン以上 ロ　最大積載量が五トン超 ハ　乗車定員が十一人以上 二　四輪の小型自動車 三　三輪の小型自動車 四　四輪の軽自動車 五　三輪の軽自動車 六　小型特殊自動車		
一級二輪自動車整備士の技能検定	二輪の小型自動車及び二輪の軽自動車		

（二級の技能検定）

第八条　二級の技能検定の学科試験及び実技試験は、次の表の自動車又はシャシの種類の欄に掲げる自動車又はシャシに関し、それぞれ同表の学科試験の科目の欄及び実技試験の科目の欄に掲げる科目について行う。

技能検定の種類	自動車又はシャシの種類	学科試験の科目	実技試験の科目
二級ガソリン自動車整備士の技能検定	普通ガソリン自動車（ガソリン・エンジンを原動機とする普通自動車をいう。以下同じ。）、小型四輪ガソリン自動車（ガソリン・エンジンを原動機とする四輪の小型自動車をいう。以下同じ。）、三輪の小型自動車、四輪の軽自動車及び三輪の軽自動車	一　構造、機能及び取扱法に関する一般知識 二　点検、修理、調整及び完成検査の方法 三　整備用の試験機、計量器及び工具の構造、機能及び取扱法に関する一般知識 四　材料及び燃料油脂の性質及び用法に関する一般知識 五　図面に関する初等知識 六　保安基準その他の自動車の整備に関する法規	一　基本工作 二　点検、分解、組立て、調整及び完成検査 三　一般的な修理 四　整備用の試験機、計量器及び工具の取扱い
二級ジーゼル自動車整備士の技能検定	ジーゼル自動車（ジーゼル・エンジンを原動機とする自動車をいう。以下同じ。）		
二級自動車シャシ整備士の技能検定	普通自動車、四輪の小型自動車、三輪の小型自動車、四輪の軽自動車及び三輪の軽自動車のシャシ（エンジンを除く。以下「普通自動車等シャシ」とい		

	う。）		
二級二輪自動車整備士の技能検定	二輪の小型自動車及び二輪の軽自動車		

（三級の技能検定）

第九条　三級の技能検定の学科試験及び実技試験は、次の表の自動車、シャシ又はエンジンの種類の欄に掲げる自動車、シャシ又はエンジンに関し、それぞれ同表の学科試験の科目の欄及び実技試験の科目の欄に掲げる科目について行う。

技能検定の種類	自動車、シャシ又はエンジンの種類	学科試験の科目	実技試験の科目
三級自動車シャシ整備士の技能検定	普通自動車等シャシ	一　構造、機能及び取扱い法に関する初等知識 二　点検、修理及び調整に関する初等知識 三　整備用の試験機、計量器及び工具の構造、機能及び取扱い法に関する初等知識 四　材料及び燃料油脂の性質及び用法に関する初等知識 五　保安基準その他の自動車の整備に関する法規	一　簡単な基本工作 二　分解、組立て、簡単な点検及び調整 三　簡単な修理 四　簡単な整備用の試験機、計量器及び工具の取扱い
三級自動車ガソリン・エンジン整備士の技能検定	普通ガソリン自動車、小型四輪ガソリン自動車、三輪の小型自動車、四輪の軽自動車及び三輪の軽自動車のエンジン		
三級自動車ジーゼル・エンジン整備士の技能検定	ジーゼル自動車のエンジン		
三級二輪自動車整備士の技能検定	二輪の小型自動車及び二輪の軽自動車		

（自動車タイヤ整備士等の技能検定）

第十条　自動車タイヤ整備士等の技能検定の学科試験及び実技試験は、次の表の自動車の装置の種類の欄に掲げる自動車の装置に関し、それぞれ同表の学科試験の科目の欄及び実技試験の科目の欄に掲げる科目について行う。

技能検定の種類	自動車の装置の種類	学科試験の科目	実技試験の科目
自動車タイヤ整備士の技能検定	タイヤ及びその附属装置	一　構造、機能及び取扱法 二　点検、修理、調整及び完成検査の方法 三　整備用機械に関する初等知識 四　整備用の試験機、計量器及び工具の構造、機能及び取扱法 五　材料の性質及び用法 六　図面に関する一般知識 七　保安基準その他の自動車の整備に関する法規	一　基本工作 二　点検、分解、組立、調整及び完成検査 三　修理 四　整備用の試験機、計量器及び工具の取扱
自動車電気装置整備士の技能検定	電気装置		
自動車車体整備士の技能検定	車わく及び車体		

第十一条から第十六条まで　削除

（一級の受験資格）

第十七条　一級の技能検定を受けようとする者は、当該技能検定に係る学科試験の日の前日（全部免除者にあつては、当該技能検定の申請の日の前日）において次の各号のいずれかに該当する者でなければならない。

一　二級の技能検定（二級自動車シャシ整備士の技能検定を除く。以下この条において同じ。）に合格した日から自動車の整備作業に関し三年以上の実務の経験を有する者

二　二級の技能検定に合格した者であつて、一種養成施設の一級の課程を修了したもの

（二級の受験資格）

第十八条　二級ガソリン自動車整備士、二級ジーゼル自動車整備士又は二級二輪自動車整備士の技能検定を受けようとする者は、当該技能検定に係る学科試験の日の前日（全部免除者

にあっては、当該技能検定の申請の日の前日）において次の各号のいずれかに該当する者でなければならない。

一　三級の技能検定に合格した日から自動車の整備作業に関し三年以上の実務の経験を有する者

一の二　次に掲げる者であって、三級の技能検定に合格した日から自動車の整備作業に関し二年以上の実務の経験を有するもの

イ　職業能力開発促進法による職業能力開発校（以下「職業能力開発校」という。）において自動車整備科を訓練科とする職業訓練の課程を修了した者であって、訓練期間が一年以上で訓練時間が千四百時間以上の職業訓練を受けたもの

ロ　学校教育法による高等学校又は中等教育学校（以下「高等学校」という。）の機械、電気又は電子に関する学科において所定の課程を修めて卒業した者

ハ　船舶職員及び小型船舶操縦者法（昭和二十六年法律第百四十九号）による四級海技士（機関）又はこれより上級の資格の海技士

ニ　航空法（昭和二十七年法律第二百三十一号）による航空機関士、一等航空整備士、二等航空整備士又は航空工場整備士の航空従事者技能証明を有する者

ホ　高等学校に相当する外国の学校の機械、電気若しくは電子に関する学科において所定の課程を修めて卒業した者又はこれと同等以上の学力を有することについての外国政府の検定に合格した者

ヘ　学校教育法による大学若しくは高等専門学校（以下「大学」という。）又は高等学校において自動車に関する学科を修めて卒業した者（当該学科を修めて同法による専門職大学の前期課程を修了した者を含む。）

ト　一種養成施設の三級の課程を修了した者

チ　自動車の整備技術の教育を行う機関であって国土交通大臣の定めるものにおいて三級の課程を修めて卒業した者

リ　国土交通大臣が、三級の受験資格を有する者の自動車の整備作業に関する技能と同等以上の技能を有すると認めた者

一の三　自動車整備科を免許職種とする職業訓練指導員試験合格者であって、当該試験又は検定に合格した日から自動車の整備作業に関し二年以上の実務の経験を有するもの

二　次に掲げる者であって、三級の技能検定に合格した日から自動車の整備作業に関し一年六月以上の実務の経験を有するもの

イ　大学の機械、電気又は電子に関する学科において所定の課程を修めて卒業した者（当該学科において所定の課程を修めて学校教育法による専門職大学の前期課程を修了した者を含む。）

ロ　大学に相当する外国の学校の機械、電気若しくは電子に関する学科において所定の課程を修めて卒業した者又はこれと同等以上の学力を有することについての外国政府の検定に合格した者

三　二級自動車シャシ整備士の技能検定に合格した日から自動車の整備作業に関し一年以上の実務の経験を有する者

四　職業能力開発校において自動車整備科を訓練科とする職業訓練の課程を修了し、訓練期間が二年以上で訓練時間が二千八百時間以上の職業訓練を受けた者であって、三級の技能検定に合格した日から自動車の整備作業に関し一年以上の実務の経験を有するもの

四の二　次に掲げる者であって、二級自動車シャシ整備士の技能検定に合格した日から自動車の整備作業に関し六月以上の実務経験を有するもの

イ　第二号イ又はロに掲げる者

ロ　職業能力開発校において自動車整備科を訓練科とする職業訓練の課程を修了した者であって、訓練期間が二年以上で訓練時間が二千八百時間以上の職業訓練を受けたもの

四の三　第一号の二ハ又はニに掲げる者であって、二級自動車シャシ整備士の技能検定に合格したもの

五　職業能力開発総合大学校修了者

六　一種養成施設の二級の課程を修了した者

七　自動車に関する学科を有する大学であって国土交通大臣が定めるものにおいて当該学科の二級の課程を修めて卒業した者（当該課程を修めて専門職大学の前期課程を修了した者を含む。）

八　国土交通大臣が、前各号に掲げる者の有する自動車の整備作業に関する技能と同等以上の技能を有すると認めた者

2　二級自動車シャシ整備士の技能検定を受けようとする者は、当該技能検定に係る学科試験の日の前日（全部免除者にあっては、当該技能検定の申請の日の前日）において次の各号のいずれかに該当する者でなければならない。

一　三級の技能検定又は自動車タイヤ整備士若しくは自動車車体整備士の技能検定に合格した日から自動車の整備作業に関し二年以上の実務の経験を有する者

二　前項第一号の二イ、ロ又はホからリまでのいずれかに掲げる者であって、三級の技能検定又は自動車タイヤ整備士若しくは自動車車体整備士の技能検定に合格した日から自動車の整備作業に関し一年六月以上の実務の経験を有するもの

二の二　自動車整備科を免許職種とする職業訓練指導員試験合格者であって、当該試験又は検定に合格した日から自動車の整備作業に関し一年六月以上の実務の経験を有するもの

三　前項第二号イ若しくはロ又は第四号の二ロに掲げる者であって、三級の技能検定又は自動車タイヤ整備士若しくは自動車車体整備士の技能検定に合格した日から自動車の整備作業に関し一年以上の実務の経験を有するもの

四　前項第五号から第七号までに掲げる者

五　国土交通大臣が、前各号に掲げる者の有する自動車の整備作業に関する技能と同等以上の技能を有すると認めた者

（三級の受験資格）

第十九条　三級の技能検定を受けようとする者は、当該技能検定に係る学科試験の日の前日（全部免除者にあっては、当該技能検定の申請の日の前日）において次の各号（三級自動車シャシ整備士の技能検定を受ける場合にあっては第五号、三級自動車ガソリン・エンジン整備士又は三級自動車ジーゼル・エンジン整備士の技能検定を受ける場合にあっては第四号、三級二輪自動車整備士の技能検定を受ける場合にあっては第四号及び第五号を除く。）のいずれかに該当する者でなければならない。

一　自動車の整備作業（三級二輪自動車整備士の技能検定を受けようとする者にあつては、原動機付自転車の整備作業を含む。以下同じ。）に関し一年以上の実務の経験（十五歳となつた日以後の経験に限る。以下同じ。）を有する者

二　次に掲げる者であつて、自動車の整備作業に関し六月以上の実務の経験を有するもの

イ　前条第一項第二号イ又はロに掲げる者

ロ　前条第一項第一号の二ロからホまでに掲げる者

ハ　自動車整備科を免許職種とする職業訓練指導員試験合格者

三　前条第一項第一号の二イ若しくはヘからリまで又は第五号に掲げる者

四　自動車タイヤ整備士又は自動車車体整備士の技能検定に合格した者

五　自動車電気装置整備士の技能検定に合格した者

（自動車タイヤ整備士等の受験資格）

第十九条の二　自動車タイヤ整備士等の技能検定を受けようとする者は、当該技能検定に係る学科試験の日の前日（全部免除者にあつては、当該技能検定の申請の日の前日）において次の各号（自動車タイヤ整備士及び自動車電気装置整備士の技能検定を受けようとする者にあつては、第三号（ロ及びハに係る部分に限る。）を除く。）のいずれかに該当する者でなければならない。

一　受けようとする技能検定に係る自動車の装置の整備作業に関し二年以上の実務の経験を有する者

二　第十八条第一項第二号イ若しくはロ若しくは第四号の二ロ又は前条第二号ハに掲げる者であつて、受けようとする技能検定に係る自動車の装置の整備作業に関し一年六月以上の実務の経験を有するもの

三　次に掲げる者であつて、受けようとする技能検定に係る自動車の装置の整備作業に関し一年以上の実務の経験を有するもの

イ　第十八条第一項第五号から第八号までに掲げる者

ロ　自動車車体整備科を免許職種とする職業訓練指導員試験合格者

ハ　職業能力開発校において自動車車体整備科を訓練科とする職業訓練の課程を修了した者であつて、訓練期間が二年以上で訓練時間が二千八百時間以上の職業訓練を受けたもの

四　一種養成施設の受けようとする技能検定に係る整備士を養成する課程を修了した者

五　自動車に関する学科を有する大学であつて国土交通大臣が定めるものにおいて当該学科の受けようとする技能検定に係る整備士を養成する課程を修めて卒業した者（当該課程を修めて専門職大学の前期課程を修了した者を含む。）

六　国土交通大臣が、受けようとする技能検定に係る自動車の装置の整備作業に関し、前各号に掲げる者の有する技能と同等以上の技能を有すると認めた者

（技能検定の申請）

第二十条　技能検定を受けようとする者は、受けようとする技能検定の種類ごとに、申請書（第一号様式）を最寄りの運輸監理部長又は運輸支局長を経由して、国土交通大臣に提出しなければならない。この場合において、学科試験又は実技試験（以下「試験」という。）を受ける者にあつては、当該申請書に申請前六箇月以内に撮影した写真（脱帽し正面から写した縦四・五センチメートル、横三・五センチメートルのもので、裏面に受けようとする技能検定の種類、生年月日及び氏名を記載したもの。）一葉を添付しなければならない。

2　前項の申請書を提出する者は、受験資格を有することを証する書面を提示しなければならない。

3　第六条第三項、第五項又は第六項の規定により、試験の免除を受けようとする者は、試験の免除を受ける資格を有することを証する書面を提示しなければならない。

4　運輸監理部長又は運輸支局長は、第一項の申請書を受理したときは、遅滞なく地方運輸局長を経由して国土交通大臣に進達しなければならない。

（技能検定の合格通知）

第二十一条　国土交通大臣は、技能検定に合格した者に対し、合格証書（第二号様式）を交付する。

附　則

1　この省令は、公布の日から施行し、昭和二十六年七月一日から適用する。

2　道路運送車両法施行法（昭和二十六年法律第百八十六号）第十条に規定する種類は、旧自動車整備士技能検定規則（昭和二十四年運輸省令第五十号。以下「旧令」という。）による左表上欄の技能検定については、同表下欄のこの省令による技能検定とする。

旧令による技能検定の種類	この省令による技能検定の種類
自動車シヤシ整備士三級の技能検定	三級自動車シヤシ整備士の技能検定
自動車ガソリンエンヂン整備士三級の技能検定	三級自動車ガソリン・エンジン整備士の技能検定
自動車ヂーゼルエンヂン整備士三級の技能検定	三級自動車ジーゼル・エンジン整備士の技能検定
自動車ヂーゼル機器整備士三級の技能検定	初級自動車ジーゼル機器整備士の技能検定
電気自動車電機整備士三級の技能検定	三級電気自動車電気機器整備士の技能検定
小型四輪ガソリン自動車整備士三級の技能検定	三級自動車シヤシ整備士及び三級自動車ガソリン・エンジン整備士の技能検定
三輪自動車整備士三級の技能検定	三級二、三輪自動車整備士の技能検定
二輪自動車整備士三級の技能検定	三級二、三輪自動車整備士の技能検定
自動車電装整備士三級の技能検定	初級自動車電装整備士の技能検定
電気自動車蓄電池整備士三級の技能検定	三級電気自動車電気機器整備士の技能検定
自動車機工整備士三級の技能検定	初級自動車機工整備士の技能検定

三輪自動車整備士二級の技能検定	二級二、三輪自動車整備士の技能検定
二輪自動車整備士二級の技能検定	二級二、三輪自動車整備士の技能検定

3 旧令による技能検定を受け、その学科試験に合格した者は、前項に規定する種類の技能検定の学科試験に合格した者とみなす。

附 則（昭二九・四・二七運令二〇）

1 この省令は、公布の日から施行する。

2 この省令施行の際現に二級二、三輪自動車整備士の資格を有する者並びに三級二、三輪自動車整備士の資格を有する者は、それぞれ、二級三輪自動車整備士及び二級二輪自動車整備士の資格を有する者並びに三級三輪自動車整備士及び三級二輪自動車整備士の資格を有する者とみなす。

附 則（昭三一・一一・九運令六三）

1 この省令は、昭和三十一年十二月一日から施行する。

2 この省令の施行の際、現に改正前の規定により一級、二級又は三級の自動車整備士の資格を有する者は、それぞれ改正後の規定による一級、二級又は三級の自動車整備士の資格を有する者とみなす。

3 この省令の施行の際、現に改正前の規定により初級の自動車整備士の資格を有する者は、二級の技能検定の受験については、改正後の規定による三級の自動車整備士の資格を有する者とみなす。

4 この省令の施行の際、現に改正前の規定により二級の自動車整備士の資格を有する者であつて、当該技能検定に合格した日から学科試験の日までに自動車の整備作業に関し二年以上の実務の経験を有するものは、改正後の第十七条第一号の規定にかかわらず、一級の技能検定の受験資格を有するものとする。

5 この省令の施行の際、現に改正前の規定により三級の自動車整備士の資格を有する者であつて、当該技能検定に合格した日から学科試験の日までに自動車の整備作業に関し一年以上の実務の経験を有するものは、改正後の第十八条第一号の規定にかかわらず、二級の技能検定の受験資格を有するものとする。

6 この省令の施行の際、現に改正前の規定により二級の自動車整備士の資格を有する者は、他の種類の二級の技能検定の受験については、改正後の第十八条第一号の規定にかかわらず、二級の技能検定の受験資格を有する者とみなす。

7 この省令の施行の際、現に改正前の規定により学科試験に合格した者は、自動車整備士技能検定規則第六条第二項の規定の適用については、改正後の規定による同一種類の技能検定の学科試験に合格した者とみなす。

8 この省令の施行の際、現に改正前の規定により自動車整備技術講習所の指定をうけた者は、この省令の施行の日から六十日以内に、改正後の第六条の二第一項第四号に規定する事項を届け出なければならない。

附 則（昭三八・一〇・一五運令五六）

1 この省令は、公布の日から施行する。

2 この省令の施行の際現に指定を受けている自動車整備技術講習所において、昭和三十八年十二月三十一日までに当該講習所の課程を修了した者に対する技能検定の試験の免除については、なお従前の例による。

3 この省令の施行前に改正前の第十九条第一項第七号の規定により受けた認定は、改正後の同号の規定に基づいて受けたものとみなす。その認定の申請についても、同様とする。

附 則（昭三九・一・三一運令一）

1 この省令は、公布の日から施行する。ただし、第十九条第一項の改正規定は、昭和三十九年八月一日から施行する。

2 この省令（前項ただし書に規定する部分を除く。以下この項において同じ。）の施行の際現に改正前の第十八条（第三号に係る部分に限る。）の規定により、二級の技能検定の受験資格を有する者は、この省令の施行の日から二年間は、二級の受験資格を有するものとみなす。

3 この省令（附則第一項ただし書に規定する部分に限る。以下この項において同じ。）の施行の際現に改正前の第十九条第一項（第二号、第五号及び第六号に係る部分に限る。）の規定により三級の技能検定の受験資格を有する者は、この省令の施行の日から二年間は、三級の技能検定の受験資格を有するものとみなす。

附 則（昭五〇・一〇・二二運令四一）

1 この省令は、昭和五十一年一月一日から施行する。ただし、第五条第二項、第十八条第一項第四号イ並びに第十九条第一項第二号へ及び同項第四号の改正規定は、公布の日から施行する。

2 この省令の施行の際自動車の整備作業に関する実務の経験（三級の技能検定に合格した日以降のものに限る。次項において同じ。）を有する者が二級の技能検定を受けようとする場合の受験資格については、この省令による改正後の自動車整備士技能検定規則（次項において「新規則」という。）第十八条第一項第一号の規定は、この省令の施行の日から三年間は、同号中「三年」とあるのを「二年」と読み替えて適用する。

3 この省令の施行の際自動車の整備作業に関する実務の経験を有する者が二級の技能検定を受けようとする場合の受験資格については、新規則第十八条第二項第二号の規定は、この省令の施行の日から一年六月間は、同号中「一年六月」とあるのを「一年」と読み替えて適用する。

附 則（昭五三・五・六運令二三）

1 この省令は、昭和五十三年六月一日から施行する。

2 この省令の施行の際現にこの省令による改正前の自動車整備士技能検定規則（以下「旧規則」という。）の規定による二級三輪自動車整備士又は三級三輪自動車整備士の資格を有する者については、旧規則第二条の規定は、なおその効力を有する。

3 この省令の施行の際現に道路運送車両法第五十五条第三項の規定により試験の免除を受ける資格を有する者に係る第六条第三項の適用については、なお従前の例による。

附 則（昭五八・四・九運令二〇抄）

（施行期日）

第一条 この省令は、船員法及び船舶職員法の一部を改正する法律（昭和五十七年法律第三十九号。以下「改正法」という。）の施行の日（昭和五十八年四月三十日。以下「施行日」という。）から施行する。

附 則（昭五九・六・二二運令一八抄）

（施行期日）

第一条　この省令は、昭和五十九年七月一日から施行する。

附　則（昭六〇・二・五運令五抄）

（施行期日）

1　この省令は、道路運送法等の一部を改正する法律の施行の日（昭和六十年四月一日）から施行する。

附　則（昭六〇・九・三〇運令三二）

1　この省令は、昭和六十年十月一日から施行する。

2　この省令による改正前の自動車整備士技能検定規則第六条第三項に規定する長期指導員訓練課程を修了した者については、この省令による改正後の自動車整備士技能検定規則（以下「新規則」という。）第六条第三項に規定する指導員訓練の長期課程を修了した者に該当するものとして新規則の規定を適用する。

附　則（昭六二・三・二六運令二七）

（施行期日）

1　この省令は、公布の日から施行する。

（自動車整備士技能検定規則の一部改正に伴う経過措置）

2　この省令の施行の際現に第三条の規定による改正前の自動車整備士技能検定規則（以下「旧規則」という。）の規定による三級軽自動車整備士の資格を有する者については、旧規則第二条の規定は、なおその効力を有する。

附　則（平元・七・二〇運令二四）

この省令は、公布の日から施行する。

附　則（平三・五・二四運令一五）

この省令は、平成三年七月一日から施行する。

附　則（平五・五・二七運令一六）

1　この省令は、公布の日から施行し、この省令による改正後の自動車整備士技能検定規則（以下「新規則」という。）の規定は、平成五年四月一日から適用する。

2　この省令による改正前の自動車整備士技能検定規則（以下「旧規則」という。）第六条第三項に規定する職業能力開発促進法による職業訓練大学校において、運輸装置科又は産業機械工学科を訓練科とする指導員訓練の長期課程を修了した者については、新規則第六条第三項に規定する職業能力開発促進法による職業能力開発大学校において、産業機械工学科を訓練科とする指導員訓練の長期課程を修了した者に該当するものとして新規則の規定を適用する。

3　この省令の施行の際現に旧規則の規定による職業訓練校の自動車整備科又は職業訓練短期大学校の自動車科を訓練科とする職業訓練の課程を修了した者であって、訓練期間が一年以上で訓練時間が千六百時間以上の職業訓練を受けたものについては、新規則第十八条第一項第一号の二イに掲げる者に該当するものとして新規則の規定を適用する。

4　この省令の施行の際現に旧規則の規定による職業訓練校の自動車整備科又は職業訓練短期大学校の自動車科を訓練科とする職業訓練の課程を修了した者であって、訓練期間が二年以上で訓練時間が三千二百時間以上の職業訓練を受けたものについては、新規則第十八条第一項第四号イに掲げる者に該当するものとして新規則の規定を適用する。

5　旧規則第一号様式による申請書は、新規則の様式にかかわらず、当分の間、なおこれを使用することができる。

附　則（平六・三・三〇運令一二抄）

1　この省令は、公布の日から施行する。ただし、次の各号に掲げる規定は、それぞれ当該各号に定める日から施行する。

一～四〔略〕

五　第十二条の規定　平成六年十二月一日

六〔略〕

附　則（平八・八・二〇運令四七）

この省令は、公布の日から施行する。

附　則（平九・一二・一五運令八一抄）

（施行期日）

1　この省令は、平成十年一月一日から施行する。

（経過措置）

2　第一条の規定による改正前の自動車整備士技能検定規則第一号様式による自動車整備士技能検定申請書〔中略〕は、それぞれ第一条の規定による改正後の自動車整備士技能検定規則第一号様式〔中略〕にかかわらず、当分の間、なおこれを使用することができる。この場合には、氏名を記載し、押印することに代えて、署名することができる。

附　則（平一〇・一〇・三〇運令七一）

（施行期日）

1　この省令は、公布の日から施行する。ただし、第二条、次項及び附則第三項の規定は、平成十一年四月一日から施行する。

（経過措置）

2　この省令による改正前の自動車整備士技能検定規則（以下「旧規則」という。）第六条第三項に規定する職業能力開発促進法による職業能力開発大学校において産業機械工学科を訓練科とする指導員訓練の長期課程を修了した者については、この省令による改正後の自動車整備士技能検定規則（以下「新規則」という。）第六条第三項に規定する職業能力開発総合大学校において産業機械工学科を訓練科とする指導員訓練の長期課程を修了した者に該当するものとして新規則の規定を適用する。

3　旧規則第十八条第五号に規定する職業能力開発大学校修了者については、新規則第十八条第五号に規定する職業能力開発総合大学校修了者に該当するものとして新規則の規定を適用する。

附　則（平一〇・一〇・三〇運令七二）

この省令は、平成十一年四月一日から施行する。

附　則（平一一・八・六運令三七抄）

（施行期日）

1　この省令は、平成十一年九月三十日から施行する。

（経過措置）

2　第一条の規定による改正前の自動車整備士技能検定規則第一号様式による自動車整備士技能検定申請書は、同条の規定による改正後の同様式にかかわらず、当分の間、なおこれを使用することができる。この場合には、すでに合格した整備士の種類欄には、自動車整備士技能検定規則第十七条から第十九条までの該当する整備士の種類を記入するものとする。

附　則（平一一・九・三〇運令四二）

（施行期日）

1　この省令は、平成十一年十月一日から施行する。

（経過措置）

2　この省令による改正前の自動車整備士技能検定規則第六条第三項に規定する雇用促進事業団が設置する職業能力開発促進法による職業能力開発総合大学校において産業機械工学科

を訓練科とする指導員訓練の長期課程を修了した者については、この省令による改正後の自動車整備士技能検定規則（以下「新規則」という。）第六条第三項に規定する職業能力開発促進法による職業能力開発総合大学校において産業機械工学科を訓練科とする指導員訓練の長期課程を修了した者に該当するものとして新規則の規定を適用する。

附　則（平一二・一〇・一三運令三五）

（施行期日）

1　この省令は、公布の日から施行する。

（経過措置）

2　この省令による改正前の自動車整備士技能検定規則第一号様式による自動車整備士技能検定申請書は、この省令による改正後の同様式にかかわらず、当分の間、なおこれを使用することができる。この場合において、同様式中「既に合格した整備士」とあるのは「既に合格した整備士等」と、「第6条第2項」とあるのは「第6条第5項」と、「第6条第3項」とあるのは「第6条第6項」と、「第19条」とあるのは「第19条の2」と読み替えるものとする。

附　則（平一二・一一・二九運令三九）

（施行期日）

第一条　この省令は、平成十三年一月六日から施行する。

（経過措置）

第二条　この省令による改正前の〔中略〕自動車整備士技能検定規則第一号様式による自動車整備士技能検定申請書〔中略〕は、この省令による改正後のそれぞれの書式又は様式にかかわらず、当分の間、なおこれを使用することができる。

附　則（平一三・三・三〇国交令七二）

この省令は、平成十三年四月一日から施行する。

附　則（平一四・六・二八国交令七九抄）

（施行期日）

第一条　この省令は、平成十四年七月一日から施行する。

附　則（平一五・三・二〇国交令二七抄）

（施行期日）

第一条　この省令は、船舶職員法の一部を改正する法律（以下「改正法」という。）の施行の日（平成十五年六月一日）から施行する。

附　則（平一五・九・一七国交令九二）

（施行期日）

1　この省令は、公布の日から施行する。

（経過措置）

2　この省令による改正前の自動車整備士技能検定規則（以下「旧検定規則」という。）第六条第六項の表第五号又は第六号の国土交通大臣が別に定める試験に合格した者は、この省令による改正後の自動車整備士技能検定規則（以下「新検定規則」という。）第六条第六項の表第五号の登録を受けた者が行う試験に合格した者とみなす。

3　この省令の施行の際現に旧検定規則第六条第六項の表第五号若しくは第六号の指定を受けている試験又は同条第八項若しくは第九項の指定を受けた試験を実施する者は、この省令の施行の日から起算して六月を経過する日までの間は、それぞれ新検定規則第六条第六項の表第五号の登録を受けた者が行う試験又は同号の登録を受けた者とみなす。

4　旧検定規則第一号様式による自動車整備士技能検定申請書は、新検定規則第一号様式にかかわらず、当分の間、なおこれを使用することができる。

附　則（平一五・一〇・一国交令一〇九抄）

（施行期日）

第一条　この省令は、公布の日から施行する。ただし、第五条及び附則第三条の規定は、平成十六年三月一日から施行する。

（自動車整備士技能検定規則の一部改正に伴う経過措置）

第三条　この省令による改正前の自動車整備士技能検定規則第六条第六項に規定する雇用・能力開発機構が設置する職業能力開発促進法による職業能力開発総合大学校において産業機械工学科を訓練科とする指導員訓練の長期課程を修了した者については、この省令による改正後の自動車整備士技能検定規則（以下この条において「新規則」という。）第六条第六項に規定する職業能力開発促進法による職業能力開発総合大学校において産業機械工学科を訓練科とする指導員訓練の長期課程を修了した者に該当するものとして新規則の規定を適用する。

附　則（平一九・三・三〇国交令二七）

（施行期日）

1　この省令は、平成十九年四月一日から施行する。

（助教授の在職に関する経過措置）

2　この省令の規定による改正後の次に掲げる省令の規定の適用については、この省令の施行前における助教授としての在職は、准教授としての在職とみなす。

一～四〔略〕

五　自動車整備士技能検定規則第六条の三

六～十四〔略〕

附　則（平一九・五・一七国交令六〇）

（施行期日）

第一条　この省令は、平成十九年七月三十一日から施行する。ただし、次の各号に掲げる規定は、当該各号に定める日から施行する。

一　第一条中自動車整備士技能検定規則第六条第六項の改正規定　公布の日

二〔略〕

（経過措置）

第二条　第一条の規定による改正後の自動車整備士技能検定規則別表の規定の適用については、平成二十年八月三十一日までは、なお従前の例によることができる。

2・3〔略〕

附　則（平二三・七・一国交令五〇抄）

（施行期日）

1　この省令は、公布の日から施行する。

附　則（平二三・九・三〇国交令七四）

この省令は、独立行政法人雇用・能力開発機構法を廃止する法律〔平成二三年四月法律第二六号〕の施行の日（平成二十三年十月一日）から施行する。

附　則（平二七・三・一九国交令一〇）

この省令は、公布の日から施行する。

附　則（平二九・九・二九国交令五六）

この省令は、学校教育法の一部を改正する法律〔平成二九年五月法律第四一号〕の施行の日（平成三十一年四月一日）から施行する。

附　則（令元・六・二八国交令二〇）

この省令は、不正競争防止法等の一部を改正する法律〔平成三〇年五月法律第三三号〕の施行の日（令和元年七月一日）から施行する。

附 則（令二・一二・二三国交令九八）

（施行期日）

1 この省令は、令和三年一月一日から施行する。

（経過措置）

2 この省令の施行の際現にあるこの省令による改正前の様式による用紙は、当分の間、これを取り繕って使用することができる。

附 則（令四・五・二五国交令四六抄）

（施行期日）

第一条 この省令は、令和九年一月一日から施行する。ただし、第一条及び次条から附則第四条までの規定は、公布の日から施行する。

（第一条の規定による自動車整備士技能検定規則の一部改正に伴う経過措置）

第二条 前条ただし書に規定する規定の施行の際現に次の表の上欄に掲げる者に該当する者については、同表の下欄に掲げる者に該当するものとして第一条の規定による改正後の自動車整備士技能検定規則（以下「第一条改正後規則」という。）の規定を適用する。

<table>
<tr><td>旧職業訓練法（昭和三十三年法律第百三十三号）による自動車整備工を免許職種とする職業訓練指導員試験に合格した者</td><td rowspan="2">職業能力開発促進法（昭和四十四年法律第六十四号）による自動車整備科を免許職種とする職業訓練指導員試験に合格した者</td></tr>
<tr><td>旧技能者養成規程（昭和二十九年労働省令第十四号）による内燃自動車工に係る技能者養成指導員検定に合格した者</td></tr>
<tr><td>独立行政法人雇用・能力開発機構法を廃止する法律（平成二十三年法律第二十六号）附則第二条第一項の規定により解散した独立行政法人雇用・能力開発機構が設置していた職業能力開発総合大学校において産業機械工学科を訓練科とする指導員訓練の長期課程を修了した者</td><td rowspan="2">職業能力開発促進法による職業能力開発総合大学校において産業機械工学科を訓練科とする指導員訓練の長期課程を修了した者</td></tr>
<tr><td>旧職業訓練法による職業訓練大学校において運輸装置科を訓練科目とする職業訓練指導員の長期訓練の課程を修了した者</td></tr>
<tr><td>独立行政法人雇用・能力開発機構法を廃止する法律による廃止前の独立行政法人雇用・能力開発機構法（平成十四年法律第百七十号）附則第六条の規定による廃止前の雇用・能力開発機構法（平成十一年法律第二十号）附則第十二条の規定による廃止前の雇用促進事業団法（昭和三十六年法律第百十六号）附則第十八条の規定により雇用促進事業団が設置及び運営を行っていた高等職業訓練校において自動車整備科を訓練科とする職業訓練の課程を修了した者であって、訓練期間が一年以上で訓練時間が千四百時間以上の職業訓練を受けたもの</td><td rowspan="2">職業能力開発促進法による職業能力開発校において自動車整備科を訓練科とする職業訓練の課程を修了した者であって、訓練期間が一年以上で訓練時間が千四百時間以上の職業訓練を受けたもの</td></tr>
<tr><td>旧職業訓練法による一般職業訓練所若しくは総合職業訓練所において自動車整備工若しくは内燃機関整備工を訓練職種とする職業訓練法の一部を改正する法律（昭和五十三年法律第四十号）による改正前の職業訓練法第十四条の専修職業訓練校若しくは高等職業訓練校において自動車整備科を訓練科とする職業訓練の課程を修了した者（以下「旧公共職業訓練校修了者」という。）であって、訓練期間が一年以上で訓練時間が千四百時間以上の職業訓練を受けたもの</td></tr>
<tr><td>旧中等学校令（昭和十八年勅令第三十六号）による工業高校の機械、電気又は電子に関する学科において所定の課程を修めて卒業した者</td><td rowspan="3">学校教育法（昭和二十二年法律第二十六号）による高等学校又は中等教育学校（以下「高等学校」という。）の機械、電気又は電子に関する学科において所定の課程を修めて卒業した者</td></tr>
<tr><td>旧中学校令（明治三十二年勅令第二十八号）による中学校、旧実業学校令（明治三十二年勅令第二十九号）による実業学校、旧中等学校令による中等学校若しくは高等学校を卒業したこと又はこれらと同等以上の学力を有することを入学資格とする修業年限一年以上の教育機関の機械、電気又は電子に関する学科において所定の課程を修めて卒業した者</td></tr>
<tr><td>旧小学校令（明治二十三年勅令第二百十五号）による高等小学校若しくは旧国民学校令（昭和十六年勅令第百四十八号）による国民学校高等科を卒業したこと又はこれらと同等以上の学力を有することを入学資格とする修業年限二年以上の教</td></tr>
</table>

育機関の機械、電気又は電子に関する学科において所定の課程を修めて卒業した者	
旧小学校令による尋常小学校若しくは旧国民学校令による国民学校初等科を卒業したこと又はこれらと同等以上の学力を有することを入学資格とする修業年限三年以上の教育機関の機械、電気又は電子に関する学科において所定の課程を修めて卒業した者	
旧公共職業訓練校修了者であって、訓練期間が六月以上で訓練時間が八百時間以上の職業訓練を受けたもの	
旧専門学校令（明治三十六年勅令第六十一号）による専門学校又は旧大学令（大正七年勅令第三百八十八号）による大学において自動車に関する学科を修めて卒業した者	学校教育法による大学若しくは高等専門学校（以下「大学」という。）又は高等学校において自動車に関する学科を修めて卒業した者
旧中等学校令による工業学校において自動車に関する学科を修めて卒業した者	
旧専門学校令による専門学校又は旧大学令による大学の機械、電気又は電子に関する学科において所定の課程を修めて卒業した者	大学の機械、電気又は電子に関する学科において所定の課程を修めて卒業した者
旧実業専門学校卒業程度検定規程（昭和十六年文部省令第五十四号）又は専門学校卒業程度検定規程（昭和十八年文部省令第四十六号）による検定（機械、電気又は電子に関する学科に係るものに限る。）に合格した者	
独立行政法人雇用・能力開発機構法を廃止する法律による廃止前の独立行政法人雇用・能力開発機構法附則第六条の規定による廃止前の雇用・能力開発機構法附則第十二条の規定による廃止前の雇用促進事業団法附則第十八条の規定により雇用促進事業団が設置及び運営を行っていた高等職業訓練校において自動車整備科を訓練科とする職業訓練の課程を修了した者であって、訓練期間が二年以上で訓練時間が二千八百時間以上の職業訓練を受けたもの	職業能力開発促進法による職業能力開発校において自動車整備科を訓練科とする職業訓練の課程を修了した者であって、訓練期間が二年以上で訓練時間が二千八百時間以上の職業訓練を受けたもの
職業訓練法の一部を改正する法律による改正前の職業訓練法第十四条の高等職業訓練校において自動車整備科を訓練科とする職業訓練の課程を修了した者であって、訓練期間が二年以上で訓練時間が二千八百時間以上の職業訓練を受けたもの	
旧職業訓練法による総合職業訓練所において自動車整備工を訓練職種とする職業訓練の課程を修了した者	
自動車に関する学科を有する旧専門学校令による専門学校又は旧大学令による大学であって、第一条の規定による改正前の自動車整備士技能検定規則（以下「第一条改正前規則」という。）第十八条第一項第七号の国土交通大臣が定めるものにおいて当該学科の二級の課程を修めて卒業した者	自動車に関する学科を有する大学であって、第一条改正後規則第十八条第一項第七号の国土交通大臣が定めるものにおいて当該学科の二級の課程を修めて卒業した者
独立行政法人雇用・能力開発機構法を廃止する法律による廃止前の独立行政法人雇用・能力開発機構法附則第六条の規定による廃止前の雇用・能力開発機構法附則第十二条の規定による廃止前の雇用促進事業団法附則第十八条の規定により雇用促進事業団が設置及び運営を行っていた高等職業訓練校において自動車車体整備科を訓練科とする職業訓練の課程を修了した者であって、訓練期間が二年以上で訓練時間が二千八百時間以上の職業訓練を受けたもの	職業能力開発促進法による職業能力開発校において自動車車体整備科を訓練科とする職業訓練の課程を修了した者であって、訓練期間が二年以上で訓練時間が二千八百時間以上の職業訓練を受けたもの

第三条　第一条改正前規則第二十条の規定により添付する写真は、第一条改正後規則第二十条の規定にかかわらず、当分の間、なおこれを使用することができる。

（第二条の規定による自動車整備士技能検定規則の一部改正に伴う準備行為）

第四条　道路運送車両法（昭和二十六年法律第百八十五号）第五十五条第三項の規定による指定及びこれに関し必要な手続その他の行為は、この省令の施行の日前においても、第二条の規定による改正後の自動車整備士技能検定規則（以下「第二条改正後規則」という。）第二条の規定の例により行うことができる。

（第二条の規定による自動車整備士技能検定規則の一部改正に伴う経過措置）

第五条　第二条の規定による改正前の自動車整備士技能検定規則（以下「第二条改正前規則」という。）第十七条から第十九条の二までに規定する受験資格を有する者（次項に規定する者を除く。）が受ける技能検定については、令和十年三月三十一日（一級の技能検定にあっては、令和十一年三月三十一日）までの間は、なお従前の例により行うことができる。

2　第二条改正前規則第五条第二項に規定する全部免除者に該当する者が受ける技能検定については、なお従前の例により行うことができる。

第六条　第二条改正前規則第三条に規定する技能検定（以下「旧検定」という。）のうち次の表の上欄に掲げる自動車整備士の技能検定に合格している者は、この省令による改正後の道路運送車両法施行規則第五十七条及び第六十二条の二の二、指定自動車整備事業規則第四条並びに総合特別区域法に基づく道路運送車両法の特例に関する省令第十四条の規定を適用する場合を除き、それぞれ、第二条改正後規則に規定する同表の下欄に掲げる自動車整備士の技能検定に合格している者とみなす。

一級大型自動車整備士 一級小型自動車整備士	一級自動車整備士（総合）
一級二輪自動車整備士	一級自動車整備士（二輪）
二級ガソリン自動車整備士 二級ジーゼル自動車整備士	二級自動車整備士（総合）
二級自動車シャシ整備士（第二条改正後規則第十七条第二項の規定を適用する場合を除く。） 二級二輪自動車整備士	二級自動車整備士（二輪）
三級自動車シャシ整備士 三級自動車ガソリン・エンジン整備士 三級自動車ジーゼル・エンジン整備士 三級二輪自動車整備士	三級自動車整備士（総合）
自動車電気装置整備士	自動車電気・電子制御装置整備士
自動車車体整備士	自動車車体・電子制御装置整備士

2　令和十年四月一日（一級の課程を修了した場合にあっては、令和十一年四月一日）以後における第二条改正後規則第十七条から第十九条の二までの規定の適用については、第二条改正前規則第六条の十八第一項第一号に規定する一種養成施設、第二条改正前規則第十八条第一項第一号の二チに規定する自動車の整備技術の教育を行う機関であって国土交通大臣の定めるもの又は同項第七号に規定する自動車に関する学科を有する大学であって国土交通大臣が定めるものにおいて次の表の上欄に掲げる自動車整備士の課程を修了したものは、それぞれ同表の下欄に掲げる自動車整備士の課程を修了した者とみなす。

一級の課程	一級自動車整備士（総合）の課程及び一級自動車整備士（二輪）の課程
二級の課程	二級自動車整備士（総合）の課程及び二級自動車整備士（二輪）の課程
三級の課程	三級自動車整備士（総合）の課程及び三級自動車整備士（二輪）の課程

第七条　第二条改正前規則第一号様式による申請書は、第二条改正後規則第一号様式にかかわらず、当分の間、なおこれを使用することができる。

附　則（令五・九・二九国交令七六）

この省令は、令和五年十月一日から施行する。

別表（第六条の二、第六条の三関係）

一　試験室
二　口述試験又は実技試験の受験者が受験前に待機するための部屋
三　登録試験に必要な自動車及び自動車の装置
四　プレス
五　エア・コンプレッサ
六　チェーン・ブロック
七　ジャッキ
八　バイス
九　充電器
十　ドリル
十一　グラインダ
十二　卓上ボール盤
十三　給油器具
十四　アーク溶接器
十五　ガス溶接器
十六　定盤
十七　ノギス
十八　トルク・レンチ
十九　インパクト・レンチ
二十　マイクロ・メータ
二十一　ボルト・メータ
二十二　アンペア・メータ
二十三　ホイール・バランサ
二十四　ばね秤
二十五　Vブロック
二十六　スコヤ
二十七　油圧計
二十八　振動計
二十九　燃圧計
三十　エンジン・オイル油圧計
三十一　ジーゼル・エンジン回転計
三十二　オシロ・スコープ
三十三　外部診断器
三十四　サーキット・テスタ
三十五　比重計
三十六　コンプレッション・ゲージ
三十七　ハンディ・バキューム・ポンプ
三十八　エンジン・タコ・テスタ
三十九　タイミング・ライト
四十　スプリング・テスタ
四十一　ラジエータ・キャップ・テスタ
四十二　バッテリ・テスタ
四十三　シックネス・ゲージ
四十四　ダイヤル・ゲージ
四十五　ダイヤル・ゲージ付トースカン
四十六　トーイン・ゲージ
四十七　キャンバ・キャスタ・キングピン・ゲージ
四十八　ターニング・ラジアス・ゲージ
四十九　タイヤ・ゲージ
五十　タイヤ・デプス・ゲージ
五十一　キャリパ・ゲージ
五十二　シリンダ・ゲージ
五十三　バキューム・ゲージ
五十四　検車装置
五十五　一酸化炭素測定器
五十六　炭化水素測定器
五十七　黒煙測定器
五十八　ブレーキ・テスタ
五十九　サイド・スリップ・テスタ
六十　ホイール・アライメント・テスタ
六十一　スピード・メータ・テスタ
六十二　音量計
六十三　ヘッド・ライト・テスタ
六十四　ホイール・プーラ
六十五　ベアリング・レース・プーラ
六十六　給脂器具
六十七　部品洗浄槽
六十八　バルブ・シート・カッタ
六十九　バルブ・リフタ
七十　スケール
七十一　直定規
七十二　温度計
七十三　オパシメータ

第一号様式（申請書）（第二十条関係）

自動車整備士技能検定申請書

年　月　日

国土交通大臣　　　殿

申請者

自動車整備士技能検定規則の規定により、自動車整備士の技能検定を申請します。

受験番号	※

収入印紙					
収入印紙	受験地			現住所	
収入印紙	受けようとする技能検定の種類			合格通知先	
収入印紙	同時に受けようとする技能検定の種類			ふりがな 氏名 生年月日	年　月　日生（満　歳）
収入印紙	所属する事業場名及び所在地	事業場名		所在地	
		TEL			

受験資格						
受験資格	学歴	学校又は職業能力開発校名	専攻部科名	卒業（修了）年月日	卒業（修了）証明番号	※
受験資格	実務の経験	年　月から　年　月まで		年数	社名及び職名	作業内容
		計		年　月		
受験資格	既に合格した整備士の種類・合格年月日及び合格証書番号	種類		合格年月日	合格証書番号	※

試験の免除を受けようとする場合はその根拠							
試験の免除を受けようとする場合はその根拠	第6条第3項又は第5項の規定により学科試験の免除を受ける者		技能検定の種類	受験年月日	受験番号		※
	第6条第6項の規定により学科試験又は実技試験の免除を受ける者	養成施設修了者	養成施設及び課程の名称	養成を受けた整備士の種類 整備士	修了年月日	修了証書番号	※
		職業訓練指導員試験合格者	免許職種	合格年月日	合格証書番号		※
		職業能力開発総合大学校修了者		修了年月日	修了証書番号		※
		登録試験合格者	登録試験実施機関	登録試験の種類	合格年月日	合格証書番号	※

注1　※印の欄は記入しないこと。
2　申請書は、かい書で丁寧に記入すること。
3　所属する事業場名及び所在地欄には、現在自動車の整備作業に従事している事業場名を記入すること。
4　学歴の欄には、自動車整備士技能検定規則第17条から第19条の２までの該当する学校又は職業能力開発校等の名称を記入すること。
5　既に合格した整備士等の種類欄には、自動車整備士技能検定規則第17条から第19条の２までの該当する整備士の種類を記入すること。

230ミリメートル　　190ミリメートル

第二号様式（合格証書）（第二十一条関係）

第　　号

合　　格　　証　　書

氏　名

年　　月　　日生

自動車整備士技能検定規則の定めるところにより　　　整備士の技能検定に

合格したことを証する

年　　月　　日

国土交通大臣　　　　㊞

（日本産業規格Ａ列４番型）

〔令和四年五月二五日国交令四六号により改正され、令和九年一月一日から施行〕

第二条中

「一級大型自動車整備士
一級小型自動車整備士
一級二輪自動車整備士
二級ガソリン自動車整備士
二級ジーゼル自動車整備士
二級自動車シャシ整備士
二級二輪自動車整備士
三級自動車シャシ整備士
三級自動車ガソリン・エンジン整備士
三級自動車ジーゼル・エンジン整備士
三級二輪自動車整備士
自動車タイヤ整備士
自動車電気装置整備士
自動車車体整備士」

を

「一級自動車整備士（総合）
一級自動車整備士（二輪）
二級自動車整備士（総合）
二級自動車整備士（二輪）
三級自動車整備士（総合）
三級自動車整備士（二輪）
自動車タイヤ整備士
自動車電気・電子制御装置整備士
自動車車体・電子制御装置整備士」

に改める。

第五条第二項中「次条第五項」を「次条第三項」に、「第六項」を「第四項」に改める。

第六条第一項中「筆記（一級の技能検定の学科試験にあつては、筆記及び口述）」を「筆記」に改め、同条第二項及び第三項を削り、同条第四項を第六条第二項とし、同条第五項を第六条第三項とし、同条第六項の表第一号の項中「自動車電気装置整備士若しくは自動車車体整備士」を「自動車電気・電子制御装置整備士若しくは自動車車体・電子制御装置整備士に改め、同表第一号の二及び第二号の二の項を削り、同表第四号の項中「自動車車体整備士」を「自動車車体・電子制御装置整備士」に改め、同項を第六条第四項とする。

第六条の二第一項中「第六条第六項」を「前条第四項」に改め、「第五号の登録」の下に「（以下「登録」という。）」を加え、同条第二項中「第六条第六項の表第五号の登録」を「登録」に改める。

第六条の三第一項第三号中「口述試験及び実技試験」を「実技試験」に改め、同条第二項第二号中「第六条第六項の表第五号の登録」を「登録」に改め、同条第三項中「第六条第六項の表第五号の登録」を「登録」に改める。

第六条の四第二項中「第六条第六項の表第五号の登録」を「登録」に改める。

第六条の五中「及び第四項並びに」を「及び」に改める。

第六条の十三中「第六条第六項の表第五号の登録」を「登録」に改める。

第六条の十七第一号及び第四号中「第六条第六項の表第五号の登録」を「登録」に改める。

第七条の表を次のように改める。

技能検定の種類	自動車の種類	学科試験の科目	実技試験の科目
一級自動車整備士（総合）の技能検定	全ての自動車	一 構造、機能及び取扱法 二 点検、修理、調整及び完成検査の方法 三 整備用機械に関する初等知識 四 整備用の試験機、計量器及び工具の構造、機能及び取扱法 五 材料及び燃料油脂の性質及び用法 六 図面に関する一般知識 七 保安基準その他の自動車の整備に関する法規	一 基本工作 二 点検、分解、組立て、調整及び完成検査（これらの実施に必要な一般的なコミュニケーション技術を含む。） 三 修理（修理の実施に必要な一般的なコミュニケーション技術を含む。） 四 整備用の試験機、計量器及び工具の取扱い
一級自動車整備士（二輪）の技能検定	二輪の小型自動車及び二輪の軽自動車		

第八条中「自動車又はシャシ」を「自動車」に改め、同条の表を次のように改める。

技能検定の種類	自動車の種類	学科試験の科目	実技試験の科目
二級自動車整備士（総合）の技能検定	全ての自動車	一 構造、機能及び取扱法に関する一般知識 二 点検、修理、調整及び完成検査の方法 三 整備用の試験機、計量器及び工具の構造、機能及び取扱法に関する一般知識 四 材料及び燃料油脂の性質及び用法に関する一般知識 五 図面に関する初等知	一 基本工作 二 点検、分解、組立て、調整及び完成検査 三 修理 四 整備用の試験機、計量器及び工具の取扱い
二級自動車整備士（二輪）の技能検定	二輪の小型自動車及び二輪の軽自動車		

		識 六　保安基準その他の自動車の整備に関する法規	

第九条中「自動車、シャシ又はエンジン」を「自動車」に改め、同条の表を次のように改める。

技能検定の種類	自動車の種類	学科試験の科目	実技試験の科目
三級自動車整備士（総合）の技能検定	全ての自動車	一　構造、機能及び取扱法に関する初等知識 二　点検、修理及び調整に関する初等知識 三　整備用の試験機、計量器及び工具の構造、機能及び取扱法に関する初等知識 四　材料及び燃料油脂の性質及び用法に関する初等知識 五　保安基準その他の自動車の整備に関する法規	一　簡単な基本工作 二　分解、組立て、簡単な点検及び調整 三　簡単な修理 四　簡単な整備用の試験機、計量器及び工具の取扱い
三級自動車整備士（二輪）の技能検定	二輪の小型自動車及び二輪の軽自動車		

第十条の表を次のように改める。

技能検定の種類	自動車の装置の種類	学科試験の科目	実技試験の科目
自動車タイヤ整備士の技能検定	タイヤ及びその附属装置	一　構造、機能及び取扱法 二　点検、修理、調整及び完成検査の方法 三　整備用機械に関する初等知識 四　整備用の試験機、計量器及び工具の構造、機能及び取扱法 五　材料の性質及び用法 六　図面に関する一般知識 七　保安基準その他の自動車の整備に関する法規	一　基本工作 二　点検、分解、組立て、調整及び完成検査 三　修理 四　整備用の試験機、計量器及び工具の取扱
自動車電気・電子制御装置整備士の技能検定	電気装置及び電子制御装置		
自動車車体・電子制御装置整備士の技能検定	車枠及び車体並びに電子制御装置		

第十七条中「二級」を「二級自動車整備士（総合）」に改め、同条第一号中「二級の技能検定（二級自動車シャシ整備士の技能検定を除く。以下この条において同じ。）」を「二級自動車整備士（総合）の技能検定」に改め、同条第二号中「二級」を「二級自動車整備士（総合）」に、「一級」を「一級自動車整備士（総合）」に改め、同号を第十七条第三号とし、第十七条第一号の次に次の一号を加える。

二　一級自動車整備士（二輪）の技能検定に合格した日から自動車の整備作業に関し一年以上の実務の経験を有する者

第十七条に次の一項を加える。

2　一級自動車整備士（二輪）の技能検定を受けようとする者は、当該技能検定に係る学科試験の日の前日（全部免除者にあつては、当該技能検定の申請の日の前日）において次の各号のいずれかに該当する者でなければならない。

一　二級自動車整備士（二輪）の技能検定に合格した日から自動車の整備作業に関し三年以上の実務の経験を有する者

二　二級自動車整備士（二輪）の技能検定に合格した者であつて、一種養成施設の一級自動車整備士（二輪）の課程を修了したもの

三　前項第一号又は第三号に掲げる者

第十八条第一項中「二級ガソリン自動車整備士、二級ジーゼル自動車整備士又は二級二輪自動車整備士」を「二級自動車整備士（総合）」に改め、同項第一号中「三級」を「三級自動車整備士（総合）」に改め、同項第一号の二中「三級」を「三級自動車整備士（総合）」に改め、同項第一号の三を第十八条第一項第一号の四とし、同項第一号の二の次に次の一号を加える。

一の三　自動車タイヤ整備士等の技能検定に合格した日から自動車の整備作業に関し二年以上の実務の経験を有する者

第十八条第一項第二号中「三級」を「三級自動車整備士（総合）」に改め、同項第三号を削り、同項第四号中「三級」を「三級自動車整備士（総合）」に改め、同号を第十八条第一項第三号とし、同号の次に次の一号を加える。

四　二級自動車整備士（二輪）の技能検定に合格した日から自動車の整備作業に関し一年以上の実務の経験を有する者

第十八条第一項第四号の二及び第四号の三を削り、同項第六号中「二級」を「二級自動車整備士（総合）」に改め、同項第七号中「二級」を「二級自動車整備士（総合）」に改め、同条第二項を次のように改める。

2　二級自動車整備士（二輪）の技能検定を受けようとする者は、当該技能検定に係る学科試験の日の前日（全部免除者にあつては、当該技能検定の申請の日の前日）において次の各号のいずれかに該当する者でなければならない。

一　三級自動車整備士（二輪）の技能検定に合格した日から自動車の整備作業に関し三年以上の実務の経験を有する者

二　次に掲げる者であつて、三級自動車整備士（二輪）の技

能検定に合格した日から自動車の整備作業に関し二年以上の実務の経験を有するもの

イ　前項第一号の二イからへまでに掲げる者

ロ　一種養成施設の三級自動車整備士（二輪）の課程を修了した者

ハ　自動車の整備技術の教育を行う機関であつて国土交通大臣の定めるものにおいて三級自動車整備士（二輪）の課程を修めて卒業した者

ニ　国土交通大臣が、三級自動車整備士（二輪）の受験資格を有する者の自動車の整備作業に関する技能と同等以上の技能を有すると認めた者

三　前項第二号イ又はロに掲げる者であつて、三級自動車整備士（二輪）の技能検定に合格した日から自動車の整備作業に関し一年六月以上の実務の経験を有するもの

四　職業能力開発校において自動車整備科を訓練科とする職業訓練の課程を修了し、訓練期間が二年以上で訓練時間が二千八百時間以上の職業訓練を受けた者であつて、三級自動車整備士（二輪）の技能検定に合格した日から自動車の整備作業に関し一年以上の実務の経験を有するもの

五　一種養成施設の二級自動車整備士（二輪）の課程を修了した者

六　自動車に関する学科を有する大学であつて国土交通大臣が定めるものにおいて当該学科の二級自動車整備士（二輪）の課程を修めて卒業した者（当該課程を修めて専門職大学の前期課程を修了した者を含む。）

七　前項（第一号の三及び第四号を除く。）に規定する受験資格を有する者

八　国土交通大臣が、前各号に掲げる者の有する自動車の整備作業に関する技能と同等以上の技能を有すると認めた者

第十九条中「三級の」を「三級自動車整備士（総合）又は三級自動車整備士（二輪）の」に、「各号（三級自動車シャシ整備士の技能検定を受ける場合にあつては第五号、三級自動車ガソリン・エンジン整備士又は三級自動車ジーゼル・エンジン整備士の技能検定を受ける場合にあつては第四号、三級二輪自動車整備士の技能検定を受ける場合にあつては第四号及び第五号を除く。）」を「各号」に改め、同条第一号中「三級二輪自動車整備士」を「三級自動車整備士（二輪）」に改め、同条第四号及び第五号を削る。

第十九条の二中「自動車電気装置整備士」を「自動車電気・電子制御装置整備士」に改め、同条第二号中「第十八条第一項第二号イ若しくはロ若しくは第四号の二ロ又は前条第二号ハ」を「次」に改め、同号に次のように加える。

イ　第十八条第一項第二号イ又はロに掲げる者

ロ　前条第二号ハに掲げる者

ハ　職業能力開発校において自動車整備科を訓練科とする職業訓練の課程を修了した者であつて、訓練期間が二年以上で訓練時間が二千八百時間以上の職業訓練を受けたもの

第二十条第三項中「、第五項又は第六項」を「又は第四項」に改める。

第二十条第三項中「より、」を「より」に改める。

別表第二号中「口述試験又は実技試験」を「実技試験」に改める。

第一号様式中「又は第5項」を削り、「第6条第6項」を「第6条第4項」に改め、同様式注2中「かい書」を「楷書」に改める。

○自動車型式指定規則

（昭和二十六年九月十八日
運輸省令第八十五号）

沿革　（前略）昭三七運令四八、昭三八運令四八、昭四二運令一七、昭四四運令四五、昭四八運令三二・四五、昭四九運令二・四五、昭五三運令六三、昭五四運令八、昭五八運令八・三四、昭六〇運令三四、昭六一運令三、昭六二運令六三、平元運令二四、平三運令三、平六運令一二・四八、平七運令八・六六・七〇、平八運令一〇、平九運令一七・四九・八一、平一〇運令三一・六五・六七、平一一運令四六、平一二運令三九、平一三国交令三八・九九、平一五国交令八一、平一七国交令二七・一〇四・一一二、平一八国交令一〇六、平一九国交令一一、平二〇国交令四一、平二八国交令一四・六四、平二九国交令一一・三八、平三〇国交令七九、令元国交令七・二〇、令二国交令六・二〇・六七・八四・九八、令三国交令七三、令六国交令二六改正

（この省令の適用）

第一条　道路運送車両法（以下「法」という。）第七十五条第一項の規定による自動車の型式についての指定（以下「指定」という。）の手続、同条第四項の検査の基準、同項の完成検査終了証の様式その他指定に関する実施細目は、この省令の定めるところによる。

（指定の申請）

第二条　指定の申請は、自動車を製作することを業とする者若しくはその者から当該自動車を購入する契約を締結している者であつて当該自動車を本邦に輸出することを業とするもの（外国において本邦に輸出される自動車を製作することを業とする者又はその者から当該自動車を購入する契約を締結している者であつて当該自動車を本邦に輸出することを業とするものを含む。以下「製作者等」という。）又は特定改造等を業とする者が、製作若しくは販売（以下「製作等」という。）をする自動車又は特定改造等に係る改造のためのプログラム等が組み込まれる装置を取り付ける自動車について行うものとする。

第三条　指定を申請する者（以下「申請者」という。）は、国土交通大臣に対し、次に掲げる事項を記載した申請書（第一号様式）を、機構に対し、その写しを提出し、かつ、申請に係る自動車であつて運行（この項の規定による提示のためにするものを除く。）の用に供していないもの及び国土交通大臣が定めるところにより走行を行つたもの（以下「走行車」という。）を、機構に提示しなければならない。

一　車名及び型式
二　車台の名称及び型式
三　車体の名称及び型式
四　申請者の氏名又は名称及び住所
五　主たる製作工場の名称及び所在地
六　法第七十五条第四項の検査（以下「完成検査」という。）を実施する工場の名称及び所在地
七　完成検査終了証を発行する事業所の名称及び所在地
八　検査主任技術者の氏名及び経歴

2　前項の申請書及びその写しには、次に掲げる書面（申請書の写しにあつては、第四号から第十号までを除く。）を添付しなければならない。

一　自動車の構造、装置及び性能を記載した書面
二　自動車の外観図
三　道路運送車両の保安基準（昭和二十六年運輸省令第六十七号）に適合することを証する書面（法第七十五条の二第一項の規定による指定を受けた特定共通構造部（以下「指定特定共通構造部」という。）又は法第七十五条の三第一項の規定による指定を受けた特定装置（以下「指定特定装置」という。）については、当該指定を受けたことを証する書面）
四　品質管理システム（申請に係る自動車の品質管理の計画、実施、評価及び改善に関し、申請者が自らの組織の管理監督を行うための仕組みをいう。）に係る業務組織及び実施要領を記載した書面（申請者が国際標準化機構第九〇〇一号の規格により登録されている場合（申請に係る自動車に関し、前項第五号の主たる製作工場について登録されている場合に限る。）にあつては、登録されていることを証する書面）
五　完成検査の業務組織及び実施要領並びに自動車検査用機械器具の管理要領を国土交通大臣が告示で定めるところにより記載した書面
六　法第四十一条第一項各号に掲げる装置の検査の業務組織及び実施要領を記載した書面
七　完成検査終了証の発行要領を記載した書面
八　点検整備方式（自動車点検基準（昭和二十六年運輸省令第七十号）第七条第三項及び第八条の技術上の情報を含む。第五条の二において同じ。）を記載した書面
九　前条の購入契約を締結している者にあつては、当該契約書の写し
十　次に掲げる処分を受け、かつ、当該処分を受けた日以後初めて指定の申請をする者にあつては、当該処分に関する不正行為を防止するための措置が適切に講じられていることを証する書面
イ　法第七十五条第七項の規定による指定を受けた自動車（以下「指定自動車」という。）の型式についての指定の効力の停止
ロ　法第七十五条第八項の規定による指定自動車の型式についての指定の取消し
ハ　法第七十五条の二第四項の規定による指定特定共通構造部の型式についての指定の効力の停止
ニ　法第七十五条の二第五項の規定による指定特定共通構造部の型式についての指定の取消し
ホ　法第七十五条の三第五項の規定による指定特定装置の型式についての指定の効力の停止
ヘ　法第七十五条の三第六項の規定による指定特定装置の型式についての指定の取消し

3　国土交通大臣又は機構は、前二項に規定するもののほか、申請者に対し、指定に関し必要があると認めるときは、必要な書面の提出を求めることができる。

4　次の各号に掲げる自動車であつて、走行時に排気管から大気中に排出される排出物に含まれる当該各号に掲げる物質の大気中への排出を第一項の国土交通大臣が定めるところにより走行を行つた状態においても有効に抑止できる装置を有する自動車として国土交通大臣が定めるものについて同項の申請をする者は、同項の規定にかかわらず、国土交通大臣が定

める書面の提出をもって走行車の提示に代えることができる。

一　ガソリンを燃料とする自動車　一酸化炭素、炭化水素及び窒素酸化物又は一酸化炭素、炭化水素、窒素酸化物及び粒子状物質

二　液化石油ガスを燃料とする自動車　一酸化炭素、炭化水素及び窒素酸化物

三　軽油を燃料とする自動車　一酸化炭素、炭化水素、窒素酸化物、粒子状物質及び黒煙

※　1項各号列記以外の部分・4項「国土交通大臣の定め」＝自動車型式指定規則第三条第一項の規定による独立行政法人自動車技術総合機構に提示する自動車に係る走行の要件並びに同条第四項に規定する国土交通大臣が定める自動車及び国土交通大臣が定める書面（昭五八運告三三一・平三〇国告一一六八）

第三条の二　前条第一項及び第二項の規定にかかわらず、指定を受けた者は、当該指定自動車の型式と重要でない部分のみが異なる型式（以下「同一と認められる型式」という。）について指定を申請する場合には、国土交通大臣に対し第一号様式の二による申請書及び当該指定自動車の型式と異なる部分に関する資料を、機構に対しそれらの写しを提出することをもって、同条第一項に規定する申請書及びその写しの提出並びに申請に係る自動車の機構への提示並びに同条第二項に規定する書面（同項第十号に掲げる書面を除く。）の添付に代えることができる。

2　機構は、指定を受けた者に対し、前項の規定による申請に係る指定に関し必要があると認めるときは、当該申請に係る自動車の提示を求めることができる。

第三条の三　法第七十五条第三項に規定する判定の基準は、次のとおりとする。

一　第三条第一項の規定により機構に提示された自動車又は前条第一項の申請に係る自動車の構造、装置及び性能が、法第四十条各号に掲げる事項ごと及び法第四十一条第一項各号に掲げる装置ごとに保安基準に適合すること。

二　第三条第一項の規定により機構に提示された自動車又は前条第一項の申請に係る自動車と同じ構造、装置及び性能を有する自動車が均一に製作されるよう品質管理が行われていること。

三　法第六十三条の三第一項に規定する改善措置の届出に関する重大な不正行為を行った自動車製作者等が行った指定の申請のうち、当該改善措置に係る自動車の部品と同種のものが使用されている自動車に係るものにあっては、当該改善措置及び当該改善措置の届出に関する不正行為の再発を防止するための措置が適切に講じられていること。

（勧告）

第三条の四　国土交通大臣は、指定自動車の製作者等（以下「指定製作者等」という。）がこの省令の規定に違反したとき、又は完成検査の実施に関し改善が必要であると認めるときは、当該指定製作者等に対し、その是正又は改善のため必要な措置をとるべきことを勧告することができる。

（意見の徴取）

第四条　国土交通大臣は、法第七十五条第八項の規定による指定の取消しをしようとするときは、経済産業大臣の意見を徴するものとする。

（指定番号等の告示）

第五条　国土交通大臣は、指定（第三条の二第一項の規定による申請に係るものを除く。）又は指定の取消し若しくは指定の効力の停止をしたときは、指定の番号、車名及び型式並びに指定を受けた者の氏名又は名称及び住所について告示するものとする。

（点検整備方式の周知）

第五条の二　第三条の申請をした者は、指定を受けたときは、当該自動車の点検整備方式を使用者に対して周知させるための措置を講じなければならない。

（届出等）

第六条　次の表の第一欄に掲げる者は、第二欄に掲げる場合には、第三欄に掲げる届出書を、第四欄に掲げる時期に国土交通大臣に届け出なければならない。

第一欄	第二欄	第三欄	第四欄
一　削除			
二　指定を受けた者	第三条第一項各号又は同条第二項第三号括弧書若しくは第四号から第八号までの書面の記載事項（国土交通大臣が定めるものを除く。）に変更があつた場合	その旨を記載した届出書	変更後遅滞なく
三　指定を受けた者	第三条第二項第一号から第三号までの書面（同号括弧書の書面を除く。）の記載事項に軽微な変更（当該変更に係る自動車の型式が、同一と認められる型式の範囲内にあり、かつ、当該自動車が、道路運送車両の保安基準に適合することが明白であるものをいう。）があつた場合	その旨を記載した届出書	変更後遅滞なく
四　削除			
五　指定を受けた者	当該型式の自動車の製作者等でなくなつた場合	その旨を記載した届出書（第三号様式）	当該型式の自動車の製作者等でなくなつた日から三十日以内

2　国土交通大臣は、第一項第二号の変更が、第三条第一項第一号及び第四号に掲げる事項に係るものであるときは、その旨を告示するものとする。

3　第一項第二号及び前項の場合において、第三条第一項第四号の「申請者」は「指定を受けた者」と読み替える。

4　国土交通大臣は、第一項第五号の届出があつたときは、その指定を取り消すことができる。この場合において、取消しの日までに製作等が行われた自動車については取消しの効力は及ばないものとする。

※「告示」＝平三〇国告一一六八

（完成検査の基準）

第七条　完成検査は、当該自動車が次に掲げる要件を具備しているかどうかについて、第三条第二項第五号の書面に記載された内容に従つて実施するものとする。

一　指定を受けた型式としての構造、装置及び性能を有すること。

二　道路運送車両の保安基準の規定に適合すること。

三　法第二十九条第二項又は法第三十条の届出をした車台番号及び原動機の型式が明確に打刻されていること。

2　完成検査は、次条の規定により選任される完成検査員が実施するものとする。ただし、次の各号に掲げる完成検査の項目については、この限りでない。

一　道路運送車両法施行規則（昭和二十六年運輸省令第七十四号）第三十六条第七項第三号に規定する登録試験機関その他完成検査を適切に実施することができる機関として国土交通大臣が告示で定めるものに実施させる完成検査の項目

二　完成検査を適切に実施することができる器具として、性能及びその管理の方法に関し国土交通大臣が告示で定める基準に適合する自動車検査用機械器具を用いて実施される完成検査の項目

（完成検査員）

第七条の二　指定製作者等は、前条第二項ただし書の規定により全ての完成検査が完成検査員以外のものにより実施される場合を除き、完成検査を適切に実施するために必要な知識及び能力を有する者として国土交通大臣が告示で定める者から完成検査員を選任しなければならない。

（完成検査員等に対する教育訓練等）

第七条の三　指定製作者等は、完成検査員及び完成検査員になろうとする者に対して、国土交通大臣が告示で定めるところにより完成検査を適切に実施するために必要な教育訓練を行わなければならない。

2　指定製作者等は、前項の教育訓練について、その内容及び方法その他の国土交通大臣が告示で定める事項を記録しなければならない。

3　前項の規定による記録は、第一項の規定により教育訓練を受けた者が完成検査を適切に実施しているかどうかを確認するために必要があると認められる期間として国土交通大臣が告示で定める期間保存しなければならない。

（検査結果の分析等）

第七条の四　指定製作者等は、当該自動車が指定を受けた型式としての構造、装置及び性能を有するようにしなければならない。

2　指定製作者等は、当該自動車が均一性を有するようにするため、完成検査の結果の分析等を行わなければならない。

（完成検査終了証）

第八条　完成検査終了証の様式は、第四号様式による。

2　完成検査終了証の発行日は、完成検査を終了した日とする。

（法第七十五条第五項の国土交通省令で定める自動車）

第八条の二　法第七十五条第五項の国土交通省令で定める自動車は、二輪の小型自動車とする。

（検査成績の記録等）

第九条　指定製作者等は、完成検査終了証を発行したときは、当該自動車についての完成検査の成績及び完成検査終了証の発行の事実を記録しなければならない。

2　前項の規定による記録（第十三条の二において単に「記録」という。）は、二年九月間（車両総重量八トン以上の貨物の運送の用に供する自動車（軽自動車を除く。）及び乗車定員十一人以上の自動車に係るものにあつては一年九月間、乗車定員十人以下の人の運送の用に供する自動車であつて四輪以上のもの（広告宣伝用自動車その他特種の用途に供する自家用普通自動車、小型自動車及び軽自動車並びに大型特殊自動車を除く。）及び二輪の小型自動車に係るものにあつては三年九月間）保存しなければならない。

第十条　削除

（審査結果の通知）

第十一条　法第七十五条の五第二項の規定による自動車の構造、装置及び性能が保安基準に適合するかどうかの審査の結果の通知は、次に掲げる事項を記載した審査結果通知書により行うものとする。

一　車名及び型式

二　申請者の氏名又は名称

三　審査結果

第十二条　削除

（申請書等の記載事項の制限）

第十三条　この省令の規定により申請書その他の書面を国土交通大臣又は機構に提出しようとする者は、当該申請書その他の書面には、国土交通大臣が告示で定めるところにより適切に実施した試験の結果に基づく記載その他の正確な記載をしなければならず、虚偽の記載をしてはならない。

（検査成績の記録の記載事項の制限等）

第十三条の二　指定製作者等は、記録には、国土交通大臣が告示で定めるところにより、適切に実施した完成検査の結果に基づく記載その他の正確な記載をしなければならず、虚偽の記載をしてはならない。

2　指定製作者等は、国土交通大臣が告示で定めるところにより、記録に虚偽の記載をすることができないようにするために必要な措置を講じなければならない。

附　則

1　この省令は、公布の日から施行し、昭和二十六年七月一日から適用する。

2　車両規則第二十六条の二第三項の規定による自動車の指定に関する省令（昭和二十四年運輸省令第六十三号）は、廃止する。

3　道路運送車両法施行法（昭和二十六年法律第百八十六号）第十一条の規定により指定を受けたものとみなされた自動車に係る完成検査終了証は、第八条の規定にかかわらず、この

省令施行の日から三箇月間は、なお、従前の様式により発行することができる。

附　則（昭四二・三・三一運令一七抄）

1　この省令は、昭和四十二年八月一日から施行する。

2　この省令の施行の際現に存する改正前の自動車登録規則、道路運送車両法施行規則又は自動車型式指定規則の規定によりした申請は、改正後の自動車登録規則、道路運送車両法施行規則又は自動車型式指定規則の規定によりした申請とみなす。

3　この省令の施行前に改正前の自動車登録規則、道路運送車両法施行規則又は自動車型式指定規則の規定により作製し、又は交付した自動車登録原簿、自動車登録原簿の謄本若しくは抄本、新規登録用謄本、自動車検査証、自動車予備検査証、軽自動車届出済証、臨時運転番号標貸与証、譲渡証明書若しくは完成検査終了証又はこれらに対する記載は、それぞれ改正後の自動車登録規則、道路運送車両法施行規則又は自動車型式指定規則の規定により作製し、又は交付した自動車登録原簿、自動車登録原簿の謄本若しくは抄本、新規登録用謄本、自動車検査証、自動車予備検査証、軽自動車届出済証、臨時運転番号標貸与証、譲渡証明書若しくは完成検査終了証又はこれらに対する記載とみなす。

附　則（昭四四・八・三〇運令四五）

1　この省令は、昭和四十四年九月十日から施行する。ただし、第三条第二項の改正規定（同項に第六号を加える部分を除く。）、第五条の次に一条を加える改正規定、第十条第一項の改正規定（第三条第二項第六号に係る部分を除く。）、第十一条第一項の改正規定及び第二号様式の改正規定は同年十一月一日から、第三条第一項の改正規定（各号列記以外の部分に係る部分に限る。）及び同条第三項の改正規定は昭和四十五年一月一日から施行する。

2　この省令の施行の際現に自動車の型式についての指定を受けている者又はその申請をしている者は、昭和四十四年十二月三十一日までに、当該自動車に係る改正後の自動車型式指定規則第三条第一項第六号及び第七号に掲げる事項を記載した書面、同条第二項第一号、第五号及び第六号に掲げる書面及び自動車検査用機械器具の管理要領を記載した書面を運輸大臣に提出しなければならない。

3　改正後の自動車型式指定規則第十条第一項及び第十一条の規定は、前項の規定により提出された書面の記載事項の変更について準用する。

附　則（昭四八・九・二八運令三三抄）

1　この省令は、道路運送車両法の一部を改正する法律（昭和四十七年法律第六十二号。以下「改正法」という。）の施行の日（昭和四十八年十月一日）から施行する。〔後略〕

附　則（昭四八・一一・二八運令四五）

この省令は、公布の日から施行する。

附　則（昭四九・一・二五運令二抄）

1　この省令は、昭和五十年四月一日から施行する。

附　則（昭四九・一一・二二運令四五抄）

（施行期日）

1　この省令は、昭和五十年四月一日から施行する。ただし、第三条の規定中自動車型式指定規則第二号様式（その6）排出ガス発散防止装置の部の改正規定は、同年一月一日から施行する。

附　則（昭五三・一二・一八運令六三）

1　この省令は、昭和五十四年一月一日から施行する。

（経過措置）

2　この省令の施行の際現に道路運送車両法（昭和二十六年法律第百八十五号。以下「法」という。）の規定により登録を受けている自動車又は法の規定により車両番号の指定を受けている検査対象軽自動車若しくは二輪の小型自動車に係る自動車検査証の記載事項については、当該自動車についてこの省令の施行後はじめて法第十五条第一項若しくは第三項若しくは第十六条第一項の規定によりまつ消登録を受けるまで若しくは道路運送車両法施行規則第四十条の二第一項の規定により自動車検査証を返納するまで又は法第六十七条第三項の規定により構造等変更検査を受けるまでの間は、第一条の規定による改正後の道路運送車両法施行規則第三十五条の三の規定にかかわらず、なお従前の例によることができる。

3　この省令の施行前に法の規定により交付された従前の様式による登録事項等通知書、まつ消登録証明書、登録事業等証明書、自動車検査証、自動車予備検査証又は完成検査終了証は、それぞれこの省令による改正後の様式によるものとみなす。

附　則（昭五四・三・一五運令八抄）

（施行期日）

1　この省令は、公布の日から施行する。

附　則（昭五八・三・一五運令八）

（施行期日）

1　この省令は、〔中略〕公布の日から施行する。

（経過措置）

2　第五条の改正規定は、公布の日以後発行された完成検査終了証に係る自動車についての完成検査の成績及び当該完成検査終了証の発行の事実の記録について適用する。

附　則（昭五八・七・三〇運令三四）

この省令は、外国事業者による型式承認等の取得の円滑化のための関係法律の一部を改正する法律（昭和五十八年法律第五十七号）の施行の日（昭和五十八年八月一日）から施行する。

附　則（昭六〇・一〇・八運令三四）

この省令は、公布の日から施行する。

附　則（昭六一・三・一九運令三抄）

（施行期日）

1　この省令は、公布の日から施行する。

附　則（昭六二・一二・一運令六三）

この省令は、公布の日から施行する。

附　則（平元・七・二〇運令二四）

この省令は、公布の日から施行する。

附　則（平三・三・二七運令三抄）

（施行期日）

1　この省令の規定は、次の各号に掲げる区分に従い、それぞれ当該各号に定める日から施行する。

一　第一条並びに次項並びに附則第三項及び第七項の規定　平成三年十一月一日

二　第二条並びに附則第四項及び第八項の規定　平成四年十月一日

三　第三条並びに附則第五項及び第九項の規定　平成五年十月一日

四　前三号に掲げる規定以外の規定　平成六年十月一日

附　則（平六・三・三〇運令一二抄）

1　この省令は、公布の日から施行する。〔後略〕

附　則（平六・一一・一運令四八）

沿革　平一二・一一・二九運令三九改正

（施行期日）

1　この省令は、道路運送車両法の一部を改正する法律（平成六年法律第八十六号）の一部の施行の日（平成七年一月一日）から施行する。

（経過措置）

2　この省令の施行前にされた第四条の規定による改正前の自動車型式指定規則第十三条第一項の規定による届出に係る同条第二項の指示及び第三項の報告については、当該届出に基づく措置が完了するまで（国土交通大臣が同項の規定に基づく報告の必要性がなくなったと認めた場合は、その時まで）の間は、なお従前の例による。この場合において、同項中「毎月」とあるのは、「三月ごとに」とする。

附　則（平七・二・二八運令八抄）

（施行期日等）

1　この省令は、道路運送車両法の一部を改正する法律（平成六年法律第八十六号）の施行の日（以下「施行日」という。）から施行する。〔後略〕

附　則（平七・一二・一五運令六六抄）

（施行期日）

第一条　この省令は、平成八年二月一日から施行する。ただし、〔中略〕附則第二条及び第三条（第二号様式燃料装置の部及び第二号様式の二燃料装置の部中「液化石油ガス装置」を「高圧ガス装置」に改める部分に限る。）の規定は、公布の日から施行する。

附　則（平七・一二・二八運令七〇抄）

（施行期日）

1　この省令は、平成八年七月一日から施行する。ただし、〔中略〕自動車型式指定規則第四号様式の改正規定は、同年一月一日から施行する。

（経過措置）

2　〔前略〕第二条の規定による改正前の自動車型式指定規則第四号様式による完成検査終了証〔中略〕については、〔中略〕第二条の規定による改正後の自動車型式指定規則第四号様式〔中略〕にかかわらず、当分の間、なおこれを使用することができる。

附　則（平八・二・二七運令一〇抄）

（施行期日）

第一条　この省令は、公布の日から施行する。

附　則（平九・三・二四運令一七）

この省令は、公布の日から施行する。

附　則（平九・七・一七運令四九）

この省令は、平成十一年十月一日から施行する。

附　則（平九・一二・一五運令八一抄）

（施行期日）

1　この省令は、平成十年一月一日から施行する。

附　則（平一〇・五・二七運令三一）

（施行期日）

1　この省令は、公布の日から施行する。

（経過措置）

2　第二条の規定による改正後の自動車型式指定規則第九条第二項の規定は、公布の日以後発行された完成検査終了証に係る自動車についての完成検査の成績及び当該完成検査終了証の発行の事実の記録について適用する。

附　則（平一〇・九・三〇運令六五抄）

（施行期日）

第一条　この省令は、平成十二年十月一日から施行する。〔後略〕

附　則（平一〇・一〇・九運令六七抄）

（施行期日）

1　この省令は、道路運送車両法の一部を改正する法律（平成十年法律第七十四号）の施行の日（平成十年十一月二十四日）から施行する。

附　則（平一一・一〇・二七運令四六）

（施行期日）

1　この省令は、道路運送車両法の一部を改正する法律（平成十一年法律第六十六号）の施行の日〔平成一二年五月一日〕から施行する。

（経過措置）

2　第三条の規定による改正後の自動車型式指定規則第九条第二項の規定は、公布の日以後発行された完成検査終了証に係る自動車についての完成検査の成績及び当該完成検査終了証の発行の事実の記録について適用する。

附　則（平一二・一一・二九運令三九抄）

（施行期日）

第一条　この省令は、平成十三年一月六日から施行する。

附　則（平一三・三・一五国交令三八抄）

（施行期日）

第一条　この省令は、平成十三年四月一日から施行する。

附　則（平一三・六・二五国交令九九）

1　この省令は、公布の日から施行する。

2　この省令の施行の際現にこの省令による改正前の自動車型式指定規則第十条第一項の規定により提出されている変更の承認の申請書であって軽微な変更に係るものは、この省令による改正後の同令第六条第一項の表第三号の届出書とみなす。

附　則（平一五・七・七国交令八一抄）

（施行期日）

第一条　この省令は、公布の日から施行する。ただし、〔中略〕附則第三条及び第六条の規定は平成十五年十月一日から施行する。

附　則（平一七・三・三〇国交令二七）

この省令は、平成十七年四月一日から施行する。

附　則（平一七・一一・二国交令一〇四抄）

（施行期日）

第一条　この省令は、平成十七年十二月二十六日から施行する。

（経過措置）

第二条　自動車関係手続における電子情報処理組織の活用のための道路運送車両法等の一部を改正する法律（以下「改正法」という。）附則第二条第一項の国土交通省令で定める自動車は、次に掲げる自動車とする。

一　登録を受けたことがある自動車

二　軽自動車

三　小型特殊自動車

四　二輪の小型自動車

第三条　改正法附則第四条の国土交通省令で定める自動車は、次に掲げる自動車とする。

一　軽自動車

二　小型特殊自動車

三　二輪の小型自動車

第四条　改正法附則第四条の国土交通省令で定める期間は、完成検査終了証の発行の日から九月間とする。

附　則（平一七・一二・二国交令一一二）

（施行期日）

1　この省令は、公布の日から施行する。〔後略〕

（経過措置）

2　ガソリン又は液化石油ガスを燃料とする大型特殊自動車については、第一条の規定による改正後の自動車型式指定規則（以下「新規則」という。）第三条第一項の規定にかかわらず、平成十九年九月三十日（輸入されたものについては、平成二十年八月三十一日）までは、なお従前の例によることができる。

3　軽油を燃料とする大型特殊自動車のうち、原動機の定格出力が百三十キロワット以上五百六十キロワット未満のものについては、新規則第三条第一項の規定にかかわらず、平成十八年九月三十日（輸入されたものについては、平成二十年八月三十一日）までは、なお従前の例によることができる。

4　軽油を燃料とする大型特殊自動車のうち、原動機の定格出力が十九キロワット以上三十七キロワット未満又は七十五キロワット以上百三十キロワット未満のものについては、新規則第三条第一項の規定にかかわらず、平成十九年九月三十日（輸入されたものについては、平成二十年八月三十一日）までは、なお従前の例によることができる。

5　軽油を燃料とする大型特殊自動車のうち、原動機の定格出力が三十七キロワット以上五十六キロワット未満のものについては、新規則第三条第一項の規定にかかわらず、平成二十年九月三十日（輸入されたものについては、平成二十一年八月三十一日）までは、なお従前の例によることができる。

6　軽油を燃料とする大型特殊自動車のうち、原動機の定格出力が五十六キロワット以上七十五キロワット未満のものについては、新規則第三条第一項の規定にかかわらず、平成二十年九月三十日（輸入されたものについては、平成二十二年八月三十一日）までは、なお従前の例によることができる。

附　則（平一八・一一・九国交令一〇六抄）

（施行期日）

1　この省令は、平成十九年一月四日から施行する。〔後略〕

附　則（平一九・三・一四国交令一一抄）

（施行期日）

1　この省令は、平成十九年四月一日から施行する。

附　則（平二〇・六・一二国交令四一）

この省令は、公布の日から施行する。

附　則（平二八・三・一国交令一四抄）

（施行期日）

第一条　この省令は、平成二十八年四月一日から施行する。

附　則（平二八・九・一六国交令六四）

この省令は、公布の日から施行する。

附　則（平二九・三・二三国交令一一）

この省令は、公布の日から施行する。

附　則（平二九・六・一五国交令三八抄）

（施行期日）

1　この省令は、道路運送車両法の一部を改正する法律（平成二九年五月法律第四〇号）の施行の日（平成二九年六月一五日）から施行する。

附　則（平三〇・一〇・一二国交令七九）

（施行期日）

1　この省令は、平成三十一年六月三十日から施行する。ただし、第一条中自動車型式指定規則第三条第二項第九号ロ、第三条の四及び第四条の二の改正規定、第三条の規定並びに第四条の規定は、公布の日から施行する。

（自動車型式指定規則の一部改正に伴う経過措置）

2　この省令の施行の際現に自動車の型式についての指定を受けている者は、この省令の施行後遅滞なく、当該自動車に係る改正後の自動車型式指定規則第三条第二項第四号に掲げる書面を国土交通大臣に提出しなければならない。

附　則（令元・五・二四国交令七）

この省令は、公布の日から施行する。ただし、第二条、第四条及び第六条の規定は、公布の日から起算して二十日を経過した日から施行する。

附　則（令元・六・二八国交令二〇）

この省令は、不正競争防止法等の一部を改正する法律（平成三〇年五月法律第三三号）の施行の日（令和元年七月一日）から施行する。

附　則（令二・二・六国交令六抄）

（施行期日）

第一条　この省令は、道路運送車両法の一部を改正する法律（令和元年五月法律第一四号。以下「改正法」という。）の施行の日（令和二年四月一日）（以下「施行日」という。）から施行する。〔後略〕

附　則（令二・三・三一国交令二〇）

この省令は、道路運送車両法の一部を改正する法律（令和元年五月法律第一四号）の施行の日（令和二年四月一日）から施行する。

附　則（令二・八・五国交令六七）

この省令は、道路運送車両法の一部を改正する法律（令和元年法律第十四号）附則第一条第四号に掲げる規定の施行の日（令和二年十一月二十三日）から施行する。〔後略〕

附　則（令二・一〇・三〇国交令八四抄）

（施行期日）

第一条　この省令は、令和三年四月一日から施行する。〔後略〕

（自動車型式指定規則の一部改正に伴う経過措置）

第二条　この省令の施行の際現に第二条の規定による改正前の自動車型式指定規則第三条の四に規定する指定製作者等である者については、当該自動車に係る第二条の規定による改正後の自動車型式指定規則第七条の四第二項の規定は、適用しない。

附　則（令二・一二・二三国交令九八）

（施行期日）

1　この省令は、令和三年一月一日から施行する。

（経過措置）

2　この省令の施行の際現にあるこの省令による改正前の様式による用紙は、当分の間、これを取り繕って使用することができる。

附　則（令三・一一・三〇国交令七三）

この省令は、公布の日から施行する。

附　則（令六・三・二九国交令二六抄）

（施行期日）

第一条　この省令は、令和六年四月一日から施行する。〔後略〕

第一号様式（自動車型式指定申請書）（第三条関係）

（表）

自動車検査登録印紙

受付番号	受付年月日
※	※

自動車型式指定申請書

国土交通大臣　　　　殿

年　　月　　日

車名及び型式	
車台の名称及び型式	
車体の名称及び型式	
申請者の氏名又は名称及び住所	

（裏）

主たる製作工場の名称及び所在地	
完成検査を実施する工場の名称及び所在地	
完成検査終了証を発行する事業所の名称及び所在地	
検査主任技術者の氏名及び経歴	
備考	

（日本産業規格Ａ列４番）

備考

(1)　車台の製作等を行う者と車体の製作等を行う者が異なる場合は、申請者の氏名又は名称及び住所欄、主たる製作工場の名称及び所在地欄、検査主任技術者の氏名及び経歴欄に、それぞれ該当事項を並記すること。

(2)　車台の名称及び型式欄、車体の名称及び型式欄は、車台の製作等を行う者と車体の製作等を行う者が異なる場合のほかは、記載を省略してさしつかえない。

(3)　※印の欄は、申請者が記入しないこと。

第一号様式の二（既指定自動車型式指定申請書）（第三条の二関係）

自動車検査登録印紙

受付番号（※）

受付年月日（※）

既指定自動車型式指定申請書

国土交通大臣　殿

年　月　日

車名及び型式

指定番号

指定製作者等の氏名又は名称及び住所

異なる事項及び異なる事由

備考

（日本産業規格Ａ列４番）

備考　※の欄は、申請者が記入しないこと

第二号様式　削除

第三号様式（指定自動車製作等廃止届）（第六条関係）

<table>
<tr><td colspan="3">指定自動車製作等廃止届

○　国土交通大臣　　　　殿

年　　月　日</td></tr>
<tr><td rowspan="2">指　定　自　動　車</td><td>車　名　及　び　型　式</td><td>指定番号</td></tr>
<tr><td></td><td></td></tr>
<tr><td>届出者の氏名又は名称及び住所</td><td></td><td></td></tr>
<tr><td colspan="2">製　　作　　等　　廃　　止　　事　　由</td><td>製作等廃止年月日</td></tr>
<tr><td colspan="2"></td><td></td></tr>
<tr><td>○　備　　　　考</td><td colspan="2"></td></tr>
</table>

（日本産業規格Ａ列４番）

第四号様式（完成検査終了証）（第八条関係）

完　成　検　査　終　了　証

指定製作者等の氏名又は名称
住　　　　所

短辺

車名	型式	車台番号	原動機の型式	自動車の種別	用途	車体の形状

乗車定員	最大積載量	車両重量	車両総重量
人	kg	kg	kg
人	kg	kg	kg
長さ	幅	高さ	燃料の種類
m	m	m	
m	m	m	
前前軸重	前後軸重	後前軸重	後後軸重
kg	kg	kg	kg
kg	kg	kg	kg
総排気量又は定格出力	事業用としての適否	自動車型式指定番号	類別区分番号
l kW			

備考
証明書番号　　　　年　月　日

長辺　　（日本産業規格A列4番）

備考 (1) 車台の製作等を行う者と車体の製作等を行う者が異なる場合は、当該指定製作者等の氏名又は名称を並記すること。

(2) 軸重は、空車状態における軸重とし、軸重が一の場合にあつては後後軸重の欄に、軸重が二の場合にあつては前前軸重及び後後軸重の欄に、軸重が三の場合にあつては前前軸重、前後軸重及び後後軸重の欄又は前前軸重、後前軸重及び後後軸重の欄に記載すること。

○自動車型式指定規則第三条第一項の規定による独立行政法人自動車技術総合機構に提示する自動車に係る走行の要件並びに同条第四項に規定する国土交通大臣が定める自動車及び国土交通大臣が定める書面

（昭和五十八年七月三十日運輸省告示第三百三十一号）

沿革　昭五九運告五三四、昭六〇運告四〇五・五六〇、昭六二運告四八、平三運告一八一、平九運告一五〇・四五一、平一一運告四、平一三国交告三七五・一六三一、平一五国交告一三二四、平一七国交告九一・一四〇二、平二八国交告六一九・一七三、平三一国交告二一二、令三国交告一〇八四、令五国交告九六九改正

自動車型式指定規則（昭和二十六年運輸省令第八十五号）第三条第一項の規定に基づき、運輸大臣に提示する自動車に係る走行の要件及び運輸大臣に提出する書面を次のように定め、昭和五十八年八月一日から適用し、自動車型式指定規則第三条第一項の規定による運輸大臣に提示する自動車の要件（昭和四十四年運輸省告示第三百五十六号）は、昭和五十八年七月三十一日限り廃止する。

（独立行政法人自動車技術総合機構に提示する自動車に係る走行の要件）

第一条　自動車型式指定規則（昭和二十六年運輸省令第八十五号）第三条第一項の規定による独立行政法人自動車技術総合機構に提示する自動車に係る走行の要件は、次の表の上欄に掲げる自動車（特殊な構造を有するものを除く。）の種類に応じ同表の中欄に掲げる走行キロ数（大型特殊自動車にあっては、走行時間数）以上を、同表の下欄に掲げる走行条件で走行するものとする。

自動車の種類		車両総重量（大型特殊自動車にあっては、定格出力）	走行キロ数（大型特殊自動車にあっては、走行時間数）	走行条件
ガソリン又は液化石油ガスを燃料とするもの	専ら乗用の用に供する乗車定員十人以下の普通自動車及び小型自動車（乗車定員十人かつ車両総重量三・五トン超の自動車及び二輪自動車（側車付二輪自動車を含む。）を除く。）		八〇、〇〇〇キロメートル	走行条件A又は走行条件B
	普通自動車及び小型自動車（専ら乗用の用に供する乗車定員九人以下の自動車、専ら乗用の用に供する乗車定員十人かつ車両総重量三・五トン以下の自動車及び二輪自動車（側車付二輪自動車を含む。）を除く。）	三・五トン以下	八〇、〇〇〇キロメートル	走行条件A又は走行条件B
		三・五トン超	一八〇、〇〇〇キロメートル	走行条件A又は走行条件B
	軽自動車（二輪自動車（側車付二輪自動車を含む。）を除く。）		六〇、〇〇〇キロメートル	走行条件A又は走行条件B
	二輪自動車（最高速度が百三十キロメートル毎時未満の二輪自動車（側車付二輪自動車を含む。））		二〇、〇〇〇キロメートル	走行条件E
	二輪自動車（最高速度が百三十キロメートル毎時以上の二輪自動車（側車付二輪自動車を含む。））		三五、〇〇〇キロメートル	走行条件E
	大型特殊自動車	十九キロワット以上五百六十キロワット未満	五、〇〇〇時間	走行条件C
軽油を燃料とするもの	専ら乗用の用に供する乗車定員十人以下の普通自動車及び小型自動車（乗車定員十人かつ車両総重量三・五トン超の自動車を除く。）		八〇、〇〇〇キロメートル	走行条件A又は走行条件B
	普通自動車及び小型自動車（専ら乗用の用に供する乗車定員九人以下の自動車及び専ら乗用の用に供する乗車定員十人かつ車両総重量三・五トン以下の自動車を除く。）	三・五トン以下	八〇、〇〇〇キロメートル	走行条件A又は走行条件B
		三・五トン超八トン以下	二五〇、〇〇〇キロメートル	走行条件A又は走行条件B

	八トン超十二トン以下	四五〇、〇〇〇キロメートル	走行条件A又は走行条件B
	十二トン超	六五〇、〇〇〇キロメートル	走行条件A又は走行条件B
大型特殊自動車	十九キロワット以上三十七キロワット未満	五、〇〇〇時間	走行条件D
	三十七キロワット以上五百六十キロワット未満	八、〇〇〇時間	走行条件D

備考
一　この表において走行条件Aとは、次に掲げる条件に該当する走行条件をいう。
イ　六十キロメートル毎時以下の速度における走行が六十パーセント以上
ロ　百キロメートル毎時の速度（当該自動車の性能上当該速度で走行できないものにあつては可能な最高速度）における走行が二十パーセント以上
二　この表において走行条件Bとは、次に掲げる条件に該当する走行条件をいう。
イ　発進が一時間に二十回以上
ロ　百キロメートル毎時以上の速度（当該自動車の性能上当該速度で走行できないものにあつては可能な最高速度）における走行が八パーセント以上
ハ　平均速度が四十五キロメートル毎時以上
三　この表において走行条件Cとは、次に掲げる条件に該当する走行条件をいう。
イ　走行時の原動機の平均負荷率が三十パーセント以上
ロ　原動機を定格回転速度の六十パーセント以上で運転している走行時間数の割合が八十パーセント以上
ハ　原動機を定格回転速度の九十パーセント以上で運転している走行時間数の割合が六パーセント以上
四　この表において走行条件Dとは、次に掲げる条件に該当する走行条件をいう。
イ　走行時の原動機の平均負荷率が四十パーセント以上
ロ　原動機を定格回転速度の六十パーセント以上で運転している走行時間数の割合が七十パーセント以上
ハ　原動機を定格回転速度の九十パーセント以上で運転している走行時間数の割合が二十パーセント以上
五　この表において走行条件Eとは、車両並びに車両への取付け又は車両における使用が可能な装置及び部品に係る世界技術規則の作成に関する協定に基づいて作成された世界技術規則第二十三号の附則一又は附則二に掲げる条件に該当する走行条件とする。

（国土交通大臣が定める自動車）
第二条　自動車型式指定規則第三条第四項の国土交通大臣が定める自動車は、ガソリン、液化石油ガス又は軽油を燃料とする普通自動車、小型自動車及び軽自動車とする。

（国土交通大臣が定める書面）
第三条　自動車型式指定規則第三条第四項の国土交通大臣が定める書面は、前条に掲げる自動車について、次の各号に掲げるものとする。
一　指定の申請に係る自動車（以下「申請自動車」という。）について、第一条に掲げる走行（同条の表備考第一号に規定する走行条件Aで走行する場合に限る。）により自動車の一酸化炭素等発散防止装置（装置型式指定規則（平成十年運輸省令第六十六号）第二条第十八号に規定する一酸化炭素等発散防止装置をいう。）に生じる機能の劣化と同等以上の劣化を申請自動車の当該装置に生じさせる走行を行ったことを証する書面
二　前号の走行を行った申請自動車が、次のいずれかの基準に適合していることを証する書面（道路運送車両の保安基準第二章及び第三章の規定の適用関係の整理のため必要な事項を定める告示（平成十五年国土交通省告示第千三百十八号）により、次の各号の基準に代えて当該自動車に適用することができる基準がある場合は、当該基準に適合していることを証する書面）
イ　ガソリン又は液化石油ガスを燃料とする自動車にあつては、道路運送車両の保安基準の細目を定める告示（平成十四年国土交通省告示第六百十九号）第四十一条第一項第一号又は第三号（ただし、二輪自動車にあつては、同項第十七号）の基準
ロ　軽油を燃料とする自動車にあつては、道路運送車両の保安基準の細目を定める告示第四十一条第一項第七号の基準

前　文〔抄〕（昭五九・一〇・一九運告五三四）
昭和六十一年十月一日から適用する。ただし、輸入された自動車については、この告示による改正後の第一条第二号の表中軽油を燃料とするものに係る部分及び第二条第二号ロ(2)の規定は、昭和六十三年三月三十一日までの間、適用しない。

前　文〔抄〕（昭六〇・九・二五運告四〇五）
昭和六十二年十月一日から適用する。ただし、輸入された自動車（手動式の変速装置を備えたものを除く。）については、この告示による改正後の第一条第二号の表中軽油を燃料とするものに係る部分及び第二条第二号ロ(2)の規定は、昭和六十四年三月三十一日までの間、適用しない。

前　文〔抄〕（昭六〇・一一・二〇運告五六〇）
昭和六十一年一月一日から適用する。

前　文〔抄〕（昭六二・一一・一三運告四八）
昭和六十三年十二月一日から適用する。ただし、輸入された自動車については、この告示による改正後の第一条第二号の表中軽油を燃料とするものであつて、車両総重量一・七トン以下

の普通自動車及び小型自動車（専ら乗用の用に供する乗車定員十人以下の自動車を除く。）に係る部分は、昭和六十六年三月三十一日までの間、適用しない。

前　文（抄）（平三・三・二七運告一八一）

第二条第二号ロの規定は平成三年十一月一日から、第一条第二号の表中ガソリン又は液化石油ガスを燃料とするものに係る部分は平成四年十月一日から、同表中軽油を燃料とするものに係る部分は平成五年十月一日からそれぞれ適用する。ただし、輸入された自動車については、この告示による改正後の第一条第二号の表中ガソリン又は液化石油ガスを燃料とするものに係る部分は平成六年三月三十一日までの間、軽油を燃料とするものに係る部分は平成七年三月三十一日までの間、それぞれ適用しない。

前　文（抄）（平九・三・二四運告一五〇）

平成九年三月二十四日から適用する。ただし、車両総重量二・五トンを超え十二トン以下の普通自動車及び小型自動車（専ら乗用の用に供する乗車定員十人以下の自動車を除く。）については、この告示による改正後の第一条の表中軽油を燃料とするものであって、車両総重量二・五トンを超え三・五トン以下の普通自動車及び小型自動車（専ら乗用の用に供する乗車定員十人以下の自動車を除く。）に係る部分は、平成九年九月三十日までの間、車両総重量三・五トンを超え十二トン以下の普通自動車及び小型自動車（専ら乗用の用に供する乗車定員十人以下の自動車を除く。）に係る部分は、平成十年九月三十日までの間、適用しない。

前　文（抄）（平九・七・一七運告四五一）

平成十一年十月一日から適用する。

附　則（平一一・一一・一二運告四）

（施行期日）

第一条　この告示中、第一条の規定は、公布の日から、第二条の規定は、平成十二年十月一日から、第三条の規定は、平成十三年十月一日から、第四条の規定は、平成十四年十月一日から施行する。

（経過措置）

第二条　専ら乗用の用に供する乗車定員十人以下の普通自動車及び小型自動車（二輪自動車（側車付二輪自動車を含む。）を除く。）並びに専ら乗用の用に供する軽自動車（二輪自動車（側車付二輪自動車を含む。）を除く。）であって、輸入されたものについては、第二条及び第三条による改正後の長距離走行告示第一条の規定にかかわらず、平成十四年八月三十一日までは、なお従前の例による。

第三条　普通自動車及び小型自動車（専ら乗用の用に供する乗車定員十人以下の自動車及び二輪自動車（側車付二輪自動車を含む。）を除く。）であって、輸入されたものについては、第二条による改正後の長距離走行告示第一条の規定にかかわらず、平成十四年八月三十一日までは、なお従前の例による。

第四条　普通自動車及び小型自動車（専ら乗用の用に供する乗車定員十人以下の自動車及び二輪自動車（側車付二輪自動車を含む。）を除く。）であって、輸入されたものについては、第三条による改正後の長距離走行告示第一条の規定にかかわらず、平成十五年八月三十一日までは、なお従前の例による。

第五条　軽自動車（専ら乗用の用に供する自動車及び二輪自動車（側車付二輪自動車を含む。）を除く。）であって、輸入されたものについては、第四条による改正後の長距離走行告示第一条の規定にかかわらず、平成十五年八月三十一日までは、なお従前の例による。

前　文（抄）（平一三・三・二九国交告三七五）

平成十三年四月一日から施行する。

附　則（平一三・一一・一五国交告一六三一）

（施行期日）

第一条　この告示中、第一条の規定は、平成十四年十月一日から、第二条の規定は、平成十五年十月一日から、第三条の規定は、平成十六年十月一日から施行する。

（経過措置）

第二条　普通自動車及び小型自動車であって、輸入されたものについては、第一条及び第二条による改正後の長距離走行告示第一条の規定にかかわらず、平成十六年八月三十一日までは、なお従前の例による。

第三条　普通自動車及び小型自動車であって、輸入されたものについては、第三条による改正後の長距離走行告示第一条の規定にかかわらず、平成十七年八月三十一日までは、なお従前の例による。

附　則（平一五・九・二六国交告一三二四）

この告示は、平成十五年十月一日から施行する。

附　則（平一七・八・二九国交告九一一）

（施行期日）

第一条　この告示は、公布の日から施行する。

（経過措置）

第二条　二輪自動車（側車付二輪自動車を含む。）であって道路運送車両の保安基準第二章及び第三章の規定の適用関係の整理のため必要な事項を定める告示を改正する告示（平成十七年国土交通省告示第九百十号）による改正後の道路運送車両の保安基準第二章及び第三章の規定の適用関係の整理のため必要な事項を定める告示（平成十四年国土交通省告示第六百十九号）第二十八条第八十六項の規定の適用を受けるものについては、改正後の自動車型式指定規則第三条第一項の規定による独立行政法人交通安全環境研究所に提示する自動車に係る走行の要件並びに同条第四項に規定する国土交通大臣が定める自動車及び国土交通大臣が定める書面（昭和五十八年運輸省告示第三百三十一号）第一条の規定にかかわらず、なお従前の例による。

附　則（平一七・一二・二国交告一四〇二）

（施行期日）

第一条　この告示は、公布の日から施行する。

（経過措置）

第二条　ガソリン又は液化石油ガスを燃料とする大型特殊自動車であって、道路運送車両の保安基準第二章及び第三章の規定の適用関係の整理のため必要な事項を定める告示の一部を改正する告示（平成十七年国土交通省告示第千四百一号）による改正後の道路運送車両の保安基準第二章及び第三章の規定の適用関係の整理のため必要な事項を定める告示（平成十五年国土交通省告示第千三百十八号）（以下「適用関係告示」という。）第二十八条第一項の表第九号の規定の適用を受けるものについては、改正後の自動車型式指定規則第三条第一項の規定による独立行政法人交通安全環境研究所に提示する自動車に係る走行の要件並びに同条第四項に規定する国土交通大臣が定める自動車及び国土交通大臣が定める書面（昭和五十八年運輸省告示第三百三十一号）（以下「長距離走行告示」という。）第一条の規定にかかわらず、なお従前の例による。

第三条 軽油を燃料とする大型特殊自動車であって、道路運送車両の保安基準第二章及び第三章の規定の適用関係の整理のため必要な事項を定める告示の一部を改正する告示（平成十七年国土交通省告示第千四百一号）による改正後の適用関係告示第二十八条第九十項、第九十二項、第九十四項、第九十六項及び第九十八項の規定の適用を受けるものについては、改正後の長距離走行告示第一条の規定にかかわらず、なお従前の例による。

附　則（平二八・四・一国交告六一九）

この告示は、平成二十八年四月一日から施行する。

附　則（平二八・一〇・三一国交告一一七三）

この告示は、公布の日から施行する。

附　則（平三一・二・一五国交告二一二）

（**施行期日**）

1　この告示は、公布の日から施行する。

（**経過措置**）

2　ガソリンを燃料とする二輪自動車（側車付二輪自動車を含む。）であって、第二条の規定による改正後の道路運送車両の保安基準第二章及び第三章の規定の適用関係の整理のため必要な事項を定める告示（平成十五年国土交通省告示第千三百十八号）第二十八条第百八十一項の規定の適用を受けるものについては、第三条の規定による改正後の自動車型式指定規則第三条第一項の規定による独立行政法人自動車技術総合機構に提示する自動車に係る走行の要件並びに同条第四項に規定する国土交通大臣が定める自動車及び国土交通大臣が定める書面（昭和五十八年運輸省告示第三百三十一号）第一条の規定にかかわらず、なお従前の例による。

附　則（令三・八・五国交告一〇八四）

この告示は公布の日から施行する。

附　則（令五・九・二二国交告九六九）

この告示は、令和五年九月二十四日から施行する。〔後略〕

○共通構造部型式指定規則

（平成二十八年三月一日 国土交通省令第十五号）

沿革 平二八国交令六四、平二九国交令七・一一・三八、平三〇国交令七九、平三一国交令一六、令元国交令七・二〇、令二国交令二〇・五三・六七・八四・九八、令三国交令四〇、令四国交令五二、令五国交令四五、令六国交令一・二六・六六改正

（この省令の適用）

第一条 道路運送車両法（以下「法」という。）第七十五条の二第一項の規定による共通構造部の型式についての指定（以下「指定」という。）の手続その他指定に関する実施細目は、この省令の定めるところによる。

（指定の申請）

第二条 指定の申請は、特定共通構造部を製作することを業とする者若しくはその者から特定共通構造部を購入する契約を締結している者であって当該特定共通構造部を販売することを業とするもの（外国において本邦に輸出される特定共通構造部を製作することを業とする者又はその者から当該特定共通構造部を購入する契約を締結している者であって当該特定共通構造部を本邦に輸出することを業とするものを含む。以下「製作者等」という。）又は特定改造等を業とする者が、製作若しくは販売（以下「製作等」という。）をする特定共通構造部又は特定改造等に係る改造のためのプログラム等が組み込まれる装置を取り付ける特定共通構造部について行うものとする。

第三条 指定を申請する者（以下「申請者」という。）は、国土交通大臣に対し、次に掲げる事項を記載した申請書（第一号様式）を、機構に対し、その写しを提出し、かつ、申請に係る特定共通構造部を機構に提示しなければならない。

一 特定共通構造部の名称及び型式

二 車台の名称及び型式

三 車体の名称及び型式

四 申請者の氏名又は名称及び住所

五 主たる製作工場の名称及び所在地

2 前項の申請書及びその写しには、次に掲げる書面（申請書の写しにあっては、第四号、第五号、第七号及び第八号を除く。）を添付しなければならない。

一 申請に係る特定共通構造部の構造、装置及び性能を記載した書面

二 申請に係る特定共通構造部の外観図

三 道路運送車両の保安基準（昭和二十六年運輸省令第六十七号）の規定（申請に係る特定共通構造部が対象となる部分に限る。）に適合することを証する書面（法第七十五条の三第一項の規定による指定を受けた特定装置（以下「指定特定装置」という。）については、当該指定を受けたことを証する書面）

四 品質管理システム（申請に係る特定共通構造部の品質管理の計画、実施、評価及び改善に関し、申請者が自らの組織の管理監督を行うための仕組みをいう。）に係る業務組織及び実施要領を記載した書面（申請者が国際標準化機構第九〇〇一号の規格により登録されている場合（申請に係る特定共通構造部に関し、前項第五号の主たる製作工場について登録されている場合に限る。）にあっては、登録されていることを証する書面）

五 第七条第二項の検査に係る業務組織及び検査の実施要領を記載した書面（以下「検査実施要領」という。）

六 製作者等が申請に係る特定共通構造部に法第七十五条の四第一項に規定する表示を付する場合にあっては、表示位置及び表示方式を記載した図面

七 前条の購入契約を締結している者にあっては、当該契約書の写し

八 次の各号に掲げる処分を受け、かつ、当該処分を受けた日以後初めて指定の申請をする者にあっては、当該処分に関する不正行為を防止するための措置が適切に講じられていることを証する書面

イ 法第七十五条第七項の規定による同条第一項の規定により指定を受けた自動車（以下「指定自動車」という。）の型式についての指定の効力の停止

ロ 法第七十五条第八項の規定による指定自動車の型式についての指定の取消し

ハ 法第七十五条の二第四項の規定による指定を受けた特定共通構造部（以下「指定特定共通構造部」という。）の型式についての指定の効力の停止

ニ 法第七十五条の二第五項の規定による指定特定共通構造部の型式についての指定の取消し

ホ 法第七十五条の三第五項の規定による指定特定装置の型式についての指定の効力の停止

ヘ 法第七十五条の三第六項の規定による指定特定装置の型式についての指定の取消し

3 国土交通大臣又は機構は、前二項に規定するもののほか、申請者に対し、指定に関し必要があると認めるときは、必要な書面の提出を求めることができる。

第四条 前条第一項及び第二項の規定にかかわらず、指定を受けた者は、当該指定特定共通構造部の型式と重要でない部分のみが異なる型式（以下「同一と認められる型式」という。）について指定を申請する場合には、国土交通大臣に対し第二号様式による申請書及び当該指定特定共通構造部の型式と異なる部分に関する資料を、機構に対しそれらの写しを提出することをもって、同条第一項に規定する申請書及びその写しの提出並びに申請に係る特定共通構造部の機構への提示並びに同条第二項に規定する書面（同項第八号に掲げる書面を除く。）の添付に代えることができる。

2 機構は、指定を受けた者に対し、前項の規定による申請に係る指定に関し必要があると認めるときは、当該申請に係る特定共通構造部の提示を求めることができる。

第五条 法第七十五条の二第三項に規定する判定の基準は、次のとおりとする。

一 第三条第一項の規定により機構に提示された特定共通構造部又は前条第一項の申請に係る特定共通構造部の構造、装置及び性能が、法第四十条各号に掲げる事項ごと及び法第四十一条第一項各号に掲げる装置ごとに保安基準（申請に係る特定共通構造部が対象となる部分に限る。）に適合すること。

二 第三条第一項の規定により機構に提示された特定共通構造部又は前条第一項の申請に係る特定共通構造部と同じ構

造、装置及び性能を有する特定共通構造部が均一に製作されるよう品質管理が行われていること。

三　法第六十三条の三第一項に規定する改善措置の届出に関する重大な不正行為を行った自動車製作者等が行った指定の申請のうち、当該改善措置に係る自動車の部品と同種のものが使用されている特定共通構造部に係るものにあっては、当該改善措置及び当該改善措置の届出に関する不正行為の再発を防止するための措置が適切に講じられていること。

（指定を受けたものとみなす特定共通構造部）

第五条の二　法第七十五条の二第七項の国土交通省令で定める特定共通構造部は、装置型式指定規則第二条第一号から第一号の七まで、第二号の二から第三号の四まで、第三号の六から第三号の九まで、第四号の二、第四号の三、第五号、第五号の六、第五号の七、第五号の九の二、第五号の十の七から第五号の十四まで、第五号の十七から第六号の三の二まで、第六号の六、第七号から第十一号まで、第十一号の四、第十一号の五、第十二号、第十二号の二、第十三号、第十三号の三、第十五号から第十七号まで、第十九号から第三十五号まで、第三十七号、第三十八号、第四十号、第四十号の四、第四十一号、第四十一号の三、第四十二号、第四十三号又は第四十五号に掲げる種類の特定装置（指定特定装置又は法第七十五条の三第八項の規定により指定を受けたものとみなされた特定装置に限る。）の全部又は一部から構成されるものとし、法第七十五条の二第七項の認定その他の証明は、国土交通大臣が告示で定める国が、車両並びに車両への取付け又は車両における使用が可能な装置及び部品に係る調和された技術上の国際連合規則の諸採択並びにこれらの国際連合の諸規則に基づいて行われる認定の相互承認のための条件に関する協定（以下「協定」という。）に附属する規則第零号改訂版、第零号第二改訂版、第零号第三改訂版、第零号第四改訂版、第零号第五改訂版又は第零号第六改訂版に基づき行う認定によるものとする。

※「告示」＝装置型式指定規則第五条第一項及び共通構造部型式指定規則第五条の二の国土交通大臣が告示で定める国を定める告示

（特別な表示）

第六条　法第七十五条の四第一項の国土交通省令で定める方式による特別な表示（法第七十五条の二第一項の規定による指定を受けたものであることを示すものに限る。）は、協定に附属する規則第零号改訂版、第零号第二改訂版、第零号第三改訂版、第零号第四改訂版、第零号第五改訂版又は第零号第六改訂版に適合するものとして認定された特定共通構造部以外のものにあっては第三号様式に定める表示とし、当該特定共通構造部にあっては第三号様式の二に定める表示とする。

2　前項の特別な表示は、特定共通構造部に、耐久性のある方法で、鮮明に表示しなければならない。

（検査等の実施及び結果の保存）

第七条　指定特定共通構造部の製作者等（以下「指定製作者等」という。）は、当該指定特定共通構造部が指定を受けた型式としての構造、装置及び性能を有するようにしなければならない。

2　指定製作者等は、当該指定特定共通構造部が均一性を有するようにするため、検査実施要領に従って検査をし、かつ、当該検査の結果の分析等を行わなければならない。

3　指定製作者等は、前項の検査の結果を一年間保存しなければならない。

（届出等）

第八条　次の表の第一欄に掲げる者は、第二欄に掲げる場合には、第三欄に掲げる届出書を第四欄に掲げる時期に国土交通大臣に届け出なければならない。

第一欄	第二欄	第三欄	第四欄
一　指定を受けた者	第三条第一項各号又は同条第二項第三号括弧書、第四号若しくは第五号の書面の記載事項（国土交通大臣が定めるものを除く。）に変更があった場合	その旨を記載した届出書	変更後遅滞なく
二　指定を受けた者	第三条第二項第一号から第三号まで及び第六号の書面（第三号括弧書の書面を除く。）の記載事項に軽微な変更（当該変更に係る特定共通構造部の型式が、同一と認められる型式の範囲内にあり、かつ、当該特定共通構造部が、道路運送車両の保安基準に適合することが明白であるものをいう。）があった場合	その旨を記載した届出書	変更後遅滞なく
三　指定を受けた者	当該型式の特定共通構造部の製作者等でなくなった場合	その旨を記載した届出書（第四号様式）	当該型式の特定共通構造部の製作者等でなくなった日から三十日以内

2　前項第一号の場合において、第三条第一項第四号の「申請者」は「指定を受けた者」と読み替える。

3　国土交通大臣は、第一項第三号の届出があったときは、その指定を取り消すことができる。この場合において、取消しの日までに製作等が行われた特定共通構造部については取消しの効力は及ばないものとする。

（共通構造部型式指定通知書等の交付）

第九条　国土交通大臣は、次の表の上欄に該当するときは、申請者に対し、それぞれ下欄の書面を交付するものとする。

一 指定（第四条第一項の規定による申請に係るものを除く。）を行ったとき。	共通構造部型式指定通知書
二 指定（第四条第一項の規定による申請に係るものに限る。）を行ったとき。	既指定共通構造部型式指定通知書
三 法第七十五条の二第五項又は第六項の規定による指定の取消しを行ったとき。	共通構造部型式指定取消通知書

（勧告）

第九条の二 国土交通大臣は、指定製作者等がこの省令の規定に違反したときは、当該指定製作者等に対し、その是正のため必要な措置をとるべきことを勧告することができる。

（意見の徴取）

第十条 国土交通大臣は、法第七十五条の二第五項の規定による指定の取消しをしようとするときは、経済産業大臣の意見を徴するものとする。

第十一条 削除

（指定番号等の告示）

第十二条 国土交通大臣は、指定（第四条第一項の規定による申請に係るものを除く。）又は指定の取消し若しくは指定の効力の停止をしたときは、指定の番号、特定共通構造部の名称及び型式並びに指定を受けた者の氏名又は名称及び住所について告示するものとする。

2 国土交通大臣は、第八条第一項第一号の変更が、第三条第一項第一号及び第四号に掲げる事項に係るものであるときは、その旨を告示するものとする。この場合において、第三条第一項第四号の「申請者」は「指定を受けた者」と読み替える。

（審査結果の通知）

第十三条 法第七十五条の五第二項の規定による特定共通構造部の構造、装置及び性能が保安基準に適合するかどうかの審査の結果の通知は、次に掲げる事項を記載した審査結果通知書により行うものとする。

一 特定共通構造部の名称及び型式

二 申請者の氏名又は名称

三 審査結果

（申請書等の記載事項の制限）

第十四条 この省令の規定により申請書その他の書面を国土交通大臣又は機構に提出しようとする者は、当該申請書その他の書面には、国土交通大臣が定めるところにより適切に実施した試験の結果に基づく記載その他の正確な記載をしなければならず、虚偽の記載をしてはならない。

附 則

この省令は、平成二十八年四月一日から施行する。

附 則（平二八・九・一六国交令六四）

この省令は、公布の日から施行する。

附 則（平二九・二・九国交令七抄）

（施行期日）

第一条 この省令は、平成二十九年二月九日から施行する。

附 則（平二九・三・二三国交令一一）

この省令は公布の日から施行する。

附 則（平二九・六・一五国交令三八抄）

（施行期日）

1 この省令は、道路運送車両法の一部を改正する法律〔平成二九年五月法律第四〇号〕の施行の日〔平成二九年六月一五日〕から施行する。

附 則（平三〇・一〇・一二国交令七九抄）

（施行期日）

1 この省令は、平成三十一年六月三十日から施行する。ただし、〔中略〕第四条の規定は、公布の日から施行する。

附 則（平三一・三・二九国交令一六）

この省令は、平成三十一年四月十五日から施行する。ただし、第一条中装置型式指定規則第四条第二項第八号ロの改正規定及び第二条中共通構造部型式指定規則第三条第二項第七号ロの改正規定は、公布の日から施行する。

附 則（令元・五・二四国交令七）

この省令は、公布の日から施行する。ただし、第三条、第四条及び第六条の規定は、公布の日から起算して二十日を経過した日から施行する。

附 則（令元・六・二八国交令二〇）

この省令は、不正競争防止法等の一部を改正する法律〔平成三〇年五月法律第三三号〕の施行の日（令和元年七月一日）から施行する。

附 則（令二・三・三一国交令二〇）

この省令は、道路運送車両法の一部を改正する法律〔令和元年五月法律第一四号〕の施行の日（令和二年四月一日）から施行する。

附 則（令二・五・二九国交令五三抄）

（施行期日）

第一条 この省令は、令和二年五月二十九日から施行する。

（共通構造部型式指定規則の一部改正に伴う経過措置）

第三条 この省令の施行の際現に車両並びに車両への取付け又は車両における使用が可能な装置及び部品に係る調和された技術上の国際連合の諸規則の採択並びにこれらの国際連合の諸規則に基づいて行われる認定の相互承認のための条件に関する協定に附属する規則第零号に適合するものとして認定されている特定共通構造部の特別な表示については、第二条の規定による改正後の共通構造部型式指定規則第六条の規定にかかわらず、なお従前の例による。

附 則（令二・八・五国交令六七）

この省令は、道路運送車両法の一部を改正する法律（令和元年法律第十四号）附則第一条第四号に掲げる規定の施行の日（令和二年十一月二十三日）から施行する。〔後略〕

附 則（令二・一〇・三〇国交令八四抄）

（施行期日）

第一条 この省令は、令和三年四月一日から施行する。〔後略〕

（共通構造部型式指定規則の一部改正に伴う経過措置）

第五条 この省令の施行の際現に第五条の規定による改正前の共通構造部型式指定規則第七条に規定する指定製作者等である者に対する当該特定共通構造部に係る第五条の規定による改正後の共通構造部型式指定規則第七条の規定の適用については、なお従前の例によることができる。

附 則（令二・一二・二三国交令九八）

（施行期日）

1　この省令は、令和三年一月一日から施行する。

（経過措置）

2　この省令の施行の際現にあるこの省令による改正前の様式による用紙は、当分の間、これを取り繕って使用することができる。

附　則（令三・六・九国交令四〇抄）

（施行期日）

第一条　この省令は、令和三年六月十日から施行する。〔後略〕

附　則（令四・六・二二国交令五二抄）

（施行期日）

第一条　この省令は、令和四年六月二十二日から施行する。

附　則（令五・六・五国交令四五抄）

（施行期日）

第一条　この省令は、公布の日から施行する。ただし、次の各号に掲げる規定は、令和五年六月八日から施行する。

一　〔略〕

二　第三条中共通構造部型式指定規則第五条の二の改正規定（「から第十二号まで」を「、第十一号の五、第十二号」に改める部分に限る。）

三　〔略〕

附　則（令六・一・五国交令一抄）

（施行期日）

第一条　この省令は、公布の日から施行する。〔後略〕

附　則（令六・三・二九国交令二六抄）

（施行期日）

第一条　この省令は、令和六年四月一日から施行する。〔後略〕

附　則（令六・六・一四国交令六六抄）

（施行期日）

第一条　この省令は、令和六年六月十五日から施行する。〔後略〕

第一号様式（共通構造部型式指定申請書）（第三条関係）

自動車検査登録印紙

受付番号（※）

受付年月日（※）

共通構造部型式指定申請書

年　月　日

国土交通大臣　殿

特定共通構造部の名称及び型式

車台の名称及び型式

車体の名称及び型式

申請者の氏名又は名称及び住所

主たる製作工場の名称及び所在地

（日本産業規格A列4番）

備考

（1）車台の名称及び型式欄、車体の名称及び型式欄は、車台の製作等を行う者と車体の製作等を行う者が異なる場合のほかは、記載を省略して差し支えない。

（2）※印の欄は、申請者が記入しないこと。

第二号様式（既指定共通構造部型式指定申請書）（第四条関係）

自動車検査登録印紙

受付番号（※）

受付年月日（※）

既指定共通構造部型式指定申請書

年　月　日

国土交通大臣　殿

指定特定共通構造部の名称及び型式

指定番号

指定を受けた特定共通構造部の範囲

指定製作者等の氏名又は名称及び住所

異なる事項及び異なる事由

備考

（日本産業規格A列4番）

備考　※の欄は、申請者が記入しないこと。

第三号様式（特別な表示）（第六条関係）

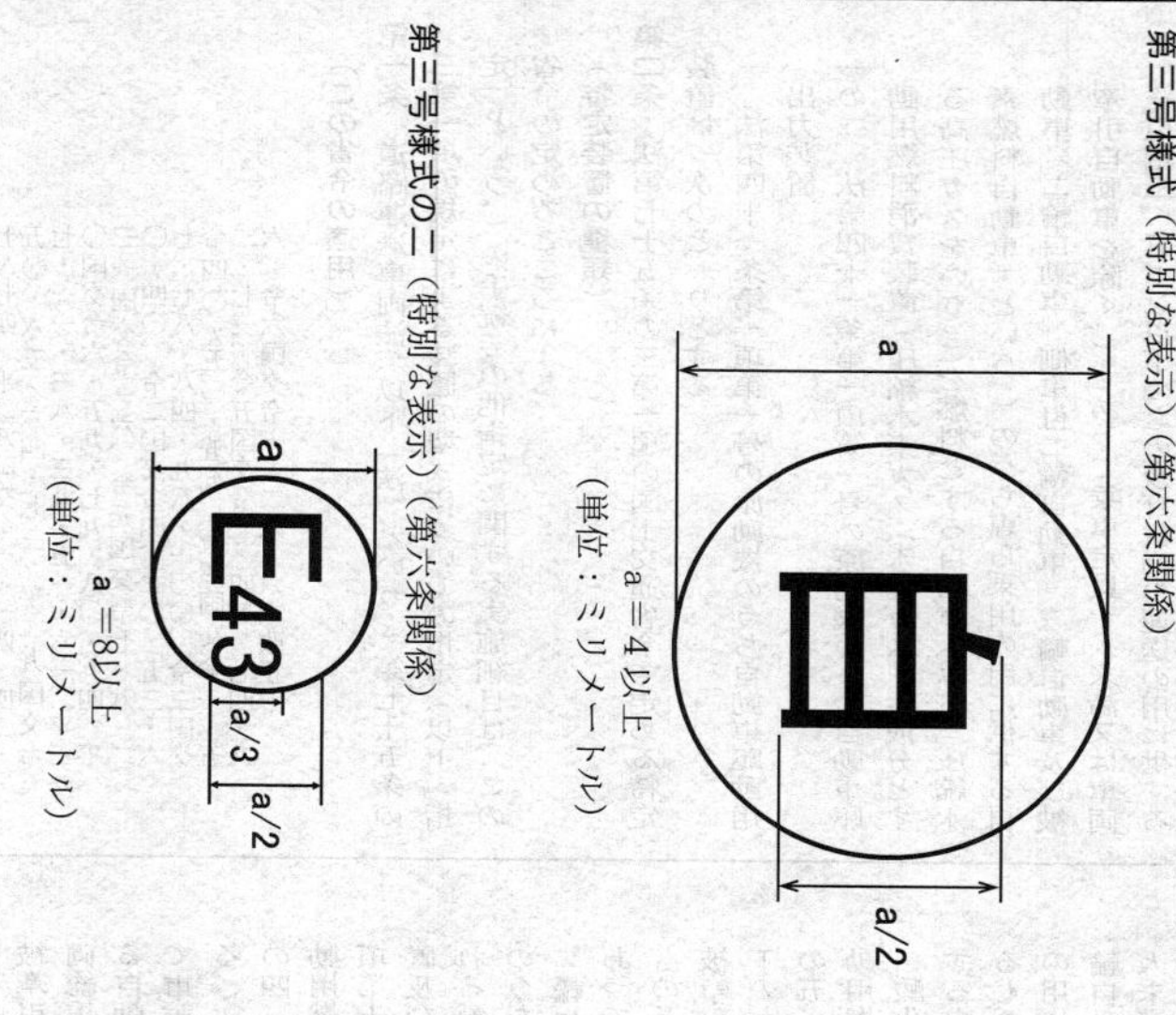

a＝４以上
（単位：ミリメートル）

第三号様式の二（特別な表示）（第六条関係）

E43
a
a/3
a/2

a＝8以上
（単位：ミリメートル）

第四号様式（指定特定共通構造部製作等廃止届）（第八条関係）

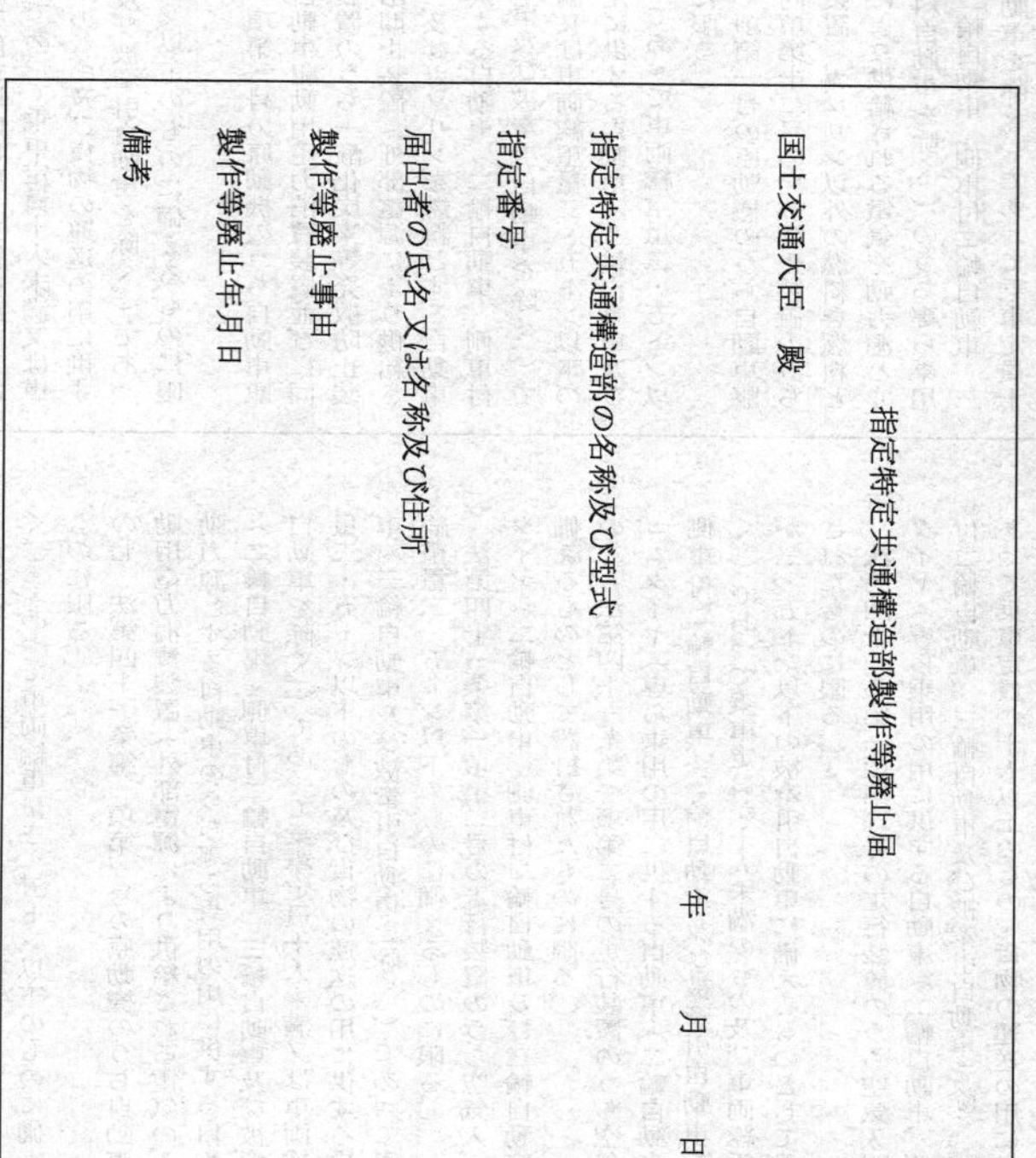

指定特定共通構造部製作等廃止届

年　　月　　日

国土交通大臣　殿

指定特定共通構造部の名称及び型式

指定番号

届出者の氏名又は名称及び住所

製作等廃止事由

製作等廃止年月日

備考

（日本産業規格Ａ列４番）

○装置型式指定規則

（平成十年十月九日　運輸省令第六十六号）

沿革　平一二運令五・三九、平一三国交令三八・九四、平一四国交令八四・一一七、平一五国交令八一、平一六国交令六〇、平一七国交令四九・七二・一一六、平一八国交令二二・一〇〇、平一九国交令三・六八・八七、平二〇国交令四・五九・八五、平二一国交令四八、平二三国交令七・四四・四七・七八、平二四国交令七二・八四、平二五国交令二・六二・七三・八八、平二六国交令八・五四・八〇、平二七国交令三・四七・七四、平二八国交令一・一四・四三・五〇・六三・六四・七三、平二九国交令七・一一・三八・三九・五一・六一、平三〇国交令六・五九・七九・八〇・九四、平三一国交令一六、令元国交令七・八・二〇・四〇、令二国交令四・二〇・五三・六七・七八・八四・九八・一〇〇、令三国交令四〇・五〇・五九、令四国交令一・五二・七三、令五国交令一・四五・七四・八六、令六国交令一・二六・六六改正

（この省令の適用）

第一条　道路運送車両法（以下「法」という。）第七十五条の三第一項の規定による装置の型式についての指定（以下「指定」という。）の手続その他指定に関する実施細目は、この省令の定めるところによる。

（特定装置の種類）

第二条　法第七十五条の三第一項の国土交通省令で定める特定装置は、次のとおりとする。

一　法第四十一条第一項第一号の原動機のうち自動車駆動用出力装置

一の二　法第四十一条第一項第一号の原動機のうち自動車駆動用燃料消費装置（圧縮水素ガス（水素ガスを主成分とする高圧ガスをいう。）を燃料とする自動車（以下「圧縮水素燃料自動車」という。）のうち専ら乗用の用に供する自動車（二輪自動車、側車付二輪自動車、三輪自動車及び被牽引自動車を除く。）であつて乗車定員十人未満又は車両総重量三・五トン以下のもの及び貨物の運送の用に供する自動車（三輪自動車及び被牽引自動車を除く。）であつて車両総重量三・五トン以下のものに備えるものに限る。）

一の三　法第四十一条第一項第一号の原動機のうち自動車駆動用燃料消費装置及び自動車駆動用電力消費装置並びに同項第十二号の発散防止装置のうち一酸化炭素等発散防止装置（排気管から大気中に排出される排出物に含まれる一酸化炭素、炭化水素、窒素酸化物、粒子状物質及び黒煙を減少させる装置をいう。以下同じ。）（外部電源により供給される電気を動力源とし、及びガソリン以外の燃料を燃料とする自動車（圧縮水素燃料自動車を除く。）のうち専ら乗用の用に供する自動車（二輪自動車、側車付二輪自動車、三輪自動車及び被牽引自動車を除く。）であつて乗車定員十人未満又は車両総重量三・五トン以下のもの及び貨物の運送の用に供する自動車（三輪自動車及び被牽引自動車を除く。）であつて車両総重量三・五トン以下のものに備えるものに限る。）

一の四　法第四十一条第一項第一号の原動機のうち自動車駆動用燃料消費装置及び自動車駆動用電力消費装置並びに同項第十二号の発散防止装置のうち一酸化炭素等発散防止装置及び燃料蒸発ガス排出抑止装置（外部電源により供給される電気を動力源とし、及びガソリンを燃料とする自動車（二輪自動車、側車付二輪自動車、三輪自動車及び被牽引自動車を除く。）であつて乗車定員十人未満又は車両総重量三・五トン以下のもの及び貨物の運送の用に供する自動車（三輪自動車及び被牽引自動車を除く。）であつて車両総重量三・五トン以下のものに備えるものに限る。）

一の五　法第四十一条第一項第一号の原動機のうち自動車駆動用燃料消費装置及び同項第十二号の発散防止装置のうち一酸化炭素等発散防止装置（ガソリン以外の燃料を燃料とする自動車（外部電源により供給される電気を動力源とするもの及び圧縮水素燃料自動車を除く。）のうち専ら乗用の用に供する自動車（二輪自動車、側車付二輪自動車、三輪自動車及び被牽引自動車を除く。）であつて乗車定員十人未満又は車両総重量三・五トン以下のもの及び貨物の運送の用に供する自動車（三輪自動車及び被牽引自動車を除く。）であつて車両総重量三・五トン以下のものに備えるものに限る。）

一の六　法第四十一条第一項第一号の原動機のうち自動車駆動用燃料消費装置並びに同項第十二号の発散防止装置のうち一酸化炭素等発散防止装置及び燃料蒸発ガス排出抑止装置（ガソリンを燃料とする自動車（外部電源により供給される電気を動力源とするものを除く。）のうち専ら乗用の用に供する自動車（二輪自動車、側車付二輪自動車、三輪自動車及び被牽引自動車を除く。）であつて乗車定員十人未満又は車両総重量三・五トン以下のもの及び貨物の運送の用に供する自動車（三輪自動車及び被牽引自動車を除く。）であつて車両総重量三・五トン以下のものに備えるものに限る。）

一の七　法第四十一条第一項第一号の原動機のうち自動車駆動用電力消費装置（外部電源により供給される電気のみを動力源とする自動車のうち専ら乗用の用に供する自動車（二輪自動車、側車付二輪自動車、三輪自動車及び被牽引自動車を除く。）であつて乗車定員十人未満又は車両総重量三・五トン以下のもの及び貨物の運送の用に供する自動車（三輪自動車及び被牽引自動車を除く。）であつて車両総重量三・五トン以下のものに備えるものに限る。）

二　法第四十一条第一項第二号の走行装置のうち空気入ゴムタイヤ（二輪自動車、側車付二輪自動車及び三輪自動車に備えるものとして設計されたものに限る。）

二の二　法第四十一条第一項第二号の走行装置のうち空気入ゴムタイヤ（専ら乗用の用に供する自動車（二輪自動車、側車付二輪自動車、三輪自動車及び被牽引自動車を除く。）であつて乗車定員が十人未満のもの及び車両総重量が三・五トン以下の被牽引自動車に備えるものとして設計されたものに限る。）

三　法第四十一条第一項第二号の走行装置のうち空気入ゴムタイヤ（専ら乗用の用に供する自動車（二輪自動車、側車付二輪自動車、三輪自動車及び被牽引自動車を除く。）であつて乗車定員が十人以上のもの、貨物の運送の用に供する自動車（三輪自動車及び被牽引自動車を除く。）及び車

両総重量が三・五トンを超える被牽引自動車に備えるものとして設計されたものに限る。）

三の二　法第四十一条第一項第二号の走行装置のうち空気入ゴムタイヤ（二輪自動車、側車付二輪自動車、三輪自動車及び大型特殊自動車に備えるものを除く。）

三の三　法第四十一条第一項第二号の走行装置のうち応急用予備走行装置（専ら乗用の用に供する自動車（二輪自動車、側車付二輪自動車、三輪自動車及び被牽引自動車を除く。）であって乗車定員十人未満のもの及び貨物の運送の用に供する自動車（三輪自動車及び被牽引自動車を除く。）であって車両総重量三・五トン以下のものに備えるものに限る。）

三の四　法第四十一条第一項第二号の走行装置のうちタイヤ空気圧監視装置（専ら乗用の用に供する自動車（二輪自動車、側車付二輪自動車、三輪自動車、乗車定員が十人未満の自動車であって車両総重量が三・五トンを超えるもの及び車両総重量が三・五トン以下の被牽引自動車を除く。）及び貨物の運送の用に供する自動車（三輪自動車及び車両総重量が三・五トン以下の被牽引自動車を除く。）に備えるものに限る。）

三の五　法第四十一条第一項第三号の操縦装置のうち操作装置（二輪自動車に備えるものに限る。）

三の六　法第四十一条第一項第三号の操縦装置のうち操作装置（二輪自動車、側車付二輪自動車、三輪自動車、大型特殊自動車及び被牽引自動車以外の自動車に備えるものに限る。）

三の七　法第四十一条第一項第三号の操縦装置のうちかじ取装置（二輪自動車、側車付二輪自動車、三輪自動車及び大型特殊自動車に備えるものを除く。）

三の八　法第四十一条第一項第三号の操縦装置のうちかじ取装置のフルラップ前面衝突時（自動車の前面が衝突等による衝撃を受けたときをいう。以下同じ。）の乗員保護装置（電力により作動する原動機を有しない自動車（二輪自動車、側車付二輪自動車、三輪自動車、大型特殊自動車及び被牽引自動車を除く。）に備えるものに限る。）

三の九　法第四十一条第一項第三号の操縦装置のうちかじ取装置のフルラップ前面衝突時の乗員保護装置及び同項第六号の電気装置のうちフルラップ前面衝突時の感電防止装置（電力により作動する原動機を有する自動車（二輪自動車、側車付二輪自動車、三輪自動車、大型特殊自動車及び被牽引自動車を除く。）に備えるものに限る。）

四　法第四十一条第一項第三号の操縦装置のうち施錠装置（ハンドルバー方式のかじ取装置を備える二輪自動車、側車付二輪自動車及び三輪自動車に備えるものに限る。）

四の二　法第四十一条第一項第三号の操縦装置のうち施錠装置（専ら乗用の用に供する自動車（二輪自動車、側車付二輪自動車、三輪自動車及び被牽引自動車を除く。）であって乗車定員が十人未満のもの及び貨物の運送の用に供する自動車（三輪自動車及び被牽引自動車を除く。）であって車両総重量三・五トン以下のものに備えるものに限る。）

四の三　法第四十一条第一項第三号の操縦装置のうち原動機その他運行に必要な装置の機能を電子的方法により停止させる装置（以下「イモビライザ」という。）（専ら乗用の用に供する自動車（二輪自動車、側車付二輪自動車、三輪自動車及び被牽引自動車を除く。）であって乗車定員が十人未満のもの及び貨物の運送の用に供する自動車（三輪自動車及び被牽引自動車を除く。）であって車両総重量二トン以下のものに備えるものに限る。）

四の四　法第四十一条第一項第四号の制動装置（二輪自動車、側車付二輪自動車及び三輪自動車に備えるものに限る。）

五　法第四十一条第一項第四号の制動装置（専ら乗用の用に供する自動車（二輪自動車、側車付二輪自動車、三輪自動車、最高速度二十五キロメートル毎時以下の自動車及び被牽引自動車を除く。）であって乗車定員十人未満のものに備えるものに限る。）

五の二　法第四十一条第一項第四号の制動装置（貨物の運送の用に供する自動車（三輪自動車、最高速度二十五キロメートル毎時以下の自動車及び被牽引自動車を除く。）であって車両総重量三・五トン以下のものに備えるものに限る。）

五の三　法第四十一条第一項第四号の制動装置（専ら乗用の用に供する自動車（二輪自動車、側車付二輪自動車、三輪自動車、最高速度二十五キロメートル毎時以下の自動車及び被牽引自動車を除く。）であって乗車定員十人以上のもの、貨物の運送の用に供する自動車（三輪自動車、最高速度二十五キロメートル毎時以下の自動車及び被牽引自動車を除く。）であって車両総重量三・五トンを超えるもの及び被牽引自動車（最高速度二十五キロメートル毎時以下の自動車により牽引されるものを除く。）に備えるものに限る。）

五の四　法第四十一条第一項第四号の制動装置のうち衝突被害軽減制動制御装置（専ら乗用の用に供する自動車（二輪自動車、側車付二輪自動車、三輪自動車及び被牽引自動車を除く。）であって乗車定員十人未満のもの及び貨物の運送の用に供する自動車（三輪自動車及び被牽引自動車を除く。）であって車両総重量三・五トン以下のものに備えるものに限る。）

五の五　法第四十一条第一項第四号の制動装置のうち衝突被害軽減制動制御装置（液体の圧力により作動する主制動装置を有する自動車（専ら乗用の用に供する自動車（二輪自動車、側車付二輪自動車、三輪自動車及び被牽引自動車を除く。）であって乗車定員十人以上かつ車両総重量八トン以下のもの及び貨物の運送の用に供する自動車（三輪自動車及び被牽引自動車を除く。）であって車両総重量三・五トンを超え八トン以下のものに限る。）に備えるものに限る。）

五の五の二　法第四十一条第一項第四号の制動装置のうち衝突被害軽減制動制御装置（液体の圧力により作動する主制動装置を有しない自動車（専ら乗用の用に供する自動車（二輪自動車、側車付二輪自動車、三輪自動車及び被牽引自動車を除く。）であって乗車定員十人以上かつ車両総重量八トン以下のもの及び貨物の運送の用に供する自動車（三輪自動車及び被牽引自動車を除く。）であって車両総重量三・五トンを超え八トン以下のものに限る。）に備えるものに限る。）

五の五の三　法第四十一条第一項第四号の制動装置のうち衝突被害軽減制動制御装置（専ら乗用の用に供する自動車

（二輪自動車、側車付二輪自動車、三輪自動車及び被牽引自動車を除く。）であって乗車定員十人以上かつ車両総重量八トンを超えるもの及び貨物の運送の用に供する自動車（三輪自動車及び被牽引自動車を除く。）であって車両総重量八トンを超えるものに備えるものに限る。）

五の六　法第四十一条第一項第四号の制動装置のうち横滑り防止装置（専ら乗用の用に供する自動車（二輪自動車、側車付二輪自動車、三輪自動車、最高速度二十五キロメートル毎時以下の自動車及び被牽引自動車を除く。）であって乗車定員十人未満のもの及び貨物の運送の用に供する自動車（三輪自動車、最高速度二十五キロメートル毎時以下の自動車及び被牽引自動車を除く。）であって車両総重量三・五トン以下のものに備えるものに限る。）

五の七　法第四十一条第一項第四号の制動装置のうちブレーキアシストシステム（緊急制動時に自動的に制動装置の制動力を増加させる装置をいう。以下同じ。）（専ら乗用の用に供する自動車（二輪自動車、側車付二輪自動車、三輪自動車、最高速度二十五キロメートル毎時以下の自動車及び被牽引自動車を除く。）であって乗車定員十人未満のもの及び貨物の運送の用に供する自動車（三輪自動車、最高速度二十五キロメートル毎時以下の自動車及び被牽引自動車を除く。）であって車両総重量三・五トン以下のものに備えるものに限る。）

五の八　法第四十一条第一項第六号の燃料装置のうち燃料タンク（二輪自動車、側車付二輪自動車、三輪自動車、大型特殊自動車、圧縮天然ガス（メタンガスを主成分とする高圧ガスをいう。）を燃料とする自動車（以下「圧縮天然ガス燃料自動車」という。）、液化天然ガス（メタンガスを主成分とする液化ガスをいう。）を燃料とする自動車（以下「液化天然ガス燃料自動車」という。）及び圧縮水素燃料自動車以外の自動車に備えるものに限る。）

五の九　法第四十一条第一項第六号の燃料装置のうち燃料タンク及び燃料タンク取付装置（二輪自動車、側車付二輪自動車、三輪自動車、大型特殊自動車、圧縮天然ガス燃料自動車、液化天然ガス燃料自動車及び圧縮水素燃料自動車以外の自動車に備えるものに限る。）

五の九の二　法第四十一条第一項第六号の燃料装置のうち衝突時の車両火災防止装置（二輪自動車、側車付二輪自動車、三輪自動車、大型特殊自動車及び被牽引自動車以外の自動車に備えるものに限る。）

五の十　法第四十一条第一項第六号の燃料装置のうちガス容器（圧縮天然ガス燃料自動車（二輪自動車、側車付二輪自動車、三輪自動車、大型特殊自動車及び被牽引自動車を除く。）及び液化天然ガス燃料自動車（二輪自動車、側車付二輪自動車、三輪自動車、大型特殊自動車及び被牽引自動車を除く。）に備えるものに限る。）

五の十の二　法第四十一条第一項第六号の燃料装置のうちガス容器及びガス容器附属品（圧縮天然ガス燃料自動車（二輪自動車、側車付二輪自動車、三輪自動車、大型特殊自動車及び被牽引自動車を除く。）及び液化天然ガス燃料自動車（二輪自動車、側車付二輪自動車、三輪自動車、大型特殊自動車及び被牽引自動車を除く。）に備えるものに限る。）

五の十の三　法第四十一条第一項第六号の燃料装置のうちガス容器、ガス容器附属品及び燃料制御保護装置（圧縮天然ガス燃料自動車（二輪自動車、側車付二輪自動車、三輪自動車、大型特殊自動車及び被牽引自動車を除く。）及び液化天然ガス燃料自動車（二輪自動車、側車付二輪自動車、三輪自動車、大型特殊自動車及び被牽引自動車を除く。）に備えるものに限る。）

五の十の四　法第四十一条第一項第六号の燃料装置のうちガス容器及び燃料制御保護装置（圧縮天然ガス燃料自動車（二輪自動車、側車付二輪自動車、三輪自動車、大型特殊自動車及び被牽引自動車を除く。）及び液化天然ガス燃料自動車（二輪自動車、側車付二輪自動車、三輪自動車、大型特殊自動車及び被牽引自動車を除く。）に備えるものに限る。）

五の十の五　法第四十一条第一項第六号の燃料装置のうちガス容器附属品（圧縮天然ガス燃料自動車（二輪自動車、側車付二輪自動車、三輪自動車、大型特殊自動車及び被牽引自動車を除く。）及び液化天然ガス燃料自動車（二輪自動車、側車付二輪自動車、三輪自動車、大型特殊自動車及び被牽引自動車を除く。）に備えるものに限る。）

五の十の六　法第四十一条第一項第六号の燃料装置のうちガス容器附属品及び燃料制御保護装置（圧縮天然ガス燃料自動車（二輪自動車、側車付二輪自動車、三輪自動車、大型特殊自動車及び被牽引自動車を除く。）及び液化天然ガス燃料自動車（二輪自動車、側車付二輪自動車、三輪自動車、大型特殊自動車及び被牽引自動車を除く。）に備えるものに限る。）

五の十の七　法第四十一条第一項第六号の燃料装置のうち燃料制御保護装置（圧縮天然ガス燃料自動車（二輪自動車、側車付二輪自動車、三輪自動車、大型特殊自動車及び被牽引自動車を除く。）及び液化天然ガス燃料自動車（二輪自動車、側車付二輪自動車、三輪自動車、大型特殊自動車及び被牽引自動車を除く。）に備えるものに限る。）

五の十の八　法第四十一条第一項第六号の燃料装置のうちガス容器取付装置（圧縮天然ガス燃料自動車（二輪自動車、側車付二輪自動車、三輪自動車、大型特殊自動車及び被牽引自動車を除く。）及び液化天然ガス燃料自動車（二輪自動車、側車付二輪自動車、三輪自動車、大型特殊自動車及び被牽引自動車を除く。）に備えるものに限る。）

五の十一　法第四十一条第一項第六号の燃料装置のうちガス容器及びガス容器附属品（圧縮水素燃料自動車（大型特殊自動車及び被牽引自動車を除く。）に備えるものに限る。）

五の十二　法第四十一条第一項第六号の燃料装置のうちガス容器附属品（圧縮水素燃料自動車（大型特殊自動車及び被牽引自動車を除く。）に備えるものに限る。）

五の十三　法第四十一条第一項第六号の燃料装置のうちガス容器取付装置（圧縮水素燃料自動車（大型特殊自動車及び被牽引自動車を除く。）に備えるものに限る。）

五の十四　法第四十一条第一項第六号の電気装置のうち電波障害防止装置（大型特殊自動車に備えるものを除く。）

五の十五　法第四十一条第一項第六号の電気装置のうちサイバーセキュリティシステム（自動車のサイバーセキュリティを確保するための装置をいう。）

五の十六　法第四十一条第一項第六号の電気装置のうちプログラム等改変システム（自動車の電気装置に組み込まれた

プログラム等を確実に改変するための装置をいう。）

五の十七　法第四十一条第一項第六号の電気装置のうち原動機用蓄電池（電力により作動する原動機を有する自動車（大型特殊自動車及び被牽引自動車を除く。）に備えるものに限る。）

五の十八　法第四十一条第一項第六号の電気装置のうち感電防止装置（電力により作動する原動機を有する自動車（大型特殊自動車及び被牽引自動車を除く。）に備えるものに限る。）

五の十九　法第四十一条第一項第六号の燃料装置のうちフルラップ前面衝突時の燃料漏れ防止装置、同号の電気装置のうちフルラップ前面衝突時の感電防止装置並びに同項第七号の車枠及び車体のうちフルラップ前面衝突時の乗員保護装置（電力により作動する原動機を有する自動車（二輪自動車、側車付二輪自動車、三輪自動車、大型特殊自動車及び被牽引自動車を除く。）に備えるものに限る。）

五の二十　法第四十一条第一項第六号の燃料装置のうちフルラップ前面衝突時の燃料漏れ防止装置並びに同項第七号の車枠及び車体のうちフルラップ前面衝突時の乗員保護装置（電力により作動する原動機を有しない自動車（二輪自動車、側車付二輪自動車、三輪自動車、大型特殊自動車及び被牽引自動車を除く。）に備えるものに限る。）

五の二十一　法第四十一条第一項第六号の燃料装置のうちオフセット前面衝突時（自動車の前面のうち運転者席側の一部が衝突等により変形を生じたときをいう。以下同じ。）の燃料漏れ防止装置、同号の電気装置のうちオフセット前面衝突時の感電防止装置並びに同項第七号の車枠及び車体のうちオフセット前面衝突時の乗員保護装置（電力により作動する原動機を有する自動車（二輪自動車、側車付二輪自動車、三輪自動車、大型特殊自動車及び被牽引自動車を除く。）に備えるものに限る。）

五の二十二　法第四十一条第一項第六号の燃料装置のうちオフセット前面衝突時の燃料漏れ防止装置並びに同項第七号の車枠及び車体のうちオフセット前面衝突時の乗員保護装置（電力により作動する原動機を有しない自動車（二輪自動車、側車付二輪自動車、三輪自動車、大型特殊自動車及び被牽引自動車を除く。）に備えるものに限る。）

六　法第四十一条第一項第六号の燃料装置のうち自動車との側面衝突時の燃料漏れ防止装置、同号の電気装置のうち自動車との側面衝突時の感電防止装置並びに同項第七号の車枠及び車体のうち自動車との側面衝突時の乗員保護装置（電力により作動する原動機を有する自動車（二輪自動車、側車付二輪自動車、三輪自動車、大型特殊自動車及び被牽引自動車を除く。）に備えるものに限る。）

六の二　法第四十一条第一項第六号の燃料装置のうち自動車との側面衝突時の燃料漏れ防止装置並びに同項第七号の車枠及び車体のうち自動車との側面衝突時の乗員保護装置（電力により作動する原動機を有しない自動車（二輪自動車、側車付二輪自動車、三輪自動車、大型特殊自動車及び被牽引自動車を除く。）に備えるものに限る。）

六の三　法第四十一条第一項第六号の燃料装置のうち電柱その他棒状の工作物（以下「ポール」という。）との側面衝突時の燃料漏れ防止装置、同号の電気装置のうちポールとの側面衝突時の感電防止装置並びに同項第七号の車枠及び車体のうちポールとの側面衝突時の乗員保護装置（電力により作動する原動機を有する自動車（二輪自動車、側車付二輪自動車、三輪自動車、大型特殊自動車及び被牽引自動車を除く。）に備えるものに限る。）

六の三の二　法第四十一条第一項第六号の燃料装置のうちポールとの側面衝突時の燃料漏れ防止装置並びに同項第七号の車枠及び車体のうちポールとの側面衝突時の乗員保護装置（電力により作動する原動機を有しない自動車（二輪自動車、側車付二輪自動車、三輪自動車、大型特殊自動車及び被牽引自動車を除く。）に備えるものに限る。）

六の四　法第四十一条第一項第六号の燃料装置のうち後面衝突時の燃料漏れ防止装置及び同号の電気装置のうち後面衝突時の感電防止装置（電力により作動する原動機を有する自動車（専ら乗用の用に供する自動車（二輪自動車、側車付二輪自動車、三輪自動車及び被牽引自動車を除く。）であって乗車定員十人未満かつ車両総重量三・五トン以下のもの及び貨物の運送の用に供する自動車（三輪自動車及び被牽引自動車を除く。）であって車両総重量三・五トン以下のものに限る。）に備えるものに限る。）

六の五　法第四十一条第一項第六号の燃料装置のうち後面衝突時の燃料漏れ防止装置（電力により作動する原動機を有しない自動車（専ら乗用の用に供する自動車（二輪自動車、側車付二輪自動車、三輪自動車及び被牽引自動車を除く。）であって乗車定員十人未満かつ車両総重量三・五トン以下のもの及び貨物の運送の用に供する自動車（三輪自動車及び被牽引自動車を除く。）であって車両総重量三・五トン以下のものに限る。）に備えるものに限る。）

六の六　法第四十一条第一項第七号の車枠及び車体のうち歩行者頭部保護装置及び歩行者脚部保護装置（二輪自動車、側車付二輪自動車、三輪自動車、大型特殊自動車及び被牽引自動車以外の自動車に備えるものに限る。）

六の七　法第四十一条第一項第七号の車枠及び車体のうち車両転覆時の乗員保護装置（専ら乗用の用に供する自動車（立席を有する自動車、二階建ての自動車、二輪自動車、側車付二輪自動車及び三輪自動車を除く。）であって乗車定員十八人以上のものに備えるものに限る。）

七　法第四十一条第一項第七号の車枠及び車体のうち外装（専ら乗用の用に供する自動車（二輪自動車、側車付二輪自動車、三輪自動車及び被牽引自動車を除く。）であって乗車定員十人未満のものに装着するものに限る。）

八　法第四十一条第一項第七号の車枠及び車体のうち外装の手荷物積載用部品（専ら乗用の用に供する自動車（二輪自動車、側車付二輪自動車、三輪自動車及び被牽引自動車を除く。）であって乗車定員十人未満のものに備えるものに限る。）

九　法第四十一条第一項第七号の車枠及び車体のうち外装のアンテナ（専ら乗用の用に供する自動車（二輪自動車、側車付二輪自動車、三輪自動車及び被牽引自動車を除く。）であって乗車定員十人未満のものに備えるものに限る。）

十　法第四十一条第一項第七号の車枠及び車体のうち突入防止装置（二輪自動車、側車付二輪自動車、三輪自動車、大型特殊自動車（ポール・トレーラを除く。）及び被牽引自動車以外の自動車に備えるものに限る。）

十一　法第四十一条第一項第七号の車枠及び車体のうち突入

防止装置及び突入防止装置取付装置（二輪自動車、側車付二輪自動車、三輪自動車、大型特殊自動車（ポール・トレーラを除く。）及び牽引自動車以外の自動車に備えるものに限る。）

十一の二　法第四十一条第一項第七号の車枠及び車体のうち前部潜り込み防止装置（貨物の運送の用に供する自動車（三輪自動車及び被牽引自動車を除く。）であって車両総重量三・五トンを超えるものに備えるものに限る。）

十一の三　法第四十一条第一項第七号の車枠及び車体のうち前部潜り込み防止装置及び前部潜り込み防止装置取付装置（貨物の運送の用に供する自動車（三輪自動車及び被牽引自動車を除く。）であって車両総重量三・五トンを超えるものに備えるものに限る。）

十一の四　法第四十一条第一項第九号の乗車装置のうち内装（告示で定めるものであって、専ら乗用の用に供する自動車（二輪自動車、側車付二輪自動車、三輪自動車及び被牽引自動車を除く。）であって乗車定員十人未満のものに備えるものに限る。）

十一の五　法第四十一条第一項第九号の乗車装置のうち運転者席（専ら乗用の用に供する自動車（二輪自動車、側車付二輪自動車、三輪自動車及び被牽引自動車を除く。）であって乗車定員十人未満のもの及び貨物の運送の用に供する自動車（三輪自動車及び被牽引自動車を除く。）であって車両総重量三・五トン以下のものに備えるものに限る。）

十一の六　法第四十一条第一項第九号の乗車装置のうち運転者席（専ら乗用の用に供する自動車（二輪自動車、側車付二輪自動車、三輪自動車及び被牽引自動車を除く。）であって乗車定員十人以上のもの及び貨物の運送の用に供する自動車（三輪自動車及び被牽引自動車を除く。）であって車両総重量三・五トンを超えるものに備えるものに限る。）

十二　法第四十一条第一項第九号の乗車装置のうち座席（専ら乗用の用に供する自動車（二輪自動車、側車付二輪自動車、三輪自動車及び被牽引自動車を除く。）であって乗車定員が十人未満のもの及び貨物の運送の用に供する自動車（三輪自動車及び被牽引自動車を除く。）に備えるものに限る。）

十二の二　法第四十一条第一項第九号の乗車装置のうち座席及び頭部後傾抑止装置

十三　法第四十一条第一項第九号の乗車装置のうち座席（専ら乗用の用に供する自動車（立席を有する自動車を除く。）であって乗車定員が十人以上のものに備えるものに限る。）

十三の二　法第四十一条第一項第九号の乗車装置のうち座席ベルト取付装置

十三の三　法第四十一条第一項第九号の乗車装置のうち座席ベルト

十四　法第四十一条第一項第九号の乗車装置のうち頭部後傾抑止装置

十四の二　法第四十一条第一項第九号の乗車装置のうち年少者用補助乗車装置取付具

十五　法第四十一条第一項第九号の乗車装置のうち年少者用補助乗車装置（次号に掲げるものを除く。）

十五の二　法第四十一条第一項第九号の乗車装置のうち年少者用補助乗車装置（専ら乗用の用に供する自動車（二輪自動車、側車付二輪自動車、三輪自動車及び被牽引自動車を除く。）であって乗車定員十人以上のものに備えるもののうち座席に組み込まれたものに限る。）

十六　法第四十一条第一項第九号の乗車装置のうち乗降口の扉の開放防止装置（専ら乗用の用に供する自動車（二輪自動車、側車付二輪自動車、三輪自動車及び被牽引自動車を除く。）であって乗車定員が十人未満のもの並びに貨物の運送の用に供する自動車（三輪自動車及び被牽引自動車を除く。）であって車両総重量三・五トン以下のものに備えるものに限る。）

十六の二　法第四十一条第一項第十号の窓ガラス

十七　法第四十一条第一項第十一号の騒音防止装置（側車付二輪自動車、三輪自動車及び大型特殊自動車に備えるものを除く。）

十七の二　法第四十一条第一項第十一号の騒音防止装置（側車付二輪自動車、三輪自動車及び大型特殊自動車に備えるものに限る。）

十八　法第四十一条第一項第十二号の発散防止装置のうち一酸化炭素等発散防止装置

十八の二　法第四十一条第一項第十二号の発散防止装置のうちディフィートストラテジー防止装置（路上走行時に発散防止装置の機能が低下することを防止する装置をいう。）（軽油を燃料とする自動車（自動車の種別及び用途に応じ、自動車の重量及び乗車定員に関し告示で定める要件を満たすものに限る。）に備えるものに限る。）

十九　法第四十一条第一項第十三号の灯火装置のうち前照灯（配光可変型前照灯を除く。）

十九の二　法第四十一条第一項第十三号の灯火装置のうち前照灯（配光可変型前照灯に限る。）

二十　法第四十一条第一項第十三号の灯火装置のうち前照灯洗浄器

二十一　法第四十一条第一項第十三号の灯火装置のうち前照灯洗浄器及び前照灯洗浄器取付装置

二十二　法第四十一条第一項第十三号の灯火装置のうち前部霧灯

二十二の二　法第四十一条第一項第十三号の灯火装置のうち側方照射灯

二十三　法第四十一条第一項第十三号の灯火装置のうち車幅灯

二十四　法第四十一条第一項第十三号の灯火装置のうち尾灯

二十五　法第四十一条第一項第十三号の灯火装置のうち制動灯

二十六　法第四十一条第一項第十三号の灯火装置のうち補助制動灯

二十七　法第四十一条第一項第十三号の灯火装置のうち前部上側端灯

二十八　法第四十一条第一項第十三号の灯火装置のうち後部上側端灯

二十八の二　法第四十一条第一項第十三号の灯火装置のうち昼間走行灯

二十九　法第四十一条第一項第十三号の灯火装置のうち側方灯

二十九の二　法第四十一条第一項第十三号の灯火装置のうち番号灯

三十　法第四十一条第一項第十三号の灯火装置のうち後部霧灯

三十一　法第四十一条第一項第十三号の灯火装置のうち駐車灯

三十二　法第四十一条第一項第十三号の灯火装置のうち後退灯

三十二の二　法第四十一条第一項第十三号の灯火装置のうち低速走行時側方照射灯

三十三　法第四十一条第一項第十三号の反射器のうち前部反射器

三十四　法第四十一条第一項第十三号の反射器のうち側方反射器

三十五　法第四十一条第一項第十三号の反射器のうち後部反射器

三十六　法第四十一条第一項第十三号の反射器のうち大型後部反射器

三十六の二　法第四十一条第一項第十三号の反射器のうち再帰反射材

三十七　法第四十一条第一項第十四号の警報装置のうち警音器の警報音発生装置

三十八　法第四十一条第一項第十四号の警報装置のうち警音器

三十九　法第四十一条第一項第十四号の警報装置のうち警告反射板

四十　法第四十一条第一項第十四号の警報装置のうち停止表示器材

四十の二　法第四十一条第一項第十四号の警報装置のうち自動車の盗難が発生しようとしている、又は発生している旨を音又は音及び灯光等により車外へ警報することにより自動車の盗難を防止する装置（以下「盗難発生警報装置」という。）（専ら乗用の用に供する自動車（二輪自動車、側車付二輪自動車、三輪自動車及び被牽引自動車を除く。）であって乗車定員が十人未満のもの及び貨物の運送の用に供する自動車（三輪自動車及び被牽引自動車を除く。）であって車両総重量二トン以下のものに備えるものに限る。）

四十の三　法第四十一条第一項第十四号の警報装置のうち車線逸脱警報装置（専ら乗用の用に供する自動車（二輪自動車、側車付二輪自動車、三輪自動車及び被牽引自動車を除く。）であって乗車定員十人以上のもの及び貨物の運送の用に供する自動車（三輪自動車及び被牽引自動車を除く。）であって車両総重量三・五トンを超えるものに備えるものに限る。）

四十の四　法第四十一条第一項第十四号の警報装置のうち車両接近通報装置（電力により作動する原動機を有する自動車（二輪自動車、側車付二輪自動車、三輪自動車、大型特殊自動車及び被牽引自動車を除く。）に備えるものに限る。）

四十の五　法第四十一条第一項第十四号の警報装置のうち事故自動緊急通報装置（専ら乗用の用に供する自動車（二輪自動車、側車付二輪自動車、三輪自動車及び被牽引自動車を除く。）であって乗車定員十人未満かつ車両総重量三・五トン以下のもの及び貨物の運送の用に供する自動車（三輪自動車及び被牽引自動車を除く。）であって車両総重量三・五トン以下のものに備えるものに限る。）

四十の六　法第四十一条第一項第十四号の警報装置のうち側方衝突警報装置（専ら乗用の用に供する自動車（二輪自動車、側車付二輪自動車、三輪自動車及び被牽引自動車を除く。）であって乗車定員十人以上のもの及び貨物の運送の用に供する自動車（三輪自動車及び被牽引自動車を除く。）であって車両総重量三・五トンを超えるものに備えるものに限る。）

四十の七　法第四十一条第一項第十四号の警報装置のうち車両後退通報装置（専ら乗用の用に供する自動車（二輪自動車、側車付二輪自動車、三輪自動車及び被牽引自動車を除く。）であって乗車定員十人以上かつ車両総重量三・五トンを超えるもの及び貨物の運送の用に供する自動車（三輪自動車及び被牽引自動車を除く。）であって車両総重量三・五トンを超えるものに備えるものに限る。次号において同じ。）の通報音発生装置

四十の八　法第四十一条第一項第十四号の警報装置のうち車両後退通報装置

四十一　法第四十一条第一項第十五号の指示装置のうち方向指示器（車両総重量が八トン以上又は最大積載量が五トン以上の普通自動車（セミトレーラを牽引する牽引自動車、乗車定員十一人以上の自動車及びその形状が乗車定員十一人以上の自動車の形状に類する自動車を除く。）の両側面の中央部に備えるものを除く。）

四十一の二　法第四十一条第一項第十三号の灯火装置及び同項第十五号の指示装置の光源

四十一の三　法第四十一条第一項第十三号の灯火装置及び反射器並びに同項第十五号の指示装置の取付装置（専ら乗用の用に供する自動車（二輪自動車、側車付二輪自動車、三輪自動車、最高速度二十五キロメートル毎時以下の自動車及び被牽引自動車を除く。）であって乗車定員が十人未満のもの及び貨物の運送の用に供する自動車（三輪自動車、最高速度二十五キロメートル毎時以下の自動車及び被牽引自動車を除く。）であって車両総重量三・五トン以下のものに備えるものに限る。）

四十一の四　法第四十一条第一項第十三号の灯火装置及び反射器並びに同項第十五号の指示装置の取付装置（二輪自動車に備えるものに限る。）

四十二　法第四十一条第一項第十六号の視野を確保する装置のうち後写鏡及び後方等確認装置（以下「後写鏡等」という。）（大型特殊自動車及び被牽引自動車以外の自動車に備えるものに限る。）

四十三　法第四十一条第一項第十六号の視野を確保する装置のうち後写鏡等及び後写鏡等取付装置（大型特殊自動車及び被牽引自動車以外の自動車に備えるものに限る。）

四十三の二　法第四十一条第一項第十六号の視野を確保する装置のうち直前直左右確認装置（専ら乗用の用に供する自動車（二輪自動車、側車付二輪自動車、三輪自動車及び被牽引自動車を除く。）であって乗車定員十人未満のもの及び貨物の運送の用に供する自動車（三輪自動車及び被牽引自動車を除く。）であって車両総重量三・五トン以下のものに備えるものに限る。）

四十三の三　法第四十一条第一項第十六号の視野を確保する装置のうち直前直左右確認装置及び直前直左右確認装置取付装置（専ら乗用の用に供する自動車（二輪自動車、側車付二輪自動車、三輪自動車及び被牽引自動車を除く。）であって乗車定員十人未満のもの及び貨物の運送の用に供する自動車（三輪自動車及び被牽引自動車を除く。）であって車両総重量三・五トン以下のものに備えるものに限る。）

四十四　法第四十一条第一項第十六号の視野を確保する装置のうち後退時車両直後確認装置（二輪自動車、側車付二輪自動車、三輪自動車、大型特殊自動車及び被牽引自動車以外の自動車に備えるものに限る。）

四十四の二　法第四十一条第一項第十六号の視野を確保する装置のうち後退時車両直後確認装置の後方視界看視装置（二輪自動車、側車付二輪自動車、三輪自動車、大型特殊自動車及び被牽引自動車以外の自動車に備えるものに限る。）

四十五　法第四十一条第一項第十七号の計器のうち速度計及び走行距離計

四十六　法第四十一条第一項第十七号の計器のうち事故情報計測・記録装置（専ら乗用の用に供する自動車（二輪自動車、側車付二輪自動車、三輪自動車及び被牽引自動車を除く。）であって乗車定員が十人未満のもの及び貨物の運送の用に供する自動車（三輪自動車及び被牽引自動車を除く。）であって車両総重量三・五トン以下のものに備えるものに限る。）

四十七　法第四十一条第一項第十七号の計器のうち事故情報計測・記録装置（専ら乗用の用に供する自動車（二輪自動車、側車付二輪自動車、三輪自動車及び被牽引自動車を除く。）であって乗車定員十人以上のもの及び貨物の運送の用に供する自動車（三輪自動車及び被牽引自動車を除く。）であって車両総重量三・五トンを超えるものに備えるものに限る。）

四十八　法第四十一条第一項第二十号の自動運行装置

四十九　法第四十一条第一項第二十一号の特に必要な自動車の装置のうち道路運送車両法施行令（昭和二十六年政令第二百五十四号。以下「施行令」という。）第六条で定める運行記録計

五十　法第四十一条第一項第二十一号の特に必要な自動車の装置のうち施行令第六条で定める速度表示装置

※　一一号の四・一八号の二「告示」＝装置型式指定規則第二条第十一号の四及び第十八号の二の告示で定めるものを定める告示

（指定の申請）

第三条　指定の申請は、特定装置を製作することを業とする者若しくはその者から特定装置を購入する契約を締結している者であって当該特定装置を販売することを業とするもの（外国において本邦に輸出される特定装置を製作することを業とする者又はその者から当該特定装置を購入する契約を締結している者であって当該特定装置を本邦に輸出することを業とするものを含む。以下「製作者等」という。）又は特定改造等を業とする者が、製作若しくは販売（以下「製作等」という。）をする特定装置又は特定改造等に係る改造のためのプログラム等が組み込まれる装置について行うものとする。

第四条　指定を申請する者（以下「申請者」という。）は、国土交通大臣に対し、次に掲げる事項を記載した申請書（第一号様式）を、機構に対し、その写しを提出し、かつ、申請に係る特定装置を機構に提示しなければならない。

一　特定装置の種類

二　特定装置の名称及び型式

三　申請者の氏名又は名称及び住所

四　主たる製作工場の名称及び所在地

2　前項の申請書及びその写しには、次に掲げる書面（申請書の写しにあっては、第四号、第五号、第八号及び第九号を除く。）を添付しなければならない。

一　申請に係る特定装置の構造及び性能を記載した書面

二　申請に係る特定装置の外観図

三　道路運送車両の保安基準（昭和二十六年運輸省令第六十七号）の規定（申請に係る特定装置が対象となる部分に限る。）に適合することを証する書面

四　品質管理システム（申請に係る特定装置の品質管理の計画、実施、評価及び改善に関し、申請者が自らの組織の管理監督を行うための仕組みをいう。）に係る業務組織及び実施要領を記載した書面（申請者が国際標準化機構第九〇〇一号の規格により登録されている場合（申請に係る特定装置に関し、前項第四号の主たる製作工場について登録されている場合に限る。）にあっては、登録されていることを証する書面）

五　第七条第二項の検査に係る業務組織及び検査の実施要領を記載した書面（以下「検査実施要領」という。）

六　特定装置を取り付けることができる自動車又は特定共通構造部の範囲を限定する場合にあっては、当該特定装置を取り付けることができる自動車又は特定共通構造部の範囲

七　製作者等が申請に係る特定装置に法第七十五条の四第一項に規定する表示を付する場合にあっては、表示位置及び表示方式を記載した図面

八　前条の購入契約を締結している者にあっては、当該契約書の写し

九　次の各号に掲げる処分を受け、かつ、当該処分を受けた日以後初めて指定の申請をする者にあっては、当該処分に関する不正行為を防止するための措置が適切に講じられていることを証する書面

イ　法第七十五条第七項の規定による同条第一項の規定により指定を受けた自動車（以下「指定自動車」という。）の型式についての指定の効力の停止

ロ　法第七十五条第八項の規定による指定自動車の型式についての指定の取消し

ハ　法第七十五条の二第四項の規定による同条第一項の規定により指定を受けた特定共通構造部（以下「指定特定共通構造部」という。）の型式についての指定の効力の停止

ニ　法第七十五条の二第五項の規定による指定特定共通構造部の型式についての指定の取消し

ホ　法第七十五条の三第五項の規定による指定を受けた特定装置（以下「指定特定装置」という。）の型式についての指定の効力の停止

ヘ　法第七十五条の三第六項の規定による指定特定装置の型式についての指定の取消し

3　国土交通大臣又は機構は、前二項に規定するもののほか、申請者に対し、指定に関し必要があると認めるときは、必要な書面の提出を求めることができる。

第四条の二　前条第一項及び第二項の規定にかかわらず、指定を受けた者は、当該指定特定装置の型式と重要でない部分のみが異なる型式について指定を申請する場合には、国土交通大臣に対し第一号様式の二による申請書及び当該指定特定装置の型式と異なる部分に関する資料を、機構に対しそれらの写しを提出することをもって、同条第一項に規定する申請書及びその写しの提出並びに申請に係る特定装置の機構への提示並びに同条第二項に規定する書面（同項第九号に掲げる書面を除く。）の添付に代えることができる。

2　機構は、指定を受けた者に対し、前項の規定による申請に係る指定に関し必要があると認めるときは、当該申請に係る特定装置の提示を求めることができる。

第四条の三　法第七十五条の三第三項に規定する判定の基準は、次のとおりとする。

一　第四条第一項の規定により機構に提示された特定装置又は前条第一項の申請に係る特定装置が、保安基準（申請に係る特定装置が対象となる部分に限る。）に適合すること。

二　第四条第一項の規定により機構に提示された特定装置又は前条第一項の申請に係る特定装置と同じ構造及び性能を有する特定装置が均一に製作されるよう品質管理が行われていること。

三　法第六十三条の三第一項に規定する改善措置の届出に関する重大な不正行為を行った自動車製作者等が行った指定の申請のうち、当該改善措置に係る自動車の部品と同種のものが使用されている特定装置に係るものにあっては、当該改善措置及び当該改善措置の届出に関する不正行為の再発を防止するための措置が適切に講じられていること。

四　法第六十三条の三第二項に規定する改善措置の届出に関する重大な不正行為を行った装置製作者等（法第六十三条の二第二項に規定する装置製作者等をいう。）が行った指定の申請のうち、当該改善措置に係る装置の部品と同種のものが使用されている特定装置に係るものにあっては、当該改善措置及び当該改善措置の届出に関する不正行為の再発を防止するための措置が適切に講じられていること。

（指定を受けたものとみなす特定装置）

第五条　法第七十五条の三第八項の国土交通省令で定める特定装置は、次の表の上欄に掲げるものとし、同項の認定その他の証明は、同表の上欄に掲げる特定装置の種類に応じ、国土交通大臣が告示で定める国が、車両並びに車両への取付け又は車両における使用が可能な装置及び部品に係る調和された技術上の国際連合規則の諸採択並びにこれらの国際連合の諸規則に基づいて行われる認定の相互承認のための条件に関する協定に附属する同表の下欄に掲げる規則に基づき行う認定によるものとする。

特定装置の種類	規則番号
一　第二条第一号の自動車駆動用出力装置	第八十五号
一の二　第二条第一号の二の自動車駆動用燃料消費装置	第百五十四号第二改訂版（レベル一Aに係る部分を除く。）
一の三　第二条第一号の三の自動車駆動用燃料消費装置及び一酸化炭素等発散防止装置	第百五十四号第三改訂版
一の四　第二条第一号の四の自動車駆動用燃料消費装置、自動車駆動用電力消費装置、一酸化炭素等発散防止装置及び燃料蒸発ガス排出抑止装置	
一の五　第二条第一号の五の自動車駆動用燃料消費装置及び一酸化炭素等発散防止装置	
一の六　第二条第一号の六の自動車駆動用燃料消費装置、一酸化炭素等発散防止装置及び燃料蒸発ガス排出抑止装置	
一の七　第二条第一号の七の自動車駆動用電力消費装置	
二　第二条第二号の空気入ゴムタイヤ	第七十五号
二の二　第二条第二号の二の空気入ゴムタイヤ	第三十号第二改訂版 第百十七号第四改訂版
三　第二条第三号の空気入ゴムタイヤ	第五十四号 第百十七号第四改訂版
三の二　第二条第三号の二の空気入ゴムタイヤ	第百四十二号改訂版
三の三　第二条第三号の三の応急用予備走行装置	第六十四号第三改訂版
三の四　第二条第三号の四のタイヤ空気圧監視装置	第百四十一号改訂版
三の五　第二条第三号の五の操作装置	第六十号
三の六　第二条第三号の六の操作装置	第百二十一号改訂版
三の七　第二条第三号の七のかじ取装置	第七十九号第四改訂版
三の八　第二条第三号の八のフルラップ前面衝突時の乗員保護装置	第十二号第五改訂版
三の九　第二条第三号の九のフルラップ前面衝突時の乗員保護装置及び感電防止装置	
四　第二条第四号の施錠装置	第六十二号改訂版
四の二　第二条第四号の二の施錠装置	第百十六号改訂版 第百六十一号

装置	規則
四の三　第二条第四号の三のイモビライザ	第百十六号改訂版 第百六十二号
四の四　第二条第四号の四の制動装置	第七十八号第六改訂版
五　第二条第五号の制動装置	第十三H号改訂版
五の二　第二条第五号の二の制動装置	第十三H号改訂版 第十三号第十三改訂版
五の三　第二条第五号の三の制動装置	第十三号第十三改訂版
五の四　第二条第五号の四の衝突被害軽減制動制御装置	第百五十二号第二改訂版
五の五　第二条第五号の五の衝突被害軽減制動制御装置	第百三十一号第二改訂版 第百五十二号第二改訂版
五の五の二　第二条第五号の五の二の衝突被害軽減制動制御装置	第百三十一号第二改訂版
五の五の三　第二条第五号の五の三の衝突被害軽減制動制御装置	
五の六　第二条第五号の六の横滑り防止装置	第百四十号
五の七　第二条第五号の七のブレーキアシストシステム	第百三十九号
五の八　第二条第五号の八の燃料タンク	第三十四号第四改訂版
五の九　第二条第五号の九の燃料タンク及び燃料タンク取付装置	
五の九の二　第二条第五号の九の二の衝突時の車両火災防止装置	
五の十　第二条第五号の十のガス容器	第百十号第六改訂版
五の十の二　第二条第五号の十の二のガス容器及びガス容器附属品	
五の十の三　第二条第五号の十の三のガス容器、ガス容器附属品及び燃料制御保護装置	
五の十の四　第二条第五号の十の四のガス容器及び燃料制御保護装置	
五の十の五　第二条第五号の十の五のガス容器附属品	
五の十の六　第二条第五号の十の六のガス容器附属品及び燃料制御保護装置	
五の十の七　第二条第五号の十の七の燃料制御保護装置	
五の十の八　第二条第五号の十の八のガス容器取付装置	
五の十一　第二条第五号の十一のガス容器及びガス容器附属品	第百三十四号第二改訂版 第百四十六号
五の十二　第二条第五号の十二のガス容器附属品	
五の十三　第二条第五号の十三のガス容器取付装置	
五の十四　第二条第五号の十四の電波障害防止装置	第十号第六改訂版
五の十五　第二条第五号の十五のサイバーセキュリティシステム	第百五十五号
五の十六　第二条第五号の十六のプログラム等改変システム	第百五十六号
五の十七　第二条第五号の十七の原動機用蓄電池	第百号第三改訂版
五の十八　第二条第五号の十八の感電防止装置	第百三十六号改訂版
五の十九　第二条第五号の十九のフルラップ前面衝突時の燃料漏れ防止装置、感電防止装置及び乗員保護装置	第百三十七号第三改訂版
五の二十　第二条第五号の二十のフルラップ前面衝突時の燃料漏れ防止装置及び乗員保護装置	
五の二十一　第二条第五号の二十一のオフセット前面衝突時の燃料漏れ防止装置、感電防止装置及び乗員保護装置	第九十四号第五改訂版
五の二十二　第二条第五号の二十二のオフセット前面衝突時の燃料漏れ防止装置及び乗員保護装置	
六　第二条第六号の自動車との側面衝突時の燃料漏れ防止装置、感電防止装置及び乗員保護装置	第九十五号第六改訂版
六の二　第二条第六号の二の自動車との側面衝突時の燃料漏れ防止装置及び乗員保護装置	
六の三　第二条第六号の三のポールとの側面衝突時の燃料漏れ防止装置、感電防止装置及び乗員保護装置	第百三十五号第二改訂版
六の三の二　第二条第六号の三の二のポールとの側面衝突時の燃料漏れ防止装置及び乗員保護装置	
六の四　第二条第六号の四の後面衝突時の燃料漏れ防止装置及び感電防止装置	第百五十三号
六の五　第二条第六号の五の後面衝突時の燃料漏れ防止装置	

<table>
<tr><td>六の六　第二条第六号の六の歩行者頭部保護装置及び歩行者脚部保護装置</td><td>第百二十七号第四改訂版</td></tr>
<tr><td>六の七　第二条第六号の七の車両転覆時の乗員保護装置</td><td>第六十六号第二改訂版</td></tr>
<tr><td>七　第二条第七号の外装</td><td rowspan="3">第二十六号第四改訂版</td></tr>
<tr><td>八　第二条第八号の外装の手荷物積載用部品</td></tr>
<tr><td>九　第二条第九号の外装のアンテナ</td></tr>
<tr><td>十　第二条第十号の突入防止装置</td><td rowspan="2">第五十八号第三改訂版</td></tr>
<tr><td>十一　第二条第十一号の突入防止装置及び突入防止装置取付装置</td></tr>
<tr><td>十一の二　第二条第十一号の二の前部潜り込み防止装置</td><td rowspan="2">第九十三号</td></tr>
<tr><td>十一の三　第二条第十一号の三の前部潜り込み防止装置及び前部潜り込み防止装置取付装置</td></tr>
<tr><td>十一の四　第二条第十一号の四の内装</td><td>第二十一号改訂版</td></tr>
<tr><td>十一の五　第二条第十一号の五の運転者席</td><td>第百二十五号第二改訂版</td></tr>
<tr><td>十一の六　第二条第十一号の六の運転者席</td><td>第百六十七号</td></tr>
<tr><td>十二　第二条第十二号の座席</td><td rowspan="2">第十七号第十一改訂版</td></tr>
<tr><td>十三　第二条第十二号の二の座席及び頭部後傾抑止装置</td></tr>
<tr><td>十三の二　第二条第十三号の座席</td><td>第八十号第四改訂版</td></tr>
<tr><td>十三の三　第二条第十三号の二の座席ベルト取付装置</td><td>第十四号第九改訂版</td></tr>
<tr><td>十三の四　第二条第十三号の三の座席ベルト</td><td>第十六号第九改訂版</td></tr>
<tr><td>十四　第二条第十四号の頭部後傾抑止装置</td><td>第二十五号第四改訂版</td></tr>
<tr><td>十四の二　第二条第十四号の二の年少者用補助乗車装置取付具</td><td>第百四十五号改訂版</td></tr>
<tr><td>十四の三　第二条第十五号の年少者用補助乗車装置</td><td>第百二十九号第四改訂版</td></tr>
<tr><td>十四の四　第二条第十五号の二の年少者用補助乗車装置</td><td>第百七十号</td></tr>
<tr><td>十五　第二条第十六号の乗降口の扉の開放防止装置</td><td>第十一号第四改訂版</td></tr>
<tr><td>十五の二　第二条第十六号の二の窓ガラス</td><td>第四十三号改訂版</td></tr>
<tr><td>十五の三　第二条第十七号の騒音防止装置</td><td>第四十一号第五改訂版
第五十一号第三改訂版</td></tr>
<tr><td>十五の四　第二条第十八号の二のディフィートストラテジー防止装置</td><td>第百六十八号</td></tr>
<tr><td>十五の五　第二条第十九号の前照灯</td><td>第九十八号第二改訂版
第百十二号第二改訂版
第百十三号第三改訂版
第百四十九号改訂版</td></tr>
<tr><td>十五の六　第二条第十九号の二の前照灯</td><td>第百二十三号第二改訂版
第百四十九号改訂版</td></tr>
<tr><td>十六　第二条第二十号の前照灯洗浄器</td><td rowspan="2">第四十五号改訂版</td></tr>
<tr><td>十七　第二条第二十一号の前照灯洗浄器及び前照灯洗浄器取付装置</td></tr>
<tr><td>十八　第二条第二十二号の前部霧灯</td><td>第十九号第五改訂版
第百四十九号改訂版</td></tr>
<tr><td>十八の二　第二条第二十二号の二の側方照射灯</td><td>第百十九号第二改訂版
第百四十九号改訂版</td></tr>
<tr><td>十九　第二条第二十三号の車幅灯</td><td rowspan="3">第七号第三改訂版
第五十号改訂版
第百四十八号改訂版</td></tr>
<tr><td>二十　第二条第二十四号の尾灯</td></tr>
<tr><td>二十一　第二条第二十五号の制動灯</td></tr>
<tr><td>二十二　第二条第二十六号の補助制動灯</td><td rowspan="2">第七号第三改訂版
第百四十八号改訂版</td></tr>
<tr><td>二十三　第二条第二十七号の前部上側端灯</td></tr>
<tr><td>二十四　第二条第二十八号の後部上側端灯</td><td rowspan="2">第八十七号改訂版
第百四十八号改訂版</td></tr>
<tr><td>二十四の二　第二条第二十八号の二の昼間走行灯</td></tr>
<tr><td>二十五　第二条第二十九号の側方灯</td><td>第九十一号改訂版
第百四十八号改訂版</td></tr>
<tr><td>二十五の二　第二条第二十九号の二の番号灯</td><td>第四号改訂版
第五十号改訂版
第百四十八号改訂版</td></tr>
</table>

<table>
<tr><td>二十六　第二条第三十号の後部霧灯</td><td>第三十八号改訂版
第百四十八号改訂版</td></tr>
<tr><td>二十七　第二条第三十一号の駐車灯</td><td>第七十七号改訂版
第百四十八号改訂版</td></tr>
<tr><td>二十八　第二条第三十二号の後退灯</td><td rowspan="2">第二十三号改訂版
第百四十八号改訂版</td></tr>
<tr><td>二十八の二　第二条第三十二号の二の低速走行時側方照射灯</td></tr>
<tr><td>二十九　第二条第三十三号の前部反射器</td><td rowspan="3">第三号第三改訂版
第百五十号改訂版</td></tr>
<tr><td>三十　第二条第三十四号の側方反射器</td></tr>
<tr><td>三十一　第二条第三十五号の後部反射器</td></tr>
<tr><td>三十一の二　第二条第三十六号の大型後部反射器</td><td>第七十号第二改訂版
第百五十号改訂版</td></tr>
<tr><td>三十一の三　第二条第三十六号の二の再帰反射材</td><td>第百四号改訂版
第百五十号改訂版</td></tr>
<tr><td>三十二　第二条第三十七号の警音器の警報音発生装置</td><td rowspan="2">第二十八</td></tr>
<tr><td>三十三　第二条第三十八号の警音器</td></tr>
<tr><td>三十四　第二条第四十号の停止表示器材</td><td>第二十七号第五改訂版
第百五十号改訂版</td></tr>
<tr><td>三十四の二　第二条第四十号の二の盗難発生警報装置</td><td>第百十六号改訂版
第百六十三号</td></tr>
<tr><td>三十四の三　第二条第四十号の三の車線逸脱警報装置</td><td>第百三十号</td></tr>
<tr><td>三十四の四　第二条第四十号の四の車両接近通報装置</td><td>第百三十八号改訂版</td></tr>
<tr><td>三十四の五　第二条第四十号の五の事故自動緊急通報装置</td><td>第百四十四号改訂版</td></tr>
<tr><td>三十四の六　第二条第四十号の六の側方衝突警報装置</td><td>第百五十一号</td></tr>
<tr><td>三十四の七　第二条第四十号の七の車両後退通報装置の通報音発生装置</td><td rowspan="2">第百六十五号</td></tr>
<tr><td>三十四の八　第二条第四十号の八の車両後退通報装置</td></tr>
<tr><td>三十五　第二条第四十一号の方向指示器</td><td>第六号第二改訂版
第五十号改訂版
第百四十八号改訂版</td></tr>
<tr><td>三十五の二　第二条第四十一号の二の光源</td><td>第三十七号第三改訂版
第九十九号
第百二十八号</td></tr>
<tr><td>三十五の三　第二条第四十一号の三の灯火装置及び反射器並びに指示装置の取付装置</td><td>第四十八号第八改訂版</td></tr>
<tr><td>三十五の四　第二条第四十一号の四の灯火装置及び反射器並びに指示装置の取付装置</td><td>第五十三号第四改訂版</td></tr>
<tr><td>三十六　第二条第四十二号の後写鏡等</td><td rowspan="2">第四十六号第五改訂版
第八十一号</td></tr>
<tr><td>三十七　第二条第四十三号の後写鏡等及び後写鏡等取付装置</td></tr>
<tr><td>三十七の二　第二条第四十三号の二の直前直左右確認装置</td><td>第百六十六号</td></tr>
<tr><td>三十七の三　第二条第四十三号の三の直前直左右確認装置及び直前直左右確認装置取付装置</td><td></td></tr>
<tr><td>三十八　第二条第四十四号の後退時車両直後確認装置</td><td>第百五十八号</td></tr>
<tr><td>三十九　第二条第四十五号の速度計及び走行距離計</td><td>第三十九号改訂版</td></tr>
<tr><td>四十　第二条第四十六号の事故情報計測・記録装置</td><td>第百六十号第二改訂版</td></tr>
<tr><td>四十一　第二条第四十七号の事故情報計測・記録装置</td><td>第百六十九号</td></tr>
<tr><td>四十二　第二条第四十八号の自動運行装置</td><td>第百五十七号改訂版</td></tr>
</table>

2　前項の表中第二号の二及び第三号の装置は、滑り止めに係る性能等について告示で定める要件に適合していなければならない。

3　第一項の表中第三号の装置（駆動軸に取り付けることを目的として設計されたものであって、告示で定めるものに限る。）は、構造について告示で定める要件に適合していなければならない。

※　1項「告示」＝装置型式指定規則第五条第一項及び共通構造部型式指定規則第五条の二の国土交通大臣が告示で定める国を定める告示、2・3項「告示」＝装置型式指定規則第五条第二項の告示で定める要件並びに同条第三項の告示で定める装置及び要件を定める告示

（特別な表示）

第六条　法第七十五条の四第一項の国土交通省令で定める方式による特別な表示（法第七十五条の三第一項の規定による指定を受けたものであることを示すものに限る。）は、第二条各号に掲げる種類の装置（前条第一項の表各号に掲げる種類の装置を除く。）にあっては第二号様式に定める表示とし、前条第一項の表各号に掲げる種類の装置（同表第三十五号の二に掲げる種類の装置を除く。）にあっては第三号様式に定める表示とし、同表第三十五号の二に掲げる種類の装置に

あっては第四号様式に定める表示とする。

2　前項の特別な表示は、特定装置に、耐久性のある方法で、鮮明に表示しなければならない。

（検査等の実施及び結果の保存）

第七条　指定特定装置の製作者等（以下「指定製作者等」という。）は、当該特定装置が指定を受けた型式としての構造及び性能を有するようにしなければならない。

2　指定製作者等は、当該特定装置が均一性を有するようにするため、検査実施要領に従って検査をし、かつ、当該検査の結果の分析等を行わなければならない。

3　指定製作者等は、前項の検査の結果を一年間保存しなければならない。

（届出等）

第八条　次の表の第一欄に掲げる者は、第二欄に掲げる場合には、第三欄に掲げる届出書を、第四欄に掲げる時期に国土交通大臣に届け出なければならない。

第一欄	第二欄	第三欄	第四欄
一　指定を受けた者	第四条第一項第二号、第三号若しくは第四号又は同条第二項第四号若しくは第五号の書面の記載事項（国土交通大臣が定めるものを除く。）に変更があった場合	その旨を記載した届出書	変更後遅滞なく
二　指定を受けた者	第四条第二項第一号から第三号まで、第六号及び第七号に掲げる書面の記載事項に軽微な変更（当該変更に係る特定装置の型式が、同一と認められる型式の範囲内にあり、かつ、当該特定装置が、道路運送車両の保安基準に適合することが明白であるものをいう。）があった場合	その旨を記載した届出書	変更後遅滞なく
三　指定を受けた者	当該型式の特定装置の製作者等でなくなった場合	その旨を記載した届出書（第五号様式）	当該型式の特定装置の製作者等でなくなった日から三十日以内

2　前項第一号の場合において、第四条第一項第三号の「申請者」は「指定を受けた者」と読み替える。

3　国土交通大臣は、第一項第三号の届出があったときは、その指定を取り消すことができる。この場合において、取消しの日までに製作等が行われた特定装置については取消しの効力は及ばないものとする。

（装置型式指定通知書等の交付）

第九条　国土交通大臣は、次の表の上欄に該当するときは、申請者に対し、それぞれ下欄の書面を交付するものとする。

上欄	下欄
一　指定（第四条の二第一項の規定による申請に係るものを除く。）を行ったとき。	装置型式指定通知書
二　指定（第四条の二第一項の規定による申請に係るものに限る。）を行ったとき。	既指定装置型式指定通知書
三　法第七十五条の三第六項又は第七項の規定による指定の取消しを行ったとき。	装置型式指定取消通知書

（勧告）

第九条の二　国土交通大臣は、指定製作者等がこの省令の規定に違反したときは、当該指定製作者等に対し、その是正のため必要な措置をとるべきことを勧告することができる。

（意見の徴取）

第十条　国土交通大臣は、法第七十五条の三第六項の規定による指定の取消しをしようとするときは、経済産業大臣の意見を徴するものとする。

第十一条　削除

（指定番号等の告示）

第十二条　国土交通大臣は、指定（第四条の二第一項の規定による申請に係るものを除く。）又は指定の取消し若しくは指定の効力の停止をしたときは、次の各号に掲げる事項について告示するものとする。

一　指定の番号

二　特定装置の種類、名称及び型式

三　特定装置を取り付けることができる自動車又は特定共通構造部の範囲

四　指定を受けた者の氏名又は名称及び住所

2　国土交通大臣は、第四条の二第一項の規定による申請により、既に指定を受けた特定装置の型式と第四条第二項第六号に掲げる事項が異なる型式について指定したときは、その旨を告示するものとする。

3　国土交通大臣は、第八条第一項第一号の変更が、第四条第一項第二号及び第三号に掲げる事項に係るものであるときは、その旨を告示するものとする。この場合において、第四条第一項第三号の「申請者」は「指定を受けた者」と読み替える。

（審査結果の通知）

第十三条　法第七十五条の五第二項の規定による特定装置が保安基準に適合するかどうかの審査の結果の通知は、次に掲げる事項を記載した審査結果通知書により行うものとする。

一　特定装置の名称及び型式

二　特定装置を取り付けることができる自動車又は特定共通構造部の範囲

三　申請者の氏名又は名称

四　審査結果

（申請書等の記載事項の制限）

第十四条　この省令の規定により申請書その他の書面を国土交通大臣又は機構に提出しようとする者は、当該申請書その他の書面には、国土交通大臣が定めるところにより適切に実施した試験の結果に基づく記載その他の正確な記載をしなければならず、虚偽の記載をしてはならない。

附　則

（施行期日）

この省令は、道路運送車両法の一部を改正する法律（平成十年法律第七十四号）の施行の日（平成十年十一月二十四日）から施行する。

附　則（平一二・二・二一運令五抄）

（施行期日）

第一条　この省令中、第一条及び第二条並びに附則第四条及び第五条の規定は、公布の日から、第三条及び第四条の規定は、平成十二年三月三十一日から、第五条並びに附則第二条及び第三条の規定は、平成十三年十月一日から施行する。

附　則（平一二・一一・二九運令三九抄）

（施行期日）

第一条　この省令は、平成十三年一月六日から施行する。

附　則（平一三・三・一五国交令三八抄）

（施行期日）

第一条　この省令は、平成十三年四月一日から施行する。

附　則（平一三・五・三一国交令九四抄）

（施行期日）

第一条　この省令は、平成十三年六月三十日から施行する。

附　則（平一四・七・三国交令八四抄）

（施行期日）

第一条　この省令は、平成十四年九月一日から施行する。

附　則（平一四・一二・二〇国交令一一七）

この省令は、公布の日から施行する。

附　則（平一五・七・七国交令八一抄）

（施行期日）

第一条　この省令は、公布の日から施行する。〔後略〕

附　則（平一六・四・二三国交令六〇）

（施行期日）

1　この省令は、公布の日から施行する。

（経過措置）

2　この省令による改正前の装置型式指定規則第五条の表第六号下欄に掲げる車両並びに車両への取付け又は車両における使用が可能な装置及び部品に係る統一的な技術上の要件の採択並びにこれらの要件に基づいて行われる認定の相互承認のための条件に関する協定（以下「協定」という。）に附属する規則に基づき行った認定は、平成十六年七月十五日までは、この省令による改正後の装置型式指定規則第五条の表第六号下欄に掲げる協定に附属する規則に基づき行った認定とみなす。

附　則（平一七・四・六国交令四九）

この省令は、公布の日から施行する。

附　則（平一七・六・二九国交令七二）

沿革　平一九国交令六八改正

（施行期日）

1　この省令は、公布の日から施行する。

（経過措置）

2　この省令による改正前の装置型式指定規則第五条の表第七号、第八号及び第九号下欄に掲げる車両並びに車両への取付け又は車両における使用が可能な装置及び部品に係る統一的な技術上の要件の採択並びにこれらの要件に基づいて行われる認定の相互承認のための条件に関する協定（以下「協定」という。）に附属する規則に基づき行った認定は、平成二十一年六月二十二日までは、この省令による改正後の装置型式指定規則第五条の表第七号、第八号及び第九号下欄に掲げる協定に附属する規則に基づき行った認定とみなす。

附　則（平一七・一二・二一国交令一一六）

この省令は、公布の日から施行する。

附　則（平一八・三・三一国交令二二）

この省令は、平成十八年十月一日から施行する。〔後略〕

附　則（平一八・一〇・五国交令一〇〇）

沿革　平一九国交令六八改正

（施行期日）

1　この省令は、平成十八年十月十日から施行する。

（経過措置）

2　この省令による改正前の装置型式指定規則第五条の表第三十五号の二下欄に掲げる車両並びに車両への取付け又は車両における使用が可能な装置及び部品に係る統一的な技術上の要件の採択並びにこれらの要件に基づいて行われる認定の相互承認のための条件に関する協定（以下「協定」という。）に附属する規則に基づき行った認定は、平成二十三年十月九日までは、この省令による改正後の装置型式指定規則第五条の表第三十五号の二下欄に掲げる協定に附属する規則に基づき行った認定とみなす。

附　則（平一九・一・三〇国交令三）

この省令は、平成十九年四月一日から施行する。

附　則（平一九・六・二九国交令六八）

（施行期日）

1　この省令は、平成十九年六月二十九日から施行する。

（経過措置）

2　この省令による改正前の装置型式指定規則第五条の表第十五号下欄に掲げる車両並びに車両への取付け又は車両における使用が可能な装置及び部品に係る統一的な技術上の要件の採択並びにこれらの要件に基づいて行われる認定の相互承認のための条件に関する協定（以下「協定」という。）に附属する規則に基づき行った認定は、平成二十四年八月十一日までは、この省令による改正後の装置型式指定規則第五条の表第十五号下欄に掲げる協定に附属する規則に基づき行った認定とみなす。

附　則（平一九・一一・九国交令八七）

この省令は、平成十九年十一月十日から施行する。

附　則（平二〇・二・一国交令四）

この省令は、平成二十年二月三日から施行する。

附　則（平二〇・七・七国交令五九抄）

（施行期日）

第一条　この省令は、公布の日から施行する。ただし、〔中略〕第四条の改正規定は、平成二十年七月十一日から施行する。

（経過措置）

第四条　第四条の規定による改正前の装置型式指定規則（以下

「旧規則」という。）第五条の表第十号及び第十一号下欄に掲げる車両並びに車両への取付け又は車両における使用が可能な装置及び部品に係る統一的な技術上の要件の採択並びにこれらの要件に基づいて行われる認定の相互承認のための条件に関する協定（以下「協定」という。）に附属する規則に基づき行った認定（次条に規定するものを除く。）は、平成二十二年一月十日までは、第四条の規定による改正後の装置型式指定規則（以下「新規則」という。）第五条の表第十号及び第十一号下欄に掲げる協定に附属する規則に基づき行った認定とみなす。

第五条　旧規則第五条の表第十一号下欄に掲げる協定に附属する規則に基づき行った認定（特殊な突入防止装置及び突入防止装置取付装置並びに車枠又は車体のうち突入防止装置及び突入防止装置取付装置以外の部分と一体の構造となっている突入防止装置及び突入防止装置取付装置に係るものに限る。）は、平成二十四年七月十日までは、新規則第五条の表第十一号下欄に掲げる協定に附属する規則に基づき行った認定とみなす。

第六条　旧規則第五条の表第十八号下欄に掲げる協定に附属する規則に基づき行った認定は、平成二十二年七月十日までは、新規則第五条の表第十八号下欄に掲げる協定に附属する規則に基づき行った認定とみなす。

附　則（平二〇・一〇・一五国交令八五）

この省令は、平成二十年十月十五日から施行する。

附　則（平二一・七・一七国交令四八）

（施行期日）

第一条　この省令は、平成二十一年七月二十二日から施行する。ただし、第二条中装置型式指定規則第五条の表の改正規定（「第十七号第七改訂版」を「第十七号第八改訂版」に改める部分、「第十四号第六改訂版」を「第十四号第七改訂版」に改める部分及び「第十六号第五改訂版」を「第十六号第六改訂版」に改める部分を除く。）並びに第三号様式の改正規定は、平成二十一年十月一日から施行する。

（経過措置）

第二条　第二条の規定による改正前の装置型式指定規則（以下「旧規則」という。）第五条の表第十二号、第十三号、第十三号の三及び第十三号の四下欄に掲げる車両並びに車両への取付け又は車両における使用が可能な装置及び部品に係る統一的な技術上の要件の採択並びにこれらの要件に基づいて行われる認定の相互承認のための条件に関する協定（以下「協定」という。）に附属する規則に基づき行った認定（次条に規定するものを除く。）は、平成二十四年七月二十一日までは、第二条の規定による改正後の装置型式指定規則（以下「新規則」という。）第五条の表第十二号、第十三号、第十三号の三及び第十三号の四下欄に掲げる協定に附属する規則に基づき行った認定とみなす。

第三条　旧規則第五条の表第十二号、第十三号、第十三号の三及び第十三号の四下欄に掲げる協定に附属する規則に基づき行った認定（横向きに備えられた座席又は折り畳むことができる座席を有しない自動車に備える特定装置に係るものに限る。）は、新規則第五条の表第十二号、第十三号、第十三号の三及び第十三号の四下欄に掲げる協定に附属する規則に基づき行った認定とみなす。

附　則（平二三・一・二八国交令七）

沿革　平二六国交令五四改正

（施行期日）

第一条　この省令は、平成二十三年一月三十日から施行する。

（経過措置）

第二条　第二条の規定による改正前の装置型式指定規則（以下「旧規則」という。）第五条の表第十三号の二下欄に掲げる車両並びに車両への取付け又は車両における使用が可能な装置及び部品に係る統一的な技術上の要件の採択並びにこれらの要件に基づいて行われる認定の相互承認のための条件に関する協定（以下「協定」という。）に附属する規則に基づき行われた認定は、平成二十六年十月三十一日までは、第二条の規定による改正後の装置型式指定規則（以下「新規則」という。）第五条の表第十三号の二下欄に掲げる協定に附属する規則に基づき行われた認定とみなす。

第三条　旧規則第五条の表第十五号の二、第十五号の三及び第十八号下欄に掲げる協定に附属する規則に基づき行われた認定は、新規則第五条の表第十五号の二、第十五号の三及び第十八号下欄に掲げる協定に附属する規則に基づき行われた認定とみなす。

第四条　旧規則第五条の表第三十五号の二下欄に掲げる協定に附属する規則に基づき行われた認定は、新規則第五条の表第三十五号の二下欄に掲げる協定に附属する規則に基づき行われた認定とみなす。

附　則（平二三・五・三一国交令四四）

（施行期日）

1　この省令の規定は、次の各号に掲げる区分に応じ、それぞれ当該各号に定める日から施行する。

一　第二条中装置型式指定規則第五条に二項を加える改正規定及び同令第三号様式の改正規定（前部霧灯及び側方照射灯に係る部分に限る。）　公布の日

二　第一条中道路運送車両の保安基準第十八条第五項及び第二十二条の五第一項の改正規定　平成二十三年六月一日

三　前二号に掲げる規定以外の規定　平成二十三年八月一日

（経過措置）

2　第二条の規定による改正後の装置型式指定規則第五条第二項の規定は、装置型式指定規則第五条第一項の表中第五号の装置については、平成二十六年九月三十日（軽自動車に備えるものにあっては、平成三十年二月二十三日）までは、適用しない。

附　則（平二三・六・二三国交令四七）

（施行期日）

第一条　この省令は、平成二十三年六月二十三日から施行する。

（経過措置）

第二条　第二条による改正後の装置型式指定規則（以下「新規則」という。）第二条第五号の三、第五条第一項の表第五号の三の規定及び第三号様式（新規則第二条第五号の三の感電防止装置に係る部分に限る。）は、平成二十三年八月一日から適用する。

第三条　第二条の規定による改正前の装置型式指定規則（以下「旧規則」という。）第五条第一項の表第三号の二、第五号の三及び第六号下欄に掲げる車両並びに車両への取付け又は車両における使用が可能な装置及び部品に係る統一的な技術上の要件の採択並びにこれらの要件に基づいて行われる認定

の相互承認のための条件に関する協定（以下「協定」という。）に附属する規則に基づき行われた認定（電力により作動する原動機を有する自動車（二輪自動車、側車付二輪自動車、三輪自動車、カタピラ及びそりを有する軽自動車、大型特殊自動車、小型特殊自動車並びに被牽引自動車を除く。）に備える特定装置に係るものに限る。）は、平成二十八年六月二十二日までは、新規則第五条第一項の表第三号の三、第五号の四及び第六号下欄に掲げる協定に附属する規則に基づき行われた認定とみなす。

第四条　旧規則第五条第一項の表第三号の二、第五号の三及び第六号下欄に掲げる協定に附属する規則に基づき行われた認定（前条に規定するものを除く。）は、新規則第五条第一項の表第三号の二、第五号の五及び第六号の二下欄に掲げる協定に附属する規則に基づき行われた認定とみなす。

第五条　旧規則第五条第一項の表第十八号の二下欄に掲げる協定に附属する規則に基づき行われた認定は、新規則第五条第一項の表第十八号の二下欄に掲げる協定に附属する規則に基づき行われた認定とみなす。

附　則（平二三・一〇・二八国交令七八）

（施行期日）

第一条　この省令は、平成二十三年十月二十八日から施行する。

（経過措置）

第二条　この省令による改正前の装置型式指定規則（以下「旧規則」という。）第五条第一項の表第五号の三下欄に掲げる車両並びに車両への取付け又は車両における使用が可能な装置及び部品に係る統一的な技術上の要件の採択並びにこれらの要件に基づいて行われる認定の相互承認のための条件に関する協定（以下「協定」という。）に附属する規則に基づき行われた認定（外部から充電される電力により作動する原動機を有する自動車（大型特殊自動車及び小型特殊自動車を除く。）に備える特定装置に係るものに限る。）は、平成二十八年十月二十七日までは、この省令による改正後の装置型式指定規則（以下「新規則」という。）第五条第一項の表第五号の三下欄に掲げる協定に附属する規則に基づき行われた認定とみなす。

第三条　旧規則第五条第一項の表第五号の三下欄に掲げる協定に附属する規則に基づき行われた認定（前条に規定するものを除く。）は、新規則第五条第一項の表第五号の三下欄に掲げる協定に附属する規則に基づき行われた認定とみなす。

附　則（平二四・七・二六国交令七二）

（施行期日）

第一条　この省令は、平成二十四年七月二十六日から施行する。

（経過措置）

第二条　第二条の規定による改正前の装置型式指定規則第五条第一項の表第十三号の二下欄に掲げる車両並びに車両への取付け又は車両における使用が可能な装置及び部品に係る統一的な技術上の要件の採択並びにこれらの要件に基づいて行われる認定の相互承認のための条件に関する協定（以下「協定」という。）に附属する規則に基づき行われた認定は、平成二十九年七月二十五日までは、第二条の規定による改正後の装置型式指定規則第五条第一項の表第十三号の二下欄に掲げる協定に附属する規則に基づき行われた認定とみなす。

附　則（平二四・一一・一六国交令八四）

この省令は、平成二十四年十一月十八日から施行する。

附　則（平二五・一・二五国交令二）

この省令は、平成二十五年一月二十七日から施行する。

附　則（平二五・七・一二国交令六二）

（施行期日）

1　この省令は、平成二十五年七月十五日から施行する。

（経過措置）

2　この省令による改正前の装置型式指定規則第五条第一項の表第五号の四下欄に掲げる車両並びに車両への取付け又は車両における使用が可能な装置及び部品に係る統一的な技術上の要件の採択並びにこれらの要件に基づいて行われる認定の相互承認のための条件に関する協定（以下「協定」という。）に附属する規則に基づき行われた認定は、この省令による改正後の装置型式指定規則第五条第一項の表第五号の五下欄に掲げる協定に附属する規則に基づき行われた認定とみなす。

附　則（平二五・八・三〇国交令七三）

この省令は、公布の日から施行する。

附　則（平二五・一一・一二国交令八八）

この省令は、公布の日から施行する。

附　則（平二六・二・二四国交令八）

沿革　令三国交令四〇改正

（施行期日）

1　この省令は、平成二十六年二月二十六日から施行する。

（経過措置）

2　この省令による改正前の装置型式指定規則（以下「旧規則」という。）第五条第一項の表第十四号の二下欄に掲げる車両並びに車両への取付け又は車両における使用が可能な装置及び部品に係る統一的な技術上の要件の採択並びにこれらの要件に基づいて行われる認定の相互承認のための条件に関する協定（以下「協定」という。）に附属する規則に基づき行われた認定（令和三年八月三十一日以前に行われたものに限り、座席に組み込まれた年少者用補助乗車装置に係るものを除く。）は、令和五年八月三十一日までの間は、この省令による改正後の装置型式指定規則（以下「新規則」という。）第五条第一項の表第十四号の二下欄に掲げる協定に附属する規則に基づき行われた認定とみなす。

3　旧規則第五条第一項の表第十四号の二下欄に掲げる協定に附属する規則に基づき行われた認定（座席に組み込まれた年少者用補助乗車装置に係るものに限る。）は、当分の間、新規則第五条第一項の表第十四号の二下欄に掲げる協定に附属する規則に基づき行われた認定とみなす。

附　則（平二六・六・三〇国交令五四）

この省令は、公布の日から施行する。

附　則（平二六・一〇・九国交令八〇）

（施行期日）

1　この省令は、公布の日から施行する。

（経過措置）

2　この省令による改正前の装置型式指定規則第五条第一項の表第五号の五下欄に掲げる車両並びに車両への取付け又は車両における使用が可能な装置及び部品に係る統一的な技術上の要件の採択並びにこれらの要件に基づいて行われる認定の相互承認のための条件に関す

る協定（以下「協定」という。）に附属する規則に基づき行われた認定は、この省令による改正後の装置型式指定規則（以下「新規則」という。）第五条第一項の表第五号の五下欄に掲げる協定に附属する規則に基づき行われた認定とみなす。

3　旧規則第五条第一項の表第三十四号下欄に掲げる協定に附属する規則に基づき行われた認定は、新規則第五条第一項の表第三十四号下欄に掲げる協定に附属する規則に基づき行われた認定とみなす。

附　則（平二七・三・二二国交令三）

（施行期日）

1　この省令は、公布の日から施行する。

（経過措置）

2　この省令による改正前の装置型式指定規則第五条第一項の表第六号の三下欄に掲げる車両並びに車両への取付け又は車両における使用が可能な装置及び部品に係る統一的な技術上の要件の採択並びにこれらの要件に基づいて行われる認定の相互承認のための条件に関する協定（以下「協定」という。）に附属する規則に基づき行われた認定は、この省令による改正後の装置型式指定規則第五条第一項の表第六号の三下欄に掲げる協定に附属する規則に基づき行われた認定とみなす。

附　則（平二七・六・一五国交令四七）

（施行期日）

1　この省令は、公布の日から施行する。

（経過措置）

2　この省令による改正前の装置型式指定規則第五条第一項の表第三号の五及び第十五号下欄に掲げる車両並びに車両への取付け又は車両における使用が可能な装置及び部品に係る統一的な技術上の要件の採択並びにこれらの要件に基づいて行われる認定の相互承認のための条件に関する協定（以下「協定」という。）に附属する規則に基づき行われた認定は、この省令による改正後の装置型式指定規則第五条第一項の表第三号の五及び第十五号下欄に掲げる協定に附属する規則に基づき行われた認定とみなす。

附　則（平二七・一〇・八国交令七四）

この省令は、公布の日から施行する。

附　則（平二八・一・二〇国交令一）

（施行期日）

1　この省令は、公布の日から施行する。

（経過措置）

2　この省令による改正前の装置型式指定規則第五条第一項の表第六号の三下欄に掲げる車両並びに車両への取付け又は車両における使用が可能な装置及び部品に係る統一的な技術上の要件の採択並びにこれらの要件に基づいて行われる認定の相互承認のための条件に関する協定（以下「協定」という。）に附属する規則に基づき行われた認定は、この省令による改正後の装置型式指定規則第五条第一項の表第六号の三下欄に掲げる協定に附属する規則に基づき行われた認定とみなす。

附　則（平二八・三・三一国交令二四抄）

（施行期日）

第一条　この省令は、平成二十八年四月一日から施行する。

附　則（平二八・四・一三国交令四三）

この省令は、平成二十八年四月二十日から施行する。

附　則（平二八・六・一七国交令五〇）

（施行期日）

1　この省令は、平成二十八年六月十八日から施行する。ただし、第一条中道路運送車両の保安基準第十七条第三項の改正規定、第三条の規定［中略］は、平成二十八年六月三十日から施行する。

（経過措置）

2　第二条の規定による改正前の装置型式指定規則（以下「旧装置型式指定規則」という。）第五条第一項の表第五号の十一、第五号の十二、第六号の四及び第三十八号下欄に掲げる車両並びに車両への取付け又は車両における使用が可能な装置及び部品に係る統一的な技術上の要件の採択並びにこれらの要件に基づいて行われる認定の相互承認のための条件に関する協定（以下「協定」という。）に附属する規則に基づき行われた認定は、第二条の規定による改正後の装置型式指定規則（以下「新装置型式指定規則」という。）第五条第一項の表第五号の十三、第五号の十四、第六号の四及び第三十八号下欄に掲げる協定に附属する規則に基づき行われた認定とみなす。

3　旧装置型式指定規則第五条第一項の表第十号及び第十一号下欄に掲げる協定に附属する規則に基づき行われた認定は、平成三十三年八月三十一日までは、新装置型式指定規則第五条第一項の表第十号及び第十一号下欄に掲げる協定に附属する規則に基づき行われた認定とみなす。

附　則（平二八・八・三一国交令六三抄）

（施行期日）

第一条　この省令は、公布の日から施行する。［後略］

附　則（平二八・九・一六国交令六四）

この省令は、公布の日から施行する。

附　則（平二八・一〇・七国交令七三）

この省令は、公布の日から施行する。［後略］

附　則（平二九・二・九国交令七）

（施行期日）

第一条　この省令は、平成二十九年二月九日から施行する。

（経過措置）

第二条　第二条の規定による改正前の装置型式指定規則（以下「旧装置型式指定規則」という。）第五条第一項の表第三号の二、第三号の三及び第十四号の二下欄に掲げる車両並びに車両への取付け又は車両における使用が可能な装置及び部品に係る統一的な技術上の要件の採択並びにこれらの要件に基づいて行われる認定の相互承認のための条件に関する協定（以下「協定」という。）に附属する規則に基づき行われた認定は、第二条の規定による改正後の装置型式指定規則（以下「新装置型式指定規則」という。）第五条第一項の表第三号の三、第三号の四及び第十四号の二下欄に掲げる協定に附属する規則に基づき行われた認定とみなす。

2　旧装置型式指定規則第五条第一項の表第五号下欄に掲げる協定に附属する規則に基づき行われた認定は、新装置型式指定規則第五条第一項の表第五号、第五号の五及び第五号の六下欄に掲げる協定に附属する規則に基づき行われた認定とみなす。

3　旧装置型式指定規則第五条第一項の表第五号の二下欄に掲げる協定に附属する規則に基づき行われた認定（協定に附属

する規則第十三H号に基づき行われたものに限る。）は、新装置型式指定規則第五条第一項の表第五号の二、第五号の五及び第五号の六下欄に掲げる協定に附属する規則に基づき行われた認定とみなす。

4　旧装置型式指定規則第五条第一項の表第五号の十二及び第五号の十三下欄に掲げる協定に附属する規則に基づき行われた認定（平成三十二年八月三十一日以前に行われたものに限る。）は、新装置型式指定規則第五条第一項の表第五号の十四及び第五号の十五下欄に掲げる協定に附属する規則に基づき行われた認定とみなす。

附　則（平二九・三・二三国交令一一）

この省令は公布の日から施行する。

附　則（平二九・六・一五国交令三八抄）

（施行期日）

1　この省令は、道路運送車両法の一部を改正する法律〔平成二九年五月法律第四〇号〕の施行の日〔平成二九年六月一五日〕から施行する。

附　則（平二九・六・二二国交令三九）

（施行期日）

1　この省令は、平成二十九年六月二十二日から施行する。

（経過措置）

2　第二条の規定による改正前の装置型式指定規則第五条第一項の表第四号の四、第十三号の四及び第十四号の二下欄に掲げる車両並びに車両への取付け又は車両における使用が可能な装置及び部品に係る統一的な技術上の要件の採択並びにこれらの要件に基づいて行われる認定の相互承認のための条件に関する協定（以下「協定」という。）に附属する規則に基づき行われた認定は、第二条の規定による改正後の装置型式指定規則第五条第一項の表第四号の四、第十三号の四及び第十四号の二下欄に掲げる協定に附属する規則に基づき行われた認定とみなす。

附　則（平二九・九・一四国交令五一）

この省令は、平成二十九年九月十四日から施行する。

附　則（平二九・一〇・一〇国交令六一）

（施行期日）

1　この省令は、平成二十九年十月十日から施行する。

（装置型式指定規則の一部改正に伴う経過措置）

2　第一条の規定による改正前の装置型式指定規則（以下「旧規則」という。）第五条の表第三号の七下欄に掲げる規則に基づき行われた認定（自動命令型操舵機能及び補正操舵機能のいずれをも有しないかじ取装置に係るものを除く。）は、平成三十三年三月三十一日（赤色の光学警報信号を表示することができない自動車に備えるかじ取装置に係る認定にあっては、平成三十五年三月三十一日）までの間は、第一条の規定による改正後の装置型式指定規則（以下「新規則」という。）第五条の表第三号の七下欄に掲げる規則に基づき行われた認定とみなす。

3　旧規則第五条の表第三号の七下欄に掲げる規則に基づき行われた認定（自動命令型操舵機能及び補正操舵機能のいずれをも有しないかじ取装置に係るものに限る。）は、新規則第五条の表第三号の七下欄に掲げる規則に基づき行われた認定とみなす。

附　則（平三〇・二・九国交令六）

（施行期日）

1　この省令は、平成三十年二月十日から施行する。

（経過措置）

2　この省令による改正前の装置型式指定規則第五条の表第十五号の四下欄に掲げる規則に基づき行われた認定（平成三十一年八月三十一日以前に規則第百十三号改訂版に基づき行われたものに限る。）は、この省令による改正後の装置型式指定規則第五条の表第十五号の四下欄に掲げる規則に基づき行われた認定とみなす。

附　則（平三〇・七・一九国交令五九）

（施行期日）

1　この省令は、公布の日から施行する。

（装置型式指定規則の一部改正に伴う経過措置）

2　第三条の規定による改正前の装置型式指定規則（以下「旧規則」という。）第五条の表第十三号の三下欄に掲げる規則に基づき行われた認定（年少者用補助乗車装置取付具に係るものを除く。）は、第三条の規定による改正後の装置型式指定規則（以下「新規則」という。）第五条の表第十三号の三下欄に掲げる規則に基づき行われた認定とみなす。

3　旧規則第五条の表第十三号の三下欄に掲げる規則に基づき行われた認定（年少者用補助乗車装置取付具に係るものに限る。）は、新規則第五条の表第十四号の二下欄に掲げる規則に基づき行われた認定とみなす。

附　則（平三〇・一〇・一二国交令七九抄）

（施行期日）

1　この省令は、平成三十一年六月三十日から施行する。ただし、〔中略〕第三条の規定並びに第四条の規定は、公布の日から施行する。

附　則（平三〇・一〇・一六国交令八〇）

沿革　令元国交令四〇、令五国交令八六改正

（施行期日）

第一条　この省令は、公布の日から施行する。

（装置型式指定規則の一部改正に伴う経過措置）

第二条　第一条の規定による改正前の装置型式指定規則（以下「旧規則」という。）第五条の表第三号の七下欄に掲げる規則に基づき行われた認定（電波障害防止装置を有しないかじ取装置に係るものを除く。）は、令和五年三月三十一日までの間は、第一条の規定による改正後の装置型式指定規則（以下「新規則」という。）第五条の表第三号の七下欄に掲げる規則に基づき行われた認定とみなす。

2　旧規則第五条の表第三号の七下欄に掲げる規則に基づき行われた認定（電波障害防止装置を有しないかじ取装置に係るものに限る。）は、新規則第五条の表第三号の七下欄に掲げる規則に基づき行われた認定とみなす。

3　旧規則第五条の表第五号の九及び第五号の十下欄に掲げる規則に基づき行われた認定（プラスチックライナーを有するガス容器に係る燃料制御保護装置又はガス容器取付装置に係るもの（令和五年八月三十一日以前に行われたものに限る。）に限る。）は、当分の間、新規則第五条の表第五号の九及び第五号の十下欄に掲げる規則に基づき行われた認定とみなす。

4　旧規則第五条の表第五号の九及び第五号の十下欄に掲げる規則に基づき行われた認定（プラスチックライナーを有しないガス容器に係る燃料制御保護装置又はガス容器取付装置に係るものに限る。）は、当分の間、新規則第五条の表第五号

の九及び第五号の十下欄に掲げる規則に基づき行われた認定とみなす。

附　則（平三〇・一二・二八国交令九四）

（施行期日）

第一条　この省令は、平成三十一年一月二日から施行する。ただし、第五条の表の改正規定（同表第五号の十一に係る部分を除く。）は、平成三十年十二月二十九日から施行する。

（経過措置）

第二条　この省令による改正前の装置型式指定規則（以下「旧規則」という。）第五条の表第十三号の三下欄に掲げる規則に基づき行われた認定（平成三十一年八月三十一日以前に行われたものに限り、四席以上連続した座席を有する自動車に備える座席ベルト取付装置（腰用帯部の取付装置の取付位置間隔が三百五十ミリメートル以上である座席ベルト取付装置を除く。次項において「特定座席ベルト取付装置」という。）に係るものに限る。）は、平成三十七年八月三十一日までは、この省令による改正後の装置型式指定規則（以下「新規則」という。）第五条の表第十三号の三下欄に掲げる規則に基づき行われた認定とみなす。

2　旧規則第五条の表第十三号の三下欄に掲げる規則に基づき行われた認定（特定座席ベルト取付装置に係るものを除く。）は、新規則第五条の表第十三号の三下欄に掲げる規則に基づき行われた認定とみなす。

3　旧規則第五条の表第十四号の三下欄に掲げる規則に基づき行われた認定は、新規則第五条の表第十四号の三下欄に掲げる規則に基づき行われた認定とみなす。

附　則（平三一・三・二九国交令一六）

この省令は、平成三十一年四月十五日から施行する。ただし、第一条中装置型式指定規則第四条第二項第八号ロの改正規定及び第二条中共通構造部型式指定規則第三条第二項第七号ロの改正規定は、公布の日から施行する。

附　則（令元・五・二四国交令七）

この省令は、公布の日から施行する。ただし、第二条、第四条及び第六条の規定は、公布の日から起算して二十日を経過した日から施行する。

附　則（令元・五・二八国交令八）

（施行期日）

第一条　この省令は、令和元年五月二十八日から施行する。

（経過措置）

第二条　この省令による改正前の装置型式指定規則（以下「旧規則」という。）第五条の表第十二号及び第十三号下欄に掲げる規則に基づき行われた認定（令和二年八月三十一日以前に行われたものに限る。）であって、この省令による改正に係る事項の認定は、令和四年八月三十一日までは、この省令による改正後の装置型式指定規則（以下「新規則」という。）第五条の表第十二号及び第十三号下欄に掲げる規則に基づき行われた認定とみなす。

2　旧規則第五条の表第十二号及び第十三号下欄に掲げる規則に基づき行われた認定であって、この省令による改正に係る事項の認定以外に係るものは、新規則第五条の表第十二号及び第十三号下欄に掲げる規則に基づき行われた認定とみなす。

3　旧規則第五条の表第十三号の四下欄に掲げる規則に基づき行われた認定（令和二年八月三十一日以前に行われたものに限る。）であって、この省令による改正に係る事項の認定のうち、専ら乗用の用に供する自動車であって乗車定員十人以上のもの（高速道路等において運行しないものに限る。）に備える座席ベルト（次項において「特定座席ベルト」という。）以外に係るものは、令和四年八月三十一日までは、新規則第五条の表第十三号の四下欄に掲げる規則に基づき行われた認定とみなす。

4　旧規則第五条の表第十三号の四下欄に掲げる規則に基づき行われた認定であって、この省令による改正に係る事項の認定以外に係るもの及び特定座席ベルトに係るものは、新規則第五条の表第十三号の四下欄に掲げる規則に基づき行われた認定とみなす。

附　則（令元・六・二八国交令二〇）

この省令は、不正競争防止法等の一部を改正する法律（平成三〇年五月法律第三三号）の施行の日（令和元年七月一日）から施行する。

附　則（令元・一〇・一五国交令四〇）

（施行期日）

第一条　この省令は、令和元年十一月十五日から施行する。ただし、第一条中道路運送車両の保安基準第四十七条の改正規定、第三条中装置型式指定規則第五条の表第五号の九、第五号の十及び第五号の十三の改正規定並びに第五条の規定並びに次条第一項及び第二項の規定は、公布の日から施行する。

（経過措置）

第二条　この省令による改正前の装置型式指定規則（以下「旧規則」という。）第五条の表第五号の九及び第五号の十下欄に掲げる規則に基づき行われた認定（令和七年八月三十一日以前に行われたものに限る。）は、この省令による改正後の装置型式指定規則（以下「新規則」という。）第五条の表第五号の九及び第五号の十下欄に掲げる規則に基づき行われた認定とみなす。

2　旧規則第五条の表第五号の十三下欄に掲げる規則に基づき行われた認定（令和四年八月三十一日以前に行われたもの又はこの省令による改正に係る事項の認定以外に係るものに限る。）は、新規則第五条の表第五号の十三下欄に掲げる規則に基づき行われた認定とみなす。

3　旧規則第五条の表第十五号の四、第十五号の五、第十八号から第三十一号の三まで、第三十四号及び第三十五号下欄に掲げる規則に基づき行われた認定は、新規則第五条の表第十五号の四、第十五号の五、第十八号から第三十一号の三まで、第三十四号及び第三十五号下欄に掲げる規則に基づき行われた認定とみなす。

附　則（令二・一・三一国交令四）

この省令は、公布の日から施行する。

附　則（令二・三・三一国交令二〇）

この省令は、道路運送車両法の一部を改正する法律（令和元年五月法律第一四号）の施行の日（令和二年四月一日）から施行する。

附　則（令二・五・二九国交令五三抄）

（施行期日）

第一条　この省令は、令和二年五月二十九日から施行する。

（装置型式指定規則の一部改正に伴う経過措置）

第二条　第一条の規定による改正前の装置型式指定規則第五条の表第十三号の二下欄に掲げる規則に基づき行われた認定

（令和三年八月三十一日以前に行われたものに限る。）は、令和四年八月三十一日までは、この省令による改正後の装置型式指定規則第五条の表第十三号の二下欄に掲げる規則に基づき行われた認定とみなす。

附　則（令二・八・五国交令六七）

この省令は、道路運送車両法の一部を改正する法律（令和元年法律第十四号）附則第一条第四号に掲げる規定の施行の日（令和二年十一月二十三日）から施行する。〔後略〕

附　則（令二・九・二五国交令七八）

（施行期日）

第一条　この省令は、公布の日から施行する。

（経過措置）

第二条　この省令による改正前の装置型式指定規則（以下「旧規則」という。）第五条の表第四号下欄に掲げる規則に基づき行われた認定（令和四年八月三十一日以前に行われたものに限る。）であって、この省令による改正に係る事項の認定は、令和六年八月三十一日までの間は、この省令による改正後の装置型式指定規則（以下「新規則」という。）第五条の表第四号下欄に掲げる規則に基づき行われた認定とみなす。

2　旧規則第五条の表第四号及び第三十五号の三下欄に掲げる規則に基づき行われた認定であって、この省令による改正に係る事項の認定以外に係るものは、新規則第五条の表第四号及び第三十五号の三下欄に掲げる規則に基づき行われた認定とみなす。

3　旧規則第五条の表第五号の五下欄に掲げる規則に基づき行われた認定は、新規則第五条の表第五号の五下欄に掲げる規則に基づき行われた認定とみなす。

4　旧規則第五条の表第七号から第九号まで及び第三十四号の五下欄に掲げる規則に基づき行われた認定（令和四年八月三十一日以前に行われたものに限る。）は、新規則第五条の表第七号から第九号まで及び第三十四号の五下欄に掲げる規則に基づき行われた認定とみなす。

5　旧規則第五条の表第三十五号の三下欄に掲げる規則に基づき行われた認定（令和四年七月六日以前に行われたものに限る。）であって、この省令による改正に係る事項の認定は、令和六年七月六日までの間は、新規則第五条の表第三十五号の三下欄に掲げる規則に基づき行われた認定とみなす。

附　則（令二・一〇・三〇国交令八四抄）

（施行期日）

第一条　この省令は、令和三年四月一日から施行する。〔後略〕

（装置型式指定規則の一部改正に伴う経過措置）

第四条　この省令の施行の際現に第四条の規定による改正前の装置型式指定規則第七条に規定する指定製作者等である者に対する当該特定装置に係る第四条の規定による改正後の装置型式指定規則第七条の規定の適用については、なお従前の例によることができる。

附　則（令二・一二・二三国交令九八）

（施行期日）

1　この省令は、令和三年一月一日から施行する。

（経過措置）

2　この省令の施行の際現にあるこの省令による改正前の様式による用紙は、当分の間、これを取り繕って使用することができる。

附　則（令二・一二・二五国交令一〇〇）

（施行期日）

第一条　この省令は、令和三年一月二十二日から施行する。ただし、次の各号に掲げる規定は、当該各号に定める日から施行する。

一　〔略〕

二　第一条中道路運送車両の保安基準第十八条の改正規定並びに第二条中装置型式指定規則第五条の表第四号の四、第六号及び第六号の二下欄の改正規定並びに次条の規定　令和三年一月三日

（経過措置）

第二条　この省令による改正前の装置型式指定規則（以下「旧規則」という。）第五条の表第四号の四下欄に掲げる規則に基づき行われた認定（令和五年八月三十一日以前に行われたもの又はこの省令による改正に係る事項の認定以外に係るものに限る。）は、この省令による改正後の装置型式指定規則（以下「新規則」という。）第五条の表第四号の四下欄に掲げる規則に基づき行われた認定とみなす。

2　旧規則第五条の表第六号及び第六号の二下欄に掲げる規則に基づき行われた認定（令和四年七月四日以前に行われたものに限る。）であって、この省令による改正に係る事項の認定は、令和六年七月四日までの間は、新規則第五条の表第六号及び第六号の二下欄に掲げる規則に基づき行われた認定とみなす。

3　旧規則第五条の表第六号及び第六号の二下欄に掲げる規則に基づき行われた認定であって、この省令による改正に係る事項の認定以外に係るものは、新規則第五条の表第六号及び第六号の二下欄に掲げる規則に基づき行われた認定とみなす。

附　則（令三・六・九国交令四〇）

（施行期日）

第一条　この省令は、令和三年六月十日から施行する。ただし、第三条中装置型式指定規則第五条の表第五号の十七から第六号の二まで、第十二号及び第十三号の改正規定並びに第四条並びに次条の規定は、令和三年六月九日から施行する。

（経過措置）

第二条　この省令による改正前の装置型式指定規則（以下「旧規則」という。）第五条の表第五号の十七及び第五号の十八下欄に掲げる規則に基づき行われた認定（令和五年八月三十一日以前に行われたものに限る。）は、令和七年八月三十一日までの間は、この省令による改正後の装置型式指定規則（以下「新規則」という。）第五条の表第五号の十七及び第五号の十八下欄に掲げる規則に基づき行われた認定とみなす。

2　旧規則第五条の表第五号の十九及び第五号の二十下欄に掲げる規則に基づき行われた認定（令和九年八月三十一日以前に行われたものに限る。）であって、この省令による改正に係る事項の認定は、新規則第五条の表第五号の十九及び第五号の二十下欄に掲げる規則に基づき行われた認定とみなす。

3　旧規則第五条の表第五号の二十一から第六号の二までの下欄に掲げる規則に基づき行われた認定（令和五年八月三十一日以前に行われたものに限る。）であって、この省令による改正に係る事項の認定は、新規則第五条の表第五号の二十一から第六号の二までの下欄に掲げる規則に基づき行われた認

定とみなす。

4　旧規則第五条の表第五号の十九から第六号の二までの下欄に掲げる規則に基づき行われた認定であって、この省令による改正に係る事項の認定以外に係るものは、新規則第五条の表第五号の十九から第六号の二までの下欄に掲げる規則に基づき行われた認定とみなす。

5　旧規則第五条の表第十二号及び第十三号下欄に掲げる規則に基づき行われた認定（令和四年八月三十一日以前に行われたものに限る。）であって、この省令による改正に係る事項の認定は、令和八年八月三十一日までの間は、新規則第五条の表第十二号及び第十三号下欄に掲げる規則に基づき行われた認定とみなす。

6　旧規則第五条の表第十二号及び第十三号下欄に掲げる規則に基づき行われた認定であって、この省令による改正に係る事項の認定以外に係るものは、新規則第五条の表第十二号及び第十三号下欄に掲げる規則に基づき行われた認定とみなす。

附　則（令三・八・五国交令五〇）

この省令は、令和三年八月五日から施行する。

附　則（令三・九・三〇国交令五九）

（施行期日）

第一条　この省令は、令和三年九月三十日から施行する。

（経過措置）

第二条　この省令による改正前の装置型式指定規則（以下「旧規則」という。）第五条の表第三号の二下欄に掲げる規則に基づき行われた認定であって、この省令による改正に係る事項の認定以外に係るものは、この省令による改正後の装置型式指定規則（以下「新規則」という。）第五条の表第三号の二下欄に掲げる規則に基づき行われた認定とみなす。

2　旧規則第五条の表第三号の四下欄に掲げる規則に基づき行われた認定であって、この省令による改正に係る事項の認定のうち専ら乗用の用に供する自動車に備えるタイヤ空気圧監視装置に係るものは、令和四年七月五日までの間は、新規則第五条の表第三号の四下欄に掲げる規則に基づき行われた認定とみなす。

3　旧規則第五条の表第三号の四下欄に掲げる規則に基づき行われた認定（令和四年七月五日以前に行われたものに限る。）であって、この省令による改正に係る事項の認定のうち貨物の運送の用に供する自動車に備えるタイヤ空気圧監視装置に係るものは、令和六年七月五日までの間は、新規則第五条の表第三号の四下欄に掲げる規則に基づき行われた認定とみなす。

4　旧規則第五条の表第三号の四下欄に掲げる規則に基づき行われた認定であって、この省令による改正に係る事項の認定以外に係るものは、新規則第五条の表第三号の四下欄に掲げる規則に基づき行われた認定とみなす。

5　旧規則第五条の表第五号の五下欄に掲げる規則に基づき行われた認定（令和六年六月三十日以前に行われたものに限る。）であって、この省令による改正に係る事項の認定は、令和八年六月三十日までの間は、新規則第五条の表第五号の五下欄に掲げる規則に基づき行われた認定とみなす。

6　旧規則第五条の表第五号の五下欄に掲げる規則に基づき行われた認定であって、この省令による改正に係る事項の認定以外に係るものは、新規則第五条の表第五号の五下欄に掲げる規則に基づき行われた認定とみなす。

7　旧規則第五条の表第十五号の三下欄に掲げる規則に基づき行われた認定（令和五年八月三十一日以前に行われたものに限る。）であって、この省令による改正に係る事項の認定は、令和六年八月三十一日までの間は、新規則第五条の表第十五号の三下欄に掲げる規則に基づき行われた認定とみなす。

8　旧規則第五条の表第十五号の三下欄に掲げる規則に基づき行われた認定であって、この省令による改正に係る事項の認定以外に係るものは、新規則第五条の表第十五号の三下欄に掲げる規則に基づき行われた認定とみなす。

附　則（令四・一・七国交令一）

（施行期日）

第一条　この省令は、公布の日から施行する。

（経過措置）

第二条　この省令による改正前の装置型式指定規則（以下「旧規則」という。）第五条の表第三号の七下欄に掲げる規則に基づき行われた認定（令和五年八月三十一日以前に行われたものに限る。）であって、この省令による改正に係る事項の認定は、令和七年八月三十一日までの間は、この省令による改正後の装置型式指定規則（以下「新規則」という。）第五条の表第三号の七下欄に掲げる規則に基づき行われた認定とみなす。

2　旧規則第五条の表第三号の七下欄に掲げる規則に基づき行われた認定であって、この省令による改正に係る事項の認定以外に係るものは、新規則第五条の表第三号の七下欄に掲げる規則に基づき行われた認定とみなす。

3　旧規則第五条の表第五号の十二下欄に掲げる規則に基づき行われた認定（令和四年八月三十一日以前に行われたものに限る。）であって、この省令による改正に係る事項の認定は、令和六年八月三十一日までの間は、新規則第五条の表第五号の十二下欄に掲げる規則に基づき行われた認定とみなす。

4　旧規則第五条の表第五号の十二下欄に掲げる規則に基づき行われた認定であって、この省令による改正に係る事項の認定以外に係るものは、新規則第五条の表第五号の十二下欄に掲げる規則に基づき行われた認定とみなす。

附　則（令四・六・二二国交令五二）

沿革　令四国交令七三改正

（施行期日）

第一条　この省令は、令和四年六月二十二日から施行する。

（経過措置）

第二条　この省令による改正前の装置型式指定規則（以下「旧規則」という。）第五条の表第四号の二、第四号の三及び第三十四号の二下欄に掲げる規則に基づき行われた認定（令和四年八月三十一日以前に行われたものに限る。）であって、この省令による改正に係る事項の認定は、令和六年八月三十一日までの間は、この省令による改正後の装置型式指定規則（以下「新規則」という。）第五条の表第四号の二、第四号の三及び第三十四号の二下欄に掲げる規則に基づき行われた認定とみなす。

2　旧規則第五条の表第四号の二、第四号の三、第五号の十、第五号の十一、第三十四号の二、第三十五号の三及び第四十号下欄に掲げる規則に基づき行われた認定であって、この省令による改正に係る事項の認定以外に係るものは、新規則第五条の表第四号の二、第四号の三、第五号の十、第五号の十一、第三十四号の二、第三十五号の三及び第四十号下欄に掲げる規則に基づき行われた認定とみなす。

3　旧規則第五条の表第五号の十及び第五号の十一下欄に掲げる規則に基づき行われた認定（令和七年八月三十一日以前に行われたものに限る。）であって、この省令による改正に係る事項の認定は、令和九年八月三十一日までの間は、新規則第五条の表第五号の十及び第五号の十一下欄に掲げる規則に基づき行われた認定とみなす。

4　旧規則第五条の表第三十五号の三下欄に掲げる規則に基づき行われた認定（令和六年八月三十一日以前に行われたものに限る。）であって、この省令による改正に係る事項の認定は、令和九年八月三十一日までの間は、新規則第五条の表第三十五号の三下欄に掲げる規則に基づき行われた認定とみなす。

5　旧規則第五条の表第四十号下欄に掲げる規則に基づき行われた認定（令和六年六月三十日以前に行われたものに限る。）であって、この省令による改正に係る事項の認定は、令和八年六月三十日までの間は、新規則第五条の表第四十号下欄に掲げる規則に基づき行われた認定とみなす。

附　則（令四・一〇・七国交令七三抄）

沿革　令六国交令一改正

（施行期日）

第一条　この省令は、令和四年十月八日から施行する。ただし、第五条の表第十五号の四下欄の改正規定（「第百五十四号」を「第百五十四号第二改訂版」に改める部分に限る。）並びに次条第四項及び第六項の規定は、令和五年六月八日から施行する。

（経過措置）

第二条　この省令（前条ただし書に規定する改正規定を除く。以下この条において同じ。）による改正前の装置型式指定規則（以下この条において「旧規則」という。）第五条の表第五号の二及び第五号の三下欄に掲げる第十三号第十一改訂版に基づき行われた認定（駐車ブレーキ（電子的方法により操作するものに限る。次項において同じ。）に係るもの（令和六年八月三十一日以前に行われたものに限る。）に限る。）は、令和八年八月三十一日までの間は、この省令による改正後の装置型式指定規則（以下この条において「新規則」という。）第五条の表第五号の二及び第五号の三下欄に掲げる第十三号第十二改訂版に基づき行われた認定とみなす。

2　旧規則第五条の表第五号の二及び第五号の三下欄に掲げる第十三号第十一改訂版に基づき行われた認定（駐車ブレーキに係るものを除く。）は、新規則第五条の表第五号の二及び第五号の三下欄に掲げる第十三号第十二改訂版に基づき行われた認定とみなす。

3　旧規則第五条の表第三十六号及び第三十七号下欄に掲げる第四十六号第四改訂版に基づき行われた認定のうち、後方等確認装置（自動車に技術的最大許容質量（当該自動車の構造、装置及び性能を勘案し、当該自動車の安全性の確保及び公害の防止その他の環境の保全の観点から当該自動車に負荷することが許容される最大の質量をいう。）が負荷された状態で、当該装置の最下縁が地面から二メートル以上となるように取り付けられるものを除く。次項において同じ。）に係るもの（令和六年八月三十一日以前に行われたものに限る。）は、令和八年八月三十一日までの間は、新規則第五条の表第三十六号及び第三十七号下欄に掲げる第四十六号第五改訂版に基づき行われた認定とみなす。

4　旧規則第五条の表第三十六号及び第三十七号下欄に掲げる第四十六号第四改訂版に基づき行われた認定（後方等確認装置に係るものを除く。）は、新規則第五条の表第三十六号及び第三十七号下欄に掲げる第四十六号第五改訂版に基づき行われた認定とみなす。

附　則（令五・一・一四国交令一）

沿革　令五国交令七四改正

（施行期日）

第一条　この省令は、公布の日から施行する。ただし、次の各号に掲げる規定は、令和五年一月十九日から施行する。

一・二　［略］

三　第三条中装置型式指定規則第二条の改正規定、同令第五条の改正規定（同条の表第三十四号の六の次に二号を加える部分に限る。）及び同令第三号様式の改正規定（同様式の表第二条第四十一号の方向指示器の項の前に二項を加える部分に限る。）

四　［略］

（経過措置）

第二条　第三条の規定（前条第三号に掲げる改正規定を除く。以下この条において同じ。）による改正前の装置型式指定規則（以下この条において「旧規則」という。）第五条の表第二号の二下欄に掲げる第百十七号第二改訂版に基づき行われた認定（令和六年七月六日以前に行われたものに限る。）は、令和九年七月六日までの間は、第三条の規定による改正後の装置型式指定規則（以下この条において「新規則」という。）第五条の表第二号の二下欄に掲げる第百十七号第三改訂版に基づき行われた認定とみなす。

2　旧規則第五条の表第三号下欄に掲げる第百十七号第二改訂版に基づき行われた認定は、当分の間、新規則第五条の表第三号下欄に掲げる第百十七号第三改訂版に基づき行われた認定とみなす。

3　旧規則第五条の表第三号の八及び第三号の九下欄に掲げる第十二号第四改訂版並びに第六号の三下欄に掲げる第百三十五号改訂版に基づき行われた認定（令和五年八月三十一日以前に行われたものに限る。）は、それぞれ、新規則第五条の表第三号の八及び第三号の九下欄に掲げる第十二号第五改訂版並びに第六号の三下欄に掲げる第百三十五号第二改訂版に基づき行われた認定とみなす。

4　旧規則第五条の表第五号の四下欄に掲げる第百三十一号改訂版に基づき行われた認定（令和七年八月三十一日以前に行われたものに限る。）は、令和十年八月三十一日までの間は、新規則第五条の表第五号の四下欄に掲げる第百三十一号第二改訂版に基づき行われた認定とみなす。

5　旧規則第五条の表第五号の十七及び第五号の十八下欄に掲げる第百三十六号に基づき行われた認定（令和七年八月三十一日以前に行われたものに限る。）は、令和九年八月三十一日までの間は、新規則第五条の表第五号の十七及び第五号の十八下欄に掲げる第百三十六号改訂版に基づき行われた認定とみなす。

6　旧規則第五条の表第六号の六下欄に掲げる第百二十七号第

二改訂版に基づき行われた認定（令和六年七月六日以前に行われたものに限る。）は、令和八年七月六日までの間は、新規則第五条の表第六号の六下欄に掲げる第百二十七号第三改訂版に基づき行われた認定とみなす。

7　旧規則第五条の表第十五号の五、第十五号の六、第十八号及び第十八号の二下欄に掲げる第百四十九号に基づき行われた認定（令和八年八月三十一日以前に行われたものに限る。）は、新規則第五条の表第十五号の五、第十五号の六、第十八号及び第十八号の二下欄に掲げる第百四十九号改訂版に基づき行われた認定とみなす。

8　旧規則第五条の表第十九号から第二十八号の二まで及び第三十五号下欄に掲げる第百四十八号に基づき行われた認定は、当分の間、新規則第五条の表第十九号から第二十八号の二まで及び第三十五号下欄に掲げる第百四十八号改訂版に基づき行われた認定とみなす。

9　旧規則第五条の表第二十九号から第三十一号の三まで及び第三十四号下欄に掲げる第百五十号に基づき行われた認定は、当分の間、新規則第五条の表第二十九号から第三十一号の三まで及び第三十四号下欄に掲げる第百五十号改訂版に基づき行われた認定とみなす。

10　旧規則第五条の表第四十一号下欄に掲げる第百五十七号に基づき行われた認定（令和五年八月三十一日以前に行われたものに限る。）は、令和九年八月三十一日までの間は、新規則第五条の表第四十一号下欄に掲げる第百五十七号改訂版に基づき行われた認定とみなす。

附　則（令五・六・五国交令四五）

（施行期日）

第一条　この省令は、公布の日から施行する。ただし、次の各号に掲げる規定は、令和五年六月八日から施行する。

一　第二条中装置型式指定規則第二条第十一号の六、第四十三号の二及び第四十三号の三の改正規定、同令第五条の改正規定（同条の表第十二号の前に一号を加える部分及び同表第三十七号の次に二号を加える部分に限る。）並びに同令第三号様式の改正規定（同様式の表第二条第十一号の五の運転者席の項の次に一項を加える部分及び同表第二条第四十四号の後退時車両直後確認装置の項の前に二項を加える部分に限る。）

二・三　〔略〕

（経過措置）

第二条　第二条の規定（前条第一号に掲げる改正規定を除く。以下この条において同じ。）による改正前の装置型式指定規則（以下この条において「旧規則」という。）第五条の表第五号の八及び第五号の九下欄に掲げる第三十四号第三改訂版に基づき行われた認定（令和八年八月三十一日以前に行われたものに限る。）は、当分の間、第二条の規定による改正後の装置型式指定規則（以下この条において「新規則」という。）第五条の表第五号の八及び第五号の九下欄に掲げる第三十四号第四改訂版に基づき行われた認定とみなす。

2　旧規則第五条の表第六号の六下欄に掲げる第百二十七号第三改訂版に基づき行われた認定（令和八年八月三十一日以前に行われたものに限る。次項において同じ。）（次項の国土交通大臣が告示で定めるものを除く。）は、令和十一年八月三十一日までの間は、新規則第五条の表第六号の六下欄に掲げる第百二十七号第四改訂版に基づき行われた認定とみなす。

3　旧規則第五条の表第六号の六下欄に掲げる第百二十七号第三改訂版に基づき行われた認定であって、新規則第五条の表第六号の六下欄に掲げる第百二十七号第四改訂版に基づき行われた認定に相当すると認めて国土交通大臣が告示で定めるものは、当分の間、同号下欄に掲げる第百二十七号第四改訂版に基づき行われた認定とみなす。

4　旧規則第五条の表第十一号の五下欄に掲げる第百二十五号改訂版に基づき行われた認定（令和五年八月三十一日以前に行われたものに限り、次項の国土交通大臣が告示で定めるものを除く。）は、令和六年八月三十一日までの間は、新規則第五条の表第十一号の五下欄に掲げる第百二十五号第二改訂版に基づき行われた認定とみなす。

5　旧規則第五条の表第十一号の五下欄に掲げる第百二十五号改訂版に基づき行われた認定であって、新規則第五条の表第十一号の五下欄に掲げる第百二十五号第二改訂版に基づき行われた認定に相当すると認めて国土交通大臣が告示で定めるものは、当分の間、同号下欄に掲げる第百二十五号第二改訂版に基づき行われた認定とみなす。

附　則（令五・九・二二国交令七四抄）

沿革　令五国交令八六改正

（施行期日）

第一条　この省令は、令和五年九月二十四日から施行する。ただし、第二条中装置型式指定規則第二条の改正規定は、公布の日から施行する。

（経過措置）

第二条　この省令（前条ただし書に規定する改正規定を除く。以下この条において同じ。）による改正前の装置型式指定規則（以下この条において「旧規則」という。）第五条の表第二号の二下欄に掲げる第百十七号第三改訂版に基づき行われた認定（令和六年七月六日以前に行われたものに限る。）は、令和九年七月六日までの間、この省令による改正後の装置型式指定規則（以下この条において「新規則」という。）第五条第一項の表第二号の二下欄に掲げる第百十七号第四改訂版に基づき行われた認定とみなす。

2　旧規則第五条の表第三号下欄に掲げる第百十七号第三改訂版に基づき行われた認定（令和六年七月六日以前に行われたものに限る。）は、令和十一年八月三十一日までの間、新規則第五条第一項の表第三号下欄に掲げる第百十七号第四改訂版に基づき行われた認定とみなす。

3　旧規則第五条の表第五号の十及び第五号の十一下欄に掲げる第百十号第五改訂版に基づき行われた認定（液化天然ガス燃料自動車に備えるガス容器取付装置に係るもの（令和七年八月三十一日以前に行われたものに限る。）に限る。）は、当分の間、新規則第五条第一項の表第五号の十及び第五号の十一下欄に掲げる第百十号第六改訂版に基づき行われた認定とみなす。

4　旧規則第五条の表第五号の十及び第五号の十一下欄に掲げる第百十号第五改訂版に基づき行われた認定（燃料制御保護装置又は圧縮天然ガス燃料自動車に備えるガス容器取付装置に係るものに限る。）は、当分の間、新規則第五条第一項の表第五号の十及び第五号の十一下欄に掲げる第百十号第六改訂版に基づき行われた認定とみなす。

5　新規則第五条第二項の規定は、同条第一項の表中第二号の二下欄に掲げる第百十七号第四改訂版に基づき行われた認定

（令和六年七月六日以前に行われたものに限る。）については、令和九年七月六日まで、同表中第三号下欄に掲げる第百十七号第四改訂版に基づき行われた認定（令和六年七月六日以前に行われたものに限る。）については、令和十一年八月三十一日までは、適用しない。

6　新規則第五条第三項の規定は、同条第一項の表中第三号下欄に掲げる第百十七号第四改訂版に基づき行われた認定（令和六年七月六日以前に行われたものに限る。）については、令和十三年八月三十一日までは、適用しない。

附　則（令五・一〇・二〇国交令八六抄）

（施行期日）

第一条　この省令は、令和五年十二月二十一日から施行する。

（経過措置）

第二条　車両並びに車両への取付け又は車両における使用が可能な装置及び部品に係る調和された技術上の国際連合規則の諸採択並びにこれらの国際連合の諸規則に基づいて行われる認定の相互承認のための条件に関する協定（以下「協定」という。）に附属する規則第百十号第二改訂版に基づき行われた認定（プラスチックライナーを有するガス容器又は当該ガス容器に係るガス容器附属品に係るもの（令和五年八月三十一日以前に行われたものに限る。）に限る。）は、当分の間、協定に附属する規則第百十号第三改訂版に基づき行われた認定とみなす。

2　協定に附属する規則第百十号第二改訂版に基づき行われた認定（プラスチックライナーを有しないガス容器又は当該ガス容器に係るガス容器附属品に係るものに限る。）は、当分の間、協定に附属する規則第百十号第三改訂版に基づき行われた認定とみなす。

3　協定に附属する規則第百十号第五改訂版に基づき行われた認定（液化天然ガス燃料自動車に備えるガス容器又は当該ガス容器に係るガス容器附属品のうち安全弁に係るもの（令和七年八月三十一日以前に行われたものに限る。）に限る。）は、当分の間、この省令による改正後の装置型式指定規則（以下この条において「新規則」という。）第五条第一項の表第五号の九の二から第五号の十一までの下欄に掲げる第百十号第六改訂版に基づき行われた認定とみなす。

4　協定に附属する規則第百十号第五改訂版に基づき行われた認定（圧縮天然ガス燃料自動車に備えるガス容器、当該ガス容器に係るガス容器附属品又は液化天然ガス燃料自動車に備えるガス容器附属品（安全弁に係るものを除く。）に係るものに限る。）は、当分の間、新規則第五条第一項の表第五号の九の二から第五号の十一までの下欄に掲げる第百十号第六改訂版に基づき行われた認定とみなす。

附　則（令六・一・五国交令一抄）

（施行期日）

第一条　この省令は、公布の日から施行する。ただし、第二条の規定は、令和六年三月二十六日から施行する。

（経過措置）

第二条　車両並びに車両への取付け又は車両における使用が可能な装置及び部品に係る調和された技術上の国際連合規則の諸採択並びにこれらの国際連合の諸規則に基づいて行われる認定の相互承認のための条件に関する協定（以下「協定」という。）に附属する規則第百五十四号（レベル一Ａに係る部分を除く。）及び第百五十四号改訂版に基づき行われた認定（軽油を燃料とする自動車に備える次に掲げる装置に係るもの（令和五年九月三十日以前に行われたものに限る。）に限る。）は、令和七年九月三十日までの間は、それぞれ第一条の規定による改正後の装置型式指定規則（以下この条において「新規則」という。）第五条第一項の表第一号の二から第一号の七までの下欄に掲げる第百五十四号第三改訂版（レベル一Ａに係る部分を除く。）及び第百五十四号第二改訂版に基づき行われた認定とみなす。

一　自動車駆動用燃料消費装置、自動車駆動用電力消費装置及び一酸化炭素等発散防止装置（新規則第二条第一号の三に規定する一酸化炭素等発散防止装置をいう。次号及び次項において同じ。）

二　自動車駆動用燃料消費装置及び一酸化炭素等発散防止装置

2　協定に附属する規則第百五十四号（レベル一Ａに係る部分を除く。）及び第百五十四号改訂版に基づき行われた認定（次に掲げる装置に係るもの（令和六年九月三十日以前に行われたものに限る。）に限る。）は、令和八年九月三十日までの間は、それぞれ新規則第五条第一項の表第一号の二から第一号の七までの下欄に掲げる第百五十四号第三改訂版（レベル一Ａに係る部分を除く。）及び第百五十四号第二改訂版に基づき行われた認定とみなす。

一　自動車駆動用燃料消費装置

二　軽油以外の燃料を燃料とする自動車に備える自動車駆動用燃料消費装置、自動車駆動用電力消費装置及び一酸化炭素等発散防止装置

三　自動車駆動用燃料消費装置、自動車駆動用電力消費装置、一酸化炭素等発散防止装置及び燃料蒸発ガス排出抑止装置

四　軽油以外の燃料を燃料とする自動車に備える自動車駆動用燃料消費装置及び一酸化炭素等発散防止装置

五　自動車駆動用燃料消費装置、一酸化炭素等発散防止装置及び燃料蒸発ガス排出抑止装置

六　自動車駆動用電力消費装置

3　第一条の規定による改正前の装置型式指定規則（以下この条において「旧規則」という。）第五条第一項の表第四号の四下欄に掲げる第七十八号第五改訂版に基づき行われた認定（自動命令型制動機能を有する制動装置に係るもの（令和六年八月三十一日以前に行われたものに限る。）に限る。）は、令和八年八月三十一日までの間は、新規則第五条第一項の表第四号の四下欄に掲げる第七十八号第六改訂版に基づき行われた認定とみなす。

4　旧規則第五条第一項の表第四号の四下欄に掲げる第七十八号第五改訂版に基づき行われた認定（自動命令型制動機能を有しない制動装置に係るものに限る。）は、当分の間、新規則第五条第一項の表第四号の四下欄に掲げる第七十八号第六改訂版に基づき行われた認定とみなす。

5　旧規則第五条第一項の表第五号の二及び第五号の三下欄に掲げる第十三号第十二改訂版に基づき行われた認定（貨物運送の用に供する自動車（車軸の数が四のものであって、駆動軸が後輪の二の車軸のものであり、かつ、リム径が十九・五インチを超える車輪を備えるものに限る。次項において同じ。）であって、車両総重量が十二トンを超えるものに備える制動装置に係るもの（令和八年八月三十一日以前に行われ

たものに限る。）に限る。）は、令和十年八月三十一日までの間は、新規則第五条第一項の表第五号の二及び第五号の三下欄に掲げる第十三号第十三改訂版に基づき行われた認定とみなす。

6　旧規則第五条第一項の表第五号の二及び第五号の三下欄に掲げる第十三号第十二改訂版に基づき行われた認定（貨物の運送の用に供する自動車であって、車両総重量が十二トンを超えるものに備える制動装置に係るものを除く。）は、当分の間、新規則第五条第一項の表第五号の二及び第五号の三下欄に掲げる第十三号第十三改訂版に基づき行われた認定とみなす。

附　則（令六・三・二九国交令二六抄）

（施行期日）

第一条　この省令は、令和六年四月一日から施行する。〔後略〕

附　則（令六・六・一四国交令六六）

（施行期日）

第一条　この省令は、令和六年六月十五日から施行する。ただし、次の各号に掲げる規定は、令和六年六月二十日から施行する。

一　〔略〕

二　第四条の規定

三　〔略〕

（経過措置）

第二条　第三条の規定による改正前の装置型式指定規則（以下この条において「旧規則」という。）第五条第一項の表第五号の十一の二から第五号の十二までの下欄に掲げる第百三十四号改訂版、第五号の十九及び第五号の二十下欄に掲げる第百三十七号第二改訂版、第五号の二十一及び第五号の二十二下欄に掲げる第九十四号第四改訂版並びに第六号及び第六号の二下欄に掲げる第九十五号第五改訂版に基づき行われた認定（令和九年八月三十一日以前に行われたものに限る。）は、当分の間、それぞれ、第三条の規定による改正後の装置型式指定規則（以下この条において「新規則」という。）第五条第一項の表第五号の十一から第五号の十三までの下欄に掲げる第百三十四号第二改訂版、第五号の十九及び第五号の二十下欄に掲げる第百三十七号第三改訂版、第五号の二十一及び第五号の二十二下欄に掲げる第九十四号第五改訂版並びに第六号及び第六号の二下欄に掲げる第九十五号第六改訂版に基づき行われた認定とみなす。

2　旧規則第五条第一項の表第十二号及び第十三号下欄に掲げる第十七号第十改訂版に基づき行われた認定（頭部後傾抑止装置（高さを調整することができるものを除く。）に係るもの（令和八年八月三十一日以前に行われたものに限る。）に限る。）は、令和十年八月三十一日までの間は、新規則第五条第一項の表第十二号及び第十三号下欄に掲げる第十七号第十一改訂版に基づき行われた認定とみなす。

3　旧規則第五条第一項の表第十二号及び第十三号下欄に掲げる第十七号第十改訂版に基づき行われた認定（高さを調整することができる頭部後傾抑止装置に係るものに限る。）は、当分の間、新規則第五条第一項の表第十二号及び第十三号下欄に掲げる第十七号第十一改訂版に基づき行われた認定とみなす。

4　旧規則第五条第一項の表第十三号の四下欄に掲げる第十六号第八改訂版に基づき行われた認定（令和八年八月三十一日以前に行われたものに限る。）は、当分の間、新規則第五条第一項の表第十三号の四下欄に掲げる第十六号第九改訂版に基づき行われた認定とみなす。

5　旧規則第五条第一項の表第十四号の二下欄に掲げる第百四十五号に基づき行われた認定（年少者用補助乗車装置に備える後方への回転を防止するための装置を取り付けることができる年少者用補助乗車装置取付具に係るもの（令和八年八月三十一日以前に行われたものに限る。）に限る。）は、令和九年八月三十一日までの間は、新規則第五条第一項の表第十四号の二下欄に掲げる第百四十五号改訂版に基づき行われた認定とみなす。

6　旧規則第五条第一項の表第十四号の二下欄に掲げる第百四十五号に基づき行われた認定（年少者用補助乗車装置に備える後方への回転を防止するための装置を取り付けることができる年少者用補助乗車装置取付具に係るものを除く。）は、当分の間、新規則第五条第一項の表第十四号の二下欄に掲げる第百四十五号改訂版に基づき行われた認定とみなす。

7　旧規則第五条第一項の表第十四号の三下欄に掲げる第百二十九号第三改訂版に基づき行われた認定（後方への回転を防止するための装置を備える年少者用補助乗車装置に係るもの（令和八年八月三十一日以前に行われたものに限る。）に限る。）は、令和九年八月三十一日までの間は、新規則第五条第一項の表第十四号の三下欄に掲げる第百二十九号第四改訂版に基づき行われた認定とみなす。

8　旧規則第五条第一項の表第十四号の三下欄に掲げる第百二十九号第三改訂版に基づき行われた認定（後方への回転を防止するための装置を備える年少者用補助乗車装置に係るものを除く。）は、当分の間、新規則第五条第一項の表第十四号の三下欄に掲げる第百二十九号第四改訂版に基づき行われた認定とみなす。

9　旧規則第五条第一項の表第三十五号の四下欄に掲げる第五十三号第三改訂版に基づき行われた認定（令和十年八月三十一日以前に行われたものに限る。）は、令和十二年八月三十一日までの間は、新規則第五条第一項の表第三十五号の四下欄に掲げる第五十三号第四改訂版に基づき行われた認定とみなす。

10　旧規則第五条第一項の表第四十号下欄に掲げる第百六十号改訂版に基づき行われた認定（加速度に関する情報を記録することができる事故情報計測・記録装置に係るもの（令和六年八月三十一日以前に行われたものに限る。）に限る。）は、令和八年八月三十一日までの間は、新規則第五条第一項の表第四十号下欄に掲げる第百六十号第二改訂版に基づき行われた認定とみなす。

11　旧規則第五条第一項の表第四十号下欄に掲げる第百六十号改訂版に基づき行われた認定（加速度に関する情報を記録することができる事故情報計測・記録装置に係るものを除く。）は、当分の間、新規則第五条第一項の表第四十号下欄に掲げる第百六十号第二改訂版に基づき行われた認定とみなす。

第一号様式（装置型式指定申請書）（第四条関係）

自動車検査登録印紙

受付番号（※）

受付年月日（※）

装置型式指定申請書

国土交通大臣　殿

年　月　日

特定装置の種類

特定装置の名称及び型式

申請者の氏名又は名称
及び住所

主たる製作工場の名称
及び所在地

（日本産業規格Ａ列４番）

備考　※印の欄は、申請者が記入しないこと。

第一号様式の二（既指定装置型式指定申請書）（第四条の二関係）

自動車検査登録印紙

受付番号（※）

受付年月日（※）

既指定装置型式指定申請書

国土交通大臣　殿

年　月　日

指定装置の種類

指定装置の名称及び型式

指定番号

指定製作者等の氏名又は名称及び住所

異なる事項及び異なる事由

備考

（日本産業規格Ａ列４番）

備考　※の欄は、申請者が記入しないこと

第二号様式（特別な表示）（第六条関係）

a ＝ 4 以上

（単位：ミリメートル）

第三号様式（特別な表示）（第六条関係）

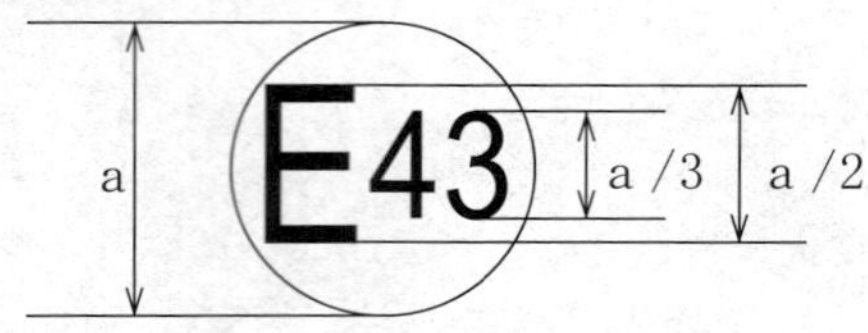

（単位：ミリメートル）

特定装置の種類	a
第二条第一号の自動車駆動用出力装置	8以上
第二条第一号の二の自動車駆動用燃料消費装置	
第二条第一号の三の自動車駆動用燃料消費装置、自動車駆動用電力消費装置及び一酸化炭素等発散防止装置	
第二条第一号の四の自動車駆動用燃料消費装置、自動車駆動用電力消費装置、一酸化炭素等発散防止装置及び燃料蒸発ガス排出抑止装置	
第二条第一号の五の自動車駆動用燃料消費装置及び一酸化炭素等発散防止装置	
第二条第一号の六の自動車駆動用燃料消費装置、一酸化炭素等発散防止装置及び燃料蒸発ガス排出抑止装置	
第二条第一号の七の自動車駆動用電力消費装置	
第二条第二号の空気入ゴムタイヤ	9以上
第二条第二号の二の空気入ゴムタイヤ	12以上
第二条第三号の空気入ゴムタイヤ	
第二条第三号の二の空気入ゴムタイヤ	8以上
第二条第三号の三の応急用予備走行装置	
第二条第三号の四のタイヤ空気圧監視装置	
第二条第三号の五の操作装置	
第二条第三号の六の操作装置	
第二条第三号の七のかじ取装置	
第二条第三号の八のフルラップ前面衝突時の乗員保護装置	
第二条第三号の九のフルラップ前面衝突時の乗員保護装置及び感電防止装置	
第二条第四号の施錠装置	
第二条第四号の二の施錠装置	
第二条第四号の三のイモビライザ	
第二条第四号の四の制動装置	
第二条第五号の制動装置	
第二条第五号の二の制動装置	
第二条第五号の三の制動装置	
第二条第五号の四の衝突被害軽減制動制御装置	
第二条第五号の五の衝突被害軽減制動制御装置	
第二条第五号の五の二の衝突被害軽減制動制御装置	
第二条第五号の五の三の衝突被害軽減制動制御装置	
第二条第五号の六の横滑り防止装置	
第二条第五号の七のブレーキアシストシステム	
第二条第五号の八の燃料タンク	
第二条第五号の九の燃料タンク及び燃料タンク取付装置	
第二条第五号の九の二の衝突時の車両火災防止装置	

第二条第五号の十のガス容器	
第二条第五号の十の二のガス容器及びガス容器附属品	
第二条第五号の十の三のガス容器、ガス容器附属品及び燃料制御保護装置	
第二条第五号の十の四のガス容器及び燃料制御保護装置	
第二条第五号の十の五のガス容器附属品	
第二条第五号の十の六のガス容器附属品及び燃料制御保護装置	
第二条第五号の十の七の燃料制御保護装置	
第二条第五号の十の八のガス容器取付装置	
第二条第五号の十一のガス容器及びガス容器附属品	
第二条第五号の十二のガス容器附属品	
第二条第五号の十三のガス容器取付装置	
第二条第五号の十四の電波障害防止装置	
第二条第五号の十五のサイバーセキュリティシステム	6以上
第二条第五号の十六のプログラム等改変システム	
第二条第五号の十七の原動機用蓄電池	
第二条第五号の十八の感電防止装置	8以上
第二条第五号の十九のフルラップ前面衝突時の燃料漏れ防止装置、感電防止装置及び乗員保護装置	
第二条第五号の二十のフルラップ前面衝突時の燃料漏れ防止装置及び乗員保護装置	
第二条第五号の二十一のオフセット前面衝突時の燃料漏れ防止装置、感電防止装置及び乗員保護装置	
第二条第五号の二十二のオフセット前面衝突時の燃料漏れ防止装置及び乗員保護装置	
第二条第六号の自動車との側面衝突時の燃料漏れ防止装置、感電防止装置及び乗員保護装置	
第二条第六号の二の自動車との側面衝突時の燃料漏れ防止装置及び乗員保護装置	
第二条第六号の三のポールとの側面衝突時の燃料漏れ防止装置、感電防止装置及び乗員保護装置	
第二条第六号の三の二のポールとの側面衝突時の燃料漏れ防止装置及び乗員保護装置	
第二条第六号の四の後面衝突時の燃料漏れ防止装置及び感電防止装置	
第二条第六号の五の後面衝突時の燃料漏れ防止装置	
第二条第六号の六の歩行者頭部保護装置及び歩行者脚部保護装置	
第二条第六号の七の車両転覆時の乗員保護装置	
第二条第七号の外装	
第二条第八号の外装の手荷物積載用部品	
第二条第九号の外装のアンテナ	
第二条第十号の突入防止装置	
第二条第十一号の突入防止装置及び突入防止装置取付装置	
第二条第十一号の二の前部潜り込み防止装置	
第二条第十一号の三の前部潜り込み防止装置及び前部潜り込み防止装置取付装置	

第二条第十一号の四の内装	
第二条第十一号の五の運転者席	
第二条第十一号の六の運転者席	
第二条第十二号の座席	
第二条第十二号の二の座席及び頭部後傾抑止装置	
第二条第十三号の座席	
第二条第十三号の二の座席ベルト取付装置	
第二条第十三号の三の座席ベルト	
第二条第十四号の頭部後傾抑止装置	
第二条第十四号の二の年少者用補助乗車装置取付具	
第二条第十五号の年少者用補助乗車装置	
第二条第十五号の二の年少者用補助乗車装置	
第二条第十六号の乗降口の扉の開放防止装置	
第二条第十六号の二の窓ガラス	
第二条第十七号の騒音防止装置	
第二条第十八号の二のディフィートストラテジー防止装置	
第二条第十九号の前照灯	８以上（ただし、プラスチック製レンズを備えたものにあつては、５以上）
第二条第十九号の二の前照灯	
第二条第二十号の前照灯洗浄器	５以上
第二条第二十一号の前照灯洗浄器及び前照灯洗浄器取付装置	
第二条第二十二号の前部霧灯	
第二条第二十二号の二の側方照射灯	
第二条第二十三号の車幅灯	
第二条第二十四号の尾灯	
第二条第二十五号の制動灯	
第二条第二十六号の補助制動灯	
第二条第二十七号の前部上側端灯	
第二条第二十八号の後部上側端灯	
第二条第二十八号の二の昼間走行灯	
第二条第二十九号の側方灯	
第二条第二十九号の二の番号灯	
第二条第三十号の後部霧灯	
第二条第三十一号の駐車灯	
第二条第三十二号の後退灯	
第二条第三十二号の二の低速走行時側方照射灯	
第二条第三十三号の前部反射器	４以上
第二条第三十四号の側方反射器	
第二条第三十五号の後部反射器	
第二条第三十六号の大型後部反射器	５以上
第二条第三十六号の二の再帰反射材	８以上

第二条第三十七号の警音器の警報音発生装置	
第二条第三十八号の警音器	
第二条第四十号の停止表示器材	
第二条第四十号の二の盗難発生警報装置	
第二条第四十号の三の車線逸脱警報装置	
第二条第四十号の四の車両接近通報装置	
第二条第四十号の六の側方衝突警報装置	
第二条第四十号の七の車両後退通報装置の通報音発生装置	４以上
第二条第四十号の八の車両後退通報装置	
第二条第四十一号の方向指示器	５以上
第二条第四十一号の三の灯火装置及び反射器並びに指示装置の取付装置	８以上
第二条第四十一号の四の灯火装置及び反射器並びに指示装置の取付装置	
第二条第四十二号の後写鏡等	５以上（ただし、ハンドルバー方式のかじ取装置を備える二輪自動車、側車付二輪自動車及び三輪自動車であって車室（道路運送車両の保安基準第四十四条第二項に規定する車室をいう。）を有しないものに備えるものにあっては、８以上）
第二条第四十三号の後写鏡等及び後写鏡等取付装置	
第二条第四十三号の二の直前直左右確認装置	５以上
第二条第四十三号の三の直前直左右確認装置及び直前直左右確認装置取付装置	
第二条第四十四号の後退時車両直後確認装置	
第二条第四十五号の速度計及び走行距離計	８以上
第二条第四十六号の事故情報計測・記録装置	
第二条第四十七号の事故情報計測・記録装置	
第二条第四十八号の自動運行装置	

第四号様式（特別な表示）（第六条関係）

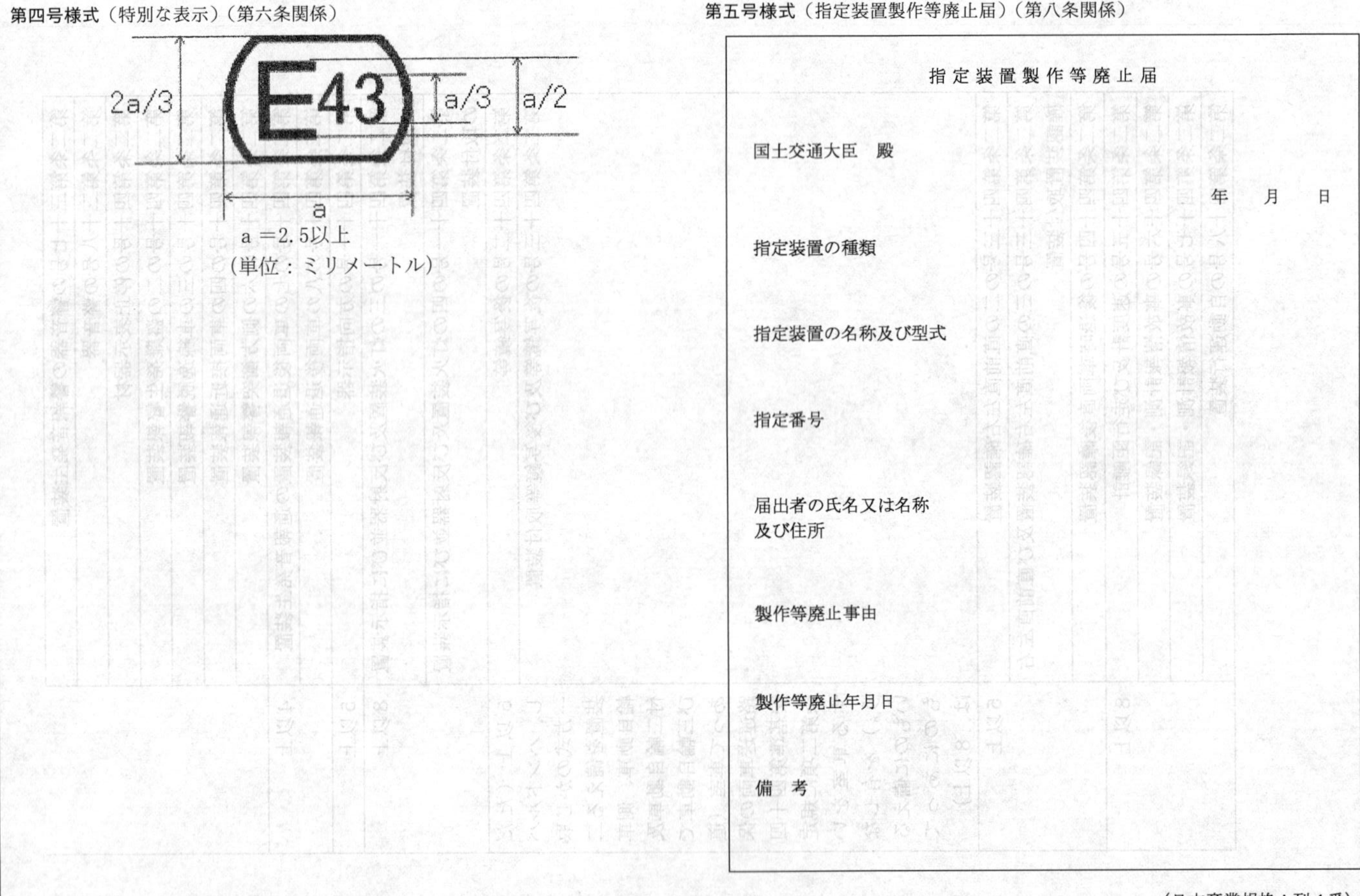

a ＝2.5以上

（単位：ミリメートル）

第五号様式（指定装置製作等廃止届）（第八条関係）

指 定 装 置 製 作 等 廃 止 届

年　月　日

国土交通大臣　殿

指定装置の種類

指定装置の名称及び型式

指定番号

届出者の氏名又は名称
及び住所

製作等廃止事由

製作等廃止年月日

備　考

（日本産業規格A列４番）

○自動車の特定改造等の許可に関する省令

（令和二年八月五日 国土交通省令第六十六号）

沿革　令二国交令九八・一〇〇、令五国交令五四改正

（許可の対象となる行為）

第一条　道路運送車両法（以下「法」という。）第九十九条の三第一項第一号の国土交通省令で定めるものは、法第四十一条第一項各号に掲げる装置の性能の変更（軽微な変更（当該変更に係る自動車が道路運送車両の保安基準（昭和二十六年運輸省令第六十七号。以下「保安基準」という。）に適合することが明白であるものをいう。）を除く。）を行う改造（二輪自動車、側車付二輪自動車、三輪自動車、カタピラ及びそりを有する軽自動車並びに大型特殊自動車について行われるものを除く。）とする。

2　法第九十九条の三第一項第一号の国土交通省令で定める方法は、電気通信回線を使用する方法とする。

3　法第九十九条の三第一項第二号の国土交通省令で定める方法は、電気通信回線を使用する方法及び電磁的記録媒体（電子的方式、磁気的方式その他人の知覚によっては認識することができない方式で作られる記録であって電子計算機による情報処理の用に供されるものに係る記録媒体をいう。）を配布する方法とする。

（許可の手続）

第二条　法第九十九条の三第一項の許可（以下単に「許可」という。）を受けようとする者（以下「申請者」という。）は、申請者の能力が第四条第一項の基準に適合することについて、あらかじめ、国土交通大臣の証明を受けるものとする。ただし、次条第三項第一号の国土交通大臣が告示で定める書面を有する者については、この限りでない。

2　前項の証明を受けようとする者は、国土交通大臣に対し、次に掲げる事項を記載した申請書（第一号様式）を、機構に対し、その写しを提出しなければならない。

一　申請に係る業務管理システム（特定改造等に係る業務に関し、特定改造等を実施する者が自らの組織の管理監督を行うための仕組みをいう。以下同じ。）の名称

二　法第九十九条の三第一項各号に掲げる行為のいずれを行うかの別（同項各号に掲げる行為のいずれも行う場合は、その旨）（以下「特定改造等の種類」という。）

三　申請者の氏名又は名称及び住所

3　前項の申請書及びその写しには、次に掲げる書面を添付しなければならない。

一　申請に係る業務管理システムの概要を記載した書面

二　申請者の能力が第四条第一項の基準に適合することを証する書面

4　国土交通大臣又は機構は、前二項に規定するもののほか、申請者に対し、第一項の証明に関し必要があると認めるときは、必要な書面の提出を求めることができる。

5　国土交通大臣は、第一項の証明をしたときは、申請者に対し、特定改造等を適確に実施するに足りる能力を有する者であることを証する証明書（以下「能力基準適合証明書」という。）（第二号様式）を交付するものとする。

6　能力基準適合証明書の有効期間は、三年とする。

7　前項の有効期間の起算日は、能力基準適合証明書を交付する日とする。ただし、能力基準適合証明書の有効期間が満了する日の三月前から当該期間が満了する日までの間に第一項の証明を行い、当該証明書の有効期間を更新する場合は、当該証明書の有効期間が満了する日の翌日とする。

8　第五項の規定により有効な能力基準適合証明書の交付を受けている者は、第三項第二号の書面の記載事項に重大な変更を加えようとするときは、第六項の規定にかかわらず、あらかじめ、第一項の証明を受けなければならないものとし、同項の証明を受けなかったときは、当該証明書は、当該変更時にその効力を失う。

第三条　許可は、申請に係るプログラム等の改変により改造される自動車ごとに行うものとする。ただし、次の各号に掲げる場合には、それぞれ当該各号に定めるものごとに行うことができるものとする。

一　申請に係るプログラム等の改変により改造される自動車（法第七十五条第一項の規定によりその型式について指定を受けたものに限る。）の装置が、当該改造により、法第七十五条第一項若しくは法第七十五条の二第一項の規定によりその型式について指定を受けた自動車若しくは特定共通構造部の装置又は法第七十五条の三第一項の規定によりその型式について指定を受けた特定装置と同一の構造及び性能を有することとなる場合　当該改造される自動車の型式

二　その他前号に準ずるものとして国土交通大臣が定める場合　国土交通大臣が定めるもの

2　申請者は、国土交通大臣に対し、次に掲げる事項を記載した申請書（第三号様式）を、機構に対し、その写しを提出し、かつ、申請に係るプログラム等の改変により改造された自動車を、機構の求めに応じ、機構に提示しなければならない。

一　特定改造等の目的及び概要

二　申請に係る改造のためのプログラム等の名称

三　特定改造等の種類

四　申請者の氏名又は名称及び住所

3　前項の申請書及びその写しには、次に掲げる書面（申請書の写しにあっては、第二号及び第五号を除く。）を添付しなければならない。

一　申請に係るプログラム等の改変による改造に係る能力基準適合証明書の写し又はこれに準ずるものとして国土交通大臣が告示で定める書面

二　申請者の体制が第四条第二項の基準に適合することを証する書面

三　申請に係るプログラム等の改変により改造される自動車の範囲

四　申請に係るプログラム等の改変により改造された自動車が保安基準の規定（申請に係るプログラム等の改変による改造に係る部分に限る。）に適合することを証する書面

五　自動車型式指定規則（昭和二十六年運輸省令第八十五号）第二条の購入契約を締結している者にあっては、当該契約書及び当該契約書に係る購入後の自動車に対する特定

改造等の実施に係る権利を有していることを証する書面

六　法第九十九条の三第七項の規定による特定改造等の停止又は許可の取消しの処分を受け、かつ、当該処分を受けた日以後初めて許可の申請をする者にあっては、当該処分に関する不正行為を防止するための措置が適切に講じられていることを証する書面

4　国土交通大臣又は機構は、前二項に規定するもののほか、申請者に対し、許可に関し必要があると認めるときは、必要な書面の提出を求めることができる。

5　国土交通大臣は、許可をしたときは、申請者に対し、許可証（第四号様式）を交付するものとする。

※　3項一号「告示」＝自動車の特定改造等の許可に関する技術上の基準に係る細目等を定める告示一

（許可の基準）

第四条　法第九十九条の三第三項第一号の国土交通省令で定める申請者の能力の基準は、特定改造等の適確な実施を確保するために必要なものとして、プログラム等の適切な管理及び確実な改変並びにサイバーセキュリティ（サイバーセキュリティ基本法（平成二十六年法律第百四号）第二条に規定するサイバーセキュリティをいう。次項及び第五条第三号において同じ。）を確保するための業務管理システムに関し、告示で定める基準とする。

2　法第九十九条の三第三項第一号の国土交通省令で定める申請者の体制の基準は、特定改造等に係る、改造のためのプログラム等の設計及び製作、プログラム等の管理及び改変、当該改変により改造される自動車のサイバーセキュリティの確保並びに当該自動車に発生した不具合（当該改造に係るものに限る。）の是正への対応の行程を、申請者が統括して管理及び改善する体制が整備されていることとする。

3　前二項に規定するもののほか、申請に係るプログラム等の改変により改造された自動車の構造、装置及び性能（当該改造に係る部分に限る。）は、法第四十条各号に掲げる事項ごと及び法第四十一条第一項各号に掲げる装置ごとに保安基準に適合するものでなければならない。

※　1項「告示」＝自動車の特定改造等の許可に関する技術上の基準に係る細目等を定める告示二

（遵守事項）

第五条　法第九十九条の三第五項の国土交通省令で定める事項は、次のとおりとする。

一　次に掲げる事項に変更（第二条第三項第二号の書面の記載事項の変更にあっては同条第八項の重大な変更を除き、第三条第三項第四号の書面の記載事項の変更にあっては第一条第一項の軽微な変更に該当する変更に伴うものに限る。）があったときは、遅滞なく、その旨を国土交通大臣に届け出ること。

イ　第二条第三項又は第三条第三項第二号若しくは第四号の書面の記載事項

ロ　第二条第二項第一号若しくは第三号又は第三条第二項第四号に掲げる事項

二　許可に係るプログラム等の改変による改造に関し、国土交通大臣が告示で定める情報を記録するとともに、これを許可を受けた者の施設において保管すること。

三　許可に係るプログラム等の改変により改造される自動車のサイバーセキュリティを確保するために必要なものとして国土交通大臣が告示で定める措置を講ずること。

四　前三号に掲げるもののほか、特定改造等の適確な実施のために必要なものとして国土交通大臣が告示で定める事項

※　二―四号「告示」＝自動車の特定改造等の許可に関する技術上の基準に係る細目等を定める告示三―五

（審査結果の通知）

第六条　法第九十九条の三第九項の規定による同条第八項各号に掲げる審査の結果の通知は、次の各号に掲げる審査の区分に応じ、それぞれ当該各号に定める事項を記載した審査結果通知書により行うものとする。

一　法第九十九条の三第八項第一号に掲げる審査　次に掲げる事項

イ　申請に係る業務管理システムの名称

ロ　特定改造等の種類

ハ　申請者の氏名又は名称

ニ　審査結果

二　法第九十九条の三第八項第二号に掲げる審査　次に掲げる事項

イ　申請に係る改造のためのプログラム等の名称

ロ　特定改造等の種類

ハ　申請に係るプログラム等の改変により改造される自動車の範囲

ニ　申請者の氏名又は名称

ホ　審査結果

附　則

（施行期日）

1　この省令は、道路運送車両法の一部を改正する法律（令和元年法律第十四号）附則第一条第四号に掲げる規定の施行の日（令和二年十一月二十三日）から施行する。

（経過措置）

2　自動車（二輪自動車、側車付二輪自動車、三輪自動車、カタピラ及びそりを有する軽自動車、大型特殊自動車並びに小型特殊自動車を除く。）のうち、国土交通大臣が告示で定めるものについて、特定改造等をしようとする者については、当分の間、第二条、第三条第三項第一号、第四条第一項及び第五条（第一号を除く。）の規定は、適用しない。

※　2項「告示」＝自動車の特定改造等の許可に関する技術上の基準に係る細目等を定める告示六

附　則（令二・一二・二三国交令九八）

（施行期日）

1　この省令は、令和三年一月一日から施行する。

（経過措置）

2　この省令の施行の際現にあるこの省令による改正前の様式による用紙は、当分の間、これを取り繕って使用することができる。

附　則（令二・一二・二五国交令一〇〇抄）

（施行期日）

第一条　この省令は、令和三年一月二十二日から施行する。

（後略）

附　則（令五・六・三〇国交令五四）

（施行期日）

1　この省令は、令和五年七月一日から施行する。

（経過措置）

2　この省令の施行の際現に交付されている第二条の規定によ

る改正前の自動車の特定改造等の許可に関する省令第二号様式による能力基準適合証明書（次項において「旧能力基準適合証明書」という。）は、第二条の規定による改正後の自動車の特定改造等の許可に関する省令第二号様式による能力基準適合証明書（次項において「新能力基準適合証明書」という。）とみなす。

3　旧能力基準適合証明書を有する者は、当該旧能力基準適合証明書と引換えに、新能力基準適合証明書の交付を受けることができる。

第一号様式（能力基準適合証明申請書）（第二条関係）

自動車検査登録印紙

受付番号(※)

受付年月日(※)

能力基準適合証明申請書

国土交通大臣　殿

年　月　日

申請に係る業務管理システムの名称

特定改造等の種類

申請者の氏名又は名称及び住所

備考

（日本産業規格Ａ列４番）

備考　※の欄は、申請者が記入しないこと。

第二号様式（能力基準適合証明書）（第二条関係）

能力基準適合証明書
Certificate of Compliance
for Cyber Security Management System
and Software Update Management System

証明番号 Certificate Number	
申請に係る業務管理システムの名称 Name of Management Systems	
特定改造等の種類 Means of Software Update	
申請者の氏名又は名称及び住所 Name and Address of Manufacturer	
証明書の有効期間 Date of expiry	

自動車の特定改造等の許可に関する省令第２条第１項の規定により、申請のあった業務管理システムについて、同項の証明を受けたことを証する。

The Minister of Land, Infrastructure, Transport and Tourism certifies that the Management systems of the manufacturer comply with the provisions of paragraph 7.2 of Regulation No. 155 and the provisions of paragraph 7.1 of Regulation No. 156.

交付年月日　　年　月　日
Date of issue

国土交通大臣　印
The Minister of Land, Infrastructure, Transport and Tourism

（日本産業規格Ａ列４番）

第三号様式（特定改造等許可申請書）（第三条関係）

自動車検査登録印紙

受付番号（※）

受付年月日（※）

特定改造等許可申請書

国土交通大臣　殿

年　月　日

特定改造等の目的及び概要

申請に係る改造のためのプログラム等の名称

特定改造等の種類

申請者の氏名又は名称及び住所

備考

（日本産業規格Ａ列４番）

備考　※の欄は、申請者が記入しないこと。

第四号様式（特定改造等許可証）（第三条関係）

特定改造等許可証

許可番号	
申請に係る改造のためのプログラム等の名称	
特定改造等の種類	
申請者の氏名又は名称及び住所	
許可の条件又は期限	
能力基準適合証明書の証明番号	

道路運送車両法第99条の３第１項の規定により、申請のあった特定改造等を許可する。

交付年月日　　年　月　日

国土交通大臣　印

（日本産業規格Ａ列４番）

○自動車の特定改造等の許可に関する技術上の基準に係る細目等を定める告示

（令和二年八月五日　国土交通省告示第七百八十七号）

沿革　令二国交告八二九・一五七七、令五国交告六二四改正

（申請書に添付する書面）

第1条　自動車の特定改造等の許可に関する省令（以下「省令」という。）第3条第3項第1号の告示で定める書面は、次に掲げる書面とする。

一　協定規則第155号又は協定規則第155号補足改訂版に基づき型式について認定を受けたことを証する書面の写し

二　協定規則第155号又は協定規則第155号補足改訂版の規則6．に基づいて交付された有効なサイバーセキュリティ管理システム適合認定書の写し

三　前号の書面に係るサイバーセキュリティ管理システムの概要を記載した書面

四　協定規則第156号に基づき型式について認定を受けたことを証する書面の写し

五　協定規則第156号の規則6．に基づいて交付された有効なソフトウェア更新管理システム適合認定書の写し

六　前号の書面に係るソフトウェア更新管理システムの概要を記載した書面

（許可の基準）

第2条　省令第4条第1項の告示で定める基準は、協定規則第156号の技術的な要件（同規則の規則7.1.に限る。）及び協定規則第155号補足改訂版の技術的な要件（同規則の規則7.2.に限る。）に定める基準とする。

（記録及び保管する情報）

第3条　省令第5条第2号の告示で定める情報は、協定規則第156号の技術的な要件（同規則の規則7.1.2.に限る。）に規定する情報とする。

（サイバーセキュリティを確保するために必要な措置）

第4条　省令第5条第3号の告示で定める措置は、次のとおりとする。

一　協定規則第155号補足改訂版の技術的な要件（同規則の規則7.2.2.2.(a)、(f)、(g)及び(h)に限る。）に規定するプロセスを確実に実行すること。

二　1年を超えない間隔又は必要に応じより短い間隔で、次のイ及びロに掲げる事項を国土交通大臣及び独立行政法人自動車技術総合機構交通安全環境研究所に報告すること。

イ　協定規則第155号補足改訂版の技術的な要件（同規則の規則7.2.2.2.(g)に限る。）の監視に係る活動の結果（新たなサイバー攻撃に関連する情報を含む。）

ロ　車両型式又は車両に対し実施された軽減策の有効性及びサイバーセキュリティを確保するための追加の対策の実施の有無

（特定改造等の適確な実施のために必要な事項）

第5条　省令第5条第4号の告示で定める事項は、協定規則第156号の技術的な要件（同規則の規則7.1.1.、7.1.1.11.、7.1.1.12.及び7.1.3.1.に限る。）に規定するプロセス並びに協定規則第156号の技術的な要件（同規則の規則7.1.4.2.に限る。）に規定するプロセス及び手順を確実に実行することとする。

（省令附則第2項に規定する国土交通大臣が告示で定めるもの）

第6条　省令附則第2項の告示で定めるものは、道路運送車両の保安基準第二章及び第三章の規定の適用関係の整理のため必要な事項を定める告示（平成15年国土交通省告示第1318号）第14条第20項、第24項及び第26項の規定の適用を受ける自動車とする。

附　則

（施行期日）

第1条　この告示は、道路運送車両法の一部を改正する法律（令和元年法律第14号）附則第1条第4号に掲げる規定の施行の日（令和2年11月23日）から施行する。

（関係告示の廃止）

第2条　次に掲げる告示は、廃止する。

一　サイバーセキュリティ業務管理システムの適合証明に関する規程（令和2年国土交通省告示第464号）

二　サイバーセキュリティ業務管理システムの適合証明実施要領（令和2年国土交通省告示第465号）

附　則（令二・九・一国交告八二九抄）

（施行期日）

第1条　この告示は、公布の日から施行する。

附　則（令二・一二・二五国交告一五七七）

（施行期日）

第1条　この告示は、令和三年一月三日から施行する。ただし、次の各号に掲げる規定は、当該各号に定める日から施行する。

一　［略］

二　次に掲げる規定　令和三年一月二十二日

イ・ロ　［略］

ハ　第三条及び第四条の規定

（経過措置）

第二条　道路運送車両の保安基準第二章及び第三章の規定の適用関係の整理のため必要な事項を定める告示第十四条第二十二項の規定の適用を受ける自動車について、特定改造等をしようとする者に対する自動車の特定改造等の許可に関する技術上の基準に係る細目等を定める告示の適用については、この告示による改正後の自動車の特定改造等の許可に関する技術上の基準に係る細目等を定める告示（以下「新告示」とい

う。）の規定にかかわらず、なお従前の例によることができる。この場合において、この告示による改正前の自動車の特定改造等の許可に関する技術上の基準に係る細目等を定める告示（以下「旧告示」という。）第三条第一号中「3.2.2.(1)、(6)、(7)及び(8)」とあるのは「3.2.2.(1)、(6)及び(7)」と、旧告示別添二「サイバーセキュリティ業務管理システムの技術基準」3・2・2・中「プロセスにより、別紙に規定するリスク及び軽減策を含め」とあるのは「プロセスにより」と、同別添3・2・2・(2)中「プロセス。当該プロセスにおいては、別紙のパートAに規定する脅威その他の関連する脅威が考慮されるものとする。」とあるのは「プロセス」とすることができるものとし、旧告示第三条第二号並びに同別添3・2・2・(8)及び3・2・3・から3・2・4・2・までの規定は、適用しない。

2　道路運送車両の保安基準第二章及び第三章の規定の適用関係の整理のため必要な事項を定める告示第十四条第二十五項の規定の適用を受ける自動車について、特定改造等をしようとする者に対する自動車の特定改造等の許可に関する技術上の基準に係る細目等を定める告示の適用については、新告示の規定にかかわらず、なお従前の例によることができる。

附　則（令五・六・三〇国交告六二四）

この告示は、令和五年七月一日から施行する。

別紙　脅威及び対応する軽減策の一覧

1.　本別紙は３つのパートから構成される。本別紙のパートＡは脅威、脆弱性及び攻撃方法の基本的な水準を、パートＢは車両に関連した脅威に対する軽減策を、パートＣは車両外の領域（例えばＩＴバックエンド）に関連した脅威に対する軽減策を、それぞれ定める。

2.　申請者が実施するリスクアセスメント及び軽減策にあっては、パートＡ、パートＢ及びパートＣを考慮するものとする。

3.　高次の脆弱性又は脅威及びこれらに対応する脆弱性又は攻撃方法の例には、パートＡにおいて項目番号が付されている。パートＢ及びパートＣの表においても、それぞれのサイバー攻撃又は脆弱性及びこれらに対応する軽減策の一覧を関連付けるため、同じ項目番号が参照されている。

4.　脅威分析においては、攻撃により生じ得る影響についても考慮するものとする。これは、リスクの重大性の確定及び追加リスクの特定に役立つ可能性がある。攻撃により生じ得る影響には、次の4.1.から4.8.までに掲げるものが含まれる可能性がある。

4.1.　車両の安全な操作に影響すること。

4.2.　車両の機能が停止すること。

4.3.　プログラム等が改変され、車両の性能が変更されること。

4.4.　車両の操作への影響はないが、プログラム等が改変されること。

4.5.　データの完全性が侵害されること。

4.6.　データの機密性が侵害されること。

4.7.　データの可用性が失われること。

4.8.　その他の影響（犯罪行為に関するものを含む。）

パートＡ　脅威に関連する脆弱性又は攻撃方法

1.　高次の脅威及び関連する脆弱性又は攻撃方法の一覧を表Ａ１に示す。

表Ａ１　高次の脅威及び関連する脆弱性又は攻撃方法の一覧

高次及びより具体的な脆弱性又は脅威			脆弱性又は攻撃方法の例	
使用される車両に関連するバックエンドサーバに関する脅威	1	車両を攻撃し、又はデータを抜き取る手段として利用されるバックエンドサーバ	1.1	社員・職員による権限の悪用（インサイダー攻撃）
			1.2	サーバへの不正なインターネットアクセス（バックドア、パッチが適用されていないシステムにおけるプログラム等の脆弱性、ＳＱＬインジェクション又はその他の手段によって可能となるものを含む。）
			1.3	サーバへの不正な物理的アクセス（ＵＳＢメモリその他のサーバに接続する媒体によって行われるものを含む。）
	2	破壊されたバックエンドサーバからのサービスが車両の操作に対して与える影響	2.1	攻撃によってバックエンドサーバが機能停止することにより、例えば、サーバと車両との相互通信及び車両が依存しているサービスの提供が妨げられる。
	3	バックエンドサーバに保存されていた車両関連データの損失又は危殆化（データ漏洩）	3.1	社員・職員による権限の悪用（インサイダー攻撃）
			3.2	クラウド内の情報の損失。第三者のクラウドサービス提供者によって保管されている機微なデータが、攻撃又は事故によって損失する可能性がある。
			3.3	サーバへの不正なインターネットアクセス（バックドア、パッチが適用されていないシステムにおけるプログラム等の脆弱性、ＳＱＬインジェクション又はその他の手段によって可能となるものを含む。）
			3.4	サーバへの不正な物理的アクセス（ＵＳＢメモリその他のサーバに接続する媒体によって行われるものを含む。）
			3.5	意図的でないデータの共有による情報漏洩（例：管理者の過誤）
通信チャネルに関する車両への脅威	4	車両によって受信されるメッセージ又はデータのスプーフィング	4.1	なりすましによるメッセージのスプーフィング（例：隊列走行時における802.11ｐによるＶ２Ｘ、全球測位衛星システム（ＧＮＳＳ）のメッセージ等）
			4.2	シビル攻撃（あたかも路上に多数の車両が存在しているかのように他の車両になりすますための攻撃）
	5	車両に保存されているコード又はデータの不正な改ざん、削除その他の改変	5.1	通信チャネルがインジェクション攻撃を許容し、例えば、改ざんされたプログラム等のバイナリデータが通信ストリームに取り込まれる可能性がある。

		を行うために用いられる通信チャネル	5.2	通信チャネルが車両に保存されているデータ又はコードの改ざんを許容する。
			5.3	通信チャネルが車両に保存されているデータ又はコードの上書きを許容する。
			5.4	通信チャネルが車両に保存されているデータ又はコードの消去を許容する。
			5.5	通信チャネルが車両へのデータ又はコードの取込み（書込み）を許容する。
	6	信用又は信頼できないメッセージの受取りを許容し、又はセッションハイジャック若しくは反射攻撃に対する脆弱性を有する通信チャネル	6.1	信用又は信頼できないソースからの情報の受入れ
			6.2	中間者攻撃又はセッションハイジャック
			6.3	反射攻撃（例えば、通信ゲートウェイに対する攻撃によって、攻撃者が電子制御ユニット（ECU）又はゲートウェイのファームウェアのプログラム等をダウングレードすること）
	7	情報が容易に開示される可能性がある。例えば通信の盗聴又は機微なファイル若しくはフォルダへの不正なアクセスの許容によるものがある。	7.1	情報の傍受、放射の干渉又は通信の監視
			7.2	ファイル又はデータへの不正なアクセス
	8	車両の機能を妨害するための通信チャネルを介したDoS攻撃	8.1	車両の情報システムが正常にサービスを提供できないように、当該システムに対し不要データを大量に送信する。
			8.2	車車間通信を妨害し、攻撃者が車両間のメッセージを遮断することができるブラックホール攻撃
	9	権限を有さない自動車の使用者が車両システムへのアクセス権限を得る。	9.1	権限を有さない自動車の使用者がルートアクセス等のアクセス権限を得る。
	10	車両システムが通信媒体に埋め込まれたウイルスに感染する。	10.1	車両システムが通信媒体に埋め込まれたウイルスに感染する。
	11	車両によって受信されるメッセージ（例えば、X2V又は診断メッセージ）又は車両内で送信されるメッセージに悪質コンテンツが含まれている。	11.1	悪質な内部（例：CAN）メッセージ
			11.2	悪質なV2X（例：インフラ対車両又は車両対車両）メッセージ（例：協調認識メッセージ（CAM）、分散型環境通報メッセージ（DENM））
			11.3	悪質な診断メッセージ
			11.4	悪質な専有メッセージ（例：通常はメーカー又は構成部品、システム若しくは機能のサプライヤーから送信されるメッセージ）
プログラム等の改変手順（以下単に「改変手順」という。）に関する車両への脅威	12	改変手順の誤使用又は危殆化	12.1	無線改変の改変手順の危殆化。これには、システム更新に係るプログラム又はファームウェアの偽造が含まれる。
			12.2	ローカル又は物理的な改変手順の危殆化。これには、システム更新に係るプログラム又はファームウェアの偽造が含まれる。
			12.3	プログラム等の改変プロセスは完全であるが、当該プロセスの開始前にプログラム等が改ざんされ、又はこれにより破損している。
			12.4	無効なプログラム等の改変を可能にする、プログラム等の提供者の暗号鍵の危殆化
	13	正規のプログラム等の改変が拒否される。	13.1	必要不可欠な改変のためのプログラム等の発行又は顧客固有の機能の解放を妨げるための当該改変に係るサーバ又はネットワークに対するDoS攻撃
サイバー攻撃を容易化する意図的でない人間の行動に関する車両への脅威	15	正当な行為主体がサイバー攻撃を容易化する行為を意図せずに行う。	15.1	正当な行為主体（例：所有者、運転者又はメンテナンス技術者）が騙され、意図せずマルウェアをダウンロードする又はサイバー攻撃を可能にする行為を行う。
			15.2	定められたセキュリティ手順に従っていない。
外部との接続性及び接	16	車両の接続機能の改ざ	16.1	システムを遠隔操作するために設計されたリ

続に関する車両への脅威		んがサイバー攻撃を可能とする。当該機能には、テレマティクス、遠隔操作が可能なシステム及び短距離無線通信を用いるシステムが含まれる可能性がある。		モートキー、イモビライザ、充電パイル等の機能の改ざん
			16.2	車両テレマティクスの改ざん（例：温度の影響を受けやすい貨物の温度測定の改ざん、貨物ドアの施錠の遠隔解除）
			16.3	短距離無線システム又はセンサの干渉
	17	提供される第三者のプログラム等（例：エンターテイメントアプリケーション）であって、車両システムを攻撃する手段として用いられるもの	17.1	破損した又はプログラム等のセキュリティが不十分なアプリケーションであって、車両システムを攻撃する手段として用いられるもの
	18	外部インターフェース（例：USBポート、OBDポート）に接続された装置であって、車両システムを攻撃する手段として用いられるもの	18.1	コードの取込み等のサイバー攻撃のポイントとして用いられるUSB等のポートを含む外部インターフェース
			18.2	ウイルスに感染した媒体であって、車両システムに接続されているもの
			18.3	車両パラメータの直接的又は間接的な改ざん等のサイバー攻撃を容易化するために用いられる診断アクセス（例：OBDポートのドングル）
車両データ又はコードへの脅威	19	車両データ又はコードの抜取り	19.1	著作権又は占有権のあるプログラム等を車両システムから抜き取る（製品のプライバシー）。
			19.2	身分、支払アカウント、住所録、位置及び車両の電子ＩＤに関する情報等の所有者のプライバシー情報への不正なアクセス
			19.3	暗号鍵の抜取り
	20	車両データ又はコードの改ざん	20.1	車両の電子ＩＤに対する違法又は不正な変更
			20.2	身分の詐称。例えば、通行料金システム及びメーカーのバックエンドとの通信において自動車の使用者が他人の身分情報を提示しようとする場合。
			20.3	監視システムを回避する行動（例：ＯＤＲ追跡データ又はその実行回数等のメッセージのハッキング、改ざん又は妨害）
			20.4	車両の運転データ（例：走行距離、走行速度、走行方向等）を偽装するためのデータ改ざん
			20.5	システムの診断データに対する不正な変更
	21	車両データ又はコードの消去	21.1	システムのイベントログの不正な削除又は改ざん
	22	マルウェアの取込み	22.2	悪質なプログラム等又はその悪質な活動の取込み
	23	新しいプログラム等の取込み又は既存のプログラム等の上書き	23.1	車両の制御システムのプログラム又は情報等の偽造
	24	システムの破壊又は演算の停止	24.1	ＤｏＳ攻撃。これは、例えば、大量のメッセージ送信を通じたＣＡＮバスのフラッディング又はＥＣＵの障害によって内部ネットワーク上で引き起こされる可能性がある。
	25	車両パラメータの改ざん	25.1	ブレーキデータ又はエアバッグの展開に係る閾値等の車両の主要機能に係る設定パラメータを偽装する不正アクセス
			25.2	充電の電圧及び電力並びにバッテリー温度等の充電パラメータを偽装する不正なアクセス
十分に保護又は堅牢化されていない場合に悪用される可能性がある潜在的な脆弱性	26	暗号技術が危殆化され、又は不十分に適用される可能性がある。	26.1	短い暗号鍵及び長い有効期間により攻撃者が暗号を破ることが可能となる。
			26.2	機微なシステムを保護するための暗号アルゴリズムの不十分な使用
			26.3	既に推奨されていない又は間もなく推奨されないこととなる暗号アルゴリズムの使用
	27	部品又は補給品の危殆化によって	27.1	サイバー攻撃を可能にするため、又は当該攻撃を止めるための設計

脅威	脆弱性	番号	例
車両がサイバー攻撃を受ける可能性			基準を満たさないように工作されたハードウェア又はプログラム等
	28　プログラム等又はハードウェアの開発の過程に起因する脆弱性	28.1	プログラム等のバグ。当該バグの存在は、悪用され得る潜在的な脆弱性の原因となる可能性がある。これは、当該プログラム等について、既知の不適切なコード又はバグが存在しないことの検証及び当該コード又はバグに係るリスクの低減のためのテストが実施されていない場合、特に該当する。
		28.2	開発の残余物（例：デバッグポート、JTAGポート、マイクロプロセッサ、開発証明書、開発者パスワード等）を利用することにより、攻撃者によるECUへのアクセス又はより重要な権限の取得が可能となる。
	29　ネットワークの設計に起因する脆弱性	29.1	ネットワークシステムへのアクセスを提供する余分なインターネットポートが開放されたままになっている。
		29.2	制御するためにネットワークの分離を回避する。具体例としては、保護を回避し、恣意的なCANバスメッセージの送信等の悪質な行為を実行するためのその他のネットワークセグメントへのアクセスを取得するため、保護されていないゲートウェイ又はアクセスポイント（牽引自動車と被牽引自動車間のゲートウェイ等）を使用することをいう。
	30　データの物理的な損失が生じる可能性がある。	30.1	第三者によって引き起こされる損傷。交通事故又は窃盗の場合において、物理的損傷によって機微なデータが損失又は危殆化する可能性がある。
		30.2	デジタル著作権管理（DRM）に係る紛争に伴う損失。自動車の使用者に係るデータがDRMに起因する問題により削除される可能性がある。
		30.3	機微なデータ又はその完全性がIT構成部品の消耗により損失し、潜在的なカスケード問題を引き起こす可能性がある（例：鍵を変更する場合）。
	31　意図しないデータの転送が生じる可能性がある。	31.1	情報漏洩。自動車の使用者が変わるとき（例：当該自動車が売却され、又は新しい借主の貸自動車として使用されるとき）に個人情報が漏洩する可能性がある。
	32　システムの物理的な改ざんによってサイバー攻撃を可能にする。	32.1	電子ハードウェアの改ざん（例：中間者攻撃を可能にするために車両に追加される不正な電子ハードウェア）又は正規の電子ハードウェア（例：センサ）を不正なものと交換すること。
			センサが収集した情報の改ざん（例：ギアボックスに接続したホールセンサを改ざんするための磁石の使用）

パートB　車両に向けられた脅威に対する軽減策

1.　車両の通信チャネルに関連する脅威に対する軽減策

車両の通信チャネルに関連する脅威に対する軽減策の一覧を表B１に示す。

表B１　車両の通信チャネルに関連する脅威に対する軽減策

表A１の項目番号	車両の通信チャネルに対する脅威	参考番号	軽減策
4.1	なりすましによるメッセージのスプーフィング（例：隊列走行時における802.11pによるV2X、全球測位衛星システム（GNSS）のメッセージ等）	M10	車両は、受信するメッセージの真正性及び完全性を検証するものとする。
4.2	シビル攻撃（あたかも路上に多数の車両が存在しているかのように他の車両になりすますための攻撃）	M11	暗号鍵の保管に対するセキュリティ管理が実施されるものとする（例：ハードウェアセキュリティモジュールの使用）。
		M10	車両は、受信するメッセージの真正性及び完全性を検証するものとする。
5.1	通信チャネルがインジェクション攻撃を許容し、例えば、改ざんされたプログラム等のバイナリデータが通	M６	システムは、リスクを最小限に抑えるために

	信ストリームに取り込まれる可能性がある。		設計されたセキュリティ対策を実施するものとする。
5.2	通信チャネルが車両に保存されているデータ又はコードの改ざんを許容する。	M7	システムのデータ又はコードを保護するためにアクセス制御の技術及び設計を適用するものとする。
5.3	通信チャネルが車両に保存されているデータ又はコードの上書きを許容する。		
5.4	通信チャネルが車両に保存されているデータ又はコードの消去を許容する。		
5.5	通信チャネルが車両へのデータ又はコードの取込み（書込み）を許容する。		
6.1	信用又は信頼できないソースからの情報の受入れ	M10	車両は、受信するメッセージの真正性及び完全性を検証するものとする。
6.2	中間者攻撃又はセッションハイジャック		
6.3	反射攻撃（例えば、通信ゲートウェイに対する攻撃によって、攻撃者が電子制御ユニット（ECU）又はゲートウェイのファームウェアのプログラム等をダウングレードすること）		
7.1	情報の傍受、放射の干渉又は通信の監視	M12	車両に送信され、又は当該車両から送信される機密データを保護するものとする。
7.2	ファイル又はデータへの不正なアクセス	M8	システムの設計及びアクセス制御により、権限のない者が個人情報又はシステムの重要データにアクセスできないものであること。セキュリティ管理の例についてはＯＷＡＳＰを参照することができる。
8.1	車両の情報システムが正常にサービスを提供できないように、当該システムに対し不要データを大量に送信する。	M13	ＤｏＳ攻撃を検出し、及びその後回復するための対策が採用されるものとする。
8.2	車車間通信を妨害し、攻撃者が車両間のメッセージを遮断することができるブラックホール攻撃		
9.1	権限を有さない自動車の使用者がルートアクセス権限等のアクセス権限を得る。	M9	不正なアクセスを防止及び検出するための対策が採用されるものとする。
10.1	車両システムが通信媒体に埋め込まれたウイルスに感染する。	M14	埋め込まれたウイルス又はマルウェアからシステムを保護するための対策が考慮されるものとする。
11.1	悪質な内部（例：ＣＡＮ）メッセージ	M15	悪質な内部メッセージ又は活動を検出するための対策が考慮されるものとする。
11.2	悪質なＶ２Ｘメッセージ（例：インフラ対車両又は車両対車両メッセージ（例：協調認識メッセージ（ＣＡＭ）、分散型環境通報メッセージ（ＤＥＮＭ））	M10	車両は、受信するメッセージの真正性及び完全性を検証するものとする。
11.3	悪質な診断メッセージ		
11.4	悪質な専有メッセージ（例：通常はメーカー又は構成部品、システム若しくは機能のサプライヤーから送信されるメッセージ）		

2．プログラム等の改変プロセスに関連する脅威に対する軽減策

プログラム等の改変プロセスに関連する脅威に対する軽減策の一覧を表Ｂ２に示す。

表Ｂ２　プログラム等の改変プロセスに関連する脅威に対する軽減策

表Ａ１の項目番号	プログラム等の改変プロセスに対する脅威	参考番号	軽減策
12.1	無線改変の改変手順の危殆化。これには、システムプログラム更新に係るプログラム又はファームウェアの偽造が含まれる。	M16	セキュリティが確保された改変手順が採用されるものとする。
12.2	ローカル又は物理的な改変手順の危		

	殆化。これには、システム更新に係るプログラム又はファームウェアの偽造が含まれる。		
12.3	プログラム等の改変プロセスは完全であるが、当該プロセスの開始前にプログラム等が改ざんされ、又はこれにより破損している。		
12.4	無効なプログラム等の改変を可能にする、プログラム等の提供者の暗号鍵の危殆化	M11	暗号鍵の保管に対するセキュリティ管理が実施されるものとする。
13.1	必要不可欠な改変のためのプログラム等の発行又は顧客固有の機能の解放を妨げるための当該改変に係るサーバ又はネットワークに対するDoS攻撃	M3	バックエンドシステムにセキュリティ管理が適用されるものとする。また、バックエンドサーバがサービスの提供にとって重要である場合、システムの機能停止に備えた回復措置を有するものとする。セキュリティ管理の例については、OWASPを参照することができる。

3．サイバー攻撃を容易化する意図的でない人間の行動に関連する脅威に対する軽減策

サイバー攻撃を容易化する意図的でない人間の行動に関連する脅威に対する軽減策の一覧を表B3に示す。

表B3　サイバー攻撃を容易化する意図的でない人間の行動に関連する脅威に対する軽減策

表A1の項目番号	サイバー攻撃を容易化する意図的でない人間の行動に関連する脅威	参照番号	軽減策
15.1	正当な行為主体（例：所有者、運転者又はメンテナンス技術者）が騙され、意図せずマルウェアをダウンロードする又はサイバー攻撃を可能にする行為を行う。	M18	アクセスに係る最小権限の原則に基づき、自動車の使用者の役割及びアクセス権限を定義及び管理するための対策が実施されるものとする。
15.2	定められたセキュリティ手順に従っていない。	M19	組織は、セキュリティ手順が定義及び遵守されていること（セキュリティ機能の管理に関連する行動及びアクセスのロギングを含む。）を確保するものとする。

4．外部との接続性及び接続に関連する脅威に対する軽減策

外部との接続性及び接続に関連する脅威に対する軽減策の一覧を表B4に示す。

表B4　外部との接続性及び接続に関連する脅威に対する軽減策

表A1の項目番号	外部との接続性及び接続に対する脅威	参照番号	軽減策
16.1	システムを遠隔操作するために設計されたリモートキー、イモビライザ、充電パイル等の機能の改ざん	M20	リモートアクセス機能を有するシステムに対するセキュリティ管理が適用されるものとする。
16.2	車両テレマティクスの改ざん（例：温度の影響を受けやすい貨物の温度測定の改ざん、貨物ドアの施錠の遠隔解除）		
16.3	短距離無線システム又はセンサの干渉		
17.1	破損した又はプログラム等のセキュリティが不十分なアプリケーションであって、車両システムを攻撃する手段として用いられるもの	M21	プログラム等は、そのセキュリティが評価され、その信頼性が証明され、及びその完全性が保護されるものとする。 車両に提供されることが意図され、又は予見可能な第三者のプログラム等に対するリスクを最小化するためにセキュリティ管理が適用されるものとする。
18.1	コードの取込み等のサイバー攻撃のポイントとして用いられるUSB等のポートを含む外部インターフェース	M22	外部インターフェースに対するセキュリティ管理が適用されるものとする。
18.2	ウイルスに感染した媒体であって、車両システムに接続されているもの		
18.3	車両パラメータの直接的又は間接的な改ざん等のサイバー攻撃を容易化するために用いられる診断アクセス（例：OBDポートのドングル）		

5．サイバー攻撃の潜在的な標的又はサイバー攻撃の動機に関連する脅威に対する軽減策

サイバー攻撃の潜在的な標的又はサイバー攻撃の動機に関連する脅威に対する軽減策の一覧を表B５に示す。

表B５　サイバー攻撃の潜在的な標的又はサイバー攻撃の動機に関連する脅威に対する軽減策

表A１の項目番号	サイバー攻撃の潜在的な標的又はサイバー攻撃の動機に関連する脅威	参照番号	軽減策
19.1	著作権又は占有権のあるプログラムを車両システムから抜き取る（製品のプライバシー）。	M７	システムのデータ又はコードを保護するためにアクセス制御の技術及び設計を適用するものとする。セキュリティ管理の例については、OWASPを参照することができる。
19.2	身分、支払アカウント、住所録、位置及び車両の電子IDに関する情報等の所有者のプライバシー情報への不正なアクセス	M８	システムの設計及びアクセス制御により、権限のない者が個人情報又はシステムの重要データにアクセスできないものであること。セキュリティ管理の例については、OWASPを参照することができる。
19.3	暗号鍵の抜取り	M11	暗号鍵の保管に対するセキュリティ管理（例：セキュリティモジュール）が実施されるものとする。
20.1	車両の電子IDに対する違法又は不正な変更	M７	システムのデータ又はコードを保護するためにアクセス制御の技術及び設計を適用するものとする。セキュリティ管理の例については、OWASPを参照することができる。
20.2	身分の詐称。例えば、通行料金システム及びメーカーのバックエンドとの通信において自動車の使用者が他人の身分情報を提示しようとする場合。		
20.3	監視システムを回避する行動（例：ODR追跡データ又はその実行回数等のメッセージのハッキング、改ざん又は妨害）	M７	システムのデータ又はコードを保護するためにアクセス制御の技術及び設計を適用するものとする。セキュリティ管理の例については、OWASPを参照することができる。センサ又は送信データに対するサイバー攻撃（データ改ざんに係るものに限る。）は、異なる情報源からのデータを相互に関連付けることにより軽減される可能性がある。
20.4	車両の運転データ（例：走行距離、走行速度、走行方向等）を偽装するためのデータ改ざん		
20.5	システムの診断データに対する不正な変更		
21.1	システムのイベントログの不正な削除又は改ざん	M７	システムのデータ又はコードを保護するためにアクセス制御の技術及び設計を適用するものとする。セキュリティ管理の例については、OWASPを参照することができる。
22.2	悪質なプログラム等又はその悪質な活動の取込み		
23.1	車両の制御システム又は情報システムのプログラム等の偽造		
24.1	DoS攻撃。例えば、これは、大量のメッセージ送信を通じたCANバスのフラッディング又はECUの障害によって内部ネットワーク上で引き起こされる可能性がある。	M13	DoS攻撃を検出し、及び当該攻撃から回復するための対策が採用されるものとする。
25.1	ブレーキデータ又はエアバッグの展開に係る閾値等の車両の主要機能に係る設定パラメータを偽装する不正アクセス	M７	システムのデータ又はコードを保護するためにアクセス制御の技術及び設計を適用するものとする。セキュリティ管理の例については、OWASPを参照することができる。
25.2	充電の電圧及び電力並びにバッテリー温度等の充電パラメータを偽装する不正なアクセス		

6．十分に保護又は堅牢化されていない場合に悪用される可能性がある潜在的な脆弱性に関連する脅威に対する軽減策

十分に保護又は堅牢化されていない場合に悪用される可能性がある潜在的な脆弱性に関連する脅威に対する軽減策の一覧を表B６に示す。

表B６　十分に保護又は堅牢化されていない場合に悪用される可能性がある潜在的な脆弱性に関連する脅威に対する軽減策

表A１の項目番号	十分に保護又は堅牢化されていない場合に悪用される可能性がある潜在的な脆弱性に関連する脅威	参照番号	軽減策
26.1	短い暗号鍵及び長い有効期間により攻撃者が暗号を破ることが可能となる。	M23	プログラム等及びハードウェアの開発におけるサイバーセキュリティに係る最善の対策事例に従うものとする。
26.2	機微なシステムを保護するための暗		

	号アルゴリズムの不十分な使用		
26.3	既に推奨されていない又は間もなく推奨されないこととなる暗号アルゴリズムの使用		
27.1	サイバー攻撃を可能にするため、又は当該攻撃を止めるための設計基準を満たさないように工作されたハードウェア又はプログラム等		
28.1	プログラム等のバグ。当該バグの存在は、悪用され得る潜在的な脆弱性の原因となる可能性がある。これは、当該プログラム等について、既知の不適切なコード又はバグが存在しないことの検証及び当該コード又はバグに係るリスクの低減のためのテストが実施されていない場合、特に該当する。	M23	プログラム等及びハードウェアの開発におけるサイバーセキュリティに係る最善の対策事例に従うものとする。 十分な範囲を対象とするサイバーセキュリティテスト
28.2	開発の残余物（例：デバッグポート、ＪＴＡＧポート、マイクロプロセッサ、開発証明書、開発者パスワード等）を利用することにより、攻撃者によるＥＣＵへのアクセス又はより重要な権限の取得が可能となる。		
29.1	ネットワークシステムへのアクセスを提供する余分なインターネットポートが開放されたままになっている。		
29.2	制御するためにネットワークの分離を回避する。具体例としては、保護を回避し、恣意的なＣＡＮバスメッセージの送信等の悪質な行為を実行するための他のネットワークセグメントへのアクセスを取得するため、保護されていないゲートウェイ又はアクセスポイント（牽引自動車と被牽引自動車間のゲートウェイ等）を使用することをいう。	M23	プログラム等及びハードウェアの開発におけるサイバーセキュリティに係る最善の対策事例に従うものとする。 システムの設計及び統合におけるサイバーセキュリティに係る最善の対策事例に従うものとする。

7.　車両からのデータの損失又は漏洩に関連する脅威に対する軽減策

車両からのデータの損失又は漏洩に関連する脅威に対する軽減策の一覧を表Ｂ７に示す。

表Ｂ７　車両からのデータの損失又は漏洩に関連する脅威に対する軽減策

表Ａ１の項目番号	車両からのデータの損失又は漏洩に関連する脅威	参照番号	軽減策
31.1	情報漏洩。自動車の使用者が変わるとき（例：当該自動車が売却され、又は新しい借主の貸自動車として使用されるとき）に個人情報が漏洩する可能性がある。	M24	個人情報の保管に関し、データの完全性及び機密性の保護に係る最善の対策事例に従うものとする。

8.　サイバー攻撃を可能にするシステムの物理的な改ざんに関連した脅威に対する軽減策

サイバー攻撃を可能にするシステムの物理的改ざんに関連する脅威に対する軽減策のリストを表Ｂ８に示す。

表Ｂ８　サイバー攻撃を可能にするシステムの物理的改ざんに関連する脅威に対する軽減策

表Ａ１の項目番号	サイバー攻撃を可能にするシステムの物理的改ざんに関連する脅威	参照番号	軽減策
32.1	メーカーのハードウェアの改ざん（例：中間者攻撃を可能にするために車両に追加される不正なハードウェア）	Ｍ９	不正なアクセスを防止及び検出するための対策が採用されるものとする。

パートＣ　車両外の脅威に対する軽減策

1.　バックエンドサーバに関連する脅威に対する軽減策

バックエンドサーバに関連する脅威に対する軽減策の一覧を表Ｃ１に示す。

表Ｃ１　バックエンドサーバに関連する脅威に対する軽減策

表Ａ１の項目番号	バックエンドサーバに関連する脅威	参照番号	軽減策
1.1	社員・職員による	Ｍ１	インサイダー攻撃のリ

3.1	権限の悪用（インサイダー攻撃）		スクを最小化するため、バックエンドシステムにセキュリティ管理が適用されるものとする。
1.2 3.3	サーバへの不正なインターネットアクセス（バックドア、パッチが適用されていないシステムにおけるプログラム等の脆弱性、ＳＱＬインジェクション又はその他の手段によって可能となるものを含む。）	Ｍ２	不正なアクセスを最小化するため、バックエンドシステムにセキュリティ管理が適用されるものとする。セキュリティ管理の例については、ＯＷＡＳＰを参照することができる。
1.3 3.4	サーバへの不正な物理的アクセス（ＵＳＢメモリその他のサーバに接続する媒体によって行われるものを含む。）	Ｍ８	システムの設計及びアクセス制御により、権限のない者が個人情報又はシステムの重要データにアクセスできないものであること。
2.1	攻撃によってバックエンドサーバが機能停止することにより、例えば、サーバと車両との相互通信及び車両が依存しているサービスの提供が妨げられる。	Ｍ３	バックエンドシステムにセキュリティ管理が適用されるものとする。また、バックエンドサーバがサービスの提供にとって重要である場合、システムの機能停止に備えた回復措置を有するものとする。セキュリティ管理の例については、ＯＷＡＳＰを参照することができる。
3.2	クラウド内の情報の損失。第三者のクラウドサービス提供者によって保管されている機微なデータが、攻撃又は事故によって損失する可能性がある。	Ｍ４	クラウドコンピューティングに関連するリスクを最小化するため、セキュリティ管理が適用されるものとする。セキュリティ管理の例については、ＯＷＡＳＰ及びＮＣＳＣクラウドコンピューティングガイダンスを参照することができる。
3.5	意図的でないデータの共有による情報漏洩（例：管理者の過誤、ガレージのサーバにおけるデータの保管）	Ｍ５	データ漏洩を防止するため、バックエンドシステムにセキュリティ管理が適用されるものとする。セキュリティ管理の例については、ＯＷＡＳＰを参照することができる。

２．　意図的でない人間の行動に関連する脅威に対する軽減策

意図的でない人間の行動に関連する脅威に対する軽減策の一覧を表Ｃ２に示す。

表Ｃ２　意図的でない人間の行動に関連する脅威に対する軽減策

表Ａ１の項目番号	意図的でない人間の行動に関連する脅威	参照番号	軽減策
15.1	正当な行為主体（例：所有者、運転者又はメンテナンス技術者）が騙され、意図せずマルウェアをダウンロードする又はサイバー攻撃を可能にする行為を行う。	M18	アクセスに係る最小権限の原則に基づき、自動車の使用者の役割及びアクセス権限を定義及び管理するための対策が実施されるものとする。
15.2	定められたセキュリティ手順に従っていない。	M19	組織は、セキュリティ手順が定義及び遵守されていること（セキュリティ機能の管理に関連する行動及びアクセスのロギングを含む。）を確保するものとする。

３．　データの物理的損失に関連する脅威に対する軽減策

データの物理的損失に関連する脅威に対する軽減策の一覧を表Ｃ３に示す。

表Ｃ３　データの物理的損失に関連する脅威に対する軽減策

表Ａ１の項目番号	データの物理的損失に関連する脅威	参照番号	軽減策
30.1	第三者によって引き起こされる損傷。交通事故又は窃盗の場合において、物理的損傷によって機微なデータが損失又は危殆化する可能性がある。	M24	個人情報の保管に関し、データの完全性及び機密性の保護に係る最善の対策事例に従うものとする。セキュリティ管理の例については、ＩＳＯ／ＳＣ27／ＷＧ５を参照することができる。
30.2	デジタル著作権管理（ＤＲＭ）に係る紛争に伴う損失。自動車の使用者に係るデータがＤＲＭに起因する問題により削除される可能性がある。		
30.3	機微なデータ又はその完全性がＩＴ構成部品の消耗により損失し、潜在的なカスケード問題を引き起こす可能性がある（例：鍵を変更する場合）。		

○軽自動車検査協会に関する省令

（昭和四十七年八月八日運輸省令第五十二号）

沿革　昭四九運令一八、昭五三運令七、昭五八運令八、昭六二運令五四、平元運令二四、平六運令四八、平七運令八・五六、平九運令六一、平一〇運令七二、平一二運令三九、平一三国交令七二、平一四国交令五八、平一六国交令八三、平一九国交令三五、平二八国交令一四、平二九国交令五六、令元国交令三三、令三国交令六六、令四国交令四五、令六国交令二六改正

（設立の認可の申請）

第一条　道路運送車両法（昭和二十六年法律第百八十五号。以下「法」という。）第七十六条の十第一項の認可を受けようとする者は、次に掲げる事項を記載した申請書に、定款並びに役員となるべき者の氏名、住所及び経歴を記載した書面並びに事業計画書を添えて国土交通大臣に提出しなければならない。

一　発起人の氏名、住所及び経歴

二　軽自動車検査協会（以下「協会」という。）を設立しようとする時期

三　設立しようとする協会の名称

四　設立の認可を申請するまでの経過の概要

（事業計画書の記載事項）

第二条　法第七十六条の十第三項の国土交通省令で定める事業計画書に記載すべき事項は、次に掲げる事項とする。

一　法第七十六条の二十七第一項各号に掲げる業務の開始の時期

二　法第七十六条の二十七第一項各号に掲げる業務に関する計画の概要

三　資金の調達方法及び使途

四　協会の組織

五　その他必要な事項

（定款の変更の認可の申請）

第三条　協会は、法第七十六条の十五第二項の認可を受けようとするときは、次に掲げる事項を記載した申請書を国土交通大臣に提出しなければならない。

一　変更しようとする事項

二　変更を必要とする理由

（役員の選任及び解任の認可の申請）

第四条　協会は、法第七十六条の二十第一項の役員の選任の認可を受けようとするときは、役員として選任しようとする者の氏名、住所及び経歴を記載した申請書を国土交通大臣に提出しなければならない。

2　協会は、法第七十六条の二十第一項の役員の解任の認可を受けようとするときは、次に掲げる事項を記載した申請書を国土交通大臣に提出しなければならない。

一　解任しようとする役員の氏名及び住所

二　解任を必要とする理由

（役員の兼職の承認の申請）

第五条　役員は、法第七十六条の二十一ただし書の承認を受けようとするときは、次に掲げる事項を記載した申請書を国土交通大臣に提出しなければならない。

一　その役員となろうとする営利を目的とする団体の名称及び事業内容又はその従事しようとする営利事業の名称及び内容

二　兼職の期間並びに執務の場所及び方法

三　兼職を必要とする理由

（評議員の任命の認可の申請）

第六条　理事長は、法第七十六条の二十三第三項の認可を受けようとするときは、評議員として任命しようとする者の氏名、住所及び経歴を記載した申請書を国土交通大臣に提出しなければならない。

（協会の目的を達成するために必要な業務の認可の申請）

第七条　協会は、法第七十六条の二十七第二項の認可を受けようとするときは、次に掲げる事項を記載した申請書を国土交通大臣に提出しなければならない。

一　当該業務の内容

二　当該業務を行なうことを必要とする理由

三　当該業務の実施計画の概要

四　当該業務の収支の見込み

五　当該業務を行なうために必要とする資金の額及びその調達方法

（業務方法書の変更の認可の申請）

第八条　協会は、法第七十六条の二十八第一項後段の規定による認可を受けようとするときは、次に掲げる事項を記載した申請書を国土交通大臣に提出しなければならない。

一　変更しようとする事項

二　変更を必要とする理由

（業務方法書の記載事項）

第九条　法第七十六条の二十八第二項の国土交通省令で定める業務方法書に記載すべき事項は、次に掲げる事項とする。

一　軽自動車の検査に関する事項

二　検査対象軽自動車に係る自動車重量税の納付の確認及び税額の認定に関する事項

三　検査対象軽自動車に係る軽自動車税種別割の納付の確認に関する事項

四　検査対象軽自動車に係る自動車損害賠償責任保険の契約又は自動車損害賠償責任共済の契約の締結の確認に関する事項

五　その他協会の業務に関し必要な事項

（軽自動車の検査事務を行なう事務所の所在地の変更の届出）

第十条　協会は、法第七十六条の二十九後段の規定による届出をしようとするときは、次に掲げる事項を記載した届出書を国土交通大臣に提出しなければならない。

一　変更後の事務所の所在地及び当該事務所において軽自動車の検査事務を開始する日

二　変更を必要とする理由

（検査事務規程の変更の認可の申請）

第十一条　協会は、法第七十六条の三十第一項後段の規定による認可を受けようとするときは、次に掲げる事項を記載した申請書を国土交通大臣に提出しなければならない。

一　変更しようとする事項

二　変更を必要とする理由

（検査事務規程の記載事項）

第十二条　法第七十六条の三十第三項の国土交通省令で定める検査事務規程で定めるべき事項は、次に掲げる事項とする。
一　検査の申請の受理に関する事項
二　検査の種別ごとの検査の実施方法に関する事項
三　車両番号の指定に関する事項
四　自動車検査証、自動車予備検査証、限定自動車検査証返納証明書、輸出予定届出証明書、自動車検査証返納証明書、輸出予定届出証明書及び検査記録事項等証明書の交付、変更記録、返納及び再交付に関する事項
五　検査標章及び臨時検査合格標章の交付及び再交付に関する事項
六　軽自動車検査ファイルの記録に関する事項
七　その他軽自動車の検査事務の実施に関し必要な事項

（軽自動車の検査設備の基準）
第十三条　法第七十六条の三十一の国土交通省令で定める検査設備の基準は、次のとおりとする。
一　軽自動車の検査をするために必要な屋内検査場及び検査をする軽自動車を一時的に収容することができる敷地を有すること。
二　軽自動車を検査することができる自動車検査用機械器具であつて、次に掲げるものを備えていること。
イ　サイドスリップ・テスタ
ロ　ブレーキ・テスタ
ハ　速度計試験機
ニ　前照灯試験機
ホ　一酸化炭素測定器
ヘ　炭化水素測定器
ト　音量計
チ　重量計
リ　検査用スキャンツール
2　前項第二号の自動車検査用機械器具は、道路運送車両法施行規則（昭和二十六年運輸省令第七十四号）第五十七条第一項第四号の国土交通大臣が定める技術上の基準に適合するものでなければならない。

（軽自動車検査員の要件）
第十四条　法第七十六条の三十二第二項の国土交通省令で定める軽自動車検査員の要件は、次の各号のいずれかに該当することとする。
一　法第七十四条第一項の自動車検査官の経験を有すること。
二　独立行政法人自動車技術総合機構法（平成十一年法律第二百十八号）第十三条に規定する審査事務を実施する者として自動車の審査業務（法第七十五条の五第一項に基づく審査に係る業務を除く。次号において同じ。）の経験を有すること。
三　法第五章の規定による自動車の検査の業務（独立行政法人自動車技術総合機構が行う審査業務を含む。以下「自動車の検査業務」という。）について五年以上の経験を有すること。
四　学校教育法（昭和二十二年法律第二十六号）による高等学校（旧中等学校令（昭和十八年勅令第三十六号）による中等学校を含む。）又は中等教育学校を卒業し、かつ、自動車の検査業務について三年以上の経験を有すること。
五　学校教育法による大学（旧大学令（大正七年勅令第三百八十八号）による大学を含む。）又は高等専門学校（旧専門学校令（明治三十六年勅令第六十一号）による専門学校を含む。）において機械に関する学科を修め、これを卒業し（当該学科を修め、同法による専門職大学の前期課程を修了した場合を含む。）、かつ、自動車の検査業務について一年以上の経験を有すること。
六　国土交通大臣が前各号のいずれかに該当する者と同等以上の知識及び経験を有すると認めた者であること。

（軽自動車検査員の選任届等）
第十五条　協会は、法第七十六条の三十二第三項前段の規定による届出をしようとするときは、次に掲げる事項を記載した届出書を国土交通大臣に提出しなければならない。
一　軽自動車検査員の氏名及び生年月日
二　軽自動車検査員の選任に係る軽自動車の検査事務を行なう事務所の所在地
三　前条各号に掲げる要件のうち第一号の者が該当するもの
2　前項の届出書には、同項第一号の者が前条各号の一に該当すること及び法第七十六条の三十二第五項の者に該当しないことを信じさせるに足る書面を添附しなければならない。
3　協会は、第一項第一号及び第二号に掲げる事項に変更があつたときは、その日から十五日以内に、その旨を国土交通大臣に届け出なければならない。

第十六条　削除

（協会の運営に対する配慮）
第十七条　国土交通大臣は、協会の業務の円滑な運営が図られるように、適当と認める人的及び技術的援助をする等必要な配慮を加えるものとする。

附　則

この省令は、公布の日から施行する。

附　則（昭四九・五・二四運令一八抄）

（施行期日）
1　この省令の規定は、次の各号に掲げる区分に従い、それぞれ当該各号に定める日から施行する。
一・二〔略〕
三〔前略〕次項から附則第四項までの規定　昭和五十年一月一日
四〔略〕

附　則（昭五三・二・八運令七抄）

（施行期日）
1　この省令は、公布の日から施行する。〔後略〕

附　則（昭五八・三・一五運令八抄）

（施行期日）
1　この省令は、道路運送車両法の一部を改正する法律（昭和五十七年法律第九十一号）の施行の日（昭和五十八年七月一日）から施行する。〔後略〕

附　則（昭六二・九・二九運令五四）

この省令は、船舶安全法及び道路運送車両法の一部を改正する法律の施行の日（昭和六十二年十月一日）から施行する。

附　則（平元・七・二〇運令二四）

この省令は、公布の日から施行する。

附　則（平六・一一・一運令四八抄）

（施行期日）
1　この省令は、道路運送車両法の一部を改正する法律（平成六年法律第八十六号）の一部の施行の日（平成七年一月一

日）から施行する。

附　則（平七・二・二八運令八抄）

沿革　平七運令五六改正

（施行期日等）

1　この省令は、道路運送車両法の一部を改正する法律（平成六年法律第八十六号）の施行の日（以下「施行日」という。）から施行する。〔後略〕

〔経過措置〕

10　この省令の施行の際現に旧施行規則第六十七条第六項の規定により型式認定番号標が表示された自動車検査用機械器具又は改正前の軽自動車検査協会に関する省令第十三条第二項の規定により運輸大臣が軽自動車の検査用として適当であると認定した自動車検査用機械器具は、第十条の規定による改正後の軽自動車検査協会に関する省令第十三条第二項の運輸大臣が定める技術上の基準に適合するものであって運輸大臣の定める者の行う検査に合格したもの又は運輸大臣が軽自動車の検査用として適当であると定めたものとみなす。

附　則（平七・一〇・二運令五六抄）

（施行期日）

1　この省令は、平成八年一月一日から施行する。

附　則（平九・九・一六運令六一）

この省令は、平成九年十月一日から施行する。

附　則（平一〇・一〇・三〇運令七二）

この省令は、平成十一年四月一日から施行する。

附　則（平一二・一一・二九運令三九抄）

（施行期日）

第一条　この省令は、平成十三年一月六日から施行する。

附　則（平一三・三・三〇国交令七二）

この省令は、平成十三年四月一日から施行する。

附　則（平一四・四・二国交令五八）

この省令は、検査法人法附則第一条ただし書に規定する規定の施行の日（平成十四年七月一日）から施行する。

附　則（平一六・八・一七国交令八三抄）

（施行期日）

第一条　この省令は、道路運送車両法の一部を改正する法律〔平成一四年七月法律第八九号〕附則第一条本文の規定の施行の日（平成十七年一月一日）から施行する。

附　則（平一九・三・三〇国交令三五抄）

（施行期日）

1　この省令は、平成十九年四月一日から施行する。

附　則（平二八・三・一国交令一四抄）

（施行期日）

第一条　この省令は、平成二十八年四月一日から施行する。

（軽自動車検査員の要件に関する経過措置）

第五条　施行日前にこの省令による改正前の軽自動車検査協会に関する省令第十四条第二号又は第三号に規定する業務に従事した期間については、それぞれ、この省令による改正後の軽自動車検査協会に関する省令第十四条第二号又は第三号に規定する業務に従事した期間とみなす。

附　則（平二九・九・二九国交令五六）

この省令は、学校教育法の一部を改正する法律〔平成二九年五月法律第四一号〕の施行の日（平成三十一年四月一日）から施行する。

附　則（令元・九・二〇国交令三三）

（施行期日）

1　この省令は、地方税法等の一部を改正する等の法律〔平成二八年三月法律第一三号〕附則第一条第五号の四に掲げる規定の施行の日（令和元年十月一日）から施行する。

（軽自動車検査協会に関する省令の一部改正に伴う経過措置）

2　第四条の規定による改正後の軽自動車検査協会に関する省令（以下「新規則」という。）の規定の適用については、当分の間、新規則第九条第三号中「納付」とあるのは、「納付（検査対象軽自動車に係る令和元年度以前の年度分の地方税法等の一部を改正する等の法律（平成二十八年法律第十三号）附則第一条第五号の四に掲げる規定による改正前の地方税法（昭和二十五年法律第二百二十六号）に規定する軽自動車税の納付を含む。）」とする。

附　則（令三・一〇・一五国交令六六抄）

（施行期日）

第一条　この省令は、令和六年十月一日（以下「施行日」という。）から施行する。〔後略〕

附　則（令四・五・二〇国交令四五抄）

（施行期日）

第一条　この省令は、道路運送車両法の一部を改正する法律（令和元年法律第十四号）附則第一条第六号に掲げる規定の施行の日（令和五年一月一日）から施行する。〔後略〕

附　則（令六・三・二九国交令二六抄）

（施行期日）

第一条　この省令は、令和六年四月一日から施行する。〔後略〕

○軽自動車検査協会の財務及び会計に関する省令

（昭和四十七年八月十二日運輸省令第五十三号）

沿革　昭六二運令五四、平一二運令三九改正

（経理原則）

第一条　軽自動車検査協会（以下「協会」という。）は、その事業の財政状態及び経営成績を明らかにするため、財産の増減及び異動並びに収益及び費用をその発生の事実に基づいて経理しなければならない。

（予算の内容）

第二条　協会の予算は、予算総則及び収入支出予算とする。

（予算総則）

第三条　予算総則には、収入支出予算に関する総括的規定を設けるほか、次に掲げる事項に関する規定を設けるものとする。

一　第六条の規定による債務を負担する行為について、事項ごとにその負担する債務の限度額、その行為に基づいて支出すべき年限及びその必要な理由

二　第七条第二項の規定による経費の指定

三　第八条第一項ただし書の規定による経費の指定

四　その他予算の実施に関し必要な事項

（収入支出予算）

第四条　収入支出予算は、収入にあつてはその性質、支出にあつてはその目的に従つて区分するものとする。

（予備費）

第五条　協会は、予見することができない理由による支出予算の不足を補うため、収入支出予算に予備費を設けることができる。

2　協会は、予備費を使用したときは、直ちにその旨を国土交通大臣に通知しなければならない。

3　前項の規定による通知は、使用の理由、金額及び積算の基礎を明らかにした書類をもつてするものとする。

（債務を負担する行為）

第六条　協会は、支出予算の金額の範囲内におけるもののほか、その業務を行なうため必要があるときは、毎事業年度、予算をもつて国土交通大臣の認可を受けた金額の範囲内において、債務を負担する行為をすることができる。

（予算の流用等）

第七条　協会は、支出予算については、当該予算に定める目的のほかに使用してはならない。ただし、予算の実施上必要かつ適当であるときは、第四条の規定による区分にかかわらず、相互流用することができる。

2　協会は、予算総則で指定する経費の金額については、国土交通大臣の承認を受けなければ、それらの経費の間又は他の経費との間に相互流用し、又はこれに予備費を使用することができない。

3　協会は、前項の規定による承認を受けようとするときは、流用又は使用の理由、金額及び積算の基礎を明らかにした書類を国土交通大臣に提出しなければならない。

〔二・三項…一部改正〔平成一二年一一月運輸令三九号〕〕

（予算の繰越し）

第八条　協会は、予算の実施上必要があるときは、支出予算の経費の金額のうち当該事業年度内に支出決定を終わらなかつたものを翌事業年度に繰り越して使用することができる。ただし、予算総則で指定する経費の金額については、あらかじめ国土交通大臣の承認を受けなければならない。

2　協会は、前項ただし書の規定による承認を受けようとするときは、当該事業年度末までに、事項ごとに繰越しを必要とする理由及び金額を明らかにした書類を国土交通大臣に提出しなければならない。

3　協会は、第一項の規定による繰越しをしたときは、翌事業年度の五月三十一日までに、繰越計算書を国土交通大臣に提出しなければならない。

4　前項の繰越計算書は、支出予算と同一の区分により作成し、かつ、これに次に掲げる事項を記載しなければならない。

一　繰越しに係る経費の支出予算現額

二　前号の支出予算現額のうち支出決定済額

三　第一号の支出予算現額のうち翌事業年度への繰越額

四　第一号の支出予算現額のうち不用額

（事業計画）

第九条　道路運送車両法（昭和二十六年法律第百八十五号。以下「法」という。）第七十六条の三十四の事業計画には、法第七十六条の二十七第一項各号に掲げる業務に関する計画を記載しなければならない。

（予算及び事業計画の認可の申請）

第十条　協会は、法第七十六条の三十四前段の規定による認可を受けようとするときは、申請書に次に掲げる書類を添えて国土交通大臣に提出しなければならない。

一　前事業年度の予定貸借対照表及び予定損益計算書

二　当該事業年度の予定貸借対照表及び予定損益計算書

三　その他当該予算又は事業計画の参考となる書類

2　協会は、法第七十六条の三十四後段の規定による変更の認可を受けようとするときは、変更しようとする事項及びその理由を記載した申請書を国土交通大臣に提出しなければならない。この場合において、変更が前項第二号又は第三号に掲げる書類の変更に係るときは、当該変更に係る書類を添附しなければならない。

（決算報告書）

第十一条　法第七十六条の三十五第二項の決算報告書は、収入支出決算書及び債務に関する計算書とする。

2　前項の決算報告書には、第三条の規定により予算総則に規定した事項に係る予算の実施の結果を示さなければならない。

（収入支出決算書）

第十二条　前条第一項の収入支出決算書は、収入支出予算と同一の区分により作成し、かつ、これに次に掲げる事項を記載しなければならない。

一　収入

イ　収入予算額

ロ　収入決定済額

ハ　収入予算額と収入決定済額との差額

二　支出
　イ　支出予算額
　ロ　前事業年度からの繰越額
　ハ　予備費の使用の金額及びその理由
　ニ　流用の金額及びその理由
　ホ　支出予算現額
　ヘ　支出決定済額
　ト　翌事業年度への繰越額
　チ　不用額

（債務に関する計算書）

第十三条　第十一条第一項の債務に関する計算書には、第六条の規定による債務を負担する行為により負担した債務（以下この条において単に「負担した債務」という。）につき、事項ごとに、前事業年度末における負担した債務の残額、当該事業年度に負担した債務の金額、当該事業年度においてそれらについて支出した金額及び当該事業年度末における負担した債務の残額並びにその行為に基づいて支出をすべき年限を示さなければならない。

（土地及び建物の処分等の制限）

第十四条　協会は、土地又は建物を譲渡し、交換し、又は担保に供しようとするときは、国土交通大臣の承認を受けなければならない。

2　協会は、前項の規定による承認を受けようとするときは、次に掲げる事項を記載した申請書に、譲渡し、交換し、又は担保に供すること（以下「処分等」という。）を証する書面を添えて国土交通大臣に提出しなければならない。

一　処分等の理由
二　処分等に係る土地又は建物の内容及び評価額
三　処分等に係る土地又は建物が所有権以外の権利の目的となつているときは、その権利の種類
四　処分等の相手方の氏名又は名称及び住所
五　処分等の時期、対価の額（交換しようとするときは、交換により取得する財産の内容及び評価額）、その受領時期及びその他処分等の条件
六　担保に供しようとするときは、担保される債務の額及びその権利の種類並びに第三者のために担保に供しようとするときは、その者の氏名又は名称及び住所

（会計規程）

第十五条　協会は、その財務及び会計に関し、法及びこの省令に定めるもののほか、会計規程を定めなければならない。

2　協会は、前項の会計規程を定めようとするときは、その基本的事項について国土交通大臣の承認を受けなければならない。これを変更しようとするときも、同様とする。

3　協会は、第一項の会計規程を制定し、又は変更したときは、その理由及び内容を明らかにして、遅滞なく国土交通大臣に届け出なければならない。

附　則

この省令は、公布の日から施行する。

附　則（昭六二・九・二九運令五四）

この省令は、船舶安全法及び道路運送車両法の一部を改正する法律〔昭和六二年五月法律第四〇号〕の施行の日（昭和六十二年十月一日）から施行する。

附　則（平一二・一一・二九運令三九抄）

（施行期日）

第一条　この省令は、平成十三年一月六日から施行する。

○優良自動車整備事業者認定規則

（昭和二十六年八月十日運輸省令第七十二号）

沿革　昭二九運令四〇、昭三二運令五、昭三八運令四七、昭四二運令二、昭四六運令一六、昭四八運令一一、昭五三運令七、昭五九運令一八、昭六〇運令五・二二、昭六二運令二九、平元運令二四、平六運令一二、平七運令八、平九運令八一、平一二運令三九、平一四国交令七九、令元国交令二〇、令二国交令六・九八改正

（この省令の適用）

第一条　道路運送車両法（昭和二十六年法律第百八十五号。以下「法」という。）第九十四条第二項の優良自動車整備事業者の認定（以下「認定」という。）の種類、認定の基準その他認定の実施細目並びに同条第二項の様式については、この省令の定めるところによる。

（認定の種類）

第二条　認定の種類は、次のとおりとする。

一　一種整備工場の認定

二　二種整備工場の認定

三　特殊整備工場の認定

2　特殊整備工場の認定は、別表に定める作業区分ごとに行う。

（認定の申請）

第三条　認定を申請する者は、次に掲げる事項を記載した申請書（第一号様式）を地方運輸局長に提出しなければならない。

一　申請者の氏名又は名称及び住所

二　事業場の名称及び所在地

三　受けようとする認定の種類

四　実施している整備作業の範囲

五　事業場管理責任者の氏名及び略歴

六　主任技術者の氏名及び略歴

七　工員の構成及びその技能程度

2　特殊整備工場の認定を申請する者にあつては、前項の申請書に、同項に掲げる事項のほか、認定を受けようとする別表に定める作業区分をあわせて記載しなければならない。

3　第一項の申請書には、次に掲げる書面を添付しなければならない。

一　申請者の略歴を記載した書面

二　整備用及び検査用の主要な設備及び機器を記載した書面

三　事業場の設備を記載した平面図

四　最近一箇月平均の車種別整備実績を記載した書面

五　貸借対照表及び損益計算書

六　自動車特定整備事業の認証を受けている者にあつては、認証を受けた自動車特定整備事業の種類及び認証番号並びに法第七十八条第二項の規定により対象とする自動車の種類の指定その他業務の範囲の限定を受けている場合にあつてはその内容を記載した書面

（認定の審査）

第四条　認定をするかどうかの審査は、申請書及び実地調査の結果が次条から第七条までに規定する基準に適合するかどうかについて行う。

（一種整備工場に係る基準）

第五条　一種整備工場に係る国土交通省令で定める基準は、次のとおりとする。

一　法第四十八条第一項の点検に附随して行われる全ての整備作業が実施できること。ただし、次に掲げる作業（道路運送車両法施行規則（昭和二十六年運輸省令第七十四号）第三条に規定する電子制御装置整備に該当するものを除く。）は、他に委託してもよい。

イ　特殊な機械加工

ロ　鍛冶

ハ　メッキ

ニ　特殊な溶接

ホ　タイヤの修理

ヘ　車枠及び車体の修理

ト　電気装置の修理

チ　計器の修理

リ　自動変速装置その他特殊な部品の修理

二　検査作業と整備作業とが分業化されていること。

三　機械、建家、敷地その他整備に必要な施設を備え、かつ、これらが合理的に配置されていること。

四　作業が適切な作業管理の下に科学的及び能率的に処理され、完成品に恒常性を有すること。

五　自動車の整備技術について、基礎的な学識及び相当の実務経験のある主任技術者を有していること。

六　工員の組織及び配置が合理的であること。

七　自動車整備士技能検定規則（昭和二十六年運輸省令第七十一号）による自動車整備士を相当数有し、その種類別員数の均衡がとれていること。

八　事業の基礎が強固であり、かつ、健全な経営を行つていること。

九　法又はこの省令の規定を遵守することができる体制を有すること。

（二種整備工場に係る基準）

第六条　二種整備工場に係る国土交通省令で定める基準は、次のとおりとする。

一　法第四十八条第一項の点検に附随して行われる整備作業（原動機を解体して行う整備作業を除く。）が実施できること。ただし、次に掲げる作業（道路運送車両法施行規則第三条に規定する電子制御装置整備に該当するものを除く。）は、他に委託してもよい。

イ　機械加工

ロ　鍛冶

ハ　メッキ

ニ　溶接

ホ　タイヤの修理

ヘ　車枠及び車体の修理

ト　電気装置の修理

チ　計器の修理

リ　自動変速装置その他特殊な部品の修理

二　前条第二号から第九号までに掲げる基準に適合していること。

（特殊整備工場に係る基準）

第七条 特殊整備工場に係る国土交通省令で定める基準は、次のとおりとする。

一 別表に定める作業区分に従い、当該作業区分に係る同表作業内容の欄に定める作業の全てが実施できること。

二 第五条第二号から第九号までに掲げる基準に適合していること。

（標識）

第八条 法第九十四条第二項の様式は、第二号様式による。

（変更届）

第九条 認定を受けた者は、次に掲げる事項について変更が生じたときは、その日から三十日以内に、変更事項及びその事由を記載した届出書を、地方運輸局長に提出しなければならない。

一 認定を受けた者の氏名又は名称

二 事業場の名称又は所在地

三 整備用又は検査用の主要な設備又は機器

四 事業場の建家又は敷地

（認定の失効）

第十条 認定は、次の各号の場合に、その効力を失う。

一 認定を受けた者が、死亡し又は解散したとき。

二 事業を廃止したとき。

三 認定を辞退したとき。

（書類の経由）

第十一条 第三条第一項の申請書及び第九条の届出書は、事業場の所在地を管轄する運輸監理部長又は運輸支局長を経由して、地方運輸局長に提出しなければならない。

附 則

1 この省令は、公布の日から施行し、昭和二十六年七月一日から適用する。

2 旧自動車整備工場認定規則（昭和二十三年運輸省令第二十七号）の規定により、自動車再生工場、一級重整備工場、原動機一級重整備工場、車体一級重整備工場又は二級重整備工場の認定を受けた者は、それぞれ、この省令の規定により、自動車再生工場、一級重整備工場、原動機一級重整備工場、車体一級重整備工場又は二級重整備工場の認定を受けた者とみなす。

3 前項の規定により自動車再生工場の認定を受けた者とみなされた者に係る認定は、旧自動車整備工場認定規則の規定による当該申請書に記載された再生自動車の車名について、この省令第二条第二項の規定による指定をしてこれを行ったものとみなす。

附 則（昭四二・一・七運令二）

1 この省令は、昭和四十二年二月一日から施行する。

2 この省令の施行の際現に改正前の優良自動車整備事業者認定規則（以下「旧規則」という。）の規定による次表上欄に定める種類の優良自動車整備事業者の認定を受けている者は、それぞれこの省令による改正後の同規則（以下「新規則」という。）の規定による同表下欄に定める種類の優良自動車整備事業者の認定を受けた者とみなす。

一級重整備工場の認定	一種整備工場の認定
原動機一級重整備工場の認定	特殊整備工場の認定
車体一級重整備工場の認定	特殊整備工場の認定
二級重整備工場の認定	一種整備工場の認定
自動車軽整備工場の認定	二種整備工場の認定
小型一級整備工場の認定	一種整備工場の認定
小型二級整備工場の認定	二種整備工場の認定

3 前項の規定により特殊整備工場の認定を受けた者とみなされた者に係る優良自動車整備事業者の認定は、旧規則の規定による原動機一級重整備工場の認定を受けた者にあっては新規則別表に定める原動機整備作業について、旧規則の規定による車体一級重整備工場の認定を受けた者にあっては同表に定める車体整備作業について行なったものとみなす。

4 この省令の施行前に旧規則の規定に基づいてした優良自動車整備事業者の認定の申請は、新規則の規定に基づいてしたものとみなす。この場合において、申請に係る優良自動車整備事業者の認定の種類は、附則第二項の表上欄に定める優良自動車整備事業者の認定の種類に応じ、それぞれ同表下欄に定める優良自動車整備事業者の認定の種類に変更されたものとみなす。

附 則（昭四六・三・三一運令一六）

この省令は、昭和四十六年四月一日から施行する。

附 則（昭五九・六・二二運令一八抄）

（施行期日）

第一条 この省令は、昭和五十九年七月一日から施行する。

第五条 この省令の施行の際現に〔中略〕優良自動車整備事業者〔中略〕が道路運送車両法（昭和二十六年法律第百八十五号）の規定により掲げている標識の様式については、〔中略〕改正後の〔中略〕優良自動車整備事業者認定規則第二号様式、〔中略〕にかかわらず、なお従前の例による。

附 則（昭六〇・二・五運令五抄）

（施行期日）

1 この省令は、道路運送法等の一部を改正する法律の施行の日（昭和六十年四月一日）から施行する。

附 則（昭六〇・六・一五運令二二抄）

（施行期日）

1 この省令は、公布の日から施行する。

附 則（昭六一・九・二六運令二九抄）

（施行期日）

第一条 この省令は、公布の日から施行する。〔後略〕

（優良自動車整備事業者認定規則の一部改正に伴う経過措置）

第二条 この省令の施行の際現に第三条の規定による改正前の優良自動車整備事業者認定規則（次項において「旧規則」という。）の規定による車体整備作業についての特殊整備工場の認定を受けている者は、同条の規定による改正後の優良自動車整備事業者認定規則（次項において「新規則」という。）の規定による車体整備作業（一種）についての特殊整備工場の認定を受けた者とみなす。

2 この省令の施行前にされた旧規則の規定による車体整備作業についての特殊整備工場の認定の申請は、新規則の規定による車体整備作業（一種）についての特殊整備工場の認定の申請とみなす。

附　則（平元・七・二〇運令二四）

この省令は、公布の日から施行する。

附　則（平六・三・三〇運令一二抄）

1　この省令は、公布の日から施行する。〔後略〕

附　則（平七・二・二八運令八抄）

（施行期日等）

1　この省令は、道路運送車両法の一部を改正する法律（平成六年法律第八十六号）の施行の日（以下「施行日」という。）から施行する。〔後略〕

附　則（平九・一二・一五運令八一抄）

（施行期日）

1　この省令は、平成十年一月一日から施行する。

（経過措置）

2　〔前略〕第二条の規定による改正前の優良自動車整備事業者認定規則第一号様式による優良自動車整備事業者認定申請書〔中略〕は、それぞれ〔中略〕第二条の規定による改正後の優良自動車整備事業者認定規則第一号様式〔中略〕にかかわらず、当分の間、なおこれを使用することができる。この場合には、氏名を記載し、押印することに代えて、署名することができる。

附　則（平一二・一一・二九運令三九抄）

（施行期日）

第一条　この省令は、平成十三年一月六日から施行する。

附　則（平一四・六・二八国交令七九抄）

（施行期日）

第一条　この省令は、平成十四年七月一日から施行する。

附　則（令元・六・二八国交令二〇）

この省令は、不正競争防止法等の一部を改正する法律〔平成三〇年五月法律第三三号〕の施行の日（令和元年七月一日）から施行する。

附　則（令二・二・六国交令六抄）

（施行期日）

第一条　この省令は、道路運送車両法の一部を改正する法律〔令和元年五月法律第一四号〕（以下「改正法」という。）の施行の日〔令和二年四月一日〕（以下「施行日」という。）から施行する。ただし、次の各号に掲げる規定は、当該各号に定める日から施行する。

一　〔略〕

二　〔前略〕第三条中優良自動車整備事業者認定規則第五条、第六条及び第二号様式の改正規定〔中略〕　令和三年十月一日

（経過措置）

第八条　附則第一条第二号に掲げる規定の施行の日（以下「第二号施行日」という。）において現に道路運送車両法（次条において「法」という。）第九十四条第一項の規定による優良自動車整備事業者の認定を受けている者及び当該認定の申請をしている者に係る優良自動車整備事業者認定規則第五条及び第六条の基準については、第三条の規定による改正後の優良自動車整備事業者認定規則（次項及び次条において「新認定規則」という。）第五条及び第六条の規定にかかわらず、第二号施行日以後初めて事業場の位置を変更するまでの間は、なお従前の例による。

2　前項の規定によりなお従前の例によることとされる者に係る優良自動車整備事業者認定規則第二号様式による標識については、新認定規則第二号様式にかかわらず、なお従前の例による。

第九条　第二号施行日において現に法第九十四条の二第一項の規定による指定自動車整備事業の指定を受けている者及び当該指定の申請をしている者に係る同項において準用する優良自動車整備事業者認定規則第五条及び第六条の基準については、新認定規則第五条及び第六条の規定にかかわらず、第二号施行日以後初めて事業場の位置を変更するまでの間は、なお従前の例による。

附　則（令二・一二・二三国交令九八）

（施行期日）

1　この省令は、令和三年一月一日から施行する。

（経過措置）

2　この省令の施行の際現にあるこの省令による改正前の様式による用紙は、当分の間、これを取り繕って使用することができる。

別表（第二条、第三条、第七条関係）

作業区分	作業内容
車体整備作業（一種）	車枠の矯正及び溶接並びに車体の板金及び塗装
車体整備作業（二種）	車体の板金及び塗装
原動機整備作業	原動機本体を解体して行う整備
電気装置整備作業	始動装置、充電装置、バッテリその他の電気装置を解体して行う整備
タイヤ整備作業	タイヤ及びその附属装置の整備

第一号様式（第三条関係）

優良自動車整備事業者認定申請書

地方運輸局長　　　殿

年　月　日

申請者の氏名又は名称
住　　　所

道路運送車両法の規定により別紙書面を添え優良自動車整備事業者の認定を申請します。

	名　称	所　在　地
事業場		
認定の種類		
実施している整備作業の範囲		

	氏　名	最終卒業又は修業学校名	実務年数	担当業務名	摘　要
事業場管理責任者					

	氏　名	最終卒業又は修業学校名	実務年数	担当業務名	摘　要
主任技術者					

	作業別	合計	整備士数							整備士以外の工員数				摘要
			一級	二級	三級	タイヤ	電気装置	車体	小計	経験3年以上の者	経験1年以上3年未満の者	経験1年未満の者	小計	
工員の構成及び技能程度														
	合計													
認定を受けようとする作業区分														

（日本産業規格Ａ列４番）

第二号様式（第八条関係）

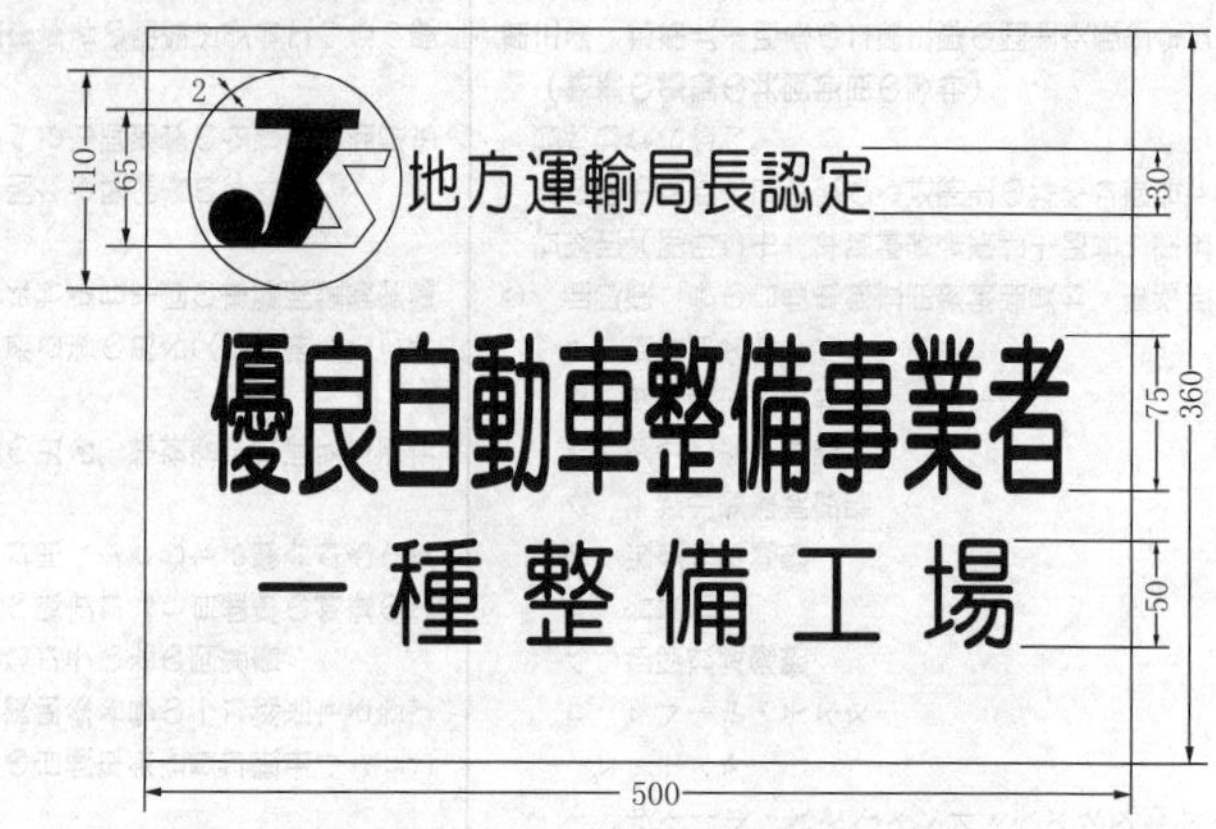

備考　１　優良自動車整備事業者の標識は、図示の例により、上段に標章及び「地方運輸局長認定」の文字を、中段に「優良自動車整備事業者」の文字を、下段に認定を受けた認定の種類をそれぞれ表示すること。

２　認定の種類が特殊整備工場の認定である場合にあつては、「特殊整備工場」の文字の下に認定を受けた作業区分を表示すること。

３　寸法の単位は、ミリメートルとする。

４　標識の塗色は、地色を黒色とし、文字及び標章を白色とすること（一種整備工場及び二種整備工場に限る。）。

○指定自動車整備事業規則

（昭和三十七年九月二十六日
運輸省令第四十九号）

沿革　昭三八運令五二、昭四二運令三・二七、昭四四運令五七、昭四五運令六三、昭四六運令一九、昭四七運令六五、昭四八運令三三、昭四九運令一八、昭五三運令七、昭五四運令三三、昭五八運令八、昭五九運令一八、昭六〇運令五・二二、昭六一運令二九、平元運令二四、平六運令四八、平七運令八、平九運令九・六一、平一〇運令六七、平一一運令二三・三七、平一二運令三九、平一三国交令七二、平一四国交令五八・七九、平一五国交令一八、平一六国交令三七・六五・八三、平一七国交令一二・一〇四、平一八国交令五八、平一九国交令一一・三五・六〇、平二〇国交令五九・七六、平二七国交令一・八六、平二八国交令一四・八七、平二九国交令五六、平三〇国交令五一、平三一国交令八、令元国交令二〇、令二国交令六、令三国交令六六、令四国交令四五・四六改正

〔編者注〕　令和四年五月二五日国土交通省令第四六号による改正のうち、令和九年一月一日から施行される部分は、直接改正を加えないで、現行条文と並列して登載した。

（指定の申請）

第一条　道路運送車両法（以下「法」という。）第九十四条の二の指定の申請をする者は、次に掲げる事項を記載した申請書を地方運輸局長に提出しなければならない。

一　申請者の氏名又は名称及び住所

二　事業場の名称及び所在地

三　法第九十四条の二第二項において準用する法第七十八条第二項の規定により対象とする自動車の種類の指定その他業務の範囲の限定を受けようとする者にあつては、その内容

四　認証を受けた自動車特定整備事業の種類及び認証番号並びに法第七十八条第二項の規定により対象とする自動車の種類の指定その他業務の範囲の限定を受けている者にあつては、その内容

五　優良自動車整備事業者の認定を受けている者にあつては、その種類及び認定番号

六　優良自動車整備事業者の認定を受けていない者にあつては、次に掲げる事項

イ　実施している整備作業の範囲

ロ　事業場管理責任者の氏名及び略歴

ハ　主任技術者の氏名及び略歴

ニ　工員の構成及びその技能程度

2　前項の申請書には、次に掲げる書面を添附しなければならない。

一　申請者が法第九十四条の二第二項において準用する法第八十条第一項（同項第二号ロからニまでに係る部分に限る。）に該当しないことを信じさせるに足る書面

二　自動車の検査をする場所及び自動車の検査をするために必要な屋内作業場の位置及び面積並びに次条第一項第二号の自動車検査用機械器具の配置状況を記載した事業場の平面図

三　次条第一項第二号の自動車検査用機械器具の名称、型式及び数を記載した書面並びにこれらの自動車検査用機械器具が次条第二項に規定する要件に適合することを信じさせるに足りる書面

四　法第九十四条の四第一項の自動車検査員に選任しようとする者の氏名及びその者が第四条各号の一に該当する者であることを記載した書面並びにその者の同意書

五　法第九十四条の二第三項の規定により自動車の検査の設備を二以上の事業場のために用いようとする場合にあつては、次に掲げる書面

イ　当該設備の管理責任者の氏名、維持管理体制及び所在地を記載した書面

ロ　当該設備の共同使用に係る者の氏名又は名称及びこれらの者の最近三か月間における月平均の車種別整備実績を記載した書面

ハ　当該設備の共同使用に関する契約書の写し

ニ　当該設備に附置されている車両置場の位置及び面積を記載した書面

六　申請者が優良自動車整備事業者の認定を受けていない場合にあつては、次に掲げる書面

イ　整備用の主要な設備及び機器を記載した書面

ロ　事業場の設備を記載した平面図

ハ　最近三か月間における月平均の車種別整備実績を記載した書面

ニ　貸借対照表及び損益計算書

（検査の設備の基準）

第二条　法第九十四条の二第一項の自動車の検査の設備の基準は、次のとおりとする。

一　法第九十四条の五第四項の検査をするために必要な屋内作業場を事業場内に有すること。

二　対象とする種類の自動車を検査することができる自動車検査用機械器具であつて、次に掲げるものを備えていること。ただし、対象とする自動車の種類のうちに、四輪以上の自動車が含まれていない場合にはイ、大型特殊自動車及び二輪の小型自動車以外の自動車が含まれていない場合にはリ、軽油を燃料とする自動車が含まれていない場合にはチ、ガソリン又は液化石油ガスを燃料とする自動車が含まれていない場合にはヘ及びトに掲げるものを備えなくてもよい。

イ　ホイール・アライメント・テスタ又はサイドスリップ・テスタ

ロ　ブレーキ・テスタ

ハ　前照灯試験機

ニ　音量計

ホ　速度計試験機

ヘ　一酸化炭素測定器

ト　炭化水素測定器

チ　黒煙測定器又はオパシメータ

リ　検査用スキャンツール

2　前項第二号の自動車検査用機械器具は、道路運送車両法施行規則（昭和二十六年運輸省令第七十四号）第五十七条第四号の国土交通大臣が定める技術上の基準に適合するものでなければならない。

（検査の設備の共同使用の要件）

第三条　法第九十四条の二第三項の国土交通省令で定める要件は、次のとおりとする。

一　共同使用の用に供される自動車の検査の設備（以下「共用設備」という。）について、その管理責任者が明確に定められていること。

二　自動車検査用機械器具の取扱要領、点検要領その他共用設備の管理規程が明確に定められていること。

三　共用設備は、これを使用しようとする事業者の事業場と共用設備との間の道路交通の状況、共同使用の形態等を勘案して、これを使用しようとするすべての事業者が支障なく検査業務を行うことができる位置にあること。

四　共用設備の能力は、これを使用しようとするすべての事業場の整備能力に対応したものであること。

五　共用設備の共同使用に関する契約において、これを使用しようとするすべての事業者がそれぞれの事業場のために支障なく使用することができる旨明確に定められていること。

六　共用設備を使用して検査をする自動車を一時的に収容することができる車両置場が附置されていること。

（自動車検査員の要件）

第四条　法第九十四条の四第一項の自動車検査員は、次の各号のいずれかに該当する者でなければならない。

一　道路運送車両法施行規則第六十二条の二の二第一項第七号の整備主任者（同号イ又はハに掲げる事業場の整備主任者に限り、二級自動車シャシ整備士の技能検定のみに合格した者を除く。）として一年以上（一級の自動車整備士の技能検定に合格した者にあつては、六月以上）の実務の経験を有し、適切に業務を行つていた者であつて、自動車の検査に必要な知識及び技能について地方運輸局長が行う教習を修了したもの

注　令和四年五月二五日国交令四六号により改正され、令和九年一月一日から施行

第四条第一号を次のように改める。

一　次のイ又はロに掲げる事業場の区分に応じ、当該イ又はロに定める者

イ　ロ以外の事業場　道路運送車両法施行規則第六十二条の二の二第一項第七号イ(1)若しくは(3)又はハに掲げる事業場の整備主任者（自動車車体・電子制御装置整備士の技能検定のみに合格した者を除く。ロにおいて同じ。）として一年以上（一級自動車整備士（総合）の技能検定に合格した者にあつては、六月以上）の実務の経験を有し、適切に義務を行つていた者であつて、自動車の検査に必要な知識及び技能について地方運輸局長が行う教習を修了したもの

ロ　対象とする自動車が二輪の小型自動車のみである事業場　道路運送車両法施行規則第六十二条の二の二第一項第七号イ又はハに掲げる事業場の整備主任者として一年以上（一級自動車整備士（二輪）の技能検定に合格した者にあつては、六月以上）の実務の経験を有し、適切に業務を行つていた者であつて、自動車の検査に必要な知識及び技能について地方運輸局長が行う教習を修了したもの

二　法第七十四条第一項の自動車検査官の経験を有する者

三　独立行政法人自動車技術総合機構法（平成十一年法律第二百十八号）第十三条に規定する審査事務を実施する者として自動車の審査業務（法第七十五条の五第一項に基づく審査に係る業務を除く。）の経験を有するもの

四　法第七十六条の三十二第一項の軽自動車検査員の経験を有する者

（自動車検査員の兼任の要件）

第四条の二　法第九十四条の四第二項ただし書の国土交通省令で定める要件は、次のとおりとする。

一　自動車検査員の兼任に係る事業場は、当該事業場とその者が現に検査業務を行つている事業場との間の道路交通の状況、兼任に係る事業場における検査業務量等を勘案して、当該自動車検査員が支障なくそれぞれの事業場の検査業務を行うことができる位置にあること。

二　兼任に係る自動車検査員が処理することとなる検査業務量は、当該自動車検査員が兼任に係るすべての事業場における検査業務を支障なく行うことができる範囲内のものであること。

（自動車検査員の選任届等）

第五条　法第九十四条の四第三項の規定による届出書には、次に掲げる事項を記載しなければならない。

一　届出者の氏名又は名称及び住所

二　自動車検査員の選任に係る事業場の名称及び所在地

三　自動車検査員の氏名及び生年月日

四　法第九十四条の四第二項ただし書の規定により他の事業場の自動車検査員を届出に係る事業場の自動車検査員として選任しようとする場合にあつては、当該他の事業場の名称及び所在地

2　前項の届出書には、同項第三号の者が第四条各号の一に該当すること及び法第九十四条の四第五項の者に該当しないことを信じさせるに足る書面並びに前項第四号に掲げる場合にあつては、当該他の事業場の最近三か月間における月平均の車種別整備実績を記載した書面を添付しなければならない。

3　指定自動車整備事業者は、第一項各号に掲げる事項に変更があつたときは、その日から十五日以内に、その旨を地方運輸局長に届け出なければならない。

（点検の基準）

第六条　法第九十四条の五第一項の国土交通省令で定める技術上の基準は、次の各号に掲げる自動車の区分に応じそれぞれ当該各号に定めるものとする。

一　法第四十八条第一項第一号に掲げる自動車にあつては、次に掲げる点検

イ　自動車点検基準（昭和二十六年運輸省令第七十号）別表第三又は別表第四に定めるすべての点検

ロ　主として砂利道等舗装されていない道路において運行する等使用の状況が特殊であるため、イに掲げる点検のみによつては当該自動車が保安基準に適合するかどうか及び適合しなくなるおそれがないかどうかを判断することができない場合においては、別表第三に掲げる点検のうち、その判断のために必要な点検

ハ　無段変速装置、電気装置の断続器等特殊な構造及び装置を有するため、イに掲げる点検のみによつては当該自動車が保安基準に適合するかどうか及び適合しなくなる

おそれがないかどうかを判断することができない場合においては、当該特殊な構造及び装置に関してその判断のために必要な点検

二　法第四十八条第一項第二号に掲げる自動車（二輪自動車を除く。）にあつては、次に掲げる点検

イ　自動車点検基準別表第五に定めるすべての点検

ロ　主として砂利道等舗装されていない道路において運行する等使用の状況が特殊であるため、イに掲げる点検のみによつては当該自動車が保安基準に適合するかどうか及び適合しなくなるおそれがないかどうかを判断することができない場合においては、別表第四に掲げる点検のうち、その判断のために必要な点検

ハ　無段変速装置、電気装置の断続器等特殊な構造及び装置を有するため、イに掲げる点検のみによつては当該自動車が保安基準に適合するかどうか及び適合しなくなるおそれがないかどうかを判断することができない場合においては、当該特殊な構造及び装置に関してその判断のために必要な点検

三　法第四十八条第一項第二号に掲げる自動車（二輪自動車に限る。）にあつては、次に掲げる点検

イ　自動車点検基準別表第五の二に定めるすべての点検

ロ　主として砂利道等舗装されていない道路において運行する等使用の状況が特殊であるため、イに掲げる点検のみによつては当該自動車が保安基準に適合するかどうか及び適合しなくなるおそれがないかどうかを判断することができない場合においては、別表第六に掲げる点検のうち、その判断のために必要な点検

ハ　無段変速装置、電気装置の断続器等特殊な構造及び装置を有するため、イに掲げる点検のみによつては当該自動車が保安基準に適合するかどうか及び適合しなくなるおそれがないかどうかを判断することができない場合においては、当該特殊な構造及び装置に関してその判断のために必要な点検

四　法第四十八条第一項第三号に掲げる自動車（二輪自動車を除く。）にあつては、次に掲げる点検

イ　自動車点検基準別表第六に定めるすべての点検

ロ　主として砂利道等舗装されていない道路において運行する等使用の状況が特殊であるため、イに掲げる点検のみによつては当該自動車が保安基準に適合するかどうか及び適合しなくなるおそれがないかどうかを判断することができない場合においては、別表第五に掲げる点検のうち、その判断のために必要な点検

ハ　無段変速装置、電気装置の断続器等特殊な構造及び装置を有するため、イに掲げる点検のみによつては当該自動車が保安基準に適合するかどうか及び適合しなくなるおそれがないかどうかを判断することができない場合においては、当該特殊な構造及び装置に関してその判断のために必要な点検

五　法第四十八条第一項第三号に掲げる自動車（二輪自動車に限る。）にあつては、次に掲げる点検

イ　自動車点検基準別表第七に定めるすべての点検

ロ　主として砂利道等舗装されていない道路において運行する等使用の状況が特殊であるため、イに掲げる点検のみによつては当該自動車が保安基準に適合するかどうか及び適合しなくなるおそれがないかどうかを判断することができない場合においては、別表第六に掲げる点検のうち、その判断のために必要な点検

ハ　無段変速装置、電気装置の断続器等特殊な構造及び装置を有するため、イに掲げる点検のみによつては当該自動車が保安基準に適合するかどうか及び適合しなくなるおそれがないかどうかを判断することができない場合においては、当該特殊な構造及び装置に関してその判断のために必要な点検

2　指定自動車整備事業者は、前項各号ロ又はハに定める点検を行おうとするときは、あらかじめ、依頼者に必要と認められる点検の内容を説明し、了解を得なければならない。

（自動車検査員の証明）

第七条　法第九十四条の五第一項及び法第九十四条の五の二第一項の証明は、自動車検査員が保安基準適合証及び保安基準適合標章又は限定保安基準適合証に記名し、及び押印することにより行う。ただし、指定自動車整備事業者が保安基準適合証に記載すべき事項を電磁的方法により登録情報処理機関に提供したときは、保安基準適合標章に押印することを要しない。

2　自動車検査員は、自動車が当該自動車に係る自動車検査証に記録された車台番号並びに道路運送車両法施行規則第三十五条の三第一項各号（第三号、第十五号、第十九号から第二十一号まで及び第二十八号を除く。）並びに第三十五条の四第一項第五号及び第七号に掲げる事項について事実と相違があると認めるときは、法第九十四条の五第一項の証明（一時抹消登録を受けた自動車又は法第六十九条第四項の規定による自動車検査証返納証明書の交付を受けた検査対象軽自動車若しくは二輪の小型自動車に係るものを除く。）をしてはならない。

（検査等の基準）

第八条　法第九十四条の五第四項前段の国土交通省令で定める基準（法第九十四条の五の二第三項において準用する場合を含む。）は、別表第二に定めるものとする。

2　法第九十四条の五第四項後段の国土交通省令で定める技術上の基準は、第六条の点検に別表第二の一の項及び二の項に定める方法に準じて行う点検を加えたものとする。

3　自動車検査員が、前項の基準により法第九十四条の五第一項の点検を行い、その結果保安基準に適合すると認めた部分は、その後実施された整備が当該部分の保安基準に適合している状態に影響を及ぼすものでなかつた場合に限り、同条第四項後段の規定により検査において保安基準に適合するものとみなす。

（保安基準適合証等）

第九条　保安基準適合証及び保安基準適合標章の有効期間は、法第九十四条の五第四項の検査をした日から十五日間とする。

2　保安基準適合証及び限定保安基準適合証の様式は第一号様式、保安基準適合標章の様式は第二号様式（第七条第一項ただし書に規定する保安基準適合標章の様式にあつては、第二号様式の二）とする。

（登録情報処理機関に対する照会）

第九条の二　法第九十四条の五第十項の照会は、保安基準適合証に記載すべき事項について、電磁的方法により行うものと

する。

2　前項の照会を受けた登録情報処理機関は、電磁的方法により当該照会に係る事項について国土交通大臣に対し通知しなければならない。

（法第九十四条の五の二第二項の国土交通省令で定める自動車）

第九条の三　法第九十四条の五の二第二項の国土交通省令で定める自動車は、次に掲げる自動車とする。

一　登録を受けたことがある自動車

二　検査対象軽自動車

三　二輪の小型自動車

（指定整備記録簿の記載事項）

第十条　法第九十四条の六第一項第五号の保安基準適合証、保安基準適合標章及び限定保安基準適合証に関する事項は、保安基準適合証、保安基準適合標章及び限定保安基準適合証の番号とする。

（指定整備記録簿の様式）

第十条の二　指定整備記録簿の様式は、普通自動車、三輪以上の小型自動車、検査対象軽自動車及び大型特殊自動車にあっては第三号様式、二輪の小型自動車にあっては第四号様式とする。

（変更届出事項）

第十一条　法第九十四条の九において準用する法第八十一条第一項第四号の事業場の設備のうち特に重要なものは、次のとおりとする。

一　第二条第一項第一号の屋内作業場の位置又は面積

二　第二条第一項第二号の自動車検査用機械器具の名称、型式又は数

（自動車検査用機械器具の校正）

第十二条　指定自動車整備事業者は、第二条第一項第二号（リを除く。）の自動車検査用機械器具について、国土交通大臣の定める技術上の基準に適合するよう、備付け又は前回の校正の日から一年以内に、国土交通大臣の登録を受けた者（以下「登録校正実施機関」という。）が行う校正（以下「登録校正」という。）を受けるものとする。

2　指定自動車整備事業者は、前項の校正に関する記録を一年間保存しなければならない。

（登録）

第十三条　前条第一項の登録は、登録校正を行おうとする者の申請により行う。

2　前条第一項の登録を受けようとする者は、次に掲げる事項を記載した申請書を国土交通大臣に提出しなければならない。

一　登録を受けようとする者の氏名又は名称及び住所並びに法人にあっては、その代表者の氏名

二　登録校正を行おうとする者が登録校正に係る業務（以下「登録校正業務」という。）を行おうとする事務所の名称及び所在地

三　登録を受けようとする者が登録校正業務を開始する日

3　前項の申請書には、次に掲げる書類を添付しなければならない。

一　登録を受けようとする者が法人である場合には、次に掲げる事項を記載した書類

イ　定款又は寄付行為及び登記事項証明書

ロ　役員の氏名、住所及び経歴を記載した書類

二　登録を受けようとする者が個人である場合には、その住民票の写し及び履歴書

三　校正に用いる別表第七の中欄に掲げる校正用機器並びに同表の下欄に掲げる測定器及び設備の数、性能、所在の場所並びにその所有又は借入れの別を記載した書類

四　校正を行う者（以下「校正員」という。）の氏名及び経歴を記載した書類

五　校正員が、次条第一項第二号に該当する者であることを証する書面

六　登録を受けようとする者が、次条第一項第三号及び第二項各号のいずれにも該当しない者であることを信じさせるに足る書類

（登録の要件等）

第十三条の二　国土交通大臣は、前条の規定による登録の申請をした者（以下この項において「登録申請者」という。）が次に掲げる要件のすべてに適合しているときは、その登録をしなければならない。

一　別表第七の上欄に掲げる自動車検査用機器の種類に応じ、それぞれ同表の中欄に掲げる校正用機器（それぞれ同表の下欄に掲げる測定器（計量法（平成四年法律第五十一号）第百三十五条若しくは第百四十四条の規定に基づく校正又はこれらと同等の精度を有する校正を受けているものに限る。）及び設備を用いて、備付け又は前回の校正の日から一年以内に、校正を受けているものに限る。）を用いて校正業務を行うものであること。

二　次に掲げる条件のいずれかに適合する者が校正業務を行い、その人数が校正業務を行う事務所ごとに三名以上であること。

イ　学校教育法（昭和二十二年法律第二十六号）による大学（旧大学令（大正七年勅令第三百八十八号）による大学を含む。）、高等専門学校（旧専門学校令（明治三十六年勅令第六十一号）による専門学校を含む。）、高等学校（旧中等学校令（昭和十八年勅令第三十六号）による実業学校を含む。）又は中等教育学校において、機械に関する学科を修めて卒業した（当該学科を修めて同法による専門職大学の前期課程を修了した場合を含む。）後、二年以上校正の実務に従事した経験を有する者であること。

ロ　イに掲げる者と同等以上の知識経験を有する者であること。

三　登録申請者が、指定自動車整備事業者に支配されているものとして次のいずれかに該当するものでないこと。

イ　登録申請者が株式会社である場合にあっては、指定自動車整備事業者がその親法人（会社法（平成十七年法律第八十六号）第八百七十九条第一項に規定する親法人をいう。）であること。

ロ　登録申請者の役員（持分会社（会社法第五百七十五条第一項に規定する持分会社をいう。）にあっては、業務を執行する社員）に占める指定自動車整備事業者の役員又は職員（過去二年間に当該指定自動車整備事業者の役員又は職員であった者を含む。）の割合が二分の一を超えていること。

ハ　登録申請者（法人にあっては、その代表権を有する役

員）が指定自動車整備事業者の役員又は職員（過去二年間に当該指定自動車整備事業者の役員又は職員であった者を含む。）であること。

2　国土交通大臣は、前条の規定により登録の申請をした者が、次の各号のいずれかに該当するときは、その登録をしてはならない。

一　法又は法に基づく命令に違反し、罰金以上の刑に処せられ、その執行を終わり、又は執行を受けることがなくなった日から二年を経過しない者

二　第十三条の十二の規定により第十二条第一項の登録を取り消され、その取消しの日から二年を経過しない者

三　法人であって、登録校正業務を行う役員のうちに前二号のいずれかに該当する者があるもの

3　第十二条第一項の登録は、登録校正実施機関登録簿に次に掲げる事項を記載してするものとする。

一　登録年月日及び登録番号

二　登録校正実施機関の氏名又は名称及び住所並びに法人にあっては、その代表者の氏名

三　登録を受けた者が登録校正業務を行う事務所の名称及び所在地

四　登録を受けた者が登録校正業務を開始する日

（登録の更新）

第十三条の三　第十二条第一項の登録は、五年ごとにその更新を受けなければ、その期間の経過によって、その効力を失う。

2　前二条の規定は、前項の登録の更新について準用する。

（登録校正業務の実施に関する義務）

第十三条の四　登録校正実施機関は、登録校正業務を行うことを求められたときは、正当な理由がある場合を除き、遅滞なく、登録校正業務を行わなければならない。

2　登録校正実施機関は、公正に、かつ、第十三条の二第一項各号に掲げる要件に適合する方法により登録校正業務を行わなければならない。

3　登録校正実施機関は、校正員に対し、別表第八に掲げる科目を必修とする研修であって学科研修の時間が五十六時間以上であり、かつ、実技研修が八時間以上であるものを受講させなければならない。

（登録事項の変更の届出）

第十三条の五　登録校正実施機関は、第十三条の二第三項第二号から第四号までに掲げる事項を変更しようとするときは、あらかじめ、次に掲げる事項を記載した申請書を国土交通大臣に提出しなければならない。

一　変更しようとする事項

二　変更しようとする日

三　変更の理由

（登録校正業務規程）

第十三条の六　登録校正実施機関は、校正業務の開始前に、次に掲げる事項を記載した校正業務の実施に関する規程を定め、国土交通大臣に届け出なければならない。これを変更しようとするときも、同様とする。

一　登録校正の申請に関する事項

二　登録校正の手数料及び旅費の額並びにこれらの収納の方法に関する事項

三　登録校正の実施の方法に関する事項

四　登録校正の証明書の交付及び再交付に関する事項

五　登録校正の結果の記録に関する事項

六　校正員の選任及び解任に関する事項

七　校正員の研修に関する事項

八　登録校正業務に関する秘密の保持に関する事項

九　登録校正業務に関する公正の確保に関する事項

十　不正に登録校正を受けた者に対する処分に関する事項

十一　その他登録校正業務の実施に関し必要な事項

（登録校正業務の休廃止）

第十三条の七　登録校正実施機関は、登録校正業務を休止又は廃止しようとするときは、あらかじめ、次に掲げる事項を記載した届出書を国土交通大臣に提出しなければならない。

一　登録校正実施機関の氏名又は名称及び住所並びに法人にあっては、その代表者の氏名

二　登録校正業務を休止又は廃止しようとする事務所の名称及び所在地

三　登録校正業務を休止又は廃止しようとする日

四　登録校正業務を休止しようとする期間

五　登録校正業務を休止又は廃止しようとする理由

（財務諸表等の備付け及び閲覧等）

第十三条の八　登録校正実施機関は、毎事業年度経過後三月以内に、その事業年度の財産目録、貸借対照表及び損益計算書又は収支計算書並びに事業報告書（その作成に代えて電磁的記録（電子的方式、磁気的方式その他の人の知覚によっては認識することができない方式で作られる記録であって、電子計算機による情報処理の用に供されるものをいう。以下この条において同じ。）の作成がされている場合における当該電磁的記録を含む。次項において「財務諸表等」という。）を作成し、五年間事務所に備えて置かなければならない。

2　指定自動車整備事業者その他の利害関係人は、登録校正実施機関の業務時間内は、いつでも、次に掲げる請求をすることができる。ただし、第二号又は第四号の請求をするには、登録校正実施機関の定めた費用を支払わなければならない。

一　財務諸表等が書面をもって作成されているときは、当該書面の閲覧又は謄写の請求

二　前号の書面の謄本又は抄本の請求

三　財務諸表等が電磁的記録をもって作成されているときは、当該電磁的記録に記録された事項を紙面又は出力装置の映像面に表示する方法により表示したものの閲覧又は謄写の請求

四　前号の電磁的記録に記録された事項を電磁的方法であって次条に定めるものにより提供することの請求又は当該事項を記載した書面の交付の請求

（電磁的記録に記録された事項を提供するための電磁的方法）

第十三条の九　前条第二項第四号に規定する電磁的方法は、次に掲げるもののうち、登録校正実施機関が定めるものとする。

一　送信者の使用に係る電子計算機と受信者の使用に係る電子計算機とを電気通信回線で接続した電子情報処理組織を使用する方法であって、当該電気通信回線を通じて情報が送信され、受信者の使用に係る電子計算機に備えられたファイルに当該情報が記録されるもの

二　磁気ディスクその他これに準ずる方法により一定の情報

を確実に記録しておくことができる物をもつて調整するファイルに情報を記録したものを交付する方法

2　前項各号に掲げる方法は、受信者がファイルへの記録を出力することによる書面を作成できるものでなければならない。

（適合命令）

第十三条の十　国土交通大臣は、登録校正実施機関が第十三条の二第一項各号のいずれかに適合しなくなつたと認めるときは、その登録校正実施機関に対し、これらの規定に適合するための必要な措置をとるべきことを命ずることができる。

（改善命令）

第十三条の十一　国土交通大臣は、登録校正実施機関が第十三条の四の規定に違反していると認めるときは、その登録校正実施機関に対し、同条の規定による登録校正業務を行うべきこと又は登録校正業務の方法の改善に関し必要な措置をとるべきことを命ずることができる。

（登録の取消し等）

第十三条の十二　国土交通大臣は、登録校正実施機関が次の各号のいずれかに該当するときは、第十二条第一項の登録を取り消し、又は期間を定めて登録校正業務の全部又は一部の停止を命ずることができる。

一　第十三条の二第二項第一号又は第三号に該当するに至つたとき。

二　第十三条の五から第十三条の七まで、第十三条の八第一項又は次条の規定に違反したとき。

三　正当な理由がないのに第十三条の八第二項各号の規定による請求を拒んだとき。

四　前二条の規定による命令に違反したとき。

五　不正の手段により第十二条第一項の登録を受けたとき。

（帳簿の記載）

第十三条の十三　登録校正実施機関は、次に掲げる事項を記載した帳簿を備え、記載の日から一年間保存しなければならない。

一　登録校正の手数料の収納に関する事項

二　登録校正の申請の受理に関する事項

三　登録校正の結果に関する事項

四　登録校正の証明書の交付及び再交付に関する事項

五　その他登録校正業務の実施状況に関する事項

（国土交通大臣による登録校正業務の実施）

第十三条の十四　国土交通大臣は、登録校正実施機関がいないとき、第十三条の七の規定による登録校正業務の休止若しくは廃止の届出があつたとき、第十三条の十二の規定により第十二条第一項の登録を取り消し、若しくは登録校正実施機関に対し登録校正業務の停止を命じたとき、又は登録校正実施機関が天災その他の事由により登録校正業務を実施することが困難となつたときその他必要があると認めるときは、登録校正業務の全部又は一部を自ら行うことができる。

（登録校正業務の引継ぎ）

第十三条の十五　登録校正実施機関は、第十三条の七の規定により登録校正業務を休止又は廃止した場合その他当該業務を行わないこととなつた場合には、次に掲げる事項を行わなければならない。

一　第十三条の十三の帳簿を国土交通大臣に引き継ぐこと。

二　その他国土交通大臣が必要と認める事項

（報告の徴収）

第十三条の十六　国土交通大臣は、登録校正業務の実施のため必要な限度において、登録校正実施機関に対し、登録校正業務又は経理の状況に関し報告させることができる。

（公示）

第十三条の十七　国土交通大臣は、次の場合には、その旨を官報に公示しなければならない。

一　第十二条第一項の登録をしたとき。

二　第十三条の五の規定による届出があつたとき。

三　第十三条の七の規定による届出があつたとき。

四　第十三条の十二の規定により第十二条第一項の登録を取り消し、又は登録校正業務の停止を命じたとき。

五　第十三条の十四の規定により国土交通大臣が登録校正業務を自ら行うものとするとき、又は自ら行つていた登録校正業務を行わないこととするとき。

（自動車検査員の研修）

第十四条　指定自動車整備事業者は、自動車検査員であつて次に掲げるものに地方運輸局長が行う研修を受けさせなければならない。

一　自動車検査員として新たに選任した者

二　最後に当該研修を受けた日の属する年度の末日を経過した者

（標識）

第十五条　指定自動車整備事業者が掲げる標識の様式は、第五号様式とする。

（申請書等の経由）

第十六条　第一条の申請書、第五条第一項及び第三項の届出書並びに法第九十四条の九において準用する法第八十一条第一項（同項第四号に係る部分に限る。）及び第二項の届出書は、正副二通を事業場の所在地を管轄する運輸監理部長又は運輸支局長を経由して、地方運輸局長に提出しなければならない。

附　則

この省令は、昭和三十七年十月一日から施行する。

附　則（昭三八・一〇・一運令五二）

1　この省令は、昭和三十八年十月十五日から施行する。

2　この省令の施行の際現に改正前の第二号様式による標識を掲げている者は、昭和三十九年三月三十一日までは、改正前の同様式によることができる。

附　則（昭四四・一二・二六運令五七）

1　この省令は、昭和四十五年一月一日から施行する。

2　この省令の施行前に交付された保安基準適合証で有効期間がこの省令の施行の日以後に満了するものは、この省令の施行後は、改正後の第一号様式による保安基準適合証とみなす。

附　則（昭四六・三・三一運令一九）

この省令は、昭和四十六年四月一日から施行する。

附　則（昭四七・一二・二一運令六五抄）

1　この省令は、道路運送車両法の一部を改正する法律（昭和四十七年法律第六十二号）の施行の日（昭和四十八年十月一日）から施行する。

附　則（昭四八・九・二八運令三三抄）

1　この省令は、道路運送車両法の一部を改正する法律（昭和四十七年法律第六十二号。以下「改正法」という。）の施行の日（昭和四十八年十月一日）から施行する。ただし、（中略）第三号様式の改正規定は、公布の日から施行する。

10 この省令の施行の際現に指定自動車整備事業者が掲げている標識の様式については、その寸法はこの省令による改正後の指定自動車整備事業規則第三号様式にかかわらず、なお従前の例によることができる。

附 則（昭四九・五・二四運令一八抄）

（施行期日）

1 この省令の規定は、次の各号に掲げる区分に従い、それぞれ当該各号に定める日から施行する。

一・二〔略〕

三〔前略〕次項から附則第四項までの規定 昭和五十年一月一日

四〔略〕

附 則（昭五三・二・八運令七抄）

（施行期日）

1 この省令は、公布の日から施行する。ただし、第二条中指定自動車整備事業規則第十二条の改正規定及び同条の次に一条を加える改正規定は、昭和五十三年二月二十二日から施行する。

〔経過措置〕

6 この省令の施行前に改正前の指定自動車整備事業規則第十二条第一項の規定により行つた較正は、改正後の同項の規定により行つた較正とみなす。

附 則（昭五四・七・一六運令三三）

この省令は、昭和五十四年十月一日から施行する。

附 則（昭五八・三・一五運令八抄）

（施行期日）

1 この省令は、道路運送車両法の一部を改正する法律（昭和五十七年法律第九十一号）の施行の日（昭和五十八年七月一日）から施行する。〔後略〕

附 則（昭五九・六・二二運令一八抄）

（施行期日）

第一条 この省令は、昭和五十九年七月一日から施行する。

第五条 この省令の施行の際現に〔中略〕指定自動車整備事業者が道路運送車両法（昭和二十六年法律第百八十五号）の規定により掲げている標識の様式については、〔中略〕指定自動車整備事業規則第七号様式にかかわらず、なお従前の例による。

附 則（昭六〇・二・五運令五抄）

（施行期日）

1 この省令は、道路運送法等の一部を改正する法律の施行の日（昭和六十年四月一日）から施行する。

附 則（昭六〇・六・一五運令二二抄）

（施行期日）

1 この省令は、公布の日から施行する。

附 則（昭六一・九・二六運令二九抄）

（施行期日）

第一条 この省令は、公布の日から施行する。〔後略〕

附 則（平元・七・二〇運令二四）

この省令は、公布の日から施行する。

附 則（平六・一一・一運令四八抄）

（施行期日）

1 この省令は、道路運送車両法の一部を改正する法律（平成六年法律第八十六号）の一部の施行の日（平成七年一月一日）から施行する。

附 則（平七・二・二八運令八抄）

（施行期日等）

1 この省令は、道路運送車両法の一部を改正する法律（平成六年法律第八十六号）の施行の日（以下「施行日」という。）から施行する。〔後略〕

〔経過措置〕

7 この省令の施行の際現に旧施行規則第六十七条第六項の規定により型式認定番号標が表示された自動車検査用機械器具又は改正前の指定自動車整備事業規則（以下「旧指定事業規則」という。）第二条第二項の規定により地方運輸局長が自動車の検査用として適当であると認定した自動車検査用機械器具は、第三条の規定による改正後の指定自動車整備事業規則（以下「新指定事業規則」という。）第二条第二項の運輸大臣が定める技術上の基準に適合するものであって運輸大臣の定める者の行う検査に合格したもの又は地方運輸局長が自動車の検査用として適当であると定めたものとみなす。

8 旧指定事業規則第一号様式による保安基準適合証については、新指定事業規則第一号様式にかかわらず、当分の間、なおこれを使用することができる。

9 この省令の施行の際現に指定自動車整備事業者（対象とする自動車に普通自動車が含まれるものに限る。）が法第九十四条の九において準用する法第八十九条第一項の規定により掲げている標識については、新指定事業規則第五号様式にかかわらず、施行日から一年間は、なおこれを使用することができる。

附 則（平九・二・二〇運令九）

この省令は、公布の日から施行する。

附 則（平九・九・一六運令六一）

この省令は、平成九年十月一日から施行する。

附 則（平一〇・一〇・九運令六七抄）

（施行期日）

1 この省令は、道路運送車両法の一部を改正する法律（平成十年法律第七十四号）の施行の日（平成十年十一月二十四日）から施行する。

附 則（平一一・四・一運令二三）

この省令は、平成十一年十月一日から施行する。

附 則（平一一・八・六運令三七抄）

（施行期日）

1 この省令は、平成十一年九月三十日から施行する。

附 則（平一二・一一・二九運令三九抄）

（施行期日）

第一条 この省令は、平成十三年一月六日から施行する。

附 則（平一三・三・三〇国交令七二）

この省令は、平成十三年四月一日から施行する。

附 則（平一四・四・二国交令五八）

この省令は、検査法人法附則第一条ただし書に規定する規定の施行の日（平成十四年七月一日）から施行する。

附 則（平一四・六・二八国交令七九抄）

（施行期日）

第一条 この省令は、平成十四年七月一日から施行する。

附 則（平一五・三・一二国交令一八抄）

（施行期日）

1　この省令は、道路運送車両法の一部を改正する法律（平成十四年法律第八十九号）の一部の施行の日（平成十五年四月一日）から施行する。

附　則（平一六・三・三一国交令三七抄）

（施行期日）

第一条　この省令は、平成十六年七月一日から施行する。

附　則（平一六・五・二一国交令六五抄）

（施行期日）

第一条　この省令は、公布の日から施行する。

（指定自動車整備事業規則の一部改正に伴う経過措置）

第六条　第五条の規定の施行の際現に同条の規定による改正前の指定自動車整備事業規則（以下この条において「旧指定自動車整備事業規則」という。）第十二条第一項の指定を受けている者は、第五条の規定の施行の日から起算して六月を経過するまでの間は、第五条の規定による改正後の指定自動車整備事業規則（以下この条において「新指定自動車整備事業規則」という。）第十二条の登録を受けているものとみなす。

2　第五条の規定の施行の際現に旧指定自動車整備事業規則第十二条第一項の指定を受けている者が行う校正を受けた者は、新指定自動車整備事業規則第十二条第一項の登録を受けた者が行う校正を受けている者とみなす。

3　旧指定自動車整備規則第三号様式及び第四号様式による指定整備記録簿は、第五条の規定による改正後のそれぞれの様式にかかわらず、当分の間、なおこれを使用することができる。

附　則（平一六・八・一七国交令八三抄）

（施行期日）

第一条　この省令は、道路運送車両法の一部を改正する法律〔平成一四年七月法律第八九号〕附則第一条本文の規定の施行の日（平成十七年一月一日）から施行する。

附　則（平一七・三・七国交令一二抄）

（施行期日）

第一条　この省令は、公布の日から施行する。

附　則（平一七・一一・二国交令一〇四抄）

（施行期日）

第一条　この省令は、平成十七年十二月二十六日から施行する。

（経過措置）

第二条　自動車関係手続における電子情報処理組織の活用のための道路運送車両法等の一部を改正する法律（以下「改正法」という。）附則第二条第一項の国土交通省令で定める自動車は、次に掲げる自動車とする。

一　登録を受けたことがある自動車
二　軽自動車
三　小型特殊自動車
四　二輪の小型自動車

第三条　改正法附則第四条の国土交通省令で定める自動車は、次に掲げる自動車とする。

一　軽自動車
二　小型特殊自動車
三　二輪の小型自動車

第四条　改正法附則第四条の国土交通省令で定める期間は、完成検査終了証の発行の日から九月間とする。

附　則（平一八・四・二八国交令五八抄）

（施行期日）

第一条　この省令は、会社法〔平成一七年七月法律第八六号〕の施行の日（平成十八年五月一日）から施行する。

（経過措置）

第三条　この省令の施行前にしたこの省令による改正前の省令の規定による処分、手続、その他の行為は、この省令による改正後の省令（以下「新令」という。）の規定の適用については、新令の相当規定によってしたものとみなす。

附　則（平一九・三・一四国交令一一抄）

（施行期日）

1　この省令は、平成十九年四月一日から施行する。

附　則（平一九・三・三〇国交令三五抄）

（施行期日）

1　この省令は、平成十九年四月一日から施行する。

附　則（平一九・五・一七国交令六〇）

（施行期日）

第一条　この省令は、平成十九年七月三十一日から施行する。〔後略〕

（経過措置）

第二条　〔一項略〕

2　第三条の規定による改正後の指定自動車整備事業規則（以下「新指定事業規則」という。）別表第七の規定の適用については、平成十九年十二月三十一日までは、なお従前の例によることができる。

3　この省令の施行の際現に存する第三条の規定による改正前の指定自動車整備事業規則第三号様式による指定整備記録簿は、新指定事業規則別表第二の規定に基づき自動車から排出される排出物の粒子状物質による汚染度を検査する場合を除き、新指定事業規則第三号様式にかかわらず、当分の間、なおこれを使用することができる。

附　則（平二〇・七・七国交令五九抄）

（施行期日）

第一条　この省令は、公布の日から施行する。〔後略〕

（経過措置）

第二条　第三条の規定による改正前の指定自動車整備事業規則第二号様式による保安基準適合標章（次条において「旧標章」という。）については、第一条の規定による改正後の道路運送車両の保安基準第二十九条第四項第二号の二の規定は、適用しない。

第三条　旧標章は、第三条の規定による改正後の指定自動車整備事業規則第二号様式にかかわらず、平成二十一年三月三十一日までは、なおこれを使用することができる。

附　則（平二〇・九・一国交令七六抄）

（施行期日）

第一条　この省令は、道路運送法等の一部を改正する法律〔平成一八年五月法律第四〇号〕（以下「改正法」という。）附則第一条第四号に掲げる規定の施行の日（平成二十年十一月四日）から施行する。〔後略〕

（指定自動車整備事業規則の一部改正に伴う経過措置）

第二条　この省令の施行の際現に存する第三条の規定による改正前の指定自動車整備事業規則第三号様式による指定整備記録簿は、第三条の規定による改正後の指定自動車整備事業規則第三号様式にかかわらず、当分の間、なおこれを使用することができる。

附　則（平二七・一・九国交令一）

この省令は、公布の日から施行する。ただし、第一条中指定自動車整備事業規則第四条第一号の改正規定〔中略〕は、平成二十七年四月一日から施行する。

附　則（平二七・一二・二四国交令八六）

この省令は、公布の日から施行する。

附　則（平二八・三・一国交令一四抄）

（施行期日）

第一条　この省令は、平成二十八年四月一日から施行する。

（自動車検査員の要件に関する経過措置）

第四条　施行日前にこの省令による改正前の指定自動車整備事業規則第四条第三号に規定する者については、この省令による改正後の指定自動車整備事業規則第四条第三号に規定する者とみなす。

附　則（平二八・一二・二八国交令八七抄）

（施行期日）

第一条　この省令は、平成二十九年一月一日から施行する。ただし、第一条（第一号様式備考(6)の改正規定を除く。）、第二条、第三条及び第四条（第十三条第一項第二号の改正規定及び別表第二の改正規定を除く。）の規定は、平成二十九年四月一日から施行する。

附　則（平二九・九・二九国交令五六）

この省令は、学校教育法の一部を改正する法律〔平成二九年五月法律第四一号〕の施行の日（平成三十一年四月一日）から施行する。

附　則（平三〇・六・二七国交令五一）

この省令は、平成三十年十月一日から施行する。

附　則（平三一・三・八国交令八）

（施行期日）

1　この省令は、公布の日から施行する。

（経過措置）

2　第二条の規定による改正前の指定自動車整備事業規則第二号様式による保安基準適合標章は、同条の規定による改正後の指定自動車整備事業規則第二号様式の二にかかわらず、当分の間、なおこれを使用することができる。この場合には、自動車検査員は、押印することを要しない（第二条の規定による改正後の指定自動車整備事業規則第七条第一項ただし書に規定する場合に限る。）。

附　則（令元・六・二八国交令二〇）

この省令は、不正競争防止法等の一部を改正する法律〔平成三〇年五月法律第三三号〕の施行の日（令和元年七月一日）から施行する。

附　則（令二・二・六国交令六抄）

（施行期日）

第一条　この省令は、道路運送車両法の一部を改正する法律〔令和元年五月法律第一四号〕（以下「改正法」という。）の施行の日〔令和二年四月一日〕（以下「施行日」という。）から施行する。ただし、次の各号に掲げる規定は、当該各号に定める日から施行する。

一　〔前略〕第七条中指定自動車整備事業規則第六条第一項の改正規定　令和二年十月一日

二　〔略〕

附　則（令三・一〇・一五国交令六六抄）

（施行期日）

第一条　この省令は、令和六年十月一日（以下「施行日」という。）から施行する。ただし、次条及び附則第四条の規定は令和五年四月一日から施行する。

（指定自動車整備事業規則の一部改正に関する準備行為）

第二条　道路運送車両法第九十四条の二第一項の規定による指定及びこれに関し必要な手続その他の行為は、施行日前においても、第一条の規定による改正後の指定自動車整備事業規則第二条第一項の規定の例により行うことができる。

2　指定自動車整備事業規則第十一条第二号に掲げる事項に変更（検査用スキャンツールに係るものに限る。）が生じた場合の届出は、施行日前においても行うことができる。

（指定自動車整備事業規則の一部改正に関する経過措置）

第三条　施行日において現に道路運送車両法第九十四条の二第一項の規定による指定を受けている者及び当該指定の申請をしている者（前条第一項の規定による申請又は同条第二項の規定による届出をした者を除く。）に係る指定自動車整備事業規則第二条第一項の規定の適用については、第一条の規定による改正後の同項の規定にかかわらず、施行日以後初めて事業場の位置を変更するまでの間は、なお従前の例による。

附　則（令四・五・二〇国交令四五抄）

（施行期日）

第一条　この省令は、道路運送車両法の一部を改正する法律（令和元年法律第十四号）附則第一条第六号に掲げる規定の施行の日（令和五年一月一日）から施行する。〔後略〕

附　則（令四・五・二五国交令四六抄）

（施行期日）

第一条　この省令は、令和九年一月一日から施行する。〔後略〕

（指定自動車整備事業規則の一部改正に伴う経過措置）

第九条　少なくとも一人の旧検定に合格した者を有する事業場に関して第四条の規定による改正後の指定自動車整備事業規則（以下「新指定自動車整備事業規則」という。）第四条の規定を適用する場合においては、次の表の上欄に掲げる新指定自動車整備事業規則の規定中同表の中欄に掲げる字句は、それぞれ同表の下欄に掲げる字句とする。

第四条第一号イ	第六十二条の二の二第一項第七号イ(1)若しくは(3)又はハ	第六十二条の二の二第一項第七号イ(1)若しくは(3)又はハ（自動車整備士技能検定規則等の一部を改正する省令（令和四年国土交通省令第四十六号）附則第八条の規定により読み替えて適用する場合を含む。）
	自動車車体・電子制御装置整備士	自動車車体・電子制御装置整備士又は自動車整備士技能検定規則等の一部を改正する省令第二条の規定による改正前の自動車整備士技能検定規則（以下「旧検定規則」という。）の規定による二級自動車シャシ整備士

	一級自動車整備士（総合）	一級自動車整備士（総合）又は旧検定規則の規定による一級の自動車整備士
第四条第一号ロ	第六十二条の二第一項第七号イ又はハ	第六十二条の二第二項第七号イ又はハ（自動車整備士技能検定規則等の一部を改正する省令附則第八条の規定により読み替えて適用する場合を含む。）
	又は一級自動車整備士（二輪）	若しくは一級自動車整備士（二輪）又は旧検定規則の規定による一級の自動車整備士

別表第一　削除

別表第二（検査の基準）（第八条関係）

<table>
<tr><th></th><th>検　査　の　実　施　の　方　法</th></tr>
<tr><td>一　構造に関する検査</td><td>イ　次に掲げる事項が当該自動車検査証、登録識別情報等通知書（登録識別情報その他の自動車登録ファイルに記録されている事項を記載した書面をいう。以下同じ。）又は自動車検査証返納証明書の記載事項と同一であるかどうかを視認その他適切な方法により検査するものとする。
(1)　長さ幅及び高さ
(2)　車両重量及び車両総重量
ロ　次に掲げる事項について、視認その他適切な方法により検査するものとする。
(1)　最低地上高
(2)　最大安定傾斜角度
(3)　最小回転半径</td></tr>
<tr><td>二　装置に関する検査（その1）</td><td>次の表の左欄に掲げる事項について、同表の右欄に掲げる器具を用いて検査するものとする。この場合において、(1)、(2)、(10)及び(11)に掲げる事項については、当該器具を用いて検査することが困難であるときに限り走行その他の適切な方法により、(3)、(6)、(8)及び(9)に掲げる事項については、道路運送車両の保安基準（昭和26年運輸省令第67号）に適合するかどうかを視認等により容易に判定することができるときに限り視認等により、それぞれ検査することができる。
<table>
<tr><td>(1)　かじ取り車輪の整列状態</td><td>サイドスリップ・テスタ</td></tr>
<tr><td>(2)　制動装置の性能及び制動能力</td><td>ブレーキ・テスタ</td></tr>
<tr><td>(3)　自動車が発する騒音の大きさ</td><td>音量計</td></tr>
<tr><td>(4)　自動車から排出される一酸化炭素の濃度</td><td>一酸化炭素測定器</td></tr>
<tr><td>(5)　自動車から排出される炭化水素の濃度</td><td>炭化水素測定器</td></tr>
<tr><td>(6)　自動車から排出される排出物の黒煙による汚染度</td><td>黒煙測定器</td></tr>
<tr><td>(7)　自動車から排出される排出物の粒子状物質による汚染度</td><td>オパシメータ</td></tr>
<tr><td>(8)　前照灯の明るさ及び主光軸の向き</td><td>前照灯試験機</td></tr>
<tr><td>(9)　警音器の音の大きさ</td><td>音量計</td></tr>
<tr><td>(10)　速度計の指度の誤差</td><td>速度計試験機</td></tr>
<tr><td>(11)　速度表示灯の表示の誤差</td><td>速度計試験機</td></tr>
<tr><td>(12)　車載式故障診断装置の診断の結果</td><td>検査用スキャンツール</td></tr>
</table></td></tr>
<tr><td>三　装置に関する検査（その2）</td><td>次に掲げる装置について、亀裂、がた、取付けの緩みの有無等を検査用ハンマ等を用いて検査するものとする。この場合において、道路運送車両の保安基準に適合するかどうかを視認等により容易に判定することができるときに限り、視認等により検査することができる。
(1)　動力伝達装置
(2)　走行装置
(3)　操縦装置
(4)　制動装置
(5)　緩衝装置
(6)　燃料装置
(7)　車枠及び車体
(8)　連結装置
(9)　物品積載装置
(10)　内圧容器及びその附属装置</td></tr>
<tr><td>四　装置に関する検査（その3）</td><td>次に掲げる装置について、視認その他適切な方法により検査するものとする。
(1)　原動機</td></tr>
</table>

	(2)　電気装置 (3)　乗車装置 (4)　前面ガラスその他の窓ガラス (5)　騒音防止装置 (6)　ばい煙等の発散防止装置 (7)　灯火装置及び反射器 (8)　警報装置 (9)　指示装置 (10)　視野を確保する装置 (11)　走行距離計その他の計器 (12)　防火装置 (13)　運行記録計 (14)　速度表示装置 (15)　自動運行装置

別表第三（第六条関係）

点　検　箇　所		点検内容
かじ取り装置	ギヤ・ボックス	機能
	ナックル又はかじ取り車輪	旋回動作
緩衝装置	シャシばね又はショック・アブソーバ	緩衝能力
動力伝達装置	トランスミッション又はトランスファ	変速機構又は動力分配機構の機能
	プロペラ・シャフト又はドライブ・シャフト	回転時の状態
原　動　機		運転状態

別表第四（第六条関係）

点　検　箇　所		点検内容
かじ取り装置	ギヤ・ボックス	機能
	ナックル又はかじ取り車輪	旋回動作
走行装置	リム、サイド・リング又はディスク・ホイール	損傷
緩衝装置	シャシばね又はショック・アブソーバ	緩衝能力
動力伝達装置	トランスミッション又はトランスファ	変速機構又は動力分配機構の機能
原　動　機		運転状態

別表第五（第六条関係）

点　検　箇　所		点検内容
かじ取り装置	ギヤ・ボックス	機能
	ナックル又はかじ取り車輪	旋回動作
制動装置	倍力装置	機能
走行装置	リム又はディスク・ホイール	損傷
緩衝装置	シャシばね又はショック・アブソーバ	緩衝能力
動力伝達装置	クラッチ、トランスミッション又はトランスファ	断続機構、変速機構又は動力分配機構の機能
	プロペラ・シャフト又はドライブ・シャフト	回転時の状態
原　動　機		運転状態

別表第六（第六条関係）

点　検　箇　所		点検内容
走行装置	リム又はディスク・ホイール	損傷
緩衝装置	シャシばね又はショック・アブソーバ	緩衝能力
動力伝達装置	トランスミッション	変速機構の機能
原　動　機		運転状態

別表第七（第十三条、第十三条の二関係）

自動車検査用機器	校正用機器	測定器及び設備	
サイドスリップ・テスタ	ダイヤル・ゲージ	測定器	ダイヤル・ゲージ校正器
ブレーキ・テスタ	目盛式懸垂はかり	測定器	基準組分銅
	標準はかり	測定器	基準はかり
	標準ウエイト	測定器	基準分銅 基準はかり
前照灯試験機	荷重用アーム	測定器	鋼製巻尺
	前照灯試験機校正器	測定器	照度計 電圧計 リニア・ゲージ 鋼製巻尺
		設備	暗室 回転架台 テスト・スクリーン オート・レベル セオドライト 基準前照灯試験機 電源電圧変動装置
音量計	音量計校正器	測定器	周波数測定器 基準音量計 基準騒音計 電圧計
		設備	無響装置 電源電圧変動装置
速度計試験機	速度計試験機校正器	測定器	回転計 電圧計
		設備	電源電圧変動装置
一酸化炭素測定器	圧力調整器	測定器	圧力計
炭化水素測定器	圧力調整器	測定器	圧力計
黒煙測定器	校正用標準紙	測定器	分光光度計
		設備	標準色紙
	メスシリンダ	測定器	基準メスシリンダ
オパシメータ	ストップ・ウオッチ	測定器	歩度測定器
	校正用フィルタ	測定器	分光光度計

備考
一酸化炭素測定器及び炭化水素測定器についての校正は、圧力調整器のほか、校正用標準ガスを用いて行うこと。

別表第八（第十三条の四関係）

研修の種類	科目
学科研修	一 自動車検査用機器の構造、機能及び取扱方法 二 自動車検査用機器の校正方法 三 校正用機器の構造、機能及び取扱方法 四 登録校正業務に関する法令 五 その他の登録校正業務関連科目
実技研修	自動車検査用機器の校正方法

第一号様式（保安基準適合証、限定保安基準適合証）（第九条関係）

保安基準適合証
限定保安基準適合証

年　月　日交付

番号

<table>
<tr><td colspan="2">指定自動車整備事業者の氏名又は名称
事業場の名称及び所在地</td><td colspan="3">印</td></tr>
<tr><td colspan="5">次の自動車
次の自動車の整備に係る部分　が道路運送車両の保安基準に適合していることを証明する。
検査の年月日　年　月　日
自動車検査員の氏名　印</td></tr>
<tr><td colspan="2">自動車登録番号又は車両番号</td><td colspan="3"></td></tr>
<tr><td colspan="2">車台番号</td><td colspan="3"></td></tr>
<tr><td rowspan="2">使用者</td><td>氏名又は名称</td><td colspan="3"></td></tr>
<tr><td>住所</td><td colspan="3"></td></tr>
<tr><td colspan="2">乗車定員</td><td>人</td><td>最大積載量</td><td>kg</td></tr>
<tr><td colspan="2">用途</td><td></td><td>車両総重量</td><td>kg</td></tr>
<tr><td colspan="2">保険期間</td><td colspan="3">年　月　日から　年　月　日まで</td></tr>
</table>

注１　保安基準適合証の有効期間は、検査の日から15日間とする。
　２　限定保安基準適合証は、有効な限定自動車検査証とともに提出すること。

長辺

短辺（日本産業規格Ａ列６番）

備考 ⑴　不要の文字を抹消すること。

⑵　法第16条第１項の申請に基づく抹消登録を受けた自動車並びに法第69条第４項の規定による自動車検査証返納証明書の交付を受けた検査対象軽自動車及び二輪の小型自動車の場合は、「自動車登録番号又は車両番号」欄及び「保険期間」欄に記載しないこと。

⑶　法第71条の２第１項の規定による限定自動車検査証の交付を受けた自動車の場合は、「乗車定員」欄、「最大積載量」欄、「用途」欄、「車両総重量」欄及び「保険期間」欄に記載しないこと。

⑷　使用者が未定である場合は、「使用者」欄に所有者の「氏名又は名称」及び「住所」を記載すること。

第二号様式（保安基準適合標章）（第九条関係）

（表）

保安基準適合標章
年 12 月 11 日から
12 月 25 日まで
自動車登録番号又は車両番号
品川 599 あ 2046
【注意事項】
1．前面ガラスにはり付ける場合には、点線部で折り込み上半分を自動車の前面ガラス内側から前方に見やすいようにするとともに、前面ガラス内側の運転者の視野を妨げない位置にはり付けて下さい。
2．その他、自動車の運行中その前面に見やすいように表示する場合であっても点線部で折り込み上半分のみ表示することができます。
3．保安基準適合標章の有効期間が満了した場合又は有効な自動車検査証及び自動車検査標章が交付され、交付された自動車検査標章を表示した場合は速やかに取り外して下さい。
長辺
86
82
74
74
44
40
35
30
17
17
5
2

短辺（日本産業規格A列６番）

（裏）

	年　月　日交付		
番　号			
指定自動車整備事業者の氏名又は名称 事業場の名称及び所在地	印		
次の自動車が道路運送車両の保安基準に適合していることを証明する。 検査の年月日　　年　月　日 自動車検査員の氏名　　印			
自動車登録番号又は車両番号			
車台番号			
使用者　氏名又は名称			
使用者　住所			
乗車定員	人	最大積載量	kg
用途		車両総重量	kg
保険期間	年　月　日から　年　月　日まで		

備考

(1) 有効期間が満了する日を表示する数字は、赤色又は黒色とすること。
(2) 有効期間及び自動車登録番号又は車両番号は、図示の例により表示すること。
(3) 寸法の単位は、ミリメートルとする。

第二号様式の二（保安基準適合標章）（第九条関係）

（表）

短辺（日本産業規格Ａ列６番）

（裏）

（電子申請用）

年　月　日交付

番　号

指定自動車整備事業者の氏名又は名称				
事業場の名称及び所在地				
次の自動車が道路運送車両の保安基準に適合していることを証明する。				
検査の年月日　　年　月　日				
自動車検査員の氏名				
自動車登録番号又は車両番号				
車台番号				
使用者	氏名又は名称			
使用者	住所			
乗車定員		人	最大積載量	kg
用途			車両総重量	kg
保険期間	年　月　日から　年　月　日まで			

備考

(1) 有効期間が満了する日を表示する数字は、赤色又は黒色とすること。

(2) 有効期間及び自動車登録番号又は車両番号は、図示の例により表示すること。

(3) 寸法の単位は、ミリメートルとする。

第三号様式（指定整備記録簿）（第十条の二関係）

指 定 整 備 記 録 簿

○点検及び整備の概要等

○検査機器等による検査

制動力				
前軸	前前軸	右 N / 左 N	軸重 kg	左右差 N / N/kg
	前後軸	右 N / 左 N	軸重 kg	左右差 N / N/kg
後軸	後前軸	右 N / 左 N	軸重 kg / N/kg	左右差 N / N/kg
	後後軸	右 N / 左 N	軸重 kg / N/kg	左右差 N / N/kg
計		N	車両重量	N/kg
手動		N	kg	N/kg
走行テスト等の方法と結果				

前照灯		
	右	左
取付高さ	cm	cm
光軸	下 cm	下 cm
	左・右 cm	左・右 cm
光度	主×100 cd	主×100 cd
	副×100 cd	副×100 cd

前部霧灯	警音器
cd	聴感・テスタ デシベル
速度計の誤差	排気騒音
+・− km/h	聴感・テスタ デシベル
OBD検査結果	CO
良・否	%
タイヤの振れ	HC
良・否	4サ・2サ・特殊 ppm
サイド・スリップ	黒煙・粒子状物質
イン・アウト mm	視認・テスタ % m^{-1}

○目視等による検査

構造	① 最低地上高	□
	② 最大安定傾斜角度	□
	③ 最小回転半径	□
装置	① 原動機及び動力伝達装置	□
	② 走行装置	□
	③ 操縦装置	□
	④ 制動装置	□
	⑤ 緩衝装置	□
	⑥ 燃料装置及び電気装置	□
	⑦ 車枠及び車体	□
	⑧ 連結装置	□
	⑨ 乗車装置及び物品積載装置	□
	⑩ 前面ガラスその他の窓ガラス	□
	⑪ 騒音防止装置	□
	⑫ ばい煙等の発散防止装置	□
	⑬ 灯火装置及び反射器	□
	⑭ 警報装置	□
	⑮ 指示装置	□
	⑯ 視野を確保する装置	□
	⑰ 走行距離計その他の計器	□
	⑱ 防火装置	□
	⑲ 内圧容器及びその附属装置	□
	⑳ 自動運行装置	□
	㉑ その他	□

○自動車検査証、登録識別情報等通知書又は自動車検査証返納証明書の記載事項との照合

自動車の種別		用途	自家用・事業用の別		車体の形状	車名	型式	乗車定員	最大積載量
普通・小型・軽・大特			自家用・事業用					人	kg
車両重量	車両総重量	原動機の型式	長さ	幅		高さ	総排気量又は定格出力	燃料の種類	その他
kg	kg		cm	cm		cm	kW / l	ガソリン・軽油 LPG・その他	

○依頼者の氏名等

受付年月日	年 月 日
依頼者の氏名又は名称及び住所	

（依頼者の依頼事項）

（備考）

初度登録年月又は初度検査年月	
年 月	
検査の年月日	
年 月 日	
自動車検査員の氏名	
保安基準適合証及び保安基準適合標章の番号	保安基準適合標章交付
	有・無
限定保安基準適合証の番号	

（日本産業規格A列３番）

備考

（１）「点検及び整備の概要等」欄は、点検の項目ごとの点検の結果（限定保安基準適合証を交付した場合にあつては、限定自動車検査証に記載された保安基準に適合しない部分）、必要となつた整備の概要及び交換した部品を記載するほか、次に掲げる事項を記載すること。

a　車台番号

b　自動車登録番号又は車両番号

（２）前軸又は後軸が一軸である場合には、「前軸」又は「後軸」の欄の記載にあつては、「前前軸」の欄又は「後後軸」の欄に記載すること。この場合において、三輪自動車であるときは、「右」の欄に記載すること。

（３）一軸である場合には、「前軸」及び「後軸」の欄の記載にあつては、「前前軸」の欄又は「後後軸」の欄に記載すること。

（４）「前軸」、「後軸」、「計」及び「手動」の欄の記載にあつては、制動力の計量単位として、ニュートンのほか、キログラムを用いることができる。この場合においては、同欄中「N/kg」の文字に代えて「%」の文字を表示し、「N」の文字に代えて「kg」の文字を表示すること。

（５）「目視等による検査」欄には、別表第二の構造に関する検査のうちの(1)、装置に関する検査（その２）及び装置に関する検査（その３）の項目についての検査結果を記載すること。

第四号様式（指定整備記録簿）（第十条の二関係）

指　定　整　備　記　録　簿

○点検及び整備の概要等

○検査機器等による検査

	制動力		前照灯			前部霧灯	警音器
				右	左		
前軸	N	軸重 kg	取付高さ	cm	cm	cd	騒音・テスタ デシベル
後軸	N	軸重 kg / N/kg	光軸	下 cm / 左・右 cm	下 cm / 左・右 cm	速度計の誤差 +・－ km/h	排気騒音 騒音・テスタ デシベル
計	N	車両重量 kg / N/kg	光度	主×100 cd / 副×100 cd	主×100 cd / 副×100 cd	タイヤの振れ 良・否	CO % / HC 4∞・2∞ ppm
走行テスト等の方法と結果							

○目視等による検査

構造	①	最低地上高	□
	②	最大安定傾斜角度	□
	③	最小回転半径	□
装置	①	原動機及び動力伝達装置	□
	②	走行装置	□
	③	操縦装置	□
	④	制動装置	□
	⑤	緩衝装置	□
	⑥	燃料装置及び電気装置	□
	⑦	車枠及び車体	□
	⑧	連結装置	□
	⑨	乗車装置及び物品積載装置	□
	⑩	前面ガラスその他の窓ガラス	□
	⑪	騒音防止装置	□
	⑫	ばい煙等の発散防止装置	□
	⑬	灯火装置及び反射器	□
	⑭	警報装置	□
	⑮	指示装置	□
	⑯	視野を確保する装置	□
	⑰	走行距離計その他の計器	□
	⑱	消火装置	□
	⑲	内圧容器及びその附属装置	□
	⑳	その他	□

○自動車検査証又は自動車検査証返納証明書の記載事項との照合

車体の形状	自家用・事業用の別	車名	型式	乗車定員	車両重量	車両総重量
	自家用・事業用			人	kg	kg
原動機の型式	長さ	幅	高さ	総排気量又は定格出力	燃料の種類	その他
	cm	cm	cm	kW / l	ガソリン・軽油 その他	

○依頼者の氏名等

受付年月日	年　月　日
依頼者の氏名又は名称及び住所	

（備考）

（依頼者の依頼事項）

初度検査年月	
年　月	
検査の年月日	
年　月　日	
自動車検査員の氏名	
保安基準適合証及び保安基準適合標章の番号	保安基準適合標章交付
	有・無
限定保安基準適合証の番号	

（日本産業規格Ａ列３番）

備考

（1）「点検及び整備の概要等」欄は、点検の項目ごとの点検の結果（限定保安基準適合証を交付した場合にあつては、限定自動車検査証に記載された保安基準に適合しない部分）、必要となつた整備の概要及び交換した部品を記載するほか、次に掲げる事項を記載すること。

a　車台番号

b　車両番号

（2）「前軸」、「後軸」及び「計」の欄の記載にあつては、制動力の計量単位として、ニュートンのほか、キログラムを用いることができる。この場合においては、同欄中「N/kg」の文字に代えて「%」の文字を表示し、「N」の文字に代えて「kg」の文字を表示すること。

（3）前照灯が一灯である場合には、「取付高さ」、「光軸」及び「光度」の欄の記載にあつては、「右」の欄に記載すること。

（4）「目視等による検査」欄には、別表第二の構造に関する検査のうちのロ、装置に関する検査（その2）及び装置に関する検査（その3）の項目についての検査結果を記載すること。

第五号様式（指定自動車整備事業者の標識）（第十五条関係）

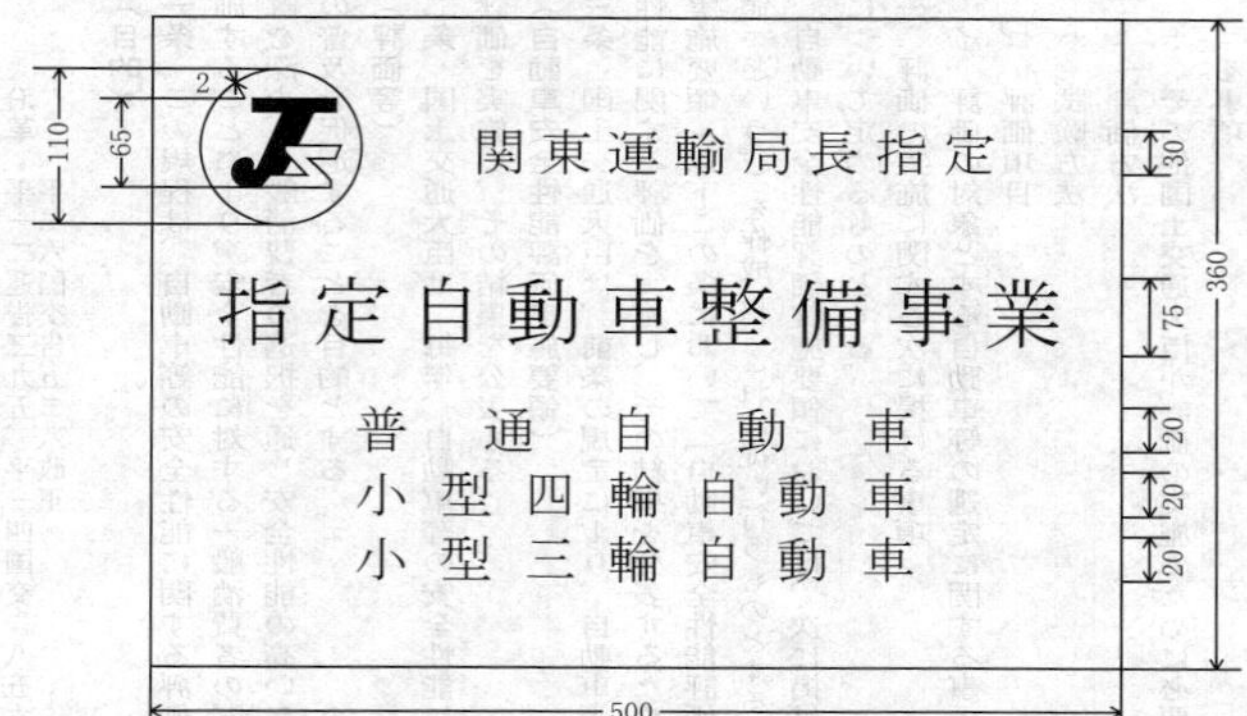

備考 (1) 指定自動車整備事業者の標識は、図示の例により、上段に標章及び指定を行つた地方運輸局長名を、中段に「指定自動車整備事業」の文字を、下段に対象とする自動車の種類をそれぞれ表示すること。この場合において、対象とする自動車の種類は、次の区分により表示すること。

普通自動車（大型）　（普通自動車のうち車両総重量が８トン以上のもの、最大積載量が５トン以上のもの又は乗車定員が30人以上のものを対象とする場合に限る。）

普通自動車（中型）　（普通自動車のうち最大積載量が２トンを超えるもの又は乗車定員が11人以上のものであつて、普通自動車（大型）以外のものを対象とする場合に限る。）

普通自動車（小型）　（普通自動車のうち貨物の運送の用に供するもの又は散水自動車、広告宣伝用自動車、霊きゆう自動車その他特種の用途に供するものであつて、普通自動車（大型）及び普通自動車（中型）以外のものを対象とする場合に限る。）

普通自動車（乗用）　（普通自動車のうち普通自動車（大型）、普通自動車（中型）及び普通自動車（小型）以外のものを対象とする場合に限る。）

小型四輪自動車
小型三輪自動車
小型二輪自動車
軽　自　動　車
大型特殊自動車

(2) 対象とする自動車の種類が４以上のときは、左右二列に配置すること。

(3) 寸法の単位は、ミリメートルとする。

(4) 標識は、金属製又は合成樹脂製とすること。

(5) 標識の塗色は、地色を青色とし、文字及び標章を白色とすること。

○自動車等の安全性能に関する評価等に関する規程

（平成十一年七月二十一日
運輸省告示第四百四十号）

沿革　平一二運告三九五、平一四国交告八五六、
平二六国交告五二八改正

（目的）

第一条　この規程は、自動車等の安全性能に関する評価等を実施することにより、安全性能に対する一般消費者の関心と理解を深め、一般消費者の選択を通じ安全性能の高い自動車等の普及を促進することを目的とする。

（評価等）

第二条　国土交通大臣は、毎年、自動車等の安全性能に関する評価を実施し、その結果を公表する。

（自動車安全性能評価実施要領）

第三条　国土交通大臣は、前条の規定により、自動車等の安全性能に関する評価を実施し、その結果を公表するため、その実施要領（以下この条において「自動車安全性能評価実施要領」という。）を作成し、これに従い行うものとする。

2　自動車安全性能評価実施要領においては、次に掲げる事項について定めるものとする。

一　評価の実施に関する次に掲げる事項

イ　評価の対象とする自動車等の選定に関する事項

ロ　評価項目

ハ　試験方法

ニ　評価方法

ホ　その他国土交通大臣が評価の実施のために必要と認める事項

二　評価の結果の公表に関する次に掲げる事項

イ　公表項目

ロ　公表方法

ハ　その他国土交通大臣が評価の結果の公表のために必要と認める事項

3　国土交通大臣は、自動車安全性能評価実施要領を作成しようとするときは、その都度、当該評価に関し優れた識見を有する者の意見を求めるものとする。

4　国土交通大臣は、自動車安全性能評価実施要領を作成したときは、遅滞なくこれを告示するものとする。

5　前二項の規定は、自動車等安全性能評価実施要領の変更について準用する。

（意見の聴取）

第四条　国土交通大臣は、第二条の規定により、自動車等の安全性能に関する評価を行い、その結果を公表しようとするときは、その都度、当該評価に関し優れた識見を有する者の意見を求めるものとする。

附　則

この規程は、公布の日から施行する。

附　則（平一二・一二・二一運告三九五）

この告示は、平成十三年一月六日から施行する。

附　則（平二六・四・二五国交告五二八）

この告示は、公布の日から施行する。

○自動車等安全性能評価実施要領

（平成二十六年四月二十五日）
（国土交通省告示第五百二十九号）

沿革　平二七国交告五〇〇、平二八国交告六一七、平二九国交告三〇八・八二七、平三〇国交告六六六、令二国交告五一五、令四国交告四六〇、令五国交告三九五、令六国交告三七三改正

（この告示の趣旨）

第一条　この告示は、自動車及び年少者用補助乗車装置（以下「自動車等」という。）の安全性能に関する評価を実施し、その結果を公表するための実施要領を定めるものとする。

（用語の定義）

第二条　この告示の用語の定義は、次の各号に掲げるもののほか、道路運送車両法（昭和二十六年法律第百八十五号）、道路運送車両法施行規則（昭和二十六年運輸省令第七十四号）及び道路運送車両の保安基準（昭和二十六年運輸省令第六十七号）に定めるところによる。

一　「年少者」とは、新生児、乳児又は幼児のうち体重が十八キログラム以下の者をいう。

二　「年少者用補助乗車装置」とは、国土交通大臣の指定等を受けた次に掲げる装置又はこれに準ずる装置をいう。

イ　主として乳児を連続した面上に寝かせた状態にして、自動車の進行方向に対して横向きに乳児を拘束又は定置する装置（以下「乳児用ベッド」という。）

ロ　主として幼児を座席ベルトによって直接拘束しないものであって、インパクト・シールド（正面衝突の際に年少者の前方移動を防止するために、年少者の正面に取り付ける装置をいう。以下この号において同じ。）、インパクト・シールド及び補助シート（幼児を着席させるために自動車の座席上に乗せる装置又は自動車の座席部に装備する装置であって、シートクッションを備えたもの又はシート・クッション及びシート・バックを備えたものをいう。以下この号において同じ。）、インパクト・シールド、補助シート及び年少者用ベルト又は補助シート及び年少者用ベルトのいずれかによって幼児を後ろ向き又は前向きに拘束又は定置する装置（以下「幼児用シート」という。）

三　「後ろ向き」とは、自動車の進行方向に対して逆方向の向きをいう。

四　「前向き」とは、自動車の進行方向に対して同方向の向きをいう。

五　「ダミー」とは、第三条第一項の規定により選定された自動車（以下「試験自動車」という。）又は同条第二項の規定により選定された年少者用補助乗車装置に搭載する人体模型をいう。

六　「バリヤ」とは、試験自動車を衝突させる壁面をいう。

七　「HIC」とは、フルラップ前面衝突安全性能試験、MPDB前面衝突安全性能試験及び側面衝突安全性能試験にあってはダミーの頭部において計測された加速度を、歩行者頭部保護性能試験にあっては頭部インパクタにおいて計測された加速度を、それぞれ用いて計算される頭部に加わる傷害の程度を示す指数をいう。

八　「頸部の引張荷重」とは、ダミーの首の部分に加わる上下方向の荷重をいう。

九　「頸部のせん断荷重」とは、ダミーの首の部分に加わる前後方向及び左右方向の荷重をいう。

十　「頸部のモーメント」とは、ダミーの首の部分に発生するモーメントをいう。

十一　「合成加速度」とは、ダミーの頭部又は胸部において計測された前後方向、左右方向及び上下方向の加速度を用いて計算される加速度をいう。

十二　「胸部変位」とは、ダミーの胸部に生ずる最大変位をいう。

十三　「大腿部荷重」とは、ダミーの左右それぞれの大腿骨に相当する部分に加わる大腿骨の軸方向の荷重をいう。

十四　「脛骨指数」とは、ダミーの脛部に加わる傷害の程度を示す指数をいう。

十五　「脛骨荷重」とは、ダミーの左右それぞれの脛骨に相当する部分に加わる脛骨の軸方向の荷重をいう。

十六　「かじ取りハンドル変位」とは、かじ取りハンドルの取付部に生ずる後方及び上方への変位をいう。

十七　「ショルダーベルト荷重」とは、シートベルトのうち肩に接触する部分に加わる張力をいう。

十八　「開扉性」とは、衝突安全性能試験後における、当該試験自動車の扉が容易に開くか否かの程度をいう。

十九　「救出性」とは、衝突安全性能試験後における、試験自動車からダミーを容易に取り出せるか否かの程度をいう。

二十　「MPDB」とは、台車及びプログレッシブデフォーマブルバリヤ（アルミニウム製のブロックであって、当該ブロックに作用する力による変形の大きさに基づき当該力の大きさを算出するためのものをいう。）からなる移動式変形バリヤをいう。

二十一　「DAMAGE」とは、ダミーの頭部の重心において計測されたロール軸、ピッチ軸及びヨー軸まわりの角速度を用いて計算される脳傷害の程度を示す指数をいう。

二十二　「寛骨臼荷重」とは、ダミーの左右それぞれの寛骨臼に相当する部分に加わる荷重のうち大きいものをいう。

二十三　「ブレーキペダル変位」とは、ブレーキペダルに生ずる後方及び上方への変位をいう。

二十四　「バリヤフェイス」とは、バリヤに取り付ける衝撃吸収材及び試験自動車に衝突させる台車の衝突面に取り付ける衝撃吸収材をいう。

二十五　「肩部荷重」とは、ダミーの肩部に加わる荷重をいう。

二十六　「腹部変位」とは、ダミーの腹部に生ずる最大変位をいう。

二十七　「恥骨荷重」とは、ダミーの骨盤の恥骨結合部に加わる荷重をいう。

二十八　「NIC」とは、後面衝突頸部傷害保護性能試験により、ダミーの頸部において計測された加速度を用いて計算される頸部に加わる傷害の程度を示す指数をいう。

二十九　「車両前部上面」とは、車両の前面ガラスの下縁の両端の点を含む車両中心線に垂直な平面より前方にある車

両の上面をいう。

三十　「頭部インパクタ」とは、試験自動車に衝突させる人体の頭部の模型をいう。

三十一　「脚部インパクタ」とは、試験自動車に衝突させる人体の大腿部、膝及び下腿部の模型をいう。

三十二　「大腿骨曲げモーメント」とは、脚部インパクタの大腿骨に発生する曲げモーメントをいう。

三十三　「脛骨曲げモーメント」とは、脚部インパクタの脛骨に発生する曲げモーメントをいう。

三十四　「内側側副靭帯の伸び量」とは、脚部インパクタの膝部の内側側副靭帯の伸び量をいう。

三十五　「外側後席」とは、前向きの座席のうち、運転者席及びこれと並列の座席以外の座席であって、自動車の側面に隣接する座席をいう。

三十六　「中央後席」とは、前向きの座席のうち、運転者席及びこれと並列の座席以外の前向きの座席であって、外側後席以外の座席をいう。

三十七　「座席ベルト非着用時警報装置」とは、座席ベルトが装着されていない場合に、その旨を乗員に警報する装置をいう。

三十八　「車両ターゲット」とは、試験自動車を衝突させる車両模型をいう。

三十九　「歩行者ターゲット」とは、試験自動車を衝突させる人体模型をいう。

四十　「自転車ターゲット」とは、試験自動車を衝突させる自転車模型であって、人体模型が乗車したものをいう。

四十一　「試験用座席」とは、車両並びに車両への取付け又は車両における使用が可能な装置及び部品に係る調和された技術上の国際連合規則の諸採択並びにこれらの国際連合の諸規則に基づいて行われる認定の相互承認のための条件に関する協定に付属する規則第四十四号第四改定版補足第四改定版の附則六の三．に規定する座席をいう。

第三条　**（試験自動車等の選定に関する事項）**

国土交通大臣は、自動車（専ら乗用の用に供する自動車であって乗車定員十人以上のもの、貨物の運送の用に供する自動車であって車両総重量が二・八トンを超えるもの、二輪自動車、側車付二輪自動車、カタピラ及びそりを有する軽自動車、大型特殊自動車、小型特殊自動車並びに被けん引自動車を除く。以下同じ。）のうち、毎年三月末時点又は九月末時点に、市場において新車として販売されているものの中から、それぞれの時点の直近半年間の販売実績等を勘案して第四条第一項の評価の対象とする自動車を選定するものとする。ただし、自動車製作者等から評価の申出があった自動車についても選定することができる。

2　国土交通大臣は、年少者用補助乗車装置のうち、毎年九月末時点に市場において販売されているものの中から、その時点の直近一年六月間の出荷台数等を勘案して第五条第一項の評価の対象とする年少者用補助乗車装置を選定するものとする。ただし、年少者用補助乗車装置の製作者等から評価の申出があった年少者用補助乗車装置についても選定することができる。

第四条　**（自動車の評価）**

自動車の評価は、次の表の上欄に掲げる評価項目ごとに、同表の中欄に掲げる試験方法により試験を行った上で、同表の下欄に掲げる事項を確認することにより行うこととする。

一　フルラップ前面衝突安全性能（運転者席に限る。）	運転者席及び助手席の直後に位置する外側後席にダミーを搭載した試験自動車の前面の全部を五十キロメートル毎時でバリヤの前面に垂直に正面衝突させる試験	HIC、頸部の引張荷重、頸部のせん断荷重、頸部のモーメント、胸部変位、大腿部荷重、かじ取りハンドル変位、ショルダーベルト荷重及び座席ベルトによる骨盤の拘束状態に基づき乗員の傷害の程度を示す五段階の指標、開扉性、救出性、衝突後の燃料漏れの有無並びに電気自動車及び電気式ハイブリッド自動車（動力系の作動電圧が、交流三十ボルト又は直流六十ボルト未満の自動車を除く。）の衝突後の感電保護性能
二　フルラップ前面衝突安全性能（助手席の直後に位置する外側後席に限る。）	運転者席及び助手席の直後に位置する外側後席にダミーを搭載した試験自動車の前面の全部を五十キロメートル毎時でバリヤの前面に垂直に正面衝突させる試験	HIC、頸部の引張荷重、頸部のせん断荷重、頸部のモーメント、胸部変位、大腿部荷重、ショルダーベルト荷重及び座席ベルトによる骨盤の拘束状態に基づき乗員の傷害の程度を示す五段階の指標、開扉性、救出性、衝突後の燃料漏れの有無並びに電気自動車及び電気式ハイブリッド自動車（動力系の作動電圧が、交流三十ボルト又は直流六十ボルト未満の自動車を除く。）の衝突後の感電保護性能
三　MPDB前面衝突安全性能	運転者席及び助手席にダミーを搭載した試験自動車の前面の運転者席側の一部（車幅の五十パーセントをいう。）と移動式変形バリヤの前面を相互に五十キロメートル毎時で垂直に正面衝突させる試験	HIC、DAMAGE（運転者席に限る。）、頸部の引張荷重、頸部のせん断荷重、頸部のモーメント、胸部変位、腹部変位（運転者席に限る。）、寛骨臼荷重（運転者席に限る。）、大腿部荷重、脛骨荷重

		（運転者席に限る。）、脛骨指数（運転者席に限る。）、かじ取りハンドル変位（運転者席に限る。）、ショルダーベルト荷重、ブレーキペダル変位（運転者席に限る。）及び座席ベルトによる骨盤の拘束状態（助手席に限る。）に基づき乗員の傷害及び相手車保護性能の程度を示す五段階の指標、開扉性、救出性、衝突後の燃料漏れの有無並びに電気自動車及び電気式ハイブリッド自動車（動力系の作動電圧が、交流三十ボルト又は直流六十ボルト未満の自動車を除く。）の衝突後の感電保護性能
四　側面衝突安全性能	運転者席又は助手席にダミーを搭載した試験自動車の当該ダミーを搭載した座席側の側面に五十五キロメートル毎時でバリヤフェイス付台車を垂直に正面衝突させる試験	HIC、肩部荷重、胸部変位、腹部変位及び恥骨荷重に基づき乗員の傷害の程度を示す五段階の指標、開扉性、救出性、衝突後の燃料漏れの有無並びに電気自動車及び電気式ハイブリッド自動車（動力系の作動電圧が、交流三十ボルト又は直流六十ボルト未満の自動車を除く。）の衝突後の感電保護性能
五　後面衝突頸部保護性能	台車に試験自動車の運転者席の座席又は助手席の座席を固定し、かつ、ダミーを定置した後、当該台車の速度を二十キロメートル毎時とし、加速度及び減速度を台車に発生させる試験	NIC、頸部の引張荷重、頸部のせん断荷重及び頸部のモーメントに基づき乗員の傷害の程度を示す五段階の指標
六　歩行者頭部保護性能	試験自動車の車両前部上面、前面ガラス及び窓枠の一定の範囲をあらかじめ定めた方法により細分化した区域ごとに、四十キロメートル毎時で頭部インパクタを衝突させる試験	細分化した区域ごとのHICに基づき歩行者頭部の傷害の程度を示す五段階の指標
七　歩行者脚部保護性能	試験自動車の車両前面の一定の範囲をあらかじめ定めた方法により細分化した区域ごとに、四十キロメートル毎時で脚部インパクタを衝突させる試験	細分化した区域ごとの大腿骨曲げモーメント、脛骨曲げモーメント及び内側側副靱帯の伸び量に基づき歩行者脚部の傷害の程度を示す五段階の指標
八　座席ベルト非着用時警報装置性能	運転者席以外の座席に座席ベルトを装着していない乗員が乗車した試験自動車を走行する試験及び運転者席以外の座席に座席ベルトを装着した乗員が乗車した試験自動車が走行中に座席ベルトを装着されていない状態にする試験	座席ベルト非着用時警報装置作動時の警報について、運転者及び運転者以外の乗員の視認性、警告音の有無並びに当該装置の作動状況に基づき座席ベルトの着用率の向上の程度を示す五段階の指標
九　衝突安全性能	第一号から前号までの試験	フルラップ前面衝突安全性能試験、MPDB前面衝突安全性能試験、側面衝突安全性能試験、後面衝突頸部保護性能試験、歩行者頭部保護性能試験、歩行者脚部保護性能試験及び座席ベルト非着用時警報装置性能試験における測定結果に基づき総合的な衝突安全性能を示す五段階の指標
十　事故自動緊急通報装置性能	事故自動緊急通報装置の種類を確認する試験	事故自動緊急通報装置の種類に応じた二段階の指標
十一　歩行者衝突被害軽減制動制御装置性能	乾燥した路面において、試験自動車の前面を十キロメートル毎時から六十キロメートル毎時までの五キロメートル毎時ごとの制動初速度で、横断中の歩行者ターゲットに衝突させる試験	試験自動車の衝突時の速度に応じた五段階の指標
十二　夜間歩行者衝突被害軽	夜間の照度を模擬し、かつ、乾燥し	試験自動車の衝突時の速度に応じた

減制動制御装置性能	た路面において、試験自動車の前面を三十キロメートル毎時から六十キロメートル毎時までの五キロメートル毎時ごとの制動初速度で、横断中の歩行者ターゲットに衝突させる試験	五段階の指標
十三　自転車衝突被害軽減制動制御装置性能	乾燥した路面において、試験自動車の前面を十キロメートル毎時から六十キロメートル毎時までの五キロメートル毎時ごとの制動初速度で、横断中の自転車ターゲットに衝突させる試験及び乾燥した路面において、試験自動車の前面を四十キロメートル毎時から六十キロメートル毎時までの十キロメートル毎時ごとの制動初速度で、自転車ターゲットの後面に垂直に正面衝突させる試験	試験自動車の衝突時の速度に応じた五段階の指標
十四　車両衝突被害軽減制動制御装置性能（交差点（右直））	乾燥した路面において、右折する試験自動車の前面の中央部又は助手席側の最外側部を十キロメートル毎時から二十キロメートル毎時までの五	試験自動車の衝突時の速度に応じた五段階の指標
	キロメートル毎時ごとの制動初速度で、対向車線を走行中の車両ターゲットの前面の運転者席側の最外側部に衝突させる試験	
十五　歩行者衝突被害軽減制動制御装置性能（交差点（右左折））	乾燥した路面において、右折及び左折する試験自動車の前面の中央部を右折時は十キロメートル毎時から三十キロメートル毎時まで、左折時は十キロメートル毎時から二十キロメートル毎時までの五キロメートル毎時ごとの制動初速度で、横断中の歩行者ターゲットに衝突させる試験	
十六　ペダル踏み間違い時加速抑制装置性能	試験自動車の前面又は後面に車両ターゲット又は歩行者ターゲットを配置し、当該自動車のアクセルペダルを踏み込んで当該自動車の前面又は後面の全部を当該車両ターゲット又は歩行者ターゲットの後面に垂直に正面衝突させる試験	試験自動車の衝突時の速度とペダル踏み間違い時加速抑制装置の非作動時の当時速度の比に応じた五段階の指標
十七　車線逸脱警報装置性能	試験自動車を六十キロメートル毎時又は七十キロメー	車線逸脱警報装置作動時の試験自動車の車線から逸脱
	トル毎時で車線から逸脱させる試験	した距離
十八　車線逸脱抑制装置性能	前号の試験	試験自動車の車線から逸脱した距離の最大値に応じた五段階の指標
十九　高機能前照灯性能	前照灯の、夜間の走行状態に応じて自動的に照射光線の光度及びその方向の空間的な分布を調整する機能を確認する試験	前照灯の、夜間の走行状態に応じて自動的に照射光線の光度及びその方向の空間的な分布を調整する機能及びその機能の作動する速度に応じた五段階の指標
二十　予防安全性能	第十一号から前号までの試験	歩行者衝突被害軽減制動制御装置性能試験、夜間歩行者衝突被害軽減制動制御装置性能試験、自転車衝突被害軽減制動制御装置性能試験、車両衝突被害軽減制動制御装置性能（交差点（右直））、歩行者衝突被害軽減制動制御装置性能（交差点（右左折））、ペダル踏み間違い時加速抑制装置性能試験、車線逸脱警報装置性能試験、車線逸脱抑制装置性能試験及び高機能前照灯性能試験における測定結果に基づき総合的な予防安全性能を示す五段階の指標

二十一　自動車安全性能	第九号、第十号及び第二十号の試験	衝突安全性能、事故自動緊急通報装置性能及び予防安全性能における測定結果に基づき総合的な安全性能を示す五段階の指標

2　国土交通大臣は、前項の表の各号の中欄に掲げる試験方法により試験を行うに当たっては、試験自動車を、市場における普及率が低いものを除く全ての安全装置が装備された状態で使用するものとする。

（年少者用補助乗車装置の評価）

第五条　年少者用補助乗車装置の評価は、次の表の上欄に掲げる評価項目ごとに、同表の中欄に掲げる試験方法により試験を行った上で、同表の下欄に掲げる事項を確認することにより行うこととする。

一　前面衝突安全性能（乳児用ベッドに限る。）	横向き動的試験用座席に年少者用補助乗車装置を横向きに固定し、かつ、ダミーを定置した後、当該試験用座席の速度を五十五キロメートル毎時とし、加速度及び減速度を当該試験用座席に発生させた時に起こる合成加速度の計測及びダミーの挙動等を観測する試験	取付部及びダミーの強度保持機能を持つ各部の破壊状況、乳児用ベッドの底面の傾斜角度、ダミーの頭部の前方への移動量、胸部合成加速度、乳児用ベッドの放出性（衝突時に年少者用補助乗車装置本体が当該取付部から放出されたか否かをいう。以下同じ。）並びにバックルの解離性（衝突時に年少者用補助乗車装置のバックルが解離したか否かをいう。以下同じ。）に基づいた四段階の指標
二　前面衝突安全性能（幼児用シートのうち幼児を後ろ向きに拘束又は定置するものに限る。）	後ろ向き動的試験用座席に年少者用補助乗車装置を後ろ向きに固定し、ダミーを定置した後、当該試験用座席の速度を五十五キロメートル毎時とし、加速度及び減速度を試験用座席に発生させた時に起こる合成加速度の計測及びダミーの挙動等を観測する試験	取付部及びダミーの強度保持機能を持つ各部の破壊状況、シート・バック面の最大傾斜角度、ダミーの頭部の前方への移動量、胸部合成加速度、幼児用シートの放出性並びにバックルの解離性に基づいた四段階の指標
三　前面衝突安全性能（幼児用シートのうち幼児を前向きに拘束又は定置するものに限る。）	前向き動的試験用座席に年少者用補助乗車装置を前向きに固定し、かつ、ダミーを定置した後、当該試験用座席の速度を五十五キロメートル毎時とし、加速度及び減速度を当該試験用座席に発生させた時に起こる合成加速度の計測及びダミーの挙動等を観測する試験	取付部及びダミーの強度保持機能を持つ各部の破壊状況、ダミーの頭部の前方への移動量、頭部合成加速度、胸部合成加速度、胸部の圧迫による肋骨と胸椎の接触状況、幼児用シートの放出性、バックルの解離性、幼児への加害性（衝突時に年少者用補助乗車装置によって腹部等身体の弱い部分を圧迫するなど当該装置が幼児に傷害を与えるおそれがあるか否かをいう。）並びにダミーの座席脱落性（衝突時にダミーが年少者用補助乗車装置から脱落したか否かをいう。）に基づいた四段階の指標
四　使用性	年少者用補助乗車装置の取扱いやすさ、装着性、操作性、取扱いの説明のわかりやすさ等使用者の自動車の座席への確実な取付けのしやすさを評価する試験	年少者用補助乗車装置の評価に熟知した複数の専門家による、試験対象の年少者用補助乗車装置の取扱説明書、本体表示、本体機構の安全性、取付性及び装着性についての五段階の指標

（公表項目）

第六条　国土交通大臣は、第四条に基づき評価された試験自動車ごとに、及び第五条に基づき評価された年少者用補助乗車装置ごとに、それぞれの評価の結果を公表するとともに、自動車の安全装置の装備状況等を公表するものとする。

（公表方法）

第七条　国土交通大臣は、前条の公表項目を冊子に取りまとめるとともに、それをインターネット等を用いて公表するものとする。

（実施機関）

第八条　独立行政法人自動車事故対策機構は、第四条及び第五条に規定された試験の実施に係る事務及び第七条に規定された公表に係る事務を行うものとする。

（その他国土交通大臣が評価の実施及びその結果の公表のために必要と認める事項）

第九条　国土交通大臣は、評価の実施及びその結果の公表に際し、自動車等に関する学識経験を有する者及び自動車等の使用者等から意見を聞くものとする。

附　則

この告示は、公布の日から施行する。

附　則（平二七・四・一国交告五〇〇）

この告示は、公布の日から施行する。

附　則（平二八・四・一国交告六一七）

この告示は、公布の日から施行する。

附　則（平二九・四・三国交告三〇八）

この告示は、公布の日から施行する。

附　則（平二九・九・一四国交告八二七）

この告示は、平成二十九年九月十四日から施行する。

附　則（平三〇・五・一六国交告六六六）

この告示は、公布の日から施行する。

附　則（令二・四・一国交告五一五）

この告示は、公布の日から施行する。

附　則（令四・四・一国交告四六〇）

この告示は、公布の日から施行する。

附　則（令五・四・二五国交告三九五）

この告示は、公布の日から施行する。

附　則（令六・四・一五国交告三七三）

この告示は、公布の日から施行する。

○道路運送車両法関係手数料令

（昭和二十六年六月三十日政令第二百五十五号）

沿革　昭二七政令一一六、昭三一政令九六、昭三八政令三二六、昭三九政令八五、昭四四政令三〇八、昭四六政令四九、昭四七政令一四二、昭四八政令二五四、昭四九政令四〇二、昭五〇政令一九四、昭五三政令三三二、昭五六政令五二、昭五七政令二四一、昭五九政令三三一、昭六二政令六五、平三政令二一八、平六政令七八・三四〇、平七政令一八二、平九政令二九、平一〇政令三一九、平一二政令七九・三一二、平一四政令二〇〇・三六九、平一六政令五四・二〇四、平一七政令一八〇・一八七、平一八政令一二八、平一九政令三一三・三一五、平二〇政令八二、平二八政令二一、平三〇政令一一、令元政令一四・一八三、令二政令二一・二三八、令四政令三三九改正

（国又は協会に納める手数料）

第一条　道路運送車両法（以下「法」という。）第百二条第一項の規定により納めなければならない手数料の額は、次のとおりとする。

手数料を納付すべき者	金額
一　新規登録を申請する者	一両につき次に掲げる金額 一　完成検査終了証の提出（法第七条第四項の規定による申請書への記載をもって提出に代える場合を含む。）がある自動車　九百円（電子申請（情報通信技術を活用した行政の推進等に関する法律（平成十四年法律第百五十一号）第六条第一項の規定により同項に規定する電子情報処理組織を使用して行う申請をいう。以下同じ。）による場合にあっては、五百円） 二　その他の自動車　七百円
二　変更登録、輸出抹消仮登録又は一時抹消登録を申請する者	一両につき三百五十円
三　移転登録を申請する者	一両につき五百円
四　法第十八条の二の規定による登録識別情報の通知を受ける者（法第十五条の二第五項の一時抹消登録に係るものに限る。）	一両につき三百五十円
五　輸出予定届出証明書の交付を申請する者	一両につき三百五十円
六　運輸監理部長又は運輸支局長が行う臨時運行の許可を申請する者	一両につき七百五十円
七　回送運行許可証の交付を申請する者	一枚につき許可の期間一月までごとに二千五十円（その額が五千円以上である場合であって、その額に百円未満の端数があるときは、その端数を切り捨てた額）
八　登録事項等証明書の交付を請求する者	一　自動車一両ごとに作成する証明書 イ　現在記録ファイルに記録されている事項のみに係るもの　一件につき三百円 ロ　現在記録ファイル及び保存記録ファイルに記録されている事項に係るもの　一件につき千円（保存記録ファイルに記録されている事項に係るものの枚数が一枚を超える場合にあっては、千円にその超える枚数一枚ごとに三百円を加算した額） 二　三十両以下の自動車について一括して作成する証明書で現在記録ファイルに記録されている事項のみに係るもの　一枚につき四百円
九　法第二十二条第三項の規定による請求に係る登録情報の提供を受ける登録情報提供機関	一件につき次に掲げる金額 一　自動車一両ごとに作成する登録事項等証明書一枚に記載される登録情報であって、現在記録ファイルに記録されている事項に係るもの　二百円 二　三十両（自動車登録番号又は車台番号並びに自動車の所有者及び使用者の氏名又は名称及び住所を含まないものについては、六十両）以下の自動車について一括して作成する登録事項等証明書一枚に記載される登録情報であって、現在記録ファイルに記録されている事項に係るもの　二百円
十　自動車整備士の技能検定を申請する者	一件につき七千二百円（学科試験及び実技試験の全部の免除を受ける者については、二千四百五十円）
十一　自動車検査証返納証明書の交付を申請する者	一件につき三百五十円

十二　法第七十二条の三の規定による証明書の交付を請求する者	一　自動車一両ごとに作成する証明書 イ　現在記録ファイルに記録されている事項のみに係るもの　一件につき三百円 ロ　現在記録ファイル及び保存記録ファイルに記録されている事項に係るもの　一件につき千円（保存記録ファイルに記録されている事項に係るものの枚数が一枚を超える場合にあっては、千円にその超える枚数一枚ごとに三百円を加算した額） 二　三十両以下の自動車について一括して作成する証明書で現在記録ファイルに記録されている事項のみに係るもの　一枚につき四百円
十三　自動車検査証の再交付を申請する者	一件につき三百五十円
十四　臨時検査合格標章、検査標章、自動車予備検査証又は限定自動車検査証の再交付を申請する者	一件につき三百円
十五　指定自動車整備事業の指定を申請する者	一件につき二万九千円

※「手数料の納付」＝道路運送車両法施行規則六九

（国又は協会及び機構に納める手数料）

第二条　法第百二条第二項の規定により、国又は協会に納めなければならない手数料の額は、次のとおりとし、機構に納めなければならない手数料の額は、一両につき四百円（大型特殊自動車及び二輪の小型自動車にあっては、零円）とする。

手数料を納付すべき者	金額
一　新規検査を申請する者	一両につき次に掲げる金額 一　完成検査終了証の提出（法第五十九条第四項において準用する法第七条第四項の規定による申請書への記載をもって提出に代える場合を含む。）がある自動車 イ　二輪の小型自動車　千四百円 ロ　二輪の小型自動車以外の自動車　千五百円（電子申請による場合にあっては、千三百円） 二　登録識別情報（法第十六条第一項の申請（法第十五条の二第五項の規定により申請があったものとみなされる場合を含む。）に基づく一時抹消登録に係るものに限る。以下「一時抹消登録識別情報」という。）の提供又は自動車検査証返納証明書の提出と共に保安基準適合証の提出（法第九十四条の五第九項の規定による申請書への記載をもって提出に代える場合を含む。）がある自動車並びに限定自動車検査証の提出及び限定保安基準適合証の提出（法第九十四条の五の二第五項において準用する法第九十四条の五第九項の規定による申請書への記載をもって提出に代える場合を含む。）がある自動車　千三百円 三　限定自動車検査証の提出がある自動車（限定保安基準適合証の提出（法第九十四条の五の二第五項において準用する法第九十四条の五第九項の規定による申請書への記載をもって提出に代える場合を含む。）がない自動車に限る。）　千四百円 四　その他の自動車 イ　小型自動車　二千百円 ロ　検査対象軽自動車　千九百円 ハ　小型自動車及び検査対象軽自動車以外の自動車　二千二百円
二　継続検査を申請する者	一両につき次に掲げる金額 一　保安基準適合証の提出（法第九十四条の五第九項の規定による申請書への記載をもって提出に代える場合を含む。）がある自動車 イ　二輪の小型自動車　千二百円 ロ　二輪の小型自動車以外の自動車　千四百円（電子申請による場合にあっては、千二百円） 二　限定自動車検査証の提出及び限定保安基準適合証の提出（法第九十四条の五の二第五項において準用する法第九十四条の五第九項の規定による申請書への記載をもって提出に代える場合を含む。）が

	ある自動車　千二百円 三　限定自動車検査証の提出がある自動車（限定保安基準適合証の提出（法第九十四条の五の二第五項において準用する法第九十四条の五第九項の規定による申請書への記載をもって提出に代える場合を含む。）がない自動車に限る。）　千四百円 四　その他の自動車 イ　小型自動車及び検査対象軽自動車　千八百円 ロ　小型自動車及び検査対象軽自動車以外の自動車　千九百円
三　構造等変更検査を申請する者	一両につき次に掲げる金額 一　小型自動車　二千百円 二　検査対象軽自動車　千九百円 三　小型自動車及び検査対象軽自動車以外の自動車　二千二百円
四　予備検査を申請する者	一両につき次に掲げる金額 一　一時抹消登録識別情報の提供又は自動車検査証返納証明書の提出と共に保安基準適合証の提出がある自動車並びに限定自動車検査証及び限定保安基準適合証の提出がある自動車　千三百円 二　限定自動車検査証の提出がある自動車（限定保安基準適合証の提出がない自動車に限る。）　千四百円 三　その他の自動車 イ　小型自動車　二千百円 ロ　検査対象軽自動車　千九百円 ハ　小型自動車及び検査対象軽自動車以外の自動車　二千二百円

（国及び機構に納める手数料）

第三条　法第百二条第二項に規定する者のうち機構が行う基準適合性審査を受けようとする者が、同条第三項の規定により、国に納めなければならない手数料の額は、一両につき五百円とし、機構に納めなければならない手数料の額は、次のとおりとする。

手数料を納付すべき者	金額
一　新規検査を申請する者	一両につき次に掲げる金額 一　限定自動車検査証の提出がある自動車（限定保安基準適合証の提出（法第九十四条の五の二第五項において準用する法第九十四条の五第九項の規定による申請書への記載をもって提出に代える場合を含む。）がない自動車に限る。） イ　大型特殊自動車及び二輪の小型自動車　九百円 ロ　大型特殊自動車及び二輪の小型自動車以外の自動車　千三百円 二　その他の自動車 イ　普通自動車　二千百円 ロ　二輪の小型自動車以外の小型自動車　二千円 ハ　大型特殊自動車　千七百円 ニ　二輪の小型自動車　千六百円
二　継続検査を申請する者	一両につき次に掲げる金額 一　限定自動車検査証の提出がある自動車（限定保安基準適合証の提出（法第九十四条の五の二第五項において準用する法第九十四条の五第九項の規定による申請書への記載をもって提出に代える場合を含む。）がない自動車に限る。） イ　大型特殊自動車及び二輪の小型自動車　九百円 ロ　大型特殊自動車及び二輪の小型自動車以外の自動車　千三百円 二　その他の自動車 イ　普通自動車　千八百円 ロ　二輪の小型自動車以外の小型自動車　千七百円 ハ　大型特殊自動車　千四百円 ニ　二輪の小型自動車　千三百円
三　構造等変更検査を申請する者	一両につき次に掲げる金額 一　普通自動車　二千百円 二　二輪の小型自動車以外の小型自動車　二千円 三　大型特殊自動車　千七百円 四　二輪の小型自動車　千六百円
四　予備検査を申請する者	一両につき次に掲げる金額 一　限定自動車検査証の提出がある自動車

	（限定保安基準適合証の提出がない自動車に限る。） イ　大型特殊自動車及び二輪の小型自動車　九百円 ロ　大型特殊自動車及び二輪の小型自動車以外の自動車　千三百円 二　その他の自動車 イ　普通自動車　二千百円 ロ　二輪の小型自動車以外の小型自動車　二千円 ハ　大型特殊自動車　千七百円 ニ　二輪の小型自動車　千六百円

2　法第百二条第四項の規定により、国に納めなければならない手数料の額及び機構に納めなければならない手数料の額は、次のとおりとする。

手数料を納付すべき者	国に納めなければならない手数料の額	機構に納めなければならない手数料の額
一　自動車の型式について指定を申請する者	一件につき八万円	一件につき、自動車審査試験項目（自動車の構造、装置及び性能が保安基準に適合するかどうかを審査するための国土交通省令で定める試験の項目をいう。以下この項において同じ。）のうち申請に係る自動車の構造、装置及び性能が保安基準に適合するかどうかを審査するために必要なものの自動車審査試験項目別費用額（自動車審査試験項目ごとに、その費用につき実費を勘案して国土交通省令で定める額をいう。）の合計額
二　特定共通構造部の型式について指定を申請する者	一件につき七万円	一件につき、特定共通構造部審査試験項目（特定共通構造部の構造、装置及び性能が保安基準に適合するかどうかを審査するための国土交通省令で定める試験の項目をいう。以下この項において同じ。）のうち申請に係る特定共通構造部の構造、装置及び性能が保安基準に適合するかどうかを審査するために必要なものの特定共通構造部審査試験項目別費用額（特定共通構造部審査試験項目ごとに、その費用につき実費を勘案して国土交通省令で定める額をいう。）の合計額
三　特定装置の型式について指定を申請する者	一件につき五万円	一件につき、特定装置審査試験項目（特定装置が保安基準に適合するかどうかを審査するための国土交通省令で定める試験の項目をいう。以下この項において同じ。）のうち申請に係る特定装置が保安基準に適合するかどうかを審査するために必要なものの特定装置審査試験項目別費用額（特定装置審査試験項目ごとに、その費用につき実費を勘案して国土交通省令で定める額をいう。）の合計額
四　法第九十九条の三第一項の許可を申請する者	一件につき四万円	一件につき次に掲げる額の合計額 一　申請者が特定改造等を適確に実施するに足りる能力を有するかどうかの審査に要する費用につき実費を勘案して国土交通省令で定める額 二　特定改造等自動車審査試験項目（特定改造等に係るプログラム等の改変により改造された自動車の構造、装置及び性能が保安基準に適合するかどうかを審査するための国土交通省令で定める試験の項目をいう。以下この号において同じ。）のうち申請に係るプログラム等の改変により改造された自動車の構造、装置及び性能が保安基準に適合するかどうかを審査するために必要なものの特定改造等自動車審査試験項目別費用額（特定改造等自動車審査試験項目ごとに、その費用につき実費を勘案して国土交通省令で定める額をいう。）の合計額

備考

一　その型式について法第七十五条の二第一項の規定による指定を受けた特定共通構造部（同条第七項の規定により同条第一項の規定による指定を受けたものとみなされるものを含む。）を有し、又はその型式について法第七十五条の三第一項の規定による指定を受けた特定装置（同条第八項の規定により同条第一項の規定による指定を受けたものとみなされるものを含む。次号において同じ。）を取り付けた自動車の型式について指定を申請する者については、国土交通省令で定めるところにより、実費を勘案して、一の項下欄に定める額を減額することができる。

二　その型式について法第七十五条の三第一項の規定による指定を受けた特定装置を取り付けた特定共通構造部の型式について法第七十五条の二第一項の規定による指定を申請する者については、国土交通省令で定めるところにより、実費を勘案して、二の項下欄に定める額を減額することができる。

三　申請に係るプログラム等の改変により改造された自動車が保安基準に適合することが明らかであることを示すものとして国土交通省令で定める書類を添えて法第九十九条の三第一項の許可を申請する者については、国土交通省令で定めるところにより、実費を勘案して、四の項下欄に定める額を減額することができる。

※2項「国土交通省令」＝道路運送車両法関係手数料規則一・五

附　則

この政令は、昭和二十六年七月一日から施行する。

附　則（昭四六・三・二九政令四九）

この政令は、昭和四十六年四月一日から施行する。

附　則（昭四七・五・一政令一四二）

この政令は、昭和四十七年五月四日から施行する。

附　則（昭四八・九・四政令二五四）

沿革　昭四九政令四〇二、昭五〇政令一九四改正

1　この政令は、道路運送車両法の一部を改正する法律（昭和四十七年法律第六十二号。以下「改正法」という。）の施行の日（昭和四十八年十月一日）から施行する。

2　改正法附則第二条第三項の規定により道路運送車両法第五十九条の規定の適用について運輸大臣又は軽自動車検査協会に対する提示があり、かつ、保安基準に適合するとみなされる検査対象軽自動車の新規検査を申請する者が同法第百二条第一項の規定により納めなければならない手数料の額は、改正後の道路運送車両法関係手数料令表第八号の規定にかかわらず、七百円とする。

附　則（昭四九・一二・二七政令四〇二抄）

1　この政令は、昭和五十年一月一日から施行する。

附　則（昭五〇・六・二四政令一九四抄）

1　この政令は、昭和五十年七月一日から施行する。

附　則（昭五三・九・二六政令三三二）

この政令は、昭和五十三年十月二日から施行する。

附　則（昭五六・三・二七政令五二）

この政令は、昭和五十六年四月一日から施行する。

附　則（昭五七・九・二政令二四一）

この政令は、公布の日から施行する。

附　則（昭五九・一一・二四政令三三一）

この政令は、道路運送法等の一部を改正する法律の施行の日（昭和六十年四月一日）から施行する。

附　則（昭六二・三・二五政令六五）

この政令は、昭和六十二年四月一日から施行する。

附　則（平三・六・一八政令二一八）

この政令は、平成三年七月一日から施行する。

附　則（平六・三・二四政令七八）

この政令は、平成六年四月一日から施行する。

附　則（平六・一〇・二八政令三四〇）

この政令は、道路運送車両法の一部を改正する法律（平成六年法律第八十六号）の一部の施行の日（平成七年一月一日）から施行する。

附　則（平七・四・一二政令一八二）

この政令は、道路運送車両法の一部を改正する法律（平成六年法律第八十六号）の施行の日（平成七年七月一日）から施行する。

附　則（平九・三・一二政令二九）

この政令は、平成九年四月一日から施行する。

附　則（平一〇・一〇・九政令三一九）

この政令は、道路運送車両法の一部を改正する法律（平成十年法律第七十四号）の施行の日（平成十年十一月二十四日）から施行する。

附　則（平一二・三・一七政令七九）

この政令は、平成十二年四月一日から施行する。

附　則（平一二・六・七政令三一二抄）

（施行期日）

1　この政令は、内閣法の一部を改正する法律（平成十一年法律第八十八号）の施行の日（平成十三年一月六日）から施行する。〔後略〕

附　則（平一四・六・七政令二〇〇抄）

（施行期日）

第一条　この政令は、平成十四年七月一日から施行する。

附　則（平一四・一二・一一政令三六九）

（施行期日）

1　この政令は、平成十五年四月一日から施行する。

（経過措置）

2　この政令の施行前に一の種類の自動車整備士の技能検定を受けた者であって学科試験又は実技試験のいずれか一方に合格したものがする同一の種類の自動車整備士の技能検定の申請（以下「再申請」という。）に係る手数料の額は、この政令の施行前における再申請の回数が一回である場合にあっては一回を限り、この政令の施行前において再申請をしていない場合にあっては二回を限り、なお従前の例による。

附　則（平一六・三・二四政令五四）

この政令は、平成十六年三月三十一日から施行する。

附　則（平一六・六・一八政令二〇四）

この政令は、平成十七年一月一日から施行する。

附　則（平一七・五・二〇政令一八〇）

この政令は、自動車関係手続における電子情報処理組織の活用のための道路運送車両法等の一部を改正する法律〔平成一六年五月法律第五五号〕附則第一条ただし書に規定する規定の施行の日（平成十七年五月二十五日）から施行する。

附　則（平一七・五・二七政令一八七抄）

（施行期日）

第一条　この政令は、自動車関係手続における電子情報処理組織の活用のための道路運送車両法等の一部を改正する法律〔平成一六年五月法律第五五号〕（以下「改正法」という。）の施行の日（平成十七年十二月二十六日）から施行する。

附　則（平一八・三・三一政令一二八抄）

（施行期日）

第一条　この政令は、平成十八年四月一日から施行する。〔後略〕

附　則（平一九・一〇・一七政令三一三）

この政令は、道路運送法等の一部を改正する法律〔平成一八年五月法律第四〇号〕附則第一条第三号に掲げる規定の施行の日（平成十九年十一月十八日）から施行する。

附　則（平一九・一〇・一七政令三一五）

この政令は、自動車検査独立行政法人法及び道路運送車両法の一部を改正する法律（平成十九年法律第九号）附則第一条ただし書に規定する規定の施行の日（平成二十年一月一日）から施行する。

附　則（平二〇・三・二八政令八二）

この政令は、道路運送法等の一部を改正する法律〔平成一八年五月法律第四〇号〕附則第一条第四号に掲げる規定の施行の日（平成二十年十一月四日）から施行する。

附　則（平二八・一・二六政令二一抄）

（施行期日）

1　この政令は、平成二十八年四月一日から施行する。〔後略〕

附　則（平三〇・一・二六政令一一）

（施行期日）

1　この政令は、平成三十年四月一日から施行する。

（経過措置）

2　継続検査の申請（検査対象軽自動車及び二輪の小型自動車以外の自動車についてのものであって、道路運送車両法第九十四条の五第九項の規定による申請書への記載をもって保安基準適合証の提出に代える場合に限る。）をする者に係る手数料の額については、平成三十一年三月三十一日までの間は、この政令による改正後の道路運送車両法関係手数料令第一条の表十二の項下欄第一号ロ中「千二百円」とあるのは、「千百円」とする。

附　則（令元・五・二四政令一四）

この政令は、公布の日から施行する。

附　則（令元・一二・一三政令一八三抄）

（施行期日）

第一条　この政令は、情報通信技術の活用による行政手続等に係る関係者の利便性の向上並びに行政運営の簡素化及び効率化を図るための行政手続等における情報通信の技術の利用に関する法律等の一部を改正する法律〔令和元年五月法律第一六号〕（次条において「改正法」という。）の施行の日（令和元年十二月十六日）から施行する。

附　則（令二・一・三一政令二二）

この政令は、道路運送車両法の一部を改正する法律〔令和元年五月法律第一四号〕の施行の日（令和二年四月一日）から施行する。

附　則（令二・八・五政令二三八）

この政令は、道路運送車両法の一部を改正する法律（令和元年法律第十四号）附則第一条第四号に掲げる規定の施行の日（令和二年十一月二十三日）から施行する。ただし、第二条中道路運送車両法関係手数料令第一条第二項を削る改正規定、同令第二条第一項の表の改正規定及び同条を同令第三条とし、同令第一条の次に一条を加える改正規定は、令和三年十月一日から施行する。

附　則（令四・一一・二政令三三九）

この政令は、令和五年一月一日から施行する。

○道路運送車両法関係手数料規則

（平成二十八年三月十八日）
（国土交通省令第十七号）

沿革　平二八国交令四三・五〇・六三・六四・七三・七八、平二九国交令七・三九・六一、平三〇国交令五・一二・五九・八〇、令元国交令三九・四〇、令二国交令四・二〇・四一・六七・七八・一〇〇、令三国交令四〇・五九、令五国交令一〇・四五・五四・八六、令六国交令一・六六改正

（審査試験項目及び審査試験項目別費用額）

第一条　道路運送車両法関係手数料令（以下「令」という。）第三条第二項の表一の項下欄の国土交通省令で定める試験の項目は別表第一の上欄に掲げるものとし、同項下欄の国土交通省令で定める額は別表第一の下欄に掲げるとおりとする。

2　令第三条第二項の表二の項下欄の国土交通省令で定める試験の項目は別表第一の上欄に掲げるものとし、同項下欄の国土交通省令で定める額は別表第一の下欄に掲げるとおりとする。この場合において、同表中「自動車審査試験項目」とあるのは「特定共通構造部審査試験項目」と、「自動車審査試験項目別費用額」とあるのは「特定共通構造部審査試験項目別費用額」と、同表第一号上欄中「自動車」とあるのは「特定共通構造部」と、同号下欄中「十一万六千円」とあるのは「三十三万七千円」と、同表備考第一号中「指定特定共通構造部及び指定特定装置」とあるのは「指定特定装置」と、「自動車」とあるのは「特定共通構造部」とする。

3　令第三条第二項の表三の項下欄の国土交通省令で定める試験の項目は別表第二の上欄に掲げるものとし、同項下欄の国土交通省令で定める額は別表第二の下欄に掲げるとおりとする。

4　令第三条第二項の表四の項下欄第二号の国土交通省令で定める試験の項目は別表第一の上欄に掲げるものとし、同号の国土交通省令で定める額は別表第一の下欄に掲げるとおりとする。この場合において、同表中「自動車審査試験項目」とあるのは「特定改造等自動車審査試験項目」と、「自動車審査試験項目別費用額」とあるのは「特定改造等自動車審査試験項目別費用額」とする。

（能力審査に係る手数料）

第二条　令第三条第二項の表四の項下欄第一号の国土交通省令で定める額は、次の各号に掲げる申請者の区分に応じ、当該各号に定める額とする。

一　次号に掲げる者以外の者　六百五十万七千円

二　法第九十九条の三第八項第一号に掲げる審査において実地の調査が行われる施設が本邦外にある者　五百九十二万千円に、当該調査のため機構の職員二人が出張することとした場合における機構が定めるところにより支給すべきこととなる旅費の額に相当する額を加算した額

2　法第九十九条の三第一項の許可を申請しようとする者が、自動車の特定改造等の許可に関する省令（令和二年国土交通省令第六十六号）第二条第五項の規定により有効な能力基準適合証明書の交付を受けた者又は同令第三条第三項第一号の国土交通大臣が告示で定める書面を有する者である場合には、前項の規定にかかわらず、令第三条第二項の表四の項下欄第一号の国土交通省令で定める額は、零円とする。

（自動車の型式の指定に係る手数料の減額）

第三条　令第三条第二項の表備考第一号の規定により減額することができる額は、次の各号に掲げる自動車審査試験項目の区分に応じ、当該各号に定める額の合計額とする。

一　別表第一第一号上欄に掲げる自動車審査試験項目　令第三条第二項の表備考第一号に規定する特定共通構造部（以下「指定特定共通構造部」という。）を有する自動車の型式について指定を申請する場合には、三万三千円

二　別表第一第二号から第百三十五号までの上欄に掲げる自動車審査試験項目　指定特定共通構造部を有し、又は令第三条第二項の表備考第一号に規定する特定装置（以下「指定特定装置」という。）を取り付けた自動車の型式について指定を申請する場合には、イに掲げる額からロに掲げる額を減じた額

イ　当該自動車審査試験項目のうち当該指定特定共通構造部を有し、又は当該指定特定装置を取り付けることにより試験を行う必要がないものの自動車審査試験項目別費用額の合計額

ロ　一万四千円に当該指定特定共通構造部（道路運送車両法（昭和二十六年法律第百八十五号。以下「法」という。）第七十五条の二第七項の規定により同条第一項の指定を受けたものとみなされるものを除く。）の数を乗じて得た額、十一万千円に当該指定特定共通構造部（同条第七項の規定により同条第一項の指定を受けたものとみなされるものに限る。）の数を乗じて得た額及び一万四千円に当該指定特定装置の数を乗じて得た額の合計額

（特定共通構造部の型式の指定に係る手数料の減額）

第四条　令第三条第二項の表備考第二号の規定により減額することができる額は、指定特定装置を取り付けた特定共通構造部の型式について指定を申請する場合には、第一号に掲げる額から第二号に掲げる額を減じた額とする。

一　特定共通構造部審査試験項目のうち当該指定特定装置を取り付けることにより試験を行う必要がないものの特定共通構造部審査試験項目別費用額の合計額

二　一万四千円に当該指定特定装置の数を乗じて得た額

（特定改造等の許可に係る手数料の減額）

第五条　令第三条第二項の表備考第三号の国土交通省令で定める書類は、次の各号のいずれかに該当することを証する書類とする。

一　申請に係る改造のためのプログラム等が組み込まれた装置を取り付けた自動車が、法第七十五条第一項の規定によりその型式について指定を受けたものであること。

二　申請に係る改造のためのプログラム等が組み込まれた装置を取り付けた特定共通構造部が指定特定共通構造部であること。

三　申請に係る改造のためのプログラム等が組み込まれた特定装置が指定特定装置であること。

2　令第三条第二項の表備考第三号の規定により減額することができる額は、次の各号に掲げる場合の区分に応じ、当該各号に定める額とする。

一　前項第一号に該当することを証する書類を添えて法第九十九条の三第一項の許可を申請する場合　特定改造等自動

車審査試験項目のうち申請に係るプログラム等の改変により改造された自動車の構造、装置及び性能が保安基準に適合するかどうかを審査するために必要なものの特定改造等自動車審査試験項目別費用額の合計額から一万四千円を減じた額

二　前項第二号又は第三号に該当することを証する書類を添えて法第九十九条の三第一項の許可を申請する場合イに掲げる額からロに掲げる額を減じた額

イ　特定改造等自動車審査試験項目のうち当該書類を添えて申請することにより試験を行う必要がないものの特定改造等自動車審査試験項目別費用額の合計額

ロ　一万四千円に申請に係る改造のためのプログラム等が組み込まれた装置を取り付けた指定特定共通構造部（法第七十五条の二第七項の規定により同条第一項の指定を受けたものとみなされるものを除く。）の数を乗じて得た額、十一万千円に当該指定特定共通構造部（同条第七項の規定により同条第一項の指定を受けたものとみなされるものに限る。）の数を乗じて得た額及び一万四千円に申請に係る改造のためのプログラム等が組み込まれた指定特定装置の数を乗じて得た額の合計額

別表第一〔第一条・第三条〕

自動車審査試験項目	自動車審査試験項目別費用額
一 提示された自動車及び提出された書面の確認	十一万六千円
二 最高速度の計測に係る試験	十二万五千円
三 原動機の出力の計測に係る試験	十二万五千円
四 道路運送車両の保安基準（昭和二十六年運輸省令第六十七号。以下「保安基準」という。）第二条、第四条、第四条の二、第二十条第一項、第二十三条第二項、第二十四条第一項及び第三項、第二十五条第五項及び第六項並びに第二十六条第一項に定める基準のうち、寸法又は重量の測定に係る試験（同令第四条の二第一項及び第三項に定める基準に係る試験にあっては、牽引自動車に係る試験を除く。）	十二万五千円
五 保安基準第三条、第五条、第七条、第八条第一項から第三項まで、第九条第一項、第二項及び第四項、第十条、第十一条第一項、第十一条の二第一項及び第二項、第十二条第一項、第十三条、第十四条、第十五条第一項、第十六条、第十七条第一項、第十七条の二第一項、第十八条第一項、第八項及び第九項、第十八条の二第一項から第三項まで及び第五項、第十九条、第二十条第一項から第三項まで、第二十一条、第二十二条第一項、第二項、第五項及び第六項、第二十二条の二、第二十二条の三第二項及び第三項（これらの規定を同条第四項において準用する場合を含む。）、第二十二条の五第一項、第二十三条、第二十四条第二項、第二十五条第一項から第四項まで、第二十六条第二項及び第三項、第二十七条、第二十八条、第二十九条第三項及び第四項、第三十条第二項、第三十一条第三項、第四項、第六項及び第七項、第三十一条の二、第四十一条の二第一項、第二項及び第四項、第四十二条、第四十三条第四項、第四十三条の二、第四十三条の四第二項、第四十五条第一項、第四十七条、第四十八条、第四十九条並びに第五十条に定める基準のうち、目視その他の簡易な方法による試験	十二万五千円
六 保安基準第四条の二第一項及び第三項に定める基準に係る試験（牽引自動車に係る試験に限る。）	十二万五千円
七 保安基準第五条に定める基準のうち、車輪の接地部の荷重に係る試験	十二万五千円
八 保安基準第五条に定める基準のうち、傾斜時の安定性に係る試験	十二万五千円
九 保安基準第六条に定める基準に係る試験	十二万五千円
十 保安基準第八条第四項及び第五項に定める基準に係る試験	十二万五千円
十の二 保安基準第八条第六項に係る試験（次号に掲げる試験を除く。）	十八万七千円
十の三 保安基準第八条第六項に係る試験（圧縮水素ガス（水素ガスを主成分とする高圧ガスをいう。）を燃料とする自動車（以下「圧縮水素燃料自動車」という。）に係る試験に限る。）	二十七万円
十の四 保安基準第八条第七項に係る試験	三十五万二千円
十一 保安基準第九条第一項に定める基準のうち、応急用予備走行装置に係る試験	十二万五千円
十一の二 保安基準第九条第一項に定める基準のうち、タイヤ空気圧監視装置に係る試験	十八万七千円
十二 保安基準第九条第一項に定める基準に係る試験（第五号、第十一号及び前号に掲げる試験を除く。）	二十七万円
十三 保安基準第九条第二項に定める基準に係る試験（第五号及び次号に掲げる試験を除く。）	十八万七千円
十三の二 保安基準第九条第二項に定める基準のうち、空気入ゴムタイヤ（専ら乗用の用に供する自動車（二輪自動車、側車付二輪自動車、三輪自動車及び被牽引自動車を除く。）であって乗車定員が十人未満のものに備えたものに限る。）に係る試験	十二万五千円
十四 保安基準第九条第三項に定める基準に係る試験	二十七万円
十五 保安基準第十条に定める基準に係る試験（第五号に掲げる試験を除く。）	十二万五千円
十六 保安基準第十一条第一項に定める基準に係る試験（第五号に掲げる試験を除く。）（二輪自動車、側車付二輪自動車、三輪自動車及	二十七万円

び大型特殊自動車に係る試験を除く。）	
十七　保安基準第十一条第一項に定める基準に係る試験（第五号に掲げる試験を除く。）（二輪自動車、側車付二輪自動車、三輪自動車及び大型特殊自動車に係る試験に限る。）	十二万五千円
十八　保安基準第十一条第二項に定める基準に係る試験	十二万五千円
十九　保安基準第十一条の二第二項に定める基準に係る試験（第五号に掲げる試験を除く。）	十二万五千円
二十　保安基準第十一条の二第三項に定める基準に係る試験	十二万五千円
二十一　保安基準第十二条に定める基準に係る試験（第五号及び第二十三号から第二十三号の四までに掲げる試験を除く。）（専ら乗用の用に供する自動車であって乗車定員十人未満のもの、二輪自動車、三輪自動車、側車付二輪自動車、大型特殊自動車及び最高速度二十五キロメートル毎時以下の自動車（被牽引自動車を除く。）に係る試験を除く。）	四十七万七千円
二十二　保安基準第十二条に定める基準に係る試験（第五号及び次号から第二十三号の四までに掲げる試験を除く。）（専ら乗用の用に供する自動車であって乗車定員十人未満のもの（二輪自動車、側車付二輪自動車、三輪自動車、大型特殊自動車、最高速度二十五キロメートル毎時以下の自動車及び被牽引自動車を除く。）に係る試験に限る。）	二十七万円

二十三　保安基準第十二条第一項に定める基準のうち、衝突被害軽減制動制御装置に係る試験（次号に掲げる試験を除く。）	二十七万円
二十三の二　保安基準第十二条第一項に定める基準のうち、衝突被害軽減制動制御装置に係る試験（専ら乗用の用に供する自動車（二輪自動車、側車付二輪自動車、三輪自動車及び被牽引自動車を除く。）であって乗車定員十人未満のもの及び貨物の運送の用に供する自動車（三輪自動車及び被牽引自動車を除く。）であって車両総重量三・五トン以下のものに係る試験に限る。）	二十七万円
二十三の三　保安基準第十二条第一項に定める基準のうち、横滑り防止装置に係る試験	十八万七千円
二十三の四　保安基準第十二条第一項に定める基準のうち、ブレーキアシストシステムに係る試験	十二万五千円
二十四　保安基準第十二条第一項に定める基準に係る試験（第五号及び第二十三号から前号までに掲げる試験を除く。）（二輪自動車、側車付二輪自動車及び三輪自動車（最高速度二十五キロメートル毎時以下の自動車及び被牽引自動車を除く。）に係る試験に限る。）	二十七万円
二十五　保安基準第十二条第一項に定める基準に係る試験（第五号及び第二十三号から第二十三号の四までに掲げる試験を除く。）（大型特殊自動車及び最高速度二十五キロメートル毎時以下の自動車（被牽引自動車を除く。）に係る試験に限る。）	十二万五千円

二十六　保安基準第十三条に定める基準に係る試験（第五号に掲げる試験を除く。）	四十七万七千円
二十七　保安基準第十五条第一項に定める基準に係る試験（第五号に掲げる試験を除く。）（専ら乗用の用に供する乗車定員十人以下の三輪自動車に係る試験を除く。）	三十五万二千円
二十八　保安基準第十五条第一項に定める基準に係る試験（第五号に掲げる試験を除く。）（専ら乗用の用に供する乗車定員十人以下の三輪自動車に係る試験に限る。）	二十七万円
二十九　保安基準第十五条第二項に定める基準のうち、フルラップ前面衝突時（自動車の前面が衝突等による衝撃を受けたときをいう。以下同じ。）に係る試験	二十七万円
三十　保安基準第十五条第二項に定める基準のうち、オフセット前面衝突時（自動車の前面のうち運転者席側の一部が衝突等により変形を生じたときをいう。以下同じ。）に係る試験	二十七万円
三十の二　保安基準第十五条第二項に定める基準のうち、自動車との側面衝突時に係る試験	二十七万円
三十の三　保安基準第十五条第二項に定める基準のうち、電柱その他棒状の工作物（以下「ポール」という。）との側面衝突時に係る試験	二十七万円
三十の四　保安基準第十五条第二項に定める基準のうち、後面衝突時に係る試験	十八万七千円

三十一　保安基準第十七条第一項に定める基準のうち、燃料装置の強度及び構造に係る試験（第五号、次号及び第三十一号の四に掲げる試験を除く。）（圧縮天然ガスを燃料とする自動車（以下「圧縮天然ガス燃料自動車」という。）（専ら乗用の用に供する自動車、二輪自動車、側車付二輪自動車、三輪自動車及び被牽引自動車に限る。）に係る試験に限る。）	十八万七千円
三十一の二　保安基準第十七条第一項に定める基準のうち、ガス容器に係る試験（第五号に掲げる試験を除く。）（圧縮天然ガス燃料自動車（大型特殊自動車を除く。）に係る試験に限る。）	百七十一万九千円
三十一の三　保安基準第十七条第一項に定める基準のうち、ガス容器に係る試験（第五号に掲げる試験を除く。）（液化天然ガスを燃料とする自動車（以下「液化天然ガス燃料自動車」という。）（大型特殊自動車を除く。）に係る試験に限る。）	三十五万二千円
三十一の四　保安基準第十七条第一項に定める基準のうち、ガス容器附属品に係る試験（第五号に掲げる試験を除く。）（圧縮天然ガス燃料自動車（大型特殊自動車を除く。）及び液化天然ガス燃料自動車（大型特殊自動車を除く。）に係る試験に限る。）	四十七万七千円
三十二　保安基準第十七条第一項に定める基準のうち、燃料制御保護装置に係る試験（圧縮天然ガス燃料自動車（二輪自動車、側車付二輪自動車、三輪自動車、大型特殊自動車及び被牽引自動車を除く。）及び液化天然ガス燃料自動車（二輪自動車、側車付二輪自動車、三輪自動車、大型特殊自動車及び被牽引自動車を除く。）に係る試験に限る。）	四十七万七千円
三十三　保安基準第十七条第一項に定める基準のうち、ガス容器取付装置に係る試験（圧縮天然ガス燃料自動車（貨物の運送の用に供する自動車（三輪自動車及び被牽引自動車に限る。）及び大型特殊自動車を除く。）及び液化天然ガス燃料自動車（二輪自動車、側車付二輪自動車、三輪自動車、大型特殊自動車及び被牽引自動車を除く。）に係る試験に限る。）	十八万七千円
三十四　保安基準第十七条第一項に定める基準のうち、燃料装置の強度、構造及び取付方法に係る試験（第五号、次号及び第三十四号の三に掲げる試験を除く。）（圧縮水素燃料自動車に係る試験に限る。）	十二万五千円
三十四の二　保安基準第十七条第一項に定める基準のうち、ガス容器に係る試験（第五号に掲げる試験を除く。）（圧縮水素燃料自動車（大型特殊自動車を除く。）に係る試験に限る。）	百七十一万九千円
三十四の三　保安基準第十七条第一項に定める基準のうち、ガス容器附属品に係る試験（第五号に掲げる試験を除く。）（圧縮水素燃料自動車（大型特殊自動車を除く。）に係る試験に限る。）	二百十九万五千円
三十五　保安基準第十七条第二項に定める基準のうち、燃料装置の強度及び構造に係る試験	十八万七千円
三十六　保安基準第十七条第二項に定める基準のうち、燃料装置の取付方法に係る試験	十八万七千円
三十七　保安基準第十七条第三項に定める基準のうち、フルラップ前面衝突時に係る試験	二十七万円
三十七の二　保安基準第十七条第三項に定める基準のうち、オフセット前面衝突時に係る試験	二十七万円
三十七の三　保安基準第十七条第三項に定める基準のうち、自動車との側面衝突時に係る試験	二十七万円
三十七の四　保安基準第十七条第三項に定める基準のうち、ポールとの側面衝突時に係る試験	二十七万円
三十七の五　保安基準第十七条第三項に定める基準のうち、後面衝突時に係る試験	二十七万円
三十八　保安基準第十七条の二第二項に定める基準に係る試験	四十七万七千円
三十八の二　保安基準第十七条の二第三項に定める基準に係る試験	十八万七千円
三十八の三　保安基準第十七条の二第四項に定める基準に係る試験	十八万七千円
三十九　保安基準第十七条の二第五項に定める基準のうち、車体の高電圧による乗車人員への感電の防止に係る試験	十二万五千円
四十　保安基準第十七条の二第五項及び第六項に定める基準のうち、原動機用蓄電池の高電圧による乗車人員への感電の防止に係る試験	六十四万二千円
四十一　保安基準第十七条の二第六項に定める基準のうち、フルラッ	二十七万円

プ前面衝突時の高電圧による乗車人員への感電の防止に係る試験	
四十二　保安基準第十七条の二第六項に定める基準のうち、オフセット前面衝突時の高電圧による乗車人員への感電の防止に係る試験	二十七万円
四十三　保安基準第十七条の二第六項に定める基準のうち、自動車との側面衝突時の高電圧による乗車人員への感電の防止に係る試験	二十七万円
四十三の二　保安基準第十七条の二第六項に定める基準のうち、ポールとの側面衝突時の高電圧による乗車人員への感電の防止に係る試験	二十七万円
四十三の三　保安基準第十七条の二第六項に定める基準のうち、後面衝突時の高電圧による乗車人員への感電の防止に係る試験	二十七万円
四十四　保安基準第十七条の二第六項に定める基準のうち、衝突時のかじ取り装置の高電圧による乗車人員への感電の防止に係る試験	十八万七千円
四十五　保安基準第十七条の二第六項に定める基準に係る試験（第四十号から前号までに掲げる試験を除く。）	十二万五千円
四十六　保安基準第十八条第一項に定める基準に係る試験（第五号に掲げる試験を除く。）	十二万五千円
四十七　保安基準第十八条第二項に定める基準に係る試験	二十七万円
四十八　保安基準第十八条第三項に定める基準に係る試験	二十七万円

四十九　保安基準第十八条第四項に定める基準に係る試験	二十七万円
五十　保安基準第十八条第五項に定める基準に係る試験	二十七万円
五十一　保安基準第十八条第六項に定める基準に係る試験	四十七万七千円
五十一の二　保安基準第十八条第七項に定める基準に係る試験	三十五万二千円
五十二　保安基準第十八条の二第三項に定める基準に係る試験（第五号に掲げる試験を除く。）	十二万五千円
五十三　保安基準第十八条の二第四項に定める基準に係る試験	十二万五千円
五十四　保安基準第十八条の二第五項に定める基準に係る試験（第五号に掲げる試験を除く。）	十二万五千円
五十五　保安基準第十八条の二第六項に定める基準に係る試験	十二万五千円
五十六　保安基準第二十条第四項に定める基準に係る試験	十二万五千円
五十七　保安基準第二十条第五項に定める基準のうち、インストルメントパネル（運転者席及びこれと並列の座席の前方に設けられる計器類等の取付装置をいう。以下同じ。）（乗車定員十人の自動車に備えるインストルメントパネルに限る。）に係る試験	十二万五千円
五十八　保安基準第二十条第五項及び第六項に定める基準のうち、インストルメントパネル及びサンバイザ（乗車定員十人の自動車に備えるものを除く。）に係る試験	十八万七千円

五十九　保安基準第二十条第六項に定める基準のうち、サンバイザ（乗車定員十人の自動車に備えるサンバイザに限る。）に係る試験	十二万五千円
六十　保安基準第二十一条に定める基準に係る試験（第五号に掲げる試験を除く。）（専ら乗用の用に供する自動車（二輪自動車、側車付二輪自動車、三輪自動車及び被牽引自動車を除く。）であって乗車定員十人未満のもの及び貨物の運送の用に供する自動車（三輪自動車及び被牽引自動車を除く。）であって車両総重量三・五トン以下のものに係る試験に限る。）	十二万五千円
六十の二　保安基準第二十一条に定める基準に係る試験（第五号に掲げる試験を除く。）（専ら乗用の用に供する自動車（二輪自動車、側車付二輪自動車、三輪自動車及び被牽引自動車を除く。）であって乗車定員十人以上のもの及び貨物の運送の用に供する自動車（三輪自動車及び被牽引自動車を除く。）であって車両総重量三・五トンを超えるものに係る試験に限る。）	二十七万円
六十一　保安基準第二十二条第三項及び第四項に定める基準のうち、自動車に備える座席（専ら乗用の用に供する乗車定員十人以上の自動車に備える座席（高速道路等において運行する自動車に備えるもの（運転者席を除く。）を除く。）及び貨物の運送の用に供する自動車に備える座席に限る。）に係る試験	十二万五千円
六十二　保安基準第二十二条第三項及び第四項に定める基準のうち、自動車に備える座席（専ら乗用の	三十五万二千円

用に供する乗車定員十人以上の自動車に備える座席（高速道路等において運行する自動車に備えるもの（運転者席を除く。）を除く。）及び貨物の運送の用に供する自動車に備える座席（運転者席を除く。）に係る試験	
六十三　保安基準第二十二条の三第一項に定める基準に係る試験	三十五万二千円
六十四　保安基準第二十二条の三第二項（同条第四項において準用する場合を含む。）に定める基準に係る試験（第五号に掲げる試験を除く。）	十二万五千円
六十五　保安基準第二十二条の三第三項（同条第四項において準用する場合を含む。）に定める基準に係る試験（第五号に掲げる試験を除く。）	十八万七千円
六十六　保安基準第二十二条の三第五項に定める基準に係る試験	十八万七千円
六十七　削除	削除
六十八　保安基準第二十二条の四第二項に定める基準に係る試験	十八万七千円
六十九　保安基準第二十二条の五第二項に定める基準のうち、年少者用補助乗車装置取付具の強度及び取付位置に係る試験	十八万七千円
七十　保安基準第二十二条の五第二項に定める基準に係る試験（前号に掲げる試験を除く。）	十八万七千円
七十一　保安基準第二十二条の五第三項に定める基準に係る試験	六十四万二千円
七十二　保安基準第二十五条第四項に定める基準に係る試験（第五号に掲げる試験を除く。）	十八万七千円
七十三　保安基準第二十九条第一項に定める基準に係る試験	十八万七千円
七十四　保安基準第二十九条第二項及び第三項に定める基準に係る試験（第五号に掲げる試験を除く。）	十二万五千円
七十五　保安基準第三十条第一項に定める基準に係る試験（側車付二輪自動車、三輪自動車及び大型特殊自動車に係る試験を除く。）	十八万七千円
七十五の二　保安基準第三十条第一項に定める基準に係る試験（側車付二輪自動車、三輪自動車及び大型特殊自動車に係る試験に限る。）	十二万五千円
七十六　保安基準第三十一条第二項に定める基準のうち、排気管から大気中に排出される排出物に含まれる黒煙に係る試験	十二万五千円
七十七　保安基準第三十一条第二項に定める基準のうち、排気管から大気中に排出される排出物に含まれる一酸化炭素、炭化水素、窒素酸化物及び粒子状物質に係る試験（軽油を燃料とする大型特殊自動車であって出力が十九キロワット以上五百六十キロワット未満である原動機を備えたもの並びに軽油を燃料とする普通自動車及び小型自動車であって車両総重量三・五トンを超えるもの（専ら乗用の用に供する乗車定員十人以下の普通自動車及び小型自動車並びに二輪自動車及び側車付二輪自動車を除く。）に係る試験を除く。）	十八万七千円
七十八　保安基準第三十一条第二項に定める基準のうち、排気管から大気中に排出される排出物に含まれる一酸化炭素、炭化水素、窒素酸化物及び粒子状物質に係る試験（軽油を燃料とする大型特殊自動車であって出力が十九キロワット以上五百六十キロワット未満である原動機を備えたもの並びに軽油を燃料とする普通自動車及び小型自動車であって車両総重量三・五トンを超えるもの（専ら乗用の用に供する乗車定員十人以下の普通自動車及び小型自動車並びに二輪自動車及び側車付二輪自動車を除く。）に係る試験に限る。）	三十五万二千円
七十九　保安基準第三十一条第三項に定める基準のうち、温度が上昇した場合の警報機能に係る試験	十二万五千円
八十　保安基準第三十一条第三項に定める基準のうち、故障を検知する機能に係る試験（ガソリン又は液化石油ガスを燃料とする普通自動車及び小型自動車（二輪自動車及び側車付二輪自動車を除く。）であって、車両総重量三・五トン以下のもの又は専ら乗用の用に供する乗車定員十人以下のもの、軽油を燃料とする普通自動車及び小型自動車（二輪自動車及び側車付二輪自動車を除く。）であって車両総重量三・五トンを超えるもの（専ら乗用の用に供する乗車定員十人以下のものを除く。）、軽自動車（二輪自動車及び側車付二輪自動車を除く。）並びにガソリンを燃料とする二輪自動車及び側車付二輪自動車に係る試験を除く。）	十二万五千円
八十一　保安基準第三十一条第三項に定める基準のうち、故障を検知する機能に係る試験（ガソリン又	十八万七千円

は液化石油ガスを燃料とする普通自動車及び小型自動車（二輪自動車及び側車付二輪自動車を除く。）であって、車両総重量三・五トン以下のもの又は専ら乗用の用に供する乗車定員十人以下のもの並びに軽自動車（二輪自動車及び側車付二輪自動車を除く。）に係る試験に限る。）	
八十二　保安基準第三十一条第三項に定める基準のうち、故障を検知する機能に係る試験（軽油を燃料とする普通自動車及び小型自動車（二輪自動車及び側車付二輪自動車を除く。）であって車両総重量三・五トンを超えるもの（専ら乗用の用に供する乗車定員十人以下のものを除く。）に係る試験に限る。）	六十四万二千円
八十二の二　保安基準第三十一条第三項に定める基準のうち、故障を検知する機能に係る試験（ガソリンを燃料とする二輪自動車及び側車付二輪自動車に係る試験に限る。）	二十七万円
八十三　保安基準第三十一条第三項に定める基準のうち、原動機の制御に係る試験	十八万七千円
八十三の二　保安基準第三十一条第三項に定める基準のうち、路上走行時の性能に係る試験	四十七万七千円
八十四　保安基準第三十一条第五項に定める基準に係る試験	三十五万二千円
八十五　保安基準第三十二条第一項、第二項、第四項、第五項及び第十項に定める基準のうち、前照灯（配光可変型前照灯を除く。以下同じ。）に係る試験（最高速度	二十七万円

三十五キロメートル毎時未満の大型特殊自動車に係る試験を除く。）	
八十六　保安基準第三十二条第一項、第二項、第四項、第五項及び第十項に定める基準のうち、前照灯に係る試験（最高速度三十五キロメートル毎時未満の大型特殊自動車に係る試験に限る。）	十二万五千円
八十七　保安基準第三十二条第一項、第四項、第七項、第八項、第十項及び第十一項に定める基準のうち、配光可変型前照灯に係る試験	四十七万七千円
八十八　保安基準第三十二条第三項、第六項及び第九項、第三十三条第三項、第三十三条の二第三項、第三十三条の三第三項、第三十四条第三項、第三十四条の二第三項、第三十四条の三第三項、第三十五条第三項、第三十五条の二第三項及び第五項、第三十六条第三項、第三十七条第三項、第三十七条の二第三項、第三十七条の三第三項、第三十七条の四第三項、第三十八条第三項、第三十八条の二第三項、第三十八条の三第三項、第三十九条第三項、第三十九条の二第三項、第四十条第三項、第四十一条第三項、第四十一条の二第三項、第四十一条の三第三項、第四十一条の四第四項並びに第四十一条の五第四項に定める基準に係る試験（二輪自動車及び側車付二輪自動車に係る試験を除く。）	十八万七千円
八十九　保安基準第三十二条第三項、第六項及び第九項、第三十三条第三項、第三十三条の二第三項、第三十四条第三項、第三十四	十二万五千円

条の二第三項、第三十四条の三第三項、第三十五条第三項、第三十五条の二第三項及び第五項、第三十六条第三項、第三十七条第三項、第三十七条の二第三項、第三十七条の三第三項、第三十七条の四第三項、第三十八条第三項、第三十八条の二第三項、第三十九条第三項、第三十九条の二第三項、第四十条第三項、第四十一条第三項、第四十一条の二第三項、第四十一条の三第三項、第四十一条の四第四項並びに第四十一条の五第四項に定める基準に係る試験（二輪自動車及び側車付二輪自動車に係る試験に限る。）	
九十　保安基準第三十二条第十二項に定める基準に係る試験	二十七万円
九十一　保安基準第三十二条第十三項に定める基準に係る試験	十二万五千円
九十二　保安基準第三十三条第一項、第二項及び第四項に定める基準に係る試験	二十七万円
九十三　保安基準第三十三条の二第一項及び第二項に定める基準に係る試験	十二万五千円
九十四　保安基準第三十三条の三第一項及び第二項に定める基準に係る試験	十二万五千円
九十五　保安基準第三十四条第一項及び第二項に定める基準に係る試験（二輪自動車及び側車付二輪自動車に係る試験を除く。）	十二万五千円
九十六　保安基準第三十四条第一項及び第二項、第三十六条第一項及び第二項並びに第三十七条第一項及び第二項に定める基準に係り、	十二万五千円

かつ、保安基準第三十九条第一項、第二項及び第四項に定める基準のうち、制動灯（補助制動装置に係るものを除く。）に係る試験（二輪自動車及び側車付二輪自動車に係る試験に限る。）	
九十七　保安基準第三十四条の二第一項及び第二項に定める基準に係る試験	十二万五千円
九十七の二　保安基準第三十四条の三第一項及び第二項に定める基準に係る試験	十二万五千円
九十八　保安基準第三十五条第一項及び第二項に定める基準に係る試験	二十七万円
九十九　保安基準第三十五条の二第一項及び第二項に定める基準のうち、側方灯に係る試験	十二万五千円
百　保安基準第三十五条の二第一項及び第四項に定める基準のうち、側方反射器に係る試験	二十七万円
百一　保安基準第三十六条第一項及び第二項に定める基準に係る試験（二輪自動車及び側車付二輪自動車に係る試験を除く。）	十二万五千円
百二　保安基準第三十七条第一項及び第二項に定める基準に係る試験（二輪自動車及び側車付二輪自動車に係る試験を除く。）	十二万五千円
百三　保安基準第三十七条の二第一項及び第二項に定める基準に係る試験	十二万五千円
百四　保安基準第三十七条の三第一項及び第二項に定める基準に係る試験	十二万五千円
百五　保安基準第三十七条の四第一項及び第二項に定める基準に係る試験	十二万五千円
百六　保安基準第三十八条第一項及び第二項に定める基準に係る試験	二十七万円
百七　保安基準第三十八条の二第一項及び第二項に定める基準に係る試験	二十七万円
百八　保安基準第三十八条の三第一項及び第二項に定める基準に係る試験	二十七万円
百九　保安基準第三十九条第一項、第二項及び第四項に定める基準のうち、制動灯（補助制動装置に係るものを除く。）に係る試験（二輪自動車及び側車付二輪自動車を除く。）	十二万五千円
百十　保安基準第三十九条第二項に定める基準のうち、制動灯（補助制動装置に係るものに限る。）に係る試験	十二万五千円
百十一　保安基準第三十九条の二第一項、第二項及び第四項に定める基準に係る試験	十二万五千円
百十二　保安基準第四十条第一項及び第二項に定める基準に係る試験	十二万五千円
百十三　保安基準第四十一条第一項、第二項及び第四項に定める基準に係る試験	十二万五千円
百十四　保安基準第四十一条の三第一項及び第二項に定める基準に係る試験	十二万五千円
百十五　保安基準第四十一条の四第一項から第三項までに定める基準に係る試験	十二万五千円
百十六　保安基準第四十一条の五第一項から第三項までに定める基準に係る試験	十二万五千円
百十七　保安基準第四十三条第一項及び第二項に定める基準のうち、警報音発生装置に係る試験	十八万七千円
百十八　保安基準第四十三条第一項及び第三項に定める基準に係る試験（前号に掲げる試験を除く。）	十二万五千円
百十九　保安基準第四十三条の三に定める基準に係る試験	二十七万円
百二十　保安基準第四十三条の四第一項に定める基準に係る試験	二十七万円
百二十一　保安基準第四十三条の五に定める基準に係る試験	十二万五千円
百二十二　保安基準第四十三条の六に定める基準に係る試験	十八万七千円
百二十二の二　保安基準第四十三条の七に定める基準に係る試験	十八万七千円
百二十二の三　保安基準第四十三条の八に定める基準に係る試験	二十七万円
百二十二の四　保安基準第四十三条の九に定める基準に係る試験	二十七万円
百二十二の五　保安基準第四十三条の十第一項及び第二項に定める基準のうち、通報音発生装置に係る試験	十八万七千円
百二十二の六　保安基準第四十三条の十第一項及び第三項に定める基準に係る試験（前号に掲げる試験を除く。）	十八万七千円

百二十三　保安基準第四十四条第一項本文及び第二項に定める基準に係る試験（同条第一項に定める基準に係る試験にあっては、同条第二項に規定する自動車に係る試験に限る。）	十二万五千円
百二十四　保安基準第四十四条第一項本文及び第三項に定める基準に係る試験（同条第一項に定める基準に係る試験にあっては、同条第三項に規定する自動車に係る試験に限る。）	十二万五千円
百二十五　保安基準第四十四条第一項ただし書に定める基準に係る試験	三十五万二千円
百二十六　保安基準第四十四条第四項に定める基準に係る試験	十二万五千円
百二十六の二　保安基準第四十四条第五項から第七項までに定める基準に係る試験	十二万五千円
百二十六の三　保安基準第四十四条の二に定める基準に係る試験	十二万五千円
百二十七　保安基準第四十五条第一項に定める基準に係り、かつ、同条第二項に定める基準のうち、洗浄液噴射装置に係る試験（第五号に掲げる試験を除く。）（専ら乗用の用に供する普通自動車並びに小型自動車及び軽自動車（乗車定員十一人以上の自動車を除く。）に係る試験に限る。）	十八万七千円
百二十八　保安基準第四十五条第二項に定める基準のうち、洗浄液噴射装置に係る試験（専ら乗用の用に供する普通自動車並びに小型自動車及び軽自動車（乗車定員十一人以上の自動車を除く。）に係る試験を除く。）	十二万五千円
百二十九　保安基準第四十五条第二項に定める基準のうち、デフロスタに係る試験	二十七万円
百三十　保安基準第四十六条に定める基準に係る試験	十二万五千円
百三十一　保安基準第四十六条の二に定める基準に係る試験（専ら乗用の用に供する自動車（二輪自動車、側車付二輪自動車、三輪自動車及び被牽引自動車を除く。）であって乗車定員十人未満のもの及び貨物の運送の用に供する自動車（三輪自動車及び被牽引自動車を除く。）であって車両総重量三・五トン以下のものに係る試験に限る。）	十八万七千円
百三十二　保安基準第四十六条の二に定める基準に係る試験（専ら乗用の用に供する自動車（二輪自動車、側車付二輪自動車、三輪自動車及び被牽引自動車を除く。）であって乗車定員十人以上のもの及び貨物の運送の用に供する自動車（三輪自動車及び被牽引自動車を除く。）であって車両総重量三・五トンを超えるものに係る試験に限る。）	二十七万円
百三十三　保安基準第四十八条に定める基準に係る試験	二百十九万五千円
百三十四　保安基準第四十八条の二に定める基準に係る試験	三十五万二千円
百三十五　保安基準第四十八条の三に定める基準に係る試験	十八万七千円

備考

一　自動車審査試験項目別費用額は、申請に際し次のイ又はロに掲げる書面（指定特定共通構造部及び指定特定装置であることを証する書面を除く。）が添付されている場合においては、当該イ又はロに定める額とする。

イ　自動車審査試験項目に掲げる試験を実施する能力を有する者として告示で定める者が適切に実施した試験の結果の証明書であって、申請に係る自動車が当該自動車審査試験項目に掲げる基準に適合することを証する書面　一万四千円

ロ　イに規定する者以外の者が適切に実施した試験の結果の証明書であって、申請に係る自動車が自動車審査試験項目に掲げる基準に適合するかどうかを審査するために必要な試験を省略することができると機構が認める書面　三万五千円

二　次の表の上欄に掲げる規定の自動車審査試験項目別費用額は、同欄に掲げる規定の自動車審査試験項目に規定する試験に代えて、保安基準第五十八条の規定により適用関係の整理が行われた規定に相当する従前の規定に定められた基準又は保安基準第二章の規定に基づく自動車の保安基準に関する告示が改正された場合における改正後の規定の適用に関して告示で適用関係の整理が行われた規定に相当する従前の規定に定められた基準に適合するかどうかを審査するための告示で定める試験を行う場合にあっては、同表の下欄に掲げる額とする。

第十六号	十八万七千円
第二十一号	二十七万円（被牽引自動車に係る試験に限る。） 次の各号に掲げる試験の区分に応じ、当該各号に定める額の合計額（被牽引自動車に係る試験を除く。） 一　アンチロック・ブレーキシステムに係る試験　十八万七千円 二　前号に掲げる試験以外の試験　十八万七千円
第二十三号	十八万七千円

第二十四号	十八万七千円
第二十七号	二十七万円
第三十二号	次の各号に掲げる試験の区分に応じ、当該各号に定める額の合計額 一 燃料装置の構造に係る試験のうち、気密性に係る試験 十八万七千円 二 前号に掲げる試験以外の試験 十八万七千円
第五十一号	二十七万円
第五十八号	次の各号に掲げる試験の区分に応じ、当該各号に定める額の合計額 一 インストルメントパネルに係る試験 十二万五千円 二 前号に掲げる試験以外の試験 十二万五千円
第六十号の二	十二万五千円
第六十六号	十二万五千円（専ら乗用の用に供する自動車に係る試験を除く。）
第七十五号	十二万五千円
第七十七号	十二万五千円
第七十八号	十八万七千円
第八十二号	十二万五千円
第八十二号の二	十二万五千円
第八十五号	十二万五千円
第百二十三号	次の各号に掲げる試験の区分に応じ、当該各号に定める額の合計額 一 運転者の視野に係る試験 十二万五千円 二 乗車人員の保護に係る試験 十二万五千円 三 歩行者の保護に係る試験 十二万五千円
第百三十三号	百四十万八千円

三 次の表の上欄に掲げる規定の自動車審査試験項目別費用額の合計額は、同欄に掲げる規定の自動車審査試験項目に関し同時に二以上の試験を受けようとする場合においては、同表の下欄に掲げる額とする。

第十号の三及び第十号の四	三十五万二千円
第十号の二、第十号の四及び第七十七号	三十五万二千円
第十号の二及び第七十七号	十八万七千円
第十一号及び第十一号の二	十八万七千円
第二十二号、第二十三号の三及び第二十三号の四	二十七万円
第二十九号、第三十七号、第四十一号、第四十五号、第四十七号及び第百三十一号	二十七万円
第三十号、第三十七号の二、第四十二号、第四十八号及び第百三十一号	二十七万円
第三十号の二、第三十七号の三、第四十三号、第四十九号及び第百三十一号	二十七万円
第三十号の三、第三十七号の四、第四十三号の二及び第五十号	二十七万円
第三十号の四、第三十七号の五及び第四十三号の三	二十七万円
第三十一号の四及び第三十二号	四十七万七千円
第四十八号及び第百二十二号の三	二十七万円
第四十九号及び第百二十二号の三	二十七万円
第六十五号、第六十六号及び第七十号	十八万七千円
第百二十二号の三及び第百三十一号	二十七万円

四 次の表の上欄に掲げる規定の自動車審査試験項目別費用額は、同欄に掲げる規定の自動車審査試験項目に規定する試験を実施するために必要な情報として告示で定めるものについて、機構が当該情報の確認を行う場合にあっては、同表の下欄に掲げる額とする。

第十号の二	三十五万二千円
第十号の三	三十五万二千円
第十号の四	四十七万七千円
第七十七号	三十五万二千円
第七十八号	四十七万七千円

五 前二号の規定にかかわらず、次の表の上欄に掲げる規定の自動車審査試験項目別費用額の合計額は、同欄に掲げる規定の自動車審査試験項目に規定する試験を実施するために必要な情報として告示で定めるものについて、機構が当該情報の確認を行う場合（同欄に掲げる規定のうちいずれかに係る確認を行う場合を含む。）であって、同欄に掲げる規定の自動車審査試験項目に関し同時に二以上の試験を受けようとする場合においては、同表の下欄に掲げる額とする。

第十号の二及び第十号の四	四十七万七千円
第十号の二、第十号の四及び第七十七号	四十七万七千円
第十号の二及び第七十七号	三十五万二千円

六　第六十号及び第百二十六号の二の自動車審査試験項目別費用額の合計額は、第六十号及び第百二十六号の二の自動車審査試験項目に関し同時に試験を受けようとする場合であって、同号の自動車審査試験項目に規定する試験に代えて、保安基準第二章の規定に基づく自動車の保安基準に関する告示が改正された場合における改正後の規定の適用に関して告示で適用関係の整理が行われた規定に相当する従前の規定に定められた基準に適合するかどうかを審査するための告示で定める試験を行う場合においては、十二万五千円とする。

七　第六十号の二及び第百二十六号の二の自動車審査試験項目別費用額の合計額は、第六十号の二及び第百二十六号の二の自動車審査試験項目に関し同時に試験を受けようとする場合であって、第六十号の二の自動車審査試験項目に規定する試験に代えて、保安基準第二章の規定に基づく自動車の保安基準に関する告示が改正された場合における改正後の規定の適用に関して告示で適用関係の整理が行われた規定に相当する従前の規定に定められた基準に適合するかどうかを審査するための告示で定める試験を行う場合においては、十二万五千円とする。

別表第二（第一条）

特定装置審査試験項目	特定装置審査試験項目別費用額
一　提示された特定装置及び提出された書面の確認	十万円
二　原動機の出力の計測に係る試験	十二万五千円
二の二　保安基準第八条第六項に係る試験（次号に掲げる試験を除く。）	十八万七千円
二の三　保安基準第八条第六項に係る試験（圧縮水素燃料自動車に係る試験に限る。）	二十七万円
二の四　保安基準第八条第七項に係る試験	三十五万二千円
三　保安基準第九条第一項に定める基準のうち、応急用予備走行装置に係る試験	十二万五千円
三の二　保安基準第九条第一項に定める基準のうち、タイヤ空気圧監視装置に係る試験	十八万七千円
四　保安基準第九条第二項に定める基準に係る試験（次号に掲げる試験を除く。）	十八万七千円
四の二　保安基準第九条第二項に定める基準のうち、空気入ゴムタイヤ（専ら乗用の用に供する自動車（二輪自動車、側車付二輪自動車、三輪自動車及び被牽引自動車を除く。）であって乗車定員が十人未満のものに備えたものに限る。）に係る試験	十二万五千円
五　保安基準第九条第三項に定める基準に係る試験	二十七万円
六　保安基準第十条に定める基準に係る試験	十二万五千円
七　保安基準第十一条第一項に定める基準に係る試験	二十七万円
八　保安基準第十一条第二項に定める基準に係る試験	十二万五千円
九　保安基準第十一条の二第二項に定める基準に係る試験	十二万五千円
十　保安基準第十一条の二第三項に定める基準に係る試験	十二万五千円
十一　保安基準第十二条に定める基準に係る試験（第十三号から第十三号の四までに掲げる試験を除く。）（専ら乗用の用に供する自動車であって乗車定員十人未満のもの、二輪自動車、側車付二輪自動車、三輪自動車、大型特殊自動車及び最高速度二十五キロメートル毎時以下の自動車（被牽引自動車を除く。）に係る試験を除く。）	四十七万七千円
十二　保安基準第十二条に定める基準に係る試験（次号から第十三号の四までに掲げる試験を除く。）（専ら乗用の用に供する自動車であって乗車定員十人未満のもの（二輪自動車、三輪自動車、側車付二輪自動車、大型特殊自動車、最高速度二十五キロメートル毎時以下の自動車及び被牽引自動車を除く。）に係る試験に限る。）	二十七万円
十三　保安基準第十二条第一項に定める基準のうち、衝突被害軽減制動制御装置に係る試験（次号に掲げる試験を除く。）	二十七万円
十三の二　保安基準第十二条第一項に定める基準のうち、衝突被害軽	二十七万円

減制動制御装置に係る試験（専ら乗用の用に供する自動車（二輪自動車、側車付二輪自動車、三輪自動車及び被牽引自動車を除く。）であって乗車定員十人未満のもの及び貨物の運送の用に供する自動車（三輪自動車及び被牽引自動車を除く。）であって車両総重量三・五トン以下のものに係る試験に限る。）	
十三の三　保安基準第十二条第一項に定める基準のうち、横滑り防止装置に係る試験	十八万七千円
十三の四　保安基準第十二条第一項に定める基準のうち、ブレーキアシストシステムに係る試験	十二万五千円
十四　保安基準第十二条第一項に定める基準に係る試験（第十三号から前号までに掲げる試験を除く。）（二輪自動車、側車付二輪自動車及び三輪自動車（最高速度二十五キロメートル毎時以下の自動車及び被牽引自動車を除く。）に係る試験に限る。）	二十七万円
十五　保安基準第十三条に定める基準に係る試験	四十七万七千円
十六　保安基準第十五条第一項に定める基準に係る試験	三十五万二千円
十七　保安基準第十五条第二項に定める基準のうち、フルラップ前面衝突時に係る試験	二十七万円
十七の二　保安基準第十五条第二項に定める基準のうち、オフセット前面衝突時に係る試験	二十七万円
十七の三　保安基準第十五条第二項に定める基準のうち、自動車との側面衝突時に係る試験	二十七万円
十七の四　保安基準第十五条第二項に定める基準のうち、ポールとの側面衝突時に係る試験	二十七万円
十七の五　保安基準第十五条第二項に定める基準のうち、後面衝突時に係る試験	十八万七千円
十七の五の二　保安基準第十七条第一項に定める基準のうち、ガス容器に係る試験（圧縮天然ガス燃料自動車に係る試験に限る。）	百七十一万九千円
十七の五の三　保安基準第十七条第一項に定める基準のうち、ガス容器に係る試験（液化天然ガス燃料自動車に係る試験に限る。）	三十五万二千円
十七の五の四　保安基準第十七条第一項に定める基準のうち、ガス容器附属品に係る試験（圧縮天然ガス燃料自動車及び液化天然ガス燃料自動車に係る試験に限る。）	四十七万七千円
十七の六　保安基準第十七条第一項に定める基準のうち、燃料制御保護装置に係る試験（圧縮天然ガス燃料自動車及び液化天然ガス燃料自動車に係る試験に限る。）	四十七万七千円
十七の七　保安基準第十七条第一項に定める基準のうち、ガス容器取付装置に係る試験（圧縮天然ガス燃料自動車及び液化天然ガス燃料自動車に係る試験に限る。）	十八万七千円
十七の七の二　保安基準第十七条第一項に定める基準のうち、ガス容器に係る試験（圧縮水素燃料自動車に係る試験に限る。）	百七十一万九千円
十七の七の三　保安基準第十七条第一項に定める基準のうち、ガス容器附属品に係る試験（圧縮水素燃料自動車に係る試験に限る。）	二百十九万五千円
十七の八　保安基準第十七条第一項に定める基準のうち、ガス容器取付装置に係る試験（圧縮水素燃料自動車に係る試験に限る。）	十二万五千円
十七の九　保安基準第十七条第三項に定める基準のうち、フルラップ前面衝突時に係る試験	二十七万円
十七の十　保安基準第十七条第三項に定める基準のうち、オフセット前面衝突時に係る試験	二十七万円
十七の十一　保安基準第十七条第三項に定める基準のうち、自動車との側面衝突時に係る試験	二十七万円
十七の十二　保安基準第十七条第三項に定める基準のうち、ポールとの側面衝突時に係る試験	二十七万円
十七の十三　保安基準第十七条第三項に定める基準のうち、後面衝突時に係る試験	二十七万円
十八　保安基準第十七条の二第二項に定める基準に係る試験	四十七万七千円
十八の二　保安基準第十七条の二第三項に定める基準に係る試験	十八万七千円
十八の三　保安基準第十七条の二第四項に定める基準に係る試験	十八万七千円
十九　保安基準第十七条の二第五項に定める基準のうち、車体の高電圧による乗車人員への感電の防止に係る試験	十二万五千円
二十　保安基準第十七条の二第五項及び第六項に定める基準のうち、原動機用蓄電池の高電圧による乗車人員への感電の防止に係る試験	六十四万二千円

二十の二　保安基準第十七条の二第六項に定める基準のうち、フルラップ前面衝突時の高電圧による乗車人員への感電の防止に係る試験	二十七万円
二十一　保安基準第十七条の二第六項に定める基準のうち、オフセット前面衝突時の高電圧による乗車人員への感電の防止に係る試験	二十七万円
二十二　保安基準第十七条の二第六項に定める基準のうち、自動車との側面衝突時の高電圧による乗車人員への感電の防止に係る試験	二十七万円
二十二の二　保安基準第十七条の二第六項に定める基準のうち、ポールとの側面衝突時の高電圧による乗車人員への感電の防止に係る試験	二十七万円
二十二の三　保安基準第十七条の二第六項に定める基準のうち、後面衝突時の高電圧による乗車人員への感電の防止に係る試験	二十七万円
二十三　保安基準第十七条の二第六項に定める基準のうち、衝突時のかじ取り装置の高電圧による乗車人員への感電の防止に係る試験	十八万七千円
二十四　保安基準第十八条第一項に定める基準に係る試験	十二万五千円
二十四の二　保安基準第十八条第二項に定める基準に係る試験	二十七万円
二十五　保安基準第十八条第三項に定める基準に係る試験	二十七万円
二十六　保安基準第十八条第四項に定める基準に係る試験	二十七万円
二十七　保安基準第十八条第五項に定める基準に係る試験	二十七万円
二十八　保安基準第十八条第六項に定める基準に係る試験	四十七万七千円
二十八の二　保安基準第十八条第七項に定める基準に係る試験	三十五万二千円
二十九　保安基準第十八条の二第三項に定める基準に係る試験	十二万五千円
三十　保安基準第十八条の二第四項に定める基準に係る試験	十二万五千円
三十一　保安基準第十八条の二第五項に定める基準に係る試験	十二万五千円
三十二　保安基準第十八条の二第六項に定める基準に係る試験	十二万五千円
三十三　保安基準第二十条第五項及び第六項に定める基準のうち、インストルメントパネル及びサンバイザに係る試験	十八万七千円
三十四　保安基準第二十一条に定める基準に係る試験（専ら乗用の用に供する自動車（二輪自動車、側車付二輪自動車、三輪自動車及び被牽引自動車を除く。）であって乗車定員十人未満のもの及び貨物の運送の用に供する自動車（三輪自動車及び被牽引自動車を除く。）であって車両総重量三・五トン以下のものに係る試験に限る。）	十二万五千円
三十四の二　保安基準第二十一条に定める基準に係る試験（専ら乗用の用に供する自動車（二輪自動車、側車付二輪自動車、三輪自動車及び被牽引自動車を除く。）であって乗車定員十人以上のもの及び貨物の運送の用に供する自動車（三輪自動車及び被牽引自動車を除く。）であって車両総重量三・五トンを超えるものに係る試験に限る。）	二十七万円
三十五　保安基準第二十二条第三項及び第四項に定める基準のうち、自動車に備える座席（専ら乗用の用に供する乗車定員十人以上の自動車に備える座席（高速道路等において運行する自動車に備えるもの（運転者席を除く。）を除く。）及び貨物の運送の用に供する自動車に備える座席に限る。）に係る試験	十二万五千円
三十六　保安基準第二十二条第三項及び第四項に定める基準のうち、自動車に備える座席（専ら乗用の用に供する乗車定員十人以上の自動車に備える座席（高速道路等において運行する自動車に備えるもの（運転者席を除く。）を除く。）及び専ら乗用の用に供する乗車定員十人未満の自動車に備える座席を除く。）に係る試験	三十五万二千円
三十七　保安基準第二十二条の三第一項に定める基準に係る試験	三十五万二千円
三十八　保安基準第二十二条の三第二項（同条第四項において準用する場合を含む。）に定める基準に係る試験	十二万五千円
三十九　保安基準第二十二条の三第三項（同条第四項において準用する場合を含む。）に定める基準に係る試験	十八万七千円
四十　保安基準第二十二条の三第五項に定める基準に係る試験	十八万七千円

四十一　保安基準第二十二条の四第二項に定める基準に係る試験	十八万七千円
四十二　保安基準第二十二条の五第二項に定める基準のうち、年少者用補助乗車装置取付具の強度及び取付位置に係る試験	十八万七千円
四十三　保安基準第二十二条の五第二項に定める基準に係る試験（前号に掲げる試験を除く。）	十八万七千円
四十四　保安基準第二十二条の五第三項に定める基準に係る試験	六十四万二千円
四十五　保安基準第二十五条第四項に定める基準に係る試験	十八万七千円
四十六　保安基準第二十九条第一項に定める基準に係る試験	十八万七千円
四十七　保安基準第二十九条第二項及び第三項に定める基準に係る試験	十二万五千円
四十八　保安基準第三十条第一項及び第三項に定める基準に係る試験（側車付二輪自動車、三輪自動車及び大型特殊自動車に係る試験を除く。）	十八万七千円
四十八の二　保安基準第三十条第一項及び第三項に定める基準に係る試験（側車付二輪自動車、三輪自動車及び大型特殊自動車に係る試験に限る。）	十二万五千円
四十九　保安基準第三十一条第二項及び第八項に定める基準のうち、排気管から大気中に排出される排出物に含まれる黒煙に係る試験	十二万五千円
五十　保安基準第三十一条第二項及び第八項に定める基準のうち、排気管から大気中に排出される排出物に含まれる一酸化炭素、炭化水素、窒素酸化物及び粒子状物質に係る試験（軽油を燃料とする大型特殊自動車であって出力が十九キロワット以上五百六十キロワット未満である原動機を備えたもの並びに軽油を燃料とする普通自動車及び小型自動車であって車両総重量三・五トンを超えるもの（専ら乗用の用に供する乗車定員十人以下の普通自動車及び小型自動車並びに二輪自動車及び側車付二輪自動車を除く。）に係る試験を除く。）	十八万七千円
五十一　保安基準第三十一条第二項及び第八項に定める基準のうち、排気管から大気中に排出される排出物に含まれる一酸化炭素、炭化水素、窒素酸化物及び粒子状物質に係る試験（軽油を燃料とする大型特殊自動車であって出力が十九キロワット以上五百六十キロワット未満である原動機を備えたもの並びに軽油を燃料とする普通自動車及び小型自動車であって車両総重量三・五トンを超えるもの（専ら乗用の用に供する乗車定員十人以下の普通自動車及び小型自動車並びに二輪自動車及び側車付二輪自動車を除く。）に係る試験に限る。）	三十五万二千円
五十二　保安基準第三十一条第三項及び第八項に定める基準のうち、温度が上昇した場合の警報機能に係る試験	十二万五千円
五十三　保安基準第三十一条第三項及び第八項に定める基準のうち、故障を検知する機能に係る試験（ガソリン又は液化石油ガスを燃料とする普通自動車及び小型自動車（二輪自動車及び側車付二輪自動車を除く。）であって、車両総重量三・五トン以下のもの又は専ら乗用の用に供する乗車定員十人以下のもの、軽油を燃料とする普通自動車及び小型自動車（二輪自動車及び側車付二輪自動車を除く。）であって車両総重量三・五トンを超えるもの（専ら乗用の用に供する乗車定員十人以下のものを除く。）、軽自動車（二輪自動車及び側車付二輪自動車を除く。）並びにガソリンを燃料とする二輪自動車及び側車付二輪自動車に係る試験を除く。）	十二万五千円
五十四　保安基準第三十一条第三項及び第八項に定める基準のうち、故障を検知する機能に係る試験（ガソリン又は液化石油ガスを燃料とする普通自動車及び小型自動車（二輪自動車及び側車付二輪自動車を除く。）であって、車両総重量三・五トン以下のもの又は専ら乗用の用に供する乗車定員十人以下のもの並びに軽自動車（二輪自動車及び側車付二輪自動車を除く。）に係る試験に限る。）	十八万七千円
五十五　保安基準第三十一条第三項及び第八項に定める基準のうち、故障を検知する機能に係る試験（軽油を燃料とする普通自動車及び小型自動車（二輪自動車及び側車付二輪自動車を除く。）であって車両総重量三・五トンを超えるもの（専ら乗用の用に供する乗車定員十人以下のものを除く。）に係る試験に限る。）	六十四万二千円
五十五の二　保安基準第三十一条第三項及び第八項に定める基準のう	二十七万円

ち、故障を検知する機能に係る試験（ガソリンを燃料とする二輪自動車及び側車付二輪自動車に係る試験に限る。）	
五十六　保安基準第三十一条第三項及び第八項に定める基準のうち、原動機の制御に係る試験	十八万七千円
五十六の二　保安基準第三十一条第三項及び第八項に定める基準のうち、路上走行時の性能に係る試験	四十七万七千円
五十六の三　保安基準第三十一条第五項に定める基準に係る試験	三十五万二千円
五十七　保安基準第三十二条第一項、第二項、第四項、第五項及び第十項に定める基準のうち、前照灯に係る試験（最高速度三十五キロメートル毎時未満の大型特殊自動車に係る試験を除く。）	二十七万円
五十八　保安基準第三十二条第一項、第四項、第七項、第八項、第十項及び第十一項に定める基準のうち、配光可変型前照灯に係る試験	四十七万七千円
五十九　保安基準第三十二条第三項、第六項及び第九項、第三十三条第三項、第三十三条の二第三項、第三十三条の三第三項、第三十四条第三項、第三十四条の二第三項、第三十四条の三第三項、第三十五条第三項、第三十五条の二第三項及び第五項、第三十六条第三項、第三十七条第三項、第三十七条の二第三項、第三十七条の三第三項、第三十七条の四第三項、第三十八条第三項、第三十八条の二第三項、第三十八条の三第三項、第三十九条第三項、第三十九条の二第三項、第四十条第三項、第四十一条第三項、第四十一条の二第三項、第四十一条の三第三項、第四十一条の四第四項並びに第四十一条の五第四項に定める基準に係る試験（二輪自動車に係る試験を除く。）	十八万七千円
五十九の二　保安基準第三十二条第三項、第六項及び第九項、第三十三条第三項、第三十三条の二第三項、第三十四条第三項、第三十四条の二第三項、第三十四条の三第三項、第三十五条第三項、第三十五条の二第三項及び第五項、第三十六条第三項、第三十七条第三項、第三十七条の二第三項、第三十七条の三第三項、第三十七条の四第三項、第三十八条第三項、第三十八条の二第三項、第三十九条第三項、第三十九条の二第三項、第四十条第三項、第四十一条第三項、第四十一条の二第三項、第四十一条の三第三項、第四十一条の四第四項並びに第四十一条の五第四項に定める基準に係る試験（二輪自動車に係る試験に限る。）	十二万五千円
六十　保安基準第三十二条第十二項に定める基準に係る試験	二十七万円
六十一　保安基準第三十二条第十三項に定める基準に係る試験	十二万五千円
六十二　保安基準第三十三条第一項、第二項及び第四項に定める基準に係る試験	二十七万円
六十三　保安基準第三十三条の二第一項及び第二項に定める基準に係る試験	十二万五千円
六十四　保安基準第三十三条の三第一項及び第二項に定める基準に係る試験	十二万五千円
六十五　保安基準第三十四条第一項及び第二項に定める基準に係る試験（二輪自動車及び側車付二輪自動車に係る試験を除く。）	十二万五千円
六十六　保安基準第三十四条第一項及び第二項、第三十六条第一項及び第二項並びに第三十七条第一項及び第二項に定める基準に係り、かつ、保安基準第三十九条第一項、第二項及び第四項に定める基準のうち、制動灯（補助制動装置に係るものを除く。）に係る試験（二輪自動車及び側車付二輪自動車に係る試験に限る。）	十二万五千円
六十七　保安基準第三十四条の二第一項及び第二項に定める基準に係る試験	十二万五千円
六十七の二　保安基準第三十四条の三第一項及び第二項に定める基準に係る試験	十二万五千円
六十八　保安基準第三十五条第一項及び第二項に定める基準に係る試験	二十七万円
六十九　保安基準第三十五条の二第一項及び第二項に定める基準のうち、側方灯に係る試験	十二万五千円
七十　保安基準第三十五条の二第一項及び第四項に定める基準のうち、側方反射器に係る試験	二十七万円
七十一　保安基準第三十六条第一項及び第二項に定める基準に係る試験（二輪自動車及び側車付二輪自動車に係る試験を除く。）	十二万五千円
七十二　保安基準第三十七条第一項及び第二項に定める基準に係る試験（二輪自動車及び側車付二輪自動車に係る試験を除く。）	十二万五千円

七十三　保安基準第三十七条の二第一項及び第二項に定める基準に係る試験	十二万五千円
七十四　保安基準第三十七条の三第一項及び第二項に定める基準に係る試験	十二万五千円
七十五　保安基準第三十七条の四第一項及び第二項に定める基準に係る試験	十二万五千円
七十六　保安基準第三十八条第一項及び第二項に定める基準に係る試験	二十七万円
七十七　保安基準第三十八条の二第一項及び第二項に定める基準に係る試験	二十七万円
七十八　保安基準第三十八条の三第一項及び第二項に定める基準に係る試験	二十七万円
七十九　保安基準第三十九条第一項、第二項及び第四項に定める基準のうち、制動灯（補助制動装置に係るものを除く。）に係る試験（二輪自動車及び側車付二輪自動車を除く。）	十二万五千円
八十　保安基準第三十九条の二第一項、第二項及び第四項に定める基準に係る試験	十二万五千円
八十一　保安基準第四十条第一項及び第二項に定める基準に係る試験	十二万五千円
八十二　保安基準第四十一条第一項、第二項及び第四項に定める基準に係る試験	十二万五千円
八十三　保安基準第四十三条第一項及び第二項に定める基準のうち、警報音発生装置に係る試験	十八万七千円
八十四　保安基準第四十三条第一項及び第三項に定める基準に係る試験（前号に掲げる試験を除く。）	十二万五千円
八十五　保安基準第四十三条の三に定める基準に係る試験	二十七万円
八十六　保安基準第四十三条の四第一項に定める基準に係る試験	二十七万円
八十七　保安基準第四十三条の五に定める基準に係る試験	十二万五千円
八十八　保安基準第四十三条の六に定める基準に係る試験	十八万七千円
八十八の二　保安基準第四十三条の七に定める基準に係る試験	十八万七千円
八十八の三　保安基準第四十三条の八に定める基準に係る試験	二十七万円
八十八の四　保安基準第四十三条の九に定める基準に係る試験	二十七万円
八十八の五　保安基準第四十三条の十第一項及び第二項に定める基準のうち、通報音発生装置に係る試験	十八万七千円
八十八の六　保安基準第四十三条の十第一項及び第三項に定める基準に係る試験（前号に掲げる試験を除く。）	十八万七千円
八十八の七　保安基準第四十四条第一項本文及び第二項に定める基準に係る試験	十二万五千円
八十九　保安基準第四十四条第一項本文及び第三項に定める基準に係る試験	十二万五千円
八十九の二　保安基準第四十四条第一項ただし書に定める基準に係る試験	三十五万二千円
九十　保安基準第四十四条第四項に定める基準に係る試験	十二万五千円
九十の二　保安基準第四十四条第五項から第七項までに定める基準に係る試験	十二万五千円
九十の三　保安基準第四十四条の二に定める基準に係る試験	十二万五千円
九十一　保安基準第四十六条に定める基準に係る試験	十二万五千円
九十二　保安基準第四十六条の二に定める基準に係る試験（専ら乗用の用に供する自動車（二輪自動車、側車付二輪自動車、三輪自動車及び被牽引自動車を除く。）であって乗車定員十人未満のもの及び貨物の運送の用に供する自動車（三輪自動車及び被牽引自動車を除く。）であって車両総重量三・五トン以下のものに係る試験に限る。）	十八万七千円
九十三　保安基準第四十六条の二に定める基準に係る試験（専ら乗用の用に供する自動車（二輪自動車、側車付二輪自動車、三輪自動車及び被牽引自動車を除く。）であって乗車定員十人以上のもの及び貨物の運送の用に供する自動車（三輪自動車及び被牽引自動車を除く。）であって車両総重量三・五トンを超えるものに係る試験に限る。）	二十七万円

九十四 保安基準第四十八条に定める基準に係る試験	二百十九万五千円
九十五 保安基準第四十八条の二に定める基準に係る試験	三十五万二千円
九十六 保安基準第四十八条の三に定める基準に係る試験	十八万七千円

備考

一 特定装置審査試験項目別費用額は、申請に際し次のイ又はロに掲げる書面が添付されている場合においては、当該イ又はロに定める額とする。

イ 特定装置審査試験項目に掲げる試験を実施する能力を有する者として告示で定める者が適切に実施した試験の結果の証明書であって、申請に係る特定装置が当該特定装置審査試験項目に掲げる基準に適合することを証する書面 一万四千円

ロ イに規定する者以外の者が適切に実施した試験の結果の証明書であって、申請に係る特定装置が特定装置審査試験項目に掲げる基準に適合するかどうかを審査するために必要な試験を省略することができると機構が認める書面 三万五千円

二 次の表の上欄に掲げる規定の特定装置審査試験項目別費用額は、同欄に掲げる規定の特定装置審査試験項目に規定する試験に代えて、保安基準第五十八条の規定により適用関係の整理が行われた規定に相当する従前の規定に定められた基準又は保安基準第二章の規定に基づく自動車の保安基準に関する告示が改正された場合における改正後の規定の適用に関して告示で適用関係の整理が行われた規定に相当する従前の規定に定められた基準に適合するかどうかを審査するための告示で定める試験を行う場合にあっては、同表の下欄に掲げる額とする。

第七号	十八万七千円
第十一号	二十七万円（被牽引自動車に係る試験に限る。） 次の各号に掲げる試験の区分に応じ、当該各号に定める額の合計額（被牽引自動車に係る試験を除く。） 一 アンチロック・ブレーキシステムに係る試験 十八万七千円 二 前号に掲げる試験以外の試験 十八万七千円
第十三号	十八万七千円
第十四号	十八万七千円
第四十八号	十二万五千円
第五十号	十二万五千円
第五十一号	十八万七千円
第五十五号	十二万五千円
第五十五号の二	十二万五千円
第五十七号	十二万五千円
第九十四号	百四十万八千円

三 次の表の上欄に掲げる規定の特定装置審査試験項目別費用額の合計額は、同欄に掲げる規定の特定装置審査試験項目に関し同時に二以上の試験を受けようとする場合においては、同表の下欄に掲げる額とする。

第二号の二、第二号の四及び第五十号	三十五万二千円
第二号の二及び第五十号	十八万七千円
第三号及び第三号の二	十八万七千円
第十二号、第十三号の三及び第十三号の四	二十七万円
第十七号、第十七号の九、第二十号の二、第二十四号の二及び第九十二号	二十七万円
第十七号の二、第十七号の十、第二十一号、第二十五号及び第九十二号	二十七万円
第十七号の三、第十七号の十一、第二十三号、第二十六号及び第九十二号	二十七万円
第十七号の四、第十七号の十二、第二十二号の二及び第二十七号	二十七万円
第十七号の五、第十七号の十三及び第二十二号の三	二十七万円
第十七号の五の四及び第十七号の六	四十七万七千円
第二十五号及び第八十八号の三	二十七万円
第二十六号及び第八十八号の三	二十七万円
第三十九号、第四十号及び第四十三号	十八万七千円
第八十八号の三及び第九十二号	二十七万円

四 次の表の上欄に掲げる規定の特定装置審査試験項目別費用額は、同欄に掲げる規定の特定装置審査試験項目に規定する試験を実施するために必要な情報として告示で定めるものについて、機構が当該情報の確認を行う場合にあっては、同表の下欄に掲げる額とする。

第二号の二	三十五万二千円
第二号の三	三十五万二千円
第二号の四	四十七万七千円

第五十号	三十五万二千円
第五十一号	四十七万七千円

五　前二号の規定にかかわらず、次の表の上欄に掲げる規定の特定装置審査試験項目別費用額の合計額は、同欄に掲げる規定の特定装置審査試験項目に規定する試験を実施するために必要な情報として告示で定めるものについて、機構が当該情報の確認を行う場合（同欄に掲げる規定のうちいずれかに係る確認を行う場合を含む。）であって、同欄に掲げる規定の特定装置審査試験項目に関し同時に二以上の試験を受けようとする場合においては、同表の下欄に掲げる額とする。

第二号の二、第二号の四及び第五十号	四十七万七千円
第二号の二及び第五十号	三十五万二千円

附　則

この省令は、平成二十八年四月一日から施行する。

附　則（平二八・四・一三国交令四三）

この省令は、平成二十八年四月二十日から施行する。

附　則（平二八・六・一七国交令五〇抄）

（施行期日）

1　この省令は、平成二十八年六月十八日から施行する。ただし、〔中略〕第四条中道路運送車両法関係手数料規則別表第二の改正規定（別表第二第十七号の六に係る部分に限る。）は、平成二十八年六月三十日から施行する。

附　則（平二八・八・三一国交令六三抄）

（施行期日）

第一条　この省令は、公布の日から施行する。〔後略〕

附　則（平二八・九・一六国交令六四）

この省令は、公布の日から施行する。

附　則（平二八・一〇・七国交令七三）

この省令は、公布の日から施行する。ただし、〔中略〕第五条中道路運送車両法関係手数料規則別表第一の改正規定（第百二十二号の次に一号を加える部分に限る。）は、平成二十八年十月八日から施行する。

附　則（平二八・一一・一五国交令七八抄）

（施行期日）

第一条　この省令は、平成二十八年十二月一日から施行する。ただし、次の各号に掲げる規定は、当該各号に定める日から施行する。

一　第一条の規定、第二条中道路運送車両法施行規則第三十六条第十二項の改正規定及び第六条の規定　公布の日

二　〔略〕

附　則（平二九・二・九国交令七抄）

（施行期日）

第一条　この省令は、平成二十九年二月九日から施行する。

附　則（平二九・六・二二国交令三九抄）

（施行期日）

1　この省令は、平成二十九年六月二十二日から施行する。

附　則（平二九・一〇・一〇国交令六一抄）

（施行期日）

1　この省令は、平成二十九年十月十日から施行する。

附　則（平三〇・一・三一国交令五）

この省令は、公布の日から施行する。

附　則（平三〇・三・三〇国交令一二）

この省令は、公布の日から施行する。

附　則（平三〇・七・一九国交令五九抄）

（施行期日）

1　この省令は、公布の日から施行する。

附　則（平三〇・一〇・一六国交令八〇抄）

（施行期日）

第一条　この省令は、公布の日から施行する。

附　則（令元・一〇・三国交令三九）

この省令は、公布の日から施行する。

附　則（令元・一〇・一五国交令四〇抄）

（施行期日）

第一条　この省令は、令和元年十一月十五日から施行する。

〔後略〕

附　則（令二・一・三一国交令四）

この省令は、公布の日から施行する。

附　則（令二・三・三一国交令二〇）

この省令は、道路運送車両法の一部を改正する法律（令和元年五月法律第一四号）の施行の日（令和二年四月一日）から施行する。

附　則（令二・四・一国交令四一）

この省令は、公布の日から施行する。

附　則（令二・八・五国交令六七）

この省令は、道路運送車両法の一部を改正する法律（令和元年法律第十四号）附則第一条第四号に掲げる規定の施行の日（令和二年十一月二十三日）から施行する。ただし、次の各号に掲げる規定は、当該各号に定める日から施行する。

一　第二条中道路運送車両法関係手数料規則第二条第二号ロの改正規定（「法律第百八十五号」を「法律第百八十五号。以下「法」という。」に改める部分を除く。）　公布の日

二　第三条の規定　令和三年十月一日

附　則（令二・九・二五国交令七八抄）

（施行期日）

第一条　この省令は、公布の日から施行する。

附　則（令二・一二・二五国交令一〇〇抄）

（施行期日）

第一条　この省令は、令和三年一月二十二日から施行する。

附　則（令三・六・九国交令四〇抄）

（施行期日）

第一条　この省令は、令和三年六月十日から施行する。〔後略〕

附　則（令三・九・三〇国交令五九抄）

（施行期日）

第一条　この省令は、令和三年九月三十日から施行する。

附　則（令五・一・四国交令一抄）

（施行期日）

第一条　この省令は、公布の日から施行する。ただし、次の各号に掲げる規定は、令和五年一月十九日から施行する。

一〜三　〔略〕

四　第四条中道路運送車両法関係手数料規則別表第一の改正規定（同表第百二十二号の四の次に二号を加える部分に限る。）及び同令別表第二の改正規定（同表第十三号下欄の改正規定及び同表備考第二号の表第十一号の項の次に一項を加える部分を除く。）

附　則（令五・六・五国交令四五抄）

（施行期日）

第一条　この省令は、公布の日から施行する。ただし、次の各号に掲げる規定は、令和五年六月八日から施行する。

一・二　〔略〕

三　第四条中道路運送車両法関係手数料規則別表第一の改正規定（同表第四十三号から第四十三号の三までに係る部分、同表第四十五号の改正規定及び同表備考第三号の改正規定を除く。）及び同令別表第二の改正規定（同表第二十二号から第二十二号の三までに係る部分及び同表備考第三号の改正規定を除く。）

附　則（令五・六・三〇国交令五四抄）

（施行期日）

1　この省令は、令和五年七月一日から施行する。

附　則（令五・一〇・二〇国交令八六抄）

（施行期日）

第一条　この省令は、令和五年十二月二十一日から施行する。

附　則（令六・一・五国交令一抄）

（施行期日）

第一条　この省令は、公布の日から施行する。〔後略〕

附　則（令六・六・一四国交令六六抄）

（施行期日）

第一条　この省令は、令和六年六月十五日から施行する。ただし、次の各号に掲げる規定は、令和六年六月二十日から施行する。

一・二　〔略〕

三　第六条中道路運送車両法関係手数料規則別表第一の改正規定（同表第六十八号及び第八十九号の改正規定を除く。）及び同令別表第二の改正規定（同表第四十一号及び第五十九号の二の改正規定を除く。）

○自動車検査用機械器具に係る国土交通大臣の定める技術上の基準

（平成七年六月十四日
運輸省告示第三百七十五号）

沿革　平九運告六〇二、平一〇運告四二三、平一三国交告三八六、平一九国交告五八七、平三〇国交告一二一六、令二国交告五五、令三国交告一三五四改正

道路運送車両法施行規則（昭和二十六年運輸省令第七十四号）第五十七条第一項第四号の規定に基づき、自動車検査用機械器具に係る運輸大臣の定める技術上の基準を次のように定め、平成七年七月一日より適用し、自動車整備検査用機械器具に係る運輸大臣の定める技術上の基準（昭和五十三年二月八日運輸省告示第七十二号）は、平成七年六月三十日限り廃止する。

第一章　総則

（用語）

第一条　この告示において使用する用語は、道路運送車両法（昭和二十六年法律第百八十五号）、道路運送車両法施行規則（昭和二十六年運輸省令第七十四号）及び道路運送車両の保安基準（昭和二十六年運輸省令第六十七号。以下「保安基準」という。）において使用する用語の例による。

第二章　サイドスリップ・テスタ

（構造等）

第二条　サイドスリップ・テスタは、横滑り量検出部及び横滑り量指示部を有するものであり、かつ、取扱いが容易なものでなければならない。

（耐久性）

第三条　サイドスリップ・テスタの各部は、十分な耐久性を有するものでなければならない。

（作動）

第四条　サイドスリップ・テスタの各作動箇所は、円滑かつ確実に作動するものでなければならない。

（横滑り量検出部）

第五条　サイドスリップ・テスタの横滑り量検出部のタイヤとの接触部は著しいひずみがなく、その表面がタイヤの接地部との間に著しい滑りを生ずるものであってはならない。

（横滑り量指示部）

第六条　サイドスリップ・テスタの横滑り量指示部の指示計は、自動車の走行一メートルについての横滑り量をミリメートルで指示するものでなければならない。

2　サイドスリップ・テスタの横滑り量指示部の指示計が目盛式の場合は、当該指示計が次の基準に適合するものでなければならない。

一　目盛が、一ミリメートル以下ごとに目盛られていること。

二　最大目盛の値が、七ミリメートル以上であること。

三　横滑りの方向を明確に表示するものであること。

四　指示値が容易に読みとれるものであること。

3　サイドスリップ・テスタの横滑り量指示部の指示計が目盛式以外の場合は、当該指示計が前項各号の基準と同等以上の基準に適合するものでなければならない。

（精度）

第七条　サイドスリップ・テスタの指示の誤差は、十分の三ミリメートル以下でなければならない。

2　自動車が保安基準に適合するかどうかの判定（以下「適合判定」という。）を自動的に行うサイドスリップ・テスタは、独立行政法人自動車技術総合機構法（平成十一年法律第二百十八号）第十三条第一項に規定する事務規程に定めるところにより適合判定を行うものでなければならない。ただし、自動車分解整備事業者が備えるものについては、この限りでない。

第三章　前照灯試験機

（構造等）

第八条　前照灯試験機（走行用前照灯を測定する機能を有するもの）及びすれ違い用前照灯試験機（すれ違い用前照灯を測定する機能を有するもの）をいう。以下同じ。）は、受光部、正対機構（前照灯の光度及び照射方向を正確に測定するために受光部を自動車に対向させるための機構。以下同じ。）、光度指示部及び照射方向指示部を有するものであり、かつ、取扱いが容易なものでなければならない。

（耐久性）

第九条　前照灯試験機の各部は、十分な耐久性を有するものでなければならない。

（作動）

第十条　前照灯試験機の各作動箇所は、円滑かつ確実に作動するものでなければならない。

（受光部）

第十一条　前照灯試験機の受光部は、外光の影響が少ない構造のものでなければならない。

（光度指示部）

第十二条　前照灯試験機の光度指示部の指示計は、前照灯の光度をカンデラで指示するものでなければならない。

2　走行用前照灯試験機にあっては、光度指示部の指示計が目盛式の場合は当該指示計が次の基準に適合するものでなければならない。

一　目盛が、千カンデラ以下ごとに目盛られていること。ただし、四万カンデラ以上の目盛については、この限りでない。

二　最大目盛の値が、四万カンデラ以上であること。

三　指示値が容易に読みとれるものであること。

3　すれ違い用前照灯試験機にあっては、光度指示部の指示計が目盛式の場合は、当該指示計が次の基準に適合するものでなければならない。

一　目盛が、五百カンデラ以下ごとに目盛られていること。ただし、二万カンデラ以上の目盛については、この限りではない。

二　最大目盛の値が二万カンデラ以上であること。

三　指示値が容易に読みとれるものであること。

4　前照灯試験機の光度指示部の指示計が目盛式以外の場合は、当該指示計が第二項及び第三項の各号の基準と同等以上の基準に適合するものでなければならない。

（光軸振れ指示部）

第十三条　前照灯試験機の照射方向指示部の指示計は、前照灯の照射方向の振れを、前照灯の前方十メートルにおける振れを示す長さをセンチメートルを指示するものでなければならない。

2　前照灯試験機の照射方向指示部の指示計が目盛式の場合は、当該指示計が次の基準に適合するものでなければならない。

一　目盛が、五センチメートル以下ごとに目盛られていること。

二　最大目盛の値が、上方向の振れについては十センチメートル以上、下方向の振れについては三十五センチメートル以上及び左右方向の振れについては三十センチメートル以上であること。

三　指示値が容易に読みとれるものであること。

3　前照灯試験機の照射方向の振れを角度目盛りで表示する場合は、前項各号の基準と同等以上の基準に適合するものでなければならない。

4　前照灯試験機の照射方向指示部の指示計が目盛式以外の場合は、当該指示計が第二項各号の基準と同等以上の基準に適合するものでなければならない。

（精度）

第十四条　前照灯試験機の各部は、次の基準に適合するものでなければならない。

一　正対機構の誤差は、〇・二五度以下であること。

二　光度指示部の指示の誤差は、指示すべき値の十五パーセント以下であること。

三　照射方向指示部の指示の誤差は、走行用前照灯試験機にあっては五センチメートル以下、すれ違い用前照灯試験機にあっては上下五センチメートル以下及び左右十七・五センチメートル以下であること。

2　前照灯試験機の照射方向の振れを角度目盛りで表示する場合は、前項第三号の基準と同等以上の基準に適合するものでなければならない。

3　第七条第二項の規定は、前照灯試験機について準用する。

第四章　音量計

（構造等）

第十五条　音量計は、マイクロホン、聴感補正回路、増幅器及び音量指示部を有するものであり、かつ、取扱いが容易なものでなければならない。

（耐久性）

第十六条　音量計は、温度、湿度、振動及び電気又は電磁誘導による影響を受けにくく、十分な耐久性を有するものでなければならない。

（作動）

第十七条　音量計の各作動箇所は、円滑かつ確実に作動するものでなければならない。

（マイクロホン）

第十八条　音量計のマイクロホンは、圧力型のものでなければならない。

2　音量計のマイクロホンは、耐振性を有するものでなければならない。

（聴感補正回路）

第十九条　音量計は、次表上欄に掲げる周波数に応じ、同表中欄に掲げる補正値に同表下欄に掲げる許容差の値を加えた範囲内の値により音量を補正する機能を有する聴感補正回路Aを備えなければならない。

周波数（ヘルツ）	補正値（デシベル）	許容差（デシベル）
一〇〇	マイナス一九・一	一・五からマイナス一・五
一二五	マイナス一六・一	一・五からマイナス一・五
一六〇	マイナス一三・四	一・五からマイナス一・五
二〇〇	マイナス一〇・九	一・五からマイナス一・五
二五〇	マイナス八・六	一・五からマイナス一・五
三一五	マイナス六・六	一・五からマイナス一・五
四〇〇	マイナス四・八	一・五からマイナス一・五
五〇〇	マイナス三・二	一・五からマイナス一・五
六三〇	マイナス一・九	一・五からマイナス一・五
八〇〇	マイナス〇・八	一・五からマイナス一・五
一、〇〇〇	〇	一・〇からマイナス一・〇
一、二五〇	〇・六	一・五からマイナス一・五
一、六〇〇	一・〇	二・〇からマイナス二・〇
二、〇〇〇	一・二	二・〇からマイナス二・〇
二、五〇〇	一・三	二・五からマイナス二・五
三、一五〇	一・二	二・五からマイナス二・五
四、〇〇〇	一・〇	三・〇からマイナス三・〇

2　音量計は、次表上欄に掲げる周波数に応じ、同表中欄に掲げる補正値に同表下欄に掲げる許容差の値を加えた範囲内の値により音量を補正する機能を有する聴感補正回路Cを備えることができる。

周波数（ヘルツ）	補正値（デシベル）	許容差（デシベル）
一〇〇	マイナス〇・三	一・五からマイナス一・五
一二五	マイナス〇・二	一・五からマイナス一・五
一六〇	マイナス〇・一	一・五からマイナス一・五
二〇〇	〇	一・五からマイナス一・五
二五〇	〇	一・五からマイナス一・五
三一五	〇	一・五からマイナス一・五
四〇〇	〇	一・五からマイナス一・五
五〇〇	〇	一・五からマイナス一・五
六三〇	〇	一・五からマイナス一・五
八〇〇	〇	一・五からマイナス一・五
一、〇〇〇	〇	一・〇からマイナス一・〇
一、二五〇	〇	一・五からマイナス一・五
一、六〇〇	マイナス〇・一	二・〇からマイナス二・〇
二、〇〇〇	マイナス〇・二	二・〇からマイナス二・〇
二、五〇〇	マイナス〇・三	二・五からマイナス二・五
三、一五〇	マイナス〇・五	二・五からマイナス二・五
四、〇〇〇	マイナス〇・八	三・〇からマイナス三・〇

（増幅器）
第二十条 音量計の増幅器は、電源電圧の変動による増幅度の変動を調整できるものでなければならない。

（音量指示部）
第二十一条 音量計の音量指示部の指示計は、音量をデシベルで指示するものでなければならない。
2 音量計の音量指示部の指示計が目盛式の場合は、当該指示計が、次の基準に適合するものでなければならない。
一 目盛が一デシベル以下ごとに目盛られていること。
二 最小目盛の値が六十デシベル以下であり、かつ、最大目盛の値が、百二十デシベル以上であること。
三 指示値が容易に読みとれるものであること。
3 音量計の音量指示部の指示計が目盛式以外の場合は、当該指示計が前項各号の基準と同等以上の基準に適合するものでなければならない。

（電源）
第二十二条 削除

第二十三条 音量計は、電源電圧が定格電圧の十パーセントの範囲内において変動した場合にあっても、定格電圧に調整することができるものでなければならない。ただし、電源が電池式のものにあっては、この限りでない。

（精度）
第二十四条 音量計の音量指示部の指示の誤差は、一・二デシベル以下でなければならない。
2 第七条第二項の規定は、音量計について準用する。

第五章 ブレーキ・テスタ

（構造等）
第二十五条 ブレーキ・テスタは、制動力検出部及び制動力指示部を有するものであり、かつ、取扱いが容易なものでなければならない。

（耐久性）
第二十六条 ブレーキ・テスタの各部は、十分な耐久性を有するものでなければならない。

（作動）
第二十七条 ブレーキ・テスタの各作動箇所は、円滑かつ確実に作動するものでなければならない。

（制動力検出部）
第二十八条 ブレーキ・テスタの制動力検出部のタイヤとの接触部は、その表面がタイヤの接地部との間に著しい滑りを生ずるものでなく、タイヤの接地部を著しく傷つけない構造のものでなければならない。

（制動力指示部）
第二十九条 ブレーキ・テスタの制動力指示部の指示計は、制動力検出部のタイヤとの接触部とタイヤの接地部との間に生ずる接線方向の制動力を左右各車輪ごとにニュートン又は重量キログラムで指示するものでなければならない。
2 ブレーキ・テスタの制動力指示部の指示計が目盛式の場合は、当該指示計が次の基準に適合するものでなければならない。
一 目盛が五百ニュートン又は、五十重量キログラム以下ごとに目盛られていること。
二 最大目盛の値が、測定しようとする自動車の最大の輪荷重の六十パーセント以上であること。
三 指示値が容易に読みとれるものであること。
3 ブレーキ・テスタの制動力指示部の指示計が目盛式以外の場合は、当該指示計が前項各号の基準と同等以上の基準に適合するものでなければならない。

（精度）
第三十条 ブレーキ・テスタの指示の誤差は、指示すべき値の五パーセント以下でなければならない。
2 第七条第二項の規定は、ブレーキ・テスタについて準用する。

第六章 速度計試験機

（構造等）
第三十一条 速度計試験機は、速度検出部及び速度指示部を有するものであり、かつ、取扱いが容易なものでなければならない。

2　速度計試験機は、測定中の自動車の車輪の脱出を確実に防止することができる構造のものでなければならない。

3　速度計試験機は、自動車の出入が安全かつ確実に行える構造のものでなければならない。

（耐久性）

第三十二条　速度計試験機の各部は、十分な耐久性を有するものでなければならない。

（作動）

第三十三条　速度計試験機の各作動箇所は、円滑かつ確実に作動するものでなければならない。

（速度検出部）

第三十四条　速度計試験機の速度検出部のタイヤとの接触部は、タイヤの接地部を著しく傷つけない構造のものでなければならない。

2　速度計試験機の駆動装置によって速度検出部のタイヤとの接触部を回転させる速度計試験機にあっては、当該駆動装置が当該速度検出部のタイヤとの接触部を、安定した回転速度で回転させることができるものでなければならない。

（速度指示部）

第三十五条　速度計試験機の速度指示部の指示計は、速度検出部のタイヤとの接触部の速度をキロメートル毎時で指示するものでなければならない。

2　速度計試験機の速度指示部の指示計が目盛式の場合は、当該指示計が次の基準に適合するものでなければならない。

一　目盛が、一キロメートル毎時以下ごとに目盛られていること。ただし、測定速度が二十キロメートル毎時未満の指示目盛及び八十キロメートル毎時以上の指示目盛については、この限りでない。

二　最大目盛の値が、八十キロメートル毎時以上であること。

三　指示値が容易に読みとれるものであること。

3　速度計試験機の速度指示部に指示計が目盛式以外の場合は、当該指示計が前項各号の基準と同等以上の基準に適合するものでなければならない。

（精度）

第三十六条　速度計試験機の指示の誤差は、指示すべき値の三パーセント以下でなければならない。

2　第七条第二項の規定は、速度計試験機について準用する。

第七章　黒煙測定器

（構造等）

第三十七条　黒煙測定器は、排気煙採取部、汚染度検出部、汚染度指示部及び校正装置を有するものであり、かつ、取扱い及び移動が容易なものでなければならない。

2　黒煙測定器は、当該測定器で使用するろ紙の着脱が確実かつ容易に行える構造のものでなければならない。

（耐久性）

第三十八条　黒煙測定器の各部は、大気及び排気ガスの温度、圧力及び湿度並びに電磁誘導による影響を受けにくく、十分な耐久性を有するものでなければならない。

（作動）

第三十九条　黒煙測定器の各作動箇所は、円滑かつ確実に作動するものでなければならない。

（排気煙採取部）

第四十条　黒煙測定器の排気煙採取部は、次の基準に適合するものでなければならない。

一　排気煙採取部は、自動車の排気管から測定に必要な排気煙を容易に採取することができるものであること。

二　排気煙採取部の採取管、導管及びポンプは、清掃及び部品の交換が容易に行えるものであること。

（汚染度検出部）

第四十一条　汚染度検出部は、次の基準に適合するものでなければならない。

一　黒煙測定器の汚染度検出部の操作は容易であり、かつ、確実に作動するものであること。

二　汚染度検出部は、排気煙による影響が少なく、汚れの状態について容易に点検ができ、かつ、清掃及び部品の交換が容易に行えるものであること。

（汚染度指示部）

第四十二条　黒煙測定器の汚染度指示部の指示計は、次に定める換算式により換算した排気ガスの黒煙による汚染度をパーセントで指示するものでなければならない。

汚染度（パーセント）＝100－1.15×放射輝度率

2　黒煙測定器の汚染度指示部の指示計や目盛式の場合は、当該指示計が次の基準に適合するものでなければならない。

一　目盛が二パーセント以下ごとに目盛られていること。

二　指示範囲が零パーセントから六十パーセント以上であること。

三　指示値が容易に読み取れるものであること。

3　黒煙測定器の汚染度指示部の指示計が目盛式以外の場合は、当該指示計が前項各号の基準と同等以上の基準に適合するものでなければならない。

（校正装置）

第四十三条　黒煙測定器の校正装置は、容易に校正が行えるものでなければならない。

（精度）

第四十四条　黒煙測定器の指示の誤差は、三パーセント以下でなければならない。

2　第七条第二項の規定は、黒煙測定器について準用する。

第七章の二　オパシメータ

（構造等）

第四十四条の二　オパシメータは、排出ガス採取部、検出部、指示部及び校正装置を有するものであり、かつ、取扱い及び移動が容易なものでなければならない。

（耐久性）

第四十四条の三　オパシメータの各部は、大気及び排出ガスの温度、圧力及び湿度並びに電磁誘導による影響を受けにくく、かつ、十分な耐久性を有するものでなければならない。

（作動）

第四十四条の四　オパシメータの各部は、円滑かつ確実に作動するものでなければならない。

（排出ガス採取部）

第四十四条の五　オパシメータの排出ガス採取部は、次の基準に適合するものでなければならない。

一　排気の圧力のみにより、自動車の排気管から測定に必要な排出ガスを容易に採取することができるものであること。

二　排出ガス採取部の採取管及び導管は、清掃及び部品の交換が容易に行えるものであること。

（検出部）

第四十四条の六　オパシメータの検出部は、排出ガス又は当該検出部内部における光の反射若しくは外部からの光の透過による影響が少ないものであるほか、その汚れの状態について容易に点検ができ、かつ、清掃及び部品の交換が容易に行えるものでなければならない。

（指示部）

第四十四条の七　オパシメータの指示部は、次に定める換算式により換算した排出ガスの光吸収係数をm^{-1}で表すものでなければならない。

光吸収係数（m^{-1}）＝$-\ln(1-N/100)/L$

この場合において、

N：不透過率の実測値（パーセント）

L：光が排出ガス中を通過する距離（メートル）

2　オパシメータの指示部の指示計が目盛式の場合においては、当該指示計は次の基準に適合するものでなければならない。

一　目盛の間隔が〇・〇二m^{-1}以下であること。

二　指示範囲の最小値が零m^{-1}であり、かつ、その最大値が九・九九m^{-1}以上であること。

三　指示計の値が容易に読み取れるものであること。

3　オパシメータの指示部の指示計が目盛式以外の場合においては、当該指示計の技術基準は、前項各号に掲げる基準を準用するものとする。この場合において、前項第一号中「目盛」とあるのは「表示される値」と、「〇・〇二m^{-1}」とあるのは「〇・〇〇二m^{-1}」と読み替えるものとする。

（精度）

第四十四条の八　オパシメータの指示の誤差は、〇・〇二五m^{-1}以下でなければならない。

2　第七条第二項の規定は、オパシメータについて準用する。

第八章　一酸化炭素測定器

（構造等）

第四十五条　一酸化炭素測定器は、排気ガス採取部、排気ガス分析部、濃度指示部及び校正装置を有するものであり、かつ、取扱い及び移動が容易なものでなければならない。

（耐久性）

第四十六条　一酸化炭素測定器の各部は、大気及び排気ガスの温度、圧力及び湿度並びに電磁誘導による影響を受けにくく、耐電圧性に優れたものであり、十分な耐久性を有するものでなければならない。

（作動）

第四十七条　一酸化炭素測定器の各作動箇所は、円滑かつ確実に作動するものでなければならない。

（排気ガス採取部）

第四十八条　一酸化炭素測定器の排気ガス採取部は、次の基準に適合するものでなければならない。

一　排気ガス採取部は、自動車の排気管から測定に必要な排気ガスを容易に採取することができるものであること。

二　排気ガス採取部は、測定上の障害となる物質を除去するための装置（以下「前処理装置」という。）を備えているものであること。

三　排気ガス採取部の採取管、導管、ポンプ及び前処理装置は、清掃及び部品の交換が容易に行えるものであること。

（排気ガス分析部）

第四十九条　一酸化炭素測定器の排気ガス分析部は、清掃及び部品の交換が容易に行えるものでなければならない。

（濃度指示部）

第五十条　一酸化炭素測定器の濃度指示部の指示計は、一酸化炭素の濃度を体積百分率で指示するものでなければならない。

2　一酸化炭素測定器の濃度指示部の指示計が目盛式の場合は、当該指示計が次の基準に適合するものでなければならない。

一　目盛が〇・二体積百分率以下ごとに目盛られていること。ただし、五体積百分率以上の目盛についてはこの限りでない。

二　指示範囲が、零体積百分率から、五体積百分率以上であること。

三　指示値が容易に読み取れるものであること。

3　一酸化炭素測定器の濃度指示部の指示計が目盛式以外の場合は、当該指示計が前項各号の基準と同等以上の基準に適合するものでなければならない。

（校正装置）

第五十一条　一酸化炭素測定器の校正装置は、清浄な空気又は窒素ガスを用いた校正（以下「ゼロ校正」という。）及び校正用ガスにより測定範囲における精度を確保するための校正（以下「スパン校正」という。）を容易に行えるものでなければならない。

（精度）

第五十二条　一酸化炭素測定器は、ゼロ校正及びスパン校正を行った後、指示範囲内の任意のガス濃度を測定したとき、指示の誤差が次のいずれかの基準に適合するものでなければならない。

一　〇・〇六体積百分率以下であること。

二　指示すべき値の五パーセント以下であること。

2　第七条第二項の規定は、一酸化炭素測定器について準用する。

第九章　炭化水素測定器

（構造等）

第五十三条　炭化水素測定器は、排気ガス採取部、排気ガス分析部、濃度指示部及び校正装置を有するものであり、かつ、取扱い及び移動が容易なものでなければならない。

（耐久性）

第五十四条　炭化水素測定器の各部は、大気及び排気ガスの温度、圧力及び湿度並びに電磁誘導による影響を受けにくく、耐電圧性に優れたものであり、十分な耐久性を有するものでなければならない。

（作動）

第五十五条　炭化水素測定器の各作動箇所は、円滑かつ確実に作動するものでなければならない。

（排気ガス採取部）

第五十六条　炭化水素測定器の排気ガス採取部は、次の基準に適合するものでなければならない。
一　排気ガス採取部は、自動車の排気管から測定に必要な排気ガスを容易に採取することができるものであること。
二　排気ガス採取部は、前処理装置を備えているものであること。
三　排気ガス採取部の採取管、導管、ポンプ及び前処理装置は、清掃及び部品の交換が容易に行えるものであること。

（排気ガス分析部）
第五十七条　炭化水素測定器の排気ガス分析部は、清掃及び部品の交換が容易に行えるものでなければならない。

（濃度指示部）
第五十八条　炭化水素測定器の濃度指示部の指示計は、炭化水素のノルマルヘキサン当量による濃度を体積百万分率で指示するものでなければならない。
2　炭化水素測定器の濃度指示部の指示計が目盛式の場合は当該指示計が次の基準に適合するものでなければならない。
一　目盛が二十体積百万分率以下ごとに目盛られていること。ただし、二千体積百万分率以上の目盛についてはこの限りでない。
二　指示範囲が、零体積百万分率から、二千体積百万分率以上であること。
三　指示値が容易に読み取れるものであること。
3　炭化水素測定器の濃度指示部の指示計が、目盛式以外の場合は、当該指示計が前項各号の基準と同等以上の基準に適合するものでなければならない。

（校正装置）
第五十九条　炭化水素測定器の校正装置は、ゼロ校正及びスパン校正を容易に行えるものでなければならない。

（精度）
第六十条　炭化水素測定器は、ゼロ校正及びスパン校正を行った後、指示範囲内の任意のガス濃度を測定したとき、指示の誤差が次のいずれかの基準に適合するものでなければならない。
一　十二体積百万分率以下であること。
二　指示すべき値の五パーセント以下であること。
2　第七条第二項の規定は、炭化水素測定器について準用する。

第十章　重量計

（精度）
第六十一条　重量計の指示の誤差は、当該重量計の使用公差（計量法（平成四年法律第五十一号）第二十三条第一項第三号の経済産業省令で定める使用公差をいう。）の範囲内でなければならない。

第十一章　整備用スキャンツール

（構造等）
第六十二条　整備用スキャンツールは、車載式故障診断装置との接続部、表示部及び入力部を有するものであり、かつ、取扱いが容易なものでなければならない。

（耐久性）
第六十三条　整備用スキャンツールの各部は、使用環境による影響を受けにくく、十分な耐久性を有するものでなければならない。

（作動）
第六十四条　整備用スキャンツールの各作動箇所は、円滑かつ確実に作動するものでなければならない。

（接続部）
第六十五条　整備用スキャンツールの接続部は、次の基準に適合するものでなければならない。
一　一車種以上の自動車の車載式故障診断装置と接続できるものであること。
二　制動装置並びに自動車の運行時の状態及び前方の状況を検知するためのセンサーに係る電子制御装置並びにかじ取装置、前方のエアバッグ、側方のエアバッグ、自動車のばい煙、悪臭のあるガス、有害なガス等の発散防止装置、車両接近通報装置及び自動運行装置に係る電子制御装置（対象とする自動車に備えるものに限る。）と通信ができるものであること。

（機能）
第六十六条　整備用スキャンツールは、次の基準に適合するものでなければならない。
一　車載式故障診断装置に記録されている故障コードの読取及び消去ができるものであること。
二　制動装置並びに自動車の運行時の状態及び前方の状況を検知するためのセンサーに係る電子制御装置の調整に係る機能並びにかじ取装置及び自動運行装置に係る電子制御装置（対象とする自動車に備えるものに限る。）の調整に係る機能を備えているものであること。
三　自動車のばい煙、悪臭のあるガス、有害なガス等の発散防止装置を備える自動車と接続するものにあっては、対象とする自動車に応じた道路運送車両法の保安基準の細目を定める告示（平成十四年国土交通省告示第六百十九号。以下「細目告示」という。）別添四十八に規定する情報の読取機能又はこれに相当する機能を備えているものであること。

（表示部）
第六十七条　整備用スキャンツールの表示部は、表示される内容が容易に読み取れるものでなければならない。

（入力部）
第六十八条　整備用スキャンツールの入力部は、整備に必要な情報を入力できるものでなければならない。

第十二章　検査用スキャンツール

（構造等）
第六十九条　検査用スキャンツールは、継続検査用ＯＢＤ（細目告示別添百二十四に規定するものをいう。以下この章において同じ。）との接続部、表示部及び入力部を有するものであり、かつ、取扱いが容易なものでなければならない。

（耐久性）
第七十条　検査用スキャンツールの各部は、使用環境による影響を受けにくく、十分な耐久性を有するものでなければならない。

（作動）

第七十一条　検査用スキャンツールの各作動箇所は、円滑かつ確実に作動するものでなければならない。

（接続部）

第七十二条　検査用スキャンツールの接続部は、次の基準に適合するものでなければならない。

一　対象とする自動車の継続検査用ＯＢＤと接続できるものであること。

二　独立行政法人自動車技術総合機構（以下「機構」という。）が作成する検査に必要となるソフトウェア（以下単に「ソフトウェア」という。）を用いて、かじ取装置、制動装置、自動車のばい煙、悪臭のあるガス、有害なガス等の発散防止装置、車両接近通報装置及び自動運行装置に係る継続検査用ＯＢＤ（対象とする自動車に備えるものに限る。）と通信ができるものであること。

（機能）

第七十三条　検査用スキャンツールは、次の基準に適合するものでなければならない。

一　細目告示別添四十八及び別添百二十四に規定する情報の読取機能を備えていること。

二　自動車のばい煙、悪臭のあるガス、有害なガス等の発散防止装置に係る継続検査用ＯＢＤが正常に機能する能力を有することを確認するために必要となる電圧を測定する機能を備えていること。

三　ソフトウェアを正常に作動させることができ、かつ、機構の指定する方法によりこれを更新することができるものであること。

四　検査しようとする自動車を特定するために必要な情報並びに第一号及び第二号の機能により取得した情報を、ソフトウェアを用いて機構の使用に係る電子計算機に確実に送信でき、かつ、当該電子計算機から継続検査用ＯＢＤとの通信に必要な情報及び検査の結果を確実に受信できるものであること。

（表示部）

第七十四条　検査用スキャンツールの表示部は、表示される内容が容易に読み取れるものでなければならない。

（入力部）

第七十五条　検査用スキャンツールの入力部は、検査に必要な情報を入力できるものでなければならない。

前　文（抄）（平九・九・二九運告六〇二）

平成九年十月一日から適用する。

前　文（抄）（平一〇・八・一九運告四二三）

平成十年九月一日から適用する。

前　文（抄）（平一三・三・三〇国交告三八六）

平成十三年四月一日から適用する。

附　則（平一九・五・一七国交告五八七）

（施行期日）

第一条　この告示は、平成十九年七月三十一日から施行する。

（経過措置）

第二条　この告示の施行日前に製造された音量計については、この告示による改正後の自動車検査用機械器具に係る国土交通大臣の定める技術上の基準第十九条及び第二十四条の規定にかかわらず、なお従前の例によることができる。

附　則（平三〇・一〇・三一国交告一二一六）

この告示は、公布の日から施行する。

附　則（令二・二・六国交告五五）

（施行期日）

この告示は、道路運送車両法の一部を改正する法律〔令和元年五月法律第一四号〕の施行の日〔令和二年四月一日〕から施行する。〔後略〕

附　則（令三・一〇・一五国交告一三五四）

この告示は、公布の日より施行する。

○自動車検査登録印紙の売りさばきに関する省令

（昭和三十九年三月三十一日運輸省令第十八号）

沿革　昭四一運令八、昭四六運令二、昭四八運令一五、昭五九運令一八、昭六三運令四〇、平元運令一二、平三運令二一、平四運令一七、平九運令一六、平一二運令三九、平一六国交令一一四、平二六国交令一七、令元国交令三六改正

（売りさばき業務の委託）

第一条　国土交通大臣は、自動車検査登録印紙（以下「印紙」という。）を売りさばくのに必要な資力及び信用を有する者のうちから印紙の売りさばき人（以下「売りさばき人」という。）を選定し、印紙の売りさばき業務を委託するものとする。

（売りさばき人の申請）

第二条　売りさばき人となろうとする者は、次に掲げる事項を記載した申請書を、自動車検査登録印紙売りさばき所（以下「売りさばき所」という。）の予定地を管轄する地方運輸局長を経て国土交通大臣に提出しなければならない。

一　申請者の氏名（申請者が法人であるときは、その名称及び代表者の氏名）及び住所

二　売りさばき所の予定地

三　一月中における印紙の売りさばき予定額及びこれに要する資金の調達方法

2　前項の申請書には、売りさばき所附近の見取図及び売りさばき所に使用しようとする建物及びその敷地の使用の権原を証する書類を添附しなければならない。

（売りさばき所の設置）

第三条　売りさばき人は、その業務を行なうため、前条の申請に係る売りさばき所の予定地に売りさばき所を設けなければならない。

（売りさばき所の標札）

第四条　売りさばき人は、売りさばき所に別記様式の標札を掲げなければならない。

（印紙の売りさばき）

第五条　売りさばき人は、その売りさばき所における一般の需要をみたすのに十分な数量の印紙を常備し、当該売りさばき所において定価で公平に売りさばかなければならない。

（印紙の買受け）

第六条　売りさばき人が印紙を買い受けようとするときは、印紙の種類、数量、金額その他必要な事項を記載した売渡請求書を売りさばき所の所在地を管轄する地方運輸局長（以下「地方運輸局長」という。）に提出しなければならない。

2　地方運輸局長は、必要があると認めるときは、売りさばき人の印紙の買受けの回数又は一回の買受金額を制限することができる。

（印鑑の届出）

第七条　売りさばき人は、印紙の買受けに使用する印鑑を地方運輸局長に届け出なければならない。これを変更しようとするときも、同様とする。

（売りさばき時間）

第八条　売りさばき所における印紙の売りさばき時間は、売りさばき休止日を除いて午前八時から午後五時までとする。

2　前項の売りさばき休止日は、行政機関の休日に関する法律（昭和六十三年法律第九十一号）第一条第一項各号に掲げる日とする。

3　売りさばき人は、印紙の売りさばき時間外及び売りさばき休止日においても印紙を売りさばくことができる。

（指示等）

第九条　地方運輸局長は、必要があると認めるときは、売りさばき人に対し、印紙の売りさばきの方法その他印紙の売りさばきに関して指示をし、又は報告を求めることができる。

（売りさばき手数料の支払い）

第十条　印紙の売りさばき手数料の額は、売り渡した印紙の金額の百分の一・三に相当する金額に百分の百十を乗じて得た金額とする。

2　前項の売りさばき手数料は、印紙を売り渡した地方運輸局において支払う。

（印紙の交換）

第十一条　売りさばき人は、買い受けた印紙のうち、売りさばきが廃止されたもの、地方運輸局長が売りさばきに適しないと認めたもの又は故意若しくは過失によらないで汚染し若しくはき損されたものを他の印紙と交換することを地方運輸局長に請求することができる。

（売りさばき人の氏名等の変更）

第十二条　売りさばき人がその氏名（売りさばき人が法人であるときは、その名称又は代表者の氏名）又は住所を変更したときは、遅滞なく、その旨を地方運輸局長に届け出なければならない。

（売りさばき所の位置の変更）

第十三条　売りさばき人は、正当な理由があるときは、あらかじめ地方運輸局長の承認を受けて、売りさばき所の位置を変更することができる。

（売りさばき業務の廃止の届出）

第十四条　売りさばき人が印紙の売りさばき業務をやめようとするときは、三十日前までに地方運輸局長を経て国土交通大臣にその旨を届け出なければならない。

（契約の解除）

第十五条　国土交通大臣は、次の各号の一に掲げる場合においては、印紙の売りさばき業務の委託を解除することができる。

一　売りさばき人が印紙を売りさばくのに必要な資力又は信用を失なつたとき。

二　売りさばき人がこの省令の規定に違反したとき。

三　売りさばき人が第九条の規定による指示に従わず、又は報告の求めに応じなかつたとき。

四　国土交通大臣が当該売りさばき人の設ける売りさばき所において印紙の売りさばきの業務を行なう必要がなくなつたと認めるとき。

（印紙の買戻し）

第十六条　売りさばき人が次の各号のいずれかに該当することとなつた場合には、当該各号に掲げる者は、残存する印紙の買戻しを地方運輸局長に請求することができる。この場合においては、当該印紙の金額の百分の一・三に相当する金額に

百分の百十を乗じて得た金額をその買戻額から差し引くものとする。

一　売りさばき人が前二条の規定により印紙の売りさばき業務をやめたときは、売りさばき人であつた者

二　売りさばき人である法人が合併及び破産手続開始の決定以外の理由により解散したときは、その清算人

三　売りさばき人である法人が合併により解散したときは、合併により存続する法人又は合併により設立された法人

四　売りさばき人である法人が破産手続開始の決定により解散したときは、その破産管財人

五　売りさばき人が死亡したときは、その相続人

附　則

この省令は、昭和三十九年四月一日から施行する。

附　則（昭四一・三・三一運令八）

1　この省令は、昭和四十一年四月一日から施行する。

2　第十六条の規定による印紙の買いもどし請求があつた場合において、残存する印紙の種類ごとの数量が、この省令の施行後に買い受けたそれぞれの数量をこえるときは、そのこえる部分の印紙の買いもどしについては、改正後の第十六条の規定にかかわらず、なお従前の例による。

附　則（昭四六・一一・一一運令二抄）

（施行期日）

1　この省令は、公布の日から施行する。〔後略〕

附　則（昭四八・四・二五運令一五）

この省令は、公布の日から施行する。

附　則（昭五九・六・二二運令一八抄）

（施行期日）

第一条　この省令は、昭和五十九年七月一日から施行する。

附　則（昭六三・一二・二四運令四〇）

この省令は、昭和六十四年一月一日から施行する。

附　則（平元・三・三一運令一二抄）

（施行期日）

1　この省令は、平成元年四月一日から施行する。

（経過措置）

2　自動車検査登録印紙の売りさばきに関する省令第十六条の規定による印紙の買戻し請求があつた場合において、残存する印紙の種類ごとの数量が、この省令の施行後に買い受けたそれぞれの数量を超えるときは、その超える部分の印紙の買戻しについては、改正後の自動車検査登録印紙の売りさばきに関する省令第十六条の規定にかかわらず、なお従前の例による。

附　則（平三・六・二七運令二一）

（施行期日）

1　この省令は、平成三年七月一日から施行する。

（経過措置）

2　第十六条の規定による印紙の買戻し請求があつた場合において、残存する印紙の種類ごとの数量が、この省令の施行後に買い受けたそれぞれの数量を超えるときは、その超える部分の印紙の買戻しについては、改正後の第十六条の規定にかかわらず、なお従前の例による。

附　則（平四・四・二七運令一七）

この省令は、平成四年五月一日から施行する。

附　則（平九・三・二四運令一六抄）

（施行期日）

1　この省令は、平成九年四月一日から施行する。

（自動車検査登録印紙の売りさばきに関する省令の一部改正に伴う経過措置）

2　自動車検査登録印紙の売りさばきに関する省令第十六条の規定による印紙の買戻し請求があつた場合において、残存する印紙の種類ごとの数量が、この省令の施行後に買い受けたそれぞれの数量を超えるときは、その超える部分の印紙の買戻しについては、第一条の規定による改正後の自動車検査登録印紙の売りさばきに関する省令第十六条の規定にかかわらず、なお従前の例による。

附　則（平一二・一一・二九運令三九抄）

（施行期日）

第一条　この省令は、平成十三年一月六日から施行する。

附　則（平一六・一二・二八国交令一一四）

この省令は、破産法〔平成一六年六月法律第七五号〕の施行の日（平成十七年一月一日）から施行する。

附　則（平二六・三・三国交令一七）

（施行期日）

1　この省令は、平成二十六年四月一日から施行する。

（経過措置）

2　自動車検査登録印紙の売りさばきに関する省令第十六条の規定による印紙の買戻し請求があつた場合において、残存する印紙の種類ごとの数量が、この省令の施行後に買い受けたそれぞれの数量を超えるときは、その超える部分の印紙の買戻しについては、改正後の自動車検査登録印紙の売りさばきに関する省令第十六条の規定にかかわらず、なお従前の例による。

附　則（令元・九・三〇国交令三六）

（施行期日）

1　この省令は、令和元年十月一日から施行する。

（経過措置）

2　自動車検査登録印紙の売りさばきに関する省令第十六条の規定による印紙の買戻し請求があつた場合において、残存する印紙の種類ごとの数量が、この省令の施行後に買い受けたそれぞれの数量を超えるときは、その超える部分の印紙の買戻しについては、この省令による改正後の自動車検査登録印紙の売りさばきに関する省令第十六条の規定にかかわらず、なお従前の例による。

別記様式

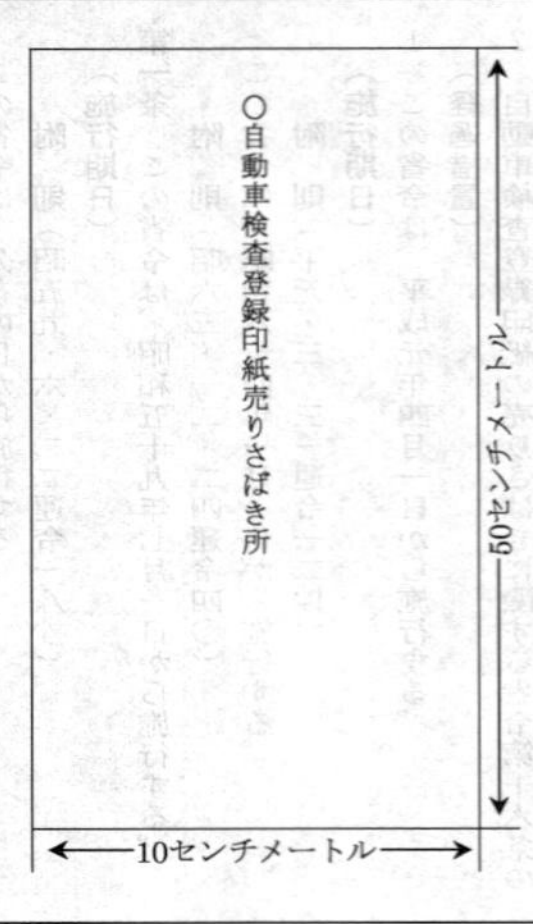

備考　この標札の材料及び色彩は、適宜とする。

○道路交通に関する条約（抄）

（昭和三十九年八月七日号外
条約第十七号）

第一章　総則

第一条

1　締約国は、その道路の使用に関する管轄権を留保して、その道路をこの条約に定める条件に従つて国際交通の用に供することに同意する。

2　締約国は、一年の期間をこえて引き続きその領域内にとどまつている自動車、被牽引車又は運転者にこの条約の利益を及ぼすことを要求されない。

第二条

1　この条約の附属書は、この条約の不可分の一部とする。ただし、いずれの国も、この条約の署名若しくは批准若しくはこれへの加入の時に、又はその後いつでも、宣言によりこの条約の適用について附属書一又は附属書二を排除することができるものと了解される。

2　締約国は、1の規定に基づいて排除した附属書一又は附属書二につき、いつでも、国際連合事務総長に対し、当該通告の日からその拘束を受ける旨を通告することができる。

第三条

1　税関、警察、衛生その他に関する手続の簡素化により国際道路交通を容易にするための措置であつて、その実施について締約国の全部又は一部が合意しており又は将来合意するものは、この条約の目的に適合するものと認められる。

2　(a)　締約国は、国際交通を認められる自動車の輸入につき、輸入税の支払を保証する担保の提供を要求することができる。そのような担保が提供されない場合には、輸入税が徴収されるものとする。

(b)　締約国は、この条の規定の適用上、その領域内に設立されている団体であつて、当該自動車について有効な国際通関書類（たとえば通関手帳）を発給した国際団体に加盟しているものによる保証を認めるものとする。

3　締約国は、この条約に規定する手続の履行のため、同一の国際道路上にあつて対応している税関事務所又はその支所の執務時間を同一にするよう努力するものとする。

第四条

この条約の適用上、

「国際交通」とは、少なくとも一の国境を越える交通をいう。

「道路」とは、車両の交通のために公衆に開放されている道をいう。

「車道」とは、本来車両の通行に使用される道路の部分をいう。

「通行帯」とは、一縦列の車両の通行に十分な幅を有するように区分された車道の部分をいう。

「運転者」とは、道路において車両（自転車を含む。）を運転し、若しくは牽引用、積載用若しくは乗用に用いられている動物若しくは家畜の群を誘導する者又はそれらのものを現実に統御する者をいう。

「自動車」とは、道路において本来人又は貨物の運搬に使用されるすべての自動推進式の車両（レール又は架線によつて走行する車両を除く。）をいう。附属書一の拘束を受ける国については、同附属書に規定する補助エンジンを装備する自転車をこの定義において除外するものとする。

「分節車両」とは、自動車と前車軸を有しない被牽引車との結合体であつて、被牽引車の一部が自動車にのせられ、かつ、被牽引車及びその積載物の重量の相当の部分が自動車によつてささえられるものをいう。このような被牽引車は、「セミトレーラ」という。

「被牽引車」とは、自動車によつて牽引されることを目的とする車両をいう。

「自転車」とは、自動推進式でない自転車をいう。附属書一の拘束を受ける国については、同附属書に規定する補助エンジンを装備する自転車をこの定義において含ませるものとする。

車両の「積載重量」とは、運行することができる状態で停止している車両及びその積載物の重量（運転者及び同乗者の重量を含む。）をいう。

「最大積載量」とは、車両の登録国の権限のある当局が宣言した積載物の重量の限度をいう。

車両の「許容最大重量」とは、運行することができる状態にある車両の重量及び最大積載量の和をいう。

第五条

この条約は、有償で行なう人の輸送又は乗車している者の携帯品以外の貨物の輸送を認めるものと解してはならない。これらの事項及びこの条約に定めのないすべての事項は、他の国際条約又は国際協定の適用を受けることを条件として、国内法の管轄に属するものと了解される。

第二章　道路交通に関する規則

第八条

1　一単位として運行されている車両又は連結車両には、それぞれ運転者がいなければならない。

2　牽引用、積載用又は乗用に用いられている動物には、運転者がいなければならず、家畜には、入口に一定の表示のある特別の区域における場合を除くほか、付添人がいなければならない。

3　集団で移動する車両又は動物には、国内法令で定める数の運転者がいなければならない。

4　前記の集団は、必要に応じ、交通の便宜のため、適当な長さの部分に分割され、かつ、各部分の間に十分な間隔が設けられていなければならない。この規定は、遊牧民の移住が行なわれる地方には、適用しない。

5　運転者は、常に、車両を適正に操縦し、又は動物を誘導することができなければならない。運転者は、他の道路使用者に接近するときは、当該他の道路使用者の安全のために必要な注意を払わなければならない。

第十条

車両の運転者は、常に車両の速度を制御していなければならず、また、適切かつ慎重な方法で運転しなければならない。運転者は、状況により必要とされるとき、特に見とおしがきかないときは、徐行し、又は停止しなければならない。

第四章　国際交通における自動車及び被牽引車に適用する規定

第十八条

1　自動車は、この条約の利益を享受するためには、締約国又はその下部機構によりその法令に定める方法で登録されなければならない。

2　権限のある当局又は正当に権限を与えられた団体は、少なくとも登録番号と称する一連番号、車両の製作者の名称又は商標、製作番号又は製作者の一連番号、最初の登録の日付並びに登録証書の発給申請者の氏名及び住所を記載した登録証書を発給するものとする。

3　締約国は、反証がない限り、前記の登録証書をそれに記入された事項を証明するものとして認めなければならない。

第十九条

1　自動車は、少なくともその後面の特定の標板上又は車両自体の後面に、権限のある当局が付与した登録番号を表示しなければならない。自動車が一又は二以上の被牽引車を牽引している場合には、その被牽引車又は最後部の被牽引車は、自動車の登録番号又はその被牽引車自体の登録番号を表示しなければならない。

2　登録番号の構成及びその表示の方法は、附属書三に定めるとおりとする。

第二十条

1　自動車は、その後面の標板上又は車両自体の後面に、登録番号のほかに、当該自動車の登録地の識別記号を表示しなければならない。この識別記号は、国又は登録に関して独立の単位を構成する領域を示すものでなければならない。自動車が一又は二以上の被牽引車を牽引している場合には、この識別記号は、その被牽引車又は最後部の被牽引車の後面にも表示しなければならない。

2　識別記号の構成及びその表示の方法は、附属書四に定めるとおりとする。

第二十一条

自動車及び被牽引車は、附属書五に定める証明記号をつけていなければならない。

第二十二条

1　自動車及び被牽引車は、機能が良好でなければならず、また、運転者、同乗者又は道路上の人に危険を及ぼし、又は公私の財産に損害を与えることがないように整備されていなければならない。

2　さらに、自動車及び被牽引車並びにこれらの装置は、附属書六の規定に適合するものでなければならず、また、自動車の運転者は、同附属書に定める規則を遵守しなければならない。

3　この条の規定は、トロリーバスに適用する。

第二十三条

1　締約国又はその下部機構の道路を通行することを認められる車両の最大寸法及び最大重量は、国内法令の定めるところによる。地域的協定の当事国が指定し、又はそのような協定がない場合において締約国が指定する道路においては、許容最大寸法及び許容最大重量は、附属書七に定めるとおりとする。

2　この条の規定は、トロリーバスに適用する。

附属書五

国際交通における車両の証明記号

1　証明記号は、次のものから成る。

(a)　自動車については、

(i)　車両の製作者の名称又は商標

(ii)　車台又は車体（車台のない場合）につけた製作番号又は製作者の一連番号

(iii)　製作者が原動機に製作番号をつけるときは、その製作番号

(b)　被牽引車については、(a)(i)及び(ii)に掲げる事項又は権限のある当局が当該被牽引車に付与した証明記号

2　前記の証明記号は、見やすい場所につけられなければならず、また、識別が容易であり、かつ、容易に消し又は改変することができないものでなければならない。

附属書六

国際交通における自動車及び被牽引車の装置に関する技術上の条件

I 制動装置

(a) 二輪の自動車（側車付きのものを含む。）以外の自動車の制動装置

自動車は、これを運行する上り又は下りの坂道において、いかなる積載状態においても有効に、安全に、かつ、迅速にその走行を制御し、及びこれを停止させることができる制動装置を備えなければならない。

制動装置は、一方の装置が作用しないときに他方の装置により妥当な距離内において車両を停止させることができる構造の二系統の装置により操作されるものでなければならない。

この附属書の適用上、これらの制動装置の一方を「常用制動装置」、他方を「駐車用制動装置」という。

駐車用制動装置は、運転者が不在の場合にも、機械的作用のみによつて、作動した状態に保持されることができるものでなければならない。

いずれの制動装置も、車両の中心面の両側の対称な位置に取りつけられた車輪に制動力を及ぼすことができるものでなければならない。

制動面は、クラッチ、ギヤ・ボックス又はフリー・ホイールにより瞬間的に分離される場合以外は分離されることができない方式により、常に車輪に接続させておかなければならない。

制動装置の少なくとも一方は、車輪に直接に取りつけられ、又は制動装置の機能を損ずるおそれのない部分を通じて取りつけられている制動面に作用することができるものでなければならない。

(b) 被牽引車の制動装置

許容最大重量が七百五十キログラム（千六百五十ポンド）をこえる被牽引車は、車両の中心面の両側の対称な位置に取りつけられた車輪に作用し、かつ、半数以上の車輪に作用する少なくとも一系統の制動装置を備えなければならない。

この規定は、許容最大重量が、七百五十キログラム（千六百五十ポンド）をこえないが、牽引する車両の空車状態における重量の二分の一をこえる被牽引車にも適用する。

許容最大重量が三千五百キログラム（七千七百ポンド）をこえる被牽引車の制動装置は、牽引する車両の常用制動装置を操作することにより作用させることができるものでなければならない。許容最大重量が三千五百キログラム（七千七百ポンド）をこえない被牽引車の制動装置は、牽引する車両にその被牽引車が接近することにより作用するもの（慣性制動装置）とすることができる。

被牽引車の制動装置は、その被牽引車が連結を解かれているときに車輪の回転を防止することができるものでなければならない。

制動装置を備える被牽引車は、走行中に分離したときにその被牽引車を自動的に停止させることができる装置を備えなければならない。この規定は、二輪の宿営用被牽引車又は重量が七百五十キログラム（千六百五十ポンド）をこえる貨物用の軽量の被牽引車で、主連結装置のほかに鎖又はワイヤ・ロープの副連結装置を備えるものには、適用しない。

(c) 分節車両及び自動車と被牽引車との連結車両の制動装置

(i) 分節車両

(a)の規定は、分節車両にも適用する。許容最大重量が七百五十キログラム（千六百五十ポンド）をこえるセミトレーラは、牽引する車両の常用制動装置を操作することにより作用させることができる少なくとも一系統の制動装置を備えなければならない。

セミトレーラの制動装置は、さらに、そのセミトレーラが連結を解かれているときに車輪の回転を防止することができるものでなければならない。

国内法令により要求されるときは、制動装置を備えるセミトレーラは、走行中に分離したときにそのセミトレーラを自動的に停止させることができる装置を備えなければならない。

(ii) 自動車と被牽引車との連結車両

自動車と一又は二以上の被牽引車との連結車両は、これを運行する上り又は下りの坂道において、いかなる積載状態においても有効に、安全に、かつ、迅速にその走行を制御し、及びこれを停止させることができる制動装置を備えなければならない。

(d) 二輪の自動車（側車付きのものを含む。）の制動装置

二輪の自動車は、手又は足によつて操作することができ、有効に、安全に、かつ、迅速にその走行を制御し、及びこれを停止させることができる二系統の制動装置を備えなければならない。

II 燈火装置

(a) 二輪の自動車（側車付きのものを含む。）以外の自動車で平たん地における速度が二十キロメートル（十二マイル）毎時をこえることができるものは、晴天の夜間においてその前方の道路を百メートル（三百二十五フィート）の距離まで十分に照明することができる少なくとも二個の白色又は黄色の走行燈を前面に備えなければならない。

(b) 二輪の自動車（側車付きのものを含む。）以外の自動車で平たん地における速度が二十キロメートル（十二マイル）毎時をこえることができるものは、晴天の夜間においてその前方の道路を三十メートル（百フィート）の距離まで、他の道路使用者（交通の方向のいかんを問わない。）を眩惑させることなく、必要に応じ十分に照明することができる二個の白色又は黄色のすれ違い燈を前面に備えなければならない。

すれ違い燈は、他の道路使用者を眩惑させることのない照明が必要とされ又は義務づけられるすべての場合において、走行燈の代わりに使用しなければならない。

(c) 二輪の自動車（側車付きのものを含む。）は、(a)及び(b)の規定にそれぞれ適合する少なくとも一個の走行燈及び一個のすれ違い燈を備えなければならない。ただし、総排気量が五十立方センチメートル（三・〇五立方インチ）以下の原動機を有する二輪の自動車については、この義務を免除することができる。

(d) 二輪の自動車（側車付きのものを除く。）以外の自動車は、二個の白色の車幅燈を前面に備えなければならない。

これらの車幅燈は、晴天の夜間においてその前方百五十メートル（五百フィート）の距離から確認することができるものでなければならず、他の道路使用者を眩惑させないものでなければならない。

これらの車幅燈の照明部のうち車両の中心面から最も遠い部分は、車両の最外側にできる限り近くなければならず、いかなる場合にも、その最外側から四百ミリメートル（十六インチ）以内になければならない。

車幅燈は、夜間、その使用が義務づけられているすべての場合において点燈していなければならず、また、すれ違い燈の照明部のいかなる部分も車両の最外側から四百ミリメートル（十六インチ）以内にないときは、すれ違い燈と同時に点燈していなければならない。

(e) 自動車及び連結車両の最後部にある被牽引車は、晴天の夜間においてその後方百五十メートル（五百フィート）の距離から確認することができる少なくとも一個の赤色燈を後面に備えなければならない。

(f) 自動車又は被牽引車の後面の登録番号は、晴天の夜間において後方二十メートル（六十五フィート）の距離から識別しうるように照明されることができなければならない。

(g) 赤色の尾燈及び後面の登録番号燈は、車幅燈、すれ違い燈又は走行燈のいずれとも同時に点燈していなければならない。

(h) 二輪の自動車（側車付きのものを除く。）以外の自動車は、二個の赤色の反射器（なるべく三角形以外の形のもの）を後面において両側の対称な位置に備えなければならない。それぞれの反射器の車両の外側に近い外縁は、車両の最外側にできる限り近くなければならず、いかなる場合にも、車両の最外側から四百ミリメートル（十六インチ）以内になければならない。これらの反射器は、赤色の尾燈が前記の条件に適合する場合には、その赤色の尾燈に組み込むことができる。これらの反射器は、二個の走行燈により照明された場合に、晴天の夜間において少なくとも百メートル（三百二十五フィート）の距離から確認することができるものでなければならない。

(i) 二輪の自動車（側車付きのものを除く。）は、一個の赤色の反射器（なるべく三角形以外の形のもの）で、(h)にいう確認についての条件に適合するものを、赤色の尾燈に組み込んで又は別個に、後面に備えなければならない。

(j) 被牽引車及び分節車両は、二個の赤色の反射器（なるべく三角形のもの）を後面において両側の対称な位置に備えなければならない。これらの反射器は、二個の走行燈により照明された場合に、晴天の夜間において少なくとも百メートル（三百二十五フィート）の距離から確認することができるものでなければならない。

反射器の形が三角形である場合には、その三角形は、一辺が少なくとも百五十ミリメートル（六インチ）の正立の正三角形でなければならない。それぞれの反射器の車両の外側に近い頂点は、車両の最外側にできる限り近くなければならず、いかなる場合にも、車両の最外側から四百ミリメートル（十六インチ）以内になければならない。

(k) 二輪の自動車以外の自動車及び連結車両の最後部にある被牽引車は、少なくとも一個の赤色又は橙色の制動燈を後面に備えなければならない。この制動燈は、自動車の常用制動装置を操作した際に点燈するものでなければならない。制動燈が赤色であり、かつ、赤色の尾燈に組み込まれ又はこれと兼用されているときは、その光度は、赤色の尾燈の光度より大きくなければならない。牽引する車両の制動燈の後方からの確認が可能であるような大きさの被牽引車又はセミトレーラは、制動燈を備えることを要しない。

(l) 自動車が方向指示器を備えているときは、その方向指示器は、次のいずれかのものでなければならない。

(i) 車両の両側から外方に突出する可動腕木で、その腕木が水平の位置にあるときは光度が変化しない橙色の燈火によって照明されるもの

(ii) 車両の両側に取り付けられた橙色の燈火で、周期的に点滅し又は光度が増減するもの

(iii) 車両の前面及び後面の両側に取りつけられた燈火で、周期的に点滅し又は光度が増減するもの。その燈火の色は、前面のものは白色又は橙色とし、後面のものは赤色又は橙色とする。

(m) 方向指示器を除くほか、いかなる燈火も、周期的に点滅し又は光度が増減するものであつてはならない。

(n) 車両が同一の目的に使用される二以上の燈火を備える場合には、それらの燈火は、同色のものでなければならず、側車付きの二輪の自動車における場合を除くほか、そのうちの二個は、車両の中心面に対して対称な位置になければならない。

(o) 二以上の燈火がそれぞれこのIIの関係規定に適合するときは、それらの燈火を同一の燈火装置に組み込むことができる。

III その他の条件

(a) かじ取装置

自動車は、容易に、迅速に、かつ、確実に自動車を転回させることができる堅牢なかじ取装置を備えなければならない。

(b) 後写鏡

自動車は、運転者がその席から車両の後方の道路を確認することができるような位置に、適当な大きさの少なくとも一個の後写鏡を備えなければならない。ただし、この規定は、二輪の自動車（側車付きのものを含む。）には、適用しない。

(c) 警音器

自動車は、十分な音響を発する少なくとも一個の警音器を備えなければならない。ただし、警音器は、ベル、鐘、サイレンその他不快な音響を発する装置であつてはならない。

(d) 窓ふき器

前面ガラスを有する自動車は、運転者が常に操作していなくても作用する有効な少なくとも一個の窓ふき器を備えなければならない。ただし、この規定は、二輪の自動車（側車付きのものを含む。）には、適用しない。

(e) 前面ガラス

前面ガラスは、変質しない、透明な、かつ、破壊の際にも鋭利な破片を生じない物質を用いたものでなければならず、また、これを通して見る物体が変形して見えるものであつてはならない。

(f) 後退装置

空車状態における重量が四百キログラム（九百ポンド）をこえる自動車は、運転者席から操作される後退装置を備えなければならない。

(g) 消音器

自動車は、過度の又は異常な音響を防止するため、継続的に作用する消音器で運転者が運転中にその作用を中断させることができないものを備えなければならない。

(h) タイヤ

自動車及びその被牽引車の車輪には、空気入りタイヤ又はこれと同程度の弾性を有するタイヤを取りつけなければならない。

(i) 斜面における車両の暴走を防止するための器具

許容最大重量で三千五百キログラム（七千七百ポンド）をこえる自動車は、山岳地方を通行するにあたり、その山岳地方が存在する国における国内法令の定めに従い、車輪止めその他車両が前方又は後方に暴走することを防ぐための器具を備えなければならない。

(j) 一般規定

(i) 自動車の機械装置又は附属品は、可能である限り、火災又は爆発の危険がなく、有害なガス又は不快な臭気を発散せず、騒音を発生せず、また、衝突の際に危険をもたらさないものでなければならない。

(ii) 自動車は、運転者が、安全に運転することができるために、前方及び左右を十分に確認することができるような構造を有しなければならない。

(iii) 制動装置及び燈火装置に関する規定は、制動装置、燈火及び反射器についての登録国の国内法令に適合する身体障害者用車両には、適用しない。この(iii)の規定の適用上、「身体障害者用車両」とは、空車状態における重量が三百キログラム（七百ポンド）をこえず、速度が三十キロメートル（十九マイル）毎時をこえない自動車であって、身体上の欠陥又は機能障害がある者が使用するように特に設計され、製作され（単に改造されることを含まない。）、かつ、本来そのような者により使用されるものをいう。

IV 連結車両

(a) 連結車両は、牽引する車両及び一又は二の被牽引車で構成することができる。分節車両は、一の被牽引車を牽引することができる。ただし、分節車両を人の輸送に用いるときは、その分節車両が牽引する被牽引車は、二以上の車軸を有するものであってはならず、また、人の輸送に用いられてはならない。

(b) もっとも、締約国は、車両による一の被牽引車のみの牽引を認める旨及び分節車両による被牽引車の牽引を認めない旨を表明することができる。締約国は、また、分節車両を人の輸送に用いることを認めない旨を表明することができる。

V 暫定規定

この附属書のI、II及びIII(e)の規定は、この条約の効力発生後二年を経過した後に最初の登録を行なった自動車及びこれによって牽引される被牽引車に適用する。この条約の効力発生後二年を経過する前に最初の登録を行なった自動車及び被牽引車については、これらの規定は、この条約の効力発生後五年を経過した後に適用する。

それまでの間は、次の規定を適用する。

(a) 自動車は、相互に独立した二系統の制動装置を備え、又は二つの独立した操作装置を有する一系統の制動装置であって、その一方の操作装置が作用しない場合にも他方の操作装置が作用するものを備えなければならない。これらの制動装置は、いかなる場合にも、十分有効に、かつ、迅速に作用するものでなければならない。

(b) 自動車は、単独で通行する場合には、日没から夜を通じて、前面に少なくとも二個の白色燈を、一個は右側に、一個は左側に備え、及び後面に一個の赤色燈を備えなければならない。

二輪の自動車（側車付きのものを除く。）については、前面の燈火を一個とすることができる。

(c) 自動車は、その前方の道路を十分な距離まで有効に照明することができる一又は二以上の装置を備えなければならない。ただし、前記の二個の白色燈がこの条件を満たす場合は、この限りでない。

三十キロメートル（十九マイル）毎時をこえる速度で走行することができる車両については、この距離は、百メートル（三百二十五フィート）未満であってはならない。

(d) 眩惑効果を有する燈火は、他の道路使用者と行き違う場合又は眩惑効果の除去が有用である場合に眩惑効果を除去するための装置を備えなければならない。ただし、眩惑効果を除去した場合にも、道路は、少なくとも二十五メートル（八十フィート）の距離まで十分に照明されなければならない。

(e) 被牽引車を牽引する自動車は、前面の燈火に関する限り、単独の自動車に適用される規定と同一の規定に従わなければならず、当該被牽引車は、後面に赤色の尾燈を備えなければならない。

附属書七

国際交通における車両の寸法及び重量

1 この附属書は、第二十三条の規定に従って指定される道路に適用する。

2 前記の道路においては、許容最大寸法及び許容最大重量は、車両が積車状態にあると空車状態にあるとを問わず、次のとおりとする。ただし、車両は、登録国の権限のある当局が宣言した最大積載量をこえて積載をしてはならない。

	メートル	フィート
(a) 全幅	二・五〇	八・二〇

(b) 全高……三・八〇　一二・五〇

(c) 全長

二の車軸を有する貨物用車両……一〇・〇〇　三三・〇〇

二の車軸を有する乗用車両……一一・〇〇　三六・〇〇

三以上の車軸を有する車両……一一・〇〇　三六・〇〇

分節車両……一四・〇〇　四六・〇〇

被牽引車が一台の連結車両（注1）……一八・〇〇　五九・〇〇

被牽引車が二台の連結車両（注1）……二二・〇〇　七二・〇〇

注1　連結車両に関する附属書六Ⅳの規定は、この附属書に掲げる連結車両にも適用する。

(d) 許容最大重量　メートル・トン　ポンド

(i) 最大荷重の車軸につき（注2）……八・〇〇　一七、六〇〇

注2　車軸に加わる荷重とは、車両の外側に達する一・〇〇メートル（四〇インチ）の間隔の二の平行な横断鉛直面の間に中心があるすべての車輪を通じて道路に加わる重量の総体をいうものとする。

(ii) 最大荷重のタンデム車軸群（一群中の二の車軸の間隔が一・〇〇メートル（四〇インチ）以上二・〇〇メートル（七フィート）未満のもの）につき……一四・五〇　三二、〇〇〇

(iii) 車両一台又は分節車両その他の連結車両一単位につき

車両又は分節車両その他の連結車両の両端の車軸間の距離（単位メートル）		車両又は分節車両その他の連結車両の許容最大重量（単位メートル・トン）
一以上	二未満	一四・五〇
二〃	三〃	一五・〇〇
三〃	四〃	一六・二五
四〃	五〃	一七・五〇
五〃	六〃	一八・七五
六〃	七〃	二〇・〇〇
七〃	八〃	二一・二五
八〃	九〃	二二・五〇
九〃	一〇〃	二三・七五
一〇〃	一一〃	二五・〇〇
一一〃	一二〃	二六・二五
一二〃	一三〃	二七・五〇
一三〃	一四〃	二八・七五
一四〃	一五〃	三〇・〇〇
一五〃	一六〃	三一・二五
一六〃	一七〃	三二・五〇
一七〃	一八〃	三三・七五
一八〃	一九〃	三五・〇〇
一九〃	二〇〃	三六・二五

車両又は分節車両その他の連結車両の両端の車軸間の距離（単位フィート）		車両又は分節車両その他の連結車両の許容最大重量（単位ポンド）
三以上	七未満	三二、〇〇〇
七〃	八〃	三二、四八〇
八〃	九〃	三三、三二〇

九〃	一〇〃	三四、一六〇
一〇〃	一一〃	三五、〇〇〇
一一〃	一二〃	三五、八四〇
一二〃	一三〃	三六、六八〇
一三〃	一四〃	三七、五二〇
一四〃	一五〃	三八、三六〇
一五〃	一六〃	三九、二〇〇
一六〃	一七〃	四〇、〇四〇
一七〃	一八〃	四〇、八八〇
一八〃	一九〃	四一、七二〇
一九〃	二〇〃	四二、五六〇
二〇〃	二一〃	四三、四〇〇
二一〃	二二〃	四四、二四〇
二二〃	二三〃	四五、〇八〇
二三〃	二四〃	四五、九二〇
二四〃	二五〃	四六、七六〇
二五〃	二六〃	四七、六〇〇
二六〃	二七〃	四八、四四〇
二七〃	二八〃	四九、二八〇
二八〃	二九〃	五〇、一二〇
二九〃	三〇〃	五〇、九六〇
三〇〃	三一〃	五一、八〇〇
三一〃	三二〃	五二、六四〇
三二〃	三三〃	五三、四八〇
三三〃	三四〃	五四、三二〇
三四〃	三五〃	五五、一六〇
三五〃	三六〃	五六、〇〇〇
三六〃	三七〃	五六、八四〇
三七〃	三八〃	五七、六八〇
三八〃	三九〃	五八、五二〇
三九〃	四〇〃	五九、三六〇
四〇〃	四一〃	六〇、二〇〇
四一〃	四二〃	六一、〇四〇
四二〃	四三〃	六一、八八〇
四三〃	四四〃	六二、七二〇
四四〃	四五〃	六三、五六〇
四五〃	四六〃	六四、四〇〇
四六〃	四七〃	六五、二四〇
四七〃	四八〃	六六、〇八〇
四八〃	四九〃	六六、九二〇
四九〃	五〇〃	六七、七六〇
五〇〃	五一〃	六八、六〇〇
五一〃	五二〃	六九、四四〇
五二〃	五三〃	七〇、二八〇
五三〃	五四〃	七一、一二〇
五四〃	五五〃	七一、九六〇
五五〃	五六〃	七二、八〇〇
五六〃	五七〃	七三、六四〇
五七〃	五八〃	七四、四八〇
五八〃	五九〃	七五、三二〇
五九〃	六〇〃	七六、一六〇
六〇〃	六一〃	七七、〇〇〇
六一〃	六二〃	七七、八四〇
六二〃	六三〃	七八、六八〇
六三〃	六四〃	七九、五二〇
六四〃	六五〃	八〇、三六〇

(iv) 国際交通を認められた車両に関し、(iii)に掲げる表のメートル法単位で表示される許容最大重量がフィート及びポンドで表示される許容最大重量と異なるときは、その二の数値のうち大きい方の数値をとるものとする。

3 締約国は、2の表に掲げる数値をこえる許容最大重量を設定する地域的協定を締結することができる。ただし、最大荷重の車軸の許容最大重量は、十三メートル・トン（二万八千六百六十ポンド）をこえないことが望ましい。

4 締約国は、この附属書の適用を受ける道路を指定する場合において、その道路が次のような道路であるときは、その道路における交通について暫定的に許容される最大寸法及び最大重量を明示しなければならない。

(a) この附属書において許容された寸法又は重量の車両の通行を制限している渡船施設、トンネル又は橋を有する道路

(b) その性質又は状況により前記の車両の通行を制限する必要がある道路

5 締約国又はその下部機構は、寸法又は重量がこの附属書に定める最大寸法又は最大重量をこえる車両又は連結車両について、交通の特別許可を与えることができる。

6　締約国又はその下部機構は、この附属書の適用を受けるいずれかの指定道路が、破損又は豪雨、降雪、雪解けその他好ましくない気象状況のため、通常許容される重量の車両によつて著しく損壊されるおそれがあるときは、一定期間を限り、その指定道路における自動車の通行を制限し若しくは禁止し、又はその道路を通行する車両の重量を制限することができる。

○道路交通に関する条約の実施に伴う道路運送車両法の特例等に関する法律

（昭和三十九年六月十八日
法律第百九号）

沿革 昭四四法六八、昭五七法九一、昭五九法二五・六七、平元法八三、平六法八六、平一〇法七四、平一二法一六〇、平一四法五四、平一八法四〇改正

（趣旨）

第一条 この法律は、道路交通に関する条約（昭三九・八条約一七）（以下「条約」という。）を実施するため、道路運送車両法（昭和二十六年法律第百八十五号）及び道路運送法（昭和二十六年法律第百八十三号）の特例その他必要な事項を定めるものとする。

（定義）

第二条 この法律で「自動車」とは、道路運送車両法第二条第二項に規定する自動車をいう。

2 この法律で「締約国登録自動車」とは、締約国（条約の締約国であつて日本国以外のものをいう。以下同じ。）若しくはその下部機構によりその法令に定める方法で登録されている自動車（被牽引自動車を除く。）であつて次の各号の要件に該当するもの又はこれにより牽引される被牽引自動車であつて次の各号の要件に該当するものをいう。

一 自家用自動車の一時輸入に関する通関条約第二条1、自家用自動車の一時輸入に関する通関条約の実施に伴う関税法等の特例に関する法律（昭和三十九年法律第百一号）第十条又は関税定率法（明治四十三年法律第五十四号）第十七条第一項（第十号に係る部分に限る。）の規定の適用を受けて輸入されたものであること。

二 当該自動車を輸入した者の使用に供されるものであること。

三 関税法（昭和二十九年法律第六十一号）第六十七条の輸入の許可を受けた日から一年を経過しないものであること。

（締約国登録自動車の登録証書の備付け）

第三条 締約国登録自動車（被牽引自動車を除く。）は、条約第十八条2に規定する登録証書を備え付けなければ、運行（道路運送車両法第二条第五項に規定する運行をいう。以下同じ。）の用に供してはならない。

（道路運送車両法等の適用除外）

第四条 締約国登録自動車については、道路運送車両法第四条、第十九条、第二十九条、第三十一条から第三十三条まで、第四十七条から第五十条まで、第五十四条第四項、第五十六条、第五十八条、第六十三条、第六十六条、第七十三条第一項及び第九十七条の三の規定は、適用しない。

2 締約国登録自動車については、道路運送法第九十五条の規定は、適用しない。

（登録証書の交付）

第五条 道路運送車両法第四条の登録又は同法第六十条第一項後段若しくは第九十七条の三第一項の規定による車両番号の指定を受けている自動車の使用者は、当該自動車を締約国において使用しようとするときは、国土交通大臣（軽自動車については、当該車両番号の指定をした地方運輸局長）から登録証書の交付を受けることができる。

2 原動機付自転車（道路運送車両法第二条第三項に規定する原動機付自転車をいう。）を締約国において使用しようとする者は、国土交通省令で定める事項を地方運輸局長に届け出て、登録証書の交付を受けることができる。

※ 2項「国土交通省令」＝則一

（省令への委任）

第六条 前条の登録証書の記載事項及び様式その他当該登録証書に関する実施細目は、国土交通省令で定める。

※「国土交通省令」＝則

（権限の委任）

第七条 第五条第一項に規定する国土交通大臣の権限は、政令で定めるところにより、地方運輸局長に委任することができる。

2 第五条に規定する地方運輸局長の権限及び前項の規定により地方運輸局長に委任された権限は、政令で定めるところにより、運輸監理部長又は運輸支局長に委任することができる。

※ 1・2項「政令」＝令

（罰則）

第八条 次の各号の一に該当する者は、三万円以下の罰金に処する。

一 第三条の規定に違反した者

二 条約第十九条若しくは第二十条の規定による登録番号若しくは識別記号の表示をせず、又は条約第二十一条に規定する証明記号をつけないで、締約国登録自動車を運行の用に供した者

附 則（抄）

1 この法律は、条約が日本国について効力を生ずる日〔昭和三九年九月六日〕から施行する。

附 則（昭四四・八・一法六八抄）

（施行期日）

第一条 この法律中、第一条、次条、附則第三条及び附則第六条の規定は、公布の日から起算して六月をこえない範囲内において政令で定める日から、第二条、附則第四条及び附則第五条の規定は、公布の日から起算して一年をこえない範囲内において政令で定める日から施行する。

〔昭四四・一二政令三〇七により、第一条、附則第二条、附則第三条及び附則第六条の規定は、昭四五・一・一から施行。第二条、附則第四条及び附則第五条の規定は、昭四五・三・一から施行〕

（罰則に関する経過措置）

第六条 この法律の施行前にした行為及び附則第二条第二項の規定により従前の例によることとされる検査に係る第一条の規定の施行後にした行為に対する罰則の適用については、なお従前の例による。

附 則（昭五七・九・二法九一抄）

（施行期日）

第一条 この法律は、公布の日から起算して一年を超えない範囲内において政令で定める日から施行する。〔後略〕

〔昭五七・一二政令三二一により、昭五八・七・一から施行〕

附 則（昭五九・五・八法二五抄）

（施行期日）

第一条　この法律は、昭和五十九年七月一日から施行する。

附　則（昭五九・八・一〇法六七抄）

（施行期日）

第一条　この法律は、公布の日から起算して一年を超えない範囲内において政令で定める日から施行する。

〔昭五九・一一政令三三〇により、昭六〇・四・一から施行〕

（経過措置）

第九条　この法律の施行前に、この法律による改正前の〔中略〕道路交通に関する条約の実施に伴う道路運送車両法の特例等に関する法律〔中略〕又はこれらの法律に基づく命令の規定によりした処分、手続その他の行為は、この法律による改正後の〔中略〕道路交通に関する条約の実施に伴う道路運送車両法の特例等に関する法律〔中略〕又はこれらの法律に基づく命令の相当規定によりした処分、手続その他の行為とみなす。

附　則（平元・一二・一九法八三抄）

（施行期日）

第一条　この法律は、公布の日から起算して一年を超えない範囲内において政令で定める日から施行する。

〔平二・七政令二二二により、平二・一二・一から施行〕

附　則（平六・七・四法八六抄）

（施行期日）

第一条　この法律は、公布の日から起算して一年を超えない範囲内において政令で定める日から施行する。〔後略〕

〔平七・四政令一八一により、平七・七・一から施行〕

附　則（平一〇・五・二七法七四抄）

（施行期日）

第一条　この法律は、公布の日から起算して六月を超えない範囲内において政令で定める日から施行する。〔後略〕

〔平一〇・一〇政令三二八により、平一〇・一一・二四から施行〕

〔平一一・一二・二二法一六〇抄〕

（処分、申請等に関する経過措置）

第千三百一条　中央省庁等改革関係法及びこの法律（以下「改革関係法等」と総称する。）の施行前に法令の規定により従前の国の機関がした免許、許可、認可、承認、指定その他の処分又は通知その他の行為は、法令に別段の定めがあるもののほか、改革関係法等の施行後は、改革関係法等の施行後の法令の相当規定に基づいて、相当の国の機関がした免許、許可、認可、承認、指定その他の処分又は通知その他の行為とみなす。

２　改革関係法等の施行の際現に法令の規定により従前の国の機関に対してされている申請、届出その他の行為は、法令に別段の定めがあるもののほか、改革関係法等の施行後は、改革関係法等の施行後の法令の相当規定に基づいて、相当の国の機関に対してされた申請、届出その他の行為とみなす。

３　改革関係法等の施行前に法令の規定により従前の国の機関に対し報告、届出、提出その他の手続をしなければならないとされている事項で、改革関係法等の施行の日前にその手続がされていないものについては、法令に別段の定めがあるもののほか、改革関係法等の施行後は、これを、改革関係法等の施行後の法令の相当規定により相当の国の機関に対して報告、届出、提出その他の手続をしなければならないとされた事項についてその手続がされていないものとみなして、改革関係法等の施行後の法令の規定を適用する。

（従前の例による処分等に関する経過措置）

第千三百二条　なお従前の例によることとする法令の規定により、従前の国の機関がすべき免許、許可、認可、承認、指定その他の処分若しくは通知その他の行為又は従前の国の機関に対してすべき申請、届出その他の行為については、法令に別段の定めがあるもののほか、改革関係法等の施行後は、改革関係法等の施行後の法令の規定に基づくその任務及び所掌事務の区分に応じ、それぞれ、相当の国の機関がすべきものとし、又は相当の国の機関に対してすべきものとする。

（罰則に関する経過措置）

第千三百三条　改革関係法等の施行前にした行為に対する罰則の適用については、なお従前の例による。

（政令への委任）

第千三百四十四条　第七十一条から第七十六条まで及び第千三百一条から前条まで並びに中央省庁等改革関係法に定めるもののほか、改革関係法等の施行に関し必要な経過措置（罰則に関する経過措置を含む。）は、政令で定める。

附　則（平一一・一二・二二法一六〇抄）

（施行期日）

第一条　この法律（第二条及び第三条を除く。）は、平成十三年一月六日から施行する。ただし、次の各号に掲げる規定は、当該各号に定める日から施行する。

一〔前略〕

二〔略〕

附　則（平一四・五・三一法五四抄）

（施行期日）

第一条　この法律は、平成十四年七月一日から施行する。

（経過措置）

第二十八条　この法律の施行前にこの法律による改正前のそれぞれの法律若しくはこれに基づく命令（以下「旧法令」という。）の規定により海運監理部長、陸運支局長、海運支局長又は陸運支局の事務所の長（以下「海運監理部長等」という。）がした許可、認可その他の処分又は契約その他の行為（以下「処分等」という。）は、国土交通省令で定めるところにより、この法律による改正後のそれぞれの法律若しくはこれに基づく命令（以下「新法令」という。）の規定により相当の運輸監理部長、運輸支局長又は地方運輸局、運輸監理部若しくは運輸支局の事務所の長（以下「運輸監理部長等」という。）がした処分等とみなす。

第二十九条　この法律の施行前に旧法令の規定により海運監理部長等に対してした申請、届出その他の行為（以下「申請等」という。）は、国土交通省令で定めるところにより、新法令の規定により相当の運輸監理部長等に対してした申請等とみなす。

第三十条　この法律の施行前にした行為に対する罰則の適用については、なお従前の例による。

附　則（平一八・五・一九法四〇抄）

（施行期日）

第一条　この法律は、公布の日から起算して十月を超えない範囲内において政令で定める日から施行する。〔後略〕

〔平一八・八政令二七五により、平一八・一〇・一から施行〕

○道路交通に関する条約の実施に伴う道路運送車両法の特例等に関する法律施行令

（昭和三十九年九月一日政令第二百九十号）

沿革　昭四四政令三一〇、昭五九政令一七六・三三一、平一二政令三一二、平一四政令二〇〇改正

1　道路交通に関する条約の実施に伴う道路運送車両法の特例等に関する法律（以下「法」という。）第五条第一項に規定する国土交通大臣の権限は、自動車の使用の本拠の位置を管轄する地方運輸局長に委任する。

2　法第五条に規定する地方運輸局長の権限及び前項の規定により地方運輸局長に委任された権限は、自動車又は原動機付自転車の使用の本拠の位置を管轄する運輸監理部長又は運輸支局長に委任する。

附　則（抄）

1　この政令は、道路交通に関する条約の実施に伴う道路運送車両法の特例等に関する法律の施行の日（昭和三十九年九月六日）から施行する。

附　則（昭四四・一二・一九政令三一〇）

この政令中〔中略〕第三条から第五条までの規定は、昭和四十五年三月一日〔中略〕から施行する。

附　則（昭五九・六・六政令一七六抄）

（施行期日）

第一条　この政令は、昭和五十九年七月一日から施行する。

（経過措置）

第二条　この政令の施行前に次の表の上欄に掲げる行政庁が法律若しくはこれに基づく命令の規定によりした許可、認可その他の処分又は契約その他の行為（以下「処分等」という。）は、同表の下欄に掲げるそれぞれの行政庁がした処分等とみなし、この政令の施行前に同表の上欄に掲げる行政庁に対してした申請、届出その他の行為（以下「申請等」という。）は、同表の下欄に掲げるそれぞれの行政庁に対してした申請等とみなす。

北海海運局長	北海道運輸局長
東北海運局長（山形県又は秋田県の区域に係る処分等又は申請等に係る場合を除く。）	東北運輸局長
東北海運局長（山形県又は秋田県の区域に係る処分等又は申請等に係る場合に限る。）及び新潟海運監理部長	新潟運輸局長
関東海運局長	関東運輸局長
東海海運局長	中部運輸局長
近畿海運局長	近畿運輸局長
中国海運局長	中国運輸局長
四国海運局長	四国運輸局長
九州海運局長	九州運輸局長
神戸海運局長	神戸海運監理部長
札幌陸運局長	北海道運輸局長
仙台陸運局長	東北運輸局長
新潟陸運局長	新潟運輸局長
東京陸運局長	関東運輸局長
名古屋陸運局長	中部運輸局長
大阪陸運局長	近畿運輸局長
広島陸運局長	中国運輸局長
高松陸運局長	四国運輸局長
福岡陸運局長	九州運輸局長

附　則（昭五九・一一・二四政令三三一）

この政令は、道路運送法等の一部を改正する法律の施行の日（昭和六十年四月一日）から施行する。

附　則（平一二・六・七政令三一二抄）

（施行期日）

1　この政令は、内閣法の一部を改正する法律（平成十一年法律第八十八号）の施行の日（平成十三年一月六日）から施行する。〔後略〕

附　則（平一四・六・七政令二〇〇抄）

（施行期日）

第一条　この政令は、平成十四年七月一日から施行する。

○道路交通に関する条約の実施に伴う道路運送車両法の特例等に関する法律施行規則

（昭和三十九年九月五日　運輸省令第六十三号）

沿革　昭三九運令七七、昭四一運令一六、昭四二運令二七、昭四三運令一二・四四、昭四四運令六〇、昭四五運令一〇、昭四七運令三二、昭四九運令四九、昭五〇運令六、昭五二運令一一、昭五三運令八・一九、昭五四運令五・一四・三四、昭五五運令一〇、昭五七運令一・三二、昭五八運令四五、昭六〇運令一・五・三〇、昭六三運令二八、平元運令二四、平二運令二九、平三運令三〇、平六運令三六、平七運令七〇、平九運令五四・八一、平一一運令三八、平一二運令三九、平一四国交令七九、平一八国交令三〇・八九、平二〇国交令七三・九〇、平二六国交令七五・八三、令元国交令二〇、令二国交令四五・九八改正

（登録証書の交付申請）

第一条　道路交通に関する条約の実施に伴う道路運送車両法の特例等に関する法律（以下「法」という。）第五条第一項の規定により自動車の登録証書の交付を受けようとする者は、第一号様式による登録証書交付申請書を運輸監理部長又は運輸支局長に提出しなければならない。この場合において、当該申請に係る自動車が道路運送車両法（昭和二十六年法律第百八十五号）第四条の登録又は同法第六十条第一項後段の規定による車両番号の指定を受けているものであるときは、当該自動車の自動車検査証を提示しなければならない。

2　法第五条第二項の規定により原動機付自転車の登録証書の交付を受けようとする者は、第二号様式による原動機付自転車届出書を運輸監理部長又は運輸支局長に提出しなければならない。

3　前二項の場合には、旅券又は自動車若しくは原動機付自転車を法第二条第二項の締約国において使用することを証するに足りる書面を提示しなければならない。

（登録証書の交付）

第二条　運輸監理部長又は運輸支局長は、前条の申請書又は届出書の提出があつたときは、次の各号に該当する場合を除き、第三号様式による登録証書を交付しなければならない。

一　提示した自動車検査証が有効なものでないとき。

二　申請書に記載した事項が自動車登録ファイルの記録又は軽自動車届出書の記載と符合しないとき。

三　申請又は届出に係る事項に虚偽があると認めるとき。

（原動機付自転車番号の指定）

第三条　運輸監理部長又は運輸支局長は、原動機付自転車の登録証書を交付する場合は、当該原動機付自転車について原動機付自転車番号を指定しなければならない。

2　前項の原動機付自転車番号は、次に掲げる文字をその順序により組み合わせて定めるものとする。

一　原動機付自転車の使用の本拠の位置を管轄する運輸監理部又は運輸支局（使用の本拠の位置が自動車検査登録事務所の管轄区域に属する場合にあつては、当該自動車検査登録事務所）を表示するラテン文字（別表）

二　四けた以下のアラビア数字

（登録証書の再交付）

第四条　登録証書の交付を受けた者は、登録証書が亡失し、滅失し、毀損し、若しくはその識別が困難となつたとき又は登録証書の記載事項について変更があつたときは、その再交付を受けることができる。

2　前項の登録証書の再交付の申請は、第四号様式による登録証書再交付申請書及び当該申請に係る登録証書（当該登録証書を亡失し、又は滅失した場合にあつては、その事実を証するに足りる書面）を運輸監理部長又は運輸支局長に提出して行わなければならない。

（登録証書の返納）

第五条　登録証書の交付を受けた者は、次の各号に該当することとなつたときは、遅滞なく、当該登録証書（第四号の場合にあつては、発見し、又は回復した登録証書）を運輸監理部長又は運輸支局長に返納しなければならない。

一　登録証書の交付を受けた日から六月以内に当該登録証書に係る自動車又は原動機付自転車を輸出しないとき。

二　当該登録証書に係る自動車又は原動機付自転車を輸入したとき。

三　当該登録証書に係る自動車又は原動機付自転車を使用しなくなつたとき。

四　登録証書の再交付を受けた後において亡失した登録証書を発見し、又は回復したとき。

（自動車検査登録事務所における申請等）

第六条　この省令の規定により運輸監理部長又は運輸支局長に対してする申請、届出又は返納（以下「申請等」という。）は、当該申請等に係る自動車又は原動機付自転車の使用の本拠の位置が自動車検査登録事務所の管轄区域に属する場合にあつては、当該自動車検査登録事務所においてするものとする。

附　則

この省令は、法施行の日（昭和三十九年九月六日）から施行する。

附　則（昭四二・五・二六運令二七抄）

1　〔前略〕附則第八項及び第九項の規定は、昭和四十二年六月一日から〔中略〕施行する。

9　昭和四十二年五月三十一日までに道路交通に関する条約の実施に伴う道路運送車両法の特例等に関する法律施行規則の規定により指定された原動機付自転車番号については、改正後の同規則別表の規定にかかわらず、なお従前の例による。

附　則（昭四三・四・一二運令一二抄）

1　この省令は、昭和四十三年四月十六日から施行する。

6　この省令の施行の日の前日までに道路交通に関する条約の実施に伴う道路運送車両法の特例等に関する法律施行規則の規定により指定された原動機付自転車番号については、改正後の同規則別表の規定にかかわらず、なお従前の例による。

附　則（昭四五・二・二〇運令一〇）

この省令は、昭和四十五年三月一日から施行する。

附　則（昭四七・五・一三運令三二）

この省令は、昭和四十七年五月十五日から施行する。

附　則（昭四九・一二・一八運令四九）

この省令は、公布の日から施行する。

附　則（昭五〇・三・二三運令六抄）

1　この省令は、昭和五十年三月二十日から施行する。

6　この省令の施行前に道路交通に関する条約の実施に伴う道路運送車両法の特例等に関する法律施行規則の規定により指定された原動機付自転車番号は、第三条の規定による改正後の同令の規定により指定されたものとみなす。

附　則（昭五二・五・七運令一一抄）

（施行期日）

1　この省令は、昭和五十二年五月九日から施行する。

附　則（昭五三・二・一七運令八抄）

（施行期日）

1　この省令は、昭和五十三年二月二十日から施行する。

附　則（昭五三・四・一三運令一九抄）

（施行期日）

1　この省令は、昭和五十三年四月十七日から施行する。

附　則（昭五四・二・二二運令五）

（施行期日）

1　この省令中、〔中略〕第三条の改正規定中「北九州　FOK」を改める部分は、昭和五十四年二月二十六日から、〔中略〕同条の改正規定中「山　形　YA」を改める部分は、同年三月十二日から施行する。

（経過措置）

2　この省令の施行前に道路運送車両法（昭和二十六年法律第百八十五号。以下「法」という。）の規定により登録された自動車登録番号であつて、この省令の施行により法第十四条第一項に規定する場合に該当することとなるものは、同項の規定の適用については、第一条の規定による改正後の自動車登録規則（以下「新登録規則」という。）第十三条に規定する基準に適合する自動車登録番号とみなす。

3　この省令の施行前に法の規定により指定された車両番号は、道路運送車両法施行規則第三十八条第三項又は同条第六項において準用する同条第三項若しくは第六十三条の五第一項の規定の適用については、第二条の規定による改正後の道路運送車両法施行規則別表第一及び道路運送車両法施行規則第三十六条の二の規定又は新登録規則第三十六条の三若しくは第六十三条の二第四項に規定する基準に適合する車両番号とみなす。

4　この省令の施行後に法又は道路運送車両法施行規則の規定により貸与する臨時運行許可番号標、回送運行許可番号標又は臨時運転番号標の様式については、新登録規則別表第一及び道路運送車両法施行規則第二十五条第一項、第二十六条の六第一項又は第六十三条の二第四項の規定にかかわらず、当分の間、なお従前の例によることができる。

附　則（昭五四・四・二〇運令一四）

（施行期日）

1　この省令は、昭和五十四年四月二十三日から施行する。

（経過措置）

2　この省令の施行前に道路運送車両法（昭和二十六年法律第百八十五号。以下「法」という。）の規定により登録された自動車登録番号であつて、この省令の施行により法第十四条第一項に規定する場合に該当することとなるものは、同項の規定の適用については、第一条の規定による改正後の自動車登録規則第十三条に規定する基準に適合する自動車登録番号とみなす。

3　この省令の施行前に法の規定により指定された車両番号であつて、この省令の施行により道路運送車両法施行規則第三十八条第三項（同条第六項において準用する場合を含む。以下同じ。）又は第六十三条の五第一項に規定する場合に該当することとなるものは、同令第三十八条第三項又は第六十三条の五第一項の規定の適用については、それぞれ第二条の規定による改正後の道路運送車両法施行規則第三十六条の二又は第三十六条の三若しくは第六十三条の二第四項に規定する基準に適合する車両番号とみなす。

4　この省令の施行後に法又は道路運送車両法施行規則の規定により貸与する臨時運行許可番号標、回送運行許可番号標又は臨時運転番号標の様式については、道路運送車両法施行規則第二十五条第一項、第二十六条の六第一項又は第六十三条の二第四項の規定にかかわらず、当分の間、なお従前の例によることができる。

附　則（昭五四・七・二〇運令三四）

（施行期日）

1　この省令は、昭和五十四年八月六日から施行する。

（経過措置）

2　この省令の施行前に道路運送車両法（昭和二十六年法律第百八十五号。以下「法」という。）の規定により登録された自動車登録番号であつて、この省令の施行により法第十四条第一項に規定する場合に該当することとなるものは、同項の規定の適用については、第一条の規定による改正後の自動車登録規則第十三条に規定する基準に適合する自動車登録番号とみなす。

3　この省令の施行前に法の規定により指定された車両番号であつて、この省令の施行により道路運送車両法施行規則第三十八条第三項（同条第六項において準用する場合を含む。以下同じ。）又は第六十三条の五第一項に規定する場合に該当することとなるものは、同令第三十八条第三項又は第六十三条の五第一項の規定の適用については、それぞれ第二条の規定による改正後の道路運送車両法施行規則第三十六条の二又は第三十六条の三若しくは第六十三条の二第四項に規定する基準に適合する車両番号とみなす。

4　この省令の施行後に法又は道路運送車両法施行規則の規定により貸与する臨時運行許可番号標、回送運行許可番号標又は臨時運転番号標の様式については、道路運送車両法施行規則第二十五条第一項、第二十六条の六第一項又は第六十三条の二第四項の規定にかかわらず、当分の間、なお従前の例によることができる。

附　則（昭五五・四・一七運令一〇）

（施行期日）

1　この省令は、昭和五十五年四月二十一日から施行する。

（経過措置）

2　この省令の施行前に道路運送車両法（昭和二十六年法律第百八十五号。以下「法」という。）の規定により登録された自動車登録番号であつて、この省令の施行により法第十四条第一項に規定する場合に該当することとなるものは、同項の規定の適用については、第一条の規定による改正後の自動車登録規則第十三条に規定する基準に適合する自動車登録番号とみなす。

3　この省令の施行前に法の規定により指定された車両番号で

あって、この省令の施行により道路運送車両法施行規則第三十八条第三項（同条第六項において準用する場合を含む。以下同じ。）又は第六十三条の五第一項に規定する場合に該当することとなるものは、同令第三十八条第三項又は第六十三条の五第一項の規定の適用については、それぞれ第二条の規定による改正後の道路運送車両法施行規則第三十六条の二又は道路運送車両法施行規則第三十六条の三若しくは第六十三条の二第四項に規定する基準に適合する車両番号とみなす。

4　この省令の施行後に法又は道路運送車両法施行規則の規定により貸与する臨時運行許可番号標、回送運行許可番号標又は臨時運転番号標の様式については、道路運送車両法施行規則第二十五条第一項、第二十六条の六第一項又は第六十三条の二第四項の規定にかかわらず、当分の間、なお従前の例によることができる。

附　則（昭五七・一・二〇運令一）

（施行期日）

1　この省令は、昭和五十七年二月一日から施行する。

（経過措置）

2　この省令の施行前に道路運送車両法（昭和二十六年法律第百八十五号。以下「法」という。）の規定により登録された自動車登録番号であって、この省令の施行により法第十四条第一項に規定する場合に該当することとなるものは、同項の規定の適用については、第一条の規定による改正後の自動車登録規則第十三条に規定する基準に適合する自動車登録番号とみなす。

3　この省令の施行前に法の規定により指定された車両番号であって、この省令の施行により道路運送車両法施行規則第三十八条第三項（同条第六項において準用する場合を含む。以下同じ。）又は第六十三条の五第一項に規定する場合に該当することとなるものは、同令第三十八条第三項又は第六十三条の五第一項の規定の適用については、それぞれ第二条の規定による改正後の道路運送車両法施行規則第三十六条の二又は道路運送車両法施行規則第三十六条の三若しくは第六十三条の二第四項に規定する基準に適合する車両番号とみなす。

4　この省令の施行後に法又は道路運送車両法施行規則の規定により貸与する臨時運行許可番号標、回送運行許可番号標又は臨時運転番号標の様式については、道路運送車両法施行規則第二十五条第一項、第二十六条の六第一項又は第六十三条の二第四項の規定にかかわらず、当分の間、なお従前の例によることができる。

附　則（昭五七・一二・一四運令三二抄）

（施行期日）

1　この省令は、昭和五十七年十二月二十日から施行する。

附　則（昭五八・一〇・一八運令四五）

（施行期日）

1　この省令中、大阪府陸運事務所に係る部分及び第三条の改正規定中「大　阪｜ＯＳＯ」を改める部分は、昭和五十八年十一月十四日から、青森県陸運事務所に係る部分及び同条の改正規定中「青　森｜ＡＭＡ」を改める部分は、同年十二月五日から施行する。

附　則（昭六〇・一・一〇運令一抄）

（施行期日）

1　この省令は、昭和六十年二月四日から施行する。

附　則（昭六〇・二・五運令五抄）

（施行期日）

1　この省令は、道路運送法等の一部を改正する法律の施行の日（昭和六十年四月一日）から施行する。

（経過措置）

3　この省令の施行前に道路運送車両法又は〔中略〕道路交通に関する条約の実施に伴う道路運送車両法の特例等を定める法律（昭和三十九年法律第百九号）の規定により交付された従前の様式による登録証書は、この省令による改正後のそれぞれの様式によるものとみなす。

附　則（昭六〇・九・二〇運告三〇）

（施行期日）

1　この省令は、昭和六十年十月一日から施行する。ただし、第二条から第五条までの規定（以下「自動車登録規則等の改正規定」という。）及び附則第二項から第四項までの規定は、昭和六十年十月二十一日から施行する。

（経過措置）

2　自動車登録規則等の改正規定の施行前に道路運送車両法（以下「法」という。）の規定により登録された自動車登録番号であって、その改正規定の施行により法第十四条第一項に規定する場合に該当することとなるものは、同項の規定の適用については、第二条の規定による改正後の自動車登録規則第十三条に規定する基準に適合する自動車登録番号とみなす。

3　自動車登録規則等の改正規定の施行前に法の規定により指定された車両番号であって、その改正規定の施行により道路運送車両法施行規則第三十八条第三項（同条第六項において準用する場合を含む。以下同じ。）又は第六十三条の五第一項に規定する場合に該当することとなるものは、同令第三十八条第三項又は第六十三条の五第一項の規定の適用については、それぞれ第三条の規定による改正後の道路運送車両法施行規則第三十六条の二又は道路運送車両法施行規則第三十六条の三若しくは第六十三条の二第四項に規定する基準に適合する車両番号とみなす。

4　自動車登録規則等の改正規定の施行後に法又は道路運送車両法施行規則の規定により貸与する臨時運行許可番号標、回送運行許可番号標又は臨時運転番号標の様式については、道路運送車両法施行規則第二十五条第一項、第二十六条の六第一項又は第六十三条の二第四項の規定にかかわらず、当分の間なお従前の例によることができる。

附　則（昭六三・九・二六運令二八抄）

（施行期日）

1　この省令は、昭和六十三年（中略）十月二十四日から施行する。

（経過措置）

2　この省令の施行後に道路運送車両法施行規則（昭和二十六年運輸省令第七十四号）第六十六条の二、自動車登録規則第二十六条及び道路交通に関する条約の実施に伴う道路運送車両法の特例等に関する法律施行規則第六条の規定により豊橋自動車検査登録事務所においてするものとされ、又はすることができるものとされた申請、届出その他の行為については、自動車登録規則等の改正規定の施行までの間は、なお従前の例による。

6　この省令の施行後に道路交通に関する条約の実施に伴う道路運送車両法の特例等に関する法律施行規則の規定により原

動機付自転車番号の指定を受ける原動機付自転車であつて、その使用の本拠の位置が豊橋自動車検査登録事務所の管轄区域に属するものに対する同令第三条第二項の規定の適用については、自動車登録規則等の改正規定の施行までの間は、なお従前の例による。

附　則（平元・七・二〇運令二四）

この省令は、公布の日から施行する。

附　則（平二・一〇・二六運令二九抄）

（施行期日）

1　この省令は、平成二年十一月一日から施行する。ただし、第二条から第四条までの規定（以下「自動車登録規則等の改正規定」という。）は、同年十一月二十六日から施行する。

（経過措置）

2　この省令の施行後に道路運送車両法施行規則（昭和二十六年運輸省令第七十四号）第六十六条の二、自動車登録規則第二十六条及び道路交通に関する条約の実施に伴う道路運送車両法の特例等に関する法律施行規則第六条の規定により春日部自動車検査登録事務所においてするものとされ、又はすることができるものとされた申請、届出その他の行為については、自動車登録規則等の改正規定の施行までの間は、なお従前の例による。

6　この省令の施行後に道路交通に関する条約の実施に伴う道路運送車両法の特例等に関する法律施行規則の規定により原動機付自転車番号の指定を受ける原動機付自転車であつて、その使用の本拠の位置が春日部自動車検査登録事務所の管轄区域に属するものに対する同令第三条第二項の規定の適用については、自動車登録規則等の改正規定の施行までの間は、なお従前の例による。

附　則（平三・九・三〇運令三〇抄）

（施行期日）

1　この省令は、平成三年十月一日から施行する。ただし、第二条から第四条までの規定（以下「自動車登録規則等の改正規定」という。）は、同年十月二十八日から施行する。

（経過措置）

2　この省令の施行後に道路運送車両法施行規則（昭和二十六年運輸省令第七十四号）第六十六条の二、自動車登録規則第二十六条及び道路交通に関する条約の実施に伴う道路運送車両法の特例等に関する法律施行規則第六条の規定により飛騨自動車検査登録事務所においてするものとされ、又はすることができるものとされた申請、届出その他の行為については、自動車登録規則等の改正規定の施行までの間は、なお従前の例による。

6　この省令の施行後に道路交通に関する条約の実施に伴う道路運送車両法の特例等に関する法律施行規則の規定により原動機付自転車番号の指定を受ける原動機付自転車であつて、その使用の本拠の位置が飛騨自動車検査登録事務所の管轄区域に属するものに対する同令第三条第二項の規定の適用については、自動車登録規則等の改正規定の施行までの間は、なお従前の例による。

附　則（平六・八・三一運令三六抄）

（施行期日）

1　この省令は、平成六年九月一日から施行する。ただし、第二条から第四条までの規定（以下「自動車登録規則等の改正規定」という。）は、同年十月三十一日から施行する。

（経過措置）

2　この省令の施行後に道路運送車両法施行規則（昭和二十六年運輸省令第七十四号。以下「車両規則」という。）第六十六条の二、自動車登録規則第二十六条及び道路交通に関する条約の実施に伴う道路運送車両法の特例等に関する法律施行規則第六条の規定により湘南自動車検査登録事務所においてするものとされ、又はすることができるものとされた申請、届出その他の行為については、自動車登録規則等の改正規定の施行までの間は、なお従前の例による。

6　この省令の施行後自動車登録規則等の改正規定の施行までの間に道路交通に関する条約の実施に伴う道路運送車両法の特例等に関する法律施行規則の規定により原動機付自転車番号の指定を受ける原動機付自転車であつて、その使用の本拠の位置が湘南自動車検査登録事務所の管轄区域に属するものに対する原動機付自転車番号については、なお従前の例による。

附　則（平七・一二・二八運令七〇抄）

（施行期日）

1　この省令は、平成八年七月一日から施行する。〔後略〕

（経過措置）

2　〔前略〕第三条の規定による改正前の道路交通に関する条約の実施に伴う道路運送車両法の特例等に関する法律施行規則第一号様式、第二号様式及び第四号様式による登録証書交付申請書、原動機付自転車届出書及び登録証書再交付申請書については、〔中略〕第三条の規定による改正後の道路交通に関する条約の実施に伴う道路運送車両法の特例等に関する法律施行規則第一号様式、第二号様式及び第四号様式にかかわらず、当分の間、なおこれを使用することができる。

附　則（平九・八・二六運令五四抄）

（施行期日）

1　この省令は、平成九年九月一日から施行する。ただし、第二条から第四条までの規定は、同年十月二十日から施行する。

（経過措置）

2　この省令の施行後平成九年十月十九日までの間に道路運送車両法施行規則（昭和二十六年運輸省令第七十四号。以下「車両規則」という。）第六十六条の二、自動車登録規則第二十六条及び道路交通に関する条約の実施に伴う道路運送車両法の特例等に関する法律施行規則第六条の規定により野田自動車検査登録事務所においてするものとされ、又はすることができるものとされた申請、届出その他の行為については第一条の規定による改正後の地方運輸局陸運支局等組織規程別表第二にかかわらず、なお従前の例による。

6　この省令の施行後平成九年十月十九日までの間に道路交通に関する条約の実施に伴う道路運送車両法の特例等に関する法律施行規則の規定により原動機付自転車番号の指定を受ける原動機付自転車であってその使用の本拠の位置が野田自動車検査登録事務所の管轄区域に属するものに対する原動機付自転車番号については、なお従前の例による。

附　則（平九・一二・一五運令八一抄）

（施行期日）

1　この省令は、平成十年一月一日から施行する。

附　則（平一一・八・二六運令三八抄）

（施行期日）

1　この省令は、平成十一年九月一日から施行する。ただし、第二条から第四条までの規定は、同年十一月十五日から施行する。

（経過措置）

6　この省令の施行後平成十一年十一月十四日までの間に道路交通に関する条約の実施に伴う道路運送車両法の特例等に関する法律施行規則の規定により原動機付自転車番号の指定を受ける原動機付自転車であってその使用の本拠の位置が佐野自動車検査登録事務所の管轄区域に属するものに対する原動機付自転車番号については、なお従前の例による。

附　則（平一二・一一・二九運令三九）

（施行期日）

第一条　この省令は、平成十三年一月六日から施行する。

（経過措置）

第二条　この省令による改正前の〔中略〕道路交通に関する条約の実施に伴う道路運送車両法の特例等に関する法律施行規則第三号様式による登録証書〔中略〕は、この省令による改正後のそれぞれの書式又は様式にかかわらず、当分の間、なおこれを使用することができる。

附　則（平一四・六・二八国交令七九）

（施行期日）

第一条　この省令は、平成十四年七月一日から施行する。

（経過措置）

第二条　この省令の施行の際現にあるこの省令による改正前の様式又は書式による申請書、証明書その他の文書は、この省令による改正後のそれぞれの様式又は書式にかかわらず、当分の間、なおこれを使用することができる。

附　則（平一八・三・三一国交令三〇抄）

（施行期日）

第一条　この省令は、平成十八年四月一日から施行する。

附　則（平一八・九・二一国交令八九）

（施行期日）

1　この省令は、平成十八年十月十日から施行する。ただし、第三条及び第五条の規定は、平成十九年二月十三日から施行する。

（経過措置）

2　この省令（前項ただし書に規定する規定については、当該規定）の施行前に道路運送車両法の規定により登録された自動車登録番号又は指定を受けた車両番号であって、この省令の施行により新たに自動車登録規則第十三条又は道路運送車両法施行規則第三十六条の十七、第三十六条の十八若しくは第六十三条の二第四項に規定する基準に適合しなくなったものについては、これらの規定に規定する基準に適合するものとみなすことができる。

附　則（平二〇・八・八国交令七三）

（施行期日）

1　この省令は、平成二十年十月一日から施行する。

（経過措置）

2　この省令の施行の際現にある第一条の規定による改正前の船員法施行規則第十六号書式による船員手帳、第十八号書式による証明書、第二十二号の二書式による証印、第二十二号の四書式による証印及び第二十三号書式による証明書、第二条の規定による改正前の水先法施行規則第二号様式による水先免状、第三条の規定による改正前の海上運送法施行規則第四号様式による証票、第四条の規定による改正前の船舶職員及び小型船舶操縦者法施行規則第四号様式による海技免状、第十六号様式による承認証及び第二十号様式による操縦免許証、第五条の規定による改正前の航空法施行規則第三号様式による航空機登録証明書、第八号様式による耐空証明書、第二十号様式による技能証明書、第二十四号様式による航空身体検査証明書、第二十七号様式による航空機操縦練習許可書、第二十九号様式による運航管理者技能検定合格証明書及び第三十号様式による証票、第六条の規定による改正前の連合国財産の返還の請求の手続等に関する命令様式第一号による現状調査請求書及び様式第二号による返還請求書、第七条の規定による改正前の船舶に乗り組む医師及び衛生管理者に関する省令第二号様式による衛生管理者適任証書、第八条の規定による改正前の道路交通に関する条約の実施に伴う道路運送車両法の特例等に関する法律施行規則第三号様式による登録証書、第九条の規定による改正前の自動車の登録及び検査に関する申請書等の様式等を定める省令第十二号様式による輸出抹消仮登録証明書及び第十四号様式による輸出予定届出証明書、第十条の規定による改正前の船舶料理士に関する省令第二号様式による船舶料理士資格証明書並びに第十一条に規定する改正前の船舶油濁損害賠償保障法施行規則第三号様式による保証契約証明書及び第十号様式による証票は、それぞれ第一条の規定による改正後の船員法施行規則第十六号書式による船員手帳、第十八号書式による証明書、第二十二号の二書式による証印、第二十二号の四書式による証印及び第二十三号書式による証明書、第二条の規定による改正後の水先法施行規則第二号様式による水先免状、第三条の規定による改正後の海上運送法施行規則第四号様式による証票、第四条の規定による改正後の船舶職員及び小型船舶操縦者法施行規則第四号様式による海技免状、第十六号様式による承認証及び第二十号様式による操縦免許証、第五条の規定による改正後の航空法施行規則第三号様式による航空機登録証明書、第八号様式による耐空証明書、第二十号様式による技能証明書、第二十四号様式による航空身体検査証明書、第二十七号様式による航空機操縦練習許可書、第二十九号様式による運航管理者技能検定合格証明書及び第三十号様式による証票、第六条の規定による改正後の連合国財産の返還の請求の手続等に関する命令様式第一号による現状調査請求書及び様式第二号による返還請求書、第七条の規定による改正後の船舶に乗り組む医師及び衛生管理者に関する省令第二号様式による衛生管理者適任証書、第八条の規定による改正後の道路交通に関する条約の実施に伴う道路運送車両法の特例等に関する法律施行規則第三号様式による登録証書、第九条の規定による改正後の自動車の登録及び検査に関する申請書等の様式等を定める省令第十二号様式による輸出抹消仮登録証明書及び第十四号様式による輸出予定届出証明書、第十条の規定による改正後の船舶料理士に関する省令第二号様式による船舶料理士資格証明書並びに第十一条の規定による改正後の船舶油濁損害賠償保障法施行規則第三号様式による保証契約証明書及び第十号様式による証票とみなす。

附　則（平二〇・一〇・三一国交令九〇抄）

（施行期日）

1　この省令は、平成二十年十一月四日から施行する。

附　則（平二六・九・三〇国交令七五抄）

（施行期日）

1　この省令は、平成二十六年十月一日から施行する。

附　則（平二六・一〇・一七国交令八三抄）

（施行期日）

1　この省令は、平成二十六年十一月十七日から施行する。

附　則（令元・六・二八国交令二〇）

この省令は、不正競争防止法等の一部を改正する法律〔平成三〇年五月法律第三三号〕の施行の日（令和元年七月一日）から施行する。

附　則（令二・四・一〇国交令四五抄）

（施行期日）

1　この省令は、令和二年五月十一日から施行する。

附　則（令二・一二・二三国交令九八）

（施行期日）

1　この省令は、令和三年一月一日から施行する。

（経過措置）

2　この省令の施行の際現にあるこの省令による改正前の様式による用紙は、当分の間、これを取り繕って使用することができる。

別表（第三条関係）

運輸監理部、運輸支局又は自動車検査登録事務所	表示する文字	運輸監理部、運輸支局又は自動車検査登録事務所	表示する文字
札幌運輸支局	ＳＰ	松本自動車検査登録事務所	ＮＮＭ
函館運輸支局	ＨＤ	福井運輸支局	ＦＩ
旭川運輸支局	ＡＫ	岐阜運輸支局	ＧＦＧ
室蘭運輸支局	ＭＲ	飛騨自動車検査登録事務所	ＧＦＨ
釧路運輸支局	ＫＲ	静岡運輸支局	ＳＺＳ
帯広運輸支局	ＯＨ	浜松自動車検査登録事務所	ＳＺＨ
北見運輸支局	ＫＩ	沼津自動車検査登録事務所	ＳＺＮ
青森運輸支局	ＡＭＡ	愛知運輸支局	ＡＣＮ
八戸自動車検査登録事務所	ＡＭＨ	豊橋自動車検査登録事務所	ＡＣＴ
岩手運輸支局	ＩＴ	西三河自動車検査登録事務所	ＡＣＭ
宮城運輸支局	ＭＧ	小牧自動車検査登録事務所	ＡＣＯ
秋田運輸支局	ＡＴ	三重運輸支局	ＭＥ
山形運輸支局	ＹＡ	滋賀運輸支局	ＳＩ
庄内自動車検査登録事務所	ＹＡＳ	京都運輸支局	ＫＴ
福島運輸支局	ＦＳ	大阪運輸支局	ＯＳＯ
いわき自動車検査登録事務所	ＦＳＩ	なにわ自動車検査登録事務所	ＯＳＮ
茨城運輸支局	ＩＧＭ	和泉自動車検査登録事務所	ＯＳＩ
土浦自動車検査登録事務所	ＩＧＴ	神戸運輸監理部	ＨＧＫ
栃木運輸支局	ＴＧＵ	姫路自動車検査登録事務所	ＨＧＨ
佐野自動車検査登録事務所	ＴＧＣ	奈良運輸支局	ＮＲ
群馬運輸支局	ＧＭ	和歌山運輸支局	ＷＫ
埼玉運輸支局	ＳＴＯ	鳥取運輸支局	ＴＴ
所沢自動車検査登録事務所	ＳＴＴ	島根運輸支局	ＳＮ
熊谷自動車検査登録事務所	ＳＴＫ	岡山運輸支局	ＯＹ
春日部自動車検査登録事務所	ＳＴＢ	広島運輸支局	ＨＳＨ
千葉運輸支局	ＣＢＣ	福山自動車検査登録事務所	ＨＳＦ
習志野自動車検査登録事務所	ＣＢＮ	山口運輸支局	ＹＵ
袖ケ浦自動車検査登録事務所	ＣＢＳ	徳島運輸支局	ＴＳ
野田自動車検査登録事務所	ＣＢＤ	香川運輸支局	ＫＡ
東京運輸支局	ＴＫＳ	愛媛運輸支局	ＥＨ
練馬自動車検査登録事務所	ＴＫＮ	高知運輸支局	ＫＣ
足立自動車検査登録事務所	ＴＫＡ	福岡運輸支局	ＦＯＦ

八王子自動車検査登録事務所	ＴＫＨ	北九州自動車検査登録事務所	ＦＯＫ
多摩自動車検査登録事務所	ＴＫＴ	久留米自動車検査登録事務所	ＦＯＲ
神奈川運輸支局	ＫＮＹ	筑豊自動車検査登録事務所	ＦＯＣ
川崎自動車検査登録事務所	ＫＮＫ	佐賀運輸支局	ＳＡ
湘南自動車検査登録事務所	ＫＮＮ	長崎運輸支局及び厳原自動車検査登録事務所	ＮＳ
相模自動車検査登録事務所	ＫＮＳ	佐世保自動車検査登録事務所	ＮＳＳ
山梨運輸支局	ＹＮ	熊本運輸支局	ＫＵ
新潟運輸支局	ＮＧＮ	大分運輸支局	ＯＴ
長岡自動車検査登録事務所	ＮＧＯ	宮崎運輸支局	ＭＺ
富山運輸支局	ＴＹ	鹿児島運輸支局	ＫＯ
石川運輸支局	ＩＫ	奄美自動車検査登録事務所	ＫＯＡ
長野運輸支局	ＮＮＮ	沖縄総合事務局陸運事務所、宮古運輸事務所及び八重山運輸事務所	ＯＮ

第１号様式（第１条関係）（日本産業規格Ａ列４番）

登録証書交付申請書 運輸監理部長又は運輸支局長殿		※ 登録証書番号	
		年　月　日	
（ふりがな） 申請者の氏名		Mr. Mrs. Miss　（ヘボン式ローマ字）	
申請者の住所		（ヘボン式ローマ字）	
登録番号又は車両番号		車名及び型式	
登録年月日又は車両番号の指定年月日		車台番号	
渡航期間		渡航先国及び経由国	
※※ 所有者の住所及び氏名又は名称			
※※ 抵当権者の住所及び氏名又は名称			
備考			

注　(1)　※印の欄には、記入しないこと。

(2)　※※印の欄には、申請者と所有者又は抵当権者が同一人の場合は、記入しないこと。

第２号様式（第１条関係）（日本産業規格Ａ列４番）

原動機付自転車届出書 運輸監理部長又は運輸支局長殿		※ 登録証書番号	
		年　月　日	
（ふりがな） 届出者の氏名		Mr. Mrs. Miss　（ヘボン式ローマ字）	
届出者の住所		（ヘボン式ローマ字）	
車名		原動機の型式	
車台番号		原動機番号	
型式認定番号		総排気量又は定格出力	
渡航期間		渡航先国及び経由国	
※※ 所有者の住所及び氏名又は名称			
備考			

注　(1)　※印の欄には、記入しないこと。

(2)　※※印の欄には、届出者と所有者が同一人の場合は、記入しないこと。

第３号様式（第２条関係）（日本産業規格Ａ列６番型）

<table>
<tr><td colspan="2">No.

登　録　証　書
REGISTRATION CERTIFICATE

年　月　日

運輸監理部長又は運輸支局長
Director-General of the District Transport Bureau or Director-General of the Transport Branch of the District Transport Bureau, Ministry of Land, Infrastructure, Transport and Tourism, Japan</td></tr>
<tr><td>登　録　番　号
Registration number</td><td></td></tr>
<tr><td>登　録　年　月　日
Date of first registration</td><td></td></tr>
<tr><td>発給申請者の氏名
Full name of applicant for certificate</td><td></td></tr>
<tr><td>発給申請者の住所
Home address of applicant for certificate</td><td></td></tr>
<tr><td>車　名
Trademark of the maker of the vehicle</td><td></td></tr>
<tr><td>車　台　番　号
Maker's serial number</td><td></td></tr>
</table>

注　(1)　登録番号欄には、自動車にあつては登録番号又は車両番号を、原動機付自転車にあつては原動機付自転車番号を記入するものとし、登録番号又は車両番号中の運輸監理部、運輸支局又は自動車検査登録事務所を表示する文字には下記の表に掲げるラテン文字を、自家用又は事業用の別等を表示する平仮名には昭和29年内閣告示第１号（国語を書き表わす場合に用いるローマ字のつづり方を定める件）の第１表に掲げるローマ字をそれぞれ併記すること。

運輸監理部、運輸支局又は自動車検査登録事務所を表示する文字	ラテン文字	運輸監理部、運輸支局又は自動車検査登録事務所を表示する文字	ラテン文字	運輸監理部、運輸支局又は自動車検査登録事務所を表示する文字	ラテン文字	運輸監理部、運輸支局又は自動車検査登録事務所を表示する文字	ラテン文字
札幌	ＳＰＳ	前橋	ＧＭＭ	上越	ＮＧＪ	兵	ＨＧ
札	ＳＰ	高崎	ＧＭＴ	新	ＮＧ	奈良	ＮＲＮ
函館	ＨＤＨ	群馬	ＧＭＧ	富山	ＴＹＴ	飛鳥	ＮＲＡ
函	ＨＤ	群	ＧＭ	富	ＴＹ	奈	ＮＲ
旭川	ＡＫＡ	大宮	ＳＴＯ	金沢	ＩＫＫ	和歌山	ＷＫＷ
旭	ＡＫ	川口	ＳＴＷ	石川	ＩＫＩ	和	ＷＫ
室蘭	ＭＲＭ	川越	ＳＴＧ	石	ＩＫ	鳥取	ＴＴＴ
苫小牧	ＭＲＴ	所沢	ＳＴＴ	長野	ＮＮＮ	鳥	ＴＴ
室	ＭＲ	熊谷	ＳＴＫ	松本	ＮＮＭ	島根	ＳＮ
釧路	ＫＲＫ	春日部	ＳＴＢ	諏訪	ＮＮＳ	出雲	ＳＮＩ
知床	ＫＲＳ	越谷	ＳＴＹ	長	ＮＮ	島	ＳＭ
釧	ＫＲ	埼玉	ＳＴＳ	福井	ＦＩ	岡山	ＯＹＯ
帯広	ＯＨＯ	埼	ＳＴ	岐阜	ＧＦＧ	倉敷	ＯＹＫ
帯	ＯＨ	千葉	ＣＢＣ	飛騨	ＧＦＨ	岡	ＯＹ
北見	ＫＩＫ	成田	ＣＢＴ	岐	ＧＦ	広島	ＨＳＨ
知床	ＫＩＳ	市川	ＣＢＩ	静岡	ＳＺＳ	福山	ＨＳＦ
北	ＫＩ	船橋	ＣＢＦ	浜松	ＳＺＨ	広	ＨＳ
青森	ＡＭＡ	習志野	ＣＢＮ	沼津	ＳＺＮ	下関	ＹＵＳ
弘前	ＡＭＳ	袖ヶ浦	ＣＢＳ	伊豆	ＳＺＩ	山口	ＹＵＹ
八戸	ＡＭＨ	市原	ＣＢＨ	富士山	ＳＺＦ	山	ＹＵ
青	ＡＭ	松戸	ＣＢＭ	静	ＳＺ	徳島	ＴＳＴ
盛岡	ＩＴＭ	野田	ＣＢＤ	名古屋	ＡＣＮ	徳	ＴＳ
岩手	ＩＴＩ	柏	ＣＢＫ	豊橋	ＡＣＴ	高松	ＫＡＴ
平泉	ＩＴＨ	千	ＣＢ	岡崎	ＡＣＺ	香川	ＫＡＫ
岩	ＩＴ	品川	ＴＫＳ	三河	ＡＣＭ	香	ＫＡ
仙台	ＭＧＳ	世田谷	ＴＫＧ	豊田	ＡＣＹ	愛媛	ＥＨ
宮城	ＭＧＭ	品	ＴＯＳ	一宮	ＡＣＩ	高知	ＫＣＫ

宮	MG	練馬	TKN	尾張小牧	ACO	高	KC
秋田	ATA	杉並	TKM	春日井	ACK	福岡	FOF
秋	AT	板橋	TKI	愛	AC	北九州	FOK
山形	YA	練	TON	三重	MEM	久留米	FOR
庄内	YAS	足立	TKA	四日市	MEY	筑豊	FOC
福島	FS	江東	TKK	伊勢志摩	MEI	福	FO
会津	FSA	葛飾	TKU	鈴鹿	MES	佐賀	SAS
郡山	FSK	足	TOA	三	ME	佐	SA
白河	FSS	八王子	TKH	滋賀	SIS	長崎	NS
いわき	FSI	多摩	TKT	滋	SI	佐世保	NSS
水戸	IGM	多	TOT	京都	KTK	熊本	KUK
土浦	IGT	横浜	KNY	京	KT	熊	KU
つくば	IGK	川崎	KNK	大阪	OSO	大分	OT
茨城	IGI	湘南	KNN	なにわ	OSN	宮崎	MZ
茨	IG	相模	KNS	堺	OSS	鹿児島	KOK
宇都宮	TGU	神	KN	和泉	OSZ	奄美	KOA
那須	TGN	山梨	YN	大	OS	鹿	KO
とちぎ	TGC	富士山	YNF	泉	OSI	沖縄	ONO
栃木	TGT	新潟	NGN	神戸	HGK	沖	ON
栃	TG	長岡	NGO	姫路	HGH		

(2)　登録年月日欄には、登録年月日又は車両番号若しくは原動機付自転車番号を指定した年月日を記入すること。

第４号様式（第４条関係）（日本産業規格Ａ列４番）

<table>
<tr><td colspan="2">登録証書再交付申請書
運輸監理部長又は運輸支局長殿
年　月　日</td></tr>
<tr><td>申請者の氏名</td><td></td></tr>
<tr><td>申請者の住所</td><td></td></tr>
<tr><td>登録番号</td><td></td></tr>
<tr><td colspan="2">申請の理由</td></tr>
</table>

注　登録番号欄には、登録証書の登録番号欄に記入されている番号を記入すること。

○車両並びに車両への取付け又は車両における使用が可能な装置及び部品に係る調和された技術上の国際連合規則の諸採択並びにこれらの国際連合の諸規則に基づいて行われる認定の相互承認のための条件に関する協定

（平成十年十月二日 条約第十二号）

改正 令二・六・一五外務告二一七［平二九・九・一四発効］

車両並びに車両への取付け又は車両における使用が可能な装置及び部品に係る統一的な技術上の要件の採択並びにこれらの要件に基づいて行われる認定の相互承認のための条件に関する協定をここに公布する。

（訳文）

車両並びに車両への取付け又は車両における使用が可能な装置及び部品に係る調和された技術上の国際連合規則の諸採択並びにこれらの国際連合の諸規則に基づいて行われる認定の相互承認のための条件に関する協定（注）

注 この協定の旧表題は、千九百五十八年三月二十日にジュネーブで作成された自動車の装置及び部品の認定のための統一的な条件の採択並びにその認定の相互承認に関する協定及び千九百九十五年十月五日にジュネーブで作成された車両並びに車両への取付け又は車両における使用が可能な装置及び部品に係る統一的な技術上の要件の採択並びにこれらの要件に基づいて行われる認定の相互承認のための条件に関する協定である。

前文

締約国は、

千九百五十八年三月二十日にジュネーブで作成され、千九百九十五年十月十六日に改正された自動車の装置及び部品の認定のための統一的な条件の採択並びにその認定の相互承認に関する協定を改正することを決定し、

特定の車両、装置及び部品が自国及び他の締約国又は地域において使用されるために満足すべき調和された技術上の国際連合の諸規則を定めることによって国際貿易の技術的障害を軽減することを希望し、

技術的及び経済的に実行可能で技術の進歩に対応した諸規則の策定における車両並びに車両への取付け又は車両における使用が可能な装置及び部品の安全、環境保護、エネルギー消費効率及び盗難防止の性能の重要性を認識し、

これらの国際連合の諸規則を可能な限り自国及び他の締約国又は地域において適用することを希望し、

他の締約国の認定を行う当局がこれらの国際連合の諸規則に従って認定した車両、装置及び部品の自国における受入れを促進することを希望し、

この協定に附属する個々の国際連合の諸規則がもたらす利益を増大させ、並びに締約国による実施を簡素化する機会及び車両全体の型式認定の相互承認の一層広い採用を創出するため、この協定の枠組みの中で国際的な車両型式認定制度を設立することを希望し、

この協定の機能及び信頼性を改善することによりこの協定の締約国の数を増加させ、もって、この協定が自動車分野における技術上の規則の調和のための主要な国際的枠組みであり続けることを希望して、

次のとおり協定した。

第一条

1 締約国は、この協定の附属書に定める手続規則に従って全ての締約国で構成する運営委員会において、次項以下の規定に基づき、車両並びに車両への取付け又は車両における使用が可能な装置及び部品に関する国際連合の諸規則を作成する。当該諸規則は、型式認定により諸規則を実施することを選択した締約国の使用のため、型式認定及びその相互承認のための条件を含む。

この協定の適用上、

「車両、装置及び部品」には、その特性が車両の安全、環境の保護、エネルギーの節約及び盗難防止の技術の性能に関連する車両、装置及び部品を含む。

「国際連合の諸規則に基づく型式認定」とは、一の締約国の認定を行う当局が、必要な確認を行った後、製造者が提示した一の型式の車両、装置又は部品が国際連合の規則に定める要件に適合することを宣言する行政上の手続をいう。その後、製造者は、市場に出す車両、装置又は部品が認定を受けた製品と同一のものとして製造されたことを認証する。

「車両全体の型式認定」とは、適用される国際連合の諸規則に基づいて行われた複数の車両、装置及び部品についての型式認定を行政上の国際的な車両型式認定制度の規定に従って車両全体の認定に統合することをいう。

「国際連合の規則の版」とは、採択され、及び作成された国際連合の規則をこの協定、特にその第十二条に定める手続の後に改正することができることをいう。改正されていない国際連合の規則とその後の改正が統合された後の国際連合の規則とは、当該国際連合の規則の異なる版とする。

「国際連合の規則の適用」とは、国際連合の規則が締約国について効力を生ずることをいう。適用を行うに当たり、締約国は、自国又はその地域の法令を維持することができる。締約国は、希望する場合には、自国が適用する国際連合の諸規則の要件をもって自国又はその地域の法令に代替することができるが、この協定によりその義務を負うものではない。もっとも、締約国は、自国又はその地域において適用される国際連合の諸規則の最新版に基づいて行われた国際連合の型式認定を、自国又はその地域の法令の関連部分に代わるものとして受け入れる。国際連合の規則の適用を行っている締約国の権利及び義務については、この協定の各条に詳細を定める。

国際連合の諸規則の適用上、型式認定に代わる行政上の手続があり得る。そのような手続であって、一般的に知られ、

かつ、欧州経済委員会の一部の構成国において適用されている唯一のものは、製造者が、行政上の事前の管理を受けることなく、市場に出す製品が国際連合の規則に適合していることを認証する自己認証である。権限のある行政当局は、市場からの無作為抽出により、製造者が自ら認証した製品が国際連合の規則に定める要件に適合していることを確認することができる。

2　運営委員会は、附属書に定める手続規則に従い全ての締約国で構成する。

　国際連合の規則は、附属書に定める手続に従って作成した後、運営委員会が国際連合事務総長（以下「事務総長」という。）に送付する。事務総長は、その後できる限り速やかに当該国際連合の規則を締約国に通報する。

　国際連合の規則は、事務総長による通報の後六箇月以内に、通報時の締約国の五分の一を超える締約国が事務総長に異議を通告しない限り、採択される。

　国際連合の規則は、次の事項について定める。

(a)　対象となる車両、装置又は部品

(b)　技術上の要件（適当なかつ設計を制限しない場合には、性能に関する要件でなければならず、状況に応じて、利用可能な技術、費用及び利益を客観的に考慮したものとする。また、代替的な要件を含めることができる。）

(c)　性能に関する要件についての試験方法

(d)　型式認定（運用規定及び認定証の交付を含む。）及びその相互承認のための条件並びに製造の適合性を確保するための条件

(e)　国際連合の規則が効力を生ずる日（当該国際連合の規則を適用している締約国が当該国際連合の規則に基づいて認定を行うことができるようになる日を含む。）及び効力を生ずる日と異なる場合には、当該締約国が認定の受入れを開始する日

(f)　製造者から提供される情報文書

　国際連合の諸規則には、必要なときは、認定のために提示された車両、装置又は部品に関し、その型式についての試験が実施される試験所であって認定を行う当局が指定するものに関する規定を含めることができる。

　この協定は、前記の国際連合の諸規則に加えて、車両型式認定制度を導入するための国際連合の規則の作成について定める。この国際連合の規則は、適用範囲、行政上の手続及び技術上の要件（当該国際連合の規則の一の版において異なる水準の厳しさを含めることができる。）を定める。

　この条及び第十二条の他の規定にかかわらず、国際的な車両型式認定制度に係る国際連合の規則を適用している締約国は、当該国際連合の規則の最新版の最も高い水準の厳しさに基づいて行われた型式認定を受け入れる義務のみを負う。

　この協定には、この協定に附属する全ての国際連合の諸規則及び一又は二以上の国際連合の諸規則を適用している全ての締約国に適用可能な運用及び手続規定の細目を含む。

3　国際連合の規則が採択された場合には、事務総長は、できる限り速やかにその旨を、異議を通告したことにより又はその採択を支持するが効力発生の日には当該国際連合の規則の適用を開始しない意思を通告したことにより当該国際連合の規則が効力を生じない締約国を明示して、全ての締約国に通報する。

4　採択された国際連合の規則は、異議又は効力発生の日に当該国際連合の規則を適用しない意思を通告しなかった全ての締約国について、この協定に附属する国際連合の規則として、当該国際連合の規則で定める日に効力を生ずる。

5　新たな締約国は、加入書を寄託する際に、その時点でこの協定に附属する国際連合の諸規則の一部を又はいずれをも適用しないことを宣言することができる。新たな締約国が加入書を寄託する時点で国際連合の規則案又は採択された国際連合の規則が2から4までに定める手続に付されている場合には、事務総長は、当該国際連合の規則案又は採択された国際連合の規則を当該締約国に送付するものとし、当該国際連合の規則案又は採択された国際連合の規則は、当該締約国が加入書を寄託した後六箇月の間に、採択された当該国際連合の規則について異議を通告しない限り、当該締約国について国際連合の規則として効力を生ずる。事務総長は、その効力発生の日を全ての締約国に通報する。事務総長は、新たな締約国がこの5の規定に基づいて行う一部の国際連合の諸規則の不適用に関する全ての宣言を全ての締約国に通報する。

6　国際連合の規則を適用している締約国は、一年の予告により、当該国際連合の規則の適用を終止する意思を有する旨をいつでも事務総長に通告することができる。事務総長は、その通告を他の締約国に送付する。

　当該締約国が当該国際連合の規則に基づいて行った認定は、第四条の規定に従ってその認定が取り消されるまで効力を有する。

　締約国は、国際連合の規則に基づく認定を行うことを終止する場合にも、次のことを行う。

(a)　その終止に先立って型式認定を行った製品の製造の適合性に関し適切な管理を維持すること。

(b)　当該国際連合の規則を引き続き適用する締約国から不適合についての通報を受領した場合には、第四条に定める必要な措置をとること。

(c)　第五条の規定に従い、認定の取消しについての他の締約国への通報を継続すること。

(d)　既に行った認定の変更の承認を引き続き行うこと。

7　国際連合の規則を適用していない締約国は、当該国際連合の規則を適用する意図を有する旨をいつでも事務総長に通告することができるものとし、当該国際連合の規則は、その通告の後六十日で当該締約国について効力を生ずる。事務総長は、当該国際連合の規則がこの7の規定に従って新たな締約国について効力を生じた旨を全ての締約国に通報する。

8　国際連合の規則が効力を生じている締約国を、以下「国際連合の規則を適用している締約国」という。

第二条

1　主として型式認定により国際連合の諸規則を適用している締約国は、自国が技術的能力を有すること及び認定された型式と製品との製造の適合性を確保するための措置に満足することを条件として、国際連合の規則に定める車両、装置又は部品の型式認定及び認定証の交付を行う。型式認定を行う締約国は、車両、装置及び部品が認定された型式に従って製造されることを確保するための適切な措置がとられたことを確認するため、この協定に附属する細目一に定める必要な措置をとる。

2　国際連合の規則に基づいて型式認定を行う締約国は、当該

国際連合の規則に関して認定を行う当局を定める。認定を行う当局は、当該国際連合の規則に基づく型式認定の全ての側面について責任を負う。当該認定を行う当局は、当該当局に代わり、1の規定により必要とされる確認に必要な試験及び検査を行う技術機関を指定することができる。締約国は、この協定に附属する細目二に定める要件に従って技術機関を評価し、指定し、及び通報することを確保する。

3　車両、装置及び部品の型式認定、認定証及び識別子は、国際連合の規則において定められ、この協定に附属する細目三から細目五までに定める手続に従って交付される。

4　国際連合の規則を適用している締約国は、これらの条件が満たされない場合には、国際連合の規則に定める型式認定及び認定証の交付を行わない。

第三条

1　前条の規定に基づいて一の締約国が型式認定を行った車両、装置又は部品については、国際連合の規則を適用している全ての締約国の国内法令の関連部分に適合するものと認める。

2　国際連合の諸規則を適用している締約国は、相互承認により、当該締約国の市場での販売のため、第一条、第八条及び第十二条の規定並びに当該国際連合の諸規則の特別な規定に従い、型式認定に関する更なる試験、文書、認証又は表示を要求することなく、当該国際連合の諸規則に基づいて行われた型式認定を受け入れる。

第四条

1　国際連合の規則を適用している締約国は、いずれかの締約国が当該国際連合の規則に基づいて交付した認定証を表示した車両、装置又は部品が型式又は当該国際連合の規則の要件と適合しないと認める場合には、その認定を行った締約国の認定を行う当局に通報する。

当該認定を行った締約国は、そのような不適合が是正されることを確保するために必要な措置をとる。

2　1に規定する不適合が第一条2(b)に規定する国際連合の規則に定める技術上の要件に適合しないことによる場合には、認定を行った締約国は、その状況を他の全ての締約国に直ちに通報し、及び自国がとる措置（必要な場合には、認定の取消しを含む。）を他の締約国に定期的に通報する。

車両の安全、環境の保護、エネルギーの節約又は盗難防止の技術の性能に対する潜在的な影響を検討した後、締約国は、当該不適合が是正されるまでの間、適合しない車両、装置又は部品の自国の領域内での販売及び使用を禁止することができる。この場合には、当該締約国は、運営委員会の事務局に対し、とった措置を通報する。締約国間の紛争の解決については、第十条4に規定する手続を適用する。

3　1の規定にかかわらず、2に規定する適合しない製品を三箇月の期間内に適合させられない場合には、認定について責任を有する締約国は、一時的又は恒久的に当該認定を取り消す。例外として、国際連合の規則を適用している一又は二以上の締約国が反対しない限り、当該期間は、三箇月を超えない期間延長することができる。当該期間を延長する場合には、当該認定を行った締約国は、最初の三箇月の期間内に、当該国際連合の規則を適用している全ての締約国に対して、2に規定する不適合の是正のための期間を延長する意思を通報し、かつ、その延長の理由を提供する。

4　認定を行った締約国は、不適合が第一条2(d)及び2(f)に規定する国際連合の規則に定める運用規定、認定証、製造の適合性に関する条件又は情報文書に適合していないことによる場合において、当該不適合が六箇月以内に是正されないときには、当該認定を一時的又は恒久的に取り消す。

5　1から4までの規定は、認定について責任を有する締約国が自国が交付した認定証を表示した車両、装置又は部品が、認定した型式又は国際連合の規則の要件に適合しないと認める場合についても適用される。

第五条

1　国際連合の諸規則を適用している締約国の認定を行う当局は、他の締約国の要請により自国が認定を行わず、又は取り消した車両、装置又は部品の一覧表を当該他の締約国に送付する。

2　さらに、国際連合の諸規則を適用している締約国は、国際連合の規則を適用している他の締約国から要請を受けた場合には、当該国際連合の規則に基づいて車両、装置又は部品の認定を行い、行わず、又は取り消す決定の基礎となった全ての関連情報の写しをこの協定に附属する細目五の規定に従って当該他の締約国に直ちに送付する。

3　書類の写しは、この協定に附属する細目五の規定に従って、電子ファイルにより代替することができる。

第六条

1　欧州経済委員会の構成国、同委員会の付託条項8の規定に従い協議国として同委員会に参加することを認められている国及び同委員会の構成国によって設立された地域的な経済統合のための機関であってこの協定が対象とする分野においてその加盟国から権限（当該加盟国を拘束する決定を行う権限を含む。）の移譲を受けたものは、この協定の締約国となることができる。

地域的な経済統合のための機関が投ずる票数は、第一条2及び第十二条2に定める票数の決定に関し、同委員会の構成国である当該機関の加盟国の票数とする。

2　欧州経済委員会の付託条項11の規定に従い同委員会のある種の活動に参加することができる国際連合加盟国及び当該国際連合加盟国によって設立された地域的な経済統合のための機関であってこの協定が対象とする分野においてその加盟国から権限（当該加盟国を拘束する決定を行う権限を含む。）の移譲を受けたものは、この協定の締約国となることができる。

地域的な経済統合のための機関が投ずる票数は、第一条2及び第十二条2に定める票数の決定に関し、国際連合加盟国である当該機関の加盟国の票数とする。

3　千九百五十八年の協定の締約国でない新たな締約国のこの協定への加入は、この協定が効力を生じた後、事務総長に加入書を寄託することによって行う。

第七条

1　この協定は、事務総長が千九百五十八年の協定の全ての締約国にこの協定を送付した日の後九箇月で効力を生ずる。

2　この協定は、事務総長が千九百五十八年の協定の締約国にこの協定を送付した日の後六箇月以内にこれらの締約国から異議の表明がある場合には、効力を生じない。

3　この協定は、この協定に加入する新たな締約国については、その加入書の寄託の後六十日目の日に効力を生ずる。

第八条

1 いずれの締約国も、事務総長に宛てた通告により、この協定を廃棄することができる。

2 廃棄は、事務総長が1の通告を受領した日の後十二箇月で効力を生ずる。

3 締約国が行った型式認定は、2の規定に従って廃棄が効力を生じた後十二箇月の期間効力を有する。

第九条

1 第六条に定める締約国は、加入書を寄託する際に又はその後いつでも、事務総長に宛てた通告により、自国が国際関係について責任を有する領域の全部又は一部にこの協定を適用することを宣言することができる。この協定は、当該通告に示された領域につき、事務総長がその通告を受領した後六十日目の日から適用する。

2 第六条に定める締約国であって、自国が国際関係について責任を有するいずれかの領域にこの協定を適用することを1の規定に基づいて宣言したものは、前条の規定に従い、当該領域についてこの協定を別個に廃棄することができる。

第十条

1 この協定の解釈又は適用に関する締約国間の紛争は、できる限り当該締約国間の交渉によって解決する。

2 交渉によって解決されない紛争は、紛争当事国であるいずれかの締約国が要請する場合には、仲裁に付するものとし、このため、紛争当事国間の合意によって選定される一人又は二人以上の仲裁人に付託する。紛争当事国が仲裁の要請を行った日から三箇月以内に仲裁人の選定について合意に達することができないときは、いずれの紛争当事国も、当該紛争が決定のために付託される一人の仲裁人を指名するよう事務総長に要請することができる。

3 2の規定に基づいて任命された仲裁人が行う決定は、紛争当事国を拘束する。

4 この協定に附属する国際連合の諸規則の解釈又は適用に関する二以上の締約国間の紛争は、この協定に附属する細目六に定める手続に従い交渉によって解決する。

第十一条

1 いずれの締約国も、この協定への加入の際に、前条1から3までの規定に拘束されないことを宣言することができる。その留保を付した締約国との関係においては、他の締約国も、同条1から3までの規定に拘束されない。

2 1の留保を付した締約国は、事務総長に宛てた通告により、いつでもその留保を撤回することができる。

3 この協定、その附属書、細目一から細目八まで及びこの協定に附属する国際連合の諸規則については、1の留保以外の留保を認めない。もっとも、いずれの締約国も、第一条5の規定に基づき、国際連合の諸規則の一部を又はいずれをも適用しないことを宣言することができる。

第十二条

この協定に附属する国際連合の諸規則は、次の手続により改正することができる。

1 国際連合の諸規則の改正案は、第一条2に規定する運営委員会により、附属書に定める手続に従って作成される。国際連合の規則の改正案は、作成された後、運営委員会が国際連合欧州経済委員会の事務局長に送付する。同事務局長は、その後できる限り速やかにこの改正案を当該国際連合の規則を適用している締約国及び事務総長に通報する。

2 国際連合の規則の改正案は、国際連合欧州経済委員会の事務局長による通報の後六箇月以内に、この通報の時に当該国際連合の規則を適用している締約国の五分の一を超える締約国が事務総長に異議を通告しない限り、採択される。事務総長は、国際連合の規則の改正案が採択された場合には、できる限り速やかに、当該改正案が採択されたこと及び当該国際連合の規則を適用している締約国を拘束することを宣言する。

3 国際連合の規則の改正案には、改正された国際連合の規則の効力発生に関する経過規定、締約国が当該国際連合の規則の改正前の版に基づく認定を受け入れる最後の日及び締約国が当該国際連合の規則の改正前の版に基づいて交付された型式認定を受け入れる義務を負わない日を含めることができる。

4 国際連合の諸規則のいずれかの版の経過規定に本項の内容と異なる規定がある場合にも、国際連合の諸規則を適用している締約国は、第二条の規定に適合することを条件として、最新の版より前の版の国際連合の諸規則に基づく型式認定を行うことができる。もっとも、国際連合の規則を適用している締約国は、3の規定に従うことを条件として、この最新の版より前の版に基づく型式認定を受け入れる義務を負わない。

5 国際連合の規則を適用している全ての締約国は、当該国際連合の規則の適用を終止する意思を事務総長に通告した締約国を除くほか、当該国際連合の規則の最新の版に基づいて行われた認定を受け入れる。国際連合の規則の適用を終止する意思を事務総長に通告した締約国は、第一条6に規定される一年の間、事務総長に対する通告における要請により、当該締約国に適用される国際連合の規則の版に基づいて行われた認定を受け入れる。

6 国際連合の規則を適用している締約国は、新たな技術に基づく車両、装置又は部品の一つの型式に対して、当該新たな技術が既存の国際連合の規則の対象とされておらず、かつ、当該国際連合の規則の一又は二以上の要件に適合しない場合には、当該国際連合の規則に基づいて免除認定を行うことができる。この場合には、この協定に附属する細目七に定める手続を適用する。

7 新たな締約国が国際連合欧州経済委員会の事務局長による国際連合の規則の改正案の通報の時から改正の効力発生までの間にこの協定に加入する場合には、当該国際連合の規則は、事務総長による当該締約国の加入の通報から六箇月以内に当該締約国が改正案への異議を事務総長に通告しない限り、当該締約国について効力を生ずる。

第十三条

この協定及びその附属書は、次の手続により改正することができる。

1 いずれの締約国も、この協定及びその附属書の改正を提案することができる。改正案は、事務総長に送付されるものとし、事務総長は、これを全ての締約国に送付し、かつ、第六条1の国であって締約国でないものに通報する。

2 1の規定に従って配布された改正案は、事務総長によるその配布の日の後九箇月以内にいずれの締約国からも異議の表明がない場合には、承認される。

3　事務総長は、改正案に対する異議の表明があったか否かをできる限り速やかに全ての締約国に通報する。改正案は、これに対する異議の表明があった場合には、承認されず、いかなる効力も有しない。異議の表明がなかった場合には、改正は、2に定める九箇月の期間の満了後三箇月で全ての締約国について効力を生ずる。

第十三条の二

1　この協定に附属する運営規則及び手続規定に係る細目については、次の手続により改正することができる。

1.1　運営規則及び手続規定に係る細目についての改正案は、第一条1に規定する運営委員会により、附属書第七条に定める手続に従って作成される。

1.2　運営規則及び手続規定に係る細目の改正案については、運営委員会が事務総長に送付する。事務総長は、その後できる限り速やかに、この改正案を一又は二以上の国際連合の規則を適用している締約国に通報する。

2　運営規則及び手続規定に係る細目の改正案は、事務総長による通報の後六箇月以内に、一又は二以上の国際連合の規則を適用しているいずれかの締約国が事務総長に異議を通告しない限り、採択される。

3　事務総長は、改正案に対する異議の表明があったか否かをできる限り速やかに一又は二以上の国際連合の規則を適用している全ての締約国に通報する。改正案は、これに対する異議の表明があった場合には、承認されなかったものと見なされ、いかなる効力も有しない。異議の表明がなかった場合には、改正は、2に定める六箇月の期間の満了後三箇月で一又は二以上の国際連合の規則を適用している全ての締約国について効力を生ずる。

4　新たな細目については、運営規則及び手続規定に係る細目についての改正案とみなし、この条に定めるものと同一の手続に従って作成する。

第十四条

1　事務総長は、締約国に対し、この協定の規定に従って次の事項について通報を行う。

(a)　第六条の規定に基づく加入

(b)　この協定が第七条の規定に従って効力を生ずる日

(c)　第八条の規定に基づく廃棄

(d)　第九条の規定に従って受領した通告

(e)　第十一条1及び2の規定に従って受領した宣言及び通告

(f)　第一条2、3、5及び7並びに第十二条2の規定に基づく新たな国際連合の規則及び既存の国際連合の規則の改正の効力発生

(g)　第十三条3又は前条3のそれぞれの規定に基づくこの協定、附属書又は運営規則及び手続規定に係る細目についての改正の効力発生

(h)　第一条6の規定に基づく、締約国による国際連合の諸規則の適用の終止

2　国際連合欧州経済委員会の事務局長は、この協定並びにこの協定に附属する運営規則及び手続規定に係る細目の規定に従って、次の事項について通報を行う。

(a)　事務総長及び締約国に対し、第十二条2の規定に基づく国際連合の規則の改正案の作成

(b)　締約国に対し、免除認定の要請に対する運営委員会の決定及び細目七の5の規定に基づく受入れ

第十五条

1　この協定が効力を生ずる日に新たな国際連合の規則がこの協定の前の版の第一条3及び4に定める採択の手続に付されている場合には、当該新たな国際連合の規則は、同条4の規定に基づいて効力を生ずる。

2　この協定が効力を生ずる日に国際連合の規則の改正がこの協定の前の版の第十二条1に規定する採択の手続に付されている場合には、当該改正は、同条の規定に基づいて効力を生ずる。

3　この協定の全ての締約国が合意する場合には、この協定の前の版に基づいて採択された国際連合の規則をこの協定に基づいて採択された国際連合の規則として取り扱うことができる。

第十六条

この協定は、ジュネーブで、ひとしく正文である英語、フランス語及びロシア語により本書一通を作成した。

附属書　運営委員会の構成及び手続規則

第一条

運営委員会は、改正された協定の全ての締約国で構成する。

第二条

国際連合欧州経済委員会の事務局長は、運営委員会に事務局の役務を提供する。

第三条

運営委員会は、毎年最初の会期において議長及び副議長を選出する。

第四条

国際連合事務総長は、新たな国際連合の規則、国際連合の規則の改正案、細目七に規定する新たな技術に関する免除認定の手続による通報又は運営規則及び手続規定に係る細目についての改正案を作成する必要がある場合には、欧州経済委員会の主催の下に運営委員会を招集する。

第五条

新たな国際連合の諸規則案は、投票に付する。この協定の締約国である各国は、一の票を有する。決定を行うための定足数は、締約国の二分の一以上とする。定足数の決定に関し、この協定の締約国である地域的な経済統合のための機関は、その加盟国の票数の票を投ずる。地域的な経済統合のための機関の代表は、この機関を構成する主権を有する加盟国の票を投ずることができる。新たな国際連合の諸規則案は、出席しかつ投票する締約国の五分の四以上の多数による議決で作成される。

第六条

国際連合の諸規則の改正案は、投票に付する。国際連合の規則を適用している締約国である各国は、一の票を有する。決定を行うための定足数は、当該国際連合の規則を適用している締約国の二分の一以上とする。定足数の決定に関し、この協定の締約国である地域的な経済統合のための機関は、その加盟国の票数の票を投ずる。地域的な経済統合のための機関の代表は、この機関を構成する主権を有する加盟国であって当該国際連合の規則を適用しているものの票数の票を投ずることができる。国際連合の諸規則の改正案は、出席しかつ投票する締約国の五分の四以上の多数による議決で作成される。

第七条

この協定に附属する運営規則及び手続規定に係る細目についての改正案は、投票に付する。一又は二以上の国際連合の規則

を適用している各締約国は、一の票を有する。決定を行うための定足数は、一又は二以上の国際連合の規則を適用している締約国の二分の一以上とする。定足数の決定に関し、この協定の締約国である地域的な経済統合のための機関は、その加盟国の票数の票を投ずる。地域的な経済統合のための機関の代表は、この機関を構成する主権を有する加盟国であって一又は二以上の国際連合の規則を適用しているものの票数の票を投ずることができる。運営規則及び手続規定に係る細目の改正案は、出席しかつ投票する締約国の全会一致の議決で作成される。

第八条

新たな技術に関する免除認定の承認についての締約国の要請は、投票に付する。当該国際連合の規則を適用している各締約国は、一の票を有する。決定を行うための定足数は、当該国際連合の規則を適用している締約国の二分の一以上とする。定足数の決定に関し、この協定の締約国である地域的な経済統合のための機関は、その加盟国の票数の票を投ずる。地域的な経済統合のための機関の代表は、この機関を構成する主権を有する加盟国であって当該国際連合規則を適用しているものの票を投ずることができる。当該締約国に対する免除認定の承認は、出席しかつ投票する締約国の五分の四以上の多数による議決で決定される。

運営規則及び手続規定に係る細目

次の運営規則及び手続規定に係る細目は、車両並びに車両への取付け又は車両における使用が可能な装置及び部品に係る調和された技術上の国際連合規則の諸採択並びにこれらの国際連合の諸規則に基づいて行われる認定の相互承認のための条件に関する協定（以下「千九百五十八年の協定」という。）に附属するものとし、当該細目には、千九百五十八年の協定に附属する全ての国際連合の諸規則に適用される運営規則及び手続規定を定める。

目次

細目一　製造の適合性に関する手続

目的

製造の適合性に関する手続は、製造された車両、装置又は部品が認定された型式に適合していることを確保することを目的とする。手続には、品質管理制度の評価（以下「当初の評価」という。）並びに認定の対象及び製品に関する管理の確認（以下「製造の適合性に関する措置」という。）を含む。

1　当初の評価

1.1　締約国の認定を行う当局は、国際連合の型式認定を行う前に、車両、装置又は部品が認定された型式に適合して製造されるよう効果的な管理を確保するために満足すべき措置及び手続が存在することを確認する。

1.2　評価を行うための指針は、国際規格であるISO第一九〇一一号二千十一年版「マネジメント・システム監査のための指針」に掲げられている。

1.3　1.1の要件は、国際連合の型式認定を行う当局が満足するよう確認する。国際連合の型式認定を行う当局は、必要な場合には、1.3.1から1.3.3までに定める措置の一又はこれらの措置の全部若しくは一部を組み合わせたものを必要に応じて適宜考慮し、当初の評価及び次の2に規定する製品の適合性に関する措置を確認する。

1.3.1　実際の当初の評価又は製造の適合性に関する措置の確認については、国際連合の型式認定を行う当局又は当該認定を行う当局に代わって活動するために指定された技術機関が行う。

1.3.1.1　当該認定を行う当局は、当初の評価を行う範囲を検討する場合には、次の事項に関する利用可能な情報を考慮に入れることができる。

(a)　1.3.3に定める製造者の認証であって、1.3.3において資格が与えられず、又は承認されなかったもの

(b)　装置又は部品の国際連合の型式認定の場合には、当該装置又は部品の製造者の施設において、国際規格であるISO第九〇〇一号二千八年版の要件を満たす一又は二以上の産業部門の規格に従って車両の製造者が行った品質制度の評価

1.3.2　実際の当初の評価又は製造の適合性に関する措置の確認については、少なくとも当該国際連合の型式認定の基となる同じ国際連合の諸規則を他の締約国が適用している場合には、当該他の締約国の認定を行う当局又は当該当局が当該目的のために指定した技術機関によっても行うことができる。

1.3.2.1　この場合には、当該他の締約国の認定を行う当局は、当該要件が満たされているか否かに関する文書であって、型式認定が行われるべき製品及び当該型式認定の基となる国際連合の諸規則との関連で対象とした製造施設の概要（その所在地を含む。）を示したものを作成する。

1.3.2.2　締約国において認定を行う当局は、国際連合の型式認定を行う他の締約国の当局から適合性に関する文書の申請を受領した場合には、当該文書を送付し、又はそのような文書を提供する立場にない旨を通報する。

1.3.2.3　適合性に関する文書には、少なくとも次のものを含める。

(a)　系列又は企業名（例えば、XYZ自動車）
(b)　特定の組織名（例えば、支社名）
(c)　工場又は施設の名称（例えば、原動機工場1（A国）、車両工場2（B国））
(d)　車両又は構成部分の範囲（例えば、M1区分の全てのモデル）
(e)　評価の対象分野（例えば、原動機の組立て、車体の加圧形成及び組立て、車両の組立て）
(f)　検討した文書（例えば、企業及び施設の品質手引書及び手順書）
(g)　評価を行った日（例えば、西暦年月日から西暦年

月日まで監査を実施）

(h) 監視のための訪問計画（例えば、西暦年月）

1.3.3 認定を行う当局は、国際規格であるＩＳＯ第九〇〇一号二千八年版（認定されるべき製品を対象としている。）又は1.1の当初の評価の要件を満たすものとして認められているこれと同等の任意規格による製造者の認証を受け入れることができる。製造者は、認定を行う当局に対し、そのような認証の詳細を提供し、かつ、当該認証の有効性又は範囲に関するいかなる変更についても通報する。

1.4 国際的な車両型式認定のため、車両の装置及び部品の国際連合の型式認定を行うために実施された当初の評価を再度実施する必要は無いが、当該評価が対象としていなかった分野で特に車両全体の組立てに関するものを対象とする評価を実施することによって、当初の評価を完了する。

2 製品の適合性に関する措置

2.1 千九百五十八年の協定に附属する国際連合の規則に基づいて認定されたいずれの車両、装置又は部品についても、この細目及び当該国際連合の規則に定める要件を満たすことにより、認定された型式に適合するよう製造する。

2.2 千九百五十八年の協定に附属する国際連合の規則に基づいて型式認定を行う締約国の認定を行う当局は、認定された型式との継続的な適合性を確認するために必要とされる試験又は関連の検査（特に、該当する場合には、当該国際連合の規則に定める試験を含む。）を特定の間隔で実施するための十分な措置及び文書化された管理計画であって、認定ごとに製造者と合意するものが存在することを確認する。

2.3 国際連合の型式認定を受けた者は、特に、次のことを行う。

2.3.1 認定された型式と製品（車両、装置又は部品）との適合性を効果的に管理する手続の存在及び適用を確保すること。

2.3.2 認定された型式との適合性を検査するために必要な試験の装置又は他の適当な装置を使用可能とすること。

2.3.3 試験又は検査の結果のデータを記録し、及びこれに添付された文書を認定を行う当局との合意により決定される期間利用可能とすることを確保すること。この期間は、十年を超えてはならない。

2.3.4 製品の特性の安定性を確認し、及び確保するため、工業生産における変差を考慮に入れて試験又は検査の種類ごとに結果を分析すること。

2.3.5 少なくともこの細目に定める検査及び関連する国際連合の諸規則に定める試験が製品の種類ごとに実施されるよう確保すること。

2.3.6 該当する種類の試験においていずれかの見本又は試験片が不適合を示す場合には、更なる見本の採取及び試験が行われるよう確保すること。対応する製造の適合性を回復するために全ての必要な措置をとる。

3 継続的な確認のための措置

3.1 国際連合の型式認定を行った当局は、各製造施設において適用されている適合性の管理方法をいつでも確認することができる。

3.1.1 通常の措置は、この細目の1及び2に定める手続（当初の評価及び製品の適合性に関する措置）の継続的な効果を監視することとする。

3.1.1.1 技術機関（1.3.1及び1.3.2の規定に従って資格が与えられ、又は承認されたもの）が実施する監視活動は、当初の評価において作成した手続に関する3.1.1に定める要件を満足するものとして認められる。

3.1.1.2 認定を行う当局（3.1.1.1に定めるものを除く。）による確認の通常の頻度は、1及び2の規定に従って適用される関連の管理が、国際規格であるＩＳＯ第三一〇〇〇号二千九年版（リスク・マネジメント）原則及び指針と合致するリスク評価手法に基づいた間隔で見直されることが確保されるようなものでなければならず、当該頻度は、いかなる場合においても、三年に一回以上でなければならない。この手法では、千九百五十八年の協定第四条の規定に基づき締約国によって提起された全ての不適合を特に考慮すべきである。

3.2 全ての見直しにおいて、試験及び検査の記録並びに製造の記録（特に2.2の規定によって要求される試験又は検査の文書）は、検査官がこれを利用することができる。

3.3 検査官は、製造者の試験所又は技術機関の施設において試験を行うための見本を無作為に抽出することができる。このような場合には、物理的な試験のみを実施する。見本の最少の数は、製造者による確認の結果に応じて決定することができる。

3.4 検査官は、管理の水準が不満足であると認めた場合又は3.3の規定を適用して実施した試験の妥当性を確認する必要があると認めた場合には、物理的な試験を行う技術機関に送付するための見本を抽出する。

3.5 認定を行う当局は、検査又は監視のための見直しにおいて不満足な結果が認められた場合には、できる限り速やかに製造の適合性を回復するために全ての必要な措置がとられることを確保する。

細目二

第一編　技術機関の評価、指定及び通報

1 技術機関の指定

1.1 認定を行う当局が技術機関を指定する場合には、当該技術機関は、この細目の規定に適合するものとする。

1.2 技術機関は、代替的な手続が特に認められている場合を除くほか、国際連合の諸規則に定める認定に必要な試験又は検査を自ら実施し、又は管理する。技術機関は、正式に指定を受けていない試験又は検査を行うことができない。技術機関の能力並びに当該技術機関が実施する試験及び検査の質については、国際連合の型式認定を求められる製品が当該技術機関が指定を受けた関連する国際連合の諸規則の要件との適合性について十分に確認されることを確保する。

1.3 技術機関は、その能力の分野により、次の四の活動の分類のうち一又は二以上の活動により指定される。

(a) Ａ類　国際連合の諸規則に定める試験を自らの施設で実施する技術機関

(b) Ｂ類　国際連合の諸規則に定める試験であって製造者の施設又は第三者の施設で実施されるものを管理する技術機関

(c) C類　製造の適合性を管理するための製造者の手続を定期的に評価し、及び監視する技術機関

(d) D類　製造の適合性の監視の枠組みの中で試験又は検査を管理し、又は実施する技術機関

1.4 技術機関は、指定を受けた国際連合の諸規則が対象とする特定の分野における適当な技能、特定の技術的な知識及び証明された経験を示す。また、技術機関は、指定を受けた活動の分類に関する次編に定める規格に適合するものとするが、必ずしも認定され、又は指定されることを要しない。当該技術機関は、試験及び検査の公平性及び質に悪影響を及ぼす可能性のある利害関係者のいかなる管理も影響も受けないことを確保する。当該技術機関は、指定を受けた国際連合の諸規則に定める試験又は検査の管理又は実施に必要な試験施設及び測定装置を利用することができる。

1.5 認定を行う当局は、1.3に規定する活動のうち一又は二以上のものを技術機関として活動することができる。技術機関として活動する認定を行う当局が、締約国の国内法令によって任命され、かつ、当該締約国から資金を供与される場合には、この細目の規定又はこの細目の1.2及び3.4の規定と同等の規則に従う。また、締約国の国内法令によって任命され、当該締約国の政府による財政上及び経営上の管理を受ける技術機関についても同様とする。同等の規則は、同じ水準の能力及び独立性を保証するものとする。

1.6 3.3の規定にかかわらず、製造者又は当該製造者のために活動する代理者は、指定に関して規定する国際連合の諸規則についてのみ、A類の活動を行う技術機関として当該指定を受けることができる。この場合には、1.4の規定にかかわらず、当該技術機関は、次編1に定める基準に従って指定を受ける。

1.7 1.5及び1.6に規定する機関は、1の規定に従う。

2 技術機関の技能の評価

2.1 1に規定する技能については、権限のある当局（注）が作成する評価に係る報告書によって証明する。この評価証明書には、指定を行う機関によって発行される指定の証明書を含めることができる。

注　「権限のある当局」とは、認定を行う当局若しくは指定された当局又はこれらのために活動する適当な指定を行う機関をいう。

2.2 2.1に規定する評価については、第三編の規定に従って行う。評価報告書については、遅くとも三年の期間の後に見直しを行う。

2.3 評価報告書は、要請に基づき、国際連合欧州経済委員会の事務局及び締約国に送付する。

2.4 技術機関として活動する認定を行う当局は、証拠書類によって適合性を証明する。この証拠書類には、評価の対象となる活動から独立した監査人によって実施された評価を含む。当該監査人は、評価を受ける活動を行う職員から独立した者であれば、同じ組織の中の者とすることができる。

2.5 技術機関として指定された製造者又は当該製造者のために活動する代理者は、2の規定に関連する規定に従う。

3 通報の手続

3.1 締約国は、国際連合欧州経済委員会の事務局に、指定を行った各技術機関の名称、住所（電子メールアドレスを含む。）及び活動の分類を通報する。また、締約国は、国際連合欧州経済委員会の事務局に、その通報に関するその後の全ての変更を通報する。その通報には、いずれの国際連合の諸規則において技術機関の指定を行ったかを明記する。

3.2 技術機関は、自己が国際連合欧州経済委員会の事務局に通報された場合にのみ、1に規定する国際連合の型式認定のための活動を行うことができる。

3.3 技術機関の行う活動の分類のいかんを問わず、複数の締約国が同一の技術機関を指定し、通報することができる。

3.4 国際連合欧州経済委員会の事務局は、認定を行う当局及び技術機関の一覧表及び連絡先の詳細を自己のウェブサイトにおいて公表する。

第二編　前編に規定する技術機関が遵守する規格

1 国際連合の諸規則に基づいて実施する国際連合の型式認定のための試験における活動

1.1 A類（自らの施設において実施する試験）

試験所及び校正施設の能力についての一般的要件に関するISO／IEC第一七〇二五号第二千五年版。A類の活動に関して指定された技術機関は、製造者又は当該製造者の代理者の施設において、当該技術機関が指定された国際連合の諸規則に基づいて試験を実施し、又は管理することができる。

1.2 B類（製造者又は当該製造者の代理者の施設において実施する試験の管理）

検査を実施する各種機関の運営についての一般的な基準に関するISO／IEC第一七〇二〇号二千十二年版。技術機関は、製造者又は当該製造者の代理者の施設において試験を実施し、又はその管理を行う前に、当該試験施設及び測定装置が1.1に規定する適当な要件に適合していることを確認する。

2 製造の適合性に関する活動

2.1 C類（当初の評価の手続及び製造者の品質管理制度の監視のための監査）

マネジメント・システムの監査及び認証を行う機関についての要件に関するISO／IEC第一七〇二一号二千十五年版

2.2 D類（製造見本の検査若しくは試験又は当該検査若しくは試験の管理）

検査を実施する各種機関の運営についての一般的な基準に関するISO／IEC第一七〇二〇号二千十二年版

第三編　技術機関の評価の手続

1 目的

1.1 この編は、第一編2に規定する権限のある当局が技術機関の評価手続を実施する際の条件を定める。

1.2 これらの要件は、その法的地位（独立組織、製造者又は技術機関として活動する認定を行う当局）を問わず、全ての技術機関について準用する。

2 評価の原則

評価は、次の原則に依拠することとする。

(a) 結論の公平性及び客観性の基礎となる独立性

(b) 信頼し得る結論及び再現し得る結論を保証する証拠に

基づく方法

監査人は、信頼性及び誠実性を示し、並びに秘密性及び裁量を尊重する。監査人は、結果及び結論を誠実かつ正確に報告する。

3 監査人の技能

3.1 評価は、その目的に必要な技術及び行政に関する知識を有する監査人によってのみ実施することができる。

3.2 監査人は、特に評価活動のための訓練を受ける。また、監査人は、技術機関がその活動を実施する技術分野について特定の知識を有する。

3.3 3.1及び3.2の規定を妨げることなく、第一編2.5に規定する評価は、評価される活動から独立した監査人によって実施される。

4 指定の申請

4.1 申請を行う技術機関の正当に権限を付与された代表者は、権限のある当局に対し、正式な申請を行う。当該申請には、少なくとも次のことを含める。

(a) 技術機関の一般的な特徴（企業体、名称、所在地、法的地位並びに人的及び技術的資源を含む。）

(b) 教育上及び職業上の技能により証明される詳細な説明（試験又は検査を担当する職員及び管理職員の履歴書を含む。）

(c) (a)及び(b)の規定に加え、仮想試験法を使用する技術機関は、コンピュータ使用環境で作業する能力の証拠を提供する。

(d) 技術機関に関する一般的な情報（例えば、活動内容、より大きな企業がある場合にはその企業との関係、指定の範囲となる全ての物理的な所在地）

(e) 指定のための要件を満たすための合意事項及び指定の対象となる関連する国際連合の諸規則が適用される範囲内での技術機関のその他の義務

(f) 適用する国際連合の諸規則の枠組みの中で技術機関が行う適合性評価に係る役務の説明及び指定のために技術機関が申請する国際連合の諸規則の一覧表（該当するものがある場合には当該技術機関の能力の限界を含む。）

(g) 技術機関の品質に関する保証手引書又は同等の運営規則の写し

4.2 権限のある当局は、技術機関が提供した情報の妥当性について検討する。

4.3 技術機関は、認定を行う当局に対し、4.1の規定に従って提供した情報の全ての変更について通報する。

5 資源の検討

権限のある当局は、その方針、能力及び適切な監査人及び専門家の利用可能性の観点から、技術機関の評価を実施するための自らの能力について検討する。

6 評価の下請契約

6.1 権限のある当局は、他の指定された当局に対し評価の一部について下請契約を締結し、又は他の権限のある当局が提供する技術専門家の支援を要請することができる。申請を行う技術機関は、当該下請契約者及び専門家を受け入れる。

6.2 権限のある当局は、技術機関の国際的な評価を完全なものとするため、適当な範囲について任意の証明書を考慮に入れる。

7 評価の準備

7.1 権限のある当局は、評価団を正式に任命する。当該権限のある当局は、それぞれの評価に用いられる専門知識が適当であることを確保する。特に、当該評価団は、全体として次のものを有する。

(a) 指定の対象となる特定の範囲についての適当な知識

(b) 指定の範囲内で運営する技術機関の能力について信頼し得る評価を行うための十分な理解

7.2 権限のある当局は、評価団に与える任務を明確に定義する。当該評価団の業務は、申請を行う技術機関から収集した文書の審査及び現地における評価を実施するものとする。

7.3 権限のある当局は、評価の期日及び予定について、技術機関及び選任した評価団と合意する。もっとも、監視及び再評価計画に従った期日を達成する責任については、権限のある当局が負う。

7.4 権限のある当局は、適当な基準文書、過去の評価記録並びに技術機関の関連文書及び記録が評価団に提供されることを確保する。

8 現地における評価

評価団は、一又は二以上の主要な活動が行われる技術機関の施設において当該技術機関の評価を実施し、及び適当な場合には、当該技術機関が運営する他の選ばれた場所において実地における評価を実施する。

9 結果の分析及び評価報告書

9.1 評価団は、文書及び記録の審査並びに現地における評価から得られた全ての関連する情報及び証拠を分析する。その分析は、指定に係る要件への技術機関の能力及び適合性の範囲を当該評価団が決定するために十分なものとする。

9.2 権限のある当局の報告の手続については、次の要件を満たすことを確保する。

9.2.1 施設から離れる前に評価団及び技術機関による会合を行う。当該会合においては、当該評価団は、分析から得られた結果に関して文書又は口頭で報告を行う。当該技術機関は、当該結果（該当する場合には不適合及びその理由を含む。）に関して質問を行う機会を有する。

9.2.2 評価結果の報告書は、技術機関に速やかに提示される。この評価報告書には、当該技術機関の能力及び適合性に関する解説を含めるものとし、指定に係る全ての要件に適合するために解決する必要のある不適合がある場合には、当該不適合を特定する。

9.2.3 技術機関は、特定された全ての不適合を解決するため、定められた期限内に、評価報告書への対応及び実施し、又は実施する予定の特定の措置について説明するよう要請される。

9.3 権限のある当局は、技術機関の対応が不適合の解決に十分かつ効果的であることを確保する。技術機関の対応が十分でないことが判明した場合には、追加の情報が要請される。さらに、取られた措置が効果的に実施された証拠が要請されること又は是正措置の効果的な実施を確認するための事後評価が実施されることができる。

9.4 評価報告書には、少なくとも次のものを含める。

(a) 技術機関の固有の識別名

(b) 現地評価の日

(c) 評価に関係する監査人又は専門家の氏名

(d) 評価を行った全ての施設の固有の識別

(e) 評価の対象となった指定の範囲についての提案

(f) 指定に係る要件を満たすことによって決定される技術機関が採用した内部組織及び手続に関する妥当性についての記述であって当該技術機関の能力を裏付けるもの

(g) 全ての不適合の解決に関する情報

(h) 申請者を技術機関として指定するか否か又は承認するか否かに関する勧告及び当該勧告を行う場合にはその範囲

10 指定の実施又は承認

10.1 認定を行う当局は、報告書その他の関連する情報に基づき、指定の実施、承認又は延長に関する決定を遅滞なく行う。

10.2 認定を行う当局は、技術機関に証明書を提供する。この証明書には、次のことを明記する。

(a) 認定を行う当局の識別情報及びマーク

(b) 指定された技術機関の固有の識別

(c) 指定の実施の効力発生の日及びその満了の日

(d) 指定の範囲（適用する国際連合の諸規則又はその一部）の簡潔な表示又は言及

(e) 適合性についての記述及びこの細目の引用

11 再評価及び監視

11.1 再評価は、過去の評価の過程において得られた経験が考慮されることを除くほか、当初の評価と類似のものである。現地における評価による監視は、再評価より限定的なものである。

11.2 権限のある当局は、指定の範囲の代表的な見本が定期的に評価されるよう、それぞれの指定された技術機関の再評価及び監視の計画を作成する。再評価であるか監視であるかにかかわらず、現地における評価の間隔は、当該技術機関の証明された安定性によって決定される。

11.3 監視又は再評価の過程において不適合が特定された場合には、権限のある当局は、是正措置の実施のための厳密な期限を定める。

11.4 合意した期間内に是正若しくは改善措置が実施されなかった場合又はこれらの措置が十分でないと考えられる場合には、権限のある当局は、更なる評価の実施又は当該技術機関が指定されている一若しくは二以上の活動の指定の停止若しくは取消し等の適当な措置をとる。

11.5 権限のある当局が技術機関の指定の停止又は取消しを決定する場合には、当該当局は、当該技術機関に書留郵便によって通報し、及び国際連合欧州経済委員会の事務局にその旨を通報する。いかなる場合にも、当該権限のある当局は、当該技術機関が既に実施している活動の継続性を確保するために必要な全ての措置をとる。

12 指定された技術機関の記録

12.1 権限のある当局は、指定に係る要件（能力を含む。）が効果的に満たされていることを明示するため、技術機関の記録を維持する。

12.2 権限のある当局は、秘密性を確保するため技術機関の記録を安全に保管する。

12.3 技術機関の記録には、少なくとも次のものを含める。

(a) 関連する通信

(b) 評価記録及び報告

(c) 指定証明書の写し

細目三　国際連合の型式認定に係る手続

1 国際連合の型式認定に係る申請及び実施

1.1 国際連合の型式認定に係る申請は、製造者又はその権限を付与された代理人（以下「申請者」という。）が、締約国の認定を行う当局に提出する。

1.2 車両、装置又は部品の一の特定の型式について提出することができる申請は、一のみとし、当該申請については、国際連合の諸規則であって求める国際連合の型式認定が行われる際に基づくものを適用している一の締約国にのみ提出することができる。申請については、認定の対象となる型式ごとに提出する。

1.3 申請には、国際連合の諸規則であって求める国際連合の型式認定が行われる際に基づくものに定める情報を添付する。当該情報には、認定の対象となる型式の事項に関する詳細な説明（必要に応じて図表及び写真を含む。）を含める。

1.4 認定を行う当局は、合理的な要請により、必要な認定試験の決定又は当該試験の実施の促進を可能とするために必要ないかなる追加の情報の提出についても、申請者に求めることができる。

1.5 申請者は、国際連合の諸規則であって求める国際連合の型式認定が行われる際に基づくものにおいて求められる試験の実施のために必要な数の車両、装置又は部品を認定を行う当局が利用できるようにする。

1.6 国際連合の諸規則に定める要件への適合については、認定の対象となる型式を代表する車両、装置及び部品に対して実施する適当な試験によって証明する。認定を行う当局は、試験を目的として、最悪の条件で認定の対象となる型式を代表する特定の型式から、認定の対象となる型式の変形（バリアント）又は版を選択することによって、「最悪の場合」の原則を適用する。その決定は、理由と共に認定文書に記録する。ただし、申請者は、認定を行う当局との合意により、認定の対象となる型式を代表するものではない車両、装置又は部品であって、国際連合の諸規則において求められる最悪の場合における性能の水準に関して最も好ましくない複数の特徴を合わせたものを選択することができる。最悪の場合の選択の決定を援助するために、仮想試験法を用いることができる。

1.7 認定試験は、技術機関が実施し、又は管理する。適用する試験手続並びに使用する特定の装置及び道具は、国際連合の諸規則に定めるものとする。

1.8 1.6及び1.7に規定する試験手続の代替として、関連する国際連合の諸規則に定める限りにおいて、かつ、千九百五十八年の協定に附属する細目八に定める一般的な条件を満たすことを条件として、申請者の要請により仮想試験を使用することができる。

1.9 締約国は、千九百五十八年の協定に附属する細目一に規定する製造の適合性の要件への適合性が確保される場合に限り、型式認定を行う。

1.10 認定試験により型式が国際連合の規則の技術的要件に適合することが証明された場合には、当該型式の認定を行い、千九百五十八年の協定に附属する細目四の規定に従って認定番号を割り当て、かつ、関連する国際連合の規則の特定の規定に従ってそれぞれの型式に認定証を割り当てる。

1.11 認定を行う当局は、認定文書に次のものが含まれることを確保する。

(a) 最悪の場合の選択及び当該選択の理由の記録。これには、製造者が提供する情報を含めることができる。

(b) 実施した全ての重要な技術的解釈、適用した異なる試験方法又は導入した新しい技術の記録

(c) 技術機関からの試験報告（国際連合の規則で求められる測定及び試験によって得られた記録値を含む。）

(d) 認定の対象となる型式の特性を適切に特定する製造者からの情報文書

(e) 千九百五十八年の協定に附属する細目一の製造の適合性の要件への適合性の記述であって、当初の評価及び当該当初の評価を行った日並びに監視活動の基礎として千九百五十八年の協定に附属する細目一1.3に定めるいずれの措置を考慮に入れたかに関して詳細を記したもの

(f) 型式認定証

2 国際連合の型式認定の変更

2.1 車両、装置又は部品に係る国際連合の型式認定を有する製造者は、1.3に規定する情報に記録された型式の事項に関する全ての変更について、当該国際連合の型式認定を行った締約国に遅滞なく通報する。

2.2 締約国は、2.5及び2.6に規定する国際連合の型式認定を変更するための二の手続のうちいずれの手続によるかを決定する。締約国は、必要な場合には、製造者と協議の上、新たな国際連合の型式認定を行う必要を決定することができる。

2.3 国際連合の型式認定の変更の申請は、最初の国際連合の型式認定を行った締約国にのみ提出することができる。

2.4 締約国が国際連合の型式認定の変更のために検査又は試験の実施が必要であると認める場合には、当該締約国は、その旨を製造者に通報する。

2.5 情報文書及び試験報告に記録された型式の事項が変更され、当該変更が環境又は機能的な安全の性能に対し相当な悪影響を及ぼす可能性が低く、並びにいずれの場合においても当該型式がなお関連する国際連合の諸規則の要件に適合すると締約国がみなすときは、当該国際連合の型式認定の変更は、「改訂」として指定される。このような場合には、締約国は、修正した各ページに変更の性質及び再発行日を明確に示した情報文書及び試験報告の修正したページを必要に応じて発行する。統合され、及び更新された版の情報文書及び試験報告であって変更の詳細な説明を添付したものは、この要件を満たしているものとみなす。

2.6 情報文書に記録されたデータの変更に加えて次のいずれかの場合に該当するときは、国際連合の型式認定の変更は、「拡張」として指定される。

(a) 追加的な検査又は試験が求められる場合

(b) 通信文書（添付文書を除く。）のいずれかの情報が変更された場合

(c) 変更後の要件を満たすことを条件として認定を行うことができる場合において、効力発生の後に一連の変更の認定を求められる場合

2.7 国際連合の型式認定の変更の承認又は拒否については、変更内容を明示し、当該国際連合の規則を適用する千九百五十八年の協定の締約国に通信様式を用いて通報する。加えて、通信文書に添付する情報文書及び試験報告書の索引については、最新の改訂又は拡張の日付が示されるよう変更する。

2.8 認定の拡張を行う型式認定を行う当局は、千九百五十八年の協定に附属する細目四の規定に従って行われた過去の拡張の番号に従って増加した拡張番号によって認定番号を更新し、当該拡張番号を用いて示された修正した通信様式を発行する。

細目四 国際連合の型式認定の番号の付与

1 締約国は、千九百五十八年の協定の効力発生から、それぞれの新たな型式認定及びそのような認定の拡張に対して、細目三1.10及び2.8の規定に従って型式認定番号を発行する。

2 千九百五十八年の協定の効力発生から、国際連合の諸規則のいずれかの版の認定証に関する規定において、この2の規定の内容と異なる規定があった場合においても、製造者は、要請があれば関連する国際連合の諸規則の規定に従って認定証を表示するが、当該認定証においては、この細目に規定する認定番号の区分2の最初の二桁の数字及び区分3の数字を、新たな認定が行われ、又はそのような認定が拡張された各車両、装置又は部品の認定番号として使用する。ただし、国際連合の規則において、認定番号に代えて認定符号又は識別符号を認定証に使用することが求められる場合には、この2の規定は、適用しない。区分3の上の位の零は、省略することができる。

3 認定番号を認定されたそれぞれの型式に割り当てる。型式認定番号は、四の区分から成る。それぞれの区分は、「*」の記号により区別する。全ての数字は、アラビア数字とする。

区分1 「E」の文字の後に、型式認定を行った締約国の識別番号を記す。

区分2 関連する国際連合の規則の番号の後に、「R」の文字、その後に次の(a)から(c)までに規定する番号を記す。

(a) この3の認定に適用される国際連合の規則の技術的規定を組み入れた改正を示す二桁のアラビア数字（適当な場合には上の位に零を付するものとし、国際連合の規則の最初の形式は「00」で表す。）

(b) 一の斜線の後に、認定に適用される改正の補足の番号を示す二桁のアラビア数字（該当する場合には上の位に零を付するものとし、改正の最初の形式は「00」で表す。）

(c) 適当な場合には、一の斜線の後に、その実施の段階を示す一又は二の文字

区分3 四桁の連続番号（適当な場合には上の位に零を付する。）。当該番号は「0001」から開始する。

区分4 拡張を示す二桁の連続番号（適当な場合には上の位に零を付する。）。当該番号は、「00」から開始する。

4 同一の締約国は、異なる認定に同じ番号を割り当ててはならない。

例えば、

国際連合の規則第五十八号の最初の版の規定に従ってオランダが行った四件目の型式認定の二回目の拡張　E４＊58R00／00＊0004＊02

原動機の燃料の要件に従った汚染物質の排出に関するM区分及びN1類のⅠ等級の車両に関する版の国際連合の規則第八十三号の三回目の改正に基づく車両認定に関しグレートブリテン及び北アイルランド連合王国が行った二千四百三十九件目の型式認定の一回目の拡張　E11＊83R03／00／J＊2439＊01

細目五　認定文書の配布

1　認定を行う当局が認定及びその添付の写しの提出を必要とされた場合又はそれらを求められた場合には、当該認定を行う当局は、当該文書を紙の写しとして、電子的な形式の電子メールで、又は国際連合欧州経済委員会が設置する安全なインターネット上のデータベースを使用して送付する。

2　1に規定する安全なインターネット上のデータベースに保存される書類は、少なくとも各国際連合の規則に定める書類から成る。これらの書類には、認定、認定の拡張、拒否若しくは取消し又は国際連合の規則の規定に基づく型式の車両、装置若しくは部品の製造が中止される場合には、その通報を締約国に伝える文書を含む。

3　車両、装置又は部品に適用される型式認定が、1に規定する安全なインターネット上のデータベースに保存された場合には、国際連合の諸規則で求められる認定証は、当該国際連合の諸規則で別途定められている場合を除くほか、最初に記号 UI を付した固有の識別番号（UI）に置き換えることができる。このような固有の識別子は、当該データベースにより自動的に生成される。

4　国際連合の規則を適用する全ての締約国は、固有の識別番号を使用して、1に規定するデータベースに含まれる当該国際連合の規則に関する情報を取得する機会を有する。当該識別番号によって特定の認定に関する関連情報を取得する機会を有する。

5　千九百五十八年の協定に附属する国際連合の諸規則は、認定手続の効率的な運用に必要な場合には、締約国が定める使用に関する権利に基づき、1に規定する安全なインターネット上のデータベースを使用して、電子形式の写しによる型式認定の配布を求めることができる。

細目六　国際連合の諸規則の適用及び国際連合の諸規則に基づく認定交付に関する解釈に係る問題の解決手続

1　国際連合の型式認定を行う前の解釈に係る問題

国際連合の規則の適用について重要な解釈を行うことを求められる場合又は認定の申請者からそのような解釈を行うことを要請された場合には、当該認定を行う当局は、決定を行う前に、他の認定を行う当局に積極的に通報し、助言を求める。当該認定を行う当局は、当該国際連合の規則を適用する他の認定を行う当局に、提案された解釈に関する解決策（当該問題及び製造者からの全ての補足的情報を含む。）について通報する。その通報は、原則として、電子的な媒体を通じて行う。他の認定を行う当局からの回答を認める期間は、十四日とする。

(a)　認定を行う当局は、受領した意見を考慮した上で、新たな解釈に基づいて認定を行うことができる。

(b)　受領した意見に基づいた決定を行うことができない場合には、認定を行う当局は、次の3に規定する手続を通じて更なる明確化を求める。

2　国際連合の型式認定を行った後の解釈の問題

締約国の間で異なる解釈が存在するが認定が行われた状況においては、次の手続に従う。最初に、関係する締約国は、合意により問題を解決するよう努める。このために、連絡が求められ、また、各締約国が解釈の紛争の対象となっている車両、装置又は部品を試験し、及び認定する際に使用する手続の検討を行うことが求められる。次の手続が適用される。

(a)　認定を行う当局によって誤りが認められた場合には、当該認定を行う当局は、千九百八十五年の協定、特にその第四条の規定に従って措置をとる。

(b)　現行の認定の実行に対し新たな又は異なる解釈をする必要があると（いずれかの締約国が）合意した場合には、国際連合の規則を適用する他の締約国に対し、緊急の事項として通報する。他の締約国は、決定に対する意見を述べるために十四日を有するものとし、その後、認定を行う当局は、受領した意見を考慮し、新たな解釈に従って国際連合の型式認定を行うことができる。

(c)　合意することができない場合には、関係する締約国は、次の3に規定する仲裁の手続によって更なる検討を行うよう努める。

(d)　この問題は、いかなる場合にも、自動車基準調和世界フォーラム（WP二九）の権限のある補助的な作業部会に知らせる。補助的な作業部会は、必要と認めるときは、解釈の相違を解決することを目的とする適当な規則の改正案を同フォーラムに提出する。

3　自動車基準調和世界フォーラム及びその補助的な作業部会による仲裁の手続

補助的な作業部会の議長は、できる限り早い機会に異なる解釈を解決するための措置をとるため、国際連合の諸規則の適用及び当該国際連合の諸規則に基づく国際連合の型式認定の実施に関する締約国間の解釈の相違から生ずる問題を特定する。当該作業部会の議長は、自動車基準調和世界フォーラムに次のことを証明することができるようにするため、解釈の問題を取り扱う適当な手続を作成する。

(a)　関係する締約国の認定を行う当局による異なる意見及び当該国際連合の規則を適用する他の締約国の意見に十分な検討を行うこと。

(b)　対象の分野に十分に考慮し、適当な技術的助言に基づいて決定を行うこと。

(c)　可能な場合には、全会一致の決定によること。

(d)　手続に透明性があり、及び監査可能であること。

議長は、問題の解決のために必要な場合には、同フォーラムから事前に承認を得ることなく、同フォーラムの作業部会の対応可能な次の会合に当該問題に関する新たな議題を提出することができる。この場合には、議長はできる限り早い機会に同フォーラムに進展を報告する。仲裁の手続が終了した際は、議長は同フォーラムに報告書を提出する。

3.1　問題が現行の規制の枠組みの中で解決可能な場合

作業部会で合意された国際連合の規則の解釈を実施し、及び認定を行う当局は、これに従って国際連合の型式認定を行う。

3.2　問題が現行の規制の枠組みの中で解決不可能な場合同フォーラムはその旨の報告を受け、次の会合の優先項目として当該問題を検討するよう関連する作業部会に求める。これに応じて当該会合の議題を修正する。同フォーラムの作業部会は、当該解釈の問題に関する全ての提案を検討し、通常の手続に従って関連する国際連合の規則を改正するために同フォーラムに公式の提案を行う。同フォーラムは、次の会合の優先項目として当該問題を検討する。

細目七　新たな技術に関する免除認定についての手続

1　国際連合の規則を適用する締約国は、製造者からの申請に基づき、当該国際連合の規則の一又は二以上の要件に適合しない技術を組み込んだ車両、装置又は部品に関し、この細目の2から12までに定める手続に従い、千九百五十八年の協定の運営委員会の承認を得ることを条件として、当該国際連合の規則に基づく免除認定を行うことができる。

2　1の免除認定を行うための承認が得られるか否かが決定されるまでの間、1の国際連合の規則を適用する締約国は、自国の領域内においてのみ有効な暫定的な認定を行うことができる。当該国際連合の規則を適用する他の締約国は、自国の領域内で当該暫定的な認定を受け入れることを決定することができる。

3　2に規定する暫定的な認定を行う締約国は、運営委員会に、自国の決定を通報し、及び次のものを提出する。

(a)　当該技術又は概念によって、車両、装置又は部品が国際連合の規則の要件に適合しない理由

(b)　安全、環境その他の検討及び実施した措置の説明

(c)　免除が求められる要件と比較して、少なくとも同等の安全及び環境の保護の水準が確保されることを証明する試験及び結果の説明

(d)　車両、装置又は部品の型式に関する国際連合の規則について免除認定を行うための承認の要請

4　運営委員会は、3に規定する完全な通報に関し、次の会合の少なくとも三箇月前に当該通報を受領した場合には、当該通報を受領した直後の会合で検討する。当該通報を検討した後、運営委員会は、免除認定を行うことの承認若しくは拒否又は権限を有する補助的な作業部会への当該問題の委任を決定することができる。

5　運営委員会の決定は、附属書第八条に定める手続に従って作成する。

6　3の規定に基づき国際連合の規則に従って要請された免除認定は、国際連合欧州経済委員会の事務局長による運営委員会の承認の決定についての通報の後一箇月の期間内に、当該通報時に当該国際連合の規則を適用している締約国の五分の一を超える締約国が国際連合欧州経済委員会の事務局長に当該免除認定の承認に対する異議を通告しない限り、承認されたものとみなされる。

7　免除認定を行うことの承認が採択された場合には、国際連合欧州経済委員会の事務局長は、できる限り速やかに、当該採択について関連する国際連合の規則を適用している締約国に通報する。3に定める締約国は、当該通報の日から、当該国際連合の規則に基づく免除認定を行うことができる。当該免除認定について、異議又は当該免除認定を直ちには受け入れない旨を国際連合欧州経済委員会の事務局長に通告した締約国を除くほか、当該国際連合の規則を適用している締約国は、当該免除認定を受け入れる。運営委員会の承認に対して異議又は当該免除認定を直ちには受け入れない旨を通告した締約国は、後日、国際連合欧州経済委員会の事務局長に自国の決定を通告することにより、当該免除認定を受け入れることができる。

8　運営委員会は、承認の決定の制約条件を定める。期間は、三十六箇月以上とする。国際連合の規則を適用している締約国は、期間がある場合には当該期間の満了する日、免除認定の対象となる技術を考慮するため9及び10の規定に従って当該国際連合の規則を改正する場合には当該国際連合の規則の前の版の認定の受入れを拒否することができる日のいずれか早い日までに免除認定を受け入れる。免除認定を行うことが承認された締約国は、製造者が当該認定に関する全ての制約を完全に遵守していること及び当該認定が運営委員会によって承認された免除に基づくことを通信様式において明示することを確保する。

9　運営委員会は、同時に、国際連合の規則を担当する補助的な作業部会に免除認定の実施の承認について通報する。免除認定を行うことが承認された締約国は、当該国際連合の規則を担当する補助的な作業部会に、技術の発展に適合させるため、免除認定が要請された国際連合の規則の改正を提案する。その提案は、6に規定する運営委員会の承認の決定についての通報の直後の補助的な作業部会の会合までに行う。

10　免除認定に関する技術を考慮するために国際連合の規則が改正され、その効力が生じたときは、製造者は、当該国際連合の規則について以前行われた免除認定に代わって、改正された国際連合の規則に従った型式認定を申請することが承認される。当該型式認定を行う当局は、合理的な範囲内でできる限り速やかに、免除認定を取り消し、又は免除認定を行った当局に当該免除認定を取り消すべき旨を通報する。

11　8に定める期間の満了前に国際連合の規則を改正するための手続が完了しない場合には、2及び3に規定する手続に従って決定されることを条件として、免除認定を行った締約国の要請により、免除認定の有効期限を延長することができる。ただし、9に定める期限の前に、免除認定を行うことを承認された締約国が当該国際連合の規則の改正案を提出できなかった場合には、当該締約国は、8に規定する期間を考慮しつつ、直ちに当該免除認定を取り消す。免除認定を取り消す締約国は、運営委員会にその次の会合において通報する。

12　運営委員会が免除認定の実施の承認を拒否することを決定した場合には、2に規定する暫定的な認定を行った締約国は、当該暫定的な認定を取り消すことができる。この場合には、当該締約国は、当該暫定的な認定を受けた者に対し、暫定的な認定がその認定が行われた日から少なくとも十二箇月間有効であることを考慮しつつ、2の規定に従って行われた当該暫定的な認定が運営委員会による決定の日の後六箇月で取り消されることを直ちに通報する。

細目八　仮想試験法の一般的条件

1　仮想試験の様式

仮想試験の説明及び実施のための基本的構成として次の方式を使用する。

(a)　目的

(b)　構造モデル

(c) 境界条件
(d) 負荷の仮定
(e) 計算
(f) 評価
(g) 文書

2 コンピュータによる模擬実験及び計算の基礎

2.1 数学的モデル

数学的モデルについては、製造者が提供する。当該数学的モデルは、関連する国際連合の諸規則の要件及びその境界条件に従って試験が実施される車両、装置及び部品の構造の複雑性を反映する。この規定は、当該車両から独立した試験用の構成部品について準用する。

2.2 数学的モデルの検証過程

実際の試験の条件との比較により、数学的モデルを確認する。数学的モデルを使用して得られた結果と物理的試験の結果とを比較するため、必要な場合には、物理的試験を実施する。二の試験の結果の比較可能性を証明する。製造者又は技術機関は、確認報告書を作成し、認定を行う当局に提出する。確認報告書を無効とするおそれがある数学的モデル又はソフトウェアの変更については、認定を行う当局であって新たな確認手続の実施を求めることができるものに通報する。

2.3 文書

製造者は、模擬実験及び計算に使用されたデータ及び補助的な手段を提供し、及び技術機関に適した方法で文書化する。

3 手段及び支援

製造者は、認定を行う当局又は技術機関の要請により、適当なソフトウェアを含む必要な手段を提供し、又は使用可能にする。また、製造者は、認定を行う当局又は技術機関に適当な支援を行う。技術機関へのアクセス及び支援を提供することは、当該技術機関の職員の技能、免許の権利についての支払及び秘密性の尊重に係るいかなる義務も免除されるものではない。

○車両並びに車両への取付け又は車両における使用が可能な装置及び部品に係る世界技術規則の作成に関する協定

（平成十二年十一月十四日
外務省告示第四百七十四号）

日本国政府は、平成十年六月二十五日にジュネーブで作成された「車両並びに車両への取付け又は車両における使用が可能な装置及び部品に係る世界技術規則の作成に関する協定」の受諾書を平成十一年八月四日に国際連合事務総長に寄託していたところ、同協定は、その第十一条2の規定に従い、平成十二年八月二十五日に効力を生じた。

なお、同協定の締約国は、平成十二年七月二十六日現在、次の通りである。

カナダ、フランス共和国、ドイツ連邦共和国、ロシア連邦、グレート・ブリテン及び北部アイルランド連合王国、アメリカ合衆国、欧州共同体

車両並びに車両への取付け又は車両における使用が可能な装置及び部品に係る世界技術規則の作成に関する協定

前文

締約国は、

車両並びに車両への取付け又は車両における使用が可能な装置及び部品に係る高い水準の安全、環境の保護、エネルギー消費効率及び盗難防止の性能を確保する世界技術規則の作成を促進するための手続を定める協定を採択することを決定し、

健康、安全、環境の保護、エネルギー消費効率及び盗難防止の性能の分野において世界的な規模で作成される技術上の規則よりも厳しい技術上の規則を採用し及び維持する権利を地方、国及び地域の機関が有することを認識しつつ、そのような手続が現行の技術上の規則の調和を促進することを決定し、

国際連合欧州経済委員会の付託条項1(a)及び手続規則第十三章第五十規則の規定に基づいてそのような協定を締結する権限を有し、

この協定が健康、安全及び環境の保護に関する現行の国際協定に基づく締約国の権利及び義務に影響を及ぼすものではないことを認識し、

この協定が貿易の技術的障害に関する協定を含む世界貿易機関の諸協定に基づく締約国の権利及び義務に影響を及ぼすものではないことを認識し、並びにこれらの協定に適合する態様で締約国の技術上の規則の基礎としての世界技術規則をこの協定に基づいて作成することを意図し、

この協定の締約国がこの協定に基づいて作成された世界技術規則を自国の技術上の規則の基礎として用いることを意図し、

車両並びに車両への取付け又は車両における使用が可能な装置及び部品に係る安全、環境の保護、エネルギー消費効率及び盗難防止の性能を継続的に改善し及びこれらについての高い水準を追求することが公衆の健康、安全及び福祉のために重要であること、並びに現行及び将来の技術上の規則並びにこれらに関連する規格を一層一致させることが国際貿易、消費者の選択及び製品の購買力のために潜在的な価値を有することを認識し、

政府が、健康、安全及び環境の保護についての水準の改善を追求し及び達成する権利並びにこの協定に基づいて作成される世界技術規則が自国のニーズに適したものであるか否かを決定する権利を有することを認識し、

千九百五十八年の協定に基づいて既に行われた重要な調和の作業を認識し、

それぞれ異なる地域において、安全、環境、エネルギー及び盗難防止に関する問題並びにこれらの問題の解決方法に係る利益及び専門知識があること並びに世界技術規則の作成に当たりこれらの利益及び専門知識がそのような改善の達成及び差異の最小化に資するという価値を有することを認識し、

開発途上国、特に後発開発途上国についての特別の問題及び状況を考慮に入れて、作成された世界技術規則のこれらの国における採用を促進することを希望し、

世界技術規則の作成に当たり締約国が適用する技術上の規則に対して透明性のある手続により妥当な考慮を払うこと並びに利益及び費用対効果についての比較分析がこのような考慮に含まれることを希望し、

高い水準の保護を定める世界技術規則の作成が、各国に対し当該世界技術規則が自国の管轄内で必要とされる保護及び性能を定めていると結論付けるよう促すことを認識し、

車両の燃料の品質が車両の環境上の規制、人の健康及び燃料の消費効率に関する性能に及ぼす影響を認識し、

この協定に基づく世界技術規則の作成に当たり透明性のある手続を使用することが特に重要であること及びこの作成の手続がこの協定の締約国の規則の作成の手続と両立するものでなければならないことを認識して、

次のとおり協定した。

第一条　目的

1.1　この協定の目的は、次のとおりとする。

1.1.1　車両並びに車両への取付け又は車両における使用が可能な装置及び部品に係る安全、環境の保護、エネルギー消費効率及び盗難防止の性能に関する世界技術規則を世界のすべての地域の締約国が共同で作成することができる世界的な手続を定めること。

1.1.2　世界技術規則の作成に当たり、締約国の現行の技術上の規則及び国際連合欧州経済委員会の規則に対して妥当かつ客観的な考慮を払うことを確保すること。

1.1.3　世界技術規則の作成に当たり、適当な場合には、利用可能な最高の技術、相対的な利益及び費用対効果に関する分析に対して客観的な考慮を払うことを確保すること。

1.1.4　世界技術規則の作成に当たって使用される手続が透明性のあるものであることを確保すること。

1.1.5　高い水準の安全、環境の保護、エネルギー消費効率及び盗難防止の性能を世界において達成すること並びにこの協定に基づく措置が地方の段階を含む締約国の管轄内におけるこれらの水準の低下を促進せず又はもたらさないことを確保すること。

1.1.6　締約国の現行の技術上の規則と国連連合欧州経済委員会の規則とを調和させること並びに車両並びに車両への取付

け又は車両における使用が可能な装置及び部品に係る安全、環境の保護、エネルギー消費効率及び盗難防止の性能を規律する新たな世界技術規則であって高い水準の安全及び環境の保護の達成その他の目的に合致したものを作成することを通じて、国際貿易に対する技術的障害を軽減すること。

1.1.7 一部の国、特に開発途上国による規則に関する活動を容易にするために厳しさに係る代替的な水準が必要である場合には、世界技術規則の作成に当たりこのような必要性に対して考慮を払うことを確保すること。

1.2 この協定は、千九百五十八年の協定と並行して運用する。ただし、双方の協定は、それぞれの制度上の自律性に影響を及ぼすものではない。

第二条　締約国及び協議の資格

2.1 欧州経済委員会（国際連合欧州経済委員会）の構成国、同委員会の構成国によって設立された地域的な経済統合のための機関及び同委員会の付託条項8の規定に従い協議国として同委員会に参加することを認められている国は、この協定の締約国となることができる。

2.2 欧州経済委員会の付託条項11の規定に従い同委員会のある種の活動に参加する国際連合加盟国及び当該国際連合加盟国によって設立された地域的な経済統合のための機関は、この協定の締約国となることができる。

2.3 専門的な団体及び機関（国際連合経済社会理事会によって協議の資格を与えられた政府間機関及び非政府機関を含む。）は、自己に特に関係のある事項が検討されている間は当該資格において作業部会の審議に参加することができる。

第三条　執行委員会

3.1 締約国の代表は、この協定の執行委員会を構成するものとし、その資格において少なくとも年一回会合する。

3.2 執行委員会の手続規則は、附属書Bに定める。

3.3 執行委員会は、次のことを行う。

3.3.1 この協定の実施（この協定に基づく活動についての優先順位の決定を含む。）について責任を負うこと。

3.3.2 この協定に基づく世界技術規則の作成に関する作業部会のすべての勧告及び報告について検討すること。

3.3.3 この協定に基づく他の適当な任務を遂行すること。

3.4 執行委員会は、規則を世界技術規則の候補一覧に記載するか否かを決定し及びこの協定に基づいて世界技術規則を作成する最終的な権限を有する。

3.5 執行委員会は、その任務の遂行に当たり、適当と認める場合には、関連するすべての情報源からの情報を利用する。

第四条　技術上の規則に関する基準

4.1 技術上の規則は、次条の規定に基づいて記載され又は第六条の規定に基づいて作成されるため、次の基準を満たすものとする。

4.1.1 規則の対象となる車両並びに車両への取付け又は車両における使用が可能な装置及び部品について明確に記述していること。

4.1.2 次の要件を含むこと。

4.1.2.1 高い水準の安全、環境の保護、エネルギー消費効率又は盗難防止の性能を定める要件

4.1.2.2 設計の特性（適当な場合には性能）に関する要件

4.1.3 次の事項を含むこと。

4.1.3.1 規則との適合性についての試験方法

4.1.3.2 規則が次条の規定に基づいて記載されるため、適当な場合には、型式認定及び製造の適合性のため又は製造者による自己認証のために必要な認定又は認証の証票又はラベルについての明確な記述

4.1.3.3 適当な場合には、推奨される最低限の準備期間（妥当性及び実行可能性に対する考慮に基づき締約国が適合性を要求する前に設けるもの）

4.2 世界技術規則においては、一部の国、特に開発途上国による規則に関する活動を容易にするために必要である場合には、厳しさ又は性能に係る世界的ではない代替的な水準及び適当な試験の手続を定めることができる。

第五条　世界技術規則の候補一覧

5.1 国際連合欧州経済委員会の規則以外の締約国の技術上の規則であって世界技術規則としての調和又は採用のための候補となるものの一覧（候補一覧と称する。）を作成し、維持する。

5.2 技術上の規則の候補一覧への記載

締約国は、自国の技術上の規則であって既に適用したもの、現在適用しているもの又は将来適用するために採用したものを候補一覧に記載するための要請を執行委員会に提出することができる。

5.2.1 5.2に規定する要請には、次のものを含む。

5.2.1.1 規則の写し

5.2.1.2 規則の裏付けとなる利用可能な技術的文書（利用可能な最高の技術、相対的な利益及び費用対効果に関する文書を含む。）

5.2.1.3 現行の又は作成される目前の周知の国際的な任意規格であって関連するものを特定したもの

5.2.2 執行委員会は、前条及び5.2.1に定める要件を満たすすべての要請について検討する。技術上の規則は、附属書B第七条7.1の規定に従い賛成投票によって支持された場合には、候補一覧に記載される。当該規則についての要請と共に提出された文書は、記載された技術上の規則に添付する。

5.2.3 要請に係る規則は、5.2.2に規定する賛成投票によって支持された日に事務総長が記載する。

5.3 記載された技術上の規則の候補一覧からの削除

記載された技術上の規則は、次のいずれかの場合には、候補一覧から削除する。

5.3.1 記載された技術上の規則と同じ性能又は設計の特性の要素に係る製品の要件を定める世界技術規則が世界登録簿に記載された場合

5.3.2 規則がこの条の規定に基づいて記載された後五年の期間が満了する時に、及びその後は五年の期間が満了するごとに、執行委員会が、附属書B第七条7.1に規定する賛成投票により候補一覧に当該規則を記載することについて再確認しない場合

5.3.3 技術上の規則が最初に記載されたときにその要請を行った締約国からの書面による要請に応ずる場合。当該要請には、規則を削除する根拠を含む。

5.4 文書の利用可能性

執行委員会がこの条の規定に基づいて検討するすべての文書は、公に利用可能なものとする。

第六条　世界技術規則の登録簿

6.1 この条の規定に基づいて作成した世界技術規則のために登録簿を作成し、維持する。この登録簿を世界登録簿と称する。

6.2 現行の規則の調和を通じた世界登録簿への世界技術規則の記載

締約国は、候補一覧に記載された技術上の規則及び国際連合欧州経済委員会の規則のいずれか又はこれらの双方において取り扱われている性能又は設計の特性の要素に関する調和された世界技術規則を作成する提案を提出することができる。

6.2.1 6.2に規定する提案には、次のものを含む。

6.2.1.1 提案された世界技術規則の目的についての説明

6.2.1.2 提案された世界技術規則の説明又は提供可能な場合にはその案文

6.2.1.3 6.2.4.2.1に規定する報告書において取り扱う事項についての分析を容易にする提供可能な文書

6.2.1.4 候補一覧中の技術上の規則及び国際連合欧州経済委員会の規則（提案された世界技術規則において取り扱われている性能又は設計の特性の要素と同じ要素を取り扱うものに限る。）の表

6.2.1.5 現行の周知の国際的な任意規格であって関連するものを特定したもの

6.2.2 6.2.1に定める提案は、執行委員会に提出する。

6.2.3 執行委員会は、第四条及び6.2.1に定める要件を満たしていないと認めた提案については、作業部会に付託しない。執行委員会は、他のすべての提案を適当な作業部会に付託することができる。

6.2.4 作業部会は、調和を通じ世界技術規則を作成するために付託された提案に応じ、次のことを行うために透明性のある手続を使用する。

6.2.4.1 次のことを行うことにより、世界技術規則に関する勧告を作成すること。

6.2.4.1.1 提案された世界技術規則の目的に対し及び厳しさ又は性能に係る代替的な水準を定める必要性に対して考慮を払うこと。

6.2.4.1.2 候補一覧に記載された技術上の規則及び国際連合欧州経済委員会の規則（提案された世界技術規則において取り扱われている性能の要素と同じ要素を取り扱うものに限る。）を検討すること。

6.2.4.1.3 6.2.4.1.2に規定する規則に添付された文書を検討すること。

6.2.4.1.4 提案された世界技術規則の検討に関連し、機能の同等性に係る利用可能な評価（関連する規格についての評価を含む。）について検討すること。

6.2.4.1.5 作成中の世界技術規則が当該世界技術規則に定める目的及び第四条に定める基準を満足するか否かを確認すること。

6.2.4.1.6 技術上の規則が千九百五十八年の協定に基づいて作成される可能性に対し妥当な考慮を払うこと。

6.2.4.2 執行委員会に次の文書を提出すること。

6.2.4.2.1 報告書（世界技術規則に関する勧告を提示し、当該勧告の作成に当たって検討したすべての技術的なデータ及び情報を含み、6.2.4.1に定める情報の検討について記述し、かつ、検討した規則に関する代替的な要件及び方法を拒否したことについての説明を含む当該勧告の理由を示したもの）

6.2.4.2.2 勧告する世界技術規則の案文

6.2.5 執行委員会は、透明性のある手続により次のことを行う。

6.2.5.1 世界技術規則に関する勧告及び報告書が6.2.4.1に定める作業の十分かつ完全な実施に基づいたものであるか否かを判断すること。執行委員会は、勧告、報告書又は勧告された世界技術規則の案文のいずれかが不適当であると認める場合には、修正又は追加的な作業のために当該世界技術規則及び当該報告書を作業部会に差し戻す。

6.2.5.2 勧告された世界技術規則の作成につき附属書B第七条7.2に定める手続に従って検討すること。執行委員会がコンセンサスの投票により支持した世界技術規則は、世界登録簿に記載される。

6.2.6 世界技術規則は、執行委員会がコンセンサスの投票により当該世界技術規則を支持した日に世界登録簿に記載される。

6.2.7 事務局は、執行委員会が世界技術規則を作成したときは、6.2.1の規定に従って提出された提案並びに6.2.4.2.1に規定する勧告及び報告書を含むすべての関連する文書の写しを当該世界技術規則に添付する。

6.3 世界登録簿への新たな世界技術規則の記載

締約国は、候補一覧中の技術上の規則及び国際連合欧州経済委員会の規則のいずれにおいても取り扱われていない性能又は設計の特性の要素に関する新たな世界技術規則を作成する提案を提出することができる。

6.3.1 6.3に規定する提案には、次のものを含む。

6.3.1.1 提案された新たな世界技術規則の目的についての説明であって可能な限り客観的なデータに基づいたもの

6.3.1.2 提案された新たな世界技術規則の説明又は提供可能な場合にはその案文

6.3.1.3 6.3.4.2.1に規定する報告書において取り扱う事項についての分析を容易にする提供可能な文書

6.3.1.4 現行の周知の国際的な任意規格であって関連するものを特定したもの

6.3.2 6.3.1に定める提案は、執行委員会に提出する。

6.3.3 執行委員会は、第四条及び6.3.1に定める要件を満たしていないと認めた提案については、作業部会に付託しない。執行委員会は、他のすべての提案を適当な作業部会に付託することができる。

6.3.4 作業部会は、新たな世界技術規則を作成するために付託された提案に応じ、次のことを行うために透明性のある手続を使用する。

6.3.4.1 次のことを行うことにより、新たな世界技術規則に関する勧告を作成すること。

6.3.4.1.1 提案された新たな世界技術規則の目的に対し及び厳しさ又は性能に係る代替的な水準を定める必要性に対して考慮を払うこと。

6.3.4.1.2 技術的な実行可能性を検討すること。

6.3.4.1.3 経済的な実行可能性を検討すること。

6.3.4.1.4 利益（検討した規則に関する代替的な要件及び方法の利益を含む。）について検討すること。

6.3.4.1.5 勧告された規則の潜在的な費用対効果と、検討した規則に関する代替的な要件及び方法の潜在的な費用対

効果とを比較すること。

6.3.4.1.6 作成中の新たな世界技術規則が当該世界技術規則に定める目的及び第四条に定める基準を満足するか否かを確認すること。

6.3.4.1.7 技術上の規則が千九百五十八年の協定に基づいて作成される可能性に対し妥当な考慮を払うこと。

6.3.4.2 執行委員会に次の文書を提出すること。

6.3.4.2.1 報告書（新たな世界技術規則に関する勧告を提示し、当該勧告の作成に当たって検討したすべての技術的なデータ及び情報を含み、6.3.4.1に定める情報の検討について記述し、かつ、検討した規則に関する代替的な要件及び方法を拒否したことについての説明を含む当該勧告の理由を示したもの）

6.3.4.2.2 勧告する新たな世界技術規則の案文

6.3.5 執行委員会は、透明性のある手続により次のことを行う。

6.3.5.1 新たな世界技術規則に関する勧告及び報告書が6.3.4.1に定める作業の十分かつ安全な実施に基づいたものであるか否かを判断すること。執行委員会は、勧告、報告書又は勧告された新たな世界技術規則の案文のいずれかが不適当であると認める場合には、修正又は追加的な作業のために当該世界技術規則及び当該報告書を作業部会に差し戻す。

6.3.5.2 勧告された新たな世界技術規則の作成につき附属書B第七条7.2に定める手続に従って検討すること。執行委員会がコンセンサスの投票により支持した世界技術規則は、世界登録簿に記載される。

6.3.6 新たな世界技術規則は、執行委員会がコンセンサスの投票により当該世界技術規則を支持した日に世界登録簿に記載される。

6.3.7 事務局は、執行委員会が新たな世界技術規則を作成したときは、6.3.1の規定に従って提出された提案並びに6.3.3に規定する勧告及び報告書を含むすべての関連する文書の写しを当該世界技術規則に添付する。

6.4 作成された世界技術規則の改正

この条の規定に基づいて世界登録簿に記載された世界技術規則を改正する手続は、世界登録簿に新たな世界技術規則を記載するための6.3に定める手続とする。

6.5 文書の利用可能性

この条の規定に基づいて世界技術規則を勧告するに当たり作業部会が検討し又は作成したすべての文書は、公に利用可能なものとする。

第七条 作成された世界技術規則の採用及び適用の通告

7.1 前条の規定に基づき世界技術規則の作成について賛成投票を行った締約国は、当該世界技術規則を自国の法令に採用するために使用する手続に付する義務を負うものとし、速やかに最終的な決定を行うよう努める。

7.2 作成された世界技術規則を自国の法令に採用する締約国は、自国が当該世界技術規則の適用を開始する日付を書面により事務総長に通告する。その通告は、当該世界技術規則を採用する決定の後六十日以内に行う。作成された世界技術規則に厳しさ又は性能に係る二以上の水準が含まれる場合には、当該締約国は、いずれの水準の厳しさ又は性能を選択したかをその通告において特定する。

7.3 7.1に規定する締約国であって作成された世界技術規則を自国の法令に採用しないことを決定したものは、自国の決定及びその根拠を書面により事務総長に通告する。その通告は、当該決定の後六十日以内に行う。

7.4 7.1に規定する締約国であって、世界技術規則が世界登録簿に記載された日の後一年の期間が満了する時までに、自国の法令に当該世界技術規則を採用しておらず、かつ、採用しないことを決定していないものは、自国の国内手続における当該世界技術規則の状況について報告する。その後は一年の期間が満了するごとに当該期間内にいずれの措置もとられていない場合には、当該期間の状況についての報告を提出する。当該報告に関し、次のことを行う。

7.4.1 当該世界技術規則を手続に付し及び最終的な決定を行うために過去一年の期間にとった措置についての説明並びに当該決定が見込まれる日付を記載すること。

7.4.2 報告の提出に係る一年の期間の満了後六十日以内に事務総長に提出すること。

7.5 作成された世界技術規則を自国の法令に採用することなく当該世界技術規則に適合する製品を受け入れる締約国は、自国が当該製品の受入れを開始した日付を書面により事務総長に通告する。当該締約国は、この受入れを開始した後六十日以内にその通告を行う。作成された世界技術規則に厳しさ又は性能に係る二以上の水準が含まれる場合には、当該締約国は、いずれの水準の厳しさ又は性能を選択したかをその通告において特定する。

7.6 作成された世界技術規則を自国の法令に採用した締約国は、採用した世界技術規則を削除し又は改正することを決定することができる。当該締約国は、その決定を行う前に自国の意図及びこのような措置を検討した理由を書面により事務総長に通告する。通告に関するこの規定は、7.5の規定に基づいて製品を受け入れた締約国であって当該製品の受入れの終止を意図するものについても適用する。締約国は、改正した又は新たな規則を採用する決定につき、当該決定の後六十日以内に事務総長に通告する。当該締約国は、要請に応じ、当該改正した又は新たな規則の写しを他の締約国に速やかに提供する。

第八条 問題の解決

8.1 作成された世界技術規則の規定に関する問題は、解決のために執行委員会に付託する。

8.2 この協定の解釈又は適用に関する締約国間の問題は、できる限り当該締約国間の協議又は交渉によって解決する。このような手続により問題を解決することができない場合には、関係締約国は、附属書B第七条7.3の規定に従い、執行委員会に問題を解決するよう要請することを合意することができる。

第九条 締結

9.1 第二条に規定する国及び地域的な経済統合のための機関は、次のいずれかの方法により、この協定の締約国となることができる。

9.1.1 批准、受諾又は承認を条件とすることなく署名すること。

9.1.2 批准、受諾又は承認を条件として署名した後に、批准し、受諾し又は承認すること。

9.1.3 受諾すること。

9.1.4 加入すること。

9.2 批准書、受諾書、承認書又は加入書は、事務総長に寄託する。

9.3 締約国となるに当たっては、次のことを行う。

9.3.1 この協定が効力を生じた後、国又は地域的な経済統合のための機関は、第六条の規定に基づいて作成された世界技術規則を採用する場合にはそのいずれを採用するかについて及び世界技術規則を自国の法令に採用することなく当該世界技術規則に適合する製品を受け入れる決定について、第七条の規定に従って通告する。作成された世界技術規則に厳しさ又は性能に係る二以上の水準が含まれる場合には、当該国又は地域的な経済統合のための機関は、いずれの水準の厳しさ又は性能を採用し又は受け入れるかをその通告において特定する。

9.3.2 地域的な経済統合のための機関は、その権限内の事項に関し、この協定が対象とする分野においてその加盟国から権限（当該加盟国を拘束する決定を行う権限を含む。）の移譲を受けたことを宣言する。

9.4 締約国である地域的な経済統合のための機関は、9.3.2に規定する宣言に係る権限を失う場合には、締約国でなくなるものとし、その旨を事務総長に通告する。

第十条 署名

10.1 この協定は、千九百九十八年六月二十五日から署名のために開放する。

10.2 この協定は、その効力発生まで署名のために開放しておく。

第十一条 効力発生

11.1 この協定及びその不可分の一部を成す附属書は、五以上の国又は地域的な経済統合のための機関が第九条の規定に従って締約国となった日の後三十日目の日に効力を生ずる。当該五以上の国又は地域的な経済統合のための機関には、欧州共同体、日本国及びアメリカ合衆国を含まなければならない。

11.2 もっとも、11.1に規定する要件が10.1に規定する日の後十五箇月で満たされない場合には、この協定及びその不可分の一部を成す附属書は、八以上の国又は地域的な経済統合のための機関が第九条の規定に従って締約国となった日の後三十日目の日に効力を生ずる。この効力発生の日は、10.1に規定する日の後十六箇月よりも早い日であってはならない。八の国又は地域的な経済統合のための機関のうち少なくとも一は、欧州共同体、日本国又はアメリカ合衆国でなければならない。

11.3 この協定が効力を生じた後にこの協定の締約国となる国又は地域的な経済統合のための機関については、この協定は、当該国又は地域的な経済統合のための機関が批准書、受諾書、承認書又は加入書を寄託した日の後六十日で効力を生ずる。

第十二条 脱退

12.1 締約国は、事務総長にあてた書面による通告により、この協定から脱退することができる。

12.2 この協定からの締約国の脱退は、事務総長が12.1の通告を受領した日の後一年で効力を生ずる。

第十三条 この協定の改正

13.1 締約国は、この協定及びその附属書の改正を提案することができる。改正案は、事務総長に提出されるものとし、事務総長は、これをすべての締約国に送付する。

13.2 13.1の規定に従って送付された改正案は、次に予定される執行委員会の会合において検討される。

13.3 出席しかつ投票する締約国がコンセンサスの投票により改正案を支持する場合には、当該改正案は、執行委員会が事務総長に送付するものとし、事務総長は、これをすべての締約国に配布する。

13.4 13.3の規定に従って配布された改正案は、その配布の日の後六箇月の期間内にいずれの締約国からも異議の表明がない場合には、すべての締約国により承認される。異議の表明がなかった場合には、改正は、当該期間の満了後三箇月ですべての締約国について効力を生ずる。

13.5 事務総長は、改正案に対する異議の表明があったか否かをできる限り速やかにすべての締約国に通報する。改正案は、これに対する異議の表明があった場合には、承認されず、いかなる効力も有しない。

第十四条 寄託者

この協定の寄託者は、国際連合事務総長とする。同事務総長は、締約国に対し、寄託者の他の任務のほか、できる限り速やかに次の事項の通報を行う。

14.1 第五条の規定に基づく技術上の規則の記載又は削除

14.2 第六条の規定に基づく世界技術規則の作成又は改正

14.3 第七条の規定に従って受領した通告

14.4 第九条及び第十条の規定に基づく署名、受諾及び加入

14.5 第九条の規定に従って受領した通告

14.6 この協定が第十一条の規定に従って締約国について効力を生ずる日

14.7 第十二条の規定に従って受領したこの協定からの脱退の通告

14.8 この協定の改正が前条の規定に従って効力を生ずる日

14.9 次条の規定に従って受領した領域に関する通告

第十五条 この協定の領域への適用

15.1 この協定は、締約国が国際関係について責任を有する当該締約国の領域に適用する。ただし、この協定が当該締約国について効力を生ずる前に当該締約国が別段の定めを行う場合は、この限りでない。

15.2 締約国は、第十二条の規定に従い、15.1に規定する領域についてこの協定を別個に廃棄することができる。

第十六条 事務局

この協定の事務局は、国際連合欧州経済委員会の事務局長とする。同事務局長は、事務局の次の任務を遂行する。

16.1 執行委員会及び作業部会の会合を準備すること。

16.2 この協定に基づいて受領した報告その他の情報を締約国に送付すること。

16.3 執行委員会により与えられた任務を遂行すること。

附属書A 定義

この協定の適用上、次の定義を適用する。

1 この協定に基づいて作成される世界技術規則に関し、「受け入れる」とは、締約国が特定の世界技術規則を自国の法令に採用することなく当該世界技術規則に適合する製品が自国の市場に出ることを許容することをいう。

2 この協定に基づいて作成される世界技術規則に関し、「採用する」とは、世界技術規則を締約国の法令に定めることをいう。

3 この協定に基づいて作成される世界技術規則に関し、「適

用する」とは、締約国が特定の日（締約国の管轄内で規則が効力を生ずる日）から世界技術規則への適合性を要求することをいう。

4　「条」とは、この協定の条をいう。

5　「コンセンサスの投票」とは、附属書B第七条7.2の規定に従い出席しかつ投票するいずれの締約国からも異議の表明がない問題についての投票をいう。

6　「締約国」とは、この協定を締結している国又は地域的な経済統合のための機関をいう。

7　「車両への取付け又は車両における使用が可能な装置及び部品」とは、安全、環境の保護、エネルギー消費効率又は盗難防止の性能に係る特性を有する装置又は部品をいう。このような装置及び部品には、少なくとも排気装置、タイヤ、原動機、遮音板、盗難防止装置、警報装置及び年少者用補助乗車装置を含む。

8　「作成された世界技術規則」とは、この協定に基づいて世界登録簿に記載された世界技術規則をいう。

9　「記載された技術上の規則」とは、この協定に基づいて候補一覧に記載された国又は地域の技術上の規則をいう。

10　「製造者による自己認証」とは、車両並びに車両への取付け又は車両における使用が可能な装置及び部品の製造者が市場に出す個々の車両、装置又は部品が特定の技術上の要件を満たしていることを認証するよう締約国が法的に要求することをいう。

11　「地域的な経済統合のための機関」とは、主権国家によって設立されかつ構成される機関であって、この協定が対象とする事項に関する権限（当該事項に関してすべての加盟国を拘束する決定を行う権限を含む。）を有するものをいう。

12　「事務総長」とは、国際連合事務総長をいう。

13　「透明性のある手続」とは、この協定に基づく規則の作成の手続に関する公衆の意識を向上させ及び参加を促進するための手続をいう。この手続には、次の文書の公表を含む。

(1)　作業部会及び執行委員会の会合の通知

(2)　作業中の文書及び最終的な文書

この手続には、また、次の機会を含む。

(1)　協議の資格を与えられた機関を通じ、作業部会の会合において見解及び主張を表明すること。

(2)　締約国の代表との事前の協議を通じ、作業部会及び執行委員会の会合において見解及び主張を表明すること。

14　「型式認定」とは、車両又は車両への取付け若しくは車両における使用が可能な装置若しくは部品が特定の技術上の要件を満たす旨の締約国又は締約国が指定した権限のある当局の書面による認定であって、車両、装置又は部品を市場に出す前提条件として用いられるものをいう。

15　「国際連合欧州経済委員会の規則」とは、千九百五十八年の協定に基づいて採択された国際連合欧州経済委員会の規則をいう。

16　「作業部会」とは、欧州経済委員会の専門的かつ技術的な補助機関であって、世界登録簿に記載するための調和された又は新たな世界技術規則の作成に関する勧告を作成すること及び世界登録簿に記載された世界技術規則の改正について検討することを任務とするものをいう。

17　「千九百五十八年の協定」とは、車両並びに車両への取付け又は車両における使用が可能な装置及び部品に係る統一的な技術上の要件の採択並びにこれらの要件に基づいて行われる認定の相互承認のための条件に関する協定をいう。

附属書B　執行委員会の構成及び手続規則

第一条　執行委員会の構成国は、締約国に限る。

第二条　すべての締約国を執行委員会の構成国とする。

第三条

3.1　3.2に定める場合を除くほか、各締約国は、一の票を有する。

3.2　地域的な経済統合のための機関及び一又は二以上のその加盟国がこの協定の締約国である場合には、当該機関は、その権限内の事項に関し、この協定の締約国であるその加盟国の数と同数の票を投ずる権利を行使する。当該機関は、その加盟国が自国の投票権を行使する場合には、投票権を行使してはならない。その逆の場合も、同様とする。

第四条　締約国は、自国の票を投ずるためには、出席していなければならない。地域的な経済統合のための機関が投票する場合には、当該機関の加盟国である締約国は、出席する必要はない。

第五条

5.1　投票を行うための定足数は、すべての締約国の二分の一以上とする。

5.2　この条の規定に基づく定足数及び第七条7.1の規定に従って出席しかつ投票する締約国の三分の一を構成するために必要な締約国の数を決定する上で、地域的な経済統合のための機関及びその加盟国は、一の締約国と数える。

第六条

6.1　執行委員会は、各暦年の最初の会期において、その構成国の中から議長及び副議長を選出する。議長及び副議長は、出席しかつ投票するすべての締約国の三分の二以上の賛成投票による議決で選出される。

6.2　議長及び副議長は、連続して二年を超えて同じ締約国から選出されない。いずれの年においても、議長及び副議長は、同じ締約国から選出されない。

第七条

7.1　国又は地域の規則は、出席しかつ投票する締約国の三分の一（第五条5.2に規定するもの）の賛成投票又は投票総数の三分の一の賛成投票のうち、いずれかの賛成投票が達成された場合には、候補一覧に記載する。いずれの場合においても、三分の一の賛成投票には、欧州共同体、日本国又はアメリカ合衆国（いずれかが締約国であるときに限る。）のいずれかの票を含む。

7.2　世界登録簿への世界技術規則の記載、作成された世界技術規則の改正及びこの協定の改正は、出席しかつ投票する締約国のコンセンサスの投票によって行う。出席しかつ投票する締約国であって採択のためにコンセンサスの投票が必要とされる事項に対して異議を表明するものは、当該異議についての書面による説明を投票の日の後六十日の期間内に事務総長に提出する。このような締約国は、当該期間内に当該説明を提出しない場合には、投票に係る事項について賛成投票を行ったものとみなす。当該事項に対して異議を表明したすべての締約国が当該説明を提出しない場合には、当該事項についての投票は、出席しかつ投票したすべての者による当該事項についてのコンセンサスの投票であったものとみなす。この場合には、当該期間の後の最初の日を投票の日とみなす。

7.3　決議を必要とする他のすべての事項は、執行委員会の裁量により7.2に定める投票の手続に従って決議することができる。

第八条

投票を棄権した締約国は、投票しなかったものとみなす。

第九条

事務局長は、協定第五条、第六条又は第十三条の規定に基づいて投票を行う必要がある場合及びこの協定に基づく活動を行う必要がある場合には、執行委員会を招集する。

○大気汚染防止法（抄）

（昭和四十三年六月十日　法律第九十七号）

最終改正　令四法六八

第一章　総則

（目的）

第一条　この法律は、工場及び事業場における事業活動並びに建築物等の解体等に伴うばい煙、揮発性有機化合物及び粉じんの排出等を規制し、水銀に関する水俣条約（以下「条約」という。）の的確かつ円滑な実施を確保するため工場及び事業場における事業活動に伴う水銀等の排出を規制し、有害大気汚染物質対策の実施を推進し、並びに自動車排出ガスに係る許容限度を定めること等により、大気の汚染に関し、国民の健康を保護するとともに生活環境を保全し、並びに大気の汚染に関して人の健康に係る被害が生じた場合における事業者の損害賠償の責任について定めることにより、被害者の保護を図ることを目的とする。

（定義等）

第二条　1～16［略］

17　この法律において「自動車排出ガス」とは、自動車（道路運送車両法（昭和二十六年法律第百八十五号）第二条第二項に規定する自動車のうち環境省令で定めるもの及び同条第三項に規定する原動機付自転車のうち環境省令で定めるものをいう。以下同じ。）の運行に伴い発生する一酸化炭素、炭化水素、鉛その他の人の健康又は生活環境に係る被害を生ずるおそれがある物質で政令で定めるものをいう。

※　17項「環境省令」＝大気汚染防止法第二条第十七項の自動車及び原動機付自転車を定める省令、17項「政令」＝令四

第三章　自動車排出ガスに係る許容限度等

（許容限度）

第十九条　環境大臣は、自動車が一定の条件で運行する場合に発生し、大気中に排出される排出物に含まれる自動車排出ガスの量の許容限度を定めなければならない。

2　自動車排出ガスによる大気の汚染の防止を図るため、国土交通大臣は、道路運送車両法に基づく命令で、自動車排出ガスの排出に係る規制に関し必要な事項を定める場合には、前項の許容限度が確保されるとともに次条第一項の許容限度の確保に資することとなるように考慮しなければならない。

3　環境大臣は、特定特殊自動車（特定特殊自動車排出ガスの規制等に関する法律（平成十七年法律第五十一号）第二条第一項に規定する特定特殊自動車をいう。）が一定の条件で使用される場合に発生し、大気中に排出される排出物に含まれる特定特殊自動車排出ガス（同条第三項に規定する特定特殊自動車排出ガスをいう。次項において同じ。）の量の許容限度を定めなければならない。

4　特定特殊自動車排出ガスによる大気の汚染の防止を図るため、特定特殊自動車排出ガスの規制等に関する法律第五条に規定する主務大臣は、同条の技術上の基準を定める場合には、前項の許容限度が確保されるように考慮しなければならない。

※　1項「定め」＝自動車排出ガスの量の許容限度、2項「命令」＝道路運送車両の保安基準

第十九条の二　環境大臣は、前条第一項の許容限度を定めるに当たつて自動車排出ガスによる大気の汚染の防止を図るため必要があると認めるときは、自動車の燃料の性状に関する許容限度又は自動車の燃料に含まれる物質の量の許容限度を定めなければならない。

2　自動車排出ガスによる大気の汚染の防止を図るため、経済産業大臣は、揮発油等の品質の確保等に関する法律（昭和五十一年法律第八十八号）に基づく命令で自動車の燃料に係る規制に関し必要な事項を定める場合には、前項の許容限度が確保されるように考慮しなければならない。

（自動車排出ガスの濃度の測定）

第二十条　都道府県知事は、交差点等があるため自動車の交通が渋滞することにより自動車排出ガスによる大気の著しい汚染が生じ、又は生ずるおそれがある道路の部分及びその周辺の区域について、大気中の自動車排出ガスの濃度の測定を行なうものとする。

（測定に基づく要請等）

第二十一条　都道府県知事は、前条の測定を行なつた場合において、自動車排出ガスにより道路の部分及びその周辺の区域に係る大気の汚染が環境省令で定める限度をこえていると認められるときは、都道府県公安委員会に対し、道路交通法（昭和三十五年法律第百五号）の規定による措置をとるべきことを要請するものとする。

2　環境大臣は、前項の環境省令を定めようとするときは、あらかじめ、国家公安委員会に協議しなければならない。

3　都道府県知事は、第一項の規定により要請する場合を除くほか、前条の測定を行つた場合において特に必要があると認めるときは、当該道路の部分の構造の改善その他自動車排出ガスの濃度の減少に資する事項に関し、道路管理者又は関係行政機関の長に意見を述べることができる。

※　1項「環境省令」＝大気汚染防止法第二十一条第一項の規定に基づく自動車排出ガスによる大気の汚染の限度を定める命令

（国民の努力）

第二十一条の二　何人も、自動車を運転し、若しくは使用し、又は交通機関を利用するに当たつては、自動車排出ガスの排出が抑制されるように努めなければならない。

第五章　雑則

（研究の推進等）

第三十条　国は、ばい煙、特定物質、揮発性有機化合物、水銀等及び自動車排出ガスの処理に関する技術の研究、大気の汚染の人の健康又は生活環境に及ぼす影響の研究その他大気の汚染の防止に関する研究及び国際協力を推進し、その成果の普及に努めるものとする。

（経過措置）

第三十条の二　この法律の規定に基づき命令を制定し、又は改廃する場合においては、その命令で、その制定又は改廃に伴い合理的に必要と判断される範囲内において、所要の経過措置（罰則に関する経過措置を含む。）を定めることができ

る。

（権限の委任）

第三十条の三　この法律に規定する環境大臣の権限は、環境省令で定めるところにより、地方環境事務所長に委任することができる。

（政令で定める市の長による事務の処理）

第三十一条　この法律の規定により都道府県知事の権限に属する事務の一部は、政令で定めるところにより、政令で定める市（特別区を含む。以下同じ。）の長が行うこととすることができる。

2　前項の政令で定める市の長は、この法律の施行に必要な事項で環境省令で定めるものを都道府県知事に通知しなければならない。

※　1項「政令」＝令一三、2項「環境省令」＝則二〇

（事務の区分）

第三十一条の二　この法律の規定により都道府県が処理することとされている事務のうち、第五条の二第一項の規定により処理することとされているもの（指定ばい煙総量削減計画の作成に係るものを除く。）並びに同条第二項及び第三項、第十五条第三項、第十五条の二第三項及び第四項並びに第二十二条第一項及び第二項の規定により処理することとされているものは、地方自治法（昭和二十二年法律第六十七号）第二条第九項第一号に規定する第一号法定受託事務とする。

附　則（抄）

（施行期日）

1　この法律は、公布の日から起算して六月をこえない範囲内において政令で定める日から施行する。ただし、第四条第四項の規定は、公布の日から施行する。

〔昭四三・一一政令三二八により、昭四三・一二・一から施行〕

○大気汚染防止法施行令（抄）

（昭和四十三年十一月三十日 政令第三百二十九号）

最終改正 令三政令二七五

（自動車排出ガス）

第四条 法第二条第十七項の政令で定める物質は、次に掲げる物質とする。

一 一酸化炭素

二 炭化水素

三 鉛化合物

四 窒素酸化物

五 粒子状物質

（政令で定める市の長による事務の処理）

第十三条 法に規定する都道府県知事の権限に属する事務のうち、ばい煙の排出の規制、粉じんに関する規制及び水銀等の排出の規制に係る次に掲げる事務（工場に係る事務を除く。）、法第十七条第二項の規定による通報の受理に関する事務、同条第三項の規定による命令に関する事務並びにこれに伴う法第二十六条第一項の規定による報告の徴収及び立入検査に関する事務、法第二十条の規定による測定に関する事務、法第二十一条第一項の規定による要請及び同条第三項の規定による意見を述べることに関する事務、法第二十二条第一項の規定による常時監視及び同条第二項の規定による報告に関する事務並びに法第二十四条第一項の規定による公表に関する事務は、小樽市、室蘭市、苫小牧市、所沢市、市川市、松戸市、市原市、平塚市、藤沢市、四日市市、加古川市及び大牟田市の長（以下「政令市の長」という。）が行うこととする。この場合においては、法及びこの政令中この項前段に規定する事務に係る都道府県知事に関する規定は、政令市の長に関する規定として政令市の長に適用があるものとする。

一 法第六条第一項、第七条第一項、第八条第一項、第十一条（法第十八条の十三第二項及び第十八条の三十六第二項において準用する場合を含む。）、第十二条第三項（法第十八条の十三第二項及び第十八条の三十六第二項において準用する場合を含む。）、第十八条第一項及び第三項、第十八条の二第一項、第十八条の六第一項及び第三項、第十八条の七第一項、第十八条の十七第一項及び第二項、第十八条の二十八第一項、第十八条の二十九第一項並びに第十八条の三十第一項の規定による届出の受理に関する事務

二 法第九条、第九条の二、第十四条第一項及び第三項、第十五条第二項、第十五条の二第二項、第十八条の四、第十八条の八、第十八条の十一、第十八条の十八、第十八条の二十一、第十八条の三十一並びに第十八条の三十四第二項の規定による命令に関する事務

三 法第十条第二項（法第十八条の十三第一項及び第十八条の三十六第一項において準用する場合を含む。）の規定による期間の短縮に関する事務

四 法第十五条第一項、第十五条の二第一項及び第十八条の三十四第一項の規定による勧告に関する事務

五 法第十八条の十五第六項の規定による報告の受理に関する事務

六 法第二十六条第一項の規定による報告の徴収及び立入検査（法第二十三条第二項の規定による権限の行使に関し必要と認められる場合における報告の徴収及び立入検査を除く。）に関する事務

七 法第二十七条第二項及び第四項の規定による通知の受理に関する事務

八 法第二十七条第三項の規定による要請に関する事務

九 法第二十七条第五項の規定による協議に関する事務

十 法第二十八条第二項の規定による協力を求め、又は意見を述べることに関する事務

2 前項に規定する事務並びに法に規定する都道府県知事の権限に属する事務のうちばい煙の排出の規制、粉じんに関する規制及び水銀等の排出の規制に係る前項各号に掲げる事務であつて工場に係るもの並びに揮発性有機化合物の排出の規制に係る次に掲げる事務は、地方自治法（昭和二十二年法律第六十七号）第二百五十二条の十九第一項の指定都市（北九州市を除く。）の長及び同法第二百五十二条の二十二第一項の中核市の長（以下この項において「指定都市の長等」という。）が行うこととする。この場合においては、法及びこの政令中この項前段に規定する事務に係る都道府県知事に関する規定は、指定都市の長等に関する規定として指定都市の長等に適用があるものとする。

一 法第十七条の五第一項、第十七条の六第一項、第十七条の七第一項並びに第十七条の十三第二項において準用する法第十一条及び第十二条第三項の規定による届出の受理に関する事務

二 法第十七条の八及び第十七条の十一の規定による命令に関する事務

三 法第十七条の十三第一項において準用する法第十条第二項の規定による期間の短縮に関する事務

四 法第二十六条第一項の規定による報告の徴収及び立入検査（法第二十三条第一項の規定による権限の行使に関し必要と認められる場合における報告の徴収及び立入検査を除く。）に関する事務

五 法第二十七条第二項及び第四項の規定による通知の受理に関する事務

六 法第二十七条第三項の規定による要請に関する事務

七 法第二十七条第五項の規定による協議に関する事務

八 法第二十八条第二項の規定による協力を求め、又は意見を述べることに関する事務

3 前項に規定する事務並びに法第二十三条第一項及び第二項の規定による措置に関する事務並びに同項の規定による権限の行使に関し必要と認められる場合における法第二十六条第一項の規定による報告の徴収及び立入検査に関する事務は、北九州市の長が行うこととする。この場合においては、法及びこの政令中この項前段に規定する事務に係る都道府県知事に関する規定は、北九州市の長に関する規定として北九州市の長に適用があるものとする。

附 則（抄）

1 この政令は、法の施行の日（昭和四十三年十二月一日）から施行する。

附　則（令二・一〇・七政令三〇四）

（施行期日）

1　この政令は、大気汚染防止法の一部を改正する法律（令和二年六月法律第三九号）（以下「改正法」という。）の施行の日（令和三年四月一日）から施行する。ただし、第十三条第一項の改正規定（同項中第九号を第十号とし、第五号から第八号までを一号ずつ繰り下げ、第四号の次に一号を加える部分に限る。）は、改正法附則第一条第二号に掲げる規定の施行の日（令和四年四月一日）から施行する。

（経過措置）

2　この政令による改正後の大気汚染防止法施行令第三条の三の規定は、この政令の施行の日から起算して十四日を経過する日以後に着手する解体等工事（改正法による改正前の大気汚染防止法第十八条の十五第一項又は第二項の規定による届出がされた特定粉じん排出等作業に係る解体等工事であって、同日前に着手していないもの（以下この項において「届出がされた未着手の工事」という。）を除く。）について適用し、同日前に着手した解体等工事（届出がされた未着手の工事を含む。）については、なお従前の例による。

○大気汚染防止法第二条第十七項の自動車及び原動機付自転車を定める省令

（昭和四十三年十一月三十日運輸省令第五十八号）

沿革　昭四五運令六四、昭四六総令四一、昭四七総令七、平九総令一一、平一二総令九四、平一三環令二七、平一七環令一三、平二四環令九、平二七環令二六、令二環令二五改正

第一条　大気汚染防止法（昭和四十三年法律第九十七号。以下「法」という。）第二条第十七項の環境省令で定める自動車は、道路運送車両法施行規則（昭和二十六年運輸省令第七十四号）第二条に規定する普通自動車、小型自動車、軽自動車、大型特殊自動車及び小型特殊自動車であつて、ガソリン、軽油又は液化石油ガス（プロパン・ガス又はブタン・ガスを主成分とする液化ガスをいう。）を燃料とするものとする。

第二条　法第二条第十七項の環境省令で定める原動機付自転車は、ガソリンを燃料とする原動機付自転車とする。

附　則

この省令は、大気汚染防止法の施行の日（昭和四十三年十二月一日）から施行する。

附　則（昭四五・七・二三運令六四）

この省令は、昭和四十五年八月一日から施行する。

附　則（昭四六・七・一総令四一）

この府令は、公布の日から施行する。

附　則（昭四七・三・二九総令七）

この府令は、公布の日から施行する。

附　則（平九・三・二七総令一一）

この府令は、平成九年四月一日から施行する。

附　則（平一二・八・一四総令九四抄）

1　この府令は、内閣法の一部を改正する法律（平成十一年法律第八十八号）の施行の日（平成十三年一月六日）から施行する。

附　則（平一三・八・三環令二七）

この省令は、公布の日から施行する。

附　則（平一七・五・二七環令一三）

この省令は、平成十七年六月一日から施行する。

附　則（平二四・三・三〇環令九）

この省令は、平成二十四年四月一日から施行する。

附　則（平二七・六・二四環令二六）

この省令は、平成二十七年六月二十四日から施行する。

附　則（令二・一〇・一五環令二五抄）

（施行期日）

第一条　この省令は、大気汚染防止法の一部を改正する法律［令和二年六月法律第三九号］（次条において「改正法」という。）の施行の日（令和三年四月一日）から施行する。〔後略〕

○自動車排出ガスの量の許容限度（抄）

（昭和四十九年一月二十一日
環境庁告示第一号）

沿革　昭四九環告四〇、昭五〇環告一二、昭五一環告一〇四、昭五三環告五、昭五四環告三二、昭五五環告四一、昭五六環告七三、昭五九環告四九、昭六〇環告四九、昭六二環告一、昭六三環告六九、平三環告一六、平五環告七三、平八環告一、平九環告一七、平一〇環告六五、平一二環告六〇、平一三環告四七、平一五環告三三、平一六環告三九、平一七環告四六・六五、平一八環告一四一、平一九環告一一三、平二〇環告三一、平二二環告一七、平二四環告六六、平二五環告三二、平二七環告九三、平二八環告五五、平三〇環告四四、令二環告三五、令三環告五二改正

大気汚染防止法第十九条第一項の自動車排出ガスの量の許容限度は、次の各号に掲げるとおりとする。

一　普通自動車、小型自動車及び大型特殊自動車（道路運送車両法施行規則（昭和二十六年運輸省令第七十四号。以下「規則」という。）第二条に規定する普通自動車、小型自動車及び大型特殊自動車であって、道路運送車両法（昭和二十六年法律第百八十五号。以下「法」という。）第十六条第一項の抹消登録を受けた自動車及び法第六十九条第四項により自動車検査証が返納された自動車を除くものをいう。別表第一において同じ。）並びに軽自動車（規則第二条に規定する軽自動車であって、法第六十九条第四項により自動車検査証が返納された軽自動車及び二輪自動車（側車付二輪自動車を含む。以下同じ。）を除くものをいう。別表第一において同じ。）であって、法第五十九条第一項の新規検査又は法第七十一条第一項の予備検査を受けようとするもの　別表第一に掲げる許容限度

二　普通自動車、小型自動車及び大型特殊自動車（規則第二条に規定する普通自動車、小型自動車及び大型特殊自動車であって、法第十六条第一項の抹消登録を受けた自動車及び法第六十九条第四項により自動車検査証が返納された自動車を除くものをいう。別表第一の二において同じ。）並びに軽自動車（規則第二条に規定する軽自動車であって、法第六十九条第四項により自動車検査証が返納された軽自動車及び二輪自動車を除くものをいう。）であって、法第七十五条第四項の検査を受けようとするもの及び当該自動車に備える一酸化炭素等発散防止装置（装置型式指定規則（平成十年運輸省令第六十六号）第二条第十八号に規定する一酸化炭素等発散防止装置をいう。）について規則第六十二条の五第一項の検査を受けようとするもの並びに軽自動車（規則第二条に規定する軽自動車であって、法第六十九条第四項により自動車検査証が返納された軽自動車を除き、二輪自動車に限る。）及び小型特殊自動車（規則第二条に規定する小型特殊自動車をいう。以下同じ。）並びに原動機付自転車（法第二条第三項に規定する原動機付自転車をいう。以下同じ。）であって、規則第六十二条の三第五項の検査を受けようとするもの　別表第一の二に掲げる許容限度

三　普通自動車、小型自動車、軽自動車、大型特殊自動車及び小型特殊自動車（規則第二条に規定する普通自動車、小型自動車、軽自動車、大型特殊自動車及び小型特殊自動車をいう。別表第二において同じ。）並びに原動機付自転車であって、現に運行の用に供しているもの　別表第二に掲げる許容限度

別表第一

一酸化炭素		
ガソリン又は大気汚染防止法第二条第十七項の自動車及び原動機付自転車を定める省令（昭和四十三年運輸省令第五十八号）に規定する液化石油ガス（以下「液化石油ガス」という。）を燃料とする普通自動車又は小型自動車であつて、専ら乗用の用に供する乗車定員十人以下のもの（乗車定員が十人のものであつて、法第四十条第三号に規定する車両総重量（以下「車両総重量」という。）が三千五百キログラムを超えるもの及び二輪自動車を除く。）及び車両総重量が千七百キログラム以下のもの（専ら乗用の用に供する乗車定員十人以下のもの及び二輪自動車を除く。）並びにガソリン又は液化石油ガスを燃料とする軽自動車であつて、専ら乗用の用に供するもの	一　PMRが二十二以下のものにあつては、WLTCクラス1による測定 二　PMRが二十二を超え、三十四以下のものにあつては、WLTCクラス2による測定 三　PMRが三十四を超えるものであつて、最高速度が百二十キロメートル毎時未満のものにあつては、WLTCクラス3aによる測定 四　PMRが三十四を超えるものであつて、最高速度が百二十キロメートル毎時以上のものにあつては、WLTCクラス3bによる測定	一キロメートル走行当たり二・〇三グラム
ガソリン又は液化石油ガスを燃料とする軽自動車（専ら乗用の用に供するものを除く。）	一　PMRが二十二以下のものにあつては、WLTCクラス1による測定 二　PMRが二十二を超え、三十四以下のものにあつては、WLTCクラス2による測定 三　PMRが三十四を超えるものであつて、最高速度が百二十キロメートル毎時未満のものにあつては、WLTCクラス3aによる測定 四　PMRが三十四を超えるものであつて、最高速度が百二十キロメートル毎時以上のものにあつては、WLTCクラス3bによる測定	一キロメートル走行当たり七・〇六グラム
ガソリン又は液化石油ガスを燃料とする普通自動車又は小型自動車であつて、車両総重量が千七百キログラムを超え三千五百キログラム以下のもの（専ら乗用の用に供する乗車定員十人以下のもの及び二輪自動車を除く。）	一　PMRが二十二以下のものにあつては、WLTCクラス1による測定 二　PMRが二十二を超え、三十四以下のものにあつては、WLTCクラス2による測定 三　PMRが三十四を超えるものであつて、最高速度が百二十キロメートル毎時未満のものにあつては、WLTCクラス3aによる測定 四　PMRが三十四を超えるものであつて、最高速度が百二十キロメートル毎時以上のものにあつては、WLTCクラス3bによる測定	一キロメートル走行当たり四・四八グラム
ガソリン又は液化石油ガスを燃料とする普通自動車又は小型自動車であつて、車両総重量が三千五百キログラムを超えるもの（専ら乗用の用に供する乗車定員九	JE〇五モードをガソリン重量車用車速変換プログラムにより変換した運転モードによる測定	一キロワット時当たり二十一・三グラム

人以下のもの及び二輪自動車を除く。）		
軽油を燃料とする普通自動車又は小型自動車であつて、専ら乗用の用に供する乗車定員十人以下のもの（乗車定員が十人のものであつて、車両総重量が三千五百キログラムを超えるもの及び二輪自動車を除く。）及び車両総重量が三千五百キログラム以下のもの（専ら乗用の用に供する乗車定員十人以下のもの及び二輪自動車を除く。）	一　ＰＭＲが二十二以下のものにあつては、ＷＬＴＣクラス1による測定 二　ＰＭＲが二十二を超え、三十四以下のものにあつては、ＷＬＴＣクラス2による測定 三　ＰＭＲが三十四を超えるものであつて、最高速度が百二十キロメートル毎時未満のものにあつては、ＷＬＴＣクラス3aによる測定 四　ＰＭＲが三十四を超えるものであつて、最高速度が百二十キロメートル毎時以上のものにあつては、ＷＬＴＣクラス3bによる測定	一キロメートル走行当たり〇・八八グラム
軽油を燃料とする普通自動車又は小型自動車であつて、車両総重量が三千五百キログラムを超えるもの（専ら乗用の用に供する乗車定員九人以下のもの及び二輪自動車を除く。）	ＷＨＳＣによる測定並びに暖機状態でのＷＨＴＣによる測定及び冷機状態でのＷＨＴＣによる測定であつて、暖機状態でのＷＨＴＣによる排出ガス量に〇・八六を乗じた値と冷機状態でのＷＨＴＣによる排出ガス量に〇・一四を乗じた値との和を暖機状態でのＷＨＴＣによる仕	一キロワット時当たり二・九五グラム

	事量に〇・八六を乗じた値と冷機状態でのＷＨＴＣによる仕事量に〇・一四を乗じた値との和で除した値	
ガソリンを燃料とする小型自動車（最高速度が百十五キロメートル毎時未満の二輪自動車に限る。）	冷機状態でのＷＭＴＣ（低速パート1）による測定及び暖機状態でのＷＭＴＣ（低速パート2）による測定であつて、冷機状態でのＷＭＴＣ（低速パート1）による排出ガス量に〇・三を乗じた値と暖機状態でのＷＭＴＣ（低速パート2）による排出ガス量に〇・七を乗じた値との和	一キロメートル走行当たり一・三三グラム
ガソリンを燃料とする小型自動車（最高速度が百十五キロメートル毎時以上百三十キロメートル毎時未満の二輪自動車に限る。）	冷機状態でのＷＭＴＣ（パート1）による測定及び暖機状態でのＷＭＴＣ（パート2）による測定であつて、冷機状態でのＷＭＴＣ（パート1）による排出ガス量に〇・三を乗じた値と暖機状態でのＷＭＴＣ（パート2）による排出ガス量に〇・七を乗じた値との和	一キロメートル走行当たり一・三三グラム
ガソリンを燃料とする小型自動車（最高速度が百三十キロメートル毎時以上百四十キロメートル毎時未満の二輪自動車に限る。）	冷機状態でのＷＭＴＣ（パート1）による測定、暖機状態でのＷＭＴＣ（パート2）による	一キロメートル走行当たり一・三三グラム

	ガソリンを燃料とする小型自動車（最高速度が百四十キロメートル毎時以上の二輪自動車に限る。）	ガソリン又は液化石油ガスを燃料とする大型特殊自動車であって、定格出力が十九キロワット以上五百六十
測定及び暖機状態でのＷＭＴＣ（低速パート３）による測定であって、冷機状態でのＷＭＴＣ（パート１）による排出ガス量に〇・二五を乗じた値と暖機状態でのＷＭＴＣ（パート２）による排出ガス量に〇・五を乗じた値と暖機状態でのＷＭＴＣ（低速パート３）による排出ガス量に〇・二五を乗じた値との和	冷機状態でのＷＭＴＣ（パート１）による測定、暖機状態でのＷＭＴＣ（パート２）による測定及び暖機状態でのＷＭＴＣ（パート３）による測定であって、冷機状態でのＷＭＴＣ（パート１）による排出ガス量に〇・二五を乗じた値と暖機状態でのＷＭＴＣ（パート２）による排出ガス量に〇・五を乗じた値と暖機状態でのＷＭＴＣ（パート３）による排出ガス量に〇・二五を乗じた値との和	七モードによる測定又は七Ｍ－ＲＭＣによる測定及びＬＳＩ－ＮＲＴＣによる測
	一キロメートル走行当たり一・三三グラム	一キロワット時当たり二十・〇グラム

キロワット未満のもの	軽油を燃料とする大型特殊自動車であって、定格出力が十九キロワット以上三十七キロワット未満のもの	軽油を燃料とする大型特殊自動車であって、定格出力が三十七キロワット以上七十五キロワット未満のもの
定	八モードによる測定又はＲＭＣによる測定並びに暖機状態でのＮＲＴＣによる測定及び冷機状態でのＮＲＴＣによる測定であって、暖機状態でのＮＲＴＣによる排出ガス量に〇・九を乗じた値と冷機状態でのＮＲＴＣによる排出ガス量に〇・一を乗じた値との和を暖機状態でのＮＲＴＣによる仕事量に〇・九を乗じた値と冷機状態でのＮＲＴＣによる仕事量に〇・一を乗じた値との和で除した値	八モードによる測定又はＲＭＣによる測定並びに暖機状態でのＮＲＴＣによる測定及び冷機状態でのＮＲＴＣによる測定であって、暖機状態でのＮＲＴＣによる排出ガス量に〇・九を乗じた値と冷機状態でのＮＲＴＣによる排出ガス量に〇・一を乗じた値との和を暖機状態でのＮＲＴＣによる仕事量に〇・九を乗じた値と冷機状態でのＮＲＴＣによる仕事量に〇・一を乗じた値との和で除した値
	一キロワット時当たり六・五グラム	一キロワット時当たり六・五グラム

軽油を燃料とする大型特殊自動車であつて、定格出力が七十五キロワット以上百三十キロワット未満のもの	八モードによる測定又はＲＭＣによる測定並びに暖機状態でのＮＲＴＣによる測定及び冷機状態でのＮＲＴＣによる測定であつて、暖機状態でのＮＲＴＣによる排出ガス量に〇・九を乗じた値と冷機状態でのＮＲＴＣによる排出ガス量に〇・一を乗じた値との和を暖機状態でのＮＲＴＣによる仕事量に〇・九を乗じた値と冷機状態でのＮＲＴＣによる仕事量に〇・一を乗じた値との和で除した値	一キロワット時当たり六・五グラム
軽油を燃料とする大型特殊自動車であつて、定格出力が百三十キロワット以上五百六十キロワット未満のもの	八モードによる測定又はＲＭＣによる測定並びに暖機状態でのＮＲＴＣによる測定及び冷機状態でのＮＲＴＣによる測定であつて、暖機状態でのＮＲＴＣによる排出ガス量に〇・九を乗じた値と冷機状態でのＮＲＴＣによる排出ガス量に〇・一を乗じた値との和を暖機状態でのＮＲＴＣによる仕事量に〇・九を乗じた値と冷機状態でのＮＲＴＣによる仕事量に〇・一を乗じた値との和で除した値	一キロワット時当たり四・六グラム

非メタン炭化水素（排気管から排出されるものに限る。）	ガソリン又は液化石油ガスを燃料とする普通自動車又は小型自動車であつて、専ら乗用の用に供する乗車定員十人以下のもの（乗車定員が十人のものであつて、車両総重量が三千五百キログラムを超えるもの及び二輪自動車を除く。）及び車両総重量が千七百キログラム以下のもの（専ら乗用の用に供する乗車定員十人以下のもの及び二輪自動車を除く。）並びにガソリン又は液化石油ガスを燃料とする軽自動車	一　ＰＭＲが二十二以下のものにあつては、ＷＬＴＣクラス１による測定 二　ＰＭＲが二十二を超え、三十四以下のものにあつては、ＷＬＴＣクラス２による測定 三　ＰＭＲが三十四を超えるものであつて、最高速度が百二十キロメートル毎時未満のものにあつては、ＷＬＴＣクラス３ａによる測定 四　ＰＭＲが三十四を超えるものであつて、最高速度が百二十キロメートル毎時以上のものにあつては、ＷＬＴＣクラス３ｂによる測定	一キロメートル走行当たり〇・一六グラム
	ガソリン又は液化石油ガスを燃料とする普通自動車又は小型自動車であつて、車両総重量が千七百キログラムを超え三千五百キログラム以下のもの（専ら乗用の用に供する乗車定員十人以下のもの及び二輪自動車を除く。）	一　ＰＭＲが二十二以下のものにあつては、ＷＬＴＣクラス１による測定 二　ＰＭＲが二十二を超え、三十四以下のものにあつては、ＷＬＴＣクラス２による測定 三　ＰＭＲが三十四を超えるものであつて、最高速度が百二十キロメートル毎時未満のものにあつては、ＷＬＴＣクラス３ａによる測定	一キロメートル走行当たり〇・二三グラム

	四　PMRが三十四を超えるものであつて、最高速度が百二十キロメートル毎時以上のものにあつては、WLTCクラス3bによる測定	
ガソリン又は液化石油ガスを燃料とする普通自動車又は小型自動車であつて、車両総重量が三千五百キログラムを超えるもの（専ら乗用の用に供する乗車定員九人以下のもの及び二輪自動車を除く。）	JE〇五モードをガソリン重量車用車速変換プログラムにより変換した運転モードによる測定	一キロワット時当たり〇・三一グラム
軽油を燃料とする普通自動車又は小型自動車であつて専ら乗用の用に供する乗車定員十人以下のもの（乗車定員が十人のものであつて、車両総重量が三千五百キログラムを超えるもの及び二輪自動車を除く。）及び車両総重量が三千五百キログラム以下のもの（専ら乗用の用に供する乗車定員十人以下のもの及び二輪自動車を除く。）	一　PMRが二十二以下のものにあつてはWLTCクラス1による測定 二　PMRが二十二を超え、三十四以下のものにあつては、WLTCクラス2による測定 三　PMRが三十四を超えるものであつて、最高速度が百二十キロメートル毎時未満のものにあつては、WLTCクラス3aによる測定 四　PMRが三十四を超えるものであつて、最高速度が百二十キロメートル毎時以上のものにあつては、WLTCクラス3bによる測定	一キロメートル走行当たり〇・〇三七グラム

軽油を燃料とする普通自動車又は小型自動車であつて、車両総重量が三千五百キログラムを超えるもの（専ら乗用の用に供する乗車定員九人以下のもの及び二輪自動車を除く。）	WHSCによる測定並びに暖機状態での及び冷機状態でのWHTCによる測定であつて、暖機状態でのWHTCによる排出ガス量に〇・八六を乗じた値と冷機状態でのWHTCによる排出ガス量に〇・一四を乗じた値との和を暖機状態でのWHTCによる仕事量に〇・八六を乗じた値と冷機状態でのWHTCによる仕事量に〇・一四を乗じた値との和で除した値	一キロワット時当たり〇・二三グラム
ガソリンを燃料とする小型自動車（最高速度が百十五キロメートル毎時未満の二輪自動車に限る。）	冷機状態でのWMTC（低速パート1）による測定及び暖機状態でのWMTC（低速パート2）による測定であつて、冷機状態でのWMTC（低速パート1）による排出ガス量に〇・三を乗じた値と暖機状態でのWMTC（低速パート2）による排出ガス量に〇・七を乗じた値との和	一キロメートル走行当たり〇・〇八八グラム
ガソリンを燃料とする小型自動車（最高速度が百十五キロメートル毎時以上百三十キロメートル毎時未満の二輪自動車に限る。）	冷機状態でのWMTC（パート1）による測定及び暖機状態でのWMTC（パート2）による測定であ	一キロメートル走行当たり〇・〇八八グラム

	って、冷機状態でのWMTC（パート1）による排出ガス量に〇・三を乗じた値と暖機状態でのWMTC（パート2）による排出ガス量に〇・七を乗じた値との和	
ガソリンを燃料とする小型自動車（最高速度が百三十キロメートル毎時以上百四十キロメートル毎時未満の二輪自動車に限る。）	冷機状態でのWMTC（パート1）による測定、暖機状態でのWMTC（パート2）による測定及び暖機状態でのWMTC（低速パート3）による測定であって、冷機状態でのWMTC（パート1）による排出ガス量に〇・二五を乗じた値と暖機状態でのWMTC（パート2）による排出ガス量に〇・五を乗じた値と暖機状態でのWMTC（低速パート3）による排出ガス量に〇・二五を乗じた値との和	一キロメートル走行当たり〇・〇八八グラム
ガソリンを燃料とする小型自動車（最高速度が百四十キロメートル毎時以上の二輪自動車に限る。）	冷機状態でのWMTC（パート1）による測定、暖機状態でのWMTC（パート2）による測定及び暖機状態でのWMTC（パート3）による測定であって、冷機状態でのWMTC（パート1）による排出ガス	一キロメートル走行当たり〇・〇八八グラム

	量に〇・二五を乗じた値と暖機状態でのWMTC（パート2）による排出ガス量に〇・五を乗じた値と暖機状態でのWMTC（パート3）による排出ガス量に〇・二五を乗じた値との和	
軽油を燃料とする大型特殊自動車であって、定格出力が十九キロワット以上三十七キロワット未満のもの	八モードによる測定又はRMCによる測定並びに暖機状態でのNRTCによる測定及び冷機状態でのNRTCによる測定であって、暖機状態でのNRTCによる排出ガス量に〇・九を乗じた値と冷機状態でのNRTCによる排出ガス量に〇・一を乗じた値との和を暖機状態でのNRTCによる仕事量に〇・九を乗じた値と冷機状態でのNRTCによる仕事量に〇・一を乗じた値との和で除した値	一キロワット時当たり〇・九グラム
軽油を燃料とする大型特殊自動車であって、定格出力が三十七キロワット以上五十六キロワット未満のもの	八モードによる測定又はRMCによる測定並びに暖機状態でのNRTCによる測定及び冷機状態でのNRTCによる測定であって、暖機状態でのNRTCによる排出ガス量に〇・九を乗じた値と冷機状態でのNRTCによ	一キロワット時当たり〇・九グラム

	る排出ガス量に○・一を乗じた値との和を暖機状態でのNRTCによる仕事量に○・九を乗じた値と冷機状態でのNRTCによる仕事量に○・一を乗じた値との和で除した値	
軽油を燃料とする大型特殊自動車であって、定格出力が五十六キロワット以上七十五キロワット未満のもの	八モードによる測定又はRMCによる測定並びに暖機状態でのNRTCによる測定及び冷機状態でのNRTCによる測定であって、暖機状態でのNRTCによる排出ガス量に○・九を乗じた値と冷機状態でのNRTCによる排出ガス量に○・一を乗じた値との和を暖機状態でのNRTCによる仕事量に○・九を乗じた値と冷機状態でのNRTCによる仕事量に○・一を乗じた値との和で除した値	一キロワット時当たり○・二五グラム
軽油を燃料とする大型特殊自動車であって、定格出力が七十五キロワット以上百三十キロワット未満のもの	八モードによる測定又はRMCによる測定並びに暖機状態でのNRTCによる測定及び冷機状態でのNRTCによる測定であって、暖機状態でのNRTCによる排出ガス量に○・九を乗じた値と冷機状態でのNRTCによる排出ガス量に○・	一キロワット時当たり○・二五グラム

炭化水素		
排気管から排出されるもの		
	一を乗じた値との和を暖機状態でのNRTCによる仕事量に○・九を乗じた値と冷機状態でのNRTCによる仕事量に○・一を乗じた値との和で除した値	
軽油を燃料とする大型特殊自動車であって、定格出力が百三十キロワット以上五百六十キロワット未満のもの	八モードによる測定又はRMCによる測定並びに暖機状態でのNRTCによる測定及び冷機状態でのNRTCによる測定であって、暖機状態でのNRTCによる排出ガス量に○・九を乗じた値と冷機状態でのNRTCによる排出ガス量に○・一を乗じた値との和を暖機状態でのNRTCによる仕事量に○・九を乗じた値と冷機状態でのNRTCによる仕事量に○・一を乗じた値との和で除した値	一キロワット時当たり○・二五グラム
ガソリンを燃料とする小型自動車（最高速度が百十五キロメートル毎時未満の二輪自動車に限る。）	冷機状態でのWMTC（低速パート1）による測定及び暖機状態でのWMTC（低速パート2）による測定であって、冷機状態でのWMTC（低速パート1）による排出ガス量に○・三を乗じた値と暖機状態でのWMTC（低速パート2）による排	一キロメートル走行当たり○・一三グラム

		出ガス量に〇・七を乗じた値との和	
	ガソリンを燃料とする小型自動車（最高速度が百十五キロメートル毎時以上百三十キロメートル毎時未満の二輪自動車に限る。）	冷機状態でのWMTC（パート1）による測定及び暖機状態でのWMTC（パート2）による測定であつて、冷機状態でのWMTC（パート1）による排出ガス量に〇・三を乗じた値と暖機状態でのWMTC（パート2）による排出ガス量に〇・七を乗じた値との和	一キロメートル走行当たり〇・一三グラム
	ガソリンを燃料とする小型自動車（最高速度が百三十キロメートル毎時以上百四十キロメートル毎時未満の二輪自動車に限る。）	冷機状態でのWMTC（パート1）による測定、暖機状態でのWMTC（パート2）による測定及び暖機状態でのWMTC（低速パート3）による測定であつて、冷機状態でのWMTC（パート1）による排出ガス量に〇・二五を乗じた値と暖機状態でのWMTC（パート2）による排出ガス量に〇・五を乗じた値と暖機状態でのWMTC（低速パート3）による排出ガス量に〇・二五を乗じた値との和	一キロメートル走行当たり〇・一三グラム
	ガソリンを燃料とする小型自動車（最高速度が百四十	冷機状態でのWMTC（パート	一キロメートル走行当たり〇・一三グラ

	キロメートル毎時以上の二輪自動車に限る。）	1）による測定、暖機状態でのWMTC（パート2）による測定及び暖機状態でのWMTC（パート3）による測定であつて、冷機状態でのWMTC（パート1）による排出ガス量に〇・二五を乗じた値と暖機状態でのWMTC（パート2）による排出ガス量に〇・五を乗じた値と暖機状態でのWMTC（パート3）による排出ガス量に〇・二五を乗じた値との和	ム
	ガソリン又は液化石油ガスを燃料とする大型特殊自動車であつて、定格出力が十九キロワット以上五百六十キロワット未満のもの	七モードによる測定又は七M－RMCによる測定及びLSI－NRTCによる測定	一キロワット時当たり〇・八〇グラム
ブローバイガスとして排出されるもの	ガソリン、液化石油ガス又は軽油を燃料とする普通自動車、小型自動車及び軽自動車	一走行による測定	〇グラム
	ガソリン、液化石油ガス又は軽油を燃料とする大型特殊自動車であつて、定格出力が十九キロワット以上五百六十キロワット未満のもの	一走行による測定	〇グラム
蒸発ガスとして排出されるもの	ガソリンを燃料とする普通自動車、小型自動車（二輪自動車を除く。）及び軽自動車	一走行による測定	二・〇グラム

窒素酸化物			
	ガソリンを燃料とする小型自動車（二輪自動車に限る。）	一 走行による測定	一・五グラム
	ガソリン又は液化石油ガスを燃料とする普通自動車又は小型自動車であって、専ら乗用の用に供する乗車定員十人以下のもの（乗車定員が十人以下のものであって、車両総重量が三千五百キログラムを超えるもの及び二輪自動車を除く。）及び車両総重量が千七百キログラム以下のもの（専ら乗用の用に供する乗車定員十人以下のもの及び二輪自動車を除く。）並びにガソリン又は液化石油ガスを燃料とする軽自動車	一 PMRが二十二以下のものにあっては、WLTCクラス1による測定 二 PMRが二十二を超え、三十四以下のものにあっては、WLTCクラス2による測定 三 PMRが三十四を超えるものであって、最高速度が百二十キロメートル毎時未満のものにあっては、WLTCクラス3aによる測定 四 PMRが三十四を超えるものであって、最高速度が百二十キロメートル毎時以上のものにあっては、WLTCクラス3bによる測定	一キロメートル走行当たり〇・〇八グラム
	ガソリン又は液化石油ガスを燃料とする普通自動車又は小型自動車であって、車両総重量が千七百キログラムを超え三千五百キログラム以下のもの（専ら乗用の用に供する乗車定員十人以下のもの及び二輪自動車を除く。）	一 PMRが二十二以下のものにあっては、WLTCクラス1による測定 二 PMRが二十二を超え、三十四以下のものにあっては、WLTCクラス2による測定 三 PMRが三十四を超えるものであって、最高速度が百二十キロメートル毎時未満のものにあっては、WLTCクラス3aによる測定 四 PMRが三十四を超えるものであって、最高速度が百二十キロメートル毎時以上のものにあっては、WLTCクラス3bによる測定	一キロメートル走行当たり〇・一一グラム
	ガソリン又は液化石油ガスを燃料とする普通自動車又は小型自動車であって、車両総重量が三千五百キログラムを超えるもの（専ら乗用の用に供する乗車定員九人以下のもの及び二輪自動車を除く。）	JE〇五モードをガソリン重量車用車速変換プログラムにより変換した運転モードによる測定	一キロワット時当たり〇・九グラム
	軽油を燃料とする普通自動車又は小型自動車であって、専ら乗用の用に供する乗車定員十人以下のもの（乗車定員が十人以下のものであって、車両総重量が三千五百キログラムを超えるもの及び二輪自動車を除く。）及び車両総重量が千七百キログラム以下のもの（専ら乗用の用に供する乗車定員十人以下のもの及び二輪自動車を除く。）	一 PMRが二十二以下のものにあっては、WLTCクラス1による測定 二 PMRが二十二を超え、三十四以下のものにあっては、WLTCクラス2による測定 三 PMRが三十四を超えるものであって、最高速度が百二十キロメートル毎時未満のものにあっては、WLTCクラス3aによる測定 四 PMRが三十四を超えるものであって、最高速度が百二十キロメート	一キロメートル走行当たり〇・二三グラム

	ル毎時以上のものにあっては、ＷＬＴＣクラス３ｂによる測定	
軽油を燃料とする普通自動車又は小型自動車であって、車両総重量が千七百キログラムを超え三千五百キログラム以下のもの（専ら乗用の用に供する乗車定員十人以下のもの及び二輪自動車を除く。）	一　ＰＭＲが二十二以下のものにあっては、ＷＬＴＣクラス１による測定 二　ＰＭＲが二十二を超え、三十四以下のものにあっては、ＷＬＴＣクラス２による測定 三　ＰＭＲが三十四を超えるものであって、最高速度が百二十キロメートル毎時未満のものにあっては、ＷＬＴＣクラス３ａによる測定 四　ＰＭＲが三十四を超えるものであって、最高速度が百二十キロメートル毎時以上のものにあっては、ＷＬＴＣクラス３ｂによる測定	一キロメートル走行当たり〇・三六グラム
軽油を燃料とする普通自動車又は小型自動車であって、車両総重量が三千五百キログラムを超えるもの（専ら乗用の用に供する乗車定員九人以下のもの及び二輪自動車を除く。）	ＷＨＳＣによる測定並びに暖機状態でのＷＨＴＣによる測定及び冷機状態でのＷＨＴＣによる測定であって、暖機状態でのＷＨＴＣによる排出ガス量に〇・八六を乗じた値と冷機状態でのＷＨＴＣによる排出ガス量に〇・一四を乗じた値	一キロワット時当たり〇・七グラム

	との和を暖機状態でのＷＨＴＣによる仕事量に〇・八六を乗じた値と冷機状態でのＷＨＴＣによる仕事量に〇・一四を乗じた値との和で除した値	
ガソリンを燃料とする小型自動車（最高速度が百十五キロメートル毎時未満の二輪自動車に限る。）	冷機状態でのＷＭＴＣ（低速パート１）による測定及び暖機状態でのＷＭＴＣ（低速パート２）による測定であって、冷機状態でのＷＭＴＣ（低速パート１）による排出ガス量に〇・三を乗じた値と暖機状態でのＷＭＴＣ（低速パート２）による排出ガス量に〇・七を乗じた値との和	一キロメートル走行当たり〇・〇九六グラム
ガソリンを燃料とする小型自動車（最高速度が百十五キロメートル毎時以上百三十キロメートル毎時未満の二輪自動車に限る。）	冷機状態でのＷＭＴＣ（パート１）による測定及び暖機状態でのＷＭＴＣ（パート２）による測定であって、冷機状態でのＷＭＴＣ（パート１）による排出ガス量に〇・三を乗じた値と暖機状態でのＷＭＴＣ（パート２）による排出ガス量に〇・七を乗じた値との和	一キロメートル走行当たり〇・〇九六グラム
ガソリンを燃料とする小型自動車（最高速度が百三十	冷機状態でのＷＭＴＣ（パート	一キロメートル走行当たり〇・〇九六グ

キロメートル毎時以上百四十キロメートル毎時未満の二輪自動車に限る。）	１）による測定、暖機状態でのＷＭＴＣ（パート２）による測定及び暖機状態でのＷＭＴＣ（低速パート３）による測定であつて、冷機状態でのＷＭＴＣ（パート１）による排出ガス量に〇・二五を乗じた値と暖機状態でのＷＭＴＣ（パート２）による排出ガス量に〇・五を乗じた値と暖機状態でのＷＭＴＣ（低速パート３）による排出ガス量に〇・二五を乗じた値との和	ラム
ガソリンを燃料とする小型自動車（最高速度が百四十キロメートル毎時以上の二輪自動車に限る。）	冷機状態でのＷＭＴＣ（パート１）による測定、暖機状態でのＷＭＴＣ（パート２）による測定及び暖機状態でのＷＭＴＣ（パート３）による測定であつて、冷機状態でのＷＭＴＣ（パート１）による排出ガス量に〇・二五を乗じた値と暖機状態でのＷＭＴＣ（パート２）による排出ガス量に〇・五を乗じた値と暖機状態でのＷＭＴＣ（パート３）による排出ガス量に〇・二五を乗じた値との和	一キロメートル走行当たり〇・〇九六グラム
ガソリン又は液化石油ガス	七モードによる測定	一キロワット時当た

を燃料とする大型特殊自動車であつて、定格出力が十九キロワット以上五百六十キロワット未満のもの	又は七Ｍ－ＲＭＣによる測定及びＬＳＩ－ＮＲＴＣによる測定	り〇・四〇グラム
軽油を燃料とする大型特殊自動車であつて、定格出力が十九キロワット以上三十七キロワット未満のもの	八モードによる測定又はＲＭＣによる測定並びに暖機状態でのＮＲＴＣによる測定及び冷機状態でのＮＲＴＣによる測定であつて、暖機状態でのＮＲＴＣによる排出ガス量に〇・九を乗じた値と冷機状態でのＮＲＴＣによる排出ガス量に〇・一を乗じた値との和を暖機状態でのＮＲＴＣによる仕事量に〇・九を乗じた値と冷機状態でのＮＲＴＣによる仕事量に〇・一を乗じた値との和で除した値	一キロワット時当たり五・三グラム
軽油を燃料とする大型特殊自動車であつて、定格出力が三十七キロワット以上五十六キロワット未満のもの	八モードによる測定又はＲＭＣによる測定並びに暖機状態でのＮＲＴＣによる測定及び冷機状態でのＮＲＴＣによる測定であつて、暖機状態でのＮＲＴＣによる排出ガス量に〇・九を乗じた値と冷機状態でのＮＲＴＣによる排出ガス量に〇・一を乗じた値との和を暖機状態でのＮＲＴＣによる仕事量に〇・九を乗じた値と冷機状態での	一キロワット当たり五・三グラム

		NRTCによる仕事量に〇・一を乗じた値との和で除した値	
	軽油を燃料とする大型特殊自動車であって、定格出力が五十六キロワット以上七十五キロワット未満のもの	八モードによる測定又はRMCによる測定並びに暖機状態でのNRTCによる測定及び冷機状態でのNRTCによる測定であって、暖機状態でのNRTCによる排出ガス量に〇・九を乗じた値と冷機状態でのNRTCによる排出ガス量に〇・一を乗じた値との和を暖機状態でのNRTCによる仕事量に〇・九を乗じた値と冷機状態でのNRTCによる仕事量に〇・一を乗じた値との和で除した値	一キロワット時当たり〇・五三グラム
	軽油を燃料とする大型特殊自動車であって、定格出力が七十五キロワット以上百三十キロワット未満のもの	八モードによる測定又はRMCによる測定並びに暖機状態でのNRTCによる測定及び冷機状態でのNRTCによる測定であって、暖機状態でのNRTCによる排出ガス量に〇・九を乗じた値と冷機状態でのNRTCによる排出ガス量に〇・一を乗じた値との和を暖機状態でのNRTCによる仕事量に〇・九を乗じた値と冷機状態でのNRTCによる仕事	一キロワット時当たり〇・五三グラム

		量に〇・一を乗じた値との和で除した値	
	軽油を燃料とする大型特殊自動車であって、定格出力が百三十キロワット以上五百六十キロワット未満のもの	八モードによる測定又はRMCによる測定並びに暖機状態でのNRTCによる測定及び冷機状態でのNRTCによる測定であって、暖機状態でのNRTCによる排出ガス量に〇・九を乗じた値と冷機状態でのNRTCによる排出ガス量に〇・一を乗じた値との和を暖機状態でのNRTCによる仕事量に〇・九を乗じた値と冷機状態でのNRTCによる仕事量に〇・一を乗じた値との和で除した値	一キロワット時当たり〇・五三グラム
粒子状物質	ガソリンを燃料とする直接噴射式の原動機を有する普通自動車又は小型自動車であって、専ら乗用の用に供する乗車定員十人以下のもの（乗車定員が十人以下のものであって、車両総重量が三千五百キログラムを超えるもの及び二輪自動車を除く。）及び車両総重量が千七百キログラム以下のもの（専ら乗用の用に供する乗車定員十人以下のもの及び二輪自動車を除く。）並びにガソリンを燃料とする直接噴射式の原動機を有する軽自動車	一　PMRが二十二以下のものにあっては、WLTCクラス1による測定 二　PMRが二十二を超え、三十四以下のものにあっては、WLTCクラス2による測定 三　PMRが三十四を超えるものであって、最高速度が百二十キロメートル毎時未満のものにあっては、WLTCクラス3aによる測定 四　PMRが三十四を超えるものであ	一キロメートル走行当たり〇・〇〇七グラム、かつ、一兆三・〇千億個

	って、最高速度が百二十キロメートル毎時以上のものにあっては、WLTCクラス3bによる測定	
ガソリンを燃料とする直接噴射式の原動機を有する普通自動車又は小型自動車であって、車両総重量が千七百キログラムを超え三千五百キログラム以下のもの（専ら乗用の用に供する乗車定員十人以下のもの及び二輪自動車を除く。）	一　PMRが二十二以下のものにあっては、WLTCクラス1による測定 二　PMRが二十二を超え、三十四以下のものにあっては、WLTCクラス2による測定 三　PMRが三十四を超えるものであって、最高速度が百二十キロメートル毎時未満のものにあっては、WLTCクラス3aによる測定 四　PMRが三十四を超えるものであって、最高速度が百二十キロメートル毎時以上のものにあっては、WLTCクラス3bによる測定	一キロメートル走行当たり〇・〇〇九グラム、かつ、一兆三・〇千億個
ガソリンを燃料とする直接噴射式の原動機を有する普通自動車又は小型自動車であって、車両総重量が三千五百キログラムを超えるもの（専ら乗用の用に供する乗車定員九人以下のもの及び二輪自動車を除く。）	JE〇五モードをガソリン重量車用車速変換プログラムにより変換した運転モードによる測定	一キロワット時当たり〇・〇一三グラム、かつ、一兆三・〇千億個
軽油を燃料とする普通自動車又は小型自動車であって、専ら乗用の用に供する乗車定員十人以下のもの（乗車定員が十人以下のものであって、車両総重量が三千五百キログラムを超えるもの及び二輪自動車を除く。）及び車両総重量が千七百キログラム以下のもの（専ら乗用の用に供する乗車定員十人以下のもの及び二輪自動車を除く。）	一　PMRが二十二以下のものにあっては、WLTCクラス1による測定 二　PMRが二十二を超え、三十四以下のものにあっては、WLTCクラス2による測定 三　PMRが三十四を超えるものであって、最高速度が百二十キロメートル毎時未満のものにあっては、WLTCクラス3aによる測定 四　PMRが三十四を超えるものであって、最高速度が百二十キロメートル毎時以上のものにあっては、WLTCクラス3bによる測定	一キロメートル走行当たり〇・〇〇九グラム、かつ、一兆〇・八千億個
軽油を燃料とする普通自動車又は小型自動車であって、車両総重量が千七百キログラムを超え三千五百キログラム以下のもの（専ら乗用の用に供する乗車定員十人以下のもの及び二輪自動車を除く。）	一　PMRが二十二以下のものにあっては、WLTCクラス1による測定 二　PMRが二十二を超え三十四以下のものにあっては、WLTCクラス2による測定 三　PMRが三十四を超えるものであって、最高速度が百二十キロメートル毎時未満のものにあっては、WLTCクラス3aによる測定 四　PMRが三十四	一キロメートル走行当たり〇・〇一三グラム、かつ、一兆一・一千億個

	を超えるものであつて、最高速度が百二十キロメートル毎時以上のものにあつては、WLTCクラス3bによる測定	
軽油を燃料とする普通自動車又は小型自動車であつて、車両総重量が三千五百キログラムを超えるもの（専ら乗用の用に供する乗車定員九人以下のもの及び二輪自動車を除く。）	WHSCによる測定並びに暖機状態でのWHTCによる測定及び冷機状態でのWHTCによる測定であつて、暖機状態でのWHTCによる排出ガス量に〇・八六を乗じた値と冷機状態でのWHTCによる排出ガス量に〇・一四を乗じた値との和を暖機状態でのWHTCによる仕事量に〇・八六を乗じた値と冷機状態でのWHTCによる仕事量に〇・一四を乗じた値との和で除した値	一キロワット時当たり〇・〇一三グラム、かつ、WHSCによる測定にあつては一兆一・一千億個及びWHTCによる測定にあつては一兆〇・四千億個
ガソリンを燃料とする直接噴射式の原動機を有する小型自動車（最高速度が百十五キロメートル毎時未満の二輪自動車に限る。）	冷機状態でのWMTC（低速パート1）による測定及び暖機状態でのWMTC（低速パート2）による測定であつて、冷機状態でのWMTC（低速パート1）による排出ガス量に〇・三を乗じた値と暖機状態でのWMTC（低速パート2）による排出ガス量に〇・七を乗じた値との和	一キロメートル走行当たり〇・〇〇六三グラム

ガソリンを燃料とする直接噴射式の原動機を有する小型自動車（最高速度が百十五キロメートル毎時以上百三十キロメートル毎時未満の二輪自動車に限る。）	冷機状態でのWMTC（パート1）による測定及び暖機状態でのWMTC（パート2）による測定であつて、冷機状態でのWMTC（パート1）による排出ガス量に〇・三を乗じた値と暖機状態でのWMTC（パート2）による排出ガス量に〇・七を乗じた値との和	一キロメートル走行当たり〇・〇〇六三グラム
ガソリンを燃料とする直接噴射式の原動機を有する小型自動車（最高速度が百三十キロメートル毎時以上百四十キロメートル毎時未満の二輪自動車に限る。）	冷機状態でのWMTC（パート1）による測定、暖機状態でのWMTC（パート2）による測定及び暖機状態でのWMTC（低速パート3）による測定であつて、冷機状態でのWMTC（パート1）による排出ガス量に〇・二五を乗じた値と暖機状態でのWMTC（パート2）による排出ガス量に〇・五を乗じた値と暖機状態でのWMTC（低速パート3）による排出ガス量に〇・二五を乗じた値との和	一キロメートル走行当たり〇・〇〇六三グラム
ガソリンを燃料とする直接噴射式の原動機を有する小型自動車（最高速度が百四十キロメートル毎時以上の二輪自動車に限る。）	冷機状態でのWMTC（パート1）による測定、暖機状態でのWMTC（パート2）による	一キロメートル走行当たり〇・〇〇六三グラム

	測定及び暖機状態でのWMTC（パート3）による測定であって、冷機状態でのWMTC（パート1）による排出ガス量に〇・二五を乗じた値と暖機状態でのWMTC（パート2）による排出ガス量に〇・五を乗じた値と暖機状態でのWMTC（パート3）による排出ガス量に〇・二五を乗じた値との和	
軽油を燃料とする大型特殊自動車であって、定格出力が十九キロワット以上三十七キロワット未満のもの	八モードによる測定又はRMCによる測定並びに暖機状態でのNRTCによる測定及び冷機状態でのNRTCによる測定であって、暖機状態でのNRTCによる排出ガス量に〇・九を乗じた値と冷機状態でのNRTCによる排出ガス量に〇・一を乗じた値との和を暖機状態でのNRTCによる仕事量に〇・九を乗じた値と冷機状態でのNRTCによる仕事量に〇・一を乗じた値との和で除した値	一キロワット時当たり〇・〇四グラム
軽油を燃料とする大型特殊自動車であって、定格出力が三十七キロワット以上五十六キロワット未満のもの	八モードによる測定又はRMCによる測定並びに暖機状態でのNRTCによる測定及び冷機状態でのNRTCによる測定及び冷機状態での	一キロワット時当たり〇・〇三三グラム

	NRTCによる測定であって、暖機状態でのNRTCによる排出ガス量に〇・九を乗じた値と冷機状態でのNRTCによる排出ガス量に〇・一を乗じた値との和を暖機状態でのNRTCによる仕事量に〇・九を乗じた値と冷機状態でのNRTCによる仕事量に〇・一を乗じた値との和で除した値	
軽油を燃料とする大型特殊自動車であって、定格出力が五十六キロワット以上七十五キロワット未満のもの	八モードによる測定又はRMCによる測定並びに暖機状態でのNRTCによる測定及び冷機状態でのNRTCによる測定であって、暖機状態でのNRTCによる排出ガス量に〇・九を乗じた値と冷機状態でのNRTCによる排出ガス量に〇・一を乗じた値との和を暖機状態でのNRTCによる仕事量に〇・九を乗じた値と冷機状態でのNRTCによる仕事量に〇・一を乗じた値との和で除した値	一キロワット時当たり〇・〇三グラム
軽油を燃料とする大型特殊自動車であって、定格出力が七十五キロワット以上百三十キロワット未満のもの	八モードによる測定又はRMCによる測定並びに暖機状態でのNRTCによる測定及び冷機状態でのNRTCによる測定	一キロワット時当たり〇・〇三グラム

		であって、暖機状態でのNRTCによる排出ガス量に〇・九を乗じた値と冷機状態でのNRTCによる排出ガス量に〇・一を乗じた値との和を暖機状態でのNRTCによる仕事量に〇・九を乗じた値と冷機状態でのNRTCによる仕事量に〇・一を乗じた値との和で除した値	
	軽油を燃料とする大型特殊自動車であって、定格出力が百三十キロワット以上五百六十キロワット未満のもの	八モードによる測定又はRMCによる測定並びに暖機状態でのNRTCによる測定及び冷機状態でのNRTCによる測定であって、暖機状態でのNRTCによる排出ガス量に〇・九を乗じた値と冷機状態でのNRTCによる排出ガス量に〇・一を乗じた値との和を暖機状態でのNRTCによる仕事量に〇・九を乗じた値と冷機状態でのNRTCによる仕事量に〇・一を乗じた値との和で除した値	一キロワット時当たり〇・〇三グラム

備考

一　PMRとは、車両の原動機の特性（最高出力）と車両の質量（ランニングオーダー質量（協定規則（車両並びに車両への取付け又は車両における使用が可能な装置及び部品に係る調和された技術上の国際連合の諸規則の採択並びにこれらの国際連合の諸規則に基づいて行われる認定の相互承認のための条件に関する協定に付属する規則をいう。以下同じ。）に規定するランニングオーダー質量をいう。）から七十五キログラムを減じた質量）との比をいう（単位　ワット毎キログラム）。

二　WLTCクラス1による測定とは、協定規則第百五十四号第一改訂版附則Ｂ一に規定するクラス1車両に掲げる測定の方法で運行する場合に発生し、排気管から大気中に排出される排出物に含まれる自動車排出ガスの質量及び粒子状物質の個数を原動機の始動時から測定する方法をいう。

三　WLTCクラス2による測定とは、協定規則第百五十四号第一改訂版附則Ｂ一に規定するクラス2車両に掲げる測定の方法で運行する場合に発生し、排気管から大気中に排出される排出物に含まれる自動車排出ガスの質量及び粒子状物質の個数を原動機の始動時から測定する方法をいう。

四　WLTCクラス3aによる測定とは、協定規則第百五十四号第一改訂版附則Ｂ一に規定するクラス3車両に掲げる最高速度が百二十キロメートル毎時未満のクラスの測定の方法で運行する場合に発生し、排気管から大気中に排出される排出物に含まれる自動車排出ガスの質量及び粒子状物質の個数を原動機の始動時から測定する方法をいう。

五　WLTCクラス3bによる測定とは、協定規則第百五十四号第一改訂版附則Ｂ一に規定するクラス3車両に掲げる最高速度が百二十キロメートル毎時以上のクラスの測定の方法で運行する場合に発生し、排気管から大気中に排出される排出物に含まれる自動車排出ガスの質量及び粒子状物質の個数を原動機の始動時から測定する方法をいう。

六　JE〇五モードとは、次の表（略）の時間の欄に掲げる時間において、同表の速度の欄に掲げる速度で運行する運転条件をいう。

七　ガソリン重量車用車速変換プログラムとは、ガソリン又は液化石油ガスを燃料とする自動車について、当該自動車の諸元及び当該自動車の原動機の諸元に関する情報を入力し計算することにより、当該自動車に係る時間ごとの速度からなる運転条件を当該自動車に係る時間ごとの原動機回転数及び原動機負荷からなる運転条件に変換するプログラムであって、付録第一に示す手順により環境大臣が作成するものをいう。

八　JE〇五モードによる測定とは、JE〇五モードをガソリン重量車用車速変換プログラムにより変換した運転モードによる運転条件をガソリン重量車用車速変換プログラムにより変換した運転条件で運転する場合に排気管から排出される排出物に含まれる自動車排出ガスの単位時間当たりの質量及び粒子状物質の個数を、当該運転条件で運転する場合に発生した仕事率で除することにより単位時間及び単位仕事率当たりの自動車排出ガスの質量及び粒子状物質の個数を測定する方法をいう。

九　第七号の規定により作成されたガソリン重量車用車速変換プログラムは、インターネットを利用して公表するほか、環境省水・大気環境局総務課環境管理技術室において公衆の閲覧に供するものとする。

十　WHSCによる測定とは、次の表の上欄に掲げる運転順序に従い、同表の中欄に掲げる運転条件で同表の下欄に掲げる運行を行った場合に発生し、排気管から排出される排出物に含まれる自動車排出ガスの単位時間当たりの質量及び粒子状物質の個数を、当該運転条件で運転する場合に発生した仕事量で除することにより単位時間及び単位仕事量当たりの自動車排出ガスの質量及び粒子状物質の個数を測定する方法をいう。

運転順序	運転条件	時間（秒）
一	原動機を無負荷運転している状態	二百十
二	原動機を定格回転数の五十五パーセントの回転数でその負荷を全負荷にして運転している状態	五十
三	原動機を定格回転数の五十五パーセントの回転数でその負荷を全負荷の二十五パーセントにして運転している状態	二百五十
四	原動機を定格回転数の五十五パーセントの回転数でその負荷を全負荷の七十パーセントにして運転している状態	七十五
五	原動機を定格回転数の三十五パーセントの回転数でその負荷を全負荷にして運転している状態	五十
六	原動機を定格回転数の二十五パーセントの回転数でその負荷を全負荷の二十五パーセントにして運転している状態	二百
七	原動機を定格回転数の四十五パーセントの回転数でその負荷を全負荷の七十パーセントにして運転している状態	七十五
八	原動機を定格回転数の四十五パーセントの回転数でその負荷を全負荷の二十五パーセントにして運転している状態	百五十
九	原動機を定格回転数の五十五パーセントの回転数でその負荷を全負荷の五十パーセントにして運転している状態	百二十五
十	原動機を定格回転数の七十五パーセントの回転数でその負荷を全負荷にして運転している状態	五十
十一	原動機を定格回転数の三十五パーセントの回転数でその負荷を全負荷の五十パーセントにして運転している状態	二百
十二	原動機を定格回転数の三十五パーセントの回転数でその負荷を全負荷の二十五パーセントにして運転している状態	二百五十
十三	原動機を無負荷運転している状態	二百十

十一　暖機状態でのＷＨＴＣによる測定とは、原動機が暖機状態となつた後に、次の表（略）の時間の欄に掲げる時間において、同表の回転数及びトルクの欄に掲げる回転数及びトルクで運転する場合に発生し、排気管から排出される排出物に含まれる自動車排出ガスの単位時間当たりの質量及び粒子状物質の個数を、当該運転条件で運転する場合に発生した仕事量で除することにより単位時間及び単位仕事量当たりの自動車排出ガスの質量及び粒子状物質の個数を測定する方法をいう。

十二　冷機状態でのＷＨＴＣによる測定とは、原動機を備考第十一号の表の時間の欄に掲げる時間において、同表の回転数及びトルクの欄に掲げる回転数及びトルクで運転した場合に発生し、排気管から排出される排出物に含まれる自動車排出ガスの単位時間当たりの質量及び粒子状物質の個数を、当該運転条件で運転する場合に発生した仕事量で除することにより単位時間及び単位仕事量当たりの自動車排出ガスの質量及び粒子状物質の個数を原動機の始動時から測定する方法をいう。

十三　冷機状態でのＷＭＴＣ（低速パート１）による測定とは、自動車又は原動機付自転車が車両重量に七十五キログラムを加重された状態において、次の表（略）の時間の欄に掲げる時間において、同表の速度の欄に掲げる速度で運行する場合に発生し、排気管から大気中に排出される排出物に含まれる自動車排出ガスの質量を原動機の始動時から測定する方法をいう。

十四　暖機状態でのＷＭＴＣ（低速パート２）による測定とは、自動車又は原動機付自転車が車両重量に七十五キログラムを加重された状態において、原動機が暖機状態になつた後に、次の表（略）の時間の欄に掲げる時間において、同表の速度の欄に掲げる速度で運行する場合に発生し、排気管から大気中に排出される排出物に含まれる自動車排出ガスの質量を測定する方法をいう。

十五　冷機状態でのＷＭＴＣ（パート１）による測定とは、自動車又は原動機付自転車が車両重量に七十五キログラムを加重された状態において、次の表（略）の時間の欄に掲げる時間において、同表の速度の欄に掲げる速度で運行する場合に発生し、排気管から大気中に排出される排出物に含まれる自動車排出ガスの質量を原動機の始動時から測定する方法をいう。

十六　暖機状態でのＷＭＴＣ（パート２）による測定とは、自動車又は原動機付自転車が車両重量に七十五キログラムを加重された状態において、原動機が暖機状態になつた後に、次の表（略）の時間の欄に掲げる時間において、同表の速度の欄に掲げる速度で運行する場合に発生し、排気管から大気中に排出される排出物に含まれる自動車排出ガスの質量を測定する方法をいう。

十七　暖機状態でのＷＭＴＣ（低速パート３）による測定とは、自動車又は原動機付自転車が車両重量に七十五キログラムを加重された状態において、原動機が暖機状態になつた後に、次の表（略）の時間の欄に掲げる時間において、同表の速度の欄に掲げる速度で運行する場合に発生し、排気管から大気中に排出される排出物に含まれる自動車排出ガスの質量を測定する方法をいう。

十八　暖機状態でのＷＭＴＣ（パート３）による測定とは、自動車又は原動機付自転車が車両重量に七十五キログラムを加重された状態において、原動機が暖機状態になつた後に、次の表（略）の時間の欄に掲げる時間において、同表の速度の欄に掲げる速度で運行する場合に発生し、排気管から大気中に排出される排出物に含まれる自動車排出ガスの質量を測定する方法をいう。

十九　ブローバイガスの一走行による測定とは、一走行（走行後に原動機を停止している状態を含む。）の間に、原動機から大気中に排出される炭化水素の総量を測定する方法をいう。

二十　ガソリンを燃料とする普通自動車及び小型自動車（二輪自動車を除く。）並びに軽自動車（二輪自動車を除く。）の蒸発ガスの一走行による測定とは、協定規則第百五十四号第一改訂版附則Ｃ三に規定する当該自動車から排出される炭化水素の総量を測定する方法をいう。

二十一　ガソリンを燃料とする小型自動車及び軽自動車（二輪自動車に限る。）並びに原動機付自転車の蒸発ガスの一走行による測定とは、室内において原動機を停止させた状態で、燃料タンクの温度を上昇させた場合における当該自動車又は原動機付自転車から排出される炭化水素の量と、原動機の始動から次の表の上欄に掲げる自動車の種別ごとに下欄に掲げる条件で運転を行つた後に、室内において原動機を停止させた状態で、一時間における当該自動車又は原動機付自転車から排出される炭化水素の総量を測定する方法をいう。

自動車の種別	運転条件
ガソリンを燃料とする原動機付自転車（総排気量が〇・〇五〇リットル以下であつて、最高速度が五十キロメートル毎時以下のものに限る。）	二輪車モードによる測定
ガソリンを燃料とする軽自動車（総排気量が〇・一五〇リットル未満の二輪自動車であつて、最高速度が百キロメートル毎時未満のものに限る。）及び原動機付自転車（総排気量が〇・〇五〇リットルを超えるものであつて、最高速度が五十キロメートル毎時以下のもの又は最高速度が五十キロメートル毎時を超え百キロメートル毎時未満のものに限る。）	冷機状態でのＷＭＴＣ（低速パート１）による測定及び暖機状態のＷＭＴＣ（低速パート１）による測定
ガソリンを燃料とする小型自動車（最高速度が百十五キロメートル毎時未満の二輪自動車に限る。）、軽自動車（最高速度が百十五キロメートル毎時未満の二輪自動車（総排気量が〇・一五〇リットル未満であつて、最高速度が百キロメートル毎時未満のものを除く。）に限る。）及び原動機付自転車（最高速度が百キロメートル毎時以上百十五キロメートル毎時未満のものに限る。）	冷機状態でのＷＭＴＣ（低速パート１）による測定及び暖機状態のＷＭＴＣ（低速パート２）による測定
ガソリンを燃料とする小型自動車（最高速度が百十五キロメートル毎時以上百三十キロメートル毎時未満の二輪自動車に限る。）、軽自動車（最高速度が百十五キロメートル毎時以上百三十キロメートル毎時未満の二輪自動車に限る。）及び原動機付自転車（最高速度が百十五キロメートル毎時以上百三十キロメートル毎時未満のものに限る。）	冷機状態でのＷＭＴＣ（パート１）による測定及び暖機状態のＷＭＴＣ（パート２）による測定
ガソリンを燃料とする小型自動車（最高速度が百三十キロメートル毎時以上百四十キロメートル毎時未満の二輪自動車に限る。）、軽自動車（最高速度が百三十キロメートル毎時以上百四十キロメートル毎時未満の二輪自動車に限る。）及び原動機付自転車（最高速度が百三十キロメートル毎時以上百四十キロメートル毎時未満のものに限る。）	冷機状態でのＷＭＴＣ（パート１）による測定、暖機状態のＷＭＴＣ（パート２）及び暖機状態のＷＭＴＣ（低速パート３）による測定
ガソリンを燃料とする小型自動車（最高速度が百四十キロメートル毎時以上の二輪自動車に限る。）、軽自動車（最高速度が百四十キロメートル毎時以上の二輪自動車に限る。）及び原動機付自転車（最高速度が百四十キロメートル毎時以上のものに限る。）	冷機状態でのＷＭＴＣ（パート１）による測定、暖機状態のＷＭＴＣ（パート２）及び暖機状態のＷＭＴＣ（パート３）による測定

二十二　二輪車モードによる測定とは、原動機付自転車が車両重量に五十五キログラムを加重された状態において、原動機の始動から次の表の上欄に掲げる運転順序に従い、同表の中欄に掲げる運転条件で同表の下欄に掲げる運行を繰り返し六回行つた場合に発生し、排気管から大気中に排出される排出物に含まれる自動車排出ガスの質量を測定する方法をいう。

運転順序	運転条件	時間（秒）
一	原動機を無負荷運転している状態	十一
二	発進から速度十五キロメートル毎時に至る加速走行状態	四
三	速度十五キロメートル毎時における定速走行状態	八
四	速度十五キロメートル毎時から停止に至る減速走行状態	五
五	原動機を無負荷運転している状態	二十一

六	発進から速度三十二キロメートル毎時に至る加速走行状態	十二
七	速度三十二キロメートル毎時における定速走行状態	二十四
八	速度三十二キロメートル毎時から停止に至る減速走行状態	十一
九	原動機を無負荷運転している状態	二十一
十	発進から速度五十キロメートル毎時に至る加速走行状態	二十六
十一	速度五十キロメートル毎時における定速走行状態	十二
十二	速度五十キロメートル毎時から速度三十五キロメートル毎時に至る減速走行状態	八
十三	速度三十五キロメートル毎時における定速走行状態	十三
十四	速度三十五キロメートル毎時から停止に至る減速走行状態	十二
十五	原動機を無負荷運転している状態	七

二十三　暖機状態でのＷＭＴＣ（低速パート1）による測定とは、自動車又は原動機付自転車が車両重量に七十五キログラムを加重された状態において、原動機が暖機状態になった後に、備考第十三号の表の時間の欄に掲げる時間において、同表の速度の欄に掲げる速度で運行する場合に発生し、排気管から大気中に排出される排出物に含まれる自動車排出ガスの質量を測定する方法をいう。

二十四　八モードによる測定とは、自動車を次の表の上欄に掲げる運転順序に従い、同表の中欄に掲げる運転条件で運転する場合に排気管から排出される排出物に含まれる自動車排出ガスの単位時間当たりの質量に同表の下欄に掲げる係数を乗じて得た値を加算して得られた値を、同表の中欄に掲げる運転条件で運転する場合に発生した仕事率に同表の下欄に掲げる係数を乗じて得た値をそれぞれ加算して得られた値で除することにより単位時間及び単位仕事率当たりの自動車排出ガスの質量を測定する方法をいう。

運転順序	運転条件	係数
一	原動機を定格出力時の回転数でその負荷を全負荷にして運転している状態	〇・二五
二	原動機を定格出力時の回転数でその負荷を全負荷の七十五パーセントにして運転している状態	〇・一五
三	原動機を定格出力時の回転数でその負荷を全負荷の五十パーセントにして運転している状態	〇・一五
四	原動機を定格出力時の回転数でその負荷を全負荷の十パーセントにして運転している状態	〇・一〇
五	原動機を中間回転数（原動機が最大トルクを発生する回転数（「最大トルク発生回転数」という。）をいう。ただし、最大トルク発生回転数が原動機の定格回転数の六十パーセント未満の場合にあっては、中間回転数は定格回転数の六十パーセントの回転数とし、最大トルク発生回転数が原動機の定格回転数の七十五パーセントの回転数を超える場合にあっては、中間回転数は定格回転数の七十五パーセントの回転数とする。以下、この表において同じ。）でその負荷を全負荷で運転している状態	〇・一〇
六	原動機を中間回転数でその負荷を全負荷の七十五パーセントで運転している状態	〇・一〇
七	原動機を中間回転数でその負荷を全負荷の五十パーセントで運転している状態	〇・一〇
八	原動機を無負荷運転している状態	〇・一五

二十五　七モードによる測定とは、自動車を次の表の上欄に掲げる運転順序に従い、同表の中欄に掲げる運転条件で運転する場合に排気管から排出される排出物に含まれる自動車排出ガスの単位時間当たりの質量に同表の下欄に掲げる係数を乗じて得た値を加算して得られた値を、同表の中欄に掲げる運転条件で運転する場合に発生した仕事率に同表の下欄に掲げる係数を乗じて得た値をそれぞれ加算して得られた値で除することにより単位時間及び単位仕事率当たりの自動車排出ガスの質量を測定する方法をいう。

運転順序	運転条件	係数
一	原動機を定格出力時の回転数でその負荷を全負荷の二十五パーセントにして運転している状態	〇・〇六
二	原動機を中間回転数でその負荷を全負荷で運転している状態	〇・〇二
三	原動機を中間回転数でその負荷を全負荷の七十五パーセントにして運転している状態	〇・〇五
四	原動機を中間回転数でその負荷を全負荷の五十パーセントにして運転している状態	〇・三二

五	原動機を中間回転数でその負荷を全負荷の二十五パーセントにして運転している状態	〇・三〇
六	原動機を中間回転数でその負荷を全負荷の十パーセントにして運転している状態	〇・一〇
七	原動機を無負荷運転している状態	〇・一五

二十六　暖機状態でのＮＲＴＣによる測定とは、原動機が暖機状態となつた後に、次の表（略）の時間の欄に掲げる時間において、同表の回転数及びトルクの欄に掲げる回転数及びトルクで運転する場合に発生し、排気管から排出される排出物に含まれる自動車排出ガスの単位時間当たりの質量を、当該運転条件で運転する場合に発生した仕事率で除することにより単位時間及び単位仕事率当たりの自動車排出ガスの質量を測定する方法をいう。

二十七　冷機状態でのＮＲＴＣによる測定とは、原動機を備考第二十六号の表の時間の欄に掲げる時間において、同表の回転数及びトルクの欄に掲げる回転数及びトルクで運転した場合に発生し、排気管から排出される排出物に含まれる自動車排出ガスの単位時間当たりの質量を、当該運転条件で運転する場合に発生した仕事率で除することにより単位時間及び単位仕事率当たりの自動車排出ガスの質量を原動機の始動時から測定する方法をいう。

二十八　ＬＳＩ－ＮＲＴＣによる測定とは、次の表（略）の時間の欄に掲げる時間において、同表の回転数及びトルクの欄に掲げる回転数及びトルクで運転する場合に発生し、排気管から排出される排出物に含まれる自動車排出ガスの単位時間当たりの質量を、当該運転条件で運転する場合に発生した仕事率で除することにより単位時間及び単位仕事率当たりの自動車排出ガスの質量を測定する方法をいう。

二十九　ＲＭＣによる測定とは、自動車を次の表の上欄に掲げる運転順序に従い、同表の中欄に掲げる運転条件で同表の下欄に掲げる時間運転する場合に排気管から排出される排出物に含まれる自動車排出ガスの単位時間当たりの質量を、同表の中欄に掲げる運転条件で運転する場合に発生した仕事率で除することにより単位時間及び単位仕事率当たりの自動車排出ガスの質量を測定する方法をいう。

運転順序	運転条件	時間（秒）
一	原動機を無負荷運転している状態	百二十六
二	原動機を一の項の状態から三の項の状態になるまで直線的に移行させている状態	二十
三	原動機を中間回転数（原動機が最大トルクを発生する回転数（以下この項において「最大トルク発生回転数」という。）をいう。ただし、最大トルク発生回転数が原動機の定格回転数の六十パーセントの回転数未満の場合にあつては、中間回転数は定格回転数の六十パーセントの回転数とし、最大トルク発生回転数が原動機の定格回転数の七十五パーセントの回転数を超える場合にあつては、中間回転数は定格回転数の七十五パーセントの回転数とする。以下この表において同じ。）でその負荷を全負荷にして運転している状態	百五十九
四	原動機を三の項の状態から五の項の状態になるまで直線的に移行させている状態	二十
五	原動機を中間回転数でその負荷を全負荷の五十パーセントにして運転している状態	百六十
六	原動機を五の項の状態から七の項の状態になるまで直線的に移行させている状態	二十
七	原動機を中間回転数でその負荷を全負荷の七十五パーセントにして運転している状態	百六十二
八	原動機を七の項の状態から九の項の状態になるまで直線的に移行させている状態	二十
九	原動機を定格出力時の回転数でその負荷を全負荷にして運転している状態	二百四十六
十	原動機を九の項の状態から十一の項の状態になるまで直線的に移行させている状態	二十
十一	原動機を定格出力時の回転数でその負荷を全負荷の十パーセントにして運転している状態	百六十四
十二	原動機を十一の項の状態から十三の項の状態になるまで直線的に移行させている状態	二十
十三	原動機を定格出力時の回転数でその負荷を全負荷の七十五パーセントにして運転している状態	二百四十八
十四	原動機を十三の項の状態から十五の項の状態になるまで直線的に移行させている状態	二十
十五	原動機を定格出力時の回転数でその負荷を全負荷の五十パーセントにして運転している状態	二百四十七
十六	原動機を十五の項の状態から十七の項の状態になるまで直線的に移行させている状態	二十

十七	原動機を無負荷運転している状態	百二十八

三十　七Ｍ－ＲＭＣによる測定とは、自動車を次の表の上欄に掲げる運転順序に従い、同表の中欄に掲げる運転条件で同表の下欄に掲げる時間運転する場合に排気管から排出される排出物に含まれる自動車排出ガスの単位時間当たりの質量を、同表の中欄に掲げる運転条件で運転する場合に発生した仕事率で除することにより単位時間及び単位仕事率当たりの自動車排出ガスの質量を測定する方法をいう。

運転順序	運転条件	時間（秒）
一	原動機を無負荷運転している状態	百十九
二	原動機を一の項の状態から三の項の状態になるまで直線的に移行させている状態	二十
三	原動機を中間回転数（原動機が最大トルクを発生する回転数（以下この項において「最大トルク発生回転数」という。）をいう。ただし、最大トルク発生回転数が原動機の定格回転数の六十パーセント未満の場合にあっては、中間回転数は定格回転数の六十パーセントの回転数とし、最大トルク発生回転数が原動機の定格回転数の七十五パーセントの回転数を超える場合にあっては、中間回転数は定格回転数の七十五パーセントの回転数とする。以下この表において同じ。）でその負荷を全負荷にして運転している状態	二十九
四	原動機を三の項の状態から五の項の状態になるまで直線的に移行させている状態	二十
五	原動機を中間回転数でその負荷を全負荷の十パーセントにして運転している状態	百五十
六	原動機を五の項の状態から七の項の状態になるまで直線的に移行させている状態	二十
七	原動機を中間回転数でその負荷を全負荷の七十五パーセントにして運転している状態	八十
八	原動機を七の項の状態から九の項の状態になるまで直線的に移行させている状態	二十
九	原動機を中間回転数でその負荷を全負荷の二十五パーセントにして運転している状態	五百十三
十	原動機を九の項の状態から十一の項の状態になるまで直線的に移行させている状態	二十
十一	原動機を中間回転数でその負荷を全負荷の五十パーセントにして運転している状態	五百四十九
十二	原動機を十一の項の状態から十三の項の状態になるまで直線的に移行させている状態	二十
十三	原動機を定格出力時の回転数でその負荷を全負荷の二十五パーセントにして運転している状態	九十六
十四	原動機を十三の項の状態から十五の項の状態になるまで直線的に移行させている状態	二十
十五	原動機を無負荷運転している状態	百二十四

三十一　軽油を燃料とする過給機付の普通自動車及び小型自動車であって、車両総重量が三千五百キログラムを超えるもの（専ら乗用の用に供する乗車定員十人以下のもの及び二輪自動車を除く。）並びに大型特殊自動車であって定格出力が十九キロワット以上五百六十キロワット未満のものに係るブローバイガスとして排出される炭化水素の量の許容限度は、次の表に定める許容限度を適用する場合には、適用しないことができる。

自動車排出ガスの種類	自動車の種別	測定の方法	自動車排出ガスの量の許容限度
非メタン炭化水素（排気管から排出されるもの及びブローバイガスとして排出されるものに限る。）	軽油を燃料とする過給機付の普通自動車及び小型自動車であって、車両総重量が三千五百キログラムを超えるもの（専ら乗用の用に供する乗車定員十人以下のもの及び二輪自動車を除く。）	ＷＨＳＣによる測定並びに暖機状態でのＷＨＴＣによる測定及び冷機状態でのＷＨＴＣによる測定であって、暖機状態でのＷＨＴＣによる排出ガス量に〇・八六を乗じた値と冷機状態でのＷＨＴＣによる排出ガス量に〇・一四を乗じた値との和を暖機状態でのＷＨＴＣによる仕事量に〇・八六を乗じた値と冷機状態で	一キロワット時当たり〇・二三グラム

	のWHTCによる仕事量に〇・一四を乗じた値との和で除した値	
軽油を燃料とする過給機付の大型特殊自動車であつて、定格出力が十九キロワット以上五百六十キロワット未満のもの	八モードによる測定又はRMCによる測定並びに暖機状態でのNRTCによる測定及び冷機状態でのNRTCによる測定であつて、暖機状態でのNRTCによる排出ガス量に〇・九を乗じた値と冷機状態でのNRTCによる排出ガス量に〇・一を乗じた値との和を暖機状態でのNRTCによる仕事量に〇・九を乗じた値と冷機状態でのNRTCによる仕事量に〇・一を乗じた値との和で除した値	一キロワット時当たり〇・九グラム（定格出力が五十六キロワット以上五百六十キロワット未満の大型特殊自動車にあつては、一キロワット時当たり〇・二五グラム）

別表第一の二

一酸化炭素		
ガソリン又は液化石油ガスを燃料とする普通自動車又は小型自動車であつて、専ら乗用の用に供する乗車定員十人以下のもの（乗車定員が十人のものであつて、車両総重量が三千五百キログラムを超えるもの及び二輪自動車を除く。）及び車両総重量が千七百キログラム以下のもの（専ら乗用の用に供する乗車定員十人以下のもの及び二輪自動車を除く。）並びにガソリン又は液化石油ガスを燃料とする軽自動車であつて、専ら乗用の用に供するもの（二輪自動車を除く。）	一 PMRが二十二以下のものにあつては、WLTCクラス1による測定 二 PMRが二十二を超え、三十四以下のものにあつては、WLTCクラス2による測定 三 PMRが三十四を超えるものであつて、最高速度が百二十キロメートル毎時未満のものにあつては、WLTCクラス3aによる測定 四 PMRが三十四を超えるものであつて、最高速度が百二十キロメートル毎時以上のものにあつては、WLTCクラス3bによる測定	一キロメートル走行当たり一・一五グラム
ガソリン又は液化石油ガスを燃料とする軽自動車（専ら乗用の用に供するものを除く。）	一 PMRが二十二以下のものにあつては、WLTCクラス1による測定 二 PMRが二十二を超え、三十四以下のものにあつては、WLTCクラス2による測定 三 PMRが三十四を超えるものであつて、最高速度が百二十キロメートル毎時未満のものにあつては、WLTCクラス3aによる測定 四 PMRが三十四を超えるものであつて、最高速度が百二十キロメートル毎時以上のものにあつては、WLTCクラス3bによる測定	一キロメートル走行当たり四・〇二グラム
ガソリン又は液化石油ガスを燃料とする普通自動車又は小型自動車であつて、車両総重量が千七百キログラムを超え三千五百キログラ	一 PMRが二十二以下のものにあつては、WLTCクラス1による測定 二 PMRが二十二	一キロメートル走行当たり二・五五グラム

ム以下のもの（専ら乗用の用に供する乗車定員十人以下のもの及び二輪自動車を除く。）	を超え、三十四以下のものにあつては、ＷＬＴＣクラス２による測定 三　ＰＭＲが三十四を超えるものであつて、最高速度が百二十キロメートル毎時未満のものにあつては、ＷＬＴＣクラス３ａによる測定 四　ＰＭＲが三十四を超えるものであつて、最高速度が百二十キロメートル毎時以上のものにあつては、ＷＬＴＣクラス３ｂによる測定	
ガソリン又は液化石油ガスを燃料とする普通自動車又は小型自動車であつて、車両総重量が三千五百キログラムを超えるもの（専ら乗用の用に供する乗車定員九人以下のもの及び二輪自動車を除く。）	ＪＥ〇五モードをガソリン重量車用車速変換プログラムにより変換した運転モードによる測定の平均値	一キロワット時当たり十六・〇グラム
軽油を燃料とする普通自動車又は小型自動車であつて、専ら乗用の用に供する乗車定員十人以下のもの（乗車定員が十人のものであつて、車両総重量が三千五百キログラムを超えるもの及び二輪自動車を除く。）及び車両総重量が三千五百キログラム以下のもの（専ら乗用の用に供する乗車定員十人以下のもの及び二輪自動車を除く。）	一　ＰＭＲが二十二以下のものにあつては、ＷＬＴＣクラス１による測定 二　ＰＭＲが二十二を超え、三十四以下のものにあつては、ＷＬＴＣクラス２による測定 三　ＰＭＲが三十四を超えるものであつて、最高速度が百二十キロメートル毎時未満のものにあつては、ＷＬＴＣクラス３ａによる測定 四　ＰＭＲが三十四を超えるものであつて、最高速度が百二十キロメートル毎時以上のものにあつては、ＷＬＴＣクラス３ｂによる測定	一キロメートル走行当たり〇・六三グラム
軽油を燃料とする普通自動車又は小型自動車であつて、車両総重量が三千五百キログラムを超えるもの（専ら乗用の用に供する乗車定員九人以下のもの及び二輪自動車を除く。）	ＷＨＳＣによる測定並びに暖機状態でのＷＨＴＣによる測定及び冷機状態でのＷＨＴＣによる測定であつて、暖機状態でのＷＨＴＣによる排出ガス量に〇・八六を乗じた値と冷機状態でのＷＨＴＣによる排出ガス量に〇・一四を乗じた値との和を暖機状態でのＷＨＴＣによる仕事量に〇・八六を乗じた値と冷機状態でのＷＨＴＣによる仕事量に〇・一四を乗じた値との和で除した値の平均値	一キロワット時当たり二・二二グラム
ガソリンを燃料とする原動機付自転車（総排気量が〇・〇五〇リットル以下であつて、最高速度が五〇キロメートル毎時以下のものに限る。）	二輪車モードによる測定の平均値	一キロメートル走行当たり二・〇グラム
ガソリンを燃料とする軽自動車（総排気量が〇・一五	冷機状態でのＷＭＴＣ（低速パー	一キロメートル走行当たり一・〇〇グラ

〇リットル未満の二輪自動車であって、最高速度が百キロメートル毎時未満のものに限る。）及び原動機付自転車（総排気量が〇・〇五〇リットルを超えるものであって、最高速度が五十キロメートル毎時以下のもの又は最高速度が五十キロメートル毎時を超え百キロメートル毎時未満のものに限る。）	ト1）による測定及び暖機状態でのWMTC（低速パート1）による測定であって、冷機状態でのWMTC（低速パート1）による排出ガス量に〇・三を乗じた値と暖機状態でのWMTC（低速パート1）による排出ガス量に〇・七を乗じた値との和の平均値	ム
ガソリンを燃料とする小型自動車（最高速度が百十五キロメートル毎時未満の二輪自動車に限る。）、軽自動車（最高速度が百十五キロメートル毎時未満の二輪自動車（総排気量が〇・一五〇リットル未満であって、最高速度が百キロメートル毎時未満のものを除く。）に限る。）及び原動機付自転車（最高速度が百キロメートル毎時以上百十五キロメートル毎時未満のものに限る。）	冷機状態でのWMTC（低速パート1）による測定及び暖機状態でのWMTC（低速パート2）による測定であって、冷機状態でのWMTC（低速パート1）による排出ガス量に〇・三を乗じた値と暖機状態でのWMTC（低速パート2）による排出ガス量に〇・七を乗じた値との和の平均値	一キロメートル走行当たり一・〇〇グラム
ガソリンを燃料とする小型自動車（最高速度が百十五キロメートル毎時以上百三十キロメートル毎時未満の二輪自動車に限る。）、軽自動車（最高速度が百十五キロメートル毎時以上百三十キロメートル毎時未満の二輪自動車に限る。）及び原動機付自転車（最高速度が百十五キロメートル毎時以上百三十キロメートル毎時未満のものに限る。）	冷機状態でのWMTC（パート1）による測定及び暖機状態でのWMTC（パート2）による測定であって、冷機状態でのWMTC（パート1）による排出ガス量に〇・三を乗じた値と暖機状態でのWMTC（パート2）による排出ガス量に〇・七を乗じた値との和の平均値	一キロメートル走行当たり一・〇〇グラム
ガソリンを燃料とする小型自動車（最高速度が百三十キロメートル毎時以上百四十キロメートル毎時未満の二輪自動車に限る。）、軽自動車（最高速度が百三十キロメートル毎時以上百四十キロメートル毎時未満の二輪自動車に限る。）及び原動機付自転車（最高速度が百三十キロメートル毎時以上百四十キロメートル毎時未満のものに限る。）	冷機状態でのWMTC（パート1）による測定、暖機状態でのWMTC（パート2）による測定及び暖機状態でのWMTC（低速パート3）による測定であって、冷機状態でのWMTC（パート1）による排出ガス量に〇・二五を乗じた値と暖機状態でのWMTC（パート2）による排出ガス量に〇・五を乗じた値と暖機状態でのWMTC（低速パート3）による排出ガス量に〇・二五を乗じた値との和の平均値	一キロメートル走行当たり一・〇〇グラム
ガソリンを燃料とする小型自動車（最高速度が百四十キロメートル毎時以上の二輪自動車に限る。）、軽自動車（最高速度が百四十キロメートル毎時以上の二輪自動車に限る。）及び原動機付自転車（最高速度が百四十キロメートル毎時以上のものに限る。）	冷機状態でのWMTC（パート1）による測定、暖機状態でのWMTC（パート2）による測定及び暖機状態でのWMTC（パート3）による測定であって、冷機状態でのWMTC（パート1）による排出ガス量に〇・二五を乗じた値と暖機状態でのWMTC（パート2）による排出ガス	一キロメートル走行当たり一・〇〇グラム

	量に〇・五を乗じた値と暖機状態でのWMTC（パート3）による排出ガス量に〇・二五を乗じた値との和の平均値	
ガソリン又は液化石油ガスを燃料とする大型特殊自動車又は小型特殊自動車であつて、定格出力が十九キロワット以上五百六十キロワット未満のもの	七モードによる測定又は七M－RMCによる測定及びLSI－NRTCによる測定の平均値	一キロワット時当たり十五・〇グラム
軽油を燃料とする大型特殊自動車又は小型特殊自動車であつて、定格出力が十九キロワット以上三十七キロワット未満のもの	八モードによる測定又はRMCによる測定の平均値並びに暖機状態でのNRTCによる測定及び冷機状態でのNRTCによる測定であつて、暖機状態でのNRTCによる排出ガス量に〇・九を乗じた値と冷機状態でのNRTCによる排出ガス量に〇・一を乗じた値との和を暖機状態でのNRTCによる仕事量に〇・九を乗じた値と冷機状態でのNRTCによる仕事量に〇・一を乗じた値との和で除した値の平均値	一キロワット時当たり五・〇グラム
軽油を燃料とする大型特殊自動車又は小型特殊自動車であつて、定格出力が三十七キロワット以上七十五キロワット未満のもの	八モードによる測定又はRMCによる測定の平均値並びに暖機状態でのNRTCによる測定及び冷機状態でのNRTCによる測定であつて、暖機状態でのNRTCによる排出ガス量に〇・九を乗じた値と冷機状態でのNRTCによる排出ガス量に〇・一を乗じた値との和を暖機状態でのNRTCによる仕事量に〇・九を乗じた値と冷機状態でのNRTCによる仕事量に〇・一を乗じた値との和で除した値の平均値	一キロワット時当たり五・〇グラム
軽油を燃料とする大型特殊自動車又は小型特殊自動車であつて、定格出力が七十五キロワット以上百三十キロワット未満のもの	八モードによる測定又はRMCによる測定の平均値並びに暖機状態でのNRTCによる測定及び冷機状態でのNRTCによる測定であつて、暖機状態でのNRTCによる排出ガス量に〇・九を乗じた値と冷機状態でのNRTCによる排出ガス量に〇・一を乗じた値との和を暖機状態でのNRTCによる仕事量に〇・九を乗じた値と冷機状態でのNRTCによる仕事量に〇・一を乗じた値との和で除した値の平均値	一キロワット時当たり五・〇グラム
軽油を燃料とする大型特殊自動車又は小型特殊自動車であつて、定格出力が百三十キロワット以上五百六十キロワット未満のもの	八モードによる測定又はRMCによる測定の平均値並びに暖機状態でのNRTCによる測定及び冷機状態でのNRTCに	一キロワット時当たり三・五グラム

		よる測定であって、暖機状態でのNRTCによる排出ガス量に〇・九を乗じた値と冷機状態でのNRTCによる排出ガス量に〇・一を乗じた値との和を暖機状態でのNRTCによる仕事量に〇・九を乗じた値と冷機状態でのNRTCによる仕事量に〇・一を乗じた値との和で除した値の平均値	
非メタン炭化水素（排気管から排出されるものに限る。）	ガソリン又は液化石油ガスを燃料とする普通自動車又は小型自動車であって、専ら乗用の用に供する乗車定員十人以下のもの（乗車定員が十人以下のものであって、車両総重量が三千五百キログラムを超えるもの及び二輪自動車を除く。）及び車両総重量が千七百キログラム以下のもの（専ら乗用の用に供する乗車定員十人以下のもの及び二輪自動車を除く。）並びにガソリン又は液化石油ガスを燃料とする軽自動車	一　PMRが二十二以下のものにあっては、WLTCクラス1による測定 二　PMRが二十二を超え、三十四以下のものにあっては、WLTCクラス2による測定 三　PMRが三十四を超えるものであって、最高速度が百二十キロメートル毎時未満のものにあっては、WLTCクラス3aによる測定 四　PMRが三十四を超えるものであって、最高速度が百二十キロメートル毎時以上のものにあっては、WLTCクラス3bによる測定	一キロメートル走行当たり〇・一〇グラム
	ガソリン又は液化石油ガス	一　PMRが二十二	一キロメートル走行

を燃料とする普通自動車又は小型自動車であって、車両総重量が千七百キログラムを超え三千五百キログラム以下のもの（専ら乗用の用に供する乗車定員十人以下のもの及び二輪自動車を除く。）	以下のものにあっては、WLTCクラス1による測定 二　PMRが二十二を超え、三十四以下のものにあっては、WLTCクラス2による測定 三　PMRが三十四を超えるものであって、最高速度が百二十キロメートル毎時未満のものにあっては、WLTCクラス3aによる測定 四　PMRが三十四を超えるものであって、最高速度が百二十キロメートル毎時以上のものにあっては、WLTCクラス3bによる測定	当たり〇・一五グラム
ガソリン又は液化石油ガスを燃料とする普通自動車又は小型自動車であって、車両総重量が三千五百キログラムを超えるもの（専ら乗用の用に供する乗車定員九人以下のもの及び二輪自動車を除く。）	JE〇五モードをガソリン重量車用車速変換プログラムにより変換した運転モードによる測定の平均値	一キロワット時当たり〇・二三グラム
軽油を燃料とする普通自動車又は小型自動車であって、専ら乗用の用に供する乗車定員十人以下のもの（乗車定員が十人以下のものであって、車両総重量が三千五百キログラムを超えるもの及び二輪自動車を除く。）及び車両総重量が三	一　PMRが二十二以下のものにあっては、WLTCクラス1による測定 二　PMRが二十二を超え、三十四以下のものにあっては、WLTCクラス2による測定	一キロメートル走行当たり〇・〇二四グラム

千五百キログラム以下のもの（専ら乗用の用に供する乗車定員十人以下のもの及び二輪自動車を除く。）	三　PMRが三十四を超えるものであって、最高速度が百二十キロメートル毎時未満のものにあっては、WLTCクラス3aによる測定 四　PMRが三十四を超えるものであって、最高速度が百二十キロメートル毎時以上のものにあっては、WLTCクラス3bによる測定	
軽油を燃料とする普通自動車又は小型自動車であって、車両総重量が三千五百キログラムを超えるもの（専ら乗用の用に供する乗車定員九人以下のもの及び二輪自動車を除く。）	WHSCによる測定並びに暖機状態でのWHTCによる測定及び冷機状態でのWHTCによる測定であって、暖機状態でのWHTCによる排出ガス量に〇・八六を乗じた値と冷機状態でのWHTCによる排出ガス量に〇・一四を乗じた値との和を暖機状態でのWHTCによる仕事量に〇・八六を乗じた値と冷機状態でのWHTCによる仕事量に〇・一四を乗じた値との和で除した値の平均値	一キロワット時当たり〇・一七グラム
ガソリンを燃料とする軽自動車（総排気量が〇・一五〇リットル未満の二輪自動車であって、最高速度が百キロメートル毎時未満のも	冷機状態でのWMTC（低速パート1）による測定及び暖機状態でのWMTC（低速パー	一キロメートル走行当たり〇・〇六八グラム
のに限る。）及び原動機付自転車（総排気量が〇・〇五〇リットルを超えるものであって、最高速度が五十キロメートル毎時以下のもの又は最高速度が五十キロメートル毎時を超え百キロメートル毎時未満のものに限る。）	ト1）による測定であって、冷機状態でのWMTC（低速パート1）による排出ガス量に〇・三を乗じた値と暖機状態でのWMTC（低速パート1）による排出ガス量に〇・七を乗じた値との和の平均値	
ガソリンを燃料とする小型自動車（最高速度が百十五キロメートル毎時未満の二輪自動車に限る。）、軽自動車（最高速度が百十五キロメートル毎時未満の二輪自動車（総排気量が〇・一五〇リットル未満であって、最高速度が百キロメートル毎時未満のものを除く。）に限る。）及び原動機付自転車（最高速度が百キロメートル毎時以上百十五キロメートル毎時未満のものに限る。）	冷機状態でのWMTC（低速パート1）による測定及び暖機状態でのWMTC（低速パート2）による測定であって、冷機状態でのWMTC（低速パート1）による排出ガス量に〇・三を乗じた値と暖機状態でのWMTC（低速パート2）による排出ガス量に〇・七を乗じた値との和の平均値	一キロメートル走行当たり〇・〇六八グラム
ガソリンを燃料とする小型自動車（最高速度が百十五キロメートル毎時以上百三十キロメートル毎時未満の二輪自動車に限る。）、軽自動車（最高速度が百十五キロメートル毎時以上百三十キロメートル毎時未満の二輪自動車に限る。）及び原動機付自転車（最高速度が百十五キロメートル毎時以上百三十キロメートル毎時未満のものに限る。）	冷機状態でのWMTC（パート1）による測定及び暖機状態でのWMTC（パート2）による測定であって、冷機状態でのWMTC（パート1）による排出ガス量に〇・三を乗じた値と暖機状態でのWMTC（パート2）による排出ガス量に〇・七を乗じた	一キロメートル走行当たり〇・〇六八グラム

	値との和の平均値	
ガソリンを燃料とする小型自動車（最高速度が百三十キロメートル毎時以上百四十キロメートル毎時未満の二輪自動車に限る。）、軽自動車（最高速度が百三十キロメートル毎時以上百四十キロメートル毎時未満の二輪自動車に限る。）及び原動機付自転車（最高速度が百三十キロメートル毎時以上百四十キロメートル毎時未満のものに限る。）	冷機状態でのＷＭＴＣ（パート１）による測定、暖機状態でのＷＭＴＣ（パート２）による測定及び暖機状態でのＷＭＴＣ（低速パート３）による測定であって、冷機状態でのＷＭＴＣ（パート１）による排出ガス量に〇・二五を乗じた値と暖機状態でのＷＭＴＣ（パート２）による排出ガス量に〇・五を乗じた値と暖機状態でのＷＭＴＣ（低速パート３）による排出ガス量に〇・二五を乗じた値との和の平均値	一キロメートル走行当たり〇・〇六八グラム
ガソリンを燃料とする小型自動車（最高速度が百四十キロメートル毎時以上の二輪自動車に限る。）、軽自動車（最高速度が百四十キロメートル毎時以上の二輪自動車に限る。）及び原動機付自転車（最高速度が百四十キロメートル毎時以上のものに限る。）	冷機状態でのＷＭＴＣ（パート１）による測定、暖機状態でのＷＭＴＣ（パート２）による測定及び暖機状態でのＷＭＴＣ（パート３）による測定であって、冷機状態でのＷＭＴＣ（パート１）による排出ガス量に〇・二五を乗じた値と暖機状態でのＷＭＴＣ（パート２）による排出ガス量に〇・五を乗じた値と暖機状態でのＷＭＴＣ（パート	一キロメートル走行当たり〇・〇六八グラム

	３）による排出ガス量に〇・二五を乗じた値との和の平均値	
軽油を燃料とする大型特殊自動車又は小型特殊自動車であって、定格出力が十九キロワット以上三十七キロワット未満のもの	八モードによる測定又はＲＭＣによる測定の平均値並びに暖機状態でのＮＲＴＣによる測定及び冷機状態でのＮＲＴＣによる測定であって、暖機状態でのＮＲＴＣによる排出ガス量に〇・九を乗じた値と冷機状態でのＮＲＴＣによる排出ガス量に〇・一を乗じた値との和を暖機状態でのＮＲＴＣによる仕事量に〇・九を乗じた値と冷機状態でのＮＲＴＣによる仕事量に〇・一を乗じた値との和で除した値の平均値	一キロワット時当たり〇・七グラム
軽油を燃料とする大型特殊自動車又は小型特殊自動車であって、定格出力が三十七キロワット以上五十六キロワット未満のもの	八モードによる測定又はＲＭＣによる測定の平均値並びに暖機状態でのＮＲＴＣによる測定及び冷機状態でのＮＲＴＣによる測定であって、暖機状態でのＮＲＴＣによる排出ガス量に〇・九を乗じた値と冷機状態でのＮＲＴＣによる排出ガス量に〇・一を乗じた値との和を暖機状態でのＮＲＴＣによる仕事量に〇・九を乗じた値と冷機状態	一キロワット時当たり〇・七グラム

	態でのＮＲＴＣによる仕事量に〇・一を乗じた値との和で除した値の平均値	
軽油を燃料とする大型特殊自動車又は小型特殊自動車であつて、定格出力が五十六キロワット以上七十五キロワット未満のもの	八モードによる測定又はＲＭＣによる測定の平均値並びに暖機状態でのＮＲＴＣによる測定及び冷機状態でのＮＲＴＣによる測定であつて、暖機状態でのＮＲＴＣによる排出ガス量に〇・九を乗じた値と冷機状態でのＮＲＴＣによる排出ガス量に〇・一を乗じた値との和を暖機状態でのＮＲＴＣによる仕事量に〇・九を乗じた値と冷機状態でのＮＲＴＣによる仕事量に〇・一を乗じた値との和で除した値の平均値	一キロワット時当たり〇・一九グラム
軽油を燃料とする大型特殊自動車又は小型特殊自動車であつて、定格出力が七十五キロワット以上百三十キロワット未満のもの	八モードによる測定又はＲＭＣによる測定の平均値並びに暖機状態でのＮＲＴＣによる測定及び冷機状態でのＮＲＴＣによる測定であつて、暖機状態でのＮＲＴＣによる排出ガス量に〇・九を乗じた値と冷機状態でのＮＲＴＣによる排出ガス量に〇・一を乗じた値との和を暖機状態でのＮＲＴＣによる仕事量に〇・九	一キロワット時当たり〇・一九グラム

		を乗じた値と冷機状態でのＮＲＴＣによる仕事量に〇・一を乗じた値との和で除した値の平均値	
	軽油を燃料とする大型特殊自動車又は小型特殊自動車であつて、定格出力が百三十キロワット以上五百六十キロワット未満のもの	八モードによる測定又はＲＭＣによる測定の平均値並びに暖機状態でのＮＲＴＣによる測定及び冷機状態でのＮＲＴＣによる測定であつて、暖機状態でのＮＲＴＣによる排出ガス量に〇・九を乗じた値と冷機状態でのＮＲＴＣによる排出ガス量に〇・一を乗じた値との和を暖機状態でのＮＲＴＣによる仕事量に〇・九を乗じた値と冷機状態でのＮＲＴＣによる仕事量に〇・一を乗じた値との和で除した値の平均値	一キロワット時当たり〇・一九グラム
炭化水素			
排気管から排出されるもの			
	ガソリンを燃料とする原動機付自転車（総排気量が〇・〇五〇リットル以下であつて、最高速度が五十キロメートル毎時以下のものに限る。）	二輪車モードによる測定の平均値	一キロメートル走行当たり〇・五〇グラム
	ガソリンを燃料とする軽自動車（総排気量が〇・一五〇リットル未満の二輪自動車であつて、最高速度が百キロメートル毎時未満のものに限る。）及び原動機付自転車（総排気量が〇・〇五〇リットルを超えるもの	冷機状態でのＷＭＴＣ（低速パート1）による測定及び暖機状態でのＷＭＴＣ（低速パート1）による測定であつて、冷機状態でのＷＭＴＣ（低速	一キロメートル走行当たり〇・一〇グラム

であって、最高速度が五十キロメートル毎時以下のもの又は最高速度が五十キロメートル毎時を超え百キロメートル毎時未満のものに限る。）	パート１）による排出ガス量に〇・三を乗じた値と暖機状態でのＷＭＴＣ（低速パート１）による排出ガス量に〇・七を乗じた値との和の平均値	
ガソリンを燃料とする小型自動車（最高速度が百十五キロメートル毎時未満の二輪自動車に限る。）、軽自動車（最高速度が百十五キロメートル毎時未満の二輪自動車（総排気量が〇・一五〇リットル未満であって、最高速度が百キロメートル毎時未満のものを除く。）に限る。）及び原動機付自転車（最高速度が百キロメートル毎時以上百十五キロメートル毎時未満のものに限る。）	冷機状態でのＷＭＴＣ（低速パート１）による測定及び暖機状態でのＷＭＴＣ（低速パート２）による測定であって、冷機状態でのＷＭＴＣ（低速パート１）による排出ガス量に〇・三を乗じた値と暖機状態でのＷＭＴＣ（低速パート２）による排出ガス量に〇・七を乗じた値との和の平均値	一キロメートル走行当たり〇・一〇グラム
ガソリンを燃料とする小型自動車（最高速度が百十五キロメートル毎時以上百三十キロメートル毎時未満の二輪自動車に限る。）、軽自動車（最高速度が百十五キロメートル毎時以上百三十キロメートル毎時未満の二輪自動車に限る。）及び原動機付自転車（最高速度が百十五キロメートル毎時以上百三十キロメートル毎時未満のものに限る。）	冷機状態でのＷＭＴＣ（パート１）による測定及び暖機状態でのＷＭＴＣ（パート２）による測定であって、冷機状態でのＷＭＴＣ（パート１）による排出ガス量に〇・三を乗じた値と暖機状態でのＷＭＴＣ（パート２）による排出ガス量に〇・七を乗じた値との和の平均値	一キロメートル走行当たり〇・一〇グラム
ガソリンを燃料とする小型自動車（最高速度が百三十キロメートル毎時以上百四十キロメートル毎時未満の二輪自動車に限る。）、軽自動車（最高速度が百三十キロメートル毎時以上百四十キロメートル毎時未満の二輪自動車に限る。）及び原動機付自転車（最高速度が百三十キロメートル毎時以上百四十キロメートル毎時未満のものに限る。）	冷機状態でのＷＭＴＣ（パート１）による測定、暖機状態でのＷＭＴＣ（パート２）による測定及び暖機状態でのＷＭＴＣ（低速パート３）による測定であって、冷機状態でのＷＭＴＣ（パート１）による排出ガス量に〇・二五を乗じた値と暖機状態でのＷＭＴＣ（パート２）による排出ガス量に〇・五を乗じた値と暖機状態でのＷＭＴＣ（低速パート３）による排出ガス量に〇・二五を乗じた値との和の平均値	一キロメートル走行当たり〇・一〇グラム
ガソリンを燃料とする小型自動車（最高速度が百四十キロメートル毎時以上の二輪自動車に限る。）、軽自動車（最高速度が百四十キロメートル毎時以上の二輪自動車に限る。）及び原動機付自転車（最高速度が百四十キロメートル毎時以上のものに限る。）	冷機状態でのＷＭＴＣ（パート１）による測定、暖機状態でのＷＭＴＣ（パート２）による測定及び暖機状態でのＷＭＴＣ（パート３）による測定であって、冷機状態でのＷＭＴＣ（パート１）による排出ガス量に〇・二五を乗じた値と暖機状態でのＷＭＴＣ（パート２）による排出ガス量に〇・五を乗じた値と暖機状態でのＷＭＴＣ（パート３）による排出ガス量に〇・二五を乗じた値との和の平均値	一キロメートル走行当たり〇・一〇グラム

	ガソリン又は液化石油ガスを燃料とする大型特殊自動車又は小型特殊自動車であつて、定格出力が十九キロワット以上五百六十キロワット未満のもの	七モードによる測定又は七M―RMCによる測定及びLSI―NRTCによる測定の平均値	一キロワット時当たり〇・六グラム
ブローバイガスとして排出されるもの	ガソリン、液化石油ガス又は軽油を燃料とする普通自動車、小型自動車、軽自動車及び原動機付自転車	一走行による測定	〇グラム
	ガソリン、液化石油ガス又は軽油を燃料とする大型特殊自動車又は小型特殊自動車であつて、定格出力が十九キロワット以上五百六十キロワット未満のもの	一走行による測定	〇グラム
蒸発ガスとして排出されるもの	ガソリンを燃料とする普通自動車、小型自動車（二輪自動車を除く。）及び軽自動車（二輪自動車を除く。）	一走行による測定	二・〇グラム
	ガソリンを燃料とする小型自動車（二輪自動車に限る。）、軽自動車（二輪自動車に限る。）及び原動機付自転車	一走行による測定	一・五グラム
窒素酸化物	ガソリン又は液化石油ガスを燃料とする普通自動車又は小型自動車であつて、専ら乗用の用に供する乗車定員十人以下のもの（乗車定員が十人以下のものであつて、車両総重量が三千五百キログラムを超えるもの及び二輪自動車を除く。）及び車両総重量が千七百キログラム以下のもの（専ら乗用の用に供する乗車定員十人以	一　PMRが二十二以下のものにあつては、WLTCクラス1による測定 二　PMRが二十二を超え、三十四以下のものにあつては、WLTCクラス2による測定 三　PMRが三十四を超えるものであつて、最高速度が	一キロメートル走行当たり〇・〇五グラム

下のもの及び二輪自動車を除く。）並びにガソリン又は液化石油ガスを燃料とする軽自動車	百二十キロメートル毎時未満のものにあつては、WLTCクラス3aによる測定 四　PMRが三十四を超えるものであつて、最高速度が百二十キロメートル毎時以上のものにあつては、WLTCクラス3bによる測定	
ガソリン又は液化石油ガスを燃料とする普通自動車又は小型自動車であつて、車両総重量が千七百キログラムを超え三千五百キログラム以下のもの（専ら乗用の用に供する乗車定員十人以下のもの及び二輪自動車を除く。）	一　PMRが二十二以下のものにあつては、WLTCクラス1による測定 二　PMRが二十二を超え、三十四以下のものにあつては、WLTCクラス2による測定 三　PMRが三十四を超えるものであつて、最高速度が百二十キロメートル毎時未満のものにあつては、WLTCクラス3aによる測定 四　PMRが三十四を超えるものであつて、最高速度が百二十キロメートル毎時以上のものにあつては、WLTCクラス3bによる測定	一キロメートル走行当たり〇・〇七グラム
ガソリン又は液化石油ガスを燃料とする普通自動車又は小型自動車であつて、車	JE〇五モードをガソリン重量車用車速変換プログラムによ	一キロワット時当たり〇・七グラム

両総重量が三千五百キログラムを超えるもの（専ら乗用の用に供する乗車定員九人以下のもの及び二輪自動車を除く。）	り変換した運転モードによる測定の平均値	
軽油を燃料とする普通自動車又は小型自動車であつて、専ら乗用の用に供する乗車定員十人以下のもの（乗車定員が十人のものであつて、車両総重量が三千五百キログラムを超えるもの及び二輪自動車を除く。）及び車両総重量が千七百キログラム以下のもの（専ら乗用の用に供する乗車定員十人以下のもの及び二輪自動車を除く。）	一　PMRが二十二以下のものにあつては、WLTCクラス1による測定 二　PMRが二十二を超え、三十四以下のものにあつては、WLTCクラス2による測定 三　PMRが三十四を超えるものであつて、最高速度が百二十キロメートル毎時未満のものにあつては、WLTCクラス3aによる測定 四　PMRが三十四を超えるものであつて、最高速度が百二十キロメートル毎時以上のものにあつては、WLTCクラス3bによる測定	一キロメートル走行当たり〇・一五グラム
軽油を燃料とする普通自動車又は小型自動車であつて、車両総重量が千七百キログラムを超え三千五百キログラム以下のもの（専ら乗用の用に供する乗車定員十人以下のもの及び二輪自動車を除く。）	一　PMRが二十二以下のものにあつては、WLTCクラス1による測定 二　PMRが二十二を超え、三十四以下のものにあつては、WLTCクラス2による測定 三　PMRが三十四を超えるものであつて、最高速度が百二十キロメートル毎時未満のものにあつては、WLTCクラス3aによる測定 四　PMRが三十四を超えるものであつて、最高速度が百二十キロメートル毎時以上のものにあつては、WLTCクラス3bによる測定	一キロメートル走行当たり〇・二四グラム
軽油を燃料とする普通自動車又は小型自動車であつて、車両総重量が三千五百キログラムを超えるもの（専ら乗用の用に供する乗車定員九人以下のもの及び二輪自動車を除く。）	WHSCによる測定並びに暖機状態及び冷機状態でのWHTCによる測定であつて、暖機状態でのWHTCによる排出ガス量に〇・八六を乗じた値と冷機状態でのWHTCによる排出ガス量に〇・一四を乗じた値との和を暖機状態でのWHTCによる仕事量に〇・八六を乗じた値と冷機状態でのWHTCによる仕事量に〇・一四を乗じた値との和で除した値の平均値	一キロワット時当たり〇・四グラム
ガソリンを燃料とする原動機付自転車（総排気量が〇・〇五〇リットル以下であつて、最高速度が五十キロメートル毎時以下のものに限る。）	二輪車モードによる測定の平均値	一キロメートル走行当たり〇・一五グラム

ガソリンを燃料とする軽自動車（総排気量が〇・一五〇リットル未満の二輪自動車であつて、最高速度が百キロメートル毎時未満のものに限る。）及び原動機付自転車（総排気量が〇・〇五〇リットルを超えるものであつて、最高速度が五十キロメートル毎時以下のもの又は最高速度が五十キロメートル毎時を超え百キロメートル毎時未満のものに限る。）	冷機状態でのWMTC（低速パート1）による測定及び暖機状態でのWMTC（低速パート1）による測定であつて、冷機状態でのWMTC（低速パート1）による排出ガス量に〇・三を乗じた値と暖機状態でのWMTC（低速パート1）による排出ガス量に〇・七を乗じた値との和の平均値	一キロメートル走行当たり〇・〇六〇グラム
ガソリンを燃料とする小型自動車（最高速度が百十五キロメートル毎時未満の二輪自動車に限る。）、軽自動車（最高速度が百十五キロメートル毎時未満の二輪自動車（総排気量が〇・一五〇リットル未満であつて、最高速度が百キロメートル毎時未満のものを除く。）に限る。）及び原動機付自転車（最高速度が百キロメートル毎時以上百十五キロメートル毎時未満のものに限る。）	冷機状態でのWMTC（低速パート1）による測定及び暖機状態でのWMTC（低速パート2）による測定であつて、冷機状態でのWMTC（低速パート1）による排出ガス量に〇・三を乗じた値と暖機状態でのWMTC（低速パート2）による排出ガス量に〇・七を乗じた値との和の平均値	一キロメートル走行当たり〇・〇六〇グラム
ガソリンを燃料とする小型自動車（最高速度が百十五キロメートル毎時以上百三十キロメートル毎時未満の二輪自動車に限る。）、軽自動車（最高速度が百十五キロメートル毎時以上百三十キロメートル毎時未満の二輪自動車に限る。）及び原動機付自転車（最高速度が百十五キロメートル毎時以上百三十キロメートル毎時未満のものに限る。）	冷機状態でのWMTC（パート1）による測定及び暖機状態でのWMTC（パート2）による測定であつて、冷機状態でのWMTC（パート1）による排出ガス量に〇・三を乗じた値と暖機状態でのWMTC（パート2）による排出ガス量に〇・七を乗じた値との和の平均値	一キロメートル走行当たり〇・〇六〇グラム
ガソリンを燃料とする小型自動車（最高速度が百三十キロメートル毎時以上百四十キロメートル毎時未満の二輪自動車に限る。）、軽自動車（最高速度が百三十キロメートル毎時以上百四十キロメートル毎時未満の二輪自動車に限る。）及び原動機付自転車（最高速度が百三十キロメートル毎時以上百四十キロメートル毎時未満のものに限る。）	冷機状態でのWMTC（パート1）による測定、暖機状態でのWMTC（パート2）による測定及び暖機状態でのWMTC（低速パート3）による測定であつて、冷機状態でのWMTC（パート1）による排出ガス量に〇・二五を乗じた値と暖機状態でのWMTC（パート2）による排出ガス量に〇・五を乗じた値と暖機状態でのWMTC（低速パート3）による排出ガス量に〇・二五を乗じた値との和の平均値	一キロメートル走行当たり〇・〇六〇グラム
ガソリンを燃料とする小型自動車（最高速度が百四十キロメートル毎時以上の二輪自動車に限る。）、軽自動車（最高速度が百四十キロメートル毎時以上の二輪自動車に限る。）及び原動機付自転車（最高速度が百四十キロメートル毎時以上のものに限る。）	冷機状態でのWMTC（パート1）による測定、暖機状態でのWMTC（パート2）による測定及び暖機状態でのWMTC（パート3）による測定であつて、冷機状態でのWMTC（パート1）による排出ガス量に〇・二五を乗じた値と暖機状態での	一キロメートル走行当たり〇・〇六〇グラム

	ＷＭＴＣ（パート２）による排出ガス量に〇・五を乗じた値と暖機状態でのＷＭＴＣ（パート３）による排出ガス量に〇・二五を乗じた値との和の平均値	
ガソリン又は液化石油ガスを燃料とする大型特殊自動車又は小型特殊自動車であつて、定格出力が十九キロワット以上五百六十キロワット未満のもの	七モードによる測定又は七Ｍ－ＲＭＣによる測定及びＬＳＩ－ＮＲＴＣによる測定の平均値	一キロワット時当たり〇・三グラム
軽油を燃料とする大型特殊自動車又は小型特殊自動車であつて、定格出力が十九キロワット以上三十七キロワット未満のもの	八モードによる測定又はＲＭＣによる測定の平均値並びに暖機状態でのＮＲＴＣによる測定及び冷機状態でのＮＲＴＣによる測定であつて、暖機状態でのＮＲＴＣによる排出ガス量に〇・九を乗じた値と冷機状態でのＮＲＴＣによる排出ガス量に〇・一を乗じた値との和を暖機状態でのＮＲＴＣによる仕事量に〇・九を乗じた値と冷機状態でのＮＲＴＣによる仕事量に〇・一を乗じた値との和で除した値の平均値	一キロワット時当たり四・〇グラム
軽油を燃料とする大型特殊自動車又は小型特殊自動車であつて、定格出力が三十七キロワット以上五十六キロワット未満のもの	八モードによる測定又はＲＭＣによる測定の平均値並びに暖機状態でのＮＲＴＣによる測定及び冷機状態でのＮＲＴＣによる測定であつて、暖機状態でのＮＲＴＣによる排出ガス量に〇・九を乗じた値と冷機状態でのＮＲＴＣによる排出ガス量に〇・一を乗じた値との和を暖機状態でのＮＲＴＣによる仕事量に〇・九を乗じた値と冷機状態でのＮＲＴＣによる仕事量に〇・一を乗じた値との和で除した値の平均値	一キロワット時当たり四・〇グラム
軽油を燃料とする大型特殊自動車又は小型特殊自動車であつて、定格出力が五十六キロワット以上七十五キロワット未満のもの	八モードによる測定又はＲＭＣによる測定の平均値並びに暖機状態でのＮＲＴＣによる測定及び冷機状態でのＮＲＴＣによる測定であつて、暖機状態でのＮＲＴＣによる排出ガス量に〇・九を乗じた値と冷機状態でのＮＲＴＣによる排出ガス量に〇・一を乗じた値との和を暖機状態でのＮＲＴＣによる仕事量に〇・九を乗じた値と冷機状態でのＮＲＴＣによる仕事量に〇・一を乗じた値との和で除した値の平均値	一キロワット時当たり〇・四グラム
軽油を燃料とする大型特殊自動車又は小型特殊自動車であつて、定格出力が七十五キロワット以上百三十キ	八モードによる測定又はＲＭＣによる測定の平均値並びに暖機状態でのＮＲＴＣ	一キロワット時当たり〇・四グラム

	ロワット未満のもの	による測定及び冷機状態でのNRTCによる測定であって、暖機状態でのNRTCによる排出ガス量に〇・九を乗じた値と冷機状態でのNRTCによる排出ガス量に〇・一を乗じた値との和を暖機状態でのNRTCによる仕事量に〇・九を乗じた値と冷機状態でのNRTCによる仕事量に〇・一を乗じた値との和で除した値の平均値	
	軽油を燃料とする大型特殊自動車又は小型特殊自動車であって、定格出力が百三十キロワット以上五百六十キロワット未満のもの	八モードによる測定又はRMCによる測定の平均値並びに暖機状態でのNRTCによる測定及び冷機状態でのNRTCによる測定であって、暖機状態でのNRTCによる排出ガス量に〇・九を乗じた値と冷機状態でのNRTCによる排出ガス量に〇・一を乗じた値との和を暖機状態でのNRTCによる仕事量に〇・九を乗じた値と冷機状態でのNRTCによる仕事量に〇・一を乗じた値との和で除した値の平均値	一キロワット時当たり〇・四グラム
粒子状物質	ガソリンを燃料とする直接噴射式の原動機を有する普通自動車又は小型自動車であって、専ら乗用の用に供する乗車定員十人以下のもの（乗車定員が十人のものであって、車両総重量が三千五百キログラムを超えるもの及び二輪自動車を除く。）及び車両総重量が千七百キログラム以下のもの（専ら乗用の用に供する乗車定員十人以下のもの及び二輪自動車を除く。）並びにガソリンを燃料とする直接噴射式の原動機を有する軽自動車	一　PMRが二十二以下のものにあっては、WLTCクラス1による測定 二　PMRが二十二を超え、三十四以下のものにあっては、WLTCクラス2による測定 三　PMRが三十四を超えるものであって、最高速度が百二十キロメートル毎時未満のものにあっては、WLTCクラス3aによる測定 四　PMRが三十四を超えるものであって、最高速度が百二十キロメートル毎時以上のものにあっては、WLTCクラス3bによる測定	一キロメートル走行当たり〇・〇〇五グラム、かつ、六・〇千億個
	ガソリンを燃料とする直接噴射式の原動機を有する普通自動車又は小型自動車であって、車両総重量が千七百キログラムを超え三千五百キログラム以下のもの（専ら乗用の用に供する乗車定員十人以下のもの及び二輪自動車を除く。）	一　PMRが二十二以下のものにあっては、WLTCクラス1による測定 二　PMRが二十二を超え、三十四以下のものにあっては、WLTCクラス2による測定 三　PMRが三十四を超えるものであって、最高速度が百二十キロメートル毎時未満のものにあっては、WLTCクラス3aによる測定 四　PMRが三十四を超えるものであって、最高速度が	一キロメートル走行当たり〇・〇〇七グラム、かつ、六・〇千億個

	百二十キロメートル毎時以上のものにあつては、WLTCクラス3bによる測定	
ガソリンを燃料とする直接噴射式の原動機を有する普通自動車又は小型自動車であつて、車両総重量が三千五百キログラムを超えるもの（専ら乗用の用に供する乗車定員九人以下のもの及び二輪自動車を除く。）	JE〇五モードをガソリン重量車用車速変換プログラムにより変換した運転モードによる測定の平均値	一キロワット時当たり〇・〇一〇グラム、かつ、六・〇千億個
軽油を燃料とする普通自動車又は小型自動車であつて、専ら乗用の用に供する乗車定員十人以下のもの（乗車定員が十人のものであつて、車両総重量が三千五百キログラムを超えるもの及び二輪自動車を除く。）及び車両総重量が千七百キログラム以下のもの（専ら乗用の用に供する乗車定員十人以下のもの及び二輪自動車を除く。）	一　PMRが二十二以下のものにあつては、WLTCクラス1による測定 二　PMRが二十二を超え、三十四以下のものにあつては、WLTCクラス2による測定 三　PMRが三十四を超えるものであつて、最高速度が百二十キロメートル毎時未満のものにあつては、WLTCクラス3aによる測定 四　PMRが三十四を超えるものであつて、最高速度が百二十キロメートル毎時以上のものにあつては、WLTCクラス3bによる測定	一キロメートル走行当たり〇・〇〇五グラム、かつ、六・〇千億個
軽油を燃料とする普通自動車又は小型自動車であつて、車両総重量が千七百キログラムを超え三千五百キログラム以下のもの（専ら乗用の用に供する乗車定員十人以下のもの及び二輪自動車を除く。）	一　PMRが二十二以下のものにあつては、WLTCクラス1による測定 二　PMRが二十二を超え、三十四以下のものにあつては、WLTCクラス2による測定 三　PMRが三十四を超えるものであつて、最高速度が百二十キロメートル毎時未満のものにあつては、WLTCクラス3aによる測定 四　PMRが三十四を超えるものであつて、最高速度が百二十キロメートル毎時以上のものにあつては、WLTCクラス3bによる測定	一キロメートル走行当たり〇・〇〇七グラム、かつ、六・〇千億個
軽油を燃料とする普通自動車又は小型自動車であつて、車両総重量が三千五百キログラムを超えるもの（専ら乗用の用に供する乗車定員九人以下のもの及び二輪自動車を除く。）	WHSCによる測定並びに暖機状態でのWHTCによる測定及び冷機状態でのWHTCによる測定であつて、暖機状態でのWHTCによる排出ガス量に〇・八六を乗じた値と冷機状態でのWHTCによる排出ガス量に〇・一四を乗じた値との和を暖機状態でのWHTCによる仕事量に〇・八六を乗じた値と冷機状態でのWHTCによる仕事量に〇・一四を乗じた値との和で除し	一キロワット時当たり〇・〇一〇グラム、かつ、WHSCによる測定にあつては八・〇千億個及びWHTCによる測定にあつては六・〇千億個

	た値の平均値	
ガソリンを燃料とする直接噴射式の原動機を有する軽自動車（総排気量が〇・一五〇リットル未満の二輪自動車であつて、最高速度が百キロメートル毎時未満のものに限る。）及び原動機付自転車（総排気量が〇・〇五〇リットルを超えるものであつて、最高速度が五十キロメートル毎時以下のもの又は最高速度が五十キロメートル毎時を超え百キロメートル毎時未満のものに限る。）	冷機状態でのWMTC（低速パート1）による測定及び暖機状態でのWMTC（低速パート1）による測定であつて、冷機状態でのWMTC（低速パート1）による排出ガス量に〇・三を乗じた値と暖機状態でのWMTC（低速パート1）による排出ガス量に〇・七を乗じた値との和の平均値	一キロメートル走行当たり〇・〇〇四五グラム
ガソリンを燃料とする直接噴射式の原動機を有する小型自動車（最高速度が百十五キロメートル毎時未満の二輪自動車に限る。）、軽自動車（最高速度が百十五キロメートル毎時未満の二輪自動車（総排気量が〇・一五〇リットル未満であつて、最高速度が百キロメートル毎時未満のものを除く。）に限る。）及び原動機付自転車（最高速度が百キロメートル毎時以上百十五キロメートル毎時未満のものに限る。）	冷機状態でのWMTC（低速パート1）による測定及び暖機状態でのWMTC（低速パート2）による測定であつて、冷機状態でのWMTC（低速パート1）による排出ガス量に〇・三を乗じた値と暖機状態でのWMTC（低速パート2）による排出ガス量に〇・七を乗じた値との和の平均値	一キロメートル走行当たり〇・〇〇四五グラム
ガソリンを燃料とする直接噴射式の原動機を有する小型自動車（最高速度が百十五キロメートル毎時以上百三十キロメートル毎時未満の二輪自動車に限る。）、軽自動車（最高速度が百十五キロメートル毎時以上百三十キロメートル毎時未満の二輪自動車に限る。）及び原動機付自転車（最高速度が百十五キロメートル毎時以上百三十キロメートル毎時未満のものに限る。）	冷機状態でのWMTC（パート1）による測定及び暖機状態でのWMTC（パート2）による測定であつて、冷機状態でのWMTC（パート1）による排出ガス量に〇・三を乗じた値と暖機状態でのWMTC（パート2）による排出ガス量に〇・七を乗じた値との和の平均値	一キロメートル走行当たり〇・〇〇四五グラム
ガソリンを燃料とする直接噴射式の原動機を有する小型自動車（最高速度が百三十キロメートル毎時以上百四十キロメートル毎時未満の二輪自動車に限る。）、軽自動車（最高速度が百三十キロメートル毎時以上百四十キロメートル毎時未満の二輪自動車に限る。）及び原動機付自転車（最高速度が百三十キロメートル毎時以上百四十キロメートル毎時未満のものに限る。）	冷機状態でのWMTC（パート1）による測定、暖機状態でのWMTC（パート2）による測定及び暖機状態でのWMTC（低速パート3）による測定であつて、冷機状態でのWMTC（パート1）による排出ガス量に〇・二五を乗じた値と暖機状態でのWMTC（パート2）による排出ガス量に〇・五を乗じた値と暖機状態でのWMTC（低速パート3）による排出ガス量に〇・二五を乗じた値との和の平均値	一キロメートル走行当たり〇・〇〇四五グラム
ガソリンを燃料とする直接噴射式の原動機を有する小型自動車（最高速度が百四十キロメートル毎時以上の二輪自動車に限る。）、軽自動車（最高速度が百四十キロメートル毎時以上の二輪自動車に限る。）及び原動機付自転車（最高速度が百四十キロメートル毎時以上のものに限る。）	冷機状態でのWMTC（パート1）による測定、暖機状態でのWMTC（パート2）による測定及び暖機状態でのWMTC（パート3）による測定であつて、冷機状態でのWMTC（パート1）による排出ガス	一キロメートル走行当たり〇・〇〇四五グラム

	量に〇・二五を乗じた値と暖機状態でのWMTC（パート2）による排出ガス量に〇・五を乗じた値と暖機状態でのWMTC（パート3）による排出ガス量に〇・二五を乗じた値との和の平均値	
軽油を燃料とする大型特殊自動車又は小型特殊自動車であつて、定格出力が十九キロワット以上三十七キロワット未満のもの	八モードによる測定又はRMCによる測定の平均値並びに暖機状態でのNRTCによる測定及び冷機状態でのNRTCによる測定であつて、暖機状態でのNRTCによる排出ガス量に〇・九を乗じた値と冷機状態でのNRTCによる排出ガス量に〇・一を乗じた値との和を暖機状態でのNRTCによる仕事量に〇・九を乗じた値と冷機状態でのNRTCによる仕事量に〇・一を乗じた値との和で除した値の平均値	一キロワット時当たり〇・〇三グラム
軽油を燃料とする大型特殊自動車又は小型特殊自動車であつて、定格出力が三十七キロワット以上五十六キロワット未満のもの	八モードによる測定又はRMCによる測定の平均値並びに暖機状態でのNRTCによる測定及び冷機状態でのNRTCによる測定であつて、暖機状態でのNRTCによる排出ガス量に〇・九を乗じた値と冷機状態でのNRTCによる排出ガス量に〇・一を乗じた値との和を暖機状態でのNRTCによる仕事量に〇・九を乗じた値と冷機状態でのNRTCによる仕事量に〇・一を乗じた値との和で除した値の平均値	一キロワット時当たり〇・〇二五グラム
軽油を燃料とする大型特殊自動車又は小型特殊自動車であつて、定格出力が五十六キロワット以上七十五キロワット未満のもの	八モードによる測定又はRMCによる測定の平均値並びに暖機状態でのNRTCによる測定及び冷機状態でのNRTCによる測定であつて、暖機状態でのNRTCによる排出ガス量に〇・九を乗じた値と冷機状態でのNRTCによる排出ガス量に〇・一を乗じた値との和を暖機状態でのNRTCによる仕事量に〇・九を乗じた値と冷機状態でのNRTCによる仕事量に〇・一を乗じた値との和で除した値の平均値	一キロワット時当たり〇・〇二グラム
軽油を燃料とする大型特殊自動車又は小型特殊自動車であつて、定格出力が七十五キロワット以上百三十キロワット未満のもの	八モードによる測定又はRMCによる測定の平均値並びに暖機状態でのNRTCによる測定及び冷機状態でのNRTCによる測定であつて、暖機状態でのNRTCによる排出ガス	一キロワット時当たり〇・〇二グラム

		量に〇・九を乗じた値と冷機状態でのNRTCによる排出ガス量に〇・一を乗じた値との和を暖機状態でのNRTCによる仕事量に〇・九を乗じた値と冷機状態でのNRTCによる仕事量に〇・一を乗じた値との和で除した値の平均値	
	軽油を燃料とする大型特殊自動車又は小型特殊自動車であって、定格出力が百三十キロワット以上五百六十キロワット未満のもの	八モードによる測定又はRMCによる測定の平均値並びに暖機状態でのNRTCによる測定及び冷機状態でのNRTCによる測定であって、暖機状態でのNRTCによる排出ガス量に〇・九を乗じた値と冷機状態でのNRTCによる排出ガス量に〇・一を乗じた値との和を暖機状態でのNRTCによる仕事量に〇・九を乗じた値と冷機状態でのNRTCによる仕事量に〇・一を乗じた値との和で除した値の平均値	一キロワット時当たり〇・〇二グラム

備考

一　平均値とは、当該自動車及び当該自動車と同一の型式であって既に法第七十五条第四項の検査又は規則第六十二条の三第五項の検査を終了したすべてのものにおける平均値をいう。

二　軽油を燃料とする過給機付の普通自動車又は小型自動車であって、車両総重量が三千五百キログラムを超えるもの（専ら乗用の用に供する乗車定員十人以下のもの及び二輪自動車を除く。）及び大型特殊自動車又は小型特殊自動車であって定格出力が十九キロワット以上五百六十キロワット未満のものに係るブローバイガスとして排出される炭化水素の量の許容限度は、次の表に定める許容限度を適用する場合には、適用しないことができる。

自動車排出ガスの種類	自動車の種別	測定の方法	自動車排出ガスの量の許容限度
非メタン炭化水素（排気管から排出されるもの及びブローバイガスとして排出されるものに限る。）	軽油を燃料とする過給機付の普通自動車又は小型自動車であって、車両総重量が三千五百キログラムを超えるもの（専ら乗用の用に供する乗車定員十人以下のもの及び二輪自動車を除く。）	WHSCによる測定の平均値並びに暖機状態でのWHTCによる測定及び冷機状態でのWHTCによる測定であって、暖機状態でのWHTCによる排出ガス量に〇・八六を乗じた値と冷機状態でのWHTCによる排出ガス量に〇・一四を乗じた値との和を暖機状態でのWHTCによる仕事量に〇・八六を乗じた値と冷機状態でのWHTCによる仕事量に〇・一四を乗じた値との和で除した値の平均値	一キロワット時当たり〇・一七グラム
	軽油を燃料とする過給機付の大型特殊自動車又は小型特殊自動車であって、定格出力が十九キロワット以上五百六十キロワット未満のもの	八モードによる測定又はRMCによる測定の平均値並びに暖機状態でのNRTCによる測定及び冷機状態でのNRTCによる測定であって、暖機状態でのNRTCによる排出ガス量に〇・九を乗じた値と冷機状態でのNRTCによる排出ガス量に〇・一を乗じた値との和を暖機状態でのNRTC	一キロワット時当たり〇・七グラム（定格出力が五十六キロワット以上五百六十キロワット未満の大型特殊自動車又は小型特殊自動車にあっては、一キロワット時当たり〇・一九グラム）

による仕事量に〇・九を乗じた値と冷機状態でのＮＲＴＣによる仕事量に〇・一を乗じた値との和で除した値の平均値

別表第二

自動車排出ガスの種類	自動車の種別	測定の方法	自動車排出ガスの量の許容限度
一酸化炭素	ガソリン又は液化石油ガスを燃料とする普通自動車及び小型自動車（二サイクル・エンジンを有するこれらのもの及び二輪自動車を除く。）	アイドリング時の測定	一パーセント
	ガソリン又は液化石油ガスを燃料とする軽自動車（二サイクル・エンジンを有するもの及び二輪自動車を除く。）	アイドリング時の測定	二パーセント
	ガソリン又は液化石油ガスを燃料とする小型自動車及び軽自動車（二サイクル・エンジンを有するこれらのものに限り、二輪自動車を除く。）	アイドリング時の測定	四・五パーセント
	ガソリンを燃料とする小型自動車（二輪自動車に限る。）及び軽自動車（二輪自動車に限る。）及び原動機付自転車	アイドリング時の測定	〇・五パーセント
	ガソリン又は液化石油ガスを燃料とする大型特殊自動車又は小型特殊自動車であつて、定格出力が十九キロワット以上五百六十キロワット未満のもの	アイドリング時の測定	一パーセント
炭化水素（排気管から排出されるものに限る。）	ガソリン又は液化石油ガスを燃料とする普通自動車及び小型自動車（二サイクル・エンジンを有するこれらのもの及び二輪自動車を除く。）	アイドリング時の測定	百万分の三百
	ガソリン又は液化石油ガスを燃料とする軽自動車（二サイクル・エンジンを有するもの及び二輪自動車を除く。）	アイドリング時の測定	百万分の五百
	ガソリン又は液化石油ガスを燃料とする小型自動車及び軽自動車（二サイクル・エンジンを有するこれらの	アイドリング時の測定	百万分の七千八百

	ものに限り、二輪自動車を除く。）		
	ガソリンを燃料とする小型自動車（二輪自動車に限る。）及び軽自動車（二輪自動車に限る。）	アイドリング時の測定	百万分の千
	ガソリンを燃料とする原動機付自転車	アイドリング時の測定	百万分の千六百
	ガソリン又は液化石油ガスを燃料とする大型特殊自動車又は小型特殊自動車であって、定格出力が十九キロワット以上五百六十キロワット未満のもの	アイドリング時の測定	百万分の五百
粒子状物質のうちディーゼル黒煙	軽油を燃料とする普通自動車及び小型自動車（二輪自動車を除く。）	無負荷急加速時の測定	光吸収係数〇・五〇m^{-1}
	軽油を燃料とする大型特殊自動車又は小型特殊自動車であって、定格出力が十九キロワット以上五百六十キロワット未満のもの	無負荷急加速時の測定	光吸収係数〇・五〇m^{-1}

備考

一　アイドリング時の測定とは、自動車を無負荷運転している状態で発生し、排気管から大気中に排出される排出物に含まれる自動車排出ガスの濃度を体積比で表した値により自動車排出ガスの濃度を測定する方法をいう。

二　無負荷急加速時の測定とは、自動車の原動機を無負荷運転している状態から無負荷のままで当該原動機の最高回転数まで急に加速した後、引き続き当該原動機の最高回転数で運転している状態において発生し、排気管から大気中に排出されるディーゼル黒煙について、光吸収係数又は日本産業規格D八〇〇四に定める汚染度を急に加速する時から測定する方法をいう。汚染度による測定は、同規格に定めるポンプ形採取装置を用いて行うものとする。

三　法第五十九条第一項の新規検査又は法第七十一条第一項の予備検査を受けて運行の用に供しようとする際、平成三年三月二十七日環境庁告示第十六号による改正後の別表第一粒子状物質のうちジーゼル黒煙の項の適用を受けていない自動車に係るこの表の適用については、粒子状物質のうちディーゼル黒煙の項中「光吸収係数〇・五〇m^{-1}」とあるのは、「五十パーセント」とする。

四　法第五十九条第一項の新規検査又は法第七十一条第一項の予備検査を受けて運行の用に供しようとする際、平成八年一月十九日環境庁告示第一号による改正後の別表第一粒子状物質のうちディーゼル黒煙の項の適用を受けていない自動車（平成三年三月二十七日環境庁告示第十六号による改正後の別表第一粒子状物質のうちジーゼル黒煙の項の適用を受けていない自動車を除く。）に係るこの表の適用については、粒子状物質のうちディーゼル黒煙の項中「光吸収係数〇・五〇m^{-1}」とあるのは、「四十パーセント」とする。

五　法第五十九条第一項の新規検査又は法第七十一条第一項の予備検査を受けて運行の用に供しようとする際、平成九年三月三十一日環境庁告示第十七号による改正後の別表第一粒子状物質のうちディーゼル黒煙の項の適用を受けていない自動車のうち軽油を燃料とする普通自動車又は小型自動車であって、車両総重量が一万二千キログラムを超えるもの（専ら乗用の用に供する乗車定員十人以下のもの及び平成八年一月十九日環境庁告示第一号による改正後の別表第一粒子状物質のうちディーゼル黒煙の項の適用を受けていないものを除く。）に係るこの表の適用については、粒子状物質のうちディーゼル黒煙の項中「光吸収係数〇・五〇m^{-1}」とあるのは「四十パーセント」とする。

六　法第五十九条第一項の新規検査若しくは法第七十一条第一項の予備検査又は規則第六十二条の三第五項の検査を受けて運行の用に供しようとする際、平成十七年六月二十八日環境省告示第六十五号による改正後の別表第一及び別表第一の二の適用を受けていない軽油を燃料とする大型特殊自動車又は小型特殊自動車に係るこの表の適用については、粒子状物質のうちディーゼル黒煙の項の規定は、適用しない。

七　法第五十九条第一項の新規検査又は法第七十一条第一項の予備検査を受けて運行の用に供しようとする際、平成十九年十二月十三日環境省告示第百十三号による改正後の別表第一及び別表第一の二の適用を受けていない軽油を燃料とする普通自動車及び小型自動車（二輪自動車を除く。）に係るこの表の適用については、粒子状物質のうちディーゼル黒煙の項中「光吸収係数〇・五〇m^{-1}」とあるのは、「二十五パーセント」とする。

八　法第五十九条第一項の新規検査若しくは法第七十一条第一項の予備検査又は規則第六十二条の三第五項の検査を受けて運行の用に供しようとする際、平成二十二年三月十八日環境省告示第十七号による改正後の別表第一及び別表第一の二の適用を受けていない軽油を燃料とする大型特殊自動車又は小型特殊自動車（平成十七年六月二十八日環境省告示第六十五号による改正後の別表第一及び別表第一の二の適用を受けていないものを除く。）に係るこの表の適用については、粒子状物質のうちディーゼル黒煙の項中「光吸収係数〇・五〇m^{-1}」とあるのは、「四十パーセント（定格出力が三十七キロワット以上五十六キロワット未満の大型特殊自動車又は小型特殊自動車にあつては三十五パーセント、定格出力が五十六キロワット以上七十五キロワット未満の大型特殊自動車又は小型特殊自動車にあつては三十パーセント、定格出力が七十五キロワット以上五百六十キロワット未満の大型特殊自動車又は小型特殊自動車にあつては二十五パーセント）」とする。

九　法第五十九条第一項の新規検査若しくは法第七十一条第一項の予備検査又は規則第六十二条の三第五項の検査を受けて運行の用に供しようとする際、平成二十五年三月二十八日環境省告示第三十二号による改正後の別表第一及び別表第一の二の適用を受けていない軽油を燃料とする大型特殊自動車又は小型特殊自動車（平成二十二年三月十八日環境省告示第十七号による改正後の別表第一及び別表第一の二の適用を受けていないものを除く。）に係るこの表の適用については、粒子状物質のうちディーゼル黒煙の項中「光吸収係数〇・五〇m^{-1}」とあるのは、「二十五パーセント」とする。

付録

ガソリン重量車用車速変換プログラム作成手順

1　変換アルゴリズムについて

自動車の諸元及び当該自動車の原動機の諸元に関する下記の情報を入力し計算することにより、自動車に係る時間ごとの速度からなる運転条件を当該自動車に係る時間ごとの原動機回転数及び原動機負荷からなる運転条件に変換する。

・車両質量：空車時車両質量（kg）、最大積載質量（kg）及び定員（人）
・全高（m）及び全幅（m）
・原動機回転数（rpm）：アイドリング原動機回転数及び最高出力原動機回転数
・タイヤ動的負荷半径（m）
・変速機の各ギヤごとのギヤ比及び終減速機ギヤ比
・全負荷運転している状態の原動機負荷（N－m）

2　原動機回転数及び原動機負荷の計算

時間tにおける原動機回転数Ne（t）（rpm）及び原動機負荷Te（t）（N－m）は、車速V（t）から次式により計算する。演算処理は1秒ごとに行う。

$$Ne(t)=\frac{1000}{120\pi}\cdot\frac{i_m i_f}{r}\cdot V(t)$$

ここで、

V：車速　km／h
Ne：原動機回転数　rpm
π：円周率
r：タイヤ動的負荷半径　m
i_m：変速機ギヤ比
i_f：終減速機ギヤ比

$$Te(t)=\frac{9.8\cdot r}{\eta_m\eta_f i_m i_f}\left[\mu_r W+\mu_a A V(t)^2+\frac{(W+\Delta W)}{9.8}\cdot\frac{V(t)-V(t-1)}{3.6}\right]$$

ここで、

η_m：変速機の動力伝達効率
η_f：終減速機の動力伝達効率
μ_r：ころがり抵抗係数　kg／kg
μ_a：空気抵抗係数　kg／m^2／(km／h)^2
A：前面投影面積　m^2
W：試験時車両質量

トラックの場合　{空車時車両質量＋最大積載量／２＋55（１名)} kg

バスの場合　{空車時車両質量＋乗車定員×55（１名）／２} kg

ΔW：回転部分相当質量　kg

3　正規化原動機回転数

正規化原動機回転数は、次式により計算する。

$$\text{正規化原動機回転数} = \frac{\text{原動機回転数} - \text{アイドリング原動機回転数}}{\text{最高出力原動機回転数} - \text{アイドリング原動機回転数}}$$

ここで、

発進原動機回転数：５％正規化原動機回転数

4　常用原動機回転域

使用する原動機回転数は、アイドリング原動機回転数と最高出力原動機回転数の範囲内とする。

5　発進時のギヤ位置

(1)　発進原動機回転数と２で求めた原動機回転数が等しくなるまでの時間を、発進時間とする。

(2)　発進時のギヤ段は原則１速とし、発進時間内では変速を行わない。ただし、いずれかのギヤの使用範囲内で最高出力原動機回転数を超える場合には２速発進とし、６及び７で定めるギヤ位置はそれぞれ１速を加えたものに読み替える。

6　加速時のギヤ位置

(1)　発進加速時は、15km／hで２速、30km／hで３速、50km／hで４速、70km／hで５速にシフトアップを行う。

(2)　加速に伴うシフトダウンは、10km／h未満の場合は１速、20km／h未満の場合は２速、40km／h未満の場合は３速、60km／h未満の場合は４速を選択し、その後のシフトアップは(1)に従う。

(3)　(1)及び(2)にかかわらず、原動機回転数が最高出力原動機回転数を超える場合はシフトアップを行い、最大原動機負荷を超える場合はシフトダウンを行う。

(4)　変速後のギヤは、最低３秒間保持するものとする。

7　減速時のギヤ位置

(1)　減速時には、変速は行わない（ブレーキで減速する)。

(2)　減速時に、１速で５km／h未満、２速で10km／h未満、３速で15km／h未満、４速で20km／h未満、５速で30km／h未満となる場合はクラッチ断状態とし、原動機回転数はアイドリング原動機回転数に、原動機負荷はゼロにする。

8　全負荷運転している状態の負荷曲線の扱い

全負荷運転している状態の原動機負荷は、発進原動機回転数と最高出力原動機回転数の範囲内を８±１rpmごとに測定し、その間は直線補間する。

9　車速追従できない場合の解析車速の計算

(1)　加速能力が足りず車速追従できない場合は、車速追従誤差の最も少ないギヤを選択し、発生し得る最大加速度から解析車速を求める。目標時刻における車速は収れん演算で求めることとし、収れん精度は、次式により計算する。

$$0 \leqq [Te_{max}(t) - Te(t)] < 1 \times 10^{-6} \mathrm{N-m}$$

(2)　解析車速が基準車速に追いつくまでは、解析車速を用いる。

10　伝達効率

(1)　変速機の動力伝達効率は、直結段は0.98、その他は0.95とする。

(2)　終減速機の動力伝達効率は0.95とする。

11　ころがり抵抗係数及び空気抵抗係数

ころがり抵抗係数及び空気抵抗係数は、次式により計算する。

$$\mu_r = 0.00513 + \frac{17.6}{W}$$

$$\mu_a A = 0.00299 B \cdot H - 0.000832$$

ここで、

W：試験時車両質量　kg

B：全幅　m

H：全高　m

12　回転部分相当質量

原動機から変速機駆動側ギヤまでの質量は車両質量の３％、変速機被駆動側ギヤからタイヤまでの質量は車両質量の７％として、次式により計算する。

$$\Delta W = (0.07 + 0.03\, i_m{}^2)\, W_0$$

ここで、

W_0：空車時車両質量　kg

13　その他

(1)　すべての変数は、倍精度で計算する。

(2)　車両加速度は、車速Ｖ（ｔ）―Ｖ（ｔ－１）から計算する。

(3)　重力加速度は9.8m／s^2、円周率πは3.14を用いる。

○自動車の燃料の性状に関する許容限度及び自動車の燃料に含まれる物質の量の許容限度

（平成七年十月二日　環境庁告示第六十四号）

沿革　平八環告二、平九環告一八、平一一環告三一、平一五環告九三、平一八環告一四二、平二四環告六五、令二環告三五改正

大気汚染防止法第十九条の二第一項の自動車の燃料の性状に関する許容限度及び自動車の燃料に含まれる物質の量の許容限度は、別表の上欄に掲げる自動車の燃料の種類及び同表の中欄に掲げる燃料の性状又は燃料に含まれる物質ごとに同表の下欄に掲げるとおりとする。

前　文（抄）（平八・一・二九環告二）

平成八年四月一日から適用する。

前　文（抄）（平九・三・三一環告一八）

平成九年七月一日から適用する。

前　文（抄）（平一一・七・一環告三一）

平成十二年一月一日から適用する。

附　則（平一五・八・二五環告九三）

この告示中、第一条の規定は、平成十五年八月二十八日から、第二条の規定は、平成十六年十二月三十一日から施行する。

附　則（平二四・三・三〇環告六五）

この告示は平成二十四年四月一日から施行する。

附　則（令二・三・三〇環告三五）

この告示は、公布の日から施行する。

別表

自動車の燃料の種類	燃料の性状又は燃料に含まれる物質	許容限度
ガソリン	鉛	検出されないこと。
	硫黄	〇・〇〇一質量パーセント以下
	ベンゼン	一体積パーセント以下
	メチルターシャリーブチルエーテル	七体積パーセント以下
	酸素分	一・三質量パーセント以下（バイオエタノール十体積パーセント混合ガソリン及びエチルターシャリーブチルエーテル二十二体積パーセント混合ガソリンにあっては、一・三質量パーセントを超え三・七質量パーセント以下）
軽油	硫黄	〇・〇〇一質量パーセント以下
	セタン指数	四十五以上
	九十パーセント留出温度	摂氏三百六十度以下

備考

一　「検出されないこと」とは、日本産業規格K二二五五の四又は五に定める方法により測定した場合において、その結果が当該方法の適用区分の下限値以下であることをいう。

二　「酸素分」とは、日本産業規格K二五三六号の二、四又は六に定める方法により測定した場合における数値とする。

三　「セタン指数」とは、日本産業規格K二二八〇に定める方法で算出した軽油の性状をいう。

四　「九十パーセント留出温度」とは、日本産業規格K二二五四に定める方法で測定した軽油の性状をいう。

○大気汚染防止法第二十一条第一項の規定に基づく自動車排出ガスによる大気の汚染の限度を定める省令

（昭和四十六年六月二十三日 総理府 厚生省 令第二号）

沿革　昭四六総令四一、平一二総令九四改正

（大気の汚染の限度）

第一条　大気汚染防止法（昭和四十三年法律第九十七号）第二十一条第一項の環境省令で定める限度は、一酸化炭素の大気中における含有率の一時間値（以下単に「一時間値」という。）の月間平均値百万分の十とする。

（測定等の方法）

第二条　一時間値の測定及び一時間値の月間平均値の算定は、次の各号に定めるところによる。

一　一時間値の測定は、非分散形赤外分析計法による一酸化炭素測定器を用いて、大気を連続して吸引して行なうこと。

二　一時間値の月間平均値の算定は、総有効測定時間の測定値の算術平均によること。この場合において、当該総有効測定時間数は、四百八十時間以上であること。

附　則

この命令は、大気汚染防止法の一部を改正する法律（昭和四十五年法律第百三十四号）の施行の日（昭和四十六年六月二十四日）から施行する。

附　則（昭四六・七・一総令四一）

この府令は、公布の日から施行する。

附　則（平一二・八・一四総令九四抄）

1　この府令は、内閣法の一部を改正する法律（平成十一年法律第八十八号）の施行の日（平成十三年一月六日）から施行する。

○自動車の排出ガス低減性能の評価等に関する規程

（平成十一年九月十三日
運輸省告示第六百号）

沿革　平一二運告三九五改正

（目的）

第一条　この規程は、自動車の排出ガス低減性能に関する評価等を実施することにより、排出ガス低減性能に対する一般消費者の関心と理解を深め、一般消費者の選択を通じ排出ガス低減性能の高い自動車の普及を促進することを目的とする。

（評価等）

第二条　国土交通大臣は、申請により、自動車の排出ガス低減性能に関する評価を実施し、その結果を公表する。

（低排出ガス車認定実施要領）

第三条　国土交通大臣は前条の規定により、自動車の排出ガス評価を実施し、その結果を公表するため、実施要領（以下この条において「低排出ガス車認定実施要領」という。）をあらかじめ作成し、これに従い行うものとする。

2　低排出ガス車認定実施要領においては、次に掲げる事項について定め、及び必要に応じこれを変更するものとする。

一　認定の実施に関する次に掲げる事項

イ　認定の対象とする自動車の種類に関する事項

ロ　評価項目

ハ　試験方法

ニ　評価方法

ホ　その他国土交通大臣が認定の実施のために必要と認める事項

二　認定の結果の公表に関する事項

イ　公表項目

ロ　公表方法

3　国土交通大臣は、低排出ガス車認定実施要領を作成し、又は変更しようとするときは、広く一般の意見を求めるものとする。

4　国土交通大臣は、低排出ガス車認定実施要領を作成し、又は変更したときは、遅滞なくこれを告示するものとする。

附　則

この規程は、公布の日から施行する。

附　則（平一二・一二・二一運告三九五）

この告示は、平成十三年一月六日から施行する。

○低排出ガス車認定実施要領

（平成十二年三月十三日
運輸省告示第百三号）

沿革 平一二運告三九五、平一三国交告三三三、平一四国交告六八一、平一五国交告一三二、平一八国交告三五二・一二七一、平一九国交告一三二、平二〇国交告三五〇、平二二国交告三四二、平二四国交告一七三、平二七国交告八二九、平二八国交告六一九、平二九国交告二四八、平三〇国交告六二四、令五国交告二六二改正

（定義）

第一条 この告示における用語の定義は、次の各号の定めるところによる。

一 「型式指定自動車」とは、道路運送車両法（昭和二十六年法律第百八十五号）第七十五条第一項の規定によりその型式について指定を受けた自動車をいう。

二 「一酸化炭素等発散防止装置指定自動車」とは、道路運送車両法第七十五条の三第一項の規定によりその型式について指定を受けた一酸化炭素等発散防止装置を備えた自動車（型式指定自動車を除く。）をいう。

三 「認定低減性能向上改造自動車」とは、自動車の排出ガス低減性能を向上させる改造の認定実施要領（平成十九年国土交通省告示第百三十一号。以下「改造認定告示」という。）第三条の認定（以下「改造認定」という。）を受けた改造（以下「認定低減性能向上改造」という。）が行われた自動車をいう。

四 「特定輸入自動車」とは、輸入自動車製作者等（外国において本邦に輸出される自動車を製作することを業とする者又はその者から当該自動車を購入する契約を締結している者であって当該自動車を輸入することを業とするものをいう。次条において同じ。）が国土交通大臣が定めるところにより届け出た自動車をいう。

（認定の対象とする自動車）

第二条 自動車の排出ガス低減性能の評価等に関する規程（平成十一年運輸省告示第六百号。以下「評価規程」という。）第三条第二項第一号イの認定の対象とする自動車は、次の表の上欄に掲げる自動車であって、それぞれ同表の下欄に掲げる申請者から評価規程第二条に基づく申請（以下単に「申請」という。）があったもの（普通自動車、小型自動車及び軽自動車に限り、二輪自動車（側車付二輪自動車を含む。）を除く。）とする。

自動車	申請者
一 型式指定自動車	当該型式指定自動車について道路運送車両法第七十五条第一項の申請をした者
二 一酸化炭素等発散防止装置指定自動車	当該一酸化炭素等発散防止装置指定自動車に備える一酸化炭素等発散防止装置について道路運送車両法第七十五条の三第一項の申請をした者であって当該一酸化炭素等発散防止装置指定自動車を譲渡しようとするもの
三 認定低減性能向上改造自動車	改造認定告示第三条各号に掲げる者
四 特定輸入自動車	前条第四号の届出をした輸入自動車製作者等

（評価項目）

第三条 評価規程第三条第二項第一号ロの評価項目は、排気管から大気中に排出される排出物に含まれる次に掲げる物質の排出量とする。

一 一酸化炭素

二 非メタン炭化水素

三 窒素酸化物

四 粒子状物質

五 ホルムアルデヒド（メタノールを燃料とする自動車について第五条の認定を行う場合に限る。）

（試験方法）

第四条 評価規程第三条第二項第一号ハの試験方法は、次のとおりとする。

一 申請に係る自動車であって試験に供するもの（以下「試験車」という。）を、次の表の上欄に掲げる自動車の種類に応じ、自動車型式指定規則第三条第一項の規定による独立行政法人自動車技術総合機構に提示する自動車に係る走行の要件並びに同条第四項に規定する国土交通大臣が定める自動車及び国土交通大臣が定める書面（昭和五十八年運輸省告示第三百三十一号）第一条の表の備考第一号の走行条件A又は同表の備考第二号の走行条件Bにより同表の下欄に掲げる耐久走行距離を走行させること。

自動車の種類	耐久走行距離
イ 専ら乗用の用に供する乗車定員十人以下の普通自動車及び小型自動車（乗車定員十人の自動車であって、車両総重量が三・五トンを超えるものを除く。）	八〇、〇〇〇キロメートル
ロ 普通自動車及び小型自動車（イに掲げる自動車を除き、車両総重量が一・七トン以下のものに限る。）	八〇、〇〇〇キロメートル
ハ 普通自動車及び小型自動車（イに掲げる自動車を除き、車両総重量が一・七トン超三・五トン以下のものに限る。）	八〇、〇〇〇キロメートル

ニ　普通自動車及び小型自動車（イに掲げる自動車及びガソリンを燃料とする自動車を除き、車両総重量が三・五トン超八トン以下のものに限る。）	二五〇、〇〇〇キロメートル（ただし、液化石油ガス又は圧縮天然ガスを燃料とする自動車は、一八〇、〇〇〇キロメートル）
ホ　普通自動車及び小型自動車（イに掲げる自動車及びガソリンを燃料とする自動車を除き、車両総重量が八トン超十二トン以下のものに限る。）	四五〇、〇〇〇キロメートル（ただし、液化石油ガス又は圧縮天然ガスを燃料とする自動車は、一八〇、〇〇〇キロメートル）
ヘ　普通自動車及び小型自動車（イに掲げる自動車及びガソリンを燃料とする自動車を除き、車両総重量が十二トンを超えるものに限る。）	六五〇、〇〇〇キロメートル（ただし、液化石油ガス又は圧縮天然ガスを燃料とする自動車は、一八〇、〇〇〇キロメートル）
ト　専ら乗用の用に供する軽自動車	六〇、〇〇〇キロメートル
チ　軽自動車（専ら乗用の用に供するものを除く。）	六〇、〇〇〇キロメートル

二　次条第一号の表の下欄に掲げる基準に適合することについて同条の認定を受けようとする自動車（前号の表の二、ホ及びヘに規定する自動車を除く。）は、前号の規定により試験車が走行したのち、次の表の上欄に掲げる自動車の種類に応じ、同表の中欄に掲げる排出物に含まれる前条各号に掲げる物質（以下「測定物質」という。）について、同表の下欄に掲げるそれぞれの値の測定を行うこと。

自動車の種類	排出物	値
イ　道路運送車両の保安基準第二章及び第三章の規定の適用関係の整理のため必要な事項を定める告示（平成十五年国土交通省告示第千三百十八号。以下「適用関係告示」という。）第二十八条第百八項及び第百三十三項の適用を受ける自動車	道路運送車両の保安基準の細目を定める告示の一部を改正する告示（平成十八年国土交通省告示第千二百六十八号）による改正前の道路運送車両の保安基準の細目を定める告示（平成十四年国土交通省告示第六百十九号。以下「細目告示」という。）別添四十二「軽・中量車排出ガスの測定方法」に規定する十・十五モード法により運行する場合に発生し、排気管から大気中に排出される排出物（以下「十・十五モード法排出物」という。）及び細目告示別添四十二「軽・中量車排出ガスの測定方法」に規定するJC〇八Cモード法により運行する場合に発生し、当該排気管から大気中に排出される排出物（以下「JC〇八Cモード法排出物」という。）	十・十五モード法排出物に含まれる測定物質の走行距離一キロメートル当たりの排出量をグラムで表した値（非メタン炭化水素にあっては、炭素数当量による容量比で表した値をグラムに換算した値）に〇・七五を乗じた値に、JC〇八Cモード法排出物に含まれる測定物質の走行距離一キロメートル当たりの排出量をグラムで表した値（非メタン炭化水素にあっては、炭素数当量による容量比で表した値をグラムに換算した値）に〇・二五を乗じた値を加算した値
ロ　イ以外の自動車	細目告示別添四十二「軽・中量車排出ガスの測定方法」に規定するJC〇八Hモード法により運行する場合に発生し、当該排気管から大気中に排出される排出物（以下「JC〇八Hモード法排出物」という。）及びJC〇八Cモード法排出物	JC〇八Hモード法排出物に含まれる測定物質の走行距離一キロメートル当たりの排出量をグラムで表した値（非メタン炭化水素にあっては、炭素数当量による容量比で表した値をグラムに換算した値）に〇・七五を乗じた値に、JC〇八Cモード法排出物に含まれる測定物質の走行距離一キロメートル当たりの排出量をグラムで表した値（非メタン炭化水素にあっては、炭素数当量による容量比で表した値をグラムに換算した値）に〇・二五を乗じた値を加算した値

三　次条第二号の表の下欄に掲げる基準に適合することについて同条の認定を受けようとする自動車は、第一号の規定により試験車が走行したのち、次の表の上欄に掲げる自動車の種類に応じ、同表の中欄に掲げる排出物に含まれる測定物質について、同表の下欄に掲げるそれぞれの値の測定を行うこと。

自動車の種類	排出物	値
普通自動車及び小型自動車（専ら乗用の用に供する乗車定員九人以下の自動車及びガソリンを燃料とする自動車を除き、車両総重量が三・五トンを超えるものに限る。）	道路運送車両の保安基準の細目を定める告示の一部を改正する告示（平成二十七年国土交通省告示第八百二十六号）による改正前の細目告示別添四十一「重量車排出ガスの測定方法」に規定する、JE〇五モード法により運行する場合に発生し、当該排気管から大気中に排出される排出物（以下「JE〇五モード法排出物」という。）	排出量をグラムで表した値（非メタン炭化水素にあっては、炭素数当量による容量比で表した値をグラムに換算した値）を、JE〇五モード法により運行する場合に発生した仕事量をキロワット時で表した値でそれぞれ除して得た値

四　次条第三号の表の下欄に掲げる基準に適合することについて同条の認定を受けようとする自動車は、第一号の規定により試験車が走行したのち、次の表の上欄に掲げる自動車の種類に応じ、同表の中欄に掲げる排出物に含まれる測定物質について、同表の下欄に掲げるそれぞれの値の測定を行うこと。

自動車の種類	排出物	値
乗車定員十人以下の普通自動車小型自動車及び軽自動車（専ら乗用の用に供する自動車のうち、乗車定員十人の自動車であって、車両総重量が三・五トンを超えるものを除く。）	細目告示別添四十二「軽・中量車排出ガスの測定方法」に規定するＷＬＴＣモード法により運行する場合に発生し、当該排気管から大気中に排出される排出物（以下「ＷＬＴＣモード法排出物」という。）	ＷＬＴＣモード法排出物に含まれる測定物質の走行距離一キロメートル当たりの排出量をグラムで表した値（非メタン炭化水素にあっては、炭素数当量による容量比で表した値をグラムに換算した値）及び粒子状物質の走行距離一キロメートル当たりの排出量を粒子数で表した値

五　申請に係る自動車が専ら電気を動力源とするものである場合には、前四号の規定にかかわらず、排出物に測定物質が含まれていないものとみなすこと。

（評価方法）

第五条　評価規程第三条第二項第一号ニの評価方法は、申請に係る自動車が、次のいずれかの表の上欄に掲げる自動車の種類に応じ、同表の下欄に掲げる基準に適合することについて認定を行うことによるものとする。

一　前条第二号に規定する試験方法による場合

自動車の種類	基準
イ　前条第一号の表のイ、ロ及びトに規定する自動車（ホに掲げる自動車を除く。）	別表第一各号の基準のいずれか
ロ　前条第一号の表のハに規定する自動車（ニ及びヘに掲げる自動車を除く。）	別表第二各号の基準のいずれか
ハ　前条第一号の表のチに規定する自動車（トに掲げる自動車を除く。）	別表第三各号の基準のいずれか
ニ　前条第一号の表のハに規定する自動車（軽油を燃料とする自動車のうち車両総重量が二・五トン超三・五トン以下のものに限る。）	別表第四第一号の基準
ホ　前条第一号の表のイ、ロ及びトに規定する自動車（圧縮天然ガスを燃料とする自動車に限る。）	別表第四第二号の基準
ヘ　前条第一号の表のハに規定する自動車（圧縮天然ガスを燃料とする自動車に限る。）	別表第四第三号の基準
ト　前条第一号の表チに規定する自動車（圧縮天然ガスを燃料とする自動車に限る。）	別表第四第四号の基準

二　前条第三号に規定する試験方法による場合

自動車の種類	基準
イ　前条第一号の表のニ、ホ及びヘに規定する自動車（ロ及びハに掲げる自動車を除く。）	別表第五第一号の基準
ロ　前条第一号の表のニ、ホ及びヘに規定する自動車（軽油を燃料とする自動車に限る。）	別表第五第二号の基準
ハ　前条第一号の表のニ、ホ及びヘに規定する自動車（圧縮天然ガスを燃料とする自動車に限る。）	別表第五第三号の基準

三　前条第四号に規定する試験方法による場合

自動車の種類	基準
イ　前条第一号の表のイ、ロ及びトに規定する自動車（軽油又は圧縮天然ガスを燃料とする自動車を除く。）	別表第六各号の基準のいずれか
ロ　前条第一号の表のハに規定する自動車（軽油又は圧縮天然ガスを燃料とする自動車を除く。）	別表第七各号の基準のいずれか
ハ　前条第一号の表チに規定する自動車（軽油又は圧縮天然ガスを燃料とする自動車を除く。）	別表第八各号の基準のいずれか

（国土交通大臣が認定の実施のために必要と認める事項）

第六条　評価規程第三条第二項第一号ホの国土交通大臣が認定の実施のために必要と認める事項は、次のとおりとする。

一　申請及び第五条の認定は、自動車の型式又は認定低減性能向上改造ごとに行うものとすること。

二　申請は、次の表の上欄に掲げる自動車にあっては、同表の下欄に掲げる時期に行うものとすること。

自動車	時期
イ　型式指定自動車	当該型式指定自動車に係る道路運送車両法第七十五条第一項の申請をした時以降
ロ　一酸化炭素等発散防止装置指定自動車	当該一酸化炭素等発散防止装置指定自動車に備える一酸化炭素等発散防止装置について道路運送車両法第七十五条の三第一項の申請をした時以降
ハ　認定低減性能向上改造自動車	改造認定告示第四条の申請をした時以降
ニ　特定輸入自動車	第一条第四号の届出をした時以降

三　次の表の上欄に掲げる自動車について同表の下欄に掲げる指定、改造認定又は届出により、第四条第二号から第四号までの試験方法により測定された値及び製作等の精度等を勘案して自動車製作者等が定める値（以下「諸元値」という。）が確定した場合には、当該諸元値により前条の認定を行うものとすること。

自動車	指定、改造認定又は届出
イ　型式指定自動車	当該型式指定自動車に係る道路運送車両法第七十五条第一項の指定
ロ　一酸化炭素等発散防止装置指定自動車	当該一酸化炭素等発散防止装置指定自動車に備える一酸化炭素等発散防止装置に係る道路運送車両法第七十五条の三第一項の指定
ハ　認定低減性能向上改造自動車	改造認定
ニ　特定輸入自動車	第一条第四号の届出

四　前条の認定は、前号の表の上欄に掲げる自動車にあっては、同表の下欄に掲げる指定、改造認定又は届出をした時以後に行うものとすること。

第六条の二　国土交通大臣は、第五条の認定が行われた自動車について、不正の手段により当該認定を受けたことが判明したときは、当該認定を取り消すことができる。この場合において、国土交通大臣は、取消しの日までに製作された自動車について取消しの効力の及ぶ範囲を限定することができる。

2　国土交通大臣は、前項の規定により、第五条の認定が行われた自動車につき、当該認定を取り消す場合には、あらかじめ、当該自動車に係る第二条の申請者の意見を聴くものとする。

（公表項目）

第七条　評価規程第三条第二項第二号イの公表項目は、第五条の認定が行われている自動車ごとに、型式指定自動車又は一酸化炭素等発散防止装置指定自動車にあっては第一号から第四号までに、認定低減性能向上改造自動車にあっては第一号から第八号までに掲げるものとする。

一　車名及び型式（一酸化炭素等発散防止装置指定自動車にあっては、当該一酸化炭素等発散防止装置指定自動車に備える一酸化炭素等発散防止装置の名称及び型式を含む。）

二　第五条の認定に係る基準

三　第五条の認定に係る測定物質の第四条第二号、第三号又は第四号の値

四　当該自動車に係る第二条の申請者の氏名又は名称

五　認定低減性能向上改造自動車の種類

六　認定低減性能向上改造を行った原動機又は燃料装置の名称

七　認定低減性能向上改造後の自動車の燃料の種別

八　認定低減性能向上改造自動車に係る認定番号

2　国土交通大臣は前条第一項の規定による認定の取消しをしたときは、その旨を公表するものとする。

（公表方法）

第八条　評価規程第三条第二項第二号ロの公表方法は、インターネット等とする。

附　則

この告示は、平成十二年四月一日から施行する。

附　則（平一二・一二・二一運告三九五）

この告示は、平成十三年一月六日から施行する。

附　則（平一三・三・二八国交告三三三）

この告示は、平成十三年四月一日から施行する。

前　文（抄）（平一四・七・二九国交告六八一）

平成十四年九月一日から適用する。

附　則（平一五・九・二六国交告一三二二）

この告示は、平成十五年十月一日から施行する。

附　則（平一八・三・一七国交告三五二）

（施行期日）

第一条 この告示は、平成十八年四月一日から施行する。

（経過措置）

第二条 普通自動車及び小型自動車（専ら乗用の用に供する乗車定員十人以下の自動車を除き、車両総重量が八トン超のものに限る。）のうち、別表第六各号の基準及び別表第八各号の基準（軽油を燃料とする自動車に限る。）のいずれかに適合することについて認定を受けようとするものについては、改正後の低排出ガス車認定実施要領第四条第一号の表のホ及びへの規定にかかわらず、なお従前の例による。

附　則（平一九・二・一五国交告一三二）

（経過措置）

普通自動車及び小型自動車（専ら乗用の用に供する乗車定員十人以下の自動車を除き、車両総重量が三・五トン超のものに限る。）のうち、別表第六各号の基準及び別表第八各号の基準のいずれかに適合することについて認定を受けようとするものについては、改正後の低排出ガス車認定実施要領第四条第一号の表ニ、ホ及びへの規定にかかわらず、なお従前の例による。

附　則（平二一・三・三〇国交告三四二）

この告示は、公布の日から施行する。

附　則（平二四・二・一六国交告一七三）

この告示は、公布の日から施行する。

附　則（平二七・七・一国交告八二九）

この告示は、公布の日から施行する。

附　則（平二八・四・一国交告六一九）

この告示は、平成二十八年四月一日から施行する。

附　則（平二九・三・二九国交告二四八）

この告示は、平成二十九年四月一日から施行する。

附　則（平三〇・四・二〇国交告六二四）

この告示は、平成三十年八月一日から施行する。

附　則（令五・三・三一国交告二六二）

この告示は、令和五年四月一日から施行する。

別表第一　第五条第一号の表イの自動車に係る第五条の認定の基準（第五条関係）

基準	当該基準の内容 第四条第二号の排出物に含まれる測定物質について同表の下欄に掲げるそれぞれの値				
	一酸化炭素	非メタン炭化水素	窒素酸化物	粒子状物質	ホルムアルデヒド
一　平成十七年基準排出ガス五十%低減レベル	一・一五以下	〇・〇一三超〇・〇二五以下	〇・〇一三超〇・〇二五以下	微量	〇・〇二五以下
二　平成十七年基準排出ガス七十五%低減レベル	一・一五以下	〇・〇一三以下	〇・〇一三以下	微量	〇・〇二五以下

備考（略）

一　この表において「微量」とは、排出がないとみなされる程度であることをいう。

二　この表において申請に係る自動車が適合する基準の選定の方法は、次のとおりとする。

イ　各々の測定物質について、この表に掲げる順序に従い、後順位の基準に適合するものとすること。

ロ　試験車についてイにより各々の測定物質が適合することとされた基準のうち、この表に掲げる順序に従い、先順位の基準に適合するものとすること。

別表第二　第五条第一号の表ロの自動車に係る第五条の認定の基準（第五条関係）

基準	当該基準の内容 第四条第二号の排出物に含まれる測定物質について同表の下欄に掲げるそれぞれの値				
	一酸化炭素	非メタン炭化水素	窒素酸化物	粒子状物質	ホルムアルデヒド
一　平成十七年基準排出ガス五十%低減レベル	二・五五以下	〇・〇一三超〇・〇二五以下	〇・〇一八超〇・〇三五以下	微量	〇・〇二五以下
二　平成十七年基準排出ガス七十五%低減レベル	二・五五以下	〇・〇一三以下	〇・〇一八以下	微量	〇・〇二五以下

備考

一　別表第一の備考第一号の規定は、この表における用語の定義に準用する。

二　別表第一の備考第二号の規定は、この表において申請に係る自動車が適合する基準の選定の方法に準用する。

別表第三　第五条第一号の表ハの自動車に係る第五条の認定の基準（第五条関係）

基準	当該基準の内容 第四条第二号の排出物に含まれる測定物質について同表の下欄に掲げるそれぞれの値				
	一酸化炭素	非メタン炭化水素	窒素酸化物	粒子状物質	ホルムアルデヒド
一　平成十七年基準排出ガス五十%低減レベル	四・〇二以下	〇・〇一三超〇・〇二五以下	〇・〇一三超〇・〇二五以下	微量	〇・〇二五以下
二　平成十七年基準排出ガス七十五%低減レベル	四・〇二以下	〇・〇一三以下	〇・〇一三以下	微量	〇・〇二五以下

備考

一　別表第一の備考第一号の規定は、この表における用語の定義に準用する。

二　別表第一の備考第二号の規定は、この表において申請に係る自動車が適合する基準の選定の方法に準用する。

別表第四　第五条第一号の表ニ、ホ、ヘ及びトの自動車に係る第五条の認定の基準（第五条関係）

基準	当該基準の内容（第四条第二号の排出物に含まれる測定物質について同表の下欄に掲げるそれぞれの値）			
	一酸化炭素	非メタン炭化水素	窒素酸化物	粒子状物質
一　平成二十一年基準排出窒素酸化物十％低減かつ平成二十一年基準排出粒子状物質十％低減レベル	〇・六三以下	〇・〇二四以下	〇・一三五以下	〇・〇〇六三以下
二　平成二十一年基準排出窒素酸化物十％低減レベル	一・一五以下	〇・〇五以下	〇・〇七二以下	微量
三　平成二十一年基準排出窒素酸化物十％低減レベル	二・五五以下	〇・〇五以下	〇・一三五以下	微量
四　平成二十一年基準排出窒素酸化物十％低減レベル	四・〇二以下	〇・〇五以下	〇・〇七二以下	微量

備考
別表第一の備考第一号の規定は、この表における用語の定義に準用する。

別表第五　第五条第二号の表の自動車に係る第五条の認定の基準（第五条関係）

基準	当該基準の内容（第四条第三号の排出物に含まれる測定物質について同表の下欄に掲げるそれぞれの値）			
	一酸化炭素	非メタン炭化水素	窒素酸化物	粒子状物質
一　平成二十一年基準排出窒素酸化物十％低減かつ平成二十一年基準排出粒子状物質十％低減レベル	十六・〇以下	〇・二三以下	〇・六三以下	〇・〇〇九以下
二　平成二十一年基準排出窒素酸化物十％低減かつ平成二十一年基準排出粒子状物質十％低減レベル	二・二二以下	〇・一七以下	〇・六三以下	〇・〇〇九以下
三　平成二十一年基準排出窒素酸化物十％低減レベル	十六・〇以下	〇・二三以下	〇・六三以下	微量

備考
別表第一の備考第一号の規定は、この表における用語の定義に準用する。

別表第六　第五条第三号の表イの自動車に係る第五条の認定の基準（第五条関係）

基準	当該基準の内容 第四条第二号の排出物に含まれる測定物質について同表の下欄に掲げるそれぞれの値			
	一酸化炭素	非メタン炭化水素	窒素酸化物	粒子状物質
一　平成三十年基準排出ガス二十五%低減レベル	一・一五以下	〇・〇五超〇・〇七五以下	〇・〇二五超〇・〇三八以下	微量
二　平成三十年基準排出ガス五十%低減レベル	一・一五以下	〇・〇二五超〇・〇五以下	〇・〇一三超〇・〇二五以下	微量
三　平成三十年基準排出ガス七十五%低減レベル	一・一五以下	〇・〇二五以下	〇・〇一三以下	微量

備考
一　別表第一の備考第一号の規定は、この表における用語の定義に準用する。
二　別表第一の備考第二号の規定は、この表において申請に係る自動車が適合する基準の選定の方法に準用する。

別表第七　第五条第三号の表ロの自動車に係る第五条の認定の基準（第五条関係）

基準	当該基準の内容 第四条第二号の排出物に含まれる測定物質について同表の下欄に掲げるそれぞれの値			
	一酸化炭素	非メタン炭化水素	窒素酸化物	粒子状物質
一　平成三十年基準排出ガス二十五%低減レベル	二・五五以下	〇・〇七五超〇・一一三以下	〇・〇三五超〇・〇五三以下	微量
二　平成三十年基準排出ガス五十%低減レベル	二・五五以下	〇・〇三八超〇・〇七五以下	〇・〇一八超〇・〇三五以下	微量
三　平成三十年基準排出ガス七十五%低減レベル	二・五五以下	〇・〇三八以下	〇・〇一八以下	微量

備考
一　別表第一の備考第一号の規定は、この表における用語の定義に準用する。
二　別表第一の備考第二号の規定は、この表において申請に係る自動車が適合する基準の選定の方法に準用する。

別表第八　第五条第三号の表八の自動車に係る第五条の認定の基準（第五条関係）

基準	当該基準の内容			
	第四条第二号の排出物に含まれる測定物質について同表の下欄に掲げるそれぞれの値			
	一酸化炭素	非メタン炭化水素	窒素酸化物	粒子状物質
一　平成三十年基準排出ガス二十五％低減レベル	四・〇二以下	〇・〇五超〇・〇七五以下	〇・〇二五超〇・〇三八以下	微量
二　平成三十年基準排出ガス五十％低減レベル	四・〇二以下	〇・〇二五超〇・〇五以下	〇・〇一三超〇・〇二五以下	微量
三　平成三十年基準排出ガス七十五％低減レベル	四・〇二以下	〇・〇二五以下	〇・〇一三以下	微量

備考
一　別表第一の備考第一号の規定は、この表における用語の定義に準用する。
二　別表第一の備考第二号の規定は、この表において申請に係る自動車が適合する基準の選定の方法に準用する。

○自動車から排出される窒素酸化物及び粒子状物質の特定地域における総量の削減等に関する特別措置法（抄）

（平成四年六月三日法律第七十号）

最終改正　令元法二四

第一章　総則

（目的）

第一条　この法律は、自動車から排出される窒素酸化物及び粒子状物質による大気の汚染の状況にかんがみ、その汚染の防止に関して国、地方公共団体、事業者及び国民の果たすべき責務を明らかにするとともに、その汚染が著しい特定の地域について、自動車から排出される窒素酸化物及び粒子状物質の総量の削減に関する基本方針及び計画を策定し、当該地域内に使用の本拠の位置を有する一定の自動車につき窒素酸化物排出基準及び粒子状物質排出基準を定め、並びに事業活動に伴い自動車から排出される窒素酸化物及び粒子状物質の排出の抑制のための所要の措置を講ずること等により、大気汚染防止法（昭和四十三年法律第九十七号）による措置等と相まって、二酸化窒素及び浮遊粒子状物質による大気の汚染に係る環境基準の確保を図り、もって国民の健康を保護するとともに生活環境を保全することを目的とする。

（定義）

第二条　この法律において「自動車」とは、道路運送車両法（昭和二十六年法律第百八十五号）第二条第二項に規定する自動車（大型特殊自動車及び小型特殊自動車を除く。）をいう。

2　この法律において「自動車排出窒素酸化物」とは、自動車の運行に伴って発生し、大気中に排出される窒素酸化物をいう。

3　この法律において「自動車排出粒子状物質」とは、自動車の運行に伴って発生し、大気中に排出される粒子状物質をいう。

（国及び地方公共団体の責務）

第三条　国は、自動車排出窒素酸化物及び自動車排出粒子状物質（以下「自動車排出窒素酸化物等」という。）による大気の汚染の防止に関する基本的かつ総合的な施策（自動車排出窒素酸化物等に係る大気汚染防止法第三章、第四章及び第五章の規定による措置を含む。）を策定し、及び実施するとともに、地方公共団体が実施する自動車排出窒素酸化物等による大気の汚染の防止に関する施策を推進するために必要な助言その他の措置を講ずるように努めなければならない。

2　地方公共団体は、当該地域の自然的、社会的条件に応じた自動車排出窒素酸化物等による大気の汚染の防止に関する施策の実施に努めなければならない。

（事業者の責務）

第四条　事業者は、その事業活動に伴う自動車排出窒素酸化物等の排出の抑制のために必要な措置を講ずるように努めるとともに、国又は地方公共団体が実施する自動車排出窒素酸化物等による大気の汚染の防止に関する施策に協力しなければならない。

2　自動車の製造又は販売（以下この項において「製造等」という。）を業とする者は、当該自動車の製造等に際して、その製造等に係る自動車が使用されることにより排出される自動車排出窒素酸化物等による大気の汚染の防止に資するように努めなければならない。

（国民の責務）

第五条　国民は、自動車を運転し、若しくは使用し、又は交通機関を利用するに当たっては、自動車排出窒素酸化物等の排出が抑制されるように努めるとともに、国又は地方公共団体が実施する自動車排出窒素酸化物等による大気の汚染の防止に関する施策に協力しなければならない。

第三章　自動車排出窒素酸化物等の総量の削減に関する特別の措置

第一節　窒素酸化物排出自動車等に関する措置

（窒素酸化物排出基準等）

第十二条　環境大臣は、自動車の種類、排出状況（窒素酸化物対策地域及び粒子状物質対策地域における自動車排出窒素酸化物等の排出状況をいう。第三十三条において同じ。）等を勘案し、環境省令で、窒素酸化物排出自動車（その運行に伴って排出される自動車排出窒素酸化物が窒素酸化物対策地域における大気の汚染の主要な原因となるものとして政令で定める自動車であって、窒素酸化物対策地域内に使用の本拠の位置を有するものをいう。次項及び同条において同じ。）にあっては窒素酸化物の排出量に関する基準（以下「窒素酸化物排出基準」という。）を、粒子状物質排出自動車（その運行に伴って排出される自動車排出粒子状物質が粒子状物質対策地域における大気の汚染の主要な原因となるものとして政令で定める自動車であって、粒子状物質対策地域内に使用の本拠の位置を有するものをいう。同項及び同条において同じ。）にあっては粒子状物質の排出量に関する基準（以下「粒子状物質排出基準」という。）を定めなければならない。

2　窒素酸化物排出基準及び粒子状物質排出基準は、窒素酸化物排出自動車又は粒子状物質排出自動車の一定の条件における運行に伴って発生し、大気中に排出される自動車排出窒素酸化物又は自動車排出粒子状物質の量について、窒素酸化物排出自動車又は粒子状物質排出自動車の車両総重量（道路運送車両法第四十条第三号に掲げる車両総重量をいう。）につき環境省令で定める区分ごとに定める許容限度とする。

3 環境大臣は、窒素酸化物排出基準又は粒子状物質排出基準を定めようとするときは、窒素酸化物対策地域又は粒子状物質対策地域をその区域の全部又は一部とする都道府県の意見を聴かなければならない。これを変更し、又は廃止しようとするときも、同様とする。

（経過措置）

第十三条 前条第一項の窒素酸化物対策地域における大気の汚染の主要な原因となるものとして政令で定める自動車（以下この項において「指定自動車」という。）であって一の地域が窒素酸化物対策地域となった際現にその地域内に使用の本拠の位置を有するものを現に使用する者又は一の自動車が指定自動車となった際現に窒素酸化物対策地域内に使用の本拠の位置を有するその自動車を現に使用する者が、当該自動車を引き続き窒素酸化物対策地域内に使用の本拠を置いて使用する場合における当該自動車については、自動車の種別及び車齢（自動車が初めて道路運送車両法第四条の規定により運行の用に供することができることとなった日から一の地域が窒素酸化物対策地域となった日又は一の自動車が指定自動車となった日までの期間をいう。）について政令で定める区分に応じ政令で定める期間が経過する日までの間は、窒素酸化物排出基準は、適用しない。

2 環境大臣は、前項の区分又は期間を定める政令の制定又は改廃の立案をしようとするときは、関係都道府県の意見を聴かなければならない。

3 第一項の規定は、前条第一項の粒子状物質対策地域における大気の汚染の主要な原因となるものとして政令で定める自動車について準用する。この場合において、第一項中「窒素酸化物対策地域」とあるのは「粒子状物質対策地域」と、「窒素酸化物排出基準」とあるのは「粒子状物質排出基準」と読み替えるものとする。

4 第二項の規定は、前項において準用する第一項の区分又は期間を定める政令について準用する。

（窒素酸化物排出基準等に係る道路運送車両法に基づく命令）

第十四条 国土交通大臣は、自動車排出窒素酸化物等による大気の汚染の防止を図るため、窒素酸化物排出基準及び粒子状物質排出基準が確保されるように考慮して、道路運送車両法に基づく命令を定めなければならない。

第三節　事業者に関する措置

（事業者の判断の基準となるべき事項）

第三十一条 製造業、運輸業その他の事業を所管する大臣（以下「事業所管大臣」という。）は、窒素酸化物対策地域及び粒子状物質対策地域における自動車排出窒素酸化物等による大気の汚染の防止を図るため、窒素酸化物総量削減基本方針及び粒子状物質総量削減基本方針に基づき、事業活動に伴う自動車排出窒素酸化物等の排出の抑制のために必要な計画的に取り組むべき措置その他の措置に関し、その所管に係る事業を行う者の判断の基準となるべき事項を定め、これを公表するものとする。

2 前項に規定する判断の基準となるべき事項は、事業活動に係る自動車の使用の状況、自動車排出窒素酸化物等の排出の抑制に関する技術水準その他の事情を勘案して定めるものとし、これらの事情の変動に応じて必要な改定をするものとする。

3 事業所管大臣は、第一項に規定する判断の基準となるべき事項を定めようとするときは、あらかじめ、環境大臣に協議しなければならない。これを変更し、又は廃止しようとするときも、同様とする。

4 環境大臣は、窒素酸化物対策地域及び粒子状物質対策地域における自動車排出窒素酸化物等の排出の抑制を図るために必要があると認めるときは、第一項に規定する判断の基準となるべき事項に関し、事業所管大臣に対し、意見を述べることができる。

（指導及び助言）

第三十二条 都道府県知事は、窒素酸化物対策地域及び粒子状物質対策地域における自動車排出窒素酸化物等の排出の抑制を図るために必要があると認めるときは、事業者に対し、前条第一項に規定する判断の基準となるべき事項を勘案して、その事業活動に伴う自動車排出窒素酸化物等の排出の抑制について必要な指導及び助言をすることができる。

（対象自動車を使用する事業者による計画の作成）

第三十三条 窒素酸化物排出自動車、粒子状物質排出自動車その他の窒素酸化物対策地域内又は粒子状物質対策地域内に使用の本拠の位置を有する自動車であって、政令で定めるもの（以下この条において「対象自動車」という。）を使用する事業者は、その対象自動車のうち、排出状況その他の事情を勘案して政令で定める台数以上のものが一の都道府県の区域内にその使用の本拠の位置を有するときは、主務省令で定めるところにより、第三十一条第一項に規定する判断の基準となるべき事項において定められた事業活動に伴う自動車排出窒素酸化物等の排出の抑制のために必要な計画的に取り組むべき措置であって、その一の都道府県の区域内にその使用の本拠の位置を有する対象自動車（以下この条及び第三十五条第一項において「特定自動車」という。）に係るものの実施に関する計画を作成し、当該特定自動車の使用の本拠の位置の属する都道府県の知事に提出しなければならない。

（定期の報告）

第三十四条 前条の規定により同条の計画を作成すべき事業者（次条及び第四十一条第二項において「特定事業者」という。）は、毎年、主務省令で定めるところにより、その事業活動に伴う自動車排出窒素酸化物等の排出の抑制のために必要な措置の実施の状況に関し、主務省令で定める事項を都道府県知事に報告しなければならない。

（勧告及び命令）

第三十五条 都道府県知事は、特定事業者の事業活動に伴う自動車排出窒素酸化物等の排出であって、特定自動車に係るものの抑制が第三十一条第一項に規定する判断の基準となるべき事項に照らして著しく不十分であると認めるときは、当該特定事業者に対し、その判断の根拠を示して、その事業活動に伴う自動車排出窒素酸化物等の排出であって、特定自動車に係るものの抑制に関し必要な措置を執るべき旨の勧告をすることができる。

2 都道府県知事は、前項に規定する勧告を受けた特定事業者がその勧告に従わなかったときは、その旨を公表することができる。

3　都道府県知事は、第一項に規定する勧告を受けた特定事業者が、前項の規定によりその勧告に従わなかった旨を公表された後において、なお、正当な理由がなくてその勧告に係る措置を執らなかったときは、当該特定事業者に対し、その勧告に係る措置を執るべきことを命ずることができる。

第三十六条（周辺地域内自動車を使用する事業者による計画の作成）　第十二条第一項の窒素酸化物対策地域における大気の汚染の主要な原因となるものとして政令で定める自動車又は同項の粒子状物質対策地域における大気の汚染の主要な原因となるものとして政令で定める自動車（以下この条において「窒素酸化物等排出自動車」と総称する。）であって、周辺地域内に使用の本拠の位置を有するもの（以下「周辺地域内自動車」という。）を使用する事業者は、次の各号のいずれにも該当するときは、主務省令で定めるところにより、第三十一条第一項に規定する判断の基準となるべき事項において定められた事業活動に伴う自動車排出窒素酸化物等の排出の抑制のために必要な計画的に取り組むべき措置であって、指定地区内において運行される周辺地域内自動車に係るものの実施に関する計画を作成し、当該指定地区をその区域に含む都道府県の知事に提出しなければならない。

一　当該事業者の使用する周辺地域内自動車のうち政令で定める台数以上のものが一の都道府県の区域内にその使用の本拠の位置を有するとき。

二　主務省令で定めるところにより算定した、当該事業者の使用する前号の一の都道府県の区域内にその使用の本拠の位置を有する周辺地域内自動車を指定地区内において運行する回数が、主務省令で定める回数以上であるとき。

2　前項の「周辺地域」とは、窒素酸化物対策地域又は粒子状物質対策地域の周辺の地域であって、その地域内に使用の本拠の位置を有する窒素酸化物等排出自動車が指定地区内において相当程度運行されていると認められる地域として、指定地区ごとに主務省令で定めるものをいう。

3　前二項の「指定地区」とは、窒素酸化物重点対策地区又は粒子状物質重点対策地区のうち、窒素酸化物対策地域外又は粒子状物質対策地域外に使用の本拠の位置を有する窒素酸化物等排出自動車に係る自動車排出窒素酸化物等による大気の汚染の防止を図るための対策を推進することが必要であると認められる地区として、環境大臣が指定するものをいう。

4　前項の規定による指定は、都道府県知事の申出に基づいて行うものとする。

5　環境大臣は、第三項の規定による指定をしようとするときは、事業所管大臣に協議しなければならない。

6　環境大臣は、第三項の規定による指定をしたときは、その旨を公示しなければならない。

（定期の報告）

第三十七条　前条第一項の規定により同項の計画を作成すべき事業者（以下「周辺地域内事業者」という。）は、毎年、主務省令で定めるところにより、その事業活動に伴う指定地区（同条第三項に規定する指定地区をいう。以下同じ。）における自動車排出窒素酸化物等の排出の抑制のために必要な措置の実施の状況に関し、主務省令で定める事項を当該指定地区をその区域に含む都道府県の知事に報告しなければならない。

（指導及び助言）

第三十八条　指定地区をその区域に含む都道府県の知事は、当該指定地区における周辺地域内自動車に係る自動車排出窒素酸化物等の排出の抑制を図るために必要と認めるときは、周辺地域内事業者に対し、第三十一条第一項に規定する判断の基準となるべき事項を勘案して、その事業活動に伴う当該指定地区における自動車排出窒素酸化物等の排出であって周辺地域内自動車に係るものの抑制について必要な指導及び助言をすることができる。

（勧告及び公表）

第三十九条　指定地区をその区域に含む都道府県の知事は、周辺地域内事業者の事業活動に伴う当該指定地区における自動車排出窒素酸化物等の排出であって、周辺地域内自動車に係るものの抑制が第三十一条第一項に規定する判断の基準となるべき事項に照らして著しく不十分であると認めるときは、当該周辺地域内事業者に対し、その判断の根拠を示して、その事業活動に伴う当該指定地区における自動車排出窒素酸化物等の排出であって、周辺地域内自動車に係るものの抑制に関し必要な措置を執るべき旨の勧告をすることができる。

2　前項の規定による勧告をした都道府県知事は、同項に規定する勧告を受けた周辺地域内事業者が、正当な理由がなくてその勧告に従わなかったときは、その旨を公表することができる。

（事業者の努力）

第四十条　事業者は、その使用する周辺地域内自動車を窒素酸化物対策地域内又は粒子状物質対策地域内において運行する場合にあっては、第十四条の規定による道路運送車両法第四十一条第一項に基づく技術基準に適合したものを使用するように努めなければならない。

2　窒素酸化物対策地域内又は粒子状物質対策地域内において、貨物自動車運送事業法（平成元年法律第八十三号）の規定による貨物自動車運送事業者又は貨物利用運送事業法（平成元年法律第八十二号）の規定による第二種貨物利用運送事業を経営する者に周辺地域内自動車を使用した貨物の運送を継続して行わせる事業者は、第三十一条第一項に規定する判断の基準となるべき事項の定めるところに留意して、計画的な運送の委託を行うことによる定量で提供される輸送力の利用効率の向上その他の措置を適確に実施することにより、貨物の運送に係る自動車排出窒素酸化物等の排出の抑制に資するよう努めなければならない。

（報告及び立入検査）

第四十一条　都道府県知事は、第三十三条の規定の施行に必要な限度において、政令で定めるところにより、対象自動車を使用する事業者に対し、その使用する対象自動車の台数を報告させ、又はその職員に、対象自動車を使用する事業者の事務所その他の事業場に立ち入り、帳簿、書類その他の物件を検査させることができる。

2　都道府県知事は、第三十四条及び第三十五条の規定の施行に必要な限度において、政令で定めるところにより、特定事業者に対し、その業務の状況に関し報告させ、又はその職員に、特定事業者の事務所その他の事業場に立ち入り、帳簿、書類その他の物件を検査させることができる。

3　都道府県知事は、第三十六条第一項の規定の施行に必要な限度において、政令で定めるところにより、周辺地域内自動車を使用する事業者に対し、その使用する周辺地域内自動車の台数及び指定地区内における運行の状況に関し報告させ、又はその職員に、周辺地域内自動車を使用する事業者の事務所その他の事業場に立ち入り、帳簿、書類その他の物件を検査させることができる。

4 都道府県知事は、第三十七条及び第三十九条の規定の施行に必要な限度において、政令で定めるところにより、周辺地域内事業者に対し、その業務の状況に関し報告させ、又はその職員に、周辺地域内事業者の事務所その他の事業場に立ち入り、帳簿、書類その他の物件を検査させることができる。

5 前各項の規定により立入検査をする職員は、その身分を示す証明書を携帯し、関係人に提示しなければならない。

6 第一項から第四項までの規定による立入検査の権限は、犯罪捜査のために認められたものと解釈してはならない。

（環境大臣への通知等）

第四十二条 都道府県知事は、第三十三条及び第三十六条第一項の規定による当該各条の計画の提出又は第三十四条及び第三十七条の規定による報告があったときは、主務省令で定めるところにより、当該計画の提出及び報告に係る事項を環境大臣に通知するものとする。

2 環境大臣は、前項の規定による通知があったときは、当該通知に係る事項を事業所管大臣に通知するものとする。

（自動車運送事業者等に関する特例）

第四十三条 道路運送法（昭和二十六年法律第百八十三号）の規定による自動車運送事業者及び貨物利用運送事業法の規定による第二種貨物利用運送事業を経営する者に対する第三十二条から第三十五条まで、第三十六条第一項、第三十七条から第三十九条まで及び第四十一条第一項から第四項までの規定の適用については、第三十二条、第三十四条、第三十五条、第三十九条第二項及び第四十一条第一項から第四項までの規定中「都道府県知事」とあり、第三十三条中「当該特定自動車の使用の本拠の位置の属する都道府県の知事」とあり、第三十六条第一項及び第三十七条中「当該指定地区をその区域に含む都道府県の知事」とあり、並びに第三十八条及び第三十九条第一項中「指定地区をその区域に含む都道府県の知事」とあるのは「国土交通大臣」と、第三十三条、第三十四条、第三十六条第一項各号列記以外の部分及び第三十七条中「主務省令」とあるのは「環境省令、国土交通省令」とする。

2 国土交通大臣は、前項の規定により読み替えて適用される第三十三条及び第三十六条第一項の規定による当該各条の計画の提出又は前項の規定により読み替えて適用される第三十四条及び第三十七条の規定による報告があったときは、遅滞なく、環境省令、国土交通省令で定めるところにより、その内容を環境大臣及び関係都道府県知事に通知するものとする。

3 環境大臣又は窒素酸化物対策地域若しくは粒子状物質対策地域をその区域の全部若しくは一部とする都道府県の知事は、窒素酸化物対策地域又は粒子状物質対策地域における自動車排出窒素酸化物等の排出の抑制を図るために必要があると認めるとき、又は事業活動に伴う指定地区における自動車排出窒素酸化物等の排出であって、周辺地域内自動車に係るものの抑制を図るために必要があると認めるときは、国土交通大臣に対し、第一項の規定により読み替えて適用される第三十二条、第三十五条、第三十八条、第三十九条又は第四十一条第一項から第四項までの規定による措置を執るべきことを要請することができる。

4 国土交通大臣は、前項の規定による要請があった場合において講じた措置を、環境大臣の要請を受けて講じたものにあっては環境大臣に、都道府県知事の要請を受けて講じたものにあっては当該都道府県知事に通知するものとする。

第四章　雑則

（権限の委任）

第四十四条 この法律に規定する環境大臣の権限は、政令で定めるところにより、その一部を地方環境事務所長に委任することができる。

2 この法律に規定する国土交通大臣の権限は、政令で定めるところにより、その一部を地方運輸局長に委任することができる。

3 前項の規定により地方運輸局長に委任された権限は、政令で定めるところにより、運輸監理部長又は運輸支局長に委任することができる。

（国の援助）

第四十六条 国は、電気自動車（専ら電気を動力源とする自動車をいう。）その他その運行に伴って排出される自動車排出窒素酸化物等がないか又はその量が相当程度少ない自動車の開発及び利用の促進並びに自動車排出窒素酸化物等の量がより少ない自動車への転換の促進に必要な資金の確保、技術的な助言その他の援助に努めるものとする。

（経過措置の命令への委任）

第四十七条 この法律の規定に基づき命令を制定し、又は改廃する場合においては、その命令で、その制定又は改廃に伴い合理的に必要と判断される範囲内において、所要の経過措置（罰則に関する経過措置を含む。）を定めることができる。

（主務省令）

第四十八条 この法律において主務省令は、環境大臣及び事業所管大臣の発する命令とする。

附　則（抄）

（施行期日）

1 この法律は、公布の日から起算して六月を超えない範囲内において政令で定める日から施行する。ただし、第六条第三項、第四項、第五項（総量削減基本方針の案の作成に係る部分に限る。）及び第六項並びに次項から附則第四項までの規定は公布の日から、第十条（第三項を除く。）、第十一条第一項及び第十二条の規定は公布の日から起算して一年六月を超えない範囲内において政令で定める日から施行する。

〔平四・一一政令三六四により、本文に係る部分は、平四・一二・一から、ただし書のうち一〇条（三項を除く。）、一一条一項及び一二条に係る部分は、平五・一二・一から施行〕

附　則（平一一・七・一六法八七抄）

（施行期日）

第一条 この法律は、平成十二年四月一日から施行する。ただし、次の各号に掲げる規定は、当該各号に定める日から施行する。

一 〔前略〕附則第七条、第十条、第十二条、第五十九条ただし書、第六十条第四項及び第五項、第七十三条、第七十七条、第百五十七条第四項から第六項まで、第百六十条、

一　第百六十三条、第百六十四条並びに第二百二条の規定　公布の日

二〜六　［略］

（国等の事務）

第百五十九条　この法律による改正前のそれぞれの法律に規定するもののほか、この法律の施行前において、地方公共団体の機関が法律又はこれに基づく政令により管理し又は執行する国、他の地方公共団体その他公共団体の事務（附則第百六十一条において「国等の事務」という。）は、この法律の施行後は、地方公共団体が法律又はこれに基づく政令により当該地方公共団体の事務として処理するものとする。

（処分、申請等に関する経過措置）

第百六十条　この法律（附則第一条各号に掲げる規定については、当該各規定。以下この条及び附則第百六十三条において同じ。）の施行前に改正前のそれぞれの法律の規定によりされた許可等の処分その他の行為（以下この条において「処分等の行為」という。）又はこの法律の施行の際現に改正前のそれぞれの法律の規定によりされている許可等の申請その他の行為（以下この条において「申請等の行為」という。）で、この法律の施行の日においてこれらの行為に係る行政事務を行うべき者が異なることとなるものは、附則第二条から前条までの規定又は改正後のそれぞれの法律（これに基づく命令を含む。）の経過措置に関する規定に定めるものを除き、この法律の施行の日以後における改正後のそれぞれの法律の適用については、改正後のそれぞれの法律の相当規定によりされた処分等の行為又は申請等の行為とみなす。

2　この法律の施行前に改正前のそれぞれの法律の規定により国又は地方公共団体の機関に対し報告、届出、提出その他の手続をしなければならない事項で、この法律の施行の日前にその手続がされていないものについては、この法律及びこれに基づく政令に別段の定めがあるもののほか、これを、改正後のそれぞれの法律の相当規定により国又は地方公共団体の相当の機関に対して報告、届出、提出その他の手続をしなければならない事項についてその手続がされていないものとみなして、この法律による改正後のそれぞれの法律の規定を適用する。

（不服申立てに関する経過措置）

第百六十一条　施行日前にされた国等の事務に係る処分であって、当該処分をした行政庁（以下この条において「処分庁」という。）に施行日前に行政不服審査法に規定する上級行政庁（以下この条において「上級行政庁」という。）があったものについての同法による不服申立てについては、施行日以後においても、当該処分庁に引き続き上級行政庁があるものとみなして、行政不服審査法の規定を適用する。この場合において、当該処分庁の上級行政庁とみなされる行政庁は、施行日前に当該処分庁の上級行政庁であった行政庁とする。

2　前項の場合において、上級行政庁とみなされる行政庁が地方公共団体の機関であるときは、当該機関が行政不服審査法の規定により処理することとされる事務は、新地方自治法第二条第九項第一号に規定する第一号法定受託事務とする。

（手数料に関する経過措置）

第百六十二条　施行日前においてこの法律による改正前のそれぞれの法律（これに基づく命令を含む。）の規定により納付すべきであった手数料については、この法律及びこれに基づく政令に別段の定めがあるもののほか、なお従前の例による。

（罰則に関する経過措置）

第百六十三条　この法律の施行前にした行為に対する罰則の適用については、なお従前の例による。

（その他の経過措置の政令への委任）

第百六十四条　この附則に規定するもののほか、この法律の施行に伴い必要な経過措置（罰則に関する経過措置を含む。）は、政令で定める。

2　附則第十八条、第五十一条及び第百八十四条の規定の適用に関して必要な事項は、政令で定める。

附　則（平一三・六・二七法七三抄）

（施行期日）

第一条　この法律は、公布の日から起算して六月を超えない範囲内において政令で定める日から施行する。ただし、次の各号に掲げる規定は、当該各号に定める日から施行する。

［平一三・一二政令四〇五により、平一三・一二・一五から施行］

一　第一条のうち自動車から排出される窒素酸化物の特定地域における総量の削減等に関する特別措置法第七条の次に二条を加える改正規定中同法第八条第三項（第六条第三項、第四項、第五項（案の作成に係る部分に限る。）及び第六項の準用に係る部分に限る。）に係る部分　公布の日

二　第二条中自動車から排出される窒素酸化物及び粒子状物質の特定地域における総量の削減等に関する特別措置法第六条第二項第二号の改正規定、同法第八条第二項第二号の改正規定、同法第十二条第三項の改正規定、同法第十三条に二項を加える改正規定（第四項に係る部分に限る。）及び同法第十五条の改正規定（第三項に係る部分に限る。）　公布の日から起算して九月を超えない範囲内において政令で定める日

［平一三・一二政令四〇五により、平一三・一二・二〇から施行］

三　第二条の規定（前号に掲げる規定を除く。）並びに次条及び附則第五条の規定　公布の日から起算して一年六月を超えない範囲内において政令で定める日

［平一四・二政令三五により、平一四・五・一から施行。ただし、第二条中自動車から排出される窒素酸化物及び粒子状物質の特定地域における総量の削減等に関する特別措置法第一条の改正規定（「窒素酸化物排出基準」の下に「及び粒子状物質排出基準」を加える部分に限る。）、同法第十二条の見出し、同条第一項及び第二項の改正規定、同法第十三条第一項の改正規定及び同条に二項を加える改正規定（第三項に係る部分に限る。）並びに同法第十四条の改正規定は、平一四・一〇・一から施行］

（経過措置）

第二条　前条第三号に掲げる規定の施行の日前に第二条の規定による改正前の自動車から排出される窒素酸化物及び粒子状物質の特定地域における総量の削減等に関する特別措置法第七条第三項（同条第六項及び第九条第三項において準用する場合を含む。）の規定によりされた承認又は同号に掲げる規定の施行の際現にこれらの規定によりされている承認の申請は、それぞれ第二条の規定による改正後の自動車から排出される窒素酸化物及び粒子状物質の特定地域における総量の削

減等に関する特別措置法第七条第三項（同条第六項及び第九条第三項において準用する場合を含む。）の規定によりされた同意又は協議の申出とみなす。

（検討）

第三条　政府は、窒素酸化物総量削減基本方針において定める窒素酸化物対策地域における自動車排出窒素酸化物の総量の削減に関する目標及び粒子状物質総量削減基本方針において定める粒子状物質対策地域における自動車排出粒子状物質の総量の削減に関する目標の達成状況に応じ、この法律による改正後の規定に検討を加え、その結果に基づいて必要な措置を講ずるものとする。

附　則（平一四・五・三一法五四抄）

（施行期日）

第一条　この法律は、平成十四年七月一日から施行する。

（経過措置）

第二十八条　この法律の施行前にこの法律による改正前のそれぞれの法律若しくはこれに基づく命令（以下「旧法令」という。）の規定により海運監理部長、陸運支局長、海運支局長又は陸運支局の事務所の長（以下「海運監理部長等」という。）がした許可、認可その他の処分又は契約その他の行為（以下「処分等」という。）は、国土交通省令で定めるところにより、この法律による改正後のそれぞれの法律若しくはこれに基づく命令（以下「新法令」という。）の規定により相当の運輸監理部長、運輸支局長又は地方運輸局、運輸監理部若しくは運輸支局の事務所の長（以下「運輸監理部長等」という。）がした処分等とみなす。

第二十九条　この法律の施行前に旧法令の規定により海運監理部長等に対してした申請、届出その他の行為（以下「申請等」という。）は、国土交通省令で定めるところにより、新法令の規定により相当の運輸監理部長等に対してした申請等とみなす。

第三十条　この法律の施行前にした行為に対する罰則の適用については、なお従前の例による。

附　則（平一七・四・二七法三三抄）

（施行期日）

第一条　この法律は、平成十七年十月一日から施行する。

（経過措置）

第二十四条　この法律による改正後のそれぞれの法律の規定に基づき命令を制定し、又は改廃する場合においては、その命令で、その制定又は改廃に伴い合理的に必要と判断される範囲内において、所要の経過措置（罰則に関する経過措置を含む。）を定めることができる。

附　則（平一九・五・一八法五〇）

（施行期日）

第一条　この法律は、公布の日から起算して一年を超えない範囲内において政令で定める日から施行する。

〔平一九・八政令二五八により、平二〇・一・一から施行〕

（検討）

第二条　政府は、窒素酸化物総量削減基本方針において定める窒素酸化物対策地域における自動車排出窒素酸化物の総量の削減に関する目標及び粒子状物質総量削減基本方針において定める粒子状物質対策地域における自動車排出粒子状物質の総量の削減に関する目標の達成状況に応じ、この法律による改正後の自動車から排出される窒素酸化物及び粒子状物質の特定地域における総量の削減等に関する特別措置法の規定について検討を加え、その結果に基づいて必要な措置を講ずるものとする。

附　則（平二三・五・二法三七抄）

（施行期日）

第一条　この法律は、公布の日から施行する。〔後略〕

（自動車から排出される窒素酸化物及び粒子状物質の特定地域における総量の削減等に関する特別措置法の一部改正に伴う経過措置）

第二十一条　この法律の施行の際現に第四十一条の規定による改正前の自動車から排出される窒素酸化物及び粒子状物質の特定地域における総量の削減等に関する特別措置法第七条第三項（同条第六項及び同法第九条第三項において準用する場合を含む。）の規定によりされている協議の申出は、第四十一条の規定による改正後の自動車から排出される窒素酸化物及び粒子状物質の特定地域における総量の削減等に関する特別措置法第七条第三項（同条第六項及び同法第九条第三項において準用する場合を含む。）の規定によりされた協議の申出とみなす。

（罰則に関する経過措置）

第二十三条　この法律（附則第一条各号に掲げる規定にあっては、当該規定）の施行前にした行為に対する罰則の適用については、なお従前の例による。

（政令への委任）

第二十四条　附則第二条から前条まで及び附則第三十六条に規定するもののほか、この法律の施行に関し必要な経過措置は、政令で定める。

（地方分権改革推進委員会の勧告に即した措置の実施）

第四十七条　政府は、旧地方分権改革推進法（平成十八年法律第百十一号）第九条の規定により置かれていた地方分権改革推進委員会による同法第十条第一項の勧告において、地方公共団体に対する地方自治法第二条第八項に規定する自治事務の処理又はその方法の義務付けに関し、具体的に講ずべき措置が提示された事項及び見直し措置を講ずべきものとされた事項のうち、この法律において措置が講じられていないもの（他の法律において措置が講じられたものを除く。）について、できるだけ速やかに、当該勧告に即した措置を講ずるものとする。

附　則（令元・五・二四法一四抄）

（施行期日）

第一条　この法律は、公布の日から起算して一年を超えない範囲内において政令で定める日から施行する。〔後略〕

〔令二・一政令二〇により、令二・四・一から施行〕

○自動車から排出される窒素酸化物及び粒子状物質の特定地域における総量の削減等に関する特別措置法施行令（抄）

（平成四年十一月二十六日
政令第三百六十五号）

最終改正 令四政令三六一

（窒素酸化物対策地域及び粒子状物質対策地域）

第一条 自動車から排出される窒素酸化物及び粒子状物質の特定地域における総量の削減等に関する特別措置法（以下「法」という。）第六条第一項及び第八条第一項の政令で定める地域は、別表第一に掲げるとおりとする。

（指定自動車）

第四条 法第十二条第一項の窒素酸化物対策地域における大気の汚染の主要な原因となるものとして政令で定める自動車及び同項の粒子状物質対策地域における大気の汚染の主要な原因となるものとして政令で定める自動車は、次に掲げるとおりとする。

一 貨物の運送の用に供する普通自動車（道路運送車両法（昭和二十六年法律第百八十五号）第三条に規定する普通自動車をいう。以下同じ。）であって、第六号に掲げる自動車以外のもの（以下「普通貨物自動車」という。）

二 貨物の運送の用に供する小型自動車（道路運送車両法第三条に規定する小型自動車（二輪の小型自動車を除く。）をいう。以下同じ。）であって、第六号に掲げる自動車以外のもの（以下「小型貨物自動車」という。）

三 人の運送の用に供する乗車定員三十人以上の普通自動車であって、第六号に掲げる自動車以外のもの（以下「大型バス」という。）

四 人の運送の用に供する乗車定員十一人以上三十人未満の普通自動車及び小型自動車であって、第六号に掲げる自動車以外のもの（以下「マイクロバス」という。）

五 人の運送の用に供する普通自動車及び小型自動車であって、前二号及び次号に掲げる自動車以外のもの（以下「乗用自動車」という。）

六 散水自動車、霊きゅう自動車その他の特種の用途に供する普通自動車及び小型自動車であって、環境省令で定めるもの（以下「特種自動車」という。）

（経過措置）

第五条 法第十三条第一項の政令で定める期間は、自動車が窒素酸化物排出自動車（法第十二条第一項に規定する窒素酸化物排出自動車をいう。次条第一項及び別表第二において同じ。）に該当することとなった日から、道路運送車両法の規定によりその自動車に係る特定期日（別表第二の上欄に掲げる自動車の種別ごとに、それぞれ同表の中欄に掲げる車齢に応じ、同表の下欄に定める期日をいう。以下同じ。）以降の日が初めて有効期間の満了日として記録された自動車検査証が返付された後初めてその自動車に係る同法の規定による継続検査、臨時検査（特定期日の翌日以降に受けるものに限る。）又は構造等変更検査を受ける日の前日までとする。

2 前項の規定は、法第十三条第三項において準用する同条第一項の政令で定める期間について準用する。この場合において、前項及び別表第二中「窒素酸化物排出自動車」とあるのは、「粒子状物質排出自動車」と読み替えるものとする。

（対象自動車等）

第八条 法第三十三条の政令で定める自動車は、窒素酸化物排出自動車及び粒子状物質排出自動車とする。

2 法第三十三条の政令で定める台数は、三十台とする。

（周辺地域内自動車の台数）

第九条 法第三十六条第一項第一号の政令で定める台数は、三十台とする。

（自動車運送事業者等に関する特例）

第十四条 道路運送法（昭和二十六年法律第百八十三号）の規定による自動車運送事業者又は貨物利用運送事業法（平成元年法律第八十二号）の規定による第二種貨物利用運送事業を経営する者（以下この条において「自動車運送事業者等」と総称する。）が対象自動車を使用する事業者である場合における第十条の規定の適用については、同条第一項中「都道府県知事」とあるのは「国土交通大臣」と、「法第四十一条第一項」とあるのは「法第四十三条第一項の規定により読み替えて適用される法第四十一条第一項」と、「当該都道府県の区域内にその使用の本拠の位置を有する対象自動車」とあるのは「対象自動車のその使用の本拠の位置を有する都道府県別」と、同条第二項中「都道府県知事」とあるのは「国土交通大臣」と、「法第四十一条第一項」とあるのは「法第四十三条第一項の規定により読み替えて適用される法第四十一条第一項」とする。

2 自動車運送事業者等が特定事業者である場合における第十一条の規定の適用については、同条中「都道府県知事」とあるのは「国土交通大臣」と、「法第四十一条第二項」とあるのは「法第四十三条第一項の規定により読み替えて適用される法第四十一条第二項」とする。

3 自動車運送事業者等が周辺地域内自動車を使用する事業者である場合における第十二条の規定の適用については、同条中「都道府県知事」とあるのは「国土交通大臣」と、「法第四十一条第三項」とあるのは「法第四十三条第一項の規定により読み替えて適用される法第四十一条第三項」とする。

4 自動車運送事業者等が周辺地域内事業者である場合における前条の規定の適用については、同条中「都道府県知事」とあるのは「国土交通大臣」と、「法第四十一条第四項」とあるのは「法第四十三条第一項の規定により読み替えて適用される法第四十一条第四項」とする。

（権限の委任）

第十五条 法第四十五条第一項に規定する環境大臣の権限は、地方環境事務所長に委任する。

2 法第四十三条第一項の規定により読み替えて適用される法第三十二条並びに法第四十三条第三項及び第四項（法第三十二条に係る部分に限る。）に規定する国土交通大臣の権限は、事業者の事業場の所在地を管轄する地方運輸局長に委任する。

3 法第四十三条第一項の規定により読み替えて適用される法第三十三条から法第三十五条まで、法第三十六条第一項、法

第三十七条から法第三十九条まで及び法第四十一条第一項から第四項まで並びに法第四十三条第二項並びに法第四十三条第三項及び第四項（法第三十一条に係る部分を除く。）に規定する国土交通大臣の権限は、対象自動車、特定自動車又は周辺地域内自動車の使用の本拠の位置を管轄する地方運輸局長に委任する。

4　第二項の規定により地方運輸局長に委任された法第四十三条第一項の規定により読み替えて適用される法第三十二条に規定する国土交通大臣の権限は、事業者の事業場の所在地を管轄する運輸監理部長又は運輸支局長も行うことができる。

5　第三項の規定により地方運輸局長に委任された法第四十三条第一項の規定により読み替えて適用される法第三十八条及び法第四十一条第一項から第四項までに規定する国土交通大臣の権限は、対象自動車、特定自動車又は周辺地域内自動車の使用の本拠の位置を管轄する運輸監理部長又は運輸支局長も行うことができる。

附　則

この政令は、法の施行の日（平成四年十二月一日）から施行する。

附　則（平五・三・二六政令五八）

（施行期日）

1　この政令は、自動車から排出される窒素酸化物の特定地域における総量の削減等に関する特別措置法［平成四年六月法律第七〇号］（以下「法」という。）の一部の施行の日（平成五年十二月一日）から施行する。

（経過措置）

2　この政令の施行の日に特定自動車（法第十条第一項の特定自動車をいう。以下同じ。）に該当することとなる自動車（次項の特例自動車を除く。）のうち、初度登録日（自動車が初めて道路運送車両法第四条の規定により自動車登録ファイルに登録を受けた日をいう。以下同じ。）が昭和五十九年十二月一日から昭和六十一年十一月三十日までの間である普通貨物自動車（改正後の第三条第一号の普通貨物自動車をいう。以下同じ。）、初度登録日が昭和六十年十二月一日から昭和六十二年十一月三十日までの間である小型貨物自動車（改正後の第三条第二号の小型貨物自動車をいう。以下同じ。）、初度登録日が昭和五十六年十二月一日から昭和五十八年十一月三十日までの間である大型バス（改正後の第三条第三号の大型バスをいう。以下同じ。）並びに初度登録日が昭和五十八年十二月一日から昭和六十年十一月三十日までの間であるマイクロバス（改正後の第三条第四号のマイクロバスをいう。以下同じ。）及び改正後の別表第二の五の項に該当するもの以外の特種自動車（改正後の第三条第五号の特種自動車をいう。以下同じ。）に係る特定期日（改正後の第四条の特定期日をいう。以下同じ。）は、同条の規定にかかわらず、平成七年十一月三十日とする。

3　平成八年三月三十一日までの間は、法第十条第一項の政令で定める自動車は、改正後の第三条の規定にかかわらず、同条各号に掲げる自動車であって、特例自動車（同条各号に掲げる自動車のうち車両総重量が三・五トンを超え、五トン以下のものをいう。以下同じ。）以外のものとする。

4　初度登録日が平成八年三月三十一日以前である特例自動車であって同年四月一日に特定自動車に該当することとなるものに係る特定期日は、初度登録日が昭和六十二年三月三十一日以前である普通貨物自動車、初度登録日が昭和六十三年三月三十一日以前である小型貨物自動車、初度登録日が昭和五十九年三月三十一日以前である大型バス、初度登録日が昭和六十一年三月三十一日以前であるマイクロバス及び改正後の別表第二の五の項に該当するもの以外の特種自動車並びに同項に該当する特種自動車であって車齢が同項の環境庁長官が定める年数を超えるものにあっては、改正後の第四条の規定にかかわらず、平成八年三月三十一日とし、初度登録日が昭和六十一年四月一日以降である改正後の別表第二の五の項に該当するもの以外の二年車検特種自動車（道路運送車両法第六十一条第一項の規定により自動車検査証の有効期間が二年とされている特種自動車をいう。）にあっては、改正後の第四条の規定にかかわらず、初度登録日から起算して十年間の末日に当たる日とする。

附　則（平一三・一二・一四政令四〇六抄）
最終改正　平一四政令三六

（施行期日）

第一条　この政令は、自動車から排出される窒素酸化物の特定地域における総量の削減等に関する特別措置法の一部を改正する法律（平成十三年法律第七十三号）の施行の日（平成十三年十二月十五日）から施行する。

（経過措置）

第二条　この政令による改正後の自動車から排出される窒素酸化物及び粒子状物質の特定地域における総量の削減等に関する特別措置法施行令（以下この項において「改正後の施行令」という。）別表第一に規定する区域のうち次の各号に掲げる区域については、自動車から排出される窒素酸化物及び粒子状物質の特定地域における総量の削減等に関する特別措置法第十二条第一項の規定は、平成十四年九月三十日までの間は、適用しない。

一　改正後の施行令別表第一第一号、第三号及び第八号に掲げる区域であって、この政令の規定による改正前の自動車から排出される窒素酸化物の特定地域における総量の削減等に関する特別措置法施行令別表第一第一号、第三号及び第六号に掲げる区域以外の区域

二　改正後の施行令別表第一第五号及び第六号に掲げる区域

附　則（平一四・三・一政令三八）

（施行期日）

第一条　この政令は、平成十四年十月一日から施行する。

（経過措置）

第二条　この政令の施行の日に窒素酸化物排出自動車（自動車から排出される窒素酸化物及び粒子状物質の特定地域における総量の削減等に関する特別措置法（次条において「法」という。）第十二条第一項に規定する窒素酸化物排出自動車をいう。）に該当することとなる自動車に係る特定期日（この政令による改正後の自動車から排出される窒素酸化物及び粒子状物質の特定地域における総量の削減等に関する特別措置法施行令（以下この条及び次条において「改正後の施行令」という。）第五条第二項に規定する特定期日をいう。）は、初度登録日（自動車が初めて道路運送車両法（昭和二十六年法律第百八十五号）第四条の規定により自動車登録ファイルに登録を受けた日をいう。以下この条及び次条において同じ。）が平成元年十月一日から平成五年九月三十日までの間である一年車検乗用自動車（同法第六十一条第一項の規定に

より自動車検査証の有効期間が一年とされている乗用自動車（改正後の施行令第四条第五号に規定する乗用自動車をいう。）をいう。以下この条及び次条において同じ。）にあっては、改正後の施行令第五条第一項の規定にかかわらず、平成十六年九月三十日とし、初度登録日が平成五年十月一日から平成八年九月三十日までの間である一年車検乗用自動車にあっては、同項の規定にかかわらず、平成十七年九月三十日とする。

第三条　この政令の施行の日に粒子状物質排出自動車（法第十二条第一項に規定する粒子状物質排出自動車をいう。）に該当することとなる自動車に係る特定期日（改正後の施行令第五条第二項において準用する同条第一項に規定する特定期日をいう。）は、初度登録日が平成元年十月一日から平成五年九月三十日までの間である普通貨物自動車（改正後の施行令第四条第一号に規定する普通貨物自動車をいう。以下この条において同じ。）及び一年車検乗用自動車、初度登録日が平成二年十月一日から平成六年九月三十日までの間である小型貨物自動車（改正後の施行令第四条第二号に規定する小型貨物自動車をいう。以下この条において同じ。）、初度登録日が昭和六十一年十月一日から平成二年九月三十日までの間である大型バス（改正後の施行令第四条第三号に規定する大型バスをいう。以下この条において同じ。）並びに初度登録日が昭和六十三年十月一日から平成四年九月三十日までの間であるマイクロバス（改正後の施行令第四条第四号に規定するマイクロバスをいう。以下この条において同じ。）及び改正後の施行令別表第二の五の項に該当するもの以外の特種自動車（改正後の施行令第四条第六号に規定する特種自動車をいう。以下この条において同じ。）にあっては、改正後の施行令第五条第二項において準用する同条第一項の規定にかかわらず、平成十六年九月三十日とし、初度登録日が平成五年十月一日から平成八年九月三十日までの間である普通貨物自動車及び一年車検乗用自動車、初度登録日が平成六年十月一日から平成九年九月三十日までの間である小型貨物自動車、初度登録日が平成二年十月一日から平成五年九月三十日までの間である大型バス並びに初度登録日が平成四年十月一日から平成七年九月三十日までの間であるマイクロバス及び改正後の施行令別表第二の五の項に該当するもの以外の特種自動車にあっては、改正後の施行令第五条第二項において準用する同条第一項の規定にかかわらず、平成十七年九月三十日とする。

附　則（平一七・六・二九政令二二八抄）

（施行期日）

第一条　この政令は、平成十七年十月一日から施行する。

（処分、申請等に関する経過措置）

第十六条　この政令の施行前に環境大臣が法律の規定によりした登録その他の処分又は通知その他の行為（この政令による改正後のそれぞれの政令の規定により地方環境事務所長に委任された権限に係るものに限る。以下「処分等」という。）は、相当の地方環境事務所長がした処分等とみなし、この政令の施行前に法律の規定により環境大臣に対してした申請、届出その他の行為（この政令による改正後のそれぞれの政令の規定により地方環境事務所長に委任された権限に係るものに限る。以下「申請等」という。）は、相当の地方環境事務所長に対してした申請等とみなす。

2　この政令の施行前に法律の規定により環境大臣に対し報告、届出、提出その他の手続をしなければならない事項（この政令による改正後のそれぞれの政令の規定により地方環境事務所長に委任された権限に係るものに限る。）で、この政令の施行前にその手続がされていないものについては、これを、当該法律の規定により地方環境事務所長に対して報告、届出、提出その他の手続をしなければならない事項についてその手続がされていないものとみなして、当該法律の規定を適用する。

別表第一（第一条関係）

一　埼玉県の区域のうち、川越市、熊谷市、川口市、行田市、所沢市、加須市、本庄市、東松山市、岩槻市、春日部市、狭山市、羽生市、鴻巣市、深谷市、上尾市、草加市、越谷市、蕨市、戸田市、入間市、鳩ヶ谷市、朝霞市、志木市、和光市、新座市、桶川市、久喜市、北本市、八潮市、富士見市、上福岡市、三郷市、蓮田市、坂戸市、幸手市、鶴ヶ島市、日高市、吉川市、さいたま市、北足立郡、入間郡大井町、同郡三芳町、比企郡川島町、同郡吉見町、児玉郡上里町、大里郡大里村、同郡岡部町、同郡川本町、同郡花園町、北埼玉郡騎西町、同郡南河原村、同郡川里町、南埼玉郡及び北葛飾郡の区域

二　千葉県の区域のうち、千葉市、市川市、船橋市、松戸市、野田市、佐倉市、習志野市、柏市、市原市、流山市、八千代市、我孫子市、鎌ヶ谷市、浦安市、四街道市、白井市及び東葛飾郡の区域

三　東京都の区域のうち、特別区、八王子市、立川市、武蔵野市、三鷹市、青梅市、府中市、昭島市、調布市、町田市、小金井市、小平市、日野市、東村山市、国分寺市、国立市、福生市、狛江市、東大和市、清瀬市、東久留米市、武蔵村山市、多摩市、稲城市、羽村市、あきる野市、西東京市、西多摩郡瑞穂町及び同郡日の出町の区域

四　神奈川県の区域のうち、横浜市、川崎市、横須賀市、平塚市、鎌倉市、藤沢市、小田原市、茅ヶ崎市、逗子市、相模原市、三浦市、秦野市、厚木市、大和市、伊勢原市、海老名市、座間市、綾瀬市、三浦郡、高座郡、中郡、足柄上郡中井町、同郡大井町、愛甲郡愛川町及び津久井郡城山町の区域

五　愛知県の区域のうち、名古屋市、豊橋市、岡崎市、一宮市、瀬戸市、半田市、春日井市、豊川市、津島市、碧南市、刈谷市、豊田市、安城市、西尾市、蒲郡市、犬山市、常滑市、江南市、尾西市、小牧市、稲沢市、東海市、大府市、知多市、知立市、尾張旭市、高浜市、岩倉市、豊明市、日進市、愛知郡、西春日井郡、丹羽郡、葉栗郡、中島郡平和町、海部郡七宝町、同郡美和町、同郡甚目寺町、同郡大治町、同郡蟹江町、同郡十四山村、同郡飛島村、同郡弥富町、同郡佐屋町、同郡佐織町、知多郡阿久比町、同郡東浦町、同郡武豊町、額田郡幸田町、西加茂郡三好町、宝飯郡音羽町、同郡小坂井町及び同郡御津町の区域

六　三重県の区域のうち、四日市市、桑名市、鈴鹿市、桑名郡長島町、同郡木曽岬町、三重郡楠町、同郡朝日町及び同郡川越町の区域

七　大阪府の区域のうち、大阪市、堺市、岸和田市、豊中市、池田市、吹田市、泉大津市、高槻市、貝塚市、守口市、枚方市、茨木市、八尾市、泉佐野市、富田林市、寝屋川市、河内長野市、松原市、大東市、和泉市、箕面市、柏原市、羽曳野市、門真市、摂津市、高石市、藤井寺市、東大阪市、泉南市、四條畷市、交野市、大阪狭山市、阪南市、三島郡、泉北郡、泉南郡熊取町、同郡田尻町及び南河内郡美原町の区域

八　兵庫県の区域のうち、神戸市、姫路市、尼崎市、明石市、西宮市、芦屋市、伊丹市、加古川市、宝塚市、高砂市、川西市、加古郡播磨町及び揖保郡太子町の区域

備考　この表に掲げる区域は、平成十三年十一月一日における行政区画によって表示されたものとする。

別表第二（第五条関係）

自動車の種別	車齢	期日
一　普通貨物自動車及び乗用自動車	八年を超えるもの	窒素酸化物排出自動車に該当することとなった日から起算して一年間（窒素酸化物排出自動車に該当することとなった日の前日における自動車検査証の有効期間の残余期間が一年を超える自動車にあっては、二年間）の末日に当たる日
	八年以下のもの	初度登録日（自動車が初めて道路運送車両法第四条の規定により自動車登録ファイルに登録を受けた日をいう。以下同じ。）から起算して九年間の末日（窒素酸化物排出自動車に該当することとなった日以降当該九年間の末日の前日までの間に自動車検査証に記録された有効期間の満了日が到来しない自動車にあっては、窒素酸化物排出自動車に該当することとなった日から起算して二年間の末日）に当たる日
二　小型貨物自動車	七年を超えるもの	窒素酸化物排出自動車に該当することとなった日から起算して一年間の末日に当たる日
	七年以下のもの	初度登録日から起算して八年間の末日に当たる日
三　大型バス	十一年を超えるもの	窒素酸化物排出自動車に該当することとなった日から起算して一年間の末日に当たる日
	十一年以下のもの	初度登録日から起算して十二年間の末日に当たる日
四　マイクロバス及び特種自動車（五の項に該当するものを除く。）	九年を超えるもの	窒素酸化物排出自動車に該当することとなった日から起算して一年間（窒素酸化物排出自動車に該当することとなった日の前日における自動車検査証の有効期間の残余期間が一年を超える自動車にあっては、二年間）の末日に当たる日
	九年以下のもの	初度登録日から起算して十年間の末日（窒素酸化物排出自動車に該当することとなった日以降当該十年間の末日の前日までの間に自動車検査証に記録された有効期間の満了日が到来しない自動車にあっては、窒素酸化物排出自動車に該当することとなった日から起算して二年間の末日）に当たる日
五　特種自動車のうちその構造又は装置及び使用の実態が特殊なものとして環境大臣が定めるもの	特種自動車の種別ごとに環境大臣が定める年数を超えるもの	窒素酸化物排出自動車に該当することとなった日から起算して一年間の末日に当たる日
	特種自動車の種別ごとに環境大臣が定める年数以下のもの	初度登録日から起算して特種自動車の種別ごとに環境大臣が定める期間の末日に当たる日

○自動車から排出される窒素酸化物及び粒子状物質の特定地域における総量の削減等に関する特別措置法施行規則（抄）

（平成四年十二月一日総理府令第五十三号）

最終改正　令二環令三二

（特種自動車）

第三条　自動車から排出される窒素酸化物及び粒子状物質の特定地域における総量の削減等に関する特別措置法施行令（平成四年政令第三百六十五号。以下「令」という。）第四条第六号の環境省令で定める自動車は、次の各号に掲げる自動車とする。

一　散水自動車
二　広告宣伝用自動車
三　霊きゅう自動車
四　医療防疫用自動車
五　タンク自動車
六　警察自動車
七　救急自動車
八　消防自動車
九　高所作業自動車その他の作業用自動車
十　クレーン自動車
十一　身体障害者輸送自動車
十二　ふん尿自動車
十三　塵芥自動車
十四　清掃自動車
十五　キャンピング自動車
十六　コンクリート・ミキサー自動車
十七　販売自動車
十八　冷蔵冷凍自動車
十九　教習用自動車（道路交通法（昭和三十五年法律第百五号）第九十九条第一項の指定自動車教習所が専ら自動車の運転に関する技能の教習の用に供する自動車をいう。）
二十　その他構造、装置及び用途が前各号に掲げる自動車に類する自動車

（窒素酸化物排出基準等）

第四条　法第十二条第一項の窒素酸化物排出基準は、次の各号に掲げるとおりとする。

一　次号に掲げる自動車以外の自動車　別表第一に掲げる自動車排出窒素酸化物の量の許容限度
二　乗用自動車（令第四条第五号に規定する乗用自動車をいう。次項において同じ。）及び特種自動車（令第四条第六号に規定する特種自動車をいう。次項において同じ。）のうち人の運送の用に供する乗車定員十一人未満のもの　別表第二に掲げる自動車排出窒素酸化物の量の許容限度

2　法第十二条第一項の粒子状物質排出基準は、次の各号に掲げるとおりとする。

一　次号に掲げる自動車以外の自動車　別表第三に掲げる自動車排出粒子状物質の量の許容限度
二　乗用自動車及び特種自動車のうち人の運送の用に供する乗車定員十一人未満のもの　別表第四に掲げる自動車排出粒子状物質の量の許容限度

附　則

この府令は、公布の日から施行する。

附　則（平五・三・二六総令四）

最終改正　平一三環令四〇

1　この府令は、平成五年十二月一日から施行する。

2　改正後の自動車から排出される窒素酸化物及び粒子状物質の特定地域における総量の削減等に関する特別措置法施行規則（以下「新府令」という。）第四条の規定は、初度登録日（自動車が初めて道路運送車両法（昭和二十六年法律第百八十五号）第四条の規定により自動車登録ファイルに登録を受けた日をいう。以下同じ。）が平成五年十一月三十日以前である自動車（車両総重量が三・五トンを超え五トン以下のもの（次項において「特例自動車」という。）及び法第十三条第一項の規定の適用を受けるものを除く。以下この項において同じ。）については、道路運送車両法の規定によりその自動車に係る特定期日（次の表の上欄に掲げる自動車の種別ごとに、それぞれ同表の中欄に掲げる初度登録日に応じ、同表の下欄に定める期日をいう。以下同じ。）以降の日が初めて有効期間の満了日として記入された自動車検査証が交付又は返付された後初めてその自動車に係る同法の規定による新規検査、継続検査、臨時検査（特定期日の翌日以降に受けるものに限る。）、構造等変更検査又は予備検査を受ける日の前日までは適用しない。ただし、初度登録日が平成五年十一月三十日以前である自動車であって、特定期日において有効な自動車検査証の交付を受けていないもの（特定期日以降の日が有効期間の満了日として記入された自動車検査証の交付又は返付を受けたことがあるものを除く。）については、特定期日の翌日から新府令第四条の規定を適用する。

自動車の種別	初度登録日	期日
一　令第四条第一号の普通貨物自動車	昭和五十九年十一月三十日以前	平成六年十一月三十日
	昭和五十九年十二月一日以降、昭和六十一年十二月一日以前	平成七年十一月三十日
	昭和六十一年十二月二日以降	初度登録日から起算して九年間の末日に当たる日
二　令第四条第二号の小型貨物自動車	昭和六十年十一月三十日以前	平成六年十一月三十日
	昭和六十年十二月一日以降、昭和六十二年十二月一日以前	平成七年十一月三十日
	昭和六十二年十二月二日以降	初度登録日から起算して八年間の末日に当たる日

三　令第四条第三号の大型バス	昭和五十六年十一月三十日以前	平成六年十一月三十日
	昭和五十六年十二月一日以降、昭和五十八年十二月一日以前	平成七年十一月三十日
	昭和五十八年十二月二日以降	初度登録日から起算して十二年間の末日に当たる日
四　令第四条第四号のマイクロバス及び同条第五号の特種自動車	昭和五十八年十一月三十日以前	平成六年十一月三十日（平成五年十一月三十日における自動車検査証の有効期間の残余期間が一年を超える自動車にあっては、平成七年十一月三十日）
	昭和五十八年十二月一日以降、昭和六十年十二月一日以前	平成七年十一月三十日
	昭和六十年十二月二日以降	初度登録日から起算して十年間の末日に当たる日

3　新府令第四条の規定は、初度登録日が平成八年三月三十一日以前である特例自動車（法第十三条第一項の規定の適用を受けるものを除く。以下この項において同じ。）については、道路運送車両法の規定によりその自動車に係る特例期日（次の表の上欄に掲げる自動車の種別ごとに、それぞれ同表の中欄に掲げる初度登録日に応じ、同表の下欄に定める期日をいう。以下同じ。）以降の日が初めて有効期間の満了日として記入された自動車検査証が交付又は返付された後初めてその自動車に係る同法の規定による新規検査、継続検査、臨時検査（特例期日の翌日以降に受けるものに限る。）、構造等変更検査又は予備検査を受ける日の前日までは適用しない。ただし、初度登録日が平成八年三月三十一日以前である特例自動車であって、特例期日において有効な自動車検査証の交付を受けていないもの（特例期日以降の日が有効期間の満了日として記入された自動車検査証の交付又は返付を受けたことがあるものを除く。）については、特例期日の翌日から新府令第四条の規定を適用する。

自動車の種別	初度登録日	期日
一　令第四条第一号の普通貨物自動車	昭和六十二年三月三十一日以前	平成八年三月三十一日
	昭和六十二年四月一日以降、昭和六十三年四月一日以前	平成九年三月三十一日
	昭和六十三年四月二日以降	初度登録日から起算して九年間の末日に当たる日
二　令第四条第二号の小型貨物自動車	昭和六十三年三月三十一日以前	平成八年三月三十一日
	昭和六十三年四月一日以降、平成元年四月一日以前	平成九年三月三十一日
	平成元年四月二日以降	初度登録日から起算して八年間の末日に当たる日
三　令第四条第三号の大型バス	昭和五十九年三月三十一日以前	平成八年三月三十一日
	昭和五十九年四月一日以降、昭和六十年四月一日以前	平成九年三月三十一日
	昭和六十年四月二日以降	初度登録日から起算して十二年間の末日に当たる日
四　令第四条第四号のマイクロバス及び同条第五号の特種自動車（五の項に該当するものを除く。）	昭和六十一年三月三十一日以前	平成八年三月三十一日
	昭和六十一年四月一日以降、昭和六十二年四月一日以前	平成九年三月三十一日
	昭和六十二年四月二日以降	初度登録日から起算して十年間の末日に当たる日
五　道路運送車両法第六十一条第一項の規定により自動車検査証の有効期間が二年とされている特種自動車	昭和六十一年三月三十一日以前	平成八年三月三十一日
	昭和六十一年四月一日以降	初度登録日から起算して十年間の末日に当たる日

附　則（平一四・三・一環令三）

（施行期日）

第一条　この省令は、平成十四年十月一日から施行する。

（経過措置）

第二条　この省令による改正後の自動車から排出される窒素酸化物及び粒子状物質の特定地域における総量の削減等に関する特別措置法施行規則（以下「新規則」という。）第四条第一項の規定は、初度登録日（自動車が初めて道路運送車両法（昭和二十六年法律第百八十五号）第四条の規定により自動車登録ファイルに登録を受けた日をいう。以下同じ。）が平成十四年九月三十日以前である自動車（乗用自動車（自動車から排出される窒素酸化物及び粒子状物質の特定地域における総量の削減等に関する特別措置法施行令（以下「令」という。）第四条第五号に規定する乗用自動車をいう。以下同じ。）及び特種自動車（令第四条第六号に規定する特種自動車をいう。以下同じ。）のうち人の運送の用に供する乗車定員十一人未満のもの及び令別表第二の五の項に該当するものであって自動車から排出される窒素酸化物及び粒子状物質の特定地域における総量の削減等に関する特別措置法（以下「法」という。）第十三条第一項の規定の適用を受けるものを除く。以下この条において同じ。）については、道路運送車両法の規定によりその自動車に係る特定期日（次の表の上欄に掲げる自動車の種別ごとに、それぞれ同表の中欄に掲げる初度登録日に応じ、同表の下欄に定める期日をいう。以下この条において同じ。）以降の日が初めて有効期間の満了日として記入された自動車検査証が交付又は返付された後初めてその自動車に係る同法の規定による新規検査、継続検査、臨時検査（特定期日の翌日以降に受けるものに限る。）、構造等変更検査又は予備検査を受ける日の前日までは適用しない。ただし、初度登録日が平成十四年九月三十日以前である自動車であって、特定期日において有効な自動車検査証の交付を受けていないもの（特定期日以降の日が有効期間の満了日として記入された自動車検査証の交付又は返付を受けたことがあるものを除く。）については、特定期日の翌日から新規則第四条第一項の規定を適用する。

自動車の種別	初度登録日	期日
一　普通貨物自動車（令第四条第一号に規定する普通貨物自動車をいう。附則第七条において同じ。）	平成元年九月三十日以前	平成十五年九月三十日
	平成元年十月一日以降、平成五年九月三十日以前	平成十六年九月三十日
	平成五年十月一日以降、平成八年九月三十日以前	平成十七年九月三十日
	平成八年十月一日以降	初度登録日から起算して九年間の末日に当たる日
二　小型貨物自動車（令第四条第二号に規定する小型貨物自動車をいう。附則第七条において同じ。）	平成二年九月三十日以前	平成十五年九月三十日
	平成二年十月一日以降、平成六年九月三十日以前	平成十六年九月三十日
	平成六年十月一日以降、平成九年九月三十日	平成十七年九月三十日
	平成九年十月一日以降	初度登録日から起算して八年間の末日に当たる日
三　大型バス（令第四条第三号に規定する大型バスをいう。附則第七条において同じ。）	昭和六十一年九月三十日以前	平成十五年九月三十日
	昭和六十一年十月一日以降、平成二年九月三十日以前	平成十六年九月三十日
	平成二年十月一日以降、平成五年九月三十日以前	平成十七年九月三十日
	平成五年十月一日以降	初度登録日から起算して十二年間の末日に当たる日
四　マイクロバス（令第四条第四号に規定するマイクロバスをいう。附則第七条において同じ。）及び特種自動車（人の運送の用に供する乗車定員十一人未満のもの及び令別表第二の五の項に該当するものであって法第十三条第一項の規定の適用を受けるものを除く。）	昭和六十三年九月三十日以前	平成十五年九月三十日（平成十四年九月三十日における自動車検査証の有効期間の残余期間が一年を超える自動車にあっては、平成十六年九月三十日）
	昭和六十三年十月一日以降、平成四年九月三十日以前	平成十六年九月三十日
	平成四年十月一日以降、平成七年九月三十日以前	平成十七年九月三十日
	平成七年十月一日以降	初度登録日から起算して十年間の末日に当たる日

第三条　初度登録日が昭和六十三年十月一日から平成四年九月三十日までの間である特種自動車のうち人の運送の用に供する乗車定員十一人未満のもの（附則第五条に該当するもの及び令別表第二の五の項に該当するものを除く。以下この条において同じ。）に係る特定期日（令第五条第一項に規定する特定期日をいう。以下この条及び次条において同じ。）は、同項の規定にかかわらず、平成十六年九月三十日とし、初度登録日が平成四年十月一日から平成七年九月三十日までの間である特種自動車のうち人の運送の用に供する乗車定員十一人未満のものに係る特定期日は、同項の規定にかかわらず、平成十七年九月三十日とする。

第四条　令別表第二の五の項に該当する特種自動車（附則第二条及び次条に該当するものを除く。）に係る特定期日は、令第五条第一項の規定にかかわらず、特種自動車の種別ごとに環境大臣が定める日とする。

第五条　新規則第四条第一項の規定は、初度登録日が平成十四年九月三十日以前である乗用自動車及び特種自動車のうち人の運送の用に供する乗車定員十一人未満のもの（法第十三条第一項の規定の適用を受けるものを除く。以下この条において同じ。）については、道路運送車両法の規定によりその自動車に係る特定期日（次の表の上欄に掲げる自動車の種別ごとに、それぞれ同表の中欄に掲げる初度登録日に応じ、同表の下欄に定める期日をいう。以下この条において同じ。）以降の日が初めて有効期間の満了日として記入された自動車検査証が交付又は返付された後初めてその自動車に係る同法の規定による新規検査、継続検査、臨時検査（特定期日の翌日以降に受けるものに限る。）、構造等変更検査又は予備検査を受ける日の前日までは適用しない。ただし、初度登録日が平成十四年九月三十日以前である乗用自動車及び特種自動車のうち人の運送の用に供する乗車定員十一人未満のものであって、特定期日において有効な自動車検査証の交付を受けていないもの（特定期日以降の日が有効期間の満了日として記入された自動車検査証の交付又は返付を受けたことがあるものを除く。）については、特定期日の翌日から新規則第四条第一項の規定を適用する。

自動車の種別	初度登録日	期日
一　乗用自動車（二の項に該当するものを除く。）	平成元年九月三十日以前	平成十五年九月三十日
	平成元年十月一日以降、平成五年九月三十日以前	平成十六年九月三十日
	平成五年十月一日以降、平成八年九月三十日以前	平成十七年九月三十日
	平成八年十月一日以降	初度登録日から起算して九年間の末日に当たる日
二　二年車検乗用自動車（道路運送車両法第六十一条第一項の規定により自動車検査証の有効期間が二年とされている乗用自動車をいう。附則第七条において同じ。）	平成七年九月三十日以前	平成十六年九月三十日
	平成七年十月一日以降	初度登録日から起算して九年間の末日に当たる日
三　特種自動車のうち人の運送の用に供する乗車定員十一人未満のもの	昭和六十三年九月三十日以前	平成十五年九月三十日（平成十四年九月三十日における自動車検査証の有効期間の残余期間が一年を超える自動車にあっては、平成十六年九月三十日）
	昭和六十三年十月一日以降、平成四年九月三十日以前	平成十六年九月三十日
	平成四年十月一日以降、平成七年九月三十日以前	平成十七年九月三十日
	平成七年十月一日以降	初度登録日から起算して十年間の末日に当たる日

第六条　令別表第二の五の項に該当する特種自動車（次条に該当するものを除く。）に係る特定期日（令第五条第二項において準用する同条第一項に規定する特定期日をいう。）は、同項の規定にかかわらず、特種自動車の種別ごとに環境大臣が定める日とする。

第七条　新規則第四条第二項の規定は、初度登録日が平成十四年九月三十日以前である自動車（法第十三条第三項において準用する同条第一項の規定の適用を受けるものを除く。以下この条において同じ。）については、道路運送車両法の規定によりその自動車に係る特定期日（次の表の上欄に掲げる自動車の種別ごとに、それぞれ同表の中欄に掲げる初度登録日に応じ、同表の下欄に定める期日をいう。以下この条において同じ。）以降の日が初めて有効期間の満了日として記入された自動車検査証が交付又は返付された後初めてその自動車に係る同法の規定による新規検査、継続検査、臨時検査（特定期日の翌日以降に受けるものに限る。）、構造等変更検査又は予備検査を受ける日の前日までは適用しない。ただし、初度登録日が平成十四年九月三十日以前である自動車であって、特定期日において有効な自動車検査証の交付を受けていないもの（特定期日以降の日が有効期間の満了日として記入された自動車検査証の交付又は返付を受けたことがあるものを除く。）については、特定期日の翌日から新規則第四条第二項の規定を適用する。

自動車の種別	初度登録日	期日
一　普通貨物自動車及び乗用自動車（二の項に該当するものを除く。）	平成元年九月三十日以前	平成十五年九月三十日
	平成元年十月一日以降、平成五年九月三十日以前	平成十六年九月三十日
	平成五年十月一日以降、平成八年九月三十日以前	平成十七年九月三十日
	平成八年十月一日以降	初度登録日から起算して九年間の末日に当たる日
二　二年車検乗用自動車	平成七年九月三十日以前	平成十六年九月三十日
	平成七年十月一日以降	初度登録日から起算して九年間の末日に当たる日
三　小型貨物自動車	平成二年九月三十日以前	平成十五年九月三十日
	平成二年十月一日以降、平成六年九月三十日以前	平成十六年九月三十日

	平成六年十月一日以降、平成九年九月三十日	平成十七年九月三十日
	平成九年十月一日以降	初度登録日から起算して八年間の末日に当たる日
四　大型バス	昭和六十一年九月三十日以前	平成十五年九月三十日
	昭和六十一年十月一日以降、平成二年九月三十日以前	平成十六年九月三十日
	平成二年十月一日以降、平成五年九月三十日以前	平成十七年九月三十日
	平成五年十月一日以降	初度登録日から起算して十二年間の末日に当たる日
五　マイクロバス及び特種自動車	昭和六十三年九月三十日以前	平成十五年九月三十日（平成十四年九月三十日における自動車検査証の有効期間の残余期間が一年を超える自動車にあっては、平成十六年九月三十日）
	昭和六十三年十月一日以降、平成四年九月三十日以前	平成十六年九月三十日
	平成四年十月一日以降、平成七年九月三十日以前	平成十七年九月三十日
	平成七年十月一日以降	初度登録日から起算して十年間の末日に当たる日

第八条　自動車から排出される窒素酸化物の特定地域における総量の削減等に関する特別措置法施行令の一部を改正する政令（平成十三年政令第四百六号）による改正前の令別表第一に掲げる区域内に使用の本拠の位置を有する自動車（乗用自動車及び特種自動車のうち人の運送の用に供する乗車定員十一人未満のものを除く。）に係る法第十二条第一項に規定する窒素酸化物の排出量に関する基準及びその適用については、新規則第四条第一項に規定する窒素酸化物排出基準が適用されるまでの間は、同項及び令第五条第一項の規定にかかわらず、なお従前の例による。

別表第一（第四条関係）

車両総重量の区分	自動車排出窒素酸化物の量の許容限度	
車両総重量が千七百キログラム以下のもの	ガソリン又は液化石油ガス（プロパン・ガス又はブタン・ガスを主成分とする液化ガスをいう。以下同じ。）を燃料とする自動車	テン・モードによる測定又は十・十五モードによる測定で、一キロメートル走行当たり〇・四八グラム
	軽油を燃料とする自動車	テン・モードによる測定若しくは十・十五モードによる測定で、一キロメートル走行当たり〇・四八グラム又はディーゼル自動車用シックス・モードによる測定で百万分の百
車両総重量が千七百キログラムを超え二千五百キログラム以下のもの	ガソリン又は液化石油ガスを燃料とする自動車	テン・モードによる測定又は十・十五モードによる測定で、一キロメートル走行当たり〇・六三グラム
	軽油を燃料とする自動車	十・十五モードによる測定で、一キロメートル走行当たり〇・六三グラム又はディーゼル自動車用シックス・モードによる測定で百万分の百三十
車両総重量が二千五百キログラムを超えるもの	ガソリン又は液化石油ガスを燃料とする自動車	十三モードによる測定で一キロワット時当たり五・九グラム又はシックス・モードによる測定で百万分の五百八十
	軽油を燃料とする自動車	ディーゼル自動車用十三モードによる測定で一キロワット時当たり五・九グラム又はディーゼル自動車用シックス・モードによる測定で百万分の三百四十

備考

一　テン・モードによる測定とは、自動車が車両重量に百十キログラムを加重された状態において、原動機が暖機状態となった後に、次の表の上欄に掲げる運転条件で同表の下欄に掲げる間運行する場合に発生し、排気管から大気中に排出される排出物に含まれる自動車排出ガスの質量を測定する方法をいう。

運転条件	時間（秒）
原動機を無負荷運転している状態	二十
発進から速度二十キロメートル毎時に至る加速走行状態	七
速度二十キロメートル毎時における定速走行状態	十五
速度二十キロメートル毎時から停止に至る減速走行状態	七
原動機を無負荷運転している状態	十六
発進から速度四十キロメートル毎時に至る加速走行状態	十四
速度四十キロメートル毎時における定速走行状態	十五
速度四十キロメートル毎時から速度二十キロメートル毎時に至る減速走行状態	十
速度二十キロメートル毎時における定速走行状態	二
速度二十キロメートル毎時から速度四十キロメートル毎時に至る加速走行状態	十二
速度四十キロメートル毎時から停止に至る減速走行状態	十七

二　十・十五モードによる測定とは、自動車が車両重量に百十キログラムを加重された状態において、原動機が暖機状態となった後に、次の表の上欄に掲げる運転条件で同表の下欄に掲げる間運行する場合に発生し、排気管から大気中に排出される排出物に含まれる自動車排出ガスの質量を測定する方法をいう。

運転条件	時間（秒）
原動機を無負荷運転している状態	四十四
発進から速度二十キロメートル毎時に至る加速走行状態	七
速度二十キロメートル毎時における定速走行状態	十五
速度二十キロメートル毎時から停止に至る減速走行状態	七
原動機を無負荷運転している状態	十六
発進から速度四十キロメートル毎時に至る加速走行状態	十四
速度四十キロメートル毎時における定速走行状態	十五

速度四十キロメートル毎時から速度二十キロメートル毎時に至る減速走行状態	十
速度二十キロメートル毎時における定速走行状態	二
速度二十キロメートル毎時から速度四十キロメートル毎時に至る加速走行状態	十二
速度四十キロメートル毎時から停止に至る減速走行状態	十七
原動機を無負荷運転している状態	二十
発進から速度二十キロメートル毎時に至る加速走行状態	七
速度二十キロメートル毎時における定速走行状態	十五
速度二十キロメートル毎時から停止に至る減速走行状態	七
原動機を無負荷運転している状態	十六
発進から速度四十キロメートル毎時に至る加速走行状態	十四
速度四十キロメートル毎時における定速走行状態	十五
速度四十キロメートル毎時から速度二十キロメートル毎時に至る減速走行状態	十
速度二十キロメートル毎時における定速走行状態	二
速度二十キロメートル毎時から速度四十キロメートル毎時に至る加速走行状態	十二
速度四十キロメートル毎時から停止に至る減速走行状態	十七
原動機を無負荷運転している状態	二十
発進から速度二十キロメートル毎時に至る加速走行状態	七
速度二十キロメートル毎時における定速走行状態	十五
速度二十キロメートル毎時から停止に至る減速走行状態	七
原動機を無負荷運転している状態	十六
発進から速度四十キロメートル毎時に至る加速走行状態	十四
速度四十キロメートル毎時における定速走行状態	十五
速度四十キロメートル毎時から速度二十キロメートル毎時に至る減速走行状態	十
速度二十キロメートル毎時における定速走行状態	二
速度二十キロメートル毎時から速度四十キロメートル毎時に至る加速走行状態	十二
速度四十キロメートル毎時から停止に至る減速走行状態	十七
原動機を無負荷運転している状態	六十五
発進から速度五十キロメートル毎時に至る加速走行状態	十八
速度五十キロメートル毎時における定速走行状態	十二
速度五十キロメートル毎時から速度四十キロメートル毎時に至る減速走行状態	四
速度四十キロメートル毎時における定速走行状態	四
速度四十キロメートル毎時から速度六十キロメートル毎時に至る加速走行状態	十六
速度六十キロメートル毎時における定速走行状態	十
速度六十キロメートル毎時から速度七十キロメートル毎時に至る加速走行状態	十一
速度七十キロメートル毎時における定速走行状態	十
速度七十キロメートル毎時から速度五十キロメートル毎時に至る減速走行状態	十
速度五十キロメートル毎時における定速走行状態	四
速度五十キロメートル毎時から速度七十キロメートル毎時に至る加速走行状態	二十二
速度七十キロメートル毎時における定速走行状態	五
速度七十キロメートル毎時から停止に至る減速走行状態	三十
原動機を無負荷運転している状態	十

三　ディーゼル自動車用シックス・モードによる測定とは、自動車を次の表の上欄に掲げる運転条件で運転する場合に発生し、排気管から大気中に排出される排出物に含まれる自動車排出ガスの濃度を体積比で表した値にそれぞれ同表の下欄に掲げる係数を乗じて得た値を加算して自動車排出ガスの濃度を測定する方法をいう。

運転条件	係数
原動機を無負荷運転している状態	〇・三五五
原動機を最高出力時の回転数の四十パーセントの回転数で全負荷運転している状態	〇・〇七一
原動機を最高出力時の回転数の四十パー	〇・〇五九

運転条件	係数
セントの回転数でその負荷を全負荷の二十五パーセントにして運転している状態	
原動機を最高出力時の回転数の六十パーセントの回転数で全負荷運転している状態	○・一○七
原動機を最高出力時の回転数の六十パーセントの回転数でその負荷を全負荷の二十五パーセントにして運転している状態	○・一一二
原動機を最高出力時の回転数の八十パーセントの回転数でその負荷を全負荷の七十五パーセントにして運転している状態	○・二八六

四　十三モードによる測定とは、自動車を次の表の上欄に掲げる運転順序に従い、同表の中欄に掲げる運転条件で運転する場合に排気管から排出される排出物に含まれる自動車排出ガスの単位時間当たりの質量に同表の下欄に掲げる係数を乗じて得た値を加算して得られた値を、同表の中欄に掲げる運転条件で運転する場合に発生した仕事率に同表の下欄に掲げる係数を乗じて得た値をそれぞれ加算して得られた値で除することにより単位時間及び単位仕事率当たりの自動車排出ガスの質量を測定する方法をいう。

運転順序	運転条件	係数
一	原動機を無負荷運転している状態	○・一五七
二	原動機を最高出力時の回転数の四十パーセントの回転数でその負荷を全負荷の四十パーセントにして運転している状態	○・○三六
三	原動機を最高出力時の回転数の四十パーセントの回転数でその負荷を全負荷の六十パーセントにして運転している状態	○・○三九
四	原動機を無負荷運転している状態	○・一五七
五	原動機を最高出力時の回転数の六十パーセントの回転数でその負荷を全負荷の二十パーセントにして運転している状態	○・○八八
六	原動機を最高出力時の回転数の六十パーセントの回転数でその負荷を全負荷の四十パーセントにして運転している状態	○・一一七
七	原動機を最高出力時の回転数の八十パーセントの回転数でその負荷を全負荷の四十パーセントにして運転している状態	○・○五八
八	原動機を最高出力時の回転数の八十パーセントの回転数でその負荷を全負荷の六十パーセントにして運転している状態	○・○二八
九	原動機を最高出力時の回転数の六十パーセントの回転数でその負荷を全負荷の六十パーセントにして運転している状態	○・○六六
十	原動機を最高出力時の回転数の六十パーセントの回転数でその負荷を全負荷の八十パーセントにして運転している状態	○・○三四
十一	原動機を最高出力時の回転数の六十パーセントの回転数でその負荷を全負荷の九十五パーセントにして運転している状態	○・○二八
十二	原動機を最高出力時の回転数の四十パーセントの回転数でその負荷を全負荷の二十パーセントにして運転している状態	○・○九六
十三	原動機を最高出力時の回転数の四十パーセントの回転数でその負荷を全負荷の二十パーセントにして運転している状態から気化器の絞り弁を全閉にして二十パーセントの回転数に減速運転している状態（この場合において、原動機を最高出力時の回転数の四十パーセントの回転数から二十パーセントの回転数に減速するのに要する時間は十秒間とする。）	○・○九六

五　シックス・モードによる測定とは、自動車を次の表の上欄に掲げる運転条件で運転する場合に発生し、排気管から大気中に排出される排出物に含まれる自動車排出ガスの濃度を体積比で表した値にそれぞれ同表の下欄に掲げる係数を乗じて得た値を加算して自動車排出ガスの濃度を測定する方法をいう。

運転条件	係数
原動機を無負荷運転している状態	○・一二五
原動機を二千回転の回転数で運転している状態（この場合における吸気マニホールドのブースト圧（大気圧よりも小さい圧力である場合における大気圧との圧力差をいう。以下この表において同じ。）は、十六・七キロパスカルとする。）	○・一一四
原動機を三千回転の回転数で運転している状態（この場合における吸気マニホールドのブースト圧は、十六・七キロパスカルとする。）	○・二七七
原動機を三千回転の回転数で運転している状態（この場合における吸気マニホールドのブースト圧は、二十六・七キロパスカルとする。）	○・二五四
原動機を二千回転の回転数で運転している状態（この場合における吸気マニホールドのブースト圧は、五十六・○キロパスカルとする。）	○・一三九

原動機を二千回転の回転数で運転している状態（この場合における吸気マニホールドのブースト圧は、五十六・〇キロパスカルとする。）から気化器の絞り弁を全閉にして千回転の回転数に減速運転している状態（この場合において、原動機の回転数を二千回転から千回転に減速するに要する時間は十秒間とする。）	〇・〇九一

六　ディーゼル自動車用十三モードによる測定とは、自動車を次の表の上欄に掲げる運転順序に従い、同表の中欄に掲げる運転条件で運転する場合に排気管から排出される排出物に含まれる自動車排出ガスの単位時間当たりの質量に同表の下欄に掲げる係数を乗じて得た値を加算して得られた値を、同表の中欄に掲げる運転条件で運転する場合に発生した仕事率に同表の下欄に掲げる係数を乗じて得た値をそれぞれ加算して得られた値で除することにより単位時間及び単位仕事率当たりの自動車排出ガスの質量を測定する方法をいう。

運転順序	運転条件	係数
一	原動機を無負荷運転している状態	〇・二〇五
二	原動機を最高出力時の回転数の四十パーセントの回転数でその負荷を全負荷の二十パーセントにして運転している状態	〇・〇三七
三	原動機を最高出力時の回転数の四十パーセントの回転数でその負荷を全負荷の四十パーセントにして運転している状態	〇・〇二七
四	原動機を無負荷運転している状態	〇・二〇五
五	原動機を最高出力時の回転数の六十パーセントの回転数でその負荷を全負荷の二十パーセントにして運転している状態	〇・〇二九
六	原動機を最高出力時の回転数の六十パーセントの回転数でその負荷を全負荷の四十パーセントにして運転している状態	〇・〇六四
七	原動機を最高出力時の回転数の八十パーセントの回転数でその負荷を全負荷の四十パーセントにして運転している状態	〇・〇四一
八	原動機を最高出力時の回転数の八十パーセントの回転数でその負荷を全負荷の六十パーセントにして運転している状態	〇・〇三二
九	原動機を最高出力時の回転数の六十パーセントの回転数でその負荷を全負荷の六十パーセントにして運転している状態	〇・〇七七
十	原動機を最高出力時の回転数の六十パーセントの回転数でその負荷を全負荷の八十パーセントにして運転している状態	〇・〇五五
十一	原動機を最高出力時の回転数の六十パーセントの回転数でその負荷を全負荷の九十五パーセントにして運転している状態	〇・〇四九
十二	原動機を最高出力時の回転数の八十パーセントの回転数でその負荷を全負荷の八十パーセントにして運転している状態	〇・〇三七
十三	原動機を最高出力時の回転数の六十パーセントの回転数でその負荷を全負荷の五パーセントにして運転している状態	〇・一四二

別表第二（第四条関係）

	自動車排出窒素酸化物の量の許容限度
軽油を燃料とする自動車	テン・モードによる測定若しくは十・十五モードによる測定で、一キロメートル走行当たり〇・四八グラム又はディーゼル自動車用シックス・モードによる測定で百万分の百

備考　測定の方法は、別表第一の備考に掲げる方法とする。

別表第三（第四条関係）

区分		自動車排出粒子状物質の量の許容限度
車両総重量の		
車両総重量が千七百キログラム以下のもの	軽油を燃料とする自動車	十・十五モードによる測定で、一キロメートル走行当たり〇・〇五五グラム
車両総重量が千七百キログラムを超え二千五百キログラム以下のもの	軽油を燃料とする自動車	十・十五モードによる測定で、一キロメートル走行当たり〇・〇六グラム
車両総重量が二千五百キログラムを超え三千五百キログラム以下のもの	軽油を燃料とする自動車	ディーゼル自動車用十三モードによる測定で一キロワット時当たり〇・一七五グラム
車両総重量が三千五百キログラムを超えるもの	軽油を燃料とする自動車	ディーゼル自動車用十三モードによる測定で一キロワット時当たり〇・四九グラム

備考　測定の方法は、別表第一の備考に掲げる方法とする。

別表第四（第四条関係）

	自動車排出粒子状物質の量の許容限度
軽油を燃料とする自動車	十・十五モードによる測定で、一キロメートル走行当たり〇・〇五五グラム

備考　測定の方法は、別表第一の備考に掲げる方法とする。

○自動車運送事業者等に係る自動車排出窒素酸化物等の排出の抑制のための計画の提出方法等を定める省令

（平成十四年四月三十日 国土交通省 環境省 令第二号）

沿革　平一四国・環令四、平一五国・環令一、平一八国・環令一、平一九国・環令一、令四国・環令四、令六国・環令二改正

（対象自動車を使用する事業者による計画の提出）

第一条　自動車から排出される窒素酸化物及び粒子状物質の特定地域における総量の削減等に関する特別措置法（以下「法」という。）第四十三条第一項の規定により読み替えて適用される法第三十三条の規定による計画の提出は、第一号から第三号までに掲げる事項及び第四号から第六号までに掲げる事項のうち特定事業者（法第四十三条第一項の規定により読み替えて適用される法第三十四条に規定する特定事業者をいう。以下同じ。）が実施することとして選択した措置に係るものにつき定めた計画を、三年から五年程度の計画期間ごとに提出することにより行わなければならない。

一　特定事業者の氏名又は名称及び特定自動車（法第四十三条第一項の規定により読み替えて適用される法第三十三条に規定する特定自動車をいう。以下同じ。）の使用の本拠の位置の属する都道府県における主たる事業場の所在地
二　事業の概要
三　事業場別の特定自動車の状況
四　特定自動車の低公害車等への代替に関する計画
五　特定自動車に係る適正運転の実施等に関する計画
六　特定自動車の走行量の削減のための措置に関する計画

2　前項第四号から第六号までに掲げる事項に係る目標年次は、計画期間が満了する年次とする。

3　法第四十三条第一項の規定により読み替えて適用される法第三十三条の規定による計画の提出は、特定事業者に該当することとなった日又は計画期間が満了した日から三月以内に、正本にその写し二通を添えてしなければならない。

（定期の報告）

第二条　法第四十三条第一項の規定により読み替えて適用される法第三十四条の環境省令、国土交通省令で定める事項は、前年度における第一号に掲げる事項及び第二号から第四号までに掲げる事項のうち特定事業者が実施することとして選択した措置に係る事項とする。

一　事業場別の特定自動車の状況
二　特定自動車の低公害車等への代替の状況
三　特定自動車に係る適正運転の実施等の状況
四　特定自動車の走行量の削減のための措置の状況

2　法第四十三条第一項の規定により読み替えて適用される法第三十四条の規定による報告は、毎年六月三十日までに、正本にその写し二通を添えてしなければならない。

（周辺地域内自動車を使用する事業者による計画の提出）

第三条　法第四十三条第一項の規定により読み替えて適用される法第三十六条第一項の規定による計画の提出は、第一号から第三号までに掲げる事項及び第四号から第七号までに掲げる事項のうち周辺地域内事業者（法第四十三条第一項の規定により読み替えて適用される法第三十七条に規定する周辺地域内事業者をいう。以下同じ。）が実施することとして選択した措置に係るものにつき定めた計画を、一年から五年程度の計画期間ごとに提出することにより行わなければならない。

一　周辺地域内事業者の氏名又は名称及び周辺地域内自動車（法第四十三条第一項の規定により読み替えて適用される法第三十六条第一項に規定する周辺地域内自動車をいい、同項第一号の一の都道府県の区域内に使用の本拠の位置を有するものに限る。以下同じ。）の使用の本拠の位置の属する都道府県における主たる事業場の所在地
二　事業の概要
三　事業場別の周辺地域内自動車の状況
四　指定地区（法第三十六条第三項に規定する指定地区をいう。以下同じ。）内において運行する周辺地域内自動車の低公害車等への代替に関する計画
五　指定地区内において運行する周辺地域内自動車に対する排出ガス低減装置の装着に関する計画
六　周辺地域内自動車に係る指定地区内における適正運転の実施等に関する計画
七　周辺地域内自動車の指定地区内における走行量の削減のための措置に関する計画

2　前項第四号から第七号までに掲げる事項に係る目標年次は、計画期間が満了する年次とする。

3　法第四十三条第一項の規定により読み替えて適用される法第三十六条第一項の規定による計画の提出は、周辺地域内事業者に該当することとなった日又は計画期間が満了した日から三月以内に、正本にその写し二通を添えてしなければならない。

（定期の報告）

第四条　法第四十三条第一項の規定により読み替えて適用される法第三十七条の環境省令、国土交通省令で定める事項は、前年度における第一号に掲げる事項及び第二号から第五号までに掲げる事項のうち周辺地域内事業者が実施することとして選択した措置に係る事項とする。

一　事業場別の周辺地域内自動車の状況
二　指定地区内において運行する周辺地域内自動車の低公害車等への代替の状況
三　指定地区内において運行する周辺地域内自動車に対する排出ガス低減装置の装着の状況
四　周辺地域内自動車に係る指定地区内における適正運転の実施等の状況
五　周辺地域内自動車の指定地区内における走行量の削減のための措置の状況

2　法第四十三条第一項の規定により読み替えて適用される法第三十七条の規定による報告は、毎年六月三十日までに、正本にその写し二通を添えてしなければならない。

（立入検査の身分証明書）

第五条　道路運送法（昭和二十六年法律第百八十三号）の規定による自動車運送事業者又は貨物利用運送事業法（平成元年法律第八十二号）の規定による第二種貨物利用運送事業を経

営する者が次の各号に掲げる者である場合における法第四十一条第五項の証明書の様式は、別記様式のとおりとする。

一 対象自動車（法第三十三条に規定する対象自動車をいう。）を使用する事業者

二 特定事業者

三 周辺地域内自動車を使用する事業者

四 周辺地域内事業者

（環境大臣及び関係都道府県知事への通知）

第六条 法第四十三条第二項の規定による通知は、受理した計画又は報告について行うものとする。

（計画書等の経由）

第七条 法第四十三条第一項の規定により読み替えて適用される第三十三条及び第三十四条の規定に基づく計画の提出及び報告は、それぞれ特定自動車の使用の本拠の位置を管轄する運輸監理部長又は運輸支局長を経由して、地方運輸局長に行わなければならない。

2 法第四十三条第一項の規定により読み替えて適用される第三十六条第一項及び第三十七条の規定に基づく計画の提出及び報告は、それぞれ周辺地域内自動車の使用の本拠の位置を管轄する運輸監理部長又は運輸支局長を経由して、地方運輸局長に行わなければならない。

附 則

（施行期日）

第一条 この省令は、平成十四年五月一日から施行する。

（経過措置）

第二条 この省令の施行の日から二月以内に特定事業者に該当することとなる者については、第一条第三項中「特定事業者に該当することとなった日から三月以内」とあるのは「平成十四年九月三十日まで」と読み替えるものとする。

附 則（平一四・六・二八国・環令四）

この省令は、平成十四年七月一日から施行する。

附 則（平一五・二・一四国・環令一）

この省令は、鉄道事業法等の一部を改正する法律の施行の日（平成十五年四月一日）から施行する。

附 則（平一八・三・二七国・環令一）

（施行期日）

第一条 この省令は、平成十八年四月一日から施行する。

（経過措置）

第二条 この省令の施行の日前に改正前の第一条第一項の規定により提出された計画における同条第二項に規定する目標年次の最終日は、改正後の第一条第三項の計画期間が満了した日とみなす。

第三条 前条の規定により改正後の第一条第三項の計画期間が満了した日とみなされる日が平成十八年五月三十一日以前である計画を提出した特定事業者については、同項中「特定事業者に該当することとなった日又は計画期間が満了した日から三月以内」とあるのは「平成十八年八月三十一日まで」と読み替えるものとする。

附 則（平一九・八・二〇国・環令一）

この省令は、自動車から排出される窒素酸化物及び粒子状物質の特定地域における総量の削減等に関する特別措置法の一部を改正する法律（平成十九年法律第五十号）の施行の日（平成二十年一月一日）から施行する。

附 則（令四・一一・二八国・環令四）

この省令は、公布の日から施行する。

附 則（令六・三・二九国・環令二）

（施行期日）

第一条 この省令は、令和六年四月一日から施行する。

（経過措置）

第二条 この省令の施行の際現にあるこの省令による改正前の様式（次項において「旧様式」という。）により使用されている身分証明書は、この省令による改正後の様式によるものとみなす。

2 この省令の施行の際現にある旧様式による用紙は、当分の間、これを取り繕って使用することができる。

別記様式（第五条関係）

（第１面）

第　　　号

立入検査等をする職員の携帯する身分を示す証明書

職　　名

氏　　名

生年月日　　　年　　　月　　　日生

写真

年　　月　　日交付

年　　月　　日限り有効

発行者　　　　　　　㊞

（第２面）

この証明書を携帯する者は、下表に掲げる法令の条項のうち、該当の有無の欄に丸印のある法令の条項により立入検査等をする職権を有するものです。

法令の条項	該当の有無

（備考）１　この証明書は、用紙１枚で作成することとする。

２　法令の条項の欄に、この証明書を使用して行う立入検査等に係る法令の条項を記載すること。

３　該当の有無の欄に、立入検査等をする職権を有する場合は「○」を、有しない場合は「－」を記載すること。

４　記載する法令の条項の数に応じて、行を適宜追加すること。第２面については、その全部又は一部を裏面に記載することができる。

５　裏面には、参照条文を記載することができる。

６　この証明書の記載事項については、必要に応じて英文を併記の上、発行することができる。

○自動車から排出される窒素酸化物の特定地域における総量の削減等に関する特別措置法施行令の規定に基づく環境大臣の定める特種自動車並びに特種自動車の種別ごとの年数及び期間

（平成五年三月二十六日）
（環境庁告示第二十五号）

沿革　平一二環告七八、平一四環告一四改正

一　環境大臣が定める特種自動車
イ　警察自動車のうち、騒乱、大規模な災害その他の場合における警備のために用いられる自動車であって、投石、火炎びん（火炎びんの使用等の処罰に関する法律（昭和四十七年法律第十七号）第一条に規定する火炎びんをいう。）の使用その他これらに類する行為又は災害による損傷を防ぐための特殊な鋼板を車体に用いたもの
ロ　警察自動車のうち、騒乱、大規模な災害その他の場合における警備又は銃器事犯等捜査のために用いられる自動車であって、爆発物処理装置、非常用通信装置その他の警備又は銃器事犯等捜査のために必要な特殊な構造又は装置を有するもの（イに掲げるものを除く。）
ハ　消防自動車のうち、高所火災、油脂火災等の特殊な災害に対する消防活動に用いられる自動車であって、高所活動用のはしご、泡消火薬剤槽その他の特殊な災害に対する消防のために必要な特殊な構造又は装置を有するもの
ニ　消防自動車のうち、火災、震災等の災害に対する消防活動に用いられる自動車であって、ポンプ装置その他の消防のために必要な特殊な構造又は装置を有するもの（ハに掲げるものを除く。）

二　特種自動車の種別ごとに環境大臣が定める年数
イ　前号イ及びハに掲げる特種自動車　十九年
ロ　前号ロ及びニに掲げる特種自動車　十四年

三　特種自動車の種別ごとに環境大臣が定める期間
イ　第一号イ及びハに掲げる特種自動車　二十年
ロ　第一号ロ及びニに掲げる特種自動車　十五年

四　特種自動車の種別ごとに環境大臣が定める日
イ　初度登録日が昭和五十八年九月三十日以前である第一号イ及びハに掲げる一年車検特種自動車並びに初度登録日が昭和六十三年九月三十日以前である第一号ロ及びニに掲げる一年車検特種自動車　平成十五年九月三十日
ロ　初度登録日が昭和五十八年九月三十日以前である第一号イ及びハに掲げる二年車検特種自動車並びに初度登録日が昭和六十三年九月三十日以前である第一号ロ及びニに掲げる二年車検特種自動車並びに初度登録日が昭和六十三年十月一日から平成元年九月三十日までの間である第一号ロ及びニに掲げる特種自動車　平成十六年九月三十日
ハ　初度登録日が昭和五十八年十月一日以降である第一号イ及びハに掲げる特種自動車　初度登録日から起算して二十年間の末日に当たる日
ニ　初度登録日が平成元年十月一日以降である第一号ロ及びニに掲げる特種自動車　初度登録日から起算して十五年間の末日に当たる日

附　則

この告示は、平成五年十二月一日から施行する。

前　文（抄）（平一二・一二・一四環告七八）

平成十三年一月六日から適用する。

前　文（抄）（平一四・三・一環告一四）

平成十四年十月一日から適用する。

附　則（平一四・三・一環告一四）

自動車から排出される窒素酸化物の特定地域における総量の削減等に関する特別措置法施行令の一部を改正する政令（平成十三年政令第四百六号）による改正前の自動車から排出される窒素酸化物の特定地域における総量の削減等に関する特別措置法施行令別表第一に掲げる区域内に使用の本拠の位置を有する特種自動車（人の運送の用に供する乗車定員十一人未満のものを除く。）に係る自動車から排出される窒素酸化物及び粒子状物質の特定地域における総量の削減等に関する特別措置法（平成四年法律第七十号）第十二条第一項に規定する窒素酸化物の排出量に関する基準の適用については、自動車から排出される窒素酸化物及び粒子状物質の総量の削減等に関する特別措置法施行規則の一部を改正する省令による改正後の自動車から排出される窒素酸化物及び粒子状物質の特定地域における総量の削減等に関する特別措置法施行規則第四条第一項に規定する窒素酸化物排出基準が適用されるまでの間は、改正後の第四号の規定にかかわらず、なお従前の例による。

○特定特殊自動車排出ガスの規制等に関する法律

（平成十七年五月二十五日 法律第五十一号）

沿革 平一七法八七、平一八法一〇、平二七法四四・五〇、平二九法四一、令四法六八改正

〔編者注〕 令和四年六月一七日法律第六八号による改正のうち、令和七年六月一日から施行される部分は、直接改正を加えないで、現行条文と並列して登載した。

目次

第一章 総則

（目的）

第一条 この法律は、特定原動機及び特定特殊自動車について技術上の基準を定め、特定特殊自動車の使用について必要な規制を行うこと等により、特定特殊自動車排出ガスの排出を抑制し、もって大気の汚染に関し、国民の健康を保護するとともに生活環境を保全することを目的とする。

（定義）

第二条 この法律において「特定特殊自動車」とは、道路運送車両法（昭和二十六年法律第百八十五号）第二条第二項に規定する自動車（同条第五項に規定する運行の用に供するものを除く。）であって、次に掲げるもの（けん引して陸上を移動させることを目的として製作した用具その他政令で定めるものを除く。）をいう。

一 道路運送車両法第三条に規定する大型特殊自動車及び小型特殊自動車

二 建設機械抵当法（昭和二十九年法律第九十七号）第二条に規定する建設機械に該当する自動車（前号に掲げるものを除く。）その他の構造が特殊な自動車であって政令で定めるもの

2 この法律において「特定原動機」とは、特定特殊自動車に搭載される原動機及びこれと一体として搭載される装置で主務省令で定めるものをいう。

3 この法律において「特定特殊自動車排出ガス」とは、特定特殊自動車の使用に伴い発生する一酸化炭素、炭化水素、鉛その他の人の健康又は生活環境に係る被害を生ずるおそれがある物質で政令で定めるものをいう。

（国及び都道府県の責務）

第三条 国は、特定特殊自動車排出ガスの規制に関する国際的な連携の確保、特定特殊自動車排出ガスの排出の抑制に関する啓発及び知識の普及その他の特定特殊自動車排出ガスによる大気の汚染の防止に関する施策を推進するよう努めなければならない。

2 都道府県は、国との連携を図りつつ、特定特殊自動車排出ガスによる大気の汚染の防止に関する施策を推進するよう努めなければならない。

（事業者及び使用者の責務）

第四条 特定特殊自動車製作等事業者（特定特殊自動車の製作又は輸入（以下「製作等」という。）を業とする者をいう。以下同じ。）は、特定特殊自動車の製作等に際して、その製作等に係る特定特殊自動車が使用されることにより排出される特定特殊自動車排出ガスによる大気の汚染の防止が図られるよう努めなければならない。

2 特定特殊自動車を使用する者は、特定特殊自動車排出ガスの排出の抑制のため必要な措置を講ずるよう努めるとともに、国及び都道府県が実施する特定特殊自動車排出ガスによる大気の汚染の防止に関する施策に協力しなければならない。

第二章 特定原動機及び特定特殊自動車

第一節 特定原動機の型式指定等

（特定原動機の技術基準）

第五条 主務大臣は、特定原動機について、主務省令で、特定特殊自動車排出ガスによる大気の汚染の防止を図るため必要な技術上の基準（以下「特定原動機技術基準」という。）を定めなければならない。

（特定原動機の型式指定）

第六条 主務大臣は、特定原動機の製作等を業とする者（以下「特定原動機製作等事業者」という。）の申請により、特定原動機をその型式について指定する。

2 前項の指定の申請は、本邦に輸出される特定原動機について、外国において当該特定原動機を製作することを業とする者又はその者から当該特定原動機を購入する契約を締結している者であって当該特定原動機を本邦に輸出することを業とするものも行うことができる。

3 第一項の指定は、申請に係る特定原動機が特定原動機技術基準に適合し、かつ、均一性を有するものであるかどうかを判定することによって行う。

4 第一項の指定は、当該特定原動機を取り付けることができる特定特殊自動車の範囲を限定して行うことができる。

5 主務大臣は、第一項の規定によりその型式について指定を受けた特定原動機（以下「型式指定特定原動機」という。）が特定原動機技術基準に適合しなくなり、又は均一性を有するものでなくなったときは、その指定を取り消すことができる。

る。この場合において、主務大臣は、取消しの日までに製作された特定原動機について取消しの効力の及ぶ範囲を限定することができる。

6 前項の規定によるほか、主務大臣は、指定外国特定原動機製作者等（第二項に規定する者であってその製作し、又は輸出する特定原動機の型式について第一項の指定を受けたものをいう。以下この項において同じ。）が次の各号のいずれかに該当する場合には、当該指定外国特定原動機製作者等に係る第一項の指定を取り消すことができる。

一 指定外国特定原動機製作者等が第八条の規定に基づく主務省令の規定（第一項の指定に係る部分に限る。）に違反したとき。

二 主務大臣がこの法律の施行に必要な限度において指定外国特定原動機製作者等に対しその業務に関し報告を求めた場合において、その報告がされず、又は虚偽の報告がされたとき。

三 主務大臣がこの法律の施行に必要な限度においてその職員に指定外国特定原動機製作者等の工場若しくは事業場又は型式指定特定原動機の所在すると認める場所において当該特定原動機、帳簿、書類その他の物件についての検査をさせ、又は関係者に質問をさせようとした場合において、その検査が拒まれ、妨げられ、若しくは忌避され、又は質問に対し陳述がされず、若しくは虚偽の陳述がされたとき。

7 道路運送車両法第七十五条の三第一項に規定する特定装置のうち主務省令で定めるものは、同項の規定によりその型式について指定を受けた場合には、第十条第一項の規定の適用については、型式指定特定原動機とみなす。

（特定原動機の表示）

第七条 前条第一項の申請をした者は、その申請に係る型式指定特定原動機につき、主務省令で定める表示を付することができる。

2 何人も、前項に規定する場合を除くほか、特定原動機に同項の表示又はこれと紛らわしい表示を付してはならない。

（主務省令への委任）

第八条 この節に定めるもののほか、特定原動機の型式の指定の手続その他この節の規定の施行に関し必要な事項は、主務省令で定める。

第二節 特定特殊自動車の型式届出等

（特定特殊自動車の技術基準）

第九条 主務大臣は、特定特殊自動車の特定原動機以外の部分について、主務省令で、特定特殊自動車排出ガスによる大気の汚染の防止を図るため必要な技術上の基準（以下「特定特殊自動車技術基準」という。）を定めなければならない。

（特定特殊自動車の型式届出）

第十条 特定特殊自動車製作等事業者は、その製作等に係る特定特殊自動車に型式指定特定原動機を搭載し、かつ、当該特定特殊自動車と同一の型式に属する特定特殊自動車のいずれもが特定特殊自動車技術基準に適合するものとなることを確保することができると認めるときは、主務省令で定めるところにより、次に掲げる事項を主務大臣に届け出ることができる。

一 氏名又は名称及び住所並びに法人にあっては、その代表者の氏名

二 当該特定特殊自動車の車名及び型式

三 当該特定特殊自動車に係る型式指定特定原動機の型式

四 当該型式に属する特定特殊自動車のいずれもが特定特殊自動車技術基準に適合することの確認の方法（以下「確認方法」という。）

2 前項の届出は、本邦に輸出される特定特殊自動車について、外国において当該特定特殊自動車を製作することを業とする者又はその者から当該特定特殊自動車を購入する契約を締結している者であって当該特定特殊自動車を本邦に輸出することを業とするものも行うことができる。

3 第一項の規定による届出をした者（以下「届出事業者」という。）は、同項第一号又は第四号に掲げる事項に変更があったときは、主務省令で定めるところにより、遅滞なく、その旨を主務大臣に届け出なければならない。

4 主務大臣は、第一項の規定による届出があったときは、その旨を公示しなければならない。前項の規定による届出があった場合において、その公示した事項に変更があったときも、同様とする。

（技術基準適合義務等）

第十一条 届出事業者は、前条第一項の規定による届出に係る特定特殊自動車（以下「型式届出特定特殊自動車」という。）の製作等をする場合においては、当該型式届出特定特殊自動車について、特定特殊自動車技術基準に適合するようにしなければならない。

2 届出事業者は、前条第一項の規定による届出に係る確認方法に従い、その製作等に係る型式届出特定特殊自動車について検査を行い、主務省令で定めるところにより、その検査記録を作成し、これを保存しなければならない。

（特定特殊自動車の表示）

第十二条 届出事業者は、型式届出特定特殊自動車について、前条第二項の規定による義務を履行したときは、当該型式届出特定特殊自動車に主務省令で定める表示（以下「基準適合表示」という。）を付することができる。

2 特定特殊自動車製作等事業者は、その製作等に係る特定特殊自動車について、前条第二項の規定による義務と同等なものとして主務省令で定める道路運送車両法に基づく命令の規定による義務を履行したときは、基準適合表示を付することができる。

3 特定特殊自動車製作等事業者は、特定特殊自動車排出ガスの排出状況その他の事情を勘案して政令で定める台数以下の同一の型式に属する特定特殊自動車（以下「少数生産車」という。）の製作等をした場合であって、主務省令で定める基準に適合するものとして主務省令で定めるところにより主務大臣の承認を受けたときは、当該少数生産車に主務省令で定める表示（以下「少数特例表示」という。）を付することができる。

4 何人も、前三項の規定により表示を付する場合を除くほか、特定特殊自動車に基準適合表示若しくは少数特例表示又はこれらと紛らわしい表示を付してはならない。

（届出事業者に対する改善命令）

第十三条 主務大臣は、届出事業者が第十一条第一項の規定に

違反していると認めるときその他型式届出特定特殊自動車が特定特殊自動車技術基準に適合することを確保するため必要があると認めるときは、当該届出事業者に対し、第十条第一項の規定による届出に係る確認方法その他の業務の方法の改善に関し必要な措置を講ずべきことを命ずることができる。

（表示の禁止）

第十四条 主務大臣は、次の各号に掲げる場合には、届出事業者に対し、当該各号に定める型式に属する特定特殊自動車に基準適合表示を付することを禁止することができる。

一 同一の型式に属する型式届出特定特殊自動車の全部又は大部分が特定特殊自動車技術基準に適合していないと認めるとき。当該型式届出特定特殊自動車の型式

二 届出事業者が前条の規定による命令に違反したとき。当該違反に係る型式届出特定特殊自動車の型式

2 主務大臣は、前項の規定により基準適合表示を付することを禁止したときは、その旨を公示しなければならない。

（基準適合表示の失効）

第十五条 同一の型式に属する型式届出特定特殊自動車の全部又は大部分が特定特殊自動車技術基準に適合していないと主務大臣が認めて公示したときは、当該型式届出特定特殊自動車の型式に属する特定特殊自動車に係る基準適合表示は、その効力を失う。

（主務省令への委任）

第十六条 この節に定めるもののほか、特定特殊自動車の型式の届出の手続その他この節の規定の施行に関し必要な事項は、主務省令で定める。

第三章 特定特殊自動車の使用の制限等

（使用の制限）

第十七条 特定特殊自動車は、基準適合表示又は少数特例表示が付されたものでなければ、使用してはならない。ただし、主務省令で定めるところにより、その使用の開始前に、主務大臣の検査を受け、その特定特殊自動車が特定原動機技術基準及び特定特殊自動車技術基準に適合することの確認を受けたときは、この限りでない。

2 試験研究の目的で使用する場合、使用の開始後に第十五条の規定により基準適合表示が失効した場合その他の主務省令で定める場合については、前項本文の規定は適用しない。

（技術基準適合命令）

第十八条 都道府県知事は、当該都道府県の区域内において特定特殊自動車が技術基準（特定原動機技術基準及び特定特殊自動車技術基準（第十二条第三項の規定による承認を受けた少数生産車にあっては、同項の基準）をいう。以下同じ。）に適合しない状態になったと認めるときは、当該特定特殊自動車の使用者に対し、期間を定めて技術基準に適合させるために必要な整備を行うべきことを命ずることができる。

2 都道府県知事は、前項の規定による命令をしたときは、主務省令で定めるところにより、その内容を主務大臣に報告しなければならない。

第四章 登録特定原動機検査機関及び登録特定特殊自動車検査機関

第一節 登録特定原動機検査機関

（登録特定原動機検査機関）

第十九条 主務大臣は、主務省令で定めるところにより、第六条第一項の規定による特定原動機の型式の指定に関する主務大臣の事務のうち、当該特定原動機が特定原動機技術基準に適合するかどうかの検査の実施に関する事務（以下「特定原動機検査事務」という。）について、主務大臣の登録を受けた者（以下「登録特定原動機検査機関」という。）があるときは、その登録特定原動機検査機関に行わせるものとする。

2 前項の登録（以下この節において「登録」という。）は、特定原動機検査事務を行おうとする者の申請により行う。

3 次の各号のいずれかに該当する者は、登録を受けることができない。

一 この法律又はこの法律に基づく命令の規定に違反し、罰金以上の刑に処せられ、その執行を終わり、又は執行を受けることがなくなった日から起算して二年を経過しない者であること。

二 第二十三条第四項又は第五項の規定により登録を取り消され、その取消しの日から起算して二年を経過しない者であること。

三 法人であって、その業務を行う役員のうちに前二号のいずれかに該当する者があること。

4 主務大臣は、登録の申請をした者（以下この項において「登録申請者」という。）が次の各号のいずれにも適合しているときは、その登録をしなければならない。この場合において、登録に関して必要な手続は、主務省令で定める。

一 学校教育法（昭和二十二年法律第二十六号）に基づく大学若しくは高等専門学校において工学その他原動機に関して必要な課程を修めて卒業した者（これらを修めて同法に基づく専門職大学の前期課程を修了した者を含む。第二十六条第二項第二号において同じ。）又はこれと同等以上の学力を有する者であって、通算して三年以上原動機に関する実務の経験を有するものが特定原動機検査事務を実施し、その人数が二名以上であること。

二 登録申請者が、特定原動機製作等事業者に支配されているものとして次のいずれかに該当するものでないこと。

イ 登録申請者が株式会社である場合にあっては、特定原動機製作等事業者がその親法人（会社法（平成十七年法律第八十六号）第八百七十九条第一項に規定する親法人をいう。以下同じ。）であること。

ロ 登録申請者の役員（持分会社（会社法第五百七十五条第一項に規定する持分会社をいう。以下同じ。）にあっては、業務を執行する社員）に占める特定原動機製作等事業者の役員又は職員（過去二年間にその特定原動機製作等事業者の役員又は職員であった者を含む。）の割合が二分の一を超えていること。

ハ 登録申請者（法人にあっては、その代表権を有する役員）が、特定原動機製作等事業者の役員又は職員（過去二年間にその特定原動機製作等事業者の役員又は職員であった者を含む。）であること。

5 登録は、登録特定原動機検査機関登録簿に次に掲げる事項を記載してするものとする。
一 登録の年月日及び番号
二 登録を受けた者の氏名又は名称及び住所並びに法人にあっては、その代表者の氏名
三 登録を受けた者が特定原動機検査事務を実施する事業場の名称及び所在地
四 前三号に掲げるもののほか、主務省令で定める事項
6 主務大臣は、登録をしたときは、登録に係る特定原動機検査事務を行わないものとする。

（登録の更新）

第二十条 登録は、三年を下らない政令で定める期間ごとにその更新を受けなければ、その期間の経過によって、その効力を失う。
2 前条第二項から第五項までの規定は、前項の登録の更新について準用する。

（遵守事項等）

第二十一条 登録特定原動機検査機関は、特定原動機検査事務を実施することを求められたときは、正当な理由がある場合を除き、遅滞なく、特定原動機検査事務を実施しなければならない。
2 登録特定原動機検査機関は、公正に、かつ、主務省令で定める方法により特定原動機検査事務を実施しなければならない。
3 登録特定原動機検査機関は、特定原動機検査事務を実施する事業場の所在地を変更しようとするときは、変更しようとする日の二週間前までに、主務大臣に届け出なければならない。
4 登録特定原動機検査機関は、その特定原動機検査事務の開始前に、主務省令で定めるところにより、その特定原動機検査事務の実施に関する規程を定め、主務大臣の認可を受けなければならない。これを変更しようとするときも、同様とする。
5 登録特定原動機検査機関は、毎事業年度経過後三月以内に、その事業年度の財産目録、貸借対照表及び損益計算書又は収支計算書並びに事業報告書（その作成に代えて電磁的記録（電子的方式、磁気的方式その他人の知覚によっては認識することができない方式で作られる記録であって、電子計算機による情報処理の用に供されるものをいう。以下同じ。）の作成がされている場合における当該電磁的記録を含む。以下「財務諸表等」という。）を作成し、五年間事業場に備えて置かなければならない。
6 特定原動機製作等事業者その他の利害関係人は、登録特定原動機検査機関の業務時間内は、いつでも、次に掲げる請求をすることができる。ただし、第二号又は第四号の請求をするには、登録特定原動機検査機関の定めた費用を支払わなければならない。
一 財務諸表等が書面をもって作成されているときは、当該書面の閲覧又は謄写の請求
二 前号の書面の謄本又は抄本の請求
三 財務諸表等が電磁的記録をもって作成されているときは、当該電磁的記録に記録された事項を主務省令で定める方法により表示したものの閲覧又は謄写の請求
四 前号の電磁的記録に記録された事項を電磁的方法であって主務省令で定めるものにより提供することの請求又は当該事項を記載した書面の交付の請求
7 登録特定原動機検査機関は、主務省令で定めるところにより、帳簿を備え、特定原動機検査事務に関し主務省令で定める事項を記載し、これを保存しなければならない。
8 登録特定原動機検査機関は、主務大臣の許可を受けなければ、その特定原動機検査事務の全部又は一部を休止し、又は廃止してはならない。
9 主務大臣は、登録特定原動機検査機関が前項の許可を受けてその特定原動機検査事務の全部若しくは一部を休止したとき、第二十三条第五項の規定により登録特定原動機検査機関に対し特定原動機検査事務の全部若しくは一部の停止を命じたとき、又は登録特定原動機検査機関が天災その他の事由によりその特定原動機検査事務の全部若しくは一部を実施することが困難となった場合において必要があると認めるときは、その特定原動機検査事務の全部又は一部を自ら行うものとする。
10 主務大臣が前項の規定により特定原動機検査事務の全部若しくは一部を自ら行う場合、登録特定原動機検査機関が第八項の許可を受けてその特定原動機検査事務の全部若しくは一部を廃止する場合又は主務大臣が第二十三条第四項若しくは第五項の規定により登録を取り消した場合における特定原動機検査事務の引継ぎその他の必要な事項は、主務省令で定める。

（秘密保持義務等）

第二十二条 登録特定原動機検査機関の役員若しくは職員又はこれらの職にあった者は、その特定原動機検査事務に関し知り得た秘密を漏らしてはならない。
2 特定原動機検査事務に従事する登録特定原動機検査機関の役員又は職員は、刑法（明治四十年法律第四十五号）その他の罰則の適用については、法令により公務に従事する職員とみなす。

（登録特定原動機検査機関に対する適合命令等）

第二十三条 主務大臣は、登録特定原動機検査機関が第十九条第四項各号のいずれかに適合しなくなったと認めるときは、その登録特定原動機検査機関に対し、これらの規定に適合するため必要な措置を講ずべきことを命ずることができる。
2 主務大臣は、登録特定原動機検査機関が第二十一条第一項又は第二項の規定に違反していると認めるときは、その登録特定原動機検査機関に対し、特定原動機検査事務を実施すべきこと又は特定原動機検査事務の方法の改善に関し必要な措置を講ずべきことを命ずることができる。
3 主務大臣は、第二十一条第四項の規程が特定原動機検査事務の公正な実施上不適当となったと認めるときは、その規程を変更すべきことを命ずることができる。
4 主務大臣は、登録特定原動機検査機関が第十九条第三項第一号又は第三号に該当するに至ったときは、登録を取り消さなければならない。
5 主務大臣は、登録特定原動機検査機関が次の各号のいずれかに該当するときは、その登録を取り消し、又は期間を定めて特定原動機検査事務の全部若しくは一部の停止を命ずることができる。
一 第二十一条第三項から第五項まで、第七項又は第八項の規定に違反したとき。

二　第二十一条第四項の規程によらないで特定原動機検査事務を実施したとき。

三　正当な理由がないのに第二十一条第六項各号の規定による請求を拒んだとき。

四　第一項から第三項までの規定による命令に違反したとき。

五　不正の手段により登録を受けたとき。

（報告徴収及び立入検査）

第二十四条　主務大臣は、この節の規定の施行に必要な限度において、登録特定原動機検査機関に対し、その特定原動機検査事務に関し報告を求め、又はその職員に、登録特定原動機検査機関の事務所その他の事業場に立ち入り、登録特定原動機検査機関の帳簿、書類その他必要な物件を検査させ、若しくは関係者に質問させることができる。

2　前項の規定による立入検査をする職員は、その身分を示す証明書を携帯し、関係者に提示しなければならない。

3　第一項の規定による権限は、犯罪捜査のために認められたものと解釈してはならない。

（公示）

第二十五条　主務大臣は、次に掲げる場合には、その旨を官報に公示しなければならない。

一　登録をしたとき。

二　第二十一条第三項の規定による届出があったとき。

三　第二十一条第八項の規定による許可をしたとき。

四　第二十一条第九項の規定により主務大臣が特定原動機検査事務の全部若しくは一部を自ら行うこととするとき、又は自ら行っていた特定原動機検査事務の全部若しくは一部を行わないこととするとき。

五　第二十三条第四項若しくは第五項の規定により登録を取り消し、又は同項の規定により特定原動機検査事務の全部若しくは一部の停止を命じたとき。

第二節　登録特定特殊自動車検査機関

（登録特定特殊自動車検査機関）

第二十六条　主務大臣は、主務省令で定めるところにより、第十七条第一項ただし書に規定する主務大臣の事務のうち当該特定特殊自動車が技術基準に適合するかどうかの検査の実施に関する事務（以下「特定特殊自動車検査事務」という。）について、主務大臣の登録を受けた者（以下「登録特定特殊自動車検査機関」という。）があるときは、その登録特定特殊自動車検査機関に行わせるものとする。

2　主務大臣は、前項の登録の申請をした者（以下この項において「登録申請者」という。）が次の各号のいずれにも適合しているときは、その登録をしなければならない。この場合において、登録に関して必要な手続は、主務省令で定める。

一　特定特殊自動車排出ガスの濃度計その他の器具を用いて特定特殊自動車検査事務を行うものであること。

二　学校教育法に基づく大学若しくは高等専門学校において工学その他原動機に関して必要な課程を修めて卒業した者又はこれと同等以上の学力を有する者であって、通算して三年以上原動機に関する実務の経験を有するものが特定特殊自動車検査事務を実施し、その人数が二名以上であること。

三　登録申請者が、特定特殊自動車製作等事業者に支配されているものとして次のいずれかに該当するものでないこと。

イ　登録申請者が株式会社である場合にあっては、特定特殊自動車製作等事業者がその親法人であること。

ロ　登録申請者の役員（持分会社にあっては、業務を執行する社員）に占める特定特殊自動車製作等事業者の役員又は職員（過去二年間にその特定特殊自動車製作等事業者の役員又は職員であった者を含む。）の割合が二分の一を超えていること。

ハ　登録申請者（法人にあっては、その代表権を有する役員）が、特定特殊自動車製作等事業者の役員又は職員（過去二年間にその特定特殊自動車製作等事業者の役員又は職員であった者を含む。）であること。

（準用）

第二十七条　第十九条第二項、第三項、第五項及び第六項並びに第二十条の規定は前条第一項の登録について、第二十一条から第二十五条までの規定は登録特定特殊自動車検査機関について準用する。この場合において、これらの規定中「特定原動機検査事務」とあるのは「特定特殊自動車検査事務」と、第十九条第五項中「登録特定原動機検査機関登録簿」とあるのは「登録特定特殊自動車検査機関登録簿」と、第二十一条第六項中「特定原動機製作等事業者」とあるのは「特定特殊自動車製作等事業者」と読み替えるものとするほか、必要な技術的読替えは、政令で定める。

第五章　雑則

（指針）

第二十八条　主務大臣は、特定特殊自動車排出ガスの排出の抑制を図るために必要があると認めるときは、特定特殊自動車を業として使用する者が使用する特定特殊自動車の燃料の種類その他の事項について必要な指針を定め、これを公表するものとする。

2　都道府県知事は、当該都道府県の区域内において特定特殊自動車を業として使用する者に対し、前項の指針に即して特定特殊自動車排出ガスの排出の抑制を図ることについて指導及び助言を行うことができる。

3　都道府県知事は、前項の規定による指導又は助言をしたときは、主務省令で定めるところにより、その内容を主務大臣に報告しなければならない。

（報告徴収）

第二十九条　主務大臣は、この法律の施行に必要な限度において、第六条第一項の規定による特定原動機の型式の指定を受けた者（次条第一項において「指定事業者」という。）、届出事業者、第十二条第三項の規定による少数生産車の承認を受けた者（次条第一項において「承認事業者」という。）又は特定特殊自動車の使用者に対し、その業務の状況、特定特殊自動車の使用の状況その他必要な事項に関し報告をさせることができる。

2　都道府県知事は、第十八条第一項又は前条第二項の規定の施行に必要な限度において、特定特殊自動車の使用者に対し、その業務の状況、特定特殊自動車の使用の状況その他必要な事項に関し報告をさせることができる。

3　第一項の規定による報告の徴収（前項の規定により都道府県知事が行うことができることとされるものに限る。）は、特定特殊自動車排出ガスによる大気の汚染により人の健康又は生活環境に係る被害が生ずることを防止するため緊急の必要があると認められる場合に行うものとする。

4　都道府県知事は、第二項の規定により特定特殊自動車の使用者に報告をさせたときは、主務省令で定めるところにより、その結果を主務大臣に報告しなければならない。

（立入検査）

第三十条　主務大臣は、この法律の施行に必要な限度において、その職員に、指定事業者、届出事業者、承認事業者若しくは特定特殊自動車の使用者の工場若しくは事業場又は特定特殊自動車の所在すると認められる場所に立ち入り、特定特殊自動車、帳簿、書類その他の物件を検査させ、又は関係者に質問させることができる。

2　都道府県知事は、第十八条第一項又は第二十八条第二項の規定の施行に必要な限度において、その職員に、特定特殊自動車の使用者の工場若しくは事業場又は特定特殊自動車の所在すると認められる場所に立ち入り、特定特殊自動車、帳簿、書類その他の物件を検査させ、又は関係者に質問させることができる。

3　第一項の規定による立入検査（前項の規定により都道府県知事が行うことができることとされるものに限る。）は、特定特殊自動車排出ガスによる大気の汚染により人の健康又は生活環境に係る被害が生ずることを防止するため緊急の必要があると認められる場合に行うものとする。

4　都道府県知事は、第二項の規定による立入検査をしたときは、主務省令で定めるところにより、その結果を主務大臣に報告しなければならない。

5　第一項又は第二項の規定による立入検査をする職員は、その身分を示す証明書を携帯し、関係者に提示しなければならない。

6　第一項又は第二項の規定による権限は、犯罪捜査のために認められたものと解釈してはならない。

（関係都道府県知事に対する通知等）

第三十一条　主務大臣は、次に掲げる場合には、遅滞なく、関係都道府県知事に対して、通知その他の情報の提供のために必要な措置を講じなければならない。

一　第十条第四項の規定による公示をしたとき。

二　第十二条第三項の規定による承認をしたとき。

三　第十三条の規定による命令をしたとき。

四　第十四条第二項の規定による公示をしたとき。

五　第十五条の規定による公示をしたとき。

六　第十七条第一項ただし書の規定による確認をしたとき。

七　第二十八条第一項の規定による公表をしたとき。

八　第二十九条第一項の規定による報告の徴収（特定特殊自動車の使用者に係るものに限る。）をしたとき。

九　前条第一項の規定による立入検査（特定特殊自動車の使用者に係るものに限る。）をしたとき。

（手数料）

第三十二条　次に掲げる者は、実費を勘案して政令で定める額の手数料を国（登録特定原動機検査機関が特定原動機検査事務を行う場合にあっては登録特定原動機検査機関、登録特定特殊自動車検査機関が特定特殊自動車検査事務を行う場合にあっては登録特定特殊自動車検査機関）に納めなければならない。

一　第六条第一項の指定を受けようとする者

二　第十二条第三項の承認を受けようとする者

三　第十七条第一項ただし書の検査を受けようとする者

2　前項の規定により登録特定原動機検査機関又は登録特定特殊自動車検査機関に納められた手数料は、それぞれ、登録特定原動機検査機関又は登録特定特殊自動車検査機関の収入とする。

（経過措置の命令への委任）

第三十三条　この法律の規定に基づき命令を制定し、又は改廃する場合においては、その命令で、その制定又は改廃に伴い合理的に必要と判断される範囲内において、所要の経過措置（罰則に関する経過措置を含む。）を定めることができる。

（主務大臣等）

第三十四条　この法律における主務大臣は、環境大臣、経済産業大臣及び国土交通大臣とする。ただし、次の各号に掲げる事項については、当該各号に定める大臣とする。

一　第十八条第二項の規定による報告、第二十九条第一項の規定による報告徴収（特定特殊自動車の使用者に係るものに限る。）及び同条第四項の規定による報告並びに第三十条第一項の規定による立入検査（特定特殊自動車の使用者に係るものに限る。）及び同条第四項の規定による報告に関する事項　環境大臣及び特定特殊自動車を使用する事業を所管する大臣

二　第二十八条第一項の規定による指針の策定及び公表並びに同条第三項の規定による報告に関する事項　特定特殊自動車を使用する事業を所管する大臣

2　この法律における主務省令は、主務大臣の発する命令とする。

3　主務大臣は、第二十八条第一項の指針を定めようとするときは、あらかじめ、環境大臣に協議しなければならない。これを変更しようとするときも、同様とする。

（主務大臣と都道府県知事の連携）

第三十五条　主務大臣又は都道府県知事がこの法律に規定する事務を行うときは、相互に密接な連携の下に行うものとする。

（権限の委任）

第三十六条　この法律の規定により主務大臣の権限に属する事項は、主務省令で定めるところにより、地方支分部局の長に委任することができる。

第六章　罰則

注　令和四年六月一七日法律六八号により改正され、令和七年六月一日から施行

第三十七条から第三十九条までの規定中「懲役」を「拘禁刑」に改める。

第三十七条　第十四条第一項の規定による禁止に違反した者は、一年以下の懲役又は百万円以下の罰金に処する。

第三十八条　第二十二条第一項（第二十七条において準用する場合を含む。）の規定に違反した者は、六月以下の懲役又は五十万円以下の罰金に処する。

第三十九条　第二十三条第五項（第二十七条において準用する場合を含む。）の規定による特定原動機検査事務又は特定特殊自動車検査事務の停止命令に違反したときは、その違反行為をした登録特定原動機検査機関又は登録特定特殊自動車検査機関の役員又は職員は、六月以下の懲役又は五十万円以下の罰金に処する。

第四十条　第十二条第四項の規定に違反して表示を付した者は、五十万円以下の罰金に処する。

第四十一条　次の各号のいずれかに該当する者は、三十万円以下の罰金に処する。

一　第七条第二項の規定に違反して表示を付した者

二　第十条第一項の規定による届出をする場合において虚偽の届出をした者

三　第十一条第二項の規定に違反して、記録を作成せず、若しくは虚偽の記録を作成し、又は記録を保存しなかった者

四　第十七条第一項の規定に違反して特定特殊自動車を使用した者

五　第十八条第一項の規定による命令に違反した者

六　第二十九条第一項又は第二項の規定による報告をせず、又は虚偽の報告をした者

七　第三十条第一項又は第二項の規定による検査を拒み、妨げ、若しくは忌避し、又は質問に対して陳述をせず、若しくは虚偽の陳述をした者

第四十二条　次の各号のいずれかに該当するときは、その違反行為をした登録特定原動機検査機関又は登録特定特殊自動車検査機関の役員又は職員は、三十万円以下の罰金に処する。

一　第二十一条第七項（第二十七条において準用する場合を含む。）の規定に違反して、同項に規定する事項の記載をせず、若しくは虚偽の記載をし、又は帳簿を保存しなかったとき。

二　第二十一条第八項（第二十七条において準用する場合を含む。）の許可を受けないで特定原動機検査事務又は特定特殊自動車検査事務の全部を廃止したとき。

三　第二十四条第一項（第二十七条において準用する場合を含む。）の規定による報告をせず、若しくは虚偽の報告をし、又は同項の規定による検査を拒み、妨げ、若しくは忌避し、若しくは質問に対して陳述をせず、若しくは虚偽の陳述をしたとき。

第四十三条　法人の代表者又は法人若しくは人の代理人、使用人その他の従業者が、その法人又は人の業務又は所有し、若しくは使用する特定特殊自動車に関し、第三十七条、第四十条又は第四十一条の違反行為をしたときは、行為者を罰するほか、その法人又は人に対して各本条の罰金刑を科する。

第四十四条　第十条第三項の規定に違反して、届出をせず、又は虚偽の届出をした者は、二十万円以下の過料に処する。

第四十五条　次の各号のいずれかに該当するときは、その違反行為をした登録特定原動機検査機関又は登録特定特殊自動車検査機関の役員又は職員は、二十万円以下の過料に処する。

一　第二十一条第五項（第二十七条において準用する場合を含む。）の規定に違反して、財務諸表等を備えて置かず、財務諸表等に記載すべき事項を記載せず、又は虚偽の記載をしたとき。

二　正当な理由がないのに第二十一条第六項各号（第二十七条において準用する場合を含む。）の規定による請求を拒んだとき。

附　則（抄）

（施行期日）

第一条　この法律は、公布の日から起算して一年を超えない範囲内において政令で定める日から施行する。ただし、第三章、第二十八条第二項、第二十九条（特定特殊自動車の使用者に係るものに限る。）並びに第三十八条第四号及び第五号の規定は、公布の日から起算して一年六月を超えない範囲内において政令で定める日から施行する。

〔本文に係る部分は、平一八・三政令六一により、平一八・四・一から施行。ただし、第六条（第七項を除く。）の規定は、平一八・五・一から施行〕

〔ただし書に係る部分は、平一八・六政令二一六により、平一八・一〇・一から施行〕

（経過措置）

第二条　前条ただし書に規定する日前に製作された特定特殊自動車であって、主務省令で定めるところにより同日前に製作されたものであることを証する書類その他の物件を備え付けているものについては、第三章の規定（これらの規定に係る罰則を含む。）は、適用しない。

（検討）

第三条　政府は、この法律の施行後五年を経過した場合において、この法律の施行の状況を勘案し、必要があると認めるときは、この法律の規定について検討を加え、その結果に基づいて必要な措置を講ずるものとする。

〔平一七・七・二六法八七抄〕

第十二章　罰則に関する経過措置及び政令への委任

（罰則に関する経過措置）

第五百二十七条　施行日前にした行為及びこの法律の規定によりなお従前の例によることとされる場合における施行日以後にした行為に対する罰則の適用については、なお従前の例による。

（政令への委任）

第五百二十八条　この法律に定めるもののほか、この法律の規定による法律の廃止又は改正に伴い必要な経過措置は、政令で定める。

附　則（平一七・七・二六法八七）

この法律は、会社法〔平成一七年七月法律第八六号〕の施行の日〔平成一八年五月一日〕から施行する。〔後略〕

附　則（平二七・六・二四法四四抄）

（施行期日）

第一条　この法律は、平成二十八年四月一日から施行する。〔後略〕

附　則（平二七・六・二六法五〇抄）

（施行期日）

第一条　この法律は、平成二十八年四月一日から施行する。ただし、次の各号に掲げる規定は、当該各号に定める日から施行する。

一　〔前略〕附則第四条及び第六条から第八条までの規定　公布の日

二　〔略〕

三　第十条及び第十九条の規定　平成二十九年四月一日

四・五　〔略〕

（処分、申請等に関する経過措置）

第六条　この法律（附則第一条各号に掲げる規定については、当該各規定。以下この条及び次条において同じ。）の施行前にこの法律による改正前のそれぞれの法律の規定によりされた許可等の処分その他の行為（以下この項において「処分等の行為」という。）又はこの法律の施行の際現にこの法律による改正前のそれぞれの法律の規定によりされている許可等の申請その他の行為（以下この項において「申請等の行為」という。）で、この法律の施行の日においてこれらの行為に係る行政事務を行うべき者が異なることとなるものは、附則第二条から前条までの規定又は附則第八条の規定に基づく政令の規定に定めるものを除き、この法律の施行の日以後におけるこの法律による改正後のそれぞれの法律の適用については、この法律による改正後のそれぞれの法律の相当規定によりされた処分等の行為又は申請等の行為とみなす。

2　この法律の施行前にこの法律による改正前のそれぞれの法律の規定により国又は地方公共団体の機関に対し報告、届出、提出その他の手続をしなければならない事項で、この法律の施行の日前にその手続がされていないものについては、附則第二条から前条までの規定又は附則第八条の規定に基づく政令の規定に定めるもののほか、これを、この法律による改正後のそれぞれの法律の相当規定により国又は地方公共団体の相当の機関に対して報告、届出、提出その他の手続をしなければならない事項についてその手続がされていないものとみなして、この法律による改正後のそれぞれの法律の規定を適用する。

（罰則に関する経過措置）

第七条　この法律の施行前にした行為に対する罰則の適用については、なお従前の例による。

（政令への委任）

第八条　附則第二条から前条までに規定するもののほか、この法律の施行に関し必要な経過措置（罰則に関する経過措置を含む。）は、政令で定める。

附　則（平二九・五・三一法四一抄）

（施行期日）

第一条　この法律は、平成三十一年四月一日から施行する。ただし、次条及び附則第四十八条の規定は、公布の日から施行する。

（政令への委任）

第四十八条　この附則に規定するもののほか、この法律の施行に関し必要な経過措置は、政令で定める。

附　則（令四・六・一七法六八抄）

（罰則の適用等に関する経過措置）

第四百四十一条　刑法等の一部を改正する法律（令和四年法律第六十七号。以下「刑法等一部改正法」という。）及びこの法律（以下「刑法等一部改正法等」という。）の施行前にした行為の処罰については、次章に別段の定めがあるもののほか、なお従前の例による。

2　刑法等一部改正法等の施行後にした行為に対して、他の法律の規定によりなお従前の例によることとされ、なお効力を有することとされ又は改正前若しくは廃止前の法律の規定の例によることとされる罰則を適用する場合において、当該罰則に定める刑（刑法施行法第十九条第一項の規定又は第八十二条の規定による改正後の沖縄の復帰に伴う特別措置に関する法律第二十五条第四項の規定の適用後のものを含む。）に刑法等一部改正法第二条の規定による改正前の刑法（明治四十年法律第四十五号。以下この項において「旧刑法」という。）第十二条に規定する懲役（以下「懲役」という。）、旧刑法第十三条に規定する禁錮（以下「禁錮」という。）又は旧刑法第十六条に規定する拘留（以下「旧拘留」という。）が含まれるときは、当該刑のうち無期の懲役又は禁錮はそれぞれ無期拘禁刑と、有期の懲役又は禁錮はそれぞれその刑と長期及び短期（刑法施行法第二十条の規定の適用後のものを含む。）を同じくする有期拘禁刑と、旧拘留は長期及び短期（刑法施行法第二十条の規定の適用後のものを含む。）を同じくする拘留とする。

（裁判の効力とその執行に関する経過措置）

第四百四十二条　懲役、禁錮及び旧拘留の確定裁判の効力並びにその執行については、次章に別段の定めがあるもののほか、なお従前の例による。

（人の資格に関する経過措置）

第四百四十三条　懲役、禁錮又は旧拘留に処せられた者に係る人の資格に関する法令の規定の適用については、無期の懲役又は禁錮に処せられた者はそれぞれ無期拘禁刑に処せられた者と、有期の懲役又は禁錮に処せられた者はそれぞれ刑期を同じくする有期拘禁刑に処せられた者と、旧拘留に処せられた者は拘留に処せられた者とみなす。

2　拘禁刑又は拘留に処せられた者に係る他の法律の規定によりなお従前の例によることとされ、なお効力を有することとされ又は改正前若しくは廃止前の法律の規定の例によることとされる人の資格に関する法令の規定の適用については、無期拘禁刑に処せられた者は無期禁錮に処せられた者と、有期拘禁刑に処せられた者は刑期を同じくする有期禁錮に処せられた者と、拘留に処せられた者は刑期を同じくする旧拘留に処せられた者とみなす。

（経過措置の政令への委任）

第五百九条　この編に定めるもののほか、刑法等一部改正法等の施行に伴い必要な経過措置は、政令で定める。

附　則（令四・六・一七法六八抄）

（施行期日）

1　この法律は、刑法等一部改正法〔刑法等の一部を改正する法律＝令和四年六月法律第六七号〕施行日〔令和七年六月一日〕から施行する。ただし、次の各号に掲げる規定は、当該各号に定める日から施行する。

一　第五百九条の規定　公布の日

二　〔略〕

○特定特殊自動車排出ガスの規制等に関する法律施行令

（平成十八年三月二十三日 政令第六十二号）

沿革 平一九政令三、平二八政令三三四、令元政令一八三改正

（特定特殊自動車から除かれるもの）

第一条 特定特殊自動車排出ガスの規制等に関する法律（以下「法」という。）第二条第一項の政令で定める自動車は、次に掲げるものとする。

一 陸上自衛隊、海上自衛隊及び航空自衛隊の使用する自動車（防衛大臣が排出ガスによる大気の汚染の防止を図るため必要な技術上の基準を定めるものに限る。）であって、次に掲げるもの

イ 道路運送車両法（昭和二十六年法律第百八十五号）第三条に規定する大型特殊自動車

ロ イに掲げるもののほか、防衛大臣の申出により主務大臣が指定した自動車

二 ガソリン、液化石油ガス又は軽油を燃料とする自動車以外の自動車

（政令で定める構造が特殊な自動車）

第二条 法第二条第一項第二号の政令で定める構造が特殊な自動車は、次に掲げるもの（同項第一号に掲げるものを除き、自動車であるものに限る。）とする。

一 連続式バケット掘削機

二 くい打ち機及びくい抜き機

三 アースオーガー

四 タワークレーン

五 ドリルジャンボ

六 前各号に掲げるもののほか、特殊の用途に使用するために製作された自動車として主務大臣が定めるもの

（特定特殊自動車排出ガス）

第三条 法第二条第三項の政令で定める物質は、次に掲げる物質とする。

一 一酸化炭素

二 炭化水素

三 鉛化合物

四 窒素酸化物

五 粒子状物質

（少数生産車の台数）

第四条 法第十二条第三項の政令で定める台数は、各年度（毎年四月一日から翌年三月三十一日までをいう。）ごとに、三十台とする。

（登録特定原動機検査機関等の登録の有効期間）

第五条 法第二十条第一項（法第二十七条において準用する場合を含む。）の政令で定める期間は、三年とする。

（登録特定特殊自動車検査機関に関する読替え）

第六条 法第二十七条の規定により法第十九条第二項、第三項、第五項及び第六項並びに第二十条から第二十五条までの規定を準用する場合には、次の表の上欄に掲げる法の規定中同表の中欄に掲げる字句は、それぞれ同表の下欄に掲げる字句に読み替えるものとする。

第十九条第二項	前項の登録	第二十六条第一項の登録
第十九条第三項第二号	第二十三条第四項又は第五項	第二十七条において準用する第二十三条第四項又は第五項
第二十条第二項	前条第二項から第五項まで	第二十六条第二項並びに第二十七条において準用する前条第二項、第三項及び第五項
第二十一条第九項	第二十三条第五項	第二十七条において準用する第二十三条第五項
第二十一条第十項及び第二十五条第五号	第二十三条第四項若しくは第五項	第二十七条において準用する第二十三条第四項若しくは第五項
第二十三条第一項	第十九条第四項各号	第二十六条第二項各号
第二十三条第二項	第二十一条第一項又は第二項	第二十七条において準用する第二十一条第一項又は第二項
第二十三条第三項及び第五項第二号	第二十一条第四項	第二十七条において準用する第二十一条第四項
第二十三条第四項	第十九条第三項第一号又は第三号	第二十七条において準用する第十九条第三項第一号又は第三号
第二十三条第五項第一号	第二十一条第三項から第五項まで、第七項又は第八項	第二十七条において準用する第二十一条第三項から第五項まで、第七項又は第八項
第二十三条第五項第三号	第二十一条第六項各号	第二十七条において準用する第二十一条第六項各号
第二十五条第二号	第二十一条第三項	第二十七条において準用する第二十一条第三項
第二十五条第三号	第二十一条第八項	第二十七条において準用する第二十一条第八項
第二十五条第四号	第二十一条第九項	第二十七条において準用する第二十一条第九項

（検査事務等に関する手数料）

第七条　法第三十二条第一項各号に掲げる者が同項の規定により国に納めなければならない手数料の額は、次の各号に掲げる者の区分に応じ、それぞれ当該各号に定める額とする。

一　法第六条第一項の指定を受けようとする者　三十二万二千五百円

二　法第十二条第三項の承認を受けようとする者　一万九千三百円（情報通信技術を活用した行政の推進等に関する法律（平成十四年法律第百五十一号）第六条第一項の規定により同項に規定する電子情報処理組織を使用する場合にあっては、一万九千百円）

三　法第十七条第一項ただし書の検査を受けようとする者　十六万八千三百円

2　法第三十二条第一項第一号又は第三号に掲げる者で本邦外において行う検査を受けようとするものが同条の規定により国に納めなければならない手数料の額は、前項の規定にかかわらず、同項に定める額に、主務省令で定める数の職員が当該検査のためその地に出張するとした場合に国家公務員等の旅費に関する法律（昭和二十五年法律第百十四号）の規定により支給すべきこととなる旅費の額に相当する額を加算した額とする。この場合において、これらの職員は、一般職の職員の給与に関する法律（昭和二十五年法律第九十五号）第六条第一項第一号イに規定する行政職俸給表㈠による職務の級が四級である者であるものとしてその旅費の額を計算することとし、旅行雑費の額その他その旅費の額の計算に関し必要な細目は、主務省令で定める。

3　法第三十二条第一項第一号又は第三号に掲げる者が同項の規定により登録特定原動機検査機関又は登録特定特殊自動車検査機関に納めなければならない手数料の額は、それぞれ法第二十一条第四項に規定する特定原動機検査事務の実施に関する規程又は法第二十七条において読み替えて準用する法第二十一条第四項に規定する特定特殊自動車検査事務の実施に関する規程で定める額とする。

附　則

（施行期日）

第一条　この政令は、法の施行の日（平成十八年四月一日）から施行する。

（環境省組織令の一部改正）

第二条　環境省組織令（平成十二年政令第二百五十六号）の一部を次のように改正する。

次のよう略

附　則（平一九・一・四政令三抄）

（施行期日）

第一条　この政令は、防衛庁設置法等の一部を改正する法律（平成一八年一二月法律第一一八号）の施行の日（平成十九年一月九日）から施行する。

附　則（平二八・一〇・二一政令三三四）

この政令は、平成二十九年四月一日から施行する。

附　則（令元・一二・一三政令一八三抄）

（施行期日）

第一条　この政令は、情報通信技術の活用による行政手続等に係る関係者の利便性の向上並びに行政運営の簡素化及び効率化を図るための行政手続等における情報通信の技術の利用に関する法律等の一部を改正する法律（令和元年五月法律第一六号）（次条において「改正法」という。）の施行の日（令和元年十二月十六日）から施行する。

○特定特殊自動車排出ガスの規制等に関する法律施行規則

（平成十八年三月二十八日 経済産業省・国土交通省・環境省令第一号）

沿革 平二二経産・国交・環令一、平二六経産・国交・環令一、平二七経産・国交・環令二、平二八経産・国交・環令一・二、令元経産・国交・環令一、令二経産・国交・環令一、令三経産・国交・環令一、令六経産・国交・環令一・三改正

（原動機と一体として搭載される装置）

第一条 特定特殊自動車排出ガスの規制等に関する法律（以下「法」という。）第二条第二項の主務省令で定める装置は、特定特殊自動車排出ガスの発散防止装置とする。

（特定原動機技術基準）

第二条 法第五条の主務省令で定める基準は、次のとおりとする。

一 特定原動機は、排気管から大気中に排出される排出物に含まれる一酸化炭素、炭化水素、窒素酸化物、粒子状物質及び黒煙を多量に発散しないものとして、燃料の種別等に応じ、性能に関し主務大臣が告示で定める基準に適合するものであること。

二 前号の規定に適合させるために特定原動機に備える特定特殊自動車排出ガスの発散防止装置は、当該装置の機能を損なわないものとして、構造、機能、性能に関し主務大臣が告示で定める基準に適合するものであること。

三 特定原動機は、炭化水素等の発散を防止することができるものとして、機能、性能等に関し主務大臣が告示で定める基準に適合するブローバイ・ガス還元装置（原動機の燃焼室からクランクケースに漏れるガスを還元させる装置をいう。）を備えていること。

2 前項の基準は、告示で定める燃料が使用される場合に特定特殊自動車排出ガスによる大気の汚染の防止が図られるよう定めるものとする。

（型式指定の申請）

第三条 法第六条第一項の指定を申請する者（以下「指定申請者」という。）は、主務大臣に対し、次に掲げる事項を記載した申請書（様式第一）を、法第十九条の登録特定原動機検査機関が特定原動機検査事務を行う場合にあっては登録特定原動機検査機関に対し、その写しを提出し、かつ、申請に係る特定原動機であって運転していないもの及び主務大臣が告示で定めるところにより運転したものを、主務大臣（登録特定原動機検査機関が特定原動機検査事務を行う場合にあっては登録特定原動機検査機関）に提示しなければならない。

一 指定申請者の氏名又は名称及び住所並びに法人にあっては、その代表者の氏名

二 特定原動機の名称及び型式

三 主たる製作工場の名称及び所在地

四 登録特定原動機検査機関が特定原動機検査事務を行う場合にあっては、特定原動機検査事務を行わせる登録特定原動機検査機関の名称

2 前項の申請書及びその写しには、次に掲げる書面（申請書の写しにあっては、第四号及び第八号を除く。）を添付しなければならない。

一 申請に係る特定原動機の構造及び性能を記載した書面

二 申請に係る特定原動機の外観図

三 特定原動機技術基準に適合することを証する書面

四 品質管理に係る業務組織及び品質管理の実施要領を記載した書面（指定申請者が日本産業規格Q九〇〇一の規定に適合している場合（申請に係る特定原動機に関し、前項第三号の主たる製作工場について適合している場合に限る。）にあっては、当該規定に適合していることを証する書面）

五 特定原動機を取り付けることができる特定特殊自動車の範囲を限定する場合にあっては、当該特定原動機を取り付けることができる特定特殊自動車の範囲

六 点検整備方式を記載した書面

七 指定申請者が申請に係る特定原動機に法第七条第一項に規定する表示を付する場合にあっては、表示位置及び表示方式を記載した図面

八 特定原動機を製作することを業とする者から特定原動機を購入する契約を締結している者にあっては、当該契約書の写し

3 主務大臣又は登録特定原動機検査機関は、前二項に規定するもののほか、指定申請者に対し、指定に関し必要があると認めるときは、必要な書面の提出を求めることができる。

4 第一項の申請をする者は、同項の規定にかかわらず、主務大臣が告示で定める書面の提出をもって同項の告示で定めるところにより運転したものの提示に代えることができる。

5 法第六条第一項の指定の申請は、第二条第一項第一号の告示で定める基準が定められている特定原動機についてのみ行うことができる。

（型式指定特定原動機とみなす特定装置）

第四条 法第六条第七項の主務省令で定める特定装置は、道路運送車両法（昭和二十六年法律第百八十五号）第四十一条第一項第十二号の発散防止装置のうち排気管から大気中に排出される排出物に含まれる一酸化炭素、炭化水素及び窒素酸化物又は一酸化炭素、炭化水素、窒素酸化物、粒子状物質及び黒煙を減少させる装置（第二条第一項の基準に適合するものと同等の性能を有するものとして主務大臣が告示で定めるものに限る。）とする。

（型式指定特定原動機の表示）

第五条 法第七条第一項の主務省令で定める表示は、様式第二に定める表示とする。

2 前項の表示は、型式指定特定原動機に、耐久性のある方法で、鮮明に表示しなければならない。

（品質管理の記録の保存）

第六条 法第六条第一項の指定を受けた特定原動機の製作又は輸入（以下「製作等」という。）を業とする者（以下「指定事業者」という。）は、当該特定原動機が指定を受けた型式としての構造及び性能を有するようにしなければならない。この場合において、指定事業者は、当該型式指定特定原動機が均一性を有するようにするために行う検査等の結果を検査

の日から五年間保存しなければならない。

2　指定事業者は、前項に規定する義務を履行するために、当該特定原動機について第十二条第二項第四号の確認を行わなければならない。ただし、当該特定原動機を無負荷の状態にすることができる構造の特定特殊自動車に搭載する場合には適用しない。

（変更の届出等）

第七条　指定事業者は、第三条第一項各号又は同条第二項第四号の書面の記載事項に変更があった場合は、その旨を記載した届出書（様式第三）を、変更後遅滞なく、主務大臣に届け出なければならない。この場合において、同条第一項第一号中「指定申請者」とあるのは「指定事業者」と読み替えるものとする。

2　指定事業者は、当該型式の特定原動機の製作等をしなくなった場合は、その旨を記載した届出書（様式第四）を、当該型式の特定原動機の製作等をしなくなった日から三十日以内に主務大臣に届け出なければならない。

3　主務大臣は、前項の届出があったときは、その指定を取り消すことができる。この場合において、取消しの日までに製作等をした特定原動機については取消しの効力は及ばないものとする。

（変更の承認）

第八条　指定事業者は、第三条第二項各号（第四号及び第八号を除く。）の書面の記載事項について変更があったときは、様式第五による申請書及び変更に関する資料を主務大臣に提出し、その変更の承認を申請することができる。

2　前項の承認は、当該承認に係る特定原動機の型式が、その指定を受けた特定原動機の型式と同一であり、かつ、当該特定原動機の提示を求める必要がないと認められる場合に行う。

（特定原動機型式指定通知書等の交付）

第九条　主務大臣は、次の表の上欄に該当するときは、指定申請者に対し、それぞれ下欄の書面を交付するものとする。

一　法第六条第一項による指定を行ったとき。	特定原動機型式指定通知書
二　前条による変更の承認を行ったとき。	特定原動機変更承認通知書
三　法第六条第五項又は第六項による指定の取消しを行ったとき。	特定原動機型式指定取消通知書

（指定番号等の公示）

第十条　主務大臣は、法第六条第一項による指定又は同条第五項若しくは第六項による指定の取消しを行ったときは、次の各号に掲げる事項について公示するものとする。

一　指定の番号

二　特定原動機の名称及び型式

三　特定原動機を取り付けることができる特定特殊自動車の範囲

四　指定事業者の氏名又は名称及び住所

2　主務大臣は、第七条第一項の変更が、前項第二号又は第四号に掲げる事項に係るものであるときは、その旨を公示するものとする。

3　主務大臣は、第八条第一項の変更が、第一項第三号に掲げる事項に係るものであるときは、その旨を公示するものとする。

4　前三項の公示は、インターネットの利用その他の適切な方法により行うものとする。

（特定特殊自動車技術基準）

第十一条　法第九条の主務省令で定める基準は、次のとおりとする。

一　特定特殊自動車は、使用中ばい煙又は有害なガスを多量に発散しないものであること。

二　特定特殊自動車は、特定原動機の機能を損なわないものとして、燃料の種別等に応じ、性能に関し主務大臣が告示で定める基準に適合するものであること。

三　搭載された特定原動機について、取り付けることができる特定特殊自動車の範囲が限定されている場合にあっては、特定特殊自動車が、当該範囲に応じたものであること。

四　搭載された特定原動機の取付けが確実であること。

2　第二条第二項の規定は、前項の基準について準用する。

（特定特殊自動車の型式届出）

第十二条　法第十条第一項の規定による届出は、様式第六による届出書を主務大臣に提出して行うものとする。

2　前項の届出書には、次に掲げる書類及び図面を添付しなければならない。

一　届出に係る特定特殊自動車の構造、装置及び性能を記載した書面

二　届出に係る特定特殊自動車の外観図

三　特定特殊自動車技術基準に適合していることを証する書面

四　届出に係る特定特殊自動車が、搭載された特定原動機を無負荷の状態にすることができない構造の特定特殊自動車である場合にあっては、法第十条第一項の規定による届出をした者（以下「届出事業者」という。）及び当該特定特殊自動車に搭載された特定原動機に係る指定事業者が、当該特定原動機について法第六条第一項の指定を受けた型式として構造及び性能を有していることの確認を行った書面

五　点検整備方式を記載した書面

六　届出事業者が届出に係る特定特殊自動車に法第十二条第一項に規定する表示を付する場合にあっては、表示位置及び表示方式を記載した図面

七　特定特殊自動車を製作することを業とする者から特定特殊自動車を購入する契約を締結している者にあっては、当該契約書の写し

（点検整備方式の周知）

第十三条　届出事業者は、当該特定特殊自動車の点検整備方式を使用者に対して周知させるための措置を講じなければならない。

（変更の届出）

第十四条　法第十条第三項の規定による届出は、様式第七による届出書を主務大臣に提出して行うものとする。

2　届出事業者は、第十二条第二項各号の書面の記載事項に変更があったときは、様式第七による届出書により、変更後遅滞なく、主務大臣に届け出なければならない。

（型式届出特定特殊自動車の公示）

第十四条の二　法第十条第四項の規定による公示は、インターネットの利用その他の適切な方法により行うものとする。

（検査成績の記録等）

第十五条　法第十一条第二項の規定で定める検査記録は、検査の日から五年間保存しなければならない。

（基準適合表示）

第十六条　法第十二条第一項の主務省令で定める表示は、次のとおりとする。

一　ガソリン又は液化石油ガスを燃料とする特定特殊自動車に付することができる表示は、様式第八に定める表示とする。

二　軽油を燃料とする特定特殊自動車に付することができる表示は、様式第八の二に定める表示とする。

2　前項の表示は、型式届出特定特殊自動車又は法第十二条第二項に規定する道路運送車両法に基づく命令の規定による義務を履行した特定特殊自動車に、耐久性のある方法で、鮮明に表示しなければならない。

（法第十二条第二項の義務）

第十七条　法第十二条第二項の主務省令で定める義務は、自動車型式指定規則（昭和二十六年運輸省令第八十五号）第九条又は道路運送車両法施行規則（昭和二十六年運輸省令第七十四号）第六十二条の三第五項若しくは同規則第六十二条の五第一項の規定による義務とする。

（少数生産車の基準）

第十八条　法第十二条第三項の主務省令で定める基準は、次のとおりとする。

一　使用中ばい煙又は有害なガスを多量に発散しないものであること。

二　次のいずれかに該当する排出ガス性能を有するものであること。

イ　特定原動機技術基準が改正された場合において、改正後の特定原動機技術基準が適用される前に法第十二条第一項又は第二項の規定により基準適合表示を付することができることとされていたものであること。

ロ　型式届出特定特殊自動車と同等の排出ガス性能を有するものとして主務大臣が告示で定める基準に適合するものであること。

三　法第十二条第三項の承認を申請する者（以下「承認申請者」という。）が、当該承認の申請日の属する年度前二年度内の各年度において、当該承認に係る特定特殊自動車と同一の型式に属する特定特殊自動車の製作等をした台数がいずれも三十台以下であること。

四　承認申請者と密接な関係のある者が、承認を受けようとする特定特殊自動車と同一の型式に属する特定特殊自動車について法第十二条第三項の承認を受けていないこと。

2　第二条第二項の規定は、前項の基準について準用する。

（少数生産車の承認）

第十九条　承認申請者は、主務大臣に次に掲げる事項を記載した申請書（様式第九）を提出しなければならない。

一　承認申請者の氏名又は名称及び住所並びに法人にあっては、その代表者の氏名

二　当該特定特殊自動車の車名及び型式

三　当該特定特殊自動車に係る特定原動機の型式

四　当該特定特殊自動車の承認の申請日の属する年度の前二年度内の各年度の製作等台数

五　当該特定特殊自動車の承認の申請日の属する年度の製作等台数

2　前項の申請書には、次に掲げる書類及び図面を添付しなければならない。

一　申請に係る特定特殊自動車の構造、装置及び性能を記載した書面

二　申請に係る特定特殊自動車の外観図

三　前条第一項第二号ロに該当する排出ガス性能を有するものとして承認を申請する場合にあっては、型式届出特定特殊自動車と同等の排出ガス性能を有することを証する書面

四　承認申請者が申請に係る特定特殊自動車に法第十二条第三項に規定する表示を付する場合にあっては、表示位置及び表示方式を記載した図面

3　第一項の申請をするときは、特定原動機の型式その他主務大臣が告示で定める要件のすべてが同一である特定特殊自動車は、同一の型式に属するものとする。

4　主務大臣は第一項及び第二項に規定するもののほか、承認申請者に対し、承認に関し必要があると認めるときは、必要な書面の提出を求めることができる。

5　法第十二条第三項の承認は、承認の申請日の属する年度に承認に係る特定特殊自動車の製作等をした台数が同項の政令で定める台数以下であり、かつ、第十八条第一項の基準に適合すると認められる場合に行う。

6　法第十二条第三項の承認を受けた者（以下「承認事業者」という。）は、毎年度、主務大臣に次に掲げる事項を記載した報告書（様式第十）を提出しなければならない。

一　承認申請者の氏名又は名称及び住所並びに法人にあっては、その代表者の氏名

二　当該特定特殊自動車の車名及び型式

三　前年度において製作等をした台数

四　承認後に製作等をした台数

7　前項の報告は、前年度分を毎年四月三十日までに行わなければならない。

8　承認後に製作等をした台数が百台に達したときは、その承認は、効力を失う。ただし、承認後に製作等をした台数が百台に達したときまでに製作等をした特定特殊自動車については、承認の効力は失わないものとする。

9　前項の規定により承認の効力を失った承認事業者は、その旨を記載した届出書（様式第十一）を承認後に製作等をした台数が百台に達した日から三十日以内に主務大臣に届け出なければならない。

10　承認事業者は、承認を受けた型式の特定特殊自動車の製作等をしなくなったときは、その旨を記載した届出書（様式第十二）を当該型式の特定特殊自動車の製作等をしなくなった日から三十日以内に主務大臣に届け出なければならない。

11　主務大臣は、前項の届出があったときは、その承認を取り消すことができる。この場合において、製作等をしなくなった日までに製作等をした特定特殊自動車については取消しの効力は及ばないものとする。

12　主務大臣は、承認事業者が法第十二条第三項の政令で定める台数を超過する特定特殊自動車の製作等をしたとき又は同項の規定により承認を受けた特定特殊自動車が第十八条の基準に適合しなくなったときは、その承認を取り消すことがで

きる。この場合において、主務大臣は、取消しの日までに製作等をした特定特殊自動車について取消しの効力の及ぶ範囲を限定することができる。

13 承認事業者は、第一項各号の書面の記載事項に変更があった場合は、その旨を記載した届出書（様式第十三）を、変更後遅滞なく主務大臣に届け出なければならない。

14 承認事業者は、第二項各号の書面の記載事項について変更があったときは、様式第十四による申請書及び変更に関する資料を主務大臣に提出し、その変更の承認を申請することができる。

15 前項の承認は、当該承認に係る特定特殊自動車の型式が、その承認を受けた特定特殊自動車の型式と同一と認められる場合に行う。

16 主務大臣は、次の表の上欄に該当するときは、承認申請者に対し、それぞれ下欄の書面を交付するものとする。

一　法第十二条第三項による承認を行ったとき。	少数生産車承認通知書
二　第十二項による承認の取消しを行ったとき。	少数生産車承認取消通知書
三　第十四項による変更の承認を行ったとき。	少数生産車変更承認通知書

17 主務大臣は、承認若しくは承認の取消しを行ったとき又は第九項の届出があったときは、次の各号に掲げる事項について公示するものとする。

一 承認の番号

二 特定特殊自動車の車名及び型式

三 承認事業者の氏名又は名称及び住所

18 主務大臣は、第十三項の変更が、前項第二号又は第三号に掲げる事項に係るものであるときは、その旨を公示するものとする。

19 前二項の公示は、インターネットの利用その他の適切な方法により行うものとする。

（少数特例表示）

第二十条 法第十二条第三項の主務省令で定める表示は、次のとおりとする。

一 ガソリン又は液化石油ガスを燃料とする特定特殊自動車に付することができる表示は、様式第十五に定める表示とする。

二 軽油を燃料とする特定特殊自動車に付することができる表示は、次のとおりとする。

イ 第十八条第一項第二号イに該当する排出ガス性能を有するものとして承認を受けた少数生産車に付することができる表示は、様式第十五の二に定める表示とする。

ロ 第十八条第一項第二号ロに該当する排出ガス性能を有するものとして承認を受けた少数生産車に付することができる表示は、様式第十五の三に定める表示とする。

2 前項の表示は、承認を受けた少数生産車に、耐久性のある方法で、鮮明に表示しなければならない。

（改善措置の届出等）

第二十一条 届出事業者及び承認事業者は、その製作等をした同一の型式の一定の範囲の特定特殊自動車の構造、装置又は性能が技術基準（特定原動機技術基準及び特定特殊自動車技術基準（法第十二条第三項の規定による承認を受けた少数生産車にあっては、同項の基準）をいう。以下この条において同じ。）に適合しなくなるおそれがある状態又は適合していない状態にあり、かつ、その原因が設計又は製作の過程にあると認める場合において、当該特定特殊自動車について、技術基準に適合しなくなるおそれをなくするため又は技術基準に適合させるために必要な改善措置を講じようとするときは、あらかじめ、主務大臣に次に掲げる事項を届け出なければならない。

一 技術基準に適合しなくなるおそれがある状態又は適合していない状態にあると認める構造、装置又は性能の状況及びその原因

二 改善措置の内容

三 前二号に掲げる事項を当該特定特殊自動車の使用者に周知させるための措置

2 主務大臣は、前項の規定による届出に係る改善措置の内容が、当該特定特殊自動車について、技術基準に適合しなくなるおそれをなくするため又は技術基準に適合させるために適切でないと認めるときは、当該届出をした特定特殊自動車製作等事業者に対し、その変更を指示することができる。

（基準適合表示の公示）

第二十一条の二 法第十四条第二項及び第十五条の規定による公示は、インターネットの利用その他の適切な方法により行うものとする。

（主務大臣の確認）

第二十二条 法第十七条第一項ただし書の確認を受けようとする者（以下「確認申請者」という。）は、主務大臣に対し、次に掲げる事項を記載した申請書（様式第十六）を、登録特定特殊自動車検査機関が特定特殊自動車検査事務を行う場合にあっては登録特定特殊自動車検査機関に対し、その写しを提出し、かつ、申請に係る特定特殊自動車を、主務大臣（登録特定特殊自動車検査機関が特定特殊自動車検査事務を行う場合にあっては登録特定特殊自動車検査機関）に提示しなければならない。

一 確認申請者の氏名又は名称及び住所並びに法人にあっては、その代表者の氏名

二 当該特定特殊自動車の車名及び型式

三 特定特殊自動車の製造番号その他当該特定特殊自動車を識別することができる事項

四 登録特定特殊自動車検査機関が特定特殊自動車検査事務を行う場合にあっては、特定特殊自動車検査事務を行わせる登録特定特殊自動車検査機関の名称

2 前項の申請書及びその写しには、特定特殊自動車の外観図を添付しなければならない。

3 主務大臣又は登録特定特殊自動車検査機関は、第一項及び前項に規定するもののほか、確認申請者に対し、確認に関し必要があると認めるときは、必要な書面の提出を求めることができる。

4 主務大臣は、確認をしたときは、確認申請者に確認証を交付するものとする。

5 特定特殊自動車の使用者は、確認証の交付を受けたときは、これを所持し、国又は都道府県の職員から提示を求められたときは、これを提示しなければならない。

6 特定特殊自動車の使用者は、確認証を滅失し、又はき損し

たときは、再交付申請書（様式第十七）を提出して、その再交付を受けることができる。

（使用禁止の例外）

第二十三条　法第十七条第二項の規定で定める場合は、次に掲げる場合とする。

一　試験研究（当該特定特殊自動車に係るものに限る。）の目的で使用する場合

二　使用の開始後に法第十五条の規定により基準適合表示が失効した場合

三　災害復旧又は人命保護のため緊急を要する場合であって、あらかじめ主務大臣の確認を受けるいとまがない場合

四　第二条第一項第一号の告示で定める基準が定められていない特定原動機を搭載する特定特殊自動車を使用する場合

（登録の申請等）

第二十四条　法第十九条第一項の規定による登録の申請は、次に掲げる事項を記載した申請書（様式第十八）を提出して行うものとする。

一　申請者の氏名又は名称及び住所並びに法人にあっては、その代表者の氏名

二　特定原動機検査事務を行おうとする事業場の住所が前号の住所と異なる場合にあっては、当該事業場の名称及び所在地

三　特定原動機検査事務を開始しようとする年月日

2　前項の申請書には、次に掲げる書類を添付しなければならない。

一　定款若しくは寄附行為及び登記事項証明書又はこれらに準ずるもの

二　申請の日の属する事業年度の直前の事業年度の貸借対照表及び当該事業年度末の財産目録又はこれらに準ずるもの（申請の日の属する事業年度に設立された法人にあっては、その設立時における財産目録）

三　申請者が法第十九条第三項各号のいずれにも該当しないことを証する書類

四　申請者が法第十九条第四項各号の規定に適合することを説明した書類

五　申請者が現に行っている業務の概要を記載した書類

六　前各号に掲げるもののほか、参考となる事項を記載した書類

（特定原動機検査事務の実施の方法）

第二十五条　法第二十一条第二項の主務省令で定める方法は、次に掲げるものとする。

一　同一の型式に属する特定原動機の範囲が適切であることを確認すること。

二　提示させる特定原動機を特定すること。

三　特定原動機の排出ガス性能を測定する試験設備が適切であるかどうかを確認すること。

四　特定原動機が特定原動機技術基準に適合するかどうかを確認すること。

2　登録特定原動機検査機関は、特定原動機検査事務を行ったときは、遅滞なく、当該検査事務の結果を主務大臣に通知しなければならない。

3　前項の規定による特定原動機が特定原動機技術基準に適合するかどうかの検査の結果の通知は、次に掲げる事項を記載した検査結果通知書により行うものとする。

一　特定原動機の名称及び型式

二　特定原動機を取り付けることができる特定特殊自動車の範囲

三　指定申請者の氏名又は名称

四　検査結果

（特定原動機検査事務の実施に関する規程の記載事項）

第二十六条　法第二十一条第四項の特定原動機検査事務の実施に関する規程は、次の事項について定めるものとする。

一　特定原動機検査事務の実施方法及び検査に用いる機器に関する事項

二　特定原動機検査事務を行う特定原動機の範囲に関する事項

三　特定原動機検査事務を行う時間及び休日に関する事項

四　特定原動機検査事務を行う事業場及び区域に関する事項

五　特定原動機検査事務の実施体制に関する事項

六　手数料及びその収納の方法に関する事項

七　特定原動機検査事務に関する秘密の保持に関する事項

八　特定原動機検査事務に関する帳簿、書類等の管理に関する事項

九　法第二十一条第六項の規定による開示請求に係る料金に関する事項

十　主務大臣に対する検査結果の報告の方法に関する事項

十一　検査に要する期間に関する事項

十二　前各号に掲げるもののほか、特定原動機検査事務の実施に関し必要な事項

（電磁的方法）

第二十七条　法第二十一条第六項第三号の主務省令で定める方法は、当該電磁的記録に記録された事項を紙面又は出力装置の映像面に表示する方法とする。

2　法第二十一条第六項第四号の主務省令で定める電磁的方法は、次に掲げるものとする。

一　送信者の使用に係る電子計算機と受信者の使用に係る電子計算機とを電気通信回線で接続した電子情報処理組織を使用する方法であって、当該電気通信回線を通じて情報が送信され、受信者の使用に係る電子計算機に備えられたファイルに当該情報が記録されるもの

二　電磁的記録媒体（電子的方式、磁気的方式その他人の知覚によっては認識することができない方式で作られる記録であって、電子計算機による情報処理の用に供されるものに係る記録媒体をいう。）をもって調製するファイルに情報を記録したものを交付する方法

3　前項各号に掲げる方法は、受信者がファイルへの記録を出力することによる書面を作成できるものでなければならない。

（帳簿）

第二十八条　法第二十一条第七項の主務省令で定める事項は、次に掲げるものとする。

一　指定申請者の氏名又は名称及び住所並びに法人にあっては、その代表者の氏名

二　検査の申請を受けた年月日

三　申請に係る特定原動機の名称、型式及び排出ガス性能

四　検査を行った年月日

五　手数料の収納に関する事項

2　登録特定原動機検査機関は、法第二十一条第七項の規定に

より帳簿を保存するときは、記載の日から五年間保存しなければならない。

（特定原動機検査事務の休廃止の許可の申請）

第二十九条　登録特定原動機検査機関は、法第二十一条第八項の許可を受けようとするときは、次に掲げる事項を記載した申請書（様式第十九）を主務大臣に提出しなければならない。

一　申請者の氏名又は名称及び住所並びに法人にあっては、その代表者の氏名

二　休止し、又は廃止しようとする特定原動機検査事務の範囲

三　休止し、又は廃止しようとする年月日

四　休止しようとする場合にあっては、その期間

五　休止又は廃止の理由

（特定原動機検査事務の引継ぎ等）

第三十条　登録特定原動機検査機関は、法第二十一条第八項の許可を受けて特定原動機検査事務の全部若しくは一部を廃止する場合、主務大臣が同条第九項の規定により特定原動機検査事務の全部若しくは一部を自ら行う場合又は主務大臣が法第二十三条第四項若しくは第五項の規定により登録を取り消した場合には、次に掲げる事項を行わなければならない。

一　特定原動機検査事務を主務大臣に引き継ぐこと。

二　特定原動機検査事務に関する帳簿及び書類を主務大臣に引き継ぐこと。

三　前各号に掲げるもののほか、主務大臣が必要と認める事項

（法第二十四条第二項の証明書の様式）

第三十一条　法第二十四条第二項の証明書の様式は、様式第二十のとおりとする。

（特定特殊自動車検査事務の実施の方法）

第三十二条　法第二十七条において準用する法第二十一条第二項の主務省令で定める方法は、特定特殊自動車が特定原動機技術基準及び特定特殊自動車技術基準に適合するかどうかを確認することとする。

2　登録特定特殊自動車検査機関は、特定特殊自動車検査事務を行ったときは、遅滞なく、当該検査事務の結果を主務大臣に通知しなければならない。

3　前項の規定による特定特殊自動車が特定原動機技術基準及び特定特殊自動車技術基準に適合するかどうかの検査の結果の通知は、次に掲げる事項を記載した検査結果通知書により行うものとする。

一　特定特殊自動車の車名及び型式

二　確認申請者の氏名又は名称

三　特定特殊自動車の製造番号その他当該特定特殊自動車を識別することができる事項

四　検査結果

（準用）

第三十三条　第二十四条の規定は法第二十六条第一項の登録について、第二十六条から第三十一条までの規定は登録特定特殊自動車検査機関について準用する。この場合において、これらの規定中「特定原動機検査事務」とあるのは「特定特殊自動車検査事務」と読み替えるほか、次の表の上欄に掲げる規定中同表の中欄に掲げる字句は、それぞれ同表の下欄に掲げる字句に読み替えるものとする。

第二十四条第一項	法第十九条第一項	法第二十六条第一項
	様式第十八	様式第二十一
第二十四条第二項第三号	法第十九条第三項各号	法第二十七条において準用する法第十九条第三項各号
第二十四条第二項第四号	法第十九条第四項各号	法第二十六条第二項各号
第二十五条第三項第三号	指定申請者	確認申請者
第二十六条	法第二十一条第四項	法第二十七条において準用する法第二十一条第四項
第二十六条第二号及び第二十八条第一項第三号	特定原動機	特定特殊自動車
第二十六条第九号	法第二十一条第六項	法第二十七条において準用する法第二十一条第六項
第二十七条第一項	法第二十一条第六項第三号	法第二十七条において準用する法第二十一条第六項第三号
第二十七条第二項	法第二十一条第六項第四号	法第二十七条において準用する法第二十一条第六項第四号
第二十八条第一項及び第二項	法第二十一条第七項	法第二十七条において準用する法第二十一条第七項
第二十八条第一項第三号	名称	車名
第二十九条	法第二十一条第八項	法第二十七条において準用する法第二十一条第八項
	様式第十九	様式第二十二
第三十条	法第二十一条第八項	法第二十七条において準用する法第二十一条第八項
	法第二十三条第四項若しくは第五項	法第二十七条において準用する法第二十三条第四項若しくは第五項
第三十一条	法第二十四条第二項	法第二十七条において準用する法第二十四条第二項

（法第三十条第五項の証明書の様式）

第三十四条　法第三十条第五項の証明書の様式は、同条第一項の規定による立入検査にあっては様式第二十、同条第二項の規定による立入検査にあっては様式第二十三のとおりとす

る。

（指定等に関する手数料の納付）

第三十五条　法第三十二条に規定する手数料については、国に納付する場合にあっては第三条、第十九条第一項又は第二十二条第一項の申請書に、それぞれ当該手数料の額に相当する額の収入印紙をはることにより、登録機関に納付する場合にあっては法第二十一条第四項の特定原動機検査事務の実施に関する規程又は法第二十七条において準用する法第二十一条第四項の特定特殊自動車検査事務の実施に関する規程で定めるところにより納付しなければならない。

2　特定特殊自動車排出ガスの規制等に関する法律施行令第七条第二項の主務省令で定める職員の数は二人とし、同項の旅費の額の計算は、次に掲げるところによるものとする。

一　検査のための地に出張する者の国家公務員等の旅費に関する法律（昭和二十五年法律第百十四号。以下「旅費法」という。）第二条第一項第六号の在勤官署の所在地については、次の表に掲げるところによる。

経済産業省	東京都千代田区霞が関一丁目三番一号
国土交通省	東京都千代田区霞が関二丁目一番三号
環境省	東京都千代田区霞が関一丁目二番二号

二　検査を実施する日数については、三日とすること。

三　旅費法第六条第一項の旅行雑費については、一万円とすること。

四　主務大臣が旅費法第四十六条第一項の規定による旅費の調整を行った場合における当該調整により支給しない部分に相当する額については、算入しないこと。

3　第一項の規定により国に納付された手数料は、これを返還しない。

（地方支分部局長への委任事項）

第三十六条　法に規定する経済産業大臣の権限のうち、次に掲げるものは、経済産業局長に委任する。ただし、経済産業大臣が自ら行うことを妨げない。

一　法第二十九条第一項の規定による報告徴収（特定特殊自動車の使用者に係るものに限る。）

二　法第三十条第一項の規定による立入検査（特定特殊自動車の使用者に係るものに限る。）

2　法に規定する国土交通大臣の権限のうち、次に掲げるものは、地方整備局長、北海道開発局長、地方運輸局長及び地方航空局長に委任する。ただし、国土交通大臣が自ら行うことを妨げない。

一　法第二十九条第一項の規定による報告徴収（特定特殊自動車の使用者に係るものに限る。）

二　法第三十条第一項の規定による立入検査（特定特殊自動車の使用者に係るものに限る。）

3　法に規定する環境大臣の権限のうち、次に掲げるものは、地方環境事務所長に委任する。ただし、環境大臣が自ら行うことを妨げない。

一　法第二十九条第一項の規定による報告徴収（特定特殊自動車の使用者に係るものに限る。）

二　法第三十条第一項の規定による立入検査（特定特殊自動車の使用者に係るものに限る。）

（主務大臣への報告）

第三十七条　法第十八条第二項、第二十八条第三項、第二十九条第四項及び第三十条第四項の規定による報告は、遅滞なく、次に掲げる事項を記載した書類を提出して行うものとする。

一　法第十八条第一項の規定による命令、法第二十八条第二項の規定による指導及び助言、法第二十九条第二項の規定による報告の徴収又は法第三十条第二項の規定による立入検査（以下この条において「命令等」という。）の別

二　命令等の相手方の氏名又は名称及び住所並びに法人にあっては、その代表者の氏名

三　命令等に係る特定特殊自動車の所在場所

四　命令等に係る特定特殊自動車の車名及び型式

五　命令等に係る特定特殊自動車の製造番号その他当該特定特殊自動車を識別することができる事項

六　命令等の内容又は結果

七　命令等をした日

八　その他参考となる事項

附　則〔抄〕

（施行期日）

第一条　この省令は、法の施行の日（平成十八年四月一日）から施行する。ただし、第三条及び第九条の規定は同年五月一日から施行し、第三十六条の規定は法附則第一条ただし書に規定する規定の施行の日〔平成一八年一〇月一日〕から施行する。

（施行前製作車の経過措置）

第二条　法附則第二条に規定する主務省令で定めるところにより物件を備え付けている特定特殊自動車は、次の各号に掲げるものとする。

一　法附則第一条ただし書に規定する日（以下この条において「規制開始日」という。）前に製作されたものであることを証する販売契約書、賃貸借契約書又は保険契約書その他の書類を当該特定特殊自動車の使用者が所持しているもの

二　当該特定特殊自動車に付されている製造番号その他の当該特定特殊自動車を識別することができる事項により規制開始日前に製作されたことが証明できるもの

三　規制開始日前に当該特定特殊自動車が存在した事実を証する書面として主務大臣が指定するものを、当該特定特殊自動車の使用者が所持しているもの

（規制開始時期が異なる特定特殊自動車の経過措置）

第三条　平成二十年十月一日以前の日であって燃料の種別等に応じ告示で定める日（以下この条において「規制適用日」という。）前に製作等をした特定特殊自動車のうち、次の各号に掲げるものについては、法第三章の規定（これらの規定に係る罰則を含む。）は適用しない。

一　規制適用日前に製作されたものであることを証する販売契約書、賃貸借契約書又は保険契約書その他の書類を当該特定特殊自動車の使用者が所持しているもの

二　当該特定特殊自動車に付されている製造番号その他の当該特定特殊自動車を識別することができる事項により規制適用日前に製作されたことが証明できるもの

三　規制適用日前に当該特定特殊自動車が存在した事実を証する書面として主務大臣が指定するものを、当該特定特殊自動車の使用者が所持しているもの

（継続生産車の経過措置）

第四条　前条の告示で定める日前に製作等をした特定特殊自動

車と同一の型式に属する特定特殊自動車又は輸入された特定特殊自動車であって、平成二十二年八月三十一日以前の日であって燃料の種別等に応じ告示で定める日（以下この条において「継続生産車の規制適用日」という。）前に製作等をしたもののうち、次の各号に掲げるものについては、法第三章の規定（これらの規定に係る罰則を含む。）は適用しない。

一　継続生産車の規制適用日前に製作されたものであることを証する販売契約書、賃貸借契約書又は保険契約書その他の書類を当該特定特殊自動車の使用者が所持しているもの

二　当該特定特殊自動車に付されている製造番号その他の当該特定特殊自動車を識別することができる事項により継続生産車の規制適用日前に製作されたことが証明できるもの

三　継続生産車の規制適用日前に当該特定特殊自動車が存在した事実を証する書面として主務大臣が指定するものを、当該特定特殊自動車の使用者が所持しているもの

2　前項の規定により法第三章の規定が適用されない特定特殊自動車と同一の型式に属する特定特殊自動車（ガソリン又は液化石油ガスを燃料とするものに限る。）は、第十八条第一項の規定の適用については、同項第二号イに該当するものとみなす。

3　第一項の規定により法第三章の規定が適用されない特定特殊自動車は、第十九条第六項、第八項及び第九項の規定の適用については、承認後に製作等をした台数に含めないものとする。

附　則（平二二・三・一八経産・国交・環令一）

沿革　平二八経産・国交・環令一改正

（施行期日）

第一条　この省令は、公布の日から施行する。

（基準適合表示及び少数特例表示に関する経過措置）

第二条　この省令の施行の日（以下この条において「施行日」という。）前に製作又は輸入（以下この条において「製作等」という。）をした特定特殊自動車に係る基準適合表示又は少数特例表示については、なお従前の例による。

2　次に掲げる表示については、なお従前の例による。

一　施行日前に特定特殊自動車排出ガスの規制等に関する法律（以下「法」という。）第十条第一項の規定によりされた届出に係る特定特殊自動車であって、施行日以後に製作等をしたものについて、法第十二条第一項の規定により付することができる基準適合表示

二　施行日前に道路運送車両法（昭和二十六年法律第百八十五号）第七十五条第一項の規定によりその型式について指定を受けた特定特殊自動車（以下この条において「型式指定特定特殊自動車」という。）若しくは道路運送車両法施行規則（昭和二十六年運輸省令第七十四号）第六十二条の三第一項の規定によりその型式について認定を受けた特定特殊自動車又は道路運送車両法及び自動車検査独立行政法人法の一部を改正する法律（平成二十七年法律第四十四号）第一条の規定による改正前の道路運送車両法第七十五条の二第一項の規定によりその型式について指定を受けた一酸化炭素等発散防止装置を備えた特定特殊自動車（型式指定特定特殊自動車を除く。）であって、施行日以後に製作等をしたものについて、法第十二条第二項の規定により付することができる基準適合表示

三　施行日前に法第十二条第三項の規定による承認を受けた少数生産車であって、施行日以後に製作等をしたものについて、同項の規定により付することができる少数特例表示

3　前二項に定めるもののほか、この省令の施行に伴い必要な基準適合表示及び少数特例表示に関する経過措置については、主務大臣が告示で定める。

（継続生産車における少数生産車の基準の適用に関する経過措置）

第三条　この省令による改正後の特定特殊自動車排出ガスの規制等に関する法律施行規則附則第四条第二項の規定は、平成二十五年十月一日以前の日であって搭載する特定原動機の定格出力による特定特殊自動車の区分に応じ告示で定める日（以下この条において「継続生産車の少数特例適用日」という。）以後にする法第十二条第三項の規定による承認について適用し、継続生産車の少数特例適用日前にする同項の規定による承認については、なお従前の例による。

附　則（平二六・一・二〇経産・国交・環令一）

この省令は、公布の日から施行する。

附　則（平二七・三・三一経産・国交・環令二）

この省令は、平成二十七年四月一日から施行する。

附　則（平二八・四・一経産・国交・環令一）

この省令は、平成二十八年四月一日から施行する。

附　則（平二八・一一・一一経産・国交・環令二）

この省令は、平成二十九年四月一日から施行する。

附　則（令元・六・二八経産・国交・環令一）

この省令は、不正競争防止法等の一部を改正する法律〔平成三〇年五月法律第三三号〕の施行の日（令和元年七月一日）から施行する。

附　則（令二・三・三一経産・国交・環令一）

この省令は、道路運送車両法の一部を改正する法律〔令和元年五月法律第一四号〕の施行の日（令和二年四月一日）から施行する。

附　則（令三・二・二経産・国交・環令一）

（施行期日）

第一条　この省令は、公布の日から施行する。

（経過措置）

第二条　この省令の施行の際現にあるこの省令による改正前の様式（次項において「旧様式」という。）により使用されている書類は、この省令による改正後の様式によるものとみなす。

2　この省令の施行の際現にある旧様式による用紙については、当分の間、これを取り繕って使用することができる。

附　則（令六・一・二四経産・国交・環令一）

この省令は、公布の日から施行する。

附　則（令六・四・一経産・国交・環令三）

（施行期日）

1　この省令は、公布の日から施行する。

（経過措置）

2　この省令の施行の際現にあるこの省令による改正前の様式（次項において「旧様式」という。）により使用されている証明書は、この省令による改正後の様式によるものとみなす。

3　この省令の施行の際現にある旧様式による用紙については、当分の間、これを取り繕って使用することができる。

様式第一（特定原動機型式指定申請書）（第三条関係）

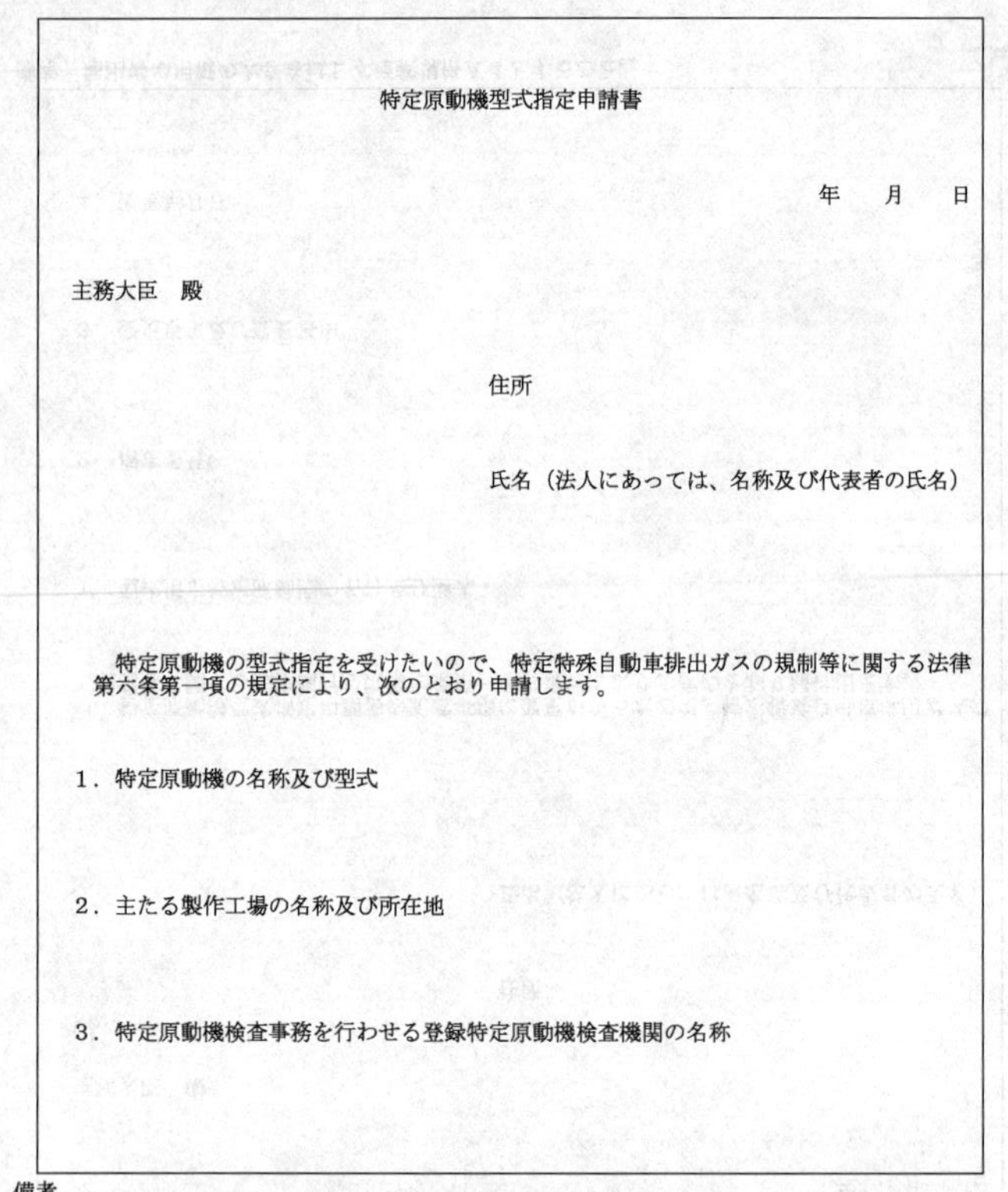

特定原動機型式指定申請書

年　月　日

主務大臣　殿

住所

氏名（法人にあっては、名称及び代表者の氏名）

特定原動機の型式指定を受けたいので、特定特殊自動車排出ガスの規制等に関する法律第六条第一項の規定により、次のとおり申請します。

1．特定原動機の名称及び型式

2．主たる製作工場の名称及び所在地

3．特定原動機検査事務を行わせる登録特定原動機検査機関の名称

備考

⑴　登録特定原動機検査機関が存在しない場合は、特定原動機検査事務を行わせる登録特定原動機検査機関の名称は不要。この場合、本申請書に特定特殊自動車排出ガスの規制等に関する法律施行令第七条に規定する額に相当する額の収入印紙をはること。

⑵　申請書の用紙の大きさは日本産業規格Ａ４とすること。

様式第二（型式指定特定原動機の表示）（第五条関係）

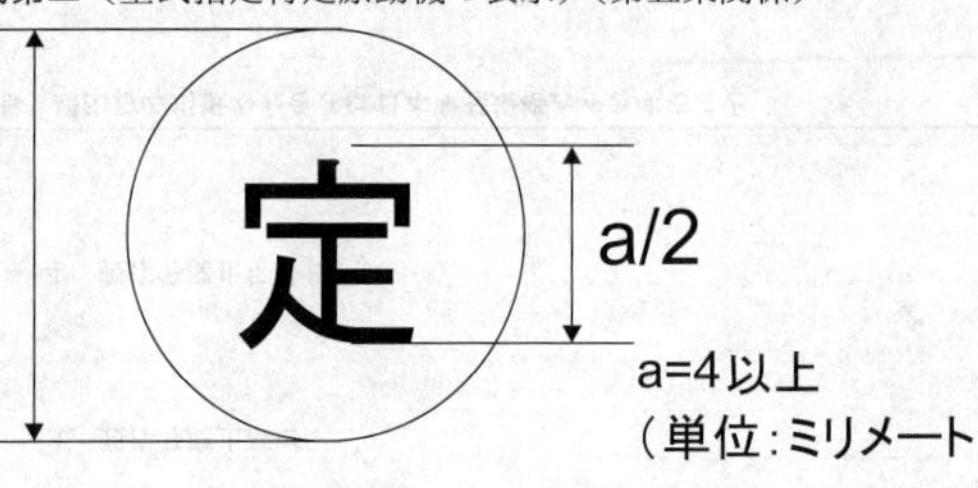

様式第三（型式指定特定原動機記載事項変更届出書）（第七条第一項関係）

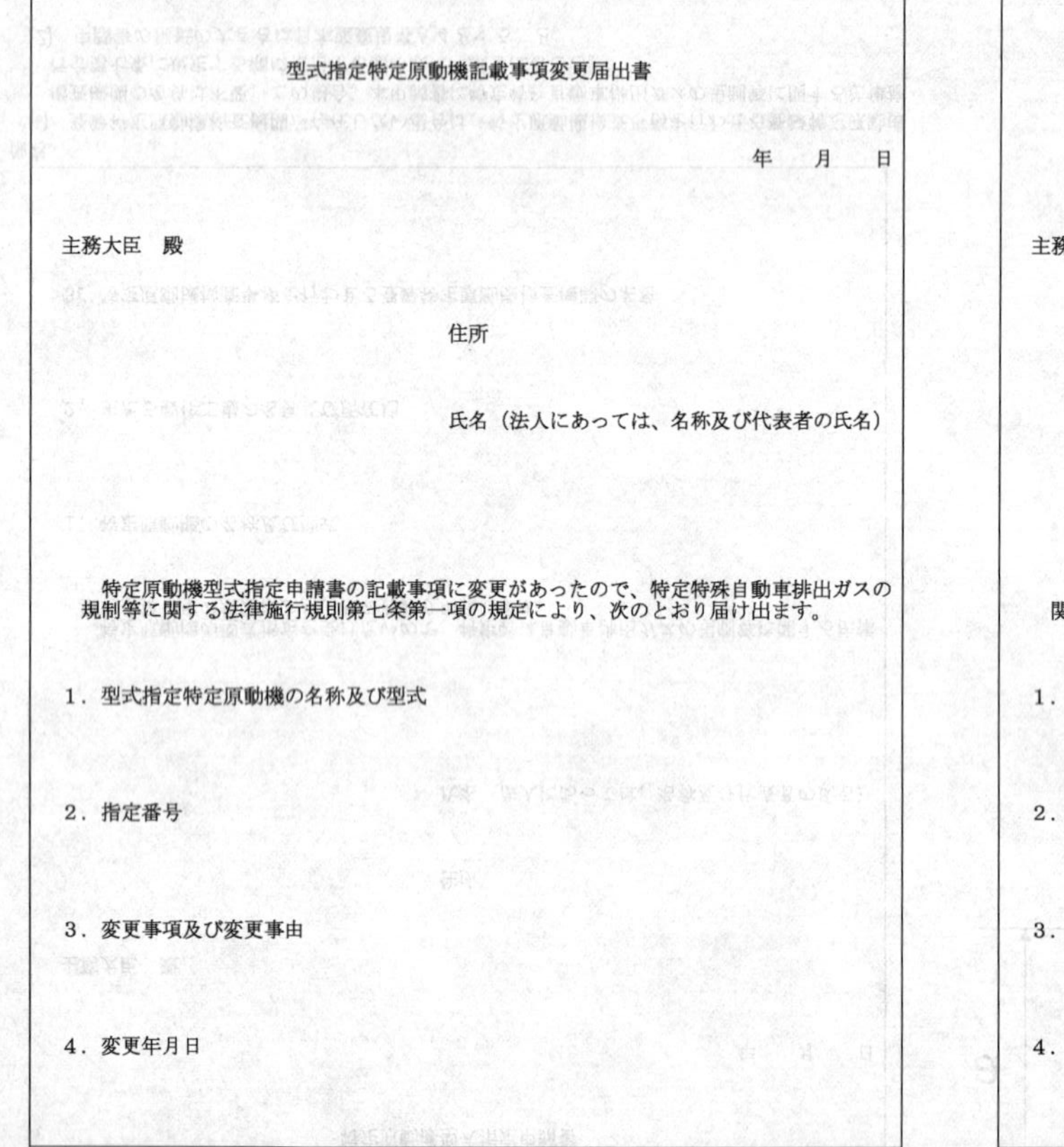

型式指定特定原動機記載事項変更届出書

年　月　日

主務大臣　殿

住所

氏名（法人にあっては、名称及び代表者の氏名）

特定原動機型式指定申請書の記載事項に変更があったので、特定特殊自動車排出ガスの規制等に関する法律施行規則第七条第一項の規定により、次のとおり届け出ます。

1．型式指定特定原動機の名称及び型式

2．指定番号

3．変更事項及び変更事由

4．変更年月日

備考　届出書の用紙の大きさは日本産業規格Ａ４とすること。

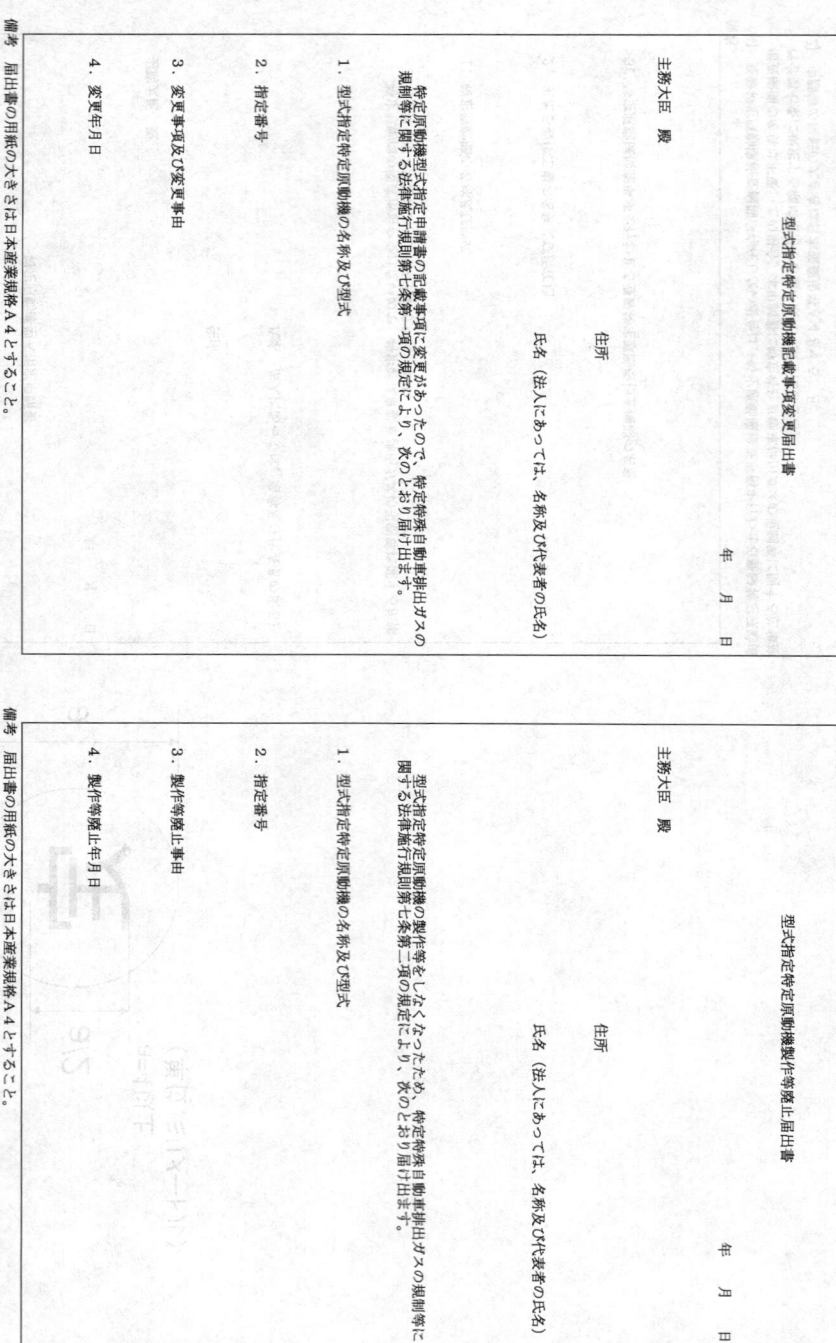

様式第四（型式指定特定原動機製作等廃止届出書）（第七条第二項関係）

型式指定特定原動機製作等廃止届出書

年　月　日

主務大臣　殿

住所

氏名（法人にあっては、名称及び代表者の氏名）

型式指定特定原動機の製作等をしなくなったため、特定特殊自動車排出ガスの規制等に関する法律施行規則第七条第二項の規定により、次のとおり届け出ます。

1．型式指定特定原動機の名称及び型式

2．指定番号

3．製作等廃止事由

4．製作等廃止年月日

備考　届出書の用紙の大きさは日本産業規格Ａ４とすること。

様式第五（型式指定特定原動機変更承認申請書）（第八条関係）

型式指定特定原動機変更承認申請書

年　月　日

主務大臣　殿

住所

氏名（法人にあっては、名称及び代表者の氏名）

型式指定特定原動機の変更があったので、特定特殊自動車排出ガスの規制等に関する法律施行規則第八条第一項の規定により、次のとおり申請します。

1．型式指定特定原動機の名称及び型式

2．指定番号

3．変更事項及び変更事由

4．変更年月日

備考　申請書の用紙の大きさは日本産業規格Ａ４とすること。

様式第六（特定特殊自動車型式届出書）（第十二条関係）

特定特殊自動車型式届出書

年　月　日

主務大臣　殿

住所

氏名（法人にあっては、名称及び代表者の氏名）

特定特殊自動車の型式につき、特定特殊自動車排出ガスの規制等に関する法律第十条第一項の規定により、次のとおり届け出ます。

1．特定特殊自動車の車名及び型式

2．特定特殊自動車に搭載する型式指定特定原動機の型式

3．届出に係る型式の特定特殊自動車のいずれもが特定特殊自動車技術基準に適合することの確認の方法

備考　届出書の用紙の大きさは日本産業規格Ａ４とすること。

様式第七（型式届出特定特殊自動車記載事項変更届出書）（第十四条関係）

型式届出特定特殊自動車記載事項変更届出書

年　月　日

主務大臣　殿

住所

氏名（法人にあっては、名称及び代表者の氏名）

特定特殊自動車型式届出書等の記載事項に変更があったので、特定特殊自動車排出ガスの規制等に関する法律施行規則第十四条の規定により、次のとおり届け出ます。

1．型式届出特定特殊自動車の車名及び型式

2．変更事項及び変更事由

3．変更年月日

備考　届出書の用紙の大きさは日本産業規格Ａ４とすること。

様式第八（基準適合表示）（第十六条第一項第一号関係）

特定特殊自動車
排出ガス基準
●適合車●
環境省・経済産業省・国土交通省
50mm~150mm

備考
(1)　文字の書体は、ゴシックとする。
(2)　「排出ガス基準」及び「●環境省・経済産業省・国土交通省●」の文字並びに縁の色彩は白色、「適合車」の文字及び地の上の部分の色彩は淡い青色、「特定特殊自動車」の文字及び地の下の部分の色彩は濃い青色とする。

様式第八の二（基準適合表示）（第十六条第一項第二号関係）

備考

(1)　基準適合表示には、図示の例により、当該表示を付することができる型式届出特定特殊自動車（法第十二条第二項の規定により基準適合表示を付することができることとされた特定特殊自動車にあっては、当該特定特殊自動車と同等の排出ガス性能を有する型式届出特定特殊自動車）が適合する特定特殊自動車技術基準及び当該型式届出特定特殊自動車に係る型式指定特定原動機が適合する特定原動機技術基準の適用開始時期に応じて主務大臣が告示で定める年を表示するものとする。

(2)　文字の書体は、ゴシックとする。

(3)　「軽油」、「排出ガス」、「基準」及び「●環境省・経済産業省・国土交通省●」の文字並びに(1)の告示で定める年並びに縁の色彩は白色、「適合車」の文字及び地の上の部分の色彩は淡い青色、「特定特殊自動車」の文字及び地の下の部分の色彩は濃い青色とする。

様式第九（少数生産車承認申請書）（第十九条第一項関係）

収入印紙

少数生産車承認申請書

年　月　日

主務大臣　殿

住所

氏名（法人にあっては、名称及び代表者の氏名）

少数生産車の承認を受けたいので、特定特殊自動車排出ガスの規制等に関する法律第十二条第三項の規定により、次のとおり申請します。

1．特定特殊自動車の車名及び型式

2．特定特殊自動車に搭載する特定原動機の型式

3．申請日の属する年度の前二年度内の各年度に製作等をした特定特殊自動車の台数

4．当該特定特殊自動車の承認の申請日の属する年度の製作等台数

備考　申請書の用紙の大きさは日本産業規格Ａ４とすること。

様式第十（少数生産車報告書）（第十九条第六項関係）

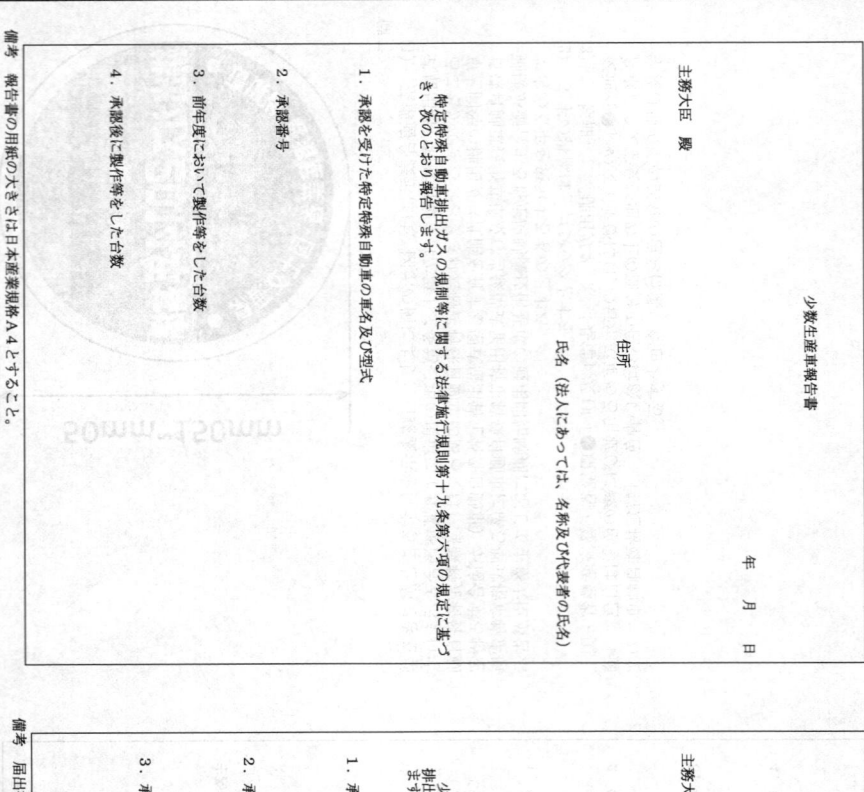

少数生産車報告書

年　月　日

主務大臣　殿

住所

氏名（法人にあっては、名称及び代表者の氏名）

特定特殊自動車排出ガスの規制等に関する法律施行規則第十九条第六項の規定に基づき、次のとおり報告します。

1．承認を受けた特定特殊自動車の車名及び型式

2．承認番号

3．前年度において製作等をした台数

4．承認後に製作等をした台数

備考　報告書の用紙の大きさは日本産業規格Ａ４とすること。

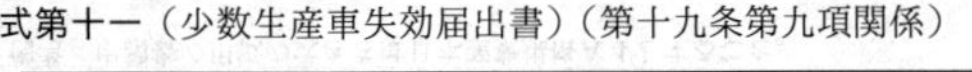

様式第十一（少数生産車失効届出書）（第十九条第九項関係）

少数生産車失効届出書

年　月　日

主務大臣　殿

住所

氏名（法人にあっては、名称及び代表者の氏名）

少数生産車の承認を受けた後に製作等をした台数が百台に達したため、特定特殊自動車排出ガスの規制等に関する法律施行規則第十九条第九項の規定により、次のとおり届け出ます。

1．承認を受けた特定特殊自動車の車名及び型式

2．承認番号

3．承認後に製作等をした台数が百台に達した日

備考　届出書の用紙の大きさは日本産業規格Ａ４とすること。

様式第十二（少数生産車製作等廃止届出書）（第十九条第十項関係）

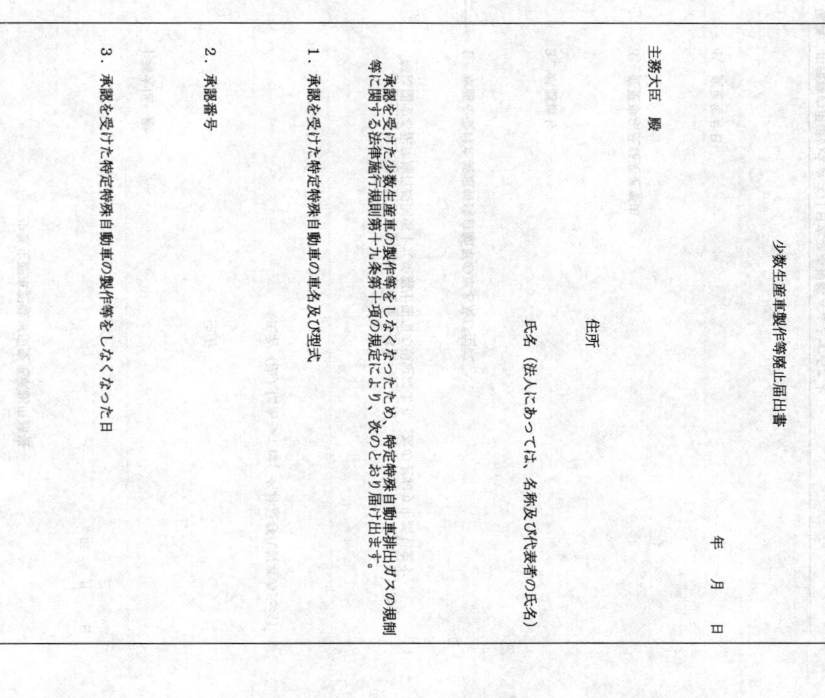

少数生産車製作等廃止届出書

年　月　日

主務大臣　殿

住所

氏名（法人にあっては、名称及び代表者の氏名）

承認を受けた少数生産車の製作等をしなくなったため、特定特殊自動車排出ガスの規制等に関する法律施行規則第十九条第十項の規定により、次のとおり届け出ます。

1．承認を受けた特定特殊自動車の車名及び型式

2．承認番号

3．承認を受けた特定特殊自動車の製作等をしなくなった日

備考　届出書の用紙の大きさは日本産業規格Ａ４とすること。

様式第十三（少数生産車記載事項変更届出書）（第十九条第十三項関係）

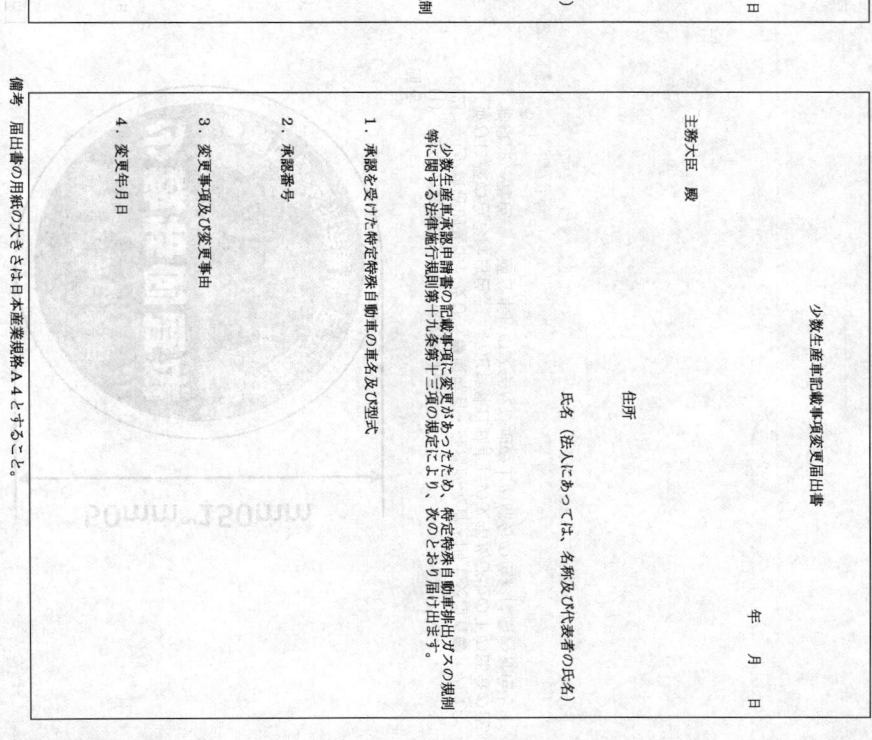

少数生産車記載事項変更届出書

年　月　日

主務大臣　殿

住所

氏名（法人にあっては、名称及び代表者の氏名）

少数生産車承認申請書の記載事項に変更があったため、特定特殊自動車排出ガスの規制等に関する法律施行規則第十九条第十三項の規定により、次のとおり届け出ます。

1．承認を受けた特定特殊自動車の車名及び型式

2．承認番号

3．変更事項及び変更事由

4．変更年月日

備考　届出書の用紙の大きさは日本産業規格Ａ４とすること。

様式第十四（少数生産車記載事項変更承認申請書）（第十九条第十四項関係）

少数生産車記載事項変更承認申請書

年　月　日

主務大臣　殿

住所

氏名（法人にあっては、名称及び代表者の氏名）

少数生産車承認申請書の記載事項に変更があったため、特定特殊自動車排出ガスの規制等に関する法律施行規則第十九条第十四項の規定により、次のとおり申請します。

1．承認を受けた特定特殊自動車の車名及び型式

2．承認番号

3．変更事項及び変更事由

4．変更年月日

備考　申請書の用紙の大きさは日本産業規格Ａ４とすること。

様式第十五（少数特例表示）（第二十条第一項第一号関係）

特定特殊自動車

少数特例基準

適合車

環境省・経済産業省・国土交通省

50mm~150mm

備考

(1)　文字の書体は、ゴシックとする。

(2)　「少数特例基準」及び「●環境省・経済産業省・国土交通省●」の文字並びに縁の色彩は白色、「特定特殊自動車」の文字及び地の下の部分の色彩は淡い青色、「適合車」の文字及び地の上の部分の色彩は濃い青色とする。

様式第十五の二（少数特例表示）（第二十条第一項第二号イ関係）

備考
(1) 少数特例表示には、図示の例により、当該表示を付することができる少数生産車が適合する特定特殊自動車技術基準及び当該少数生産車に係る型式指定特定原動機が適合する特定原動機技術基準の適用開始時期に応じて主務大臣が告示で定める年を表示するものとする。
(2) 文字の書体は、ゴシックとする。
(3) 「軽油」、「少数特例」、「基準」及び「●環境省・経済産業省・国土交通省●」の文字並びに(1)の告示で定める年並びに縁の色彩は白色、「特定特殊自動車」の文字及び地の下の部分の色彩は淡い青色、「適合車」の文字及び地の上の部分の色彩は濃い青色とする。

様式第十五の三（少数特例表示）（第二十条第一項第二号ロ関係）

備考
(1) 少数特例表示には、図示の例により、当該表示を付することができる少数生産車が同等の排出ガス性能を有する型式届出特定特殊自動車が適合する特定特殊自動車技術基準及び当該型式届出特定特殊自動車に係る型式指定特定原動機が適合する特定原動機技術基準の適用開始時期に応じて主務大臣が告示で定める年を表示するものとする。
(2) 文字の書体は、ゴシックとする。
(3) 「軽油」、「少数特例」、「基準同等」及び「●環境省・経済産業省・国土交通省●」の文字並びに(1)の告示で定める年並びに縁の色彩は白色、「特定特殊自動車」の文字及び地の下の部分の色彩は淡い青色、「適合車」の文字及び地の上の部分の色彩は濃い青色とする。

様式第十六（確認申請書）（第二十二条第一項関係）

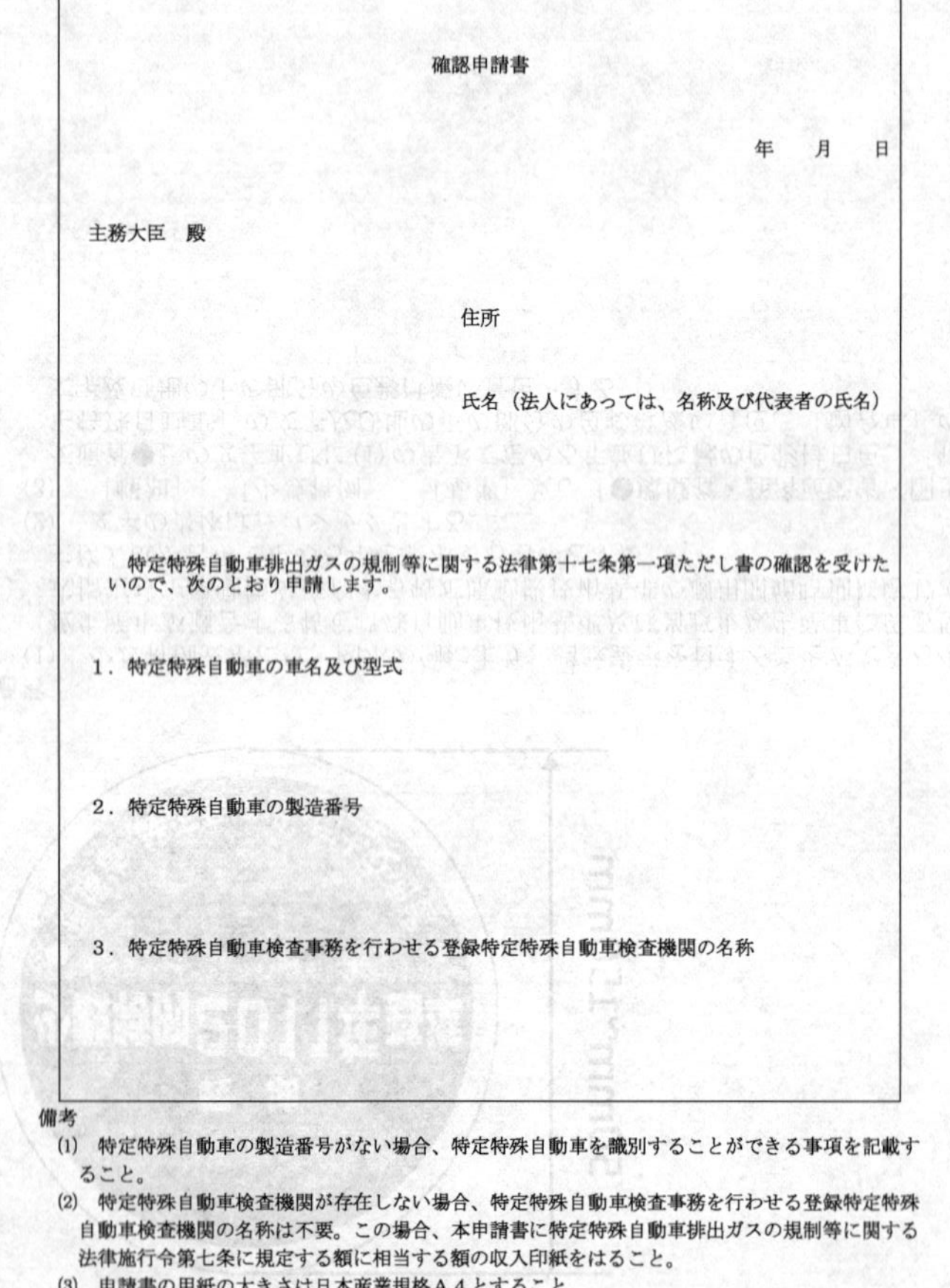

確認申請書

年　月　日

主務大臣　殿

住所

氏名（法人にあっては、名称及び代表者の氏名）

特定特殊自動車排出ガスの規制等に関する法律第十七条第一項ただし書の確認を受けたいので、次のとおり申請します。

1．特定特殊自動車の車名及び型式

2．特定特殊自動車の製造番号

3．特定特殊自動車検査事務を行わせる登録特定特殊自動車検査機関の名称

備考

(1)　特定特殊自動車の製造番号がない場合、特定特殊自動車を識別することができる事項を記載すること。

(2)　特定特殊自動車検査機関が存在しない場合、特定特殊自動車検査事務を行わせる登録特定特殊自動車検査機関の名称は不要。この場合、本申請書に特定特殊自動車排出ガスの規制等に関する法律施行令第七条に規定する額に相当する額の収入印紙をはること。

(3)　申請書の用紙の大きさは日本産業規格Ａ４とすること。

様式第十七（確認証再交付申請書）（第二十二条第六項関係）

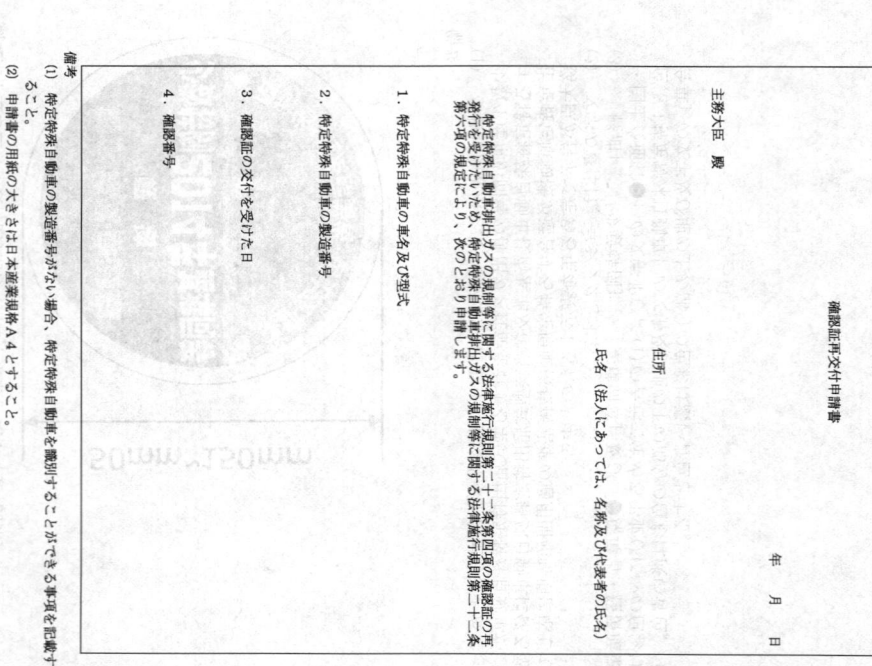

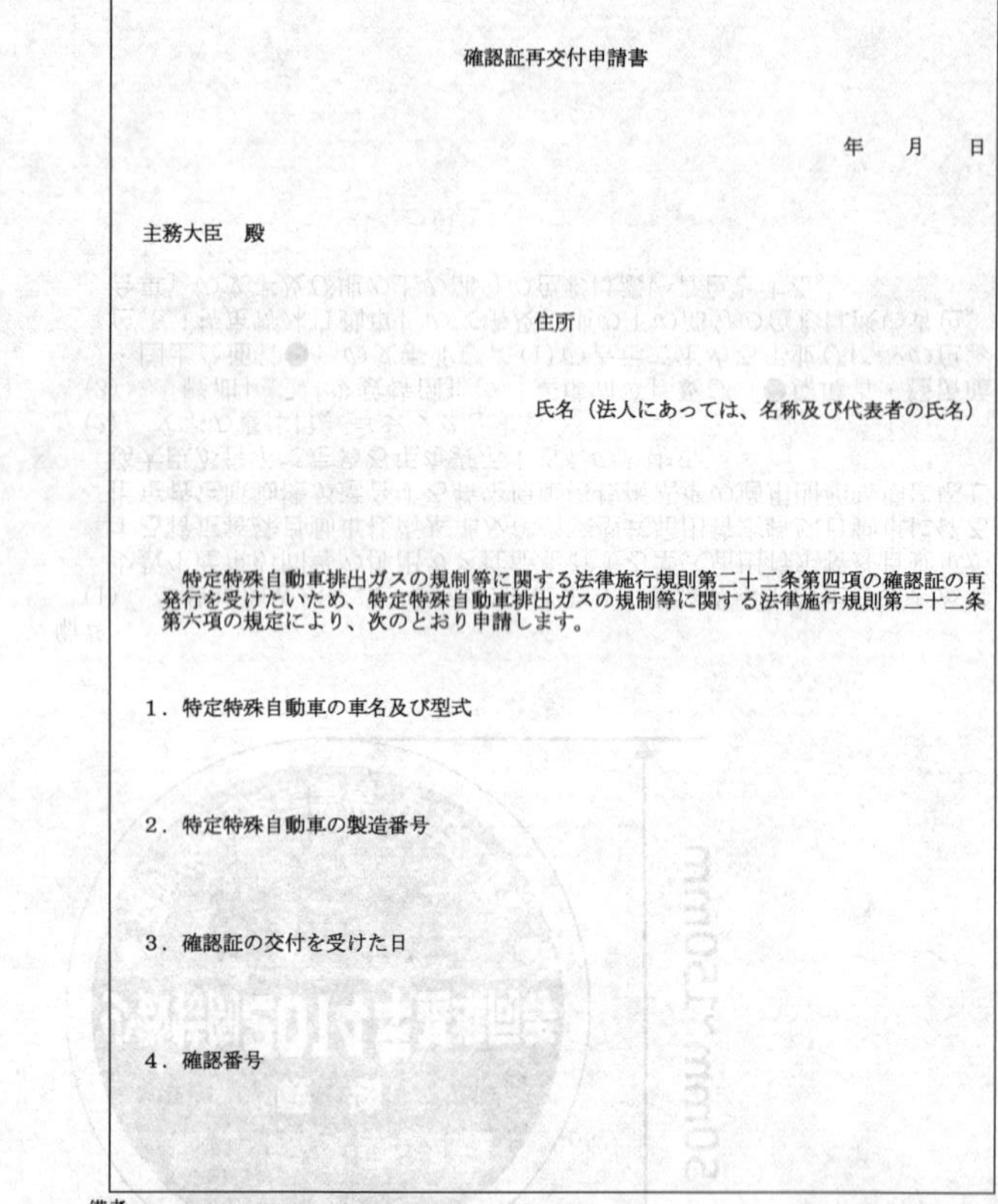

確認証再交付申請書

年　月　日

主務大臣　殿

住所

氏名（法人にあっては、名称及び代表者の氏名）

特定特殊自動車排出ガスの規制等に関する法律施行規則第二十二条第四項の確認証の再発行を受けたいため、特定特殊自動車排出ガスの規制等に関する法律施行規則第二十二条第六項の規定により、次のとおり申請します。

1．特定特殊自動車の車名及び型式

2．特定特殊自動車の製造番号

3．確認証の交付を受けた日

4．確認番号

備考

(1)　特定特殊自動車の製造番号がない場合、特定特殊自動車を識別することができる事項を記載すること。

(2)　申請書の用紙の大きさは日本産業規格Ａ４とすること。

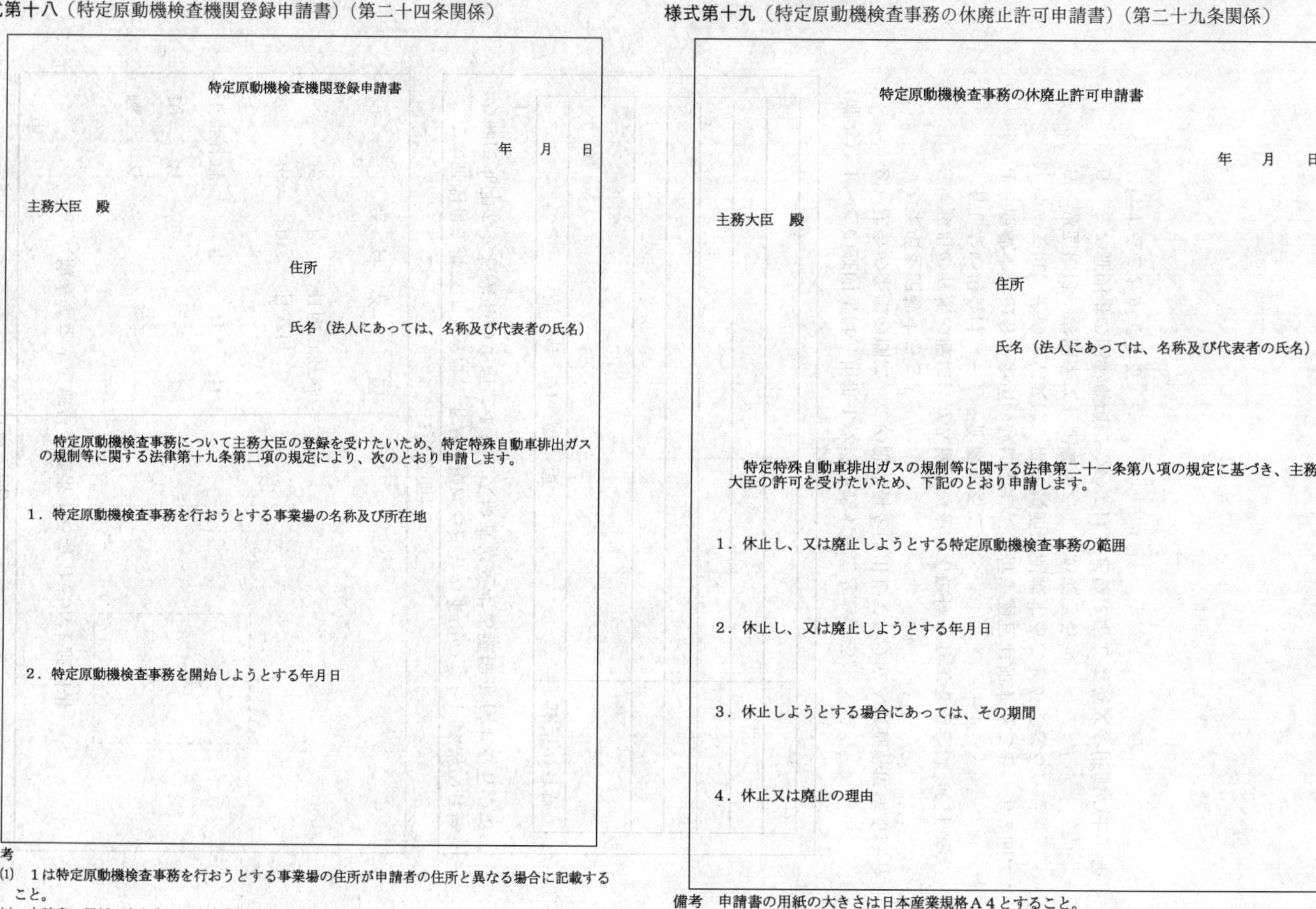

様式第十八（特定原動機検査機関登録申請書）（第二十四条関係）

特定原動機検査機関登録申請書

年　月　日

主務大臣　殿

住所

氏名（法人にあっては、名称及び代表者の氏名）

特定原動機検査事務について主務大臣の登録を受けたいため、特定特殊自動車排出ガスの規制等に関する法律第十九条第二項の規定により、次のとおり申請します。

1．特定原動機検査事務を行おうとする事業場の名称及び所在地

2．特定原動機検査事務を開始しようとする年月日

備考

(1)　1は特定原動機検査事務を行おうとする事業場の住所が申請者の住所と異なる場合に記載すること。

(2)　申請書の用紙の大きさは日本産業規格Ａ４とすること。

様式第十九（特定原動機検査事務の休廃止許可申請書）（第二十九条関係）

特定原動機検査事務の休廃止許可申請書

年　月　日

主務大臣　殿

住所

氏名（法人にあっては、名称及び代表者の氏名）

特定特殊自動車排出ガスの規制等に関する法律第二十一条第八項の規定に基づき、主務大臣の許可を受けたいため、下記のとおり申請します。

1．休止し、又は廃止しようとする特定原動機検査事務の範囲

2．休止し、又は廃止しようとする年月日

3．休止しようとする場合にあっては、その期間

4．休止又は廃止の理由

備考　申請書の用紙の大きさは日本産業規格Ａ４とすること。

様式第二十（立入りの身分証明書）（第三十一条及び第三十四条関係）

（第１面）

第　　　号

立入検査等をする職員の携帯する身分を示す証明書

職　　名

氏　　名

生年月日　　　年　　月　　日生

写真

年　　月　　日交付

年　　月　　日限り有効

発　行　者　　　㊞

（第２面）

この証明書を携帯する者は、下表に掲げる法令の条項のうち、該当の有無の欄に丸印のある法令の条項により立入検査等をする職権を有するものです。

法　令　の　条　項	該当の有無

（備考）１　この証明書は、用紙１枚で作成することとする。

２　法令の条項の欄に、この証明書を使用して行う立入検査等に係る法令の条項を記載すること。

３　該当の有無の欄に、立入検査等をする職権を有する場合は「○」を、有しない場合は「－」を記載すること。

４　記載する法令の条項の数に応じて、行を適宜追加すること。第２面については、その全部又は一部を裏面に記載することができる。

５　裏面には、参照条文を記載することができる。

６　この証明書の記載事項については、必要に応じて英文を併記の上、発行することができる。

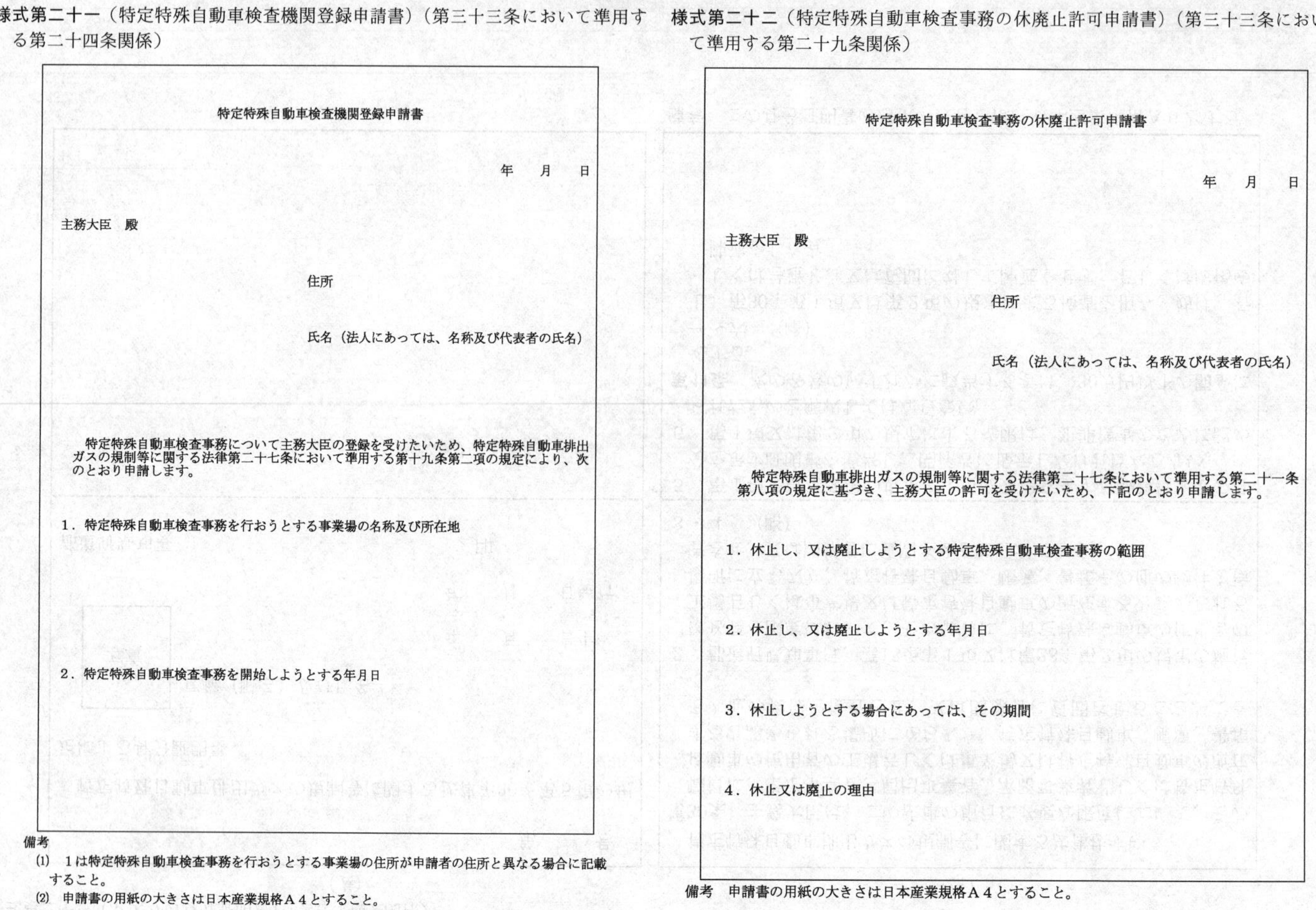

様式第二十一（特定特殊自動車検査機関登録申請書）（第三十三条において準用する第二十四条関係）

特定特殊自動車検査機関登録申請書

年　月　日

主務大臣　殿

住所

氏名（法人にあっては、名称及び代表者の氏名）

特定特殊自動車検査事務について主務大臣の登録を受けたいため、特定特殊自動車排出ガスの規制等に関する法律第二十七条において準用する第十九条第二項の規定により、次のとおり申請します。

1．特定特殊自動車検査事務を行おうとする事業場の名称及び所在地

2．特定特殊自動車検査事務を開始しようとする年月日

備考
(1)　1は特定特殊自動車検査事務を行おうとする事業場の住所が申請者の住所と異なる場合に記載すること。
(2)　申請書の用紙の大きさは日本産業規格Ａ４とすること。

様式第二十二（特定特殊自動車検査事務の休廃止許可申請書）（第三十三条において準用する第二十九条関係）

特定特殊自動車検査事務の休廃止許可申請書

年　月　日

主務大臣　殿

住所

氏名（法人にあっては、名称及び代表者の氏名）

特定特殊自動車排出ガスの規制等に関する法律第二十七条において準用する第二十一条第八項の規定に基づき、主務大臣の許可を受けたいため、下記のとおり申請します。

1．休止し、又は廃止しようとする特定特殊自動車検査事務の範囲

2．休止し、又は廃止しようとする年月日

3．休止しようとする場合にあっては、その期間

4．休止又は廃止の理由

備考　申請書の用紙の大きさは日本産業規格Ａ４とすること。

様式第二十三（立入りの身分証明書）（第三十四条関係）

（表）

第　　号

特定特殊自動車排出ガスの規制等に関する法律第30条第５項の規定による身分証明書

写真

官職（職名）及び氏名

年　　月　　日生

年　　月　　日発行

都道府県知事　　　　　　　　　　印

（裏）

特定特殊自動車排出ガスの規制等に関する法律抜すい

第30条　主務大臣は、この法律の施行に必要な限度において、その職員に、指定事業者、届出事業者、承認事業者若しくは特定特殊自動車の使用者の工場若しくは事業場又は特定特殊自動車の所在すると認められる場所に立ち入り、特定特殊自動車、帳簿、書類その他の物件を検査させ、又は関係者に質問させることができる。

2　都道府県知事は、第18条第１項又は第28条第２項の規定の施行に必要な限度において、その職員に、特定特殊自動車の使用者の工場若しくは事業場又は特定特殊自動車の所在すると認められる場所に立ち入り、特定特殊自動車、帳簿、書類その他の物件を検査させ、又は関係者に質問させることができる。

3・4　（略）

5　第１項又は第２項の規定による立入検査をする職員は、その身分を示す証明書を携帯し、関係者に提示しなければならない。

6　第１項又は第２項の規定による権限は、犯罪捜査のために認められたものと解釈してはならない。

第41条　次の各号のいずれかに該当する者は、30万円以下の罰金に処する。

一～六　（略）

七　第30条第１項又は第２項の規定による検査を拒み、妨げ、若しくは忌避し、又は質問に対して陳述をせず、若しくは虚偽の陳述をした者

備考　この身分証明書の用紙の大きさは、日本産業規格Ａ６とする。

〇特定特殊自動車排出ガスの規制等に関して必要な事項を定める告示

（平成十八年三月二十八日 経済産業省 国土交通省 環境省 告示第一号）

沿革 平二〇経産・国交・環告二三、平二三経産・国交・環告一〇七、平二六経産・国交・環告一、令元経産・国交・環告七四改正

（特殊の用途に使用するため製作された自動車）

第1条 特定特殊自動車排出ガスの規制等に関する法律施行令（以下「令」という。）第2条第6号の特殊の用途に使用するために製作された自動車は、次の各号に掲げる構造上の要件のいずれかを満たすものとする。ただし、専ら乗用の用に供する自動車及び道路運送車両法（昭和26年法律第185号）第75条第1項の規定による型式指定等を受けた自動車（大型特殊自動車及び小型特殊自動車を除く。）はこの限りでない。

一 車体に備えた原動機等の動力を用いて作業装置を作動させることができる構造を有するものであり、かつ、その装置が次のいずれかに該当するものであること。

イ カタピラを有するもの。

ロ 駆動車輪を左右それぞれ単独で制動又は駆動できる構造のもの。

ハ 全ての車輪により操向できる構造のもの。

ニ 後輪により操向できる構造のもの。

ホ 作業時において運転者席の向きが後方へ旋回できる構造のもの。

ヘ 車台が屈折することにより操向できる構造のもの。

ト 油圧のみを用いてかじ取り車輪を作動させることにより操向できる構造のもの。

チ 車軸がセンターピボット方式のもの。

リ 車軸がヨーク回転方式のもの。

ヌ 車軸が脚柱回転方式のもの。

ル 車軸がリーニング機構方式のもの。

ヲ 車体が屈折するもの。

ワ 車体が伸縮するもの。

カ 前後の車台の間に、前後の車台がねじれることにより回転する軸を有するもの。

二 建設機械抵当法施行令（昭和29年政令第294号）別表に定める運搬車であって、その構造及び装置が次の要件のいずれにも該当しているものであること。

イ 自動車の大きさが幅3.5m又は高さ4.3mを超えるもの。

ロ 原動機等の動力を用いて物品積載装置を傾斜させることにより、積載物を物品積載装置から下ろすことができる機構を有するもの。

ハ かじ取り装置に全油圧式ステアリングシステムを有するもの。

ニ 主制動装置に湿式多板ディスクブレーキを有するもの。

（特定原動機技術基準）

第2条 特定特殊自動車排出ガスの規制等に関する法律施行規則（以下「規則」という。）第2条第1項第1号の基準は、次の各号に掲げるものとする。なお、この条において「ガソリン・液化石油ガス特定原動機7モード法」とは、道路運送車両の保安基準の細目を定める告示（平成14年国土交通省告示第619号。以下「細目告示」という。）別添103「ガソリン・液化石油ガス特殊自動車7モード排出ガスの測定方法」に規定するガソリン・液化石油ガス特殊自動車7モード排出ガスの測定方法を準用するものとし、「ディーゼル特定原動機8モード法」及び「NRTCモード法」とは、細目告示別添43「ディーゼル特殊自動車排出ガスの測定方法」に規定するディーゼル特殊自動車8モード法及びNRTCモード法を準用するものとする。この場合において、細目告示別添43及び別添103中「特殊自動車」とあるのは、「特定原動機」と読み替えるものとする。

一 特定特殊自動車排出ガスの規制等に関する法律（平成17年法律第51号。以下「法」という。）第6条第3項の規定による判定を行う場合及び同条第5項の規定による取消しの判定を行う場合において、ガソリン又は液化石油ガス（プロパン・ガス又はブタン・ガスを主成分とする液化ガスをいう。以下同じ。）を燃料とする特定原動機であって定格出力が19kW以上560kW未満であるものは、次に掲げる条件に適合するものであること。

イ 規則第6条第1項の検査（以下「完成検査」という。）の際、当該特定原動機をガソリン・液化石油ガス特定原動機7モード法により運転する場合に発生し、当該特定原動機の排気管から大気中に排出される排出物に含まれる一酸化炭素、炭化水素及び窒素酸化物の排出量をgで表した値（炭化水素にあっては、炭素数当量による容量比で表した値をgに換算した値）を、同ガソリン・液化石油ガス特定原動機7モード法により運転する場合に発生した仕事量をkWhで表した値でそれぞれ除して得た値の当該特定原動機及びそれと同一の型式の特定原動機であって既に完成検査を終了したすべてのものにおける平均値が、一酸化炭素については20.0、炭化水素については0.60、窒

素酸化物については0.60を、それぞれ超えないものであること。

ロ　細目告示別添103に規定する運転条件により当該特定原動機を無負荷運転している状態で発生し、当該特定原動機の排気管から大気中に排出される排出物に含まれる一酸化炭素の容量比で表した測定値及び当該排出物に含まれる炭化水素のノルマルヘキサン当量による容量比で表した測定値が、一酸化炭素については1％を、炭化水素については500ppmを、それぞれ超えないものであること。

二　法第6条第3項の規定による判定を行う場合及び同条第5項の規定による取消しの判定を行う場合において、軽油を燃料とする特定原動機であって定格出力が19kW以上560kW未満であるものは、完成検査の際、当該特定原動機をディーゼル特定原動機8モード法により運転する場合に発生し、当該特定原動機の排気管から大気中に排出される排出物（大気開放するブローバイ・ガスを含む。以下この号及び第四号イにおいて同じ。）に含まれる一酸化炭素、非メタン炭化水素、窒素酸化物及び粒子状物質の排出量をgで表した値（非メタン炭化水素にあっては、炭素数当量による容量比で表した値をgに換算した値）を、ディーゼル特定原動機8モード法により運転する場合に発生した仕事量をkWhで表した値でそれぞれ除して得た値の当該特定原動機及びこれと同一の型式の特定原動機であって既に完成検査を終了したすべてのものにおける平均値及び細目告示別添43に規定する暖機状態でのNRTCモード法により運転する場合に発生し、当該特定原動機の排気管から大気中に排出される排出物に含まれる一酸化炭素、非メタン炭化水素、窒素酸化物及び粒子状物質の排出量をgで表した値（非メタン炭化水素にあっては、炭素数当量による容量比で表した値をgに換算した値）に0.9を乗じた値に、同別添に規定する冷機状態でのNRTCモード法により運転する場合に発生し、当該特定原動機の排気管から大気中に排出される排出物に含まれる一酸化炭素、非メタン炭化水素、窒素酸化物及び粒子状物質の排出量をgで表した値（非メタン炭化水素にあっては、炭素数当量による容量比で表した値をgに換算した値）に0.1を乗じた値をそれぞれ加算した値を、同別添に規定する暖機状態でのNRTCモード法により運転する場合に発生した仕事量をkWhで表した値に0.9を乗じた値に、同別添に規定する冷機状態でのNRTCモード法により運転する場合に発生した仕事量をkWhで表した値に0.1を乗じた値を加算した値でそれぞれ除して得た値の当該特定原動機及びこれと同一の型式の特定原動機であって既に完成検査を終了したすべてのものにおける平均値が、それぞれ次の表の左欄に掲げる特定原動機の種別に応じて、それぞれ同表の一酸化炭素、非メタン炭化水素、窒素酸化物及び粒子状物質の欄に掲げる値を超えないものであること。

特定原動機の種別	一酸化炭素	非メタン炭化水素	窒素酸化物	粒子状物質
定格出力が19kW以上37kW未満である特定原動機	5.0	0.7	4.0	0.03
定格出力が37kW以上56kW未満である特定原動機	5.0	0.7	4.0	0.025
定格出力が56kW以上75kW未満である特定原動機	5.0	0.19	0.4	0.02
定格出力が75kW以上130kW未満である特定原動機	5.0	0.19	0.4	0.02
定格出力が130kW以上560kW未満である特定原動機	3.5	0.19	0.4	0.02

三　法第17条第1項ただし書の規定による確認を行う場合において、規則第22条第1項の規定により提示された特定特殊自動車に搭載されるガソリン又は液化石油ガスを燃料とする特定原動機であって定格出力が19kW以上560kW未満であるものは、次に掲げる条件に適合するものであること。

イ　当該特定原動機をガソリン・液化石油ガス特定原動機7モード法により運転する場合に発生し、当該特定原動機の排気管から大気中に排出される排出物に含まれる一酸化炭素、炭化水素及び窒素酸化物の排出量をgで表した値（炭化水素にあっては、炭素数当量による容量比で表した値をgに換算した値）を、同ガソリン・液化石油ガス特定原動機7モード法により運転する場合に発生した仕事量をkWhで表した値でそれぞれ除して得た値が、一酸化炭素については26.6、炭化水素については0.80、窒素酸化物については0.80を、それぞれ超えないものであること。

ロ　当該特定原動機が既に特定特殊自動車に搭載されており、設備・体制整備等を行い試験の実施が可能となる環境が整うまでの間においては、当該特定原動機を無負荷運転している状態で発生し、当該特定原動機の排気管から大気中に排出される排出物に含まれる一酸化炭素の容量比で表した測定値（暖機状態にある特定原動機の排気管内にプローブ（一酸化炭素又は炭化水素の測定器の排出ガス採取部をいう。以下同じ。）を60cm程度挿入して測定したものとし、それが困難な特定原動機については、外気の混入を防止する措置を講じた上で測定するものとする。）及び当該排出物に含まれる炭化水素のノルマルヘキサン当量による容量比で表した測定値が、一酸化炭素については1％を、炭化水素については500ppmを、それぞれ超えないものであること。

四　法第17条第1項ただし書の規定による確認を行う場合において、規則第22条第1項の規定により提示された特定特殊自動車に搭載される軽油を燃料とする特定原動機であって定格出力が19kW以上560kW未満であるものは、次のイ又はロのいずれかに適合するものであること。

イ　当該特定原動機をディーゼル特定原動機8モード法により運転する場合に発生し、当該特定原動機の排気管から大気中に排出される排出物に含まれる一酸化炭素、非メタン炭化水素、窒素酸化物及び粒子状物質の排出量をgで表した値（非メタン炭化水素にあっては、炭素数当量による容量比で表した値をgに換算した値）を、同ディーゼル特定原動機8モード法により運転する場合に発生した仕事量をkWhで表した値でそれぞれ除して得た値及び細目告示別添43に規定する暖機状態でのＮＲＴＣモード法により運転する場合に発生し、当該特定原動機の排気管から大気中に排出される排出物に含まれる一酸化炭素、非メタン炭化水素、窒素酸化物及び粒子状物質の排出量をgで表した値（非メタン炭化水素にあっては、炭素数当量による容量比で表した値をgに換算した値）に0.9を乗じた値に、同別添に規定する冷機状態でのＮＲＴＣモード法により運転する場合に発生し、当該特定原動機の排気管から大気中に排出される排出物に含まれる一酸化炭素、非メタン炭化水素、窒素酸化物及び粒子状物質の排出量をgで表した値（非メタン炭化水素にあっては、炭素数当量による容量比で表した値をgに換算した値）に0.1を乗じた値をそれぞれ加算した値を、同別添に規定する暖機状態でのＮＲＴＣモード法により運転する場合に発生した仕事量をkWhで表した値に0.9を乗じた値に、同別添に規定する冷機状態でのＮＲＴＣモード法により運転する場合に発生した仕事量をkWhで表した値に0.1を乗じた値を加算した値でそれぞれ除して得た値が、それぞれ次の表の左欄に掲げる特定原動機の種別に応じて、それぞれ同表の一酸化炭素、非メタン炭化水素、窒素酸化物及び粒子状物質の欄に掲げる値を超えないものであること。

特定原動機の種別	一酸化炭素	非メタン炭化水素	窒素酸化物	粒子状物質
定格出力が19kW以上37kW未満である特定原動機	6.5	0.9	5.3	0.04
定格出力が37kW以上56kW未満である特定原動機	6.5	0.9	5.3	0.033
定格出力が56kW以上75kW未満である特定原動機	6.5	0.25	0.53	0.03
定格出力が75kW以上130kW未満である特定原動機	6.5	0.25	0.53	0.03
定格出力が130kW以上560kW未満である特定原動機	4.6	0.25	0.53	0.03

ロ　当該特定原動機が既に特定特殊自動車に搭載されており、設備・体制整備等を行い試験の実施が可能となる環境が整うまでの間においては、細目告示別添109に規定する運転条件により当該特定原動機を無負荷の状態（それが不可能な構造の特定特殊自動車に搭載する特定原動機にあっては、当該特定原動機を搭載した状態での負荷が最小になる状態）のままで急速に加速させた場合において、アクセルペダルを踏み込み始めた時から発生する当該特定原動機の排気管から大気中に排出される排出ガスの光吸収係数が0.50m^{-1}を超えないものであること。

五　法第18条の規定による命令の判定を行う場合において、ガソリン又は液化石油ガスを燃料とする特定原動機であって定格出力が19kW以上560kW未満であるものは、当該特定原動機を無負荷運転している状態で発生し、当該特定原動機の排気管から大気中に排出される排出物に含まれる一酸化炭素の容量比で表した測定値（暖機状態にある特定原動機の排気管内にプローブを60cm程度挿入して測定したものとし、それが困難な特定原動機については、外気の混入を防止する措置を講じた上で測定するものとする。）及び当該排出物に含まれる炭化水素のノルマルヘキサン当量による容量比で表した測定値が、一酸化炭素については1%を、炭化水素については500ppmを、それぞれ超えないものであること。

六　法第18条の規定による命令の判定を行う場合において、軽油を燃料とする特定原動機であって定格出力が19kW以上560kW未満であるものは、細目告示別添109に規定する運転条件により当該特定原動機を無負荷の状態（それが不可能な構造の特定特殊自動車に搭載する特定原動機にあっては、当該特定原動機を搭載した状態での負荷が最小になる状態）のままで急速に加速させた場合において、アクセルペダルを踏み込み始めた時から発生する当該特定原動機の排気管から大気中に排出される排出ガスの光吸収係数が$0.50m^{-1}$を超えないものであること。

2　規則第2条第1項第2号の基準は、原動機の作動中、確実に機能するものであることとする。ただし、次に掲げるもののいずれかに該当するものはこの基準に適合しないものとする。

一　触媒等の取付けが確実でないもの又は触媒等に損傷があるもの

二　法第6条第1項の規定によりその型式について指定を受けた特定原動機（以下「型式指定特定原動機」という。）であって、触媒コンバータ、排気ガス再循環装置、酸素センサ、二次空気導入装置、尿素選択還元型触媒システム、ディーゼル微粒子除去装置等（各装置の配管及び配線を含む。以下「触媒等」という。）が取り外されているもの（法第19条の登録特定原動機検査機関（以下単に「登録特定原動機検査機関」という。）の証する書面により、前項の性能が維持されていることが明らかなものを除く。）

三　型式指定特定原動機であって、電子制御式燃料供給装置を備えるものにあっては、当該装置が機械式燃料供給装置に変更されているもの（登録特定原動機検査機関の証する書面により、前項の性能が維持されていることが明らかなものを除く。）

四　還元剤等の補給を必要とする触媒等に所要の補給がなされていないもの

3　軽油を燃料とする特定原動機であって定格出力が19kW以上560kW未満のもの（過給機を備えたものを除く。）に備えるブローバイ・ガス還元装置（原動機の燃焼室からクランクケースに漏れるガスを還元させる装置をいう。以下同じ。）の規則第2条第1項第3号の基準は、その取付けが確実であり、かつ、損傷のないものでなければならないものとする。ただし、軽油を燃料とする特定原動機であって定格出力が19kW以上560kW未満のもの（過給機を備えたものに限る。）にブローバイ・ガス還元装置を備える場合にあっては、当該ブローバイ・ガス還元装置は、この項本文に規定する基準に適合しなければならない。

（燃料の規格）

第3条　規則第2条第2項の燃料は、細目告示第3条の表の左欄に掲げる燃料の種類ごとに設けられた同表の右欄に掲げる基準を満たすものとする。ただし、当分の間、次の表の第一欄に掲げる特定特殊自動車については、同表第二欄に掲げる規定は、同表第三欄に掲げる字句を同表第四欄に掲げる字句に読み替えて適用する。

読み替えに係る特定特殊自動車	読み替える規定	読み替えられる字句	読み替える字句
脂肪酸メチルエステルが質量比0.1%以下の軽油を使用することを前提に製作された特定特殊自動車	細目告示第3条の表軽油の項	次のイ又はロの要件を満たすものであること。 イ　脂肪酸メチルエステルが質量比0.1%以下 ロ　脂肪酸メチルエステルが質量比0.1%超5%以下であり、かつ、次に掲げる要件をいずれも満たすこと。 (1)　メタノールが質量比0.01%以下 (2)　酸価が0.13以下 (3)　ぎ酸、酢酸及びプロピオン酸の合計が質量比0.003%以下 (4)　酸価の増加量が0.12以下	脂肪酸メチルエステルが質量比0.1%以下

（主務大臣等に提示する特定原動機に係る運転条件）

第4条　規則第3条第1項の特定原動機に係る運転条件は、次の表の特定特殊自動車の種類及び定格出力の欄に応じて、それぞれ同表の運転時間数の欄に掲げる時間以上、同表の運転条件の欄に掲げる条件により運転することにより行うものとする。

特定特殊自動車の種類	定格出力	運転時間数	運転条件
ガソリン又は液化石油ガスを燃料とするもの	19kW以上560kW未満	5,000時間	運転条件A

軽油を燃料とするもの	19kW以上37kW未満	5,000時間	運転条件B
	37kW以上560kW未満	8,000時間	

備考

1 この表において運転条件Aとは、次に掲げる条件に該当するものをいう。

イ 特定原動機を運転している間の平均負荷率が30%以上であること。

ロ 特定原動機を定格回転速度の60%以上で運転している時間の割合が80%以上であること。

ハ 特定原動機を定格回転速度の90%以上で運転している時間の割合が6%以上であること。

2 この表において運転条件Bとは、次に掲げる条件に該当するものをいう。

イ 特定原動機を運転している間の平均負荷率が40%以上であること。

ロ 特定原動機を定格回転速度の60%以上で運転している時間の割合が70%以上であること。

ハ 特定原動機を定格回転速度の90%以上で運転している時間の割合が20%以上であること。

（運転に代替する書面）

第5条 規則第3条第4項の書面は、次の各号に掲げるものとする。

一 型式指定の申請に係る特定原動機（以下この項において「申請特定原動機」という。）について、前条に掲げる運転を行ったことを証する書面又は前条に掲げる運転により特定原動機に生じる機能の劣化と同等以上の劣化を申請特定原動機に生じさせる運転を行ったことを証する書面

二 前号の運転を行った申請特定原動機が、特定原動機技術基準に適合していることを証する書面

（型式指定特定原動機と同等の性能を有する特定装置）

第6条 規則第4条の特定装置（以下「特定装置」という。）は、ガソリン又は液化石油ガスを燃料とするものにあっては、細目告示第41条第1項第13号及び第19号並びに第2項第1号の基準に、軽油を燃料とするものにあっては、細目告示第41条第1項第15号、第2項第1号及び第3項の基準に、それぞれ適合するものとする。

（特定特殊自動車技術基準）

第7条 規則第11条第1項第2号の基準は、次の各号に掲げるものとする。

一 ガソリン又は液化石油ガスを燃料とする特定特殊自動車であって定格出力が19kW以上560kW未満である特定原動機を備えたものは、当該特定原動機を無負荷運転している状態で発生し、当該特定特殊自動車の排気管から大気中に排出される排出物に含まれる一酸化炭素の容量比で表した測定値（暖機状態にある特定特殊自動車の排気管内にプローブを60cm程度挿入して測定したものとし、それが困難な特定特殊自動車については、外気の混入を防止する措置を講じた上で測定するものとする。）及び当該排出物に含まれる炭化水素のノルマルヘキサン当量による容量比で表した測定値が、一酸化炭素については1%を、炭化水素については500ppmを、それぞれ超えないものであること。

二 軽油を燃料とする特定特殊自動車であって定格出力が19kW以上560kW未満である特定原動機を備えたものは、細目告示別添109に規定する運転条件により当該特定原動機を無負荷の状態（それが不可能な構造を有する特定特殊自動車にあっては、当該特定原動機の負荷が最小になる状態）のままで急速に加速させた場合において、アクセルペダルを踏み込み始めた時から発生し、当該特定特殊自動車の排気管から大気中に排出される排出ガスの光吸収係数が0.50m^{-1}を超えないものであること。

（基準適合表示の様式の細目）

第8条 規則第16条第1項第2号に規定する様式第8の2に表示する年は、同様式に定める表示を付する特定特殊自動車が搭載する特定原動機の定格出力にかかわらず、2014年とする。

（少数生産車の基準の細目）

第9条 規則第18条第1項第2号ロの基準は、軽油を燃料とする特定特殊自動車のうち、次の表の左欄に掲げる定格出力に応じて、それぞれ同表の右欄に掲げる基準に該当するものとする。

定格出力	同等とみなす基準
19kW以上37kW未満	Tier 4、Stage Ⅴ
37kW以上56kW未満	Tier 4、Stage ⅢB、Stage Ⅴ
56kW以上560kW未満	Tier 4、Stage Ⅳ、Stage Ⅴ

備考

1 Tier 4は、Code of Federal Regulations Title40 Chapter 1 Part1039（以下「Part1039」という。）に規定する基準をいう。ただし、次に該当するものは除く。

イ Part1039の§1039.102に記載の規定のうち、定格出力56kW以上560kW未満のPhase-outの基準

ロ Part1039のSubpart Hに規定するthe averaging, banking, and trading program（以下「ABT program」という。）を適用したときに、ABT programのEmission creditsが負数となるthe family emission limit for the engine familyの基準

2 Stage Ⅲ B及びStage Ⅳは、97／68／EC及びその改定指令に規定する基準をいう。

3 Stage Ⅴは、（EU）2016／1628及びその改定規則に規定する基準をいう。

（少数生産車の承認申請における特定特殊自動車の型式の細目）

第10条 規則第19条第3項の要件は、次の各号に掲げるものとする。

一 車体の外形

二 動力伝達装置の種類及び主要構造

三 走行装置の種類及び主要構造

四 操縦装置の種類及び主要構造

五 懸架装置の種類及び主要構造

六 車わく

七 軸距

八 主制動装置の種類

（少数特例表示の様式の細目）

第11条 規則第20条第1項第2号に規定する各様式に表示する年は、次のとおりとする。

一 同号イに規定する様式第15の2に表示する年は、同様式に定める表示を付する少数生産車が搭載する特定原動機の定格出力にかかわらず、2011年とする。

二 同号ロに規定する様式第15の3に表示する年は、同様式に定める表示を付する少数生産車が搭載する特定原動機の定格出力が、19kW以上56kW未満であるときは2011年とし、56kW以上560kW未満であるときは2014年とする。

（平成22年改正に係る特定原動機技術基準に関する適用関係）

第12条 軽油を燃料とする特定原動機であって定格出力が19kW以上560kW未満であるものは、次の表の左欄に掲げる定格出力に応じて、それぞれ同表の中欄に掲げる適用日（輸入される特定原動機（以下「輸入特定原動機」という。）にあっては、同表の左欄に掲げる定格出力に応じて、それぞれ同表の右欄に掲げる輸入特定原動機の適用日）前に主務大臣からその型式について指定を受け、かつ、次の各号に掲げる条件に適合する場合に限り、型式指定特定原動機とすることができる。なお、この条において「平成22年改正前ディーゼル特定原動機8モード法」とは、道路運送車両の保安基準の細目を定める告示の一部を改正する告示（平成22年国土交通省告示第197号）による改正前の細目告示別添43「ディーゼル特殊自動車8モード排出ガスの測定方法」に規定するディーゼル特殊自動車8モード法を準用するものとし、この場合において、同別添中「特殊自動車」とあるのは、「特定原動機」と読み替えるものとする。ただし、測定装置については、細目告示別添43「ディーゼル特定自動車排出ガスの測定方法」の規定を適用することができるものとする。

定格出力	適用日	輸入特定原動機の適用日
19kW以上37kW未満	平成25年10月1日	平成27年9月1日
37kW以上56kW未満	平成25年10月1日	平成26年11月1日
56kW以上75kW未満	平成24年10月1日	平成26年4月1日
75kW以上130kW未満	平成24年10月1日	平成25年11月1日
130kW以上560kW未満	平成23年10月1日	平成25年4月1日

一 完成検査の際、当該特定原動機を平成22年改正前ディーゼル特定原動機8モード法により運転する場合に発生し、当該特定原動機の排気管から大気中に排出される排出物に含まれる一酸化炭素、炭化水素、窒素酸化物及び粒子状物質の排出量をgで表した値（炭化水素にあっては、炭素数当量による容量比で表した値をgに換算した値）を、平成22年改正前ディーゼル特定原動機8モード法により運転する場合に発生した仕事量をkWhで表した値でそれぞれ除して得た値の当該特定原動機及びそれらと同一の型式の特定原動機であって既に完成検査を終了したすべてのものにおける平均値が、次の表の左欄に掲げる特定原動機の種別に応じて、それぞれ同表の一酸化炭素、炭化水素、窒素酸化物及び粒子状物質の欄に掲げる値を超えないものであること。

特定原動機の種別	一酸化炭素	炭化水素	窒素酸化物	粒子状物質
定格出力が19kW以上37kW未満である特定原動機	5.00	1.00	6.00	0.40
定格出力が37kW以上56kW未満である特定原動機	5.00	0.70	4.00	0.30
定格出力が56kW以上75kW未満である特定原動機	5.00	0.70	4.00	0.25

定格出力が75kＷ以上130kＷ未満である特定原動機	5.00	0.40	3.60	0.20
定格出力が130kＷ以上560kＷ未満である特定原動機	3.50	0.40	3.60	0.17

二　完成検査の際、当該特定原動機を平成22年改正前ディーゼル特定原動機８モード法により運転する場合に発生し、当該特定原動機の排気管から大気中に排出される排出物に含まれる黒煙による汚染の度合いが、次の表の左欄に掲げる特定原動機の種別に応じて、それぞれ同表の右欄に掲げる値を超えないものであること。

特定原動機の種別	黒煙
定格出力が19kW以上37kW未満である特定原動機	40%
定格出力が37kW以上56kW未満である特定原動機	35%
定格出力が56kW以上75kW未満である特定原動機	30%
定格出力が75kW以上560kW未満である特定原動機	25%

三　道路運送車両の保安基準の細目を定める告示の一部を改正する告示（平成26年国土交通省告示第43号）による改正前の細目告示別添46（以下「平成26年改正前細目告示別添46」という。）に規定する運転条件により当該特定原動機を無負荷の状態のままで急速に加速させた場合において、アクセルペダルを踏み込み始めた時から発生し、当該特定原動機の排気管から大気中に排出される排出物に含まれる黒煙による汚染の度合いが、次の表の左欄に掲げる特定原動機の種別に応じて、それぞれ同表の中欄に掲げる値を超えないものであること。ただし、当該汚染の度合いを測定する前に、細目告示別添109に規定する方法により排出ガスの光吸収係数を測定する場合であって、当該光吸収係数が、同表の左欄に掲げる特定原動機の種別に応じて、同表の右欄に掲げる値を超えないときは、それぞれ同表の中欄に掲げる値を超えないものとみなす。

特定原動機の種別	黒煙	光吸収係数
定格出力が19kW以上37kW未満である特定原動機	40%	1.62m^{-1}
定格出力が37kW以上56kW未満である特定原動機	35%	1.27m^{-1}
定格出力が56kW以上75kW未満である特定原動機	30%	1.01m^{-1}
定格出力が75kＷ以上560kＷ未満である特定原動機	25%	0.80m^{-1}

2　法第17条第１項ただし書の規定による確認を行う場合において、規則第22条第１項の規定により提示された特定特殊自動車に搭載される軽油を燃料とする特定原動機であって定格出力が19kW以上560kＷ未満であるものは、当該特定特殊自動車が前項柱書の表の左欄に掲げる定格出力に応じて、それぞれ同表の中欄に掲げる適用日前に製作又は輸入（以下「製作等」という。）をしたものである場合に限り、第２条第１項第４号の規定にかかわらず、平成26年改正前細目告示別添46に規定する運転条件により当該特定原動機を無負荷の状態（それが不可能な構造の特定特殊自動車に搭載する特定原動機にあっては、当該特定原動機を搭載した状態での負荷が最小になる状態）のままで急速に加速させた場合において、アクセルペダルを踏み込み始めた時から発生し、当該特定原動機の排気管から大気中に排出される排出物に含まれる黒煙による汚染の度合いが、次の表の左欄に掲げる特定原動機の種別に応じて、それぞれ同表の中欄に掲げる値を超えないものであれば、規則第２条第１項第１号の基準に適合するものとする。ただし、当該汚染の度合いを測定する前に、細目告示別添109に規定する方法により排出ガスの光吸収係数を測定する場合であって、当該光吸収係数が、同表の左欄に掲げる特定原動機の種別に応じて、それぞれ同表の右欄に掲げる値を超えないときは、それぞれ同表の中欄に掲げる値を超えないものとみなす。

特定原動機の種別	黒煙	光吸収係数
定格出力が19kW以上37kW未満である特定原動機	40%	1.62m^{-1}
定格出力が37kW以上56kW未満である特定原動機	35%	1.27m^{-1}
定格出力が56kW以上75kW未満である特定原動機	30%	1.01m^{-1}
定格出力が75kＷ以上560kＷ未満である特定原動機	25%	0.80m^{-1}

3　法第18条の規定による命令の判定を行う場合において、軽油を燃料とする特定原動機であって定格出力が19kＷ以上560kＷ未満であるもののうち、特定特殊自

動車排出ガスの規制等に関して必要な事項を定める告示の一部を改正する告示（平成22年経済産業省・国土交通省・環境省告示第107号。以下「平成22年改正告示」という。）による改正前の特定原動機技術基準又は前二項若しくは第13条の規定に適合するものは、第2条第1項第6号の規定にかかわらず、平成26年改正前細目告示別添46に規定する運転条件により当該特定原動機を無負荷の状態（それが不可能な構造の特定特殊自動車に搭載する特定原動機にあっては、当該特定原動機を搭載した状態での負荷が最小になる状態）のままで急速に加速させた場合において、アクセルペダルを踏み込み始めた時から発生し、当該特定原動機の排気管から大気中に排出される排出物に含まれる黒煙による汚染の度合いが、次の表の左欄に掲げる特定原動機の種別に応じて、それぞれ同表の中欄に掲げる値を超えないものであれば、規則第2条第1項第1号の基準に適合するものとする。ただし、当該汚染の度合いを測定する前に、細目告示別添109に規定する方法により排出ガスの光吸収係数を測定する場合であって、当該光吸収係数が、同表の左欄に掲げる特定原動機の種別に応じて、同表の右欄に掲げる値を超えないときは、それぞれ同表の中欄に掲げる値を超えないものとみなす。

特定原動機の種別	黒煙	光吸収係数
定格出力が19kW以上37kW未満である特定原動機	40%	1.62m^{-1}
定格出力が37kW以上56kW未満である特定原動機	35%	1.27m^{-1}
定格出力が56kW以上75kW未満である特定原動機	30%	1.01m^{-1}
定格出力が75kW以上560kW未満である特定原動機	25%	0.80m^{-1}

（平成22年改正に係る型式指定特定原動機と同等の性能を有する特定装置に関する適用関係）

第13条　軽油を燃料とする特定原動機であって定格出力が19kW以上560kW未満であるものは、第6条の規定にかかわらず、第12条第1項柱書の表の左欄に掲げる定格出力に応じて、それぞれ同表の中欄に掲げる適用日前に型式指定特定原動機とみなす特定装置にあっては、道路運送車両の保安基準第二章及び第三章の規定の適用関係の整理のため必要な事項を定める告示（平成15年国土交通省告示第1318号。以下「適用整理告示」という。）第28条第137項、第139項、第141項、第143項、第145項、第147項及び第148項並びに細目告示第41条第2項第1号の基準に適合するものであればよい。

（平成22年改正に係る特定特殊自動車技術基準に関する適用関係）

第14条　軽油を燃料とする特定特殊自動車であって定格出力が19kW以上560kW未満である特定原動機を備えたものは、第7条第2号の規定にかかわらず、平成26年改正前細目告示別添46に規定する運転条件により当該特定原動機を無負荷の状態（それが不可能な構造を有する特定特殊自動車にあっては、当該特定原動機の負荷が最小になる状態）のままで急速に加速させた場合において、アクセルペダルを踏み込み始めた時から発生し、当該特定特殊自動車の排気管から大気中に排出される排出物に含まれる黒煙による汚染の度合いが、次の表の左欄に掲げる特定特殊自動車の種別に応じて、それぞれ同表の中欄に掲げる値を超えないもので、かつ、第12条第1項柱書の表の左欄に掲げる定格出力に応じて、それぞれ同表の中欄に掲げる適用日（輸入される特定特殊自動車（以下「輸入特定特殊自動車」という。）にあっては、同表の左欄に掲げる定格出力に応じて、それぞれ同表の右欄に掲げる輸入特定特殊自動車の適用日。この場合において、同表中「輸入特定原動機の適用日」とあるのは「輸入特定特殊自動車の適用日」と読み替える。）前に法第10条第1項の規定により届出された場合に限り、特定特殊自動車技術基準に適合するものとすることができる。ただし、当該汚染の度合いを測定する前に、細目告示別添109に規定する方法により排出ガスの光吸収係数を測定する場合であって、当該光吸収係数が、次の表の左欄に掲げる特定原動機の種別に応じて、同表の右欄に掲げる値を超えないときは、それぞれ同表の中欄に掲げる値を超えないものとみなす。

特定特殊自動車の種別	黒煙	光吸収係数
定格出力が19kW以上37kW未満である特定原動機を備えた特定特殊自動車	40%	1.62m^{-1}
定格出力が37kW以上56kW未満である特定原動機を備えた特定特殊自動車	35%	1.27m^{-1}
定格出力が56kW以上75kW未満である特定原動機を備えた特定特殊自動車	30%	1.01m^{-1}
定格出力が75kW以上560kW未満である特定原動機を備えた特定特殊自動車	25%	0.80m^{-1}

2　法第17条第1項ただし書の規定による確認を行う場合において、軽油を燃料とする特定特殊自動車であって定格出力が19kW以上560kW未満である特定原動機を備えたもののうち、第12条第1項柱書の表の左欄に掲げる定格出力に応じて、それぞれ同表の中欄に掲げる日前に製作等をしたものは、第7条第2号の規定に

かかわらず、前項の条件を満たすものであれば、規則第11条第1項第2号の基準に適合するものとする。

3　法第18条の規定による命令の判定を行う場合において、軽油を燃料とする特定特殊自動車であって定格出力が19kW以上560kW未満である特定原動機を備えたもののうち、その搭載される特定原動機が第12条第3項の規定の適用を受けるものは、第7条第2号の規定にかかわらず、第1項の条件を満たすものであれば、規則第11条第1項第2号の基準に適合するものとする。

（平成22年改正に係る適用日以後の型式届出特定特殊自動車に係る技術基準に関する適用関係）

第15条　軽油を燃料とする特定特殊自動車であって定格出力が19kW以上560kW未満である特定原動機を備えたもの（第17条第1項柱書の表の左欄に掲げる定格出力に応じて、それぞれ同表の中欄に掲げる適用日（輸入特定特殊自動車にあっては、同表の左欄に掲げる定格出力に応じて、それぞれ同表の右欄に掲げる輸入特定特殊自動車の適用日。この場合において、同表中「輸入特定原動機の適用日」とあるのは「輸入特定特殊自動車の適用日」と読み替える。）以後に、法第10条第1項の規定による届出がされたものを除く。）は、第12条第1項柱書の表の左欄に掲げる定格出力に応じて、それぞれ同表の中欄に掲げる適用日（輸入特定特殊自動車にあっては、同表の左欄に掲げる定格出力に応じて、それぞれ同表の右欄に掲げる輸入特定原動機の適用日」とあるのは「輸入特定特殊自動車の適用日」と読み替える。）以後に、法第10条第1項の規定による届出がされる場合においては、第20条第1項の黒煙による汚染の度合いに関する条件に適合し、かつ、その搭載される型式指定特定原動機は、第17条第1項各号又は第19条の規定に適合しなければならない。

2　軽油を燃料とする型式届出特定特殊自動車であって、次の表の左欄に掲げる定格出力に応じて、それぞれ同表の右欄に掲げる適用日以後に製作等をしたもの（第18条第1項の表の左欄に掲げる定格出力に応じて、それぞれ同表の右欄に掲げる適用日以後に製作等をしたものを除く。）は、第20条第1項の規定に適合し、かつ、その搭載される型式指定特定原動機は、第17条第1項各号又は第19条の規定に適合しなければならない。

定格出力	適用日
19kW以上37kW未満	平成27年9月1日
37kW以上56kW未満	平成26年11月1日
56kW以上75kW未満	平成26年4月1日
75kW以上130kW未満	平成25年11月1日
130kW以上560kW未満	平成25年4月1日

（平成22年改正に係る少数生産車の基準の細目に関する適用関係）

第16条　軽油を燃料とする特定特殊自動車であって定格出力が19kW以上560kW未満である特定原動機を備えたものは、第9条の規定にかかわらず、次の表の左欄に掲げる定格出力に応じて、それぞれ同表の右欄に掲げる基準に該当し、かつ、第12条第1項柱書の表の左欄に掲げる定格出力に応じて、それぞれ同表の中欄に掲げる適用日前に少数生産車の承認を受ける場合に限り、規則第18条第1項第2号ロの規定により承認を受けた少数生産車とすることができる。

定格出力	同等とみなす基準
19kW以上37kW未満	Tier 2、Stage　Ⅲ　A
37kW以上560kW未満	Tier 3、Stage　Ⅲ　A

備考

1　Tier 2及びTier 3は、Code　of　Federal　Regulations　Title40　Chapter 1　Part89に規定する基準をいう。

2　Stage　Ⅲ　Aは、97／68／EC及びその改定指令に規定する基準をいう。

（平成26年改正に係る特定原動機技術基準に関する適用関係）

第17条　軽油を燃料とする特定原動機であって定格出力が19kW以上560kW未満であるものは、平成22年3月18日以後、次の表の左欄に掲げる定格出力に応じて、それぞれ同表の中欄に掲げる適用日（輸入特定原動機にあっては、同表の左欄に掲げる定格出力に応じて、それぞれ同表の右欄に掲げる輸入特定原動機の適用日）前に主務大臣からその型式について指定を受け、かつ、次の各号のいずれにも適合する場合に限り、型式指定特定原動機とすることができる。なお、この条において「平成26年改正前ディーゼル特定原動機8モード法」及び「平成26年改正前NRTCモード法」とは、それぞれ道路運送車両の保安基準の細目を定める告示の一部を改正する告示（平成26年国土交通省告示第43号）による改正前の細目告示別添43「ディーゼル特殊自動車8モード排出ガスの測定方法」に規定するディーゼル特殊自動車8モード法及びNRTCモード法を準用するものとし、この場合において、同別添中「特殊自動車」とあるのは、「特定原動機」と読み替えるものとする。ただし、測定装置については、細目告示別添43「ディーゼル特殊自動車排出ガスの測定方法」の規定を適用することができるものとする。

定格出力	適用日	輸入特定原動機の適用日
19kW以上56kW未満	平成28年10月1日	平成29年9月1日
56kW以上130kW未満	平成27年10月1日	平成29年9月1日
130kW以上560kW未満	平成26年10月1日	平成28年9月1日

一　完成検査の際、当該特定原動機を平成26年改正前ディーゼル特定原動機8モード法により運転する場合に発生し、当該特定原動機の排気管から大気中に排出される排出物に含まれる一酸化炭素、非メタン炭化水素、窒素酸化物及び粒子状物質の排出量をgで表した値（非メタン炭化水素にあっては、炭素数当量による容量比で表した値をgに換算した値）を、平成26年改正前ディーゼル特定原動機8モード法により運転する場合に発生した仕事量をkWhで表した値でそれぞれ除して得た値の当該特定原動機及びこれと同一の型式の特定原動機であって既に完成検査を終了したすべてのものにおける平均値及び細目告示別添43に規定する暖機状態での平成26年改正前NRTCモード法により運転する場合に発生し、当該特定原動機の排気管から大気中に排出される排出物に含まれる一酸化炭素、非メタン炭化水素、窒素酸化物及び粒子状物質の排出量をgで表した値（非メタン炭化水素にあっては、炭素数当量による容量比で表した値をgに換算した値）に0.9を乗じた値に、同別添に規定する冷機状態での平成26年改正前NRTCモード法により運転する場合に発生し、当該特定原動機の排気管から大気中に排出される排出物に含まれる一酸化炭素、非メタン炭化水素、窒素酸化物及び粒子状物質の排出量をgで表した値（非メタン炭化水素にあっては、炭素数当量による容量比で表した値をgに換算した値）に0.1を乗じた値をそれぞれ加算した値を、同別添に規定する暖機状態での平成26年改正前NRTCモード法により運転する場合に発生した仕事量をkWhで表した値に0.9を乗じた値に、同別添に規定する冷機状態での平成26年改正前NRTCモード法により運転する場合に発生した仕事量をkWhで表した値に0.1を乗じた値を加算した値でそれぞれ除して得た値の当該特定原動機及びこれと同一の型式の特定原動機であって既に完成検査を終了したすべてのものにおける平均値が、それぞれ次の表の左欄に掲げる特定原動機の種別に応じて、それぞれ同表の一酸化炭素、非メタン炭化水素、窒素酸化物及び粒子状物質の欄に掲げる値を超えないものであること。

特定原動機の種別	一酸化炭素	非メタン炭化水素	窒素酸化物	粒子状物質
定格出力が19kW以上37kW未満である特定原動機	5.0	0.7	4.0	0.03
定格出力が37kW以上56kW未満である特定原動機	5.0	0.7	4.0	0.025
定格出力が56kW以上75kW未満である特定原動機	5.0	0.19	3.3	0.02
定格出力が75kW以上130kW未満である特定原動機	5.0	0.19	3.3	0.02
定格出力が130kW以上560kW未満である特定原動機	3.5	0.19	2.0	0.02

二　完成検査の際、当該特定原動機を平成26年改正前ディーゼル特定原動機8モード法により運転する場合に発生し、当該特定原動機の排気管から大気中に排出される排出物に含まれる黒煙による汚染の度合いが25%を超えないものであること。

三　平成26年改正前細目告示別添46に規定する運転条件により当該特定原動機を無負荷の状態のままで急速に加速させた場合において、アクセルペダルを踏み込み始めた時から発生する排気管から大気中に排出される排出物に含まれる黒煙による汚染の度合いが25%を超えないものであること。ただし、当該汚染の度合いを測定する前に、細目告示別添109に測定する方法により排出ガスの光吸収係数を測定する場合であって、当該光吸収係数が$0.80m^{-1}$を超えないときは、当該汚染の度合いが25%を超えないものとみなす。

2　法第17条第1項ただし書の規定による確認を行う場合において、規則第22条第1項の規定により提示された特定特殊自動車に搭載される軽油を燃料とする特定原動機であって定格出力が19kW以上560kW未満であるものは、当該特定特殊自動車が、平成22年3月18日以後、前項柱書の表の左欄に掲げる定格出力に応じて、それぞれ同表の中欄に掲げる適用日前に製作等をしたものである場合に限り、第２条第１項第４号の規定にかかわらず、第１号及び第２号又は第３号の条件に適合するものであれば、規則第２条第１項第１号の基準に適合するものとする。

一　当該特定原動機を平成26年改正前ディーゼル特定原動機８モード法により運転する場合に発生し、当該特定原動機の排気管から大気中に排出される排出物に含まれる一酸化炭素、非メタン炭化水素、窒素酸化物及び粒子状物質の排出量をgで表した値（非メタン炭化水素にあっては、炭素数当量による容量比で表した値をgに換算した値）を、平成26年改正前ディーゼル特定原動機８モード法により運転する場合に発生した仕事量をkWhで表した値でそれぞれ除して得た値及び細目告示別添43に規定する暖機状態での平成26年改正前ＮＲＴＣモード法により運転する場合に発生し、当該特定原動機の排気管から大気中に排出される排出物に含まれる一酸化炭素、非メタン炭化水素、窒素酸化物及び粒子状物質の排出量をgで表した値（非メタン炭化水素にあっては、炭素数当量による容量比で表した値をgに換算した値）に0.9を乗じた値に、同別添に規定する冷機状態での平成26年改正前ＮＲＴＣモード法により運転する場合に発生し、当該特定原動機の排気管から大気中に排出される排出物に含まれる一酸化炭素、非メタン炭化水素、窒素酸化物及び粒子状物質の排出量をgで表した値（非メタン炭化水素にあっては、炭素数当量による容量比で表した値をgに換算した値）に0.1を乗じた値をそれぞれ加算した値を、同別添に規定する暖機状態での平成26年改正前ＮＲＴＣモード法により運転する場合に発生した仕事量をkWhで表した値に0.9を乗じた値に、同別添に規定する冷機状態での平成26年改正前ＮＲＴＣモード法により運転する場合に発生した仕事量をkWhで表した値に0.1を乗じた値を加算した値でそれぞれ除して得た値が、それぞれ次の表の左欄に掲げる特定原動機の種別に応じて、それぞれ同表の一酸化炭素、非メタン炭化水素、窒素酸化物及び粒子状物質の欄に掲げる値を超えないものであること。

特定原動機の種別	一酸化炭素	非メタン炭化水素	窒素酸化物	粒子状物質
定格出力が19kW以上37kW未満である特定原動機	6.5	0.9	5.3	0.04
定格出力が37kW以上56kW未満である特定原動機	6.5	0.9	5.3	0.033
定格出力が56kW以上75kW未満である特定原動機	6.5	0.25	4.4	0.03
定格出力が75kW以上130kW未満である特定原動機	6.5	0.25	4.4	0.03
定格出力が130kW以上560kW未満である特定原動機	4.6	0.25	2.7	0.03

二　当該特定原動機を平成26年改正前ディーゼル特定原動機８モード法により運転する場合に発生し、当該特定原動機の排気管から大気中に排出される排出物に含まれる黒煙による汚染の度合いが25％を超えないものであること。

三　当該特定原動機が既に特定特殊自動車に搭載されており、設備・体制整備等を行い試験の実施が可能となる環境が整うまでの間においては、平成26年改正前細目告示別添46に規定する運転条件により当該特定原動機を無負荷の状態（それが不可能な構造の特定特殊自動車に搭載する特定原動機にあっては、当該特定原動機を搭載した状態での負荷が最小になる状態）のままで急速に加速させた場合において、アクセルペダルを踏み込み始めた時から発生する当該特定原動機の排気管から大気中に排出される排出物に含まれる黒煙による汚染の度合いが25％を超えないものであること。ただし、当該汚染の度合いを測定する前に、細目告示別添109に測定する方法により排出ガスの光吸収係数を測定する場合であって、当該光吸収係数が0.80m^{-1}を超えないときは、当該汚染の度合いが25％を超えないものとみなす。

3　法第18条の規定による命令の判定を行う場合において、軽油を燃料とする特定原動機であって定格出力が19kW以上560kW未満であるもののうち、特定特殊自動車排出ガスの規制等に関して必要な事項を定める告示の一部を改正する告示（平成26年経済産業省・国土交通省・環境省告示第１号。以下「平成26年改正告示」という。）による改正前の特定原動機技術基準又は前二項若しくは第19条の規定に適合するものは、第２条第１項第６号の規定にかかわらず、平成26年改正前細目告示別添46に規定する運転条件により当該特定原動機を無負荷の状態（それが不可能な構造の特定特殊自動車に搭載する特定原動機にあっては、当該特定原動機を搭載した状態での負荷が最小になる状態）のままで急速に加速させた場合において、アクセルペダルを踏み込み始めた時から発生し、当該特定原動機の排気管から大気中に排出される排出物に含まれる黒煙による汚染の度合いが25％

を超えないものであれば、規則第２条第１項第１号の基準に適合するものとする。ただし、当該汚染の度合いを測定する前に、細目告示別添109に規定する方法により排出ガスの光吸収係数を測定する場合であって、当該光吸収係数が$0.80m^{-1}$を超えないときは、当該汚染の度合いが25%を超えないものとみなす。

（第２条第３項の適用除外）

第18条　軽油を燃料とする特定原動機であって定格出力が19kW以上560kW未満であるものは、次の表の左欄に掲げる定格出力に応じて、それぞれ同表の右欄に掲げる適用日前に製作等をしたもの（平成26年改正告示による改正後の第２条の基準に適合するものとして法第６条第１項の指定を受けた特定原動機及び前条１項柱書の表の左欄に掲げる定格出力に応じて、それぞれ同表の中欄に掲げる適用日以降に製作等をしたもののうち、法第17条第１項ただし書の確認を受けた特定特殊自動車に搭載された特定原動機を除く。）については、第２条第３項の規定は適用しない。

定格出力	適用日
19kW以上130kW未満	平成29年９月１日
130kW以上560kW未満	平成28年９月１日

２　法第12条第３項の規定による承認を受けた少数生産車に搭載された特定原動機については、第２条第３項の規定は適用しない。

（平成26年改正に係る型式指定特定原動機と同等の性能を有する特定装置に関する適用関係）

第19条　軽油を燃料とする特定原動機であって定格出力が19kW以上560kW未満であるものは、第６条の規定にかかわらず、平成22年３月18日以後、第17条第１項柱書の表の左欄に掲げる定格出力に応じて、それぞれ同表の中欄に掲げる適用日前に型式指定特定原動機とみなす特定装置にあっては、適用整理告示第28条第155項、第157項、第159項及び第161項並びに細目告示第41条第２項第１号の基準に適合するものであればよい。

（平成26年改正に係る特定特殊自動車技術基準に関する適用関係）

第20条　軽油を燃料とする特定特殊自動車であって定格出力が19kW以上560kW未満である特定原動機を備えたものは、第７条第２号の規定にかかわらず、平成26年改正前細目告示別添46に規定する運転条件により当該特定原動機を無負荷の状態（それが不可能な構造を有する特定特殊自動車にあっては、当該特定原動機の負荷が最小になる状態）のままで急速に加速させた場合において、アクセルペダルを踏み込み始めた時から発生し、当該特定特殊自動車の排気管から大気中に排出される排出物に含まれる黒煙による汚染の度合いが25%を超えないもので、かつ、平成22年３月18日以後、第17条第１項柱書の表の左欄に掲げる定格出力に応じて、それぞれ同表の中欄に掲げる適用日（輸入特定特殊自動車にあっては、同表の左欄に掲げる定格出力に応じて、それぞれ同表の右欄に掲げる輸入特定特殊自動車の適用日。この場合において、同表中「輸入特定原動機の適用日」とあるのは「輸入特定特殊自動車の適用日」と読み替える。）前に法第10条第１項の規定による届出がされた場合に限り、特定特殊自動車技術基準に適合するものとすることができる。ただし、当該汚染の度合いを測定する前に、細目告示別添109に規定する方法により排出ガスの光吸収係数を測定する場合であって、当該光吸収係数が$0.80m^{-1}$を超えないときは、当該汚染の度合いが25%を超えないものとみなす。

２　法第17条第１項ただし書の確認を行う場合において、軽油を燃料とする特定特殊自動車であって定格出力が19kW以上560kW未満である特定原動機を備えたもののうち、平成22年３月18日以後、第17条第１項柱書の表の左欄に掲げる定格出力に応じて、それぞれ同表の中欄に掲げる適用日前に製作等をしたものは、第７条第２号の規定にかかわらず、前項の条件を満たすものであれば、規則第11条第１項第２号の基準に適合するものとする。

３　法第18条の規定による命令の判定を行う場合において、軽油を燃料とする特定特殊自動車であって定格出力が19kW以上560kW未満である特定原動機を備えたもののうち、その搭載される特定原動機が第17条第３項の規定の適用を受けるものは、第７条第２号の規定にかかわらず、第１項の条件を満たすものであれば、規則第11条第１項第２号の基準に適合するものとする。

（平成26年改正に係る適用日以後の型式届出特定特殊自動車に係る技術基準に関する適用関係）

第21条　軽油を燃料とする特定特殊自動車であって定格出力が19kW以上560kW未満である特定原動機を備えたものは、第17条第１項柱書の表の左欄に掲げる定格出力に応じて、それぞれ同表の中欄に掲げる適用日（輸入特定特殊自動車にあっては、同表の左欄に掲げる定格出力に応じて、それぞれ同表の右欄に掲げる輸入特定特殊自動車の適用日。この場合において、同表中「輸入特定原動機の適用日」とあるのは「輸入特定特殊自動車の適用日」と読み替える。）以後に、法第10条第１項の規定による届出がされる場合においては、第７条第２号の規定に適合し、かつ、その搭載される型式指定特定原動機は、第２条第１項第２号又は第６条の規定に適合しなければならない。

２　軽油を燃料とする型式届出特定特殊自動車であって、第18条第１項の表の左欄に掲げる定格出力に応じて、それぞれ同表の右欄に掲げる適用日以後に製作等をしたものは、第７条第２号の規定に適合し、かつ、その搭載される型式指定特定原動機は、第２条第１項第２号又は第６条の規定に適合しなければならない。

（平成26年改正に係る基準適合表示の様式の細目に関する適用関係）

第22条　軽油を燃料とする型式届出特定特殊自動車のうち第20条第１項の規定により特定特殊自動車技術基準に適合することとなるものであって、その搭載される型式指定特定原動機が平成26年改正告示による改正前の特定原動機技術基準又は第17条第１項若しくは第19条の規定に適合するものについて、規則第16条第１項の規定により同項第２号に規定する様式第８の２に表示する年は、第８条の規定にかかわらず、同様式に表示を付する特定特殊自動車が搭載する特定原動機の定格出力にかかわらず2011年とする。

２　軽油を燃料とする特定特殊自動車のうち法第12条第２項に規定する道路運送車両法に基づく命令の規定による義務を履行したものであって、第19条の規定に適合するもの又は第17条第１項柱書の表の左欄に掲げる定格出力に応じて、それぞれ同表の中欄に掲げる適用日前に道路運送車両法第75条第１項の規定によりその型式について指定を受けたもの若しくは道路運送車両法施行規則（昭和26年運輸省令第74号）第62条の３第１項の規定によりその型式について認定を受けたもの（特定特殊自動車排出ガスの規制等に関する法律施行規則の一部を改正する省令（平成22年経済産業省・国土交通省・環境省令第１号。以下「平成22年改正規則」という。）附則第２条第２項第２号に規定するものを除く。）について、規則第16条第１項の規定により同項第２号に規定する様式第８の２に表示する年は、第８条の規定にかかわらず、同様式に表示を付する特定特殊自動車が搭載する特定原動機の定格出力にかかわらず2011年とする。

（平成26年改正に係る少数生産車の基準の細目に関する適用関係）

第23条　軽油を燃料とする特定特殊自動車であって次の表の左欄に掲げる定格出力である特定原動機を備えたもの（第12条第１項柱書の表の左欄に掲げる定格出力（56kW以上560kW未満に限る。）に応じて、それぞれ同表の中欄に掲げる適用日前に少数生産車の承認を受けたものを除く。）は、第９条の規定にかかわらず、次の表の右欄に掲げる基準に該当し、かつ、第17条第１項柱書の表の左欄に掲げる定格出力（56kW以上560kW未満に限る。）に応じて、それぞれ同表の中欄に掲げる適用日前に少数生産車の承認を受ける場合に限り、規則第18条第１項第２号ロの規定により承認を受けた少数生産車とすることができる。

定格出力	同等とみなす基準
56kW以上560kW未満	Interim　Tier４、Stage　Ⅲ　B

備考

１　Interim　Tier４は、Part1039に規定する基準をいう。ただし、次に該当するものは除く。

イ　Part1039の§1039.102に記載の規定のうち、定格出力56kW以上560kW未満のPhase-outの基準

ロ　Part1039のSubpart　Hに規定するＡＢＴ　programを適用したときに、ＡＢＴ　programのEmission　creditsが負数となるthe　family　emission　limit　for　the　engine　familyの基準

２　Stage　Ⅲ　Bは、97／68／ＥＣ及びその改定指令に規定する基準をいう。

（平成26年改正に係る少数特例表示の様式の細目に関する適用関係）

第24条　軽油を燃料とする少数生産車のうち第17条第１項柱書の表の左欄に掲げる定格出力に応じて、それぞれ同表の中欄に掲げる適用日前に規則第18条第１項第２号イの規定により承認を受けたもの又は前条の規定により承認を受けたものについて、規則第20条第１項第２号イ及びロに規定する様式に表示する年は、第11条の規定にかかわらず、次のとおりとする。

一　同号イに規定する様式第15の２に表示する年は、同様式に定める表示を付する少数生産車が搭載する特定原動機の定格出力にかかわらず、2006年とする。

二　同号ロに規定する様式第15の３に表示する年は、同様式に定める表示を付する少数生産車が搭載する特定原動機の定格出力にかかわらず、2011年とする。

（規制適用日）

第25条　規則附則第３条の告示で定める日は、次の表の左欄に掲げる特定特殊自動車の種別に応じて適用される定格出力ごとに、それぞれ同表の適用日の欄に掲げる日とする。

特定特殊自動車の種類	定格出力	適用日
ガソリン又は液化石油ガスを燃料とするもの	19kW以上560kW未満	平成19年10月１日
軽油を燃料とするもの	19kW以上37kW未満	平成19年10月１日
	37kW以上75kW未満	平成20年10月１日
	75kW以上130kW未満	平成19年10月１日
	130kW以上560kW未満	平成18年10月１日

（継続生産車の規制適用日）

第26条　規則附則第４条第１項の告示で定める日は、次の表の左欄に掲げる特定特殊自動車の種別に応じて適用される定格出力ごとに、それぞれ同表の適用日の欄に掲げる日とする。

特定特殊自動車の種類	定格出力	適用日
ガソリン又は液化石油ガスを燃料とするもの	19kW以上560kW未満	平成20年８月31日
軽油を燃料とするもの	19kW以上37kW未満	平成20年８月31日
	37kW以上56kW未満	平成21年８月31日
	56kW以上75kW未満	平成22年８月31日
	75kW以上560kW未満	平成20年８月31日

（基準適合表示及び少数特例表示に関する経過措置）

第27条　平成22年改正規則附則第２条第３項の規定による基準適合表示及び少数特例表示の適用関係の整理のため必要な事項は、次のとおりとする。

一　軽油を燃料とする型式届出特定特殊自動車のうち第14条第１項の規定によるものであって、その搭載される型式指定特定原動機が平成22年改正告示による改正前の特定原動機技術基準又は第12条第１項若しくは第13条の規定に適合するものについて、法第12条第１項の規定により付することができる基準適合表示は、規則第16条第１項第２号の規定にかかわらず、規則様式第８に定める表示とする。

二　軽油を燃料とする特定特殊自動車のうち法第12条第２項に規定する道路運送車両法に基づく命令の規定による義務を履行したものであって、第13条の規定に適合するものについて、法第12条第２項の規定により付することができる基準適合表示は、規則第16条第１項第２号の規定にかかわらず、規則様式第８に定める表示とする。（平成22年改正規則附則第２条第２項第２号に規定するものを除く。）

三　軽油を燃料とする少数生産車のうち平成22年改正規則附則第３条又は第16条の規定により承認を受けたものについて、法第12条第３項の規定により付することのできる少数特例表示は、規則第20条第１項第２号の規定にかかわらず、規則様式第15に定める表示とする。

（継続生産車の少数特例適用日）

第28条　平成22年改正規則附則第３条の告示で定める日は、次の表の左欄に掲げる定格出力に応じた特定原動機を備える特定特殊自動車の区分ごとに、それぞれ同表の右欄に掲げる適用日とする。

定格出力	適用日
19kW以上37kW未満	平成25年10月１日
37kW以上56kW未満	平成25年10月１日
56kW以上75kW未満	平成24年10月１日
75kW以上130kW未満	平成24年10月１日
130kW以上560kW未満	平成23年10月１日

附　則

この告示は、平成18年４月１日から施行する。

前　文（抄）（平20・３・18経産・国交・環告23）

平成20年４月１日から適用する。

附　則（平二二・三・一八経産・国交・環告一〇七）

この告示は、公布の日から施行する。

附　則（平二六・一・二〇経産・国交・環告一）

この告示は、公布の日から施行する。

前　文（抄）（令元・一二・二七経産・国交・環告七四）

公布の日から適用する。

○揮発油等の品質の確保等に関する法律（抄）

（昭和五十一年十一月二十五日　法律第八十八号）

沿革　昭五二法一一、昭五六法八二、昭五八法七八、平五法八九、平七法七六、平九法三三、平一一法一二一・一六〇、平一二法九一、平一五法五〇・七六、平一六法三六、平一七法八七、平二〇法四八、平二六法六九、令四法六八改正

〔編者注〕
令和四年六月一七日法律第六八号による改正のうち、令和七年六月一日から施行される部分は、直接改正を加えないで、現行条文と並列して登載した。

目次

第一章　総則

（目的）

第一条　この法律は、国民生活との関連性が高い石油製品である揮発油、軽油及び灯油について適正な品質のものを安定的に供給するため、その販売等について必要な措置を講じ、もつて消費者の利益の保護に資するとともに、重油について海洋汚染等の防止に関する国際約束の適確な実施を確保するために必要な措置を講ずることを目的とする。

（定義）

第二条　この法律において「石油製品」とは、揮発油、軽油、灯油及び重油並びにこれらに準ずる炭化水素油（炭化水素とその他の物との混合物又は単一の炭化水素を含む。以下同じ。）及び石油ガス（液化したものを含む。）であつて経済産業省令で定めるものをいう。

2　この法律において「揮発油」とは、炭化水素油であつて、経済産業省令で定める蒸留性状の試験方法による減失量加算九十パーセント留出温度が百八十度を超えない範囲内で経済産業省令で定める温度以下のものをいう。

3　この法律において「給油所」とは、経済産業省令で定める給油設備により自動車に揮発油（揮発油と同じ用途に用いることができる石油製品であつて経済産業省令で定めるものを含む。以下この項及び次項において同じ。）を給油するための施設であつて揮発油の販売の用に供されるものをいう。

4　この法律において「揮発油販売業」とは、前項の施設を用いて揮発油を販売する事業をいう。

5　この法律において「加工」とは、精製以外の方法で石油製品の品質を調整することをいう。

6　この法律において「特定加工」とは、石油製品に石油製品以外の物（その混和の方法が適切でないときには、当該混和により生産される石油製品の品質に著しい影響を及ぼすおそれがあるものに限る。）であつて石油製品ごとに経済産業省令で定めるもの（以下「混和対象物」という。）を混和することにより石油製品の品質を調整することをいう。

7　この法律において「揮発油特定加工業」とは、特定加工して揮発油を生産する事業をいう。

8　この法律において「軽油」とは、炭化水素油であつて、経済産業省令で定める蒸留性状の試験方法による九十パーセント留出温度が三百六十度を超えない範囲内で経済産業省令で定める温度以下で、かつ、温度十五度における比重が〇・八七五七以下のもの（温度十五度における比重が〇・八三以上で経済産業省令で定める試験方法による十パーセント残油の残留炭素分の当該残油に対する重量割合が経済産業省令で定める割合以上のもの、第二項に規定する揮発油及び第十一項に規定する灯油を除く。）をいう。

9　この法律において「軽油販売業者」とは、自動車の燃料として軽油（軽油と同じ用途に用いることができる石油製品であつて経済産業省令で定めるものを含む。）を消費者に販売する事業を行う者をいう。

10　この法律において「軽油特定加工業」とは、特定加工して軽油を生産する事業をいう。

11　この法律において「灯油」とは、炭化水素油であつて、経済産業省令で定める蒸留性状の試験方法による九十五パーセント留出温度が二百七十度を超えない範囲内で経済産業省令で定める温度以下のもの（第二項に規定する揮発油を除く。）をいう。

12　この法律において「灯油販売業者」とは、屋内燃焼型の機械又は器具の燃料（以下「屋内燃焼燃料」という。）として灯油（灯油と同じ用途に用いることができる石油製品であつて経済産業省令で定めるものを含む。）を消費者に販売する事業を行う者をいう。

13　この法律において「重油」とは、炭化水素油であつて、経済産業省令で定める蒸留性状の試験方法による九十パーセント留出温度が三百六十度を超えない範囲内で経済産業省令で定める温度を超え、又は温度十五度における比重が〇・八七五七を超えるもの（温度十五度における比重が〇・八三以上〇・八七五七以下で経済産業省令で定める試験方法による十パーセント残油の残留炭素分の当該残油に対する重量割合が経済産業省令で定める割合以上のものを含む。）のうち、第二項に規定する揮発油及び第十一項に規定する灯油以外の

ものをいう。

14　この法律において「重油販売業者」とは、船舶（海洋汚染等及び海上災害の防止に関する法律（昭和四十五年法律第百三十六号）第三条第一号に規定する船舶をいう。第十七条の十一第一項において同じ。）又は海底掘削等施設（海底掘削又は天然資源の掘採の用に供する施設であって経済産業省令で定めるものをいう。同項において同じ。）の燃料として重油（重油と同じ用途に用いることができる石油製品であつて経済産業省令で定めるものを含む。）をその使用者に販売する事業を行う者をいう。

第二章　登録

第一節　揮発油販売業者の登録

（揮発油販売業者の登録）

第三条　揮発油販売業を行おうとする者は、経済産業大臣の登録を受けなければならない。

（揮発油販売業者の登録の申請）

第四条　前条の登録を受けようとする者は、経済産業省令で定めるところにより、次の事項を記載した申請書を経済産業大臣に提出しなければならない。

一　氏名又は名称及び住所並びに法人にあつては、その代表者の氏名

二　給油所の所在地及び第二条第三項の給油設備の規模

三　法人にあつては、その業務を行う役員の氏名

2　前項の申請書には、給油所ごとの事業の開始の日その他の経済産業省令で定める事項を記載した事業計画書及び経済産業省令で定める書類を添付しなければならない。

（揮発油販売業者の登録及びその通知）

第五条　経済産業大臣は、第三条の登録の申請があつたときは、次条第一項の規定により登録を拒否する場合を除き、前条第一項各号に掲げる事項並びに登録の年月日及び登録番号を揮発油販売業者登録簿に登録しなければならない。

2　経済産業大臣は、前項の規定により登録をしたときは、遅滞なく、その旨を申請者に通知しなければならない。

（揮発油販売業者の登録の拒否等）

第六条　経済産業大臣は、第四条第一項の申請書を提出した者が次の各号のいずれかに該当するとき、又は当該申請書若しくは同条第二項の事業計画書のうちに重要な事項について虚偽の記載があり、若しくは重要な事実の記載が欠けているときは、その登録を拒否しなければならない。

一　この法律の規定により刑に処せられ、その執行を終わり、又は執行を受けることがなくなつた日から二年を経過しない者

二　第十一条第一項の規定により登録を取り消され、その取消しの日から二年を経過しない者

三　第三条の登録を受けた者（以下「揮発油販売業者」という。）であつて法人であるものが第十一条第一項の規定により登録を取り消された場合において、その処分のあつた日前三十日以内にその揮発油販売業者の業務を行う役員であつた者でその処分のあつた日から二年を経過しないもの

四　法人であつて、その業務を行う役員のうちに前三号のいずれかに該当する者があるもの

五　揮発油販売業を適確に遂行するに足りる能力を有しない者

2　経済産業大臣は、前項の規定により登録を拒否したときは、遅滞なく、その理由を示して、その旨を申請者に通知しなければならない。

（揮発油販売業者の承継）

第七条　揮発油販売業者がその事業の全部を譲り渡し、又は揮発油販売業者について相続、合併若しくは分割（その事業の全部を承継させるものに限る。）があつたときは、その事業の全部を譲り受けた者又は相続人（相続人が二人以上ある場合において、その全員の同意により事業を承継すべき相続人を選定したときは、その者）、合併後存続する法人若しくは合併により設立した法人又は分割によりその事業の全部を承継した法人は、その揮発油販売業者の地位を承継する。ただし、当該事業の全部を譲り受けた者又は相続人（相続人が二人以上ある場合において、その全員の同意により事業を承継すべき相続人を選定したときは、その者）、合併後存続する法人若しくは合併により設立した法人若しくは分割により当該事業の全部を承継した法人が前条第一項第一号から第四号までのいずれかに該当するときは、この限りでない。

2　前項の規定により揮発油販売業者の地位を承継した者は、経済産業省令で定めるところにより、遅滞なく、その旨を経済産業大臣に届け出なければならない。

（揮発油販売業者の変更登録等）

第八条　揮発油販売業者は、第四条第一項第二号に掲げる給油所の所在地又は同項第三号に掲げる事項について変更をしようとするときは、経済産業大臣の変更登録を受けなければならない。

2　第四条第二項、第五条及び第六条の規定は、前項の変更登録に準用する。

3　揮発油販売業者は、第四条第一項第一号に掲げる事項又は同項第二号に掲げる給油設備の規模に変更があつたときは、遅滞なく、その旨を経済産業大臣に届け出なければならない。その届出があつた場合には、経済産業大臣は、遅滞なく、当該登録を変更するものとする。

（揮発油販売業者の廃止の届出）

第九条　揮発油販売業者は、揮発油販売業を廃止したときは、遅滞なく、その旨を経済産業大臣に届け出なければならない。

（揮発油販売業者の登録の失効）

第十条　揮発油販売業者がその揮発油販売業を廃止したときは、その者に係る第三条の登録は、その効力を失う。

（揮発油販売業者の登録の取消し等）

第十一条　経済産業大臣は、揮発油販売業者が次の各号のいずれかに該当するときは、その登録を取り消すことができる。

一　第六条第一項第一号、第三号又は第四号の規定に該当することとなつたとき。

二　第八条第一項の変更登録を受けなかつたとき。

三　次項の規定による命令に違反したとき。

四　不正の手段により第三条の登録又は第八条第一項の変更登録を受けたとき。

2　経済産業大臣は、揮発油販売業者が次の各号のいずれかに該当するときは、六月以内の期間を定めてその事業の全部又は一部の停止を命ずることができる。

一　第八条第一項の変更登録を受けず、又は同条第三項の規定による届出をしなかつたとき。

二　第十三条、第十四条第一項又は第十六条の規定に違反したとき。

三　第十八条第三項の規定による指示に従わなかつたとき。

3　経済産業大臣は、前二項の規定による処分をしたときは、遅滞なく、その理由を示して、その旨を当該処分に係る者に通知しなければならない。

（揮発油販売業者の登録の消除）

第十二条　経済産業大臣は、揮発油販売業者の登録がその効力を失つたときは、その登録を消除しなければならない。

第三章　品質の確保

第一節　揮発油の品質の確保

（規格に適合しない揮発油の販売の禁止）

第十三条　揮発油販売業者は、揮発油の規格として経済産業省令で定めるもの（以下「揮発油規格」という。）に適合しない物を、自動車の燃料用の揮発油（揮発油と同じ用途に用いることができる石油製品であつて経済産業省令で定めるものを含む。）として消費者に販売してはならない。

（品質管理者）

第十四条　揮発油販売業者は、給油所ごとに、経済産業省令で定める資格を有する者のうちから品質管理者を選任し、次条第一項に規定する品質管理者の職務を行わせなければならない。

2　揮発油販売業者は、前項の規定により品質管理者を選任したときは、遅滞なく、その旨を経済産業大臣に届け出なければならない。これを解任したときも、同様とする。

第十五条　品質管理者は、揮発油の品質の確保に関し次条の規定による揮発油の分析その他の経済産業省令で定める職務を行う。

2　品質管理者は、誠実にその職務を行わなければならない。

3　揮発油販売業に従事する者は、品質管理者がその職務に関しこの法律又はこの法律に基づく命令の実施を確保するためにする指示に従わなければならない。

（揮発油の分析）

第十六条　揮発油販売業者は、経済産業省令で定めるところにより、品質管理者に、経済産業省令で定める技術上の基準に適合する分析設備を使用して揮発油の分析をさせなければならない。

（揮発油の分析の委託）

第十六条の二　揮発油販売業者は、経済産業大臣の登録を受けた者に対して、給油所ごとに、前条の揮発油の分析を委託することができる。

2　揮発油販売業者は、前項の規定により経済産業大臣の登録を受けた者に揮発油の分析を委託したときは、遅滞なく、その旨を経済産業大臣に届け出なければならない。委託に係る契約が効力を失つたときも、同様とする。

3　前条の規定は、揮発油販売業者が第一項の規定により経済産業大臣の登録を受けた者に揮発油の分析を委託しているときは、その委託に係る揮発油については、適用しない。

（表示）

第十七条　揮発油販売業者は、給油所の見やすい場所に、経済産業省令で定めるところにより、氏名又は名称、登録番号、品質管理者の氏名その他の経済産業省令で定める事項を表示しなければならない。

（揮発油販売業者に対する指示）

第十七条の二　経済産業大臣は、揮発油販売業者が第十三条の規定に違反した場合において、揮発油の消費者の利益が害されるおそれがあると認めるときは、当該揮発油販売業者に対し、その販売に係る揮発油の品質の確保に関し必要な措置をとるべきことを指示することができる。

2　経済産業大臣は、前項の規定による指示をした場合において、その指示を受けた者がこれに従わなかつたときは、その旨を公表することができる。

（揮発油生産業者の義務）

第十七条の三　原油又は石油製品を精製して揮発油を生産する事業を行う者（以下「揮発油生産業者」という。）は、原油又は石油製品を精製して生産した揮発油を自動車の燃料として販売又は消費しようとするときは、経済産業省令で定めるところにより、当該揮発油が揮発油規格に適合することを確認しなければならない。ただし、揮発油生産業者が揮発油特定加工業者に該当する場合において、第十七条の四の二第一項の規定により確認を行う揮発油については、この限りでない。

2　揮発油生産業者は、経済産業大臣の登録を受けた者に対して、前項の規定による確認をするために必要な分析を委託することができる。

（揮発油輸入業者等の義務）

第十七条の四　揮発油の輸入の事業を行う者（以下「揮発油輸入業者」という。）は、輸入した揮発油を自動車の燃料として販売又は消費しようとするときは、経済産業省令で定めるところにより、当該揮発油が揮発油規格に適合することを確認しなければならない。ただし、揮発油輸入業者が揮発油生産業者又は揮発油特定加工業者に該当する場合において、前条第一項又は次条第一項の規定により確認を行う揮発油については、この限りでない。

2　揮発油以外の石油製品を輸入する事業を行う者は、輸入した石油製品（揮発油以外のものに限る。）を加工して揮発油を生産し、これを自動車の燃料として販売又は消費しようとするときは、経済産業省令で定めるところにより、当該揮発油が揮発油規格に適合することを確認しなければならない。ただし、揮発油以外の石油製品を輸入する事業を行う者が揮発油生産業者又は揮発油特定加工業者に該当する場合において、前条第一項又は次条第一項の規定により確認を行う揮発油については、この限りでない。

3　揮発油輸入業者又は前項の規定により確認を行うべき者は、経済産業大臣の登録を受けた者に対して、前二項の規定による確認をするために必要な分析を委託することができる。

4　揮発油輸入業者は、自動車の燃料として販売又は消費するために揮発油を輸入したときは、遅滞なく、経済産業省令で定めるところにより、当該揮発油の品質、数量その他の経済産業省令で定める事項を経済産業大臣に届け出なければならない。

5　前項の規定は、揮発油輸入業者が自動車の燃料以外のものとして販売又は消費するために揮発油を輸入した場合において、輸入後に当該揮発油を自動車の燃料として販売又は消費しようとするときに準用する。この場合において、同項中「遅滞なく」とあるのは、「あらかじめ」と読み替えるものとする。

6　前二項の規定による届出をした者は、届出に係る事項を変更しようとするときは、当該揮発油を販売又は消費する時までに、経済産業省令で定めるところにより、その旨を経済産業大臣に届け出なければならない。

（揮発油生産業者、揮発油輸入業者、揮発油特定加工業者等に対する指示）

第十七条の五　経済産業大臣は、第十七条の三第一項、第十七条の四第一項若しくは第二項又は前条第一項の規定により確認を行うべき者がこれらの規定に違反した場合において、揮発油の消費者の利益が害されるおそれがあると認めるときは、これらの者に対し、その販売に係る揮発油の品質の確保に関し必要な措置をとるべきことを指示することができる。

2　経済産業大臣は、前項の規定による指示をした場合において、その指示を受けた者がこれに従わなかつたときは、その旨を公表することができる。

（標準揮発油の表示）

第十七条の六　揮発油販売業者は、標準的な品質の自動車の燃料用の揮発油の基準として経済産業省令で定めるもの（以下「標準揮発油の基準」という。）に適合することを確認した揮発油を販売するときは、経済産業省令で定めるところにより、当該揮発油を販売する施設又は設備に、当該揮発油が標準揮発油の基準に適合することを示す表示を掲示することができる。

2　何人も、前項に規定する場合を除くほか、同項の規定による表示又はこれと紛らわしい表示をしてはならない。

3　経済産業大臣は、前項の規定に違反した者があるときは、その者に対し、表示の除去、表示方法の改善その他の必要な措置をとるべきことを指示することができる。

4　経済産業大臣は、前項の規定による指示をした場合において、その指示を受けた者がこれに従わなかつたときは、その旨を公表することができる。

5　経済産業大臣は、第三項の規定による指示を受けた者が、前項の規定によりその指示に従わなかつた旨公表された後において、なお、正当な理由がなくてその指示に係る措置をとらなかつた場合において、当該指示を受けた者が第二項に違反する行為を引き続きするおそれがあると認めるときは、その指示に係る措置をとるべきことを命ずることができる。

第二節　軽油の品質の確保

（規格に適合しない軽油の販売の禁止等）

第十七条の七　軽油販売業者は、軽油の規格として経済産業省令で定めるもの（以下「軽油規格」という。）に適合しない物を、自動車の燃料用の軽油（軽油と同じ用途に用いることができる石油製品であつて経済産業省令で定めるものを含む。）として消費者に販売してはならない。

2　第十七条の二及び前条の規定は、軽油販売業者に準用する。この場合において、第十七条の二第一項中「第十三条」とあるのは「第十七条の七第一項」と、前条第一項中「揮発油の基準として経済産業省令で定めるもの（以下「標準揮発油の基準」という。）」とあるのは「軽油の基準として経済産業省令で定めるもの（以下「標準軽油の基準」という。）」と読み替えるものとする。

（軽油生産業者、軽油輸入業者、軽油特定加工業者等の義務）

第十七条の八　第十七条の三の規定は、原油又は石油製品を精製して軽油を生産する事業を行う者（以下「軽油生産業者」という。）に準用する。この場合において、同条第一項中「揮発油規格」とあるのは、「軽油規格」と、「揮発油特定加工業者」とあるのは「軽油特定加工業者」と読み替えるものとする。

2　第十七条の四第一項及び第三項から第六項までの規定は、軽油の輸入の事業を行う者（以下「軽油輸入業者」という。）に準用する。この場合において、同条第一項中「揮発油規格」とあるのは「軽油規格」と、「揮発油生産業者」とあるのは「軽油生産業者」と、「揮発油特定加工業者」とあるのは「軽油特定加工業者」と読み替えるものとする。

3　第十七条の四第二項及び第三項の規定は、軽油以外の石油製品を輸入する事業を行う者に準用する。この場合において、同条第二項中「揮発油以外」とあるのは「軽油以外」と、「揮発油規格」とあるのは「軽油規格」と、「揮発油生産業者」とあるのは「軽油生産業者」と、「揮発油特定加工業者」とあるのは「軽油特定加工業者」と読み替えるものとする。

4　第十七条の四の二の規定は、軽油特定加工業者に準用する。この場合において、同条第一項中「揮発油規格」とあるのは、「軽油規格」と読み替えるものとする。

5　第十七条の五の規定は、第一項において準用する第十七条の三第一項、第二項において準用する第十七条の四第一項、第三項において準用する同条第二項又は前項において準用する第十七条の四の二第一項の規定により確認を行うべき者に準用する。

第四章　雑則

（揮発油の使用の節減のための措置）

第十八条　経済産業大臣は、揮発油の使用の節減を図るため必要があると認めるときは、内外の石油事情に応じ、揮発油販売業者の営業日の制限又は営業時間の短縮の実施に関する事項を定めて、これを公表することができる。

2　経済産業大臣は、揮発油販売業者が前項の規定により公表された事項を実施しない場合において必要があると認めるときは、当該揮発油販売業者に対し、当該事項を実施すべきことを勧告することができる。

3　経済産業大臣は、前項の規定による勧告を受けた揮発油販売業者が正当な理由なくその勧告に従わなかつた場合において、これを放置することにより揮発油の使用の節減を図ることが著しく困難となり、内外の石油事情に照らしこのような事態を解消するため特に必要があると認めるときは、総合資源エネルギー調査会の意見を聴いて、当該揮発油販売業者に対し、当該勧告に係る措置を執るべきことを指示することができる。

（帳簿の記載）

第十九条　揮発油販売業者は、経済産業省令で定めるところにより、その業務に関する帳簿を備え、揮発油の分析に関する事項その他の経済産業省令で定める事項を記載し、これを保存しなければならない。

2　揮発油生産業者、灯油生産業者、重油生産業者、軽油生産業者、第十七条の四第二項（第十七条の八第三項、第十七条の十第三項又は第十七条の十二第三項において準用する場合を含む。）の規定により確認を行うべき者、揮発油特定加工業者及び軽油特定加工業者は、経済産業省令で定めるところにより、その業務に関する帳簿を備え、揮発油、軽油、灯油又は重油の品質の確認に関する事項その他の経済産業省令で定める事項を記載し、これを保存しなければならない。

3　揮発油輸入業者、軽油輸入業者、灯油輸入業者及び重油輸入業者は、経済産業省令で定めるところにより、その業務に関する帳簿を備え、揮発油、軽油、灯油又は重油の品質の確認に関する事項その他の経済産業省令で定める事項を記載し、これを保存しなければならない。

4　第十七条の六第一項（第十七条の七第二項又は第十七条の九第二項において準用する場合を含む。）の規定により表示を行う揮発油販売業者、軽油販売業者及び灯油販売業者は、その業務に関する帳簿を備え、その販売する揮発油、軽油又は灯油の品質の確認に関する事項その他の経済産業省令で定める事項を記載し、これを保存しなければならない。

5　登録分析機関は、経済産業省令で定めるところにより、その業務に関する帳簿を備え、揮発油、軽油、灯油又は重油の分析に関し経済産業省令で定める事項を記載し、これを保存しなければならない。

（報告徴収及び立入検査）

第二十条　経済産業大臣は、この法律の施行に必要な限度において、揮発油販売業者、軽油販売業者、灯油販売業者、重油販売業者、揮発油生産業者、軽油生産業者、灯油生産業者、重油生産業者、揮発油輸入業者、軽油輸入業者、灯油輸入業者、重油輸入業者、第十七条の四第二項（第十七条の八第三項、第十七条の十第三項若しくは第十七条の十二第三項において準用する場合を含む。以下この条において同じ。）の規定により確認を行うべき者、揮発油特定加工業者、軽油特定加工業者又は登録分析機関に対し、その業務に関し報告させることができる。

2　経済産業大臣は、この法律の施行に必要な限度において、その職員に、揮発油販売業者、軽油販売業者、灯油販売業者、重油販売業者、揮発油生産業者、軽油生産業者、灯油生産業者、重油生産業者、揮発油輸入業者、軽油輸入業者、灯油輸入業者、重油輸入業者、第十七条の四第二項の規定により確認を行うべき者、揮発油特定加工業者又は軽油特定加工業者の事務所、給油所その他の事業場に立ち入り、帳簿、書類その他の物件を検査させ、又は試験のため必要な最少限度の分量に限り揮発油、軽油、灯油、重油その他の必要な試料を収去させることができる。

3　経済産業大臣は、この法律の施行に必要な限度において、その職員に、登録分析機関の事務所又は事業所に立ち入り、帳簿、書類その他の物件を検査させることができる。

4　前二項の規定により立入検査をする職員は、その身分を示す証明書を携帯し、関係者に提示しなければならない。

5　第二項及び第三項の規定による立入検査の権限は、犯罪捜査のために認められたものと解釈してはならない。

（聴聞の特例）

第二十一条　経済産業大臣は、第十一条第二項、第十二条の七第二項又は第十二条の十四第二項の規定による処分をしようとするときは、行政手続法（平成五年法律第八十八号）第十三条第一項の規定による意見陳述のための手続の区分にかかわらず、聴聞を行わなければならない。

2　第十一条第一項若しくは第二項、第十二条の七第一項若しくは第二項、第十二条の十四第一項若しくは第二項又は第十七条の二十三の規定による処分に係る聴聞の期日における審理は、公開により行わなければならない。

3　前項の聴聞の主宰者は、行政手続法第十七条第一項の規定により当該処分に係る利害関係人が当該聴聞に関する手続に参加することを求めたときは、これを許可しなければならない。

（審査請求の手続における意見の聴取）

第二十二条　この法律の規定による処分又はその不作為についての審査請求に対する裁決は、行政不服審査法（平成二十六年法律第六十八号）第二十四条の規定により当該審査請求を却下する場合を除き、審査請求人に対し、相当な期間をおいて予告をした上、同法第十一条第二項に規定する審理員が公開による意見の聴取をした後にしなければならない。

2　前項の意見の聴取に際しては、審査請求人及び利害関係人に対し、その事案について証拠を提示し、意見を述べる機会を与えなければならない。

3　第一項に規定する審査請求については、行政不服審査法第三十一条の規定は適用せず、同項の意見の聴取については、同条第二項から第五項までの規定を準用する。

（経過措置）

第二十二条の二　この法律の規定に基づき命令を制定し、又は改廃する場合においては、その命令で、その制定又は改廃に伴い合理的に必要と判断される範囲内において、所要の経過措置（罰則に関する経過措置を含む。）を定めることができる。

（権限の委任）

第二十三条　この法律の規定により経済産業大臣の権限に属する事項は、政令で定めるところにより、経済産業局長に行わせることができる。

第五章　罰則

第二十四条　次の各号のいずれかに該当する者は、一年以下の懲役又は百万円以下の罰金に処する。

一　第三条の規定に違反して揮発油販売業を行った者

二　第十一条第二項、第十二条の七第二項又は第十二条の十四第二項の規定による命令に違反した者

三　第十二条の二の規定に違反して揮発油特定加工業を行った者

四　第十二条の九の規定に違反して軽油特定加工業を行った者

五　第十七条の二十三の規定による分析業務の停止の命令に違反した者

注　令和四年六月一七日法律六八号により改正され、令和七年六月一日から施行

第二十四条中「懲役」を「拘禁刑」に改める。

第二十五条　次の各号のいずれかに該当する者は、六月以下の懲役又は五十万円以下の罰金に処する。

一　第十三条、第十七条の七第一項、第十七条の九第一項又は第十七条の十一第一項の規定に違反して販売した者
二　第十七条の三第一項（第十七条の八第一項、第十七条の十第一項若しくは第十七条の十二第一項において準用する場合を含む。）、第十七条の四第一項（第十七条の八第二項、第十七条の十第二項若しくは第十七条の十二第二項において準用する場合を含む。）若しくは第二項（第十七条の八第三項、第十七条の十第三項若しくは第十七条の十二第三項において準用する場合を含む。）又は第十七条の四の二第一項（第十七条の八第四項において準用する場合を含む。）の規定に違反して確認を行わずに販売し、消費又は使用した者

注　令和四年六月一七日法律六八号により改正され、令和七年六月一日から施行
第二十五条中「懲役」を「拘禁刑」に改める。

第二十六条　第十七条の六第五項（第十七条の七第二項若しくは第十七条の九第二項において準用する場合を含む。）又は第十七条の十七第三項の規定による命令に違反した者は、五十万円以下の罰金に処する。

第二十七条　次の各号のいずれかに該当する者は、三十万円以下の罰金に処する。
一　第八条第一項の規定に違反して第四条第一項第二号に掲げる給油所の所在地又は同項第三号に掲げる事項を変更した者
二　第十二条の六第一項の規定に違反して第十二条の三第一項第二号から第五号までに掲げる事項を変更した者
三　第十二条の十三第一項の規定に違反して第十二条の十一第一項第二号から第五号までに掲げる事項を変更した者
四　第十七条の四第四項（同条第五項（第十七条の八第二項、第十七条の十第二項若しくは第十七条の十二第二項において準用する場合を含む。）、第十七条の八第二項、第十七条の十第二項において準用する場合を含む。）若しくは第六項（第十七条の八第二項、第十七条の十第二項若しくは第十七条の十二第二項において準用する場合を含む。）の規定による届出をせず、又は虚偽の届出をした者
五　第十七条の十一第二項前段の規定に違反して書面を交付せず、若しくは試料を提出せず、又は同項前段に規定する事項を記載しない書面若しくは虚偽の記載をした書面を交付した者
六　第十七条の十一第二項後段の規定に違反して書面の写しを保存しなかった者
七　第十七条の十二第五項の規定に違反して書面を交付せず、又は同項に規定する事項を記載しない書面若しくは虚偽の記載をした書面を交付した者
八　第十九条第一項から第五項までの規定に違反して同条に規定する事項を記載せず、虚偽の記載をし、又は帳簿を保存しなかった者
九　第二十条第一項の規定による報告をせず、又は虚偽の報告をした者
十　第二十条第二項又は第三項の規定による検査又は収去を拒み、妨げ、又は忌避した者

第二十八条　法人の代表者又は法人若しくは人の代理人、使用人その他の従業者がその法人又は人の業務に関し、第二十四条から前条までの違反行為をしたときは、行為者を罰するほか、その法人又は人に対して各本条の罰金刑を科する。

第二十九条　次の各号のいずれかに該当する者は、二十万円以下の過料に処する。
一　第七条第二項（第十二条の八若しくは第十二条の十五において準用する場合を含む。）、第八条第三項、第九条（第十二条の八若しくは第十二条の十五において準用する場合を含む。）、第十二条の六第三項、第十二条の十三第三項、第十四条第二項、第十六条の二第二項又は第十七条の二十一の規定による届出をせず、又は虚偽の届出をした者
二　第十七条の規定に違反した者
三　第十七条の十九第一項の規定に違反して財務諸表等を備えて置かず、財務諸表等に記載すべき事項を記載せず、若しくは虚偽の記載をし、又は正当な理由がないのに同条第二項各号の規定による請求を拒んだ者

附　則（抄）

（施行期日）

第一条　この法律は、公布の日から起算して六月を超えない範囲内において政令で定める日から施行する。

〔昭五二・五政令一五一により、昭五二・五・二三から施行〕

○揮発油等の品質の確保等に関する法律施行規則（抄）

（昭和五十二年五月十七日通商産業省令第二十四号）

最終改正　令六経産令二九

第一章　総則

（用語）

第一条　この省令において使用する用語は、揮発油等の品質の確保等に関する法律（以下「法」という。）において使用する用語の例による。

（石油製品）

第一条の二　法第二条第一項の経済産業省令で定める炭化水素油（炭化水素とその他の物との混合物又は単一の炭化水素を含む。以下同じ。）及び石油ガス（液化したものを含む。）は、炭素数三又は四の炭化水素を主成分とする石油ガス（液化したものを含む。）とする。

（揮発油の蒸留性状の試験方法）

第一条の三　法第二条第二項の経済産業省令で定める蒸留性状の試験方法は、産業標準化法（昭和二十四年法律第百八十五号）に基づく日本産業規格（以下「日本産業規格」という。）K二二五四号（石油製品―蒸留試験方法）の常圧法蒸留試験方法で定める試験方法とする。

（揮発油の減失量加算九十パーセント留出温度）

第一条の四　法第二条第二項の経済産業省令で定める温度は、百八十度とする。

（給油設備）

第二条　法第二条第三項の経済産業省令で定める給油設備とは、タンク、配管、ポンプ、計量器及び給油管をいう。

（揮発油と同じ用途に用いることができる石油製品）

第二条の二　法第二条第三項の経済産業省令で定める揮発油と同じ用途に用いることができる石油製品は、灯油とする。

（混和対象物）

第二条の三　法第二条第六項の石油製品ごとに経済産業省令で定める混和対象物は、次の各号に掲げるとおりとする。

一　揮発油に混和する場合にあっては、エタノール又はエチルターシャリーブチルエーテル

二　軽油に混和する場合にあっては、脂肪酸メチルエステル

（軽油の蒸留性状の試験方法）

第二条の四　法第二条第八項の経済産業省令で定める蒸留性状の試験方法は、日本産業規格K二二五四号（石油製品―蒸留試験方法）の常圧法蒸留試験方法で定める試験方法とする。

（軽油の九十パーセント留出温度）

第二条の五　法第二条第八項の経済産業省令で定める温度は、三百六十度とする。

（軽油の残留炭素分の試験方法）

第二条の六　法第二条第八項の経済産業省令で定める試験方法は、日本産業規格K二二七〇―一号（原油及び石油製品―残留炭素分の求め方）又は日本産業規格K二二七〇―二号（原油及び石油製品―残留炭素分の求め方）で定める試験方法とする。

（軽油の残油に対する重量割合）

第二条の七　法第二条第八項の経済産業省令で定める割合は、〇・一パーセントとする。

（軽油と同じ用途に用いることができる石油製品）

第二条の八　法第二条第九項の経済産業省令で定める軽油と同じ用途に用いることができる石油製品は、灯油及び重油とする。

（灯油の蒸留性状の試験方法）

第二条の九　法第二条第十一項の経済産業省令で定める蒸留性状の試験方法は、日本産業規格K二二五四号（石油製品―蒸留試験方法）の常圧法蒸留試験方法で定める試験方法とする。

（灯油の九十五パーセント留出温度）

第二条の十　法第二条第十一項の経済産業省令で定める温度は、二百七十度とする。

（灯油と同じ用途に用いることができる石油製品）

第二条の十一　法第二条第十二項の経済産業省令で定める灯油と同じ用途に用いることができる石油製品は、軽油とする。

（重油の蒸留性状の試験方法）

第二条の十二　法第二条第十三項の経済産業省令で定める蒸留性状の試験方法は、日本産業規格K二二五四号（石油製品―蒸留試験方法）で定める試験方法とする。

（重油の九十パーセント留出温度）

第二条の十三　法第二条第十三項の経済産業省令で定める温度は、三百六十度とする。

（重油の残留炭素分の試験方法）

第二条の十四　法第二条第十三項の経済産業省令で定める試験方法は、日本産業規格K二二七〇―一号（原油及び石油製品―残留炭素分の求め方）又は日本産業規格K二二七〇―二号（原油及び石油製品―残留炭素分の求め方）で定める試験方法とする。

（重油の残油に対する重量割合）

第二条の十五　法第二条第十三項の経済産業省令で定める割合は、〇・一パーセントとする。

（海底の掘削又は天然資源の掘採の用に供する施設）

第二条の十六　法第二条第十四項の経済産業省令で定める海底の掘削又は天然資源の掘採の用に供する施設は、鉱山保安法施行規則（平成十六年経済産業省令第九十六号）第一条第二項第二十三号にいう掘削バージ（以下「掘削バージ」という。）及び同項第二十四号にいう海洋掘採施設（以下「海洋掘採施設」という。）とする。

（重油と同じ用途に用いることができる石油製品）

第二条の十七　法第二条第十四項の経済産業省令で定める重油と同じ用途に用いることができる石油製品は、軽油とする。

第三章　品質の確保

第一節　揮発油の品質の確保

（揮発油規格）

第十条　法第十三条の揮発油の規格として経済産業省令で定めるものは、次の各号に掲げるとおりとする。

一　鉛が検出されないこと。

二　硫黄分が〇・〇〇一質量百分率以下であること。

三　メチルターシャリーブチルエーテルが七体積百分率以下

であること。

四　酸素分が一・三質量百分率以下であること。

五　ベンゼンが一体積百分率以下であること。

六　灯油の混入率が四体積百分率以下であること。

七　メタノールが検出されないこと。

八　エタノールが三体積百分率以下であること。

九　実在ガムが百ミリリットル当たり五ミリグラム以下であること。

十　オレンジ色であること。

2　前項第一号に定める鉛が検出されないこととは、日本産業規格K二二五五号（石油製品―ガソリン―鉛分試験方法）の原子吸光A法又は原子吸光B法で定める試験方法により測定した場合において、その結果が一リットル当たり〇・〇〇一グラム以下であることをいう。

3　第一項第二号に定める数値は、日本産業規格K二五四一―一号（原油及び石油製品―硫黄分試験方法）で定める試験方法、日本産業規格K二五四一―二号（原油及び石油製品―硫黄分試験方法）で定める試験方法、日本産業規格K二五四一―六号（原油及び石油製品―硫黄分試験方法）で定める試験方法又は日本産業規格K二五四一―七号（原油及び石油製品―硫黄分試験方法）で定める試験方法により測定した場合における数値とする。

4　第一項第三号に定める数値は、日本産業規格K二五三六―二号（石油製品―成分試験方法）で定める試験方法、日本産業規格K二五三六―四号（石油製品―成分試験方法）で定める試験方法、日本産業規格K二五三六―五号（石油製品―成分試験方法）で定める試験方法又は日本産業規格K二五三六―六号（石油製品―成分試験方法）で定める試験方法により測定した場合における数値とする。

5　第一項第四号に定める数値は、日本産業規格K二五三六―二号（石油製品―成分試験方法）で定める試験方法、日本産業規格K二五三六―四号（石油製品―成分試験方法）で定める試験方法又は日本産業規格K二五三六―六号（石油製品―成分試験方法）で定める試験方法により測定した場合における数値とする。

6　第一項第五号に定める数値は、日本産業規格K二五三六―二号（石油製品―成分試験方法）で定める試験方法、日本産業規格K二五三六―三号（石油製品―成分試験方法）で定める試験方法又は日本産業規格K二五三六―四号（石油製品―成分試験方法）で定める試験方法により測定した場合における数値とする。

7　第一項第六号に定める数値は、日本産業規格K二五三六―二号（石油製品―成分試験方法）で定める試験方法又は日本産業規格K二五三六―四号（石油製品―成分試験方法）で定める試験方法により測定した場合における数値とする。

8　第一項第七号に定めるメタノールが検出されないこととは、日本産業規格K二五三六―二号（石油製品―成分試験方法）で定める試験方法、日本産業規格K二五三六―四号（石油製品―成分試験方法）で定める試験方法、日本産業規格K二五三六―五号（石油製品―成分試験方法）で定める試験方法又は日本産業規格K二五三六―六号（石油製品―成分試験方法）で定める試験方法により測定した場合において、その結果が〇・五体積百分率以下であることをいう。

9　第一項第八号に定める数値は、日本産業規格K二五三六―二号（石油製品―成分試験方法）で定める試験方法、日本産業規格K二五三六―四号（石油製品―成分試験方法）で定める試験方法又は日本産業規格K二五三六―六号（石油製品―成分試験方法）で定める試験方法により測定した場合における数値とする。

10　第一項第九号に定める数値は、日本産業規格K二二六一号（石油製品―自動車ガソリン及び航空燃料油―実在ガム試験方法―噴射蒸発法）で定める試験方法により測定した場合における数値とする。

（揮発油規格の特則）

第十条の二　揮発油生産業者、揮発油輸入業者、法第十七条の四第二項の規定により確認を行うべき者（以下「揮発油加工業者」という。）又は揮発油特定加工業者が次条に規定する揮発油試験研究計画の認定を受けた場合であって、当該認定を受けた揮発油試験研究計画（以下「認定揮発油試験研究計画」という。）において定められた試験研究の用に供する揮発油を販売又は消費しようとする場合における揮発油規格については、前条の規定にかかわらず、当該認定揮発油試験研究計画に定められた試験研究の用に供する揮発油の品質とする。

2　揮発油販売業者、揮発油生産業者、揮発油輸入業者、揮発油加工業者又は揮発油特定加工業者が、揮発油を燃料とする自動車であって三体積百分率を超え十体積百分率以下のエタノールを混合した揮発油又は一・三質量百分率を超え三・七質量百分率以下の酸素分を含む揮発油を燃料とする自動車として道路運送車両法（昭和二十六年法律第百八十五号）第四条の登録又は同法第六十条第一項後段若しくは第九十七条の三第一項の規定による車両番号の指定を受けている自動車の燃料として揮発油を販売又は消費しようとする場合における揮発油規格については、前条の規定にかかわらず、同条第一項第四号中「一・三質量百分率」とあるのは「三・七質量百分率」と、同項第八号中「三体積百分率」とあるのは「十体積百分率」とする。

（揮発油試験研究計画の認定の申請）

第十条の三　揮発油生産業者、揮発油輸入業者、揮発油加工業者又は揮発油特定加工業者は、試験研究の用に供する揮発油を販売又は消費しようとするときは、当該試験研究の開始前に、当該試験研究の計画（以下「揮発油試験研究計画」という。）を作成し、経済産業大臣の認定を受けることができる。

2　揮発油試験研究計画の期間は、五年を超えることができない。

3　揮発油試験研究計画には、次に掲げる事項を記載しなければならない。

一　氏名又は名称及び住所並びに法人にあっては、その代表者の氏名

二　揮発油生産業者、揮発油輸入業者、揮発油加工業者又は揮発油特定加工業者が試験研究の用に供する揮発油（以下「試験研究用揮発油」という。）を販売する場合にあっては、当該試験研究用揮発油を自動車の燃料として用いる者の氏名（法人の場合にあっては名称及び代表者の氏名）、住所及び連絡先

三　試験研究の開始の日及び終了の日（試験研究用揮発油を販売する場合にあっては、試験研究用揮発油の販売の開始

の日及び終了の日並びに試験研究の開始の日及び終了の日）

四　試験研究の目的及び実施の場所

五　試験研究用揮発油の品質

六　試験研究用揮発油の生産を行う場所（試験研究用揮発油を輸入する場合にあつては、当該試験研究用揮発油を輸入する者から当該試験研究を実施する場所までの流通の経路）

七　試験研究用揮発油を用いる自動車の自動車登録番号標又は車両番号標及び型式

八　試験研究における安全を確保するための措置及び管理体制

九　前号の措置を講じ、及び管理体制を維持するための経理的基礎及び技術的能力

4　前三項に規定する揮発油試験研究計画の申請は、様式第八の二十二によるものとする。

（認定の基準）

第十条の四　経済産業大臣は、前条第一項の認定の申請が次の各号のいずれにも適合していると認めるときでなければ、その認定をしてはならない。

一　試験研究が自動車の燃料に係る技術の発展に資するものであること。

二　揮発油試験研究計画に記載された措置及び管理体制が自動車の燃料に関する安全性に関する知見から判断して適切なものであると認められること。

三　揮発油試験研究計画に記載された措置を講じ、及び管理体制を維持するための経理的基礎及び技術的能力があること。

四　前条第一項の認定の申請を行つた者が、次のイからホまでのいずれにも該当しないこと。

イ　法の規定により刑に処せられ、その執行を終わり、又は執行を受けることがなくなつた日から二年を経過しない者

ロ　揮発油販売業者又は揮発油特定加工業者であつて法第十一条第一項又は法第十二条の七第一項の規定により登録を取り消され、その取消しの日から二年を経過しない者

ハ　揮発油販売業者又は揮発油特定加工業者であつて法人であるものが法第十一条第一項又は法第十二条の七第一項の規定により登録を取り消された場合において、その処分のあつた日前三十日以内にその揮発油販売業者又は揮発油特定加工業者の業務を行う役員であつた者でその処分のあつた日から二年を経過しないもの

ニ　法人であつて、その業務を行う役員のうちにイからハまでのいずれかに該当する者があるもの

ホ　第十条の七の規定により認定を取り消され、その取消しの日から二年を経過しない者

（揮発油試験研究計画の変更の認定の申請）

第十条の五　第十条の三第一項の認定を受けた者（以下この節において「認定事業者」という。）は、認定揮発油試験研究計画について同条第三項各号に掲げる事項を変更しようとするときは、経済産業大臣の変更の認定を受けなければならない。

2　前条の規定は、前項の変更の認定に準用する。

3　第一項の認定揮発油試験研究計画の変更の認定の申請は、様式第八の二十三によるものとする。

（認定事業者による管理等）

第十条の六　認定事業者は、当該試験研究が認定揮発油試験研究計画に従つたものとなるよう管理しなければならない。

2　認定事業者は、認定揮発油試験研究計画に記載された措置及び管理体制から見て、予見されない事態が生じたときは、速やかにこれを経済産業大臣に報告しなければならない。

3　認定事業者は十二月ごとに、様式第八の二十四による書面を経済産業大臣に提出しなければならない。

4　認定事業者は、当該認定揮発油試験研究計画の終了の日から一月以内に、様式第八の二十五による書面を経済産業大臣に提出しなければならない。

（認定の取消）

第十条の七　経済産業大臣は、認定事業者が次の各号の一に該当するときは、当該認定を取り消すことができる。

一　不正の手段により第十条の三第一項の認定を受けたとき。

二　前条各項の規定に違反したとき。

（揮発油と同じ用途に用いることができる石油製品）

第十条の八　法第十三条の経済産業省令で定める揮発油と同じ用途に用いることができる石油製品は、灯油とする。

（品質管理者の資格）

第十一条　法第十四条第一項に規定する経済産業省令で定める資格は、次の各号に掲げるとおりとする。

一　消防法（昭和二十三年法律第百八十六号）第十三条の二の甲種危険物取扱者免状又は乙種危険物取扱者免状の交付を受けている者

二　次のいずれかに該当する者であつて、揮発油の給油の実務に六月以上従事し、かつ、消防法第十三条の二の丙種危険物取扱者免状の交付を受けているもの

イ　学校教育法（昭和二十二年法律第二十六号）による高等学校、旧中等学校令（昭和十八年勅令第三十六号）による中等学校若しくは旧高等学校令（大正七年勅令第三百八十九号）による高等学校尋常科を卒業し若しくは修了した者又は高等学校卒業程度認定試験規則（平成十七年文部科学省令第一号）による高等学校卒業程度認定試験に合格した者（同令附則第二条の規定による廃止前の大学入学資格検定規程（昭和二十六年文部省令第十三号）による大学入学資格検定に合格した者を含む。）若しくは高等学校卒業程度認定審査規則（令和四年文部科学省令第十八号）による高等学校卒業程度認定審査に合格した者

ロ　経済産業大臣が指定する講習の課程を修了した者

（品質管理者の選任等の届出）

第十二条　法第十四条第二項の規定により品質管理者の選任又は解任の届出をしようとする者は、様式第九による届出書に、当該品質管理者が前条に規定する資格を有する者であることを証する書面を添付して、法第三条の登録又は法第八条第一項の変更登録をした経済産業大臣又は経済産業局長に提出しなければならない。ただし、解任の場合にあつては、当該書面の添付を省略することができる。

（品質管理者の職務）

第十三条　法第十五条第一項の経済産業省令で定める品質管理

者の職務は、次の各号に掲げるとおりとする。

一　法第十六条の規定による揮発油の分析を行うこと（揮発油販売業者が登録分析機関に揮発油の分析を委託している場合を除く。第三号において同じ。）。

二　第十四条の二第一項又は第三項の生産揮発油品質維持計画又は確認揮発油品質維持計画の作成及び実施について監督すること。

三　揮発油の分析に使用する分析設備を第十五条の技術上の基準に適合するよう維持すること。

四　法第十七条の六第一項の標準揮発油の表示について監督すること。

五　法第十九条第一項の帳簿の記載（揮発油の品質に係るものに限る。）及び同条第四項の帳簿の記載（揮発油販売業者に係るものに限る。）並びに法第二十条第一項の報告（揮発油販売業者に係るものであって揮発油の品質に係るものに限る。）について監督すること。

六　その他揮発油の品質の確保に必要な業務を行うこと。

（揮発油の分析の方法）

第十四条　法第十六条の規定による揮発油の分析は、次の各号に定めるところにより行わなければならない。

一　分析は十日ごとに行うこと。

二　試料は給油管から採取すること。

三　採取した試料は速やかに分析をするものとし、分析をするまでの間はその成分の変化が生じないような措置を講じておくこと。

四　分析設備の使用方法に従って分析をすること。

（揮発油の分析の特則）

第十四条の二　揮発油販売業者は、給油所ごとに、生産揮発油品質維持計画（以下「生産計画」という。）又は確認揮発油品質維持計画（以下「確認計画」という。）を作成し、これを法第三条の登録又は法第八条第一項の変更登録をした経済産業大臣又は経済産業局長に提出して、当該生産計画又は確認計画が次の各号に適合する旨の認定を受けることができる。

一　生産計画の場合にあっては、次に掲げる事項

イ　認定を受けようとする揮発油販売業者（以下「生産計画申請業者」という。）が申請の日から当該生産計画の終了の日（以下「生産計画終了日」という。）までの間に申請に係る給油所（以下「生産計画申請給油所」という。）を用いて販売する揮発油の主たる流通の経路（揮発油生産業者、揮発油輸入業者又は揮発油加工業者から生産計画申請給油所までの当該揮発油の主たる流通の経路をいう。以下「主たる生産揮発油流通経路」という。）が、当該生産計画申請業者が申請の日前一月間生産計画申請給油所を用いて販売した揮発油の主たる生産揮発油流通経路と同一であること

ロ　生産計画申請業者が申請の日前一月間生産計画申請給油所を用いて法第十三条の規格に適合しない揮発油を販売していないこと、かつ、申請の日から生産計画終了日までの間に、同条の規格に適合しない揮発油を販売しないことが確実であると見込まれること。

二　確認計画の場合にあっては、次に掲げる事項

イ　認定を受けようとする揮発油販売業者（以下「確認計画申請業者」という。）が申請の日から当該確認計画の終了の日（以下「確認計画終了日」という。）までの間に申請に係る給油所（以下「確認計画申請給油所」という。）を用いて販売する揮発油の主たる流通の経路（揮発油規格に適合する揮発油を供給する者として経済産業大臣が別に定める方法によって登録分析機関の確認を定期的に受けている者又は揮発油特定加工業者（以下「確認供給者」という。）から確認計画申請給油所までの当該揮発油の主たる流通の経路をいう。以下「主たる確認揮発油流通経路」という。）が、当該確認計画申請業者が申請の日前一月間確認計画申請給油所を用いて販売した揮発油の主たる確認揮発油流通経路と同一であること

ロ　確認計画申請業者が申請の日前一月間確認計画申請給油所を用いて法第十三条の規格に適合しない揮発油を販売していないこと、かつ、申請の日から確認計画終了日までの間に、同条の規格に適合しない揮発油を販売しないことが確実であると見込まれること。

2　生産計画申請業者又は確認計画申請業者（以下「申請揮発油販売業者」と総称する。）が、申請の日前一月間生産揮発油申請給油所又は確認揮発油申請給油所（以下「申請給油所」と総称する。）を用いて販売した揮発油の主たる生産揮発油流通経路又は主たる確認揮発油流通経路（以下「申請前流通経路」と総称する。）のうち、当該申請給油所の直前までのものが同一の申請給油所が複数ある場合には、申請揮発油販売業者は、前項の規定にかかわらず、当該複数の申請給油所に係る生産計画又は確認計画（以下「計画」と総称する。）を一括して作成することができる。

3　申請揮発油販売業者が、給油所ごとに、当該申請給油所以外の給油所に係る計画について第一項の認定を受け、かつ、当該認定が効力を有している場合であって、主たる生産揮発油流通経路又は主たる確認揮発油流通経路のうち当該申請給油所の直前までのものと、当該申請給油所以外の給油所に係る計画に記載されている主たる生産揮発油流通経路又は主たる確認揮発油流通経路のうち当該申請給油所以外の給油所の直前までのものとが同一の場合には、第一項各号及び前項の規定で次表の中欄に掲げるものは、それぞれ同表の下欄と読み替えるものとする。

第一項第一号イ	が、当該生産計画申請業者が申請の日前一月間生産計画申請給油所を用いて販売した揮発油の主たる生産揮発油流通経路と	のうち当該生産計画申請給油所の直前までのものと、第一項の認定を受け、かつ、当該認定が効力を有している当該生産計画申請給油所以外の給油所に係る生産計画に記載されている主たる生産揮発油流通経路のうち当該生産計画申請給油所以外の給油所の直前までのものとが
第一項第一号ロ	生産計画申請業者が申請の日前一月間生産計画申請給油所を用いて法第十三条の規格に適合しない揮発油を販売していないこと、かつ、	削除

第一項第二号イ	が、当該確認計画申請業者が申請の日前一月間確認計画申請給油所を用いて販売した揮発油の主たる確認揮発油流通経路と	のうち当該確認計画申請給油所の直前までのものと、第一項の認定を受け、かつ、当該認定が効力を有している当該確認計画申請給油所以外の給油所に係る確認計画に記載されている主たる確認揮発油流通経路のうち当該確認計画申請給油所以外の給油所の直前までのものとが
第一項第二号ロ	確認計画申請業者が申請の日前一月間確認計画申請給油所を用いて法第十三条の規格に適合しない揮発油を販売していないこと、かつ、	削除
第二項	申請の日前一月間生産揮発油申請給油所又は確認揮発油申請給油所（以下「申請給油所」と総称する。）を用いて販売した揮発油の主たる生産揮発油流通経路又は主たる確認揮発油流通経路（以下「申請前流通経路」と総称する。）	申請の日から当該生産計画の終了の日又は確認計画の終了の日まで生産揮発油申請給油所又は確認揮発油申請給油所（以下「申請給油所」と総称する。）を用いて販売する揮発油の主たる生産揮発油流通経路又は主たる確認揮発油流通経路

4　生産計画及び確認計画には、次に掲げる事項を記載しなければならない。ただし、第三項で読み替えられた第一項の認定を受ける計画には、第五号に掲げる事項及び第八号に掲げる事項のうち申請前流通経路、第六号に掲げる事項及び第八号に掲げる事項のうち申請の一月前から第一項第二号イに規定する確認を受けていることは記載することを要しない。

一　申請揮発油販売業者の氏名又は名称及び住所並びに法人にあつては、その代表者の氏名

二　登録年月日及び登録番号

三　申請給油所の名称及び所在地

四　計画の開始の日（以下「計画開始日」という。）及び計画の終了の日（以下「計画終了日」という。）

五　申請前流通経路及び申請の日から計画終了日までの間に申請給油所を用いて販売する揮発油の主たる生産揮発油流通経路又は主たる確認揮発油流通経路（以下「申請後流通経路」と総称する。）

六　申請後流通経路を構成する者であつて、申請揮発油販売業者及び揮発油を申請揮発油販売業者に直接又は間接に供給する者（以下「主たる揮発油供給者」という。）の全部（確認計画の場合にあつては、主たる確認供給者に直接又は間接に揮発油を供給する者を除く。以下同じ。）が、申請の日前一月間生産計画申請給油所を用いて法第十三条の規格に適合しない揮発油を販売しないことを確実にするために講じてきた措置

七　申請後流通経路を構成する申請揮発油販売業者及び主たる揮発油供給者の全部が、申請の日から計画終了日までの間に申請給油所を用いて法第十三条の規格に適合しない揮発油を販売しないことを確実にするために講じることとしている措置

八　確認計画の場合にあつては、確認計画申請給油所に揮発油を供給する者が、申請の一月前から第一項第二号イに規定する確認を受けていること及び申請の日から計画終了日までの間に同号イに規定する確認を受けることを確実にするために講じることとしている措置

5　前項第四号の計画開始日から計画終了日までの期間は一年を超えることができない。

6　第一項の認定（第三項で読み替えられた場合を含む。以下同じ。）を受けようとする者は、計画開始日の一月前までに、様式第十による申請書を法第三条の登録又は法第八条第一項の変更登録をした経済産業大臣又は経済産業局長に提出しなければならない。

7　前項の申請書には、次の書類を添付しなければならない。ただし、第三項で読み替えられた第一項の認定を受けようとする者は、第一号の書類のうち申請前流通経路を証する書面、第二号及び第四号の書類並びに第五号の書類のうち第四項第八号の確認を受けていることを証する書面を添付することを要しない。この場合にあつては、第三項で読み替えられた第一項の認定を受けた後、計画開始日から十日以内に、申請給油所に係る法第十九条第一項の帳簿（申請の日から計画開始日までの間の第五十六条第一項第一号に掲げる事項に係る部分に限る。）の写しを法第三条の登録又は法第八条第一項の変更登録をした経済産業大臣又は経済産業局長に提出しなければならない。

一　申請前流通経路及び申請後流通経路を証する書面

二　主たる揮発油供給者の全部が第四項第六号の措置を講じてきたことを誓約する書面

三　第四項第七号の措置が確実に講じられることを証する書面

四　申請給油所に係る法第十九条第一項の帳簿（申請の日前一月間の第五十六条第一項第一号に掲げる事項に係る部分に限る。）の写し

五　確認計画の場合にあつては、第四項第八号の確認を受けていること及び同号の措置が確実に講じられることを証する書面

8　第十四条の八の規定により認定を取り消された揮発油販売業者は、当該認定に係る給油所については、その取消しの日から二年を経過するまでは、第一項の認定を受けることができない。

第十四条の三　前条第一項の認定を受けた揮発油販売業者（以下「認定揮発油販売業者」という。）は、当該認定に係る給油所については法第十六条の規定による揮発油の分析を、第十四条第一号の規定にかかわらず、計画開始日（計画終了日が第十四条の七第一項の規定により変更された場合にあつては、最後に受けた計画終了日の変更の認定の申請の日）から計画終了日（第十四条の七第一項の認定を受けようとする認定揮発油販売業者にあつては、同条第二項の申請の日の前日）までの間に、一回行わなければならない。

第十四条の四　認定揮発油販売業者がその事業の全部を譲り渡

し、又は認定揮発油販売業者について相続、合併若しくは分割（その事業の全部を承継させるものに限る。）があったときは、その事業の全部を譲り受けた者又は相続人（相続人が二人以上ある場合において、その全員の同意により事業を承継すべき相続人を選定したときは、その者）、合併後存続する法人若しくは合併により設立した法人若しくは分割によりその事業の全部を承継した法人は、その認定揮発油販売業者の地位を承継する。

第十四条の五　第十四条の二第一項の認定を受けた計画（以下「認定計画」という。）について、申請給油所の所在地若しくは第十四条の二第四項第五号、第七号若しくは第八号に掲げる事項に変更があったとき、第十四条の二第七項後段の規定により書類を提出しなかったとき又は当該計画に係る揮発油生産業者、揮発油輸入業者若しくは揮発油加工業者が、それぞれ法第十七条の三第一項、法第十七条の四第一項若しくは第二項の規定による確認を行わなかったときは、当該認定計画に係る認定は、その効力を失う。ただし、経済産業大臣が告示で定める区域内において申請給油所を有する揮発油販売業者の認定計画について経済産業大臣が告示で定める期間内に生じた変更であって、特定非常災害（特定災害の被害者の権利利益の保全等を図るための特別措置に関する法律（平成八年法律第八十五号）第二条第一項の特定非常災害をいう。）により緊急に揮発油を販売する必要があると認められる場合において生じた当該揮発油販売業者までの申請後流通経路を短縮する変更その他これに類する変更は、この限りでない。

第十四条の六　揮発油販売業者は、認定計画について第十四条の二第四項第一号、第三号、第五号、第七号又は第八号に掲げる事項に変更があったときは、遅滞なく、その旨を法第三条の登録又は法第八条第一項の変更登録をした経済産業大臣又は経済産業局長に届け出なければならない。

２　前項の届出をしようとする者は、様式第十一による届出書を法第三条の登録又は法第八条第一項の変更登録をした経済産業大臣又は経済産業局長に提出しなければならない。

第十四条の七　認定揮発油販売業者は、法第三条の登録又は法第八条第一項の変更登録をした経済産業大臣又は経済産業局長の認定を受けて計画終了日を変更することができる。

２　前項の認定を受けようとする者は、計画終了日の三月前から一月前までの間に、様式第十二による申請書を法第三条の登録又は法第八条第一項の変更登録をした経済産業大臣又は経済産業局長に提出しなければならない。

３　第一項の規定により変更される前の計画終了日から同項の規定により変更される後の計画終了日までの期間（以下「計画期間」という。）は一年を超えることはできない。ただし、第一項の認定を継続して二回以上受けた場合にあっては、計画期間は二年を超えることができないものとする。

４　前項ただし書の規定により計画期間を一年を超えるものとした場合には、第十四条の三の規定にかかわらず、法第十六条の規定による揮発油の分析を、当該計画開始日から一年を経過するまでの間に一回、一年を経過した翌日から当該計画終了日までの間に一回行わなければならない。

５　第十四条の二第一項、第二項、第四項及び第七項の規定は、第一項の認定に準用する。この場合において、同条第一項第一号イ中「申請の日から当該生産計画の終了の日（以下「生産計画終了日」という。）」とあり、同条第一項第二号イ中「申請の日から当該確認計画の終了の日（以下「確認計画終了日」という。）」とあり、又は同条第四項第五号、第七号及び第八号中「申請の日から計画終了日」とあるのは「第十四条の七第一項の認定の申請の日から変更後の計画終了日」と、同条第一項第一号及び第二号、第二項、第四項第六号並びに第七項第四号中「申請の日前一月間」とあるのは「計画の認定の申請の日（変更された計画終了日の変更の認定にあっては最後に受けた第十四条の七第一項の認定の申請の日）から第十四条の七第一項の認定の申請の日までの間」と、同条第四項第四号中「計画の開始の日（以下「計画開始日」という。）及び計画の終了の日（以下「計画終了日」という。）」とあるのは「変更前の計画終了日及び変更後の計画終了日」と読み替えるものとする。

第十四条の八　法第三条の登録又は法第八条第一項の変更登録をした経済産業大臣又は経済産業局長は、認定揮発油販売業者が次の各号の一に該当するときは、当該認定を取り消すことができる。

一　第十四条の二第四項第一号又は第三号に掲げる事項（申請給油所の所在地を除く。）に変更があったにもかかわらず、第十四条の六第一項の規定による届出をしなかったとき。

二　不正の手段により第十四条の二第一項又は第十四条の七第一項の認定を受けたとき。

三　当該認定に係る給油所を用いて法第十三条の規格に適合しない揮発油を販売したとき。

（分析設備の技術上の基準）

第十五条　法第十六条の経済産業省令で定める分析設備の技術上の基準は、次の各号に掲げるとおりとする。

一　日本産業規格Ｋ二二五五号（石油製品—ガソリン—鉛分試験方法）の原子吸光Ａ法又は原子吸光Ｂ法で定める試験方法による試験を行うことができるものであること。

二　日本産業規格Ｋ二五四一—一号（原油及び石油製品—硫黄分試験方法）で定める試験方法、日本産業規格Ｋ二五四一—二号（原油及び石油製品—硫黄分試験方法）で定める試験方法、日本産業規格Ｋ二五四一—六号（原油及び石油製品—硫黄分試験方法）で定める試験方法又は日本産業規格Ｋ二五四一—七号（原油及び石油製品—硫黄分試験方法）で定める試験方法による試験を行うことができるものであること。

三　メチルターシャリーブチルエーテルの混入率について、日本産業規格Ｋ二五三六—二号（石油製品—成分試験方法）で定める試験方法、日本産業規格Ｋ二五三六—四号（石油製品—成分試験方法）で定める試験方法、日本産業規格Ｋ二五三六—五号（石油製品—成分試験方法）で定める試験方法又は日本産業規格Ｋ二五三六—六号（石油製品—成分試験方法）で定める試験方法による試験を行うことができるものであること。

四　酸素分について、日本産業規格Ｋ二五三六—二号（石油製品—成分試験方法）で定める試験方法、日本産業規格Ｋ二五三六—四号（石油製品—成分試験方法）で定める試験方法又は日本産業規格Ｋ二五三六—六号（石油製品—成分試験方法）で定める試験方法による試験を行うことができるものであること。

五　ベンゼンの混入率について、日本産業規格K二五三六―二号（石油製品―成分試験方法）で定める試験方法、日本産業規格K二五三六―三号（石油製品―成分試験方法）で定める試験方法又は日本産業規格K二五三六―四号（石油製品―成分試験方法）で定める試験方法による試験を行うことができるものであること。

六　灯油の混入率について、日本産業規格K二五三六―二号（石油製品―成分試験方法）で定める試験方法又は日本産業規格K二五三六―四号（石油製品―成分試験方法）で定める試験方法による試験を行うことができるものであること。

七　メタノールの混入率について、日本産業規格K二五三六―二号（石油製品―成分試験方法）で定める試験方法、日本産業規格K二五三六―四号（石油製品―成分試験方法）で定める試験方法、日本産業規格K二五三六―五号（石油製品―成分試験方法）で定める試験方法又は日本産業規格K二五三六―六号（石油製品―成分試験方法）で定める試験方法による試験を行うことができるものであること。

八　エタノールの混入率について、日本産業規格K二五三六―二号（石油製品―成分試験方法）で定める試験方法、日本産業規格K二五三六―四号（石油製品―成分試験方法）で定める試験方法又は日本産業規格K二五三六―六号（石油製品―成分試験方法）で定める試験方法による試験を行うことができるものであること。

九　日本産業規格K二二六一号（石油製品―自動車ガソリン及び航空燃料油―実在ガム試験方法―噴射蒸発法）で定める試験方法による試験を行うことができるものであること。

2　前項第九号の基準は、日本産業規格K〇一二四号（高速液体クロマトグラフィー通則）その他の経済産業大臣が別に定める測定方法による揮発油中の酸化生成物の測定を行うことができるものをもつて代えることができる。

（揮発油の分析の委託等の届出）

第十五条の二　法第十六条の二第二項の規定により揮発油の分析の委託又は委託に係る契約の失効の届出をしようとする者は、様式第十三による届出書に委託に係る契約書の写しを添付して、法第三条の登録又は法第八条第一項の変更登録をした経済産業大臣又は経済産業局長に提出しなければならない。ただし、委託に係る契約の失効の場合にあつては、当該写しの添付を省略することができる。

（表示）

第十六条　法第十七条の経済産業省令で定める事項は、次の各号に掲げるとおりとする。

一　氏名又は名称

二　給油所の名称

三　登録年月日及び登録番号

四　品質管理者の氏名

五　揮発油の分析に使用する分析設備の種類又は揮発油の分析を委託している登録分析機関の名称

六　認定計画に係る給油所にあつては、当該給油所に係る計画について第十四条の二第一項の認定を受けている旨及び当該計画の終了の日

2　法第十七条の規定による表示は、様式第十四によりするものとする。

（揮発油生産業者等の規格適合確認）

第十七条　法第十七条の三第一項、法第十七条の四第一項若しくは第二項又は法第十七条の四の二第一項の規定による確認は、次の各号に定めるところにより行わなければならない。

一　試料は、法第十七条の三第一項、法第十七条の四第一項若しくは第二項又は法第十七条の四の二第一項の確認を行つた揮発油が、販売又は消費されるまでの間に異なる品質の揮発油と混合を生じるおそれがない段階において採取すること。

二　採取した試料は速やかに分析をするものとし、分析をするまでの間はその成分の変化が生じないような措置を講じておくこと。

三　自ら保有する第十五条で定める技術上の基準に適合する分析設備を使用して、分析すること。

四　消防法第十三条の二の甲種危険物取扱者免状又は乙種危険物取扱者免状の交付を受けている者（以下「品質管理責任者」という。）に、当該分析設備の使用方法に従つて分析させること。

五　試料の採取は、次のイ又はロのいずれかの方法で行うこと。

イ　供給設備ごとに当該供給設備からその容量と同量の揮発油が出荷されるごとに行うこと。

ロ　揮発油生産業者、揮発油加工業者又は揮発油特定加工業者が当該揮発油の生産について産業標準化法第三十条第一項に規定する鉱工業品の製造業者の認証を受けた場合にあつては、同法第三十条第三項に規定する製造品質管理体制において定められた方法により行うこと。

2　前項の規定にかかわらず、揮発油生産業者、揮発油輸入業者、揮発油加工業者及び揮発油特定加工業者は、揮発油生産業者に揮発油を販売するときは、当該揮発油を購入する揮発油生産業者が法第十七条の三第一項の確認を行うことを確認することにより、法第十七条の三第一項、法第十七条の四第一項若しくは第二項又は法第十七条の四の二第一項の規定による確認を行うことができる。

（揮発油特定加工業者の確認の特則）

第十七条の二　揮発油特定加工業者は、特定加工する場所ごとに、揮発油特定加工品質確認計画（以下「揮発油特定加工計画」という。）を作成し、これを法第十二条の二の登録又は法第十二条の六第一項の変更登録をした経済産業大臣又は経済産業局長に提出して、当該揮発油特定加工計画が次の各号に適合する旨の認定を受けることができる。

一　認定を受けようとする揮発油特定加工業者（以下「揮発油特定加工計画申請業者」という。）に供給する揮発油を生産又は輸入する者（以下「混和前揮発油生産業者等」という。）が生産又は輸入した揮発油及び当該揮発油特定加工計画申請業者に供給する混和対象物を生産又は輸入する者（以下この条、次条及び第十七条の八において「混和対象物生産業者等」という。）が生産又は輸入した混和対象物を用いて揮発油を生産した場合に揮発油規格に適合することが確認されること。

二　揮発油特定加工計画の開始の日から終了の日までの間（以下「揮発油特定加工計画期間」という。）、前号により確認された混和前の揮発油が混和前揮発油生産業者等により継続的に生産又は輸入されることが確実であること。

三　揮発油特定加工計画期間中、第一号により確認された混和対象物が混和対象物生産業者等により継続的に生産又は輸入されることが確実であること。
四　揮発油特定加工計画期間中、第二号により継続的に生産又は輸入されることが確実であるとされた混和前の揮発油の混和前揮発油生産業者等から申請に係る特定加工する場所（以下「揮発油特定加工計画特定加工場所」という。）までの流通の経路（以下「混和前揮発油流通経路」という。）が一定であること。
五　揮発油特定加工計画期間中、第三号により継続的に生産又は輸入されることが確実であるとされた混和対象物の混和対象物生産業者等から揮発油特定加工計画特定加工場所までの流通の経路（以下「混和対象物流通経路」という。）が一定であること。

2　揮発油特定加工計画には、次に掲げる事項を記載しなければならない。
一　揮発油特定加工計画申請業者の氏名又は名称及び住所並びに法人にあつては、その代表者の氏名
二　登録年月日及び登録番号
三　揮発油特定加工計画特定加工場所の所在地
四　計画の開始の日及び計画の終了の日
五　混和前揮発油生産業者等の氏名又は名称及び住所並びに法人にあつては、その代表者の氏名
六　揮発油特定加工計画期間中、前項第一号により確認された混和前の揮発油が混和前揮発油生産業者等により継続的に生産又は輸入されることを確実にするための措置
七　揮発油特定加工計画期間中の混和前揮発油流通経路
八　混和対象物生産業者等の氏名又は名称及び住所並びに法人にあつては、その代表者の氏名
九　混和対象物生産業者等が生産又は輸入する混和対象物を生産又は輸入する場所
十　揮発油特定加工計画期間中、前項第一号により確認された混和対象物が混和対象物生産業者等により継続的に生産又は輸入されることを確実にするための措置
十一　揮発油特定加工計画期間中の混和対象物流通経路

3　前項第四号の計画の開始の日から計画の終了の日までの期間は、一年を超えることができない。

4　第一項の認定を受けようとする者は、第二項第四号の計画の開始の日の一月前までに、様式第十四の二による申請書を法第十二条の二の登録又は法第十二条の六第一項の変更登録をした経済産業大臣又は経済産業局長に提出しなければならない。

5　前項の申請書には、次の書類を添付しなければならない。
一　混和前揮発油生産業者等が第十七条第一項第五号に規定する方法により揮発油規格に適合する揮発油であることを確認した揮発油の供給を受けることを証する書面
二　揮発油特定加工計画期間中、混和前揮発油流通経路が一定であることを証する書面及びその旨を誓約する書面（揮発油特定加工計画申請業者と混和前揮発油生産業者等が同一の場合は、当該揮発油の生産計画書又は輸入計画書）
三　揮発油特定加工計画申請業者が、混和対象物を生産する者（以下この号、次号並びに第十七条の五第三項第二号及び第三号において「混和対象物生産業者」という。）から供給を受ける場合は、次に掲げるいずれかの書類
イ　揮発油特定加工計画期間中、混和対象物生産業者が生産した混和対象物が当該混和対象物を用いて揮発油を生産した場合に揮発油規格に適合するものであることの当該混和対象物の供給設備ごとに当該供給設備からその容量と同量の混和対象物が出荷されるごとに行う確認を、登録分析機関その他の第三者の試験分析機関が行う場合にあつては、当該試験分析機関との委託契約書の写し
ロ　揮発油特定加工計画期間中、混和対象物生産業者が生産した混和対象物が当該混和対象物を用いて揮発油を生産した場合に揮発油規格に適合するものであることの当該混和対象物の供給設備ごとに当該供給設備からその容量と同量の混和対象物が出荷されるごとに行う確認を、混和対象物生産業者が自ら行う場合にあつては、自らの分析設備を用いて確認を行う旨を誓約する書面
ハ　混和対象物生産業者が当該混和対象物の生産について産業標準化法第三十条第一項に規定する鉱工業品の製造業者の認証を受けた場合にあつては同法第三十条第三項に規定する製造品質管理体制において定められた方法により、当該混和対象物を用いて揮発油を生産した場合に揮発油規格に適合することを証する書面
ニ　申請の日前三月間において、混和対象物生産業者が生産した混和対象物が当該混和対象物を用いて揮発油を生産した場合に揮発油規格に適合するものであることについて、当該混和対象物の供給設備ごとに当該供給設備からその容量と同量の混和対象物が出荷されるごとに、登録分析機関その他の第三者の試験分析機関が二回確認したことを証する書面
四　前号ニに掲げる書類を添付する場合においては、混和対象物生産業者の製造設備、供給設備その他の設備の能力、構造図及び配置図並びに当該設備の管理体制を記載した書面
五　揮発油特定加工計画申請業者が、混和対象物を輸入する者（以下この号及び第十七条の五第三項第五号において「混和対象物輸入業者」という。）から供給を受ける場合は、次に掲げるいずれかの書類
イ　揮発油特定加工計画期間中、混和対象物輸入業者が輸入した混和対象物が当該混和対象物を用いて揮発油を生産した場合に揮発油規格に適合するものであることの当該混和対象物の供給設備ごとに当該供給設備からその容量と同量の混和対象物が出荷されるごとに行う確認を、登録分析機関その他の第三者の試験分析機関が行う場合にあつては、当該試験分析機関との委託契約書の写し
ロ　揮発油特定加工計画期間中、混和対象物輸入業者が輸入した混和対象物が当該混和対象物を用いて揮発油を生産した場合に揮発油規格に適合するものであることの当該混和対象物の供給設備ごとに当該供給設備からその容量と同量の混和対象物が出荷されるごとに行う確認を、混和対象物輸入業者が自ら行う場合にあつては、自らの分析設備を用いて確認を行う旨を誓約する書面
六　揮発油特定加工計画期間中、混和対象物流通経路が一定であることを証する書面及びその旨を誓約する書面（揮発油特定加工計画申請業者と混和対象物生産業者等が同一の場合は、当該混和対象物の生産計画書又は輸入計画書）

6　第十七条の八の規定により認定を取り消された揮発油特定

加工業者は、その取消しの日から二年を経過するまでは、第一項の認定を受けることができない。

第十七条の三　前条第一項の認定を受けた揮発油特定加工業者（以下「認定揮発油特定加工業者」という。）は、法第十七条の四の二第一項の規定による揮発油の確認を、第十七条第一項第五号の規定にかかわらず、揮発油特定加工計画期間中、三月以内に一回の頻度で行わなければならない。

2　認定揮発油特定加工業者は、混和対象物生産業者等が生産又は輸入した混和対象物が当該混和対象物を用いて揮発油を生産した場合に揮発油規格に適合するものであることが当該混和対象物の供給設備ごとに確認されたことを証する書面を、揮発油特定加工計画期間中、三月以内に一回の頻度で、様式第十四の三により法第十二条の二の登録又は法第十二条の六第一項の変更登録をした経済産業大臣又は経済産業局長に届け出なければならない。

第十七条の四　認定揮発油特定加工業者がその事業の全部を譲り渡し、又は認定揮発油特定加工業者について相続、合併若しくは分割（その事業の全部を承継させるものに限る。）があったときは、その事業の全部を譲り受けた者又は相続人（相続人が二人以上ある場合において、その全員の同意により事業を承継すべき相続人を選定したときは、その者）、合併後存続する法人若しくは合併により設立した法人若しくは分割によりその事業の全部を承継した法人は、その認定揮発油特定加工業者の地位を承継する。

第十七条の五　認定揮発油特定加工業者は、第十七条の二第一項の認定を受けた揮発油特定加工計画（以下「認定揮発油特定加工計画」という。）について第十七条の二第二項第三号、第六号、第七号、第九号、第十号又は第十一号に掲げる事項を変更して揮発油を販売又は消費しようとするときは、法第十二条の二の登録又は法第十二条の六第一項の変更登録をした経済産業大臣又は経済産業局長の認定を受けなければならない。

2　前項の変更の認定を受けようとする者は、様式第十四の四による変更申請書を法第十二条の二の登録又は法第十二条の六第一項の変更登録をした経済産業大臣又は経済産業局長に提出しなければならない。

3　前項の変更申請書には、次の各号に掲げる区分に応じ、当該各号に掲げる書類を添付するものとする。

一　第十七条の二第二項第七号に掲げる事項の変更　変更に係る混和前揮発油流通経路が一定であることを証する書面及びその旨を誓約する書面（混和前揮発油流通経路の変更に伴い認定揮発油特定加工業者と混和前揮発油生産業者等が同一となる場合は、当該揮発油の生産計画書又は輸入計画書）

二　第十七条の二第二項第十号に掲げる措置としての混和対象物生産業者が生産した混和対象物が当該混和対象物を用いて揮発油を生産した場合に揮発油規格に適合するものであることの当該混和対象物の供給設備ごとに当該供給設備からその容量と同量の混和対象物が出荷されるごとに行う確認（以下この号において単に「確認」という。）に関する変更　次に掲げるいずれかの書類

イ　第十七条の二第五項第三号イに掲げる書類を同条第四項の申請書に添付して同条第一項の認定を受けた者が当該書類に記載された試験分析機関の変更その他委託契約の内容を変更する場合（委託契約を破棄する場合を除く。）にあっては、当該変更に係る試験分析機関との委託契約書の写し

ロ　第十七条の二第五項第三号イに掲げる書類を同条第四項の申請書に添付して同条第一項の認定を受けた者が当該書類に記載された試験分析機関との委託契約を破棄し、当該試験分析機関による確認に代えて自らの分析設備を用いて確認を行う場合にあっては、その旨を誓約する書面

ハ　第十七条の二第五項第三号イに掲げる書類を同条第四項の申請書に添付して同条第一項の認定を受けた者が当該書類に記載された試験分析機関との委託契約を破棄し、当該試験分析機関による確認に代えて混和対象物生産業者が当該混和対象物の生産について産業標準化法第三十条第一項に規定する鉱工業品の製造業者の認証を受けて同法第三十条第三項に規定する製造品質管理体制において定められた方法により当該混和対象物を用いて揮発油を生産した場合に揮発油規格に適合する旨の確認（以下この号及び次号において「産業標準化法に基づく方法による確認」という。）によることとする場合にあっては、当該混和対象物を用いて揮発油を生産した場合に揮発油規格に適合することを証する書面

ニ　第十七条の二第五項第三号イに掲げる書類を同条第四項の申請書に添付して同条第一項の認定を受けた者が当該書類に記載された試験分析機関との委託契約書を破棄する場合（ロ及びハの場合を除く。）にあっては、混和対象物生産業者の製造設備、供給設備その他の設備の能力、構造図及び配置図並びに当該設備の管理体制を記載した書面、並びに当該供給設備ごとに当該供給設備からその容量と同量の混和対象物が出荷されるごとに登録分析機関その他の第三者の試験分析機関が二回確認したことを証する書面

ホ　第十七条の二第五項第三号ロに掲げる書類を同条第四項の申請書に添付して同条第一項の認定を受けた者が自らの分析設備による確認に代えて登録分析機関その他の第三者の試験分析機関により確認を行わせる場合にあっては、当該試験分析機関との委託契約書の写し

ヘ　第十七条の二第五項第三号ロに掲げる書類を同条第四項の申請書に添付して同条第一項の認定を受けた者が自らの分析設備による確認に代えて産業標準化法に基づく方法による確認を行うこととする場合にあっては、当該混和対象物を用いて揮発油を生産した場合に揮発油規格に適合することを証する書面

ト　第十七条の二第五項第三号ロに掲げる書類を同条第四項の申請書に添付して同条第一項の認定を受けた者が自らの分析設備による確認を行わないこととする場合（ホ及びヘの場合を除く。）にあっては、混和対象物生産業者の製造設備、供給設備その他の設備の能力、構造図及び配置図並びに当該設備の管理体制を記載した書面、並びに当該供給設備ごとに当該供給設備からその容量と同量の混和対象物が出荷されるごとに登録分析機関その他の第三者の試験分析機関が二回確認したことを証する書面

チ　第十七条の二第五項第三号ハに掲げる書類を同条第四

項の申請書に添付して同条第一項の認定を受けた者が産業標準化法に基づく方法による確認に代えて登録分析機関その他の第三者の試験分析機関により確認を行わせる場合にあつては、当該試験分析機関との委託契約書の写し

リ　第十七条の二第五項第三号ハに掲げる書類を同条第四項の申請書に添付して同条第一項の認定を受けた者が産業標準化法に基づく方法による確認に代えて自らの分析設備を用いて確認を行う場合にあつては、その旨を誓約する書面

ヌ　第十七条の二第五項第三号ニに掲げる書類を同条第四項の申請書に添付して同条第一項の認定を受けた者が新たに登録分析機関その他の第三者の試験分析機関により確認を行わせる場合にあつては、当該試験分析機関との委託契約書の写し

ル　第十七条の二第五項第三号ニに掲げる書類を同条第四項の申請書に添付して同条第一項の認定を受けた者が新たに自らの分析設備を用いて確認を行う場合にあつては、その旨を誓約する書面

三　第十七条の二第二項第十号に掲げる措置としての産業標準化法に基づく方法による確認に関する変更　次に掲げるいずれかの書類

イ　第十七条の二第五項第三号ハに掲げる書類を同条第四項の申請書に添付して同条第一項の認定を受けた者が産業標準化法に基づく方法による確認を行わないこととする場合（前号チ及びリの場合を除く。）にあつては、混和対象物生産業者の製造設備、供給設備その他の設備の能力、構造図及び配置図並びに当該設備の管理体制を記載した書面、並びに当該供給設備ごとに当該供給設備からその容量と同量の混和対象物が出荷されるごとに登録分析機関その他の第三者の試験分析機関が二回確認したことを証する書面

ロ　第十七条の二第五項第三号ニに掲げる書類を同条第四項の申請書に添付して同条第一項の認定を受けた者が新たに産業標準化法に基づく方法による確認を行うこととする場合にあつては、当該混和対象物を用いて揮発油を生産した場合に揮発油規格に適合することを証する書面

四　第十七条の二第二項第十号に掲げる措置としての同条第五項第四号に掲げる書面に記載された混和対象物生産業者の製造設備、供給設備その他の設備の能力を維持する旨の変更　変更後の混和対象物生産業者の製造設備、供給設備その他の設備の能力、構造図及び配置図並びに当該設備の管理体制を記載した書面、並びに当該変更後の製造設備、供給設備その他の設備を用いて生産された混和対象物が当該混和対象物を用いて揮発油を生産した場合に揮発油規格に適合するものであることについて、当該混和対象物の供給設備ごとに当該供給設備からその容量と同量の混和対象物が出荷されるごとに登録分析機関その他の第三者の試験分析機関が二回確認したことを証する書面

五　第十七条の二第二項第十号に掲げる措置としての同条第五項第四号に掲げる書面に記載された管理体制を維持する旨の変更　変更後の管理体制を記載した書面

六　第十七条の二第二項第十号に掲げる措置としての混和対象物輸入業者が輸入した混和対象物が当該混和対象物を用いて揮発油を生産した場合に揮発油規格に適合するものであることの当該混和対象物の供給設備ごとに当該供給設備からその容量と同量の混和対象物が出荷されるごとに行う確認（以下この号において単に「確認」という。）に関する変更　次に掲げるいずれかの書類

イ　第十七条の二第五項第五号イに掲げる書類を同条第四項の申請書に添付して同条第一項の認定を受けた者が当該書類に記載された試験分析機関の変更その他委託契約の内容を変更する場合（委託契約を破棄する場合を除く。）にあつては、当該変更に係る試験分析機関との委託契約書の写し

ロ　第十七条の二第五項第五号イに掲げる書類を同条第四項の申請書に添付して同条第一項の認定を受けた者が当該書類に記載された試験分析機関との委託契約を破棄し、当該試験分析機関による確認に代えて自らの分析設備を用いて確認を行う場合にあつては、その旨を誓約する書面

ハ　第十七条の二第五項第五号ロに掲げる書類を同条第四項の申請書に添付して同条第一項の認定を受けた者が自らの分析設備による確認に代えて登録分析機関その他の第三者の試験分析機関により確認を行わせる場合にあつては、当該試験分析機関との委託契約書の写し

七　第十七条の二第二項第十一号に掲げる事項の変更　変更に係る混和対象物流通経路が一定であることを証する書面及びその旨を誓約する書面（混和対象物流通経路の変更に伴い認定揮発油特定加工業者と混和対象物生産業者等が同一となる場合は、当該混和対象物の生産計画書又は輸入計画書）

4　第十七条の二第一項の規定は、第一項の変更の認定について準用する。

第十七条の六　認定揮発油特定加工業者は、認定揮発油特定加工計画について第十七条の二第二項第一号、第五号又は第八号に掲げる事項に変更があつたときは、遅滞なく、その旨を法第十二条の二の登録又は法第十二条の六第一項の変更登録をした経済産業大臣又は経済産業局長に届け出なければならない。

2　前項の届出をしようとする者は、様式第十四の五による届出書を法第十二条の二の登録又は法第十二条の六第一項の変更登録をした経済産業大臣又は経済産業局長に提出しなければならない。

第十七条の七　認定揮発油特定加工業者は、法第十二条の二の登録又は法第十二条の六第一項の変更登録をした経済産業大臣又は経済産業局長の認定を受けて計画の終了の日を変更することができる。

2　前項の認定を受けようとする者は、計画の終了の日の三月前から一月前までの間に、様式第十四の六による申請書を法第十二条の二の登録又は法第十二条の六第一項の変更登録をした経済産業大臣又は経済産業局長に提出しなければならない。

3　第一項の規定により変更される前の計画の終了の日から同項の規定により変更される後の計画の終了の日までの期間は、一年を超えることはできない。

4　第十七条の二第一項、第二項、第五項第二号及び第三号ハ並びに第六号の規定は、第一項の認定に準用する。この場合

において、同条第一項第二号中「揮発油特定加工計画の開始の日から終了の日」とあるのは「変更前の揮発油特定加工計画の終了の日から変更後の計画の終了の日」と、同条第二項第四号中「計画の開始の日及び計画の終了の日」とあるのは「変更前の計画の終了の日及び変更後の計画の終了の日」と、同条第五項第三号ハ中「申請の日前三月間において、混和対象物生産業者」とあるのは「混和対象物生産業者」と読み替えるものとする。

第十七条の八 法第十二条の二の登録又は法第十二条の六第一項の変更登録をした経済産業大臣又は経済産業局長は、認定揮発油特定加工業者が次の各号の一に該当するときは、第十七条の二第一項、第十七条の五第一項又は前条第一項の認定を取り消すことができる。

一 第十七条の三第一項の規定による確認を行わなかったとき。

二 第十七条の三第二項の規定による届出をしなかったとき。

三 第十七条の二第二項第三号、第六号、第七号、第九号、第十号又は第十一号に掲げる事項に変更があったにもかかわらず、第十七条の五第一項の規定による変更の認定を受けなかったとき。

四 第十七条の二第二項第一号、第五号又は第八号に掲げる事項に変更があったにもかかわらず、第十七条の六第一項の規定による届出をしなかったとき。

五 認定揮発油特定加工業者に係る混和前揮発油生産業者等が生産又は輸入する揮発油を用いて揮発油を生産した場合に揮発油規格に適合しなくなったとき。

六 認定揮発油特定加工業者に係る混和対象物生産業者等が生産又は輸入する混和対象物を用いて揮発油を生産した場合に揮発油規格に適合しなくなったとき。

七 不正の手段により第十七条の二第一項、第十七条の五第一項又は前条第一項の認定を受けたとき。

八 当該認定に係る特定加工する場所において生産された揮発油が揮発油規格に適合しないものであるにもかかわらず販売又は消費されたとき。

（揮発油輸入業者の届出）

第十八条 法第十七条の四第四項の規定による揮発油の輸入の届出は、次の各号に掲げる用途に応じ、通関の日後七日を超えない期間に様式第十五による届出書を当該揮発油の陸揚地を管轄する経済産業局長に提出しなければならない。

一 自動車の燃料（次号に該当する場合を除く。）

二 自動車の燃料（自動車の燃料として販売又は消費する目的をもって精製又は加工する場合に限る。）

2 前項の規定にかかわらず、本項に規定する承認の申請の日前二年間（以下この項において「過去二年間」という。）以上自動車の燃料として揮発油の輸入の事業を行っている者であって、過去二年間法の規定の違反行為のない者は、経済産業大臣の承認を受けて、通関の日後三月を超えない期間に前項の届出を行うことができる。

3 法第十七条の四第四項の経済産業省令で定める事項は、次の各号に掲げる用途に応じ、次のとおりとする。

一 第一項第一号に規定する用途 次に掲げる事項

イ 氏名又は名称

ロ 分析を行った品質管理責任者又は登録分析機関の名称

ハ 法第十七条の四第一項の確認の結果

ニ 輸入数量

ホ 輸入価格

ヘ 積出港

ト 輸入地

チ 輸入年月日

二 第一項第二号に規定する用途 次に掲げる事項

イ 氏名又は名称

ロ 精製又は加工する場所

ハ 精製又は加工する方法

ニ 輸入数量

ホ 輸入価格

ヘ 積出港

ト 輸入地

チ 輸入年月日

（揮発油輸入業者の変更届出）

第十九条 法第十七条の四第六項の規定により変更の届出をしようとする者は、様式第十六による届出書を前条の届出をした経済産業局長に提出しなければならない。

（標準揮発油の基準）

第二十条 法第十七条の六第一項の標準揮発油の基準として経済産業省令で定めるものは、次の各号に掲げるとおりとする。

一 日本産業規格K二二〇二号（自動車ガソリン）の表一で定める一号に適合する揮発油（以下「標準揮発油一号」という。）であること。

二 日本産業規格K二二〇二号（自動車ガソリン）の表一で定める一号(E)に適合する揮発油（以下「標準揮発油一号(E)」という。）であること。

三 日本産業規格K二二〇二号（自動車ガソリン）の表一で定める二号に適合する揮発油（以下「標準揮発油二号」という。）であること。

四 日本産業規格K二二〇二号（自動車ガソリン）の表一で定める二号(E)に適合する揮発油（以下「標準揮発油二号(E)」という。）であること。

（標準揮発油の表示の場所）

第二十一条 法第十七条の六第一項に規定する表示は、別表第一の上欄に掲げる区分に応じ、同表の下欄に掲げる場所に掲示するものとする。ただし、標準揮発油一号、標準揮発油一号(E)、標準揮発油二号又は標準揮発油二号(E)の基準に適合する揮発油のみを販売する施設又は設備（当該施設又は設備が、軽油又は灯油を販売する施設又は設備である場合にあっては、標準軽油の基準に適合する軽油又は標準灯油の基準に適合する灯油のみを販売する施設又は設備に限る。）にあっては、同表の下欄に掲げる場所に加えて当該施設又は設備の任意の場所に当該表示を掲示することができる。

2 前項の表示は、標準揮発油一号については様式第十七により、標準揮発油一号(E)については様式第十七の二により、標準揮発油二号については様式第十八により、標準揮発油二号(E)については様式第十八の二によりするものとする。

第二節 軽油の品質の確保

（軽油規格）

第二十二条　法第十七条の七第一項の軽油の規格として経済産業省令で定めるものは、次の各号に掲げるとおりとする。
一　硫黄分が〇・〇〇一質量百分率以下であること。
二　セタン指数が四十五以上であること。
三　九十パーセント留出温度が三百六十度以下であること。
四　トリグリセリドが〇・〇一質量百分率以下であること。
五　次のイ又はロの要件を満たすものであること。
イ　脂肪酸メチルエステルが〇・一質量百分率以下であること。
ロ　脂肪酸メチルエステルが〇・一質量百分率を超え五質量百分率以下であつて、次に掲げる要件を満たすこと。
(1)　メタノールが〇・〇一質量百分率以下であること。
(2)　酸価（軽油一グラムのうちに含まれる酸の中和に要する水酸化カリウムのミリグラム数をいう。以下同じ。）が〇・一三以下であること。
(3)　ぎ酸、酢酸及びプロピオン酸の合計が〇・〇〇三質量百分率以下であること。
(4)　酸化安定度が六十五分以上であること。

2　前項第一号に定める数値は、日本産業規格Ｋ二五四一―一号（原油及び石油製品―硫黄分試験方法）で定める試験方法、日本産業規格Ｋ二五四一―二号（原油及び石油製品―硫黄分試験方法）で定める試験方法、日本産業規格Ｋ二五四一―六号（原油及び石油製品―硫黄分試験方法）で定める試験方法又は日本産業規格Ｋ二五四一―七号（原油及び石油製品―硫黄分試験方法）で定める試験方法により測定した場合における数値とする。

3　第一項第二号に定める数値は、日本産業規格Ｋ二二八〇―五号（石油製品―オクタン価、セタン価及びセタン指数の求め方）で定める方法により算出した場合における数値又は日本産業規格Ｋ二二八〇―四号（石油製品―オクタン価、セタン価及びセタン指数の求め方）で定める方法により測定した場合における数値とする。

4　第一項第三号に定める数値は、日本産業規格Ｋ二二五四号（石油製品―蒸留試験方法）の常圧法蒸留試験方法で定める試験方法により測定した場合における数値とする。

5　第一項第四号又は同項第五号イ若しくはロに定める数値（同号ロ(1)から(4)までに定める数値を除く。）は、軽油中の脂肪酸メチルエステル又はトリグリセリドの濃度の測定方法として経済産業大臣が定める方法により測定した場合における数値とする。

6　第一項第五号ロ(1)で定める数値は、軽油中のメタノールの濃度の測定方法として経済産業大臣が定める方法により測定した場合における数値とする。

7　第一項第五号ロ(2)に定める数値は、日本産業規格Ｋ二五〇一号（石油製品及び潤滑油―中和価試験方法）の電位差滴定法（酸価）で定める測定方法により測定した場合における数値とする。

8　第一項第五号ロ(3)に定める数値は、軽油中のぎ酸、酢酸又はプロピオン酸の濃度の測定方法として経済産業大臣が定める方法により測定した場合における数値を合計したものとする。

9　第一項第五号ロ(4)に定める数値は、軽油中の酸化安定度の測定方法として経済産業大臣が定める方法により測定した場合における数値とする。

（軽油規格の特例）
第二十二条の二　軽油生産業者、軽油輸入業者、法第十七条の八第三項において準用する法第十七条の四第二項の規定により確認を行うべき者（以下「軽油加工業者」という。）又は軽油特定加工業者が次条に規定する軽油試験研究計画の認定を受けた場合であつて、当該認定を受けた軽油試験研究計画（以下「認定軽油試験研究計画」という。）において定められた試験研究の用に供する軽油を販売又は消費しようとする場合における軽油規格については、前条の規定にかかわらず、当該認定軽油試験研究計画に定められた試験研究の用に供する軽油の品質とする。

（軽油試験研究計画の認定の申請）
第二十二条の三　軽油生産業者、軽油輸入業者、軽油加工業者又は軽油特定加工業者は、試験研究の用に供する軽油を販売又は消費しようとするときは、当該試験研究の開始前に、当該試験研究の計画（以下「軽油試験研究計画」という。）を作成し、経済産業大臣の認定を受けることができる。

2　軽油試験研究計画の期間は、五年を超えることができない。

3　軽油試験研究計画には、次に掲げる事項を記載しなければならない。
一　氏名又は名称及び住所並びに法人にあつては、その代表者の氏名
二　軽油生産業者、軽油輸入業者、軽油加工業者又は軽油特定加工業者が試験研究の用に供する軽油（以下「試験研究用軽油」という。）を販売する場合にあつては、当該試験研究用軽油を自動車の燃料として用いる者の氏名（法人の場合にあつては名称及び代表者の氏名）、住所及び連絡先
三　試験研究の開始の日及び終了の日（試験研究用軽油を販売する場合にあつては、試験研究用軽油の販売の開始の日及び終了の日並びに試験研究の開始の日及び終了の日）
四　試験研究の目的及び実施の場所
五　試験研究用軽油の品質
六　試験研究用軽油の生産を行う場所（試験研究用軽油を輸入する場合にあつては、当該試験研究用軽油を輸入する者から当該試験研究を実施する場所までの流通の経路）
七　試験研究用軽油を用いる自動車の自動車登録番号標又は車両番号標及び型式
八　試験研究における安全を確保するための措置及び管理体制
九　前号の措置を講じ、及び管理体制を維持するための経理的基礎及び技術的能力

4　前三項に規定する軽油試験研究計画の申請は、様式第十八の二の二によるものとする。

（認定の基準）
第二十二条の四　経済産業大臣は、前条第一項の認定の申請が次の各号のいずれにも適合していると認めるときでなければ、その認定をしてはならない。
一　試験研究が自動車の燃料に係る技術の発展に資するものであること。
二　軽油試験研究計画に記載された措置及び管理体制が自動車の燃料に関する安全性に関する知見から判断して適切なものであると認められること。
三　軽油試験研究計画に記載された措置を講じ、及び管理体

制を維持するための経理的基礎及び技術的能力があること。

四　前条第一項の認定の申請を行つた者が、次のイからホまでのいずれにも該当しないこと。

イ　法の規定により刑に処せられ、その執行を終わり、又は執行を受けることがなくなつた日から二年を経過しない者

ロ　軽油特定加工業者であつて法第十二条の十四第一項の規定により登録を取り消され、その取消しの日から二年を経過しない者

ハ　軽油特定加工業者であつて法人であるものが法第十二条の十四第一項の規定により登録を取り消された場合において、その処分のあつた日前三十日以内にその軽油特定加工業者の業務を行う役員であつた者でその処分のあつた日から二年を経過しないもの

ニ　法人であつて、その業務を行う役員のうちにイからハまでのいずれかに該当する者があるもの

ホ　第二十二条の七の規定により認定を取り消され、その取消しの日から二年を経過しない者

（軽油試験研究計画の変更の認定の申請）

第二十二条の五　第二十二条の三第一項の認定を受けた者（以下この節において「認定事業者」という。）は、認定軽油試験研究計画について同条第三項各号に掲げる事項を変更しようとするときは、経済産業大臣の変更の認定を受けなければならない。

2　前条の規定は、前項の変更の認定に準用する。

3　第一項の認定軽油試験研究計画の変更の認定の申請は、様式第十八の三によるものとする。

（認定事業者による管理等）

第二十二条の六　認定事業者は、当該試験研究が認定軽油試験研究計画に従つたものとなるよう管理しなければならない。

2　認定事業者は、認定軽油試験研究計画に記載された措置及び管理体制から見て、予見されない事態が生じたときは、速やかに、これを経済産業大臣に報告しなければならない。

3　認定事業者は、十二月ごとに、様式第十八の四による書面を経済産業大臣に提出しなければならない。

4　認定事業者は、当該認定軽油試験研究計画の終了の日から一月以内に、様式第十八の五による書面を経済産業大臣に提出しなければならない。

（認定の取消）

第二十二条の七　経済産業大臣は、認定事業者が次の各号の一に該当するときは、当該認定を取り消すことができる。

一　不正の手段により第二十二条の三第一項の認定を受けたとき。

二　前条各項の規定に違反したとき。

（軽油と同じ用途に用いることができる石油製品）

第二十二条の八　法第十七条の七第一項の経済産業省令で定める軽油と同じ用途に用いることができる石油製品は、灯油及び重油とする。

（標準軽油の基準）

第二十三条　法第十七条の七第二項において準用する法第十七条の六第一項の標準軽油の基準として経済産業省令で定めるものは、次の各号に掲げるとおりとする。

一　硫黄分が〇・〇〇一質量百分率以下であること。

二　セタン指数が四十五以上であること。

三　九十パーセント留出温度が三百六十度以下であること。

四　トリグリセリドが〇・〇一質量百分率以下であること。

五　次のイ又はロの要件を満たすものであること。

イ　脂肪酸メチルエステルが〇・一質量百分率以下であること。

ロ　脂肪酸メチルエステルが〇・一質量百分率を超え五質量百分率以下であつて、次に掲げる要件を満たすこと。

(1)　メタノールが〇・〇一質量百分率以下であること。

(2)　酸価が〇・一三以下であること。

(3)　ぎ酸、酢酸及びプロピオン酸の合計が〇・〇〇三質量百分率以下であること。

(4)　酸化安定度が六十五分以上であること。

六　引火点が四十五度以上であること。

七　流動点が別表第二の地域及び月の区分に応じ同表に掲げる数値以下であること。

八　目詰まり点が別表第二の地域及び月の区分に応じ同表に掲げる数値以下であること。ただし、同表中「零下二十度」とあるのは「零下十二度」と、「零下七・五度」とあるのは「零下五度」と、「零下二・五度」とあるのは「零下一度」と、「五度」とあるのは「規定せず」と読み替えるものとする。

九　十パーセント残油の残留炭素分が〇・一質量百分率以下であること。

十　動粘度が一・七平方ミリメートル毎秒以上であること。

2　前項第一号に定める数値は、日本産業規格K二五四一―一号（原油及び石油製品―硫黄分試験方法）で定める試験方法、日本産業規格K二五四一―二号（原油及び石油製品―硫黄分試験方法）で定める試験方法、日本産業規格K二五四一―六号（原油及び石油製品―硫黄分試験方法）で定める試験方法又は日本産業規格K二五四一―七号（原油及び石油製品―硫黄分試験方法）で定める試験方法により測定した場合における数値とする。

3　第一項第二号に定める数値は、日本産業規格K二二八〇―五号（石油製品―オクタン価、セタン価及びセタン指数の求め方）で定める方法により算出した場合における数値又は日本産業規格K二二八〇―四号（石油製品―オクタン価、セタン価及びセタン指数の求め方）で定める方法により測定した場合における数値とする。

4　第一項第三号に定める数値は、日本産業規格K二二五四号（石油製品―蒸留試験方法）の常圧法蒸留試験方法で定める試験方法により測定した場合における数値とする。

5　第一項第四号又は同項第五号イ若しくはロに定める数値（同号ロ(1)から(4)までに定める数値を除く。）は、軽油中の脂肪酸メチルエステル又はトリグリセリドの濃度の測定方法として経済産業大臣が定める方法により測定した場合における数値とする。

6　第一項第五号ロ(1)で定める数値は、軽油中のメタノールの濃度の測定方法として経済産業大臣が定める方法により測定した場合における数値とする。

7　第一項第五号ロ(2)に定める数値は、日本産業規格K二五〇一号（石油製品及び潤滑油―中和価試験方法）の電位差滴定法（酸価）で定める測定方法により測定した場合における数値とする。

8　第一項第五号ロ(3)に定める数値は、軽油中のぎ酸、酢酸又はプロピオン酸の濃度の測定方法として経済産業大臣が定める方法により測定した場合における数値を合計したものとする。

9　第一項第五号ロ(4)に定める数値は、軽油中の酸化安定度の測定方法として経済産業大臣が定める方法により測定した場合における数値とする。

10　第一項第六号に定める数値は、日本産業規格K二二六五―三号（引火点の求め方）で定める試験方法により測定した場合における数値とする。

11　第一項第七号に定める数値は、日本産業規格K二二六九号（原油及び石油製品の流動点並びに石油製品曇り点試験方法）の流動点試験方法で定める試験方法により測定した場合における数値とする。

12　第一項第八号に定める数値は、日本産業規格K二二八八号（石油製品―軽油―目詰まり点試験方法）で定める試験方法により測定した場合における数値とする。

13　第一項第九号に定める数値は、日本産業規格K二二七〇―一号（原油及び石油製品―残留炭素分の求め方）又は日本産業規格K二二七〇―二号（原油及び石油製品―残留炭素分の求め方）で定める試験方法により測定した場合における数値とする。

14　第一項第十号に定める数値は、日本産業規格K二二八三号（原油及び石油製品―動粘度試験方法及び粘度指数算出方法）の動粘度試験方法で定める試験方法により試験温度を三十度として測定した場合における数値とする。

（標準軽油の表示の場所）

第二十四条　法第十七条の七第二項において準用する法第十七条の六第一項に規定する表示は、別表第三の上欄に掲げる区分に応じ、同表の下欄に掲げる場所に掲示するものとする。ただし、標準軽油の基準に適合する軽油のみを販売する施設又は設備（当該施設又は設備が、揮発油又は灯油を販売する施設又は設備である場合にあつては、標準揮発油一号、標準揮発油一号(E)、標準揮発油二号若しくは標準揮発油二号(E)の基準に適合する揮発油又は標準灯油の基準に適合する灯油のみを販売する施設又は設備に限る。）にあつては、同表の下欄に掲げる場所に加えて当該施設又は設備の任意の場所に当該表示を掲示することができる。

2　前項の表示は、様式第十九によりするものとする。

（軽油生産業者等の規格適合確認）

第二十五条　法第十七条の八第一項において準用する法第十七条の三第一項、法第十七条の八第二項において準用する法第十七条の四第一項、法第十七条の八第三項において準用する法第十七条の四第二項及び法第十七条の八第四項において準用する法第十七条の四の二第一項の規定による確認は、次の各号に定めるところにより行わなければならない。

一　試料は、法第十七条の八第一項において準用する法第十七条の三第一項、法第十七条の八第二項において準用する法第十七条の四第一項若しくは法第十七条の八第三項において準用する法第十七条の四第二項又は法第十七条の八第四項において準用する法第十七条の四の二第一項の確認を行つた軽油が、販売又は消費されるまでの間に異なる品質の軽油と混合を生じるおそれがない段階において採取すること。

二　採取した試料は速やかに分析をするものとし、分析をするまでの間はその成分の変化が生じないように措置を講じておくこと。

三　自ら保有する分析設備を使用して、分析すること。

四　品質管理責任者に当該分析設備の使用方法に従つて分析させること。

五　試料の採取は、次のイ又はロのいずれかの方法で行うこと。

イ　供給設備ごとに当該供給設備からその容量と同量の軽油が出荷されるごとに行うこと。

ロ　軽油生産業者、軽油加工業者又は軽油特定加工業者が当該軽油の生産について産業標準化法第三十条第一項に規定する鉱工業品の製造業者の認証を受けた場合にあつては、同法第三十条第三項に規定する製造品質管理体制において定められた方法により行うこと。

2　前項の規定にかかわらず、軽油生産業者、軽油輸入業者、軽油加工業者及び軽油特定加工業者は、軽油生産業者に軽油を販売するときは、当該軽油を購入する軽油生産業者が法第十七条の八第一項において準用する法第十七条の三第一項の確認を行うことを確認することにより、法第十七条の八第一項において準用する法第十七条の三第一項、法第十七条の八第二項において準用する法第十七条の四第一項、法第十七条の八第三項において準用する法第十七条の四第二項又は法第十七条の八第四項において準用する法第十七条の四の二第一項の規定による確認を行うことができる。

（軽油特定加工業者の確認の特則）

第二十五条の二　軽油特定加工業者は、特定加工する場所ごとに、軽油特定加工品質確認計画（以下「軽油特定加工計画」という。）を作成し、これを法第十二条の九の登録又は法第十二条の十三第一項の変更登録をした経済産業大臣又は経済産業局長に提出して、当該軽油特定加工計画が次の各号に適合する旨の認定を受けることができる。

一　認定を受けようとする軽油特定加工業者（以下「軽油特定加工計画申請業者」という。）に供給する軽油を生産又は輸入する者（以下「混和前軽油生産業者等」という。）が生産又は輸入した軽油及び当該軽油特定加工計画申請業者に供給する混和対象物を生産又は輸入する者（以下この条、次条及び第二十五条の八において「混和対象物生産業者等」という。）が生産又は輸入した混和対象物を用いて軽油を生産した場合に軽油規格に適合することが確認されること。

二　軽油特定加工計画の開始の日から終了の日までの間（以下「軽油特定加工計画期間」という。）、前号により確認された混和前の軽油が混和前軽油生産業者等により継続的に生産又は輸入されることが確実であること。

三　軽油特定加工計画期間中、第一号により確認された混和対象物が混和対象物生産業者等により継続的に生産又は輸入されることが確実であること。

四　軽油特定加工計画期間中、第二号により継続的に生産又は輸入されることが確実であるとされた混和前の軽油の混和前軽油生産業者等から申請に係る特定加工する場所（以下「軽油特定加工計画特定加工場所」という。）までの流通の経路（以下「混和前軽油流通経路」という。）が一定であること。

五　軽油特定加工計画期間中、第三号により継続的に生産又は輸入されることが確実であるとされた混和対象物の混和対象物生産業者等から軽油特定加工計画特定加工場所までの流通の経路（以下「混和対象物流通経路」という。）が一定であること。

2　軽油特定加工計画には、次に掲げる事項を記載しなければならない。

一　軽油特定加工計画申請業者の氏名又は名称及び住所並びに法人にあっては、その代表者の氏名

二　登録年月日及び登録番号

三　軽油特定加工計画特定加工場所の所在地

四　計画の開始の日及び計画の終了の日

五　混和前軽油生産業者等の氏名又は名称及び住所並びに法人にあっては、その代表者の氏名

六　軽油特定加工計画期間中、前項第一号により確認された混和前の軽油が混和前軽油生産業者等により継続的に生産又は輸入されることを確実にするための措置

七　軽油特定加工計画期間中の混和前軽油流通経路

八　混和対象物生産業者等の氏名又は名称及び住所並びに法人にあっては、その代表者の氏名

九　混和対象物生産業者等が生産又は輸入する混和対象物を生産又は輸入する場所

十　軽油特定加工計画期間中、前項第一号により確認された混和対象物が混和対象物生産業者等により継続的に生産又は輸入されることを確実にするための措置

十一　軽油特定加工計画期間中の混和対象物流通経路

3　前項第四号の計画の開始の日から計画の終了の日までの期間は、一年を超えることができない。

4　第一項の認定を受けようとする者は、第二項第四号の計画の開始の日の一月前までに、様式第十九の二による申請書を法第十二条の九の登録又は法第十二条の十三第一項の変更登録をした経済産業大臣又は経済産業局長に提出しなければならない。

5　前項の申請書には、次の書類を添付しなければならない。

一　混和前軽油生産業者等が第二十五条第一項第五号に規定する方法により軽油規格に適合する軽油であることを確認した軽油の供給を受けることを証する書面

二　軽油特定加工計画期間中、混和前軽油流通経路が一定であることを証する書面及びその旨を誓約する書面（軽油特定加工計画申請業者と混和前軽油生産業者等が同一の場合は、当該軽油の生産計画書又は輸入計画書）

三　軽油特定加工計画申請業者が、混和対象物を生産する者（以下この号、次号及び第二十五の五第三項第二号から第四号までにおいて「混和対象物生産業者」という。）から供給を受ける場合は、次に掲げるいずれかの書類

イ　軽油特定加工計画期間中、混和対象物生産業者が生産した混和対象物が当該混和対象物を用いて軽油を生産した場合に軽油規格に適合するものであることの当該混和対象物の供給設備ごとに当該供給設備からその容量と同量の混和対象物が出荷されるごとに行う確認を、登録分析機関その他の第三者の試験分析機関が行う場合にあっては、当該試験分析機関との委託契約書の写し

ロ　軽油特定加工計画期間中、混和対象物生産業者が生産した混和対象物が当該混和対象物を用いて軽油を生産した場合に軽油規格に適合するものであることの当該混和対象物の供給設備ごとに当該供給設備からその容量と同量の混和対象物が出荷されるごとに行う確認を、混和対象物生産業者が自ら行う場合にあっては、自らの分析設備を用いて確認を行う旨を誓約する書面

ハ　混和対象物生産業者が当該混和対象物の生産について産業標準化法第三十条第一項に規定する鉱工業品の製造業者の認証を受けた場合にあっては同法第三十条第三項に規定する製造品質管理体制において定められた方法により、当該混和対象物を用いて軽油を生産した場合に軽油規格に適合することを証する書面

ニ　申請の日前三月間において、混和対象物生産業者が生産した混和対象物が当該混和対象物を用いて軽油を生産した場合に軽油規格に適合するものであることについて、当該混和対象物の供給設備ごとに当該供給設備からその容量と同量の混和対象物が出荷されるごとに、登録分析機関その他の第三者の試験分析機関が二回確認したことを証する書面

四　前号ニに掲げる書類を添付する場合においては、混和対象物生産業者の製造設備、供給設備その他の設備の能力、構造図及び配置図並びに当該設備の管理体制を記載した書面

五　軽油特定加工計画申請業者が、混和対象物を輸入する者（以下この号及び第二十五条の五第三項第六号において「混和対象物輸入業者」という。）から供給を受ける場合は、次に掲げるいずれかの書類

イ　軽油特定加工計画期間中、混和対象物輸入業者が輸入した混和対象物が当該混和対象物を用いて軽油を生産した場合に軽油規格に適合するものであることの当該混和対象物の供給設備ごとに当該供給設備からその容量と同量の混和対象物が出荷されるごとに行う確認を、登録分析機関その他の第三者の試験分析機関が行う場合にあっては、当該試験分析機関との委託契約書の写し

ロ　軽油特定加工計画期間中、混和対象物輸入業者が輸入した混和対象物が当該混和対象物を用いて軽油を生産した場合に軽油規格に適合するものであることの当該混和対象物の供給設備ごとに当該供給設備からその容量と同量の混和対象物が出荷されるごとに行う確認を、混和対象物輸入業者が自ら行う場合にあっては、自らの分析設備を用いて確認を行う旨を誓約する書面

六　軽油特定加工計画期間中、混和対象物流通経路が一定であることを証する書面及びその旨を誓約する書面（軽油特定加工計画申請業者と混和対象物生産業者等が同一の場合は、当該混和対象物の生産計画書又は輸入計画書）

6　第二十五条の八の規定により認定を取り消された軽油特定加工業者は、その取消しの日から二年を経過するまでは、第一項の認定を受けることができない。

第二十五条の三　前条第一項の認定を受けた軽油特定加工業者（以下「認定軽油特定加工業者」という。）は、法第十七条の八第四項において準用する法第十七条の四の二第一項の規定による軽油の確認を、第二十五条第一項第五号の規定にかかわらず、軽油特定加工計画期間中、三月以内に一回の頻度で行わなければならない。

2　認定軽油特定加工業者は、混和対象物生産業者等が生産又

は輸入した混和対象物が当該混和対象物を用いて軽油を生産した場合に軽油規格に適合するものであることが当該混和対象物の供給設備ごとに確認されたことを証する書面を、軽油特定加工計画期間中、三月以内に一回の頻度で、様式第十九の三により法第十二条の九の登録又は法第十二条の十三第一項の変更登録をした経済産業大臣又は経済産業局長に届け出なければならない。

第二十五条の四　認定軽油特定加工業者がその事業の全部を譲り渡し、又は認定軽油特定加工業者について相続、合併若しくは分割（その事業の全部を承継させるものに限る。）があつたときは、その事業の全部を譲り受けた者又は相続人（相続人が二人以上ある場合において、その全員の同意により事業を承継すべき相続人を選定したときは、その者）、合併後存続する法人若しくは合併により設立した法人若しくは分割によりその事業の全部を承継した法人は、その認定軽油特定加工業者の地位を承継する。

第二十五条の五　認定軽油特定加工業者は、第二十五条の二第一項の認定を受けた軽油特定加工計画（以下「認定軽油特定加工計画」という。）について第二十五条の二第二項第三号、第六号、第七号、第九号、第十号又は第十一号に掲げる事項を変更して軽油を販売又は消費しようとするときは、法第十二条の九の登録又は法第十二条の十三第一項の変更登録をした経済産業大臣又は経済産業局長の認定を受けなければならない。

2　前項の変更の認定を受けようとする者は、様式第十九の四による変更申請書を法第十二条の九の登録又は法第十二条の十三第一項の変更登録をした経済産業大臣又は経済産業局長に提出しなければならない。

3　前項の変更申請書には、次の各号に掲げる区分に応じ、当該各号に掲げる書類を添付するものとする。

一　第二十五条の二第二項第七号に掲げる事項の変更　変更に係る混和前軽油流通経路が一定であることを証する書面及びその旨を誓約する書面（混和前軽油流通経路の変更に伴い認定軽油特定加工業者と混和前軽油生産業者等が同一となる場合は、当該軽油の生産計画書又は輸入計画書）

二　第二十五条の二第二項第十号に掲げる措置としての混和対象物生産業者が生産した混和対象物が当該混和対象物を用いて軽油を生産した場合に軽油規格に適合するものであることの当該混和対象物の供給設備ごとに当該供給設備からその容量と同量の混和対象物が出荷されるごとに行う確認（以下この号において単に「確認」という。）に関する変更　次に掲げるいずれかの書類

イ　第二十五条の二第五項第三号イに掲げる書類を同条第四項の申請書に添付して同条第一項の認定を受けた者が当該書類に記載された試験分析機関の変更その他委託契約の内容を変更する場合（委託契約を破棄する場合を除く。）にあつては、当該変更に係る試験分析機関との委託契約書の写し

ロ　第二十五条の二第五項第三号イに掲げる書類を同条第四項の申請書に添付して同条第一項の認定を受けた者が当該書類に記載された試験分析機関との委託契約を破棄し、当該試験分析機関による確認に代えて自らの分析設備を用いて確認を行う場合にあつては、その旨を誓約する書面

ハ　第二十五条の二第五項第三号イに掲げる書類を同条第四項の申請書に添付して同条第一項の認定を受けた者が当該書類に記載された試験分析機関との委託契約を破棄し、当該試験分析機関による確認に代えて混和対象物生産業者が当該混和対象物の生産について産業標準化法第三十条第一項に規定する鉱工業品の製造業者の認証を受けて同法第三十条第三項に規定する製造品質管理体制において定められた方法により当該混和対象物を用いて軽油を生産した場合に軽油規格に適合する旨の確認（以下この号及び次号において「産業標準化法に基づく方法による確認」という。）によることとする場合にあつては、当該混和対象物を用いて軽油を生産した場合に軽油規格に適合することを証する書面

ニ　第二十五条の二第五項第三号イに掲げる書類を同条第四項の申請書に添付して同条第一項の認定を受けた者が当該書類に記載された試験分析機関との委託契約書を破棄する場合（ロ及びハの場合を除く。）にあつては、混和対象物生産業者の製造設備、供給設備その他の設備の能力、構造図及び配置図並びに当該設備の管理体制を記載した書面、並びに当該供給設備ごとに当該供給設備からその容量と同量の混和対象物が出荷されるごとに登録分析機関その他の第三者の試験分析機関が二回確認したことを証する書面

ホ　第二十五条の二第五項第三号ロに掲げる書類を同条第四項の申請書に添付して同条第一項の認定を受けた者が自らの分析設備による確認に代えて登録分析機関その他の第三者の試験分析機関により確認を行わせる場合にあつては、当該試験分析機関との委託契約書の写し

ヘ　第二十五条の二第五項第三号ロに掲げる書類を同条第四項の申請書に添付して同条第一項の認定を受けた者が自らの分析設備による確認に代えて産業標準化法に基づく方法による確認を行うこととする場合にあつては、当該混和対象物を用いて軽油を生産した場合に軽油規格に適合することを証する書面

ト　第二十五条の二第五項第三号ロに掲げる書類を同条第四項の申請書に添付して同条第一項の認定を受けた者が自らの分析設備による確認を行わないこととする場合（ホ及びヘの場合を除く。）にあつては、混和対象物生産業者の製造設備、供給設備その他の設備の能力、構造図及び配置図並びに当該設備の管理体制を記載した書面並びに当該供給設備ごとに当該供給設備からその容量と同量の混和対象物が出荷されるごとに登録分析機関その他の第三者の試験分析機関が二回確認したことを証する書面

チ　第二十五条の二第五項第三号ハに掲げる書類を同条第四項の申請書に添付して同条第一項の認定を受けた者が産業標準化法に基づく方法による確認に代えて登録分析機関その他の第三者の試験分析機関により確認を行わせる場合にあつては、当該試験分析機関との委託契約書の写し

リ　第二十五条の二第五項第三号ハに掲げる書類を同条第四項の申請書に添付して同条第一項の認定を受けた者が産業標準化法に基づく方法による確認に代えて自らの分析設備を用いて確認を行う場合にあつては、その旨を誓

約する書面

ヌ　第二十五条の二第五項第三号ニに掲げる書類を同条第四項の申請書に添付して同条第一項の認定を受けた者が新たに登録分析機関その他の第三者の試験分析機関により確認を行わせる場合にあつては、当該試験分析機関との委託契約書の写し

ル　第二十五条の二第五項第三号ニに掲げる書類を同条第四項の申請書に添付して同条第一項の認定を受けた者が新たに自らの分析設備を用いて確認を行う場合にあつては、その旨を誓約する書面

三　第二十五条の二第二項第十号に掲げる措置としての産業標準化法に基づく方法による確認に関する変更　次に掲げるいずれかの書類

イ　第二十五条の二第五項第三号ハに掲げる書類を同条第四項の申請書に添付して同条第一項の認定を受けた者が産業標準化法に基づく方法による確認を行わないこととする場合（前号チ及びリの場合を除く。）にあつては、混和対象物生産業者の製造設備、供給設備その他の設備の能力、構造図及び配置図並びに当該設備の管理体制を記載した書面、並びに当該供給設備ごとに当該供給設備からその容量と同量の混和対象物が出荷されるごとに登録分析機関その他の第三者の試験分析機関が二回確認したことを証する書面

ロ　第二十五条の二第五項第三号ニに掲げる書類を同条第四項の申請書に添付して同条第一項の認定を受けた者が新たに産業標準化法に基づく方法による確認を行うこととする場合にあつては、当該混和対象物を用いて軽油を生産した場合に軽油規格に適合することを証する書面

四　第二十五条の二第二項第十号に掲げる措置としての同条第五項第四号に掲げる書面に記載された混和対象物生産業者の製造設備、供給設備その他の設備の能力を維持する旨の変更　変更後の混和対象物生産業者の製造設備、供給設備その他の設備の能力、構造図及び配置図並びに当該設備の管理体制を記載した書面、並びに当該変更後の製造設備、供給設備その他の設備を用いて生産された混和対象物が当該混和対象物を用いて軽油を生産した場合に軽油規格に適合するものであることについて、当該混和対象物の供給設備ごとに当該供給設備からその容量と同量の混和対象物が出荷されるごとに、登録分析機関その他の第三者の試験分析機関が二回確認したことを証する書面

五　第二十五条の二第二項第十号に掲げる措置としての同条第五項第四号に掲げる書面に記載された管理体制を維持する旨の変更　変更後の管理体制を記載した書面

六　第二十五条の二第二項第十号に掲げる措置としての混和対象物輸入業者が輸入した混和対象物が当該混和対象物を用いて軽油を生産した場合に軽油規格に適合するものであることの当該混和対象物の供給設備ごとに当該供給設備からその容量と同量の混和対象物が出荷されるごとに行う確認（以下この号において単に「確認」という。）に関する変更　次に掲げるいずれかの書類

イ　第二十五条の二第五項第五号イに掲げる書類を同条第四項の申請書に添付して同条第一項の認定を受けた者が当該書類に記載された試験分析機関の変更その他委託契約の内容を変更する場合（委託契約を破棄する場合を除く。）にあつては、当該変更に係る試験分析機関との委託契約書の写し

ロ　第二十五条の二第五項第五号イに掲げる書類を同条第四項の申請書に添付して同条第一項の認定を受けた者が当該書類に記載された試験分析機関との委託契約を破棄し、当該試験分析機関による確認に代えて自らの分析設備を用いて確認を行う場合にあつては、その旨を誓約する書面

ハ　第二十五条の二第五項第五号ロに掲げる書類を同条第四項の申請書に添付して同条第一項の認定を受けた者が自らの分析設備による確認に代えて登録分析機関その他の第三者の試験分析機関により確認を行わせる場合にあつては、当該試験分析機関との委託契約書の写し

七　第二十五条の二第二項第十一号に掲げる事項の変更　変更に係る混和対象物流通経路が一定であることを証する書面及びその旨を誓約する書面（混和対象物流通経路の変更に伴い混和対象物生産業者等が同一となる場合は、当該混和対象物の生産計画書又は輸入計画書）

4　第二十五条の二第一項の規定は、第一項の変更の認定について準用する。

第二十五条の六　認定軽油特定加工業者は、認定軽油特定加工計画について第二十五条の二第二項第一号、第五号又は第八号に掲げる事項に変更があつたときは、遅滞なく、その旨を法第十二条の九の登録又は法第十二条の十三第一項の変更登録をした経済産業大臣又は経済産業局長に届け出なければならない。

2　前項の届出をしようとする者は、様式第十九の五による届出書を法第十二条の九の登録又は法第十二条の十三第一項の変更登録をした経済産業大臣又は経済産業局長に提出しなければならない。

第二十五条の七　認定軽油特定加工業者は、法第十二条の九の登録又は法第十二条の十三第一項の変更登録をした経済産業大臣又は経済産業局長の認定を受けて計画の終了の日を変更することができる。

2　前項の認定を受けようとする者は、計画の終了の日の三月前から一月前までの間に、様式第十九の六による申請書を法第十二条の九の登録又は法第十二条の十三第一項の変更登録をした経済産業大臣又は経済産業局長に提出しなければならない。

3　第一項の規定により変更される前の計画の終了の日から同項の規定により変更される後の計画の終了の日までの期間は、一年を超えることはできない。

4　第二十五条の二第一項、第二項、第五項第二号及び第三号ニ並びに第六号の規定は、第一項の認定に準用する。この場合において、同条第一項第二号中「軽油特定加工計画の開始の日から終了の日」とあるのは「変更前の軽油特定加工計画の終了の日から変更後の計画の終了の日」と、同条第二項第四号中「計画の開始の日及び計画の終了の日」とあるのは「変更前の計画の終了の日及び変更後の計画の終了の日」と、同条第五項第三号ニ中「申請の日前三月間において、混和対象物生産業者」とあるのは「混和対象物生産業者」と読み替えるものとする。

第二十五条の八　法第十二条の九の登録又は法第十二条の十三第一項の変更登録をした経済産業大臣又は経済産業局長は、

認定軽油特定加工業者が次の各号の一に該当するときは、第二十五条の二第一項、第二十五条の五第一項又は前条第一項の認定を取り消すことができる。

一　第二十五条の三第一項の規定による確認を行わなかったとき。

二　第二十五条の三第二項の規定による届出をしなかったとき。

三　第二十五条の二第二項第三号、第六号、第七号、第九号、第十号又は第十一号に掲げる事項に変更があったにもかかわらず、第二十五条の五第一項の規定による変更の認定を受けなかったとき。

四　第二十五条の二第二項第一号、第五号又は第八号に掲げる事項に変更があったにもかかわらず、第二十五条の六第一項の規定による届出をしなかったとき。

五　認定軽油特定加工業者に係る混和前軽油生産業者等が生産又は輸入する軽油を用いて軽油を生産した場合に軽油規格に適合しなくなったとき。

六　認定軽油特定加工業者に係る混和対象物生産業者等が生産又は輸入する混和対象物を用いて軽油を生産した場合に軽油規格に適合しなくなったとき。

七　不正の手段により第二十五条の二第一項、第二十五条の五第一項又は前条第一項の認定を受けたとき。

八　当該認定に係る特定加工する場所において生産された軽油が軽油規格に適合しないものであるにもかかわらず販売又は消費されたとき。

（準用等）

第二十六条　第十八条及び第十九条の規定は、軽油輸入業者に準用する。この場合において、第十八条及び第十九条中「揮発油輸入業者」とあるのは「軽油輸入業者」と、「法第十七条の四第四項」とあるのは「法第十七条の八第二項において準用する法第十七条の四第四項」と、「揮発油」とあるのは「軽油」と、「様式第十五」とあるのは「様式第二十」と「法第十七条の四第一項」とあるのは「法第十七条の八第二項において準用する法第十七条の四第一項」と、「法第十七条の四第六項」とあるのは「法第十七条の八第二項において準用する法第十七条の四第六項」と、「様式第十六」とあるのは「様式第二十一」と読み替えるものとする。

第四章　雑則

（揮発油販売業者の帳簿）

第五十六条　法第十九条第一項の経済産業省令で定める事項は、次の各号に掲げるとおりとする。

一　揮発油の分析に関する事項であって、次に掲げるもの

イ　分析を行った年月日及び場所

ロ　分析を行った品質管理者の氏名

ハ　使用した分析設備の種類

ニ　分析結果

ホ　前回分析を行ったときより後に揮発油を購入した場合にあっては、その購入先

ヘ　登録分析機関の名称

二　営業日又は営業時間に関する事項（法第十八条第一項の規定に基づき、経済産業大臣が営業日の制限又は営業時間の短縮を実施すべき期間として公表した期間内のものに限る。）

2　揮発油販売業者は、給油所ごとに帳簿を備え、品質管理者に揮発油の分析をさせている場合にあっては前項第一号イからホまで及び第二号に掲げる事項、登録分析機関に揮発油の分析を委託している場合にあっては同項第一号イ及びニからヘまで並びに第二号に掲げる事項を当該事項が記載可能となった後、遅滞なく、その帳簿に記載しなければならない。

3　前項の帳簿は、記載の日から二年間保存しなければならない。

（揮発油等の生産業者等の帳簿）

第五十七条　法第十九条第二項の経済産業省令で定める事項は、次の各号に掲げるとおりとする。

一　確認を行った年月日及び場所

二　分析を行った品質管理責任者又は登録分析機関の名称

三　使用した分析設備の種類（自ら分析を行った場合に限る。）

四　分析結果

2　法第十九条第二項の規定による帳簿は、揮発油、軽油、灯油又は重油の品質の確認を行う事業所ごとに備え、前項に掲げる事項が記載可能となった後、遅滞なく、その帳簿に記載しなければならない。また、当該帳簿は、記載の日から二年間保存しなければならない。

（揮発油等の輸入業者の帳簿）

第五十八条　法第十九条第三項の経済産業省令で定める事項は、次の各号に掲げるとおりとする。

一　確認を行った年月日及び場所

二　法第十七条の四第四項（法第十七条の八第二項及び法第十七条の十第二項、法第十七条の十第二項及び法第十七条の十二第二項において準用する場合を含む。）の届出を行った経済産業局の名称

三　分析を行った品質管理責任者又は登録分析機関の名称

四　使用した分析設備の種類（自ら分析を行った場合に限る。）

五　分析結果

2　法第十九条第三項の規定による帳簿は、揮発油、軽油、灯油又は重油の品質の確認を行う事業所ごとに備え、前項に掲げる事項が記載可能となった後、遅滞なく、その帳簿に記載しなければならない。また、当該帳簿は、記載の日から二年間保存しなければならない。

（標準揮発油等の表示に関する帳簿）

第五十九条　法第十九条第四項の経済産業省令で定める事項は、次の各号に掲げるとおりとする。

一　標準揮発油一号、標準揮発油一号(E)、標準揮発油二号、標準揮発油二号(E)、標準軽油又は標準灯油の区分

二　標準揮発油一号、標準揮発油一号(E)、標準揮発油二号、標準揮発油二号(E)、標準軽油又は標準灯油の基準に適合することの確認（以下「品質の確認」という。）を行った年月日

三　品質の確認の方法

四　品質の確認の結果（当該結果を証する書面の添付及び品質の確認を行った者の氏名又は名称を含む。）

五　表示の期間

六　表示の場所

2　法第十七条の六第一項（法第十七条の七第二項又は法第十

七条の九第二項において準用する場合を含む。）の規定により表示を行う揮発油販売業者、軽油販売業者及び灯油販売業者は、給油所その他の事業場ごとに帳簿を備え、前項に掲げる事項を当該事項が記載可能となつた後、遅滞なく、その帳簿に記載しなければならない。

3　前項の帳簿は、記載の日から二年間保存しなければならない。

（登録分析機関の帳簿）

第六十条　法第十九条第五項の経済産業省令で定める事項は、次の各号に掲げるとおりとする。

一　分析を委託した揮発油販売業者、揮発油生産業者、軽油生産業者、灯油生産業者、重油生産業者、揮発油輸入業者、軽油輸入業者、灯油輸入業者、重油輸入業者、揮発油加工業者、軽油加工業者、灯油加工業者、重油加工業者、揮発油特定加工業者及び軽油特定加工業者の氏名又は名称並びに揮発油販売業者、揮発油特定加工業者及び軽油特定加工業者にあつてはその登録番号

二　分析の委託に係る事務所、給油所その他の事業場の名称及び所在地

三　分析の委託を受けた年月日

四　分析を行つた年月日

五　分析を行つた分析員の氏名

六　使用した分析業務用設備の種類

七　分析の概要及び結果

2　登録分析機関は、事業所ごとに委託を受けた事務所、給油所その他の事業場ごとの帳簿を備え、前項に掲げる事項を当該事項が記載可能となつた後、遅滞なく、その帳簿に記載しなければならない。

3　登録分析機関は、法第十九条第五項の規定により帳簿を保存するときは、記載の日から二年間保存しなければならない。

（電磁的方法による保存）

第六十条の二　第五十六条第一項各号、第五十七条第一項各号、第五十八条第一項各号、第五十九条第一項各号又は前条第一項各号に掲げる事項が、電磁的方法（電子的方法、磁気的方法その他の人の知覚によつて認識することができない方法をいう。）により記録され、当該記録が必要に応じ電子計算機その他の機器を用いて直ちに表示されることができるようにして保存されるときは、当該記録の保存をもつて、それぞれ法第十九条第一項、第二項、第三項、第四項又は第五項に規定する当該事項が記載された帳簿の保存に代えることができる。

2　前項の規定による保存をする場合には、経済産業大臣が定める基準を確保するよう努めなければならない。

（収去証）

第六十一条　法第二十条第二項の規定により職員が揮発油、軽油、灯油その他の必要な試料を収去するときは、被収去者に様式第三十三による収去証を交付しなければならない。

（身分証明書）

第六十二条　法第二十条第四項に規定する証明書は、様式第三十四によるものとする。

（意見の聴取）

第六十三条　法第二十二条第一項の意見の聴取は、行政不服審査法（平成二十六年法律第六十八号）第十一条第二項に規定する審理員が議長として主宰する意見聴取会によつて行う。

2　経済産業大臣は、意見聴取会を開こうとするときは、その期日の十五日前までに、件名、意見聴取会の期日及び場所並びに事案の要旨を審査請求人及び参加人に通知し、かつ、告示しなければならない。

3　利害関係人（参加人を除く。）又はその代理人として意見聴取会に出席して意見を述べようとする者は、意見聴取会の期日の十日前までに、意見の概要及びその事案について利害関係があることを疎明する事実を記載した文書によりその旨を経済産業大臣に届け出なければならない。

4　経済産業大臣は、前項の規定による届出をした者のうちから、意見聴取会に出席して意見を述べることができる者を指定し、その期日の三日前までに指定した者に対しその旨を通知しなければならない。

5　経済産業大臣は、必要があると認めるときは、学識経験のある者、関係行政機関の職員その他の参考人に意見聴取会に出席を求めることができる。

6　意見聴取会においては、審査請求人、参加人又はこれらの代理人並びに第四項の規定による指定を受けた者及び前項の規定により意見聴取会に出席を求められた者以外の者は、意見を述べることができない。

7　議長は意見聴取会においては、最初に審査請求人又はその代理人に審査請求の要旨及び理由を陳述させなければならない。

8　意見聴取会において審査請求人又はその代理人が出席しないときは、議長は、審査請求書の朗読をもつて前項の規定による陳述に代えることができる。

9　意見聴取会に出席して意見を述べる者が事案の範囲を超えて発言するとき、又は意見聴取会に出席している者が意見聴取会の秩序を乱し、若しくは不穏な言動をするときは、議長は、これらの者に対し、その発言を禁止し、又は退場を命ずることができる。

10　審査請求人又は利害関係人の代理人は、その代理権を証する書類を議長に提出しなければならない。

11　議長は、意見聴取会の期日又は場所を変更したときは、その期日及び場所を第四項の規定による指定を受けた者及び第五項の規定により意見聴取会に出席を求められた者に通知しなければならない。

（聴聞）

第六十四条　行政手続法（平成五年法律第八十八号）第十五条第一項の規定による通知は、聴聞を行うべき期日の二十一日前までに行わなければならない。

別表第一　標準揮発油の表示の場所（第二十一条関係）

区　分	場　所
固定された給油設備（懸垂式のものを除く。以下「固定式給油設備」という。）	標準揮発油を給油する計量器の見やすい箇所
懸垂式の固定された給油設備（以下「懸垂式給油設備」という。）	標準揮発油を給油する計量器の表示部の見やすい箇所
固定されていない給油設備（以下「可般式給油設備」という。）	標準揮発油を給油する計量器の見やすい箇所

別表第二　標準軽油の流動点の基準（第二十三条関係）

<table>
<tr><th rowspan="2">地域</th><th colspan="12">月</th></tr>
<tr><th>一月</th><th>二月</th><th>三月</th><th>四月</th><th>五月</th><th>六月</th><th>七月</th><th>八月</th><th>九月</th><th>十月</th><th>十一月</th><th>十二月</th></tr>
<tr><td>北海道</td><td colspan="2">零下二十度</td><td>零下七・五度</td><td colspan="2">零下二・五度</td><td colspan="4">五度</td><td>零下二・五度</td><td>零下七・五度</td><td>零下二十度</td></tr>
<tr><td>東北</td><td colspan="3">零下七・五度</td><td colspan="8">五度</td><td>零下七・五度</td></tr>
<tr><td>関東</td><td colspan="2">零下七・五度</td><td colspan="9">五度</td><td>零下七・五度</td></tr>
<tr><td>中部</td><td colspan="2">零下七・五度</td><td colspan="10">五度</td></tr>
<tr><td>北陸</td><td colspan="2">零下七・五度</td><td colspan="10">五度</td></tr>
<tr><td>東海</td><td colspan="2">零下七・五度</td><td colspan="10">五度</td></tr>
<tr><td>近畿</td><td colspan="2">零下七・五度</td><td colspan="9">五度</td><td>零下七・五度</td></tr>
<tr><td>山陰</td><td colspan="2">零下七・五度</td><td colspan="10">五度</td></tr>
<tr><td>山陽</td><td colspan="2">零下七・五度</td><td colspan="10">五度</td></tr>
<tr><td>四国</td><td>零下二・五度</td><td>零下七・五度</td><td colspan="10">五度</td></tr>
<tr><td>九州</td><td colspan="2">零下七・五度</td><td colspan="10">五度</td></tr>
</table>

沖縄	五度

（注）　この表において「東北」とは、青森、秋田、岩手、山形、宮城、福島の各県を、「関東」とは、茨城、栃木、群馬、埼玉、東京、千葉、神奈川の各都県を、「北陸」とは、新潟、富山、石川、福井の各県を、「中部」とは、山梨、長野、岐阜の各県を、「東海」とは、静岡、愛知の各県を、「近畿」とは、滋賀、三重、奈良、京都、大阪、和歌山、兵庫の各府県を、「山陽」とは、岡山、広島、山口の各県を、「山陰」とは、鳥取、島根の各県を、「四国」とは、香川、徳島、愛媛、高知の各県を、「九州」とは、福岡、大分、宮崎、佐賀、長崎、熊本、鹿児島の各県をいう。

別表第三　標準軽油の表示の場所（第二十四条関係）

区　分	場　所
固定式給油設備	標準軽油を給油する計量器の見やすい箇所
懸垂式給油設備	標準軽油を給油する計量器の表示部の見やすい箇所
可般式給油設備	標準軽油を給油する計量器の見やすい箇所

別表第四　標準灯油の表示の場所（第二十九条関係）

区分	場所
固定式給油設備	標準灯油を給油する計量器の見やすい箇所
懸垂式給油設備	標準灯油を給油する計量器の表示部の見やすい箇所
可般式給油設備	標準灯油を給油する計量器の見やすい箇所
移動貯蔵タンク	標準灯油を給油するタンクの外面の見やすい箇所
灯油販売業者の灯油の運搬業務に用いられる容器	標準灯油のみが入れられる容器の外面の見やすい箇所
販売取扱所	標準灯油を販売する施設の見やすい箇所

別表第五　登録分析機関の技術上の基準（第三十八条関係）〔第五三条〕

分析区分	試験方法	分析業務
揮発油販売業者の委託に係る分析	一　日本産業規格K二二五五号（石油製品―ガソリン―鉛分試験方法）の原子吸光A法又は原子吸光B法で定める試験方法 二　日本産業規格K二五四一―一号（原油及び石油製品―硫黄分試験方法）で定める試験方法、日本産業規格K二五四一―二号（原油及び石油製品―硫黄分試験方法）で定める試験方法、日本産業規格K二五四一―六号（原油及び石油製品―硫黄分試験方法）で定める試験方法又は日本産業規格K二五四一―七号（原油及び石油製品―硫黄分試験方法）で定める試験方法 三　メチルターシャリーブチルエーテルの混入率について、日本産業規格K二五三六―二号（石油製品―成分試験方法）で定める試験方法、日本産業規格K二五三六―四号（石油製品―成分試験方法）で定める試験方法、日本産業規格K二五三六―五号（石油製品―成分試験方法）で定める試験方法又は日本産業規格K二五三六―六号（石油製品―成分試験方法）で定める試験方法 四　酸素分について、日本産業規格K二五三六―二号（石油製品―成分試験方法）で定める試験方法、日本産業規格K二五三六―四号（石油製品―成分試験方法）で定める試験方法又は日本産業規格K二五三六―六号（石油製品―成分試験方法）で定める試験方法 五　ベンゼンの混入率について、日本産業規格K二五三六―二号（石油製品―成分試験方法）で定める試験方法、日本産業規格K二五三六―三号（石油製品―成分試験方法）で定める試験方法又は日本産業規格K二五三六―四号（石油製品―成分試験方法）で定める試験方法 六　灯油の混入率について、日本産業規格K二五三六―二号（石油製品―成分試験方法）で定める試験方法又は日本産業規格K二五三六―四号（石油製品―成分試験方法）で定める試験方法 七　メタノールの混入率について、日本産業規格K二五三六―二号（石油製品―成分試験方法）で定める試験方法、日本産業規格K二五三六―四号（石油製品―成分試験方法）で定める試験方法、	一　給油所ごとの揮発油の分析は十日ごとに行うこと。 二　試料は給油管から採取すること。 三　分析を委託された試料は、採取した後、速やかに、分析することとし、分析を行うまでの間はその成分の変化が生じないような措置を講じておくこと。 四　分析業務用設備の使用方法に従って分析すること。

	日本産業規格K二五三六—五号（石油製品—成分試験方法）で定める試験方法又は日本産業規格K二五三六—六号（石油製品—成分試験方法）で定める試験方法 八　エタノールの混入率について、日本産業規格K二五三六—二号（石油製品—成分試験方法）で定める試験方法、日本産業規格K二五三六—四号（石油製品—成分試験方法）で定める試験方法又は日本産業規格K二五三六—六号（石油製品—成分試験方法）で定める試験方法 九　日本産業規格K二二六一号（石油製品—自動車ガソリン及び航空燃料油—実在ガム試験方法—噴射蒸発法）で定める試験方法又は日本産業規格K〇一二四号（高速液体クロマトグラフィー通則）その他経済産業大臣が別に定める測定方法により揮発油中の酸化生成物の測定を行うことができるもの	
揮発油生産業者、揮発油輸入業者、揮発油加工業者及び揮発油特定加工業者の委託に係る分析	一　日本産業規格K二二五五号（石油製品—ガソリン—鉛分試験方法）の原子吸光A法又は原子吸光B法で定める試験方法 二　日本産業規格K二五四一—一号（原油及び石油製品—硫黄分試験方法）で定める試験方法、日本産業規格K二五四一—二号（原油及び石油製品—硫黄分試験方法）で定める試験方法、日本産業規格K二五四一—六号（原油及び石油製品—硫黄分試験方法）で定める試験方法又は日本産業規格K二五四一—七号（原油及び石油製品—硫黄分試験方法）で定める試験方法 三　メチルターシャリーブチルエーテルの混入率について、日本産業規格K二五三六—二号（石油製品—成分試験方法）で定める試験方法、日本産業規格K二五三六—四号（石油製品—成分試験方法）で定める試験方法、日本産業規格K二五三六—五号（石油製品—成分試験方法）で定める試験方法又は日本産業規格K二五三六—六号（石油製品—成分試験方法）で定める試験方法 四　酸素分について、日本産業規格K二五三六—二号（石油製品—成分試験方法）で定める試験方法、日本産業規格K二五三六—四号（石油製品—成分試験方法）で定める試験方法又は日本産業規格K二五三六—六号（石油製品—成分試験方法）で定める試験方法	一　試料は第十七条第一項第一号に定めるところにより、採取すること。 二　分析を委託された試料は、採取した後、速やかに、分析することとし、分析を行うまでの間はその成分の変化を生じないような措置を講じておくこと。 三　分析業務用設備の使用方法に従って分析すること。

	五　ベンゼンの混入率について、日本産業規格K二五三六—二号（石油製品—成分試験方法）で定める試験方法、日本産業規格K二五三六—三号（石油製品—成分試験方法）で定める試験方法又は日本産業規格K二五三六—四号（石油製品—成分試験方法）で定める試験方法 六　灯油の混入率について、日本産業規格K二五三六—二号（石油製品—成分試験方法）で定める試験方法又は日本産業規格K二五三六—四号（石油製品—成分試験方法）で定める試験方法 七　メタノールの混入率について、日本産業規格K二五三六—二号（石油製品—成分試験方法）で定める試験方法、日本産業規格K二五三六—四号（石油製品—成分試験方法）で定める試験方法、日本産業規格K二五三六—五号（石油製品—成分試験方法）で定める試験方法又は日本産業規格K二五三六—六号（石油製品—成分試験方法）で定める試験方法 八　エタノールの混入率について、日本産業規格K二五三六—二号（石油製品—成分試験方法）で定める試験方法、日本産業規格K二五三六—四号（石油製品—成分試験方法）で定める試験方法又は日本産業規格K二五三六—六号（石油製品—成分試験方法）で定める試験方法 九　日本産業規格K二二六一号（石油製品—自動車ガソリン及び航空燃料油—実在ガム試験方法—噴射蒸発法）で定める試験方法又は日本産業規格K〇一二四号（高速液体クロマトグラフィー通則）その他経済産業大臣が別に定める測定方法により揮発油中の酸化生成物の測定を行うことができるもの	
軽油生産業者、軽油輸入業者、軽油加工業者及び軽油特定加工業者の委託に係る分析	一　日本産業規格K二五四一—一号（原油及び石油製品—硫黄分試験方法）で定める試験方法、日本産業規格K二五四一—二号（原油及び石油製品—硫黄分試験方法）で定める試験方法、日本産業規格K二五四一—六号（原油及び石油製品—硫黄分試験方法）で定める試験方法又は日本産業規格K二五四一—七号（原油及び石油製品—硫黄分試験方法）で定める試験方法 二　セタン指数について、日本産業規格K二二八〇—五号（石油製品—オクタン価、セタン価及びセタン指数の求め方）で定める方法又は日本産業規	一　試料は第二十五条第一項第一号に定めるところにより、採取すること。 二　分析を委託された試料は、採取した後、速やかに、分析する

	格K二八〇—四号（石油製品—オクタン価、セタン価及びセタン指数の求め方）で定める方法 三　九十パーセント留出温度について、日本産業規格K二二五四号（石油製品—蒸留試験方法）の常圧法蒸留試験方法で定める試験方法 四　軽油中の脂肪酸メチルエステル又はトリグリセリドの濃度の測定方法として、経済産業大臣が定める方法 五　軽油中のメタノールの濃度の測定方法として、経済産業大臣が定める方法 六　酸価について、日本産業規格K二五〇一号（石油製品及び潤滑油—中和価試験方法）の電位差滴定法（酸価）で定める試験方法 七　軽油中のぎ酸、酢酸又はプロピオン酸の濃度の測定方法として、経済産業大臣が定める方法 八　軽油中の酸化安定度の測定方法として、経済産業大臣が定める方法	こととし、分析を行うまでの間はその成分の変化を生じないような措置を講じておくこと。 三　分析業務用設備の使用方法に従って分析すること。
灯油生産業者、灯油輸入業者及び灯油加工業者の委託に係る分析	一　日本産業規格K二五四一—一号（原油及び石油製品—硫黄分試験方法）で定める試験方法、日本産業規格K二五四一—二号（原油及び石油製品—硫黄分試験方法）で定める試験方法、日本産業規格K二五四一—六号（原油及び石油製品—硫黄分試験方法）で定める試験方法又は日本産業規格K二五四一—七号（原油及び石油製品—硫黄分試験方法）で定める試験方法 二　日本産業規格K二二六五—一号（引火点の求め方）で定める試験方法 三　日本産業規格K二五八〇号（石油製品—色試験方法）のセーボルト色試験方法で定める試験方法	一　試料は第三十条第一項第一号に定めるところにより、採取すること。 二　分析を委託された試料は、採取した後、速やかに、分析することとし、分析を行うまでの間はその成分の変化を生じないような措置を講じておくこと。 三　分析業務用設備の使用方法に従って分析すること。
重油生産業者、重油輸入業者及び重油加工業者の委託に係る分析	一　日本産業規格K二五四一—三号（原油及び石油製品—硫黄分試験方法）で定める試験方法、日本産業規格K二五四一—四号（原油及び石油製品—硫黄分試験方法）で定める試験方法又は日本産業規格K二五四一—五号（原油及び石油製品—硫黄分試験方法）で定める試験方法 二　日本産業規格K二二五二号（石油製品—反応試験方法）で定める試験方法	一　試料は第四十一条第一項第一号に定めるところにより、採取すること。 二　分析を委託された試料は、採取した後、速やかに、分析することとし、分析を行うまでの間はその成分の変化を生じないような措置を講じておくこと。 三　分析業務用設備の使用方法に従って分析すること。

※　揮発油販売業者の委託に係る分析の項試験方法の欄九号及び揮発油生産業者、揮発油輸入業者、揮発油加工業者及び揮発油特定加工業者の委託に係る分析の項試験方法の欄九号の「経済産業大臣が別に定め」＝〈揮発油中の酸化生成物の測定方法として経済産業大臣が定める方法〉、軽油生産業者、軽油輸入業者、軽油加工業者及び軽油特定加工業者の委託に係る分析の項試験方法の欄四号の「経済産業大臣が定め」＝〈軽油中の脂肪酸メチルエステル又はトリグリセリドの濃度の測定方法として経済産業大臣が定める方法〉、軽油生産業者、軽油輸入業者、軽油加工業者及び軽油特定加工業者の委託に係る分析の項試験方法の欄五号の「経済産業大臣が定め」＝〈軽油中のメタノールの濃度の測定方法として経済産業大臣が定める方法〉、軽油生産業者、軽油輸入業者、軽油加工業者及び軽油特定加工業者の委託に係る分析の項試験方法の欄七号の「経済産業大臣が定め」＝〈軽油中のぎ酸、酢酸又はプロピオン酸の濃度の測定方法として経済産業大臣が定める方法〉、軽油生産業者、軽油輸入業者、軽油加工業者及び軽油特定加工業者の委託に係る分析の項試験方法の欄八号の「経済産業大臣が定め」＝〈軽油中の酸価の増加の測定方法として経済産業大臣が定める方法〉

○騒音規制法

（昭和四十三年六月十日 法律第九十八号）

沿革 昭四五法一〇八・一三五、昭四六法八八、平六法四二、平七法七五、平一一法五〇・八七・一六〇、平一二法九一、平一五法九二、平一六法九四、平一七法三三、平二三法一〇五、平二六法七二、令四法六八改正

〔編者注〕
令和四年六月一七日法律第六八号による改正のうち、令和七年六月一日から施行される部分は、直接改正を加えないで、現行条文と並列して登載した。

目次

第一章 総則

（目的）
第一条 この法律は、工場及び事業場における事業活動並びに建設工事に伴つて発生する相当範囲にわたる騒音について必要な規制を行なうとともに、自動車騒音に係る許容限度を定めること等により、生活環境を保全し、国民の健康の保護に資することを目的とする。

（定義）
第二条 この法律において「特定施設」とは、工場又は事業場に設置される施設のうち、著しい騒音を発生する施設であつて政令で定めるものをいう。

2 この法律において「規制基準」とは、特定施設を設置する工場又は事業場（以下「特定工場等」という。）において発生する騒音の特定工場等の敷地の境界線における大きさの許容限度をいう。

3 この法律において「特定建設作業」とは、建設工事として行なわれる作業のうち、著しい騒音を発生する作業であつて政令で定めるものをいう。

4 この法律において「自動車騒音」とは、自動車（道路運送車両法（昭和二十六年法律第百八十五号）第二条第二項に規定する自動車であつて環境省令で定めるもの及び同条第三項に規定する原動機付自転車をいう。以下同じ。）の運行に伴い発生する騒音をいう。

※ 1・3項「政令」＝令一・二、4項「環境省令」＝騒音規制法第二条第四項の自動車を定める省令

（地域の指定）
第三条 都道府県知事（市の区域内の地域については、市長。第三項（次条第三項において準用する場合を含む。）及び同条第一項において同じ。）は、住居が集合している地域、病院又は学校の周辺の地域その他の騒音を防止することにより住民の生活環境を保全する必要があると認める地域を、特定工場等において発生する騒音及び特定建設作業に伴つて発生する騒音について規制する地域として指定しなければならない。

2 都道府県知事は、前項の規定により地域を指定しようとするときは、関係町村長の意見を聴かなければならない。これを変更し、又は廃止しようとするときも、同様とする。

3 都道府県知事は、第一項の規定により地域を指定するときは、環境省令で定めるところにより、公示しなければならない。これを変更し、又は廃止するときも、同様とする。

※ 3項「環境省令」＝則二

第二章 特定工場等に関する規制

（規制基準の設定）
第四条 都道府県知事は、前条第一項の規定により地域を指定するときは、環境大臣が特定工場等において発生する騒音について規制する必要の程度に応じて昼間、夜間その他の時間の区分及び区域の区分ごとに定める基準の範囲内において、当該地域について、これらの区分に対応する時間及び区域の区分ごとの規制基準を定めなければならない。

2 町村は、前条第一項の規定により指定された地域（以下「指定地域」という。）の全部又は一部について、当該地域の自然的、社会的条件に特別の事情があるため、前項の規定により定められた規制基準によつては当該地域の住民の生活環境を保全することが十分でないと認めるときは、条例で、環境大臣の定める範囲内において、同項の規制基準に代えて適用すべき規制基準を定めることができる。

3 前条第三項の規定は、第一項の規定による規制基準の設定並びにその変更及び廃止について準用する。

※ 3項で準用する前条三項「環境省令」＝則二

（規制基準の遵守義務）
第五条 指定地域内に特定工場等を設置している者は、当該特定工場等に係る規制基準を遵守しなければならない。

（特定施設の設置の届出）
第六条 指定地域内において工場又は事業場（特定施設が設置されていないものに限る。）に特定施設を設置しようとする者は、その特定施設の設置の工事の開始の日の三十日前までに、環境省令で定めるところにより、次の事項を市町村長に届け出なければならない。

一 氏名又は名称及び住所並びに法人にあつては、その代表者の氏名
二 工場又は事業場の名称及び所在地
三 特定施設の種類ごとの数
四 騒音の防止の方法
五 その他環境省令で定める事項

2 前項の規定による届出には、特定施設の配置図その他環境省令で定める書類を添附しなければならない。

※ 1・2項「環境省令」＝則三・四

（経過措置）
第七条 一の地域が指定地域となつた際現にその地域内において工場若しくは事業場に特定施設を設置している者（設置の工事をしている者を含む。以下この項において同じ。）又は一の施設が特定施設となつた際現に指定地域内において工場

若しくは事業場（その施設以外の特定施設が設置されていないものに限る。）にその施設を設置している者は、当該地域が指定地域となつた日又は当該施設が特定施設となつた日から三十日以内に、環境省令で定めるところにより、前条第一項各号に掲げる事項を市町村長に届け出なければならない。

2　前条第二項の規定は、前項の規定による届出について準用する。

※1項「環境省令」及び2項で準用する前条二項「環境省令」＝則三・五

（特定施設の数等の変更の届出）

第八条　第六条第一項又は前条第一項の規定による届出をした者は、その届出に係る第六条第一項第三号又は第四号に掲げる事項の変更をしようとするときは、当該事項の変更に係る工事の開始の日の三十日前までに、環境省令で定めるところにより、その旨を市町村長に届け出なければならない。ただし、同項第三号に掲げる事項の変更が環境省令で定める範囲内である場合又は同項第四号に掲げる事項の変更が当該特定工場等において発生する騒音の大きさの増加を伴わない場合は、この限りでない。

2　第六条第二項の規定は、前項の規定による届出について準用する。

※1項「環境省令」及び2項で準用する六条二項「環境省令」＝則三・六

（計画変更勧告）

第九条　市町村長は、第六条第一項又は前条第一項の規定による届出があつた場合において、その届出に係る特定工場等において発生する騒音が規制基準に適合しないことによりその特定工場等の周辺の生活環境が損なわれると認めるときは、その届出を受理した日から三十日以内に限り、その届出をした者に対し、その事態を除去するために必要な限度において、騒音の防止の方法又は特定施設の使用の方法若しくは配置に関する計画を変更すべきことを勧告することができる。

（氏名の変更等の届出）

第十条　第六条第一項又は第七条第一項の規定による届出をした者は、その届出に係る第六条第一項第一号若しくは第二号に掲げる事項に変更があつたとき、又はその届出に係る特定工場等に設置する特定施設のすべての使用を廃止したときは、その日から三十日以内に、その旨を市町村長に届け出なければならない。

（承継）

第十一条　第六条第一項又は第七条第一項の規定による届出をした者からその届出に係る特定工場等に設置する特定施設のすべてを譲り受け、又は借り受けた者は、当該特定施設に係る当該届出をした者の地位を承継する。

2　第六条第一項又は第七条第一項の規定による届出をした者について相続、合併又は分割（その届出に係る特定工場等に設置する特定施設のすべてを承継させるものに限る。）があつたときは、相続人、合併後存続する法人若しくは合併により設立した法人又は分割により当該特定施設のすべてを承継した法人は、当該届出をした者の地位を承継する。

3　前二項の規定により第六条第一項又は第七条第一項の規定による届出をした者の地位を承継した者は、その承継があつた日から三十日以内に、その旨を市町村長に届け出なければならない。

（改善勧告及び改善命令）

第十二条　市町村長は、指定地域内に設置されている特定工場等において発生する騒音が規制基準に適合しないことによりその特定工場等の周辺の生活環境が損なわれると認めるときは、当該特定工場等を設置している者に対し、期限を定めて、その事態を除去するために必要な限度において、騒音の防止の方法を改善し、又は特定施設の使用の方法若しくは配置を変更すべきことを勧告することができる。

2　市町村長は、第九条の規定による勧告を受けた者がその勧告に従わないで特定施設を設置しているとき、又は前項の規定による勧告を受けた者がその勧告に従わないときは、期限を定めて、同条又は同項の事態を除去するために必要な限度において、騒音の防止の方法の改善又は特定施設の使用の方法若しくは配置の変更を命ずることができる。

3　前二項の規定は、第七条第一項の規定による届出をした者の当該届出に係る特定工場等については、同項に規定する指定地域となつた日又は同項に規定する特定施設となつた日から三年間は、適用しない。ただし、当該地域が指定地域となつた際又は当該施設が特定施設となつた際その者に適用されている地方公共団体の条例の規定で第一項の規定に相当するものがあるとき、及びその者が第八条第一項の規定による届出をした場合において当該届出が受理された日から三十日を経過したときは、この限りでない。

（小規模の事業者に対する配慮）

第十三条　市町村長は、小規模の事業者に対する第九条又は前条第一項若しくは第二項の規定の適用に当たつては、その者の事業活動の遂行に著しい支障を生ずることのないよう当該勧告又は命令の内容について特に配慮しなければならない。

第三章　特定建設作業に関する規制

（特定建設作業の実施の届出）

第十四条　指定地域内において特定建設作業を伴う建設工事を施工しようとする者は、当該特定建設作業の開始の日の七日前までに、環境省令で定めるところにより、次の事項を市町村長に届け出なければならない。ただし、災害その他非常の事態の発生により特定建設作業を緊急に行う必要がある場合は、この限りでない。

一　氏名又は名称及び住所並びに法人にあつては、その代表者の氏名
二　建設工事の目的に係る施設又は工作物の種類
三　特定建設作業の場所及び実施の期間
四　騒音の防止の方法
五　その他環境省令で定める事項

2　前項ただし書の場合において、当該建設工事を施工する者は、速やかに、同項各号に掲げる事項を市町村長に届け出なければならない。

3　前二項の規定による届出には、当該特定建設作業の場所の附近の見取図その他環境省令で定める書類を添附しなければならない。

※1・3項「環境省令」＝則三・一〇

（改善勧告及び改善命令）

第十五条　市町村長は、指定地域内において行われる特定建設作業に伴つて発生する騒音が昼間、夜間その他の時間の区分

及び特定建設作業の作業時間等の区分並びに区域の区分ごとに環境大臣の定める基準に適合しないことによりその特定建設作業の場所の周辺の生活環境が著しく損なわれると認めるときは、当該建設工事を施工する者に対し、期限を定めて、その事態を除去するために必要な限度において、騒音の防止の方法を改善し、又は特定建設作業の作業時間を変更すべきことを勧告することができる。

2　市町村長は、前項の規定による勧告を受けた者がその勧告に従わないで特定建設作業を行つているときは、期限を定めて、同項の事態を除去するために必要な限度において、騒音の防止の方法の改善又は特定建設作業の作業時間の変更を命ずることができる。

3　市町村長は、公共性のある施設又は工作物に係る建設工事として行われる特定建設作業について前二項の規定による勧告又は命令を行うに当たつては、当該建設工事の円滑な実施について特に配慮しなければならない。

第四章　自動車騒音に係る許容限度等

（許容限度）

第十六条　環境大臣は、自動車が一定の条件で運行する場合に発生する自動車騒音の大きさの許容限度を定めなければならない。

2　自動車騒音の防止を図るため、国土交通大臣は、道路運送車両法に基づく命令で、自動車騒音に係る規制に関し必要な事項を定める場合には、前項の許容限度が確保されるように考慮しなければならない。

※　1項「環境大臣の定め」＝自動車騒音の大きさの許容限度（昭五〇環告五三）

（測定に基づく要請及び意見）

第十七条　市町村長は、第二十一条の二の測定を行つた場合において、指定地域内における自動車騒音が環境省令で定める限度を超えていることにより道路の周辺の生活環境が著しく損なわれると認めるときは、都道府県公安委員会に対し、道路交通法（昭和三十五年法律第百五号）の規定による措置を執るべきことを要請するものとする。

2　環境大臣は、前項の環境省令を定めようとするときは、あらかじめ、国家公安委員会に協議しなければならない。

3　市町村長は、第一項の規定により要請する場合を除くほか、第二十一条の二の測定を行つた場合において必要があると認めるときは、当該道路の部分の構造の改善その他自動車騒音の大きさの減少に資する事項に関し、道路管理者又は関係行政機関の長に意見を述べることができる。

※　1項「環境省令」＝騒音規制法第十七条第一項の規定に基づく指定地域内における自動車騒音の限度を定める省令

（常時監視）

第十八条　都道府県知事（市の区域に係る自動車騒音の状況については、市長。次項において同じ。）は、自動車騒音の状況を常時監視しなければならない。

2　都道府県知事は、前項の常時監視の結果を環境大臣に報告しなければならない。

（公表）

第十九条　都道府県知事は、当該都道府県の区域（町村の区域に限る。）に係る自動車騒音の状況を公表するものとする。

2　市長は、当該市の区域に係る自動車騒音の状況を公表するものとする。

（環境大臣の指示）

第十九条の二　環境大臣は、自動車騒音により人の健康に係る被害が生ずることを防止するため緊急の必要があると認めるときは、次の各号に掲げる者に対し、当該各号に定める事務に関し必要な指示をすることができる。

一　市町村長　第十七条第一項の規定による要請に関する事務及び同条第三項の規定による意見を述べることに関する事務

二　都道府県知事、市長又は第二十五条の政令で定める町村の長　第二十二条の規定による協力を求め、又は意見を述べることに関する事務

第五章　雑則

（報告及び検査）

第二十条　市町村長は、この法律の施行に必要な限度において、政令で定めるところにより、特定施設を設置する者若しくは特定建設作業を伴う建設工事を施工する者に対し、特定施設の状況、特定建設作業の状況その他必要な事項の報告を求め、又はその職員に、特定施設を設置する者の特定工場等若しくは特定建設作業を伴う建設工事を施工する者の建設工事の場所に立ち入り、特定施設その他の物件を検査させることができる。

2　前項の規定により立入検査をする職員は、その身分を示す証明書を携帯し、関係人に提示しなければならない。

3　第一項の規定による立入検査の権限は、犯罪捜査のために認められたものと解釈してはならない。

※　1項「政令」＝令三

（電気工作物等に係る取扱い）

第二十一条　電気事業法（昭和三十九年法律第百七十号）第二条第一項第十八号に規定する電気工作物、ガス事業法（昭和二十九年法律第五十一号）第二条第十三項に規定するガス工作物又は鉱山保安法（昭和二十四年法律第七十号）第十三条第一項の経済産業省令で定める施設（同法第二条第二項ただし書に規定する附属施設に設置されるものを除く。）である特定施設を設置する者については、第六条から第十一条までの規定並びに第十二条第二項及び第十三条の規定（第九条に係る部分に限る。）を適用せず、電気事業法、ガス事業法又は鉱山保安法の相当規定の定めるところによる。

2　前項に規定する法律に基づく権限を有する国の行政機関の長（以下この条において単に「行政機関の長」という。）は、第六条、第八条、第十条又は第十一条第三項の規定に相当する電気事業法、ガス事業法又は鉱山保安法の規定による前項に規定する特定施設に係る許可若しくは認可の申請又は届出があつたときは、その許可若しくは認可の申請又は届出に係る事項のうちこれらの規定による届出事項に該当する事項を当該特定施設の所在地を管轄する市町村長に通知するものとする。

3　市町村長は、第一項に規定する特定施設を設置する特定工場等において発生する騒音によりその特定工場等の周辺の生活環境が損なわれると認めるときは、行政機関の長に対し、当該特定施設について、第九条又は第十二条第二項（第九条

に係る部分に限る。）の規定に相当する電気事業法、ガス事業法又は鉱山保安法の規定による措置を執るべきことを要請することができる。

4 行政機関の長は、前項の規定による要請があつた場合において講じた措置を当該市町村長に通知するものとする。

5 市町村長は、第一項に規定する特定施設について、第十二条第一項の規定による勧告又は同条第二項の規定による命令（同条第一項の規定による勧告に係るものに限る。）をしようとするときは、あらかじめ、行政機関の長に協議しなければならない。

（騒音の測定）

第二十一条の二 市町村長は、指定地域について、騒音の大きさを測定するものとする。

（関係行政機関の協力）

第二十二条 都道府県知事又は市長は、この法律の目的を達成するため必要があると認めるときは、関係行政機関の長又は関係地方公共団体の長に対し、特定施設の状況、特定建設作業の状況等に関する資料の送付その他の協力を求め、又は騒音の防止に関し意見を述べることができる。

（国の援助）

第二十三条 国は、特定工場等において発生する騒音及び特定建設作業に伴つて発生する騒音の防止のための施設の設置又は改善につき必要な資金のあつせん、技術的な助言その他の援助に努めるものとする。

（研究の推進等）

第二十四条 国は、騒音を発生する施設の改良のための研究、騒音の生活環境に及ぼす影響の研究その他騒音の防止に関する研究を推進し、その成果の普及に努めるものとする。

（権限の委任）

第二十四条の二 この法律に規定する環境大臣の権限は、環境省令で定めるところにより、地方環境事務所長に委任することができる。

（政令で定める町村の長による事務の処理）

第二十五条 この法律の規定により都道府県知事の権限に属する事務の一部は、政令で定めるところにより、政令で定める町村の長が行うこととすることができる。

※「政令」＝令四

（事務の区分）

第二十六条 第十八条の規定により都道府県又は市が処理することとされている事務は、地方自治法（昭和二十二年法律第六十七号）第二条第九項第一号に規定する第一号法定受託事務とする。

（条例との関係）

第二十七条 この法律の規定は、地方公共団体が、指定地域内に設置される特定工場等において発生する騒音に関し、当該地域の自然的、社会的条件に応じて、この法律とは別の見地から、条例で必要な規制を定めることを妨げるものではない。

2 この法律の規定は、地方公共団体が、指定地域内に設置される工場若しくは事業場であつて特定工場等以外のもの又は指定地域内において建設工事として行なわれる作業であつて特定建設作業以外のものについて、その工場若しくは事業場において発生する騒音又はその作業に伴つて発生する騒音に関し、条例で必要な規制を定めることを妨げるものではない。

（深夜騒音等の規制）

第二十八条 飲食店営業等に係る深夜における騒音、拡声機を使用する放送に係る騒音等の規制については、地方公共団体が、住民の生活環境を保全するため必要があると認めるときは、当該地域の自然的、社会的条件に応じて、営業時間を制限すること等により必要な措置を講ずるようにしなければならない。

第六章　罰則

第二十九条 第十二条第二項の規定による命令に違反した者は、一年以下の懲役又は十万円以下の罰金に処する。

注　令和四年六月一七日法律六八号により改正され、令和七年六月一日から施行
第二十九条中「懲役」を「拘禁刑」に改める。

第三十条 第六条第一項の規定による届出をせず、若しくは虚偽の届出をした者又は第十五条第二項の規定による命令に違反した者は、五万円以下の罰金に処する。

第三十一条 第七条第一項、第八条第一項若しくは第十四条第一項の規定による届出をせず、若しくは虚偽の届出をした者又は第二十条第一項の規定による報告をせず、若しくは虚偽の報告をし、若しくは同項の規定による検査を拒み、妨げ、若しくは忌避した者は、三万円以下の罰金に処する。

第三十二条 法人の代表者又は法人若しくは人の代理人、使用人その他の従業者が、その法人又は人の業務に関し、前三条の違反行為をしたときは、行為者を罰するほか、その法人又は人に対して各本条の罰金刑を科する。

第三十三条 第十条、第十一条第三項又は第十四条第二項の規定による届出をせず、又は虚偽の届出をした者は、一万円以下の過料に処する。

附　則（抄）

（施行期日）

1 この法律は、公布の日から起算して六月をこえない範囲内において政令で定める日から施行する。

〔昭四三・一一政令三三三により、昭四三・一二・一から施行〕

附　則（昭四五・六・一法一〇八抄）

（施行期日）

1 この法律は、公布の日から起算して六月をこえない範囲内において政令で定める日から施行する。〔後略〕

〔昭四五・八政令二五二により、昭四五・一一・一から施行〕

7 この法律の施行前に〔中略〕騒音規制法第十六条の規定によつて申立てのあつた和解の仲介については、この法律の施行後も、なお従前の例による。

附　則（昭四六・五・三一法八八抄）

（施行期日）

第一条 この法律は、昭和四十六年七月一日から施行する。〔後略〕

（経過措置）

第四十一条 この法律の施行の際現にこの法律による改正前の〔中略〕騒音規制法〔中略〕（以下「整理法」という。）の規定により国の機関がした許可、認可、指定その他の処分又は

通知その他の行為は、この法律による改正後の整理法の相当規定に基づいて、相当の国の機関がした許可、認可、指定その他の処分又は通知その他の行為とみなす。

2　この法律の施行の際現にこの法律による改正前の整理法の規定により国の機関に対してされている申請、届出その他の行為は、この法律による改正後の整理法の相当規定に基づいて、相当の国の機関に対してされた申請、届出その他の行為とみなす。

附　則（平六・六・二四法四二抄）

（施行期日）

第一条　この法律は、公布の日から起算して九月を超えない範囲内において政令で定める日から施行する。

〔平六・一二政令四一〇により、平七・三・一から施行〕

附　則（平七・四・二一法七五抄）

（施行期日）

第一条　この法律は、公布の日から起算して九月を超えない範囲内において政令で定める日から施行する。

〔平七・一〇政令三五八により、平七・一二・一から施行〕

附　則（平一一・五・二一法五〇抄）

（施行期日）

第一条　この法律は、平成十二年三月二十一日から施行する。ただし、次の各号に掲げる規定は、当該各号に定める日から施行する。

一　附則第三条から第六条まで及び第十一条の規定　公布の日

二〔前略〕附則〔中略〕第二十六条（騒音規制法（昭和四十三年法律第九十八号）第二十一条第二項の改正規定中「第二条第十項」を「第二条第十二項」に改める部分に限る。）〔中略〕の規定　公布の日から起算して六月を超えない範囲内において政令で定める日

〔平一一・一一政令三七〇により、平成一一・一一・一九から施行〕

附　則（平一一・七・一六法八七抄）

（施行期日）

第一条　この法律は、平成十二年四月一日から施行する。ただし、次の各号に掲げる規定は、当該各号に定める日から施行する。

一　〔前略〕附則第七条、第十条、第十二条、第五十九条ただし書、第六十条第四項及び第五項、第七十三条、第七十七条、第百五十七条第四項から第六項まで、第百六十条、第百六十三条、第百六十四条並びに第二百二条の規定　公布の日

二～六〔略〕

（国等の事務）

第百五十九条　この法律による改正前のそれぞれの法律に規定するもののほか、この法律の施行前において、地方公共団体の機関が法律又はこれに基づく政令により管理し又は執行する国、他の地方公共団体その他公共団体の事務（附則第百六十一条において「国等の事務」という。）は、この法律の施行後は、地方公共団体が法律又はこれに基づく政令により当該地方公共団体の事務として処理するものとする。

（処分、申請等に関する経過措置）

第百六十条　この法律（附則第一条各号に掲げる規定については、当該各規定。以下この条及び附則第百六十三条において同じ。）の施行前に改正前のそれぞれの法律の規定によりされた許可等の処分その他の行為（以下この条において「処分等の行為」という。）又はこの法律の施行の際現に改正前のそれぞれの法律の規定によりされている許可等の申請その他の行為（以下この条において「申請等の行為」という。）で、この法律の施行の日においてこれらの行為に係る行政事務を行うべき者が異なることとなるものは、附則第二条から前条までの規定又は改正後のそれぞれの法律（これに基づく命令を含む。）の経過措置に関する規定に定めるものを除き、この法律の施行の日以後における改正後のそれぞれの法律の適用については、改正後のそれぞれの法律の相当規定によりされた処分等の行為又は申請等の行為とみなす。

2　この法律の施行前に改正前のそれぞれの法律の規定により国又は地方公共団体の機関に対し報告、届出、提出その他の手続をしなければならない事項で、この法律の施行の日前にその手続がされていないものについては、この法律及びこれに基づく政令に別段の定めがあるもののほか、これを、改正後のそれぞれの法律の相当規定により国又は地方公共団体の相当の機関に対して報告、届出、提出その他の手続をしなければならない事項についてその手続がされていないものとみなして、この法律による改正後のそれぞれの法律の規定を適用する。

（不服申立てに関する経過措置）

第百六十一条　施行日前にされた国等の事務に係る処分であって、当該処分をした行政庁（以下この条において「処分庁」という。）に施行日前に行政不服審査法に規定する上級行政庁（以下この条において「上級行政庁」という。）があったものについての同法による不服申立てについては、施行日以後においても、当該処分庁に引き続き上級行政庁があるものとみなして、行政不服審査法の規定を適用する。この場合において、当該処分庁の上級行政庁とみなされる行政庁は、施行日前に当該処分庁の上級行政庁であった行政庁とする。

2　前項の場合において、上級行政庁とみなされる行政庁が地方公共団体の機関であるときは、当該機関が行政不服審査法の規定により処理することとされる事務は、新地方自治法第二条第九項第一号に規定する第一号法定受託事務とする。

（手数料に関する経過措置）

第百六十二条　施行日前においてこの法律による改正前のそれぞれの法律（これに基づく命令を含む。）の規定により納付すべきであった手数料については、この法律及びこれに基づく政令に別段の定めがあるもののほか、なお従前の例による。

（罰則に関する経過措置）

第百六十三条　この法律の施行前にした行為に対する罰則の適用については、なお従前の例による。

（その他の経過措置の政令への委任）

第百六十四条　この附則に規定するもののほか、この法律の施行に伴い必要な経過措置（罰則に関する経過措置を含む。）は、政令で定める。

2　附則第十八条、第五十一条及び第百八十四条の規定の適用に関して必要な事項は、政令で定める。

附　則（平成一一年一二月二二日法律第一六〇号抄）

（処分、申請等に関する経過措置）

第千三百一条　中央省庁等改革関係法及びこの法律（以下「改

革関係法等」と総称する。）の施行前に法令の規定により従前の国の機関がした免許、許可、認可、承認、指定その他の処分又は通知その他の行為は、法令に別段の定めがあるもののほか、改革関係法等の施行後は、改革関係法等の施行後の法令の相当規定に基づいて、相当の国の機関がした免許、許可、認可、承認、指定その他の処分又は通知その他の行為とみなす。

2　改革関係法等の施行の際現に法令の規定により従前の国の機関に対してされている申請、届出その他の行為は、法令に別段の定めがあるもののほか、改革関係法等の施行後は、改革関係法等の施行後の法令の相当規定に基づいて、相当の国の機関に対してされた申請、届出その他の行為とみなす。

3　改革関係法等の施行前に法令の規定により従前の国の機関に対し報告、届出、提出その他の手続をしなければならないとされている事項で、改革関係法等の施行の日前にその手続がされていないものについては、法令に別段の定めがあるもののほか、改革関係法等の施行後は、これを、改革関係法等の施行後の法令の相当規定により相当の国の機関に対して報告、届出、提出その他の手続をしなければならないとされた事項についてその手続がされていないものとみなして、改革関係法等の施行後の法令の規定を適用する。

（従前の例による処分等に関する経過措置）

第千三百二条　なお従前の例によることとする法令の規定により、従前の国の機関がすべき免許、許可、認可、承認、指定その他の処分若しくは通知その他の行為又は従前の国の機関に対してすべき申請、届出その他の行為については、法令に別段の定めがあるもののほか、改革関係法等の施行後は、改革関係法等の施行後の法令の規定に基づくその任務及び所掌事務の区分に応じ、それぞれ、相当の国の機関がすべきものとし、又は相当の国の機関に対してすべきものとする。

（罰則に関する経過措置）

第千三百三条　改革関係法等の施行前にした行為に対する罰則の適用については、なお従前の例による。

（政令への委任）

第千三百四十四条　第七十一条から第七十六条まで及び第千三百一条から前条まで並びに中央省庁等改革関係法に定めるもののほか、改革関係法等の施行に関し必要な経過措置（罰則に関する経過措置を含む。）は、政令で定める。

附　則（平一一・一二・二二法一六〇抄）

（施行期日）

第一条　この法律（第二条及び第三条を除く。）は、平成十三年一月六日から施行する。ただし、次の各号に掲げる規定は、当該各号に定める日から施行する。

一　〔前略〕第千三百四十四条の規定　公布の日

二　〔略〕

附　則（平一二・五・三一法九一抄）

（施行期日）

1　この法律は、商法等の一部を改正する法律（平成十二年法律第九十号）の施行の日〔平成一三年四月一日〕から施行する。

附　則（平一五・六・一八法九二抄）

（施行期日）

第一条　この法律は、平成十七年四月一日から施行する。ただし、次の各号に掲げる規定は、当該各号に定める日から施行する。

一・二　〔略〕

三　〔前略〕附則第七条〔中略〕第五十条（「第二条第十二項」を「第二条第十三項」に改める部分に限る。）、第五十二条及び第五十三条の規定　平成十六年四月一日

附　則（平一六・六・九法九四抄）

（施行期日）

第一条　この法律は、平成十七年四月一日から施行する。ただし、附則第七条及び第二十八条の規定は公布の日から〔中略〕施行する。

（処分等に関する経過措置）

第二十六条　この法律の施行前に改正前のそれぞれの法律（これに基づく命令を含む。以下この条において同じ。）の規定によってした処分、手続その他の行為であって、改正後のそれぞれの法律の規定に相当の規定があるものは、この附則に別段の定めがあるものを除き、改正後のそれぞれの法律の相当の規定によってしたものとみなす。

（罰則の適用に関する経過措置）

第二十七条　この法律の施行前にした行為に対する罰則の適用については、なお従前の例による。

（政令委任）

第二十八条　この附則に定めるもののほか、この法律の施行に伴い必要な経過措置は、政令で定める。

附　則（平一七・四・二七法三三抄）

（施行期日）

第一条　この法律は、平成十七年十月一日から施行する。

（経過措置）

第二十四条　この法律による改正後のそれぞれの法律の規定に基づき命令を制定し、又は改廃する場合においては、その命令で、その制定又は改廃に伴い合理的に必要と判断される範囲内において、所要の経過措置（罰則に関する経過措置を含む。）を定めることができる。

附　則（平二三・八・三〇法一〇五抄）

（施行期日）

第一条　この法律は、公布の日から施行する。ただし、次の各号に掲げる規定は、当該各号に定める日から施行する。

一　〔略〕

二　〔前略〕第百六十九条〔中略〕の規定並びに附則第十三条、第十五条から第二十四条まで、第二十五条第一項、第二十六条、第二十七条第一項から第三項まで、第三十条から第三十二条まで、第三十八条、第四十四条、第四十六条第一項及び第四項、第四十七条から第四十九条まで、第五十一条から第五十三条まで、第五十五条、第五十八条、第五十九条、第六十一条から第六十九条まで、第七十一条、第七十二条第一項から第三項まで、第七十四条から第七十六条まで〔中略〕の規定　平成二十四年四月一日

三〜六　〔略〕

（騒音規制法の一部改正に伴う経過措置）

第七十四条　都道府県知事が、第百六十九条の規定の施行に際し、同条の規定による改正前の騒音規制法第三条第一項の規定により指定した地域（市の区域内の地域に限る。）を廃止しようとする場合においては、同条第二項後段の規定は、適用しない。

（罰則に関する経過措置）

第八十一条　この法律（附則第一条各号に掲げる規定にあっては、当該規定。以下この条において同じ。）の施行前にした行為及びこの附則の規定によりなお従前の例によることとされる場合におけるこの法律の施行後にした行為に対する罰則の適用については、なお従前の例による。

（政令への委任）

第八十二条　この附則に規定するもののほか、この法律の施行に関し必要な経過措置（罰則に関する経過措置を含む。）は、政令で定める。

附　則（平二六・六・一八法七二抄）

（施行期日）

第一条　この法律は、公布の日から起算して二年六月を超えない範囲内において政令で定める日から施行する。〔後略〕

〔平二七・七政令二六七により、平二八・四・一から施行〕

附　則（令四・六・一七法六八抄）

（罰則の適用等に関する経過措置）

第四百四十一条　刑法等の一部を改正する法律（令和四年法律第六十七号。以下「刑法等一部改正法」という。）及びこの法律（以下「刑法等一部改正法等」という。）の施行前にした行為の処罰については、次章に別段の定めがあるもののほか、なお従前の例による。

2　刑法等一部改正法等の施行後にした行為に対して、他の法律の規定によりなお従前の例によることとされ、なお効力を有することとされ又は改正前若しくは廃止前の法律の規定の例によることとされる罰則を適用する場合において、当該罰則に定める刑（刑法施行法第十九条第一項の規定又は第八十二条の規定による改正後の沖縄の復帰に伴う特別措置に関する法律第二十五条第四項の規定の適用後のものを含む。）に刑法等一部改正法第二条の規定による改正前の刑法（明治四十年法律第四十五号。以下この項において「旧刑法」という。）第十二条に規定する懲役（以下「懲役」という。）、旧刑法第十三条に規定する禁錮（以下「禁錮」という。）又は旧刑法第十六条に規定する拘留（以下「旧拘留」という。）が含まれるときは、当該刑のうち無期の懲役又は禁錮はそれぞれ無期拘禁刑と、有期の懲役又は禁錮はそれぞれその刑と長期及び短期（刑法施行法第二十条の規定の適用後のものを含む。）を同じくする有期拘禁刑と、旧拘留は長期及び短期（刑法施行法第二十条の規定の適用後のものを含む。）を同じくする拘留とする。

（裁判の効力とその執行に関する経過措置）

第四百四十二条　懲役、禁錮及び旧拘留の確定裁判の効力並びにその執行については、次章に別段の定めがあるもののほか、なお従前の例による。

（人の資格に関する経過措置）

第四百四十三条　懲役、禁錮又は旧拘留に処せられた者に係る人の資格に関する法令の規定の適用については、無期の懲役又は禁錮に処せられた者はそれぞれ無期拘禁刑に処せられた者と、有期の懲役又は禁錮に処せられた者はそれぞれ刑期を同じくする有期拘禁刑に処せられた者と、旧拘留に処せられた者は拘留に処せられた者とみなす。

2　拘禁刑又は拘留に処せられた者に係る他の法律の規定によりなお従前の例によることとされ、なお効力を有することとされ又は改正前若しくは廃止前の法律の規定の例によることとされる人の資格に関する法令の規定の適用については、無期拘禁刑に処せられた者は無期禁錮に処せられた者と、有期拘禁刑に処せられた者は刑期を同じくする有期禁錮に処せられた者と、拘留に処せられた者は刑期を同じくする旧拘留に処せられた者とみなす。

（経過措置の政令への委任）

第五百九条　この編に定めるもののほか、刑法等一部改正法等の施行に伴い必要な経過措置は、政令で定める。

附　則（令四・六・一七法六八抄）

（施行期日）

1　この法律は、刑法等一部改正法〔刑法等の一部を改正する法律＝令和四年六月法律第六七号〕施行日〔令和七年六月一日〕から施行する。ただし、次の各号に掲げる規定は、当該各号に定める日から施行する。

一　第五百九条の規定　公布の日

二　〔略〕

○騒音規制法施行令

（昭和四十三年十一月二十七日
政令第三百二十四号）

沿革　昭四五政令二五三、昭四六政令一九三、昭六一政令二二、平六政令三九八、平八政令三三八、平一〇政令四〇六、平一一政令二八三・三八七、平一二政令三一三、平一三政令五三・三九七、平一四政令三二七・三九七、平一八政令三八六、平一九政令三三九、平二三政令三六四、令三政令三四六改正

（特定施設）

第一条　騒音規制法（以下「法」という。）第二条第一項の政令で定める施設は、別表第一に掲げる施設とする。

（特定建設作業）

第二条　法第二条第三項の政令で定める作業は、別表第二に掲げる作業とする。ただし、当該作業がその作業を開始した日に終わるものを除く。

（報告及び検査）

第三条　市町村長は、法第二十条第一項の規定により、特定施設を設置する者に対し、特定施設の設置の状況及び使用の方法並びに騒音の防止の方法について報告を求め、又はその職員に、特定工場等に立ち入り、特定施設その他騒音を発生する施設及び騒音を防止するための施設並びに関係帳簿書類を検査させることができる。この場合において、法第二十一条第一項に規定する特定施設を設置する者に対しては、法第十二条第一項、同条第二項（法第九条に係る部分を除く。）又は法第二十一条第三項の規定による権限の行使に関し必要と認められる場合に行うものとする。

2　市町村長は、法第二十条第一項の規定により、特定建設作業を伴う建設工事を施工する者に対し、特定建設作業の実施の状況及び騒音の防止の方法について報告を求め、又はその職員に、特定建設作業を伴う建設工事を施工する者の建設工事の場所に立ち入り、特定建設作業に使用される機械及び騒音を防止するための施設並びに関係帳簿書類を検査させることができる。

附　則（抄）

1　この政令は、法の施行の日（昭和四十三年十二月一日）から施行する。

附　則（昭四六・六・一七政令一九三）

この政令は、騒音規制法の一部を改正する法律（昭和四十五年法律第百三十五号）の施行の日（昭和四十六年六月二十四日）から施行する。

附　則（昭六一・三・一一政令二二）

この政令は、昭和六十一年四月一日から施行する。

附　則（平六・一二・二一政令三九八）

この政令は、地方自治法の一部を改正する法律中第二編第十二章の改正規定並びに地方自治法の一部を改正する法律の施行に伴う関係法律の整備に関する法律第一章の規定及び附則第二項の規定の施行の日（平成七年四月一日）から施行する。

附　則（平八・一二・二〇政令三三八）

この政令は、平成九年十月一日から施行する。

附　則（平一〇・一二・二四政令四〇六）

この政令は、公布の日から施行する。〔後略〕

附　則（平一一・九・二四政令二八三）

（施行期日）

第一条　この政令は、平成十一年十月一日から施行する。

（経過措置）

第二条　改正後の別表第一第一号ホに掲げる施設に該当するもの（改正前の別表第一第一号ホに掲げる施設を除く。）で、平成十一年十月三十一日前にその設置の工事が開始されたものについては、騒音規制法第六条第一項及び第八条第一項の規定は、適用しない。

附　則（平一一・一二・三政令三八七抄）

（施行期日）

第一条　この政令は、平成十二年四月一日から施行する。

附　則（平一二・六・七政令三一三抄）

（施行期日）

第一条　この政令は、内閣法の一部を改正する法律（平成十一年法律第八十八号）の施行の日（平成十三年一月六日）から施行する。〔後略〕

附　則（平一三・三・二六政令五三）

この政令は、平成十三年四月一日から施行する。

附　則（平一三・一二・一四政令三九七抄）

（施行期日）

1　この政令は、平成十四年四月一日から施行する。

附　則（平一四・一一・一政令三二七）

（施行期日）

第一条　この政令は、平成十五年四月一日から施行する。

附　則（平一四・一二・二六政令三九七）

この政令は、平成十五年四月一日から施行する。

附　則（平一八・一二・二〇政令三八六抄）

（施行期日）

第一条　この政令は、平成十九年四月一日から施行する。

附　則（平一九・一一・二一政令三三九抄）

（施行期日）

第一条　この政令は、平成二十年四月一日から施行する。

附　則（平二三・一一・二八政令三六四）

この政令は、平成二十四年四月一日から施行する。〔後略〕

附　則（令三・一二・二四政令三四六）

この政令は、令和四年十二月一日から施行する。

別表第一（第一条関係）

一　金属加工機械

イ　圧延機械（原動機の定格出力の合計が二二・五キロワット以上のものに限る。）

ロ　製管機械

ハ　ベンディングマシン（ロール式のものであって、原動機の定格出力が三・七五キロワット以上のものに限る。）

ニ　液圧プレス（矯正プレスを除く。）

ホ　機械プレス（呼び加圧能力が二九四キロニュートン以上のものに限る。）

ヘ　せん断機（原動機の定格出力が三・七五キロワット以上のものに限る。）

ト　鍛造機

チ　ワイヤーフォーミングマシン

リ　ブラスト（タンブラスト以外のものであって、密閉式のものを除く。）

ヌ　タンブラー

ル　切断機（といしを用いるものに限る。）

二　空気圧縮機（一定の限度を超える大きさの騒音を発生しないものとして環境大臣が指定するものを除き、原動機の定格出力が七・五キロワット以上のものに限る。）及び送風機（原動機の定格出力が七・五キロワット以上のものに限る。）

三　土石用又は鉱物用の破砕機、摩砕機、ふるい及び分級機（原動機の定格出力が七・五キロワット以上のものに限る。）

四　織機（原動機を用いるものに限る。）

五　建設用資材製造機械

イ　コンクリートプラント（気ほうコンクリートプラントを除き、混練機の混練容量が〇・四五立方メートル以上のものに限る。）

ロ　アスファルトプラント（混練機の混練重量が二〇〇キログラム以上のものに限る。）

六　穀物用製粉機（ロール式のものであって、原動機の定格出力が七・五キロワット以上のものに限る。）

七　木材加工機械

イ　ドラムバーカー

ロ　チッパー（原動機の定格出力が二・二五キロワット以上のものに限る。）

ハ　砕木機

ニ　帯のこ盤（製材用のものにあっては原動機の定格出力が一五キロワット以上のもの、木工用のものにあっては原動機の定格出力が二・二五キロワット以上のものに限る。）

ホ　丸のこ盤（製材用のものにあっては原動機の定格出力が一五キロワット以上のもの、木工用のものにあっては原動機の定格出力が二・二五キロワット以上のものに限る。）

ヘ　かんな盤（原動機の定格出力が二・二五キロワット以上のものに限る。）

八　抄紙機

九　印刷機械（原動機を用いるものに限る。）

一〇　合成樹脂用射出成形機

一一　鋳型造型機（ジョルト式のものに限る。）

別表第二（第二条関係）

一　くい打機（もんけんを除く。）、くい抜機又はくい打くい抜機（圧入式くい打くい抜機を除く。）を使用する作業（くい打機をアースオーガーと併用する作業を除く。）

二　びよう打機を使用する作業

三　さく岩機を使用する作業（作業地点が連続的に移動する作業にあっては、一日における当該作業に係る二地点間の最大距離が五〇メートルを超えない作業に限る。）

四　空気圧縮機（電動機以外の原動機を用いるものであって、その原動機の定格出力が一五キロワット以上のものに限る。）を使用する作業（さく岩機の動力として使用する作業を除く。）

五　コンクリートプラント（混練機の混練容量が〇・四五立方メートル以上のものに限る。）又はアスファルトプラント（混練機の混練重量が二〇〇キログラム以上のものに限る。）を設けて行う作業（モルタルを製造するためにコンクリートプラントを設けて行う作業を除く。）

六　バックホウ（一定の限度を超える大きさの騒音を発生しないものとして環境大臣が指定するものを除き、原動機の定格出力が八〇キロワット以上のものに限る。）を使用する作業

七　トラクターショベル（一定の限度を超える大きさの騒音を発生しないものとして環境大臣が指定するものを除き、原動機の定格出力が七〇キロワット以上のものに限る。）を使用する作業

八　ブルドーザー（一定の限度を超える大きさの騒音を発生しないものとして環境大臣が指定するものを除き、原動機の定格出力が四〇キロワット以上のものに限る。）を使用する作業

○騒音規制法第二条第四項の自動車を定める省令

（昭和四十六年六月二十三日
運輸省令第三十七号）

沿革　昭四六総令四一、平一二総令九四改正

騒音規制法（昭和四十三年法律第九十八号）第二条第四項の環境省令で定める自動車は、道路運送車両法施行規則（昭和二十六年運輸省令第七十四号）第二条に規定する普通自動車、小型自動車及び軽自動車とする。

附　則

この省令は、騒音規制法の一部を改正する法律（昭和四十五年法律第百三十五号）の施行の日（昭和四十六年六月二十四日）から施行する。

附　則（昭四六・七・一総理令四一）

この府令は、公布の日から施行する。

附　則（平一二・八・一四総令九四抄）

1　この府令は、内閣法の一部を改正する法律（平成十一年法律第八十八号）の施行の日（平成十三年一月六日）から施行する。

○自動車騒音の大きさの許容限度

（昭和五十年九月四日　環境庁告示第五十三号）

沿革　昭五三環告四、昭五五環告四二、昭五六環告七四、昭五七環告九〇、昭五八環告六三、昭五九環告五〇、昭六〇環告五〇、昭六三環告一、平五環告九一、平八環告七九、平九環告八六、平一〇環告八九、平一二環告一二、平二五環告四、平二七環告一二三、平二八環告二七、平二九環告一〇三、平三〇環告一〇三、令二環告三五、令三環告六〇、令四環告七七改正

騒音規制法第十六条第一項の自動車騒音の大きさの許容限度は、次の各号に掲げるとおりとする。

一　普通自動車、小型自動車及び軽自動車（道路運送車両法施行規則（昭和二十六年運輸省令第七十四号。以下「規則」という。）第二条に規定する普通自動車、小型自動車及び軽自動車をいう。以下同じ。）のうち、被けん引自動車並びに道路運送車両法（昭和二十六年法律第百八十五号。以下「法」という。）第十六条第一項の抹消登録を受けた自動車及び法第六十九条第四項の規定により自動車検査証が返納された自動車を除いたものであって、新規検査（法第五十九条第一項の新規検査をいう。以下同じ。）、予備検査（法第七十一条第一項の予備検査をいう。以下同じ。）又は規則第六十二条の三第五項の検査を受けようとするもの並びに原動機付自転車（法第二条第三項に規定する原動機付自転車をいう。以下同じ。）であって、規則第六十二条の三第五項の検査を受けようとするものの走行時の騒音　別表第一に掲げる許容限度

二　普通自動車、小型自動車及び軽自動車（いずれも被けん引自動車、三輪自動車及び二輪自動車を除く。）であって、現に運行の用に供しているもの（新規検査又は予備検査（法第十六条第一項の抹消登録を受けた後及び法第六十九条第四項の規定により自動車検査証が返納された後に受けたものを除く。）の時に協定規則（車両並びに車両への取付け又は車両における使用が可能な装置及び部品に係る調和された技術上の国際連合の諸規則の採択並びにこれらの国際連合の諸規則に基づいて行われる認定の相互承認のための条件に関する協定（平成十年条約第十二号）に付属する規則をいう。以下同じ。）第五十一号第三改訂版附則3に規定する試験法により近接排気騒音の測定を行ったもの（後付消音器の技術基準（道路運送車両の保安基準の細目を定める告示（平成十四年七月国土交通省告示第六百十九号）別添百十二の後付消音器の技術基準をいう。以下同じ。）の騒音防止性能試験を同附則3に規定する試験法以外で受けたものであって、当該新規検査又は予備検査時の近接排気騒音の値が別表第二の近接排気騒音の値と同等以下の値のものを除く。）に限る。）の走行時の騒音　当該新規検査又は予備検査を受けた時に、当該試験法により測定された近接排気騒音の値と同等の値（ただし、後付消音器の技術基準の騒音防止性能試験を同附則3に規定する試験法で受けたものについては、当該試験を受けた時に、当該試験法により測定された近接排気騒音の値と同等の値）

三　小型自動車及び軽自動車（いずれも二輪自動車（側車付二輪自動車を除く。）に限る。）並びに原動機付自転車（第一種原動機付自転車（規則第一条第二項に規定する第一種原動機付自転車をいう。以下同じ。）であって、三輪以上のもの及び最高速度が五十キロメートル毎時以下のものを除く。）であって、現に運行の用に供しているもの（新規検査、予備検査（法第十六条第一項の抹消登録を受けた後及び法第六十九条第四項の規定により自動車検査証が返納された後に受けたものを除く。）又は規則第六十二条の三第五項の検査の時に協定規則第四十一号第四改訂版附則3又は第五改訂版附則3に規定する試験法により近接排気騒音の測定を行ったもの（後付消音器の技術基準の騒音防止性能試験を協定規則第四十一号第四改訂版附則3又は第五改訂版附則3に規定する試験法以外で受けたものであって、当該新規検査、予備検査又は規則第六十二条の三第五項の検査時の近接排気騒音の値が別表第二の近接排気騒音の値と同等以下の値のものを除く。）に限る。）の走行時の騒音　当該新規検査、予備検査又は規則第六十二条の三第五項の検査を受けた時に、当該試験法により測定された近接排気騒音の値と同等の値（ただし、後付消音器の技術基準の騒音防止性能試験を協定規則第四十一号第四改訂版附則3又は第五改訂版附則3に規定する試験法で受けたものについては、当該試験を受けた時に、当該試験法により測定された近接排気騒音の値と同等の値）

四　前二号に掲げる自動車以外の普通自動車、小型自動車及び軽自動車（いずれも被けん引自動車を除く。）並びに前号に掲げる原動機付自転車以外の原動機付自転車であって、現に運行の用に供しているものの走行時の騒音　別表第二に掲げる許容限度

五　普通自動車、小型自動車及び軽自動車（いずれも被けん引自動車、三輪自動車及び二輪自動車を除く。）のうち、法第十六条第一項の抹消登録を受けた自動車及び法第六十九条第四項の規定により自動車検査証が返納された自動車を除いたものであって、新規検査又は予備検査を受けようとするものの圧縮空気騒音　別表第三に掲げる許容限度

六　普通自動車、小型自動車及び軽自動車（いずれも三輪自動車及び二輪自動車を除く。）のうち、法第十六条第一項の抹消登録を受けた自動車及び法第六十九条第四項の規定により自動車検査証が返納された自動車を除いたものであって、新規検査又は予備検査を受けようとするもののタイヤ車外騒音　別表第四に掲げる許容限度

前　文（抄）（平五・一〇・二八環告九一）

平成五年十一月一日から施行する。

前　文（抄）（平二五・一・二五環告四）

平成二十六年一月一日から適用する。

附　則（平二七・一〇・八環告一二三）

この告示は、平成二十七年十月八日から施行する。

附　則（平二八・三・一八環告二七）

この告示は、平成二十八年三月十八日から施行する。

前　文（抄）（平二九・一二・一三環告一〇三）

公布の日から適用する。

前　文（抄）（平三〇・一一・三〇環告一〇三）

公布の日から適用する。

附　則（令二・三・三〇環告三五）

この告示は、公布の日から施行する。

前　文（抄）（令三・九・三〇環告六〇）

公布の日から適用する。

前　文（抄）（令四・九・三〇環告七七）

公布の日から適用する。

別表第一

自動車の種別			自動車騒音の大きさの許容限度		
			定常走行騒音	近接排気騒音	加速走行騒音
普通自動車、小型自動車及び軽自動車（いずれも専ら乗用の用に供する自動車並びに三輪自動車及び二輪自動車を除く。）	技術的最大許容質量が十二トンを超えるもの	最高出力が二百五十キロワットを超えるもの	—	—	七十九デシベル
		最高出力が百五十キロワットを超え、二百五十キロワット以下のもの	—	—	七十七デシベル
		最高出力が百五十キロワット以下のもの	—	—	七十六デシベル
	技術的最大許容質量が三・五トンを超え、十二トン以下のもの	最高出力が百三十五キロワットを超えるもの	—	—	七十五デシベル
		最高出力が百三十五キロワット以下のもの	—	—	七十四デシベル
	技術的最大許容質量が二・五トンを超え、三・五トン以下のもの		—	—	七十一デシベル
	技術的最大許容質量が二・五トン以下のもの		—	—	六十九デシベル
専ら乗用の用に供する乗車定員九人を超える普通自動車、小型自動車及び軽自動車	技術的最大許容質量が五トンを超えるもの	最高出力が二百五十キロワットを超えるもの	—	—	七十七デシベル
		最高出力が百五十キロワットを超え、二百五十キロワット以下のもの	—	—	七十六デシベル
		最高出力が百五十キロワット以下のもの	—	—	七十三デシベル
	技術的最大許容質量	最高出力が百三十五キロワットを超えるもの	—	—	七十二デシベル

動車（いずれも三輪自動車及び二輪自動車を除く。）	量が三・五トンを超え、五トン以下のもの	最高出力が百三十五キロワット以下のもの	ー	ー	七十二デシベル
	技術的最大許容質量が二・五トンを超え、三・五トン以下のもの		ー	ー	七十一デシベル
	技術的最大許容質量が二・五トン以下のもの		ー	ー	六十九デシベル
専ら乗用の用に供する乗車定員九人以下の普通自動車、小型自動車及び軽自動車（いずれも三輪自動車及び二輪自動車を除く。）	PMRが二百を超え、乗車定員四人以下、かつ、Rポイントの地上高さが四百五十ミリメートル未満のもの		ー	ー	七十二デシベル
	PMRが百六十を超えるもの（PMRが二百を超え、乗車定員四人以下、かつ、Rポイントの地上高さが四百五十ミリメートル未満のものを除く。）		ー	ー	七十一デシベル
	PMRが百二十を超え、百六十以下のもの		ー	ー	六十九デシベル
	PMRが百二十以下のもの		ー	ー	六十八デシベル
三輪の小型自動車及び軽自動車（いずれも専ら乗用の用に供する自動車を除く。）	車両総重量が三・五トンを超え、原動機の最高出力が百五十キロワットを超えるもの	すべての車輪に動力を伝達できる構造の動力伝達装置を備えたもの、セミトレーラをけん引するけん引自動車及びクレーン作業用自動車	八十三デシベル	九十九デシベル	八十二デシベル
		すべての車輪に動力を伝達できる構造の動力伝達装置を備えたもの、セミトレーラをけん引するけん引自動車及びクレーン作業用自動車以外のもの	八十二デシベル	九十九デシベル	八十一デシベル
	車両総重量が三・五トンを超え、原動機の最高出力が百五十キロワット以下のもの	すべての車輪に動力を伝達できる構造の動力伝達装置を備えたもの	八十デシベル	九十八デシベル	八十一デシベル
		すべての車輪に動力を伝達できる構造の動力伝達装置を備えたもの以外のもの	七十九デシベル	九十八デシベル	八十デシベル
	車両総重量が三・五トン以下のもの		七十四デシベル	九十七デシベル	七十六デシベル
専ら乗用の用に供する乗車定員十人以下の三輪の小型自動車及び軽自動車	車両の後部に原動機を有するもの		七十二デシベル	百デシベル	七十六デシベル
	車両の後部に原動機を有するもの以外のもの		七十二デシベル	九十六デシベル	七十六デシベル
二輪の小型自動車	側車付二輪自動車		七十二デシベル	九十四デシベル	七十三デシベル
	側車付二輪自動車以外のもの	PMRが五十を超えるもの	ー	ー	七十七デシベル
		PMRが二十五を超え、五十以下のもの	ー	ー	七十四デシベル
		PMRが二十五以下のもの	ー	ー	七十三デシベル
二輪の軽自動車	側車付二輪自動車		七十一デシベル	九十四デシベル	七十三デシベル
	側車付二輪自動車以外のもの	PMRが五十を超えるもの	ー	ー	七十七デシベル
		PMRが二十五を超え、五十以下のもの	ー	ー	七十四デシベル
		PMRが二十五以下のもの	ー	ー	七十三デシベル
	最高速度が五十キ	PMRが五十を超えるもの	ー	ー	七十七デシベル

第一種原動機付自転車	ロメートル毎時を超えるもの（二輪のものに限る。）	PMRが二十五を超え、五十以下のもの	—	—	七十四デシベル
		PMRが二十五以下のもの	—	—	七十三デシベル
	三輪以上のもの又は最高速度が五十キロメートル毎時以下のもの		六十五デシベル	八十四デシベル	七十一デシベル
第二種原動機付自転車（規則第一条第二項に規定する第二種原動機付自転車をいう。以下同じ。）	PMRが五十を超えるもの		—	—	七十七デシベル
	PMRが二十五を超え、五十以下のもの		—	—	七十四デシベル
	PMRが二十五以下のもの		—	—	七十三デシベル

備考

一　定常走行騒音とは、日本産業規格D八三〇一に定める路面を原動機の最高出力時の回転数の六十パーセントの回転数で走行した場合の速度（その速度が五十キロメートル毎時を超える自動車（軽自動車（二輪自動車に限る。）を除く。）にあつては五十キロメートル毎時、その速度が四十キロメートル毎時を超える軽自動車（二輪自動車に限る。）及び第二種原動機付自転車にあつては四十キロメートル毎時、その速度が二十五キロメートル毎時を超える第一種原動機付自転車にあつては二十五キロメートル毎時）で走行する場合に、走行方向に直角に車両中心線から左側へ七・五メートル離れた位置で地上一・二メートルの高さにおいて測定した騒音をいう。この場合において、けん引自動車にあつては、被けん引自動車を連結した状態で走行する場合に測定した騒音も含む。

二　近接排気騒音とは、原動機が最高出力時の回転数の七十五パーセント（小型自動車及び軽自動車（いずれも二輪自動車に限る。）並びに原動機付自転車のうち原動機の最高出力時の回転数が毎分五千回転を超えるものにあつては、五十パーセント）の回転数で無負荷運転されている状態から加速ペダルを急速に放し、又は絞り弁を急速に閉じる場合に、排気流の方向を含む鉛直面と外側後方四十五度に交わり、かつ、排気管の開口部中心を含む鉛直面上で排気管の開口部中心から〇・五メートル離れた位置（排気管の開口部が上向きの排気管を有する自動車にあつては、車両中心線に直交する排気管の開口部中心を含む鉛直面上で排気管の開口部に近い車両の最外側から〇・五メートル離れた位置）で排気管の開口部中心の高さ（排気管の開口部中心が地上〇・二メートル未満の自動車及び原動機付自転車にあつては、地上〇・二メートルの高さ）において測定した騒音をいう。

三　加速走行騒音とは、普通自動車、小型自動車及び軽自動車（いずれも三輪自動車及び二輪自動車を除く。）にあつては、協定規則第五十一号第三改訂版附則3で規定する走行中の自動車騒音を同附則3の試験方法により測定した騒音。小型自動車及び軽自動車（いずれも二輪自動車（側車付二輪自動車を除く。）に限る。）並びに原動機付自転車（第一種原動機付自転車であつて、三輪以上のもの及び最高速度が五十キロメートル毎時以下のものを除く。）にあつては、協定規則第四十一号第五改訂版附則3で規定する走行中の自動車騒音を同附則3の試験方法により測定した騒音。その他の車両にあつては、日本産業規格D八三〇一に定める路面を原動機の最高出力時の回転数の七十五パーセントの回転数で走行した場合の速度（その速度が五十キロメートル毎時を超える自動車（軽自動車（側車付二輪自動車に限る。）を除く。）にあつては五十キロメートル毎時、その速度が四十キロメートル毎時を超える軽自動車（側車付二輪自動車に限る。）にあつては四十キロメートル毎時、その速度が二十五キロメートル毎時を超える第一種原動機付自転車にあつては二十五キロメートル毎時）で進行して、二十メートルの区間を加速ペダルを一杯に踏み込み、又は絞り弁を全開にして加速した状態で走行する場合に、その中間地点において走行方向に直角に車両中心線から左側へ七・五メートル離れた位置で地上一・二メートルの高さにおいて測定した騒音をいう。この場合において、けん引自動車にあつては、被けん引自動車を連結した状態で走行する場合に測定した騒音も含む。

四　技術的最大許容質量とは、車両の構造特性及び設計性能に基づいて自動車製作者が車両に与えることができる最大質量をいう。

五　ＰＭＲとは、車両の原動機の特性（最高出力）と車両の質量との比をいう。

六　Ｒポイントとは、国際連合の車両構造に関する統合決議（ＥＣＥ／ＴＲＡＮＳ／WP. 29／78／Rev. 3をいう。以下「統合決議」という。）に規定する高さをいう。

七　技術的最大許容質量が二・五トンを超え、三・五トン以下（Ｒポイントの高さが八百五十ミリメートルを超えるものに限る。）の普通自動車、小型自動車及び軽自動車（いずれも専ら乗用の用に供する自動車並びに三輪自動車及び二輪自動車を除く。）を、専ら乗用の用に供する乗車定員九人以下の普通自動車、小型自動車及び軽自動車（いずれも三輪自動車及び二輪自動車を除く。）に変更する場合にあつては、変更後の車両に適用する許容限度は、技術的最大許容質量が二・五トンを超え、三・五トン以下の普通自動車、小型自動車及び軽自動車（いずれも専ら乗用の用に供する自動車並びに三輪自動車及び二輪自動車を除く。）の許容限度とする。

八　専ら乗用の用に供する乗車定員九人を超え、かつ、技術的最大許容質量が五トンを超える普通自動車、小型自動車及び軽自動車（いずれも三輪自動車及び二輪自動車を除く。）並びに技術的最大許容質量が十二トンを超える普通自動車、小型自動車及び軽自動車（いずれも専ら乗用の用に供する自動車並びに三輪自動車及び二輪自動車を除く。）のうち統合決議の規定に基づきオフロード用に設計された自動車にあつては、車両に適用する許容限度は、別表第一の該当する許容限度に二デシベルを加えた値を許容限度とし、その他の普通自動車、小型自動車及び軽自動車（専ら乗用の用に供する乗車定員九人以下の自動車であつて、技術的最大許容質量が二トン以下のもの、三輪自動車及び二輪自動車を除く。）にあつては、車両に適用する許容限度は、別表第一の該当する許容限度に一デシベルを加えた値を許容限度とする。

九　専ら乗用の用に供する乗車定員九人以下の普通自動車、小型自動車及び軽自動車（いずれも三輪自動車及び二輪自動車を除く。）のうち車いすを収容するために特別に製造又は改造された自動車及び統合決議に規定する防弾車にあつては、車両に適用する許容限度は、別表第一の該当する許容限度に二デシベルを加えた値を許容限度とする。

十　専ら乗用の用に供する乗車定員九人を超え、かつ、技術的最大許容質量が五トンを超える普通自動車、小型自動車及び軽自動車（いずれも三輪自動車及び二輪自動車を除く。）のうちガソリンのみを燃料とするものにあつては、車両に適用する許容限度は、別表第一の該当する許容限度に二デシベルを加えた値を許容限度とする。

十一　技術的最大許容質量が二・五トン以下の普通自動車、小型自動車及び軽自動車（いずれも専ら乗用の用に供する自動車並びに三輪自動車及び二輪自動車を除く。）のうち総排気量六百六十cc以下であり、技術的最大許容質量を用いて計算したPMRが三十五以下及び前軸中心と運転者席のRポイントの水平距離が千百ミリメートル未満のものにあつては、車両に適用する許容限度は、技術的最大許容質量が二・五トンを超え、三・五トン以下の普通自動車、小型自動車及び軽自動車（いずれも専ら乗用の用に供する自動車並びに三輪自動車及び二輪自動車を除く。）の許容限度とする。

別表第二

自動車の種別			自動車騒音の大きさの許容限度	
			定常走行騒音	近接排気騒音
普通自動車、小型自動車及び軽自動車（いずれも専ら乗用の用に供する乗車定員十人以下の自動車及びすべての二輪自動車を除く。）	車両総重量が三・五トンを超え、原動機の最高出力が百五十キロワットを超えるもの	三輪自動車	八十五デシベル	九十九デシベル
		三輪自動車以外のもの	—	九十九デシベル
	車両総重量が三・五トンを超え、原動機の最高出力が百五十キロワット以下のもの	三輪自動車	八十五デシベル	九十八デシベル
		三輪自動車以外のもの	—	九十八デシベル
	車両総重量が三・五トン以下のもの	三輪自動車	八十五デシベル	九十七デシベル
		三輪自動車以外のもの	—	九十七デシベル
専ら乗用の用に供する乗車定員十人以下の普通自動車、小型自動車及び軽自動車（いずれも二輪自動車を除く。）	車両の後部に原動機を有するもの	三輪自動車	八十五デシベル	百デシベル
		三輪自動車以外のもの	—	百デシベル
	車両の後部に原動機を有するもの以外のもの	三輪自動車	八十五デシベル	九十六デシベル
		三輪自動車以外のもの	—	九十六デシベル
二輪の小型自動車及び軽自動車		側車付二輪自動車	八十五デシベル	九十四デシベル
		側車付二輪自動車以外のもの	—	九十四デシベル

第一種原動機付自転車	最高速度が五十キロメートル毎時を超えるもの（二輪のものに限る。）	—	八十四デシベル
	三輪以上のもの又は最高速度が五十キロメートル毎時以下のもの	八十五デシベル	八十四デシベル
第二種原動機付自転車		—	九十デシベル

備考

一　定常走行騒音とは、普通自動車、小型自動車、軽自動車及び原動機付自転車が平たんな乾燥した舗装路面を原動機の最高出力時の回転数の六十パーセントの回転数で走行した場合の速度（その速度が三十五キロメートル毎時を超える自動車及び第二種原動機付自転車にあつては三十五キロメートル毎時、その速度が二十五キロメートル毎時を超える第一種原動機付自転車にあつては二十五キロメートル毎時）で走行する場合に、走行方向に直角に車両中心線から左側へ七メートル離れた位置で地上一・二メートルの高さにおいて測定した騒音をいう。この場合において、けん引自動車にあつては、被けん引自動車を連結した状態で走行する場合に測定した騒音も含む。

二　近接排気騒音とは、原動機が最高出力時の回転数の七十五パーセント（小型自動車及び軽自動車（いずれも二輪自動車に限る。）並びに原動機付自転車のうち原動機の最高出力時の回転数が毎分五千回転を超えるものにあつては、五十パーセント）の回転数で無負荷運転されている状態から加速ペダルを急速に放し、又は絞り弁を急速に閉じる場合に、排気流の方向を含む鉛直面と外側後方四十五度に交わり、かつ、排気管の開口部中心を含む鉛直面上で排気管の開口部中心から〇・五メートル離れた位置（排気管の開口部が上向きの排気管を有する自動車にあつては、車両中心線に直交する排気管の開口部中心を含む鉛直面上で排気管の開口部に近い車両の最外側から〇・五メートル離れた位置）で排気管の開口部中心の高さ（排気管の開口部中心が地上〇・二メートル未満の自動車及び原動機付自転車にあつては、地上〇・二メートルの高さ）において測定した騒音をいう。

三　新規検査若しくは予備検査を受けて運行の用に供しようとする際又は規則第六十二条の三第五項の検査を受けて譲渡しようとする際、平成八年十二月二十日環境庁告示第七十九号による改正後の別表第一の適用を受けていない普通自動車、小型自動車、軽自動車及び原動機付自転車に係るこの表の適用については、普通自動車、小型自動車及び軽自動車（いずれも専ら乗用の用に供する乗車定員十人以下の自動車及びすべての二輪自動車を除く。）の項中「九十九デシベル」とあるのは「百七デシベル」と、専ら乗用の用に供する乗車定員十人以下の普通自動車、小型自動車及び軽自動車（いずれも二輪自動車を除く。）の項中「百デシベル」とあるのは「百三デシベル」と、「九十六デシベル」とあるのは「百三デシベル」と、二輪の小型自動車及び軽自動車の項中「九十四デシベル」とあるのは「九十九デシベル」と、第一種原動機付自転車の項中「八十四デシベル」とあるのは「九十五デシベル」とする。

四　新規検査若しくは予備検査を受けて運行の用に供しようとする際又は規則第六十二条の三第五項の検査を受けて譲渡しようとする際、平成九年十二月十二日環境庁告示第八十六号による改正後の別表第一の適用を受けていない普通自動車、小型自動車及び軽自動車に係るこの表の適用については、普通自動車、小型自動車及び軽自動車（いずれも専ら乗用の用に供する乗車定員十人以下の自動車及びすべての二輪自動車を除く。）の項中「九十七デシベル」とあるのは「百三デシベル」と、専ら乗用の用に供する乗車定員十人以下の普通自動車、小型自動車及び軽自動車（いずれも二輪自動車を除く。）の項中「百デシベル」とあるのは「百三デシベル」と、「九十六デシベル」とあるのは「百三デシベル」とする。

五　新規検査若しくは予備検査を受けて運行の用に供しようとする際又は規則第六十二条の三第五項の検査を受けて譲渡しようとする際、平成十年十二月八日環境庁告示第八十九号による改正後の別表第一の適用を受けていない普通自動車、小型自動車及び軽自動車に係るこの表の適用については、普通自動車、小型自動車及び軽自動車（いずれも専ら乗用の用に供する乗車定員十人以下の自動車及びすべての二輪自動車を除く。）の項中「九十八デシベル」とあるのは「百五デシベル」と、「九十七デシベル」とあるのは「百三デシベル」とする。

六　新規検査若しくは予備検査を受けて運行の用に供しようとする際又は規則第六十二条の三第五項の検査を受けて譲渡しようとする際、平成十二年二月二十一日環境庁告示第十二号による改正後の別表第一の適用を受けていない普通自動車、小型自動車、軽自動車及び原動機付自転車に係るこの表の適用については、普通自動車、小型自動車及び軽自動車（いずれも専ら乗用の用に供する乗車定員十人以下の自動車及びすべての二輪自動車を除く。）の項中「九十九デシベル」とあるのは「百七デシベル」と、「九十八デシベル」とあるのは「百五デシベル」と、二輪の小型自動車及び軽自動車の項中「九十四デシベル」とあるのは「九十九デシベル」と、第二種原動機付自転車の項中「九十デシベル」とあるのは「九十五デシベル」とする。

七　新規検査若しくは予備検査を受けて運行の用に供しようとする際又は規則第六十二条の三第五項の検査を受けて譲渡しようとする際、平成二十五年一月二十五日環境省告示第四号による改正後の別表第一の二の適用を受けていない小型自動車、軽自動車及び原動機付自転車に係るこの表の適用については、二輪の小型自動車及び軽自動車、第一種原動機付自転車及び第二種原動機付自転車の項中「—」とあるのは「八十五デシベル」とする。

八　新規検査若しくは予備検査を受けて運行の用に供しようとする際又は規則第六十二条の三第五項の検査を受けて譲渡しようとする際、平成二十七年十月八日環境省告示第百二十三号による改正後の別表第一の適用を受けていない普通自動車、小型自動車及び軽自動車に係るこの表の適用については、普通自動車、小型自動車及び軽自動車（いずれも専ら乗用の用に供する乗車定員十人以下の自動車及びすべての二輪自動車を除く。）及び専ら乗用の用に供する乗車定員十人以下の普通自動車、小型自動車及び軽自動車（いずれも二輪自動車を除く。）の項中「—」とあるのは「八十五デシベル」とする。

別表第三

自動車の種別	自動車騒音の大きさの許容限度 圧縮空気騒音
普通自動車、小型自動車及び軽自動車であつて、技術的最大許容質量が二千八百キログラムを超え、空気圧力に対応する制動装置が装着されているもの	七十二デシベル
前欄以外の自動車	—

備考
　圧縮空気騒音とは、協定規則第五十一号第三改訂版附則5に規定する試験方法により測定した騒音をいう。

別表第四

自動車に装着するタイヤの種別			自動車騒音の大きさの許容限度　タイヤ車外騒音
クラスＣ３タイヤ	ノーマルタイヤ	トラクションタイヤ	七十五デシベル
		トラクションタイヤ以外	七十三デシベル
	スノータイヤ	トラクションタイヤ	七十五デシベル
		トラクションタイヤ以外	七十三デシベル
	シビアスノータイヤ	トラクションタイヤ	七十六デシベル
		トラクションタイヤ以外	七十四デシベル
	特殊用途タイヤ	トラクションタイヤ	七十七デシベル
		トラクションタイヤ以外	七十五デシベル
クラスＣ２タイヤ	ノーマルタイヤ	トラクションタイヤ	七十三デシベル
		トラクションタイヤ以外	七十二デシベル
	スノータイヤ	トラクションタイヤ	七十三デシベル
		トラクションタイヤ以外	七十二デシベル
	シビアスノータイヤ	トラクションタイヤ	七十五デシベル
		トラクションタイヤ以外	七十三デシベル
	特殊用途タイヤ	トラクションタイヤ	七十五デシベル
		トラクションタイヤ以外	七十四デシベル

クラスC1タイヤ			
	レインフォースドタイヤ、エクストラロードタイヤ又はシビアスノータイヤ	断面幅の呼びが百八十五ミリメートル以下のもの	七十一デシベル
		断面幅の呼びが百八十五ミリメートルを超え、二百四十五ミリメートル以下のもの	七十二デシベル
		断面幅の呼びが二百四十五ミリメートルを超え、二百七十五ミリメートル以下のもの	七十三デシベル
		断面幅の呼びが二百七十五ミリメートルを超えるもの	七十五デシベル
	レインフォースドタイヤ、エクストラロードタイヤ又はシビアスノータイヤ以外のノーマルタイヤ、スノータイヤ又は特殊用途タイヤ	断面幅の呼びが百八十五ミリメートル以下のもの	七十デシベル
		断面幅の呼びが百八十五ミリメートルを超え、二百四十五ミリメートル以下のもの	七十一デシベル
		断面幅の呼びが二百四十五ミリメートルを超え、二百七十五ミリメートル以下のもの	七十二デシベル
		断面幅の呼びが二百七十五ミリメートルを超えるもの	七十四デシベル

備考

一　タイヤ車外騒音とは、協定規則第百十七号第二改訂版附則3に規定する試験方法により測定した騒音をいう。

二　クラスC3タイヤとは、協定規則第五十四号に適合するものであって、単輪でのロードインデックスが百二十二以上又は、百二十一以下で速度区分記号が「M」以下のタイヤをいう。

三　クラスC2タイヤとは、協定規則第五十四号に適合するものであって、単輪でのロードインデックスが百二十一以下で速度区分記号が「N」以上のタイヤをいう。

四　クラスC1タイヤとは、協定規則第三十号に適合するタイヤをいう。

五　ノーマルタイヤとは、通常の走行条件下で、道路で使用されることを目的としたタイヤをいう。

六　スノータイヤとは、そのトレッドパターン、トレッドコンパウンド又はトレッド構造が、雪路における自動車の運転に関し、車両が走行を開始又は維持する際において、ノーマルタイヤよりも優れた性能を有するように設計されたタイヤをいう。

七　シビアスノータイヤとは、そのトレッドパターン、トレッドコンパウンド又はトレッド構造が、過酷な降雪条件下で使用するように特別に設計されたスノータイヤであって、協定規則第百十七号第二改訂版6．4．の要件を満たすものをいう。

八　特殊用途タイヤとは、オンロードとオフロードの両方を対象にした走行条件又はその他特殊な走行条件の下で使用されることを目的としたものであって、主にオフロード条件下で車両が走行することを前提に設計されたタイヤをいう。

九　レインフォースドタイヤ又はエクストラロードタイヤとは、国際標準化機構が定めた規格（四〇〇〇—一号：二〇一〇）で定める標準空気圧で対応する標準タイヤが支える荷重よりも、より高い空気圧でより大きい荷重を支えるように設計されたタイヤをいう。

十　トラクションタイヤとは、「TRACTION」という表示がされており、さまざまな状況において力の伝達を最大にするために、主に車両のドライブアクスルに装着することを目的としたタイヤをいう。

十一　断面幅の呼びとは、協定規則第三十号に規定する空気を充填したタイヤのサイドウォールの外側間の直線距離をいう。

○騒音規制法第十七条第一項の規定に基づく指定地域内における自動車騒音の限度を定める省令

（平成十二年三月二日
総理府令第十五号）

沿革　平一二総令一五〇、平二三環令三二、令二環令九改正

（定義）

第一条　この省令において、次の各号に掲げる用語の意義は、それぞれ当該各号に定めるところによる。

一　車線　一縦列の自動車（二輪のものを除く。）が安全かつ円滑に走行するために必要な幅員を有する帯状の車道の部分をいう。

二　幹線交通を担う道路　道路法（昭和二十七年法律第百八十号）第三条に規定する高速自動車国道、一般国道、都道府県道及び市町村道（市町村道にあっては四車線以上の車線を有する区間に限る。）並びに道路運送法（昭和二十六年法律第百八十三号）第二条第八項に規定する一般自動車道であって都市計画法施行規則（昭和四十四年建設省令第四十九号）第七条第一号に規定する自動車専用道路をいう。

三　昼間　午前六時から午後十時までの間をいう。

四　夜間　午後十時から翌日の午前六時までの間をいう。

五　デシベル　計量法（平成四年法律第五十一号）別表第二に定める音圧レベルの計量単位をいう。

（自動車騒音の限度）

第二条　騒音規制法第十七条第一項の環境省令で定める限度（以下「限度」という。）は、別表のとおりとする。

（幹線交通を担う道路に近接する区域に係る限度の特例）

第三条　別表に掲げる区域のうち幹線交通を担う道路に近接する区域（二車線以下の車線を有する道路の場合は道路の敷地の境界線から十五メートル、二車線を超える車線を有する道路の場合は道路の敷地の境界線から二十メートルまでの範囲をいう。）に係る限度は、前条の規定にかかわらず、昼間においては七十五デシベル、夜間においては七十デシベルとする。

（都道府県知事及び都道府県公安委員会が協議して定める限度）

第四条　前二条の規定にかかわらず、別表に掲げる区域のうち学校、病院等特に静穏を必要とする施設が集合して設置されている区域又は幹線交通を担う道路の区間の全部又は一部に面する区域に係る限度は、都道府県知事（市の区域内の区域に係る限度については、市長。）及び都道府県公安委員会が協議して定める自動車騒音の大きさとすることができる。

（自動車騒音の測定方法等）

第五条　前三条に規定する限度は、次に掲げる方法により測定した場合における値によるものとする。

一　騒音の測定は、計量法第七十一条の条件に合格した騒音計を用いて行うものとする。

二　騒音の測定は、道路に接して住居、病院、学校等の用に供される建築物（以下「住居等」という。）が存している場合には道路の敷地の境界線において行い、道路に沿って住居等以外の用途の土地利用が行われているため道路から距離をおいて住居等が存している場合には住居等に到達する騒音の大きさを測定できる地点において行うものとする。これらの場合において、測定を行う高さは、当該地点の鉛直方向において生活環境の保全上騒音が最も問題となる位置とする。

三　騒音の測定は、当該道路のうち原則として交差点を除く部分に係る自動車騒音を対象とし、連続する七日間のうち当該自動車騒音の状況を代表すると認められる三日間について行うものとする。

四　騒音の評価手法は、等価騒音レベルによるものとする。

五　騒音の測定方法は、原則として、日本産業規格Z八七三一に定める騒音レベルの測定方法によるものとし、建築物による無視できない反射の影響を避けうる位置で測定するものとする。ただし、建築物と道路との間（道路の敷地の境界線を含む。）の地点において測定を行い、当該建築物による無視できない反射の影響を避けることができない場合において、当該影響を勘案し実測値を補正するなど適切な措置を講ずるときは、この限りでない。

六　自動車騒音以外の騒音又は当該道路以外の道路に係る自動車騒音による影響があると認められる場合は、これらの影響を勘案し実測値を補正するものとする。

七　騒音の大きさは、測定した値を時間の区分ごとに三日間の原則として全時間を通じてエネルギー平均した値とする。

別表

区域の区分＼時間の区分	昼間	夜間
一 a区域及びb区域のうち一車線を有する道路に面する区域	六十五デシベル	五十五デシベル
二 a区域のうち二車線以上の車線を有する道路に面する区域	七十デシベル	六十五デシベル
三 b区域のうち二車線以上の車線を有する道路に面する区域及びc区域のうち車線を有する道路に面する区域	七十五デシベル	七十デシベル

備考

a区域、b区域及びc区域とは、それぞれ次の各号に掲げる区域として都道府県知事（市の区域内の区域については、市長。）が定めた区域をいう。

一　a区域　専ら住居の用に供される区域

二　b区域　主として住居の用に供される区域

三　c区域　相当数の住居と併せて商業、工業等の用に供される区域

附　則

この府令は、平成十二年四月一日から施行する。

附　則（平一二・一二・一五総令一五〇）

この府令は、内閣法の一部を改正する法律（平成十一年法律第八十八号）の施行の日（平成十三年一月六日）から施行する。

附　則（平二三・一一・三〇環令三二抄）

（施行期日）

第一条　この省令は、平成二十四年四月一日から施行する。

〔後略〕

附　則（令二・三・三〇環令九）

この省令は、公布の日から施行する。

○エネルギーの使用の合理化及び非化石エネルギーへの転換等に関する法律（抄）

（昭和五十四年六月二十二日）
（法律第四十九号）

最終改正　令四法六八

第一章　総則

（目的）

第一条　この法律は、我が国で使用されるエネルギーの相当部分を化石燃料が占めていること、非化石エネルギーの利用の必要性が増大していることその他の内外におけるエネルギーをめぐる経済的社会的環境に応じたエネルギーの有効な利用の確保に資するため、工場等、輸送、建築物及び機械器具等についてのエネルギーの使用の合理化及び非化石エネルギーへの転換に関する所要の措置、電気の需要の最適化に関する所要の措置その他エネルギーの使用の合理化及び非化石エネルギーへの転換等を総合的に進めるために必要な措置等を講ずることとし、もつて国民経済の健全な発展に寄与することを目的とする。

（定義）

第二条　この法律において「エネルギー」とは、化石燃料及び非化石燃料並びに熱（政令で定めるものを除く。以下同じ。）及び電気をいう。

2　この法律において「化石燃料」とは、原油及び揮発油、重油その他経済産業省令で定める石油製品、可燃性天然ガス並びに石炭及びコークスその他経済産業省令で定める石炭製品であつて、燃焼その他の経済産業省令で定める用途に供するものをいう。

3　この法律において「非化石燃料」とは、前項の経済産業省令で定める用途に供する物であつて水素その他の化石燃料以外のものをいう。

4　この法律において「非化石エネルギー」とは、非化石燃料並びに化石燃料を熱源とする熱に代えて使用される熱（第五条第二項第二号ロ及びハにおいて「非化石熱」という。）及び化石燃料を熱源とする熱を変換して得られる動力を変換して得られる電気に代えて使用される電気（同号ニにおいて「非化石電気」という。）をいう。

5　この法律において「非化石エネルギーへの転換」とは、使用されるエネルギーのうちに占める非化石エネルギーの割合を向上させることをいう。

6　この法律において「電気の需要の最適化」とは、季節又は時間帯による電気の需給の状況の変動に応じて電気の需要量の増加又は減少をさせることをいう。

第六章　機械器具等に係る措置

第一節　機械器具に係る措置

（エネルギー消費機器等製造事業者等の努力）

第百四十八条　エネルギー消費機器等（エネルギー消費機器（エネルギーを消費する機械器具をいう。以下同じ。）又は関係機器（エネルギー消費機器の部品として又は専らエネルギー消費機器とともに使用される機械器具であつて、当該エネルギー消費機器の使用に際し消費されるエネルギーの量に影響を及ぼすものをいう。以下同じ。）をいう。以下同じ。）の製造又は輸入の事業を行う者（以下「エネルギー消費機器等製造事業者等」という。）は、基本方針の定めるところに留意して、その製造又は輸入に係るエネルギー消費機器等につき、エネルギー消費性能（エネルギー消費機器の一定の条件での使用に際し消費されるエネルギーの量を基礎として評価される性能をいう。以下同じ。）又はエネルギー消費関係性能（関係機器に係るエネルギー消費機器のエネルギー消費性能に関する当該関係機器の性能をいう。以下同じ。）の向上を図ることにより、エネルギー消費機器等に係るエネルギーの使用の合理化に資するよう努めなければならない。

2　エネルギー消費機器の製造又は輸入の事業を行う者は、基本方針の定めるところに留意して、非化石エネルギーを使用する機械器具の製造又は輸入その他の措置を行うことにより、エネルギー消費機器に係る非化石エネルギーへの転換に資するよう努めなければならない。

3　電気を消費する機械器具（電気の需要の最適化に資するための機能を付加することが技術的及び経済的に可能なものに限る。以下この項において同じ。）の製造又は輸入の事業を行う者は、基本方針の定めるところに留意して、その製造又は輸入に係る電気を消費する機械器具につき、電気の需要の最適化に係る性能の向上を図ることにより、電気を消費する機械器具に係る電気の需要の最適化に資するよう努めなければならない。

（エネルギー消費機器等製造事業者等の判断の基準となるべき事項）

第百四十九条　エネルギー消費機器等のうち、自動車（エネルギー消費性能の向上を図ることが特に必要なものとして政令で定めるものに限る。以下同じ。）その他我が国において大量に使用され、かつ、その使用に際し相当量のエネルギーを消費するエネルギー消費機器であつてそのエネルギー消費性能の向上を図ることが特に必要なものとして政令で定めるもの（以下「特定エネルギー消費機器」という。）及び我が国において大量に使用され、かつ、その使用に際し相当量のエネルギーを消費するエネルギー消費機器に係る関係機器であつてそのエネルギー消費関係性能の向上を図ることが特に必要なものとして政令で定めるもの（以下「特定関係機器」という。）については、経済産業大臣（自動車及びこれに係る特定関係機器にあつては、経済産業大臣及び国土交通大臣。以下この章及び第百六十六条第十項において同じ。）は、特定エネルギー消費機器及び特定関係機器（以下「特定エネルギー消費機器等」という。）ごとに、そのエネルギー消費性能又はエネルギー消費関係性能（以下「エネルギー消費性能等」という。）の向上に関しエネルギー消費機器等製造事業者等の判断の基準となるべき事項を定め、これを公表するものとする。

2　前項に規定する判断の基準となるべき事項は、当該特定エネルギー消費機器等のうちエネルギー消費性能等が最も優れているもののそのエネルギー消費性能等、当該特定エネルギー消費機器等に関する技術開発の将来の見通しその他の事情を勘案して定めるものとし、これらの事情の変動に応じて必要な改定をするものとする。

（性能の向上に関する勧告及び命令）

第百五十条　経済産業大臣は、エネルギー消費機器等製造事業者等であつてその製造又は輸入に係る特定エネルギー消費機器等の生産量又は輸入量が政令で定める要件に該当するものが製造し、又は輸入する特定エネルギー消費機器等につき、前条第一項に規定する判断の基準となるべき事項に照らしてエネルギー消費性能等の向上を相当程度行う必要があると認めるときは、当該エネルギー消費機器等製造事業者等に対し、その目標を示して、その製造又は輸入に係る当該特定エネルギー消費機器等のエネルギー消費性能等の向上を図るべき旨の勧告をすることができる。

2　経済産業大臣は、前項に規定する勧告を受けたエネルギー消費機器等製造事業者等がその勧告に従わなかつたときは、その旨を公表することができる。

3　経済産業大臣は、第一項に規定する勧告を受けたエネルギー消費機器等製造事業者等が、正当な理由がなくてその勧告に係る措置をとらなかつた場合において、当該特定エネルギー消費機器等に係るエネルギーの使用の合理化を著しく害すると認めるときは、審議会等で政令で定めるものの意見を聴いて、当該エネルギー消費機器等製造事業者等に対し、その勧告に係る措置をとるべきことを命ずることができる。

（表示）

第百五十一条　経済産業大臣は、特定エネルギー消費機器等（家庭用品品質表示法（昭和三十七年法律第百四号）第二条第一項第一号に規定する家庭用品であるものを除く。以下この条及び次条において同じ。）について、特定エネルギー消費機器等ごとに、次に掲げる事項を定め、これを告示するものとする。

一　次のイ又はロに掲げる特定エネルギー消費機器等の区分に応じ、それぞれイ又はロに定める事項

イ　特定エネルギー消費機器　エネルギー消費効率（特定エネルギー消費機器のエネルギー消費性能として経済産業省令（自動車にあつては、経済産業省令・国土交通省令）で定めるところにより算定した数値をいう。以下同じ。）に関しエネルギー消費機器等製造事業者等が表示すべき事項

ロ　特定関係機器　寄与率（特定関係機器のエネルギー消費関係性能として経済産業省令（自動車に係る特定関係機器にあつては、経済産業省令・国土交通省令）で定めるところにより算定した数値をいう。以下同じ。）に関しエネルギー消費機器等製造事業者等が表示すべき事項

二　表示の方法その他エネルギー消費効率又は寄与率の表示に際してエネルギー消費機器等製造事業者等が遵守すべき事項

（表示に関する勧告及び命令）

第百五十二条　経済産業大臣は、エネルギー消費機器等製造事業者等が特定エネルギー消費機器等について前条の規定により告示されたところに従つてエネルギー消費効率又は寄与率に関する表示をしていないと認めるときは、当該エネルギー消費機器等製造事業者等に対し、その製造又は輸入に係る特定エネルギー消費機器等につき、その告示されたところに従つてエネルギー消費効率又は寄与率に関する表示をすべき旨の勧告をすることができる。

2　経済産業大臣は、前項に規定する勧告を受けたエネルギー消費機器等製造事業者等がその勧告に従わなかつたときは、その旨を公表することができる。

3　経済産業大臣は、第一項に規定する勧告を受けたエネルギー消費機器等製造事業者等が、正当な理由がなくてその勧告に係る措置をとらなかつた場合において、当該特定エネルギー消費機器等に係るエネルギーの使用の合理化を著しく害すると認めるときは、審議会等で政令で定めるものの意見を聴いて、当該エネルギー消費機器等製造事業者等に対し、その勧告に係る措置をとるべきことを命ずることができる。

第八章　雑則

（報告及び立入検査）

第百六十六条　経済産業大臣は、第七条第一項及び第五項、第十条第一項及び第三項、第十三条第一項及び第三項、第十九条第一項及び第四項、第二十二条第一項及び第三項、第二十五条第一項及び第三項、第三十四条第一項及び第三項、第三十七条第一項及び第三項、第四十三条第一項及び第三項並びに第四十六条第一項及び第三項の規定の施行に必要な限度において、政令で定めるところにより、工場等においてエネルギーを使用して事業を行う者に対し、その設置している工場等における業務の状況に関し報告させ、又はその職員に、工場等に立ち入り、エネルギーを消費する設備、帳簿、書類その他の物件を検査させることができる。

2　経済産業大臣は、第八条第一項、第九条第一項、第十一条第一項、第十二条第一項、第十四条第一項、第二十条第一項、第二十一条第一項、第二十三条第一項、第二十四条第一項、第二十六条第一項、第三十二条第一項、第三十三条第一項、第三十五条第一項、第三十六条第一項、第三十八条第一項、第四十四条第一項、第四十五条第一項及び第四十七条第一項の規定の施行に必要な限度において、政令で定めるところにより、特定事業者、特定連鎖化事業者、認定管理統括事業者又は管理関係事業者に対し、その設置している工場等における業務の状況に関し報告させ、又はその職員に、工場等に立ち入り、エネルギーを消費する設備、帳簿、書類その他の物件を検査させることができる。

3　主務大臣は、第三章第一節（第七条第一項及び第五項、第八条第一項、第九条第一項、第十条第一項及び第三項、第十一条第一項、第十二条第一項、第十三条第一項及び第三項、第十四条第一項、第十九条第一項及び第四項、第二十条第一項、第二十一条第一項、第二十二条第一項及び第三項、第二十三条第一項、第二十四条第一項、第二十五条第一項及び第三項、第二十六条第一項、第三十二条第一項、第三十三条第一項、第三十四条第一項及び第三項、第三十五条第一項、第三十六条第一項、第三十七条第一項及び第三項、第三十八条第一項、第四十三条第一項及び第三項、第四十四条第一項、第四十五条第一項、第四十六条第一項及び第三項、第四十七条第一項並びに第五十四条を除く。）の規定の施行に必要な限度において、政令で定めるところにより、特定事業者、特定連鎖化事業者、認定管理統括事業者、管理関係事業者又は第五十条第一項の認定を受けた者（特定事業者、特定連鎖化事業者、認定管理統括事業者及び管理関係事業者を除く。）

に対し、その設置している工場等（特定連鎖化事業者にあっては、当該特定連鎖化事業者が行う連鎖化事業の加盟者が設置している当該連鎖化事業に係る工場等を含む。）における業務の状況に関し報告させ、又はその職員に、当該工場等に立ち入り、エネルギーを消費する設備、帳簿、書類その他の物件を検査させることができる。ただし、当該特定連鎖化事業者が行う連鎖化事業の加盟者が設置している当該連鎖化事業に係る工場等に立ち入る場合においては、あらかじめ、当該加盟者の承諾を得なければならない。

4　経済産業大臣は、第三章第二節及び第三節の規定の施行に必要な限度において、指定試験機関若しくは指定講習機関に対し、その業務若しくは経理の状況に関し報告させ、又はその職員に、指定試験機関若しくは指定講習機関の事務所に立ち入り、帳簿、書類その他の物件を検査させることができる。

5　経済産業大臣は、第三章第四節の規定の施行に必要な限度において、登録調査機関に対し、その業務若しくは経理の状況に関し報告させ、又はその職員に、登録調査機関の事務所に立ち入り、帳簿、書類その他の物件を検査させることができる。

6　国土交通大臣は、第百五条第一項及び第四項、第百二十九条第一項及び第四項並びに第百四十三条第一項及び第五項の規定の施行に必要な限度において、政令で定めるところにより、貨物輸送事業者、旅客輸送事業者若しくは航空輸送事業者（以下この項において単に「輸送事業者」という。）に対し、貨物若しくは旅客の輸送に係る業務の状況に関し報告させ、又はその職員に、輸送事業者の事務所その他の事業場、輸送用機械器具の所在する場所若しくは輸送用機械器具に立ち入り、輸送用機械器具、帳簿、書類その他の物件を検査させることができる。

7　国土交通大臣は、第四章（第百五条第一項及び第四項、第一節第二款、第百二十九条第一項及び第四項、第百四十二条並びに第百四十三条第一項及び第五項を除く。）の規定の施行に必要な限度において、政令で定めるところにより、特定貨物輸送事業者、特定旅客輸送事業者、認定管理統括貨客輸送事業者、管理関係貨客輸送事業者、第百三十八条第一項の認定を受けた貨客輸送事業者（特定貨物輸送事業者、特定旅客輸送事業者、認定管理統括貨客輸送事業者及び管理関係貨客輸送事業者を除く。）若しくは特定航空輸送事業者（以下この項において「特定貨物輸送事業者等」という。）に対し、貨物若しくは旅客の輸送に係る業務の状況に関し報告させ、又はその職員に、特定貨物輸送事業者等の事務所その他の事業場、輸送用機械器具の所在する場所若しくは輸送用機械器具に立ち入り、輸送用機械器具、帳簿、書類その他の物件を検査させることができる。

8　経済産業大臣は、第百十三条第一項及び第四項の規定の施行に必要な限度において、政令で定めるところにより、荷主（第百九条に規定する荷主をいう。以下この項及び次項並びに第百七十一条第三項において同じ。）に対し、貨物輸送事業者に行わせる貨物の輸送に係る業務の状況に関し報告させ、又はその職員に、荷主の事務所その他の事業場に立ち入り、帳簿、書類その他の物件を検査させることができる。

9　主務大臣は、第四章第一節第二款（第百十三条第一項及び第四項並びに第百二十五条を除く。）の規定の施行に必要な限度において、政令で定めるところにより、特定荷主、認定管理統括荷主、管理関係荷主若しくは第百二十一条第一項の認定を受けた荷主（特定荷主、認定管理統括荷主及び管理関係荷主を除く。）（以下この項において「特定荷主等」という。）に対し、貨物輸送事業者に行わせる貨物の輸送に係る業務の状況に関し報告させ、又はその職員に、特定荷主等の事務所その他の事業場に立ち入り、帳簿、書類その他の物件を検査させることができる。

10　経済産業大臣は、第六章の規定の施行に必要な限度において、政令で定めるところにより、エネルギー消費機器等製造事業者等若しくは熱損失防止建築材料製造事業者等に対し、特定エネルギー消費機器等若しくは特定熱損失防止建築材料に係る業務の状況に関し報告させ、又はその職員に、エネルギー消費機器等製造事業者等若しくは熱損失防止建築材料製造事業者等の事務所、工場若しくは倉庫に立ち入り、特定エネルギー消費機器等若しくは特定熱損失防止建築材料、帳簿、書類その他の物件を検査させることができる。

11　前各項の規定により立入検査をする職員は、その身分を示す証明書を携帯し、関係人に提示しなければならない。

12　第一項から第十項までの規定による立入検査の権限は、犯罪捜査のために認められたものと解釈してはならない。

第九章　罰則

第百七十四条　次の各号のいずれかに該当する場合には、当該違反行為をした者は、百万円以下の罰金に処する。

一　第八条第一項、第九条第一項、第十一条第一項、第十二条第一項、第十四条第一項、第二十条第一項、第二十一条第一項、第二十三条第一項、第二十四条第一項、第二十六条第一項、第三十二条第一項、第三十三条第一項、第三十五条第一項、第三十六条第一項、第三十八条第一項、第四十四条第一項、第四十五条第一項又は第四十七条第一項の規定に違反して選任しなかったとき。

二　第十七条第五項、第二十九条第五項、第四十一条第五項、第百八条第四項、第百十六条第四項、第百二十条第四項、第百三十二条第四項、第百三十七条第四項、第百四十六条第四項、第百五十条第三項、第百五十二条第三項、第百五十五条第三項又は第百五十七条第三項の規定による命令に違反したとき。

第百七十五条　次の各号のいずれかに該当する場合には、当該違反行為をした者は、五十万円以下の罰金に処する。

一　第七条第三項、第十九条第二項、第百五条第二項、第百十三条第二項、第百二十九条第二項又は第百四十三条第三項の規定による届出をせず、又は虚偽の届出をしたとき。

二　第十五条第一項若しくは第二項、第二十七条第一項若しくは第二項、第三十九条第一項若しくは第二項、第百六条第一項若しくは第二項、第百十四条第一項若しくは第二項、第百十八条第一項若しくは第二項、第百三十条第一項若しくは第二項、第百三十五条第一項若しくは第二項又は第百四十四条第一項若しくは第二項の規定による提出をしなかったとき。

三　第十六条第一項（第五十二条第一項の規定により読み替えて適用する場合を含む。）、第二十八条第一項（第五十二条第二項の規定により読み替えて適用する場合を含む。）、第四十条第一項（第五十二条第三項の規定により読み替えて適用する場合を含む。）、第五十三条、第百七条第一項（第百四十条第一項の規定により読み替えて適用する場合を含む。）、第百十五条第一項（第百二十三条第一項の規定により読み替えて適用する場合を含む。）、第百十九条第一項（第百二十三条第二項の規定により読み替えて適用する場合を含む。）、第百二十四条、第百三十一条第一項（第百四十条第二項の規定により読み替えて適用する場合を含む。）、第百三十六条第一項（第百四十条第三項の規定により読み替えて適用する場合を含む。）、第百四十一条、第百四十五条第一項若しくは第百六十六条第一項から第三項まで若しくは第五項から第十項までの規定による報告をせず、若しくは虚偽の報告をし、又は同条第一項から第三項まで若しくは第五項から第十項までの規定による検査を拒み、妨げ、若しくは忌避したとき。

四　第九十五条の規定による届出をしないで業務の全部若しくは一部を休止し、若しくは廃止し、又は虚偽の届出をしたとき。

五　第百一条第一項の規定に違反して帳簿を備えず、帳簿に記載せず、若しくは帳簿に虚偽の記載をし、又は同条第二項の規定に違反して帳簿を保存しなかったとき。

附　則（抄）

（施行期日）

1　この法律は、公布の日から起算して九月を超えない範囲内において政令で定める日から施行する。ただし、第八条の規定は、公布の日から施行する。

〔昭五四・九政令二六六により、昭五四・一〇・一から施行〕

（検討）

2　政府は、内外のエネルギー事情その他の経済的社会的環境の変化に応じ、この法律の規定に検討を加え、その結果に基づいて必要な措置を講ずるものとする。

（熱管理法の廃止）

3　熱管理法（昭和二十六年法律第百四十六号）は、廃止する。

（熱管理法の廃止に伴う経過措置）

4　前項の規定による廃止前の熱管理法第十二条の規定により交付された熱管理士免状は、第八条第一項の規定により交付された熱管理士免状とみなす。

5　この法律の施行前にした行為に対する罰則の適用については、なお従前の例による。

○エネルギーの使用の合理化及び非化石エネルギーへの転換等に関する法律施行令（抄）

（昭和五十四年九月二十九日政令第二百六十七号）

最終改正　令六政令一〇二

（特定エネルギー消費機器）

第十八条　法第百四十九条第一項の政令で定めるエネルギー消費機器は、次のとおりとする。

一　乗用自動車（揮発油、軽油又は液化石油ガスを燃料とするもの及び電気を動力源とするもの（化石燃料又は非化石燃料を使用するものを除く。）に限り、二輪のもの（側車付きのものを含む。）、無限軌道式のものその他経済産業省令、国土交通省令で定めるものを除く。次条において同じ。）

二　エアコンディショナー（暖房の用に供することができるものを含み、冷房能力が五十・四キロワットを超えるもの及び水冷式のものその他経済産業省令で定めるものを除く。）

三　照明器具（安定器又は制御装置を有するものに限り、防爆型のものその他経済産業省令で定めるものを除く。）

四　テレビジョン受信機（交流の電路に使用されるものに限り、産業用のものその他経済産業省令で定めるものを除く。）

五　複写機（乾式間接静電式のものに限り、日本産業規格A列二番（第二十四号及び第二十五号において「A二判」という。）以上の大きさの用紙に出力することができるものその他経済産業省令で定めるものを除く。）

六　電子計算機（演算処理装置、主記憶装置、入出力制御装置及び電源装置がいずれも多重化された構造のものその他経済産業省令で定めるものを除く。）

七　磁気ディスク装置（記憶容量が一ギガバイト以下のものその他経済産業省令で定めるものを除く。）

八　貨物自動車（揮発油又は軽油を燃料とするものに限り、二輪のもの（側車付きのものを含む。）、無限軌道式のものその他経済産業省令、国土交通省令で定めるものを除く。）

九　ビデオテープレコーダー（交流の電路に使用されるものに限り、産業用のものその他経済産業省令で定めるものを除く。）

十　電気冷蔵庫（冷凍庫と一体のものを含み、熱電素子を使用するものその他経済産業省令で定めるものを除く。）

十一　電気冷凍庫（熱電素子を使用するものその他経済産業省令で定めるものを除く。）

十二　ストーブ（ガス又は灯油を燃料とするものに限り、開放式のものその他経済産業省令で定めるものを除く。）

十三　ガス調理機器（ガス炊飯器その他経済産業省令で定めるものを除く。）

十四　ガス温水機器（貯蔵式湯沸器その他経済産業省令で定めるものを除く。）

十五　石油温水機器（バーナー付風呂釜（ポット式バーナーを組み込んだものに限る。）その他経済産業省令で定めるものを除く。）

十六　電気便座（他の給湯設備から温水の供給を受けるものその他経済産業省令で定めるものを除く。）

十七　自動販売機（飲料を冷蔵又は温蔵して販売するためのものに限り、専ら船舶において用いるためのものその他経済産業省令で定めるものを除く。）

十八　変圧器（定格一次電圧が六百ボルトを超え、七千ボルト以下のものであって、かつ、交流の電路に使用されるものに限り、絶縁材料としてガスを使用するものその他経済産業省令で定めるものを除く。）

十九　ジャー炊飯器（産業用のものその他経済産業省令で定めるものを除く。）

二十　電子レンジ（ガスオーブンを有するものその他経済産業省令で定めるものを除く。）

二十一　ディー・ブイ・ディー・レコーダー（交流の電路に使用されるものに限り、産業用のものその他経済産業省令で定めるものを除く。）

二十二　ルーティング機器（電気通信信号を送受信する機器であって、電気通信信号を送信するに当たり、宛先となる機器に至る経路のうちから、経路の状況等に応じて最も適切と判断したものに電気通信信号を送信する機能を有するもの（専らインターネットの用に供するものに限り、通信端末機器を電話の回線を介してインターネットに接続するに際し、インターネット接続サービスを行う者に電話をかけて当該通信端末機器をインターネットに接続するために使用するものその他経済産業省令で定めるものを除く。）をいう。）

二十三　スイッチング機器（電気通信信号を送受信する機器であって、電気通信信号を送信するに当たり、当該機器が送信することのできる二以上の経路のうちから、宛先ごとに一に定められた経路に電気通信信号を送信する機能を有するもの（専らインターネットの用に供するものに限り、無線通信を行う機能を有するものその他経済産業省令で定めるものを除く。）をいう。）

二十四　複合機（複写の機能に加えて、印刷、ファクシミリ送信又はスキャンのうち一以上の機能を有する機械及び印刷の機能に加えて、複写、ファクシミリ送信又はスキャンのうち一以上の機能を有する機械（いずれも乾式間接静電式のものに限り、A二判以上の大きさの用紙に出力することができるものその他経済産業省令で定めるものを除く。）をいう。）

二十五　プリンター（乾式間接静電式のものに限り、A二判以上の大きさの用紙に出力することができるものその他経済産業省令で定めるものを除く。）

二十六　電気温水機器（ヒートポンプ（二酸化炭素を冷媒として使用するものに限る。）を用いるものに限り、暖房の用に供することができるものその他経済産業省令で定めるものを除く。）

二十七　交流電動機（籠形三相誘導電動機に限り、防爆型のものその他経済産業省令で定めるものを除く。）

二十八　電球（安定器又は制御装置を有するもの及び白熱電

球に限り、定格電圧が五十ボルト以下のものその他経済産業省令で定めるものを除く。）

二十九　ショーケース（冷蔵又は冷凍の機能を有しないものその他経済産業省令で定めるものを除く。）

（特定エネルギー消費機器等のエネルギー消費機器等製造事業者等に係る生産量又は輸入量の要件）

第十九条　法第百五十条第一項の政令で定める要件は、年間の生産量又は輸入量（国内向け出荷に係るものに限る。）が次の表の上欄に掲げる特定エネルギー消費機器等の区分に応じ、それぞれ同表の下欄に掲げる数量以上であることとする。

一　乗用自動車	二千台（乗車定員十一人以上のものにあっては、三百五十台）
二　エアコンディショナー	五百台
三　照明器具	五万台
四　テレビジョン受信機	一万台
五　複写機	五百台
六　電子計算機	二百台
七　磁気ディスク装置	五千台
八　貨物自動車	二千台
九　ビデオテープレコーダー	五千台
十　電気冷蔵庫	二千台（家庭用以外のものにあっては、百台）
十一　電気冷凍庫	三百台（家庭用以外のものにあっては、百台）
十二　ストーブ	三百台
十三　ガス調理機器	五千台
十四　ガス温水機器	三千台
十五　石油温水機器	六百台
十六　電気便座	二千台
十七　自動販売機	三百台
十八　変圧器	百台
十九　ジャー炊飯器	六千台
二十　電子レンジ	三千台
二十一　ディー・ブイ・ディー・レコーダー	四千台
二十二　ルーティング機器	二千五百台
二十三　スイッチング機器	千五百台
二十四　複合機	五百台
二十五　プリンター	七百台
二十六　電気温水機器	五百台
二十七　交流電動機	千五百台
二十八　電球	二十万個（エル・イー・ディー・ランプにあっては、二万五千個）
二十九　ショーケース	百台

第三十条　経済産業大臣（自動車にあっては、経済産業大臣及び国土交通大臣。以下この条において同じ。）は、法第百六十六条第十項の規定により、特定エネルギー消費機器等製造事業者等（特定エネルギー消費機器等の製造又は輸入の事業を行う者をいう。次項において同じ。）に対し、その製造又は輸入に係る特定エネルギー消費機器等につき、次の事項に関し報告させることができる。

一　生産数量又は輸入数量及び国内向け出荷数量

二　エネルギー消費効率又は寄与率及びその向上に関する事項

三　エネルギー消費効率又は寄与率に関する表示の状況

2　経済産業大臣は、法第百六十六条第十項の規定により、その職員に、特定エネルギー消費機器等製造事業者等の事務所、工場又は倉庫に立ち入り、その製造又は輸入に係る特定エネルギー消費機器等、当該特定エネルギー消費機器等の製造のための設備、当該特定エネルギー消費機器等のエネルギー消費効率又は寄与率の測定のための設備及び関係帳簿書類を検査させることができる。

3　経済産業大臣は、法第百六十六条第十項の規定により、特定熱損失防止建築材料製造事業者等（特定熱損失防止建築材料の製造、加工又は輸入の事業を行う者をいう。次項において同じ。）に対し、その製造、加工又は輸入に係る特定熱損失防止建築材料につき、次の事項に関し報告させることができる。

一　生産数量又は輸入数量及び国内向け出荷数量

二　熱損失防止性能及びその向上に関する事項

三　熱損失防止性能に関する表示の状況

4　経済産業大臣は、法第百六十六条第十項の規定により、その職員に、特定熱損失防止建築材料製造事業者等の事務所、工場又は倉庫に立ち入り、その製造、加工又は輸入に係る特定熱損失防止建築材料、当該特定熱損失防止建築材料の製造又は加工のための設備、当該特定熱損失防止建築材料の熱損失防止性能の測定のための設備及び関係帳簿書類を検査させることができる。

○自動車のエネルギー消費効率の算定等に関する省令

（昭和五十四年十二月二十七日 通商産業省 運輸省 令第三号）

沿革 昭五九通・運令一、平三通・運令一、平五通・運令一、平八通・運令一、平一一通・運令三、平一二通・運令四、平一五経産・国交令四、平一八経産・国交令一、平一九経産・国交令一、平二一経産・国交令一、平二五経産・国交令一、平二八経産・国交令四、平二九経産・国交令一、平三〇経産・国交令一・二、令二経産・国交令一、令五経産・国交令一改正

（エネルギー消費効率）

第一条 エネルギーの使用の合理化及び非化石エネルギーへの転換等に関する法律（昭和五十四年法律第四十九号。以下「法」という。）第百五十一条第一号イに規定するエネルギー消費効率は、次の表の上欄に掲げる自動車の区分に応じ、それぞれ同表の下欄に掲げるものとする。

	自動車の区分	エネルギー消費効率
一	エネルギーの使用の合理化及び非化石エネルギーへの転換等に関する法律施行令（昭和五十四年政令第二百六十七号。以下「令」という。）第十八条第一号に規定する乗用自動車のうち電気（外部電源により供給される電気に限る。以下同じ。）を動力源としないものであって、乗車定員九人以下のもの及び乗車定員十人以上かつ車両総重量（道路運送車両法（昭和二十六年法律第百八十五号）第四十条第三号に規定する車両総重量をいう。以下同じ。）三・五トン以下のもの	国土交通大臣が告示で定める方法により算定した燃料一リットル当たりの走行距離をキロメートルで表した数値であって、道路運送車両法第七十五条第一項の指定に当たり国土交通大臣が算定したもの
	令第十八条第八号に規定する貨物自動車であって、車両総重量三・五トン以下のもの	
二	令第十八条第一号に規定する乗用自動車のうち電気を動力源とするもの（燃料を使用するものに限る。）であって、乗車定員九人以下のもの及び乗車定員十人以上かつ車両総重量三・五トン以下のもの	国土交通大臣が告示で定める方法により算定した燃料一リットル当たりの走行距離をキロメートルで表した数値であって、道路運送車両法第七十五条第一項の指定に当たり国土交通大臣が算定したもの及び国土交通大臣が告示で定める方法により算定した走行距離一キロメートル当たりの消費電力量をワット時で表した数値であって、道路運送車両法第七十五条第一項の指定に当たり国土交通大臣が算定したもの
三	令第十八条第一号に規定する乗用自動車のうち電気を動力源とするもの（化石燃料又は非化石燃料を使用するものを除く。）であって、乗車定員九人以下のもの及び乗車定員十人以上かつ車両総重量三・五トン以下のもの	国土交通大臣が告示で定める方法により算定した走行距離一キロメートル当たりの消費電力量をワット時で表した数値であって、道路運送車両法第七十五条第一項の指定に当たり国土交通大臣が算定したもの
四	令第十八条第一号に規定する乗用自動車であって、乗車定員十人以上かつ車両総重量三・五トン超のもの	国土交通大臣が告示で定める方法により算定した燃料一リットル当たりの走行距離をキロメートルで表した数値であって、道路運送車両法第七十五条第一項の指定に当たり国土交通大臣が算定したもの又は同法第七十五条の三第一項の指定（一酸化炭素等発散防止装置の型式についての指定に限る。）に当たり国土交通大臣が測定して得た測定値を基礎として算定したもの
	令第十八条第八号に規定する貨物自動車であって、車両総重量三・五トン超のもの	

（特定エネルギー消費機器の対象外となる乗用自動車）

第二条 令第十八条第一号の経済産業省令・国土交通省令で定める乗用自動車は、次の表の上欄に掲げる乗用自動車の区分に応じ、それぞれ同表の下欄に掲げるものとする。

乗用自動車の区分		令第十八条第一号の経済産業省令・国土交通省令で定める乗用自動車
乗車定員九人以下の乗用自動車		型式指定自動車（道路運送車両法第七十五条第一項の規定によりその型式について指定を受けた自動車をいう。以下同じ。）以外の乗用自動車
乗車定員十人以上の乗用自動車	車両総重量三・五トン以下の乗用自動車	型式指定自動車以外の乗用自動車
	車両総重量三・五トン超の乗用自動車	次のいずれかに該当する乗用自動車 一 型式指定自動車又は一酸化炭素等発散防止装置指定自動車（道路運送車両法第七十五条の三第一項の規定によりその型式について指定を受けた一酸化炭素等発散防止装置

	を備えた自動車（型式指定自動車を除く。）をいう。以下同じ。）以外のもの
	二　揮発油又は液化石油ガスを燃料とするもの
	三　電気を動力源とするもの

（特定エネルギー消費機器の対象外となる貨物自動車）

第三条　令第十八条第八号の経済産業省令・国土交通省令で定める貨物自動車は、次の表の上欄に掲げる貨物自動車の区分に応じ、それぞれ同表の下欄に掲げるものとする。

貨物自動車の区分	令第十八条第八号の経済産業省令・国土交通省令で定める貨物自動車
車両総重量三・五トン以下の貨物自動車	型式指定自動車以外の貨物自動車
車両総重量三・五トン超の貨物自動車	次のいずれかに該当する貨物自動車 一　型式指定自動車又は一酸化炭素等発散防止装置指定自動車以外のもの 二　揮発油を燃料とするもの

附　則

1　この省令は、公布の日から施行する。

2　国土交通大臣は、当分の間、次に掲げる者から、国土交通大臣が告示で定めるところにより申請があった場合には、国土交通大臣が告示で定める方法により、法第百四十七条第一項イに規定するエネルギー消費効率に相当する数値を算定することができる。

一　特定エネルギー消費機器（法第百四十五条第一項に規定する特定エネルギー消費機器をいう。次号において同じ。）である自動車のうち国土交通大臣が告示で定めるものを製造し、又は輸入する事業を行う者

二　特定エネルギー消費機器である自動車以外の自動車のうち国土交通大臣が告示で定めるものを本邦外において製造し、又は輸入する事業を行う者

三　第一条の規定に基づくエネルギー消費効率を算定した型式指定自動車と原動機、一酸化炭素等発散防止装置、動力伝達装置及び燃料の種類が同一である自動車について当該型式指定自動車に係る道路運送車両法第七十五条第一項の申請をした者

附　則（昭五九・三・九通・運令一）

この省令は、公布の日から施行する。

附　則（平三・三・二七通・運令一）

（施行期日）

1　この省令は、平成三年十一月一日から施行する。

（経過措置）

2　輸入された自動車であって平成五年三月三十一日以前に道路運送車両法（昭和二十六年法律第百八十五号）第七十五条第一項の指定を受けたものに係るエネルギー消費効率の算定については、なお従前の例によることができる。

附　則（平五・七・三〇通・運令一）

この省令は、エネルギーの使用の合理化に関する法律施行令の一部を改正する政令の施行の日（平成五年八月一日）から施行する。

附　則（平八・三・六通・運令一）

（施行期日）

1　この省令は、エネルギーの使用の合理化に関する法律施行令の一部を改正する政令（平成八年政令第二十九号）の施行の日［平成八年三月六日］から施行する。

（経過措置）

2　この省令の施行前に道路運送車両法第七十五条第一項の指定の申請が行われた貨物自動車に関する改正後のこの省令の規定の適用については、「測定したもの」とあるのは「測定して得ている同令第三十一条第二項に規定する排出物の測定値を基礎として算定したもの」とする。

附　則（平一一・三・三一通・運令三）

（施行期日）

1　この省令は、平成十一年四月一日から施行する。

（経過措置）

2　この省令の施行前に道路運送車両法（昭和二十六年法律第百八十五号）第七十五条第一項の指定の申請が行われた軽油を燃料とする乗用自動車及び貨物自動車に関する改正後のこの省令の規定の適用については、「測定したもの」とあるのは、「測定して得ている同令第三十一条第五項に規定する排出物の測定値を基礎として算定したもの」とする。

附　則（平一二・一二・五通・運令四）

この省令は、平成十三年一月六日から施行する。

附　則（平一五・七・三〇経産・国交令四）

（施行期日）

第一条　この省令は、公布の日から施行する。ただし、各号列記以外の部分の改正規定は、道路運送車両の保安基準及び装置型式指定規則の一部を改正する省令（平成十五年国土交通省令第八十一号）附則第一条ただし書に規定する規定の施行の日（平成十五年十月一日）から施行する。

（経過措置）

第二条　この省令の施行前に道路運送車両法（昭和二十六年法律第百八十五号）第七十五条第一項の指定の申請が行われた液化石油ガスを燃料とする乗用自動車に関するこの省令による改正後の自動車のエネルギー消費効率の算定に関する省令（以下「新省令」という。）の規定の適用については、「測定したもの」とあるのは、「測定して得ている道路運送車両の保安基準（昭和二十六年運輸省令第六十七号）第三十一条第二項に規定する排出物の測定値を基礎として算定したもの」とする。ただし、この省令の施行の日から平成十五年九月三十日までの間における新省令の規定の適用については、「測定したもの」とあるのは、「測定して得ている同令第三十一条第四項に規定する排出物の測定値を基礎として算定したもの」とする。

附　則（平一八・三・一七経産・国交令一）

この省令は、平成十八年四月一日から施行する。

附　則（平一九・七・二経産・国交令一）

（施行期日）

この省令は、平成十九年七月二日から施行する。

附則（平二一・八・二五経産・国交令一）

この省令は、公布の日から施行する。

附則（平二五・一二・二七経産・国交令一）

この省令は、エネルギーの使用の合理化に関する法律の一部を改正する等の法律〔平成二五年五月法律第二五号〕の施行の日（平成二十六年四月一日）から施行する。ただし、第一条中「第八十条第一号」を「第八十条第一号イ」に改める改正規定並びに第二条、第三条及び附則第二項の改正規定は、平成二十五年十二月二十八日から施行する。

附則（平二八・三・三一経産・国交令四）

1　この省令は、平成二十八年十月一日から施行する。ただし、第一条の表第二号の改正規定中「第七十五条の二第一項」を「第七十五条の三第一項」に改める部分及び「一酸化炭素等発散防止装置」の下に「の型式について」を加える部分並びに第二条の表の改正規定中「第七十五条の二第一項」を「第七十五条の三第一項」に改める部分は、平成二十八年四月一日から施行する。

2　液化石油ガスを燃料とする乗用自動車であって、乗車定員十人かつ車両総重量三・五トン超のものに対するこの省令（前項ただし書に規定する改正規定を除く。）による改正後の第一条及び第二条の規定の適用については、平成三十二年三月三十一日までの間は、なお従前の例による。

附則（平二九・三・二八経産・国交令一）

この省令は、建築物のエネルギー消費性能の向上に関する法律の一部の施行に伴う関係政令の整備に関する政令〔平成二八年一一月政令第三六四号〕の施行の日（平成二十九年四月一日）から施行する。

附則（平三〇・四・二〇経産・国交令一）

この省令は、平成三十年八月一日から施行する。

附則（平三〇・一二・五経産・国交令二）

この省令は、公布の日から施行する。

附則（令二・三・三一経産・国交令一）

この省令は、令和二年四月一日から施行する。

附則（令五・三・三一経産・国交令一）

この省令は、安定的なエネルギー需給構造の確立を図るためのエネルギーの使用の合理化等に関する法律等の一部を改正する法律〔令和四年五月法律第四六号〕の施行の日（令和五年四月一日）から施行する。

○自動車のエネルギー消費効率の算定等に関する省令に規定する国土交通大臣が告示で定める方法（抄）

（平成十八年三月十七日
国土交通省告示第三百五十号）

最終改正　令五国交告二六二

（10・15モード燃費値、ＪＣ08モード燃費値及びＷＬＴＣモード燃費値の算定方法）

第一条　自動車のエネルギー消費効率の算定等に関する省令（昭和54年通商産業省・運輸省令第３号。以下「省令」という。）第１条の表第１号の国土交通大臣が告示で定める方法は、次に掲げる方法とする。

一　道路運送車両の保安基準の細目を定める告示の一部を改正する告示（平成18年国土交通省告示第1268号）による改正前の道路運送車両の保安基準の細目を定める告示（平成14年国土交通省告示第619号）別添42に規定する10・15モード法により運行する場合における燃料１リットル当たりの走行距離をキロメートルで表す方法

二　道路運送車両の保安基準の細目を定める告示別添42（以下「別添42」という。）に規定するＪＣ08Ｈモード法により運行する場合における燃料１リットル当たりの走行距離をキロメートルで表した数値及び別添42に規定するＪＣ08Ｃモード法により運行する場合における燃料１リットル当たりの走行距離をキロメートルで表した数値を、それぞれ0.75及び0.25の割合で加重して調和平均する方法

三　別添42に規定するＷＬＴＣモード法により運行する場合における燃料１リットル当たりの走行距離をキロメートルで表す方法

2　省令第１条の表第２号の国土交通大臣が告示で定める方法は、次に掲げる方法とする。

一　燃料１リットル当たりの走行距離をキロメートルで表した数値を算定する方法は、次に掲げる方法とする。

イ　別添42に規定するＪＣ08Ｈモード法により電気（外部電源により供給される電気に限る。以下同じ。）を用いないで運行する場合における燃料１リットル当たりの走行距離をキロメートルで表した数値及び別添42に規定するＪＣ08Ｃモード法により外部充電による電力を用いないで運行する場合における燃料１リットル当たりの走行距離をキロメートルで表した数値を、それぞれ0.75及び0.25の割合で加重して調和平均する方法

ロ　別添42に規定するＷＬＴＣモード法により電気を用いないで運行する場合における燃料１リットル当たりの走行距離をキロメートルで表す方法

二　走行距離１キロメートル当たりの消費電力量をワット時で表した数値を算定する方法は、次に掲げる方法とする。

イ　別添42に規定するＪＣ08モード法により運行する場合における走行距離１キロメートル当たりの消費電力量をワット時で表す方法

ロ　別添42に規定するＷＬＴＣモード法により運行する場合における走行距離１キロメートル当たりの消費電力量をワット時で表す方法

3　省令第１条の表第３号の国土交通大臣が告示で定める方法は、次に掲げる方法とする。

一　別添42に規定するＪＣ08モード法により運行する場合における走行距離１キロメートル当たりの消費電力量をワット時で表す方法

二　別添42に規定するＷＬＴＣモード法により運行する場合における走行距離１キロメートル当たりの消費電力量をワット時で表す方法

（重量車モード燃費値及びＪＨ25モード燃費値の算定方法）

第二条　省令第１条の表第４号の国土交通大臣が告示で定める方法は、次に掲げる方法とする。

一　道路運送車両の保安基準の細目を定める告示別添41に規定するＪＥ05モード法により運行する場合における燃料１リットル当たりの走行距離をキロメートルで表した数値（以下「都市内走行モード燃費値」という。）及び別添に規定する縦断勾配付き80キロメートル毎時定速モード法により運行する場合における燃料１リットル当たりの走行距離をキロメートルで表した数値（以下「都市間走行モード燃費値」という。）を次の表の左欄に掲げる自動車の種別に応じ、同表の右欄に掲げる走行割合で加重して調和平均する方法とする。

自動車の種別		車両総重量	走行割合	
			都市内走行モード燃費値に加重する割合	都市間走行モード燃費値に加重する割合
エネルギーの使用の合理化及び非化石エネルギーへの転換等に関する法律施行令（昭和54年政令第267号）第18条第1号に規定する乗用自動車であって、乗車定員10人以上かつ車両総重量3.5トン超のもの	高速自動車国道等（高速自動車国道法（昭和32年法律第79号）第4条第1項に規定する道路及び道路法（昭和27年法律第180号）第48条の4に規定する自動車専用道路をいう。以下同じ。）に係る路線以外の路線を定めて定期に運行する旅客自動車運送事業用自動車（旅客を運送する自動車運送事業の用に供する自動車をいう。以下同じ。）		1.00	0
	高速自動車国道等に係る路線以外の路線を定めて定期に運行する旅客自動車運送事業用自動車以外の自動車	3.5トン超14トン以下	0.90	0.10
		14トン超	0.65	0.35
エネルギーの使用の合理化及び非化石エネルギーへの転換等に関する法律施行令第18条第8号に規定する貨物自動車であって、車両総重量3.5トン超のもの	けん引自動車（道路運送車両の保安基準第1条第1号に規定するけん引自動車をいう。以下同じ。）以外の自動車	3.5トン超20トン以下	0.90	0.10
		20トン超	0.70	0.30
	けん引自動車	3.5トン超20トン以下	0.80	0.20
		20トン超	0.90	0.10

備考　「車両総重量」とは、道路運送車両法（昭和26年法律第185号）第40条第３号に規定する車両総重量をいう。

二　都市内走行モード燃費値及び都市間走行モード燃費値を次の表の左欄に掲げる自動車の種別に応じ、同表の右欄に掲げる走行割合で加重して調和平均する方法とする。

自動車の種別		車両総重量	走行割合	
			都市内走行モード燃費値に加重する割合	都市間走行モード燃費値に加重する割合
エネルギー	高速自動車国道		1.00	0

の使用の合理化及び非化石エネルギーへの転換等に関する法律施行令第18条第1号に規定する乗用自動車であって、乗車定員10人以上かつ車両総重量3.5トン超のもの	等に係る路線以外の路線を定めて定期に運行する旅客自動車運送事業用自動車			
	高速自動車国道等に係る路線以外の路線を定めて定期に運行する旅客自動車運送事業用自動車以外の自動車	3.5トン超10トン以下	0.85	0.15
		10トン超14トン以下	0.55	0.45
		14トン超	0.45	0.55
エネルギーの使用の合理化及び非化石エネルギーへの転換等に関する法律施行令第18条第8号に規定する貨物自動車であって、車両総重量3.5トン超のもの	けん引自動車以外の自動車	3.5トン超7.5トン以下	0.85	0.15
		7.5トン超8トン以下	0.65	0.35
		8トン超20トン以下	0.60	0.40
		20トン超	0.45	0.55
	けん引自動車		0.55	0.45

備考　「車両総重量」とは、道路運送車両法第40条第3号に規定する車両総重量をいう。

別添（略）

○乗用自動車のエネルギー消費性能の向上に関するエネルギー消費機器等製造事業者等の判断の基準等

（平成二十五年三月一日　経済産業省 国土交通省 告示第二号）

沿革　平二五経産・国交告一一、平二八経産・国交告六、平二九経産・国交告三・六、平三〇経産・国交告六、平三一経産・国交告一、令二経産・国交告二、令五経産・国交告一改正

1　判断の基準

1－1　判断の基準

(1)　エネルギーの使用の合理化及び非化石エネルギーへの転換等に関する法律施行令（昭和54年政令第267号）第18条第1号に規定する乗用自動車（以下「乗用自動車」という。）であって、揮発油を燃料とする乗車定員10人以下のもの（電気（外部電源により供給される電気に限る。以下同じ。）を動力源とするものを除く。以下「ガソリン乗用自動車」という。）の製造又は輸入の事業を行う者は、目標年度（平成22年4月1日に始まり平成23年3月31日に終わる年度）以降の各年度（平成26年4月1日に始まり平成27年3月31日に終わる年度までに限る。）において国内向けに出荷するガソリン乗用自動車（以下「平成22年度ガソリン乗用自動車」という。）のエネルギー消費効率（自動車のエネルギー消費効率の算定等に関する省令の一部を改正する省令（平成28年経済産業省・国土交通省令第4号）による改正前の自動車のエネルギー消費効率の算定等に関する省令（昭和54年通商産業省・運輸省令第3号）第1条の表第1号に規定する数値（自動車のエネルギー消費効率の算定等に関する省令に規定する国土交通大臣が告示で定める方法（平成18年国土交通省告示第350号。以下「燃費算定告示」という。）第1条第1項第1号に掲げる方法により算定したもの（以下「10・15モード燃費値」という。）をいう。ただし、10・15モード燃費値を算定していない乗用自動車にあっては、同項第2号に掲げる方法により算定したもの（以下「JC08モード燃費値」という。）を別添1の換算式により変換したものをいう。）をいう。）を次の表の左欄に掲げる区分ごとに出荷台数で加重して調和平均した値（以下「平成22年度ガソリン乗用自動車平均燃費値」という。）が同表の右欄に掲げる基準エネルギー消費効率を下回らないようにすること。

区　　　分	基準エネルギー消費効率
1　車両重量が703キログラム未満の平成22年度ガソリン乗用自動車	21.2
2　車両重量が703キログラム以上828キログラム未満の平成22年度ガソリン乗用自動車	18.8
3　車両重量が828キログラム以上1,016キログラム未満の平成22年度ガソリン乗用自動車	17.9
4　車両重量が1,016キログラム以上1,266キログラム未満の平成22年度ガソリン乗用自動車	16.0
5　車両重量が1,266キログラム以上1,516キログラム未満の平成22年度ガソリン乗用自動車	13.0
6　車両重量が1,516キログラム以上1,766キログラム未満の平成22年度ガソリン乗用自動車	10.5
7　車両重量が1,766キログラム以上2,016キログラム未満の平成22年度ガソリン乗用自動車	8.9
8　車両重量が2,016キログラム以上2,266キログラム未満の平成22年度ガソリン乗用自動車	7.8
9　車両重量が2,266キログラム以上の平成22年度ガソリン乗用自動車	6.4

備考　「車両重量」とは、道路運送車両の保安基準（昭和26年運輸省令第67号）第1条第6号に規定する空車状態における車両の重量をいう。以下同じ。

(2)　乗用自動車であって、液化石油ガスを燃料とする乗車定員10人以下のもの（電気を動力源とするものを除く。以下「LPガス乗用自動車」という。）の製造又は輸入の事業を行う者は、目標年度（平成22年4月1日に始まり平成23年3月31日に終わる年度）以降の各年度（平成31年4月1日に始まり令和2年3月31日に終わる年度までに限る。）において国内向けに出荷するLPガス乗用自動車（以下「平成22年度LPガス乗用自動車」という。）のエネルギー消費効率（自動車のエネルギー消費効率の算定等に関する省令（昭和54年通商産業省・運輸省令第3号。以下「省令」という。）第1条の表第1号に規定する数値（10・15モード燃費値に限る。）をいう。）を次の表の左欄に掲げる区分ごとに出荷台数で加重して調和平均した値が同表の右欄に掲げる基準エネルギー消費効率を下回らないようにすること。

区　　　分	基準エネルギー消費効率
1　車両重量が703キログラム未満の平成22年度ＬＰガス乗用自動車	15.9
2　車両重量が703キログラム以上828キログラム未満の平成22年度ＬＰガス乗用自動車	14.1
3　車両重量が828キログラム以上1,016キログラム未満の平成22年度ＬＰガス乗用自動車	13.5
4　車両重量が1,016キログラム以上1,266キログラム未満の平成22年度ＬＰガス乗用自動車	12.0
5　車両重量が1,266キログラム以上1,516キログラム未満の平成22年度ＬＰガス乗用自動車	9.8
6　車両重量が1,516キログラム以上1,766キログラム未満の平成22年度ＬＰガス乗用自動車	7.9
7　車両重量が1,766キログラム以上2,016キログラム未満の平成22年度ＬＰガス乗用自動車	6.7
8　車両重量が2,016キログラム以上2,266キログラム未満の平成22年度ＬＰガス乗用自動車	5.9
9　車両重量が2,266キログラム以上の平成22年度ＬＰガス乗用自動車	4.8

(3)　ガソリン乗用自動車のうち乗車定員９人以下のもの若しくは車両総重量（道路運送車両法（昭和26年法律第185号）第40条第３号に規定する車両総重量をいう。以下同じ。）3.5トン以下のもの（以下「特定ガソリン乗用自動車」という。）又は軽油を燃料とする乗用自動車のうち乗車定員９人以下のもの若しくは乗車定員10人かつ車両総重量3.5トン以下のもの（電気を動力源とするものを除く。以下「ディーゼル乗用自動車」という。）の製造又は輸入の事業を行う者は、目標年度（平成27年４月１日に始まり平成28年３月31日に終わる年度）以降の各年度（平成31年４月１日に始まり令和２年３月31日に終わる年度までに限る。）において国内向けに出荷する特定ガソリン乗用自動車及びディーゼル乗用自動車（以下「平成27年度特定ガソリン乗用自動車等」という。）のエネルギー消費効率（省令第１条の表第１号に規定する数値（ＪＣ08モード燃費値を算定していない乗用自動車にあっては、燃費算定告示第１条第１項第３号に掲げる方法により算定したもの（以下「ＷＬＴＣモード燃費値」という。）に限る。）をいう。(4)及び(7)において同じ。）（ディーゼル乗用自動車にあっては、当該エネルギー消費効率を1.1で除した値。）を次の表の左欄に掲げる区分ごとに出荷台数で加重して調和平均した値（以下「平成27年度特定ガソリン乗用自動車等平均燃費値」という。）が同表の右欄に掲げる基準エネルギー消費効率を下回らないようにすること。

区　　　分	基準エネルギー消費効率
1　車両重量が601キログラム未満の平成27年度特定ガソリン乗用自動車等	22.5
2　車両重量が601キログラム以上741キログラム未満の平成27年度特定ガソリン乗用自動車等	21.8
3　車両重量が741キログラム以上856キログラム未満の平成27年度特定ガソリン乗用自動車等	21.0
4　車両重量が856キログラム以上971キログラム未満の平成27年度特定ガソリン乗用自動車等	20.8
5　車両重量が971キログラム以上1,081キログラム未満の平成27年度特定ガソリン乗用自動車等	20.5
6　車両重量が1,081キログラム以上1,196キログラム未満の平成27年度特定ガソリン乗用自動車等	18.7
7　車両重量が1,196キログラム以上1,311キログラム未満の平成27年度特定ガソリン乗用自動車等	17.2
8　車両重量が1,311キログラム以上1,421キログラム未満の平成27年度特定ガソリン乗用自動車等	15.8
9　車両重量が1,421キログラム以上1,531キログラム未満の平成27年度特定ガソリン乗用自動車等	14.4
10　車両重量が1,531キログラム以上1,651キログラム未満の平成27年度特定ガソリン乗用自動車等	13.2
11　車両重量が1,651キログラム以上1,761キログラム未満の平成27年度特定ガソリン乗用自動車等	12.2
12　車両重量が1,761キログラム以上1,871キログラム未満の平成27年度特定ガソリン乗用自動車等	11.1

区分	基準エネルギー消費効率
13　車両重量が1,871キログラム以上1,991キログラム未満の平成27年度特定ガソリン乗用自動車等	10.2
14　車両重量が1,991キログラム以上2,101キログラム未満の平成27年度特定ガソリン乗用自動車等	9.4
15　車両重量が2,101キログラム以上2,271キログラム未満の平成27年度特定ガソリン乗用自動車等	8.7
16　車両重量が2,271キログラム以上の平成27年度特定ガソリン乗用自動車等	7.4

(4)　乗用自動車であって、揮発油又は軽油を燃料とする乗車定員11人以上かつ車両総重量3.5トン以下のもの（電気を動力源とするものを除く。以下「小型バス」という。）の製造又は輸入の事業を行う者は、目標年度（平成27年4月1日に始まり平成28年3月31日に終わる年度）以降の各年度（平成31年度4月1日に始まり令和2年3月31日に終わる年度までに限る。）において国内向けに出荷する小型バスのエネルギー消費効率を次の表の左欄に掲げる区分ごとに出荷台数で加重して調和平均した値（1―2(3)において「小型バス平均燃費値」という。）が同表の右欄に掲げる基準エネルギー消費効率を下回らないようにすること。

区　　　分	基準エネルギー消費効率
1　揮発油を燃料とする小型バス	8.5
2　軽油を燃料とする小型バス	9.7

(5)　乗用自動車であって、乗車定員10人以上かつ車両総重量3.5トン超のもの（高速自動車国道等（高速自動車国道法（昭和32年法律第79号）第4条第1項に規定する道路及び道路法（昭和27年法律第180号）第48条の4に規定する自動車専用道路をいう。以下同じ。）に係る路線以外の路線を定めて定期に運行する旅客自動車運送事業用自動車（旅客を運送する自動車運送事業の用に供する自動車をいう。以下同じ。）に限る。以下「路線バス等」という。）の製造又は輸入の事業を行う者は、目標年度（平成27年4月1日に始まり平成28年3月31日に終わる年度）以降の各年度（令和6年4月1日に始まり令和7年3月31日に終わる年度までに限る。）において国内向けに出荷する路線バス等（以下「平成27年度路線バス等」という。）のエネルギー消費効率（省令第1条の表第4号に規定する数値（燃費算定告示第2条第1号に掲げる方法により算定したもの（以下「重量車モード燃費値」という。））をいう。(6)において同じ。）を次の表の左欄に掲げる区分ごとに出荷台数で加重して調和平均した値（1―2(4)において「平成27年度路線バス等平均燃費値」という。）が同表の右欄に掲げる基準エネルギー消費効率を下回らないようにすること。

区　　　分	基準エネルギー消費効率
1　車両総重量が3.5トン超8トン以下の平成27年度路線バス等	6.97
2　車両総重量が8トン超10トン以下の平成27年度路線バス等	6.30
3　車両総重量が10トン超12トン以下の平成27年度路線バス等	5.77
4　車両総重量が12トン超14トン以下の平成27年度路線バス等	5.14
5　車両総重量が14トン超の平成27年度路線バス等	4.23

(6)　乗用自動車であって、乗車定員10人以上かつ車両総重量3.5トン超のもの（高速自動車国道等に係る路線以外の路線を定めて定期に運行する旅客自動車運送事業用自動車を除く。以下「一般バス等」という。）の製造又は輸入の事業を行う者は、目標年度（平成27年4月1日に始まり平成28年3月31日に終わる年度）以降の各年度（令和6年4月1日に始まり令和7年3月31日に終わる年度までに限る。）において国内向けに出荷する一般バス等（以下「平成27年度一般バス等」という。）のエネルギー消費効率を次の表の左欄に掲げる区分ごとに出荷台数で加重して調和平均した値（1―2(4)において「平成27年度一般バス等平均燃費値」という。）が同表の右欄に掲げる基準エネルギー消費効率を下回らないようにすること。

区　　　分	基準エネルギー消費効率
1　車両総重量が3.5トン超6トン以下の平成27年度一般バス等	9.04
2　車両総重量が6トン超8トン以下の平成27年度一般バス等	6.52
3　車両総重量が8トン超10トン以下の平成27年度一般バス等	6.37
4　車両総重量が10トン超12トン以下の平成27年度一般バス等	5.70

5　車両総重量が12トン超14トン以下の平成27年度一般バス等	5.21
6　車両総重量が14トン超16トン以下の平成27年度一般バス等	4.06
7　車両総重量が16トン超の平成27年度一般バス等	3.57

(7)　特定ガソリン乗用自動車、ディーゼル乗用自動車、ＬＰガス乗用自動車のうち乗車定員９人以下のもの若しくは車両総重量3.5トン以下のもの（以下「特定ＬＰガス乗用自動車」という。）又は小型バスの製造又は輸入の事業を行う者は、目標年度（令和２年４月１日に始まり令和３年３月31日に終わる年度）以降の各年度（令和11年４月１日に始まり令和12年３月31日に終わる年度までに限る。）において国内向けに出荷する特定ガソリン乗用自動車、ディーゼル乗用自動車、特定ＬＰガス乗用自動車及び小型バス（以下「令和２年度特定ガソリン乗用自動車等」という。）のエネルギー消費効率（ディーゼル乗用自動車及び軽油を燃料とする小型バスにあっては、当該エネルギー消費効率を1.1で除した値、特定ＬＰガス乗用自動車にあっては、当該エネルギー消費効率を0.78で除した値。）を出荷台数で加重して調和平均した値（１－２(5)において「企業別平均燃費値」という。）が次の表の右欄に掲げる基準エネルギー消費効率を同表の左欄に掲げる区分ごとの出荷台数で加重して調和平均した値（１－２(5)において「企業別基準エネルギー消費効率」という。）を下回らないようにすること。

区　　　分	基準エネルギー消費効率
1　車両重量が741キログラム未満の令和２年度特定ガソリン乗用自動車等	24.6
2　車両重量が741キログラム以上856キログラム未満の令和２年度特定ガソリン乗用自動車等	24.5
3　車両重量が856キログラム以上971キログラム未満の令和２年度特定ガソリン乗用自動車等	23.7
4　車両重量が971キログラム以上1,081キログラム未満の令和２年度特定ガソリン乗用自動車等	23.4
5　車両重量が1,081キログラム以上1,196キログラム未満の令和２年度特定ガソリン乗用自動車等	21.8
6　車両重量が1,196キログラム以上1,311キログラム未満の令和２年度特定ガソリン乗用自動車等	20.3
7　車両重量が1,311キログラム以上1,421キログラム未満の令和２年度特定ガソリン乗用自動車等	19.0
8　車両重量が1,421キログラム以上1,531キログラム未満の令和２年度特定ガソリン乗用自動車等	17.6
9　車両重量が1,531キログラム以上1,651キログラム未満の令和２年度特定ガソリン乗用自動車等	16.5
10　車両重量が1,651キログラム以上1,761キログラム未満の令和２年度特定ガソリン乗用自動車等	15.4
11　車両重量が1,761キログラム以上1,871キログラム未満の令和２年度特定ガソリン乗用自動車等	14.4
12　車両重量が1,871キログラム以上1,991キログラム未満の令和２年度特定ガソリン乗用自動車等	13.5
13　車両重量が1,991キログラム以上2,101キログラム未満の令和２年度特定ガソリン乗用自動車等	12.7
14　車両重量が2,101キログラム以上2,271キログラム未満の令和２年度特定ガソリン乗用自動車等	11.9
15　車両重量が2,271キログラム以上の令和２年度特定ガソリン乗用自動車等	10.6

(8)　路線バス等の製造又は輸入の事業を行う者は、目標年度（令和７年４月１日に始まり令和８年３月31日に終わる年度）以降の各年度において国内向けに出荷する路線バス等（以下「令和７年度路線バス等」という。）のエネルギー消費効率（省令第１条の表第４号に規定する数値（燃費算定告示第２条第２号に掲げる方法により算定したもの（以下「ＪＨ25モード燃費値」という。））をいう。(9)において同じ。）を次の表の左欄に掲げる区分ごとに出荷台数で加重して調和平均した値（１－２(6)において「令和７年度路線バス等平均燃費値」という。）が同表の右欄に掲げる基準エネルギー消費効率を下回らないようにすること。

区　　　分	基準エネルギー消費効率
1　車両総重量が3.5トン超８ト	7.15

ン以下の令和７年度路線バス等	
2　車両総重量が８トン超10トン以下の令和７年度路線バス等	6.30
3　車両総重量が10トン超12トン以下の令和７年度路線バス等	5.80
4　車両総重量が12トン超14トン以下の令和７年度路線バス等	5.27
5　車両総重量が14トン超の令和７年度路線バス等	4.52

(9)　一般バス等の製造又は輸入の事業を行う者は、目標年度（令和７年４月１日に始まり令和８年３月31日に終わる年度）以降の各年度において国内向けに出荷する一般バス等（以下「令和７年度一般バス等」という。）のエネルギー消費効率を次の表の左欄に掲げる区分ごとに出荷台数で加重して調和平均した値（１―２(6)において「令和７年度一般バス等平均燃費値」という。）が同表の右欄に掲げる基準エネルギー消費効率を下回らないようにすること。

区　　分	基準エネルギー消費効率
1　車両総重量が3.5トン超の６トン以下の令和７年度一般バス等	9.54
2　車両総重量が６トン超の８トン以下の令和７年度一般バス等	7.73
3　車両総重量が８トン超の10トン以下の令和７年度一般バス等	6.37
4　車両総重量が10トン超の12トン以下の令和７年度一般バス等	6.06
5　車両総重量が12トン超の14トン以下の令和７年度一般バス等	5.29
6　車両総重量が14トン超の16トン以下の令和７年度一般バス等	5.28
7　車両総重量が16トン超の令和７年度一般バス等	5.14

(10)　特定ガソリン乗用自動車、ディーゼル乗用自動車、特定ＬＰガス乗用自動車、乗用自動車であって乗車定員11人以上かつ車両総重量3.5トン以下のもの（電気を動力源とするものを除く。以下「特定小型バス」という。）、乗用自動車であって電気を動力源とするもの（燃料を使用するものに限る。）のうち乗車定員９人以下のもの若しくは乗車定員10人以上かつ車両総重量3.5トン以下のもの（以下「プラグインハイブリッド乗用自動車」という。）又は乗用自動車であって電気を動力源とするもの（化石燃料又は非化石燃料を使用するものを除く。）のうち乗車定員９人以下のもの若しくは乗車定員10人以上かつ車両総重量3.5トン以下のもの（以下「電気乗用自動車」という。）の製造又は輸入の事業を行う者は、目標年度（令和12年４月１日に始まり令和13年３月31日に終わる年度）以降の各年度において国内向けに出荷する特定ガソリン乗用自動車、ディーゼル乗用自動車、特定ＬＰガス乗用自動車、特定小型バス、プラグインハイブリッド乗用自動車及び電気乗用自動車（以下「令和12年度特定ガソリン乗用自動車等」という。）のエネルギー消費効率（次の表の左欄に掲げる自動車の種類に応じ、それぞれ同表の右欄に掲げるものをいう。）を出荷台数で加重して調和平均した値が次の式により算定した基準エネルギー消費効率（小数点以下第一位未満を四捨五入して得た数値とする。ただし、車両重量が2,759キログラム以上の場合は9.5とする。）を車両重量ごとの出荷台数で加重して調和平均した値を下回らないようにすること。

自動車の種類	エネルギー消費効率
特定ガソリン乗用自動車、ディーゼル乗用自動車、特定ＬＰガス乗用自動車及び特定小型バス	省令第１条の表第１号に規定する数値（ＷＬＴＣモード燃費値に限る。）（ディーゼル乗用自動車及び軽油を燃料とする特定小型バスにあっては、ＷＬＴＣモード燃費値を1.1で除した値、特定ＬＰガス乗用自動車及びＬＰガスを燃料とする特定小型バスにあっては、ＷＬＴＣモード燃費値を0.74で除した値をいう。）
プラグインハイブリッド乗用自動車	省令第１条の表第２号に規定する数値（燃費算定告示第１条第２項第１号ロに掲げる方法により算定したもの（以下「ＷＬＴＣモードハイブリッド燃料消費率」という。）に限る。）（別添２の換算式により変換した値をいう。）
電気乗用自動車	省令第１条の表第３号に規定する数値（燃費算定告示第１条第３項第２号に掲げる方法により算定したもの（以下「ＷＬＴＣモード交流電力量消費率」という。）に限る。）（別添２の換算式により変換した値をいう。）

$$FeStandard(M) = -0.0000247 \times M^2 - 0.000852 \times M + 30.65$$

FeSta：車両重量がMキログラムの令和12年度特定ガソリン乗用自動車等の基準エネルギー消費効率（km／l）

M：車両重量（kg）

1－2　判断の基準の特例

(1)　平成22年度ガソリン乗用自動車の製造又は輸入の事業を行う者は、1－1(1)の判断の基準において、平成22年度ガソリン乗用自動車平均燃費値が1－1(1)の表の右欄に掲げる基準エネルギー消費効率を下回る区分（以下この(1)において「未達成区分」という。）を有する場合であって、次の表の左欄に掲げる区分ごとに平成22年度ガソリン乗用自動車平均燃費値が同表の右欄に掲げるエネルギー消費効率許容値を下回らないものであり、かつ、当該未達成区分の未達成量（当該未達成区分における平成22年度ガソリン乗用自動車平均燃費値の逆数と基準エネルギー消費効率の逆数との差に当該区分における出荷台数を乗じた値）を超過達成量（平成22年度ガソリン乗用自動車平均燃費値が1－1(1)の表の右欄に掲げる基準エネルギー消費効率を下回らない区分すべてにおける平成22年度ガソリン乗用自動車平均燃費値の逆数と基準エネルギー消費効率の逆数との差に当該区分における出荷台数を乗じた値の総和を2で除した値）の範囲内で相殺できる場合は、未達成量をすべて相殺した未達成区分については、1－1(1)の表の右欄に掲げる基準エネルギー消費効率を下回らない区分とみなすことができる。

区分	エネルギー消費効率許容値
1　車両重量が703キログラム未満の平成22年度ガソリン乗用自動車	20.2
2　車両重量が703キログラム以上828キログラム未満の平成22年度ガソリン乗用自動車	18.5
3　車両重量が828キログラム以上1,016キログラム未満の平成22年度ガソリン乗用自動車	17.1
4　車両重量が1,016キログラム以上1,266キログラム未満の平成22年度ガソリン乗用自動車	14.1
5　車両重量が1,266キログラム以上1,516キログラム未満の平成22年度ガソリン乗用自動車	12.6
6　車両重量が1,516キログラム以上1,766キログラム未満の平成22年度ガソリン乗用自動車	9.8
7　車両重量が1,766キログラム以上2,016キログラム未満の平成22年度ガソリン乗用自動車	8.0
8　車両重量が2,016キログラム以上2,266キログラム未満の平成22年度ガソリン乗用自動車	6.8
9　車両重量が2,266キログラム以上の平成22年度ガソリン乗用自動車	6.1

(2)　平成27年度ガソリン乗用自動車等の製造又は輸入の事業を行う者は、1－1(3)の判断の基準において、平成27年度ガソリン乗用自動車等平均燃費値が1－1(3)の表の右欄に掲げる基準エネルギー消費効率を下回る区分（以下この(2)において「未達成区分」という。）を有する場合であって、当該未達成区分の未達成量（当該未達成区分における平成27年度ガソリン乗用自動車等平均燃費値の逆数と基準エネルギー消費効率の逆数との差に当該区分における出荷台数を乗じた値）を超過達成量（平成27年度ガソリン乗用自動車等平均燃費値が1－1(3)の表の右欄に掲げる基準エネルギー消費効率を下回らない区分すべてにおける平成27年度ガソリン乗用自動車等平均燃費値の逆数と基準エネルギー消費効率の逆数との差に当該区分における出荷台数を乗じた値の総和）の範囲内で相殺できる場合は、未達成量をすべて相殺した未達成区分については、1－1(3)の表の右欄に掲げる基準エネルギー消費効率を下回らない区分とみなすことができる。

(3)　小型バスの製造又は輸入の事業を行う者は、1－1(4)の判断の基準において、小型バス平均燃費値が1－1(4)の表の右欄に掲げる基準エネルギー消費効率を下回る区分（以下この(3)において「未達成区分」という。）を有する場合であって、当該未達成区分の未達成量（当該未達成区分における小型バス平均燃費値の逆数と基準エネルギー消費効率の逆数との差に当該区分における出荷台数を乗じた値（軽油を燃料とする区分にあっては当該値に1.1を乗じた値））を超過達成量（小型バス平均燃費値が1－1(4)の表の右欄に掲げる基準エネルギー消費効率を下回らない区分すべてにおける小型バス平均燃費値の逆数と基準エネルギー消費効率の逆数との差に当該区分における出荷台数を乗じた値（軽油を燃料とする区分にあっては当該値に1.1を乗じた値）の総和）の範囲内で相殺できる場合は、未達成量をすべて相殺した未達成区分については、1－1(4)の表の右欄に掲げる基準エネルギー消費効率を下回らない区分とみなすことができる。

(4)　平成27年度路線バス等又は平成27年度一般

バス等の製造又は輸入の事業を行う者は、1―1(5)又は(6)の判断の基準において、平成27年度路線バス等平均燃費値又は平成27年度一般バス等平均燃費値が1―1(5)又は(6)の表の右欄に掲げる基準エネルギー消費効率を下回る区分（以下この(4)において「未達成区分」という。）を有する場合であって、当該未達成区分の未達成量（当該未達成区分における平成27年度路線バス等平均燃費値又は平成27年度一般バス等平均燃費値の逆数と基準エネルギー消費効率の逆数との差に当該区分における出荷台数を乗じた値）を超過達成量（平成27年度路線バス等平均燃費値又は平成27年度一般バス等平均燃費値が1―1(5)又は(6)の表の右欄に掲げる基準エネルギー消費効率を下回らない区分すべてにおける平成27年度路線バス等平均燃費値又は平成27年度一般バス等平均燃費値の逆数と基準エネルギー消費効率の逆数との差に当該区分における出荷台数を乗じた値の総和を2で除した値）の範囲内で相殺できる場合は、未達成量をすべて相殺した未達成区分については、1―1(5)又は(6)の表の右欄に掲げる基準エネルギー消費効率を下回らない区分とみなすことができる。

(5)　令和2年度特定ガソリン乗用自動車等の製造又は輸入の事業を行うものは、1―1(7)の判断の基準において、企業別平均燃費値が企業別基準エネルギー消費効率に0.9を乗じた値を下回らない場合であって、ガソリン乗用自動車、ディーゼル乗用自動車、LPガス乗用自動車及び小型バスのエネルギー消費効率（省令第1条の表第1号に規定する数値（JC08モード燃費値（JC08モード燃費値を算定していない乗用自動車にあってはWLTCモード燃費値）に限る。）をいう。）（ディーゼル乗用自動車及び軽油を燃料とする小型バスにあっては、当該エネルギー消費効率を1.1で除した値、特定LPガス乗用自動車にあっては、当該エネルギー消費効率を0.78で除した値。）並びにプラグインハイブリッド乗用自動車（液化石油ガスを燃料とする乗用自動車であって乗車定員11人以上かつ車両総重量3.5トン以下のものを除く。）及び電気乗用自動車のエネルギー消費効率（別添3の換算式により変換した値をいう。）を出荷台数で加重して調和平均した値が企業別基準エネルギー消費効率を下回らない場合は、企業別平均燃費値が企業別基準エネルギー消費効率を下回らないものとみなすことができる。

(6)　令和7年度路線バス等又は令和7年度一般バス等の製造又は輸入の事業を行う者は、1―1(8)又は(9)の判断の基準において、令和7年度路線バス等平均燃費値又は令和7年度一般バス等平均燃費値が1―1(8)又は(9)の表の右欄に掲げる基準エネルギー消費効率を下回る区分（以下この(6)において「未達成区分」という。）を有する場合であって、当該未達成区分の未達成量（当該未達成区分における令和7年度路線バス等平均燃費値又は令和7年度一般バス等平均燃費値の逆数と基準エネルギー消費効率の逆数との差に当該区分における出荷台数を乗じた値）を超過達成量（令和7年度路線バス等平均燃費値又は令和7年度一般バス等平均燃費値が1―1(8)又は(9)の表の右欄に掲げる基準エネルギー消費効率を下回らない区分すべてにおける令和7年度路線バス等平均燃費値又は令和7年度一般バス等平均燃費値の逆数と基準エネルギー消費効率の逆数との差に当該区分における出荷台数を乗じた値の総和を2で除した値）の範囲内で相殺できる場合は、未達成量をすべて相殺した未達成区分については、1―1(8)又は(9)の表の右欄に掲げる基準エネルギー消費効率を下回らない区分とみなすことができる。

2　表示事項等

2―1　表示事項

エネルギー消費効率（省令第1条の表に定めるものをいう。以下この項において同じ。）の優れた乗用自動車（1―1に掲げる基準エネルギー消費効率を下回らない乗用自動車をいう。）の普及を図るため、乗用自動車のエネルギー消費効率に関し、乗用自動車製造事業者等（乗用自動車の製造又は輸入の事業を行う者をいう。以下同じ。）は、次の事項を表示すること。

イ　車名及び型式

ロ　乗用自動車製造事業者等の氏名又は名称

ハ　使用する燃料及び電気の種類（レギュラーガソリン、プレミアムガソリン、軽油、液化石油ガス又は電気の別）

ニ　原動機の型式及び総排気量

ホ　車両重量

ヘ　乗車定員

ト　車両総重量（路線バス等又は一般バス等に係るものに限る。）

チ　原動機の最高出力及び最大トルク

リ　エネルギー消費効率（WLTCモード燃費値を算定している乗用自動車、プラグインハイブリッド乗用自動車及び電気乗用自動車にあってはエネルギー消費効率及び次に掲げる数値）

(i)　WLTCモード燃費値を算定している乗用自動車にあっては市街地モード燃費値（市街地モード（道路運送車両の保安基準の細目を定める告示（平成14年国土交通省告示第619号。以下「細目告示」という。）別添42Ⅱの別紙1の表1に規定する低速フェーズをいう。以下同じ。）で走行する際の燃料一リットル当たりの走行距離をキロメートルで表した数値であって、道路運送車両法第75条第1項の指定（以下「型式指定」という。）に当たり国土交通大臣が算定したもの。以下同じ。）、プラグインハイブリッド乗用自動車にあっては市街地モードハイブリッド燃料消費率（電気を用いないで市街地モードで走行する際の燃料一リットル当たりの走行距離をキロメートルで表した数値であって、型式指定に当たり国土交通大臣が算定したもの。以下同じ。）及び市街地モード交流電力量消費率（市街地モードで走行する際の一キロメートル当たりの消費電力量をワット時で表した数値であって、型式指定に当たり国土交通大臣が算定したもの。以下同じ。）、電気乗用自動車にあっては市街地モード交流電力量消費率

(ii)　ＷＬＴＣモード燃費値を算定している乗用自動車にあっては郊外モード燃費値（郊外モード（細目告示別添42Ⅱの別紙1の表2に規定する中速フェーズa又は同別紙の表4に規定する中速フェーズbをいう。以下同じ。）で走行する際の燃料一リットル当たりの走行距離をキロメートルで表した数値であって、型式指定に当たり国土交通大臣が算定したもの。以下同じ。）、プラグインハイブリッド乗用自動車にあっては郊外モードハイブリッド燃料消費率（電気を用いないで郊外モードで走行する際の燃料一リットル当たりの走行距離をキロメートルで表した数値であって、型式指定に当たり国土交通大臣が算定したもの。以下同じ。）及び郊外モード交流電力量消費率（郊外モードで走行する際の一キロメートル当たりの消費電力量をワット時で表した数値であって、型式指定に当たり国土交通大臣が算定したもの。以下同じ。）、電気乗用自動車にあっては郊外モード交流電力量消費率

(iii)　ＷＬＴＣモード燃費値を算定している乗用自動車にあっては高速道路モード燃費値（高速道路モード（細目告示別添42Ⅱの別紙1の表3に規定する高速フェーズa又は同別紙の表5に規定する高速フェーズbをいう。以下同じ。）で走行する際の燃料一リットル当たりの走行距離をキロメートルで表した数値であって、型式指定に当たり国土交通大臣が算定したもの。以下同じ。）、プラグインハイブリッド乗用自動車にあっては高速道路モードハイブリッド燃料消費率（電気を用いないで高速道路モードで走行する際の燃料一リットル当たりの走行距離をキロメートルで表した数値であって、型式指定に当たり国土交通大臣が算定したもの。以下同じ。）及び高速道路モード交流電力量消費率（高速道路モードで走行する際の一キロメートル当たりの消費電力量をワット時で表した数値であって、型式指定に当たり国土交通大臣が算定したもの。以下同じ。）、電気乗用自動車にあっては高速道路モード交流電力量消費率

ス　燃料供給装置の形式

ル　変速装置の形式及び変速段数

ヲ　変速装置の各段ギア比（路線バス等又は一般バス等に係るものに限る。）

ワ　筒内直接噴射その他の主要燃費向上対策

カ　等価ＥＶレンジ（プラグインハイブリッド乗用自動車に係るものに限る。）（電気のみを用いて細目告示別添42Ⅱの別紙1の各表に掲げるＷＬＴＣモードにより走行することができる最大の距離をキロメートルで表した数値であって、型式指定に当たり国土交通大臣が算定したもの。以下同じ。）又は一充電走行距離（電気乗用自動車に係るものに限る。）（電気を用いて細目告示別添42Ⅱの別紙1の各表に掲げるＷＬＴＣモードにより走行することができる最大の距離をキロメートルで表した数値であって、型式指定に当たり国土交通大臣が算定したもの。以下同じ。）

２―２　遵守事項

(1)　２―１に規定する表示事項の表示は、その乗用自動車に関するカタログに記載して行うこと。ただし、その乗用自動車が路線バス等又は一般バス等である場合は、乗用自動車を販売しようとする場合に提示する資料に記載して行ってもよい。

(2)　２―１リ及びカに掲げる事項のうち、エネルギー消費効率、市街地モード燃費値、郊外モード燃費値、高速道路モード燃費値、市街地モードハイブリッド燃料消費率、郊外モードハイブリッド燃料消費率、高速道路モードハイブリッド燃料消費率、等価ＥＶレンジ及び一充電走行距離は、アンダーラインを引き、活字を大きくし、文字の色を変える等特に目立つ方法を用いて表示すること。２―１リに掲げる事項のうち、エネルギー消費効率についてはキロメートル毎リットル単位（交流電力量消費率（省令第1条の表第2号に規定する数値のうち、国土交通大臣が告示で定める方法により算定した走行距離1キロメートル当たりの消費電力量をワット時で表した数値であって、型式指定に当たり国土交通大臣が算定したもの及び同表第3号に規定する数値。以下同じ。）はワット時毎キロメートル単位）で小数点以下第一位（路線バス等又は一般バス等の場合は小数点以下第二位、交流電力量消費率の場合は整数値）まで表示し、市街地モード燃費値、郊外モード燃費値、高速道路モード燃費値、市街地モードハイブリッド燃料消費率、郊外モードハイブリッド燃料消費率及び高速道路モードハイブリッド燃料消費率についてはキロメートル毎リットル単位で小数点以下第一位まで表示し、市街地モード交流電力量消費率、郊外モード交流電力量消費率及び高速道路モード交流電力量消費率についてはワット時毎キロメートル単位で整数値で表

示すること。２―１カに掲げる事項はキロメートル単位で整数値で表示すること。

(3) 路線バス等又は一般バス等にあっては、エネルギー消費効率の算定に当たり用いた空車時車両重量、乗車定員、全高、全幅、終減速機ギア比及びタイヤ動的負荷半径の仕様を、２―１リに掲げる事項の注釈として、(1)のカタログ又は乗用自動車を販売しようとする場合に提示する資料に付記すること。

(4) 展示に供する乗用自動車には、２―１イ、リ及びカに掲げる事項を見やすい場所に明瞭に表示すること。この場合、２―２(2)に定めるところにより表示し、燃料としてプレミアムガソリンを使用するガソリン乗用自動車にあっては、その旨を付記すること。

(5) ２―１リ及びカに掲げる事項は、次に掲げる旨を付記すること。ただし、ＷＬＴＣモード燃費値、ＷＬＴＣモードハイブリッド燃料消費率及びＷＬＴＣモード交流電力量消費率を算定していない乗用自動車にあっては、ロからホまでに掲げるものを除く。

イ　気象、運転方法、道路における交通の混雑の状態等に応じて異なる旨

ロ　細目告示別添42Ⅱの別紙１の各表に掲げるＷＬＴＣモードは市街地モード、郊外モード及び高速道路モードから構成される旨

ハ　市街地モードは信号、渋滞等の影響を受ける走行を想定したものである旨

ニ　郊外モードは信号、渋滞等の影響を比較的受けない走行を想定したものである旨

ホ　高速道路モードは高速道路等における走行を想定したものである旨

(6) (1)、(4)及び(5)において表示する２―１リに掲げる事項は、次の表の左欄に掲げる自動車の種類に応じ、それぞれ同表の右欄に掲げる燃費値等とする。

自動車の種類		燃費値等
１　平成22年度ガソリン乗用自動車		ＪＣ08モード燃費値（ＪＣ08モード燃費値を算定していない乗用自動車にあっては、10・15モード燃費値）
２　平成22年度ＬＰガス乗用自動車		10・15モード燃費値
３　平成27年度特定ガソリン乗用自動車等、特定小型バス及び令和２年度特定ガソリン乗用車等	ＪＣ08モード燃費値のみを算定している乗用自動車	ＪＣ08モード燃費値
	ＷＬＴＣモード燃費値のみを算定している乗用自動車	ＷＬＴＣモード燃費値、市街地モード燃費値、郊外モード燃費値及び高速道路モード燃費値
	ＪＣ08モード燃費値及びＷＬＴＣモード燃費値を算定している乗用自動車	ＪＣ08モード燃費値並びにＷＬＴＣモード燃費値、市街地モード燃費値、郊外モード燃費値及び高速道路モード燃費値
４　路線バス等又は一般バス等		ＪＨ25モード燃費値
５　プラグインハイブリッド乗用自動車	ＪＣ08モードハイブリッド燃料消費率（燃費算定告示第１条第２項第１号イに掲げる方法により算定したものをいう。以下同じ。）及びＪＣ08モード交流電力量消費率（燃費算定告示第１条第２項第２号イに掲げる方法により算定したものをいう。以下同じ。）のみを算定している乗用自動車	ＪＣ08モードハイブリッド燃料消費率及びＪＣ08モード交流電力量消費率
	ＷＬＴＣモードハイブリッド燃料消費率及びＷＬＴＣモード交流電力量消費率のみを算定している乗用自動車	ＷＬＴＣモードハイブリッド燃料消費率、ＷＬＴＣモード交流電力量消費率、市街地モードハイブリッド燃料消費率、郊外モードハイブリッド燃料消費率、高速道路モードハイブリッド燃料消費率、市街地モード交流電力量消費率、郊外モード交流電力量消費率及び高速道路モード交流電力量消費率
	ＪＣ08モードハイブリッド燃料消費率、	ＪＣ08モードハイブリッド燃料消費率、ＪＣ08

	JC08モード交流電力量消費率、WLTCモードハイブリッド燃料消費率及びWLTCモード交流電力量消費率を算定している乗用自動車	モード交流電力量消費率、WLTCモードハイブリッド燃料消費率、WLTCモード交流電力量消費率、市街地モードハイブリッド燃料消費率、郊外モードハイブリッド燃料消費率、高速道路モードハイブリッド燃料消費率、市街地モード交流電力量消費率、郊外モード交流電力量消費率及び高速道路モード交流電力量消費率
6　電気乗用自動車	JC08モード交流電力量消費率のみを算定している乗用自動車	JC08モード交流電力量消費率
	WLTCモード交流電力量消費率のみを算定している乗用自動車	WLTCモード交流電力量消費率、市街地モード交流電力量消費率、郊外モード交流電力量消費率及び高速道路モード交流電力量消費率
	JC08モード交流電力量消費率及びWLTCモード交流電力量消費率を算定している乗用自動車	JC08モード交流電力量消費率、WLTCモード交流電力量消費率、市街地モード交流電力量消費率、郊外モード交流電力量消費率及び高速道路モード交流電力量消費率

別添1

1の1－1の(1)に定める換算式は以下のとおりとする。

$$Fe_{10\cdot15}=A\times(1+B\times\Delta IW／IW_0)^{-1}\times Fe_{JC08}$$

$Fe_{10\cdot15}$　：換算後の10・15モード燃費値　km／l

Fe_{JC08}　：JC08モード燃費実測値　km／l

IW_0　：細目告示別添42に規定するJC08モード試験法における等価慣性重量　kg

ΔIW　：道路運送車両の保安基準の細目を定める告示の一部を改正する告示（平成18年国土交通省告示1268号）による改正前の細目告示別添42に規定する10・15モード試験法における等価慣性重量からIW_0を引いた値　kg

A及びB：以下の表に定める定数

自動車の種別		変速装置の方式	定数A	定数B
ガソリン乗用自動車又はディーゼル乗用自動車であって、道路運送車両法施行規則（昭和26年運輸省令第74号）第2条に規定する軽自動車（以下「軽自動車」という。）		手動式	1.078	0.241
		手動式以外のもの		0.352
ガソリン乗用自動車又はディーゼル乗用自動車であって、軽自動車以外のもの	細目告示別添42に規定する電気式ハイブリッド自動車（以下「電気式ハイブリッド自動車」という。）以外のもの	手動式	1.078	0.234
		手動式以外のもの		0.288
	電気式ハイブリッド自動車	手動式	1.149	0.234
		手動式以外のもの		0.288

別添2

1の1－1⑽に定める算定式は以下のとおりとする。

$$Fe_{EV}=6,750／EC$$

$$Fe_{PHEV}=1／(UF(R_{CD})\times(1／Fe_{CD}+1／(6.75\times R_{CD}／E_1))+(1-UF(R_{CD}))／Fe_{CS})$$

$$UF(R_{CD})=1-\exp(29.1\times(R_{CD}／400)^6-98.9\times(R_{CD}／400)^5+134\times(R_{CD}／400)^4-89.5\times(R_{CD}／400)^3+32.5\times(R_{CD}／400)^2-11.8\times(R_{CD}／400))$$

Fe_{EV}：換算後の電気乗用自動車のエネルギー消費効率　km／l

EC：電気乗用自動車のWLTCモード交流電力量消費率　Wh／km

Fe_{PHEV}：換算後のプラグインハイブリッド乗用自動車のエネルギー消費効率　km／l

Fe_{CS}：WLTCモードハイブリッド燃料消費率　km／l

Fe_{CD}：電気を用いて細目告示別添42Ⅱの別紙1の各表に掲げるWLTCモードにより走行する際の燃料一リットル当たりの走行距離をキロメートルで表した数値であって、型式指定に当たり国土交通大臣が算定したもの　km／l

R_{CD}：電気を用いて細目告示別添42Ⅱの別紙1の各表に掲げるWLTCモードにより走行することができる最大の距離をキロメートルで表した数値であって、型式指定に当たり国土交通大臣が算定したもの（以下「プラグインレンジ」という。）　km

E_1：一充電消費電力量（プラグインレンジを走行するために必要な外部充電による電力量であって、型式指定に当たり国土交通大臣が算定したもの）　kWh／回

$UF(R_{CD})$：プラグインレンジに応じて算出される係数

別添3

1の1－2⑸に定める算定式は以下のとおりとする。この場合において、細目告示別添42Ⅰの別紙6の別表に掲げるJC08モードにより算定する場合にあっては、「WLTCモード」を「JC08モード」に、「細目告示別添42Ⅱの別紙1の各表に掲げる」を「細目告示別添42Ⅰの別紙6の別表に掲げる」に読み替えるものとする。

$$Fe_{EV}=9,140／EC$$

$$Fe_{PHEV}=1／(UF(R_{CD})\times(1／Fe_{CD}+1／(9.14\times R_{CD}／E_1))+(1-UF(R_{CD}))／Fe_{CS})$$

$$UF(R_{CD})=1-\exp(29.1\times(R_{CD}／400)^6-98.9\times(R_{CD}／400)^5$$

$+134\times(R_{CD}/400)^4-89.5\times(R_{CD}/400)^3$
$+32.5\times(R_{CD}/400)^2-11.8\times(R_{CD}/400))$

Fe_{EV}：換算後の電気乗用自動車のエネルギー消費効率　km／l

EC：電気乗用自動車のWLTCモード交流電力量消費率　Wh／km

Fe_{PHEV}：換算後のプラグインハイブリッド乗用自動車のエネルギー消費効率　km／l

Fe_{CS}：WLTCモードハイブリッド燃料消費率　km／l

Fe_{CD}：電気を用いて細目告示別添42Ⅱの別紙1の各表に掲げるWLTCモードにより走行する際の燃料一リットル当たりの走行距離をキロメートルで表した数値であって、型式指定に当たり国土交通大臣が算定したもの　km／l

R_{CD}：電気を用いて細目告示別添42Ⅱの別紙1の各表に掲げるWLTCモードにより走行することができる最大の距離をキロメートルで表した数値であって、型式指定に当たり国土交通大臣が算定したもの（以下「令和2年度プラグインレンジ」という。）　km

E_1：一充電消費電力量（令和2年度プラグインレンジを走行するために必要な外部充電による電力量であって、型式指定に当たり国土交通大臣が算定したもの）　kWh／回

UF（R_{CD}）：令和2年度プラグインレンジに応じて算出される係数

附　則（抄）

1　この告示は、公布の日から施行する。

2　この告示の2の規定により行うべき表示事項等は、施行日以降に道路運送車両法第75条第1項の規定によりその型式について指定を受けたもの（同日前に指定の申請を行ったものを除く。）については指定の日から、その他については平成二十六年一月一日から、それぞれ適用する。

附　則（平二五・一二・二七経産・国交告一一）

この告示は、エネルギーの使用の合理化に関する法律の一部を改正する等の法律〔平成二五年五月法律第二五号〕の施行の日（平成二十六年四月一日）から施行する。ただし、第一条及び第二条（題名の改正規定に限る。）の規定は、平成二十五年十二月二十八日から施行する。

附　則（平二八・一〇・三一経産・国交告六）

この告示は、公布の日から施行する。

附　則（平二九・三・二八経産・国交告三）

この告示は、建築物のエネルギー消費性能の向上に関する法律の一部の施行に伴う関係政令の整備に関する政令〔平成二八年一一月政令第三六四号〕の施行の日（平成二十九年四月一日）から施行する。

附　則（平二九・七・四経産・国交告六）

この告示は、公布の日から施行する。

附　則（平三〇・一二・五経産・国交告六）

この告示は、公布の日から施行する。

附　則（平三一・三・二九経産・国交告一抄）

沿革　令二経産・国交告二改正

1　この告示は、公布の日から施行する。

2　第一条の規定による改正後の乗用自動車のエネルギー消費性能の向上に関するエネルギー消費機器等製造事業者等の判断の基準等（以下この項において「新乗用車判断基準告示」という。）2—1及び2—2(6)の規定の適用については、令和五年三月三十一日までは、新乗用車判断基準告示2—1中「及びJH25モード燃費値」とあるのは「、重量車モード燃費値及びJH25モード燃費値」と、新乗用車判断基準告示2—2(6)中「JH25モード燃費値」とあるのは「JH25モード燃費値（JH25モード燃費値を算定していない乗用自動車にあっては、重量車モード燃費値）」とする。

附　則（令二・三・三一経産・国交告二抄）

1　この告示は、令和二年四月一日から施行する。

2　第一条の規定による改正後の乗用自動車のエネルギー消費性能の向上に関するエネルギー消費機器等製造事業者等の判断の基準等の2の規定（プラグインハイブリッド乗用自動車、電気乗用自動車及び液化石油ガスを燃料とする特定小型バスに限る。）は、令和三年四月一日から適用する。

附　則（令五・三・三一経産・国交告一）

この告示は、安定的なエネルギー需給構造の確立を図るためのエネルギーの使用の合理化等に関する法律等の一部を改正する法律〔令和四年五月法律第四六号〕の施行の日（令和五年四月一日）から施行する。

○貨物自動車のエネルギー消費性能の向上に関するエネルギー消費機器等製造事業者等の判断の基準等

（平成二十七年七月十日　経済産業省　国土交通省　告示第一号）

沿革　平二八経産・国交告七、平二九経産・国交告二・七、平三〇経産・国交告七、平三一経産・国交告一、令二経産・国交告二、令五経産・国交告一改正

1　判断の基準

1―1　判断の基準

(1)　エネルギーの使用の合理化及び非化石エネルギーへの転換等に関する法律施行令（昭和54年政令第267号）第18条第8号に規定する貨物自動車（以下「貨物自動車」という。）であって、揮発油を燃料とする車両総重量（道路運送車両法（昭和26年法律第185号）第40条第3号に規定する車両総重量をいう。以下同じ。）3.5トン以下のもの（以下「ガソリン貨物自動車」という。）の製造又は輸入の事業を行う者は、目標年度（平成22年4月1日に始まり平成23年3月31日に終わる年度）以降の各年度（平成26年4月1日に始まり平成27年3月31日に終わる年度までに限る。）において国内向けに出荷するガソリン貨物自動車のエネルギー消費効率（自動車のエネルギー消費効率の算定等に関する省令（昭和54年通商産業省・運輸省令第3号。以下「省令」という。）第1条の表第1号に規定する国土交通大臣が告示で定める方法（平成18年国土交通省告示第350号。以下「燃費算定告示」という。）第1条第1項第1号に掲げる方法により算定したもの（以下「10・15モード燃費値」という。）をいう。ただし、10・15モード燃費値を算定していない貨物自動車にあっては、同項第2号に掲げる方法により算定したもの（以下「JC08モード燃費値」という。）を別添1の換算式により変換したものをいう。）を次の表の左欄に掲げる区分ごとに出荷台数で加重して調和平均した値が同表の右欄に掲げる基準エネルギー消費効率を下回らないようにすること。

区分				基準エネルギー消費効率
自動車の種別	変速装置の方式	車両重量	自動車の構造	
1　道路運送車両法施行規則（昭和26年運輸省令第74号）第2条の軽自動車であって貨物の運送の用に供するもの	手動式	703キログラム未満	構造A	20.2
			構造B	17.0
		703キログラム以上828キログラム未満	構造A	18.0
			構造B	16.7
		828キログラム以上		15.5
	手動式以外のもの	703キログラム未満	構造A	18.9
			構造B	16.2
		703キログラム以上828キログラム未満	構造A	16.5
			構造B	15.5
		828キログラム以上		14.9
2　道路運送車両法施行規則第2条の普通自動車又は小型自動車（車両総重量が1.7トン以下のものに限る。）であって貨物の運送の用に供するもの	手動式	1,016キログラム未満		17.8
		1,016キログラム以上		15.7
	手動式以外のもの	1,016キログラム未満		14.9
		1,016キログラム以上		13.8
3　道路運送車両法施行規則第2条の普通自動車又は小	手動式	1,266キログラム未満	構造A	14.5
			構造B	12.3

自動車の種別	変速装置の方式	車両重量	自動車の構造	基準エネルギー消費効率
型自動車（車両総重量が1.7トン超2.5トン以下のものに限る。）であって貨物の運送の用に供するもの		1,266キログラム以上1,516キログラム未満		10.7
		1,516キログラム以上		9.3
	手動式以外のもの	1,266キログラム未満	構造A	12.5
			構造B	11.2
		1,266キログラム以上		10.3

備考1　「車両重量」とは、道路運送車両の保安基準（昭和26年運輸省令第67号）第1条第1項第6号に規定する空車状態における車両の重量をいう。

2　「構造A」とは、次に掲げる要件のいずれにも該当する構造をいう。

イ　最大積載量を車両総重量で除した値が0.3以下となるものであること。

ロ　乗車装置及び物品積載装置が同一の車室内に設けられており、かつ、当該車室と車体外とを固定された屋根、窓ガラス等の隔壁により仕切られるものであること。

ハ　運転者室の前方に原動機を有するものであること。

3　「構造B」とは、構造A以外の構造をいう。

(2)　ガソリン貨物自動車又は貨物自動車であって軽油を燃料とする車両総重量3.5トン以下のもの（以下「ディーゼル貨物自動車」という。）の製造又は輸入の事業を行う者は、目標年度（平成27年4月1日に始まり平成28年3月31日に終わる年度）以降の各年度（令和3年4月1日に始まり令和4年3月31日に終わる年度までに限る。）において国内向けに出荷するガソリン貨物自動車及びディーゼル貨物自動車のエネルギー消費効率（省令第1条の表第1号に規定する数値（ＪＣ08モード燃費値（ＪＣ08モード燃費値を算定していない貨物自動車にあっては、燃費算定告示第1条第1項第3号に掲げる方法により算定したもの（以下「ＷＬＴＣモード燃費値」という。））に限る。）をいう。）（ディーゼル貨物自動車（燃料の種類の区分が軽油のみのものを除く。）にあっては、当該エネルギー消費効率を1.1で除した値。）を次の表の左欄に掲げる区分ごとに出荷台数で加重して調和平均した値（1―2(1)において「ガソリン貨物自動車等平均燃費値」という。）が同表の右欄に掲げる基準エネルギー消費効率を下回らないようにすること。

区分					基準エネルギー消費効率
自動車の種別	燃料の種類	変速装置の方式	車両重量	自動車の構造	
1　道路運送車両法施行規則第2条の軽自動車であって貨物の運送の用に供するもの	揮発油又は軽油	手動式	741キログラム未満	構造A	23.2
			741キログラム以上		20.3
		手動式以外のもの	741キログラム未満		20.9
			741キログラム以上856キログラム未満		19.6
			856キログラム以上		18.9
		手動式	741キログラム未満	構造B	18.2
			741キログラム以上856キログラム未満		18.0
			856キログラム以上971キログラム未満		17.2
			971キログラム以上		16.4
		手動式以外の	741キログラム未満		16.4

もの			741キログラム以上856キログラム未満		16.0
			856キログラム以上971キログラム未満		15.4
			971キログラム以上		14.7
2　道路運送車両法施行規則第2条の普通自動車又は小型自動車（車両総重量が1.7トン以下のものに限る。）であって貨物の運送の用に供するもの	揮発油又は軽油	手動式	1,081キログラム未満		18.5
			1,081キログラム以上		17.1
		手動式以外のもの	1,081キログラム未満		17.4
			1,081キログラム以上1,196キログラム未満		15.8
			1,196キログラム以上		14.7
3　道路運送車両法施行規則第2条の普通自動車又は小型自動車（車両総重量が1.7トン超3.5トン以下のものに限る。）であって貨物の運送の用に供するもの	揮発油	手動式		構造A	14.2
		手動式以外のもの	1,311キログラム未満		13.3
			1,311キログラム以上		12.7
		手動式	1,311キログラム未満	構造B1	11.9
			1,311キログラム以上1,421キログラム未満		10.6
			1,421キログラム以上1,531キログラム未満		10.3
			1,531キログラム以上1,651キログラム未満		10.0
			1,651キログラム以上1,761キログラム未満		9.8
			1,761キログラム以上		9.7
		手動式以外のもの	1,311キログラム未満		10.9
			1,311キログラム以上1,421キログラム未満		9.8
			1,421キログラム以上1,531キログラム未満		9.6
			1,531キログラム以上1,651キログラム未満		9.4
			1,651キログラム以上1,761キログラム未満		9.1
			1,761キログラム以上1,871キログラム未満		8.8

			1,871キログラム以上		8.5
		手動式	1,311キログラム未満	構造B2	11.2
			1,311キログラム以上1,421キログラム未満		10.2
			1,421キログラム以上1,531キログラム未満		9.9
			1,531キログラム以上1,651キログラム未満		9.7
			1,651キログラム以上1,761キログラム未満		9.3
			1,761キログラム以上		8.9
		手動式以外のもの	1,311キログラム未満		10.5
			1,311キログラム以上1,421キログラム未満		9.7
			1,421キログラム以上1,531キログラム未満		8.9
			1,531キログラム以上1,651キログラム未満		8.6

			1,651キログラム以上		7.9
	軽油	手動式	1,421キログラム未満	構造A又は構造B1	14.5
			1,421キログラム以上1,531キログラム未満		14.1
			1,531キログラム以上1,651キログラム未満		13.8
			1,651キログラム以上1,761キログラム未満		13.6
			1,761キログラム以上1,871キログラム未満		13.3
			1,871キログラム以上1,991キログラム未満		12.8
			1,991キログラム以上2,101キログラム未満		12.3
			2,101キログラム以上		11.7
		手動式以外のもの	1,421キログラム未満		13.1
			1,421キログラム以上1,531キログラム未満		12.8

		1,531キログラム以上1,651キログラム未満		11.5
		1,651キログラム以上1,761キログラム未満		11.3
		1,761キログラム以上1,871キログラム未満		11.0
		1,871キログラム以上1,991キログラム未満		10.8
		1,991キログラム以上2,101キログラム未満		10.3
		2,101キログラム以上		9.4
	手動式	1,421キログラム未満	構造B2	14.3
		1,421キログラム以上1,531キログラム未満		12.9
		1,531キログラム以上1,651キログラム未満		12.6
		1,651キログラム以上1,761キログラム未満		12.4
		1,761キログラム以上1,871キログラム未満		12.0
		1,871キログラム以上1,991キログラム未満		11.3
		1,991キログラム以上2,101キログラム未満		11.2
		2,101キログラム以上		11.1
	手動式以外のもの	1,421キログラム未満		12.5
		1,421キログラム以上1,531キログラム未満		11.8
		1,531キログラム以上1,651キログラム未満		10.9
		1,651キログラム以上1,761キログラム未満		10.6
		1,761キログラム以上1,871キログラム未満		9.7
		1,871キログラム以上1,991キログラム未満		9.5

	1,991キログラム以上2,101キログラム未満	9.0
	2,101キログラム以上	8.8

備考1　「車両重量」とは、道路運送車両の保安基準第1条第1項第6号に規定する空車状態における車両の重量をいう。

2　「構造A」とは、次に掲げる要件のいずれにも該当する構造をいう。

イ　最大積載量を車両総重量で除した値が0.3以下となるものであること。

ロ　乗車装置及び物品積載装置が同一の車室内に設けられており、かつ、当該車室と車体外とを固定された屋根、窓ガラス等の隔壁により仕切られるものであること。

ハ　運転者室の前方に原動機を有するものであること。

3　「構造B」とは、構造A以外の構造をいう。

4　「構造B1」とは、構造Bのうち備考2ロに掲げる要件に該当する構造をいう。

5　「構造B2」とは、構造Bのうち構造B1以外の構造をいう。

(3)　貨物自動車であって、車両総重量3.5トン超のもの（けん引自動車（道路運送車両の保安基準第1条第1号に規定するけん引自動車をいう。以下同じ。）を除く。以下「トラック等」という。）の製造又は輸入の事業を行う者は、目標年度（平成27年4月1日に始まり平成28年3月31日に終わる年度）以降の各年度（令和6年4月1日に始まり令和7年3月31日に終わる年度までに限る。）において国内向けに出荷するトラック等（以下「平成27年度トラック等」という。）のエネルギー消費効率（省令第1条の表第4号に規定する数値（燃費算定告示第2条第1号に掲げる方法により算定したもの（以下「重量車モード燃費値」という。））をいう。(4)において同じ。）を次の表の左欄に掲げる区分ごとに出荷台数で加重して調和平均した値（1―2(2)において「平成27年度トラック等平均燃費値」という。）が同表の右欄に掲げる基準エネルギー消費効率を下回らないようにすること。

区分	基準エネルギー消費効率
1　車両総重量が3.5トン超7.5トン以下の平成27年度トラック等（最大積載量が1.5トン以下のものに限る。）	10.83
2　車両総重量が3.5トン超7.5トン以下の平成27年度トラック等（最大積載量が1.5トン超2トン以下のものに限る。）	10.35
3　車両総重量が3.5トン超7.5トン以下の平成27年度トラック等（最大積載量が2トン超3トン以下のものに限る。）	9.51
4　車両総重量が3.5トン超7.5トン以下の平成27年度トラック等（最大積載量が3トン超のものに限る。）	8.12
5　車両総重量が7.5トン超8トン以下の平成27年度トラック等	7.24
6　車両総重量が8トン超10トン以下の平成27年度トラック等	6.52
7　車両総重量が10トン超12トン以下の平成27年度トラック等	6.00
8　車両総重量が12トン超14トン以下の平成27年度トラック等	5.69
9　車両総重量が14トン超16トン以下の平成27年度トラック等	4.97
10　車両総重量が16トン超20トン以下の平成27年度トラック等	4.15
11　車両総重量が20トン超の平成27年度トラック等	4.04

(4)　貨物自動車であって、車両総重量3.5トン超のもの（けん引自動車に限る。以下「トラクタ」という。）の製造又は輸入の事業を行う者は、目標年度（平成27年4月1日に始まり平成28年3月31日に終わる年度）以降の各年度（令和6年4月1日に始まり令和7年3月31日に終わる年度までに限る。）において国内向けに出荷するトラクタ（以下「平成27年度トラクタ」という。）のエネルギー消費効率を次の表の左欄に掲げる区分ごとに出荷台数で加重して調和平均した値（1―2(2)において「平成27年度トラクタ平均燃費値」という。）が同表の右欄に掲げる基準エネルギー消費効率を下回らないようにすること。

区分	基準エネルギー消費効率
1　車両総重量が20トン以下の平成27年度トラクタ	3.09

2　車両総重量が20トン超の平成27年度トラクタ	2.01

(5)　ガソリン貨物自動車又はディーゼル貨物自動車の製造又は輸入の事業を行う者は、目標年度（令和4年4月1日に始まり令和5年3月31日に終わる年度）以降の各年度において国内向けに出荷するガソリン貨物自動車及びディーゼル貨物自動車のエネルギー消費効率（省令第1条の表第1号に規定する数値（ＪＣ08モード燃費値（ＪＣ08モード燃費値を算定していない貨物自動車にあってはＷＬＴＣモード燃費値）に限る。）をいう。）（ディーゼル貨物自動車（燃料の種類の区分が「軽油」であるものを除く。）にあっては、当該エネルギー消費効率を1.1で除した値。）を出荷台数で加重して調和平均した値（1―2(3)において「企業別平均燃費値」という。）が次の表の右欄に掲げる基準エネルギー消費効率を同表の左欄に掲げる区分ごとの出荷台数で加重して調和平均した値（1―2(3)において「企業別基準エネルギー消費効率」という。）を下回らないようにすること。

区分				基準エネルギー消費効率
燃料の種類	変速装置の方式	車両重量	自動車の構造	
揮発油又は軽油		741キログラム未満	構造A	28.1
		741キログラム以上856キログラム未満		25.0
		856キログラム以上971キログラム未満		22.7
		971キログラム以上1,081キログラム未満		20.8
		1,081キログラム以上1,196キログラム未満		18.5
		1,196キログラム以上		16.9
揮発油又は軽油	手動式	741キログラム未満	構造B	21.0
		741キログラム以上856キログラム未満		20.4
		856キログラム以上971キログラム未満		19.9
		971キログラム以上1,081キログラム未満		19.4
		1,081キログラム以上1,196キログラム未満		16.7
		1,196キログラム以上1,311キログラム未満		15.1
		1,311キログラム以上1,421キログラム未満		13.9
		1,421キログラム以上1,531キログラム未満		12.9

揮発油		1,531キログラム以上1,651キログラム未満	12.1
		1,651キログラム以上1,761キログラム未満	11.5
		1,761キログラム以上	11.0
揮発油又は軽油	手動式以外のもの	741キログラム未満	20.4
		741キログラム以上856キログラム未満	19.8
		856キログラム以上971キログラム未満	19.2
		971キログラム以上1,081キログラム未満	18.7
		1,081キログラム以上1,196キログラム未満	16.3
		1,196キログラム以上1,311キログラム未満	14.7
		1,311キログラム以上	13.5

揮発油		1,421キログラム未満	
		1,421キログラム以上1,531キログラム未満	12.5
		1,531キログラム以上1,651キログラム未満	11.7
		1,651キログラム以上1,761キログラム未満	11.1
		1,761キログラム以上1,871キログラム未満	10.6
		1,871キログラム以上	10.2
軽油	手動式	1,651キログラム以上1,761キログラム未満	16.8
		1,761キログラム以上1,871キログラム未満	15.9
		1,871キログラム以上1,991キログラム未満	15.2
		1,991キログラム以上	14.6

手動式以外のもの	1,651キログラム以上1,761キログラム未満	14.0
	1,761キログラム以上1,871キログラム未満	13.7
	1,871キログラム以上1,991キログラム未満	13.5
	1,991キログラム以上2,101キログラム未満	13.3
	2,101キログラム以上	13.0

備考1　「車両重量」とは、道路運送車両の保安基準第1条第1項第6号に規定する空車状態における車両の重量をいう。

2　「構造A」とは、次に掲げる要件のいずれにも該当する構造をいう。

イ　最大積載量を車両総重量で除した値が0.3以下となるものであること。

ロ　乗車装置及び物品積載装置が同一の車室内に設けられており、かつ、当該車室と車体外とを固定された屋根、窓ガラス等の隔壁により仕切られるものであること。

ハ　運転者室の前方に原動機を有するものであること。

3　「構造B」とは、構造A以外の構造をいう。

(6)　トラック等の製造又は輸入の事業を行う者は、目標年度（令和7年度（令和7年4月1日に始まり令和8年3月31日に終わる年度）以降の各年度において国内向けに出荷するトラック等（以下「令和7年度トラック等」という。）のエネルギー消費効率（省令第1条の表第4号に規定する数値（燃費算定告示第2条第2号に掲げる方法により算定したもの（以下「JH25モード燃費値」という。））をいう。(7)において同じ。）を次の表の左欄に掲げる区分ごとに出荷台数で加重して調和平均した値（1―2(4)において「令和7年度トラック等平均燃費値」という。）が同表の右欄に掲げる基準エネルギー消費効率を下回らないようにすること。

区　　分	基準エネルギー消費効率
1　車両総重量が3.5トン超7.5トン以下の令和7年度トラック等（最大積載量が1.5トン以下のものに限る。）	13.45
2　車両総重量が3.5トン超7.5トン以下の令和7年度トラック等（最大積載量が1.5トン超2トン以下のものに限る。）	11.93
3　車両総重量が3.5トン超7.5トン以下の令和7年度トラック等（最大積載量が2トン超3トン以下のものに限る。）	10.59
4　車両総重量が3.5トン超7.5トン以下の令和7年度トラック等（最大積載量が3トン超のものに限る。）	9.91
5　車両総重量が7.5トン超8トン以下の令和7年度トラック等	8.39
6　車両総重量が8トン超10トン以下の令和7年度トラック等	7.46
7　車両総重量が10トン超12トン以下の令和7年度トラック等	7.44
8　車両総重量が12トン超14トン以下の令和7年度トラック等	6.42
9　車両総重量が14トン超16トン以下の令和7年度トラック等	5.89
10　車両総重量が16トン超20トン以下の令和7年度トラック等	4.88
11　車両総重量が20トン超の令和7年度トラック等	4.42

(7)　トラクタの製造又は輸入の事業を行う者は、目標年度（令和7年4月1日に始まり令和8年3月31日に終わる年度）以降の各年度において国内向けに

出荷するトラクタ(以下「令和７年度トラクタ」という。）のエネルギー消費効率を次の表の左欄に掲げる区分ごとに出荷台数で加重して調和平均した値（１－２(4)において「令和７年度トラクタ平均燃費値」という。）が同表の右欄に掲げる基準エネルギー消費効率を下回らないようにすること。

区分	基準エネルギー消費効率
1　車両総重量が20トン以下の令和７年度トラクタ	3.11
2　車両総重量が20トン超の令和７年度トラクタ	2.32

１－２　判断の基準の特例

(1)　ガソリン貨物自動車又はディーゼル貨物自動車の製造又は輸入の事業を行う者は、１－１(2)の判断の基準において、ガソリン貨物自動車等平均燃費値が１－１(2)の表の右欄に掲げる基準エネルギー消費効率を下回る区分（以下この(1)において「未達成区分」という。）を有する場合であって、当該未達成区分の未達成量（当該未達成区分におけるガソリン貨物自動車等平均燃費値の逆数と基準エネルギー消費効率の逆数との差に当該区分における出荷台数を乗じた値（燃料の種類の区分が軽油のみのものにあっては当該値に1.1を乗じた値））を超過達成量（ガソリン貨物自動車等平均燃費値が１－１(2)の表の右欄に掲げる基準エネルギー消費効率を下回らない区分すべてにおけるガソリン貨物自動車等平均燃費値の逆数と基準エネルギー消費効率の逆数との差に当該区分における出荷台数を乗じた値（燃料の種類の区分が軽油のみのものにあっては当該値に1.1を乗じた値）の総和）の範囲内で相殺できる場合は、未達成量をすべて相殺した未達成区分については、１－１(2)の表の右欄に掲げる基準エネルギー消費効率を下回らない区分とみなすことができる。

(2)　平成27年度トラック等又は平成27年度トラクタの製造又は輸入の事業を行う者は、１－１(3)又は(4)の判断の基準において、平成27年度トラック等平均燃費値又は平成27年度トラクタ平均燃費値が１－１(3)又は(4)の表の右欄に掲げる基準エネルギー消費効率を下回る区分（以下この(2)において「未達成区分」という。）を有する場合であって、当該未達成区分の未達成量（当該未達成区分における平成27年度トラック等平均燃費値又は平成27年度トラクタ平均燃費値の逆数と基準エネルギー消費効率の逆数との差に当該区分における出荷台数を乗じた値）を超過達成量（平成27年度トラック等平均燃費値又は平成27年度トラクタ平均燃費値が１－１(3)又は(4)の表の右欄に掲げる基準エネルギー消費効率を下回らない区分すべてにおける平成27年度トラック等平均燃費値又は平成27年度トラクタ平均燃費値の逆数と基準エネルギー消費効率の逆数との差に当該区分における出荷台数を乗じた値の総和を２で除した値）の範囲内で相殺できる場合は、未達成量をすべて相殺した未達成区分については、１－１(3)又は(4)の表の右欄に掲げる基準エネルギー消費効率を下回らない区分とみなすことができる。

(3)　ガソリン貨物自動車又はディーゼル貨物自動車の製造又は輸入の事業を行う者は、１－１(5)の判断の基準において、企業別平均燃費値が企業別基準エネルギー消費効率を下回り、かつ、企業別基準エネルギー消費効率に0.9を乗じた値を下回らない場合であって、国内向けに出荷するガソリン貨物自動車及びディーゼル貨物自動車のエネルギー消費効率（省令第１条の表第１号に規定する数値（ＪＣ08モード燃費値（ＪＣ08モード燃費値を算定していない貨物自動車にあってはＷＬＴＣモード燃費値）に限る。）をいう。）（ディーゼル貨物自動車（燃料の種類の区分が「軽油」であるものを除く。）にあっては、当該エネルギー消費効率を1.1で除した値）並びに電気自動車等（外部から充電される電力により作動する原動機を有する自動車（専ら貨物の運送の用に供する自動車（型式指定自動車（道路運送車両法第75条第１項の規定によりその型式について指定を受けた自動車をいう。）に限り、二輪のもの（側車付きのものを含む。）及び無限軌道式のものを除く。）であって、車両総重量3.5トン以下のものをいう。））のエネルギー消費効率（交流電力量消費率等を別添２の換算式により変換したものをいう。）を出荷台数で加重して調和平均した値が企業別基準エネルギー消費効率を下回らない場合は、企業別平均燃費値が企業別基準エネルギー消費効率を下回らないものとみなすことができる。

(4)　令和７年度トラック等又は令和７年度トラクタの製造又は輸入の事業を行う者は、１－１(6)又は(7)の判断の基準において、令和７年度トラック等平均燃費値又は令和７年度トラクタ平均燃費値が１－１(6)又は(7)の表の右欄に掲げる基準エネルギー消費効率を下回る区分（以下この(4)において「未達成区分」という。）を有する場合であって、当該未達成区分の未達成量（当該未達成区分における令和７年度トラック等平均燃費値又は令和７年度トラクタ平均燃費値の逆数と基準エネルギー消費効率の逆数との差に当該区分における出荷台数を乗じた値）を超過達成量（令和７年度トラック等平均燃費値又は令和７年度トラクタ平均燃費値が１－１(6)又は(7)の表の右欄に掲げる基準エネルギー消費効率を下回らない区分すべてにおける令和７年度トラック等平均燃費値又は令和７年度トラクタ平均燃費値の逆数と基準エネルギー消費効率の逆数との差に当該区分における出荷台数を乗じた値の総和を２で除した値）の範囲内で相殺できる場合は、未達成量をすべて相殺した未達成区分については、１―１(6)又は(7)の表の右欄に掲げる基準エネルギー消費効率を下回らない区分とみなすことができる。

２　表示事項等

２―１　表示事項

エネルギー消費効率（ＪＣ08モード燃費値、ＷＬＴＣモード燃費値及びＪＨ25モード燃費値をいう。以下同じ。）の優れた貨物自動車（１―１の各表の左欄に掲げる区分ごとに同表の右欄に掲げる基準エネルギー消費効率を下回らない貨物自動車をいう。）の普及を図るため、貨物自動車のエネルギー消費効率に関し、貨物自動車製造事業者等（貨物自動車の製造又は輸入の事業を行う者をいう。以下同じ。）は、次の事項を表示すること。

イ　車名及び型式
ロ　原動機の型式及び総排気量
ハ　車両重量
ニ　変速装置の形式及び変速段数
ホ　燃料供給装置の形式
ヘ　筒内直接噴射その他の主要燃費向上対策
ト　エネルギー消費効率（ＷＬＴＣモード燃費値を算定している貨物自動車にあってはエネルギー消費効率及び次に掲げる数値）

(i)　市街地モード燃費値（市街地モード（道路運送車両の保安基準の細目を定める告示（平成14年国土交通省告示第619号。以下「細目告示」という。）別添42Ⅱの別紙１の表１に規定する低速フェーズをいう。以下同じ。）で走行する際の燃料一リットル当たりの走行距離をキロメートルで表した数値であって、道路運送車両法第75条第１項の指定（以下「型式指定」という。）に当たり国土交通大臣が算定したもの。以下同じ。）

(ii)　郊外モード燃費値（郊外モード（細目告示別添42Ⅱの別紙１の表２に規定する中速フェーズａ又は同別紙の表４に規定する中速フェーズｂをいう。以下同じ。）で走行する際の燃料一リットル当たりの走行距離をキロメートルで表した数値であって、型式指定に当たり国土交通大臣が算定したもの。以下同じ。）

(iii)　高速道路モード燃費値（高速道路モード（細目告示別添42Ⅱの別紙１の表３に規定する高速フェーズａ又は同別紙の表５に規定する高速フェーズｂをいう。以下同じ。）で走行する際の燃料一リットル当たりの走行距離をキロメートルで表した数値であって、型式指定に当たり国土交通大臣が算定したもの。以下同じ。）

チ　貨物自動車製造事業者等の氏名又は名称
リ　車両総重量及び最大積載量
ヌ　原動機の最高出力及び最大トルク
ル　変速装置の各段ギア比（トラック等又はトラクタに係るものに限る。）
ヲ　使用する燃料の種類（レギュラーガソリン、プレミアムガソリン又は軽油の別）

２―２　遵守事項

(1)　２―１に規定する表示事項の表示は、その貨物自動車に関するカタログに記載して行うこと。ただし、その貨物自動車がトラック等又はトラクタである場合は、貨物自動車を販売しようとする場合に提示する資料に記載して行ってもよい。

(2)　２―１トに掲げる事項は、アンダーラインを引き、活字を大きくし、文字の色を変える等特に目立つ方法を用いてキロメートル毎リットル単位で小数点以下１桁（ただし、トラック等又はトラクタの場合は小数点以下２桁）まで表示すること。

(3)　トラック等又はトラクタにあっては、エネルギー消費効率の算定に当たり用いた車型並びに空車時車両重量、最大積載量、全高、全幅、終減速機ギア比及びタイヤ動的負荷半径の仕様を、２―１トに掲げる事項の注釈として、(1)のカタログ又は貨物自動車を販売しようとする場合に提示する資料に付記すること。

(4)　展示に供する貨物自動車には、２―１イ及びトに掲げる事項を見やすい場所に明瞭に表示すること。この場合、２―１トに掲げる事項は、キロメートル毎リットル単位で小数点以下１桁（ただし、トラック等又はトラクタの場合は小数点以下２桁）まで表示し、燃料としてプレミアムガソリンを使用するガソリン貨物自動車にあっては、その旨を付記すること。

(5)　２―１トに掲げる事項は、次に掲げる旨を付記すること。ただし、ＷＬＴＣモード燃費値を算定していない貨物自動車にあっては、ロからホまでに掲げるものを除く。

イ　気象、運転方法、道路における交通の混雑の状態等に応じて異なる旨
ロ　細目告示別添42Ⅱの別紙１の各表に掲げるＷＬＴＣモードは市街地モード、郊外モード及び高速道路モードから構成される旨
ハ　市街地モードは信号、渋滞等の影響を受ける走行を想定したものである旨
ニ　郊外モードは信号、渋滞等の影響を比較的受けない走行を想定したものである旨
ホ　高速道路モードは高速道路等における走行を想定したものである旨

(6)　(1)、(4)及び(5)において表示する２―１トに掲げる事項は、次の表の左欄に

掲げる自動車の種類に応じ、それぞれ同表の右欄に掲げる燃費値とする。

自動車の種類		燃費値
1　ガソリン貨物自動車又はディーゼル貨物自動車	ＪＣ08モード燃費値のみを算定している貨物自動車	ＪＣ08モード燃費値
	ＷＬＴＣモード燃費値のみを算定している貨物自動車	ＷＬＴＣモード燃費値、市街地モード燃費値、郊外モード燃費値及び高速道路モード燃費値
	ＪＣ08モード燃費値及びＷＬＴＣモード燃費値を算定している貨物自動車	ＪＣ08モード燃費値並びにＷＬＴＣモード燃費値、市街地モード燃費値、郊外モード燃費値及び高速道路モード燃費値
2　トラック等又はトラクタ		ＪＨ25モード燃費値

別添1

10・15モード燃費値を算定していないガソリン貨物自動車のエネルギー消費効率の算出に係る換算式は、以下のとおりとする。

$$Fe_{10\cdot15}=A\times(1+B\times\Delta IW/IW_0)^{-1}\times Fe_{JC08}$$

$Fe_{10\cdot15}$ ：換算後の10・15モード燃費値　km／l

Fe_{JC08} ：JC08モード燃費実測値　km／l

IW_0 ：細目告示別添42に規定するJC08モード試験法における等価慣性重量　kg

ΔIW ：道路運送車両の保安基準の細目を定める告示の一部を改正する告示（平成18年国土交通省告示第1268号）による改正前の細目告示別添42に規定する10・15モード試験法における等価慣性重量からIW_0を引いた値　kg

A及びB ：以下の表に定める定数

自動車の種別		変速装置の方式	定数A	定数B
ガソリン貨物自動車	道路運送車両法施行規則第2条に規定する軽自動車であって貨物の運送の用に供するもの	手動式	1.049	0.241
		手動式以外のもの		0.352
	道路運送車両法施行規則第2条に規定する普通自動車又は同条に規定する小型自動車であって貨物の運送の用に供するもの	手動式	1.049	0.234
		手動式以外のもの		0.288
ディーゼル貨物自動車		手動式	1.014	0.239
		手動式以外のもの		0.279

別添2

電気自動車等のエネルギー消費効率の算出に係る換算式は、以下のとおりとする。この場合において、細目告示別添42Ⅰの別紙6の別表に掲げるJC08モードにより算定する場合にあっては、「WLTCモード燃費値」を「JC08モード燃費値」に、「細目告示別添42Ⅱの別紙1の各表に掲げるWLTCモード」を「細目告示別添42Ⅰの別紙6の別表に掲げるJC08モード」に読み替えるものとする。

$$Fe_{EV}=9{,}140/EC$$

$$Fe_{PHEV}=1/\left(UF(R_{CD})\times\left(1/Fe_{CD}+1/(9.14\times R_{CD}/E_1)\right)+(1-UF(R_{CD}))/Fe_{CS}\right)$$

$$UF(R_{CD})=1-\exp\left(29.1\times(R_{CD}/400)^6-98.9\times(R_{CD}/400)^5+134\times(R_{CD}/400)^4-89.5\times(R_{CD}/400)^3+32.5\times(R_{CD}/400)^2-11.8\times(R_{CD}/400)\right)$$

Fe_{EV} ：換算後の電気自動車のWLTCモード燃費値　km／l

EC ：細目告示別添42Ⅱの別紙1の各表に掲げるWLTCモードにより走行する際の交流電力量消費率であって、型式指定に当たり国土交通大臣が算定したもの　Wh／km

Fe_{PHEV} ：換算後の電気式プラグインハイブリッド自動車のWLTCモード燃費値　km／l

Fe_{CS} ：外部充電による電力を用いないで細目告示別添42Ⅱの別紙1の各表に掲げるWLTCモードにより走行する際の燃料1リットル当たりの走行距離をキロメートルで表した数値であって、型式指定に当たり国土交通大臣が算定したもの　km／l

Fe_{CD} ：外部充電による電力を用いて細目告示別添42Ⅱの別紙1の各表に掲げるWLTCモードにより走行する際の燃料1リットル当たりの走行距離をキロメートルで表した数値であって、型式指定に当たり国土交通大臣が算定したもの　km／l

R_{CD} ：外部充電による電力を用いて細目告示別添42Ⅱの別紙1の各表に掲げるWLTCモードにより走行することができる最大の距離をキロメートルで表した数値であって、型式指定に当たり国土交通大臣が算定したもの（以下「プラグインレンジ」という。）　km

E_1：一充電消費電力量（プラグインレンジを走行するために必要な外部充電による電力量をいう。）であって、型式指定に当たり国土交通大臣が算定したもの　kWh／回

UF（R_{CD}）：プラグインレンジに応じて算出される係数

附　則

1　この告示は、公布の日から施行する。

2　この告示中2の改正規定は、施行日以降に道路運送車両法第75条第1項の規定によりその型式について指定を受けた自動車（同日前に指定の申請を行った自動車を除く。）に関しては、当該指定の日から、その他の自動車に関しては、平成28年1月1日から適用する。

附　則（平二八・一〇・三一経産・国交告七）

この告示は、公布の日から施行する。

附　則（平二九・三・二八経産・国交告二）

この告示は、建築物のエネルギー消費性能の向上に関する法律の一部の施行に伴う関係政令の整備に関する政令［平成二八年一一月政令第三六四号］の施行の日（平成二十九年四月一日）から施行する。

附　則（平二九・七・四経産・国交告七）

この告示は、公布の日から施行する。

附　則（平三〇・一二・五経産・国交告七）

この告示は、公布の日から施行する。

附　則（平三一・三・二九経産・国交告一抄）

沿革　令二経産・国交告二改正

1　この告示は、公布の日から施行する。

3　第二条の規定による改正後の貨物自動車のエネルギー消費性能の向上に関するエネルギー消費機器等製造事業者等の判断の基準等（以下この項において「新貨物車判断基準告示」という。）2―1及び2―2(6)の規定の適用については、令和五年三月三十一日までは、新貨物車判断基準告示2―1中「及びＪＨ25モード燃費値」とあるのは「、重量車モード燃費値及びＪＨ25モード燃費値」と、新貨物車判断基準告示2―2(6)中「ＪＨ25モード燃費値」とあるのは「ＪＨ25モード燃費値（ＪＨ25モード燃費値を算定していない貨物自動車にあっては、重量車モード燃費値）」とする。

附　則（令二・三・三一経産・国交告二抄）

1　この告示は、令和二年四月一日から施行する。

附　則（令五・三・三一経産・国交告一）

この告示は、安定的なエネルギー需給構造の確立を図るためのエネルギーの使用の合理化等に関する法律等の一部を改正する法律［令和四年五月法律第四六号］の施行の日（令和五年四月一日）から施行する。

○自動車の燃費性能の評価及び公表に関する実施要領

（平成十六年一月三十日 国土交通省告示第六十一号）

沿革 平一八国交告三五一、平一九国交告八六六、平二〇国交告三七九、平二一国交告九三四、平二二国交告八一二、平二四国交告一七四・二二〇、平二五経産・国交告二、平二五国交告一三一〇、平二六国交告三九七、平二八国交告一一七五、平二九国交告二四九、平三〇国交告六二四・一〇五四・一二九六、令三国交告一四〇、令五国交告二六二改正

（目的）

第一条 本実施要領は、自動車の燃費性能に関する評価（以下単に「評価」という。）を実施し、その結果を公表することにより、自動車の燃費性能に対する一般消費者の関心と理解を深め、もって一般消費者の選択を通じ燃費性能の高い自動車の普及を促進することを目的とする。

（評価）

第一条の二 国土交通大臣は、申請により、評価を実施する。

（評価及び公表の対象とする自動車の種類）

第二条 本実施要領の対象とする自動車は、次の各号に掲げるものとする。

一 エネルギーの使用の合理化及び非化石エネルギーへの転換等に関する法律施行令（昭和五十四年政令第二百六十七号）第十八条第一号に規定する乗用自動車及び同条第八号に規定する貨物自動車

二 特定輸入自動車のエネルギー消費効率相当値の算定実施要領（平成三十年国土交通省告示第六百二十三号。以下「輸入自動車燃費算定告示」という。）第二条に規定する自動車（以下「特定輸入自動車」という。）

三 特定改造自動車のエネルギー消費効率相当値の算定実施要領（平成二十一年国土交通省告示第九百三十三号。以下「改造自動車燃費算定告示」という。）第一条に規定する特定改造乗用自動車及び特定改造貨物自動車（以下「特定改造自動車」という。）

（平成二十二年度燃費基準等に対する適合性の評価）

第三条 国土交通大臣は、前条の自動車の十・十五モード燃費値（前条第一号に掲げる自動車については乗用自動車のエネルギー消費性能の向上に関するエネルギー消費機器等製造事業者等の判断の基準等（平成二十五年経済産業省・国土交通省告示第二号。以下「乗用車判断基準告示」という。）及び貨物自動車のエネルギー消費性能の向上に関するエネルギー消費機器等製造事業者等の判断の基準等（平成二十七年経済産業省・国土交通省告示第一号。以下「貨物車判断基準告示」という。）に規定する十・十五モード燃費値をいい、特定輸入自動車については輸入自動車燃費算定告示第三条の算定を受けたエネルギー消費効率相当値をいい、特定改造自動車については改造自動車燃費算定告示第二条及び別表一の算定を受けたエネルギー消費効率相当値をいう。以下同じ。）について、別表一の上欄に掲げる自動車の同表の下欄に掲げる区分に応じ、次の各号に掲げる基準に対する適合性を判定することにより評価を行うものとする。

一 燃費基準十九％向上達成レベル 平成二十二年度基準エネルギー消費効率（乗用車判断基準告示1―1(1)及び(2)並びに貨物車判断基準告示1―1(1)の各表の右欄に掲げる数値をいう。以下同じ。）に百分の百十九を乗じて算出した数値（小数点以下二位を四捨五入して得た数値とする。）以上であって、平成二十二年度基準エネルギー消費効率に百分の百三十を乗じて算出した数値（小数点以下二位を四捨五入して得た数値とする。次号において同じ。）未満

二 燃費基準三十％向上達成レベル 平成二十二年度基準エネルギー消費効率に百分の百三十を乗じて算出した数値以上であって、平成二十二年度基準エネルギー消費効率に百分の百三十二を乗じて算出した数値（小数点以下二位を四捨五入して得た数値とする。次号において同じ。）未満

三 燃費基準三十二％向上達成レベル 平成二十二年度基準エネルギー消費効率に百分の百三十二を乗じて算出した数値以上であって、平成二十二年度基準エネルギー消費効率に百分の百三十九を乗じて算出した数値（小数点以下二位を四捨五入して得た数値とする。次号において同じ。）未満

四 燃費基準三十九％向上達成レベル 平成二十二年度基準エネルギー消費効率に百分の百三十九を乗じて算出した数値以上であって、平成二十二年度基準エネルギー消費効率に百分の百四十一を乗じて算出した数値（小数点以下二位を四捨五入して得た数値とする。次号において同じ。）未満

五 燃費基準四十一％向上達成レベル 平成二十二年度基準エネルギー消費効率に百分の百四十一を乗じて算出した数値以上であって、平成二十二年度基準エネルギー消費効率に百分の百四十四を乗じて算出した数値（小数点以下二位を四捨五入して得た数値とする。次号において同じ。）未満

六 燃費基準四十四％向上達成レベル 平成二十二年度基準エネルギー消費効率に百分の百四十四を乗じて算出した数値以上であって、平成二十二年度基準エネルギー消費効率に百分の百四十七を乗じて算出した数値（小数点以下二位を四捨五入して得た数値とする。次号において同じ。）未満

七 燃費基準四十七％向上達成レベル 平成二十二年度基準エネルギー消費効率に百分の百四十七を乗じて算出した数値以上であって、平成二十二年度基準エネルギー消費効率に百分の百五十を乗じて算出した数値（小数点以下二位を四捨五入して得た数値とする。次号において同じ。）未満

八 燃費基準五十％向上達成レベル 平成二十二年度基準エネルギー消費効率に百分の百五十を乗じて算出した数値以上であって、平成二十二年度基準エネルギー消費効率に百分の百五十一を乗じて算出した数値（小数点以下二位を四捨五入して得た数値とする。次号において同じ。）未満

九 燃費基準五十一％向上達成レベル 平成二十二年度基準エネルギー消費効率に百分の百五十一を乗じて算出した数値以上であって、平成二十二年度基準エネルギー消費効率に百分の百五十五を乗じて算出した数値（小数点以下二位を四捨五入して得た数値とする。次号において同じ。）未満

十 燃費基準五十五％向上達成レベル 平成二十二年度基準

エネルギー消費効率に百分の百五十五を乗じて算出した数値以上であって、平成二十二年度基準エネルギー消費効率に百分の百五十七を乗じて算出した数値（小数点以下二位を四捨五入して得た数値とする。次号において同じ。）未満

十一　燃費基準五十七％向上達成レベル　平成二十二年度基準エネルギー消費効率に百分の百五十七を乗じて算出した数値以上であって、平成二十二年度基準エネルギー消費効率に百分の百六十二を乗じて算出した数値（小数点以下二位を四捨五入して得た数値とする。次号において同じ。）未満

十二　燃費基準六十二％向上達成レベル　平成二十二年度基準エネルギー消費効率に百分の百六十二を乗じて算出した数値以上であって、平成二十二年度基準エネルギー消費効率に百分の百六十三を乗じて算出した数値（小数点以下二位を四捨五入して得た数値とする。次号において同じ。）未満

十三　燃費基準六十三％向上達成レベル　平成二十二年度基準エネルギー消費効率に百分の百六十三を乗じて算出した数値以上であって、平成二十二年度基準エネルギー消費効率に百分の百七十三を乗じて算出した数値（小数点以下二位を四捨五入して得た数値とする。次号において同じ。）未満

十四　燃費基準七十三％向上達成レベル　平成二十二年度基準エネルギー消費効率に百分の百七十三を乗じて算出した数値以上であって、平成二十二年度基準エネルギー消費効率に百分の百八十四を乗じて算出した数値（小数点以下二位を四捨五入して得た数値とする。次号において同じ。）未満

十五　燃費基準八十四％向上達成レベル　平成二十二年度基準エネルギー消費効率に百分の百八十四を乗じて算出した数値以上であって、平成二十二年度基準エネルギー消費効率に百分の百九十四を乗じて算出した数値（小数点以下二位を四捨五入して得た数値とする。次号において同じ。）未満

十六　燃費基準九十四％向上達成レベル　平成二十二年度基準エネルギー消費効率に百分の百九十四を乗じて算出した数値以上であって、平成二十二年度基準エネルギー消費効率に百分の二百五を乗じて算出した数値（小数点以下二位を四捨五入して得た数値とする。次号において同じ。）未満

十七　燃費基準百五％向上達成レベル　平成二十二年度基準エネルギー消費効率に百分の二百五を乗じて算出した数値以上

（平成二十七年度燃費基準達成・向上達成レベルの評価）

第四条　国土交通大臣は、第二条の自動車のＪＣ〇八モード燃費値（第二条第一号に掲げる自動車については乗用車判断基準告示及び貨物車判断基準告示に規定するＪＣ〇八モード燃費値をいい、特定輸入自動車については輸入自動車燃費算定告示第三条の算定を受けたエネルギー消費効率相当値をいい、特定改造自動車については改造自動車燃費算定告示第二条及び別表二の算定を受けたエネルギー消費効率相当値をいう。以下同じ。）、ＷＬＴＣモード燃費値（第二条第一号に掲げる自動車については乗用車判断基準告示及び貨物車判断基準告示に規定するＷＬＴＣモード燃費値をいい、特定輸入自動車については輸入自動車燃費算定告示第三条の算定を受けたエネルギー消費効率相当値をいい、特定改造自動車については改造自動車燃費算定告示第二条及び別表二の算定を受けたエネルギー消費効率相当値をいう。以下同じ。）（ＪＣ〇八モード燃費値を算定していない自動車のものに限る。以下この条から第四条の三までにおいて同じ。）及び重量車モード燃費値（第二条第一号に掲げる自動車については乗用車判断基準告示及び貨物車判断基準告示に規定する重量車モード燃費値をいい、特定輸入自動車については輸入自動車燃費算定告示第三条の算定を受けたエネルギー消費効率相当値をいう。以下同じ。）について、別表二の上欄に掲げる自動車の同表の下欄に掲げる区分に応じ、平成二十七年度基準エネルギー消費効率（乗用車判断基準告示1―1⑶から⑹まで及び貨物車判断基準告示1―1⑵から⑷までの各表の右欄に掲げる数値をいい、第五条第二項第二号に掲げる自動車及び同項第六号に掲げる自動車（貨物車判断基準告示1―1⑵の各表における燃料の種類の区分が軽油のみのものを除く。）については、当該数値に一・一を乗じた値をいう。以下同じ。）に対する達成レベル（ＪＣ〇八モード燃費値、ＷＬＴＣモード燃費値又は重量車モード燃費値を平成二十七年度基準エネルギー消費効率で除したものに百を乗じて、小数点以下一位を切り捨てて得た値。以下「平成二十七年度燃費基準達成・向上達成レベル」という。）を算定することにより評価を行うものとする。

（令和二年度燃費基準達成・向上達成レベルの評価）

第四条の二　国土交通大臣は、第二条の自動車のＪＣ〇八モード燃費値及びＷＬＴＣモード燃費値について、乗用車判断基準告示1―1⑺の表の左欄に掲げる車両重量の区分に応じ、令和二年度基準エネルギー消費効率（乗用車判断基準告示1―1⑺の表の右欄に掲げる数値をいい、第五条第二項第二号に掲げる自動車及び同項第四号に掲げる自動車（軽油を燃料とするものに限る。）については、当該数値に一・一を乗じた値をいい、同項第三号に掲げる自動車については、当該数値に〇・七八を乗じた値をいう。以下同じ。）に対する達成レベル（ＪＣ〇八モード燃費値又はＷＬＴＣモード燃費値を令和二年度基準エネルギー消費効率で除したものに百を乗じて、小数点以下一位を切り捨てて得た値。以下「令和二年度燃費基準達成・向上達成レベル」という。）を算定することにより評価を行うものとする。

（令和四年度燃費基準達成・向上達成レベルの評価）

第四条の三　国土交通大臣は、第二条の自動車のＪＣ〇八モード燃費値及びＷＬＴＣモード燃費値について、貨物車判断基準告示1―1⑸の表の左欄に掲げる区分に応じ、令和四年度基準エネルギー消費効率（貨物車判断基準告示1―1⑸の表の右欄に掲げる数値をいい、第五条第二項第六号に掲げる自動車（貨物車判断基準告示1―1⑸の表における燃料の種類の区分が軽油のみのものを除く。）については、当該数値に一・一を乗じた値をいう。以下同じ。）に対する達成レベル（ＪＣ〇八モード燃費値又はＷＬＴＣモード燃費値を令和四年度基準エネルギー消費効率で除したものに百を乗じて、小数点以下一位を切り捨てて得た値。以下「令和四年度燃費基準達成・向上達成レベル」という。）を算定することにより評価を行うものとする。

（令和七年度燃費基準達成・向上達成レベルの評価）

第四条の四　国土交通大臣は、第二条の自動車のJH二十五モード燃費値（第二条第一号に掲げる自動車については乗用車判断基準告示及び貨物車判断基準告示に規定するJH二十五モード燃費値をいい、特定輸入自動車については輸入自動車燃費算定告示第三条の算定を受けたエネルギー消費効率相当値をいう。以下同じ。）について、乗用車判断基準告示1―1⑻及び⑼並びに貨物車判断基準告示1―1⑹及び⑺の各表の左欄に掲げる車両重量の区分に応じ、令和七年度基準エネルギー消費効率（乗用車判断基準告示1―1⑻及び⑼並びに貨物車判断基準告示1―1⑹及び⑺の各表の右欄に掲げる数値をいう。以下同じ。）に対する達成レベル（JH二十五モード燃費値を令和七年度基準エネルギー消費効率で除したものに百を乗じて、小数点以下一位を切り捨てて得た値。以下「令和七年度燃費基準達成・向上達成レベル」という。）を算定することにより評価を行うものとする。

（令和十二年度燃費基準達成・向上達成レベルの評価）

第四条の五　国土交通大臣は、第二条の自動車のWLTCモード燃費値について、令和十二年度基準エネルギー消費効率（乗用車判断基準告示1―1⑽の式により算定した数値をいい、第五条第二項第二号に掲げる自動車及び同項第四号に掲げる自動車（軽油を燃料とするものに限る。）については、当該数値に一・一を乗じた値をいい、同項第三号に掲げる自動車については当該数値に〇・七四を乗じた値をいう。以下同じ。）に対する達成レベル（WLTCモード燃費値を令和十二年度基準エネルギー消費効率で除したものに百を乗じて、小数点以下一位を切り捨てて得た値。以下「令和十二年度燃費基準達成・向上達成レベル」という。）を算定し、次の表の上欄に掲げる令和十二年度燃費基準達成・向上達成レベルに応じ、それぞれ同表の下欄に掲げる多段階評価を行うものとする。

令和十二年度燃費基準達成・向上達成レベル	多段階評価
五十五以上六十未満	★〇・五
六十以上六十五未満	★一
六十五以上七十未満	★一・五
七十以上七十五未満	★二
七十五以上八十未満	★二・五
八十以上八十五未満	★三
八十五以上九十未満	★三・五
九十以上九十五未満	★四
九十五以上百未満	★四・五
百以上百五未満	★五
百五以上百十未満	★五・五
百十以上百十五未満	★六
百十五以上百二十未満	★六・五
百二十以上百二十五未満	★七
百二十五以上	★七・五

（評価の取消し）

第四条の六　国土交通大臣は、第三条から前条までの評価が行われた自動車について、不正の手段により当該評価を受けたことが判明したときは、当該評価を取り消すことができるものとする。この場合において、国土交通大臣は、取消しの日までに製作された自動車について取消しの効力の及ぶ範囲を限定することができる。

2　国土交通大臣は、前項の規定により、第三条から前条までの評価が行われた自動車につき、評価を取り消す場合には、あらかじめ、当該自動車に係る第二条の申請者の意見を聞くものとする。

（公表）

第五条　国土交通大臣は、評価が行われている自動車（特定改造自動車及び特定輸入自動車を除く。）について、次項で定める自動車の種別ごとに、次の各号に掲げる項目を、インターネット等により公表するものとする。

一　当該自動車の製造又は輸入の事業を行う者の氏名又は名称

二　車名及び型式

三　原動機の型式及び総排気量

四　変速装置の形式及び変速段数

五　エネルギー消費効率（十・十五モード燃費値、JC〇八モード燃費値、WLTCモード燃費値、重量車モード燃費値及びJH二十五モード燃費値をいう。以下同じ。）

六　平成二十二年度基準エネルギー消費効率、平成二十七年度基準エネルギー消費効率、令和二年度基準エネルギー消費効率、令和七年度基準エネルギー消費効率及び令和十二年度基準エネルギー消費効率

七　目標年度（乗用車判断基準告示1―1及び貨物車判断基準告示1―1の目標年度をいう。）

八　基準に対する適合性（第三条の基準に対する適合性をいう。以下同じ。）、平成二十七年度燃費基準達成・向上達成レベル、令和二年度燃費基準達成・向上達成レベル、令和七年度燃費基準達成・向上達成レベル及び令和十二年度燃費基準達成・向上達成レベル並びに第四条の五に規定する多段階評価

九　車両重量

十　乗車定員（乗用自動車に限る。）

十一　最大積載量（貨物自動車に限る。）

十二　車両総重量（貨物自動車又は乗車定員十人以上かつ車両総重量三・五トン超の乗用自動車に限る。）

十三　筒内直接噴射その他の主要燃費向上対策

十四　自動車の構造（貨物自動車又は乗車定員十人以上かつ車両総重量三・五トン超の乗用自動車に限り、貨物車判断基準告示1―1⑴、⑵及び⑸の表に掲げる自動車の構造別（貨物車判断基準告示1―1⑶に規定するトラック等若しくは⑷に規定するトラクタの別又は乗用車判断基準告示1―1⑸に規定する路線バス等若しくは⑹に規定する一般

バス等の別をいう。）

十五　その他エネルギー消費効率の異なる要因（同一型式の自動車であって、エネルギー消費効率が異なるものがある場合において、その要因が第四号及び第九号から第十四号までに掲げる項目以外にある場合に限る。）

2　前項の自動車の種別は、次のとおりとする。

一　ガソリン乗用自動車　揮発油を燃料とする乗車定員十人以下の乗用自動車（乗車定員十人かつ車両総重量三・五トン超のものを除く。）

二　ディーゼル乗用自動車　軽油を燃料とする乗車定員十人以下の乗用自動車（乗車定員十人かつ車両総重量三・五トン超のものを除く。）

三　ＬＰガス乗用自動車　液化石油ガスを燃料とする乗用自動車

四　小型バス　乗車定員十一人以上かつ車両総重量三・五トン以下の乗用自動車

五　ガソリン貨物自動車　揮発油を燃料とする車両総重量三・五トン以下の貨物自動車

六　ディーゼル貨物自動車　軽油を燃料とする車両総重量三・五トン以下の貨物自動車

七　路線バス等又は一般バス等　乗車定員十人以上かつ車両総重量三・五トン超の乗用自動車

八　トラック等又はトラクタ　車両総重量三・五トン超の貨物自動車

3　国土交通大臣は前条の規定による評価の取消しをしたときは、その旨を公表するものとする。

（国の講ずべき措置）

第六条　国土交通大臣は、評価が行われた自動車の基準に対する適合性の有無、おおむねの平成二十七年度燃費基準達成・向上達成レベル、令和二年度燃費基準達成・向上達成レベル、令和四年度燃費基準達成・向上達成レベル、令和七年度燃費基準達成・向上達成レベル及び令和十二年度燃費基準達成・向上達成レベル並びに第四条の五に規定する多段階評価を、当該自動車の使用者がその使用時に確認することができるようにするための適切な措置を講ずるものとする。

附　則（平一八・三・一七国交告三五一）

この告示は、平成十八年四月一日から施行する。

附　則（平一九・七・二国交告八六六）

この告示は、平成十九年七月二日から施行する。ただし、第四条第一項の改正規定（同項第九号の次に二号を加える部分に限る。）及び同条の次に一条を加える改正規定は、平成二十年四月一日から施行する。

附　則（平二〇・三・二八国交告三七九）

この告示は、平成二十年四月一日から施行する。

附　則（平二一・八・二五国交告九三四）

第一条　この告示は、平成二十一年八月三十一日から施行する。

第二条　この告示の施行の日において、燃費算定告示第二条のエネルギー消費効率相当値の算定が行われている特定改造自動車（同告示附則第二条の規定により同日において算定されているとみなされるものを含む。）に関する改正後の第三条の規定の適用については、平成二十一年四月一日又はエネルギー消費効率相当値の算定が行われた日のいずれか遅い日に評価を行ったものとみなす。

附　則（平二二・八・二国交告八一二）

この告示は、公布の日から施行する。

附　則（平二四・二・一六国交告一七四抄）

1　この告示は、公布の日から施行する。

附　則（平二四・三・六国交告二三〇）

この告示は、平成二十四年四月一日から施行する。

附　則（平二五・三・一経産・国交告二抄）

1　この告示は、公布の日から施行する。

附　則（平二五・一二・二七国交告一三一〇）

この告示は、エネルギーの使用の合理化に関する法律の一部を改正する等の法律〔平成二五年五月法律第二五号〕の施行の日（平成二十六年四月一日）から施行する。ただし、第三条の改正規定は、平成二十五年十二月二十八日から施行する。

附　則（平二六・三・二八国交告三九七）

この告示は、平成二十六年四月一日から施行する。

附　則（平二八・一〇・三一国交告一一七五）

この告示は、公布の日から施行する。

附　則（平二九・三・二九国交告二四九）

この告示は、平成二十九年四月一日から施行する。

附　則（平三〇・四・二〇国交告六二四）

この告示は、平成三十年八月一日から施行する。

附　則（平三〇・八・二二国交告一〇五四）

この告示は、公布の日から施行する。

附　則（平三〇・一一・三〇国交告一二九六）

（施行期日）

この告示は、エネルギーの使用の合理化等に関する法律の一部を改正する法律〔平成三〇年六月法律第四五号〕の施行の日（平成三十年十二月一日）から施行する。

附　則（令三・三・一国交告一四〇）

この告示は、令和三年四月一日から施行する。

附　則（令五・三・三一国交告二六二）

この告示は、令和五年四月一日から施行する。

別表一（第三条関係）

第二条第一号に掲げる自動車及び同条第二号に掲げる特定輸入自動車	乗用車判断基準告示1—1(1)及び(2)並びに貨物車判断基準告示1—1(1)の各表の左欄に掲げる区分
特定改造自動車のうち改造自動車燃費算定告示別表一第一号の左欄に掲げるもの	乗用車判断基準告示1—1(1)の表の左欄に掲げる車両重量の区分
特定改造自動車のうち改造自動車燃費算定告示別表一第二号の左欄に掲げるもの	乗用車判断基準告示1—1(2)の表の左欄に掲げる車両重量の区分
特定改造自動車のうち改造自動車燃費算定告示別表一第三号から第五号までの左欄に掲げるもの	貨物車判断基準告示1—1(1)の表の左欄に掲げる区分

別表二（第四条関係）

第二条第一号に掲げる自動車及び同条第二号に掲げる特定輸入自動車	乗用車判断基準告示1—1(3)から(6)まで及び貨物車判断基準告示1—1(2)から(4)までの各表の左欄に掲げる区分
特定改造自動車のうち改造自動車燃費算定告示別表二第一号の左欄に掲げるもの	乗用車判断基準告示1—1(3)の表の左欄に掲げる車両重量の区分
特定改造自動車のうち改造自動車燃費算定告示別表二第二号の左欄に掲げるもの	乗用車判断基準告示1—1(4)の表の左欄に掲げる車両重量の区分
特定改造自動車のうち改造自動車燃費算定告示別表二第三号から第五号までの左欄に掲げるもの	貨物車判断基準告示1—1(2)の表の左欄に掲げる区分

○使用済自動車の再資源化等に関する法律（抄）

（平成十四年七月十二日 法律第八十七号）

最終改正 令五法六三

第一章 総則

（目的）

第一条 この法律は、自動車製造業者等及び関連事業者による使用済自動車の引取り及び引渡し並びに再資源化等を適正かつ円滑に実施するための措置を講ずることにより、使用済自動車に係る廃棄物の減量並びに再生資源及び再生部品の十分な利用等を通じて、使用済自動車に係る廃棄物の適正な処理及び資源の有効な利用の確保等を図り、もって生活環境の保全及び国民経済の健全な発展に寄与することを目的とする。

（定義）

第二条 この法律において「自動車」とは、道路運送車両法（昭和二十六年法律第百八十五号）第二条第二項に規定する自動車（次に掲げるものを除く。）をいう。

一 被けん引車（道路運送車両法第二条第二項に規定する自動車のうち、けん引して陸上を移動させることを目的として製作した用具であるものをいう。以下この項において同じ。）

二 道路運送車両法第三条に規定する小型自動車及び軽自動車（被けん引車を除く。）であって、二輪のもの（側車付きのものを含む。）

三 道路運送車両法第三条に規定する大型特殊自動車及び小型特殊自動車（被けん引車を除く。）

四 前三号に掲げるもののほか政令で定める自動車

2 この法律において「使用済自動車」とは、自動車のうち、その使用（倉庫としての使用その他運行以外の用途への使用を含む。以下同じ。）を終了したもの（保冷貨物自動車の冷蔵用の装置その他の自動車の使用を終了したときに取り外して再度使用する装置であって政令で定めるものを有する自動車にあっては、その使用を終了し、かつ、当該装置を取り外したもの）をいう。

3 この法律において「解体自動車」とは、使用済自動車を解体することによってその部品、材料その他の有用なものを分離し、これらを回収した後に残存する物をいう。

4 この法律において「特定再資源化物品」とは、自動車破砕残さ及び指定回収物品をいい、「特定再資源化等物品」とは、特定再資源化物品及びフロン類をいう。

5 この法律において「自動車破砕残さ」とは、解体自動車を破砕し、金属その他の有用なものを分離し、これらを回収した後に残存する物をいう。

6 この法律において「指定回収物品」とは、自動車に搭載されている物品であって、次の各号のいずれにも該当するものとして政令で定めるものをいう。

一 当該自動車が使用済自動車となった場合において、解体業者が当該使用済自動車から当該物品を回収し、これを自動車製造業者等に引き渡してその再資源化を行うことが、当該使用済自動車の再資源化を適正かつ円滑に実施し、かつ、廃棄物の減量及び資源の有効な利用を図る上で特に必要なもの

二 当該物品の再資源化を図る上で経済性の面における制約が著しくないと認められるもの

三 当該自動車が使用済自動車となった場合において、当該物品の再資源化を図る上でその物品の設計又はその部品若しくは原材料の種類が重要な影響を及ぼすと認められるもの

7 この法律において「フロン類」とは、フロン類の使用の合理化及び管理の適正化に関する法律（平成十三年法律第六十四号。以下「フロン類法」という。）第二条第一項に規定するフロン類をいう。

8 この法律において「特定エアコンディショナー」とは、自動車に搭載されているエアコンディショナー（車両のうち乗車のために設備された場所の冷房の用に供するものに限る。以下同じ。）であって、冷媒としてフロン類が充てんされているものをいう。

9 この法律において「再資源化」とは、次に掲げる行為をいう。

一 使用済自動車、解体自動車又は特定再資源化物品の全部又は一部を原材料又は部品その他製品の一部として利用することができる状態にする行為

二 使用済自動車、解体自動車又は特定再資源化物品の全部又は一部であって燃焼の用に供することができるもの又はその可能性のあるものを熱を得ることに利用することができる状態にする行為

10 この法律において「再資源化等」とは、再資源化及びフロン類の破壊（フロン類法第六十九条第四項の規定による破壊をいう。以下同じ。）をいう。

11 この法律において「引取業」とは、自動車の所有者から使用済自動車の引取りを行う事業（自動車の所有者の委託を受けて当該所有者が指定した者に使用済自動車を引き渡すために行う運搬のみを行う事業を除く。）をいい、「引取業者」とは、引取業を行うことについて第四十二条第一項の登録を受けた者をいう。

12 この法律において「フロン類回収業」とは、使用済自動車に搭載されている特定エアコンディショナーからフロン類の回収を行う事業をいい、「フロン類回収業者」とは、フロン類回収業を行うことについて第五十三条第一項の登録を受けた者をいう。

13 この法律において「解体業」とは、使用済自動車又は解体自動車の解体を行う事業をいい、「解体業者」とは、解体業を行うことについて第六十条第一項の許可を受けた者をいう。

14 この法律において「破砕業」とは、解体自動車の破砕及び破砕前処理（圧縮その他の主務省令で定める破砕の前処理をいう。以下同じ。）を行う事業をいい、「破砕業者」とは、破砕業を行うことについて第六十七条第一項の許可を受けた者をいう。

15 この法律において「製造等」とは、次に掲げる行為をいう。

一 自動車を製造する行為（他の者（外国為替及び外国貿易法（昭和二十四年法律第二百二十八号）第六条に規定する非居住者を除く。以下この項において同じ。）の委託（主

務省令で定めるものに限る。以下この項において同じ。）を受けて行うもの（他の者の委託を受けて行うものを除く。）

二　自動車を輸入する行為（他の者の委託を受けて行うものを除く。）

三　前二号に掲げる行為を他の者に対し委託をする行為

16　この法律において「自動車製造業者等」とは、自動車の製造等を業として行う者をいう。

17　この法律において「関連事業者」とは、引取業者、フロン類回収業者、解体業者又は破砕業者をいう。

（自動車の所有者の責務）

第五条　自動車の所有者は、自動車をなるべく長期間使用することにより、自動車が使用済自動車となることを抑制するよう努めるとともに、自動車の購入に当たってその再資源化等の実施に配慮して製造された自動車を選択すること、自動車の修理に当たって使用済自動車の再資源化により得られた物又はこれを使用した物を使用すること等により、使用済自動車の再資源化等を促進するよう努めなければならない。

（国の責務）

第六条　国は、使用済自動車の再資源化等に関する研究開発の推進及びその成果の普及その他の必要な措置を講ずるよう努めなければならない。

2　国は、自動車の所有者による使用済自動車の引渡し及び関連事業者によるその再資源化の適正かつ円滑な実施を促進するため、使用済自動車の再資源化等に要した費用、その再資源化により有効利用された資源の量その他の使用済自動車の再資源化等に関する必要な情報を適切に提供するよう努めなければならない。

3　国は、教育活動、広報活動等を通じて、使用済自動車の再資源化等に関する国民の理解を深めるとともに、その実施に関する国民の協力を求めるよう努めなければならない。

第二章　再資源化等の実施

第一節　関連事業者による再資源化の実施

（使用済自動車の引渡義務）

第八条　自動車の所有者は、当該自動車が使用済自動車となったときは、引取業者に当該使用済自動車を引き渡さなければならない。

第四章　再資源化預託金等

（再資源化預託金等の預託義務）

第七十三条　自動車（第三項に規定するものを除く。以下この項及び次項において同じ。）の所有者は、当該自動車が最初の自動車登録ファイルへの登録（道路運送車両法第四条の規定による自動車登録ファイルへの登録をいう。以下同じ。）を受けるとき（同法第三条に規定する軽自動車（同法第五十八条第一項に規定する検査対象外軽自動車を除く。）にあっては当該自動車が最初の自動車検査証の交付（同法第六十条第一項又は第七十一条第四項の規定による自動車検査証の交付をいう。以下同じ。）を受けるとき、同法第五十八条第一項に規定する検査対象外軽自動車にあっては当該自動車が最初の車両番号の指定（同法第九十七条の三第一項の規定による車両番号の指定をいう。以下同じ。）を受けるとき）までに、当該自動車に係る再資源化等料金（次の表の上欄に掲げる自動車の区分に応じ、それぞれ当該自動車に係る特定再資源化等物品を第二十二条の規定により引き取るべき自動車製造業者等が第三十四条第一項の規定により公表した同表の中欄に掲げる料金（当該自動車製造業者等が存しない場合又は当該自動車製造業者等を確知することができない場合（次項各号において「製造業者不存在の場合」という。）にあっては、指定再資源化機関が第百八条第一項の規定により公表した同表の下欄に掲げる料金）をいう。第三項において同じ。）に相当する額の金銭を再資源化等預託金として資金管理法人に対し預託しなければならない。

一　指定回収物品及び特定エアコンディショナーのいずれも搭載されていない自動車	第三十四条第一項第一号に定める料金	第百八条第一項第一号に定める料金
二　指定回収物品が搭載されている自動車（第四号上欄に掲げる自動車を除く。）	第三十四条第一項第一号及び第二号に定める料金	第百八条第一項第一号及び第二号に定める料金
三　特定エアコンディショナーが搭載されている自動車（次号上欄に掲げる自動車を除く。）	第三十四条第一項第一号及び第三号に定める料金	第百八条第一項第一号及び第三号に定める料金
四　指定回収物品及び特定エアコンディショナーのいずれも搭載されている自動車	第三十四条第一項各号に定める料金	第百八条第一項各号に定める料金

2　自動車の所有者は、当該自動車が前項に規定する最初の自動車登録ファイルへの登録又は最初の自動車検査証の交付若しくは最初の車両番号の指定を受けた後に、当該自動車に次の各号に掲げる物品を搭載した場合には、当該自動車を使用済自動車として引取業者に引き渡すときまでに、それぞれ当該各号に掲げる料金に相当する額の金銭を当該自動車に係る再資源化等預託金として資金管理法人に対し追加して預託しなければならない。

一　指定回収物品　当該自動車に係る第三十四条第一項第二号に定める料金（製造業者不存在の場合にあっては、第百八条第一項第二号に定める料金）

二　特定エアコンディショナー　当該自動車に係る第三十四条第一項第三号に定める料金（製造業者不存在の場合にあっては、第百八条第一項第三号に定める料金）

3　自動車（道路運送車両法第二条第五項に規定する運行の用に供しないことその他の理由により、自動車登録ファイルへの登録又は自動車検査証の交付若しくは車両番号の指定を受けることを要しない自動車に限る。以下この項において同じ。）の所有者は、当該自動車を使用済自動車として引取業者に引き渡すときまでに、当該自動車に係る再資源化等料金に相当する額の金銭を再資源化等預託金として資金管理法人に対し預託しなければならない。

4　第一項又は前項の規定により再資源化等預託金を預託する自動車の所有者は、当該自動車に係る情報管理料金（第百十四条に規定する情報管理センター（以下この章、次章及び第六章第一節において単に「情報管理センター」という。）が、当該自動車が使用済自動車となった場合において当該使用済自動車について行う同条の情報管理業務に関し、政令で定めるところにより主務大臣の認可を受けて定める料金をいう。以下同じ。）に相当する額の金銭を情報管理預託金として資金管理法人に対し預託しなければならない。

5　情報管理センターは、前項の認可を受けたときは、主務省令で定めるところにより、当該情報管理料金を公表しなければならない。

6　資金管理法人は、第一項から第四項までの規定により預託をする者に対し、再資源化等預託金及び情報管理預託金（以下「再資源化預託金等」という。）の管理に関し、政令で定めるところにより主務大臣の認可を受けて定める料金を請求することができる。

7　資金管理法人は、前項の認可を受けたときは、主務省令で定めるところにより、当該料金を公表しなければならない。

（預託証明書の提示）

第七十四条　自動車登録ファイルへの登録又は自動車検査証の交付（当該自動車についての前条第一項に規定する最初の自動車登録ファイルへの登録又は最初の自動車検査証の交付に限る。）を受けようとする者は、国土交通大臣等（国土交通大臣若しくはその権限の委任を受けた地方運輸局長、運輸監理部長若しくは運輸支局長又は軽自動車検査協会（道路運送車両法第五章の二の規定により設立された軽自動車検査協会をいう。以下同じ。）をいう。以下同じ。）に対して、当該自動車の所有者が資金管理法人に対し当該自動車に係る再資源化預託金等を預託したことを証する書面（以下「預託証明書」という。）を提示しなければならない。ただし、その者が、資金管理法人に委託して当該預託証明書に相当するものとして政令で定める通知を同法第七条第四項に規定する登録情報処理機関（次項において単に「登録情報処理機関」という。）に対して行ったときは、当該預託証明書を国土交通大臣等に提示したものとみなす。

2　前項ただし書の場合において、国土交通大臣等は、登録情報処理機関に対し、国土交通省令で定めるところにより、必要な事項を照会するものとする。

3　国土交通大臣等は、預託証明書の提示がないときは、第一項の自動車登録ファイルへの登録又は自動車検査証の交付をしないものとする。

（承継等）

第七十七条　自動車の所有者について相続その他の一般承継があったときは、当該所有者が預託した再資源化預託金等は、当該所有者の相続人その他の一般承継人が預託したものとみなす。

2　自動車の所有権の譲渡があったときは、当該所有権を有する者が預託した再資源化預託金等は、当該所有権の譲受人が預託したものとみなす。

第五章　移動報告

（移動報告）

第八十一条　引取業者は、使用済自動車を引き取ったときは、主務省令で定めるところにより、主務省令で定める期間内に、当該使用済自動車の引取りを求めた者の氏名又は名称、当該使用済自動車の車台番号その他の主務省令で定める事項を情報管理センターに報告しなければならない。

2　引取業者は、フロン類回収業者又は解体業者に使用済自動車を引き渡したとき（当該フロン類回収業者又は解体業者に当該使用済自動車を引き渡すために行う運搬を他人に委託する場合にあっては、当該使用済自動車の運搬を受託した者に当該使用済自動車を引き渡したとき）は、主務省令で定めるところにより、主務省令で定める期間内に、当該使用済自動車の引渡しを受ける者の氏名又は名称、当該使用済自動車の車台番号その他の主務省令で定める事項を情報管理センターに報告しなければならない。

3　フロン類回収業者は、使用済自動車を引き取ったときは、主務省令で定めるところにより、主務省令で定める期間内に、当該使用済自動車の引取りを求めた者の氏名又は名称、当該使用済自動車の車台番号その他の主務省令で定める事項を情報管理センターに報告しなければならない。

4　フロン類回収業者は、自動車製造業者等又は指定再資源化機関にフロン類を引き渡したとき（当該自動車製造業者等又は指定再資源化機関に当該フロン類を引き渡すために行う運搬を他人に委託する場合にあっては、当該フロン類の運搬を受託した者に当該フロン類を引き渡したとき）は、主務省令で定めるところにより、主務省令で定める期間内に、当該フロン類の引渡しを受ける者の氏名又は名称、当該フロン類に係る使用済自動車の車台番号その他の主務省令で定める事項を情報管理センターに報告しなければならない。

5　フロン類回収業者は、主務省令で定めるところにより、主務省令で定める期間ごとに、当該期間内に回収して再利用をしたフロン類の量、当該フロン類に係る使用済自動車の車台番号その他の主務省令で定める事項を情報管理センターに報告しなければならない。

6　フロン類回収業者は、解体業者に使用済自動車を引き渡したとき（当該解体業者に当該使用済自動車を引き渡すために行う運搬を他人に委託する場合にあっては、当該使用済自動車の運搬を受託した者に当該使用済自動車を引き渡したとき）は、主務省令で定めるところにより、主務省令で定める期間内に、当該使用済自動車の引渡しを受ける者の氏名又は名称、当該使用済自動車の車台番号その他の主務省令で定める事項を情報管理センターに報告しなければならない。

7　解体業者は、使用済自動車又は解体自動車を引き取ったときは、主務省令で定めるところにより、主務省令で定める期間内に、当該使用済自動車又は解体自動車の引取りを求めた者の氏名又は名称、当該使用済自動車又は解体自動車の車台番号その他の主務省令で定める事項を情報管理センターに報告しなければならない。

8　解体業者は、自動車製造業者等又は指定再資源化機関に指定回収物品を引き渡したとき（当該自動車製造業者等又は指定再資源化機関に当該指定回収物品を引き渡すために行う運搬を他人に委託する場合にあっては、当該指定回収物品の運搬を受託した者に当該指定回収物品を引き渡したとき）は、主務省令で定めるところにより、主務省令で定める期間内に、当該指定回収物品の引渡しを受ける者の氏名又は名称、当該指定回収物品に係る使用済自動車の車台番号その他の主務省令で定める事項を情報管理センターに報告しなければならない。

9　解体業者は、他の解体業者、破砕業者又は解体自動車全部利用者に使用済自動車又は解体自動車を引き渡したとき（当該他の解体業者、破砕業者又は解体自動車全部利用者に当該使用済自動車又は解体自動車を引き渡すために行う運搬を他人に委託する場合にあっては、当該使用済自動車又は解体自動車の運搬を受託した者に当該使用済自動車又は解体自動車を引き渡したとき）は、主務省令で定めるところにより、主務省令で定める期間内に、当該使用済自動車又は解体自動車の引渡しを受ける者の氏名又は名称（当該解体自動車が第三十一条第一項の規定により自動車製造業者等が主務大臣の認定を受けて行う全部再資源化の委託に係るものである場合にあっては、その旨並びに当該自動車製造業者等及び当該解体自動車の引渡しを受ける解体自動車全部利用者の氏名又は名称）、当該使用済自動車又は解体自動車の車台番号その他の主務省令で定める事項を情報管理センターに報告しなければならない。

10　破砕業者は、解体自動車を引き取ったときは、主務省令で定めるところにより、主務省令で定める期間内に、当該解体自動車の引取りを求めた者の氏名又は名称、当該解体自動車の車台番号その他の主務省令で定める事項を情報管理センターに報告しなければならない。

11　破砕業者は、他の破砕業者又は解体自動車全部利用者に解体自動車を引き渡したとき（当該他の破砕業者又は解体自動車全部利用者に当該解体自動車を引き渡すために行う運搬を他人に委託する場合にあっては、当該解体自動車の運搬を受託した者に当該解体自動車を引き渡したとき）は、主務省令で定めるところにより、主務省令で定める期間内に、当該解体自動車の引渡しを受ける者の氏名又は名称（当該解体自動車が第三十一条第一項の規定により自動車製造業者等が主務大臣の認定を受けて行う全部再資源化の委託に係るものである場合にあっては、その旨並びに当該自動車製造業者等及び当該解体自動車の引渡しを受ける解体自動車全部利用者の氏名又は名称）、当該解体自動車の車台番号その他の主務省令で定める事項を情報管理センターに報告しなければならない。

12　破砕業者は、自動車製造業者等又は指定再資源化機関に自動車破砕残さを引き渡したとき（当該自動車製造業者等又は指定再資源化機関に当該自動車破砕残さを引き渡すために行う運搬を他人に委託する場合にあっては、当該自動車破砕残さの運搬を受託した者に当該自動車破砕残さを引き渡したとき）は、主務省令で定めるところにより、主務省令で定める期間内に、当該自動車破砕残さの引渡しを受ける者の氏名又は名称、当該自動車破砕残さに係る使用済自動車の車台番号その他の主務省令で定める事項を情報管理センターに報告しなければならない。

13　自動車製造業者等又は指定再資源化機関は、特定再資源化等物品を引き取ったときは、主務省令で定めるところにより、主務省令で定める期間内に、当該特定再資源化等物品の引取りを求めた者の氏名又は名称、当該特定再資源化等物品に係る使用済自動車の車台番号その他の主務省令で定める事項を情報管理センターに報告しなければならない。

（移動報告の方法）

第八十二条　関連事業者、自動車製造業者等又は指定再資源化機関（以下この章において「関連事業者等」と総称する。）は、前条各項の規定による報告（以下「移動報告」と総称する。）については、主務省令で定めるところにより、電子情報処理組織（情報管理センターの使用に係る電子計算機と関連事業者等の使用に係る電子計算機とを電気通信回線で接続した電子情報処理組織をいう。以下同じ。）を使用して行わなければならない。

2　前項の規定により行われた移動報告は、情報管理センターの使用に係る電子計算機に備えられたファイル（第八十九条第三項を除き、以下単に「ファイル」という。）に記録するものとし、ファイルへの記録がされた時に情報管理センターに到達したものとみなす。

3　関連事業者等は、情報管理センターに対し、政令で定めるところにより情報管理センターが主務大臣の認可を受けて定める額の手数料を納めて、その移動報告に係る書面に記載された事項をファイルに記録すべきことを求めるときは、第一項の規定にかかわらず、主務省令で定めるところにより、当該移動報告を書面の提出により行うことができる。

4　情報管理センターは、前項の規定により移動報告が書面の提出により行われたときは、主務省令で定めるところにより、当該書面に記載された事項を、ファイルに記録しなければならない。

5　書面の提出により行われた移動報告について前項の規定によりファイルに記録された事項は、当該書面に記載された事項と同一であると推定する。

6　情報管理センターは、前項のファイルに記録された事項が同項の書面に記載された事項と同一でないことを知ったときは直ちに当該ファイルに記録された事項を訂正しなければならない。

7　関連事業者等は、当該関連事業者等が行った移動報告に係る第五項のファイルに記録された事項が同項の書面に記載された事項と同一でないことを知ったときは、情報管理センターに対し、その旨を申し出ることができる。

第七章　雑則

（関係行政機関への照会等）

第百二十七条　都道府県知事は、第百二十五条に規定するもののほか、この法律の規定に基づく事務に関し、関係行政機関又は関係地方公共団体に対し、照会し、又は協力を求めることができる。

附　則（抄）

（施行期日）

第一条　この法律は、公布の日から起算して六月を超えない範囲内において政令で定める日から施行する。ただし、次の各号に掲げる規定は、当該各号に定める日から施行する。

〔平一四・一二政令三八八により、平一五・一・一から施行〕

一　第二十二条、第二十三条第四項、第二十四条、第二十八条から第三十条まで、第三十四条から第四十一条まで、第三章第三節及び第四節（第六十五条（第七十二条において準用する場合を含む。）を除く。）、第七十三条第四項（情報管理料金の認可に係る部分に限る。）、第五項、第六項（料金の認可に係る部分に限る。）及び第七項、第七十八条第三項（手数料の認可に係る部分に限る。）、第七十九条、第八十二条第三項及び第八十五条第四項（これらの規定中手数料の認可に係る部分に限る。）、第百二十二条第二項及び第三項並びに第八項から第十項まで（解体業者及び破砕業者に係る部分に限る。）、第百二十三条、第百二十五条、第百二十六条、第百三十条第一項及び第三項、第百三十一条、第百三十四条、第百三十八条第三号（第六十六条（第七十二条において読み替えて準用する場合を含む。）に係る部分に限る。）及び第四号から第六号まで、第百三十九条第二号（第二十四条第三項、第三十五条第二項及び第三十八条第二項に係る部分に限る。）、第百四十条第二号（第六十三条第一項、第六十四条（第七十二条において準用する場合を含む。）及び第七十一条第一項に係る部分に限る。）、第三号及び第四号、第百四十二条並びに第百四十三条第一号並びに附則第五条から第七条までの規定　公布の日から起算して二年を超えない範囲内において政令で定める日

〔平一五・七政令三三〇により、平一六・七・一から施行〕

二　第八条から第二十一条まで、第二十三条第一項から第三項まで、第二十五条から第二十七条まで、第三十一条から第三十三条まで、第三章第一節及び第二節、第六十五条（第七十二条において準用する場合を含む。）、第七十三条第一項から第三項まで、第四項（情報管理料金の認可に係る部分を除く。）及び第六項（料金の認可に係る部分を除く。）、第七十五条から第七十七条まで、第七十八条第一項、第二項及び第三項（手数料の認可に係る部分を除く。）、第五章（第八十二条第三項及び第八十五条第四項（これらの規定中手数料の認可に係る部分に限る。）を除く。）、第百二十一条、第百二十二条（第二項及び第三項並びに第八項から第十項まで（解体業者及び破砕業者に係る部分に限る。）を除く。）、第百二十四条、第百三十条第二項、第百三十七条、第百三十八条第一号、第二号及び第三号（第六十六条（第七十二条において読み替えて準用する場合を含む。）に係る部分を除く。）、第百三十九条第一号及び第二号（第二十四条第三項、第三十五条第二項及び第三十八条第二項に係る部分を除く。）、第百四十条第一号及び第二号（第六十三条第一項、第六十四条（第七十二条において準用する場合を含む。）及び第七十一条第一項に係る部分を除く。）並びに第百四十三条第二号並びに附則第三条、第四条、第八条、第九条、第十五条、第十六条、第十八条及び第十九条の規定　公布の日から起算して二年六月を超えない範囲内において政令で定める日

〔平一五・八政令三四五により、平一七・一・一から施行〕

三　第七十四条及び附則第十条の規定　前号に掲げる規定の施行の日から起算して一月を経過した日〔平成一七年二月一日〕

（再資源化預託金等の預託に関する経過措置）

第八条　附則第一条第二号に掲げる規定の施行の日から起算して一月を経過した日（以下「基準日」という。）前に最初の自動車登録ファイルへの登録又は最初の自動車検査証の交付を受けた自動車に関する第七十三条第一項の規定の適用については、次項の規定の適用がある場合を除き、同条第一項中「最初の自動車登録ファイルへの登録（道路運送車両法第四条の規定による自動車登録ファイルへの登録をいう。以下同じ。）を受けるとき（同法第三条に規定する軽自動車（同法第五十八条第一項に規定する検査対象外軽自動車を除く。）にあっては当該自動車が最初の自動車検査証の交付（同法第六十条第一項又は第七十一条第四項の規定による自動車検査証の交付をいう。以下同じ。）を受けるとき、同法第五十八条第一項に規定する検査対象外軽自動車にあっては当該自動車が最初の車両番号の指定（同法第九十七条の三第一項の規定による車両番号の指定をいう。以下同じ。）を受けるとき）までに」とあるのは、「基準日以後における最初の自動車検査証の返付を受けるとき（当該自動車検査証の返付よりも前に基準日以後における最初の自動車登録ファイルへの登録又は最初の自動車検査証の交付を受ける自動車にあっては、当該自動車登録ファイルへの登録又は自動車検査証の交付を受けるとき）までに」とする。

2　基準日前に最初の自動車登録ファイルへの登録又は最初の自動車検査証の交付を受けた自動車が基準日以後における最初の自動車検査証の返付又は最初の自動車登録ファイルへの登録若しくは最初の自動車検査証の交付を受けるよりも前に使用済自動車として引取業者に引き渡される場合における第七十三条第一項の規定の適用については、同項中「当該自動車が最初の自動車登録ファイルへの登録（道路運送車両法第四条の規定による自動車登録ファイルへの登録をいう。以下同じ。）を受けるとき（同法第三条に規定する軽自動車（同法第五十八条第一項に規定する検査対象外軽自動車を除く。）にあっては当該自動車が最初の自動車検査証の交付（同法第六十条第一項又は第七十一条第四項の規定による自動車検査証の交付をいう。以下同じ。）を受けるとき、同法第五十八条第一項に規定する検査対象外軽自動車にあっては当該自動車が最初の車両番号の指定（同法第九十七条の三第一項の規定による車両番号の指定をいう。以下同じ。）を受けるとき）までに」とあるのは、「当該自動車を使用済自動車として引取業者に引き渡すときまでに」とする。

第九条　基準日前に最初の自動車登録ファイルへの登録又は最初の自動車検査証の交付を受けた自動車に関する第七十三条第二項の規定の適用については、同項中「前項に規定する最初の自動車登録ファイルへの登録又は最初の自動車検査証の交付若しくは最初の車両番号の指定を受けた後に」とあるのは、「基準日以後における最初の自動車検査証の返付又は最初の自動車登録ファイルへの登録若しくは最初の自動車検査証の交付を受けた後に」とする。

（預託証明書の提示に関する経過措置）

第十条　基準日前に最初の自動車登録ファイルへの登録又は最初の自動車検査証の交付を受けた自動車について、基準日から起算して三年を経過する日までの間に自動車検査証の返付又は自動車登録ファイルへの登録若しくは自動車検査証の交付を受けようとする者は、国土交通大臣等に対して、預託証明書を提示しなければならない。

2　国土交通大臣等は、預託証明書の提示がないときは、前項の自動車検査証の返付又は自動車登録ファイルへの登録若しくは自動車検査証の交付をしないものとする。

第五編　自動車抵当法関係

○自動車抵当法

（昭和二十六年六月一日法律第百八十七号）

沿革　昭二七法一〇二、昭二九法九七、昭三八法一四九、昭四四法六八、昭四六法九九、昭五四法五、平五法八九、平一一法一六〇、平一四法八九、平一六法一二四・一四七、平一八法四〇、平二九法四五改正

（この法律の目的）

第一条　この法律は、自動車に関する動産信用の増進により、自動車運送事業の健全な発達及び自動車による運送の振興を図ることを目的とする。

※「自動車運送事業」＝道運法二2・3・三〜四五の二、貨物自動車運送事業法三〜三七

（定義）

第二条　この法律で「自動車」とは、道路運送車両法（昭和二十六年法律第百八十五号）による登録を受けた自動車をいう。但し、大型特殊自動車で建設機械抵当法（昭和二十九年法律第九十七号）第二条に規定する建設機械であるものを除く。

本条…一部改正〔昭二七法一〇二昭二九法九七昭三八法一四九〕

※「自動車の登録」＝車両法四〜三九、「大型特殊自動車」＝車両法三、車両法施行規則二・別表一、「建設機械の範囲」＝建設機械抵当法施行令一・別表

（抵当権の目的）

第三条　自動車は、抵当権の目的とすることができる。

※「抵当権」＝民法三六九〜三九八の二二、「本条の特則」＝鉄道抵当法四2、工場抵当法一三2、道路交通事業抵当法一九1

（抵当権の内容）

第四条　抵当権者は、債務者又は第三者が占有を移さないで債務の担保に供した自動車（以下「抵当自動車」という。）につき、他の債権者に先だつて、自己の債権の弁済を受けることができる。

※「抵当権の内容」＝民法三六九1、建設機械抵当法六

（対抗要件）

第五条　自動車の抵当権の得喪及び変更は、道路運送車両法に規定する自動車登録ファイルに登録を受けなければ、第三者に対抗することができない。

2　前項の登録に関する事項は、政令で定める。

一項…一部改正〔昭四四法六八〕

※1項「自動車登録ファイル」＝車両法六、「不動産物権の得喪変更の対抗要件」＝民法一七七、「動産物権譲渡の対抗要件」＝民法一七八、「他の動産抵当における抵当権の対抗要件」＝農業動産信用法一三1、建設機械抵当法七、2項「政令」＝登録令

（抵当権の効力の及ぶ範囲）

第六条　抵当権は、抵当自動車に付加して一体となつている物に及ぶ。ただし、設定行為に別段の定めがある場合及び債務者の行為について民法（明治二十九年法律第八十九号）第四百二十四条第三項に規定する詐害行為取消請求をすることができる場合は、この限りでない。

本条…一部改正〔平二九法四五〕

※「附加物」＝民法八七・二四二、「設定行為の別段の定め」＝登録令四九、「抵当権の効力の及ぶ範囲」＝民法三七〇、「債権者取消権」＝民法四二四〜四二六

（不可分性）

第七条　抵当権者は、債権の全部の弁済を受けるまでは、抵当自動車の全部につき、その権利を行使することができる。

※「不可分性」＝民法三七二・二九六

（物上代位）

第八条　抵当権は、抵当自動車の譲渡、貸付、滅失又はき損によつて抵当権設定者が受けるべき金銭その他の物に対しても、これを行使することができる。この場合においては、その払渡又は引渡前に差押をしなければならない。

※「物上代位」＝民法三七二・三〇四、「差押」＝民事執行法第二章第二節第四款

（物上保証人の求償権）

第九条　他人の債務を担保するため抵当権を設定した者がその債務を弁済し、又は抵当権の実行によつて抵当自動車の所有権を失つたときは、民法に規定する保証債務に関する規定に従い、債務者に対して求償権を有する。

※「物上保証人の求償権」＝民法三七二・三五一、「代位弁済」＝民法五〇〇・五〇一、「抵当権の実行」＝車両法九七、民事執行規則、「保証債務」＝民法四五九〜四六五

（抵当権の順位）

第十条　数個の債権を担保するため同一の自動車につき抵当権を設定したときは、その抵当権の順位は、登録の前後による。

※「抵当権の順位」＝民法三七三、「登録の順序」＝登録令二・三・二三

（先取特権との順位）

第十一条　同一の自動車について抵当権及び先取特権が競合する場合には、抵当権は、民法第三百三十条第一項に規定する第一順位の先取特権と同順位とする。

※「先取特権」＝民法三〇三〜三四一、「動産の先取特権の順位」＝民法三三〇、「先取特権との順位」＝民法三三九

（担保される利息等）

第十二条　抵当権者が利息その他の定期金を請求する権利を有するときは、その満期となつた最後の二年分についてのみその抵当権を行使することができる。

2　前項の規定は、抵当権者が債務の不履行によつて生じた損害の賠償を請求する権利を有する場合においてその最後の二年分についても適用する。但し、利息その他の定期金と通算して二年分をこえることができない。

※1項「利息に関する設定の登録」＝登録令四九、「定期金債権の消滅時効」＝民法一六八、「抵当権と利息」＝民法三七四、2項「債務不履行による損害賠償」＝民法四一五〜四一九、「抵当権と利息」＝民法三七四

（代価弁済）

第十三条　抵当自動車を譲り受けた第三者が抵当権者の請求に応じてその代価を弁済したときは、抵当権は、その第三者のために消滅する。

※「第三者の弁済」＝民法四七四・四九九〜五〇四、「代価弁済」＝民法三七七

（第三取得者の費用償還請求権）

第十四条　抵当自動車を取得した第三者が抵当自動車につき必要費又は有益費を出したときは、民法第百九十六条の区別に従い、抵当自動車の代価をもつて最も先にその償還を受けることができる。

※「競売代金の交付」＝民事執行法第四章、「第三取得者の費用償還請求権」＝民法三九一、「占有者の費用償還請求権」＝民法一九六

（一般財産からの弁済）

第十五条　抵当権者は、抵当自動車の代価で弁済を受けない債権の部分についてのみ他の財産から弁済を受けることができる。

2　前項の規定は、抵当自動車の代価に先だつて他の財産の代価を配当すべき場合には、適用しない。

3　前項の場合において、抵当権者に第一項の規定による弁済を受けさせるため、他の債権者は、抵当権者に配当すべき金額の供託を請求することができる。

※「一般財産からの弁済」＝民法三九四、3項「供託の方法」＝民法四九五、供託法、供託規則

（抵当権者に対する通知）

第十六条　国土交通大臣は、抵当自動車について道路運送車両法第十五条の規定による永久抹消登録、同法第十五条の二第二項の規定による輸出抹消仮登録又は同法第十六条第一項の申請に基づく一時抹消登録をしたときは、遅滞なく、抵当権者に通知しなければならない。同法第十五条の二第一項の規定による輸出抹消仮登録の申請又は同法第十六条第一項の規定による一時抹消登録の申請を受理したときも同様である。

本条…一部改正〔昭四四法六八平一一法一六〇平一四法八九平一八法四〇〕

※「抹消登録」＝車両法一五・一六、「登録のまつ消を申請する場合の抵当権者の承諾」＝登録令三二、「申請の受理をしない場合」＝登録令二二

（抵当権の実行）

第十七条　抵当権者は、前条後段の通知を受けたときは、その自動車に対して、直ちに、その権利を実行することができる。

2　前項の規定により抵当権を実行しようとするときは、抵当権者は、前条後段の通知を受けた日から三箇月以内に、その手続をしなければならない。

3　国土交通大臣は、前項の規定により抵当権の実行の手続をすることができる期間内及び抵当権の実行の終わるまでの期間内は、第一項の自動車について道路運送車両法第十五条の二第二項の規定による輸出抹消仮登録及び同法第十六条第一項の申請に基づく一時抹消登録をすることができない。

4　買受人が代金を納付したときは、第一項の自動車について道路運送車両法第十五条の二第一項の規定による輸出抹消仮登録の申請又は同法第十六条第一項の規定による一時抹消登録の申請がなかつたものとみなす。

三・四項…一部改正〔昭四四法六八〕、四項…一部改正〔昭五四法五〕、三項…一部改正〔平一一法一六〇〕、三・四項…一部改正〔平一四法八九〕、三項…一部改正〔平一八法四〇〕

※1項「抵当権実行の手続」＝車両法九七、民事執行規則

（時効による消滅）

第十八条　抵当権は、債務者及び抵当権設定者に対しては、その担保する債権と同時でなければ、時効によつて消滅しない。

※「債権の消滅時効」＝民法一六六1、「債務者及び抵当権設定者以外の者に対する消滅時効」＝民法一六七2、「時効による消滅」＝民法三九六

第十九条　債務者又は抵当権設定者以外の者が抵当自動車につき取得時効に必要な条件を具備した占有をしたときは、抵当権は、これによつて消滅する。

※「取得時効」＝民法一六二、「時効による消滅」＝民法三九七

（根抵当権）

第十九条の二　抵当権は、設定行為をもつて定めるところにより、一定の範囲に属する不特定の債権を極度額の限度において担保するためにも設定することができる。

2　民法第三百九十八条の二第二項及び第三項、第三百九十八条の三から第三百九十八条の十まで、第三百九十八条の十二第一項、第三百九十八条の十三、第三百九十八条の十四第一項本文及び第二項並びに第三百九十八条の十九から第三百九十八条の二十二までの規定は、前項の抵当権について準用する。

本条…追加〔昭四六法九九〕、二項…全部改正〔平一六法一四七〕

※「根抵当権」＝民法三九八の二〜三九八の二二

（質権設定の禁止）

第二十条　自動車は、質権の目的とすることができない。

※「質権」＝民法三四二〜三五五、「経過規定」＝本法施行法七、「質権設定の禁止」＝建設機械抵当法二五

本条…追加〔平五法八九〕

（行政手続法の適用除外）

第二十一条　自動車の抵当権の登録については、行政手続法（平成五年法律第八十八号）第二章及び第三章の規定は、適用しない。

附　則

この法律は、昭和二十七年四月一日から施行する。

附　則（昭二七・四・二八法一〇二抄）

1　この法律は、公布の日から施行する。

附　則（昭二九・五・一五法九七抄）

1　この法律の施行期日は、公布の日から起算して六箇月をこえない範囲内において、政令で定める。〔昭二九・一一政令二九三により、昭二九・一一・一四から施行〕

附　則（昭三八・七・一五法一四九抄）

（施行期日）

第一条　この法律は、公布の日から起算して三月を経過した日から施行する。

附　則（昭四四・八・一法六八抄）

（施行期日）

第一条　この法律〔中略〕は、公布の日から起算して一年をこえない範囲内において政令で定める日から施行する。〔昭四四・一二政令三〇七により、昭四五・三・一から施行〕

附　則（昭四六・六・三法九九抄）

沿革　平一六法一二四・一四七改正

（施行期日）

第一条　この法律は、昭和四十七年四月一日から施行する。

（経過措置の原則）

第二条　この法律による改正後の民法（以下「新法」という。）の規定は、別段の定めがある場合を除き、この法律の施行の際現に存する抵当権で根抵当であるもの（以下「旧根抵当権」という。）にも適用する。ただし、改正前の民法（以下「旧法」という。）の規定により生じた効力を妨げない。

本条…一部改正〔平一六法一四七〕

（新法の適用の制限）

第三条　旧根抵当権で、極度額についての定めが新法の規定に適合していないもの又は附記によらない極度額の増額の登記があるものについては、その極度額の変更、新法第三百九十八条の四の規定による担保すべき債権の範囲又は債務者の変更、新法第三百九十八条の十二の規定による根抵当権の譲渡、新法第三百九十八条の十三の規定による根抵当権の一部譲渡及び新法第三百九十八条の十四第一項ただし書の規定による定めは、することができない。

2　前項の規定は、同項に規定する旧根抵当権以外の旧根抵当権で、旧法第三百七十五条第一項の規定による処分がされているものについて準用する。ただし、極度額の変更及び新法第三百九十八条の十二第二項の規定による根抵当権の譲渡をすることは、妨げない。

一・二項…一部改正〔平一六法一四七〕

（極度額についての定めの変更）

第四条　旧根抵当権で、極度額についての定めが新法の規定に適合していないものについては、元本の確定前に限り、その定めを変更して新法の規定に適合するものとすることができる。この場合においては、後順位の抵当権者その他の第三者の承諾を得ることを要しない。

（附記によらない極度額の増額の登記がある旧根抵当権の分割）

第五条　附記によらない極度額の増額の登記がある旧根抵当権については、元本の確定前に限り、根抵当権者及び根抵当権設定者の合意により、当該旧根抵当権を分割して増額に係る部分を新法の規定による独立の根抵当権とすることができる。この場合においては、旧根抵当権を目的とする権利は、当該増額に係る部分について消滅する。

2　前項の規定による分割をする場合には、増額に係る部分を目的とする権利を有する者その他の利害の関係を有する者の承諾を得なければならない。

三—五項…削除〔平一六法一二四〕

（元本の確定すべき期日に関する経過措置）

第六条　この法律の施行の際旧根抵当権について現に存する担保すべき元本の確定すべき時期に関する定め又はその登記は、その定めにより元本が確定することとなる日をもつて新法第三百九十八条の六第一項の期日とする定め又はその登記とみなす。ただし、その定めにより元本が確定することとなる日がこの法律の施行の日から起算して五年を経過する日より後であるときは、当該定め又はその登記は、当該五年を経過する日をもつて同項の期日とする定め又はその登記とみなす。

本条…一部改正〔平一六法一四七〕

（弁済による代位に関する経過措置）

第七条　この法律の施行前から引き続き旧根抵当権の担保すべき債務を弁済するについて正当な利益を有していた者が、この法律の施行後元本の確定前にその債務を弁済した場合における代位に関しては、なお従前の例による。

（元本の確定の時期に関する経過措置）

第十条　この法律の施行前に、新法第三百九十八条の二十第一項第一号に規定する申立て、同項第二号に規定する差押え、同項第三号に規定する競売手続の開始若しくは差押え又は同項第四号に規定する破産手続開始の決定があつた旧根抵当権で、担保すべき元本が確定していないものについては、この法律の施行の日にこれらの事由が生じたものとみなして、同項の規定を適用する。

本条…一部改正〔平一六法一四七〕

（旧根抵当権の消滅請求に関する経過措置）

第十一条　極度額についての定めが新法の規定に適合していない旧根抵当権については、その優先権の限度額を極度額とみなして、新法第三百九十八条の二十二の規定を適用する。

本条…一部改正〔平一六法一四七〕

（自動車抵当法の一部改正に伴う経過措置）

第二十三条　前条の規定による自動車抵当法の一部改正に伴う経過措置については、附則第二条、附則第三条第一項、附則第四条から附則第七条まで、附則第十条及び附則第十一条の規定の例による。

附　則〔昭五四・三・三〇法五〕

（施行期日）

1　この法律は、民事執行法（昭和五十四年法律第四号）の施行の日（昭和五十五年十月一日）から施行する。

（経過措置）

2　この法律の施行前に申し立てられた民事執行、企業担保権の実行及び破産の事件については、なお従前の例による。

3　前項の事件に関し執行官が受ける手数料及び支払又は償還を受ける費用の額については、同項の規定にかかわらず、最高裁判所規則の定めるところによる。

4　この法律の施行後に申し立てられた民事執行の事件に係るこの法律の施行前に生じた第四十八条の規定による改正前の民事訴訟費用等に関する法律第二条第十三号及び第十四号に掲げる費用については、なお従前の例による。

附　則〔平五・一一・一二法八九抄〕

（施行期日）

第一条　この法律は、行政手続法（平成五年法律第八十八号）の施行の日〔平成六年一〇月一日〕から施行する。

（諮問等がされた不利益処分に関する経過措置）

第二条　この法律の施行前に法令に基づき審議会その他の合議制の機関に対し行政手続法第十三条に規定する聴聞又は弁明の機会の付与の手続その他の意見陳述のための手続に相当する手続を執るべきことの諮問その他の求めがされた場合においては、当該諮問その他の求めに係る不利益処分の手続に関しては、この法律による改正後の関係法律の規定にかかわらず、なお従前の例による。

（罰則に関する経過措置）

第十三条　この法律の施行前にした行為に対する罰則の適用については、なお従前の例による。

（聴聞に関する規定の整理に伴う経過措置）

第十四条　この法律の施行前に法律の規定により行われた聴聞、聴問若しくは聴聞会（不利益処分に係るものを除く。）又はこれらのための手続は、この法律による改正後の関係法律の相当規定により行われたものとみなす。

（政令への委任）

第十五条　附則第二条から前条までに定めるもののほか、この法律の施行に関して必要な経過措置は、政令で定める。

〔平一一・一二・二二法一六〇抄〕

（処分、申請等に関する経過措置）

第千三百一条　中央省庁等改革関係法及びこの法律（以下「改革関係法等」と総称する。）の施行前に法令の規定により従前の国の機関がした免許、許可、認可、承認、指定その他の処分又は通知その他の行為は、法令に別段の定めがあるもののほか、改革関係法等の施行後は、改革関係法等の施行後の法令の相当規定に基づいて、相当の国の機関がした免許、許可、認可、承認、指定その他の処分又は通知その他の行為とみなす。

2　改革関係法等の施行の際現に法令の規定により従前の国の機関に対してされている申請、届出その他の行為は、法令に別段の定めがあるもののほか、改革関係法等の施行後は、改革関係法等の施行後の法令の相当規定に基づいて、相当の国の機関に対してされた申請、届出その他の行為とみなす。

3　改革関係法等の施行前に法令の規定により従前の国の機関に対し報告、届出、提出その他の手続をしなければならないとされている事項で、改革関係法等の施行の日前にその手続がされていないものについては、法令に別段の定めがあるもののほか、改革関係法等の施行後は、これを、改革関係法等の施行後の法令の相当規定により相当の国の機関に対して報告、届出、提出その他の手続をしなければならないとされた事項についてその手続がされていないものとみなして、改革関係法等の施行後の法令の規定を適用する。

（従前の例による処分等に関する経過措置）

第千三百二条　なお従前の例によることとする法令の規定により、従前の国の機関がすべき免許、許可、認可、承認、指定その他の処分若しくは通知その他の行為又は従前の国の機関に対してすべき申請、届出その他の行為については、法令に別段の定めがあるもののほか、改革関係法等の施行後は、改革関係法等の施行後の法令の規定に基づくその任務及び所掌事務の区分に応じ、それぞれ、相当の国の機関がすべきものとし、又は相当の国の機関に対してすべきものとする。

（政令への委任）

第千三百四十四条　第七十一条から第七十六条まで及び第千三百一条から前条まで並びに中央省庁等改革関係法に定めるもののほか、改革関係法等の施行に関し必要な経過措置（罰則に関する経過措置を含む。）は、政令で定める。

附　則（平一一・一二・二二法一六〇抄）

（施行期日）

第一条　この法律（第二条及び第三条を除く。）は、平成十三年一月六日から施行する。ただし、次の各号に掲げる規定は、当該各号に定める日から施行する。

一　〔前略〕第千三百四十四条の規定　公布の日

二　〔略〕

附　則（平一四・七・一七法八九抄）

（施行期日）

第一条　この法律は、公布の日から起算して二年六月を超えない範囲内において政令で定める日から施行する。〔後略〕

〔平一五・一二政令四九四により、平一七・一・一から施行〕

附　則（平一六・六・一八法一二四抄）

（施行期日）

第一条　この法律は、新不動産登記法（不動産登記法＝平成一六年六月法律第一二三号）の施行の日〔平成一七年三月七日〕から施行する。〔後略〕

附　則（平一六・一二・一法一四七抄）

（施行期日）

第一条　この法律は、公布の日から起算して六月を超えない範囲内において政令で定める日から施行する。

〔平一七・三政令三六により、平一七・四・一から施行〕

附　則（平一八・五・一九法四〇抄）

（施行期日）

第一条　この法律は、公布の日から起算して十月を超えない範囲内において政令で定める日から施行する。ただし、次の各号に掲げる規定は、当該各号に定める日から施行する。

一～三　〔略〕

四　〔前略〕附則第八条から第十条まで、第十七条〔中略〕の規定　公布の日から起算して二年六月を超えない範囲内において政令で定める日

〔平二〇・三政令八二により、平二〇・一二・一から施行〕

附　則（平二九・六・二法四五抄）

（罰則に関する経過措置）

第三百六十一条　施行日前にした行為及びこの法律の規定によりなお従前の例によることとされる場合における施行日以後にした行為に対する罰則の適用については、なお従前の例による。

（政令への委任）

第三百六十二条　この法律に定めるもののほか、この法律の施行に伴い必要な経過措置は、政令で定める。

附　則（平二九・六・二法四五）

この法律は、民法改正法〔民法の一部を改正する法律＝平成二九年六月法律第四四号〕の施行の日〔平成三二年四月一日〕から施行する。ただし、〔中略〕第三百六十二条の規定は、公布の日から施行する。

○道路交通事業抵当法

（昭和二十七年六月二十日 法律第二百四号）

沿革　昭三五法一四、昭三八法一四九、昭四一法一一八、昭五四法五、昭五九法二五、昭六三法八一、平元法八二・八三、平七法九一、平八法五二・一一〇、平一一法四八・一六〇、平一二法八六、平一三法一〇二、平一四法七七、平一六法四三・一二四・一五四、平一八法四〇、令四法六八改正

〔編者注〕
令和四年六月一七日法律第六八号による改正のうち、令和七年六月一日から施行される部分は、直接改正を加えないで、現行条文と並列して登載した。

（この法律の目的）
第一条　この法律は、道路運送事業、自動車ターミナル事業及び貨物利用運送事業に関する信用の増進により、これらの事業の健全な発達を図ることを目的とする。

（定義）
第二条　この法律で「事業単位」とは、道路運送法（昭和二十六年法律第百八十三号）による一般旅客自動車運送事業、貨物自動車運送事業法（平成元年法律第八十三号）による一般貨物自動車運送事業、道路運送法による自動車道事業、自動車ターミナル法（昭和三十四年法律第百三十六号）による自動車ターミナル事業（一般自動車ターミナルを無償で供用するものを除く。）又は貨物利用運送事業法（平成元年法律第八十二号）による第二種貨物利用運送事業に係る業務が独立して運営され、かつ、適当な事業規模を有すると国土交通大臣が認定したものをいい、「事業者」とは、これらの事業を営む者をいう。

※「国土交通大臣の認定」＝令一

（財団の設定）
第三条　事業者は、抵当権の目的とするため、一又は二以上の事業単位につき、道路交通事業財団（以下「事業財団」という。）を設定することができる。

（財団の組成）
第四条　事業財団は、左に掲げるもので、同一の事業者に属し、且つ、当該事業単位に関するものをもつて組成する。
一　土地及び工作物
二　自動車及びその附属品
三　地上権、賃貸人の承諾があるときは物の賃借権及び第一号に掲げる土地のために存する地役権
四　機械及び器具
五　軽車両、はしけ、牛馬その他の運搬具

（財団設定の制限）
第五条　自動車運送事業及び第二種貨物利用運送事業にあつては、前条第一号に掲げる不動産及び事業用自動車、自動車道事業及び自動車ターミナル事業にあつては、一般自動車道又は一般自動車ターミナルの敷地が存しないときは、事業者は、事業財団を設定することができない。

（所有権保存の登記）
第六条　事業財団の設定は、道路交通事業財団登記簿に所有権保存の登記をすることによつて行う。
２　前項の登記をしたときは、第四条に規定するものは、当然事業財団に属する。但し、他人の権利の目的であるもの又は差押、仮差押若しくは仮処分の目的であるものは、この限りでない。
３　第四条に規定するもので、事業財団の設定後新たに当該事業単位に属したものは、当然事業財団に属する。この場合においては、前項但書の規定を準用する。

第七条　事業単位に属する土地、建物、道路運送車両法（昭和二十六年法律第百八十五号）による自動車で軽自動車、小型特殊自動車及び二輪の小型自動車以外のもの又は小型船舶の登録等に関する法律（平成十三年法律第百二号）による小型船舶であつて、所有権の登記のないもの又は未登録のものがあるときは、事業財団の所有権保存の登記を申請する前に、所有権の登記又は登録を受けなければならない。
２　前項の規定は、同項の土地、建物、自動車又は小型船舶が、事業財団の設定後新たに当該事業単位に属した場合における第十三条の道路交通事業財団目録の記載の変更の登記の申請に準用する。

（事業財団の性質）
第八条　事業財団は、一個の不動産とみなす。

（事業財団を目的とする権利）
第九条　事業財団は、所有権及び抵当権以外の権利の目的とすることができない。

第十条　削除

（国土交通大臣に対する通知）
第十一条　左の場合においては、登記所は、直ちにその旨を国土交通大臣に通知しなければならない。
一　事業財団について第一順位の抵当権の設定を登記したとき。
二　事業財団が消滅した旨を登記したとき。

（登記事項等）
第十二条　事業財団の表題部の登記事項は、次のとおりとする。
一　事業単位に係る事業についての道路運送法第三条第一号イからハまでの事業、一般貨物自動車運送事業、自動車道事業、自動車ターミナル法第三条各号の事業又は第二種貨物利用運送事業の別
二　一般乗合旅客自動車運送事業の事業単位にあつては、その路線又は営業区域
三　一般貸切旅客自動車運送事業若しくは一般乗用旅客自動車運送事業又は一般貨物自動車運送事業（第五号に掲げるものを除く。）の事業単位にあつては、その営業区域
四　自動車道事業の事業単位にあつては、その路線
五　特別積合せ貨物運送をする一般貨物自動車運送事業の事業単位にあつては、その運行系統
六　自動車ターミナル事業の事業単位にあつては、その一般自動車ターミナルの名称及び位置
七　第二種貨物利用運送事業の事業単位にあつては、利用運送に係る運送機関の種類及び貨物の集配の拠点
２　登記の申請においては、法務省令で定める事項のほか、前項各号に掲げる事項を申請情報の内容とする。

（道路交通事業財団目録）
第十三条　事業財団につき所有権保存の登記を申請する場合においては、法務省令で定める情報のほか、その申請情報と併せて道路交通事業財団目録に記録すべき情報を提供しなければならない。

（免許又は許可の取消し及び失効）

第十四条 国土交通大臣は、免許若しくは許可の取消し又は事業単位に属する路線の全部について免許の失効があつたときは直ちに、許可の失効（自動車ターミナル事業にあつては、事業単位に属する一般自動車ターミナルの全部についての許可の失効）があつたときは、その事実を知つたとき直ちに、その旨を抵当権者に通知しなければならない。

2 前項の場合には、抵当権者は、その権利を実行することができる。

3 前項の規定により抵当権を実行しようとするときは、抵当権者は、第一項の通知を受けた日から六箇月以内に、その手続をしなければならない。

4 免許又は許可は、第一項の取消し又は失効の日から、前項の期間が終了し又は抵当権の実行が終了する日までは、抵当権の実行の目的の範囲内において、なお、存続するものとみなす。

5 買受人が代金を納付したときは、前項の規定により存続するものとみなされた免許又は許可についての取消し又は失効は、なかつたものとみなす。

第十五条 事業財団に対する抵当権の実行のための競売又は事業財団に関する強制競売の開始決定の時以後において、事業財団に対する免許又は許可の取消し又は失効があつたときは、免許又は許可は、買受人が代金を納付するまでは、競売又は強制競売の目的の範囲内において、なお、存続するものとみなす。

2 買受人が代金を納付したときは、その競売又は強制競売の開始決定の時以後における免許又は許可の取消し又は失効は、なかつたものとみなす。

（事業財団の差押等の管轄）

第十六条 事業財団の差押、仮差押又は仮処分は、事業財団に属する不動産の所在地の地方裁判所の管轄とする。

2 民事訴訟法（平成八年法律第百九号）第十条第二項及び第三項の規定は、事業財団に属する不動産が数個の地方裁判所の管轄区域にまたがり、又は事業財団に属する数個の不動産が数個の地方裁判所の管轄区域内にある場合について準用する。

（代金納付の通知）

第十七条 裁判所書記官は、買受人が代金を納付したときは、直ちにその旨を国土交通大臣に通知しなければならない。

（免許又は許可に基づく権利義務の承継）

第十八条 前条の代金の納付があつたときは、買受人は、その時において免許又は許可に基づく権利義務を承継する。ただし、買受人が道路運送法第七条各号、貨物自動車運送事業法第五条各号、道路運送法第四十九条第二項各号、自動車ターミナル法第五条各号又は貨物利用運送事業法第二十二条各号のいずれかに該当する者であるときは、国土交通大臣は、当該免許又は許可を取り消すことができる。

2 国土交通大臣は、前項の免許に基づく権利義務を承継した者に対し、事業を休止することができる期間を指定することができる。

（準用規定）

第十九条 事業財団については、工場抵当法（明治三十八年法律第五十四号）第八条第二項及び第三項、第十条、第十三条第二項、第十五条、第十六条第一項（民法第三百八十八条及び第三百八十九条の準用に関する部分に限る。）及び第三項、第十七条から第二十条まで、第二十一条第一項第四号及び第二項、第二十三条から第四十四条ノ三まで並びに第四十六条から第四十八条までの規定を準用する。この場合において、「工場財団登記簿」とあるのは「道路交通事業財団登記簿」と、「工場財団目録」とあるのは「道路交通事業財団目録」と、同法第十五条第一項、第四十二条ノ二第一項、第四十二条ノ三第一項並びに第四十二条ノ六第二項及び第三項中「工場」とあるのは「事業単位」と、同法第十七条第一項及び第二項中「工場」とあるのは「不動産」と読み替えるものとする。

（職権の委任）

第二十条 この法律に規定する国土交通大臣の職権の一部は、政令で定めるところにより、地方運輸局長に委任することができる。

※「政令」＝令

（罰則）

第二十一条 事業者が、譲渡又は質入の目的をもつて、この法律の規定により抵当権の目的となつている事業財団に属する動産を第三者に引き渡したときは、一年以下の懲役又は十万円以下の罰金に処する。

2 法人の代表者又は法人若しくは人の代理人、使用人その他の従業者が、その法人又は人の業務又は財産に関し前項の違反行為をしたときは、行為者を罰する外、その法人又は人に対し、同項の罰金刑を科する。

> **注** 令和四年六月一七日法律六八号により改正され、令和七年六月一日から施行
>
> 第二十一条第一項中「質入」を「質入れ」に、「懲役」を「拘禁刑」に改め、同条第二項中「外、」を「ほか、」に改める。

第二十二条 前条の罪は、告訴がなければ公訴を提起することができない。

附　則（抄）

1 この法律の施行期日は、公布の日から起算して二箇月を経過した日とする。

附　則（昭三五・三・三一法一四抄）

（施行期日）

第一条 この法律は、昭和三十五年四月一日から施行する。

（罰則の経過措置）

第七条 指定期日以前にした行為に対する罰則の適用については、なお、従前の例による。

附　則（昭四一・七・一法一一八）

この法律は、公布の日から起算して一月を経過した日から施行する。

附　則（昭五四・三・三〇法五）

（施行期日）

1 この法律は、民事執行法（昭和五十四年法律第四号）の施行の日（昭和五十五年十月一日）から施行する。

（経過措置）

2 この法律の施行前に申し立てられた民事執行、企業担保権の実行及び破産の事件については、なお従前の例による。

3 前項の事件に関し執行官が受ける手数料及び支払又は償還を受ける費用の額については、同項の規定にかかわらず、最

高裁判所規則の定めるところによる。

4　この法律の施行後に申し立てられた民事執行の事件に係るこの法律の施行前に生じた第四十八条の規定による改正前の民事訴訟費用等に関する法律第二条第十三号及び第十四号に掲げる費用については、なお従前の例による。

附　則（昭五九・五・八法二五抄）

（施行期日）

第一条　この法律は、昭和五十九年七月一日から施行する。

附　則（昭六三・六・一一法八一抄）

（施行期日）

第一条　この法律は、公布の日から起算して二十日を経過した日から施行する。〔後略〕

附　則（平元・一二・一九法八二抄）

（施行期日）

第一条　この法律は、公布の日から起算して一年を超えない範囲内において政令で定める日から施行する。

〔平二・七政令二〇九により、平二・一二・一から施行〕

（経過措置）

第三十条　この法律の施行前にした行為及び附則第十一条第一項又は第二十一条第一項若しくは第二十七条の規定により従前の例によることとされる海上運送取扱業又は航空運送取扱業に係るこの法律の施行後にした行為に対する罰則の適用については、なお従前の例による。

第三十一条　附則第七条から前条までに定めるもののほか、この法律の施行に関して必要な経過措置は、政令で定める。

附　則（平元・一二・一九法八三抄）

（施行期日）

第一条　この法律は、公布の日から起算して一年を超えない範囲内において政令で定める日から施行する。

〔平二・七政令二二二により、平二・一二・一から施行〕

（経過措置）

第十条　この法律の施行前にした行為並びに附則第二条第三項又は第四条第三項の規定により従前の例によることとされる場合及び附則第二条第五項（附則第三条第四項及び第七条第二項において準用する場合を含む。）又は第四条第五項（附則第五条第四項において準用する場合を含む。）の規定により旧法第二十五条の二第一項又は第三項（旧法第四十五条第五項において準用する場合を含む。）の規定の例によることとされる場合におけるこの法律の施行後にした行為に対する罰則の適用については、なお従前の例による。

第十一条　附則第二条から前条までに定めるもののほか、この法律の施行に関して必要な経過措置は、政令で定める。

附　則（平七・五・一二法九一抄）

（施行期日）

第一条　この法律は、公布の日から起算して二十日を経過した日から施行する。

附　則（平八・五・二九法五二抄）

（施行期日）

第一条　この法律は、公布の日から起算して六月を超えない範囲内において政令で定める日から施行する。

〔平八・一〇政令三一三により、平八・一一・二八から施行〕

附　則（平八・六・二六法一一〇抄）

（罰則の適用に関する経過措置）

第五十五条　この法律の施行前にした行為に対する罰則の適用については、なお従前の例による。

（最高裁判所規則への委任）

第五十六条　この法律に定めるもののほか、この法律の施行の際現に裁判所に係属し、又は執行官が取り扱っている事件の処理に関し必要な事項は、最高裁判所規則で定める。

附　則（平八・六・二六法一一〇）

この法律は、新民訴法〔民事訴訟法＝平成八年六月法律第一〇九号〕の施行の日〔平成一〇年一月一日〕から施行する。〔後略〕

附　則（平一一・五・二一法四八抄）

（施行期日）

第一条　この法律は、平成十二年二月一日から施行する。〔後略〕

附　則（平一一・一二・二二法一六〇抄）

（処分、申請等に関する経過措置）

第千三百一条　中央省庁等改革関係法及びこの法律（以下「改革関係法等」と総称する。）の施行前に法令の規定により従前の国の機関がした免許、許可、認可、承認、指定その他の処分又は通知その他の行為は、法令に別段の定めがあるもののほか、改革関係法等の施行後は、改革関係法等の施行後の法令の相当規定に基づいて、相当の国の機関がした免許、許可、認可、承認、指定その他の処分又は通知その他の行為とみなす。

2　改革関係法等の施行の際現に法令の規定により従前の国の機関に対してされている申請、届出その他の行為は、法令に別段の定めがあるもののほか、改革関係法等の施行後は、改革関係法等の施行後の法令の相当規定に基づいて、相当の国の機関に対してされた申請、届出その他の行為とみなす。

3　改革関係法等の施行前に法令の規定により従前の国の機関に対し報告、届出、提出その他の手続をしなければならないとされている事項で、改革関係法等の施行の日前にその手続がされていないものについては、法令に別段の定めがあるもののほか、改革関係法等の施行後は、これを、改革関係法等の施行後の法令の相当規定により相当の国の機関に対して報告、届出、提出その他の手続をしなければならないとされた事項についてその手続がされていないものとみなして、改革関係法等の施行後の法令の規定を適用する。

（従前の例による処分等に関する経過措置）

第千三百二条　なお従前の例によることとする法令の規定により、従前の国の機関がすべき免許、許可、認可、承認、指定その他の処分若しくは通知その他の行為又は従前の国の機関に対してすべき申請、届出その他の行為については、法令に別段の定めがあるもののほか、改革関係法等の施行後は、改革関係法等の施行後の法令の規定に基づくその任務及び所掌事務の区分に応じ、それぞれ、相当の国の機関がすべきものとし、又は相当の国の機関に対してすべきものとする。

（罰則に関する経過措置）

第千三百三条　改革関係法等の施行前にした行為に対する罰則の適用については、なお従前の例による。

（政令への委任）

第千三百四十四条　第七十一条から第七十六条まで及び第千三百一条から前条まで並びに中央省庁等改革関係法に定めるもののほか、改革関係法等の施行に関し必要な経過措置（罰則に関する経過措置を含む。）は、政令で定める。

附　則（平一一・一二・二二法一六〇抄）

（施行期日）

第一条　この法律（第二条及び第三条を除く。）は、平成十三年一月六日から施行する。ただし、次の各号に掲げる規定は、当該各号に定める日から施行する。

一　〔前略〕第千三百四十四条の規定　公布の日

二　〔略〕

附　則（平一二・五・二六法八六抄）

（施行期日）

第一条　この法律は、平成十四年三月三十一日までの間において政令で定める日から施行する。

〔平一二・一二政令五三二により、平一四・二・一から施行〕

附　則（平一三・七・四法一〇二抄）

（施行期日）

第一条　この法律は、公布の日から起算して一年を超えない範囲内において政令で定める日（以下「施行日」という。）から施行する。〔後略〕

〔平一三・一一政令三八〇により、平一四・四・一から施行〕

（道路交通事業抵当法の一部改正に伴う経過措置）

第十五条　附則第十二条の規定は、この法律の施行の際現に道路交通事業抵当法第四条第五号に掲げるものとして道路交通事業財団に属している小型船舶について準用する。

附　則（平一四・六・一九法七七抄）

（施行期日）

第一条　この法律は、公布の日から起算して一年を超えない範囲内において政令で定める日から施行する。

〔平一四・一〇政令三二〇により、平一五・四・一から施行〕

附　則（平一六・五・一二法四三抄）

（施行期日）

第一条　この法律は、公布の日から起算して一年を超えない範囲内において政令で定める日から施行する。ただし、次の各号に掲げる規定は、当該各号に定める日から施行する。

一・二　〔略〕

三　附則第三十条及び第三十三条の規定　公布の日から九月を超えない範囲内において政令で定める日

〔平一六・一二政令四二四により、平一六・一二・三一から施行〕

四　〔略〕

附　則（平一六・六・一八法一二四抄）

沿革　平一六法四三・一五四改正

（準用）

第九十一条　〔一項略〕

2　第七条の規定は、次の各号に掲げるこの法律の規定によりそれぞれ当該各号に定める法律の一部改正に伴う経過措置について準用する。この場合において、必要な技術的読替えは、法務省令で定める。

一　第四十四条　道路交通事業抵当法

二　〔略〕

3　〔略〕

附　則（平一六・六・一八法一二四抄）

（施行期日）

第一条　この法律は、新不動産登記法〔不動産登記法＝平成一六年六月法律第一二三号〕の施行の日〔平成一七年三月七日〕から施行する。〔後略〕

附　則（平一六・一二・三法一五四抄）

（施行期日）

第一条　この法律は、公布の日から起算して六月を超えない範囲内において政令で定める日（以下「施行日」という。）から施行する。〔後略〕

〔平一六・一二政令四二六により、平一六・一二・三〇から施行〕

附　則（平一八・五・一九法四〇抄）

（施行期日）

第一条　この法律は、公布の日から起算して十月を超えない範囲内において政令で定める日から施行する。〔後略〕

〔平一八・八政令二七五により、平一八・一〇・一から施行〕

附　則（令四・六・一七法六八抄）

（罰則の適用等に関する経過措置）

第四百四十一条　刑法等の一部を改正する法律（令和四年法律第六十七号。以下「刑法等一部改正法」という。）及びこの法律（以下「刑法等一部改正法等」という。）の施行前にした行為の処罰については、次章に別段の定めがあるもののほか、なお従前の例による。

2　刑法等一部改正法等の施行後にした行為に対して、他の法律の規定によりなお従前の例によることとされ、なお効力を有することとされ又は改正前若しくは廃止前の法律の規定の例によることとされる罰則を適用する場合において、当該罰則に定める刑（刑法施行法第十九条第一項の規定又は第八十二条の規定による改正後の沖縄の復帰に伴う特別措置に関する法律第二十五条第四項の規定の適用後のものを含む。）に刑法等一部改正法第二条の規定による改正前の刑法（明治四十年法律第四十五号。以下この項において「旧刑法」という。）第十二条に規定する懲役（以下「懲役」という。）、旧刑法第十三条に規定する禁錮（以下「禁錮」という。）又は旧刑法第十六条に規定する拘留（以下「旧拘留」という。）が含まれるときは、当該刑のうち無期の懲役又は禁錮はそれぞれ無期拘禁刑と、有期の懲役又は禁錮はそれぞれその刑と長期及び短期（刑法施行法第二十条の規定の適用後のものを含む。）を同じくする有期拘禁刑と、旧拘留は長期及び短期（刑法施行法第二十条の規定の適用後のものを含む。）を同じくする拘留とする。

（裁判の効力とその執行に関する経過措置）

第四百四十二条　懲役、禁錮及び旧拘留の確定裁判の効力並びにその執行については、次章に別段の定めがあるもののほか、なお従前の例による。

（人の資格に関する経過措置）

第四百四十三条　懲役、禁錮又は旧拘留に処せられた者に係る人の資格に関する法令の規定の適用については、無期の懲役又は禁錮に処せられた者はそれぞれ無期拘禁刑に処せられた者と、有期の懲役又は禁錮に処せられた者はそれぞれ刑期を同じくする有期拘禁刑に処せられた者と、旧拘留に処せられた者は拘留に処せられた者とみなす。

2　拘禁刑又は拘留に処せられた者に係る他の法律の規定によ

りなお従前の例によることとされ、なお効力を有することとされ又は改正前若しくは廃止前の法律の規定の例によることとされる人の資格に関する法令の規定の適用については、無期拘禁刑に処せられた者は無期禁錮に処せられた者と、有期拘禁刑に処せられた者は刑期を同じくする有期禁錮に処せられた者と、拘留に処せられた者は刑期を同じくする旧拘留に処せられた者とみなす。

（経過措置の政令への委任）

第五百九条　この編に定めるもののほか、刑法等一部改正法等の施行に伴い必要な経過措置は、政令で定める。

附　則（令四・六・一七法六八抄）

（施行期日）

1　この法律は、刑法等一部改正法〔刑法等の一部を改正する法律＝令和四年六月法律第六七号〕施行日〔令和七年六月一日〕から施行する。ただし、次の各号に掲げる規定は、当該各号に定める日から施行する。

一　第五百九条の規定　公布の日

二　〔略〕

○道路交通事業抵当法施行令

（昭和二十七年七月五日　政令第二百六十一号）

沿革　昭二八政令三〇三、昭五九政令一七六、平二政令二一一・二一四、平一二政令三一二・五三三、平一四政令三三二改正

〔職権の委任〕

第一条　道路交通事業抵当法（以下「法」という。）第二条に規定する国土交通大臣の認定（自動車道事業に係るものを除く。）及び法第十八条第二項に規定する国土交通大臣の指定（自動車道事業の休止に係るものを除く。）の職権は、地方運輸局長に委任する。

〔地方運輸局長への委任〕

第二条　法第十八条第一項ただし書に規定する国土交通大臣の職権のうち、一般貸切旅客自動車運送事業及び一般乗用旅客自動車運送事業並びに一般貨物自動車運送事業（貨物自動車運送事業法（平成元年法律第八十三号）第六十六条第一項の規定により許可の取消しの権限が地方運輸局長に委任されている場合に限る。）及び第二種貨物利用運送事業（貨物利用運送事業法（平成元年法律第八十二号）第五十七条の規定により許可の取消しの権限が地方運輸局長に委任されている場合に限る。）に関するものは、地方運輸局長に委任する。

附　則

この政令は、昭和二十七年八月二十日から施行する。

附　則（昭二八・九・二八政令三〇三）

この政令は、昭和二十八年十月一日から施行する。

附　則（昭五九・六・六政令一七六抄）

（施行期日）

第一条　この政令は、昭和五十九年七月一日から施行する。

（経過措置）

第二条　この政令の施行前に次の表の上欄に掲げる行政庁が法律若しくはこれに基づく命令の規定によりした許可、認可その他の処分又は契約その他の行為（以下「処分等」という。）は、同表の下欄に掲げるそれぞれの行政庁がした処分等とみなし、この政令の施行前に同表の上欄に掲げる行政庁に対してした申請、届出その他の行為（以下「申請等」という。）は、同表の下欄に掲げるそれぞれの行政庁に対してした申請等とみなす。

上欄	下欄
北海海運局長	北海道運輸局長
東北海運局長（山形県又は秋田県の区域に係る処分等又は申請等に係る場合を除く。）	東北運輸局長
東北海運局長（山形県又は秋田県の区域に係る処分等又は申請等に係る場合に限る。）及び新潟海運監理部長	新潟運輸局長
関東海運局長	関東運輸局長
東海海運局長	中部運輸局長
近畿海運局長	近畿運輸局長
中国海運局長	中国運輸局長
四国海運局長	四国運輸局長
九州海運局長	九州運輸局長
神戸海運局長	神戸海運監理部長
札幌陸運局長	北海道運輸局長
仙台陸運局長	東北運輸局長
新潟陸運局長	新潟運輸局長
東京陸運局長	関東運輸局長
名古屋陸運局長	中部運輸局長
大阪陸運局長	近畿運輸局長
広島陸運局長	中国運輸局長
高松陸運局長	四国運輸局長
福岡陸運局長	九州運輸局長

附　則（平二・七・一〇政令二一一）

この政令は、貨物運送取扱事業法（平成元年一二月法律第八二号）の施行の日（平成二年十二月一日）から施行する。

附　則（平二・七・一〇政令二一四）

この政令は、貨物自動車運送事業法（平成元年一二月法律第八三号）の施行の日（平成二年十二月一日）から施行する。

附　則（平一二・六・七政令三一二抄）

（施行期日）

1　この政令は、内閣法の一部を改正する法律（平成十一年法律第八十八号）の施行の日（平成十三年一月六日）から施行する。〔後略〕

附　則（平一二・一二・二二政令五三三抄）

（施行期日）

第一条　この政令は、道路運送法及びタクシー業務適正化臨時措置法の一部を改正する法律（平成一二年五月法律第八六号）の施行の日（平成十四年二月一日）から施行する。

附　則（平一四・一〇・三〇政令三三二）

この政令は、鉄道事業法等の一部を改正する法律（平成一四年六月法律第七七号）の施行の日（平成十五年四月一日）から施行する。

○道路交通事業抵当法施行規則

（昭和二十七年八月十五日 運輸省 建設省 令第五号）

沿革 昭二八運令五二、昭四一運・建令一、昭五五運・建令二、昭五九運・建令一、平二運・建令一、平六運・建令四、平八運・建令四、平一一運・建令一、平一二運・建令一八、平一三国交令一〇五、平一五国交令六・一一、平一七国交令五五、平一八国交令八六、平二九国交令八、令五国交令三一改正

（事業単位の認定申請書）

第一条 道路交通事業抵当法（昭和二十七年法律第二百四号。以下「法」という。）第二条の規定による事業単位の認定を受けようとする者は、左に掲げる事項を記載した事業単位認定申請書を、自動車道事業に係るものにあつては国土交通大臣に、その他のものにあつては事業の当該部分に関する土地を管轄する地方運輸局長に提出しなければならない。この場合において、自動車道事業に係るもの以外のものであつてその事業の当該部分に関する土地が二以上の地方運輸局長の管轄区域にわたるときは、事業の当該部分の主として関する土地を管轄する地方運輸局長に提出するものとする。

一 氏名又は名称及び住所

二 当該事業単位につき、法第十二条各号に掲げる事項

三 当該事業単位の主たる事務所及び営業所の名称並びに位置

四 当該事業単位が当該事業の全部であるかどうかの別

五 当該事業単位が当該事業の一部であるときは、次条の基準に適合することの説明

2 当該事業単位が路線を定める事業又は特別積合せ貨物運送をする一般貨物自動車運送事業の一部に係るものであるときは、前項の申請書に当該事業単位の路線又は運行系統に関する次に掲げる事項及びその他の路線又は運行系統との関係を明示した路線図又は運行系統図を添付しなければならない。

一 起点及び終点の地名及び地番

二 主たる経過地

（認定基準）

第二条 国土交通大臣又は地方運輸局長は、前条に規定する申請書を受理した場合においてその申請が次の各号の基準に適合していると認めるときは、事業単位の認定をするものとする。

一 事業の当該部分の用に供する事業用自動車及び主要な施設がその他の部分に共用されないこと。

二 事業の当該部分の路線、事業区域、営業区域、運行系統又は一般自動車ターミナルが独立性を有するものであること。

三 事業の当該部分の分離によつて、当該事業に属する路線又は事業区域における輸送需要に対し適切でない状態が生ずるおそれがないこと。

（認定書等）

第三条 国土交通大臣又は地方運輸局長は、事業単位の認定をしたときは、申請者に別記様式による事業単位認定書を交付しなければならない。

2 国土交通大臣又は地方運輸局長は、前項の事業単位認定書を交付した者に対して、申請により事業単位認定証明書を交付することができる。

（商議）

第四条 地方運輸局長は、第一条に規定する申請書を受理した場合において、当該事案が二以上の地方運輸局長の管轄区域にわたるときは、関係地方運輸局長に商議しなければならない。

（事業単位の変更認定）

第五条 事業者は、事業財団の分割又は事業財団の表示の変更の登記をしようとするときは、事業単位の変更の認定を申請することができる。

2 前項の申請の場合には、前四条の規定を準用する。

（事業承継の届出）

第六条 法第十八条第一項の規定により免許又は許可に基づく権利義務を承継した者は、次に掲げる事項を記載した事業承継届出書を、当該事業の種類ごとに作成し、当該事業についての免許又は許可に関する権限を有する行政庁に速やかに提出しなければならない。

一 承継人及び被承継人の氏名又は名称及び住所

二 承継した事業の種類並びに路線、事業区域、営業区域、運行系統、一般自動車ターミナルの名称及び位置又は利用運送に係る運送機関の種類及び貨物の集配の拠点

三 代金の額

四 代金を納付した時期

2 法第十八条第二項に規定する事業の休止期間の指定を受けようとする者にあつては、前項の届出書に同項各号に掲げる事項のほか、次に掲げる事項をも記載しなければならない。

一 休止しようとする路線又は事業区域

二 休止期間

三 休止を必要とする理由

3 第一項の届出書には、次に掲げる書類及び図面を添付するものとする。

一 売却許可決定の正本の写し

二 買受人が現に一般旅客自動車運送事業、一般貨物自動車運送事業、自動車道事業、自動車ターミナル事業又は第二種貨物利用運送事業を経営する者でないときは、それぞれ道路運送法施行規則（昭和二十六年運輸省令第七十五号）第六条第一項第十号、第十一号、第十二号若しくは第十三号に規定する書類、貨物自動車運送事業法施行規則（平成二年運輸省令第二十一号）第三条第六号、第七号若しくは第八号に規定する書類、自動車道事業規則（昭和二十六年運輸、建設省令第二号）第四条第二項第九号、第十号、第十一号若しくは第十二号に規定する書類、自動車ターミナル法施行規則（昭和三十四年運輸省令第四十七号）第一条第一項第四号、第五号若しくは第六号に規定する書類又は貨物利用運送事業法施行規則（平成二年運輸省令第二十号）第十九条第一項第四号、第五号若しくは第六号に規定する書類

三 買受人が道路運送法（昭和二十六年法律第百八十三号）第七条各号、同法第四十九条第二項各号、貨物自動車運送事業法（平成元年法律第八十三号）第五条各号、自動車

ターミナル法（昭和三十四年法律第百三十六号）第五条各号又は貨物利用運送事業法（平成元年法律第八十二号）第二十二条各号に該当しない旨を証する書類

四　路線を定める事業又は特別積合せ貨物運送をする一般貨物自動車運送事業にあつては、路線図（事業の一部を休止しようとする場合は、休止しようとする路線を明示した路線図）又は運行系統図

（報告）

第七条　地方運輸局長は、次に掲げる場合には、その旨を速やかに国土交通大臣に報告しなければならない。

一　第三条に規定する事業単位認定書を交付したとき。

二　第六条に規定する事業承継届出書を受理したとき。

三　法第十四条第一項に規定する免許若しくは許可の取消しを行い又は免許若しくは許可の失効があつたとき。

四　法第十八条第一項に規定する免許又は許可の取消しを行つたとき。

附　則

この省令は、昭和二十七年八月二十日から施行する。

附　則（昭二八・九・三〇運令五二抄）

1　この省令は、昭和二十八年十月一日から施行する。（後略）

附　則（昭四一・八・一運・建令一）

この省令は、昭和四十一年八月四日から施行する。

附　則（昭五五・九・二九運・建令二）

この省令は、民事執行法（昭和五十四年法律第四号）の施行の日（昭和五十五年十月一日）から施行する。

附　則（昭五九・六・二二運・建令一）

この省令は、昭和五十九年七月一日から施行する。

附　則（平二・一一・二九運・建令一）

この省令は、貨物運送取扱事業法〔平成元年一二月法律第八二号〕及び貨物自動車運送事業法〔平成元年一二月法律第八三号〕の施行の日（平成二年十二月一日）から施行する。

附　則（平六・三・三〇運・建令四）

この省令は、公布の日から施行する。

附　則（平八・一一・二五運・建令四）

この省令は、自動車ターミナル法の一部を改正する法律〔平成八年五月法律第五二号〕の施行の日（平成八年十一月二十八日）から施行する。

附　則（平一一・一二・二〇運・建令一二）

この省令は、道路運送法の一部を改正する法律（平成十一年法律第四十八号）の施行の日（平成十二年二月一日）から施行する。

附　則（平一二・一二・二八運・建令一八）

この省令は、平成十三年一月六日から施行する。

附　則（平一三・七・一一国交令一〇五）

（施行期日）

第一条　この省令は、道路運送法及びタクシー業務適正化臨時措置法の一部を改正する法律〔平成一二年五月法律第八六号〕の施行の日（平成十四年二月一日）から施行する。

附　則（平一五・一・二〇国交令六抄）

（施行期日）

第一条　この省令は、鉄道事業法等の一部を改正する法律の施行の日（平成十五年四月一日）から施行する。

附　則（平一五・二・二四国交令一一抄）

（施行期日）

第一条　この省令は、鉄道事業法等の一部を改正する法律の施行の日（平成十五年四月一日）から施行する。

附　則（平一七・四・二八国交令五五抄）

1　この省令は、公布の日から施行する。

附　則（平一八・九・七国交令八六抄）

（施行期日）

第一条　この省令は、道路運送法等の一部を改正する法律〔平成十八年五月法律第四〇号〕の施行の日（平成十八年十月一日）から施行する。

附　則（平二九・二・二八国交令八抄）

（施行期日）

第一条　この省令は、平成二十九年四月一日から施行する。

附　則（令五・三・三一国交令三一抄）

（施行期日）

第一条　この省令は、令和五年四月一日から施行する。

別記様式（第３条関係）

認定番号第　　号

事　業　単　位　認　定　書

申請者の氏名又は名称

住　　　　　　所

事業単位に係る事業の別	
事業単位に属する路線、事業区域、営業区域、運行系統、一般自動車ターミナルの名称及び位置又は利用運送に係る運送機関の種類及び貨物の集配の拠点	
業務の範囲を限定して行なつた免許に係る事業単位にあつては、その業務の範囲	
期間を限定して行なつた免許に係る事業単位にあつては、その期間	
事業単位の主たる事務所及び営業所の名称並びに位置	
事業単位が当該事業の全部であるかどうかの別	

上記につき事業単位と認定する。

認定　　年　　月　　日

国土交通大臣　　　　　　　印

又は

地方運輸局長　　　　　　　印

（日本産業規格Ａ４）

○道路交通事業抵当登記規則

（昭和二十七年八月十八日
法務省令第十五号）

沿革　昭三五法令一〇、昭三九法令四八、昭六三法令三七、平二法令四一、平一七法令三一、令六法令七改正

第一条　道路交通事業抵当法（昭和二十七年法律第二百四号。以下「法」という。）による道路交通事業財団の登記については、この省令に別段の定めがある場合を除いて、工場抵当登記規則（平成十七年法務省令第二十三号）中工場財団に関する規定（工場図面に関する規定を除く。）を準用する。

第二条　法第十二条第二項の法務省令で定める事項は、不動産登記令（平成十六年政令第三百七十九号）第三条各号（第七号、第八号並びに第十一号ヘ及びトを除く。）に掲げる事項とする。

2　法第十三条の法務省令で定める情報は、不動産登記令第七条第一項第一号から第三号まで、第五号イ及びハ並びに第六号（同令別表の二十八の項添付情報欄ニに係る部分に限る。）に掲げる情報並びに法第二条の認定を受けたことを証する情報とする。

3　事業単位の数の変更の登記の申請をする場合には、前項に規定する情報をその申請情報と併せて登記所に提供しなければならない。

第三条　法第十二条第一項第二号の路線又は同項第四号の運行系統を登記記録に記録するには、起点及び終点、主たる経過地並びに延長を記録しなければならない。

2　前項の規定は、法第十二条第一項第二号の路線又は同項第四号の運行系統を申請情報の内容とする場合について準用する。

第四条　道路交通事業財団目録に牛又は馬を表示するには、その雌雄の別、生年月、用途及び特徴を記録しなければならない。

第五条　登記官が道路交通事業財団の登記記録中表題部に道路交通事業財団を表示するには、法第十二条第一項各号に掲げる事項を記録しなければならない。

第六条　道路交通事業財団目録は、道路交通事業財団の登記記録を閉鎖した日から二十年間保存しなければならない。

附　則

この省令は、法施行の日から施行する。

附　則（昭三九・三・三一法令四八抄）

（施行期日）

第一条　この省令は、昭和三十九年四月一日から施行する。

（経過措置等）

第二条　不動産登記法の一部を改正する法律（昭和三十九年法律第十八号。以下「法」という。）附則第四項又は船舶登記規則等の一部を改正する政令（昭和三十九年政令第九十六号。以下「改正政令」という。）附則第三項の規定により所有権の登記をするときは、登記用紙中甲区事項欄に所有権の登記名義人の氏名、住所及び法附則第四項又は改正政令附則第三項の規定によりその者の所有権の登記をする旨並びに登記の年月日を記載して、登記官が押印しなければならない。

2　登記官は、法附則第四項の規定により所有権の登記をしたときは、その所有権の登記の登記済証を作成し、これを所有権の登記名義人に交付しなければならない。

3　前項の登記済証を作成するには、不動産を表示し、所有権の登記名義人の氏名、住所、登記の年月日及び順位番号並びに法附則第四項の規定により所有権の登記をした旨を記載し、登記所の印を押さなければならない。

第三条　法による改正前の不動産登記法の規定（船舶登記規則（明治三十二年勅令第二百七十号）第一条、農業用動産抵当登記令（昭和八年勅令第三百八号）第二十条及び建設機械登記令（昭和二十九年政令第三百五号）第九条において準用する場合を含む。）及び第一条、第二条、第六条又は第八条の規定による改正前の不動産登記法施行細則、船舶登記取扱手続、農業用動産抵当登記取扱手続又は建設機械登記規則による共同担保目録は、法による改正後の不動産登記法の規定（船舶登記規則第一条、農業用動産抵当登記令第二十条及び建設機械登記令第九条において準用する場合を含む。）及び第一条、第二条、第六条又は第八条の規定による改正後の不動産登記法施行細則、船舶登記取扱手続、農業用動産抵当登記取扱手続又は建設機械登記規則による共同担保目録とみなす。

2　登記官は、前項の共同担保目録に第一条の規定による改正後の不動産登記法施行細則第十六条ノ二第一項（第二条の規定による改正後の船舶登記取扱手続第二十四条、第六条の規定による改正後の農業用動産抵当登記取扱手続第十八条及び第八条の規定による改正後の建設機械登記規則第二十四条において準用する場合を含む。）の規定により記号及び番号を附し、従前の番号を朱抹しなければならない。この場合には、法による改正前の不動産登記法第百二十五条第二項又は第百二十七条第二項（船舶登記規則第一条、農業用動産抵当登記令第二十条及び建設機械登記令第九条において準用する場合を含む。）の規定によつてした記載を変更しなければならない。

第四条　法の施行前に登記された数個の不動産（船舶、農業用動産及び建設機械を含む。本条において以下同じ。）に関する権利を目的とする先取特権、質権又は抵当権でその目的たる不動産に関する権利が共同担保目録に記載されていないものがある場合において、法の施行後にその目的たる不動産の滅失の登記をしたとき又はその先取特権、質権もしくは抵当権の消滅の登記をしたときもしくはその目的たる不動産に関する権利の表示について変更の登記をしたときは、なお従前の例による。

（弁済期の定め等の朱抹）

第五条　この省令の施行の際先取特権、質権もしくは抵当権又は企業担保権に関する登記に弁済期の定めもしくは利息の支払時期の定め又は償還もしくは支払の方法の記載があるときは、登記官は、その記載を朱抹しなければならない。ただし、抵当証券の発行の定めのされている抵当権については、この限りでない。

（合筆又は合併の登記を申請する場合の経過措置）

第六条　不動産登記法の一部を改正する等の法律（昭和三十五年法律第十四号）附則第二条第二項の期日までの間において、合筆又は合併の登記を申請する場合には、申請書に合併前のいずれか一個の不動産の所有権の登記の登記済証を添付しなければならない。

2　不動産登記法第四十四条及び法による改正後の不動産登記法第四十四条ノ二の規定は、前項の登記済証が滅失した場合に準用する。

附　則（昭六三・八・二五法令三七抄）

（施行期日）

第一条　この省令は、昭和六十三年九月一日から施行する。

〔後略〕

附　則（平二・一二・一法令四一）

この省令は、公布の日から施行する。

〔平一七・二・二八法令三一抄〕

（道路交通事業抵当登記取扱手続の一部改正に伴う経過措置）

第八条　不動産登記法附則第三条第一項の規定による指定がされるまでの間における同項の規定による指定を受けていない事務についての前条の規定による改正後の道路交通事業抵当登記規則第三条第一項、第五条及び第六条の規定の適用については、これらの規定中「登記記録」とあるのは、「登記用紙」とする。

附　則（平一七・二・二八法令三一抄）

（施行期日）

第一条　この省令は、不動産登記法（平成一六年六月法律第一二三号）の施行の日（平成十七年三月七日）から施行する。

附　則（令六・三・一法令七抄）

（施行期日）

第一条　この省令は、民法等の一部を改正する法律（令和三年四月法律第二四号）（以下「改正法」という。）附則第一条第二号に掲げる規定の施行の日（令和六年四月一日）から施行する。

第六編 自動車損害賠償保障法関係

○自動車損害賠償保障法

（昭和三十年七月二十九日法律第九十七号）

沿革 昭三一法九四・一四八、昭三四法一四八、昭三七法二〇六・一六一、昭三九法一〇九、昭四一法九〇、昭四二法七三、昭四四法六八、昭四五法四六、昭四七法六二、昭五八法七八、昭五九法二五、昭六一法四六、平元法二二・八二、平三法一五、平四法八七、平五法八、平六法八六、平七法一〇六・一三七、平八法九四、平九法五九・一〇二、平一〇法七四・一〇六・一〇七・一三一、平一一法八七・一〇二・一六〇、平一三法八三、平一四法四五・一八三、平一六法五五・一〇七、平一七法八七・一〇六、平一八法五〇・七五、平一九法二三・四七・一〇九・一一一、平二〇法五七・六五、平二二法一九、平二三法七四、平二三法一〇七、平二四法二四、平二五法五三、平二六法六七、平二七法四四・六三、平二八法一三・八六、平二九法四五、平三一法二・四、令元法一四、令二法五五、令四法六五・六八、令五法六三改正

〔編者注〕
令和四年六月一七日法律第六八号による改正のうち、令和七年六月一日から施行される部分は、直接改正を加えないで、現行条文と並列して登載した。

目次

第一章 総則

（この法律の目的）

第一条 この法律は、自動車の運行によつて人の生命又は身体が害された場合における損害賠償を保障する制度を確立するとともに、これを補完する措置を講ずることにより、被害者の保護を図り、あわせて自動車運送の健全な発達に資することを目的とする。

本条…一部改正〔令四法六五〕

※「自動車」＝本法二1、道運法九三、「損害賠償を保障する制度」＝本法三・四、「自動車損害賠償責任」＝本法三章、「自動車損害賠償責任保険」＝本法三章、「自動車損害賠償責任共済」＝本法三章、「自動車損害賠償保障事業」＝本法四章

（定義）

第二条 この法律で「自動車」とは、道路運送車両法（昭和二十六年法律第百八十五号）第二条第二項に規定する自動車（農耕作業の用に供することを目的として製作した小型特殊自動車を除く。）及び同条第三項に規定する原動機付自転車をいう。

2 この法律で「運行」とは、人又は物を運送するとしないとにかかわらず、自動車を当該装置の用い方に従い用いることをいう。

3 この法律で「保有者」とは、自動車の所有者その他自動車を使用する権利を有する者で、自己のために自動車を運行の用に供するものをいう。

4 この法律で「運転者」とは、他人のために自動車の運転又は運転の補助に従事する者をいう。

一項…一部改正〔昭四一法九〇〕

※ 1項「自動車」、原動機付自転車」＝車両法二2・3、車両法施行規則一・二、「自動車の種別」＝令九、則五、「道路運送車両法上の運行」＝同法二5

第二章 自動車損害賠償責任

（自動車損害賠償責任）

第三条 自己のために自動車を運行の用に供する者は、その運行によつて他人の生命又は身体を害したときは、これによつて生じた損害を賠償する責に任ずる。ただし、自己及び運転者が自動車の運行に関し注意を怠らなかつたこと、被害者又は運転者以外の第三者に故意又は過失があつたこと並びに自動車に構造上の欠陥又は機能の障害がなかつたことを証明したときは、この限りでない。

※「自動車」＝本法二1、「運転者」＝本法二4、「不法行為」＝民法七〇九～七二四、「他法令給付」＝労災法、健保法、国民健康保険法、地方公務員災害補償法、国公共済法、労働基準法、船員保険法等

（民法の適用）

第四条 自己のために自動車を運行の用に供する者の損害賠償の責任については、前条の規定によるほか、民法（明治二十九年法律第八十九号）の規定による。

※「民法の規定」＝民法七一〇（精神的損害に対する慰藉料）・七一一（近親者の慰藉料請求権）・七一三（未成年者の責任能力・心神喪失者の責任能力）・七一五（使用者の責任）・七一五3（使用者から被用者に対する求償）・七一九（共同不法行為）・七二〇（正当防衛・緊急

避難）・七二一（胎児の特例）・七二二2（過失相殺）・五〇九（相殺の禁止）等

第三章　自動車損害賠償責任保険及び自動車損害賠償責任共済

章名…改正〔平七法一三七〕

第一節　自動車損害賠償責任保険契約又は自動車損害賠償責任共済契約の締結強制

節名…改正〔平七法一三七〕

（責任保険又は責任共済の契約の締結強制）

第五条　自動車は、これについてこの法律で定める自動車損害賠償責任保険（以下「責任保険」という。）又は自動車損害賠償責任共済（以下「責任共済」という。）の契約が締結されているものでなければ、運行の用に供してはならない。

見出・本条…一部改正〔平七法一三七〕

※　「自動車」＝本法二1、「責任保険の契約」＝本法一一、「運行」＝本法二2、「罰則」＝本法八六条の三・九〇、「適用除外」＝本法一〇

（保険者及び共済責任を負う者）

第六条　責任保険の保険者（以下「保険会社」という。）は、保険業法（平成七年法律第百五号）第二条第四項に規定する損害保険会社又は同条第九項に規定する外国損害保険会社等で、責任保険の引受けを行う者とする。

2　責任共済の共済責任を負う者は、次の各号に掲げる協同組合（以下「組合」という。）とする。

一　農業協同組合法（昭和二十二年法律第百三十二号）に基づき責任共済の事業を行う農業協同組合又は農業協同組合連合会（以下「農業協同組合等」という。）

二　消費生活協同組合法（昭和二十三年法律第二百号）に基づき責任共済の事業を行う消費生活協同組合又は消費生活協同組合連合会（以下「消費生活協同組合等」という。）

三　中小企業等協同組合法（昭和二十四年法律第百八十一号）に基づき責任共済の事業を行う事業協同組合又は協同組合連合会（以下「事業協同組合等」という。）

本条…一部改正〔平七法一〇六〕、見出…一部改正・二項…追加〔平七法一三七〕

※　「責任保険」＝本法三章

（自動車損害賠償責任保険証明書）

第七条　保険会社は、保険料の支払があつたときは、保険契約者に対して、当該自動車につき自動車損害賠償責任保険証明書を交付しなければならない。

2　保険契約者は、当該自動車損害賠償責任保険証明書の記載事項について変更があつたときは、自動車損害賠償責任保険証明書にその変更についての記入を受けなければならない。

3　保険会社は、前項の規定による記入の申出があつたときは、遅滞なく、その記入を行わなければならない。ただし、第二十二条第三項又は第四項の規定による請求をした場合において、その金額の支払がなかつたときは、この限りでない。

4　保険契約者は、自動車損害賠償責任保険証明書が滅失し、損傷し、又はその識別が困難となつたときは、保険会社に対して、その再交付を求めることができる。

5　自動車損害賠償責任保険証明書の記載事項その他自動車損害賠償責任保険証明書に関する細目は、国土交通省令で定める。

6　保険法（平成二十年法律第五十六号）第六条の規定は、責任保険については、適用しない。

五項…一部改正〔平一一法一六〇〕、六項…追加〔平二〇法五七〕

※　「適用除外」＝本法一〇、1・3・4項「保険会社」＝本法六、5項「国土交通省令」＝則一・一号様式、「備付義務」＝本法八、「提示義務」＝本法九、6項「引用条項」＝保険法六（損害保険契約の締結時の書面交付）

（自動車損害賠償責任保険証明書の備付）

第八条　自動車は、自動車損害賠償責任保険証明書（前条第二項の規定により変更についての記入を受けなければならないものにあつては、その記入を受けた自動車損害賠償責任保険証明書。次条において同じ。）を備え付けなければ、運行の用に供してはならない。

※　「自動車」＝本法二1、「自動車損害賠償責任保険証明書」＝本法七、「運行」＝本法二2、「適用除外」＝本法一〇、「罰則」＝本法八八・九〇

（自動車損害賠償責任保険証明書の提示）

第九条　道路運送車両法第四条、第三十四条第一項、第三十六条の二第五項、第六十条第一項、第六十二条第二項（第六十三条第三項及び第六十七条第四項において準用する場合を含む。）、第六十七条第一項（使用者の変更に係る部分に限る。）、第七十一条第四項若しくは第九十七条の三又は総合特別区域法（平成二十三年法律第八十一号）第二十二条の二第三項に規定する処分を受けようとする者は、当該行政庁（道路運送車両法第七十四条の四の規定の適用があるときは、軽自動車検査協会。次項から第五項までにおいて同じ。）に対して、自動車損害賠償責任保険証明書をも提示しなければならない。ただし、道路運送車両法第九十四条の五第八項の規定により保安基準適合証の提出があつた場合において同法第六十二条第二項に規定する処分を受けようとするとき、又は総合特別区域法第二十二条の二第三項に規定する処分を受けようとするときは、国土交通省令で定める方法により作成した自動車損害賠償責任保険証明書の写しの提出をもつて、自動車損害賠償責任保険証明書の提示に代えることができる。

2　前項本文の場合において、同項本文の処分を受けようとする者は、政令で定めるところにより、保険会社に委託して、当該自動車損害賠償責任保険証明書に記載すべき事項を電磁的方法（電子情報処理組織を使用する方法その他の情報通信の技術を利用する方法であつて国土交通省令で定めるものをいう。）により道路運送車両法第七条第四項の登録情報処理機関（次項及び第四項において「登録情報処理機関」という。）に提供することができる。

3　前項の規定により自動車損害賠償責任保険証明書に記載すべき事項が登録情報処理機関に提供されたときは、第一項本文の処分を受けようとする者は、当該自動車損害賠償責任保険証明書を当該行政庁に提示したものとみなす。

4　前項の場合において、当該行政庁は、登録情報処理機関に対し、国土交通省令で定めるところにより、必要な事項を照会するものとする。

5 当該行政庁は、自動車損害賠償責任保険証明書の提示又はその写しの提出がないときは、第一項の処分をしないものとする。道路運送車両法第五十八条第一項に規定する検査対象外軽自動車以外の自動車について、その提示又は提出があつた自動車損害賠償責任保険証明書又はその写しに記載された保険期間が、当該自動車検査証に記録すべき有効期間又は臨時運行の許可の有効期間若しくは回送運行の許可の有効期間が満了する日までの期間の全部と重複するものでない場合においても、同様とする。

6 道路運送車両法第九十四条の五第一項の規定により保安基準適合証及び保安基準適合標章の交付を請求しようとする者は同法第九十四条の三第一項の指定自動車整備事業者に対して、総合特別区域法第二十二条の二第十一項の規定により点検整備済証の交付を請求しようとする者は同項の指定点検整備事業者に対して、それぞれ自動車損害賠償責任保険証明書を提示しなければならない。

7 指定自動車整備事業者は、前項の規定による提示がないとき、又はその提示があつた自動車損害賠償責任保険証明書に記載された保険期間が、その日から道路運送車両法第九十四条の五第八項の規定により保安基準適合証の提出があつた場合において記入されるべき同法第六十一条第一項に規定する自動車検査証の有効期間（次項において単に「自動車検査証の有効期間」という。）が満了する日までの期間の全部と重複するものでないときは、同法第九十四条の五第一項の規定にかかわらず、保安基準適合証及び保安基準適合標章を交付してはならない。

8 指定点検整備事業者は、第六項の規定による提示がないとき、又はその提示があつた自動車損害賠償責任保険証明書に記載された保険期間が、その日から当該点検整備済証を添付して総合特別区域法第二十二条の二第一項の規定により自動車検査証の有効期間の伸長の申請がされた場合において記録されるべき自動車検査証の有効期間が満了する日までの期間の全部と重複するものでないときは、同条第十一項の規定にかかわらず、点検整備済証を交付してはならない。

　一・二項…一部改正〔昭三七法一〇六〕、一・二項…一部改正・三・四項…追加〔昭四四法六八〕、一・二項…一部改正〔昭四七法六二〕、一・四項…一部改正〔平六法八六〕、一項…一部改正〔平一〇法七四平一一法一六〇〕、一項…一部改正・二―四項…追加・旧二・四項…一部改正し三項ずつ繰下・旧三項…六項に繰下〔平一六法五五〕、一・六・七項…一部改正・八項…追加〔平二五法五三〕、一・五項…一部改正〔平二七法四四〕、五・八項…一部改正〔令元法一四〕

※ 「登録」＝車両法四、「臨時運行の許可」＝車両法三四、「回送運行の許可」＝車両法三六の二、「新規検査」、「車両番号の指定」＝車両法六〇、「継続検査」＝車両法六二、「臨時検査」＝車両法六三、「車検証の記載事項の変更、構造等変更検査」＝車両法六七、「予備検査」＝車両法七一、「検査対象外軽自動車の使用の届出等」＝車両法九七の三、1項ただし書・2・4項「国土交通省令」＝則一の二〜一の四、2項「政令」＝令一

（保険標章）

第九条の二 保険会社は、検査対象外軽自動車、原動機付自転車又は締約国登録自動車（道路交通に関する条約の実施に伴う道路運送車両法の特例等に関する法律（昭和三十九年法律第百九号）第二条第二項に規定する締約国登録自動車をいう。以下同じ。）について第七条第一項の規定により自動車損害賠償責任保険証明書を交付したときは、当該保険契約者に対して、保険標章を交付しなければならない。

2 保険標章には、国土交通省令で定めるところにより、保険期間の満了する時期を表示するものとする。

3 保険標章の有効期間は、保険期間と同一とする。

4 保険契約者は、保険標章が滅失し、損傷し、又はその識別が困難となつた場合その他国土交通省令で定める場合には、保険会社に対して、その再交付を求めることができる。

5 保険標章の様式その他保険標章に関する細目は、国土交通省令で定める。

　本条…追加〔昭三七法一〇六〕、一項…一部改正〔昭三九法一〇九昭四一法九〇昭四七法六二〕、二・四・五項…一部改正〔平一一法一六〇〕

※ 「検査対象外軽自動車」＝車両法五八、「原動機付自転車」＝令九⑱、車両法二3、「本条の準用」＝本法九の四、4・5項「本項の準用」＝本法一〇の二4、2・4・5項「国土交通省令」＝則一の五・一の六

第九条の三 検査対象外軽自動車、原動機付自転車及び締約国登録自動車は、国土交通省令で定めるところにより、保険標章を表示しなければ、運行の用に供してはならない。

2 保険標章は、当該検査対象外軽自動車、当該原動機付自転車又は当該締約国登録自動車以外の検査対象外軽自動車、原動機付自転車又は締約国登録自動車に表示してはならない。

3 有効期間を経過した保険標章は、検査対象外軽自動車、原動機付自転車又は締約国登録自動車に表示してはならない。

　本条…追加〔昭三七法一〇六〕、一―三項…一部改正〔昭三九法一〇九昭四一法九〇昭四七法六二〕、一項…一部改正〔平一一法一六〇〕

※ 「検査対象外軽自動車」＝車両法五八、「原動機付自転車」＝令九⑱、車両法二3、「締約国登録自動車」＝本法九の二1参照、「罰則」＝本法八八・八九・九〇、1項「国土交通省令」＝則一の五3、2・3項「本項の準用」＝本法一〇の二4・九の五3

（自動車損害賠償責任共済証明書及び共済標章）

第九条の四 第七条及び第九条の二の規定は、責任共済について準用する。この場合において、これらの規定中「保険会社」とあるのは「組合」と、「保険料」とあるのは「共済掛金」と、「保険契約者」とあるのは「共済契約者」と、「自動車損害賠償責任保険証明書」とあるのは「自動車損害賠償責任共済証明書」と、「保険標章」とあるのは「共済標章」と、「保険期間」とあるのは「共済期間」と、第七条第三項中「第二十二条第三項又は第四項」とあるのは「第二十三条の三第一項において準用する第二十二条第三項又は第四項」と、同条第六項中「責任保険」とあるのは「責任共済」と、第九条の二第一項中「第七条第一項」とあるのは「第九条の四において準用する第七条第一項」と読み替えるものとする。

　本条…追加〔平七法一三七〕、一部改正〔平一三法八三平二〇法五七〕

第九条の五 責任共済の契約が締結されている自動車に係る第八条及び第九条の規定の適用については、第八条（見出しを含む。）、第九条の見出し並びに同条第一項から第三項まで及び第五項から第八項までの規定中「自動車損害賠償責任保険証明書」とあるのは「自動車損害賠償責任共済証明書」と、第八条中「前条第二項」とあるのは「第九条の四において準用する第七条第二項」と、第九条第二項中「保険会社」とあるのは「組合」と、同条第五項、第七項及び第八項中「保険期間」とあるのは「共済期間」とする。

2 責任共済の契約が締結されている検査対象外軽自動車、原

動機付自転車及び締約国登録自動車に係る第九条の三第一項の規定の適用については、同項中「保険標章」とあるのは、「共済標章」とする。

3 第九条の三第二項及び第三項の規定は、共済標章について準用する。

本条…追加〔平七法一三七〕、一項…一部改正〔平一六法五五平二五法五三〕

※ 3項「罰則」＝本法八八①・八九①・九〇

（適用除外）

第十条 第五条及び第七条から前条までの規定は、国その他の政令で定める者が政令で定める業務又は用途のため運行の用に供する自動車及び道路（道路法（昭和二十七年法律第百八十号）による道路、道路運送法（昭和二十六年法律第百八十三号）による自動車道及びその他の一般交通の用に供する場所をいう。以下同じ。）以外の場所のみにおいて運行の用に供する自動車については、適用しない。

本条…一部改正〔昭三二法九四・一四八昭四二法七三昭四五法四六〕

※ 「政令」＝令一の二、「参考」＝車両法二6（道路の定義）、道交法二1①（道路の意義）

（保険・共済除外標章）

第十条の二 国土交通大臣は、国土交通省令で定めるところにより、前条の規定の適用を受ける検査対象外軽自動車及び原動機付自転車（政令で定めるもの及び道路以外の場所のみにおいて運行の用に供するものを除く。）について、保有者に対して保険・共済除外標章を交付しなければならない。

2 保険・共済除外標章の有効期間は、国土交通省令で定める。

3 第一項に規定する検査対象外軽自動車及び原動機付自転車は、国土交通省令で定めるところにより、保険・共済除外標章を表示しなければ、運行の用に供してはならない。

4 第九条の二第四項及び第五項並びに第九条の三第二項及び第三項の規定は、保険・共済除外標章について準用する。

本条…追加〔昭三七法一〇六〕、一・三項…一部改正〔昭四一法九〇〕、一項…一部改正〔昭四五法四六〕、一・三項…一部改正〔昭四七法六二〕、見出…全部改正・一〜四項…一部改正〔平七法一三七〕、一〜三項…一部改正〔平一一法一六〇〕

※ 「権限の委任」＝本法八四、令二三1、1項「政令」＝令一の三、1〜3項「国土交通省令」＝なし、4項「準用規定」＝本法九の二・九の三（保険標章）、「罰則」＝本法八八①・九〇

第二節　自動車損害賠償責任保険契約及び自動車損害賠償責任共済契約

節名…改正〔平七法一三七〕

（責任保険及び責任共済の契約）

第十一条 責任保険の契約は、第三条の規定による保有者の損害賠償の責任が発生した場合において、これによる保有者の損害及び運転者もその被害者に対して損害賠償の責任を負うべきときのこれによる運転者の損害を保険会社がてん補することを約し、保険契約者が保険会社に保険料を支払うことを約することによつて、その効力を生ずる。

2 責任共済の契約は、第三条の規定による保有者の損害賠償の責任が発生した場合において、これによる保有者の損害及び運転者もその被害者に対して損害賠償の責任を負うべきときのこれによる運転者の損害を組合がてん補することを約し、共済契約者が組合に共済掛金を支払うことを約することによつて、その効力を生ずる。

見出…一部改正・二項…追加〔平七法一三七〕

※ 「引用条項」＝本法三（自動車損害賠償責任）、「保有者」＝本法二3（定義）、「運転者」＝本法二4（定義）、「保険会社」＝本法六、「加害者請求」＝本法一五、「被害者請求」＝本法一六、「仮渡金請求」＝本法一七、「保険金額」＝本法一三、「保険料率」＝本法二五〜二八

第十二条 責任保険の契約は、自動車一両ごとに締結しなければならない。

※ 「責任保険の契約」＝本法一一、「自動車」＝本法二1、「本条の準用」＝本法二三の三

（保険金額）

第十三条 責任保険の保険金額は、政令で定める。

2 前項の規定に基づき政令を制定し、又は改正する場合においては、政令で、当該政令の施行の際現に責任保険の契約が締結されている自動車についての責任保険の保険金額を当該制定又は改正による変更後の保険金額とするために必要な措置その他当該制定又は改正に伴う所要の経過措置を定めることができる。

※ 「本条の準用」＝本法二三の三、1項「政令」＝令二

（免責）

第十四条 保険会社は、第八十二条の三に規定する場合を除き、保険契約者又は被保険者の悪意によつて生じた損害についてのみ、てん補の責めを免れる。

本条…一部改正〔昭四五法四六・平一四法四五〕

※ 「引用条項」＝本法八二の三（重複契約の免責）、「本条の準用」＝本法二三の三

（保険金の請求）

第十五条 被保険者は、被害者に対する損害賠償額について自己が支払をした限度においてのみ、保険会社に対して保険金の支払を請求することができる。

※ 「被保険者」＝本法一一、「被害者請求」＝本法一六、「保険金額」＝本法一三、「時効」＝保険法九五、「本条の準用」＝本法二三の三

（保険会社に対する損害賠償額の請求）

第十六条 第三条の規定による保有者の損害賠償の責任が発生したときは、被害者は、政令で定めるところにより、保険会社に対し、保険金額の限度において、損害賠償額の支払をなすべきことを請求することができる。

2 被保険者が被害者に損害の賠償をした場合において、保険会社が被保険者に対してその損害をてん補したときは、保険会社は、そのてん補した金額の限度において、被害者に対する前項の支払の義務を免かれる。

3 第一項の規定により保険会社が被害者に対して損害賠償額の支払をしたときは、保険契約者又は被保険者の悪意によつて損害が生じた場合を除き、保険会社が、責任保険の契約に基づき被保険者に対して損害をてん補したものとみなす。

4 保険会社は、保険契約者又は被保険者の悪意によつて損害が生じた場合において、第一項の規定により被害者に対して損害賠償額の支払をしたときは、その支払つた金額について、政府に対して補償を求めることができる。

三項…一部改正〔平七法一三七〕

※ 「本条の準用」＝本法二三の三、1項「引用条項」＝本法三（自動車損害賠償責任）、「保有者」＝本法二3、

「政令」＝令三・七・八、「保険金額」＝本法一三、「限度額」＝本法一三、「差押禁止」＝本法一八、「時効」＝本法一九、2項「被保険者」＝本法一一、3項「悪意の場合の免責」＝本法一四、「責任保険の契約」＝本法一一、4項「保険契約者等の悪意の場合」＝本法一四、「補償の請求」＝本法七二2・3

（休業による損害等に係る保険金等の限度）

第十六条の二 保険会社が被保険者に対して支払うべき保険金又は前条第一項の規定により被害者に対して支払うべき損害賠償額（第二十八条の四第一項を除き、以下「保険金等」という。）のうち被害者が療養のため労働することができないことによる損害その他の政令で定める損害に係る部分は、政令で定める額を限度とする。

本条…追加〔昭四五法四六〕、一部改正〔平一三法八三〕

※「被保険者」＝本法一一、「引用条項」＝本法前条1（被害者請求）、「政令」＝令三の二、「本条の準用」＝本法二三の三

（支払基準）

第十六条の三 保険会社は、保険金等を支払うときは、死亡、後遺障害及び傷害の別に国土交通大臣及び内閣総理大臣が定める支払基準（以下「支払基準」という。）に従つてこれを支払わなければならない。

2 国土交通大臣及び内閣総理大臣は、前項の規定により支払基準を定める場合には、公平かつ迅速な支払の確保の必要性を勘案して、これを定めなければならない。これを変更する場合も、同様とする。

本条…追加〔平一三法八三〕

（書面の交付）

第十六条の四 保険会社は、保険金等の請求があつたときは、遅滞なく、国土交通省令・内閣府令で定めるところにより、支払基準の概要その他の国土交通省令・内閣府令で定める事項を記載した書面を当該請求を行つた被保険者又は被害者に交付しなければならない。

2 保険会社は、保険金等の支払を行つたときは、遅滞なく、国土交通省令・内閣府令で定めるところにより、支払つた保険金等の金額、後遺障害の該当する等級、当該等級に該当すると判断した理由その他の保険金等の支払に関する重要な事項であつて国土交通省令・内閣府令で定めるものを記載した書面を前項に規定する請求を行つた被保険者又は被害者に交付しなければならない。

3 保険会社は、第三条ただし書に規定する事項の証明があつたことその他の理由により保険金等を支払わないこととしたときは、遅滞なく、国土交通省令・内閣府令で定めるところにより、支払を行わないこととした理由を記載した書面を第一項に規定する請求を行つた被保険者又は被害者に交付しなければならない。

4 保険会社は、前三項の規定による書面の交付に代えて、政令で定めるところにより、被保険者又は被害者の承諾を得て、当該書面に記載すべき事項を電子情報処理組織を使用する方法その他の情報通信の技術を利用する方法であつて国土交通省令・内閣府令で定めるものにより提供することができる。この場合において、当該保険会社は、当該書面を交付したものとみなす。

本条…追加〔平一三法八三〕

※1～4項「国土交通省令・内閣府令」＝自動車損害賠償責任保険の保険金等及び自動車損害賠償責任共済の共済金等の支払の適正化のための措置に関する命令二～五、4項「政令」＝令四の二

（書面による説明等）

第十六条の五 保険会社は、前条第二項又は第三項の規定により書面を交付した後において、被保険者又は被害者から、国土交通省令・内閣府令で定めるところにより、書面により、保険金等の支払に関する重要な事項（同条第二項の国土交通省令・内閣府令で定める事項を除く。）であつて国土交通省令・内閣府令で定めるもの又は同条第三項に規定する支払を行わないこととした理由の詳細であつて国土交通省令・内閣府令で定めるものについて説明を求められたときは、次項前段に規定する場合を除き、国土交通省令・内閣府令で定めるところにより、当該説明を求めた者に対し、書面により、当該説明を求められた事項を説明しなければならない。ただし、当該説明を求めた者の同意があるときは、書面以外の方法により説明することができる。

2 保険会社は、前項の規定により説明を求められた場合であつて第三者の権利利益を不当に害するおそれがあるときその他正当な理由があるときは、当該説明を求められた事項の全部又は一部について説明をしないことができる。この場合において、保険会社は、説明をしない旨及びその理由を記載した書面を当該説明を求めた者に交付しなければならない。

3 第一項の規定による説明又は前項の規定による書面の交付（次項において「説明等」という。）は、第一項の規定により説明を求められた日から起算して三十日以内にしなければならない。

4 保険会社は、事務処理上の困難その他正当な理由により前項に規定する期間内に説明等をすることができないときは、同項に規定する期間内に、第一項の規定により説明を求めた者に対し、書面により、前項に規定する期間内に当該説明等をすることができない理由及び当該説明等の期限を通知しなければならない。

5 保険会社は、第一項の規定による書面による説明、第二項の規定による書面の交付又は前項の規定による書面による通知（以下「書面による説明等」という。）に代えて、政令で定めるところにより、被保険者又は被害者の承諾を得て、当該書面に記載すべき事項を電子情報処理組織を使用する方法その他の情報通信の技術を利用する方法であつて国土交通省令・内閣府令で定めるものにより提供することができる。この場合において、当該保険会社は、書面による説明等を行つたものとみなす。

本条…追加〔平一三法八三〕

※1・5項「国土交通省令・内閣府令」＝自動車損害賠償責任保険の保険金等及び自動車損害賠償責任共済の共済金等の支払の適正化のための措置に関する命令七・八、5項「政令」＝令四の三

（支払等の届出）

第十六条の六 保険会社は、保険金等の支払の適正化を図る必要性が特に高いものとして国土交通省令で定める死亡その他の損害に関し、保険金等を支払つたとき又は第十六条の四第三項の規定による書面の交付をしたときは、遅滞なく、国土交通省令で定めるところにより、その旨を国土交通大臣に届け出なければならない。

本条…追加〔平一三法八三〕

※「国土交通省令」＝則三・三の二

（国土交通大臣に対する申出）

第十六条の七　被保険者又は被害者は、保険会社による保険金等の支払又は支払に係る手続に関し、次のいずれかに該当する事実があるときは、国土交通大臣に対し、その事実を申し出ることができる。

一　保険金等の支払が支払基準に従つていないとき。

二　第十六条の四第一項から第三項までの規定による書面の交付を行つていないとき。

三　第十六条の五第一項の規定による説明、同条第二項の規定による書面の交付又は同条第四項の規定による通知を行つていないとき。

本条…追加〔平一三法八三〕

（指示等）

第十六条の八　国土交通大臣は、第十六条の六の規定による届出があつた場合、前条の規定による申出があつた場合その他の場合において、保険会社による保険金等の支払又は支払に係る手続が同条各号のいずれかに該当すると認めるときは、当該保険会社に対し、支払基準に従つた支払、第十六条の四第一項から第三項までの規定による書面の交付又は第十六条の五第一項の規定による説明、同条第二項の規定による書面の交付若しくは同条第四項の規定による通知をすべき旨の指示をするものとする。

2　国土交通大臣は、前項に規定する指示を行つたときは、遅滞なく、内閣総理大臣にその旨を通知しなければならない。

3　国土交通大臣は、第一項に規定する指示を受けた保険会社が、正当な理由がなくてその指示に従わなかつたときは、その旨を公表することができる。

4　国土交通大臣は、第一項に規定する指示を受けた保険会社が、前項の規定によりその指示に従わなかつた旨を公表された後において、なお、正当な理由がなくてその指示に係る措置をとらなかつたときは、当該保険会社に対し、その指示に係る措置をとるべきことを命ずることができる。

5　国土交通大臣は、第三項に規定する公表又は前項に規定する命令を行おうとするときは、あらかじめ、内閣総理大臣の同意を得るものとする。

本条…追加〔平一三法八三〕

※　4項「罰則」＝本法八七の二・九〇

（第十六条第一項の規定による損害賠償額の支払についての履行期）

第十六条の九　保険会社は、第十六条第一項の規定による損害賠償額の支払の請求があつた後、当該請求に係る自動車の運行による事故及び当該損害賠償額の確認をするために必要な期間が経過するまでは、遅滞の責任を負わない。

2　保険会社が前項に規定する確認をするために必要な調査を行うに当たり、被害者が正当な理由なく当該調査を妨げ、又はこれに応じなかつた場合には、保険会社は、これにより損害賠償額の支払を遅延した期間について、遅滞の責任を負わない。

本条…追加〔平二〇法五七〕

（被害者に対する仮渡金）

第十七条　保有者が、責任保険の契約に係る自動車の運行によつて他人の生命又は身体を害したときは、被害者は、政令で定めるところにより、保険会社に対し、政令で定める金額を第十六条第一項の規定による損害賠償額の支払のための仮渡金として支払うべきことを請求することができる。

2　保険会社は、前項の請求があつたときは、遅滞なく、請求に係る金額を支払わなければならない。

3　保険会社は、第一項の仮渡金の金額が支払うべき損害賠償額を超えた場合には、その超えた金額の返還を請求することができる。

4　保険会社は、保有者の損害賠償の責任が発生しなかつた場合において、第一項の仮渡金を支払つたときは、その支払つた金額について、政府に対して補償を求めることができる。

一項…一部改正〔昭四五法四六〕、三項…一部改正〔平七法一三七〕

※　「本条の準用」＝本法二三の三、1項「保有者」＝本法二3、「責任保険の契約」＝本法一一、「自動車」＝本法二1、「政令で定めるところ」＝令六～八、「政令で定める金額」＝令五、「引用条項」＝本法一六1（被害者請求）、「差押禁止」＝本法一八、「時効」＝本法一九、4項「補償の請求」＝本法七二2、「政府に対する補償の請求」＝則二八

（差押の禁止）

第十八条　第十六条第一項及び前条第一項の規定による請求権は、差し押えることができない。

※　「引用条項」＝本法一六1（被害者請求）、前条1（仮渡金請求）、「本条の準用」＝本法二三の三

（時効）

第十九条　第十六条第一項及び第十七条第一項の規定による請求権は、被害者又はその法定代理人が損害及び保有者を知つた時から三年を経過したときは、時効によつて消滅する。

本条…一部改正〔平二〇法五七平二九法四五〕

※　「引用条項」＝本法一六1（被害者請求）・一七1（仮渡金請求）、「加害者請求の時効」＝保険法九五、「本条の準用」＝本法二三の三

（危険に関する重要な事項）

第二十条　保険法第四条に規定する重要な事項は、責任保険の契約にあつては、次のとおりとする。

一　道路運送車両法の規定による自動車登録番号若しくは車両番号、地方税法（昭和二十五年法律第二百二十六号）第四百六十三条の十八第三項（同法第一条第二項において準用する場合を含む。）に規定する標識の番号又は道路交通に関する条約の規定による登録番号（これらが存しない場合にあつては、車台番号）

二　政令で定める自動車の種別

本条…一部改正〔昭三九法一〇九昭四一法九〇〕、見出…全部改正・本条…一部改正〔平二〇法五七〕、本条…一部改正〔平二八法一三〕

※　「引用条項」＝保険法四（告知義務）、「政令」＝令九、「緊急自動車・特種用途自動車」＝則四・五

（責任保険の契約の解除等）

第二十条の二　責任保険の契約の当事者は、次に掲げる場合に限り、責任保険の契約を解除することができる。

一　当該自動車が第十条に規定する自動車となつた場合

二　保険法第二十八条第一項の規定による場合

三　当該自動車について他に責任保険の契約又は責任共済の契約が締結されており、かつ、その契約の保険期間又は共済期間の終期が当該責任保険の契約の保険期間の終期と同一であるかその終期より遅いものである場合

四　その他国土交通省令で定める場合

2　責任保険の契約の当事者は、その契約を合意により解除し、又はその契約に解除条件を附することができない。

本条…追加〔昭三七法一〇六〕、一項…全部改正・三項…追加〔昭四五法四六〕、一項…一部改正〔平七法

一三七平一一法一六〇」、一項…一部改正・三項…削除〔平二〇法五七〕

※「責任保険の契約」＝本法一一、「引用条項」＝本法一〇（適用除外）、保険法二八（告知義務違反による解除）、「重複契約」＝本法八二の三、「国土交通省令」＝則五の二

（告知義務違反による契約解除の効力）

第二十一条　保険法第二十八条第一項の規定により、保険会社が責任保険の契約を解除したときは、その解除は、保険契約者が解除の通知を受けた日から起算して七日の後に、その効力を生ずる。

2　前項の解除の効力が生ずる日前に保険事故（保険法第五条第一項に規定する保険事故をいう。次条第三項において同じ。）が発生した場合には、同法第三十一条第二項第一号の規定にかかわらず、保険会社は、損害をてん補する責任を負う。この場合において、保険会社が損害をてん補したときは、保険契約者に対し、そのてん補した金額の支払を請求することができる。

一・二項…一部改正〔平二〇法五七〕

※「引用条項」＝保険法二八（告知義務違反による解除）・五（遡及保険）・三一（解除の効力）

（危険の増加又は減少による契約の変更）

第二十二条　保険期間中に危険が増加し、又は減少したときは、責任保険の契約は、新たな危険に対応する責任保険の契約に変更されたものとみなす。

2　保険契約者又は被保険者は、保険期間中に危険が増加したことを知ったときは、遅滞なく、これを保険会社に通知しなければならない。

3　保険期間中に危険が増加した後に保険事故が発生し、保険会社が損害をてん補した場合において、保険契約者又は被保険者が前項の通知を怠っていたときは、保険会社は、保険契約者に対し、そのてん補した金額の支払を請求することができる。

4　保険会社は、第一項の場合において、危険が増加したときは、保険契約者に対し、政令で定めるところにより増加する額の保険料の支払を請求することができる。

5　保険契約者は、第一項の場合において、危険が減少したときは、保険会社に対し、政令で定めるところにより減少する額の保険料の返還を請求することができる。

三項…一部改正〔平二〇法五七〕

※「政令」＝令一〇、「本条の準用」＝本法二三の三

（保険法の適用）

第二十三条　責任保険の契約については、この法律に別段の定めがある場合を除くほか、保険法第一章、第二章（第五節を除く。）及び第五章の規定による。

本条…一部改正〔平一七法八七〕、見出…全部改正・本条…一部改正〔平二〇法五七〕

※「責任保険の契約」＝本法一一、「保険法一章」（総則）「二章」（損害保険）「五章」（罰則）、（自賠法に特別の規定があるため適用されないもの〔かっこ内は当該自賠法の規定〕）＝六（七）・一七（一四）・二〇（八二の三）・二七（二〇の二）・二九（二二）・三〇（二〇の二）・三一（二一）・九六（二〇の二）、（自賠責保険の性質上適用されないもの）＝五・七・九・一〇・一二・一五・一六・一九・二四・二六・三三〜三六、（適用されるが約款に別段の規定があるもの）＝一三・一四・二一・二五・三二、（適用があるもの）＝一〜三・四・八・一一・一八・二二・二三・二八

（報告及び立入検査）

第二十三条の二　国土交通大臣は、第十一条から前条までの規定の施行に必要な限度において、国土交通省令で定めるところにより、保険会社に対し、責任保険の業務に関し報告をさせ、又はその職員に、保険会社の営業所、事務所その他の施設に立ち入り、責任保険の業務の状況若しくは帳簿、書類その他の物件を検査させ、若しくは関係者に質問させることができる。

2　前項の規定により立入検査又は質問をする職員は、その身分を示す証明書を携帯し、関係者の請求があったときは、これを提示しなければならない。

3　第一項に規定する立入検査又は質問の権限は、犯罪捜査のために認められたものと解釈してはならない。

本条…追加〔平一三法八三〕

※1項「罰則」＝本法八八②・九〇

（責任保険の契約に関する規定等の準用）

第二十三条の三　第十二条から前条までの規定は、責任共済の契約について準用する。この場合において、これらの規定（第二十条の二第一項第三号を除く。）中「責任保険の契約」とあるのは「責任共済の契約」と、「責任保険」とあるのは「責任共済」と、「保険金額」とあるのは「共済金額」と、「保険会社」とあるのは「組合」と、「保険契約者」とあるのは「共済契約者」と、「被保険者」とあるのは「被共済者」と、「保険金」とあるのは「共済金」と、「保険金等」とあるのは「共済金等」と、「保険期間」とあるのは「共済期間」と、「保険料」とあるのは「共済掛金」と、第十六条の二中「前条第一項」とあるのは「第二十三条の三第一項において準用する第十六条第一項」と、「第二十八条の四第一項を除き、以下」とあるのは「以下」と、第十六条の五第一項中「前条第二項又は第三項」とあるのは「第二十三条の三第一項において準用する第十六条の四第二項又は第三項」と、第十六条の六中「第十六条の四第三項」とあるのは「第二十三条の三第一項において準用する第十六条の四第三項」と、第十六条の七第二号及び第十六条の八第一項中「第十六条の四第一項から第三項まで」とあるのは「第二十三条の三第一項において準用する第十六条の四第一項から第三項まで」と、第十六条の七第三号及び第十六条の八第一項中「第十六条の五第一項」とあるのは「第二十三条の三第一項において準用する第十六条の五第一項」と、第十六条の八第一項中「第十六条の六」とあるのは「第二十三条の三第一項において準用する第十六条の六」と、「前条」とあるのは「第二十三条の三第一項において準用する第十六条の七」と、第十六条の八第二項及び第五項中「内閣総理大臣」とあるのは「行政庁（農業協同組合等に係るものを行う場合にあっては第二十七条第一項に規定する行政庁とし、消費生活協同組合等に係るものを行う場合にあっては第二十七条の二第一項において読み替えて準用する第二十七条第一項に規定する行政庁とし、事業協同組合等に係るものを行う場合にあっては第二十七条の二第二項において読み替えて準用する第二十七条第一項に規定する行政庁とする。）」と、第十七条第一項中「第十六条第一項」とあるのは「第二十三条の三第一項において準用する第十六条第一項」と、第十八条中「第十六条第一項及び前条第一項」とあり、及び第十九条中「第十六条第一項及び第十七条第一項」とあるのは「第二十三条の三第一項において準用する第十六条第一項及び第十七条第一項」と、第二

十条の二第一項第三号中「責任保険の契約の保険期間」とあるのは「責任共済の契約の共済期間」と読み替えるものとする。

2 国土交通大臣及び内閣総理大臣は、前項において準用する第十六条の三第一項に規定する支払基準を定め、又は変更しようとするとき並びに前項において準用する第十六条の四並びに同項において準用する第十六条の五第一項及び第五項に規定する国土交通省令・内閣府令を制定し、又は変更しようとするときは、あらかじめ、農林水産大臣、厚生労働大臣及び事業協同組合等の定款において組合員の資格として定められる事業の所管大臣（以下「事業所管大臣」という。）に協議するものとする。

本条…追加〔平七法一三七〕、一項…一部改正・二項…追加・旧二項…三項に繰下・旧二三条の二…繰下〔平一三法八三〕、一項…一部改正・三項…削除〔平二〇法五七〕

※ 1項「準用規定」＝本法一二（責任保険の契約）・一三（保険金額）・一四（免責）・一五（保険金の請求）・一六（保険会社に対する損害賠償額の請求）・一六の二（休業保障）・一七（被害者に対する仮渡金）・一八（差押の禁止）・一九（時効）・二二（危険の増加又は減少による契約の変更）、「罰則」＝本法八七の二・八八②・九〇

第二十三条の四 削除〔平二〇法五七〕

第二節の二 指定紛争処理機関

本節…追加〔平一三法八三〕

（指定紛争処理機関の指定等）

第二十三条の五 国土交通大臣及び内閣総理大臣は、保険金等又は共済金等の支払に係る紛争（以下「紛争」という。）の公正かつ適確な解決による被害者の保護を図ることを目的とする一般社団法人又は一般財団法人であつて、次条第一項に規定する業務（以下「紛争処理業務」という。）に関し次に掲げる基準に適合すると認められるものを、その申請により、紛争処理業務を行う者として指定することができる。

一 職員、紛争処理業務の実施の方法その他の事項についての紛争処理業務の実施に関する計画が、紛争処理業務の適確な実施のために適切なものであること。

二 前号の紛争処理業務の実施に関する計画を適確に実施するに足りる経理的及び技術的な基礎を有するものであること。

三 役員及び職員の構成が、紛争処理業務の公正な実施に支障を及ぼすおそれがないものであること。

四 紛争処理業務以外の業務を行つている場合には、その業務を行うことによつて紛争処理業務の公正な実施に支障を及ぼすおそれがないものであること。

五 前各号に定めるもののほか、紛争処理業務を公正かつ適確に行うことができるものであること。

2 国土交通大臣及び内閣総理大臣は、前項の規定による指定（以下「指定」という。）をしたときは、その指定した者（以下「指定紛争処理機関」という。）の名称及び住所、紛争処理業務を行う事務所の所在地並びに紛争処理業務を開始する日を公示しなければならない。

3 指定紛争処理機関は、その名称若しくは住所又は紛争処理業務を行う事務所の所在地を変更しようとするときは、変更しようとする日の二週間前までに、その旨及びこれらの事項を変更しようとする日を国土交通大臣及び内閣総理大臣に届け出なければならない。

4 国土交通大臣及び内閣総理大臣は、前項の規定による届出があつたときは、当該届出に係る事項を公示しなければならない。

5 指定紛争処理機関は、国土交通省令・内閣府令で定めるところにより、指定紛争処理機関である旨について、その事務所において公衆に見やすいように掲示するとともに、電気通信回線に接続して行う自動公衆送信（公衆によつて直接受信されることを目的として公衆からの求めに応じ自動的に送信を行うことをいい、放送又は有線放送に該当するものを除く。）により公衆の閲覧に供しなければならない。

本条…追加〔平一三法八三〕、一項…一部改正〔平一八法五〇令四法六五〕、五項…一部改正〔令五法六三〕

※ 5項「国土交通省令・内閣府令」＝自動車損害賠償責任保険の保険金等及び自動車損害賠償責任共済の共済金等の支払の適正化のための措置に関する命令一二

（業務）

第二十三条の六 指定紛争処理機関は、次に掲げる業務を行うものとする。

一 紛争の当事者である保険会社、組合、被保険者、被共済者又は被害者からの申請により、当該紛争の調停（以下「紛争処理」という。）を行うこと。

二 前号に掲げる業務に附帯する業務を行うこと。

2 前項第一号の申請の手続は、国土交通省令・内閣府令で定める。

本条…追加〔平一三法八三〕、一項…一部改正〔令四法六五〕

※ 2項「国土交通省令・内閣府令」＝自動車損害賠償責任保険の保険金等及び自動車損害賠償責任共済の共済金等の支払の適正化のための措置に関する命令一三

（紛争処理委員）

第二十三条の七 指定紛争処理機関は、人格が高潔で識見の高い者のうちから、国土交通省令・内閣府令で定める数以上の紛争処理委員を選任しなければならない。

2 指定紛争処理機関は、紛争処理を行うときは、前項の規定により選任した紛争処理委員のうちから、事件ごとに、指定紛争処理機関の長が指名する者に紛争処理を実施させなければならない。この場合において、指定紛争処理機関の長は、当該事件に関し当事者と利害関係を有することその他紛争処理の公正を妨げるべき事情がある紛争処理委員については、当該事件の紛争処理委員に指名してはならない。

3 前項の規定により指名される紛争処理委員のうち少なくとも一人は、弁護士でなければならない。

本条…追加〔平一三法八三〕

※ 1項「国土交通省令・内閣府令」＝自動車損害賠償責任保険の保険金等及び自動車損害賠償責任共済の共済金等の支払の適正化のための措置に関する命令一七

（役員等の選任及び解任）

第二十三条の八 紛争処理業務に従事する指定紛争処理機関の役員（紛争処理委員を含む。次項及び次条において同じ。）の選任及び解任は、国土交通大臣及び内閣総理大臣の認可を受けなければ、その効力を生じない。

2 国土交通大臣及び内閣総理大臣は、指定紛争処理機関の役員が、第二十三条の十一第一項の認可を受けた紛争処理業務規程に違反したとき、紛争処理業務に関し著しく不適当な行

為をしたとき、又はその在任により指定紛争処理機関が第二十三条の五第一項第三号に掲げる基準に適合しなくなつたときは、指定紛争処理機関に対し、その役員を解任すべきことを命ずることができる。

本条…追加〔平一三法八三〕

（秘密保持義務等）

第二十三条の九　指定紛争処理機関の役員及び職員並びにこれらの職にあつた者は、紛争処理業務に関して知り得た秘密を漏らし、又は自己の利益のために使用してはならない。

2　指定紛争処理機関の役員及び職員で紛争処理業務に従事する者は、刑法（明治四十年法律第四十五号）その他の罰則の適用については、法令により公務に従事する職員とみなす。

本条…追加〔平一三法八三〕

※　1項「罰則」＝本法八六の三1②・九〇

（紛争処理業務の義務）

第二十三条の十　指定紛争処理機関は、紛争処理業務を行うべきことを求められたときは、正当な理由がある場合を除き、遅滞なく、紛争処理業務を行わなければならない。

本条…追加〔平一三法八三〕

（紛争処理業務規程）

第二十三条の十一　指定紛争処理機関は、紛争処理業務に関する規程（以下「紛争処理業務規程」という。）を定め、国土交通大臣及び内閣総理大臣の認可を受けなければならない。これを変更しようとするときも、同様とする。

2　紛争処理業務規程で定めるべき事項は、国土交通省令・内閣府令で定める。

3　国土交通大臣及び内閣総理大臣は、第一項の認可をした紛争処理業務規程が紛争処理業務の公正かつ適確な実施上不適当となつたと認めるときは、その紛争処理業務規程を変更すべきことを命ずることができる。

本条…追加〔平一三法八三〕

※　2項「国土交通省令・内閣府令」＝自動車損害賠償責任保険の保険金等及び自動車損害賠償責任共済の共済金等の支払の適正化のための措置に関する命令一九

（説明又は資料提出の請求）

第二十三条の十二　指定紛争処理機関は、紛争処理業務の実施に必要な限度において、保険会社又は組合に対して、文書若しくは口頭による説明又は資料の提出を求めることができる。

2　保険会社又は組合は、前項の規定による求めがあつたときは、正当な理由がない限り、これを拒んではならない。

本条…追加〔平一三法八三〕

（紛争処理の手続の非公開）

第二十三条の十三　指定紛争処理機関が行う紛争処理の手続は、公開しない。ただし、指定紛争処理機関は、相当と認める者に傍聴を許すことができる。

本条…追加〔平一三法八三〕

（時効の完成猶予）

第二十三条の十四　紛争処理による解決の見込みがないことを理由に指定紛争処理機関により当該紛争処理が打ち切られた場合において、当該紛争処理の申請をした紛争の当事者がその旨の通知を受けた日から一月以内に当該紛争処理の目的となつた請求について訴えを提起したときは、時効の完成猶予に関しては、当該紛争処理の申請の時に、訴えの提起があつたものとみなす。

2　第二十三条の十七第二項の規定により指定がその効力を失い、かつ、当該指定がその効力を失つた日に紛争処理が実施されていた紛争がある場合において、当該紛争処理の申請をした紛争の当事者が同条第四項の規定による通知を受けた日又は当該指定がその効力を失つたことを知つた日のいずれか早い日から一月以内に当該紛争処理の目的となつた請求について訴えを提起したときも、前項と同様とする。

3　指定が第二十三条の二十一第一項の規定により取り消され、かつ、その取消しの処分の日に紛争処理が実施されていた紛争がある場合において、当該紛争処理の申請をした紛争の当事者が同条第三項の規定による通知を受けた日又は当該処分を知つた日のいずれか早い日から一月以内に当該紛争処理の目的となつた請求について訴えを提起したときも、第一項と同様とする。

本条…追加〔令四法六五〕

（訴訟手続の中止）

第二十三条の十五　紛争について当該紛争の当事者間に訴訟が係属する場合において、次の各号に掲げる事由のいずれかに該当し、かつ、当該紛争の当事者の共同の申立てがあるときは、受訴裁判所は、四月以内の期間を定めて訴訟手続を中止する旨の決定をすることができる。

一　当該紛争について、当該紛争の当事者間において指定紛争処理機関による紛争処理が実施されていること。

二　前号に掲げる事由のほか、当該紛争の当事者間に指定紛争処理機関による紛争処理によつて当該紛争の解決を図る旨の合意があること。

2　受訴裁判所は、いつでも前項の決定を取り消すことができる。

3　第一項の申立てを却下する決定及び前項の規定により第一項の決定を取り消す決定に対しては、不服を申し立てることができない。

本条…追加〔令四法六五〕

（事業計画等）

第二十三条の十六　指定紛争処理機関は、毎事業年度、国土交通省令・内閣府令で定めるところにより、紛争処理業務に係る事業計画及び収支予算を作成し、当該事業年度の開始前に（指定を受けた日の属する事業年度にあつては、その指定を受けた後遅滞なく）、国土交通大臣及び内閣総理大臣の認可を受けなければならない。これを変更しようとするときも、同様とする。

2　指定紛争処理機関は、毎事業年度、国土交通省令・内閣府令で定めるところにより、紛争処理業務に係る事業報告書及び収支決算書を作成し、当該事業年度経過後三月以内に、国土交通大臣及び内閣総理大臣に提出しなければならない。

本条…追加〔平一三法八三〕、旧二三条の一四…繰下〔令四法六五〕

※　1・2項「国土交通省令・内閣府令」＝自動車損害賠償責任保険の保険金等及び自動車損害賠償責任共済の共済金等の支払の適正化のための措置に関する命令二〇～二二

（業務の休廃止等）

第二十三条の十七　指定紛争処理機関は、国土交通大臣及び内閣総理大臣の許可を受けなければ、紛争処理業務の全部又は一部を休止し、又は廃止してはならない。

2　国土交通大臣及び内閣総理大臣が前項の規定により紛争処理業務の全部の廃止を許可したときは、当該許可に係る指定は、その効力を失う。

3　国土交通大臣及び内閣総理大臣は、第一項の許可をしたときは、その旨を公示しなければならない。

4　第一項の規定により紛争処理業務の全部の廃止の許可を受けた者は、当該許可の日から二週間以内に、当該許可の日に紛争処理が実施されていた紛争の当事者に対し、当該許可を受けた旨及び第二項の規定により指定がその効力を失つた旨を通知しなければならない。

本条…追加〔平一三法八三〕、四項…追加・旧二三条の一五…繰下〔令四法六五〕

※　1項「罰則」＝本法八八③・九〇、4項「罰則」＝本法八八の二①・九〇

（帳簿の備付け等）

第二十三条の十八　指定紛争処理機関は、国土交通省令・内閣府令で定めるところにより、紛争処理業務に関する事項で国土交通省令・内閣府令で定めるものを記載した帳簿を備え付け、これを保存しなければならない。

本条…追加〔平一三法八三〕、旧二三条の一六…繰下〔令四法六五〕

※　「国土交通省令・内閣府令」＝自動車損害賠償責任保険の保険金等及び自動車損害賠償責任共済の共済金等の支払の適正化のための措置に関する命令二四、「罰則」＝本法八八の二②・九〇

（報告及び立入検査）

第二十三条の十九　国土交通大臣及び内閣総理大臣は、紛争処理業務の公正かつ適確な実施の確保に必要な限度において、国土交通省令・内閣府令で定めるところにより、指定紛争処理機関に対し、紛争処理業務に関し報告をさせ、又はその職員に、指定紛争処理機関の事務所に立ち入り、紛争処理業務の状況若しくは帳簿、書類その他の物件を検査させ、若しくは関係者に質問させることができる。

2　第二十三条の二第二項及び第三項の規定は、前項の規定による立入検査又は質問について準用する。

本条…追加〔平一三法八三〕、旧二三条の一七…繰下〔令四法六五〕

※　1項「罰則」＝本法八八の二③・九〇

（監督命令）

第二十三条の二十　国土交通大臣及び内閣総理大臣は、紛争処理業務の公正かつ適確な実施を確保するため必要があると認めるときは、指定紛争処理機関に対し、紛争処理業務に関し監督上必要な命令をすることができる。

本条…追加〔平一三法八三〕、旧二三条の一八…繰下〔令四法六五〕

（指定の取消し等）

第二十三条の二十一　国土交通大臣及び内閣総理大臣は、指定紛争処理機関が次の各号のいずれかに該当するときは、その指定を取り消し、又は期間を定めて紛争処理業務の全部若しくは一部の停止を命ずることができる。

一　第二十三条の五第一項各号に掲げる基準に適合していないと認めるとき。

二　第二十三条の五第三項若しくは第五項、第二十三条の七、第二十三条の八第一項、第二十三条の十、第二十三条の十三、第二十三条の十六又は第二十三条の十七第一項の規定に違反したとき。

三　第二十三条の八第二項、第二十三条の十一第三項又は前条の規定による命令に違反したとき。

四　第二十三条の十一第一項の認可を受けた紛争処理業務規程によらないで紛争処理業務を行つたとき。

五　指定紛争処理機関又はその役員が、紛争処理業務に関し著しく不適当な行為をしたとき。

六　不正な手段により指定を受けたとき。

2　国土交通大臣及び内閣総理大臣は、前項の規定により指定を取り消し、又は紛争処理業務の全部若しくは一部の停止を命じたときは、その旨を公示しなければならない。

3　第一項の規定により指定の取消しの処分を受けた者は、当該処分の日から二週間以内に、当該処分の日に紛争処理が実施されていた紛争の当事者に対し、当該処分があつた旨を通知しなければならない。

本条…追加〔平一三法八三〕、一項…一部改正・三項…追加・旧二三条の一九…繰下〔令四法六五〕

※　3項「罰則」＝本法八八③・九〇

（指定紛争処理機関への情報提供等）

第二十三条の二十二　国土交通大臣及び内閣総理大臣は、指定紛争処理機関に対し、紛争処理業務の実施に関し必要な情報及び資料の提供を行うものとする。

本条…追加〔平一三法八三〕、旧二三条の二〇…繰下〔令四法六五〕

（国土交通省令・内閣府令への委任）

第二十三条の二十三　この節に規定するもののほか、指定紛争処理機関及び紛争処理業務に関し必要な事項は、国土交通省令・内閣府令で定める。

本条…追加〔平一三法八三〕、旧二三条の二一…繰下〔令四法六五〕

※　「国土交通省令・内閣府令」＝自動車損害賠償責任保険の保険金等及び自動車損害賠償責任共済の共済金等の支払の適正化のための措置に関する命令

第三節　自動車損害賠償責任保険事業及び自動車損害賠償責任共済事業

節名…改正〔平七法一三七〕

（責任保険及び責任共済の契約の締結義務）

第二十四条　保険会社は、政令で定める正当な理由がある場合を除き、責任保険の契約の締結を拒絶してはならない。

2　組合は、次の各号に掲げる場合及び政令で定める正当な理由がある場合を除き、責任共済の契約の締結を拒絶してはならない。

一　農業協同組合法第十条第十七項ただし書の規定に違反することとなる場合

二　消費生活協同組合法第十二条第三項の規定に違反することとなる場合

三　中小企業等協同組合法第九条の二第九項において読み替えて適用する同条第三項ただし書（同法第九条の九第五項において読み替えて準用する場合を含む。）の規定に違反することとなる場合

見出…一部改正・二項…追加〔平七法一三七〕、二項…一部改正〔平九法五九平一〇法一〇六平一六法一〇七平一七法八七・一〇六平一八法七五平二〇法六五〕

※　「政令」＝令一一、「責任保険の契約」＝本法一一、「責任共済の契約」＝本法一一、「罰則」＝本法九一－1

（保険料率及び共済掛金率の基準）

第二十五条　責任保険の保険料率及び責任共済の共済掛金率は、能率的な経営の下における適正な原価を償う範囲内でで

きる限り低いものでなければならない。

本条…全部改正〔平七法一〇六〕、見出…一部改正・本条…全部改正〔平七法一三七〕

（保険料率の審査等）

第二十六条　内閣総理大臣は、保険業法第三条第一項又は第百八十五条第一項の免許の申請があつた場合において、同法第五条第一項第四号（同法第百八十七条第五項において準用する場合を含む。以下この項において同じ。）に掲げる基準に適合するかどうかの審査を行うときは、責任保険については、同法第五条第一項第四号に掲げる基準のほか、前条の規定に適合するかどうかを審査しなければならない。

2　保険業法第百二十三条第一項（同法第二百七条において準用する場合を含む。）の内閣府令で定める事項には、責任保険に係る事項は、含まれないものとする。

3　内閣総理大臣は、保険業法第百二十三条第一項（同法第二百七条において準用する場合を含む。）の認可の申請があつた場合において、同法第百二十四条（同法第二百七条において準用する場合を含む。以下この項において同じ。）の審査を行うときは、責任保険の保険料率に係る事項については、同法第百二十四条第二号に定める基準のほか、前条の規定に適合するかどうかを審査しなければならない。

本条…全部改正〔平七法一〇六〕、見出…追加〔平七法一三七〕、一～三項…一部改正〔平九法一〇二〕、一・三項…一部改正〔平一〇法一三一〕、一～三項…一部改正〔平一一法一六〇〕

第二十六条の二　責任保険については、損害保険料率算出団体に関する法律（昭和二十三年法律第百九十三号）第十条の二、第十条の三、第十条の四第二項及び第三項後段、第十条の五第四項並びに第十条の六第一項から第四項までの規定は、適用しない。

2　責任保険についての損害保険料率算出団体に関する法律第十条の四第一項及び第三項前段の規定の適用については、同条第一項中「基準料率を中心とした一定の範囲内の保険料率（以下この条において「範囲料率」という。）」とあるのは「基準料率」と、同条第三項前段中「範囲料率」とあるのは「基準料率」と、「認可を受け、又は同条第二項の規定による届出を行った」とあるのは「認可を受けた」とする。

3　責任保険についての損害保険料率算出団体に関する法律第十条の五第一項から第三項までの規定の適用については、同条第一項中「第十条の二第一項及び第二項に規定する期間が経過し、かつ、当該基準料率が第八条の規定に適合していると認めるとき」とあるのは「当該基準料率が第八条及び自動車損害賠償保障法（昭和三十年法律第九十七号）第二十五条の規定に適合していると認めるとき」と、同条第二項中「第十条の三第一項又は第二項の規定による意見聴取及び適合性審査」とあるのは「第八条及び自動車損害賠償保障法第二十五条の規定に適合するかどうかについての審査」と、同条第三項中「基準料率が第八条の規定に適合しないと認めるとき」とあるのは「基準料率が第八条又は自動車損害賠償保障法第二十五条の規定に適合しないと認めるとき」とする。

本条…追加〔平七法一〇六〕、一項…一部改正・二項…追加・旧三項…削除・旧二項…一部改正し三項に繰下〔平一〇法一〇七〕

第二十六条の三　内閣総理大臣は、責任保険の保険料が能率的な経営の下における適正な原価を超えると認めるときは、保険会社又は損害保険料率算出団体に関する法律第二条第一項第三号に規定する損害保険料率算出団体に対して、責任保険の保険料率又は同項第六号に掲げる基準料率（第二十八条及び第二十九条の二において「基準料率」という。）の変更を命ずることができる。

本条…一部改正〔平七法一〇六〕、旧二七条…繰上〔平七法一三七〕、一部改正〔平九法一〇二・平一〇法一〇七・一三一・平一一法一六〇〕

※「罰則」＝本法九一2

（農業協同組合等の行う責任共済の事業に係る共済規程の審査等）

第二十七条　行政庁（農業協同組合法第九十八条第一項に規定する行政庁をいい、同条第十五項の規定により農林水産大臣の権限に属する事務を行うこととされた都道府県知事を含むものとする。）は、責任共済の事業（責任共済の契約によつて負う共済責任の再共済（以下「再共済」という。）の事業又は再共済の契約によつて負う再共済責任の再再共済（以下「再再共済」という。）の事業を含む。以下同じ。）を行おうとする農業協同組合等に対し、同法第十一条の十七第一項の規定により責任共済の事業についての共済規程の承認を行おうとする場合には、当該農業協同組合等が第一号及び第二号に掲げる基準に適合するかどうか並びに当該共済規程に記載された事項のうち事業の実施方法、共済契約又は共済掛金に係るものが第三号に掲げる基準に適合するかどうかを審査しなければならない。

一　当該農業協同組合等が責任共済の事業を健全かつ効率的に遂行するに足りる財産的基礎を有し、かつ、責任共済の事業に係る収支の見込みが良好であること。

二　当該農業協同組合等が、その人的構成等に照らして、責任共済の事業を的確、公正かつ効率的に遂行することができる知識及び経験を有し、かつ、十分な社会的信用を有する者であること。

三　共済規程に記載された事項が次に掲げる基準に適合するものであること。

イ　共済契約の内容が、共済契約者、被共済者、共済金額を受け取るべき者その他の関係者（以下この号において「共済契約者等」という。）の保護に欠けるおそれのないものであること。

ロ　共済契約の内容に関し、特定の者に対して不当な差別的取扱いをするものでないこと。

ハ　共済契約の内容が、公の秩序又は善良の風俗を害する行為を助長し、又は誘発するおそれのないものであること。

ニ　共済契約者等の権利義務その他共済契約の内容が、共済契約者等にとつて明確かつ平易に定められたものであること。

ホ　共済掛金が、第二十五条の規定に適合しているほか、合理的かつ妥当なものであり、また特定の者に対して不当な差別的取扱いをするものでないこと。

ヘ　その他農林水産省令で定める基準

2　前項に規定する行政庁は、責任共済の事業を行う農業協同組合等に対し農業協同組合法第十一条の十七第三項の規定により責任共済の事業についての共済規程の変更の承認を行おうとする場合には、共済規程に記載された事項のうち事業の実施方法、共済契約又は共済掛金に係るものが前項第三号に掲げる基準に適合するかどうかを審査しなければならない。

3　第一項に規定する行政庁は、責任共済の共済掛金が能率的な経営の下における適正な原価を超えると認めるときは、農業協同組合等に対して、責任共済の共済掛金率の変更を命ずることができる。

本条…追加〔平七法一三七〕、一項…一部改正〔平九法一〇二平一一法八七・一六〇〕、一・二項…一部改正〔平一六法一〇七平二七法六三〕

※　3項「罰則」＝本法九一－3

（消費生活協同組合等及び事業協同組合等の行う責任共済の事業に係る共済事業規約の審査等）

第二十七条の二　前条の規定は、消費生活協同組合等が責任共済の事業を行う場合について準用する。この場合において、同条中「行政庁（農業協同組合法第九十八条第一項に規定する行政庁をいい、同条第十五項の規定により農林水産大臣の権限に属する事務を行うこととされた都道府県知事を含むものとする。）」とあるのは「行政庁（消費生活協同組合法第九十七条に規定する行政庁をいい、同法第九十七条の二の規定により厚生労働大臣の権限に属する事務を行うこととされた都道府県知事を含むものとする。）」と、「農業協同組合等」とあるのは「消費生活協同組合等」と、「同法第十一条の十七第一項の規定により責任共済の事業についての共済規程の承認」とあるのは「同法第四十条第五項の規定により責任共済の事業についての規約（以下「共済事業規約」という。）の設定の認可」と、「共済規程」とあるのは「共済事業規約」と、「農林水産省令」とあるのは「厚生労働省令」と、「農業協同組合法第十一条の十七第三項の規定により責任共済の事業についての共済規程の変更の承認」とあるのは「消費生活協同組合法第四十条第五項の規定により責任共済の事業についての共済事業規約の変更の認可」と読み替えるものとする。

2　前条の規定は、事業協同組合等が責任共済の事業を行う場合について準用する。この場合において、同条中「行政庁（農業協同組合法第九十八条第一項に規定する行政庁をいい、同条第十五項の規定により農林水産大臣の権限に属する事務を行うこととされた都道府県知事を含むものとする。）」とあるのは「行政庁（中小企業等協同組合法第百十一条第一項に規定する行政庁をいい、同条第三項の規定により主務大臣の権限に属する事務を行うこととされた都道府県知事及び同条第四項の規定により主務大臣の権限の一部を委任された地方支分部局の長を含むものとする。）」と、「農業協同組合等」とあるのは「事業協同組合等」と、「同法第十一条の十七第一項の規定により責任共済の事業についての共済規程の承認」とあるのは「同法第九条の六の二第一項（同法第九条の九第五項において準用する場合を含む。）の規定により責任共済の事業についての共済規程の認可」と、「農林水産省令」とあるのは「事業所管大臣が定める省令」と、「農業協同組合法第十一条の十七第三項の規定により責任共済の事業についての共済規程の変更の承認」とあるのは「中小企業等協同組合法第九条の六の二第四項（同法第九条の九第五項において準用する場合を含む。）の規定により責任共済の事業についての共済規程の変更の認可」と読み替えるものとする。

本条…追加〔平七法一三七〕、一・二項…一部改正〔平九法一〇二・平一一法八七・一六〇〕、二項…一部改正〔平一三法八三〕、一・二項…一部改正〔平一六法一〇七〕、二項…一部改正〔平一八法七五〕、一項…一部改正〔平一九法四七〕、一・二項…一部改正〔平二七法六三〕

※　「罰則」＝本法九一－3

（同意）

第二十八条　内閣総理大臣は、保険業法第三条第一項又は第百八十五条第一項の免許の申請があつた場合（責任保険について、同法第五条第一項第三号及び第四号（これらの規定を同法第百八十七条第五項において準用する場合を含む。）に掲げる基準並びに第二十五条の規定に適合するかどうかについて審査する必要がある場合に限る。）において、当該免許をしようとするときは、あらかじめ、国土交通大臣の同意を得るものとする。

2　内閣総理大臣は、保険業法第四条第二項第三号若しくは第四号又は第百八十七条第三項第三号若しくは第四号に掲げる書類に定めた事項のうち責任保険に関する部分について、同法第百二十三条第一項（同法第二百七条において準用する場合を含む。）の規定による認可又は同法第百三十一条若しくは第二百三条の規定による命令をしようとするときは、あらかじめ、国土交通大臣の同意を得るものとする。

3　内閣総理大臣は、責任保険の基準料率について、損害保険料率算出団体に関する法律第九条の三第一項の規定による届出があつた場合において、第二十六条の二第三項の規定により読み替えて適用する同法第十条の五第一項の規定により同法第十条の四第一項に規定する九十日を経過する日までの期間を相当と認める期間に短縮しようとするときは、あらかじめ、国土交通大臣の同意を得るものとする。同法第十条の五第三項の規定による命令をしないこととするときについても、同様とする。

4　内閣総理大臣は、責任保険の保険料率又は基準料率に関し、第二十六条の三の規定による変更命令又は損害保険料率算出団体に関する法律第十条の六第五項の規定による命令をしようとするときは、あらかじめ、国土交通大臣の同意を得るものとする。

5　内閣総理大臣は、保険会社がこの法律若しくはこの法律に基づく命令若しくはこれらに基づく処分に違反し、又は責任保険の保険約款若しくは保険料率について保険業法若しくは損害保険料率算出団体に関する法律若しくはこれらに基づく命令若しくはこれらに基づく処分に違反した場合において、保険業法第百三十三条又は第二百五条の規定による処分をしようとするときは、あらかじめ、国土交通大臣の同意を得るものとする。

本条…全部改正〔平七法一〇六〕、四項…一部改正〔平七法一三七〕、一～五項…一部改正〔平九法一〇二〕、三・四項…一部改正〔平一〇法一〇七〕、一～五項…一部改正〔平一〇法一三一平一一法一六〇〕

（同意及び協議）

第二十八条の二　第二十七条第一項に規定する行政庁は、責任共済の事業についての共済規程のうち事業の実施方法、共済契約又は共済掛金に係るものに関し、次の各号に掲げる処分をしようとするときは、あらかじめ、国土交通大臣及び内閣総理大臣の同意を得るものとする。

一　第二十七条第三項の規定による変更命令

二　農業協同組合法第十一条の十七第一項又は第三項の規定による承認

三　農業協同組合法第九十四条の二第二項又は第九十五条の

規定による処分

2　前項に規定する行政庁は、責任共済の事業についての共済規程のうち事業の実施方法、共済契約又は共済掛金に係るものに関し、農業協同組合法第十一条の十七第二項の農林水産省令を制定し、又は変更しようとするときは、あらかじめ、国土交通大臣及び内閣総理大臣に協議するものとする。

3　第二十七条の二第一項において読み替えて準用する第二十七条第一項に規定する行政庁は、責任共済の事業についての共済事業規約のうち事業の実施方法、共済契約又は共済掛金に係るものに関し、次の各号に掲げる処分をしようとするときは、あらかじめ、国土交通大臣及び内閣総理大臣の同意を得るものとする。

一　第二十七条の二第一項において読み替えて準用する第二十七条第三項の規定による変更命令

二　消費生活協同組合法第四十条第五項の規定による認可

三　消費生活協同組合法第九十四条の二第一項、第二項、第四項若しくは第五項又は第九十五条第一項若しくは第二項の規定による処分

4　前項に規定する行政庁は、責任共済の事業についての共済事業規約のうち事業の実施方法、共済契約又は共済掛金に係るものに関し、消費生活協同組合法第二十六条の三第二項の規定により読み替えて適用される同条第一項の厚生労働省令を制定し、又は変更しようとするときは、あらかじめ、国土交通大臣及び内閣総理大臣に協議するものとする。

5　第二十七条の二第二項において読み替えて準用する第二十七条第一項に規定する行政庁は、責任共済の事業についての共済規程のうち事業の実施方法、共済契約又は共済掛金に係るものに関し、次の各号に掲げる処分をしようとするときは、あらかじめ、国土交通大臣及び内閣総理大臣の同意を得るものとする。

一　第二十七条の二第二項において読み替えて準用する第二十七条第三項の規定による変更命令

二　中小企業等協同組合法第九条の六の二第一項又は第四項（同法第九条の九第五項において準用する場合を含む。）の規定による認可

三　中小企業等協同組合法第百六条第一項又は第百六条の二第一項、第二項、第四項及び第五項の規定による処分

6　前項に規定する行政庁は、責任共済の事業についての共済規程のうち事業の実施方法、共済契約又は共済掛金に係るものに関し、中小企業等協同組合法第九条の六の二第三項の規定により読み替えて適用する同条第二項（同法第九条の九第五項において準用する場合を含む。）の省令を制定し、又は変更しようとするときは、あらかじめ、国土交通大臣及び内閣総理大臣に協議するものとする。

本条…追加〔平七法一三七〕、一項…一部改正〔平八法九四〕、一～六項…一部改正〔平九法一〇二〕、一項…一部改正〔平一〇法一〇七〕、一～六項…一部改正〔平一一法一六〇〕、一・二項…一部改正〔平一八法七五〕、三項…一部改正〔平一九法四七〕、一・二項…一部改正〔平二七法六三〕

（準備金）

第二十八条の三　保険会社は、保険業法第百十六条の規定にかかわらず、責任保険の事業から生じた収支差額及び運用益については、その全額を主務省令で定める準備金として積み立てるものとする。この場合において、積み立てた準備金は、責任保険の事業の収支の不足のてん補に充てる場合その他主務省令で定める場合を除き、取り崩してはならない。

2　前項の規定は、農業協同組合等に準用する。この場合において、同項中「保険会社」とあるのは「農業協同組合等」と、「保険業法第百十六条の規定にかかわらず」とあるのは「農業協同組合法第十一条の三十二の規定にかかわらず」と、「責任保険の事業」とあるのは「責任共済の事業」と読み替えるものとする。

3　第一項の規定は、消費生活協同組合等に準用する。この場合において、同項中「保険会社」とあるのは「消費生活協同組合等」と、「保険業法第百十六条の規定にかかわらず」とあるのは「消費生活協同組合法第五十条の七の規定にかかわらず」と、「責任保険の事業」とあるのは「責任共済の事業」と読み替えるものとする。

4　第一項の規定は、事業協同組合等に準用する。この場合において、同項中「保険会社」とあるのは「事業協同組合等」と、「保険業法第百十六条の規定にかかわらず、責任保険の事業」とあり、「責任保険の事業」とあるのは「責任共済の事業」と読み替えるものとする。

5　第一項（前三項において準用する場合を含む。）の主務省令は、内閣総理大臣、厚生労働大臣、農林水産大臣、国土交通大臣及び事業所管大臣が共同で発する命令とする。

本条…追加〔平七法一三七〕、五項…一部改正〔平九法一〇二〕、三項…一部改正〔平一一法八七〕、五項…一部改正〔平一一法一六〇〕、二項…一部改正〔平一六法一〇七〕、三項…一部改正〔平一九法四七〕、二項…一部改正〔平二七法六三〕

※　1項「主務省令」＝自動車損害賠償保障法第二十八条の三第一項に規定する準備金の積立て等に関する命令一・二

（共同プール事務）

第二十八条の四　保険会社及び組合（責任共済の契約の締結により負う共済責任の全部を他の組合に再共済する契約を締結した組合及び当該再共済の契約の締結により負う再共済責任の全部を他の組合に再再共済する契約を締結した組合を除く。以下この条において同じ。）は、次の各号に掲げる方法により、相互間で共同して、保険料、保険金等の計算、配分及び徴収をする事務（以下この条において「共同プール事務」という。）を行うものとする。

一　責任保険の保険料その他この法律の規定により保険会社が収受したもの又は責任共済の共済掛金、再共済の再共済掛金若しくは再再共済の再再共済掛金その他この法律の規定により組合が収受したものから、第七十八条の規定により政府に納付したもの並びに保険会社の責任保険の事業を行うための費用（保険料から将来の保険金の支払に充てられると見込まれるもの及び同条の規定により政府に納付すべきものとされるものを控除した残額をいう。）又は組合の責任共済の事業を行うための費用（共済掛金、再共済掛金又は再再共済掛金から将来の共済金、再共済金又は再再共済金の支払に充てられると見込まれるもの及び同条の規定により政府に納付すべきものとされるものを控除した残額をいう。）を控除した残額を、次項の規約において保険会社及び組合別に定める割合（以下この条において「配分率」という。）に応じて保険会社及び組合に対して配分すること。

二　保険金その他この法律の規定により若しくは責任保険の契約に定めるところにより保険会社が支払つたもの又は共済金、再共済金若しくは再再共済金その他この法律の規定により若しくは責任共済、再共済若しくは再再共済の契約に定めるところにより組合が支払つたものから、第十六条第四項又は第十七条第四項（これらの規定を第二十三条の三第一項において準用する場合を含む。）の規定により政府から収受したものを控除した残額を配分率に応じて保険会社及び組合から徴収すること。

2　保険会社及び組合は、配分率その他共同プール事務に関し必要な事項を定める規約を作成し、保険会社にあつては国土交通大臣及び内閣総理大臣に、組合にあつては国土交通大臣及び当該組合を所管する厚生労働大臣、農林水産大臣又は事業所管大臣に届け出なければならない。当該規約の変更をしたときも、同様とする。

3　国土交通大臣は、共同プール事務の運営状況を把握するため、その必要の限度において、保険会社又は組合に対し、当該共同プール事務に関し必要な報告又は資料の提出を求めることができる。この場合において、国土交通大臣は、あらかじめ、当該保険会社又は組合を所管する内閣総理大臣又は厚生労働大臣、農林水産大臣若しくは事業所管大臣に協議するものとする。

4　国土交通大臣並びに内閣総理大臣、厚生労働大臣、農林水産大臣及び事業所管大臣は、第二項の規定により届出を受けた規約の内容が法令に違反し、若しくは特定の者に対して不当な差別的取扱いをするものであると認めるとき、又は共同プール事務が適正に行われていないと認めるときは、保険会社又は組合に対し、共同して、規約の変更その他必要な措置を採るべき旨を命ずることができる。

本条…追加〔平七法一三七〕、二～四項…一部改正〔平九法一〇二平一〇法一三二平一一法一六〇〕、一項…一部改正〔平一三法八三〕

※　3項「罰則」＝本法八八④・九〇、4項「罰則」＝本法九一－④

（共同行為に関する通知）

第二十九条　内閣総理大臣は、保険業法第百一条第一項第一号（同法第百九十九条において準用する場合を含む。）に掲げる責任保険の事業に関する共同行為に関して、同法第百二条第一項（同法第百九十九条において準用する場合を含む。）の規定による認可をしたときは、その旨を国土交通大臣に通知するものとする。

本条…一部改正〔平七法一〇六平九法一〇二平一〇法一三二平一一法一六〇〕

（損害率等の報告義務）

第二十九条の二　保険会社及び組合は、内閣府令で定めるところにより、損害保険料率算出団体であつて責任保険の基準料率の算出を行うもののうち内閣総理大臣の指定するもの（次項において「料率団体」という。）に対して、損害率その他責任保険の保険料率又は責任共済の共済掛金率の算出に関し必要な事項を報告しなければならない。

2　組合は、料率団体に対し、責任保険の基準料率の算出の基礎となつた資料の提供を求めることができる。

3　内閣総理大臣は、第一項の内閣府令を制定し、又は変更しようとするときは、あらかじめ、国土交通大臣並びに厚生労働大臣、農林水産大臣及び事業所管大臣に協議するものとする。

本条…追加〔平七法一三七〕、一・三項…一部改正〔平九法一〇二〕、一・二項…一部改正〔平一〇法一三二〕、一・三項…一部改正〔平一一法一六〇〕

※　1項「内閣府令」＝自動車損害賠償保障法第二十九条の二第一項に規定する保険会社及び組合の料率団体に対する報告に関する省令、「指定」＝自動車損害賠償保障法第二十九条の二第一項の規定に基づき損害保険料率算出団体を指定

（代理店契約）

第三十条　保険会社又は組合は、自動車運送の振興を図ることを目的として組織する団体その他の者であつて、責任保険又は責任共済の事業の円滑な遂行上適当と認められるものと責任保険又は責任共済に関する代理店契約を締結するものとする。

本条…一部改正〔平元法八二平一六法一〇七平一八法七五平一九法四七〕

第四節　自動車損害賠償責任保険審議会

（設置）

第三十一条　金融庁に、自動車損害賠償責任保険審議会（以下「審議会」という。）を置く。

本条…一部改正〔平九法一〇二平一一法一〇二〕

第三十二条　削除〔平一一法一〇二〕

（諮問等）

第三十三条　内閣総理大臣は、第二十八条第一項に規定する場合において同項に規定する処分をしようとするとき、又は同条第二項若しくは第四項に規定する処分をしようとするときは、審議会に諮らなければならない。同条第三項に規定する場合において、同項前段に規定する期間を短縮しようとするとき、又は同項後段に規定する命令をしないこととするときについても、同様とする。

2　内閣総理大臣は、第二十八条の二第一項、第三項又は第五項の規定による同意をしようとするときは、審議会に諮らなければならない。

3　審議会は、前項の規定による諮問に応じて、第二十八条の二第一項、第三項又は第五項の規定による内閣総理大臣の同意に関し調査審議する。

本条…一部改正〔平七法一〇六〕、見出…全部改正・二・三項…追加〔平七法一三七〕、一～三項…一部改正〔平九法一〇二平一〇法一三二平一一法一〇二〕

第三十四条　削除〔平一一法一〇二〕

（委員）

第三十五条　審議会の委員は、政令で定めるところにより、内閣総理大臣が国土交通大臣の同意を得て、任命する。

一・二項…一部改正〔昭四一法九〇〕、二項…一部改正〔平七法一〇六〕、一・二項…一部改正〔平九法一〇二平一〇法一三二〕、本条…全部改正〔平一一法一〇二〕

※　「政令」＝自動車損害賠償責任保険審議会令二

第三十六条から第三十八条まで　削除〔平一一法一〇二〕

（政令への委任）

第三十九条　第三十一条、第三十三条及び第三十五条に規定するもののほか、審議会の組織及び委員その他の職員その他審議会に関し必要な事項は、政令で定める。

本条…一部改正〔平一一法一〇二〕、全部改正〔平一一法一〇二〕

※　「政令」＝自動車損害賠償責任保険審議会令

第四十条から第七十条まで　削除〔平一三法八三〕

第四章　自動車事故対策事業

旧五章…繰上〔平七法一三七〕、章名…改正〔令四法六五〕

第一節　総則

節名…追加〔令四法六五〕

第七十一条　政府は、この法律の規定により、自動車事故対策事業として、次条第一項に規定する自動車損害賠償保障事業及び第七十七条の二第一項に規定する被害者保護増進等事業を行う。

本条…全部改正〔令四法六五〕

第二節　自動車損害賠償保障事業

節名…追加〔令四法六五〕

（業務）

第七十二条　政府は、自動車損害賠償保障事業として、次の業務を行う。

一　自動車の運行によつて生命又は身体を害された者がある場合において、その自動車の保有者が明らかでないため被害者が第三条の規定による損害賠償の請求をすることができないときに、被害者の請求により、政令で定める金額の限度において、その受けた損害を塡補すること。

二　責任保険の被保険者及び責任共済の被共済者以外の者が、第三条の規定によつて損害賠償の責に任ずる場合（その責任が第十条に規定する自動車の運行によつて生ずる場合を除く。）に、被害者の請求により、政令で定める金額の限度において、その受けた損害を塡補すること。

三　第十六条第四項又は第十七条第四項（これらの規定を第二十三条の三第一項において準用する場合を含む。）の規定による請求により、これらの規定による補償を行うこと。

2　前項各号の請求の手続は、国土交通省令で定める。

一項…一部改正〔昭三一法九四・一四八〕、一・二項…一部改正〔昭四一法九〇〕、二項…一部改正〔昭四二法七三〕、一・二項…一部改正〔昭四五法四六〕、二項…一部改正〔平七法一三七〕、三項…一部改正〔平一一法一六〇〕、二項…一部改正〔平一三法八三〕、本条…全部改正〔令四法六五〕

※　1項「政令」＝令二〇、2項「国土交通省令」＝則二七・二八

（他の法令による給付との調整等）

第七十三条　被害者が、健康保険法（大正十一年法律第七十号）、労働者災害補償保険法（昭和二十二年法律第五十号）その他政令で定める法令に基づいて前条第一項第一号又は第二号の規定による損害の塡補に相当する給付を受けるべき場合には、政府は、その給付に相当する金額の限度において、同項第一号又は第二号の規定による損害の塡補をしない。

2　前条第一項第二号の場合において、被害者が第三条の規定による損害賠償の責に任ずる者から損害の賠償を受けたときは、政府は、その金額の限度において、同号の規定による損害の塡補をしない。

一項…一部改正〔平七法一三七〕、一・二項…一部改正〔令四法六五〕

※　1項「政令で定める法令」＝令二一、「他の法令における類似の規定」＝労働基準法八四1、2項「他の法令における類似の規定」＝国公災法六2、厚年法四〇2

（第七十二条第一項第一号又は第二号の規定による損害の塡補についての履行期）

第七十三条の二　政府は、第七十二条第一項第一号又は第二号の規定による損害の塡補の請求があつた後、当該請求に係る自動車の運行による事故及び塡補すべき損害の金額の確認をするために必要な期間が経過するまでは、遅滞の責任を負わない。

2　政府が前項に規定する確認をするために必要な調査を行うに当たり、被害者が正当な理由なく当該調査を妨げ、又はこれに応じなかつた場合には、政府は、これにより損害の塡補を遅延した期間について、遅滞の責任を負わない。

本条…追加〔平二〇法五七〕、見出…全部改正・一・二項…一部改正〔令四法六五〕

（差押えの禁止）

第七十四条　第七十二条第一項第一号又は第二号の規定による請求権は、差し押さえることができない。

見出…全部改正・本条…一部改正〔令四法六五〕

※　「差し押え禁止債権を受働債権とする相殺の禁止」＝民法五一〇

（時効）

第七十五条　第十六条第四項若しくは第十七条第四項（これらの規定を第二十三条の三第一項において準用する場合を含む。）又は第七十二条第一項第一号若しくは第二号の規定による請求権は、これらを行使することができる時から三年を経過したときは、時効によつて消滅する。

本条…一部改正〔昭四一法九〇昭四五法四六平七法一三七平一三法八三平二〇法五七平二九法四五令四法六五〕

※　「引用条項」＝本法一六4（保険契約者等の悪意の場合の補償の請求）・一七4（仮渡金についての保険会社からの補償の請求）・七二1（被害者から保障事業に対する損害のてん補の請求）、「時効」＝民法一四四〜一七四の二、「時効の援用等」＝会計法三一、「時効消滅した債権による相殺」＝民法五〇八

（代位等）

第七十六条　政府は、第七十二条第一項第一号又は第二号の規定による損害の塡補をしたときは、その支払金額の限度において、被害者が損害賠償の責任を有する者に対して有する権利を取得する。

2　政府は、保険契約者若しくは被保険者又は共済契約者若しくは被共済者の悪意によつて損害が生じた場合において、保険会社又は組合が第十六条第一項（第二十三条の三第一項において準用する場合を含む。）の規定により被害者に対して損害賠償額の支払をしたときは、その支払金額の限度において、被害者が保険契約者若しくは被保険者又は共済契約者若しくは被共済者に対して有する権利を取得する。

3　政府は、保有者の損害賠償の責任が発生しなかつた場合において、保険会社又は組合が第十七条第一項（第二十三条の三第一項において準用する場合を含む。）の規定により被害者に対して仮渡金の支払をしたときは、被害者に対してその返還を請求することができる。

二・三項…一部改正〔昭四一法九〇昭四五法四六平七法一三七平一三法八三〕、一項…一部改正〔令四法六五〕

※　1項「損害賠償請求権」＝本法三、民法七〇九、「消滅時効」＝本法四、民法七二四、「損害賠償者の代位」＝民法四二二、「他の法令における類似の規定」＝健保

法六四〔国共済法四八等、2項「被保険者」＝本法一一、「不当利得返還請求権」＝民法七〇三・七〇四、3項「仮渡金」＝本法一七〕

（業務の委託）

第七十七条　政府は、政令で定めるところにより、第七十二条第一項第一号又は第二号の規定による業務の一部を保険会社又は組合に委託することができる。

2　組合は、次の各号に掲げる規定にかかわらず、前項の規定により委託された業務を行うことができる。

一　農業協同組合法第十条

二　消費生活協同組合法第十条

三　中小企業等協同組合法第九条の二又は第九条の九

3　国土交通大臣は、第一項の規定による委託をしたときは、委託を受けた保険会社又は組合の名称その他国土交通省令で定める事項を告示しなければならない。

一項…一部改正・三項…追加・旧三項…一部改正し四項に繰下〔昭四一法九〇〕、二項…削除・旧三項…一部改正し二項に繰上・旧四項…三項に繰上〔平七法一〇六〕、二項…一部改正〔平七法一三七〕、三項…一部改正〔平一一法一六〇〕、一項…一部改正〔令四法六五〕

※1項「政令」＝令二二、「委託契約に関する準則」＝自動車損害賠償保障事業業務委託契約準則、3項「国土交通省令」＝なし、「告示」＝自動車損害賠償保障法施行令第二十二条第一項の規定に基づき保険会社等に委託（昭三一運告一三三・昭四一運告三一二・昭四七運告一七六・昭五八運告一三九）

第三節　被害者保護増進等事業

本節…追加〔令四法六五〕

（業務）

第七十七条の二　政府は、被害者保護増進等事業として、次の業務を行う。

一　被害者の療養を行う施設の設置及び運営、被害者の療養生活の援護、被害者の受ける介護の援護その他の被害者の保護の増進を図るために必要な業務

二　道路運送法第二条第二項に規定する自動車運送事業（貨物利用運送事業法（平成元年法律第八十二号）第二条第八項に規定する第二種貨物利用運送事業を含む。）に従事する者に対する運行の安全の確保に関する事項の指導、自動車事故の発生の防止に資する機器及び装置の導入の促進その他の自動車事故の発生の防止を図るために必要な業務

2　政府は、被害者保護増進等事業に係る業務のうち、独立行政法人自動車事故対策機構法（平成十四年法律第百八十三号）第十三条に掲げるものについては、独立行政法人自動車事故対策機構に行わせるものとする。

本条…追加〔令四法六五〕

（被害者保護増進等計画）

第七十七条の三　国土交通大臣は、被害者保護増進等事業の安定的かつ効果的な実施を図るため、被害者保護増進等事業の実施に関する事項を定めた計画（以下「被害者保護増進等計画」という。）を作成するものとする。

2　被害者保護増進等計画に定める事項は、次のとおりとする。

一　被害者の生活の実態、自動車事故の発生の状況その他の被害者保護増進等事業の実施に際し考慮すべき事項

二　被害者保護増進等事業の目標に関する事項

三　前号の目標の達成のため実施すべき被害者保護増進等事業の概要に関する事項

3　国土交通大臣は、被害者保護増進等計画を作成するときは、あらかじめ、被害者その他の関係者の意見を反映させるために必要な措置を講ずるとともに、財務大臣に協議しなければならない。

4　国土交通大臣は、被害者保護増進等計画を作成したときは、遅滞なく、これを公表しなければならない。

5　前二項の規定は、被害者保護増進等計画の変更について準用する。

本条…追加〔令四法六五〕

（助成）

第七十七条の四　政府は、被害者保護増進等計画に基づき、独立行政法人自動車事故対策機構に対する独立行政法人通則法（平成十一年法律第百三号）第四十六条第一項の交付並びに独立行政法人自動車事故対策機構法第五条第三項の出資及び同法第十八条第一項の貸付け並びに独立行政法人自動車事故対策機構その他の被害者保護増進等計画に規定する事業を実施する者に対する補助を行うものとする。

本条…追加〔令四法六五〕

第四節　雑則

節名…追加〔令四法六五〕

（自動車事故対策事業賦課金）

第七十八条　保険会社、組合及び第十条に規定する自動車のうち政令で定めるものを運行の用に供する者は、第七十一条に規定する自動車事故対策事業に必要な費用に充てるため、国土交通省令で定めるところにより、政令で定める金額を、自動車事故対策事業賦課金として政府に納付しなければならない。

二項…一部改正〔昭三一法九四法一四八〕、一項…一部改正〔昭四一法九〇〕、二項…一部改正〔昭四七三〕、一項…一部改正・二項…削除〔昭四五法四六〕、本条…一部改正〔平一一法一六〇〕、見出…全部改正・本条…一部改正〔令四法六五〕

※「政令で定めるもの」＝なし、「国土交通省令で定めるところ」＝則二九、「政令で定める金額」＝賦課金政令一・別表一、「滞納処分」＝本法八〇、「先取特権の順位」＝本法八一、「保障事業に関する賦課金相当額の繰入」＝本法八二1、「過怠金」＝本法七九

（過怠金）

第七十九条　政府は、第七十二条第一項第二号の規定による損害の塡補をしたときは、損害賠償の責に任ずる者に対して、政令で定める金額を過怠金として徴収することができる。

本条…一部改正〔令四法六五〕

※「政令で定める金額」＝賦課金政令二・別表二、「滞納処分」＝本法八〇、「先取特権の順位」＝本法八一

（徴収金の滞納処分）

第八十条　第七十八条の自動車事故対策事業賦課金又は前条の過怠金を納付しない者があるときは、国土交通大臣は、期限を定めて督促をする。

2　国土交通大臣は、前項の規定による督促をするときは、納付義務者に対して督促状を発する。この場合において、督促状により定めるべき期限は、これを発する日から起算して十日以上経過した日でなければならない。

3　第一項の規定による督促は、時効の更新の効力を有する。

4　国土交通大臣は、第一項の規定による督促を受けた者が、

同項の期限までに自動車事故対策事業賦課金又は過怠金を納付しないときは、国税滞納処分の例によつて、これを処分する。

一項…一部改正〔昭四五法四六〕、一・二・四項…一部改正〔平一一法一六〇〕、三項…一部改正〔平二九法四五〕、一・四項…一部改正〔令四法六五〕

※ 2項「督促状の様式」＝則三〇・二号様式、3項「引用条項」＝民法一五三（催告の時効中断の効力）、「時効」＝民法一四四〜一七四の二、「時効中断の事由」＝民法一四七、「時効中断の効力」＝民法一四八、「中断後の時効進行」＝民法一五七、「公法上の金銭債権の消滅時効等」＝会計法三〇〜三二、4項「自動車損害賠償保障賦課金」＝本法七八、「過怠金」＝本法七九、「財産差押をする職員の身分を示す証票」＝則三一

（先取特権の順位）

第八十一条 第七十八条の自動車事故対策事業賦課金及び第七十九条の過怠金の先取特権の順位は、国税及び地方税に次ぐ。

本条…一部改正〔昭三四法一四八四五四六令四六五〕

※ 「先取特権」＝民法三〇三〜三四一

（自動車事故対策事業に関する費用の繰入れ）

第八十二条 政府は、第十条に規定する自動車（第七十八条の政令で定めるもの及び道路以外の場所のみにおいて運行の用に供するものを除く。）について、第七十八条の自動車事故対策事業賦課金に相当する金額を、毎会計年度、予算で定めるところにより、国の他の会計から自動車安全特別会計に繰り入れるものとする。

2 政府は、この法律に規定する自動車損害賠償保障事業の業務の執行に要する経費の一部を、毎会計年度、予算で定めるところにより、一般会計から自動車安全特別会計に繰り入れるものとする。

一項…一部改正〔昭四五法四六〕、一・二項…一部改正〔平一三法八三〕、見出・一・二項…一部改正〔平一九法二三〕、見出…全部改正・一項…一部改正〔令四法六五〕

※ 1項「引用条項」＝本法一〇（責任保険の契約の締結強制等の適用除外）、「七八条の政令で定めるもの」＝なし、「会計年度」＝財政法一一、「予算」＝財政法一四〜三六、「国の他の会計」＝財政法一三1、「特別会計」＝財政法一三2、2項「一般会計」＝財政法一三1

（報告及び立入検査）

第八十二条の二 国土交通大臣は、第七十八条の規定の施行に必要な限度において、国土交通省令で定めるところにより、保険会社若しくは組合に対し、その業務若しくは経理の状況に関し報告をさせ、又はその職員に、保険会社若しくは組合の営業所、事務所その他の施設に立ち入り、その業務の状況若しくは帳簿、書類その他の物件を検査させ、若しくは関係者に質問させることができる。

2 第二十三条の二第二項及び第三項の規定は、前項の規定による立入検査又は質問について準用する。

本条…追加〔平一三法八三〕

※ 1項「罰則」＝本法八八②・九〇

第五章 雑則

旧六章…繰上〔平七法一三七〕

（重複契約の場合の免責）

第八十二条の三 一両の自動車について二以上の責任保険の契約又は責任共済の契約が締結されている場合においては、保険会社又は組合は、これらの契約のうち締結した時が最も早い契約以外の契約については、その締結した時が最も早い契約の保険期間又は共済期間と重複する保険期間又は共済期間において発生した自動車の運行による事故に係る損害のてん補、第十六条第一項（第二十三条の三第一項において準用する場合を含む。）の規定による損害賠償額の支払及び第十七条第一項（第二十三条の三第一項において準用する場合を含む。）の規定による仮渡金の支払（次項において「損害のてん補等」という。）の責めを免れる。

2 前項の場合において、同項の締結した時が最も早い契約が二以上あるときは、保険会社又は組合は、これらの契約のうち一の契約については、当該契約に関し損害のてん補等をすべき金額をこれらの契約の数で除して得た金額を超える金額について、損害のてん補等の責めを免れる。

3 保険会社又は組合は、第一項の締結した時が最も早い契約以外の契約に関して第十六条第一項（第二十三条の三第一項において準用する場合を含む。）の規定による損害賠償額の支払又は第十七条第一項（第二十三条の三第一項において準用する場合を含む。）の規定による仮渡金の支払（以下この項及び次項において「損害賠償額等の支払」という。）の請求があつた場合において、損害賠償額等の支払として給付をしたときは、保険会社若しくは組合又は被害者が当該請求に係る契約が第一項の締結した時が最も早い契約以外の契約であることを知つていた場合を除き、その給付をした額の限度において、被害者が損害賠償の責任を有する者に対して有する権利を取得するとともに、被害者に対してした給付の返還を請求する権利を失う。

4 前項の規定は、保険会社又は組合が第一項の締結した時が最も早い契約に関し第二項の規定により損害賠償額等の支払について責めを免れるべき金額の支払をした場合について準用する。この場合において、前項中「契約が第一項の締結した時が最も早い契約以外の契約であること」とあるのは「契約の他に第一項の締結した時が最も早い契約があること」と、「その給付をした額」とあるのは「第二項の規定により損害賠償額等の支払について責めを免れるべき金額」と読み替えるものとする。

本条…追加〔昭四五法四六〕、一〜三項…一部改正〔平七法一三七〕、一・三項…一部改正・旧八二条の二…繰下〔平一三法八三〕

※ 1項「異時重複保険」＝保険法二〇、2項「同時重複保険」＝保険法二〇、3項「本項の準用」＝本条四項

（業務の管掌）

第八十三条 政府の自動車事故対策事業の業務は、国土交通大臣が管掌する。

本条…一部改正〔昭四五法四六平一一法一六〇平一三法八三令四法六五〕

（権限の委任）

第八十四条 内閣総理大臣は、この法律による権限（政令で定めるものを除く。）を金融庁長官に委任する。

2 第十条の二、前章及び第八十五条の規定により国土交通大臣の権限に属する事項は、政令で定めるところにより、地方運輸局長に行わせることができる。

本条…一部改正〔昭三七法一〇六昭四一法九〇昭四五法四六昭五九法二五〕、一項…追加・旧一項…二項に繰下〔平九法一〇二〕、一・二項…一部改正〔平一〇法一三一〕、二項…一部改正〔平一一法一六〇〕

※ 2項「引用条項」＝本法一〇の二（保険・共済除外標章）・前章（政府の自動車損害賠償保障事業）・八五（証

明書の提示）、「政令」＝令二三

（禁止行為等）

第八十四条の二　何人も、行使の目的をもつて保険標章、共済標章若しくは保険・共済除外標章を偽造し、若しくは変造し、又は偽造若しくは変造に係るこれらの物件を使用してはならない。

２　何人も、行使の目的をもつて保険標章、共済標章若しくは保険・共済除外標章に紛らわしい外観を有する物件を製造し、又はこれらの物件を使用してはならない。

３　何人も、この法律の規定による場合その他正当な理由がある場合を除き、保険標章又は共済標章を他人に交付してはならない。

４　保険標章又は共済標章の適正な交付の確保に関し保険会社又は組合の遵守すべき事項は、国土交通省令で定める。

本条…追加〔昭三七法一〇六〕、一～四項…一部改正〔昭四一法九〇〕、一・二項…一部改正〔昭四五法四六平七法一三七〕、四項…一部改正〔平一一法一六〇〕

※「保険標章」＝本法九の二、「保険・共済除外標章」＝本法一〇の二、「保険会社」＝本法六、「国土交通省令」＝則三二、「罰則」＝本法八六の二・八六の三・八九②・九〇

（証明書の提示）

第八十五条　国土交通大臣は、第一条の目的を達成するため必要があると認めるときは、その職員に、道路その他自動車の所在する場所において、自動車を運転する者に対し、自動車損害賠償責任保険証明書又は自動車損害賠償責任共済証明書の提示を求めさせることができる。

２　前項の職員は、その身分を示す証明書を携帯し、関係者の請求があつたときは、これを提示しなければならない。

一項…一部改正〔昭四一法九〇〕、一項…一部改正・二項…全部改正〔昭四五法四六〕、一部改正〔平一一法一六〇〕

※　1項「自動車損害賠償責任保険証明書」＝本法七～九、則一・一号様式、「自動車損害賠償責任共済証明書」＝本法七・八・九・九の四、「権限の委任」＝本法八四、令二三③、「罰則」＝本法八九③・九〇

（政令への委任）

第八十五条の二　この法律に規定するもののほか、この法律の実施のため必要な事項は、政令で定める。

本条…追加〔昭四五法四六〕

※　政令＝令

（国土交通大臣の任務）

第八十六条　国土交通大臣は、この法律に規定する職権の行使にあたつては、被害者の保護に欠けることがないように努めなければならない。

見出・本条…一部改正〔平一一法一六〇〕

※「この法律の目的」＝本法一

第六章　罰則

旧七章…繰上〔平七法一三七〕

> **注　令和四年六月一七日法律六八号により改正され、令和七年六月一日から施行**
> 第八十六条の二から第八十七条までの規定中「懲役」を「拘禁刑」に改める。

第八十六条の二　第八十四条の二第一項の規定に違反した者は、三年以下の懲役若しくは百万円以下の罰金に処し、又はこれを併科する。

本条…追加〔昭三七法一〇六〕、一部改正〔平一三法八三〕

※「引用条項」＝本法八四の二（禁止行為等）

第八十六条の三　次の各号のいずれかに該当する場合には、その違反行為をした者は、一年以下の懲役又は五十万円以下の罰金に処する。

一　第五条の規定に違反したとき。

二　第二十三条の九第一項の規定に違反して、その職務に関して知り得た秘密を漏らし、又は自己の利益のために使用したとき。

２　第八十四条の二第二項又は第三項の規定に違反した者は、一年以下の懲役又は五十万円以下の罰金に処する。

本条…追加〔昭三七法一〇六〕、全部改正〔平一三法八三〕、一項…一部改正・二項…追加〔令四法六五〕

※「引用条項」＝本法八四の二（禁止行為等）

第八十七条　偽りその他不正の手段により、自動車損害賠償責任保険証明書若しくは自動車損害賠償責任共済証明書又は保険標章、共済標章若しくは保険・共済除外標章の交付又は再交付を受けたときは、その違反行為をした者は、六月以下の懲役又は二十万円以下の罰金に処する。

本条…全部改正〔昭三七法一〇六〕、一部改正〔昭四一法九〇昭四五法四六平七法一三七〕、全部改正〔平一三法八三〕、一部改正〔令四法六五〕

※「引用条項」＝本法五（責任保険の契約の締結強制）、「両罰規定」＝本法九〇、「自動車損害賠償責任保険証明書」＝本法七、「保険標章」＝本法九の二、「保険除外標章」＝本法一〇の二

第八十七条の二　第十六条の八第四項（第二十三条の三第一項において準用する場合を含む。）の規定による命令に違反したときは、その違反行為をした者は、百万円以下の罰金に処する。

本条…追加〔平七法一三七〕、一部改正〔平一三法八三〕、全部改正〔令四法六五〕

第八十八条　次の各号のいずれかに該当する場合には、その違反行為をした者は、三十万円以下の罰金に処する。

一　第八条又は第九条の三第一項若しくは第二項（第九条の五第三項及び第十条の二第四項において準用する場合を含む。）の規定に違反したとき。

二　第二十三条の二第一項（第二十三条の三第一項において準用する場合を含む。）又は第八十二条の二第一項の規定による報告をせず、若しくは虚偽の報告をし、又はこれらの規定による検査を拒み、妨げ、若しくは忌避し、若しくはこれらの規定による質問に対して答弁せず、若しくは虚偽の答弁をしたとき。

三　第二十三条の十七第四項又は第二十三条の二十一第三項の規定による通知をせず、又は虚偽の通知をしたとき。

四　第二十八条の四第三項の規定による報告若しくは資料の提出をせず、又は虚偽の報告若しくは資料の提出をしたとき。

本条…一部改正〔昭三七法一〇六昭四一法九〇昭四五法四六平七法一三七〕、全部改正〔平一三法八三〕、一部改正〔令四法六五〕

※「引用条項」＝本法八（自動車損害賠償責任保険証明書の備付）・九の三（保険標章）、「両罰規定」＝本法九〇

第八十八条の二　次の各号のいずれかに該当する場合には、その違反行為をした指定紛争処理機関の役員又は職員は、三十万円以下の罰金に処する。

一　第二十三条の十七第一項の規定による許可を受けないで紛争処理業務の全部を廃止したとき。
二　第二十三条の十八の規定に違反して帳簿を備え付けず、帳簿に記載せず、若しくは帳簿に虚偽の記載をし、又は帳簿を保存しなかつたとき。
三　第二十三条の十九第一項の規定による報告をせず、若しくは虚偽の報告をし、又は同項の規定による検査を拒み、妨げ、若しくは忌避し、若しくは同項の規定による質問に対して答弁せず、若しくは虚偽の答弁をしたとき。

本条…追加〔平一三法八三〕、一部改正〔令四法六五〕

第八十九条　次の各号のいずれかに該当する場合には、その違反行為をした者は、二十万円以下の罰金に処する。
一　第九条の三第三項（第九条の五第三項において準用する場合を含む。）の規定に違反したとき。
二　第八十四条の二第四項の規定に基づく国土交通省令の規定に違反したとき。
三　第八十五条第一項の規定による提示を拒み、又は妨げたとき。

本条…一部改正〔昭三七法一〇六昭四一法九〇昭四五法四六平七法一三七平一一法一六〇平一三法八三令四法六五〕

※「引用条項」＝本法九の三（保険標章）・八四の二（禁止行為等）・八五1（証明書の提示）、「両罰規定」＝本法九〇

第九十条　法人の代表者又は法人若しくは人の代理人、使用人その他の従業者が、その法人又は人の業務又は財産に関して、第八十六条の三第一項又は第八十七条から前条までの違反行為をしたときは、行為者を罰するほか、その法人又は人に対しても、各本条の罰金刑を科する。

本条…一部改正〔平一三法八三令四法六五〕

※「法人」＝民法三三〜八四ノ二、商法五二・五四、有限会社法一等、「代理」＝民法九九〜一一八、「他の法律における類似規定」＝道運法一〇二、貨物運送取扱事業法六五、車両法一一一等

第九十一条　保険会社又は組合が次の各号のいずれかに該当する場合には、保険会社の取締役若しくは執行役（保険業法第二条第九項に規定する外国損害保険会社等にあつては、その日本における代表者。以下同じ。）又は組合の理事は、百万円以下の過料に処する。
一　第十六条の六（第二十三条の三第一項において準用する場合を含む。）の規定による届出をせず、又は虚偽の届出をしたとき。
二　第二十三条の十二第二項の規定による説明若しくは資料の提出をせず、又は虚偽の説明若しくは資料の提出をしたとき。
三　第二十四条第一項又は第二項の規定に違反したとき。
四　第二十八条の四第四項の規定による命令に違反したとき。
2　保険会社又は損害保険料率算出団体が第二十六条の三の規定による命令に違反したときは、保険会社の取締役若しくは執行役又は損害保険料率算出団体の理事は、百万円以下の過料に処する。
3　組合が第二十七条第三項（第二十七条の二第一項及び第二項において準用する場合を含む。）の規定による命令に違反したときは、組合の理事は、百万円以下の過料に処する。

三項…追加〔昭四一法九〇〕、一部改正〔昭四五法四六〕、一項…一部改正〔平七法一〇六〕、一・二項…一部改正・三項…全部改正・四項…追加〔平七法一三七〕、本条…全部改正〔平一三法八三〕、一・二項…一部改正〔平一四法四五〕

※1項「保険会社」＝本法六、「引用条項」＝本法一六の六（契約の締結義務）、2項「損害保険料率算出団体」＝損害保険料率算出団体法一1③、「引用条項」＝本法二六の三（保険料率の変更命令）

第九十二条　偽りその他不正の手段により、第十六条の五第一項（第二十三条の三第一項において準用する場合を含む。）の規定による説明（第十六条の五第五項（第二十三条の三第一項において準用する場合を含む。）の規定により書面による説明等を行つたものとみなされる場合における説明を含む。）を受けた者は、十万円以下の過料に処する。

本条…追加〔平一三法八三〕

附　則

（施行期日）
1　この法律の施行期日は、公布の日から起算して八箇月をこえない範囲内において政令で定める日とする。

〔昭三〇・八政令一六四により、五〇条及び八二条二項の規定は、昭三〇・八・五から施行。その他の規定の施行期日は、昭三〇・一〇政令二八五を参照〕

（一般会計からの繰入れの特例）
2　第八十二条第二項の規定は、当分の間、適用しない。
3　前項の場合においては、特別会計に関する法律（平成十九年法律第二十三号）第二百十三条第一項第一号へ及び第二百十五条第一項の規定は、適用しない。

二項…全部改正〔平五法八〕、二・三項…一部改正〔平七法一三七〕、二〜一一項…全部改正〔平一三法八三〕、五項…一部改正〔平一四法一八三〕、三項…全部改正・四項…一部改正、三・四項…一部改正〔平一九法二三〕、五項…一部改正〔平二六法六七〕、三項…一部改正・四・七項の見出・四—八項…削除〔令四法六五〕

附　則（昭三一・五・四法九四抄）

（施行期日）
第一条　この法律は、公布の日から施行する。

附　則（昭三一・六・一二法一四八抄）

1　この法律は、地方自治法の一部を改正する法律（昭和三十一年法律第百四十七号）の施行の日（昭和三十一年九月一日）から施行する。

附　則（昭三四・四・二〇法一四八抄）

（施行期日）
1　この法律は、国税徴収法（昭和三十四年法律第百四十七号）の施行の日（昭和三五年一月一日）から施行する。

附　則（昭三七・五・四法一〇六抄）

（施行期日）
第一条　この法律は、昭和三十七年十月一日から施行する。ただし、〔中略〕自動車損害賠償保障法に第二十条の二を加える改正規定〔中略〕は、昭和三十七年八月一日から施行する。

（自動車損害賠償保障法の改正に伴う経過措置）
第四条　この法律の施行の際現に責任保険の契約が締結されている軽自動車については、次の各号の区分に従い、それぞれ当該各号に掲げる日までは、改正後の自動車損害賠償保障法第九条の三第一項の規定を適用しない。
一　昭和三十八年三月三十一日以前に当該保険期間が満了する軽自動車にあつては、その満了の日

二　昭和三十八年三月三十一日以前に次項の規定により保険標章の交付を受ける軽自動車にあつては、その交付の日
三　その他の軽自動車にあつては、昭和三十八年三月三十一日

2　保険会社は、運輸省令で定めるところにより、この法律の施行の際現に責任保険の契約が締結されている軽自動車（前項第一号に規定する軽自動車を除く。）の保険契約者に対して保険標章を交付しなければならない。

3　この法律の施行の際現に自動車損害賠償保障法第十条の規定の適用を受ける軽自動車（改正後の同法第十条の二第一項に規定する軽自動車に限る。）については、昭和三十八年三月三十一日までは、同条第三項の規定を適用しない。

4　この法律の施行の際現に自動車損害賠償保障法第五十五条の許可に係る自動車である軽自動車については、昭和三十八年三月三十一日までは、改正後の同法第九条の三第一項の規定を適用しない。ただし、当該軽自動車が同法第五十五条の許可に係る自動車でなくなつた場合は、この限りでない。

附　則（昭三七・九・一五法一六一抄）

1　この法律は、昭和三十七年十月一日から施行する。

附　則（昭三九・六・一八法一〇九抄）

1　この法律は、条約（道路交通に関する条約＝昭和三九年八月条約第一七号）が日本国について効力を生ずる日〔昭和三九年九月六日〕から施行する。

附　則（昭四一・六・二九法九〇抄）

（施行期日）

第一条　この法律は、公布の日から施行する。

（原動機付自転車に対する適用）

第二条　原動機付自転車については、改正後の自動車損害賠償保障法（以下「新法」という。）第二章、第三章第二節（同節中第十二条から第十九条まで及び第二十二条の規定を第五十四条の五において準用する場合を含む。）、第二十四条（第五十四条の五において準用する場合を含む。）、第五十四条の四、第五十四条の六及び第七十八条第一項の規定は昭和四十一年七月三十一日まで、新法第五条、第八条、第九条の三（新法第十条の二第四項及び第五十四条の八第三項において準用する場合を含む。）、第十条の二第三項、第五十四条の八第一項及び第二項、第四章、第七十二条第一項、第七十八条第二項、第八十二条第一項並びに第八十五条の規定は同年九月三十日までは、適用しない。

（経過規定）

第三条　農耕作業の用に供することを目的として製作した小型特殊自動車（以下「農耕作業用小型特殊自動車」という。）を自己のために運行の用に供する者がこの法律の施行前に当該農耕作業用小型特殊自動車を運行し、これによつて他人の生命又は身体を害した場合における損害賠償の責任に関しては、なお従前の例による。

2　農耕作業用小型特殊自動車に係る自動車損害賠償責任保険の契約（以下「責任保険契約」という。）であつてこの法律の施行の際現に締結されているものは、当該責任保険契約の保険期間の残存期間中、保有者（改正前の自動車損害賠償保障法（以下「旧法」という。）第二条第三項に規定する保有者をいう。）又は運転者（旧法第二条第四項に規定する運転者をいう。）が当該農耕作業用小型特殊自動車の運行によつて他人の生命又は身体に加えた損害の賠償責任を負うことにより受けることあるべき損害をてん補することを目的として、当該責任保険契約の当事者間において締結された保険契約として存続するものとする。ただし、保険金額については、新法第十三条第二項の規定による定めがなされた場合においては、当該変更後の保険金額と同じ額とする。

3　前項に規定するものを除き、同項の保険契約に係る保険関係については、責任保険に関する新法（第二十条の二第二項の規定を除く。）その他の法令の規定を準用する。

4　自動車損害賠償責任再保険に関する新法の規定の適用については、第二項の保険契約は責任保険契約とみなす。

第四条　原動機付自転車に係る自動車保険の契約（被保険者が原動機付自転車の運行によつて他人の生命又は身体に加えた損害の賠償責任を負うことにより受けることあるべき損害をてん補することを目的とする保険契約をいう。）であつて昭和四十一年十月一日前に締結されたもの（以下「旧保険契約」という。）の当事者は、当該原動機付自転車につき責任保険契約が締結されたときは、旧保険契約を解除することができる。

2　前項の規定により旧保険契約が解除されたときは、旧保険契約の保険者は、保険契約者に対して、政令で定める金額の解約返戻金を支払わなければならない。

3　旧保険契約の保険金額は、当該原動機付自転車につき責任保険契約が締結されたときは、政令で定める金額まで増加したものとする。

4　旧保険契約の保険契約者は、当該原動機付自転車につき責任保険契約が締結されたときは、旧保険契約の保険者に対して、政令で定める金額の支払を請求することができる。ただし、第一項の規定により旧保険契約が解除されたときは、この限りでない。

5　旧保険契約の保険契約者が、前項本文の規定による請求をしたときは、その時以後、旧保険契約の保険金額は、第三項の規定により増加した時以前の金額に復するものとする。

6　旧保険契約に係る原動機付自転車につき責任保険契約が締結された場合において、旧保険契約及び責任保険契約によりてん補すべき損害が生じたときは、まず責任保険契約による損害のてん補を行ない、そのてん補金額が損害の全部をてん補するに足りないときは、その足りない金額を旧保険契約によりてん補するものとする。

第五条　原動機付自転車に係る自動車共済の契約（被共済者が原動機付自転車の運行によつて他人の生命又は身体に加えた損害の賠償責任を負うことにより受けることあるべき損害をてん補することを目的とする共済契約であつて、農業協同組合法に基づき同法第十条第一項第八号の事業を行なう農業協同組合又は農業協同組合連合会との間に締結されたものをいう。）であつて昭和四十一年十月一日前に締結されたもの（以下「旧共済契約」という。）の当事者は、当該原動機付自転車につき自動車損害賠償責任共済の契約が締結されたときは、旧共済契約を解除することができる。

2　前条第二項から第六項までの規定は、原動機付自転車に係る旧共済契約について準用する。この場合において、これらの規定中「旧保険契約」とあるのは「旧共済契約」と、「旧保険契約の保険者」とあるのは「農業協同組合又は農業協同組合連合会」と、「保険契約者」とあるのは「共済契約者」と、「保険金額」とあるのは「共済金額」と、「責任保険契

約」とあるのは「自動車損害賠償責任共済の契約」と読み替えるものとする。

第六条 この法律の施行前にした行為に対する罰則の適用については、なお従前の例による。

附 則（昭四二・七・二〇法七三抄）

（施行期日）

第一条 この法律は、〔中略〕公布の日から起算して六月をこえない範囲内において政令で定める日から施行する。

〔昭四二・九政令三〇五により、昭四二・一〇・二から施行〕

附 則（昭四四・八・一法六八抄）

（施行期日）

第一条 この法律中、第一条、次条、附則第三条及び附則第六条の規定は、公布の日から起算して六月をこえない範囲内において政令で定める日から〔中略〕施行する。

〔昭四四・一二政令三〇七により、第一条、附則第二条、附則第三条及び附則第六条の規定は、昭四五・一・一から施行〕

附 則（昭四五・五・四法四六抄）

（施行期日等）

第一条 この法律は、昭和四十五年十月一日から施行する。

2 改正後の第十九条の二（改正後の第五十四条の五第一項において準用する場合を含む。）の規定はこの法律の施行後に締結される責任保険の契約又は責任共済の契約について、改正後の第五十五条及び第五十六条の規定はこの法律の施行後に締結される責任共済の契約に係る共済責任、再共済責任又は再再共済責任について適用する。

（経過措置）

第二条 改正前の第五十五条の許可を受けた者は、この法律の施行の際現に改正前の第五十七条の規定により積み立てている自動車損害賠償支払準備金を、改正前の第五十五条の許可に係る自動車に係る第三条の規定による損害賠償で、その責任がこの法律の施行前に発生したものに充てるため、改正前の第五十八条の規定の例により管理しなければならない。

2 この法律の施行の際現に存する改正前の第六十条の規定による先取特権については、なお従前の例による。

3 この法律の施行前に発生した改正前の第五十五条の許可に係る自動車の運行による事故に係る仮渡金については、なお従前の例による。

4 この法律の施行前に改正前の第五十五条の許可がその効力を失つた場合における改正前の第六十七条第二項（改正前の第六十八条第二項において準用する場合を含む。）の規定による届出については、なお従前の例による。ただし、自動車損害賠償自家保障証明書は、添附することを要しない。

5 改正前の第五十五条の許可を受けた者は、この法律の施行の日の前日において同条の許可に係る自動車であつたものについて、責任保険の契約又は責任共済の契約を締結したときは、七日以内に、その旨を当該自動車の使用の本拠の位置を管轄する陸運局長に届け出なければならない。

6 この法律の施行前に発生した改正前の第五十五条の許可に係る自動車の運行による事故に係る損害賠償に関する調査のため必要がある場合における同条の許可を受けた者に対する報告の徴収及び立入検査については、なお従前の例による。

7 この法律の施行前に納付すべき事由が生じた改正前の第七十八条の規定による自動車損害賠償保障事業賦課金の納付、滞納処分及び先取特権の順位については、なお従前の例による。

8 改正後の第八十二条の二の規定にかかわらず、保険会社又は組合は、この法律の施行前に締結された責任保険の契約又は責任共済の契約については、同条の規定によるてん補又は支払の免責を受けることができない。

9 この法律の施行前にした行為並びに第六項の規定により従前の例によることとされる報告の徴収及び立入検査に係るこの法律の施行後にした行為に対する罰則の適用については、なお従前の例による。

附 則（昭四七・六・一二法六二抄）

（施行期日）

第一条 この法律は、昭和四十八年十月一日から施行する。〔後略〕

（自動車損害賠償保障法の一部改正に伴う経過措置）

第六条 この法律の施行の際現に旧法第九十七条の三第一項の規定による使用の届出をしている検査対象軽自動車で附則第二条第一項の規定により検査標章を表示しないものについては、当該自動車を検査対象外軽自動車とみなして前条の規定による改正後の自動車損害賠償保障法第九条の二（同法第五十四条の七において準用する場合を含む。）及び第九条の三（同法第五十四条の八第三項において準用する場合を含む。）（これらの規定に違反する行為に対する罰則を含む。）並びに第五十四条の八第二項の規定を適用する。

（罰則に関する経過措置）

第十五条 この法律の施行前にした行為に対する罰則の適用については、なお従前の例による。

附 則（昭五八・一二・二法七八）

1 この法律（第一条を除く。）は、昭和五十九年七月一日から施行する。

2 この法律の施行の日の前日において法律の規定により置かれている機関等で、この法律の施行の日以後は国家行政組織法又はこの法律による改正後の関係法律の規定に基づく政令（以下「関係政令」という。）の規定により置かれることとなるものに関し必要となる経過措置その他この法律の施行に伴う関係政令の制定又は改廃に関し必要となる経過措置は、政令で定めることができる。

附 則（昭五九・五・八法二五抄）

（施行期日）

第一条 この法律は、昭和五十九年七月一日から施行する。

附 則（昭六一・五・八法四六抄）

1 この法律は、公布の日から施行する。

2 この法律（第十一条、第十二条及び第三十四条の規定を除く。）による改正後の法律の昭和六十一年度から昭和六十三年度までの各年度の特例に係る規定並びに昭和六十一年度及び昭和六十二年度の特例に係る規定は、昭和六十一年度から昭和六十三年度までの各年度（昭和六十一年度及び昭和六十二年度の特例に係るものにあつては、昭和六十一年度及び昭和六十二年度。以下この項において同じ。）の予算に係る国の負担（当該国の負担に係る都道府県又は市町村の負担を含む。以下この項において同じ。）又は補助（昭和六十年度以前の年度における事務又は事業の実施により昭和六十一年度以降の年度に支出される国の負担又は補助及び昭和六十年度以前の年度の国庫債務負担行為に基づき昭和六十一年度以降の年度に支出すべきものとされた国の負担又は補助を除く。）並びに昭和六十一年度から昭和六十三年度までの各年度における事務又は事業の実施により昭和六十四年度（昭和六十一年度及び昭和六十二年度の特例に係るものにあっては、昭和六十三年度。以下この項において同じ。）以降の年度に支出される国の負担又は補助、昭和六十一年度から昭和六十三年度までの各年度の国庫債務負担行為に基づき昭和六十四年度以降の年度に支出すべきものとされる国の負担又は補助及び昭和六十一年度から昭和六十三年度までの各年度の歳出予算に係る国の負担又は補助で昭和六十四年度以降の年度に繰り越されるものについて適用し、昭和六十年度以前の年度における事務又は事業の実施により昭和六十一年度以降の年度に支出される国の負担又は補助、昭和六十年度以前の年度の国庫債務負担行為に基づき昭和六十一年度以降の年度に支出すべきものとされた国の負担又は補助及び昭和六十年度以前の年度の歳出予算に係る国の負担又は補助で昭和六十一年度以降の年度に繰り越されたものについては、なお従前の例による。

附　則（平元・四・一〇法二二抄）

（施行期日等）

1　この法律は、公布の日から施行する。

附　則（平元・一二・一九法八二抄）

（施行期日）

第一条　この法律は、公布の日から起算して一年を超えない範囲内において政令で定める日から施行する。

〔平二・七政令二〇九により、平二・一二・一から施行〕

第三十一条　附則第七条から前条までに定めるもののほか、この法律の施行に関して必要な経過措置は、政令で定める。

附　則（平三・三・三〇法一五抄）

1　この法律は、平成三年四月一日から施行する。

附　則（平四・六・二六法八七抄）

（施行期日）

第一条　この法律は、公布の日から起算して一年を超えない範囲内において政令で定める日から施行する。

〔平五・三政令二八により、平五・四・一から施行〕

（罰則の適用に関する経過措置）

第三十二条　この法律の施行前にした行為及びこの附則の規定によりなお従前の例によることとされる事項に係るこの法律の施行後にした行為に対する罰則の適用については、なお従前の例による。

附　則（平五・三・三一法八抄）

（施行期日等）

1　この法律は、平成五年四月一日から施行する。

附　則（平六・七・四法八六抄）

（施行期日）

第一条　この法律は、公布の日から起算して一年を超えない範囲内において政令で定める日から施行する。〔後略〕

〔平七・四政令一八一により、平七・七・一から施行〕

附　則（平七・六・七法一〇六抄）

（施行期日）

第一条　この法律は、保険業法（平成七年法律第百五号）の施行の日〔平成八年四月一日〕から施行する。

（自動車損害賠償保障法の一部改正に伴う経過措置）

第五条　第十条の規定による改正後の自動車損害賠償保障法第六条の規定の適用については、同条に規定する損害保険会社及び外国損害保険会社等には、保険業法附則第三条又は第七十二条の規定により保険業法第三条第五項の損害保険業免許又は同法第百八十五条第五項の外国損害保険業免許を受けたものとみなされる者を含むものとする。

2　第十条の規定による改正後の自動車損害賠償保障法第二十六条の二及び第二十八条第三項の規定は、施行日以後に料率団体が新料率団体法第十条第一項の規定による届出をする場合について適用し、施行日前に料率団体が旧料率団体法第十条第二項の規定により認可を申請した場合については、なお従前の例による。

（罰則の適用に関する経過措置）

第六条　施行日前にした行為及びこの附則の規定によりなお従前の例によることとされる事項に係る施行日以後にした行為に対する罰則の適用については、なお従前の例による。

（政令への委任）

第七条　附則第二条から前条までに定めるもののほか、この法律の施行に関し必要な経過措置は、政令で定める。

附　則（平七・一二・二〇法一三七抄）

（施行期日）

第一条　この法律は、公布の日から起算して一年を超えない範囲内において政令で定める日から施行する。

〔平八・九政令二七五により、平八・一二・一から施行〕

（農業協同組合及び農業協同組合連合会に関する経過措置）

第二条　改正後の自動車損害賠償保障法（以下「改正後の自賠法」という。）第五条に規定する自動車損害賠償責任共済（以下「責任共済」という。）、責任共済の契約によって負う共済責任の再共済（以下「再共済」という。）又は再共済の契約によって負う再共済責任の再再共済（以下「再再共済」という。）の事業を行う農業協同組合及び農業協同組合連合会（以下「農業協同組合等」という。）については、改正後の自賠法第二十五条、第二十七条第三項及び第二十八条の三第二項の規定は、この法律の施行の日（以下「施行日」という。）から起算して十年を経過する日までの間は、適用しない。

2　責任共済、再共済又は再再共済の事業を行う農業協同組合等（次条の規定が適用される農業協同組合等を除く。）に対する改正後の自賠法第二十七条第一項及び第二項の規定の適用については、施行日から起算して十年を経過する日までの間は、同条第一項第三号中「第二十五条の規定に適合しているほか、合理的かつ妥当なものであり」とあるのは、「合理的かつ妥当なものであり」とする。

第三条　この法律の施行の際現に責任共済、再共済又は再再共済の事業を行っている農業協同組合等（以下この条において「既実施農業協同組合等」という。）の合併により存続する農業協同組合等及び既実施農業協同組合等の合併により設立される農業協同組合等並びに既実施農業協同組合等から責任共済、再共済又は再再共済の事業の全部又は一部を譲り受けた農業協同組合等及び既実施農業協同組合等から責任共済、再共済又は再再共済の契約の全部を包括して移転を受けた農業協同組合等については、改正後の自賠法第二十七条第一項の規定は、適用しない。

第四条　改正後の自賠法第二十八条の四第一項の規定は、農業協同組合等が締結する責任共済、再共済又は再再共済の契約（施行日から起算して十年を経過する日以前に締結されたものに限る。）に係る共済掛金、共済金等については、適用しない。

第五条　改正後の自賠法第四十条第二項の規定により政府が農業協同組合等の負う共済責任、再共済責任又は再再共済責任を保険する場合における同項の規定の適用については、施行日から起算して十年を経過する日までの間は、同項中「原動機付自転車」とあるのは、「軽自動車及び原動機付自転車」とする。

2　農業協同組合等が軽自動車に係る責任共済、再共済又は再再共済の契約によって負う共済責任、再共済責任又は再再共済責任について改正後の自賠法第四十条第二項及び第五十条の規定を適用する場合においては、これらの規定は、施行日から起算して十年を経過した日以後に締結される当該責任共済の契約に係る共済責任、再共済責任又は再再共済責任について適用する。

（保険・共済除外標章に関する経過措置）

第六条　改正前の自動車損害賠償保障法第十条の二第一項又は同条第四項において準用する第九条の二第四項の規定により交付又は再交付された保険除外標章は、改正後の自賠法第十条の二第一項又は同条第四項において準用する第九条の二第四項の規定により交付又は再交付された保険・共済除外標章とみなす。

（罰則に関する経過措置）

第七条　この法律の施行前にした行為に対する罰則の適用については、なお従前の例による。

（政令への委任）

第八条　附則第二条から前条までに定めるもののほか、この法律の施行に関し必要な経過措置は、政令で定める。

附　則（平八・六・二一法九四抄）

（施行期日）

第一条　この法律は、平成九年四月一日から施行する。〔後略〕

附　則（平九・五・二三法五九抄）

（施行期日）

第一条　この法律は、平成十年四月一日から施行する。

附　則（平九・六・二〇法一〇二抄）

（施行期日）

第一条　この法律は、金融監督庁設置法（平成九年法律第百一号）の施行の日〔平成一〇年六月二二日〕から施行する。

（大蔵大臣等がした処分等に関する経過措置）

第二条　この法律による改正前の〔中略〕自動車損害賠償保障法〔中略〕（以下「旧担保附社債信託法等」という。）の規定により大蔵大臣その他の国の機関がした免許、許可、認可、承認、指定その他の処分又は通知その他の行為は、この法律による改正後の〔中略〕自動車損害賠償保障法〔中略〕（以下「新担保附社債信託法等」という。）の相当規定に基づいて、内閣総理大臣その他の相当の国の機関がした免許、許可、認可、承認、指定その他の処分又は通知その他の行為とみなす。

2　この法律の施行の際現に旧担保附社債信託法等の規定により大蔵大臣その他の国の機関に対してされている申請、届出その他の行為は、新担保附社債信託法等の相当規定に基づいて、内閣総理大臣その他の相当の国の機関に対してされた申請、届出その他の行為とみなす。

3　旧担保附社債信託法等の規定により大蔵大臣その他の国の機関に対し報告、届出、提出その他の手続をしなければならない事項で、この法律の施行の日前にその手続がされていないものについては、これを、新担保附社債信託法等の相当規定により内閣総理大臣その他の相当の国の機関に対して報告、届出、提出その他の手続をしなければならない事項についてその手続がされていないものとみなして、新担保附社債信託法等の規定を適用する。

（大蔵省令等に関する経過措置）

第三条　この法律の施行の際現に効力を有する旧担保附社債信託法等の規定に基づく命令は、新担保附社債信託法等の相当規定に基づく命令としての効力を有するものとする。

（自動車損害賠償保障法の一部改正に伴う経過措置）

第四条　従前の大蔵省の自動車損害賠償責任保険審議会は、金融監督庁の自動車損害賠償責任保険審議会となり、同一性をもって存続するものとする。

2　この法律の施行の際現に大蔵省の自動車損害賠償責任保険審議会の委員である者は、この法律の施行の日に、この法律による改正後の自動車損害賠償保障法第三十五条第一項又は第二項の規定により、金融監督庁の自動車損害賠償責任保険審議会の委員として任命されたものとみなす。この場合において、その任命されたものとみなされる者の任期は、同条第三項の規定にかかわらず、同日における大蔵省の自動車損害賠償責任保険審議会の委員としての任期の残任期間と同一の期間とする。

（罰則に関する経過措置）

第五条　この法律の施行前にした行為に対する罰則の適用については、なお従前の例による。

（政令への委任）

第六条　附則第二条から前条までに定めるもののほか、この法律の施行に関し必要な経過措置は、政令で定める。

附　則（平一〇・五・二七法七四抄）

（施行期日）

第一条　この法律は、公布の日から起算して六月を超えない範囲内において政令で定める日から施行する。〔後略〕

〔平一〇・一〇政令三一八により、平一〇・一一・二四から施行〕

附　則（平一〇・六・一五法一〇六）

この法律は、特定目的会社による特定資産の流動化に関する法律（平成十年法律第百五号）の施行の日（平成十年九月一日）から施行する。〔後略〕

附　則（平一〇・六・一五法一〇七抄）

沿革　平一〇法一一八改正

（施行期日）

第一条　この法律は、平成十年十二月一日から施行する。ただし、次の各号に掲げる規定は、当該各号に定める日から施行する。

一　第一条中証券取引法第四章の次に一章を加える改正規定（第七十九条の二十九第一項に係る部分に限る。）並びに同法第百八十九条第二項及び第四項の改正規定、第二十一条の規定、第二十二条中保険業法第二編第十章第二節第一款の改正規定（第二百六十五条の六に係る部分に限る。）、

第二十三条の規定並びに第二十五条の規定並びに附則第四十条、第四十二条、第五十八条、第百三十六条、第百四十条、第百四十三条、第百四十七条、第百四十九条、第百五十八条、第百六十四条、第百八十七条（大蔵省設置法（昭和二十四年法律第百四十四号）第四条第七十九号の改正規定を除く。）及び第百八十八条から第百九十条までの規定　平成十年七月一日

一の二〜六〔略〕

（処分等の効力）

第百八十八条　この法律（附則第一条各号に掲げる規定にあっては、当該規定）の施行前に改正前のそれぞれの法律（これに基づく命令を含む。以下この条において同じ。）の規定によってした処分、手続その他の行為であって、改正後のそれぞれの法律の規定に相当の規定があるものは、この附則に別段の定めがあるものを除き、改正後のそれぞれの法律の相当の規定によってしたものとみなす。

（罰則の適用に関する経過措置）

第百八十九条　この法律（附則第一条各号に掲げる規定にあっては、当該規定）の施行前にした行為並びにこの附則の規定によりなお従前の例によることとされる場合及びこの附則の規定によりなおその効力を有することとされる場合におけるこの法律の施行後にした行為に対する罰則の適用については、なお従前の例による。

（その他の経過措置の政令への委任）

第百九十条　附則第二条から第百四十六条まで、第百五十三条、第百六十九条及び前条に定めるもののほか、この法律の施行に関し必要な経過措置は、政令で定める。

（検討）

第百九十一条　政府は、この法律の施行後においても、新保険業法の規定による保険契約者等の保護のための特別の措置等に係る制度の実施状況、保険会社の経営の健全性の状況等にかんがみ必要があると認めるときは、保険業に対する信頼性の維持を図るために必要な措置を講ずるものとする。

2　政府は、前項に定めるものを除くほか、この法律の施行後五年以内に、この法律による改正後の規定の実施状況、金融システムを取り巻く社会経済状況の変化等を勘案し、この法律による改正後の金融諸制度について検討を加え、必要があると認めるときは、その結果に基づいて所要の措置を講ずるものとする。

附　則（平一〇・一〇・一三法一一八）

この法律は、公布の日から起算して十日を経過した日から施行する。

附　則（平一〇・一〇・一六法一三一）

（施行期日）

第一条　この法律は、金融再生委員会設置法（平成十年法律第百三十号）の施行の日〔平成一〇年一二月一五日〕から施行する。

（経過措置）

第二条　この法律による改正前の〔中略〕自動車損害賠償保障法〔中略〕（以下「旧担保附社債信託法等」という。）の規定により内閣総理大臣その他の国の機関がした免許、許可、認可、承認、指定その他の処分又は通知その他の行為は、この法律による改正後の〔中略〕自動車損害賠償保障法〔中略〕（以下「新担保附社債信託法等」という。）の相当規定に基づいて、金融再生委員会その他の相当の国の機関がした免許、許可、認可、承認、指定その他の処分又は通知その他の行為とみなす。

2　この法律の施行の際現に旧担保附社債信託法等の規定により内閣総理大臣その他の国の機関に対してされている申請、届出その他の行為は、新担保附社債信託法等の相当規定に基づいて、金融再生委員会その他の相当の国の機関に対してされた申請、届出その他の行為とみなす。

3　旧担保附社債信託法等の規定により内閣総理大臣その他の国の機関に対し報告、届出、提出その他の手続をしなければならない事項で、この法律の施行の日前にその手続がされていないものについては、これを、新担保附社債信託法等の相当規定により金融再生委員会その他の相当の国の機関に対して報告、届出、提出その他の手続をしなければならない事項についてその手続がされていないものとみなして、新担保附社債信託法等の規定を適用する。

第三条　この法律の施行の際現に効力を有する旧担保附社債信託法等の規定に基づく命令は、新担保附社債信託法等の相当規定に基づく命令としての効力を有するものとする。

第四条　この法律の施行前にした行為に対する罰則の適用については、なお従前の例による。

（政令への委任）

第五条　前三条に定めるもののほか、この法律の施行に関し必要な経過措置は、政令で定める。

附　則（平一一・七・一六法八七抄）

（施行期日）

第一条　この法律は、平成十二年四月一日から施行する。〔後略〕

附　則（平一一・七・一六法一〇二抄）

（施行期日）

第一条　この法律は、内閣法の一部を改正する法律（平成十一年法律第八十八号）の施行の日〔平成一三年一月六日〕から施行する。ただし、次の各号に掲げる規定は、当該各号に定める日から施行する。

一　〔前略〕附則第三十一条から第三十八条までの規定　内閣法の一部を改正する法律の施行前の日で別に法律で定める日〔平成一二年七月一日〕

二〔略〕

（委員等の任期に関する経過措置）

第二十八条　この法律の施行の日の前日において次に掲げる従前の審議会その他の機関の会長、委員その他の職員である者（任期の定めのない者を除く。）の任期は、当該会長、委員その他の職員の任期を定めたそれぞれの法律の規定にかかわらず、その日に満了する。

一〜六〔略〕

七　自動車損害賠償責任保険審議会

八〜五十八〔略〕

（別に定める経過措置）

第三十条　第二条から前条までに規定するもののほか、この法律の施行に伴い必要となる経過措置は、別に法律で定める。

〔左記の一部改正は、平成一二年七月一日施行〕

（自動車損害賠償保障法の一部改正）

第三十六条　自動車損害賠償保障法の一部を次のように改正する。

第三十一条中「金融監督庁」を「金融庁」に改める。

第三十二条中「又は大蔵大臣」を削る。

第三十九条中「総理府令・大蔵省令」を「総理府令」に改める。

（自動車損害賠償保障法の一部改正に伴う経過措置）

第三十七条　前条の規定の施行の際現に従前の金融監督庁の自動車損害賠償責任保険審議会の委員（同条の規定による改正前の自動車損害賠償保障法第三十五条第二項の委員に限る。）である者は、前条の規定の施行の日に、同条の規定による改正後の自動車損害賠償保障法（以下この条において「新自賠責法」という。）第三十五条第二項の規定により、金融再生委員会に置かれる金融庁の自動車損害賠償責任保険審議会（以下この条において「新自動車損害賠償責任保険審議会」という。）の委員として任命されたものとみなす。この場合において、その任命されたものとみなされる者の任期は、同条第三項の規定にかかわらず、同日における従前の金融監督庁の自動車損害賠償責任保険審議会の委員としての任期の残任期間と同一の期間とする。

2　前条の規定の施行の際現に従前の金融監督庁の自動車損害賠償責任保険審議会の会長である者は、同条の規定の施行の日に、新自賠責法第三十六条第一項の規定により、新自動車損害賠償責任保険審議会の会長として定められたものとみなす。

〔平一一・一二・二二法一六〇抄〕

（大蔵大臣等がした処分、申請等に関する経過措置）

第七十一条　組織関係整備法第一条の規定による改正前の金融再生委員会設置法（平成十年法律第百三十号。次項、第七十五条第一項及び第七十六条において「旧金融再生委員会設置法」という。）又は第四条から前条までの規定による改正前の〔中略〕自動車損害賠償保障法〔中略〕（以下この条及び第七十四条において「旧法」という。）の規定により大蔵大臣その他の国の機関がした免許、許可、認可、承認、指定その他の処分又は通知その他の行為は、組織関係整備法第一条の規定による改正後の金融再生委員会設置法（次項、第七十五条第一項及び第七十六条において「新金融再生委員会設置法」という。）又は第四条から前条までの規定による改正後の〔中略〕自動車損害賠償保障法〔中略〕（以下この条及び第七十四条において「新法」という。）の相当規定に基づいて、金融再生委員会その他の相当の国の機関がした免許、許可、認可、承認、指定その他の処分又は通知その他の行為とみなす。

2　組織関係整備法第一条の規定及び第四条から前条までの規定の施行の際現に旧金融再生委員会設置法又は旧法の規定により大蔵大臣その他の国の機関に対してされている申請、届出その他の行為は、新金融再生委員会設置法又は新法の相当規定に基づいて、金融再生委員会その他の相当の国の機関に対してされた申請、届出その他の行為とみなす。

3　旧法の規定により大蔵大臣その他の国の機関に対し報告、届出、提出その他の手続をしなければならない事項で、第四条から前条までの規定の施行の日前にその手続がされていないものについては、これを、新法の相当規定により金融再生委員会その他の相当の国の機関に対して報告、届出、提出その他の手続をしなければならない事項についてその手続がされていないものとみなして、新法の規定を適用する。

（従前の例による処分等に関する経過措置）

第七十二条　なお従前の例によることとする金融システム改革のための関係法律の整備等に関する法律附則の規定により、大蔵大臣その他の従前の国の機関がすべき命令その他の処分若しくは通知その他の行為又は大蔵大臣その他の従前の国の機関に対してすべき提出その他の行為については、組織関係整備法第一条及び第二条並びにこの章の規定（以下この章において「金融庁関係規定」という。）の施行後は、金融庁関係規定の施行後のその所掌事務の区分に応じ、それぞれ、金融再生委員会その他の相当の国の機関がすべきものとし、又は金融再生委員会その他の相当の国の機関に対してすべきものとする。

（罰則に関する経過措置）

第七十三条　金融庁関係規定の施行前にした行為に対する罰則の適用については、なお従前の例による。

（大蔵省令等に関する経過措置）

第七十四条　金融庁関係規定の施行の際現に効力を有する旧法の規定に基づく命令は、新法の相当規定に基づく命令としての効力を有するものとする。

（処分、申請等に関する経過措置）

第千三百一条　中央省庁等改革関係法及びこの法律（以下「改革関係法等」と総称する。）の施行前に法令の規定により従前の国の機関がした免許、許可、認可、承認、指定その他の処分又は通知その他の行為は、法令に別段の定めがあるもののほか、改革関係法等の施行後は、改革関係法等の施行後の法令の相当規定に基づいて、相当の国の機関がした免許、許可、認可、承認、指定その他の処分又は通知その他の行為とみなす。

2　改革関係法等の施行の際現に法令の規定により従前の国の機関に対してされている申請、届出その他の行為は、法令に別段の定めがあるもののほか、改革関係法等の施行後は、改革関係法等の施行後の法令の相当規定に基づいて、相当の国の機関に対してされた申請、届出その他の行為とみなす。

3　改革関係法等の施行前に法令の規定により従前の国の機関に対し報告、届出、提出その他の手続をしなければならないとされている事項で、改革関係法等の施行の日前にその手続がされていないものについては、法令に別段の定めがあるもののほか、改革関係法等の施行後は、これを、改革関係法等の施行後の法令の相当規定により相当の国の機関に対して報告、届出、提出その他の手続をしなければならないとされた事項についてその手続がされていないものとみなして、改革関係法等の施行後の法令の規定を適用する。

（従前の例による処分等に関する経過措置）

第千三百二条　なお従前の例によることとする法令の規定により、従前の国の機関がすべき免許、許可、認可、承認、指定その他の処分若しくは通知その他の行為又は従前の国の機関に対してすべき申請、届出その他の行為については、法令に別段の定めがあるもののほか、改革関係法等の施行後は、改革関係法等の施行後の法令の規定に基づくその任務及び所掌事務の区分に応じ、それぞれ、相当の国の機関がすべきものとし、又は相当の国の機関に対してすべきものとする。

（罰則に関する経過措置）

第千三百三条　改革関係法等の施行前にした行為に対する罰則の適用については、なお従前の例による。

（政令への委任）

第千三百四十四条 第七十一条から第七十六条まで及び第千三百一条から前条まで並びに中央省庁等改革関係法に定めるもののほか、改革関係法等の施行に関し必要な経過措置（罰則に関する経過措置を含む。）は、政令で定める。

附 則（平一一・一二・二二法一六〇抄）

（施行期日）

第一条 この法律（第二条及び第三条を除く。）は、平成十三年一月六日から施行する。ただし、次の各号に掲げる規定は、当該各号に定める日から施行する。

一 〔前略〕第千三百四十四条の規定 公布の日

二 第三章（第三条を除く。）及び次条の規定 平成十二年七月一日

附 則（平一三・六・二九法八三抄）

沿革 平一九法二三、令四法六五改正

（施行期日）

第一条 この法律は、平成十四年四月一日から施行する。

（経過措置）

第二条 この法律の施行前に政府と保険会社との間に成立した再保険関係及び政府と組合との間に成立した保険関係については、第一条の規定による改正前の自動車損害賠償保障法（以下「旧自賠法」という。）第四十条から第五十一条まで及び第八十三条の規定は、この法律の施行後も、なおその効力を有する。

2 前項の場合においては、同項の規定によりなおその効力を有することとされた旧自賠法第五十一条中「自動車損害賠償責任再保険特別会計」とあるのは「自動車安全特別会計」と、第一条の規定による改正後の自動車損害賠償保障法（以下「新自賠法」という。）第二十八条の四第一項第一号中「第七十八条」とあるのは「第七十八条並びに自動車損害賠償保障法及び自動車損害賠償責任再保険特別会計法の一部を改正する法律（平成十三年法律第八十三号。以下「改正法」という。）附則第二条第一項の規定によりなおその効力を有することとされた改正法第一条の規定による改正前の自動車損害賠償保障法（以下「なお効力を有する旧自賠法」という。）第四十条及び第四十六条（なお効力を有する旧自賠法第五十条第一項において準用する場合を含む。）」と、「同条」とあるのは「第七十八条」と、同項第二号中「準用する場合を含む。）」とあるのは「準用する場合を含む。）並びになお効力を有する旧自賠法第四十条及び第四十五条（なお効力を有する旧自賠法第五十条第一項において準用する場合を含む。）」と、新自賠法附則第二項中「第八十二条第二項」とあるのは「第八十二条第二項及びなお効力を有する旧自賠法第五十一条」と、自動車損害賠償保障法附則第三項中「第二百十三条第一項第一号へ」とあるのは「附則第五十六条中「第二百十五条第一項中「の業務の執行に要する経費」とあるのは「及びなお効力を有する旧自賠法第五十一条の規定に基づく自動車損害賠償責任再保険事業等の業務の執行に要する経費」と、第二百十六条中」とあるのは「第二百十六条中」とし、同法第二百十三条第一項第一号へ」とする。

二項…一部改正〔平一九法二三令四法六五〕

第三条 この法律の施行前に政府と保険会社との間に再保険関係が成立した責任保険の契約に係る保険会社が被保険者に対して支払うべき保険金若しくは新自賠法第十六条第一項の規定により被害者に対して支払うべき損害賠償額の支払又はこの法律の施行前に政府と組合との間に保険関係が成立した責任共済の契約に係る組合が被共済者に対して支払うべき共済金若しくは新自賠法第二十三条の三第一項において準用する新自賠法第十六条第一項の規定により被害者に対して支払うべき損害賠償額の支払については、新自賠法第十六条の六（新自賠法第二十三条の三第一項において準用する場合を含む。）の規定は、適用しない。

（罰則に関する経過措置）

第五条 この法律の施行前にした行為に対する罰則の適用については、なお従前の例による。

（政令への委任）

第六条 附則第二条から前条までに定めるもののほか、この法律の施行に関し必要となる経過措置は、政令で定める。

附 則（平一四・五・二九法四五抄）

（施行期日）

1 この法律は、公布の日から起算して一年を超えない範囲内において政令で定める日から施行する。

〔平一四・六政令二二七により、平成一五・四・一から施行。ただし、法第二十八条中自動車損害賠償保障法（昭和三十年法律第九十七号）第十四条の改正規定の施行期日は、平一四・七・一とする。〕

附 則（平一四・一二・一八法一八三抄）

（施行期日）

第一条 この法律は、平成十五年十月一日から施行する。〔後略〕

附 則（平一六・五・二六法五五抄）

（施行期日）

第一条 この法律は、平成十七年十二月三十一日までの間において政令で定める日から施行する。〔後略〕

〔平一七・五政令一八六により、平一七・一二・二六から施行〕

（政令への委任）

第八条 附則第二条から前条までに定めるもののほか、この法律の施行に関して必要となる経過措置（罰則に関する経過措置を含む。）は、政令で定める。

附 則（平一六・六・一八法一〇七抄）

（施行期日）

第一条 この法律は、平成十七年四月一日から施行する。〔後略〕

〔平一七・七・二六法八七抄〕

第十二章 罰則に関する経過措置及び政令への委任

（罰則に関する経過措置）

第五百二十七条 施行日前にした行為及びこの法律の規定によりなお従前の例によることとされる場合における施行日以後にした行為に対する罰則の適用については、なお従前の例による。

（政令への委任）

第五百二十八条 この法律に定めるもののほか、この法律の規定による法律の廃止又は改正に伴い必要な経過措置は、政令で定める。

附 則（平一七・七・二六法八七）

この法律は、会社法〔平成一七年七月法律第八六号〕の施行の日〔平成一八年五月一日〕から施行する。〔後略〕

附　則（平一七・一一・二法一〇六抄）

（施行期日）

第一条　この法律は、公布の日から起算して一年を超えない範囲内において政令で定める日（以下「施行日」という。）から施行する。〔後略〕

〔平一八・三政令八一により、平一八・四・一から施行〕

（処分等の効力）

第三十八条　この法律の施行前のそれぞれの法律（これに基づく命令を含む。以下この条において同じ。）の規定によってした処分、手続その他の行為であって、改正後のそれぞれの法律の規定に相当の規定があるものは、この附則に別段の定めがあるものを除き、改正後のそれぞれの法律の相当の規定によってしたものとみなす。

（罰則の適用に関する経過措置）

第三十九条　この法律の施行前にした行為及びこの附則の規定によりなお従前の例によることとされる場合におけるこの法律の施行後にした行為に対する罰則の適用については、なお従前の例による。

（権限の委任）

第四十条　内閣総理大臣は、この附則の規定による権限（政令で定めるものを除く。）を金融庁長官に委任する。

2　前項の規定により金融庁長官に委任された権限並びにこの附則の規定による農林水産大臣及び厚生労働大臣の権限については、政令で定めるところにより、その一部を財務局長又は財務支局長（農林水産大臣及び厚生労働大臣にあっては、地方支分部局の長）に委任することができる。

（その他の経過措置の政令への委任）

第四十一条　この附則に規定するもののほか、この法律の施行に伴い必要な経過措置は、政令で定める。

（検討）

第四十二条　政府は、この法律の施行後五年を経過した場合において、この法律による改正後の規定の実施状況、社会経済情勢の変化等を勘案し、この法律による改正後の金融諸制度について検討を行い、必要があると認めるときは、その結果に基づいて所要の措置を講ずるものとする。

〔平一八・六・二法五〇抄〕

（罰則に関する経過措置）

第四百五十七条　施行日前にした行為及びこの法律の規定によりなお従前の例によることとされる場合における施行日以後にした行為に対する罰則の適用については、なお従前の例による。

（政令への委任）

第四百五十八条　この法律に定めるもののほか、この法律の規定による法律の廃止又は改正に伴い必要な経過措置は、政令で定める。

附　則（平一八・六・二法五〇）

沿革　平二三法七四改正

この法律は、一般社団・財団法人法〔一般社団法人及び一般財団法人に関する法律＝平成一八年六月法律第四八号〕の施行の日〔平成二〇年一二月一日〕から施行する。〔後略〕

一項の見出…削除・一項…一部改正〔平二三法七四〕

附　則（平一八・六・一五法七五抄）

（施行期日）

第一条　この法律は、平成十九年四月一日から施行する。

附　則（平一九・三・三一法二三抄）

沿革　平一九法一〇九改正

（施行期日）

第一条　この法律は、平成十九年四月一日から施行し、平成十九年度の予算から適用する。ただし、次の各号に掲げる規定は、当該各号に定める日から施行〔中略〕する。

一　附則第二百六十六条、第二百六十八条、第二百七十三条、第二百七十六条、第二百七十九条、第二百八十四条、〔中略〕第三百五十二条〔中略〕の規定　平成二十年四月一日

一の二～三〔略〕

本条…一部改正〔平一九法一〇九〕

（罰則に関する経過措置）

第三百九十一条　この法律の施行前にした行為及びこの附則の規定によりなお従前の例によることとされる場合におけるこの法律の施行後にした行為に対する罰則の適用については、なお従前の例による。

（その他の経過措置の政令への委任）

第三百九十二条　附則第二条から第六十五条まで、第六十七条から第二百五十九条まで及び第三百八十二条から前条までに定めるもののほか、この法律の施行に関し必要となる経過措置は、政令で定める。

附　則（平一九・五・一六法四七抄）

（施行期日）

第一条　この法律は、平成二十年四月一日から施行する。〔後略〕

附　則（平一九・七・六法一〇九抄）

沿革　平一九法一一一、平二二法一九、平二三法一〇七、平二四法二四改正

（施行期日）

第一条　この法律は、平成二十二年四月一日までの間において政令で定める日から施行する。ただし、次の各号に掲げる規定は、当該各号に定める日から施行する。

〔平二〇・一二政令三八七により、平二一・一・一から施行〕

一　〔前略〕附則第六十六条及び第七十五条の規定　公布の日

二〔略〕

本条…一部改正〔平一九法一一一〕

（処分、申請等に関する経過措置）

第七十三条　この法律（附則第一条各号に掲げる規定については、当該各規定。以下同じ。）の施行前に法令の規定により社会保険庁長官、地方社会保険事務局長又は社会保険事務所長（以下「社会保険庁長官等」という。）がした裁定、承認、指定、認可その他の処分又は通知その他の行為は、法令に別段の定めがあるもののほか、この法律の施行後は、この法律の施行後の法令の相当規定に基づいて、厚生労働大臣、地方厚生局長若しくは地方厚生支局長又は機構（以下「厚生労働大臣等」という。）がした裁定、承認、指定、認可その他の処分又は通知その他の行為とみなす。

2　この法律の施行の際現に法令の規定により社会保険庁長官等に対してされている申請、届出その他の行為は、法令に別段の定めがあるもののほか、この法律の施行後は、この法律の施行後の法令の相当規定に基づいて、厚生労働大臣等に対してされた申請、届出その他の行為とみなす。

3　この法律の施行前に法令の規定により社会保険庁長官等に対し報告、届出その他の手続をしなければならないとされている事項で、施行日前にその手続がされていないものについては、法令に別段の定めがあるもののほか、この法律の施行後は、これを、この法律の施行後の法令の相当規定により厚生労働大臣等に対して、報告、届出、提出その他の手続をしなければならないとされた事項についてその手続がされていないものとみなして、この法律の施行後の法令の規定を適用する。

4　なお従前の例によることとする法令の規定により、社会保険庁長官等がすべき裁定、承認、指定、認可その他の処分若しくは通知その他の行為又は社会保険庁長官等に対してすべき申請、届出その他の行為については、法令に別段の定めがあるもののほか、この法律の施行後は、この法律の施行後の法令の規定に基づく権限又は権限に係る事務の区分に応じ、それぞれ、厚生労働大臣等がすべきものとし、又は厚生労働大臣等に対してすべきものとする。

旧七二条…繰下〔平一九法一一一〕

（政令への委任）

第七十五条　この附則に定めるもののほか、この法律の施行に関し必要な経過措置は、政令で定める。

旧七四条…繰下〔平一九法一一〇〕、旧七五条…繰下〔平二二法一九〕、旧七六条…繰下〔平二三法一〇七〕、旧七七条…繰上〔平二四法二四〕

附　則（平一九・七・六法一一一抄）

（施行期日）

第一条　この法律は、公布の日から施行する。

（政令への委任）

第八条　この附則に定めるもののほか、この法律の施行に関し必要な経過措置は、政令で定める。

〔平二〇・六・六法五七抄〕

沿革　令四法六五改正

（自動車損害賠償保障法の一部改正に伴う経過措置）

第十六条　自動車の運行による事故が施行日前に発生した場合における自動車損害賠償保障法第十六条第一項（同法第二十三条の三第一項において読み替えて準用する場合を含む。）の規定による損害賠償額の支払、同法第十六条第四項（同法第二十三条の三第一項において読み替えて準用する場合を含む。）の規定による補償、同法第十七条第一項（同法第二十三条の三第一項において読み替えて準用する場合を含む。）の規定による仮渡金の支払、同法第十七条第四項（同法第二十三条の三第一項において読み替えて準用する場合を含む。）の規定による補償又は同法第七十二条第一項第一号若しくは第二号の規定による損害の塡補については、なお従前の例による。

2　施行日前に締結された自動車損害賠償責任保険の契約に係る自動車の運行による事故が施行日以後に発生した場合における保険金の支払の請求については、保険法第九十五条第一項の規定を適用する。

3　前項の規定は、自動車損害賠償責任共済について準用する。

一項…一部改正〔令四法六五〕

（政令への委任）

第二十五条　この法律に定めるもののほか、この法律の規定による法律の改正に伴い必要な経過措置は、政令で定める。

附　則（平二〇・六・六法五七）

この法律は、保険法〔平成二〇年六月法律第五六号〕の施行の日〔平成二二年四月一日〕から施行する。

附　則（平二〇・六・一三法六五抄）

（施行期日）

第一条　この法律は、公布の日から起算して六月を超えない範囲内において政令で定める日から施行する。〔後略〕

〔平二〇・一二政令三六八により、平二〇・一二・一二から施行〕

（罰則の適用に関する経過措置）

第四十条　この法律（附則第一条各号に掲げる規定にあっては、当該規定。以下この条において同じ。）の施行前にした行為及びこの附則の規定によりなお従前の例によることとされる場合におけるこの法律の施行後にした行為に対する罰則の適用については、なお従前の例による。

（政令への委任）

第四十一条　附則第二条から第十九条までに定めるもののほか、この法律の施行に関し必要な経過措置は、政令で定める。

（検討）

第四十二条　政府は、この法律の施行後五年以内に、この法律による改正後の規定の実施状況について検討を加え、必要があると認めるときは、その結果に基づいて所要の措置を講ずるものとする。

附　則（平二二・三・三一法一九抄）

（施行期日）

第一条　この法律は、平成二十二年四月一日から施行する。ただし、附則第二十条の規定は、公布の日から施行する。

（政令への委任）

第二十条　この附則に規定するもののほか、この法律の施行に関し必要な経過措置は、政令で定める。

附　則（平二三・六・二四法七四抄）

（施行期日）

第一条　この法律は、公布の日から起算して二十日を経過した日から施行する。〔後略〕

附　則（平二三・八・三〇法一〇七抄）

（施行期日）

第一条　この法律は、平成二十三年十月一日から施行する。〔後略〕

附　則（平二四・三・三一法二四抄）

（施行期日）

第一条　この法律は、平成二十四年四月一日から施行する。〔後略〕

附　則（平二五・六・二一法五三抄）

（施行期日）

第一条　この法律は、公布の日から施行する。ただし、次の各号に掲げる規定は、当該各号に定める日から施行する。

一　〔略〕

二　第三条及び附則第四条から第六条までの規定　公布の日から起算して一年を超えない範囲内において政令で定める日

〔平二五・一二政令三五二により、平二六・三・三一から施行〕

三　〔略〕

附則（平二六・六・一三法六七抄）

（施行期日）

第一条　この法律は、独立行政法人通則法の一部を改正する法律（平成二十六年法律第六十六号。以下「通則法改正法」という。）の施行の日〔平成二七年四月一日〕から施行する。ただし、次の各号に掲げる規定は、当該各号に定める日から施行する。

一　附則第十四条第二項、第十八条及び第三十条の規定　公布の日

二　〔略〕

（処分等の効力）

第二十八条　この法律の施行前にこの法律による改正前のそれぞれの法律（これに基づく命令を含む。）の規定によってした又はすべき処分、手続その他の行為であってこの法律による改正後のそれぞれの法律（これに基づく命令を含む。以下この条において「新法令」という。）に相当の規定があるものは、法律（これに基づく政令を含む。）に別段の定めのあるものを除き、新法令の相当の規定によってした又はすべき処分、手続その他の行為とみなす。

（罰則に関する経過措置）

第二十九条　この法律の施行前にした行為及びこの附則の規定によりなおその効力を有することとされる場合におけるこの法律の施行後にした行為に対する罰則の適用については、なお従前の例による。

（その他の経過措置の政令等への委任）

第三十条　附則第三条から前条までに定めるもののほか、この法律の施行に関し必要な経過措置（罰則に関する経過措置を含む。）は、政令（人事院の所掌する事項については、人事院規則）で定める。

附則（平二七・六・二四法四四抄）

（施行期日）

第一条　この法律は、平成二十八年四月一日から施行する。

〔後略〕

（自動車損害賠償保障法の一部改正に伴う経過措置）

第二十四条　附則第三条の規定によりなお従前の例によることとされる場合における旧道路運送車両法第三十六条の二第一項の許可を受けている者に係る自動車損害賠償責任保険証明書の提示については、前条の規定による改正後の自動車損害賠償保障法第九条の規定にかかわらず、なお従前の例による。

附則（平二七・九・四法六三抄）

（施行期日）

第一条　この法律は、平成二十八年四月一日から施行する。ただし、次の各号に掲げる規定は、当該各号に定める日から施行する。

一　附則第二十八条〔中略〕第百十五条の規定　公布の日（以下「公布日」という。）

二・三　〔略〕

（罰則に関する経過措置）

第百十四条　この法律の施行前にした行為並びにこの附則の規定によりなお従前の例によることとされる場合及びこの附則の規定によりなおその効力を有することとされる場合におけるこの法律の施行後にした行為に対する罰則の適用については、なお従前の例による。

（政令への委任）

第百十五条　この附則に定めるもののほか、この法律の施行に関し必要な経過措置（罰則に関する経過措置を含む。）は、政令で定める。

附則（平二八・三・三一法一三抄）

沿革　平二八法八六、平三一法二・四、令二法五改正

（施行期日）

第一条　この法律は、平成二十八年四月一日から施行する。ただし、次の各号に掲げる規定は、当該各号に定める日から施行する。

一～五の三　〔略〕

五の四　〔前略〕附則第四条第二項〔中略〕第四十二条から第四十七条まで、第四十八条、第五十条並びに第五十二条から第五十六条までの規定　令和元年十月一日

五の四の二～十五　〔略〕

本条…一部改正〔平二八法八六平三一法二・四令二法五〕

附則（平二八・一一・二八法八六抄）

（施行期日）

1　この法律は、公布の日から施行する。

〔平二九・六・二法四五抄〕

（自動車損害賠償保障法の一部改正に伴う経過措置）

第三百二十四条　施行日前に前条の規定による改正前の自動車損害賠償保障法（以下この条において「旧自動車損害賠償保障法」という。）第十六条第一項又は第十七条第一項（これらの規定を旧自動車損害賠償保障法第二十三条の三第一項において準用する場合を含む。）の規定による請求権が生じた場合におけるこれらの請求権の消滅時効の期間については、なお従前の例による。

2　施行日前に旧自動車損害賠償保障法第八十条第三項に規定する時効の中断の事由が生じた場合におけるその事由の効力については、なお従前の例による。

（罰則に関する経過措置）

第三百六十一条　施行日前にした行為及びこの法律の規定によりなお従前の例によることとされる場合における施行日以後にした行為に対する罰則の適用については、なお従前の例による。

（政令への委任）

第三百六十二条　この法律に定めるもののほか、この法律の施行に伴い必要な経過措置は、政令で定める。

附則（平二九・六・二法四五）

この法律は、民法改正法〔民法の一部を改正する法律＝平成二九年六月法律第四四号〕の施行の日〔平成三二年四月一日〕から施行する。ただし、〔中略〕第三百六十二条の規定は、公布の日から施行する。

附則（平三一・三・二九法二抄）

（施行期日）

第一条　この法律は、平成三十一年四月一日から施行する。

〔後略〕

附則（平三一・三・二九法四抄）

沿革　令二法五改正

（施行期日）

第一条　この法律は、令和元年十月一日から施行する。ただ

し、次の各号に掲げる規定は、当該各号に定める日から施行する。

一　附則第二十四条の規定　公布の日

二　〔略〕

附　則（令元・五・二四法一四抄）

本条…一部改正〔令二法五〕

（施行期日）

第一条　この法律は、公布の日から起算して一年を超えない範囲内において政令で定める日から施行する。ただし、次の各号に掲げる規定は、当該各号に定める日から施行する。

一～五　〔略〕

六　第四条並びに附則第五条から第八条まで、第十三条（地方税法（昭和二十五年法律第二百二十六号）第百六十条第一項第三号の改正規定及び同法第四百五十四条第一項第二号の改正規定に限る。）、第十五条〔中略〕の規定　公布の日から起算して四年を超えない範囲内において政令で定める日

〔令四・五政令一九四により、令五・一・一から施行〕

附　則（令二・三・三一法五抄）

（施行期日）

第一条　この法律は、令和二年四月一日から施行する。〔後略〕

附　則（令四・六・一五法六五抄）

（施行期日）

第一条　この法律は、令和五年四月一日から施行する。ただし、次の各号に掲げる規定は、当該各号に定める日から施行する。

一　附則第四条の規定　公布の日

二　第一条中自動車損害賠償保障法の目次の改正規定（「第二十三条の二十一」を「第二十三条の二十三」に改める部分に限る。）、同法第二十三条の五第一項及び第二十三条の六第一項第一号の改正規定、同法第三章第二節の二中第二十三条の二十一を第二十三条の二十三とし、第二十三条の二十を第二十三条の二十二とする改正規定、同法第二十三条の十九の改正規定、同条を同法第二十三条の二十一とし、同法第二十三条の十六から第二十三条の十八までを二条ずつ繰り下げる改正規定、同法第二十三条の十五に一項を加える改正規定、同条を同法第二十三条の十七とし、同法第二十三条の十四を同法第二十三条の十六とし、同法第二十三条の十三の次に二条を加える改正規定並びに同法第八十六条の三から第九十条までの改正規定並びに次条の規定　公布の日から起算して三月を超えない範囲内において政令で定める日

〔令四・八政令二七三により、令四・九・一から施行〕

（自動車損害賠償保障法の一部改正に伴う経過措置）

第二条　前条第二号に掲げる規定の施行の際現に指定紛争処理機関に係属している第一条の規定による改正前の自動車損害賠償保障法第二十三条の六第一項第一号に規定する紛争処理に関し当該紛争処理の目的となっている請求についての第一条の規定による改正後の自動車損害賠償保障法（附則第五条において「新自賠法」という。）第二十三条の十四の規定の適用については、前条第二号に掲げる規定の施行の時に、当該紛争処理の申請がされたものとみなす。

（政令への委任）

第四条　前二条に定めるもののほか、この法律の施行に関し必要な経過措置は、政令で定める。

（検討）

第五条　政府は、この法律の施行後五年を経過した場合において、新自賠法の規定について、その施行の状況等を勘案して検討を加え、必要があると認めるときは、その結果に基づいて所要の措置を講ずるものとする。

〔令四・六・一七法六八抄〕

（罰則の適用等に関する経過措置）

第四百四十一条　刑法等の一部を改正する法律（令和四年法律第六十七号。以下「刑法等一部改正法」という。）及びこの法律（以下「刑法等一部改正法等」という。）の施行前にした行為の処罰については、次章に別段の定めがあるもののほか、なお従前の例による。

2　刑法等一部改正法等の施行後にした行為に対して、他の法律の規定によりなお従前の例によることとされ、なお効力を有することとされ又は改正前若しくは廃止前の法律の規定の例によることとされる罰則を適用する場合において、当該罰則に定める刑（刑法施行法第十九条第一項の規定又は第八十二条の規定による改正後の沖縄の復帰に伴う特別措置に関する法律第二十五条第四項の規定の適用後のものを含む。）に刑法等一部改正法第二条の規定による改正前の刑法（明治四十年法律第四十五号。以下この項において「旧刑法」という。）第十二条に規定する懲役（以下「懲役」という。）、旧刑法第十三条に規定する禁錮（以下「禁錮」という。）又は旧刑法第十六条に規定する拘留（以下「旧拘留」という。）が含まれるときは、当該刑のうち無期の懲役又は禁錮はそれぞれ無期拘禁刑と、有期の懲役又は禁錮はそれぞれその刑と長期及び短期（刑法施行法第二十条の規定の適用後のものを含む。）を同じくする有期拘禁刑と、旧拘留は長期及び短期（刑法施行法第二十条の規定の適用後のものを含む。）を同じくする拘留とする。

（裁判の効力とその執行に関する経過措置）

第四百四十二条　懲役、禁錮及び旧拘留の確定裁判の効力並びにその執行については、次章に別段の定めがあるもののほか、なお従前の例による。

（人の資格に関する経過措置）

第四百四十三条　懲役、禁錮又は旧拘留に処せられた者に係る人の資格に関する法令の規定の適用については、無期の懲役又は禁錮に処せられた者はそれぞれ無期拘禁刑に処せられた者と、有期の懲役又は禁錮に処せられた者はそれぞれ刑期を同じくする有期拘禁刑に処せられた者と、旧拘留に処せられた者は拘留に処せられた者とみなす。

2　拘禁刑又は拘留に処せられた者に係る他の法律の規定によりなお従前の例によることとされ、なお効力を有することとされ又は改正前若しくは廃止前の法律の規定の例によることとされる人の資格に関する法令の規定の適用については、無期拘禁刑に処せられた者は無期禁錮に処せられた者と、有期拘禁刑に処せられた者は刑期を同じくする有期禁錮に処せられた者と、拘留に処せられた者は刑期を同じくする旧拘留に処せられた者とみなす。

（経過措置の政令への委任）

第五百九条　この編に定めるもののほか、刑法等一部改正法等の施行に伴い必要な経過措置は、政令で定める。

附 則（令四・六・一七法六八抄）

（施行期日）

1　この法律は、刑法等一部改正法〔刑法等の一部を改正する法律＝令和四年六月法律第六七号〕施行日〔令和七年六月一日〕から施行する。ただし、次の各号に掲げる規定は、当該各号に定める日から施行する。

一　第五百九条の規定　公布の日

二　〔略〕

附 則（令五・六・一六法六三抄）

（施行期日）

第一条　この法律は、公布の日から起算して一年を超えない範囲内において政令で定める日から施行する。ただし、次の各号に掲げる規定は、当該各号に定める日から施行する。

〔令五・九政令二八四により、令六・四・一から施行〕

一　〔前略〕附則第七条〔中略〕の規定　公布の日

二　〔略〕

（罰則に関する経過措置）

第六条　この法律の施行前にした行為に対する罰則の適用については、なお従前の例による。

（政令への委任）

第七条　この附則に定めるもののほか、この法律の施行に関し必要な経過措置（罰則に関する経過措置を含む。）は、政令で定める。

○自動車損害賠償保障法施行令

（昭和三十年十月十八日　政令第二百八十六号）

沿革　昭三五政令一七〇・二二七、昭三七政令二三三・二八八、昭三八政令三二六、昭三九政令八・二五〇・二九一、昭四一政令二〇三、昭四二政令二〇三・二七四、昭四三政令一二、昭四四政令二七〇・三一〇、昭四五政令二六三、昭四八政令二五四・三三一・三五〇、昭五〇政令一一・二〇二・三四七、昭五二政令四八、昭五三政令二六一、昭五四政令一三、昭五六政令一一一・一四一、昭五八政令六・一一〇、昭五九政令一三五・一七六・二六八、昭六〇政令四、平元政令一九八、平三政令四、平四政令二五九、平八政令二七六、平九政令八四・二五八、平一一政令二六二、平一二政令三一二、平一三政令四一九、平一六政令二七五・三一五、平一七政令一八七、平一八政令一三九、平二〇政令一一六、平二三政令一一六、平二八政令一三三・三六〇、平三一政令八九、令元政令三二、令五政令一〇〇・二四二改正

（自動車損害賠償責任保険証明書に記載すべき事項の電磁的方法による提供）

第一条　自動車損害賠償保障法（以下「法」という。）第九条第一項本文の処分を受けようとする者は、同条第二項の規定により自動車損害賠償責任保険証明書に記載すべき事項を登録情報処理機関に提供しようとするときは、国土交通省令で定めるところにより、あらかじめ、保険会社に対して書面又は電磁的方法により委託しなければならない。

（責任保険又は責任共済の契約の締結を要しない自動車の保有者及びその業務の範囲）

第一条の二　法第十条の政令で定める者は次の各号に掲げる者とし、同条の政令で定める業務は当該各号に掲げる者の区分に応じ当該各号に定める業務とする。

一　国　自衛隊法（昭和二十九年法律第百六十五号）第百十四条第一項の規定により道路運送車両法（昭和二十六年法律第百八十五号）の規定が適用されない自動車を使用する場合における自衛隊法に規定する自衛隊の任務の遂行に必要な業務

二　日本国とアメリカ合衆国との間の相互協力及び安全保障条約に基づき日本国内にあるアメリカ合衆国の軍隊　その任務の遂行に必要な業務

三　日本国における国際連合の軍隊の地位に関する協定に基づき日本国内にある国際連合の軍隊　その任務の遂行に必要な業務

四　日本国の自衛隊とオーストラリア国防軍との間における相互のアクセス及び協力の円滑化に関する日本国とオーストラリアとの間の協定の実施に関する法律（令和五年法律第二十六号）第二条第一項に規定するオーストラリア軍隊　その任務の遂行に必要な業務

五　日本国の自衛隊とグレートブリテン及び北アイルランド連合王国の軍隊との間における相互のアクセス及び協力の円滑化に関する日本国とグレートブリテン及び北アイルランド連合王国との間の協定の実施に関する法律（令和五年法律第二十七号）第二条第一項に規定する英国軍隊　その任務の遂行に必要な業務

（保険・共済除外標章の交付を要しない自動車の範囲）

第一条の三　法第十条の二第一項の政令で定める検査対象外軽自動車及び原動機付自転車は、前条各号に掲げる者が当該各号に定める業務のため運行の用に供する検査対象外軽自動車及び原動機付自転車とする。

（保険金額）

第二条　法第十三条第一項の保険金額は、死亡した者又は傷害を受けた者一人につき、次の各号に掲げる者の区分に応じ、当該各号に定める金額とする。

一　死亡した者　イ又はロに掲げる損害の区分に応じ、それぞれイ又はロに定める金額

イ　死亡による損害（ロに掲げる損害を除く。）　三千万円

ロ　死亡に至るまでの傷害による損害　百二十万円

二　介護を要する後遺障害（傷害が治つたとき身体に存する障害をいう。以下同じ。）をもたらす傷害を受けた者　イ又はロに掲げる損害の区分に応じ、それぞれイ又はロに定める金額

イ　別表第一に定める等級に該当する介護を要する後遺障害が存する場合（同一の等級に該当する介護を要する後遺障害が二存する場合を含む。）における当該介護を要する後遺障害による損害（ロに掲げる損害を除く。）　当該介護を要する後遺障害の該当する等級に応ずる同表に定める金額

ロ　介護を要する後遺障害に至るまでの傷害による損害　百二十万円

三　傷害を受けた者（前号に掲げる者を除く。）　イからヘまでに掲げる損害の区分に応じ、それぞれイからヘまでに定める金額

イ　傷害による損害（ロからヘまでに掲げる損害を除く。）　百二十万円

ロ　別表第二に定める第五級以上の等級に該当する後遺障害が二以上存する場合における当該後遺障害による損害　重い後遺障害の該当する等級の三級上位の等級に応ずる同表に定める金額

ハ　別表第二に定める第八級以上の等級に該当する後遺障害が二以上存する場合（ロに掲げる場合を除く。）における当該後遺障害による損害　重い後遺障害の該当する等級の二級上位の等級に応ずる同表に定める金額

ニ　別表第二に定める第十三級以上の等級に該当する後遺障害が二以上存する場合（ロ及びハに掲げる場合を除く。）における当該後遺障害による損害　重い後遺障害の該当する等級の一級上位の等級に応ずる同表に定める金額（その金額がそれぞれの後遺障害の

障害による損害	該当する等級に応ずる同表に定める金額を合算した金額を超えるときは、その合算した金額）
ホ　別表第二に定める等級に該当する後遺障害が二以上存する場合（ロからニまでに掲げる場合を除く。）における当該後遺障害による損害	重い後遺障害の該当する等級に応ずる同表に定める金額
ヘ　別表第二に定める等級に該当する後遺障害が存する場合（ロからホまでに掲げる場合を除く。）における当該後遺障害による損害	当該後遺障害の該当する等級に応ずる同表に定める金額

2　法第十三条第一項の保険金額は、既に後遺障害のある者が傷害を受けたことによつて同一部位について後遺障害の程度を加重した場合における当該後遺障害による損害については、当該後遺障害の該当する別表第一又は別表第二に定める等級に応ずるこれらの表に定める金額から、既にあつた後遺障害の該当するこれらの表に定める等級に応ずるこれらの表に定める金額を控除した金額とする。

（保険会社に対する損害賠償額の支払の請求）

第三条　法第十六条第一項の損害賠償額の支払の請求は、次の事項を記載した書面をもつて行わなければならない。

一　請求する者の氏名及び住所
二　死亡した者についての請求にあつては、請求する者の死亡した者との続柄
三　加害者及び被害者の氏名及び住所並びに加害行為の行われた日時及び場所
四　当該自動車の道路運送車両法の規定による自動車登録番号若しくは車両番号、地方税法（昭和二十五年法律第二百二十六号）第四百六十三条の十八第三項（同法第一条第二項において準用する場合を含む。）に規定する標識の番号又は道路交通に関する条約（昭和三九年八月条約第一七号）の規定による登録番号（これらが存しない場合にあつては、車台番号）
五　保険契約者の氏名及び住所
六　請求する金額及びその算出基礎

2　前項の書面には、次の書類を添附しなければならない。

一　診断書又は検案書
二　前項第二号及び第三号の事項を証するに足りる書面
三　前項第六号の算出基礎を証するに足りる書面

（保険金によるてん補又は損害賠償額の支払に限度を設ける損害の種類及びその限度額）

第三条の二　法第十六条の二の政令で定める損害は、被害者が療養のため労働することができないことによる損害とし、同条の政令で定める額は、一日につき一万九千円とする。

（被保険者の意見の聴取等）

第四条　保険会社は、損害賠償額の支払をしようとするときは、あらかじめ、被保険者の意見を求めるものとする。

2　保険会社は、損害賠償額の支払をしたときは、遅滞なく、その旨を被保険者に通知するものとする。

（情報通信の技術を利用する方法）

第四条の二　保険会社は、法第十六条の四第四項の規定により同項に規定する事項を提供しようとするときは、国土交通省令・内閣府令で定めるところにより、あらかじめ、被保険者又は被害者に対し、その用いる同項前段に規定する方法（以下「電磁的方法」という。）の種類及び内容を示し、書面又は電磁的方法による承諾を得なければならない。

2　前項の規定による承諾を得た保険会社は、被保険者又は被害者から書面又は電磁的方法により電磁的方法による提供を受けない旨の申出があつたときは、当該被保険者又は被害者に対し、法第十六条の四第四項に規定する事項の提供を電磁的方法によつてしてはならない。ただし、当該被保険者又は被害者が再び前項の規定による承諾をした場合は、この限りでない。

第四条の三　前条の規定は、法第十六条の五第五項の規定により同項に規定する事項を提供しようとするときについて準用する。

（保険会社の仮渡金の金額）

第五条　法第十七条第一項の仮渡金の金額は、死亡した者又は傷害を受けた者一人につき、次のとおりとする。

一　死亡した者　二百九十万円
二　次の傷害を受けた者　四十万円
　イ　脊柱の骨折で脊髄を損傷したと認められる症状を有するもの
　ロ　上腕又は前腕の骨折で合併症を有するもの
　ハ　大腿又は下腿の骨折
　ニ　内臓の破裂で腹膜炎を併発したもの
　ホ　十四日以上病院に入院することを要する傷害で、医師の治療を要する期間が三十日以上のもの
三　次の傷害（前号イからホまでに掲げる傷害を除く。）を受けた者　二十万円
　イ　脊柱の骨折
　ロ　上腕又は前腕の骨折
　ハ　内臓の破裂
　ニ　病院に入院することを要する傷害で、医師の治療を要する期間が三十日以上のもの
　ホ　十四日以上病院に入院することを要する傷害
四　十一日以上医師の治療を要する傷害（第二号イからホまで及び前号イからホまでに掲げる傷害を除く。）を受けた者　五万円

（保険会社に対する仮渡金の支払の請求等）

第六条　第三条（請求する金額の算出基礎に係る部分を除く。）の規定は、法第十七条第一項の仮渡金の支払の請求について準用する。

2　第四条第二項の規定は、法第十七条第一項の仮渡金の支払をした場合について準用する。

（指定医の診断書の提出）

第七条　保険会社は、特に必要があると認めるときは、保険金、法第十六条第一項の損害賠償額又は法第十七条第一項の仮渡金の支払の請求をした者に対し、保険会社の指定する医師の診断書の提出を求めることができる。この場合において、必要な費用は、保険会社の負担とする。

（添附書類の省略）

第八条　次の請求をする場合においては、第三条第二項（第六条において準用する場合を含む。）の規定にかかわらず、同項第一号及び第二号の書類の添附を要しない。

一　法第十六条第一項の損害賠償額の支払の請求と同時にする法第十七条第一項の仮渡金の支払の請求

二　法第十七条第一項の仮渡金の支払の請求をした後にする法第十六条第一項の損害賠償額の支払の請求

三　法第十六条第一項の損害賠償額の支払の請求をした後にする法第十七条第一項の仮渡金の支払の請求

（自動車の種別）

第九条　法第二十条第二号の自動車の種別は、次のとおりとする。

一　乗合自動車　人の運送の用に供する乗車定員十一人以上の自動車（第五号及び第十五号から第十七号までの自動車を除く。）

二　営業用乗用自動車　人の運送の用に供する乗車定員十人以下の自動車運送事業用の自動車（第五号、第十二号、第十三号、第十四号の二、第十六号及び第十七号の自動車を除く。）

三　自家用乗用自動車　人の運送の用に供する乗車定員十人以下の自動車で自動車運送事業用でないもの（第五号、第十二号、第十三号及び第十四号の二から第十八号までの自動車を除く。）

四　けん引旅客自動車　次号の自動車のけん引の用に供する自動車（第十二号、第十三号、第十四号の二及び第十六号から第十八号までの自動車を除く。）

五　被けん引旅客自動車　人の運送の用に供する自動車で原動機のないもの（第十二号、第十三号及び第十四号の二から第十八号までの自動車を除く。）

六　普通貨物自動車　物の運送の用に供する道路運送車両法第三条の普通自動車（第八号、第十六号及び第十七号の自動車を除く。）

七　けん引普通貨物自動車　次号の自動車のけん引の用に供する自動車（第十二号から第十四号の二まで、第十六号及び第十七号の自動車を除く。）

八　被けん引普通貨物自動車　物の運送の用に供する道路運送車両法第三条の普通自動車で原動機のないもの（第十六号及び第十七号の自動車を除く。）

九　小型貨物自動車　物の運送の用に供する道路運送車両法第三条の小型自動車（第十一号、第十二号、第十六号及び第十七号の自動車を除く。）

十　けん引小型貨物自動車　次号の自動車のけん引の用に供する自動車（第十二号から第十四号の二まで、第十六号及び第十七号の自動車を除く。）

十一　被けん引小型貨物自動車　物の運送の用に供する道路運送車両法第三条の小型自動車で原動機のないもの（第十二号、第十六号及び第十七号の自動車を除く。）

十二　小型二輪自動車　道路運送車両法第三条の小型自動車で二輪のもの（第十五号から第十七号までの自動車を除く。）

十三　軽自動車　道路運送車両法第三条の軽自動車（第十五号から第十七号までの自動車を除く。）

十四　大型特殊自動車　道路運送車両法第三条の大型特殊自動車（第一号から第五号まで及び第十五号から第十七号までの自動車を除く。）

十四の二　小型特殊自動車　道路運送車両法第三条の小型特殊自動車（次号及び第十七号の自動車を除く。）

十五　緊急自動車　消防自動車、救急自動車その他緊急の用に供する自動車で国土交通省令で定めるもの（次号及び第十八号の自動車を除く。）

十六　商品自動車　道路運送車両法第三十四条第一項（同法第七十三条第二項において準用する場合を含む。）の臨時運行の許可若しくは同法第三十六条の二第一項（同法第七十三条第二項において準用する場合を含む。）の許可を受けて運行の用に供する自動車又は試運転若しくは回送その他特別の事由により国土交通省令で定める車両番号標を表示して運行の用に供する軽自動車

十七　特種用途自動車　散水自動車、広告宣伝用自動車、霊きゅう自動車その他特殊の用途に供する自動車で国土交通省令で定めるもの（前号及び次号の自動車を除く。）

十八　原動機付自転車　道路運送車両法第二条第三項の原動機付自転車

十九　その他の自動車　前各号の自動車以外の自動車

※一五～一七号「国土交通省令」＝則四～五

（危険が増加し、又は減少した場合の保険料の支払又は返還）

第十条　法第二十二条第四項の規定により保険会社が支払を請求し、又は同条第五項の規定により保険契約者が返還を請求することができる保険料の金額は、増加し、又は減少する前の危険に対応する責任保険の契約の保険料のうち、危険が増加し、又は減少した日から保険期間の末日までの日数につき日割計算により算出した保険料の金額と、新たな危険に対応する責任保険の契約で保険期間を同じくするものの保険料（当該保険期間の開始後に保険料の変更があつた場合には、変更前の保険料）のうち、同一日数につき日割計算により算出した保険料の金額との差額とする。

2　前項の規定により算出した金額に十円未満の端数があるとき、又はその金額が百円未満であるときは、その端数金額又はその全額を切り捨てる。

（責任保険及び責任共済の契約の締結の拒絶理由）

第十一条　法第二十四条第一項及び第二項の政令で定める正当な理由は、次のとおりとする。

一　法第十条に規定する自動車についての契約の申込みであること。

二　法第二十条各号の事項について不実の事を告げたことが明らかであること。
三　責任保険にあつては保険料の、責任共済にあつては共済掛金の支払の提供がないこと。
四　責任保険にあつては保険期間の、責任共済にあつては共済期間の末日がその申込みの日から起算して国土交通省令で定める期間を経過する日以後である契約の申込みであること。

※　四号「国土交通省令」＝則七

（準用規定）

第十二条　第一条、第二条から第八条まで及び第十条の規定は、責任共済の契約について準用する。この場合において、これらの規定中「自動車損害賠償責任保険証明書」とあるのは「自動車損害賠償責任共済証明書」と、「保険金額」とあるのは「共済金額」と、「保険会社」とあるのは「組合」と、「保険契約者」とあるのは「共済契約者」と、「保険金」とあるのは「共済金」と、「被保険者」とあるのは「被共済者」と、「責任保険」とあるのは「責任共済」と、「保険料」とあるのは「共済掛金」と、「保険期間」とあるのは「共済期間」と読み替えるものとする。

第十三条から第十九条まで　削除

（自動車損害賠償保障事業が行う損害の塡補の限度額）

第二十条　法第七十二条第一項第一号又は第二号の政令で定める金額は、それぞれ、死亡した者又は傷害を受けた者一人につき、第二条第一項各号に掲げる者の区分に応じ、当該各号に定める金額とする。

2　法第十六条の二の規定及び第三条の二の規定は、法第七十二条第一項第一号又は第二号の規定により政府が行う損害の塡補について準用する。

（法第七十三条第一項の政令で定める法令）

第二十一条　法第七十三条第一項の政令で定める法令は、次のとおりとする。
一　船員保険法（昭和十四年法律第七十三号）
二　労働基準法（昭和二十二年法律第四十九号。他の法律において例による場合を含む。）
三　船員法（昭和二十二年法律第百号。他の法律において例による場合を含む。）
四　災害救助法（昭和二十二年法律第百十八号）
五　消防組織法（昭和二十二年法律第二百二十六号）
六　消防法（昭和二十三年法律第百八十六号）
七　水防法（昭和二十四年法律第百九十三号）
八　国家公務員災害補償法（昭和二十六年法律第百九十一号。他の法律において準用し、又は例による場合を含む。）
九　警察官の職務に協力援助した者の災害給付に関する法律（昭和二十七年法律第二百四十五号）
十　海上保安官に協力援助した者等の災害給付に関する法律（昭和二十八年法律第三十三号）
十一　公立学校の学校医、学校歯科医及び学校薬剤師の公務災害補償に関する法律（昭和三十二年法律第百四十三号）
十二　証人等の被害についての給付に関する法律（昭和三十三年法律第百九号）
十三　国家公務員共済組合法（昭和三十三年法律第百二十八号。他の法律において準用し、又は例による場合を含む。）
十四　国民健康保険法（昭和三十三年法律第百九十二号）
十五　災害対策基本法（昭和三十六年法律第二百二十三号）
十六　地方公務員等共済組合法（昭和三十七年法律第百五十二号）
十七　河川法（昭和三十九年法律第百六十七号）
十八　地方公務員災害補償法（昭和四十二年法律第百二十一号）
十九　高齢者の医療の確保に関する法律（昭和五十七年法律第八十号）
二十　介護保険法（平成九年法律第百二十三号）
二十一　武力攻撃事態等における国民の保護のための措置に関する法律（平成十六年法律第百十二号）

（自動車損害賠償保障事業の業務の委託）

第二十二条　政府は、法第七十七条第一項の規定により、損害の塡補額の支払の請求の受理、塡補すべき損害額に関する調査、損害の塡補額の支払その他法第七十二条第一項第一号又は第二号の規定による業務のうち損害の塡補額の決定以外のものを保険会社又は組合に委託することができる。

2　政府は、前項の規定により委託をした保険会社又は組合に対し、能率的な経営の下における適正な原価を償うに足りる金額を委託費として支払うものとする。

3　前項の委託費の支払の方法その他第一項の規定による委託契約に関する準則は、国土交通省令で定める。

※　3項「国土交通省令」＝自動車損害賠償保障事業業務委託契約準則

（権限の委任）

第二十三条　法第八十四条第一項の政令で定める権限は、法第三十五条に規定する内閣総理大臣の権限とする。

2　法第十条の二第一項及び同条第四項において準用する法第九条の二第四項に規定する国土交通大臣の権限は、地方運輸局長に行なわせる。

3　法第八十五条第一項に規定する国土交通大臣の権限は、地方運輸局長も行うことができる。

（国土交通省令への委任）

第二十四条　この政令に定めるもののほか、法及びこの政令の実施のため必要な手続その他の事項は、国土交通省令で定める。

※　「国土交通省令」＝則

附　則

この政令は、昭和三十年十二月一日から施行する。ただし、附則第二項及び第三項の規定は、昭和三十年十月二十日から、第十一条、第十七条から第二十一条まで及び第二十三条の規定は、昭和三十一年二月一日から施行する。

附　則（昭三五・六・二三政令一七〇）

この政令は、日本国とアメリカ合衆国との間の相互協力及び安全保障条約の効力発生の日〔昭和三五年六月二三日〕から施行する。

附　則（昭三五・八・四政令二二七）

1　この政令は、昭和三十五年九月一日から施行する。

2　改正後の第二条第一号の規定は、この政令の施行後に締結される責任保険の契約について適用し、この政令の施行の際現に締結されている責任保険の契約に係る保険金額については、なお従前の例による。

3　自動車損害賠償保障事業が行なう損害のてん補の限度額

（死亡した者に係るものに限る。以下単に「限度額」という。）に関する改正後の規定は、この政令の施行後に発生する自動車の運行による事故について適用し、この政令の施行前に発生した自動車の運行による事故に係る限度額については、なお従前の例による。

附則（昭三七・六・一政令二二三）

この政令は、昭和三十七年十月一日から施行する。ただし、第二十一条の改正規定は、公布の日から施行する。

附　則（昭三七・七・九政令二八八）

1　この政令は、法施行の日（昭和三十七年七月十日）から施行する。

附則（昭三八・九・一三政令三二六）

この政令は、昭和三十八年十月十五日から施行する。

附　則（昭三九・一・二〇政令八）

1　この政令は、昭和三十九年二月一日から施行する。

2　改正後の第二条の規定は、この政令の施行後に締結される責任保険の契約について適用し、この政令の施行の際現に締結されている責任保険の契約に係る保険金額については、なお従前の例による。

3　改正後の第五条の規定は、この政令の施行後に発生する自動車の運行による事故について適用し、この政令の施行前に発生した自動車の運行による事故に係る仮渡金の金額については、なお従前の例による。

4　自家保障者が支払う仮渡金の金額（以下単に「仮渡金額」という。）及び自動車損害賠償保障事業が行なう損害のてん補の限度額（以下単に「限度額」という。）に関する改正後の規定は、この政令の施行後に発生する自動車の運行による事故について適用し、この政令の施行前に発生した自動車の運行による事故に係る仮渡金額及び限度額については、なお従前の例による。

附則（昭三九・七・二六政令二五〇）

（施行期日）

第一条　この政令は、昭和三十九年十月一日から施行する。

附則（昭三九・九・一政令二九一）

この政令は、昭和三十九年九月六日から施行する。

附則（昭四一・六・二九政令二〇三抄）

1　この政令は、公布の日から施行する。ただし、第二条、第五条及び別表の改正規定（以下「第二条等の改正規定」という。）並びに次項から附則第五項までの規定は、昭和四十一年七月一日から施行する。

2　改正後の第二条に規定する保険金額をその保険金額とする責任保険の契約（以下「新責任保険契約」という。）に係る第二条等の改正規定の施行の日における保険料の額が改正前の第二条に規定する保険金額をその保険金額とする責任保険の契約（以下「旧責任保険契約」という。）に係る第二条等の改正規定の施行の日の前日における保険料の額をこえない場合は、第二条等の改正規定の施行の際現に締結されている旧責任保険契約は、第二条等の改正規定の施行の時において、新責任保険契約に変更されたものとみなす。この場合において、第二条等の改正規定の施行前に発生した自動車の運行による事故に係る保険金額については、なお従前の例による。

3　前項前段の場合には、大蔵大臣は、その旨を告示するものとする。

4　改正後の第五条の規定は、第二条等の改正規定の施行後に発生する自動車の運行による事故について適用し、第二条等の改正規定の施行前に発生した自動車の運行による事故に係る仮渡金の金額については、なお従前の例による。

5　自家保障者が支払う仮渡金の金額（以下単に「仮渡金額」という。）及び自動車損害賠償保障事業が行なう損害のてん補の限度額（以下単に「限度額」という。）に関する改正後の規定は、第二条等の改正規定の施行後に発生する自動車の運行による事故について適用し、第二条等の改正規定の施行前に発生した自動車の運行による事故に係る仮渡金額及び限度額については、なお従前の例による。

附則（昭四二・七・二四政令二〇三）

1　この政令は、昭和四十二年八月一日から施行する。

2　改正前の第二条に規定する保険金額をその保険金額とする責任保険の契約（以下「旧責任保険契約」という。）であつて、保険期間がこの政令の施行の日（以下「施行日」という。）以後に満了するものは、これに係る改正後の同条に規定する保険金額（以下「新保険金額」という。）に対応する施行日における保険料の額が旧責任保険契約に係る施行日の前日における保険料の額をこえない場合には、この政令の施行の時において、新保険金額をその保険金額とする責任保険の契約に変更されたものとみなす。この場合において、この政令の施行前に発生した自動車の運行による事故に係る保険金額については、なお従前の例による。

3　前項前段の場合には、大蔵大臣は、その旨を告示するものとする。

4　前二項の規定は、責任共済の契約について準用する。この場合において、附則第二項中「保険金額」とあるのは「共済金額」と、「保険期間」とあるのは「共済期間」と、「保険料」とあるのは「共済掛金」と、前項中「大蔵大臣」とあるのは「農林大臣」と読み替えるものとする。

5　自動車損害賠償保障事業が行なう損害のてん補の限度額（以下単に「限度額」という。）に関する改正後の規定は、この政令の施行後に発生する自動車の運行による事故について適用し、この政令の施行前に発生した自動車の運行による事故に係る限度額については、なお従前の例による。

附則（昭四二・九・一政令二七四）

（施行期日）

第一条　この政令は、昭和四十二年十二月一日から施行する。

附則（昭四三・二・五政令一二）

この政令は、公布の日から施行し、改正後の自動車損害賠償保障法施行令の規定は、昭和四十二年八月一日以後に発生した自動車の運行による事故について適用する。

附　則（昭四四・一〇・三一政令二七〇）

1　この政令は、昭和四十四年十一月一日から施行する。

2　この政令の施行の際現に締結されている責任保険の契約で保険期間がこの政令の施行の日以後に満了するものの保険金額は、この政令の施行後に発生する自動車の運行による事故に関しては、改正後の第二条に規定する保険金額に変更されたものとみなし、この政令の施行前に発生した自動車の運行による事故に関しては、なお従前の例による。

3　前項の規定は、責任共済の契約の共済金額について準用する。

4　この政令の施行前に発生した自動車の運行による事故に係

る自動車損害賠償保障事業が行なう損害のてん補の限度額については、なお従前の例による。

附　則（昭四四・一二・一九政令三一〇）

この政令中、第一条及び第二条の規定は、昭和四十五年一月一日から、第三条から第五条までの規定は、同年三月一日から、第六条の規定は、同年四月一日から施行する。

附　則（昭四五・九・一八政令二六三）

1　この政令は、自動車損害賠償保障法の一部を改正する法律（昭和四十五年法律第四十六号）の施行の日（昭和四十五年十月一日）から施行する。

2　第一条の規定による改正後の自動車損害賠償保障法施行令（以下「令」という。）第三条の二（第一条の規定による改正後の令第十七条において準用する場合を含む。）の規定は、この政令の施行前に締結された責任保険又は責任共済の契約に係る保険金若しくは共済金又は自動車損害賠償保障法第十六条第一項（同法第五十四条の五第一項において準用する場合を含む。）の規定による損害賠償額の支払については、適用しない。

3　第一条の規定による改正後の令第二十条第二項において準用する令第三条の二の規定は、この政令の施行前に発生した自動車の運行による事故に係る自動車損害賠償保障事業が行なう損害のてん補については、適用しない。

附　則（昭四八・九・四政令二五四抄）

1　この政令は、道路運送車両法の一部を改正する法律（昭和四十七年法律第六十二号。以下「改正法」という。）の施行の日（昭和四十八年十月一日）から施行する。

附　則（昭四八・一〇・三〇政令三三一）

1　この政令は、昭和四十八年十一月一日から施行する。

2　改正後の第三条の二（第十七条及び第二十条第二項において準用する場合を含む。）の規定は、この政令の施行後に発生する自動車の運行による事故に係る保険金若しくは共済金若しくは損害賠償額の支払又は損害のてん補（以下「保険金の支払等」という。）について適用し、この政令の施行前に発生した自動車の運行による事故に係る保険金の支払等については、なお従前の例による。

附　則（昭四八・一一・二七政令三五〇抄）

1　この政令は、昭和四十八年十二月一日から施行する。

2　この政令の施行の際現に締結されている責任保険の契約で保険期間がこの政令の施行の日以後に満了するものの保険金額は、この政令の施行後に発生する自動車の運行による事故に関しては、第一条の規定による改正後の自動車損害賠償保障法施行令（以下「新令」という。）第二条に規定する保険金額に変更されたものとみなし、この政令の施行前に発生した自動車の運行による事故に関しては、なお従前の例による。

3　前項の規定は、責任共済の契約の共済金額について準用する。

4　この政令の施行前に発生した自動車の運行による事故に係る自動車損害賠償保障事業が行なう損害のてん補の限度額については、なお従前の例による。

5　新令第五条（第十七条において準用する場合を含む。）の規定は、この政令の施行後に発生する自動車の運行による事故について適用し、この政令の施行前に発生した自動車の運行による事故に係る仮渡金の金額については、なお従前の例による。

附　則（昭五〇・一・二四政令一一）

1　この政令は、昭和五十年二月一日から施行する。

2　改正後の第三条の二（第十七条及び第二十条第二項において準用する場合を含む。）の規定は、この政令の施行後に発生する自動車の運行による事故に係る保険金若しくは共済金若しくは損害賠償額の支払又は損害のてん補（以下「保険金の支払等」という。）について適用し、この政令の施行前に発生した自動車の運行による事故に係る保険金の支払等については、なお従前の例による。

附　則（昭五〇・六・二七政令二〇二）

1　この政令は、昭和五十年七月一日から施行する。

2　この政令の施行の際現に締結されている責任保険の契約で保険期間がこの政令の施行の日以後に満了するものの保険金額は、この政令の施行後に発生する自動車の運行による事故に関しては、改正後の第二条に規定する保険金額に変更されたものとみなし、この政令の施行前に発生した自動車の運行による事故に関してはなお従前の例による。

3　前項の規定は、責任共済の契約の共済金額について準用する。

4　この政令の施行前に発生した自動車の運行による事故に係る自動車損害賠償保障事業が行う損害のてん補の限度額及び保険会社又は組合が被害者に支払う仮渡金の金額については、なお従前の例による。

附　則（昭五〇・一二・五政令三四七）

この政令は、公布の日から施行し、改正後の自動車損害賠償保障法施行令の規定は、昭和五十年九月一日以後に発生した自動車の運行による事故について適用する。

附　則（昭五二・三・三一政令四八）

1　この政令は、昭和五十二年四月一日から施行する。

2　改正後の第三条の二（第十七条及び第二十条第二項において準用する場合を含む。）の規定は、この政令の施行後に発生する自動車の運行による事故に係る保険金若しくは共済金若しくは損害賠償額の支払又は損害のてん補（以下「保険金の支払等」という。）について適用し、この政令の施行前に発生した自動車の運行による事故に係る保険金の支払等については、なお従前の例による。

附　則（昭五三・六・二七政令二六一抄）

1　この政令は、昭和五十三年七月一日から施行する。

2　この政令の施行の際現に締結されている責任保険の契約で保険期間がこの政令の施行の日以後に満了するものの保険金額は、この政令の施行後に発生する自動車の運行による事故に関しては、第一条の規定による改正後の自動車損害賠償保障法施行令第二条に規定する保険金額に変更されたものとみなし、この政令の施行前に発生した自動車の運行による事故に関しては、なお従前の例による。

3　前項の規定は、責任共済の契約の共済金額について準用する。

4　この政令の施行前に発生した自動車の運行による事故に係る自動車損害賠償保障事業が行う損害のてん補の限度額及び保険会社又は組合が被害者に支払う仮渡金の金額については、なお従前の例による。

附　則（昭五四・一・三〇政令一三）

1　この政令は、昭和五十四年二月一日から施行する。

2　改正後の第三条の二（第十七条及び第二十条第二項において準用する場合を含む。）の規定は、この政令の施行後に発生する自動車の運行による事故に係る保険金若しくは共済金若しくは損害賠償額の支払又は損害のてん補（以下「保険金の支払等」という。）について適用し、この政令の施行前に発生した自動車の運行による事故に係る保険金の支払等については、なお従前の例による。

附　則（昭五六・一・三〇政令一一）

この政令は、昭和五十六年二月一日から施行し、改正後の自動車損害賠償保障法施行令の規定は、同日以後に発生した自動車の運行による事故について適用する。

附　則（昭五六・四・二一政令一四一）

1　この政令は、昭和五十六年五月一日から施行する。

2　改正後の第三条の二（第十七条及び第二十条第二項において準用する場合を含む。）の規定は、この政令の施行後に発生する自動車の運行による事故に係る保険金若しくは共済金若しくは損害賠償額の支払又は損害のてん補（以下「保険金の支払等」という。）について適用し、この政令の施行前に発生した自動車の運行による事故に係る保険金の支払等については、なお従前の例による。

附　則（昭五八・一・二一政令六抄）

（施行期日）

第一条　この政令は、老人保健法の施行の日（昭和五十八年二月一日）から施行する。

附　則（昭五八・五・二四政令一一〇）

1　この政令は、昭和五十八年六月一日から施行する。

2　改正後の第三条の二（第十七条及び第二十条第二項において準用する場合を含む。）の規定は、この政令の施行後に発生する自動車の運行による事故に係る保険金若しくは共済金若しくは損害賠償額の支払又は損害のてん補（以下「保険金の支払等」という。）について適用し、この政令の施行前に発生した自動車の運行による事故に係る保険金の支払等については、なお従前の例による。

附　則（昭五九・三・一七政令三五抄）

（施行期日）

第一条　この政令は、国家公務員及び公共企業体職員に係る共済組合制度の統合等を図るための国家公務員共済組合法等の一部を改正する法律の施行の日（昭和五十九年四月一日）から施行する。

附　則（昭五九・六・六政令一七六抄）

（施行期日）

第一条　この政令は、昭和五十九年七月一日から施行する。

附　則（昭五九・九・七政令二六八抄）

（施行期日）

第一条　この政令は、健康保険法等の一部を改正する法律の施行の日（昭和五十九年十月一日）から施行する。

附　則（昭六〇・一・二二政令四抄）

1　この政令は、昭和六十年四月十五日から施行する。

2　この政令の施行の際現に締結されている責任保険の契約で保険期間がこの政令の施行の日以後に満了するものの保険金額は、この政令の施行後に発生する自動車の運行による事故に関しては、第一条の規定による改正後の自動車損害賠償保障法施行令第二条に規定する保険金額に変更されたものとみなし、この政令の施行前に発生した自動車の運行による事故に関しては、なお従前の例による。

3　前項の規定は、責任共済の契約の共済金額について準用する。

4　この政令の施行前に発生した自動車の運行による事故に係る自動車損害賠償保障事業が行う損害のてん補の限度額及び保険会社又は組合が被害者に支払う仮渡金の金額については、なお従前の例による。

附　則（平元・六・二八政令一九八）

1　この政令は、平成元年七月一日から施行する。

2　改正後の第三条の二（第十七条及び第二十条第二項において準用する場合を含む。）の規定は、この政令の施行後に発生する自動車の運行による事故に係る保険金若しくは共済金若しくは損害賠償額の支払又は損害のてん補（以下「保険金の支払等」という。）について適用し、この政令の施行前に発生した自動車の運行による事故に係る保険金の支払等については、なお従前の例による。

附　則（平三・一・二二政令四抄）

1　この政令は、平成三年四月一日から施行する。

2　この政令の施行の際現に締結されている責任保険の契約で保険期間がこの政令の施行の日以後に満了するものの保険金額は、この政令の施行後に発生する自動車の運行による事故に関しては、第一条の規定による改正後の自動車損害賠償保障法施行令第二条に規定する保険金額に変更されたものとみなし、この政令の施行前に発生した自動車の運行による事故に関しては、なお従前の例による。

3　前項の規定は、責任共済の契約の共済金額について準用する。

4　この政令の施行前に発生した自動車の運行による事故に係る自動車損害賠償保障事業が行う損害のてん補の限度額及び保険会社又は組合が被害者に支払う仮渡金の金額については、なお従前の例による。

附　則（平四・七・二四政令二五九）

1　この政令は、平成四年八月一日から施行する。

2　改正後の第三条の二（第十七条及び第二十条第二項において準用する場合を含む。）の規定は、この政令の施行後に発生する自動車の運行による事故に係る保険金若しくは共済金若しくは損害賠償額の支払又は損害のてん補（以下「保険金の支払等」という。）について適用し、この政令の施行前に発生した自動車の運行による事故に係る保険金の支払等については、なお従前の例による。

附　則（平八・九・一三政令二七六）

（施行期日）

1　この政令は、自動車損害賠償保障法の一部を改正する法律〔平成七年一二月法律第一三七号〕（以下「改正法」という。）の施行の日（平成八年十二月一日）から施行する。

（経過措置）

2　改正法の施行の日から起算して十年を経過する日以前に農業協同組合等が軽自動車について締結する契約に係る責任共済、再共済又は再再共済の業務については、第一条による改正前の自動車損害賠償保障法施行令第二十四条の規定は、なおその効力を有する。

附　則（平九・三・二八政令八四抄）

（施行期日）

第一条　この政令は、平成九年四月一日から施行する。

附　則（平九・八・一政令二五八）

1　この政令は、平成九年十月一日から施行する。

2　改正後の第三条の二（第十七条及び第二十条第二項において準用する場合を含む。）の規定は、この政令の施行後に発生する自動車の運行による事故に係る保険金若しくは共済金若しくは損害賠償額の支払又は損害のてん補（以下「保険金の支払等」という。）について適用し、この政令の施行前に発生した自動車の運行による事故に係る保険金の支払等については、なお従前の例による。

附　則（平一一・九・三政令二六二）

この政令は、平成十二年四月一日から施行する。

附　則（平一二・六・七政令三一二抄）

（施行期日）

1　この政令は、内閣法の一部を改正する法律（平成十一年法律第八十八号）の施行の日（平成十三年一月六日）から施行する。〔後略〕

附　則（平一三・一二・二一政令四一九）

（施行期日）

第一条　この政令は、平成十四年四月一日から施行する。

（経過措置）

第二条　この政令の施行の際現に締結されている責任保険又は責任共済の契約で保険期間又は共済期間がこの政令の施行の日以後に満了するものの保険金額又は共済金額は、この政令の施行後に発生する自動車の運行による事故に関しては、第一条の規定による改正後の自動車損害賠償保障法施行令（以下「新自賠令」という。）第二条（新自賠令第十二条において準用する場合を含む。）に規定する保険金額又は共済金額に変更されたものとみなし、この政令の施行前に発生した自動車の運行による事故に関しては、なお従前の例による。

2　この政令の施行前に発生した自動車の運行による事故に係る自動車損害賠償保障事業が行う損害のてん補の限度額については、なお従前の例による。

附　則（平一六・九・一五政令二七五抄）

（施行期日）

第一条　この政令は、法〔武力攻撃事態等における国民の保護のための措置に関する法律＝平成一六年六月法律第一一二号〕の施行の日（平成十六年九月十七日）から施行する。

附　則（平一六・一〇・一五政令三一五）

（施行期日等）

第一条　この政令は、公布の日から施行し、改正後の自動車損害賠償保障法施行令（次条において「新令」という。）の規定は、平成十六年七月一日以後に発生した自動車の運行による事故について適用する。

（経過措置）

第二条　平成十六年七月一日からこの政令の施行の日の前日までの間に発生した自動車の運行による事故に関する新令別表第二の規定の適用については、同表第七級の項第六号中「のおや指」とあるのは「のおや指及びひとさし指、おや指若しくはひとさし指」と、同表第八級の項第三号中「二の手指」とあるのは「ひとさし指以外の二の手指」と、「以外」とあるのは「及びひとさし指以外」と、同項第四号中「のおや指」とあるのは「のおや指及びひとさし指、おや指若しくはひとさし指」と、同表第九級の項第十三号中「二の手指」とあるのは「ひとさし指以外の二の手指」と、「以外」とあるのは「及びひとさし指以外」と、同表第十級の項第七号中「おや指又は」とあるのは「ひとさし指を失ったもの又は一手のおや指若しくは」と、同表第十一級の項第八号中「ひとさし指、なか指又はくすり指を失ったもの」とあるのは「なか指若しくはくすり指を失ったもの又は一手のひとさし指の用を廃したもの」と、同表第十二級の項第十号中「ひとさし指、なか指」とあるのは「なか指」と、同表第十三級の項第七号中「おや指」とあるのは「おや指若しくはひとさし指」と、「もの」とあるのは「もの又は一手のひとさし指の遠位指節間関節を屈伸することができなくなったもの」と、同表第十四級の項第六号及び第七号中「おや指」とあるのは「おや指及びひとさし指」とする。

附　則（平一七・五・二七政令一八七抄）

（施行期日）

第一条　この政令は、自動車関係手続における電子情報処理組織の活用のための道路運送車両法等の一部を改正する法律〔平成一六年五月法律第五五号〕（以下「改正法」という。）の施行の日（平成十七年十二月二十六日）から施行する。

附　則（平一八・三・三一政令一三九）

この政令は、平成十八年四月一日から施行し、改正後の自動車損害賠償保障法施行令の規定は、同日以後に発生した自動車の運行による事故について適用する。

附　則（平二〇・三・三一政令一一六抄）

（施行期日）

第一条　この政令は、平成二十年四月一日から施行する。

附　則（平二三・五・二政令一一六）

この政令は、公布の日から施行し、改正後の自動車損害賠償保障法施行令の規定は、平成二十二年六月十日以後に発生した自動車の運行による事故について適用する。

附　則（平二八・三・三一政令一二三抄）

沿革　平二八政令三六〇、平三一政令八九、令元政令三二改正

（施行期日）

第一条　この政令は、平成二十八年四月一日から施行する。ただし、次の各号に掲げる規定は、当該各号に定める日から施行する。

一～四の二　〔略〕

四の三　〔前略〕附則第三条、第四条第二項から第四項まで、第七条第三項から第七項まで、第八条から第十条まで、第十六条、第十七条及び第十八条の規定　令和元年十月一日

四の四～十三　〔略〕

附　則（平二八・一一・二八政令三六〇抄）

（施行期日）

第一条　この政令は、公布の日から施行する。〔後略〕

附　則（平三一・三・二九政令八九抄）

（施行期日）

第一条　この政令は、平成三十一年十月一日から施行する。ただし、附則第三条、第四条、第六条及び第七条（地方税法等の一部を改正する法律の一部の施行に伴う関係政令の整備等に関する政令（平成三十年政令第百二十六号）第九条（見出しを含む。）の改正規定に限る。）の規定は、公布の日から施行する。

附　則（令元・六・二一政令三二抄）

（施行期日）

第一条 この政令は、日本国の自衛隊とフランス共和国の軍隊との間における物品又は役務の相互の提供に関する日本国政府とフランス共和国政府との間の協定〔令和元年五月条約第二号〕の効力発生の日〔令和元年六月二六日〕から施行する。ただし、次の各号に掲げる規定は、当該各号に定める日から施行する。

一 〔略〕

二 〔前略〕附則第三条から第十二条までの規定 公布の日

附 則（令五・三・三〇政令一〇〇抄）

（施行期日）

1 この政令は、令和五年四月一日から施行する。

附 則（令五・七・一四政令二四二）

この政令は、日本国の自衛隊とオーストラリア国防軍との間における相互のアクセス及び協力の円滑化に関する日本国とオーストラリアとの間の協定の実施に関する法律（令和五年法律第二十六号）の施行の日〔令和五年八月一三日〕から施行する。ただし、第一条の二に二号を加える改正規定（同条第五号に係る部分に限る。）は、日本国の自衛隊とグレートブリテン及び北アイルランド連合王国の軍隊との間における相互のアクセス及び協力の円滑化に関する日本国とグレートブリテン及び北アイルランド連合王国との間の協定の実施に関する法律（令和五年法律第二十七号）の施行の日〔令和五年一〇月一五日〕から施行する。

別表第一（第二条関係）

等級	介護を要する後遺障害	保険金額
第一級	一 神経系統の機能又は精神に著しい障害を残し、常に介護を要するもの 二 胸腹部臓器の機能に著しい障害を残し、常に介護を要するもの	四千万円
第二級	一 神経系統の機能又は精神に著しい障害を残し、随時介護を要するもの 二 胸腹部臓器の機能に著しい障害を残し、随時介護を要するもの	三千万円

備考 各等級の後遺障害に該当しない後遺障害であつて、各等級の後遺障害に相当するものは、当該等級の後遺障害とする。

別表第二（第二条関係）

等級	後遺障害	保険金額
第一級	一 両眼が失明したもの 二 咀嚼（そしやく）及び言語の機能を廃したもの 三 両上肢をひじ関節以上で失つたもの 四 両上肢の用を全廃したもの 五 両下肢をひざ関節以上で失つたもの 六 両下肢の用を全廃したもの	三千万円
第二級	一 一眼が失明し、他眼の視力が〇・〇二以下になつたもの 二 両眼の視力が〇・〇二以下になつたもの 三 両上肢を手関節以上で失つたもの 四 両下肢を足関節以上で失つたもの	二千五百九十万円
第三級	一 一眼が失明し、他眼の視力が〇・〇六以下になつたもの 二 咀嚼（そしやく）又は言語の機能を廃したもの 三 神経系統の機能又は精神に著しい障害を残し、終身労務に服することができないもの 四 胸腹部臓器の機能に著しい障害を残し、終身労務に服することができないもの 五 両手の手指の全部を失つたもの	二千二百十九万円
第四級	一 両眼の視力が〇・〇六以下になつたもの 二 咀嚼（そしやく）及び言語の機能に著しい障害を残すもの 三 両耳の聴力を全く失つたもの	千八百八十九万円

等級	後遺障害	保険金額
	四　一上肢をひじ関節以上で失つたもの	
	五　一下肢をひざ関節以上で失つたもの	
	六　両手の手指の全部の用を廃したもの	
	七　両足をリスフラン関節以上で失つたもの	
第五級	一　一眼が失明し、他眼の視力が〇・一以下になつたもの	千五百七十四万円
	二　神経系統の機能又は精神に著しい障害を残し、特に軽易な労務以外の労務に服することができないもの	
	三　胸腹部臓器の機能に著しい障害を残し、特に軽易な労務以外の労務に服することができないもの	
	四　一上肢を手関節以上で失つたもの	
	五　一下肢を足関節以上で失つたもの	
	六　一上肢の用を全廃したもの	
	七　一下肢の用を全廃したもの	
	八　両足の足指の全部を失つたもの	
第六級	一　両眼の視力が〇・一以下になつたもの	千二百九十六万円
	二　咀嚼又は言語の機能に著しい障害を残すもの	
	三　両耳の聴力が耳に接しなければ大声を解することができない程度になつたもの	
	四　一耳の聴力を全く失い、他耳の聴力が四十センチメートル以上の距離では普通の話声を解することができない程度になつたもの	
	五　脊柱に著しい変形又は運動障害を残すもの	
	六　一上肢の三大関節中の二関節の用を廃したもの	
	七　一下肢の三大関節中の二関節の用を廃したもの	
	八　一手の五の手指又はおや指を含み四の手指を失つたもの	
第七級	一　一眼が失明し、他眼の視力が〇・六以下になつたもの	千五十一万円
	二　両耳の聴力が四十センチメートル以上の距離では普通の話声を解することができない程度になつたもの	
	三　一耳の聴力を全く失い、他耳の聴力が一メートル以上の距離では普通の話声を解することができない程度になつたもの	
	四　神経系統の機能又は精神に障害を残し、軽易な労務以外の労務に服することができないもの	
	五　胸腹部臓器の機能に障害を残し、軽易な労務以外の労務に服することができないもの	
	六　一手のおや指を含み三の手指を失つたもの又はおや指以外の四の手指を失つたもの	
	七　一手の五の手指又はおや指を含み四の手指の用を廃したもの	
	八　一足をリスフラン関節以上で失つたもの	
	九　一上肢に偽関節を残し、著しい運動障害を残すもの	
	十　一下肢に偽関節を残し、著しい運動障害を残すもの	
	十一　両足の足指の全部の用を廃したもの	
	十二　外貌に著しい醜状を残すもの	
	十三　両側の睾丸を失つたもの	
第八級	一　一眼が失明し、又は一眼の視力が〇・〇二以下になつたもの	八百十九万円
	二　脊柱に運動障害を残すもの	
	三　一手のおや指を含み二の手指を失つたもの又はおや指以外の三の手指を失つたもの	
	四　一手のおや指を含み三の手指の用を廃したもの又はおや指以外の四の手指の用を廃したもの	
	五　一下肢を五センチメートル以上短縮したもの	
	六　一上肢の三大関節中の一関節の用を廃したもの	
	七　一下肢の三大関節中の一関節の用を廃したもの	
	八　一上肢に偽関節を残すもの	
	九　一下肢に偽関節を残すもの	
	十　一足の足指の全部を失つたもの	
第九級	一　両眼の視力が〇・六以下になつたもの	六百十六万円
	二　一眼の視力が〇・〇六以下になつたもの	
	三　両眼に半盲症、視野狭窄又は視野変状を残すもの	
	四　両眼のまぶたに著しい欠損を残すもの	
	五　鼻を欠損し、その機能に著しい障害を残すもの	
	六　咀嚼及び言語の機能に障害を残すもの	
	七　両耳の聴力が一メートル以上の距離では普通の話声を解することができない程度になつたもの	
	八　一耳の聴力が耳に接しなければ大声を解することができない程度になり、他耳の聴力が一メートル以上の距離では	

	普通の話声を解することが困難である程度になつたもの 九　一耳の聴力を全く失つたもの 十　神経系統の機能又は精神に障害を残し、服することができる労務が相当な程度に制限されるもの 十一　胸腹部臓器の機能に障害を残し、服することができる労務が相当な程度に制限されるもの 十二　一手のおや指又はおや指以外の二の手指を失つたもの 十三　一手のおや指を含み二の手指の用を廃したもの又はおや指以外の三の手指の用を廃したもの 十四　一足の第一の足指を含み二以上の足指を失つたもの 十五　一足の足指の全部の用を廃したもの 十六　外貌に相当程度の醜状を残すもの 十七　生殖器に著しい障害を残すもの	
第十級	一　一眼の視力が〇・一以下になつたもの 二　正面を見た場合に複視の症状を残すもの 三　咀嚼又は言語の機能に障害を残すもの 四　十四歯以上に対し歯科補綴を加えたもの 五　両耳の聴力が一メートル以上の距離では普通の話声を解することが困難である程度になつたもの 六　一耳の聴力が耳に接しなければ大声を解することができない程度になつたもの 七　一手のおや指又はおや指以外の二の手指の用を廃したもの 八　一下肢を三センチメートル以上短縮したもの 九　一足の第一の足指又は他の四の足指を失つたもの 十　一上肢の三大関節中の一関節の機能に著しい障害を残すもの 十一　一下肢の三大関節中の一関節の機能に著しい障害を残すもの	四百六十一万円
第十一級	一　両眼の眼球に著しい調節機能障害又は運動障害を残すもの 二　両眼のまぶたに著しい運動障害を残すもの 三　一眼のまぶたに著しい欠損を残すもの 四　十歯以上に対し歯科補綴を加えたもの 五　両耳の聴力が一メートル以上の距離では小声を解することができない程度になつたもの 六　一耳の聴力が四十センチメートル以上の距離では普通の話声を解することができない程度になつたもの 七　脊柱に変形を残すもの 八　一手のひとさし指、なか指又はくすり指を失つたもの 九　一足の第一の足指を含み二以上の足指の用を廃したもの 十　胸腹部臓器の機能に障害を残し、労務の遂行に相当な程度の支障があるもの	三百三十一万円
第十二級	一　一眼の眼球に著しい調節機能障害又は運動障害を残すもの 二　一眼のまぶたに著しい運動障害を残すもの 三　七歯以上に対し歯科補綴を加えたもの 四　一耳の耳殻の大部分を欠損したもの 五　鎖骨、胸骨、ろく骨、けんこう骨又は骨盤骨に著しい変形を残すもの 六　一上肢の三大関節中の一関節の機能に障害を残すもの 七　一下肢の三大関節中の一関節の機能に障害を残すもの 八　長管骨に変形を残すもの 九　一手のこ指を失つたもの 十　一手のひとさし指、なか指又はくすり指の用を廃したもの 十一　一足の第二の足指を失つたもの、第二の足指を含み二の足指を失つたもの又は第三の足指以下の三の足指を失つたもの 十二　一足の第一の足指又は他の四の足指の用を廃したもの 十三　局部に頑固な神経症状を残すもの 十四　外貌に醜状を残すもの	二百二十四万円
第十三級	一　一眼の視力が〇・六以下になつたもの 二　正面以外を見た場合に複視の症状を残すもの 三　一眼に半盲症、視野狭窄又は視野変状を残すもの 四　両眼のまぶたの一部に欠損を残し又はまつげはげを残すもの 五　五歯以上に対し歯科補綴を加えたもの 六　一手のこ指の用を廃したもの	百三十九万円

	七　一手のおや指の指骨の一部を失つたもの 八　一下肢を一センチメートル以上短縮したもの 九　一足の第三の足指以下の一又は二の足指を失つたもの 十　一足の第二の足指の用を廃したもの、第二の足指を含み二の足指の用を廃したもの又は第三の足指以下の三の足指の用を廃したもの 十一　胸腹部臓器の機能に障害を残すもの	
第十四級	一　一眼のまぶたの一部に欠損を残し又はまつげはげを残すもの 二　三歯以上に対し歯科補綴を加えたもの 三　一耳の聴力が一メートル以上の距離では小声を解することができない程度になつたもの 四　上肢の露出面にてのひらの大きさの醜いあとを残すもの 五　下肢の露出面にてのひらの大きさの醜いあとを残すもの 六　一手のおや指以外の手指の指骨の一部を失つたもの 七　一手のおや指以外の手指の遠位指節間関節を屈伸することができなくなつたもの 八　一足の第三の足指以下の一又は二の足指の用を廃したもの 九　局部に神経症状を残すもの	七十五万円

備考

一　視力の測定は、万国式試視力表による。屈折異状のあるものについては、矯正視力について測定する。

二　手指を失つたものとは、おや指は指節間関節、その他の手指は近位指節間関節以上を失つたものをいう。

三　手指の用を廃したものとは、手指の末節骨の半分以上を失い、又は中手指節関節若しくは近位指節間関節（おや指にあつては、指節間関節）に著しい運動障害を残すものをいう。

四　足指を失つたものとは、その全部を失つたものをいう。

五　足指の用を廃したものとは、第一の足指は末節骨の半分以上、その他の足指は遠位指節間関節以上を失つたもの又は中足指節関節若しくは近位指節間関節（第一の足指にあつては、指節間関節）に著しい運動障害を残すものをいう。

六　各等級の後遺障害に該当しない後遺障害であつて、各等級の後遺障害に相当するものは、当該等級の後遺障害とする。

○自動車損害賠償保障法施行規則

（昭和三十年十二月一日運輸省令第六十六号）

沿革　昭三一運令一・二七、昭三五運令一九、昭三七運令三九・五五、昭三八運令五〇、昭三九運令二・六五、昭四一運令四六、昭四四運令五九、昭四五運令一〇・八一・九二、昭四七運令三二・五七、昭四八運令三三・三七・四四・五八、昭四九運令五三、昭五〇運令二二・四四、昭五二運令一、昭五三運令三六、昭五八運令八、昭五九運令一八、昭六〇運令五、昭六三運令一二、平元運令二四、平三運令二五、平五運令二五、平六運令四八、平七運令七、平八運令五〇・六一、平一二運令三九、平一三国交令一四九、平一四国交令七九、平一六国交令八三、平一七国交令五七・一〇四、平一九国交令二四、平二〇国交令七六、平二二国交令六・六三、平二六国交令八九、平二八国交令一四・八七、令元国交令二〇・三三、令三国交令五三、令五国交令一六、令六国交令二六・六七改正

（自動車損害賠償責任保険証明書）

第一条　自動車損害賠償保障法（昭和三十年法律第九十七号。以下「法」という。）第七条第一項の自動車損害賠償責任保険証明書は、第一号様式による。

（自動車損害賠償責任保険証明書の写しの作成方法）

第一条の二　法第九条第一項ただし書の国土交通省令で定める方法は、次のとおりとする。

一　複写機を用いて、自動車損害賠償責任保険証明書（自動車損害賠償責任共済証明書を含む。以下この条において同じ。）を複写すること。

二　複写紙を用いて、自動車損害賠償責任保険証明書と同一の様式の用紙に当該自動車損害賠償責任保険証明書の作成のための筆記と同一の筆記により作成すること。

三　自動車損害賠償責任保険証明書を交付した者又は法第九条第六項の規定による提示を受けた者が、当該自動車損害賠償責任保険証明書に記載された事項を当該自動車損害賠償責任保険証明書と同一の様式の用紙に転写し、これに記

名すること。

（電磁的方法）

第一条の三　法第九条第二項の国土交通省令で定める方法は、次に掲げる方法とする。

一　送信者の使用に係る電子計算機と受信者の使用に係る電子計算機とを電気通信回線で接続した電子情報処理組織を使用する方法であつて、当該電気通信回線を通じて情報が送信され、受信者の使用に係る電子計算機に備えられたファイルに当該情報が記録されるもの

二　磁気ディスクその他これに準ずる方法により一定の情報を確実に記録しておくことができる物をもつて調製するファイルに情報を記録したものを交付する方法

（登録情報処理機関に対する照会）

第一条の四　法第九条第四項の照会は、同条第二項の規定により登録情報処理機関に提供された自動車損害賠償責任保険証明書に記載すべき事項について、電磁的方法により行うものとする。

2　前項の照会を受けた登録情報処理機関は、電磁的方法により当該照会に係る事項について当該行政庁に対し通知しなければならない。

（保険標章）

第一条の五　法第九条の二第一項の保険標章は、第一号様式の二による。

2　法第九条の二第二項の保険期間の満了する時期は、年及び月をもつて表示するものとする。

3　保険標章は、検査対象外軽自動車（道路運送車両法（昭和二十六年法律第百八十五号）第五十八条第一項の検査対象外軽自動車をいう。以下同じ。）、原動機付自転車（道路運送車両法第二条第三項の原動機付自転車をいう。以下同じ。）又は締約国登録自動車（法第九条の二第一項の締約国登録自動車をいう。以下同じ。）の前面ガラスの外側に前方から見やすいように貼り付けることによつて表示するものとする。ただし、運転者室又は前面ガラスのない検査対象外軽自動車及び道路運送車両法施行規則（昭和二十六年運輸省令第七十四号）第六十三条の二第三項ただし書の規定により臨時運転番号標の貸与を受けて運行の用に供する検査対象外軽自動車にあつては、検査対象外軽自動車の後面に取り付けられた車両番号標の左上部に、運転者室又は前面ガラスのない原動機付自転車にあつては、標識（地方税法（昭和二十五年法律第二百二十六号）第四百六十三条の十八第三項（同法第一条第二項において準用する場合を含む。）に規定する標識をいう。以下同じ。）（標識が存しない場合及び標識に貼り付けることが困難な場合にあつては、原動機付自転車の前面）に、運転者室又は前面ガラスのない締約国登録自動車にあつては、締約国登録自動車の後面に、それぞれ見やすいように貼り付けることによつて表示するものとする。

第一条の六　法第九条の二第四項の規定による保険標章の再交付を受けようとする者は、保険会社に対して、自動車損害賠償責任保険証明書を提示しなければならない。ただし、保険会社が、当該自動車損害賠償責任保険証明書の確認以外の方法により、当該者が締結した責任保険の契約の内容を適切に確認することができると認めるときは、この限りでない。

2　法第九条の二第四項の国土交通省令で定める場合は、次のとおりとする。

一　滅失又は損傷により保険標章を貼り付けた前面ガラスを使用することができなくなつた場合

二　滅失、損傷又は識別困難により保険標章を貼り付けた車両番号標又は標識を表示することができなくなつた場合

三　その他再交付を受けることについて正当な理由があると認められる場合

（保険会社に対する委託）

第一条の七　自動車損害賠償保障法施行令（昭和三十年政令第二百八十六号。以下「令」という。）第一条の保険会社に対する委託は、当該委託をしようとする者が、道路運送車両法第四条、第六十条第一項、第六十二条第二項（第六十三条第三項及び第六十七条第四項において準用する場合を含む。）、第六十七条第一項（使用者の変更に係る部分に限る。）若しくは第七十一条第四項又は総合特別区域法（平成二十三年法律第八十一号）第二十二条の二第三項に規定する処分を受けることとしている場合に限り、行うことができる。

（請求金額の算出基礎の記載）

第二条　令第三条第一項第六号の算出基礎の記載は、診療報酬の請求に係る明細その他損害額の内容及び根拠を明示してするものとする。

（支払等の届出をすべき損害）

第三条　法第十六条の六の国土交通省令で定める損害は、令第二条第一項第一号イに該当する損害、同項第二号イに該当する損害、同項第三号ロからホまでに該当する損害、同号へに該当する損害であつて令別表第二第一級から第三級までに該当するもの、同条第二項に該当する損害並びに令別表第一備考第一号又は令別表第二備考第六号に該当する損害とする。

（届出事項）

第三条の二　法第十六条の六の規定による届出をしようとするときは、次に掲げる事項を記載した届出書を国土交通大臣に提出しなければならない。

一　事故の状況の詳細

二　被保険者、加害者及び被害者の氏名、年齢、住所その他の被保険者、加害者及び被害者に関する重要事項

三　令第二条第一項に掲げる損害ごとの支払金額

四　事故により支出を要した費用、事故により失われた利益、慰謝料その他の損害の細目及び当該細目ごとの積算の詳細

五　後遺障害に該当する場合にあつては、該当する等級及び当該等級に該当すると判断をした理由の詳細

六　保険金等の支払において損害額から減額を行つた場合にあつては、減額の割合及び当該判断をした理由の詳細

七　被保険者に損害賠償の責任がないと判断した場合にあつては、当該判断をした理由の詳細

八　事故により損害が発生していないと判断した場合にあつては、当該判断をした理由の詳細

九　法第十四条の規定に基づき、保険会社が損害のてん補の責を免れると判断した場合にあつては、当該判断をした理由の詳細

（緊急自動車）

第四条　令第九条第十五号の国土交通省令で定める自動車は、道路運送車両の保安基準（昭和二十六年運輸省令第六十七号）第四十九条第一項に規定する警光灯及びサイレンを備えた警察自動車とする。

（令第九条第十六号の国土交通省令で定める車両番号標）

第四条の二　令第九条第十六号の国土交通省令で定める車両番号標は、道路運送車両法施行規則第六十三条の二第三項ただし書の規定により車両番号標として貸与を受ける臨時運転番号標とする。

（特種用途自動車）

第五条　令第九条第十七号の国土交通省令で定める自動車は、次のとおりとする。

一　医療防疫用自動車
二　工作自動車
三　架線修理自動車
四　起重機自動車
五　移動郵便自動車
六　ふん尿自動車
七　寝台自動車
八　コンクリート・ミキサー自動車
九　無線自動車
十　図書館自動車
十一　ちゆう房自動車
十二　教習用自動車（道路交通法（昭和三十五年法律第百五号）第九十八条第一項の指定自動車教習所がもつぱら自動車の運転に関する技能の教習の用に供する自動車をいう。）
十三　その他構造、装置及び用途が前各号に掲げる自動車に類する自動車

（責任保険の契約の解除の要件）

第五条の二　保険契約者は、次の場合には、責任保険の契約を解除することができる。

一　登録自動車について、道路運送車両法第十五条第一項の規定により永久抹消登録を受け、若しくは同条第五項の規定により永久抹消登録のあつた旨の通知を受けた場合（同条第一項第二号に掲げる事由に該当する場合に限る。）、同法第十五条の二第二項の規定により輸出抹消仮登録を受けた場合又は同法第十六条第一項の申請に基づく一時抹消登録を受けた場合
二　軽自動車又は二輪の小型自動車について、使用を廃止し、車両番号標を運輸監理部長、運輸支局長又は軽自動車検査協会に提出した場合
三　小型特殊自動車又は原動機付自転車について、使用を廃止した場合（特別区又は市町村の条例で小型特殊自動車又は原動機付自転車に当該特別区又は市町村の交付する標識を付すべき旨を定めている場合は、当該標識を特別区又は市町村の長に提出した場合に限る。）
四　登録証書（道路交通に関する条約の実施に伴う道路運送車両法の特例等に関する法律（昭和三十九年法律第百九号。以下「特例法」という。）第五条第一項の登録証書をいう。以下同じ。）の交付を受けた自動車について、特例法第二条第二項の締約国において使用するため関税法（昭和二十九年法律第六十一号）第六十七条の輸出の許可を受けた場合
五　締約国登録自動車について、関税法第六十七条の輸出の許可を受けた場合
六　道路運送車両法第三十四条第一項（同法第七十三条第二項において準用する場合を含む。）の臨時運行の許可を受けて運行の用に供する自動車について、臨時運行許可番号標を当該行政庁に返納した場合
六の二　道路運送車両法第三十六条の二第一項（同法第七十三条第二項において準用する場合を含む。）の許可を受けて運行の用に供する自動車について、回送運行許可番号標を運輸監理部長又は運輸支局長に返納した場合
七　道路運送車両法施行規則第六十三条の二第三項ただし書の規定により臨時運転番号標の貸与を受けて運行の用に供する検査対象外軽自動車について、臨時運転番号標を運輸監理部長又は運輸支局長に返還した場合

第六条　削除

（令第十一条第四号の国土交通省令で定める期間）

第七条　令第十一条第四号の国土交通省令で定める期間は、次のとおりとする。

一　道路運送車両法第五十八条第一項の自動車（第三号の自動車を除く。）については、同法の規定による自動車検査証の有効期間に一月（道路運送車両法施行規則第四十四条第一項ただし書の規定により継続検査を受けるものにあつては、二月）を加えた期間
二　令第九条第十四号の二の小型特殊自動車、検査対象外軽自動車又は原動機付自転車については、締結しようとする責任保険の契約又は責任共済の契約の保険期間又は共済期間に一月を加えた期間
三　令第九条第十六号の商品自動車については、五年

（責任保険に関する規定の準用）

第八条　第一条、第一条の五から第三条の二まで及び第五条の二の規定は、責任共済について準用する。

第九条から第二十六条まで　削除

（政府に対する損害の塡補の請求）

第二十七条　法第七十二条第一項第一号又は第二号の損害の塡補の請求は、次の事項を記載した書面をもつて行わなければならない。

一　請求する者の氏名及び住所
二　死亡した者についての請求にあつては、請求する者の死亡した者との続柄
三　被害者の氏名及び住所並びに加害行為の行われた日時及び場所
四　法第七十二条第一項第二号の規定により請求する場合にあつては、加害者の氏名及び住所
五　法第七十二条第一項第一号又は第二号の規定により政府に対し損害の塡補を請求することができる理由
六　当該自動車の自動車登録番号若しくは車両番号、標識の番号又は道路交通に関する条約（昭和三九年八月条約第一七号）の規定による登録番号（これらが存しない場合にあつては、車台番号）が明らかである場合にあつては、その番号
七　他の法令に基いて法第七十二条第一項第一号又は第二号の規定による損害の塡補に相当する給付を受けるべき場合にあつては、その給付の根拠及びその金額
八　請求する金額及びその算出基礎（診療報酬の請求に係る明細その他損害額の内容及び根拠を明示すること。）

2　前項の書面には、次の書類を添附しなければならない。

一　診断書又は検案書
二　前項第二号から第五号まで及び第七号の事項を証するに

三　足りる書面

三　前項第八号の算出基礎を証するに足りる書面

3　国土交通大臣は、必要があると認めるときは、法第七十二条第一項第一号又は第二号の損害の塡補の請求をした者に対し、国土交通大臣の指定する医師の診断書の提出を求めることができる。この場合において、必要な費用は、政府の負担とする。

※1項六号「条約」＝道路交通に関する条約〔昭三九・八条約一七〕

（政府に対する補償の請求）

第二十八条　法第十六条第四項又は法第十七条第四項（これらの規定を法第二十三条の三第一項において準用する場合を含む。）の規定による政府に対する補償の請求は、次の事項を記載した書面をもつて行わなければならない。

一　請求する者の名称及び住所

二　加害者及び被害者の氏名及び住所並びに加害行為の行われた日時及び場所

三　法第十六条第四項又は法第十七条第四項（これらの規定を法第二十三条の三第一項において準用する場合を含む。）の規定により政府に対し補償の請求をすることができる理由

四　当該自動車の自動車登録番号若しくは車両番号、標識の番号又は道路交通に関する条約の規定による登録番号（これらが存しない場合にあつては、車台番号）

五　保険契約者又は共済契約者の氏名及び住所

六　請求する金額及びその算出基礎（診療報酬の請求に係る明細その他損害額の内容及び根拠を明示すること。）

2　前項の書面には、次の書類を添附しなければならない。

一　前項第二号及び第三号の事項を証するに足りる書面

二　前項第六号の算出基礎を証するに足りる書面

（自動車事故対策事業賦課金の納付等）

第二十九条　自動車事故対策事業賦課金の納付は、一月ごとに取りまとめて行なうものとする。

2　保険会社及び組合は、自動車事故対策事業賦課金の納付の事由が発生したときは、遅滞なく、その旨を国土交通大臣に届け出なければならない。

（督促状）

第三十条　法第八十条第二項の督促状は、第二号様式による。

（保険会社又は組合の遵守すべき事項）

第三十一条　法第八十四条の二第四項の保険標章又は共済標章の適正な交付の確保に関し保険会社又は組合の遵守すべき事項は、次のとおりとする。

一　当該責任保険の契約又は責任共済の契約の保険期間又は共済期間の満了する日の属する年及び月と異なる年及び月を表示する保険標章又は共済標章を交付し、又は再交付しないこと。

二　当該責任保険の契約又は責任共済の契約の保険期間又は共済期間の始期が契約の締結の日の翌日以後に定められている場合には、当該始期前一月以内に保険標章又は共済標章を交付すること。

附　則

この省令は、公布の日から施行する。

附　則（昭三一・一・一三運令一抄）

1　この省令は、昭和三十一年二月一日から施行する。

附　則（昭三一・五・二一運令二七）

この省令は、公布の日から施行する。

附　則（昭三五・五・二五運令一九）

この省令は、昭和三十五年十月一日から施行する。

附　則（昭三七・七・一四運令三九）

第一条　この省令は、昭和三十七年十月一日から施行する。ただし、第五条の二を加える改正規定は、昭和三十七年八月一日から施行する。

第二条　道路運送車両法等の一部を改正する法律（昭和三十七年法律第百六号）附則第四条第二項に規定する保険標章の交付は、次の区分により、当該各号に掲げる時期に、行なうものとする。

一　二輪の軽自動車（農耕作業用自動車及び特殊作業用自動車を除く。）　昭和三十七年十月一日から同年十一月三十日まで

二　三輪の軽自動車（農耕作業用自動車及び特殊作業用自動車を除く。）　昭和三十七年十二月一日から同月三十一日まで

三　四輪の軽自動車又は四輪の軽自動車以外の軽自動車であつて農耕作業用自動車若しくは特殊作業用自動車であるもの　昭和三十八年一月一日から同月三十一日まで

四　前三号に掲げる時期に保険標章の交付を受けなかつた軽自動車　昭和三十八年二月一日以後

2　保険会社は、前項の規定による保険標章の交付を行なう場所を指定する場合には、あらかじめ、適切な方法により公告しなければならない。

3　保険会社は、第一項の規定により保険標章を交付しようとするときは、保険契約者に対し自動車損害賠償責任保険証明書の提示を求め、これに保険標章を交付した旨を記載しなければならない。

附　則（昭三七・九・二九運令五五）

この省令は、昭和三十七年十月一日から施行する。

附　則（昭三八・一〇・一運令五〇）

この省令は、昭和三十八年十月十五日から施行する。

附　則（昭三九・二・一運令二）

1　この省令は、公布の日から施行する。

2　この省令の施行の際現に締結されている責任保険に係る保険金額及びこの省令の施行前に発生した自動車の運行による事故に係る自動車損害賠償保障事業が行なう損害のてん補の限度額については、改正前の第四条及び別表第一の規定は、なおその効力を有する。

3　この省令の施行の際現に締結されている責任保険の契約に係る第六条及び第八条の通知並びに第七条及び第九条の請求については、改正後の第九条の二及び別表の規定並びに第二号様式（その二）、第二号様式の二（その二）、第三号様式（その二）、第三号様式の二（その二）、第四号様式（その一）、第四号様式（その二）、第五号様式（その一）、第五号様式（その二）、第五号様式の二（その一）及び第五号様式の二（その二）にかかわらず、なお従前の例による。

附　則（昭三九・九・五運令六五）

この省令は、昭和三十九年九月六日から施行する。

附　則（昭四一・七・三〇運令四六抄）

1　この省令は、公布の日から施行する。

2　改正後の第九条の二の規定、改正後の別表及び改正後の第二号様式から第五号様式の二までは、昭和四十一年七月一日以後に締結した責任保険の契約に係る第六条及び第八条の通知並びに第七条及び第九条の請求について適用し、同日前に締結した責任保険の契約に係る第六条及び第八条の通知並びに第七条及び第九条の請求については、なお従前の例による。

3　この省令の施行前に交付された自動車損害賠償責任保険証明書及び自動車損害賠償自家保障証明書は、それぞれ改正後の第一号様式による自動車損害賠償責任保険証明書及び改正後の第六号様式による自動車損害賠償自家保障証明書とみなす。

附　則（昭四四・一二・二六運令五九）

この省令は、昭和四十五年一月一日から施行する。

附　則（昭四五・二・二〇運令一〇）

この省令は、昭和四十五年三月一日から施行する。

附　則（昭四五・九・一八運令八一抄）

1　この省令は、自動車損害賠償保障法の一部を改正する法律（昭和四十五年法律第四十六号）の施行の日（昭和四十五年十月一日）から施行する。

3　自家保障者報告規則（昭和三十一年運輸省令第二十八号）は、廃止する。

4　この省令の施行前に発生した自動車損害賠償保障法の一部を改正する法律による改正前の自動車損害賠償保障法第五十五条の許可に係る自動車の運行による事故に係る損害賠償に関し同条の許可を受けた者がする報告については、なお従前の例による。

附　則（昭四五・一二・一七運令九二）

1　この省令は、昭和四十六年一月一日から施行する。

2　改正後の第二号様式から第九号様式までの総括表は、この省令の施行後に締結される責任保険又は責任共済の契約に係る自動車損害賠償保障法施行規則の規定による通知及び請求について適用し、この省令の施行前に締結された責任保険又は責任共済の契約に係るこれらの通知及び請求については、なお従前の例による。

附　則（昭四七・九・二九運令五七）

1　この省令は、昭和四十七年十月一日から施行する。

2　北海道に使用の本拠を有する営業用乗用自動車に関する自動車損害賠償責任保険の契約又は自動車損害賠償責任共済の契約であつて、昭和四十九年三月三十一日以前に保険期間又は共済期間が開始するものに係る車種の区分については、なお従前の例による。

附　則（昭四八・九・二八運令三三抄）

1　この省令は、道路運送車両法の一部を改正する法律（昭和四十七年法律第六十二号。以下「改正法」という。）の施行の日（昭和四十八年十月一日）から施行する。（後略）

8　第四条の規定による改正後の自動車損害賠償保障法施行規則別表㈠の表及び第二号様式から第九号様式までの総括表は、この省令の施行後に責任保険関係又は責任共済関係が成立する責任保険又は責任共済の契約に係る自動車損害賠償保障法施行規則の規定による通知及び請求について適用し、この省令の施行前に責任保険関係又は責任共済関係が成立した責任保険又は責任共済の契約に係るこれらの通知及び請求については、なお従前の例による。

9　改正法附則第二条第一項本文の規定により新法第五章の規定による検査を受けることを要しない検査対象軽自動車は、第四条の規定による改正後の自動車損害賠償保障法施行規則の適用については、検査対象外軽自動車とみなす。ただし、改正法附則第二条第一項に規定する政令で定める日以前に当該検査対象軽自動車が新法第五十九条第一項の規定による新規検査を受ける場合において、当該自動車の自動車検査証の有効期間の末日が当該自動車についての責任保険又は責任共済の契約の申込みの日から起算して二年二月を経過する日以前であるときは、この限りでない。

附　則（昭四八・一〇・三〇運令三七）

1　この省令は、昭和四十八年十一月一日から施行する。

2　道路運送車両法の一部を改正する法律（昭和四十七年法律第六十二号）附則第二条第一項の規定により道路運送車両法（昭和二十六年法律第百八十五号）第七十三条第一項の規定による車両番号標を表示しない検査対象軽自動車については、当該自動車を検査対象外軽自動車とみなしてその省令による改正後の自動車損害賠償保障法施行規則第五条の二第一項（第七号に係る部分に限る。）及び別表㈠の規定を適用する。

附　則（昭四八・一一・二七運令四四）

1　この省令は、昭和四十八年十二月一日から施行する。

2　改正後の別表㈠の表及び第二号様式から第九号様式までの総括表は、この省令の施行後に締結される責任保険又は責任共済の契約に係る自動車損害賠償保障法施行規則の規定による通知及び請求について適用し、この省令の施行前の締結された責任保険又は責任共済の契約に係るこれらの通知及び請求については、なお従前の例による。

3　改正後の第九号様式（その一）は、この省令の施行後に発生する自動車の運行による事故に係る仮渡金に対応する再保険金又は保険金の支払の請求（以下単に「請求」という。）について適用し、この省令の施行前に発生した自動車の運行による事故に係る請求については、なお従前の例による。

附　則（昭四八・一二・二二運令五八）

1　この省令は、公布の日から施行する。

2　改正後の第一号様式の二は、昭和四十九年二月一日以後に保険期間又は共済期間が開始する責任保険又は責任共済の契約に係る保険標章又は共済標章について適用し、同日前に保険期間又は共済期間が開始する責任保険又は責任共済の契約に係る保険標章又は共済標章については、なお従前の例による。

附　則（昭四九・一二・二六運令五三）

1　この省令は、公布の日から施行する。ただし、第二条及び附則第三項の規定は、昭和五十年四月一日から施行する。

2　第一条の規定による改正後の別表㈠の表及び第二号様式から第九号様式までの総括表は、昭和四十九年十一月一日以後に締結される責任保険又は責任共済の契約に係る自動車損害賠償保障法施行規則の規定による通知及び請求について適用し、同日前に締結された責任保険又は責任共済の契約に係るこれらの通知及び請求については、なお従前の例による。

3　第二条の規定による改正後の別表㈠の表は、同条の規定の施行後に保険期間又は共済期間が開始する責任保険又は責任共済の契約に係る自動車損害賠償保障法施行規則の規定による通知及び請求について適用し、同条の規定の施行前に保険期間又は共済期間が開始する責任保険又は責任共済の契約に係るこれらの通知及び請求については、なお従前の例による。

附　則（昭五〇・六・二七運令二二）

1　この省令は、昭和五十年七月一日から施行する。

2　改正後の第九号様式（その二）は、この省令の施行後に発生する自動車の運行による事故に係る仮渡金に対応する再保険金又は保険金の支払の請求（以下単に「請求」という。）について適用し、この省令の施行前に発生した自動車の運行による事故に係る請求については、なお従前の例による。

附　則（昭五〇・一〇・三〇運令四四）

1　この省令は、昭和五十年十一月一日から施行する。

2　改正後の別表㈠の表及び第二号様式から第九号様式までの総括表は、この省令の施行後に締結される責任保険又は責任共済の契約に係る自動車損害賠償保障法施行規則の規定による通知及び請求について適用し、この省令の施行前に締結された責任保険又は責任共済の契約に係るこれらの通知及び請求については、なお従前の例による。

附　則（昭五二・一・一九運令一）

1　この省令中、第一条及び次項の規定は昭和五十二年一月二十日から、第二条及び附則第三項の規定は昭和五十六年二月一日から施行する。

2　第一条の規定による改正後の別表㈠の表及び第二号様式から第九号様式までの総括表は、同条の規定の施行後に締結される責任保険又は責任共済の契約に係る自動車損害賠償保障法施行規則の規定による通知及び請求について適用し、同条の規定の施行前に締結された責任保険又は責任共済の契約に係るこれらの通知及び請求については、なお従前の例による。

3　第二条の規定による改正後の別表㈠の表及び第二号様式から第九号様式までの総括表は、同条の規定の施行後に保険期間又は共済期間が開始する責任保険又は責任共済の契約に係る自動車損害賠償保障法施行規則の規定による通知及び請求について適用し、同条の規定の施行前に保険期間又は共済期間が開始する責任保険又は責任共済の契約に係るこれらの通知及び請求については、なお従前の例による。

附　則（昭五三・六・二七運令三六）

1　この省令は、昭和五十三年七月一日から施行する。

2　この省令の施行前に発生した自動車の運行による事故に係る仮渡金に対応する再保険金又は保険金の支払の請求に係る明細書の様式については、なお従前の例による。

附　則（昭五八・三・一五運令八抄）

（施行期日）

1　この省令は、道路運送車両法の一部を改正する法律（昭和五十七年法律第九十一号）の施行の日（昭和五十八年七月一日）から施行する。〔後略〕

附　則（昭五九・六・二二運令一八抄）

（施行期日）

第一条　この省令は、昭和五十九年七月一日から施行する。

附　則（昭六〇・二・五運令五抄）

（施行期日）

1　この省令は、道路運送法等の一部を改正する法律の施行の日（昭和六十年四月一日）から施行する。

附　則（昭六三・四・一一運令一二）

この省令は、昭和六十三年六月一日から施行する。

附　則（平元・七・二〇運令二四）

この省令は、公布の日から施行する。

附　則（平三・五・二四運令一五）

この省令は、平成三年七月一日から施行する。

附　則（平五・七・二九運令二五）

1　この省令は、平成五年八月一日より施行する。

2　この省令の施行前にした改正前の自動車損害賠償保障法施行規則第七条の二第二項（同令第十九条第一項において準用する場合を含む。）の規定による通知は、改正後の自動車損害賠償保障法施行規則第九条の三第二項（同令第十九条第一項において準用する場合を含む。）の規定によりされたものとみなす。

附　則（平六・一一・一運令四八抄）

（施行期日）

1　この省令は、道路運送車両法の一部を改正する法律（平成六年法律第八十六号）の一部の施行の日（平成七年一月一日）から施行する。

附　則（平七・二・二七運令七）

この省令は、平成七年三月一日から施行する。

附　則（平八・九・一三運令五〇）

（施行期日）

1　この省令は、自動車損害賠償保障法の一部を改正する法律（平成七年一二月法律第一三七号）（以下「改正法」という。）の施行の日（平成八年十二月一日）から施行する。

（経過措置）

2　農業協同組合等が改正法の施行の日から起算して十年を経過する日以前に締結する責任共済、再共済又は再再共済の契約によって負う共済責任、再共済責任又は再再共済責任に係る自動車損害賠償責任共済保険事業については、この省令による改正前の自動車損害賠償保障法施行規則第十九条第一項の規定は、なおその効力を有する。

附　則（平八・一一・二五運令六一）

（施行期日）

1　この省令は、平成八年十二月一日から施行する。

（経過措置）

2　この省令の施行の際現に責任保険の事業を行っている保険会社又は責任共済の事業を行っている農業協同組合等（以下「既実施保険会社等」という。）が平成十年三月三十一日以前に交付する自動車損害賠償責任保険証明書（以下「責任保険証明書」という。）又は自動車損害賠償責任共済証明書（以下「責任共済証明書」という。）については、なお従前の例によることができる。

3　この省令の施行前に交付された責任保険証明書及び責任共済証明書並びに前項の場合において従前の例により交付された責任保険証明書及び責任共済証明書は、改正後の第一号様式による責任保険証明書及び責任共済証明書とみなす。

4　改正後の第二号様式（その一）から第九号様式（その二）までは、この省令の施行後に締結される責任保険又は責任共済の契約に係る自動車損害賠償保障法施行規則の規定による通知及び請求について適用し、この省令の施行前に締結された責任保険又は責任共済の契約に係るこれらの通知及び請求については、なお従前の例による。ただし、既実施保険会社等がこの省令の施行後平成九年三月三十一日以前に締結する責任保険又は責任共済の契約に係るこれらの通知及び請求については、なお従前の例によることができる。

附　則（平一二・一一・二九運令三九抄）

（施行期日）

第一条　この省令は、平成十三年一月六日から施行する。

附　則（平一三・一二・二一国交令一四九）

この省令は、平成十四年四月一日から施行する。ただし、第一条中附則第二項及び第三項を加える改正規定は、平成十四年二月一日から施行する。

附　則（平一四・六・二八国交令七九）

（施行期日）

第一条　この省令は、平成十四年七月一日から施行する。

（経過措置）

第二条　この省令の施行の際現にあるこの省令による改正前の様式又は書式による申請書、証明書その他の文書は、この省令による改正後のそれぞれの様式又は書式にかかわらず、当分の間、なおこれを使用することができる。

附　則（平一六・八・一七国交令八三抄）

（施行期日）

第一条　この省令は、道路運送車両法の一部を改正する法律〔平成一四年七月法律第八九号〕附則第一条本文の規定の施行の日（平成十七年一月一日）から施行する。

附　則（平一七・五・二〇国交令五七抄）

（施行期日）

第一条　この省令は、自動車関係手続における電子情報処理組織の活用のための道路運送車両法等の一部を改正する法律〔平成一六年五月法律第五五号〕（次条において「改正法」という。）附則第一条ただし書に規定する規定の施行の日（平成十七年五月二十五日）から施行する。

附　則（平一七・一一・二国交令一〇四抄）

（施行期日）

第一条　この省令は、平成十七年十二月二十六日から施行する。

（経過措置）

第二条　自動車関係手続における電子情報処理組織の活用のための道路運送車両法等の一部を改正する法律（以下「改正法」という。）附則第二条第一項の国土交通省令で定める自動車は、次に掲げる自動車とする。

一　登録を受けたことがある自動車

二　軽自動車

三　小型特殊自動車

四　二輪の小型自動車

第三条　改正法附則第四条の国土交通省令で定める自動車は、次に掲げる自動車とする。

一　軽自動車

二　小型特殊自動車

三　二輪の小型自動車

第四条　改正法附則第四条の国土交通省令で定める期間は、完成検査終了証の発行の日から九月間とする。

附　則（平一九・三・三〇国交令二四）

この省令は、平成十九年四月一日から施行する。

附　則（平二〇・九・一国交令七六抄）

（施行期日）

第一条　この省令は、道路運送法等の一部を改正する法律〔平成一八年五月法律第四〇号〕（以下「改正法」という。）附則第一条第四号に掲げる規定の施行の日（平成二十年十一月四日）から施行する。〔後略〕

附　則（平二二・三・二九国交令六）

（施行期日）

1　この省令は、保険法〔平成二〇年六月法律第五六号〕の施行の日（平成二十二年四月一日）から施行する。

（経過措置）

2　この省令の施行前に締結された責任保険又は責任共済の契約の解除の要件については、なお従前の例による。

3　自動車の運行による事故がこの省令の施行前に発生した場合における自動車損害賠償保障法第七十二条第一項の規定による損害のてん補については、なお従前の例による。

附　則（平二二・一二・二八国交令六三）

（施行期日）

第一条　この省令のうち、第一条の五第三項の改正規定は公布の日から、第一号様式の二の改正規定は平成二十三年四月一日から施行する。

（経過措置）

第二条　この省令の施行の際現にあるこの省令による改正前の自動車損害賠償保障法施行規則第一号様式の二による保険標章は、この省令による改正後の様式にかかわらず、当分の間、なおこれを使用することができる。

附　則（平二六・一一・二八国交令八九）

この省令は、平成二十七年四月一日から施行する。

附　則（平二八・三・一国交令一四抄）

（施行期日）

第一条　この省令は、平成二十八年四月一日から施行する。

附　則（平二八・一二・二八国交令八七抄）

（施行期日）

第一条　この省令は、平成二十九年一月一日から施行する。ただし、第一条（第一号様式備考(6)の改正規定を除く。）、第二条、第三条及び第四条（第十三条第一項第二号の改正規定及び別表第二の改正規定を除く。）の規定は、平成二十九年四月一日から施行する。

附　則（令元・六・二八国交令二〇）

この省令は、不正競争防止法等の一部を改正する法律〔平成三〇年五月法律第三三号〕の施行の日（令和元年七月一日）から施行する。

附　則（令元・九・一〇国交令三三抄）

（施行期日）

1　この省令は、地方税法等の一部を改正する等の法律〔平成二八年三月法律第一三号〕附則第一条第五号の四に掲げる規定の施行の日（令和元年十月一日）から施行する。

附　則（令三・八・三一国交令五三）

（施行期日）

1　この省令は、令和三年九月一日から施行する。

（経過措置）

2　この省令の施行の際現にあるこの省令による改正前の様式による用紙は、当分の間、これを取り繕って使用することができる。

附　則（令五・三・三一国交令一六）

この省令は、令和五年四月一日から施行する。

附　則（令六・三・二九国交令二六抄）

（施行期日）

第一条　この省令は、令和六年四月一日から施行する。〔後略〕

附　則（令六・六・二五国交令六七）

この省令は、令和七年四月一日から施行する。

第一号様式（第一条関係）

証明書番号　第　　号　　　　　　年　　月　　日

自動車損害賠償責任保険証明書

下記の自動車については、自動車損害賠償保障法による自動車損害賠償責任保険契約が締結されていることを証明します。

保険会社名

<table>
<tr><td>自動車登録番号、車両番号又は標識の番号（車台番号）</td><td></td><td>自動車の種別</td><td colspan="2"></td></tr>
<tr><td>保険期間</td><td>自　年　月　日
至　年　月　日午前12時　間</td><td>使用の本拠の所在地</td><td colspan="2"></td></tr>
<tr><td rowspan="2">保険契約者の住所及び氏名</td><td></td><td rowspan="2">保険料</td><td rowspan="2" colspan="2"></td></tr>
<tr><td></td></tr>
<tr><td rowspan="2">異動事項</td><td rowspan="2"></td><td>指定金融機関名</td><td colspan="2"></td></tr>
<tr><td>保険料収納年月日</td><td colspan="2"></td></tr>
<tr><td>管轄店名及び所在地</td><td></td><td>扱者</td><td colspan="2"></td></tr>
</table>

（日本産業規格Ａ列５番）

備考

(1)　「自動車登録番号、車両番号又は標識の番号（車台番号）」欄には、自動車登録番号若しくは車両番号、標識の番号又は道路交通に関する条約の規定による登録番号を記載すること。これらが存しない場合には、車台番号（臨時運行許可番号標、回送運行許可番号標又は臨時運転番号標を表示して運行の用に供する自動車にあつては、当該臨時運行許可番号標、回送運行許可番号標若しくは臨時運転番号標の番号又は車台番号）を記載すること。

(2)　「自動車の種別」は、国土交通大臣の定めるところによる。

(3)　「使用の本拠の所在地」欄には、使用の本拠の存する都府県及び北海道にあつては、使用の本拠を管轄する運輸支局の存する市を表示すること（離島にあつては、使用の本拠の所在地の後に「(離島)」と記載すること。）。

(4)　「指定金融機関名」欄には、指定金融機関（保険会社が保険料の収納を委任した金融機関をいう。以下同じ。）が保険料を収納する場合に限り、当該金融機関名を記載すること。

(5)　「保険料収納年月日」欄には、保険会社、代理店又は指定金融機関が保険料を収納した年月日を記載すること。

(6)　代理店扱いの契約にあつては、「扱者」欄に当該代理店の商号、名称又は氏名を記載すること。

(7)　自動車損害賠償責任共済証明書は、この様式中「自動車損害賠償責任保険証明書」の文字に代えて「自動車損害賠償責任共済証明書」の文字を、「自動車損害賠償責任保険契約」の文字に代えて「自動車損害賠償責任共済契約」の文字を、「保険会社名」の文字に代えて「組合名」の文字を、「保険期間」の文字に代えて「共済期間」の文字を、「保険契約者」の文字に代えて「共済契約者」の文字を、「保険料」の文字に代えて「共済掛金」の文字を、「保険料収納年月日」の文字に代えて「共済掛金収納年月日」の文字を、「管轄店名」の文字に代えて「組合名又は組合の支部等の名称」の文字を表示するほか、(1)〜(5)に準ずること。

第一号様式の二（第一条の五関係）

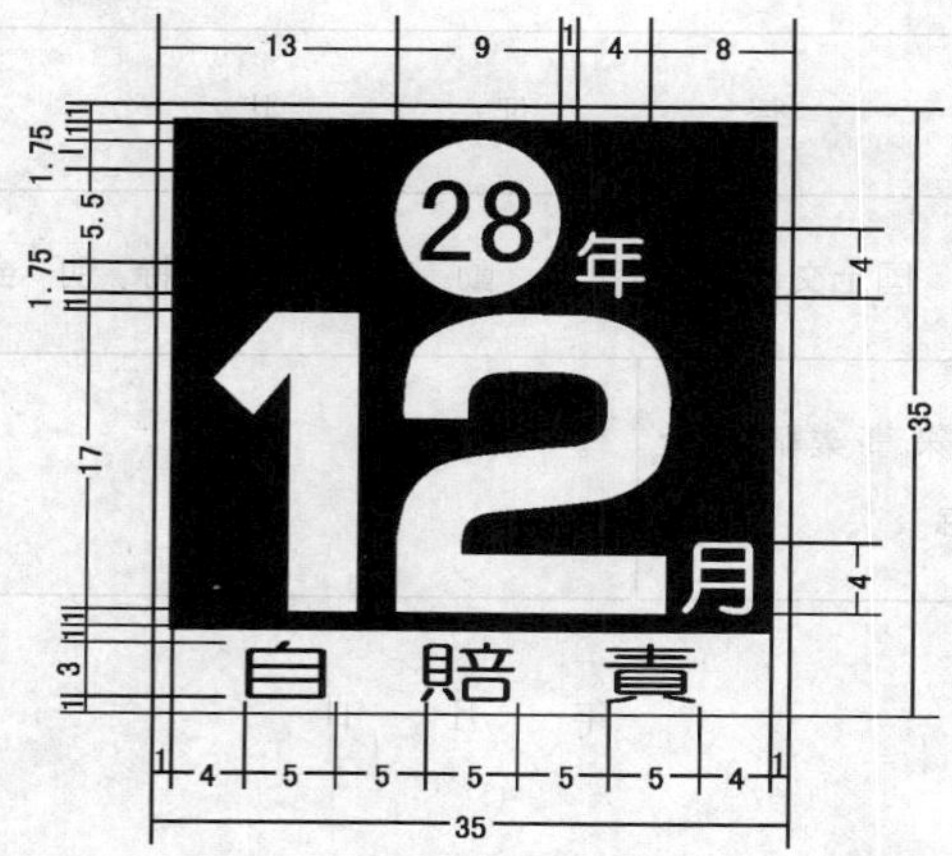

備考

(1)　保険標章は、図示の例により、保険期間の満了する日の属する年及び月を表す数字並びに「年」、「月」及び「自賠責」の文字を表示すること。

(2)　保険標章の枠の色、保険期間の満了する日の属する月を表す数字の色、保険期間の満了する日の属する年を表す数字に係る部分の地色並びに「年」及び「月」の文字の色は白色とすること。

(3)　保険期間の満了する日の属する年を表す数字の色、「自賠責」の文字の色及び保険期間の満了する日の属する月を表す数字に係る部分の地色は、保険期間の満了する日の属する年を表すものとし、平成23年にあつては青色、平成24年にあつては橙色、平成25年にあつては紫色、平成26年にあつては黄緑色、平成27年にあつては赤色、平成28年にあつては黄色、平成29年にあつては緑色とし、平成30年以降は順次これを繰り返すこと。

(4)　保険標章は、保険期間中使用に耐えるものであり、かつ、はりつけた後これを原形のままはがすことが困難なものであること。

(5)　共済標章は、(1)～(4)に準ずること。ただし、保険期間の満了する日の属する年及び月を表す数字に代えて共済期間の満了する日の属する年及び月を表す数字を表示すること。

(6)　寸法の単位は、ミリメートルとすること。

第二号様式（第三十条関係）

第　　号　督　促　状	
年度	国土交通省所管　自動車安全特別会計
自動車事故対策事業賦課金 過怠金	円

指定期限　　　　年　月　日

納付場所　　　日本銀行又はその代理店若しくは歳入代理店

上記のとおり納付して下さい。

指定期限までに完納しないときは、自動車損害賠償保障法第八十条第四項の規定により、直ちに財産差押えの処分をします。

年　月　日

歳入徴収官の官職氏名　　　㊞

（縦）一四センチメートル

（横）九センチメートル

○自動車損害賠償保障法第二十八条の三第一項に規定する準備金の積立て等に関する命令

（平成九年三月十三日 大蔵省、厚生省、農林水産省、通商産業省、運輸省 令第一号）

沿革 平一二総・大・厚・農水・通・運令一・総・厚・農水・通・運令二、平一七内閣・厚労・農水・経産・国交令三、平一九内閣・厚労・農水・経産・国交令一、平二八内閣・厚労・農水・経産・国交令一改正

（保険会社の準備金の積立て）

第一条 保険会社は、毎事業年度（四月一日から翌年三月三十一日までとする。以下同じ。）末において、次の各号に掲げる区分に応じ、当該各号に掲げる額を、自動車損害賠償保障法（昭和三十年法律第九十七号。以下「法」という。）第二十八条の三第一項の主務省令で定める準備金として積み立てるものとする。

一 義務積立金 責任保険の事業から生じた収支差額のうち保険期間の始期の属する日から当該事業年度の末日までの期間が四年を超えない責任保険の契約に係るものの額として、当該契約に係るイ及びロの額の合計額からハの額を減じて得た額を基礎とし、保険業法（平成七年法律第百五号）第四条第二項第四号に掲げる書類（以下「算出方法書」という。）に記載された方法に従って計算した額

イ 各事業年度において共同プール事務により配分された額から徴収された額を減じて得た額

ロ 各事業年度において発生した予定利息（保険期間が一年を超える責任保険の保険料の算定上当該保険期間内に発生することを予定した資産運用益をいう。）の額

ハ 当該事業年度末において積み立てるべき支払備金の額

二 調整準備金 責任保険の事業から生じた収支差額のうち保険期間の始期の属する日から当該事業年度の末日までの期間が四年を超える責任保険の契約に係るものの額として、当該契約に係る前号イ及びロの額の合計額から同号ハの額を減じて得た額を基礎とし、算出方法書に記載された方法に従って計算した額

三 付加率積立金 責任保険の事業から生じた収支差額のうち前二号に規定する収支差額以外のものの額として、責任保険の事業を行うための費用に係る収支差額の額を基礎とし、算出方法書に記載された方法に従って計算した額及び責任保険の事業から生じた運用益のうち当該収支差額に係るものの額として、算出方法書に記載された方法に従って計算した額の合計額

四 運用益積立金 責任保険の事業から生じた運用益のうち前号に規定する運用益以外のものの額として、責任保険の事業に係る資産運用益の額から当該資産運用に要した費用の額、第一号ロの額及び前号に規定する運用益の額の合計額を減じて得た額を基礎とし、算出方法書に記載された方法に従って計算した額

（保険会社の準備金の取崩し）

第二条 法第二十八条の三第一項の主務省令で定める場合は、次の各号に掲げる場合とする。

一 責任保険の収支の改善又は自動車事故被害者の保護の増進に資する自動車事故防止対策、救急医療体制の整備、自動車事故被害者対策、後遺障害認定対策、医療費支払適正化対策その他の対策に要する費用を拠出するため、前条第四号に規定する運用益積立金を取り崩す場合

二 税効果会計（貸借対照表に計上されている資産及び負債の金額と課税所得の計算の結果算定された資産及び負債の金額との間に差異がある場合において、当該差異に係る法人税等（法人税その他利益又は剰余に関連する金額を課税標準として課される租税をいう。以下同じ。）の金額を適切に期間配分することにより、法人税等を控除する前の当期純利益若しくは当期剰余又は当期純利益若しくは当期純剰余の金額と法人税等の金額を合理的に対応させるための会計処理をいう。）を適用する場合において、法人税等の税率の変更による前条第二号に規定する調整準備金、同条第三号に規定する付加率積立金及び同条第四号に規定する運用益積立金の金額に基づき算定される法人税等相当額の減額に伴い、各準備金を取り崩す場合

（組合の準備金の積立て及び取崩し）

第三条 前二条の規定は、農業協同組合等に準用する。この場合において、これらの規定中「保険会社」とあるのは「農業協同組合等」と、「第二十八条の三第一項」とあるのは「第二十八条の三第二項において準用する同条第一項」と、「責任保険の事業」とあるのは「責任共済の事業」と、「保険期間」とあるのは「共済期間」と、「責任保険の契約」とあるのは「責任共済、再共済又は再再共済の契約」と、「当該契約に係るイ」とあるのは「当該契約（自動車損害賠償保障法の一部を改正する法律（平成七年法律第百三十七号。以下この条において「改正法」という。）の施行の日から起算して十年を経過する日以前に締結されたものを除く。）に係るイ」と、「ハの額を減じて得た額」とあるのは「ハの額を減じて得た額並びに農林水産大臣が定める方法に従って計算した当該契約（改正法の施行の日から起算して十年を経過する日以前に締結されたものに限る。）に係る収支差額の額の合計額」と、「保険業法（平成七年法律第百五号）第四条第二項第四号に掲げる書類」とあるのは「農業協同組合法（昭和二十二年法律第百三十二号）第十一条の十七第一項に規定する共済規程」と、「算出方法書」とあるのは「共済規程」と、「責任保険の保険料」とあるのは「責任共済の共済掛金」と、「当該契約に係る前号イ」とあるのは「当該契約（改正法の施行の日から起算して十年を経過する日以前に締結されたものを除く。）に係る前号イ」と、「責任保険の収支の改善」とあるのは「責任共済の収支の改善」と、「前条第四号」とあるのは「次条第一項において準用する前条第四号」と読み替えるものとする。

2 前二条の規定は、消費生活協同組合等に準用する。この場合において、これらの規定中「保険会社」とあるのは「消費生活協同組合等」と、「第二十八条の三第一項」とあるのは「第二十八条の三第三項において準用する同条第一項」と、「責任保険の事業」とあるのは「責任共済の事業」と、「保険期間」とあるのは「共済期間」と、「責任保険の契約」とあるのは「責任共済又は再共済の契約」と、「保険業法（平

成七年法律第百五号）第四条第二項第四号に掲げる書類」とあるのは「消費生活協同組合法（昭和二十三年法律第二百号）第二十六条の三第二項の規定により読み替えて適用される同条第一項に規定する規約」と、「算出方法書」とあるのは「共済事業規約」と、「責任保険の保険料」とあるのは「責任共済の共済掛金」と、「責任保険の収支の改善」とあるのは「責任共済の収支の改善」と、「前条第四号」とあるのは「次条第二項において準用する前条第四号」と読み替えるものとする。

3　前二条の規定は、事業協同組合等に準用する。この場合において、これらの規定中「保険会社」とあるのは「事業協同組合等」と、「第二十八条の三第二項」とあるのは「第二十八条の三第四項において準用する同条第二項」と、「責任保険の事業」とあるのは「責任共済の事業」と、「保険期間」とあるのは「共済期間」と、「責任保険の契約」とあるのは「責任共済、再共済又は再再共済の契約」と、「保険業法（平成七年法律第百五号）第四条第二項第四号に掲げる書類」とあるのは「中小企業等協同組合法（昭和二十四年法律第百八十一号）第九条の六の二第一項（同法第九条の九第五項において準用する場合を含む。）に規定する共済規程」と、「算出方法書」とあるのは「共済規程」と、「責任保険の保険料」とあるのは「責任共済の共済掛金」と、「責任保険の収支の改善」とあるのは「責任共済の収支の改善」と、「前条第四号」とあるのは「次条第三項において準用する前条第四号」と読み替えるものとする。

4　前三項の規定にかかわらず、責任共済の契約によって共済責任を負う組合（以下「責任共済組合」という。）が当該共済責任の全部を他の組合に再共済する契約を締結している場合は、当該再共済の契約によって再共済責任を負う組合（以下「再共済組合」という。）が、当該再共済の契約を締結した責任共済組合に代わって当該責任共済組合に係る前三項において準用する第一条に規定する準備金を、再共済組合が当該再共済責任の全部を他の組合に再再共済する契約を締結している場合は、当該再再共済の契約によって再再共済責任を負う組合が、当該再再共済の契約を締結した再共済組合及び当該再共済組合と再共済の契約を締結した責任共済組合に代わって当該再共済組合及び当該責任共済組合に係る前三項において準用する第一条に規定する準備金を積み立てることができる。

附　則

（施行期日）

1　この省令は、公布の日から施行する。ただし、第三条第一項及び附則第三項の規定は、自動車損害賠償保障法の一部を改正する法律（平成七年法律第百三十七号）の施行の日（平成八年十二月一日）から起算して十年を経過した日から施行する。

（保険会社に関する経過措置）

2　この省令の施行の際現に責任保険の事業を行っている保険会社が保険業法第百十六条の規定により積み立てている責任保険の契約に係る責任準備金は、法第二十八条の三第一項の準備金として積み立てられたものとみなす。

（農業協同組合等に関する経過措置）

3　第三条第一項の規定の施行の際現に責任共済の事業を行っている農業協同組合等が農業協同組合法第十一条の十三の規定により積み立てている責任共済、再共済又は再再共済の契約に係る責任準備金は、法第二十八条の三第二項において準用する同条第一項の準備金として積み立てられたものとみなす。

附　則（平一二・三・三一総・大・厚・農水・通・運令一）

この命令は、公布の日から施行する。

附　則（平一二・六・二六総・厚・農水・通・運令一）

この命令は、平成十二年七月一日から施行する。

附　則（平一七・三・三一内閣・厚労・農水・経産・国交令三）

この命令は、平成十七年四月一日から施行する。

附　則（平一九・三・三〇内閣・厚労・農水・経産・国交令一）

この命令は、平成十九年四月一日から施行する。

附　則（平二八・一・二九内閣・厚労・農水・経産・国交令一）

この命令は、平成二十八年四月一日から施行する。

○自動車損害賠償責任保険の保険金等及び自動車損害賠償責任共済の共済金等の支払の適正化のための措置に関する命令

（平成十三年十二月二十一日　内閣府・国土交通省令第二号）

沿革　平一七内閣・国交令一、平二〇内閣・国交令四、令四内閣・国交令五、令六内閣・国交令一・二改正

目次

第一章　総則

（用語）

第一条　この命令において使用する用語は、自動車損害賠償保障法（以下「法」という。）において使用する用語の例による。

第二章　支払適正化のための措置

（書面の交付）

第二条　法第十六条の四第一項の国土交通省令・内閣府令で定める事項は、次に掲げる事項とする。

一　支払基準の概要
二　保険金等の支払の手続の概要
三　指定紛争処理機関の概要

第三条　法第十六条の四第二項の国土交通省令・内閣府令で定める事項は、次に掲げる事項とする。
一　事故の年月日
二　自動車損害賠償保障法施行令（以下「令」という。）第二条第一項各号に掲げる損害ごとの支払金額
三　後遺障害に該当する場合にあっては、該当する等級（以下「後遺障害等級」という。）及び当該後遺障害等級に該当すると判断した理由
四　保険金等の支払いにおいて損害額から減額を行った場合にあっては、減額の割合及び当該減額を行うことと判断した理由

第四条　保険会社は、法第十六条の四第三項に規定する書面を交付しようとする場合には、当該書面に次に掲げる事項を記載しなければならない。
一　事故の状況の概要
二　被保険者に損害賠償の責任がないと判断した場合にあっては、当該判断をした理由
三　事故により損害が発生していないと判断した場合にあっては、当該判断をした理由
四　法第十四条の規定により保険会社が損害のてん補の責を免れると判断した場合にあっては、当該判断をした理由

（情報通信の技術を利用する方法）
第五条　法第十六条の四第四項の規定により書面の交付に代えて用いる同項の国土交通省令・内閣府令で定める方法は、次に掲げる方法とする。
一　電子情報処理組織（保険会社の使用に係る電子計算機と被保険者又は被害者の使用に係る電子計算機とを電気通信回線で接続した電子情報処理組織をいう。次条第二項第一号において同じ。）を利用する方法のうち、イ又はロに掲げるもの
イ　保険会社の使用に係る電子計算機から電気通信回線を通じて被保険者又は被害者の使用に係る電子計算機に前三条に掲げる事項（以下「記載事項」という。）を送信し、当該電子計算機に備えられたファイルに記録する方法
ロ　保険会社の使用に係る電子計算機に備えられたファイルに記録された記載事項を電気通信回線を通じて被保険者又は被害者の閲覧に供し、当該被保険者又は被害者の使用に係る電子計算機に備えられたファイルに当該記載事項を記録する方法
二　磁気ディスク（これに準ずる方法により一定の事項を確実に記録しておくことができる物を含む。以下同じ。）をもって調製するファイルに書面に記載すべき事項を記録したものを交付する方法
2　前項に掲げる方法は、被保険者又は被害者がファイルへの記録を出力することにより書面を作成することができるものでなければならない。

第六条　令第四条の二第一項の規定により示すべき電磁的方法の種類は、前条第一項に掲げる方法のうち保険会社が使用するものとし、示すべき電磁的方法の内容は、ファイルへの記録の方式とする。
2　令第四条の二第一項の承諾又は同条第二項の申出（以下この項において「承諾等」という。）をする場合に用いる電磁的方法は、次に掲げる方法とする。
一　電子情報処理組織を利用する方法のうち、イ又はロに掲げるもの
イ　被保険者又は被害者の使用に係る電子計算機から電気通信回線を通じて保険会社の使用に係る電子計算機に承諾等をする旨を送信し、当該電子計算機に備えられたファイルに記録する方法
ロ　保険会社の使用に係る電子計算機に備えられたファイルに記録された前項に規定する電磁的方法の種類及び内容を電気通信回線を通じて被保険者又は被害者の閲覧に供し、当該電子計算機に備えられたファイルに承諾等をする旨を記録する方法
二　前条第一項第二号に規定する方法

（書面による説明等）
第七条　法第十六条の五第一項の国土交通省令・内閣府令で定める事項は、次に掲げる事項とする。
一　事故の状況の詳細
二　事故により支出を要した費用、事故により失われた利益、慰謝料その他の損害の細目及び当該細目ごとの積算の詳細
三　後遺障害に該当する場合にあっては、当該後遺障害等級に該当すると判断した理由の詳細
四　保険金等の支払いにおいて損害額から減額を行った場合にあっては、減額の割合の判断をした理由の詳細
五　被保険者に損害賠償の責任がないと判断した場合にあっては、当該判断をした理由の詳細
六　事故により損害が発生していないと判断した場合にあっては、当該判断をした理由の詳細
七　法第十四条の規定により保険会社が損害のてん補の責を免れると判断した場合にあっては、当該判断をした理由の詳細

（情報通信の技術を利用する方法）
第八条　法第十六条の五第五項の国土交通省令・内閣府令で定める方法は、第五条第一項に掲げる方法とする。
2　第五条第二項の規定は、前項に規定する方法について準用する。

第九条　第六条第一項の規定は令第四条の三において準用する令第四条の二第一項の規定により示すべき電磁的方法の種類及び内容について、第六条第二項の規定は令第四条の三において準用する令第四条の二の承諾等について、それぞれ準用する。

（責任保険に関する規定の準用）
第十条　第二条から前条までの規定は、責任共済について準用する。この場合において、これらの規定中「保険金等」とあるのは「共済金等」と、「保険会社」とあるのは「組合」と、「被保険者」とあるのは「被共済者」と読み替えるものとする。

第三章　指定紛争処理機関

（指定紛争処理機関の指定の申請）
第十一条　法第二十三条の五第一項の規定による指定を受けようとする者は、次に掲げる事項を記載した申請書を国土交通大臣及び内閣総理大臣に提出しなければならない。
一　名称及び住所
二　紛争処理業務を行おうとする事務所の所在地

三　紛争処理業務を開始しようとする年月日

2　前項の申請書には、次の各号に掲げる書類を添付しなければならない。

一　定款及び登記事項証明書

二　申請の日の属する事業年度の前事業年度における財産目録（申請の日の属する事業年度に設立された法人にあっては、その設立時における財産目録）及び貸借対照表

三　申請に係る意思の決定を証する書類

四　役員の氏名及び略歴を記載した書類

五　組織及び運営に関する事項を記載した書類

六　紛争処理委員となるべき者の氏名及び略歴を記載した書類

七　現に行っている業務の概要を記載した書類

八　その他参考となる事項を記載した書類

（指定紛争処理機関である旨の掲示等）

第十二条　指定紛争処理機関は、当該機関の名称及び「指定紛争処理機関」の文字を、当該機関の事務所の入口又は受付の付近の見やすい場所に掲示するとともに、当該機関のウェブサイトに掲載して公衆の閲覧に供しなければならない。

（紛争処理の申請）

第十三条　紛争処理の申請をしようとする者は、次に掲げる事項を記載した紛争処理申請書を指定紛争処理機関に提出しなければならない。

一　当事者及びその代理人の氏名又は名称及び住所

二　紛争処理を求める事項

三　紛争の問題点、交渉経過の概要及び請求の内容

四　事故の状況の概要その他紛争処理を行うに際し参考となる事項

五　申請の年月日

2　前項の規定による紛争処理申請書の提出は、電子情報処理組織（紛争処理の申請をしようとする者の使用に係る電子計算機と指定紛争処理機関の使用に係る電子計算機を電気通信回線で接続した電子情報処理組織をいう。）を使用する方法により行うことができる。

（紛争処理の開始）

第十四条　指定紛争処理機関は、当事者の双方又は一方から、紛争処理の申請がなされたときは、紛争処理を行う。

（紛争処理の通知）

第十四条の二　指定紛争処理機関は、当事者の一方から紛争処理の申請がなされたときは、その相手方に対し、遅滞なく、その旨を通知しなければならない。

（申請の変更）

第十四条の三　紛争処理の申請人は、紛争処理を求める事項を変更することができる。ただし、これにより、当該紛争処理の手続を著しく遅延させる場合は、この限りでない。

2　指定紛争処理機関は、前項の規定による変更の申請がなされたときは、その相手方に対し、遅滞なく、その旨を通知しなければならない。

（紛争処理をしない場合）

第十五条　指定紛争処理機関は、紛争がその性質上紛争処理をするのに適当でないと認めるとき、又は当事者が不当な目的でみだりに紛争処理の申請をしたと認めるときは、紛争処理をしないものとする。

（紛争処理の打切り）

第十五条の二　指定紛争処理機関は、紛争処理による解決の見込みがないと認めるときは、紛争処理を打ち切ることができる。

2　指定紛争処理機関は、前項の規定により紛争処理を打ち切ったときは、その旨を当事者に通知しなければならない。

（紛争処理における期日調書等の保存）

第十六条　指定紛争処理機関は、紛争処理の手続が終了した日から十年間、審理の経過を記載した期日調書その他当該事件に関する書類を保存しなければならない。

2　前項の書類が、電子計算機に備えられたファイル又は磁気ディスクに記録され、必要に応じ指定紛争処理機関において電子計算機その他の機器を用いて明確に紙面に表示されるときは、当該ファイル又は磁気ディスクをもって同項の書類に代えることができる。

（選任すべき紛争処理委員の数）

第十七条　法第二十三条の七第一項の国土交通省令・内閣府令で定める数は、三十人とする。

（役員等の選任及び解任）

第十八条　指定紛争処理機関は、法第二十三条の八第一項の規定により、役員（紛争処理委員を含む。この条において同じ。）の選任及び解任の認可を受けようとするときは、次に掲げる事項を記載した申請書を国土交通大臣及び内閣総理大臣に提出しなければならない。

一　選任し、又は解任しようとする役員の氏名及び略歴

二　選任し、又は解任しようとする年月日

三　選任又は解任の理由

（紛争処理業務規程の記載事項）

第十九条　法第二十三条の十一第二項の国土交通省令・内閣府令で定める事項は、次に掲げる事項とする。

一　紛争処理業務を行う時間及び休日に関する事項

二　事務所の所在地及びその事務所が紛争処理業務を行う区域に関する事項

三　紛争処理業務の実施方法に関する事項

四　第二十六条に規定する費用の収納の方法に関する事項

五　紛争処理委員の選任及び解任に関する事項

六　紛争処理業務に関する秘密の保持に関する事項

七　紛争処理委員の配置に関する事項

八　紛争処理業務の実施体制に関する事項

九　その他紛争処理業務の実施に関し必要な事項

（事業計画等の認可の申請）

第二十条　指定紛争処理機関は、法第二十三条の十六第一項前段の規定により紛争処理業務に係る事業計画及び収支予算の認可を受けようとするときは、申請書に次に掲げる書類を添え、国土交通大臣及び内閣総理大臣に提出しなければならない。

一　前事業年度の予定貸借対照表

二　当該事業年度の予定貸借対照表

三　前二号に掲げるもののほか、紛争処理業務に係る収支予算の参考となる書類

（事業計画等の変更の認可の申請）

第二十一条　指定紛争処理機関は、法第二十三条の十六第一項後段の規定により紛争処理業務に係る事業計画又は収支予算の変更の認可を受けようとするときは、変更しようとする事項及びその理由を記載した申請書を国土交通大臣及び内閣総

理大臣に提出しなければならない。この場合において、収支予算書の変更が前条第二号又は第三号に掲げる書類の変更を伴うときは、当該変更後の書類を添付しなければならない。

（事業報告書等の提出）

第二十二条　指定紛争処理機関は、法第二十三条の十六第二項の規定により紛争処理業務に係る事業報告書及び収支決算書を提出するときは、財産目録及び貸借対照表を添付しなければならない。

（事業の休廃止）

第二十三条　指定紛争処理機関は、法第二十三条の十七第一項の規定による許可を受けようとするときは、休止又は廃止しようとする年月日及び期間並びに休止又は廃止の理由を記載した申請書を国土交通大臣及び内閣総理大臣に提出しなければならない。

（帳簿）

第二十四条　法第二十三条の十八の国土交通省令・内閣府令で定める帳簿の記載事項は、次に掲げるものとする。

一　紛争処理の申請を受け付けた年月日

二　紛争処理を行った年月日

三　当事者及びその代理人の氏名又は名称及び住所

四　紛争処理を行った紛争処理委員の氏名

五　紛争処理の結果

六　第二十六条に規定する費用を収納した場合はその額

2　前項各号に掲げる事項が、電子計算機に備えられたファイル又は磁気ディスクに記録され、必要に応じ指定紛争処理機関において電子計算機その他の機器を用いて明確に紙面に表示されるときは、当該記録をもって法第二十三条の十八の帳簿（次項において単に「帳簿」という。）への記載に代えることができる。

3　指定紛争処理機関は、帳簿（前項の規定による記録が行われた同項のファイル又は磁気ディスクを含む。）を、紛争処理業務の全部を廃止するまで保存しなければならない。

（立入検査）

第二十五条　法第二十三条の十九第二項において準用する法第二十三条の二第二項の証明書は、第一号様式による。ただし、金融庁の職員が立入検査又は質問をするときに携帯すべき証明書については、この限りでない。

（当事者が負担する費用）

第二十六条　指定紛争処理機関は、当事者の申立てに係る鑑定、証人の出頭その他の紛争処理の手続に要する費用で、指定紛争処理機関の長が相当と認めるものを、当事者に負担させることができる。

附　則

この命令は、平成十四年四月一日から施行する。

附　則（平一七・三・七内閣・国交令一）

この命令は、公布の日から施行する。

附　則（平二〇・一二・一内閣・国交令四）

この命令は、平成二十年十二月一日から施行する。

附　則（令四・八・二六内閣・国交令五）

この命令は、自動車損害賠償保障法及び特別会計に関する法律の一部を改正する法律〔令和四年六月法律第六五号〕附則第一条第二号に掲げる規定の施行の日（令和四年九月一日）から施行する。

附　則（令六・一・一九内閣・国交令一）

この命令は、デジタル社会の形成を図るための規制改革を推進するためのデジタル社会形成基本法等の一部を改正する法律〔令和五年六月法律第六三号〕の施行の日（令和六年四月一日）から施行する。

附　則（令六・三・二九内閣・国交令二抄）

（施行期日）

第一条　この命令は、令和六年四月一日から施行する。

（経過措置）

第三条　この命令の施行の際現にあるこの命令による改正又は廃止前の様式（次項において「旧様式」という。）により使用されている身分証明書は、この命令による改正後の様式によるものとみなす。

2　この命令の施行の際現にある旧様式による用紙は、当分の間、これを取り繕って使用することができる。

第一号様式（第二十五条関係）

（第１面）

第　　号

立入検査等をする職員の携帯する身分を示す証明書

職　名
氏　名
生年月日　　　年　　　月　　　日生
　　　年　　月　　日交付
　　　年　　月　　日限り有効

写真

発行者　　　　　㊞

（第２面）

この証明書を携帯する者は、下表に掲げる法令の条項のうち、該当の有無の欄に丸印のある法令の条項により立入検査等をする職権を有するものです。

法令の条項	該当の有無

（備考）１　この証明書は、用紙１枚で作成することとする。
２　法令の条項の欄に、この証明書を使用して行う立入検査等に係る法令の条項を記載すること。
３　該当の有無の欄に、立入検査等をする職権を有する場合は「○」を、有しない場合は「－」を記載すること。
４　記載する法令の条項の数に応じて、行を適宜追加すること。第２面については、その全部又は一部を裏面に記載することができる。
５　裏面には、参照条文を記載することができる。
６　この証明書の記載事項については、必要に応じて英文を併記の上、発行することができる。

○自動車損害賠償責任保険の保険金等及び自動車損害賠償責任共済の共済金等の支払基準

（平成十三年十二月二十一日 金融庁 国土交通省 告示第一号）

沿革 平二二金融・国交告一、令元金融・国交告三改正

（原文横書き）

第一 総則

1 自動車損害賠償責任保険の保険金等の支払は、自動車損害賠償保障法施行令（昭和三十年政令第二百八十六号）第二条並びに別表第一及び別表第二に定める保険金額を限度としてこの基準によるものとする。

2 保険金額は、死亡した者又は傷害を受けた者一人につき、自動車損害賠償保障法施行令第二条並びに別表第一及び別表第二に定める額とする。ただし、複数の自動車による事故について保険金等を支払う場合は、それぞれの保険契約に係る保険金額を合算した額を限度とする。

第二 傷害による損害

傷害による損害は、積極損害（治療関係費、文書料その他の費用）、休業損害及び慰謝料とする。

1 積極損害

(1) 治療関係費

① 応急手当費

応急手当に直接かかる必要かつ妥当な実費とする。

② 診察料

初診料、再診料又は往診料にかかる必要かつ妥当な実費とする。

③ 入院料

入院料は、原則としてその地域における普通病室への入院に必要かつ妥当な実費とする。ただし、被害者の傷害の態様等から医師が必要と認めた場合は、上記以外の病室への入院に必要かつ妥当な実費とする。

④ 投薬料、手術料、処置料等

治療のために必要かつ妥当な実費とする。

⑤ 通院費、転院費、入院費又は退院費

通院、転院、入院又は退院に要する交通費として必要かつ妥当な実費とする。

⑥ 看護料

ア 入院中の看護料

原則として十二歳以下の子供に近親者等が付き添った場合に一日につき四千二百円とする。

イ 自宅看護料又は通院看護料

医師が看護の必要性を認めた場合に次のとおりとする。ただし、十二歳以下の子供の通院等に近親者等が付き添った場合には医師の証明は要しない。

(ア) 厚生労働大臣の許可を受けた有料職業紹介所の紹介による者

立証資料等により必要かつ妥当な実費とする。

(イ) 近親者等

一日につき二千百円とする。

ウ 近親者等に休業損害が発生し、立証資料等により、ア又はイ(イ)の額を超えることが明らかな場合は、必要かつ妥当な実費とする。

⑦ 諸雑費

療養に直接必要のある諸物品の購入費又は使用料、医師の指示により摂取した栄養物の購入費、通信費等とし、次のとおりとする。

ア 入院中の諸雑費

入院一日につき千百円とする。立証資料等により一日につき千百円を超えることが明らかな場合は、必要かつ妥当な実費とする。

イ 通院又は自宅療養中の諸雑費

必要かつ妥当な実費とする。

⑧ 柔道整復等の費用

免許を有する柔道整復師、あんま・マッサージ・指圧師、はり師、きゅう師が行う施術費用は、必要かつ妥当な実費とする。

⑨ 義肢等の費用

ア 傷害を被った結果、医師が身体の機能を補完するために必要と認めた義肢、歯科補てつ、義眼、眼鏡（コンタクトレンズを含む。）、補聴器、松葉杖等の用具の制作等に必要かつ妥当な実費とする。

イ アに掲げる用具を使用していた者が、傷害に伴い当該用具の修繕又は再調達を必要とするに至った場合は、必要かつ妥当な実費とする。

ウ ア及びイの場合の眼鏡（コンタクトレンズを含む。）の費用については、五万円を限度とする。

⑩ 診断書等の費用

診断書、診療報酬明細書等の発行に必要かつ妥当な実費とする。

(2) 文書料

交通事故証明書、被害者側の印鑑証明書、住民票等の発行に必要かつ妥当な実費とする。

(3) その他の費用

(1)治療関係費及び(2)文書料以外の損害であって事故発生場所から医療機関まで被害者を搬送するための費用等については、必要かつ妥当な実費とする。

2 休業損害

(1) 休業損害は、休業による収入の減少があった場合又は有給休暇を使用した場合に一日につき原則として六千百円とする。ただし、家事従事者については、休業による収入の減少があったものとみなす。

(2) 休業損害の対象となる日数は、実休業日数を基準とし、被害者の傷害の態様、実治療日数その他を勘案して治療期間の範囲内とする。

(3) 立証資料等により一日につき六千百円を超えることが明らかな場合は、自動車損害賠償保障法施行令第三条の二に定める金額を限度として、その実額とする。

3 慰謝料

(1) 慰謝料は、一日につき四千三百円とする。

(2) 慰謝料の対象となる日数は、被害者の傷害の態様、実治療日数その他を勘案して、治療期間の範囲内とする。

(3) 妊婦が胎児を死産又は流産した場合は、上記のほかに慰謝料を認める。

第三　後遺障害による損害

後遺障害による損害は、逸失利益及び慰謝料等とし、自動車損害賠償保障法施行令第二条並びに別表第一及び別表第二に定める等級に該当する場合に認める。

等級の認定は、原則として労働者災害補償保険における障害の等級認定の基準に準じて行う。

1　逸失利益

逸失利益は、次のそれぞれに掲げる年間収入額又は年相当額に該当等級の労働能力喪失率（別表Ⅰ）と後遺障害確定時の年齢における就労可能年数のライプニッツ係数（別表Ⅱ―1）を乗じて算出した額とする。ただし、生涯を通じて全年齢平均給与額（別表Ⅲ）の年相当額を得られる蓋然性が認められない場合は、この限りでない。

(1) 有職者

事故前一年間の収入額と後遺障害確定時の年齢に対応する年齢別平均給与額（別表Ⅳ）の年相当額のいずれか高い額を収入額とする。ただし、次の者については、それぞれに掲げる額を収入額とする。

①　三十五歳未満であって事故前一年間の収入額を立証することが可能な者

事故前一年間の収入額、全年齢平均給与額の年相当額及び年齢別平均給与額の年相当額のいずれか高い額。

②　事故前一年間の収入額を立証することが困難な者

ア　三十五歳未満の者

全年齢平均給与額の年相当額又は年齢別平均給与額の年相当額のいずれか高い額。

イ　三十五歳以上の者

年齢別平均給与額の年相当額。

③　退職後一年を経過していない失業者（定年退職者等を除く。）

以上の基準を準用する。この場合において、「事故前一年間の収入額」とあるのは、「退職前一年間の収入額」と読み替えるものとする。

(2) 幼児・児童・生徒・学生・家事従事者

全年齢平均給与額の年相当額とする。ただし、五十九歳以上の者で年齢別平均給与額が全年齢平均給与額を下回る場合は、年齢別平均給与額の年相当額とする。

(3) その他働く意思と能力を有する者

年齢別平均給与額の年相当額とする。ただし、全年齢平均給与額の年相当額を上限とする。

2　慰謝料等

(1) 後遺障害に対する慰謝料等の額は、該当等級ごとに次に掲げる表の金額とする。

①　自動車損害賠償保障法施行令別表第一の場合

第一級	第二級
一、六五〇万円	一、二〇三万円

②　自動車損害賠償保障法施行令別表第二の場合

第一級	第二級	第三級	第四級
一、一五〇万円	九九八万円	八六一万円	七三七万円
第五級	第六級	第七級	第八級
六一八万円	五一二万円	四一九万円	三三一万円
第九級	第一〇級	第一一級	第一二級
二四九万円	一九〇万円	一三六万円	九四万円
第一三級	第一四級		
五七万円	三二万円		

(2)①　自動車損害賠償保障法施行令別表第一の該当者であって被扶養者がいるときは、第一級については千八百五十万円とし、第二級については千三百七十三万円とする。

②　自動車損害賠償保障法施行令別表第二第一級、第二級又は第三級の該当者であって被扶養者がいるときは、第一級については千三百五十万円とし、第二級については千百六十八万円とし、第三級については千五万円とする。

(3) 自動車損害賠償保障法施行令別表第一に該当する場合は、初期費用等として、第一級には五百万円を、第二級には二百五万円を加算する。

第四　死亡による損害

死亡による損害は、葬儀費、逸失利益、死亡本人の慰謝料及び遺族の慰謝料とする。

後遺障害による損害に対する保険金等の支払の後、被害者が死亡した場合の死亡による損害について、事故と死亡との間に因果関係が認められるときには、その差額を認める。

1　葬儀費

葬儀費は、百万円とする。

2　逸失利益

(1) 逸失利益は、次のそれぞれに掲げる年間収入額又は年相当額から本人の生活費を控除した額に死亡時の年齢における就労可能年数のライプニッツ係数（別表Ⅱ―1）を乗じて算出する。ただし、生涯を通じて全年齢平均給与額（別表Ⅲ）の年相当額を得られる蓋然性が認められない場合は、この限りでない。

①　有職者

事故前一年間の収入額と死亡時の年齢に対応する年齢別平均給与額（別表Ⅳ）の年相当額のいずれか高い額を収入額とする。ただし、次に掲げる者については、それぞれに掲げる額を収入額とする。

ア　三十五歳未満であって事故前一年間の収入額を立証することが可能な者

事故前一年間の収入額、全年齢平均給与額の年相当額及び年齢別平均給与額の年相当額のいずれか高い額。

イ　事故前一年間の収入額を立証することが困難な者

(ア) 三十五歳未満の者

全年齢平均給与額の年相当額又は年齢別平均給与

額の年相当額のいずれか高い額。

(イ) 三十五歳以上の者

年齢別平均給与額の年相当額。

ウ 退職後一年を経過していない失業者（定年退職者等を除く。）

以上の基準を準用する。この場合において、「事故前一年間の収入額」とあるのは、「退職前一年間の収入額」と読み替えるものとする。

② 幼児・児童・生徒・学生・家事従事者

全年齢平均給与額の年相当額とする。ただし、五十九歳以上の者で年齢別平均給与額が全年齢平均給与額を下回る場合は、年齢別平均給与額の年相当額とする。

③ その他働く意思と能力を有する者

年齢別平均給与額の年相当額とする。ただし、全年齢平均給与額の年相当額を上限とする。

(2) (1)にかかわらず、年金等の受給者の逸失利益は、次のそれぞれに掲げる年間収入額又は年相当額から本人の生活費を控除した額に死亡時の年齢における就労可能年数のライプニッツ係数（別表Ⅱ―1）を乗じて得られた額と、年金等から本人の生活費を控除した額に死亡時の年齢における平均余命年数のライプニッツ係数（別表Ⅱ―2）から死亡時の年齢における就労可能年数のライプニッツ係数を差し引いた係数を乗じて得られた額とを合算して得られた額とする。ただし、生涯を通じて全年齢平均給与額（別表Ⅲ）の年相当額を得られる蓋然性が認められない場合は、この限りでない。

年金等の受給者とは、各種年金及び恩給制度のうち原則として受給権者本人による拠出性のある年金等を現に受給していた者とし、無拠出性の福祉年金や遺族年金は含まない。

① 有職者

事故前一年間の収入額と年金等の額を合算した額と、死亡時の年齢に対応する年齢別平均給与額（別表Ⅳ）の年相当額のいずれか高い額とする。ただし、三十五歳未満の者については、これらの比較のほか、全年齢平均給与額の年相当額とも比較して、いずれか高い額とする。

② 幼児・児童・生徒・学生・家事従事者

年金等の額と全年齢平均給与額の年相当額のいずれか高い額とする。ただし、五十九歳以上の者で年齢別平均給与額が全年齢平均給与額を下回る場合は、年齢別平均給与額の年相当額と年金等の額のいずれか高い額とする。

③ その他働く意思と能力を有する者

年金等の額と年齢別平均給与額の年相当額のいずれか高い額とする。ただし、年齢別平均給与額が全年齢平均給与額を上回る場合は、全年齢平均給与額の年相当額と年金等の額のいずれか高い額とする。

(3) 生活費の立証が困難な場合、被扶養者がいるときは年間収入額又は年相当額から三十五％を、被扶養者がいないときは年間収入額又は年相当額から五十％を生活費として控除する。

3 死亡本人の慰謝料

死亡本人の慰謝料は、四百万円とする。

4 遺族の慰謝料

慰謝料の請求権者は、被害者の父母（養父母を含む。）、配偶者及び子（養子、認知した子及び胎児を含む。）とし、その額は、請求権者一人の場合には五百五十万円とし、二人の場合には六百五十万円とし、三人以上の場合には七百五十万円とする。

なお、被害者に被扶養者がいるときは、上記金額に二百万円を加算する。

第五 死亡に至るまでの傷害による損害

死亡に至るまでの傷害による損害は、積極損害〔治療関係費（死体検案書料及び死亡後の処置料等の実費を含む。）、文書料その他の費用〕、休業損害及び慰謝料とし、「第二 傷害による損害」の基準を準用する。ただし、事故当日又は事故翌日死亡の場合は、積極損害のみとする。

第六 減額

1 重大な過失による減額

被害者に重大な過失がある場合は、次に掲げる表のとおり、積算した損害額が保険金額に満たない場合には積算した損害額から、保険金額以上となる場合には保険金額から減額を行う。ただし、傷害による損害額（後遺障害及び死亡に至る場合を除く。）が二十万円未満の場合はその額とし、減額により二十万円以下となる場合は二十万円とする。

減額適用上の被害者の過失割合	減額割合	
	後遺障害又は死亡に係るもの	傷害に係るもの
七割未満	減額なし	減額なし
七割以上八割未満	二割減額	二割減額
八割以上九割未満	三割減額	
九割以上一〇割未満	五割減額	

2 受傷と死亡又は後遺障害との間の因果関係の有無の判断が困難な場合の減額

被害者が既往症等を有していたため、死因又は後遺障害発生原因が明らかでない場合等受傷と死亡との間及び受傷と後遺障害との間の因果関係の有無の判断が困難な場合は、死亡による損害及び後遺障害による損害について、積算した損害額が保険金額に満たない場合には積算した損害額から、保険金額以上となる場合には保険金額から五割の減額を行う。

附　則

この告示は、平成十四年四月一日から施行し、同日以後に発生する自動車の運行による事故に係る自動車損害賠償責任保険の保険金等及び自動車損害賠償責任共済の共済金等の支払から適用する。

附　則（令元・一二・一二金融・国交告三）

この告示は、令和二年四月一日から施行し、同日以後に発生する自動車の運行による事故に係る自動車損害賠償責任保険の保険金等及び自動車損害賠償責任共済の共済金等の支払から適用する。

別表I

労働能力喪失率表

自動車損害賠償保障法施行令別表第1の場合

障害等級	労働能力喪失率
第一級	一〇〇／一〇〇
第二級	一〇〇／一〇〇

自動車損害賠償保障法施行令別表第2の場合

障害等級	労働能力喪失率
第一級	一〇〇／一〇〇
第二級	一〇〇／一〇〇
第三級	一〇〇／一〇〇
第四級	九十二／一〇〇
第五級	七十九／一〇〇
第六級	六十七／一〇〇
第七級	五十六／一〇〇
第八級	四十五／一〇〇
第九級	三十五／一〇〇
第一〇級	二十七／一〇〇
第一一級	二十／一〇〇
第一二級	十四／一〇〇
第一三級	九／一〇〇
第一四級	五／一〇〇

別表Ⅱ—1

就労可能年数とライプニッツ係数表

(1)18歳未満の者に適用する表

年齢	幼児・児童・生徒・学生・右欄以外の働く意思と能力を有する者		有職者・家事従事者	
	就労可能年数	係数	就労可能年数	係数
歳	年		年	
0	49	14.980	67	28.733
1	49	15.429	66	28.595
2	49	15.892	65	28.453
3	49	16.369	64	28.306
4	49	16.860	63	28.156
5	49	17.365	62	28.000
6	49	17.886	61	27.840
7	49	18.423	60	27.676
8	49	18.976	59	27.506
9	49	19.545	58	27.331
10	49	20.131	57	27.151
11	49	20.735	56	26.965
12	49	21.357	55	26.774
13	49	21.998	54	26.578
14	49	22.658	53	26.375
15	49	23.338	52	26.166
16	49	24.038	51	25.951
17	49	24.759	50	25.730

(2)18歳以上の者に適用する表

年齢	就労可能年数	係数	年齢	就労可能年数	係数	年齢	就労可能年数	係数	年齢	就労可能年数	係数	年齢	就労可能年数	係数
歳	年		歳	年		歳	年		歳	年		歳	年	
18	49	25.502	39	28	18.764	60	12	9.954	81	5	4.580	102～	1	0.971
19	48	25.267	40	27	18.327	61	12	9.954	82	4	3.717			
20	47	25.025	41	26	17.877	62	11	9.253	83	4	3.717			
21	46	24.775	42	25	17.413	63	11	9.253	84	4	3.717			
22	45	24.519	43	24	16.936	64	11	9.253	85	4	3.717			
23	44	24.254	44	23	16.444	65	10	8.530	86	3	2.829			
24	43	23.982	45	22	15.937	66	10	8.530	87	3	2.829			
25	42	23.701	46	21	15.415	67	9	7.786	88	3	2.829			
26	41	23.412	47	20	14.877	68	9	7.786	89	3	2.829			
27	40	23.115	48	19	14.324	69	9	7.786	90	3	2.829			
28	39	22.808	49	18	13.754	70	8	7.020	91	2	1.913			
29	38	22.492	50	17	13.166	71	8	7.020	92	2	1.913			
30	37	22.167	51	16	12.561	72	8	7.020	93	2	1.913			
31	36	21.832	52	16	12.561	73	7	6.230	94	2	1.913			
32	35	21.487	53	15	11.938	74	7	6.230	95	2	1.913			
33	34	21.132	54	15	11.938	75	7	6.230	96	2	1.913			
34	33	20.766	55	14	11.296	76	6	5.417	97	2	1.913			
35	32	20.389	56	14	11.296	77	6	5.417	98	2	1.913			
36	31	20.000	57	14	11.296	78	6	5.417	99	2	1.913			
37	30	19.600	58	13	10.635	79	5	4.580	100	2	1.913			
38	29	19.188	59	13	10.635	80	5	4.580	101	2	1.913			

(注) 1. 18歳未満の有職者及び家事従事者並びに18歳以上の者の場合の就労可能年数については、

(1) 52歳未満の者は、67歳とその者の年齢との差に相当する年数とした。

(2) 52歳以上の者は、「第22回生命表（完全生命表）」による男又は女の平均余命のうちいずれか短い平均余命の1/2の年数とし、その年数に1年未満の端数があるときは、これを切り上げた。

2. 18歳未満の者（有職者及び家事従事者を除く。）の場合の就労可能年数及びライプニッツ係数は次のとおりとした。

(1) 就労可能年数　67歳（就労の終期）とその者の年齢との差に相当する年数から18歳（就労の始期）とその者の年齢との差に相当する年数を控除したもの

(2) ライプニッツ係数　67歳（就労の終期）とその者の年齢との差に相当する年数に対応するライプニッツ係数から18歳（就労の始期）とその者の年齢との差に相当する年数に対応するライプニッツ係数を控除したもの

別表Ⅱ－2

平均余命年数とライプニッツ係数表

年齢	男		女		年齢	男		女		年齢	男		女		年齢	男		女	
	平均余命年数	係数	平均余命年数	係数		平均余命年数	係数	平均余命年数	係数		平均余命年数	係数	平均余命年数	係数		平均余命年数	係数	平均余命年数	係数
歳	年		年		歳	年		年		歳	年		年		歳	年		年	
0	80	30.201	86	30.710	27	54	26.578	60	27.676	54	28	18.764	34	21.132	81	8	7.020	10	8.530
1	79	30.107	86	30.710	28	53	26.375	59	27.506	55	27	18.327	33	20.766	82	7	6.230	10	8.530
2	78	30.010	85	30.631	29	52	26.166	58	27.331	56	26	17.877	32	20.389	83	7	6.230	9	7.786
3	77	29.910	84	30.550	30	51	25.951	57	27.151	57	26	17.877	31	20.000	84	6	5.417	8	7.020
4	76	29.808	83	30.467	31	50	25.730	56	26.965	58	25	17.413	30	19.600	85	6	5.417	8	7.020
5	75	29.702	82	30.381	32	49	25.502	55	26.774	59	24	16.936	29	19.188	86	5	4.580	7	6.230
6	74	29.593	81	30.292	33	48	25.267	54	26.578	60	23	16.444	28	18.764	87	5	4.580	7	6.230
7	74	29.593	80	30.201	34	47	25.025	53	26.375	61	22	15.937	27	18.327	88	4	3.717	6	5.417
8	73	29.481	79	30.107	35	46	24.775	52	26.166	62	21	15.415	26	17.877	89	4	3.717	6	5.417
9	72	29.365	78	30.010	36	45	24.519	51	25.951	63	21	15.415	26	17.877	90	4	3.717	5	4.580
10	71	29.246	77	29.910	37	44	24.254	50	25.730	64	20	14.877	25	17.413	91	3	2.829	5	4.580
11	70	29.123	76	29.808	38	43	23.982	49	25.502	65	19	14.324	24	16.936	92	3	2.829	4	3.717
12	69	28.997	75	29.702	39	42	23.701	48	25.267	66	18	13.754	23	16.444	93	3	2.829	4	3.717
13	68	28.867	74	29.593	40	41	23.412	47	25.025	67	17	13.166	22	15.937	94	3	2.829	3	2.829
14	67	28.733	73	29.481	41	40	23.115	46	24.775	68	17	13.166	21	15.415	95	2	1.913	3	2.829
15	66	28.595	72	29.365	42	39	22.808	45	24.519	69	16	12.561	20	14.877	96	2	1.913	3	2.829
16	65	28.453	71	29.246	43	38	22.492	44	24.254	70	15	11.938	19	14.324	97	2	1.913	3	2.829
17	64	28.306	70	29.123	44	37	22.167	43	23.982	71	14	11.296	18	13.754	98	2	1.913	2	1.913
18	63	28.156	69	28.997	45	37	22.167	42	23.701	72	14	11.296	18	13.754	99	2	1.913	2	1.913
19	62	28.000	68	28.867	46	36	21.832	41	23.412	73	13	10.635	17	13.166	100	2	1.913	2	1.913
20	61	27.840	67	28.733	47	35	21.487	40	23.115	74	12	9.954	16	12.561	101	2	1.913	2	1.913
21	60	27.676	66	28.595	48	34	21.132	39	22.808	75	12	9.954	15	11.938	102	1	0.971	2	1.913
22	59	27.506	65	28.453	49	33	20.766	39	22.808	76	11	9.253	14	11.296	103	1	0.971	2	1.913
23	58	27.331	64	28.306	50	32	20.389	38	22.492	77	10	8.530	14	11.296	104～	1	0.971	1	0.971
24	57	27.151	63	28.156	51	31	20.000	37	22.167	78	10	8.530	13	10.635					
25	56	26.965	62	28.000	52	30	19.600	36	21.832	79	9	7.786	12	9.954					
26	55	26.774	61	27.840	53	29	19.188	35	21.487	80	8	7.020	11	9.253					

(注) 平均余命年数は「第22回生命表（完全生命表）」による平均余命の年数とし、その年数に１年未満の端数があるときは、これを切り下げた。

別表Ⅲ

全年齢平均給与額（平均月額）

男	409,100円	女	298,400円

（注）本表は、平成30年賃金構造基本統計調査第１表産業計（民営＋公営）により求めた企業規模10～999人・学歴計の男女別の全年齢平均給与額（臨時給与を含む。）をその後の賃金動向を反映するため1.003倍し、その額に100円未満の端数があるときは、これを四捨五入したものである。

別表Ⅳ

年齢別平均給与額（平均月額）

年齢	男	女
歳	円	円
18	193,200	171,100
19	211,400	188,800
20	229,600	206,500
21	247,900	224,200
22	266,100	241,900
23	277,100	249,600
24	288,000	257,200
25	298,900	264,900
26	309,800	272,600
27	320,700	280,300
28	330,500	283,000
29	340,200	285,700
30	350,000	288,400
31	359,700	291,200
32	369,500	293,900
33	377,900	296,600
34	386,300	299,300
35	394,600	302,100
36	403,000	304,800
37	411,400	307,500
38	418,800	310,100
39	426,200	312,600
40	433,500	315,100
41	440,900	317,700
42	448,300	320,200
43	454,100	321,500
44	460,000	322,700
45	465,900	324,000

年齢	男	女
歳	円	円
46	471,700	325,300
47	477,600	326,500
48	480,400	326,600
49	483,300	326,800
50	486,100	326,900
51	489,000	327,100
52	491,900	327,200
53	490,100	325,900
54	488,400	324,600
55	486,600	323,300
56	484,800	322,000
57	483,100	320,700
58	458,000	309,200
59	432,900	297,700
60	407,800	286,300
61	382,700	274,800
62	357,600	263,300
63	345,000	257,400
64	332,300	251,600
65	319,700	245,700
66	307,000	239,800
67	294,300	233,900
68	292,300	234,400
69	290,200	234,800
70	288,200	235,200
71	286,100	235,600
72	284,100	236,100
73～	282,000	236,500

（注）本表は、平成30年賃金構造基本統計調査第１表産業計（民営＋公営）により求めた企業規模10～999人・学歴計の男女別の年齢階層別平均給与額（臨時給与を含む。）をその後の賃金動向を反映するため1.003倍し、その額に100円未満の端数があるときは、これを四捨五入したものである。

○自動車損害賠償保障法第二十三条の五第一項の規定により指定紛争処理機関を指定した件

（平成十四年四月一日 金融庁 国土交通省告示第一号）

沿革 平二一金融・国交告一、平二三金融・国交告一変更

自動車損害賠償保障法第二十三条の五第一項の規定に基づき公示する事項は、次のとおりとする。

一 名称 一般財団法人自賠責保険・共済紛争処理機構

二 住所 東京都千代田区神田駿河台三丁目四番地龍名館本店ビル内

三 紛争処理業務を行う事務所の所在地

イ 主たる事務所 東京都千代田区神田駿河台三丁目四番地龍名館本店ビル内

ロ 従たる事務所 大阪府大阪市中央区備後町三丁目二番地十五号モレスコ本町ビル内

四 紛争処理業務を開始する日 平成十四年四月一日

○自動車損害賠償責任保険審議会令

（平成十二年六月七日 政令第二百六十四号）

（組織）

第一条 自動車損害賠償責任保険審議会（以下「審議会」という。）は、委員十三人をもって組織する。

2 審議会に、特別の事項を調査審議させるため必要があるときは、特別委員を置くことができる。

（委員等の任命）

第二条 委員は、次に掲げる者につき任命するものとする。

一 学識経験のある者 七人

二 自動車交通又は自動車事故に関し深い知識及び経験を有する者 三人

三 保険業に関し深い知識及び経験を有する者 三人

2 特別委員は、学識経験のある者のうちから、金融庁長官が任命する。

（委員の任期等）

第三条 委員の任期は、二年とする。ただし、補欠の委員の任期は、前任者の残任期間とする。

2 委員は、再任されることができる。

3 特別委員は、その者の任命に係る当該特別の事項に関する調査審議が終了したときは、解任されるものとする。

4 委員及び特別委員は、非常勤とする。

（会長）

第四条 審議会に、会長を置き、委員の互選により選任する。

2 会長は、会務を総理し、審議会を代表する。

3 会長に事故があるときは、あらかじめその指名する委員が、その職務を代理する。

（議事）

第五条 審議会は、委員の過半数が出席しなければ、会議を開き、議決することができない。

2 審議会の議事は、委員で会議に出席したものの過半数で決し、可否同数のときは、会長の決するところによる。

（資料の提出等の要求）

第六条 審議会は、その所掌事務を遂行するため必要があると認めるときは、関係行政機関の長に対し、資料の提出、意見の開陳、説明その他必要な協力を求めることができる。

（庶務）

第七条 審議会の庶務は、金融庁監督局保険課において処理する。

（雑則）

第八条 この政令に定めるもののほか、議事の手続その他審議会の運営に関し必要な事項は、会長が審議会に諮って定める。

附 則

この政令は、内閣法の一部を改正する法律（平成十一年法律第八十八号）の施行の日（平成十三年一月六日）から施行する。

○自動車事故対策事業賦課金等の金額を定める政令

（昭和三十年十二月一日政令第三百十六号）

沿革　昭三三政令一八、昭四一政令二六九、昭四二政令二〇四・二九五、昭四五政令二六三、昭四八政令三五〇、昭五三政令二六一・二八二、昭六〇政令四、平三政令四、平五政令九、平八政令二七六、平九政令一六二、平一〇政令一八四・三九三、平一二政令二四四・三一二、平一四政令八八、平二五政令九〇、令五政令一〇〇改正

（自動車事故対策事業賦課金の金額）

第一条　自動車損害賠償保障法（以下「法」という。）第七十八条の規定により保険会社又は組合が納付しなければならない自動車事故対策事業賦課金の金額は、次に掲げる金額の合計額とする。

一　自動車損害賠償保障事業に必要な費用に充てるものとして、締結した責任保険又は責任共済の契約ごとに、別表第一の式により算出した金額

二　被害者保護増進等事業に必要な費用に充てるものとして、別表第二の式により算出した金額を基礎として、自動車の運行によつて他人の生命又は身体が害された場合における自動車損害賠償保障法施行令（昭和三十年政令第二百八十六号）第九条に規定する自動車の種別ごとの損害の状況を勘案して、締結した責任保険又は責任共済の契約ごとに国土交通大臣が告示で定める金額

（過怠金の金額）

第二条　法第七十九条の規定により政府が徴収することができる過怠金の金額は、次に掲げる金額の合計額とする。

一　前条第一号に掲げる金額に対応するものとして、自動車一両ごとに、別表第三の式により算出した金額

二　前条第二号に掲げる金額に対応するものとして、自動車一両ごとに、同号に規定する国土交通大臣が告示で定める金額の一年分に相当する金額として国土交通大臣が告示で定める金額

附　則

この政令中、第一条第一項の規定は公布の日から、その他の規定は昭和三十一年二月一日から施行する。

附　則（昭四二・七・二四政令二〇四）

1　この政令は、昭和四十二年八月一日から施行する。

2　自動車損害賠償保障事業賦課金に関する改正後の別表第一から別表第三までの規定は、この政令の施行後に納付すべき事由の生ずる自動車損害賠償保障事業賦課金の金額について適用し、この政令の施行前に納付すべき事由の生じた自動車損害賠償保障事業賦課金の金額については、なお従前の例による。

3　過怠金に関する改正後の別表第三の規定は、この政令の施行後に発生する自動車の運行による事故に係る過怠金の金額について適用し、この政令の施行前に発生した自動車の運行による事故に係る過怠金の金額については、なお従前の例による。

附　則（昭四五・九・一八政令二六三抄）

1　この政令は、自動車損害賠償保障法の一部を改正する法律（昭和四十五年法律第四十六号）の施行の日（昭和四十五年十月一日）から施行する。

附　則（昭四八・一一・二七政令三五〇抄）

1　この政令は、昭和四十八年十二月一日から施行する。

6　第二条の規定による改正後の自動車損害賠償保障事業賦課金等の金額を定める政令（以下「新賦課金政令」という。）別表第一の規定は、この政令の施行後に納付すべき事由の生ずる自動車損害賠償保障事業賦課金の金額について適用し、この政令の施行前に納付すべき事由の生じた自動車損害賠償保障事業賦課金の金額については、なお従前の例による。

7　新賦課金政令別表第二の規定は、この政令の施行後に発生する自動車の運行による事故に係る過怠金の金額について適用し、この政令の施行前に発生した自動車の運行による事故に係る過怠金の金額については、なお従前の例による。

附　則（昭五三・六・二七政令二六一抄）

1　この政令は、昭和五十三年七月一日から施行する。

5　この政令の施行前に納付すべき事由の生じた自動車損害賠償保障事業賦課金の金額及びこの政令の施行前に発生した自動車の運行による事故に係る過怠金の金額については、なお従前の例による。

附　則（昭五三・七・五政令二八二抄）

（施行期日）

第一条　この政令は、公布の日から施行する。

附　則（昭六〇・一・二二政令四抄）

1　この政令は、昭和六十年四月十五日から施行する。

5　この政令の施行前に納付すべき事由の生じた自動車損害賠償保障事業賦課金の金額及びこの政令の施行前に発生した自動車の運行による事故に係る過怠金の金額については、なお従前の例による。

附　則（平三・一・二二政令四抄）

1　この政令は、平成三年四月一日から施行する。

5　この政令の施行前に納付すべき事由の生じた自動車損害賠償保障事業賦課金の金額及びこの政令の施行前に発生した自動車の運行による事故に係る過怠金の金額については、なお従前の例による。

附　則（平五・一・二七政令九抄）

1　この政令は、平成五年四月一日から施行する。

2　この政令の施行前に納付すべき事由の生じた自動車損害賠償保障事業賦課金の金額及びこの政令の施行前に発生した自動車の運行による事故に係る過怠金の金額については、なお従前の例による。

附　則（平八・九・一三政令二七六抄）

（施行期日）

1　この政令は、自動車損害賠償保障法の一部を改正する法律（以下「改正法」という。）の施行の日（平成八年十二月一日）から施行する。

附　則（平九・四・一一政令一六二抄）

1　この政令は、平成九年五月一日から施行する。

2　この政令の施行前に納付すべき事由の生じた自動車損害賠償保障事業賦課金の金額及びこの政令の施行前に発生した自動車の運行による事故に係る過怠金の金額については、なお従前の例による。

附　則（平一〇・五・二七政令一八四）

この政令は、金融監督庁設置法の施行の日（平成十年六月二

十二日）から施行する。

附　則（平一〇・一二・一五政令三九三）

この政令は、公布の日から施行する。

附　則（平一二・六・七政令二四四抄）

（施行期日）

第一条　この政令は、平成十二年七月一日から施行する。

附　則（平一二・六・七政令三一二抄）

（施行期日）

1　この政令は、内閣法の一部を改正する法律（平成十一年法律第八十八号）の施行の日（平成十三年一月六日）から施行する。［後略］

附　則（平一四・三・二九政令八八）

1　この政令は、平成十四年四月一日から施行する。

2　この政令の施行前に納付すべき事由の生じた自動車損害賠償保障事業賦課金の金額及びこの政令の施行前に発生した自動車の運行による事故に係る過怠金の金額については、なお従前の例による。

附　則（平二五・三・二七政令九〇）

1　この政令は、平成二十五年四月一日から施行する。

2　この政令の施行前に納付すべき事由の生じた自動車損害賠償保障事業賦課金の金額及びこの政令の施行前に発生した自動車の運行による事故に係る過怠金の金額については、なお従前の例による。

附　則（令五・三・三〇政令一〇〇抄）

（施行期日）

1　この政令は、令和五年四月一日から施行する。

別表第一（第一条関係）

$$N \times \frac{5}{10,000} + (E-A) \times \frac{K}{K+4} \times \frac{2}{1,000}$$

備考　この式において、N、E、A及びKの意義は、次のとおりとする。

N　純保険料又は純共済掛金の金額

E　付加保険料又は付加共済掛金の金額

A　責任保険又は責任共済の契約の締結の手続に要する費用の額に相当する金額として国土交通大臣が金融庁長官（農業協同組合等が締結する責任共済の契約に係るものにあつては農林水産大臣、消費生活協同組合等が締結する責任共済の契約に係るものにあつては厚生労働大臣、事業協同組合等が締結する責任共済の契約に係るものにあつては事業所管大臣）に協議して告示で定める金額

K　保険期間又は共済期間を年をもつて定めたときはその年数、月をもつて定めたときはその月数の十二に対する割合、日をもつて定めたときはその日数の三百六十五に対する割合

※　備考「告示」＝自動車事故対策事業賦課金等の金額を定める政令別表第一備考の告示で定める金額

別表第二（第一条関係）

$$\frac{C-I}{F}$$

備考　この式において、C、I及びFの意義は、次のとおりとする。

C　被害者保護増進等事業の執行に必要な費用の金額

I　自動車安全特別会計の自動車事故対策勘定の歳入のうち被害者保護増進等事業に充てるためのものであつて、特別会計に関する法律（平成十九年法律第二十三号）第二百十三条第一項第一号イに掲げるもの以外のものを合計した金額

F　責任保険又は責任共済の契約が締結されている自動車の台数

別表第三（第二条関係）

$$N \times \frac{5}{10,000} + (E-A) \times \frac{5}{10,000}$$

備考　この式において、N、E及びAは、それぞれ当該自動車の種別に応ずる責任保険の契約であつて保険期間を一年とするものに係る別表第一のN、E及びAとする。

○自動車事故対策事業賦課金等の金額を定める政令別表第一備考の告示で定める金額

（令和五年三月三十日国土交通省告示第二百四十号）

自動車事故対策事業賦課金等の金額を定める政令（昭和三十年政令第三百十六号）別表第一備考の告示で定める金額を次のとおり定め、令和五年四月一日以後に納付すべき事由が生ずる自動車事故対策事業賦課金について適用し、令和三年国土交通省告示第二百八号は、令和五年三月三十一日限り廃止する。ただし、同日以前に納付すべき事由が生じた自動車損害賠償保障事業賦課金については、なお従前の例による。

千七百三十五円

○自動車損害賠償保障法に係る民間事業者等が行う書面の保存等における情報通信の技術の利用に関する法律施行規則

（令和五年三月八日国土交通省令第七号）

（趣旨）

第一条 民間事業者等が、自動車損害賠償保障法（昭和三十年法律第九十七号。第三条及び第五条において「自賠法」という。）に係る保存等を、電磁的記録を使用して行う場合については、この省令の定めるところによる。

（定義）

第二条 この省令において使用する用語は、特別の定めのある場合を除くほか、民間事業者等が行う書面の保存等における情報通信の技術の利用に関する法律（以下「法」という。）において使用する用語の例による。

（法第三条第一項の主務省令で定める保存）

第三条 法第三条第一項の主務省令で定める保存は、自賠法第八条（同法第九条の五第一項の規定により読み替えて適用する場合を含む。以下この条において同じ。）の規定による自動車損害賠償責任保険証明書又は自動車損害賠償責任共済証明書（自賠法第八条の規定による自動車損害賠償責任保険証明書又は自動車損害賠償責任共済証明書の保存が構造上困難であるものとして告示で定める自動車に係るものに限る。以下「証明書」という。）の保存とする。

※「告示」＝自動車損害賠償保障法に係る民間事業者等が行う書面の保存等における情報通信の技術の利用に関する法律施行規則第三条の規定に基づき自動車損害賠償責任保険証明書又は自動車損害賠償責任共済証明書の保存が構造上困難である自動車を定める告示

（電磁的記録による保存）

第四条 民間事業者等が、法第三条第一項の規定に基づき、前条に規定する証明書の保存に代えて当該証明書に係る電磁的記録の保存を行う場合は、当該証明書に記載されている事項をスキャナ（これに準ずる画像読取装置を含む。）により読み取ってできた電磁的記録をその使用に係る電子計算機に備えられたファイル又は磁気ディスク、シー・ディー・ロムその他これらに準ずる方法により一定の事項を確実に記録しておくことができる物をもって調製するファイルにより保存する方法により行わなければならない。

2　民間事業者等が、前項の規定に基づく電磁的記録の保存を行う場合は、必要に応じ電磁的記録に記録された事項を出力することにより、直ちに整然とした形式及び明瞭な状態でその使用に係る電子計算機その他の機器に表示及び書面を作成できなければならない。

（法第五条第一項の主務省令で定める縦覧等）

第五条 法第五条第一項の主務省令で定める縦覧等は、自賠法第八十五条第一項の規定による証明書の縦覧等とする。

（電磁的記録による縦覧等）

第六条 民間事業者等が、法第五条第一項の規定に基づき、前条に規定する証明書の縦覧等に代えて当該証明書に係る電磁的記録に記録されている事項の縦覧等を行う場合は、当該事項をその使用に係る電子計算機の映像面に表示する方法又は当該事項を記載した書類による方法により行わなければならない。

附　則

この省令は、令和五年六月一日から施行する。

○自動車損害賠償保障法に係る民間事業者等が行う書面の保存等における情報通信の技術の利用に関する法律施行規則第三条の規定に基づき自動車損害賠償責任保険証明書又は自動車損害賠償責任共済証明書の保存が構造上困難である自動車を定める告示

（令和五年三月十六日）
（国土交通省告示第百八十八号）

自動車損害賠償責任保険証明書又は自動車損害賠償責任共済証明書の保存が構造上困難である自動車は、携行品の保管設備（次に掲げるすべての要件を満たすものをいう。）を有しないものとする。

一　内法奥行き二百十ミリメートル以上かつ、内法幅又は内法高百四十八ミリメートル以上の大きさを有すること。

二　密閉できること。

附　則

この告示は、令和五年六月一日から施行する。

○自動車損害賠償保障事業業務委託契約準則

（昭和三十一年二月六日）
（運輸省令第三号）

沿革　（前略）昭四〇運令一、昭四一運令五〇、昭四三運令二、昭四八運令一〇、昭五〇運令一二、昭五八運令一三、昭六一運令四、平二運令二、平四運令八、平六運令六、平一〇運令一一、平一二運令三九、平一三国交令一四九、平一五国交令三五、平一八国交令一八、平二〇国交令一二、平二一国交令八、平二三国交令六五、令元国交令三三、令五国交令一六改正

（この省令の適用）

第一条　自動車損害賠償保障法施行令（昭和三十年政令第二百八十六号。以下「令」という。）第二十二条第三項の規定による自動車損害賠償保障事業の業務の委託契約に関する準則は、この省令の定めるところによる。

（委託する業務の範囲）

第二条　政府は、令第二十二条第一項の規定に基づき、この準則に従い、損害の塡補額の支払の請求の受理、塡補すべき損害額に関する調査、損害の塡補額の支払その他自動車損害賠償保障法（昭和三十年法律第九十七号。以下「法」という。）第七十二条第一項第一号又は第二号の規定による業務のうち損害の塡補額の決定以外のものを、保険会社又は組合に委託する。

（損害のてん補の請求書の送付）

第三条　保険会社又は組合は、損害のてん補の請求書を受理したときは、遅滞なく、てん補すべき損害額に関する調査書を添えて国土交通大臣に送付するものとする。

（損害のてん補額の決定）

第四条　国土交通大臣は、前条の損害のてん補の請求書の送付を受けたときは、遅滞なく、損害のてん補額を決定し、保険会社又は組合に通知するものとする。

（損害のてん補額の支払）

第五条　保険会社又は組合は、前条の通知を受けたときは、直ちに、損害のてん補の請求をした者（以下「請求者」という。）に同条の規定により決定された損害のてん補額を支払うものとする。

2　国土交通大臣は、前項の規定により支払われた損害のてん補額を、一月ごとに取りまとめて、遅滞なく、保険会社又は組合に支払うものとする。

第六条から第八条まで　削除

（委託費の支払方法）

第九条　保険会社又は組合に対する委託費の支払は、一年ごとに、取りまとめて行うものとする。

2　前項の一年は、毎年二月から翌年一月までの期間とする。

3　委託費の支払は、前項の期間の経過後、遅滞なく、行うものとする。

（委託費の金額）

第十条　委託費の金額は、一年につき、第二条の規定により保険会社又は組合が行う業務に要する費用を勘案して国土交通大臣が告示で定める額に、前条第二項の期間における当該保険会社又は組合における損害のてん補の請求書の受理件数を乗じて算出した金額とする。ただし、その総額は、予算で定められた金額を越えることができない。

（通知）

第十一条　保険会社又は組合は、政府が法第七十二条第一項第一号の規定により損害の塡補額の支払をした場合において、損害賠償の責任を有する者が明らかになつたときは、遅滞なく、次の事項を国土交通大臣に通知するものとする。

一　損害賠償の責任を有する者及び請求者の氏名及び住所並びに第五条第一項の支払をした日

二　当該自動車の自動車登録番号若しくは車両番号、標識（地方税法（昭和二十五年法律第二百二十六号）第四百六十三条の十八第三項（同法第一条第二項において準用する場合を含む。）に規定する標識をいう。）の番号又は道路交通に関する条約（昭和三九年八月条約第一七号）の規定による登録番号（これらが存しない場合にあつては、車台番号）

三　当該自動車に係る保険会社又は組合の名称及び自動車損

害賠償責任保険証明書番号又は自動車損害賠償責任共済証明書番号

（報告等）

第十二条　国土交通大臣は、保険会社又は組合に対して、委託した業務に関し、報告又は帳簿書類の閲覧を求めることができる。

（委託契約の解除）

第十三条　国土交通大臣又は保険会社若しくは組合は、委託契約を解除しようとするときは、少くとも六箇月前までに相手方に通知するものとする。

第十四条　国土交通大臣は、保険会社又は組合が委託契約に基く義務に違反し、又は第十二条の規定による報告をせず、若しくは閲覧を拒んだときは、この委託契約を直ちに解除することができる。

附　則

この省令は、公布の日から施行し、昭和三十一年二月一日から適用する。

附　則（昭四三・三・九運令二）

1　この省令は、公布の日から施行し、昭和四十三年二月一日から適用する。

2　委託費の総額のうち昭和四十二年七月三十一日以前において納付又は繰入れの理由が発生した自動車損害賠償保障事業賦課金の金額又は自動車損害賠償保障事業賦課金相当額の繰入金の金額に係る部分の算出については、なお従前の例による。

附　則（昭四八・三・三一運令一〇）

1　この省令は、公布の日から施行する。ただし、別表の改正規定は、昭和四十八年二月一日から適用する。

2　この省令の施行前に保険会社又は組合が受理した損害のてん補額の請求書に係る損害のてん補の手続については、なお従前の例による。

3　委託費の総額のうち昭和四十七年一月三十一日以前において納付又は繰入れの理由が発生した自動車損害賠償保障事業賦課金の金額又は自動車損害賠償保障事業賦課金相当額の繰入金の金額に係る部分の算出については、なお従前の例による。

附　則（昭五〇・三・二九運令一二）

1　この省令は、公布の日から施行し、昭和五十年二月一日から適用する。

2　委託費の総額のうち昭和四十八年十一月三十日以前において納付又は繰入れの理由が発生した自動車損害賠償保障事業賦課金の金額又は自動車損害賠償保障事業賦課金相当額の繰入金の金額に係る部分の算出については、なお従前の例による。

附　則（昭五八・三・二八運令一三）

1　この省令は、公布の日から施行し、昭和五十八年二月一日から適用する。

2　委託費の総額のうち昭和五十三年六月三十日以前において納付又は繰入れの理由が発生した自動車損害賠償保障事業賦課金の金額又は自動車損害賠償保障事業賦課金相当額の繰入金の金額に係る部分の算出については、なお従前の例による。

附　則（昭六一・三・二六運令四）

1　この省令は、公布の日から施行し、昭和六十一年二月一日から適用する。

2　委託費の総額のうち昭和六十年四月十四日以前において納付又は繰入れの理由が発生した自動車損害賠償保障事業賦課金の金額又は自動車損害賠償保障事業賦課金相当額の繰入金の金額に係る部分の算出については、なお従前の例による。

附　則（平二・一・三一運令二）

1　この省令は、公布の日から施行する。

2　委託費の金額のうち平成元年二月及び三月における損害のてん補の請求書の受理件数に係る部分の算出については、なお従前の例による。

附　則（平四・三・二五運令八）

1　この省令は、公布の日から施行し、平成四年二月一日から適用する。

2　委託費の総額のうち平成三年三月三十一日以前において納付又は繰入れの理由が発生した自動車損害賠償保障事業賦課金の金額又は自動車損害賠償保障事業賦課金相当額の繰入金の金額に係る部分の算出については、なお従前の例による。

附　則（平六・三・二四運令六）

1　この省令は、公布の日から施行し、平成六年二月一日から適用する。

2　委託費の総額のうち平成五年三月三十一日以前において納付又は繰入れの理由が発生した自動車損害賠償保障事業賦課金の金額又は自動車損害賠償保障事業賦課金相当額の繰入金の金額に係る部分の算出については、なお従前の例による。

附　則（平一〇・三・二六運令一一）

（施行期日）

1　この省令は、公布の日から施行し、平成十年二月一日から適用する。

（保険料率及び共済掛金率の変更に伴う経過措置）

2　委託費の総額のうち平成九年四月三十日以前において納付又は繰入れの理由が発生した自動車損害賠償保障事業賦課金の金額又は自動車損害賠償保障事業賦課金相当額の繰入金の金額に係る部分の算出についての別表の規定の適用については、同表中「0.2732」とあるのは、「$0.1856\times\frac{105}{103}$」とする。

（消費税の税率の変更に伴う経過措置）

3　委託費の金額のうち平成九年二月及び三月における損害のてん補の請求書の受理件数に係る部分の算出についての別表及び前項の規定の適用については、同表中「0.2732」とあるのは「$0.2732\times\frac{103}{105}$」と、同項中「$0.1856\times\frac{105}{103}$」とあるのは「0.1856」とする。

附　則（平一二・一一・二九運令三九抄）

（施行期日）

第一条　この省令は、平成十三年一月六日から施行する。

附　則（平一三・一二・二一国交令一四九）

この省令は、平成十四年四月一日から施行する。〔後略〕

附　則（平一五・三・二六国交令三五）

（施行期日）

1　この省令は、公布の日から施行し、平成十五年二月一日から適用する。

（経過措置）

2　委託費の総額のうち平成十四年三月三十一日以前において

納付又は繰入れの理由が発生した自動車損害賠償保障事業賦課金の金額又は自動車損害賠償保障事業賦課金相当額の繰入金の金額に係る部分の算出についての附則第二項の規定の適用については、なお従前の例による。

附　則（平一八・三・二九国交令一八）

（施行期日）
1　この省令は、公布の日から施行し、平成十八年二月一日から適用する。

（経過措置）
2　委託費の総額のうち平成十七年三月三十一日以前において納付又は繰入れの理由が発生した自動車損害賠償保障事業賦課金の金額又は自動車損害賠償保障事業賦課金相当額の繰入金の金額に係る部分の算出についての自動車損害賠償保障事業業務委託契約準則附則第二項の規定の適用については、なお従前の例による。

附　則（平二〇・三・三一国交令一二）

この省令は、平成二十年四月一日から施行する。

附　則（平二一・三・二五国交令八）

（施行期日）
1　この省令は、公布の日から施行し、平成二十一年二月一日から適用する。

（経過措置）
2　委託費の総額のうち平成二十年三月三十一日以前において納付又は繰入れの理由が発生した自動車損害賠償保障事業賦課金の金額又は自動車損害賠償保障事業賦課金相当額の繰入金の金額に係る部分の算出については、なお従前の例による。

附　則（平二三・八・二四国交令六五）

この省令は、公布の日から施行し、平成二十三年二月一日以後に締結された委託契約について適用する。

附　則（令元・九・一〇国交令三三抄）

（施行期日）
1　この省令は、地方税法等の一部を改正する等の法律（平成二八年三月法律第一三号）附則第一条第五号の四に掲げる規定の施行の日（令和元年十月一日）から施行する。

附　則（令五・三・三一国交令一六）

この省令は、令和五年四月一日から施行する。

○自動車損害賠償責任保険普通保険約款

（令和三年四月一日改定）

（責任の範囲）

第一条　当会社は、自動車損害賠償責任保険証明書（以下「証明書」といいます。）記載の自動車（以下「被保険自動車」といいます。）の日本国内（日本国外における日本船舶内を含みます。）における運行によって他人の生命または身体を害すること（以下「事故」といいます。）により、被保険者が法律上の損害賠償責任を負担することによって被る損害に対して、この約款の条項に従い、保険金を支払います。

（定義）

第二条　この約款において「自動車」、「運行」、「保有者」または「運転者」とは、それぞれ自動車損害賠償保障法（以下「法」といいます。）第二条に規定する自動車、運行、保有者または運転者をいいます。

２　この約款において「被保険者」とは、被保険自動車の保有者およびその運転者をいいます。

（損害の範囲および責任の限度）

第三条　第一条（責任の範囲）の損害は、被保険者が被害者に支払った損害賠償金および被保険者が被害者のために支出した応急手当、護送、診察、治療または看護の費用とします。

２　当会社が支払うべき保険金（第一条の規定による保険金をいいます。以下同様とします。）の額は、自動車損害賠償保障法施行令第二条に定める保険金額（以下「保険金額」といいます。）を限度とします。ただし、法第十六条第一項の規定による損害賠償額（以下「損害賠償額」といいます。）の支払がある場合には、保険金と損害賠償額の合計額について、保険金額を限度とします。

（保険責任の始期および終期）

第四条　当会社の保険責任は、保険契約が成立した時に始まり、保険期間の末日の午前十二時に終ります。ただし、あらかじめ、保険契約者の意思により、保険期間の始期が定められた場合は、当会社の保険責任は、その時に始まり、保険期間の末日の午前十二時に終ります。

（告知義務）

第五条　保険契約者または被保険者になる者は、保険契約締結の際、当会社が告知を求めた法第二十条に規定する事項（以下この条において「告知事項」といいます。）について、当会社に事実を正確に告げなければなりません。

２　当会社は、保険契約締結の際、保険契約者または被保険者が故意または重大な過失によって告知事項について事実を告げずまたは不実のことを告げたときは、保険契約者に対する書面による通知をもって、保険契約を解除することができます。ただし、当会社がその事実を知りまたは過失によってこれを知らなかったときは、この限りではありません。

３　前項本文の規定は、保険契約者または被保険者が書面をもってその訂正を申し出て当会社がこれを承認した後、または当会社が解除の原因があることを知った時から一か月を経過した場合もしくは保険契約締結の時から五年を経過した場合は、これを適用しません。

４　第二項の解除は、保険契約者が解除の通知を受けた日から起算して七日の後に、将来に向かってその効力を生じます。

５　当会社は、前項の規定により解除の効力が生ずる日前に生じた事故により保険金または損害賠償額を支払ったときは、保険契約者に対してその支払った金額の支払を請求することができます。

６　当会社は、第一項の規定により告げられた内容が事実と異なる場合において、保険料を訂正する必要があるときは、保険料の差額を返還し、または請求します。

（通知義務）

第六条　保険契約締結の後、次の各号のいずれかに該当する場合には、保険契約者または被保険者は、遅滞なく、その旨を当会社に通知しなければなりません。

一　法第二十条に規定する事項について変更したとき。

二　被保険自動車が法第十条に規定する自動車となったとき。

三　その他証明書記載事項について変更したとき。

２　前項第一号の変更の通知があった場合または当会社が通知なくしてその事実を知った場合において、危険が増加または減少したときは、当会社は、危険が増加または減少した日から起算し日割によって計算した未経過期間に対する保険料と、新たな危険に対応する責任保険（法第五条に規定する責任保険をいいます。以下同様とします。）の契約で保険期間を同じくするものの保険料（当該保険期間の開始後に保険料の変更があった場合には、変更前の保険料）のうち、同一日数につき日割計算により算出した保険料との差額を返還し、または請求します。ただし、返還または請求すべき金額に十円未満の端数があるとき、またはその全額が百円未満であるときは、その端数金額またはその全額を切り捨てます。

３　保険期間中に危険が増加した後に事故が発生し、当会社が保険金または損害賠償額を支払った場合において、保険契約者または被保険者が第一項第一号の変更の通知を怠っていたときは、当会社は、保険契約者に対してその支払った金額の支払を請求することができます。ただし、当会社の請求により、事故の発生前に前項に規定する保険料の支払をしたときは、この限りではありません。

（事故の発生）

第七条　事故が発生したことを知った場合は、保険契約者または被保険者は、次のことを履行しなければなりません。

一　次の事項を遅滞なく、書面で当会社に通知すること。

イ　事故発生の日時、場所、その状況、被害者の住所、氏名、年齢および職業

ロ　被保険自動車が、道路運送車両法第四十一条に規定する自動運行装置（以下「自動運行装置」といいます。）を備えているときは、当該装置の作動状況

ハ　イに掲げる事項について証人となる者があるときはその者の住所および氏名

ニ　損害賠償の請求を受けたときはその内容

二　前号の書類のほか、当会社が特に必要とする書類または証拠となるものの提出を求めた場合には、遅滞なく、これを提出すること。

三　他人に損害賠償の請求をすることができる場合には、そ

の権利の保全または行使に必要な手続をすることその他損害の発生および拡大の防止に努めること。

四　損害賠償の請求についての訴訟を提起し、または提起された場合は、遅滞なく、書面により当会社に通知すること。

2　当会社は、前項第三号のために必要または有益であった費用は、第三条（損害の範囲および責任の限度）第一項に規定する損害の額と合算し、保険金額を限度として保険金を支払います。ただし、損害賠償額の支払がある場合には、保険金と損害賠償額の合計額について、保険金額を限度とします。

（訴訟等の費用）

第八条　第一条（責任の範囲）の損害に関し、被保険者と被害者との間の争いが生じた場合、当会社は、被保険者が支出する訴訟、和解または調停等に関する一切の費用を負担しません。

（取消し）

第九条　保険契約者または被保険者の詐欺または強迫によって当会社が保険契約を締結した場合には、当会社は、保険契約者に対する書面による通知をもって、保険契約を取り消すことができます。

（解除）

第十条　保険契約者は、被保険自動車が次の各号のいずれかに該当する場合に限り、当会社に対する書面による通知をもって保険契約を解除することができます。

一　登録自動車について、道路運送車両法第十五条、第十五条の二または第十六条の規定により、それぞれ永久抹消登録、輸出抹消仮登録または一時抹消登録を受けた場合

二　軽自動車または二輪の小型自動車について、使用を廃止し、車両番号標を運輸監理部長、運輸支局長または軽自動車検査協会に提出した場合

三　小型特殊自動車または原動機付自転車について、使用を廃止し、標識を特別区または市町村の長に提出した場合

四　臨時運行の許可を受けた自動車について、臨時運行許可番号標を当該行政庁に返納した場合

五　回送運行の許可を受けた自動車について、回送運行許可番号標を運輸監理部長または運輸支局長に返納した場合

六　臨時運転番号標の貸与を受けた軽自動車について、その番号標を運輸監理部長または運輸支局長に返還した場合

七　関税法第六十七条の輸出の許可を受けた場合

2　次の各号のいずれかに該当する場合には、当会社は保険契約者に対する書面による通知をもって、保険契約者は当会社に対する書面による通知をもって、それぞれ保険契約を解除することができます。

一　第六条（通知義務）第一項第二号に規定する事実が生じた場合

二　被保険自動車について他に責任保険の契約または責任共済（法第五条に規定する責任共済をいいます。以下同様とします。）の契約が締結されており、かつ、その契約の保険期間または共済期間の終期がこの保険契約の保険期間の終期と同一であるかその終期より遅いものである場合

3　前各項の解除は、将来に向かってのみその効力を生じます。

4　保険契約者は、第一項および第二項による解除または第五条（告知義務）第二項による解除の場合は、被保険自動車が保険標章の交付を受けている自動車であるときは証明書および保険標章を、その他の自動車であるときは証明書を当会社へ返納しなければなりません。

（保険契約者の権利および義務の承継）

第十一条　被保険自動車が譲渡された場合において、譲受人またはその指定する者が保険契約者の権利および義務を承継することを保険契約者と約し、当会社が保険契約者および譲受人またはその指定する者からその旨の通知を受けたときは、保険契約者の権利および義務を承継することが約された時からこれについて当会社の承認があったものとみなします。

（保険料の変更）

第十二条　保険契約の成立後において、保険期間の開始以前に保険契約に対応する保険料の変更があったときは、当会社は、変更前の保険料と変更後の保険料との差額を返還し、または請求します。

（保険料の返還）

第十三条　第九条（取消し）の規定により、当会社が保険契約を取り消した場合には、当会社は、保険料を返還しません。

2　当会社は、保険契約者または被保険者の故意または重大な過失による保険契約の失効の場合または第五条（告知義務）第二項および第十条（解除）の解除の場合（第十条第二項の規定により当会社が解除した場合を除きます。）には、未経過期間に対して当会社の定める解約保険料表による保険料を保険契約者に返還します。

3　前項の場合を除き、当会社は、失効の場合にはその翌日から起算し未経過期間に対し日割をもって計算した保険料を保険契約者に返還します。

4　当会社のみの責に帰すべき事由により保険契約が解除された場合および当会社が第十条（解除）第二項の規定により保険契約を解除した場合には、当会社は、前項の規定により計算した保険料を保険契約者に返還します。

（保険金の請求）

第十四条　被保険者が保険契約に基づいて保険金の支払を請求する場合は、次の書類または証拠のうち、当会社が求めるものを当会社に提出しなければなりません。

一　保険金請求書

二　印鑑証明書等、保険金の請求者が本人であることの証明資料

三　公の機関が発行する交通事故証明書

四　事故発生状況報告書

五　死亡に関して支払われる保険金の請求に関しては、死亡診断書、逸失利益の算定の基礎となる収入の額を証明する書類、その他損害賠償請求権者に対して支払った損害賠償金の算出根拠を証明する書類および戸籍

六　後遺障害に関して支払われる保険金の請求に関しては、後遺障害診断書、逸失利益の算定の基礎となる収入の額を証明する書類およびその他損害賠償請求権者に対して支払った損害賠償金の算出根拠を証明する書類

七　傷害に関して支払われる保険金の請求に関しては、診断書、診療（調剤）報酬明細書もしくはそれに類する領収書、休業損害の額、通院費の額を証明する書類およびその他損害賠償請求権者に対して支払った損害賠償金の算出根拠を証明する書類

八　被保険者が損害賠償請求権者に対して負担する法律上の

損害賠償責任の額を示す示談書および損害賠償金の支払があったことを証明する書類

2　当会社は、事故の内容、損害の額、自動運行装置の作動状況等に応じ、保険契約者または被保険者に対して、前項に掲げるもの以外の書類もしくは証拠の提出または当会社が行う調査への協力を求めることがあります。この場合には、当会社が求めた書類または証拠を速やかに提出し、必要な協力をしなければなりません。

3　当会社は、特に必要があると認めるときは、当会社の指定する医師の診断書の提出を求めることができます。この場合において、必要な費用は、当会社が負担します。

（保険金の支払）

第十五条　当会社は、被保険者が前条第一項の手続を完了した日（以下この条において「請求完了日」といいます。）からその日を含めて三十日以内に、当会社が保険金を支払うために必要な次の事項の確認を終え、保険金を支払います。

一　保険金の支払事由発生の有無の確認に必要な事項として、事故の原因、事故発生の状況、損害発生の有無および被保険者に該当する事実

二　保険金が支払われない事由の有無の確認に必要な事項として、保険金が支払われない事由としてこの保険契約において定める事由に該当する事実の有無

三　保険金を算出するための確認に必要な事項として、損害の額、事故と損害との関係、治療の経過および内容

四　保険契約の効力の有無の確認に必要な事項として、この保険契約において定める解除、無効、失効または取消しの事由に該当する事実の有無

五　前各号のほか、損害について被保険者が有する損害賠償請求権その他の債権およびすでに取得したものの有無および内容等、当会社が支払うべき保険金の額を確定するために確認が必要な事項

2　前項の確認をするため、次に掲げる特別な照会または調査が不可欠な場合には、同項の規定にかかわらず、当会社は、請求完了日からその日を含めて次の各号に掲げる日数（複数に該当するときは、そのうち最長の日数）を経過する日までに、保険金を支払います。この場合において、当会社は、確認が必要な事項およびその確認を終えるべき時期を被保険者に対して通知するものとします。

一　前項第一号から第四号までの事項を確認するための、警察、検察、消防その他の公の機関による捜査・調査結果の照会（弁護士法に基づく照会その他法令に基づく照会を含みます。）　百八十日

二　前項第一号から第四号までの事項を確認するための、医療機関、検査機関その他の専門機関による診断、鑑定等の結果の照会　九十日

三　前項第三号の事項のうち、後遺障害の内容およびその程度を確認するための、医療機関による診断、後遺障害の認定に係る専門機関による審査等の結果の照会　百二十日

四　災害救助法が適用された災害の被災地域における前項各号の事項の確認のための調査　六十日

五　前項各号の事項の確認を日本国内において行うための代替的な手段がない場合の日本国外における調査　百八十日

3　前二項に掲げる必要な事項の確認に際し、保険契約者または被保険者が正当な理由なく当該確認を妨げ、またはこれに応じなかった場合（必要な協力を行わなかった場合を含みます。）には、これにより確認が遅延した期間については、第一項または前項の期間に算入しないものとします。

（損害賠償額の請求）

第十六条　被害者は、法第三条の規定による保有者の損害賠償責任が発生したときは、法第十六条の規定に基づき、当会社に対して損害賠償額の支払を請求することができます。

（重複契約の場合の免責）

第十七条　当会社は、被保険自動車についてこの保険契約の他に責任保険の契約または責任共済の契約が締結されている場合、締結した時がより早い契約の保険期間または共済期間と重複する保険期間において発生した事故に対しては保険金、損害賠償額および法第十七条第一項の規定による仮渡金（以下この条において「仮渡金」といいます。）を支払いません。

2　当会社は、前項の場合において、損害賠償額の支払または仮渡金の支払（以下この項および第四項において「損害賠償額等の支払」といいます。）の請求に応じて、損害賠償額等の支払をしたときは、当会社または被害者がこの保険契約の他に締結した時がより早い契約があることを知っていた場合を除き、その支払をした額の限度において、被害者が損害賠償の責任を有する被保険者に対して有する権利を取得します。

3　当会社は、被保険自動車についてこの保険契約の他に責任保険の契約または責任共済の契約が締結されている場合において、締結した時が最も早い契約が、この保険契約を含めて二以上あるときは、この保険契約に関し支払うべき保険金、損害賠償額および仮渡金の額をこれらの契約の数で除して得た金額を超える金額については支払いません。

4　当会社は、前項の場合において、損害賠償額等の支払の請求に応じてその支払をしたときは、当会社または被害者がこの保険契約の他に締結した時が最も早い契約があることを知っていた場合を除き、前項の規定により損害賠償額等の支払を免れるべき金額の限度において、被害者が損害賠償の責任を有する被保険者に対して有する権利を取得します。

（悪意による損害の免責）

第十八条　当会社は、保険契約者または被保険者の悪意によって発生した損害については、保険金を支払いません。

（指定紛争処理機関）

第十九条　当会社が支払うべき保険金または損害賠償額の額の決定について、当会社と被保険者または被害者との間で争いが生じた場合は、その当事者のいずれも、法第二十三条の五に規定する指定紛争処理機関に紛争処理を申請することができるものとします。

2　当会社は、前項の指定紛争処理機関による紛争処理が行われた場合、その調停を遵守します。ただし、裁判所において、判決、和解または調停等による解決が行われた場合には、この限りではありません。

（代位）

第二十条　損害が生じたことにより被保険者が損害賠償請求権その他の債権を取得した場合において、当会社がその損害に対して被保険者に保険金を支払ったときまたは被害者に損害賠償額の支払をしたときは、その債権は当会社に移転します。ただし、移転するのは、次の額を限度とします。

一　当会社が損害額の全額を保険金または損害賠償額として支払った場合　被保険者が取得した債権の全額

二　前号以外の場合　被保険者が取得した債権の額から、保険金または損害賠償額が支払われていない損害額を差し引いた額

2　前項第二号の場合において、当会社に移転せずに被保険者が引き続き有する債権は、当会社に移転した債権よりも優先して弁済されるものとします。

3　被保険者は、保険金が支払われたときまたは被害者に損害賠償額が支払われたときは、第一項の債権を行使するために必要な一切の書類を当会社に提出しなければなりません。

（先取特権）

第二十一条　事故に係る損害賠償請求権者は、被保険者の当会社に対する保険金請求権について先取特権を有します。

2　保険金請求権は、損害賠償請求権者以外の第三者に譲渡することはできません。また、保険金請求権を質権の目的とし、または当該損害賠償請求権に関して差し押さえる場合を除いて、保険金請求権を差し押さえることはできません。ただし、被保険者が損害賠償金を被害者に支払った場合を除きます。

（証明書等の再交付）

第二十二条　当会社は、証明書または保険標章を次の各号のいずれかに該当する場合に、保険契約者に再交付します。ただし、保険標章の再交付を受ける場合には、保険契約者は証明書を提示しなければなりません。

一　損傷または識別困難となった証明書または保険標章の提出があった場合

二　盗難、焼失、滅失等により証明書または保険標章を提出することができないときは、これを証する書類の提出があった場合

（準拠法）

第二十三条　この約款に定めていない事項については、日本国の法令によります。

○特別会計に関する法律（抄）

（平成十九年三月三十一日
法律第二十三号）

最終改正　令六法四七

第一章　総則

第一節　通則

（目的）

第一条　この法律は、一般会計と区分して経理を行うため、特別会計を設置するとともに、その目的、管理及び経理について定めることを目的とする。

（基本理念）

第一条の二　特別会計の設置、管理及び経理は、我が国の財政の効率化及び透明化の取組を不断に図るため、次に掲げる事項を基本理念として行われなければならない。

一　各特別会計において経理される事務及び事業は、国が自ら実施することが必要不可欠であるものを除き、独立行政法人その他の国以外の者に移管されるとともに、経済社会情勢の変化に的確に対応しつつ、最も効果的かつ効率的に実施されること。

二　各特別会計について一般会計と区分して経理する必要性につき不断の見直しが行われ、その結果、存続の必要性がないと認められる場合には、一般会計への統合が行われるとともに、租税収入が特別会計の歳出の財源とされる場合においても、当該租税収入が一般会計の歳入とされた上で当該特別会計が必要とする金額が一般会計から繰り入れられることにより、国全体の財政状況を一般会計において総覧することが可能とされること。

三　特別会計における区分経理が必要な場合においても、特別会計が細分化され、非効率な予算執行及び資産の保有が行われることがないよう、経理の区分の在り方につき不断の見直しが行われること。

四　各特別会計において事務及び事業を実施するために必要な金額を超える額の資産を保有することとならないよう、剰余金の適切な処理その他所要の措置が講じられること。

五　特別会計の資産及び負債に関する状況その他の特別会計の財務に関する状況を示す情報が広く国民に公開されること。

（設置）

第二条　次に掲げる特別会計を設置する。

一　交付税及び譲与税配付金特別会計
二　地震再保険特別会計
三　国債整理基金特別会計
四　財政投融資特別会計
五　外国為替資金特別会計
六　エネルギー対策特別会計
七　労働保険特別会計
八　年金特別会計
九　子ども・子育て支援特別会計
十　食料安定供給特別会計
十一から十四まで　削除
十五　特許特別会計
十六　削除
十七　自動車安全特別会計
十八　東日本大震災復興特別会計

2　前項各号に掲げる特別会計の目的、管理及び経理については、次章に定めるとおりとする。

第二節　予算

（歳入歳出予定計算書等の作成及び送付）

第三条　所管大臣（特別会計を管理する各省各庁の長（財政法（昭和二十二年法律第三十四号）第二十条第二項に規定する各省各庁の長をいう。）をいう。以下同じ。）は、毎会計年度、その管理する特別会計の歳入歳出予定計算書、繰越明許費要求書及び国庫債務負担行為要求書（以下「歳入歳出予定計算書等」という。）を作成し、財務大臣に送付しなければならない。

2　歳入歳出予定計算書等には、次に掲げる書類を添付しなければならない。

一　国庫債務負担行為で翌年度以降にわたるものについての前年度末までの支出額及び支出額の見込み並びに当該年度以降の支出予定額並びに数会計年度にわたる事業に伴うものについては当該事業の計画及び進行状況その他当該国庫債務負担行為の執行に関する調書

二　前々年度末における積立金明細表

三　前々年度の資金の増減に関する実績表

四　前年度及び当該年度の資金の増減に関する計画表

五　当該年度に借入れを予定する借入金についての借入れ及び償還の計画表

六　前各号に掲げる書類のほか、次章において歳入歳出予定計算書等に添付しなければならないとされている書類

（歳入歳出予算の区分）

第四条　各特別会計（勘定に区分する特別会計にあっては、勘定とする。次条第一項、第九条第一項並びに第十条第一項及び第三項を除き、以下この章において同じ。）の歳入歳出予算は、歳入にあってはその性質に従って款及び項に、歳出にあってはその目的に従って項に、それぞれ区分するものとする。

（予算の作成及び提出）

第五条　内閣は、毎会計年度、各特別会計の予算を作成し、一般会計の予算とともに、国会に提出しなければならない。

2　各特別会計の予算には、歳入歳出予定計算書等及び第三条第二項各号に掲げる書類を添付しなければならない。

（一般会計からの繰入れ）

第六条　各特別会計において経理されている事務及び事業に係る経費のうち、一般会計からの繰入れの対象となるべき経費（以下「一般会計からの繰入対象経費」という。）が次章に定められている場合において、一般会計からの繰入対象経費の財源に充てるために必要があるときに限り、予算で定めるところにより、一般会計から当該特別会計に繰入れをすることができる。

（弾力条項）

第七条　各特別会計において、当該特別会計の目的に照らして予算で定める事由により経費を増額する必要がある場合で

あって、予算で定める事由により当該経費に充てるべき収入の増加を確保することができるときは、当該確保することができる金額を限度として、当該経費を増額することができる。

2　前項の規定による経費の増額については、財政法第三十五条第二項から第四項まで及び第三十六条の規定を準用する。この場合において、同法第三十五条第二項中「各省各庁の長は、予備費の使用」とあるのは「所管大臣（特別会計を管理する各省各庁の長をいう。次条第一項において同じ。）は、特別会計に関する法律（平成十九年法律第二十三号）第七条第一項の規定による経費の増額」と、同条第三項中「予備費使用書」とあるのは「経費増額書」と、同条第四項中「予備費使用書」とあるのは「経費増額書」と、「当該使用書」とあるのは「当該増額書」と、同法第三十六条第一項中「予備費を以て支弁した金額」とあるのは「特別会計に関する法律第七条第一項の規定による経費の増額」と、「各省各庁の長」とあるのは「所管大臣」と、同条第二項中「予備費を以て支弁した金額」とあるのは「特別会計に関する法律第七条第一項の規定による経費の増額」と同条第三項中「予備費を以て支弁した」とあるのは「前項の」と、「各省各庁」とあるのは「各特別会計」と読み替えるものとする。

第三節　決算

（剰余金の処理）

第八条　各特別会計における毎会計年度の歳入歳出の決算上剰余金を生じた場合において、当該剰余金から次章に定めるところにより当該特別会計の積立金として積み立てる金額及び資金に組み入れる金額を控除してなお残余があるときは、これを当該特別会計の翌年度の歳入に繰り入れるものとする。

2　前項の規定にかかわらず、同項の翌年度の歳入に繰り入れるものとされる金額の全部又は一部に相当する金額は、予算で定めるところにより、一般会計の歳入に繰り入れることができる。

（歳入歳出決定計算書の作成及び送付）

第九条　所管大臣は、毎会計年度、その管理する特別会計について、歳入歳出予定計算書と同一の区分による歳入歳出決定計算書を作成し、財務大臣に送付しなければならない。

2　歳入歳出決定計算書には、次に掲げる書類を添付しなければならない。

一　債務に関する計算書

二　当該年度末における積立金明細表

三　当該年度の資金の増減に関する実績表

四　前三号に掲げる書類のほか、次章において歳入歳出決定計算書に添付しなければならないとされている書類

（歳入歳出決算の作成及び提出）

第十条　内閣は、毎会計年度、歳入歳出決定計算書に基づいて、各特別会計の歳入歳出決算を作成し、一般会計の歳入歳出決算とともに、国会に提出しなければならない。

2　各特別会計の歳入歳出決算には、歳入歳出決定計算書及び前条第二項各号に掲げる書類を添付しなければならない。

3　各特別会計の歳入歳出決算についての財政法第三十八条第二項の規定の適用については、同項中「二　前年度繰越額」とあるのは、「二　前年度繰越額　二の二　特別会計に関する法律（平成十九年法律第二十三号）第七条第一項の規定による経費の増額の金額」とする。

第四節　余裕金等の預託

（余裕金の預託）

第十一条　各特別会計において、支払上現金に余裕がある場合には、これを財政融資資金に預託することができる。

（積立金及び資金の預託）

第十二条　各特別会計の積立金及び資金は、財政融資資金に預託して運用することができる。

第五節　借入金等

（借入金）

第十三条　各特別会計においては、借入金の対象となるべき経費（以下「借入金対象経費」という。）が次章に定められている場合において、借入金対象経費を支弁する必要があるときに限り、当該特別会計の負担において、借入金をすることができる。

2　各特別会計における借入金の限度額については、予算をもって、国会の議決を経なければならない。

（借入限度の繰越し）

第十四条　各特別会計において、借入金の限度額について国会の議決を経た金額のうち、当該年度において借入金の借入れをしなかった金額がある場合には、当該金額を限度として、かつ、歳出予算の繰越額（借入金対象経費に係るものに限る。）の財源として必要な金額の範囲内で、翌年度において、前条第一項の規定により、借入金をすることができる。

（一時借入金等）

第十五条　各特別会計において、支払上現金に不足がある場合には、当該特別会計の負担において、一時借入金をし、融通証券を発行し、又は国庫余裕金を繰り替えて使用することができる。ただし、融通証券の発行は、次章に当該発行をすることができる旨の定めがある場合に限り、行うことができる。

2　前項の規定による一時借入金、融通証券及び繰替金の限度額については、予算をもって、国会の議決を経なければならない。

3　第一項の規定により一時借入金をし、又は融通証券を発行している場合においては、国庫余裕金を繰り替えて使用して、支払期限の到来していない一時借入金又は融通証券を償還することができる。

4　第一項の規定による一時借入金、融通証券及び繰替金並びに前項の規定による繰替金は、当該年度の歳入をもって償還し、又は返還しなければならない。

5　第一項の規定によるほか、各特別会計において、支払上現金に不足がある場合には、次章に当該特別会計の積立金又は資金に属する現金その他の現金を繰り替えて使用することができる旨の定めがあるときに限り、当該現金を繰り替えて使用することができる。この場合において、所管大臣は、あらかじめ財務大臣の承認を経なければならない。

6　前項の規定による繰替金は、当該年度の出納の完結までに返還しなければならない。

（借入金等に関する事務）

第十六条　各特別会計の負担に属する借入金及び一時借入金の借入れ及び償還並びに融通証券の発行及び償還に関する事務は、財務大臣が行う。

（国債整理基金特別会計等への繰入れ）

第十七条　各特別会計の負担に属する借入金の償還金及び利子、一時借入金及び融通証券の利子並びに融通証券の発行及び償還に関する諸費の支出に必要な金額（事務取扱費の額に相当する金額を除く。）は、毎会計年度、当該特別会計から国債整理基金特別会計に繰り入れなければならない。

2　前項に規定する事務取扱費の額に相当する金額は、毎会計年度、各特別会計から一般会計に繰り入れなければならない。

第六節　繰越し

第十八条　各特別会計において、毎会計年度の歳出予算における支出残額又は支払義務の生じた歳出金で当該年度の出納の期限までに支出済みとならなかったものに係る歳出予算は、次章において翌年度以降に繰り越して使用することができる旨の定めがある場合に限り、繰り越して使用することができる。

2　所管大臣は、前項の繰越しをした場合には、財務大臣及び会計検査院に通知しなければならない。

3　所管大臣が第一項の繰越しをした場合には、当該繰越しに係る経費については、財政法第三十一条第一項の規定による予算の配賦があったものとみなす。この場合においては、同条第三項の規定による通知は、必要としない。

第七節　財務情報の開示

（企業会計の慣行を参考とした書類）

第十九条　所管大臣は、毎会計年度、その管理する特別会計について、資産及び負債の状況その他の決算に関する財務情報を開示するための書類を企業会計の慣行を参考として作成し、財務大臣に送付しなければならない。

2　内閣は、前項の書類を会計検査院の検査を経て国会に提出しなければならない。

3　第一項の書類の作成方法その他同項の書類に関し必要な事項は、政令で定める。

（財務情報の開示）

第二十条　所管大臣は、その管理する特別会計について、前条第一項の書類に記載された情報その他特別会計の財務に関する状況を適切に示す情報として政令で定めるものを、インターネットの利用その他適切な方法により開示しなければならない。

第二章　各特別会計の目的、管理及び経理

第十七節　自動車安全特別会計

（目的）

第二百十条　自動車安全特別会計は、自動車事故対策事業及び自動車検査登録等事務に関する政府の経理を明確にすることを目的とする。

2　この節において「自動車事故対策事業」とは、自動車損害賠償保障法（昭和三十年法律第九十七号。以下この節において「自賠法」という。）第七十一条に規定する自動車事故対策事業をいう。

3　この節において「自動車検査登録等事務」とは、道路運送車両法（昭和二十六年法律第百八十五号）の規定による自動車の検査及び登録並びに指定自動車整備事業の指定並びに自動車重量税法（昭和四十六年法律第八十九号）の規定による自動車重量税の納付の確認及び税額の認定の事務をいう。

（管理）

第二百十一条　自動車安全特別会計は、国土交通大臣が、法令で定めるところに従い、管理する。

（勘定区分）

第二百十二条　自動車安全特別会計は、自動車事故対策勘定及び自動車検査登録勘定に区分する。

（自動車事故対策勘定の基金）

第二百十二条の二　自動車事故対策勘定においては、自動車損害賠償保障法及び特別会計に関する法律の一部を改正する法律（令和四年法律第六十五号）附則第三条第四項の規定によりこの勘定に帰属した資産の価額から負債の価額を控除した額（同法第二条の規定による改正前の附則第五十五条第一項に規定する自動車事故対策計画に基づく交付等に係るものに限る。）に相当する金額をもって基金とする。

2　前項の基金の金額は、第二百十八条第二項又は第三項の規定による整理が行われることにより増減するものとする。

（歳入及び歳出）

第二百十三条　自動車事故対策勘定における歳入及び歳出は、次のとおりとする。

一　歳入

イ　自賠法第七十八条の規定による自動車事故対策事業賦課金及び自賠法第八十二条第一項の規定による自動車事故対策事業賦課金に相当するもの

ロ　積立金からの受入金

ハ　積立金から生ずる収入

ニ　自賠法第七十七条の四の規定による貸付金の償還金

ホ　独立行政法人自動車事故対策機構法（平成十四年法律第百八十三号）第十五条第二項の規定による納付金

ヘ　一般会計からの繰入金

ト　自賠法第七十六条の規定に基づく権利の行使による収入金

チ　自賠法第七十九条の規定による過怠金

リ　附属雑収入

二　歳出

イ　自賠法第七十七条の四の規定による交付金並びに出資金及び貸付金並びに補助金

ロ　自賠法第七十二条第一項各号の規定による支払金

ハ　自動車検査登録勘定への繰入金

ニ　一時借入金の利子

ホ　附属諸費

2　自動車検査登録勘定における歳入及び歳出は、次のとおりとする。

一　歳入

イ　自動車検査登録印紙売渡収入

ロ　道路運送車両法第百二条第一項第一号から第四号ま

まで、第七号、第八号又は第十号から第十二号までに掲げる者の同項の手数料、同条第二項に規定する者の同項及び同条第三項の手数料並びに同条第四項各号に掲げる者の同項の手数料（独立行政法人自動車技術総合機構及び軽自動車検査協会に納めるものを除く。）のうち、同条第五項ただし書、情報通信技術を活用した行政の推進等に関する法律（平成十四年法律第百五十一号）第六条第五項並びに情報通信技術を利用する方法による国の歳入等の納付に関する法律（令和四年法律第三十九号）第三条第一項及び第四条の規定によるもの

ハ　一般会計からの繰入金

ニ　独立行政法人自動車技術総合機構法（平成十一年法律第二百十八号）第十六条第三項の規定による納付金

ホ　自動車事故対策勘定からの繰入金

ヘ　借入金

ト　附属雑収入

二　歳出

イ　自動車事故対策事業及び自動車検査登録等事務に係る業務取扱費

ロ　自動車検査登録等事務に係る施設費

ハ　独立行政法人自動車技術総合機構に対する出資金、交付金及び施設の整備のための補助金

ニ　一般会計への繰入金

ホ　借入金の償還金及び利子

ヘ　一時借入金の利子

ト　附属諸費

（歳入歳出予定計算書等の添付書類）

第二百十四条　第三条第二項第一号から第五号までに掲げる書類のほか、自動車事故対策勘定においては、歳入歳出予定計算書等に、前々年度の貸借対照表及び損益計算書並びに前年度及び当該年度の予定貸借対照表及び予定損益計算書を添付しなければならない。

（一般会計からの繰入対象経費）

第二百十五条　自動車事故対策勘定における一般会計からの繰入対象経費は、自賠法第八十二条第二項の規定に基づく自動車損害賠償保障事業の業務の執行に要する経費とする。

2　自動車検査登録勘定における一般会計からの繰入対象経費は、自動車重量税の納付の確認及び税額の認定の事務に要する経費とする。

（自動車事故対策勘定から自動車検査登録勘定への繰入れ）

第二百十六条　自動車事故対策事業に係る業務取扱費の財源に充てるため、当該業務取扱費に相当する金額は、毎会計年度、予算で定めるところにより、自動車事故対策勘定から自動車検査登録勘定に繰り入れるものとする。

（一般会計への繰入れ）

第二百十七条　自動車検査登録等事務で国が沖縄県において行うものに要する事務取扱費の財源に充てるため、当該事務取扱費に相当する金額は、毎会計年度、予算で定めるところにより、自動車検査登録勘定から一般会計に繰り入れるものとする。

（利益及び損失の処理）

第二百十八条　自動車事故対策勘定において、毎会計年度の損益計算上生じた利益又は損失は、翌年度に繰り越して整理するものとする。

2　前項の規定にかかわらず、自動車事故対策勘定において、毎会計年度の被害者保護増進等事業（自賠法第七十七条の二第一項に規定する被害者保護増進等事業をいう。以下この節において同じ。）に係る損益計算上の利益として政令で定めるところにより算定した金額がある場合には、同勘定の基金に組み入れて整理するものとする。

3　第一項の規定にかかわらず、自動車事故対策勘定において、毎会計年度の被害者保護増進等事業に係る損益計算上の損失として政令で定めるところにより算定した金額がある場合には、同勘定の基金を減額して整理するものとする。

（積立金）

第二百十八条の二　自動車事故対策勘定において、毎会計年度の歳入歳出の決算上剰余金を生じた場合には、当該剰余金のうち、被害者保護増進等計画（自賠法第七十七条の三第一項に規定する被害者保護増進等計画をいう。以下この節において同じ。）を安定的に実施するために必要な金額を、積立金として積み立てるものとする。

2　前項の積立金は、被害者保護増進等計画を実施するために必要がある場合には、予算で定める金額を限り、自動車事故対策勘定の歳入に繰り入れることができる。

（歳入歳出決定計算書の添付書類）

第二百十九条　第九条第二項第一号から第三号までに掲げる書類のほか、自動車事故対策勘定においては、歳入歳出決定計算書に、当該年度の貸借対照表及び損益計算書を添付しなければならない。

（借入金対象経費）

第二百二十条　自動車検査登録勘定における借入金対象経費は、自動車検査登録等事務のうち道路運送車両法第六条第二項の規定により国土交通大臣が管理する自動車登録ファイル及び電子情報処理組織の整備に要する経費とする。

（自動車事故対策勘定に属する現金の繰替使用）

第二百二十一条　自動車検査登録勘定においては、自動車事故対策勘定に属する現金を繰り替えて使用することができる。

第三章　雑則

（政令への委任）

第二百三十四条　この法律に定めるもののほか、この法律の実施のための手続その他この法律の施行に関し必要な事項は、政令で定める。

附　則（抄）

（施行期日）

第一条　この法律は、平成十九年四月一日から施行し、平成十九年度の予算から適用する。ただし、次の各号に掲げる規定は、当該各号に定める日から施行し、第二条第一項第四号、第十六号及び第十七号、第二章第四節、第十六節及び第十七節並びに附則第四十九条から第六十五条までの規定は、平成二十年度の予算から適用する。

一　附則第二百六十六条、第二百六十八条、第二百七十三条、第二百七十六条、第二百七十九条、第二百八十四条、第二百八十六条、第二百八十八条、第二百八十九条、第二百九十一条、第二百九十二条、第二百九十五条、第二百九十八条、第二百九十九条、第三百二条、第三百十七条、第三百二十二条、第三百二十四条、第三百二十八条、第三百四十三条、第三百四十五条、第三百四十七条、第三百四十

九条、第三百五十二条、第三百五十三条、第三百五十九条、第三百六十条、第三百六十二条、第三百六十五条、第三百六十八条、第三百六十九条、第三百八十条、第三百八十三条及び第三百八十六条の規定　平成二十年四月一日

一の二　附則第二百六十八条の二の規定　日本年金機構法（平成十九年法律第百九号）の施行の日

二　附則第二百六十九条、第二百九十条及び第三百八十七条の規定　平成二十二年四月一日

三　附則第二百六十条、第二百六十二条、第二百六十四条、第二百六十五条、第二百七十条、第二百九十六条、第三百十一条、第三百三十五条、第三百四十条、第三百七十二条及び第三百八十二条の規定　平成二十三年四月一日

（交付税特別会計における交通安全対策特別交付金の経理等）

第二条　道路交通法（昭和三十五年法律第百五号）附則第十六条第一項の規定による交通安全対策特別交付金の交付に関する経理は、当分の間、第二十一条の規定にかかわらず、交付税特別会計（同条に規定する交付税特別会計をいう。以下同じ。）において行うものとする。

2　前項の規定により交通安全対策特別交付金の交付に関する経理を交付税特別会計において行う場合においては、第二十二条の規定にかかわらず、交付税特別会計は、内閣総理大臣、総務大臣及び財務大臣が、法令で定めるところに従い、管理する。

3　前項の場合において、交付税特別会計の管理に関する事務は、政令で定めるところにより、交付税特別会計全体の計算整理に関するものについては総務大臣が、その他のものについては所掌事務の区分に応じ所管大臣の全部又は一部が行うものとする。

（交付税特別会計における借入金の特例）

第四条　交付税特別会計において、令和六年度から令和三十五年度までの各年度において、地方交付税交付金を支弁するために必要がある場合には、第十三条第一項の規定にかかわらず、令和六年度にあっては二十八兆千百二十二億九千五百四十万八千円を、令和七年度から令和十年度までの各年度にあっては二十八兆千百二十二億九千五百四十万八千円から次の表の上欄に掲げる当該年度までの各年度に応ずる同表の下欄に定める額を順次控除して得た金額を、令和十一年度から令和三十五年度までの各年度にあっては二十五兆千百二十二億九千五百四十万八千円から毎年度一兆円を順次控除して得た金額を限り、予算で定めるところにより、交付税特別会計の負担において、借入金をすることができる。

年度	控除額
令和七年度	六千億円
令和八年度	七千億円
令和九年度	八千億円
令和十年度	九千億円

2　前項の規定による借入金は、一年内に償還しなければならない。

3　第一項の規定による借入金の利子の支払に充てるために必要がある場合には、第六条の規定にかかわらず、予算で定める金額を限り、一般会計から交付税特別会計に繰り入れることができる。

（交付税特別会計における一時借入金の利子の繰入れの特例）

第五条　令和六年度に限り、第十五条第一項の規定による一時借入金（森林環境譲与税譲与金に係るものを除く。）の利子の支払に充てるために必要がある場合には、第六条の規定にかかわらず、予算で定める金額を限り、一般会計から交付税特別会計に繰り入れることができる。

（交付税特別会計における一般会計からの繰入金の額の特例）

第九条　令和六年度における第二十四条の規定による一般会計からの繰入金の額は、同条の規定により算定した額に地方交付税法附則第四条第一項第二号に掲げる額を加算した額に二千五百億円を加算した額から同項第六号及び第七号に掲げる額の合算額を減額した額とする。

2　令和七年度以降の各年度における第二十四条の規定による一般会計からの繰入金の額は、当分の間、同条の規定により算定した額に百五十四億円を加算した額とする。

3　令和七年度から令和二十六年度までの各年度における第二十四条の規定による一般会計からの繰入金の額は、令和七年度及び令和八年度にあっては前項の規定により算定した額に第一号に掲げる額を加算した額から第二号に掲げる額を減額した額とし、令和九年度から令和十二年度までの各年度にあっては同項の規定により算定した額に第一号に掲げる額を加算した額から第三号に掲げる額を減額した額とし、令和十三年度及び令和十四年度にあっては同項の規定により算定した額に第一号に掲げる額を加算した額から第四号に掲げる額を減額した額とし、令和十五年度から令和二十六年度までの各年度にあっては同項の規定により算定した額から同号に掲げる額を減額した額とする。

一　次の表の上欄に掲げる当該各年度に応ずる同表の下欄に定める金額

年度	金額
令和七年度	七百七十五億円
令和八年度	五百三十五億円
令和九年度	五百四十八億円
令和十年度	五百九十九億円
令和十一年度	九百六十一億円
令和十二年度	九百六十一億円
令和十三年度	三億円
令和十四年度	三億円

二　地方交付税法附則第四条の二第四項の規定により令和七年度分及び令和八年度分の交付税の総額から減額する金額二千四百六十億七千七百八万二千円

三　地方交付税法附則第四条の二第四項の規定により令和九年度から令和十二年度までの各年度分の交付税の総額から

減額する金額　二千二百十九億千三百八十万二千円

四　地方交付税法附則第四条の二第四項の規定により令和十三年度から令和二十六年度までの各年度分の交付税の総額から減額する金額　五百八十五億七千三百二十二万円

（交付税特別会計における繰入れの特例）

第十条　第六条の規定にかかわらず、地方特例交付金等の地方財政の特別措置に関する法律（平成十一年法律第十七号）第二条第三項に規定する地方特例交付金の総額は、毎会計年度、一般会計から交付税特別会計に繰り入れるものとする。

2　第六条の規定にかかわらず、毎会計年度、予算で定めるところにより、当該年度における道路交通法第百二十八条第一項（同法第百三十条の二第三項において準用する場合を含む。）の規定により納付された反則金（同法第百二十九条第三項の規定により反則金の納付とみなされる同条第一項の規定による仮納付に係るものを含む。以下この項及び次条第一項において「反則金等」という。）の収入に相当する額（反則金等の収入見込額として当該年度の一般会計の歳入予算に計上された金額を限度とする。）に、当該年度の前年度以前の年度における同法附則第十六条第一項の規定による交通安全対策特別交付金に相当する金額、同法第百二十九条第四項の規定による返還金に相当する金額、同法第百二十七条第一項後段に規定する通告書の送付に要する費用に相当する額として都道府県に支出する支出金に相当する金額及び過誤納に係る反則金等の返還金に相当する金額で、まだ交付税特別会計に繰り入れていない額を加算した額に相当する金額を、一般会計から交付税特別会計に繰り入れるものとする。

3　令和六年度においては、地方公共団体金融機構法（平成十九年法律第六十四号）附則第十四条の規定に基づき公庫債権金利変動準備金の一部を財政投融資特別会計の投資勘定に帰属させるものとし、当該帰属させた額を、予算で定めるところにより、財政投融資特別会計の投資勘定から交付税特別会計に繰り入れるものとする。

4　前項に規定するもののほか、令和二年度から令和六年度までの各年度においては、地方公共団体金融機構法附則第十四条の規定に基づき公庫債権金利変動準備金の一部を財政投融資特別会計の投資勘定に帰属させるものとし、各年度における森林環境譲与税譲与金を支弁するため、当該帰属させた額を、予算で定めるところにより、財政投融資特別会計の投資勘定から交付税特別会計に繰り入れるものとする。

（交付税特別会計の歳入及び歳出の特例）

第十一条　第二十三条の規定によるほか、附則第四条第一項の規定による借入金又は同条第三項、附則第五条若しくは前条第一項若しくは第二項の規定による一般会計からの繰入金はそれぞれその借入れをした年度又はその繰入れをした年度における交付税特別会計の歳入とし、地方特例交付金等の地方財政の特別措置に関する法律による地方特例交付金、道路交通法附則第十六条第一項の規定による交通安全対策特別交付金、同法第百二十九条第四項の規定による返還金、同法第百二十七条第一項後段に規定する通告書の送付に要する費用に相当する額として都道府県に支出する支出金、過誤納に係る反則金等の返還金又は附則第四条第一項の規定による借入金の償還金及び利子はその支出をした年度における交付税特別会計の歳出とする。

2　第二十三条の規定によるほか、前条第三項及び第四項の規定により財政投融資特別会計の投資勘定から交付税特別会計に繰り入れられた繰入金は、交付税特別会計の歳入とする。

（自動車安全特別会計における自動車損害賠償責任再保険事業等の経理）

第五十五条　自動車損害賠償保障法及び自動車損害賠償責任再保険特別会計法の一部を改正する法律（平成十三年法律第八十三号）附則第二条第一項の規定によりなおその効力を有することとされる同法第一条の規定による改正前の自動車損害賠償保障法の規定に基づく再保険関係及び保険関係に係る自動車損害賠償責任再保険事業及び自動車損害賠償責任共済保険事業に関する経理は、当分の間、第二百十条第一項の規定にかかわらず、自動車安全特別会計において行うものとする。

（自動車安全特別会計において前条の規定による経理を行う場合における歳入及び歳出の特例等）

第五十六条　前条の規定による経理を自動車安全特別会計で行う場合における第二百十二条の二、第二百十三条、第二百十五条、第二百十六条、第二百十八条及び第二百十八条の二の規定の適用については、第二百十二条の二第一項中「に係るもの」とあるのは「並びに自動車損害賠償保障法及び自動車損害賠償責任再保険特別会計法の一部を改正する法律（平成十三年法律第八十三号）附則第二条第一項の規定によりなおその効力を有することとされる同法第一条の規定による改正前の自動車損害賠償保障法（以下この節において「なお効力を有する旧自賠法」という。）の規定に基づく再保険関係及び保険関係に係る自動車損害賠償責任再保険事業及び自動車損害賠償責任共済保険事業（以下この節において「自動車損害賠償責任再保険事業等」という。）に係るもの」と、第二百十三条第一項第一号中「リ　附属雑収入」とあるのは

「リ　なお効力を有する旧自賠法第四十六条（なお効力を有する旧自賠法第五十条第一項において準用する場合を含む。）の規定による納付金
ヌ　附属雑収入」

と、同項第二号中「ニ　一時借入金の利子
ホ　附属諸費」

とあるのは

「ニ　なお効力を有する旧自賠法第四十条第一項の規定による再保険の再保険金及び同条第二項の規定による保険の保険金
ホ　なお効力を有する旧自賠法第四十五条第二項（なお効力を有する旧自賠法第五十条第一項において準用する場合を含む。）の規定による返還金
ヘ　一時借入金の利子
ト　附属諸費」

と、同条第二項第二号イ中「及び自動車検査登録等事務」とあるのは「、自動車検査登録等事務及び自動車損害賠償責任再保険事業等」と、第二百十五条第一項中「の業務の執行に要する経費」とあるのは「及びなお効力を有する旧自賠法第五十一条の規定に基づく自動車損害賠償責任再保険事業等の業務の執行に要する経費」と、第二百十六条中「自動車事故対策事業」とあるのは「自動車事故対策事業及び自動車損害賠償責任再保険事業等」と、第二百十八条第二項及び第三項中「に係る」とあるのは「及び自動車損害賠償責任再保険事業等に係る」と、第二百十八条の二第一項中「必要な金額」とある

るのは「必要な金額並びに自動車検査登録勘定への繰入金（自動車損害賠償責任再保険事業等に係るものに限る。）、なお効力を有する旧自賠法第四十条第一項の規定による再保険の再保険金及び同条第二項の規定による保険の保険金（以下この節において「自動車損害賠償責任再保険金等」という。）、なお効力を有する旧自賠法第四十五条第二項（なお効力を有する旧自賠法第五十条第一項において準用する場合を含む。）の規定による返還金並びに一時借入金の利子に充てるために将来必要な金額」と、同条第二項中「被害者保護増進等計画を実施するために」とあるのは「被害者保護増進等計画を実施するため並びに自動車検査登録勘定への繰入金（自動車損害賠償責任再保険事業等に係るものに限る。）、自動車損害賠償責任再保険金等、なお効力を有する旧自賠法第四十五条第二項（なお効力を有する旧自賠法第五十条第一項において準用する場合を含む。）の規定による返還金及び一時借入金の利子の財源に充てるために」とする。

○特別会計に関する法律施行令（抄）

（平成十九年三月三十一日政令第百二十四号）

最終改正　令六政令一八六

第一章　総則

第一節　会計年度所属区分

（歳入の会計年度所属区分）

第一条　次の各号に掲げる収入は、当該各号に定める年度の歳入とする。

一　地震再保険特別会計における地震保険に関する法律（昭和四十一年法律第七十三号）第三条の規定による再保険の再保険料　再保険契約に係る再保険責任の開始日の属する年度

二　食料安定供給特別会計の農業再保険勘定における農業再保険事業等の再保険料等（特別会計に関する法律（以下「法」という。）第百二十七条第三項第一号イに規定する農業再保険事業等の再保険料等をいう。）　農業保険法（昭和二十二年法律第百八十五号）第百九十二条若しくは同法第二百五条に規定する再保険関係に係る再保険責任又は同法第二百一条に規定する保険関係に係る保険責任の開始日の属する年度

三　削除

四　食料安定供給特別会計の漁船再保険勘定における漁船再保険事業（法第百二十四条第五項に規定する漁船再保険事業をいう。第十六条第一項第六号において同じ。）の再保険料　漁船損害等補償法（昭和二十七年法律第二十八号）第百二十八条に規定する再保険関係に係る再保険責任の開始日の属する年度

五　食料安定供給特別会計の漁業共済保険勘定における漁業共済保険事業（法第百二十四条第六項に規定する漁業共済保険事業をいう。第十六条第一項第七号において同じ。）の保険料　漁業災害補償法（昭和三十九年法律第百五十八号）第百四十七条の四に規定する保険契約に係る保険責任の開始日の属する年度

第二条　削除

第二節　削除

第三条から第七条まで　削除

第三節　予算及び決算

（歳入歳出予定計算書等の内容及び送付期限）

第八条　各特別会計（勘定に区分する特別会計にあっては、勘定とする。第五項並びに次条第一項、第十条、第三十二条、第三十四条第二項並びに第三十六条第一項第一号及び第二項を除き、以下同じ。）の歳入歳出予定計算書は、歳入にあっては、その性質に従ってその金額を款及び項に区分し、更に、各項の金額を各目に区分し、見積りの理由及び計算の基づくところを示し、歳出にあっては、その金額を事項別に区分し、経費要求の説明、当該事項に対する項の金額等を示さなければならない。

2　各特別会計の繰越明許費要求書は、繰越明許費について、事項ごとに、その必要の理由を明らかにするとともに、繰越しを必要とする経費の項の名称を示さなければならない。

3　各特別会計の国庫債務負担行為要求書は、国庫債務負担行為について、事項ごとにその必要の理由を明らかにし、かつ、これをする年度及び債務負担の限度額を明らかにし、必要に応じてこれに基づいて支出をすべき年度、年限又は年割額を示さなければならない。

4　各特別会計の歳入歳出予定計算書には、当該特別会計の歳入歳出の予定全体に関する説明を付さなければならない。

5　各特別会計の歳入歳出予定計算書、繰越明許費要求書及び国庫債務負担行為要求書は、予算決算及び会計令（昭和二十二年勅令第百六十五号。以下「令」という。）第十一条第五項の規定の例により、財務大臣に送付しなければならない。

6　前項に規定する書類には、法第三条第二項各号に掲げる書

類のほか、予算総則に規定する必要がある事項に関する調書を添付しなければならない。

（歳入歳出予定額各目明細書）

第九条　所管大臣（法第三条第一項に規定する所管大臣をいう。以下同じ。）は、財務大臣の定めるところにより、その管理する特別会計の歳入歳出予算に基づいて歳入歳出予定額各目明細書を作成し、予算が国会に提出された後、直ちに、財務大臣に送付しなければならない。

2　前項に規定する歳入歳出予定額各目明細書は、各項の金額を各目に区分し、必要に応じ、更に、各目の金額を細分し、かつ、これらの計算の基づくところを示さなければならない。

3　前項の規定による目の区分及び各目の細分は、当該歳入又は歳出に関する事務を管理する所管大臣が財務大臣に協議して定める。

（歳入歳出決定計算書の送付期限）

第十条　各特別会計の歳入歳出決定計算書は、翌年度の七月三十一日までに、財務大臣に送付しなければならない。

（貸借対照表等の様式）

第十一条　各特別会計の貸借対照表、損益計算書及び財産目録の様式は、所管大臣が財務大臣に協議して定める。

（歳入歳出等に関する計算書類の調製）

第十二条　エネルギー対策特別会計、年金特別会計及び東日本大震災復興特別会計の歳入歳出予定計算書、繰越明許費要求書、国庫債務負担行為要求書、歳入歳出決定計算書その他同会計全体の計算に関する書類で所管大臣が定めるものの調製は、エネルギー対策特別会計にあっては経済産業大臣が、年金特別会計にあっては厚生労働大臣が、東日本大震災復興特別会計にあっては復興大臣が、それぞれその指定する職員（第十七条第三項及び第四項、第十八条第二項及び第三項、第三十四条第四項並びに第三十六条第三項において「総括部局長」という。）に行わせるものとする。

第四節　支出

（支払元受高）

第十三条　各特別会計（国債整理基金特別会計を除く。）においては、当該年度の収納済歳入額、法第十五条第一項の規定による一時借入金、融通証券の発行による収入金及び繰替金、同条第三項の規定による繰替金並びに同条第五項の規定による繰替金をもって支払元受高とし、歳出を支出するには、この支払元受高を超過することができない。

（資金前渡のできる経費）

第十四条　労働保険特別会計においては、会計法第十七条の規定により、同会計の労災勘定に属する保険給付費並びに社会復帰促進等事業費のうち労災就学等援護費及び労災援護給付金並びに同会計の雇用勘定に属する失業等給付費及び育児休業給付費並びに雇用安定事業費のうち雇用安定等給付金について、主任の職員に現金支払をさせるため、その資金を当該職員に前渡することができる。

（年度開始前に資金交付のできる経費）

第十五条　労働保険特別会計の雇用勘定においては、会計法第十八条第一項の規定により、同勘定に属する失業等給付費及び育児休業給付費について、会計年度開始前に主任の職員に対し資金を交付することができる。

（概算払のできる経費）

第十六条　各特別会計においては、会計法第二十二条の規定により、次に掲げる経費について、概算払をすることができる。

一　地震再保険特別会計における再保険金

二　削除

三　食料安定供給特別会計の食糧管理勘定の負担において買い入れる米穀又は麦について、当該買入れに係る契約の相手方が外国から直接買入れを行う場合における当該米穀又は麦の代価

四　食料安定供給特別会計の農業再保険勘定における農業再保険事業等の再保険金等（法第百二十七条第三項第二号イに規定する農業再保険事業等の再保険金等をいう。）

五　削除

六　食料安定供給特別会計の漁船再保険勘定における漁船再保険事業の再保険金

七　食料安定供給特別会計の漁業共済保険勘定における漁業共済保険事業の保険金

2　所管大臣は、前項の規定により概算払をしようとする場合には、あらかじめ、財務大臣に協議しなければならない。

第五節　報告

（徴収済額の報告）

第十七条　次の各号に掲げる特別会計の歳入徴収官は、毎月、徴収済額報告書を作成し、参照書類を添付して、その翌月十五日までに、当該各号に定める所管大臣又は長官（国家行政組織法（昭和二十三年法律第百二十号）第六条に規定する長官をいう。以下同じ。）に、それぞれ送付しなければならない。

一　交付税及び譲与税配付金特別会計　財務大臣

二　エネルギー対策特別会計　当該歳入に関する事務を管理する所管大臣

三　年金特別会計　当該歳入に関する事務を管理する所管大臣

四　特許特別会計　特許庁長官

五　東日本大震災復興特別会計　当該歳入に関する事務を管理する所管大臣

2　毎会計年度の翌年度の六月又は七月において、国税収納金整理資金に関する法律施行令（昭和二十九年政令第五十一号）第二十二条第一項又は第二項の規定により国税収納金整理資金（国税収納金整理資金に関する法律（昭和二十九年法律第三十六号）第三条に規定する国税収納金整理資金をいう。）から前年度の歳入に組み入れるべき金額が交付税及び譲与税配付金特別会計及び東日本大震災復興特別会計の歳入にそれぞれ組み入れられた場合における前項の規定の適用については、同項中「その翌月十五日」とあるのは、「財務大臣の定める日」とする。

3　エネルギー対策特別会計、年金特別会計又は東日本大震災復興特別会計の所管大臣がそれぞれ指定する職員（次条第二項において「所管部局長」という。）は、第一項の徴収済額報告書により、毎月、徴収済額集計表を作成し、参照書類を添付して、所管大臣の定める期限までに、総括部局長に送付するものとする。

4　第一項に規定する所管大臣又は長官は、同項の規定により

送付された徴収済額報告書に基づき、徴収総報告書を作成し、参照書類を添付して、その月中に、所管大臣にあっては財務大臣に、長官にあっては所管大臣を経由して財務大臣に、それぞれ送付しなければならない。この場合において、エネルギー対策特別会計の徴収総報告書の調製は経済産業大臣が、年金特別会計の徴収総報告書の調製は厚生労働大臣が、東日本大震災復興特別会計の徴収総報告書の調製は復興大臣が、それぞれ総括部局長に行わせるものとする。

（支出済額の報告）

第十八条　次の各号に掲げる特別会計のセンター支出官（令第一条第三号に規定するセンター支出官をいう。以下同じ。）は、毎月、支出済額報告書を作成し、その翌月十五日までに、当該各号に定める所管大臣又は長官に、それぞれ送付しなければならない。

一　交付税及び譲与税配付金特別会計　総務大臣

二　エネルギー対策特別会計　当該歳出に関する事務を管理する所管大臣

三　年金特別会計　当該歳出に関する事務を管理する所管大臣

四　特許特別会計　特許庁長官

五　東日本大震災復興特別会計　当該歳出に関する事務を管理する所管大臣

2　所管部局長は、前項の支出済額報告書により、毎月、支出済額集計表を作成し、所管大臣の定める期限までに、総括部局長に送付するものとする。

3　第一項に規定する所管大臣又は長官は、同項の規定により送付された支出済額報告書に基づき、支出総報告書を作成し、その月中に、所管大臣にあっては財務大臣に、長官にあっては所管大臣を経由して財務大臣に、それぞれ送付しなければならない。この場合において、エネルギー対策特別会計の支出総報告書の調製は経済産業大臣が、年金特別会計の支出総報告書の調製は厚生労働大臣が、東日本大震災復興特別会計の支出総報告書の調製は復興大臣が、それぞれ総括部局長に行わせるものとする。

第六節　契約

（複数落札入札制度）

第十九条　食料安定供給特別会計の食糧管理勘定において、米穀の買入契約又は麦の輸入を目的とする買入契約をする場合において、一般競争又は指名競争に付するときは、その買入数量の範囲内において数量及び単価を入札させ、予定価格を超えない単価の入札者のうち、低価の入札者から順次買入数量に達するまでの入札者をもって落札者とすることができる。

2　食料安定供給特別会計の食糧管理勘定において、米穀の売渡契約をする場合において、一般競争又は指名競争に付するときは、その売渡数量の範囲内において数量及び単価を入札させ、予定価格を超える単価の入札者のうち、高価の入札者から順次売渡数量に達するまでの入札者をもって落札者とすることができる。

3　食料安定供給特別会計の食糧管理勘定において、米穀の寄託契約をする場合において、一般競争又は指名競争に付するときは、その寄託数量の範囲内において数量及び単価を入札させ、予定価格を超えない単価の入札者のうち、低価の入札者から順次寄託数量に達するまでの入札者をもって落札者とすることができる。

4　食料安定供給特別会計の食糧管理勘定において、委託契約（米穀の貯蔵、加工及び売渡しに関する業務を一括して委託するものに限る。）をする場合において、一般競争に付するときは、その委託数量の範囲内において数量及び単価を入札させ、予定価格を超えない単価の入札者のうち、低価の入札者から順次委託数量に達するまでの入札者をもって落札者とすることができる。

5　前各項の規定による競争において同価の入札をした者が二人以上ある場合には、入札数量の多い者を先順位の落札者とし、入札数量が同一である場合には、令第八十三条の規定に準じてくじで落札者を定めるものとする。

6　前各項の場合において、最後の順位の落札者の入札数量が他の落札者の入札数量と合計して買入数量、売渡数量、寄託数量又は委託数量を超えるときには、その超える数量については、落札がなかったものとする。

（複数落札入札制度による場合の公告記載事項）

第二十条　前条第一項から第四項までの規定による競争に付する場合における公告又は入札者に対する通知には、令第七十五条各号に掲げる事項のほか、前条第一項から第四項までのいずれの規定による競争入札であるかを明らかにし、かつ、同条第六項の規定により入札数量の一部について落札がなかったものとすることがある旨及び第二十二条第一項の規定により当該競争入札を取り消すことがある旨並びに端数の入札を制限する場合にはその旨の記載又は記録をしなければならない。

（複数落札入札制度による場合の予定価格の決定）

第二十一条　第十九条第一項又は第二項の規定による競争に付する場合の予定価格は、当該競争入札に付する物品の種類ごとの総価額を当該物品の種類ごとの買入数量又は売渡数量で除した金額をもって定めなければならない。

（複数落札入札の取消し）

第二十二条　第十九条第一項から第四項までの規定による競争に付する場合において、その競争に加わった者が五人に満たないときは、当該競争入札を取り消すことができる。

2　前項の規定により競争入札を取り消した場合には、入札書は、そのままこれを入札者に送付しなければならない。

3　第一項の規定により競争入札を取り消した場合には、令第九十九条の二の規定は、適用しない。

第二十三条　削除

（随意契約によることができる場合）

第二十四条　各特別会計においては、会計法第二十九条の三第五項の規定により、次に掲げる場合においては、随意契約によることができる。

一　第十九条第一項の規定による競争に付した場合において、落札数量が買入数量に達しないとき又は落札者のうち契約を結ばない者があるときに、買入数量に達するまで最低落札単価の制限内で契約を締結する場合

二　第十九条第二項の規定による競争に付した場合において、落札数量が売渡数量に達しないとき又は落札者のうち契約を結ばない者があるときに、売渡数量に達するまで最高落札単価を下らない価額で、契約を締結する場合

三　第十九条第三項の規定による競争に付した場合において、落札数量が寄託数量に達しないとき又は落札者のうち

契約を結ばない者があるときに、寄託数量に達するまで最低落札単価の制限内で契約を締結する場合

四　第十九条第四項の規定による競争に付した場合において、落札数量が委託数量に達しないとき又は落札者のうち契約を結ばない者があるときに、委託数量に達するまで最低落札単価の制限内で契約を締結する場合

2　前項の規定により随意契約によろうとする場合には、令第九十九条の三及び第九十九条の四の規定に準じて行うものとする。

第二十五条　削除

第七節　帳簿

（各省各庁の帳簿）

第二十六条　各省各庁（財政法（昭和二十二年法律第三十四号）第二十一条に規定する各省各庁をいう。次項及び次条において同じ。）は、その管理する特別会計の日記簿、原簿及び補助簿を備え、当該特別会計に関する一切の計算を登記しなければならない。

2　前項の規定にかかわらず、次の各号に掲げる特別会計においては、当該各号に定める各省各庁又は外局において、日記簿、原簿及び補助簿を備え、当該特別会計に関する一切の計算を登記しなければならない。

一　交付税及び譲与税配付金特別会計　総務省
二　エネルギー対策特別会計　経済産業省
三　年金特別会計　厚生労働省
四　特許特別会計　特許庁
五　東日本大震災復興特別会計　復興庁

第二十七条　各省各庁は、前条第一項及び令第百三十条に規定する帳簿のほか、その管理する特別会計（交付税及び譲与税配付金特別会計、国債整理基金特別会計、エネルギー対策特別会計、年金特別会計及び東日本大震災復興特別会計を除く。）の支払元受高差引簿を備え、支払元受高、支出済歳出額及び残額を登記しなければならない。ただし、官署支出官（令第一条第二号に規定する官署支出官をいう。以下同じ。）が一人である場合においては、支払元受高差引簿は、備え付けないことができる。

2　前項の規定にかかわらず、前条第二項第四号及び第五号に掲げる特別会計にあっては、当該各号に定める各省各庁又は外局において、同項及び令第百三十条に規定する帳簿のほか、支払元受高差引簿を備え、支払元受高、支出済歳出額及び残額を登記しなければならない。ただし、官署支出官が一人である場合においては、支払元受高差引簿は、備え付けないことができる。

第二十八条　総務省は、第二十六条第二項に規定する帳簿並びに交付税及び譲与税配付金特別会計の歳出について令第百三十条に規定する歳出簿及び支払計画差引簿のほか、支払元受高差引簿を備え、同会計の歳出に係る支払元受高、支出済歳出額及び残額を登記しなければならない。

2　財務省は、交付税及び譲与税配付金特別会計の歳入について令第百三十条に規定する歳入簿を備え、所要の事項を登記しなければならない。

第二十九条　エネルギー対策特別会計の所管府省（内閣府、文部科学省、経済産業省及び環境省をいう。以下この条において同じ。）は、その所管に属する歳入及び歳出について、各勘定別に令第百三十条の規定により歳入簿、歳出簿及び支払計画差引簿を備え、所要の事項を登記しなければならない。

2　所管府省は、前項の帳簿のほか、各勘定別に所管別支払元受高差引簿を備え、その所管に属する歳出に係る支払元受高、支出済歳出額及び残額を登記しなければならない。ただし、官署支出官が一人である場合においては、所管別支払元受高差引簿は、備え付けないことができる。

3　経済産業省は、第二十六条第二項及び前二項に規定する帳簿のほか、エネルギー対策特別会計全体の歳入及び歳出について各勘定別に令第百三十条の規定により歳入簿及び歳出簿を備え、所要の事項を登記しなければならない。

4　経済産業省は、各勘定別に支払元受高総括簿を備え、エネルギー対策特別会計全体の歳出に係る支払元受高、所管府省への配分額その他所要の事項を登記しなければならない。

第二十九条の二　年金特別会計の所管府省（内閣府及び厚生労働省をいう。以下この条において同じ。）は、その所管に属する歳入及び歳出について、各勘定別に令第百三十条の規定により歳入簿、歳出簿及び支払計画差引簿を備え、所要の事項を登記しなければならない。

2　所管府省は、前項の帳簿のほか、各勘定別に所管別支払元受高差引簿を備え、その所管に属する歳出に係る支払元受高、支出済歳出額及び残額を登記しなければならない。ただし、官署支出官が一人である場合においては、所管別支払元受高差引簿は、備え付けないことができる。

3　厚生労働省は、第二十六条第二項及び前二項に規定する帳簿のほか、年金特別会計全体の歳入及び歳出について各勘定別に令第百三十条の規定により歳入簿及び歳出簿を備え、所要の事項を登記しなければならない。

4　厚生労働省は、各勘定別に支払元受高総括簿を備え、年金特別会計全体の歳出に係る支払元受高、所管府省への配分額その他所要の事項を登記しなければならない。

第二十九条の三　東日本大震災復興特別会計の所管機関（衆議院、参議院、最高裁判所、会計検査院、内閣、内閣府、デジタル庁、復興庁、総務省、法務省、外務省、財務省、文部科学省、厚生労働省、農林水産省、経済産業省、国土交通省、環境省及び防衛省をいう。以下この条において同じ。）は、その所管に属する歳入及び歳出について、令第百三十条の規定により歳入簿、歳出簿及び支払計画差引簿を備え、所要の事項を登記しなければならない。

2　所管機関は、前項の帳簿のほか、所管別支払元受高差引簿を備え、その所管に属する歳出に係る支払元受高、支出済歳出額及び残額を登記しなければならない。ただし、官署支出官が一人である場合においては、所管別支払元受高差引簿は、備え付けないことができる。

3　復興庁は、第二十六条第二項及び前二項に規定する帳簿のほか、東日本大震災復興特別会計全体の歳入及び歳出について令第百三十条の規定により歳入簿及び歳出簿を備え、所要の事項を登記しなければならない。

4　復興庁は、支払元受高総括簿を備え、東日本大震災復興特別会計全体の歳出に係る支払元受高、所管機関への配分額その他所要の事項を登記しなければならない。

（官署支出官の帳簿）

第三十条　各特別会計（国債整理基金特別会計を除く。）の官

署支出官は、令第百三十二条及び第百三十四条に規定する帳簿のほか、支払元受高差引簿を備え、支払元受高、支出済歳出額及び残額を登記しなければならない。

（帳簿の様式及び記入の方法）

第三十一条 第二十六条、第二十七条、第二十八条第一項、第二十九条第二項及び第四項、第二十九条の二第二項及び第四項、第二十九条の三第二項及び第四項並びに前条に規定する帳簿の様式及び記入の方法は、財務大臣が定める。

（勘定別の登記）

第三十二条 勘定に区分する特別会計においては、令第百三十条から第百三十四条の二までに規定する帳簿の登記は、各勘定別にしなければならない。

第三十三条 削除

第八節　財務情報の開示

（書類の作成方法等）

第三十四条 各特別会計の法第十九条第一項の書類は、当該特別会計の当該年度末における資産及び負債の状況並びに当該年度に発生した費用の状況その他の財務大臣が定める事項を記載した書類とする。

2　前項に定める書類のほか、勘定に区分する特別会計においては、当該特別会計全体について同項に規定する事項を記載した書類を作成するものとする。

3　第一項に定める書類のほか、次に掲げる法人であって特別会計において経理されている事務及び事業と密接な関連を有する法人として財務大臣が定める要件に該当するものがある場合には、当該特別会計及び当該法人につき連結して同項に規定する事項を記載した書類を作成するものとする。

一　法律により直接に設立される法人

二　特別の法律により特別の設立行為をもって設立すべきものとされる法人

三　特別の法律により設立され、かつ、その設立に関し行政官庁の認可を要する法人

4　交付税及び譲与税配付金特別会計に関する第一項及び前項の書類は総務大臣が、エネルギー対策特別会計に関する前三項の書類は経済産業大臣が、年金特別会計に関する前三項の書類は厚生労働大臣が、東日本大震災復興特別会計に関する第一項及び前項の書類は復興大臣が、それぞれ調製するものとする。この場合において、エネルギー対策特別会計に関する前三項の書類の調製は経済産業大臣が、年金特別会計に関する前三項の書類の調製は厚生労働大臣が、東日本大震災復興特別会計に関する第一項及び前項の書類の調製は復興大臣が、それぞれ総括部局長に行わせるものとする。

（書類の送付期限等）

第三十五条 法第十九条第一項の書類は、翌年度の十月三十一日までに財務大臣に送付しなければならない。

2　内閣は、前項の書類を同項に規定する年度の十一月十五日までに会計検査院に送付しなければならない。

3　内閣は、会計検査院の検査を経た前項の書類を第一項に規定する年度に開会される常会において国会に提出するのを常例とする。

（情報開示の内容）

第三十六条 法第二十条に規定する情報として政令で定めるものは、次に掲げるものとする。

一　特別会計に関する次に掲げる情報

イ　特別会計の目的

ロ　特別会計において経理されている事務及び事業の内容並びに経理方法の概要

二　特別会計の各年度の予算に関する次に掲げる情報

イ　歳入歳出予算の概要

ロ　一般会計からの繰入金の額及び当該繰入れの理由

ハ　借入金並びに公債及び証券の発行収入金（以下この項において「借入金等」と総称する。）の額並びに借入金等を必要とする理由

ニ　その他特別会計において経理されている事務及び事業の内容に照らし必要と認める事項

三　特別会計の各年度の決算に関する次に掲げる情報

イ　歳入歳出決算の概要

ロ　一般会計からの繰入金の額及び当該繰入金の額が予算に計上した額と異なる場合にあってはその理由

ハ　借入金等の額及び借入金等の額が予算に計上した額と異なる場合にあってはその理由

ニ　歳入歳出の決算上の剰余金の額、当該剰余金が生じた理由及び当該剰余金の処理の方法

ホ　当該年度末における積立金及び資金の残高

ヘ　その他特別会計において経理されている事務及び事業の内容に照らし必要と認める事項

2　前項の場合において、勘定に区分する特別会計においては、同項第一号に定める情報は、当該特別会計全体について作成するものとする。

3　交付税及び譲与税配付金特別会計に関する第一項の情報は総務大臣が、エネルギー対策特別会計に関する前二項の情報は経済産業大臣が、年金特別会計に関する前二項の情報は厚生労働大臣が、東日本大震災復興特別会計に関する第一項の情報は復興大臣が、それぞれ調製するものとする。この場合において、エネルギー対策特別会計に関する前二項の情報の調製は経済産業大臣が、年金特別会計に関する前二項の情報の調製は厚生労働大臣が、東日本大震災復興特別会計に関する第一項の情報の調製は復興大臣が、それぞれ総括部局長に行わせるものとする。

（情報開示の時期）

第三十七条 法第二十条の情報は、次の各号に掲げる区分に従い、当該各号に定める日以後速やかに開示するものとする。

一　法第十九条第一項の書類に記載された情報　当該書類を国会に提出した日

二　前条第一項第一号に掲げる情報　特別会計を設置した日

三　前条第一項第二号に掲げる情報　予算を国会に提出した日

四　前条第一項第三号に掲げる情報　決算を国会に提出した日

2　前項の規定により開示した後、前条第一項第一号又は第二号に掲げる情報について変更があった場合には、速やかにその内容を修正するものとする。

（情報開示に関する細目）

第三十八条 第三十四条から前条までに規定するもののほか、法第十九条第一項の規定による書類の作成及び法第二十条の規定による情報の開示に関し必要な事項は、財務大臣が定め

る。

第二章　各特別会計の管理及び経理

第九節　自動車安全特別会計

（自動車事故対策勘定の損益計算上の利益及び損失の額の算定方法）

第六十五条　法第二百十八条第二項に規定する損益計算上の利益として政令で定めるところにより算定した金額は、第一号に掲げる金額から第二号に掲げる金額を控除した金額が零を上回る場合における当該上回る金額とする。

一　当該会計年度における次に掲げるものの合計額

イ　被害者保護増進等事業（法第二百十八条第二項に規定する被害者保護増進等事業をいう。以下この項において同じ。）に充てるための自動車事故対策事業賦課金（自動車損害賠償保障法（昭和三十年法律第九十七号。次号において「自賠法」という。）第七十八条に規定する自動車事故対策事業賦課金をいう。）

ロ　平成六年度における財政運営のための国債整理基金に充てるべき資金の繰入れの特例等に関する法律（平成六年法律第四十三号）第七条第二項及び平成七年度における財政運営のための国債整理基金に充てるべき資金の繰入れの特例等に関する法律（平成七年法律第六十号）第十条第二項の規定による一般会計からの繰入金のうち、被害者保護増進等事業に係るもの

ハ　イ及びロに掲げるもののほか、自動車事故対策勘定の益金のうち被害者保護増進等事業に係るものとして国土交通省令で定めるもの

二　当該会計年度における次に掲げるものの合計額

イ　自賠法第七十七条の四の規定による交付金

ロ　自賠法第七十七条の四の規定による補助金

ハ　イ及びロに掲げるもののほか、自動車事故対策勘定の損金のうち被害者保護増進等事業に係るものとして国土交通省令で定めるもの

2　法第二百十八条第三項に規定する損益計算上の損失として政令で定めるところにより算定した金額は、前項第一号に掲げる金額から同項第二号に掲げる金額を控除した金額が零を下回る場合における当該下回る金額とする。

附　則（抄）

（施行期日等）

第一条　この政令は、平成十九年四月一日から施行し、平成十九年度の予算から適用する。ただし、第八条第三項（社会資本整備事業特別会計に関する部分に限る。）、第十三条第三項及び第三十三条、第二章第三節及び第十四節並びに附則第二十二条及び第二十三条の規定は、平成二十年度の予算から適用する。

2　平成十九年度の予算に係る第三十六条第一項第二号に掲げる情報の開示については、第三十七条第一項第三号中「予算を国会に提出した日」とあるのは、「法の施行の日」とする。

（交通安全対策特別交付金の交付に関する経理を交付税及び譲与税配付金特別会計において行う場合における所管大臣の所掌区分等）

第二条　法附則第二条第一項の規定により交通安全対策特別交付金の交付に関する経理を交付税及び譲与税配付金特別会計において行う場合においては、第三十九条の規定にかかわらず、同会計の歳入歳出予算の執行は、次に定めるところによる。

一　地方交付税交付金、地方特例交付金及び地方譲与税譲与金の交付に関する経理に係る歳入歳出予算は、歳入予算にあっては財務大臣が執行し、歳出予算にあっては総務大臣が執行するものとする。

二　交通安全対策特別交付金の交付に関する経理に係る歳入歳出予算は、歳入予算並びに道路交通法（昭和三十五年法律第百五号）第百二十九条第四項の規定による返還金、同法第百二十七条第一項後段に規定する通告書の送付に要する費用に相当する額として都道府県に支出する支出金及び過誤納に係る反則金等（法附則第十条第二項に規定する反則金等をいう。）の返還金に係る歳出予算にあっては内閣総理大臣が執行し、交通安全対策特別交付金に係る歳出予算にあっては総務大臣が執行するものとする。

2　前項の場合において、内閣総理大臣、総務大臣及び財務大臣は、他の職員に命じてその執行に関する事務の一部を行わせることができる。

（交付税及び譲与税配付金特別会計に関する内閣府の帳簿）

第三条　法附則第二条第一項の規定により交通安全対策特別交付金の交付に関する経理を交付税及び譲与税配付金特別会計において行う場合においては、内閣府は、その所管に属する歳入及び歳出に係る令第百三十条に規定する歳入簿、歳出簿及び支払計画差引簿のほか、支払元受高差引簿を備え、その所管に属する歳出に係る支払元受高、支出済歳出額及び残高を登記するとともに、同会計の交通安全対策特別交付金の交付に関する経理に係る支払元受高総括簿を備え、当該経理のうち歳出に係る支払元受高その他所要の事項を登記しなければならない。

（交付税及び譲与税配付金特別会計に関する総務省の帳簿の特例）

第四条　法附則第二条第一項の規定により交通安全対策特別交付金の交付に関する経理を交付税及び譲与税配付金特別会計において行う場合においては、総務省は、第二十六条第二項及び第二十八条第一項に規定する帳簿のほか、同会計全体の歳入及び歳出について令第百三十条の規定により歳入簿及び歳出簿を備え、所要の事項を登記しなければならない。

（交通安全対策特別交付金に関する読替え等）

第五条　法附則第二条第一項の規定により交通安全対策特別交付金の交付に関する経理を交付税及び譲与税配付金特別会計において行う場合における第十七条第一項第一号、第十八条第一項第一号及び第二十八条の規定の適用については、第十七条第一項第一号中「財務大臣」とあるのは「当該歳入に関する事務を管理する所管大臣」と、第十八条第一項第一号中「総務大臣」とあるのは「当該歳出に関する事務を管理する所管大臣」と、第二十八条第一項中「並びに」とあるのは「並びにその所管に属する」と、同条第二項中「交付税及び譲与税配付金特別会計」とあるのは「その所管に属する交付税及び譲与税配付金特別会計」とする。

2　前項の場合において、第十三条の規定にかかわらず、地方

交付税交付金、地方特例交付金及び地方譲与税譲与金の交付に関する経理に関しては当該経理に係る当該年度の収納済歳入額、法第十五条第一項の規定による一時借入金及び繰替金並びに同条第三項の規定による繰替金をもって、交通安全対策特別交付金の交付に関する経理に関しては当該経理に係る当該年度の収納済歳入額をもって、それぞれ支払元受高とし、歳出を支出するには、それぞれこの支払元受高を超過することができない。

（交付税及び譲与税配付金特別会計の財務情報に関する書類及び情報の調製）

第六条　法附則第二条第一項の規定により交通安全対策特別交付金の交付に関する経理を交付税及び譲与税配付金特別会計において行う場合における第三十四条第一項から第三項までの書類並びに第三十六条第一項及び第二項の情報は、第三十四条第四項及び第三十六条第三項の規定にかかわらず、同会計全体に係るもの並びに地方交付税交付金、地方特例交付金及び地方譲与税譲与金の交付に関する経理に係るものにあっては総務大臣が、交通安全対策特別交付金の交付に関する経理に係るものにあっては内閣総理大臣が、それぞれ調製するものとする。

（法附則第五十六条の規定により法第二百十八条第二項及び第三項の規定を読み替えて適用する場合における自動車事故対策勘定の損益計算上の利益及び損失の額の算定方法）

第二十二条　法附則第五十六条の規定により法第二百十八条第二項の規定を読み替えて適用する場合における同項に規定する損益計算上の利益として政令で定めるところにより算定した金額は、第六十五条第一項の規定にかかわらず、第一号に掲げる金額から第二号に掲げる金額を控除した金額が零を上回る場合における当該上回る金額とする。

一　当該会計年度における次に掲げる金額の合計額

イ　第六十五条第一項第一号イからハまでに掲げるものの合計額

ロ　自動車損害賠償責任再保険事業等（法附則第五十六条の規定により読み替えて適用する法第二百十二条の二第一項に規定する自動車損害賠償責任再保険事業等をいう。以下この項において同じ。）に充てるための次に掲げるものの合計額

(1)　なお効力を有する旧自賠法（法附則第五十六条の規定により読み替えて適用する法第二百十二条の二第一項に規定するなお効力を有する旧自賠法をいう。以下この項において同じ。）第四十六条（なお効力を有する旧自賠法第五十条第一項において準用する場合を含む。）の規定による納付金

(2)　自動車損害賠償責任再保険事業等に充てるための前会計年度から当該会計年度に繰り越された支払備金

(3)　(1)及び(2)に掲げるもののほか、自動車事故対策勘定の益金のうち自動車損害賠償責任再保険事業等に係るものとして国土交通省令で定めるもの

二　当該会計年度における次に掲げる金額の合計額

イ　第六十五条第一項第二号イからハまでに掲げるものの合計額

ロ　自動車損害賠償責任再保険事業等に係る次に掲げるものの合計額

(1)　なお効力を有する旧自賠法第四十条第一項の規定による再保険の再保険金及び同条第二項の規定による保険の保険金

(2)　自動車損害賠償責任再保険事業等に充てるための当該会計年度から翌会計年度に繰り越す支払備金

(3)　(1)及び(2)に掲げるもののほか、自動車事故対策勘定の損金のうち自動車損害賠償責任再保険事業等に係るものとして国土交通省令で定めるもの

2　法附則第五十六条の規定により法第二百十八条第三項の規定を読み替えて適用する場合における同項に規定する損益計算上の損失として政令で定めるところにより算定した金額は、第六十五条第二項の規定にかかわらず、前項第一号に掲げる金額から同項第二号に掲げる金額を控除した金額が零を下回る場合における当該下回る金額とする。

○損害保険料率算出団体に関する法律（抄）

（昭和二十三年七月二十九日
法律第百九十三号）

最終改正　令三法三七

第一章　総則

（目的）

第一条　この法律は、損害保険における公正な保険料率の算出の基礎とし得る参考純率等を算出するために設立される損害保険料率算出団体について、その業務の適切な運営を確保することにより、損害保険業の健全な発達を図るとともに、保険契約者等の利益を保護することを目的とする。

（定義等）

第二条　この法律において、次の各号に掲げる用語の意義は、当該各号に定めるところによる。

一　保険料率　損害保険における保険料の保険金額に対する割合をいう。

二　純保険料率　保険料率のうち、将来の保険金の支払に充てられると見込まれる部分の保険料の保険金額に対する割合をいう。

三　損害保険料率算出団体　第七条の二に規定する業務を行うことを目的として次条第一項の認可を受けて設立された団体をいう。

四　会員　損害保険料率算出団体を構成する損害保険会社（保険業法（平成七年法律第百五号）第二条第四項（定義）に規定する損害保険会社及び同条第九項に規定する外国損害保険会社等をいう。以下同じ。）をいう。

五　参考純率　損害保険料率算出団体が算出する純保険料率（次号に掲げる基準料率に係るものを除く。）であって、この法律に基づく届出その他の手続を経たときはその会員による保険料率の算出の基礎とし得るものとして算出するものをいう。

六　基準料率　損害保険料率算出団体が算出する保険料率であって、この法律に基づく届出その他の手続を経たときはその会員によるその使用につき保険業法の規定による認可又は届出があったものとみなされるものとして算出するものをいう。

2　生命保険会社（保険業法第二条第三項に規定する生命保険会社及び同条第八項に規定する外国生命保険会社等をいう。）は、同法第三条第四項第二号（免許）に掲げる保険の引受けを行う範囲において、前項第四号、次条第一項及び第二項、第六条、第七条並びに第十条第一項の規定の適用については、損害保険会社とみなす。

3　特定法人（保険業法第二百十九条第一項（免許）の規定による免許を受けた同項に規定する特定法人をいい、同条第二項に規定する特定生命保険業免許を受けた特定法人にあっては、同法第三条第四項第二号に掲げる保険の引受けを行う範囲に限る。第十二条において同じ。）は、次条第一項及び第二項、第六条、第七条並びに第十条第一項の規定の適用については、損害保険会社とみなす。

第二章　設立等

（料率団体の設立）

第三条　二以上の損害保険会社は、内閣総理大臣の認可を受けて、損害保険料率算出団体（以下「料率団体」という。）を設立することができる。

2　前項の規定による認可を受けようとする損害保険会社は、定款を作成し、申請書及び会員名簿とともに、これを内閣総理大臣に提出しなければならない。

3　前項に規定する定款には、次に掲げる事項を記載しなければならない。

一　目的

二　名称

三　事務所の所在場所

四　資産に関する規定

五　理事の任免に関する規定

六　会員の加入及び脱退に関する規定

七　参考純率又は基準料率の算出を行う保険の種類

4　料率団体が参考純率の算出を行うことができる保険の種類は、内閣府令で定める。

5　料率団体が基準料率の算出を行うことができる保険の種類は、次に掲げるものとする。

一　自動車損害賠償保障法（昭和三十年法律第九十七号）の規定に基づく自動車損害賠償責任保険

二　地震保険に関する法律（昭和四十一年法律第七十三号）の規定に基づく地震保険

（法人）

第四条　料率団体は、法人とする。

（住所）

第四条の二　料率団体の住所は、その主たる事務所の所在地にあるものとする。

（定款の変更）

第五条　定款は、総会員の四分の三以上の同意があるときに限り、変更することができる。ただし、定款に別段の定めがあるときは、この限りでない。

2　定款の変更は、内閣総理大臣の認可を受けなければ、その効力を生じない。

（加入）

第六条　損害保険会社は、その引受けを行う保険の種類に係る参考純率又は基準料率の算出を行う料率団体に加入することができる。

（財産目録及び会員名簿）

第六条の二　料率団体は、設立の時及び毎年一月から三月までの間に財産目録を作成し、常にこれをその主たる事務所に備え置かなければならない。ただし、特に事業年度を設けるものは、設立の時及び毎事業年度の終了の時に財産目録を作成しなければならない。

2　料率団体は、会員名簿を備え置き、会員の変更があるごとに必要な変更を加えなければならない。

（会員の加入及び脱退の届出）

第七条　料率団体は、損害保険会社が加入又は脱退したときは、加入又は脱退した日の翌日から起算して二週間以内に、その旨を内閣総理大臣に届け出なければならない。

第三章　業務

（業務の範囲）

第七条の二　料率団体は、次に掲げる業務の全部又は一部を行うものとする。

一　参考純率を算出し、会員の利用に供すること。

二　基準料率を算出し、会員の利用に供すること。

2　料率団体は、前項各号に掲げる業務のほか、次に掲げる業務の全部又は一部を行うことができる。

一　保険料率の算出に関し、情報の収集、調査及び研究を行い、その成果を会員に提供すること。

二　保険料率に関し、知識を普及し、並びに国民の関心及び理解を増進すること。

三　前項各号及び前二号に掲げる業務に付随する業務

四　前三号に掲げるもののほか、第一条の目的を達成するため必要な業務

（理事）

第七条の二の二　料率団体には、一人又は二人以上の理事を置かなければならない。

2　理事が二人以上ある場合において、定款に別段の定めがないときは、料率団体の事務は、理事の過半数で決する。

（料率団体の代表）

第七条の二の三　理事は、料率団体のすべての事務について、料率団体を代表する。ただし、定款の規定に反することはできず、また、総会の決議に従わなければならない。

（理事の行為についての損害賠償責任）

第七条の二の四　料率団体は、理事がその職務を行うについて第三者に加えた損害を賠償する責任を負う。

（理事の代理権の制限）

第七条の二の五　理事の代理権に加えた制限は、善意の第三者に対抗することができない。

（監事）

第七条の二の六　料率団体には、定款又は総会の決議で、一人又は二人以上の監事を置くことができる。

（監事の職務）

第七条の二の七　監事の職務は、次のとおりとする。

一　料率団体の財産の状況を監査すること。

二　理事の業務の執行の状況を監査すること。

三　財産の状況又は業務の執行について、法令若しくは定款に違反し、又は著しく不当な事項があると認めるときは、総会又は内閣総理大臣に報告をすること。

四　前号の報告をするため必要があるときは、総会を招集すること。

（通常総会）

第七条の二の八　料率団体の理事は、少なくとも毎年一回、会員の通常総会を開かなければならない。

（臨時総会）

第七条の二の九　料率団体の理事は、必要があると認めるときは、いつでも臨時総会を招集することができる。

2　総会員の五分の一以上から会議の目的である事項を示して請求があつたときは、理事は、臨時総会を招集しなければならない。ただし、総会員の五分の一の割合については、定款でこれと異なる割合を定めることができる。

（総会の招集）

第七条の二の十　総会の招集の通知は、総会の日より少なくとも五日前に、その会議の目的である事項を示し、定款で定めた方法に従つてしなければならない。

（料率団体の事務の執行）

第七条の二の十一　料率団体の事務は、定款で理事その他の役員に委任したものを除き、すべて総会の決議によつて行う。

（総会の決議事項）

第七条の二の十二　総会においては、第七条の二の十の規定によりあらかじめ通知をした事項についてのみ、決議をすることができる。ただし、定款に別段の定めがあるときは、この限りでない。

（会員の表決権）

第七条の二の十三　各会員の表決権は、平等とする。

2　総会に出席しない会員は、書面で、又は代理人によつて表決をすることができる。

3　前項の会員は、定款で定めるところにより、同項の規定に基づく書面による表決に代えて、電磁的方法（電子情報処理組織を使用する方法その他の情報通信の技術を利用する方法であつて内閣府令で定めるものをいう。）により表決をすることができる。

4　第一項及び第二項の規定は、定款に別段の定めがある場合には、適用しない。

（表決権のない場合）

第七条の二の十四　料率団体と特定の会員との関係について議決をする場合には、その会員は、表決権を有しない。

（私的独占の禁止及び公正取引の確保に関する法律の適用除外）

第七条の三　私的独占の禁止及び公正取引の確保に関する法律（昭和二十二年法律第五十四号）第八条（第一号及び第四号に係る部分に限る。）の規定は、料率団体が第七条の二第一項（第二号に係る部分に限る。）の規定に基づいて行う行為には、適用しない。ただし、一定の取引分野における競争を実質的に制限することにより保険契約者又は被保険者の利益を不当に害することとなるときは、この限りでない。

第四章　参考純率及び基準料率

第一節　通則

（参考純率及び基準料率の原則）

第八条　料率団体の算出する参考純率及び基準料率は、合理的かつ妥当なものでなければならず、また、不当に差別的なものであつてはならない。

第二節　参考純率

（参考純率の届出）

第九条　料率団体は、参考純率を算出したときは、その算出方法その他内閣府令で定める事項を記載した書類を添付して、当該参考純率を内閣総理大臣に届け出なければならない。その届出をした参考純率を変更しようとするときも、同様とする。

2　料率団体は、前項の規定により参考純率の届出をしたとき

は、遅滞なく、その会員に対し、当該参考純率及び当該参考純率に係る同項に規定する事項並びにその届出を内閣総理大臣が受理した日を通知しなければならない。

（参考純率の取扱い）

第九条の二　内閣総理大臣は、前条第一項の規定による届出のあった参考純率について、当該参考純率が第八条の規定に適合するかどうかについての審査（次項において「参考純率の適合性審査」という。）を行い、当該届出を受理した日の翌日から起算して三十日以内に、その結果を当該届出をした料率団体に通知しなければならない。

2　内閣総理大臣は、前条第一項の規定による届出のあった参考純率についての参考純率の適合性審査が前項に規定する期間内に終了しないと認める相当の理由があるときは、当該期間を相当と認める期間に延長することができる。この場合において、内閣総理大臣は、当該届出をした料率団体に対し、遅滞なく、当該延長後の期間及び当該延長の理由を通知しなければならない。

3　料率団体は、前二項の規定による通知を受けたときは、遅滞なく、その会員に対し、その旨を通知しなければならない。

4　内閣総理大臣は、料率団体の会員から保険業法第百二十三条第一項（事業方法書等に定めた事項の変更）（同法第二百七条（監督に関する規定の準用）において準用する場合を含む。第十条の四第三項において同じ。）の規定による認可の申請又は同法第百二十三条第二項（同法第二百七条において準用する場合を含む。第十条の四第三項において同じ。）の規定による届出があった場合において、当該認可の申請又は届出に係る保険料率が第一項の規定により当該料率団体に対し第八条の規定に適合するとの通知をした参考純率を基礎として算出されたものであり、かつ、その算出方法が明らかにされたものであるときは、当該参考純率が同条の規定に適合するものであることを勘案して、同法第百二十四条（事業方法書等に定めた事項の変更の認可）（同法第二百七条において準用する場合を含む。）の規定に基づく当該認可の申請に係る審査又は同法第百二十五条（事業方法書等に定めた事項の変更の届出等）（同法第二百七条において準用する場合を含む。第十条の四第三項において同じ。）の規定に基づく当該届出に係る審査を行うものとする。

第三節　基準料率

（基準料率の届出）

第九条の三　料率団体は、第三条第五項各号に掲げる保険の種類に係る基準料率を算出したときは、次に掲げる事項を記載した書類を添付して、当該基準料率を内閣総理大臣に届け出なければならない。その届出をした基準料率を変更しようとするときも、同様とする。

一　基準料率に係る純保険料率

二　基準料率に係る付加保険料率（保険料率のうち純保険料率以外のものをいう。）

三　基準料率の算出方法

四　その他内閣府令で定める事項

2　料率団体は、前項の規定により基準料率の届出をしたときは、遅滞なく、内閣府令で定めるところにより、当該基準料率その他内閣府令で定める事項を公告し、かつ、その会員に対し、当該基準料率及び当該基準料率に係る同項各号に掲げる事項並びにその届出を内閣総理大臣が受理した日を通知しなければならない。

3　内閣総理大臣は、第一項の規定による届出を受理したときは、遅滞なく、公正取引委員会に対し、その旨を通知しなければならない。

（利害関係人の資料閲覧等）

第十条　損害保険会社、保険契約者、被保険者その他の利害関係人（以下「利害関係人」という。）は、料率団体に対し、その算出した基準料率に関する資料の閲覧を求めることができる。

2　料率団体は、その基準料率の算出につき利害関係人の意見を聴くための施設を設けなければならない。

3　前二項の規定の適用に関し必要な事項は、内閣府令で定める。

（利害関係人の異議の申出）

第十条の二　会員は、その所属する料率団体が第九条の三第一項の規定による届出をした基準料率について不服があるときは、その届出を内閣総理大臣が受理した日の翌日から起算して二週間以内に内閣総理大臣に当該基準料率について異議を申し出ることができる。

2　会員以外の利害関係人は、第九条の三第一項の規定による届出のあった基準料率について不服があるときは、当該基準料率に係る同条第二項の規定による公告のあった日の翌日から起算して二週間以内に内閣総理大臣に当該基準料率について異議を申し出ることができる。

3　前二項の規定による異議の申出は、その不服の理由を記載した書面をもつてしなければならない。

4　内閣総理大臣は、災害その他特別の事情があるときは、第一項又は第二項に規定する期間を延長することができる。

（内閣総理大臣の意見聴取及び適合性審査）

第十条の三　内閣総理大臣は、第九条の三第一項の規定による届出のあった基準料率について、当該基準料率が第八条の規定に適合するかどうかについての審査（以下「適合性審査」という。）を行う場合において、当該基準料率について前条第一項の規定による異議の申出があつたときは、その申出人及び当該基準料率の届出をした料率団体の理事又はこれらの者の代理人の出頭を求め、意見を聴取しなければならない。

2　内閣総理大臣は、第九条の三第一項の規定による届出のあった基準料率について適合性審査を行う場合において、当該基準料率について前条第二項の規定による異議の申出があったときは、その申出人及び当該基準料率の届出をした料率団体の理事又はこれらの者の代理人の出頭を求め、公開の意見聴取を行わなければならない。ただし、当該基準料率が緊急に使用されることが必要であると認める場合、当該基準料率が使用されることに伴う影響が軽微であると認める場合その他の政令で定める場合においては、公開しないで意見聴取を行うことができる。

3　前二項の場合において、申出人又はその代理人が、正当な理由がないのに出頭を求められた日に出頭しなかつたときは、その申出人は、前条第一項又は第二項の規定による異議の申出を取り下げたものとみなし、当該基準料率の届出をした料率団体の理事又はその者の代理人が正当な理由がないのに出頭を求められた日に出頭しなかつたときは、第九条の三第一項の規定による届出を撤回したものとみなす。

4　内閣総理大臣は、第二項の規定による公開の意見聴取を行うときは、当該意見聴取の期日の二週間前までに、当該意見聴取を行おうとする理由並びに当該意見聴取の期日及び場所を当該意見聴取に係る異議の申出人及び当該意見聴取に係る基準料率の届出をした料率団体に通知し、かつ、当該意見聴取に係る事案の要旨並びに当該意見聴取の期日及び場所を公告しなければならない。

5　前項に規定する者を除くほか、第二項の規定による公開の意見聴取に参加して意見を述べようとする者は、当該意見聴取に関して利害関係を有する理由及び述べようとする意見の概要を記載した文書をもつて、内閣総理大臣に申し出なければならない。

6　内閣総理大臣は、第二項の規定による公開の意見聴取においては、前項の規定による申出をした者であつてその意見が当該意見聴取に係る事案と関連性を有するものと認められる者に対して、当該意見聴取に係る事案について証拠を提示し、意見を述べる機会を与えなければならない。ただし、同項に規定する文書に照らし当該申出をした者のうちの多数の者の意見が共通であると認められるときは、当該多数の者について証拠を提示し、意見を述べる機会を与える者の数を限ることができる。

7　内閣総理大臣は、第二項の規定による公開の意見聴取に係る事案について必要な調査をするため、利害関係人の申立てにより又は職権で、利害関係人若しくは参考人に出頭を求めて意見を陳述させ、若しくは報告をさせ、又は鑑定人の出頭を求めて鑑定をさせることができる。

8　第三項から前項までに定めるもののほか、第二項本文の規定による公開の意見聴取に関し必要な事項は、内閣府令で定める。

（範囲料率の使用に係るみなし認可等）

第十条の四　第九条の三第一項の規定による届出のあつた基準料率について、適合性審査の期間として内閣総理大臣がその届出を受理した日から同日後九十日を経過する日までの期間（当該期間が次条第一項又は第二項の規定により短縮され、又は延長された場合にあつては、当該短縮又は延長後の期間）が経過した後、当該届出に係る基準料率を中心とした一定の範囲内の保険料率（以下この条において「範囲料率」という。）を使用しようとするときは、内閣府令で定めるところにより、その旨を内閣総理大臣に届け出ることができる。

2　範囲料率の範囲は、保険の種類ごとに内閣府令で定める。

3　第一項の会員が同項の規定による届出を行つたときは、当該会員は、当該届出を行つた日において、当該届出に係る範囲料率について、保険業法第百二十三条第一項の規定による認可を受け、又は同条第二項の規定による届出を行つたものとみなす。この場合において、同法第百二十五条の規定は、適用しない。

（適合性審査の期間の短縮、延長等）

第十条の五　内閣総理大臣は、第九条の三第一項の規定による届出のあつた基準料率について、第十条の二第一項及び第二項に規定する期間が経過し、かつ、当該基準料率が第八条の規定に適合していると認めるときは、前条第一項に規定する九十日を経過する日までの期間を相当と認める期間に短縮することができる。この場合において、内閣総理大臣は、その届出をした料率団体に対し、遅滞なく、当該短縮後の期間を通知しなければならない。

2　内閣総理大臣は、第十条の三第一項又は第二項の規定による意見聴取及び適合性審査に相当の期間を要すると認めるとき、その他相当の理由があるときは、前条第一項に規定する九十日を経過する日までの期間を相当と認める期間に延長することができる。この場合において、内閣総理大臣は、第九条の三第一項の規定による届出をした料率団体に対し、遅滞なく、当該延長後の期間及び当該延長の理由を通知しなければならない。

3　内閣総理大臣は、第九条の三第一項の規定による届出のあつた基準料率が第八条の規定に適合しないと認めるときは、前条第一項に規定する九十日を経過する日までの期間（前項の規定により当該期間が延長された場合にあつては、当該延長後の期間）内に限り、その届出をした料率団体に対し、書面をもつて、その届出の撤回をすべきことを命じ、又は期限を付して当該基準料率の変更の届出をすべきことを命じなければならない。

4　前項の規定による命令（第十条の三第一項又は第二項の規定による意見聴取及び適合性審査が行われた場合に限る。）については、行政手続法（平成五年法律第八十八号）第三章（第十二条及び第十四条を除く。）の規定は、適用しない。

5　料率団体は、第一項若しくは第二項の規定による通知又は第三項の規定による命令を受けたときは、遅滞なく、その会員に対し、その旨を通知しなければならない。

6　内閣総理大臣は、第九条の三第一項の規定による届出のあつた基準料率について、第三項の規定による命令をしないで前条第一項に規定する適合性審査の期間が経過したときは、遅滞なく、当該基準料率を告示しなければならない。

7　会員は、前項の規定による告示のあつたときは、告示内容を記載した書類をその本店又は主たる事務所及び支店又は従たる事務所（保険業法第二条第七項に規定する外国保険会社等の場合にあつては、同法第百八十五条第一項（免許）に規定する支店等）に備え置き、利害関係人の縦覧に供しなければならない。

（利害関係人の異議の申出及び変更届出命令）

第十条の六　利害関係人は、前条第六項の規定による告示のあつた基準料率について不服があるときは、同項の規定による告示のあつた日の翌日から起算して二週間以内に内閣総理大臣に当該基準料率について異議を申し出ることができる。

2　第十条の二第三項及び第四項の規定は前項の規定による異議の申出について、第十条の三第二項（ただし書を除く。）から第八項までの規定は前項の規定による異議の申出があつた場合について、それぞれ準用する。この場合において、第十条の二第四項中「第一項又は第二項」とあるのは、「第十条の六第一項」と読み替えるものとする。

3　内閣総理大臣は、第一項の規定による異議の申出があつた場合において、当該異議の申出に係る基準料率が第八条の規定に適合しないと認めるときは、当該基準料率の届出をした料率団体に対し、書面をもつて、期限を付して当該基準料率の変更の届出をすべきことを命じなければならない。

4　前項の規定による命令については、行政手続法第三章（第十二条及び第十四条を除く。）の規定は、適用しない。

5 内閣総理大臣は、第九条の三第一項の規定による届出のあつた基準料率が、その算出の基礎となつた条件の前条第六項の規定による告示後の変更により第八条の規定に適合しないこととなつたものと認めるときは、当該基準料率の届出をした料率団体に対し、書面をもつて、期限を付して当該基準料率の変更の届出をすべきことを命じなければならない。

（審査請求の制限）

第十一条 次に掲げる処分については、審査請求をすることができない。

一 第十条の五第三項（第十条の三第一項又は第二項の規定による意見聴取及び適合性審査が行われた場合に限る。）の規定による命令

二 前条第三項の規定による命令

○自動車損害賠償責任保険基準料率

（令和五年二月三日金融庁告示第十四号）

（原文横書き）

自動車損害賠償責任保険基準料率は、自動車損害賠償保障法（昭和三十年法律第九十七号）の規定に基づく自動車損害賠償責任保険契約であつて、損害保険料率算出機構の会員が使用する自動車損害賠償責任保険普通保険約款による保険契約に対して適用する。

1．保険金額

自動車損害賠償保障法施行令（昭和三十年政令第二百八十六号）第二条に定める保険金額

2．基準料率

(1) 離島以外の地域（沖縄県を除く。）に適用する基準料率〔その１　６０か月～５３か月契約〕

（単位：円）

車種			60か月契約	59か月契約	58か月契約	57か月契約	56か月契約	55か月契約	54か月契約	53か月契約
乗合自動車及びけん引旅客自動車	営業用									
乗合自動車及びけん引旅客自動車	自家用									
営業用乗用自動車	A									
営業用乗用自動車	B									
営業用乗用自動車	C									
営業用乗用自動車	D									
自家用乗用自動車										
普通貨物自動車及びけん引普通貨物自動車	営業用	最大積載量が２トンを超えるもの								
普通貨物自動車及びけん引普通貨物自動車	営業用	最大積載量が２トン以下のもの								
普通貨物自動車及びけん引普通貨物自動車	自家用	最大積載量が２トンを超えるもの								
普通貨物自動車及びけん引普通貨物自動車	自家用	最大積載量が２トン以下のもの								
小型貨物自動車及びけん引小型貨物自動車	営業用									
小型貨物自動車及びけん引小型貨物自動車	自家用									
小型二輪自動車										
軽自動車	検査対象車									
軽自動車	検査対象外車		14,200							
原動機付自転車			13,310							
大型特殊自動車及び小型特殊自動車										
緊急自動車										
商品自動車	(イ) 三輪以上の自動車（軽自動車を除く）		26,180	25,850	25,510	25,180	24,840	24,500	24,170	23,830
商品自動車	(ロ) 小型二輪自動車		13,270	13,140	13,010	12,880	12,750	12,620	12,490	12,360
商品自動車	(ハ) 軽自動車	検査対象車	13,270	13,140	13,010	12,880	12,750	12,620	12,490	12,360
商品自動車	(ハ) 軽自動車	検査対象外車	13,200	13,070	12,940	12,820	12,690	12,560	12,430	12,300
特種用途自動車	(イ) 霊きゅう自動車									
特種用途自動車	(ロ) 教習用自動車									
特種用途自動車	(ハ) その他	a 三輪以上の自動車（軽自動車を除く）								
特種用途自動車	(ハ) その他	b 小型二輪自動車								
特種用途自動車	(ハ) その他 c 軽自動車	検査対象車								
特種用途自動車	(ハ) その他 c 軽自動車	検査対象外車	19,890							
被けん引旅客自動車、被けん引普通貨物自動車、被けん引小型貨物自動車、被けん引大型特殊自動車、被けん引小型特殊自動車、被けん引特種用途自動車及び検査対象被けん引軽自動車										
検査対象外被けん引軽自動車			5,770							

（注）営業用乗用自動車の車種欄におけるＡ、Ｂ、Ｃ及びＤはそれぞれ別表の区分による。

(1) 離島以外の地域（沖縄県を除く。）に適用する基準料率〔その２　５２か月～４５か月契約〕

（単位：円）

車種		保険期間	52か月契約	51か月契約	50か月契約	49か月契約	48か月契約	47か月契約	46か月契約	45か月契約
乗合自動車及びけん引旅客自動車		営業用								
		自家用								
営業用乗用自動車		A								
		B								
		C								
		D								
自家用乗用自動車										
普通貨物自動車及びけん引普通貨物自動車	営業用	最大積載量が２トンを超えるもの								
		最大積載量が２トン以下のもの								
	自家用	最大積載量が２トンを超えるもの								
		最大積載量が２トン以下のもの								
小型貨物自動車及びけん引小型貨物自動車		営業用								
		自家用								
小型二輪自動車										
軽自動車		検査対象車								
		検査対象外車					12,470			
原動機付自転車							11,760			
大型特殊自動車及び小型特殊自動車										
緊急自動車										
商品自動車	(イ)三輪以上の自動車(軽自動車を除く)		23,500	23,160	22,820	22,490	22,150	21,810	21,470	21,120
	(ロ)小型二輪自動車		12,240	12,110	11,980	11,850	11,720	11,590	11,460	11,320
	(ハ)軽自動車	検査対象車	12,240	12,110	11,980	11,850	11,720	11,590	11,460	11,320
		検査対象外車	12,180	12,050	11,920	11,790	11,660	11,540	11,400	11,270
特種用途自動車	(イ)霊きゅう自動車									
	(ロ)教習用自動車									
	(ハ)その他	a 三輪以上の自動車(軽自動車を除く)								
		b 小型二輪自動車								
		c 軽自動車 検査対象車								
		c 軽自動車 検査対象外車					17,070			
被けん引旅客自動車、被けん引普通貨物自動車、被けん引小型貨物自動車、被けん引大型特殊自動車、被けん引小型特殊自動車、被けん引特種用途自動車及び検査対象被けん引軽自動車										
検査対象外被けん引軽自動車							5,660			

(注) 営業用乗用自動車の車種欄におけるA、B、C及びDはそれぞれ別表の区分による。

(1) 離島以外の地域（沖縄県を除く。）に適用する基準料率〔その３　４４か月～３７か月契約〕

（単位：円）

車種	保険期間	44か月契約	43か月契約	42か月契約	41か月契約	40か月契約	39か月契約	38か月契約	37か月契約
乗合自動車及びけん引旅客自動車	営業用								
	自家用								
営業用乗用自動車	A								
	B								
	C								
	D								
自家用乗用自動車									24,190
普通貨物自動車及びけん引普通貨物自動車 営業用	最大積載量が２トンを超えるもの								
	最大積載量が２トン以下のもの								
普通貨物自動車及びけん引普通貨物自動車 自家用	最大積載量が２トンを超えるもの								
	最大積載量が２トン以下のもの								
小型貨物自動車及びけん引小型貨物自動車	営業用								
	自家用								
小型二輪自動車									10,630
軽自動車	検査対象車								24,010
	検査対象外車								
原動機付自転車									
大型特殊自動車及び小型特殊自動車									
緊急自動車									8,660
商品自動車	(イ) 三輪以上の自動車（軽自動車を除く）	20,780	20,440	20,090	19,750	19,410	19,070	18,720	18,380
	(ロ) 小型二輪自動車	11,190	11,060	10,930	10,800	10,660	10,530	10,400	10,270
	(ハ) 軽自動車 検査対象車	11,190	11,060	10,930	10,800	10,660	10,530	10,400	10,270
	(ハ) 軽自動車 検査対象外車	11,140	11,010	10,880	10,750	10,620	10,490	10,360	10,230
特種用途自動車	(イ) 霊きゅう自動車								
	(ロ) 教習用自動車								
	(ハ) その他 a 三輪以上の自動車（軽自動車を除く）								
	(ハ) その他 b 小型二輪自動車								14,470
	(ハ) その他 c 軽自動車 検査対象車								
	(ハ) その他 c 軽自動車 検査対象外車								
被けん引旅客自動車、被けん引普通貨物自動車、被けん引小型貨物自動車、被けん引大型特殊自動車、被けん引小型特殊自動車、被けん引特種用途自動車及び検査対象被けん引軽自動車									
検査対象外被けん引軽自動車									

（注）営業用乗用自動車の車種欄におけるA、B、C及びDはそれぞれ別表の区分による。

(1) 離島以外の地域（沖縄県を除く。）に適用する基準料率〔その4　36か月～29か月契約〕

（単位：円）

車種			36か月契約	35か月契約	34か月契約	33か月契約	32か月契約	31か月契約	30か月契約	29か月契約
乗合自動車及びけん引旅客自動車	営業用									
	自家用									
営業用乗用自動車	A									
	B									
	C									
	D									
自家用乗用自動車			23,690	23,190	22,690	22,180	21,680	21,180	20,670	20,170
普通貨物自動車及びけん引普通貨物自動車	営業用	最大積載量が2トンを超えるもの								
		最大積載量が2トン以下のもの								
	自家用	最大積載量が2トンを超えるもの								
		最大積載量が2トン以下のもの								
小型貨物自動車及びけん引小型貨物自動車	営業用									
	自家用									
小型二輪自動車			10,490	10,340	10,200	10,060	9,910	9,770	9,630	9,480
軽自動車	検査対象車		23,520	23,020	22,520	22,030	21,530	21,030	20,530	20,030
	検査対象外車		10,710							
原動機付自転車			10,170							
大型特殊自動車及び小型特殊自動車										
緊急自動車			8,570	8,480	8,390	8,290	8,200	8,110	8,020	7,930
商品自動車	(イ) 三輪以上の自動車（軽自動車を除く）		18,040	17,690	17,340	16,990	16,640	16,290	15,940	15,590
	(ロ) 小型二輪自動車		10,140	10,000	9,870	9,740	9,600	9,470	9,330	9,200
	(ハ) 軽自動車	検査対象車	10,140	10,000	9,870	9,740	9,600	9,470	9,330	9,200
		検査対象外車	10,100	9,970	9,840	9,700	9,570	9,440	9,310	9,170
特種用途自動車	(イ) 霊きゅう自動車									
	(ロ) 教習用自動車									
	(ハ) その他	a 三輪以上の自動車（軽自動車を除く）								
		b 小型二輪自動車	14,230	13,990	13,740	13,500	13,250	13,010	12,760	12,510
		c 軽自動車 検査対象車								
		c 軽自動車 検査対象外車	14,200							
被けん引旅客自動車、被けん引普通貨物自動車、被けん引小型貨物自動車、被けん引大型特殊自動車、被けん引小型特殊自動車、被けん引特種用途自動車及び検査対象被けん引軽自動車										
検査対象外被けん引軽自動車			5,560							

（注）営業用乗用自動車の車種欄におけるA、B、C及びDはそれぞれ別表の区分による。

(1) 離島以外の地域（沖縄県を除く。）に適用する基準料率〔その５　２８か月～２１か月契約〕

（単位：円）

車種			28か月契約	27か月契約	26か月契約	25か月契約	24か月契約	23か月契約	22か月契約	21か月契約
乗合自動車及びけん引旅客自動車	営業用									
	自家用									
営業用乗用自動車	A									
	B									
	C									
	D									
自家用乗用自動車			19,670	19,160	18,660	18,160	17,650	17,140	16,630	16,110
普通貨物自動車及びけん引普通貨物自動車	営業用	最大積載量が２トンを超えるもの				44,130	42,610	41,070	39,530	37,980
		最大積載量が２トン以下のもの				31,120	30,110	29,090	28,060	27,030
	自家用	最大積載量が２トンを超えるもの				32,030	30,980	29,920	28,860	27,790
		最大積載量が２トン以下のもの				29,300	28,370	27,410	26,460	25,500
小型貨物自動車及びけん引小型貨物自動車	営業用					27,090	26,240	25,370	24,500	23,630
	自家用					20,950	20,340	19,720	19,090	18,470
小型二輪自動車			9,340	9,200	9,050	8,910	8,760	8,620	8,470	8,320
軽自動車	検査対象車		19,530	19,030	18,540	18,040	17,540	17,030	16,520	16,010
	検査対象外車						8,920			
原動機付自転車							8,560			
大型特殊自動車及び小型特殊自動車						8,840	8,700	8,550	8,410	8,270
緊急自動車			7,840	7,740	7,650	7,560	7,470	7,380	7,280	7,190
商品自動車	(イ) 三輪以上の自動車（軽自動車を除く）		15,240	14,890	14,550	14,200	13,850	13,490	13,130	12,780
	(ロ) 小型二輪自動車		9,070	8,930	8,800	8,660	8,530	8,390	8,260	8,120
	(ハ) 軽自動車	検査対象車	9,070	8,930	8,800	8,660	8,530	8,390	8,260	8,120
		検査対象外車	9,040	8,910	8,780	8,640	8,510	8,370	8,240	8,110
特種用途自動車	(イ) 霊きゅう自動車					8,040	7,930	7,810	7,700	7,590
	(ロ) 教習用自動車					8,040	7,930	7,810	7,700	7,590
	(ハ) その他	a 三輪以上の自動車（軽自動車を除く）				20,580	19,980	19,370	18,760	18,150
		b 小型二輪自動車	12,270	12,020	11,780	11,530	11,290	11,030	10,780	10,530
		c 軽自動車　検査対象車				11,530	11,290	11,030	10,780	10,530
		c 軽自動車　検査対象外車					11,270			
被けん引旅客自動車、被けん引普通貨物自動車、被けん引小型貨物自動車、被けん引大型特殊自動車、被けん引小型特殊自動車、被けん引特種用途自動車及び検査対象被けん引軽自動車						5,440	5,430	5,420	5,420	5,410
検査対象外被けん引軽自動車							5,450			

（注）営業用乗用自動車の車種欄におけるA、B、C及びDはそれぞれ別表の区分による。

(1) 離島以外の地域（沖縄県を除く。）に適用する基準料率〔その６　２０か月～１３か月契約〕

（単位：円）

車種		保険期間	20か月契約	19か月契約	18か月契約	17か月契約	16か月契約	15か月契約	14か月契約	13か月契約
乗合自動車及びけん引旅客自動車	営業用									34,100
	自家用									12,050
営業用乗用自動車	A									84,050
	B									67,180
	C									51,570
	D									35,230
自家用乗用自動車			15,600	15,090	14,570	14,060	13,550	13,030	12,520	12,010
普通貨物自動車及びけん引普通貨物自動車	営業用	最大積載量が２トンを超えるもの	36,440	34,900	33,360	31,810	30,270	28,730	27,180	25,640
		最大積載量が２トン以下のもの	26,000	24,980	23,950	22,920	21,900	20,870	19,840	18,810
	自家用	最大積載量が２トンを超えるもの	26,730	25,670	24,600	23,540	22,480	21,410	20,350	19,290
		最大積載量が２トン以下のもの	24,550	23,590	22,630	21,680	20,730	19,770	18,810	17,860
小型貨物自動車及びけん引小型貨物自動車	営業用		22,770	21,900	21,030	20,160	19,300	18,430	17,560	16,700
	自家用		17,840	17,220	16,600	15,970	15,350	14,720	14,100	13,480
小型二輪自動車			8,180	8,030	7,890	7,740	7,590	7,450	7,300	7,150
軽自動車	検査対象車		15,500	15,000	14,490	13,980	13,470	12,960	12,450	11,950
	検査対象外車									
原動機付自転車										
大型特殊自動車及び小型特殊自動車			8,120	7,980	7,840	7,690	7,550	7,410	7,260	7,120
緊急自動車			7,100	7,000	6,910	6,820	6,730	6,630	6,540	6,450
商品自動車	(イ) 三輪以上の自動車(軽自動車を除く)		12,420	12,070	11,710	11,350	11,000	10,640	10,290	9,930
	(ロ) 小型二輪自動車		7,980	7,840	7,710	7,570	7,430	7,300	7,160	7,030
	(ハ) 軽自動車	検査対象車	7,980	7,840	7,710	7,570	7,430	7,300	7,160	7,030
		検査対象外車	7,970	7,840	7,700	7,570	7,430	7,290	7,160	7,020
特種用途自動車	(イ) 霊きゅう自動車		7,480	7,370	7,250	7,140	7,030	6,920	6,810	6,700
	(ロ) 教習用自動車		7,480	7,370	7,250	7,140	7,030	6,920	6,810	6,700
	(ハ) その他	a 三輪以上の自動車(軽自動車を除く)	17,550	16,940	16,330	15,720	15,110	14,500	13,890	13,280
		b 小型二輪自動車	10,280	10,030	9,780	9,530	9,280	9,030	8,780	8,530
		c 軽自動車 検査対象車	10,280	10,030	9,780	9,530	9,280	9,030	8,780	8,530
		c 軽自動車 検査対象外車								
被けん引旅客自動車、被けん引普通貨物自動車、被けん引小型貨物自動車、被けん引大型特殊自動車、被けん引小型特殊自動車、被けん引特種用途自動車及び検査対象被けん引軽自動車			5,400	5,390	5,380	5,370	5,360	5,350	5,340	5,330
検査対象外被けん引軽自動車										

（注）営業用乗用自動車の車種欄におけるＡ、Ｂ、Ｃ及びＤはそれぞれ別表の区分による。

(1) 離島以外の地域（沖縄県を除く。）に適用する基準料率〔その７　１２か月～５か月契約〕

（単位：円）

車種			12か月契約	11か月契約	10か月契約	９か月契約	８か月契約	７か月契約	６か月契約	５か月契約
乗合自動車及びけん引旅客自動車	営業用		31,920	29,690	27,460	25,240	23,020	20,790	18,570	16,340
	自家用		11,530	11,010	10,480	9,960	9,430	8,900	8,380	7,850
営業用乗用自動車	A		78,100	72,020	65,950	59,880	53,800	47,730	41,660	35,580
	B		62,500	57,720	52,950	48,170	43,400	38,630	33,860	29,080
	C		48,060	44,490	40,920	37,350	33,780	30,210	26,640	23,070
	D		32,960	30,650	28,340	26,030	23,710	21,400	19,090	16,780
自家用乗用自動車			11,500	10,970	10,450	9,930	9,400	8,880	8,360	7,830
普通貨物自動車及びけん引普通貨物自動車	営業用	最大積載量が２トンを超えるもの	24,100	22,520	20,950	19,380	17,800	16,230	14,660	13,080
		最大積載量が２トン以下のもの	17,790	16,740	15,690	14,640	13,600	12,550	11,500	10,450
	自家用	最大積載量が２トンを超えるもの	18,230	17,140	16,060	14,970	13,890	12,800	11,720	10,640
		最大積載量が２トン以下のもの	16,900	15,930	14,960	13,980	13,010	12,030	11,060	10,090
小型貨物自動車及びけん引小型貨物自動車	営業用		15,830	14,940	14,060	13,180	12,290	11,410	10,520	9,640
	自家用		12,850	12,220	11,580	10,940	10,310	9,670	9,030	8,400
小型二輪自動車			7,010	6,860	6,710	6,560	6,410	6,260	6,110	5,960
軽自動車	検査対象車		11,440	10,920	10,400	9,880	9,360	8,850	8,330	7,810
	検査対象外車		7,100							
原動機付自転車			6,910							
大型特殊自動車及び小型特殊自動車			6,970	6,830	6,680	6,530	6,390	6,240	6,100	5,950
緊急自動車			6,350	6,260	6,160	6,070	5,980	5,880	5,790	5,690
商品自動車	(ｲ) 三輪以上の自動車（軽自動車を除く）		9,570	9,210	8,850	8,480	8,120	7,760	7,390	7,030
	(ﾛ) 小型二輪自動車		6,890	6,750	6,610	6,470	6,330	6,190	6,050	5,910
	(ﾊ) 軽自動車	検査対象車	6,890	6,750	6,610	6,470	6,330	6,190	6,050	5,910
		検査対象外車	6,890	6,750	6,610	6,480	6,340	6,200	6,060	5,930
特種用途自動車	(ｲ) 霊きゅう自動車		6,580	6,470	6,360	6,240	6,130	6,010	5,900	5,790
	(ﾛ) 教習用自動車		6,580	6,470	6,360	6,240	6,130	6,010	5,900	5,790
	(ﾊ) その他	a 三輪以上の自動車（軽自動車を除く）	12,670	12,050	11,430	10,810	10,190	9,560	8,940	8,320
		b 小型二輪自動車	8,280	8,020	7,770	7,510	7,260	7,000	6,750	6,490
		c 軽自動車 検査対象車	8,280	8,020	7,770	7,510	7,260	7,000	6,750	6,490
		c 軽自動車 検査対象外車	8,280							
被けん引旅客自動車、被けん引普通貨物自動車、被けん引小型貨物自動車、被けん引大型特殊自動車、被けん引小型特殊自動車、被けん引特種用途自動車及び検査対象被けん引軽自動車			5,320	5,320	5,310	5,300	5,290	5,280	5,270	5,260
検査対象外被けん引軽自動車			5,340							

（注）営業用乗用自動車の車種欄におけるA、B、C及びDはそれぞれ別表の区分による。

(1) 離島以外の地域（沖縄県を除く。）に適用する基準料率〔その８　４か月～５日契約〕

（単位：円）

車種		保険期間	４か月契約	３か月契約	２か月契約	１か月契約	５日契約
乗合自動車及びけん引旅客自動車		営業用	14,120	11,890	9,670	7,440	
		自家用	7,320	6,800	6,270	5,740	
営業用乗用自動車		A	29,510	23,440	17,360	11,290	
		B	24,310	19,540	14,760	9,990	
		C	19,500	15,930	12,360	8,790	
		D	14,460	12,150	9,840	7,530	
自家用乗用自動車			7,310	6,790	6,260	5,740	
普通貨物自動車及びけん引普通貨物自動車	営業用	最大積載量が２トンを超えるもの	11,510	9,940	8,360	6,790	
		最大積載量が２トン以下のもの	9,410	8,360	7,310	6,260	
	自家用	最大積載量が２トンを超えるもの	9,550	8,470	7,380	6,300	
		最大積載量が２トン以下のもの	9,110	8,140	7,160	6,190	
小型貨物自動車及びけん引小型貨物自動車		営業用	8,750	7,870	6,980	6,100	
		自家用	7,760	7,130	6,490	5,850	
小型二輪自動車			5,810	5,660	5,520	5,360	
軽自動車		検査対象車	7,290	6,770	6,250	5,740	
		検査対象外車					
原動機付自転車							
大型特殊自動車及び小型特殊自動車			5,800	5,660	5,510	5,360	
緊急自動車			5,600	5,500	5,410	5,310	
商品自動車	(イ) 三輪以上の自動車（軽自動車を除く）		6,670	6,310	5,940	5,580	5,280
	(ロ) 小型二輪自動車		5,770	5,630	5,500	5,360	5,240
	(ハ) 軽自動車	検査対象車	5,770	5,630	5,500	5,360	5,240
		検査対象外車	5,790	5,650	5,510	5,370	5,260
特種用途自動車	(イ) 霊きゅう自動車		5,670	5,560	5,440	5,330	
	(ロ) 教習用自動車		5,670	5,560	5,440	5,330	
	(ハ) その他	a 三輪以上の自動車（軽自動車を除く）	7,700	7,080	6,460	5,840	
		b 小型二輪自動車	6,240	5,980	5,730	5,470	
		c 軽自動車　検査対象車	6,240	5,980	5,730	5,470	
		c 軽自動車　検査対象外車					
被けん引旅客自動車、被けん引普通貨物自動車、被けん引小型貨物自動車、被けん引大型特殊自動車、被けん引小型特殊自動車、被けん引特種用途自動車及び検査対象被けん引軽自動車			5,260	5,250	5,240	5,230	
検査対象外被けん引軽自動車							

（注）営業用乗用自動車の車種欄におけるA、B、C及びDはそれぞれ別表の区分による。

別　表

地　域　名　等	
東京都の特別区、大阪市、名古屋市、京都市、横浜市、神戸市及び川崎市に使用の本拠を有するタクシー並びに札幌市、北九州市及び福岡市に使用の本拠を有する営業用乗用自動車（個人タクシーを除く）	A
北海道（札幌市を除く）、青森県、岩手県、宮城県、秋田県、山形県、福島県、茨城県、栃木県、群馬県、埼玉県、千葉県、東京都（特別区のタクシー及び特別区、武蔵野市及び三鷹市のハイヤーを除く）、神奈川県（横浜市のタクシー及びハイヤー、川崎市のタクシー及びハイヤーを除く）、新潟県、富山県、石川県、福井県、山梨県、長野県、岐阜県、静岡県、愛知県（名古屋市のタクシー及びハイヤーを除く）、三重県、滋賀県、京都府（京都市のタクシー及びハイヤーを除く）、大阪府（大阪市のタクシー及び大阪市域のハイヤーを除く）、兵庫県（神戸市のタクシー及び神戸市域のハイヤーを除く）、奈良県、和歌山県、鳥取県、島根県、岡山県、広島県、山口県、徳島県、香川県、愛媛県、高知県、福岡県（北九州市及び福岡市を除く）、佐賀県、長崎県、熊本県、大分県、宮崎県及び鹿児島県に使用の本拠を有する営業用乗用自動車（個人タクシーを除く）	B
東京都の特別区、武蔵野市、三鷹市、大阪市域、名古屋市、京都市、横浜市、神戸市域及び川崎市に使用の本拠を有するハイヤー	C
個人タクシー	D

（注）　大阪市域とは、大阪市、堺市、豊中市、池田市、吹田市、泉大津市、高槻市、守口市、枚方市、茨木市、八尾市、寝屋川市、和泉市、箕面市、柏原市（大和川以北の区域に限る）、門真市、摂津市、高石市、東大阪市、三島郡島本町及び泉北郡忠岡町をいい、神戸市域とは、神戸市、尼崎市、明石市（瀬戸川以東の区域に限る）、西宮市、芦屋市、伊丹市、宝塚市、川西市及び川辺郡をいう。

(2) 離島地域（沖縄県を除く。）に適用する基準料率〔その1　60か月～53か月契約〕

（単位：円）

車種		保険期間	60か月契約	59か月契約	58か月契約	57か月契約	56か月契約	55か月契約	54か月契約	53か月契約
乗合自動車及びけん引旅客自動車		営業用								
		自家用								
営業用乗用自動車		個人タクシーを除く								
		個人タクシー								
自家用乗用自動車										
普通貨物自動車及びけん引普通貨物自動車	営業用	最大積載量が２トンを超えるもの								
		最大積載量が２トン以下のもの								
	自家用	最大積載量が２トンを超えるもの								
		最大積載量が２トン以下のもの								
小型貨物自動車及びけん引小型貨物自動車		営業用								
		自家用								
小型二輪自動車										
軽自動車		検査対象車								
		検査対象外車	6,900							
原動機付自転車			6,100							
大型特殊自動車及び小型特殊自動車										
緊急自動車										
商品自動車	(イ) 三輪以上の自動車（軽自動車を除く）		6,480	6,460	6,430	6,410	6,390	6,370	6,350	6,330
	(ロ) 小型二輪自動車		6,350	6,330	6,310	6,290	6,280	6,260	6,240	6,220
	(ハ) 軽自動車	検査対象車	6,350	6,330	6,310	6,290	6,280	6,260	6,240	6,220
		検査対象外車	6,370	6,350	6,330	6,310	6,300	6,280	6,260	6,240
特種用途自動車	(イ) 霊きゅう自動車									
	(ロ) 教習用自動車									
	(ハ) その他	a 三輪以上の自動車（軽自動車を除く）								
		b 小型二輪自動車								
		c 軽自動車 検査対象車								
		c 軽自動車 検査対象外車	5,820							
被けん引旅客自動車、被けん引普通貨物自動車、被けん引小型貨物自動車、被けん引大型特殊自動車、被けん引小型特殊自動車、被けん引特種用途自動車及び検査対象被けん引軽自動車										
検査対象外被けん引軽自動車			5,770							

（注）１．本表は、離島に使用の本拠を有する車両に適用する。
２．離島とは、本土（北海道、本州、四国及び九州）以外の島であって、橋又は隧道による本土との間の交通又は移動が不可能なもの（沖縄県を除く。）をいう。

(2) 離島地域（沖縄県を除く。）に適用する基準料率〔その２　５２か月～４５か月契約〕

（単位：円）

車種 ＼ 保険期間	52か月契約	51か月契約	50か月契約	49か月契約	48か月契約	47か月契約	46か月契約	45か月契約
乗合自動車及びけん引旅客自動車　営業用								
乗合自動車及びけん引旅客自動車　自家用								
営業用乗用自動車　個人タクシーを除く								
営業用乗用自動車　個人タクシー								
自家用乗用自動車								
普通貨物自動車及びけん引普通貨物自動車　営業用　最大積載量が２トンを超えるもの								
普通貨物自動車及びけん引普通貨物自動車　営業用　最大積載量が２トン以下のもの								
普通貨物自動車及びけん引普通貨物自動車　自家用　最大積載量が２トンを超えるもの								
普通貨物自動車及びけん引普通貨物自動車　自家用　最大積載量が２トン以下のもの								
小型貨物自動車及びけん引小型貨物自動車　営業用								
小型貨物自動車及びけん引小型貨物自動車　自家用								
小型二輪自動車								
軽自動車　検査対象車								
軽自動車　検査対象外車					6,580			
原動機付自転車					5,930			
大型特殊自動車及び小型特殊自動車								
緊急自動車								
商品自動車　(イ) 三輪以上の自動車（軽自動車を除く）	6,310	6,290	6,270	6,250	6,230	6,210	6,190	6,170
商品自動車　(ロ) 小型二輪自動車	6,200	6,180	6,170	6,150	6,130	6,110	6,090	6,070
商品自動車　(ハ) 軽自動車　検査対象車	6,200	6,180	6,170	6,150	6,130	6,110	6,090	6,070
商品自動車　(ハ) 軽自動車　検査対象外車	6,220	6,200	6,190	6,170	6,150	6,130	6,110	6,090
特種用途自動車　(イ) 霊きゅう自動車								
特種用途自動車　(ロ) 教習用自動車								
特種用途自動車　(ハ) その他　a 三輪以上の自動車（軽自動車を除く）								
特種用途自動車　(ハ) その他　b 小型二輪自動車								
特種用途自動車　(ハ) その他　c 軽自動車　検査対象車								
特種用途自動車　(ハ) その他　c 軽自動車　検査対象外車					5,700			
被けん引旅客自動車、被けん引普通貨物自動車、被けん引小型貨物自動車、被けん引大型特殊自動車、被けん引小型特殊自動車、被けん引特種用途自動車及び検査対象被けん引軽自動車								
検査対象外被けん引軽自動車					5,660			

（注）１．本表は、離島に使用の本拠を有する車両に適用する。

２．離島とは、本土（北海道、本州、四国及び九州）以外の島であって、橋又は隧道による本土との間の交通又は移動が不可能なもの（沖縄県を除く。）をいう。

(2) 離島地域（沖縄県を除く。）に適用する基準料率〔その３　４４か月～３７か月契約〕

（単位：円）

車種 ＼ 保険期間			44か月契約	43か月契約	42か月契約	41か月契約	40か月契約	39か月契約	38か月契約	37か月契約
乗合自動車及びけん引旅客自動車	営業用									
	自家用									
営業用乗用自動車	個人タクシーを除く									
	個人タクシー									
自家用乗用自動車										8,950
普通貨物自動車及びけん引普通貨物自動車	営業用	最大積載量が２トンを超えるもの								
		最大積載量が２トン以下のもの								
	自家用	最大積載量が２トンを超えるもの								
		最大積載量が２トン以下のもの								
小型貨物自動車及びけん引小型貨物自動車	営業用									
	自家用									
小型二輪自動車										7,080
軽自動車	検査対象車									8,270
	検査対象外車									
原動機付自転車										
大型特殊自動車及び小型特殊自動車										
緊急自動車										5,810
商品自動車	(イ) 三輪以上の自動車(軽自動車を除く)		6,150	6,130	6,100	6,080	6,060	6,040	6,020	6,000
	(ロ) 小型二輪自動車		6,050	6,040	6,020	6,000	5,980	5,960	5,940	5,920
	(ハ) 軽自動車	検査対象車	6,050	6,040	6,020	6,000	5,980	5,960	5,940	5,920
		検査対象外車	6,070	6,060	6,040	6,020	6,000	5,980	5,960	5,940
特種用途自動車	(イ) 霊きゅう自動車									
	(ロ) 教習用自動車									
	(ハ) その他	a 三輪以上の自動車(軽自動車を除く)								
		b 小型二輪自動車								5,690
		c 軽自動車 検査対象車								
		c 軽自動車 検査対象外車								
被けん引旅客自動車、被けん引普通貨物自動車、被けん引小型貨物自動車、被けん引大型特殊自動車、被けん引特種用途自動車及び検査対象被けん引軽自動車										
検査対象外被けん引軽自動車										

（注）１．本表は、離島に使用の本拠を有する車両に適用する。

２．離島とは、本土（北海道、本州、四国及び九州）以外の島であって、橋又は隧道による本土との間の交通又は移動が不可能なもの（沖縄県を除く。）をいう。

(2) 離島地域（沖縄県を除く。）に適用する基準料率〔その４　３６か月～２９か月契約〕

（単位：円）

車種 ＼ 保険期間	36か月契約	35か月契約	34か月契約	33か月契約	32か月契約	31か月契約	30か月契約	29か月契約
乗合自動車及びけん引旅客自動車　営業用								
乗合自動車及びけん引旅客自動車　自家用								
営業用乗用自動車　個人タクシーを除く								
営業用乗用自動車　個人タクシー								
自家用乗用自動車	8,850	8,750	8,650	8,550	8,450	8,350	8,250	8,150
普通貨物自動車及びけん引普通貨物自動車　営業用　最大積載量が２トンを超えるもの								
普通貨物自動車及びけん引普通貨物自動車　営業用　最大積載量が２トン以下のもの								
普通貨物自動車及びけん引普通貨物自動車　自家用　最大積載量が２トンを超えるもの								
普通貨物自動車及びけん引普通貨物自動車　自家用　最大積載量が２トン以下のもの								
小型貨物自動車及びけん引小型貨物自動車　営業用								
小型貨物自動車及びけん引小型貨物自動車　自家用								
小型二輪自動車	7,030	6,980	6,930	6,890	6,840	6,790	6,740	6,690
軽自動車　検査対象車	8,190	8,110	8,030	7,950	7,870	7,790	7,700	7,620
軽自動車　検査対象外車	6,250							
原動機付自転車	5,760							
大型特殊自動車及び小型特殊自動車								
緊急自動車	5,790	5,780	5,760	5,750	5,730	5,710	5,700	5,680
商品自動車　(イ) 三輪以上の自動車(軽自動車を除く)	5,980	5,960	5,940	5,920	5,900	5,880	5,850	5,830
商品自動車　(ロ) 小型二輪自動車	5,900	5,890	5,870	5,850	5,830	5,810	5,790	5,770
商品自動車　(ハ) 軽自動車　検査対象車	5,900	5,890	5,870	5,850	5,830	5,810	5,790	5,770
商品自動車　(ハ) 軽自動車　検査対象外車	5,920	5,910	5,890	5,870	5,850	5,830	5,810	5,790
特種用途自動車　(イ) 霊きゅう自動車								
特種用途自動車　(ロ) 教習用自動車								
特種用途自動車　(ハ) その他　a 三輪以上の自動車(軽自動車を除く)								
特種用途自動車　(ハ) その他　b 小型二輪自動車	5,680	5,670	5,650	5,640	5,630	5,610	5,600	5,590
特種用途自動車　(ハ) その他　c 軽自動車　検査対象車								
特種用途自動車　(ハ) その他　c 軽自動車　検査対象外車	5,590							
被けん引旅客自動車、被けん引普通貨物自動車、被けん引小型貨物自動車、被けん引大型特殊自動車、被けん引小型特殊自動車、被けん引特種用途自動車及び検査対象被けん引軽自動車								
検査対象外被けん引軽自動車	5,560							

（注）１．本表は、離島に使用の本拠を有する車両に適用する。
２．離島とは、本土（北海道、本州、四国及び九州）以外の島であって、橋又は隧道による本土との間の交通又は移動が不可能なもの（沖縄県を除く。）をいう。

(2) 離島地域（沖縄県を除く。）に適用する基準料率〔その５　２８か月～２１か月契約〕

（単位：円）

車種		保険期間	28か月契約	27か月契約	26か月契約	25か月契約	24か月契約	23か月契約	22か月契約	21か月契約
乗合自動車及びけん引旅客自動車	営業用									
	自家用									
営業用乗用自動車	個人タクシーを除く									
	個人タクシー									
自家用乗用自動車			8,060	7,960	7,860	7,760	7,660	7,560	7,460	7,360
普通貨物自動車及びけん引普通貨物自動車	営業用	最大積載量が２トンを超えるもの				18,810	18,290	17,750	17,210	16,670
		最大積載量が２トン以下のもの				15,870	15,450	15,030	14,610	14,190
	自家用	最大積載量が２トンを超えるもの				18,810	18,290	17,750	17,210	16,670
		最大積載量が２トン以下のもの				15,870	15,450	15,030	14,610	14,190
小型貨物自動車及びけん引小型貨物自動車	営業用					9,760	9,580	9,400	9,220	9,040
	自家用					9,710	9,530	9,350	9,180	9,000
小型二輪自動車			6,640	6,590	6,540	6,490	6,440	6,390	6,340	6,290
軽自動車	検査対象車		7,540	7,460	7,380	7,300	7,220	7,140	7,050	6,970
	検査対象外車						5,920			
原動機付自転車							5,590			
大型特殊自動車及び小型特殊自動車						5,580	5,560	5,550	5,530	5,520
緊急自動車			5,670	5,650	5,630	5,620	5,600	5,590	5,570	5,560
商品自動車	(イ) 三輪以上の自動車(軽自動車を除く)		5,810	5,790	5,770	5,750	5,730	5,710	5,690	5,660
	(ロ) 小型二輪自動車		5,750	5,740	5,720	5,700	5,680	5,660	5,640	5,620
	(ハ) 軽自動車	検査対象車	5,750	5,740	5,720	5,700	5,680	5,660	5,640	5,620
		検査対象外車	5,770	5,760	5,740	5,720	5,700	5,680	5,660	5,640
特種用途自動車	(イ) 霊きゅう自動車					5,460	5,450	5,440	5,430	5,420
	(ロ) 教習用自動車					5,460	5,450	5,440	5,430	5,420
	(ハ) その他	a 三輪以上の自動車(軽自動車を除く)				6,730	6,670	6,610	6,550	6,490
		b 小型二輪自動車	5,580	5,560	5,550	5,540	5,530	5,510	5,500	5,490
		c 軽自動車 検査対象車				5,540	5,530	5,510	5,500	5,490
		c 軽自動車 検査対象外車					5,470			
被けん引旅客自動車、被けん引普通貨物自動車、被けん引小型貨物自動車、被けん引大型特殊自動車、被けん引小型特殊自動車、被けん引特種用途自動車及び検査対象被けん引軽自動車						5,440	5,430	5,420	5,420	5,410
検査対象外被けん引軽自動車							5,450			

(注) １．本表は、離島に使用の本拠を有する車両に適用する。
２．離島とは、本土(北海道、本州、四国及び九州）以外の島であって、橋又は隧道による本土との間の交通又は移動が不可能なもの（沖縄県を除く。）をいう。

(2) 離島地域（沖縄県を除く。）に適用する基準料率〔その6　20か月～13か月契約〕

（単位：円）

車種 ＼ 保険期間			20か月契約	19か月契約	18か月契約	17か月契約	16か月契約	15か月契約	14か月契約	13か月契約
乗合自動車及びけん引旅客自動車	営業用									12,900
	自家用									12,050
営業用乗用自動車	個人タクシーを除く									16,730
	個人タクシー									16,730
自家用乗用自動車			7,260	7,160	7,060	6,950	6,850	6,750	6,650	6,550
普通貨物自動車及びけん引普通貨物自動車	営業用	最大積載量が2トンを超えるもの	16,130	15,590	15,050	14,510	13,970	13,430	12,890	12,350
		最大積載量が2トン以下のもの	13,760	13,340	12,920	12,500	12,070	11,650	11,230	10,810
	自家用	最大積載量が2トンを超えるもの	16,130	15,590	15,050	14,510	13,970	13,430	12,890	12,350
		最大積載量が2トン以下のもの	13,760	13,340	12,920	12,500	12,070	11,650	11,230	10,810
小型貨物自動車及びけん引小型貨物自動車	営業用		8,860	8,680	8,500	8,320	8,140	7,960	7,780	7,600
	自家用		8,820	8,640	8,460	8,280	8,110	7,930	7,750	7,570
小型二輪自動車			6,240	6,190	6,140	6,090	6,030	5,980	5,930	5,880
軽自動車	検査対象車		6,890	6,800	6,720	6,640	6,560	6,470	6,390	6,310
	検査対象外車									
原動機付自転車										
大型特殊自動車及び小型特殊自動車			5,510	5,490	5,480	5,460	5,450	5,430	5,420	5,410
緊急自動車			5,540	5,520	5,510	5,490	5,470	5,460	5,440	5,430
商品自動車	(イ) 三輪以上の自動車(軽自動車を除く)		5,640	5,620	5,600	5,580	5,560	5,540	5,520	5,490
	(ロ) 小型二輪自動車		5,600	5,580	5,560	5,540	5,530	5,510	5,490	5,470
	(ハ) 軽自動車	検査対象車	5,600	5,580	5,560	5,540	5,530	5,510	5,490	5,470
		検査対象外車	5,620	5,600	5,580	5,560	5,550	5,530	5,510	5,490
特種用途自動車	(イ) 霊きゅう自動車		5,410	5,400	5,390	5,380	5,370	5,360	5,350	5,340
	(ロ) 教習用自動車		5,410	5,400	5,390	5,380	5,370	5,360	5,350	5,340
	(ハ) その他	a 三輪以上の自動車(軽自動車を除く)	6,430	6,370	6,310	6,250	6,190	6,130	6,070	6,010
		b 小型二輪自動車	5,480	5,460	5,450	5,440	5,420	5,410	5,400	5,390
		c 軽自動車 検査対象車	5,480	5,460	5,450	5,440	5,420	5,410	5,400	5,390
		c 軽自動車 検査対象外車								
被けん引旅客自動車、被けん引普通貨物自動車、被けん引小型貨物自動車、被けん引大型特殊自動車、被けん引小型特殊自動車、被けん引特種用途自動車及び検査対象被けん引軽自動車			5,400	5,390	5,380	5,370	5,360	5,350	5,340	5,330
検査対象外被けん引軽自動車										

（注）1．本表は、離島に使用の本拠を有する車両に適用する。

2．離島とは、本土（北海道、本州、四国及び九州）以外の島であって、橋又は隧道による本土との間の交通又は移動が不可能なもの（沖縄県を除く。）をいう。

(2) 離島地域（沖縄県を除く。）に適用する基準料率〔その７　１２か月～５か月契約〕

（単位：円）

車種 ＼ 保険期間			12か月契約	11か月契約	10か月契約	9か月契約	8か月契約	7か月契約	6か月契約	5か月契約
乗合自動車及びけん引旅客自動車	営業用		12,320	11,720	11,130	10,540	9,950	9,360	8,770	8,170
	自家用		11,530	11,010	10,480	9,960	9,430	8,900	8,380	7,850
営業用乗用自動車	個人タクシーを除く		15,860	14,980	14,090	13,200	12,310	11,430	10,540	9,650
	個人タクシー		15,860	14,980	14,090	13,200	12,310	11,430	10,540	9,650
自家用乗用自動車			6,450	6,350	6,240	6,140	6,040	5,940	5,830	5,730
普通貨物自動車及びけん引普通貨物自動車	営業用	最大積載量が２トンを超えるもの	11,810	11,260	10,710	10,170	9,610	9,070	8,520	7,970
		最大積載量が２トン以下のもの	10,380	9,950	9,520	9,090	8,660	8,230	7,800	7,370
	自家用	最大積載量が２トンを超えるもの	11,810	11,260	10,710	10,170	9,610	9,070	8,520	7,970
		最大積載量が２トン以下のもの	10,380	9,950	9,520	9,090	8,660	8,230	7,800	7,370
小型貨物自動車及びけん引小型貨物自動車	営業用		7,420	7,240	7,050	6,870	6,680	6,500	6,320	6,130
	自家用		7,390	7,210	7,030	6,850	6,670	6,490	6,310	6,120
小型二輪自動車			5,830	5,780	5,730	5,680	5,630	5,580	5,530	5,470
軽自動車	検査対象車		6,230	6,140	6,060	5,970	5,890	5,810	5,720	5,640
	検査対象外車		5,580							
原動機付自転車			5,410							
大型特殊自動車及び小型特殊自動車			5,390	5,380	5,360	5,350	5,330	5,320	5,300	5,290
緊急自動車			5,410	5,390	5,380	5,360	5,350	5,330	5,310	5,300
商品自動車	(イ) 三輪以上の自動車(軽自動車を除く)		5,470	5,450	5,430	5,410	5,390	5,370	5,350	5,320
	(ロ) 小型二輪自動車		5,450	5,430	5,410	5,390	5,370	5,350	5,330	5,310
	(ハ) 軽自動車	検査対象車	5,450	5,430	5,410	5,390	5,370	5,350	5,330	5,310
		検査対象外車	5,470	5,450	5,430	5,410	5,390	5,370	5,350	5,330
特種用途自動車	(イ) 霊きゅう自動車		5,330	5,320	5,320	5,310	5,290	5,280	5,280	5,270
	(ロ) 教習用自動車		5,330	5,320	5,320	5,310	5,290	5,280	5,280	5,270
	(ハ) その他	a 三輪以上の自動車(軽自動車を除く)	5,950	5,890	5,830	5,770	5,700	5,640	5,580	5,520
		b 小型二輪自動車	5,370	5,360	5,350	5,330	5,320	5,310	5,300	5,280
		c 軽自動車 検査対象車	5,370	5,360	5,350	5,330	5,320	5,310	5,300	5,280
		c 軽自動車 検査対象外車	5,350							
被けん引旅客自動車、被けん引普通貨物自動車、被けん引小型貨物自動車、被けん引大型特殊自動車、被けん引小型特殊自動車、被けん引特種用途自動車及び検査対象被けん引軽自動車			5,320	5,320	5,310	5,300	5,290	5,280	5,270	5,260
検査対象外被けん引軽自動車			5,340							

（注）１．本表は、離島に使用の本拠を有する車両に適用する。
　　　２．離島とは、本土（北海道、本州、四国及び九州）以外の島であって、橋又は隧道による本土との間の交通又は移動が不可能なもの（沖縄県を除く。）をいう。

(2) 離島地域（沖縄県を除く。）に適用する基準料率〔その８　４か月～５日契約〕

（単位：円）

車種			４か月契約	３か月契約	２か月契約	１か月契約	５日契約
乗合自動車及びけん引旅客自動車	営業用		7,580	6,990	6,400	5,810	
	自家用		7,320	6,800	6,270	5,740	
営業用乗用自動車	個人タクシーを除く		8,770	7,880	6,990	6,100	
	個人タクシー		8,770	7,880	6,990	6,100	
自家用乗用自動車			5,630	5,530	5,420	5,320	
普通貨物自動車及びけん引普通貨物自動車	営業用	最大積載量が２トンを超えるもの	7,420	6,870	6,320	5,770	
		最大積載量が２トン以下のもの	6,940	6,510	6,080	5,650	
	自家用	最大積載量が２トンを超えるもの	7,420	6,870	6,320	5,770	
		最大積載量が２トン以下のもの	6,940	6,510	6,080	5,650	
小型貨物自動車及びけん引小型貨物自動車	営業用		5,950	5,770	5,580	5,400	
	自家用		5,940	5,760	5,580	5,400	
小型二輪自動車			5,420	5,370	5,320	5,270	
軽自動車	検査対象車		5,550	5,470	5,380	5,300	
	検査対象外車						
原動機付自転車							
大型特殊自動車及び小型特殊自動車			5,270	5,260	5,250	5,230	
緊急自動車			5,280	5,260	5,250	5,230	
商品自動車	(イ) 三輪以上の自動車(軽自動車を除く)		5,300	5,280	5,260	5,240	5,220
	(ロ) 小型二輪自動車		5,290	5,270	5,260	5,230	5,220
	(ハ) 軽自動車	検査対象車	5,290	5,270	5,260	5,230	5,220
		検査対象外車	5,310	5,290	5,280	5,250	5,240
特種用途自動車	(イ) 霊きゅう自動車		5,260	5,250	5,240	5,230	
	(ロ) 教習用自動車		5,260	5,250	5,240	5,230	
	(ハ) その他	a 三輪以上の自動車(軽自動車を除く)	5,460	5,400	5,340	5,280	
		b 小型二輪自動車	5,270	5,260	5,240	5,230	
		c 軽自動車 検査対象車	5,270	5,260	5,240	5,230	
		c 軽自動車 検査対象外車					
被けん引旅客自動車、被けん引普通貨物自動車、被けん引小型貨物自動車、被けん引大型特殊自動車、被けん引小型特殊自動車、被けん引特種用途自動車及び検査対象被けん引軽自動車			5,260	5,250	5,240	5,230	
検査対象外被けん引軽自動車							

（注）１．本表は、離島に使用の本拠を有する車両に適用する。
２．離島とは、本土（北海道、本州、四国及び九州）以外の島であって、橋又は隧道による本土との間の交通又は移動が不可能なもの（沖縄県を除く。）をいう。

(3) 沖縄県（離島地域を除く。）に適用する基準料率〔その１　６０か月～５３か月契約〕

（単位：円）

車種 ＼ 保険期間	60か月契約	59か月契約	58か月契約	57か月契約	56か月契約	55か月契約	54か月契約	53か月契約
乗合自動車及びけん引旅客自動車　営業用								
乗合自動車及びけん引旅客自動車　自家用								
営業用乗用自動車　個人タクシーを除く								
営業用乗用自動車　個人タクシー								
自家用乗用自動車								
普通貨物自動車及びけん引普通貨物自動車　営業用　最大積載量が２トンを超えるもの								
普通貨物自動車及びけん引普通貨物自動車　営業用　最大積載量が２トン以下のもの								
普通貨物自動車及びけん引普通貨物自動車　自家用　最大積載量が２トンを超えるもの								
普通貨物自動車及びけん引普通貨物自動車　自家用　最大積載量が２トン以下のもの								
小型貨物自動車及びけん引小型貨物自動車　営業用								
小型貨物自動車及びけん引小型貨物自動車　自家用								
小型二輪自動車								
軽自動車　検査対象車								
軽自動車　検査対象外車	6, 150							
原動機付自転車	6, 100							
大型特殊自動車及び小型特殊自動車								
緊急自動車								
商品自動車　(イ) 三輪以上の自動車（軽自動車を除く）	10, 780	10, 690	10, 600	10, 510	10, 430	10, 340	10, 250	10, 160
商品自動車　(ロ) 小型二輪自動車	6, 070	6, 050	6, 040	6, 030	6, 010	6, 000	5, 980	5, 970
商品自動車　(ハ) 軽自動車　検査対象車	6, 350	6, 330	6, 310	6, 290	6, 280	6, 260	6, 240	6, 220
商品自動車　(ハ) 軽自動車　検査対象外車	6, 150	6, 130	6, 120	6, 100	6, 090	6, 070	6, 060	6, 040
特種用途自動車　(イ) 霊きゅう自動車								
特種用途自動車　(ロ) 教習用自動車								
特種用途自動車　(ハ) その他　a 三輪以上の自動車（軽自動車を除く）								
特種用途自動車　(ハ) その他　b 小型二輪自動車								
特種用途自動車　(ハ) その他　c 軽自動車　検査対象車								
特種用途自動車　(ハ) その他　c 軽自動車　検査対象外車	14, 480							
被けん引旅客自動車、被けん引普通貨物自動車、被けん引小型貨物自動車、被けん引大型特殊自動車、被けん引小型特殊自動車、被けん引特種用途自動車及び検査対象被けん引軽自動車								
検査対象外被けん引軽自動車	5, 770							

（注）本表は、沖縄県のうち（4）の表（注）２．に掲げる地域以外の地域に使用の本拠を有する車両に適用する。

(3) 沖縄県（離島地域を除く。）に適用する基準料率〔その２　５２か月～４５か月契約〕

（単位：円）

車種			52か月契約	51か月契約	50か月契約	49か月契約	48か月契約	47か月契約	46か月契約	45か月契約
乗合自動車及びけん引旅客自動車	営業用									
乗合自動車及びけん引旅客自動車	自家用									
営業用乗用自動車	個人タクシーを除く									
営業用乗用自動車	個人タクシー									
自家用乗用自動車										
普通貨物自動車及びけん引普通貨物自動車	営業用	最大積載量が２トンを超えるもの								
普通貨物自動車及びけん引普通貨物自動車	営業用	最大積載量が２トン以下のもの								
普通貨物自動車及びけん引普通貨物自動車	自家用	最大積載量が２トンを超えるもの								
普通貨物自動車及びけん引普通貨物自動車	自家用	最大積載量が２トン以下のもの								
小型貨物自動車及びけん引小型貨物自動車	営業用									
小型貨物自動車及びけん引小型貨物自動車	自家用									
小型二輪自動車										
軽自動車	検査対象車									
軽自動車	検査対象外車						5,970			
原動機付自転車							5,930			
大型特殊自動車及び小型特殊自動車										
緊急自動車										
商品自動車	(イ)三輪以上の自動車(軽自動車を除く)		10,070	9,980	9,890	9,800	9,710	9,620	9,530	9,440
商品自動車	(ロ)小型二輪自動車		5,960	5,940	5,930	5,910	5,900	5,890	5,870	5,860
商品自動車	(ハ)軽自動車	検査対象車	6,200	6,180	6,170	6,150	6,130	6,110	6,090	6,070
商品自動車	(ハ)軽自動車	検査対象外車	6,030	6,010	6,000	5,990	5,970	5,960	5,940	5,920
特種用途自動車	(イ)霊きゅう自動車									
特種用途自動車	(ロ)教習用自動車									
特種用途自動車	(ハ)その他	a 三輪以上の自動車(軽自動車を除く)								
特種用途自動車	(ハ)その他	b 小型二輪自動車								
特種用途自動車	(ハ)その他	c 軽自動車 検査対象車								
特種用途自動車	(ハ)その他	c 軽自動車 検査対象外車					12,700			
被けん引旅客自動車、被けん引普通貨物自動車、被けん引小型貨物自動車、被けん引大型特殊自動車、被けん引小型特殊自動車、被けん引特種用途自動車及び検査対象被けん引軽自動車										
検査対象外被けん引軽自動車							5,660			

（注）本表は、沖縄県のうち（4）の表（注）２．に掲げる地域以外の地域に使用の本拠を有する車両に適用する。

(3) 沖縄県（離島地域を除く。）に適用する基準料率〔その3　44か月～37か月契約〕

（単位：円）

車種 ＼ 保険期間			44か月契約	43か月契約	42か月契約	41か月契約	40か月契約	39か月契約	38か月契約	37か月契約
乗合自動車及びけん引旅客自動車	営業用									
	自家用									
営業用乗用自動車	個人タクシーを除く									
	個人タクシー									
自家用乗用自動車										12,450
普通貨物自動車及びけん引普通貨物自動車	営業用	最大積載量が2トンを超えるもの								
		最大積載量が2トン以下のもの								
	自家用	最大積載量が2トンを超えるもの								
		最大積載量が2トン以下のもの								
小型貨物自動車及びけん引小型貨物自動車	営業用									
	自家用									
小型二輪自動車										5,740
軽自動車	検査対象車									12,450
	検査対象外車									
原動機付自転車										
大型特殊自動車及び小型特殊自動車										
緊急自動車										8,490
商品自動車	(イ) 三輪以上の自動車（軽自動車を除く）		9,340	9,250	9,160	9,070	8,980	8,890	8,800	8,710
	(ロ) 小型二輪自動車		5,840	5,830	5,820	5,800	5,790	5,770	5,760	5,740
	(ハ) 軽自動車	検査対象車	6,050	6,040	6,020	6,000	5,980	5,960	5,940	5,920
		検査対象外車	5,910	5,900	5,880	5,860	5,850	5,830	5,820	5,800
特種用途自動車	(イ) 霊きゅう自動車									
	(ロ) 教習用自動車									
	(ハ) その他	a 三輪以上の自動車（軽自動車を除く）								
		b 小型二輪自動車								11,020
		c 軽自動車 検査対象車								
		c 軽自動車 検査対象外車								
被けん引旅客自動車、被けん引普通貨物自動車、被けん引小型貨物自動車、被けん引大型特殊自動車、被けん引小型特殊自動車、被けん引特種用途自動車及び検査対象被けん引軽自動車										
検査対象外被けん引軽自動車										

（注）本表は、沖縄県のうち（4）の表（注）２．に掲げる地域以外の地域に使用の本拠を有する車両に適用する。

(3) 沖縄県（離島地域を除く。）に適用する基準料率〔その４　３６か月～２９か月契約〕

（単位：円）

車種	保険期間	36か月契約	35か月契約	34か月契約	33か月契約	32か月契約	31か月契約	30か月契約	29か月契約
乗合自動車及びけん引旅客自動車	営業用								
	自家用								
営業用乗用自動車	個人タクシーを除く								
	個人タクシー								
自家用乗用自動車		12,260	12,070	11,880	11,680	11,490	11,300	11,110	10,920
普通貨物自動車及びけん引普通貨物自動車 営業用	最大積載量が２トンを超えるもの								
	最大積載量が２トン以下のもの								
普通貨物自動車及びけん引普通貨物自動車 自家用	最大積載量が２トンを超えるもの								
	最大積載量が２トン以下のもの								
小型貨物自動車及びけん引小型貨物自動車	営業用								
	自家用								
小型二輪自動車		5,730	5,720	5,700	5,690	5,670	5,660	5,650	5,630
軽自動車	検査対象車	12,260	12,070	11,880	11,680	11,490	11,300	11,110	10,920
	検査対象外車	5,790							
原動機付自転車		5,760							
大型特殊自動車及び小型特殊自動車									
緊急自動車		8,400	8,310	8,230	8,140	8,050	7,970	7,880	7,790
商品自動車	(イ) 三輪以上の自動車(軽自動車を除く)	8,620	8,520	8,430	8,340	8,240	8,150	8,060	7,970
	(ロ) 小型二輪自動車	5,730	5,720	5,700	5,690	5,670	5,660	5,650	5,630
	(ハ) 軽自動車 検査対象車	5,900	5,890	5,870	5,850	5,830	5,810	5,790	5,770
	(ハ) 軽自動車 検査対象外車	5,790	5,770	5,760	5,740	5,730	5,710	5,700	5,680
特種用途自動車	(イ) 霊きゅう自動車								
	(ロ) 教習用自動車								
	(ハ) その他 a 三輪以上の自動車(軽自動車を除く)								
	(ハ) その他 b 小型二輪自動車	10,870	10,710	10,560	10,410	10,250	10,100	9,940	9,790
	(ハ) その他 c 軽自動車 検査対象車								
	(ハ) その他 c 軽自動車 検査対象外車	10,890							
被けん引旅客自動車、被けん引普通貨物自動車、被けん引小型貨物自動車、被けん引大型特殊自動車、被けん引小型特殊自動車、被けん引特種用途自動車及び検査対象被けん引軽自動車									
検査対象外被けん引軽自動車		5,560							

（注）本表は、沖縄県のうち（4）の表（注）２．に掲げる地域以外の地域に使用の本拠を有する車両に適用する。

(3) 沖縄県（離島地域を除く。）に適用する基準料率〔その5　28か月～21か月契約〕

（単位：円）

車種 ＼ 保険期間			28か月契約	27か月契約	26か月契約	25か月契約	24か月契約	23か月契約	22か月契約	21か月契約
乗合自動車及びけん引旅客自動車	営業用									
	自家用									
営業用乗用自動車	個人タクシーを除く									
	個人タクシー									
自家用乗用自動車			10,730	10,530	10,340	10,150	9,960	9,760	9,570	9,370
普通貨物自動車及びけん引普通貨物自動車	営業用	最大積載量が2トンを超えるもの				15,430	15,030	14,630	14,220	13,820
		最大積載量が2トン以下のもの				15,430	15,030	14,630	14,220	13,820
	自家用	最大積載量が2トンを超えるもの				15,430	15,030	14,630	14,220	13,820
		最大積載量が2トン以下のもの				15,430	15,030	14,630	14,220	13,820
小型貨物自動車及びけん引小型貨物自動車	営業用					11,410	11,170	10,920	10,670	10,430
	自家用					11,350	11,120	10,870	10,630	10,380
小型二輪自動車			5,620	5,600	5,590	5,580	5,560	5,550	5,530	5,520
軽自動車	検査対象車		10,730	10,530	10,340	10,150	9,960	9,760	9,570	9,370
	検査対象外車						5,610			
原動機付自転車							5,590			
大型特殊自動車及び小型特殊自動車						6,400	6,360	6,310	6,260	6,220
緊急自動車			7,700	7,620	7,530	7,440	7,360	7,270	7,180	7,090
商品自動車	(イ)三輪以上の自動車（軽自動車を除く）		7,870	7,780	7,690	7,600	7,500	7,410	7,310	7,220
	(ロ)小型二輪自動車		5,620	5,600	5,590	5,580	5,560	5,550	5,530	5,520
	(ハ)軽自動車	検査対象車	5,750	5,740	5,720	5,700	5,680	5,660	5,640	5,620
		検査対象外車	5,670	5,650	5,640	5,620	5,610	5,590	5,580	5,560
特種用途自動車	(イ)霊きゅう自動車					7,010	6,940	6,870	6,800	6,730
	(ロ)教習用自動車					7,010	6,940	6,870	6,800	6,730
	(ハ)その他 a 三輪以上の自動車（軽自動車を除く）					9,810	9,630	9,450	9,270	9,090
	(ハ)その他 b 小型二輪自動車		9,640	9,480	9,330	9,170	9,020	8,860	8,710	8,550
	(ハ)その他 c 軽自動車	検査対象車				9,170	9,020	8,860	8,710	8,550
		検査対象外車					9,040			
被けん引旅客自動車、被けん引普通貨物自動車、被けん引小型貨物自動車、被けん引大型特殊自動車、被けん引小型特殊自動車、被けん引特種用途自動車及び検査対象被けん引軽自動車						5,440	5,430	5,420	5,420	5,410
検査対象外被けん引軽自動車							5,450			

（注）本表は、沖縄県のうち（4）の表（注）2．に掲げる地域以外の地域に使用の本拠を有する車両に適用する。

(3) 沖縄県（離島地域を除く。）に適用する基準料率〔その6　20か月～13か月契約〕

（単位：円）

車種		保険期間	20か月契約	19か月契約	18か月契約	17か月契約	16か月契約	15か月契約	14か月契約	13か月契約
乗合自動車及びけん引旅客自動車	営業用									24,970
	自家用									12,050
営業用乗用自動車	個人タクシーを除く									48,020
	個人タクシー									35,230
自家用乗用自動車			9,170	8,980	8,780	8,590	8,390	8,200	8,000	7,800
普通貨物自動車及びけん引普通貨物自動車	営業用	最大積載量が２トンを超えるもの	13,410	13,010	12,600	12,200	11,790	11,390	10,980	10,580
		最大積載量が２トン以下のもの	13,410	13,010	12,600	12,200	11,790	11,390	10,980	10,580
	自家用	最大積載量が２トンを超えるもの	13,410	13,010	12,600	12,200	11,790	11,390	10,980	10,580
		最大積載量が２トン以下のもの	13,410	13,010	12,600	12,200	11,790	11,390	10,980	10,580
小型貨物自動車及びけん引小型貨物自動車	営業用		10,180	9,940	9,690	9,450	9,200	8,960	8,710	8,460
	自家用		10,140	9,900	9,660	9,410	9,170	8,920	8,680	8,440
小型二輪自動車			5,510	5,490	5,480	5,460	5,450	5,430	5,420	5,400
軽自動車	検査対象車		9,170	8,980	8,780	8,590	8,390	8,200	8,000	7,800
	検査対象外車									
原動機付自転車										
大型特殊自動車及び小型特殊自動車			6,170	6,120	6,070	6,030	5,980	5,930	5,890	5,840
緊急自動車			7,000	6,920	6,830	6,740	6,650	6,560	6,470	6,390
商品自動車	(イ) 三輪以上の自動車（軽自動車を除く）		7,130	7,030	6,940	6,840	6,750	6,650	6,560	6,460
	(ロ) 小型二輪自動車		5,510	5,490	5,480	5,460	5,450	5,430	5,420	5,400
	(ハ) 軽自動車	検査対象車	5,600	5,580	5,560	5,540	5,530	5,510	5,490	5,470
		検査対象外車	5,550	5,530	5,520	5,500	5,480	5,470	5,450	5,440
特種用途自動車	(イ) 霊きゅう自動車		6,660	6,590	6,520	6,440	6,370	6,300	6,230	6,160
	(ロ) 教習用自動車		6,660	6,590	6,520	6,440	6,370	6,300	6,230	6,160
	(ハ) その他	a 三輪以上の自動車（軽自動車を除く）	8,900	8,720	8,540	8,360	8,180	7,990	7,810	7,630
		b 小型二輪自動車	8,390	8,230	8,080	7,920	7,760	7,610	7,450	7,290
		c 軽自動車　検査対象車	8,390	8,230	8,080	7,920	7,760	7,610	7,450	7,290
		c 軽自動車　検査対象外車								
被けん引旅客自動車、被けん引普通貨物自動車、被けん引小型貨物自動車、被けん引大型特殊自動車、被けん引小型特殊自動車、被けん引特種用途自動車及び検査対象被けん引軽自動車			5,400	5,390	5,380	5,370	5,360	5,350	5,340	5,330
検査対象外被けん引軽自動車										

（注）本表は、沖縄県のうち（4）の表（注）２．に掲げる地域以外の地域に使用の本拠を有する車両に適用する。

(3) 沖縄県（離島地域を除く。）に適用する基準料率〔その７　１２か月～５か月契約〕

（単位：円）

車種 ＼ 保険期間			12か月契約	11か月契約	10か月契約	9か月契約	8か月契約	7か月契約	6か月契約	5か月契約
乗合自動車及びけん引旅客自動車	営業用		23,470	21,950	20,430	18,910	17,390	15,870	14,350	12,820
	自家用		11,530	11,010	10,480	9,960	9,430	8,900	8,380	7,850
営業用乗用自動車	個人タクシーを除く		44,790	41,490	38,190	34,900	31,600	28,300	25,000	21,710
	個人タクシー		32,960	30,650	28,340	26,030	23,710	21,400	19,090	16,780
自家用乗用自動車			7,610	7,410	7,210	7,010	6,810	6,610	6,410	6,210
普通貨物自動車及びけん引普通貨物自動車	営業用	最大積載量が２トンを超えるもの	10,170	9,760	9,340	8,930	8,520	8,110	7,690	7,280
		最大積載量が２トン以下のもの	10,170	9,760	9,340	8,930	8,520	8,110	7,690	7,280
	自家用	最大積載量が２トンを超えるもの	10,170	9,760	9,340	8,930	8,520	8,110	7,690	7,280
		最大積載量が２トン以下のもの	10,170	9,760	9,340	8,930	8,520	8,110	7,690	7,280
小型貨物自動車及びけん引小型貨物自動車	営業用		8,220	7,970	7,720	7,470	7,220	6,970	6,720	6,470
	自家用		8,190	7,950	7,700	7,450	7,200	6,950	6,710	6,460
小型二輪自動車			5,390	5,380	5,360	5,350	5,330	5,320	5,300	5,290
軽自動車	検査対象車		7,610	7,410	7,210	7,010	6,810	6,610	6,410	6,210
	検査対象外車		5,420							
原動機付自転車			5,410							
大型特殊自動車及び小型特殊自動車			5,790	5,740	5,700	5,650	5,600	5,550	5,510	5,460
緊急自動車			6,300	6,210	6,120	6,030	5,940	5,850	5,760	5,670
商品自動車	(イ) 三輪以上の自動車（軽自動車を除く）		6,370	6,270	6,180	6,080	5,990	5,890	5,790	5,700
	(ロ) 小型二輪自動車		5,390	5,380	5,360	5,350	5,330	5,320	5,300	5,290
	(ハ) 軽自動車	検査対象車	5,450	5,430	5,410	5,390	5,370	5,350	5,330	5,310
		検査対象外車	5,420	5,410	5,390	5,380	5,360	5,350	5,330	5,310
特種用途自動車	(イ) 霊きゅう自動車		6,090	6,020	5,940	5,870	5,800	5,720	5,650	5,580
	(ロ) 教習用自動車		6,090	6,020	5,940	5,870	5,800	5,720	5,650	5,580
	(ハ) その他	a 三輪以上の自動車（軽自動車を除く）	7,450	7,260	7,070	6,890	6,700	6,520	6,330	6,150
		b 小型二輪自動車	7,140	6,980	6,820	6,660	6,500	6,340	6,180	6,020
		c 軽自動車 検査対象車	7,140	6,980	6,820	6,660	6,500	6,340	6,180	6,020
		c 軽自動車 検査対象外車	7,160							
被けん引旅客自動車、被けん引普通貨物自動車、被けん引小型貨物自動車、被けん引大型特殊自動車、被けん引小型特殊自動車、被けん引特種用途自動車及び検査対象被けん引軽自動車			5,320	5,320	5,310	5,300	5,290	5,280	5,270	5,260
検査対象外被けん引軽自動車			5,340							

（注）本表は、沖縄県のうち（4）の表（注）２．に掲げる地域以外の地域に使用の本拠を有する車両に適用する。

(3) 沖縄県（離島地域を除く。）に適用する基準料率〔その８　４か月～５日契約〕

（単位：円）

車種			４か月契約	３か月契約	２か月契約	１か月契約	５日契約
乗合自動車及びけん引旅客自動車	営業用		11,300	9,780	8,260	6,740	
	自家用		7,320	6,800	6,270	5,740	
営業用乗用自動車	個人タクシーを除く		18,410	15,110	11,810	8,510	
	個人タクシー		14,460	12,150	9,840	7,530	
自家用乗用自動車			6,010	5,820	5,620	5,420	
普通貨物自動車及びけん引普通貨物自動車	営業用	最大積載量が２トンを超えるもの	6,870	6,460	6,040	5,630	
		最大積載量が２トン以下のもの	6,870	6,460	6,040	5,630	
	自家用	最大積載量が２トンを超えるもの	6,870	6,460	6,040	5,630	
		最大積載量が２トン以下のもの	6,870	6,460	6,040	5,630	
小型貨物自動車及びけん引小型貨物自動車	営業用		6,220	5,970	5,720	5,470	
	自家用		6,210	5,960	5,710	5,470	
小型二輪自動車			5,270	5,260	5,250	5,230	
軽自動車	検査対象車		6,010	5,820	5,620	5,420	
	検査対象外車						
原動機付自転車							
大型特殊自動車及び小型特殊自動車			5,410	5,360	5,310	5,260	
緊急自動車			5,580	5,490	5,400	5,310	
商品自動車	(イ) 三輪以上の自動車（軽自動車を除く）		5,600	5,510	5,410	5,310	5,230
	(ロ) 小型二輪自動車		5,270	5,260	5,250	5,230	5,220
	(ハ) 軽自動車	検査対象車	5,290	5,270	5,260	5,230	5,220
		検査対象外車	5,300	5,280	5,270	5,250	5,240
特種用途自動車	(イ) 霊きゅう自動車		5,510	5,430	5,360	5,290	
	(ロ) 教習用自動車		5,510	5,430	5,360	5,290	
	(ハ) その他	a 三輪以上の自動車（軽自動車を除く）	5,960	5,770	5,590	5,400	
		b 小型二輪自動車	5,860	5,700	5,540	5,380	
		c 軽自動車　検査対象車	5,860	5,700	5,540	5,380	
		c 軽自動車　検査対象外車					
被けん引旅客自動車、被けん引普通貨物自動車、被けん引小型貨物自動車、被けん引大型特殊自動車、被けん引小型特殊自動車、被けん引特種用途自動車及び検査対象被けん引軽自動車			5,260	5,250	5,240	5,230	
検査対象外被けん引軽自動車							

（注）本表は、沖縄県のうち（4）の表（注）２．に掲げる地域以外の地域に使用の本拠を有する車両に適用する。

(4) 沖縄県の離島地域に適用する基準料率〔その１　６０か月～５３か月契約〕

（単位：円）

車種		保険期間	60か月契約	59か月契約	58か月契約	57か月契約	56か月契約	55か月契約	54か月契約	53か月契約
乗合自動車及びけん引旅客自動車		営業用								
		自家用								
営業用乗用自動車		個人タクシーを除く								
		個人タクシー								
自家用乗用自動車										
普通貨物自動車及びけん引普通貨物自動車	営業用	最大積載量が２トンを超えるもの								
		最大積載量が２トン以下のもの								
	自家用	最大積載量が２トンを超えるもの								
		最大積載量が２トン以下のもの								
小型貨物自動車及びけん引小型貨物自動車		営業用								
		自家用								
小型二輪自動車										
軽自動車		検査対象車								
		検査対象外車	6, 150							
原動機付自転車			6, 100							
大型特殊自動車及び小型特殊自動車										
緊急自動車										
商品自動車	(イ) 三輪以上の自動車(軽自動車を除く)		6, 480	6, 460	6, 430	6, 410	6, 390	6, 370	6, 350	6, 330
	(ロ) 小型二輪自動車		6, 070	6, 050	6, 040	6, 030	6, 010	6, 000	5, 980	5, 970
	(ハ) 軽自動車	検査対象車	6, 250	6, 240	6, 220	6, 200	6, 190	6, 170	6, 150	6, 140
		検査対象外車	6, 140	6, 130	6, 110	6, 100	6, 080	6, 070	6, 050	6, 040
特種用途自動車	(イ) 霊きゅう自動車									
	(ロ) 教習用自動車									
	(ハ) その他 a 三輪以上の自動車(軽自動車を除く)									
	(ハ) その他 b 小型二輪自動車									
	(ハ) その他 c 軽自動車	検査対象車								
		検査対象外車	5, 820							
被けん引旅客自動車、被けん引普通貨物自動車、被けん引小型貨物自動車、被けん引大型特殊自動車、被けん引小型特殊自動車、被けん引特種用途自動車及び検査対象被けん引軽自動車										
検査対象外被けん引軽自動車			5, 770							

（注）１．本表は、沖縄県の離島に使用の本拠を有する車両に適用する。

２．沖縄県の離島とは、沖縄本島以外の島であって、橋又は隧道による沖縄本島との間の交通又は移動が不可能なものをいう。

(4) 沖縄県の離島地域に適用する基準料率〔その２　５２か月〜４５か月契約〕

（単位：円）

車種 ＼ 保険期間			52か月契約	51か月契約	50か月契約	49か月契約	48か月契約	47か月契約	46か月契約	45か月契約
乗合自動車及びけん引旅客自動車	営業用									
	自家用									
営業用乗用自動車	個人タクシーを除く									
	個人タクシー									
自家用乗用自動車										
普通貨物自動車及びけん引普通貨物自動車	営業用	最大積載量が２トンを超えるもの								
		最大積載量が２トン以下のもの								
	自家用	最大積載量が２トンを超えるもの								
		最大積載量が２トン以下のもの								
小型貨物自動車及びけん引小型貨物自動車	営業用									
	自家用									
小型二輪自動車										
軽自動車	検査対象車									
	検査対象外車						5, 970			
原動機付自転車							5, 930			
大型特殊自動車及び小型特殊自動車										
緊急自動車										
商品自動車	(イ) 三輪以上の自動車(軽自動車を除く)		6, 310	6, 290	6, 270	6, 250	6, 230	6, 210	6, 190	6, 170
	(ロ) 小型二輪自動車		5, 960	5, 940	5, 930	5, 910	5, 900	5, 890	5, 870	5, 860
	(ハ) 軽自動車	検査対象車	6, 120	6, 100	6, 090	6, 070	6, 050	6, 030	6, 020	6, 000
		検査対象外車	6, 020	6, 010	5, 990	5, 980	5, 960	5, 950	5, 930	5, 920
特種用途自動車	(イ) 霊きゅう自動車									
	(ロ) 教習用自動車									
	(ハ) その他	a 三輪以上の自動車(軽自動車を除く)								
		b 小型二輪自動車								
		c 軽自動車 検査対象車								
		c 軽自動車 検査対象外車					5, 700			
被けん引旅客自動車、被けん引普通貨物自動車、被けん引小型貨物自動車、被けん引大型特殊自動車、被けん引小型特殊自動車、被けん引特種用途自動車及び検査対象被けん引軽自動車										
検査対象外被けん引軽自動車							5, 660			

（注）１．本表は、沖縄県の離島に使用の本拠を有する車両に適用する。
２．沖縄県の離島とは、沖縄本島以外の島であって、橋又は隧道による沖縄本島との間の交通又は移動が不可能なものをいう。

(4) 沖縄県の離島地域に適用する基準料率〔その３　４４か月～３７か月契約〕

（単位：円）

車種 ＼ 保険期間			44か月契約	43か月契約	42か月契約	41か月契約	40か月契約	39か月契約	38か月契約	37か月契約
乗合自動車及びけん引旅客自動車	営業用									
	自家用									
営業用乗用自動車	個人タクシーを除く									
	個人タクシー									
自家用乗用自動車										8,950
普通貨物自動車及びけん引普通貨物自動車	営業用	最大積載量が２トンを超えるもの								
		最大積載量が２トン以下のもの								
	自家用	最大積載量が２トンを超えるもの								
		最大積載量が２トン以下のもの								
小型貨物自動車及びけん引小型貨物自動車	営業用									
	自家用									
小型二輪自動車										5,740
軽自動車	検査対象車									6,570
	検査対象外車									
原動機付自転車										
大型特殊自動車及び小型特殊自動車										
緊急自動車										5,810
商品自動車	(イ) 三輪以上の自動車(軽自動車を除く)		6,150	6,130	6,100	6,080	6,060	6,040	6,020	6,000
	(ロ) 小型二輪自動車		5,840	5,830	5,820	5,800	5,790	5,770	5,760	5,740
	(ハ) 軽自動車	検査対象車	5,980	5,970	5,950	5,930	5,920	5,900	5,880	5,860
		検査対象外車	5,900	5,890	5,870	5,860	5,840	5,830	5,810	5,800
特種用途自動車	(イ) 霊きゅう自動車									
	(ロ) 教習用自動車									
	(ハ) その他	a 三輪以上の自動車(軽自動車を除く)								
		b 小型二輪自動車								5,690
		c 軽自動車　検査対象車								
		c 軽自動車　検査対象外車								
被けん引旅客自動車、被けん引普通貨物自動車、被けん引小型貨物自動車、被けん引大型特殊自動車、被けん引小型特殊自動車、被けん引特種用途自動車及び検査対象被けん引軽自動車										
検査対象外被けん引軽自動車										

（注）１．本表は、沖縄県の離島に使用の本拠を有する車両に適用する。
　　　２．沖縄県の離島とは、沖縄本島以外の島であって、橋又は隧道による沖縄本島との間の交通又は移動が不可能なものをいう。

(4) 沖縄県の離島地域に適用する基準料率〔その４　３６か月～２９か月契約〕

(単位：円)

車種		保険期間	36か月契約	35か月契約	34か月契約	33か月契約	32か月契約	31か月契約	30か月契約	29か月契約
乗合自動車及びけん引旅客自動車		営業用								
		自家用								
営業用乗用自動車		個人タクシーを除く								
		個人タクシー								
自家用乗用自動車			8,850	8,750	8,650	8,550	8,450	8,350	8,250	8,150
普通貨物自動車及びけん引普通貨物自動車	営業用	最大積載量が２トンを超えるもの								
		最大積載量が２トン以下のもの								
	自家用	最大積載量が２トンを超えるもの								
		最大積載量が２トン以下のもの								
小型貨物自動車及びけん引小型貨物自動車		営業用								
		自家用								
小型二輪自動車			5,730	5,720	5,700	5,690	5,670	5,660	5,650	5,630
軽自動車		検査対象車	6,530	6,490	6,460	6,420	6,390	6,350	6,310	6,280
		検査対象外車	5,790							
原動機付自転車			5,760							
大型特殊自動車及び小型特殊自動車										
緊急自動車			5,790	5,780	5,760	5,750	5,730	5,710	5,700	5,680
商品自動車	(イ) 三輪以上の自動車(軽自動車を除く)		5,980	5,960	5,940	5,920	5,900	5,880	5,850	5,830
	(ロ) 小型二輪自動車		5,730	5,720	5,700	5,690	5,670	5,660	5,650	5,630
	(ハ) 軽自動車	検査対象車	5,850	5,830	5,810	5,790	5,780	5,760	5,740	5,730
		検査対象外車	5,780	5,770	5,750	5,740	5,720	5,710	5,690	5,680
特種用途自動車	(イ) 霊きゅう自動車									
	(ロ) 教習用自動車									
	(ハ) その他	a 三輪以上の自動車(軽自動車を除く)								
		b 小型二輪自動車	5,680	5,670	5,650	5,640	5,630	5,610	5,600	5,590
		c 軽自動車 検査対象車								
		c 軽自動車 検査対象外車	5,590							
被けん引旅客自動車、被けん引普通貨物自動車、被けん引小型貨物自動車、被けん引大型特殊自動車、被けん引小型特殊自動車、被けん引特種用途自動車及び検査対象被けん引軽自動車										
検査対象外被けん引軽自動車			5,560							

(注) 1．本表は、沖縄県の離島に使用の本拠を有する車両に適用する。

2．沖縄県の離島とは、沖縄本島以外の島であって、橋又は隧道による沖縄本島との間の交通又は移動が不可能なものをいう。

(4) 沖縄県の離島地域に適用する基準料率〔その５　２８か月～２１か月契約〕

（単位：円）

車種 ＼ 保険期間	28か月契約	27か月契約	26か月契約	25か月契約	24か月契約	23か月契約	22か月契約	21か月契約
乗合自動車及びけん引旅客自動車　営業用								
乗合自動車及びけん引旅客自動車　自家用								
営業用乗用自動車　個人タクシーを除く								
営業用乗用自動車　個人タクシー								
自家用乗用自動車	8,060	7,960	7,860	7,760	7,660	7,560	7,460	7,360
普通貨物自動車及びけん引普通貨物自動車　営業用　最大積載量が２トンを超えるもの				14,760	14,390	14,010	13,630	13,250
普通貨物自動車及びけん引普通貨物自動車　営業用　最大積載量が２トン以下のもの				14,250	13,900	13,540	13,180	12,820
普通貨物自動車及びけん引普通貨物自動車　自家用　最大積載量が２トンを超えるもの				14,760	14,390	14,010	13,630	13,250
普通貨物自動車及びけん引普通貨物自動車　自家用　最大積載量が２トン以下のもの				14,250	13,900	13,540	13,180	12,820
小型貨物自動車及びけん引小型貨物自動車　営業用				9,720	9,550	9,370	9,190	9,010
小型貨物自動車及びけん引小型貨物自動車　自家用				9,670	9,500	9,320	9,140	8,970
小型二輪自動車	5,620	5,600	5,590	5,580	5,560	5,550	5,530	5,520
軽自動車　検査対象車	6,240	6,210	6,170	6,140	6,100	6,060	6,030	5,990
軽自動車　検査対象外車					5,610			
原動機付自転車					5,590			
大型特殊自動車及び小型特殊自動車				5,580	5,560	5,550	5,530	5,520
緊急自動車	5,670	5,650	5,630	5,620	5,600	5,590	5,570	5,560
商品自動車　(イ) 三輪以上の自動車（軽自動車を除く）	5,810	5,790	5,770	5,750	5,730	5,710	5,690	5,660
商品自動車　(ロ) 小型二輪自動車	5,620	5,600	5,590	5,580	5,560	5,550	5,530	5,520
商品自動車　(ハ) 軽自動車　検査対象車	5,710	5,690	5,670	5,660	5,640	5,620	5,600	5,590
商品自動車　(ハ) 軽自動車　検査対象外車	5,660	5,650	5,630	5,620	5,600	5,590	5,570	5,560
特種用途自動車　(イ) 霊きゅう自動車				5,460	5,450	5,440	5,430	5,420
特種用途自動車　(ロ) 教習用自動車				5,460	5,450	5,440	5,430	5,420
特種用途自動車　(ハ) その他　a 三輪以上の自動車（軽自動車を除く）				5,930	5,900	5,870	5,840	5,810
特種用途自動車　(ハ) その他　b 小型二輪自動車	5,580	5,560	5,550	5,540	5,530	5,510	5,500	5,490
特種用途自動車　(ハ) その他　c 軽自動車　検査対象車				5,540	5,530	5,510	5,500	5,490
特種用途自動車　(ハ) その他　c 軽自動車　検査対象外車					5,470			
被けん引旅客自動車、被けん引普通貨物自動車、被けん引小型貨物自動車、被けん引大型特殊自動車、被けん引小型特殊自動車、被けん引特種用途自動車及び検査対象被けん引軽自動車				5,440	5,430	5,420	5,420	5,410
検査対象外被けん引軽自動車					5,450			

（注）１．本表は、沖縄県の離島に使用の本拠を有する車両に適用する。
　　　２．沖縄県の離島とは、沖縄本島以外の島であって、橋又は隧道による沖縄本島との間の交通又は移動が不可能なものをいう。

(4) 沖縄県の離島地域に適用する基準料率〔その６　２０か月～１３か月契約〕

（単位：円）

車種 ＼ 保険期間			20か月契約	19か月契約	18か月契約	17か月契約	16か月契約	15か月契約	14か月契約	13か月契約
乗合自動車及びけん引旅客自動車	営業用									12,900
	自家用									12,050
営業用乗用自動車	個人タクシーを除く									16,600
	個人タクシー									16,600
自家用乗用自動車			7,260	7,160	7,060	6,950	6,850	6,750	6,650	6,550
普通貨物自動車及びけん引普通貨物自動車	営業用	最大積載量が２トンを超えるもの	12,880	12,500	12,120	11,740	11,360	10,980	10,600	10,230
		最大積載量が２トン以下のもの	12,460	12,110	11,750	11,390	11,030	10,670	10,310	9,960
	自家用	最大積載量が２トンを超えるもの	12,880	12,500	12,120	11,740	11,360	10,980	10,600	10,230
		最大積載量が２トン以下のもの	12,460	12,110	11,750	11,390	11,030	10,670	10,310	9,960
小型貨物自動車及びけん引小型貨物自動車	営業用		8,830	8,650	8,470	8,300	8,120	7,940	7,760	7,580
	自家用		8,790	8,610	8,440	8,260	8,080	7,910	7,730	7,550
小型二輪自動車			5,510	5,490	5,480	5,460	5,450	5,430	5,420	5,400
軽自動車	検査対象車		5,950	5,920	5,880	5,840	5,810	5,770	5,730	5,700
	検査対象外車									
原動機付自転車										
大型特殊自動車及び小型特殊自動車			5,510	5,490	5,480	5,460	5,450	5,430	5,420	5,410
緊急自動車			5,540	5,520	5,510	5,490	5,470	5,460	5,440	5,430
商品自動車	(イ) 三輪以上の自動車（軽自動車を除く）		5,640	5,620	5,600	5,580	5,560	5,540	5,520	5,490
	(ロ) 小型二輪自動車		5,510	5,490	5,480	5,460	5,450	5,430	5,420	5,400
	(ハ) 軽自動車	検査対象車	5,570	5,550	5,530	5,520	5,500	5,480	5,460	5,450
		検査対象外車	5,540	5,530	5,510	5,500	5,480	5,470	5,450	5,440
特種用途自動車	(イ) 霊きゅう自動車		5,410	5,400	5,390	5,380	5,370	5,360	5,350	5,340
	(ロ) 教習用自動車		5,410	5,400	5,390	5,380	5,370	5,360	5,350	5,340
	(ハ) その他	a 三輪以上の自動車（軽自動車を除く）	5,790	5,760	5,730	5,700	5,670	5,640	5,620	5,590
		b 小型二輪自動車	5,480	5,460	5,450	5,440	5,420	5,410	5,400	5,390
		c 軽自動車 検査対象車	5,480	5,460	5,450	5,440	5,420	5,410	5,400	5,390
		c 軽自動車 検査対象外車								
被けん引旅客自動車、被けん引普通貨物自動車、被けん引小型貨物自動車、被けん引大型特殊自動車、被けん引小型特殊自動車、被けん引特種用途自動車及び検査対象被けん引軽自動車			5,400	5,390	5,380	5,370	5,360	5,350	5,340	5,330
検査対象外被けん引軽自動車										

（注）１．本表は、沖縄県の離島に使用の本拠を有する車両に適用する。
２．沖縄県の離島とは、沖縄本島以外の島であって、橋又は隧道による沖縄本島との間の交通又は移動が不可能なものをいう。

(4) 沖縄県の離島地域に適用する基準料率〔その７　１２か月～５か月契約〕

（単位：円）

車種		保険期間	12か月契約	11か月契約	10か月契約	9か月契約	8か月契約	7か月契約	6か月契約	5か月契約
乗合自動車及びけん引旅客自動車		営業用	12,320	11,720	11,130	10,540	9,950	9,360	8,770	8,170
		自家用	11,530	11,010	10,480	9,960	9,430	8,900	8,380	7,850
営業用乗用自動車		個人タクシーを除く	15,740	14,860	13,990	13,110	12,230	11,350	10,480	9,600
		個人タクシー	15,740	14,860	13,990	13,110	12,230	11,350	10,480	9,600
自家用乗用自動車			6,450	6,350	6,240	6,140	6,040	5,940	5,830	5,730
普通貨物自動車及びけん引普通貨物自動車	営業用	最大積載量が２トンを超えるもの	9,850	9,460	9,080	8,690	8,300	7,920	7,530	7,150
		最大積載量が２トン以下のもの	9,600	9,230	8,870	8,500	8,140	7,770	7,410	7,040
	自家用	最大積載量が２トンを超えるもの	9,850	9,460	9,080	8,690	8,300	7,920	7,530	7,150
		最大積載量が２トン以下のもの	9,600	9,230	8,870	8,500	8,140	7,770	7,410	7,040
小型貨物自動車及びけん引小型貨物自動車		営業用	7,400	7,220	7,040	6,860	6,670	6,490	6,310	6,130
		自家用	7,380	7,200	7,020	6,840	6,660	6,480	6,300	6,120
小型二輪自動車			5,390	5,380	5,360	5,350	5,330	5,320	5,300	5,290
軽自動車		検査対象車	5,660	5,620	5,590	5,550	5,510	5,480	5,440	5,400
		検査対象外車	5,420							
原動機付自転車			5,410							
大型特殊自動車及び小型特殊自動車			5,390	5,380	5,360	5,350	5,330	5,320	5,300	5,290
緊急自動車			5,410	5,390	5,380	5,360	5,350	5,330	5,310	5,300
商品自動車	(イ) 三輪以上の自動車（軽自動車を除く）		5,470	5,450	5,430	5,410	5,390	5,370	5,350	5,320
	(ロ) 小型二輪自動車		5,390	5,380	5,360	5,350	5,330	5,320	5,300	5,290
	(ハ) 軽自動車	検査対象車	5,430	5,410	5,390	5,380	5,360	5,340	5,320	5,300
		検査対象外車	5,420	5,410	5,390	5,370	5,360	5,340	5,330	5,310
特種用途自動車	(イ) 霊きゅう自動車		5,330	5,320	5,320	5,310	5,290	5,280	5,280	5,270
	(ロ) 教習用自動車		5,330	5,320	5,320	5,310	5,290	5,280	5,280	5,270
	(ハ) その他	a 三輪以上の自動車（軽自動車を除く）	5,560	5,530	5,500	5,470	5,450	5,420	5,390	5,360
		b 小型二輪自動車	5,370	5,360	5,350	5,330	5,320	5,310	5,300	5,280
		c 軽自動車 検査対象車	5,370	5,360	5,350	5,330	5,320	5,310	5,300	5,280
		c 軽自動車 検査対象外車	5,350							
被けん引旅客自動車、被けん引普通貨物自動車、被けん引小型貨物自動車、被けん引大型特殊自動車、被けん引小型特殊自動車、被けん引特種用途自動車及び検査対象被けん引軽自動車			5,320	5,320	5,310	5,300	5,290	5,280	5,270	5,260
検査対象外被けん引軽自動車			5,340							

（注）１．本表は、沖縄県の離島に使用の本拠を有する車両に適用する。

２．沖縄県の離島とは、沖縄本島以外の島であって、橋又は隧道による沖縄本島との間の交通又は移動が不可能なものをいう。

(4) 沖縄県の離島地域に適用する基準料率〔その８　４か月～５日契約〕

（単位：円）

車種	保険期間	４か月契約	３か月契約	２か月契約	１か月契約	５日契約
乗合自動車及びけん引旅客自動車	営業用	7,580	6,990	6,400	5,810	
乗合自動車及びけん引旅客自動車	自家用	7,320	6,800	6,270	5,740	
営業用乗用自動車	個人タクシーを除く	8,720	7,850	6,970	6,090	
営業用乗用自動車	個人タクシー	8,720	7,850	6,970	6,090	
自家用乗用自動車		5,630	5,530	5,420	5,320	
普通貨物自動車及びけん引普通貨物自動車　営業用	最大積載量が２トンを超えるもの	6,760	6,370	5,990	5,600	
普通貨物自動車及びけん引普通貨物自動車　営業用	最大積載量が２トン以下のもの	6,680	6,310	5,950	5,580	
普通貨物自動車及びけん引普通貨物自動車　自家用	最大積載量が２トンを超えるもの	6,760	6,370	5,990	5,600	
普通貨物自動車及びけん引普通貨物自動車　自家用	最大積載量が２トン以下のもの	6,680	6,310	5,950	5,580	
小型貨物自動車及びけん引小型貨物自動車	営業用	5,950	5,760	5,580	5,400	
小型貨物自動車及びけん引小型貨物自動車	自家用	5,940	5,760	5,580	5,400	
小型二輪自動車		5,270	5,260	5,250	5,230	
軽自動車	検査対象車	5,360	5,330	5,290	5,250	
軽自動車	検査対象外車					
原動機付自転車						
大型特殊自動車及び小型特殊自動車		5,270	5,260	5,250	5,230	
緊急自動車		5,280	5,260	5,250	5,230	
商品自動車	(イ) 三輪以上の自動車(軽自動車を除く)	5,300	5,280	5,260	5,240	5,220
商品自動車	(ロ) 小型二輪自動車	5,270	5,260	5,250	5,230	5,220
商品自動車	(ハ) 軽自動車　検査対象車	5,290	5,270	5,250	5,230	5,220
商品自動車	(ハ) 軽自動車　検査対象外車	5,300	5,280	5,270	5,250	5,240
特種用途自動車	(イ) 霊きゅう自動車	5,260	5,250	5,240	5,230	
特種用途自動車	(ロ) 教習用自動車	5,260	5,250	5,240	5,230	
特種用途自動車	(ハ) その他　a 三輪以上の自動車(軽自動車を除く)	5,330	5,300	5,270	5,250	
特種用途自動車	(ハ) その他　b 小型二輪自動車	5,270	5,260	5,240	5,230	
特種用途自動車	(ハ) その他　c 軽自動車　検査対象車	5,270	5,260	5,240	5,230	
特種用途自動車	(ハ) その他　c 軽自動車　検査対象外車					
被けん引旅客自動車、被けん引普通貨物自動車、被けん引小型貨物自動車、被けん引大型特殊自動車、被けん引小型特殊自動車、被けん引特種用途自動車及び検査対象被けん引軽自動車		5,260	5,250	5,240	5,230	
検査対象外被けん引軽自動車						

（注）１．本表は、沖縄県の離島に使用の本拠を有する車両に適用する。

２．沖縄県の離島とは、沖縄本島以外の島であって、橋又は隧道による沖縄本島との間の交通又は移動が不可能なものをいう。

３．自動車損害賠償責任保険普通保険約款第１３条第２項の規定により保険料を返還する場合の返還保険料

返還保険料は、次の計算により算出した額とする。ただし、算出した額に１０円未満の端数が生じた場合は、その端数を四捨五入して１０円単位とする。

(1) 保険期間開始後における解約

イ　保険期間１３か月までの契約

返還保険料＝（１２か月契約の純保険料率
＋１２か月契約の社費中損害調査費相当部分
＋１２か月契約の付加賦課金中被害者保護増進等事業充当相当部分）

$$\times \frac{未経過月数}{１２か月}$$

(注) 未経過月数は、保険期間月数－既経過月数とする。ただし、既経過月数に端数を生じた場合は、その端数を１か月に切り上げる。以下同じ。

ロ　保険期間１３か月を超え２５か月までの契約

(ｲ) 未経過期間１３か月以上で解約する場合

返還保険料＝２４か月契約の１年を超える部分の純保険料率
＋２４か月契約の１年を超える部分の社費中損害調査費相当部分
＋（１２か月契約の純保険料率＋１２か月契約の社費中損害調査費相当部分）

$$\times \frac{未経過月数－１２か月}{１２か月}$$

＋２４か月契約の付加賦課金中被害者保護増進等事業充当相当部分

$$\times \frac{未経過月数}{２４か月}$$

(ﾛ) 未経過期間１２か月以下で解約する場合

返還保険料＝（２４か月契約の１年を超える部分の純保険料率
＋２４か月契約の１年を超える部分の社費中損害調査費相当部分）

$$\times \frac{未経過月数}{１２か月}$$

＋２４か月契約の付加賦課金中被害者保護増進等事業充当相当部分

$$\times \frac{未経過月数}{２４か月}$$

ハ　保険期間２５か月を超え３７か月までの契約

(イ)　未経過期間２５か月以上で解約する場合

返還保険料＝３６か月契約の１年を超える部分の純保険料率
＋３６か月契約の１年を超える部分の社費中損害調査費相当部分
＋（１２か月契約の純保険料率＋１２か月契約の社費中損害調査費相当部分）
$$\times \frac{\text{未経過月数}－\text{２４か月}}{\text{１２か月}}$$
＋３６か月契約の付加賦課金中被害者保護増進等事業充当相当部分
$$\times \frac{\text{未経過月数}}{\text{３６か月}}$$

(ロ)　未経過期間１３か月以上２４か月以下で解約する場合

返還保険料＝３６か月契約の２年を超える部分の純保険料率
＋３６か月契約の２年を超える部分の社費中損害調査費相当部分
＋（３６か月契約の１年超２年以内の純保険料率＋３６か月契約の１年超２年以内の社費中損害調査費相当部分）
$$\times \frac{\text{未経過月数}－\text{１２か月}}{\text{１２か月}}$$
＋３６か月契約の付加賦課金中被害者保護増進等事業充当相当部分
$$\times \frac{\text{未経過月数}}{\text{３６か月}}$$

(ハ)　未経過期間１２か月以下で解約する場合

返還保険料＝（３６か月契約の２年を超える部分の純保険料率
＋３６か月契約の２年を超える部分の社費中損害調査費相当部分）
$$\times \frac{\text{未経過月数}}{\text{１２か月}}$$
＋３６か月契約の付加賦課金中被害者保護増進等事業充当相当部分
$$\times \frac{\text{未経過月数}}{\text{３６か月}}$$

ニ　保険期間３７か月を超え４９か月までの契約

(イ)　未経過期間３７か月以上で解約する場合

返還保険料＝４８か月契約の１年を超える部分の純保険料率

＋４８か月契約の１年を超える部分の社費中損害調査費相当部分

＋（１２か月契約の純保険料率＋１２か月契約の社費中損害調査費相当部分）

$$\times \frac{\text{未経過月数－３６か月}}{\text{１２か月}}$$

＋４８か月契約の付加賦課金中被害者保護増進等事業充当相当部分

$$\times \frac{\text{未経過月数}}{\text{４８か月}}$$

(ロ)　未経過期間２５か月以上３６か月以下で解約する場合

返還保険料＝４８か月契約の２年を超える部分の純保険料率

＋４８か月契約の２年を超える部分の社費中損害調査費相当部分

＋（４８か月契約の１年超２年以内の純保険料率＋４８か月契約の１年超２年以内の社費中損害調査費相当部分）

$$\times \frac{\text{未経過月数－２４か月}}{\text{１２か月}}$$

＋４８か月契約の付加賦課金中被害者保護増進等事業充当相当部分

$$\times \frac{\text{未経過月数}}{\text{４８か月}}$$

(ハ)　未経過期間１３か月以上２４か月以下で解約する場合

返還保険料＝４８か月契約の３年を超える部分の純保険料率

＋４８か月契約の３年を超える部分の社費中損害調査費相当部分

＋（４８か月契約の２年超３年以内の純保険料率＋４８か月契約の２年超３年以内の社費中損害調査費相当部分）

$$\times \frac{\text{未経過月数－１２か月}}{\text{１２か月}}$$

＋４８か月契約の付加賦課金中被害者保護増進等事業充当相当部分

$$\times \frac{\text{未経過月数}}{\text{４８か月}}$$

(ニ)　未経過期間１２か月以下で解約する場合

返還保険料＝（４８か月契約の３年を超える部分の純保険料率

＋４８か月契約の３年を超える部分の社費中損害調査費相当部分）

$$\times \frac{\text{未経過月数}}{\text{１２か月}}$$

＋４８か月契約の付加賦課金中被害者保護増進等事業充当相当部分

$$\times \frac{\text{未経過月数}}{\text{４８か月}}$$

ホ　保険期間４９か月を超え６０か月までの契約

(イ) 未経過期間４９か月以上で解約する場合

返還保険料＝６０か月契約の１年を超える部分の純保険料率

＋６０か月契約の１年を超える部分の社費中損害調査費相当部分

＋（１２か月契約の純保険料率＋１２か月契約の社費中損害調査費相当部分）

$$\times \frac{\text{未経過月数}-48\text{か月}}{12\text{か月}}$$

＋６０か月契約の付加賦課金中被害者保護増進等事業充当相当部分

$$\times \frac{\text{未経過月数}}{60\text{か月}}$$

(ロ) 未経過期間３７か月以上４８か月以下で解約する場合

返還保険料＝６０か月契約の２年を超える部分の純保険料率

＋６０か月契約の２年を超える部分の社費中損害調査費相当部分

＋（６０か月契約の１年超２年以内の純保険料率＋６０か月契約の１年超２年以内の社費中損害調査費相当部分）

$$\times \frac{\text{未経過月数}-36\text{か月}}{12\text{か月}}$$

＋６０か月契約の付加賦課金中被害者保護増進等事業充当相当部分

$$\times \frac{\text{未経過月数}}{60\text{か月}}$$

(ハ) 未経過期間２５か月以上３６か月以下で解約する場合

返還保険料＝６０か月契約の３年を超える部分の純保険料率

＋６０か月契約の３年を超える部分の社費中損害調査費相当部分

＋（６０か月契約の２年超３年以内の純保険料率＋６０か月契約の２年超３年以内の社費中損害調査費相当部分）

$$\times \frac{\text{未経過月数}-24\text{か月}}{12\text{か月}}$$

＋６０か月契約の付加賦課金中被害者保護増進等事業充当相当部分

$$\times \frac{\text{未経過月数}}{60\text{か月}}$$

(ニ) 未経過期間１３か月以上２４か月以下で解約する場合

返還保険料＝６０か月契約の４年を超える部分の純保険料率

＋６０か月契約の４年を超える部分の社費中損害調査費相当部分

＋（６０か月契約の３年超４年以内の純保険料率＋６０か月契約の３年超４年以内の社費中損害調査費相当部分）

$$\times \frac{\text{未経過月数－１２か月}}{\text{１２か月}}$$

＋６０か月契約の付加賦課金中被害者保護増進等事業充当相当部分

$$\times \frac{\text{未経過月数}}{\text{６０か月}}$$

(ホ) 未経過期間１２か月以下で解約する場合

返還保険料＝（６０か月契約の４年を超える部分の純保険料率

＋６０か月契約の４年を超える部分の社費中損害調査費相当部分）

$$\times \frac{\text{未経過月数}}{\text{１２か月}}$$

＋６０か月契約の付加賦課金中被害者保護増進等事業充当相当部分

$$\times \frac{\text{未経過月数}}{\text{６０か月}}$$

(2) 保険期間開始前の解約

返還保険料＝純保険料率、社費中損害調査費相当部分

及び付加賦課金中被害者保護増進等事業充当相当部分の全額

○保険法（抄）

（平成二十年六月六日
法律第五十六号）

最終改正 平二九法四五

第一章 総則

（趣旨）

第一条 保険に係る契約の成立、効力、履行及び終了については、他の法令に定めるもののほか、この法律の定めるところによる。

（定義）

第二条 この法律において、次の各号に掲げる用語の意義は、当該各号に定めるところによる。

一 保険契約 保険契約、共済契約その他いかなる名称であるかを問わず、当事者の一方が一定の事由が生じたことを条件として財産上の給付（生命保険契約及び傷害疾病定額保険契約にあっては、金銭の支払に限る。以下「保険給付」という。）を行うことを約し、相手方がこれに対して当該一定の事由の発生の可能性に応じたものとして保険料（共済掛金を含む。以下同じ。）を支払うことを約する契約をいう。

二 保険者 保険契約の当事者のうち、保険給付を行う義務を負う者をいう。

三 保険契約者 保険契約の当事者のうち、保険料を支払う義務を負う者をいう。

四 被保険者 次のイからハまでに掲げる保険契約の区分に応じ、当該イからハまでに定める者をいう。

イ 損害保険契約 損害保険契約によりてん補することとされる損害を受ける者

ロ 生命保険契約 その者の生存又は死亡に関し保険者が保険給付を行うこととなる者

ハ 傷害疾病定額保険契約 その者の傷害又は疾病（以下「傷害疾病」という。）に基づき保険者が保険給付を行うこととなる者

五 保険金受取人 保険給付を受ける者として生命保険契約又は傷害疾病定額保険契約で定めるものをいう。

六 損害保険契約 保険契約のうち、保険者が一定の偶然の事故によって生ずることのある損害をてん補することを約するものをいう。

七 傷害疾病損害保険契約 損害保険契約のうち、保険者が人の傷害疾病によって生ずることのある損害（当該傷害疾病が生じた者が受けるものに限る。）をてん補することを約するものをいう。

八 生命保険契約 保険契約のうち、保険者が人の生存又は死亡に関し一定の保険給付を行うことを約するもの（傷害疾病定額保険契約に該当するものを除く。）をいう。

九 傷害疾病定額保険契約 保険契約のうち、保険者が人の傷害疾病に基づき一定の保険給付を行うことを約するものをいう。

第二章 損害保険

第一節 成立

（損害保険契約の目的）

第三条 損害保険契約は、金銭に見積もることができる利益に限り、その目的とすることができる。

（告知義務）

第四条 保険契約者又は被保険者になる者は、損害保険契約の締結に際し、損害保険契約によりてん補することとされる損害の発生の可能性（以下この章において「危険」という。）に関する重要な事項のうち保険者になる者が告知を求めたもの（第二十八条第一項及び第二十九条第一項において「告知事項」という。）について、事実の告知をしなければならない。

（遡及保険）

第五条 損害保険契約を締結する前に発生した保険事故（損害保険契約によりてん補することとされる損害を生ずることのある偶然の事故として当該損害保険契約で定めるものをいう。以下この章において同じ。）による損害をてん補する旨の定めは、保険契約者が当該損害保険契約の申込み又はその承諾をした時において、当該保険契約者又は被保険者が既に保険事故が発生していることを知っていたときは、無効とする。

2 損害保険契約の申込みの時より前に発生した保険事故による損害をてん補する旨の定めは、保険者又は保険契約者が当該損害保険契約の申込みをした時において、当該保険者が保険事故が発生していないことを知っていたときは、無効とする。

（損害保険契約の締結時の書面交付）

第六条 保険者は、損害保険契約を締結したときは、遅滞なく、保険契約者に対し、次に掲げる事項を記載した書面を交付しなければならない。

一 保険者の氏名又は名称

二 保険契約者の氏名又は名称

三 被保険者の氏名又は名称その他の被保険者を特定するために必要な事項

四 保険事故

五 その期間内に発生した保険事故による損害をてん補するものとして損害保険契約で定める期間

六 保険金額（保険給付の限度額として損害保険契約で定めるものをいう。以下この章において同じ。）又は保険金額の定めがないときはその旨

七 保険の目的物（保険事故によって損害が生ずることのある物として損害保険契約で定めるものをいう。以下この章において同じ。）があるときは、これを特定するために必要な事項

八 第九条ただし書に規定する約定保険価額があるときは、その約定保険価額

九 保険料及びその支払の方法

十 第二十九条第一項第一号の通知をすべき旨が定められているときは、その旨

十一 損害保険契約を締結した年月日

十二 書面を作成した年月日

2 前項の書面には、保険者（法人その他の団体にあっては、

その代表者）が署名し、又は記名押印しなければならない。

（強行規定）

第七条　第四条の規定に反する特約で保険契約者又は被保険者に不利なもの及び第五条第二項の規定に反する特約で保険契約者に不利なものは、無効とする。

第二節　効力

（第三者のためにする損害保険契約）

第八条　被保険者が損害保険契約の当事者以外の者であるときは、当該被保険者は、当然に当該損害保険契約の利益を享受する。

（超過保険）

第九条　損害保険契約の締結の時において保険金額が保険の目的物の価額（以下この章において「保険価額」という。）を超えていたことにつき保険契約者及び被保険者が善意でかつ重大な過失がなかったときは、保険契約者は、その超過部分について、当該損害保険契約を取り消すことができる。ただし、保険価額について約定した一定の価額（以下この章において「約定保険価額」という。）があるときは、この限りでない。

（保険価額の減少）

第十条　損害保険契約の締結後に保険価額が著しく減少したときは、保険契約者は、保険者に対し、将来に向かって、保険金額又は約定保険価額については減少後の保険価額に至るまでの減額を、保険料についてはその減額後の保険金額に対応する保険料に至るまでの減額をそれぞれ請求することができる。

（危険の減少）

第十一条　損害保険契約の締結後に危険が著しく減少したときは、保険契約者は、保険者に対し、将来に向かって、保険料について、減少後の当該危険に対応する保険料に至るまでの減額を請求することができる。

（強行規定）

第十二条　第八条の規定に反する特約で被保険者に不利なもの及び第九条本文又は前二条の規定に反する特約で保険契約者に不利なものは、無効とする。

第三節　保険給付

（損害の発生及び拡大の防止）

第十三条　保険契約者及び被保険者は、保険事故が発生したことを知ったときは、これによる損害の発生及び拡大の防止に努めなければならない。

（損害発生の通知）

第十四条　保険契約者又は被保険者は、保険事故による損害が生じたことを知ったときは、遅滞なく、保険者に対し、その旨の通知を発しなければならない。

（損害発生後の保険の目的物の滅失）

第十五条　保険者は、保険事故による損害が生じた場合には、当該損害に係る保険の目的物が当該損害の発生後に保険事故によらずに滅失したときであっても、当該損害をてん補しなければならない。

（火災保険契約による損害てん補の特則）

第十六条　火災を保険事故とする損害保険契約の保険者は、保険事故が発生していないときであっても、消火、避難その他の消防の活動のために必要な処置によって保険の目的物に生じた損害をてん補しなければならない。

（保険者の免責）

第十七条　保険者は、保険契約者又は被保険者の故意又は重大な過失によって生じた損害をてん補する責任を負わない。戦争その他の変乱によって生じた損害についても、同様とする。

2　責任保険契約（損害保険契約のうち、被保険者が損害賠償の責任を負うことによって生ずることのある損害をてん補するものをいう。以下同じ。）に関する前項の規定の適用については、同項中「故意又は重大な過失」とあるのは、「故意」とする。

（損害額の算定）

第十八条　損害保険契約によりてん補すべき損害の額（以下この章において「てん補損害額」という。）は、その損害が生じた地及び時における価額によって算定する。

2　約定保険価額があるときは、てん補損害額は、当該約定保険価額によって算定する。ただし、当該約定保険価額が保険価額を著しく超えるときは、てん補損害額は、当該保険価額によって算定する。

（一部保険）

第十九条　保険金額が保険価額（約定保険価額があるときは、当該約定保険価額）に満たないときは、保険者が行うべき保険給付の額は、当該保険金額の当該保険価額に対する割合をてん補損害額に乗じて得た額とする。

（重複保険）

第二十条　損害保険契約によりてん補すべき損害について他の損害保険契約がこれをてん補することとなっている場合においても、保険者は、てん補損害額の全額（前条に規定する場合にあっては、同条の規定により行うべき保険給付の額の全額）について、保険給付を行う義務を負う。

2　二以上の損害保険契約の各保険者が行うべき保険給付の額の合計額がてん補損害額（各損害保険契約に基づいて算定したてん補損害額が異なるときは、そのうち最も高い額。以下この項において同じ。）を超える場合において、保険者の一人が自己の負担部分（他の損害保険契約がないとする場合における各保険者が行うべき保険給付の額のその合計額に対する割合をてん補損害額に乗じて得た額をいう。以下この項において同じ。）を超えて保険給付を行い、これにより共同の免責を得たときは、当該保険者は、自己の負担部分を超える部分に限り、他の保険者に対し、各自の負担部分について求償権を有する。

（保険給付の履行期）

第二十一条　保険給付を行う期限を定めた場合であっても、当該期限が、保険事故、てん補損害額、保険者が免責される事由その他の保険給付を行うために確認をすることが損害保険契約上必要とされる事項の確認をするための相当の期間を経過する日後の日であるときは、当該期間を経過する日をもって保険給付を行う期限とする。

2　保険給付を行う期限を定めなかったときは、保険者は、保険給付の請求があった後、当該請求に係る保険事故及びてん補損害額の確認をするために必要な期間を経過するまでは、遅滞の責任を負わない。

3　保険者が前二項に規定する確認をするために必要な調査を行うに当たり、保険契約者又は被保険者が正当な理由なく当該調査を妨げ、又はこれに応じなかった場合には、保険者は、これにより保険給付を遅延した期間について、遅滞の責任を負わない。

（責任保険契約についての先取特権）

第二十二条　責任保険契約の被保険者に対して当該責任保険契約の保険事故に係る損害賠償請求権を有する者は、保険給付を請求する権利について先取特権を有する。

2　被保険者は、前項の損害賠償請求権に係る債務について弁済をした金額又は当該損害賠償請求権を有する者の承諾があった金額の限度においてのみ、保険者に対して保険給付を請求する権利を行使することができる。

3　責任保険契約に基づき保険給付を請求する権利は、譲り渡し、質権の目的とし、又は差し押さえることができない。ただし、次に掲げる場合は、この限りでない。

一　第一項の損害賠償請求権を有する者に譲り渡し、又は当該損害賠償請求権に関して差し押さえる場合

二　前項の規定により被保険者が保険給付を請求する権利を行使することができる場合

（費用の負担）

第二十三条　次に掲げる費用は、保険者の負担とする。

一　てん補損害額の算定に必要な費用

二　第十三条の場合において、損害の発生又は拡大の防止のために必要又は有益であった費用

2　第十九条の規定は、前項第二号に掲げる費用の額について準用する。この場合において、同条中「てん補損害額」とあるのは、「第二十三条第一項第二号に掲げる費用の額」と読み替えるものとする。

（残存物代位）

第二十四条　保険者は、保険の目的物の全部が滅失した場合において、保険給付を行ったときは、当該保険給付の額の保険価額（約定保険価額があるときは、当該約定保険価額）に対する割合に応じて、当該保険の目的物に関して被保険者が有する所有権その他の物権について当然に被保険者に代位する。

（請求権代位）

第二十五条　保険者は、保険給付を行ったときは、次に掲げる額のうちいずれか少ない額を限度として、保険事故による損害が生じたことにより被保険者が取得する債権（債務の不履行その他の理由により債権について生ずることのある損害をてん補する損害保険契約においては、当該債権を含む。以下この条において「被保険者債権」という。）について当然に被保険者に代位する。

一　当該保険者が行った保険給付の額

二　被保険者債権の額（前号に掲げる額がてん補損害額に不足するときは、被保険者債権の額から当該不足額を控除した残額）

2　前項の場合において、同項第一号に掲げる額がてん補損害額に不足するときは、被保険者は、被保険者債権のうち保険者が同項の規定により代位した部分を除いた部分について、当該代位に係る保険者の債権に先立って弁済を受ける権利を有する。

（強行規定）

第二十六条　第十五条、第二十一条第一項若しくは第三項又は前二条の規定に反する特約で被保険者に不利なものは、無効とする。

第四節　終了

（保険契約者による解除）

第二十七条　保険契約者は、いつでも損害保険契約を解除することができる。

（告知義務違反による解除）

第二十八条　保険者は、保険契約者又は被保険者が、告知事項について、故意又は重大な過失により事実の告知をせず、又は不実の告知をしたときは、損害保険契約を解除することができる。

2　保険者は、前項の規定にかかわらず、次に掲げる場合には、損害保険契約を解除することができない。

一　損害保険契約の締結の時において、保険者が前項の事実を知り、又は過失によって知らなかったとき。

二　保険者のために保険契約の締結の媒介を行うことができる者（保険者のために保険契約の締結の代理を行うことができる者を除く。以下「保険媒介者」という。）が、保険契約者又は被保険者が前項の事実の告知をすることを妨げたとき。

三　保険媒介者が、保険契約者又は被保険者に対し、前項の事実の告知をせず、又は不実の告知をすることを勧めたとき。

3　前項第二号及び第三号の規定は、当該各号に規定する保険媒介者の行為がなかったとしても保険契約者又は被保険者が第一項の事実の告知をせず、又は不実の告知をしたと認められる場合には、適用しない。

4　第一項の規定による解除権は、保険者が同項の規定による解除の原因があることを知った時から一箇月間行使しないときは、消滅する。損害保険契約の締結の時から五年を経過したときも、同様とする。

（危険増加による解除）

第二十九条　損害保険契約の締結後に危険増加（告知事項についての危険が高くなり、損害保険契約で定められている保険料が当該危険を計算の基礎として算出される保険料に不足する状態になることをいう。以下この条及び第三十一条第二項第二号において同じ。）が生じた場合において、保険料を当該危険増加に対応した額に変更するとしたならば当該損害保険契約を継続することができるときであっても、保険者は、次に掲げる要件のいずれにも該当する場合には、当該損害保険契約を解除することができる。

一　当該危険増加に係る告知事項について、その内容に変更が生じたときは保険契約者又は被保険者が保険者に遅滞なくその旨の通知をすべき旨が当該損害保険契約で定められていること。

二　保険契約者又は被保険者が故意又は重大な過失により遅滞なく前号の通知をしなかったこと。

2　前条第四項の規定は、前項の規定による解除権について準用する。この場合において、同条第四項中「損害保険契約の締結の時」とあるのは、「次条第一項に規定する危険増加が生じた時」と読み替えるものとする。

（重大事由による解除）

第三十条 保険者は、次に掲げる事由がある場合には、損害保険契約を解除することができる。

一 保険契約者又は被保険者が、保険者に当該損害保険契約に基づく保険給付を行わせることを目的として損害を生じさせ、又は生じさせようとしたこと。

二 被保険者が、当該損害保険契約に基づく保険給付の請求について詐欺を行い、又は行おうとしたこと。

三 前二号に掲げるもののほか、保険者の保険契約者又は被保険者に対する信頼を損ない、当該損害保険契約の存続を困難とする重大な事由

（解除の効力）

第三十一条 損害保険契約の解除は、将来に向かってのみその効力を生ずる。

2 保険者は、次の各号に掲げる規定により損害保険契約の解除をした場合には、当該各号に定める損害をてん補する責任を負わない。

一 第二十八条第一項 解除がされた時までに発生した保険事故による損害。ただし、同項の事実に基づかずに発生した保険事故による損害については、この限りでない。

二 第二十九条第一項 解除に係る危険増加が生じた時から解除がされた時までに発生した保険事故による損害。ただし、当該危険増加をもたらした事由に基づかずに発生した保険事故による損害については、この限りでない。

三 前条 同条各号に掲げる事由が生じた時から解除がされた時までに発生した保険事故による損害

（保険料の返還の制限）

第三十二条 保険者は、次に掲げる場合には、保険料を返還する義務を負わない。

一 保険契約者又は被保険者の詐欺又は強迫を理由として損害保険契約に係る意思表示を取り消した場合

二 損害保険契約が第五条第一項の規定により無効とされる場合。ただし、保険者が保険事故の発生を知って当該損害保険契約の申込み又はその承諾をしたときは、この限りでない。

（強行規定）

第三十三条 第二十八条第一項から第三項まで、第二十九条第一項、第三十条又は第三十一条の規定に反する特約で保険契約者又は被保険者に不利なものは、無効とする。

2 前条の規定に反する特約で保険契約者に不利なものは、無効とする。

第五章 雑則

（消滅時効）

第九十五条 保険給付を請求する権利、保険料の返還を請求する権利及び第六十三条又は第九十二条に規定する保険料積立金の払戻しを請求する権利は、これらを行使することができる時から三年間行使しないときは、時効によって消滅する。

2 保険料を請求する権利は、これを行使することができる時から一年間行使しないときは、時効によって消滅する。

第七編　自動車ターミナル法関係

○自動車ターミナル法

（昭和三十四年四月十五日法律第百三十六号）

沿革　昭三七法一六一、昭四三法一〇一、昭四六法九六、昭五九法二五、平元法八二・八三、平五法八九、平八法五二、平一一法一五一・一六〇、平一二法九一、平一六法一四七、平一八法四〇、平二三法六一、令元法三七、令四法六八改正

【編者注】　令和四年六月一七日法律第六八号による改正のうち、令和七年六月一日から施行される部分は、直接改正を加えないで、現行条文と並列して登載した。

目次

第一章　総則

（目的）

第一条　この法律は、自動車ターミナル事業の適正な運営を確保すること等により、自動車運送事業者及び自動車ターミナルを利用する公衆の利便の増進を図り、もつて自動車運送の健全な発達に寄与することを目的とする。

本条…全部改正〔平八法五二〕

（定義）

第二条　この法律で「自動車運送事業」とは、一般乗合旅客自動車運送事業及び一般貨物自動車運送事業をいい、「自動車運送事業者」とは、自動車運送事業を経営する者をいう。

2　この法律で「一般乗合旅客自動車運送事業」とは、道路運送法（昭和二十六年法律第百八十三号）第三条第一号イの一般乗合旅客自動車運送事業（路線を定めて定期に運行する自動車により乗合旅客の運送を行うものに限る。）をいい、「一般乗合旅客自動車運送事業者」とは、一般乗合旅客自動車運送事業を経営する者をいう。

3　この法律で「一般貨物自動車運送事業」とは、貨物自動車運送事業法（平成元年法律第八十三号）第二条第二項の一般貨物自動車運送事業（特別積合せ貨物運送をするものに限る。）をいう。

4　この法律で「自動車ターミナル」とは、旅客の乗降又は貨物の積卸しのため、自動車運送事業の事業用自動車を同時に二両以上停留させることを目的として設置した施設であつて、道路の路面その他一般交通の用に供する場所を停留場所として使用するもの以外のものをいう。

5　この法律で「一般自動車ターミナル」とは、自動車運送事業者が当該自動車運送事業の用に供することを目的として設置した自動車ターミナル以外の自動車ターミナルをいう。

6　この法律で「バスターミナル」とは、一般乗合旅客自動車運送事業の用に供する自動車ターミナルをいい、「トラックターミナル」とは、一般貨物自動車運送事業の用に供する自動車ターミナルをいう。

7　この法律で「専用バスターミナル」とは、一般乗合旅客自動車運送事業者が当該一般乗合旅客自動車運送事業の用に供することを目的として設置したバスターミナルをいう。

8　この法律で「自動車ターミナル事業」とは、一般自動車ターミナルを自動車運送事業の用に供する事業をいう。

一・四項…一部改正〔平元法八三〕、一項…一部改正・二・三・七項…追加・旧二・三項…一部改正し二項ずつ繰下げ・旧四項…六項に繰下げ・旧五項…八項に繰下げ〔平八法五二〕、二項…一部改正〔平一八法四〇〕

※「自動車運送事業」＝道運法二2・3・4、「一般乗合旅客自動車運送事業」＝道運法三①イ、「一般貨物自動車運送事業」＝貨物自動車運送事業法二2

第二章　自動車ターミナル事業

（事業の許可）

第三条　自動車ターミナル事業を経営しようとする者は、一般自動車ターミナルごとに、かつ、次に定める事業の種類ごとに国土交通大臣の許可を受けなければならない。ただし、一般自動車ターミナルを無償で供用するものについては、この限りでない。

一　バスターミナル事業（バスターミナルである一般自動車ターミナルを一般乗合旅客自動車運送事業の用に供する自動車ターミナル事業）

二　トラックターミナル事業（トラックターミナルである一般自動車ターミナルを一般貨物自動車運送事業の用に供する自動車ターミナル事業）

本条…一部改正〔平元法八三〕、見出…全部改正・本条…一部改正〔平八法五二〕、本条…一部改正〔平一一法一六〇〕

※「用地及び資金の確保に関する措置」＝本法一七、「関係行政機関の意見聴取」＝本法一九1・2、「罰則」＝本法二三①・二五

（許可の申請）

第四条　前条の許可を受けようとする者は、国土交通省令で定めるところにより、次に掲げる事項を記載した申請書を国土交通大臣に提出しなければならない。

一　氏名又は名称及び住所並びに法人にあつては、その代表者の氏名

二　経営しようとする自動車ターミナル事業の種類

三　一般自動車ターミナルの名称及び位置

四　一般自動車ターミナルの規模並びに構造及び設備の概要

2　前項の申請書には、事業計画書その他の国土交通省令で定める書類を添付しなければならない。

見出…全部改正・一・二項…一部改正〔平八法五二〕、一・二項…一部改正〔平一一法一六〇〕

※二項の「国土交通省令」＝則二

（欠格事由）

第五条　次の各号のいずれかに該当する者は、第三条の許可を受けることができない。

一　一年以上の懲役又は禁錮の刑に処せられ、その執行を終わり、又は執行を受けることがなくなつた日から二年を経過しない者

二　自動車ターミナル事業の許可の取消しを受け、その取消

しの日から二年を経過しない者

三　営業に関し成年者と同一の行為能力を有しない未成年者であつて、その法定代理人が前二号又は次号のいずれかに該当するもの

四　法人であつて、その役員が前三号のいずれかに該当するもの

注　令和四年六月一七日法律六八号により改正され、令和七年六月一日から施行

第五条第一号中「懲役又は禁錮の刑」を「拘禁刑」に改める。

見出…全部改正・一項…削除・旧二項…一部改正し一項に繰上〔平八法五二〕、一部改正〔平一一法一五一・平一六法一四七・平二三法六一・令元法三七〕

※　「本条の準用」＝本法一二3、「許可の取消し」＝本法一四

（許可の基準）

第六条　国土交通大臣は、第三条の許可の申請が次に掲げる基準に適合していると認めるときでなければ、同条の許可をしてはならない。

一　当該一般自動車ターミナルの位置、構造及び設備が政令で定める基準に適合するものであること。

二　当該事業の遂行上適切な計画を有するものであること。

三　当該事業を適確に遂行するに足りる能力を有するものであること。

本条…全部改正〔平八法五二〕、一部改正〔平一一法一六〇〕

※　一号「政令で定める基準」＝自動車ターミナルの位置、構造及び設備の基準を定める政令、三号「本号の準用」＝本法一二3（事業の譲渡及び譲受けの認可）

（使用料金）

第七条　第三条の許可を受けた者（以下「自動車ターミナル事業者」という。）は、使用料金を定め、あらかじめ、国土交通大臣に届け出なければならない。これを変更しようとするときも、同様とする。

2　国土交通大臣は、前項の使用料金が次の各号のいずれかに該当すると認めるときは、当該自動車ターミナル事業者に対し、期限を定めてその使用料金を変更すべきことを命ずることができる。

一　使用者が当該一般自動車ターミナルを使用することを著しく困難にするおそれがあるとき。

二　特定の使用者に対して不当な差別的取扱いをするものであるとき。

一項…一部改正・三項…追加〔昭四六法九六〕、本条…全部改正〔平八法五二〕、一・二項…一部改正〔平一一法一六〇〕

※　1項「使用料金設定の届出」＝則二、「罰則」＝本法二四①・②・二五

（一般自動車ターミナルの管理）

第八条　自動車ターミナル事業者は、その構造及び設備が第六条第一号の政令で定める基準に適合するように一般自動車ターミナルを維持しなければならない。

2　自動車ターミナル事業者は、混雑及び危険の防止並びに事業用自動車の円滑な運行の確保に関し国土交通省令で定める基準に従つて一般自動車ターミナルを管理しなければならない。

3　国土交通大臣は、一般自動車ターミナルの管理の方法が前二項の規定に違反していると認めるときは、当該自動車ターミナル事業者に対して、その是正のために必要な措置をとるべきことを命ずることができる。

一項…一部改正・旧一四条…繰上〔平八法五二〕、二・三項…一部改正〔平一一法一六〇〕

※　「専用自動車ターミナルへの準用」＝本法一六、1項「政令」＝自動車ターミナルの位置、構造及び設備の基準を定める政令、2項「国土交通省令」＝則一～一七、「職権の委任」＝本法二〇、則一八1①、3項「罰則」＝本法二四②・二五

（公衆の利便を阻害する行為の禁止）

第九条　自動車ターミナル事業者は、自動車運送事業者又は旅客若しくは荷主その他一般自動車ターミナルを利用する公衆に対して、不当な差別的取扱いをし、その他これらの利用者の利便を阻害する行為をしてはならない。

2　国土交通大臣は、前項に規定する行為があると認めるときは、当該自動車ターミナル事業者に対して、その行為の停止を命ずることができる。

一項…一部改正・旧一六条…繰上〔平八法五二〕、二項…一部改正〔平一一法一六〇〕

※　「専用自動車ターミナルへの準用」＝本法一六、「罰則」＝本法二四②・二五、「職権の委任」＝本法二〇、則一八1①

（氏名等の変更）

第十条　自動車ターミナル事業者は、第四条第一項第一号の事項又は一般自動車ターミナルの名称に変更があつたときは、遅滞なく、その旨を国土交通大臣に届け出なければならない。

見出…全部改正・本条…一部改正・旧一七条…繰上〔平八法五二〕、本条…一部改正〔平一一法一六〇〕

※　「国土交通省令」＝則三、「罰則」＝本法二六、「職権の委任」＝本法二〇、則一八1②

（位置、規模、構造又は設備の変更）

第十一条　自動車ターミナル事業者は、一般自動車ターミナルの位置、規模、構造又は設備を変更しようとするときは、国土交通大臣の許可を受けなければならない。ただし、構造又は設備の変更であつて国土交通省令で定める軽微なものについては、この限りでない。

2　前項の許可については、第六条（構造又は設備の変更にあつては、同条第二号及び第三号を除く。）の規定を準用する。

3　自動車ターミナル事業者は、第一項ただし書の国土交通省令で定める軽微な変更をしたときは、遅滞なく、その旨を国土交通大臣に届け出なければならない。

見出・二項…全部改正・一・三項…一部改正・旧一九条…繰上〔平八法五二〕、一・三項…一部改正〔平一一法一六〇〕

※　1項「国土交通省令」＝則五、「罰則」＝本法二三②・二五、「職権の委任」＝本法二〇、則一八1②、3項「罰則」＝本法二六

（事業の譲渡及び譲受け等）

第十二条　第三条の許可を受けて経営する自動車ターミナル事業の譲渡及び譲受けは、国土交通大臣の認可を受けなければ、その効力を生じない。

2　自動車ターミナル事業者である法人（地方公共団体を除く。以下この項において同じ。）の合併及び分割は、国土交通大臣の認可を受けなければ、その効力を生じない。ただし、自動車ターミナル事業者である法人と自動車ターミナル事業者でない法人が合併する場合において自動車ターミナル

事業者である法人が存続するとき又は自動車ターミナル事業者である法人が分割をする場合において第三条の許可を受けて経営する自動車ターミナル事業を承継させないときは、この限りでない。

3　第五条及び第六条第三号の規定は、前二項の認可について準用する。

4　自動車ターミナル事業の譲受人、自動車ターミナル事業者である法人について合併若しくは分割があつた場合における合併後存続する法人若しくは合併により設立された法人若しくは分割により第三条の許可を受けて経営する自動車ターミナル事業を承継した法人又は相続人は、この法律に基づく自動車ターミナル事業者の地位を承継する。

5　前項の規定により自動車ターミナル事業者の地位を承継した相続人は、遅滞なく、その旨を国土交通大臣に届け出なければならない。

見出…一～四項…一部改正・旧二二条…繰上〔平八法五二〕、一・二・五項…一部改正〔平一一法一六〇〕、二・四項…一部改正〔平一二法九一〕

※　1項「事業譲渡譲受認可の申請」＝則六、2項「法人合併認可の申請」＝則七、5項「相続による承継の届出」＝則八、「罰則」＝本法二六、「職権の委任」＝本法二〇、則一八Ⅰ②

（事業の休止及び廃止）

第十三条　自動車ターミナル事業者は、事業を休止し、又は廃止しようとするときは、その三十日前までに、その旨を国土交通大臣に届け出なければならない。

本条…削り・追加〔平八法五二〕、一部改正〔平一一法一六〇〕

※　「事業休廃止の届出」＝則九、「罰則」＝本法二四③・二五

（許可の取消し）

第十四条　国土交通大臣は、自動車ターミナル事業者が次の各号の一に該当するときは、第三条の許可を取り消すことができる。

一　この法律、この法律に基づく処分又は許可若しくは認可に付した条件に違反したとき。

二　第五条各号の一に該当することとなつたとき。

見出…全部改正・本条…一部改正・旧二四条…繰上〔平八法五二〕、本条…一部改正〔平一一法一六〇〕

第三章　専用バスターミナル

章名…改正〔平八法五二〕

（確認）

第十五条　専用バスターミナルを設置した一般乗合旅客自動車運送事業者は、その構造及び設備が第六条第一号の政令で定める基準（位置に係るものを除く。）に適合するものであることについて国土交通大臣の確認を受けなければ、その使用を開始してはならない。当該専用バスターミナルの構造又は設備を変更した場合（国土交通省令で定める軽微な変更の場合を除く。）についても、同様とする。

本条…削り・追加〔平八法五二〕、一部改正〔平一一法一六〇〕

※　「確認の申請」＝則一〇、「第六条第一号の政令で定める基準」＝自動車ターミナルの位置、構造及び設備の基準を定める政令、「国土交通省令」＝則五、「罰則」＝本法二三③・二五

（準用規定）

第十六条　第八条及び第九条の規定は、専用バスターミナルを設置した一般乗合旅客自動車運送事業者について準用する。

本条…一部改正・旧二七条…繰上〔平八法五二〕

※　「準用規定」＝本法八（管理）・九（公衆の利便を阻害する行為の禁止）、「職権の委任」＝本法二〇、則一八Ⅰ③、「罰則」＝本法二四②・二五

第四章　雑則

章名…追加〔平八法五二〕

（用地及び資金の確保に関する措置）

第十七条　国土交通大臣は、第三条の許可に係る一般自動車ターミナルの設置について、用地及び資金の確保に関する措置を講ずるように努めるものとする。

本条…一部改正・旧三一条…繰上〔平八法五二〕、一部改正〔平一一法一六〇〕

（許可等の条件）

第十八条　許可又は認可には、条件を付し、及びこれを変更することができる。

2　前項の条件は、公共の利益を確保するため必要な最小限度のものに限り、かつ、当該自動車ターミナル事業者に不当な義務を課することとならないものでなければならない。

見出…全部改正・一・二項…一部改正・旧三二条…繰上〔平八法五二〕

（関係都道府県公安委員会の意見聴取）

第十九条　国土交通大臣は、第三条又は第十一条第一項の規定による処分をしようとするときは、関係都道府県公安委員会の意見を聴かなければならない。

一項…一部改正〔昭四三法一〇一〕、見出・一・二項…一部改正・三項…削除・旧三六条…繰上〔平八法五二〕、見出…全部改正・一項…削除・旧二項…一部改正し一項に繰上〔平一一法一六〇〕

※　1項「都市計画区域」＝都市計画法五

（職権の委任）

第二十条　この法律に規定する国土交通大臣の職権で国土交通省令で定めるものは、地方運輸局長が行う。

本条…一部改正〔昭五九法二五〕、旧三七条…繰上〔平八法五二〕、一部改正〔平一一法一六〇〕

※　「国土交通省令」＝則一八

（適用除外）

第二十一条　この法律は、鉄道事業又は軌道事業を経営する者がこれらの事業の用に供する乗降施設、積卸施設、荷捌（さばき）施設その他の停車場内の施設を利用して設置する自動車ターミナルについては、適用しない。

旧三八条…繰上〔平八法五二〕

（報告及び検査）

第二十二条　国土交通大臣は、第一条の目的を達成するため必要な限度において、国土交通省令で定めるところにより、自動車ターミナル事業者に対して、その事業に関し報告をさせることができる。

2　国土交通大臣は、第一条の目的を達成するため必要な限度において、その職員に自動車ターミナル又は自動車ターミナル事業者の事務所に立ち入り、自動車ターミナルの構造若しくは設備の状況又は帳簿書類その他の物件を検査させることができる。

3　前項の規定により立入検査をする職員は、その身分を示す証明書を携帯し、関係者に提示しなければならない。

4　第二項の規定による立入検査の権限は、犯罪捜査のために認められたものと解釈してはならない。

旧三九条…繰上〔平八法五二〕、一・二項…一部改正〔平一一法一六〇〕

※ 1項「国土交通省令」＝則一九・二〇、「罰則」＝本法二四④・二五、2項「罰則」＝本法二四⑤・二五、「職権の委任」＝本法二〇、則一八2、3項

第五章　罰則

章名…追加〔平八法五二〕

第二十三条　次の各号の一に該当する者は、百万円以下の罰金に処する。

一　第三条の規定に違反して自動車ターミナル事業を経営した者

二　第十一条第一項の規定により許可を受けてしなければならない事項を許可を受けないでした者

三　第十五条の規定に違反して専用バスターミナルの使用を開始した者

本条…追加〔平八法五二〕

第二十四条　次の各号の一に該当する者は、二十万円以下の罰金に処する。

一　第七条第一項の規定による届出をしないで料金を収受した者

二　第七条第二項、第八条第三項（第十六条において準用する場合を含む。）又は第九条第二項（第十六条において準用する場合を含む。）の規定による命令に違反した者

三　第十三条の規定による届出をせず、又は虚偽の届出をして自動車ターミナル事業を休止し、又は廃止した者

四　第二十二条第一項の規定による報告をせず、又は虚偽の報告をした者

五　第二十二条第二項の規定による検査を拒み、妨げ、又は忌避した者

本条…一部改正・旧四三条…繰上〔平八法五二〕

第二十五条　法人の代表者又は法人若しくは人の代理人、使用人その他の従業者がその法人又は人の業務に関して、前二条の違反行為をしたときは、行為者を罰するほか、その法人又は人に対しても、各本条の刑を科する。

本条…一部改正・旧四四条…繰上〔平八法五二〕

第二十六条　第十条、第十一条第三項又は第十二条第五項の規定による届出をせず、又は虚偽の届出をした者は、二十万円以下の過料に処する。

本条…追加〔平八法五二〕

附　則（抄）

（施行期日）

第一条　この法律は、公布の日から起算して六月をこえない範囲内において政令で定める日から施行する。

〔昭三四・一〇政令三一九により、昭三四・一〇・一〇から施行〕

（経過規定）

第二条　第三条の規定は、この法律の施行の際現に自動車ターミナル事業を経営している者については、この法律の施行の日から三月間は、適用しない。

2　この法律の施行の際現に自動車ターミナル事業を経営している者は、前項の期間内に当該一般自動車ターミナルに関し第四条第一項各号に掲げる事項を運輸大臣に届け出たときは、第三条の免許を受けたものとみなす。

3　第四条第二項の規定は、前項の規定による届出について準用する。

第三条　この法律の施行の際現に専用自動車ターミナルを使用している自動車運送事業者は、この法律の施行の日から三月以内に、当該専用自動車ターミナルに関し第二十五条第一項各号に掲げる事項を運輸大臣に届け出なければならない。

2　前項の規定による届出をせず、又は虚偽の届出をした者は、三万円以下の過料に処する。

第四条　附則第二条第二項の規定により自動車ターミナル事業の免許を受けたものとみなされた者は、この法律の施行の日から六月間は、第十一条第一項及び第十二条第一項の規定にかかわらず、使用料金又は供用約款の認可を受けなくても、当該一般自動車ターミナルを供用することができる。その者がその期間内にこれらの規定による認可を申請した場合において、認可をした旨又は認可をしない旨の通知を受ける日までも、同様とする。

2　附則第二条第二項の届出をした一般自動車ターミナルについては、第十五条の規定は、この法律の施行の日から六月間は、適用しない。

3　前項に規定する一般自動車ターミナルについては、第二十条の規定は、この法律の施行の日から三年間は、適用しない。

第五条　附則第二条第二項の規定により免許を受けたものとみなされた者及び附則第三条第一項の規定による届出をした自動車運送事業者は、この法律の施行の日から六月間は、第十三条第二項（第二十七条において準用する場合を含む。以下この項において同じ。）の規定にかかわらず、利用規程の認可を受けなくても、当該専用自動車ターミナルを使用し、又は当該一般自動車ターミナルを供用することができる。これらの者がその期間内に同項の規定による認可を申請した場合において、認可をした旨又は認可をしない旨の通知を受ける日までも、同様とする。

2　附則第二条第二項の規定による届出をした一般自動車ターミナル及び附則第三条第一項の届出をした専用自動車ターミナルについては、第十四条第二項（第二十七条において準用する場合を含む。）の規定は、この法律の施行の日から六月間は、適用しない。

3　前項に規定する自動車ターミナルについては、第十四条第一項（第二十七条において準用する場合を含む。）の規定は、この法律の施行の日から三年間は、適用しない。ただし、当該自動車ターミナルの構造又は設備を変更した場合において、その変更に係る部分については、その変更後は、この限りでない。

附　則（昭三七・九・一五法一六一抄）

1　この法律は、昭和三十七年十月一日から施行する。

2　この法律による改正後の規定は、この附則に特別の定めがある場合を除き、この法律の施行前にされた行政庁の処分、この法律の施行前にされた申請に係る行政庁の不作為その他この法律の施行前に生じた事項についても適用する。ただし、この法律による改正前の規定によつて生じた効力を妨げない。

3　この法律の施行前に提起された訴願、審査の請求、異議の申立てその他の不服申立て（以下「訴願等」という。）については、この法律の施行後も、なお従前の例による。この法

律の施行前にされた訴願等の裁決、決定その他の処分（以下「裁決等」という。）又はこの法律の施行前に提起された訴願等につきこの法律の施行後にされる裁決等にさらに不服がある場合の訴願等についても、同様とする。

4　前項に規定する訴願等で、この法律の施行後は行政不服審査法による不服申立てをすることができることとなる処分に係るものは、同法以外の法律の適用については、行政不服審査法による不服申立てとみなす。

5　第三項の規定によりこの法律の施行後にされる審査の請求、異議の申立てその他の不服申立ての裁決等については、行政不服審査法による不服申立てをすることができない。

6　この法律の施行前にされた行政庁の処分で、この法律による改正前の規定により訴願等をすることができるものとされ、かつ、その提起期間が定められていなかつたものについて、行政不服審査法による不服申立てをすることができる期間は、この法律の施行の日から起算する。

8　この法律の施行前にした行為に対する罰則の適用については、なお従前の例による。

9　前八項に定めるもののほか、この法律の施行に関して必要な経過措置は、政令で定める。

※　9項「政令」＝なし

附　則（昭四三・六・一五法一〇一）

この法律〔中略〕は、新法〔都市計画法＝昭四三・六法一〇〇〕の施行の日〔昭和四四年六月一四日〕から施行する。〔後略〕

附　則（昭四六・六・一法九六抄）

（施行期日等）

1　この法律は、公布の日から施行する。〔後略〕

16　この法律（附則第一項各号に掲げる規定については、当該各規定）の施行前にした行為に対する罰則の適用については、なお従前の例による。

附　則（昭五九・五・八法二五抄）

（施行期日）

第一条　この法律は、昭和五十九年七月一日から施行する。

附　則（平元・一二・一九法八二抄）

（施行期日）

第一条　この法律は、公布の日から起算して一年を超えない範囲内において政令で定める日から施行する。

〔平二・七政令二〇九により、平二・一二・一から施行〕

（経過措置）

第三十条　この法律の施行前にした行為及び附則第十一条第一項又は第二十一条第一項若しくは第二十七条の規定により従前の例によることとされる海上運送取扱業又は航空運送取扱業に係るこの法律の施行後にした行為に対する罰則の適用については、なお従前の例による。

第三十一条　附則第七条から前条までに定めるもののほか、この法律の施行に関して必要な経過措置は、政令で定める。

附　則（平元・一二・一九法八三抄）

（施行期日）

第一条　この法律は、公布の日から起算して一年を超えない範囲内において政令で定める日から施行する。

〔平二・七政令二二二により、平二・一二・一から施行〕

附　則（平五・一一・一二法八九抄）

（施行期日）

第一条　この法律は、行政手続法（平成五年法律第八十八号）の施行の日〔平成六年一〇月一日〕から施行する。

（諮問等がされた不利益処分に関する経過措置）

第二条　この法律の施行前に法令に基づき審議会その他の合議制の機関に対し行政手続法第十三条に規定する聴聞又は弁明の機会の付与の手続その他の意見陳述のための手続に相当する手続を執るべきことの諮問その他の求めがされた場合においては、当該諮問その他の求めに係る不利益処分の手続に関しては、この法律による改正後の関係法律の規定にかかわらず、なお従前の例による。

（罰則に関する経過措置）

第十三条　この法律の施行前にした行為に対する罰則の適用については、なお従前の例による。

（聴聞に関する規定の整理に伴う経過措置）

第十四条　この法律の施行前に法律の規定により行われた聴聞、聴問若しくは聴聞会（不利益処分に係るものを除く。）又はこれらのための手続は、この法律による改正後の関係法律の相当規定により行われたものとみなす。

（政令への委任）

第十五条　附則第二条から前条までに定めるもののほか、この法律の施行に関して必要な経過措置は、政令で定める。

附　則（平八・五・二九法五二抄）

（施行期日）

第一条　この法律は、公布の日から起算して六月を超えない範囲内において政令で定める日から施行する。

〔平八・一〇政令三一三により、平八・一一・二八から施行〕

（経過措置）

第二条　この法律の施行の際現にこの法律による改正前の自動車ターミナル法（以下「旧法」という。）第三条の免許を受けている一般自動車ターミナルのうち、旧法第八条第一項（旧法第十八条第三項において準用する場合を含む。）又は旧法第九条第一項の規定による検査に合格しているもの（旧法第十九条第一項の規定による認可を受け、又は同条第三項の規定による届出をしているものを含む。）は、この法律による改正後の自動車ターミナル法（以下「新法」という。）第三条の許可を受けたものとみなす。

2　この法律の施行の際現に旧法第三条の免許を受けている一般自動車ターミナル（前項に規定するものを除く。）は、次条の規定による確認を受けたときは、新法第三条の許可を受けたものとみなす。

3　この法律の施行の際現にされている旧法第四条第一項の免許の申請は、運輸省令で定めるところにより、新法第四条の許可の申請とみなす。

第三条　運輸大臣は、前条第二項の一般自動車ターミナルについて、運輸省令で定めるところにより、当該一般自動車ターミナルが新法第六条第一号の政令で定める基準に適合することについて確認を行う。

第四条　この法律の施行の際現に旧法第十一条第一項の認可を受けている使用料金は、新法第七条の規定により届け出た使用料金とみなす。

2　この法律の施行の際現にされている旧法第十一条第一項の使用料金の認可の申請は、新法第七条の規定によりした届出とみなす。

第五条　この法律の施行前に旧法第二十三条第一項の規定によ

りされた申請に係る事業の休止又は廃止については、なお従前の例による。

第六条　この法律の施行の際現に旧法第二十六条の規定による検査に合格している専用バスターミナル（構造又は設備の変更に係る旧法第二十五条第二項の規定による届出（位置又は規模の変更を伴うものを除く。）をしているものを含む。）は、新法第十五条の確認を受けたものとみなす。

2　この法律の施行の際現にされている旧法第二十六条の規定による検査の申請は、運輸省令で定めるところにより、新法第十五条の規定による確認の申請とみなす。

第七条　旧法又は旧法に基づく命令によりした処分、手続その他の行為で、新法中相当する規定があるものは、附則第二条から前条までに規定するものを除き、運輸省令で定めるところにより、新法によりしたものとみなす。

（罰則に関する経過措置）

第八条　この法律の施行前にした行為及び附則第五条の規定によりなお従前の例によることとされる場合におけるこの法律の施行後にした行為に対する罰則の適用については、なお従前の例による。

（政令への委任）

第九条　附則第二条から前条までに定めるもののほか、この法律の施行に関し必要となる経過措置（罰則に関する経過措置を含む。）は、政令で定める。

附　則（平一一・一二・八法一五一抄）

（施行期日）

第一条　この法律は、平成十二年四月一日から施行する。〔後略〕

（経過措置）

第三条　民法の一部を改正する法律（平成十一年法律第百四十九号）附則第三条第三項の規定により従前の例によることとされる準禁治産者及びその保佐人に関するこの法律による改正規定の適用については、次に掲げる改正規定を除き、なお従前の例による。

一～二十五　〔略〕

第四条　この法律の施行前にした行為に対する罰則の適用については、なお従前の例による。

附　則（平一一・一二・二二法一六〇抄）

（処分、申請等に関する経過措置）

第千三百一条　中央省庁等改革関係法及びこの法律（以下「改革関係法等」と総称する。）の施行前に法令の規定により従前の国の機関がした免許、許可、認可、承認、指定その他の処分又は通知その他の行為は、法令に別段の定めがあるもののほか、改革関係法等の施行後は、改革関係法等の施行後の法令の相当規定に基づいて、相当の国の機関がした免許、許可、認可、承認、指定その他の処分又は通知その他の行為とみなす。

2　改革関係法等の施行の際現に法令の規定により従前の国の機関に対してされている申請、届出その他の行為は、法令に別段の定めがあるもののほか、改革関係法等の施行後は、改革関係法等の施行後の法令の相当規定に基づいて、相当の国の機関に対してされた申請、届出その他の行為とみなす。

3　改革関係法等の施行前に法令の規定により従前の国の機関に対し報告、届出、提出その他の手続をしなければならないとされている事項で、改革関係法等の施行の日前にその手続がされていないものについては、法令に別段の定めがあるもののほか、改革関係法等の施行後は、これを、改革関係法等の施行後の法令の相当規定により相当の国の機関に対して報告、届出、提出その他の手続をしなければならないとされた事項についてその手続がされていないものとみなして、改革関係法等の施行後の法令の規定を適用する。

（従前の例による処分等に関する経過措置）

第千三百二条　なお従前の例によることとする法令の規定により、従前の国の機関がすべき免許、許可、認可、承認、指定その他の処分若しくは通知その他の行為又は従前の国の機関に対してすべき申請、届出その他の行為については、法令に別段の定めがあるもののほか、改革関係法等の施行後は、改革関係法等の施行後の法令の規定に基づくその任務及び所掌事務の区分に応じ、それぞれ、相当の国の機関がすべきものとし、又は相当の国の機関に対してすべきものとする。

（罰則に関する経過措置）

第千三百三条　改革関係法等の施行前にした行為に対する罰則の適用については、なお従前の例による。

（政令への委任）

第千三百四十四条　第七十一条から第七十六条まで及び第千三百一条から前条まで並びに中央省庁等改革関係法に定めるもののほか、改革関係法等の施行に関し必要な経過措置（罰則に関する経過措置を含む。）は、政令で定める。

附　則（平一一・一二・二二法一六〇抄）

（施行期日）

第一条　この法律（第二条及び第三条を除く。）は、平成十三年一月六日から施行する。ただし、次の各号に掲げる規定は、当該各号に定める日から施行する。

一　〔前略〕第千三百四十四条の規定　公布の日

二　〔略〕

附　則（平一二・五・三一法九一抄）

（施行期日）

1　この法律は、商法等の一部を改正する法律（平成十二年法律第九十号）の施行の日〔平成一三年四月一日〕から施行する。

附　則（平一六・一二・一法一四七抄）

（施行期日）

第一条　この法律は、公布の日から起算して六月を超えない範囲内において政令で定める日から施行する。

〔平一七・三政令三六により、平一七・四・一から施行〕

附　則（平一八・五・一九法四〇抄）

（施行期日）

第一条　この法律は、公布の日から起算して十月を超えない範囲内において政令で定める日から施行する。〔後略〕

〔平一八・八政令二七五により、平一八・一〇・一から施行〕

附　則（平二三・六・三法六一抄）

（施行期日）

第一条　この法律は、公布の日から起算して一年を超えない範囲内において政令で定める日（以下「施行日」という。）から施行する。〔後略〕

〔平二三・一二政令三九五により、平二四・四・一から施行〕

附　則（令元・六・一四法三七抄）

（施行期日）

第一条　この法律は、公布の日から起算して三月を経過した日から施行する。ただし、次の各号に掲げる規定は、当該各号に定める日から施行する。

一 〔前略〕第百四十九条、第百五十二条、第百五十四条（不動産の鑑定評価に関する法律第二十五条第六号の改正規定に限る。）及び第百六十八条並びに次条並びに附則第三条及び第六条の規定　公布の日

二～四 〔略〕

（行政庁の行為等に関する経過措置）

第二条 この法律（前条各号に掲げる規定にあっては、当該規定。以下この条及び次条において同じ。）の施行の日前に、この法律による改正前の法律又はこれに基づく命令の規定（欠格条項その他の権利の制限に係る措置を定めるものに限る。）に基づき行われた行政庁の処分その他の行為及び当該規定により生じた失職の効力については、なお従前の例による。

（罰則に関する経過措置）

第三条 この法律の施行前にした行為に対する罰則の適用については、なお従前の例による。

（検討）

第七条 政府は、会社法（平成十七年法律第八十六号）及び一般社団法人及び一般財団法人に関する法律（平成十八年法律第四十八号）における法人の役員の資格を成年被後見人又は被保佐人であることを理由に制限する旨の規定について、この法律の公布後一年以内を目途として検討を加え、その結果に基づき、当該規定の削除その他の必要な法制上の措置を講ずるものとする。

〔令四・六・一七法六八抄〕

（罰則の適用等に関する経過措置）

第四百四十一条 刑法等の一部を改正する法律（令和四年法律第六十七号。以下「刑法等一部改正法」という。）及びこの法律（以下「刑法等一部改正法等」という。）の施行前にした行為の処罰については、次章に別段の定めがあるもののほか、なお従前の例による。

2 刑法等一部改正法等の施行後にした行為に対して、他の法律の規定によりなお従前の例によることとされ、なお効力を有することとされ又は改正前若しくは廃止前の法律の規定の例によることとされる罰則を適用する場合において、当該罰則に定める刑（刑法施行法第十九条第一項の規定又は第八十二条の規定による改正後の沖縄の復帰に伴う特別措置に関する法律第二十五条第四項の規定の適用後のものを含む。）に刑法等一部改正法第二条の規定による改正前の刑法（明治四十年法律第四十五号。以下この項において「旧刑法」という。）第十二条に規定する懲役（以下「懲役」という。）、旧刑法第十三条に規定する禁錮（以下「禁錮」という。）又は旧刑法第十六条に規定する拘留（以下「旧拘留」という。）が含まれるときは、当該刑のうち無期の懲役又は禁錮はそれぞれ無期拘禁刑と、有期の懲役又は禁錮はそれぞれその刑と長期及び短期（刑法施行法第二十条の規定の適用後のものを含む。）を同じくする有期拘禁刑と、旧拘留は長期及び短期（刑法施行法第二十条の規定の適用後のものを含む。）を同じくする拘留とする。

（裁判の効力とその執行に関する経過措置）

第四百四十二条 懲役、禁錮及び旧拘留の確定裁判の効力並びにその執行については、次章に別段の定めがあるもののほか、なお従前の例による。

（人の資格に関する経過措置）

第四百四十三条 懲役、禁錮又は旧拘留に処せられた者に係る人の資格に関する法令の規定の適用については、無期の懲役又は禁錮に処せられた者はそれぞれ無期拘禁刑に処せられた者と、有期の懲役又は禁錮に処せられた者はそれぞれ刑期を同じくする有期拘禁刑に処せられた者と、旧拘留に処せられた者は拘留に処せられた者とみなす。

2 拘禁刑又は拘留に処せられた者に係る他の法律の規定によりなお従前の例によることとされ、なお効力を有することとされ又は改正前若しくは廃止前の法律の規定の例によることとされる人の資格に関する法令の規定の適用については、無期拘禁刑に処せられた者は無期禁錮に処せられた者と、有期拘禁刑に処せられた者は刑期を同じくする有期禁錮に処せられた者と、拘留に処せられた者は刑期を同じくする旧拘留に処せられた者とみなす。

（経過措置の政令への委任）

第五百九条 この編に定めるもののほか、刑法等一部改正法等の施行に伴い必要な経過措置は、政令で定める。

附　則〔令四・六・一七法六八抄〕

（施行期日）

1 この法律は、刑法等一部改正法〔刑法等の一部を改正する法律＝令和四年六月法律第六七号〕施行日〔令和七年六月一日〕から施行する。ただし、次の各号に掲げる規定は、当該各号に定める日から施行する。

一 第五百九条の規定　公布の日

二 〔略〕

○自動車ターミナル法施行規則

(昭和三十四年十月九日
運輸省令第四十七号)

沿革　昭三五運令四一、昭四六運令二・三〇、昭五〇運令八、昭五三運令三三、昭五九運令一八、昭六〇運令二二、平六運令一一・一二・四六、平八運令六二、平九運令八一、平一〇運令八八、平一二運令三九、平一三国交令三七、平一七国交令一二、平一八国交令五八、令元国交令二〇、令二国交令九八、令六国交令二六改正

目次

第一章　自動車ターミナル事業

(許可の申請)

第一条　自動車ターミナル法(以下「法」という。)第四条第二項の国土交通省令で定める書類は、次のとおりとする。

一　一般自動車ターミナルの位置を示した縮尺一万分の一以上の地図

二　次の事項を記載した一般自動車ターミナルの構造及び設備に関する書類(平面図及び断面図の縮尺は、二百分の一以上とする。)

イ　自動車用場所に関する構造耐力計算及び構造耐力上主要な部分の設計

ロ　自動車の出口及び入口

(一)　自動車の出口及び入口の位置(平面図をもって示すこと。)

(二)　道路(道路交通法(昭和三十五年法律第百五号)第二条第一項第一号に規定する道路をいう。以下同じ。)の路面に接する自動車の出口又は入口から五十メートル以内にある同法第四十四条各号のいずれかに該当する場所及び橋であって自動車の出口又は入口に接する道路内にあるもの(平面図をもって示すこと。)

(三)　自動車の出口又は入口に接する道路の幅員及び縦断勾配

(四)　すみ切りの構造(平面図をもって示すこと。)

(五)　道路の路面に接する自動車の出口の付近の構造(平面図をもって示すこと。)

(六)　道路の路面に接する自動車の出口の付近に設ける信号機、反射鏡その他の保安設備の機能

ハ　誘導車路

(一)　幅員(平面図をもって示すこと。)

(二)　上方にはりその他の障害物がある部分の路面上の有効高(断面図をもって示すこと。)

(三)　屈曲部の構造(平面図をもって示すこと。)

(四)　傾斜部の勾配(断面図をもって示すこと。)

ニ　操車場所

(一)　形状及び広さ(平面図をもって示すこと。)

(二)　上方にはりその他の障害物がある部分の面上の有効高(断面図をもって示すこと。)

(三)　傾斜部の勾配(断面図をもって示すこと。)

ホ　停留場所

(一)　長さ及び幅

(二)　上方にはりその他の障害物がある部分の面上の有効高(断面図をもって示すこと。)

(三)　勾配(断面図をもって示すこと。)

ヘ　乗降場

(一)　形状及び広さ(平面図をもって示すこと。)

(二)　高さ(断面図をもって示すこと。)

(三)　さくその他の遮断設備の構造(設計図をもって示すこと。)

ト　旅客通路、待合所及び荷扱場の形状及び広さ(平面図をもって示すこと。)

チ　自動車用場所と共用する旅客通路内及びその付近に設ける警報設備の機能

リ　排水設備(建築物である部分に設けるものを除く。)、避難設備及び換気設備の構造(設計図をもって示すこと。)

ヌ　ロ(六)及びハからリまでの設備の配置(平面図及び断面図をもって示すこと。)

三　次の事項を記載した事業計画書

イ　主たる事務所及び営業所の名称及び位置

ロ　事業の開始に要する資金の総額及びその内訳並びにその資金、土地及び建物の調達方法

ハ　供用開始予定時期

ニ　事業の収支の見積り

四　地方公共団体以外の法人にあっては、次の書類

イ　定款又は寄附行為及び登記事項証明書

ロ　最近の事業年度の貸借対照表

ハ　役員又は社員の名簿及び履歴書

五　法人を設立しようとするものにあっては、次の書類

イ　定款(会社法(平成十七年法律第八十六号)第三十条第一項又はその準用規定により認証を必要とする場合は、認証のある定款)又は寄附行為の謄本

ロ　発起人、社員又は設立者の名簿及び履歴書

ハ　設立しようとする法人が株式会社である場合は、株式の引受けの状況及び見込みを記載した書類

六　個人にあっては、次の書類

イ　資産目録

ロ　戸籍抄本

ハ　履歴書

七　申請者(申請者が法人である場合は、その役員又は社員)が法第五条第一号から第三号までのいずれにも該当しない者である旨の宣誓書

2　法第四条の規定により自動車ターミナル事業の許可を受けようとする者が許可を受けようとする自動車ターミナル事業と同一種類の自動車ターミナル事業を経営している場合には、前項第四号、第六号及び第七号に掲げる書類の添付を省略することができる。

(使用料金の届出)

第二条　法第七条第一項の規定により使用料金の設定又は変更の届出をしようとする者は、当該使用料金の実施予定日の三十日前までに、次の事項を記載した届出書を提出しなければならない。

一　氏名又は名称及び住所並びに法人にあつては、その代表者の氏名
二　一般自動車ターミナルの名称及び位置
三　設定し、又は変更しようとする使用料金の額（変更の届出の場合は、新旧の対照を明示すること。）
四　実施予定日
五　変更の届出の場合は、変更を必要とする理由

2　前項の届出書には、使用料金の算出基礎を記載した書類を添付しなければならない。

（氏名等の変更の届出）

第三条　法第十条の規定により法第四条第一項第一号の事項又は一般自動車ターミナルの名称の変更の届出をしようとする者は、次の事項を記載した届出書を提出しなければならない。

一　氏名又は名称及び住所並びに法人にあつては、その代表者の氏名
二　一般自動車ターミナルの名称及び位置
三　変更の内容（新旧の対照を明示すること。）

（位置、規模、構造又は設備の変更許可の申請）

第四条　法第十一条第一項の規定により一般自動車ターミナルの位置、規模、構造又は設備の変更の許可を申請しようとする者は、次の事項を記載した申請書を提出しなければならない。

一　氏名又は名称及び住所並びに法人にあつては、その代表者の氏名
二　一般自動車ターミナルの名称及び位置
三　変更の内容
四　変更を必要とする理由

2　前項の申請書には、次の書類（位置又は規模の変更に伴わない構造又は設備の変更の場合は、第二号の書類）を添付しなければならない。

一　位置の変更の場合は、新旧の位置を示した縮尺一万分の一以上の地図
二　第一条第一項第二号の書類（変更に係る部分に限る。）
三　次の事項を記載した書類
イ　工事に要する資金の総額及びその内訳並びにその資金、土地及び建物の調達方法
ロ　変更後の設備の供用開始予定時期
ハ　工事に伴い当該一般自動車ターミナルの全部又は一部の供用を停止する必要がある場合は、その期間
ニ　規模の変更の場合は、変更後の事業の収支の見積り

（構造又は設備の軽微な変更）

第五条　法第十一条第一項ただし書及び法第十五条の国土交通省令で定める軽微な変更は、次のとおりとする。

一　自動車の出口及び入口のすみ切りの切取線の長さの伸長
二　誘導車路の幅員の拡張並びに路面上の有効高及び傾斜部の勾配の変更
三　操車場所の広さの増加並びに面上の有効高及び傾斜部の勾配の変更
四　停留場所の面上の有効高及び面の勾配の変更
五　乗降場の広さの増加及び高さの変更
六　旅客通路（自動車用場所と共用する部分を除く。）、待合所及び荷扱場の広さの増加
七　排水設備、避難設備及び換気設備の構造の変更
八　排水設備の配置の変更

2　法第十一条第三項の規定により構造又は設備の変更の届出をしようとする者は、次の事項を記載した届出書に変更した事項の新旧を対照した書類を添付して、これを提出しなければならない。

一　氏名又は名称及び住所並びに法人にあつては、その代表者の氏名
二　一般自動車ターミナルの名称及び位置
三　変更の内容
四　変更した日

（事業譲渡譲受認可の申請）

第六条　法第十二条第一項の規定による事業の譲渡及び譲受けの認可を申請しようとする者は、次の事項を記載した申請書を提出しなければならない。

一　譲渡人及び譲受人の氏名又は名称及び住所並びに法人にあつては、その代表者の氏名
二　譲渡譲受をしようとする事業に係る一般自動車ターミナルの名称及び位置
三　譲渡価格
四　譲渡譲受予定期日
五　譲渡譲受を必要とする理由
六　譲受人が法第六条第三号の基準に適合する旨の説明

2　前項の申請書には、次の書類を添付しなければならない。

一　譲渡譲受契約書の写し
二　譲渡価格の明細書
三　現に自動車ターミナル事業を経営する者でない譲受人にあつては、第一条第一項第四号、第五号又は第六号及び第七号に規定する書類

（法人の合併又は分割の認可の申請）

第七条　法第十二条第二項の規定による法人の合併又は分割の認可を申請しようとする者は、次の事項を記載した申請書を提出しなければならない。

一　当事者の名称、住所及び代表者の氏名並びに合併しようとする法人に係る一般自動車ターミナルの名称及び位置
二　合併後存続する法人若しくは合併により設立する法人又は分割により自動車ターミナル事業を承継する法人の名称、住所及び代表者の氏名
三　合併又は分割の方法及び条件
四　合併又は分割の予定期日
五　合併又は分割を必要とする理由

2　前項の申請書には、次の書類を添付しなければならない。

一　合併契約書又は分割契約書（新設分割の場合にあつては、分割計画書）の写し
二　合併又は分割の方法及び条件の説明書
三　合併後存続する法人若しくは合併により設立する法人又は分割により自動車ターミナル事業を承継する法人が現に自動車ターミナル事業を経営していないときは、第一条第一項第四号又は第五号に規定する書類

（相続による承継の届出）

第八条 法第十二条第五項の規定により自動車ターミナル事業者の地位の承継の届出をしようとする者は、次の事項を記載した届出書に法第五条第一号から第三号までのいずれにも該当しない者である旨の宣誓書を添付して、これを提出しなければならない。

一 氏名及び住所並びに被相続人との続柄
二 被相続人の氏名及び住所
三 相続した事業に係る一般自動車ターミナルの名称及び位置
四 相続した日

（事業休廃止の届出）
第九条 法第十三条の規定により事業の休止又は廃止の届出をしようとする者は、次の事項を記載した届出書を提出しなければならない。

一 氏名又は名称及び住所並びに法人にあつては、その代表者の氏名
二 休止し、又は廃止しようとする事業に係る一般自動車ターミナルの名称及び位置
三 休止又は廃止の予定期日
四 休止の届出の場合は、休止予定期間
五 休止又は廃止を必要とする理由

第二章 専用バスターミナル

（確認の申請）
第十条 法第十五条の規定による確認の申請をしようとする者は、次の事項を記載した申請書を提出しなければならない。

一 氏名又は名称及び住所並びに法人にあつては、その代表者の氏名
二 専用バスターミナルの名称及び位置
三 専用バスターミナルの設置の場合は、構造及び設備の概要
四 構造又は設備の変更の場合は、変更の内容及び変更した理由

2 前項の申請書には、第一条第一項第二号の書類（構造又は設備の変更の場合は、変更に係る部分に限る。）を添付しなければならない。

第三章 管理基準

（機能の保持等）
第十一条 管理者（自動車ターミナル事業者及び専用バスターミナルを設置した一般乗合旅客自動車運送事業者をいう。以下同じ。）は、清掃、点検及び修理により、自動車ターミナルの機能を完全な状態に保持するようにしなければならない。

2 管理者は、換気設備その他の設備を適切に操作することにより、危険の防止及び事業用自動車の円滑な運行を確保しなければならない。

（運行管理）
第十二条 管理者は、危険の防止及び事業用自動車の円滑な運行を図るため、あらかじめ適切な運行方法を定め、当該自動車ターミナルを使用する自動車の運転者にこれを遵守させるようにしなければならない。

2 管理者は、前項の運行方法を前項の運転者に遵守させるため必要がある場合には、運行管理員を配置して自動車の誘導に当たらせる等適切な措置を講じなければならない。

3 管理者は、事業用自動車の安全かつ円滑な運行を阻害するおそれがある場合には、事業用自動車以外の自動車に自動車ターミナルを使用させてはならない。

（停留方法等）
第十三条 管理者は、事業用自動車を停留場所以外の場所に旅客の乗降若しくは貨物の積卸しのため停留させてはならない。

2 管理者は、自動車を誘導車路又は操車場所に駐車させてはならない。ただし、危険又は混雑を生ずるおそれがなく、かつ、事業用自動車の円滑な運行に支障がない場所については、この限りでない。

（旅客の混雑の防止等）
第十四条 バスターミナルの管理者は、旅客その他バスターミナルを利用する公衆の混雑を防止するため必要がある場合には、放送、掲示等による案内、整理員の配置、乗降場又は旅客通路を乗車用と降車用とに区別すること等適切な措置を講じなければならない。

2 バスターミナルの管理者は、旅客その他バスターミナルを利用する公衆をみだりに自動車用場所に立ち入らせないように適切な措置を講じなければならない。

（工事中の措置）
第十五条 管理者は、工事を行う場合には、危険及び混雑を防止するため標識の設置その他の適切な措置を講じなければならない。

（事故発生時の措置）
第十六条 管理者は、火災、衝突その他の事故が発生した場合には、直ちに旅客の誘導、事故自動車の撤去その他の適切な措置を講じなければならない。

（危険の防止）
第十七条 管理者は、災害その他の原因により自動車の運行及び旅客の安全を阻害するおそれが生じた場合には、直ちにその供用を一時停止する等適切な措置を講じなければならない。

第四章 雑則

（職権の委任）
第十八条 法に規定する国土交通大臣の職権で次のものは、当該自動車ターミナルの位置をその管轄区域内に含む地方運輸局長（以下「所轄地方運輸局長」という。）が行う。

一 法第八条第三項及び法第九条第二項の規定による命令
二 法第十条、法第十一条第三項、法第十二条第五項及び法第十三条の規定による届出の受理
三 法第三章に規定する職権

2 法第二十二条第二項に規定する国土交通大臣の職権は、所轄地方運輸局長も行うことができる。

（報告書の提出）
第十九条 自動車ターミナル事業者は、毎事業年度終了後三月以内に、その事業年度のバスターミナル事業概要報告書（第一号様式）又はトラックターミナル事業概要報告書（第二号様式）を提出しなければならない。

第二十条　自動車ターミナル事業者は、次の各号のいずれかに該当する場合には、当該事実の発生後二週間以内（第三号の場合（代表権を有しない役員又は社員に変更があつた場合に限る。）は、前年七月一日から六月三十日までの期間に係る変更について毎年七月三十一日まで）に、その旨を記載した報告書（同号の場合は、その旨を記載した報告書及び新たに役員又は社員になつた者が法第五条第一号から第三号までのいずれにも該当しない者である旨の宣誓書）を提出しなければならない。
一　一般自動車ターミナルの供用を開始した場合
二　主たる事務所又は営業所の名称又は位置を変更した場合
三　役員又は社員に変更があつた場合
四　一般自動車ターミナルにおける火災、衝突その他の事故が発生した場合

（書類の提出）
第二十一条　法第四条第一項の申請書又はこの省令の規定による申請書、届出書若しくは報告書は、第十八条第一項各号の職権に係るものを除き、所轄地方運輸局長を経由して提出しなければならない。
2　前項の規定にかかわらず、次の申請書又は報告書は、申請者（法人の合併の場合は合併後存続する法人又は合併により設立される法人、法人の分割の場合は分割により自動車ターミナル事業を承継する法人）又は報告者の主たる事務所（合併又は分割により設立される法人にあつては、予定する主たる事務所）の所在地を管轄する地方運輸局長を経由して提出しなければならない。
一　第七条第一項の申請書
二　第十九条の報告書
三　前条第二号又は第三号の報告書
3　第一項の規定により地方運輸局長を経由して提出する法第四条第一項の申請書又は第四条第一項の申請書には、副本一通を添え、当該副本には、法第四条第二項又は第四条第二項の規定により当該申請書に添付すべき書類を添付しなければならない。

附　則（抄）

（施行期日）
第一条　この省令は、昭和三十四年十月十日から施行する。

（経過規定）
第二条　法附則第二条第二項の規定による届出をしようとする者は、次の事項を記載した届出書を提出しなければならない。
一　氏名又は名称及び住所
二　経営する自動車ターミナル事業の種類
三　一般自動車ターミナルの名称及び位置
四　一般自動車ターミナルの規模（停留場所の数）
五　一般自動車ターミナルの構造及び設備の概要（第二条第一項第四号イからカまでの事項の概要）
六　当該一般自動車ターミナルを使用する自動車の一日当り発着回数並びにその自動車運送事業者別及び運行系統別の内訳
七　附帯事業を経営する場合は、その種類
2　前項の届出書には、次の書類及び図面を添附しなければならない。
一　一般自動車ターミナルの位置を示した縮尺一万分の一以上の地図
二　前面道路の幅員及び縦断勾配を記載した書類
三　次の事項を示した縮尺五百分の一以上の平面図
イ　一般自動車ターミナルの境域
ロ　道路の路面に接する自動車の出口又は入口から五十メートル以内にある道路交通取締法施行令第三十条第一号から第五号までの場所で前面道路内にあるものを示す平面図
四　附帯事業を経営する場合は、その概要を記載した書類
五　地方公共団体以外の法人にあつては、次の書類
イ　定款又は寄附行為及び登記簿の謄本
ロ　最近の事業年度における財産目録及び貸借対照表
ハ　役員の名簿及び履歴書
六　個人にあつては、次の書類
イ　資産目録
ロ　戸籍抄本
ハ　履歴書
第三条　第二十条（第一項第六号を除く。）の規定は、法附則第三条第一項の規定による届出について準用する。

附　則（昭三五・一二・一九運令四一）

この省令は、道路交通法の施行の日（昭和三十五年十二月二十日）から施行する。

附　則（昭四六・一・一一運令二抄）

（施行期日）
1　この省令は、公布の日から施行する。〔後略〕

附　則（昭四六・六・一運令三〇）

この省令は、公布の日から施行する。

附　則（昭五〇・三・二八運令八）

1　この省令は、公布の日から施行する。
2　昭和四十九年十月一日以前に開始した事業年度に係る報告については、なお従前の例による。

附　則（昭五三・六・二三運令三二抄）

（施行期日）
第一条　この省令は、公布の日から施行する。〔後略〕

附　則（昭五九・六・二二運令一八抄）

（施行期日）
第一条　この省令は、昭和五十九年七月一日から施行する。

附　則（昭六〇・六・一五運令二二抄）

（施行期日）
1　この省令は、公布の日から施行する。

附　則（平六・三・二九運令一一）

この省令は、平成六年四月一日から施行する。

附　則（平六・三・三〇運令一二抄）

1　この省令は、公布の日から施行する。〔後略〕

附　則（平六・九・三〇運令四六抄）

（施行期日）
第一条　この省令は、行政手続法の施行の日（平成六年十月一日）から施行する。

（聴聞に関する規定の整備に伴う経過措置）
第三条　この省令の施行前に運輸省令の規定により行われた聴聞、聴問若しくは聴聞会（不利益処分に係るものを除く。）又はこれらのための手続は、この省令による改正後の関係省令の相当規定により行われたものとみなす。

附　則（平八・一一・二五運令六二）

この省令は、自動車ターミナル法の一部を改正する法律〔平成八年五月法律第五二号〕の施行の日（平成八年十一月二十八日）から施行する。

附　則（平九・一二・一五運令八一抄）

（施行期日）

1　この省令は、平成十年一月一日から施行する。

附　則（平一〇・三・一三運令八）

この省令は、平成十年四月一日から施行する。

附　則（平一二・一一・二九運令三九抄）

（施行期日）

第一条　この省令は、平成十三年一月六日から施行する。

附　則（平一三・三・一五国交令三七）

この省令は、平成十三年四月一日から施行する。

附　則（平一七・三・七国交令一二抄）

（施行期日）

第一条　この省令は、公布の日から施行する。

附　則（平一八・四・二八国交令五八抄）

（施行期日）

第一条　この省令は、会社法〔平成一七年七月法律第八六号〕の施行の日（平成十八年五月一日）から施行する。

（経過措置）

第三条　この省令の施行前にしたこの省令による改正前の省令の規定による処分、手続、その他の行為は、この省令による改正後の省令（以下「新令」という。）の規定の適用については、新令の相当規定によってしたものとみなす。

附　則（令元・六・二八国交令二〇）

この省令は、不正競争防止法等の一部を改正する法律〔平成三〇年五月法律第三三号〕の施行の日（令和元年七月一日）から施行する。

附　則（令二・一二・二三国交令九八抄）

（施行期日）

1　この省令は、令和三年一月一日から施行する。

附　則（令六・三・二九国交令二六抄）

（施行期日）

第一条　この省令は、令和六年四月一日から施行する。〔後略〕

第１号様式（用紙の大きさは、日本産業規格Ａ列４番とする。）〔第19条〕

バスターミナル事業概要報告書

年　月　日現在

住　所

事業者名

バスターミナルの名称						
バスターミナルの位置						
役員及び職員の数	役　員	事務員	運行管理員	整理員	その他	計
	人	人	人	人	人	人

一般乗合旅客自動車運送事業者別使用実績（　年　月　日〜　年　月　日）

一般乗合旅客自動車運送事業者名	主な運行系統	年間発着等回数			備　考
		発（回）	着（回）	経由（回）	
計					

記載要領

1　一般乗合旅客自動車運送事業者別使用実績は、当該事業年度にターミナルを使用したすべての一般乗合旅客自動車運送事業者ごとに記載すること。

2　発又は着は当該バスターミナルを運行系統の起点又は終点とするものについて記載し、経由は当該バスターミナルを運行系統の経過地とするものについて記載すること。

第２号様式（用紙の大きさは、日本産業規格Ａ列４番とする。）〔第19条〕

トラックターミナル事業概要報告書

年　月　日現在

住　所

事業者名

<table>
<tr><td>トラックターミナルの名称</td><td colspan="5"></td></tr>
<tr><td>トラックターミナルの位置</td><td colspan="5"></td></tr>
<tr><td rowspan="2">役員及び職員の数</td><td>役員</td><td>事務員</td><td>運行管理員</td><td>その他</td><td>計</td></tr>
<tr><td>人</td><td>人</td><td>人</td><td>人</td><td>人</td></tr>
</table>

<table>
<tr><td colspan="6">一般貨物自動車運送事業者別使用実績（　年　月　日～　年　月　日）</td></tr>
<tr><td rowspan="2">一般貨物自動車運送事業者名</td><td rowspan="2">主な運行系統</td><td rowspan="2">停留場所の数</td><td colspan="2">年間発着回数</td><td rowspan="2">備考</td></tr>
<tr><td>発（回）</td><td>着（回）</td></tr>
<tr><td></td><td></td><td></td><td></td><td></td><td></td></tr>
<tr><td></td><td></td><td></td><td></td><td></td><td></td></tr>
<tr><td></td><td></td><td></td><td></td><td></td><td></td></tr>
<tr><td></td><td></td><td></td><td></td><td></td><td></td></tr>
<tr><td>計</td><td></td><td></td><td></td><td></td><td></td></tr>
</table>

記載要領

1　一般貨物自動車運送事業者別使用実績は、当該事業年度にターミナルを使用したすべての一般貨物自動車運送事業者ごとに記載すること。

2　停留場所の数は、一般貨物自動車運送事業者が停留場所について賃貸借契約を締結している場合に、当該停留場所の数について記載すること。

3　当該事業年度の途中より停留場所の全部又は一部の使用を開始し、又は終了した一般貨物自動車運送事業者については、備考欄に、当該開始又は終了に係る停留場所の数及び「　年　月　日から使用開始」又は「　年　月　日に使用終了」と記載すること。

○自動車ターミナルの位置、構造及び設備の基準を定める政令

（昭和三十四年十月六日 政令第三百二十号）

沿革 昭三五政令三〇三、昭四五政令三五二、昭四六政令三四八、昭五九政令一七六、平二政令二一四、平八政令三一四、平一二政令三一二、平一八政令二七六、令二政令三二三改正

（定義）

第一条 この政令で「自動車」とは、一般乗合旅客自動車運送事業（路線を定めて定期に運行する自動車により乗合旅客の運送を行うものに限る。次条において同じ。）又は一般貨物自動車運送事業（特別積合せ貨物運送をするものに限る。）の事業用自動車をいう。

2 この政令で「道路」とは、道路交通法（昭和三十五年法律第百五号）第二条第一項第一号に規定する道路をいう。

3 この政令で「建築物」とは、建築基準法（昭和二十五年法律第二百一号）第二条第一号に規定する建築物をいう。

（位置）

第二条 一般自動車ターミナルの位置は、バスターミナルにあつては当該バスターミナルと一般乗合旅客自動車運送事業に係る運行系統が現に設定されている道路又は設定されることが見込まれる道路とを連絡する道路の構造からみて、トラックターミナルにあつては当該トラックターミナルと幹線道路とを連絡する道路の構造からみて、自動車の円滑な運行を確保することができるものでなければならない。

（構造耐力）

第三条 誘導車路、操車場所、停留場所その他の自動車の通行、停留又は駐車の用に供する場所（以下「自動車用場所」という。）は、自動車荷重その他の荷重並びに地震その他の震動及び衝撃に対して安全な構造でなければならない。

2 自動車用場所の設計に用いる設計自動車荷重は、バスターミナルにあつては二十トン、トラックターミナルにあつては二十五トンとする。

（自動車の出口及び入口）

第四条 自動車の出口及び入口は、その設置の際に道路交通法第四十四条第一項各号のいずれかに該当する場所、橋、幅員が六・五メートル未満である道路又は縦断勾配が十パーセントを超えるものである道路の路面に接して設けてはならない。

2 停留場所の数が十一以上の自動車ターミナルの自動車の出口又は入口で幅員が二十メートル以上の道路の路面に接するものは、その設置の際にその道路の曲がり角又は幅員が二十メートル以上の他の道路との交差点から三十メートル以上離れている場所に設けなければならない。

3 前二項の規定は、国土交通大臣（自動車ターミナル法第二十条の規定により同法第三条第一項、第十一条第一項又は第十五条に規定する職権が地方運輸局長に委任されている場合は、当該職権に係る地方運輸局長。第六条第一項ただし書において同じ。）が関係都道府県公安委員会と協議して当該出口又は入口の設置が当該道路における道路交通の円滑と安全を阻害しないと認める場合については、適用しない。

4 自動車の出口又は入口において、自動車の回転を容易にするため必要があるときは、隅切りをしなければならない。

5 道路の路面に接する自動車の出口の付近の構造は、幅が二・五メートルの自動車がその前端を当該出口に接した場合に、その前端から車両中心線上一・二メートル離れた位置の地上一・七メートルの高さの点において、道路の中心線に直角に向かつて左右にそれぞれ八十度の範囲内でその道路を通行するものの存在を確認できるようにしなければならない。ただし、信号機、反射鏡その他の適当な保安設備を設けるときは、この限りでない。

（諸設備の配置）

第五条 誘導車路、操車場所、停留場所、乗降場、待合所、荷扱場その他の設備の配置は、自動車の円滑な運行又は旅客、荷主その他の利用者の利便を著しく阻害するものであつてはならない。

（誘導車路及び操車場所）

第六条 自動車ターミナルには、自動車が後退運転によらないで出口及び入口を通行できるように誘導車路又は操車場所を設けなければならない。ただし、国土交通大臣が関係都道府県公安委員会と協議して道路交通の円滑と安全を阻害しないと認める場合は、この限りでない。

2 誘導車路の幅員は、六・五メートル以上としなければならない。ただし、一方通行の誘導車路にあつては、三・五メートルまで縮少することができる。

3 上方にはりその他の障害物がある誘導車路の路面上の有効高は、四・一メートル以上でなければならない。

4 誘導車路の屈曲部は、自動車（長さが十二メートル、幅が二・五メートル、軸距が六・五メートル、前端から前車軸までの水平距離が二メートル、最小回転半径が十二メートルである自動車とする。）が円滑に回転できる構造としなければならない。

5 誘導車路の傾斜部の勾配は、十パーセントを超えてはならない。

6 操車場所の形状及び広さは、自動車ターミナルの規模及び構造に適応したものでなければならない。

7 第三項及び第五項の規定は、操車場所について準用する。

（停留場所）

第七条 停留場所は、長さは十二メートル以上、幅は三メートル以上とし、区画線その他適当な方法でその位置を明示しなければならない。

2 停留場所の面には、一・五パーセント以上の勾配があつてはならない。

3 前条第三項の規定は、停留場所について準用する。

（旅客用場所）

第八条 バスターミナルの乗降場、旅客通路その他の旅客の用に供する場所（以下「旅客用場所」という。）は、自動車用場所と共用するものであつてはならない。ただし、旅客通路を自動車用場所と共用する場合であつて、警報設備の設置その他の適当な措置を講ずることにより旅客の安全及び自動車の円滑な運行を阻害しないときは、この限りでない。

2 バスターミナルの旅客用場所（乗降場を除く。）、自動車用場所及び自動車用場所と共用する旅客通路は、それぞれ、さ

く、区画線その他適当な方法により明確に区分しなければならない。

（乗降場）

第九条　乗降場の幅は、八十センチメートル以上でなければならない。

2　乗降場は、その乗降場に接する自動車用場所の面上十センチメートル以上二十センチメートル以下の高さを有するもの又はさくその他の遮断設備により自動車用場所と明確に区分されたものでなければならない。

（排水設備）

第十条　自動車ターミナルには、建築物である部分を除き、側溝その他の排水設備を設けなければならない。

（避難設備）

第十一条　バスターミナルの建築物である部分において、直接地上へ通ずる旅客の出入口のある階以外の階に乗降場、待合所その他旅客の集合する設備を設けるときは、建築基準法施行令（昭和二十五年政令第三百三十八号）第百二十三条第一項若しくは第二項に規定する避難階段又はこれと同等以上の避難設備を設けなければならない。

（換気設備）

第十二条　通常の状態において空気中の一酸化炭素の占める割合が〇・〇一パーセントを超えるおそれがある場所には、その割合を〇・〇一パーセント以下に保つことができる換気設備を設けなければならない。

附　則

この政令は、自動車ターミナル法の施行の日（昭和三十四年十月十日）から施行する。

附　則（昭三五・一二・一九政令三〇三抄）

1　この政令は、道路交通法の施行の日（昭和三十五年十二月二十日）から施行する。

附　則（昭四五・一二・二八政令三五二抄）

1　この政令は、昭和四十六年二月一日から施行する。

2　この政令の施行前に通運事業法又は道路運送法の規定により運輸大臣に対してされた申請に係る処分に関しては、なお従前の例により運輸大臣が職権を行なう。

附　則（昭四六・一一・二四政令三四八抄）

1　この政令は、道路交通法の一部を改正する法律（昭和四十六年法律第九十八号。以下「改正法」という。）の施行の日（昭和四十六年十二月一日）から施行する。〔後略〕

附　則（昭五九・六・六政令一七六抄）

（施行期日）

第一条　この政令は、昭和五十九年七月一日から施行する。

附　則（平二・七・一〇政令二一四）

この政令は、貨物自動車運送事業法の施行の日（平成二年十二月一日）から施行する。

附　則（平八・一〇・三〇政令三一四）

（施行期日）

1　この政令は、自動車ターミナル法の一部を改正する法律（平成八年五月法律第五二号）の施行の日（平成八年十一月二十八日）から施行する。

（経過措置）

2　この政令の施行の際現に設置されている自動車用場所又は現に新設の工事中の自動車用場所については、第一条の規定による改正後の自動車ターミナルの位置、構造及び設備の基準を定める政令第三条又は第六条第三項（同条第七項及び同令第七条第三項において準用する場合を含む。）の規定にかかわらず、なお従前の例による。

附　則（平一二・六・七政令三一二抄）

（施行期日）

1　この政令は、内閣法の一部を改正する法律（平成十一年法律第八十八号）の施行の日（平成十三年一月六日）から施行する。〔後略〕

附　則（平一八・八・一八政令二七六）

この政令は、道路運送法等の一部を改正する法律（平成一八年五月法律第四〇号）の施行の日（平成十八年十月一日）から施行する。

附　則（令二・一一・一三政令三三三抄）

（施行期日）

第一条　この政令は、道路交通法の一部を改正する法律（令和二年六月法律第四二号）（次条において「改正法」という。）附則第一条第二号に掲げる規定の施行の日（令和二年十二月一日）から施行する。

第八編　バリアフリー法関係

○高齢者、障害者等の移動等の円滑化の促進に関する法律

（平成十八年六月二十一日
法律第九十一号）

沿革　平一八法九二、平一九法一九、平二三法三五・一〇五、平二五法四四、平二六法五四・六九、平二九法二六、平三〇法三二・六七、令二法二八・三一・三六・四二、令四法六九、令五法二四・五八、令六法五三改正

〔編者注〕

令和五年五月一二日法律第二四号による改正のうち、公布の日から起算して二年を超えない範囲内において政令で定める日から施行される部分は、直接改正を加えないで、現行条文と並列して登載した。

目次

第一章　総則

（目的）

第一条　この法律は、高齢者、障害者等の自立した日常生活及び社会生活を確保することの重要性に鑑み、公共交通機関の旅客施設及び車両等、道路、路外駐車場、公園施設並びに建築物の構造及び設備を改善するための措置、一定の地区における旅客施設、建築物等及びこれらの間の経路を構成する道路、駅前広場、通路その他の施設の一体的な整備を推進するための措置、移動等円滑化に関する国民の理解の増進及び協力の確保を図るための措置その他の措置を講ずることにより、高齢者、障害者等の移動上及び施設の利用上の利便性及び安全性の向上の促進を図り、もって公共の福祉の増進に資することを目的とする。

（基本理念）

第一条の二　この法律に基づく措置は、高齢者、障害者等にとって日常生活又は社会生活を営む上で障壁となるような社会における事物、制度、慣行、観念その他一切のものの除去に資すること及び全ての国民が年齢、障害の有無その他の事情によって分け隔てられることなく共生する社会の実現に資することを旨として、行われなければならない。

（定義）

第二条　この法律において次の各号に掲げる用語の意義は、それぞれ当該各号に定めるところによる。

一　高齢者、障害者等　高齢者又は障害者で日常生活又は社会生活に身体の機能上の制限を受けるものその他日常生活又は社会生活に身体の機能上の制限を受ける者をいう。

二　移動等円滑化　高齢者、障害者等の移動又は施設の利用に係る身体の負担を軽減することにより、その移動上又は施設の利用上の利便性及び安全性を向上することをいう。

三　施設設置管理者　公共交通事業者等、道路管理者、路外駐車場管理者等、公園管理者等及び建築主等をいう。

四　高齢者障害者等用施設等　高齢者、障害者等が円滑に利用することができる施設又は設備であって、主としてこれらの者の利用のために設けられたものであることその他の理由により、これらの者の円滑な利用が確保されるために適正な配慮が必要となるものとして主務省令で定めるものをいう。

五　公共交通事業者等　次に掲げる者をいう。

イ　鉄道事業法（昭和六十一年法律第九十二号）による鉄道事業者（旅客の運送を行うもの及び旅客の運送を行う鉄道事業者に鉄道施設を譲渡し、又は使用させるものに限る。）

ロ　軌道法（大正十年法律第七十六号）による軌道経営者（旅客の運送を行うものに限る。第二十六号ハにおいて同じ。）

ハ　道路運送法（昭和二十六年法律第百八十三号）による一般乗合旅客自動車運送事業者（路線を定めて定期に運行する自動車により乗合旅客の運送を行うものに限る。以下この条において同じ。）、一般貸切旅客自動車運送事業者及び一般乗用旅客自動車運送事業者

ニ　自動車ターミナル法（昭和三十四年法律第百三十六号）によるバスターミナル事業を営む者

ホ　海上運送法（昭和二十四年法律第百八十七号）による一般旅客定期航路事業（日本の国籍を有する者及び日本の法令により設立された法人その他の団体以外の者が営む同法による対外旅客定期航路事業を除く。次号ニにおいて同じ。）を営む者及び旅客不定期航路事業者

ヘ　航空法（昭和二十七年法律第二百三十一号）による本邦航空運送事業者（旅客の運送を行うものに限る。）

ト　イからヘまでに掲げる者以外の者で次号イ、ニ又はホに掲げる旅客施設を設置し、又は管理するもの

六　旅客施設　次に掲げる施設であって、公共交通機関を利用する旅客の乗降、待合いその他の用に供するものをいう。

イ　鉄道事業法による鉄道施設

ロ　軌道法による軌道施設

ハ　自動車ターミナル法によるバスターミナル

ニ　海上運送法による輸送施設（船舶を除き、同法による

一般旅客定期航路事業又は旅客不定期航路事業の用に供するものに限る。）

ホ　航空旅客ターミナル施設

七　特定旅客施設　旅客施設のうち、利用者が相当数であること又は相当数であると見込まれることその他の政令で定める要件に該当するものをいう。

八　車両等　公共交通事業者等が旅客の運送を行うためその事業の用に供する車両、自動車（一般乗合旅客自動車運送事業者が旅客の運送を行うためその事業の用に供する自動車にあっては道路運送法第五条第一項第三号に規定する路線定期運行の用に供するもの、一般貸切旅客自動車運送事業者又は一般乗用旅客自動車運送事業者が旅客の運送を行うためこれらの事業の用に供する自動車にあっては高齢者、障害者等が移動のための車椅子その他の用具を使用したまま車内に乗り込むことが可能なものその他主務省令で定めるものに限る。）、船舶及び航空機をいう。

九　道路管理者　道路法（昭和二十七年法律第百八十号）第十八条第一項に規定する道路管理者をいう。

十　特定道路　移動等円滑化が特に必要なものとして政令で定める道路法による道路をいう。

十一　路外駐車場管理者等　駐車場法（昭和三十二年法律第百六号）第十二条に規定する路外駐車場管理者又は都市計画法（昭和四十三年法律第百号）第四条第二項の都市計画区域外において特定路外駐車場を設置する者をいう。

十二　旅客特定車両停留施設　道路法第二条第二項第八号に規定する特定車両停留施設であって、公共交通機関を利用する旅客の乗降、待合いその他の用に供するものをいう。

十三　特定路外駐車場　駐車場法第二条第二号に規定する路外駐車場（道路法第二条第二項第七号に規定する自動車駐車場、都市公園法（昭和三十一年法律第七十九号）第二条第二項に規定する公園施設（以下「公園施設」という。）、建築物又は建築物特定施設であるものを除く。）であって、自動車の駐車の用に供する部分の面積が五百平方メートル以上であるものであり、かつ、その利用について駐車料金を徴収するものをいう。

十四　公園管理者等　都市公園法第五条第一項に規定する公園管理者（以下「公園管理者」という。）又は同項の規定による許可を受けて公園施設（特定公園施設に限る。）を設け若しくは管理し、若しくは設け若しくは管理しようとする者をいう。

十五　特定公園施設　移動等円滑化が特に必要なものとして政令で定める公園施設をいう。

十六　建築主等　建築物の建築をしようとする者又は建築物の所有者、管理者若しくは占有者をいう。

十七　建築物　建築基準法（昭和二十五年法律第二百一号）第二条第一号に規定する建築物をいう。

十八　特定建築物　学校、病院、劇場、観覧場、集会場、展示場、百貨店、ホテル、事務所、共同住宅、老人ホームその他の多数の者が利用する政令で定める建築物又はその部分をいい、これらに附属する建築物特定施設を含むものとする。

十九　特別特定建築物　不特定かつ多数の者が利用し、又は主として高齢者、障害者等が利用する特定建築物その他の特定建築物であって、移動等円滑化が特に必要なものとして政令で定めるものをいう。

二十　建築物特定施設　出入口、廊下、階段、エレベーター、便所、敷地内の通路、駐車場その他の建築物又はその敷地に設けられる施設で政令で定めるものをいう。

二十一　建築　建築物を新築し、増築し、又は改築することをいう。

二十二　所管行政庁　建築基準法の規定により建築主事又は建築副主事を置く市町村又は特別区の区域については当該市町村又は特別区の長をいい、その他の市町村又は特別区の区域については都道府県知事をいう。ただし、同法第九十七条の二第一項若しくは第二項又は第九十七条の三第一項若しくは第二項の規定により建築主事又は建築副主事を置く市町村又は特別区の区域内の政令で定める建築物については、都道府県知事とする。

二十三　移動等円滑化促進地区　次に掲げる要件に該当する地区をいう。

イ　生活関連施設（高齢者、障害者等が日常生活又は社会生活において利用する旅客施設、官公庁施設、福祉施設その他の施設をいう。以下同じ。）の所在地を含み、かつ、生活関連施設相互間の移動が通常徒歩で行われる地区であること。

ロ　生活関連施設及び生活関連経路（生活関連施設相互間の経路をいう。以下同じ。）を構成する一般交通用施設（道路、駅前広場、通路その他の一般交通の用に供する施設をいう。以下同じ。）について移動等円滑化を促進することが特に必要であると認められる地区であること。

ハ　当該地区において移動等円滑化を促進することが、総合的な都市機能の増進を図る上で有効かつ適切であると認められる地区であること。

二十四　重点整備地区　次に掲げる要件に該当する地区をいう。

イ　前号イに掲げる要件

ロ　生活関連施設及び生活関連経路を構成する一般交通用施設について移動等円滑化のための事業が実施されることが特に必要であると認められる地区であること。

ハ　当該地区において移動等円滑化のための事業を重点的かつ一体的に実施することが、総合的な都市機能の増進を図る上で有効かつ適切であると認められる地区であること。

二十五　特定事業　公共交通特定事業、道路特定事業、路外駐車場特定事業、都市公園特定事業、建築物特定事業、交通安全特定事業及び教育啓発特定事業をいう。

二十六　公共交通特定事業　次に掲げる事業をいう。

イ　特定旅客施設内において実施するエレベーター、エスカレーターその他の移動等円滑化のために必要な設備の整備に関する事業

ロ　イに掲げる事業に伴う特定旅客施設の構造の変更に関する事業

ハ　特定車両（軌道経営者、一般乗合旅客自動車運送事業者、一般貸切旅客自動車運送事業者又は一般乗用旅客自動車運送事業者が旅客の運送を行うために使用する車両等をいう。以下同じ。）を床面の低いものとすることその他の特定車両に関する移動等円滑化のために必要な事

業

二十七　道路特定事業　次に掲げる道路法による道路の新設又は改築に関する事業（これと併せて実施する必要がある移動等円滑化のための施設又は設備の整備に関する事業を含む。）をいう。

イ　歩道、道路用エレベーター、通行経路の案内標識その他の移動等円滑化のために必要な施設又は工作物の設置に関する事業

ロ　歩道の拡幅又は路面の構造の改善その他の移動等円滑化のために必要な道路の構造の改良に関する事業

二十八　路外駐車場特定事業　特定路外駐車場において実施する車椅子を使用している者が円滑に利用することができる駐車施設その他の移動等円滑化のために必要な施設の整備に関する事業をいう。

二十九　都市公園特定事業　都市公園の移動等円滑化のために必要な特定公園施設の整備に関する事業をいう。

三十　建築物特定事業　次に掲げる事業をいう。

イ　特別特定建築物（第十四条第三項の条例で定める特定建築物を含む。ロにおいて同じ。）の移動等円滑化のために必要な建築物特定施設の整備に関する事業

ロ　特定建築物（特別特定建築物を除き、その全部又は一部が生活関連経路であるものに限る。）における生活関連経路の移動等円滑化のために必要な建築物特定施設の整備に関する事業

三十一　交通安全特定事業　次に掲げる事業をいう。

イ　高齢者、障害者等による道路の横断の安全を確保するための機能を付加した信号機、道路交通法（昭和三十五年法律第百五号）第九条の歩行者用道路であることを表示する道路標識、横断歩道であることを表示する道路標示その他の移動等円滑化のために必要な信号機、道路標識又は道路標示（第三十六条第二項において「信号機等」という。）の同法第四条第一項の規定による設置に関する事業

ロ　違法駐車行為（道路交通法第五十一条の四第一項の違法駐車行為をいう。以下この号において同じ。）に係る車両の取締りの強化、違法駐車行為の防止についての広報活動及び啓発活動その他の移動等円滑化のために必要な生活関連経路を構成する道路における違法駐車行為の防止のための事業

三十二　教育啓発特定事業　市町村又は施設設置管理者（第三十六条の二において「市町村等」という。）が実施する次に掲げる事業をいう。

イ　移動等円滑化の促進に関する児童、生徒又は学生の理解を深めるために学校と連携して行う教育活動の実施に関する事業

ロ　移動等円滑化の促進に関する住民その他の関係者の理解の増進又は移動等円滑化の実施に関するこれらの者の協力の確保のために必要な啓発活動の実施に関する事業（イに掲げる事業を除く。）

注　令和五年五月一二日法律二四号により改正され、公布の日から起算して二年を超えない範囲内において政令で定める日から施行

第二条中「それぞれ」を削り、同条第五号ホ中「（日本」を「、対外旅客定期航路事業（特定の者の需要に応じ、特定の範囲の人の運送をするもの並びに日本」に、「同法による対外旅客不定期航路事業者」を「もの」に、「を営む者及び旅客不定期航路事業者」を「及び旅客不定期航路事業を営む者」に改め、同条第六号ニ中「一般旅客定期航路事業」の下に「、対外旅客定期航路事業」を加える。

※⑦・⑩・⑮・⑱・⑲・⑳・㉒「政令」＝令一～七、④・⑧「主務省令」＝則一・一の二

第二章　基本方針等

（基本方針）

第三条　主務大臣は、移動等円滑化を総合的かつ計画的に推進するため、移動等円滑化の促進に関する基本方針（以下「基本方針」という。）を定めるものとする。

2　基本方針には、次に掲げる事項について定めるものとする。

一　移動等円滑化の意義及び目標に関する事項

二　移動等円滑化のために施設設置管理者が講ずべき措置に関する基本的な事項

三　第二十四条の二第一項の移動等円滑化促進方針の指針となるべき次に掲げる事項

イ　移動等円滑化促進地区における移動等円滑化の促進の意義に関する事項

ロ　移動等円滑化促進地区の位置及び区域に関する基本的な事項

ハ　生活関連施設及び生活関連経路並びにこれらにおける移動等円滑化の促進に関する基本的な事項

ニ　移動等円滑化の促進に関する住民その他の関係者の理解の増進及び移動等円滑化の実施に関するこれらの者の協力の確保に関する基本的な事項

ホ　イからニまでに掲げるもののほか、移動等円滑化促進地区における移動等円滑化の促進のために必要な事項

四　第二十五条第一項の基本構想の指針となるべき次に掲げる事項

イ　重点整備地区における移動等円滑化の意義に関する事項

ロ　重点整備地区の位置及び区域に関する基本的な事項

ハ　生活関連施設及び生活関連経路並びにこれらにおける移動等円滑化に関する基本的な事項

ニ　生活関連施設、特定車両及び生活関連経路を構成する一般交通用施設について移動等円滑化のために実施すべき特定事業その他の事業に関する基本的な事項

ホ　ニに規定する事業と併せて実施する土地区画整理事業（土地区画整理法（昭和二十九年法律第百十九号）による土地区画整理事業をいう。以下同じ。）、市街地再開発事業（都市再開発法（昭和四十四年法律第三十八号）による市街地再開発事業をいう。以下同じ。）その他の市街地開発事業（都市計画法第四条第七項に規定する市街地開発事業をいう。以下同じ。）に関し移動等円滑化のために考慮すべき基本的な事項、自転車その他の車両の駐車のための施設の整備に関する事項その他の重点整備地区における移動等円滑化に資する市街地の整備改善に関する基本的な事項その他重点整備地区における移動等円滑化のために必要な事項

五　移動等円滑化の促進に関する国民の理解の増進及び移動等円滑化の実施に関する国民の協力の確保に関する基本的な事項

六　移動等円滑化に関する情報提供に関する基本的な事項

七　その他移動等円滑化の促進のための施策に関する基本的な事項

3　主務大臣は、情勢の推移により必要が生じたときは、基本方針を変更するものとする。

4　主務大臣は、基本方針を定め、又はこれを変更したときは、遅滞なく、これを公表しなければならない。

※　1項「定め」＝移動等円滑化の促進に関する基本方針

（国の責務）

第四条　国は、高齢者、障害者等、地方公共団体、施設設置管理者その他の関係者と協力して、基本方針及びこれに基づく施設設置管理者の講ずべき措置の内容その他の移動等円滑化の促進のための施策の内容について、移動等円滑化の進展の状況等を勘案しつつ、関係行政機関及びこれらの者で構成する会議における定期的な評価その他これらの者の意見を反映させるために必要な措置を講じた上で、適時に、かつ、適切な方法により検討を加え、その結果に基づいて必要な措置を講ずるよう努めなければならない。

2　国は、教育活動、広報活動等を通じて、移動等円滑化の促進に関する国民の理解を深めるとともに、高齢者、障害者等が公共交通機関を利用して移動するために必要となる支援、これらの者の高齢者障害者等用施設等の円滑な利用を確保する上で必要となる適正な配慮その他の移動等円滑化の実施に関する国民の協力を求めるよう努めなければならない。

（地方公共団体の責務）

第五条　地方公共団体は、国の施策に準じて、移動等円滑化を促進するために必要な措置を講ずるよう努めなければならない。

（施設設置管理者等の責務）

第六条　施設設置管理者その他の高齢者、障害者等が日常生活又は社会生活において利用する施設を設置し、又は管理する者は、移動等円滑化のために必要な措置を講ずるよう努めなければならない。

（国民の責務）

第七条　国民は、高齢者、障害者等の自立した日常生活及び社会生活を確保することの重要性について理解を深めるとともに、これらの者が公共交通機関を利用して移動するために必要となる支援、これらの者の高齢者障害者等用施設等の円滑な利用を確保する上で必要となる適正な配慮その他のこれらの者の円滑な移動及び施設の利用を確保するために必要な協力をするよう努めなければならない。

第三章　移動等円滑化のために施設設置管理者が講ずべき措置

（公共交通事業者等の基準適合義務等）

第八条　公共交通事業者等は、旅客施設を新たに建設し、若しくは旅客施設について主務省令で定める大規模な改良を行うとき又は車両等を新たにその事業の用に供するときは、当該旅客施設又は車両等（以下「新設旅客施設等」という。）を、移動等円滑化のために必要な旅客施設又は車両等の構造及び設備に関する主務省令で定める基準（以下「公共交通移動等円滑化基準」という。）に適合させなければならない。

2　公共交通事業者等は、その事業の用に供する新設旅客施設等を公共交通移動等円滑化基準に適合するように維持するとともに、当該新設旅客施設等を使用した役務の提供の方法に関し移動等円滑化のために必要なものとして主務省令で定める基準を遵守しなければならない。

3　公共交通事業者等は、その事業の用に供する旅客施設及び車両等（新設旅客施設等を除く。）について、公共交通移動等円滑化基準に適合させるために必要な措置を講ずるよう努めるとともに、当該旅客施設及び車両等を使用した役務の提供の方法に関し移動等円滑化のために必要なものとして主務省令で定める基準を遵守するよう努めなければならない。

4　公共交通事業者等は、高齢者、障害者等に対し、これらの者が公共交通機関を利用して移動するために必要となる乗降についての介助、旅客施設における誘導その他の支援を適切に行うよう努めなければならない。

5　公共交通事業者等は、高齢者、障害者等に対し、これらの者が公共交通機関を利用して移動するために必要となる情報を適切に提供するよう努めなければならない。

6　公共交通事業者等は、その職員に対し、移動等円滑化を図るために必要な教育訓練を行うよう努めなければならない。

7　公共交通事業者等は、その事業の用に供する新設旅客施設等の利用者に対し、高齢者、障害者等が当該新設旅客施設等における高齢者障害者等用施設等を円滑に利用するために必要となる適正な配慮についての広報活動及び啓発活動を行うよう努めなければならない。

8　公共交通事業者等は、高齢者、障害者等である旅客の乗継ぎを円滑に行うため、他の公共交通事業者等その他の関係者と相互に協力して、前各項の措置を講ずるよう努めなければならない。

9　公共交通事業者等又は道路管理者（旅客特定車両停留施設を管理する道路管理者に限る。第十条第十項において同じ。）が他の公共交通事業者等に対し前項又は同条第九項の措置に関する協議を求めたときは、当該他の公共交通事業者等は、当該措置により旅客施設の有する機能に著しい支障を及ぼすおそれがあるときその他の正当な理由がある場合を除き、これに応じなければならない。

※　1項「主務省令」＝則四・移動等円滑化のために必要な旅客施設又は車両等の構造及び設備並びに旅客施設及び車両等を使用した役務の提供の方法に関する基準を定める省令

（旅客施設及び車両等に係る基準適合性審査等）

第九条　主務大臣は、新設旅客施設等について鉄道事業法その他の法令の規定で政令で定めるものによる許可、認可その他の処分の申請があった場合には、当該処分に係る法令に定める基準のほか、公共交通移動等円滑化基準に適合するかどうかを審査しなければならない。この場合において、主務大臣は、当該新設旅客施設等が公共交通移動等円滑化基準に適合しないと認めるときは、これらの規定による許可、認可その他の処分をしてはならない。

2　公共交通事業者等は、前項の申請又は鉄道事業法その他の法令の規定で政令で定めるものによる届出をしなければならない場合を除くほか、旅客施設の建設又は前条第一項の主務省令で定める大規模な改良を行おうとするときは、あらかじめ、主務省令で定めるところにより、その旨を主務大臣に届け出なければならない。その届け出た事項を変更しようとするときも、同様とする。

3　主務大臣は、新設旅客施設等のうち車両等（第一項の規定により審査を行うものを除く。）若しくは前項の政令で定める法令の規定若しくは同項の規定による届出に係る旅客施設について前条第一項の規定に違反している事実があり、又は新設旅客施設等若しくは当該新設旅客施設等を使用した役務の提供の方法について同条第二項の規定に違反している事実があると認めるときは、公共交通事業者等に対し、当該違反を是正するために必要な措置をとるべきことを命ずることができる。

※　1項「政令」＝令八1、2項「政令」＝令八2、「主務省令」＝則五、六、「罰則」＝本法六〇①・六四、3項「罰則」＝本法五九・六四

（公共交通事業者等の判断の基準となるべき事項）

第九条の二　主務大臣は、旅客施設及び車両等の移動等円滑化を促進するため、次に掲げる事項並びに移動等円滑化のために公共交通事業者等が講ずる措置によって達成すべき目標及び当該目標を達成するために当該事項と併せて講ずべき措置に関し、公共交通事業者等の判断の基準となるべき事項を定め、これを公表するものとする。

一　旅客施設及び車両等を公共交通移動等円滑化基準に適合させるために必要な措置

二　旅客施設及び車両等を使用した役務の提供の方法に関し第八条第二項及び第三項の主務省令で定める基準を遵守するために必要な措置

三　高齢者、障害者等が公共交通機関を利用して移動するために必要となる乗降についての介助、旅客施設における誘導その他の支援

四　高齢者、障害者等が公共交通機関を利用して移動するために必要となる情報の提供

五　移動等円滑化を図るために必要な教育訓練

六　高齢者、障害者等が高齢者障害者等用施設等を円滑に利用するために必要となる適正な配慮についての旅客施設及び車両等の利用者に対する広報活動及び啓発活動

2　前項に規定する判断の基準となるべき事項は、移動等円滑化の進展の状況、旅客施設及び車両等の移動等円滑化に関する技術水準その他の事情を勘案して定めるものとし、これらの事情の変動に応じて必要な改定をするものとする。

（指導及び助言）

第九条の三　主務大臣は、旅客施設及び車両等の移動等円滑化を促進するため必要があると認めるときは、公共交通事業者等に対し、前条第一項に規定する判断の基準となるべき事項を勘案して、同項各号に掲げる事項の実施について必要な指導及び助言をすることができる。

（計画の作成）

第九条の四　公共交通事業者等（旅客が相当数であることその他の主務省令で定める要件に該当する者に限る。次条から第九条の七までにおいて同じ。）は、毎年度、主務省令で定めるところにより、第九条の二第一項に規定する判断の基準となるべき事項において定められた同項の目標に関し、その達成のための計画を作成し、主務大臣に提出しなければならない。

※　「主務省令」＝則六の二・六の三、「罰則」＝本法六一①・六四

（定期の報告）

第九条の五　公共交通事業者等は、毎年度、主務省令で定めるところにより、前条の計画に基づく措置の実施の状況その他主務省令で定める事項を主務大臣に報告しなければならない。

※　「主務省令」＝則六の四・六の五、「罰則」＝本法六一②・六四

（公表）

第九条の六　公共交通事業者等は、毎年度、主務省令で定めるところにより、第九条の四の計画の内容、当該計画に基づく措置の実施の状況その他主務省令で定める移動等円滑化に関する情報を公表しなければならない。

※　「主務省令」＝則六の六・六の七、「罰則」＝本法六五

（勧告等）

第九条の七　主務大臣は、公共交通事業者等の事業の用に供する旅客施設及び車両等の移動等円滑化の状況が第九条の二第一項に規定する判断の基準となるべき事項に照らして著しく不十分であると認めるときは、当該公共交通事業者等に対し、当該旅客施設及び車両等の移動等円滑化に関する技術水準その他の事情を勘案し、その判断の根拠を示して、当該旅客施設及び車両等に係る移動等円滑化に関し必要な措置をとるべき旨の勧告をすることができる。

2　主務大臣は、前項に規定する勧告を受けた公共交通事業者等がその勧告に従わなかったときは、その旨を公表することができる。

（道路管理者の基準適合義務等）

第十条　道路管理者は、特定道路又は旅客特定車両停留施設の新設又は改築を行うときは、当該特定道路（以下この条において「新設特定道路」という。）又は当該旅客特定車両停留施設（第三項において「新設旅客特定車両停留施設」という。）を、移動等円滑化のために必要な道路の構造に関する条例（国道（道路法第三条第二号の一般国道をいう。以下同じ。）にあっては、主務省令）で定める基準（以下この条において「道路移動等円滑化基準」という。）に適合させなければならない。

2　前項の規定に基づく条例は、主務省令で定める基準を参酌して定めるものとする。

3　道路管理者は、その管理する新設特定道路及び新設旅客特定車両停留施設（以下この条において「新設特定道路等」という。）を道路移動等円滑化基準に適合するように維持するとともに、当該新設旅客特定車両停留施設を使用した役務の提供の方法に関し移動等円滑化のために必要なものとして主務省令で定める基準を遵守しなければならない。

4　道路管理者は、その管理する道路（新設特定道路等を除く。）について、道路移動等円滑化基準に適合させるために必要な措置を講ずるよう努めるとともに、当該道路のうち旅客特定車両停留施設を使用した役務の提供の方法に関し移動等円滑化のために必要なものとして主務省令で定める基準を遵守するよう努めなければならない。

5　道路管理者は、高齢者、障害者等に対し、その管理する旅客特定車両停留施設における誘導その他の支援を適切に行うよう努めなければならない。

6　道路管理者は、高齢者、障害者等に対し、その管理する新設特定道路についてこれらの者が当該新設特定道路を円滑に利用するために必要となる情報を、その管理する旅客特定車両停留施設についてこれらの者が公共交通機関を利用して移動するために必要となる情報を、それぞれ適切に提供するよう努めなければならない。

7　道路管理者は、その職員に対し、その管理する旅客特定車両停留施設における移動等円滑化を図るために必要な教育訓練を行うよう努めなければならない。

8　道路管理者は、その管理する新設特定道路等の利用者に対し、高齢者、障害者等が当該新設特定道路等における高齢者障害者等用施設等を円滑に利用するために必要となる適正な配慮についての広報活動及び啓発活動を行うよう努めなければならない。

9　道路管理者は、その管理する旅客特定車両停留施設に係る高齢者、障害者等である旅客の乗継ぎを円滑に行うため、公共交通事業者等その他の関係者と相互に協力して、前各項（第二項を除く。）の措置を講ずるよう努めなければならない。

10　公共交通事業者等又は道路管理者が他の道路管理者に対し第八条第八項又は前項の措置に関する協議を求めたときは、当該他の道路管理者は、当該措置により旅客特定車両停留施設の有する機能に著しい支障を及ぼすおそれがあるときその他の正当な理由がある場合を除き、これに応じなければならない。

11　新設特定道路等についての道路法第三十三条第一項及び第三十六条第二項の規定の適用については、これらの規定中「政令で定める基準」とあるのは「政令で定める基準及び高齢者、障害者等の移動等の円滑化の促進に関する法律（平成十八年法律第九十一号）第二条第二号に規定する移動等円滑化のために必要なものとして国土交通省令で定める基準」と、同法第三十三条第一項中「同条第一項」とあるのは「前条第一項」とする。

※　1項「主務省令」＝移動等円滑化のために必要な道路の構造及び旅客特定車両停留施設を使用した役務の提供の方法に関する基準を定める省令、4項「主務省令」＝移動等円滑化のために必要な道路の占用に関する基準、11項「国土交通省令」＝移動等円滑化のために必要な道路の占用に関する基準を定める省令

（路外駐車場管理者等の基準適合義務等）

第十一条　路外駐車場管理者等は、特定路外駐車場を設置するときは、当該特定路外駐車場（以下この条において「新設特定路外駐車場」という。）を、移動等円滑化のために必要な特定路外駐車場の構造及び設備に関する主務省令で定める基準（以下「路外駐車場移動等円滑化基準」という。）に適合させなければならない。

2　路外駐車場管理者等は、その管理する新設特定路外駐車場を路外駐車場移動等円滑化基準に適合するように維持しなければならない。

3　地方公共団体は、その地方の自然的社会的条件の特殊性により、前二項の規定のみによっては、高齢者、障害者等が特定路外駐車場を円滑に利用できるようにする目的を十分に達成することができないと認める場合においては、路外駐車場移動等円滑化基準に条例で必要な事項を付加することができる。

4　路外駐車場管理者等は、その管理する特定路外駐車場（新設特定路外駐車場を除く。）を路外駐車場移動等円滑化基準（前項の条例で付加した事項を含む。第五十三条第二項において同じ。）に適合させるために必要な措置を講ずるよう努めなければならない。

5　路外駐車場管理者等は、その管理する新設特定路外駐車場について、高齢者、障害者等に対し、これらの者が当該新設特定路外駐車場を円滑に利用するために必要となる情報を適切に提供するよう努めなければならない。

6　路外駐車場管理者等は、その管理する新設特定路外駐車場の利用者に対し、高齢者、障害者等が当該新設特定路外駐車場における高齢者障害者等用施設等を円滑に利用するために必要となる適正な配慮についての広報活動及び啓発活動を行うよう努めなければならない。

※　1項「主務省令」＝移動等円滑化のために必要な特定路外駐車場の構造及び設備に関する基準を定める省令

（特定路外駐車場に係る基準適合命令等）

第十二条　路外駐車場管理者等は、特定路外駐車場を設置するときは、あらかじめ、主務省令で定めるところにより、その旨を都道府県知事（市の区域内にあっては、当該市の長。以下「知事等」という。）に届け出なければならない。ただし、駐車場法第十二条の規定による届出をしなければならない場合にあっては、同条の規定により知事等に提出すべき届出書に主務省令で定める書面を添付して届け出たときは、この限りでない。

2　前項本文の規定により届け出た事項を変更しようとするときも、同項と同様とする。

3　知事等は、前条第一項から第三項までの規定に違反している事実があると認めるときは、路外駐車場管理者等に対し、当該違反を是正するために必要な措置をとるべきことを命ずることができる。

※　1項「主務省令」＝則七、1・2項「罰則」＝本法六一③・六四、3項「罰則」＝本法五九・六四

（公園管理者等の基準適合義務等）

第十三条　公園管理者等は、特定公園施設の新設、増設又は改築を行うときは、当該特定公園施設（以下この条において「新設特定公園施設」という。）を、移動等円滑化のために必要な特定公園施設の設置に関する条例（国の設置に係る都市公園にあっては、主務省令）で定める基準（以下この条において「都市公園移動等円滑化基準」という。）に適合させなければならない。

2　前項の規定に基づく条例は、主務省令で定める基準を参酌して定めるものとする。

3　公園管理者は、新設特定公園施設について都市公園法第五条第一項の規定による許可の申請があった場合には、同法第四条に定める基準のほか、都市公園移動等円滑化基準に適合するかどうかを審査しなければならない。この場合において、公園管理者は、当該新設特定公園施設が都市公園移動等円滑化基準に適合しないと認めるときは、同項の規定による許可をしてはならない。

4　公園管理者等は、その管理する新設特定公園施設を都市公園移動等円滑化基準に適合するように維持しなければならない。

5　公園管理者等は、その管理する特定公園施設（新設特定公園施設を除く。）を都市公園移動等円滑化基準に適合させる

ために必要な措置を講ずるよう努めなければならない。

6　公園管理者等は、その管理する新設特定公園施設について、高齢者、障害者等に対し、これらの者が当該新設特定公園施設を円滑に利用するために必要となる情報を適切に提供するよう努めなければならない。

7　公園管理者等は、その管理する新設特定公園施設の利用者に対し、高齢者、障害者等が当該新設特定公園施設における高齢者障害者等用施設等を円滑に利用するために必要となる適正な配慮についての広報活動及び啓発活動を行うよう努めなければならない。

※　1項「主務省令」＝移動等円滑化のために必要な特定公園施設の設置に関する基準を定める省令

（特別特定建築物の建築主等の基準適合義務等）

第十四条　建築主等は、特別特定建築物の政令で定める規模以上の建築（用途の変更をして特別特定建築物にすることを含む。以下この条において同じ。）をしようとするときは、当該特別特定建築物（以下この条において「新築特別特定建築物」という。）を、移動等円滑化のために必要な建築物特定施設の構造及び配置に関する政令で定める基準（以下「建築物移動等円滑化基準」という。）に適合させなければならない。

2　建築主等は、その所有し、管理し、又は占有する新築特別特定建築物を建築物移動等円滑化基準に適合するように維持しなければならない。

3　地方公共団体は、その地方の自然的社会的条件の特殊性により、前二項の規定のみによっては、高齢者、障害者等が特定建築物を円滑に利用できるようにする目的を十分に達成することができないと認める場合においては、特別特定建築物に条例で定める特定建築物を追加し、第一項の建築の規模を条例で同項の政令で定める規模未満で別に定め、又は建築物移動等円滑化基準に条例で必要な事項を付加することができる。

4　前三項の規定は、建築基準法第六条第一項に規定する建築基準関係規定とみなす。

5　建築主等（第一項から第三項までの規定が適用される者を除く。）は、その建築をしようとし、又は所有し、管理し、若しくは占有する特別特定建築物（同項の条例で定める特定建築物を含む。以下同じ。）を建築物移動等円滑化基準（同項の条例で付加した事項を含む。第十七条第三項第一号を除き、以下同じ。）に適合させるために必要な措置を講ずるよう努めなければならない。

6　建築主等は、その所有し、管理し、又は占有する新築特別特定建築物について、高齢者、障害者等に対し、これらの者が当該新築特別特定建築物を円滑に利用するために必要となる情報を適切に提供するよう努めなければならない。

7　建築主等は、その所有し、管理し、又は占有する新築特別特定建築物の利用者に対し、高齢者、障害者等が当該新築特別特定建築物における高齢者障害者等用施設等を円滑に利用するために必要となる適正な配慮についての広報活動及び啓発活動を行うよう努めなければならない。

※　1項「政令」、3項「別に定め」＝令九・一〇

（特別特定建築物に係る基準適合命令等）

第十五条　所管行政庁は、前条第一項から第三項までの規定に違反している事実があると認めるときは、建築主等に対し、当該違反を是正するために必要な措置をとるべきことを命ずることができる。

2　国、都道府県又は建築主事若しくは建築副主事を置く市町村の特別特定建築物については、前項の規定は、適用しない。この場合において、所管行政庁は、国、都道府県又は建築主事若しくは建築副主事を置く市町村の特別特定建築物が前条第一項から第三項までの規定に違反している事実があると認めるときは、直ちに、その旨を当該特別特定建築物を管理する機関の長に通知し、前項に規定する措置をとるべきことを要請しなければならない。

3　所管行政庁は、前条第五項に規定する措置の適確な実施を確保するため必要があると認めるときは、建築主等に対し、建築物移動等円滑化基準を勘案して、特別特定建築物の設計及び施工に係る事項その他の移動等円滑化に係る事項について必要な指導及び助言をすることができる。

※　1項「罰則」＝本法五九・六四

（特定建築物の建築主等の努力義務等）

第十六条　建築主等は、特定建築物（特別特定建築物を除く。以下この条において同じ。）の建築（用途の変更をして特定建築物にすることを含む。次条第一項において同じ。）をしようとするときは、当該特定建築物を建築物移動等円滑化基準に適合させるために必要な措置を講ずるよう努めなければならない。

2　建築主等は、特定建築物の建築物特定施設の修繕又は模様替をしようとするときは、当該建築物特定施設を建築物移動等円滑化基準に適合させるために必要な措置を講ずるよう努めなければならない。

3　所管行政庁は、特定建築物について前二項に規定する措置の適確な実施を確保するため必要があると認めるときは、建築主等に対し、建築物移動等円滑化基準を勘案して、特定建築物又はその建築物特定施設の設計及び施工に係る事項について必要な指導及び助言をすることができる。

（特定建築物の建築等及び維持保全の計画の認定）

第十七条　建築主等は、特定建築物の建築、修繕又は模様替（修繕又は模様替にあっては、建築物特定施設に係るものに限る。以下「建築等」という。）をしようとするときは、主務省令で定めるところにより、特定建築物の建築等及び維持保全の計画を作成し、所管行政庁の認定を申請することができる。

2　前項の計画には、次に掲げる事項を記載しなければならない。

一　特定建築物の位置

二　特定建築物の延べ面積、構造方法及び用途並びに敷地面積

三　計画に係る建築物特定施設の構造及び配置並びに維持保全に関する事項

四　特定建築物の建築等の事業に関する資金計画

五　その他主務省令で定める事項

3　所管行政庁は、第一項の申請があった場合において、当該申請に係る特定建築物の建築等及び維持保全の計画が次に掲げる基準に適合すると認めるときは、認定をすることができる。

一　前項第三号に掲げる事項が、建築物移動等円滑化基準を超え、かつ、高齢者、障害者等が円滑に利用できるように

するために誘導すべき主務省令で定める建築物特定施設の構造及び配置に関する基準に適合すること。

二　前項第四号に掲げる資金計画が、特定建築物の建築等の事業を確実に遂行するため適切なものであること。

4　前項の認定の申請をする者は、所管行政庁に対し、当該申請に併せて、建築基準法第六条第一項（同法第八十七条第一項において準用する場合を含む。第七項において同じ。）の規定による確認の申請書を提出して、当該申請に係る特定建築物の建築等の計画が同法第六条第一項の建築基準関係規定に適合する旨の建築主事又は建築副主事の通知（以下この条において「適合通知」という。）を受けるよう申し出ることができる。

5　前項の申出を受けた所管行政庁は、速やかに当該申出に係る特定建築物の建築等の計画を建築主事又は建築副主事に通知しなければならない。

6　建築基準法第十八条第三項及び第十五項の規定は、建築主事又は建築副主事が前項の通知を受けた場合について準用する。この場合においては、建築主事又は建築副主事は、申請に係る特定建築物の建築等の計画が第十四条第一項の規定に適合するかどうかを審査することを要しないものとする。

7　所管行政庁が、適合通知を受けて第三項の認定をしたときは、当該認定に係る特定建築物の建築等の計画は、建築基準法第六条第一項の規定による確認済証の交付があったものとみなす。

8　建築基準法第十二条第八項、第九十三条及び第九十三条の二の規定は、建築主事又は建築副主事が適合通知をする場合について準用する。

※　1項「主務省令」＝則八、2項「主務省令」＝則九、3項「主務省令」＝高齢者、障害者等が円滑に利用できるようにするために誘導すべき建築物特定施設の構造及び配置に関する基準を定める省令

（特定建築物の建築等及び維持保全の計画の変更）

第十八条　前条第三項の認定を受けた者（以下「認定建築主等」という。）は、当該認定を受けた計画の変更（主務省令で定める軽微な変更を除く。）をしようとするときは、所管行政庁の認定を受けなければならない。

2　前条の規定は、前項の場合について準用する。

※　1項「主務省令」＝則一一

（認定特定建築物の容積率の特例）

第十九条　建築基準法第五十二条第一項、第二項、第七項、第十二項及び第十四項、第五十七条の二第三項第二号、第五十七条の三第二項、第五十九条第一項及び第三項、第五十九条の二第一項、第六十条第一項、第六十条の二第一項及び第四項、第六十八条の三第一項、第六十八条の四、第六十八条の五（第二号イを除く。）、第六十八条の五の二（第二号イを除く。）、第六十八条の五の三第一項（第一号ロを除く。）、第六十八条の五の四（第一号ロを除く。）、第六十八条の五の五第一項第一号ロ、第六十八条の八、第六十八条の九第一項、第八十六条第三項及び第四項、第八十六条の二第二項及び第三項、第八十六条の五第三項並びに第八十六条の六第一項に規定する建築物の容積率（同法第五十九条第一項、第六十条の二第一項及び第六十八条の九第一項に規定するものについては、これらの規定に規定する建築物の容積率の最高限度に係る場合に限る。）の算定の基礎となる延べ面積には、同法第五十二条第三項及び第六項に定めるもののほか、第十七条第三項の認定があった計画（前条第一項の規定による変更の認定があったときは、その変更後のもの。第二十一条において同じ。）に係る特定建築物（以下「認定特定建築物」という。）の建築物特定施設の床面積のうち、移動等円滑化の措置をとることにより通常の建築物の建築物特定施設の床面積を超えることとなる場合における政令で定める床面積は、算入しないものとする。

※　「政令」＝令二六

（認定特定建築物の表示等）

第二十条　認定建築主等は、認定特定建築物の建築等をしたときは、当該認定特定建築物、その敷地又はその利用に関する広告その他の主務省令で定めるもの（次項において「広告等」という。）に、主務省令で定めるところにより、当該認定特定建築物が第十七条第三項の認定を受けている旨の表示を付することができる。

2　何人も、前項の規定による場合を除くほか、建築物、その敷地又はその利用に関する広告等に、同項の表示又はこれと紛らわしい表示を付してはならない。

※　1項「主務省令」＝則一二、2項「罰則」＝本法六二①・六四

（認定建築主等に対する改善命令）

第二十一条　所管行政庁は、認定建築主等が第十七条第三項の認定を受けた計画に従って認定特定建築物の建築等又は維持保全を行っていないと認めるときは、当該認定建築主等に対し、その改善に必要な措置をとるべきことを命ずることができる。

（特定建築物の建築等及び維持保全の計画の認定の取消し）

第二十二条　所管行政庁は、認定建築主等が前条の規定による処分に違反したときは、第十七条第三項の認定を取り消すことができる。

（協定建築物の建築等及び維持保全の計画の認定等）

第二十二条の二　建築主等は、次の各号のいずれかに該当する建築物特定施設（以下この条において「協定建築物特定施設」という。）と一体的に利用に供しなければ公共交通移動等円滑化基準に適合させることが構造上その他の理由により著しく困難であると主務省令で定めるところにより主務大臣が認める旅客施設（次の各号の公共交通事業者等の事業の用に供するものに限る。次項において「移動等円滑化困難旅客施設」という。）の敷地に隣接し、又は近接する土地において協定建築物特定施設を有する建築物（以下「協定建築物」という。）の建築等をしようとするときは、主務省令で定めるところにより、協定建築物の建築等及び維持保全の計画を作成し、所管行政庁の認定を申請することができる。

一　建築主等が公共交通事業者等と締結する第四十一条第一項に規定する移動等円滑化経路協定の目的となる経路を構成する建築物特定施設

二　建築主等が公共交通事業者等と締結する第五十一条の二第一項に規定する移動等円滑化施設協定の目的となる建築物特定施設

2　前項の申請に係る協定建築物特定施設（協定建築物特定施設と移動等円滑化困難旅客施設との間に同項第一号の経路がある場合にあっては、協定建築物特定施設及び当該経路を構

成する一般交通用施設（以下この項において「特定経路施設」という。）は、協定建築物特定施設等維持保全基準（移動等円滑化困難旅客施設の公共交通移動等円滑化基準への継続的な適合の確保のために必要な協定建築物特定施設及び特定経路施設の維持保全に関する主務省令で定める基準をいう。）に適合するものとして、主務省令で定めるところにより主務大臣の認定を受けたものでなければならない。

3　第一項の計画には、次に掲げる事項を記載しなければならない。

一　協定建築物の位置

二　協定建築物の延べ面積、構造方法及び用途並びに敷地面積

三　計画に係る協定建築物特定施設の構造及び配置並びに維持保全に関する事項

四　協定建築物の建築等の事業に関する資金計画

五　その他主務省令で定める事項

4　所管行政庁は、第一項の申請があった場合において、当該申請に係る協定建築物の建築等及び維持保全の計画が次に掲げる基準に適合すると認めるときは、認定をすることができる。

一　前項第三号に掲げる事項が、建築物移動等円滑化基準を超え、かつ、第十七条第三項第一号に規定する主務省令で定める建築物特定施設の構造及び配置に関する基準に適合すること。

二　前項第四号に掲げる資金計画が、協定建築物の建築等の事業を確実に遂行するため適切なものであること。

5　第十八条、第十九条、第二十一条及び前条の規定は、前項の認定を受けた者（第五十三条第五項において「認定協定建築主等」という。）に係る当該認定を受けた計画について準用する。この場合において、第十八条第二項中「前条」とあるのは「第二十二条の二第一項から第四項まで」と、第十九条中「特定建築物（以下「認定特定建築物」という。）の建築物特定施設」とあるのは「第二十二条の二第一項に規定する協定建築物（第二十一条において「認定協定建築物」という。）の同項に規定する協定建築物特定施設」と、第二十一条中「認定特定建築物」とあるのは「認定協定建築物」と読み替えるものとする。

※　1項「主務省令」＝則一二の二・一二の三、2項「主務省令」＝則一二の四・一二の五、3項五号「主務省令」＝則一二の六、5項で準用する一八条一項の「主務省令」＝則一二の八、5項で準用する一九条の「政令」＝令二六

（既存の特定建築物に設けるエレベーターについての建築基準法の特例）

第二十三条　この法律の施行の際現に存する特定建築物に専ら車椅子を使用している者の利用に供するエレベーターを設置する場合において、当該エレベーターが次に掲げる基準に適合し、所管行政庁が防火上及び避難上支障がないと認めたときは、当該特定建築物に対する建築基準法第二十七条第二項の規定の適用については、当該エレベーターの構造は耐火構造（同法第二条第七号に規定する耐火構造をいう。）とみなす。

一　エレベーター及び当該エレベーターの設置に係る特定建築物の主要構造部の部分の構造が主務省令で定める安全上及び防火上の基準に適合していること。

二　エレベーターの制御方法及びその作動状態の監視方法が主務省令で定める安全上の基準に適合していること。

2　建築基準法第九十三条第一項本文及び第二項の規定は、前項の規定により所管行政庁が防火上及び避難上支障がないと認める場合について準用する。

※　1項「主務省令」＝則一三・一四

（高齢者、障害者等が円滑に利用できる建築物の容積率の特例）

第二十四条　建築物特定施設（建築基準法第五十二条第六項第一号に規定する昇降機並びに同項第二号に規定する共同住宅及び老人ホーム等の共用の廊下及び階段を除く。）の床面積が高齢者、障害者等の円滑な利用を確保するため通常の床面積よりも著しく大きい建築物で、主務大臣が高齢者、障害者等の円滑な利用を確保する上で有効と認めて定める基準に適合するものについては、当該建築物を同条第十四項第一号に規定する建築物とみなして、同項の規定を適用する。

※　「基準」＝高齢者、障害者等の移動等の円滑化の促進に関する法律第二十四条の規定に基づく国土交通大臣が高齢者、障害者等の円滑な利用を確保する上で有効と認めて定める基準

第三章の二　移動等円滑化促進地区における移動等円滑化の促進に関する措置

（移動等円滑化促進方針）

第二十四条の二　市町村は、基本方針に基づき、単独で又は共同して、当該市町村の区域内の移動等円滑化促進地区について、移動等円滑化の促進に関する方針（以下「移動等円滑化促進方針」という。）を作成するよう努めるものとする。

2　移動等円滑化促進方針には、次に掲げる事項について定めるものとする。

一　移動等円滑化促進地区の位置及び区域

二　生活関連施設及び生活関連経路並びにこれらにおける移動等円滑化の促進に関する事項

三　移動等円滑化の促進に関する住民その他の関係者の理解の増進及び移動等円滑化の実施に関するこれらの者の協力の確保に関する事項

四　前三号に掲げるもののほか、移動等円滑化促進地区における移動等円滑化の促進のために必要な事項

3　前項各号に掲げるもののほか、移動等円滑化促進方針には、移動等円滑化促進地区における移動等円滑化の促進に関する基本的な方針について定めるよう努めるものとする。

4　移動等円滑化促進方針には、市町村が行う移動等円滑化促進地区に所在する旅客施設の構造及び配置その他の移動等円滑化に関する情報の収集、整理及び提供に関する事項を定めることができる。

5　移動等円滑化促進方針は、都市計画、都市計画法第十八条の二の市町村の都市計画に関する基本的な方針及び地域公共交通の活性化及び再生に関する法律（平成十九年法律第五十九号）第五条第一項に規定する地域公共交通計画との調和が保たれたものでなければならない。

6　市町村は、移動等円滑化促進方針を作成しようとするときは、あらかじめ、住民、生活関連施設を利用する高齢者、障

害者等その他利害関係者、関係する施設設置管理者及び都道府県公安委員会（以下「公安委員会」という。）の意見を反映させるために必要な措置を講ずるものとする。

7　市町村は、移動等円滑化促進方針を作成したときは、遅滞なく、これを公表するとともに、主務大臣、都道府県並びに関係する施設設置管理者及び公安委員会に送付しなければならない。

8　主務大臣は、前項の規定により移動等円滑化促進方針の送付を受けたときは、市町村に対し、必要な助言をすることができる。

9　都道府県は、市町村に対し、その求めに応じ、移動等円滑化促進方針の作成及びその円滑かつ確実な実施に関し、各市町村の区域を超えた広域的な見地から、必要な助言その他の援助を行うよう努めなければならない。

10　第六項から前項までの規定は、移動等円滑化促進方針の変更について準用する。

（移動等円滑化促進方針の評価等）

第二十四条の三　市町村は、移動等円滑化促進方針を作成した場合においては、おおむね五年ごとに、当該移動等円滑化促進方針において定められた移動等円滑化促進地区における移動等円滑化に関する措置の実施の状況についての調査、分析及び評価を行うよう努めるとともに、必要があると認めるときは、移動等円滑化促進方針を変更するものとする。

（協議会）

第二十四条の四　移動等円滑化促進方針を作成しようとする市町村は、移動等円滑化促進方針の作成に関する協議及び移動等円滑化促進方針の実施（実施の状況についての調査、分析及び評価を含む。）に係る連絡調整を行うための協議会（以下この条において「協議会」という。）を組織することができる。

2　協議会は、次に掲げる者をもって構成する。

一　移動等円滑化促進方針を作成しようとする市町村

二　関係する施設設置管理者、公安委員会その他移動等円滑化促進地区における移動等円滑化の促進に関し密接な関係を有する者

三　高齢者、障害者等、学識経験者その他の当該市町村が必要と認める者

3　第一項の規定により協議会を組織する市町村は、同項に規定する協議を行う旨を前項第二号に掲げる者に通知するものとする。

4　前項の規定による通知を受けた者は、正当な理由がある場合を除き、当該通知に係る協議に応じなければならない。

5　協議会において協議が調った事項については、協議会の構成員はその協議の結果を尊重しなければならない。

6　前各項に定めるもののほか、協議会の運営に関し必要な事項は、協議会が定める。

（移動等円滑化促進方針の作成等の提案）

第二十四条の五　次に掲げる者は、市町村に対して、移動等円滑化促進方針の作成又は変更をすることを提案することができる。この場合においては、基本方針に即して、当該提案に係る移動等円滑化促進方針の素案を作成して、これを提示しなければならない。

一　施設設置管理者その他の生活関連施設又は生活関連経路を構成する一般交通用施設の管理者

二　高齢者、障害者等その他の生活関連施設又は生活関連経路を構成する一般交通用施設の利用に関し利害関係を有する者

2　前項の規定による提案を受けた市町村は、当該提案に基づき移動等円滑化促進方針の作成又は変更をするか否かについて、遅滞なく、当該提案をした者に通知しなければならない。この場合において、移動等円滑化促進方針の作成又は変更をしないこととするときは、その理由を明らかにしなければならない。

（行為の届出等）

第二十四条の六　移動等円滑化促進方針において定められた移動等円滑化促進地区の区域において、旅客施設の建設、道路の新設その他の行為であって当該区域における移動等円滑化の促進に支障を及ぼすおそれのあるものとして政令で定めるものをしようとする公共交通事業者等又は道路管理者は、当該行為に着手する日の三十日前までに、主務省令で定めるところにより、行為の種類、場所、設計又は施行方法、着手予定日その他主務省令で定める事項を市町村に届け出なければならない。ただし、非常災害のため必要な応急措置として行う行為については、この限りでない。

2　前項の規定による届出をした者は、その届出に係る事項のうち主務省令で定める事項を変更しようとするときは、当該事項の変更に係る行為に着手する日の三十日前までに、主務省令で定めるところにより、その旨を市町村に届け出なければならない。

3　市町村は、前二項の規定による届出があった場合において、その届出に係る行為が移動等円滑化促進地区における移動等円滑化の促進を図る上で支障があると認めるときは、その届出をした者に対し、その届出に係る行為に関し旅客施設又は道路の構造の変更その他の必要な措置の実施を要請することができる。

4　市町村は、前項の規定による要請を受けた者が当該要請に応じないときは、その旨を主務大臣に通知することができる。

5　主務大臣は、前項の規定による通知があった場合において、第三項の規定による要請を受けた者が正当な理由がなくて同項の措置を実施していないと認めるときは、当該要請を受けた者に対し、当該措置を実施すべきことを勧告することができる。

※　1項「政令」＝令二七、「主務省令」＝則一四の五・一四の六、2項「主務省令」＝則一四の七・一四の八、「罰則」1・2項関係＝本法六二②・六四

（市町村による情報の収集、整理及び提供）

第二十四条の七　第二十四条の二第四項の規定により移動等円滑化促進方針において市町村が行う移動等円滑化に関する情報の収集、整理及び提供に関する事項が定められたときは、市町村は、当該移動等円滑化促進方針に基づき移動等円滑化に関する事項についての情報の収集、整理及び提供を行うものとする。

（施設設置管理者による市町村に対する情報の提供）

第二十四条の八　公共交通事業者等及び道路管理者は、前条の規定により情報の収集、整理及び提供を行う市町村の求めがあったときは、主務省令で定めるところにより、高齢者、障害者等が旅客施設及び特定道路を利用するために必要となる情報を当該市町村に提供しなければならない。

2　路外駐車場管理者等、公園管理者等及び建築主等は、前条の規定により情報の収集、整理及び提供を行う市町村の求めがあったときは、主務省令で定めるところにより、高齢者、障害者等が特定路外駐車場、特定公園施設及び特別特定建築物を利用するために必要となる情報を当該市町村に提供するよう努めなければならない。

※　1項「主務省令」＝則一四の九、「罰則」＝本法六六、2項「主務省令」＝則一四の一〇

第四章　重点整備地区における移動等円滑化に係る事業の重点的かつ一体的な実施

（移動等円滑化基本構想）

第二十五条　市町村は、基本方針（移動等円滑化促進方針が作成されているときは、基本方針及び移動等円滑化促進方針。以下同じ。）に基づき、単独で又は共同して、当該市町村の区域内の重点整備地区について、移動等円滑化に係る事業の重点的かつ一体的な推進に関する基本的な構想（以下「基本構想」という。）を作成するよう努めるものとする。

2　基本構想には、次に掲げる事項について定めるものとする。

一　重点整備地区の位置及び区域

二　生活関連施設及び生活関連経路並びにこれらにおける移動等円滑化に関する事項

三　生活関連施設、特定車両及び生活関連経路を構成する一般交通用施設について移動等円滑化のために実施すべき特定事業その他の事業に関する事項（旅客施設の所在地を含まない重点整備地区にあっては、当該重点整備地区と同一の市町村の区域内に所在する特定旅客施設との間の円滑な移動のために実施すべき特定事業その他の事業に関する事項を含む。）

四　前号に掲げる事業と併せて実施する土地区画整理事業、市街地再開発事業その他の市街地開発事業に関し移動等円滑化のために考慮すべき事項、自転車その他の車両の駐車のための施設の整備に関する事項その他の重点整備地区における移動等円滑化に資する市街地の整備改善に関する事項その他重点整備地区における移動等円滑化のために必要な事項

3　前項各号に掲げるもののほか、基本構想には、重点整備地区における移動等円滑化に関する基本的な方針について定めるよう努めるものとする。

4　市町村は、特定旅客施設の所在地を含む重点整備地区について基本構想を作成する場合には、当該基本構想に当該特定旅客施設を第二項第二号及び第三号の生活関連施設として定めなければならない。

5　基本構想には、道路法第十二条ただし書及び第十五条並びに道路法の一部を改正する法律（昭和三十九年法律第百六十三号。以下「昭和三十九年道路法改正法」という。）附則第三項の規定にかかわらず、国道又は都道府県道（道路法第三条第三号の都道府県道をいう。第三十二条第一項において同じ。）（道路法第十二条ただし書及び第十五条並びに昭和三十九年道路法改正法附則第三項の規定により都道府県が新設又は改築を行うこととされているもの（道路法第十七条第一項から第四項までの規定により同条第一項の指定市、同条第二項の指定市以外の市、同条第三項の町村又は同条第四項の指定市以外の市町村が行うこととされているものを除く。以下同じ。）に係る道路特定事業を実施する者として、市町村（他の市町村又は道路管理者と共同して実施する場合にあっては、市町村及び他の市町村又は道路管理者。第三十二条において同じ。）を定めることができる。

6　市町村は、基本構想を作成しようとするときは、あらかじめ、住民、生活関連施設を利用する高齢者、障害者等その他利害関係者の意見を反映させるために必要な措置を講ずるものとする。

7　市町村は、基本構想を作成しようとする場合において、第二十六条第一項の協議会が組織されていないときは、これに定めようとする特定事業に関する事項について、関係する施設設置管理者及び公安委員会と協議をしなければならない。

8　市町村は、第二十六条第一項の協議会が組織されていない場合には、基本構想を作成するに当たり、あらかじめ、関係する施設設置管理者及び公安委員会に対し、特定事業に関する事項について基本構想の案を作成し、当該市町村に提出するよう求めることができる。

9　前項の案の提出を受けた市町村は、基本構想を作成するに当たっては、当該案の内容が十分に反映されるよう努めるものとする。

10　第二十四条の二第四項、第五項及び第七項から第九項までの規定は、基本構想の作成について準用する。この場合において、同条第四項中「移動等円滑化促進地区」とあるのは、「重点整備地区」と読み替えるものとする。

11　第二十四条の二第七項から第九項まで及びこの条第六項から第九項までの規定は、基本構想の変更について準用する。

（基本構想の評価等）

第二十五条の二　市町村は、基本構想を作成した場合においては、おおむね五年ごとに、当該基本構想において定められた重点整備地区における特定事業その他の事業の実施の状況についての調査、分析及び評価を行うよう努めるとともに、必要があると認めるときは、基本構想を変更するものとする。

（協議会）

第二十六条　基本構想を作成しようとする市町村は、基本構想の作成に関する協議及び基本構想の実施（実施の状況についての調査、分析及び評価を含む。）に係る連絡調整を行うための協議会（以下この条において「協議会」という。）を組織することができる。

2　協議会は、次に掲げる者をもって構成する。

一　基本構想を作成しようとする市町村

二　関係する施設設置管理者、公安委員会その他基本構想に定めようとする特定事業その他の事業を実施すると見込まれる者

三　高齢者、障害者等、学識経験者その他の当該市町村が必要と認める者

3　第一項の規定により協議会を組織する市町村は、同項に規定する協議を行う旨を前項第二号に掲げる者に通知するものとする。

4　前項の規定による通知を受けた者は、正当な理由がある場合を除き、当該通知に係る協議に応じなければならない。

5　協議会において協議が調った事項については、協議会の構

成員はその協議の結果を尊重しなければならない。

6　前各項に定めるもののほか、協議会の運営に関し必要な事項は、協議会が定める。

（基本構想の作成等の提案）

第二十七条　次に掲げる者は、市町村に対して、基本構想の作成又は変更をすることを提案することができる。この場合においては、基本方針に即して、当該提案に係る基本構想の素案を作成して、これを提示しなければならない。

一　施設設置管理者、公安委員会その他基本構想に定めようとする特定事業その他の事業を実施しようとする者

二　高齢者、障害者等その他の生活関連施設又は生活関連経路を構成する一般交通用施設の利用に関し利害関係を有する者

2　前項の規定による提案を受けた市町村は、当該提案に基づき基本構想の作成又は変更をするか否かについて、遅滞なく、当該提案をした者に通知しなければならない。この場合において、基本構想の作成又は変更をしないこととするときは、その理由を明らかにしなければならない。

（公共交通特定事業の実施）

第二十八条　第二十五条第一項の規定により基本構想が作成されたときは、関係する公共交通事業者等は、単独で又は共同して、当該基本構想に即して公共交通特定事業を実施するための計画（以下「公共交通特定事業計画」という。）を作成し、これに基づき、当該公共交通特定事業を実施するものとする。

2　公共交通特定事業計画においては、実施しようとする公共交通特定事業について次に掲げる事項を定めるものとする。

一　公共交通特定事業を実施する特定旅客施設又は特定車両

二　公共交通特定事業の内容

三　公共交通特定事業の実施予定期間並びにその実施に必要な資金の額及びその調達方法

四　その他公共交通特定事業の実施に際し配慮すべき重要事項

3　公共交通事業者等は、公共交通特定事業計画を定めようとするときは、あらかじめ、関係する市町村及び施設設置管理者の意見を聴かなければならない。

4　公共交通事業者等は、公共交通特定事業計画を定めたときは、遅滞なく、これを関係する市町村及び施設設置管理者に送付しなければならない。

5　前二項の規定は、公共交通特定事業計画の変更について準用する。

（公共交通特定事業計画の認定）

第二十九条　公共交通事業者等は、主務省令で定めるところにより、主務大臣に対し、公共交通特定事業計画が重点整備地区における移動等円滑化を適切かつ確実に推進するために適当なものである旨の認定を申請することができる。

2　主務大臣は、前項の規定による認定の申請があった場合において、前条第二項第二号に掲げる事項が基本方針及び公共交通移動等円滑化基準に照らして適切なものであり、かつ、同号及び同項第三号に掲げる事項が当該公共交通特定事業を確実に遂行するために技術上及び資金上適切なものであると認めるときは、その認定をするものとする。

3　前項の認定を受けた者は、当該認定に係る公共交通特定事業計画を変更しようとするときは、主務大臣の認定を受けなければならない。

4　第二項の規定は、前項の認定について準用する。

5　主務大臣は、第二項の認定を受けた者が当該認定に係る公共交通特定事業計画（第三項の規定による変更の認定があったときは、その変更後のもの。次条において同じ。）に従って公共交通特定事業を実施していないと認めるときは、その認定を取り消すことができる。

※　1項「主務省令」＝則一五

（公共交通特定事業計画に係る地方債の特例）

第三十条　地方公共団体が、前条第二項の認定に係る公共交通特定事業計画に基づく公共交通特定事業で主務省令で定めるものに関する助成を行おうとする場合においては、当該助成に要する経費であって地方財政法（昭和二十三年法律第百九号）第五条各号に規定する経費のいずれにも該当しないものは、同条第五号に規定する経費とみなす。

※　「主務省令」＝高齢者、障害者等の移動等の円滑化の促進に関する法律第三十条に規定する公共交通特定事業を定める省令

（道路特定事業の実施）

第三十一条　第二十五条第一項の規定により基本構想が作成されたときは、関係する道路管理者は、単独で又は共同して、当該基本構想に即して道路特定事業を実施するための計画（以下「道路特定事業計画」という。）を作成し、これに基づき、当該道路特定事業を実施するものとする。

2　道路特定事業計画においては、基本構想において定められた道路特定事業について定めるほか、当該重点整備地区内の道路において実施するその他の道路特定事業について定めることができる。

3　道路特定事業計画においては、実施しようとする道路特定事業について次に掲げる事項を定めるものとする。

一　道路特定事業を実施する道路の区間

二　前号の道路の区間ごとに実施すべき道路特定事業の内容及び実施予定期間

三　その他道路特定事業の実施に際し配慮すべき重要事項

4　道路管理者は、道路特定事業計画を定めようとするときは、あらかじめ、関係する市町村、施設設置管理者及び公安委員会の意見を聴かなければならない。

5　道路管理者は、道路特定事業計画において、道路法第二十条第一項に規定する他の工作物について実施し、又は同法第二十三条第一項の規定に基づき実施する道路特定事業について定めるときは、あらかじめ、当該道路特定事業を実施する工作物又は施設の管理者と協議しなければならない。この場合において、当該道路特定事業の費用の負担を当該工作物又は施設の管理者に求めるときは、当該道路特定事業計画に当該道路特定事業の実施に要する費用の概算及び道路管理者と当該工作物又は施設の管理者との分担割合を定めるものとする。

6　道路管理者は、道路特定事業計画を定めたときは、遅滞なく、これを公表するよう努めるとともに、関係する市町村、施設設置管理者及び公安委員会並びに前項に規定する工作物又は施設の管理者に送付しなければならない。

7　前三項の規定は、道路特定事業計画の変更について準用する。

（市町村による国道等に係る道路特定事業の実施）

第三十二条　第二十五条第五項の規定により基本構想において

道路特定事業を実施する者として市町村（道路法第十七条第一項の指定市を除く。以下この条及び第五十五条から第五十七条までにおいて同じ。）が定められたときは、前条第一項、同法第十二条ただし書及び第十五条並びに昭和三十九年道路法改正法附則第三項の規定にかかわらず、市町村は、単独で又は他の市町村若しくは道路管理者と共同して、国道又は都道府県道に係る道路特定事業計画を作成し、これに基づき、当該道路特定事業を実施するものとする。

2 前条第二項から第七項までの規定は、前項の場合について準用する。この場合において、同条第四項から第六項までの規定中「道路管理者」とあるのは、「次条第一項の規定により道路特定事業を実施する市町村（他の市町村又は道路管理者と共同して実施する場合にあっては、市町村及び他の市町村又は道路管理者）」と読み替えるものとする。

3 市町村は、第一項の規定により国道に係る道路特定事業を実施しようとする場合においては、主務省令で定めるところにより、主務大臣に協議し、その同意を得なければならない。ただし、主務省令で定める軽易なものについては、この限りでない。

4 市町村は、第一項の規定により道路特定事業に関する工事を行おうとするとき、及び当該道路特定事業に関する工事の全部又は一部を完了したときは、主務省令で定めるところにより、その旨を公示しなければならない。

5 市町村は、第一項の規定により道路特定事業を実施する場合においては、政令で定めるところにより、当該道路の道路管理者に代わってその権限を行うものとする。

6 市町村が第一項の規定により道路特定事業を実施する場合には、その実施に要する費用の負担並びにその費用に関する国の補助及び交付金の交付については、都道府県が自ら当該道路特定事業を実施するものとみなす。

7 前項の規定により国が当該都道府県に対し交付すべき負担金、補助金及び交付金は、市町村に交付するものとする。

8 前項の場合には、市町村は、補助金等に係る予算の執行の適正化に関する法律（昭和三十年法律第百七十九号）の規定の適用については、同法第二条第三項に規定する補助事業者等とみなす。

※ 3項「主務省令」＝則一七・一八、4項「主務省令」＝則一九、5項「政令」＝令二八

第三十三条（路外駐車場特定事業の実施） 第二十五条第一項の規定により基本構想が作成されたときは、関係する路外駐車場管理者等は、単独で又は共同して、当該基本構想に即して路外駐車場特定事業を実施するための計画（以下この条において「路外駐車場特定事業計画」という。）を作成し、これに基づき、当該路外駐車場特定事業を実施するものとする。

2 路外駐車場特定事業計画においては、実施しようとする路外駐車場特定事業について次に掲げる事項を定めるものとする。

一 路外駐車場特定事業を実施する特定路外駐車場

二 路外駐車場特定事業の内容及び実施予定期間

三 その他路外駐車場特定事業の実施に際し配慮すべき重要事項

3 路外駐車場管理者等は、路外駐車場特定事業計画を定めようとするときは、あらかじめ、関係する市町村及び施設設置管理者の意見を聴かなければならない。

4 路外駐車場管理者等は、路外駐車場特定事業計画を定めたときは、遅滞なく、これを関係する市町村及び施設設置管理者に送付しなければならない。

5 前二項の規定は、路外駐車場特定事業計画の変更について準用する。

第三十四条（都市公園特定事業の実施） 第二十五条第一項の規定により基本構想が作成されたときは、関係する公園管理者等は、単独で又は共同して、当該基本構想に即して都市公園特定事業を実施するための計画（以下この条において「都市公園特定事業計画」という。）を作成し、これに基づき、当該都市公園特定事業を実施するものとする。ただし、都市公園法第五条第一項の規定による許可を受けて公園施設（特定公園施設に限る。）を設け若しくは管理し、又は設け若しくは管理しようとする者が都市公園特定事業計画を作成する場合にあっては、公園管理者と共同して作成するものとする。

2 都市公園特定事業計画においては、実施しようとする都市公園特定事業について次に掲げる事項を定めるものとする。

一 都市公園特定事業を実施する都市公園

二 都市公園特定事業の内容及び実施予定期間

三 その他都市公園特定事業の実施に際し配慮すべき重要事項

3 公園管理者等は、都市公園特定事業計画を定めようとするときは、あらかじめ、関係する市町村及び施設設置管理者の意見を聴かなければならない。

4 公園管理者は、都市公園特定事業計画において、都市公園法第五条の十第一項に規定する他の工作物について実施する都市公園特定事業について定めるときは、あらかじめ、当該他の工作物の管理者と協議しなければならない。この場合において、当該都市公園特定事業の費用の負担を当該他の工作物の管理者に求めるときは、当該都市公園特定事業計画に当該都市公園特定事業の実施に要する費用の概算及び公園管理者と当該他の工作物の管理者との分担割合を定めるものとする。

5 公園管理者等は、都市公園特定事業計画を定めたときは、遅滞なく、これを公表するよう努めるとともに、関係する市町村及び施設設置管理者並びに前項に規定する他の工作物の管理者に送付しなければならない。

6 前三項の規定は、都市公園特定事業計画の変更について準用する。

第三十五条（建築物特定事業の実施） 第二十五条第一項の規定により基本構想が作成されたときは、関係する建築主等は、単独で又は共同して、当該基本構想に即して建築物特定事業を実施するための計画（以下この条において「建築物特定事業計画」という。）を作成し、これに基づき、当該建築物特定事業を実施するものとする。

2 建築物特定事業計画においては、実施しようとする建築物特定事業について次に掲げる事項を定めるものとする。

一 建築物特定事業を実施する特定建築物

二 建築物特定事業の内容

三 建築物特定事業の実施予定期間並びにその実施に必要な資金の額及びその調達方法

四　その他建築物特定事業の実施に際し配慮すべき重要事項

3　建築主等は、建築物特定事業計画を定めようとするときは、あらかじめ、関係する市町村及び施設設置管理者の意見を聴かなければならない。

4　建築主等は、建築物特定事業計画を定めたときは、遅滞なく、これを関係する市町村及び施設設置管理者に送付しなければならない。

5　前二項の規定は、建築物特定事業計画の変更について準用する。

（交通安全特定事業の実施）

第三十六条　第二十五条第一項の規定により基本構想が作成されたときは、関係する公安委員会は、単独で又は共同して、当該基本構想に即して交通安全特定事業を実施するための計画（以下「交通安全特定事業計画」という。）を作成し、これに基づき、当該交通安全特定事業を実施するものとする。

2　前項の交通安全特定事業（第二条第三十一号イに掲げる事業に限る。）は、当該交通安全特定事業により設置される信号機等が、重点整備地区における移動等円滑化のために必要な信号機等に関する主務省令で定める基準を参酌して都道府県の条例で定める基準に適合するよう実施されなければならない。

3　交通安全特定事業計画においては、実施しようとする交通安全特定事業について次に掲げる事項を定めるものとする。

一　交通安全特定事業を実施する道路の区間

二　前号の道路の区間ごとに実施すべき交通安全特定事業の内容及び実施予定期間

三　その他交通安全特定事業の実施に際し配慮すべき重要事項

4　公安委員会は、交通安全特定事業計画を定めようとするときは、あらかじめ、関係する市町村及び道路管理者の意見を聴かなければならない。

5　公安委員会は、交通安全特定事業計画を定めたときは、遅滞なく、これを公表するよう努めるとともに、関係する市町村及び道路管理者に送付しなければならない。

6　前二項の規定は、交通安全特定事業計画の変更について準用する。

※　2項「主務省令」＝高齢者、障害者等の移動等の円滑化の促進に係る信号機等に関する基準を定める規則

（教育啓発特定事業の実施）

第三十六条の二　第二十五条第一項の規定により基本構想が作成されたときは、関係する市町村等は、単独で又は共同して、当該基本構想に即して教育啓発特定事業を実施するための計画（以下この条において「教育啓発特定事業計画」という。）を作成し、これに基づき、当該教育啓発特定事業を実施するものとする。

2　教育啓発特定事業計画においては、実施しようとする教育啓発特定事業について次に掲げる事項を定めるものとする。

一　教育啓発特定事業の内容及び実施予定期間

二　その他教育啓発特定事業の実施に際し配慮すべき重要事項

3　市町村等は、教育啓発特定事業計画を定めようとするときは、あらかじめ、関係する市町村及び施設設置管理者（第二条第三十二号イに掲げる事業について定めようとする場合にあっては、関係する市町村、施設設置管理者及び学校）の意見を聴かなければならない。

4　市町村等は、教育啓発特定事業計画を定めたときは、遅滞なく、これを関係する市町村及び施設設置管理者（第二条第三十二号イに掲げる事業について定めた場合にあっては、関係する市町村、施設設置管理者及び学校）に送付しなければならない。

5　前二項の規定は、教育啓発特定事業計画の変更について準用する。

（生活関連施設又は一般交通用施設の整備等）

第三十七条　国及び地方公共団体は、基本構想において定められた生活関連施設又は一般交通用施設の整備、土地区画整理事業、市街地再開発事業その他の市街地開発事業の施行その他の必要な措置を講ずるよう努めなければならない。

2　基本構想において定められた生活関連施設又は一般交通用施設の管理者（国又は地方公共団体を除く。）は、当該基本構想の達成に資するよう、その管理する施設について移動等円滑化のための事業の実施に努めなければならない。

（基本構想に基づく事業の実施に係る命令等）

第三十八条　市町村は、第二十八条第一項の公共交通特定事業、第三十三条第一項の路外駐車場特定事業、第三十四条第一項の都市公園特定事業（公園管理者が実施すべきものを除く。）又は第三十五条第一項の建築物特定事業若しくは第三十六条の二第一項の教育啓発特定事業（いずれも国又は地方公共団体が実施すべきものを除く。）（以下この条において「公共交通特定事業等」と総称する。）が実施されていないと認めるときは、当該公共交通特定事業等を実施すべき者に対し、その実施を要請することができる。

2　市町村は、前項の規定による要請を受けた者が当該要請に応じないときは、その旨を主務大臣等（公共交通特定事業又は教育啓発特定事業にあっては主務大臣、路外駐車場特定事業にあっては知事等、都市公園特定事業にあっては公園管理者、建築物特定事業にあっては所管行政庁。以下この条において同じ。）に通知することができる。

3　主務大臣等は、前項の規定による通知があった場合において、第一項の規定による要請を受けた者が正当な理由がなくて公共交通特定事業等を実施していないと認めるときは、当該要請を受けた者に対し、当該公共交通特定事業等を実施すべきことを勧告することができる。

4　主務大臣等は、前項の規定による勧告を受けた者が正当な理由がなくてその勧告に係る措置を講じない場合において、当該勧告を受けた者の事業について移動等円滑化を阻害している事実があると認めるときは、第九条第三項、第十二条第三項及び第十五条第一項の規定により違反を是正するために必要な措置をとるべきことを命ずることができる場合を除くほか、当該勧告を受けた者に対し、移動等円滑化のために必要な措置をとるべきことを命ずることができる。

※　4項「罰則」＝本法六〇②・六四

（土地区画整理事業の換地計画において定める保留地の特例）

第三十九条　基本構想において定められた土地区画整理事業であって土地区画整理法第三条第四項、第三条の二又は第三条の三の規定により施行するものの換地計画（基本構想において定められた重点整備地区の区域内の宅地について定められたものに限る。）においては、重点整備地区の区域内の住民

その他の者の共同の福祉又は利便のために必要な生活関連施設又は一般交通用施設で国、地方公共団体、公共交通事業者等その他政令で定める者が設置するもの（同法第二条第五項に規定する公共施設を除き、基本構想において第二十五条第二項第四号に掲げる事項として土地区画整理事業の実施に関しその整備を考慮すべきものと定められたものに限る。）の用に供するため、一定の土地を換地として定めないで、その土地を保留地として定めることができる。この場合においては、当該保留地の地積について、当該土地区画整理事業を施行する土地の区域内の宅地について所有権、地上権、永小作権、賃借権その他の宅地を使用し、又は収益することができる権利を有する全ての者の同意を得なければならない。

2　土地区画整理法第百四条第十一項及び第百八条第一項の規定は、前項の規定により換地計画において定められた保留地について準用する。この場合において、同条第一項中「第三条第四項若しくは第五項」とあるのは、「第三条第四項」と読み替えるものとする。

3　施行者は、第一項の規定により換地計画において定められた保留地を処分したときは、土地区画整理法第百三条第四項の規定による公告があった日における従前の宅地について所有権、地上権、永小作権、賃借権その他の宅地を使用し、又は収益することができる権利を有する者に対して、政令で定める基準に従い、当該保留地の対価に相当する金額を交付しなければならない。同法第百九条第二項の規定は、この場合について準用する。

4　土地区画整理法第八十五条第五項の規定は、この条の規定による処分及び決定について準用する。

5　第一項に規定する土地区画整理事業に関する土地区画整理法第百二十三条、第百二十六条、第百二十七条の二及び第百二十九条の規定の適用については、同項から第三項までの規定は、同法の規定とみなす。

※　1項「政令」＝令二九、3項「政令」＝令三〇

（地方債についての配慮）

第四十条　地方公共団体が、基本構想を達成するために行う事業に要する経費に当てるために起こす地方債については、法令の範囲内において、資金事情及び当該地方公共団体の財政事情が許す限り、特別の配慮をするものとする。

（市町村による情報の収集、整理及び提供等）

第四十条の二　第二十五条第十項において読み替えて準用する第二十四条の二第四項の規定により基本構想において市町村が行う移動等円滑化に関する情報の収集、整理及び提供に関する事項が定められたときは、市町村は、当該基本構想に基づき移動等円滑化に関する事項についての情報の収集、整理及び提供を行うものとする。

2　第二十四条の八の規定は、前項の規定により情報の収集、整理及び提供を行う市町村の求めがあった場合について準用する。

※　2項「罰則」＝本法六六

第五章　移動等円滑化経路協定

（移動等円滑化経路協定の締結等）

第四十一条　移動等円滑化促進地区内又は重点整備地区内の一団の土地の所有者及び建築物その他の工作物の所有を目的とする借地権その他の当該土地を使用する権利（臨時設備その他一時使用のため設定されたことが明らかなものを除く。以下「借地権等」という。）を有する者（土地区画整理法第九十八条第一項（大都市地域における住宅及び住宅地の供給の促進に関する特別措置法（昭和五十年法律第六十七号。第四十五条第二項において「大都市住宅等供給法」という。）第八十三条において準用する場合を含む。以下同じ。）の規定により仮換地として指定された土地にあっては、当該土地に対応する従前の土地の所有者及び借地権等を有する者。以下「土地所有者等」と総称する。）は、その全員の合意により、当該土地の区域における移動等円滑化のための経路の整備又は管理に関する協定（以下「移動等円滑化経路協定」という。）を締結することができる。ただし、当該土地（土地区画整理法第九十八条第一項の規定により仮換地として指定された土地にあっては、当該土地に対応する従前の土地）の区域内に借地権等の目的となっている土地がある場合（当該借地権等が地下又は空間について上下の範囲を定めて設定されたもので、当該土地の所有者が当該土地を使用している場合を除く。）においては、当該借地権等の目的となっている土地の所有者の合意を要しない。

2　移動等円滑化経路協定においては、次に掲げる事項を定めるものとする。

一　移動等円滑化経路協定の目的となる土地の区域（以下「移動等円滑化経路協定区域」という。）及び経路の位置

二　次に掲げる移動等円滑化のための経路の整備又は管理に関する事項のうち、必要なもの

イ　前号の経路における移動等円滑化に関する基準

ロ　前号の経路を構成する施設（エレベーター、エスカレーターその他の移動等円滑化のために必要な設備を含む。）の整備又は管理に関する事項

ハ　その他移動等円滑化のための経路の整備又は管理に関する事項

三　移動等円滑化経路協定の有効期間

四　移動等円滑化経路協定に違反した場合の措置

3　移動等円滑化経路協定は、市町村長の認可を受けなければならない。

（認可の申請に係る移動等円滑化経路協定の縦覧等）

第四十二条　市町村長は、前条第三項の認可の申請があったときは、主務省令で定めるところにより、その旨を公告し、当該移動等円滑化経路協定を公告の日から二週間関係人の縦覧に供さなければならない。

2　前項の規定による公告があったときは、関係人は、同項の縦覧期間満了の日までに、当該移動等円滑化経路協定について、市町村長に意見書を提出することができる。

※　1項「主務省令」＝則二〇

（移動等円滑化経路協定の認可）

第四十三条　市町村長は、第四十一条第三項の認可の申請が次の各号のいずれにも該当するときは、同項の認可をしなければならない。

一　申請手続が法令に違反しないこと。

二　土地又は建築物その他の工作物の利用を不当に制限するものでないこと。

三　第四十一条第二項各号に掲げる事項について主務省令で定める基準に適合するものであること。

2　市町村長は、第四十一条第三項の認可をしたときは、主務

省令で定めるところにより、その旨を公告し、かつ、当該移動等円滑化経路協定を当該市町村の事務所に備えて公衆の縦覧に供するとともに、移動等円滑化経路協定区域である旨を当該移動等円滑化経路協定区域内に明示しなければならない。

※ 1項「主務省令」＝則二一、2項「主務省令」＝則二二

（移動等円滑化経路協定の変更）

第四十四条 移動等円滑化経路協定区域内における土地所有者等（当該移動等円滑化経路協定の効力が及ばない者を除く。）は、移動等円滑化経路協定において定めた事項を変更しようとする場合においては、その全員の合意をもってその旨を定め、市町村長の認可を受けなければならない。

2 前二条の規定は、前項の変更の認可について準用する。

※ 2項で準用する四二条一項「主務省令」＝則二〇、2項で準用する四三条一項三号「主務省令」＝則二一、2項で準用する四三条二項「主務省令」＝則二二

（移動等円滑化経路協定区域からの除外）

第四十五条 移動等円滑化経路協定区域内の土地（土地区画整理法第九十八条第一項の規定により仮換地として指定された土地にあっては、当該土地に対応する従前の土地）で当該移動等円滑化経路協定の効力が及ばない者の所有するものの全部又は一部について借地権等が消滅した場合においては、当該借地権等の目的となっていた土地（同項の規定により仮換地として指定された土地に対応する従前の土地にあっては、当該土地についての仮換地として指定された土地）は、当該移動等円滑化経路協定区域から除外されるものとする。

2 移動等円滑化経路協定区域内の土地で土地区画整理法第九十八条第一項の規定により仮換地として指定されたものが、同法第八十六条第一項の換地計画又は大都市住宅等供給法第七十二条第一項の換地計画において当該土地に対応する従前の土地についての換地として定められず、かつ、土地区画整理法第九十一条第三項（大都市住宅等供給法第八十二条第一項において準用する場合を含む。）の規定により当該土地に対応する従前の土地の所有者に対してその共有持分を与えるように定められた土地としても定められなかったときは、当該土地は、土地区画整理法第百三条第四項（大都市住宅等供給法第八十三条において準用する場合を含む。）の公告があった日が終了した時において当該移動等円滑化経路協定区域から除外されるものとする。

3 前二項の規定により移動等円滑化経路協定区域内の土地が当該移動等円滑化経路協定区域から除外された場合においては、当該借地権等を有していた者又は当該仮換地として指定されていた土地に対応する従前の土地に係る土地所有者等（当該移動等円滑化経路協定の効力が及ばない者を除く。）は、遅滞なく、その旨を市町村長に届け出なければならない。

4 第四十三条第二項の規定は、前項の規定による届出があった場合その他市町村長が第一項又は第二項の規定により移動等円滑化経路協定区域内の土地が当該移動等円滑化経路協定区域から除外されたことを知った場合について準用する。

※ 4項で準用する四三条二項「主務省令」＝則二二

（移動等円滑化経路協定の効力）

第四十六条 第四十三条第二項（第四十四条第二項において準用する場合を含む。）の規定による認可の公告のあった移動等円滑化経路協定は、その公告のあった後において当該移動等円滑化経路協定区域内の土地所有者等となった者（当該移動等円滑化経路協定について第四十一条第一項又は第四十四条第一項の規定による合意をしなかった者の有する土地の所有権を承継した者を除く。）に対しても、その効力があるものとする。

（移動等円滑化経路協定の認可の公告のあった後移動等円滑化経路協定に加わる手続等）

第四十七条 移動等円滑化経路協定区域内の土地の所有者（土地区画整理法第九十八条第一項の規定により仮換地として指定された土地にあっては、当該土地に対応する従前の土地の所有者）で当該移動等円滑化経路協定の効力が及ばないものは、第四十三条第二項（第四十四条第二項において準用する場合を含む。）の規定による認可の公告があった後いつでも、市町村長に対して書面でその意思を表示することによって、当該移動等円滑化経路協定に加わることができる。

2 第四十三条第二項の規定は、前項の規定による意思の表示があった場合について準用する。

3 移動等円滑化経路協定に加わった者がその時において所有し、又は借地権等を有していた当該移動等円滑化経路協定区域内の土地（土地区画整理法第九十八条第一項の規定により仮換地として指定された土地にあっては、当該土地に対応する従前の土地）について、前項において準用する第四十三条第二項の規定による公告のあった後において土地所有者等となった者（前条の規定の適用がある者を除く。）に対しても、その効力があるものとする。

※ 2項で準用する四三条二項「主務省令」＝則二二

（移動等円滑化経路協定の廃止）

第四十八条 移動等円滑化経路協定区域内の土地所有者等（当該移動等円滑化経路協定の効力が及ばない者を除く。）は、第四十一条第三項又は第四十四条第一項の認可を受けた移動等円滑化経路協定を廃止しようとする場合においては、その過半数の合意をもってその旨を定め、市町村長の認可を受けなければならない。

2 市町村長は、前項の認可をしたときは、その旨を公告しなければならない。

（土地の共有者等の取扱い）

第四十九条 土地又は借地権等が数人の共有に属するときは、第四十一条第一項、第四十四条第一項、第四十七条第一項及び前条第一項の規定の適用については、合わせて一の所有者又は借地権等を有する者とみなす。

（一の所有者による移動等円滑化経路協定の設定）

第五十条 移動等円滑化促進地区内又は重点整備地区内の一団の土地で、一の所有者以外に土地所有者等が存しないものの所有者は、移動等円滑化のため必要があると認めるときは、市町村長の認可を受けて、当該土地の区域を移動等円滑化経路協定区域とする移動等円滑化経路協定を定めることができる。

2 市町村長は、前項の認可の申請が第四十三条第一項各号のいずれにも該当し、かつ、当該移動等円滑化経路協定が移動等円滑化のため必要であると認める場合に限り、前項の認可をするものとする。

3 第四十三条第二項の規定は、第一項の認可について準用す

る。

4　第一項の認可を受けた移動等円滑化経路協定は、認可の日から起算して三年以内において当該移動等円滑化経路協定区域内の土地に二以上の土地所有者等が存することになった時から、第四十三条第二項の規定による認可の公告のあった移動等円滑化経路協定と同一の効力を有する移動等円滑化経路協定となる。

※ 3項で準用する四三条二項「主務省令」＝則二二

（借主の地位）

第五十一条　移動等円滑化経路協定に定める事項が建築物その他の工作物の借主の権限に係る場合においては、その移動等円滑化経路協定については、当該建築物その他の工作物の借主を土地所有者等とみなして、この章の規定を適用する。

第五章の二　移動等円滑化施設協定

第五十一条の二　移動等円滑化促進地区内又は重点整備地区内の一団の土地の土地所有者等は、その全員の合意により、高齢者、障害者等が円滑に利用することができる案内所その他の当該土地の区域における移動等円滑化に資する施設（移動等円滑化経路協定の目的となる経路を構成するものを除き、高齢者、障害者等の利用に供しない施設であって移動等円滑化のための事業の実施に伴い移転が必要となるものを含む。次項において同じ。）の整備又は管理に関する協定（以下この条において「移動等円滑化施設協定」という。）を締結することができる。ただし、当該土地（土地区画整理法第九十八条第一項の規定により仮換地として指定された土地にあっては、当該土地に対応する従前の土地）の区域内に借地権等の目的となっている土地がある場合（当該借地権等が地下又は空間について上下の範囲を定めて設定されたもので、当該土地の所有者が当該土地を使用している場合を除く。）においては、当該借地権等の目的となっている土地の所有者の合意を要しない。

2　移動等円滑化施設協定においては、次に掲げる事項を定めるものとする。

一　移動等円滑化施設協定の目的となる土地の区域及び施設の位置

二　次に掲げる移動等円滑化に資する施設の整備又は管理に関する事項のうち、必要なもの

イ　前号の施設の移動等円滑化に関する基準

ロ　前号の施設の整備又は管理に関する事項

三　移動等円滑化施設協定の有効期間

四　移動等円滑化施設協定に違反した場合の措置

3　前章（第四十一条第一項及び第二項を除く。）の規定は、移動等円滑化施設協定について準用する。この場合において、第四十三条第一項第三号中「第四十一条第二項各号」とあるのは「第五十一条の二第二項各号」と、同条第二項中「、移動等円滑化経路協定区域」とあるのは「、第五十一条の二第二項第一号の区域（以下この章において「移動等円滑化施設協定区域」という。）」と、「移動等円滑化経路協定区域内」とあるのは「移動等円滑化施設協定区域内」と、第四十四条第一項、第四十五条、第四十六条、第四十七条第一項及び第三項、第四十八条第一項並びに第五十条第一項及び第四項中「移動等円滑化経路協定区域」とあるのは「移動等円滑化施設協定区域」と、第四十六条及び第四十九条中「第四十一条第一項」とあるのは「第五十一条の二第一項」と読み替えるものとする。

※ 3項で準用する四二条一項・四三条一項三号・二項の「主務省令」＝則二二の二

第六章　雑則

（国の援助）

第五十二条　国は、地方公共団体が移動等円滑化の促進に関する施策を円滑に実施することができるよう、地方公共団体に対し、助言、指導その他の必要な援助を行うよう努めなければならない。

（資金の確保等）

第五十二条の二　国は、移動等円滑化を促進するために必要な資金の確保その他の措置を講ずるよう努めなければならない。

2　国は、移動等円滑化に関する研究開発の推進及びその成果の普及に努めなければならない。

（情報提供の確保）

第五十二条の三　国は、移動等円滑化に関する情報提供の確保に努めなければならない。

2　国は、前項の情報提供の確保を行うに当たっては、生活の本拠の周辺地域以外の場所における移動等円滑化が高齢者、障害者等の自立した日常生活及び社会生活を確保する上で重要な役割を果たすことに鑑み、これらの者による観光施設その他の施設の円滑な利用のために必要と認める用具の備付けその他のこれらの施設における移動等円滑化に関する措置に係る情報が適切に提供されるよう、必要な措置を講ずるものとする。

（移動等円滑化の進展の状況に関する評価）

第五十二条の四　国は、移動等円滑化を促進するため、関係行政機関及び高齢者、障害者等、地方公共団体、施設設置管理者その他の関係者で構成する会議を設け、定期的に、移動等円滑化の進展の状況を把握し、及び評価するよう努めなければならない。

（報告及び立入検査）

第五十三条　主務大臣は、この法律の施行に必要な限度において、主務省令で定めるところにより、公共交通事業者等に対し、移動等円滑化のための事業に関し報告をさせ、又はその職員に、公共交通事業者等の事務所その他の事業場若しくは車両等に立ち入り、旅客施設、車両等若しくは帳簿、書類その他の物件を検査させ、若しくは関係者に質問させることができる。

2　知事等は、この法律の施行に必要な限度において、路外駐車場管理者等に対し、特定路外駐車場の路外駐車場移動等円滑化基準への適合に関する事項に関し報告をさせ、又はその職員に、特定路外駐車場若しくはその業務に関係のある場所に立ち入り、特定路外駐車場の施設若しくは業務に関し検査させ、若しくは関係者に質問させることができる。

3　所管行政庁は、この法律の施行に必要な限度において、政令で定めるところにより、建築主等に対し、特定建築物の建築物移動等円滑化基準への適合に関する事項に関し報告をさせ、又はその職員に、特定建築物若しくはその工事現場に立

ち入り、特定建築物、建築設備、書類その他の物件を検査させ、若しくは関係者に質問させることができる。

4　所管行政庁は、認定建築主等に対し、認定特定建築物の建築等又は維持保全の状況について報告をさせることができる。

5　所管行政庁は、認定協定建築主等に対し、第二十二条の二第四項の認定を受けた計画（同条第五項において準用する第十八条第一項の規定による変更の認定があったときは、その変更後のもの）に係る協定建築物の建築等又は維持保全の状況について報告をさせることができる。

6　第一項から第三項までの規定により立入検査をする職員は、その身分を示す証明書を携帯し、関係者の請求があったときは、これを提示しなければならない。

7　第一項から第三項までの規定による立入検査の権限は、犯罪捜査のために認められたものと解釈してはならない。

※　1項「罰則」＝本法六〇③・六四、2項「罰則」＝本法六三①・六四、3項「政令」＝令三二、「罰則」＝本法六二③・六四、4・5項「罰則」＝本法六三②・六四

（主務大臣等）

第五十四条　第三条第一項、第三項及び第四項における主務大臣は、同条第二項第二号に掲げる事項については国土交通大臣とし、その他の事項については国土交通大臣、国家公安委員会、総務大臣及び文部科学大臣とする。

2　第九条、第九条の二第一項、第九条の三から第九条の五まで、第九条の七、第二十二条の二第一項及び第二項（これらの規定を同条第五項において読み替えて準用する第十八条第二項において準用する場合を含む。）、第二十四条、第二十四条の六第四項及び第五項、第二十九条第一項、第二項（同条第四項において準用する場合を含む。）、第三項及び第五項、第三十二条第三項、第三十八条第二項、前条第一項並びに次条における主務大臣は国土交通大臣とし、第二十四条の二第七項及び第八項（これらの規定を同条第十項並びに第二十五条第十項及び第十一項において準用する場合を含む。）における主務大臣は国土交通大臣、国家公安委員会、総務大臣及び文部科学大臣とする。

3　この法律における主務省令は、国土交通省令とする。ただし、第三十条における主務省令は、総務省令とし、第三十六条第二項における主務省令は、国家公安委員会規則とする。

4　この法律による国土交通大臣の権限は、国土交通省令で定めるところにより、地方支分部局の長に委任することができる。

※　4項「国土交通省令」＝則二六

（不服申立て）

第五十五条　市町村が第三十二条第五項の規定により道路管理者に代わってした処分に不服がある者は、当該市町村の長に対して審査請求をし、その裁決に不服がある者は、主務大臣に対して再審査請求をすることができる。

（事務の区分）

第五十六条　第三十二条の規定により国道に関して市町村が処理することとされている事務（費用の負担及び徴収に関するものを除く。）は、地方自治法（昭和二十二年法律第六十七号）第二条第九項第一号に規定する第一号法定受託事務とする。

（道路法の適用）

第五十七条　第三十二条第五項の規定により道路管理者に代わってその権限を行う市町村は、道路法第八章の規定の適用については、道路管理者とみなす。

（経過措置）

第五十八条　この法律に基づき命令を制定し、又は改廃する場合においては、その命令で、その制定又は改廃に伴い合理的に必要と判断される範囲内において、所要の経過措置（罰則に関する経過措置を含む。）を定めることができる。

第七章　罰則

第五十九条　第九条第三項、第十二条第三項又は第十五条第一項の規定による命令に違反した者は、三百万円以下の罰金に処する。

第六十条　次の各号のいずれかに該当する者は、百万円以下の罰金に処する。

一　第九条第二項の規定に違反して、届出をせず、又は虚偽の届出をした者

二　第三十八条第四項の規定による命令に違反した者

三　第五十三条第一項の規定による報告をせず、若しくは虚偽の報告をし、又は同項の規定による検査を拒み、妨げ、若しくは忌避し、若しくは質問に対して陳述をせず、若しくは虚偽の陳述をした者

第六十一条　次の各号のいずれかに該当する者は、五十万円以下の罰金に処する。

一　第九条の四の規定による提出をしなかった者

二　第九条の五の規定による報告をせず、又は虚偽の報告をした者

三　第十二条第一項又は第二項の規定に違反して、届出をせず、又は虚偽の届出をした者

第六十二条　次の各号のいずれかに該当する者は、三十万円以下の罰金に処する。

一　第二十条第二項の規定に違反して、表示を付した者

二　第二十四条の六第一項又は第二項の規定に違反して、届出をせず、又は虚偽の届出をして、同条第一項本文又は第二項に規定する行為をした者

三　第五十三条第三項の規定による報告をせず、若しくは虚偽の報告をし、又は同項の規定による検査を拒み、妨げ、若しくは忌避し、若しくは質問に対して陳述をせず、若しくは虚偽の陳述をした者

第六十三条　次の各号のいずれかに該当する者は、二十万円以下の罰金に処する。

一　第五十三条第二項の規定による報告をせず、若しくは虚偽の報告をし、又は同項の規定による検査を拒み、妨げ、若しくは忌避し、若しくは質問に対して陳述をせず、若しくは虚偽の陳述をした者

二　第五十三条第四項又は第五項の規定による報告をせず、又は虚偽の報告をした者

第六十四条　法人の代表者又は法人若しくは人の代理人、使用人その他の従業者が、その法人又は人の業務に関し、第五十九条から前条までの違反行為をしたときは、行為者を罰するほか、その法人又は人に対しても各本条の刑を科する。

第六十五条　第九条の六の規定による公表をせず、又は虚偽の公表をした者は、五十万円以下の過料に処する。

第六十六条　第二十四条の八第一項（第四十条の二第二項において準用する場合を含む。）の規定による情報の提供をせず、又は虚偽の情報の提供をした者は、二十万円以下の過料に処する。

附　則（抄）

（施行期日）

第一条　この法律は、公布の日から起算して六月を超えない範囲内において政令で定める日から施行する。

〔平一八・一二政令三七八により、平一八・一二・二〇から施行〕

（高齢者、身体障害者等が円滑に利用できる特定建築物の建築の促進に関する法律及び高齢者、身体障害者等の公共交通機関を利用した移動の円滑化の促進に関する法律の廃止）

第二条　次に掲げる法律は、廃止する。

一　高齢者、身体障害者等が円滑に利用できる特定建築物の建築の促進に関する法律（平成六年法律第四十四号）

二　高齢者、身体障害者等の公共交通機関を利用した移動の円滑化の促進に関する法律（平成十二年法律第六十八号）

（道路管理者、路外駐車場管理者等及び公園管理者等の基準適合義務に関する経過措置）

第三条　この法律の施行の際現に工事中の特定道路の新設又は改築、特定路外駐車場の設置及び特定公園施設の新設、増設又は改築については、それぞれ第十条第一項、第十一条第一項及び第十三条第一項の規定は、適用しない。

（高齢者、身体障害者等が円滑に利用できる特定建築物の建築の促進に関する法律の廃止に伴う経過措置）

第四条　附則第二条第一号の規定による廃止前の高齢者、身体障害者等が円滑に利用できる特定建築物の建築の促進に関する法律（これに基づく命令を含む。）の規定によりした処分、手続その他の行為は、この法律（これに基づく命令を含む。）中の相当規定によりしたものとみなす。

2　この法律の施行の際現に工事中の特別特定建築物の建築又は修繕若しくは模様替については、第十四条第一項から第三項までの規定は適用せず、なお従前の例による。

3　この法律の施行の際現に存する特別特定建築物で、政令で指定する類似の用途相互間における用途の変更をするものについては、第十四条第一項の規定は適用せず、なお従前の例による。

4　第十五条の規定は、この法律の施行後（第二項に規定する特別特定建築物については、同項に規定する工事が完了した後）に建築（用途の変更をして特別特定建築物にすることを含む。以下この項において同じ。）をした特別特定建築物について適用し、この法律の施行前に建築をした特別特定建築物については、なお従前の例による。

（高齢者、身体障害者等の公共交通機関を利用した移動の円滑化の促進に関する法律の廃止に伴う経過措置）

第五条　附則第二条第二号の規定による廃止前の高齢者、身体障害者等の公共交通機関を利用した移動の円滑化の促進に関する法律（以下この条において「旧移動円滑化法」という。）第六条第一項の規定により作成された基本構想、旧移動円滑化法第七条第一項の規定により作成された公共交通特定事業計画、旧移動円滑化法第十条第一項の規定により作成された道路特定事業計画及び旧移動円滑化法第十一条第一項の規定により作成された交通安全特定事業計画は、それぞれ第二十五条第一項の規定により作成された基本構想、第二十八条第一項の規定により作成された公共交通特定事業計画、第三十一条第一項の規定により作成された道路特定事業計画及び第三十六条第一項の規定により作成された交通安全特定事業計画とみなす。

2　旧移動円滑化法（これに基づく命令を含む。）の規定によりした処分、手続その他の行為は、この法律（これに基づく命令を含む。）中の相当規定によりしたものとみなす。

（罰則に関する経過措置）

第六条　この法律の施行前にした行為に対する罰則の適用については、なお従前の例による。

（検討）

第七条　政府は、この法律の施行後五年を経過した場合において、この法律の施行の状況について検討を加え、その結果に基づいて必要な措置を講ずるものとする。

附　則（平一八・六・二一法九二抄）

（施行期日）

第一条　この法律は、公布の日から起算して、一年を超えない範囲内において政令で定める日から施行する。〔後略〕

〔平一九・三政令四八により、平一九・六・二〇から施行〕

附　則（平一九・三・三一法一九抄）

（施行期日）

第一条　この法律は、公布の日から起算して六月を超えない範囲内において政令で定める日から施行する。〔後略〕

〔平一九・九政令三〇三により、平一九・九・二八から施行〕

附　則（平二三・五・二法三五抄）

（施行期日）

第一条　この法律は、公布の日から起算して三月を超えない範囲内において政令で定める日から施行する。〔後略〕

〔平二三・七政令二三四により、平二三・八・一から施行〕

附　則（平二三・八・三〇法一〇五抄）

（施行期日）

第一条　この法律は、公布の日から施行する。ただし、次の各号に掲げる規定は、当該各号に定める日から施行する。

一　〔前略〕第百六十二条（高齢者、障害者等の移動等の円滑化の促進に関する法律第二十五条の改正規定（同条第七項中「ときは」を「場合において、次条第一項の協議会が組織されていないときは」に改め、「次条第一項の協議会が組織されている場合には協議会における協議を、同項の協議会が組織されていない場合には」を削る部分を除く。）並びに同法第三十二条、第三十九条及び第五十四条の改正規定に限る。）〔中略〕の規定並びに附則第三十三条、第五十条、第七十二条第四項〔中略〕の規定　公布の日から起算して三月を経過した日

二　〔前略〕第百六十二条（高齢者、障害者等の移動等の円滑化の促進に関する法律第十条、第十二条、第十三条、第三十六条第二項及び第五十六条の改正規定に限る。）〔中略〕の規定並びに附則第十三条、第十五条から第二十四条まで、第二十五条第一項、第二十六条、第二十七条第一項から第三項まで、第三十条から第三十二条まで、第三十八条、第四十四条、第四十六条第一項及び第四項、第四十七条から第四十九条まで、第五十一条から第五十三条まで、第五十五条、第五十八条、第五十九条、第六十一条から第

六十九条まで、第七十一条、第七十二条第一項から第三項まで［中略］の規定　平成二十四年四月一日

三～六　［略］

（高齢者、障害者等の移動等の円滑化の促進に関する法律の一部改正に伴う経過措置）

第七十二条　第百六十二条の規定（高齢者、障害者等の移動等の円滑化の促進に関する法律第十条、第十二条、第十三条、第三十六条第二項及び第五十六条の改正規定に限る。以下この項から第三項までにおいて同じ。）の施行の日から起算して一年を超えない期間内において、第百六十二条の規定による改正後の高齢者、障害者等の移動等の円滑化の促進に関する法律（以下この項から第三項までにおいて「新高齢者移動等円滑化法」という。）第十条第一項、第十三条第一項又は第三十六条第二項の規定に基づく条例が制定施行されるまでの間は、新高齢者移動等円滑化法第十条第二項の主務省令で定める基準は同条第一項の条例で定める基準と、新高齢者移動等円滑化法第十三条第二項の主務省令で定める基準は同条第一項の条例で定める基準と、新高齢者移動等円滑化法第三十六条第二項の主務省令で定める基準は同項の条例で定める基準とみなす。

2　第百六十二条の規定の施行前に第百六十二条の規定による改正前の高齢者、障害者等の移動等の円滑化の促進に関する法律（以下この項及び次項において「旧高齢者移動等円滑化法」という。）第十二条第三項若しくは第五十三条第二項の規定により都道府県知事が行った命令その他の行為又は旧高齢者移動等円滑化法第十二条第一項若しくは第二項の規定により都道府県知事に対して行った届出で、新高齢者移動等円滑化法第十二条又は第五十三条第二項の規定により市長が行うこととなる事務に係るものは、それぞれこれらの規定により当該市長が行った命令その他の行為又は当該市長に対して行った届出とみなす。

3　第百六十二条の規定の施行前に旧高齢者移動等円滑化法第十二条第一項又は第二項の規定により都道府県知事に対し届出をしなければならないとされている事項のうち新高齢者移動等円滑化法第十二条第一項又は第二項の規定により市長に対して届出をしなければならないこととなるもので、第百六十二条の規定の施行前にその手続がされていないものについては、第百六十二条の規定の施行後は、これを、これらの規定により市長に対して届出をしなければならないとされた事項についてその手続がされていないものとみなして、これらの規定を適用する。

4　第百六十二条の規定（高齢者、障害者等の移動等の円滑化の促進に関する法律第二十五条の改正規定（同条第七項中「ときは」を「場合において、次条第一項の協議会が組織されていないときは」に改め、「次条第一項の協議会が組織されている場合には協議会における協議を、同項の協議会が組織されていない場合には」を削る部分を除く。）並びに同法第三十二条、第三十九条及び第五十四条の改正規定に限る。以下この項において同じ。）の施行前に第百六十二条の規定による改正前の高齢者、障害者等の移動等の円滑化の促進に関する法律第三十二条第三項の規定によりされた認可又は第百六十二条の規定の施行の際現に同項の規定によりされている認可の申請は、それぞれ第百六十二条の規定による改正後の高齢者、障害者等の移動等の円滑化の促進に関する法律第三十二条第三項の規定によりされた同意又は協議の申出とみなす。

（罰則に関する経過措置）

第八十一条　この法律（附則第一条各号に掲げる規定にあっては、当該規定。以下この条において同じ。）の施行前にした行為及びこの附則の規定によりなお従前の例によることとされる場合におけるこの法律の施行後にした行為に対する罰則の適用については、なお従前の例による。

（政令への委任）

第八十二条　この附則に規定するもののほか、この法律の施行に関し必要な経過措置（罰則に関する経過措置を含む。）は、政令で定める。

附　則（平二五・六・一四法四四抄）

（施行期日）

第一条　この法律は、公布の日から施行する。［後略］

（罰則に関する経過措置）

第十条　この法律（附則第一条各号に掲げる規定にあっては、当該規定）の施行前にした行為に対する罰則の適用については、なお従前の例による。

（政令への委任）

第十一条　この附則に規定するもののほか、この法律の施行に関し必要な経過措置（罰則に関する経過措置を含む。）は、政令で定める。

附　則（平二六・六・四法五四抄）

（施行期日）

第一条　この法律は、公布の日から起算して一年を超えない範囲内において政令で定める日から施行する。ただし、次の各号に掲げる規定は、当該各号に定める日から施行する。

〔平二七・一政令一〇により、平二七・六・一から施行〕

一　［略］

二　［前略］附則第十三条の規定（高齢者、障害者等の移動等の円滑化の促進に関する法律（平成十八年法律第九十一号）第二十四条の改正規定に限る。）　公布の日から起算して六月を超えない範囲内において政令で定める日

〔平二六・六政令二三一により、平二六・七・一から施行〕

三　［略］

附　則（平二六・六・一三法六九抄）

（施行期日）

第一条　この法律は、行政不服審査法（平成二十六年法律第六十八号）の施行の日［平成二八年四月一日］から施行する。

（経過措置の原則）

第五条　行政庁の処分その他の行為又は不作為についての不服申立てであってこの法律の施行前にされた行政庁の処分その他の行為又はこの法律の施行前にされた申請に係る行政庁の不作為に係るものについては、この附則に特別の定めがある場合を除き、なお従前の例による。

（訴訟に関する経過措置）

第六条　この法律による改正前の法律の規定により不服申立てに対する行政庁の裁決、決定その他の行為を経た後でなければ訴えを提起できないこととされる事項であって、当該不服申立てを提起しないでこの法律の施行前にこれを提起すべき期間を経過したもの（当該不服申立てが他の不服申立てに対する行政庁の裁決、決定その他の行為を経た後でなければ提起できないとされる場合にあっては、当該他の不服申立てを

提起しないでこの法律の施行前にこれを提起すべき期間を経過したものを含む。）の訴えの提起については、なお従前の例による。

２　この法律の規定による改正前の法律の規定（前条の規定によりなお従前の例によることとされる場合を含む。）により異議申立てが提起された処分その他の行為であって、この法律の規定による改正後の法律の規定により審査請求に対する裁決を経た後でなければ取消しの訴えを提起することができないこととされるものの取消しの訴えの提起については、なお従前の例による。

３　不服申立てに対する行政庁の裁決、決定その他の行為の取消しの訴えであって、この法律の施行前に提起されたものについては、なお従前の例による。

（罰則に関する経過措置）

第九条　この法律の施行前にした行為並びに附則第五条及び前二条の規定によりなお従前の例によることとされる場合におけるこの法律の施行後にした行為に対する罰則の適用については、なお従前の例による。

（その他の経過措置の政令への委任）

第十条　附則第五条から前条までに定めるもののほか、この法律の施行に関し必要な経過措置（罰則に関する経過措置を含む。）は、政令で定める。

附　則（平二九・五・一二法二六抄）

（施行期日）

第一条　この法律は、公布の日から起算して二月を超えない範囲内において政令で定める日から施行する。ただし、次の各号に掲げる規定は、当該各号に定める日から施行する。

〔平二九・六政令一五五により、平二九・六・一五から施行〕

一　附則第二十五条の規定　公布の日

二　〔略〕

（政令への委任）

第二十五条　この附則に定めるもののほか、この法律の施行に関し必要な経過措置は、政令で定める。

附　則（平三〇・五・二五法三二抄）

（施行期日）

第一条　この法律は、公布の日から起算して六月を超えない範囲内において政令で定める日から施行する。ただし、第二条及び次条の規定は、平成三十一年四月一日から施行する。

〔平三〇・一〇政令二九七により、平三〇・一一・一から施行〕

（経過措置）

第二条　第二条の規定の施行の際現に工事中の海上運送法（昭和二十四年法律第百八十七号）による輸送施設（船舶を除き、同法による旅客不定期航路事業の用に供するものに限る。）の新たな建設又は同条の規定による改正後の高齢者、障害者等の移動等の円滑化の促進に関する法律第八条第一項の主務省令で定める大規模な改良については、同項の規定は、適用しない。

（政令への委任）

第三条　前条に定めるもののほか、この法律の施行に関し必要な経過措置は、政令で定める。

（検討）

第四条　政府は、この法律の施行後五年を経過した場合において、この法律による改正後の高齢者、障害者等の移動等の円滑化の促進に関する法律の施行の状況について検討を加え、必要があると認めるときは、その結果に基づいて所要の措置を講ずるものとする。

附　則（平三〇・六・二七法六七抄）

（施行期日）

第一条　この法律は、公布の日から起算して一年を超えない範囲内において政令で定める日から施行する。ただし、次の各号に掲げる規定は、当該各号に定める日から施行する。

〔令元・六政令二九により、令元・六・二五から施行〕

一　〔略〕

二　第一条の規定並びに次条並びに附則第三条、第九条及び第十五条（高齢者、障害者等の移動等の円滑化の促進に関する法律（平成十八年法律第九十一号）第二十四条の改正規定に限る。）の規定　公布の日から起算して三月を超えない範囲内において政令で定める日

〔平三〇・九政令二五四により、平三〇・九・二五から施行〕

附　則（令二・五・二〇法二八抄）

（施行期日）

第一条　この法律は、令和三年四月一日から施行する。ただし、第一条並びに次条第一項及び附則第三条の規定は、公布の日から起算して一月を超えない範囲内において政令で定める日から施行する。

〔令二・六政令一九一により、ただし書に係る部分は、令二・六・一九から施行〕

（経過措置）

第二条　第一条の規定の施行の際現に同条の規定による改正前の高齢者、障害者等の移動等の円滑化の促進に関する法律第二十四条の二第一項の規定により定められている移動等円滑化促進方針には、当該移動等円滑化促進方針が第一条の規定の施行後最初に変更されるまでの間は、同条の規定による改正後の高齢者、障害者等の移動等の円滑化の促進に関する法律第二十四条の二第二項の規定にかかわらず、同項第三号に掲げる事項を定めないことができる。

２　この法律の施行の際現に新設又は改築の工事中の旅客特定車両停留施設については、第二条の規定による改正後の高齢者、障害者等の移動等の円滑化の促進に関する法律第十条第一項、第三項及び第十一項の規定は、適用しない。この場合においては、当該旅客特定車両停留施設を新設旅客特定車両停留施設以外の旅客特定車両停留施設とみなして、同条第四項の規定を適用する。

（政令への委任）

第三条　前条に定めるもののほか、この法律の施行に関し必要な経過措置は、政令で定める。

（検討）

第四条　政府は、この法律の施行後五年を経過した場合において、この法律による改正後の高齢者、障害者等の移動等の円滑化の促進に関する法律の施行の状況について検討を加え、必要があると認めるときは、その結果に基づいて所要の措置を講ずるものとする。

附　則（令二・五・二七法三一抄）

（施行期日）

第一条　この法律は、公布の日から起算して六月を超えない範

囲内において政令で定める日から施行する。〔後略〕
〔令二・一一政令三二八により、令二・一二・二五から施行〕

附　則（令二・六・一三法三六抄）

（施行期日）
第一条　この法律は、公布の日から起算して六月を超えない範囲内において政令で定める日から施行する。〔後略〕
〔令二・一一政令三二〇により、令二・一一・二七から施行〕

附　則（令二・六・一〇法四二抄）

（施行期日）
第一条　この法律は、公布の日から起算して二年を超えない範囲内において政令で定める日から施行する。ただし、次の各号に掲げる規定は、当該各号に定める日から施行する。
一　〔略〕
二　〔前略〕附則第六条、第七条、第十二条及び第十三条の規定　公布の日から起算して六月を超えない範囲内において政令で定める日
〔令二・一一政令三二二により、令二・一二・一から施行〕

附　則（令四・六・一七法六九抄）

（施行期日）
第一条　この法律は、公布の日から起算して三年を超えない範囲内において政令で定める日から施行する。ただし、次の各号に掲げる規定は、当該各号に定める日から施行する。
一・二　〔略〕
三　〔前略〕附則第十一条の規定　公布の日から起算して一年を超えない範囲内において政令で定める日
〔令四・一一政令三五〇により、令五・四・一から施行〕
四　〔略〕

附　則（令五・五・一二法二四抄）

（施行期日）
第一条　この法律は、公布の日から起算して一年を超えない範囲内において政令で定める日から施行する。ただし、次の各号に掲げる規定は、当該各号に定める日から施行する。
一〜三　〔略〕
四　〔前略〕附則第二十三条の規定〔中略〕　公布の日から起算して二年を超えない範囲内において政令で定める日
五　〔略〕

附　則（令五・六・一六法五八抄）

（施行期日）
第一条　この法律は、公布の日から施行する。ただし、次の各号に掲げる規定は、当該各号に定める日から施行する。
一・二　〔略〕
三　〔前略〕附則〔中略〕第十六条から第十九条まで〔中略〕の規定　公布の日から起算して一年を超えない範囲内において政令で定める日
〔令五・九政令二九二により、令六・四・一から施行〕

附　則（令六・六・一九法五三抄）

（施行期日）
第一条　この法律は、令和七年四月一日から施行する。ただし、次の各号に掲げる規定は、当該各号に定める日から施行する。
一・二　〔略〕
三　〔前略〕附則〔中略〕第十一条〔中略〕の規定　公布の日から起算して六月を超えない範囲内において政令で定める日
四・五　〔略〕

○高齢者、障害者等の移動等の円滑化の促進に関する法律施行令

（平成十八年十二月八日　政令第三百七十九号）

沿革　平一九政令五五・二三五・二九二・三〇四、平二六政令一八七、平二七政令二一、平二八政令一八二、平三〇政令二八〇・二九八、令二政令三〇二・三二九・三四五、令三政令二六一、令四政令八四、令五政令二九三、令六政令一七二・二二一改正

〔編者注〕
令和六年六月二一日政令第二二一号による改正のうち、令和七年六月一日から施行される部分は、直接改正を加えないで、改正文をこの政令の末尾に登載した。

（特定旅客施設の要件）

第一条　高齢者、障害者等の移動等の円滑化の促進に関する法律（以下「法」という。）第二条第七号の政令で定める要件は、次の各号のいずれかに該当することとする。

一　当該旅客施設の一日当たりの平均的な利用者の人数（当該旅客施設が新たに建設される場合にあっては、当該旅客施設の一日当たりの平均的な利用者の人数の見込み）が五千人以上であること。

二　次のいずれかに該当することにより当該旅客施設を利用する高齢者又は障害者の人数（当該旅客施設が新たに建設される場合にあっては、当該旅客施設を利用する高齢者又は障害者の人数の見込み）が前号の要件に該当する旅客施設を利用する高齢者又は障害者の人数と同程度以上であると認められること。

イ　当該旅客施設が所在する市町村の区域における人口及び高齢者の人数を基準として国土交通省令・内閣府令・総務省令の定めるところにより算定した当該旅客施設を利用する高齢者の人数が、全国の区域における人口及び高齢者の人数を基準として国土交通省令・内閣府令・総務省令の定めるところにより算定した前号の要件に該当する旅客施設を利用する高齢者の人数以上であること。

ロ　当該旅客施設が所在する市町村の区域における人口及び障害者の人数を基準として国土交通省令・内閣府令・総務省令の定めるところにより算定した当該旅客施設を利用する障害者の人数が、全国の区域における人口及び障害者の人数を基準として国土交通省令・内閣府令・総務省令の定めるところにより算定した前号の要件に該当する旅客施設を利用する障害者の人数以上であること。

三　前二号に掲げるもののほか、当該旅客施設及びその周辺に所在する官公庁施設、福祉施設その他の施設の利用の状況並びに当該旅客施設の周辺における移動等円滑化の状況からみて、当該旅客施設について移動等円滑化のための事業を優先的に実施する必要性が特に高いと認められるものであること。

※②「国土交通省令・内閣府令・総務省令」＝〈高齢者、障害者等の移動等の円滑化の促進に関する法律施行令第一条第二号に規定する旅客施設を利用する高齢者及び障害者の人数の算定に関する命令〉一・二

（特定道路）

第二条　法第二条第十号の政令で定める道路は、生活関連経路を構成する道路法（昭和二十七年法律第百八十号）による道路のうち多数の高齢者、障害者等の移動が通常徒歩で行われるものであって国土交通大臣がその路線及び区間を指定したものとする。

（特定公園施設）

第三条　法第二条第十五号の政令で定める公園施設は、公園施設のうち次に掲げるもの（法令又は条例の定める現状変更の規制及び保存のための措置がとられていることその他の事由により法第十三条の都市公園移動等円滑化基準に適合させることが困難なものとして国土交通省令で定めるものを除く。）とする。

一　都市公園の出入口と次号から第十二号までに掲げる公園施設その他国土交通省令で定める主要な公園施設（以下この号において「屋根付広場等」という。）との間の経路及び第六号に掲げる駐車場と屋根付広場等（当該駐車場を除く。）との間の経路を構成する園路及び広場

二　屋根付広場

三　休憩所

四　野外劇場

五　野外音楽堂

六　駐車場

七　便所

八　水飲場

九　手洗場

十　管理事務所

十一　掲示板

十二　標識

※「国土交通省令」＝則二

（特定建築物）

第四条　法第二条第十八号の政令で定める建築物は、次に掲げるもの（建築基準法（昭和二十五年法律第二百一号）第三条第一項に規定する建築物及び文化財保護法（昭和二十五年法律第二百十四号）第百四十三条第一項又は第二項の伝統的建造物群保存地区内における同法第二条第一項第六号の伝統的建造物群を構成している建築物を除く。）とする。

一　学校

二　病院又は診療所

三　劇場、観覧場、映画館又は演芸場

四　集会場又は公会堂

五　展示場

六　卸売市場又は百貨店、マーケットその他の物品販売業を営む店舗

七　ホテル又は旅館

八　事務所

九　共同住宅、寄宿舎又は下宿

十　老人ホーム、保育所、福祉ホームその他これらに類するもの

十一　老人福祉センター、児童厚生施設、身体障害者福祉センターその他これらに類するもの

十二　体育館、水泳場、ボーリング場その他これらに類する運動施設又は遊技場

十三　博物館、美術館又は図書館

十四　公衆浴場

十五　飲食店又はキャバレー、料理店、ナイトクラブ、ダンスホールその他これらに類するもの
十六　理髪店、クリーニング取次店、質屋、貸衣装屋、銀行その他これらに類するサービス業を営む店舗
十七　自動車教習所又は学習塾、華道教室、囲碁教室その他これらに類するもの
十八　工場
十九　車両の停車場又は船舶若しくは航空機の発着場を構成する建築物で旅客の乗降又は待合いの用に供するもの
二十　自動車の停留又は駐車のための施設
二十一　公衆便所
二十二　公共用歩廊

（特別特定建築物）

第五条　法第二条第十九号の政令で定める特定建築物は、次に掲げるものとする。
一　小学校、中学校、義務教育学校若しくは中等教育学校（前期課程に係るものに限る。）で公立のもの（第二十三条及び第二十五条第三項第一号において「公立小学校等」という。）又は特別支援学校
二　病院又は診療所
三　劇場、観覧場、映画館又は演芸場
四　集会場又は公会堂
五　展示場
六　百貨店、マーケットその他の物品販売業を営む店舗
七　ホテル又は旅館
八　保健所、税務署その他不特定かつ多数の者が利用する官公署
九　老人ホーム、福祉ホームその他これらに類するもの（主として高齢者、障害者等が利用するものに限る。）
十　老人福祉センター、児童厚生施設、身体障害者福祉センターその他これらに類するもの
十一　体育館（一般公共の用に供されるものに限る。）、水泳場（一般公共の用に供されるものに限る。）若しくはボーリング場又は遊技場
十二　博物館、美術館又は図書館
十三　公衆浴場
十四　飲食店
十五　理髪店、クリーニング取次店、質屋、貸衣装屋、銀行その他これらに類するサービス業を営む店舗
十六　車両の停車場又は船舶若しくは航空機の発着場を構成する建築物で旅客の乗降又は待合いの用に供するもの
十七　自動車の停留又は駐車のための施設（一般公共の用に供されるものに限る。）
十八　公衆便所
十九　公共用歩廊

（建築物特定施設）

第六条　法第二条第二十号の政令で定める施設は、次に掲げるものとする。
一　出入口
二　廊下その他これに類するもの（以下「廊下等」という。）
三　階段（その踊場を含む。以下同じ。）
四　傾斜路（その踊場を含む。以下同じ。）
五　エレベーターその他の昇降機
六　便所
七　ホテル又は旅館の客室
八　敷地内の通路
九　駐車場
十　その他国土交通省令で定める施設
※⑩「国土交通省令」＝則三

（都道府県知事が所管行政庁となる建築物）

第七条　法第二条第二十二号ただし書の政令で定める建築物のうち建築基準法第九十七条の二第一項又は第二項の規定により建築主事又は建築副主事を置く市町村の区域内のものは、建築基準法施行令（昭和二十五年政令第三百三十八号）第百四十八条第一項第一号又は第二号に掲げる建築物（その新築、改築、増築、移転又は用途の変更に関して、法律並びにこれに基づく命令及び条例の規定により都道府県知事の許可を必要とするものを除く。）以外の建築物とする。
2　法第二条第二十二号ただし書の政令で定める建築物のうち建築基準法第九十七条の三第一項又は第二項の規定により建築主事又は建築副主事を置く特別区の区域内のものは、次に掲げる建築物（第二号に掲げる建築物にあっては、地方自治法（昭和二十二年法律第六十七号）第二百五十二条の十七の二第一項の規定により同号に規定する処分に関する事務を特別区が処理することとされた場合における当該建築物を除く。）とする。
一　延べ面積（建築基準法施行令第二条第一項第四号の延べ面積をいう。第二十六条において同じ。）が一万平方メートルを超える建築物
二　その新築、改築、増築、移転又は用途の変更に関して、建築基準法第五十一条（同法第八十七条第二項及び第三項において準用する場合を含み、市町村都市計画審議会が置かれている特別区にあっては、卸売市場に係る部分に限る。）の規定又は同法以外の法律若しくはこれに基づく命令若しくは条例の規定により都知事の許可を必要とする建築物

（基準適合性審査を行うべき許可、認可その他の処分に係る法令の規定等）

第八条　法第九条第一項の法令の規定で政令で定めるものは、次に掲げる規定とする。
一　鉄道事業法（昭和六十一年法律第九十二号）第八条第一項、第九条第一項（同法第十二条第四項において準用する場合を含む。）、第十条第一項、第十二条第一項及び第三項並びに第十三条第一項及び第二項並びに全国新幹線鉄道整備法（昭和四十五年法律第七十一号）第九条第一項
二　軌道法（大正十年法律第七十六号）第五条第一項及び第十条
三　自動車ターミナル法（昭和三十四年法律第百三十六号）第三条及び第十一条第一項
2　法第九条第二項の法令の規定で政令で定めるものは、次に掲げる規定とする。
一　鉄道事業法第九条第三項（同法第十二条第四項において準用する場合を含む。）及び第十二条第二項
二　軌道法施行令（昭和二十八年政令第二百五十八号）第六条第二項及び軌道法に規定する国土交通大臣の権限に属する事務で都道府県が処理するもの等を定める政令（昭和二十八年政令第二百五十七号）第一条第十項

三　自動車ターミナル法第十一条第三項

（基準適合義務の対象となる特別特定建築物の規模）

第九条　法第十四条第一項の政令で定める規模は、床面積（増築若しくは改築又は用途の変更の場合にあっては、当該増築若しくは改築又は用途の変更に係る部分の床面積。次条第二項において同じ。）の合計二千平方メートル（第五条第十八号に掲げる公衆便所（次条第二項において「公衆便所」という。）にあっては、五十平方メートル）とする。

（建築物移動等円滑化基準）

第十条　法第十四条第一項の政令で定める建築物特定施設の構造及び配置に関する基準（次項に規定する特別特定建築物に係るものを除く。）は、次条から第二十四条までに定めるところによる。

2　法第十四条第三項の規定により地方公共団体が条例で同条第一項の建築の規模を床面積の合計五百平方メートル未満で定めた場合における床面積の合計が五百平方メートル未満の当該建築に係る特別特定建築物（公衆便所を除き、同条第三項の条例で定める特定建築物を含む。第二十五条において「条例対象小規模特別特定建築物」という。）についての法第十四条第一項の政令で定める建築物特定施設の構造及び配置に関する基準は、第十九条及び第二十五条に定めるところによる。

（廊下等）

第十一条　不特定かつ多数の者が利用し、又は主として高齢者、障害者等が利用する廊下等は、次に掲げるものでなければならない。

一　表面は、粗面とし、又は滑りにくい材料で仕上げること。

二　階段又は傾斜路（階段に代わり、又はこれに併設するものに限る。）の上端に近接する廊下等の部分（不特定かつ多数の者が利用し、又は主として視覚障害者が利用するものに限る。）には、視覚障害者に対し段差又は傾斜の存在の警告を行うために、点状ブロック等（床面に敷設されるブロックその他これに類するものであって、点状の突起が設けられており、かつ、周囲の床面との色の明度、色相又は彩度の差が大きいことにより容易に識別できるものをいう。以下同じ。）を敷設すること。ただし、視覚障害者の利用上支障がないものとして国土交通大臣が定める場合は、この限りでない。

（階段）

第十二条　不特定かつ多数の者が利用し、又は主として高齢者、障害者等が利用する階段は、次に掲げるものでなければならない。

一　踊場を除き、手すりを設けること。

二　表面は、粗面とし、又は滑りにくい材料で仕上げること。

三　踏面の端部とその周囲の部分との色の明度、色相又は彩度の差が大きいことにより段を容易に識別できるものとすること。

四　段鼻の突き出しその他のつまずきの原因となるものを設けない構造とすること。

五　段がある部分の上端に近接する踊場の部分（不特定かつ多数の者が利用し、又は主として視覚障害者が利用するものに限る。）には、視覚障害者に対し警告を行うために、点状ブロック等を敷設すること。ただし、視覚障害者の利用上支障がないものとして国土交通大臣が定める場合は、この限りでない。

六　主たる階段は、回り階段でないこと。ただし、回り階段以外の階段を設ける空間を確保することが困難であるときは、この限りでない。

（階段に代わり、又はこれに併設する傾斜路）

第十三条　不特定かつ多数の者が利用し、又は主として高齢者、障害者等が利用する傾斜路（階段に代わり、又はこれに併設するものに限る。）は、次に掲げるものでなければならない。

一　勾配が十二分の一を超え、又は高さが十六センチメートルを超える傾斜がある部分には、手すりを設けること。

二　表面は、粗面とし、又は滑りにくい材料で仕上げること。

三　その前後の廊下等との色の明度、色相又は彩度の差が大きいことによりその存在を容易に識別できるものとすること。

四　傾斜がある部分の上端に近接する踊場の部分（不特定かつ多数の者が利用し、又は主として視覚障害者が利用するものに限る。）には、視覚障害者に対し警告を行うために、点状ブロック等を敷設すること。ただし、視覚障害者の利用上支障がないものとして国土交通大臣が定める場合は、この限りでない。

（便所）

第十四条　不特定かつ多数の者が利用し、又は主として高齢者、障害者等が利用する便所を設ける場合には、そのうち一以上（男子用及び女子用の区別があるときは、それぞれ一以上）は、次に掲げるものでなければならない。

一　便所内に、車椅子を使用している者（以下「車椅子使用者」という。）が円滑に利用することができるものとして国土交通大臣が定める構造の便房（以下「車椅子使用者用便房」という。）を一以上設けること。

二　便所内に、高齢者、障害者等が円滑に利用することができる構造の水洗器具を設けた便房を一以上設けること。

2　不特定かつ多数の者が利用し、又は主として高齢者、障害者等が利用する男子用小便器のある便所を設ける場合には、そのうち一以上に、床置式の小便器、壁掛式の小便器（受け口の高さが三十五センチメートル以下のものに限る。）その他これらに類する小便器を一以上設けなければならない。

（ホテル又は旅館の客室）

第十五条　ホテル又は旅館には、客室の総数が五十以上の場合は、車椅子使用者が円滑に利用できる客室（以下「車椅子使用者用客室」という。）を客室の総数に百分の一を乗じて得た数（その数に一未満の端数があるときは、その端数を切り上げた数）以上設けなければならない。

2　車椅子使用者用客室は、次に掲げるものでなければならない。

一　便所は、次に掲げるものであること。ただし、当該客室が設けられている階に不特定かつ多数の者が利用する便所（車椅子使用者用便房が設けられたものに限る。）が一以上（男子用及び女子用の区別があるときは、それぞれ一以上）設けられている場合は、この限りでない。

イ　便所内に車椅子使用者用便房を設けること。

ロ　車椅子使用者用便房及び当該便房が設けられている便所の出入口は、次に掲げるものであること。

(1)　幅は、八十センチメートル以上とすること。

(2)　戸を設ける場合には、自動的に開閉する構造その他の車椅子使用者が容易に開閉して通過できる構造とし、かつ、その前後に高低差がないこと。

二　浴室又はシャワー室（以下この号において「浴室等」という。）は、次に掲げるものであること。ただし、当該客室が設けられている建築物に不特定かつ多数の者が利用する浴室等（次に掲げるものに限る。）が一以上（男子用及び女子用の区別があるときは、それぞれ一以上）設けられている場合は、この限りでない。

イ　車椅子使用者が円滑に利用することができるものとして国土交通大臣が定める構造であること。

ロ　出入口は、前号ロに掲げるものであること。

（敷地内の通路）

第十六条　不特定かつ多数の者が利用し、又は主として高齢者、障害者等が利用する敷地内の通路は、次に掲げるものでなければならない。

一　表面は、粗面とし、又は滑りにくい材料で仕上げること。

二　段がある部分は、次に掲げるものであること。

イ　手すりを設けること。

ロ　踏面の端部とその周囲の部分との色の明度、色相又は彩度の差が大きいことにより段を容易に識別できるものとすること。

ハ　段鼻の突き出しその他のつまずきの原因となるものを設けない構造とすること。

三　傾斜路は、次に掲げるものであること。

イ　勾配が十二分の一を超え、又は高さが十六センチメートルを超え、かつ、勾配が二十分の一を超える傾斜がある部分には、手すりを設けること。

ロ　その前後の通路との色の明度、色相又は彩度の差が大きいことによりその存在を容易に識別できるものとすること。

（駐車場）

第十七条　不特定かつ多数の者が利用し、又は主として高齢者、障害者等が利用する駐車場を設ける場合には、そのうち一以上に、車椅子使用者が円滑に利用することができる駐車施設（以下「車椅子使用者用駐車施設」という。）を一以上設けなければならない。

2　車椅子使用者用駐車施設は、次に掲げるものでなければならない。

一　幅は、三百五十センチメートル以上とすること。

二　次条第一項第三号に定める経路の長さができるだけ短くなる位置に設けること。

（移動等円滑化経路）

第十八条　次に掲げる場合には、それぞれ当該各号に定める経路のうち一以上（第四号に掲げる場合にあっては、その全て）を、高齢者、障害者等が円滑に利用できる経路（以下この条及び第二十五条第一項において「移動等円滑化経路」という。）にしなければならない。

一　建築物に、不特定かつ多数の者が利用し、又は主として高齢者、障害者等が利用する居室（以下「利用居室」という。）を設ける場合　道又は公園、広場その他の空地（以下「道等」という。）から当該利用居室までの経路（直接地上へ通ずる出入口のある階（以下この条において「地上階」という。）又はその直上階若しくは直下階のみに利用居室を設ける場合にあっては、当該地上階とその直上階又は直下階との間の上下の移動に係る部分を除く。）

二　建築物又はその敷地に車椅子使用者用便房（車椅子使用者用客室に設けられるものを除く。以下同じ。）を設ける場合　利用居室（当該建築物に利用居室が設けられていないときは、道等。次号において同じ。）から当該車椅子使用者用便房までの経路

三　建築物又はその敷地に車椅子使用者用駐車施設を設ける場合　当該車椅子使用者用駐車施設から利用居室までの経路

四　建築物が公共用歩廊である場合　その一方の側の道等から当該公共用歩廊を通過し、その他方の側の道等までの経路（当該公共用歩廊又はその敷地にある部分に限る。）

2　移動等円滑化経路は、次に掲げるものでなければならない。

一　当該移動等円滑化経路上に階段又は段を設けないこと。ただし、傾斜路又はエレベーターその他の昇降機を併設する場合は、この限りでない。

二　当該移動等円滑化経路を構成する出入口は、次に掲げるものであること。

イ　幅は、八十センチメートル以上とすること。

ロ　戸を設ける場合には、自動的に開閉する構造その他の車椅子使用者が容易に開閉して通過できる構造とし、かつ、その前後に高低差がないこと。

三　当該移動等円滑化経路を構成する廊下等は、第十一条の規定によるほか、次に掲げるものであること。

イ　幅は、百二十センチメートル以上とすること。

ロ　五十メートル以内ごとに車椅子の転回に支障がない場所を設けること。

ハ　戸を設ける場合には、自動的に開閉する構造その他の車椅子使用者が容易に開閉して通過できる構造とし、かつ、その前後に高低差がないこと。

四　当該移動等円滑化経路を構成する傾斜路（階段に代わり、又はこれに併設するものに限る。）は、第十三条の規定によるほか、次に掲げるものであること。

イ　幅は、階段に代わるものにあっては百二十センチメートル以上、階段に併設するものにあっては九十センチメートル以上とすること。

ロ　勾配は、十二分の一を超えないこと。ただし、高さが十六センチメートル以下のものにあっては、八分の一を超えないこと。

ハ　高さが七十五センチメートルを超えるものにあっては、高さ七十五センチメートル以内ごとに踏幅が百五十センチメートル以上の踊場を設けること。

五　当該移動等円滑化経路を構成するエレベーター（次号に規定するものを除く。以下この号において同じ。）及びその乗降ロビーは、次に掲げるものであること。

イ　籠（人を乗せ昇降する部分をいう。以下この号において同じ。）は、利用居室、車椅子使用者用便房又は車椅子使用者用駐車施設がある階及び地上階に停止するこ

と。

ロ　籠及び昇降路の出入口の幅は、八十センチメートル以上とすること。

ハ　籠の奥行きは、百三十五センチメートル以上とすること。

ニ　乗降ロビーは、高低差がないものとし、その幅及び奥行きは、百五十センチメートル以上とすること。

ホ　籠内及び乗降ロビーには、車椅子使用者が利用しやすい位置に制御装置を設けること。

ヘ　籠内に、籠が停止する予定の階及び籠の現在位置を表示する装置を設けること。

ト　乗降ロビーに、到着する籠の昇降方向を表示する装置を設けること。

チ　不特定かつ多数の者が利用する建築物（床面積の合計が二千平方メートル以上の建築物に限る。）の移動等円滑化経路を構成するエレベーターにあっては、イからハまで、ホ及びヘに定めるもののほか、次に掲げるものであること。

(1)　籠の幅は、百四十センチメートル以上とすること。

(2)　籠は、車椅子の転回に支障がない構造とすること。

リ　不特定かつ多数の者が利用し、又は主として視覚障害者が利用するエレベーター及び乗降ロビーにあっては、イからチまでに定めるもののほか、次に掲げるものであること。ただし、視覚障害者の利用上支障がないものとして国土交通大臣が定める場合は、この限りでない。

(1)　籠内に、籠が到着する階並びに籠及び昇降路の出入口の戸の閉鎖を音声により知らせる装置を設けること。

(2)　籠内及び乗降ロビーに設ける制御装置（車椅子使用者が利用しやすい位置及びその他の位置に制御装置を設ける場合にあっては、当該その他の位置に設けるものに限る。）は、点字その他国土交通大臣が定める方法により視覚障害者が円滑に操作することができる構造とすること。

(3)　籠内又は乗降ロビーに、到着する籠の昇降方向を音声により知らせる装置を設けること。

六　当該移動等円滑化経路を構成する国土交通大臣が定める特殊な構造又は使用形態のエレベーターその他の昇降機は、車椅子使用者が円滑に利用することができるものとして国土交通大臣が定める構造とすること。

七　当該移動等円滑化経路を構成する敷地内の通路は、第十六条の規定によるほか、次に掲げるものであること。

イ　幅は、百二十センチメートル以上とすること。

ロ　五十メートル以内ごとに車椅子の転回に支障がない場所を設けること。

ハ　戸を設ける場合には、自動的に開閉する構造その他の車椅子使用者が容易に開閉して通過できる構造とし、かつ、その前後に高低差がないこと。

ニ　傾斜路は、次に掲げるものであること。

(1)　幅は、段に代わるものにあっては百二十センチメートル以上、段に併設するものにあっては九十センチメートル以上とすること。

(2)　勾配は、十二分の一を超えないこと。ただし、高さが十六センチメートル以下のものにあっては、八分の一を超えないこと。

(3)　高さが七十五センチメートルを超えるもの（勾配が二十分の一を超えるものに限る。）にあっては、高さ七十五センチメートル以内ごとに踏幅が百五十センチメートル以上の踊場を設けること。

3　第一項第一号に定める経路を構成する敷地内の通路が地形の特殊性により前項第七号の規定によることが困難である場合における前二項の規定の適用については、第一項第一号中「道又は公園、広場その他の空地（以下「道等」という。）」とあるのは、「当該建築物の車寄せ」とする。

（標識）

第十九条　移動等円滑化の措置がとられたエレベーターその他の昇降機、便所又は駐車施設の付近には、国土交通省令で定めるところにより、それぞれ、当該エレベーターその他の昇降機、便所又は駐車施設があることを表示する標識を設けなければならない。

（案内設備）

第二十条　建築物又はその敷地には、当該建築物又はその敷地内の移動等円滑化の措置がとられたエレベーターその他の昇降機、便所又は駐車施設の配置を表示した案内板その他の設備を設けなければならない。ただし、当該エレベーターその他の昇降機、便所又は駐車施設の配置を容易に視認できる場合は、この限りでない。

2　建築物又はその敷地には、当該建築物又はその敷地内の移動等円滑化の措置がとられたエレベーターその他の昇降機又は便所の配置を点字その他国土交通大臣が定める方法により視覚障害者に示すための設備を設けなければならない。

3　案内所を設ける場合には、前二項の規定は適用しない。

（案内設備までの経路）

第二十一条　道等から前条第二項の規定による設備又は同条第三項の規定による案内所までの経路（不特定かつ多数の者が利用し、又は主として視覚障害者が利用するものに限る。）は、そのうち一以上を、視覚障害者が円滑に利用できる経路（以下この条において「視覚障害者移動等円滑化経路」という。）にしなければならない。ただし、視覚障害者の利用上支障がないものとして国土交通大臣が定める場合は、この限りでない。

2　視覚障害者移動等円滑化経路は、次に掲げるものでなければならない。

一　当該視覚障害者移動等円滑化経路に、視覚障害者の誘導を行うために、線状ブロック等（床面に敷設されるブロックその他これに類するものであって、線状の突起が設けられており、かつ、周囲の床面との色の明度、色相又は彩度の差が大きいことにより容易に識別できるものをいう。）及び点状ブロック等を適切に組み合わせて敷設し、又は音声その他の方法により視覚障害者を誘導する設備を設けること。ただし、進行方向を変更する必要がない風除室内においては、この限りでない。

二　当該視覚障害者移動等円滑化経路を構成する敷地内の通路の次に掲げる部分には、視覚障害者に対し警告を行うために、点状ブロック等を敷設すること。

イ　車路に近接する部分

ロ　段がある部分又は傾斜がある部分の上端に近接する部分（視覚障害者の利用上支障がないものとして国土交通

大臣が定める部分を除く。)

(増築等に関する適用範囲)

第二十二条 建築物の増築又は改築(用途の変更をして特別特定建築物にすることを含む。第一号において「増築等」という。)をする場合には、第十一条から前条までの規定は、次に掲げる建築物の部分に限り、適用する。

一 当該増築等に係る部分

二 道等から前号に掲げる部分にある利用居室までの一以上の経路を構成する出入口、廊下等、階段、傾斜路、エレベーターその他の昇降機及び敷地内の通路

三 不特定かつ多数の者が利用し、又は主として高齢者、障害者等が利用する便所

四 第一号に掲げる部分にある利用居室(当該部分に利用居室が設けられていないときは、道等)から車椅子使用者用便房(前号に掲げる便所に設けられるものに限る。)までの一以上の経路を構成する出入口、廊下等、階段、傾斜路、エレベーターその他の昇降機及び敷地内の通路

五 不特定かつ多数の者が利用し、又は主として高齢者、障害者等が利用する駐車場

六 車椅子使用者用駐車施設(前号に掲げる駐車場に設けられるものに限る。)から第一号に掲げる部分にある利用居室(当該部分に利用居室が設けられていないときは、道等)までの一以上の経路を構成する出入口、廊下等、階段、傾斜路、エレベーターその他の昇降機及び敷地内の通路

(公立小学校等に関する読替え)

第二十三条 公立小学校等についての第十一条から第十四条まで、第十六条、第十七条第一項、第十八条第一項及び前条の規定(次条において「読替え対象規定」という。)の適用については、これらの規定中「不特定かつ多数の者が利用し、又は主として高齢者、障害者等が利用する」とあるのは「多数の者が利用する」と、前条中「特別特定建築物」とあるのは「第五条第一号に規定する公立小学校等」とする。

(条例で定める特定建築物に関する読替え)

第二十四条 法第十四条第三項の規定により特別特定建築物に条例で定める特定建築物を追加した場合における読替え対象規定の適用については、読替え対象規定中「不特定かつ多数の者が利用し、又は主として高齢者、障害者等が利用する」とあるのは「多数の者が利用する」と、第二十二条中「特別特定建築物」とあるのは「法第十四条第三項の条例で定める特定建築物」とする。

(条例対象小規模特別特定建築物の建築物移動等円滑化基準)

第二十五条 条例対象小規模特別特定建築物の移動等円滑化経路については、第十八条の規定を準用する。この場合において、同条第一項中「次に」とあるのは「第一号又は第四号に」と、同条第二項第三号中「第十一条の規定によるほか、」とあるのは「第十一条各号及び」と、同号イ及び第七号イ中「百二十センチメートル」とあり、同項第四号イ中「階段に代わるものにあっては百二十センチメートル以上、階段に併設するものにあっては九十センチメートル」とあり、並びに同項第七号ニ(1)中「段に代わるものにあっては百二十センチメートル以上、段に併設するものにあっては九十センチメートル」とあるのは「九十センチメートル」と、同項第四号中「第十三条の規定によるほか、」とあるのは「第十三条各号及び」と、同項第七号中「第十六条の規定によるほか、」とあるのは「第十六条各号及び」と読み替えるものとする。

2 建築物の増築又は改築(用途の変更をして条例対象小規模特別特定建築物にすることを含む。以下この項において「増築等」という。)をする場合には、第十九条及び前項の規定は、当該増築等に係る部分(当該部分に道等に接する出入口がある場合に限る。)に限り、適用する。

3 条例対象小規模特別特定建築物のうち次に掲げるものについての第一項において読み替えて準用する第十八条の規定の適用については、同条第一項第一号中「不特定かつ多数の者が利用し、又は主として高齢者、障害者等が利用する」とあるのは、「多数の者が利用する」とする。

一 公立小学校等

二 法第十四条第三項の条例で定める特定建築物

(認定特定建築物等の容積率の特例)

第二十六条 法第十九条(法第二十二条の二第五項において準用する場合を含む。)の政令で定める床面積は、認定特定建築物又は認定協定建築物の延べ面積の十分の一を限度として、当該認定特定建築物の建築物特定施設又は当該認定協定建築物の協定建築物特定施設の床面積のうち、通常の建築物の建築物特定施設の床面積を超えることとなるものとして国土交通大臣が定めるものとする。

(移動等円滑化の促進に支障を及ぼすおそれのある行為)

第二十七条 法第二十四条の六第一項の政令で定める行為は、次に掲げるもの(法第二十八条第一項の公共交通特定事業又は法第三十一条第一項の道路特定事業の施行として行うものを除く。)とする。

一 生活関連施設である旅客施設(以下この条において「生活関連旅客施設」という。)の建設又は改良であって、当該生活関連旅客施設における車両等の乗降口と次のイ若しくはロに掲げる施設で当該生活関連旅客施設に隣接するものとの間の経路又は高齢者、障害者等の円滑な利用に適するものとして国土交通省令で定める経路を構成する出入口の新設又は構造若しくは配置の変更を伴うもの

イ 他の生活関連旅客施設

ロ 生活関連経路を構成する一般交通用施設(移動等円滑化の促進の必要性その他の事情を勘案して国土交通省令で定めるものに限る。)

二 生活関連経路を構成する道路法による道路のうち、次のイ又はロに掲げる施設で当該道路に接するものの高齢者、障害者等による円滑な利用を確保するため必要があると認めて市町村が国土交通省令で定めるところにより指定する部分の新設、改築又は修繕

イ 生活関連旅客施設

ロ 生活関連経路を構成する一般交通用施設(移動等円滑化の促進の必要性その他の事情を勘案して国土交通省令で定めるものに限る。)

※ ①・②「国土交通省令」＝則一四の二〜一四の四

(道路管理者の権限の代行)

第二十八条 法第三十二条第五項の規定により市町村が道路管理者に代わって行う権限(第四項において「市町村が代行する権限」という。)は、道路法施行令(昭和二十七年政令第

四百七十九号）第四条第一項第四号、第二十号、第二十一号（道路法第四十六条第一項（第二号に係る部分に限る。）の規定による通行の禁止又は制限に係る部分に限る。第三項において同じ。）、第三十八号、第三十九号、第四十一号、第四十二号及び第四十七号（道路法第九十五条の二第一項の規定による意見の聴取又は通知に係る部分に限る。）に掲げるもののうち、市町村が道路管理者と協議して定めるものとする。

2　市町村は、前項の規定による協議が成立したときは、遅滞なく、その内容を公示しなければならない。

3　市町村は、法第三十二条第五項の規定により道路管理者に代わって道路法施行令第四条第一項第二十号又は第二十一号に掲げる権限を行った場合には、遅滞なく、その旨を道路管理者に通知しなければならない。

4　市町村が代行する権限は、法第三十二条第四項の規定に基づき公示された当該工事の開始の日から同項の規定に基づき公示された当該工事の完了の日までの間に限り行うことができるものとする。ただし、道路法施行令第四条第一項第四十一号及び第四十二号に掲げる権限については、当該完了の日後においても行うことができる。

（保留地において生活関連施設等を設置する者）

第二十九条　法第三十九条第一項の政令で定める者は、国（国の全額出資に係る法人を含む。）又は地方公共団体が資本金、基本金その他これらに準ずるものの二分の一以上を出資している法人とする。

（生活関連施設等の用地として処分された保留地の対価に相当する金額の交付基準）

第三十条　法第三十九条第三項の規定により交付すべき額は、処分された保留地の対価に相当する金額を土地区画整理事業の施行前の宅地の価額の総額で除して得た数値を土地区画整理法（昭和二十九年法律第百十九号）第百三条第四項の規定による公告があった日における従前の宅地又はその宅地について存した地上権、永小作権、賃借権その他の宅地を使用し、若しくは収益することができる権利の土地区画整理事業の施行前の価額に乗じて得た額とする。

（報告及び立入検査）

第三十一条　所管行政庁は、法第五十三条第三項の規定により、法第十四条第一項の政令で定める規模（同条第三項の条例で別に定める規模があるときは、当該別に定める規模。以下この項において同じ。）以上の特別特定建築物（同条第三項の条例で定める特定建築物を含む。以下この項において同じ。）の建築（用途の変更をして特別特定建築物にすることを含む。）若しくは維持保全をする建築主等に対し、当該特別特定建築物につき、当該特別特定建築物の建築物移動等円滑化基準（同条第三項の条例で付加した事項を含む。次項において同じ。）への適合に関する事項に関し報告をさせ、又はその職員に、同条第一項の政令で定める規模以上の特別特定建築物若しくはその工事現場に立ち入り、当該特別特定建築物の建築物特定施設及びこれに使用する建築材料並びに設計図書その他の関係書類を検査させ、若しくは関係者に質問させることができる。

2　所管行政庁は、法第五十三条第三項の規定により、法第三十五条第一項の規定に基づき建築物特定事業を実施すべき建築主等に対し、当該建築物特定事業が実施されるべき特定建築物につき、当該特定建築物の建築物移動等円滑化基準への適合に関する事項に関し報告をさせ、又はその職員に、当該特定建築物若しくはその工事現場に立ち入り、当該特定建築物の建築物特定施設及びこれに使用する建築材料並びに設計図書その他の関係書類を検査させ、若しくは関係者に質問させることができる。

附　則（抄）

（施行期日）

第一条　この政令は、法の施行の日（平成十八年十二月二十日）から施行する。

（高齢者、身体障害者等が円滑に利用できる特定建築物の建築の促進に関する法律施行令及び高齢者、身体障害者等の公共交通機関を利用した移動の円滑化の促進に関する法律施行令の廃止）

第二条　次に掲げる政令は、廃止する。

一　高齢者、身体障害者等が円滑に利用できる特定建築物の建築の促進に関する法律施行令（平成六年政令第三百十一号）

二　高齢者、身体障害者等の公共交通機関を利用した移動の円滑化の促進に関する法律施行令（平成十二年政令第四百四十三号）

（高齢者、身体障害者等が円滑に利用できる特定建築物の建築の促進に関する法律施行令の廃止に伴う経過措置）

第三条　この政令の施行の日から起算して六月を経過する日までの間は、第五条第十九号、第九条、第十四条、第十五条、第十八条第一項第四号及び第十九条から第二十一条までの規定は適用せず、なお従前の例による。

（類似の用途）

第四条　法附則第四条第三項の政令で指定する類似の用途は、当該特別特定建築物が次の各号のいずれかに掲げる用途である場合において、それぞれ当該各号に掲げる他の用途とする。

一　病院又は診療所（患者の収容施設があるものに限る。）

二　劇場、映画館又は演芸場

三　集会場又は公会堂

四　百貨店、マーケットその他の物品販売業を営む店舗

五　ホテル又は旅館

六　老人ホーム、福祉ホームその他これらに類するもの（主として高齢者、障害者等が利用するものに限る。）

七　老人福祉センター、児童厚生施設、身体障害者福祉センターその他これらに類するもの

八　博物館、美術館又は図書館

附　則（平一九・三・二二政令五五抄）

（施行期日）

第一条　この政令は、平成十九年四月一日から施行する。

附　則（平一九・八・三政令二三五抄）

沿革　平一九政令二九二改正

（施行期日）

第一条　この政令は、平成十九年十月一日から施行する。〔後略〕

（罰則に関する経過措置）

第四十一条　この政令の施行前にした行為に対する罰則の適用については、なお従前の例による。

附　則（平一九・九・二〇政令二九二）

この政令は、公布の日から施行する。

附　則（平一九・九・二五政令三〇四）

沿革　令二政令三〇二・三四五、令六政令二二一改正

〔編者注〕令和六年六月二一日政令第二二一号による改正のうち、令和七年六月一日から施行される部分は、直接改正を加えないで、現行条文と並列して登載した。

（施行期日）

1　この政令は、都市再生特別措置法等の一部を改正する法律〔平成一九年三月法律第一九号〕の施行の日（平成十九年九月二十八日）から施行する。

（高齢者、障害者等の移動等の円滑化の促進に関する法律施行令の一部改正に伴う経過措置）

2　この政令の施行前に高齢者、障害者等の移動等の円滑化の促進に関する法律（平成十八年法律第九十一号）第三十二条第二項において読み替えて準用する同法第三十一条第六項の規定により公表された道路特定事業計画に基づき市町村（道路法（昭和二十七年法律第百八十号）第十七条第一項の指定市を除く。）が高齢者、障害者等の移動等の円滑化の促進に関する法律第二条第二十七号に規定する道路特定事業（以下この項において単に「道路特定事業」という。）を実施する場合における同法第三十二条第五項の規定による権限の行使については、高齢者、障害者等の移動等の円滑化の促進に関する法律施行令第二十八条の規定にかかわらず、当該道路特定事業計画に定められた道路特定事業の実施予定期間内に限り、なお従前の例による。

注　令和六年六月二一日政令二二一号により改正され、令和七年六月一日から施行
附則第二項中「第二十八条」を「第二十九条」に改める。

附　則（平二六・五・二八政令一八七抄）

（施行期日）

第一条　この政令は、道路法等の一部を改正する法律〔平成二五年六月法律第三〇号〕附則第一条ただし書に規定する規定の施行の日（平成二十六年五月三十日）から施行する。

附　則（平二七・一・二三政令二一抄）

（施行期日）

第一条　この政令は、道路法等の一部を改正する法律〔平成二六年六月法律第五三号〕附則第一条ただし書に規定する規定の施行の日（平成二十七年四月一日）から施行する。

附　則（平二八・三・三一政令一八二抄）

（施行期日）

第一条　この政令は、平成二十八年四月一日から施行する。

附　則（平三〇・九・二八政令二八〇抄）

（施行期日）

第一条　この政令は、道路法等の一部を改正する法律〔平成三〇年三月法律第六号〕の施行の日（平成三十年九月三十日）から施行する。

附　則（平三〇・一〇・一九政令二九八抄）

（施行期日）

1　この政令は、高齢者、障害者等の移動等の円滑化の促進に関する法律の一部を改正する法律（平成三十年法律第三十二号）の施行の日（平成三十年十一月一日）から施行する。ただし、次の各号に掲げる規定は、当該各号に定める日から施行する。

一　第二十四条（見出しを含む。）の改正規定及び附則第三項の規定　平成三十一年四月一日

二　第十五条の改正規定（同条第一項中「一以上」を「客室の総数に百分の一を乗じて得た数（その数に一未満の端数があるときは、その端数を切り上げた数）以上」に改める部分に限る。）及び次項の規定　平成三十一年九月一日

（経過措置）

2　この政令による改正後の高齢者、障害者等の移動等の円滑化の促進に関する法律施行令第十五条第一項の規定は、前項第二号に掲げる規定の施行後に着手する建築（用途の変更をして特別特定建築物にすることを含む。以下この項において同じ。）及び当該建築をした特別特定建築物の維持について適用し、同号に掲げる規定の施行前に着手した建築及び当該建築をした特別特定建築物の維持については、なお従前の例による。

附　則（令二・一〇・二政令三〇二抄）

（施行期日）

第一条　この政令は、令和三年四月一日から施行する。

（経過措置）

第二条　この政令の施行の際現に工事中の公立小学校等（この政令による改正後の高齢者、障害者等の移動等の円滑化の促進に関する法律施行令第五条第一号に規定する公立小学校等をいい、この政令の施行の日の前日において高齢者、障害者等の移動等の円滑化の促進に関する法律第十四条第三項の条例で定める特定建築物であったものを除く。）の建築又は修繕若しくは模様替及び当該建築又は修繕若しくは模様替をした当該公立小学校等の維持については、同条第一項から第三項までの規定は、適用しない。

附　則（令二・一一・二〇政令三二九抄）

（施行期日）

第一条　この政令は、道路法等の一部を改正する法律〔令和二年五月法律第三一号〕の施行の日（令和二年十一月二十五日）から施行する。

附　則（令二・一二・九政令三四五抄）

（施行期日）

1　この政令は、令和三年十月一日から施行する。

附　則（令三・九・二四政令二六一抄）

（施行期日）

第一条　この政令は、踏切道改良促進法等の一部を改正する法律〔令和三年三月法律第九号〕附則第一条第二号に掲げる規定の施行の日（令和三年九月二十五日）から施行する。

附　則（令四・三・二五政令八四抄）

（施行期日）

第一条　この政令は、令和四年四月一日から施行する。

附　則（令五・九・二九政令二九三）

この政令は、地域の自主性及び自立性を高めるための改革の推進を図るための関係法律の整備に関する法律〔令和五年六月法律第五八号〕附則第一条第三号に掲げる規定の施行の日（令和六年四月一日）から施行する。

附　則（令六・四・一九政令一七二）

（施行期日）

1　この政令は、脱炭素社会の実現に資するための建築物のエネルギー消費性能の向上に関する法律等の一部を改正する法

律〔令和四年六月法律第六九号〕の施行の日（令和七年四月一日）から施行する。

（罰則に関する経過措置）

2　この政令の施行前にした行為に対する罰則の適用については、なお従前の例による。

附　則（令六・六・二一政令二二一）

（施行期日）

1　この政令は、令和七年六月一日から施行する。

（経過措置）

2　この政令による改正後の高齢者、障害者等の移動等の円滑化の促進に関する法律施行令（以下この項において「新令」という。）第十四条第一項（新令第二十四条及び第二十五条の規定により読み替えて適用する場合を含む。）及び第二項から第四項まで並びに第十五条の規定並びに新令第十八条第一項、第十九条第一項（第四号に係る部分を除く。）及び第二十三条（第二号、第四号及び第六号に係る部分に限る。）（これらの規定を新令第二十四条及び第二十五条の規定により読み替えて適用する場合を含む。）の規定は、この政令の施行の日以後に着手する建築（用途の変更をして特別特定建築物（高齢者、障害者等の移動等の円滑化の促進に関する法律第二条第十九号に規定する特別特定建築物をいい、同法第十四条第三項の条例で定める特定建築物を含む。以下この項において同じ。）にすることを含む。以下この項において同じ。）及び当該建築をした特別特定建築物の維持について適用し、この政令の施行の日前に着手した建築及び当該建築をした特別特定建築物の維持については、なお従前の例による。

（都市再生特別措置法等の一部を改正する法律の施行に伴う関係政令の整備に関する政令の一部改正）

3　都市再生特別措置法等の一部を改正する法律の施行に伴う関係政令の整備に関する政令（平成十九年政令第三百四号）の一部を次のように改正する。

〔次のよう略〕

〔令和七年六月一日から施行〕

第五条第一号中「第二十三条及び第二十五条第三項第一号」を「第二十四条及び第二十六条第三項第一号」に改める。

第六条中第十号を第十一号とし、第七号から第九号までを一号ずつ繰り下げ、第六号の次に次の一号を加える。

七　劇場、観覧場、映画館若しくは演芸場又は集会場若しくは公会堂（第十五条において「劇場等」という。）の客席

第七条第二項第一号中「第二十六条」を「第二十七条」に改める。

第十条第一項中「第二十四条」を「第二十五条」に改め、同条第二項中「第二十五条」を「第二十六条」に、「第十九条」を「第二十条」に改める。

第十四条第一項中「を設ける場合には、そのうち一以上（男子用及び女子用の区別があるときは、それぞれ一以上）は、次に掲げる」を「は、これらの者が当該便所を利用する上で支障がないものとして国土交通大臣が定める配置の基準に従い、これらの者が利用する階（当該階においてこれらの者が利用する部分の床面積、当該部分の利用方法その他の事情を勘案して国土交通大臣が定める階を除く。）の階数に相当する数（床面積が一万平方メートルを超える階がある場合にあっては、当該数に当該階の床面積に応じて国土交通大臣が定める数を加えた数）以上設ける」に改め、同項各号を削り、同条第二項中「不特定かつ多数の者が利用し、又は主として高齢者、障害者等が利用する男子用小便器のある便所を設ける場合には、そのうち一以上に」を「前二項に定めるもののほか、第一項の規定により設ける便所であって男子用小便器を設けるもののうち一以上には」に改め、同項を同条第四項とし、同条第一項の次に次の二項を加える。

2　前項の規定により便所を設ける階においては、当該便所のうち一以上（当該階の床面積が一万平方メートルを超える場合にあっては、当該床面積に応じて国土交通大臣が定める数以上）に、車椅子使用者用便房（車椅子を使用している者（以下「車椅子使用者」という。）が円滑に利用することができるものとして国土交通大臣が定める構造の便房をいう。以下同じ。）を一以上（当該車椅子使用者用便房に男子用及び女子用の区別を設ける場合にあっては、それぞれ一以上。以下この項において同じ。）設けなければならない。ただし、当該階が直接地上へ通ずる出入口のある階（第十九条第一項第一号及び第二項第五号イにおいて「地上階」という。）であり、かつ、車椅子使用者用便房を一以上設ける施設が同一敷地内の当該出入口に近接する位置にある場合その他の車椅子使用者が車椅子使用者用便房を利用する上で支障がないものとして国土交通大臣が定める場合は、この限りでない。

3　前項に定めるもののほか、第一項の規定により設ける便所のうち一以上には、高齢者、障害者等が円滑に利用することができる構造の水洗器具を設けた便房を一以上（当該便房に男子用及び女子用の区別を設ける場合にあっては、それぞれ一以上）設けなければならない。

第三十一条を第三十二条とし、第二十六条から第三十条までを一条ずつ繰り下げる。

第二十五条第一項中「第十八条」を「第十九条」に、「次に」を「次の各号に」に改め、「第四号に」と」の下に「、同項第一号中「経路（当該利用居室が第十五条の劇場等の客席である場合にあっては当該客席の出入口と車椅子使用者用部分との間の経路（以下この項及び第二十三条において「車椅子使用者用経路」という。）を含み、」とあるのは「経路（」と」を加え、「第十六条の」を「第十七条の」に、「第十六条各号」を「第十七条各号」に改め、同条第二項中「第十九条」を「第二十条」に改め、同条第三項中「第十八条」を「第十九条」に改め、同条を第二十六条とする。

第二十四条中「第二十二条」を「第二十三条」に改め、同条を第二十五条とする。

第二十三条中「第十四条まで、第十六条、第十七条第一項、第十八条第一項」を「第十三条まで、第十四条第一項、第十七条、第十八条第一項、第十九条第一項」に改め、同条を第二十四条とする。

第二十二条中「部分に限り」を「部分（第二号、第四号又は第六号の経路が二以上ある場合にあっては、いずれか一の経路に係る部分）に限り」に改め、同条第二号、第四号及び第六号中「一以上の経路」を「経路（当該利用居室が第十五条の劇場等の客席である場合にあっては、車椅子使用者用経路を含む。）」に改め、同条を第二十三条とし、第二十一条を第二十二条とし、第十九条を第二十条とす

る。

第十八条第一項中「次に」を「次の各号に」に改め、「それぞれ」を削り、「第二十五条第一項」を「第二十六条第一項」に改め、同項第一号中「直接地上へ通ずる出入口のある階（以下この条において「地上階」という。）」を「当該利用居室が第十五条の劇場等の客席である場合にあっては当該客席の出入口と車椅子使用者用部分との間の経路（以下この項及び第二十三条において「車椅子使用者用経路」という。）を含み、地上階」に、「あっては、」を「あっては」に改め、同項第二号及び第三号中「経路」の下に「（当該利用居室が第十五条の劇場等の客席である場合にあっては、車椅子使用者用経路を含む。）」を加え、同条第二項第七号中「第十六条」を「第十七条」に改め、同条を第十九条とする。

第十七条第一項中「を設ける場合」を削り、「そのうち一以上に、」を「次の各号に掲げる場合の区分に応じ、当該各号に定める数以上の車椅子使用者用駐車施設（」に、「（以下「車椅子使用者用駐車施設」という。）を一以上」を「をいう。以下同じ。）を」に改め、同項に次のただし書及び各号を加える。

ただし、当該駐車場が昇降機その他の機械装置により自動車を駐車させる構造のものであり、かつ、その出入口の部分に車椅子使用者が円滑に自動車に乗降することが可能な場所が一以上設けられている場合その他の車椅子使用者が駐車場を利用する上で支障がないものとして国土交通大臣が定める場合は、この限りでない。

一　当該駐車場に設ける駐車施設の数（当該駐車場を二以上設ける場合にあっては、当該駐車場に設ける駐車施設の総数。以下この号及び次号において同じ。）が二百以下の場合　当該駐車施設の数に百分の二を乗じて得た数（その数に一未満の端数があるときは、その端数を切り上げた数）

二　当該駐車場に設ける駐車施設の数が二百を超える場合　当該駐車施設の数に百分の一を乗じて得た数（その数に一未満の端数があるときは、その端数を切り上げた数）に二を加えた数

第十七条を第十八条とし、第十六条を第十七条とし、第十五条を第十六条とし、第十四条の次に次の一条を加える。

（劇場等の客席）

第十五条　劇場等の客席には、次の各号に掲げる場合の区分に応じ、当該各号に定める数以上の車椅子使用者用部分（車椅子の転回に支障がないことその他の車椅子使用者が円滑に利用することができるものとして国土交通大臣が定める基準に適合する場所をいう。第十九条第一項第一号において同じ。）を設けなければならない。

一　当該客席に設ける座席の数が四百以下の場合　二

二　当該客席に設ける座席の数が四百を超える場合　当該座席の数に二百分の一を乗じて得た数（その数に一未満の端数があるときは、その端数を切り上げた数）

○高齢者、障害者等の移動等の円滑化の促進に関する法律施行規則

（平成十八年十二月十五日）
（国土交通省令第百十号）

沿革　平二三国交令六七・八五、平三〇国交令八一、平三一国交令七、令元国交令二〇、令二国交令九八、令三国交令一・一二・六二、令四国交令三〇、令六国交令一八・二六改正

（法第二条第四号の主務省令で定める施設又は設備）

第一条　高齢者、障害者等の移動等の円滑化の促進に関する法律（以下「法」という。）第二条第四号の主務省令で定める施設又は設備は、次のとおりとする。

一　次に掲げる便所又は便房であって、移動等円滑化の措置がとられたもの
イ　車椅子使用者が円滑に利用することができる構造の便所又は便房
ロ　高齢者、障害者等が円滑に利用することができる構造の水洗器具を設けた便所又は便房

二　次に掲げる駐車施設又は停車施設であって、移動等円滑化の措置がとられたもの
イ　車椅子使用者が円滑に利用することができる駐車施設
ロ　車椅子使用者が円滑に利用することができる停車施設

三　次に掲げるエレベーター
イ　移動等円滑化された経路（移動等円滑化のために必要な旅客施設又は車両等の構造及び設備並びに旅客施設及び車両等を使用した役務の提供の方法に関する基準を定める省令（平成十八年国土交通省令第百十一号。以下「公共交通移動等円滑化基準省令」という。）第四条第一項に規定する移動等円滑化された経路をいう。以下同じ。）又は乗継ぎ経路（同条第十一項に規定する乗継ぎ経路をいう。）を構成するエレベーター
ロ　移動等円滑化された通路（移動等円滑化のために必要な道路の構造及び旅客特定車両停留施設を使用した役務の提供の方法に関する基準を定める省令（平成十八年国土交通省令第百十六号。ハにおいて「道路移動等円滑化基準省令」という。）第三十三条第二項に規定する移動等円滑化された通路をいう。）に設けられるエレベーター
ハ　旅客施設又は旅客特定車両停留施設に隣接しており、かつ、旅客施設又は旅客特定車両停留施設と一体的に利用される他の施設のエレベーター（公共交通移動等円滑化基準省令第四条第三項前段又は道路移動等円滑化基準省令第三十三条第三項前段の規定が適用される場合に限る。）

四　次に掲げる車椅子スペース（公共交通移動等円滑化基準省令第二条第一項第五号に規定する車椅子スペースをいう。以下この号において同じ。）
イ　鉄道車両（公共交通移動等円滑化基準省令第二条第一項第十一号に規定する鉄道車両をいう。以下同じ。）又は軌道車両（同項第十二号に規定する軌道車両をいう。以下同じ。）の客室に設けられた車椅子スペース
ロ　乗合バス車両（公共交通移動等円滑化基準省令第二条第一項第十三号に規定する乗合バス車両をいう。以下同じ。）又は貸切バス車両（同項第十三号の二に規定する貸切バス車両をいう。以下同じ。）に設けられた車椅子スペース
ハ　船舶（公共交通移動等円滑化基準省令第二条第一項第十五号に規定する船舶をいう。以下同じ。）に設けられた車椅子スペース

五　次に掲げる優先席（主として高齢者、障害者等の優先的な利用のために設けられる座席をいう。以下この号において同じ。）又は基準適合客席（公共交通移動等円滑化基準省令第五十一条第一項に規定する基準適合客席をいう。ニにおいて同じ。）
イ　旅客施設又は旅客特定車両停留施設の高齢者、障害者等の休憩の用に供する設備に設けられた優先席
ロ　鉄道車両又は軌道車両の客室に設けられた優先席
ハ　乗合バス車両に設けられた優先席
ニ　船舶に設けられた基準適合客席

（法第二条第八号の主務省令で定める自動車）

第一条の二　法第二条第八号の主務省令で定める自動車は、座席が回転することにより高齢者、障害者等が円滑に車内に乗り込むことが可能なものとする。

（特定公園施設）

第二条　高齢者、障害者等の移動等の円滑化の促進に関する法律施行令（以下「令」という。）第三条の国土交通省令で定めるものは、次のとおりとする。

一　工作物の新築、改築又は増築、土地の形質の変更その他の行為についての禁止又は制限に関する文化財保護法（昭和二十五年法律第二百十四号）、古都における歴史的風土の保存に関する特別措置法（昭和四十一年法律第一号）、都市計画法（昭和四十三年法律第百号）その他の法令又は条例の規定の適用があるもの

二　山地丘陵地、崖その他の著しく傾斜している土地に設けるもの

三　自然環境を保全することが必要な場所又は動植物の生息地若しくは生育地として適正に保全する必要がある場所に設けるもの

2　令第三条第一号の国土交通省令で定める主要な公園施設は、修景施設、休養施設、遊戯施設、運動施設、教養施設、便益施設その他の公園施設のうち、当該公園施設の設置の目的を踏まえ、重要と認められるものとする。

（建築物特定施設）

第三条　令第六条第十号の国土交通省令で定める施設は、次に掲げるものとする。

一　劇場、観覧場、映画館、演芸場、集会場又は公会堂（以下「劇場等」という。）の客席

二　浴室又はシャワー室（以下「浴室等」という。）

（旅客施設の大規模な改良）

第四条　法第八条第一項の主務省令で定める旅客施設の大規模な改良は、次に掲げる旅客施設の区分に応じ、それぞれ次に定める改良とする。

一　法第二条第六号イ及びロに掲げる施設　全ての本線の高架式構造又は地下式構造への変更に伴う旅客施設の改良、旅客施設の移設その他の全面的な改良

二　法第二条第六号ハからホまでに掲げる施設（旅客の乗降、待合いその他の用に供する施設の構造の変更であって、当該変更に係る部分の敷地面積（建築物に該当する部分にあっては、床面積）の合計が当該施設の延べ面積の二分の一以上であるもの

（旅客施設の建設又は大規模な改良の届出）

第五条　法第九条第二項前段の規定により旅客施設の建設又は大規模な改良の届出をしようとする者は、当該建設又は大規模な改良の工事の開始の日の三十日前までに、次に掲げる事項を記載した届出書を国土交通大臣に提出しなければならない。

一　氏名又は名称及び住所並びに法人にあっては、その代表者の氏名

二　当該旅客施設の法第二条第六号イからホまでに掲げる施設の区分

三　当該旅客施設の名称及び位置

四　工事計画

五　工事着手予定時期及び工事完成予定時期

2　前項の届出書には、当該旅客施設が法第八条第一項の公共交通移動等円滑化基準に適合することとなることを示す当該旅客施設の構造及び設備に関する書類及び図面を添付しなければならない。

（変更の届出）

第六条　法第九条第二項後段の規定により変更の届出をしようとする者は、当該変更の届出に係る工事の開始の日の三十日前までに（工事を要しない場合にあっては、あらかじめ）、次に掲げる事項を記載した届出書を国土交通大臣に提出しなければならない。

一　氏名又は名称及び住所並びに法人にあっては、その代表者の氏名

二　当該旅客施設の名称及び位置

三　変更しようとする事項（新旧の書類又は図面を明示すること。）

四　変更を必要とする理由

2　前項の届出書には、前条第二項の書類又は図面のうち届け出た事項の変更に伴いその内容が変更されるものであって、その変更後のものを添付しなければならない。

（法第九条の四の主務省令で定める要件）

第六条の二　法第九条の四の主務省令で定める要件は、当該年度の前々年度までの過去三年度における公共交通事業者等の一年度当たりの輸送人員の平均及び当該公共交通事業者等が設置又は管理する旅客施設の一日当たりの平均的な利用者の人数その他の事情を勘案して国土交通大臣が定めるものとする。

（移動等円滑化取組計画書）

第六条の三　公共交通事業者等（前条の要件に該当する者に限る。）は、毎年六月三十日までに、次の表の上欄に掲げる公共交通事業者等の区分に応じ、同表の下欄に掲げる国土交通大臣又は地方支分部局の長に、国土交通大臣が定める様式による移動等円滑化取組計画書を提出しなければならない。

一　法第二条第五号イからニまでに掲げる者	当該公共交通事業者等の主たる事務所を管轄する地方運輸局長
二　法第二条第五号ホに掲げる者	当該公共交通事業者等の主たる事務所を管轄する地方運輸局長（運輸監理部長を含む。）
三　法第二条第五号ヘに掲げる者（特定本邦航空運送事業者（航空法施行規則（昭和二十七年運輸省令第五十六号）第二百四十条第一項第二号に規定する特定本邦航空運送事業者をいう。以下同じ。）に限る。）	国土交通大臣
四　法第二条第五号ヘに掲げる者（前号に掲げる者を除く。）又は同号トに掲げる者のうち同条第六号ホに掲げる施設を設置し、又は管理するもの	当該公共交通事業者等の主たる事務所を管轄する地方航空局長
五　法第二条第五号トに掲げる者のうち同条第六号ニに掲げる施設を設置し、又は管理するもの	当該公共交通事業者等の主たる事務所を管轄する地方整備局長又は北海道開発局長

（移動等円滑化取組報告書）

第六条の四　前条の移動等円滑化取組計画書を提出した公共交通事業者等は、当該計画を提出した年度の翌年度の六月三十日までに、前条の表の上欄に掲げる公共交通事業者等の区分に応じ、同表の下欄に掲げる国土交通大臣又は地方支分部局の長に、国土交通大臣が定める様式による移動等円滑化取組報告書を提出しなければならない。

（法第九条の五の主務省令で定める事項）

第六条の五　法第九条の五の主務省令で定める事項は、次のとおりとする。

一　前年度における移動等円滑化の達成状況

二　第六条の二の要件に関する事項

（公表）

第六条の六　公共交通事業者等は、法第九条の四の規定による提出又は法第九条の五の規定による報告をしたときは、遅滞なく、インターネットの利用その他の適切な方法により公表しなければならない。

（法第九条の六の主務省令で定める情報）

第六条の七　法第九条の六の主務省令で定める移動等円滑化に関する情報は、前年度における移動等円滑化の達成状況とする。

（特定路外駐車場の設置等の届出）

第七条　法第十二条第一項本文の規定による届出は、第一号様式により作成した届出書に次に掲げる図面を添え、これを提出して行うものとする。ただし、変更の届出書に添える図面は、変更しようとする事項に係る図面をもって足りる。

一　特定路外駐車場の位置を表示した縮尺一万分の一以上の地形図

二　次に掲げる事項を表示した縮尺二百分の一以上の平面図

イ　特定路外駐車場の区域

ロ　路外駐車場車椅子使用者用駐車施設（移動等円滑化のために必要な特定路外駐車場の構造及び設備に関する基準を定める省令（平成十八年国土交通省令第百十二号）第二条第一項に規定する路外駐車場車椅子使用者用駐車施設をいう。次項において同じ。）、路外駐車場移動等円滑化経路（同令第三条第一項に規定する路外駐車場移動等円滑化経路をいう。次項において同じ。）その他の主要な施設

2　法第十二条第一項ただし書の主務省令で定める書面は、第二号様式により作成した届出書及び路外駐車場車椅子使用者用駐車施設、路外駐車場移動等円滑化経路その他の主要な施設を表示した縮尺二百分の一以上の平面図とする。ただし、変更の届出書に添える図面は、変更しようとする事項に係る図面をもって足りる。

（特定建築物の建築等及び維持保全の計画の認定の申請）

第八条　法第十七条第一項の規定により認定の申請をしようとする者は、第三号様式による申請書の正本及び副本に、それぞれ次の表に掲げる図書を添えて、これを所管行政庁に提出するものとする。

図書の種類		明示すべき事項
付近見取図		方位、道路及び目標となる地物
配置図		縮尺、方位、敷地の境界線、土地の高低、敷地の接する道等の位置、特定建築物及びその出入口の位置、特殊な構造又は使用形態のエレベーターその他の昇降機の位置、敷地内の通路の位置及び幅（当該通路が段又は傾斜路若しくはその踊場を有する場合にあっては、それらの位置及び幅を含む。）、敷地内の通路に設けられる手すり並びに令第十一条第二号に規定する点状ブロック等（以下単に「点状ブロック等」という。）及び令第二十一条第二項第一号に規定する線状ブロック等（以下単に「線状ブロック等」という。）の位置、敷地内の車路及び車寄せの位置、駐車場の位置、車椅子使用者用駐車施設の位置及び幅並びに案内設備の位置
各階平面図		縮尺、方位、間取、各室の用途、床の高低、特定建築物の出入口及び各室の出入口の位置及び幅、出入口に設けられる戸の開閉の方法、廊下等の位置及び幅、廊下等に設けられる点状ブロック等及び線状ブロック等、高齢者、障害者等の休憩の用に供する設備並びに突出物の位置、階段の位置、幅及び形状（当該階段が踊場を有する場合にあっては、踊場の位置及び幅を含む。）、階段に設けられる手すり及び点状ブロック等の位置、傾斜路の位置及び幅（当該傾斜路が踊場を有する場合にあっては、踊場の位置及び幅を含む。）、傾斜路に設けられる手すり及び点状ブロック等の位置、エレベーターその他の昇降機の位置、車椅子使用者用便房のある便所、令第十四条第一項第二号に規定する便房のある便所、腰掛便座及び手すりの設けられた便房（車椅子使用者用便房を除く。以下この条において同じ。）のある便所、床置式の小便器、壁掛式の小便器（受け口の高さが三十五センチメートル以下のものに限る。）その他これらに類する小便器のある便所並びにこれら以外の便所の位置、車椅子使用者用客室の位置、駐車場の位置、車椅子使用者用駐車施設の位置及び幅、劇場等の客席の位置、車椅子使用者用客席（高齢者、障害者等が円滑に利用できるようにするために誘導すべき建築物特定施設の構造及び配置に関する基準を定める省令（平成十八年国土交通省令第百十四号）第十二条の二第一項に規定する車椅子使用者用客席をいう。以下この条において同じ。）の位置、幅及び奥行き、車椅子使用者用客席に隣接して設けられる同伴者用の客席又はスペースの位置、車椅子使用者用浴室等（同令第十三条第一号に規定する車椅子使用者用浴室等をいう。以下この条において同じ。）の位置並びに案内設備の位置
縦断面図	階段又は段	縮尺並びに蹴上げ及び踏面の構造及び寸法
	傾斜路	縮尺、高さ、長さ及び踊場の踏幅
構造詳細図	客席	車椅子使用者用客席から舞台等まで引いた可視線
	エレベーターその他の昇降機	縮尺並びにかご（人を乗せ昇降する部分をいう。以下同じ。）、昇降路及び乗降ロビーの構造（かご内に設けられるかごの停止する予定の階を表示する装置、かごの現在位置を表示する装置及び乗降ロビーに設けられる到着するかごの昇降方向を表示する装置の位置並びにかご内及び乗降ロビーに設けられる制御装置の位置及び構造を含む。）
	便所	縮尺、車椅子使用者用便房のある便所の構造、車椅子使用者用便房、令第十四条第一項第二号に規定する便房並びに腰掛便座及び手すりの設けられた便房の構造並びに床置式の小便器、壁掛式の小便器（受け口の高さが三十五センチメートル以下のものに限る。）その他これらに類する小便器の構造
	浴室等	縮尺及び車椅子使用者用浴室等の構造

（特定建築物の建築等及び維持保全の計画の記載事項）

第九条　法第十七条第二項第五号の主務省令で定める事項は、特定建築物の建築等の事業の実施時期とする。

（認定通知書の様式）

第十条　所管行政庁は、法第十七条第三項の認定をしたときは、速やかに、その旨を申請者に通知するものとする。

2　前項の通知は、第四号様式による通知書に第八条の申請書

の副本（法第十七条第七項の規定により適合通知を受けて同条第三項の認定をした場合にあっては、第八条の申請書の副本及び当該適合通知に添えられた建築基準法施行規則（昭和二十五年建設省令第四十号）第一条の三第一項の申請書の副本）及びその添付図書を添えて行うものとする。

（法第十八条第一項の主務省令で定める軽微な変更）

第十一条　法第十八条第一項の主務省令で定める軽微な変更は、特定建築物の建築等の事業の実施時期の変更のうち、事業の着手又は完了の予定年月日の三月以内の変更とする。

（表示等）

第十二条　法第二十条第一項の主務省令で定めるものは、次のとおりとする。

一　広告

二　契約に係る書類

三　その他国土交通大臣が定めるもの

2　法第二十条第一項の規定による表示は、第五号様式により行うものとする。

（移動等円滑化困難旅客施設の認定の申請等）

第十二条の二　法第二十二条の二第一項の規定により移動等円滑化困難旅客施設の認定を受けようとする者は、次に掲げる事項を記載した申請書を国土交通大臣に提出しなければならない。

一　氏名又は名称及び住所並びに法人にあっては、その代表者の氏名

二　当該旅客施設の法第二条第六号イからホまでに掲げる施設の区分

三　当該旅客施設の名称及び位置

四　当該旅客施設が協定建築物特定施設と一体的に利用に供しなければ公共交通移動等円滑化基準に適合させることが構造上その他の理由により著しく困難であると認められる理由

2　前項の申請書には、同項第四号に係る事項として申請書に記載された内容の根拠となる当該旅客施設の構造及び設備に関する書類及び図面を添付しなければならない。

3　国土交通大臣は、法第二十二条の二第一項の移動等円滑化困難旅客施設の認定をしたときは、速やかに、その旨を申請者に通知するものとする。

（協定建築物の建築等及び維持保全の計画の認定の申請）

第十二条の三　法第二十二条の二第一項の規定により認定の申請をしようとする者は、第五号の四様式による申請書の正本及び副本に、それぞれ協定建築物特定施設に係る協定の写し、前条第三項及び第十二条の五第三項の規定による通知の写し並びに次の表に掲げる図書を添えて、これらを所管行政庁に提出するものとする。

図書の種類		明示すべき事項
付近見取図		方位、道路、目標となる地物及び移動等円滑化困難旅客施設
配置図		縮尺、方位、敷地の境界線、土地の高低、敷地の接する道等の位置、協定建築物及びその出入口の位置、特殊な構造又は使用形態のエレベーターその他の昇降機の位置、敷地内の通路の位置及び幅（当該通路が段又は傾斜路若しくはその踊場を有する場合にあっては、それらの位置及び幅を含む。）、敷地内の通路に設けられる手すり並びに点状ブロック等及び線状ブロック等の位置並びに案内設備の位置
各階平面図		縮尺、方位、間取、各室の用途、床の高低、協定建築物の出入口及び各室の出入口の位置及び幅、出入口に設けられる戸の開閉の方法、廊下等の位置及び幅、廊下等に設けられる点状ブロック等及び線状ブロック等、高齢者、障害者等の休憩の用に供する設備並びに突出物の位置、階段の位置、幅及び形状（当該階段が踊場を有する場合にあっては、踊場の位置及び幅を含む。）、階段に設けられる手すり及び点状ブロック等の位置、傾斜路の位置及び幅（当該傾斜路が踊場を有する場合にあっては、踊場の位置及び幅を含む。）、傾斜路に設けられる手すり及び点状ブロック等の位置、エレベーターその他の昇降機の位置、車椅子使用者用便房のある便所、令第十四条第一項第二号に規定する便房のある便所、床置式の小便器、壁掛式の小便器（受け口の高さが三十五センチメートル以下のものに限る。）その他これらに類する小便器のある便所並びにこれら以外の便所の位置並びに案内設備の位置
縦断面図	階段又は段	縮尺並びに蹴上げ及び踏面の構造及び寸法
	傾斜路	縮尺、高さ、長さ及び踊場の踏幅
構造詳細図	エレベーターその他の昇降機	縮尺並びに籠、昇降路及び乗降ロビーの構造（籠内に設けられる籠の停止する予定の階を表示する装置、籠の現在位置を表示する装置及び乗降ロビーに設けられる到着する籠の昇降方向を表示する装置の位置並びに籠内及び乗降ロビーに設けられる制御装置の位置及び構造を含む。）
	便所	縮尺、車椅子使用者用便房のある便所の構造、車椅子使用者用便房及び令第十四条第一項第二号に規定する便房の構造並びに床置式の小便器、壁掛式の小便器（受け口の高さが三十五センチメートル以下のものに限る。）その他これらに類する小便器の構造

2　前項の規定にかかわらず、所管行政庁は、前項の表に掲げる図書の添付の必要がないと認めるときは、これを省略させることができる。

（法第二十二条の二第二項の主務省令で定める協定建築物特定施設等維持保全基準）

第十二条の四　法第二十二条の二第二項の主務省令で定める基準は、次のとおりとする。

一　隣接する移動等円滑化困難旅客施設が、協定建築物特定施設等（協定建築物特定施設及び特定経路施設をいう。以下同じ。）と一体的に利用に供することにより公共交通移

動等円滑化基準に適合することが移動等円滑化経路協定において定める法第四十一条第二項第二号イに掲げる事項又は移動等円滑化施設協定において定める法第五十一条の二第二項第二号イに掲げる事項として定められ、かつ、公共交通移動等円滑化基準に適合すること。

二　移動等円滑化経路協定において定める法第四十一条第二項第二号ロに掲げる事項又は移動等円滑化施設協定において定める法第五十一条の二第二項第二号ロに掲げる事項として、協定建築物特定施設等が隣接する移動等円滑化困難旅客施設の営業時間内において当該協定建築物特定施設等が常時利用できる旨が定められていること。

（協定建築物特定施設等維持保全基準適合の認定の申請等）

第十二条の五　法第二十二条の二第二項の規定により認定を受けようとする者は、次に掲げる事項を記載した申請書を国土交通大臣に提出しなければならない。

一　氏名又は名称及び住所並びに法人にあっては、その代表者の氏名

二　令第六条各号に掲げる建築物特定施設の区分及び特定経路施設にあっては、道路、駅前広場、通路その他の一般交通の用に供する施設の別

三　当該協定建築物特定施設等の名称及び位置

2　前項の申請書には、次に掲げる書類及び図面を添付しなければならない。

一　法第四十三条第一項（法第五十一条の二第三項において準用する場合を含む。）の認可を受けた協定の写し及びその認可を証する書類

二　当該協定建築物特定施設等の構造及び設備に関する書類及び図面

3　国土交通大臣は、法第二十二条の二第二項の認定をしたときは、速やかに、その旨を申請者に通知するものとする。

（協定建築物の建築等及び維持保全の計画の記載事項）

第十二条の六　法第二十二条の二第三項第五号の主務省令で定める事項は、協定建築物の建築等の事業の実施時期とする。

（認定通知書の様式）

第十二条の七　所管行政庁は、法第二十二条の二第四項の認定をしたときは、速やかに、その旨を申請者に通知するものとする。

2　前項の通知は、第五号の五様式による通知書に第十二条の三第一項の申請書の副本及びその添付図書を添えて行うものとする。

（法第二十二条の二第五項において準用する法第十八条第一項の主務省令で定める軽微な変更）

第十二条の八　法第二十二条の二第五項において準用する法第十八条第一項の主務省令で定める軽微な変更は、協定建築物の建築等の事業の実施時期の変更のうち、事業の着手又は完了の予定年月日の三月以内の変更とする。

（法第二十三条第一項第一号の主務省令で定める安全上及び防火上の基準）

第十三条　法第二十三条第一項第一号の主務省令で定める安全上及び防火上の基準は、次のとおりとする。

一　専ら車椅子使用者の利用に供するエレベーターの設置に係る特定建築物の壁、柱、床及びはりは、当該エレベーターの設置後において構造耐力上安全な構造であること。

二　当該エレベーターの昇降路は、出入口の戸が自動的に閉鎖する構造のものであり、かつ、壁、柱及びはり（当該特定建築物の主要構造部に該当する部分に限る。）が不燃材料で造られたものであること。

（法第二十三条第一項第二号の主務省令で定める安全上の基準）

第十四条　法第二十三条第一項第二号の主務省令で定める安全上の基準は、次のとおりとする。

一　エレベーターのかご内及び乗降ロビーには、それぞれ、車椅子使用者が利用しやすい位置に制御装置を設けること。この場合において、乗降ロビーに設ける制御装置は、施錠装置を有する覆いを設ける等当該制御装置の利用を停止することができる構造とすること。

二　エレベーターは、当該エレベーターのかご及び昇降路のすべての出入口の戸に網入ガラス入りのはめごろし戸を設ける等により乗降ロビーからかご内の車椅子使用者を容易に覚知できる構造とし、かつ、かご内と常時特定建築物を管理する者が勤務する場所との間を連絡することができる装置が設けられたものとすること。

（令第二十七条第一号の国土交通省令で定める経路）

第十四条の二　令第二十七条第一号の国土交通省令で定める経路は、移動等円滑化された経路（令第二十七条第一号に規定する生活関連旅客施設に隣接するものとの間の経路を除く。）とする。

（令第二十七条第一号ロ及び第二号ロの国土交通省令で定める一般交通用施設）

第十四条の三　令第二十七条第一号ロの国土交通省令で定める生活関連経路を構成する一般交通用施設は、次の各号に掲げる施設とする。

一　生活関連経路を構成する道路法（昭和二十七年法律第百八十号）による道路

二　前号に掲げるもののほか、生活関連経路を構成する道路法による道路に接し、かつ、令第二十七条第一号に規定する生活関連旅客施設の出入口に接する一般交通用施設のうち、移動等円滑化の措置がとられ、又はとられると見込まれるものと認めて、市町村が移動等円滑化促進方針において指定するもの

2　令第二十七条第二号ロの国土交通省令で定める生活関連経路を構成する一般交通用施設は、同号の生活関連経路を構成する道路法による道路に接し、かつ、生活関連旅客施設の出入口に接する一般交通用施設（道路法による道路を除く。）のうち、移動等円滑化の措置がとられ、又はとられると見込まれるものと認めて、市町村が移動等円滑化促進方針において指定するものとする。

（令第二十七条第二号の規定により市町村が行う指定）

第十四条の四　令第二十七条第二号の規定により市町村が行う指定は、同号イに掲げる施設の出入口又は同号ロに掲げる施設の出入口その他の通行の用に供する部分に接する部分であって、生活関連旅客施設を利用する高齢者、障害者等が通常利用する部分について、移動等円滑化促進方針において行わなければならない。

（行為の届出）

第十四条の五　法第二十四条の六第一項の規定による届出は、第五号の二様式により作成した届出書に次に掲げる行為の区分に応じ、それぞれ次に定める書類又は図面を提出して行う

ものとする。

一　令第二十七条第一号に掲げる行為　行為の内容を示す旅客施設の構造及び設備に関する書類及び図面

二　令第二十七条第二号に掲げる行為　平面図、縦断図、横断定規図その他必要な図面

第十四条の六　法第二十四条の六第一項の主務省令で定める事項は、行為をしようとする者の氏名又は名称及び住所並びに法人にあっては、その代表者の氏名並びに行為の完了予定日とする。

（変更の届出）

第十四条の七　法第二十四条の六第二項の国土交通省令で定める事項は、設計又は施行方法のうち、その変更により同条第一項の届出に係る行為が令第二十七条各号に掲げる行為に該当しなくなるもの以外のもの（高齢者、障害者等の移動等の円滑化の促進に支障を及ぼすおそれのない意匠の変更その他の軽微な変更を除く。）とする。

第十四条の八　法第二十四条の六第二項の規定による届出は、第五号の三様式による変更届出書を提出して行うものとする。

2　第十四条の五の規定は、前項の届出について準用する。

（施設設置管理者による市町村に対する情報の提供）

第十四条の九　公共交通事業者等及び道路管理者は、法第二十四条の八第一項の規定による市町村の求めがあったときは、旅客施設及び特定道路に関し、移動等円滑化の措置がとられたエレベーターその他の昇降機、便所又は駐車施設その他の移動等円滑化のために必要な設備の有無及びその設置箇所その他の高齢者、障害者等が旅客施設及び特定道路を利用するために必要となる情報を当該市町村に提供しなければならない。

2　市町村は、前項の提供を求めるときは、提供の対象となる旅客施設及び特定道路の範囲、提供すべき事項、提供の様式、提供の期限その他必要な事項を明示するものとする。

第十四条の十　路外駐車場管理者等、公園管理者等及び建築主等は、法第二十四条の八第二項の規定による市町村の求めがあったときは、特定路外駐車場、特定公園施設及び特別特定建築物に関し、移動等円滑化の措置がとられたエレベーターその他の昇降機、便所又は駐車施設その他の移動等円滑化のために必要な設備の有無及びその設置箇所その他の高齢者、障害者等が特定路外駐車場、特定公園施設及び特別特定建築物を利用するために必要となる情報を当該市町村に提供するよう努めなければならない。

2　市町村は、前項の提供を求めるときは、提供の対象となる特定路外駐車場、特定公園施設及び特別特定建築物の範囲、提供すべき事項、提供の様式、提供の期限その他必要な事項を明示するものとする。

（公共交通特定事業計画の認定申請）

第十五条　法第二十九条第一項の規定により公共交通特定事業計画の認定を受けようとする者は、次に掲げる事項を記載した申請書を国土交通大臣に提出しなければならない。

一　氏名又は名称及び住所並びに法人にあっては、その代表者の氏名

二　公共交通特定事業を実施する特定旅客施設の法第二条第六号イからホまでに規定する区分並びに名称及び位置又は公共交通特定事業を実施する特定車両の車種、台数及び運行を予定する路線

三　公共交通特定事業の内容

四　当該認定を受けようとする者がそれ以外の者から公共交通特定事業を実施する特定旅客施設の一部又は全部の貸付けを受ける場合にあっては、当該貸付けを行う者の氏名又は名称及び住所並びに法人にあっては、その代表者の氏名

五　公共交通特定事業の実施予定期間並びにその実施に必要な資金の額及びその調達方法

六　その他公共交通特定事業の実施に際し配慮すべき重要事項

2　前項の申請書には、次に掲げる書類及び図面を添付しなければならない。

一　公共交通特定事業の内容を示す特定旅客施設又は特定車両の構造及び設備に関する書類及び図面

二　当該認定を受けようとする者がそれ以外の者から特定旅客施設の一部又は全部の貸付けを受ける場合にあっては、当該貸付契約に係る契約書の写し

（公共交通特定事業計画の変更の認定申請）

第十六条　法第二十九条第三項の規定により公共交通特定事業計画の変更の認定を受けようとする者は、次に掲げる事項を記載した申請書を国土交通大臣に提出しなければならない。

一　氏名又は名称及び住所並びに法人にあっては、その代表者の氏名

二　変更しようとする事項

三　変更を必要とする理由

2　前項の申請書には、前条第二項に掲げる書類及び図面のうち公共交通特定事業計画の変更に伴いその内容が変更されるものであって、その変更後のものを添付しなければならない。

（道路特定事業の協議の申出）

第十七条　法第三十二条第三項の協議の申出は、第六号様式による協議書を地方整備局長又は北海道開発局長に提出して行うものとする。

2　前項の協議書には、次に掲げる書類を添付しなければならない。

一　工事計画書

二　工事費及び財源調書

三　平面図、縦断図、横断定規図その他必要な図面

（同意を要しない軽易な道路特定事業）

第十八条　法第三十二条第三項ただし書の主務省令で定める軽易な道路特定事業は、道路の附属物の新設又は改築のみに関する工事とする。

2　市町村は、前項の工事を行った場合においては、その旨を地方整備局長又は北海道開発局長に報告しなければならない。

（道路特定事業に関する工事の公示）

第十九条　市町村は、法第三十二条第四項の規定により道路特定事業に関する工事を行おうとするとき、及び当該道路特定事業に関する工事の全部又は一部を完了したときは、道路の種類、路線名、工事の区間、工事の種類及び工事の開始の日（当該道路特定事業に関する工事の全部又は一部を完了したときにあっては、工事の完了の日）を公示するものとする。

（移動等円滑化経路協定の認可等の申請の公告）

第二十条　法第四十二条第一項（法第四十四条第二項において

準用する場合を含む。）の規定による公告は、次に掲げる事項について、公報、掲示その他の方法で行うものとする。

一　移動等円滑化経路協定の名称

二　移動等円滑化経路協定区域

三　移動等円滑化経路協定の縦覧場所

（移動等円滑化経路協定の認可の基準）

第二十一条　法第四十三条第一項第三号（法第四十四条第二項において準用する場合を含む。）の主務省令で定める基準は、次のとおりとする。

一　移動等円滑化経路協定区域は、その境界が明確に定められていなければならない。

二　法第四十一条第二項第二号の移動等円滑化のための経路の整備又は管理に関する事項は、法第二十四条の二第三項の移動等円滑化促進地区における移動等円滑化の促進に関する基本的な方針又は法第二十五条第三項の重点整備地区における移動等円滑化に関する基本的な方針が定められているときは、これらの基本的な方針に適合していなければならない。

三　移動等円滑化経路協定に違反した場合の措置は、違反した者に対して不当に重い負担を課するものであってはならない。

（移動等円滑化経路協定の認可等の公告）

第二十二条　第二十条の規定は、法第四十三条第二項（法第四十四条第二項、第四十五条第四項、第四十七条第二項又は第五十条第三項において準用する場合を含む。）の規定による公告について準用する。

（移動等円滑化施設協定に関する準用）

第二十二条の二　前三条の規定は、法第五十一条の二第一項に規定する移動等円滑化施設協定について準用する。この場合において、第二十条第二号及び第二十一条第一号中「移動等円滑化経路協定区域」とあるのは「移動等円滑化施設協定区域」と読み替えるものとする。

（移動等円滑化実績等報告書）

第二十三条　公共交通事業者等は、毎年六月三十日までに、次の表の上欄に掲げる公共交通事業者等の区分に応じ、同表の下欄に掲げる地方支分部局の長に、国土交通大臣が定める様式による移動等円滑化実績等報告書を提出しなければならない。ただし、第六条の三の移動等円滑化取組計画書及び第六条の四の移動等円滑化取組報告書を提出した場合にあっては、この限りでない。

一　法第二条第五号イからニまでに掲げる者又は同号トに掲げる者のうち同条第六号イに掲げる施設を設置し、又は管理するもの	当該公共交通事業者等の主たる事務所を管轄する地方運輸局長
二　法第二条第五号ホに掲げる者	当該公共交通事業者等の主たる事務所を管轄する地方運輸局長（運輸監理部長を含む。）
三　法第二条第五号ヘに掲げる者又は同号トに掲げる者のうち同条第六号ホに掲げる施設を設置し、又は管理するもの	当該公共交通事業者等の主たる事務所を管轄する地方航空局長
四　法第二条第五号トに掲げる者のうち同条第六号ニに掲げる施設を設置し、又は管理するもの	当該公共交通事業者等の主たる事務所を管轄する地方整備局長又は北海道開発局長

（臨時の報告）

第二十四条　公共交通事業者等は、前条に定める移動等円滑化実績等報告書のほか、国土交通大臣、地方整備局長、北海道開発局長、地方運輸局長（運輸監理部長を含む。）又は地方航空局長から、移動等円滑化のための事業に関し報告を求められたときは、報告書を提出しなければならない。

2　国土交通大臣、地方整備局長、北海道開発局長、地方運輸局長（運輸監理部長を含む。）又は地方航空局長は、前項の報告を求めるときは、報告書の様式、報告書の提出期限その他必要な事項を明示するものとする。

（立入検査の証明書）

第二十五条　法第五十三条第六項の立入検査をする職員（国の職員を除く。）の身分を示す証明書は、第七号様式によるものとする。

（権限の委任）

第二十六条　法に規定する国土交通大臣の権限のうち、次の表の権限の欄に掲げるものは、それぞれ同表の地方支分部局の長の欄に掲げる地方支分部局の長に委任する。

権限		地方支分部局の長
一　法第九条第二項の規定による届出の受理	イ　法第二条第六号ハに掲げる施設のうち専用バスターミナル（自動車ターミナル法（昭和三十四年法律第百三十六号）第二条第七項に規定する専用バスターミナルをいう。以下同じ。）に係るもの	当該施設の所在地を管轄する地方運輸局長
	ロ　法第二条第六号ニに掲げる施設（当該施設を設置し、又は管理する者が一般旅客定期航路事業者又は旅客不定期航路事業者であるものに限る。）に係るもの	当該施設の所在地を管轄する地方運輸局長（運輸監理部長を含む。）

	ハ　法第二条第六号ニに掲げる施設（当該施設を設置し、又は管理する者が一般旅客定期航路事業者又は旅客不定期航路事業者であるものを除く。）に係るもの	当該施設の所在地を管轄する地方整備局長又は北海道開発局長
	ニ　法第二条第六号ホに掲げる施設に係るもの	当該施設の所在地を管轄する地方航空局長
二　法第九条第三項の規定による命令	イ　法第二条第六号ハに掲げる施設のうち専用バスターミナルに係るもの	当該施設の所在地を管轄する地方運輸局長
	ロ　乗合バス車両、貸切バス車両又は福祉タクシー車両（公共交通移動等円滑化基準省令第二条第一項第十四号に規定する福祉タクシー車両をいう。以下同じ。）に係るもの	当該乗合バス車両、貸切バス車両又は福祉タクシー車両の使用の本拠を管轄する地方運輸局長
	ハ　法第二条第六号ニに掲げる施設（当該施設を設置し、又は管理する者が一般旅客定期航路事業者又は旅客不定期航路事業者であるものに限る。）に係るもの	当該施設の所在地を管轄する地方運輸局長（運輸監理部長を含む。）
	ニ　法第二条第六号ニに掲げる施設（当該施設を設置し、又は管理する者が一般旅客定期航路事業者又は旅客不定期航路事業者であるものを除く。）に係るもの	当該施設の所在地を管轄する地方整備局長又は北海道開発局長
	ホ　船舶に係るもの	当該船舶の航路の拠点を管轄する地方運輸局長（運輸監理部長を含む。）
	ヘ　法第二条第六号ホに掲げる施設に係るもの	当該施設の所在地を管轄する地方航空局長
三　法第九条の三の指導及び助言並びに法第九条の七第一項の勧告及び同条第二項の規定による公表	イ　法第二条第六号イに掲げる施設のうち鉄道事業法（昭和六十一年法律第九十二号）第八条第一項の認可に係るもの以外のもの又は同号ハに掲げる施設のうち専用バスターミナルに係るもの	当該施設の所在地を管轄する地方運輸局長
	ロ　鉄道車両のうち鉄道事業法第十三条第一項の確認（鉄道事業法施行規則（昭和六十二年運輸省令第六号）第二十条第二項及び第三項に規定するものに限る。）に係るもの、乗合バス車両に係るもの、貸切バス車両に係るもの又は福祉タクシー車両に係るもの	当該鉄道車両、乗合バス車両、貸切バス車両又は福祉タクシー車両の使用の本拠を管轄する地方運輸局長

	ハ　法第二条第六号ニに掲げる施設（当該施設を設置し、又は管理する者が一般旅客定期航路事業者又は旅客不定期航路事業者であるものに限る。）に係るもの	当該施設の所在地を管轄する地方運輸局長（運輸監理部長を含む。）
	ニ　法第二条第六号ニに掲げる施設（当該施設を設置し、又は管理する者が一般旅客定期航路事業者又は旅客不定期航路事業者であるものを除く。）に係るもの	当該施設の所在地を管轄する地方整備局長又は北海道開発局長
	ホ　船舶に係るもの	当該船舶の航路の拠点を管轄する地方運輸局長（運輸監理部長を含む。）
	ヘ　法第二条第六号ホに掲げる施設に係るもの	当該施設の所在地を管轄する地方航空局長
	ト　特定本邦航空運送事業者の使用する航空機以外の航空機（公共交通移動等円滑化基準省令第二条第一項第十六号に規定する航空機をいう。）に係るもの	当該航空機を使用する本邦航空運送事業者の主たる事務所を管轄する地方航空局長
四　法第二十二条の二第一項の移動等円滑化困難旅客施設の認定並びに同条第二項の認定及び同条第五項において準用する第十八条第二項の変更の認定	イ　法第二条第六号イに掲げる施設のうち鉄道事業法第八条第一項の認可に係るもの以外のもの又は同号ハに掲げる施設のうち専用バスターミナルに係るもの	当該施設の所在地を管轄する地方運輸局長
	ロ　法第二条第六号ニに掲げる施設（当該施設を設置し、又は管理する者が一般旅客定期航路事業者又は旅客不定期航路事業者であるものに限る。）に係るもの	当該施設の所在地を管轄する地方運輸局長（運輸監理部長を含む。）
	ハ　法第二条第六号ニに掲げる施設（当該施設を設置し、又は管理する者が一般旅客定期航路事業者又は旅客不定期航路事業者であるものを除く。）に係るもの	当該施設の所在地を管轄する地方整備局長又は北海道開発局長
	ニ　法第二条第六号ホに掲げる施設に係るもの	当該施設の所在地を管轄する地方航空局長
五　法第二十四条の六第五項の規定による勧告	イ　法第二条第六号イに掲げる施設のうち鉄道事業法第八条第一項の認可に係るもの以外のもの又は同号ハに掲げる施設のうち専用バスターミナルに係るもの	当該施設の所在地を管轄する地方運輸局長
	ロ　法第二条第六号ニに掲げる施設（当該施設を設置し、又は管理する者が一般	当該施設の所在地を管轄する地方運輸局長（運輸監理部長を含む。）

	旅客定期航路事業者又は旅客不定期航路事業者であるものに限る。）に係るもの	
	ハ　法第二条第六号ニに掲げる施設（当該施設を設置し、又は管理する者が一般旅客定期航路事業者又は旅客不定期航路事業者であるものを除く。）に係るもの	当該施設の所在地を管轄する地方整備局長又は北海道開発局長
	ニ　法第二条第六号ホに掲げる施設に係るもの	当該施設の所在地を管轄する地方航空局長
六　法第二十九条第一項の規定による申請の受理、同条第二項の認定、同条第三項の規定による変更の認定及び同条第五項の規定による認定の取消し	イ　法第二条第六号イに掲げる施設のうち鉄道事業法第八条第一項の認可に係るもの以外のもの又は同号ハに掲げる施設のうち専用バスターミナルに係るもの	当該施設の所在地を管轄する地方運輸局長
	ロ　乗合バス車両、貸切バス車両又は福祉タクシー車両に係るもの	当該乗合バス車両、貸切バス車両又は福祉タクシー車両の使用の本拠を管轄する地方運輸局長
	ハ　法第二条第六号ニに掲げる施設（当該施設を設置し、又は管理する者が一般旅客定期航路事業者又は旅客不定期航路事業者であるものに限る。）に係るもの	当該施設の所在地を管轄する地方運輸局長（運輸監理部長を含む。）
	ニ　法第二条第六号ニに掲げる施設（当該施設を設置し、又は管理する者が一般旅客定期航路事業者又は旅客不定期航路事業者であるものを除く。）に係るもの	当該施設の所在地を管轄する地方整備局長又は北海道開発局長
	ホ　法第二条第六号ホに掲げる施設に係るもの	当該施設の所在地を管轄する地方航空局長
七　法第三十二条第三項の規定による協議及び同意		市町村の区域を管轄する地方整備局長又は北海道開発局長
八　法第三十八条第二項の規定による通知の受理及び同条第三項の規定による勧告	イ　法第二条第六号イに掲げる施設のうち鉄道事業法第八条第一項の認可に係るもの以外のもの又は同号ハに掲げる施設のうち専用バスターミナルに係るもの	当該施設の所在地を管轄する地方運輸局長
	ロ　乗合バス車両、貸切バス車両又は福祉タクシー車両に係るもの	当該乗合バス車両、貸切バス車両又は福祉タクシー車両の使用の本拠を管轄する地方運輸局長
	ハ　法第二条第六号ニに掲げる施設（当該施設を設置し、又は管理する者が一般旅客定期航路事業者又は旅客不定期航路事業者であるものに限る。）に係るもの	当該施設の所在地を管轄する地方運輸局長（運輸監理部長を含む。）
	ニ　法第二条第六号ニに	当該施設の所在地を管轄する地方整備局長又は北

	掲げる施設（当該施設を設置し、又は管理する者が一般旅客定期航路事業者又は旅客不定期航路事業者であるものを除く。）に係るもの	海道開発局長
	ホ 法第二条第六号ホに掲げる施設に係るもの	当該施設の所在地を管轄する地方航空局長
九 法第三十八条第四項の規定による命令	イ 法第二条第六号ハに掲げる施設のうち専用バスターミナルに係るもの	当該施設の所在地を管轄する地方運輸局長
	ロ 乗合バス車両、貸切バス車両又は福祉タクシー車両に係るもの	当該乗合バス車両、貸切バス車両又は福祉タクシー車両の使用の本拠を管轄する地方運輸局長
	ハ 法第二条第六号ニに掲げる施設（当該施設を設置し、又は管理する者が一般旅客定期航路事業者又は旅客不定期航路事業者であるものに限る。）に係るもの	当該施設の所在地を管轄する地方運輸局長（運輸監理部長を含む。）
	ニ 法第二条第六号ニに掲げる施設（当該施設を設置し、又は管理する者が一般旅客定期航路事業者又は旅客不定期航路事業者であるものを除く。）に係るもの	当該施設の所在地を管轄する地方整備局長又は北海道開発局長
	ホ 法第二条第六号ホに掲げる施設に係るもの	当該施設の所在地を管轄する地方航空局長

2 法に規定する国土交通大臣の権限のうち、法第二十四条の二第八項の助言（法第二十五条第十項において準用する場合を含む。）に係るもの並びに法第五十三条第一項の規定による報告、立入検査及び質問に係るものは、地方整備局長、北海道開発局長、地方運輸局長（運輸監理部長を含む。）、地方航空局長、運輸支局長及び海事事務所長も行うことができる。

3 法に規定する国土交通大臣の権限のうち、法第二十四条の六第五項の勧告に係るもの（道路管理者に係るものに限る。）は、地方整備局長及び北海道開発局長も行うことができる。

4 法に規定する道路管理者及び公園管理者である国土交通大臣の権限は、地方整備局長及び北海道開発局長に委任する。

（書類の経由）

第二十七条 第十五条第一項及び第十六条第一項の規定により国土交通大臣に提出すべき申請書のうち、法第二条第六号イに掲げる施設のうち鉄道事業法第八条第一項の認可に係るもの、同号ロに掲げる施設及び同号ハに掲げる施設のうち一般バスターミナルに係るものは、当該施設の所在地を管轄する地方運輸局長を経由して提出しなければならない。

2 この省令の規定により地方運輸局長に提出すべき申請書のうち、乗合バス車両、貸切バス車両又は福祉タクシー車両に係るものは、当該乗合バス車両、貸切バス車両又は福祉タクシー車両の使用の本拠を管轄する運輸監理部長又は運輸支局長を経由して提出しなければならない。

3 この省令の規定により地方運輸局長に提出すべき移動等円滑化実績等報告書のうち、乗合バス車両、貸切バス車両又は福祉タクシー車両に係るものは、法第二条第五号ハに掲げる者の主たる事務所を管轄する運輸監理部長又は運輸支局長を経由して提出しなければならない。

附　則（抄）

（施行期日）

第一条 この省令は、法の施行の日（平成十八年十二月二十日）から施行する。

（高齢者、身体障害者等が円滑に利用できる特定建築物の建築の促進に関する法律施行規則及び高齢者、身体障害者等の公共交通機関を利用した移動の円滑化の促進に関する法律施行規則の廃止）

第二条 次に掲げる省令は、廃止する。

一 高齢者、身体障害者等が円滑に利用できる特定建築物の建築の促進に関する法律施行規則（平成六年建設省令第二十六号）

二 高齢者、身体障害者等の公共交通機関を利用した移動の円滑化の促進に関する法律施行規則（平成十二年運輸省・建設省令第九号）

附　則（平二三・八・三〇国交令六七）

この省令は、公布の日から施行する。

附　則（平二三・一一・三〇国交令八五）

この省令は、地域の自主性及び自立性を高めるための改革の推進を図るための関係法律の整備に関する法律〔平成二三年八月法律第一〇五号〕附則第一条第一号に掲げる規定の施行の日（平成二十三年十一月三十日）から施行する。

附　則（平三〇・一〇・一九国交令八一）

この省令は、高齢者、障害者等の移動等の円滑化の促進に関する法律の一部を改正する法律〔平成三〇年五月法律第三二号〕の施行の日（平成三十年十一月一日）から施行する。

附　則（平三一・三・八国交令七抄）

（施行期日）

第一条　この省令は、高齢者、障害者等の移動等の円滑化の促進に関する法律の一部を改正する法律〔平成三〇年五月法律第三二号〕附則第一条ただし書に規定する規定の施行の日（平成三十一年四月一日。以下「施行日」という。）から施行する。

（高齢者、障害者等の移動等の円滑化の促進に関する法律施行規則の一部改正に伴う経過措置）

第二条　平成三十一年度においては、第一条の規定による改正後の高齢者、障害者等の移動等の円滑化の促進に関する法律施行規則第六条の三の規定の適用については、同条中「六月三十日」とあるのは、「十二月三十一日」とする。

附　則（令元・六・二八国交令二〇）

この省令は、不正競争防止法等の一部を改正する法律〔平成三〇年五月法律第三三号〕の施行の日（令和元年七月一日）から施行する。

附　則（令二・一二・二三国交令九八）

（施行期日）

1　この省令は、令和三年一月一日から施行する。

（経過措置）

2　この省令の施行の際現にあるこの省令による改正前の様式による用紙は、当分の間、これを取り繕って使用することができる。

附　則（令三・一・二〇国交令一）

この省令は、高齢者、障害者等の移動等の円滑化の促進に関する法律の一部を改正する法律〔令和二年五月法律第二八号〕の施行の日（令和三年四月一日）から施行する。

附　則（令三・三・三〇国交令一二）

この省令は、高齢者、障害者等の移動等の円滑化の促進に関する法律の一部を改正する法律（令和二年法律第二十八号）の施行の日（令和三年四月一日）から施行する。

附　則（令三・一〇・一国交令六二）

この省令は、高齢者、障害者等の移動等の円滑化の促進に関する法律施行令の一部を改正する政令〔令和二年一二月政令第三四五号〕の施行の日（令和三年十月一日）から施行する。

附　則（令四・三・三一国交令三〇）

（施行期日）

第一条　この省令は、令和四年十月一日から施行する。

（経過措置）

第二条　この省令の施行の日前にされた高齢者、障害者等の移動等の円滑化の促進に関する法律（平成十八年法律第九十一号。以下「法」という。）第十七条第三項の認定（法第十八条第一項の規定による変更の認定を含む。以下この項において同じ。）の申請であって、この省令の施行の際、まだその認定をするかどうかの処分がされていないものについての認定の処分については、なお従前の例による。

2　この省令の施行の際現に工事中の特定建築物で、認定を受けた計画又は前項の規定によりなお従前の例によることとされる認定を受ける計画に係るものについての法第十八条第一項の規定による変更の認定に関する認定の基準については、当該工事が完了するまでの間に限り、なお従前の例による。

附　則（令六・三・八国交令一八）

（施行期日）

第一条　この省令は、地域の自主性及び自立性を高めるための改革の推進を図るための関係法律の整備に関する法律〔令和五年六月法律第五八号〕附則第一条第三号に掲げる規定の施行の日（令和六年四月一日）から施行する。

（経過措置）

第二条　この省令の施行の際現にある第一条、第二条又は第五条から第八条までの規定による改正前の様式による用紙は、当分の間、これを取り繕って使用することができる。

2　〔略〕

附　則（令六・三・二九国交令二六抄）

（施行期日）

第一条　この省令は、令和六年四月一日から施行する。〔後略〕

第１号様式（第７条第１項関係）

（日本産業規格Ａ列４番）

特定路外駐車場設置（変更）届出書

年　月　日

殿

特定路外駐車場管理者の氏名又は名称及び住所

高齢者、障害者等の移動等の円滑化の促進に関する法律第12条第１項本文の規定により、次のように届け出ます。

<table>
<tr><td colspan="3">１ 駐車場の名称</td><td colspan="3"></td></tr>
<tr><td colspan="3">２ 駐車場の位置</td><td colspan="3"></td></tr>
<tr><td rowspan="4">３
規模</td><td colspan="2">イ　駐車場の区域の面積</td><td colspan="3">平方メートル</td></tr>
<tr><td colspan="2" rowspan="3">ロ　駐車場の用に供する部分の面積</td><td rowspan="2">ａ　駐車の用に供する部分の面積</td><td>一般公共の用に供する部分</td><td>平方メートル
（駐車台数　台）</td></tr>
<tr><td>それ以外の部分</td><td>平方メートル
（駐車台数　台）</td></tr>
<tr><td>ｂ　車路等の面積</td><td colspan="2">平方メートル</td></tr>
<tr><td rowspan="5">４
移動等円滑化のために必要な構造及び設備</td><td colspan="5">路外駐車場車椅子使用者用駐車施設　台</td></tr>
<tr><td colspan="5">路外駐車場移動等円滑化経路の傾斜路の勾配の最大値</td></tr>
<tr><td rowspan="3">特殊の装置</td><td>イ　特殊の装置の有無</td><td colspan="3"></td></tr>
<tr><td rowspan="2">ロ　特殊の装置に係る移動等円滑化のために必要な特定路外駐車場の構造及び設備に関する基準を定める省令（平成18年国土交通省令第112号）第４条の規定による認定の概要</td><td>ａ　認定の番号</td><td colspan="2"></td></tr>
<tr><td>ｂ　特殊の装置の名称等</td><td colspan="2"></td></tr>
<tr><td colspan="3">５ 従業員概数</td><td colspan="3"></td></tr>
<tr><td colspan="3">６ 供用開始（予定）日</td><td colspan="3"></td></tr>
</table>

備考

一　特定路外駐車場変更届出書にあっては、変更しようとする事項を朱書すること。

二　３のロのａ欄の「それ以外の部分」欄においては、月ぎめ契約等により特定の顧客の駐車の用に供する部分等一般公共の用に供する部分以外の部分の面積を記載すること。

三　３のロのｂ欄においては、駐車場の用に供する部分のうち、駐車の用に供する部分を除いた部分の面積を記載すること。

四　４のイ欄においては、特殊の装置を用いるか否かに応じて、「有」又は「無」のいずれかを記載すること。

五　４のロのａ欄においては、用いる特殊の装置に係る移動等円滑化のために必要な特定路外駐車場の構造及び設備に関する基準を定める省令（平成18年国土交通省令第112号）第４条の規定による認定の番号を記載すること。

六　４のロのｂ欄においては、用いる特殊の装置の名称（商品名）、製造者名を記載すること。

第２号様式（第７条第２項関係）

（日本産業規格Ａ列４番）

高齢者、障害者等の移動等の円滑化の促進に関する法律第12条第１項ただし書に基づく、路外駐車場設置（変更）届出書に添付する書面

移動等円滑化のために必要な構造及び設備		路外駐車場車椅子使用者用駐車施設　　　台		
		路外駐車場移動等円滑化経路の傾斜路の勾配の最大値		
	特殊の装置	イ　特殊の装置の有無		
		ロ　特殊の装置に係る移動等円滑化のために必要な特定路外駐車場の構造及び設備に関する基準を定める省令（平成18年国土交通省令第112号）第４条の規定による認定の概要	認定の番号	
			特殊の装置の名称等	

備　考

一　路外駐車場変更届出書に添付する書面にあっては、変更しようとする事項を朱書すること。

二　「特殊の装置」イ欄においては、特殊の装置を用いるか否かに応じて、「有」又は「無」のいずれかを記載すること。

三　「特殊の装置」ロ欄の「認定の番号」欄においては、用いる特殊の装置に係る移動等円滑化のために必要な特定路外駐車場の構造及び設備に関する基準を定める省令（平成18年国土交通省令第112号）第４条の規定による認定の番号を記載すること。

四　「特殊の装置」ロの「特殊の装置の名称等」欄においては、用いる特殊の装置の名称（商品名）、製造者名を記載すること。

第３号様式（第８条関係）（日本産業規格Ａ列４番）

（第一面）

認　　定　　申　　請　　書

年　　月　　日

所管行政庁　　殿

申請者の住所又は
主たる事務所の所在地
申請者の氏名又は名称

高齢者、障害者等の移動等の円滑化の促進に関する法律第17条第１項の規定に基づき、特定建築物の建築等及び維持保全の計画について認定を申請します。この申請書及び添付図書に記載の事項は、事実に相違ありません。

（本欄には記入しないでください。）

受付欄	認定番号欄	決　裁　欄
年　　月　　日	年　　月　　日	
第　　　　号	第　　　　号	
係員氏名	係員氏名	

（第二面）

1　特定建築物及びその敷地に関する事項

<table>
<tr><td colspan="3">〔地名地番〕</td></tr>
<tr><td colspan="3">〔延べ面積〕　　　　　　　　㎡
〔敷地面積〕　　　　　　　　㎡
〔建築面積〕　　　　　　　　㎡
〔建築物の階数〕　　　　　　階</td></tr>
<tr><td>〔構造方法〕</td><td>造　一部</td><td>造</td></tr>
<tr><td colspan="3">〔主要用途〕
〔用途別床面積〕
用途（　　　）　床面積（　　　㎡）　階（　）
（　　　）　（　　　㎡）　（　）
（　　　）　（　　　㎡）　（　）
（　　　）　（　　　㎡）　（　）
（　　　）　（　　　㎡）　（　）</td></tr>
<tr><td colspan="3">〔建築物特定施設の床面積のうち、通常の建築物の建築物特定施設の床面積を超える部分〕</td></tr>
<tr><td colspan="3">〔工事種別〕</td></tr>
<tr><td colspan="3">〔確認の特例〕
法第17条第４項の規定による適合通知を受ける旨の申出の有無<有・無></td></tr>
</table>

（注意）

1．〔主要用途〕及び〔用途別床面積〕の欄には、高齢者、障害者等の移動等の円滑化の促進に関する法律施行令第４条及び第５条の用途の区分に従い用途をできるだけ具体的に記入するとともに、それぞれの用途に供する部分の床面積を記入してください。また、（階）の部分には、当概用途の部分がある階（複数の階に及ぶ場合はそのすべての階）を記入してください。

2．〔建築物特定施設の床面積のうち、通常の建築物の建築物特定施設の床面積を超える部分〕の欄には、法第19条の規定により容積率の算定の基礎となる延べ面積に算入しない部分の床面積（認定特定建築物の延べ面積の10分の１を限度とする。）を記入し、当該床面積の算定根拠がわかる資料を別に添付してください。また、当該床面積に既に法第22条の２第５項において準用する法第19条の規定による容積率の特例の適用を受けている床面積が含まれる場合にあっては、その旨を併せて記入してください。

3．〔工事種別〕の欄には、「新築」、「増築」、「改築」、「用途変更」、「修繕」又は「模様替」のうち該当するものを記入してください。

4．〔確認の特例〕の欄には、認定の申請に併せて、建築基準法第６条第１項（同法第87条第１項において準用する場合を含む。）の確認申請書を提出して適合通知を受けることを申し出る場合においては「有」を○印で囲み、申し出ない場合においては、「無」を○印で囲んでください。

（第三面）

2　建築物特定施設の構造及び配置に関する事項

①　出入口

		平面図番号等	段のある出入口
多数の者が利用する出入口（直接地上へ通ずる出入口を除く。）	幅90㎝以上のもの 幅90㎝未満のもの		
直接地上へ通ずる出入口	幅120㎝以上のもの 幅90㎝以上120㎝未満のもの 幅90㎝未満のもの		

（注意）

平面図番号等の欄には、各階平面図内の位置がわかるように、各階平面図の番号及び当該平面図に記入した出入口の記号等を記入してください。

②　廊下等

	平面図番号等
突出物 休憩用の設備	

（注意）

1．平面図番号等の欄には、各階平面図内の位置が分かるように、各階平面図の番号及び当該平面図内に記入したそれぞれの記号等を記入してください。

2．突出物を設けている場合においては、視覚障害者の通行の安全上支障が生じないよう講じた措置がわかる資料を別に添付してください。

3．廊下等及び点状ブロック等の仕上げ材料、仕上げ方法及び色がわかる資料を別に添付してください。なお、階段又は傾斜路の上端に近接する廊下等の部分については、点状ブロック等に接する部分の仕上げ材料、仕上げ方法及び色が別にわかるように資料を作成してください。

（第四面）

③　階段

	平面図番号等	縦断面図番号
階段		

（注意）

1．平面図番号等の欄には、各階平面図内の位置がわかるように、各階平面図の番号及び当該平面図内に記入した階段の記号等を記入し、縦断面図番号の欄には、当該階段の構造を示す縦断面図の番号を平面図番号等の欄に記入した記号等との対応関係がわかるよう記入してください。

2．階段及び点状ブロック等の仕上げ材料、仕上げ方法及び色がわかる資料を別に添付してください。なお、段がある部分の上端に近接する踊場の部分については、点状ブロック等に接する部分の仕上げ材料、仕上げ方法及び色が別にわかるように資料を作成してください。

④　階段に代わり、又はこれに併設する傾斜路

	平面図番号等	縦断面図番号
階段に代わり、又はこれに併設する傾斜路		

（注意）

1．平面図番号等の欄には、各階平面図内の位置がわかるように、各階平面図の番号及び当該平面図内に記入した傾斜路の記号等を記入し、縦断面図番号の欄には、当該傾斜路の構造を示す縦断面図の番号を平面図番号等の欄に記入した記号等との対応関係がわかるよう記入してください。

2．傾斜路及び点状ブロック等の仕上げ材料、仕上げ方法及び色がわかる資料を別に添付してください。なお、傾斜がある部分の上端に近接する踊場の部分については、点状ブロック等に接する部分の仕上げ材料、仕上げ方法及び色が別にわかるように資料を作成してください。

（第五面）

⑤　エレベーターその他の昇降機

	配置図・平面図番号等	構造詳細図番号
エレベーター		
特殊な構造又は使用形態のエレベーターその他の昇降機		

	当該装置が設けられるエレベーター	提供する情報の内容	
		かご内	乗降ロビー
音声により情報を提供する装置			

（注意）

1．配置図・平面図番号等の欄には、配置図又は各階平面図内の位置がわかるように、配置図に記入したエレベーターその他の昇降機の記号等又は各階平面図の番号及び当該平面図内に記入したエレベーターその他の昇降機の記号等を記入するとともに、当該エレベーターその他の昇降機の表示方法についてわかる資料を添付してください。構造詳細図番号の欄には、当該エレベーターその他の昇降機の構造詳細図の番号を配置図・平面図番号等の欄に記入した記号等との対応関係がわかるよう記入してください。

2．当該装置が設けられているエレベーターの欄には、音声により情報を提供する装置が設けられたエレベーターについて、各階平面図内の位置がわかるように、各階平面図の番号及び当該平面図内に記入したエレベーターの記号等を記入し、提供する情報の内容の欄には、当該装置の音声により提供される情報の内容を、当該装置の設けられる場所に応じて、かご内及び乗降ロビーの欄に、それぞれ記入してください。

（第六面）

⑥ 便所

階	便房の総数	車椅子使用者用便房数

	平面図番号等	構造詳細図番号
車椅子使用者用便房のある便所 水洗器具を設けた便房がある便所 腰掛便座及び手すりの設けられた便房がある便所（車椅子使用者用便房のある便所を除く。） 床置式の小便器、壁掛式の小便器（受け口の高さが35センチメートル以下のものに限る。）その他これらに類する小便器がある便所		

（注意）

1．便房の総数の欄には、多数の者が利用する全便所（特別特定建築物の場合は、不特定かつ多数の者が利用し、又は主として高齢者、障害者等が利用する全便所）にある便房（車椅子使用者用便房を含む。）の総数を記入してください。

2．平面図番号等の欄には、各階平面図内の位置がわかるように、各階平面図の番号及び当該平面図内に記入した便所の記号等を記入するとともに、車椅子使用者用便房又は水洗器具を設けた便房の表示方法についてわかる資料を別に添付してください。構造詳細図番号の欄には、当該便所の構造詳細図の番号を平面図番号等の欄に記入した記号等との対応関係がわかるよう記入してください。

⑦ 車椅子使用者用客室

客室の総数	車椅子使用者用客室数

	平面図番号等
車椅子使用者用客室	

（注意）

1．客室の総数の欄には、ホテル又は旅館の客室の総数を記入してください。

2．平面図番号等の欄には、各階平面図内の位置がわかるように、各階平面図の番号及び当該平面図内に記入した車椅子使用者用客室の記号等を記入してください。

（第七面）

⑧　敷地内の通路

	配　置　図	縦断面図番号
段 傾斜路		

（注意）

1．配置図の欄には、配置図内の位置が分かるように、配置図に記入したそれぞれの記号等を記入し、縦断面図番号の欄には、段並びに傾斜路及びその踊場の構造を示す縦断面図の番号を配置図の欄に記入した記号等との対応関係がわかるよう記入してください。

2．敷地内の通路の床材の仕上げ材料、仕上げ方法及び色がわかる資料を別に添付してください。

3．地形が著しく特殊な場合においては、当該地形の特殊性がわかる資料を別に添付してください。

⑨　駐車場

全駐車台数	車椅子使用者用駐車施設数

	配置図・平面図番号等
車椅子使用者用駐車施設	

（注意）

1．全駐車台数の欄には、多数の者が利用する全駐車場（特別特定建築物の場合は、不特定かつ多数の者が利用し、又は主として高齢者、障害者等が利用する全駐車場）の駐車台数（車椅子使用者用駐車施設数を含む。）の合計を記入してください。

2．配置図・平面図番号等の欄には、配置図内又は各階平面図内の位置がわかるように、配置図に記入した車椅子使用者用駐車施設の記号等又は各階平面図の番号及び当該平面図内に記入した車椅子使用者用駐車施設の記号等を記入するとともに、車椅子使用者用駐車施設の表示方法についてわかる資料を別に添付してください。

（第八面）

⑩　客席

客　席　の　総　数	車椅子使用者用客席数

	平　面　図　番　号　等	縦　断　面　図　番　号
車椅子使用者用客席		

（注意）

1．客席の総数の欄には、劇場、観覧場、映画館、演芸場、集会場又は公会堂の客席の総数を記入してください。

2．平面図番号等の欄には、各階平面図内の位置がわかるように、各階平面図の番号及び当該各階平面図内に記入した車椅子使用者用客席の記号等を記入し、縦断面図番号の欄には、当該車椅子使用者用客席から舞台等まで引いた可視線を示す縦断面図の番号を平面図番号等の欄に記入した記号等との対応関係がわかるよう記入してください。

⑪　浴室等

	平　面　図　番　号　等	構　造　詳　細　図　番　号
車椅子使用者用浴室等		

（注意）

平面図番号等の欄には、各階平面図内の位置がわかるように、各階平面図の番号及び当該平面図内に記入した車椅子使用者用浴室等の記号等を記入し、構造詳細図番号の欄には、当該浴室等の構造詳細図の番号を平面図番号等の欄に記入した記号等との対応関係がわかるよう記入してください。

（第九面）

⑫　案内設備までの経路

	配置図・平面図番号等
案内設備	
音声その他の方法により視覚障害者を誘導する設備	有・無

（注意）

1．配置図・平面図番号等の欄には、配置図又は各階平面図内の位置が分かるように、配置図に記入した案内設備の記号等又は各階平面図の番号及び当該平面図内に記入した案内設備の記号等を記入するとともに、案内設備の概要がわかる資料を別に添付してください。

2．案内設備までの経路及び線状ブロック等又は点状ブロック等の仕上げ材料、仕上げ方法及び色がわかる資料を別に添付してください。なお、案内設備までの経路の部分については、線状ブロック等又は点状ブロック等に接する部分の仕上げ材料、仕上げ方法及び色が別にわかるように資料を作成してください。

3．音声その他の方法により視覚障害者を誘導する設備の有無の欄で「有」を○印で囲んだ場合においては、当該装置の概要がわかる資料を別に添付してください。

（第十面）

3　建築物特定施設の維持保全に関する事項

⑴　維持保全に関する責任範囲及び実施体制

1　所有者の氏名又は名称	
2　管理者の氏名又は名称	
3　維持保全責任者の氏名又は名称	
4　維持保全業務の委託 （①　委託先の名称） （②　委託業務内容）	する　・　しない
5　維持保全計画の作成予定等	

（注意）

1．1欄から4欄までは、特定建築物の建築等の事業の完了後について記入し、未定のときは空欄にしておいてください。

2．4欄は、維持保全業務の委託について「する」又は「しない」のうち該当するものを○印で囲んでください。「する」を○印で囲んだ場合にのみ①②について記入してください。

3．5欄は、1欄から4欄までが未定の場合において、今後どのようにして維持保全計画を作成するかについて、維持保全計画作成までの認定申請者の維持保全に関する責任範囲を含めて記入してください。

⑵　維持保全業務の概要

建築物特定施設	維 持 保 全 業 務 の 内 容

（注意）

維持保全業務の内容の欄には、建築物特定施設ごとに、定期的な点検の実施計画、修繕の実施計画等維持保全業務の内容として予定していることを記入してください。

（第十一面）

4　特定建築物の建築等の事業に関する資金計画

	内　　訳	金　　　額　（百万円）
支　　出	建築費 用途取得造成費 事務費 借入金利息 ○○○	
	計	
収　　入	自己資金 借入金 （借入先） ○○○	 （　　　　　　　　　　　　　　）
	計	

5　特定建築物の建築等の事業の実施時期

〔事業の着手の予定年月日〕	年　　　月　　　日
〔事業の完了の予定年月日〕	年　　　月　　　日

第４号様式（第10条第２項関係）（日本産業規格Ａ列４番）

認　定　通　知　書

認定番号　第　　　　号
認定年月日　　年　　月　　日
（※）（確認番号　第　　　　号
確認年月日　　年　　月　　日
建築主事又は
建築副主事の職氏名）

殿

所管行政庁　　　　印

下記による申請書の記載の計画について、高齢者、障害者等の移動等の円滑化の促進に関する法律第17条第３項の規定に基づき認定しましたので通知します。

記

1．　申請年月日　　　　　　年　　月　　日
2．　特定建築物の位置
3．　特定建築物の概要
　①　主要用途
　②　延べ面積
　③　その他の事項

（※）は法第17条第４項の規定により適合通知を受けた場合に記入されます。

第５号様式（第12条第２項関係）

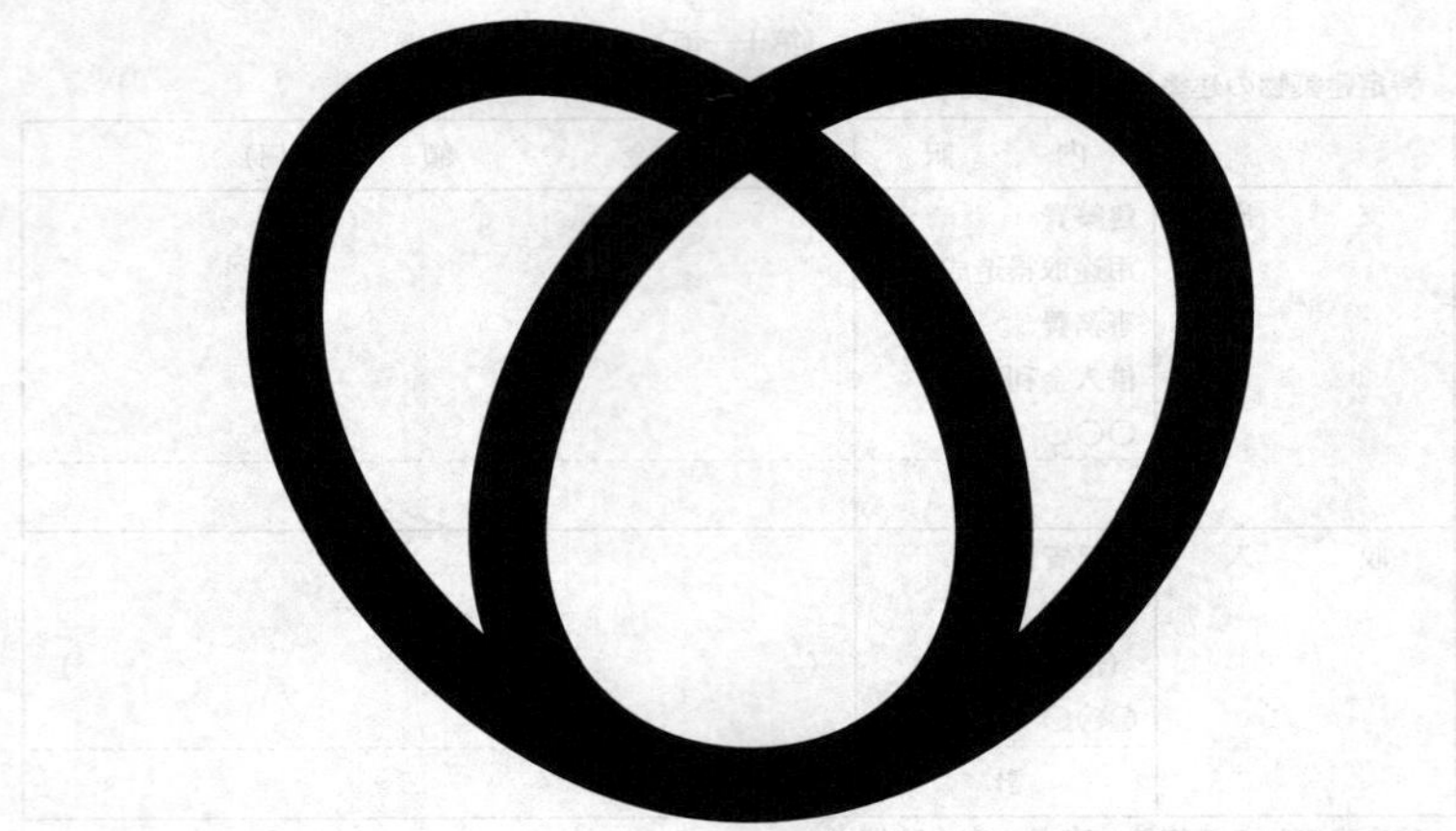

（注意）

1．大きさは、表示を容易に識別することができるものであること。

2．増築等又は修繕等の場合は、建築物移動等誘導基準に適合するものとして認定を受けた部分を記載すること。

第５号の２様式（第14条の５関係）（日本産業規格Ａ列４番）

移動等円滑化区域内における行為の届出書

年　月　日

殿

届出者　住所

氏名

高齢者、障害者等の移動等の円滑化の促進に関する法律第24条の６第１項の規定に基づき、

旅客施設の建設
改良
道　路の新設
改築
修繕

について、下記のとおり届け出ます。

記

1　行為の場所
2　行為の着手予定年月日　年　月　日
3　行為の完了予定年月日　年　月　日
4　設計又は施行方法の概要

備　考　届出者が法人である場合においては、氏名は、その法人の名称及び代表者の氏名を記載すること。

第５号の３様式（第14条の８関係）（日本産業規格Ａ列４番）

移動等円滑化区域内における行為の変更届出書

年　　月　　日

殿

届出者　住所

氏名

高齢者、障害者等の移動等の円滑化の促進に関する法律第24条の６第２項の規定に基づき、届出事項の変更について、下記のとおり届け出ます。

記

１　当初の届出年月日　　年　　月　　日
２　変更部分に係る行為の着手予定年月日　　年　　月　　日
３　変更部分に係る行為の完了予定年月日　　年　　月　　日
４　変更の内容

備　考

一　届出者が法人である場合においては、氏名は、その法人の名称及び代表者の氏名を記載すること。

二　変更の内容は、変更前及び変更後の内容を対照させて記載すること。

第５号の４様式（第12条の３第１項関係）（日本産業規格Ａ列４番）

（第一面）

認　定　申　請　書

年　月　日

所管行政庁　　殿

申請者の住所又は
主たる事務所の所在地
申請者の氏名又は名称

高齢者、障害者等の移動等の円滑化の促進に関する法律第22条の２第１項の規定に基づき、協定建築物の建築等及び維持保全の計画について認定を申請します。この申請書及び添付図書に記載の事項は、事実に相違ありません。

（本欄には記入しないでください。）

受付欄	認定番号欄	決　裁　欄
年　月　日	年　月　日	
第　号	第　号	
係員氏名	係員氏名	

（第二面）

1　協定建築物及びその敷地に関する事項

〔地名地番〕
〔延べ面積〕　　　　　㎡ 〔敷地面積〕　　　　　㎡ 〔建築面積〕　　　　　㎡ 〔建築物の階数〕　　　階
〔構造方法〕　　　　　造　一部　　　造
〔主要用途〕
〔協定建築物特定施設の床面積のうち、通常の建築物の建築物特定施設の床面積を超える部分〕
〔工事種別〕

（注意）

1．〔協定建築物特定施設の床面積のうち、通常の建築物の建築物特定施設の床面積を超える部分〕の欄には、法第22条の２第５項の規定において準用される法第19条の規定により容積率の算定の基礎となる延べ面積に算入しない部分の床面積（認定協定建築物の延べ面積の10分の１を限度とする。）を記入し、当該床面積の算定根拠がわかる資料を別に添付してください。また、当該床面積に既に法第19条の規定による容積率の特例の適用を受けている床面積が含まれる場合にあっては、その旨を併せて記入してください。

2．〔工事種別〕の欄には、「新築」、「増築」、「改築」、「修繕」又は「模様替」のうち該当するものを記入してください。

（第三面）

2　協定建築物特定施設の構造及び配置に関する事項

①　協定建築物特定施設である出入口

	平面図番号等	段のある出入口
協定建築物特定施設である出入口（下欄に掲げるものを除く。）		
協定建築物特定施設であって、直接移動等円滑化困難旅客施設又は移動等円滑化困難旅客施設へ通ずる経路への出入口		

（注意）

平面図番号等の欄には、各階平面図内の位置がわかるように、各階平面図の番号及び当該平面図に記入した出入口の記号等を記入してください。

②　協定建築物特定施設である廊下等

	平面図番号等
突出物	
休憩用の設備	

（注意）

1．平面図番号等の欄には、各階平面図内の位置が分かるように、各階平面図の番号及び当該平面図内に記入したそれぞれの記号等を記入してください。

2．突出物を設けている場合においては、視覚障害者の通行の安全上支障が生じないよう講じた措置がわかる資料を別に添付してください。

3．廊下等及び点状ブロック等の仕上げ材料、仕上げ方法及び色がわかる資料を別に添付してください。なお、階段又は傾斜路の上端に近接する廊下等の部分については、点状ブロック等に接する部分の仕上げ材料、仕上げ方法及び色が別にわかるように資料を作成してください。

（第四面）

③　協定建築物特定施設である階段

	平面図番号等	縦断面図番号
協定建築物特定施設である階段		

（注意）

1．平面図番号等の欄には、各階平面図内の位置がわかるように、各階平面図の番号及び当該平面図内に記入した階段の記号等を記入し、縦断面図番号の欄には、当該階段の構造を示す縦断面図の番号を平面図番号等の欄に記入した記号等との対応関係がわかるよう記入してください。

2．階段及び点状ブロック等の仕上げ材料、仕上げ方法及び色がわかる資料を別に添付してください。なお、段がある部分の上端に近接する踊場の部分については、点状ブロック等に接する部分の仕上げ材料、仕上げ方法及び色が別にわかるように資料を作成してください。

④　階段に代わり、又はこれに併設する協定建築物特定施設である傾斜路

	平面図番号等	縦断面図番号
階段に代わり、又はこれに併設する協定建築物である傾斜路		

（注意）

1．平面図番号等の欄には、各階平面図内の位置がわかるように、各階平面図の番号及び当該平面図内に記入した傾斜路の記号等を記入し、縦断面図番号の欄には、当該傾斜路の構造を示す縦断面図の番号を平面図番号等の欄に記入した記号等との対応関係がわかるよう記入してください。

2．傾斜路及び点状ブロック等の仕上げ材料、仕上げ方法及び色がわかる資料を別に添付してください。なお、傾斜がある部分の上端に近接する踊場の部分については、点状ブロック等に接する部分の仕上げ材料、仕上げ方法及び色が別にわかるように資料を作成してください。

（第五面）

⑤　協定建築物特定施設であるエレベーターその他の昇降機

	配置図・平面図番号等	構造詳細図番号
協定建築物特定施設であるエレベーター		
特殊な構造又は使用形態のエレベーターその他の昇降機（協定建築物特定施設であるものに限る。）		

	当該装置が設けられるエレベーター	提供する情報の内容	
		籠　内	乗降ロビー
音声により情報を提供する装置			

（注意）

1．配置図・平面図番号等の欄には、配置図又は各階平面図内の位置がわかるように、配置図に記入したエレベーターその他の昇降機の記号等又は各階平面図の番号及び当該平面図内に記入したエレベーターその他の昇降機の記号等を記入するとともに、当該エレベーターその他の昇降機の表示方法についてわかる資料を添付してください。構造詳細図番号の欄には、当該エレベーターその他の昇降機の構造詳細図の番号を配置図・平面図番号等の欄に記入した記号等との対応関係がわかるよう記入してください。

2．当該装置が設けられているエレベーターの欄には、音声により情報を提供する装置が設けられたエレベーターについて、各階平面図内の位置がわかるように、各階平面図の番号及び当該平面図内に記入したエレベーターの記号等を記入し、提供する情報の内容の欄には、当該装置の音声により提供される情報の内容を、当該装置の設けられる場所に応じて、籠内及び乗降ロビーの欄に、それぞれ記入してください。

（第六面）

⑥　協定建築物特定施設である便所

	平面図番号等	構造詳細図番号
車椅子使用者用便房のある便所 水洗器具を設けた便房がある便所 床置式の小便器、壁掛式の小便器（受け口の高さが35センチメートル以下のものに限る。）その他これらに類する小便器がある便所		

（注意）

平面図番号等の欄には、各階平面図内の位置がわかるように、各階平面図の番号及び当該平面図内に記入した便所の記号等を記入するとともに、車椅子使用者用便房又は水洗器具を設けた便房の表示方法についてわかる資料を別に添付してください。構造詳細図番号の欄には、当該便所の構造詳細図の番号を平面図番号等の欄に記入した記号等との対応関係がわかるよう記入してください。

⑦　協定建築物特定施設である敷地内の通路

	配　置　図	縦断面図番号
段 傾斜路		

（注意）

1．配置図の欄には、配置図内の位置がわかるように、配置図に記入したそれぞれの記号等を記入し、縦断面図番号の欄には、段並びに傾斜路及びその踊場の構造を示す縦断面図の番号を配置図の欄に記入した記号等との対応関係がわかるよう記入してください。

2．敷地内の通路の床材の仕上げ材料、仕上げ方法及び色がわかる資料を別に添付してください。

3．地形が著しく特殊な場合においては、当該地形の特殊性がわかる資料を別に添付してください。

（第七面）

⑧　案内設備までの経路

	配置図・平面図番号等
案内設備	
音声その他の方法により視覚障害者を誘導する設備	有　・　無

（注意）

1．配置図・平面図番号等の欄には、配置図又は各階平面図内の位置がわかるように、配置図に記入した案内設備の記号等又は各階平面図の番号及び当該平面図内に記入した案内設備の記号等を記入するとともに、案内設備の概要がわかる資料を別に添付してください。

2．案内設備までの経路及び線状ブロック等又は点状ブロック等の仕上げ材料、仕上げ方法及び色がわかる資料を別に添付してください。なお、案内設備までの経路の部分については、線状ブロック等又は点状ブロック等に接する部分の仕上げ材料、仕上げ方法及び色が別にわかるように資料を作成してください。

3．音声その他の方法により視覚障害者を誘導する設備の有無の欄で「有」を○印で囲んだ場合においては、当該装置の概要がわかる資料を別に添付してください。

（第八面）

3．　協定建築物特定施設の維持保全に関する事項

（1）　維持保全に関する責任範囲及び実施体制

1　所有者の氏名又は名称	
2　管理者の氏名又は名称	
3　維持保全責任者の氏名又は名称	
4　維持保全業務の委託 （①委託先の名称） （②委託業務内容）	する　・　しない
5　維持保全計画の作成予定等	

（注意）

1．1欄から4欄までは、協定建築物の建築等の事業の完了後について記入し、未定のときは空欄にしておいてください。

2．4欄は、維持保全業務の委託について「する」又は「しない」のうち該当するものを○印で囲んでください。「する」を○印で囲んだ場合にのみ①②について記入してください。

3．5欄は、1欄から4欄までが未定の場合において、今後どのようにして維持保全計画を作成するかについて、維持保全計画作成までの認定申請者の維持保全に関する責任範囲を含めて記入してください。

（2）　維持保全業務の概要

協定建築物特定施設	維　持　保　全　業　務　の　内　容

（注意）

維持保全業務の内容の欄には、協定建築物特定施設ごとに、定期的な点検の実施計画、修繕の実施計画等維持保全業務の内容として予定していることを記入してください。

（第九面）

4．　協定建築物の建築等の事業に関する資金計画

	内　訳	金　　額　（百万円）
支　　出	建築費 用途取得造成費 事務費 借入金利息 ○　○　○	
	計	
収　　入	自己資金 借入金 （借入先） ○　○　○	（　　　　　　　　　）
	計	

5．　協定建築物の建築等の事業の実施時期

〔事業の着手の予定年月日〕	年　　　月　　　日
〔事業の完了の予定年月日〕	年　　　月　　　日

第５号の５様式（第12条の７第２項関係）（日本産業規格Ａ列４番）

認　定　通　知　書

認定番号　第　　　　号
認定年月日　　年　　月　　日

殿

所管行政庁　　　　　印

下記による申請書の記載の計画について、高齢者、障害者等の移動等の円滑化の促進に関する法律第22条の２第４項の規定に基づき認定しましたので通知します。

記

１．　申請年月日　　　　　年　　月　　日

２．　協定建築物の位置

３．　協定建築物の概要

①　主要用途

②　延べ面積

③　その他の事項

第６号様式（第17条第１項関係）

道路特定事業協議書

番　　号
年　月　日
市　町　村　長　　　印
地方整備局長（北海道開発局長）　殿

高齢者、障害者等の移動等の円滑化の促進に関する法律第32条第３項の規定により次のように道路特定事業について別紙書類を添えて協議します。

一　国道の路線名

二　工事の区間　　　から　　　まで　　　延長　メートル

三　工事着手の年月日

四　工種

第７号様式（第25条関係）（日本産業規格Ａ列６番）

（表）

＿＿年＿＿月＿＿日発行第＿＿＿＿号（＿＿年＿＿月＿＿日まで有効）

職　　名	氏　　名	生年月日

刻印

（写真）

高齢者、障害者等の移動等の円滑化の促進に関する法律第53条第６項の規定による

立　入　検　査　証

（発　行　権　者）　　　　　印

（裏）

高齢者、障害者等の移動等の円滑化の促進に関する法律抜粋

第53条　主務大臣は、この法律の施行に必要な限度において、主務省令で定めるところにより、公共交通事業者等に対し、移動等円滑化のための事業に関し報告をさせ、又はその職員に、公共交通事業者等の事務所その他の事業場若しくは車両等に立ち入り、旅客施設、車両等若しくは帳簿、書類その他の物件を検査させ、若しくは関係者に質問させることができる。

2　知事等は、この法律の施行に必要な限度において、路外駐車場管理者等に対し、特定路外駐車場の路外駐車場移動等円滑化基準への適合に関する事項に関し報告をさせ、又はその職員に、特定路外駐車場若しくはその業務に関係のある場所に立ち入り、特定路外駐車場の施設若しくは業務に関し検査させ、若しくは関係者に質問させることができる。

3　所管行政庁は、この法律の施行に必要な限度において、政令で定めるところにより、建築主等に対し、特定建築物の建築物移動等円滑化基準への適合に関する事項に関し報告をさせ、又はその職員に、特定建築物若しくはその工事現場に立ち入り、特定建築物、建築設備、書類その他の物件を検査させ、若しくは関係者に質問させることができる。

4　所管行政庁は、認定建築主等に対し、認定特定建築物の建築等又は維持保全の状況について報告をさせることができる。

5　所管行政庁は、認定協定建築主等に対し、第二十二条の二第四項の認定を受けた計画（同条第五項において準用する第十八条第一項の規定による変更の認定があったときは、その変更後のもの）に係る協定建築物の建築等又は維持保全の状況について報告をさせることができる。

6　第一項から第三項までの規定により立入検査をする職員は、その身分を示す証明書を携帯し、関係者の請求があったときは、これを提示しなければならない。

7　第一項から第三項までの規定による立入検査の権限は、犯罪捜査のために認められたものと解釈してはならない。

第60条　次の各号のいずれかに該当する者は、百万円以下の罰金に処する。

三　第五十三条第一項の規定による報告をせず、若しくは虚偽の報告をし、又は同項の規定による検査を拒み、妨げ、若しくは忌避し、若しくは質問に対して陳述をせず、若しくは虚偽の陳述をした者

第62条　次の各号のいずれかに該当する者は、三十万円以下の罰金に処する。

二　第五十三条第三項の規定による報告をせず、若しくは虚偽の報告をし、又は同項の規定による検査を拒み、妨げ、若しくは忌避し、若しくは質問に対して陳述をせず、若しくは虚偽の陳述をした者

第63条　次の各号のいずれかに該当する者は、二十万円以下の罰金に処する。

一　第五十三条第二項の規定による報告をせず、若しくは虚偽の報告をし、又は同項の規定による検査を拒み、妨げ、若しくは忌避し、若しくは質問に対して陳述をせず、若しくは虚偽の陳述をした者

第64条　法人の代表者又は法人若しくは人の代理人、使用人その他の従業者が、その法人又は人の業務に関し、第五十九条から前条までの違反行為をしたときは、行為者を罰するほか、その法人又は人に対しても各本条の刑を科する。

○高齢者、障害者等の移動等の円滑化の促進に関する法律施行令第一条第二号に規定する旅客施設を利用する高齢者及び障害者の人数の算定に関する命令

（平成十八年十二月十五日　内閣府　総務　国土交通省　省令第一号）

沿革　平三一内閣・総務・国交令一改正

（旅客施設を利用する高齢者の人数の算定）

第一条　高齢者、障害者等の移動等の円滑化の促進に関する法律施行令（以下「令」という。）第一条第二号イに規定する国土交通省令・内閣府令・総務省令の定めるところにより算定した旅客施設を利用する高齢者の人数は、当該旅客施設の一日当たりの平均的な利用者の人数（当該旅客施設が新たに建設される場合にあっては、当該旅客施設の一日当たりの平均的な利用者の人数の見込みをいう。以下同じ。）に当該旅客施設が所在する市町村の区域（高齢者、障害者等の移動等の円滑化の促進に関する法律（平成十八年法律第九十一号。以下「法」という。）第二十五条第一項の規定により二以上の市町村が共同して基本構想を作成する場合にあっては、当該基本構想を作成するすべての市町村の区域をいう。以下同じ。）における高齢者の割合を乗じて得た人数とし、同号イに規定する国土交通省令・内閣府令・総務省令の定めるところにより算定した令第一条第一号の要件に該当する旅客施設を利用する高齢者の人数は、五千に全国の区域における高齢者の割合を乗じて得た人数とする。

２　前項の旅客施設が所在する市町村の区域における高齢者の割合は、当該市町村の区域における人口（官報で公示された最近の国勢調査の結果又はこれに準ずる最近の全国的な人口調査の結果による人口によるものとし、当該公示の人口の調査期日以後において市町村の廃置分合又は境界変更があった場合における当該市町村の区域における人口は、地方自治法施行令（昭和二十二年政令第十六号）第百七十七条の規定により都道府県知事の告示した人口によるものとする。以下同じ。）のうちに当該市町村の区域における高齢者の人数（当該市町村の区域における人口のうち六十五歳以上の人口をいう。）が占める割合とし、同項の全国の区域における高齢者の割合は、全国の区域における人口（官報で公示された最近の国勢調査の結果又はこれに準ずる最近の全国的な人口調査の結果による人口によるものとする。以下同じ。）のうちに全国の区域における高齢者の人数（全国の区域における人口のうち六十五歳以上の人口をいう。）が占める割合とする。

（旅客施設を利用する障害者の人数の算定）

第二条　令第一条第二号ロに規定する国土交通省令・内閣府令・総務省令の定めるところにより算定した旅客施設を利用する障害者の人数は、当該旅客施設の一日当たりの平均的な利用者の人数に当該旅客施設が所在する市町村の区域における障害者の割合を乗じて得た人数とし、同号ロに規定する国土交通省令・内閣府令・総務省令の定めるところにより算定した同条第一号の要件に該当する旅客施設を利用する障害者の人数は、五千に全国の区域における障害者の割合を乗じて得た人数とする。

２　前項の旅客施設が所在する市町村の区域における障害者の割合は、当該市町村の区域における人口のうちに当該市町村の区域における障害者の人数（当該市町村の区域における人口のうち身体障害者福祉法施行令（昭和二十五年政令第七十八号）第九条第一項に規定する身体障害者手帳交付台帳に記載されている身体障害者の人数、都道府県知事又は地方自治法（昭和二十二年法律第六十七号）第二百五十二条の十九第一項の指定都市若しくは同法第二百五十二条の二十二第一項の中核市の長から療育手帳（知的障害者の福祉の充実を図るため、児童相談所又は知的障害者更生相談所（知的障害者福祉法（昭和三十五年法律第三十七号）第九条第六項に規定する知的障害者更生相談所をいう。）において知的障害と判定された者に対して支給される手帳で、その者の障害の程度その他の事項の記載があるものをいう。以下同じ。）の交付を受けている者の人数及び精神保健及び精神障害者福祉に関する法律施行令（昭和二十五年政令第百五十五号）第七条第一項に規定する精神障害者保健福祉手帳交付台帳に記載されている精神障害者の人数の合計数をいう。）が占める割合とし、前項の全国の区域における障害者の割合は、全国の区域における人口のうちに全国の区域における障害者の人数（全国の区域における人口のうち身体障害者福祉法施行令第九条第一項に規定する身体障害者手帳交付台帳に記載されている身体障害者の人数、都道府県知事又は地方自治法第二百五十二条の十九第一項の指定都市若しくは同法第二百五十二条の二十二第一項の中核市の長から療育手帳の交付を受けている者の人数及び精神保健及び精神障害者福祉に関する法律施行令第七条第一項に規定する精神障害者保健福祉手帳交付台帳に記載されている精神障害者の人数の合計数をいう。）が占める割合とする。

附　則

（施行期日）

１　この命令は、法の施行の日（平成十八年十二月二十日）から施行する。

（高齢者、身体障害者等の公共交通機関を利用した移動の円滑化の促進に関する法律施行令第一条第二号に規定する旅客施設を利用する高齢者及び身体障害者の人数の算定に関する命令の廃止）

２　高齢者、身体障害者等の公共交通機関を利用した移動の円滑化の促進に関する法律施行令第一条第二号に規定する旅客施設を利用する高齢者及び身体障害者の人数の算定に関する命令（平成十二年総理府、運輸省、建設省、自治省令第一号）は、廃止する。

附　則（平三一・四・一内閣・総務・国交令一）

この命令は、公布の日から施行する。

○移動等円滑化のために必要な旅客施設又は車両等の構造及び設備並びに旅客施設及び車両等を使用した役務の提供の方法に関する基準を定める省令

（平成十八年十二月十五日）
（国土交通省令第百十一号）

沿革　平三〇国交令一三・七一、平三一国交令七、令元国交令二〇、令二国交令八五、令三国交令一、令四国交令三七改正

目次

第一章　総則

（趣旨）

第一条　高齢者、障害者等の移動等の円滑化の促進に関する法律（以下「法」という。）第八条第一項に規定する公共交通移動等円滑化基準並びに同条第二項の新設旅客施設等を使用した役務の提供の方法に関し移動等円滑化のために必要なものとして主務省令で定める基準並びに同条第三項の旅客施設及び車両等（新設旅客施設等を除く。）を使用した役務の提供の方法に関し移動等円滑化のために必要なものとして主務省令で定める基準は、この省令の定めるところによる。

（定義）

第二条　この省令において、次の各号に掲げる用語の意義は、それぞれ当該各号に定めるところによる。

一　視覚障害者誘導用ブロック　線状ブロック及び点状ブロックを適切に組み合わせて床面に敷設したものをいう。

二　線状ブロック　床面に敷設されるブロックであって、線状の突起が設けられており、かつ、周囲の床面との色の明度、色相又は彩度の差が大きいことにより容易に識別できるもの（日本産業規格T九二五一に適合するものに限る。）をいう。

三　点状ブロック　床面に敷設されるブロックであって、点状の突起が設けられており、かつ、周囲の床面との色の明度、色相又は彩度の差が大きいことにより容易に識別できるもの（日本産業規格T九二五一に適合するものに限る。）をいう。

四　内方線付き点状ブロック　点状ブロックとプラットホームの内側を示す線状の突起とを組み合わせて配列したブロックであって、周囲の床面との色の明度、色相又は彩度の差が大きいことにより容易に識別できるもの（日本産業規格T九二五一に適合するものに限る。）をいう。

五　車椅子スペース　車椅子を使用している者（以下「車椅子使用者」という。）の用に供するため車両等に設けられる場所をいう。

五の二　優先席　主として高齢者、障害者等の優先的な利用のために設けられる座席をいう。

六　鉄道駅　鉄道事業法（昭和六十一年法律第九十二号）による鉄道施設であって、旅客の乗降、待合いその他の用に供するものをいう。

七　軌道停留場　軌道法（大正十年法律第七十六号）による軌道施設であって、旅客の乗降、待合いその他の用に供するものをいう。

八　バスターミナル　自動車ターミナル法（昭和三十四年法律第百三十六号）によるバスターミナルであって、旅客の乗降、待合いその他の用に供するものをいう。

九　旅客船ターミナル　海上運送法（昭和二十四年法律第百

八十七号）による輸送施設（船舶を除き、同法による一般旅客定期航路事業又は旅客不定期航路事業の用に供するものに限る。）であって、旅客の乗降、待合いその他の用に供するものをいう。

十　航空旅客ターミナル施設　航空旅客ターミナル施設であって、旅客の乗降、待合いその他の用に供するものをいう。

十一　鉄道車両　鉄道事業法による鉄道事業者が旅客の運送を行うためその事業の用に供する車両をいう。

十二　軌道車両　軌道法による軌道経営者が旅客の運送を行うためその事業の用に供する車両をいう。

十三　乗合バス車両　道路運送法（昭和二十六年法律第百八十三号）による一般乗合旅客自動車運送事業者（路線を定めて定期に運行する自動車により乗合旅客の運送を行うものに限る。）が旅客の運送を行うためその事業の用に供する自動車（同法第五条第一項第三号に規定する路線定期運行の用に供するものに限る。）をいう。

十三の二　貸切バス車両　道路運送法による一般貸切旅客自動車運送事業者が旅客の運送を行うためその事業の用に供する自動車（高齢者、障害者等が移動のための車椅子その他の用具を使用したまま車内に乗り込むことが可能なものに限る。）をいう。

十四　福祉タクシー車両　道路運送法による一般乗用旅客自動車運送事業者が旅客の運送を行うためその事業の用に供する自動車（高齢者、障害者等が移動のための車椅子その他の用具を使用したまま車内に乗り込むことが可能なもの及び高齢者、障害者等の移動等の円滑化の促進に関する法律施行規則（平成十八年国土交通省令第百十号）第一条の二に規定するものに限る。）をいう。

十五　船舶　海上運送法による一般旅客定期航路事業（日本の国籍を有する者及び日本の法令により設立された法人その他の団体以外の者が営む同法による対外旅客定期航路事業を除く。）又は旅客不定期航路事業を営む者が旅客の運送を行うためその事業の用に供する船舶をいう。

十六　航空機　航空法（昭和二十七年法律第二百三十一号）による本邦航空運送事業者が旅客の運送を行うためその事業の用に供する航空機をいう。

2　前項に規定するもののほか、この省令において使用する用語は、法において使用する用語の例による。

（災害等の場合の適用除外）

第二条の二　災害等のため一時使用する旅客施設又は車両等の構造及び設備、当該旅客施設又は車両等を使用した役務の提供の方法並びに災害等のためこの省令に規定する設備が使用できない場合における役務の提供の方法については、この省令の規定によらないことができる。

第二章　旅客施設の構造及び設備

第一節　総則

（適用範囲）

第三条　旅客施設の構造及び設備については、この章の定めるところによる。

第二節　共通事項

第一款　移動等円滑化された経路

（移動等円滑化された経路）

第四条　公共用通路（旅客施設の営業時間内において常時一般交通の用に供されている一般交通用施設であって、旅客施設の外部にあるものをいう。以下同じ。）と車両等の乗降口との間の経路であって、高齢者、障害者等の円滑な通行に適するもの（以下「移動等円滑化された経路」という。）を、乗降場ごとに一以上設けなければならない。

2　移動等円滑化された経路において床面に高低差がある場合は、傾斜路又はエレベーターを設けなければならない。ただし、構造上の理由により傾斜路又はエレベーターを設置することが困難である場合は、エスカレーター（構造上の理由によりエスカレーターを設置することが困難である場合は、エスカレーター以外の昇降機であって車椅子使用者の円滑な利用に適した構造のもの）をもってこれに代えることができる。

3　旅客施設に隣接しており、かつ、旅客施設と一体的に利用される他の施設の傾斜路（第六項の基準に適合するものに限る。）又はエレベーター（第七項の基準に適合するものに限る。）を利用することにより高齢者、障害者等が旅客施設の営業時間内において常時公共用通路と車両等の乗降口との間の移動を円滑に行うことができる場合は、前項の規定によらないことができる。管理上の理由により昇降機を設置することが困難である場合も、また同様とする。

4　移動等円滑化された経路と公共用通路の出入口は、次に掲げる基準に適合するものでなければならない。

一　幅は、九十センチメートル以上であること。ただし、構造上の理由によりやむを得ない場合は、八十センチメートル以上とすることができる。

二　戸を設ける場合は、当該戸は、次に掲げる基準に適合するものであること。

イ　幅は、九十センチメートル以上であること。ただし、構造上の理由によりやむを得ない場合は、八十センチメートル以上とすることができる。

ロ　自動的に開閉する構造又は高齢者、障害者等が容易に開閉して通過できる構造のものであること。

三　次号に掲げる場合を除き、車椅子使用者が通過する際に支障となる段がないこと。

四　構造上の理由によりやむを得ず段を設ける場合は、傾斜路を併設すること。

5　移動等円滑化された経路を構成する通路は、次に掲げる基準に適合するものでなければならない。

一　幅は、百四十センチメートル以上であること。ただし、構造上の理由によりやむを得ない場合は、通路の末端の付近の広さを車椅子の転回に支障のないものとし、かつ、五十メートル以内ごとに車椅子が転回することができる広さの場所を設けた上で、幅を百二十センチメートル以上とすることができる。

二　戸を設ける場合は、当該戸は、次に掲げる基準に適合するものであること。

イ　幅は、九十センチメートル以上であること。ただし、構造上の理由によりやむを得ない場合は、八十センチメートル以上とすることができる。

ロ　自動的に開閉する構造又は高齢者、障害者等が容易に開閉して通過できる構造のものであること。

三　次号に掲げる場合を除き、車椅子使用者が通過する際に支障となる段がないこと。

四　構造上の理由によりやむを得ず段を設ける場合は、傾斜路を併設すること。

五　照明設備が設けられていること。

6　移動等円滑化された経路を構成する傾斜路は、次に掲げる基準に適合するものでなければならない。ただし、構造上の理由によりやむを得ない場合は、この限りでない。

一　幅は、百二十センチメートル以上であること。ただし、段に併設する場合は、九十センチメートル以上とすることができる。

二　勾配は、十二分の一以下であること。ただし、傾斜路の高さが十六センチメートル以下の場合は、八分の一以下とすることができる。

三　高さが七十五センチメートルを超える傾斜路にあっては、高さ七十五センチメートル以内ごとに踏幅百五十センチメートル以上の踊り場が設けられていること。

7　移動等円滑化された経路を構成するエレベーターは、次に掲げる基準に適合するものでなければならない。

一　籠及び昇降路の出入口の幅は、八十センチメートル以上であること。

二　籠の内法幅は百四十センチメートル以上であり、内法奥行きは百三十五センチメートル以上であること。ただし、籠の出入口が複数あるエレベーターであって、車椅子使用者が円滑に乗降できる構造のもの（開閉する籠の出入口を音声により知らせる設備が設けられているものに限る。）については、この限りでない。

三　籠内に、車椅子使用者が乗降する際に籠及び昇降路の出入口を確認するための鏡が設けられていること。ただし、前号ただし書に規定する場合は、この限りでない。

四　籠及び昇降路の出入口の戸にガラスその他これに類するものがはめ込まれていること又は籠外及び籠内に画像を表示する設備が設置されていることにより、籠外にいる者と籠内にいる者が互いに視覚的に確認できる構造であること。

五　籠内に手すり（握り手その他これに類する設備を含む。以下同じ。）が設けられていること。

六　籠及び昇降路の出入口の戸の開扉時間を延長する機能を有したものであること。

七　籠内に、籠が停止する予定の階及び籠の現在位置を表示する設備が設けられていること。

八　籠内に、籠が到着する階並びに籠及び昇降路の出入口の戸の閉鎖を音声により知らせる設備が設けられていること。

九　籠内及び乗降ロビーには、車椅子使用者が円滑に操作できる位置に操作盤が設けられていること。

十　籠内に設ける操作盤及び乗降ロビーに設ける操作盤のうちそれぞれ一以上は、点字がはり付けられていること等により視覚障害者が容易に操作できる構造となっていること。

十一　乗降ロビーの幅は百五十センチメートル以上であり、奥行きは百五十センチメートル以上であること。

十二　乗降ロビーには、到着する籠の昇降方向を音声により知らせる設備が設けられていること。ただし、籠内に籠及び昇降路の出入口の戸が開いた時に籠の昇降方向を音声により知らせる設備が設けられている場合又は当該エレベーターの停止する階が二のみである場合は、この限りでない。

8　移動等円滑化された経路を構成するエレベーターの台数、籠の内法幅及び内法奥行きは、旅客施設の高齢者、障害者等の利用の状況を考慮して定めるものとする。

9　移動等円滑化された経路を構成するエスカレーターは、次に掲げる基準に適合するものでなければならない。ただし、第七号及び第八号については、複数のエスカレーターが隣接した位置に設けられる場合は、そのうち一のみが適合していれば足りるものとする。

一　上り専用のものと下り専用のものをそれぞれ設置すること。ただし、旅客が同時に双方向に移動することがない場合については、この限りでない。

二　踏み段の表面及びくし板は、滑りにくい仕上げがなされたものであること。

三　昇降口において、三枚以上の踏み段が同一平面上にあること。

四　踏み段の端部の全体がその周囲の部分と色の明度、色相又は彩度の差が大きいことにより踏み段相互の境界を容易に識別できるものであること。

五　くし板の端部と踏み段の色の明度、色相又は彩度の差が大きいことによりくし板と踏み段との境界を容易に識別できるものであること。

六　エスカレーターの上端及び下端に近接する通路の床面等において、当該エスカレーターへの進入の可否が示されていること。ただし、上り専用又は下り専用でないエスカレーターについては、この限りでない。

七　幅は、八十センチメートル以上であること。

八　踏み段の面を車椅子使用者が円滑に昇降するために必要な広さとすることができる構造であり、かつ、車止めが設けられていること。

10　公共用通路と車両等の乗降口との間の経路であって主たる通行の用に供するものと当該公共用通路と当該車両等の乗降口との間に係る移動等円滑化された経路が異なる場合は、これらの経路の長さの差は、できる限り小さくしなければならない。

11　乗降場間の旅客の乗継ぎの用に供する経路（次項及び第七十条第四項において「乗継ぎ経路」という。）のうち、第二項から第九項までの基準に適合するものを、乗降場ごとに一以上設けなければならない。

12　主たる乗継ぎ経路と前項の基準に適合する乗継ぎ経路が異なる場合は、これらの経路の長さの差は、できる限り小さくしなければならない。

第二款　通路等

（通路）

第五条　通路は、次に掲げる基準に適合するものでなければならない。

一　床の表面は、滑りにくい仕上げがなされたものであること。

二　段を設ける場合は、当該段は、次に掲げる基準に適合するものであること。

イ　踏面の端部の全体がその周囲の部分と色の明度、色相又は彩度の差が大きいことにより段を容易に識別できるものであること。

ロ　段鼻の突き出しその他のつまずきの原因となるものが設けられていない構造のものであること。

（傾斜路）

第六条　傾斜路（階段に代わり、又はこれに併設するものに限る。以下この条において同じ。）は、次に掲げる基準に適合するものでなければならない。

一　手すりが両側に設けられていること。ただし、構造上の理由によりやむを得ない場合は、この限りでない。

二　床の表面は、滑りにくい仕上げがなされたものであること。

三　傾斜路の勾配部分は、その接続する通路との色の明度、色相又は彩度の差が大きいことによりその存在を容易に識別できるものであること。

四　傾斜路の両側には、立ち上がり部が設けられていること。ただし、側面が壁面である場合は、この限りでない。

（エスカレーター）

第七条　エスカレーターには、当該エスカレーターの行き先及び昇降方向を音声により知らせる設備を設けなければならない。

（階段）

第八条　階段（踊り場を含む。以下同じ。）は、次に掲げる基準に適合するものでなければならない。

一　手すりが両側に設けられていること。ただし、構造上の理由によりやむを得ない場合は、この限りでない。

二　手すりの端部の付近には、階段の通ずる場所を示す点字をはり付けること。

三　回り段がないこと。ただし、構造上の理由によりやむを得ない場合は、この限りでない。

四　踏面の表面は、滑りにくい仕上げがなされたものであること。

五　踏面の端部の全体がその周囲の部分と色の明度、色相又は彩度の差が大きいことにより段を容易に識別できるものであること。

六　段鼻の突き出しその他のつまずきの原因となるものが設けられていない構造のものであること。

七　階段の両側には、立ち上がり部が設けられていること。ただし、側面が壁面である場合は、この限りでない。

八　照明設備が設けられていること。

（視覚障害者誘導用ブロック等）

第九条　通路その他これに類するもの（以下「通路等」という。）であって公共用通路と車両等の乗降口との間の経路を構成するものには、視覚障害者誘導用ブロックを敷設し、又は音声その他の方法により視覚障害者を誘導する設備を設けなければならない。ただし、視覚障害者の誘導を行う者が常駐する二以上の設備がある場合であって、当該二以上の設備間の誘導が適切に実施されるときは、当該二以上の設備間の経路を構成する通路等については、この限りでない。

2　前項の規定により視覚障害者誘導用ブロックが敷設された通路等と第四条第七項第十号の基準に適合する乗降ロビーに設ける操作盤、第十二条第二項の規定により設けられる設備（音によるものを除く。）、便所の出入口及び第十六条の基準に適合する乗車券等販売所との間の経路を構成する通路等には、それぞれ視覚障害者誘導用ブロックを敷設しなければならない。ただし、前項ただし書に規定する場合は、この限りでない。

3　階段、傾斜路及びエスカレーターの上端及び下端に近接する通路等には、点状ブロックを敷設しなければならない。

第三款　案内設備

（運行情報提供設備）

第十条　車両等の運行（運航を含む。第七十四条において同じ。）に関する情報を文字等により表示するための設備及び音声により提供するための設備を備えなければならない。ただし、電気設備がない場合その他技術上の理由によりやむを得ない場合は、この限りでない。

（標識）

第十一条　エレベーターその他の昇降機、傾斜路、便所、乗車券等販売所、待合所、案内所若しくは休憩設備（次条において「移動等円滑化のための主要な設備」という。）又は次条第一項に規定する案内板その他の設備の付近には、これらの設備があることを表示する標識を設けなければならない。

2　前項の標識は、日本産業規格Ｚ八二一〇に適合するものでなければならない。

（移動等円滑化のための主要な設備の配置等の案内）

第十二条　公共用通路に直接通ずる出入口（鉄道駅及び軌道停留場にあっては、当該出入口又は改札口。次項及び第七十五条において同じ。）の付近には、移動等円滑化のための主要な設備（第四条第三項前段の規定により昇降機を設けない場合にあっては、同項前段に規定する他の施設のエレベーターを含む。以下この条において同じ。）の配置を表示した案内板その他の設備を備えなければならない。ただし、移動等円滑化のための主要な設備の配置を容易に視認できる場合は、この限りでない。

2　公共用通路に直接通ずる出入口の付近その他の適切な場所に、旅客施設の構造及び主要な設備の配置を音、点字その他の方法により視覚障害者に示すための設備を設けなければならない。

第四款　便所

（便所）

第十三条　便所を設ける場合は、当該便所は、次に掲げる基準に適合するものでなければならない。

一　便所の出入口付近に、男子用及び女子用の区別（当該区別がある場合に限る。）並びに便所の構造を音、点字その他の方法により視覚障害者に示すための設備が設けられていること。

二　床の表面は、滑りにくい仕上げがなされたものであること。

三　男子用小便器を設ける場合は、一以上の床置式小便器、壁掛式小便器（受け口の高さが三十五センチメートル以下のものに限る。）その他これらに類する小便器が設けられていること。

四　前号の規定により設けられる小便器には、手すりが設けられていること。

2　便所を設ける場合は、そのうち一以上は、前項に掲げる基準のほか、次に掲げる基準のいずれかに適合するものでなければならない。

一　便所内に車椅子使用者が円滑に利用することができる構造の便房（次条において「車椅子使用者用便房」という。）及び高齢者、障害者等が円滑に利用することができる構造の水洗器具を設けた便房がそれぞれ又は同一の便房として一以上（男子用及び女子用の区別があるときは、それぞれ一以上）設けられていること。

二　高齢者、障害者等が円滑に利用することができる構造の便所であること。

第十四条　前条第二項第一号の便房が設けられた便所は、次に掲げる基準に適合するものでなければならない。

一　移動等円滑化された経路と便所との間の経路における通路のうち一以上は、第四条第五項各号に掲げる基準に適合するものであること。

二　出入口の幅は、八十センチメートル以上であること。

三　出入口には、車椅子使用者が通過する際に支障となる段がないこと。ただし、傾斜路を設ける場合は、この限りでない。

四　出入口には、車椅子使用者用便房及び高齢者、障害者等が円滑に利用することができる構造の水洗器具を設けた便房が設けられていることを表示する標識が設けられていること。

五　出入口に戸を設ける場合は、当該戸は、次に掲げる基準に適合するものであること。

イ　幅は、八十センチメートル以上であること。

ロ　高齢者、障害者等が容易に開閉して通過できる構造のものであること。

六　車椅子使用者の円滑な利用に適した広さが確保されていること。

2　前条第二項第一号の車椅子使用者用便房は、次に掲げる基準に適合するものでなければならない。

一　出入口には、車椅子使用者が通過する際に支障となる段がないこと。

二　出入口には、当該便房が車椅子使用者用便房であることを表示する標識が設けられていること。

三　腰掛便座、手すりその他の車椅子使用者の円滑な利用に適した設備が設けられていること。

3　第一項第二号、第五号及び第六号の規定は、前項の便房について準用する。

4　前条第二項第一号の高齢者、障害者等が円滑に利用することができる構造の水洗器具を設けた便房には、出入口に当該便房が高齢者、障害者等が円滑に利用することができる構造の水洗器具を設けたものであることを表示する標識を設けなければならない。

第十五条　第十三条第二項第二号の便所には、高齢者、障害者等が円滑に利用することができる構造の水洗器具を設けなければならない。

2　前条第一項第一号から第三号まで、第五号及び第六号並びに同条第二項第二号及び第三号の規定は、第十三条第二項第二号の便所について準用する。この場合において、前条第二項第二号中「当該便房が車椅子使用者用便房」とあるのは「当該便所が高齢者、障害者等が円滑に利用することができる構造のもの」と読み替えるものとする。

第五款　その他の旅客用設備

（乗車券等販売所、待合所及び案内所）

第十六条　乗車券等販売所を設ける場合は、そのうち一以上は、次に掲げる基準に適合するものでなければならない。

一　移動等円滑化された経路と乗車券等販売所との間の経路における通路のうち一以上は、第四条第五項各号に掲げる基準に適合するものであること。

二　出入口を設ける場合は、そのうち一以上は、次に掲げる基準に適合するものであること。

イ　幅は、八十センチメートル以上であること。

ロ　戸を設ける場合は、当該戸は、次に掲げる基準に適合するものであること。

(1)　幅は、八十センチメートル以上であること。

(2)　高齢者、障害者等が容易に開閉して通過できる構造のものであること。

ハ　ニに掲げる場合を除き、車椅子使用者が通過する際に支障となる段がないこと。

ニ　構造上の理由によりやむを得ず段を設ける場合は、傾斜路を併設すること。

三　カウンターを設ける場合は、そのうち一以上は、車椅子使用者の円滑な利用に適した構造のものであること。ただし、常時勤務する者が容易にカウンターの前に出て対応できる構造である場合は、この限りでない。

2　前項の規定は、待合所及び案内所を設ける場合について準用する。

3　乗車券等販売所又は案内所（勤務する者を置かないものを除く。）は、聴覚障害者が文字により意思疎通を図るための設備を備えなければならない。この場合においては、当該設備を保有している旨を当該乗車券等販売所又は案内所に表示するものとする。

（券売機）

第十七条　乗車券等販売所に券売機を設ける場合は、そのうち一以上は、高齢者、障害者等の円滑な利用に適した構造のものでなければならない。ただし、乗車券等の販売を行う者が常時対応する窓口が設置されている場合は、この限りでない。

（休憩設備）

第十八条　高齢者、障害者等の休憩の用に供する設備を一以上設けなければならない。ただし、旅客の円滑な流動に支障を及ぼすおそれのある場合は、この限りでない。

2　前項の設備に優先席を設ける場合は、その付近に、当該優先席における優先的に利用することができる者を表示する標識を設けなければならない。

第三節　鉄道駅

（移動等円滑化された経路）

第十八条の二　線路、水路等を挟んだ各側に公共用通路に直接通ずる出入口がある鉄道駅には、第四条第一項の規定にかかわらず、当該各側の出入口に通ずる移動等円滑化された経路をそれぞれ一以上設けなければならない。ただし、鉄道駅の規模、出入口の設置状況その他の状況及び当該鉄道駅の利用の状況を勘案して、高齢者、障害者等の利便を著しく阻害しないと地方運輸局長が認める場合は、この限りでない。

（改札口）

第十九条　鉄道駅において移動等円滑化された経路に改札口を設ける場合は、そのうち一以上は、幅が八十センチメートル以上でなければならない。

2　鉄道駅において自動改札機を設ける場合は、当該自動改札機又はその付近に、当該自動改札機への進入の可否を、容易に識別することができる方法で表示しなければならない。

（プラットホーム）

第二十条　鉄道駅のプラットホームは、次に掲げる基準に適合するものでなければならない。

一　プラットホームの縁端と鉄道車両の旅客用乗降口の床面の縁端との間隔は、鉄道車両の走行に支障を及ぼすおそれのない範囲において、できる限り小さいものであること。この場合において、構造上の理由により当該間隔が大きいときは、旅客に対しこれを警告するための設備を設けること。

二　プラットホームと鉄道車両の旅客用乗降口の床面とは、できる限り平らであること。

三　プラットホームの縁端と鉄道車両の旅客用乗降口の床面との隙間又は段差により車椅子使用者の円滑な乗降に支障がある場合は、車椅子使用者の円滑な乗降のために十分な長さ、幅及び強度を有する設備が一以上備えられていること。ただし、構造上の理由によりやむを得ない場合は、この限りでない。

四　排水のための横断勾配は、一パーセントが標準であること。ただし、構造上の理由によりやむを得ない場合は、この限りでない。

五　床の表面は、滑りにくい仕上げがなされたものであること。

六　発着するすべての鉄道車両の旅客用乗降口の位置が一定しており、鉄道車両を自動的に一定の位置に停止させることができるプラットホーム（鋼索鉄道に係るものを除く。）にあっては、ホームドア又は可動式ホーム柵（旅客の円滑な流動に支障を及ぼすおそれがある場合にあっては、内方線付き点状ブロックその他の視覚障害者の転落を防止するための設備）が設けられていること。

七　前号に掲げるプラットホーム以外のプラットホームにあっては、ホームドア、可動式ホーム柵、内方線付き点状ブロックその他の視覚障害者の転落を防止するための設備が設けられていること。

八　プラットホームの線路側以外の端部には、旅客の転落を防止するための柵が設けられていること。ただし、当該端部に階段が設置されている場合その他旅客が転落するおそれのない場合は、この限りでない。

九　列車の接近を文字等により警告するための設備及び音声により警告するための設備が設けられていること。ただし、電気設備がない場合その他技術上の理由によりやむを得ない場合は、この限りでない。

十　照明設備が設けられていること。

2　前項第四号及び第九号の規定は、ホームドア又は可動式ホーム柵が設けられたプラットホームについては適用しない。

（車椅子使用者用乗降口の案内）

第二十一条　鉄道駅の適切な場所において、第三十二条第一項又は第二項の規定により列車に設けられる車椅子スペースに通ずる第三十一条第三号の基準に適合した旅客用乗降口が停止するプラットホーム上の位置を表示しなければならない。ただし、当該プラットホーム上の位置が一定していない場合は、この限りでない。

第四節　軌道停留場

（準用）

第二十二条　前節の規定は、軌道停留場について準用する。

第五節　バスターミナル

（乗降場）

第二十三条　バスターミナルの乗降場は、次に掲げる基準に適合するものでなければならない。

一　床の表面は、滑りにくい仕上げがなされたものであること。

二　乗降場の縁端のうち、誘導車路その他の乗合バス車両の通行、停留又は駐車の用に供する場所（以下この号において「乗合バス車両用場所」という。）に接する部分には、柵、点状ブロックその他の視覚障害者の乗合バス車両用場所への進入を防止するための設備が設けられていること。

三　当該乗降場に接して停留する乗合バス車両に車椅子使用者が円滑に乗降できる構造のものであること。

第六節　旅客船ターミナル

（乗降用設備）

第二十四条　旅客船ターミナルにおいて船舶に乗降するためのタラップその他の設備（以下この節及び第八十二条において「乗降用設備」という。）を設置する場合は、当該乗降用設備は、次に掲げる基準に適合するものでなければならない。ただし、構造上の理由によりやむを得ない場合には、この限りでない。

一　車椅子使用者が持ち上げられることなく乗降できる構造のものであること。

二　幅は、九十センチメートル以上であること。

三　手すりが設けられていること。

四　床の表面は、滑りにくい仕上げがなされたものであること。

（視覚障害者誘導用ブロックの設置の例外）

第二十五条　旅客船ターミナルにおいては、乗降用設備その他波浪による影響により旅客が転倒するおそれがある場所については、第九条の規定にかかわらず、視覚障害者誘導用ブロックを敷設しないことができる。

（転落防止設備）

第二十六条　視覚障害者が水面に転落するおそれのある場所には、柵、点状ブロックその他の視覚障害者の水面への転落を防止するための設備を設けなければならない。

第七節　航空旅客ターミナル施設

（保安検査場の通路）

第二十七条　航空旅客ターミナル施設の保安検査場（航空機の客室内への銃砲刀剣類等の持込みを防止するため、旅客の身体及びその手荷物の検査を行う場所をいう。以下同じ。）において門型の金属探知機を設置して検査を行う場合は、当該保安検査場内に、車椅子使用者その他の門型の金属探知機による検査を受けることのできない者が通行するための通路を別に設けなければならない。

2　前項の通路の幅は、九十センチメートル以上でなければならない。

3　保安検査場の通路に設けられる戸については、第四条第五項第二号ロの規定は適用しない。

4　保安検査場には、聴覚障害者が文字により意思疎通を図るための設備を備えなければならない。この場合においては、当該設備を保有している旨を当該保安検査場に表示するものとする。

（旅客搭乗橋）

第二十八条　航空旅客ターミナル施設の旅客搭乗橋（航空旅客ターミナル施設と航空機の乗降口との間に設けられる設備であって、当該乗降口に接続して旅客を航空旅客ターミナル施設から直接航空機に乗降させるためのものをいう。以下同じ。）は、次に掲げる基準に適合するものでなければならない。ただし、第三号及び第四号については、構造上の理由によりやむを得ない場合は、この限りでない。

一　幅は、九十センチメートル以上であること。

二　旅客搭乗橋の縁端と航空機の乗降口の床面との隙間又は段差により車椅子使用者の円滑な乗降に支障がある場合は、車椅子使用者の円滑な乗降のために十分な長さ、幅及び強度を有する設備が一以上備えられていること。

三　勾配は、十二分の一以下であること。

四　手すりが設けられていること。

五　床の表面は、滑りにくい仕上げがなされたものであること。

2　旅客搭乗橋については、第九条の規定にかかわらず、視覚障害者誘導用ブロックを敷設しないことができる。

（改札口）

第二十九条　各航空機の乗降口に通ずる改札口のうち一以上は、幅が八十センチメートル以上でなければならない。

第三章　車両等の構造及び設備

第一節　鉄道車両

（適用範囲）

第三十条　鉄道車両の構造及び設備については、この節の定めるところによる。

（旅客用乗降口）

第三十一条　旅客用乗降口は、次に掲げる基準に適合するものでなければならない。

一　旅客用乗降口の床面の縁端とプラットホームの縁端との間隔は、鉄道車両の走行に支障を及ぼすおそれのない範囲において、できる限り小さいものであること。

二　旅客用乗降口の床面とプラットホームとは、できる限り平らであること。

三　旅客用乗降口のうち一列車ごとに一以上は、幅が八十センチメートル以上であること。ただし、構造上の理由によりやむを得ない場合は、この限りでない。

四　旅客用乗降口の床面は、滑りにくい仕上げがなされたものであること。

五　旅客用乗降口の戸の開閉する側を音声により知らせる設備が設けられていること。

六　車内の段の端部の全体がその周囲の部分と色の明度、色相又は彩度の差が大きいことにより、車内の段を容易に識別できるものであること。

（客室）

第三十二条　客室（特別急行料金等（鉄道事業法施行規則（昭和六十二年運輸省令第六号）第三十二条第一項に規定する特別急行料金等をいう。次項において同じ。）を適用する車両のものを除く。）には、次に掲げる基準に適合する車椅子スペースを一列車ごとに二以上（三両以下の車両で組成する列車にあっては、一以上）、特別車両以外の車両の座席の近傍に設けなければならない。ただし、構造上の理由によりやむを得ない場合は、この限りでない。

一　車椅子使用者が円滑に利用するために十分な広さが確保されていること。

二　車椅子使用者が円滑に利用できる位置に手すりが設けられていること。

三　床の表面は、滑りにくい仕上げがなされたものであること。

四　車椅子使用者が利用する際に支障となる段がないこと。

五　車椅子スペースである旨が表示されていること。

2　特別急行料金等を適用する車両の客室には、前項各号（新幹線鉄道（全国新幹線鉄道整備法（昭和四十五年法律第七十一号）第二条に規定する新幹線鉄道をいう。第二号において同じ。）の用に供する車両の客室にあっては、同項第二号を除く。）の基準に適合する車椅子スペースを一列車ごとに三以上（座席定員五百人以上の列車にあっては四以上、座席定員千一人以上の列車にあっては六以上）、次に掲げる基準に適合するように設けなければならない。ただし、構造上の理由によりやむを得ない場合は、この限りでない。

一　特別車両以外の車両の座席の近傍に設けられていること。

二　当該車椅子スペースのうち二以上（座席定員五百人未満の列車（新幹線鉄道の用に供するものを除く。）にあっては、一以上）は、窓に隣接していること。

三　当該車椅子スペースのうち二以上（座席定員五百人未満

両の列車にあっては、一以上）は、座席に隣接していること。

四　背当の角度を調整することができる車椅子を利用している二人以上の者が円滑に利用するために十分な広さが確保されていること。

3　客室に優先席を設ける場合は、その付近に、当該優先席における優先的に利用することができる者を表示する標識を設けなければならない。

4　通路及び客室内には、手すりを設けなければならない。

5　便所を設ける場合は、そのうち一列車ごとに一以上は、車椅子使用者の円滑な利用に適した構造のものでなければならない。ただし、構造上の理由によりやむを得ない場合は、この限りでない。

6　前条第三号の基準に適合する旅客用乗降口と第一項又は第二項の規定により設けられる車椅子スペースとの間の通路のうち一以上及び一以上の車椅子スペースと前項の基準に適合する便所との間の通路のうち一以上の幅は、それぞれ八十センチメートル以上でなければならない。ただし、構造上の理由によりやむを得ない場合は、この限りでない。

7　客室には、次に停車する鉄道駅の駅名その他の当該鉄道車両の運行に関する情報を文字等により表示するための設備及び音声により提供するための設備を備えなければならない。

8　客室内の旅客用乗降口の戸又はその付近には、当該列車における当該鉄道車両の位置その他の位置に関する情報を文字及び点字により表示しなければならない。ただし、鉄道車両の編成が一定していない等の理由によりやむを得ない場合は、この限りでない。

（車体）

第三十三条　鉄道車両の連結部（常時連結している部分に限る。）には、プラットホーム上の旅客の転落を防止するための設備を設けなければならない。ただし、プラットホームの設備等により旅客が転落するおそれのない場合は、この限りでない。

2　車体の側面に、鉄道車両の行き先及び種別を見やすいように表示しなければならない。ただし、行き先又は種別が明らかな場合は、この限りでない。

第二節　軌道車両

（準用）

第三十四条　前節の規定は、軌道車両（次条に規定する低床式軌道車両を除く。）について準用する。この場合において、第三十二条第一項中「鉄道事業法施行規則（昭和六十二年運輸省令第六号）第三十二条第一項に規定する特別急行料金等」とあるのは、「軌道法施行規則（大正十二年内務・鉄道省令）第二十一条第二項第二号に規定する料金」と読み替えるものとする。

（低床式軌道車両）

第三十五条　前節（第三十一条第三号ただし書並びに第三十二条第一項ただし書、第五項ただし書及び第六項ただし書を除く。）の規定は、低床式軌道車両（旅客用乗降口の床面の軌条面からの高さが四十センチメートル以下の軌道車両であって、旅客用乗降口から客室の主要部分までの通路の床面に段がないものをいう。）について準用する。この場合において、第三十二条第一項中「鉄道事業法施行規則（昭和六十二年運輸省令第六号）第三十二条第一項に規定する特別急行料金等」とあるのは、「軌道法施行規則（大正十二年内務・鉄道省令）第二十一条第二項第二号に規定する料金」と読み替えるものとする。

第三節　乗合バス車両

（適用範囲）

第三十六条　乗合バス車両の構造及び設備については、この節の定めるところによる。

（乗降口）

第三十七条　乗降口の踏み段の端部の全体がその周囲の部分と色の明度、色相又は彩度の差が大きいことにより踏み段を容易に識別できるものでなければならない。

2　乗降口のうち一以上は、次に掲げる基準に適合するものでなければならない。

一　幅は、八十センチメートル以上であること。

二　スロープ板その他の車椅子使用者の乗降を円滑にする設備（国土交通大臣の定める基準に適合しているものに限る。）が備えられていること。

※　2項二号「国土交通大臣の定め」＝移動等円滑化のために必要なバス車両の構造及び設備に関する細目を定める告示二

（床面）

第三十八条　国土交通大臣の定める方法により測定した床面の地上面からの高さは、六十五センチメートル以下でなければならない。

2　床の表面は、滑りにくい仕上げがなされたものでなければならない。

※　1項「国土交通大臣の定め」＝移動等円滑化のために必要なバス車両の構造及び設備に関する細目を定める告示三

（車椅子スペース）

第三十九条　乗合バス車両には、次に掲げる基準に適合する車椅子スペースを一以上設けなければならない。

一　車椅子使用者が円滑に利用できる位置に手すりが設けられていること。

二　車椅子使用者が利用する際に支障となる段がないこと。

三　車椅子を固定することができる設備が備えられていること。

四　車椅子スペースに座席を設ける場合は、当該座席は容易に折り畳むことができるものであること。

五　他の法令の規定により旅客が降車しようとするときに容易にその旨を運転者に通報するためのブザーその他の装置を備えることとされている乗合バス車両である場合は、車椅子使用者が利用できる位置に、当該ブザーその他の装置が備えられていること。

六　車椅子スペースである旨が表示されていること。

七　前各号に掲げるもののほか、長さ、幅等について国土交通大臣の定める基準に適合するものであること。

※　七号「国土交通大臣の定め」＝移動等円滑化のために必要なバス車両の構造及び設備に関する細目を定める告示四

（優先席）

第三十九条の二　乗合バス車両に優先席を設ける場合は、その付近に、当該優先席における優先的に利用することができる者を表示する標識を設けなければならない。

（通路）

第四十条　第三十七条第二項の基準に適合する乗降口と車椅子スペースとの間の通路の幅（容易に折り畳むことができる座席が設けられている場合は、当該座席を折り畳んだときの幅）は、八十センチメートル以上でなければならない。

2　通路には、国土交通大臣が定める間隔で手すりを設けなければならない。

※　2項「国土交通大臣の定め」＝移動等円滑化のために必要なバス車両の構造及び設備に関する細目を定める告示五

（運行情報提供設備等）

第四十一条　乗合バス車両内には、次に停車する停留所の名称その他の当該乗合バス車両の運行に関する情報を文字等により表示するための設備及び音声により提供するための設備を備えなければならない。

2　乗合バス車両には、車外用放送設備を設けなければならない。

3　乗合バス車両の前面、左側面及び後面に、乗合バス車両の行き先を見やすいように表示しなければならない。

（意思疎通を図るための設備）

第四十二条　乗合バス車両内には、聴覚障害者が文字により意思疎通を図るための設備を備えなければならない。この場合においては、当該設備を保有している旨を当該乗合バス車両内に表示するものとする。

（基準の適用除外）

第四十三条　地方運輸局長が、その構造により又はその運行の態様によりこの省令の規定により難い特別の事由があると認定した乗合バス車両については、第三十七条から前条まで（第三十七条第一項、第三十八条第二項及び前条を除く。）に掲げる規定のうちから当該地方運輸局長が当該乗合バス車両ごとに指定したものは、適用しない。

2　前項の認定は、条件又は期限を付して行うことができる。

3　第一項の認定を受けようとする者は、次に掲げる事項を記載した申請書を地方運輸局長に提出しなければならない。

一　氏名又は名称及び住所

二　車名及び型式

三　車台番号

四　使用の本拠の位置

五　認定により適用を除外する規定

六　認定を必要とする理由

4　地方運輸局長は、次の各号のいずれかに該当する場合には、第一項の認定を取り消すことができる。

一　認定の取消しを求める申請があったとき。

二　第二項の規定による条件に違反したとき。

第三節の二　貸切バス車両

（準用）

第四十三条の二　前節（第三十八条第一項、第三十九条第五号及び第六号、第三十九条の二、第四十条第二項、第四十一条第二項及び第三項並びに第四十三条を除く。）の規定は貸切バス車両について準用する。この場合において、第四十一条第一項中「次に停車する停留所の名称」とあるのは「目的地」と、「文字等により表示するための設備及び音声により提供するための設備」とあるのは「音声により提供するための設備」と読み替えるものとする。

第四節　福祉タクシー車両

（適用範囲）

第四十四条　福祉タクシー車両の構造及び設備については、この節の定めるところによる。

（福祉タクシー車両）

第四十五条　車椅子等対応車（福祉タクシー車両のうち、高齢者、障害者等が移動のための車椅子その他の用具を使用したまま車両に乗り込むことが可能なものをいう。第九十六条第一項において同じ。）は、次に掲げる基準に適合するものでなければならない。

一　スロープ板、リフト、寝台等（寝台及び担架をいう。以下この項及び第九十六条第一項において同じ。）その他の車椅子使用者又は寝台等を使用している者の乗降を円滑にする設備が備えられていること。

二　車椅子又は寝台等の用具を備えておくスペースが一以上設けられていること。

三　車椅子又は寝台等の用具を固定することができる設備が備えられていること。

四　事業者名、車両番号、運賃、料金その他の情報を音又は点字により視覚障害者に示すための設備が設けられていること。ただし、これらの情報を提供できる者が乗務している場合は、この限りでない。

五　聴覚障害者が文字により意思疎通を図るための設備が備えられていること。

2　回転シート車（福祉タクシー車両のうち、高齢者、障害者等の移動等の円滑化の促進に関する法律施行規則第一条の二に規定する設備を備えたものをいう。第九十六条第二項において同じ。）は、次に掲げる基準に適合するものでなければならない。

一　折り畳んだ車椅子を備えておくスペースが一以上設けられていること。

二　事業者名、車両番号、運賃、料金その他の情報を音又は点字により視覚障害者に示すための設備が設けられていること。ただし、これらの情報を提供できる者が乗務している場合は、この限りでない。

三　聴覚障害者が文字により意思疎通を図るための設備が備えられていること。

第五節　船舶

（適用範囲）

第四十六条　船舶の構造及び設備については、この節の定めるところによる。

（乗降用設備）

第四十七条　船舶に乗降するためのタラップその他の設備を備える場合は、そのうち一以上は、次に掲げる基準に適合するものでなければならない。

一　車椅子使用者が持ち上げられることなく乗降できる構造のものであること。

二　幅は、八十センチメートル以上であること。
三　手すりが設けられていること。
四　床の表面は、滑りにくい仕上げがなされたものであること。

（出入口）
第四十八条　旅客が乗降するための出入口（舷門又は甲板室の出入口をいう。第九十九条第一項において同じ。）のうち一以上は、次に掲げる基準に適合するものでなければならない。
一　幅は、八十センチメートル以上であること。
二　スロープ板その他の車椅子使用者が円滑に通過できるための設備が備えられていること。
2　車両区域の出入口のうち一以上は、次に掲げる基準に適合するものでなければならない。
一　幅は、八十センチメートル以上であること。
二　スロープ板その他の車椅子使用者が円滑に通過できるための設備が備えられていること。
三　高齢者、障害者等が車両から乗降するための場所であって、次に掲げる基準に適合するもの（以下この号において「乗降場所」という。）が設けられていること。
イ　幅は、三百五十センチメートル以上であること。
ロ　車両区域の出入口に隣接して設けられていること。ただし、乗降場所と車両区域の出入口との間に幅が八十センチメートル以上である通路を一以上設ける場合は、この限りでない。
ハ　乗降場所であることを示す表示が設けられていること。

（客席）
第四十九条　航行予定時間が八時間未満の船舶の客席のうち旅客定員二十五人ごとに一以上は、次に掲げる基準に適合するものでなければならない。
一　椅子席、座席又は寝台であること。
二　高齢者、障害者等の円滑な利用に適した構造のものであること。
三　手すりが設けられていること。
四　床の表面は、滑りにくい仕上げがなされたものであること。
2　航行予定時間が八時間以上の船舶の客席のうち旅客定員二十五人ごとに一以上は、次に掲げる基準に適合するものでなければならない。
一　椅子席、座席又は寝台であること。
二　椅子席が設けられる場合は、その収容数二十五人ごとに一以上は、前項第二号から第四号までに掲げる基準に適合するものであること。
三　座席又は寝台が設けられる場合は、その収容数二十五人ごとに一以上は、前項第二号から第四号までに掲げる基準に適合するものであること。

（車椅子スペース）
第五十条　旅客定員百人ごとに一以上の割合で、次に掲げる基準に適合する車椅子スペースを車椅子使用者が円滑に利用できる場所に設けなければならない。ただし、航行予定時間が八時間以上であり、かつ、客席として座席又は寝台のみが設けられている船舶については、この限りでない。
一　車椅子使用者が円滑に利用するために十分な広さが確保されていること。
二　車椅子使用者が円滑に利用できる位置に手すりが設けられていること。
三　床の表面は、滑りにくい仕上げがなされたものであること。
四　車椅子使用者が利用する際に支障となる段がないこと。
五　車椅子を固定することができる設備が設けられていること。
六　車椅子スペースである旨が表示されていること。

（通路）
第五十一条　第四十八条第一項の基準に適合する出入口及び同条第二項の基準に適合する車両区域の出入口と第四十九条第一項又は第二項の基準に適合する客席（以下「基準適合客席」という。）及び前条の規定により設けられた車椅子スペース（以下「船内車椅子スペース」という。）との間の通路のうちそれぞれ一以上は、次に掲げる基準に適合するものでなければならない。
一　幅は、八十センチメートル以上であること。
二　手すりが設けられていること。
三　手すりの端部の付近には、当該通路の通ずる場所を示す点字を貼り付けること。
四　床の表面は、滑りにくい仕上げがなされたものであること。
五　スロープ板その他の車椅子使用者が円滑に通過できるための設備が備えられていること。
六　当該通路の末端の付近の広さは、車椅子の転回に支障のないものであること。
2　前項の規定は、基準適合客席及び船内車椅子スペースと船内旅客用設備（便所（第五十四条第三項の規定により準用される第十三条第二項の基準に適合する便所に限る。）、第五十五条の基準に適合する食堂、第五十六条の基準に適合する売店及び総トン数二十トン以上の船舶の遊歩甲板（通常の航行時において旅客が使用する暴露甲板（通路と兼用のものは除く。）であって、基準適合客席と同一の甲板上にあるものをいう。第五十七条において同じ。）をいう。以下同じ。）との間の通路のうちそれぞれ一以上について準用する。この場合において、前項第一号中「八十センチメートル」とあるのは「百二十センチメートル」と、同項第六号中「支障のないものであること」とあるのは「支障のないものであり、かつ、五十メートル以内ごとに車椅子が転回し及び車椅子使用者同士がすれ違うことができる広さの場所が設けられていること」と読み替えるものとする。
3　前二項の通路に戸（暴露されたものを除く。）を設ける場合は、当該戸は、次に掲げる基準に適合するものであること。
一　幅は、八十センチメートル以上であること。
二　自動的に開閉する構造又は高齢者、障害者等が容易に開閉して通過できる構造のものであること。

（階段）
第五十二条　第八条（同条第一号ただし書、第三号ただし書及び第八号を除く。）の規定は、前条第一項及び第二項の通路に設置される階段について準用する。この場合において、第八条第一号中「手すりが両側に」とあるのは、「手すりが」と読み替えるものとする。

（昇降機）

第五十三条　第四十八条第一項の基準に適合する出入口及び同条第二項の基準に適合する車両区域の出入口と基準適合客席又は船内車椅子スペースが別甲板にある場合には、第五十一条第一項の基準に適合する通路に、エレベーター、エスカレーターその他の昇降機であって高齢者、障害者等の円滑な利用に適した構造のものを一以上設けなければならない。

2　前項の規定により設けられるエレベーターは、次に掲げる基準に適合するものでなければならない。

一　籠の広さは、車椅子使用者が乗り込むのに十分なものであること。

二　床の表面は、滑りにくい仕上げがなされたものであること。

3　第四条第七項第一号、第五号、第七号及び第十一号の規定は、第一項の規定により設けられるエレベーターについて準用する。この場合において、同号中「幅は百五十センチメートル以上」とあるのは「幅は百四十センチメートル以上」と、「奥行きは百五十センチメートル以上」とあるのは「奥行きは百三十五センチメートル以上」と読み替えるものとする。

4　第一項の規定により設けられるエスカレーターは、次に掲げる基準に適合するものでなければならない。

一　エスカレーターが一のみ設けられる場合にあっては、昇降切換装置が設けられていること。

二　勤務する者を呼び出すための装置が設けられていること。

5　第四条第九項（同項第一号及び第六号を除く。）の規定は、第一項の規定により設けられるエスカレーターについて準用する。

6　基準適合客席又は船内車椅子スペースと船内旅客用設備が別甲板にある場合には、第五十一条第二項において準用する同条第一項の基準に適合する通路にエレベーターを一以上設けなければならない。

7　第四条第七項（同項第四号を除く。）及び第二項第二号の規定は、前項の規定により設けられるエレベーターについて準用する。

（便所）

第五十四条　便所を設ける場合は、腰掛便座及び手すりが設けられた便房を一以上設けなければならない。

2　第十三条第一項の規定は、船舶に便所を設ける場合について準用する。

3　第十三条第二項、第十四条（同条第一項第一号、第三号ただし書並びに第四項を除く。）及び第十五条第二項の規定は、他の法令の規定により便所を設けることとされている船舶の便所について準用する。この場合において、第十三条第二項第一号中「及び高齢者、障害者等が円滑に利用することができる構造の水洗器具を設けた便房がそれぞれ又は同一の便房として一以上」とあるのは「が一以上」と、第十四条第一項第四号中「車椅子使用者用便房及び高齢者、障害者等が円滑に利用することができる構造の水洗器具を設けた便房」とあるのは「車椅子使用者用便房」と、同条第二項第三号中「腰掛便座、手すりその他の車椅子使用者の円滑な利用に適した設備」とあるのは「手を洗うための水洗器具」と、第十五条第二項中「前条第一項第一号から第三号まで」とあるのは「前条第一項第二号、第三号（ただし書を除く。）」と、「高齢者、障害者等が円滑に利用することができる構造のもの」とあるのは「車椅子使用者が円滑に利用することができる構造のもの」と、同項第三号中「腰掛便座、手すりその他の車椅子使用者の円滑な利用に適した設備」とあるのは「手を洗うための水洗器具」と読み替えるものとする。

（食堂）

第五十五条　専ら旅客の食事の用に供する食堂を設ける場合は、そのうち一以上は、次に掲げる基準に適合するものでなければならない。

一　出入口の幅は、八十センチメートル以上であること。

二　出入口には段がないこと。

三　床の表面は、滑りにくい仕上げがなされたものであること。

四　椅子の収容数百人ごとに一以上の割合で、車椅子使用者の円滑な利用に適した構造を有するテーブルを配置すること。

五　聴覚障害者が文字により意思疎通を図るための設備が備えられていること。この場合においては、当該設備を保有している旨を当該食堂に表示すること。

（売店）

第五十六条　一以上の売店（専ら人手により物品の販売を行うための設備に限る。第百五条において同じ。）には、聴覚障害者が文字により意思疎通を図るための設備を備えなければならない。この場合においては、当該設備を保有している旨を当該売店に表示するものとする。

（遊歩甲板）

第五十七条　総トン数二十トン以上の船舶の遊歩甲板は、次に掲げる基準に適合するものでなければならない。

一　出入口の幅は、八十センチメートル以上であること。

二　段を設ける場合は、スロープ板その他の車椅子使用者が円滑に通過できるための設備が備えられていること。

三　戸（遊歩甲板の出入口の戸を除く。）を設ける場合は、当該戸は、次に掲げる基準に適合するものであること。

イ　幅は、八十センチメートル以上であること。

ロ　自動的に開閉する構造又は高齢者、障害者等が容易に開閉して通過できる構造のものであること。

四　床の表面は、滑りにくい仕上げがなされたものであること。

五　手すりが設けられていること。

（点状ブロック）

第五十八条　階段及びエスカレーターの上端及び下端並びにエレベーターの操作盤に近接する通路には、点状ブロックを敷設しなければならない。

（運航情報提供設備）

第五十九条　目的港の港名その他の当該船舶の運航に関する情報を文字等により表示するための設備及び音声により提供するための設備を備えなければならない。

（基準適合客席、船内車椅子スペース、昇降機、船内旅客用設備及び非常口の配置の案内）

第六十条　基準適合客席、船内車椅子スペース、昇降機、船内旅客用設備及び非常口の配置を表示した案内板その他の設備を設けなければならない。

2　基準適合客席、船内車椅子スペース、昇降機、船内旅客用設備及び非常口の配置を音、点字その他の方法により視覚障害者に示すための設備を設けなければならない。

（基準の適用除外）

第六十一条　一般定期航路事業の用に供する総トン数五トン未満の船舶及び旅客不定期航路事業の用に供する総トン数二百トン未満の船舶については、この省令の規定によらないことができる。

2　地方運輸局長（運輸監理部長を含む。以下この項において同じ。）が、その構造又は航行の態様によりこの省令の規定により難い特別の事由があると認定した船舶については、第四十七条から前条までに掲げる規定のうちから当該地方運輸局長が当該船舶ごとに指定したものは、適用しない。

3　第四十三条第二項から第四項まで（同条第三項第二号を除く。）の規定は、前項の認定について準用する。この場合において、同条第三項第三号中「車台番号」とあるのは「船名及び船舶番号又は船舶検査済票の番号」と、同項第四号中「使用の本拠の位置」とあるのは「就航航路」と読み替えるものとする。

4　前項の規定により準用される第四十三条第三項の申請書は、運輸支局長又は海事事務所長を経由して提出することができる。

第六節　航空機

（適用範囲）

第六十二条　航空機の構造及び設備については、この節の定めるところによる。

（乗降用設備）

第六十二条の二　旅客搭乗橋が設けられていないことその他の理由により旅客搭乗橋を使用できない場合に備えて航空機に乗降するためのタラップその他の設備（以下この条及び第百十条において「乗降用設備」という。）を備えるときは、そのうち一以上は、次の各号のいずれかに掲げるものでなければならない。ただし、高齢者、障害者等の円滑な乗降のために十分な強度を有する器具が一以上備えられている場合又は航空機の形状上の理由により当該乗降用設備及び当該器具のいずれも使用できない場合は、この限りでない。

一　リフトを設けることにより高齢者、障害者等が円滑に航空機に乗降することが可能な乗降用設備

二　傾斜路を設けることにより高齢者、障害者等が移動のための車椅子その他の用具を使用したまま航空機に乗降することが可能なタラップ

2　前項第一号に規定する乗降用設備は、次に掲げる基準に適合するものでなければならない。

一　リフトの出入口の幅及び広さは、第六十五条の規定により備え付けられる車椅子を使用する者が乗り込むのに十分なものであること。

二　リフト内に手すりが設けられていること。

三　床の表面は、滑りにくい仕上げがなされたものであること。

3　第一項第二号に規定するタラップは、次に掲げる基準に適合するものでなければならない。

一　車椅子使用者が持ち上げられることなく乗降できる構造のものであること。

二　幅は、第六十五条の規定により備え付けられる車椅子を使用する者が円滑に通行することができるものであること。

三　当該タラップの縁端と航空機の乗降口の床面との隙間又は段差により車椅子使用者の円滑な乗降に支障がある場合は、車椅子使用者の円滑な乗降のために十分な長さ、幅及び強度を有する設備が一以上備えられていること。

四　手すりが設けられていること。

五　床の表面は、滑りにくい仕上げがなされたものであること。

（通路）

第六十三条　客席数が六十以上の航空機の通路は、第六十五条の規定により備え付けられる車椅子を使用する者が円滑に通行することができる構造でなければならない。

（可動式のひじ掛け）

第六十四条　客席数が三十以上の航空機には、通路に面する客席（構造上の理由によりひじ掛けを可動式とできないものを除く。）の半数以上について、通路側に可動式のひじ掛けを設けなければならない。

（車椅子の備付け）

第六十五条　客席数が六十以上の航空機には、当該航空機内において利用できる車椅子を備えなければならない。

（運航情報提供設備）

第六十六条　客席数が三十以上の航空機には、当該航空機の運航に関する情報を文字等により表示するための設備及び音声により提供するための設備を備えなければならない。

（便所）

第六十七条　通路が二以上の航空機には、車椅子使用者が円滑に利用することができる構造の便所を一以上設けなければならない。

第四章　旅客施設及び車両等を使用した役務の提供の方法

第一節　総則

（旅客施設及び車両等を使用した役務の提供の方法に関する基準の遵守に係る体制の確保）

第六十八条　公共交通事業者等は、この章に定める旅客施設及び車両等を使用した役務の提供の方法に関する基準を遵守するため、人員の配置その他の必要な体制の確保を図らなければならない。

第二節　旅客施設

第一款　総則

（適用範囲）

第六十九条　旅客施設を使用した役務の提供の方法については、この節の定めるところによる。

第二款　共通事項

（移動等円滑化された経路）

第七十条　移動等円滑化された経路を構成するエレベーターに

ついては、次に掲げる基準を遵守しなければならない。

一　籠内については、第四条第七項第二号ただし書の設備が設けられた場合には、当該設備を使用して、開閉する籠の出入口が音声により知らされるようにすること。

二　籠内については、第四条第七項第八号の設備が設けられた場合には、当該設備を使用して、籠が到着する階並びに籠及び昇降路の出入口の戸の閉鎖が音声により知らされるようにすること。

三　乗降ロビーについては、第四条第七項第十二号本文の設備が設けられた場合には、当該設備を使用して、到着する籠の昇降方向が音声により知らされるようにすること。

四　籠内については、第四条第七項第十二号ただし書の設備が設けられた場合には、当該設備を使用して、籠及び昇降路の出入口の戸が開いた時に籠の昇降方向が音声により知らされるようにすること。

2　移動等円滑化された経路を構成するエスカレーターその他の昇降機（エレベーターを除く。）であって車椅子使用者の円滑な利用に適した構造のものについては、車椅子使用者が当該昇降機を円滑に利用するために必要となる役務を提供しなければならない。ただし、当該昇降機を使用しなくても円滑に昇降できる場合は、この限りでない。

3　移動等円滑化された経路を構成する通路については、照明設備が設けられた場合には、当該照明設備を使用して、適切な照度を確保しなければならない。ただし、日照等によって当該照度が確保されているときは、この限りでない。

4　前各項の規定は、乗継ぎ経路について準用する。

（エスカレーター）

第七十一条　エスカレーターについては、第七条の設備が設けられた場合には、当該設備を使用して、当該エスカレーターの行き先及び昇降方向が音声により知らされるようにしなければならない。

（階段）

第七十二条　階段については、照明設備が設けられた場合には、当該照明設備を使用して、適切な照度を確保しなければならない。ただし、日照等によって当該照度が確保されているときは、この限りでない。

（視覚障害者を誘導する設備等）

第七十三条　通路等であって公共用通路と車両等の乗降口との間の経路を構成するものについては、第九条第一項本文の設備が設けられた場合には、当該設備を使用して、音声その他の方法により視覚障害者を誘導しなければならない。

2　第九条第一項ただし書又は第二項ただし書の規定が適用される場合には、視覚障害者の誘導を行う者が常駐する二以上の設備間の誘導を適切に実施しなければならない。

（運行情報提供設備）

第七十四条　車両等の運行に関する情報を文字等により表示するための設備が備えられた場合には、当該設備を使用して、当該情報が文字等により適切に表示されるようにしなければならない。ただし、文字等による表示が困難な場合は、この限りでない。

2　車両等の運行に関する情報を音声により提供するための設備が備えられた場合には、当該設備を使用して、当該情報が音声により提供されるようにしなければならない。ただし、音声による提供が困難な場合は、この限りでない。

（旅客施設の構造及び主要な設備の配置の案内）

第七十五条　公共用通路に直接通ずる出入口の付近その他の適切な場所については、第十二条第二項の設備（音によるものに限る。）が設けられた場合には、当該設備を使用して、旅客施設の構造及び主要な設備の配置が音により視覚障害者に示されるようにしなければならない。

（便所）

第七十六条　便所の出入口付近については、第十三条第一項第一号の設備（音によるものに限る。）が設けられた場合には、当該設備を使用して、男子用及び女子用の区別（当該区別がある場合に限る。）並びに便所の構造が音により視覚障害者に示されるようにしなければならない。

2　移動等円滑化された経路と第十三条第二項第一号の便房が設けられた便所又は同項第二号の便所との間の経路における通路については、照明設備が設けられた場合には、当該照明設備を使用して、適切な照度を確保しなければならない。ただし、日照等によって当該照度が確保されているときは、この限りでない。

（乗車券等販売所、待合所及び案内所）

第七十七条　乗車券等販売所については、次に掲げる基準を遵守しなければならない。

一　移動等円滑化された経路と乗車券等販売所との間の経路における通路については、照明設備が設けられた場合には、当該照明設備を使用して、適切な照度を確保すること。ただし、日照等によって当該照度が確保されているときは、この限りでない。

二　第十六条第一項第三号ただし書の規定が適用される場合には、車椅子使用者からの求めに応じ、常時勤務する者がカウンターの前に出て対応すること。

2　前項の規定は、待合所及び案内所について準用する。この場合において、前項第二号中「第十六条第一項第三号ただし書」とあるのは、「第十六条第二項の規定により準用される同条第一項第三号ただし書」と読み替えるものとする。

3　乗車券等販売所又は案内所（勤務する者を置かないものを除く。）については、第十六条第三項の設備が備えられた場合には、聴覚障害者からの求めに応じ、当該設備を使用して、文字により意思疎通を図らなければならない。

（券売機）

第七十八条　第十七条ただし書の規定が適用される場合には、同条ただし書の窓口については、高齢者、障害者等からの求めに応じ乗車券等の販売を行わなければならない。

第三款　鉄道駅

（プラットホーム）

第七十九条　鉄道駅のプラットホームについては、次に掲げる基準を遵守しなければならない。

一　第二十条第一項第三号の設備が備えられた場合には、当該設備を使用して、車椅子使用者が円滑に乗降するために必要となる役務を提供すること。ただし、当該設備を使用しなくても円滑に乗降できる場合は、この限りでない。

二　列車の接近を文字等により警告するための設備が設けられた場合には、当該設備を使用して、当該接近について文字等により警告が受けられるようにすること。

三　列車の接近を音声により警告するための設備が設けられた場合には、当該設備を使用して、当該接近について音声により警告が受けられるようにすること。

四　照明設備が設けられた場合には、当該照明設備を使用して、適切な照度を確保すること。ただし、日照等によって当該照度が確保されているときは、この限りでない。

第四款　軌道停留場

（準用）

第八十条　前款の規定は、軌道停留場について準用する。この場合において、前条第一号中「第二十条第一項第三号」とあるのは、「第二十二条の規定により準用される第二十条第一項第三号」と読み替えるものとする。

第五款　バスターミナル

（乗降場）

第八十一条　バスターミナルの乗降場については、スロープ板その他の車椅子使用者が円滑に乗降するための設備が備えられた場合には、当該設備を使用して、車椅子使用者が円滑に乗降するために必要となる役務を提供しなければならない。ただし、当該設備を使用しなくても円滑に乗降できる場合は、この限りでない。

第六款　旅客船ターミナル

（乗降用設備）

第八十二条　旅客船ターミナルについては、乗降用設備が設置された場合には、当該乗降用設備を使用して、車椅子使用者が円滑に乗降するために必要となる役務を提供しなければならない。ただし、当該乗降用設備を使用しなくても円滑に乗降できる場合は、この限りでない。

第七款　航空旅客ターミナル施設

（保安検査場）

第八十三条　航空旅客ターミナル施設の保安検査場については、第二十七条第四項の設備が備えられた場合には、聴覚障害者からの求めに応じ、当該設備を使用して、文字により意思疎通を図らなければならない。

（旅客搭乗橋）

第八十四条　航空旅客ターミナル施設の旅客搭乗橋については、第二十八条第一項第二号の設備が備えられた場合には、当該設備を使用して、車椅子使用者が円滑に乗降するために必要となる役務を提供しなければならない。ただし、当該設備を使用しなくても円滑に乗降できる場合は、この限りでない。

第三節　車両等

第一款　鉄道車両

（適用範囲）

第八十五条　鉄道車両を使用した役務の提供の方法については、この款の定めるところによる。

（旅客用乗降口）

第八十六条　旅客用乗降口については、第三十一条第五号の設備が設けられた場合には、当該設備を使用して、旅客用乗降口の戸の開閉する側が音声により知らされるようにしなければならない。

（客室）

第八十七条　客室については、次に停車する鉄道駅の駅名その他の当該鉄道車両の運行に関する情報を文字等により表示するための設備が備えられた場合には、当該設備を使用して、当該情報が文字等により適切に表示されるようにしなければならない。ただし、文字等による表示が困難な場合は、この限りでない。

2　客室については、次に停車する鉄道駅の駅名その他の当該鉄道車両の運行に関する情報を音声により提供するための設備が備えられた場合には、当該設備を使用して、当該情報が音声により提供されるようにしなければならない。ただし、音声による提供が困難な場合は、この限りでない。

第二款　軌道車両

（準用）

第八十八条　前款の規定は、軌道車両について準用する。この場合において、第八十六条中「第三十一条第五号」とあるのは、「第三十四条又は第三十五条の規定により準用される第三十一条第五号」と読み替えるものとする。

第三款　乗合バス車両

（適用範囲）

第八十九条　乗合バス車両を使用した役務の提供の方法については、この款の定めるところによる。

（乗降口）

第九十条　乗降口については、第三十七条第二項第二号の設備が備えられた場合には、当該設備を使用して、車椅子使用者が円滑に乗降するために必要となる役務を提供しなければならない。ただし、当該設備を使用しなくても円滑に乗降できる場合は、この限りでない。

（車椅子スペース）

第九十一条　車椅子スペースについては、第三十九条第三号の設備が備えられた場合には、当該設備を使用して、車椅子を固定するために必要となる役務を提供しなければならない。ただし、当該設備を使用しなくても車椅子を固定できる場合又は車椅子の構造上の理由により車椅子の固定が困難な場合は、この限りでない。

（運行情報提供設備等）

第九十二条　乗合バス車両内については、次に停車する停留所の名称その他の当該乗合バス車両の運行に関する情報を文字等により表示するための設備が備えられた場合には、当該設備を使用して、当該情報が文字等により適切に表示されるようにしなければならない。ただし、文字等による表示が困難な場合は、この限りでない。

2　乗合バス車両内については、次に停車する停留所の名称その他の当該乗合バス車両の運行に関する情報を音声により提供するための設備が備えられた場合には、当該設備を使用して、当該情報が音声により提供されるようにしなければならない。ただし、音声による提供が困難な場合は、この限りでない。

3　乗合バス車両については、車外用放送設備が設けられた場合には、当該車外用放送設備を使用して、行き先その他の当該乗合バス車両の運行に関する情報が音声により適時に提供されるようにしなければならない。

（意思疎通を図るための設備）

第九十三条　乗合バス車両内については、第四十二条の設備が備えられた場合には、聴覚障害者からの求めに応じ、当該設備を使用して、文字により意思疎通を図らなければならない。

第四款　貸切バス車両

（準用）

第九十四条　前款（第九十二条第一項及び第三項を除く。）の規定は、貸切バス車両について準用する。この場合において、第九十条中「第三十七条第二項第二号」とあるのは「第四十三条の二の規定により準用される第三十七条第二項第二号」と、第九十一条中「第三十九条第三号」とあるのは「第四十三条の二の規定により準用される第三十九条第三号」と、第九十二条第二項中「次に停車する停留所の名称」とあるのは「目的地」と、第九十三条中「第四十二条」とあるのは「第四十三条の二の規定により準用される第四十二条」と読み替えるものとする。

第五款　福祉タクシー車両

（適用範囲）

第九十五条　福祉タクシー車両を使用した役務の提供の方法については、この款の定めるところによる。

（福祉タクシー車両）

第九十六条　車椅子等対応車については、次に掲げる基準を遵守しなければならない。

一　第四十五条第一項第一号の設備が備えられた場合には、当該設備を使用して、車椅子使用者又は寝台等を使用している者が円滑に乗降するために必要となる役務を提供すること。ただし、当該設備を使用しなくても円滑に乗降できる場合は、この限りでない。

二　第四十五条第一項第三号の設備が備えられた場合には、当該設備を使用して、車椅子又は寝台等の用具を固定するために必要となる役務を提供すること。ただし、当該設備を使用しなくても車椅子若しくは当該用具を固定できる場合又は車椅子若しくは当該用具の構造上の理由により車椅子若しくは当該用具の固定が困難な場合は、この限りでない。

三　第四十五条第一項第四号の設備（音によるものに限る。）が設けられた場合には、当該設備を使用して、事業者名、車両番号、運賃、料金その他の情報が音により視覚障害者に示されるようにすること。ただし、同号ただし書の規定が適用される場合には、同号ただし書の者がこれらの情報を提供すること。

四　第四十五条第一項第五号の設備が備えられた場合には、聴覚障害者からの求めに応じ、当該設備を使用して、文字により意思疎通を図ること。

2　回転シート車については、次に掲げる基準を遵守しなければならない。

一　第四十五条第二項第二号の設備（音によるものに限る。）が設けられた場合には、当該設備を使用して、事業者名、車両番号、運賃、料金その他の情報が音により視覚障害者に示されるようにすること。ただし、同号ただし書の規定が適用される場合には、同号ただし書の者がこれらの情報を提供すること。

二　第四十五条第二項第三号の設備が備えられた場合には、聴覚障害者からの求めに応じ、当該設備を使用して、文字により意思疎通を図ること。

第六款　船舶

（適用範囲）

第九十七条　船舶を使用した役務の提供の方法については、この款の定めるところによる。

（乗降用設備）

第九十八条　船舶に乗降するためのタラップその他の設備が備えられた場合には、当該設備を使用して、車椅子使用者が円滑に乗降するために必要となる役務を提供しなければならない。ただし、当該設備を使用しなくても円滑に乗降できる場合は、この限りでない。

（出入口）

第九十九条　旅客が乗降するための出入口については、第四十八条第一項第二号の設備が備えられた場合には、当該設備を使用して、車椅子使用者が円滑に通過するために必要となる役務を提供しなければならない。ただし、当該設備を使用しなくても円滑に通過できる場合は、この限りでない。

2　車両区域の出入口については、第四十八条第二項第二号の設備が備えられた場合には、当該設備を使用して、車椅子使用者が円滑に通過するために必要となる役務を提供しなければならない。ただし、当該設備を使用しなくても円滑に通過できる場合は、この限りでない。

（車椅子スペース）

第百条　船内車椅子スペースについては、第五十条第五号の設備が設けられた場合には、当該設備を使用して、車椅子を固定するために必要となる役務を提供しなければならない。ただし、当該設備を使用しなくても車椅子を固定できる場合又は車椅子の構造上の理由により車椅子の固定が困難な場合は、この限りでない。

（通路）

第百一条　第五十一条第一項の通路については、同項第五号の設備が備えられた場合には、当該設備を使用して、車椅子使用者が円滑に通過するために必要となる役務を提供しなければならない。ただし、当該設備を使用しなくても円滑に通過できる場合は、この限りでない。

2　前項の規定は、第五十一条第二項の通路について準用する。この場合において、前項中「同項第五号」とあるのは、「同条第二項の規定により準用される同条第一項第五号」と読み替えるものとする。

（昇降機）

第百二条　第五十一条第二項において準用する同条第一項の基準に適合する通路に設けられたエレベーターについては、次に掲げる基準を遵守しなければならない。

一　籠内については、第五十三条第七項の規定により準用される第四条第七項第二号ただし書の設備が設けられた場合には、当該設備を使用して、開閉する籠の出入口が音声により知らされるようにすること。

二　籠内については、第五十三条第七項の規定により準用される第四条第七項第八号の設備が設けられた場合には、当該設備を使用して、籠が到着する階並びに籠及び昇降路の出入口の戸の閉鎖が音声により知らされるようにすること。

三　乗降ロビーについては、第五十三条第七項の規定により準用される第四条第七項第十二号本文の設備が設けられた場合には、当該設備を使用して、到着する籠の昇降方向が音声により知らされるようにすること。

四　籠内については、第五十三条第七項の規定により準用される第四条第七項第十二号ただし書の設備が設けられた場合には、当該設備を使用して、籠及び昇降路の出入口の戸が開いた時に籠の昇降方向が音声により知らされるようにすること。

2　第五十一条第一項の基準に適合する通路に設けられたエスカレーターその他の昇降機（エレベーターを除く。）であって高齢者、障害者等の円滑な利用に適した構造のものについては、車椅子使用者が当該昇降機を円滑に利用するために必要となる役務を提供しなければならない。ただし、当該昇降機を使用しなくても円滑に昇降できる場合は、この限りでない。

（便所）

第百三条　便所の出入口付近については、第五十四条第二項の規定により準用される第十三条第一項第一号の設備（音によるものに限る。）が設けられた場合には、当該設備を使用して、男子用及び女子用の区別（当該区別がある場合に限る。）並びに便所の構造が音により視覚障害者に示されるようにしなければならない。

（食堂）

第百四条　専ら旅客の食事の用に供する食堂については、第五十五条第五号の設備が備えられた場合には、聴覚障害者からの求めに応じ、当該設備を使用して、文字により意思疎通を図らなければならない。

（売店）

第百五条　売店については、第五十六条の設備が備えられた場合には、聴覚障害者からの求めに応じ、当該設備を使用して、文字により意思疎通を図らなければならない。

（遊歩甲板）

第百六条　総トン数二十トン以上の船舶の遊歩甲板については、第五十七条第二号の設備が備えられた場合には、当該設備を使用して、車椅子使用者が円滑に通過するために必要となる役務を提供しなければならない。ただし、当該設備を使用しなくても円滑に通過できる場合は、この限りでない。

（運航情報提供設備）

第百七条　目的港の港名その他の当該船舶の運航に関する情報を文字等により表示するための設備が備えられた場合には、当該設備を使用して、当該情報が文字等により適切に表示されるようにしなければならない。ただし、文字等による表示が困難な場合は、この限りでない。

2　目的港の港名その他の当該船舶の運航に関する情報を音声により提供するための設備が備えられた場合には、当該設備を使用して、当該情報が音声により提供されるようにしなければならない。ただし、音声による提供が困難な場合は、この限りでない。

（基準適合客席、船内車椅子スペース、昇降機、船内旅客用設備及び非常口の配置の案内）

第百八条　第六十条第二項の設備（音によるものに限る。）が設けられた場合には、当該設備を使用して、基準適合客席、船内車椅子スペース、昇降機、船内旅客用設備及び非常口の配置が音により視覚障害者に示されるようにしなければならない。

第七款　航空機

（適用範囲）

第百九条　航空機を使用した役務の提供の方法については、この款の定めるところによる。

（乗降用設備）

第百十条　乗降用設備又は第六十二条の二第一項ただし書の器具が備えられた場合には、当該乗降用設備又は器具を使用して、車椅子使用者が円滑に乗降するために必要となる役務を提供しなければならない。ただし、当該乗降用設備又は器具を使用しなくても円滑に乗降できる場合は、この限りでない。

（運航情報提供設備）

第百十一条　客席数が三十以上の航空機については、当該航空機の運航に関する情報を文字等により表示するための設備が備えられた場合には、当該設備を使用して、当該情報が文字等により適切に表示されるようにしなければならない。ただし、文字等による表示が困難な場合は、この限りでない。

2　客席数が三十以上の航空機については、当該航空機の運航に関する情報を音声により提供するための設備が備えられた場合には、当該設備を使用して、当該情報が音声により提供されるようにしなければならない。ただし、音声による提供が困難な場合は、この限りでない。

附　則

（施行期日）

第一条　この省令は、法の施行の日（平成十八年十二月二十日）から施行する。

（移動円滑化のために必要な旅客施設及び車両等の構造及び設備に関する基準の廃止）

第二条　移動円滑化のために必要な旅客施設及び車両等の構造及び設備に関する基準（平成十二年運輸省建設省令第十号）は、廃止する。

（経過措置）

第三条　この省令の施行前に法附則第二条第二号による廃止前の高齢者、身体障害者等の公共交通機関を利用した移動の円滑化の促進に関する法律（平成十二年法律第六十八号）第五条第二項の規定による届出をした旅客施設の建設又は改良については、第四条第五項第五号、第六条第三号、第七条、第八条第八号、第十一条、第十九条第二項並びに第二十条第一項第六号及び第十号の規定は適用せず、なお従前の例による。

2　この省令の施行の日から起算して六月を経過する日までの間に公共交通事業者等が新たにその事業の用に供する鉄道車両又は軌道車両については、第三十二条第八項（第三十四条及び第三十五条において準用する場合を含む。）の規定は適用せず、なお従前の例による。

3　平成十四年五月十五日前に製造された鉄道車両であって、公共交通事業者等がこの省令の施行後に新たにその事業の用に供するもののうち、地方運輸局長が認定したものについては、この省令の規定のうちから当該地方運輸局長が当該鉄道車両ごとに指定したものは、適用しない。

4　前項の認定は、条件又は期限を付して行うことができる。

5　第三項の認定を受けようとする者は、次に掲げる事項を記載した申請書を地方運輸局長に提出しなければならない。

一　氏名又は名称及び住所
二　車種及び記号番号
三　車両番号
四　使用区間
五　製造年月日
六　認定により適用を除外する規定
七　認定を必要とする理由

6　地方運輸局長は、次の各号のいずれかに該当する場合には、第三項の認定を取り消すことができる。

一　認定の取消しを求める申請があったとき。
二　第四項の規定による条件に違反したとき。

7　第三項から前項までの規定は、平成十四年五月十五日前に製造された軌道車両であって、公共交通事業者等がこの省令の施行後に新たにその事業の用に供するものについて準用する。この場合において、第三項、第五項及び前項中「地方運輸局長」とあるのは、「国土交通大臣」と読み替えるものとする。

8　第三項から第六項までの規定は、平成十二年十一月十五日前に道路運送車両法（昭和二十六年法律第百八十五号）第五十八条第一項に規定する自動車検査証の交付を受けたバス車両であって、公共交通事業者等がこの省令の施行後に新たにその事業の用に供するものについて準用する。この場合において、第五項第二号中「車種及び記号番号」とあるのは「車名及び型式」と、同項第三号中「車両番号」とあるのは「車台番号」と、同項第四号中「使用区間」とあるのは「使用の本拠の位置」と、同項第五号中「製造年月日」とあるのは「自動車検査証の交付を受けた年月日」と読み替えるものとする。

9　第三項から第六項まで（第五項第二号を除く。）の規定は、平成十四年五月十五日前に船舶安全法（昭和八年法律第十一号）第九条第一項に規定する船舶検査証書の交付を受けた船舶であって、公共交通事業者等がこの省令の施行後に新たにその事業の用に供するものについて準用する。この場合において、第三項及び第五項各号列記以外の部分中「地方運輸局長」とあるのは「地方運輸局長（運輸監理部長を含む。）」と、同項第三号中「車両番号」とあるのは「船名及び船舶番号又は船舶検査済票の番号」と、同項第四号中「使用区間」とあるのは「就航航路」と、同項第五号中「製造年月日」とあるのは「船舶検査証書の交付を受けた年月日」と、第六項中「地方運輸局長」とあるのは「地方運輸局長（運輸監理部長を含む。）」と読み替えるものとする。

10　前項の規定により準用される第五項の申請書は、運輸支局長又は海事事務所長を経由して提出することができる。

11　第三項から第六項まで（第五項第四号を除く。）の規定は、平成十四年五月十五日前に航空法第十条第一項に規定する耐空証明又は国際民間航空条約の締約国たる外国による耐空証明を受けた航空機その他これに準ずるものとして国土交通大臣が認める航空機であって、公共交通事業者等がこの省令の施行後に新たにその事業の用に供するものについて準用する。この場合において、第三項及び第五項各号列記以外の部分中「地方運輸局長」とあるのは「国土交通大臣」と、同項第二号中「車種及び記号番号」とあるのは「種類及び型式」と、同項第三号中「車両番号」とあるのは「国籍記号及び登録記号」と、同項第五号中「製造年月日」とあるのは「耐空証明を受けた年月日（これに準ずるものとして国土交通大臣が認める航空機にあっては、その準ずる事由及び当該準ずる事由が生じた年月日）」と、第六項中「地方運輸局長」とあるのは「国土交通大臣」と読み替えるものとする。

附　則（平三〇・三・三〇国交令一三）

（施行期日）

1　この省令は、平成三十年十月一日から施行する。ただし、第三章第一節及び第二節の改正規定は、平成三十二年四月一日から施行する。

（経過措置）

2　この省令の施行前に高齢者、障害者等の移動等の円滑化の促進に関する法律第九条第一項の申請又は同条第二項の政令で定める法令の規定若しくは同項の規定による届出をした旅客施設の建設又は改良については、この省令による改正後の移動等円滑化のために必要な旅客施設又は車両等の構造及び設備に関する基準を定める省令第四条第八項及び第十項から第十二項まで、第十三条から第十五条まで、第十八条の二並びに第二十条第一項第六号及び第七号の規定は適用せず、なお従前の例による。

附　則（平三〇・九・二〇国交令七一抄）

（施行期日）

第一条　この省令は、平成三十年十月一日から施行する。

附　則（平三一・三・八国交令七抄）

（施行期日）

第一条　この省令は、高齢者、障害者等の移動等の円滑化の促進に関する法律の一部を改正する法律（平成三〇年五月法律第三二号）附則第一条ただし書に規定する規定の施行の日（平成三十一年四月一日。以下「施行日」という。）から施行する。

（移動等円滑化のために必要な旅客施設又は車両等の構造及び設備に関する基準を定める省令の一部改正に伴う経過措置）

第三条　施行日前に建造契約が結ばれた船舶（建造契約がないものにあっては、平成三十一年十月一日前に建造に着手されたもの）であって、平成三十五年四月一日前に船舶所有者に引き渡されたもの（旅客不定期航路事業者が施行後に新たにその事業の用に供するもののうち、地方運輸局長（運輸監理部長を含む。以下同じ。）が認定したものに限る。）については、この省令の規定のうちから当該地方運輸局長が当該船舶ごとに指定したものは、適用しない。

2　前項の認定は、条件又は期限を付して行うことができる。

3　第一項の認定を受けようとする者は、次に掲げる事項を記載した申請書を地方運輸局長に提出しなければならない。

一　氏名又は名称及び住所
二　船名及び船舶番号
三　就航航路

四　建造契約が結ばれた年月日（建造契約がない船舶にあっては、建造に着手した年月日）及び船舶所有者に引き渡された年月日
五　認定により適用を除外する規定
六　認定を必要とする理由

4　地方運輸局長は、次の各号のいずれかに該当する場合には、第一項の認定を取り消すことができる。
一　認定の取消しを求める申請があったとき。
二　第二項の規定による条件に違反したとき。

5　第三項の申請書は、運輸支局長又は海事事務所長を経由して提出することができる。

附　則（令元・六・二八国交令二〇）

この省令は、不正競争防止法等の一部を改正する法律〔平成三〇年五月法律第三三号〕の施行の日（令和元年七月一日）から施行する。

附　則（令二・一〇・三〇国交令八五）

沿革　令三国交令一改正

（施行期日）

第一条　この省令は、令和三年七月一日から施行する。ただし、第一条の規定は、公布の日から施行する。

（経過措置）

第二条　この省令の施行前に製造に係る契約が結ばれた新幹線鉄道の用に供する鉄道車両であって、令和四年一月三十一日前に鉄道事業者に引き渡されたもの（当該鉄道事業者がこの省令の施行後に新たにその事業の用に供するもののうち、当該鉄道事業者の申請によりやむを得ない理由があると地方運輸局長が認定したものに限る。）については、第二条の規定による改正後の移動等円滑化のために必要な旅客施設又は車両等の構造及び設備並びに旅客施設及び車両等を使用した役務の提供の方法に関する基準を定める省令第三十二条第二項の規定のうちから当該地方運輸局長が当該鉄道車両ごとに指定したものは、適用しない。

2　前項の認定は、条件又は期限を付して行うことができる。

3　第一項の認定を受けようとする者は、次に掲げる事項を記載した申請書を地方運輸局長に提出しなければならない。
一　氏名又は名称及び住所
二　車種及び記号番号
三　車両番号
四　使用区間
五　製造に係る契約が結ばれた年月日及び鉄道事業者に引き渡された年月日
六　認定により適用を除外する規定
七　認定を必要とする理由

4　地方運輸局長は、次の各号のいずれかに該当する場合には、第一項の認定を取り消すことができる。
一　認定の取消しを求める申請があったとき。
二　第二項の規定による条件に違反したとき。

附　則（令三・一・二〇国交令一）

この省令は、高齢者、障害者等の移動等の円滑化の促進に関する法律の一部を改正する法律〔令和二年五月法律第二八号〕の施行の日（令和三年四月一日）から施行する。

附　則（令四・三・三一国交令三七）

（施行期日）

第一条　この省令は、令和五年四月一日から施行する。ただし、次条の規定は、公布の日から施行する。

（経過措置）

第二条　鉄道事業者は、この省令による改正後の移動等円滑化のために必要な旅客施設又は車両等の構造及び設備並びに旅客施設及び車両等を使用した役務の提供の方法に関する基準を定める省令（第三項及び第五項において「新令」という。）第三十二条第二項の規定が適用される鉄道車両（同項に規定する新幹線鉄道の用に供するものを除く。）であって、次の各号のいずれにも該当するものについて、地方運輸局長に同項の規定の全部又は一部の適用の除外を申請することができる。
一　この省令の施行前に製造に係る契約が結ばれたものであること。
二　令和五年六月三十日前に当該鉄道事業者に引き渡されるものであること。
三　当該鉄道事業者がこの省令の施行後に新たにその事業の用に供するものであること。

2　前項の申請をしようとする者は、次に掲げる事項を記載した申請書を地方運輸局長に提出しなければならない。
一　氏名又は名称及び住所
二　車種及び記号番号
三　車両番号
四　使用区間
五　製造に係る契約が結ばれた年月日及び鉄道事業者に引き渡される年月日
六　認定により適用を除外する規定
七　認定を必要とする理由

3　地方運輸局長は、第一項の規定による申請があった場合において、鉄道事業の円滑な実施に著しい支障を及ぼすおそれがあることその他の新令第三十二条第二項の規定の全部又は一部を適用しないことについて相当な理由があると認めるときは、同項の規定のうち適用しないこととするものを指定して、その認定をするものとする。

4　前項の認定は、条件又は期限を付して行うことができる。

5　第三項の認定を受けた鉄道車両については、新令第三十二条第二項の規定の全部又は一部（第三項の規定により指定されたものに限る。）は、適用しない。

6　地方運輸局長は、次の各号のいずれかに該当する場合には、第三項の認定を取り消すことができる。
一　認定の取消しを求める申請があったとき。
二　第四項の規定による条件に違反したとき。

7　前各項の規定は、軌道車両について準用する。この場合において、第一項、第三項及び第五項中「第三十二条第二項」とあるのは「第三十四条又は第三十五条において準用する第三十二条第二項」と、第一項から第三項まで及び前項中「地方運輸局長」とあるのは「国土交通大臣」と読み替えるものとする。

○移動等円滑化のために必要なバス車両の構造及び設備に関する細目を定める告示

（平成十二年十一月一日運輸省告示第三百四十九号）

沿革　平一八国交告一五〇九、令三国交告二七八改正

（用語）

第一条　この告示において使用する用語は、移動等円滑化のために必要な旅客施設又は車両等の構造及び設備並びに旅客施設及び車両等を使用した役務の提供の方法に関する基準を定める省令（平成十八年国土交通省令第百十一号。以下「省令」という。）において使用する用語の例による。

（乗降設備）

第二条　省令第三十七条第二項第二号の国土交通大臣の定める基準は、次のとおりとする。

一　スロープ板の幅は、七十二センチメートル以上であること。

二　スロープ板の一端を縁石（その高さが十五センチメートルのもの。）に乗せた状態において、スロープ板と水平面とのなす角度は、十四度以下であること。

三　携帯式のスロープ板は、使用に便利な場所に備えられたものであること。

（床面の高さの測定方法）

第三条　省令第三十八条第一項の国土交通大臣の定める方法は、次のとおりとする。

一　省令第三十七条第二項の基準に適合する乗降口附近の床面（すべり止めを除く。以下同じ。）の地上面からの高さを測定すること。

二　道路運送車両の保安基準（昭和二十六年運輸省令第六十七号）第一条第六号の空車状態で測定すること。ただし、車高調整装置（旅客が乗降するときに作動できるものに限る。）を備えているバス車両にあっては、当該装置を作動させた状態で床面の地上面からの高さを測定することができる。

（車椅子スペース）

第四条　省令第三十九条第七号の国土交通大臣の定める基準は、次のとおりとする。

一　車椅子スペースの長さは、百三十センチメートル（床面からの高さが三十五センチメートル以上の部分にあっては、百十五センチメートル）以上であること。ただし、車椅子使用者が同じ向きの状態で利用する車椅子スペースを二以上縦列して設ける場合にあっては、車椅子スペース（車椅子使用者が向く方向の最前に設けられるものを除く。）の長さは、百十センチメートル以上であればよい。

二　車椅子スペースの幅は、七十五センチメートル以上であること。

三　車椅子使用者が利用する際に支障とならない場合にあっては、車椅子スペースの前部及び後部の側端部は、平たんでなくてもよい。

（手すりの間隔）

第五条　省令第四十条第二項の国土交通大臣が定める間隔は、手すりを連続する座席三列（横向きに備えられた座席にあっては、三席）ごとに一以上含むものとする。この場合において、当該手すりは床面に垂直な握り棒でなければならない。

附　則

この告示は、平成十二年十一月十五日から施行する。

附　則（令三・三・三一国交告二七八）

この告示は、高齢者、障害者等の移動等の円滑化の促進に関する法律の一部を改正する法律〔令和二年五月法律第二八号〕の施行の日（令和三年四月一日）から施行する。

○移動等円滑化の促進に関する基本方針

令和二年六月十八日
国家公安委員会
総務省
文部科学省
国土交通省
告示第一号

沿革　令二公安委・総務・文科・国交告二改正

高齢者、障害者等の移動等の円滑化の促進に関する法律（平成十八年法律第九十一号。以下「法」という。）第三条第一項の規定に基づき、高齢者、障害者等の移動又は施設の利用に係る身体の負担を軽減することにより、その移動上又は施設の利用上の利便性及び安全性を向上すること（以下「移動等円滑化」という。）の促進に関する基本方針について、国、地方公共団体、高齢者、障害者等、施設設置管理者その他の関係者が互いに連携協力しつつ移動等円滑化を総合的かつ計画的に推進していくため、以下のとおり定める。

一　移動等円滑化の意義及び目標に関する事項

1　移動等円滑化の意義

我が国においては、世界のどの国もこれまで経験したことのない本格的な高齢社会を迎え、今後更なる高齢化が進展すると見込まれており、高齢者の自立と社会参加による、健全で活力ある社会の実現が求められている。また、今日、障害者が障害のない者と同等に生活し活動する社会を目指す、ノーマライゼーションの理念の社会への浸透が進み、自立と共生の理念の下、障害の有無にかかわらず国民誰もが相互に人格と個性を尊重し支え合う「共生社会」の実現が求められている。さらに、近年、障害者の権利に関する条約（平成二十六年条約第一号）の締結及び障害者基本法（昭和四十五年法律第八十四号）等の関連法制の整備に加え、ユニバーサル社会の実現に向けた諸施策の総合的かつ一体的な推進に関する法律（平成三十年法律第百号）が公布・施行されたこと、東京オリンピック競技大会及び東京パラリンピック競技大会が開催されること等を契機として、共生社会の実現を目指し、全国において更にバリアフリー化を推進するとともに、高齢者、障害者等も含めて誰もが包摂され活躍できる社会の実現に向けた取組を進めることが必要となっている。

このような社会の実現のためには、高齢者、障害者等が自立した日常生活及び社会生活を営むことができる社会を構築することが重要であり、そのための環境の整備を一刻も早く推進していくことが求められている。移動及び施設の利用は、高齢者、障害者等が社会参加をするための重要な手段であることから、移動等円滑化を促進することは、このような社会の実現のために大きな意義を持つものである。

また、移動等円滑化の促進は、高齢者、障害者等の社会参加を促進するのみでなく、「どこでも、誰でも、自由に、使いやすく」というユニバーサルデザインの考え方に基づき、全ての利用者に利用しやすい施設及び車両等の整備を通じて、国民が生き生きと安全に暮らせる活力ある社会の維持に寄与するものである。

さらに、法第一条の二の基本理念の規定に定めるように、この法律に基づく措置は、高齢者、障害者等にとって日常生活又は社会生活を営む上で障壁となるような社会における事物、制度、慣行、観念その他一切のもの（いわゆる「社会的障壁」）の除去や、共生社会の実現に資するものであり、移動等円滑化の促進の意義はますます大きくなっている。

なお、法にいう「高齢者、障害者等」には、高齢者、全ての障害者（身体障害者のみならず知的障害者、精神障害者及び発達障害者を含む。）及び妊産婦等、日常生活又は社会生活において身体の機能上の制限を受ける者は全て含まれる。

また、障害特性は様々であり、例えば視覚障害についても、障害の程度によって期待される移動等円滑化の内容が異なることもあり得ること並びに身体の機能上の制限には、知的障害者、精神障害者及び発達障害者等の知覚面又は心理面の働きが原因で発現する疲れやすさ、喉の渇き、照明への反応、表示の分かりにくさ等の負担の原因となる様々な制約が含まれることから、法が促進することとしている移動等円滑化には、このような負担を軽減することによる移動上又は施設の利用上の利便性及び安全性を向上することも含まれることに留意する必要がある。

また、移動等円滑化を進めるに当たっては、高齢者、障害者等の意見を十分に聴き、それを反映させることが重要である。

2　移動等円滑化の目標

移動等円滑化を実現するためには、高齢者、障害者等が日常生活又は社会生活において利用する施設についてハード・ソフト両面の移動等円滑化のための措置が講じられ、移動等円滑化に携わる様々な者が連携することにより、移動の連続性を確保することが重要である。

したがって、法では、これらの施設を設置し、又は管理する者に対して移動等円滑化のために必要な措置を講ずるよう努める一般的な責務を課すとともに、これらの施設の中で、特に日常生活及び社会生活において通常移動手段として用いられ、又は通常利用される旅客施設及び車両等、一定の道路及び旅客特定車両停留施設、路外駐車場、公園施設並びに建築物の各々について、新設等に際し各々に対応した移動等円滑化基準への適合を義務付けることとしている。さらに、公共交通事業者等については、既存施設を含む更なるハード対策及び旅客支援等のソフト対策の一体的な取組を推進するための計画制度が設けられている。

また、市町村が定める移動等円滑化促進地区において、法第二十四条の二第一項の移動等円滑化の促進に関する方針（以下「移動等円滑化促進方針」という。）に即して、届出制度等により交通結節点における移動の連続性を確保することとしている。

さらに、市町村が定める重点整備地区において、移動等円滑化に係る特定事業その他の事業が法第二十五条第一項の移動等円滑化に係る事業の重点的かつ一体的な推進に関する基本的な構想（以下「基本構想」という。）に即して重点的かつ一体的に実施されることとしている。

移動等円滑化の促進に当たっては、国、地方公共団体、施設設置管理者、都道府県公安委員会等の関係者が必要に応じて緊密に連携しながら、法に基づく枠組みの活用等により、次に掲げる事項を達成することを目標とする。

(1) 旅客施設

個々の旅客施設における一日当たりの平均的な利用者数については、新型コロナウイルス感染症のような特殊な外的要因により、年度によっては前年度に比べ著しく増減する可能性があることから、例えば、過去三年度における一日当たりの平均的な利用者数の平均値を用いるなど、適切に補正した結果も考慮することとする。

① 鉄道駅及び軌道停留場

一日当たりの平均的な利用者数が三千人以上である鉄道駅及び軌道停留場（以下「鉄軌道駅」という。）並びに一日当たりの平均的な利用者数が二千人以上三千人未満であって重点整備地区内の生活関連施設である鉄軌道駅については、令和七年度までに、原則として全てについて、エレベーター又はスロープを設置することを始めとした段差の解消、ホームドア、可動式ホーム柵、点状ブロックその他の視覚障害者の転落を防止するための設備の整備、視覚障害者誘導用ブロックの整備、運行情報提供設備その他の案内設備の設置、便所がある場合には障害者対応型便所の設置等の移動等円滑化を実施する。この場合、地域の要請及び支援の下、鉄軌道駅の構造等の制約条件を踏まえ、可能な限りの整備を行うこととする。また、これ以外の鉄軌道駅についても、利用者数のみならず、高齢者、障害者等の利用の実態等に鑑み、基本構想及び移動等円滑化促進方針（以下「基本構想等」という。）の作成状況その他の地域の実情を踏まえて、移動等円滑化を可能な限り実施する。

ホームドア又は可動式ホーム柵については、転落及び接触事故の発生状況、プラットホームをはじめとする鉄軌道駅の構造及び利用実態、地域の実情等を勘案し、優先度が高いプラットホームでの整備の加速化を目指し、地域の支援の下、令和七年度までに三千番線を整備する。そのうち、一日当たりの平均的な利用者数が十万人以上の鉄軌道駅において、八百番線を整備する。

また、高齢者、障害者等に迂回による過度な負担が生じないよう、大規模な鉄軌道駅については、当該鉄軌道駅及び周辺施設の状況、当該鉄軌道駅の利用状況等を踏まえ、可能な限り移動等円滑化された経路を二以上設ける。

さらに、車椅子使用者が単独で列車に乗降しやすい鉄軌道駅の整備を進めるため、駅施設及び車両の構造等に応じて、十分に列車の走行の安全確保が図れることを確認しつつ、可能な限りプラットホームと車両乗降口の段差及び隙間の縮小を進める。

② バスターミナル

一日当たりの平均的な利用者数が三千人以上であるバスターミナル及び一日当たりの平均的な利用者数が二千人以上三千人未満であって重点整備地区内の生活関連施設であるバスターミナルについては、令和七年度までに、原則として全てについて、段差の解消、視覚障害者誘導用ブロックの整備、運行情報提供設備その他の案内設備の設置、便所がある場合には障害者対応型便所の設置等の移動等円滑化を実施する。また、これ以外のバスターミナルについても、利用者数のみならず、高齢者、障害者等の利用の実態等に鑑み、基本構想等の作成状況その他の地域の実情を踏まえて、移動等円滑化を可能な限り実施する。

③ 旅客船ターミナル

一日当たりの平均的な利用者数が二千人以上である旅客船ターミナルについては、令和七年度までに、原則として全てについて、段差の解消、視覚障害者誘導用ブロックの整備、運航情報提供設備その他の案内設備の設置、便所がある場合には障害者対応型便所の設置等の移動等円滑化を実施する。また、高齢化の進む離島との間の航路等に利用する公共旅客船ターミナルについては、地域の実情を踏まえて順次、移動等円滑化を実施する。また、これ以外の旅客船ターミナルについても、利用者数のみならず、高齢者、障害者等の利用の実態等に鑑み、基本構想等の作成状況その他の地域の実情を踏まえて、移動等円滑化を可能な限り実施する。

④ 航空旅客ターミナル施設

一日当たりの平均的な利用者数が二千人以上である航空旅客ターミナル施設については、令和七年度までに、原則として全てについて、段差の解消、視覚障害者誘導用ブロックの整備、運航情報提供設備その他の案内設備の設置、便所がある場合には障害者対応型便所の設置等の移動等円滑化を実施する。また、これ以外の航空旅客ターミナル施設についても、利用者数のみならず、高齢者、障害者等の利用の実態等に鑑み、基本構想等の作成状況その他の地域の実情を踏まえて、移動等円滑化を可能な限り実施する。

(2) 車両等

車両等においては、段差の解消、運行情報提供設備（福祉タクシー車両にあっては、音等による情報提供設備及び文字により意思疎通を図るための設備）の設置等の移動等円滑化を以下のとおり実施する。

① 鉄道車両及び軌道車両

総車両数約五万三千両のうち約七十パーセントに当たる約三万七千百両について、令和七年度までに、移動等円滑化を実施する。また、新幹線の車両について、車椅子用フリースペースの整備を可能な限り速やかに進める。

② 乗合バス車両

総車両数約六万台から乗合バス車両の構造及び設備に関する移動等円滑化基準の適用除外認定車両（以下「適用除外認定車両」という。）約一万台を除いた約五万台のうち、約八十パーセントに当たる約四万台について、令和七年度までに、ノンステップバスを導入して移動等円滑化を実施する。

適用除外認定車両については、令和七年度までに、その約二十五パーセントに当たる約二千五百台をリフト付きバス又はスロープ付きバスとする等、高齢者、障害者等の利用の実態を踏まえて、可能な限りの移動等円滑化を実施する。また、令和七年度までに、一日当たりの平均的な利用者数が二千人以上である航空旅客ターミナルのうち鉄軌道アクセスがない施設へのバス路線を運行する乗合バス車両については、当該施設へアクセスするバス路線の運行系統の総数の約五十パーセントについて、バリアフリー化した車両を含む運行として移動等円滑化を実施する。

③ 貸切バス車両

令和七年度までに、約二千百台のノンステップバス、リフト付きバス又はスロープ付きバスを導入して移動等円滑化を実施する。

④ タクシー車両

令和七年度までに、約九万台の福祉タクシー（ユニバーサルデザインタクシー（流し営業にも活用されることを想定し、身体障害者のほか、高齢者や妊産婦、子供連れの人等、様々な人が利用できる構造となっている福祉タクシー車両をいう。）を含む。）を導入して移動等円滑化を実施する。また、令和七年度までに、各都道府県における総車両数の約二十五パーセントについて、ユニバーサルデザインタクシーとし、移動等円滑化を実施する。

⑤ 船舶

一般旅客定期航路事業及び旅客不定期航路事業の用に供する総隻数約七百隻のうち約六十パーセントに当たる約四百二十隻について、令和七年度までに、移動等円滑化を実施する。また、一日当たりの平均的な利用者数が二千人以上である旅客船ターミナルに就航する船舶については、令和七年度までに、船舶の構造等の制約条件を踏まえて、可能な限りの移動等円滑化を実施する。

さらに、これ以外の船舶についても、高齢者、障害者等の利用の実態等を踏まえて、可能な限りの移動等円滑化を実施する。

⑥ 航空機

総機数約六百七十機について、令和七年度までに、原則として全て移動等円滑化を実施する。

(3) 道路

重点整備地区内の主要な生活関連経路を構成する道路等で国土交通大臣が指定する特定道路の約七十パーセントについて、令和七年度までに、移動等円滑化を実施する。

(4) 都市公園

① 園路及び広場

園路及び広場（特定公園施設であるものに限る。以下同じ。）の設置された規模の大きい概ね二ヘクタール以上の都市公園の約七十パーセントについて、令和七年度までに、園路及び広場の移動等円滑化を実施する。また、これ以外の都市公園についても、高齢者、障害者等の利用の実態等に鑑み、基本構想等の作成状況その他の地域の実情を踏まえて、園路及び広場の移動等円滑化を可能な限り実施する。

② 駐車場

駐車場の設置された規模の大きい概ね二ヘクタール以上の都市公園の約六十パーセントについて、令和七年度までに、駐車場の移動等円滑化を実施する。また、これ以外の都市公園についても、高齢者、障害者等の利用の実態等に鑑み、基本構想等の作成状況その他の地域の実情を踏まえて、駐車場の移動等円滑化を可能な限り実施する。

③ 便所

便所の設置された規模の大きい概ね二ヘクタール以上の都市公園の約七十パーセントについて、令和七年度までに、便所の移動等円滑化を実施する。また、これ以外の都市公園についても、高齢者、障害者等の利用の実態等に鑑み、基本構想等の作成状況その他の地域の実情を踏まえて、便所の移動等円滑化を可能な限り実施する。

(5) 路外駐車場

特定路外駐車場の約七十五パーセントについて、令和七年度までに、移動等円滑化を実施する。

(6) 建築物

床面積の合計が二千平方メートル以上の特別特定建築物（小学校、中学校、義務教育学校又は中等教育学校の前期課程に係るものに限る。）で公立のもの（以下「公立小学校等」という。）を除く。）の総ストックの約六十七パーセントについて、令和七年度までに、移動等円滑化を実施する。また、床面積の合計が二千平方メートル未満の特別特定建築物等についても、地方公共団体における条例制定の促進並びにガイドラインの作成及び周知により、移動等円滑化を実施する。

公立小学校等については、別に定めるところにより、障害者対応型便所、スロープ、エレベーター等の設置等の移動等円滑化を実施する。

(7) 信号機等

重点整備地区内の主要な生活関連経路を構成する道路に設置されている信号機等については、令和七年度までに、原則として全ての当該道路において、音響信号機、高齢者等感応信号機等の信号機の設置、歩行者用道路であることを表示する道路標識の設置、横断歩道であることを表示する道路標示（以下「横断歩道標示」という。）の設置等の移動等円滑化を実施する。

特に、当該道路のうち、道路又は交通の状況に応じ、視覚障害者の移動上の安全性を確保することが特に必要であると認められる部分に設置されている信号機等の移動等円滑化については、令和七年度までに、原則として全ての当該部分において、音響信号機の設置及び視覚障害者の誘導を行うための線状又は点状の突起が設けられた横断歩道標示の設置を行う。

(8) 基本構想等

移動等円滑化促進方針の作成市町村数について、令和七年度までに、約三百五十とする。また、基本構想の作成市町村数について、令和七年度までに、約四百五十とする。

(9) 移動等円滑化に関する国民の理解と協力（心のバリアフリー）

移動等円滑化に関する国民の理解と協力を得ることが当たり前の社会となるような環境整備を推進する。また、「心のバリアフリー」という用語の認知度について、令和七年度までに、約五十パーセントとする。さらに、高齢者、障害者等の立場を理解して行動ができている人の割合について、令和七年度までに、原則として約百パーセントとする。

二 移動等円滑化のために施設設置管理者が講ずべき措置に関する基本的な事項

施設設置管理者は、利用者の利便性及び安全性の向上を図る観点から、施設及び車両等の整備、適切な役務の提供、利用者支援、適切な情報の提供、職員等関係者に対する適切な教育訓練並びに高齢者障害者等用施設等の適正な利用の推進について関係者と連携しながら、1から6までに掲げる各々の措置を適切に講ずることにより、移動等円滑化を進めることが必要である。特に、法第九条の四の計画の作成が求められる公共交通事業者等においては、法第九条の二第一項の公共交通事業者等の判断の基準となるべき事項（以下「判断基準」という。）を踏まえ、当該計画を作成し、着実にこれらの措置を講ずることが必要である。また、それ以外の公共交通事業者等においても、判断基準を踏まえ、計画的に、これらの措置を進めていくことが望ましい。

施設設置管理者が1から6までに掲げる措置を実施するに当たっては、その措置が効果的に実施されるよう、地域の実情を把握している市町村等の関係者と連携することにより、可能な限り利便性の高い動線の確保等他の施設との連続性に配慮した措置を実施し、かつ、自らが設置し、又は管理する施設に設置される設備について、施設の特性に応じて可能な限り時間的な制約がなく利用できる等移動等円滑化のために必要な措置を講ずるよう努めることが重要である。また、公共交通事業者等及び道路管理者にあっては、複数の事業者間又は鉄道及びバス等複数の交通機関間の継ぎ目となる交通結節点における移動等円滑化にも十分配慮することが重要である。特に、公共交通事業者等及び旅客特定車両停留施設を管理する道路管理者については、法第八条第八項及び第十条第九項により関係者と相互に協力して移動等円滑化に係る措置を講ずる努力義務が課されていることから、ハード・ソフト両面の乗継円滑化を実現するため、関係者との連絡調整を積極的に実施することが重要である。さらに、他の公共交通事業者等又は旅客特定車両停留施設を管理する道路管理者から移動等円滑化に係る措置に関する協議を求められた際は、法第八条第九項及び法第十条第十項により応諾義務が課されていることを踏まえ、当該協議に誠実に応じるとともに、建設的な議論を行うことが重要である。

また、施設設置管理者は、施設及び車両等の整備に当たっては、移動等円滑化のために講ずる措置について具体的な実施計画を策定すること等により順次計画的に移動等円滑化を進めていくこと、高齢者、障害者等が障害のない者と共に利用できる形での施設整備を図るユニバーサルデザインの考え方に十分留意すること、高齢者、障害者等の意見を反映させるために可能な限り計画策定等への参画を得ること等必要な措置を講ずるよう努めることが重要である。

1 施設及び車両等の整備

移動等円滑化を図るためには、まず、施設及び車両等についてのハード面の整備が必要である。したがって、法では、施設設置管理者が、自らが設置し、又は管理する旅客施設及び車両等、一定の道路及び旅客特定車両停留施設、路外駐車場、公園施設並びに建築物を新設等するときは、当該施設及び車両等の移動等円滑化基準への適合及びその維持が義務付けられており、また、既存の施設及び車両等については施設設置管理者は、当該施設及び車両等を移動等円滑化基準に適合させるために必要な措置を講ずるよう努めることとされている。

施設設置管理者が、施設及び車両等について移動等円滑化のために必要な措置を講ずる際には、次に掲げる観点が重要である。

イ 高齢者、障害者等が施設内外の移動及び施設の利用を円滑に行うために必要な施設及び設備を整備し、連続した移動経路を一以上確保すること。また、経路確保に当たっては、高齢者、障害者等の移動上の利便性及び安全性の確保に配慮すること。

ロ 便所等附属する設備を設置する場合は、一以上は障害者対応型にするなど、高齢者、障害者等の利用に配慮したものにすること。また、障害者対応型の設備についてはその旨を示す案内用図記号を表示し、一般の利用者による高齢者、障害者等への配慮を促すこと。

ハ 新設等した施設及び車両等はもとより、既存の施設及び車両等を移動等円滑化基準に適合させた場合についても、その機能を適切に維持すること。

ニ 車両等にあっては、高齢者、障害者等の乗降及び車内での移動が容易にできるように必要な措置を講ずること。

ホ 旅客施設及び車両等並びに旅客特定車両停留施設にあっては、運行情報等公共交通機関を利用する上で必要な情報を提供するために必要な設備を整備すること。

ヘ 道路にあっては、二以上の特定旅客施設等を相互に接続する道路で高齢者、障害者等の移動が通常徒歩で行われるものがある場合は、関係道路管理者間で調整し、一以上の経路を、特定道路に指定すべき道路として国に情報提供すること。

なお、移動等円滑化基準に定められていない内容であっても、上記の観点等から移動等円滑化に資すると考えられる措置については施設設置管理者はこれを積極的に実施していくよう努力することが望ましい。

特に、旅客施設及び旅客特定車両施設の移動等円滑化に関しては、当該施設のみでは構造上その他の理由により移動等円滑化基準への適合が困難な場合であっても、協定の締結により当該施設に必要な高齢者、障害者等の利用に配慮した便所等を隣接又は近接する建築物に設置すること及び当該建築物について容積率特例を措置している認定制度を活用すること等により、積極的に移動等円滑化を図ることが望ましい。

また、建築物の移動等円滑化に関しては、移動等円滑化が義務化されていない特定建築物の移動等円滑化にも積極的に取り組むことが望ましい。特定建築物の新築時等における移動等円滑化に当たっては、ユニバーサルデザインの考え方に配慮した整備が求められているとともに、建築物ストックの長寿命化等その有効活用が求められていることから、誘導的な建築物移動等円滑化基準に適合する特定建築物について容積率の特例及び表示制度等を措置している認定特定建築物制度を積極的に活用することが望ましい。

2 適切な役務の提供

公共交通機関の移動等円滑化を図るためには、ハード面の整備のみならず、ソフト面の適切な役務の提供が必要である。したがって、法では、公共交通事業者等及び旅客特定車両停留施設を管理する道路管理者に対し、新設等した施設及び車両等（「高齢者、身体障害者等の公共交通機関を利用した移動の円滑化の促進に関する法律」（平成十二年法律第六十八号）の施行の日（平成十四年五月十五日）以後に新設等され、法附則第五条第二項の規定により、法第八条第一項に基づき新設等したものとみなされる旅客施設及び車両等を含む。）について、法第八条第二項及び第十条第三項に規定する役務の提供の方法に関する基準の遵守を義務付けている。また、既存の施設及び車両等については、移動等円滑化基準への適合状況等に応じ、法第八条第三項及び第十条第四項に規定する役務の提供の方法に関する基準を遵守するよう努めることとされている。

役務の提供の方法に関する基準の遵守にあたっては、公共交通事業者等及び旅客特定車両停留施設を管理する道路管理者は、マニュアルの作成や教育訓練を通じ、その職員等関係者に対し当該基準を遵守するための対応方法を習得させることが求められる。また、移動等円滑化基準において人的対応を行うことを前提にハード面の措置を講ずることが免除されている場合を含め、役務の提供の方法に関する基準の遵守にあたっては、適切な対応を行うために必要な体制を整備することが求められる。

3　利用者支援

移動等円滑化を図るためには、施設及び車両等についてのハード面の整備のみならず、職員等関係者によるソフト面の利用者支援が必要である。特に、公共交通事業者等及び旅客特定車両停留施設を管理する道路管理者については、法に基づき利用者支援の努力義務が定められていることから、積極的に取組を行う必要がある。

利用者支援を行う際には、利用者の意思を尊重し、敬意を持った対応を行うことが重要である。

このため、適切にコミュニケーションを取りながら、高齢者、障害者等の特性だけでなく、個人差や状況等によって異なる多様なニーズを把握することが必要である。その際、筆談やコミュニケーション支援ツールを活用するなど特性に応じたコミュニケーションをとることに留意する必要がある。また、利用者から支援を求められていないものの、困っている様子に気付いた場合には、声かけを行うとともに、支援を断られた場合であっても、安全性の確保等の観点から、見守ることが重要である。

4　適切な情報の提供

移動等円滑化を図るためには、施設及び車両等についてのハード面の整備のみならず、施設設置管理者が利用者に対して必要な情報を適切に提供することが必要である。

その際には、利用する高齢者、障害者等のニーズ、施設及び設備の用途等に応じて、例えば、移動等円滑化基準への適合状況、高齢者、障害者等が円滑に利用できる便所や駐車施設の有無、旅客施設及び旅客特定車両停留施設における路線案内、運賃案内及び運行情報等利用に当たって必要となる情報並びに緊急時の情報について、視覚情報として大きな文字又は適切な色の組合せを用いて見やすく表示すること、また、聴覚情報としてはっきりした音声により聞き取りやすく放送すること、図記号又は平仮名による表示の併記等を行うこと、必要に応じて施設外からも見やすく表示すること等、分かりやすく提供することに留意する必要がある。さらに、必要な情報について事前に把握できるよう、施設及び設備等に関する情報についてインターネットやパンフレット等により提供することが望ましい。なお、各施設及び設備等に関する情報は、施設設置管理者が個別に提供するにとどまらず、一元化することにより、より利用しやすい形で提供できることから、必要に応じて施設設置管理者間で適切に連携し、共同して提供することが望ましい。

5　職員等関係者に対する適切な教育訓練

移動等円滑化を図るためには、施設及び車両等についてのハード面の整備のみならず、職員等関係者によるソフト面の適切な対応が必要であることに鑑み、施設設置管理者は、その職員等関係者が高齢者、障害者等の多様なニーズ及び特性を理解した上で、正当な理由なくこれらの者による施設及び車両等の利用を拒むことなく、円滑なコミュニケーションを確保する等適切な対応を行うよう継続的な教育訓練を実施する必要がある。特に、公共交通事業者等及び旅客特定車両停留施設を管理する道路管理者については、法に基づき教育訓練の努力義務が定められていることから、積極的に取組を行う必要がある。

そのため、施設設置管理者は、高齢者、障害者等の意見を反映した対応マニュアルの整備及び計画的な研修の実施等をPDCAサイクルとして実施することにより、職員等関係者の教育訓練を更に充実させるよう努めるべきである。なお、その過程において、高齢者、障害者等の参画を得ることが望ましい。

6　高齢者障害者等用施設等の適正な利用の推進

移動等円滑化を図るためには、法第二条第四号に規定する高齢者障害者等用施設等について、高齢者、障害者等の円滑な利用が確保されるよう、適正な配慮が行われることが必要である。

そのため、施設設置管理者は、五2(4)に示す高齢者障害者等用施設等の適正な利用に係る基本的な考え方（以下「基本的な考え方」という。）を適確に理解し、職員等関係者に周知するとともに、高齢者障害者等用施設等が設置された施設及び車両等の利用者に対しこれらの施設等を当該「基本的な考え方」に即して適正に利用するよう、ポスターの掲示や車内放送による呼びかけ等の広報活動及び啓発活動を行うことが重要である。また、高齢者障害者等用施設等について、主として高齢者、障害者等の利用のために設けられたものである旨を表示し、一般の利用者が識別できるようにする必要がある。

三　移動等円滑化促進方針の指針となるべき事項

市町村は、移動等円滑化促進方針を作成する場合には、次に掲げる事項に基づいて作成する必要があり、施設設置管理者、都道府県公安委員会等の関係者は、これらの事項に留意する必要がある。

1　移動等円滑化促進地区における移動等円滑化の促進の意義に関する事項

(1)　移動等円滑化促進地区における移動等円滑化の促進の意義

地域における高齢者、障害者等の自立した日常生活及び社会生活を確保するためには、高齢者、障害者等が日常生活又は社会生活において利用する旅客施設、建築物等の生活関連施設及びこれらの間の経路を構成する道路、駅前広場、通路その他の施設について、一体的に移動等円滑化が図られていることが重要である。そのため、移動等円滑化促進方針において、生活関連施設が集積し、その間の移動が通常徒歩で行われる地区を移動等円滑化促進地区として定め、生活関連施設及び生活関連経路の移動等円滑化に係る方針を示すことが必要であり、できる限り多くの市町村が移動等円滑化促進方針の作成に取り組むことが重要である。

(2) 移動等円滑化促進方針作成に当たっての留意事項

市町村は、効果的に移動等円滑化を推進するため、次に掲げる事項に留意して移動等円滑化促進方針を作成する必要がある。

① 目標の明確化

当該移動等円滑化促進地区における移動等円滑化の方針について、市町村をはじめ、施設設置管理者、都道府県公安委員会等の関係者間で共通認識が醸成されることが重要である。したがって、移動等円滑化促進方針には、地域の実情に応じ、可能な限り明確な目標を設定する。

② 都市計画との調和

移動等円滑化促進方針の作成に当たっては、都市計画及び都市計画法（昭和四十三年法律第百号）第十八条の二第一項に規定する市町村の都市計画に関する基本的な方針（以下「市町村マスタープラン」という。）との調和が保たれている必要がある。

③ 地域公共交通計画との調和

移動等円滑化促進方針の作成に当たっては、地域公共交通の活性化及び再生に関する法律（平成十九年法律第五十九号）第五条第一項に規定する地域公共交通計画との調和が保たれている必要がある。

④ 地方公共団体の移動等円滑化に関する条例、計画、構想等との調和

地方公共団体において、移動等円滑化に関する条例、計画、構想等を有している場合は、移動等円滑化促進方針はこれらとの調和が保たれている必要がある。特に、障害者基本法第十一条第三項に規定する市町村障害者計画、障害者の日常生活及び社会生活を総合的に支援するための法律（平成十七年法律第百二十三号）第八十八条第一項に規定する市町村障害福祉計画、老人福祉法（昭和三十八年法律第百三十三号）第二十条の八第一項に規定する市町村老人福祉計画等の市町村が定める高齢者、障害者等の福祉に関する計画及び中心市街地の活性化に関する法律（平成十年法律第九十二号）第九条に規定する基本計画等都市機能の増進に関する計画との調和が保たれていることに留意する必要がある。

⑤ 関係者の意見の反映及び移動等円滑化促進方針の作成等の提案

住民、生活関連施設を利用する高齢者、障害者等その他利害関係者、関係する施設設置管理者及び都道府県公安委員会の参画により、関係者の意見が移動等円滑化促進方針に十分に反映されるよう努める。このため、移動等円滑化促進方針の作成に当たっては、法第二十四条の四に規定する協議会（以下「移動等円滑化促進方針協議会」という。）を積極的に活用し、関係者の参画を得ることが求められる。この際、既に同条第二項各号に掲げる構成員からなる協議体制度を運用している場合、又は、他の法令に基づいて同項各号に掲げる構成員からなる協議体制度を運用しようとする場合は、当該協議体制度を移動等円滑化促進方針協議会と位置付けることも可能である。なお、意見を求めるべき障害者には、視覚障害、聴覚障害、内部障害等の身体障害者のみならず、知的障害者、精神障害者及び発達障害者も含まれることに留意する必要がある。

また、法第二十四条の五に規定する移動等円滑化促進方針の作成等に係る提案制度が積極的に活用されるよう環境の整備に努めるとともに、当該提案を受けた際には、移動等円滑化促進方針の作成等の必要性を判断する機会と捉え、積極的な検討を行うことが求められる。なお、提案を受け検討した結果、移動等円滑化促進方針の作成等を行わない場合でも、地域のニーズに対して必要な説明責任を果たすため、同条第二項に基づきその理由を公表する必要がある。

⑥ 都道府県による市町村に対する援助

都道府県は、市町村による移動等円滑化促進方針の作成を促進するため、市町村の境界を越えた面的バリアフリー化の調整の仲介等や、他の市町村の作成事例等の提供を行うなど、広域的な見地から支援することが重要である。

⑦ 段階的かつ継続的な発展（スパイラルアップ）

移動等円滑化の内容については、移動等円滑化促進方針作成に係る事前の検討段階から事後の評価の段階に至るまで、高齢者、障害者等の利用者及び住民が積極的に参加し、この参加プロセスを経て得られた知見を共有化し、スパイラルアップを図ることが重要である。

そのため、市町村は、移動等円滑化促進方針が作成された後も、おおむね五年ごとに、施設を利用する高齢者、障害者等の利用の状況並びに移動等円滑化促進地区における移動等円滑化のための施設及び車両等の整備状況等を把握するとともに、移動等円滑化促進方針協議会の積極的な活用等により移動等円滑化促進方針に基づく移動等円滑化に関する措置の実施状況について評価を行い、それに基づき、必要があると認めるときは、移動等円滑化促進方針の見直し及び新たな移動等円滑化促進方針又は基本構想の作成を行うことが重要である。その際、住民、生活関連施設を利用する高齢者、障害者等その他利害関係者、関係する施設設置管理者及び都道府県公安委員会の参画により、関係者の意見が移動等円滑化促進方針に十分に反映されるよう努めることが必要である。

⑧ 施設間の連携

交通結節点における移動の連続性を確保するため、

施設設置管理者間で連携を図ることが必要である。このため、法では、旅客施設の建設、道路の新設等であって、移動等円滑化に支障を及ぼすおそれのあるものをしようとする公共交通事業者等又は道路管理者は、当該行為に着手する三十日前までに市町村に届け出ることとされている。

市町村は届出対象について、施設設置管理者が容易に判断できるように移動等円滑化促進方針に定めるものとし、当該届出対象を定めるに当たっては関係者と十分な調整を図って共通認識を確保することが必要である。また、届出があった場合において、届出に係る行為が移動等円滑化の促進を図る上で支障があると認めるときは、その届出をした者に対し必要な措置の実施を要請することができることとしており、要請に当たっては、移動等円滑化促進方針の内容との整合を図る観点から行うことが重要である。

⑨ バリアフリーマップ等の作成

移動等円滑化を図るためには、高齢者、障害者等が利用可能な施設や経路を選択できるよう、これらの施設や経路が所在する場所を示したバリアフリーマップ等を作成することが効果的である。このため、市町村は積極的に施設等のバリアフリー情報を収集の上、バリアフリーマップ等を作成し、一元的に提供することが重要である。

また、公共交通事業者等及び道路管理者は、市町村の求めに応じて必要な情報を当該市町村に提供しなければならないこととされており、路外駐車場管理者等、公園管理者等及び建築主等は、市町村の求めに応じて必要な情報を当該市町村に提供するよう努めなければならないとされているところである。なお、市町村は、施設設置管理者に求める情報提供の内容を定めるに当たっては、移動等円滑化促進方針協議会を活用するなどにより障害者、高齢者等及び施設設置管理者等の意見を十分に反映するよう努めるとともに、施設設置管理者に過度な負担が生じないよう配慮しつつ、高齢者、障害者等にとって必要な情報が得られるよう留意することが必要である。

⑩ 移動等円滑化に関する住民その他の関係者の理解の増進及び協力の確保

移動等円滑化を図るためには、単に施設や経路のハード整備のみならず、五に詳述する「心のバリアフリー」などのソフト対策についても一体的に実施することが効果的であることから、移動等円滑化促進方針を定める上では、移動等円滑化に関する住民その他の関係者の理解の増進及び協力の確保を図ることが重要である。

2 移動等円滑化促進地区の位置及び区域に関する基本的な事項

(1) 移動等円滑化促進地区の要件

法では、市町村は、法第二条第二十三号イからハまでに掲げる要件に該当するものを、移動等円滑化を促進すべき移動等円滑化促進地区として設定するよう努めることとされている。また、移動等円滑化促進地区の区域を定めるに当たっては、次に掲げる要件に照らし、市町村がそれぞれの地域の実情に応じて行うことが必要である。

① 「生活関連施設（高齢者、障害者等が日常生活又は社会生活において利用する旅客施設、官公庁施設、福祉施設その他の施設をいう。以下同じ。）の所在地を含み、かつ、生活関連施設相互間の移動が通常徒歩で行われる地区であること。」（法第二条第二十三号イ）

生活関連施設に該当する施設としては、相当数の高齢者、障害者等が利用する旅客施設、官公庁施設、福祉施設、病院、文化施設、商業施設、学校等多岐にわたる施設が想定されるが、具体的にどの施設を含めるかは施設の利用の状況等地域の実情を勘案して選定することが必要である。

また、生活関連施設相互間の移動が通常徒歩で行われる地区とは、生活関連施設が徒歩圏内に集積している地区をいい、原則として、生活関連施設がおおむね三以上所在し、かつ、当該施設を利用する相当数の高齢者、障害者等により、当該施設相互間の移動が徒歩で行われる地区であると見込まれることが必要である。

② 「生活関連施設及び生活関連経路（生活関連施設相互間の経路をいう。以下同じ。）を構成する一般交通用施設（道路、駅前広場、通路その他の一般交通の用に供する施設をいう。以下同じ。）について移動等円滑化を促進することが特に必要であると認められる地区であること。」（法第二条第二十三号ロ）

移動等円滑化促進地区は、移動等円滑化を促進する必要がある地区であることが必要である。

このため、高齢者、障害者等の徒歩若しくは車椅子による移動又は施設の利用の状況、土地利用及び諸機能の集積の実態並びに将来の方向性等の観点から総合的に判断して、当該地区において移動等円滑化を促進することが特に必要であると認められることが必要である。

③ 「当該地区において移動等円滑化を促進することが、総合的な都市機能の増進を図る上で有効かつ適切であると認められる地区であること。」（法第二条第二十三号ハ）

高齢者、障害者等に交流と社会参加の機会を提供する機能、消費生活の場を提供する機能、勤労の場を提供する機能など都市が有する様々な機能の増進を図る上で、移動等円滑化を促進することが、有効かつ適切であると認められることが必要である。

(2) 留意事項

市町村は、移動等円滑化促進地区を定めるに当たっては、次に掲げる事項に留意するものとする。

① 移動等円滑化促進地区の数

市町村内に旅客施設が複数ある場合等、生活関連施設の集積の在り方によっては、複数の移動等円滑化促進地区を設定することも可能であるが、当該生活関連施設相互間の距離、移動の状況等地域の実情から適当と判断される場合には、一つの移動等円滑化促進地区として設定することも可能である。

② 複数の市町村及び都道府県の協力

生活関連施設の利用者が複数の市町村にまたがって移動しており、移動等円滑化促進地区の範囲が複数の市町村にまたがる場合など、当該市町村が利用者の移動の実態に鑑み適当であると認めるときは、共同して移動等円滑化促進方針を作成し、一体的に推進していくことが重要である。

また、これらの施設が大規模であり、利用者が広域にわたり、かつ、関係者間の調整が複雑となるような場合には、協議会への参加を求めるなどにより都道府県の適切な助言及び協力を求めることが重要である。

③ 移動等円滑化促進地区の境界

移動等円滑化促進地区の境界は、可能な限り市町村の区域内の町境・字境、道路、河川、鉄道等の施設、都市計画道路等によって、明確に表示して定めることが必要である。

3 生活関連施設及び生活関連経路並びにこれらにおける移動等円滑化の促進に関する事項

移動等円滑化促進地区において長期的に実現されるべき移動等円滑化の姿を明らかとする観点から、生活関連施設、生活関連経路等については次に掲げるとおり記載することが望ましい。

(1) 生活関連施設

生活関連施設を選定するに当たっては、2(1)に留意するほか、既に移動等円滑化されている施設については、当該施設内の経路について、生活関連経路として移動等円滑化を図る場合等、一体的な移動等円滑化を図る上で対象と位置付けることが必要な施設につき記載するものとする。また、移動等円滑化のための事業の実施の有無にかかわらず、当該施設相互間の経路について、生活関連経路として移動等円滑化を図る場合等、一体的な移動等円滑化を図る上で対象と位置付けることが必要な施設につき、生活関連施設として、長期的展望を示す上で必要な範囲で記載することにも配慮する。

(2) 生活関連経路

生活関連経路についても(1)同様、既に移動等円滑化されている経路については、一体的な移動等円滑化を図る上で対象として位置付けることが必要な経路につき記載するものとする。その際、地域の実情に応じて、二以上の特定旅客施設等を相互に接続する道路で高齢者、障害者等の移動が通常徒歩で行われるものについて、一以上の経路を指定し、また、利用者ニーズに応じた経路選択ができるよう、幹線道路周辺の生活道路についても指定することが望ましい。また、移動等円滑化のための事業実施の有無にかかわらず、長期的展望を示す上で必要な範囲で記載することにも配慮する。

(3) 移動等円滑化の促進に関する事項

移動等円滑化促進方針の対象となる施設及び車両等においてどのような方針で移動等円滑化を図るのかについて記載するものとする。

4 移動等円滑化の促進に関する住民その他の関係者の理解の増進及び移動等円滑化の実施に関するこれらの者の協力の確保に関する基本的な事項

移動等円滑化促進地区の面的なバリアフリー化を図る上では、ハード面の整備のみならず、五に詳述する「心のバリアフリー」などのソフト対策が不可欠であることから、次に掲げる事項について記載するものとする。

(1) 移動等円滑化促進地区における移動等円滑化に住民その他の関係者の理解の増進及び協力の確保が果たす役割

移動等円滑化促進地区における移動等円滑化に住民その他の関係者の理解の増進及び協力の確保が果たす役割について、次に掲げる内容を記載することが望ましい。

① 移動等円滑化促進地区の面的なバリアフリー化を実現し、高齢者、障害者等が安心して日常生活や社会生活を送ることができる環境を整えるためには、ハード面の整備のみならず、住民や生活関連施設の職員等の関係者が、困っている高齢者、障害者等を手助けすることや、車両の優先席、車椅子使用者用駐車施設等の移動等円滑化が図られた施設を高齢者、障害者等が円滑に利用できるよう配慮すること等の住民その他の関係者の理解及び協力が必要であること

② 住民その他の関係者の理解の増進及び協力の確保を図るためには、市町村や移動等円滑化促進地区内の施設設置管理者等が、児童、生徒等への教育活動や、住民、職員等に対する啓発活動等を行うことが重要であること

(2) 住民その他の関係者の理解の増進及び協力の確保に関する関係者の取組

住民その他の関係者の理解の増進及び協力の確保に関する取組について、次に掲げるとおり、市町村や生活関連施設の施設設置管理者、住民等の関係者ごとに、可能な限り具体的に記載することが望ましい。なお、移動等円滑化促進地区の移動等円滑化に資する取組であれば、移動等円滑化促進地区外で行うものや、生活関連施設の職員や通勤者等移動等円滑化促進地区の住民以外の者を対象としたものを記載することが可能である。

① 児童、生徒等に対するバリアフリー教室や住民向けのバリアフリーに関するセミナーの開催等、住民その他の関係者の理解の増進及び協力の確保に関する市町村の取組の内容

② 施設や車両等の利用者に対する優先席、車椅子使用者用駐車施設等の利用に係る適正な配慮についての啓発活動の実施等、住民その他の関係者の理解の増進及び協力の確保に関する施設設置管理者の取組の内容

③ バリアフリー教室への参加等、住民、施設及び車両等の利用者等の取組の内容

5 1から4までに掲げるもののほか、移動等円滑化促進地区における移動等円滑化の促進のために必要な事項

(1) 記載事項

① 地域特性等の尊重及び創意工夫

移動等円滑化に関する措置の実施に当たっては、効果を高めるため、地域特性等を尊重して、様々な創意工夫に努めることが重要である。

② 積雪及び凍結に対する配慮

積雪及び凍結により移動の利便性及び安全性が損なわれる可能性がある場合は、積雪時及び路面凍結時の安全かつ円滑な移動のための除雪その他の措置を講ずるよう努めることが必要である。

③ 高齢者、障害者等への適切な情報提供

施設設置管理者及び都道府県公安委員会は、高齢者、障害者等に対して、移動等円滑化促進地区における移動等円滑化のために必要な情報を適切に提供するよう努めることが重要である。

(2) その他移動等円滑化促進方針の作成に当たっての留意事項

移動等円滑化促進方針は、市町村の発意及び主体性に基づき自由な発想で作成されるものであるので、この基本方針の三に定めのない事項についても移動等円滑化促進方針に記載することが望ましい。

四 基本構想の指針となるべき事項

市町村は、基本構想を作成する場合には、次に掲げる事項に基づいて作成する必要があり、施設設置管理者、都道府県公安委員会等の関係者は、これらの事項に留意する必要がある。

1 重点整備地区における移動等円滑化の意義に関する事項

(1) 重点整備地区における移動等円滑化の意義

地域における高齢者、障害者等の自立した日常生活及び社会生活を確保するためには、高齢者、障害者等が日常生活又は社会生活において利用する旅客施設、建築物等の生活関連施設及びこれらの間の経路を構成する道路、駅前広場、通路その他の施設について、一体的に移動等円滑化が図られていることが重要である。そのため、基本構想において、生活関連施設が集積し、その間の移動が通常徒歩で行われる地区を重点整備地区として定め、生活関連施設及び生活関連経路の移動等円滑化に係る各種事業を重点的かつ一体的に推進することが必要であり、出来る限り多くの市町村が基本構想の作成に取り組むことが重要である。

(2) 基本構想に即した各種事業の重点的かつ一体的な推進のための基本的視点

基本構想に即した各種事業の推進については、次に掲げる基本的視点が重要である。

① 市町村の基本構想作成による事業の効果的な推進

重点整備地区における移動等円滑化に対する取組は、当該地区に最も身近な行政主体でありその地区における特性を十分に把握している市町村が、施設設置管理者、都道府県公安委員会等事業を実施すべき主体はもとより、高齢者、障害者等の関係者と協議等を行いながら基本構想を作成することにより、これらの事業の効果的な推進が図られることが重要である。

② 基本構想作成への関係者の積極的な協力による事業の一体的な推進

移動等円滑化に係る事業の実施主体となる施設設置管理者、都道府県公安委員会等及び高齢者、障害者等の関係者は基本構想の作成に積極的に協力し、各種事業を一体的に推進していくことが必要である。

③ 地域住民等の理解及び協力

重点整備地区における移動等円滑化を図るに当たり、基本構想に位置付けられた各種事業が円滑に実施されるためには、地域住民等の理解及び協力が重要である。

(3) 基本構想作成に当たっての留意事項

市町村は、効果的に移動等円滑化を推進するため、次に掲げる事項に留意して基本構想を作成する必要がある。

① 目標の明確化

各種事業の実施に当たっては、当該重点整備地区における移動等円滑化について、市町村を始め、施設設置管理者、都道府県公安委員会等の関係者の施策を総合的に講ずる必要があることから、各者間で共通認識が醸成されることが重要である。したがって、基本構想には、地域の実情に応じ、可能な限り具体的かつ明確な目標を設定する。

② 都市計画との調和

基本構想の作成に当たっては、都市計画及び市町村マスタープランとの調和が保たれている必要がある。

③ 地域公共交通計画との調和

基本構想の作成に当たっては、地域公共交通の活性化及び再生に関する法律第五条第一項に規定する地域公共交通計画との調和が保たれている必要がある。

④ 地方公共団体の移動等円滑化に関する条例、計画、構想等との調和

地方公共団体において、移動等円滑化に関する条例、計画、構想等を有している場合は、基本構想はこれらとの調和が保たれている必要がある。特に、障害者基本法第十一条第三項に規定する市町村障害者計画、障害者の日常生活及び社会生活を総合的に支援するための法律第八十八条第一項に規定する市町村障害福祉計画、老人福祉法第二十条の八第一項に規定する市町村老人福祉計画等の市町村が定める高齢者、障害者等の福祉に関する計画及び中心市街地の活性化に関する法律第九条に規定する基本計画等都市機能の増進に関する計画との調和が保たれていることに留意する必要がある。

⑤ 各種事業の連携と集中実施

移動等円滑化に係る各種の事業が相互に連携して相乗効果を生み、連続的な移動経路の確保が行われるように、施設設置管理者、都道府県公安委員会等の関係者間で必要に応じて十分な調整を図って整合性を確保するとともに、事業の集中的かつ効果的な実施を確保する。

また、複数の事業者間又は鉄道及びバス等複数の交通機関を乗り継ぐ際の旅客施設内の移動等円滑化並びに当該市町村においてタクシー事業者、自家用有償旅客運送者等が行っているスペシャル・トランスポート・サービス（要介護者等であって単独では公共交通機関を利用することが困難な移動制約者を対象に、必要な介護などと連続して、又は一体として行われる個別的な輸送サービスをいう。）の在り方にも十分配慮する。

さらに、特定事業に係る費用の負担については、当該事業の性格を踏まえた適切な役割分担に応じた関係者間の負担の在り方について十分な調整を図って関係者間の共通認識を確保する。

⑥ 高齢者、障害者等の意見の反映及び基本構想の作成等の提案

生活関連施設を利用する高齢者、障害者等を始め関

係者の参画により、関係者の意見が基本構想に十分に反映されるよう努める。このため、基本構想の作成に当たっては、法第二十六条に規定する協議会（以下「基本構想協議会」という。）を積極的に活用し、高齢者、障害者等の参画を得ることが求められる。この際、既に同条第二項各号に掲げる構成員からなる協議体制度を運用している場合、又は、他の法令に基づいて同項各号に掲げる構成員からなる協議体制度を運用しようとする場合は、当該協議体制度を基本構想協議会と位置付けることも可能である。なお、意見を求めるべき障害者には、視覚障害、聴覚障害、内部障害等の身体障害者のみならず、知的障害者、精神障害者及び発達障害者も含まれることに留意する必要がある。

また、法第二十七条に規定する基本構想の作成等に係る提案制度が積極的に活用されるよう環境の整備に努めるとともに、当該提案を受けた際には、基本構想の作成等の必要性を判断する機会と捉え、基本構想の作成等について積極的な検討を行うことが求められる。なお、提案を受け検討した結果、基本構想の作成等を行わない場合でも、地域のニーズに対して必要な説明責任を果たすため、同条第二項に基づきその理由を公表する必要がある。

⑦　都道府県による市町村に対する援助

都道府県は、市町村による基本構想の作成を促進するため、市町村の境界を越えた面的バリアフリー化の調整の仲介等や、他の市町村の作成事例等の提供を行うなど、広域的な見地から支援することが重要である。

⑧　段階的かつ継続的な発展（スパイラルアップ）

移動等円滑化の内容については、基本構想作成に係る事前の検討段階から事後の評価の段階に至るまで、高齢者、障害者等の利用者及び住民が積極的に参加し、この参加プロセスを経て得られた知見を共有化し、スパイラルアップを図ることが重要である。

そのため、市町村は、基本構想が作成された後も、おおむね5年ごとに、施設を利用する高齢者、障害者等の利用の状況並びに重点整備地区における移動等円滑化のための施設及び車両等の整備状況等を把握するとともに、基本構想協議会の積極的な活用等により基本構想に基づき実施された事業の成果について評価を行い、それに基づき、必要があると認めるときは、基本構想の見直し及び新たな基本構想の作成を行うことが重要である。

また、法附則第二条第二号の規定による廃止前の高齢者、身体障害者等の公共交通機関を利用した移動の円滑化の促進に関する法律（平成十二年法律第六十八号）第六条第一項の規定により作成された基本構想についても、同様に見直しを行うことが重要であることに留意する必要がある。

⑨　バリアフリーマップ等の作成

移動等円滑化を図るためには、高齢者、障害者等が利用可能な施設や経路を選択できるよう、これらの施設や経路が所在する場所を示したバリアフリーマップ等を作成することが効果的である。このため、市町村は積極的に施設等のバリアフリー情報を収集の上、バリアフリーマップ等を作成し、一元的に提供することが重要である。

また、公共交通事業者等及び道路管理者は、市町村の求めに応じて必要な情報を当該市町村に提供しなければならないこととされており、路外駐車場管理者等、公園管理者等及び建築主等は、市町村の求めに応じて必要な情報を当該市町村に提供するよう努めなければならないとされているところである。なお、市町村は、施設設置管理者に求める情報提供の内容を定めるに当たっては、基本構想協議会を活用するなどにより障害者、高齢者等及び施設設置管理者等の意見を十分に反映するよう努めるとともに、施設設置管理者に過度な負担が生じないよう配慮しつつ、高齢者、障害者等にとって必要な情報が得られるよう留意することが必要である。

⑩　移動等円滑化に関する住民その他の関係者の理解の増進及び協力の確保

移動等円滑化を図るためには、単に施設や経路のハード整備のみならず、五に詳述する「心のバリアフリー」などのソフト対策についても一体的に実施することが効果的であることから、基本構想を定める上では、教育啓発特定事業の活用を含めた移動等円滑化に関する住民その他の関係者の理解の増進及び協力の確保を図ることが重要である。

2　重点整備地区の位置及び区域に関する基本的な事項

(1)　重点整備地区の要件

法では、市町村は、法第二条第二十四号イからハまでに掲げる要件に該当するものを、移動等円滑化に係る事業を重点的かつ一体的に推進すべき重点整備地区として設定するよう努めることとされている。また、重点整備地区の区域を定めるに当たっては、次に掲げる要件に照らし、市町村がそれぞれの地域の実情に応じて行うことが必要である。

①　「生活関連施設の所在地を含み、かつ、生活関連施設相互間の移動が通常徒歩で行われる地区であること。」（法第二条第二十四号イ）

生活関連施設に該当する施設としては、相当数の高齢者、障害者等が利用する旅客施設、官公庁施設、福祉施設、病院、文化施設、商業施設、学校等多岐にわたる施設が想定されるが、具体的にどの施設を含めるかは施設の利用の状況等地域の実情を勘案して選定することが必要である。

また、生活関連施設相互間の移動が通常徒歩で行われる地区とは、生活関連施設が徒歩圏内に集積している地区をいい、原則として、生活関連施設がおおむね三以上所在し、かつ、当該施設を利用する相当数の高齢者、障害者等により、当該施設相互間の移動が徒歩で行われる地区であると見込まれることが必要である。

なお、重点整備地区を設定する際の要件として、特定旅客施設が所在することは必ずしも必須とはならないが、連続的な移動に係る移動等円滑化の確保の重要性に鑑み、特定旅客施設を含む重点整備地区を設定するることが引き続き特に求められること、及び特定旅客施設の所在地を含む重点整備地区を設定する場合には、法第二十五条第三項の規定に基づき当該特定旅客施設を生活関連施設として定めなければならないとされていることに留意する必要がある。

② 「生活関連施設及び生活関連経路を構成する一般交通用施設について移動等円滑化のための事業が実施されることが特に必要であると認められる地区であること。」（法第二条第二十四号ロ）

重点整備地区は、重点的かつ一体的に移動等円滑化のための事業を実施する必要がある地区であることが必要である。

このため、高齢者、障害者等の徒歩若しくは車椅子による移動又は施設の利用の状況、土地利用及び諸機能の集積の実態並びに将来の方向性、想定される事業の実施範囲、実現可能性等の観点から総合的に判断して、当該地区における移動等円滑化のための事業に一体性があり、当該事業の実施が特に必要であると認められることが必要である。

③ 「当該地区において移動等円滑化のための事業を重点的かつ一体的に実施することが、総合的な都市機能の増進を図る上で有効かつ適切であると認められる地区であること。」（法第二条第二十四号ハ）

高齢者、障害者等に交流と社会参加の機会を提供する機能、消費生活の場を提供する機能、勤労の場を提供する機能など都市が有する様々な機能の増進を図る上で、移動等円滑化のための事業が重点的に、かつ、各事業の整合性を確保して実施されることについて、実現可能性及び集中的かつ効果的な事業実施の可能性等の観点から判断して、有効かつ適切であると認められることが必要である。

(2) 留意事項

市町村は、重点整備地区を定めるに当たっては、次に掲げる事項に留意するものとする。

① 重点整備地区の数

市町村内に特定旅客施設が複数ある場合等、生活関連施設の集積の在り方によっては、複数の重点整備地区を設定することも可能であるが、当該生活関連施設相互間の距離、移動の状況等地域の実情から適当と判断される場合には、一つの重点整備地区として設定することも可能である。

② 複数の市町村及び都道府県の協力

生活関連施設の利用者が複数の市町村にまたがって移動しており、重点整備地区の範囲が複数の市町村にまたがる場合など、当該市町村が利用者の移動の実態に鑑み適当であると認めるときは、共同して基本構想を作成し、一体的に推進していくことが重要である。

また、これらの施設が大規模であり、利用者が広域にわたり、かつ、関係者間の調整が複雑となるような場合には、協議会への参加を求める等により都道府県の適切な助言及び協力を求めることが重要である。

③ 重点整備地区の境界

重点整備地区の境界は、可能な限り市町村の区域内の町境・字境、道路、河川、鉄道等の施設、都市計画道路等によって、明確に表示して定めることが必要である。

3 生活関連施設及び生活関連経路並びにこれらにおける移動等円滑化に関する事項

重点整備地区において長期的に実現されるべき移動等円滑化の姿を明らかとする観点から、生活関連施設、生活関連経路等については次に掲げるとおり記載することが望ましい。

(1) 生活関連施設

生活関連施設を選定するに当たっては、2(1)に留意するほか、既に移動等円滑化されている施設については、当該施設内の経路について、生活関連経路として移動等円滑化を図る場合等、一体的な移動等円滑化を図る上で対象と位置付けることが必要な施設につき記載するものとする。また、当面移動等円滑化のための事業を実施する見込みがない施設については、当該施設相互間の経路について、生活関連経路として移動等円滑化を図る場合等、一体的な移動等円滑化を図る上で対象と位置付けることが必要な施設につき、生活関連施設として、長期的展望を示す上で必要な範囲で記載することにも配慮する。

(2) 生活関連経路

生活関連経路についても(1)同様、既に移動等円滑化されている経路については、一体的な移動等円滑化を図る上で対象として位置付けることが必要な経路につき記載するものとする。その際、地域の実情に応じて、二以上の特定旅客施設等を相互に接続する道路で高齢者、障害者等の移動が通常徒歩で行われるものについて、一以上の経路を指定し、また、利用者ニーズに応じた経路選択ができるよう、幹線道路周辺の生活道路についても指定することが望ましい。また、当面移動等円滑化のための事業実施の見込みがない経路については、長期的展望を示す上で必要な範囲で記載することにも配慮する。

(3) 移動等円滑化に関する事項

基本構想の対象となる施設及び車両等において実施される移動等円滑化の内容について記載するものとする。当面具体的な事業実施に見込みがないものについては、事業実施の見込みが明らかになった段階で記載内容を追加又は変更する等基本構想を見直し、移動等円滑化の促進を図るものとする。

4 生活関連施設、特定車両及び生活関連経路を構成する一般交通用施設について移動等円滑化のために実施すべき特定事業その他の事業に関する基本的な事項

(1) 特定事業

特定事業としては、公共交通特定事業、道路特定事業、路外駐車場特定事業、都市公園特定事業、建築物特定事業、交通安全特定事業及び教育啓発特定事業があり、各々の事業の特性を踏まえ、必要となる事業について基本構想に記載するものとする。

なお、法第二十五条第二項第三号括弧書に規定されているとおり、旅客施設の所在地を含まない重点整備地区にあっては、当該重点整備地区と同一の市町村の区域内に所在する特定旅客施設との間の円滑な移動を確保するために、当該特定旅客施設の移動等円滑化を図る事業及

び当該重点整備地区と当該特定旅客施設を結ぶ特定車両の移動等円滑化を図る事業についても、公共交通特定事業として記載することが可能である。

また、教育啓発特定事業については、重点整備地区の移動等円滑化に資する取組であれば、重点整備地区外で行うものや、生活関連施設の職員や通勤者等重点整備地区の住民以外の者を対象としたものを記載することが可能である。さらに、障害者の日常生活及び社会生活を総合的に支援するための法律第七十七条第一項第一号の規定に基づき市町村が実施する地域生活支援事業（理解促進研修・啓発事業）と連携して行うことが可能である。

一般的には、建築物特定事業の対象となり得る生活関連施設である建築物が多数存在することから、基本構想作成時の協議及び事業実施を確実かつ円滑に行うためには、対象となる生活関連施設の規模及び利用状況等、他の特定事業との関連等について、当該地域の実情に照らして判断し、必要性等の高いものから基本構想に順次位置付けていくことが望ましい。

また、事業の着手予定時期、実施予定期間について可能な限り具体的かつ明確に記載することとし、当面事業の実施の見込みがない場合にあっては、事業の具体化に向けた検討の方向性等について記載し、事業が具体化した段階で、基本構想を適宜変更して事業の内容について記載を追加するものとする。

(2) その他の事業

その他の事業としては、特定旅客施設以外の旅客施設、生活関連経路を構成する駅前広場、通路等（河川施設、港湾施設、下水道施設等が生活関連経路を構成する場合にあっては、これらの施設を含む。）の整備があり、おおむねの事業内容を基本構想に記載するものとする。

(3) 留意事項

市町村は、基本構想を作成しようとするときは、これに定めようとする特定事業その他の事業に関する事項について、関係する施設設置管理者、都道府県公安委員会及び学校（学校については、教育啓発特定事業のうち法第二条第三十二号イに掲げる事業を定めようとする場合に限る。）等と十分に事前に協議することが必要であり、事業の記載に当たっては、高齢者、障害者等の移動又は施設の利用の状況、都市計画及び市町村マスタープランの位置付け、事業を実施することとなる者の意向等を踏まえることが重要である。

また、特定事業を記載するに当たっては、事業を実施することとなる者の意向等を踏まえること並びに関連する特定事業間の連携及び調整を図ることが必要不可欠であることから、協議会制度を有効に活用し、基本構想の作成及び事業実施の円滑化を図ることが求められる。なお、協議会において協議が調った事項については、協議会の構成員はその協議の結果を尊重しなければならないこととされていることに留意する必要がある。

特定事業その他の事業については、合理的かつ効率的な施設及び車両等の整備及び管理を行うことを念頭に、生活関連施設及び生活関連経路の利用者、利用状況及び移動手段並びに生活関連経路周辺の道路交通環境及び居住環境を勘案して記載することが必要である。この際、特定事業その他の事業の実施に当たっては、交通の安全及び円滑の確保並びに生活環境の保全についても配慮する必要があることに留意する必要がある。

また、交通安全特定事業のうち違法駐車行為の防止のための事業に関しては、歩道及び視覚障害者誘導用ブロック上等の自動二輪車等の違法駐車、横断歩道及びバス停留所付近の違法駐車等、移動等円滑化を特に阻害する違法駐車行為の防止に資する事業が重点的に推進されるとの内容が基本構想に反映されるよう留意する必要がある。

5 4に規定する事業と併せて実施する土地区画整理事業、市街地再開発事業その他の市街地開発事業に関し移動等円滑化のために考慮すべき基本的な事項、自転車その他の車両の駐車のための施設の整備に関する事項その他の重点整備地区における移動等円滑化に資する市街地の整備改善に関する基本的な事項その他重点整備地区における移動等円滑化のために必要な事項

(1) 土地区画整理事業、市街地再開発事業その他の市街地開発事業に関する基本的な事項

重点整備地区における重点的かつ一体的な移動等円滑化を図るために実施される4に規定する事業を実施する場合、重点整備地区における市街地の状況並びに生活関連施設及び生活関連経路の配置の状況によっては、これらの事業を単独で行うのではなく、土地区画整理事業、市街地再開発事業その他の市街地開発事業と併せて行うことが効果的な場合がある。

① 具体的事業の内容

4に規定する事業と併せて行う事業の選択に当たっては、高齢者、障害者等の移動又は施設の利用の状況、都市計画及び市町村マスタープランの位置付け等を踏まえて判断することが重要である。

② 記載事項

基本構想には、事業の種類、おおむねの位置又は区域等をそれぞれ記載するものとする。なお、土地区画整理事業の換地計画において定める保留地の特例を活用し、土地区画整理事業と併せて生活関連施設又は一般交通用施設（土地区画整理法（昭和二十九年法律第百十九号）第二条第五項に規定する公共施設を除く。）であって基本構想において定められた施設を整備しようとする場合には、それぞれの施設の主な用途、おおむねの位置等についても記載する必要がある。

(2) 自転車その他の車両の駐車のための施設の整備に関する事項その他の重点整備地区における移動等円滑化に資する市街地の整備改善に関する基本的な事項

移動等円滑化の妨げとなっている自転車その他の車両の放置及び違法駐車を防止するための抜本的な施策として、駐輪場等自転車その他の車両の駐車のための施設を特定事業その他の事業と一体的に整備することは極めて有効であることから、具体的な位置等これらの整備に関するおおむねの内容を記載するほか、その他の重点整備地区における移動等円滑化に資する市街地の整備改善に関する事項について記載することとする。

(3) その他重点整備地区における移動等円滑化のために必要な事項

① 推進体制の整備

基本構想に位置付けられた各種の事業を円滑かつ効果的に実施していくためには、基本構想の作成段階又は基本構想に基づく各種の事業の準備段階から、関係者が十分な情報交換を行いつつ連携を図ることが必要であり、協議会を有効に活用することが求められる。

② 事業推進上の留意点

イ 地域特性等の尊重及び創意工夫

各種の事業の実施に当たっては、事業効果を高めるため、地域特性等を尊重して、様々な創意工夫に努めることが重要である。

ロ 積雪及び凍結に対する配慮

積雪及び凍結により移動の利便性及び安全性が損なわれる可能性がある場合は、積雪時及び路面凍結時の安全かつ円滑な移動のための除雪その他の措置を講ずるよう努めることが必要である。

ハ 特定事業に関する公的な支援措置の内容

基本構想に即して特定事業を円滑に実施するため公的な支援措置が講じられる場合には、その内容を明確にすることが重要である。

ニ 基本構想に即した特定事業計画の作成上の留意事項

施設設置管理者及び都道府県公安委員会が基本構想に即して特定事業計画を作成するに当たっては、早期作成の重要性を十分認識するとともに、協議会を活用することによって当事者である高齢者、障害者等を始め関係者の参画を図ること等により、関係者の意見が特定事業計画に十分に反映されるよう努めることが重要である。特に、教育啓発特定事業のうち第二条第三十二号イに掲げる事業に係る特定事業計画を作成する際は、計画作成段階で学校の意見を十分に聴くことが円滑かつ確実な事業の実施のために重要である。

ホ 基本構想作成後の特定事業その他の事業の実施状況の把握等

基本構想作成後、特定事業その他の事業が早期に、かつ、当該基本構想で明記された目標に沿って順調に進展するよう、市町村は、事業の実施状況の把握、これに係る情報提供、協議会の活用等による事業を実施すべき者との連絡調整の適切な実施等事業の進展に努めることが必要である。

ヘ 高齢者、障害者等への適切な情報提供

施設設置管理者及び都道府県公安委員会は、高齢者、障害者等に対して、重点整備地区における移動等円滑化のために必要な情報を適切に提供するよう努めることが重要である。

③ その他基本構想の作成及び事業の実施に当たっての留意事項

基本構想は、市町村の発意及び主体性に基づき自由な発想で作成されるものであるので、この基本方針の四に定めのない事項についても基本構想に記載することが望ましい。

五 移動等円滑化の促進に関する国民の理解の増進及び移動等円滑化の実施に関する国民の協力の確保に関する基本的な事項

1 「心のバリアフリー」の定義及び取組に当たっての留意事項

移動等円滑化を実現するためには、施設及び車両等の整備のみならず、国民の高齢者、障害者等の移動等円滑化に関する理解及び協力、いわゆる「心のバリアフリー」が不可欠である。「心のバリアフリー」とは、ユニバーサルデザイン2020行動計画（平成二十九年二月ユニバーサルデザイン2020関係閣僚会議決定）に記載のとおり、様々な心身の特性や考え方を持つすべての人々が、相互に理解を深めようとコミュニケーションをとり、支え合うことを意味し、当該行動計画においては次に掲げる三点が「心のバリアフリー」を体現するためのポイントとして示されている。

① 障害のある人への社会的障壁を取り除くのは社会の責務であるという「障害の社会モデル」を理解すること。

② 障害のある人（及びその家族）への差別（不当な差別的取扱い及び合理的配慮の不提供）を行わないよう徹底すること。

③ 自分とは異なる条件を持つ多様な他者とコミュニケーションを取る力を養い、すべての人が抱える困難や痛みを想像し共感する力を培うこと。

移動等円滑化に関する「心のバリアフリー」の取組についても、これらのポイントを踏まえて推進することが必要である。

2 移動等円滑化に関する「心のバリアフリー」の取組の推進に当たっての関係者の基本的な役割

(1) 国の役割

「心のバリアフリー」を推進するためには、障害の有無にかかわらず参加者全員がバリアフリーを考える参加型イベントが効果的であることを踏まえ、国は広報活動、啓発活動、教育活動等を通じて、移動等円滑化の促進に関する関係者の連携及び国民の理解を深めるとともに、高齢者、障害者等の移動等円滑化のために必要となる支援、高齢者、障害者等の高齢者障害者等用施設等の円滑な利用を確保する上で必要となる適正な配慮その他の移動等円滑化の実施に関する国民の協力を求めるよう努める。なお、法にいう「高齢者、障害者等」には、高齢者、全ての障害者（身体障害者のみならず知的障害者、精神障害者及び発達障害者を含む。）及び妊産婦等、日常生活又は社会生活において身体の機能上の制限を受ける者は全て含まれることについても、改めて周知を行う。

(2) 地方公共団体の役割

地方公共団体においては、国の取組に準じ、広報活動、啓発活動、教育活動等を通じて住民の「心のバリアフリー」の推進に努める。

とりわけ、市町村においては、基本構想に教育啓発特定事業を位置付けることを通じ、関係者を巻き込みながら「心のバリアフリー」の取組を計画的に進めていくことが望ましい。

(3) 施設設置管理者その他高齢者、障害者等が日常生活及

び社会生活において利用する施設を設置又は管理する者の役割

施設設置管理者その他高齢者、障害者等が日常生活及び社会生活において利用する施設を設置又は管理する者は、継続的な教育訓練を通じ、職員等に対し、高齢者、障害者等と適切なコミュニケーションを取りながら積極的に声かけや支援を行うよう促す。さらに、職員等関係者のみならず、施設の一般の利用者が、困っている高齢者、障害者等を手助けすることや、車両の優先席、車椅子使用者用駐車施設等の利用について配慮することが、高齢者、障害者等の移動等円滑化に重要であることに鑑み、一般の利用者の「心のバリアフリー」を推進するための広報活動及び啓発活動等を行うよう努めることが望ましい。

(4) 国民の役割

① 基本的な役割

国民は、高齢者、障害者等の自立した日常生活及び社会生活を確保することの重要性並びにそのために高齢者、障害者等の円滑な移動及び施設の利用を実現することの必要性について理解を深めるよう努めなければならない。その際、外見上分かりづらい聴覚障害、内部障害、精神障害、発達障害など、障害には多様な特性があることに留意する必要がある。

また、視覚障害者誘導用ブロック上への駐輪、車椅子使用者用駐車施設への駐車等により高齢者、障害者等の施設の利用等を妨げないことのみならず、鉄道駅の利用に当たり、必要に応じ高齢者、障害者等を手助けすること等、高齢者、障害者等の移動等円滑化のために必要となる支援その他のこれらの者の円滑な移動及び施設の利用を確保することに積極的に協力することが求められる。

加えて、「心のバリアフリー」の実践に資するため、積極的に国、地方公共団体等が行う啓発活動等に参加することが望ましい。

② 高齢者障害者等用施設等の適正な利用

①に加え、法第二条第四号に規定する高齢者障害者等用施設等については、次に掲げる適正な利用に係る基本的な考え方に即し、高齢者、障害者等の円滑な利用が確保されるよう適正に配慮することが重要である。なお、法にいう「高齢者、障害者等」には、高齢者、全ての障害者（身体障害者のみならず知的障害者、精神障害者及び発達障害者を含む。）及び妊産婦等、日常生活又は社会生活において身体の機能上の制限を受ける者は全て含まれる。

イ 高齢者、障害者等の移動等の円滑化の促進に関する法律施行規則（平成十八年国土交通省令第百十号。以下「規則」という。）第一条第一号に規定する便所又は便房が設置された施設又は車両等の利用者（高齢者、障害者等及び乳幼児を同伴する者を除く。）は、近傍の一般の便所又は便房の利用が困難な場合その他のやむを得ない場合を除き、可能な限り同号に規定する便所又は便房の利用を控え、又は高齢者、障害者等に譲る等、適正な配慮をするよう努めなければならない。

ロ 規則第一条第二号に規定する駐車施設又は停車施設が設置された施設の利用者（車椅子使用者その他の障害者等を除く。）は、当該駐車施設又は停車施設の利用について施設設置管理者の承諾を得ている場合を除き、当該駐車施設又は停車施設の利用を控え、又は車椅子使用者その他の障害者に譲る等、適正な配慮をするよう努めなければならない。

ハ 規則第一条第三号に規定するエレベーターが設置された旅客施設又は旅客特定車両停留施設の利用者（高齢者、障害者等及び乳幼児を同伴する者を除く。）は、体調不良その他のやむを得ない場合を除き、高齢者、障害者等に当該エレベーターの利用を譲る等、適正な配慮をするよう努めなければならない。

ニ 規則第一条第四号に規定する車椅子スペースが設置された車両等の利用者（車椅子使用者及びベビーカーを使用する者を除く。）は、車椅子使用者に当該車椅子スペースの利用を譲る等、適正な配慮をするよう努めなければならない。

ホ 規則第一条第五号に規定する優先席又は基準適合客席が設置された旅客施設、旅客特定車両停留施設又は車両等の利用者（高齢者、障害者等及び乳幼児を同伴する者を除く。）は、体調不良その他のやむを得ない場合を除き、高齢者、障害者等に当該優先席又は基準適合客席の利用を譲る等、適正な配慮をするよう努めなければならない。

六 移動等円滑化に関する情報提供に関する基本的な事項

1 移動等円滑化に関する情報提供の重要性

高齢者、障害者等の移動及び施設の利用に当たって、高齢者、障害者等が自らの障害特性に応じて、移動に係る経路若しくは手段又は利用可能な施設を選択するためには、移動等円滑化に関する情報の取得が不可欠である。また、災害等の緊急時において、公共交通機関や施設等を利用している高齢者、障害者等の安全を確保するためには、避難等に係る必要な情報が迅速かつ確実に提供されるよう、情報提供に関する環境を整備する必要がある。

法は、施設設置管理者に対する情報提供の努力義務や市町村によるバリアフリーマップの作成等、各種の情報提供に関する措置を規定しているが、情報提供に当たっては、このような移動等円滑化に関する情報の重要性を十分に理解した上で、取り組むことが必要である。さらに、国においても、施設設置管理者等による移動等円滑化のための事業の実施状況に関する情報が確実に収集され、利用しやすいよう加工された上で、利用者に提供されるような環境の確保に努めることとする。

2 観光施設に係る移動等円滑化に関する情報提供

生活の本拠の周辺地域以外の場所における移動等円滑化が高齢者、障害者等の自立した日常生活及び社会生活を確保する上で重要な役割を果たすことに鑑み、高齢者、障害者等が日常生活でなじみのない施設を利用しようとする際に、事前にハード・ソフト両面のバリアフリー情報を適確に把握できる環境を整備する必要がある。

このため、国は、宿泊施設、飲食店その他の観光施設について、高齢者、障害者等が円滑に利用するために必要な用具の備付け、バリアフリー情報の提供その他の必要な措置を講じている施設を認定する仕組みを整備する。また、認定を受けた施設について、認定を受けた旨を外形上わかりやすく表示させることを可能とするとともに、民間のノウハウやネットワークも活用しながら、バリアフリー情報が高齢者、障害者等のもとによりわかりやすい形で提供されるよう十分配慮する。

七　移動等円滑化の促進のための施策に関する基本的な事項その他移動等円滑化の促進に関する事項

1　国の責務及び講ずべき措置

(1)　国の責務（スパイラルアップ）

国は、高齢者、障害者等、地方公共団体、施設設置管理者その他の者と協力して、基本方針及びこれに基づく施設設置管理者の講ずべき措置の内容その他の移動等円滑化の促進のための施策の内容について、移動等円滑化の進展の状況等を勘案しつつ、関係行政機関及びこれらの者で構成する会議における定期的な評価その他これらの者の意見を反映させるために必要な措置を講じた上で、適時に、かつ、適切な方法により検討を加え、その結果に基づいて必要な措置を講ずるよう努めることにより、スパイラルアップを図るものとする。

(2)　国の講ずべき措置（地方公共団体に対する助言・指導、設備投資等に対する支援及び研究開発等）

国は、全国の地方公共団体における移動等円滑化に係る取組の知見や、バリアフリー教室の開催等の経験を活用し、移動等円滑化促進方針や基本構想について障害当事者や施設設置管理者等と調整しながら作成を進める手法や、法第五条に基づき国の施策に準じて移動等円滑化を促進するために必要な措置を講ずるためのノウハウ等について、地方公共団体に対して助言・指導を行うなど必要な援助を行う。

また、施設設置管理者等による移動等円滑化のための措置を促進するため、設備投資等に対する必要な支援措置を講ずる。

さらに、国は、移動等円滑化を目的とした施設及び車両等に係る新たな設備等（情報を提供する手法に係るものを含む。以下同じ。）の実用化及び標準化、既存の設備等の利便性及び安全性の向上、新たな設備等の導入に係るコストの低減化等のための調査及び情報通信技術等の研究開発の促進を図るとともに、それらの成果が幅広く活用されるよう、施設設置管理者等に提供するほか、地方公共団体による移動等円滑化のための施設の整備に対する主体的な取組を尊重しつつ、地方公共団体が選択可能な各種支援措置の整備を行う。

なお、道路の移動等円滑化に関しては、国が、二以上の特定旅客施設等を相互に接続する道路で高齢者、障害者等の移動が通常徒歩で行われるものについて、一以上の経路を特定道路に指定するものとする。また、建築物の移動等円滑化に関しては、国は、地方公共団体が、条例を定めることにより、義務付け対象となる用途の追加及び規模の引下げ並びに基準の強化を行っている状況について、地方公共団体に対して情報提供するものとする。

2　地方公共団体の責務及び講ずべき措置

地方公共団体は、地域住民の福祉の増進を図る観点から、国の施策に準じ、1に掲げる責務を果たすとともに、措置を講ずることが必要である。特に、地域の実情に即して、移動等円滑化のための事業に対する支援措置、移動等円滑化に関する地域住民の理解を深めるための広報活動等移動等円滑化を促進するために必要な措置を総合的かつ計画的に講ずるよう努めるとともに、移動等円滑化促進方針協議会を活用すること等により移動等円滑化の進展の状況等の定期的な評価を行うよう努めることが必要である。

なお、建築物の移動等円滑化に関しては、地方公共団体が所要の事項を条例に定めることにより、対象区域を設定して義務付け対象となる用途の追加及び規模の引き下げ並びに基準の強化をすることで地域の実情に応じた建築物の移動等円滑化を図ることが可能な仕組みとなっているので、積極的な活用に努めることが必要である。また、建築物の部分のうち駅等に設けられる一定の要件を満たす通路等については、建築基準法（昭和二十五年法律第二百一号）第五十二条第十四項第一号の規定による容積率制限の特例を受けることが可能であるので、同法に規定する特定行政庁は、当該規定の適切な運用に努めることが重要である。

3　施設設置管理者以外の高齢者、障害者等が日常生活又は社会生活において利用する施設を設置又は管理する者の責務

高齢者、障害者等の円滑な移動及び施設の利用を実現するために、地下街、自由通路、駅前広場その他の高齢者、障害者等が日常生活及び社会生活において移動手段として利用し得る施設を設置し、又は管理する者においても、移動等円滑化のために必要な措置を講ずるよう努めることが必要である。

附　則

この告示は、高齢者、障害者等の移動等の円滑化の促進に関する法律の一部を改正する法律（令和二年法律第二十八号）附則第一条ただし書に規定する規定の施行の日（令和二年六月十九日）から施行する。

附　則（令二・一二・二五公安委・総務・文科・国交告二）

この告示は、令和三年四月一日から施行する。

第九編　地域公共交通の活性化及び再生に関する法律関係

○地域公共交通の活性化及び再生に関する法律

（平成十九年五月二十五日）
（法律第五十九号）

沿革　平二〇法四九、平二三法三五・一〇五、平二五法四四、平二六法四一、平二七法二八、平二九法二六、平三〇法三三、令二法三六、令四法六八、令五法一八・二四、令六法二三改正

〔編者注〕
1　令和四年六月一七日法律第六八号による改正のうち、令和七年六月一日から施行される部分は、直接改正を加えないで、現行条文と並列して登載した。
2　令和五年五月一二日法律第二四号による改正のうち、公布の日から起算して二年を超えない範囲内において政令で定める日から施行される部分は、本文には直接改正を加えないで、改正文を本法の末尾に登載した。
3　令和六年五月一五日法律第二三号による改正のうち、公布の日から起算して一年を超えない範囲内において政令で定める日から施行される部分は、直接改正を加えないで、現行条文と並列して登載した。

目次

第一章　総則

（目的）
第一条　この法律は、近年における急速な少子高齢化の進展、移動のための交通手段に関する利用者の選好の変化により地域公共交通の維持に困難を生じていること等の社会経済情勢の変化に対応し、地域住民の自立した日常生活及び社会生活の確保、活力ある都市活動の実現、観光その他の地域間の交流の促進並びに交通に係る環境への負荷の低減を図るための基盤となる地域における旅客の運送に関するサービス（以下「地域旅客運送サービス」という。）の提供を確保するために地域公共交通の活性化及び再生を推進することが重要となっていることに鑑み、交通政策基本法（平成二十五年法律第九十二号）の基本理念にのっとり、地方公共団体による地域公共交通計画の作成及び地域公共交通特定事業の実施並びに再構築協議会による再構築方針の作成に関する措置並びに新地域旅客運送事業及び新モビリティサービス事業の円滑化を図るための措置について定めることにより、地域旅客運送サービスの持続可能な提供の確保に資するよう地域公共交通の活性化及び再生のための地域における主体的な取組及び創意工夫並びに地域の関係者の連携と協働を推進し、もって個性豊かで活力に満ちた地域社会の実現に寄与することを目的とする。

（定義）
第二条　この法律において次の各号に掲げる用語の意義は、当該各号に定めるところによる。
一　地域公共交通　地域住民の日常生活若しくは社会生活における移動又は観光旅客その他の当該地域を来訪する者の移動のための交通手段として利用される公共交通機関をいう。
二　公共交通事業者等　次に掲げる者をいう。
イ　鉄道事業法（昭和六十一年法律第九十二号）による鉄道事業（以下「鉄道事業」という。）のうち旅客の運送に係るもの（以下「旅客鉄道事業」という。）について同法の許可を受けた者（以下「鉄道事業者」という。）
ロ　軌道法（大正十年法律第七十六号）による軌道経営者（旅客の運送を行うものに限る。）
ハ　道路運送法（昭和二十六年法律第百八十三号）による一般乗合旅客自動車運送事業者（以下「一般乗合旅客自動車運送事業者」という。）及び同法による一般乗用旅客自動車運送事業者（第七号ロにおいて「一般乗用旅客自動車運送事業者」という。）並びに同法第七十九条の七第一項に規定する自家用有償旅客運送者（特定の者の需要に応じ、一定の範囲の旅客を運送する者として国土交通省令で定める者を除く。第十三号において「自家用有償旅客運送者」という。）
ニ　自動車ターミナル法（昭和三十四年法律第百三十六号）によるバスターミナル事業を営む者
ホ　海上運送法（昭和二十四年法律第百八十七号）第二条第五項に規定する一般旅客定期航路事業（本邦の港と本邦以外の地域の港との間又は本邦以外の地域の各港間に航路を定めて行うものを除く。以下「国内一般旅客定期航路事業」という。）、同法第十九条の六の二に規定する

人の運送をする貨物定期航路事業（本邦の港と本邦以外の地域の港との間又は本邦以外の地域の各港間に航路を定めて行うものを除く。）及び同法第二十条第二項に規定する人の運送をする不定期航路事業（乗合旅客の運送をするものに限り、本邦の港と本邦以外の地域の港との間又は本邦以外の地域の各港間におけるものを除く。）（以下これらを「国内一般旅客定期航路事業等」と総称する。）を営む者

へ　イからホまでに掲げる者以外の者で鉄道事業法による鉄道施設又は海上運送法による輸送施設（船舶を除き、国内一般旅客定期航路事業等の用に供するものに限る。）であって、公共交通機関を利用する旅客の乗降、待合いその他の用に供するものを設置し、又は管理するもの

三　道路管理者　道路法（昭和二十七年法律第百八十号）第十八条第一項に規定する道路管理者をいう。

四　港湾管理者　港湾法（昭和二十五年法律第二百十八号）第二条第一項に規定する港湾管理者をいう。

五　地域公共交通特定事業　軌道運送高度化事業、道路運送高度化事業、海上運送高度化事業、鉄道事業再構築事業、鉄道再生事業、地域旅客運送サービス継続事業、貨客運送効率化事業及び地域公共交通利便増進事業をいう。

六　軌道運送高度化事業　軌道法による軌道事業（以下単に「軌道事業」という。）（旅客の運送を行うものに限る。以下「旅客軌道事業」という。）であって、より優れた加速及び減速の性能を有する車両を用いることその他の国土交通省令で定める措置を講ずることにより、定時性の確保（設定された発着時刻に従って運行することをいう。以下同じ。）、速達性の向上（目的地に到達するまでに要する時間を短縮することをいう。以下同じ。）、快適性の確保その他の国土交通省令で定める運送サービスの質の向上を図り、もって地域公共交通の活性化に資するものをいう。

七　道路運送高度化事業　道路運送法による一般乗合旅客自動車運送事業（以下「一般乗合旅客自動車運送事業」という。）又は同法による一般乗用旅客自動車運送事業（以下「一般乗用旅客自動車運送事業」という。）について、定時性の確保、速達性の向上、快適性の確保その他の運送サービスの質の向上を図るために行う事業であって、次に掲げるものをいう。

イ　一般乗合旅客自動車運送事業者が輸送力を増加させ、効率的に運送を実施するために行う事業であって、道路管理者、都道府県公安委員会（以下「公安委員会」という。）その他国土交通省令で定める者が講ずる走行円滑化措置（車線の増設、優先通行帯の設置その他の自動車の円滑な走行に資する措置をいう。）と併せて、連節バス（二以上の車室が連結された自動車であってそれぞれの車室の間を旅客が往来できる構造のものをいう。）その他の輸送力の確保に資するものとして国土交通省令で定める要件を満たす自動車を用いるもの

ロ　一般乗合旅客自動車運送事業者又は一般乗用旅客自動車運送事業者が円滑な運送の実施を確保するために行う事業であって、運行経路指示システム（官民データ活用推進基本法（平成二十八年法律第百三号）第二条第二項に規定する人工知能関連技術を活用した情報システムであって運転者に対して目的地までの最も効率的な経路を指示するためのものをいう。）その他の先端的な技術を活用することにより旅客の運送に要する時間（運送の申込みから運送の開始までに要する時間を含む。）の短縮に資するものとして国土交通省令で定める要件を満たす設備を用いるもの

ハ　一般乗合旅客自動車運送事業者が車内における静穏を確保し、及び車内における安全性を向上させるために行う事業であって、電気自動車（専ら電気を動力源とする自動車をいう。）その他の車内における騒音及び振動の程度が低く、かつ、車内における旅客の転倒を防止する観点から優れた加速及び減速の性能を有する自動車を用いるもの

八　海上運送高度化事業　国内一般旅客定期航路事業等であって、より優れた加速及び減速の性能を有する船舶を用いることその他の国土交通省令で定める措置を講ずることにより、定時性の確保、速達性の向上、快適性の確保その他の国土交通省令で定める運送サービスの質の向上を図り、もって地域公共交通の活性化に資するものをいう。

九　鉄道事業再構築事業　大量輸送機関としての鉄道の特性を生かした地域旅客運送サービスの持続可能な提供が困難な状況にある路線の全部又は一部の区間における旅客鉄道事業による輸送の維持を図るための事業であって、当該区間において旅客鉄道事業を経営する鉄道事業者又は当該鉄道事業者に代わって引き続き旅客鉄道事業を経営しようとする者が、当該区間に係る旅客鉄道事業について、地方公共団体その他の者の支援を受けつつ次に掲げる事業構造の変更を行うとともに、利用者の利便を確保するもの（鉄道再生事業に該当するものを除く。）をいう。

イ　事業の譲渡及び譲受

ロ　法人の合併又は分割

ハ　イ及びロに掲げるもののほか、事業の実施主体の変更

ニ　イからハまでに掲げるもののほか、重要な資産の譲渡及び譲受その他の国土交通省令で定める事業構造の変更

十　鉄道再生事業　鉄道事業法第二十八条の二第一項の規定による廃止の届出（以下「廃止届出」という。）がされた鉄道事業について、地方公共団体その他の者の支援により当該鉄道事業の維持を図るための事業をいう。

十一　地域旅客運送サービス継続事業　一般乗合旅客自動車運送事業又は国内一般旅客定期航路事業に係る路線等（路線若しくは営業区域又は航路をいう。以下同じ。）で収支が不均衡な状況にあるものにおける運送を継続するために行う事業であって、地方公共団体がそれぞれ一般乗合旅客自動車運送事業者又は国内一般旅客定期航路事業を営む者で当該路線等における運送を実施する者を国土交通省令で定めるところにより選定し、当該選定をした者への支援を行うことにより、当該選定をした者に引き続き当該路線等における運送を実施させるものをいう。

十二　貨客運送効率化事業　旅客陸上運送事業（旅客鉄道事業、旅客軌道事業、一般乗合旅客自動車運送事業及び一般乗用旅客自動車運送事業をいう。第二十七条の八第二項において同じ。）及び貨物陸上運送事業（貨物鉄道事業（鉄道事業のうち貨物の運送に係るものをいう。第二十七条の六第三項において同じ。）、貨物軌道事業（軌道事業のうち

貨物の輸送を行うものをいう。第二十七条の六第三項において同じ。）及び一般貨物自動車運送事業法（平成元年法律第八十三号）による一般貨物自動車運送事業をいう。第二十七条の七第三項第八号において同じ。）をいう。）について、同一の車両又は自動車を用いて旅客及び貨物の運送を併せて行うことその他の方法により、これらの事業に係る車両、自動車、施設その他の経営資源を共用し、運送の効率化その他の経営の効率化を図るための事業であって、当該旅客陸上運送事業の経営の安定に資するものをいう。

十三　地域公共交通利便増進事業　地域公共交通の利用の容易性の向上又は利用の円滑化その他の地域公共交通の利用者の利便の増進を図るために行う事業であって、次に掲げるものをいう。

イ　地方公共団体がその全部又は一部の区域における輸送需要に応じた地域公共交通網の整備を図るために行う事業であって、公共交通事業者等への支援を行うことにより次に掲げる措置の実施を促進するもの

(1)　旅客鉄道事業、旅客軌道事業、一般乗合旅客自動車運送事業又は国内一般旅客定期航路事業に係る路線等の編成の変更

(2)　次に掲げる事業の転換又は道路運送法第七十八条第二号に規定する自家用有償旅客運送（自家用有償旅客運送者が行うものに限る。以下「自家用有償旅客運送」という。）から道路運送事業（一般乗合旅客自動車運送事業又は一般乗用旅客自動車運送事業をいう。以下この(2)において同じ。）への転換

(i)　旅客鉄道事業又は旅客軌道事業から道路運送事業への転換

(ii)　一の種類の道路運送事業から他の種類の道路運送事業への転換

(iii)　一の種類の国内一般旅客定期航路事業等から他の種類の国内一般旅客定期航路事業等への転換

(3)　自家用有償旅客運送の導入又は路線若しくは運送の区域の変更

ロ　地方公共団体が地域公共交通の利用者にとって利用しやすい運賃又は運行時刻の設定その他の運送の条件の改善を図るために行う事業であって、公共交通事業者等への支援を行うことにより次に掲げる措置の実施を促進するもの

(1)　利用者が期間、区間その他の定められた条件の範囲内で地域公共交通を利用することができる運賃又は料金の設定その他これに類する運賃又は料金の設定

(2)　一定の運行間隔その他の一定の規則による運行回数又は運行時刻の設定

(3)　共通乗車船券（二以上の旅客運送事業者（第二号イからハまで及びホに掲げる者（同号ハに掲げる者にあっては自家用有償旅客運送者を除く。）をいう。）が期間、区間その他の条件を定めて共同で発行する証票であって、その証票を提示することにより、当該条件の範囲内で、当該各旅客運送事業者の運送サービスの提供を受けることができるものをいう。以下同じ。）の発行

ハ　イ又はロに掲げる事業と併せて行う事業であって、地域公共交通の利用者の利便の増進を図るための事業として国土交通省令で定めるもの

十四　地域公共交通一体型路外駐車場整備事業　駐車場法（昭和三十二年法律第百六号）第三条の駐車場整備地区内に整備されるべき同法第四条第二項第五号の主要な路外駐車場（都市計画において定められた路外駐車場を除く。）の整備を行う事業であって、軌道運送高度化事業又は道路運送高度化事業と一体となって地域公共交通の活性化に資するものをいう。

十五　新地域旅客運送事業　地域の旅客輸送需要に適した効率的な運送サービスであって、次に掲げる事業のうち二以上の事業に該当し、かつ、当該二以上の事業において同一の車両又は船舶を用いて一貫した運送サービスを提供する事業をいう。

イ　旅客鉄道事業又は旅客軌道事業

ロ　一般乗合旅客自動車運送事業

ハ　国内一般旅客定期航路事業等

十六　新モビリティサービス事業　情報通信技術その他の先端的な技術を活用して二以上の交通機関の利用に係る予約、料金の支払その他の行為を一括して行うことができるようにするサービスその他の当該技術の活用により交通機関の利用者の利便を増進するサービスを提供する事業をいう。

※二六〜九・一一・一三号「国土交通省令」＝則二〜九の三

第二章　基本方針等

（基本方針）

第三条　主務大臣は、地域旅客運送サービスの持続可能な提供の確保に資する地域公共交通の活性化及び再生を推進するため、地域公共交通の活性化及び再生の促進に関する基本方針（以下「基本方針」という。）を定めるものとする。

2　基本方針は、次に掲げる事項について定めるものとする。

一　地域旅客運送サービスの持続可能な提供の確保に資する地域公共交通の活性化及び再生の意義及び目標に関する事項

二　第五条第一項に規定する地域公共交通計画の作成に関する基本的な事項

三　地域公共交通特定事業その他の第五条第一項に規定する地域公共交通計画に定める事業に関する基本的な事項

四　第二十九条の三第一項に規定する再構築方針の作成に関する基本的な事項

五　新地域旅客運送事業に関する基本的な事項

六　新モビリティサービス事業に関する基本的な事項

七　地域旅客運送サービスの持続可能な提供の確保に資する地域公共交通の活性化及び再生に関する事業の評価に関する基本的な事項

八　その他国土交通省令で定める地域旅客運送サービスの持続可能な提供の確保に資する地域公共交通の活性化及び再生に関する事項

3　基本方針は、交通の機能と都市機能とが相互に密接に関連するものであること並びに交通が観光旅客の来訪及び滞在の

促進に不可欠なものであることを踏まえ、地域公共交通の活性化及び再生が都市機能の増進及び観光の振興に寄与することとなるよう配慮して定めるものとする。

4　基本方針は、交通政策基本法第十五条第一項に規定する交通政策基本計画との調和が保たれたものでなければならない。

5　主務大臣は、情勢の推移により必要が生じたときは、基本方針を変更するものとする。

6　主務大臣は、基本方針を定め、又はこれを変更しようとするときは、国家公安委員会及び環境大臣に協議するものとする。

7　主務大臣は、基本方針を定め、又はこれを変更したときは、遅滞なく、これを公表するものとする。

※　2項八号「国土交通省令」＝則九の四、3項「定め」＝地域公共交通の活性化及び再生の促進に関する基本方針

（国等の努力義務）

第四条　国は、地方公共団体、公共交通事業者等その他の関係者が行う地域旅客運送サービスの持続可能な提供の確保に資する地域公共交通の活性化及び再生を推進するため、必要な情報の収集、整理、分析及び提供、助言その他の援助、研究開発の推進、人材の養成及び資質の向上並びに関係者相互間の連携と協働の促進に努めなければならない。

2　都道府県は、市町村、公共交通事業者等その他の関係者が行う地域旅客運送サービスの持続可能な提供の確保に資する地域公共交通の活性化及び再生を推進するため、各市町村の区域を超えた広域的な見地から、必要な助言その他の援助を行うとともに、市町村と密接な連携を図りつつ主体的に地域旅客運送サービスの持続可能な提供の確保に資する地域公共交通の活性化及び再生に取り組むよう努めなければならない。

3　市町村は、公共交通事業者等その他の関係者と協力し、相互に密接な連携を図りつつ主体的に地域旅客運送サービスの持続可能な提供の確保に資する地域公共交通の活性化及び再生に取り組むよう努めなければならない。

4　公共交通事業者等は、自らが提供する旅客の運送に関するサービスの質の向上並びに地域公共交通の利用を容易にするための情報の提供及びその充実に努めなければならない。

第三章　地域公共交通計画の作成及び実施

第一節　地域公共交通計画の作成

（地域公共交通計画）

第五条　地方公共団体は、基本方針に基づき、国土交通省令で定めるところにより、市町村にあっては単独で又は共同して、都道府県にあっては当該都道府県の区域内の市町村と共同して、当該市町村の区域内について、地域旅客運送サービスの持続可能な提供の確保に資する地域公共交通の活性化及び再生を推進するための計画（以下「地域公共交通計画」という。）を作成するよう努めなければならない。

2　地域公共交通計画においては、次に掲げる事項について定めるものとする。

一　地域旅客運送サービスの持続可能な提供の確保に資する地域公共交通の活性化及び再生の推進に関する基本的な方針

二　地域公共交通計画の区域

三　地域公共交通計画の目標

四　前号の目標を達成するために行う事業及びその実施主体に関する事項

五　地域公共交通計画の達成状況の評価に関する事項

六　計画期間

七　前各号に掲げるもののほか、地域公共交通計画の実施に関し当該地方公共団体が必要と認める事項

3　地域公共交通計画においては、前項各号に掲げる事項のほか、次に掲げる事項を定めるよう努めるものとする。

一　第三十七条の規定による資金の確保に関する事項

二　都市機能の増進に必要な施設の立地の適正化に関する施策との連携に関する事項

三　観光の振興に関する施策との連携に関する事項

四　地域における潜在的な輸送需要に的確に対応するために必要な当該地方公共団体、公共交通事業者等その他の地域の関係者相互間の連携に関する事項

五　前各号に掲げるもののほか、地域旅客運送サービスの持続可能な提供の確保に際し配慮すべき事項

4　第二項第三号に掲げる事項には、地域旅客運送サービスについての利用者の数及び収支その他の国土交通省令で定める定量的な目標を定めるよう努めるものとする。

5　第二項第四号に掲げる事項には、地域公共交通特定事業に関する事項を定めることができる。

6　地域公共交通計画は、都市計画、都市計画法（昭和四十三年法律第百号）第十八条の二の市町村の都市計画に関する基本的な方針、中心市街地の活性化に関する法律（平成十年法律第九十二号）第九条の中心市街地の活性化に関する施策を総合的かつ一体的に推進するための基本的な計画、高齢者、障害者等の移動等の円滑化の促進に関する法律（平成十八年法律第九十一号）第二十四条の二の移動等円滑化の促進に関する方針及び同法第二十五条の移動等円滑化に係る事業の重点的かつ一体的な推進に関する基本的な構想（第二十九条の八第四項において「都市計画等」という。）との調和が保たれたものでなければならない。

7　地方公共団体は、地域公共交通計画を作成するときは、あらかじめ、住民、地域公共交通の利用者その他利害関係者の意見を反映させるために必要な措置を講じなければならない。

8　市町村の区域を超えた広域的な地域旅客運送サービスの持続可能な提供の確保に資する地域公共交通の活性化及び再生を推進しようとする二以上の市町村は、共同して、都道府県に対し、地域公共交通計画を作成することを要請することができる。

9　都道府県は、前項の規定による要請があった場合において、住民の移動に関する状況を勘案して二以上の市町村にわたり一体的に地域旅客運送サービスの持続可能な提供の確保に資する地域公共交通の活性化及び再生を推進する必要があると認めるときは、地域公共交通計画を作成するものとする。

10　地方公共団体は、地域公共交通計画を作成しようとするときは、これに定めようとする第二項第四号に掲げる事項について、次条第一項の協議会が組織されている場合には協議会における協議を、同項の協議会が組織されていない場合には関係する公共交通事業者等、道路管理者、港湾管理者その他地域公共交通計画に定めようとする事業を実施すると見込まれる者及び関係する公安委員会と協議をしなければならない。

11　地方公共団体は、地域公共交通計画を作成したときは、遅滞なく、これを公表するとともに、主務大臣、都道府県（当該地域公共交通計画を作成した都道府県を除く。）並びに関係する公共交通事業者等、道路管理者、港湾管理者その他地域公共交通計画に定める事業を実施すると見込まれる者及び関係する公安委員会に、地域公共交通計画を送付しなければならない。

12　主務大臣及び都道府県は、前項の規定により地域公共交通計画の送付を受けたときは、主務大臣にあっては地方公共団体に対し、都道府県にあっては市町村に対し、必要な助言をすることができる。

13　第七項から前項までの規定は、地域公共交通計画の変更について準用する。

※　1・4項「国土交通省令」＝則一〇・一〇の二

（協議会）

第六条　地域公共交通計画を作成しようとする地方公共団体は、地域公共交通計画の作成及び実施に関し必要な協議を行うための協議会（以下この章において「協議会」という。）を組織することができる。

2　協議会は、次に掲げる者をもって構成する。

一　地域公共交通計画を作成しようとする地方公共団体

二　関係する公共交通事業者等、道路管理者、港湾管理者その他地域公共交通計画に定めようとする事業を実施すると見込まれる者

三　関係する公安委員会

四　地域公共交通の利用者、学識経験者その他の当該地方公共団体が必要と認める者

3　第一項の規定により協議会を組織する地方公共団体は、協議会において同項に規定する協議を行うときは、あらかじめ、前項第二号に掲げる者であって協議会の構成員であるものに、当該協議を行う事項を通知しなければならない。

4　前項の規定による通知を受けた者は、正当な理由がある場合を除き、当該通知に係る事項の協議に応じなければならない。

5　協議会において協議が調った事項については、協議会の構成員はその協議の結果を尊重しなければならない。

6　公共交通事業者等、道路管理者、港湾管理者その他地域旅客運送サービスの持続可能な提供の確保に資する事業を実施しようとする者は、協議会が組織されていない場合にあっては、地方公共団体に対して、協議会を組織するよう要請することができる。

7　前項の規定による要請を受けた地方公共団体は、当該要請に基づき協議会を組織するか否かについて検討を加え、遅滞なく、その結果を当該要請をした者に通知しなければならない。

8　主務大臣及び都道府県（第一項の規定により協議会を組織する都道府県を除く。）は、地域公共交通計画の作成が円滑に行われるように、協議会の構成員の求めに応じて、必要な助言をすることができる。

9　前各項に定めるもののほか、協議会の運営に関し必要な事項は、協議会が定める。

（地域公共交通計画の作成等の提案）

第七条　次に掲げる者は、地方公共団体に対して、地域公共交通計画の作成又は変更をすることを提案することができる。この場合においては、基本方針に即して、当該提案に係る地域公共交通計画の素案を作成して、これを提示しなければならない。

一　公共交通事業者等、道路管理者、港湾管理者その他地域公共交通計画に定めようとする事業を実施しようとする者

二　地域公共交通の利用者その他の地域公共交通の利用に関し利害関係を有する者

2　前項の規定による提案を受けた地方公共団体は、当該提案に基づき地域公共交通計画の作成又は変更をするか否かについて、遅滞なく、公表しなければならない。この場合において、地域公共交通計画の作成又は変更をしないこととするときは、その理由を明らかにしなければならない。

（地域公共交通計画の評価等）

第七条の二　地方公共団体は、地域公共交通計画を作成した場合においては、毎年度、当該地域公共交通計画の区域における地域旅客運送サービスの持続可能な提供の確保に資する地域公共交通の活性化及び再生に関する施策の実施の状況についての調査、分析及び評価を行うよう努めるとともに、必要があると認めるときは、地域公共交通計画を変更するものとする。

2　地方公共団体は、前項の調査、分析及び評価を行ったときは、速やかに、その結果を主務大臣に送付しなければならない。

3　主務大臣は、前項の規定による送付を受けたときは、その送付に係る事項について、地方公共団体に対し、助言をすることができる。

第二節　軌道運送高度化事業

（軌道運送高度化事業の実施）

第八条　地域公共交通計画において、軌道運送高度化事業に関する事項が定められたときは、軌道運送高度化事業を実施しようとする者（地域公共交通一体型路外駐車場整備事業があるときは、当該地域公共交通一体型路外駐車場整備事業を実施しようとする者を含む。第三項から第五項まで及び次条第一項において同じ。）は、単独で又は共同して、当該地域公共交通計画に即して軌道運送高度化事業を実施するための計画（以下「軌道運送高度化実施計画」という。）を作成し、これに基づき、当該軌道運送高度化事業を実施するものとする。

2　軌道運送高度化実施計画には、次に掲げる事項について定めるものとする。

一　軌道運送高度化事業を実施する区域

二　軌道運送高度化事業の内容

三　軌道運送高度化事業の実施予定期間

四　軌道運送高度化事業の実施に必要な資金の額及びその調達方法

五　軌道運送高度化事業の効果
六　地域公共交通一体型路外駐車場整備事業があるときは、その位置、規模、整備主体及び整備の目標年次
七　前各号に掲げるもののほか、軌道運送高度化事業の実施のために必要な事項として国土交通省令で定める事項

3　軌道運送高度化事業を実施しようとする者は、軌道運送高度化実施計画を定めようとするときは、あらかじめ、関係する地方公共団体、公共交通事業者等、道路管理者及び公安委員会の意見を聴かなければならない。

4　軌道運送高度化事業を実施しようとする者は、軌道運送高度化実施計画に第二項第六号に掲げる事項を定めようとするときは、あらかじめ、当該事項について、関係する市町村に協議し、その同意を得なければならない。

5　軌道運送高度化事業を実施しようとする者は、軌道運送高度化実施計画を定めたときは、遅滞なく、これを関係する地方公共団体、公共交通事業者等、道路管理者及び公安委員会に送付しなければならない。

6　前三項の規定は、軌道運送高度化実施計画の変更について準用する。

※　2項七号「国土交通省令」＝則一一

（軌道運送高度化実施計画の認定）

第九条　軌道運送高度化事業を実施しようとする者は、国土交通大臣に対し、軌道運送高度化実施計画が地域旅客運送サービスの持続可能な提供の確保に資する地域公共交通の活性化及び再生を適切かつ確実に推進するために適当なものである旨の認定を申請することができる。

2　前項の規定による認定の申請は、関係する地方公共団体を経由して行わなければならない。この場合において、関係する地方公共団体は、当該軌道運送高度化実施計画を検討し、意見があるときは当該意見を付して、国土交通大臣に送付するものとする。

3　国土交通大臣は、第一項の規定による認定の申請があった場合において、その軌道運送高度化実施計画が次の各号のいずれにも適合するものであると認めるときは、その認定をするものとする。
一　軌道運送高度化実施計画に定める事項が基本方針に照らして適切なものであること。
二　軌道運送高度化実施計画に定める事項が軌道運送高度化事業を確実に遂行するため適切なものであること。
三　軌道運送高度化実施計画に定められた旅客軌道事業の内容が軌道法第三条の特許の基準に適合すること。

4　前項の認定をする場合において、軌道法第三条の特許を要するものについては、運輸審議会に諮るものとし、その他必要な手続は、政令で定める。

5　国土交通大臣は、第三項の認定をしたときは、遅滞なく、その旨を関係する地方公共団体に通知するものとする。

6　第三項の認定を受けた者は、当該認定に係る軌道運送高度化実施計画を変更しようとするときは、国土交通大臣の認定を受けなければならない。ただし、国土交通省令で定める軽微な変更については、この限りでない。

7　第三項の認定を受けた者は、前項ただし書の国土交通省令で定める軽微な変更をしたときは、遅滞なく、その旨を国土交通大臣に届け出なければならない。

8　第二項から第五項までの規定は、第六項の認定について準用する。

9　国土交通大臣は、第三項の認定に係る軌道運送高度化実施計画（第六項の変更の認定又は第七項の規定による変更の届出があったときは、その変更後のもの。以下「認定軌道運送高度化実施計画」という。）が第三項各号のいずれかに適合しなくなったと認めるとき、又は同項の認定を受けた者が認定軌道運送高度化実施計画に従って軌道運送高度化事業を実施していないと認めるときは、その認定を取り消すことができる。

10　第三項の認定、第六項の変更の認定及び第七項の規定による変更の届出に関し必要な事項は、国土交通省令で定める。

※　4項・8項で準用する「政令」＝令、10項「国土交通省令」＝則一二・一三

（軌道法の特例）

第十条　軌道運送高度化事業を実施しようとする者（次項に規定する場合を除く。）がその軌道運送高度化実施計画について前条第三項の認定（同条第六項の変更の認定を含む。次項において同じ。）を受けたときは、当該軌道運送高度化実施計画に定められた軌道運送高度化事業のうち、軌道法第三条の特許を受けなければならないものについては、同条の規定により特許を受けたものとみなす。

2　軌道運送高度化事業を実施しようとする者（軌道を敷設してこれを旅客の運送を行う事業に使用させる事業（以下「軌道整備事業」という。）を実施しようとする者と敷設された軌道を使用して旅客の運送を行う事業（以下「軌道運送事業」という。）を実施しようとする者とが異なる場合に限る。）がその軌道運送高度化実施計画について前条第三項の認定を受けたときは、当該軌道運送高度化実施計画に定められた軌道運送高度化事業として行われる軌道整備事業又は軌道運送事業については、軌道法第三条の特許を受けたものとみなす。

3　国土交通大臣は、軌道整備事業又は軌道運送事業について特許がその効力を失い、又は取り消されたときは、当該特許がその効力を失い、若しくは取り消された軌道整備事業に係る軌道運送事業又は当該特許がその効力を失い、若しくは取り消された軌道運送事業に係る軌道整備事業の特許を取り消すことができる。

（路外駐車場の整備等）

第十一条　市町村は、軌道運送高度化実施計画において、地域公共交通一体型路外駐車場整備事業に関する事項が定められた場合であって、第九条第五項（同条第八項において準用する場合を含む。）の通知を受けたときは、駐車場法第四条第一項の駐車場整備計画において、当該地域公共交通一体型路外駐車場整備事業に関する事項の内容に即して、おおむねその位置、規模、整備主体及び整備の目標年次を定めた路外駐車場の整備に関する事業の計画の概要を定めることができる。

2　市町村は、前項の規定により駐車場整備計画に都市公園法（昭和三十一年法律第七十九号）第二条第一項の都市公園の地下に設けられる路外駐車場の整備に関する事業の計画の概要（以下「特定駐車場事業概要」という。）を定めるときは、当該特定駐車場事業概要について、あらかじめ、公園管理者（同法第五条第一項の公園管理者をいう。以下同じ。）の同意を得なければならない。

3　特定駐車場事業概要が定められた駐車場整備計画の駐車場法第四条第四項（同条第五項において準用する場合を含む。）の規定による公表の日から二年以内に当該特定駐車場事業概要に基づき都市公園の地下の占用の許可の申請があった場合においては、当該占用が都市公園法第七条第一項の規定に基づく政令で定める技術的基準に適合する限り、公園管理者は、同法第六条第一項又は第三項の許可を与えるものとする。

（地方債の特例）

第十二条　地方公共団体が、認定軌道運送高度化実施計画に定められた軌道運送高度化事業で総務省令で定めるものに関する助成を行おうとする場合においては、当該助成に要する経費であって地方財政法（昭和二十三年法律第百九号）第五条各号に規定する経費のいずれにも該当しないものは、同条第五号に規定する経費とみなす。

第三節　道路運送高度化事業

（道路運送高度化事業の実施）

第十三条　地域公共交通計画において、道路運送高度化事業に関する事項が定められたときは、道路運送高度化事業を実施しようとする者（地域公共交通一体型路外駐車場整備事業があるときは、当該地域公共交通一体型路外駐車場整備事業を実施しようとする者を含む。第三項から第五項まで及び次条第一項において同じ。）は、単独で又は共同して、当該地域公共交通計画に即して道路運送高度化事業を実施するための計画（以下「道路運送高度化実施計画」という。）を作成し、これに基づき、当該道路運送高度化事業を実施するものとする。

2　道路運送高度化実施計画には、次に掲げる事項について定めるものとする。

一　道路運送高度化事業を実施する区域

二　道路運送高度化事業の内容

三　道路運送高度化事業の実施予定期間

四　道路運送高度化事業の実施に必要な資金の額及びその調達方法

五　道路運送高度化事業の効果

六　地域公共交通一体型路外駐車場整備事業があるときは、その位置、規模、整備主体及び整備の目標年次

七　前各号に掲げるもののほか、道路運送高度化事業の実施のために必要な事項として国土交通省令で定める事項

3　道路運送高度化事業を実施しようとする者は、道路運送高度化実施計画を定めようとするときは、あらかじめ、関係する地方公共団体、公共交通事業者等、道路管理者及び公安委員会の意見を聴かなければならない。

4　道路運送高度化事業を実施しようとする者は、道路運送高度化実施計画に第二項第六号に掲げる事項を定めようとするときは、あらかじめ、当該事項について、関係する市町村に協議し、その同意を得なければならない。

5　道路運送高度化事業を実施しようとする者は、道路運送高度化実施計画を定めたときは、遅滞なく、これを関係する地方公共団体、公共交通事業者等、道路管理者及び公安委員会に送付しなければならない。

6　前三項の規定は、道路運送高度化実施計画の変更について準用する。

※　２項七号「国土交通省令」＝則一五

（道路運送高度化実施計画の認定）

第十四条　道路運送高度化事業を実施しようとする者は、国土交通大臣に対し、道路運送高度化実施計画が地域旅客運送サービスの持続可能な提供の確保に資する地域公共交通の活性化及び再生を適切かつ確実に推進するために適当なものである旨の認定を申請することができる。

2　前項の規定による認定の申請は、関係する地方公共団体を経由して行わなければならない。この場合において、関係する地方公共団体は、当該道路運送高度化実施計画を検討し、意見があるときは当該意見を付して、国土交通大臣に送付するものとする。

3　国土交通大臣は、第一項の規定による認定の申請があった場合において、その道路運送高度化実施計画が次の各号のいずれにも適合するものであると認めるときは、その認定をするものとする。

一　道路運送高度化実施計画に定める事項が基本方針に照らして適切なものであること。

二　道路運送高度化実施計画に定める事項が道路運送高度化事業を確実に遂行するため適切なものであること。

三　道路運送高度化実施計画に定められた一般乗合旅客自動車運送事業又は一般乗用旅客自動車運送事業について、その内容が道路運送法第六条各号に掲げる基準（当該道路運送高度化実施計画に特定地域及び準特定地域における一般乗用旅客自動車運送事業の適正化及び活性化に関する特別措置法（平成二十一年法律第六十四号。以下「特定地域等特別措置法」という。）第十五条の二第一項に規定する事業計画の変更に関する事項が定められている場合にあっては、同項各号に掲げる基準を含む。）に適合し、かつ、道路運送法第七条各号のいずれにも該当しない場合であること。

4　国土交通大臣は、前項の認定をする場合において、道路運送高度化実施計画に同項第三号に規定する事項が定められており、かつ、当該道路運送高度化実施計画に定められた前条第二項第一号の区域において特定地域等特別措置法第八条第一項に規定する協議会が組織されているときは、国土交通省令で定めるところにより、あらかじめ、当該事項について当該協議会の意見を聴くものとする。

5　国土交通大臣は、第三項の認定をしようとするときは、国土交通省令で定めるところにより関係する道路管理者に、国土交通省令・内閣府令で定めるところにより関係する公安委員会に、それぞれ意見を聴くものとする。ただし、道路管理者の意見を聴く必要がないものとして国土交通省令で定める場合、又は公安委員会の意見を聴く必要がないものとして国土交通省令・内閣府令で定める場合は、この限りでない。

6　国土交通大臣は、第三項の認定をしたときは、遅滞なく、その旨を関係する地方公共団体に通知するものとする。

7　第三項の認定を受けた者は、当該認定に係る道路運送高度化実施計画を変更しようとするときは、国土交通大臣の認定を受けなければならない。ただし、国土交通省令で定める軽微な変更については、この限りでない。

8　第三項の認定を受けた者は、前項ただし書の国土交通省令で定める軽微な変更をしたときは、遅滞なく、その旨を国土交通大臣に届け出なければならない。

9　第二項から第六項までの規定は、第七項の認定について準用する。

10　国土交通大臣は、第三項の認定に係る道路運送高度化実施計画（第七項の変更の認定又は第八項の規定による変更の届出があったときは、その変更後のもの。以下「認定道路運送高度化実施計画」という。）が第三項各号のいずれかに適合しなくなったと認めるとき、又は同項の認定を受けた者が認定道路運送高度化実施計画に従って道路運送高度化事業を実施していないと認めるときは、その認定を取り消すことができる。

11　第三項の認定、第七項の変更の認定及び第八項の規定による変更の届出に関し必要な事項は、国土交通省令で定める。

※4・5・7・11項「国土交通省令」＝則一六～一九、5項「国土交通省令・内閣府令」＝地域公共交通の活性化及び再生に関する法律に基づく道路運送高度化実施計画、地域旅客運送サービス継続実施計画、貨客運送効率化実施計画、地域公共交通利便増進実施計画及び新地域旅客運送事業計画の認定に係る都道府県公安委員会の意見の聴取に関する命令一・三

（道路運送法の特例）

第十五条　道路運送高度化事業を実施しようとする者がその道路運送高度化実施計画について前条第三項の認定（同条第七項の変更の認定を含む。）を受けたときは、当該道路運送高度化実施計画に定められた道路運送高度化事業のうち、道路運送法第四条第一項の許可（一般乗合旅客自動車運送事業に係るものに限る。）若しくは同法第十五条第一項（特定地域等特別措置法第十五条第一項の規定により読み替えて適用する場合を含む。）の認可を受け、又は道路運送法第九条第四項、第九条の三第三項若しくは第十五条第三項若しくは第四項の規定による届出をしなければならないものについては、これらの規定により許可若しくは認可を受け、又は届出をしたものとみなす。

（路外駐車場の整備等）

第十六条　市町村は、道路運送高度化実施計画において、地域公共交通一体型路外駐車場整備事業に関する事項が定められた場合であって、第十四条第六項（同条第九項において準用する場合を含む。）の通知を受けたときは、駐車場法第四条第一項の駐車場整備計画において、当該地域公共交通一体型路外駐車場整備事業に関する事項の内容に即して、おおむねその位置、規模、整備主体及び整備の目標年次を定めた路外駐車場の整備に関する事業の計画の概要を定めることができる。

2　市町村は、前項の規定により駐車場整備計画に特定駐車場事業概要を定めるときは、当該特定駐車場事業概要について、あらかじめ、公園管理者の同意を得なければならない。

3　特定駐車場事業概要が定められた駐車場整備計画の駐車場法第四条第四項の規定による公表の日から二年以内に当該特定駐車場事業概要に基づき都市公園の地下の占用の許可の申請があった場合においては、当該占用が都市公園法第七条第一項の規定に基づく政令で定める技術的基準に適合する限り、公園管理者は、同法第六条第一項又は第三項の許可を与えるものとする。

（地方債の特例）

第十七条　地方公共団体が、認定道路運送高度化実施計画に定められた道路運送高度化事業で総務省令で定めるものに関する助成を行おうとする場合においては、当該助成に要する経費であって地方財政法第五条各号に規定する経費のいずれにも該当しないものは、同条第五号に規定する経費とみなす。

第四節　海上運送高度化事業

（海上運送高度化事業の実施）

第十八条　地域公共交通計画において、海上運送高度化事業に関する事項が定められたときは、海上運送高度化事業を実施しようとする者は、単独で又は共同して、当該地域公共交通計画に即して海上運送高度化事業を実施するための計画（以下「海上運送高度化実施計画」という。）を作成し、これに基づき、当該海上運送高度化事業を実施するものとする。

2　海上運送高度化実施計画には、次に掲げる事項について定めるものとする。

一　海上運送高度化事業を実施する区域

二　海上運送高度化事業の内容

三　海上運送高度化事業の実施予定期間

四　海上運送高度化事業の実施に必要な資金の額及びその調達方法

五　海上運送高度化事業の効果

六　前各号に掲げるもののほか、海上運送高度化事業の実施のために必要な事項として国土交通省令で定める事項

3　海上運送高度化事業を実施しようとする者は、海上運送高度化実施計画を定めようとするときは、あらかじめ、関係する地方公共団体、公共交通事業者等及び港湾管理者の意見を聴かなければならない。

4　海上運送高度化事業を実施しようとする者は、海上運送高度化実施計画を定めたときは、遅滞なく、これを関係する地方公共団体、公共交通事業者等及び港湾管理者に送付しなければならない。

5　前二項の規定は、海上運送高度化実施計画の変更について準用する。

※2項六号「国土交通省令」＝則二〇

（海上運送高度化実施計画の認定）

第十九条　海上運送高度化事業を実施しようとする者は、国土交通大臣に対し、海上運送高度化実施計画が地域旅客運送サービスの持続可能な提供の確保に資する地域公共交通の活性化及び再生を適切かつ確実に推進するために適当なものである旨の認定を申請することができる。

2　前項の規定による認定の申請は、関係する地方公共団体を経由して行わなければならない。この場合において、関係する地方公共団体は、当該海上運送高度化実施計画を検討し、意見があるときは当該意見を付して、国土交通大臣に送付するものとする。

3　国土交通大臣は、第一項の規定による認定の申請があった場合において、その海上運送高度化実施計画が次の各号のいずれにも適合するものであると認めるときは、その認定をするものとする。

一　海上運送高度化実施計画に定める事項が基本方針に照らして適切なものであること。

二　海上運送高度化実施計画に定める事項が海上運送高度化事業を確実に遂行するため適切なものであること。

三　海上運送高度化実施計画に定められた事業のうち、国内一般旅客定期航路事業に該当するものについては、当該事

業の内容が海上運送法第四条各号に掲げる基準に適合し、かつ、海上運送高度化事業を実施しようとする者が同法第五条各号のいずれにも該当しないこと。

4　国土交通大臣は、前項の認定をしたときは、遅滞なく、その旨を関係する地方公共団体に通知するものとする。

5　第三項の認定を受けた者は、当該認定に係る海上運送高度化実施計画を変更しようとするときは、国土交通大臣の認定を受けなければならない。ただし、国土交通省令で定める軽微な変更については、この限りでない。

6　第三項の認定を受けた者は、前項ただし書の国土交通省令で定める軽微な変更をしたときは、遅滞なく、その旨を国土交通大臣に届け出なければならない。

7　第二項から第四項までの規定は、第五項の認定について準用する。

8　国土交通大臣は、第三項の認定に係る海上運送高度化実施計画（第五項の変更の認定又は第六項の規定による変更の届出があったときは、その変更後のもの。以下「認定海上運送高度化実施計画」という。）が第三項各号のいずれかに適合しなくなったと認めるとき、又は同項の認定を受けた者が認定海上運送高度化実施計画に従って海上運送高度化事業を実施していないと認めるときは、その認定を取り消すことができる。

9　第三項の認定、第五項の変更の認定及び第六項の規定による変更の届出に関し必要な事項は、国土交通省令で定める。

※　1・5・9項「国土交通省令」＝則二一・二二・二二の二

（海上運送法の特例）

第二十条　海上運送高度化事業を実施しようとする者がその海上運送高度化実施計画について前条第三項の認定（同条第五項の変更の認定を含む。以下この条において同じ。）を受けたときは、当該海上運送高度化実施計画に定められた海上運送高度化事業のうち、海上運送法第三条第一項の許可若しくは同法第十一条第一項の認可を受け、又は同条第三項、同法第十九条の五第一項若しくは第二十条第二項の規定による届出をしなければならないものについては、これらの規定により許可若しくは認可を受け、又は届出をしたものとみなす。

2　この場合において、同法第十九条の五第一項又は第二十条第二項の規定による届出をしたものとみなされた事業については、これらの規定にかかわらず、前条第三項の認定を受けた日から開始することができる。

第二十一条及び第二十二条　削除

第五節　鉄道事業再構築事業

（鉄道事業再構築事業の実施）

第二十三条　地域公共交通計画において、鉄道事業再構築事業に関する事項が定められたときは、当該地域公共交通計画を作成した地方公共団体、当該鉄道事業再構築事業に係る区間において旅客鉄道事業を経営する鉄道事業者及び当該鉄道事業者に代わって引き続き旅客鉄道事業を経営しようとする者その他の国土交通省令で定める者は、その全員の合意により、当該地域公共交通計画に即して鉄道事業再構築事業を実施するための計画（以下「鉄道事業再構築実施計画」という。）を作成し、これに基づき、当該鉄道事業再構築事業を実施するものとする。

2　鉄道事業再構築実施計画には、次に掲げる事項について定めるものとする。

一　鉄道事業再構築事業を実施する路線及びその区間

二　地方公共団体その他の者による支援の内容

三　旅客鉄道事業の事業構造の変更の内容

四　鉄道事業再構築事業の実施予定期間

五　鉄道事業再構築事業の実施に必要な資金の額及びその調達方法

六　利用者の利便の確保に関する事項

七　鉄道事業再構築事業の効果

八　前各号に掲げるもののほか、鉄道事業再構築事業の実施のために必要な事項として国土交通省令で定める事項

※　1・2項「国土交通省令」＝則二三・二四

（鉄道事業再構築実施計画の認定）

第二十四条　鉄道事業再構築事業を実施しようとする者は、国土交通大臣に対し、鉄道事業再構築実施計画が地域旅客運送サービスの持続可能な提供の確保に資する地域公共交通の活性化及び再生を適切かつ確実に推進するために適当なものである旨の認定を申請することができる。

2　国土交通大臣は、前項の規定による認定の申請があった場合において、その鉄道事業再構築実施計画が次の各号のいずれにも適合するものであると認めるときは、その認定をするものとする。

一　鉄道事業再構築実施計画に定める事項が基本方針に照らして適切なものであること。

二　鉄道事業再構築実施計画に定める事項が鉄道事業再構築事業を確実に遂行するため適切なものであること。

三　鉄道事業再構築実施計画に定められた事業のうち、次のイからヘまでに掲げる許可又は認可を受けなければならないものについては、当該事業の内容がそれぞれイからヘまでに定める基準に適合すること。

イ　鉄道事業法第三条第一項の許可　同法第五条第一項各号に掲げる基準

ロ　鉄道事業法第七条第一項の認可　同条第二項において準用する同法第五条第一項各号に掲げる基準

ハ　鉄道事業法第十五条第一項の認可　同条第三項の基準

ニ　鉄道事業法第十六条第一項の認可　同条第二項の基準

ホ　鉄道事業法第二十五条第一項の許可　同条第二項各号に掲げる基準

ヘ　鉄道事業法第二十六条第一項又は第二項の認可　同条第三項において準用する同法第五条第一項各号に掲げる基準

四　鉄道事業再構築実施計画に定められた事業のうち、鉄道事業法第三条第一項の許可又は同法第二十六条第一項若しくは第二項の認可を受けなければならないものについては、当該事業を実施しようとする者が同法第六条各号のいずれにも該当しないこと。

3　国土交通大臣は、地方公共団体が経営する鉄道事業法第二条第四項に規定する第三種鉄道事業に該当する事業（鉄道線路を同条第三項に規定する第二種鉄道事業を経営する者に無償で使用させるものに限る。）が定められた鉄道事業再構築実施計画について前項の認定をしようとするときは、当該第三種鉄道事業に該当する事業について、同項第三号イの規定にかかわらず、同法第五条第一項第二号から第四号までに掲

げる基準に適合するかどうかを審査して、これをすることができる。

4　第二項の認定をする場合において、鉄道事業法第十六条第一項の認可を要するものについては、運輸審議会に諮るものとする。

5　第二項の認定を受けた者は、当該認定に係る鉄道事業再構築実施計画を変更しようとするときは、国土交通大臣の認定を受けなければならない。ただし、国土交通省令で定める軽微な変更については、この限りでない。

6　第二項の認定を受けた者は、前項ただし書の国土交通省令で定める軽微な変更をしたときは、遅滞なく、その旨を国土交通大臣に届け出なければならない。

7　第二項から第四項までの規定は、第五項の認定について準用する。

8　国土交通大臣は、第二項の認定に係る鉄道事業再構築実施計画（第五項の変更の認定又は第六項の規定による変更の届出があったときは、その変更後のもの。以下「認定鉄道事業再構築実施計画」という。）が第二項各号のいずれかに適合しなくなったと認めるとき、又は同項の認定を受けた者が認定鉄道事業再構築実施計画に従って鉄道事業再構築事業を実施していないと認めるときは、その認定を取り消すことができる。

9　第二項の認定、第五項の変更の認定及び第六項の規定による変更の届出に関し必要な事項は、国土交通省令で定める。

※　1・5・9項「国土交通省令」＝則二五・二六・二六の二

（鉄道事業法の特例）

第二十五条　鉄道事業再構築事業を実施しようとする者がその鉄道事業再構築実施計画について前条第二項の認定（同条第五項の変更の認定を含む。）を受けたときは、当該鉄道事業再構築実施計画に定められた鉄道事業再構築事業のうち、鉄道事業法第三条第一項若しくは第二十五条第一項の許可若しくは同法第七条第一項、第十五条第一項、第十六条第一項若しくは第二十六条第一項若しくは第二項の認可を受け、又は同法第七条第三項、第十六条第三項、第四項若しくは第八項若しくは第十七条の規定による届出をしなければならないものについては、これらの規定により許可若しくは認可を受け、又は届出をしたものとみなす。

2　認定鉄道事業再構築実施計画に定められた鉄道事業再構築事業を実施するために、当該鉄道事業再構築事業に係る従前の旅客鉄道事業について廃止をすることが必要となる場合においては、鉄道事業法第二十八条の二第一項の規定にかかわらず、廃止届出をすることを要しない。

第六節　鉄道再生事業

（鉄道再生事業の実施）

第二十六条　地域公共交通計画において、鉄道再生事業に関する事項が定められたときは、当該地域公共交通計画を作成した地方公共団体、廃止届出がされた鉄道事業を経営する鉄道事業者及び国土交通省令で定める者は、その全員の合意により、当該地域公共交通計画に即して鉄道再生事業を実施するための計画（以下「鉄道再生実施計画」という。）を作成し、これに基づき、当該鉄道再生事業を実施するものとする。

2　鉄道再生実施計画には、次に掲げる事項について定めるものとする。

一　鉄道再生事業を実施する路線

二　鉄道事業の経営の改善に関する事項

三　地方公共団体その他の者による支援の内容

四　鉄道再生事業の実施予定期間

五　前号の期間を経過した後における鉄道事業者の鉄道事業の廃止に関する判断の基準となるべき事項

六　前各号に掲げるもののほか、鉄道再生事業の実施のために必要な事項として国土交通省令で定める事項

3　廃止届出がされた鉄道事業を経営する鉄道事業者は、当該廃止届出に係る鉄道事業の全部又は一部について第一項の合意のための協議を開始したときは、遅滞なく、その旨を国土交通大臣に届け出なければならない。

4　第一項に規定する者は、鉄道再生実施計画を作成したときは、国土交通省令で定めるところにより、当該鉄道再生実施計画を国土交通大臣に届け出ることができる。これを変更したときも同様とする。

※　1・2・4項「国土交通省令」＝則二七・二八・三〇・三一

（鉄道事業法の特例）

第二十七条　国土交通大臣は、前条第三項の規定による届出を受けたときは、当該届出に係る鉄道事業について鉄道事業法第二十八条の二第三項の通知をしないものとする。

2　前条第三項の規定による届出をした鉄道事業者は、当該届出に係る鉄道事業について廃止の日を繰り下げる旨を国土交通大臣に届け出ることができる。この場合においては、当該届出をした後の廃止の日を定めることを要しない。

3　前項の規定による届出をした鉄道事業者は、廃止届出をした日から一年を経過した後に前条第一項の合意がなされていない場合において、前項の規定による届出に係る鉄道事業の全部又は一部を廃止しようとするときは、鉄道事業法第二十八条の二第一項の規定にかかわらず、廃止の日の一月前までに、その旨を国土交通大臣に届け出ることをもって足りる。

4　前条第一項に規定する者が同条第四項の規定による届出をしたときは、当該届出に係る鉄道再生実施計画に定められた鉄道再生事業のうち、鉄道事業法第七条第三項又は第十六条第三項後段、第四項若しくは第八項後段の規定による届出をしなければならないものについては、これらの規定により届出をしたものとみなす。

5　前条第四項の規定による届出をした鉄道事業者は、同条第一項の鉄道再生実施計画に定められた鉄道再生事業を実施し、同条第二項第四号に掲げる期間が経過した場合において、同項第五号に掲げる判断の基準となるべき事項に従って同項第一号に掲げる路線に係る鉄道事業の全部又は一部を廃止しようとするときは、鉄道事業法第二十八条の二第一項の規定にかかわらず、廃止の日の六月前までに、その旨を国土交通大臣に届け出ることをもって足りる。

第七節　地域旅客運送サービス継続事業

（地域旅客運送サービス継続事業の実施）

第二十七条の二　地域公共交通計画において、地域旅客運送サービス継続事業に関する事項が定められたときは、当該地

域公共交通計画を作成した地方公共団体は、当該地域公共交通計画に即して地域旅客運送サービス継続事業を実施するための計画（以下「地域旅客運送サービス継続実施計画」という。）を作成し、これに基づき、当該地域旅客運送サービス継続事業を実施し又はその実施を促進するものとする。

2　地域旅客運送サービス継続実施計画には、次に掲げる事項について定めるものとする。

一　地域旅客運送サービス継続事業を実施する区域

二　地域旅客運送サービス継続事業の内容（次号に掲げるものを除く。）及びその実施主体

三　地方公共団体による支援の内容

四　地域旅客運送サービス継続事業の実施予定期間

五　地域旅客運送サービス継続事業の実施に必要な資金の額及びその調達方法

六　地域旅客運送サービス継続事業の効果

七　前各号に掲げるもののほか、地域旅客運送サービス継続事業の実施のために必要な事項として国土交通省令で定める事項

3　地方公共団体は、地域旅客運送サービス継続実施計画を作成するときは、あらかじめ、当該地域旅客運送サービス継続実施計画に定めようとする地域旅客運送サービス継続事業を実施する路線等に係る一般乗合旅客自動車運送事業者又は国内一般旅客定期航路事業を営む者、当該路線等における運送を実施させようとする者その他の当該地域旅客運送サービス継続事業に関係を有する者として国土交通省令で定める者の同意を得なければならない。

4　地方公共団体は、地域旅客運送サービス継続実施計画を作成するときは、あらかじめ、関係する公共交通事業者等（前項に規定する者を除く。）、道路管理者、港湾管理者及び公安委員会の意見を聴かなければならない。

5　地方公共団体は、地域旅客運送サービス継続実施計画を作成したときは、遅滞なく、これを関係する公共交通事業者等、道路管理者、港湾管理者及び公安委員会に送付しなければならない。

6　前三項の規定は、地域旅客運送サービス継続実施計画の変更について準用する。

※2項七号・3項「国土交通省令」＝則三三・三四

（地域旅客運送サービス継続実施計画の認定）

第二十七条の三　地方公共団体は、国土交通大臣に対し、地域旅客運送サービス継続実施計画が地域旅客運送サービスの持続可能な提供の確保に資する地域公共交通の活性化及び再生を適切かつ確実に推進するために適当なものである旨の認定を申請することができる。

2　国土交通大臣は、前項の規定による認定の申請があった場合において、その地域旅客運送サービス継続実施計画が次の各号のいずれにも適合するものであると認めるときは、その認定をするものとする。

一　地域旅客運送サービス継続実施計画に定める事項が基本方針に照らして適切なものであること。

二　地域旅客運送サービス継続実施計画に定める事項が地域旅客運送サービス継続事業を確実に遂行するため適切なものであること。

三　地域旅客運送サービス継続実施計画に定められた事業のうち、一般乗合旅客自動車運送事業に該当するものであって、次のイからニまでに掲げる許可又は認可を受けなければならないものについては、当該事業の内容がそれぞれイからニまでに定める基準に適合すること。

イ　道路運送法第四条第一項の許可　同法第六条各号（第二号を除く。ハ及びニにおいて同じ。）に掲げる基準

ロ　道路運送法第九条第一項の認可　同条第二項の基準

ハ　道路運送法第十五条第一項の認可　同条第二項において準用する同法第六条各号に掲げる基準

ニ　道路運送法第三十六条第一項又は第二項の認可　同条第三項において準用する同法第六条各号に掲げる基準

四　地域旅客運送サービス継続実施計画に定められた事業のうち、一般乗合旅客自動車運送事業に該当するものであって、道路運送法第四条第一項の許可を受けなければならないものについては、同法第七条各号のいずれにも該当しない場合であること。

五　地域旅客運送サービス継続実施計画に定められた事業のうち、国内一般旅客定期航路事業に該当するものであって、次のイからヘまでに掲げる許可又は認可を受けなければならないものについては、当該事業の内容がそれぞれイからヘまでに定める基準に適合すること。

イ　海上運送法第三条第一項の許可　同法第四条各号（第三号を除く。ハにおいて同じ。）に掲げる基準

ロ　海上運送法第八条第三項の認可　同条第四項の基準

ハ　海上運送法第十一条第一項の認可　同条第二項において準用する同法第四条各号に掲げる基準

ニ　海上運送法第十一条の二第二項の認可　同条第三項において準用する同法第四条第六号に掲げる基準

ホ　海上運送法第十八条第一項の認可　同項の認可の基準

ヘ　海上運送法第十八条第二項の認可　同項の認可の基準

六　地域旅客運送サービス継続実施計画に定められた事業のうち、国内一般旅客定期航路事業に該当するものであって、海上運送法第三条第一項の許可を受けなければならないものについては、当該事業を実施しようとする者が同法第五条各号のいずれにも該当しないこと。

3　国土交通大臣は、前項の認定をする場合において、地域旅客運送サービス継続実施計画に道路運送法第九条第一項の認可又は海上運送法第八条第三項の認可を要する事業に関する事項が定められているときは、あらかじめ、当該事項について運輸審議会に諮るものとする。

4　国土交通大臣は、第二項の認定をしようとするときは、国土交通省令で定めるところにより関係する道路管理者に、国土交通省令・内閣府令で定めるところにより関係する公安委員会に、それぞれ意見を聴くものとする。ただし、道路管理者の意見を聴く必要がないものとして国土交通省令で定める場合、又は公安委員会の意見を聴く必要がないものとして国土交通省令・内閣府令で定める場合は、この限りでない。

5　第二項の認定を受けた地方公共団体は、当該認定に係る地域旅客運送サービス継続実施計画を変更しようとするときは、国土交通大臣の認定を受けなければならない。ただし、国土交通省令で定める軽微な変更については、この限りでない。

6　第二項の認定を受けた地方公共団体は、前項ただし書の国土交通省令で定める軽微な変更をしたときは、遅滞なく、その旨を国土交通大臣に届け出なければならない。

7　第二項から第四項までの規定は、第五項の認定について準用する。

8　国土交通大臣は、第二項の認定に係る地域旅客運送サービス継続実施計画（第五項の変更の認定又は第六項の規定による変更の届出があったときは、その変更後のもの。以下「認定地域旅客運送サービス継続実施計画」という。）が第二項各号のいずれかに適合しなくなったと認めるとき、又は認定地域旅客運送サービス継続実施計画に定められた地域旅客運送サービス継続事業を実施すべき者が当該認定地域旅客運送サービス継続実施計画に従って地域旅客運送サービス継続事業を実施していないと認めるときは、その認定を取り消すことができる。

9　第二項の認定、第五項の変更の認定及び第六項の規定による変更の届出に関し必要な事項は、国土交通省令で定める。

※　4・5・9項「国土交通省令」＝則三六〜三六の五、4項「国土交通省令・内閣府令」＝地域公共交通の活性化及び再生に関する法律に基づく道路運送高度化実施計画、地域旅客運送サービス継続実施計画、貨客運送効率化実施計画、地域公共交通利便増進実施計画及び新地域旅客運送事業計画の認定に係る都道府県公安委員会の意見の聴取に関する命令一・三

（道路運送法の特例）

第二十七条の四　地方公共団体がその地域旅客運送サービス継続実施計画について前条第二項の認定（同条第五項の変更の認定を含む。以下同じ。）を受けたときは、当該地域旅客運送サービス継続実施計画に定められた地域旅客運送サービス継続事業のうち、一般乗合旅客自動車運送事業について道路運送法第四条第一項の許可若しくは同法第九条第一項、第十五条第一項若しくは第三十六条第一項若しくは第二項の認可を受け、又は同法第九条第三項、第四項若しくは第六項、第十五条第三項若しくは第四項若しくは第十五条の三の規定による届出をしなければならないものについては、これらの規定により許可若しくは認可を受け、又は届出をしたものとみなす。

2　地方公共団体が、道路運送法第二十条に規定する営業区域外旅客運送を行う一般乗合旅客自動車運送事業に該当する地域旅客運送サービス継続事業が定められた地域旅客運送サービス継続実施計画であって同条第二号の国土交通省令で定める関係者の同意を得たものについて、前条第二項の認定を受けたときは、当該運送については、同号の協議が調い、かつ、同号の規定により国土交通大臣が認めたものとみなす。

3　認定地域旅客運送サービス継続実施計画に定められた地域旅客運送サービス継続事業を実施するために、当該地域旅客運送サービス継続事業に係る従前の一般乗合旅客自動車運送事業について路線（道路運送法第五条第一項第三号に規定する路線定期運行に係るものに限る。）又は事業を廃止をすることが必要となる場合においては、同法第十五条の二第一項又は第三十八条第一項若しくは第二項の規定にかかわらず、これらの規定による届出をすることを要しない。

（海上運送法の特例）

第二十七条の五　地方公共団体がその地域旅客運送サービス継続実施計画について第二十七条の三第二項の認定を受けたときは、当該地域旅客運送サービス継続実施計画に定められた地域旅客運送サービス継続事業のうち、海上運送法第三条第一項の許可若しくは同法第八条第三項、第十一条第一項、第十一条の二第二項若しくは第十八条第一項若しくは第二項の認可を受け、又は同法第六条、第八条第一項、第十一条第三項若しくは第十一条の二第一項若しくは第四項の規定による届出をしなければならないものについては、これらの規定により許可若しくは認可を受け、又は届出をしたものとみなす。

2　認定地域旅客運送サービス継続実施計画に定められた地域旅客運送サービス継続事業を実施するために、当該地域旅客運送サービス継続事業に係る従前の国内一般旅客定期航路事業について廃止することが必要となる場合においては、海上運送法第十六条第一項又は第二項の規定にかかわらず、これらの規定による届出をすることを要しない。

第八節　貨客運送効率化事業

（貨客運送効率化事業の実施）

第二十七条の六　地域公共交通計画において、貨客運送効率化事業に関する事項が定められたときは、貨客運送効率化事業を実施しようとする者は、単独で又は共同して、当該地域公共交通計画に即して貨客運送効率化事業を実施するための計画（以下「貨客運送効率化実施計画」という。）を作成し、これに基づき、当該貨客運送効率化事業を実施するものとする。

2　貨客運送効率化実施計画には、次に掲げる事項について定めるものとする。

一　貨客運送効率化事業を実施する区域

二　貨客運送効率化事業の内容

三　貨客運送効率化事業の実施予定期間

四　貨客運送効率化事業の実施に必要な資金の額及びその調達方法

五　貨客運送効率化事業の効果

六　前各号に掲げるもののほか、貨客運送効率化事業の実施のために必要な事項として国土交通省令で定める事項

3　貨客運送効率化事業を実施しようとする者は、貨客運送効率化実施計画を作成するときは、あらかじめ、関係する地方公共団体、公共交通事業者等、貨物陸上運送事業者（貨物鉄道事業者（貨物鉄道事業について鉄道事業法の許可を受けた者をいう。第二十七条の八第二項において同じ。）、貨物軌道事業者（貨物軌道事業を営む軌道法による軌道経営者をいう。）及び一般貨物自動車運送事業者（貨物自動車運送事業法による一般貨物自動車運送事業者をいう。）をいう。以下同じ。）、道路管理者及び公安委員会の意見を聴かなければならない。

4　貨客運送効率化事業を実施しようとする者は、貨客運送効率化実施計画を作成したときは、遅滞なく、これを関係する地方公共団体、公共交通事業者等、貨物陸上運送事業者、道路管理者及び公安委員会に送付しなければならない。

5　前二項の規定は、貨客運送効率化実施計画の変更について準用する。

※　2項六号「国土交通省令」＝則三六の六

（貨客運送効率化実施計画の認定）

第二十七条の七　貨客運送効率化事業を実施しようとする者は、国土交通大臣に対し、貨客運送効率化実施計画が地域旅客運送サービスの持続可能な提供の確保に資する地域公共交通の活性化及び再生を適切かつ確実に推進するために適当なものである旨の認定を申請することができる。

2 前項の規定による認定の申請は、関係する地方公共団体を経由して行わなければならない。この場合において、関係する地方公共団体は、当該貨客運送効率化実施計画を検討し、意見があるときは当該意見を付して、国土交通大臣に送付するものとする。

3 国土交通大臣は、第一項の規定による認定の申請があった場合において、その貨客運送効率化実施計画が次の各号のいずれにも適合するものであると認めるときは、その認定をするものとする。

一 貨客運送効率化実施計画に定める事項が基本方針に照らして適切なものであること。

二 貨客運送効率化実施計画に定める事項が貨客運送効率化事業を確実に遂行するため適切なものであること。

三 貨客運送効率化実施計画に定められた事業のうち、鉄道事業に該当するものであって、次のイからハまでに掲げる許可又は認可を受けなければならないものについては、当該事業の内容がそれぞれイからハまでに定める基準に適合すること。

イ 鉄道事業法第三条第一項の許可 同法第五条第一項各号に掲げる基準

ロ 鉄道事業法第七条第一項の認可 同条第二項において準用する同法第五条第一項各号に掲げる基準

ハ 鉄道事業法第十六条第一項の認可 同条第二項の基準

四 貨客運送効率化実施計画に定められた事業のうち、鉄道事業に該当するものであって、鉄道事業法第三条第一項の許可を受けなければならないものについては、当該事業を実施しようとする者が同法第六条各号のいずれにも該当しないこと。

五 貨客運送効率化実施計画に定められた事業のうち、軌道事業に該当するものであって、次のイ又はロに掲げる特許又は認可を受けなければならないものについては、当該事業の内容がそれぞれイ又はロに定める基準に適合すること。

イ 軌道法第三条の特許 同条の特許の基準

ロ 軌道法第十一条第一項の運賃及び料金の認可 同項の認可の基準

六 貨客運送効率化実施計画に定められた事業のうち、一般乗合旅客自動車運送事業に該当するものであって、次のイからハまでに掲げる許可又は認可を受けなければならないものについては、当該事業の内容がそれぞれイからハまでに定める基準に適合すること。

イ 道路運送法第四条第一項の許可 同法第六条各号に掲げる基準

ロ 道路運送法第九条第一項の認可 同条第二項の基準

ハ 道路運送法第十五条第一項の認可 同条第二項において準用する同法第六条各号に掲げる基準

七 貨客運送効率化実施計画に定められた事業のうち、一般乗合旅客自動車運送事業に該当するものであって、道路運送法第四条第一項の許可を受けなければならないものについては、同法第七条各号のいずれにも該当しない場合であること。

八 貨客運送効率化実施計画に定められた事業のうち、一般貨物自動車運送事業に該当するものについては、当該事業の内容が貨物自動車運送事業法第六条各号に掲げる基準に適合し、かつ、同法第五条各号のいずれにも該当しない場合であること。

九 貨客運送効率化実施計画に定められた事業のうち、貨物利用運送事業法（平成元年法律第八十二号）による第一種貨物利用運送事業（次条第二項において「第一種貨物利用運送事業」という。）に該当するものについては、当該事業を実施する者が同法第六条第一項各号（第五号を除く。）のいずれにも該当しないこと。

十 貨客運送効率化実施計画に定められた事業のうち、貨物利用運送事業法による第二種貨物利用運送事業（次項において「第二種貨物利用運送事業」という。）（外国人国際第二種貨物利用運送事業（同法第四十五条第一項の許可を受けて行う事業をいう。次項において同じ。）を除く。）に該当するものについては、当該事業の内容が同法第二十三条各号に掲げる基準に適合し、かつ、当該事業を実施する者が同法第二十二条各号のいずれにも該当しないこと。

4 国土交通大臣は、第一項の規定による認定の申請があった場合において、貨客運送効率化実施計画に定められた事業のうち外国人国際第二種貨物利用運送事業に該当するものについては、その貨客運送効率化実施計画の認定において、国際約束を誠実に履行するとともに、国際貨物運送に係る第二種貨物利用運送事業の分野において公正な事業活動が行われ、その健全な発達が確保されるよう配慮するものとする。

5 第三項の認定をする場合において、鉄道事業法第十六条第一項の認可、軌道法第三条の特許、同法第十一条第一項の運賃若しくは料金の認可又は道路運送法第九条第一項の認可を要するものについては、運輸審議会に諮るものとし、その他必要な手続は、政令で定める。

6 国土交通大臣は、第三項の認定をしようとするときは、国土交通省令で定めるところにより関係する道路管理者に、国土交通省令・内閣府令で定めるところにより関係する公安委員会に、それぞれ意見を聴くものとする。ただし、道路管理者の意見を聴く必要がないものとして国土交通省令で定める場合、又は公安委員会の意見を聴く必要がないものとして国土交通省令・内閣府令で定める場合は、この限りでない。

7 国土交通大臣は、第三項の認定をしたときは、遅滞なく、その旨を関係する地方公共団体に通知するものとする。

8 第三項の認定を受けた者は、当該認定に係る貨客運送効率化実施計画を変更しようとするときは、国土交通大臣の認定を受けなければならない。ただし、国土交通省令で定める軽微な変更については、この限りでない。

9 第三項の認定を受けた者は、前項ただし書の国土交通省令で定める軽微な変更をしたときは、遅滞なく、その旨を国土交通大臣に届け出なければならない。

10 第二項から第七項までの規定は、第八項の認定について準用する。

11 国土交通大臣は、第三項の認定に係る貨客運送効率化実施計画（第八項の変更の認定又は第九項の規定による変更の届出があったときは、その変更後のもの。以下「認定貨客運送効率化実施計画」という。）が第三項各号のいずれかに適合しなくなったと認めるとき、又は同項の認定を受けた者（以下「認定貨客運送効率化事業者」という。）が認定貨客運送効率化実施計画に従って貨客運送効率化事業を実施していないと認めるときは、その認定を取り消すことができる。

12　第三項の認定、第八項の変更の認定及び第九項の規定による変更の届出に関し必要な事項は、国土交通省令で定める。

※　5項「政令」＝令、6・8・12項「国土交通省令」＝則三六の八〜三六の一一、6項「国土交通省令・内閣府令」＝地域公共交通の活性化及び再生に関する法律に基づく道路運送高度化実施計画、貨客運送効率化実施計画、地域旅客運送サービス継続実施計画、地域公共交通利便増進実施計画及び新地域旅客運送事業計画の認定に係る都道府県公安委員会の意見の聴取に関する命令一・三

（鉄道事業法の特例）

第二十七条の八　貨客運送効率化事業を実施しようとする者がその貨客運送効率化実施計画について前条第三項の認定（同条第八項の変更の認定を含む。以下同じ。）を受けたときは、当該貨客運送効率化実施計画に定められた貨客運送効率化事業のうち、鉄道事業法第三条第一項の許可若しくは同法第七条第一項若しくは第十六条第一項の認可を受け、又は同法第七条第三項、第十六条第三項若しくは第八項若しくは第十七条の規定による届出をしなければならないものについては、これらの規定により許可若しくは認可を受け、又は届出をしたものとみなす。

2　認定貨客運送効率化事業者である貨物鉄道事業者が認定貨客運送効率化事業者である他の陸上運送事業者（旅客陸上運送事業者（旅客陸上運送事業を営む者をいう。）、貨物陸上運送事業者、貨物利用運送事業法による第一種貨物利用運送事業者（貨物陸上運送事業者の行う運送に係る第一種貨物利用運送事業を営む者に限る。第二十七条の十二第二項において「第一種貨物利用運送事業者」という。）及び同法による第二種貨物利用運送事業者（第二十七条の十三第二項において「第二種貨物利用運送事業者」という。）をいう。以下同じ。）と認定貨客運送効率化実施計画に従って鉄道事業法第十八条に規定する運輸に関する協定を締結したときは、当該協定につき、あらかじめ、同条の規定による届出をしたものとみなす。認定貨客運送効率化実施計画に従ってこれを変更したときも、同様とする。

（軌道法の特例）

第二十七条の九　貨客運送効率化事業を実施しようとする者がその貨客運送効率化実施計画について第二十七条の七第三項の認定を受けたときは、当該貨客運送効率化実施計画に定められた貨客運送効率化事業のうち、軌道法第三条の特許若しくは同法第十一条第一項の運賃若しくは料金の認可を受け、又は同条第二項の規定による届出をしなければならないものについては、これらの規定により特許若しくは認可を受け、又は届出をしたものとみなす。

（道路運送法の特例）

第二十七条の十　貨客運送効率化事業を実施しようとする者がその貨客運送効率化実施計画について第二十七条の七第三項の認定を受けたときは、当該貨客運送効率化実施計画に定められた貨客運送効率化事業のうち、一般乗合旅客自動車運送事業について道路運送法第四条第一項の許可若しくは同法第九条第一項若しくは第十五条第一項の認可を受け、又は同法第九条第三項、第四項若しくは第六項、第十五条第三項若しくは第四項若しくは第十五条の三の規定による届出をしなければならないものについては、これらの規定により許可若しくは認可を受け、又は届出をしたものとみなす。

（貨物自動車運送事業法の特例）

第二十七条の十一　貨客運送効率化事業を実施しようとする者がその貨客運送効率化実施計画について第二十七条の七第三項の認定を受けたときは、当該貨客運送効率化実施計画に定められた貨客運送効率化事業のうち、貨物自動車運送事業法第三条の許可若しくは同法第九条第一項の認可を受け、又は同条第三項の規定による届出をしなければならないものについては、これらの規定により許可若しくは認可を受け、又は届出をしたものとみなす。

（貨物利用運送事業法の特例）

第二十七条の十二　貨客運送効率化事業を実施しようとする者がその貨客運送効率化実施計画について第二十七条の七第三項の認定を受けたときは、当該貨客運送効率化実施計画に定められた貨客運送効率化事業のうち、貨物利用運送事業法第三条第一項の登録若しくは同法第七条第一項の変更登録を受け、又は同条第三項の規定による届出をしなければならないものについては、これらの規定により登録若しくは変更登録を受け、又は届出をしたものとみなす。

2　認定貨客運送効率化事業者である第一種貨物利用運送事業者が認定貨客運送効率化事業者である他の陸上運送事業者と認定貨客運送効率化実施計画に従って貨物利用運送事業法第十一条に規定する運輸に関する協定を締結したときは、当該協定につき、あらかじめ、同条の規定による届出をしたものとみなす。認定貨客運送効率化実施計画に従ってこれを変更したときも、同様とする。

第二十七条の十三　貨客運送効率化事業を実施しようとする者がその貨客運送効率化実施計画について第二十七条の七第三項の認定を受けたときは、当該貨客運送効率化実施計画に定められた貨客運送効率化事業のうち、貨物利用運送事業法第二十条若しくは第四十五条第一項の許可若しくは同法第二十五条第一項若しくは第四十六条第二項の認可を受け、又は同法第二十五条第三項若しくは第四十六条第四項の規定による届出をしなければならないものについては、これらの規定により許可若しくは認可を受け、又は届出をしたものとみなす。

2　認定貨客運送効率化事業者である第二種貨物利用運送事業者が認定貨客運送効率化事業者である他の陸上運送事業者と認定貨客運送効率化実施計画に従って貨物利用運送事業法第三十四条第一項において準用する同法第十一条に規定する運輸に関する協定を締結したときは、当該協定につき、あらかじめ、同項において準用する同条の規定による届出をしたものとみなす。認定貨客運送効率化実施計画に従ってこれを変更したときも、同様とする。

第九節　地域公共交通利便増進事業

（地域公共交通利便増進事業の実施）

第二十七条の十四　地域公共交通計画において、地域公共交通利便増進事業に関する事項が定められたときは、当該地域公共交通計画を作成した地方公共団体は、当該地域公共交通計画に即して地域公共交通利便増進事業を実施するための計画（以下「地域公共交通利便増進実施計画」という。）を作成し、これに基づき、当該地域公共交通利便増進事業を実施し又はその実施を促進するものとする。

2　地域公共交通利便増進実施計画には、次に掲げる事項につ

いて定めるものとする。
一　地域公共交通利便増進事業を実施する区域
二　地域公共交通利便増進事業の内容（次号に掲げるものを除く。）及びその実施主体
三　地方公共団体による支援の内容（当該地方公共団体が費用を負担する場合にあっては、その負担額を含む。）
四　地域公共交通利便増進事業の実施予定期間
五　地域公共交通利便増進事業の実施に必要な資金の額（第三号に規定する負担額を除く。）及びその調達方法
六　地域公共交通利便増進事業の効果
七　前各号に掲げるもののほか、地域公共交通利便増進事業の実施のために必要な事項として国土交通省令で定める事項

3　前項第二号に掲げる事項には、地方公共団体が地域公共交通利便増進事業に関し同号の実施主体として地域公共交通利便増進実施計画に定めようとする者との間において運行系統、運行回数その他の実施方法に関する協定を締結しているときは、当該協定に定められた実施方法に関する事項を記載することができる。

4　地方公共団体は、地域公共交通利便増進実施計画を作成するときは、あらかじめ、当該地域公共交通利便増進実施計画に係る地域公共交通利便増進事業を実施しようとする者その他の当該事業に関係を有する者として国土交通省令で定める者（当該地域公共交通利便増進実施計画に前項に規定する事項を記載する場合における同項に規定する者（次項において「協定締結実施主体」という。）を除く。）の同意を得なければならない。

5　地方公共団体は、地域公共交通利便増進実施計画を作成するときは、あらかじめ、関係する公共交通事業者等（前項に規定する者及び協定締結実施主体を除く。）、道路管理者、港湾管理者及び公安委員会の意見を聴かなければならない。

6　地方公共団体は、地域公共交通利便増進実施計画を作成したときは、遅滞なく、これを国土交通省令で定めるところにより公表するとともに、関係する公共交通事業者等、道路管理者、港湾管理者及び公安委員会に送付しなければならない。

7　前三項の規定は、地域公共交通利便増進実施計画の変更について準用する。

※　2項七号・4・6項「国土交通省令」＝則三六の一三〜三六の一五

（地域公共交通利便増進実施計画の認定）

第二十七条の十五　地方公共団体は、国土交通大臣に対し、地域公共交通利便増進実施計画が地域旅客運送サービスの持続可能な提供の確保に資する地域公共交通の活性化及び再生を適切かつ確実に推進するために適当なものである旨の認定を申請することができる。

2　国土交通大臣は、前項の規定による認定の申請があった場合において、その地域公共交通利便増進実施計画が次の各号のいずれにも適合するものであると認めるときは、その認定をするものとする。
一　地域公共交通利便増進実施計画に定める事項が基本方針に照らして適切なものであること。
二　地域公共交通利便増進実施計画に定める事項が地域公共交通利便増進事業を確実に遂行するため適切なものであること。
三　地域公共交通利便増進実施計画に定められた事業のうち、旅客鉄道事業に該当するものであって、次のイからハまでに掲げる許可又は認可を受けなければならないものについては、当該事業の内容がそれぞれイからハまでに定める基準に適合すること。
イ　鉄道事業法第三条第一項の許可　同法第五条第一項各号（第三号を除く。ロにおいて同じ。）に掲げる基準
ロ　鉄道事業法第七条第一項の認可　同条第二項において準用する同法第五条第一項各号に掲げる基準
ハ　鉄道事業法第十六条第一項の認可　同条第二項の基準
四　地域公共交通利便増進実施計画に定められた事業のうち、旅客鉄道事業に該当するものであって、鉄道事業法第三条第一項の許可を受けなければならないものについては、当該事業を実施しようとする者が同法第六条各号のいずれにも該当しないこと。
五　地域公共交通利便増進実施計画に定められた事業のうち、旅客軌道事業に該当するものであって、次のイからハまでに掲げる特許、認可又は許可を受けなければならないものについては、当該事業の内容がそれぞれイからハまでに定める基準に適合すること。
イ　軌道法第三条の特許　同条の特許の基準
ロ　軌道法第十一条第一項の運賃及び料金の認可　同項の認可の基準
ハ　軌道法第二十二条ノ二の許可　同条の許可の基準
六　地域公共交通利便増進実施計画に定められた事業のうち、一般乗合旅客自動車運送事業に該当するものであって、次のイからハまでに掲げる許可又は認可を受けなければならないものについては、当該事業の内容がそれぞれイからハまでに定める基準に適合すること。
イ　道路運送法第四条第一項の許可　同法第六条各号（第二号を除く。ハにおいて同じ。）に掲げる基準
ロ　道路運送法第九条第一項の認可　同条第二項の基準
ハ　道路運送法第十五条第一項の認可　同条第二項において準用する同法第六条各号に掲げる基準
七　地域公共交通利便増進実施計画に定められた事業のうち、一般乗合旅客自動車運送事業に該当するものであって、道路運送法第四条第一項の許可を受けなければならないものについては、同法第七条各号のいずれにも該当しない場合であること。
八　地域公共交通利便増進実施計画に定められた事業のうち、自家用有償旅客運送に該当するものであって、道路運送法第七十九条の登録又は同法第七十九条の七第一項の変更登録を受けなければならないものについては、前項の規定による認定の申請が同法第七十九条の四第一項各号のいずれにも該当しないこと。
九　地域公共交通利便増進実施計画に定められた事業のうち、国内一般旅客定期航路事業に該当するものであって、次のイからニまでに掲げる許可又は認可を受けなければならないものについては、当該事業の内容がそれぞれイからニまでに定める基準に適合すること。
イ　海上運送法第三条第一項の許可　同法第四条各号（第三号を除く。ハにおいて同じ。）に掲げる基準
ロ　海上運送法第八条第三項の認可　同条第四項の基準

ハ　海上運送法第十一条第一項の認可　同条第二項において準用する同法第四条各号に掲げる基準

ニ　海上運送法第十一条の二第二項の認可　同条第三項において準用する同法第四条第六号に掲げる基準

十　地域公共交通利便増進実施計画に定められた事業のうち、国内一般旅客定期航路事業に該当するものであって、海上運送法第三条第一項の許可を受けなければならないものについては、当該事業を実施しようとする者が同法第五条各号のいずれにも該当しないこと。

3　前項の認定をする場合において、鉄道事業法第十六条第一項の認可、軌道法第三条の特許、同法第十一条第一項の運賃若しくは料金の認可、同法第二十二条ノ二の許可、道路運送法第九条第一項の認可又は海上運送法第八条第三項の認可を要するものについては、運輸審議会に諮るものとし、その他必要な手続は、政令で定める。

4　国土交通大臣は、第二項の認定をしようとするときは、国土交通省令で定めるところにより関係する道路管理者に、国土交通省令・内閣府令で定めるところにより関係する公安委員会に、それぞれ意見を聴くものとする。ただし、道路管理者の意見を聴く必要がないものとして国土交通省令で定める場合、又は公安委員会の意見を聴く必要がないものとして国土交通省令・内閣府令で定める場合は、この限りでない。

5　第二項の認定を受けた地方公共団体は、当該認定に係る地域公共交通利便増進実施計画を変更しようとするときは、国土交通大臣の認定を受けなければならない。ただし、国土交通省令で定める軽微な変更については、この限りでない。

6　第二項の認定を受けた地方公共団体は、前項ただし書の国土交通省令で定める軽微な変更をしたときは、遅滞なく、その旨を国土交通大臣に届け出なければならない。

7　第二項から第四項までの規定は、第五項の認定について準用する。

8　国土交通大臣は、第二項の認定に係る地域公共交通利便増進実施計画（第五項の変更の認定又は第六項の規定による変更の届出があったときは、その変更後のもの。以下「認定地域公共交通利便増進実施計画」という。）が第二項各号のいずれかに適合しなくなったと認めるとき、又は認定地域公共交通利便増進実施計画に定められた地域公共交通利便増進事業を実施すべき者が当該認定地域公共交通利便増進実施計画に従って地域公共交通利便増進事業を実施していないと認めるときは、その認定を取り消すことができる。

9　第二項の認定、第五項の変更の認定及び第六項の規定による変更の届出に関し必要な事項は、国土交通省令で定める。

※　3項「政令」＝令、4・5・9項「国土交通省令」＝則三六の一七～三六の二〇、4項「国土交通省令・内閣府令」＝地域公共交通の活性化及び再生に関する法律に基づく道路運送高度化実施計画、地域旅客運送サービス継続実施計画、貨客運送効率化実施計画、地域公共交通利便増進実施計画及び新地域旅客運送事業計画の認定に係る都道府県公安委員会の意見の聴取に関する命令一・三

（鉄道事業法の特例）

第二十七条の十六　地方公共団体がその地域公共交通利便増進実施計画について前条第二項の認定（同条第五項の変更の認定を含む。以下同じ。）を受けたときは、当該地域公共交通利便増進実施計画に定められた地域公共交通利便増進事業のうち、鉄道事業法第三条第一項の許可若しくは同法第七条第一項若しくは第十六条第一項の認可を受け、又は同法第七条第三項、第十六条第三項、第四項若しくは第八項、第十七条、第二十八条第一項若しくは第二十八条の二第一項の規定による届出をしなければならないものについては、これらの規定により許可若しくは認可を受け、又は届出をしたものとみなす。

（軌道法の特例）

第二十七条の十七　地方公共団体がその地域公共交通利便増進実施計画について第二十七条の十五第二項の認定を受けたときは、当該地域公共交通利便増進実施計画に定められた地域公共交通利便増進事業のうち、軌道法第三条の特許、同法第十一条第一項の運賃若しくは料金の認可若しくは同法第二十二条ノ二の許可を受け、又は同法第十一条第二項の規定による届出をしなければならないものについては、これらの規定により特許、認可若しくは許可を受け、又は届出をしたものとみなす。

（道路運送法の特例）

第二十七条の十八　地方公共団体がその地域公共交通利便増進実施計画について第二十七条の十五第二項の認定を受けたときは、当該地域公共交通利便増進実施計画に定められた地域公共交通利便増進事業のうち、一般乗合旅客自動車運送事業について道路運送法第四条第一項の許可若しくは同法第九条第一項若しくは第十五条第一項の認可を受け、又は同法第九条第三項、第四項若しくは第六項、第十五条第三項若しくは第四項、第十五条の二第一項、第十五条の三若しくは第三十八条第一項若しくは第二項の規定による届出をしなければならないものについては、これらの規定により許可若しくは認可を受け、又は届出をしたものと、一般乗用旅客自動車運送事業について同法第九条の三第三項の規定による届出をしなければならないものについては、同項の規定により届出をしたものと、自家用有償旅客運送について同法第七十九条の登録若しくは同法第七十九条の七第一項の変更登録を受け、又は同条第三項の規定による届出をしなければならないものについては、これらの規定により登録若しくは変更登録を受け、又は届出をしたものとみなす。

2　地方公共団体がその地域公共交通利便増進実施計画について第二十七条の十五第二項の認定を受けたときは、当該認定の日以後は、当該地域公共交通利便増進実施計画に定められた地域公共交通利便増進事業に係る自家用有償旅客運送を行う者は、旅客の運送に付随して、少量の郵便物、新聞紙その他の貨物を運送することができる。

3　貨物自動車運送事業法第二十五条第一項の規定は、前項の規定により貨物を運送する自家用有償旅客運送を行う者について準用する。

注　令和六年五月一五日法律二三号により改正され、公布の日から起算して一年を超えない範囲内において政令で定める日から施行

第二十七条の十八第三項中「第二十五条第一項」を「第二十六条第一項」に改める。

4　国土交通大臣は、その全部又は一部の区間又は区域が認定地域公共交通利便増進実施計画に定められた地域公共交通利便増進事業を実施する区域内に存する路線又は営業区域に係る一般乗合旅客自動車運送事業（当該地域公共交通利便増進

事業に係るものを除く。以下「認定区域内計画外事業」という。）について、道路運送法第四条第一項の許可又は同法第十五条第一項の認可の申請があった場合には、同法第四条第一項の許可の申請にあっては、当該認定区域内計画外事業の内容が同法第六条各号に掲げる基準に適合し、かつ、当該認定区域内計画外事業を実施しようとする者が同法第七条各号のいずれにも該当しないことのほか、同法第十五条第一項の認可の申請にあっては、当該認定区域内計画外事業の内容が同条第二項において準用する同法第六条各号に掲げる基準に適合することのほか、当該認定区域内計画外事業の経営により、当該認定地域公共交通利便増進実施計画の維持が困難となるため、公衆の利便が著しく阻害されることとなるおそれがないかどうかを審査しなければならない。

5 国土交通大臣は、認定区域内計画外事業の経営により、認定地域公共交通利便増進実施計画の維持が困難となるため、公衆の利便が著しく阻害されるおそれがあると認めるときは、当該一般乗合旅客自動車運送事業を営む者に対し、相当の期限を定めて、公衆の利便を確保するためやむを得ない限度において、当該認定区域内計画外事業の実施方法の変更を命ずることができる。

6 国土交通大臣は、一般乗合旅客自動車運送事業を営む者が前項の規定による命令に違反したときは、六月以内の期間を定めて自動車その他の輸送施設の当該事業のための使用の停止若しくは当該事業の停止を命じ、又は当該事業について道路運送法第四条第一項の許可を取り消すことができる。

7 道路運送法第四十一条の規定は、前項の規定により輸送施設の使用の停止又は事業の停止を命じた場合について準用する。

8 第二十七条の十五第二項の認定を受けた地方公共団体は、認定区域内計画外事業について道路運送法第九十一条の二第一項の規定による通知を受けた場合において必要があると認めるときは、当該認定区域内計画外事業の経営により認定地域公共交通利便増進実施計画の維持が困難となるため公衆の利便が著しく阻害されることとなるおそれがないかどうかに関し、協議会が組織されている場合には協議会における協議を、協議会が組織されていない場合には関係する公共交通事業者等、道路管理者、港湾管理者及び公安委員会との協議を経て、国土交通大臣に対し、意見を申し出ることができる。

9 国土交通大臣は、前項の規定による申出があった場合において、第四項の規定による審査又は第五項の規定により命令をするかどうかの決定をするときは、当該申出を考慮するものとする。

※6項「罰則」＝本法四三・四五、7項「罰則」＝本法四四①・②・四五

（海上運送法の特例）

第二十七条の十九 地方公共団体がその地域公共交通利便増進実施計画について第二十七条の十五第二項の認定を受けたときは、当該地域公共交通利便増進実施計画に定められた地域公共交通利便増進事業のうち、海上運送法第三条第一項の許可若しくは同法第八条第三項、第十一条第一項若しくは第十一条の二第二項の認可を受け、又は同法第六条、第八条第一項、第十一条第三項、第十一条の二第一項若しくは第四項、第十六条、第十九条の五若しくは第二十条第二項若しくは第三項の規定による届出をしなければならないものについては、これらの規定により許可若しくは認可を受け、又は届出をしたものとみなす。この場合において、同法第十九条の五第一項又は第二十条第二項の規定による届出をしたものとみなされた事業については、これらの規定にかかわらず、第二十七条の十五第二項の認定を受けた日から開始することができる。

（共通乗車船券）

第二十七条の二十 地方公共団体がその地域公共交通利便増進実施計画について第二十七条の十五第二項の認定を受けた場合において、当該地域公共交通利便増進実施計画に定められた地域公共交通利便増進事業を実施しようとする者が当該地域公共交通利便増進事業として発行する共通乗車船券に係る運賃又は料金の割引を行うときは、国土交通省令で定めるところにより、共同で、あらかじめ、その旨を国土交通大臣に届け出ることができる。

2 前項の規定による届出をした者は、鉄道事業法第十六条第三項後段、軌道法第十一条第二項、道路運送法第九条第三項後段又は海上運送法第八条第一項後段の規定により届出をしたものとみなす。

※1項「国土交通省令」＝則三六の二三

第十節 雑則

（認定軌道運送高度化事業等の実施に係る命令等）

第二十八条 地方公共団体は、地域公共交通計画に定められた軌道運送高度化事業、道路運送高度化事業、海上運送高度化事業、鉄道事業再構築事業、地域旅客運送サービス継続事業、貨客運送効率化事業又は地域公共交通利便増進事業（以下「軌道運送高度化事業等」と総称する。）が実施されていないと認めるときは、当該軌道運送高度化事業等を実施すべき者に対し、その実施を要請することができる。

2 地方公共団体は、認定軌道運送高度化実施計画に定められた軌道運送高度化事業、認定道路運送高度化実施計画に定められた道路運送高度化事業、認定海上運送高度化実施計画に定められた海上運送高度化事業、認定鉄道事業再構築実施計画に定められた鉄道事業再構築事業、認定地域旅客運送サービス継続実施計画に定められた地域旅客運送サービス継続事業、認定貨客運送効率化実施計画に定められた貨客運送効率化事業又は認定地域公共交通利便増進実施計画に定められた地域公共交通利便増進事業（以下「認定軌道運送高度化事業等」と総称する。）について、前項の規定による要請を受けた者が当該要請に応じないときは、その旨を国土交通大臣に通知することができる。

3 国土交通大臣は、前項の規定による通知があった場合において、第一項の規定による要請を受けた者が正当な理由がなくてその要請に係る認定軌道運送高度化事業等を実施していないと認めるときは、当該要請を受けた者に対し、認定軌道運送高度化実施計画、認定道路運送高度化実施計画、認定海上運送高度化実施計画、認定鉄道事業再構築実施計画、認定地域旅客運送サービス継続実施計画、認定貨客運送効率化実施計画又は認定地域公共交通利便増進実施計画に従って当該認定軌道運送高度化事業等を実施すべきことを勧告することができる。

4 国土交通大臣は、前項の規定による勧告を受けた者が正当な理由がなくてその勧告に係る措置を講じない場合におい

て、当該勧告を受けた者の事業について地域旅客運送サービスの持続可能な提供の確保に資する地域公共交通の活性化及び再生を阻害している事実があると認めるときは、当該勧告を受けた者に対し、当該勧告に係る措置を講ずべきことを命ずることができる。

※ 4項「罰則」＝本法四四①・四五

（地方債についての配慮）

第二十九条 地方公共団体が、地域公共交通計画に定められた目標を達成するために行う事業に要する経費に充てるために起こす地方債については、法令の範囲内において、資金事情及び当該地方公共団体の財政事情が許す限り、特別の配慮をするものとする。

（独立行政法人鉄道建設・運輸施設整備支援機構による軌道運送高度化事業等の推進）

第二十九条の二 独立行政法人鉄道建設・運輸施設整備支援機構（以下「機構」という。）は、地域公共交通計画に定められた軌道運送高度化事業等を推進するため、次の業務を行う。

一 認定軌道運送高度化事業等の実施に必要な資金の出資及び貸付けを行うこと。

二 前号に掲げる業務に関連して必要な調査を行うこと。

2 機構は、前項第一号に掲げる業務を行う場合には、国土交通大臣の認可を受けて定める基準に従わなければならない。

3 国土交通大臣は、前項の規定による認可をしようとするときは、財務大臣に協議しなければならない。

※ 2項「罰則」＝本法四六

第四章 再構築方針の作成等

（再構築協議会）

第二十九条の三 地方公共団体又は鉄道事業者は、旅客鉄道事業に係る路線のうち、二以上の都道府県の区域にわたるもの又は一の都道府県の区域内にのみ存する路線で他の路線と接続して二以上の都道府県の区域にわたる鉄道網を形成するものとして国土交通大臣が定めるものの全部又は一部の区間であって、当該地方公共団体の区域内に存するもの又は当該鉄道事業者が営業するもののうち、輸送需要の減少その他の事由により大量輸送機関としての鉄道の特性を生かした地域旅客運送サービスの持続可能な提供が困難な状況にある区間について、国土交通大臣に対し、当該区間に係る交通手段再構築に関する方針（以下「再構築方針」という。）の作成に関し必要な協議を行うための協議会（以下「再構築協議会」という。）を組織するよう要請することができる。

2 前項の「交通手段再構築」とは、旅客鉄道事業により現に提供されている地域旅客運送サービスの提供方法の改善を図るために公共交通事業者等が講ずる次の各号のいずれかに該当する措置（これと併せて一般乗合旅客自動車運送事業若しくは一般乗用旅客自動車運送事業又は自家用有償旅客運送による運送を実施する場合にあっては、当該運送の実施を含む。）及び地方公共団体その他の者が当該措置に対して行う支援をいう。

一 旅客鉄道事業による輸送を維持するとともに、停車場の改良、運行計画の変更その他の措置により利用者の利便を確保すること（次号に該当するものを除く。）。

二 旅客鉄道事業の全部又は一部を一般乗合旅客自動車運送事業若しくは一般乗用旅客自動車運送事業又は自家用有償旅客運送に転換し、停留所の新設、運行回数の増加その他の措置により利用者の利便を確保すること。

3 第一項の規定による要請を受けた国土交通大臣は、当該要請に係る区間が、次の各号のいずれにも該当するもの（以下「特定区間」という。）であると認めるときは、再構築協議会を組織するものとする。

一 大量輸送機関としての鉄道の特性を生かした地域旅客運送サービスの持続可能な提供が困難な状況にあること。

二 当該区間に係る交通手段再構築（前項に規定する交通手段再構築をいう。以下同じ。）を実施するためには関係者相互間の連携と協働の促進が特に必要であること。

4 国土交通大臣は、前項の規定により再構築協議会を組織するときは、あらかじめ、第一項の規定による要請に係る区間をその区域に含む地方公共団体（当該要請をしたものを除く。）の意見を聴かなければならない。

5 再構築協議会は、次に掲げる者をもって構成する。

一 国土交通大臣

二 特定区間をその区域に含む地方公共団体

三 特定区間に係る旅客鉄道事業を経営する鉄道事業者

四 関係する公共交通事業者等、道路管理者その他次条第一項に規定する交通手段再構築実証事業又は再構築方針に定めようとする事業を実施すると見込まれる者

五 関係する公安委員会

六 地域公共交通の利用者、学識経験者その他の国土交通大臣が必要と認める者

6 国土交通大臣は、再構築協議会において協議を行うときは、あらかじめ、前項第二号から第四号までに掲げる者に、当該協議を行う事項を通知しなければならない。

7 前項の規定による通知を受けた者は、正当な理由がある場合を除き、当該通知に係る事項の協議に応じなければならない。

8 再構築協議会は、必要があると認めるときは、その構成員以外の関係する地方公共団体及び公共交通事業者等に対し、資料の提供、意見の表明、説明その他必要な協力を求めることができる。

9 再構築協議会において協議が調った事項については、再構築協議会の構成員はその協議の結果を尊重しなければならない。

10 総務大臣は、再構築方針の作成が円滑に行われるように、再構築協議会の構成員である地方公共団体の求めに応じて、必要な助言をすることができる。

11 前各項に定めるもののほか、再構築協議会の運営に関し必要な事項は、再構築協議会が定める。

（交通手段再構築実証事業計画の作成）

第二十九条の四 再構築協議会は、再構築方針を作成するため必要があると認めるときは、特定区間に係る交通手段再構築の有効性の実証を行う事業（以下「交通手段再構築実証事業」という。）を実施するための計画（以下「交通手段再構築実証事業計画」という。）を作成することができる。

2 交通手段再構築実証事業計画には、次に掲げる事項について定めるものとする。

一 交通手段再構築実証事業を実施する区域

二 交通手段再構築実証事業の内容及びその実施主体

三　交通手段再構築実証事業の実施期間
四　交通手段再構築実証事業の実施に必要な資金の額及びその調達方法
五　交通手段再構築により見込まれる効果
六　前各号に掲げるもののほか、交通手段再構築実証事業の実施のために必要な事項として国土交通省令で定める事項

3　前項第二号に掲げる事項には、交通手段再構築実証事業の実施に係る次に掲げる事項を定めることができる。
一　鉄道事業法第七条第一項の認可を要する同法第四条第一項第六号に規定する事業基本計画又は同項第八号若しくは第十号に掲げる事項の変更に関する事項
二　鉄道事業法第七条第三項、第十六条第三項、第四項若しくは第八項、第十七条又は第二十八条第一項の規定による届出を要する行為に関する事項
三　一般乗合旅客自動車運送事業に関する道路運送法第四条第一項の許可を要する事業に係る同法第五条第一項各号に掲げる事項
四　道路運送法第九条第一項の認可を要する運賃及び料金の上限の設定又は変更に関する事項
五　道路運送法第九条第三項、第四項若しくは第六項、第九条の三第三項、第十五条第三項若しくは第四項、第十五条の三又は第七十九条の七第三項の規定による届出を要する行為に関する事項
六　道路運送法第十五条第一項の認可を要する一般乗合旅客自動車運送事業の事業計画の変更に関する事項
七　自家用有償旅客運送に関する道路運送法第七十九条の登録を要する事業に係る同法第七十九条の二第一項各号に掲げる事項
八　道路運送法第七十九条の七第一項の変更登録を要する同法第七十九条の二第一項各号に掲げる事項又は同項第五号に規定する事業者協力型自家用有償旅客運送を行うかどうかの別の変更に関する事項

4　再構築協議会は、交通手段再構築実証事業計画に前項第一号、第三号、第四号又は第六号から第八号までに掲げる事項を定めるときは、国土交通省令で定めるところにより、あらかじめ、国土交通大臣に協議し、その同意を得なければならない。

5　国土交通大臣は、前項の同意をする場合において、交通手段再構築実証事業計画に第三項第四号に掲げる事項が定められているときは、あらかじめ、当該事項について運輸審議会に諮るものとする。

6　再構築協議会は、交通手段再構築実証事業計画を作成したときは、遅滞なく、これを公表しなければならない。

7　前三項の規定は、交通手段再構築実証事業計画の変更について準用する。

※2項六号・4項「国土交通省令」＝則三六の二四～三六の二六

第二十九条の五（**交通手段再構築実証事業の実施等**）　交通手段再構築実証事業計画に定められた交通手段再構築実証事業の実施主体は、前条第六項（同条第七項において準用する場合を含む。以下この条から第二十九条の七までにおいて同じ。）の規定により当該交通手段再構築実証事業計画が公表されたときは、これに基づき、当該交通手段再構築実証事業を実施するものとする。

2　国土交通大臣及び交通手段再構築実証事業計画を作成した再構築協議会の構成員である地方公共団体は、前条第六項の規定により当該交通手段再構築実証事業計画が公表されたときは、これに基づき、当該交通手段再構築実証事業計画に定められた交通手段再構築実証事業の実施を促進するものとする。

3　交通手段再構築実証事業計画に定められた交通手段再構築実証事業の実施主体は、当該交通手段再構築実証事業計画に定められた前条第二項第三号の実施期間が満了したときは、遅滞なく、当該交通手段再構築実証事業計画を作成した再構築協議会に対し、当該交通手段再構築実証事業の実施状況を報告しなければならない。

4　再構築協議会は、前項の規定による報告を受けたときは、当該交通手段再構築実証事業の実施状況に関する分析及び評価を行い、その結果を公表しなければならない。

第二十九条の六（**鉄道事業法の特例**）　第二十九条の四第三項第一号に掲げる事項が定められた交通手段再構築実証事業計画が同条第六項の規定により公表されたときは、当該公表の日に当該事項に係る交通手段再構築実証事業の実施主体に対する鉄道事業法第七条第一項の認可があったものとみなす。

2　第二十九条の四第三項第二号に掲げる事項が定められた交通手段再構築実証事業計画が同条第六項の規定により公表されたときは、鉄道事業法第七条第三項、第十六条第三項、第四項若しくは第八項、第十七条又は第二十八条第一項の規定による届出があったものとみなす。

第二十九条の七（**道路運送法の特例**）　第二十九条の四第三項第三号、第四号又は第六号から第八号までに掲げる事項が定められた交通手段再構築実証事業計画が同条第六項の規定により公表されたときは、当該公表の日に当該事項に係る交通手段再構築実証事業の実施主体に対する道路運送法第四条第一項の許可、同法第九条第一項若しくは第十五条第一項の認可、同法第七十九条の登録又は同法第七十九条の七第一項の変更登録があったものとみなす。

2　第二十九条の四第三項第五号に掲げる事項が定められた交通手段再構築実証事業計画が同条第六項の規定により公表されたときは、道路運送法第九条第三項、第四項若しくは第六項、第九条の三第三項、第十五条第三項若しくは第四項、第十五条の三又は第七十九条の七第三項の規定による届出があったものとみなす。

第二十九条の八（**再構築方針**）　再構築協議会は、特定区間に係る交通手段再構築を第二十九条の三第二項各号に掲げる措置のどちらの措置により実施するかについての協議が調ったときは、基本方針に即して、再構築方針を作成するものとする。

2　再構築方針においては、次に掲げる事項について定めるものとする。
一　交通手段再構築を第二十九条の三第二項各号に掲げる措置のどちらの措置により実施するかの別その他の交通手段再構築に関する基本的な事項
二　交通手段再構築を実施する区域
三　交通手段再構築の目標
四　前号の目標を達成するために行う事業及びその実施主体

に関する事項

五　第三号の目標の達成状況の評価に関する事項

六　交通手段再構築の実施時期

七　前各号に掲げるもののほか、交通手段再構築に関し当該再構築協議会が必要と認める事項

3　前項第四号に掲げる事項には、鉄道事業再構築事業又は地域公共交通利便増進事業に関する事項を定めることができる。

4　再構築方針は、都市計画等との調和が保たれたものでなければならない。

5　再構築協議会は、再構築方針を作成するときは、あらかじめ、住民、地域公共交通の利用者その他利害関係者の意見を反映させるために必要な措置を講じなければならない。

6　再構築協議会は、再構築方針を作成したときは、遅滞なく、これを公表するとともに、総務大臣及び関係する地方公共団体（当該再構築協議会の構成員であるものを除く。）に送付しなければならない。

7　総務大臣は、前項の規定により再構築方針の送付を受けたときは、当該再構築方針を作成した再構築協議会の構成員である地方公共団体に対し、必要な助言をすることができる。

8　再構築協議会の構成員である地方公共団体は、その作成した地域公共交通計画が再構築方針の作成により変更を必要とするに至ったときは、遅滞なく、当該地域公共交通計画を変更しなければならない。

9　第五項から前項までの規定は、再構築方針の変更について準用する。

（鉄道事業再構築事業等に関する規定の準用）

第二十九条の九　前章第五節及び第十節（第二十九条を除く。）の規定は前条第六項（同条第九項において準用する場合を含む。）の規定により公表された再構築方針（以下この条において「公表再構築方針」という。）に鉄道事業再構築事業に関する事項が定められた場合における当該鉄道事業再構築事業について、同章第九節（第二十七条の十七及び第二十七条の十九を除く。）及び第十節（第二十九条を除く。）の規定は公表再構築方針に地域公共交通利便増進事業に関する事項が定められた場合における当該地域公共交通利便増進事業について、第二十九条の規定は公表再構築方針に定められた目標を達成するために行う事業について、それぞれ準用する。この場合において、第二十三条第一項中「地域公共交通計画において」とあるのは「第二十九条の三第一項に規定する再構築方針（第二十七条の十四第一項、第二十八条第一項及び第二十九条の二第一項において「再構築方針」という。）において」と、「当該地域公共交通計画」とあるのは「当該再構築方針」と、同項及び第二十七条の十四第一項中「地方公共団体」とあるのは「第二十九条の三第一項に規定する再構築協議会の構成員である地方公共団体」と、同項、第二十八条第一項及び第二十九条の二第一項中「地域公共交通計画」とあるのは「再構築方針」と読み替えるものとする。

※　本条で準用する二七条の一五第四項本文「国土交通省令・内閣府令」＝地域公共交通の活性化及び再生に関する法律に基づく道路運送高度化実施計画、地域旅客運送サービス継続実施計画、貨客運送効率化実施計画、地域公共交通利便増進実施計画及び新地域旅客運送事業計画の認定に係る都道府県公安委員会の意見の聴取に関する命令一、本条で準用する二七条の一五第四項ただし書「国土交通省令・内閣府令」＝同三、本条で読み替えて準用する二三―二六条・二七条の一四・二七条の一五・二七条の二〇「国土交通省令」＝則三六の二―七、「罰則」＝本法四三・四四①・②・四五・四六

（北海道の特例）

第二十九条の十　北海道の区域に存する旅客鉄道事業に係る路線であって二以上の支庁の所管区域にわたるものは、この章の規定の適用については、二以上の都道府県の区域にわたる路線とみなす。

第五章　新地域旅客運送事業の円滑化

（新地域旅客運送事業計画の認定）

第三十条　新地域旅客運送事業を実施しようとする者（以下「新地域旅客運送事業者」という。）は、単独で又は共同して、その実施しようとする新地域旅客運送事業についての計画（以下「新地域旅客運送事業計画」という。）を作成し、これを国土交通大臣に提出して、その新地域旅客運送事業計画が地域旅客運送サービスの持続可能な提供の確保に資する地域公共交通の活性化及び再生を適切かつ確実に推進するために適当なものである旨の認定を申請することができる。

2　新地域旅客運送事業計画には、次に掲げる事項について定めるものとする。

一　新地域旅客運送事業を実施する区域

二　新地域旅客運送事業の目標

三　新地域旅客運送事業の内容

四　新地域旅客運送事業の実施時期

五　新地域旅客運送事業の実施に必要な資金の額及びその調達方法

六　前各号に掲げるもののほか、新地域旅客運送事業の実施のために必要な事項として国土交通省令で定める事項

3　国土交通大臣は、第一項の規定による認定の申請があった場合において、その新地域旅客運送事業計画が次の各号のいずれにも適合するものであると認めるときは、その認定をするものとする。

一　新地域旅客運送事業計画に定める事項が基本方針に照らして適切なものであること。

二　新地域旅客運送事業計画に定める事項が新地域旅客運送事業を確実に遂行するため適切なものであること。

三　新地域旅客運送事業計画に定められた事業のうち、旅客鉄道事業に該当するものについては、当該事業の内容が鉄道事業法第五条第一項各号に掲げる基準に適合し、かつ、新地域旅客運送事業者が同法第六条各号のいずれにも該当しないこと。

四　新地域旅客運送事業計画に定められた事業のうち、旅客軌道事業に該当するものについては、当該事業の内容が軌道法第三条の特許の基準に適合すること。

五　新地域旅客運送事業計画に定められた事業のうち、一般乗合旅客自動車運送事業に該当するものについては、当該事業の内容が道路運送法第六条各号に掲げる基準に適合し、かつ、同法第七条各号のいずれにも該当しない場合であること。

六　新地域旅客運送事業計画に定められた事業のうち、国内一般旅客定期航路事業に該当するものについては、当該事業の内容が海上運送法第四条各号に掲げる基準に適合し、

かつ、新地域旅客運送事業者が同法第五条各号のいずれにも該当しないこと。

4　前項の認定をする場合において、軌道法第三条の特許を要するものについては、運輸審議会に諮るものとし、その他必要な手続は、政令で定める。

5　国土交通大臣は、第三項の認定をしようとするときは、国土交通省令で定めるところにより関係する道路管理者に、国土交通省令・内閣府令で定めるところにより関係する公安委員会に、それぞれ意見を聴くものとする。ただし、道路管理者の意見を聴く必要がないものとして国土交通省令で定める場合又は公安委員会の意見を聴く必要がないものとして国土交通省令・内閣府令で定める場合は、この限りでない。

6　第三項の認定を受けた新地域旅客運送事業者（以下「認定新地域旅客運送事業者」という。）は、当該認定に係る新地域旅客運送事業計画を変更しようとするときは、国土交通大臣の認定を受けなければならない。ただし、国土交通省令で定める軽微な変更については、この限りでない。

7　認定新地域旅客運送事業者は、前項ただし書の国土交通省令で定める軽微な変更をしたときは、遅滞なく、その旨を国土交通大臣に届け出なければならない。

8　第三項から第五項までの規定は、第六項の認定について準用する。この場合において、第四項中「軌道法第三条の特許」とあるのは、「軌道法第十六条第一項（軌道の譲渡に係る部分に限る。）若しくは第二十二条ノ二の許可又は同法第二十二条の認可」と読み替えるものとする。

9　国土交通大臣は、第三項の認定に係る新地域旅客運送事業計画（第六項の変更の認定又は第七項の規定による変更の届出があったときは、その変更後のもの。以下「認定新地域旅客運送事業計画」という。）が第三項各号のいずれかに適合しなくなったと認めるとき、又は認定新地域旅客運送事業者が認定新地域旅客運送事業計画に従って事業を実施していないと認めるときは、その認定を取り消すことができる。

10　第三項の認定、第六項の変更の認定及び第七項の規定による変更の届出に関し必要な事項は、国土交通省令で定める。

※　2・5・6・10項「国土交通省令」＝則三七～四一、4項「政令」＝令、5項「国土交通省令・内閣府令」＝地域公共交通の活性化及び再生に関する法律に基づく道路運送高度化実施計画、貨客運送効率化実施計画、地域旅客運送サービス継続実施計画、地域公共交通利便増進実施計画及び新地域旅客運送事業計画の認定に係る都道府県公安委員会の意見の聴取に関する命令一・三

（新地域旅客運送事業の運賃及び料金）

第三十一条　認定新地域旅客運送事業者は、単独で又は共同して、認定新地域旅客運送事業計画に定められた新地域旅客運送事業（以下「認定新地域旅客運送事業」という。）について、その一貫した運送サービスに係る旅客の運賃及び料金（以下「運賃等」という。）を定め、国土交通省令で定めるところにより、あらかじめ、国土交通大臣に届け出なければならない。これを変更しようとするときも同様とする。

2　運賃等のうち、次の各号に掲げるものについては、それぞれ当該各号に掲げる基準に適合するものでなければならない。

一　旅客鉄道事業の運賃及び料金（鉄道事業法第十六条第一項の認可を受けなければならないものに限る。）　同項の認可を受けた運賃及び料金の上限の範囲内であること。

二　旅客軌道事業の運賃及び料金（軌道法第十一条第一項の認可を受けなければならないものに限る。）　同項の認可を受けた運賃及び料金と同額であること。

三　一般乗合旅客自動車運送事業の運賃及び料金（道路運送法第九条第一項の認可を受けなければならないものに限る。）　同項の認可を受けた運賃及び料金の上限の範囲内であること。

四　国内一般旅客定期航路事業の運賃（海上運送法第八条第三項の認可を受けなければならないものに限る。）　同項の認可を受けた運賃の上限の範囲内であること。

3　認定新地域旅客運送事業者は、第一項の規定による届出をした場合においては、国土交通省令で定める方法により、運賃等を公示しなければならない。

※　1・3項「国土交通省令」＝則四三・四四

（鉄道事業法等の特例）

第三十二条　新地域旅客運送事業者がその新地域旅客運送事業計画について第三十条第三項の認定を受けたときは、当該新地域旅客運送事業計画に定められた事業のうち、鉄道事業法第三条第一項の許可若しくは同法第七条第一項の認可を受け、又は同条第三項の規定による届出をしなければならないものについては、これらの規定により許可若しくは認可を受け、又は届出をしたものとみなす。

2　旅客鉄道事業を営む認定新地域旅客運送事業者がその認定新地域旅客運送事業計画の変更について第三十条第六項の変更の認定を受けたときは、当該認定新地域旅客運送事業計画に定められた事業のうち、鉄道事業法第七条第一項、第二十六条第一項若しくは第二項若しくは第二十七条第一項の認可を受け、又は同法第七条第三項、第二十八条第一項若しくは第二十八条の二第一項の規定による届出をしなければならないものについては、これらの規定により認可を受け、又は届出をしたものとみなす。

3　旅客鉄道事業を営む認定新地域旅客運送事業者がその運賃等について前条第一項の規定による届出をしたときは、運賃等のうち、鉄道事業法第十六条第三項又は第八項の規定による届出をしなければならないものについては、これらの規定により届出をしたものとみなす。

4　旅客鉄道事業を営む認定新地域旅客運送事業者がその運賃等について前条第三項の規定による公示をしたときは、運賃等のうち、鉄道営業法（明治三十三年法律第六十五号）第三条第一項の規定による公告をしなければならないものについては、同項の規定により公告をしたものとみなす。

（軌道法の特例）

第三十三条　新地域旅客運送事業者がその新地域旅客運送事業計画について第三十条第三項の認定を受けたときは、当該新地域旅客運送事業計画に定められた事業のうち、軌道法第三条の特許を受けなければならないものについては、同条の規定により特許を受けたものとみなす。

2　旅客軌道事業を営む認定新地域旅客運送事業者がその認定新地域旅客運送事業計画の変更について第三十条第六項の変更の認定を受けたときは、当該認定新地域旅客運送事業計画に定められた事業のうち、軌道法第十五条、第十六条第一項（軌道の譲渡に係る部分に限る。）若しくは第二十二条ノ二の許可又は同法第二十二条若しくは同法第二十六条において準用する鉄道事業法第二十七条第一項の認可を受けなければならないものについては、これらの規定により許可又は認可

を受けたものとみなす。

3　旅客軌道事業を営む認定新地域旅客運送事業者がその運賃等について第三十一条第一項の規定による届出をしたときは、運賃等のうち、軌道法第十一条第二項の規定による届出をしなければならないものについては、同項の規定により届出をしたものとみなす。

（道路運送法の特例）

第三十四条　新地域旅客運送事業者がその新地域旅客運送事業計画について第三十条第三項の認定を受けたときは、当該新地域旅客運送事業計画に定められた事業のうち、道路運送法第四条第一項の許可若しくは同法第十五条第一項の認可を受け、又は同条第三項若しくは第四項の規定による届出をしなければならないものについては、これらの規定により許可若しくは認可を受け、又は届出をしたものとみなす。

2　一般乗合旅客自動車運送事業を営む認定新地域旅客運送事業者がその認定新地域旅客運送事業計画の変更について第三十条第六項の変更の認定を受けたときは、当該認定新地域旅客運送事業計画に定められた事業のうち、道路運送法第十五条第一項、第三十六条第一項若しくは第二項若しくは第三十七条第一項の認可を受け、又は同法第十五条第三項若しくは第四項、第十五条の二第一項若しくは第三十八条第一項若しくは第二項の規定による届出をしなければならないものについては、これらの規定により認可を受け、又は届出をしたものとみなす。

3　一般乗合旅客自動車運送事業を営む認定新地域旅客運送事業者がその運賃等について第三十一条第一項の規定による届出をしたときは、運賃等のうち、道路運送法第九条第三項又は第六項の規定による届出をしなければならないものについては、これらの規定により届出をしたものとみなす。

4　一般乗合旅客自動車運送事業を営む認定新地域旅客運送事業者がその運賃等について第三十一条第三項の規定による公示をしたときは、運賃等のうち、道路運送法第十二条第一項又は第三項の規定による公示をしなければならないものについては、これらの規定により公示をしたものとみなす。

（海上運送法の特例）

第三十五条　新地域旅客運送事業者がその新地域旅客運送事業計画について第三十条第三項の認定を受けたときは、当該新地域旅客運送事業計画に定められた事業のうち、海上運送法第三条第一項の許可若しくは同法第十一条第一項の認可を受け、又は同条第三項、同法第十九条の五第一項若しくは第二十条第二項の規定による届出をしなければならないものについては、これらの規定により許可若しくは認可を受け、又は届出をしたものとみなす。この場合において、同法第十九条の五第一項又は第二十条第二項の規定による届出をしたものとみなされた事業については、これらの規定にかかわらず、第三十条第三項の認定を受けた日から開始することができる。

2　国内一般旅客定期航路事業等を営む認定新地域旅客運送事業者がその認定新地域旅客運送事業計画の変更について第三十条第六項の変更の認定を受けたときは、当該認定新地域旅客運送事業計画に定められた事業のうち、海上運送法第十一条第一項若しくは第十八条第一項、第二項若しくは第四項の認可を受け、又は同法第十一条第三項、第十六条第一項若しくは第二項、第十九条の五第一項若しくは第二項若しくは第二十条第二項若しくは第三項の規定による届出をしなければならないものについては、これらの規定により認可を受け、又は届出をしたものとみなす。この場合において、同法第十九条の五第一項又は第二十条第二項の規定による届出をしたものとみなされた事業については、これらの規定にかかわらず、第三十条第六項の変更の認定を受けた日から開始することができる。

3　国内一般旅客定期航路事業を営む認定新地域旅客運送事業者がその運賃等について第三十一条第一項の規定による届出をしたときは、運賃等のうち、海上運送法第八条第一項の規定による届出をしなければならないものについては、同項の規定により届出をしたものとみなす。

4　国内一般旅客定期航路事業等を営む認定新地域旅客運送事業者がその運賃等について第三十一条第三項の規定による公示をしたときは、運賃等のうち、海上運送法第十条又は第十九条の六の二（同法第二十条の二第二項において準用する場合を含む。）の規定による公示をしなければならないものについては、これらの規定により公示をしたものとみなす。

（新地域旅客運送事業の円滑化についての配慮）

第三十六条　国土交通大臣は、認定新地域旅客運送事業についての鉄道営業法第一条、軌道法第十四条、船舶安全法（昭和八年法律第十一号）第二条第一項及び道路運送車両法（昭和二十六年法律第百八十五号）第四十条から第四十二条までの規定に基づく命令で定める車両又は船舶に係る保安上の技術基準の作成及びその運用に当たっては、当該認定新地域旅客運送事業の実施が地域公共交通の活性化及び再生に資することにかんがみ、当該認定新地域旅客運送事業に用いられる車両又は船舶の運行の安全の確保に支障のない範囲内において、当該認定新地域旅客運送事業の円滑化が図られるよう適切な配慮をするものとする。

第六章　新モビリティサービス事業の円滑化

（新モビリティサービス事業計画の認定）

第三十六条の二　新モビリティサービス事業を実施しようとする者（以下「新モビリティサービス事業者」という。）は、単独で又は共同して、その実施しようとする新モビリティサービス事業についての計画（以下「新モビリティサービス事業計画」という。）を作成し、これを国土交通大臣に提出して、その新モビリティサービス事業計画が地域旅客運送サービスの持続可能な提供の確保に資する地域公共交通の活性化及び再生を適切かつ確実に推進するために適当なものである旨の認定を申請することができる。

2　新モビリティサービス事業計画には、次に掲げる事項について定めるものとする。

一　新モビリティサービス事業を実施する区域
二　新モビリティサービス事業の目標
三　新モビリティサービス事業の内容
四　新モビリティサービス事業の実施時期
五　新モビリティサービス事業の実施に必要な資金の額及びその調達方法
六　前各号に掲げるもののほか、新モビリティサービス事業の実施のために必要な事項として国土交通省令で定める事項

3　国土交通大臣は、第一項の規定による認定の申請があった場合において、その新モビリティサービス事業計画が次の各号のいずれにも適合するものであると認めるときは、その認定をするものとする。
一　新モビリティサービス事業計画に定める事項が基本方針に照らして適切なものであること。
二　新モビリティサービス事業計画に定める事項が新モビリティサービス事業を確実に遂行するため適切なものであること。
4　前項の認定を受けた新モビリティサービス事業者（以下「認定新モビリティサービス事業者」という。）は、当該認定に係る新モビリティサービス事業計画を変更しようとするときは、国土交通大臣の認定を受けなければならない。ただし、国土交通省令で定める軽微な変更については、この限りでない。
5　認定新モビリティサービス事業者は、前項ただし書の国土交通省令で定める軽微な変更をしたときは、遅滞なく、その旨を国土交通大臣に届け出なければならない。
6　第三項の規定は、第四項の認定について準用する。
7　国土交通大臣は、第三項の認定に係る新モビリティサービス事業計画（第四項の変更の認定又は第五項の規定による変更の届出があったときは、その変更後のもの）が第三項各号のいずれかに適合しなくなったと認めるとき、又は認定新モビリティサービス事業者が当該新モビリティサービス事業計画に従って事業を実施していないと認めるときは、その認定を取り消すことができる。
8　第三項の認定、第四項の変更の認定及び第五項の規定による変更の届出に関し必要な事項は、国土交通省令で定める。
※　2項六号・4・8項「国土交通省令」＝則四四の二・四四の四・四四の四の二―1

（共通乗車船券）
第三十六条の三　新モビリティサービス事業者がその新モビリティサービス事業計画について前条第三項の認定（同条第四項の変更の認定を含む。）を受けた場合において、当該新モビリティサービス事業計画に定められた新モビリティサービス事業（第三十八条において「認定新モビリティサービス事業」という。）を実施しようとする者が当該新モビリティサービス事業として発行する共通乗車船券に係る運賃又は料金の割引を行おうとするときは、国土交通省令で定めるところにより、共同で、あらかじめ、その旨を国土交通大臣に届け出ることができる。
2　前項の規定による届出をした者は、鉄道事業法第十六条第三項後段、軌道法第十一条第二項、道路運送法第九条第三項後段又は海上運送法第八条第一項後段の規定により届出をしたものとみなす。
※　1項「国土交通省令」＝則四四の五

（新モビリティサービス協議会）
第三十六条の四　地方公共団体は、新モビリティサービス事業の実施に関し必要な協議を行うための協議会（以下「新モビリティサービス協議会」という。）を組織することができる。
2　新モビリティサービス協議会は、次に掲げる者をもって構成する。
一　地方公共団体
二　認定新モビリティサービス事業者その他新モビリティサービス事業計画に定めようとする事業を実施すると見込まれる者並びに関係する公共交通事業者等、道路管理者及び港湾管理者
三　関係する公安委員会及び地域公共交通の利用者、学識経験者その他の当該地方公共団体が必要と認める者
3　第一項の規定により新モビリティサービス協議会を組織する地方公共団体は、同項に規定する協議を行う旨を前項第二号に掲げる者に通知しなければならない。
4　前項の規定による通知を受けた者は、正当な理由がある場合を除き、当該通知に係る協議に応じなければならない。
5　新モビリティサービス協議会において協議が調った事項については、新モビリティサービス協議会の構成員はその協議の結果を尊重しなければならない。
6　認定新モビリティサービス事業者は、新モビリティサービス協議会が組織されていない場合にあっては、地方公共団体に対して、新モビリティサービス協議会を組織するよう要請することができる。
7　国土交通大臣及び都道府県（第一項の規定により新モビリティサービス協議会を組織する都道府県を除く。）は、新モビリティサービス事業計画の作成が円滑に行われるように、新モビリティサービス協議会の構成員の求めに応じて、必要な助言をすることができる。
8　前各項に定めるもののほか、新モビリティサービス協議会の運営に関し必要な事項は、新モビリティサービス協議会が定める。

第七章　雑則

（資金の確保）
第三十七条　国及び地方公共団体は、地域公共交通計画又は再構築方針に定められた目標を達成するために行う事業、新地域旅客運送事業及び新モビリティサービス事業の推進を図るために必要な資金の確保に努めるものとする。

（報告の徴収）
第三十八条　国土交通大臣は、この法律の施行に必要な限度において、次の各号に掲げる事業を実施する者に対し、当該各号に掲げる事業の実施状況について報告を求めることができる。
一　認定軌道運送高度化事業等
二　第二十九条の九において準用する第二十四条第二項の認定に係る鉄道事業再構築実施計画（同条第五項の変更の認定又は同条第六項の規定による変更の届出があったときは、その変更後のもの）に定められた鉄道事業再構築事業
三　第二十九条の九において準用する第二十七条の十五第二項の認定に係る地域公共交通利便増進実施計画（同条第五項の変更の認定又は同条第六項の規定による変更の届出があったときは、その変更後のもの）に定められた地域公共交通利便増進事業
四　認定新地域旅客運送事業
五　認定新モビリティサービス事業
※　「罰則」＝本法四四③・四五

（主務大臣）
第三十九条　第三条第一項及び第五項から第七項までにおける主務大臣は、同条第二項第五号及び第六号に掲げる事項につ

いては国土交通大臣とし、その他の事項については国土交通大臣及び総務大臣とする。

2　第五条第十一項及び第十二項、第六条第八項並びに第七条の二第二項及び第三項における主務大臣は、国土交通大臣及び総務大臣とする。

（権限の委任）

第四十条　この法律による国土交通大臣の権限は、国土交通省令で定めるところにより、地方支分部局の長に委任することができる。

（命令への委任）

第四十一条　この法律に定めるもののほか、この法律の実施のために必要な事項は、命令で定める。

（経過措置）

第四十二条　この法律に基づき命令を制定し、又は改廃する場合においては、その命令で、その制定又は改廃に伴い合理的に必要と判断される範囲内において、所要の経過措置（罰則に関する経過措置を含む。）を定めることができる。

第八章　罰則

第四十三条　第二十七条の十八第六項（第二十九条の九において準用する場合を含む。）の規定による輸送施設の使用の停止又は事業の停止の処分に違反したときは、その違反行為をした者は、一年以下の懲役若しくは百五十万円以下の罰金に処し、又はこれを併科する。

> 注　令和四年六月一七日法律六八号により改正され、令和七年六月一日から施行
> 第四十三条中「懲役」を「拘禁刑」に改める。

第四十四条　次の各号のいずれかに該当するときは、その違反行為をした者は、百万円以下の罰金に処する。

一　第二十七条の十八第七項（第二十九条の九において準用する場合を含む。次号において同じ。）において準用する道路運送法第四十一条第一項の規定又は第二十八条第四項（第二十九条の九において準用する場合を含む。）の規定による命令に違反したとき。

二　第二十七条の十八第七項において準用する道路運送法第四十一条第三項の規定に違反したとき。

三　第三十八条の規定による報告をせず、又は虚偽の報告をしたとき。

第四十五条　法人の代表者又は法人若しくは人の代理人、使用人その他の従業者が、その法人又は人の業務に関し、前二条の違反行為をしたときは、行為者を罰するほか、その法人又は人に対しても各本条の罰金刑を科する。

第四十六条　第二十九条の二第二項（第二十九条の九において準用する場合を含む。）の規定により国土交通大臣の認可を受けなければならない場合において、その認可を受けなかったときは、その違反行為をした機構の役員は、二十万円以下の過料に処する。

附　則（抄）

（施行期日）

第一条　この法律は、公布の日から起算して六月を超えない範囲内において政令で定める日から施行する。

〔平一九・九政令二九六により、平一九・一〇・一から施行〕

（検討）

第二条　政府は、この法律の施行後五年を経過した場合において、この法律の施行の状況について検討を加え、その結果に基づいて必要な措置を講ずるものとする。

附　則（平二〇・五・三〇法四九抄）

（施行期日）

第一条　この法律は、公布の日から起算して六月を超えない範囲内において政令で定める日から施行する。

〔平二〇・九政令二七九により、平二〇・一〇・一から施行〕

（検討）

第二条　政府は、この法律の施行後五年を経過した場合において、この法律の施行の状況について検討を加え、その結果に基づいて必要な措置を講ずるものとする。

附　則（平二三・五・二法三五抄）

（施行期日）

第一条　この法律は、公布の日から起算して三月を超えない範囲内において政令で定める日から施行する。〔後略〕

〔平二三・七政令二三四により、平二三・八・一から施行〕

附　則（平二三・八・三〇法一〇五抄）

（施行期日）

第一条　この法律は、公布の日から施行する。〔後略〕

（罰則に関する経過措置）

第八十一条　この法律（附則第一条各号に掲げる規定にあっては、当該規定。以下この条において同じ。）の施行前にした行為及びこの附則の規定によりなお従前の例によることとされる場合におけるこの法律の施行後にした行為に対する罰則の適用については、なお従前の例による。

（政令への委任）

第八十二条　この附則に規定するもののほか、この法律の施行に関し必要な経過措置（罰則に関する経過措置を含む。）は、政令で定める。

附　則（平二五・六・一四法四四抄）

（施行期日）

第一条　この法律は、公布の日から施行する。〔後略〕

（罰則に関する経過措置）

第十条　この法律（附則第一条各号に掲げる規定にあっては、当該規定）の施行前にした行為に対する罰則の適用については、なお従前の例による。

（政令への委任）

第十一条　この附則に規定するもののほか、この法律の施行に関し必要な経過措置（罰則に関する経過措置を含む。）は、政令で定める。

附　則（平二六・五・二一法四一抄）

（施行期日）

第一条　この法律は、公布の日から起算して六月を超えない範囲内において政令で定める日から施行する。

〔平二六・一一政令三五五により、平二六・一一・二〇から施行〕

（経過措置）

第二条　この法律の施行前に、この法律による改正前の地域公共交通の活性化及び再生に関する法律（以下「旧法」という。）第九条第三項の認定（同条第六項の変更の認定を含む。）を受けた旧法第八条第一項に規定する軌道運送高度化

実施計画、旧法第二十五条の三第二項の認定（同条第五項の変更の認定を含む。）を受けた旧法第二十五条の二第一項に規定する鉄道事業再構築実施計画及び旧法第三十条第三項の認定（同条第六項の変更の認定を含む。）を受けた同条第一項に規定する新地域旅客運送事業計画については、なお従前の例による。

（罰則に関する経過措置）

第三条　この法律の施行前にした行為及び前条の規定によりなお従前の例によることとされる場合におけるこの法律の施行後にした行為に対する罰則の適用については、なお従前の例による。

（政令への委任）

第四条　前二条に定めるもののほか、この法律の施行に関して必要な経過措置（罰則に関する経過措置を含む。）は、政令で定める。

（検討）

第五条　政府は、この法律の施行後五年を経過した場合において、この法律の施行の状況について検討を加え、その結果に基づいて必要な措置を講ずるものとする。

附　則（平二七・五・二七法二八抄）

（施行期日）

第一条　この法律は、公布の日から起算して三月を超えない範囲内において政令で定める日から施行する。〔後略〕

〔平二七・八政令二九〇により、平二七・八・二六から施行〕

（罰則に関する経過措置）

第三条　この法律の施行前にした行為に対する罰則の適用については、なお従前の例による。

（政令への委任）

第四条　前二条に定めるもののほか、この法律の施行に関して必要な経過措置（罰則に関する経過措置を含む。）は、政令で定める。

附　則（平二九・五・一二法二六抄）

（施行期日）

第一条　この法律は、公布の日から起算して二月を超えない範囲内において政令で定める日から施行する。ただし、次の各号に掲げる規定は、当該各号に定める日から施行する。

〔平二九・六政令一五五により、平二九・六・一五から施行〕

一　附則第二十五条の規定　公布の日

二　〔略〕

（政令への委任）

第二十五条　この附則に定めるもののほか、この法律の施行に関し必要な経過措置は、政令で定める。

附　則（平三〇・五・二五法三二抄）

（施行期日）

第一条　この法律は、公布の日から起算して六月を超えない範囲内において政令で定める日から施行する。〔後略〕

〔平三〇・一〇政令二九七により、平三〇・一一・一から施行〕

附　則（令二・六・三法三六抄）

（施行期日）

第一条　この法律は、公布の日から起算して六月を超えない範囲内において政令で定める日から施行する。ただし、附則第五条の規定〔中略〕は、公布の日から施行する。

〔令二・一一政令三二〇により、令二・一一・二七から施行〕

（地域公共交通の活性化及び再生に関する法律の一部改正に伴う経過措置）

第二条　この法律の施行の日（以下「施行日」という。）前に作成された第一条の規定による改正前の地域公共交通の活性化及び再生に関する法律（以下この条において「旧地域公共交通活性化再生法」という。）第五条第一項に規定する地域公共交通網形成計画は、第一条の規定による改正後の地域公共交通の活性化及び再生に関する法律（以下この条において「新地域公共交通活性化再生法」という。）第五条第一項に規定する地域公共交通計画とみなす。

2　この法律の施行の際現にされている旧地域公共交通活性化再生法第九条第一項、第十四条第一項、第十九条第一項、第二十四条第一項、第二十七条の三第一項又は第三十条第一項の規定による認定の申請は、それぞれ新地域公共交通活性化再生法第九条第一項、第十四条第一項、第十九条第一項、第二十四条第一項、第二十七条の十七第一項又は第三十条第一項の規定による認定の申請とみなす。

3　この法律の施行の際現に旧地域公共交通活性化再生法第二十七条の三第二項の認定（同条第五項の変更の認定を含む。）を受けている旧地域公共交通活性化再生法第二十七条の二第一項に規定する地域公共交通再編実施計画及びこれに定められた旧地域公共交通活性化再生法第二条第十一号に規定する地域公共交通再編事業は、それぞれ、施行日に新地域公共交通活性化再生法第二十七条の十七第二項の認定を受けた新地域公共交通活性化再生法第二十七条の十六第一項に規定する地域公共交通利便増進実施計画及びこれに定められた新地域公共交通活性化再生法第二条第十三号に規定する地域公共交通利便増進事業とみなす。

（罰則に関する経過措置）

第四条　施行日前にした行為及び前条第二項の規定によりなお従前の例によることとされる場合における施行日以後にした行為に対する罰則の適用については、なお従前の例による。

（政令への委任）

第五条　前三条に定めるもののほか、この法律の施行に関して必要な経過措置（罰則に関する経過措置を含む。）は、政令で定める。

（検討）

第六条　政府は、この法律の施行後五年を経過した場合において、この法律による改正後のそれぞれの法律の施行の状況について検討を加え、その結果に基づいて必要な措置を講ずるものとする。

2　政府は、情報通信技術その他の先端的な技術の活用が地域における旅客の運送に関するサービスの向上に重要な役割を果たすことに鑑み、この法律の施行後適当な時期において、当該サービスの利用者の利便の増進に資する多様な情報の共有を図るための基盤の整備、情報通信技術を活用した運賃及び料金の支払の円滑化の促進その他の当該サービスの提供に係る先端的な技術の活用に関する施策について検討を加え、その結果に基づいて必要な措置を講ずるものとする。

〔令四・六・一七法六八抄〕

（罰則の適用等に関する経過措置）

第四百四十一条　刑法等の一部を改正する法律（令和四年法律第六十七号。以下「刑法等一部改正法」という。）及びこの法律（以下「刑法等一部改正法等」という。）の施行前にした行為の処罰については、次章に別段の定めがあるもののほか、なお従前の例による。

２　刑法等一部改正法等の施行後にした行為に対して、他の法律の規定によりなお従前の例によることとされ、なお効力を有することとされ又は改正前若しくは廃止前の法律の規定の例によることとされる罰則を適用する場合において、当該罰則に定める刑（刑法施行法第十九条第一項の規定又は第八十二条の規定による改正後の沖縄の復帰に伴う特別措置に関する法律第二十五条第四項の規定の適用後のものを含む。）に刑法等一部改正法第二条の規定による改正前の刑法（明治四十年法律第四十五号。以下この項において「旧刑法」という。）第十二条に規定する懲役（以下「懲役」という。）、旧刑法第十三条に規定する禁錮（以下「禁錮」という。）又は旧刑法第十六条に規定する拘留（以下「旧拘留」という。）が含まれるときは、当該刑のうち無期の懲役又は禁錮はそれぞれ無期拘禁刑と、有期の懲役又は禁錮はそれぞれその刑と長期及び短期（刑法施行法第二十条の規定の適用後のものを含む。）を同じくする有期拘禁刑と、旧拘留は長期及び短期（刑法施行法第二十条の規定の適用後のものを含む。）を同じくする拘留とする。

（裁判の効力とその執行に関する経過措置）

第四百四十二条　懲役、禁錮及び旧拘留の確定裁判の効力並びにその執行については、次章に別段の定めがあるもののほか、なお従前の例による。

（人の資格に関する経過措置）

第四百四十三条　懲役、禁錮又は旧拘留に処せられた者に係る人の資格に関する法令の規定の適用については、無期の懲役又は禁錮に処せられた者はそれぞれ無期拘禁刑に処せられた者と、有期の懲役又は禁錮に処せられた者はそれぞれ刑期を同じくする有期拘禁刑に処せられた者と、旧拘留に処せられた者は拘留に処せられた者とみなす。

２　拘禁刑又は拘留に処せられた者に係る他の法律の規定によりなお従前の例によることとされ、なお効力を有することとされ又は改正前若しくは廃止前の法律の規定の例によることとされる人の資格に関する法令の規定の適用については、無期拘禁刑に処せられた者は無期禁錮に処せられた者と、有期拘禁刑に処せられた者は刑期を同じくする有期禁錮に処せられた者と、拘留に処せられた者は刑期を同じくする旧拘留に処せられた者とみなす。

（経過措置の政令への委任）

第五百九条　この編に定めるもののほか、刑法等一部改正法等の施行に伴い必要な経過措置は、政令で定める。

附　則（令四・六・一七法六八抄）

（施行期日）

１　この法律は、刑法等一部改正法〔刑法等の一部を改正する法律＝令和四年六月法律第六七号〕施行日〔令和七年六月一日〕から施行する。ただし、次の各号に掲げる規定は、当該各号に定める日から施行する。

一　第五百九条の規定　公布の日

二　〔略〕

附　則（令五・四・二八法一八抄）

（施行期日）

第一条　この法律は、公布の日から起算して六月を超えない範囲内において政令で定める日から施行する。ただし、次の各号に掲げる規定は、当該各号に定める日から施行する。

〔令五・六政令二二〇により、令五・一〇・一から施行〕

一　附則第五条の規定　公布の日

二　第一条〔中略〕の規定　公布の日から起算して三月を超えない範囲内において政令で定める日

〔令五・六政令二二〇により、令五・七・一から施行〕

（地域公共交通の活性化及び再生に関する法律の一部改正に伴う経過措置）

第二条　この法律の施行の際現に第二条の規定による改正前の地域公共交通の活性化及び再生に関する法律（以下この条において「旧地域公共交通活性化再生法」という。）第二十四条第二項の認定（同条第五項の変更の認定を含む。）を受けている旧地域公共交通活性化再生法第二十三条第一項に規定する鉄道事業再構築実施計画に関する認定の効力、当該鉄道事業再構築実施計画の変更の認定及びこれらの認定の取消し、当該鉄道事業再構築実施計画に定められた旧地域公共交通活性化再生法第二条第九号に規定する鉄道事業再構築事業の実施に係る鉄道事業法の特例、当該鉄道事業再構築事業の実施に係る要請、勧告及び命令、独立行政法人鉄道建設・運輸施設整備支援機構による当該鉄道事業再構築事業の実施に必要な資金の出資並びに当該鉄道事業再構築事業の実施状況についての報告の徴収については、なお従前の例による。

２　この法律の施行の際現に旧地域公共交通活性化再生法第二十七条の三第二項の認定（同条第五項の変更の認定を含む。）を受けている旧地域公共交通活性化再生法第二十七条の二第一項に規定する地域旅客運送サービス継続実施計画（旧地域公共交通活性化再生法第二条第十一号に規定する地域旅客運送サービス継続事業のうち、第二条の規定による改正後の地域公共交通の活性化及び再生に関する法律第二条第十一号に規定する地域旅客運送サービス継続事業に該当しないものが定められているものに限る。）に関する認定の効力、当該地域旅客運送サービス継続実施計画の変更の認定及びこれらの認定の取消し、当該地域旅客運送サービス継続実施計画に定められた旧地域公共交通活性化再生法第二条第十一号に規定する地域旅客運送サービス継続事業に係る道路運送法の特例、当該地域旅客運送サービス継続事業の実施に係る要請、勧告及び命令並びに当該地域旅客運送サービス継続事業の実施状況についての報告の徴収については、なお従前の例による。

（罰則に関する経過措置）

第四条　この法律の施行前にした行為及び附則第二条の規定によりなお従前の例によることとされる場合におけるこの法律の施行後にした行為に対する罰則の適用については、なお従前の例による。

（政令への委任）

第五条　前三条に定めるもののほか、この法律の施行に関し必要な経過措置（罰則に関する経過措置を含む。）は、政令で定める。

（検討）

第六条　政府は、この法律の施行後五年を目途として、この法律による改正後のそれぞれの法律の規定について、その施行の状況等を勘案して検討を加え、必要があると認めるときは、その結果に基づいて所要の措置を講ずるものとする。

附　則（令五・五・一二法二四抄）

（施行期日）

第一条　この法律は、公布の日から起算して一年を超えない範囲内において政令で定める日から施行する。ただし、次の各号に掲げる規定は、当該各号に定める日から施行する。

［令五・一一政令三三三により、令六・四・一から施行］

一〜三　［略］

四　［前略］附則第二十四条の規定（地域公共交通の活性化及び再生に関する法律（平成十九年法律第五十九号）第二十七条の五第二項の改正規定（「第十五条第一項」を「第十六条第一項」に改める部分に限る。）、同法第二十七条の十九の改正規定（「第十五条」を「第十六条」に改める部分に限る。）及び同法第三十五条第二項の改正規定（「第十五条第二項」を「第十六条第一項」に改める部分に限る。）を除く。）［中略］　公布の日から起算して二年を超えない範囲内において政令で定める日

五　［略］

附　則（令六・五・一五法二三抄）

（施行期日）

第一条　この法律は、公布の日から起算して一年を超えない範囲内において政令で定める日から施行する。［後略］

次の改正は、公布の日（令五・五・一二）から起算して二年を超えない範囲内において政令で定める日から施行

第二条第二号ホ中「本邦の港と本邦以外の地域の港との間又は本邦以外の地域の各港間に航路を定めて行うものを除く。以下「国内一般旅客定期航路事業」を「以下「一般旅客定期航路事業」に、「同法第十九条の六の二」を「同条第七項」に、「人の運送をする貨物定期航路事業（」を「貨客定期航路事業（特定の者の需要に応じ、特定の範囲の人の運送をするもの及びに、」）及び同法第二十条第二項」を「以下「貨客定期航路事業」という。）及び同条第九項」に、「人の運送をする不定期航路事業」を「一般不定期航路事業」に改め、「おけるものを除く」の下に「。以下「一般不定期航路事業」という」を加え、「国内一般旅客定期航路事業等」と総称する」を「一般旅客定期航路事業等」という」に改め、同号ヘ及び同条第八号中「国内一般旅客定期航路事業等」を「一般旅客定期航路事業等」に改め、同条第十一号及び第十三号イ(1)中「国内一般旅客定期航路事業」を「一般旅客定期航路事業」に改め、同号イ(2)(iii)及び同条第十五号ハ中「国内一般旅客定期航路事業等」を「一般旅客定期航路事業等」に改める。

第十九条第三項第三号中「国内一般旅客定期航路事業」を「一般旅客定期航路事業」に改め、同項に次の一号を加える。

四　海上運送高度化実施計画に定められた事業のうち、貨客定期航路事業又は一般不定期航路事業に該当するものについては、第一項の規定による認定の申請が海上運送法第二十条第二項又は第二十二条第二項において準用する同法第十九条の九第一項各号のいずれにも該当しないこと。

第二十条中「。以下この条において同じ」を削り、「海上運送法」を「一般旅客定期航路事業について海上運送法」に改め、「、同法第十九条の五第一項若しくは第二十条第二項」を削り、「みなす」を「、貨客定期航路事業について同法第二十条第一項の登録を受け、又は同条第二項において準用する同法第十九条の十第一項の規定による届出をしなければならないものについては、これらの規定により登録を受け、又は届出をしたものと、一般不定期航路事業について同法第二十二条第一項の登録を受け、又は同条第二項において準用する同法第十九条の十第一項の規定による届出をしなければならないものについては、これらの規定により登録を受け、又は届出をしたものとみなす」に改め、同条後段を削る。

第二十七条の二第三項中「国内一般旅客定期航路事業」を「一般旅客定期航路事業」に改める。

第二十七条の三第二項第五号中「国内一般旅客定期航路事業」を「一般旅客定期航路事業」に改め、同号ロ中「第八条第三項」を「第七条第三項」に改め、同項第六号中「国内一般旅客定期航路事業」を「一般旅客定期航路事業」に改め、同条第三項中「第八条第三項」を「第七条第三項」に改める。

第二十七条の五第一項中「第八条第三項」を「第七条第三項」に、「第八条第一項」を「第七条第一項」に改め、同条第二項中「国内一般旅客定期航路事業」を「一般旅客定期航路事業」に改める。

第二十七条の十五第二項第九号中「国内一般旅客定期航路事業」を「一般旅客定期航路事業」に改め、同号ロ中「第八条第三項」を「第七条第三項」に改め、同項第十号中「国内一般旅客定期航路事業」を「一般旅客定期航路事業」に改め、同項に次の二号を加える。

十一　地域公共交通利便増進実施計画に定められた事業のうち、貨客定期航路事業に該当するものであって、海上運送法第二十条第一項の登録を受けなければならないものについては、前項の規定による認定の申請が同条第二項において準用する同法第十九条の九第一項各号のいずれにも該当しないこと。

十二　地域公共交通利便増進実施計画に定められた事業のうち、一般不定期航路事業に該当するものであって、海上運送法第二十二条第一項の登録を受けなければならないものについては、前項の規定による認定の申請が同条第二項において準用する同法第十九条の九第一項各号のいずれにも該当しないこと。

第二十七条の十五第三項中「第八条第三項」を「第七条第三項」に改める。

第二十七条の十九中「海上運送法」を「一般旅客定期航路事業について海上運送法」に、「第八条第三項」を「第七条第三項」に、「第八条第一項」を「第七条第一項」に、「第四項、」を「第四項若しくは」に改め、「、第十九条の五若しくは第二十条第二項若しくは第三項」を削り、「みなす」を「、貨客定期航路事業について同法第二十条第一項の登録を受け、又は同条第二項において準用する同法第十九条の十第一項若しくは第十九条の十三第一項の規定による届出をしなければならないものについては、これらの規定により登録を受け、又は届出をしたものと、一般不定期航路事業について同法第二十二条第一項の登録を受け、又は同条第二項において準用する同法第十九条の十第一項若しくは第十九条の十三第一項の規定による届出をしなければならないものについては、これらの規定により登録を受け、又は届出をしたものとみなす」に改め、同条後段を削る。

第二十七条の二十第二項中「第八条第一項後段」を「第七条

第一項後段」に改める。

第三十条第三項第六号中「国内一般旅客定期航路事業」を「一般旅客定期航路事業」に改め、同項に次の一号を加える。

七　新地域旅客運送事業計画に定められた事業のうち、貨客定期航路事業又は一般不定期航路事業に該当するものについては、第一項の規定による認定の申請が海上運送法第二十条第二項又は第二十二条第二項において準用する同法第十九条の九第一項各号のいずれにも該当しないこと。

第三十一条第一項中「同様」を「、同様」に改め、同条第二項中「それぞれ」を削り、同項第四号中「国内一般旅客定期航路事業」を「一般旅客定期航路事業」に、「第八条第三項」を「第七条第三項」に改める。

第三十五条第一項中「海上運送法」を「一般旅客定期航路事業について海上運送法」に改め、「、同法第十九条の五第一項若しくは第二十条第二項」を削り、「みなす」を「、貨客定期航路事業について同法第二十条第一項の登録を受け、又は同条第二項において準用する同法第十九条の十第一項の規定による届出をしなければならないものについては、これらの規定により登録を受け、又は届出をしたものと、一般不定期航路事業について同法第二十二条第一項の登録を受け、又は同条第二項において準用する同法第十九条の十第一項の規定による届出をしなければならないものについては、これらの規定により登録を受け、又は届出をしたものとみなす」に改め、同項後段を削り、同条第二項中「国内一般旅客定期航路事業等」を「一般旅客定期航路事業等」に、「海上運送法」を「一般旅客定期航路事業について海上運送法」に、「第十一条第三項」を「第十一条第三項若しくは」に改め、「、第十九条の五第一項若しくは第二項若しくは第二十条第二項若しくは第三項」を削り、「みなす」を「、貨客定期航路事業について同法第二十条第二項において準用する同法第十九条の十第一項若しくは第十九条の十三第一項の規定による届出をし、又は同法第二十条第二項において準用する同法第十九条の十二第一項の確認を受けなければならないものについては、これらの規定により届出をし、又は確認を受けたものと、一般不定期航路事業について同法第二十二条第二項において準用する同法第十九条の十第一項若しくは第十九条の十三第一項の規定による届出をし、又は同法第二十二条第二項において準用する同法第十九条の十二第一項の確認を受けなければならないものについては、これらの規定により届出をし、又は確認を受けたものとみなす」に改め、同項後段を削り、同条第三項中「国内一般旅客定期航路事業」を「一般旅客定期航路事業」に、「第八条第一項」を「第七条第一項」に改め、同条第四項中「国内一般旅客定期航路事業等」を「一般旅客定期航路事業等」に、「第十条又は第十九条の六の二（同法第二十条の二第二項において準用する場合を含む。）」を「第九条又は同法第二十条第三項若しくは第二十二条第三項において準用する同法第十九条の十一」に改める。

第三十六条の三第二項中「第八条第一項後段」を「第七条第一項後段」に改める。

○地域公共交通の活性化及び再生に関する法律施行令

（平成十九年九月二十日政令第二百九十七号）

沿革　平二六政令三五六、令二政令三二一、令四政令八四、令五政令二四六改正

（軌道事業の特許を要する軌道運送高度化実施計画等の認定の申請）

第一条　地域公共交通の活性化及び再生に関する法律第九条第三項（同条第八項において準用する場合を含む。）、第二十七条の七第三項（同条第十項において準用する場合を含む。）、第二十七条の十五第二項（同条第七項において準用する場合を含む。）又は第三十条第三項の認定（軌道法（大正十年法律第七十六号）第三条の軌道事業の特許を要する軌道運送高度化実施計画、貨客運送効率化実施計画、地域公共交通利便増進実施計画又は新地域旅客運送事業計画に係るものに限る。）を受けようとする者は、申請書に国土交通省令で定める書類及び図面を添えて、地方運輸局長を経由して国土交通大臣に提出しなければならない。

2　前項に規定する者は、同項に定めるもののほか、申請書の副本並びに国土交通省令で定める書類及び図面を都道府県知事（当該都道府県の区域内の軌道を敷設する地が一の地方自治法（昭和二十二年法律第六十七号）第二百五十二条の十九第一項の指定都市（以下この項及び第四条において「指定都市」という。）の区域内のみにある場合においては、当該指定都市の長。以下この条において同じ。）に提出しなければならない。

3　前項に規定する都道府県知事は、軌道を敷設する地が二以上の都道府県の区域にわたるものであるときは、当該軌道の起点の所在地を管轄する都道府県知事とする。

4　都道府県知事は、第二項の規定による申請書の副本並びに書類及び図面の提出を受けた場合において、軌道を敷設する地が他の都道府県知事が管轄する区域にわたるものであるときは、当該申請書の副本並びに書類及び図面の写しを当該都道府県知事に送付しなければならない。

※1・2項「国土交通省令」＝則一一・三五・三六の七・三六の一六・三六の二七・三八・四六

（道路管理者の意見の聴取）

第二条　地方運輸局長は、前条第一項の申請書の提出を受けたときは、遅滞なく、期限を指定して、申請に係る軌道が敷設される道路の道路管理者の意見を聴かなければならない。

2　道路管理者である地方公共団体の長は、前項の意見を提出しようとするときは、道路管理者である地方公共団体の議会の議決を経なければならない。

（申請書の送付）

第三条　地方運輸局長は、前条第一項の意見の提出があったとき、又は同項の期限が到来したときは、遅滞なく、第一条第一項の申請書に国土交通省令で定める事項を記載した書類を添えて、国土交通大臣に送付しなければならない。

※「国土交通省令」＝則一四・三六の五の二・三六の一二・三六の二一・三六の二七・四二

（事務の区分）

第四条　第一条第二項及び第四項の規定により都道府県又は指定都市が処理することとされている事務は、地方自治法第二条第九項第一号に規定する第一号法定受託事務とする。

附　則

この政令は、地域公共交通の活性化及び再生に関する法律の施行の日（平成十九年十月一日）から施行する。

附　則（平二六・一一・六政令第三五六）

この政令は、地域公共交通の活性化及び再生に関する法律の一部を改正する法律（平成二六年五月法律第四一号）の施行の日（平成二十六年十一月二十日）から施行する。

附　則（令二・一一・一一政令三二一）

この政令は、持続可能な運送サービスの提供の確保に資する取組を推進するための地域公共交通の活性化及び再生に関する法律等の一部を改正する法律（令和二年六月法律第三六号）の施行の日（令和二年十一月二十七日）から施行する。

附　則（令四・三・二五政令八四抄）

（施行期日）

第一条　この政令は、令和四年四月一日から施行する。

附　則（令五・七・二一政令二四六）

この政令は、地域公共交通の活性化及び再生に関する法律等の一部を改正する法律（令和五年四月法律第一八号）の施行の日（令和五年十月一日）から施行する。

○地域公共交通の活性化及び再生に関する法律施行規則

（平成十九年九月二十六日 国土交通省令第八十号）

沿革 平二〇国交令八二・九七、平二六国交令八七、平二七国交令六四、令二国交令九三、令五国交令五五・七三、令六国交令三改正

目次

第一章 総則

（定義）

第一条 この省令において使用する用語は、地域公共交通の活性化及び再生に関する法律（以下「法」という。）において使用する用語の例による。

（法第二条第二号ハの国土交通省令で定める者）

第二条 法第二条第二号ハの国土交通省令で定める者は、道路運送法施行規則（昭和二十六年運輸省令第七十五号）第四十九条第二号に規定する福祉有償運送を行う者（同条第一号に規定する交通空白地有償運送を行う者を除く。）とする。

（法第二条第六号の国土交通省令で定める措置）

第二条の二 法第二条第六号の国土交通省令で定める措置は、次に掲げる措置のすべてを講ずるものとする。

一 より優れた加速及び減速の性能を有し、振動を抑える効果が高く、かつ、低床化されている等旅客が円滑に乗降できる構造の車両を用いること。

二 旅客の乗降を円滑にするための措置（前号に該当するものを除く。）及び車両の良好な走行環境を確保するための措置を講ずること。

2 前項の規定にかかわらず、既設の軌道の路線において軌道運送高度化事業を実施しようとする場合の法第二条第六号の国土交通省令で定める措置は、前項各号に掲げる措置のいずれかを講ずるものとする。

（法第二条第六号の国土交通省令で定める運送サービスの質の向上）

第三条 法第二条第六号の国土交通省令で定める運送サービスの質の向上は、定時性の確保、速達性の向上及び快適性の確保とする。

（法第二条第七号イの国土交通省令で定める者）

第四条 法第二条第七号イの国土交通省令で定める者は、地方公共団体、特定非営利活動促進法（平成十年法律第七号）第二条第二項に規定する特定非営利活動法人、一般社団法人又は一般財団法人及び協議会の構成員とする。

（法第二条第七号イの国土交通省令で定める要件）

第五条 法第二条第七号イの国土交通省令で定める要件は、次に掲げる要件のうちいずれか二以上の要件に該当することとする。

一 乗車定員百人以上であって、低床化されている等旅客が円滑に乗降できる連節バス（法第二条第七号イに規定する連節バスをいう。）であること。

二 道路運送高度化事業（法第二条第七号イに掲げる事業に限る。）の用に供する自動車の位置、発着時刻その他の運行状況に関する情報を収集し、及び提供するシステムに対応した機器が設けられたものであること。

三 走行円滑化措置（法第二条第七号イに規定する走行円滑化措置をいう。）に対応した機器が設けられたものであること。

四 旅客の乗降を円滑にするための措置が講じられたものであること（第一号に該当するものを除く。）。

（法第二条第七号ロの国土交通省令で定める要件）

第六条 法第二条第七号ロの国土交通省令で定める要件は、次の各号のいずれかに該当することとする。

一 運行経路指示システム（法第二条第七号ロに規定する運行経路指示システムをいう。）であること。

二 ICカード、クレジットカード、二次元コードその他の方法を用いて運賃又は料金を円滑に支払うことができるものであること。

三 道路運送高度化事業（法第二条第七号ロに掲げる事業に限る。）の用に供する自動車の運行管理、充電その他の運送を実施するために必要な行為を効率的に行うことができるものであること。

四 前三号に掲げるもののほか、先端的な技術を活用することにより旅客の運送に要する時間（運送の申込みから運送の開始までに要する時間を含む。）の短縮に相当程度資すると認められるものであること。

（法第二条第八号の国土交通省令で定める措置）

第七条 法第二条第八号の国土交通省令で定める措置は、次に

掲げる措置のいずれかを講ずるものとする。
一　より優れた加速の性能等を有する船舶を用いること。
二　より快適な船内設備等を有する船舶を用いること。
三　旅客の乗降を円滑にするための措置を講ずること。
四　航路の新設、再編又は運航計画の変更その他の利便性の向上を図るための措置を講ずること。

（法第二条第八号の国土交通省令で定める運送サービスの質の向上）

第八条　法第二条第八号の国土交通省令で定める運送サービスの質の向上は、定時性の確保、速達性の向上、快適性の確保及び利便性の向上とする。

（法第二条第九号ニの国土交通省令で定める事業構造の変更）

第九条　法第二条第九号ニの国土交通省令で定める事業構造の変更は、次に掲げるものとする。
一　重要な資産の譲渡及び譲受
二　鉄道施設の整備及び維持管理に要する全ての費用の負担その他の措置（旅客鉄道事業により現に提供されている地域旅客運送サービスの提供方法の改善を図るための措置（法第二十九条の三第二項第一号に掲げる措置に該当するものに限る。）を講ずるためのものに限る。）に関する地方公共団体との協定の締結

（法第二条第十一号の国土交通省令で定める選定の方法）

第九条の二　法第二条第十一号の国土交通省令で定める方法は、公募とする。

2　前項の規定による公募は、当該公募の実施に関する方針（次項において「実施方針」という。）を示して行うものとする。

3　実施方針には、次に掲げる事項を定めるものとする。
一　地域旅客運送サービス継続事業を実施する区域
二　地域旅客運送サービス継続事業を実施する路線等において現に実施されている一般乗合旅客自動車運送事業又は国内一般旅客定期航路事業の状況
三　前号の路線等において引き続き実施する運送（次号及び第八号において「継続旅客運送」という。）の内容
四　継続旅客運送を実施する者の要件
五　地方公共団体による支援の内容
六　地域旅客運送サービス継続事業の実施予定期間
七　公募の期間
八　継続旅客運送を実施する者の選定の方法
九　前各号に掲げるもののほか、公募の実施に関し地方公共団体が必要と認める事項

（法第二条第十三号ハの国土交通省令で定めるもの）

第九条の三　法第二条第十三号ハの国土交通省令で定めるものは、次に掲げる措置の実施を促進する事業とする。
一　異なる公共交通事業者等の間の旅客の乗継ぎを円滑に行うための運行計画の改善（法第二条第十三号ロ(2)に掲げるものに該当するものを除く。）
二　交通結節施設における乗降場の改善
三　旅客の乗継ぎに関する分かりやすい情報提供
四　ICカード、クレジットカード又は二次元コードの導入その他の運賃又は料金の支払いの円滑化
五　地域公共交通の利用者の利便の増進に資する新たな車両又は自動車の導入
六　地域公共交通の利用者の利便の増進に資する経営の改善に関する措置
七　前各号に掲げるもののほか、地域公共交通の利用者の利便の増進に資する措置

第一章の二　基本方針

（法第三条第二項第八号の国土交通省令で定める地域旅客運送サービスの持続可能な提供の確保に資する地域公共交通の活性化及び再生に関する事項）

第九条の四　法第三条第二項第八号の国土交通省令で定める地域旅客運送サービスの持続可能な提供の確保に資する地域公共交通の活性化及び再生に関する事項は、次に掲げる事項とする。
一　国、地方公共団体その他の関係者の役割に関する事項
二　都市機能の増進に必要な施設の立地の適正化に関する施策、観光の振興に関する施策その他の関係する施策との連携に関する事項

第二章　地域公共交通計画の作成及び実施

第一節　地域公共交通計画の作成

（地域公共交通計画の作成の方法）

第十条　地域公共交通計画に鉄道再生事業に関する事項を定めようとするときは、当該鉄道再生事業を実施しようとする路線の存する全ての市町村が共同して作成するものとする。

（地域公共交通計画に定める定量的な目標）

第十条の二　法第五条第四項の国土交通省令で定める定量的な目標は、次に掲げる事項に関する目標とする。
一　地域旅客運送サービスの利用者の数
二　地域旅客運送サービスに係る収支
三　地域旅客運送サービスの費用に係る国又は地方公共団体の支出の額
四　前各号に掲げるもののほか、地域公共交通計画の実施に関し当該地方公共団体が必要と認める事項

第二節　軌道運送高度化事業

（軌道運送高度化実施計画の記載事項）

第十一条　法第八条第二項第七号の国土交通省令で定める事項は、次に掲げる事項とする。
一　地域公共交通計画に軌道運送高度化事業に関連して実施される事業が定められている場合には、当該事業に関する事項
二　軌道整備事業を実施しようとする者と軌道運送事業を実施しようとする者が異なる場合には、次に掲げる事項
イ　軌道施設の使用料の額
ロ　軌道施設の使用料の収受方法
ハ　軌道施設の使用開始予定日及びその期間
ニ　軌道施設の管理の方法
三　前二号に掲げるもののほか、軌道運送高度化事業の運営

に重大な関係を有する事項がある場合には、その事項

（軌道運送高度化実施計画の認定の申請）

第十二条　法第九条第一項の規定により軌道運送高度化実施計画の認定を申請しようとする者は、次に掲げる事項を記載した申請書を国土交通大臣に提出しなければならない。

一　氏名又は名称及び住所並びに法人にあっては、その代表者の氏名

二　法第八条第二項各号に掲げる事項

2　軌道整備事業を実施しようとする者と軌道運送事業を実施しようとする者が異なる場合においては、前項の申請書には、次に掲げる書類及び図面を添付しなければならない。

一　軌道施設の使用契約書の写し

二　軌道施設の使用料の算出の基礎を記載した書類

三　軌道施設に係る図面

3　第一項の場合において、法第十条第一項及び第二項の規定の適用を受けようとするときは、第一項に規定する申請書並びに前項に掲げる書類及び図面のほか、軌道法施行規則（大正十二年内務省・鉄道省令）第一条第一項各号に掲げる書類及び図面並びに同条第二項に規定する事由書を添付しなければならない。

（軌道運送高度化実施計画の変更の認定の申請）

第十三条　法第八条第六項の規定により認定軌道運送高度化実施計画の変更の認定を受けようとする軌道運送高度化事業者は、次に掲げる事項を記載した申請書を国土交通大臣に提出しなければならない。

一　氏名又は名称及び住所並びに法人にあっては、その代表者の氏名

二　変更しようとする事項（新旧の対照を明示すること。）

三　変更の理由

2　前項の申請書には、次に掲げる書類及び図面を添付しなければならない。

一　当該軌道運送高度化実施計画に係る軌道運送高度化事業の実施状況を記載した書類

二　前条第二項各号に掲げる書類及び図面のうち軌道運送高度化実施計画の変更に伴いその内容が変更されるもの

三　軌道法施行規則第一条第一項各号に掲げる書類及び図面並びに同条第二項に規定する事由書のうち軌道運送高度化実施計画の変更に伴いその内容が変更されるもの

3　前条第三項の規定は、第一項の規定による提出について準用する。

（申請書の送付手続）

第十四条　地域公共交通の活性化及び再生に関する法律施行令（以下「令」という。）第三条の国土交通省令で定める事項（法第九条第三項に係るものに限る。）は、次に掲げる事項とする。

一　申請者の資産及び信用の程度

二　事業の成否及び効果

三　道路管理者の意見

四　他の鉄道、軌道、索道又は道路運送法（昭和二十六年法律第百八十三号）による自動車道事業若しくは自動車運送事業（未開業のものを含む。）に及ぼす影響

五　付近における鉄道、軌道、索道又は道路運送法による自動車道事業若しくは自動車運送事業の出願があるときは、その種類、区間、申請者及び申請書の受付年月日

六　認定の許否に関する意見

第三節　道路運送高度化事業

（道路運送高度化実施計画の記載事項）

第十五条　法第十三条第二項第七号の国土交通省令で定める事項は、地域公共交通計画に道路運送高度化事業に関連して実施される事業が定められている場合には、当該事業に関する事項とする。

（道路運送高度化実施計画の認定の申請）

第十六条　法第十四条第一項の規定により道路運送高度化実施計画の認定を申請しようとする者は、次に掲げる事項を記載した申請書を国土交通大臣に提出しなければならない。

一　氏名又は名称及び住所並びに法人にあっては、その代表者の氏名

二　法第十三条第二項各号に掲げる事項

2　前項の場合において、別表第一の上欄に掲げる規定の適用を受けようとするときは、同項各号に掲げる事項のほか、同表の中欄に掲げる事項を記載し、かつ、同表の下欄に掲げる書類を添付しなければならない。

3　道路運送法第五条第三項及び道路運送法施行規則第十四条第三項の規定は、第一項の規定による提出について準用する。

（道路運送高度化実施計画の変更の認定の申請）

第十七条　法第十四条第七項の規定により認定道路運送高度化実施計画の変更の認定を受けようとする道路運送高度化事業者は、次に掲げる事項を記載した申請書を国土交通大臣に提出しなければならない。

一　氏名又は名称及び住所並びに法人にあっては、その代表者の氏名

二　変更しようとする事項（新旧の対照を明示すること。）

三　変更の理由

2　前項の申請書には、当該道路運送高度化実施計画に係る道路運送高度化事業の実施状況を記載した書類を添付しなければならない。

3　第一項の場合において、別表第一の上欄に掲げる規定の適用を受けようとするときは、同項各号に掲げる事項のほか、同表の中欄に掲げる事項を記載し、かつ、前項に規定する書類のほか、同表の下欄に掲げる書類を添付しなければならない。

4　前条第三項の規定は、第一項の規定による提出について準用する。

（認定を要しない道路運送高度化実施計画の軽微な変更）

第十七条の二　法第十四条第七項ただし書に規定する国土交通省令で定める軽微な変更は、次に掲げるものとする。

一　法第十三条第二項第一号、第二号又は第四号から第七号までに掲げる事項の変更のうち、地番区域の名称の変更その他の道路運送高度化事業の実施に実質的な影響を及ぼさない変更

二　法第十三条第二項第三号に掲げる事項の変更のうち、実施予定期間の六月以内の変更

2　法第十四条第八項の規定による届出をしようとする者は、次に掲げる事項を記載した届出書を国土交通大臣に提出しなければならない。

一　氏名又は名称及び住所並びに法人にあっては、その代表者の氏名

二　変更した事項（新旧の対照を明示すること。）

（法第十四条第四項の国土交通省令で定める意見聴取の方法）

第十七条の三　法第十四条第四項の国土交通省令で定める意見聴取の方法については、特定地域及び準特定地域における一般乗用旅客自動車運送事業の適正化及び活性化に関する特別措置法施行規則（平成二十一年国土交通省令第五十八号）第十条及び第十条の二の規定を準用する。この場合において、同令第十条第一項中「法第十四条の四第二項（法第十五条の二第二項において準用する場合を含む。）の規定により、国土交通大臣は、準特定地域における許可をしようとする」とあるのは、「国土交通大臣は、地域公共交通の活性化及び再生に関する法律（平成十九年法律第五十九号）第十四条第四項に規定する」と読み替えるものとする。

（法第十四条第五項の国土交通省令で定める道路管理者に対する意見聴取の方法）

第十八条　法第十四条第五項の国土交通省令で定める道路管理者に対する意見聴取の方法については、道路管理者の意見聴取に関する省令（昭和二十六年運輸省建設省令第一号）第一条、第二条（第三項を除く。）、第三条、第六条及び第七条の規定を準用する。この場合において、同令第一条第一項中「路線を定める旅客自動車運送事業につき」とあるのは「道路運送高度化事業につき地域公共交通の活性化及び再生に関する法律施行規則（以下「規則」という。）第十六条又は第十七条に基づく申請書（」と、「。以下「規則」という。）第四条に基づく許可申請書」とあるのは「）第四条に基づく許可申請書に係る事項」と、「限る。）」とあるのは「限る。）に係る事項の記載がなされたものに限る。）」と、「許可申請書又は認可申請書」とあるのは「申請書」と、同条第三項中「路線を定める旅客自動車運送事業につき規則第十四条に基づく認可申請書（」とあるのは「道路運送高度化事業につき規則第十六条又は第十七条に基づく申請書（道路運送法施行規則第十四条に基づく認可申請書に係る事項の記載がなされたものであり、かつ、その内容が」と、同令第三条第一項中「許可申請書又は認可申請書（以下「許可申請書等」という。）」とあり、及び「認可申請書」とあるのは「申請書」と、「当該許可申請書等」とあるのは「当該申請書」と読み替えるものとする。

（法第十四条第五項の国土交通省令で定める道路管理者の意見を聴く必要がない場合）

第十九条　法第十四条第五項ただし書の国土交通省令で定める道路管理者の意見を聴く必要がない場合については、道路管理者の意見聴取に関する省令第五条の規定を準用する。この場合において、同条各号列記以外の部分中「道路運送法（昭和二十六年法律第百八十三号。以下「法」という。）第九十一条」とあるのは「地域公共交通の活性化及び再生に関する法律（平成十九年法律第五十九号。以下「法」という。）第十四条第五項」と、同条第一号中「法第四条第一項又は第十五条第一項の規定による処分により」とあるのは「法第十五条第一項の規定により道路運送法（昭和二十六年法律第百八十三号）第四条第一項又は第十五条第一項の規定による処分を受けたものとみなされ、これによって」と、「に係る」とあるのは「を受けたものとみなされる」と、同条第二号中「法第四条第一項又は第十五条第一項の規定による処分に係る」とあるのは「法第十五条の規定により道路運送法第四条第一項又は第十五条第一項の規定による処分を受けたものとみなされる」と、「当該処分」とあるのは「当該処分を受けたものとみなされること」と、同条第三号中「法第十五条第一項の規定による処分に係る」とあるのは「法第十五条の規定により道路運送法第十五条第一項の規定による処分を受けたものとみなされる」と、「当該処分」とあるのは「当該処分を受けたものとみなされること」と読み替えるものとする。

第四節　海上運送高度化事業

（海上運送高度化実施計画の記載事項）

第二十条　法第十八条第二項第六号の国土交通省令で定める事項は、地域公共交通計画に海上運送高度化事業に関連して実施される事業が定められている場合には、当該事業に関する事項とする。

（海上運送高度化実施計画の認定の申請）

第二十一条　法第十九条第一項の規定により海上運送高度化実施計画の認定を申請しようとする者は、次に掲げる事項を記載した申請書を国土交通大臣に提出しなければならない。

一　氏名又は名称及び住所並びに法人にあっては、その代表者の氏名

二　国内一般旅客定期航路事業、海上運送法（昭和二十四年法律第百八十七号）第十九条の六の二に規定する人の運送をする貨物定期航路事業又は同法第二十条第二項に規定する人の運送をする不定期航路事業の別

三　法第十八条第二項各号に掲げる事項

2　前項の場合において、別表第二の上欄に掲げる規定の適用を受けようとするときは、同項各号に掲げる事項のほか、同表の中欄に掲げる事項を記載し、かつ、同表の下欄に掲げる書類を添付しなければならない。

（海上運送高度化実施計画の変更の認定の申請）

第二十二条　法第十九条第五項の規定により認定海上運送高度化実施計画の変更の認定を受けようとする海上運送高度化事業者は、次に掲げる事項を記載した申請書を国土交通大臣に提出しなければならない。

一　氏名又は名称及び住所並びに法人にあっては、その代表者の氏名

二　変更しようとする事項（新旧の対照を明示すること。）

三　変更の理由

2　前項の申請書には、当該海上運送高度化実施計画に係る海上運送高度化事業の実施状況を記載した書類を添付しなければならない。

3　第一項の場合において、別表第二の上欄に掲げる規定の適用を受けようとするときは、同項各号に掲げる事項のほか、同表の中欄に掲げる事項を記載し、かつ、前項に規定する書類のほか、同表の下欄に掲げる書類を添付しなければならない。

（認定を要しない海上運送高度化実施計画の軽微な変更）

第二十二条の二　法第十九条第五項ただし書に規定する国土交

通省令で定める軽微な変更は、次に掲げるものとする。

一　法第十八条第二項第一号、第二号又は第四号から第六号までに掲げる事項の変更のうち、地番区域の名称の変更その他の海上運送高度化事業の実施に実質的な影響を及ぼさない変更

二　法第十八条第二項第三号に掲げる事項の変更のうち、実施予定期間の六月以内の変更

2　法第十九条第六項の規定による届出をしようとする者は、次に掲げる事項を記載した届出書を国土交通大臣に提出しなければならない。

一　氏名又は名称及び住所並びに法人にあっては、その代表者の氏名

二　変更した事項（新旧の対照を明示すること。）

第五節　鉄道事業再構築事業

（法第二十三条第一項の国土交通省令で定める者）

第二十三条　法第二十三条第一項の国土交通省令で定める者は、次に掲げる者とする。

一　地域公共交通計画を作成した地方公共団体、鉄道事業再構築事業に係る区間において旅客鉄道事業を経営する鉄道事業者及び当該鉄道事業者に代わって引き続き旅客鉄道事業を経営しようとする者

二　前号に掲げるもののほか、関係する都道府県その他の地域公共交通計画を作成した地方公共団体が必要と認める者

（鉄道事業再構築実施計画の記載事項）

第二十四条　法第二十三条第二項第八号の国土交通省令で定める事項は、次に掲げる事項とする。

一　地域公共交通計画に鉄道事業再構築事業に関連して実施される事業が定められている場合には、当該事業に関する事項

二　前号に掲げるもののほか、鉄道事業再構築事業の運営に重大な関係を有する事項がある場合には、その事項

（鉄道事業再構築実施計画の認定の申請）

第二十五条　法第二十四条第一項の規定により鉄道事業再構築実施計画の認定を申請しようとする者は、次に掲げる事項を記載した申請書を国土交通大臣に提出しなければならない。

一　氏名又は名称及び住所並びに法人にあっては、その代表者の氏名

二　法第二十三条第二項各号に掲げる事項

2　前項の場合において、別表第二の二の上欄に掲げる規定の適用を受けようとするときは、同項各号に掲げる事項のほか、同表の中欄に掲げる事項を記載し、かつ、同表の下欄に掲げる書類を添付しなければならない。

3　鉄道事業法（昭和六十一年法律第九十二号）第四条第三項の規定は、第一項の規定による提出について、鉄道事業法施行規則（昭和六十二年運輸省令第六号）第二条第三項及び第四項の規定は、前項の規定による書類の添付について準用する。

（鉄道事業再構築実施計画の変更の認定の申請）

第二十六条　法第二十四条第五項の規定により認定鉄道事業再構築実施計画の変更の認定を受けようとする者は、次に掲げる事項を記載した申請書を国土交通大臣に提出しなければならない。

一　氏名又は名称及び住所並びに法人にあっては、その代表者の氏名

二　変更しようとする事項（新旧の対照を明示すること。）

三　変更の理由

2　前項の申請書には、当該認定鉄道事業再構築実施計画に係る鉄道事業再構築事業の実施状況を記載した書類を添付しなければならない。

3　第一項の場合において、別表第二の二の上欄に掲げる規定の適用を受けようとするときは、同項各号に掲げる事項のほか、同表の中欄に掲げる事項を記載し、かつ、前項に規定する書類のほか、同表の下欄に掲げる書類を添付しなければならない。

4　前条第三項の規定は、第一項の規定による提出及び前項の規定による書類の添付について準用する。

（認定を要しない鉄道事業再構築実施計画の軽微な変更）

第二十六条の二　法第二十四条第五項ただし書に規定する国土交通省令で定める軽微な変更は、法第二十三条第二項第二号、第五号、第六号又は第八号に掲げる事項の変更のうち、資金の内訳の変更その他の鉄道事業再構築事業の実施に実質的な影響を及ぼさない変更とする。

2　法第二十四条第六項の規定による届出をしようとする者は、次に掲げる事項を記載した届出書を国土交通大臣に提出しなければならない。

一　氏名又は名称及び住所並びに法人にあっては、その代表者の氏名

二　変更した事項（新旧の対照を明示すること。）

第六節　鉄道再生事業

（法第二十六条第一項の国土交通省令で定める者）

第二十七条　法第二十六条第一項の国土交通省令で定める者は、関係する都道府県（当該地域公共交通計画を作成した都道府県を除く。）その他の地域公共交通計画を作成した地方公共団体が必要と認める者とする。

（鉄道再生実施計画の記載事項）

第二十八条　法第二十六条第二項第六号の国土交通省令で定める事項は、次に掲げる事項とする。

一　地域公共交通計画に鉄道再生事業に関連して実施される事業が定められている場合には、当該事業に関する事項

二　前号に掲げるもののほか、鉄道再生事業の運営に重大な関係を有する事項がある場合には、その事項

（鉄道再生事業の実施に係る協議開始の届出等）

第二十九条　法第二十六条第三項及び第二十七条第二項の規定により届出をしようとする者は、次に掲げる事項を記載した届出書を国土交通大臣に提出するものとする。

一　氏名又は名称及び住所並びに法人にあっては、その代表者の氏名

二　鉄道再生事業を実施しようとする路線

（鉄道再生実施計画の届出）

第三十条　法第二十六条第四項の規定により鉄道再生実施計画の届出をしようとする者は、次に掲げる事項を記載した届出書を国土交通大臣に提出するものとする。

一　氏名又は名称及び住所並びに法人にあっては、その代表者の氏名

二　法第二十六条第二項各号に掲げる事項

2　前項の場合において、別表第三の上欄に掲げる規定の適用

を受けようとするときは、同項各号に掲げる事項のほか、同表の中欄に掲げる事項を記載し、かつ、同表の下欄に掲げる書類を添付しなければならない。

（鉄道再生実施計画の変更の届出）

第三十一条　法第二十六条第四項の規定により鉄道再生実施計画の変更の届出をしようとする者は、次に掲げる事項を記載した届出書を提出しなければならない。

一　氏名又は名称及び住所並びに法人にあっては、その代表者の氏名

二　変更しようとする事項（新旧の対照を明示すること。）

三　変更の理由

2　前条第二項の規定は、前項の規定による提出について準用する。

（鉄道再生事業における鉄道事業の廃止の届出）

第三十二条　法第二十七条第三項及び第五項の規定により鉄道事業の全部又は一部の廃止の届出をしようとする者は、次に掲げる事項を記載した届出書を国土交通大臣に提出しなければならない。

一　氏名又は名称及び住所並びに法人にあっては、その代表者の氏名

二　廃止しようとする路線

三　廃止の予定日

四　廃止を必要とする理由

2　前項の届出書には、次に掲げる書類を添付しなければならない。

一　廃止しようとする事業の現況等を記載した書類

二　廃止しようとする事業に係る鉄道線路を鉄道事業法第二条第三項に規定する第二種鉄道事業者に使用させている場合には、当該第二種鉄道事業者との間の廃止に係る調整等の経過を記載した書類

第七節　地域旅客運送サービス継続事業

（地域旅客運送サービス継続実施計画の記載事項）

第三十三条　法第二十七条の二第二項第七号の国土交通省令で定める事項は、次に掲げる事項とする。

一　地域公共交通計画に地域旅客運送サービス継続事業に関連して実施される事業が定められている場合には、当該事業に関する事項

二　前号に掲げるもののほか、地域旅客運送サービス継続事業の運営に重大な関係を有する事項がある場合には、その事項

（法第二十七条の二第三項の国土交通省令で定める者）

第三十四条　法第二十七条の二第三項の国土交通省令で定める者は、次に掲げる者とする。

一　地域旅客運送サービス継続事業を実施する路線等に係る一般乗合旅客自動車運送事業者又は国内一般旅客定期航路事業を営む者

二　当該路線等における運送を実施させようとする者

三　前二号に掲げるもののほか、関係する都道府県その他地域旅客運送サービス継続実施計画を定めようとする地方公共団体が必要と認める者

（地域旅客運送サービス継続実施計画の認定の申請）

第三十五条　法第二十七条の三第一項の規定により地域旅客運送サービス継続実施計画の認定を申請しようとする地方公共団体は、次に掲げる事項を記載した申請書を国土交通大臣に提出しなければならない。

一　地方公共団体の名称

二　法第二十七条の二第二項各号に掲げる事項

2　前項の場合において、別表第三の二の上欄に掲げる規定の適用を受けようとするときは、同項各号に掲げる事項のほか、同表の中欄に掲げる事項を記載し、かつ、同表の下欄に掲げる書類を添付しなければならない。

3　道路運送法第五条第三項及び道路運送法施行規則第十四条第三項の規定は、第一項の規定による提出について、道路運送法施行規則第八条第三項の規定は、前項の規定による書類の添付について準用する。

（地域旅客運送サービス継続実施計画の変更の認定の申請）

第三十六条　法第二十七条の三第五項の規定により認定地域旅客運送サービス継続実施計画の変更の認定を受けようとする地方公共団体は、次に掲げる事項を記載した申請書を国土交通大臣に提出しなければならない。

一　地方公共団体の名称

二　変更しようとする事項（新旧の対照を明示すること。）

三　変更の理由

2　前項の申請書には、当該地域旅客運送サービス継続実施計画に係る地域旅客運送サービス継続事業の実施状況を記載した書類を添付しなければならない。

3　第一項の場合において、別表第三の二の上欄に掲げる規定の適用を受けようとするときは、同項各号に掲げる事項のほか、同表の中欄に掲げる事項を記載し、かつ、前項に規定する書類のほか、同表の下欄に掲げる書類を添付しなければならない。

4　前条第三項の規定は、第一項の規定による提出及び前項の規定による書類の添付について準用する。

（認定を要しない地域旅客運送サービス継続実施計画の軽微な変更）

第三十六条の二　法第二十七条の三第五項ただし書に規定する国土交通省令で定める軽微な変更は、次に掲げるものとする。

一　法第二十七条の二第二項第一号から第三号まで又は第五号から第七号までに掲げる事項の変更のうち、地番区域の名称の変更その他の地域旅客運送サービス継続事業の実施に実質的な影響を及ぼさない変更

二　法第二十七条の二第二項第四号に掲げる事項の変更のうち、実施予定期間の六月以内の変更

2　法第二十七条の三第六項の規定による届出をしようとする者は、次に掲げる事項を記載した届出書を国土交通大臣に提出しなければならない。

一　氏名又は名称及び住所並びに法人にあっては、その代表者の氏名

二　変更した事項（新旧の対照を明示すること。）

（利害関係人等の意見の聴取）

第三十六条の三　法第二十七条の三第二項の認定をする場合において、地方運輸局長は、その権限に属する道路運送法第九条第一項の認可を要するものについて、必要があると認めるときは、利害関係人又は参考人の出頭を求めて意見を聴取す

ることができる。

2　地方運輸局長は、その権限に属する前項に規定する事項について利害関係人の申請があったとき又は国土交通大臣の権限に属する同項に規定する事項について国土交通大臣の指示があったときは、利害関係人又は参考人の出頭を求めて意見を聴取しなければならない。

3　前二項の意見の聴取に際しては、利害関係人に対し、証拠を提出する機会が与えられなければならない。

4　道路運送法施行規則第五十五条から第六十条までの規定は、第一項又は第二項の規定による意見の聴取を行う場合について準用する。

（法第二十七条の三第四項の国土交通省令で定める道路管理者に対する意見聴取の方法）

第三十六条の四　法第二十七条の三第四項の国土交通省令で定める道路管理者に対する意見聴取の方法については、道路管理者の意見聴取に関する省令第一条から第三条まで及び第六条から第八条までの規定を準用する。この場合において、同令第一条第一項中「路線を定める旅客自動車運送事業につき」とあるのは「地域旅客運送サービス継続事業につき地域公共交通の活性化及び再生に関する法律施行規則（以下「規則」という。）第三十五条又は第三十六条に基づく申請書（」と、「。以下「規則」という。）第四条に基づく許可申請書」とあるのは「）第四条に基づく許可申請書に係る事項」と、「限る。）」とあるのは「限る。）に係る事項の記載がなされたものに限る。）」と、「許可申請書又は認可申請書」とあるのは「申請書」と、同条第三項中「路線を定める旅客自動車運送事業につき規則第十四条に基づく認可申請書（」とあるのは「地域旅客運送サービス継続事業につき規則第三十五条又は第三十六条に基づく申請書（道路運送法施行規則第十四条に基づく認可申請書に係る事項の記載がなされたものであり、かつ、その内容が」と、同令第三条第一項中「許可申請書又は認可申請書（以下「許可申請書等」という。）」とあり、及び「認可申請書」とあるのは「申請書」と、「当該許可申請書等」とあるのは「当該申請書」と読み替えるものとする。

（法第二十七条の三第四項の国土交通省令で定める道路管理者の意見を聴く必要がない場合）

第三十六条の五　法第二十七条の三第四項ただし書の国土交通省令で定める道路管理者の意見を聴く必要がない場合については、道路管理者の意見聴取に関する省令第五条の規定を準用する。この場合において、同条各号列記以外の部分中「道路運送法（昭和二十六年法律第百八十三号。以下「法」という。）第九十一条」とあるのは「地域公共交通の活性化及び再生に関する法律（平成十九年法律第五十九号。以下「法」という。）第二十七条の三第四項」と、同条第一号中「法第四条第一項又は第十五条第一項の規定による処分により」とあるのは「法第二十七条の四の規定により道路運送法（昭和二十六年法律第百八十三号）第四条第一項又は第十五条第一項の規定による処分を受けたものとみなされ、これによって」と、「に係る」とあるのは「を受けたものとみなされる」と、同条第二号中「法第四条第一項又は第十五条第一項の規定による処分に係る」とあるのは「法第二十七条の四の規定により道路運送法第四条第一項又は第十五条第一項の規定による処分を受けたものとみなされる」と、「当該処分」とあるのは「当該処分を受けたものとみなされること」と、同条第三号中「法第十五条第一項の規定による処分に係る」とあるのは「法第二十七条の四の規定により道路運送法第十五条第一項の規定による処分を受けたものとみなされる」と、「当該処分」とあるのは「当該処分を受けたものとみなされること」と読み替えるものとする。

（申請書の送付手続）

第三十六条の五の二　第十四条の規定は、令第三条の国土交通省令で定める事項（法第二十七条の三第二項に係るものに限る。）について準用する。

第八節　貨客運送効率化事業

（貨客運送効率化実施計画の記載事項）

第三十六条の六　法第二十七条の六第二項第六号の国土交通省令で定める事項は、次に掲げる事項とする。

一　地域公共交通計画に貨客運送効率化事業に関連して実施される事業が定められている場合には、当該事業に関する事項

二　前号に掲げるもののほか、貨客運送効率化事業の運営に重大な関係を有する事項がある場合には、その事項

（貨客運送効率化実施計画の認定の申請）

第三十六条の七　法第二十七条の七第一項の規定により貨客運送効率化実施計画の認定を申請しようとする者は、次に掲げる事項を記載した申請書を国土交通大臣に提出しなければならない。

一　氏名又は名称及び住所並びに法人にあっては、その代表者の氏名

二　法第二十七条の六第二項各号に掲げる事項

2　前項の場合において、別表第三の三の上欄に掲げる規定の適用を受けようとするときは、同項各号に掲げる事項のほか、同表の中欄に掲げる事項を記載し、かつ、同表の下欄に掲げる書類を添付しなければならない。

3　道路運送法第五条第三項、道路運送法施行規則第十四条第三項、鉄道事業法第四条第三項及び貨物利用運送事業法（平成元年法律第八十二号）第四十五条第四項の規定は、第一項の規定による提出について、道路運送法施行規則第八条第三項、鉄道事業法施行規則第二条第三項及び第四項並びに貨物利用運送事業法施行規則（平成二年運輸省令第二十号）第四条第三項並びに第十九条第二項の規定は、前項の規定による書類の添付について準用する。

（貨客運送効率化実施計画の変更の認定の申請）

第三十六条の八　法第二十七条の七第八項の規定により認定貨客運送効率化実施計画の変更の認定を受けようとする者は、次に掲げる事項を記載した申請書を国土交通大臣に提出しなければならない。

一　氏名又は名称及び住所並びに法人にあっては、その代表者の氏名

二　変更しようとする事項（新旧の対照を明示すること。）

三　変更の理由

2　前項の申請書には、当該貨客運送効率化事業の実施状況を記載した書類を添付しなければならない。

3　第一項の場合において、別表第三の三の上欄に掲げる規定

項の適用を受けようとするときは、同項各号に掲げる事項のほか、同表の中欄に掲げる事項を記載し、かつ、前項に規定する書類のほか、同表の下欄に掲げる書類を添付しなければならない。

4　前条第三項の規定は、第一項の規定による提出及び前項の規定による書類の添付について準用する。

（認定を要しない貨客運送効率化実施計画の軽微な変更）

第三十六条の八の二　法第二十七条の七第八項ただし書に規定する国土交通省令で定める軽微な変更は、次に掲げるものとする。

一　法第二十七条の六第二項第一号、第二号又は第四号から第六号までに掲げる事項の変更のうち、地番区域の名称の変更その他の貨客運送効率化事業の実施に実質的な影響を及ぼさない変更

二　法第二十七条の六第二項第三号に掲げる事項の変更のうち、実施予定期間の六月以内の変更

2　法第二十七条の七第九項の規定による届出をしようとする者は、次に掲げる事項を記載した届出書を国土交通大臣に提出しなければならない。

一　氏名又は名称及び住所並びに法人にあっては、その代表者の氏名

二　変更した事項（新旧の対照を明示すること。）

（利害関係人等の意見の聴取）

第三十六条の九　法第二十七条の七第三項の認定をする場合において、地方運輸局長は、その権限に属する道路運送法第九条第一項の認可を要するものについて、必要があると認めるときは、利害関係人又は参考人の出頭を求めて意見を聴取することができる。

2　地方運輸局長は、その権限に属する前項に規定する事項について利害関係人の申請があったとき又は国土交通大臣の権限に属する同項に規定する事項について国土交通大臣の指示があったときは、利害関係人又は参考人の出頭を求めて意見を聴取しなければならない。

3　前二項の意見の聴取に際しては、利害関係人に対し、証拠を提出する機会が与えられなければならない。

4　道路運送法施行規則第五十五条から第六十条までの規定は、第一項又は第二項の規定による意見の聴取を行う場合について準用する。

（法第二十七条の七第六項の国土交通省令で定める道路管理者に対する意見聴取の方法）

第三十六条の十　法第二十七条の七第六項の国土交通省令で定める道路管理者に対する意見聴取の方法については、道路管理者の意見聴取に関する省令第一条から第三条まで及び第六条から第八条までの規定を準用する。この場合において、同令第一条第一項中「路線を定める旅客自動車運送事業につき」とあるのは「貨客運送効率化事業につき地域公共交通の活性化及び再生に関する法律施行規則（以下「規則」という。）第三十六条の七又は第三十六条の八に基づく申請書（」と、「。以下「規則」という。）第四条に基づく許可申請書」とあるのは「）第四条に基づく許可申請書に係る事項」と、「限る。」」とあるのは「限る。）」に係る事項の記載がなされたものに限る。」」と、「許可申請書又は認可申請書」とあるのは「申請書」と、同条第三項中「路線を定める旅客自動車運送事業につき規則第十四条に基づく認可申請書（」とあるのは「貨客運送効率化事業につき規則第三十六条の七又は第三十六条の八に基づく申請書（道路運送法施行規則第十四条に基づく認可申請書に係る事項の記載がなされたものであり、かつ、その内容が」と、同令第三条第一項中「許可申請書又は認可申請書（以下「許可申請書等」という。）」とあり、及び「認可申請書」とあるのは「申請書」と、「当該許可申請書等」とあるのは「当該申請書」と読み替えるものとする。

（法第二十七条の七第六項の国土交通省令で定める道路管理者の意見を聴く必要がない場合）

第三十六条の十一　法第二十七条の七第六項ただし書の国土交通省令で定める道路管理者の意見を聴く必要がない場合については、道路管理者の意見聴取に関する省令第五条の規定を準用する。この場合において、同条各号列記以外の部分中「道路運送法（昭和二十六年法律第百八十三号。以下「法」という。）第九十一条」とあるのは「地域公共交通の活性化及び再生に関する法律（平成十九年法律第五十九号。以下「法」という。）第二十七条の七第六項」と、同条第一号中「法第四条第一項又は第十五条第一項の規定による処分により」とあるのは「法第二十七条の十の規定により道路運送法（昭和二十六年法律第百八十三号）第四条第一項又は第十五条第一項の規定による処分を受けたものとみなされ、これによって」と、「に係る」とあるのは「を受けたものとみなされる」と、同条第二号中「法第四条第一項又は第十五条第一項の規定による処分に係る」とあるのは「法第二十七条の十の規定により道路運送法第四条第一項又は第十五条第一項の規定による処分を受けたものとみなされる」と、「当該処分」とあるのは「当該処分を受けたものとみなされること」と、同条第三号中「法第十五条第一項の規定による処分に係る」とあるのは「法第二十七条の十の規定により道路運送法第十五条第一項の規定による処分を受けたものとみなされる」と、「当該処分」とあるのは「当該処分を受けたものとみなされること」と読み替えるものとする。

（申請書の送付手続）

第三十六条の十二　第十四条の規定は、令第三条の国土交通省令で定める事項（法第二十七条の七第三項に係るものに限る。）について準用する。

第九節　地域公共交通利便増進事業

（地域公共交通利便増進実施計画の記載事項）

第三十六条の十三　法第二十七条の十四第二項第七号の国土交通省令で定める事項は、次に掲げる事項とする。

一　地域公共交通計画に地域公共交通利便増進事業に関連して実施される事業が定められている場合には、当該事業に関する事項

二　地域公共交通計画に都市機能の増進に必要な施設の立地の適正化に関する施策、観光の振興に関する施策その他の関係する施策との連携に関する事項が定められている場合には、当該連携に関する事項

三　前二号に掲げるもののほか、地域公共交通利便増進事業の運営に重大な関係を有する事項がある場合には、その事項

（法第二十七条の十四第四項の国土交通省令で定める者）

第三十六条の十四　法第二十七条の十四第四項の国土交通省令で定める者は、次に掲げる者とする。

一　当該地域公共交通利便増進実施計画に係る地域公共交通利便増進事業を実施しようとする者

二　前号に掲げるもののほか、関係する都道府県その他の地域公共交通利便増進実施計画を定めようとする地方公共団体が当該地域公共交通利便増進事業に関係を有する者として必要と認める者

（地域公共交通利便増進実施計画の公表）

第三十六条の十五　法第二十七条の十四第六項の規定による公表は、地域公共交通利便増進事業を実施する区域、当該地域公共交通利便増進事業の内容及び実施予定期間その他の地域公共交通利便増進実施計画に記載された事項の概要について行うものとする。

2　前項の規定による公表は、地方公共団体の公報への掲載、インターネットの利用その他の適切な方法により行うものとする。

（地域公共交通利便増進実施計画の認定の申請）

第三十六条の十六　法第二十七条の十五第一項の規定により地域公共交通利便増進実施計画の認定を申請しようとする地方公共団体は、次に掲げる事項を記載した申請書を国土交通大臣に提出しなければならない。

一　地方公共団体の名称

二　法第二十七条の十四第二項各号に掲げる事項

2　前項の場合において、別表第三の四の上欄に掲げる規定の適用を受けようとするときは、同項各号に掲げる事項のほか、同表の中欄に掲げる事項を記載し、かつ、同表の下欄に掲げる書類を添付しなければならない。

3　道路運送法第五条第三項、道路運送法施行規則第十四条第三項及び鉄道事業法第四条第三項の規定は、第一項の規定による提出について、道路運送法施行規則第八条第三項並びに鉄道事業法施行規則第二条第三項及び第四項の規定は、前項の規定による書類の添付について準用する。

（地域公共交通利便増進実施計画の変更の認定の申請）

第三十六条の十七　法第二十七条の十五第五項の規定により認定地域公共交通利便増進実施計画の変更の認定を受けようとする地方公共団体は、次に掲げる事項を記載した申請書を国土交通大臣に提出しなければならない。

一　地方公共団体の名称

二　変更しようとする事項（新旧の対照を明示すること。）

三　変更の理由

2　前項の申請書には、当該地域公共交通利便増進実施計画に係る地域公共交通利便増進事業の実施状況を記載した書類を添付しなければならない。

3　第一項の場合において、別表第三の四の上欄に掲げる規定の適用を受けようとするときは、同項各号に掲げる事項のほか、同表の中欄に掲げる事項を記載し、かつ、前項に規定する書類のほか、同表の下欄に掲げる書類を添付しなければならない。

4　前条第三項の規定は、第一項の規定による提出及び前項の規定による書類の添付について準用する。

（認定を要しない地域公共交通利便増進実施計画の軽微な変更）

第三十六条の十七の二　法第二十七条の十五第五項ただし書に規定する国土交通省令で定める軽微な変更は、次に掲げるものとする。

一　法第二十七条の十四第二項第一号から第三号まで又は第五号から第七号までに掲げる事項の変更のうち、地番区域の名称の変更その他の地域公共交通利便増進事業の実施に実質的な影響を及ぼさない変更

二　法第二十七条の十四第二項第四号に掲げる事項の変更のうち、実施予定期間の六月以内の変更

2　法第二十七条の十五第六項の規定による届出をしようとする者は、次に掲げる事項を記載した届出書を国土交通大臣に提出しなければならない。

一　氏名又は名称及び住所並びに法人にあっては、その代表者の氏名

二　変更した事項（新旧の対照を明示すること。）

（利害関係人等の意見の聴取）

第三十六条の十八　法第二十七条の十五第二項の認定をする場合において、地方運輸局長は、その権限に属する道路運送法第九条第一項の認可を要するものについて、必要があると認めるときは、利害関係人又は参考人の出頭を求めて意見を聴取することができる。

2　地方運輸局長は、その権限に属する前項に規定する事項について利害関係人の申請があったとき、又は国土交通大臣の権限に属する同項に規定する事項若しくは法第二十七条の十八第六項に規定する一般乗合旅客自動車運送事業の停止の命令若しくは許可の取消しについて国土交通大臣の指示があったときは、利害関係人又は参考人の出頭を求めて意見を聴取しなければならない。

3　前二項の意見の聴取に際しては、利害関係人に対し、証拠を提出する機会が与えられなければならない。

4　道路運送法施行規則第五十五条から第六十条までの規定は、第一項又は第二項の規定による意見の聴取を行う場合について準用する。

（法第二十七条の十五第四項の国土交通省令で定める道路管理者に対する意見聴取の方法）

第三十六条の十九　法第二十七条の十五第四項の国土交通省令で定める道路管理者に対する意見聴取の方法については、道路管理者の意見聴取に関する省令第一条から第三条まで及び第六条から第八条までの規定を準用する。この場合において、同令第一条第一項中「路線を定める旅客自動車運送事業につき」とあるのは「地域公共交通利便増進事業につき地域公共交通の活性化及び再生に関する法律施行規則（以下「規則」という。）第三十六条の十六又は第三十六条の十七に基づく申請書（」と、「。以下「規則」という。）第四条に基づく許可申請書」とあるのは「）第四条に基づく許可申請書に係る事項」と、「限る。）」とあるのは「限る。）に係る事項の記載がなされたものに限る。）」と、「許可申請書又は認可申請書」とあるのは「申請書」と、同条第三項中「路線を定める旅客自動車運送事業につき規則第十四条に基づく認可申請書（」とあるのは「地域公共交通利便増進事業につき規則第三十六条の十六又は第三十六条の十七に基づく申請書（道路運送法施行規則第十四条に基づく認可申請書に係る事項の記載がなされたものであり、かつ、その内容が」と、同令第三条第一項中「許可申請書又は認可申請書（以下「許可申請書

等」という。）」とあり、及び「認可申請書」とあるのは「申請書」と、「当該許可申請書等」とあるのは「当該申請書」と読み替えるものとする。

（法第二十七条の十五第四項の国土交通省令で定める道路管理者の意見を聴く必要がない場合）

第三十六条の二十　法第二十七条の十五第四項ただし書の国土交通省令で定める道路管理者の意見を聴く必要がない場合については、道路管理者の意見聴取に関する省令第五条の規定を準用する。この場合において、同条各号列記以外の部分中「道路運送法（昭和二十六年法律第百八十三号。以下「法」という。）第九十一条」とあるのは「地域公共交通の活性化及び再生に関する法律（平成十九年法律第五十九号。以下「法」という。）第二十七条の十五第四項」と、同条第一号中「法第四条第一項又は第十五条第一項の規定による処分により」とあるのは「法第二十七条の十八の規定により道路運送法（昭和二十六年法律第百八十三号）第四条第一項又は第十五条第一項の規定による処分を受けたものとみなされ、これによって」と、「に係る」とあるのは「を受けたものとみなされる」と、同条第二号中「法第四条第一項又は第十五条第一項の規定による処分に係る」とあるのは「法第二十七条の十八の規定により道路運送法第四条第一項又は第十五条第一項の規定による処分を受けたものとみなされる」と、「当該処分」とあるのは「当該処分を受けたものとみなされること」と、同条第三号中「法第十五条第一項の規定による処分に係る」とあるのは「法第二十七条の十八の規定により道路運送法第十五条第一項の規定による処分を受けたものとみなされる」と、「当該処分」とあるのは「当該処分を受けたものとみなされること」と読み替えるものとする。

（申請書の送付手続）

第三十六条の二十一　第十四条の規定は、令第三条の国土交通省令で定める事項（法第二十七条の十五第二項に係るものに限る。）について準用する。

（聴聞の特例）

第三十六条の二十二　地方運輸局長は、法第二十七条の十八第六項の規定により、その権限に属する一般乗合旅客自動車運送事業の停止の命令をしようとするときは、行政手続法（平成五年法律第八十八号）第十三条第一項の規定による意見陳述のための手続の区分にかかわらず、聴聞を行わなければならない。

2　前項の停止の命令に係る聴聞の主宰者は、行政手続法第十七条第一項の規定により当該処分に係る利害関係人が当該聴聞に関する手続に参加することを求めたときは、これを許可しなければならない。

3　前項の聴聞の主宰者は、聴聞の期日において必要があると認めるときは、参考人の出頭を求めて意見を聴取することができる。

4　道路運送法施行規則第六十条の二及び第六十条の三の規定は、第一項の規定による聴聞を行う場合について準用する。

（共通乗車船券の届出）

第三十六条の二十三　法第二十七条の二十第一項の規定により共通乗車船券に係る運賃又は料金の割引の届出をしようとする旅客運送事業者は、次に掲げる事項を記載した届出書を国土交通大臣に共同で提出しなければならない。

一　共通乗車船券を発行しようとする旅客運送事業者の氏名又は名称及び住所

二　共通乗車船券を発行しようとする旅客運送事業者を代表する者の氏名又は名称

三　割引を行おうとする運賃又は料金の種類

四　発行しようとする共通乗車船券の名称

五　発行しようとする共通乗車船券の発行価額

六　発行しようとする共通乗車船券に係る期間、区間その他の条件

第三章　再構築方針の作成等

（交通手段再構築実証事業計画の記載事項）

第三十六条の二十四　法第二十九条の四第二項第六号の国土交通省令で定める事項は、交通手段再構築実証事業の運営に重大な関係を有する事項がある場合には、その事項とする。

（交通手段再構築実証事業計画に係る同意に関する協議）

第三十六条の二十五　法第二十九条の四第四項の規定により交通手段再構築実証事業計画に係る協議の申出をしようとする再構築協議会は、同条第二項各号に掲げる事項を記載した協議書を国土交通大臣に提出しなければならない。

2　前項の場合において、別表第三の五の上欄に掲げる規定の適用を受けようとするときは、同項に規定する事項のほか、同表の中欄に掲げる事項を記載し、かつ、同表の下欄に掲げる書類を添付しなければならない。

3　道路運送法第五条第三項及び道路運送法施行規則第十四条第三項の規定は、第一項の規定による提出について、道路運送法施行規則第八条第三項の規定は、前項の規定による書類の添付について準用する。

（交通手段再構築実証事業計画に係る変更の同意に関する協議）

第三十六条の二十六　法第二十九条の四第七項において準用する同条第四項の規定により交通手段再構築実証事業計画の変更に係る協議の申出をしようとする再構築協議会は、次に掲げる事項を記載した協議書を国土交通大臣に提出しなければならない。

一　変更しようとする事項（新旧の対照を明示すること。）

二　変更の理由

2　前項の協議書には、当該交通手段再構築実証事業計画に係る交通手段再構築実証事業の実施状況を記載した書類を添付しなければならない。

3　第一項の場合において、別表第三の五の上欄に掲げる規定の適用を受けようとするときは、同項各号に掲げる事項のほか、同表の中欄に掲げる事項を記載し、かつ、前項に規定する書類のほか、同表の下欄に掲げる書類を添付しなければならない。

4　前条第三項の規定は、第一項の規定による提出及び前項の規定による書類の添付について準用する。

（鉄道事業再構築事業等に関する規定の準用）

第三十六条の二十七　前章第五節の規定は法第二十九条の九において法第三章第五節の規定を準用する場合について、前章第九節の規定は同条において法第三章第九節（法第二十七条の十七及び第二十七条の十九を除く。）の規定を準用する場合について、それぞれ準用する。この場合において、第二十三条第一号、第二十四条第一号並びに第三十六条の十三第一号及び第二号中「地域公共交通計画」とあるのは「再構築方

針」と、第二十三条第一号及び第二号中「地方公共団体」とあるのは「再構築協議会の構成員である地方公共団体」と、同条第二号中「地域公共交通計画」とあるのは「当該再構築方針」と読み替えるものとする。

第四章　新地域旅客運送事業の円滑化

（新地域旅客運送事業計画の記載事項）

第三十七条　法第三十条第二項第六号の国土交通省令で定める事項は、新地域旅客運送事業の運営に重大な関係を有する事項がある場合には、その事項とする。

（新地域旅客運送事業計画の認定の申請）

第三十八条　法第三十条第一項の規定により新地域旅客運送事業計画の認定を申請しようとする者は、次に掲げる事項を記載した申請書を国土交通大臣に提出しなければならない。

一　氏名又は名称及び住所並びに法人にあっては、その代表者の氏名

二　法第三十条第二項各号に掲げる事項

2　前項の場合において、別表第四の上欄に掲げる規定の適用を受けようとするときは、同項各号に掲げる事項のほか、同表の中欄に掲げる事項を記載し、かつ、同表の下欄に掲げる書類を添付しなければならない。

3　第十六条第三項及び第二十五条第三項の規定は、第一項の規定による提出について、第二十五条第三項の規定は、前項の規定による書類の添付について準用する。

（新地域旅客運送事業計画の変更の認定の申請）

第三十九条　法第三十条第六項の規定により認定新地域旅客運送事業計画の変更の認定を受けようとする新地域旅客運送事業者は、次に掲げる事項を記載した申請書を国土交通大臣に提出しなければならない。

一　氏名又は名称及び住所並びに法人にあっては、その代表者の氏名

二　変更しようとする事項（新旧の対照を明示すること。）

三　変更の理由

2　前項の申請書には、当該新地域旅客運送事業計画に係る新地域旅客運送事業の実施状況を記載した書類を添付しなければならない。

3　第一項の場合において、別表第五の上欄に掲げる規定の適用を受けようとするときは、同項各号に掲げる事項のほか、同表の中欄に掲げる事項を記載し、かつ、前項に規定する書類のほか、同表の下欄に掲げる書類を添付しなければならない。

4　道路運送法施行規則第十四条第三項及び第二十二条第三項（同令第二十三条第三項及び第二十四条第三項において準用する場合を含む。）の規定は、第一項の規定による提出について準用する。

（認定を要しない新地域旅客運送事業計画の軽微な変更）

第三十九条の二　法第三十条第六項ただし書に規定する国土交通省令で定める軽微な変更は、次に掲げるものとする。

一　法第三十条第二項第一号から第三号まで、第五号又は第六号に掲げる事項の変更のうち、地番区域の名称の変更その他の新地域旅客運送事業の実施に実質的な影響を及ぼさない変更

二　法第三十条第二項第四号に掲げる事項の変更のうち、実施時期の六月以内の変更

2　法第三十条第七項の規定による届出をしようとする者は、次に掲げる事項を記載した届出書を国土交通大臣に提出しなければならない。

一　氏名又は名称及び住所並びに法人にあっては、その代表者の氏名

二　変更した事項（新旧の対照を明示すること。）

（法第三十条第五項の国土交通省令で定める道路管理者に対する意見聴取の方法）

第四十条　法第三十条第五項の国土交通省令で定める道路管理者に対する意見聴取の方法については、道路管理者の意見聴取に関する省令第一条から第三条まで及び第六条から第八条までの規定を準用する。この場合において、同令第一条第一項中「路線を定める旅客自動車運送事業につき」とあるのは「新地域旅客運送事業につき地域公共交通の活性化及び再生に関する法律施行規則（以下「規則」という。）第三十八条又は第三十九条に基づく申請書（」と、「。以下「規則」という。）第四条に基づく許可申請書」とあるのは「）第四条に基づく許可申請書に係る事項」と、「国土交通大臣又は地方運輸局長」とあるのは「地方運輸局長」と、「限る。）」とあるのは「限る。）に係る事項の記載がなされたものに限る。）」と、「許可申請書又は認可申請書」とあるのは「申請書」と、同条第三項中「路線を定める旅客自動車運送事業」とあるのは「新地域旅客運送事業につき規則第三十八条又は第三十九条に基づく申請書（道路運送法施行規則第十四条に基づく認可申請書に係る事項の記載がなされたものであり、かつ、その内容が」と、同令第三条第一項中「許可申請書又は認可申請書（以下「許可申請書等」という。）」とあり、及び「認可申請書」とあるのは「申請書」と、「当該許可申請書等」とあるのは「当該申請書」と、同令第六条中「国土交通大臣又は地方運輸局長」とあるのは「地方運輸局長」と読み替えるものとする。

（法第三十条第五項の国土交通省令で定める道路管理者の意見を聴く必要がない場合）

第四十一条　法第三十条第五項ただし書の国土交通省令で定める道路管理者の意見を聴く必要がない場合については、道路管理者の意見聴取に関する省令第五条の規定を準用する。この場合において、同条各号列記以外の部分中「道路運送法（昭和二十六年法律第百八十三号。以下「法」という。）第九十一条」とあるのは「地域公共交通の活性化及び再生に関する法律（平成十九年法律第五十九号。以下「法」という。）第三十条第五項」と、同条第一号中「法第四条第一項又は第十五条第一項の規定による処分により」とあるのは「法第三十四条の規定により道路運送法（昭和二十六年法律第百八十三号）第四条第一項又は第十五条第一項の規定による処分を受けたものとみなされ、これによって」と、「に係る」とあるのは「を受けたものとみなされる」と、同条第二号中「法第四条第一項又は第十五条第一項の規定による処分に係る」とあるのは「法第三十四条の規定により道路運送法第四条第一項又は第十五条第一項の規定による処分を受けたものとみなされる」と、「当該処分」とあるのは「当該処分を受けたものとみなされること」と、同条第三号中「法第十五条第一項の規定による処分に係る」とあるのは「法第三十

四条の規定により道路運送法第四条第一項又は第十五条第一項の規定による処分を受けたものとみなされる」と、「当該処分」とあるのは「当該処分を受けたものとみなされること」と読み替えるものとする。

（申請書の送付手続）

第四十二条　第十四条の規定は、令第三条の国土交通省令で定める事項（法第三十条第三項に係るものに限る。）について準用する。

（新地域旅客運送事業の運賃等の届出）

第四十三条　法第三十一条第一項の規定により運賃等の設定又は変更の届出をしようとする者は、次に掲げる事項を記載した運賃等設定（変更）届出書を提出するものとする。

一　氏名又は名称及び住所並びに法人にあっては、その代表者の氏名

二　設定又は変更しようとする運賃等を適用する路線又は航路

三　設定又は変更しようとする運賃等の種類、額及び適用方法（変更の届出の場合には、新旧の対照を明示すること。）

四　適用する期間又は区間その他の条件を付す場合にはその条件

五　実施予定日

（新地域旅客運送事業の運賃等の公示の方法等）

第四十四条　法第三十一条第三項の規定による国土交通省令で定める方法は、新地域旅客運送事業のうち、次の各号に掲げる事業に該当するものについては、それぞれ当該各号に掲げる方法とする。

一　旅客鉄道事業　鉄道運輸規程（昭和十七年鉄道省令第三号）第八条第一項に規定する方法

二　旅客軌道事業　軌道運輸規程（大正十二年鉄道省令第四号）第二条第二項及び第三条に規定する方法

三　一般乗合旅客自動車運送事業　旅客自動車運送事業運輸規則（昭和三十一年運輸省令第四十四号）第四条第一項に規定する方法

四　国内一般旅客定期航路事業　海上運送法施行規則（昭和二十四年運輸省令第四十九号）第七条に規定する方法

五　海上運送法第十九条の六の二に規定する人の運送をする貨物定期航路事業及び同法第二十条第二項に規定する人の運送をする不定期航路事業　海上運送法施行規則第二十一条の四に規定する方法

2　新地域旅客運送事業者は、法第三十一条第一項後段の規定に基づき運賃等の変更の届出を行い、同条第三項の規定に基づき運賃等を公示するときは、当該変更に係る事項を実施しようとする日の少なくとも七日前にこれをしなければならない。

第五章　新モビリティサービス事業の円滑化

（新モビリティサービス事業計画の記載事項）

第四十四条の二　法第三十六条の二第二項第六号の国土交通省令で定める事項は、次に掲げる事項とする。

一　新モビリティサービス事業の実施に必要となるデータ連携（公共交通事業者等、地方公共団体その他の関係者が、その保有するデータを共有し、及び活用することをいう。）に係る事項

二　新モビリティサービス事業と連携して実施される事業がある場合には、当該事業に関する事項

三　前二号に掲げるもののほか、新モビリティサービス事業の運営に重大な関係を有する事項がある場合には、その事項

（新モビリティサービス事業計画の認定の申請）

第四十四条の三　法第三十六条の二第一項の規定により新モビリティサービス事業計画の認定を申請しようとする者は、次に掲げる事項を記載した申請書を国土交通大臣に提出しなければならない。

一　氏名又は名称及び住所並びに法人にあっては、その代表者の氏名

二　法第三十六条の二第二項各号に掲げる事項

（新モビリティサービス事業計画の変更の認定の申請）

第四十四条の四　法第三十六条の二第四項の規定により認定新モビリティサービス事業計画の変更の認定を受けようとする新モビリティサービス事業者は、次に掲げる事項を記載した申請書を国土交通大臣に提出しなければならない。

一　氏名又は名称及び住所並びに法人にあっては、その代表者の氏名

二　変更しようとする事項（新旧の対照を明示すること。）

三　変更の理由

2　前項の申請書には、当該新モビリティサービス事業計画に係る新モビリティサービス事業の実施状況を記載した書類を添付しなければならない。

（認定を要しない新モビリティサービス事業計画の軽微な変更）

第四十四条の四の二　法第三十六条の二第四項ただし書に規定する国土交通省令で定める軽微な変更は、次に掲げるものとする。

一　法第三十六条の二第二項第一号から第三号まで、第五号又は第六号に掲げる事項の変更のうち、地番区域の名称の変更その他の新モビリティサービス事業の実施に実質的な影響を及ぼさない変更

二　法第三十六条の二第二項第四号に掲げる事項の変更のうち、実施時期の六月以内の変更

2　法第三十六条の二第五項の規定による届出をしようとする者は、次に掲げる事項を記載した届出書を国土交通大臣に提出しなければならない。

一　氏名又は名称及び住所並びに法人にあっては、その代表者の氏名

二　変更した事項（新旧の対照を明示すること。）

（共通乗車船券の届出）

第四十四条の五　法第三十六条の三第一項の規定により共通乗車船券に係る運賃又は料金の割引の届出をしようとする旅客運送事業者は、次に掲げる事項を記載した届出書を国土交通大臣に共同で提出しなければならない。

一　共通乗車船券を発行しようとする旅客運送事業者の氏名又は名称及び住所

二　共通乗車船券を発行しようとする旅客運送事業者を代表する者の氏名又は名称

三　割引を行おうとする運賃又は料金の種類

四　発行しようとする共通乗車船券の名称
五　発行しようとする共通乗車船券の発行価額
六　発行しようとする共通乗車船券に係る期間、区間その他の条件

第六章　雑則

（権限の委任）

第四十五条　法第三章第二節から第九節まで及び第四章から第六章までに規定する国土交通大臣の権限は、次に掲げるものを除き、地方運輸局長（運輸監理部長を含む。以下同じ。）に委任する。

一　法第九条第三項の規定による認定、同条第八項において準用する同条第三項の規定による変更の認定及び同条第九項の規定による取消しに係るもの

二　法第十四条第三項の規定による認定、同条第九項において準用する同条第三項の規定による変更の認定及び同条第十項の規定による取消しに係るもの（法第十三条第二項第四号に掲げる事項として法第二十九条の二第一項第一号の規定による出資若しくは貸付けを受ける旨が定められている道路運送高度化実施計画に係るもの又は一般乗合旅客自動車運送事業に関する道路運送法第四条第一項の規定による許可（道路運送法施行令（昭和二十六年政令第二百五十号）第一条第一項第一号に掲げるものを除く。）若しくは同法第十五条第一項の規定による認可（同令第一条第一項第六号に掲げるものを除く。）に係るものに限る。）

三　法第十九条第三項の規定による認定、同条第七項において準用する同条第三項の規定による変更の認定及び同条第八項の規定による取消しに係るもの（法第十八条第二項第四号に掲げる事項として法第二十九条の二第一項第一号の規定による出資又は貸付けを受ける旨が定められている海上運送高度化実施計画に係るものに限る。）

四　法第二十四条第二項（法第二十九条の九において準用する場合を含む。）の規定による認定、法第二十四条第六項（法第二十九条の九において準用する場合を含む。）の規定による変更の届出、法第二十四条第七項（法第二十九条の九において準用する場合を含む。）において準用する法第二十四条第二項の規定による変更の認定及び同条第八項（法第二十九条の九において準用する場合を含む。）の規定による取消しに係るもの（法第二十三条第二項第五号（法第二十九条の九において準用する場合を含む。）に掲げる事項として法第二十九条の二第一項第一号（法第二十九条の九において準用する場合を含む。）の規定による出資若しくは貸付けを受ける旨が定められている鉄道事業再構築実施計画に係るもの又は鉄道事業法第三条第一項の規定による許可、同法第七条第一項、第十五条第一項、第十六条第一項若しくは第二十六条第一項若しくは第二項の規定による認可（鉄道事業法施行規則第七十一条第一項第一号、第五号の二及び第六号に掲げるものを除く。）若しくは同法第十六条第三項若しくは第十七条の規定による届出（同令第七十一条第一項第七号及び第八号に掲げるものを除く。）に係るものに限る。）

五　法第二十六条第三項並びに第二十七条第二項、第三項及び第五項の規定による届出に係るもの

六　法第二十六条第四項の規定による届出に係るもの（鉄道事業法第十六条第三項後段の規定による届出に係るもの（鉄道事業法施行規則第七十一条第一項第七号に掲げるものを除く。）に限る。）

七　法第二十七条の三第二項の規定による認定、同条第六項の規定による変更の届出、同条第七項において準用する同条第二項の規定による変更の認定及び同条第八項の規定による取消しに係るもの（法第二十七条の二第二項第五号に掲げる事項として法第二十九条の二第一項第一号の規定による出資若しくは貸付けを受ける旨が定められている地域旅客運送サービス継続実施計画に係るもの又は道路運送法第四条第一項の規定による許可（道路運送法施行令第一条第一項第一号に掲げるものを除く。）、同法第九条第一項、第十五条第一項若しくは第三十六条第一項若しくは第二項の規定による認可（同令第一条第一項第二号、第六号及び第二十五号に掲げるものを除く。）又は同法第九条第三項の規定による届出（同令第一条第一項第三号に掲げるものを除く。）に係るものに限る。）

八　法第二十七条の七第三項の規定による認定、同条第九項の規定による変更の届出、同条第十項において準用する同条第三項の規定による変更の認定及び同条第十一項の規定による取消しに係るもの（法第二十七条の六第二項第四号に掲げる事項として法第二十九条の二第一項第一号の規定による出資若しくは貸付けを受ける旨が定められている貨客運送効率化実施計画に係るもの又は次に掲げるものに係るものに限る。）

イ　鉄道事業法第三条第一項の規定による許可、同法第七条第一項若しくは第十六条第一項の規定による認可（鉄道事業法施行規則第七十一条第一項第一号及び第六号に掲げるものを除く。）又は同法第十六条第三項、第十七条若しくは第十八条の規定による届出（同令第七十一条第一項第七号、第八号及び第九号に掲げるものを除く。）

ロ　軌道法第三条の規定による特許又は同法第十一条第一項の規定による認可（軌道法施行規則第二十三条ノ二第一項に掲げるものを除く。）

ハ　道路運送法第四条第一項の規定による許可（道路運送法施行令第一条第一項第一号に掲げるものを除く。）、同法第九条第一項若しくは第十五条第一項の規定による認可（同令第一条第一項第二号及び第六号に掲げるものを除く。）又は同法第九条第三項の規定による届出（同令第一条第一項第三号に掲げるものを除く。）

ニ　貨物自動車運送事業法（平成元年法律第八十三号）第三条の規定による許可（貨物自動車運送事業法施行規則（平成二年運輸省令第二十一号）第四十二条第一項第一号に掲げるものを除く。）又は同法第九条第一項の規定による認可（同令第四十二条第一項第三号に掲げるものを除く。）

ホ　貨物利用運送事業法第三条第一項の規定による登録（貨物利用運送事業法施行規則第四十七条第一項の表の第一号下欄に掲げるものに係るものを除く。）、同法第七条第一項の規定による変更登録（同令第四十七条第一項の表の第二号上欄及び第三号上欄に掲げるもののうち、それぞれ各号下欄に掲げるものに係るものを除く。）、同法第二十条若しくは第四十五条第一項の規定による許

可、同法第二十五条第一項若しくは第四十六条第二項の規定による認可（同令第四十七条第一項の表の第十五号上欄、第十六号上欄及び第二十四号上欄に掲げるもののうち、それぞれ各号下欄に掲げるものに係るものを除く。）又は同法第七条第三項、第十一条、第二十五条第三項、第三十四条第一項若しくは第四十六条第四項の規定による届出（同令第四十七条第一項の表の第四号上欄、第六号上欄、第十七号上欄、第十八号上欄、第二十三号上欄及び第二十四号上欄に掲げるもののうち、それぞれ各号下欄に掲げるものに係るものを除く。）

九　法第二十七条の十五第二項（法第二十九条の九において準用する場合を含む。）の規定による認定、法第二十七条の十五第六項（法第二十九条の九において準用する場合を含む。）の規定による変更の届出、法第二十七条の十五第七項（法第二十九条の九において準用する場合を含む。）において準用する法第二十七条の十五第二項の規定による変更の認定及び同条第八項（法第二十九条の九において準用する場合を含む。）の規定による取消しに係るもの（法第二十七条の十四第三項第五号（法第二十九条の九において準用する場合を含む。）に掲げる事項として法第二十九条の二第一項第一号（法第二十九条の九において準用する場合を含む。）の規定による出資若しくは貸付けを受ける旨が定められている地域公共交通利便増進実施計画に係るもの、法第二十七条の十四第三項（法第二十九条の九において準用する場合を含む。）の規定により同項に規定する事項を記載した地域公共交通利便増進実施計画に係るもの又は次に掲げるものに係るものに限る。）

イ　鉄道事業法第三条第一項の規定による許可、同法第七条第一項若しくは第十六条第一項の規定による認可（鉄道事業法施行規則第七十一条第一項第一号及び第六号に掲げるものを除く。）又は同法第十六条第三項、第十七条若しくは第二十八条の二第一項の規定による届出（同令第七十一条第一項第七号及び第八号に掲げるものを除く。）

ロ　軌道法第三条の規定による特許、同法第二十二条ノ二の規定による許可又は同法第十二条第一項の規定による認可（軌道法施行規則第二十三条ノ二第一項に掲げるものを除く。）

ハ　道路運送法第四条第一項の規定による許可（道路運送法施行令第一条第一項第一号に掲げるものを除く。）、同法第九条第一項若しくは第十五条第一項の規定による認可（同令第一条第一項第二号及び第六号に掲げるものを除く。）又は同法第九条第三項の規定による届出（同令第一条第一項第三号に掲げるものを除く。）

十　法第二十七条の十八第五項の規定による事業の実施方法の変更の命令又は同条第六項の規定による事業の停止の命令若しくは許可の取消し（当該事業に係る路線が道路運送法施行規則第六十七条に規定する地方的な路線の基準に該当するものである場合又は当該事業が路線を定めて行うもの以外のものである場合を除く。）

十一　法第二十七条の十八第七項において準用する道路運送法第四十一条第一項の規定による命令（道路運送法施行令第一条第一項第三十一号に掲げるものを除く。）

十二　法第二十七条の十八第七項において準用する道路運送法第四十一条第三項の規定による封印の取付け及び同条第四項の規定による登録識別情報の通知

十三　法第二十九条の四第四項の規定による同意及び同条第七項において準用する同条第四項の規定による変更の同意に係るもの（次に掲げるものに係るものに限る。）

イ　鉄道事業法第七条第一項の規定による認可（鉄道事業法施行規則第七十一条第一項第一号に掲げるものを除く。）

ロ　道路運送法第四条第一項の規定による許可（道路運送法施行令第一条第一項第一号に掲げるものを除く。）又は同法第九条第一項若しくは第十五条第一項の規定による認可（同令第一条第一項第二号及び第六号に掲げるものを除く。）

十四　法第二十九条の六第二項の規定による届出に係るもの（鉄道事業法第十六条第三項又は第十七条の規定による届出（鉄道事業法施行規則第七十一条第一項第七号及び第八号に掲げるものを除く。）に限る。）

十五　法第二十九条の七第二項の規定による届出に係るもの（道路運送法第九条第三項の規定による届出（道路運送法施行令第一条第一項第三号に掲げるものを除く。）に限る。）

十六　法第三十条第三項の規定による認定に係るもの（次に掲げるものに係るものに限る。）

イ　鉄道事業法第三条第一項の規定による許可又は同法第七条第一項の規定による認可（鉄道事業法施行規則第七十一条第一項第一号に掲げるものを除く。）

ロ　軌道法第三条の規定による特許

十七　法第三十条第八項において準用する同条第三項の規定による変更の認定に係るもの（次に掲げるものに係るものに限る。）

イ　鉄道事業法第七条第一項の規定による認可（鉄道事業法施行規則第七十一条第一項第一号に掲げるものを除く。）、同法第二十六条第一項若しくは第二項若しくは第二十七条第一項の規定による認可又は同法第二十八条の二第一項の規定による届出

ロ　軌道法第十五条、第十六条第一項（軌道の譲渡に係る部分に限る。）若しくは第二十二条ノ二の規定による許可又は同法第二十二条若しくは同法第二十六条において準用する鉄道事業法第二十七条第一項の規定による認可

十八　法第三十条第九項の規定による取消しに係るもの（次に掲げるものに係るものに限る。）

イ　鉄道事業法第三条第一項の規定による許可、同法第七条第一項の規定による認可（鉄道事業法施行規則第七十一条第一項第一号に掲げるものを除く。）、同法第二十六条第一項若しくは第二項若しくは第二十七条第一項の規定による認可又は同法第二十八条の二第一項の規定による届出

ロ　軌道法第三条の規定による特許、同法第十五条、第十六条第一項（軌道の譲渡に係る部分に限る。）若しくは第二十二条ノ二の規定による許可又は同法第二十二条若しくは同法第二十六条において準用する鉄道事業法第二十七条第一項の規定による認可

2　前項の規定により地方運輸局長に委任された権限で次に掲げるもの（運輸監理部長と運輸支局長又は二以上の運輸支局

長の管轄区域にわたるものを除く。）は、運輸監理部長又は運輸支局長に委任する。

一　法第十四条第三項の規定による認定及び同条第九項において準用する同条第三項の規定による変更の認定に係るもの（道路運送法施行令第一条第四項第一号の権限のみに係るものに限る。）

二　法第二十七条の三第二項の規定による認定及び同条第七項において準用する同条第二項の規定による変更の認定に係るもの（道路運送法施行令第一条第四項第一号若しくは第二号又は第四条第六項の権限のみに係るものに限る。）

三　法第二十七条の七第三項の規定による認定及び同条第十項において準用する同条第三項の規定による変更の認定に係るもの（道路運送法施行令第一条第四項第一号若しくは第二号又は貨物自動車運送事業法施行規則第四十二条第二項第一号の権限のみに係るものに限る。）

四　法第二十七条の十五第二項（法第二十九条の九において準用する場合を含む。）の規定による認定及び法第二十七条の十五第七項（法第二十九条の九において準用する場合を含む。）において準用する法第二十七条の十五第二項の規定による変更の認定に係るもの（道路運送法施行令第一条第四項第一号若しくは第二号又は第四条第六項の権限のみに係るものに限る。）

五　法第二十七条の十八第七項（法第二十九条の九において準用する場合を含む。）において準用する道路運送法第四十一条第一項の規定による自動車検査証の返納の受理及び自動車登録番号標の領置並びに同条第二項の規定による自動車検査証及び自動車登録番号標の返付

六　法第三十条第三項の規定による認定（道路運送法施行令第一条第四項第一号の権限のみに係るものに限る。）

七　法第三十条第六項の規定による変更の認定（道路運送法施行令第一条第四項第一号の権限のみに係るものに限る。）

3　法に規定する国土交通大臣の権限のうち、法第五条第十二項、第六条第八項、第七条の二第三項及び第三十六条の四第七項の助言に係るものは、地方整備局長、北海道開発局長、地方運輸局長、運輸支局長及び海事事務所長も行うことができる。

4　法に規定する国土交通大臣の権限のうち、法第二十八条第三項（法第二十九条の九において準用する場合を含む。）の規定による勧告、法第二十八条第四項（法第二十九条の九において準用する場合を含む。）の規定による命令及び法第三十八条の規定による報告に係るものは、第一項又は第二項の規定により権限を有する行政庁も行うことができる。

（書類の提出）

第四十六条　この省令の規定により提出すべき申請書又は届出書は、前条の規定により権限を有する行政庁に提出するものとする。

2　前項の申請書又は届出書に係る権限行政庁が地方運輸局長であるときは、その書類は、次に掲げる区分に応じ、当該各号に掲げる地方運輸局長（以下「所轄地方運輸局長」という。）に提出するものとする。

一　国内一般旅客定期航路事業及び海上運送法第十九条の六の二に規定する人の運送をする貨物定期航路事業に係るもの（次号に掲げるものを除く。）　事業計画に記載された航路の拠点を管轄する地方運輸局長

二　国内一般旅客定期航路事業を経営する法人の合併又は分割に係るもの　合併後存続する法人若しくは合併により設立する法人又は分割により国内一般旅客定期航路事業を承継する法人の主たる事務所の所在地を管轄する地方運輸局長

三　海上運送法第二十条第二項に規定する人の運送をする不定期航路事業に係るもの　主たる営業所の所在地を管轄する地方運輸局長

四　前三号に掲げるもの以外のもの　当該事案の関する土地を管轄する地方運輸局長（当該事案が二以上の地方運輸局長の管轄区域（当該事案が貨物利用運送事業法施行規則第四十七条第一項第十三号に規定する外航運送（第六項において単に「外航運送」という。）又は同項第一号に規定する内航運送（次項及び第六項において単に「内航運送」という。）に係るものである場合の近畿運輸局長の管轄区域にあっては、神戸運輸監理部長の管轄区域を除く。）にわたるときは、当該事案の主として関する土地を管轄する地方運輸局長）

3　法及びこの省令の規定により国土交通大臣に提出すべき申請書又は届出書であって法第三章第二節及び前条第一項各号に掲げるもの（同項第七号に掲げるものにあっては、貨物利用運送事業法施行規則第四十七条第一項第三号に規定する鉄道運送（第七項及び第八項において「鉄道運送」という。）のみに係る事案又は内航運送に係る第二種貨物利用運送事業のみに係る事案に係るもの）は、それぞれ所轄地方運輸局長を経由して提出しなければならない。

4　前項に規定するもののほか、法及びこの省令の規定により国土交通大臣に提出すべき申請書又は届出書（貨物利用運送事業法第二十二条第二号に規定する外国人等による国際貨物利用運送事業に係るものを除く。）は、それぞれ所轄地方運輸局長を経由して提出することができる。

5　この省令の規定により地方運輸局長に提出すべき申請書又は届出書であって一般乗合旅客自動車運送事業、一般乗用旅客自動車運送事業、自家用有償旅客運送、一般貨物自動車運送事業又は貨物利用運送事業法施行規則第四十七条第一項第一号に規定する貨物自動車運送のみに係るものは、それぞれ当該事案の関する土地を管轄する運輸監理部長又は運輸支局長（当該事案が運輸監理部長と運輸支局長又は二以上の運輸支局長の管轄区域にわたるときは、当該事案の主として関する土地を管轄する運輸監理部長又は運輸支局長。以下同じ。）を経由して提出するものとする。

6　この省令の規定により地方運輸局長に提出すべき申請書又は届出書であって国内一般旅客定期航路事業等、内航運送、外航運送又は外国人国際第二種貨物海上利用運送事業のみに係るものは、それぞれ当該事案の関する土地を管轄する運輸支局長又は海事事務所長（当該事案が二以上の運輸支局長又は海事事務所長の管轄区域にわたるときは、当該事案の主として関する土地を管轄する運輸支局長又は海事事務所長）を経由して提出することができる。

7　この省令の規定により地方運輸局長に提出すべき申請書又は届出書であって貨物利用運送事業法施行規則第四十七条第一項第十三号に規定する航空運送若しくは鉄道運送に係る第二種貨物利用運送事業に係る集配事業計画又は貨物利用運送

事業法第四十九条の二第三号に規定する外国人国際第二種貨物航空利用運送事業者の事業計画（貨物の集配に係るものに限る。）の変更に係る事案に係るものは、それぞれ当該事案の関する土地を管轄する運輸監理部長又は運輸支局長を経由して提出することができる。

8　この省令の規定により地方運輸局長に提出すべき届出書（貨物自動車運送事業法第三条の許可を受けている者が行うものに限る。）であって鉄道運送に係る第二種貨物利用運送事業に係る事業計画（貨物利用運送事業法施行規則第十八条第一項第三号又は第四号に掲げる事項に限る。）の変更に係る事案に係るものは、それぞれ当該事案の関する土地を管轄する運輸監理部長又は運輸支局長を経由して提出することができる。

（申請書等の進達）

第四十七条　地方運輸局長は、前条第四項の規定により申請書又は届出書を受け付けたときは、遅滞なく国土交通大臣に進達しなければならない。

附　則

この省令は、法の施行の日（平成十九年十月一日）から施行する。

附　則（平二〇・一〇・一国交令八二）

この省令は、地域公共交通の活性化及び再生に関する法律の一部を改正する法律［平成二〇年五月法律第四九号］の施行の日（平成二十年十月一日）から施行する。

附　則（平二〇・一二・一国交令九七抄）

（施行期日）

1　この省令は、公布の日から施行する。

附　則（平二六・一一・二〇国交令八七）

この省令は、地域公共交通の活性化及び再生に関する法律の一部を改正する法律［平成二六年五月法律第四一号］の施行の日（平成二十六年十一月二十日）から施行する。

附　則（平二七・八・二五国交令六四抄）

（施行期日）

1　この省令は、地域公共交通の活性化及び再生に関する法律及び独立行政法人鉄道建設・運輸施設整備支援機構法の一部を改正する法律［平成二七年五月法律第二八号］の施行の日（平成二十七年八月二十六日）から施行する。

附　則（令二・一一・二七国交令九三抄）

（施行期日）

第一条　この省令は、持続可能な運送サービスの提供の確保に資する取組を推進するための地域公共交通の活性化及び再生に関する法律等の一部を改正する法律［令和二年六月法律第三六号］の施行の日（令和二年十一月二十七日）から施行する。

附　則（令五・六・三〇国交令五五）

この省令は、地域公共交通の活性化及び再生に関する法律等の一部を改正する法律［令和五年四月法律第一八号］附則第一条第二号に掲げる規定の施行の日（令和五年七月一日）から施行する。

附　則（令五・九・二二国交令七三抄）

（施行期日）

1　この省令は、地域公共交通の活性化及び再生に関する法律等の一部を改正する法律［令和五年四月法律第一八号］の施行の日（令和五年十月一日）から施行する。

附　則（令六・一・一九国交令三抄）

（施行期日）

第一条　この省令は、海上運送法等の一部を改正する法律［令和五年五月法律第二四号］（以下「改正法」という。）の施行の日（令和六年四月一日）から施行する。［後略］

別表第一（第十六条及び第十七条関係）

規定		事項	書類
法第十五条	道路運送法第四条第一項の許可（一般乗合旅客自動車運送事業に係るものに限る。）に係る部分	道路運送法施行規則第六条第一項各号に掲げる事項	道路運送法施行規則第六条第一項各号に掲げる書類
	道路運送法第九条第四項の届出に係る部分	道路運送法施行規則第九条第一項各号に掲げる事項	道路運送法施行規則第九条第二項に規定する書類
	道路運送法第九条の三第三項の届出に係る部分	道路運送法施行規則第十条の五第一項各号に掲げる事項	道路運送法施行規則第十条の五第二項に規定する書類
	道路運送法第十五条第一項（特定地域及び準特定地域における一般乗用旅客自動車運送事業の適正化及び活性化に関する特別措置法（平成二十一年法律第六十四号）第十五条第一項の規定により読み替えて適用する場合を含む。）の認可に係る部分	道路運送法施行規則第十四条第一項各号に掲げる事項	道路運送法施行規則第十四条第二項に規定する書類
	道路運送法第十五条第三項の届出に係る部分	道路運送法施行規則第十五条第二項において準用する	道路運送法施行規則第十五条第二項において準用する

規定		事項	書類
		同令第十四条第一項各号に掲げる事項	同令第十四条第二項に規定する書類
	道路運送法第十五条第四項の届出に係る部分	道路運送法施行規則第十五条の二第二項において準用する同令第十四条第一項各号に掲げる事項	道路運送法施行規則第十五条の二第二項において準用する同令第十四条第二項に規定する書類

別表第二（第二十一条及び第二十二条関係）

規定		事項	書類
法第二十条	海上運送法第三条第一項の許可に係る部分	海上運送法施行規則第二条第一項各号に掲げる事項	海上運送法施行規則第二条第二項各号に掲げる書類
	海上運送法第十一条第一項の認可に係る部分	海上運送法施行規則第八条各号に掲げる事項	
	海上運送法第十一条第三項の届出に係る部分	海上運送法施行規則第八条の二第二項各号に掲げる事項	
	海上運送法第十九条の五第一項の届出に係る部分	海上運送法施行規則第二十条各号又は第二十条の二各号に掲げる事項	
	海上運送法第二十条第二項の届出に係る部分	海上運送法施行規則第二十二条各号又は第二十二条の三各号に掲げる事項	

別表第二の二（第二十五条及び第二十六条関係）

規定		事項	書類
法第二十五条第一項	鉄道事業法第三条第一項の許可に係る部分	鉄道事業法第四条第一項各号に掲げる事項	鉄道事業法施行規則第二条第二項各号に掲げる書類及び図面
	鉄道事業法第七条第一項の認可に係る部分	鉄道事業法施行規則第七条第一項各号に掲げる事項	鉄道事業法施行規則第七条第二項に規定する書類及び図面
	鉄道事業法第七条第三項の届出に係る部分	鉄道事業法施行規則第八条第二項各号に掲げる事項	
	鉄道事業法第十五条第一項の認可に係る部分	鉄道事業法施行規則第三十条第二項各号に掲げる事項	鉄道事業法施行規則第三十条第三項各号に掲げる書類
	鉄道事業法第十六条第一項の認可に係る部分	鉄道事業法施行規則第三十二条第二項各号に掲げる事項	鉄道事業法施行規則第三十二条第三項に規定する書類
	鉄道事業法第十六条第三項の届出に係る部分	鉄道事業法施行規則第三十三条第一項各号に掲げる事項	
	鉄道事業法第十六条第四項の届出に係る部分	鉄道事業法施行規則第三十三条第一項各号に掲げる事項	鉄道事業法施行規則第三十三条第二項に規定する書類

	鉄道事業法第十六条第八項の届出に係る部分	鉄道事業法施行規則第三十四条第二項において準用する同令第三十三条第一項各号に掲げる事項	
	鉄道事業法第十七条の届出に係る部分	鉄道事業法施行規則第三十五条第一項各号及び第三項各号に掲げる事項	鉄道事業法施行規則第三十五条第二項各号に掲げる書類及び図面
	鉄道事業法第二十五条第一項の許可に係る部分	鉄道事業法施行規則第三十八条第二項各号に掲げる事項	鉄道事業法施行規則第三十八条第三項各号に掲げる書類
	鉄道事業法第二十六条第一項の認可に係る部分	鉄道事業法施行規則第三十九条第一項各号に掲げる事項	鉄道事業法施行規則第三十九条第二項各号に掲げる書類
	鉄道事業法第二十六条第二項の認可に係る部分	鉄道事業法施行規則第四十条第一項各号に掲げる事項	鉄道事業法施行規則第四十条第二項各号に掲げる書類

別表第三（第三十条関係）

規定		事項	書類
法第二十七条第四項	鉄道事業法第七条第三項の届出に係る部分	鉄道事業法施行規則第八条第二項各号に掲げる事項	
	鉄道事業法第十六条第三項後段の届出に係る部分	鉄道事業法施行規則第三十三条第一項各号に掲げる事項	
	鉄道事業法第十六条第四項の届出に係る部分	鉄道事業法施行規則第三十三条第一項各号に掲げる事項	鉄道事業法施行規則第三十三条第二項に規定する書類
	鉄道事業法第十六条第八項後段の届出に係る部分	鉄道事業法施行規則第三十四条第二項において準用する同令第三十三条第一項各号に掲げる事項	

別表第三の二（第三十五条及び第三十六条関係）

規定		事項	書類
法第二十七条の四第一項	道路運送法第四条第一項の許可に係る部分	道路運送法施行規則第五条第一項各号に掲げる事項	道路運送法施行規則第六条第一項各号に掲げる書類
	道路運送法第九条第一項の認可に係る部分	道路運送法施行規則第八条第一項各号に掲げる事項	道路運送法施行規則第八条第二項に規定する書類
	道路運送法第九条第三項の届出に係る部分	道路運送法施行規則第九条第一項各号に掲げる事項	
	道路運送法第九条第四項の届出に係る部分	道路運送法施行規則第九条第一項各号に掲げる事項	道路運送法施行規則第九条第二項に規定する書類
	道路運送法第九条第六項の届出に係る部分	道路運送法施行規則第十条第三項各号に掲げる事項	
	道路運送法第十五条第一項の認可に係る部分	道路運送法施行規則第十四条第一項各号に掲げる事項	道路運送法施行規則第十四条第二項に規定する書類
	道路運送法第十五条第三項の届出に係る部分	道路運送法施行規則第十五条第二項において準用する同令第十四条第一項各号に掲げる事項	道路運送法施行規則第十五条第二項において準用する同令第十四条第二項に規定する書類
	道路運送法第十五条第四項の届出に係る部分	道路運送法施行規則第十五条の二第二項	道路運送法施行規則第十五条の二第二項

		において準用する同令第十四条第一項各号に掲げる事項	において準用する同令第十四条第二項に規定する書類
	道路運送法第十五条の三第一項又は第二項の届出に係る部分	道路運送法施行規則第十五条の十三第一項各号に掲げる事項	道路運送法施行規則第十五条の十三第二項に規定する図面
	道路運送法第十五条の三第三項の届出に係る部分	道路運送法施行規則第十五条の十四第二項に掲げる事項	
	道路運送法第三十六条第一項の認可に係る部分	道路運送法施行規則第二十二条第一項各号に掲げる事項	道路運送法施行規則第二十二条第二項各号に掲げる書類及び図面
	道路運送法第三十六条第二項の認可に係る部分	道路運送法施行規則第二十三条第一項各号に掲げる事項	道路運送法施行規則第二十三条第二項各号に掲げる書類及び図面
法第二十七条の五第一項	海上運送法第三条第一項の許可に係る部分	海上運送法施行規則第二条第一項各号に掲げる事項	海上運送法施行規則第二条第二項各号に掲げる書類
	海上運送法第六条の届出に係る部分	海上運送法施行規則第三条各号に掲げる事項	
	海上運送法第八条第一項の届出に係る部分	海上運送法施行規則第四条各号に掲げる事項	
	海上運送法第八条第三項の認可に係る部分	海上運送法施行規則第四条の二第二項各号に掲げる事項	
	海上運送法第十一条第一項の認可に係る部分	海上運送法施行規則第八条各号に掲げる事項	
	海上運送法第十一条第三項の届出に係る部分	海上運送法施行規則第八条の二第二項各号に掲げる事項	
	海上運送法第十一条の二第一項の届出に係る部分	海上運送法施行規則第九条各号に掲げる事項	
	海上運送法第十一条の二第二項の認可に係る部分	海上運送法施行規則第十条各号に掲げる事項	
	海上運送法第十一条の二第四項の届出に係る部分	海上運送法施行規則第十一条第二項各号に掲げる事項	
	海上運送法第十八条第一項の認可に係る部分	海上運送法施行規則第十六条第一項各号に掲げる事項	海上運送法施行規則第十六条第二項各号に掲げる書類
	海上運送法第十八条第二項の認可に係る部分	海上運送法施行規則第十七条第一項各号に掲げる事項	海上運送法施行規則第十七条第二項各号に掲げる書類

別表第三の三（第三十六条の七及び第三十六条の八関係）

規定事項			書類
法第二十七条の八第一項	鉄道事業法第三条第一項の許可に係る部分	鉄道事業法第四条第一項各号に掲げる事項	鉄道事業法施行規則第二条第二項各号に掲げる書類及び図面
	鉄道事業法第七条第一項の認可に係る部分	鉄道事業法施行規則第七条第一項各号に掲げる事項	鉄道事業法施行規則第七条第二項に規定する書類及び図面
	鉄道事業法第七条第三項の届出に係る部分	鉄道事業法施行規則第八条第二項各号に掲げる事項	
	鉄道事業法第十六条第一項の認可に係る部分	鉄道事業法施行規則第三十二条第二項各号に掲げる事項	鉄道事業法施行規則第三十二条第三項に規定する書類
	鉄道事業法第十六条第三項の届出に係る部分	鉄道事業法施行規則第三十三条第一項各号に掲げる事項	
	鉄道事業法第十六条第八項の届出に係る部分	鉄道事業法施行規則第三十四条第二項において準用する同令第三十三条第一項各号に掲げる事項	
	鉄道事業法第十七条の届出に係る部分	鉄道事業法施行規則第三十五条第一項各	鉄道事業法施行規則第三十五条第二項各

		号及び第三項各号に掲げる事項	号に掲げる書類及び図面
法第二十七条の八第二項	鉄道事業法第十八条の届出に係る部分	鉄道事業法施行規則第三十六条第一項各号に掲げる事項	鉄道事業法施行規則第三十六条第二項各号に掲げる書類
法第二十七条の九	軌道法第三条の特許に係る部分		軌道法施行規則第一条第一項各号に掲げる書類及び図面並びに同条第二項に規定する事由書
	軌道法第十一条第一項（旅客運賃の設定に係るものに限る。）の認可に係る部分	軌道法施行規則第十九条第一項に規定する事項	軌道法施行規則第十九条第二項に規定する書類
	軌道法第十一条第一項（旅客運賃の変更に係るものに限る。）の認可に係る部分	軌道法施行規則第二十二条第一項に規定する事由	軌道法施行規則第二十二条第二項に規定する書類
	軌道法第十一条第一項（荷物運賃の設定に係るものに限る。）の認可に係る部分	軌道法施行規則第二十条第一項及び第二項に規定する事項	軌道法施行規則第二十条第二項に規定する書類
	軌道法第十一条第一項（荷物運賃の変更に係るものに限る。）の認可に係る部分	軌道法施行規則第二十二条第一項に規定する事由	軌道法施行規則第二十二条第二項に規定する書類
	軌道法第十一条第一項（運輸に関する料金の設定に係るものに限る。）の認可に係る部分	軌道法施行規則第二十一条第一項に規定する事項	
	軌道法第十一条第一項（運輸に関する料金の変更に係るものに限る。）の認可に係る部分	軌道法施行規則第二十二条第一項に規定する事由	
	軌道法第十一条第二項（国土交通省令を以て定める料金の設定に係るものに限る。）の届出に係る部分	軌道法施行規則第二十一条第三項に規定する事項	
	軌道法第十一条第二項（国土交通省令を以て定める料金の変更に係るものに限る。）の届出に係る部分	軌道法施行規則第二十二条第三項に規定する事由	
法第二十七条の十	道路運送法第四条第一項の許可に係る部分	道路運送法第五条第一項各号に掲げる事項	道路運送法施行規則第六条第一項各号に掲げる書類
	道路運送法第九条第一項の認可に係る部分	道路運送法施行規則第八条第一項各号に掲げる事項	道路運送法施行規則第八条第二項に規定する書類
	道路運送法第九条第三項の届出に係る部分	道路運送法施行規則第九条第一項各号に掲げる事項	
	道路運送法第九条第四項の届出に係る部分	道路運送法施行規則第九条第一項各号に掲げる事項	道路運送法施行規則第九条第二項に規定する書類
	道路運送法第九条第六項の届出に係る部分	道路運送法施行規則第十条第三項各号に掲げる事項	
	道路運送法第十五条第一項の認可に係る部分	道路運送法施行規則第十四条第一項各号に掲げる事項	道路運送法施行規則第十四条第二項に規定する書類
	道路運送法第十五条第三項の届出に係る部分	道路運送法施行規則第十五条第二項において準用する同令第十四条第一項各号に掲げる事項	道路運送法施行規則第十五条第二項において準用する同令第十四条第二項に規定する書類
	道路運送法第十五条第四項の届出に係る部分	道路運送法施行規則第十五条の二第二項において準用する同令第十四条第一項各号に掲げる事項	道路運送法施行規則第十五条の二第二項において準用する同令第十四条第二項に規定する書類
	道路運送法第十五条の三第一項又は第二項の届出に係る部分	道路運送法施行規則第十五条の十三第一項各号に掲げる事項	道路運送法施行規則第十五条の十三第二項に規定する図面
	道路運送法第十五条の三第三項の届出に係る部分	道路運送法施行規則第十五条の十四第二項に掲げる事項	

法第二十七条の十一	貨物自動車運送事業法第三条の許可に係る部分	貨物自動車運送事業法第四条第一項各号及び第二項各号に掲げる事項	貨物自動車運送事業法施行規則第三条各号に掲げる書類
	貨物自動車運送事業法第九条第一項の認可に係る部分	貨物自動車運送事業法施行規則第五条第一項各号に掲げる事項	貨物自動車運送事業法施行規則第五条第二項に規定する書類
	貨物自動車運送事業法第九条第三項の届出に係る部分	貨物自動車運送事業法施行規則第六条第二項各号又は第七条第二項各号に掲げる事項	貨物自動車運送事業法施行規則第六条第三項又は第七条第三項に規定する書類
法第二十七条の十二第一項	貨物利用運送事業法第三条第一項の登録に係る部分	貨物利用運送事業法第四条第一項各号に掲げる事項	貨物利用運送事業法施行規則第四条第二項各号に掲げる書類
	貨物利用運送事業法第七条第一項の変更登録に係る部分	貨物利用運送事業法施行規則第九条第一項各号に掲げる事項	貨物利用運送事業法施行規則第九条第二項に規定する書類
	貨物利用運送事業法第七条第三項の届出に係る部分	貨物利用運送事業法施行規則第十条第一項各号に掲げる事項	貨物利用運送事業法施行規則第十条第二項に規定する書類
法第二十七条の十二第二項前段	貨物利用運送事業法第十一条の届出に係る部分	貨物利用運送事業法施行規則第十四条第二項各号に掲げる事項	貨物利用運送事業法施行規則第十四条第三項に規定する書類
法第二十七条の十三第一項	貨物利用運送事業法第二十条の許可に係る部分	貨物利用運送事業法第二十一条第一項各号に掲げる事項	貨物利用運送事業法施行規則第十九条第一項各号に掲げる書類
	貨物利用運送事業法第二十五条第一項の認可に係る部分	貨物利用運送事業法施行規則第二十条第一項各号に掲げる事項	貨物利用運送事業法施行規則第二十条第二項に規定する書類
	貨物利用運送事業法第二十五条第三項の届出に係る部分	貨物利用運送事業法施行規則第二十一条第二項各号又は第二十二条第二項各号に掲げる事項	貨物利用運送事業法施行規則第二十一条第三項又は第二十二条第三項に規定する書類
	貨物利用運送事業法第四十五条第一項の許可に係る部分	貨物利用運送事業法施行規則第三十九条第一項各号に掲げる事項	貨物利用運送事業法施行規則第三十九条第二項各号に掲げる書類
	貨物利用運送事業法第四十六条第二項の認可に係る部分	貨物利用運送事業法施行規則第四十条第一項各号に掲げる事項	貨物利用運送事業法施行規則第四十条第二項に規定する書類
	貨物利用運送事業法第四十六条第四項の届出に係る部分	貨物利用運送事業法施行規則第四十一条第二項各号又は第四十二条第二項各号に掲げる事項	貨物利用運送事業法施行規則第四十一条第三項又は第四十二条第三項に規定する書類
法第二十七条の十三第二項前段	貨物利用運送事業法第三十四条第一項において準用する同法第十一条の届出に係る部分	貨物利用運送事業法施行規則第十四条第二項各号に掲げる事項	貨物利用運送事業法施行規則第十四条第三項に規定する書類

別表第三の四（第三十六条の十六及び第三十六条の十七関係）

規定事項書類			
法第二十七条の十六	鉄道事業法第三条第一項の許可に係る部分	鉄道事業法第四条第一項各号に掲げる事項	鉄道事業法施行規則第二条第二項各号に掲げる書類及び図面
	鉄道事業法第七条第一項の認可に係る部分	鉄道事業法施行規則第七条第一項各号に掲げる事項	鉄道事業法施行規則第七条第二項に規定する書類及び図面
	鉄道事業法第七条第三項の届出に係る部分	鉄道事業法施行規則第八条第二項各号に掲げる事項	
	鉄道事業法第十六条第一項の認可に係る部分	鉄道事業法施行規則第三十二条第二項各号に掲げる事項	鉄道事業法施行規則第三十二条第三項に規定する書類
	鉄道事業法第十六条第三項の届出に係る部分	鉄道事業法施行規則第三十三条第一項各号に掲げる事項	
	鉄道事業法第十六条第四項の届出に係る部分	鉄道事業法施行規則第三十三条第一項各号に掲げる事項	鉄道事業法施行規則第三十三条第二項に規定する書類
	鉄道事業法第十六条第八項の届出に係る部分	鉄道事業法施行規則第三十四条第二項において準用する同令第三十	

		三条第一項各号に掲げる事項	
	鉄道事業法第十七条の届出に係る部分	鉄道事業法施行規則第三十五条第一項各号及び第三項各号に掲げる事項	鉄道事業法施行規則第三十五条第二項各号に掲げる書類及び図面
	鉄道事業法第十八条第一項の届出に係る部分	鉄道事業法施行規則第四十二条第一項各号に掲げる事項	
	鉄道事業法第十八条の二第一項の届出に係る部分	鉄道事業法施行規則第四十二条第一項各号に掲げる事項	鉄道事業法施行規則第四十二条第二項各号に掲げる書類
法第二十七条の十七	軌道法第三条の特許に係る部分		軌道法施行規則第一条第一項各号に掲げる書類及び図面並びに同条第二項に規定する事由書
	軌道法第十一条第一項（旅客運賃の設定に係るものに限る。）の認可に係る部分	軌道法施行規則第十九条第一項に規定する事項	軌道法施行規則第十九条第二項に規定する書類
	軌道法第十一条第一項（旅客運賃の変更に係るものに限る。）の認可に係る部分	軌道法施行規則第二十二条第一項に規定する事由	軌道法施行規則第二十二条第二項に規定する書類
	軌道法第十一条第一項（荷物運賃の設定に係るものに限る。）の認可に係る部分	軌道法施行規則第二十条第一項及び第二項に規定する事項	軌道法施行規則第二十条第二項に規定する書類
	軌道法第十一条第一項（荷物運賃の変更に係るものに限る。）の認可に係る部分	軌道法施行規則第二十二条第一項に規定する事由	軌道法施行規則第二十二条第二項に規定する書類
	軌道法第十一条第一項（運輸に関する料金の設定に係るものに限る。）の認可に係る部分	軌道法施行規則第二十一条第一項に規定する事項	
	軌道法第十一条第一項（運輸に関する料金の変更に係るものに限る。）の認可に係る部分	軌道法施行規則第二十二条第一項に規定する事由	
	軌道法第十一条第二項（国土交通省令を以て定める料金の設定に係るものに限る。）の届出に係る部分	軌道法施行規則第二十一条第三項に規定する事項	
	軌道法第十一条第二項（国土交通省令を以て定める料金の変更に係るものに限る。）の届出に係る部分	軌道法施行規則第二十二条第三項に規定する事由	
	軌道法第二十二条ノ二の許可に係る部分	軌道法施行規則第二十八条第一項及び第二項に規定する事項	軌道法施行規則第二十八条第二項に規定する書類
法第二十七条の十八第一項	道路運送法第四条第一項の許可に係る部分	道路運送法施行規則第五条第一項各号に掲げる事項	道路運送法施行規則第六条第一項各号に掲げる書類
	道路運送法第九条第一項の認可に係る部分	道路運送法施行規則第八条第一項各号に掲げる事項	道路運送法施行規則第八条第二項に規定する書類
	道路運送法第九条第三項の届出に係る部分	道路運送法施行規則第九条第一項各号に掲げる事項	
	道路運送法第九条第四項の届出に係る部分	道路運送法施行規則第九条第一項各号に掲げる事項	道路運送法施行規則第九条第二項に規定する書類
	道路運送法第九条第六項の届出に係る部分	道路運送法施行規則第十条第三項各号に掲げる事項	
	道路運送法第九条の三第三項の届出に係る部分	道路運送法施行規則第十条の五第一項各号に掲げる事項	道路運送法施行規則第十条の五第二項に規定する書類
	道路運送法第十五条第一項の認可に係る部分	道路運送法施行規則第十四条第一項各号に掲げる事項	道路運送法施行規則第十四条第二項に規定する書類
	道路運送法第十五条第三項の届出に係る部分	道路運送法施行規則第十五条第二項にお	道路運送法施行規則第十五条第二項にお

		いて準用する同令第十四条第一項各号に掲げる事項	いて準用する同令第十四条第二項に規定する書類
	道路運送法第十五条第四項の届出に係る部分	道路運送法施行規則第十五条の二第二項において準用する同令第十四条第一項各号に掲げる事項	道路運送法施行規則第十五条の二第二項において準用する同令第十四条第二項に規定する書類
	道路運送法第十五条の二第一項の届出に係る部分	道路運送法施行規則第十五条の五第一項各号に掲げる事項	道路運送法施行規則第十五条の五第二項又は第三項に規定する書類
	道路運送法第十五条の三第一項又は第二項の届出に係る部分	道路運送法施行規則第十五条の十三第一項各号に掲げる事項	道路運送法施行規則第十五条の十三第二項に規定する図面
	道路運送法第十五条の三第三項の届出に係る部分	道路運送法施行規則第十五条の十四第二項に掲げる事項	
	道路運送法第三十八条第一項の届出に係る部分	道路運送法施行規則第二十五条第一項各号に掲げる事項	
	道路運送法第三十八条第二項の届出に係る部分	道路運送法施行規則第二十五条第二項において準用する同令第十五条の五第一項	道路運送法施行規則第二十五条第二項において準用する同令第十五条の五第二項
		各号に掲げる事項	又は第三項に規定する書類
	道路運送法第七十九条の登録に係る部分	道路運送法第七十九条の二第一項各号に掲げる事項	道路運送法施行規則第五十一条の三各号に掲げる書類
	道路運送法第七十九条の七第一項の登録に係る部分	道路運送法施行規則第五十一条の十一第一項各号に掲げる事項	道路運送法施行規則第五十一条の十一第二項各号に掲げる書類
	道路運送法第七十九条の七第三項の届出に係る部分	道路運送法施行規則第五十一条の十三第一項各号に掲げる事項	道路運送法施行規則第五十一条の十三第三項各号に掲げる書類
法第二十七条の十九	海上運送法第三条第一項の許可に係る部分	海上運送法施行規則第二条第一項各号に掲げる事項	海上運送法施行規則第二条第二項各号に掲げる書類
	海上運送法第六条の届出に係る部分	海上運送法施行規則第三条各号に掲げる事項	
	海上運送法第八条第一項の届出に係る部分	海上運送法施行規則第四条各号に掲げる事項	
	海上運送法第八条第三項の認可に係る部分	海上運送法施行規則第四条の二第二項各号に掲げる事項	
	海上運送法第十一条第一項の認可に係る部分	海上運送法施行規則第八条各号に掲げる事項	
	海上運送法第十一条第三項の届出に係る部分	海上運送法施行規則第八条の二第二項各号に掲げる事項	
	海上運送法第十一条の二第一項の届出に係る部分	海上運送法施行規則第九条各号に掲げる事項	
	海上運送法第十一条の二第二項の認可に係る部分	海上運送法施行規則第十条各号に掲げる事項	
	海上運送法第十一条の二第四項の届出に係る部分	海上運送法施行規則第十一条第二項各号に掲げる事項	
	海上運送法第十六条第一項又は第二項の届出に係る部分	海上運送法施行規則第十五条各号に掲げる事項	
	海上運送法第十九条の五第一項の届出に係る部分	海上運送法施行規則第二十条各号又は第二十条の二各号に掲げる事項	
	海上運送法第十九条の五第二項の届出に係る部分	海上運送法施行規則第二十一条各号に掲げる事項	
	海上運送法第二十条第二項の届出に係る部分	海上運送法施行規則第二十二条各号又は第二十二条の三各号に掲げる事項	

海上運送法第二十条第三項の届出に係る部分	海上運送法施行規則第二十三条各号に掲げる事項	

別表第三の五（第三十六条の二十五及び第三十六条の二十六関係）

規定	事項	書類
法第二十九条の六第一項	鉄道事業法第七条第一項の認可に係る部分	鉄道事業法施行規則第七条第一項各号に掲げる事項	鉄道事業法施行規則第七条第二項に規定する書類及び図面
法第二十九条の七第一項	道路運送法第四条第一項の許可に係る部分	道路運送法第五条第一項各号に掲げる事項	道路運送法施行規則第六条第一項各号に掲げる書類
	道路運送法第九条第一項の認可に係る部分	道路運送法施行規則第八条第一項各号に掲げる事項	道路運送法施行規則第八条第二項に規定する書類
	道路運送法第十五条第一項の認可に係る部分	道路運送法施行規則第十四条第一項各号に掲げる事項	道路運送法施行規則第十四条第二項に規定する書類
	道路運送法第七十九条の登録に係る部分	道路運送法第七十九条の二第一項各号に掲げる事項	道路運送法施行規則第五十一条の三各号に掲げる書類
	道路運送法第七十九条の七第一項の変更登録に係る部分	道路運送法施行規則第五十一条の十一第一項各号に掲げる事項	道路運送法施行規則第五十一条の十一第二項各号に掲げる書類

別表第四（第三十八条関係）

規定	事項	書類
法第三十二条第一項	鉄道事業法第三条第一項の許可に係る部分	鉄道事業法第四条第一項各号に掲げる事項	鉄道事業法施行規則第二条第二項各号に掲げる書類及び図面
	鉄道事業法第七条第一項の認可に係る部分	鉄道事業法施行規則第七条第一項各号に掲げる事項	鉄道事業法施行規則第七条第二項に規定する書類及び図面
	鉄道事業法第七条第三項の届出に係る部分	鉄道事業法施行規則第八条第二項各号に掲げる事項	
法第三十三条第一項	軌道法第三条の特許に係る部分		軌道法施行規則第一条第一項各号に掲げる書類及び図面並びに同条第二項に規定する事由書
法第三十四条第一項	道路運送法第四条第一項の許可に係る部分	道路運送法第五条第一項各号に掲げる事項	道路運送法施行規則第六条第一項各号に掲げる書類
	道路運送法第十五条第一項の認可に係る部分	道路運送法施行規則第十四条第一項各号に掲げる事項	道路運送法施行規則第十四条第二項に規定する書類
	道路運送法第十五条第三項の届出に係る部分	道路運送法施行規則第十五条第二項において準用する同令第十四条	道路運送法施行規則第十五条第二項において準用する同令第十四条

		第一項各号に掲げる事項	第二項に規定する書類
	道路運送法第十五条第四項の届出に係る部分	道路運送法施行規則第十五条の二第二項において準用する同令第十四条第一項各号に掲げる事項	道路運送法施行規則第十五条の二第二項において準用する同令第十四条第二項に規定する書類
法第三十五条第一項	海上運送法第三条第一項の許可に係る部分	海上運送法施行規則第二条第一項各号に掲げる事項	海上運送法施行規則第二条第二項各号に掲げる書類
	海上運送法第十一条第一項の認可に係る部分	海上運送法施行規則第八条各号に掲げる事項	
	海上運送法第十一条第三項の届出に係る部分	海上運送法施行規則第八条の二第二項各号に掲げる事項	
	海上運送法第十九条の五第一項の届出に係る部分	海上運送法施行規則第二十条各号又は第二十条の二各号に掲げる事項	
	海上運送法第二十条第二項の届出に係る部分	海上運送法施行規則第二十二条各号又は第二十二条の三各号に掲げる事項	

別表第五（第三十九条関係）

規定		事項	書類
法第三十二条第二項	鉄道事業法第七条第一項の認可に係る部分	鉄道事業法施行規則第七条第一項各号に掲げる事項	鉄道事業法施行規則第七条第二項に規定する書類及び図面
	鉄道事業法第七条第三項の届出に係る部分	鉄道事業法施行規則第八条第二項各号に掲げる事項	
	鉄道事業法第二十六条第一項の認可に係る部分	鉄道事業法施行規則第三十九条第一項各号に掲げる事項	鉄道事業法施行規則第三十九条第二項各号に掲げる書類
	鉄道事業法第二十六条第二項の認可に係る部分	鉄道事業法施行規則第四十条第一項各号に掲げる事項	鉄道事業法施行規則第四十条第二項各号に掲げる書類
	鉄道事業法第二十七条第一項の認可に係る部分	鉄道事業法施行規則第四十一条第一項各号に掲げる事項	鉄道事業法施行規則第四十一条第二項各号に掲げる書類
	鉄道事業法第二十八条第一項又は第二十八条の二第一項の届出に係る部分	鉄道事業法施行規則第四十二条第一項各号に掲げる事項	鉄道事業法施行規則第四十二条第二項各号に掲げる書類
法第三十三条第二項	軌道法第十六条第一項（軌道の譲渡に係る部分に限る。）の許可に係る部分		軌道法施行規則第二十五条第一項各号に掲げる書類
	軌道法第二十二条の認可に係る部分	軌道法施行規則第二十六条に規定する事項	軌道法施行規則第二十六条各号に掲げる書類
	軌道法第二十二条ノ二の許可に係る部分	軌道法施行規則第二十八条第一項及び第二項に規定する事項	軌道法施行規則第二十八条第二項に規定する書類
	軌道法第二十六条において準用する鉄道事業法第二十七条第一項の認可に係る部分	軌道法施行規則第二十七条第一項各号に掲げる事項	軌道法施行規則第二十七条第二項に規定する書類
法第三十四条第二項	道路運送法第十五条第一項の認可に係る部分	道路運送法施行規則第十四条第一項各号に掲げる事項	道路運送法施行規則第十四条第二項に規定する書類
	道路運送法第十五条第三項の届出に係る部分	道路運送法施行規則第十五条第二項において準用する同令第十四条第一項各号に掲げる事項	道路運送法施行規則第十五条第二項において準用する同令第十四条第二項に規定する書類
	道路運送法第十五条第四項の届出に係る部分	道路運送法施行規則第十五条の二第二項において準用する同令第十四条第一項各号に掲げる事項	道路運送法施行規則第十五条の二第二項において準用する同令第十四条第二項に規定する書類
	道路運送法第十五条の二第一項の届出に係る部分	道路運送法施行規則第十五条の五第一項各号に掲げる事項	道路運送法施行規則第十五条の五第二項又は第三項に規定する書類

	道路運送法第三十六条第一項の認可に係る部分	道路運送法施行規則第二十二条第一項各号に掲げる事項	道路運送法施行規則第二十二条第二項各号に掲げる書類及び図面
	道路運送法第三十六条第二項の認可に係る部分	道路運送法施行規則第二十三条第一項各号に掲げる事項	道路運送法施行規則第二十三条第二項各号に掲げる書類及び図面
	道路運送法第三十七条第一項の認可に係る部分	道路運送法施行規則第二十四条第一項各号に掲げる事項	道路運送法施行規則第二十四条第二項各号に掲げる書類
	道路運送法第三十八条第一項の届出に係る部分	道路運送法施行規則第二十五条第一項各号に掲げる事項	
	道路運送法第三十八条第二項の届出に係る部分	道路運送法施行規則第二十五条第二項において準用する同令第十五条の五第一項各号に掲げる事項	道路運送法施行規則第二十五条第二項において準用する同令第十五条の五第二項又は第三項に規定する書類
法第三十五条第二項	海上運送法第十一条第一項の認可に係る部分	海上運送法施行規則第八条各号に掲げる事項	
	海上運送法第十一条第三項の届出に係る部分	海上運送法施行規則第八条の二第二項各号に掲げる事項	

	海上運送法第十六条第一項又は第二項の届出に係る部分	海上運送法施行規則第十五条各号に掲げる事項	
	海上運送法第十八条第一項の認可に係る部分	海上運送法施行規則第十六条第一項各号に掲げる事項	海上運送法施行規則第十六条第二項各号に掲げる書類
	海上運送法第十八条第二項の認可に係る部分	海上運送法施行規則第十七条第一項各号に掲げる事項	海上運送法施行規則第十七条第二項各号に掲げる書類
	海上運送法第十八条第四項の認可に係る部分	海上運送法施行規則第十九条第一項各号に掲げる事項	海上運送法施行規則第十九条第二項各号に掲げる書類
	海上運送法第十九条の五第一項の届出に係る部分	海上運送法施行規則第二十条各号又は第二十条の二各号に掲げる事項	
	海上運送法第十九条の五第二項の届出に係る部分	海上運送法施行規則第二十一条各号に掲げる事項	
	海上運送法第二十条第二項の届出に係る部分	海上運送法施行規則第二十二条各号又は第二十二条の三各号に掲げる事項	
	海上運送法第二十条第三項の届出に係る部分	海上運送法施行規則第二十三条各号に掲げる事項	

○地域公共交通の活性化及び再生に関する法律第十二条及び第十七条に規定する軌道運送高度化事業及び道路運送高度化事業を定める省令

（平成十九年九月二十八日 総務省令第百十九号）

第一条　地域公共交通の活性化及び再生に関する法律（以下「法」という。）第十二条に規定する軌道運送高度化事業で総務省令で定めるものは、国庫補助金の交付の対象となる軌道運送高度化事業（地方財政法（昭和二十三年法律第百九号）第五条第五号に規定する経費に係る事業に限る。）とする。

第二条　法第十七条に規定する道路運送高度化事業で総務省令で定めるものは、国庫補助金の交付の対象となる道路運送高度化事業（地方財政法第五条第五号に規定する経費に係る事業に限る。）とする。

附　則

この省令は、平成十九年十月一日から施行し、平成十九年度の地方債から適用する。

○地域公共交通の活性化及び再生に関する法律に基づく道路運送高度化実施計画、地域旅客運送サービス継続実施計画、貨客運送効率化実施計画、地域公共交通利便増進実施計画及び新地域旅客運送事業計画の認定に係る都道府県公安委員会の意見の聴取に関する命令

（平成十九年九月二十六日 内閣府 国土交通省令第二号）

沿革　平二六内閣・国交令五、令二内閣・国交令七、令五内閣・国交令四・五改正

（都道府県公安委員会への書面の送付）

第一条　国土交通大臣（地域公共交通の活性化及び再生に関する法律（以下「法」という。）第四十条の規定により権限が地方支分部局の長に委任された場合にあっては、当該委任を受けた者。以下同じ。）は、法第十四条第一項に規定する道路運送高度化実施計画の認定の申請、法第二十七条の三第一項に規定する地域旅客運送サービス継続実施計画の認定の申請、法第二十七条の七第一項に規定する貨客運送効率化実施計画の認定の申請、法第二十七条の十五第一項（法第二十九条の九において準用する場合を含む。）に規定する地域公共交通利便増進実施計画の認定の申請又は法第三十条第一項に規定する新地域旅客運送事業計画の認定の申請（以下「認定申請」と総称する。）があった場合には、法第十四条第五項ただし書、第二十七条の三第四項ただし書、第二十七条の七第六項ただし書、第二十七条の十五第四項ただし書（法第二十九条の九において準用する場合を含む。）又は第三十条第五項ただし書に該当する場合を除き、遅滞なく、法第十三条第二項第一号に掲げる道路運送高度化事業を実施する区域、法第二十七条の二第二項第一号に掲げる地域旅客運送サービス継続事業を実施する区域、法第二十七条の六第二項第一号に掲げる貨客運送効率化事業を実施する区域、法第二十七条の十四第二項第一号（法第二十九条の九において準用する場合を含む。）に掲げる地域公共交通利便増進事業を実施する区域又は法第三十条第二項第一号に掲げる新地域旅客運送事業を実施する区域を管轄する都道府県公安委員会（以下「関係公安委員会」という。）に対し、当該認定申請に係る申請書の写しを添えて、意見を求める旨の書面を送付するものとする。

（意見の提出）

第二条　関係公安委員会は、前条に規定する書面の送付を受けたときは、当該書面の送付を受けた日から二十日以内（法第十三条第二項第二号に掲げる道路運送高度化事業の内容、法第二十七条の二第二項第二号に掲げる地域旅客運送サービス継続事業の内容、法第二十七条の六第二項第二号に掲げる貨客運送効率化事業の内容、法第二十七条の十四第二項第二号（法第二十九条の九において準用する場合を含む。）に掲げる地域公共交通利便増進事業の内容又は法第三十条第二項第三号に掲げる新地域旅客運送事業の内容（以下「事業内容」と総称する。）に、道路運送法（昭和二十六年法律第百八十三号）第三条第一号イに掲げる一般乗合旅客自動車運送事業（以下「一般乗合旅客自動車運送事業」という。）が含まれる場合において、当該一般乗合旅客自動車運送事業に係る運行の態様が道路運送法施行規則（昭和二十六年運輸省令第七十五号）第三条の三第二号に掲げる路線不定期運行のみであるとき又は貨物自動車運送事業法（平成元年法律第八十三号）による一般貨物自動車運送事業（特別積合せ貨物運送をするものに限る。次条において同じ。）が含まれる場合にあっては、十四日以内）に国土交通大臣に対し、意見を提出するものとする。

（意見を聴く必要がない場合）

第三条　法第十四条第五項ただし書、第二十七条の三第四項ただし書、第二十七条の七第六項ただし書、第二十七条の十五第四項ただし書（法第二十九条の九において準用する場合を含む。）及び第三十条第五項ただし書の国土交通省令・内閣府令で定める場合は、次の各号のいずれかに該当する場合（法第二十七条の六第二項第二号に掲げる貨客運送効率化事業の内容に、一般貨物自動車運送事業が含まれる場合（当該一般貨物自動車運送事業の実施により、交通に支障を及ぼさないことが明らかな場合を除く。）を除く。）とする。

一　事業内容に一般乗合旅客自動車運送事業が含まれない場合

二　事業内容に一般乗合旅客自動車運送事業が含まれる場合であって、当該一般乗合旅客自動車運送事業に係る運行の態様が道路運送法施行規則第三条の三第三号に掲げる区域運行のみである場合

三　認定申請により設定又は変更しようとする一般乗合旅客自動車運送事業に係る路線において道路交通法（昭和三十五年法律第百五号）第三条に規定する普通自動車である事業用自動車のみを使用する場合

四　認定申請により設定又は変更しようとする一般乗合旅客自動車運送事業に係る路線及び停留所の位置が、当該認定申請が行われた時点で運行している他の一般乗合旅客自動車運送事業に係る路線及び停留所の位置と共通である場合又は路線及び停留所の廃止に伴って他の一般乗合旅客自動車運送事業者（道路運送法第九条第一項に規定する一般乗合旅客自動車運送事業者をいう。）が新たに当該路線及び停留所と同一の路線及び停留所の位置により運行しようとする場合

（処分の通知）

第四条　国土交通大臣は、第二条の規定による関係公安委員会の意見の提出があった認定申請について、法第十四条第三項、第二十七条の三第二項、第二十七条の七第三項、第二十七条の十五第二項（法第二十九条の九において準用する場合を含む。）又は第三十条第三項の規定による認定に関する処分を行ったときは、遅滞なく、当該処分の内容を当該関係公安委員会に通知するものとする。

（道路運送高度化実施計画等の変更の認定）

第五条　前各条の規定は、法第十四条第七項に規定する道路運送高度化実施計画の変更、法第二十七条の三第五項に規定する地域旅客運送サービス継続実施計画の変更、法第二十七条の七第八項に規定する貨客運送効率化実施計画の変更、法第二十七条の十五第五項（法第二十九条の九において準用する場合を含む。）に規定する地域公共交通利便増進実施計画の変更及び法第三十条第六項に規定する新地域旅客運送事業計画の変更に係る認定の申請があった場合について準用する。

附　則

この命令は、法の施行の日（平成十九年十月一日）から施行する。

附　則（平二六・一一・二〇内閣・国交令五）

この命令は、地域公共交通の活性化及び再生に関する法律の一部を改正する法律（平成二十六年五月法律第四一号）の施行の日（平成二十六年十一月二十日）から施行する。

附　則（令二・一一・二七内閣・国交令七）

この命令は、持続可能な運送サービスの提供の確保に資する取組を推進するための地域公共交通の活性化及び再生に関する法律等の一部を改正する法律（令和二年六月法律第三六号）の施行の日（令和二年十一月二十七日）から施行する。

附　則（令五・六・三〇内閣・国交令四）

この命令は、地域公共交通の活性化及び再生に関する法律等の一部を改正する法律（令和五年四月法律第一八号）附則第一条第二号に掲げる規定の施行の日（令和五年七月一日）から施行する。

附　則（令五・九・二九内閣・国交令五）

この命令は、地域公共交通の活性化及び再生に関する法律等の一部を改正する法律（令和五年四月法律第一八号）の施行の日（令和五年十月一日）から施行する。

○地域公共交通の活性化及び再生の促進に関する基本方針

（平成二十六年十一月二十日　総務省　国土交通省　告示第一号）

沿革　平二七総務・国交告二、平二八総務・国交告二・四、平三〇総務・国交告一、令二総務・国交告一、令五総務・国交告一・二改正

目次

我が国では従来、地域旅客運送サービスの提供の確保は、民間事業者の能力を活用して、利用者のニーズを前提として、それに対応するよう運送サービスを提供するという形で進められてきたところである。

しかしながら、地域旅客運送サービスは、住民の豊かな暮らしの実現や地域の社会経済活動に不可欠であるにもかかわらず、近年、人口の急激な減少や地域公共交通を担う運転者不足の深刻化、ライフスタイルの変化等に伴い、地方部をはじめとして、民間事業者による運送サービスの提供の継続が困難となる地域が増加している。

他方、高齢化の進展や、高齢者による運転免許証の自主返納が進みつつあること等から、自家用自動車を運転できない高齢者等の移動手段としての公共交通の重要性が増大しており、地域の多様な関係者が連携と協働（共創）を行い、地域が一体となって地域旅客運送サービスの持続可能な提供を確保することが不可欠となっている。

さらに、地方の中小の都市部など、民間事業者による運送サービスの提供が可能なエリアにおいても、都市機能や居住の誘導といったまちづくり施策や、近年の訪日外国人観光客の急増も踏まえた、交流人口を増加させるための観光施策などと十分に連携して交通施策を進めることが重要となっている。官民や交通事業者間、他分野との垣根を越えた連携と協働を進めることにより、運送サービスの利便性・生産性を向上させながら、将来にわたる持続可能な地域旅客運送サービスの提供を確保し、地域の活力を維持するとともに、個性あふれる地方の創生を推進していくことが求められている。

また、ＭａａＳ（Ｍｏｂｉｌｉｔｙ　ａｓ　ａ　Ｓｅｒｖｉｃｅ）等の新たなモビリティサービスが出現しているなど、公共交通に関するＡＩ・ＩＣＴ等の新技術や新たなサービスの効果的な導入によるＤＸ（デジタル・トランスフォーメーション）の取組や、公共交通分野の脱炭素化に向けた車両の電動化や再生可能エネルギーの地産地消等のＧＸ（グリーン・トランスフォーメーション）の取組により運送サービスの質の向上を図ることが求められるようになってきている。

このような状況の下、国民等の交通に対する基本的な需要が適切に充足されることが重要であるという交通政策基本法（平成二十五年法律第九十二号）の基本理念を踏まえつつ、交通ＤＸ・ＧＸ、地方公共団体や民間の多様な主体との共創、地域経営における連携強化等を通じ、利便性・持続可能性・生産性の高い地域公共交通ネットワークへの「リ・デザイン」を進めることが喫緊の課題である。

本方針は、地域公共交通の活性化及び再生に関する法律（平成十九年法律第五十九号。以下「法」という。）第三条第一項に基づき、地域のニーズや課題に最も精通した地方自らによる地域公共交通のあり方についての主体的な検討と、それに基づく地域旅客運送サービスの持続可能な提供の確保に資する取組を推進するための基本的な方針として定めるものである。

一 地域旅客運送サービスの持続可能な提供の確保に資する地域公共交通の活性化及び再生の意義及び目標に関する事項

1　地域旅客運送サービスの持続可能な提供の確保に資する地域公共交通の活性化及び再生の意義

急速な少子高齢化・人口減少時代の到来や移動手段に関する国民の選好の変化等の社会経済情勢の変化に伴い、地域公共交通の利用者は長期的に減少傾向にある。地方都市や過疎地域などにおいては、鉄道・軌道・バス事業者といった公共交通事業者が不採算路線から撤退することにより交通空白地帯が出現している。これに加え、近年、地域公共交通を担う運転者不足が深刻化していることや、高齢運転者による交通事故の社会問題化に伴い、高齢者の運転免許証の自主返納が進んでいるため、安心して運転免許証を自主返納できるよう、高齢者が利用しやすい地域旅客運送サービスを確保する必要があることなど、住民の移動手段の確保が切実な課題となっている。また、離島航路については、離島の少子高齢化・人口減少による地域の活力の低下により輸送人員が低下しており、その維持・改善が問題となっている。

一方で、近年、訪日外国人観光客が急増しており、観光地における移動手段を確保することが求められているなど、便利で利用しやすい公共交通サービスの確保・充実は、地域の交流拡大・観光振興の基盤として重要であり、さらに、観光列車など移動時間を観光に活用する取組をはじめ、交通やサービスそのものが観光資源として観光地等の魅力を増す役割を果たし得る。

さらに、急速な少子高齢化・人口減少社会において、都市の再生や地域の活力の向上及び持続的発展を実現するためには、近年求められているコンパクトなまちづくりとともに、拠点同士、あるいは拠点と居住エリアを結ぶ地域公共交通の充実が必要不可欠であり、併せてバスや軌道の速達性・定時性の確保や、ラッシュ時の車内混雑の緩和による快適性の向上等、運送サービスの質の向上を図ることが重要である。また、公共交通は平均値としては自家用自動車に比べて一人一キロメートル当たりの二酸化炭素排出量が少ないことから、地球温暖化対策の観点からも一層大きな役割を期待されている。

また、ＡＩ・ＩＣＴ等の新技術や、ＭａａＳ等の新たなモビリティサービスが出現してきている。こうした新たな技術・サービスの地域公共交通における活用を通じた利用者の利便性向上を目指し、公共交通事業者だけでなく地方公共団体や地域の関係者も含めて議論・検討を進めていくことが必要になってきている。

こうした地域公共交通に対する社会的要請に的確に応えるためには、ともすれば民間事業者の事業運営に任せきりであった従来の枠組みから脱却し、地域の総合行政を担う地方公共団体が先頭に立って、公共交通事業者、住民・利用者、学識経験者をはじめとする地域の関係者が知恵を出し合い、合意の下で、路線やダイヤ・運賃の見直しや新たな技術の活用により地域公共交通の改善を図りつつ、公共交通のみでは移動ニーズに対応しきれない場合には、スクールバスや福祉輸送、商業施設の送迎サービスなど地域の輸送資源を総動員し、加えて地域における移動需要の創出を図りながら、全ての地方公共団体において、地域旅客運送サービスの持続可能な提供の確保に努め、その実現に向けて地域公共交通の活性化及び再生を図ることが重要である。

2　地域旅客運送サービスの持続可能な提供の確保に資する地域公共交通の活性化及び再生の目標

地域公共交通の活性化及び再生に関する地域のニーズや課題は多種多様であり、地域の関係者が地域公共交通について総合的に検討し、その地域にとって最適かつ持続可能な公共交通のあり方について合意形成を図り、合意に基づき各主体が責任を持って地域旅客運送サービスの持続可能な提供の確保を推進することが重要である。このため、具体的には、次の目標を追求すべきである。

(1)　住民・来訪者の移動手段の確保

地域公共交通のあるべき姿を検討するには、まず住民の基本的な生活と社会参加の機会を確保するという観点に立つことが重要である。その上で、その活性化及び再生を図るためには、利用者の目線に立ってそのあり方を検討する必要があるが、自家用自動車による移動に比べて遜色のないシームレスな運送サービスを確保するとの観点から、また、ハードとソフトの両面から、必要な施策を総合的かつ一体的に展開する必要がある。

地域によっては、公共交通事業者の不採算路線からの撤退等により交通空白地帯が出現するなどの問題が生じており、運転のできない学生・生徒、高齢者、障害者、妊産婦等の移動手段の確保が重要である。また、離島航路については、離島の住民の日常生活を直接支える移動手段であり、生活物資の輸送手段でもあることから、その維持・改善は重要である。

加えて、地域社会の活力の維持・向上の観点からは、住民の通勤、通学、買物などの日常生活上不可欠な移動に加え、地域公共交通の維持・改善により文化活動やコミュニティ活動、遊びのための活動、その他様々な活動のための外出を容易にすることを通じて、外出機会の増加を図ることが重要である。

地域においては、住民、来訪者の移動手段を確保するため様々な取組が行われており、コミュニティバス、乗合タクシー、市町村やＮＰＯによる自家用有償旅客運送の導入、地域公共交通会議の設置等はその一例である。さらに、住民、来訪者のニーズにきめ細かに対応していくため、タクシーの活用、スクールバスや福祉輸送、商業施設の送迎サービス等地域の輸送資源の総動員のほか、移動需要の創出など多様な取組を進めていくべきである。

その際、地域公共交通について、路線ネットワークに限らず、運賃やダイヤなどサービス面からも積極的な見直しを行うなど、利用者目線による地域の移動手段の確保を進めるべきである。

また、やむを得ず地域公共交通の路線、航路や区域（以下「路線等」という。）が廃止に至ってしまう場合でも、十分な検討を経ずに廃止路線をコミュニティバスで代替するといった個別的、局所的な対応をするのではなく、関係する公共交通事業者やＮＰＯ、地域の住民、学識経験者などの地域の幅広い関係者と議論しつつ、必要に応じて、異なるモードに転換する、代替の地域旅客運送サービスの提供者を公募により選定するなど、地域旅客運送サービスが地域の実情や住民・来訪者のニーズに即した形で継続されるよう、地方公共団体が中心となって、幅広い視点から検討や調整、協議が行われることが重要である。

さらに、高齢者、障害者等の自立した日常生活及び社会生活を確保することの重要性に鑑み、地域公共交通のバリアフリー化についても一層進めていくべきである。

(2) 地域社会全体の価値向上

地域公共交通の活性化及び再生は、交通分野の課題の解決にとどまらず、将来の都市構造の構築に向けたまちづくりにおいても重要である。さらには、観光振興や健康・医療、福祉・介護、教育、環境など様々な分野で大きな効果をもたらすものである。地域公共交通を地域社会全体の価値向上のための手段としてとらえ、その活性化及び再生を通じて、地域社会全体の価値向上を実現することが重要である。具体的には、地域の実情に応じ次の目標を追求することが考えられる。

① コンパクトなまちづくりの実現

深刻化する人口減少社会において都市の再生を図るためには、コンパクトなまちづくりの実現により市街地の拡散に伴う低密度化を抑制し、人口密度の維持を図ることが重要である。その実効性を担保するため、諸機能が誘導・確保された拠点同士、あるいは拠点と居住エリアを結ぶ地域公共交通を充実させ、利用者のニーズに合致した運送サービスを提供することが重要である。

② まちのにぎわいの創出や健康増進

まちのにぎわいの創出、歩いて暮らせるまちづくりによる健康増進といった観点から、「居心地が良く歩きたくなる」まちなかづくりとも連携しながら、地域公共交通による移動の利便性を向上させ、公共交通と自家用自動車の適切な役割分担を目指すことが重要である。

また、地域公共交通の利用促進による外出機会の増加は、地域住民の健康増進に寄与するとともに、将来にわたる医療・介護分野における公的負担の軽減につながることも期待されることから、地域公共交通と福祉は密接な関係にあるため、地方公共団体における部局を横断した連携の一層の充実を図り、両分野の施策を推進していくことも重要である。

③ 観光振興施策との連携による人の交流の活発化

便利で利用しやすい公共交通は観光地等の魅力増大に資するとともに、交通やサービスそのものが観光資源として誘客に活用できることから、国内外の観光客を含む地域外からの来訪者との交流を活発化させ、地域活力の増進を図る際には、地域公共交通の充実により、観光旅客等の来訪者の移動の利便性や周遊性を向上させることが重要である。また、観光交流の促進による利用増加は、地域公共交通を持続可能なものとする上で重要な要素である。このように、地域公共交通と観光は相互に補完的な関係にあることから、公共交通施策と観光振興施策が連携することが重要である。

観光立国推進基本計画（令和五年三月三十一日閣議決定）においても、観光旅行者の来訪の促進に必要な交通施設の総合的な整備、観光旅行の促進のための環境整備、交通事業者が観光事業者と連携して行う、観光地の魅力向上・高付加価値化に資する取組において、地域公共交通の活用が期待されている。

また、外国人観光旅客の来訪の促進等による国際観光の振興に関する法律（平成九年法律第九十一号）においても、訪日外国人観光客の公共交通の利用に係る利便を増進するために必要な措置の実施について定められているところであり、近年の訪日外国人観光客の急増を踏まえ、多言語表記による情報提供機能の強化や公衆無線ＬＡＮその他のインターネット環境の充実、キャッシュレス決済の導入など、公共交通におけるインバウンドのニーズに対応した環境の整備が一層重要になってきている。

④ 地球温暖化対策をはじめとする環境問題への対応

第五次環境基本計画（平成三十年四月十七日閣議決定）においては、低炭素の実現による循環共生型の社会が目指すべき持続可能な社会の姿であるとされており、環境負荷の低減を図るためにも、自家用自動車への過度な依存を見直し、公共交通の利用促進及び公共交通自体の更なる低炭素化を図ることが重要である。

(3) 安全・安心で質の高い運送サービスの提供等

(1)・(2)を効果的かつ着実に実現するためには、安全・安心で質の高い運送サービスの提供等を確保することが基本となる。具体的には、次の目標を追求することが重要である。

① 安全・安心な運送サービスの提供

公共交通においては、事故や危険のない安全・安心な運送サービスの維持が必要不可欠である。そのために、持続可能で安全・安心な運送サービスを提供できる健全な事業体制を確保するとともに、こうしたサービスを最前線で担う運転者等の人材不足の改善を図っていくことが重要である。

さらに、高齢者、障害者をはじめとして、誰もが安全・安心に利用できる運送サービスの提供を実現するため、公共交通機関の旅客施設や車両等のバリアフリー化に積極的に取り組むことが必要である。加えて、バリアフリー化の実現のためには、ハード・ソフト両面の取組が不可欠であることを踏まえ、バリアフリー設備を使用した適切なサービスの提供、利用者支援、適切な情報の提供、職員等関係者に対する教育訓練等のソフト対策を推進することが重要である。

② シームレスな運送サービスの提供

公共交通については、自家用自動車による移動に比べて遜色のないシームレスな運送サービスといった観点で考える必要があるが、この場合、複数の公共交通の乗継利便の向上が重要であり、鉄道、軌道、バス、旅客船等の乗降場を近接して配置するほか、病院、スーパーマーケット、道の駅、地域の観光施設等にバス停を設置すること等による快適な乗換拠点の整備、ダイヤの連携、ＩＣカードを活用した乗継運賃の設定等といった公共交通同士の連携やパークアンドライド等の推進がより求められる。

こうした連携については、市町村等の公共交通事業者以外も含めた多様な主体による取組が重要である。

③　定時性の確保、速達性の向上

バス、軌道等の公共交通の走行環境の改善や輸送力の向上、LRT（ライト・レール・トランジット）やBRT（バス・ラピッド・トランジット）、高速船の導入等による、公共交通の定時性の確保、速達性の向上が求められる。

④　乗りたくなるサービスの提供

車両や船舶のデザイン等のイメージ、振動の抑制等による快適な乗り心地や優れた居住空間の確保といった快適性の確保、地域のニーズに合わせたルート設定やきめ細かな運賃・料金設定における工夫等による魅力的な運送サービスの提供が求められる。

(4)　新たな技術やサービスの活用による利便性向上の促進

近年の公共交通に関する新たな技術やサービスは、利用者の利便性の向上や運送サービスの提供に係る効率性の向上に資するものであり、積極的な活用が望ましい。具体的には、地域の実情に応じ、次の目標を追求することが重要である。

①　新たな技術を活用した利用者の利便性向上

スマートフォンによる運行状況や経路検索の提供、案内標識の多言語表記及び駅構内・車内における公衆無線LAN環境の整備、地域公共交通に関する情報提供を充実させるための取組や、ICカード・二次元コード等のキャッシュレス決済の導入促進、オンデマンド交通におけるAI活用の取組など、幅広い分野で新たな技術を活用して利用者の利便性を向上させることが求められる。

②　新たなモビリティサービスを活用した利用者の利便性向上

新たなモビリティサービスであるMaaSは、個々の利用者の移動ニーズに対応し、移動以外の多様なサービスとも連携しながら一括した検索・予約・決済等を提供するものであり、移動の利便性向上にとどまらず、まちづくり、インフラ整備などの課題の解決のための有効な手段としても期待されることから、地域の関係者の議論の下で取組を進めていくことが重要である。

③　データの共有・利活用の促進

データに基づく関係者間の議論を促進するため、各公共交通事業者の持つ運行情報などのデータについて積極的に共有を図るとともに、潜在的な需要喚起にも有効である個人の移動等のモビリティデータについて、セキュリティ対策の観点にも留意しつつ、その積極的な利活用に取り組むことが必要である。

二　地域公共交通計画の作成に関する基本的な事項

1　地域公共交通計画の記載事項

(1)　地域旅客運送サービスの持続可能な提供の確保に資する地域公共交通の活性化及び再生に関する基本的な方針

地域が目指すべき将来像及びその骨格となる公共交通軸を具体的かつ即地的に定めるとともに、その将来像の中で公共交通が果たすべき様々な役割を明確化した上で、公共交通の活性化及び再生に向けた取組の方向性を定めることとする。地域公共交通に関するニーズや課題はそれぞれの地域によって多種多様であるため、地域の真のニーズやその地域の抱える問題を精査した上で検討を行う必要がある。検討に当たっては、地域旅客運送サービスの持続可能な提供を確保する観点から、特に次の点に留意することが重要である。

①　まちづくり、観光振興等の地域戦略との一体性の確保

地域経営の視点から、立地適正化計画（都市再生特別措置法（平成十四年法律第二十二号）第八十一条に規定する立地適正化計画をいう。以下同じ。）をはじめとするまちづくり、観光振興等の地域戦略と一体で地域公共交通を考えることにより、人々が集う拠点、観光スポットにおける公共交通の利便性を高めるほか、都市の骨格となる公共交通軸の形成を図り、地域公共交通のサービスの充実と利用者の増加とを一体で実現することが必要である。

持続可能な都市の実現のためには、医療、福祉等の都市機能の誘導・確保や公共交通沿線への居住の誘導を行うコンパクトなまちづくりと連動しながら、駅やバスターミナル等の交通結節点周辺に生活関連施設等の機能を集積させ、沿線の需要の創出を図ることにより、都市全体としての価値を高めていくことが重要である。そのためには、地域の実情に応じ、都市機能へのアクセスを確保するための幹線交通、中心部における循環型の交通、幹線交通と連絡した支線交通の路線形成・改善や、運賃やダイヤなどサービス面での利用者の利便性向上と、交通結節点の整備による乗継円滑化や、コミュニティバス、乗合タクシー、自家用有償旅客運送など多様な運送サービスの導入、他分野との垣根を越えた連携と協働などを一体的に進めることが不可欠である。

歩行者、自転車及び公共交通優先のまちづくりを図る上では、歩行空間や自転車利用環境の整備、駅やバスターミナル等の交通結節点の整備、トランジットモール等の導入、パークアンドライドの推進、駐車場の配置等も併せて検討することが考えられる。

各種施策の具体化に当たっては、駅を中心とした交通結節点の整備など短期的に実施できるものから、中長期的に実現するまちづくりまであらゆる取組が考えられるが、構想・計画策定段階から、まちづくりとコンパクト・プラス・ネットワークの根幹である公共交通を一体的に捉え、地域一丸となって検討・推進することが重要である。

また、観光の振興を図るためには、観光客の移動手段を確保することや交通やサービスそのものを観光資源として活用すること等も含む、観光地の魅力向上・高付加価値化を図る観点から、地域公共交通の充実を図ることが不可欠である。このため、地域における観光の振興に関する施策と地域公共交通計画に位置付けられる施策との一体性を確保することが重要である。

②　地域全体を見渡した地域旅客運送サービスの持続可能な提供の確保

地域全体の公共交通をネットワークとして総合的に捉え、異なるモードや幹線・支線の役割分担も明確にしつつ、交通機関相互の連携を十分に図るとともに、

地域の需要に対応し、重複路線等に留意して公共交通全体の効率性を向上させるとともに、路線ネットワークに限らず、運賃やダイヤなどサービス面も踏まえ、地域公共交通の利用者の利便性を向上させることが必要である。

これに加えて、路線バスやタクシーといった従来からの公共交通のみでは地域の移動ニーズに対応しきれない場合には、自家用有償旅客運送や、スクールバス、福祉輸送、商業施設の送迎サービスなど他の交通手段による補完を行いながら、地域の輸送資源を総動員し、かつ、移動需要の創出や交通ネットワークの統合等を行いながら、移動手段を確保していくことが重要である。

③ 地域特性に応じた多様な交通サービスの組合せ

人口密度や自然条件等の地域特性に応じて、鉄軌道、路線バス、コミュニティバス、デマンド交通、タクシー、自家用有償旅客運送、スクールバス、福祉輸送、旅客船、海上タクシーなど多様な交通手段を有機的に組み合わせて、地域の実情に応じ、最適な地域旅客運送サービスの持続可能な提供を確保することが重要である。

このうち、タクシーについては、地域の移動ニーズにきめ細かく柔軟に対応することができる公共交通サービスとして重要な役割を担っているところ、その積極的な活用が重要である。

交通手段の組合せに当たっては、自家用自動車、自転車や徒歩との接続を考慮するとともに、LRT・BRTの整備やAIを活用したオンデマンド交通、超小型モビリティ、グリーンスローモビリティ、シェアサイクルの活用、さらにはこれらを連携させたMaaSの導入等も視野に入れるべきである。

加えて、買物代行や高齢者の見守りサービス等、旅客運送と併せて実施可能な様々なサービスの提供や、貨客混載の実施等、限りある地域の人的・物的資源の有効活用を図りつつ、生産性向上を推進することも重要である。

④ 住民の協力を含む関係者の連携と協働

地域公共交通は、住民の買物や通院など、日常生活に当たっての移動手段であるだけでなく、コミュニティの形成に当たって不可欠な地域の共有財産としての役割も有している。地域公共交通の利用者たる住民のニーズを的確に反映させるだけでなく、住民が主体となって地域公共交通を考え、さらには運営にも関わるといった積極的・継続的関与を行うことが、地域公共交通の持続可能性の確保の観点からも必要である。

また、企業、学校等において可能な限りモビリティ・マネジメント（教育や啓発により住民を公共交通の利用に誘導する手法）を実施することにより、住民の間に地域公共交通についての意識の醸成を図ることが重要である。

さらに、地域の多様な関係者が連携と協働を行い、分野の垣根を越えて、地域における潜在的な輸送需要に的確に対応することで、地域の既存の人的・物的資源を有効活用した移動手段の確保が期待される。

(2) 地域公共交通計画の区域

地域の住民の通勤、通学、買物、通院といった日常生活に関して形成される交通圏を基本とすることとし、個別的、局所的なものにならないよう留意すべきである。

人口減少が進む中で、可能な限り財政支出を抑えつつ住民の利便を維持していくためには、各市町村が単独で全ての都市機能を担うことには限界があり、生活圏を形成する複数の市町村が連携して都市機能の確保に取り組んでいくことが重要になる。このため、地域公共交通計画の区域の検討に当たっては、交通圏の範囲が複数の市町村にまたがる場合は、関係市町村や都道府県が連携して、地域にとって最適な地域旅客運送サービスの持続可能な提供を確保するよう取り組むことが重要である。

また、複数市町村間で地域公共交通計画の区域を設定する場合には、必要に応じて、都道府県が当該地域における調整役として地域公共交通計画に参画するよう、市町村から当該都道府県に対して要請を行うなど、都道府県と連携して地域の公共交通の課題に取り組むことが必要である。

その際、都道府県は、要請があった地域について、当該都道府県内の移動における幹線的な公共交通の充実や複数市町村にまたがる移動の確保を進める必要がある場合などには、積極的に地域公共交通計画の作成に参画することが望ましい。このように、市町村と都道府県とが適切な役割分担に基づき、緊密に連携を図りながら、地域公共交通計画の作成に取り組むことが重要である。

一方、合併により広大な面積を有する市町村及び離島を含む市町村をはじめとして、市町村の行政区域中に複数の交通圏が存在する場合も想定され、このような場合には、当該市町村は、単独で又は当該交通圏を構成する他の地方公共団体と共同して、複数の地域公共交通計画を作成することができる。

加えて、広域的な地域公共交通計画が作成された場合において、当該地域公共交通計画の区域と一部区域が重複する交通圏が存在する場合は、当該交通圏について別の地域公共交通計画を作成することができる。ただし、この場合には、両計画の整合性を確保することが必要不可欠である。

(3) 地域公共交通計画の目標

(1)の基本的な方針に即して、目標を設定することとする。目標の設定の際には、地域の関係者が共通認識を持って取組を推進することができるよう、可能な限り具体的かつ明確な目標を設定する必要がある。それぞれの地域の公共交通サービスが現状においてどのレベルにあるかをできる限り客観的に認識した上で、地域が自らの目指す方向性を可能な限り具体的な数値目標として明示することが重要である。特に、地域公共交通の利用者数や収支状況、当該地域公共交通の維持・確保に投じられる公的負担額など事業の効率性に関する指標について、定量的に設定するよう努めるものとする。

その際、公共交通利用者数の増加や採算性の向上といった公共交通の利用状況に関する目標についても、その達成自体が地域の将来像の実現に直結するものではない点に留意しながら、地域公共交通計画に定められた事業に関するPDCAサイクルを強化し、実効性を高めていくためには、客観的な指標を設定することが有効であることを踏まえ、可能な限り定量的に設定することが望ましい。

また、地域公共交通の確保・充実により、経済振興や健康・医療、福祉・介護、教育、環境等の他の行政分野における公的負担額を間接的に軽減しているクロスセクター効果があると考えられること、加えて多様な関係者の主体的な参画を促す観点から、単に事業・施策を実施した結果であるアウトプットのみに着目するのではなく、その実施により交通が生み出す成果であるアウトカムに着目して目標を設定することが望ましい。

(4) 地域公共交通計画の目標を達成するために行う事業及びその実施主体に関する事項

地域公共交通計画の目標を達成するために必要となる事業及びその実施主体の検討に当たっては、まず、地域旅客運送サービスの持続可能な提供の確保の観点から、地域公共交通計画の区域における地域公共交通を一体的に地域公共交通計画の対象とした上で、目標を達成するために提供されるべき地域旅客運送サービスの全体像を明らかにすることが重要である。具体的には、目標を達成する上で必要となる路線等を明確化するとともに、各路線等における運行形態、運行頻度や運賃などのサービス水準の目安を設定することが考えられる。その上で、これらの地域旅客運送サービスを実現するために必要な事業及びその実施主体を整理し、地域公共交通計画に記載することとする。

その際には、新たに実施する取組だけでなく、既存路線の維持といった継続的な取組や、公的支援の有無にかかわらず、民間事業者による取組を記載するほか、公共交通サービス以外のスクールバスや福祉輸送、商業施設等の送迎サービスなどの地域の輸送資源を総動員する取組、地域の関係者との連携と協働の取組も含め、地域公共交通計画の目標達成のために必要となる事業を可能な限り網羅的に記載することが望まれる。各種事業が相互に連携して相乗効果を創出し、その利便性及び効率性の向上が図られるよう、地域の関係者の間で十分な調整を行い、事業間の整合性を確保することが重要である。

地域公共交通に関するニーズや課題は多種多様であることから、その活性化及び再生に当たっては、地域特性に応じて多様な交通サービスを組み合わせることに加え、地域の多様な関係者が連携と協働を行い、地域の実情に応じ創意工夫を凝らして、事業を実施していくことが重要である。このため、地域公共交通計画には、地域旅客運送サービスの持続可能な提供の確保に資する地域公共交通の活性化及び再生に関する取組を幅広く盛り込むことが望ましい。具体的には、潜在的需要を含む地域の実情に応じて、コミュニティバスの運行、タクシーの積極的活用、地方鉄道の活性化や地域のバス交通のサービス改善等による活性化、地域のニーズに合わせた航路設定や運航ダイヤの改善、地域の創意工夫による地域独自のサービス提供の取組や試行、LRTやBRT等の導入、バス、軌道等の走行環境の改善や輸送力の向上、バリアフリー化の推進等のサービスの向上、既存の路線等の再編や他の種類の事業による代替、等間隔運行ダイヤや定額制乗り放題運賃の設定、自家用有償旅客運送の導入、ICカード・二次元コード及びバスロケーションシステムの導入、快適な待合環境の整備等、地域の移動手段の確保や利便性の向上のための様々な取組に加え、モビリティ・マネジメントの促進等、公共交通の利用促進のための住民や公共交通の利用者、地域の企業や施設等による連携と協働の取組等について定めることが考えられる。

地域公共交通計画に定める事業については、その着手予定時期、実施予定期間について可能な限り具体的かつ明確に記載することとする。なお、当面事業の実施の見込みがない場合にあっては、事業の具体化に向けた検討の方向性を記載し、事業が具体化した段階で、地域公共交通計画を適宜変更して事業の内容について記載を追加、修正するものとする。

また、地方公共団体は、国庫補助金（地域公共交通確保維持改善事業等）だけでなく、社会資本整備総合交付金や財政投融資の活用、他分野との連携による資金の確保、民間からの投資・融資、寄附金の受入など、多様な資金の調達方策の検討・活用等を通じて、事業を推進する上で必要な資金を確保するよう努めるものとする。

地域公共交通の持続可能性を確保する観点からは、公共交通機関の利用促進、自家用自動車の使い方の見直し等の住民による各種取組や一定の負担も織り込んだ形で、地域旅客運送サービスの持続可能な提供の確保を図ることが重要である。

なお、事業の検討及び実施に当たっては、三に定める事項にも留意することとする。

(5) 地域公共交通計画の達成状況の評価に関する事項

地域公共交通計画の達成状況の評価の方法としては、地域公共交通計画に定めた数値目標と実績値を比較して行うことが考えられる。ただし、評価に当たっては、地域公共交通が、定量的に把握することが困難な価値や外部効果を有することにも留意しながら、アウトカム指標の状況の検討を通じて、PDCAサイクルを回すことが必要である。

評価を行う時期については、原則として、毎年度、地域公共交通計画に定められた施策の実施状況に関する調査、分析及び評価を行うこととし、その評価結果に基づき、地方公共団体や地域の関係者が議論を行った上で必要と認めるときは、当該地域公共交通計画の内容を変更することが望ましい。なお、地方公共団体が評価を行った際には、その結果を国土交通大臣に送付することとなるが、必要に応じて、当該結果に基づいて、国土交通大臣から助言を受けることができる。

また、地域公共交通計画の目標を着実に達成する観点からは、毎年度の定期的なフォローアップに加え、七に定める事項に留意しつつ、地域公共交通計画に位置付けられた各種事業の実施状況を適切に管理することが重要である。

(6) 地域公共交通計画の期間

地域公共交通計画の期間は、五年程度を原則とするが、地域公共交通計画の目標として定める内容や地域の実情等を踏まえて、柔軟に設定することを妨げない。また、地域旅客運送サービスの持続可能な提供の確保と一体的に取り組むべき、まちづくりに関する事業の中には、事業期間が長期間にわたるものもあるため、地域公共交通計画は、設定される計画期間を超えて中長期的に地域が目指すべき将来像も念頭におきつつ、作成することが適当である。

加えて、計画期間中又は計画期間終了時における計画見直しの手順等についても明示することが望ましい。

2　都市計画等との調和

地域公共交通は地域社会全体の価値を向上させるための手段の一つであり、その活性化及び再生は、まちづくりをはじめ、観光振興、健康・医療・福祉・介護、教育、環境など様々な分野と密接な関係を有する。

このため、地域公共交通計画を作成する地域において、立地適正化計画、観光圏の整備による観光旅客の来訪及び滞在の促進に関する法律（平成二十年法律第三十九号）第四条に規定する観光圏整備計画や、地球温暖化対策の推進に関する法律（平成十年法律第百十七号）第二十一条に規定する地方公共団体実行計画など、他の分野の計画が策定されている場合には、地域公共交通計画にその旨を明示し、これらの計画との連携を図るべき旨を地域の関係者が十分に共有した上で、取組を行うことが望ましい。

とりわけ、公共交通は、都市の装置として重要なものであり、都市の骨格を形成するという観点から、都市計画、都市計画法（昭和四十三年法律第百号）第十八条の二に規定する市町村の都市計画に関する基本的な方針、中心市街地の活性化に関する法律（平成十年法律第九十二号）第九条に規定する中心市街地の活性化に関する施策を総合的かつ一体的に推進するための基本的な計画との調和の確保に留意する必要がある。さらに、公共交通はコンパクト・プラス・ネットワークの根幹をなすものであることから、地域公共交通計画と立地適正化計画の作成や見直しを同時期に行う、両計画を一つの計画として作成するなど、一体的に作成することが望ましい。両計画の作成過程においては、公共交通の担当部局とまちづくりの担当部局の双方が情報共有などの連携を図りつつ、積極的に両計画の作成に係る業務等を行うことにより、地域公共交通の確保・充実と居住・都市機能の誘導が好循環をもたらしながら効果的に図られるよう、十分に内容の調整を行うべきである。

また、高齢者、障害者等の移動等の円滑化の促進に関する法律（平成十八年法律第九十一号）第二十四条の二に規定する移動等円滑化の促進に関する方針及び同法第二十五条に規定する移動等円滑化に係る事業の重点的かつ一体的な推進に関する基本的な構想、港湾法（昭和二十五年法律第二百十八号）第三条の三に規定する港湾計画との調和の確保にも留意する必要がある。

3　協議会

協議会は、地域公共交通に関わる多様な主体が、その最適かつ持続可能なあり方について総合的に検討、合意形成を行い、その合意がなされた取組を実施するために、各主体間の意見調整を図る場であり、地域の関係者が一体となって地域旅客運送サービスの持続可能な提供の確保に資する地域公共交通の活性化及び再生を推進する上での中心的な役割を担うものである。

このため、地域公共交通計画の作成及び実施に関する協議に当たっては、可能な限り協議会を活用することが望ましい。地域における公共交通の「リ・デザイン」の実現に向けては、協議会の運営方法等の一層の工夫によって協議会が有効に機能し、地域の多様な関係者間での協議が活発に行われることが重要である。

(1)　協議会の構成員

地域公共交通計画を作成する地方公共団体、関係する公共交通事業者、自家用有償旅客運送者、道路管理者、港湾管理者に加えて、必要に応じて関係する都道府県公安委員会、住民、高齢者や障害者を含む公共交通の利用者のほか、連携と協働を効果的に推進していくため、福祉・介護関係事業者やＮＰＯ、商業施設、地元企業、病院、学校、観光事業者、次代の地域社会を担う若者、まちづくりの推進を図る活動を行う団体等の多様な主体が参画し、活発な議論を行い、それぞれが相互に連携、協力をしつつ、主体的に地域公共交通の活性化及び再生に取り組むことが重要である。地域公共交通に関する専門的な知識の有無にかかわらず、幅広い分野からの参画を促すには、地域の公共交通の活性化及び再生に向けた検討・議論の材料となるデータについて、協議会で共有することが効果的である。

地方公共団体の内部においても、交通部局のみならず、まちづくり、観光振興、健康・医療、福祉・介護、教育、環境等を管轄する幅広い部局からの参画が期待されるほか、地域公共交通の最適かつ持続可能なあり方を検討するためには、日頃から当該地域公共交通を利用し、その実情をよく知る者の参画が欠かせない。

また、協議会の意見調整を円滑に進める観点から、協議会を組織するに当たっては、学識経験者等の地域公共交通の活性化及び再生について専門的な知識を有する者を構成員に含めることが望ましい。さらに、地域における移動データや商業など関連分野における移動以外のデータを当該地域の公共交通の活性化及び再生に生かす観点から、様々なデータの調査・分析やマーケティングなどの手法に関して専門的な知識を有する者を構成員に加えることも考えられる。

なお、専門的な知識を有する者を協議会の構成員に加える際、国による専門人材データベースなどを活用しながら選定するなど、地域にとって必要な構成員が漏れなく協議会に参画できるようにすることが重要である。

協議会の構成員は、地方公共団体の判断により柔軟に追加することができる。地域の実情に応じて必要な構成員を追加することにより、協議会に、新モビリティサービス協議会や道路運送法（昭和二十六年法律第百八十三号）に基づく地域公共交通会議等の他の協議会の機能を付加し、合同で開催するなど、事務手続に係る負担の軽減を図ることが可能である。

なお、地域の公共交通事業者等、道路管理者、港湾管理者、地域公共交通計画に定めようとする事業を実施すると見込まれる者については、協議会を組織する地方公共団体から地域公共交通計画の作成及び実施に関する協議を行う旨の通知を受けた場合には、正当な理由がある場合を除き、当該協議に応じなければならないこととされていることに留意する必要がある。

(2) 留意事項

協議会における運営の透明性、公平性、実効性、効率性を確保する観点から、協議会における協議事項、意思決定の方法、協議結果の公表方法、会計の取扱い等に係る規約を定め、適切に協議会を運営することが望ましい。特に、速やかに議事録を公開するなど、最大限の透明化を図る必要がある。

協議会の構成員は、当該協議会において協議が調った事項については、その協議の結果を尊重しなければならないとされていることに留意する必要がある。

また、協議会においては、地域の目指すべき将来像や、地域公共交通計画の目標を達成する上で必要な公共交通サービスの水準等について、可能な限り具体的に協議が行われることが期待される一方、協議会において公共交通事業者の間で、例えば公共交通サービスに係る個別具体的な運賃・料金、運行回数、路線・運行系統等について合意がなされるなど、私的独占の禁止及び公正取引の確保に関する法律（昭和二十二年法律第五十四号。以下「独占禁止法」という。）の規定に抵触しないよう留意する必要があるが、地域における一般乗合旅客自動車運送事業及び銀行業に係る基盤的なサービスの提供の維持を図るための私的独占の禁止及び公正取引の確保に関する法律の特例に関する法律（令和二年法律第三十二号。以下「独占禁止法特例法」という。）第十条に規定する共同経営計画の作成を前提として協議を行う場合には、同法に基づく定額運賃・料金、路線等の共同・分担運行、運行回数等の設定について、当該協議会において複数事業者間で個別具体的に協議を行うことができる。

なお、地域公共交通計画の円滑な作成が行われる等の協議会の適切な運営のため、国及び都道府県から、必要な助言を受けることができる。

三 地域公共交通特定事業その他の地域公共交通計画に定める事業に関する基本的な事項

1 地域公共交通特定事業について

地域公共交通特定事業としては、具体的には、軌道事業の運送サービスの質の向上を図る軌道運送高度化事業、バス事業及びタクシー事業の運送サービスの質の向上を図る道路運送高度化事業、海上運送事業の運送サービスの質の向上を図る海上運送高度化事業、事業構造の変更及び利用者利便の確保を行うことにより旅客鉄道事業に係る路線の全部又は一部の区間における輸送の維持を図るための鉄道事業再構築事業、廃止の届出がされた鉄道事業の再生を地方公共団体等の支援により図る鉄道再生事業、廃止が見込まれる路線バス等について、公募により新たなサービス提供事業者を選定し、地域旅客運送サービスを継続する地域旅客運送サービス継続事業、貨客混載の取組の実施により公共交通の生産性向上を図る貨客運送効率化事業並びに地域公共交通の利用者の利便を増進するため路線等の編成や事業内容の変更、等間隔運行や定額制乗り放題運賃の設定等を行う地域公共交通利便増進事業がある。地域旅客運送サービスの持続可能な提供を確保する観点から、各々の事業の特性や、地域における公共交通の利用状況、他の公共交通事業への影響、人口密度や自然条件等の地域特性等を踏まえた上で、地域公共交通計画の目標を達成するために必要な事業を適切に選択し、当該地域公共交通計画に記載するものとする。

(1) 実施計画の認定

地域公共交通計画において、地域公共交通特定事業に関する事項が定められたときは、当該地域公共交通特定事業を実施しようとする者は、当該地域公共交通計画に即して当該地域公共交通特定事業を実施するための計画（以下「実施計画」という。）を作成し、国土交通大臣に対し、当該実施計画の認定を申請することができる。このとき、実施計画に定める事項は、基本方針に照らして適切なものであることが求められる。実施計画の認定に当たっては、事業の目標、運行形態、維持・運営コスト等を踏まえて、一2に掲げる目標を実現し、地域旅客運送サービスの持続可能な提供の確保に資する効率的で利便性の高い運送サービスであるかどうか判断する。

併せて、実施計画の内容を実現するための手段、実現性、関係機関との連携等が、地域公共交通特定事業を確実に遂行するために適切なものであるかどうかについても審査する。また、地域公共交通特定事業に関する事項を定めた地域公共交通計画は、二1(1)に掲げる基本的な方針に沿って作成されている必要がある。

なお、実施計画の内容に変更が生じる場合には、変更認定の申請を行う必要がある。軽微な変更については、変更認定を要しないこととしているが、その場合であっても軽微変更の届出は必要であり、その他個別事業法に基づくものも含め、必要な手続が行われるよう留意する必要がある。

これらの点に加え、地域公共交通特定事業の実施のために鉄道事業法（昭和六十一年法律第九十二号）、軌道法（大正十年法律第七十六号）、道路運送法、海上運送法（昭和二十四年法律第百八十七号）、貨物自動車運送事業法（平成元年法律第八十三号）又は貨物利用運送事業法（平成元年法律第八十二号）の許認可等を得る必要がある場合には、当該許認可等を得るための基準に適合するとともに、欠格事由に該当しないかどうか審査する。

(2) 軌道運送高度化事業に関する留意事項

軌道運送高度化事業については、新たに軌道を整備する場合のみならず、既に軌道事業が営まれている路線で軌道運送高度化事業を実施する場合においても、地方公共団体、軌道経営者、道路管理者等が一体となって、快適性、走行性に優れ、低床化されているなど乗降の円滑化が図られた車両の導入、走行環境の改善、停留所周辺における乗降の円滑化等の確保・向上に努め、ハード及びソフト施策を総合的かつ一体的に実施することが望ましい。

(3) 道路運送高度化事業に関する留意事項

道路運送高度化事業については、次の点に留意する必要がある。

法第二条第七号イに掲げる事業については、バス事業の高度化と併せて、道路管理者、公安委員会等が講ずる走行円滑化措置が行われることが必要であり、また、運節バスの円滑な導入に当たっては、通常車両の場合と比べ、より多くの手続を要し、地方公共団体、国、道路管理者、公安委員会等の連携及び協力を得ることが不可欠であることから、協議会等において、特にこれらの関係者と緊密な協議を行う必要がある。

同号ロに掲げる事業については、単に新技術を導入するだけでなく、地域のニーズや課題に的確に対応し、かつ、運送サービスの質の向上が図られるものとなるよう、地方公共団体等とも十分に連携することが望ましい。

同号ハに掲げる事業については、電気自動車は、走行時において二酸化炭素などの温室効果ガスを排出しないことから地域の脱炭素化につながることはもとより、騒音及び振動の程度が低く、かつ、転倒防止につながる優れた加減速性能を有する、利便性及び安全性の観点からも優れた移動手段であり、その静穏性を生かして観光地等における魅力的な移動手段となることも想定されるなど、地域全体の価値向上につながることが期待され、その導入する路線等の検討に当たっては、こうした走行特性や航続距離なども踏まえることが重要である。

(4) 海上運送高度化事業に関する留意事項

海上運送高度化事業については、海上運送事業の運送サービスの質の向上に加え、陸上の公共交通との円滑な乗継ぎを組み合わせなければ、地域のニーズを満たすことができない場合も多いことから、海上運送高度化事業の実施と併せた、陸上の公共交通の再編や利便性向上策も実施することが望ましい。また、運航に多くの燃料油を消費する海上運送事業の特性を踏まえ、新たな船舶の導入に際しては、経済性の向上及び環境負荷の低減にも留意することが必要である。

(5) 鉄道事業再構築事業に関する留意事項

鉄道事業再構築事業は、大量輸送機関としての鉄道の特性を生かした地域旅客運送サービスの持続可能な提供が困難な状況にある路線の全部又は一部の区間を対象に、地方公共団体等の支援を受けつつ事業構造の変更を行うとともに、利用者の利便を確保するものであり、事業継続が困難となり、又は困難となるおそれがある赤字の鉄道事業者のみならず、制定時の旅客鉄道株式会社及び日本貨物鉄道株式会社に関する法律（昭和六十一年法律第八十八号）第一条に規定する旅客会社（以下「ＪＲ各社」という。）や大手民鉄（十六社）のローカル路線の区間も対象となる。また、鉄道事業再構築事業の対象となる区間については、旧日本国有鉄道経営再建促進特別措置法施行令（昭和五十六年政令第二十五号。以下「旧国鉄再建特措法施行令」という。）第三条柱書に規定するバス転換の基準であった旅客輸送密度四千人未満の区間か否かを目安とする。

また、事業構造の変更に加えて利用者利便の確保が鉄道事業再構築事業の要件とされていることを踏まえ、地方公共団体等は、ＪＲ各社や大手民鉄（十六社）のローカル路線の区間を含め、対象区間に係る旅客鉄道事業について、事業者の経営の改善の観点ではなく、あくまで利用者利便の確保の観点から、一種の公共財・社会インフラとみなして関与することが期待される。

事業構造の変更については、重要な資産の譲渡及び譲受や事業の実施主体の変更等、様々な形態が含まれるが、それらが事業構造の変更に該当するかについては、鉄道事業再構築実施計画の実施期間（原則として十年以上）を通して、対象区間の維持と利便性の確保を図っていくための官民の合理的な役割分担が協定等により取り決められているかどうかを審査する。

また、鉄道事業再構築実施計画については、実施予定期間中の事業内容の変更及び実施予定期間の更新が可能である。

なお、東日本旅客鉄道株式会社、東海旅客鉄道株式会社、西日本旅客鉄道株式会社及び九州旅客鉄道株式会社（以下「ＪＲ上場四社」という。）の路線については、旅客鉄道株式会社及び日本貨物鉄道株式会社に関する法律の一部を改正する法律（平成十三年法律第六十一号）附則第二条に基づく新会社がその事業を営むに際し当分の間配慮すべき事項に関する指針（平成十三年国土交通省告示第千六百二十二号）及び旅客鉄道株式会社及び日本貨物鉄道株式会社に関する法律の一部を改正する法律（平成二十七年法律第三十六号）附則第二条に基づく新会社がその事業を営むに際し当分の間配慮すべき事項に関する指針（平成二十七年国土交通省告示第千二百七十二号）（以下「大臣指針」と総称する。）に留意する必要がある。また、四1(2)で述べるとおり、ＪＲ各社のローカル路線の区間のうち、我が国の基幹的鉄道ネットワークを形成する区間については、当面、再構築協議会の対象としない一方、大量輸送機関としての鉄道の特性を生かした地域旅客運送サービスの持続可能な提供が困難な状況にある区間については、地域公共交通計画に位置付けられた場合には、鉄道事業再構築事業の対象となり得る。

(6) 鉄道再生事業に関する留意事項

鉄道再生事業については、廃止届出がされた鉄道事業の全ての再生を図ろうとするものではなく、地方公共団体等の具体的な支援方針及びこれを踏まえた鉄道事業者の経営判断を前提に、費用負担のあり方を含め、協議対象事項について両者の間で合意がなされた場合に、鉄道再生事業の実施が可能となること、また、鉄道再生事業に係る協議に際しては、効率的な運営により可能な限り迅速に結論が得られるべく双方が努力する必要があることに留意する必要がある。

(7) 地域旅客運送サービス継続事業に関する留意事項

地域旅客運送サービス継続事業については、一般乗合旅客自動車運送事業又は国内一般旅客定期航路事業（以下「一般乗合旅客自動車運送事業等」という。）に係る路線等の収支状況を勘案し、一般乗合旅客自動車運送事業等を営む者からの申出等を契機として、地域の関係者間の協議において、当該路線等の維持困難性について認識を共有し、地域の共通認識として明確化した上で、公募に関する実施方針の作成を行うものとする。

実施方針の作成に当たっては、効率性・利便性等の観点から、その地域にあるべき一般乗合旅客自動車運送事業等の姿について、地域の関係者と十分に協議することが重要である。その際、路線ネットワークに限らず、運賃やダイヤなどのサービス面も踏まえ、地域公共交通の利用者の利便性を向上させることが重要であるとともに、公共交通サービスのみでは地域の移動ニーズに対応しきれない場合には、スクールバス、福祉輸送、商業施設の送迎サービスなど地域の輸送資源の活用も含め、検討することが望ましい。

(8) 貨客運送効率化事業に関する留意事項

貨客運送効率化事業については、過疎地などにおける貨客混載の導入により、物流サービスの生産性向上と相まって、地域旅客運送サービスの持続可能な提供の確保を図ることが重要であることを念頭に置いて実施することとする。

貨客混載の取組にあたっては、地域の物流事業者との適切な役割分担により、効果的かつ効率的に実施していくことが望ましいため、関係する公共交通事業者に加え、地域の物流事業者と緊密な連携を図る必要がある。

(9) 地域公共交通利便増進事業に関する留意事項

地域公共交通利便増進事業については、地域全体の公共交通を、路線ネットワークとしてのみならず、運賃やダイヤなどサービス面を含めて総合的かつ網羅的に捉え、コンパクトなまちづくり等の地域戦略との一体性を確保しつつ、公共交通の効率性を高めながら、地域のニーズにきめ細かく対応することで利便性の高い地域旅客運送サービスの持続可能な提供を確保することを念頭に置いて、実施することとする。この場合において、地域公共交通利便増進事業を実施する区域内の既存の公共交通サービスについて、路線、運行回数・時刻、運賃、乗継ぎ、情報提供等のサービス内容を具体的かつ網羅的に検証し、地域公共交通の利用者の利便を増進することが必要となる。具体的には、都市機能へのアクセスを確保するための幹線交通、中心部における循環型の公共交通、幹線交通と連絡した支線交通などの確保をはじめとして、路線ネットワークの観点からの見直しを行うとともに、特に中心部においては、等間隔運行などのダイヤ面や、定額制乗り放題運賃や乗継ぎ割引運賃などの運賃面での公共交通サービスの改善を図ることが重要である。これと併せて、交通結節点の整備による乗継円滑化、コミュニティバスや乗合タクシー、自家用有償旅客運送など多様な運送サービスの導入等を適切に組み合わせながら、住民の協力を含む関係者の連携の下、地域公共交通の利用者の利便を増進していくことが期待される。また、鉄道路線の全部又は一部の区間を廃止し、併せてバス等により新たな公共交通体系を実現しようとする場合も、地域公共交通利便増進事業の活用が可能である。

公共交通サービスの改善を図るに当たって、複数事業者間の路線、ダイヤ、定額運賃などの調整が必要となる場合には、独占禁止法特例法に基づく共同経営計画の作成を積極的に検討し、同法による独占禁止法の適用除外に係る特例と、地域公共交通利便増進事業の一体的な活用を図ることが重要である。

また、地域公共交通利便増進事業を実施する区域においては、当該事業の実施期間中、実施主体たる公共交通事業者、地方公共団体等は、地域公共交通利便増進実施計画（以下「利便増進実施計画」という。）に基づき、当該利便増進実施計画に定められた路線、運行回数、運賃等を内容とする公共交通サービスを持続的に提供するとともに、そのサービスの実施状況について、適時・適切に把握・評価し、その評価結果に基づいた地域における議論を踏まえつつ、事業内容を柔軟に見直すことにより、一層実効性の高い計画としていくことが求められる。

地方公共団体は、利便増進実施計画を定めようとするときは、あらかじめ、地域公共交通利便増進事業を実施しようとする者の同意を得なければならず、併せて、事業内容に関係を有する公共交通事業者や道路管理者、公安委員会など必要な関係者に対して、意見聴取を行わなければならないこととされていることに留意する必要がある。このように、地域公共交通における利用者の利便の増進に向けて、地方公共団体と公共交通事業者等が緊密に連携して取り組むことが必要不可欠である。

なお、利便増進実施計画の策定に向けた協議においては、二3(2)で述べたとおり、独占禁止法の規定に抵触しないよう留意する必要があるが、独占禁止法特例法に基づく共同経営計画の作成を前提として協議を行う場合には、同法に基づく定額運賃・料金、路線等の共同・分担運行、運行回数等の設定について、協議会において複数事業者間で個別具体的に協議を行うことができる。

また、地域公共交通利便増進事業の実施期間中に、当該地域公共交通利便増進事業の実施区域において新たに三1(7)に規定する一般乗合旅客自動車運送事業等を営もうとする者が現れた場合には、当該者の協議会への参加を促すとともに、利便増進実施計画を見直し、当該者も事業の実施主体として位置付けることが望ましい。

一方で、認定を受けた地域公共交通利便増進事業の実施区域において新たに一般乗合旅客自動車運送事業を営もうとする者等からの事業許可等の新規参入の申請があった場合には、国土交通大臣は、当該新規参入に係る事業の許可等に際し、利便増進実施計画の維持が困難となり、公衆の利便が著しく阻害されるおそれがないか審査することとしている。

さらに、国土交通大臣は、新規参入をした一般乗合旅客自動車運送事業者に対し、その事業の経営により利便増進実施計画の維持が困難となるため、公衆の利便が著しく阻害されるおそれがあると認めるときは、公衆の利便を確保するためやむを得ない限度において、当該事業の実施方法の変更を命ずることができる。

なお、道路運送法において、国土交通大臣は、一定の新規参入の申請があった場合に当該申請があった旨を関係地方公共団体に通知するものとされているところ、同法に基づく通知を受けた地方公共団体は、当該申請に対する意見を国土交通大臣に提出することができる。当該意見の提出に当たっては、地方公共団体が中心となって地域の関係者と議論し、当該新規参入が利便増進実施計画に与える影響について実証的かつ定量的に明らかにすることが必要である。

地方公共団体と交通事業者が協定を締結して、エリア内の路線を一括して複数年にわたって運行する「エリア一括協定運行事業」に取り組もうとする場合には、利便増進実施計画に、交通サービス水準、費用負担等、実施方法に関する事項を記載することができる。

　エリア一括協定運行事業を実施する区域においても同様に、一般旅客自動車運送事業の許可又は事業計画の変更の認可の申請があった場合、それにより利便増進実施計画の維持が困難となり、公衆の利便が著しく阻害されるおそれがあるか否かを審査することとする。その審査に当たっては、当該利便増進実施計画に記載された協定で定められたサービス水準による運行の実施見込み等を踏まえ、判断することとする。法第二十七条の十八第八項の規定により、当該利便増進実施計画の認定を受けた地方公共団体が、当該申請に対し意見を提出する場合には、このような観点を踏まえることが望ましい。

2　その他留意事項

　地方公共団体は、地域公共交通計画に定めようとする事業について、関係する公共交通事業者等、道路管理者、港湾管理者、公安委員会、住民及び公共交通の利用者等と十分に協議し、その意向等を踏まえるとともに、事業間の連携及び調整を図ることが必要不可欠であることから、協議会制度を有効に活用し、地域公共交通計画の作成及び事業実施の円滑化を図ることが求められる。

　地域公共交通計画作成後、地域公共交通計画に定められた事業が早期に、かつ、当該地域公共交通計画の目標に沿って順調に進展するよう、地方公共団体は、事業の実施状況の把握、これに係る情報提供、協議会の活用等による事業を実施すべき者との協議及び連絡調整等に努めることとする。

　なお、地域公共交通計画に定められた事業の実施に当たっては、交通の安全及び円滑の確保並びに生活環境の保全について配慮する必要がある。

　地域公共交通計画に位置付けられた地域公共交通は、地域の目指すべき将来像を実現するために必要な公共財・社会インフラとしての側面を有するものであり、これに対する支援は、民間事業に対する支援にとどまらず、地域社会に対する支援という側面があることに留意して、国による支援に加え、地方公共団体も支援を充実させることが期待される。また、地域公共交通を維持・充実させることは、まちづくり、観光振興等の地域振興施策、さらには健康・医療、福祉・介護、教育、環境等の様々な分野でも大きな効果をもたらすことを踏まえ、地方公共団体の内部部局間での連携や、地方公共団体相互の連携等多様な主体が連携して支援を行うあり方について検討を行うべきである。

四　再構築方針の作成に関する基本的な事項

1　再構築協議会に関する事項

　一部のローカル鉄道においては、人口減少や少子化、自家用自動車の普及やライフスタイルの変化等の外的要因により、輸送人員が大幅に減少し、大量輸送機関としての鉄道の特性が十分に発揮できていない状況が見られる。こうした状況の中で、地域の関係者や当該ローカル鉄道の利用者にとって最適な形での交通手段の維持・確保を鉄道事業者の経営努力のみに委ねることは限界があり、まちづくりや観光振興に取り組む沿線の地方公共団体との連携と協働を通じ、鉄道輸送の高度化やバス等への転換といった再構築に取り組むことが急務である。

　地域の関係者相互間の連携と協働を通じたこうした取組の検討は、関係地方公共団体が主体となった二3の協議会その他の協議の場において行われるのが基本である。ただし、連携と協働に当たっては、広域的な観点からの検討が必要であり、また、利用者数の落ち込みが極めて厳しいことや、利用者利便が大幅に損なわれていること等早急な改善が求められる場合など、こうした連携と協働に国が関与することが特に必要であると認められる場合には、地方公共団体又は鉄道事業者の要請に基づき、国において再構築協議会を組織することとなる。

(1)　再構築協議会の組織に係る区間

　次の三つの要件をいずれも満たす区間は、再構築協議会の組織の対象となる。

①　鉄道路線のうち、二以上の都道府県の区域にわたるもの又は一の都道府県の区域内にのみ存する路線で他の路線と接続して二以上の都道府県の区域にわたる鉄道網を形成するものとして国土交通大臣が定めるものの全部又は一部の区間

　先述のとおり、ローカル鉄道の再構築に関する検討を含め、地域公共交通の活性化及び再生に関する協議は、引き続き、関係地方公共団体が主体となった二3の協議会その他の関係者による協議の場において行うことが基本となる。したがって、再構築協議会の組織の要請に至る前に、まずは、地方公共団体と鉄道事業者との間で協議を行うことが望ましい。

　他方で、一般的に鉄道は広域的な交通ネットワークを形成しており、複数の地方公共団体を含む多くの関係者にまたがる複雑な調整が必要となることもある。国がこのような広域的な調整の観点から、関係者相互間の連携と協働の促進に向けて関与することが求められる場合には、国は再構築協議会を組織することとする。

　「一の都道府県の区域内にのみ存する路線で他の路線と接続して二以上の都道府県の区域にわたる鉄道網を形成するものとして国土交通大臣が定めるもの」については、地方公共団体又は鉄道事業者から相談があった場合に、利用実態等を踏まえ、他の路線と一体となって機能しており、広域的な交通ネットワークの一部を構成しているものについて、国土交通大臣が当該路線及びその区間を個別に告示する。基本的に一の都道府県の区域内にのみ存する路線については地方公共団体が主体的に協議の場を設けることが期待されるが、幹線に接続し、観光利用など広域的な旅客流動が認められる場合や、広域的な視点が必要となる場合など一の都道府県において交通手段再構築の方策を検討することが困難な場合には国の関与が必要と考えられるため、個別具体的に指定の必要性を確認する。

　なお、JR各社のローカル路線の区間のうち、特急列車等の優等列車が拠点都市間を相互に連絡する区間を含む区間で設定されており、相当程度の利用がある区間のほか、貨物鉄道が現に走行しており、全国一元的な貨物鉄道輸送サービスの一部として重要な役割を果たしている区間、災害時や有事において貨物列車が

走行する蓋然性が高い区間など、国とJR各社との間で、我が国の基幹的鉄道ネットワークを形成する区間として確認した区間は、当面、再構築協議会における協議の対象としない。

② 大量輸送機関としての鉄道の特性を生かした地域旅客運送サービスの持続可能な提供が困難な状況にある区間

大量輸送機関としての鉄道の特性を生かした地域旅客運送サービスの持続可能な提供が困難な状況にある区間の判断基準としては、三1(5)の鉄道事業再構築事業の要件と同様、旧国鉄再建特措法施行令第三条柱書に規定するバス転換の基準であった旅客輸送密度四千人未満の区間であるか否かが目安となる。

③ 交通手段再構築を実施するためには関係者相互間の連携と協働の促進が特に必要と認められる区間

再構築協議会における協議の対象となる区間は、交通手段再構築を実施するためには関係者相互間の連携と協働の促進が特に必要と認められる区間に限られることから、当面、旅客輸送密度千人未満の区間を中心に、早急な改善が求められる区間を優先することとする。

この点、旅客輸送密度千人未満の区間については、早急な改善が求められることから、沿線の地方公共団体が主体的に二3の協議会その他の協議の場を設けるか、又は国が組織する再構築協議会において協議を行うかのいずれかの対応をとることが強く期待される。

(2) JR各社のローカル路線の区間の取扱い

再構築協議会の組織の判断に当たっては、JR上場四社については、大臣指針において、国鉄改革の実施後の輸送需要の動向その他の新たな事情の変化を踏まえて現に営業する路線の適切な維持に努めるとともに、路線を廃止しようとするときには、地方公共団体等に対して事情の変化を十分に説明することとされていることに留意する必要があり、単に路線の収支が赤字であるということのみでは、再構築協議会を組織する理由とならない。ただし、人口減少や少子化、自家用自動車の普及やライフスタイルの変化等の外的要因により、大幅に輸送需要が減少している場合には、輸送需要に見合った、より利便性と持続可能性の高い地域旅客運送サービスの実現を図るために、交通モードの最適化に向けた協議を行うことは否定されず、再構築協議会における協議の対象となり得る。

(3) 沿線の地方公共団体への意見聴取

沿線の地方公共団体又は鉄道事業者から再構築協議会を組織するよう要請があった場合、国土交通大臣は、当該要請があった区間の沿線の地方公共団体に対し、二3の協議会その他の協議の場において協議を行うか、再構築協議会における協議への参加意向を含めた意見聴取を行い、再構築協議会を組織する必要性及び対象区間を個別具体的に判断する。この際、市町村の圏域にまたがる路線を対象とする場合には、市町村を包括する広域の地方公共団体である都道府県の意見を聴くこととする。

再構築協議会の組織に際し、一部の地方公共団体が参加の意思を表示しない場合には、国として地方公共団体からその理由を聴取しつつ、都道府県とも連携して理解を求めることとする。

(4) 再構築協議会の構成員

再構築協議会の構成員については、国土交通大臣、法第二十九条の三第三項に規定する特定区間（以下「特定区間」という。）をその区域に含む地方公共団体、特定区間に係る旅客鉄道事業を経営する鉄道事業者、関係する公共交通事業者等、道路管理者、交通手段再構築に係る事業を実施しようとする者、公安委員会のほか、国土交通大臣が必要と認める者を選任することとする。

国土交通大臣が必要と認める者については、沿線住民、高齢者や障害者を含む地域公共交通の利用者、学識経験者、労働者、物流事業者、福祉・介護関係事業者、NPO、商業施設、地元企業、病院、学校、観光事業者等の主体が考えられ、地方公共団体や鉄道事業者の意見を聴きつつ、地域の実情を踏まえて選任するものとする。特に、学生、高齢者、障害者など、交通手段再構築により大きな影響を受ける利用者のニーズを把握することは重要であり、再構築協議会の構成員に選任する、再構築協議会として公聴会・ヒアリングを行う、又は別途住民説明会を行うなど、地域の実情に応じて適切な方法を選択し、丁寧に意見を聴くものとする。

また、再構築協議会の構成員は後から追加して選任することも可能であり、議論の状況に応じて、適切な者を選任するものとする。

なお、特定区間をその区域に含む地方公共団体、特定区間に係る旅客鉄道事業を経営する鉄道事業者、関係する公共交通事業者等、道路管理者、交通手段再構築に係る事業を実施しようとする者については、再構築協議会を組織する国土交通大臣から再構築方針の作成に関する協議を行う旨の通知を受けた場合には、災害対応が必要な場合等、正当な理由がある場合を除き、当該協議に応じなければならないこととされていることに留意する必要がある。

(5) 関係する地方公共団体及び公共交通事業者等に求める必要な協力

再構築協議会において、具体的なファクトとデータに基づき議論を進めるため、再構築協議会の構成員である鉄道事業者には、特定区間に係る利用状況や収支状況など、議論に資するファクトとデータの共有が求められる。

加えて、特定区間をその区域や営業区域に含まない地方公共団体や公共交通事業者等であっても、二次交通等を通じて、特定区間に関係するものに対しては、資料の提供、意見の表明、説明その他必要な協力を求めることができることとされていることに留意する必要がある。

(6) 再構築協議会における協議

地域公共交通としての利便性と持続可能性を早急に改善する観点から、交通手段再構築実証事業を行う場合も含め、協議開始後三年以内を一つの目安とする合理的な期限内に、地方公共団体と鉄道事業者が合意の上、再構築方針を作成すべきであり、再構築協議会における初回の協議において、これを確認することを基本とする。なお、合理的な期限内に結論が出ない場合でも、真摯な協議が行われている場合にあっては協議を打ち切ることなく丁寧な合意形成に努めるべきである。これらの点については、ローカル鉄道の再構築を二3の協議会で協議する場合も同様の扱いとすることが望ましい。

再構築協議会は、対象区間に係る交通手段再構築について協議を行う場であり、利便性確保を通じた鉄道輸送の維持・活性化のほか、路線バス等の他の交通モードへの転換の可能性や、地域のまちづくりや観光振興等を踏まえ、最適な交通手段のあり方が検討されるべきである。

協議に当たっては、多様な主体が議論に参加し、幅広い意見を聴くことが望ましく、少数派の意見も考慮して、丁寧な合意形成に努めるべきである。また、廃止ありき、存続ありきという前提を置かず、具体的なファクトとデータに基づき、透明性を確保して議論していくことが重要であり、国はあくまで中立的な立場からそうした議論を促していく。また、区間のあり方についての議論に当たっては、旅客数や収支だけで判断するのではなく、地域公共交通の利用者や地域に与える影響等を十分に考慮して、地域公共交通がもたらすクロスセクター効果も踏まえながら総合的に判断すべきである。さらに、会議開催後速やかに議事録を公開するなど、最大限透明化を図る。

再構築協議会の事務局は地方運輸局が担い、会場費、調査委託費等の必要経費については、国を含む関係者が協議により応分の負担をすることを基本とする。

2　交通手段再構築実証事業に関する事項

再構築協議会においては、再構築方針の作成に向けて、交通手段再構築の方策案の有効性を検証するため、交通手段再構築実証事業を行うことができる。交通手段再構築実証事業を実施し、PDCAサイクルを回しながら関係者の合意形成を図っていくことが有効となる。この際、各地域の実情や実証の目的に応じて適切に課題・対応策・実証期間を設定することで、関係者の理解を得た上で効果的な再構築方針を作成していくことが可能となることに留意する必要がある。

3　再構築方針に関する事項

再構築協議会において協議が調ったときは、再構築方針を作成することとなるが、その記載事項については、二1の地域公共交通計画の記載事項の趣旨を踏まえるとともに、以下に定めるところによるものとする。

(1) 交通手段再構築を法第二十九条の三第二項各号に掲げる措置のどちらの措置により実施するかの別その他の交通手段再構築に関する基本的な事項

再構築方針においては、特定区間において、以下に掲げる措置のどちらの措置により交通手段再構築を実施するかの別を記載するものとする。

なお、関係者の合意に基づかない再構築方針の作成は行わないことは言うまでもなく、再構築方針には、関係者において十分に協議した上で、地域におけるまちづくりや観光振興等の取組の方向性と最も整合的な地域公共交通のあるべき姿を定めるべきであり、いずれの措置による場合においても、地方公共団体、鉄道事業者を含めた関係者は、その実現に最大限協力すべきである。

① 地域のまちづくりや観光振興等の取組に不可欠なものとしての鉄道輸送を維持した上で、利用者利便を確保する措置

特定区間において、鉄道を地域にとって基幹的な地域旅客運送サービスとして引き続き維持していく必要性が認められる場合、利用者の利便性の確保を図るため、列車の増便、利用実態を踏まえた運行ダイヤの変更、新たな設備投資、上下分離や第三セクター化等を実施することが考えられ、こうした取組は、鉄道事業再構築事業を活用して実施することが想定される。

また、上記の取組に加え、鉄道と路線バス等の他の交通モードとの役割の明確化を図るため、鉄道の運行時間や路線バス等の運行ルート・運行時間を変更するといった二次交通に関する取組を併せて実施することも重要である。こうした取組は、鉄道事業再構築事業の利用者の利便の確保に関する事項として実施することや、別途、地域公共交通利便増進事業を活用して実施することが想定される。

② 輸送需要の実態に合わせて、鉄道の全部又は一部を他の交通モードに最適化し、利用者利便を確保する措置

地域や特定区間の状況によっては、鉄道が担ってきた地域旅客運送サービスの全部又は一部をバス等の鉄道以外の交通モードによって提供し、停留所の新設や移設、運行回数の増加等を機動的に行うことで、利用者ニーズに対応した、よりきめ細かいサービス提供が可能になる場合もある。また、鉄道事業者が負担する固定費の軽減により、持続可能性が向上する場合もある。

この場合、特定区間の全部又は一部の区間を対象に、利用者ニーズを踏まえて、路線バスや乗合タクシーの導入、既存路線バスの運行ルートの変更、鉄道と路線バス等の対面乗換えを可能とする駅施設の整備等を実施するものとする。こうした取組は、地域公共交通利便増進事業を活用して実施することが想定される。

(2) 交通手段再構築を実施する区域

鉄道は、その路線が広域的に形成される特性を有し、複数の市町村にまたがる交通手段再構築が必要となると想定されるため、関係市町村や都道府県が連携して、地域にとって最適な地域旅客運送サービスの持続可能な提供を確保するよう取り組むこととする。

(3) 交通手段再構築の目標

(1)の基本的な事項に即して、目標を設定することとする。目標の設定の際には、地域の関係者が共通認識を持って取組を推進することができるよう、可能な限り具体的かつ明確な目標を設定するよう努めるべきである。それぞれの地域の旅客運送サービスが現状においてどのようなレベルにあるかをできる限り客観的に認識した上で、地域が自らの目指す方向性を可能な限り具体的な数値目標として明示することが重要である。特に、地域公共交通の利用者数や収支状況、当該地域公共交通の維持・確保に投じられる公的負担額など事業の効率性に関する指標について、定量的に設定するよう努めるべきで

ある。

また、地域公共交通の確保・充実により、経済振興や健康・医療、福祉・介護、教育、環境等の他の行政分野における公的負担額を間接的に軽減しているクロスセクター効果があると考えられること、加えて多様な関係者の主体的な参画を促す観点から、単に事業・施策を実施した結果であるアウトプットのみに着目するのではなく、その実施により交通が生み出す成果であるアウトカムに着目して目標を設定することが望ましい。

当該目標は、必ずしも大量輸送特性の回復を目指す必要はないものの、地域のまちづくりや観光振興等の取組の方向性と整合的なものでなければならない。

(4) 交通手段再構築の目標を達成するために行う事業及びその実施主体に関する事項

再構築方針の目標を達成するために必要となる事業及びその実施主体の検討に当たっては、まず、ローカル鉄道による地域旅客運送サービスの利便性と持続可能性の確保の観点から、目標を達成するために実施されるべき交通手段再構築の全体像を示すことが重要である。

その際には、新たに実施する取組だけでなく、既存路線の維持・活性化といった継続的な取組や、鉄道事業者をはじめとする公共交通事業者による取組のほか、交通手段再構築の目標達成のために必要となる事業を公的支援の有無にかかわらず可能な限り網羅的に記載することが望まれる。各種事業が相互に連携して相乗効果を創出し、その利便性及び効率性の向上が図られるよう、地域の関係者の間で十分な調整を行い、事業間の整合性を確保することが重要である。

地域公共交通に関するニーズや課題は多種多様であることから、その活性化及び再生に当たっては、地域の多様な関係者が連携と協働を行い、地域の実情に応じ創意工夫を凝らして、事業を実施していくことが重要である。このため、再構築方針には、地域旅客運送サービスの持続可能な提供の確保に資する地域公共交通の活性化及び再生に関する取組を幅広く盛り込むことが望ましい。

(5) 交通手段再構築の目標の達成状況の評価に関する事項

交通手段再構築の達成状況の評価の方法としては、再構築方針に定めた数値目標と実績値を比較して行うことが考えられる。ただし、評価に当たっては、地域公共交通が、クロスセクター効果を有することにも留意する必要がある。さらに、地域公共交通が有する定量的に把握することが困難な価値については、丁寧に意見を聴くことが望ましい。

再構築協議会は、原則として、毎年度、再構築方針に定められた施策の実施状況に関する調査、分析及び評価を行うこととし、その結果に基づき、地方公共団体や地域の関係者が議論を行った上で必要と認めるときは、当該施策の内容を変更することが望ましい。

なお、再構築協議会の終了後も、国として、再構築方針で定められる交通手段再構築の目標の達成状況の評価が適時適切に行われるよう促していくとともに、地域が評価の結果を踏まえ、検討を行い、交通手段再構築の事業の見直し等を行うときは、的確な支援を行うものとする。

(6) 交通手段再構築の実施時期

交通手段再構築の実施時期は、特定区間が既に危機的な状況にあり、何らかの対策を早急に講ずることが必要なことから、再構築協議会における協議開始後、交通手段再構築実証事業を行う場合も含めて三年以内に結論を出すことが目安とされていることを踏まえ、交通手段再構築の方策の決定後可能な限り速やかに設定すべきである。ただし、交通手段再構築の目標として定める内容や地域の実情等を踏まえて、柔軟に設定することを妨げない。

(7) 都市計画等との調和

再構築方針を作成する地域において、立地適正化計画、観光圏の整備による観光旅客の来訪及び滞在の促進に関する法律第四条に規定する観光圏整備計画や、地球温暖化対策の推進に関する法律第二十一条に規定する地方公共団体実行計画など、他の分野の計画が策定されている場合には、再構築方針にその旨を明示し、これらの計画との連携を図るべき旨を地域の関係者が十分に共有した上で、取組を行うことが望ましい。

とりわけ、公共交通は、都市の装置として重要なものであり、都市の骨格を形成するという観点から、都市計画、都市計画法第十八条の二に規定する市町村の都市計画に関する基本的な方針、中心市街地の活性化に関する法律第九条に規定する中心市街地の活性化に関する施策を総合的かつ一体的に推進するための基本的な計画との調和の確保に留意するとともに、高齢者、障害者等の移動等の円滑化の促進に関する法律第二十四条の二に規定する移動等円滑化の促進に関する方針及び同法第二十五条に規定する移動等円滑化に係る事業の重点的かつ一体的な推進に関する基本的な構想との調和の確保にも留意する必要がある。

(8) 利害関係者への意見聴取

再構築方針の作成に当たっては、住民、利用者等の利害関係者の意見を適切に反映するため、意見聴取等の措置を講ずることとする。地域にとってあるべき公共交通の姿を協議していく上では、幅広く意見を聴いて議論していくべきであり、形式的な意見聴取に終わることのないよう、丁寧に対応していくことが重要である。

具体的には、公聴会の開催、再構築協議会におけるヒアリング、アンケート調査、インターネットを活用した意見公募等の措置が考えられ、議論の進展状況に応じて複数回措置を講ずるなど、地域の実情に応じて適切に対応していくことが重要である。

4 その他留意事項

再構築方針において、鉄道輸送を維持した上で、利用者利便を確保する措置が定められる場合、JR各社のローカル路線の区間については、原則として、JR各社が引き続き運行主体となることが必要であるが、バス等の他の交通モードに最適化し、利用者利便を確保する措置が定められる場合においても、特にJR各社は、地域のモビリティを長年にわたって担ってきた経緯等を踏まえ、沿線の地方公共団体や地域のバス事業者等との連携と協働により、その持続的な運行及び利便性の確保に向け、十分な協力を行うべきである。その具体的な手段としては、グループ会社による運行、地元企業への運行委託、代替交通の運行会社への共同出資等、多様な手段があり得るが、これらの例に限らず様々な可能性を沿線の地方公共団体と協議しながら検討し、最適な代替手段を選択すべきである。また、鉄道区間との乗継ぎの利便性及び運賃の連続性の確保や、観光を含めた地域振興にも引き続き協力し、当該地域との関係性を継続するよう努めるべきである。

また、再構築協議会における協議に当たっては、公共交通事業者の間で、公共交通サービスに係る個別具体的な運賃・料金、運行回数、路線・運行系統等について合意がなされるなど、独占禁止法の規定に抵触する行為が行われないよう留意する必要があるが、独占禁止法特例法第十条に規定する共同経営計画の作成を前提として協議を行う場合には、同法に基づく定額運賃・料金、路線等の共同・分担運行、運行回数等の設定について、当該再構築協議会において複数事業者間で個別具体的に協議を行うことができる。

鉄道事業法第十六条第四項による協議運賃（地域の関係者間での協議が調い、柔軟に設定された運賃をいう。）については、交通手段再構築の方策の一つとして有効なものであり、認可された上限運賃を超えた運賃の設定も想定されるが、その場合、利便性の向上等、地域の利用者の理解を得るための取組を行うことが前提となる。

五　新地域旅客運送事業に関する基本的な事項

近年の技術の進歩等の結果、鉄道事業又は軌道事業、道路運送事業、海上運送事業のうち二以上の事業にまたがる輸送形態であり、同一の車両又は船舶を用いて一貫した運送サービスを提供する新たな運送サービスが出現しつつあるが、こうした運送サービスのうち、地域の旅客輸送需要にきめ細かく対応した効率的な運送サービスを提供する事業を新地域旅客運送事業として、その導入の円滑化を図ることとしている。

このため、新地域旅客運送事業計画（以下五において「事業計画」という。）の策定に当たっては、観光交流の促進による地域活性化や温室効果ガスの排出削減など環境負荷の低減、交通空白地帯の解消、乗継ぎに対する抵抗感の解消による公共交通の円滑化等、新地域旅客運送事業の目標を可能な限り明確に記載することとする。

事業計画に定める事項は、基本方針に照らして適切なものであることが求められる。事業計画の認定に当たっては、事業の目標、運行形態、維持・運営コスト等を踏まえて、一2に掲げる目標を実現し、地域旅客運送サービスの持続可能な提供の確保に資する効率的な運送サービスであるかどうか判断する。

併せて、事業計画の内容を実現するための手段、実現性、関係機関との連携等が、新地域旅客運送事業を確実に遂行するために適切なものであるかどうかについても審査する。

これらの点に加え、当該新地域旅客運送事業の実施のために鉄道事業法、軌道法、道路運送法又は海上運送法の許認可等を得る必要がある場合には、当該許認可等を得るための基準に合致するとともに、欠格事由に該当しないかどうか審査する。

その他、新地域旅客運送事業の実施に当たっては、安全の確保、環境の保全その他の適切な実施を図る観点から、関係法令に適合する必要がある。なお、事業計画の内容に変更が生じる場合には、変更認定の申請を行う必要がある。軽微な変更については、変更認定を要しないこととしているが、その場合であっても軽微変更の届出は必要であり、その他個別事業法に基づくものも含め、必要な手続が行われるよう留意する必要がある。

六　新モビリティサービス事業に関する基本的な事項

個々の利用者の移動ニーズに対応して、複数の公共交通機関や公共交通以外の移動サービスを最適に組み合わせ、観光、小売、医療・福祉、教育等の多様な移動以外のサービスとも連携し、一括した検索・予約・決済等を提供するサービスであるＭａａＳなど、情報通信技術等の先端技術を活用して交通機関利用者の利便を増進するサービスを提供する事業を新モビリティサービス事業として、その導入の円滑化を図ることとしている。

新モビリティサービス事業計画（以下六において「事業計画」という。）の策定に当たっては、地域旅客運送サービスの持続可能な提供の確保に資する地域公共交通の活性化及び再生を適切かつ確実に推進するために適当なものであることを明らかにするため、事業を実施する区域の範囲や、事業の目標、内容、時期並びに実施に必要な資金の額及びその調達方法を可能な限り明確に記載することとする。

事業計画に定める事項は、基本方針に照らして適切なものであることが求められる。事業計画の認定に当たっては、当該事業計画に定める事項が基本方針に照らして適切なものであるか否かを審査するとともに、関係法令への適合性を含め、新モビリティサービス事業を確実に遂行するために適切なものであるか否かを審査する。なお、事業計画の内容に変更が生じる場合には、変更認定の申請を行う必要がある。軽微な変更については、変更認定を要しないこととしているが、その場合であっても軽微変更の届出は必要であり、その他個別事業法に基づくものも含め、必要な手続が行われるよう留意する必要がある。

また、新モビリティサービス事業の円滑な実施のため、事業計画の策定の段階より、地方公共団体が新モビリティサービス協議会を組織し、新モビリティサービス事業者、公共交通事業者等、道路管理者、港湾管理者、地方公共団体が必要と認める者等が連携し、協議しながら事業計画を策定し、また、当該事業計画の認定後も、事業が確実に遂行されるよう、引き続き、関係者が連携し、認定された事業計画の内容について、協議しながら実施していくことが望ましい。

さらに、新モビリティサービス事業の実施に当たって、複数の公共交通機関や公共交通以外の移動サービスが最適に組み合わされるためには、複数の公共交通機関や公共交通以外の移動サービスに関する様々なデータについても、共有及び連携されることが必要不可欠であり、「ＭａａＳ関連データの連携に関するガイドライン」等の国が定める指針等を踏まえ、共有、連携が円滑に行われるよう事業計画上留意していることが重要である。

なお、認定新モビリティサービス事業者その他事業計画に定めようとする事業を実施すると見込まれる者並びに関係する公共交通事業者等、道路管理者及び港湾管理者は、新モビリティサービス協議会を組織する地方公共団体から事業計画の作成及び実施に関する協議を行う旨の通知を受けた場合には、正当な理由がある場合を除き、当該協議に応じなければならないこととされていることに留意する必要がある。

また、国は、新モビリティサービス事業の実施に当たって、旅行業法（昭和二十七年法律第二百三十九号）が適用されるか否かについての疑義が生じないよう、同法の規定が適用されない事項を類型化して技術的助言等において明示することにより、事業の円滑な実施を促進することとする。

七　地域旅客運送サービスの持続可能な提供の確保に資する地域公共交通の活性化及び再生に関する事業の評価に関する基本的な事項

地域公共交通計画の着実かつ効果的な実現を図るためには、地域公共交通計画に掲げた数値目標の達成状況を評価するだけでなく、地域公共交通計画に位置付けられた各種事業の実施状況を把握し、これらの事業が効果的・効率的に実施されているかどうかを定期的に評価することが重要である。

地域公共交通計画の達成状況の評価は、原則として、毎年度、地域公共交通計画に定められた施策の実施状況に関する調査、分析及び評価を行うこととし、その評価結果に基づき、地方公共団体や地域の関係者が議論を行った上で必要と認めるときは、地域公共交通計画の内容を変更することが望ましい。

具体的な評価方法としては、ＩＣカードやスマートフォン等の技術も活用しつつ、平均乗車密度や収支、利用者満足度等を測定しながら、商業など関連分野における移動以外のデータの動向を踏まえて、可能な限り定量的にサービスの効率性や品質を評価すること等が考えられる。なお、サービスの効率性や品質の向上自体が目的ではなく、地域公共交通計画の目標を効果的・効率的に達成するための手段である点に留意する必要がある。各種事業が効果的・効率的に実施されておらず、地域公共交通計画の目標の達成を阻害している場合には、事業の実施方法を見直し、改善を図る必要がある。一方、各種事業が十分に効果的・効率的に実施されているにもかかわらず、地域公共交通計画の目標が達成されない場合には、事業内容が当該地域公共交通計画の目標に照らして適切でない可能性もあるため、必要に応じて、事業内容そのものを見直すことも重要である。

また、評価に当たっては、地域公共交通が、経済振興や健康・医療、福祉・介護、教育、環境等の他の行政分野における公的負担額を間接的に軽減しているクロスセクター効果があると考えられることから、単に事業・施策を実施した結果であるアウトプットのみに着目するのではなく、その実施により交通が生み出す成果であるアウトカムに着目することが重要である。

八　その他地域旅客運送サービスの持続可能な提供の確保に資する地域公共交通の活性化及び再生に関する事項

１　関係者の役割

国、地方公共団体、公共交通事業者、住民、公共交通の利用者その他の関係者は、地域旅客運送サービスの持続可能な提供の確保に資する地域公共交通の活性化及び再生に向けて、それぞれの役割を果たしつつ、相互に連携を図りながら協力するよう努めることが求められる。

(1)　国の役割

①　地域の取組に対する財政的支援

国は、地域の関係者が一体となって行う地域旅客運送サービスの持続可能な提供の確保に資する地域公共交通の活性化及び再生のための取組について必要な財政的支援を講ずることとする。

特に、地域の関係者による真摯な検討と合意の下で策定され、国土交通大臣が認定した実施計画に基づく地域公共交通の維持や利便性向上に向けた取組に対して、国は、重点的に支援することにより、これらの実施計画の実効性やこれらの実施計画に基づく地域の主体的な取組の持続可能性を高めていくこととする。

また、国は、法第二十九条の二第一項第一号に規定する出資及び貸付けを活用して、公共交通事業者が、地域旅客運送サービスの持続可能な提供の確保に資する地域公共交通の活性化及び再生のための取組を行う際には、その取組が適切に進められるよう、独立行政法人鉄道建設・運輸施設整備支援機構並びに関係する地方公共団体及び民間事業者の連携の強化に努めることとする。

その際、独立行政法人鉄道建設・運輸施設整備支援機構は、国並びに関係する地方公共団体及び公共交通事業者等と連携しつつ、民業補完性や中長期における収益性の確保等が図られるよう、十分な体制を構築して出資及び貸付けを実施することとする。

②　人材育成及び情報提供

国は、地域の関係者による、地域公共交通のあり方に関する適切な検討・合意形成及び地域公共交通の導入・維持運営が可能となるよう、都道府県等と連携しつつ、必要な情報、データ、ノウハウ等が収集、蓄積及び提供されるような環境の確保に努める。併せて、地域の関係者に対する研修、セミナー等の実施など、必要な人材の育成に努める。地域公共交通の「リ・デザイン」に向けた議論や事業の実効性を担保するため、地域経営の観点から地域公共交通をコーディネートできる、外部の専門家等の人材の確保に取り組む地方公共団体を支援することとする。

加えて、地域公共交通を担う人材である運転者等の確保については、基本的には事業者の努力によるべきものであるが、国としても、事業者の取組をサポートしていくことが必要である。

また、国は、全ての地方公共団体が、地域旅客運送サービスの持続可能な提供の確保に努めることを踏まえ、各地域に対して地域公共交通計画の作成等について適切な助言を行うよう努めるとともに、地域公共交通に係る施策の実施状況に関する評価結果が送付された際には、必要に応じて助言を行うこととする。

③　技術開発の推進

国は、地域の関係者との適切な役割分担の下、地域のニーズを踏まえ、利便性・快適性の向上、コストの低減化、技術の標準化、実用化等のための技術開発の推進に努めることとする。また、これらの地域公共交通の技術の普及を促進するため、地域の関係者に対して積極的な情報提供を行うこととする。

特に、自動車の自動運転技術については、地域公共交通への活用を念頭に、持続可能性を意識したビジネスモデルの構築等も目的にしつつ、技術開発や実証実験等を推進するとともに、事業法制や安全規制のあり方も含め、円滑な社会実装のための環境整備を推進することとする。

④ 安全の確保

公共交通の安全の確保は、地域公共交通の活性化及び再生の推進を図る上での前提であり、国は、鉄道事業、軌道事業、道路運送事業、海上運送事業に係る各事業法の的確な運用等により、その安全の確保を図ることとする。

⑤ 関係者相互間の連携と協働の促進

地域公共交通の「リ・デザイン」を進めるため、国は、関係省庁間の連携強化を図り、「リ・デザイン」の施策に関係する省庁の連携の下、総合的な支援を講じていくこととする。

また、地方の活力を維持するとともに、個性あふれる地方の創生を図っていくことを念頭に置きつつ、地域の関係者間の協議が円滑に進むよう、国が積極的に関与していくことが必要である。とりわけ、本省の地域公共交通の担当部局とまちづくりの担当部局並びに地方運輸局と地方整備局及び北海道開発局が連携を強化し、地方公共団体等への助言等を行っていくことにより一層推進する。

(2) 都道府県の役割

都道府県は、広域的な観点から、地域公共交通の活性化及び再生の取組に主体的・主導的に取り組むことが重要である。併せて、国と連携しつつ、市町村等を中心とした地域の関係者が行う地域公共交通の活性化及び再生を推進するための検討、合意形成及び合意に基づく取組の実施に必要な財政的支援、人材育成、情報提供、助言等についても積極的に講ずることとする。その際、地域公共交通が地域の活性化という地方行政の主要な目的を果たすための重要な手段の一つであることを十分認識した取組とすることが必要である。

また、市町村から広域的な地域公共交通計画の作成に係る要請があったときは、都道府県は、当該地域公共交通計画の取組が当該都道府県内の移動における幹線交通の充実や複数市町村にまたがる移動の確保に資すると判断した場合などには、関係市町村間の調整を図るとともに、積極的に地域公共交通計画作成に参画することが望ましい。

さらに、地域公共交通に関する財政的基盤や組織・体制が十分でない市町村に対しては、都道府県の支援が不可欠であり、国とも連携しつつ、積極的に支援していくことが望まれる。

(3) 市町村の役割

市町村は、地域の実情に応じた、地域にとって最適な公共交通のあり方について、自らが中心となって、また、他の市町村や都道府県と連携して、関係する公共交通事業者等、道路管理者、港湾管理者、公安委員会、住民その他の地域の関係者と検討、合意形成を図り、また、合意がなされた取組の実施に向けて、地域の関係者と連携しつつ、主体的に取り組むこととする。その際、地域公共交通が地域の活性化という地方行政の主要な目的を果たすための重要な手段の一つであることを十分認識した取組とするため、地域のニーズをきめ細かく把握し、地域の輸送資源の総動員に向けて、関係者との調整に積極的に取り組むことが必要である。

特に、生活圏の単位が複数の市町村にまたがる場合は、他の市町村や都道府県と共同して地域公共交通計画を作成するなど、広域的な観点に立って取り組むことが求められる。

また、地域の関係者の信頼を得ながら、このような取組を効果的に実施していくためには、地域公共交通を専門的に担当する職員や、幅広い部局から職員が参画する横断的なプロジェクトチームを置くことも意義が大きい。

一方で、人材不足等のため地域公共交通を専門的に担当する職員を配置することが困難な市町村や、ノウハウの不足している市町村については、国が実施する研修・セミナーや地域公共交通計画作成のためのガイドライン、人材紹介の取組等の積極的な活用及び各市町村間での連携を通じ、地域公共交通に関する施策を進めていくことが求められる。

(4) 公共交通事業者等の役割

公共交通事業者は、協議会等における協議に積極的に参画するとともに、利用者の視点に立ち、地域において合意がなされた取組を着実に実施し、自ら又は他の公共交通事業者と連携して提供する運送サービスの質の向上に努めることとする。特に、複数事業者が存在する地域においては、独占禁止法特例法に基づく共同経営計画を活用しながら、複数事業者間の路線、定額運賃、ダイヤなどの調整を図ることで、地域旅客運送サービスの持続可能な提供の確保に取り組んでいくことが重要である。

その際、自らの運送サービスに係る情報について、外国人観光客を含めた利用者が利用しやすく、分かりやすい情報の提供に努めるだけでなく、利用者利便の更なる向上の観点から、MaaSの導入を含めた公共交通事業者同士の連携強化に取り組みながら、旅客の乗継情報等の他の公共交通事業者のサービスに関する情報など地域公共交通全体を利用しやすくする情報提供に努めることが望ましい。

また、公共交通事業者は、ICカードやスマートフォン等の技術も活用しつつ、より詳細な利用実態や潜在的な需要の把握をはじめとして、従来行ってきた事業のやり方にとらわれず、地域公共交通の利用減少を食い止め、回復していく取組を展開するよう努めることとする。また、経営改善の取組の企画に当たっては、大学との連携や外部人材の登用等による企画機能の強化も有効である。併せて、こうした取組が利用者、地方公共団体等の関係者に理解されるよう説明や周知に努め、必要に応じ、地方公共団体に対して、地域公共交通計画の作成又は変更を提案していくことが期待される。

加えて、地域公共交通のあり方の検討に必要な情報・データを関係者間で適切に共有することは合意形成の基盤となるため、個人情報及びプライバシーの保護に配慮しつつ、そのような情報・データを積極的に提供することが求められる。なお、情報・データの提供を受けた地方公共団体等は、公共交通事業者の競争上の地位その他正当な利益を害さないよう、当該情報・データを適切に取り扱うこととする。

その他、公共交通事業者には、貨客混載等の生産性向上の取組も求められる。

さらに、鉄軌道、路線バスやタクシーといった従来からの公共交通を担う事業者のみならず、自家用有償旅客運送、スクールバス、福祉輸送、送迎サービスその他の地域の輸送資源を担う者（NPO、学校、病院、地元企業、観光事業者等）や、今後地域の需要に応じ、地域の輸送資源を担う可能性がある者についても、地域の公共交通の活性化及び再生に積極的に関与することが求められる。

(5) 住民、公共交通の利用者の役割

住民や公共交通の利用者は、運送サービスを利用するという受け身の立場だけでなく、地域の関係者の一員として、主体的に、地域旅客運送サービスの持続可能な提供の確保に資する地域公共交通の活性化及び再生に向けた検討に参加するとともに、公共交通の積極的な利用や住民間における公共交通の利用促進についての意識の醸成、さらには、住民による公共交通の維持・運営等、それを支える取組を行うよう努めることが求められる。

2 関連する施策との連携

地域旅客運送サービスの持続可能な提供の確保に資する地域公共交通の活性化及び再生に当たっては、都市機能の増進に必要な施設の立地の適正化その他のまちづくりをはじめとして、観光振興、健康・医療、福祉・介護、教育、環境など様々な分野における施策との連携を図ることが重要である。

国においては、関係省庁間の連携強化を図っていくとともに、地方公共団体においては、地方の総合行政を担う立場から、まちづくり、観光振興、福祉その他の観点を踏まえながら、これまで連携が十分でなかった分野を含め、関連する施策との連携を図りつつ、総合的かつ計画的に施策を実施していくことが期待される。

さらに、近年の大規模災害の頻発、新型コロナウイルス感染症の流行や、複数事業者間の連携の必要性の高まりを踏まえ、地方公共団体や公共交通事業者など関係者が一体となって、次のような施策の検討を進めていくことも重要になってきている。

(1) 災害対策と連携した地域公共交通施策

地域の住民生活や企業による経済活動を維持していく上で、豪雨や土砂災害といった大規模災害発生時の地域の移動手段の確保は必要不可欠であるため、平時から関係部局と連携しながら、防災に関する計画や災害復旧施策等の災害対策を踏まえた地域公共交通施策の検討が必要である。

(2) 大規模な感染症流行に備えた地域公共交通施策

感染拡大防止対策を講じた運行や移動需要の減少に対応した事業の継続など、大規模な感染症の流行が発生した際の地域公共交通のあり方について、国や他の地方公共団体とも連携しながら、関係者と一体となって議論していくことが必要である。

(3) 共同経営等を活用した地域公共交通施策

人口減少等による利用者数の急速な減少や運転者不足の深刻化により、公共交通事業者が厳しい経営環境に置かれている中、複数の事業者間で連携して地域旅客運送サービスの持続可能な提供の確保を進めていくことが重要になってきている。そこで、国土交通大臣が認可を行った共同経営の取組について独占禁止法の適用を除外する独占禁止法特例法の制度を活用することが考えられる。共同経営の取組に必要な共同経営計画を作成する場合には、地域公共交通計画等の内容や法定協議会から聴き取った意見を踏まえ、地域の公共交通政策との調和を図り、地域住民が真に求めるサービスの提供を目指すことが重要である。また、官民が連携して運送サービスの維持や利用者の利便性向上を図る観点から、共同経営計画と利便増進実施計画を一体的に策定することが望ましい。

このような取組を通じて、地域公共交通の活性化及び再生を図り、誰もが生き生きと暮らせる、持続可能で活力に満ちた地域社会の実現を目指していくことが必要である。

前　文（抄）（平二七・八・二五総務・国交告二）

平成二十七年八月二十六日から適用する。

前　文（抄）（平二八・三・三一総務・国交告二）

平成二十八年四月一日から適用する。

前　文（抄）（平二八・五・二六総務・国交告四）

平成二十八年五月二十七日から適用する。

前　文（抄）（平三〇・四・一九総務・国交告一）

平成三十年四月十九日から適用する。

前　文（抄）（令二・一一・二六総務・国交告一）

令和二年十一月二十七日から適用する。

前　文（抄）（令五・六・三〇総務・国交告一）

令和五年七月一日から適用する。

前　文（抄）（令五・八・三一総務・国交告二）

令和五年十月一日から適用する。

第十編　道路・施設法関係

○道路法（抄）

（昭和二十七年六月十日法律第百八十号）

最終改正　令五法三四

〔編者注〕　令和四年六月一七日法律第六八号による改正のうち、令和七年六月一日から施行される部分は、直接改正を加えないで、現行条文と並列して登載した。

第一章　総則

（この法律の目的）

第一条　この法律は、道路網の整備を図るため、道路に関して、路線の指定及び認定、管理、構造、保全、費用の負担区分等に関する事項を定め、もつて交通の発達に寄与し、公共の福祉を増進することを目的とする。

（用語の定義）

第二条　この法律において「道路」とは、一般交通の用に供する道で次条各号に掲げるものをいい、トンネル、橋、渡船施設、道路用エレベーター等道路と一体となつてその効用を全うする施設又は工作物及び道路の附属物で当該道路に附属して設けられているものを含むものとする。

2　この法律において「道路の附属物」とは、道路の構造の保全、安全かつ円滑な道路の交通の確保その他道路の管理上必要な施設又は工作物で、次に掲げるものをいう。

一　道路上の柵又は駒止め

二　道路上の並木又は街灯で第十八条第一項に規定する道路管理者の設けるもの

三　道路標識、道路元標又は里程標

四　道路情報管理施設（道路上の道路情報提供装置、車両監視装置、気象観測装置、緊急連絡施設その他これらに類するものをいう。）

五　自動運行補助施設（電子的方法、磁気的方法その他人の知覚によつて認識することができない方法により道路運送車両法（昭和二十六年法律第百八十五号）第四十一条第一項第二十号に掲げる自動運行装置を備えている自動車の自動的な運行を補助するための施設その他これに類するものをいう。以下同じ。）で道路上に又は道路の路面下に第十八条第一項に規定する道路管理者が設けるもの

六　道路に接する道路の維持又は修繕に用いる機械、器具又は材料の常置場

七　自動車駐車場又は自転車駐車場で道路上に、又は道路に接して第十八条第一項に規定する道路管理者が設けるもの

八　特定車両停留施設（旅客の乗降又は貨物の積卸しによる道路における交通の混雑を緩和することを目的として、専ら道路運送法（昭和二十六年法律第百八十三号）による一般乗合旅客自動車運送事業若しくは一般乗用旅客自動車運送事業又は貨物自動車運送事業法（平成元年法律第八十三号）による一般貨物自動車運送事業の用に供する自動車その他の国土交通省令で定める車両（以下「特定車両」という。）を同時に二両以上停留させる施設で道路に接して第十八条第一項に規定する道路管理者が設けるものをいう。以下同じ。）

九　共同溝の整備等に関する特別措置法（昭和三十八年法律第八十一号）第三条第一項の規定による共同溝整備道路又は電線共同溝の整備等に関する特別措置法（平成七年法律第三十九号）第四条第二項に規定する電線共同溝整備道路に第十八条第一項に規定する道路管理者の設ける共同溝又は電線共同溝

十　前各号に掲げるものを除くほか、政令で定めるもの

3　この法律において「自動車」とは、道路運送車両法第二条第二項に規定する自動車をいう。

4　この法律において「駐車」とは、道路交通法（昭和三十五年法律第百五号）第二条第一項第十八号に規定する駐車をいう。

5　この法律において「車両」とは、道路交通法第二条第一項第八号に規定する車両をいう。

※　2項一〇号「政令」＝令三四の三

（道路の種類）

第三条　道路の種類は、左に掲げるものとする。

一　高速自動車国道

二　一般国道

三　都道府県道

四　市町村道

（高速自動車国道）

第三条の二　高速自動車国道については、この法律に定めるもののほか、別に法律で定める。

※　「別に法律」＝高速自動車国道法、国土開発幹線自動車道建設法

（私権の制限）

第四条　道路を構成する敷地、支壁その他の物件については、私権を行使することができない。但し、所有権を移転し、又は抵当権を設定し、若しくは移転することを妨げない。

第三章　道路の管理

第一節　道路管理者

（国道の新設又は改築）

第十二条　国道の新設又は改築は、国土交通大臣が行う。ただし、工事の規模が小であるものその他政令で定める特別の事情により都道府県がその工事を施行することが適当であると認められるものについては、その工事に係る路線の部分の存する都道府県が行う。

※　「政令」＝令一、本条「特例」＝道路整備特別措置法三

（国道の維持、修繕その他の管理）

第十三条　前条に規定するものを除くほか、国道の維持、修繕、公共土木施設災害復旧事業費国庫負担法（昭和二十六年法律第九十七号）の規定の適用を受ける災害復旧事業（以下「災害復旧」という。）その他の管理は、政令で指定する区間（以下「指定区間」という。）内については国土交通大臣が行い、その他の部分については都道府県がその路線の当該都道府県の区域内に存する部分について行う。

2　国土交通大臣は、政令で定めるところにより、指定区間内の国道の維持、修繕及び災害復旧以外の管理を当該部分の存

する都道府県又は指定市が行うこととすることができる。

3　国土交通大臣は、工事が高度の技術を要する場合、高度の機械力を使用して実施することが適当であると認める場合又は都道府県の区域の境界に係る場合においては、都道府県に代わつて自ら指定区間外の国道の災害復旧に関する工事を行うことができる。この場合においては、国土交通大臣は、あらかじめその旨を当該都道府県に通知しなければならない。

4　第一項の規定により都道府県が維持、修繕、災害復旧その他の管理を行う場合において、その行おうとする国道の修繕又は災害復旧に関する工事が都道府県の区域の境界に係るときは、関係都道府県は、あらかじめ修繕又は災害復旧に関する工事の設計及び実施計画について協議しなければならない。

5　第七条第五項及び第六項前段の規定は、前項の規定による協議が成立しない場合について準用する。

6　前項において準用する第七条第五項及び第六項前段の規定により国土交通大臣が裁定をした場合においては、第四項の規定による協議が成立したものとみなす。

※　1項「政令」＝一般国道の指定区間を指定する政令、2項「政令」＝令一の二～一の四、本条「特例」＝道路整備特別措置法四・五

第十四条　削除

（都道府県道の管理）

第十五条　都道府県道の管理は、その路線の存する都道府県が行う。

※　本条「特例」＝道路整備特別措置法三～五

（市町村道の管理）

第十六条　市町村道の管理は、その路線の存する市町村が行う。

2　第八条第三項の規定により市町村長が当該市町村の区域をこえて市町村道の路線を認定した場合においては、その道路の管理は、当該路線を認定した市町村長の統轄する市町村が行う。但し、当該路線が他の市町村の市町村道の路線と重複する場合においては、その重複する部分の道路の管理の方法については、関係市町村長がそれぞれ議会の議決を経て協議しなければならない。

3　第七条第五項及び第六項の規定は、前項但書の規定による協議が成立しない場合について準用する。この場合において、これらの規定中「関係都道府県知事」とあるのは「関係市町村長」と、「国土交通大臣」とあるのは「都道府県知事」と、同条第六項中「当該都道府県の議会」とあるのは「当該市町村の議会」と読み替えるものとする。

4　前項において準用する第七条第五項及び第六項の規定により都道府県知事が裁定をした場合においては、第二項但書の規定の適用については、関係市町村長の協議が成立したものとみなす。

5　第二項但書の規定による関係市町村長の協議が成立した場合（前項の規定により関係市町村長の協議が成立したものとみなされる場合を含む。）においては、関係市町村長は、成立した協議の内容を公示しなければならない。

※　本条「特例」＝道路整備特別措置法三～五

（管理の特例）

第十七条　指定市の区域内に存する国道の管理で第十二条ただし書及び第十三条第一項の規定により都道府県が行うこととされているもの並びに指定市の区域内に存する都道府県道の管理は、第十二条ただし書、第十三条第一項及び第十五条の規定にかかわらず、当該指定市が行う。

2　指定市以外の市は、第十二条ただし書、第十三条第一項及び第十五条の規定にかかわらず、都道府県に協議し、その同意を得て、当該市の区域内に存する国道の管理で第十二条ただし書及び第十三条第一項の規定により当該都道府県が行うこととされているもの並びに当該市の区域内に存する都道府県道の管理を行うことができる。

3　町村は、第十五条の規定にかかわらず、都道府県に協議し、その同意を得て、当該町村の区域内に存する都道府県道の管理を行うことができる。

4　指定市以外の市町村は、地域住民の日常生活の安全性若しくは利便性の向上又は快適な生活環境の確保を図るため、当該市町村の区域内に存する国道若しくは都道府県道の新設、改築、維持若しくは修繕又は国道若しくは都道府県道に附属する道路の附属物の新設若しくは改築のうち、歩道の新設、改築、維持又は修繕その他の政令で定めるものであつて第十二条ただし書、第十三条第一項、第十五条並びに第八十五条第一項及び第二項の規定により都道府県が行うこととされているもの（前三項の規定により指定市、指定市以外の市又は町村が行うこととされているものを除く。第二十七条第二項において「歩道の新設等」という。）を都道府県に代わつて行うことが適当であると認められる場合においては、第十二条ただし書、第十三条第一項、第十五条並びに第八十五条第一項及び第二項の規定にかかわらず、都道府県に協議し、その同意を得て、これを行うことができる。

5　指定市以外の市町村は、前三項の規定により国道又は都道府県道の新設、改築、維持又は修繕を行おうとするとき、及び当該国道又は都道府県道の新設、改築、維持又は修繕の全部又は一部を完了したときは、国土交通省令で定めるところにより、その旨を公示しなければならない。

6　国土交通大臣は、都道府県又は市町村から要請があり、かつ、当該都道府県又は市町村における道路の改築又は修繕に関する工事の実施体制その他の地域の実情を勘案して、当該都道府県又は市町村が管理する都道府県道又は市町村道（地域における安全かつ円滑な交通の確保のために適切な管理の必要性が特に高いと認められるものに限る。）を構成する施設又は工作物のうち政令で定めるものの改築又は修繕に関する工事（高度の技術を要するもの又は高度の機械力を使用して実施することが適当であると認められるものに限る。）を当該都道府県又は市町村に代わつて自ら行うことが適当であると認められる場合においては、前二条及び第一項から第三項までの規定にかかわらず、その事務の遂行に支障のない範囲内で、これを行うことができる。

7　国土交通大臣は、災害が発生した場合において、都道府県又は市町村から要請があり、かつ、当該都道府県又は市町村における道路の維持又は災害復旧に関する工事の実施体制その他の地域の実情を勘案して、当該都道府県又は市町村が管理する次の各号に掲げる道路について当該各号に定める管理（高度の技術を要するもの又は高度の機械力を使用して実施することが適当であると認められるものに限る。）を当該都道府県又は市町村に代わつて自ら行うことが適当であると認められるときは、第十三条第一項、前二条及び第一項から第三項までの規定にかかわらず、その事務の遂行に支障のない

範囲内で、これを行うことができる。

一　指定区間外の国道、都道府県道又は市町村道　維持（道路の啓開のために行うものに限る。）

二　都道府県道又は市町村道　災害復旧に関する工事

8　都道府県は、災害が発生した場合において、指定市以外の市町村から要請があり、かつ、当該市町村における道路の維持又は災害復旧に関する工事の実施体制その他の地域の実情を勘案して、当該市町村が管理する指定区間外の国道、都道府県道又は市町村道（当該都道府県が管理する道路と交通上密接な関連を有するものに限る。）について維持（道路の啓開のために行うものに限る。）又は災害復旧に関する工事を当該市町村に代わつて自ら行うことが適当であると認められるときは、前条並びに第二項及び第三項の規定にかかわらず、その事務の遂行に支障のない範囲内で、これを行うことができる。

9　第一項から第四項まで及び前三項の場合におけるこの法律の規定の適用についての必要な技術的読替えは、政令で定める。

※　4・6・9項「政令」＝令一の五～一の七・四の三、本条「特例」＝道路整備特別措置法三～五

（道路の区域の決定及び供用の開始等）

第十八条　第十二条、第十三条第一項若しくは第三項、第十五条、第十六条又は前条第一項から第三項までの規定によつて道路を管理する者（指定区間内の国道にあつては国土交通大臣、指定区間外の国道にあつては都道府県。以下「道路管理者」という。）は、路線が指定され、又は路線の認定若しくは変更が公示された場合においては、遅滞なく、道路の区域を決定して、国土交通省令で定めるところにより、これを公示し、かつ、これを表示した図面を関係地方整備局若しくは北海道開発局又は関係都道府県若しくは市町村の事務所（以下「道路管理者の事務所」という。）において一般の縦覧に供しなければならない。道路の区域を変更した場合においても、同様とする。

2　道路管理者は、道路の供用を開始し、又は廃止しようとする場合においては、国土交通省令で定めるところにより、その旨を公示し、かつ、これを表示した図面を道路管理者の事務所において一般の縦覧に供しなければならない。ただし、既存の道路について、その路線と重複して路線が指定され、認定され、又は変更された場合においては、その重複する道路の部分については、既に供用の開始があつたものとみなし、供用開始の公示をすることを要しない。

※　本条「特例」＝道路整備特別措置法八

（境界地の道路の管理）

第十九条　地方公共団体の区域の境界に係る道路については、関係道路管理者（国土交通大臣である道路管理者を除く。以下本条及び第五十四条中同じ。）は、第十三条第一項及び第三項並びに第十五条から第十七条までの規定にかかわらず、協議して別にその管理の方法を定めることができる。

2　前項の規定による協議が成立しない場合においては、関係道路管理者は、当該道路が都道府県の区域の境界に係るとき、又は関係道路管理者のいずれかが都道府県であるときは国土交通大臣に、その他のときは都道府県知事に裁定を申請することができる。

3　第七条第六項の規定は、前項の場合について準用する。この場合において、第七条第六項中「国土交通大臣」とあるのは「国土交通大臣又は都道府県知事」と、「関係都道府県知事」とあるのは「関係道路管理者」と、「当該都道府県の議会の議決を経なければならない。」とあるのは「指定区間外の国道にあつては道路管理者である都道府県の議会に諮問し、その他の道路にあつては道路管理者である地方公共団体の議会の議決を経なければならない。」と読み替えるものとする。

4　第二項及び前項において準用する第七条第六項の規定により国土交通大臣又は都道府県知事が裁定をした場合においては、第一項の規定の適用については、関係道路管理者の協議が成立したものとみなす。

5　第一項の規定による協議が成立した場合（前項の規定により関係道路管理者の協議が成立したものとみなされる場合を含む。）においては、関係道路管理者は、成立した協議の内容を公示しなければならない。

（共用管理施設の管理）

第十九条の二　道路交通騒音により生ずる障害の防止又は軽減、道路の排水その他の道路の管理のための施設又は工作物で、当該道路と隣接し、又は近接する他の道路から発生する道路交通騒音により生ずる障害の防止又は軽減、当該他の道路の排水その他の当該他の道路の管理に資するもの（第五十四条の二第一項において「共用管理施設」という。）の管理については、当該道路の道路管理者及び当該他の道路の道路管理者（以下この条及び第五十四条の二において「共用管理施設関係道路管理者」という。）は、第十三条第一項及び第三項並びに第十五条から第十七条までの規定にかかわらず、協議して別にその管理の方法を定めることができる。

2　前項の規定による協議が成立しない場合においては、共用管理施設関係道路管理者は、そのいずれかが国土交通大臣である場合を除き、共用管理施設関係道路管理者のいずれかが都道府県であるときは国土交通大臣に、その他のときは都道府県知事に裁定を申請することができる。

3　第七条第六項の規定は、前項の場合について準用する。この場合において、第七条第六項中「国土交通大臣」とあるのは「国土交通大臣又は都道府県知事」と、「関係都道府県知事」とあるのは「共用管理施設関係道路管理者」と、「当該都道府県の議会の議決を経なければならない。」とあるのは「指定区間外の国道にあつては道路管理者である都道府県の議会に諮問し、その他の道路にあつては道路管理者である地方公共団体の議会の議決を経なければならない。」と読み替えるものとする。

4　第二項及び前項において準用する第七条第六項の規定により国土交通大臣又は都道府県知事が裁定をした場合においては、第一項の規定の適用については、共用管理施設関係道路管理者の協議が成立したものとみなす。

5　第一項の規定による協議が成立した場合（前項の規定により共用管理施設関係道路管理者の協議が成立したものとみなされる場合を含む。）においては、共用管理施設関係道路管理者は、成立した協議の内容を公示しなければならない。

（兼用工作物の管理）

第二十条　道路と堤防、護岸、ダム、鉄道又は軌道用の橋、踏切道（道路と独立行政法人鉄道建設・運輸施設整備支援機構、独立行政法人日本高速道路保有・債務返済機構若しくは

鉄道事業者（第三十一条及び第三十一条の二において「鉄道事業者等」という。）の鉄道又は軌道法（大正十年法律第七十六号）による新設軌道との交差部分をいう。）、駅前広場その他公共の用に供する工作物又は施設（以下これらを「他の工作物」と総称する。）とが相互に効用を兼ねる場合においては、当該道路の道路管理者及び他の工作物の管理者は、当該道路及び他の工作物の管理については、第十三条第一項及び第三項並びに第十五条から第十七条までの規定にかかわらず、協議して別にその管理の方法を定めることができる。ただし、他の工作物の管理者が私人である場合においては、道路については、道路に関する工事（道路の新設、改築又は修繕に関する工事をいう。以下同じ。）及び維持以外の管理を行わせることができない。

2　前項の規定により協議する場合において、国土交通大臣である道路管理者と他の工作物の管理者との協議が成立しないときは、国土交通大臣は、当該他の工作物に関する主務大臣とあらためて協議することができる。

3　第一項の規定により協議する場合において、国土交通大臣以外の道路管理者と他の工作物の管理者との協議が成立しないときは、当該道路の道路管理者又は他の工作物の管理者は、そのいずれかが国又は都道府県であるときは国土交通大臣及び当該他の工作物に関する主務大臣に、その他のときは都道府県知事（他の工作物に関する主務大臣の事務を分掌する地方支分部局の長があるときは、都道府県知事及び当該支分部局の長。以下この条並びに第五十五条第三項及び第四項において同じ。）に裁定を申請することができる。

4　国土交通大臣及び他の工作物に関する主務大臣又は都道府県知事は、前項の規定による申請に基づいて裁定をしようとする場合においては、当該道路の道路管理者又は他の工作物の管理者の意見を聴かなければならない。この場合において、当該道路の道路管理者は、意見を提出しようとするときは、指定区間外の国道にあつては道路管理者である都道府県の議会に諮問し、その他の道路にあつては道路管理者である地方公共団体の議会の議決を経なければならない。

5　第二項の規定による国土交通大臣と当該他の工作物に関する主務大臣との協議が成立した場合又は前二項の規定により国土交通大臣及び当該他の工作物に関する主務大臣若しくは都道府県知事が裁定をした場合においては、第一項の規定の適用については、道路管理者と他の工作物の管理者との協議が成立したものとみなす。

6　第一項の規定による協議が成立した場合（前項の規定により道路管理者と他の工作物の管理者との協議が成立したものとみなされる場合を含む。）においては、当該道路の道路管理者は、成立した協議の内容を公示しなければならない。

（他の工作物の管理者に対する工事施行命令等）

第二十一条　道路と他の工作物とが相互に効用を兼ねる場合において、他の工作物の管理者に当該道路の道路に関する工事を施行させ、又は維持をさせることが適当であると認められるときは、前条及び第三十一条の規定によつて協議をした場合を除く外、道路管理者は、他の工作物の管理者に当該道路に関する工事を施行させ、又は当該道路の維持をさせることができる。

（工事原因者に対する工事施行命令等）

第二十二条　道路管理者は、道路に関する工事以外の工事（以下「他の工事」という。）により必要を生じた道路に関する工事又は道路を損傷し、若しくは汚損した行為若しくは道路の補強、拡幅その他道路の構造の現状を変更する必要を生じさせた行為（以下「他の行為」という。）により必要を生じた道路に関する工事又は道路の維持を当該工事の執行者又は行為者に施行させることができる。

2　前項の場合において、他の工事が河川法（昭和三十九年法律第百六十七号）が適用され、又は準用される河川の河川工事（以下「河川工事」という。）であるときは、当該道路に関する工事については、同法第十九条の規定は、適用しない。

（維持修繕協定の締結）

第二十二条の二　道路管理者は、道路の構造を保全し、又は交通の危険を防止するため災害の発生時において道路管理者以外の者が道路の特定の維持又は修繕に関する工事を行うことができることをあらかじめ定めておく必要があると認めるときは、その管理する道路について、道路の維持又は修繕に関する工事を適確に行う能力を有すると認められる者（第二号において「維持修繕実施者」という。）との間において、次に掲げる事項を定めた協定（以下この条において「維持修繕協定」という。）を締結することができる。

一　維持修繕協定の目的となる道路の区域（次号において「協定道路区域」という。）

二　維持修繕実施者が道路の損傷の程度その他の道路の状況に応じて協定道路区域において行う道路の維持又は修繕に関する工事の内容

三　前号の道路の維持又は修繕に関する工事に要する費用の負担の方法

四　維持修繕協定の有効期間

五　維持修繕協定に違反した場合の措置

六　その他必要な事項

（附帯工事の施行）

第二十三条　道路管理者は、道路に関する工事に因り必要を生じた他の工事又は道路に関する工事を施行するために必要を生じた他の工事を道路に関する工事とあわせて施行することができる。

2　前項の場合において、他の工事が河川工事又は砂防工事であるときは、当該他の工事の施行については、同項の規定は、適用しない。

（道路管理者以外の者の行う工事）

第二十四条　道路管理者以外の者は、第十二条、第十三条第三項、第十七条第四項若しくは第六項から第八項まで、第十九条から第二十二条の二まで、第四十八条の十九第一項又は第四十八条の二十二第一項の規定による場合のほか、道路に関する工事の設計及び実施計画について道路管理者の承認を受けて道路に関する工事又は道路の維持を行うことができる。ただし、道路の維持で政令で定める軽易なものについては、道路管理者の承認を受けることを要しない。

※　ただし書「政令」＝令三

（自動車駐車場又は自転車駐車場の駐車料金及び割増金）

第二十四条の二　道路管理者（指定区間内の国道にあつては、国。第三項（第四十八条の三十五第三項において準用する場合を含む。）、第三十九条第一項、第四十四条第五項及び第七項、第四十四条の三第八項、第四十八条の七第一項、第四十八条の三十五第一項、第四十九条、第五十八条第一項、第五十九条第三項、第六十一条第一項、第六十四条第一項、第六十九条第一項、第七十条第一項、第七十二条第一項及び第三項、第七十三条第一項から第三項まで、第八十五条第三項並びに第九十一条第三項において同じ。）は、道路管理者である地方公共団体の条例（指定区間内の国道にあつては、政令）で定めるところにより、道路の附属物である自動車駐車場又は自転車駐車場に自動車（道路運送車両法第二条第三項に規定する原動機付自転車を含む。以下この条において同じ。）又は自転車を駐車させる者から、駐車料金を徴収することができる。ただし、道路交通法第三十九条第一項に規定する緊急自動車その他政令で定める自動車又は自転車を駐車させる場合においては、この限りでない。

2　前項の駐車料金の額は、次の原則によつて定めなければならない。

一　自動車又は自転車を駐車させる特定の者に対し不当な差別的取扱いをするものでないこと。

二　自動車又は自転車を駐車させる者の負担能力にかんがみ、その利用を困難にするおそれのないものであること。

三　付近の自動車駐車場又は自転車駐車場で道路の区域外に設置されており、かつ、一般公衆の用に供するものの駐車料金に比して著しく均衡を失しないものであること。

3　道路管理者は、第一項の駐車料金を不法に免れた者から、その免れた額のほか、その免れた額の二倍に相当する額を割増金として徴収することができる。

※　1項「政令」＝令三の二・三の三

（自動車駐車場又は自転車駐車場の駐車料金等の表示）

第二十四条の三　道路管理者は、前条第一項の規定により駐車料金を徴収する自動車駐車場又は自転車駐車場について、条例（国道にあつては、国土交通省令）で定めるところにより、駐車料金、駐車することができる時間その他自動車駐車場又は自転車駐車場の利用に関し必要な事項を表示するため、標識を設けなければならない。

（有料の橋又は渡船施設）

第二十五条　都道府県又は市町村である道路管理者は、都道府県道又は市町村道について、橋又は渡船施設の新設又は改築に要する費用の全部又は一部を償還するために、一定の期間を限り、当該橋の通行者又は当該渡船施設の利用者から、その通行者又は利用者が受ける利益を超えない範囲内において、条例で定めるところにより、料金を徴収することができる。

2　前項に規定する橋又は渡船施設は、左の各号に該当するものでなければならない。

一　その通行又は利用の範囲が地域的に限定されたものであること。

二　その通行者又は利用者がその通行又は利用に因り著しく利益を受けるものであること。

三　その新設又は改築に要する費用の全額を地方債以外の財源をもつて支弁することが著しく困難なものであること。

3　道路管理者は、第一項の条例を制定したときは、遅滞なく、次に掲げる事項を記載した書類及び設計図その他必要な図面を添えて、その旨を国土交通大臣に届け出なければならない。

一　工事方法

二　工事予算

三　工事の着手及び完成の予定年月日

四　収支予算の明細

五　料金

六　料金徴収期間

七　元利償還年次計画

4　道路管理者は、前項の規定による届出に係る事項について変更があつたときは、遅滞なく、変更に係る事項を記載した書類及び必要な図面を添えてその旨を国土交通大臣に届け出なければならない。

（有料の橋又は渡船施設の工事の検査）

第二十六条　前条第一項の規定により料金を徴収しようとする道路管理者は、工事の途中において、国土交通省令で定めるところにより、都道府県である道路管理者にあつては国土交通大臣の、市町村である道路管理者にあつては都道府県知事の検査を受けなければならない。工事が完了した場合においても、同様とする。

2　国土交通大臣又は都道府県知事は、前項の規定による検査の結果当該橋又は渡船施設の構造が前条第三項の規定による届出に係る同項第一号の工事方法（同条第四項の規定による工事方法の変更（同条第三項第五号又は第六号に掲げる事項の変更を伴うものに限る。）に係る届出があつたときは、その変更後のもの）に適合しないと認める場合においては、届出をした道路管理者に対して、工事方法の変更その他必要な措置をとるべき旨の要求（都道府県知事にあつては、勧告）をすることができる。

3　道路管理者は、国土交通大臣から前項の規定による要求を受けたときは、工事方法の変更その他必要な措置をとらなければならない。

4　都道府県知事は、第一項の規定に基づき検査をしたときはその結果を、第二項の規定に基づき必要な措置をとるべき旨の勧告をしたときはその内容及びこれに従つて道路管理者がとつた措置を国土交通大臣に報告しなければならない。

5　前条第一項の規定により料金を徴収しようとする道路管理者は、第一項後段の規定による検査に合格した後でなければ、当該橋又は渡船施設の供用を開始してはならない。

（道路管理者の権限の代行）

第二十七条　国土交通大臣は、第十二条本文の規定により指定区間外の国道の新設若しくは改築を行う場合又は第十三条第三項の規定により指定区間外の国道の災害復旧に関する工事を行う場合においては、政令で定めるところにより、当該指定区間外の国道の道路管理者に代わつてその権限を行うものとする。

2　指定市以外の市町村は、第十七条第四項の規定により歩道の新設等を行う場合においては、政令で定めるところにより、当該道路の道路管理者に代わつてその権限を行うものとする。

3　国土交通大臣は、第十七条第六項の規定により都道府県道若しくは市町村道を構成する施設若しくは工作物の改築若しくは修繕に関する工事を行う場合又は同条第七項の規定により指定区間外の国道、都道府県道若しくは市町村道の維持若しくは都道府県道若しくは市町村道の災害復旧に関する工事を行う場合においては、政令で定めるところにより、当該道路の道路管理者に代わつてその権限を行うものとする。

4 都道府県は、第十七条第八項の規定により指定区間外の国道、都道府県道又は市町村道の維持又は災害復旧に関する工事を行う場合においては、政令で定めるところにより、当該道路の道路管理者に代わつてその権限を行うものとする。

5 第十九条の規定による協議に基づき一の道路管理者がその地方公共団体の区域外にわたつて道路を管理する場合又は第二十条の規定による協議に基づき他の工作物の管理者が道路を管理する場合においては、これらの者は、政令で定めるところにより、当該道路の道路管理者に代わつてその権限を行うものとする。

※ 1〜5項「政令」＝令四〜四の三・五・六

（道路台帳）

第二十八条 道路管理者は、その管理する道路の台帳（以下本条において「道路台帳」という。）を調製し、これを保管しなければならない。

2 道路台帳の記載事項その他その調製及び保管に関し必要な事項は、国土交通省令で定める。

3 道路管理者は、道路台帳の閲覧を求められた場合においては、これを拒むことができない。

（協議会）

第二十八条の二 交通上密接な関連を有する道路（以下この項において「密接関連道路」という。）の管理を行う二以上の道路管理者は、踏切道密接関連道路（踏切道改良促進法（昭和三十六年法律第百九十五号）第三条第一項に規定する踏切道密接関連道路をいう。）その他の密接関連道路の管理を効果的に行うために必要な協議を行うための協議会（以下この条において「協議会」という。）を組織することができる。

2 協議会は、必要があると認めるときは、次に掲げる者をその構成員として加えることができる。

一 関係地方公共団体

二 道路の構造の保全又は安全かつ円滑な交通の確保に資する措置を講ずることができる者

三 その他協議会が必要と認める者

3 協議会において協議が調つた事項については、協議会の構成員は、その協議の結果を尊重しなければならない。

4 前三項に定めるもののほか、協議会の運営に関し必要な事項は、協議会が定める。

第二節 道路の構造

（道路の構造の原則）

第二十九条 道路の構造は、当該道路の存する地域の地形、地質、気象その他の状況及び当該道路の交通状況を考慮し、通常の衝撃に対して安全なものであるとともに、安全かつ円滑な交通を確保することができるものでなければならない。

（道路の構造の基準）

第三十条 高速自動車国道及び国道の構造の技術的基準は、次に掲げる事項について政令で定める。

一 通行する自動車の種類に関する事項

二 幅員

三 建築限界

四 線形

五 視距

六 勾配

七 路面

八 排水施設

九 交差又は接続

十 待避所

十一 横断歩道橋、さくその他安全な交通を確保するための施設

十二 橋その他政令で定める主要な工作物の自動車の荷重に対し必要な強度

十三 前各号に掲げるもののほか、高速自動車国道及び国道の構造について必要な事項

2 都道府県道及び市町村道の構造の技術的基準（前項第一号、第三号及び第十二号に掲げる事項に係るものに限る。）は、政令で定める。

3 前項に規定するもののほか、都道府県道及び市町村道の構造の技術的基準は、政令で定める基準を参酌して、当該道路の道路管理者である地方公共団体の条例で定める。

※ 1―3項「政令」＝道路構造令

（道路と鉄道との交差）

第三十一条 道路と鉄道事業者等の鉄道とが相互に交差する場合（当該道路が国道であり、かつ、国土交通大臣が自らその新設又は改築を行う場合を除く。）においては、当該道路の道路管理者及び当該鉄道事業者等は、当該交差の方式、その構造、工事の施行方法及び費用負担について、あらかじめ協議し、これを成立させなければならない。ただし、当該道路の交通量又は当該鉄道の運転回数が少ない場合、地形上やむを得ない場合その他政令で定める場合を除くほか、当該交差の方式は、立体交差としなければならない。

2 前項の規定により協議する場合において、国土交通大臣以外の道路管理者と鉄道事業者等との協議が成立しないときは、当該道路の道路管理者又は当該鉄道事業者等は、国土交通大臣に裁定を申請することができる。

3 国土交通大臣は、前項の規定による申請に基づいて裁定をしようとする場合においては、当該道路の道路管理者又は当該鉄道事業者等の意見を聴かなければならない。この場合において、当該道路の道路管理者は、意見を提出しようとするときは、指定区間外の国道にあつては当該道路管理者である都道府県の議会に諮問し、その他の道路にあつては当該道路管理者である地方公共団体の議会の議決を経なければならない。

4 第二項の規定により国土交通大臣が裁定をした場合においては、第一項の規定の適用については、当該道路の道路管理者と当該鉄道事業者等との協議が成立したものとみなす。

5 国道と鉄道事業者等の鉄道とが相互に交差する場合において、国土交通大臣が自ら当該国道の新設又は改築を行うときは、国土交通大臣は、あらかじめ、当該鉄道事業者等の意見を聴いて、当該交差の方式、その構造、工事の施行方法及び費用負担を決定するものとする。ただし、国土交通大臣の決定前に、国土交通大臣と当該鉄道事業者等との間にこれらの事項について協議が成立したときは、この限りでない。

6 前項に規定する場合において、当該国道の交通量又は当該鉄道の運転回数が少ない場合、地形上やむを得ない場合その他政令で定める場合を除いた交差の方式は、立体交差としなければならない。

7 国土交通大臣は、第五項本文の規定による決定をするとき

は、鉄道の整備及び安全の確保並びに鉄道事業の発達、改善及び調整に特に配慮しなければならない。

※　1・6項「政令」＝令三五

（道路と鉄道との交差部分の管理の方法）

第三十一条の二　指定区間外の国道、都道府県道又は市町村道と鉄道事業者等の鉄道とが相互に交差している場合においては、当該道路の道路管理者及び当該鉄道事業者等は、次の各号に掲げる交差の方式の区分に応じ、当該各号に定める管理の方法について協議し、これを成立させるよう努めなければならない。ただし、第二号に規定する交差部分について踏切道改良促進法第十三条第一項の規定による指定があつたときは、この限りでない。

一　立体交差　当該立体交差に係る道路及び鉄道施設の維持、修繕（当該修繕を効率的に行うための点検を含む。）その他の管理の方法であつて安全かつ円滑な交通の確保に必要なものとして国土交通省令で定める基準に適合するもの

二　立体交差以外の交差　災害が発生した場合における当該交差部分の管理の方法であつて安全かつ円滑な交通の確保に必要なものとして国土交通省令で定める基準に適合するもの

2　道路管理者又は鉄道事業者等の一方が前項の規定による協議を求めたときは、当該協議を求められた者は、正当な理由がある場合を除き、これに応じなければならない。

3　国土交通大臣は、道路管理者又は鉄道事業者等の一方が第一項の協議を求めたにもかかわらず他の一方が当該協議に応じず、又は当該協議が調わなかつた場合で、当該協議を求めた者から申立てがあつたときは、前項に規定する正当な理由がある場合に該当すると認める場合を除き、当該協議を求められた者に対し、その協議の開始又は再開を命ずることができる。

4　指定区間内の国道と鉄道事業者等の鉄道とが相互に交差している場合においては、国土交通大臣は、当該鉄道事業者等の意見を聴いて、第一項各号に掲げる交差の方式の区分に応じ、当該各号に定める管理の方法を決定するものとする。ただし、国土交通大臣による当該管理の方法の決定前に国土交通大臣と当該鉄道事業者等との間に当該管理の方法について協議が成立したとき、又は同項第二号に規定する交差部分について踏切道改良促進法第十三条第一項の規定による指定があつたときは、この限りでない。

5　国土交通大臣は、前項本文の規定による決定をするときは、鉄道の整備及び安全の確保並びに鉄道事業の発達、改善及び調整に特に配慮しなければならない。

第三節　道路の占用

（道路の占用の許可）

第三十二条　道路に次の各号のいずれかに掲げる工作物、物件又は施設を設け、継続して道路を使用しようとする場合においては、道路管理者の許可を受けなければならない。

一　電柱、電線、変圧塔、郵便差出箱、公衆電話所、広告塔その他これらに類する工作物

二　水管、下水道管、ガス管その他これらに類する物件

三　鉄道、軌道、自動運行補助施設その他これらに類する施設

四　歩廊、雪よけその他これらに類する施設

五　地下街、地下室、通路、浄化槽その他これらに類する施設

六　露店、商品置場その他これらに類する施設

七　前各号に掲げるもののほか、道路の構造又は交通に支障を及ぼすおそれのある工作物、物件又は施設で政令で定めるもの

2　前項の許可を受けようとする者は、左の各号に掲げる事項を記載した申請書を道路管理者に提出しなければならない。

一　道路の占用（道路に前項各号の一に掲げる工作物、物件又は施設を設け、継続して道路を使用することをいう。以下同じ。）の目的

二　道路の占用の期間

三　道路の占用の場所

四　工作物、物件又は施設の構造

五　工事実施の方法

六　工事の時期

七　道路の復旧方法

3　第一項の規定による許可を受けた者（以下「道路占用者」という。）は、前項各号に掲げる事項を変更しようとする場合においては、その変更が道路の構造又は交通に支障を及ぼす虞のないと認められる軽易なもので政令で定めるものである場合を除く外、あらかじめ道路管理者の許可を受けなければならない。

4　第一項又は前項の規定による許可に係る行為が道路交通法第七十七条第一項の規定の適用を受けるものである場合においては、第二項の規定による申請書の提出は、当該地域を管轄する警察署長を経由して行なうことができる。この場合において、当該警察署長は、すみやかに当該申請書を道路管理者に送付しなければならない。

5　道路管理者は、第一項又は第三項の規定による許可を与えようとする場合において、当該許可に係る行為が道路交通法第七十七条第一項の規定の適用を受けるものであるときは、あらかじめ当該地域を管轄する警察署長に協議しなければならない。

※　1項七号・3項「政令」＝令七・八

（道路の占用の許可基準）

第三十三条　道路管理者は、道路の占用が前条第一項各号のいずれかに該当するものであつて道路の敷地外に余地がないためにやむを得ないものであり、かつ、同条第二項第二号から第七号までに掲げる事項について政令で定める基準に適合する場合に限り、同条第一項又は第三項の許可を与えることができる。

2　次に掲げる工作物、物件又は施設で前項の規定に基づく政令で定める基準に適合するもののための道路の占用については、同項の規定にかかわらず、前条第一項又は第三項の許可を与えることができる。

一　前条第一項第五号から第七号までに掲げる工作物、物件又は施設のうち、高架の道路の路面下に設けられる工作物又は施設で、当該高架の道路の路面下の区域をその合理的な利用の観点から継続して使用するにふさわしいと認められるもの

二　前条第一項第五号から第七号までに掲げる工作物、物件又は施設のうち、高速自動車国道又は第四十八条の四に規

定する自動車専用道路の連結路附属地（これらの道路のうち、これらの道路と当該道路以外の交通の用に供する通路その他の施設とを連結する部分で国土交通省令で定める交通の用に供するものに附属する道路の区域内の土地をいう。以下この号において同じ。）に設けられるこれらの道路の通行者の利便の増進に資する施設で、当該連結路附属地をその合理的な利用の観点から継続して使用するにふさわしいと認められるもの

三　前条第一項第一号又は第四号から第七号までに掲げる工作物、物件又は施設のうち、歩行者の利便の増進に資するものとして政令で定めるもの（以下「歩行者利便増進施設等」という。）で、第四十八条の二十第一項に規定する歩行者利便増進道路（第四十八条の二十一の技術的基準に適合するものに限る。第四十八条の二十三第一項、第三項及び第五項、第四十八条の二十四第一項並びに第四十八条の二十七第二項第二号において同じ。）の区域のうち、道路管理者が歩行者利便増進施設等の適正かつ計画的な設置を誘導するために指定した区域（以下「利便増進誘導区域」という。）内に設けられるもの（道路の機能又は道路交通環境の維持及び向上を図るための清掃その他の措置であつて当該歩行者利便増進施設等の設置に伴い必要となるものが併せて講じられるものに限る。）

四　前条第一項第一号、第五号又は第七号に掲げる工作物、物件又は施設のうち、第四十八条の二十九の二第一項に規定する防災拠点自動車駐車場内に設けられる工作物又は施設で、災害応急対策（災害対策基本法（昭和三十六年法律第二百二十三号）第五十条第一項に規定する災害応急対策をいう。第四十八条の二十九の二第一項及び第四十八条の二十九の五第一項において同じ。）に資するものとして政令で定めるもの

五　前条第一項第一号、第四号又は第七号に掲げる工作物、物件又は施設のうち、並木、街灯その他道路（高速自動車国道及び第四十八条の四に規定する自動車専用道路を除く。以下この号において同じ。）の管理上当該道路の区域内に設けることが必要なものとして政令で定める工作物又は施設で、道路交通環境の向上を図る活動を行うことを目的とする特定非営利活動促進法（平成十年法律第七号）第二条第二項に規定する特定非営利活動法人その他の営利を目的としない法人又はこれに準ずるものとして国土交通省令で定める者が設けるもの

六　前条第一項第三号に掲げる自動運行補助施設で、自動車の自動運転に係る技術の活用による地域における持続可能な公共交通網の形成又は物資の流通の確保、自動車技術の発達その他安全かつ円滑な道路の交通の確保を図る活動を行うことを目的とする法人又はこれに準ずるものとして国土交通省令で定める者が設けるもの

3　道路管理者は、利便増進誘導区域を指定しようとするときは、あらかじめ、当該利便増進誘導区域を管轄する警察署長に協議しなければならない。

4　道路管理者は、利便増進誘導区域を指定しようとするときは、あらかじめ、その旨を公示しなければならない。

5　前二項の規定は、利便増進誘導区域の指定の変更又は解除について準用する。

6　第二項の規定による許可（同項第三号に係るものに限る。）に係る前条第二項及び第八十七条第一項の規定の適用については、前条第二項中「申請書を」とあるのは「申請書に、次条第二項第三号の措置を記載した書面を添付して、」と、第八十七条第一項中「円滑な交通を確保する」とあるのは「円滑な交通を確保し、又は道路の機能若しくは道路交通環境の維持及び向上を図る」とする。

※　1項「政令」＝令九―一六、2項「政令」＝令一六の二～一七

（工事の調整のための条件）

第三十四条　道路管理者は、第三十二条第一項又は第三項の規定による許可を与えようとする場合において、道路を不経済に損傷し、又は道路の交通に著しい支障を及ぼさないために必要があると認めるときは、当該申請に係る道路の占用に関する工事と他の申請に係る道路の占用又は道路に関する工事若しくは他の道路占用者の道路の占用に関する工事とを相互に調整するために当該許可に対して必要な条件を附することができる。この場合において、道路管理者は、あらかじめ当該申請に係る道路の占用に関する工事を行おうとする者又は他の道路占用者の意見を聞かなければならない。

（国の行う道路の占用の特例）

第三十五条　国の行う事業のための道路の占用については、第三十二条第一項及び第三項の規定にかかわらず、国が道路管理者に協議し、その同意を得れば足りる。この場合において、同条第二項各号に掲げる事項及び第三十九条に規定する占用料に関する事項については、政令でその基準を定めることができる。

（水道、電気、ガス事業等のための道路の占用の特例）

第三十六条　水道法（昭和三十二年法律第百七十七号）、工業用水道事業法（昭和三十三年法律第八十四号）、下水道法（昭和三十三年法律第七十九号）、鉄道事業法（昭和六十一年法律第九十二号）若しくは全国新幹線鉄道整備法（昭和四十五年法律第七十一号）、ガス事業法（昭和二十九年法律第五十一号）、電気事業法（昭和三十九年法律第百七十号）又は電気通信事業法（昭和五十九年法律第八十六号）の規定に基づき、水管（水道事業、水道用水供給事業又は工業用水道事業の用に供するものに限る。）、下水道管、公衆の用に供する鉄道、ガス管（ガス事業法第二条第十一項に規定するガス事業（同条第二項に規定するガス小売事業を除く。）の用に供するものに限る。）又は電柱、電線若しくは公衆電話所（これらのうち、電気事業法に基づくものにあつては同法第二条第一項第十七号に規定する電気事業者（同項第三号に規定する小売電気事業者及び同項第十五号の四に規定する特定卸供給事業者を除く。）がその事業の用に供するものに、電気通信事業法に基づくものにあつては同法第百二十条第一項に規定する認定電気通信事業者が同項に規定する認定電気通信事業の用に供するものに限る。）を道路に設けようとする者は、第三十二条第一項又は第三項の規定による許可を受けようとする場合においては、これらの工事を実施しようとする日の一月前までに、あらかじめ当該工事の計画書を道路管理者に提出しておかなければならない。ただし、災害による復旧工事その他緊急を要する工事又は政令で定める軽易な工事を行う必要が生じた場合においては、この限りでない。

2　道路管理者は、前項の計画書に基づく工事（前項ただし書

の規定による工事を含む。）のための道路の占用の許可の申請があつた場合において、当該申請に係る道路の占用が第三十三条第一項の規定に基づく政令で定める基準に適合するときは、第三十二条第一項又は第三項の規定による許可を与えなければならない。

※　1項「政令」＝令一八

（道路の占用の禁止又は制限区域等）

第三十七条　道路管理者は、次に掲げる場合においては、第三十三条、第三十五条及び前条第二項の規定にかかわらず、区域を指定して道路（第二号に掲げる場合にあつては、歩道の部分に限る。）の占用を禁止し、又は制限することができる。

一　交通が著しくふくそうする道路又は幅員が著しく狭い道路について車両の能率的な運行を図るために特に必要があると認める場合

二　幅員が著しく狭い歩道の部分について歩行者の安全かつ円滑な通行を図るために特に必要があると認める場合

三　災害が発生した場合における被害の拡大を防止するために特に必要があると認める場合

2　道路管理者は、前項の規定により道路の占用を禁止し、又は制限する区域を指定しようとする場合においては、あらかじめ当該地域を管轄する警察署長に、当該道路の占用を禁止し、又は制限しようとする理由及び区域について協議しなければならない。当該道路の占用の禁止又は制限の区域の指定を解除しようとする場合においても、同様とする。

3　道路管理者は、前二項の規定に基いて道路の占用を禁止し、又は制限する区域を指定しようとする場合においては、あらかじめその旨を公示しなければならない。

（道路管理者の道路の占用に関する工事の施行）

第三十八条　道路管理者は、道路の構造を保全するために必要があると認める場合又は道路占用者の委託があつた場合においては、道路の占用に関する工事で道路の構造に関係のあるものを自ら行うことができる。

2　前項の場合において、道路の構造を保全するために必要があると認めて道路管理者が自ら工事を行おうとするときは、当該道路管理者は、道路占用者に対して、あらかじめ自ら当該工事を行うべき旨及び当該工事を行うべき時期を通知しなければならない。

（占用料の徴収）

第三十九条　道路管理者は、道路の占用につき占用料を徴収することができる。ただし、道路の占用が国の行う事業及び地方公共団体の行う事業で地方財政法（昭和二十三年法律第百九号）第六条に規定する公営企業以外のものに係る場合においては、この限りでない。

2　前項の規定による占用料の額及び徴収方法は、道路管理者である地方公共団体の条例（指定区間内の国道にあつては、政令）で定める。但し、条例で定める場合においては、第三十五条に規定する事業及び全国にわたる事業で政令で定めるものに係るものについては、政令で定める基準の範囲をこえてはならない。

※　2項本文「政令」＝なし　2項ただし書「政令」＝令一九・一九の二

（入札対象施設等の入札占用指針）

第三十九条の二　道路管理者は、第三十二条第一項又は第三項の規定による許可の申請を行うことができる者を占用料の額についての入札により決定することが、道路占用者の公平な選定を図るとともに、道路管理者の収入の増加を図る上で有効であると認められる工作物、物件又は施設（以下「入札対象施設等」という。）について、道路の占用及び入札の実施に関する指針（以下「入札占用指針」という。）を定めることができる。

2　入札占用指針には、次に掲げる事項を定めなければならない。

一　入札占用指針の対象とする入札対象施設等の種類

二　当該入札対象施設等のための道路の占用の場所

三　当該入札対象施設等のための道路の占用の開始の時期

四　道路の機能又は道路交通環境の維持を図るための清掃その他の措置であつて当該入札対象施設等の設置に伴い必要となるもの

五　第三十九条の五第一項の規定による認定の有効期間

六　占用料の額の最低額

七　前各号に掲げるもののほか、入札の実施に関する事項その他必要な事項

3　前項第二号の場所は、第三十二条第一項又は第三項の規定による許可の申請を行うことができる者を入札により決定することが道路の管理上適切でない場所として国土交通省令で定める場所については定めないものとする。

4　第二項第五号の有効期間は、二十年を超えないものとする。

5　第二項第六号の占用料の額の最低額は、道路管理者である地方公共団体の条例（指定区間内の国道にあつては、政令）で定める額を下回つてはならないものとする。

6　道路管理者（市町村である道路管理者を除く。）は、入札占用指針を定め、又はこれを変更しようとする場合においては、あらかじめ、当該入札占用指針に定めようとする第二項第二号の場所の存する市町村を統括する市町村長の意見を聴かなければならない。

7　道路管理者は、入札占用指針を定め、又はこれを変更したときは、遅滞なく、これを公示しなければならない。

※　5項「政令」＝令一九の三の二

（入札占用計画の提出）

第三十九条の三　入札対象施設等を設置するため道路を占用しようとする者は、入札対象施設等のための道路の占用に関する計画（以下「入札占用計画」という。）を作成し、その入札占用計画が適当である旨の認定を受けるための入札（以下「占用入札」という。）に参加するため、これを道路管理者に提出することができる。

2　入札占用計画には、次に掲げる事項を記載しなければならない。

一　第三十二条第二項各号に掲げる事項

二　道路の機能又は道路交通環境の維持を図るための清掃その他の措置であつて当該入札対象施設等の設置に伴い講ずるもの

三　その他国土交通省令で定める事項

3　入札占用計画の提出は、道路管理者が公示する一月を下らない期間内に行わなければならない。

※　2項三号「国土交通省令」＝則四の五の三

（占用入札）

第三十九条の四　道路管理者は、入札占用計画を提出した者のうち、次の各号のいずれにも該当すると認めるものに対しては占用入札に参加することができる旨を、次の各号のいずれかに該当しないと認めるものに対しては占用入札に参加することができない旨を、それぞれ通知しなければならない。

一　当該入札占用計画が入札占用指針に照らし適切なものであること。

二　当該入札対象施設等のための道路の占用が第三十二条第二項第二号から第七号までに掲げる事項について第三十三条第一項の政令で定める基準に適合するものであること。

三　当該入札対象施設等のための道路の占用が道路の交通に著しい支障を及ぼすおそれが明らかなものでないこと。

四　その者が不正又は不誠実な行為をするおそれが明らかな者でないこと。

2　道路管理者は、前項の規定により占用入札に参加することができる旨を通知しようとする場合において、当該通知の相手方が提出した入札占用計画に従つて入札対象施設等を設置する行為が道路交通法第七十七条第一項の規定の適用を受けるものであるときは、あらかじめ当該入札占用計画に記載された道路の占用の場所を管轄する警察署長に協議しなければならない。

3　道路管理者は、第一項の規定により占用入札に参加することができる旨の通知を受けた者を参加者として、入札占用指針の定めるところにより、占用入札を実施しなければならない。

4　道路管理者は、前項の規定により実施した占用入札において最も高い占用料の額（入札占用指針に定められた占用料の額の最低額以上の額に限る。以下この項において同じ。）をもつて申し出た参加者を落札者として決定するものとする。ただし、効率的な道路の管理の観点から占用料の額その他の条件が当該道路管理者にとつて最も有利な入札占用計画の提出をした参加者を落札者として決定することが適切であると認められる場合においては、政令で定めるところにより、最も高い占用料の額をもつて申し出た参加者以外の者を落札者として決定することができる。

5　道路管理者は、前項の規定により落札者を決定したときは、その者にその旨を通知しなければならない。

※　4項「政令」＝令一九の三の三

（入札占用計画の認定）

第三十九条の五　道路管理者は、前条第五項の規定により通知した落札者が提出した入札占用計画について、道路の場所を指定して、当該入札占用計画が適当である旨の認定をするものとする。

2　道路管理者は、前項の規定による認定をしたときは、当該認定をした日及び認定の有効期間並びに同項の規定により指定した道路の場所を公示しなければならない。

（入札占用計画の変更等）

第三十九条の六　前条第一項の規定による認定を受けた者（次条において「認定計画提出者」という。）は、当該認定を受けた入札占用計画を変更しようとする場合においては、道路管理者の認定を受けなければならない。

2　道路管理者は、前項の規定による変更の認定をしようとする場合において、変更後の入札占用計画に従つて入札対象施設等を設置する行為が道路交通法第七十七条第一項の規定の適用を受けるものであるときは、あらかじめ当該入札占用計画に記載された道路の占用の場所を管轄する警察署長に協議しなければならない。

3　道路管理者は、第一項の規定による変更の認定の申請があつた場合において、その申請に係る変更後の入札占用計画が第三十九条の四第一項第一号から第三号までのいずれにも該当すると認めるときは、第一項の規定による認定をするものとする。

4　前条第二項の規定は、第一項の規定による変更の認定をした場合について準用する。

（占用入札を行つた場合における道路の占用の許可）

第三十九条の七　認定計画提出者は、第三十九条の五第一項の規定による認定を受けた入札占用計画（前条第一項の規定による変更の認定があつたときは、その変更後のもの。次項において「認定入札占用計画」という。）に従つて入札対象施設等を設置しなければならない。

2　道路管理者は、認定計画提出者から認定入札占用計画に基づき第三十二条第一項又は第三項の規定による許可の申請があつた場合においては、これらの規定による許可を与えなければならない。

3　前項の規定による許可に係る第三十二条第二項及び第八十七条第一項の規定の適用については、第三十二条第二項中「申請書を」とあるのは「申請書に、第三十九条の三第二項第二号の措置を記載した書面を添付して、」と、第八十七条第一項中「円滑な交通を確保する」とあるのは「円滑な交通を確保し、又は道路の機能若しくは道路交通環境の維持を図る」とする。

4　道路管理者が第二項の規定により第三十二条第一項又は第三項の規定による許可を与えた場合においては、当該許可に係る占用料の額は、第三十九条第二項の規定にかかわらず、占用入札において認定計画提出者が申し出た額（当該申し出た額が同項の条例（指定区間内の国道にあつては、同項の政令）で定める額を下回る場合にあつては、当該条例又は当該政令で定める額）とする。この場合において、同条第一項ただし書の規定は、適用しない。

5　第三十九条の五第一項の規定による認定がされた場合においては、認定計画提出者以外の者は、同項の道路の場所については、第三十二条第一項又は第三項の規定による許可の申請をすることができない。

（占用物件の管理）

第三十九条の八　道路占用者は、国土交通省令で定める基準に従い、道路の占用をしている工作物、物件又は施設（以下これらを「占用物件」という。）の維持管理をしなければならない。

（占用物件の維持管理に関する措置）

第三十九条の九　道路管理者は、道路占用者が前条の国土交通省令で定める基準に従つて占用物件の維持管理をしていないと認めるときは、当該道路占用者に対し、その是正のため必要な措置を講ずべきことを命ずることができる。

（原状回復）

第四十条　道路占用者は、道路の占用の期間が満了した場合又は道路の占用を廃止した場合においては、占用物件を除却し、道路を原状に回復しなければならない。ただし、原状に回復することが不適当な場合においては、この限りでない。

2　道路管理者は、道路占用者に対して、前項の規定による原状の回復又は原状に回復することが不適当な場合の措置について必要な指示をすることができる。

（添加物件に関する適用）

第四十一条　道路管理者以外の者が占用物件に関し新たに道路の構造又は交通に支障を及ぼす虞のある物件を添加しようとする行為は、本節の規定の適用については、新たな道路の占用とみなす。

第四節　道路の保全等

（道路の維持又は修繕）

第四十二条　道路管理者は、道路を常時良好な状態に保つように維持し、修繕し、もつて一般交通に支障を及ぼさないように努めなければならない。

2　道路の維持又は修繕に関する技術的基準その他必要な事項は、政令で定める。

3　前項の技術的基準は、道路の修繕を効率的に行うための点検に関する基準を含むものでなければならない。

※　2項「政令」＝令三五の二

（道路に関する禁止行為）

第四十三条　何人も道路に関し、左に掲げる行為をしてはならない。

一　みだりに道路を損傷し、又は汚損すること。

二　みだりに道路に土石、竹木等の物件をたい積し、その他道路の構造又は交通に支障を及ぼす虞のある行為をすること。

（車両の積載物の落下の予防等の措置）

第四十三条の二　道路管理者は、道路を通行している車両の積載物が落下するおそれがある場合において、当該積載物の落下により道路が損傷され、又は当該積載物により道路が汚損される等道路の構造又は交通に支障を及ぼすおそれがあるときは、当該車両を運転している者に対し、当該車両の通行の中止、積載方法の是正その他通行の方法について、道路の構造又は交通に支障が及ぶのを防止するため必要な措置をすることを命ずることができる。

（沿道区域における土地等の管理者の損害予防義務）

第四十四条　道路管理者は、道路の沿道の土地、竹木又は工作物が道路の構造に及ぼすべき損害を予防し、又は道路の交通に及ぼすべき危険を防止するため、道路に接続する区域を、条例（指定区間内の国道にあつては、政令）で定める基準に従い、沿道区域として指定することができる。ただし、道路の各一側について幅二十メートルを超える区域を沿道区域として指定することはできない。

2　前項の規定による指定においては、当該指定に係る沿道区域及び次項の規定による措置の対象となる土地、竹木又は工作物を定めるものとし、道路管理者は、当該指定をしたときは、遅滞なくこれらの事項を公示するものとする。

3　沿道区域の区域内にある土地、竹木又は工作物（前項の規定により公示されたものに限る。以下この項及び次項において同じ。）の管理者は、その土地、竹木又は工作物が道路の構造に損害を及ぼし、又は交通に危険を及ぼすおそれがあると認められる場合においては、その損害又は危険を防止するための施設の設置その他その損害又は危険を防止するため必要な措置を講じなければならない。

4　道路管理者は、前項に規定する損害又は危険を防止するため特に必要があると認める場合においては、当該土地、竹木又は工作物の管理者に対して、同項に規定する施設の設置その他その損害又は危険を防止するため必要な措置を講ずべきことを命ずることができる。

5　道路管理者は、前項の規定による命令により損失を受けた者に対して、通常生ずべき損失を補償しなければならない。

6　前項の規定による損失の補償については、道路管理者と損失を受けた者とが協議しなければならない。

7　前項の規定による協議が成立しない場合においては、道路管理者は、自己の見積もつた金額を損失を受けた者に支払わなければならない。この場合において、当該金額について不服がある者は、政令で定めるところにより、補償金額の支払を受けた日から一月以内に収用委員会に土地収用法（昭和二十六年法律第二百十九号）第九十四条の規定による裁決を申請することができる。

※　1・7項「政令」＝令三五の三・三五の四

（届出対象区域内における工作物の設置の届出等）

第四十四条の二　道路管理者は、沿道区域（前条第二項の規定により同条第三項の規定による措置の対象となるものとして工作物が公示されたものに限る。）の全部又は一部の区域を、届出対象区域として指定することができる。

2　道路管理者は、前項の規定による届出対象区域の指定をしようとする場合においては、条例（指定区間内の国道にあつては、国土交通省令。以下この条において同じ。）で定めるところにより、あらかじめ、その旨及びその区域を公示しなければならない。

3　届出対象区域の区域内において、工作物（前条第二項の規定により公示されたものに限る。）の設置に関する行為をしようとする者は、当該行為に着手する日の三十日前までに、条例で定めるところにより、行為の種類、場所、設計又は施行方法、着手予定日その他の条例で定める事項を道路管理者に届け出なければならない。

4　次に掲げる行為については、前項の規定は、適用しない。

一　軽易な行為その他の行為で条例で定めるもの

二　非常災害のため必要な応急措置として行う行為

三　国又は地方公共団体が行う行為

5　第三項の規定による届出をした者は、その届出に係る事項のうち条例で定める事項を変更しようとするときは、当該事項の変更に係る行為に着手する日の三十日前までに、条例で定めるところにより、その旨を道路管理者に届け出なければならない。

6　道路管理者は、第三項又は前項の規定による届出があつた場合において、その届出に係る行為が災害が発生した場合において道路の構造に損害を及ぼすおそれ又は交通に危険を及ぼすおそれがあると認めるときは、その届出をした者に対し、その届出に係る行為に関し場所又は設計の変更その他の必要な措置を講ずべきことを勧告することができる。

（違法放置等物件に対する措置）

第四十四条の三　道路管理者は、第四十三条第二号の規定に違反して、道路を通行している車両から落下して道路に放置された当該車両の積載物、道路に設置された看板その他の道路に放置され、又は設置された物件（以下この条において「違法放置等物件」という。）が、道路の構造に損害を及ぼし、若しくは交通に危険を及ぼし、又はそれらのおそれがあると認められる場合であつて、次の各号のいずれかに該当するときは、当該違法放置等物件を自ら除去し、又はその命じた者若しくは委任した者に除去させることができる。

一　当該違法放置等物件の占有者、所有者その他当該違法放置等物件について権原を有する者（以下この条において「違法放置等物件の占有者等」という。）に対し第七十一条第一項の規定により必要な措置をとることを命じた場合において、当該措置をとることを命ぜられた者が当該措置をとらないとき。

二　当該違法放置等物件の占有者等が現場にいないために、第七十一条第一項の規定により必要な措置をとることを命ずることができないとき。

2　道路管理者は、前項の規定により違法放置等物件を除去し、又は除去させたときは、当該違法放置等物件を保管しなければならない。

3　道路管理者は、前項の規定により違法放置等物件を保管したときは、当該違法放置等物件の占有者等に対し当該違法放置等物件を返還するため、政令で定めるところにより、政令で定める事項を公示しなければならない。

4　道路管理者は、第二項の規定により保管した違法放置等物件が滅失し、若しくは破損するおそれがあるとき、又は前項の規定による公示の日から起算して三月を経過してもなお当該違法放置等物件を返還することができない場合において、政令で定めるところにより評価した当該違法放置等物件の価額に比し、その保管に不相当な費用若しくは手数を要するときは、政令で定めるところにより、当該違法放置等物件を売却し、その売却した代金を保管することができる。

5　道路管理者は、前項の規定による違法放置等物件の売却につき買受人がない場合において、同項に規定する価額が著しく低いときは、当該違法放置等物件を廃棄することができる。

6　第四項の規定により売却した代金は、売却に要した費用に充てることができる。

7　第一項から第四項までに規定する違法放置等物件の除去、保管、売却、公示等に要した費用は、当該違法放置等物件の返還を受けるべき違法放置等物件の占有者等の負担とする。

8　第三項の規定による公示の日から起算して六月を経過してもなお第二項の規定により保管した違法放置等物件（第四項の規定により売却した代金を含む。以下この項において同じ。）を返還することができないときは、当該違法放置等物件の所有権は、当該違法放置等物件を保管する道路管理者に帰属する。

※　3・4項「政令」＝令一九の五〜一九の九

（道路標識等の設置）

第四十五条　道路管理者は、道路の構造を保全し、又は交通の安全と円滑を図るため、必要な場所に道路標識又は区画線を設けなければならない。

2　前項の道路標識及び区画線の種類、様式及び設置場所その他道路標識及び区画線に関し必要な事項は、内閣府令・国土交通省令で定める。

3　都道府県道又は市町村道に設ける道路標識のうち内閣府令・国土交通省令で定めるものの寸法は、前項の規定にかかわらず、同項の内閣府令・国土交通省令の定めるところを参酌して、当該都道府県道又は市町村道の道路管理者である地方公共団体の条例で定める。

※　2項「内閣府令・国土交通省令」＝道路標識、区画線及び道路標示に関する命令

（自動運行補助施設の性能の基準等）

第四十五条の二　道路の附属物である自動運行補助施設の性能の基準その他自動運行補助施設に関し必要な事項は、国土交通省令で定める。

2　道路管理者は、道路の附属物である自動運行補助施設を設置した場合においては、当該自動運行補助施設の性能、当該自動運行補助施設を設置した道路の場所その他必要な事項を、国土交通省令で定めるところにより、公示しなければならない。公示した事項を変更した場合においても、同様とする。

（通行の禁止又は制限）

第四十六条　道路管理者は、左の各号の一に掲げる場合においては、道路の構造を保全し、又は交通の危険を防止するため、区間を定めて、道路の通行を禁止し、又は制限することができる。

一　道路の破損、欠壊その他の事由に因り交通が危険であると認められる場合

二　道路に関する工事のためやむを得ないと認められる場合

2　道路監理員（第七十一条第四項の規定により道路管理者が命じた道路監理員をいう。）は、前項第一号に掲げる場合において、道路の構造を保全し、又は交通の危険を防止するため緊急の必要があると認めるときは、必要な限度において、一時、道路の通行を禁止し、又は制限することができる。

3　道路管理者は、水底トンネル（水底トンネルに類するトンネルで国土交通省令で定めるものを含む。以下同じ。）の構造を保全し、又は水底トンネルにおける交通の危険を防止するため、政令で定めるところにより、爆発性又は易燃性を有する物件その他の危険物を積載する車両の通行を禁止し、又は制限することができる。

※　3項「政令」＝令一九の一二〜一九の一五

第四十七条　道路の構造を保全し、又は交通の危険を防止するため、道路との関係において必要とされる車両（人が乗車し、又は貨物が積載されている場合にあつてはその状態におけるものをいい、他の車両を牽引している場合にあつては当該牽引されている車両を含む。第四十七条の五第三号及び第四十七条の六第一項第一号を除き、以下この節及び第八章において同じ。）の幅、重量、高さ、長さ及び最小回転半径の最高限度は、政令で定める。

2　車両でその幅、重量、高さ、長さ又は最小回転半径が前項の政令で定める最高限度をこえるものは、道路を通行させてはならない。

3　道路管理者は、道路の構造を保全し、又は交通の危険を防止するため必要があると認めるときは、トンネル、橋、高架の道路その他これらに類する構造の道路について、車両でその重量又は高さが構造計算その他の計算又は試験によつて安全であると認められる限度をこえるものの通行を禁止し、又は制限することができる。

4　前三項に規定するもののほか、道路の構造を保全し、又は交通の危険を防止するため、道路との関係において必要とされる車両についての制限に関する基準は、政令で定める。

※　1・4項「政令」＝車両制限令三〜一二

（限度超過車両の通行の許可等）

第四十七条の二　道路管理者は、車両の構造又は車両に積載する貨物が特殊であるためやむを得ないと認めるときは、前条第二項の規定又は同条第三項の規定による禁止若しくは制限にかかわらず、当該車両を通行させようとする者の申請に基づいて、通行経路、通行時間等について、道路の構造を保全し、又は交通の危険を防止するため必要な条件を付して、同条第一項の政令で定める最高限度又は同条第三項に規定する限度を超える車両（以下「限度超過車両」という。）の通行を許可することができる。

2　前項の申請が道路管理者を異にする二以上の道路に係るものであるとき（国土交通省令で定める場合を除く。）は、同項の許可に関する権限は、政令で定めるところにより、一の道路の道路管理者が行うものとする。この場合において、当該一の道路の道路管理者が同項の許可をしようとするときは、他の道路の道路管理者に協議し、その同意を得なければならない。

3　前項の規定により二以上の道路について一の道路の道路管理者が行う第一項の許可を受けようとする者は、手数料を道路管理者（当該許可に関する権限を行う者が国土交通大臣である場合にあつては、国）に納めなければならない。

4　前項の手数料の額は、実費を勘案して、当該許可に関する権限を行う者が国土交通大臣である場合にあつては政令で、その他の者である場合にあつては当該道路管理者である地方公共団体の条例で定める。

5　道路管理者は、第一項の許可をしたときは、許可証を交付しなければならない。

6　前項の規定により許可証の交付を受けた者は、当該許可に係る通行中、当該許可証を当該車両に備え付けていなければならない。

7　第一項の許可の申請の方法、第五項の許可証の様式その他第一項の許可の手続について必要な事項は、国土交通省令で定める。

※　2・7項「国土交通省令」＝車両の通行の許可の手続等を定める省令八・九、2・4項「政令」＝車両制限令一五・一六

（限度超過車両の通行を誘導すべき道路の指定等）

第四十七条の三　国土交通大臣は、道路の構造及び交通の状況、沿道の土地利用の状況その他の事情を勘案して、道路の構造の保全と安全かつ円滑な交通の確保を図るため、限度超過車両の通行（第四十七条の十第三項の回答の内容に従つた通行を除く。以下この項において同じ。）を特定の経路に誘導することが特に必要であると認められる場合においては、当該経路を構成する道路管理者を異にする二以上の道路（高速自動車国道又は指定区間内の国道を含む場合に限る。第六項及び第七項において同じ。）について、区間を定めて、限度超過車両の通行を誘導すべき道路として指定することができる。

2　国土交通大臣は、前項の規定による指定をしようとするときは、あらかじめ、当該指定に係る道路の道路管理者（国土交通大臣である道路管理者を除く。）に協議し、その同意を得なければならない。これを変更し、又は廃止しようとするときも、同様とする。

3　国土交通大臣は、第一項の規定による指定をしたときは、その旨を公示しなければならない。これを変更し、又は廃止したときも、同様とする。

4　第二項の同意をした道路管理者は、直ちに、当該道路に係る前条第一項の許可（国土交通省令で定める車両の幅、重量、高さ、長さ及び最小回転半径に関する基準に適合する車両に係るものに限る。以下この条において同じ。）の基準及び当該許可に係る審査のために必要な当該道路の構造に関する情報として国土交通省令で定めるもの（次項及び第六項において「許可基準等」という。）を国土交通大臣に提供しなければならない。

5　前項の道路管理者は、当該道路に係る許可基準等に変更があつたときは、直ちに、これを国土交通大臣に提供しなければならない。

6　前条第二項の規定にかかわらず、同条第一項の申請が第一項の規定により指定された道路管理者を異にする二以上の道路に係るもので政令で定めるものであるときは、同条第一項の許可に関する権限は、国土交通大臣が行うものとする。この場合において、国土交通大臣は、指定区間外の国道、都道府県道又は市町村道に係る審査については、前二項の規定によりこれらの道路の道路管理者から提供された許可基準等に照らして、これを行わなければならない。

7　前項の規定により道路管理者を異にする二以上の道路について国土交通大臣が行う前条第一項の許可を受けようとする者は、手数料を国に納めなければならない。

8　前項の手数料の額は、実費を勘案して、政令で定める。

9　国土交通大臣は、第一項の規定により指定された道路の道路管理者（国土交通大臣である道路管理者を除く。）から第六項の規定により行つた当該道路に係る前条第一項の許可に関する情報の提供を求められた場合には、その求めに応じなければならない。

※　4項「国土交通省令」＝車両の通行の許可手続等を定める省令一〇・一一、6・8項「政令」＝車両制限令一七・一八

（限度超過車両の登録）

第四十七条の四　限度超過車両を通行させようとする者は、当該限度超過車両について、国土交通大臣の登録を受けることができる。

2　前項の登録は、五年ごとにその更新を受けなければ、その期間の経過によつて、その効力を失う。

3　前項の更新の申請があつた場合において、同項の期間（以下この条において「登録の有効期間」という。）の満了の日までにその申請に対する処分がされないときは、従前の登録は、登録の有効期間の満了後もその処分がされるまでの間は、なおその効力を有する。

4　前項の場合において、登録の更新がされたときは、その登録の有効期間は、従前の登録の有効期間の満了の日の翌日から起算するものとする。

5　第一項の登録（第二項の登録の更新を含む。以下「登録」という。）を受けようとする者は、第四十八条の五十九第一項に規定する場合を除き、実費を勘案して政令で定める額の手数料を国に納めなければならない。

※　5項「政令」＝車両制限令一九

（登録の申請）

第四十七条の五　登録を受けようとする者は、国土交通省令で定めるところにより、次に掲げる事項を記載した申請書を国土交通大臣に提出しなければならない。

一　道路運送車両法による自動車登録番号
二　限度超過車両を通行させようとする者の氏名又は名称及び住所並びに法人にあつては、その代表者の氏名
三　車両（人が乗車しておらず、かつ、貨物が積載されていない状態におけるものをいい、他の車両を牽引する場合にあつては当該牽引される車両を含む。次条第一項第一号において同じ。）の幅、重量、高さ、長さ及び最小回転半径
四　限度超過車両の通行経路に係る記録の保存の方法
五　限度超過車両が貨物を積載する車両（以下「貨物積載車両」という。）である場合にあつては、積載する貨物の重量に係る記録の保存の方法その他国土交通省令で定める事項

※各号列記以外の部分「国土交通省令」＝車両の通行の許可の手続等を定める省令一二

（登録の基準等）
第四十七条の六　国土交通大臣は、登録の申請に係る限度超過車両が次の各号のいずれにも該当すると認めるときは、その登録をしなければならない。
一　車両の構造が国土交通省令で定める車両の幅、重量、高さ、長さ及び最小回転半径に関する基準に適合するものであること。
二　限度超過車両の通行経路に係る記録の保存の方法が国土交通省令で定める基準に適合するものであること。
三　限度超過車両が貨物積載車両である場合にあつては、その積載する貨物の重量に係る記録の保存の方法が国土交通省令で定める基準に適合するものであること。
2　国土交通大臣は、登録をしたときは、遅滞なく、その旨を当該登録を受けた者に通知しなければならない。

※1項「国土交通省令」＝車両の通行の許可の手続等を定める省令一三〜一五

（変更の届出等）
第四十七条の七　登録を受けた者は、第四十七条の五各号に掲げる事項（次項及び第四十七条の十三第一項第一号において「登録事項」という。）に変更があつたときは、第四十七条の十第一項の規定による求めをする時までに、その旨を国土交通大臣に届け出なければならない。
2　国土交通大臣は、前項の規定による届出を受理したときは、当該届出に係る登録事項が前条第一項各号の基準に適合しないと認める場合を除き、変更の登録をしなければならない。

（廃止の届出）
第四十七条の八　登録を受けた者は、登録を受けた限度超過車両（以下「登録車両」という。）の使用を廃止したときは、その日から三十日以内に、その旨を国土交通大臣に届け出なければならない。
2　前項の規定による届出があつたときは、当該届出に係る登録は、その効力を失う。

（登録の取消し）
第四十七条の九　国土交通大臣は、登録を受けた者が次の各号のいずれかに該当するときは、その登録を取り消すことができる。
一　不正な手段により登録を受けたとき。
二　第四十七条の六第一項各号のいずれかに該当しなくなつたと認められるとき。
三　第四十七条の七第一項の規定による届出をせず、又は虚偽の届出をしたとき。

（登録車両の通行に関する確認等）
第四十七条の十　登録車両を通行させようとする者は、国土交通省令で定めるところにより、国土交通大臣に対し、当該登録車両を道路の構造の保全及び交通の危険の防止上支障がないように通行させることができる経路（以下「通行可能経路」という。）の有無について、その確認を求めることができる。
2　前項の規定による求めは、国土交通省令で定めるところにより、次に掲げる事項を明らかにしてしなければならない。
一　道路運送車両法による自動車登録番号
二　出発地及び目的地
三　登録車両が貨物積載車両である場合にあつては、その積載する貨物の幅、重量、高さ及び長さ
3　第一項の規定による求めを受けた国土交通大臣は、国土交通省令で定めるところにより、直ちに、当該求めに係る通行可能経路の有無を判定し、その結果について回答をするものとする。この場合において、通行可能経路があるときは、併せて、その内容及び当該通行可能経路の通行に係る通行時間その他の通行方法について回答をするものとする。
4　前項の規定による判定は、判定基準（登録車両の通行が、当該登録車両に係る第四十七条の五第三号及び第二項第三号に掲げる事項並びに第一項の規定による求めに係る出発地から目的地までの経路を構成することとなる道路の構造に関する情報に照らして、当該道路の構造の保全及び交通の危険の防止上支障がないものであるかどうかを判定するための基準として、国土交通省令で定めるところにより道路管理者が定めるものをいう。以下同じ。）に基づき、これを行うものとする。
5　第一項の規定による求めをしようとする者は、第四十八条の五十九第一項に規定する場合を除き、実費を勘案して政令で定める額の手数料を国に納めなければならない。
6　国土交通大臣は、第三項の回答をしたときは、国土交通省令で定めるところにより、当該回答の内容を記載した書面を交付しなければならない。
7　前項の規定により書面の交付を受けた者は、当該回答に係る通行可能経路の通行中、当該書面を当該登録車両に備え付けていなければならない。
8　登録車両を第三項の回答の内容に従つて通行させるときは、第四十七条第二項及び第三項の規定は、当該登録車両について適用しない。

※2〜4項「国土交通省令」＝車両の通行の許可の手続等を定める省令一二・一六・一七、5項「政令」＝車両制限令二〇

（判定基準等の提供）
第四十七条の十一　国土交通大臣は、前条第三項に規定する判定をするため、あらかじめ、道路管理者（国土交通大臣である道路管理者を除く。以下この条及び次条第三項において同じ。）に協議し、その同意を得て、当該道路管理者の判定基準及び当該判定に係る道路の構造に関する情報として国土交通省令で定めるもの（以下「判定基準等」という。）の提供を受けることができる。
2　前項の同意をした道路管理者は、直ちに、その判定基準等を国土交通大臣に提供しなければならない。
3　前項の道路管理者は、同項の規定により提供した判定基準

等に変更があつたときは、直ちに、これを国土交通大臣に提供しなければならない。

4　国土交通大臣は、前二項の規定によりその判定基準等を提供した道路の道路管理者から当該道路に係る前条第三項の回答に関する情報の提供を求められた場合には、その求めに応じなければならない。

※1項「国土交通省令」＝車両の通行の許可の手続等を定める省令一八

（登録車両の通行の記録及び報告）

第四十七条の十二　登録車両を第四十七条の十第三項の回答の内容に従つて通行させる者は、当該登録車両ごとに、第四十七条の六第一項第二号及び第三号に規定する国土交通省令で定める基準に従つて、当該登録車両の通行経路及び当該登録車両に積載する貨物の重量を記録するとともに、当該通行に係る通行時間その他国土交通省令で定める事項を記録し、これらを保存しなければならない。

2　国土交通大臣は、第四十七条の四からこの条までの規定を施行するため必要な限度において、国土交通省令で定めるところにより、前項に規定する者に対し、同項の記録その他必要な事項についての報告を求めることができる。

3　国土交通大臣は、前項の規定による報告を受けたときは、登録車両が通行した経路を構成する道路の道路管理者に対し、国土交通省令で定める事項を通知しなければならない。

※2・3項「国土交通省令」＝車両の通行の許可の手続等を定める省令一九・二〇

（データベースの整備等）

第四十七条の十三　国土交通大臣は、第四十七条の十第三項の回答を迅速かつ適確に実施するため、次に掲げる情報を記録し、及び保存するデータベース（これらの情報の集合物であつて、特定の登録車両に係る通行可能経路の内容及び当該通行可能経路の通行に係る通行時間その他の通行方法を電子計算機を用いて容易に検索ができるように体系的に構成したものをいう。次項及び第四十八条の五十第一項第五号において同じ。）を整備することができる。

一　登録事項

二　判定基準等

三　第四十七条の十第三項の回答の実績その他国土交通省令で定める事項に関する情報

2　国土交通大臣は、前項のデータベースを整備した場合にあつては、当該データベースに記録された情報（判定基準その他国土交通省令で定めるものに限る。）をインターネットの利用その他の方法により公表するものとする。

※1・2項「国土交通省令」＝車両の通行の許可の手続等を定める省令二一・二二

（車両の通行に関する措置）

第四十七条の十四　道路管理者は、第四十七条第二項の規定に違反し、若しくは同条第一項の政令で定める最高限度を超える車両の通行に関し第四十七条の二第一項の規定により付した条件に違反し、若しくは第四十七条の十第三項の回答の内容に従わないで車両を通行させている者又は道路において第四十七条第四項の規定による政令で定める基準を超える車両を通行させている者に対し、当該車両の通行の中止、総重量の軽減、徐行その他通行の方法について、道路の構造の保全又は交通の危険防止のための必要な措置をすることを命ずることができる。

2　道路管理者は、路線を定めて道路を自動車運送事業のために使用しようとする者又は反覆して同一の道路に車両を通行させようとする者に対して、当該車両が第四十七条第四項の規定による政令で定める基準に適合しない場合においては、当該基準に適合するように、道路に関して必要な措置を講ずべきことを命ずることができる。

（通行の禁止又は制限の場合における道路標識）

第四十七条の十五　道路管理者は、第四十六条第一項若しくは第三項又は第四十七条第三項の規定により道路の通行を禁止し、又は制限しようとする場合においては、禁止又は制限の対象、区間、期間及び理由を明瞭に記載した道路標識を設けなければならない。この場合において、道路管理者は、必要があると認めるときは、適当な回り道を道路標識をもつて明示し、一般の交通に支障のないようにしなければならない。

2　道路管理者は、第四十七条第四項の規定による政令で定める基準を特に明示する必要があると認められる場所には、道路標識を設けなければならない。

（市町村による歩行安全改築の要請）

第四十七条の十六　市町村は、当該市町村の区域内に存する道路（高速自動車国道、第四十八条の四に規定する自動車専用道路、第四十八条の十四第二項に規定する自転車専用道路及び当該市町村が道路管理者である道路を除く。以下この項において同じ。）の道路管理者に対し、国土交通省令で定めるところにより、道路の附属物である自転車駐車場の道路上における設置その他の歩行者の通行の安全の確保に資するものとして政令で定める道路の改築（以下「歩行安全改築」という。）を行うことを要請することができる。この場合においては、当該要請に係る歩行安全改築の工事計画書の素案を添えなければならない。

2　前項の規定による要請（以下この条において「実施要請」という。）に係る歩行安全改築の工事計画書の素案の内容は、第三十条第一項に規定する道路の構造の技術的基準その他の法令の規定に基づく道路に関する基準に適合するものでなければならない。

3　道路管理者は、実施要請が行われたときは、遅滞なく、当該実施要請を踏まえた歩行安全改築（当該実施要請に係る歩行安全改築の工事計画書の素案の内容の全部又は一部を実現することとなる歩行安全改築をいう。）を行うこととするかどうかを判断し、当該歩行安全改築を行うこととするときは、その工事計画書の案を作成しなければならない。

4　道路管理者は、当該実施要請を踏まえた歩行安全改築（当該実施要請に係る歩行安全改築の工事計画書の素案の内容の一部を実現することとなる歩行安全改築をいう。）を行うこととする場合において、第九十五条の二第一項の規定により都道府県公安委員会の意見を聴こうとするときは、当該歩行安全改築の工事計画書の案に併せて、当該実施要請に係る歩行安全改築の工事計画書の素案を送付しなければならない。

5　道路管理者は、当該実施要請を踏まえた歩行安全改築を行わないこととするときは、遅滞なく、その旨及びその理由を、当該実施要請をした市町村に通知しなければならない。

6　道路管理者は、前項の通知をしようとするときは、あらかじめ、実施要請をした市町村を包括する都道府県の都道府県公安委員会に当該実施要請に係る歩行安全改築の工事計画書の素案を送付してその意見を聴かなければならない。

※１項「政令」＝令三五の五

第五節　道路の立体的区域

（道路の立体的区域の決定等）

第四十七条の十七　道路管理者は、道路の存する地域の状況を勘案し、適正かつ合理的な土地利用の促進を図るため必要があると認めるときは、第十八条第一項の規定により決定し又は変更する道路の区域を空間又は地下について上下の範囲を定めたもの（以下「立体的区域」という。）とすることができる。

２　道路管理者は、道路管理者以外の者が道路の区域を立体的区域とした道路を構成する敷地（国有財産法（昭和二十三年法律第七十三号）第三条第二項又は地方自治法第二百三十八条第四項に規定する行政財産であるものに限る。）の上の空間又は地下（当該道路の区域内の空間又は地下を除く。）に交通確保施設（歩行者の一般交通の用に供する通路その他の交通の安全かつ円滑な道路の交通の確保に資するものとして国土交通省令で定める施設をいう。以下この項において同じ。）を所有し、又は所有しようとする場合において、その者が、当該交通確保施設の整備又は維持管理を適切に行うのに必要な技術的能力を有することその他の国土交通省令で定める要件に適合すると認めるときは、国有財産法第十八条第一項又は地方自治法第二百三十八条の四第一項の規定にかかわらず、その者のために当該敷地に当該交通確保施設の所有を目的とする民法（明治二十九年法律第八十九号）第二百六十九条の二第一項の地上権を設定することができる。

３　国有財産法第二十四条及び第二十五条並びに地方自治法第二百三十八条の五第四項から第六項までの規定は、前項の規定による地上権の設定について準用する。

（道路一体建物に関する協定）

第四十七条の十八　道路管理者は、道路の区域を立体的区域とした道路と当該道路の区域外に新築される建物とが一体的な構造となることについて、当該建物を新築してその所有者になろうとする者との協議が成立したときは、次に掲げる事項を定めた協定（以下この節において「協定」という。）を締結して、当該道路の新設、改築、維持、修繕、災害復旧その他の管理を行うことができる。この場合において、道路の管理上必要があると認めるときは、協定に従つて、当該建物の管理を行うことができる。

一　協定の目的となる建物（以下「道路一体建物」という。）
二　道路一体建物の新築及びこれに要する費用の負担
三　次に掲げる事項及びこれらに要する費用の負担
イ　道路一体建物に関する道路の管理上必要な行為の制限
ロ　道路の管理上必要な道路一体建物への立入り
ハ　道路に関する工事又は道路一体建物に関する工事が行われる場合の調整
ニ　道路又は道路一体建物に損害が生じた場合の措置
ホ　道路の附属物である自動車駐車場若しくは自転車駐車場又は特定車両停留施設（以下「自動車駐車場等」という。）と道路一体建物とが一体的な構造となる場合であつて、当該自動車駐車場等と連絡する通路その他の当該道路一体建物の部分を当該自動車駐車場等の多数の利用者が利用すると見込まれるときは、当該部分の整備及び管理に係る措置
四　協定の有効期間
五　協定に違反した場合の措置
六　協定の掲示方法
七　その他道路一体建物の管理に関し必要な事項

２　道路管理者は、協定を締結したときは、国土交通省令で定めるところにより、遅滞なく、その旨を公示し、かつ、当該協定の写しを道路管理者の事務所に備えて一般の閲覧に供するとともに、協定において定めるところにより、道路一体建物又はその敷地内の見やすい場所に、道路管理者の事務所においてこれを閲覧に供している旨を掲示しなければならない。

（協定の効力）

第四十七条の十九　前条第二項の規定による公示のあつた協定は、その公示のあつた後において道路一体建物の所有者となつた者に対しても、その効力があるものとする。

（道路一体建物に関する私権の行使の制限等）

第四十七条の二十　道路一体建物の所有者以外の者であつてその道路一体建物の敷地に関する所有権又は地上権その他の使用若しくは収益を目的とする権利を有する者（次項において「敷地所有者等」という。）は、その道路一体建物の所有者に対する当該権利の行使が協定の目的たる道路を支持する道路一体建物としての効用を失わせることとなる場合においては、当該権利の行使をすることができない。

２　前項の場合において、道路一体建物の所有者がその道路一体建物を所有するためのその敷地に関する地上権その他の使用又は収益を目的とする権利を有しないときは、その道路一体建物の収去を請求する権利を有する敷地所有者等は、その道路一体建物の所有者に対し、その道路一体建物を時価で売り渡すべきことを請求することができる。

（道路保全立体区域）

第四十七条の二十一　道路管理者は、道路の区域を立体的区域とした道路について、当該道路の構造を保全し、又は交通の危険を防止するため必要があると認めるときは、当該道路の上下の空間又は地下について、上下の範囲を定めて、道路保全立体区域の指定をすることができる。

２　道路保全立体区域の指定は、当該道路の構造を保全し、又は交通の危険を防止するため必要な最小限度の上下の範囲に限つてするものとする。

３　道路管理者は、道路保全立体区域の指定をしようとする場合においては、国土交通省令で定めるところにより、あらかじめ、その旨を公示しなければならない。その指定を変更し、又は解除しようとする場合においても、同様とする。

（道路保全立体区域内の制限）

第四十八条　道路保全立体区域内にある土地、竹木又は建築物その他の工作物の所有者又は占有者は、その土地、竹木又は建築物その他の工作物が道路の構造に損害を及ぼし、又は交通に危険を及ぼすおそれがあると認められる場合においては、その損害又は危険を防止するための施設の設置その他その損害又は危険を防止するため必要な措置を講じなければならない。

２　道路管理者は、前項に規定する損害又は危険を防止するため特に必要があると認める場合においては、同項に規定する所有者又は占有者に対して、同項に規定する施設の設置その

他その損害又は危険を防止するため必要な措置を講ずべきことを命ずることができる。

3　第一項に規定する所有者又は占有者は、同項に規定するもののほか、高架の道路の橋脚の周囲又は地盤面下の道路の上下における土石の採取その他の道路保全立体区域における行為であつて、道路の構造に損害を及ぼし、又は交通に危険を及ぼすおそれがあると認められるものを行つてはならない。

4　道路管理者は、前項の規定に違反している者に対し、行為の中止、物件の改築、移転又は除却その他道路の構造を保全し、又は交通の危険を防止するための必要な措置をすることを命ずることができる。

第六節　自動車専用道路

（自動車専用道路の指定）

第四十八条の二　道路管理者は、交通が著しくふくそうして道路における車両の能率的な運行に支障のある市街地及びその周辺の地域において、交通の円滑を図るために必要があると認めるときは、まだ供用の開始（他の道路と交差する部分について第十八条第二項ただし書の規定によりあつたものとみなされる供用の開始及び自動車のみの一般交通の用に供する供用の開始を除く。次項において同じ。）がない道路（高速自動車国道を除く。）について、自動車のみの一般交通の用に供する道路を指定することができる。この場合において、当該道路に二以上の道路管理者（当該道路と交差する道路の道路管理者を除く。）があるときは、それらの道路管理者が共同して当該指定をするものとする。

2　道路管理者は、交通が著しくふくそうし、又はふくそうすることが見込まれることにより、車両の能率的な運行に支障があり、若しくは道路交通騒音により生ずる障害があり、又はそれらのおそれがある道路（高速自動車国道及び前項の規定により指定された道路を除く。以下この項において同じ。）の区間内において、交通の円滑又は道路交通騒音により生ずる障害の防止を図るために必要があると認めるときは、当該道路（まだ供用の開始がないものに限る。）又は道路の部分について、区域を定めて、自動車のみの一般交通の用に供する道路又は道路の部分を指定することができる。ただし、通常他に道路の通行の方法があつて、自動車以外の方法による通行に支障のない場合に限る。

3　道路管理者は、第一項又は前項の規定による指定をしようとする場合においては、一般自動車道（道路運送法第二条第八項に規定する一般自動車道をいう。次条において同じ。）との調整について特に考慮を払わなければならない。

4　道路管理者は、第一項又は第二項の規定による指定をしようとする場合においては、国土交通省令で定めるところにより、あらかじめ、その旨を公示しなければならない。その指定を解除しようとする場合においても、同様とする。

※　2項後「指定」及び4項「公示」＝自動車専用道路の指定に関する告示（昭三七建告六一三等）等

（道路等との交差の方式）

第四十八条の三　道路管理者は、前条第一項又は第二項の規定による指定をした、又はしようとする道路又は道路の部分を道路、軌道、一般自動車道又は交通の用に供する通路その他の施設（以下この条、次条及び第四十八条の十四中「道路等」という。）と交差させようとする場合においては、当該交差の方式は、立体交差としなければならない。ただし、当該道路等の交通量が少ない場合、地形上やむを得ない場合その他道路管理者である地方公共団体の条例（国道にあつては、政令）で定める場合においては、この限りでない。

※　「政令」＝令三五

（自動車専用道路との連結の制限）

第四十八条の四　次に掲げる施設以外の施設は、第四十八条の二第一項又は第二項の規定による指定を受けた道路又は道路の部分（以下「自動車専用道路」という。）と連結させてはならない。

一　道路等（軌道を除く。次条第一項及び第四十八条の十四第二項において同じ。）

二　当該自動車専用道路の通行者の利便に供するための休憩所、給油所その他の施設又は利用者のうち相当数の者が当該自動車専用道路を通行すると見込まれる商業施設、レクリエーション施設その他の施設

三　前号の施設と当該自動車専用道路とを連絡する通路その他の施設であつて、専ら同号の施設の利用者の通行の用に供することを目的として設けられるもの（第一号に掲げる施設を除く。）

四　前三号に掲げるもののほか、当該自動車専用道路の道路管理者である地方公共団体の条例（国道にあつては、政令）で定める施設

（連結許可等）

第四十八条の五　前条各号に掲げる施設の管理者は、当該施設を自動車専用道路と連結させようとする場合においては、当該管理者が道路管理者であるときは当該自動車専用道路の道路管理者と協議し、その他の者であるときは国土交通省令で定めるところにより当該自動車専用道路の道路管理者の許可（以下「連結許可」という。）を受けなければならない。自動車専用道路以外の道路等を自動車専用道路と立体交差以外の方式で交差させようとする場合においても、同様とする。

2　自動車専用道路の道路管理者（次項及び第四十八条の七から第四十八条の十までにおいて単に「道路管理者」という。）は、前項前段の場合にあつては当該協議に係る施設又は当該連結許可の申請に係る施設が次の各号に掲げる区分に応じ当該各号に定める基準に適合するときに限り、同項後段の場合にあつては当該交差が第四十八条の三ただし書に規定する場合に該当するときに限り、同項の協議に応じ、又は連結許可をすることができる。

一　前条第一号に掲げる施設　当該連結が当該自動車専用道路の効用を妨げないものであること。

二　前条第二号から第四号までに掲げる施設　政令で定める連結位置に関する基準及び国土交通省令で定める施設の構造に関する技術的基準に適合するものであること。

3　連結許可を受けた前条第二号から第四号までに掲げる施設の管理者は、当該施設の構造について変更（国土交通省令で定める軽微な変更を除く。）を行おうとする場合には、あらかじめ、国土交通省令で定めるところにより、道路管理者の許可を受けなければならない。

4　第二項の規定は、前項の許可について準用する。

（連結許可等に係る施設の管理）

第四十八条の六　連結許可及び前条第三項の許可（以下「連結

許可等」という。）を受けた第四十八条の四第二号から第四号までに掲げる施設の管理者は、国土交通省令で定める基準に従い、当該施設の維持管理をしなければならない。

（連結料の徴収）

第四十八条の七　道路管理者は、第四十八条の四第二号から第四号までに掲げる施設の自動車専用道路との連結につき、連結料を徴収することができる。

2　前項の規定による連結料の額の基準及び徴収方法は、道路管理者である地方公共団体の条例（指定区間内の国道にあつては、政令）で定める。

（連結許可等に基づく地位の承継）

第四十八条の八　相続人、合併又は分割により設立される法人その他の連結許可等を受けた者の一般承継人（分割による承継の場合にあつては、連結許可等に係る自動車専用道路と連結する施設を承継する法人に限る。）は、被承継人が有していた当該連結許可等に基づく地位を承継する。

2　前項の規定により連結許可等に基づく地位を承継した者は、その承継の日の翌日から起算して三十日以内に、道路管理者にその旨を届け出なければならない。

第四十八条の九　道路管理者の承認を受けて連結許可等に係る自動車専用道路と連結する施設を譲り受けた者は、譲渡人が有していたその連結許可等に基づく地位を承継する。

（連結許可等の条件）

第四十八条の十　道路管理者は、連結許可等又は前条の承認には、自動車専用道路の管理のため必要な範囲内で条件を付することができる。

（出入の制限等）

第四十八条の十一　何人もみだりに自動車専用道路に立ち入り、又は自動車専用道路を自動車による以外の方法により通行してはならない。

2　道路管理者は、自動車専用道路の入口その他必要な場所に通行の禁止又は制限の対象を明らかにした道路標識を設けなければならない。

（違反行為に対する措置）

第四十八条の十二　道路管理者は、前条第一項の規定に違反している者に対し、行為の中止その他交通の危険防止のための必要な措置をすることを命ずることができる。

第七節　自転車専用道路等

（自転車専用道路等の指定）

第四十八条の十三　道路管理者は、交通の安全と円滑を図るために必要があると認めるときは、まだ供用の開始がない道路又は道路の部分（当該道路の他の部分と構造的に分離されているものに限る。以下本条中同じ。）について、区間を定めて、もつぱら自転車の一般交通の用に供する道路又は道路の部分を指定することができる。

2　道路管理者は、交通の安全と円滑を図るために必要があると認めるときは、まだ供用の開始がない道路又は道路の部分について、区間を定めて、もつぱら自転車及び歩行者の一般交通の用に供する道路又は道路の部分を指定することができる。

3　道路管理者は、交通の安全と円滑を図るために必要があると認めるときは、まだ供用の開始がない道路又は道路の部分について、区間を定めて、もつぱら歩行者の一般交通の用に供する道路又は道路の部分を指定することができる。

4　道路管理者（市町村である道路管理者を除く。）は、前三項の規定による指定をしようとする場合においては、あらかじめ、当該道路又は道路の部分の存する市町村を統括する市町村長に協議しなければならない。その指定を解除しようとする場合においても、同様とする。

5　道路管理者は、第一項から第三項までの規定による指定をしようとする場合においては、国土交通省令で定めるところにより、あらかじめ、その旨を公示しなければならない。その指定を解除しようとする場合においても、同様とする。

（道路等との交差等）

第四十八条の十四　道路管理者は、前条第一項から第三項までの規定による指定をした、又はしようとする道路又は道路の部分を道路等と交差させようとする場合においては、当該道路又は道路の部分の安全な交通が確保されるよう措置しなければならない。

2　道路等の管理者は、道路等を前条第一項の規定による指定を受けた道路若しくは道路の部分（以下「自転車専用道路」という。）、同条第二項の規定による指定を受けた道路若しくは道路の部分（以下「自転車歩行者専用道路」という。）又は同条第三項の規定による指定を受けた道路若しくは道路の部分（以下「歩行者専用道路」という。）（以下これらを「自転車専用道路等」と総称する。）と交差させようとする場合においては、当該自転車専用道路等の安全な交通が確保されるよう措置しなければならない。

（通行の制限等）

第四十八条の十五　何人もみだりに自転車専用道路を自転車（自転車以外の軽車両（道路交通法第二条第一項第十一号に規定する軽車両をいう。）その他の車両で国土交通省令で定めるものを含む。以下同じ。）による以外の方法により通行してはならない。

2　何人もみだりに自転車歩行者専用道路を自転車以外の車両により通行してはならない。

3　何人もみだりに歩行者専用道路を車両により通行してはならない。

4　道路管理者は、自転車専用道路等の入口その他必要な場所に通行の禁止又は制限の対象を明らかにした道路標識を設けなければならない。

（違反行為に対する措置）

第四十八条の十六　道路管理者は、前条第一項から第三項までの規定に違反している者に対し、通行の中止その他交通の危険防止のための必要な措置をすることを命ずることができる。

第八節　重要物流道路

（重要物流道路の指定）

第四十八条の十七　国土交通大臣は、道路の構造、貨物積載車両の運行及び沿道の土地利用の状況並びにこれらの将来の見通しその他の事情を勘案して、全国的な貨物輸送網の形成を図るため、貨物積載車両の能率的な運行の確保を図ることが特に重要と認められる道路について、区間を定めて、重要物流道路として指定することができる。

2　国土交通大臣は、前項の規定による指定をしようとするときは、あらかじめ、当該指定に係る道路の道路管理者（国土交通大臣である道路管理者を除く。）に協議し、その同意を得なければならない。これを変更し、又は廃止しようとするときも、同様とする。

3　国土交通大臣は、第一項の規定による指定をしたときは、その旨を公示しなければならない。これを変更し、又は廃止したときも、同様とする。

（重要物流道路の構造の基準）

第四十八条の十八　重要物流道路に係る第三十条第一項及び第二項に規定する道路の構造の技術的基準は、これにより重要物流道路における貨物積載車両の能率的な運行が確保されるように定められなければならない。

（災害が発生した場合における重要物流道路等の管理の特例）

第四十八条の十九　国土交通大臣は、災害が発生した場合において、都道府県又は市町村から要請があり、かつ、当該都道府県又は市町村における道路の維持の実施体制その他の地域の実情を勘案して、当該都道府県又は市町村が管理する指定区間外の国道、都道府県道又は市町村道で次の各号のいずれかに該当するものの維持（道路の啓開のために行うものに限る。）を当該都道府県又は市町村に代わつて自ら行うことが適当であると認められるときは、第十三条第一項、第十五条、第十六条並びに第十七条第一項から第三項まで及び第七項の規定にかかわらず、その事務の遂行に支障のない範囲内で、これを行うことができる。

一　重要物流道路

二　重要物流道路と交通上密接な関連を有する道路であつて、当該災害により当該重要物流道路の交通に著しい支障が生じた場合における貨物積載車両の運行の確保を図るために当該重要物流道路に代わつて必要となるものとして国土交通大臣が当該道路の道路管理者の同意を得てあらかじめ指定したもの

2　国土交通大臣は、前項の規定により指定区間外の国道、都道府県道又は市町村道の維持を行う場合においては、政令で定めるところにより、当該道路の道路管理者に代わつてその権限を行うものとする。

3　第一項の場合におけるこの法律の規定の適用についての必要な技術的読替えは、政令で定める。

※　2・3項「政令」＝令五の二・一の七7

第九節　歩行者利便増進道路

（歩行者利便増進道路の指定）

第四十八条の二十　道路管理者は、道路の構造、車両及び歩行者の通行並びに沿道の土地利用の状況並びにこれらの将来の見通しその他の事情を勘案して、歩行者の安全かつ円滑な通行及び利便の増進を図り、快適な生活環境の確保及び地域の活力の創造に資するため、その管理する道路（高速自動車国道及び自動車専用道路を除く。以下この条において同じ。）のうち、歩行者の滞留の用に供する部分を確保し、及び歩行者利便増進施設等の適正かつ計画的な設置を誘導することが特に必要と認められるものについて、区間を定めて、歩行者利便増進道路として指定することができる。

2　道路管理者（市町村である道路管理者を除く。）は、前項の規定による指定をしようとするときは、あらかじめ、当該道路の存する市町村を統括する市町村長に協議しなければならない。これを変更し、又は廃止しようとするときも、同様とする。

3　指定市以外の市町村は、第一項の規定による指定をしようとするときは、当該市町村の区域内に存する都道府県が管理する道路であつて、当該指定をしようとする道路と歩行者の安全かつ円滑な通行及び利便の増進を図る上で密接な関連を有するものについて、区間を定めて、歩行者利便増進道路として併せて指定することができる。

4　指定市以外の市町村は、前項の規定による指定をしようとするときは、あらかじめ、当該指定に係る道路を管理する都道府県に協議し、その同意を得なければならない。これを変更し、又は廃止しようとするときも、同様とする。

5　道路管理者は、第一項又は第三項の規定による指定をしたときは、その旨を公示しなければならない。これを変更し、又は廃止したときも、同様とする。

（歩行者利便増進道路の構造の基準）

第四十八条の二十一　歩行者利便増進道路に係る第三十条第一項及び第二項に規定する道路の構造の技術的基準は、これにより歩行者利便増進道路における歩行者の安全かつ円滑な通行及び利便の増進が図られるように定められなければならない。

（歩行者利便増進道路の管理の特例）

第四十八条の二十二　第四十八条の二十第三項の規定により都道府県が管理する道路を歩行者利便増進道路として指定した指定市以外の市町村は、当該歩行者利便増進道路の改築、維持若しくは修繕又は当該歩行者利便増進道路に附属する道路の附属物の新設若しくは改築のうち、歩行者の滞留の用に供する部分を確保するための歩道の拡幅その他の歩行者の利便の増進に資するものとして政令で定めるもの（第十七条第一項から第四項までの規定により指定市、指定市以外の市又は町村が行うこととされているものを除く。以下この条において「歩行者利便増進改築等」という。）を都道府県に代わつて行うことが適当であると認められる場合においては、第十二条ただし書、第十三条第一項、第十五条並びに第八十五条第一項及び第二項の規定にかかわらず、都道府県に協議し、その同意を得て、これを行うことができる。

2　指定市以外の市町村は、前項の規定により歩行者利便増進改築等を行おうとするとき、及び当該歩行者利便増進改築等の全部又は一部を完了したときは、国土交通省令で定めるところにより、その旨を公示しなければならない。

3　指定市以外の市町村は、第一項の規定により歩行者利便増進改築等を行う場合においては、政令で定めるところにより、当該道路の道路管理者に代わつてその権限を行うものとする。

4　第一項の場合におけるこの法律の規定の適用についての必要な技術的読替えは、政令で定める。

※　1項「政令」＝令三五の六、3項「政令」＝令五の三、4項「政令」＝令一の七8

（公募対象歩行者利便増進施設等の公募占用指針）

第四十八条の二十三　道路管理者は、利便増進誘導区域において第三十二条第一項又は第三項の規定による許可の申請を行うことができる者を公募により決定することが、道路占用者

の公平な選定を図るとともに、歩行者利便増進道路の歩行者の利便の増進を図る上で特に有効であると認められる歩行者利便増進施設等（以下「公募対象歩行者利便増進施設等」という。）について、道路の占用及び公募の実施に関する指針（以下「公募占用指針」という。）を定めることができる。

2　公募占用指針には、次に掲げる事項を定めなければならない。

一　公募対象歩行者利便増進施設等の種類

二　当該公募対象歩行者利便増進施設等のための道路の占用の場所

三　当該公募対象歩行者利便増進施設等のための道路の占用の開始の時期

四　道路の機能又は道路交通環境の維持及び向上を図るための清掃その他の措置であつて当該公募対象歩行者利便増進施設等の設置に伴い必要となるもの

五　第四十八条の二十六第一項の規定による認定の有効期間

六　占用予定者（公募対象歩行者利便増進施設等に係る第三十二条第一項又は第三項の規定による許可の申請を行うことができる者をいう。以下同じ。）を選定するための評価の基準

七　前各号に掲げるもののほか、公募の実施に関する事項その他必要な事項

3　前項第二号の場所は、第三十二条第一項又は第三項の規定による許可の申請を行うことができる者を公募により決定することが歩行者利便増進道路の管理上適切でない場所として国土交通省令で定める場所については定めないものとする。

4　第二項第五号の有効期間は、二十年を超えないものとする。

5　道路管理者は、公募占用指針を定め、又はこれを変更しようとする場合においては、あらかじめ、当該公募占用指針に係る歩行者利便増進道路の存する市町村を統括する市町村長（当該歩行者利便増進道路の道路管理者が市町村である場合の当該市町村を統括する市町村長を除く。）及び学識経験者の意見を聴かなければならない。

6　道路管理者は、公募占用指針を定め、又はこれを変更したときは、遅滞なく、これを公示しなければならない。

（歩行者利便増進計画の提出）

第四十八条の二十四　歩行者利便増進道路に公募対象歩行者利便増進施設等を設置するため道路を占用しようとする者は、公募対象歩行者利便増進施設等のための道路の占用に関する計画（以下「歩行者利便増進計画」という。）を作成し、第四十八条の二十六第一項の規定によるその歩行者利便増進計画が適当である旨の認定を受けるための選定の手続に参加するため、これを道路管理者に提出することができる。

2　歩行者利便増進計画には、次に掲げる事項を記載しなければならない。

一　第三十二条第二項各号に掲げる事項

二　道路の機能又は道路交通環境の維持及び向上を図るための清掃その他の措置であつて公募対象歩行者利便増進施設等の設置に伴い講ずるもの

三　その他国土交通省令で定める事項

3　歩行者利便増進計画の提出は、道路管理者が公示する一月を下らない期間内に行わなければならない。

（占用予定者の選定）

第四十八条の二十五　道路管理者は、前条第一項の規定により公募対象歩行者利便増進施設等を設置するため道路を占用しようとする者から歩行者利便増進計画が提出されたときは、当該歩行者利便増進計画が次に掲げる基準に適合しているかどうかを審査しなければならない。

一　当該歩行者利便増進計画が公募占用指針に照らし適切なものであること。

二　当該歩行者利便増進施設等のための道路の占用が第三十二条第二項第二号から第七号までに掲げる事項について第三十三条第一項の政令で定める基準に適合するものであること。

三　当該歩行者利便増進施設等のための道路の占用が道路の交通に著しい支障を及ぼすおそれが明らかなものでないこと。

四　当該歩行者利便増進計画を提出した者が不正又は不誠実な行為をするおそれが明らかな者でないこと。

2　道路管理者は、前項の規定により審査した結果、歩行者利便増進計画が同項各号に掲げる基準に適合していると認められるときは、第四十八条の二十三第二項第六号の評価の基準に従つて、その適合していると認められた全ての歩行者利便増進計画について評価を行うものとする。

3　道路管理者は、前項の評価を行おうとする場合において、当該評価に係る歩行者利便増進計画に従つて公募対象歩行者利便増進施設等を設置する行為が道路交通法第七十七条第一項の規定の適用を受けるものであるときは、あらかじめ当該歩行者利便増進計画に記載された道路の占用の場所を管轄する警察署長に協議しなければならない。

4　道路管理者は、第二項の評価に従い、道路の機能を損なうことなく当該道路の歩行者の利便の増進を図る上で最も適切であると認められる歩行者利便増進計画を提出した者を占用予定者として選定するものとする。

5　道路管理者は、前項の規定により占用予定者を選定しようとするときは、国土交通省令で定めるところにより、あらかじめ、学識経験者の意見を聴かなければならない。

6　道路管理者は、第四項の規定により占用予定者を選定したときは、その者にその旨を通知しなければならない。

（歩行者利便増進計画の認定）

第四十八条の二十六　道路管理者は、前条第六項の規定により通知した占用予定者が提出した歩行者利便増進計画について、道路の場所を指定して、当該歩行者利便増進計画が適当である旨の認定をするものとする。

2　道路管理者は、前項の認定をしたときは、当該認定をした日及び認定の有効期間並びに同項の規定により指定した道路の場所を公示しなければならない。

（歩行者利便増進計画の変更等）

第四十八条の二十七　前条第一項の認定を受けた者（以下「認定計画提出者」という。）は、当該認定を受けた歩行者利便増進計画を変更しようとする場合においては、道路管理者の認定を受けなければならない。

2　道路管理者は、前項の変更の認定の申請があつたときは、次に掲げる基準に適合すると認める場合に限り、その認定をするものとする。

一　変更後の歩行者利便増進計画が第四十八条の二十五第一項第一号から第三号までに掲げる基準を満たしていること

と。

二　当該歩行者利便増進計画の変更をすることについて、歩行者利便増進道路の歩行者の利便の一層の増進に寄与するものであると見込まれること又はやむを得ない事情があること。

3　前条第二項の規定は、第一項の変更の認定をした場合について準用する。

（公募を行つた場合における道路の占用の許可）

第四十八条の二十八　認定計画提出者は、第四十八条の二十六第一項の認定（前条第一項の変更の認定を含む。第四項及び次条において「計画の認定」という。）を受けた歩行者利便増進計画（変更があつたときは、その変更後のもの。次項及び次条第二号において「認定歩行者利便増進計画」という。）に従つて公募対象歩行者利便増進施設等を設置しなければならない。

2　道路管理者は、認定計画提出者から認定歩行者利便増進計画に基づき第三十二条第一項又は第三項の規定による許可の申請があつた場合においては、これらの規定による許可を与えなければならない。

3　前項の規定による許可に係る第三十二条第二項及び第八十七条第一項の規定の適用については、第三十二条第二項中「申請書を」とあるのは「申請書に、第四十八条の二十四第二項第二号の措置を記載した書面を添付して、」と、第八十七条第一項中「円滑な交通を確保する」とあるのは「円滑な交通を確保し、又は道路の機能若しくは道路交通環境の維持及び向上を図る」とする。

4　計画の認定がされた場合においては、認定計画提出者以外の者は、第四十八条の二十六第一項の道路の場所については、第三十二条第一項又は第三項の規定による許可の申請をすることができない。

（地位の承継）

第四十八条の二十九　次に掲げる者は、道路管理者の承認を受けて、認定計画提出者が有していた計画の認定に基づく地位を承継することができる。

一　認定計画提出者の一般承継人

二　認定計画提出者から、認定歩行者利便増進計画に基づき設置又は管理が行われる公募対象歩行者利便増進施設等の所有権その他当該公募対象歩行者利便増進施設等の設置又は管理に必要な権原を取得した者

第九節の二　防災拠点自動車駐車場

（防災拠点自動車駐車場の指定）

第四十八条の二十九の二　国土交通大臣は、道路の附属物である自動車駐車場のうち、その規模、その接する道路の構造及び交通の状況並びにその近傍における災害応急対策に係る施設の立地その他の事情を勘案して、災害が発生した場合における円滑な避難又は緊急輸送の確保を図るため、重要物流道路の維持（道路の啓開のために行うものに限る。）その他の広域災害応急対策（一の都道府県の区域を越えて行われる緊急輸送の確保その他の災害応急対策であつて国土交通省令で定めるものをいう。次条及び第四十八条の二十九の五第一項において同じ。）の拠点としての機能の確保を図ることが特に必要と認められるものについて、防災拠点自動車駐車場として指定することができる。

2　国土交通大臣は、前項の規定による指定をしようとするときは、あらかじめ、当該指定に係る自動車駐車場の道路管理者（国土交通大臣である道路管理者を除く。）に協議し、その同意を得なければならない。これを変更し、又は廃止しようとするときも、同様とする。

3　国土交通大臣は、第一項の規定による指定をしたときは、その旨を公示しなければならない。これを変更し、又は廃止したときも、同様とする。

（防災拠点自動車駐車場の利用の禁止又は制限）

第四十八条の二十九の三　道路管理者は、災害が発生した場合における被害の拡大を防ぎ、又は災害の速やかな復旧を図るため、防災拠点自動車駐車場の広域災害応急対策の拠点としての機能を緊急に確保することが特に必要であると認めるときは、当該防災拠点自動車駐車場について、広域災害応急対策の拠点としての利用以外の利用を禁止し、又はその利用を制限することができる。

（防災拠点自動車駐車場の利用の制限等の表示）

第四十八条の二十九の四　道路管理者は、前条の規定により防災拠点自動車駐車場の利用を禁止し、又は制限しようとする場合においては、当該防災拠点自動車駐車場の入口その他必要な場所に、禁止又は制限の対象を明らかにした道路標識を設けなければならない。

（災害応急対策施設管理協定の締結等）

第四十八条の二十九の五　道路管理者は、その管理する防災拠点自動車駐車場について、災害時における広域災害応急対策の拠点としての機能の確保を図るため必要があると認めるときは、あらかじめ、道路外災害応急対策施設所有者等（当該防災拠点自動車駐車場に隣接する土地の区域に存する駐車場、備蓄倉庫、発電施設、通信設備その他災害応急対策に必要なものとして政令で定める工作物又は施設（以下この項において「道路外災害応急対策施設」という。）の所有者又は当該道路外災害応急対策施設の敷地である土地（建築物その他の工作物に道路外災害応急対策施設が設けられている場合にあつては、当該建築物その他の工作物のうち当該道路外災害応急対策施設に係る部分のもの）の所有者若しくは使用及び収益を目的とする権利（臨時設備その他一時的に使用する施設のため設定されたことが明らかなものを除く。）を有する者をいう。次項及び第四十八条の二十九の七において同じ。）との間において、次に掲げる事項を定めた協定（以下この条から第四十八条の二十九の七までにおいて「災害応急対策施設管理協定」という。）を締結して、当該道路外災害応急対策施設の管理を行うことができる。

一　災害応急対策施設管理協定の目的となる道路外災害応急対策施設（以下この項、次条第三項及び第四十八条の二十九の七において「協定災害応急対策施設」という。）

二　協定災害応急対策施設の管理の方法

三　災害応急対策施設管理協定の有効期間

四　災害応急対策施設管理協定に違反した場合の措置

五　次条第三項の規定による災害応急対策施設管理協定の掲示の方法

六　その他協定災害応急対策施設の管理に関し必要な事項

2　災害応急対策施設管理協定については、道路外災害応急対

策施設所有者等の全員の合意がなければならない。

※ 1項「政令」＝令三五の七

（災害応急対策施設管理協定の縦覧等）

第四十八条の二十九の六　道路管理者は、災害応急対策施設管理協定を締結しようとするときは、国土交通省令で定めるところにより、その旨を公告し、当該災害応急対策施設管理協定を当該公告の日から二週間利害関係人の縦覧に供さなければならない。

2　前項の規定による公告があつたときは、利害関係人は、同項の縦覧期間満了の日までに、当該災害応急対策施設管理協定について、道路管理者に意見書を提出することができる。

3　道路管理者は、災害応急対策施設管理協定を締結したときは、国土交通省令で定めるところにより、遅滞なく、その旨を公示し、かつ、当該災害応急対策施設管理協定の写しを道路管理者の事務所に備えて一般の閲覧に供するとともに、災害応急対策施設管理協定において定めるところにより、協定災害応急対策施設又はその敷地内の見やすい場所に、道路管理者の事務所においてこれを閲覧に供している旨を掲示しなければならない。

4　前条第二項及び前三項の規定は、災害応急対策施設管理協定において定めた事項の変更について準用する。

（災害応急対策施設管理協定の効力）

第四十八条の二十九の七　前条第三項（同条第四項において準用する場合を含む。）の規定による公示のあつた災害応急対策施設管理協定は、その公示のあつた後において協定災害応急対策施設の道路外災害応急対策施設所有者等となつた者に対しても、その効力があるものとする。

第十節　特定車両停留施設

（車両の種類の指定）

第四十八条の三十　道路管理者は、まだ供用の開始がない特定車両停留施設について、国土交通省令で定めるところにより、特定車両のうち、当該特定車両停留施設を利用することができる車両の種類を指定するものとする。

2　道路管理者は、前項の規定による指定をしようとするときは、国土交通省令で定めるところにより、あらかじめ、その旨を公示しなければならない。

（特定車両停留施設の構造等）

第四十八条の三十一　特定車両停留施設の構造及び設備の技術的基準は、特定車両停留施設を利用することができる特定車両の種類ごとに、国土交通省令で定める。

（車両の停留の許可）

第四十八条の三十二　特定車両停留施設に車両を停留させようとする場合においては、道路管理者の許可を受けなければならない。ただし、道路交通法第三十九条第一項に規定する緊急自動車その他政令で定める車両については、この限りでない。

2　前項の許可を受けようとする者は、停留させる車両に係る事項、当該車両を停留させる日時その他特定車両停留施設を利用する特定車両の種類ごとに国土交通省令で定める事項を記載した申請書を道路管理者に提出しなければならない。

3　第一項の許可を受けた者は、当該許可の申請に係る前項に規定する事項を変更しようとする場合においては、あらかじめ道路管理者の許可を受けなければならない。

※ 1項「政令」＝令三五の八

（特定車両の停留の許可基準）

第四十八条の三十三　道路管理者は、前条第一項又は第三項の許可をしようとするときは、次の基準によつて、これをしなければならない。

一　当該許可の申請に係る車両が特定車両のうち第四十八条の三十第一項の規定により指定した種類のものであること。

二　当該許可の申請に係る前条第二項に規定する事項が特定車両停留施設の構造の保全及び適正かつ合理的な利用の確保、安全かつ円滑な道路の交通の確保その他の観点から政令で定める基準に適合するものであること。

※ 2号「政令」＝令三五の九

（利用の制限等の表示）

第四十八条の三十四　道路管理者は、特定車両停留施設の入口その他必要な場所に利用の禁止又は制限の対象を明らかにした道路標識を設けなければならない。

（特定車両停留施設の停留料金及び割増金）

第四十八条の三十五　道路管理者である地方公共団体は、条例（指定区間内の国道にあつては、政令）で定めるところにより、特定車両停留施設に特定車両を停留させる者から、停留料金を徴収することができる。ただし、道路交通法第三十九条第一項に規定する緊急自動車その他政令で定める車両を停留させる場合においては、この限りでない。

2　前項の停留料金の額は、次の原則によつて定めなければならない。

一　特定車両を停留させる特定の者に対し不当な差別的取扱いをするものでないこと。

二　特定車両を停留させる者の負担能力に鑑み、その利用を困難にするおそれのないものであること。

三　特定車両停留施設を利用することができる特定車両と同一の種類の車両を同時に二両以上停留させる付近の施設で道路の区域外に設置されており、かつ、一般公衆の用に供するものの停留料金に比して著しく均衡を失しないものであること。

3　第二十四条の二第三項の規定は、第一項の停留料金を不法に免れた者について準用する。

※ 1項ただし書「政令」＝令三五の一〇

（特定車両停留施設の停留料金等の公示）

第四十八条の三十六　道路管理者は、前条第一項の規定により停留料金を徴収する特定車両停留施設について、条例（国道にあつては、国土交通省令）で定めるところにより、停留料金、停留することができる時間その他特定車両停留施設の利用に関し必要な事項を公示しなければならない。

第十一節　利便施設協定

（利便施設協定の締結等）

第四十八条の三十七　道路管理者は、その管理する道路に並木、街灯その他道路の通行者又は利用者の利便の確保に資するものとして政令で定める工作物又は施設を設けることが当該道路の構造又は周辺の土地利用の状況により困難である場合において、当該道路の通行者又は利用者の利便の確保のため必要があると認めるときは、当該道路の区域外にあるそれらの工作物又は施設（以下この項において「道路外利便施設」という。）について、道路外利便施設所有者等（当該道路外利便施設の所有者又は当該道路外利便施設の敷地である土地（建築物その他の工作物に道路外利便施設が設けられている場合にあつては、当該建築物その他の工作物のうち当該道路外利便施設に係る部分のもの）の所有者若しくは使用及び収益を目的とする権利（臨時設備その他一時的に使用する施設のため設定されたことが明らかなものを除く。）を有する者をいう。次項及び第四十八条の三十九において同じ。）との間において、次に掲げる事項を定めた協定（以下この節において「利便施設協定」という。）を締結して、当該道路外利便施設の管理を行うことができる。

一 利便施設協定の目的となる道路外利便施設（以下「協定利便施設」という。）
二 協定利便施設の管理の方法
三 利便施設協定の有効期間
四 利便施設協定に違反した場合の措置
五 利便施設協定の掲示方法
六 その他協定利便施設の管理に関し必要な事項

2 利便施設協定については、道路外利便施設所有者等の全員の合意がなければならない。

※1項「政令」＝令三五の一一

（利便施設協定の縦覧等）

第四十八条の三十八 道路管理者は、利便施設協定を締結しようとするときは、国土交通省令で定めるところにより、その旨を公告し、当該利便施設協定を当該公告の日から二週間利害関係人の縦覧に供さなければならない。

2 前項の規定による公告があつたときは、利害関係人は、同項の縦覧期間満了の日までに、当該利便施設協定について、道路管理者に意見書を提出することができる。

3 道路管理者は、利便施設協定を締結したときは、国土交通省令で定めるところにより、遅滞なく、その旨を公示し、かつ、当該利便施設協定の写しを道路管理者の事務所に備えて一般の閲覧に供するとともに、利便施設協定において定めるところにより、協定利便施設又はその敷地内の見やすい場所に、道路管理者の事務所においてこれを閲覧に供している旨を掲示しなければならない。

4 前条第二項及び前三項の規定は、利便施設協定において定めた事項の変更について準用する。

（利便施設協定の効力）

第四十八条の三十九 前条第三項（同条第四項において準用する場合を含む。）の規定による公示のあつた利便施設協定は、その公示のあつた後において協定利便施設の道路外利便施設所有者等となつた者に対しても、その効力があるものとする。

第十二節 自動車駐車場等運営事業

（自動車駐車場等運営事業に関する料金の徴収の特例）

第四十八条の四十 道路管理者は、民間資金等の活用による公共施設等の整備等の促進に関する法律（平成十一年法律第百十七号。以下「民間資金法」という。）第十九条第一項の規定により自動車駐車場等運営権（自動車駐車場等運営事業（自動車駐車場等の運営等（民間資金法第二条第六項に規定する運営等をいう。以下この項において同じ。）であつて、当該自動車駐車場等の利用に係る料金（以下「利用料金」という。）を当該運営等を行う者が自らの収入として収受するもの及びこれに附帯する事業をいう。以下同じ。）に係る公共施設等運営権（民間資金法第二条第七項に規定する公共施設等運営権をいう。）をいう。以下同じ。）を設定する場合には、第二十四条の二第一項及び第四十八条の三十五第一項の規定にかかわらず、当該自動車駐車場等運営権を有する者（以下「自動車駐車場等運営権者」という。）に当該自動車駐車場等運営事業に係る利用料金を自らの収入として収受させるものとする。

2 第二十四条の二第二項及び第三項の規定は道路の附属物である自動車駐車場又は自転車駐車場に係る前項の利用料金について、第四十八条の三十五第二項及び第三項の規定は特定車両停留施設に係る前項の利用料金について、それぞれ準用する。この場合において、第二十四条の二第三項（第四十八条の三十五第三項において準用する場合を含む。）中「道路管理者」とあるのは、「第四十八条の四十第一項に規定する自動車駐車場等運営権者」と読み替えるものとする。

（民間資金法の特例）

第四十八条の四十一 道路管理者が民間資金法第五条第一項の規定により自動車駐車場等運営事業（特定車両停留施設に係るものに限る。）に係る実施方針を定める場合における民間資金法第十七条の規定の適用については、同条第二号中「内容」とあるのは、「内容（災害時における緊急輸送の確保その他交通の機能の維持に関し必要な措置を含む。）」とする。

2 道路管理者が民間資金法第二十二条第一項の規定により自動車駐車場等運営事業に係る公共施設等運営権実施契約を締結する場合における同項の規定の適用については、同項第一号中「方法」とあるのは「方法（災害時における緊急輸送の確保その他交通の機能の維持に関し必要な措置を含む。）」と、同項第三号中「公共施設等の利用に係る約款を定める場合には、その決定手続及び公表方法」とあるのは「供用約款の決定手続及び公表方法並びに利用料金の公表方法」とする。

（利用料金の変更命令及び公示）

第四十八条の四十二 自動車駐車場等運営権を設定した道路管理者（以下「特定道路管理者」という。）は、自動車駐車場等運営権者から民間資金法第二十三条第二項の規定により届け出られた利用料金が第四十八条の四十第二項において準用する第二十四条の二第二項又は第四十八条の三十五第二項の規定に違反すると認めるときは、自動車駐車場等運営権者に対し、期限を定めて、その利用料金を変更すべきことを命ずることができる。

2 特定道路管理者は、自動車駐車場等運営権者から民間資金法第二十三条第二項の規定による届出を受けたときは、前項に規定する場合を除き、当該届出の内容を条例（国道にあつては、国土交通省令）で定める方法により公示しなければならない。

（国土交通大臣への通知）

第四十八条の四十三 指定区間外の国道の道路管理者は、次に掲げる場合には、遅滞なく、その旨を国土交通大臣に通知するものとする。

一　民間資金法第八条第一項の規定により自動車駐車場等運営事業を実施する民間事業者を選定したとき。
二　自動車駐車場等運営事業に係る民間資金法第二十六条第二項の許可をしたとき。
三　民間資金法第二十九条第一項の規定により自動車駐車場等運営権を取り消し、又はその行使の停止を命じたとき。
四　公共施設等運営権の存続期間の満了に伴い、又は民間資金法第二十九条第四項の規定により自動車駐車場等運営権が消滅したとき。

（自動車駐車場等運営権を設定した場合における読替え）

第四十八条の四十四　特定道路管理者が民間資金法第十九条第一項の規定により自動車駐車場等運営権を設定した場合における第二十四条の三及び第四十八条の三十六の規定の適用については、これらの規定中「事項」とあるのは「事項（同項に規定する利用料金に関する事項を除く。）」と、第二十四条の三中「前条第一項の規定により駐車料金を徴収する」とあり、及び第四十八条の三十六中「前条第一項の規定により停留料金を徴収する」とあるのは「第四十八条の四十第一項の規定により利用料金を収受させる」と、第二十四条の三の見出し中「駐車料金等」とあるのは「駐車することができる時間等」と、同条中「駐車料金、駐車する」とあるのは「駐車する」と、第四十八条の三十六の見出し中「停留料金等」とあるのは「停留することができる時間等」と、同条中「停留料金、停留する」とあるのは「停留する」とする。

（自動車駐車場等運営権者に対する道路管理者の承認等の特例）

第四十八条の四十五　自動車駐車場等運営権者がその運営する自動車駐車場等について行う国土交通省令で定める行為についての第二十四条本文並びに第三十二条第一項及び第三項の規定の適用については、自動車駐車場等運営権者と特定道路管理者との協議が成立することをもつて、これらの規定による承認又は許可があつたものとみなす。

第十三節　指定登録確認機関

（指定）

第四十八条の四十六　国土交通大臣は、道路の交通の適切な管理に資することを目的とする一般社団法人又は一般財団法人であつて、第四十八条の四十九に規定する業務（以下「道路交通管理業務」という。）に関し次に掲げる基準に適合すると認められるものを、その申請により、指定登録確認機関として指定することができる。
一　職員、道路交通管理業務の実施の方法その他の事項についての道路交通管理業務の実施に関する計画が、道路交通管理業務の適確な実施のために適切なものであること。
二　前号の道路交通管理業務の実施に関する計画を適確に実施するに足りる経理的及び技術的な基礎を有するものであること。
三　道路交通管理業務以外の業務を行つている場合には、その業務を行うことによつて道路交通管理業務の公正な実施に支障を及ぼすおそれがないものであること。
四　前三号に定めるもののほか、道路交通管理業務を公正かつ適確に行うことができるものであること。
2　前項の規定による指定は、道路交通管理業務の範囲を定めて行うものとする。

（欠格条項）

第四十八条の四十七　国土交通大臣は、前条第一項の申請をした者が次の各号のいずれかに該当するときは、指定登録確認機関の指定をしてはならない。
一　この法律の規定により罰金の刑に処せられ、その執行を終わり、又は執行を受けることがなくなつた日から起算して二年を経過しない者であること。
二　第四十八条の五十七第一項又は第二項の規定により指定登録確認機関の指定を取り消され、その取消しの日から起算して二年を経過しない者であること。
三　その役員のうちに、禁錮以上の刑に処せられ、又はこの法律の規定により罰金の刑に処せられ、その執行を終わり、又はその執行を受けることがなくなつた日から起算して二年を経過しない者があること。

注　令和四年六月一七日法律六八号により改正され、令和七年六月一日から施行
第四十八条の四十七第三号中「禁錮」を「拘禁刑」に改める。

（指定の公示等）

第四十八条の四十八　国土交通大臣は、第四十八条の四十六第一項の規定による指定（以下この節において「指定」という。）をしたときは、指定登録確認機関の名称及び住所、指定登録確認機関が行う道路交通管理業務の範囲、道路交通管理業務を行う事務所の所在地並びに道路交通管理業務の開始の日を公示しなければならない。
2　指定登録確認機関は、その名称若しくは住所、指定登録確認機関が行う道路交通管理業務の範囲又は道路交通管理業務を行う事務所の所在地を変更しようとするときは、変更しようとする日の二週間前までに、その旨を国土交通大臣に届け出なければならない。
3　国土交通大臣は、前項の規定による届出があつたときは、その旨を公示しなければならない。

（指定登録確認機関の業務）

第四十八条の四十九　指定登録確認機関は、次に掲げる業務を行うものとする。
一　次条第一項に規定する事務（以下「登録等事務」という。）を行うこと。
二　道路管理者の委託を受けて、第四十七条の二第一項の許可に係る審査の事務を行うこと。
三　前二号に掲げるもののほか、道路の交通の適切な管理に資する業務を行うこと。

（指定登録確認機関による登録等事務の実施）

第四十八条の五十　国土交通大臣は、指定をしたときは、次に掲げる事務の全部又は一部を行わせることができる。
一　登録の実施に関する事務（第四十七条の九の規定による登録の取消しに関する事務を除く。）
二　第四十七条の十第三項の回答の実施に関する事務
三　第四十七条の十一第二項及び第三項の規定による判定基準等の提供の受理並びに同条第四項の規定による情報の提供に関する事務
四　第四十七条の十二第二項の規定による報告の受理及び同

条第三項の規定による通知に関する事務

五　第四十七条の十三第一項の規定による同項各号に掲げる事項のデータベースへの記録及び同条第二項の規定による公表に関する事務

2　国土交通大臣は、指定をしたときは、指定登録確認機関が行う前項第一号及び第二号の事務を行わないものとし、この場合における当該登録等事務の引継ぎその他の必要な事項は、国土交通省令で定める。

3　指定登録確認機関が登録等事務を行う場合における第四十七条の四から第四十七条の八まで及び第四十七条の十の規定の適用については、これらの規定中「国土交通大臣」とあるのは、「指定登録確認機関」とする。

※　2項「国土交通省令」＝車両の通行の許可の手続等を定める省令二五

（秘密保持義務等）

第四十八条の五十一　指定登録確認機関の役員及び職員並びにこれらの者であつた者は、登録等事務に関して知り得た秘密を漏らし、又は自己の利益のために使用してはならない。

2　指定登録確認機関の役員及び職員で登録等事務に従事する者は、刑法（明治四十年法律第四十五号）その他の罰則の適用については、法令により公務に従事する職員とみなす。

（登録等事務規程）

第四十八条の五十二　指定登録確認機関は、国土交通省令で定めるところにより、登録等事務に関する規程（以下「登録等事務規程」という。）を定め、国土交通大臣の認可を受けなければならない。これを変更しようとするときも、同様とする。

2　登録等事務規程で定めるべき事項は、国土交通省令で定める。

3　国土交通大臣は、第一項の認可をした登録等事務規程が登録等事務の公正かつ適確な実施上不適当となつたと認めるときは、その登録等事務規程を変更すべきことを命ずることができる。

※　1・2項「国土交通省令」＝車両の通行の許可の手続等を定める省令二六・二七

（帳簿の備付け等）

第四十八条の五十三　指定登録確認機関は、国土交通省令で定めるところにより、登録等事務に関する事項で国土交通省令で定めるものを記載した帳簿を備え付け、これを保存しなければならない。

2　前項に定めるもののほか、指定登録確認機関は、国土交通省令で定めるところにより、登録等事務に関する書類で国土交通省令で定めるものを保存しなければならない。

※　1・2項「国土交通省令」＝車両の通行の許可の手続等を定める省令二八・二九

（監督命令）

第四十八条の五十四　国土交通大臣は、道路交通管理業務の公正かつ適確な実施を確保するため必要があると認めるときは、指定登録確認機関に対し、道路交通管理業務に関し監督上必要な命令をすることができる。

（報告、検査等）

第四十八条の五十五　国土交通大臣は、道路交通管理業務の公正かつ適確な実施を確保するため必要があると認めるときは、指定登録確認機関に対し道路交通管理業務に関し必要な報告を求め、又はその職員に、指定登録確認機関の事務所に立ち入り、道路交通管理業務の状況若しくは帳簿、書類その他の物件を検査させ、若しくは関係者に質問させることができる。

2　前項の規定により立入検査をする職員は、その身分を示す証明書を携帯し、関係者にこれを提示しなければならない。

3　第一項の規定による立入検査の権限は、犯罪捜査のために認められたものと解釈してはならない。

（登録等事務の休廃止）

第四十八条の五十六　指定登録確認機関は、国土交通大臣の許可を受けなければ、登録等事務の全部若しくは一部を休止し、又は廃止してはならない。

2　国土交通大臣は、前項の許可をしたときは、その旨を公示しなければならない。

（指定の取消し等）

第四十八条の五十七　国土交通大臣は、指定登録確認機関が第四十八条の四十七第一号又は第三号に該当するに至つたときは、指定を取り消さなければならない。

2　国土交通大臣は、指定登録確認機関が次の各号のいずれかに該当するときは、指定を取り消し、又は期間を定めて登録等事務の全部若しくは一部の停止を命ずることができる。

一　第四十八条の五十第三項の規定により読み替えて適用する第四十七条の六、第四十七条の七第二項又は第四十七条の十第三項、第四項若しくは第六項の規定に違反したとき。

二　第四十八条の五十一第一項、第四十八条の五十三又は前条第一項の規定に違反したとき。

三　第四十八条の五十二第一項の認可を受けた登録等事務規程によらないで業務を行つたとき。

四　第四十八条の五十二第三項又は第四十八条の五十四の規定による命令に違反したとき。

五　第四十八条の四十六第一項各号に掲げる基準に適合していないと認めるとき。

六　登録等事務に関し著しく不適当な行為をしたとき。

七　不正な手段により指定を受けたとき。

3　国土交通大臣は、前二項の規定により指定を取り消し、又は前項の規定により登録等事務の全部若しくは一部の停止を命じたときは、その旨を公示しなければならない。

（国土交通大臣による登録等事務の実施）

第四十八条の五十八　国土交通大臣は、第四十八条の五十六第一項の規定により指定登録確認機関が登録等事務の全部若しくは一部を休止したとき、前条第二項の規定により指定登録確認機関に対し登録等事務の全部若しくは一部の停止を命じたとき、又は指定登録確認機関が天災その他の事由により登録等事務の全部若しくは一部を実施することが困難となつた場合において必要があると認めるときは、第四十八条の五十第二項の規定にかかわらず、登録等事務の全部又は一部を自ら行うものとする。

2　国土交通大臣は、前項の規定により登録等事務を行うこととし、又は同項の規定により行つている登録等事務を行わないこととするときは、その旨を公示しなければならない。

3　国土交通大臣が、第一項の規定により登録等事務を行うこととし、第四十八条の五十六第一項の規定により登録等事務の廃止を許可し、若しくは前条第一項若しくは第二項の規定により指定を取り消し、又は第一項の規定により行つている登録等事務を行わないこととする場合における登録等事務の引継ぎその他の必要な事項は、国土交通省令で定める。

※ 3項「国土交通省令」＝車両の通行の許可の手続等を定める省令三二

（手数料）

第四十八条の五十九　指定登録確認機関が登録等事務を行う場合には、次に掲げる者は、実費を勘案して政令で定める額の手数料を当該指定登録確認機関に納付しなければならない。

一　登録を受けようとする者

二　第四十七条の十第一項の規定による求めをしようとする者

2　前項の規定により指定登録確認機関に納付された手数料は、当該指定登録確認機関の収入とする。

※ 1項「政令」＝車両制限令二一

第十四節　道路協力団体

（道路協力団体の指定）

第四十八条の六十　道路管理者は、次条に規定する業務を適正かつ確実に行うことができると認められる法人その他これに準ずるものとして国土交通省令で定める団体を、その申請により、道路協力団体として指定することができる。

2　道路管理者は、前項の規定による指定をしたときは、当該道路協力団体の名称、住所及び事務所の所在地を公示しなければならない。

3　道路協力団体は、その名称、住所又は事務所の所在地を変更しようとするときは、あらかじめ、その旨を道路管理者に届け出なければならない。

4　道路管理者は、前項の規定による届出があつたときは、当該届出に係る事項を公示しなければならない。

（道路協力団体の業務）

第四十八条の六十一　道路協力団体は、当該道路協力団体を指定した道路管理者が管理する道路について、次に掲げる業務を行うものとする。

一　道路管理者に協力して、道路に関する工事又は道路の維持を行うこと。

二　前号に掲げるもののほか、安全かつ円滑な道路の交通の確保又は道路の通行者若しくは利用者の利便の増進に資する工作物、物件又は施設であつて国土交通省令で定めるものの設置又は管理を行うこと。

三　道路の管理に関する情報又は資料を収集し、及び提供すること。

四　道路の管理に関する調査研究を行うこと。

五　道路の管理に関する知識の普及及び啓発を行うこと。

六　前各号に掲げる業務に附帯する業務を行うこと。

（監督等）

第四十八条の六十二　道路管理者は、前条各号に掲げる業務の適正かつ確実な実施を確保するため必要があると認めるときは、道路協力団体に対し、その業務に関し報告をさせることができる。

2　道路管理者は、道路協力団体が前条各号に掲げる業務を適正かつ確実に実施していないと認めるときは、道路協力団体に対し、その業務の運営の改善に関し必要な措置を講ずべきことを命ずることができる。

3　道路管理者は、道路協力団体が前項の規定による命令に違反したときは、その指定を取り消すことができる。

4　道路管理者は、前項の規定により指定を取り消したときは、その旨を公示しなければならない。

（情報の提供等）

第四十八条の六十三　国土交通大臣又は道路管理者は、道路協力団体に対し、その業務の実施に関し必要な情報の提供又は指導若しくは助言をするものとする。

（道路協力団体に対する道路管理者の承認等の特例）

第四十八条の六十四　道路協力団体が第四十八条の六十一各号に掲げる業務として行う国土交通省令で定める行為についての第二十四条本文並びに第三十二条第一項及び第三項の規定の適用については、道路協力団体と道路管理者との協議が成立することをもつて、これらの規定による承認又は許可があつたものとみなす。

（踏切道の改良への協力）

第四十八条の六十五　道路協力団体は、踏切道改良促進法第四条第八項及び第九項（これらの規定を同法第五条第二項又は第六条第三項（同条第六項において準用する場合を含む。）において準用する場合を含む。）の規定により同法第四条第一項に規定する地方踏切道改良計画又は同法第六条第一項に規定する国踏切道改良計画に道路協力団体の協力が必要な事項が記載されたときは、当該地方踏切道改良計画又は国踏切道改良計画に基づき鉄道事業者及び道路管理者が実施する踏切道（同法第二条に規定する踏切道をいう。）の改良に協力するものとする。

○道路法施行令（抄）

（昭和二十七年十二月四日
政令第四百七十九号）

最終改正　令五政令三二四

第一章　道路管理者等

（都道府県等が行う国道の新設又は改築）

第一条　道路法（以下「法」という。）第十二条ただし書の政令で定める特別の事情は、次に掲げるものとする。

一　都道府県知事又は都道府県の施行する河川工事その他の建設工事の施行と密接な関連を有すること。

二　道路の区域を変更し、当該変更に係る部分を一般国道（以下「国道」という。）以外の道路とする計画のある箇所であること。

三　道路法の一部を改正する法律（昭和三十九年法律第百六十三号）による改正前の法（次号において「改正前の法」という。）第十三条第一項の規定により都道府県知事が施行した工事と一体として施行する必要があること。

四　改正前の法第十三条第一項の規定により都道府県知事が工事を施行するため調査、測量、設計その他の工事の準備を行つたこと。

五　法第五条第一項の規定による指定があつた日（次号において「指定日」という。）前に法第十五条の規定により都道府県が工事を施行するため調査、測量、設計その他の工事の準備を行つたこと。

六　指定日前に法第十五条の規定により都道府県が施行した工事と一体として施行する必要があること。

2　前項の規定は、法第十七条第一項又は第二項の規定により指定市又は指定市以外の市が国道の新設又は改築を行う場合について準用する。この場合において、前項各号中「都道府県知事」とあるのはそれぞれ「指定市の長」又は「指定市以外の市の長」と、「都道府県」とあるのはそれぞれ「指定市」又は「指定市以外の市」と読み替えるものとする。

3　第一項（第三号及び第四号を除く。）の規定は、法第十七条第四項の規定により指定市以外の市町村が国道の新設又は改築を行う場合について準用する。この場合において、第一項第一号中「都道府県知事又は都道府県」とあるのは「指定市以外の市町村の長又は指定市以外の市町村」と、同項第五号及び第六号中「都道府県」とあるのは「指定市以外の市町村」と読み替えるものとする。

（都道府県又は指定市による指定区間内の国道の管理）

第一条の二　法第十三条第二項の規定により都道府県又は指定市が行うこととすることができる指定区間内の国道の管理は、次に掲げる管理（第一号から第五号まで及び第七号から第二十一号までに掲げる管理については、国土交通大臣が新設、改築、修繕又は災害復旧に関する工事を行つている区間に係るものを除く。）とする。

一　法第三十二条第一項又は第三項の規定による許可を与えること。

二　法第三十三条第二項第三号の規定により利便増進誘導区域を指定すること。

三　法第三十四条の規定により工事の調整のための条件を付すること。

四　法第三十五条の規定により国と協議し、同意すること。

五　法第三十六条第一項の規定により提出する工事の計画書を受理すること。

六　法第三十九条第一項（法第九十一条第二項において準用する場合を含む。）の規定により占用料を徴収すること。

七　法第三十九条の二第一項の規定により入札占用指針を定め、及び同条第六項の規定により意見を聴くこと。

八　法第三十九条の四第二項又は第五項の規定により通知し、同条第三項の規定により占用入札を実施し、及び同条第四項の規定により落札者を決定すること。

九　法第三十九条の五第一項の規定により道路の場所を指定し、及び入札占用計画が適当である旨の認定をすること。

十　法第三十九条の六第一項の規定により変更の認定をすること。

十一　法第三十九条の九の規定により必要な措置を講ずべきことを命ずること。

十二　法第四十条第二項の規定により必要な指示をすること。

十三　法第四十八条の二十三第一項の規定により公募占用指針を定め、及び同条第五項の規定により意見を聴くこと。

十四　法第四十八条の二十五第一項及び第二項の規定により歩行者利便増進計画について審査し、及び評価を行い、同条第四項の規定により占用予定者を選定し、同条第五項の規定により意見を聴き、並びに同条第六項の規定により通知すること。

十五　法第四十八条の二十六第一項の規定により道路の場所を指定し、及び歩行者利便増進計画が適当である旨の認定をすること。

十六　法第四十八条の二十七第一項の規定により変更の認定をすること。

十七　法第四十八条の二十九の規定により地位の承継の承認をすること。

十八　法第四十八条の四十五の規定により自動車駐車場等運営権者と協議（当該協議が成立することをもつて、法第三十二条第一項又は第三項の規定による許可があつたものとみなされるものに限る。）をすること。

十九　法第四十八条の六十四の規定により道路協力団体と協議（当該協議が成立することをもつて、法第三十二条第一項又は第三項の規定による許可があつたものとみなされるものに限る。）をすること。

二十　道路の占用に係る事項について法第七十一条第一項に規定する処分をし、又は措置を命ずること。

二十一　道路の占用に係る事項について法第七十二条の二第一項の規定により必要な報告をさせ、又はその職員に立入検査をさせること。

二十二　法第七十三条（法第九十一条第二項において準用する場合を含む。）の規定により法第三十九条（同項において準用する場合を含む。）の規定に基づく占用料の納付を督促し、並びに当該占用料並びに当該占用料に係る手数料及び延滞金を徴収すること。

2　都道府県又は指定市は、前項第一号から第四号まで、第七号（法第三十九条の二第一項の規定による入札占用指針の策定に係る部分に限る。）、第十二号、第十三号（法第四十八条の二十三第一項の規定による公募占用指針の策定に係る部分に限る。）及び第十八号から第二十号までに掲げる権限（道路の構造又は交通に及ぼす支障が少ないと認められる道路の占用で国土交通省令で定めるものに係るものを除く。）を行つたときは、遅滞なく、その旨を国土交通大臣に報告しなければならない。

（国土交通大臣が権限を行う場合の意見の聴取等）

第一条の三　国土交通大臣は、都道府県又は指定市が前条第一項に規定する管理を行つている道路の区間（国土交通大臣が新設、改築、修繕又は災害復旧に関する工事を行つている区間を除く。）について次に掲げる権限を行おうとするときは、あらかじめ、関係都道府県又は指定市の意見を聴かなければならない。

一　法第三十七条第一項の規定により道路の占用を禁止し、又は制限すること。

二　法第三十二条第一項若しくは第三項（これらの規定を法第九十一条第二項において準用する場合を含む。）の規定による許可又は法第三十九条の五第一項若しくは第三十九条の六第一項（これらの規定を法第九十一条第二項において準用する場合を含む。）、第四十八条の二十六第一項若しくは第四十八条の二十七第一項の規定による認定を受けた者に対し、法第七十一条第二項に規定する処分をし、又は措置を命ずること。

2　国土交通大臣は、都道府県又は指定市が前条第一項に規定する管理を行つている道路の区間（国土交通大臣が新設、改築、修繕又は災害復旧に関する工事を行つている区間に限る。）について次に掲げる権限を行つたときは、遅滞なく、その旨を関係都道府県又は指定市に通知しなければならない。

一　法第三十二条第一項又は第三項（これらの規定を法第九十一条第二項において準用する場合を含む。）の規定による許可を与えること。

二　法第三十五条（法第九十一条第二項において準用する場合を含む。）の規定により国と協議し、同意すること。

三　法第四十八条の四十五（法第九十一条第二項において準用する場合を含む。）の規定により自動車駐車場等運営権者と協議（当該協議が成立することをもつて、法第三十二条第一項又は第三項の規定による許可があつたものとみなされるものに限る。）をすること。

四　法第四十八条の六十四の規定により道路協力団体と協議（当該協議が成立することをもつて、法第三十二条第一項又は第三項の規定による許可があつたものとみなされるものに限る。）をすること。

五　法第七十一条第二項（法第九十一条第二項において準用する場合を含む。）の規定により、法第三十二条第一項若しくは第三項（これらの規定を法第九十一条第二項において準用する場合を含む。）の規定による許可若しくは法第三十九条の五第一項若しくは第三十九条の六第一項（これらの規定を法第九十一条第二項において準用する場合を含む。）、第四十八条の二十六第一項若しくは第四十八条の二十七第一項の規定による認定を取り消し、又はその許可若しくは認定の効力を停止すること。

（都道府県又は指定市による指定区間内の国道の管理の告示）

第一条の四　国土交通大臣は、法第十三条第二項の規定により指定区間内の国道の管理を都道府県又は指定市が行うこととする場合においては、あらかじめ、管理の区間、管理の内容、管理の始期及び管理者を告示しなければならない。

2　国土交通大臣は、前項の規定により告示した事項を変更する場合においては、あらかじめ、その旨を告示しなければならない。

（指定市以外の市町村が行うことができる国道又は都道府県道の新設等）

第一条の五　法第十七条第四項の政令で定める国道若しくは都道府県道の新設、改築、維持若しくは修繕又は国道若しくは都道府県道に附属する道路の附属物の新設若しくは改築は、次に掲げるものとする。

一　歩道、自転車道、自転車歩行者道、植樹帯、路肩、横断歩道橋、自転車専用道路、自転車歩行者専用道路又は歩行者専用道路の新設、改築、維持又は修繕

二　道路の附属物である柵、並木、街灯、自転車駐車場、電線共同溝又はベンチ若しくはその上屋の新設又は改築

（国土交通大臣が改築又は修繕に関する工事を行うことができる施設又は工作物）

第一条の六　法第十七条第六項の政令で定める施設又は工作物は、トンネル、橋その他国土交通大臣が定める施設又は工作物とする。

（管理の特例の場合の読替規定）

第一条の七　法第十七条第一項又は第二項の場合における同条第九項の規定による法の規定の適用についての技術的読替えは、次の表のとおりとする。

項	読み替える規定	読み替えられる字句	読み替える字句（法第十七条第一項の場合）	読み替える字句（法第十七条第二項の場合）
一	第十三条第三項、第十八条第一項、第五十条第一項、第四項及び第五項	都道府県	指定市	指定市以外の市
二	第十三条第四項	第一項	第十七条第一項	第十七条第二項
		関係都道府県	関係する指定市、都道府県又は指定市（第十七条第二項の規定により管理を行う市をいう。第九十四条第五項において同じ。）	関係する指定市以外の市、都道府県又は指定市
三	第十三条第四項、第五	都道府県が	指定市が	指定市以外の市が

	十三条第二項		
四	第十三条第四項、第十九条第二項	都道府県の	指定市の	指定市以外の市の
五	第十七条第六項及び第七項、第二十五条第一項、第四十八条の十九第一項、第五十一条、第五十三条第一項、第九十条第一項、第九十六条第二項	都道府県又は	指定市又は	指定市以外の市又は
六	第十九条第二項、第十九条の二第二項、第二十条第三項、第二十六条第一項、第七十六条第一項、第九十六条第二項及び第三項	都道府県である	指定市である	指定市以外の市である
七	第十九条第三項、第十九条の二第三項、第二十条第四項、第三十一条第三項	都道府県の議会に	指定市の議会に	指定市以外の市の議会に
八	第二十六条第一項、第七十六条、第九十六条第二項	市町村	市（指定市を除く。）町村	市（指定市以外の市を除く。）町村
九	第五十条第六項及び第七項、第五十三条第二項	他の都道府県	都道府県	都道府県
十	第五十条第六項	当該国道の所在する都道府県	当該国道の所在する指定市	指定市以外の市で当該国道の所在するもの
十一	第五十条第七項	国道の所在する都道府県	国道の所在する指定市	指定市以外の市で国道の所在するもの
		関係都道府県	指定市及び関係都道府県	指定市以外の市及び関係都道府県
十二	第五十三条第二項	当該都道府県	当該指定市	当該指定市以外の市
十三	第九十四条第五項	都道府県である	指定市、都道府県、指定市以外の市又は町村（第十七条第三項の規定により管理を行う町村をいう。）である	指定市以外の市、都道府県、指定市又は町村（第十七条第三項の規定により管理を行う町村をいう。）である
十四	第九十六条第二項	都道府県の知事	指定市の長	指定市以外の市の長

2　法第十七条第三項の場合における同条第九項の規定による法の規定の適用についての技術的読替えは、次の表のとおりとする。

項	読み替える規定	読み替えられる字句	読み替える字句
一	第十七条第六項及び第七項、第二十五条第一項、第四十八条の十九第一項、第五十一条、第九十条第一項、第九十六条第二項	都道府県又は	町村又は
二	第十九条第二項	都道府県の	町村の
三	第十九条第二項、第十九条の二第二項、第二十条第三項、第二十六条第一項、第七十六条第一項、第九十六条第二項及び第三項	都道府県である	町村である
四	第二十六条第一項、第七十六条、第九十六条第二項	市町村	市町村（町村を除く。）
五	第五十三条第一項	都道府県又は	都道府県又は町村若しくは
六	第九十四条第五項	都道府県である	町村、都道府県、指定市又は指定市以外の市（第十七条第二項の規定により

			管理を行う市をいう。）である
七	第九十六条第二項	都道府県の知事	町村の長

3　法第十七条第四項の場合における同条第九項の規定による法の規定の適用についての技術的読替えは、次の表のとおりとする。

項	読み替える規定	読み替えられる字句	読み替える字句
一	第二条第二項第二号、第七号及び第九号	道路管理者	道路管理者又は指定市以外の市町村
二	第十三条第四項	第一項の規定により都道府県が維持、修繕、災害復旧その他の管理	第十七条第四項の規定により指定市以外の市町村が国道の修繕
		修繕又は災害復旧	修繕
		都道府県の	指定市以外の市町村の
		関係都道府県	当該指定市以外の市町村及び関係する都道府県、指定市又は指定市以外の市町村（第十七条第二項の規定により管理を行う市をいう。）
三	第十八条第一項	第十六条又は	第十六条若しくは
		道路管理者」という	道路管理者」という。）又は指定市以外の市町村（以下「道路管理者等」と総称する
		決定して	決定し、道路管理者は
四	第二十一条、第二十二条第一項、第二十二条の二、第二十三条第一項、第二十四条、第二十四条の二第一項及び第三項、第二十八条の三、第二十八条の二第一項、第三十二条、第三十三条第一項、第二項第三号及び第三項、第三十四条から第三十六条まで、第三十八条、第三十九条第一項、第三十九条の二第一項、第三十九条の三第一項、第三十九条の四、第三十九条の五第一項、第三十九条の六第一項から第三項まで、第三十九条の七第二項及び第四項、第三十九条の九、第四十条第二項、第四十一条、第四十二条第一項、第四十四条の三第一項から第五項まで及び第八項、第四十五条第一項、第四十六条第一項及び第二項、第四十七条の十七第一項、第四十七条の十八第一項、第四十八条の二十三第一項、第四十八条の二十四第一項、第四十八条の二十五、第四十八条の二十六第一項、第四十八条の二十七第一項及び第二項、第四十八条の二十八第二項、第四十八条の二十九、第四十八条の三十七第一項、第四十八条の六十第一項及び第三項、第四十八条の六十一、第四十八条の六十二第一項から第三項ま	道路管理者	道路管理者等

	で、第四十八条の六十三から第四十八条の六十五まで、第五十六条、第五十七条、第五十八条第一項、第五十九条第三項、第六十条、第六十一条第一項、第六十二条、第六十六条第一項、第六十七条の二、第六十八条、第六十九条第一項、第七十条第一項、第三項及び第四項、第七十一条第一項から第五項まで、第七十二条第一項及び第三項、第七十二条の二第一項、第七十三条第二項及び第三項、第八十六条第二項、第八十七条第一項、第九十一条第一項から第三項まで、第九十二条第四項、第九十三条、第九十五条の二第一項及び第二項前段、第九十六条第五項		

五	第二十四条の二第一項	道路の	道路管理者にあつては道路の
		駐車料金	指定市以外の市町村にあつては道路の附属物である自転車駐車場に自転車を駐車させる者から、駐車料金
六	第三十三条第四項、第三十九条の二第七項、第三十九条の五第二項、第四十五条の二第二項、第四十七条の十八第二項、第四十八条の二十三第六項、第四十八条の二十六第二項、第四十八条の三十八第一項及び第三項	道路管理者は、	道路管理者は、道路管理者等が
七	第三十九条第二項、第三十九条の二第五項	道路管理者	当該占用料を徴収する道路管理者等
八	第四十七条の十五第一項	道路管理者は、第四十六条第一項	第四十六条第一項
		場合においては	道路管理者等は
		、道路管理者	、道路管理者等
九	第四十八条の十四第一項	道路管理者は、	道路管理者等は、道路管理者

			が
十	第四十八条の二十三第五項	道路管理者は	道路管理者等は
		市町村長を	市町村長又は当該歩行者利便増進道路の存する指定市以外の市町村の長を
十一	第四十八条の四十五	特定道路管理者	特定道路管理者又は指定市以外の市町村
十二	第四十九条	道路の管理に関する	第十七条第四項に規定する歩道の新設等に要する
		当該道路の道路管理者	指定市以外の市町村
十三	第五十条第一項	都道府県が当該	指定市以外の市町村が当該
		当該都道府県	当該指定市以外の市町村
十四	第五十条第六項及び第七項、第五十三条第二項	他の都道府県	都道府県
十五	第五十条第六項	当該国道の所在する都道府県	指定市以外の市町村で当該国道の所在するもの
十六	第五十条第七項	国道の所在する都道府県	指定市以外の市町村で国道の所在するもの
		関係都道府県	当該指定市以外の市町村及び関係都道府県
十七	第五十三条第二項	都道府県が	指定市以外の市町村が

		都道府県に	指定市以外の市町村に
十八	第六十一条第二項	道路管理者	当該負担金を徴収する道路管理者等
十九	第六十四条第一項	停留料金並びに	停留料金、
		は、道路管理者の収入とし、第三十九条の規定に基づく占用料は、政令で定める区分に従い、道路管理者又は第十三条第二項の規定により指定区間内の国道の維持、修繕及び災害復旧以外の管理を行う都道府県若しくは指定市	並びに第三十九条の規定に基づく占用料で、第十七条第五項の規定に基づき公示される国道又は都道府県道の新設、改築、維持又は修繕の開始の日から国道又は都道府県道の新設、改築、維持又は修繕の完了の日までに指定市以外の市町村が徴収すべきものは、当該指定市以外の市町村
二十	第七十三条第一項	道路管理者	負担金等を徴収すべき道路管理者等
二十一	第七十四条	道路管理者は、当該国道を新設し、又は改築しようとする場合において	新設又は改築をしようとする指定市以外の市町村
二十二	第七十五条第一項	当該指定区間外の国道の道路管理者	指定市以外の市町村
二十三	第七十五条第一項第二号、第二項第二号、第四項及び第五項、第七十六条第一項、第八十五条第三項	道路管理者	指定市以外の市町村
二十四	第七十五条第二項	都道府県道及び指定市の市道に関し、都道府県知事は指定市の市道以外の市町村道に関し、次の各号に掲げる場合においては、それぞれ当該道路の道路管理者	、都道府県道に関し、次の各号に掲げる場合においては、指定市以外の市町村
二十五	第七十五条第二項第二号	要求（都道府県知事がするときは、勧告）	要求
二十六	第七十五条第五項	国土交通大臣又は都道府県知事	国土交通大臣
		要求若しくは勧告	要求
二十七	第七十六条第一項	次に掲げる事項を都道府県である場合にあつては国土交通大臣に、市町村である場合にあつては都道府県知事	第一号、第二号及び第五号に掲げる事項（同号に掲げる事項にあつては、第三十九条第二項の規定により定めた条例に限る。）を国土交通大臣
二十八	第九十六条第二項	又は市町村である道路管理者	若しくは市町村である道路管理者又は指定市以外の市町村
		又は当該市町村の長	若しくは当該市町村の長又は当該指定市以外の市町村の長
		都道府県である道路管理者	都道府県である道路管理者又は指定市以外の市町村

4　法第十七条第六項の場合における同条第九項の規定による法の規定の適用についての技術的読替えは、次の表のとおりとする。

項	読み替える規定	読み替えられる字句	読み替える字句
一	第二条第二項第二号、第五号及び第七号から第九号まで	道路管理者	道路管理者又は国土交通大臣
二	第十八条第一項	第十六条又は	第十六条若しくは
		道路管理者」という	道路管理者」という。）又は国土交通大臣（以下「道路管理者等」と総称する
		決定して	決定し、道路管理者は
三	第二十一条第一項、第二十二条第二十	道路管理者	道路管理者等

	三条第一項、第二十四条、第三十二条、第三十三条第一項及び第二項第三号、第三十四条から第三十六条まで、第三十八条、第三十九条の三第一項、第三十九条の四第一項及び第三項から第五項まで、第三十九条の五第一項、第三十九条の六第一項及び第三項、第三十九条の七第二項及び第四項、第三十九条の九、第四十条第二項、第四十一条、第四十三条の二、第四十四条の三第一項から第五項まで及び第八項、第四十五条第一項、第四十六条第一項及び第二項、第四十七条第三項、第四十七条の二第一項及び第五項、第四十七条の十四、第四十七条の十五第二項、第四十七条の十七第一項、第四十七条の十八第一項、第四十八条の二十三第一項、第四十八条の二十四第一項、第四十八条の二十五第一項、第二項及び第四項から第六項まで、第四十八条の二十六第一項、第四十八条の二十七第一項及び第二項、第四十八条の二十八第二項、第四十八条の二十九、第四十八条の二十九の三、第四十八条の二十九の四、第四十八条の二十九の五第一項、第四十八条の三十二、第四十八条の三十三、第四十八条の三十七第一項、第四十八条の四十九第二号、第四十八条の六十四、第五十七条、第六十六条第一項、第六十七条の二、第六十八条、第六十九条第一項、第七十条第一項、第三項及び第四項、第七十一条第一項から第五項まで、第七十二条第一項及び第三項、第七十二条の二第一項及び第二項、第九十二条第四項、第九十三条、第九十五条の二、第九十六条第五項前段		
四	第三十三条第三項及び第四項、第三十九条の二第七項、第三十九条の五第二項、第四十五条の二第二項、第四十七条の十八第二項、第四十八条の二十三第六項、第四十八条の二十六第二項、第四十八条の二十九の六第一項及び第三項、第四十八条の三十八第一項及び第三項	道路管理者は、	道路管理者は、 道路管理者等が
五	第三十九条の二第一項、第四十八条の二十三第五項	道路管理者は	道路管理者等は

六	第三十九条の二第六項	道路管理者（	道路管理者等（
七	第四十七条の二第二項	道路管理者を異にする二以上の道路に係るものであるとき（国土交通省令で定める場合を除く。）は、同項	第十七条第六項の規定により国土交通大臣が改築又は修繕に関する工事を行う道路及び当該道路以外の道路に係るものであるときは、前項
八	第四十七条の二第二項及び第三項	の道路管理者	の道路管理者又は国土交通大臣
九	第四十七条の十五第一項	道路管理者は、第四十六条第一項	第四十六条第一項
		場合においては	場合において道路管理者等は
		、道路管理者	、道路管理者等
十	第四十八条の十四第一項	道路管理者は、	道路管理者等は、道路管理者が
十一	第四十八条の四十五	特定道路管理者	特定道路管理者又は国土交通大臣
十二	第五十四条の二第一項	共用管理施設関係道路管理者	共用管理施設関係道路管理者又は国土交通大臣及び他の道路の道路管理者

5　法第十七条第七項の場合における同条第九項の規定による法の規定の適用についての技術的読替えについては、前項（同項の表三の項（第七十条第一項、第三項及び第四項に係る部分に限る。）及び七の項に係る部分を除く。）の規定を準用するほか、次の表のとおりとする。

項	読み替える規定	読み替えられる字句	読み替える字句
一	第十九条の二第一項	共用管理施設関係道路管理者」という。）	共用管理施設関係道路管理者」という。）又は国土交通大臣及び当該他の道路の道路管理者
二	第二十条第一項及び第二項	道路管理者	道路管理者又は国土交通大臣
三	第二十条第五項	道路管理者	道路管理者等
四	第二十条第六項	道路管理者と	道路管理者等と
五	第四十七条の二第二項	道路管理者を異にする二以上の道路に係るものであるとき（国土交通省令で定める場合を除く。）は、同項	第十七条第七項の規定により国土交通大臣が維持又は災害復旧に関する工事を行う道路及び当該道路以外の道路に係るものであるときは、前項

6　法第十七条第八項の場合における同条第九項の規定による法の規定の適用についての技術的読替えは、次の表のとおりとする。

項	読み替える規定	読み替えられる字句	読み替える字句
一	第二条第二項第二号、第五号及び第七号から第九号まで、第二十条第一項、第四十七条の十二第三項	道路管理者	道路管理者又は都道府県
二	第十八条第一項	第十六条又は	第十六条若しくは
		道路管理者」という	道路管理者」という。）又は都道府県（以下「道路管理者等」と総称する
		決定して	決定し、道路管理者は
三	第十九条の二第一項	道路管理者及び	道路管理者又は都道府県及び
四	第十九条の二第一項、第二項及び第四項、第五十四条の二第一項及び第四項	共用管理施設関係道路管理者	共用管理施設関係道路管理者等
五	第十九条の二第三項、第五十四条の二第三項	」とあるのは「共用管理施設関係道路管理者	の」とあるのは「共用管理施設関係道路管理者等の」と、「関係都道府県知事は」とあるのは「共用管理施設関係道路管理者等である道路管理者は
六	第十九条の二第五項	共用管理施設関係道路管理者の	共用管理施設関係道路管理者等の
		共用管理施設	共用管理施設関

		関係道路管理者は	係道路管理者等である道路管理者は
七	第二十条第三項	道路管理者と	道路管理者又は都道府県と
八	第二十条第三項及び第四項、第五十五条第三項	道路管理者又は	道路管理者若しくは都道府県又は
九	第二十条第五項、第二十一条、第二十二条第一項、第二十三条第一項、第二十四条、第三十二条、第三十三条第一項及び第二項第三号、第三十四条から第三十六条まで、第三十八条、第三十九条の三第一項、第三十九条の四第一項及び第三項から第五項まで、第三十九条の五第一項、第三十九条の六第一項及び第三項、第三十九条の七第二項及び第四項、第三十九条の九、第四十条第二項、第四十一条、第四十三条の二、第四十四条の三第一項から第五項まで及び第八項、第四十五条第一項、第四十六条第一項及び第二項、第四十七条第三項、第四十七条の二第一項及び第五項、第四十七条の十四、第四十七条の十五第二項、第四十七条の十七第一項、第四十七条の十八第一項、第四十八条の二十三第一項、第四十八条の二十四第一項、第四十八条の二十五第一項、第二項及び第四項から第六項まで、第四十八条の二十六第一項、第四十八条の二十七第一項及び第二項、第四十八条の二十八第二項、第四十八条の二十九、第四十八条の二十九の三、第四十八条の二十九の四、第四十八条の二十九の五第一項、第四十八条の三十二、第四十八条の三十三、第四十八条の三十七第一項、第四十八条の四十九第二号、第四十八条の六十四、第五十七条、第六十六条第一項、第六十七条の二、第六十八条、第六十九条第一項、第七十一条第一項から第五項まで、第七十二条第一項及び第三項、第七十二条の二第一項及び第二項、第八十七条第一項、第九十二条第四項、第九十三条、第九十五条の二、第九十六条第五項前段	道路管理者	道路管理者等
十	第二十条第六項	道路管理者と	道路管理者等と
十一	第三十三条第三項及び第四項、第三十九条の二第七項、第三十九条の五第二項、第四十五条の二第二項、第四十七	道路管理者は、	道路管理者は、道路管理者等が

	条の十八第二項、第四十八条の二十三第六項、第四十八条の二十六第二項、第四十八条の二十九の六第一項及び第三項、第四十八条の三十八第一項及び第三項		
十二	第三十九条の二第一項、第四十八条の二十三第五項	道路管理者は	道路管理者等は
十三	第三十九条の二第六項	道路管理者（	道路管理者等（
十四	第四十七条の二第二項	道路管理者を異にする二以上の道路に係るものであるとき（国土交通省令で定める場合を除く。）は、同項	第十七条第八項の規定により都道府県が維持又は災害復旧に関する工事を行う道路及び当該道路以外の道路に係るものであるときは、前項
十五	第四十七条の二第二項及び第三項	の道路管理者	の道路管理者又は都道府県
十六	第四十七条の二第三項	国）	国）又は都道府県
十七	第四十七条の十五第一項	道路管理者は、第四十六条第一項	第四十六条第一項
		場合においては	道路管理者等は
十八	第四十八条の十四第一項	、道路管理者	、道路管理者等
		道路管理者は、	道路管理者は、道路管理者等が
十九	第四十八条の四十五	特定道路管理者	特定道路管理者又は都道府県
二十	第五十五条第一項及び第四項	道路管理者	道路管理者若しくは都道府県
二十一	第七十五条第一項	当該指定区間外の国道の道路管理者	都道府県
二十二	第七十五条第一項第二号、第二項第一号、第四号及び第五項、第七十六条第一項	道路管理者	都道府県
二十三	第七十五条第二項	都道府県道及び指定市の市道に関し、都道府県知事は指定市以外の市町村道に関し、次の各号に掲げる場合においては、それぞれ当該道路の道路管理者	、都道府県道に関し、次の各号に掲げる場合においては、都道府県
二十四	第七十五条第二項第二号	国土交通大臣若しくは都道府県知事	国土交通大臣
		要求（都道府県知事がするときは、勧告）	要求
二十五	第七十五条第三項	当該道路の道路管理者	都道府県
二十六	第七十五条第五項	国土交通大臣又は都道府県知事	国土交通大臣
		要求若しくは勧告	要求
二十七	第七十六条第一項	次に掲げる事項を都道府県である場合にあつては国土交通大臣に、市町村である場合にあつては都道府県知事	第一号から第三号までに掲げる事項を国土交通大臣
二十八	第九十六条第二項	都道府県又は	都道府県である道路管理者若しくは都道府県又は
		都道府県である道路管理者	都道府県である道路管理者又は都道府県

7　法第四十八条の十九第一項の場合における同条第三項の規定による法の規定の適用についての技術的読替えについては、第四項（同項の表三の項（第二十一条、第二十三条第一項、第三十三条第二項第三号、第三十九条の三第一項、第三十九条の四第一項及び第三項から第五項まで、第三十九条の五第一項、第三十九条の六第一項及び第三項、第三十九条の七第二項及び第四項、第四十七条の七第一項、第四十七条の十八第一項、第四十八条の二十三第一項、第四十八条の二十四第一項、第四十八条の二十五第一項、第二項及び第四項から第六項まで、第四十八条の二十六第一項、第四十八条の

二十七第一項及び第二項、第四十八条の二十八第二項、第四十八条の二十九、第七十条第一項、第三項及び第四項、第九十二条第四項並びに第九十三条に係る部分を除く。）、四の項（第四十八条の二十九の六第一項及び第三項並びに第四十八条の三十八第一項及び第三項に係る部分に限る。）、八の項、九の項及び十一の項に係る部分に限る。）の規定を準用するほか、次の表のとおりとする。

項	読み替える規定	読み替えられる字句	読み替える字句
一	第二十一条	道路管理者	道路管理者又は国土交通大臣（以下「道路管理者等」と総称する。）
二	第四十七条の二第二項	道路管理者を異にする二以上の道路に係るものであるとき（国土交通省令で定める場合を除く。）は、同項	第四十八条の十九第二項の規定により国土交通大臣が維持を行う道路及び当該道路以外の道路に係るものであるときは、前項

8　法第四十八条の二十二第一項の場合における同条第四項の規定による法の規定の適用についての技術的読替えについては、第三項（同項の表二の項、五の項、十二の項、十九の項及び二十一の項に係る部分を除く。）の規定を準用するほか、次の表のとおりとする。

項	読み替える規定	読み替えられる字句	読み替える字句
一	第十三条第四項	第一項の規定により都道府県が維持、修繕、災害復旧その他の管理	第四十八条の二十二第一項の規定により指定市以外の市町村が国道の修繕
		修繕又は災害復旧	修繕
		都道府県の	指定市以外の市町村の
		関係都道府県	当該指定市以外の市町村及び関係する都道府県、指定市又は指定市以外の市（第十七条第二項の規定により管理を行う市をいう。）
二	第四十三条の二、第四十七条第三項、第四十七条の二第一項及び第五項、第四十七条の十四、第四十七条の十五第二項、第四十八条の二十九の三、第四十八条の二十九の四、第四十八条の二十九の五第一項、第四十八条の四十九第二号、第七十二条の二第二項	道路管理者	道路管理者等
三	第四十七条の二第二項	道路管理者を異にする二以上の道路に係るものであるとき（国土交通省令で定める場合を除く。）は、同項	第四十八条の二十二第一項の規定により指定市以外の市町村が歩行者利便増進改築等を行う道路及び当該道路以外の道路に係るものであるときは、前項
四	第四十七条の二第二項及び第三項、第四十七条の十二第三項	の道路管理者	の道路管理者又は指定市以外の市町村
五	第四十八条の二十九の六第一項及び第三項	道路管理者は、	道路管理者は、道路管理者等が
六	第四十九条	道路の管理に関する	第四十八条の二十二第一項に規定する歩行者利便増進改築等に要する
		当該道路の道路管理者	指定市以外の市町村
七	第五十条第一項及び第六項、第五十三条第二項	国道の新設又は改築	歩行者利便増進道路である国道の改築
八	第五十条第一項	新設又は改築を	改築を
九	第六十四条第一項	停留料金並びに	停留料金、
		は、道路管理者の収入とし、第三十九条の規定に基づく占用料は、政令で定める区分に従い、道路管理者又は第十三条第二項の規	並びに第三十九条の規定に基づく占用料で、第四十八条の二十二第二項の規定に基づき公示される同条第一項に規定する歩行者利便増進改築等の開始の日か

		定により指定区間内の国道の維持、修繕及び災害復旧以外の管理を行う都道府県若しくは指定市	ら当該歩行者利便増進改築等の完了の日までに指定市以外の市町村が徴収すべきものは、当該指定市以外の市町村
十	第七十四条	道路管理者は、当該国道を新設し、又は改築しようとする場合において	改築をしようとする指定市以外の市町村

（国土交通大臣の行う工事等の告示）

第二条　国土交通大臣は、次に掲げる工事等（工事又は維持をいう。以下この条において同じ。）を行おうとする場合においては、あらかじめ、当該道路の路線名、工事等の区間、工事の種類及び工事等の開始の日を告示しなければならない。

一　法第十二条本文の規定による国道（指定区間外の国道に限る。）の新設又は改築に関する工事

二　法第十三条第二項の規定により指定区間内の国道の管理を都道府県又は指定市が行っている区間に係る法第十二条本文の規定による新設若しくは改築又は法第十三条第一項の規定による修繕若しくは災害復旧に関する工事

三　法第十三条第三項の規定による指定区間外の国道の災害復旧に関する工事

四　法第十七条第六項の規定による都道府県道又は市町村道を構成する施設又は工作物の改築又は修繕に関する工事

五　法第十七条第七項の規定による指定区間外の国道、都道府県道又は市町村道の維持又は災害復旧に関する工事

六　法第四十八条の十九第一項の規定による指定区間外の国道、都道府県道又は市町村道の維持

2　国土交通大臣は、前項各号に掲げる工事等の全部又は一部を完了し、又は廃止しようとする場合においては、あらかじめ、同項の規定に準じてその旨を告示しなければならない。

（都道府県の行う維持等の公示）

第二条の二　都道府県は、法第十七条第八項の規定による指定区間外の国道、都道府県道又は市町村道の維持等（維持又は災害復旧に関する工事をいう。以下この条並びに第四条の五第一項及び第三項において同じ。）を行おうとする場合においては、あらかじめ、当該道路の路線名、維持等の区間及び維持等の開始の日を公示しなければならない。

2　都道府県は、前項に規定する維持等の全部又は一部を完了し、又は廃止しようとする場合においては、あらかじめ、同項の規定に準じてその旨を公示しなければならない。

（道路管理者以外の者の行う軽易な道路の維持）

第三条　法第二十四条但書に規定する道路の維持で政令で定める軽易なものは、道路の損傷を防止するために必要な砂利又は土砂の局部的補充その他道路の構造に影響を与えない道路の維持とする。

（指定区間内の国道に附属する有料の自動車駐車場又は自転車駐車場の名称等の告示）

第三条の二　国土交通大臣は、法第二十四条の二第一項の規定により指定区間内の国道に附属する自動車駐車場又は自転車駐車場に自動車（道路運送車両法（昭和二十六年法律第百八十五号）第二条第三項に規定する原動機付自転車（以下単に「原動機付自転車」という。）を含む。次条及び第四十一条第二項第十七号において同じ。）又は自転車を駐車させる者から駐車料金を徴収しようとする場合においては、あらかじめ、当該自動車駐車場又は自転車駐車場の名称及び位置、駐車料金の額、駐車することができる時間並びに駐車料金の徴収開始の日を告示しなければならない。

2　国土交通大臣は、前項の規定により告示した事項を変更する場合においては、あらかじめ、その旨を告示しなければならない。

（駐車料金を徴収することができない自動車又は自転車）

第三条の三　法第二十四条の二第一項ただし書の政令で定める自動車又は自転車は、道路の改築、修繕又は災害復旧に関する工事、道路の維持その他特別の理由に基づき当該自動車駐車場又は自転車駐車場に駐車することがやむを得ないと認められる自動車又は自転車で、国土交通大臣が定めるものとする。

（道路管理者の権限の代行）

第四条　法第二十七条第一項の規定により国土交通大臣が道路管理者に代わつて行う権限は、次に掲げるものとする。

一　法第十八条第一項の規定により道路の区域を決定し、又は変更すること。

二　法第十九条の二第一項又は第二十条第一項の規定により災害復旧に関する工事の施行について協議すること。

三　法第二十一条又は第二十二条第一項の規定により道路に関する工事を施行させること。

四　法第二十三条第一項の規定により他の工事を施行すること。

五　法第二十四条本文の規定により道路に関する工事を行うことを承認し、及び法第八十七条第一項の規定により当該承認に必要な条件を付すること。

六　法第三十二条第一項又は第三項（これらの規定を法第九十一条第二項において準用する場合を含む。）の規定による許可を与え、及び法第八十七条第一項（法第九十一条第二項において準用する場合を含む。）の規定により当該許可に必要な条件を付すること。

七　法第三十三条第二項第三号（法第九十一条第二項において準用する場合を含む。）の規定により利便増進誘導区域を指定すること。

八　法第三十四条（法第九十一条第二項において準用する場合を含む。）の規定により工事の調整のための条件を付すること。

九　法第三十五条（法第九十一条第二項において準用する場合を含む。）の規定により国と協議し、同意すること。

十　法第三十六条第一項（法第九十一条第二項において準用する場合を含む。）の規定により提出する工事の計画書を受理すること。

十一　法第三十八条第一項（法第九十一条第二項において準用する場合を含む。）の規定により道路の占用に関する工事を施行すること。

十二　法第三十九条の二第一項（法第九十一条第二項において準用する場合を含む。）の規定により入札占用指針を定

め、及び法第三十九条の二第六項（法第九十一条第二項において準用する場合を含む。）の規定により意見を聴くこと。

十三　法第三十九条の四第一項又は第五項（これらの規定を法第九十一条第二項において準用する場合を含む。）の規定により通知し、法第三十九条の四第三項（法第九十一条第二項において準用する場合を含む。）の規定により占用入札を実施し、及び法第三十九条の四第四項（法第九十一条第二項において準用する場合を含む。）の規定により落札者を決定すること。

十四　法第三十九条の五第一項（法第九十一条第二項において準用する場合を含む。）の規定により道路の場所を指定し、及び入札占用計画が適当である旨の認定をすること。

十五　法第三十九条の六第一項（法第九十一条第二項において準用する場合を含む。）の規定により変更の認定をすること。

十六　法第三十九条の九（法第九十一条第二項において準用する場合を含む。）の規定により必要な措置を講ずべきことを命ずること。

十七　法第四十条第二項（法第九十一条第二項において準用する場合を含む。）の規定により必要な指示をすること。

十八　法第四十三条の二の規定により必要な措置をすることを命ずること。

十九　法第四十四条の三第一項（法第九十一条第二項において準用する場合を含む。）の規定により違法放置等物件を自ら除去し、又はその命じた者若しくは委任した者に除去させ、法第四十四条の三第二項（法第九十一条第二項において準用する場合を含む。）の規定により違法放置等物件を保管し、法第四十四条の三第三項（法第九十一条第二項において準用する場合を含む。）の規定により公示し、法第四十四条の三第四項（法第九十一条第二項において準用する場合を含む。）の規定により違法放置等物件を売却し、及び代金を保管し、並びに法第四十四条の三第五項（法第九十一条第二項において準用する場合を含む。）の規定により違法放置等物件を廃棄すること。

二十　法第四十五条第一項又は第四十七条の十五の規定により道路標識又は区画線を設けること。

二十一　法第四十六条第一項又は第四十七条第三項の規定により道路の通行を禁止し、又は制限すること。

二十二　法第四十七条の二第一項及び第二項前段の規定により許可をし、同項後段の規定により協議し、同意し、並びに同条第五項の規定により許可証を交付すること。

二十三　法第四十七条の十四第一項の規定により必要な措置をすることを命じ、及び同条第二項の規定により必要な措置を講ずべきことを命ずること。

二十四　法第四十七条の十八第一項の規定により協議し、協定を締結し、及び道路一体建物を管理すること。

二十五　法第四十八条の二十三第一項の規定により公募占用指針を定め、及び同条第五項の規定により意見を聴くこと。

二十六　法第四十八条の二十五第一項及び第二項の規定により歩行者利便増進計画について審査し、及び評価を行い、同条第四項の規定により占用予定者を選定し、同条第五項の規定により意見を聴き、並びに同条第六項の規定により通知すること。

二十七　法第四十八条の二十六第一項の規定により道路の場所を指定し、及び歩行者利便増進計画が適当である旨の認定をすること。

二十八　法第四十八条の二十七第一項の規定により変更の認定をすること。

二十九　法第四十八条の二十九の規定により地位の承継の承認をすること。

三十　法第四十八条の二十九の三の規定により防災拠点自動車駐車場の利用を禁止し、又は制限すること。

三十一　法第四十八条の二十九の四の規定により道路標識を設けること。

三十二　法第四十八条の二十九の五第一項の規定により協定を締結し、及び道路外災害応急対策施設を管理すること。

三十三　法第四十八条の三十二第一項又は第三項の規定による許可をし、及び法第八十七条第一項の規定により当該許可に必要な条件を付すること。

三十四　法第四十八条の三十七第一項の規定により協定を締結し、及び道路外利便施設を管理すること。

三十五　法第四十八条の四十五（法第九十一条第二項において準用する場合を含む。）の規定により自動車駐車場等運営権者と協議（当該協議が成立することをもって、法第二十四条本文の規定による承認（道路に関する工事の施行に係るものに限る。）又は法第三十二条第一項若しくは第三項の規定による許可があったものとみなされるものに限る。）をすること。

三十六　法第四十八条の六十四の規定により道路協力団体と協議（当該協議が成立することをもって、法第二十四条本文の規定による承認（道路に関する工事の施行に係るものに限る。）又は法第三十二条第一項若しくは第三項の規定による許可があったものとみなされるものに限る。）をすること。

三十七　法第五十四条の二第一項の規定により共用管理施設の費用の分担の方法等について協議すること。

三十八　法第六十六条第一項の規定により他人の土地に立ち入り、若しくは特別の用途のない他人の土地を材料置場若しくは作業場として一時使用し、又はその命じた者若しくはその委任を受けた者にこれらの行為をさせること。

三十九　法第六十七条の二第一項の規定により車両を移動し、又はその命じた者若しくはその委任を受けた者に車両を移動させ、同条第二項の規定により意見を聴き、同条第三項の規定により車両を保管し、及び必要な措置を講じ、同条第四項の規定により告知し、必要な措置を講じ、及び公示し、並びに同条第五項の規定により車両を移動すること。

四十　法第六十八条第一項の規定により災害の現場において、必要な土地を一時使用し、又は土石、竹木その他の物件を使用し、収用し、若しくは処分し、及び同条第二項の規定により災害の現場に在る者又はその付近に居住する者を防御に従事させること。

四十一　法第六十九条の規定により損失の補償について損失を受けた者と協議し、及び損失を補償すること。

四十二　法第七十条の規定により損失の補償について損失を受けた者と協議し、及び補償金を支払い、又は補償金に代えて工事を行うことを要求し、並びに協議が成立しない場合において収用委員会に裁決を申請すること。

四十三　法第七十一条第一項若しくは第二項（これらの規定を法第九十一条第二項において準用する場合を含む。）に規定する処分をし、若しくは措置を命じ、又は法第七十一条第三項前段（法第九十一条第二項において準用する場合を含む。以下この号において同じ。）の規定により必要な措置を自ら行い、若しくはその命じた者若しくは委任した者に行わせること。ただし、法第七十一条第二項第二号又は第三号（これらの規定を法第九十一条第二項において準用する場合を含む。）に該当する場合においては、法第七十一条第二項（法第九十一条第二項において準用する場合を含む。）に規定する処分をし、若しくは措置を命じ、又は法第七十一条第三項前段の規定により必要な措置を自ら行い、若しくはその命じた者若しくは委任した者に行わせることはできない。

四十四　法第七十二条の二第一項又は第二項の規定により必要な報告をさせ、又はその職員に立入検査をさせること。

四十五　法第九十二条第四項（法第九十一条第二項において準用する場合を含む。）の規定により不用物件と新たに道路を構成する物件とを交換すること。

四十六　法第九十三条（法第九十一条第二項において準用する場合を含む。）の規定により不用物件の使用の申出をし、及びその引渡しを受けること。

四十七　法第九十五条の二第一項の規定により意見を聴き、又は通知し、及び同条第二項の規定により協議し、又は通知すること。ただし、法第四十六条第三項、第四十八条の二第一項若しくは第二項又は第四十八条の二十第一項若しくは第三項の規定に係るものを除く。

四十八　車両制限令（昭和三十六年政令第二百六十五号）第七条第二項の規定により車両の総重量、軸重又は輪荷重の限度を定め、及び同令第十条第三項の規定により通行方法を定めること。

四十九　車両制限令第十一条第一項の規定により他の道路を指定すること。

五十　車両制限令第十二条の規定により認定すること。

2　前項に規定する国土交通大臣の権限は、第二条第一項（第一号又は第三号に係る部分に限る。）の規定により告示された工事の開始の日から同条第二項の規定により告示された当該工事の完了又は廃止の日までの間に限り行うことができるものとする。ただし、前項第四十一号及び第四十二号に掲げる権限については、当該完了又は廃止の日後においても行うことができる。

第四条の二　法第二十七条第二項の規定により指定市以外の市町村が道路管理者に代わって行う権限（第三項において「指定市以外の市町村が代行する権限」という。）は、次に掲げるもののうち、指定市以外の市町村が道路管理者と協議して定めるものとする。

一　前条第一項第一号、第三号から第十一号まで、第十二号（法第三十九条の二第一項（法第九十一条第二項において準用する場合を含む。）の規定による入札占用指針の策定に係る部分に限る。）、第十三号から第十七号まで、第十九号、第二十四号から第二十九号まで、第三十四号、第三十六号、第三十八号から第四十二号まで、第四十五号及び第四十六号に掲げる権限

二　法第二十一条又は第二十二条第一項の規定により道路の維持を行わせること。

三　法第二十二条の二の規定により協定を締結すること。

四　法第二十四条本文の規定により道路の維持を行うことを承認し、及び法第八十七条第一項の規定により当該承認に必要な条件を付すること。

五　法第二十四条の二第一項の規定に基づく自転車駐車場の駐車料金、同条第三項の規定に基づく割増金（自転車駐車場の駐車料金に係るものに限る。）、法第三十九条（法第九十一条第二項において準用する場合を含む。）の規定に基づく占用料並びに法第四十四条の三第七項（法第九十一条第二項において準用する場合を含む。）及び第五十八条から第六十二条までの規定に基づく負担金（第十七号において「駐車料金等」という。）を徴収すること。

六　法第二十八条の二第一項の規定により協議会を組織すること。

七　法第三十二条第五項、第三十三条第三項（同条第五項において準用する場合を含む。）、第三十九条の四第二項及び第三十九条の六第二項（これらの規定を法第九十一条第二項において準用する場合を含む。）並びに第四十八条の二十五第三項の規定により協議すること。

八　法第四十五条第一項又は第四十七条の十五第一項（法第四十六条第一項の規定により道路の通行を禁止し、又は制限しようとする場合に係る部分に限る。）の規定により道路標識又は区画線を設けること。

九　法第四十六条第一項の規定により道路の通行を禁止し、又は制限すること。

十　法第四十八条の四十五（法第九十一条第二項において準用する場合を含む。）の規定により自転車駐車場に係る自動車駐車場等運営権者と協議をすること。

十一　法第四十八条の六十第一項の規定により道路協力団体を指定し、及び同条第三項の規定による届出を受理すること。

十二　法第四十八条の六十二第一項の規定により報告をさせ、同条第二項の規定により必要な措置を講ずべきことを命じ、及び同条第三項の規定により指定を取り消すこと。

十三　法第四十八条の六十三の規定により情報の提供又は指導若しくは助言をすること。

十四　法第四十八条の六十四の規定により道路協力団体と協議（当該協議が成立することをもって、法第二十四条本文の規定による承認（道路の維持の実施に係るものに限る。）があったものとみなされるものに限る。）をすること。

十五　法第七十一条第一項若しくは第二項（これらの規定を法第九十一条第二項において準用する場合を含む。）に規定する処分をし、若しくは措置を命じ、又は法第七十一条第三項前段（法第九十一条第二項において準用する場合を含む。）の規定により必要な措置を自ら行い、若しくはその命じた者若しくは委任した者に行わせること。ただし、法第二十四条の規定、法第三十二条第一項及び第三項、第三十四条、第三十五条、第三十六条第一項、第三十九条の五第一項、第三十九条の六第一項、第三十九条の九並びに第四十条第二項（これらの規定を法第九十一条第二項にお

いて準用する場合を含む。）の規定並びに法第四十八条の二十六第一項、第四十八条の二十七第一項及び第四十八条の二十九の規定に係るものに限る。

十六　法第七十二条の二第一項の規定により必要な報告をさせ、又はその職員に立入検査をさせること。

十七　法第七十三条（法第九十一条第二項において準用する場合を含む。）の規定により駐車料金等の納付を督促し、並びに駐車料金等並びに駐車料金等に係る手数料及び延滞金を徴収すること。

十八　法第九十一条第一項の規定により許可をすること。

十九　法第九十五条の二第一項（法第四十六条第三項又は第四十七条第三項の規定により道路の通行を禁止し、又は制限しようとするとき、法第四十八条の二十第一項又は第三項の規定による歩行者利便増進道路の指定をしようとするとき、法第四十八条の二十九の三の規定により防災拠点自動車駐車場の利用を禁止し、又は制限しようとするとき及び自動車駐車場又は特定車両停留施設を設けようとするときに係る部分を除く。）の規定により意見を聴き、又は通知し、及び法第九十五条の二第二項本文（道路の区域を立体的区域として決定し、又は変更しようとするときに係る部分に限る。）の規定により協議すること。

二十　電線共同溝の整備等に関する特別措置法（平成七年法律第三十九号。以下「電線共同溝整備法」という。）第四条第四項（電線共同溝整備法第八条第三項において読み替えて準用する場合を含む。）の規定により申請を却下すること。

二十一　電線共同溝整備法第五条第二項（電線共同溝整備法第八条第三項において読み替えて準用する場合を含む。）の規定により意見を聴き、及び電線共同溝整備計画又は電線共同溝増設計画を定めること。

二十二　電線共同溝整備法第六条第二項（電線共同溝整備法第八条第三項において読み替えて準用する場合を含む。）若しくは第十四条第二項又は電線共同溝の整備等に関する特別措置法施行令（平成七年政令第二百五十六号）第七条第二項第一号の規定による届出を受理すること。

二十三　電線共同溝整備法第十条、第十一条第一項又は第十二条第一項の規定による許可をすること。

二十四　電線共同溝整備法第十五条第一項の規定による承認をすること。

二十五　電線共同溝整備法第十六条第二項の規定により必要な措置を講ずべきことを命ずること。

二十六　電線共同溝整備法第十八条の規定により意見を聴き、及び電線共同溝管理規程を定めること。

二十七　電線共同溝整備法第二十条第二項の規定により必要な指示をすること。

二十八　電線共同溝整備法第二十一条の規定による協議をすること。

二十九　電線共同溝整備法第二十六条の規定による処分をすること。

2　指定市以外の市町村は、前項の規定による協議が成立したときは、遅滞なく、その内容を公示しなければならない。

3　指定市以外の市町村が代行する権限は、法第十七条第五項の規定に基づき公示された国道又は都道府県道の新設、改築、維持又は修繕の開始の日から同項の規定に基づき公示された当該国道又は都道府県道の新設、改築、維持又は修繕の完了の日までの間に限り行うことができるものとする。ただし、前条第一項第四十一号及び第四十二号に掲げる権限については、当該完了の日後においても行うことができる。

第四条の三　法第十七条第六項の規定により国土交通大臣が改築又は修繕に関する工事を行う場合において、法第二十七条第三項の規定により国土交通大臣が道路管理者に代わって行う権限（第三項において「国土交通大臣が代行する権限」という。）は、第四条第一項第一号及び第三号から第五十号までに掲げるもののうち、国土交通大臣が道路管理者と協議して定めるものとする。

2　国土交通大臣は、前項の規定による協議が成立したときは、遅滞なく、その内容を告示しなければならない。

3　国土交通大臣が代行する権限は、第二条第一項（第四号に係る部分に限る。）の規定により告示された工事の開始の日から同条第二項の規定により告示された当該工事の完了又は廃止の日までの間に限り行うことができるものとする。ただし、第四条第一項第四十一号及び第四十二号に掲げる権限については、当該完了又は廃止の日後においても行うことができる。

第四条の四　法第十七条第七項の規定により国土交通大臣が維持又は災害復旧に関する工事を行う場合において、法第二十七条第三項の規定により国土交通大臣が道路管理者に代わって行う権限（第三項において「国土交通大臣が代行する権限」という。）は、次に掲げるもののうち、国土交通大臣が道路管理者と協議して定めるものとする。

一　第四条第一項第一号から第四十一号まで、第四十三号から第四十六号まで及び第四十八号から第五十号までに掲げる権限

二　第四条の二第一項第二号、第四号及び第十四号に掲げる権限

三　法第四十八条の四十五の規定により自動車駐車場等運営権者と協議（当該協議が成立することをもって、法第二十四条本文の規定による承認（道路の維持の実施に係るものに限る。）があったものとみなされるものに限る。）をすること。

四　法第九十五条の二第一項（法第四十六条第三項の規定により道路の通行を禁止し、又は制限しようとするとき、法第四十八条の二十第一項又は第三項の規定による歩行者利便増進道路の指定をしようとするとき並びに法第九十五条の二第一項の政令で定める道路の交差部分及びその付近の道路の部分の改築又は歩行安全改築を行おうとするときに係る部分を除く。）の規定により意見を聴き、又は通知し、及び同条第二項（法第四十八条の二第一項又は第二項の規定による自動車専用道路の指定をしようとするとき及び法第四十六条第三項の規定により自動車専用道路の通行を禁止し、又は制限しようとするときに係る部分を除く。）の規定により協議し、又は通知すること。

2　国土交通大臣は、前項の規定による協議が成立したときは、遅滞なく、その内容を告示しなければならない。

3　国土交通大臣が代行する権限は、第二条第一項（第五号に係る部分に限る。）の規定により告示された維持又は工事の開始の日から同条第二項の規定により告示された当該維持又は工事の完了又は廃止の日までの間に限り行うことができる

ものとする。ただし、第四条第一項第四十一号に掲げる権限については、当該完了又は廃止の日後においても行うことができる。

第四条の五　法第十七条第八項の規定により都道府県が維持等を行う場合において、法第二十七条第四項の規定により都道府県が道路管理者に代わつて行う権限（第三項において「都道府県が代行する権限」という。）は、前条第一項各号に掲げるもののうち、都道府県が道路管理者と協議して定めるものとする。

2　都道府県は、前項の規定による協議が成立したときは、遅滞なく、その内容を公示しなければならない。

3　都道府県が代行する権限は、第二条の二第一項の規定により公示された維持等の開始の日から同条第二項の規定により公示された当該維持等の完了又は廃止の日までの間に限り行うことができるものとする。ただし、第四条第一項第四十一号に掲げる権限については、当該完了又は廃止の日後においても行うことができる。

第五条　一の道路管理者がその地方公共団体の区域外にわたつて道路を管理する場合又は他の工作物の管理者が道路を管理する場合において、これらの者が法第二十七条第五項の規定により当該道路の道路管理者に代わつて行う権限は、道路管理者の権限のうち、次に掲げるもの以外のものでこれらの者が道路管理者と協議して定めるものとする。

一　法第十八条第一項の規定により道路の区域を公示すること。

二　法第二十八条第一項の規定により道路台帳を調製し、及びこれを保管すること。

三　法第四十四条第一項及び第二項（これらの規定を法第九十一条第二項において準用する場合を含む。）の規定により沿道区域を指定し、及びこれを公示すること。

四　法第四十四条の二第一項及び第二項（これらの規定を法第九十一条第二項において準用する場合を含む。）の規定により届出対象区域を指定し、及びこれを公示すること。

五　法第四十七条の十八第二項、第四十八条の二十九の六第三項又は第四十八条の三十八第三項の規定により協定を締結した旨を公示し、当該協定の写しを一般の閲覧に供し、及びこれを閲覧に供している旨を掲示すること。

六　法第四十七条の二十一（法第九十一条第二項において準用する場合を含む。）の規定により道路保全立体区域を指定し、及びこれを公示すること。

七　法第五十二条第一項の規定により市町村に対し、工事又は維持に要する費用の一部を負担させること。

第五条の二　法第四十八条の十九第二項の規定により国土交通大臣が道路管理者に代わつて行う権限（第三項において「国土交通大臣が代行する権限」という。）は、次に掲げるもののうち、国土交通大臣が道路管理者と協議して定めるものとする。

一　第四条第一項第六号、第八号から第十一号まで、第十六号から第二十三号まで、第三十号から第三十五号まで、第三十八号から第四十一号まで、第四十三号、第四十四号及び第四十八号から第五十号までに掲げる権限

二　第四条の二第一項第二号、第四号及び第十四号に掲げる権限

三　法第九十五条の二第一項（法第四十五条第一項の規定により道路に区画線を設けようとするとき、法第四十六条第一項又は第四十七条第三項の規定により道路の通行を禁止し、又は制限しようとするとき及び法第四十八条の二十九の三の規定により防災拠点自動車駐車場の利用を禁止し、又は制限しようとするときに係る部分に限る。）の規定により意見を聴き、又は通知し、及び法第九十五条の二第二項（法第四十五条第一項の規定により自動車専用道路に区画線を設けようとするとき及び法第四十六条第一項の規定により自動車専用道路の通行を禁止し、又は制限しようとするときに係る部分に限る。）の規定により協議し、又は通知すること。

2　国土交通大臣は、前項の規定による協議が成立したときは、遅滞なく、その内容を告示しなければならない。

3　国土交通大臣が代行する権限は、第二条第一項（第六号に係る部分に限る。）の規定により告示された維持の開始の日から同条第二項の規定により告示された当該維持の完了又は廃止の日までの間に限り行うことができるものとする。ただし、第四条第一項第四十一号に掲げる権限については、当該完了又は廃止の日後においても行うことができる。

第五条の三　法第四十八条の二十二第三項の規定により指定市以外の市町村が道路管理者に代わつて行う権限（第三項において「指定市以外の市町村が代行する権限」という。）は、次に掲げるもののうち、指定市以外の市町村が道路管理者と協議して定めるものとする。

一　第四条第一項第一号、第三号から第十一号まで、第十二号（法第三十九条の二第一項（法第九十一条第二項において準用する場合を含む。）の規定による入札占用指針の策定に係る部分に限る。）、第十三号から第三十二号まで、第三十四号、第三十六号、第三十八号から第四十二号まで、第四十四号から第四十六号まで及び第四十八号から第五十号までに掲げる権限

二　第四条の二第一項第二号から第四号まで、第六号、第七号、第十号から第十五号まで、第十八号及び第二十号から第二十九号までに掲げる権限

三　法第二十四条の二第一項の規定に基づく駐車料金、同条第三項の規定に基づく割増金、法第三十九条（法第九十一条第二項において準用する場合を含む。）の規定に基づく占用料並びに法第四十四条の三第七項（法第九十一条第二項において準用する場合を含む。）及び第五十八条から第六十二条までの規定に基づく負担金（第五号において「駐車料金等」という。）を徴収すること。

四　法第四十八条の四十五（法第九十一条第二項において準用する場合を含む。）の規定により自動車駐車場に係る自動車駐車場等運営権者と協議をすること。

五　法第七十三条（法第九十一条第二項において準用する場合を含む。）の規定により駐車料金等の納付を督促し、並びに駐車料金等並びに駐車料金等に係る手数料及び延滞金を徴収すること。

六　法第九十五条の二第一項（法第四十六条第三項の規定により道路の通行を禁止し、又は制限しようとするとき、法第四十八条の二十第一項又は第三項の規定による歩行者利便増進道路の指定をしようとするとき及び横断歩道橋又は特定車両停留施設を設けようとするときに係る部分を除く。）の規定により意見を聴き、又は通知し、及び法第九

十五条の二第二項本文（道路の区域を立体的区域として決定し、又は変更しようとするときに係る部分に限る。）の規定により協議すること。

2　指定市以外の市町村は、前項の規定による協議が成立したときは、遅滞なく、その内容を公示しなければならない。

3　指定市以外の市町村が代行する権限は、法第四十八条の二十二第二項の規定に基づき公示された歩行者利便増進改築等の開始の日から同項の規定に基づき公示された当該歩行者利便増進改築等の完了の日までの間に限り行うことができるものとする。ただし、第四条第一項第四十一号及び第四十二号に掲げる権限については、当該完了の日後においても行うことができる。

（国土交通大臣等が道路管理者の権限を代行する場合における意見の聴取等）

第六条　国土交通大臣は、次の各号に掲げる規定により道路管理者に代わつて当該各号に定める協定を締結しようとするときは、あらかじめ、道路管理者の意見を聴かなければならない。

一　法第二十七条第一項又は第三項　法第四十七条の十八第一項、第四十八条の二十九の五第一項又は第四十八条の三十七第一項の規定による協定

二　法第四十八条の十九第二項　法第四十八条の二十九の五第一項又は第四十八条の三十七第一項の規定による協定

2　指定市以外の市町村は、法第二十七条第二項の規定により道路管理者に代わつて次に掲げる権限を行おうとするときは、あらかじめ、道路管理者の意見を聴かなければならない。

一　法第二十二条の二、第四十七条の十八第一項又は第四十八条の三十七第一項の規定により協定を締結すること。

二　法第二十八条の二第一項の規定により協議会を組織すること。

三　法第四十八条の六十第一項の規定により指定し、又は法第四十八条の六十二第三項の規定により指定を取り消すこと。

3　都道府県は、法第二十七条第四項の規定により道路管理者に代わつて第一項第一号に定める協定を締結しようとするときは、あらかじめ、道路管理者の意見を聴かなければならない。

4　指定市以外の市町村は、法第四十八条の二十二第三項の規定により道路管理者に代わつて次に掲げる権限を行おうとするときは、あらかじめ、道路管理者の意見を聴かなければならない。

一　第二項各号に掲げる権限

二　法第四十八条の二十九の五第一項の規定により協定を締結すること。

5　国土交通大臣は、法第二十七条第一項又は第三項の規定により道路管理者に代わつて次に掲げる権限を行つた場合においては、遅滞なく、その旨を道路管理者に通知しなければならない。

一　第四条第一項第一号又は第七号に掲げる権限

二　法第三十二条第一項又は第三項（これらの規定を法第九十一条第二項において準用する場合を含む。）の規定による許可を与えること。

三　法第三十五条（法第九十一条第二項において準用する場合を含む。）の規定により同意すること。

四　法第三十九条の二第一項（法第九十一条第二項において準用する場合を含む。）の規定により入札占用指針を定めること。

五　法第四十七条の十八第一項、第四十八条の二十九の五第一項又は第四十八条の三十七第一項の規定により協定を締結すること。

六　法第四十八条の二十三第一項の規定により公募占用指針を定めること。

七　法第四十八条の四十五（法第九十一条第二項において準用する場合を含む。）の規定により自動車駐車場等運営権者と協議（当該協議が成立することをもつて、法第三十二条第一項又は第三項の規定による許可があつたものとみなされるものに限る。）をすること。

八　法第四十八条の六十四の規定により道路協力団体と協議（当該協議が成立することをもつて、法第三十二条第一項又は第三項の規定による許可があつたものとみなされるものに限る。）をすること。

九　法第七十一条第一項又は第二項（これらの規定を法第九十一条第二項において準用する場合を含む。）の規定により法第三十二条第一項若しくは第三項（これらの規定を法第九十一条第二項において準用する場合を含む。）の規定による許可、法第三十九条の五第一項若しくは第三十九条の六第一項（これらの規定を法第九十一条第二項において準用する場合を含む。）、第四十八条の二十六第一項若しくは第四十八条の二十九の規定による認定若しくは法第四十八条の二十七第一項の規定による承認を取り消し、その効力を停止し、若しくはその条件を変更し、又は当該許可に係る物件の改築、移転若しくは除却を命ずること。

6　指定市以外の市町村は、法第二十七条第二項の規定により道路管理者に代わつて次に掲げる権限を行つた場合においては、遅滞なく、その旨を道路管理者に通知しなければならない。

一　第四条第一項第一号、第七号、第八号及び第十七号、第四条の二第一項第三号、第六号、第八号、第九号、第十一号（法第四十八条の六十第一項の規定による指定に係る部分に限る。）、第十二号（法第四十八条の六十二第三項の規定による指定の取消しに係る部分に限る。）、第二十号、第二十二号から第二十五号まで及び第二十九号並びに前項第二号から第九号までに掲げる権限

二　電線共同溝整備法第五条第二項（電線共同溝整備法第八条第三項において読み替えて準用する場合を含む。）の規定により電線共同溝整備計画又は電線共同溝増設計画を定めること。

三　電線共同溝整備法第十八条の規定により電線共同溝管理規程を定めること。

四　電線共同溝整備法第二十一条の規定による協議を成立させること。

7　都道府県は、法第二十七条第四項の規定により道路管理者に代わつて第五項各号に掲げる権限を行つた場合においては、遅滞なく、その旨を道路管理者に通知しなければならない。

8　一の道路管理者がその地方公共団体の区域外にわたつて道路を管理する場合又は他の工作物の管理者が道路を管理する

場合において、これらの者は、法第二十七条第五項の規定により道路管理者に代わって第四条の二第一項第三号若しくは第六号に掲げる権限又は第五項各号に掲げる権限を行ったときは、遅滞なく、その旨を道路管理者に通知しなければならない。

9　国土交通大臣は、法第四十八条の十九第二項の規定により道路管理者に代わって次に掲げる権限を行った場合においては、遅滞なく、その旨を道路管理者に通知しなければならない。

一　第五項第二号、第三号及び第七号に掲げる権限

二　法第四十八条の二十九の五第一項又は第四十八条の三十七第一項の規定により協定を締結すること。

三　法第七十一条第一項又は第二項（これらの規定を法第九十一条第二項において準用する場合を含む。）の規定により法第三十二条第一項若しくは第三項（これらの規定を法第九十一条第二項において準用する場合を含む。）の規定による許可を取り消し、その効力を停止し、若しくはその条件を変更し、又は当該許可に係る物件の改築、移転若しくは除却を命ずること。

10　指定市以外の市町村は、法第四十八条の二十二第三項の規定により道路管理者に代わって第四条第一項第一号、第七号、第八号、第十七号、第二十号、第二十一号、第三十号及び第三十一号、第四条の二第一項第三号、第六号、第十一号（法第四十八条の六十第一項の規定による指定に係る部分に限る。）、第十二号（法第四十八条の六十二第三項の規定による指定の取消しに係る部分に限る。）、第二十号、第二十二号から第二十五号まで及び第二十九号並びにこの条第五項第二号から第九号まで及び第六項第二号から第四号までに掲げる権限を行った場合においては、遅滞なく、その旨を道路管理者に通知しなければならない。

11　指定市以外の市町村が法第十七条第四項の規定により道路の附属物である電線共同溝の新設又は改築を行う場合において、道路管理者が当該電線共同溝について電線共同溝整備法第七条第一項（電線共同溝整備法第八条第三項において読み替えて準用する場合を含む。）、第十三条第一項又は第十九条の規定による負担金を徴収したときは、当該道路管理者は、当該負担金に相当する額を当該負担金の徴収後直ちに当該市町村に支払わなければならない。

第二章　道路の占用

（道路の構造又は交通に支障を及ぼすおそれのある工作物等）

第七条　法第三十二条第一項第七号の政令で定める工作物、物件又は施設は、次に掲げるものとする。

一　看板、標識、旗ざお、パーキング・メーター、幕及びアーチ

二　太陽光発電設備及び風力発電設備

三　洪水、高潮又は津波からの一時的な避難場所としての機能を有する堅固な施設

四　工事用板囲、足場、詰所その他の工事用施設

五　土石、竹木、瓦その他の工事用材料

六　防火地域（都市計画法（昭和四十三年法律第百号）第八条第一項第五号の防火地域をいう。以下同じ。）内に存する建築物（以下「既存建築物」という。）を除去して、当該防火地域内にこれに代わる建築物として耐火建築物（建築基準法（昭和二十五年法律第二百一号）第二条第九号の二に規定する耐火建築物をいう。以下同じ。）を建築する場合（既存建築物が防火地域と防火地域でない地域にわたつて存する場合において、当該既存建築物を除去して、当該防火地域内に、これに代わる建築物として耐火建築物を建築するときを含む。）において、当該耐火建築物の工事期間中当該既存建築物に替えて必要となる仮設店舗その他の仮設建築物

七　都市再開発法（昭和四十四年法律第三十八号）による市街地再開発事業に関する都市計画において定められた施行区域内の建築物に居住する者で同法第二条第六号に規定する施設建築物に入居することとなるものを一時収容するため必要な施設又は密集市街地における防災街区の整備の促進に関する法律（平成九年法律第四十九号）による防災街区整備事業に関する都市計画において定められた施行区域内の建築物（当該防災街区整備事業の施行に伴い移転し、又は除却するものに限る。）に居住する者で当該防災街区整備事業の施行後に当該施行区域内に居住することとなるものを一時収容するため必要な施設

八　高速自動車国道及び自動車専用道路以外の道路又は法第三十三条第二項第二号に規定する高速自動車国道若しくは自動車専用道路の連結路附属地（以下「特定連結路附属地」という。）に設ける食事施設、購買施設その他これらに類する施設（第十三号に掲げる施設を除く。）でこれらの道路の通行者又は利用者の利便の増進に資するもの

九　トンネルの上又は高架の道路の路面下に設ける事務所、店舗、倉庫、住宅、自動車駐車場、自転車駐車場、広場、公園、運動場その他これらに類する施設

十　次に掲げる道路の上空に設ける事務所、店舗、倉庫、住宅その他これらに類する施設及び自動車駐車場

イ　都市計画法第八条第一項第三号の高度地区（建築物の高さの最低限度が定められているものに限る。）及び高度利用地区並びに同項第四号の二の都市再生特別地区内の高速自動車国道又は自動車専用道路

ロ　都市再生特別措置法（平成十四年法律第二十二号）第三十六条の三第一項に規定する特定都市道路（イに掲げる道路を除く。）

十一　建築基準法第八十五条第一項に規定する区域内に存する道路（車両又は歩行者の通行の用に供する部分及び路肩の部分を除く。）の区域内の土地に設ける同項第一号に該当する応急仮設建築物で、被災者の居住の用に供するため必要なもの

十二　道路の区域内の地面に設ける自転車（側車付きのものを除く。以下同じ。）、原動機付自転車（側車付きのものを除く。）又は道路運送車両法第三条に規定する小型自動車若しくは軽自動車で二輪のもの（いずれも側車付きのものを除く。以下「二輪自動車」という。）を駐車させるため必要な車輪止め装置その他の器具（第九号に掲げる施設に設けるものを除く。）

十三　高速自動車国道又は自動車専用道路に設ける休憩所、給油所その他の自動車に燃料又は動力源としての電気を供給するための施設及び自動車修理所

十四　防災拠点自動車駐車場に設ける備蓄倉庫、非常用電気等供給施設（都市再生特別措置法第十九条の十五第一項に規定する非常用電気等供給施設をいう。）その他これらに類する施設で、災害応急対策（災害対策基本法（昭和三十六年法律第二百二十三号）第五十条第一項に規定する災害応急対策をいう。第十六条の三第二号イ並びに第三十五条の七第二号及び第四号において同じ。）の的確かつ円滑な実施のため必要であると認められるもの

（道路の占用の軽易な変更）

第八条　法第三十二条第二項各号に掲げる事項の変更で道路の構造又は交通に支障を及ぼす虞のないと認められる軽易なもので政令で定めるものは、左の各号に掲げるものとする。

一　占用物件の構造の変更であつて重量の著しい増加を伴わないもの。

二　道路の構造又は交通に支障を及ぼす虞のない物件の占用物件に対する添加であつて、当該道路占用者が当該占用の目的に附随して行うもの。

（占用の期間に関する基準）

第九条　法第三十二条第二項第二号に掲げる事項についての法第三十三条第一項の政令で定める基準は、占用の期間又は占用の期間が終了した場合においてこれを更新しようとする場合の期間が、次の各号に掲げる工作物、物件又は施設の区分に応じ、当該各号に定める期間であることとする。

一　次に掲げる工作物、物件又は施設　十年以内

イ　水道法（昭和三十二年法律第百七十七号）による水管（同法第三条第二項に規定する水道事業又は同条第四項に規定する水道用水供給事業の用に供するものに限る。）

ロ　工業用水道事業法（昭和三十三年法律第八十四号）による水管（同法第二条第四項に規定する工業用水道事業の用に供するものに限る。）

ハ　下水道法（昭和三十三年法律第七十九号）による下水道管

ニ　鉄道事業法（昭和六十一年法律第九十二号）又は全国新幹線鉄道整備法（昭和四十五年法律第七十一号）による鉄道で公衆の用に供するもの

ホ　ガス事業法（昭和二十九年法律第五十一号）によるガス管（同法第二条第十一項に規定するガス事業（同条第二項に規定するガス小売事業を除く。）の用に供するものに限る。）

ヘ　電気事業法（昭和三十九年法律第百七十号）による電柱又は電線（同法第二条第一項第十七号に規定する電気事業者（同項第三号に規定する小売電気事業者及び同項第十五号の四に規定する特定卸供給事業者を除く。）がその事業の用に供するものに限る。）

ト　電気通信事業法（昭和五十九年法律第八十六号）による電柱、電線又は公衆電話所（同法第百二十条第一項に規定する認定電気通信事業者が同項に規定する認定電気通信事業の用に供するものに限る。）

チ　石油パイプライン事業法（昭和四十七年法律第百五号）による石油管（同法第二条第三項に規定する石油パイプライン事業の用に供するものに限る。）

二　その他の法第三十二条第一項各号に掲げる工作物、物件又は施設　五年以内

（一般工作物等の占用の場所に関する基準）

第十条　法第三十二条第二項第三号に掲げる事項についての同条第一項各号に掲げる工作物、物件又は施設（電柱、電線、公衆電話所、水管、下水道管、ガス管、石油管、自動運行補助施設、第七条第二号に掲げる工作物、同条第三号に掲げる施設、同条第六号に掲げる仮設建築物、同条第七号に掲げる施設、同条第八号に掲げる施設、同条第十一号に掲げる応急仮設建築物及び同条第十二号に掲げる器具を除く。以下この条において「一般工作物等」という。）に関する法第三十三条第一項の政令で定める基準は、次のとおりとする。

一　一般工作物等（鉄道の軌道敷を除く。以下この号において同じ。）を地上（トンネルの上又は高架の道路の路面下の道路がない区域の地上を除く。次条第一項第二号、第十一条の二第一項第一号、第十一条の三第一項第一号、第十一条の六第一項、第十一条の七第一項、第十一条の八第一項及び第十一条の九第一項において同じ。）に設ける場合においては、次のいずれにも適合する場所（特定連結路附属地の地上に設ける場合にあつては、ロ及びハのいずれにも適合する場所）であること。

イ　一般工作物等の道路の区域内の地面に接する部分は、次のいずれかに該当する位置にあること。

(1)　法面

(2)　側溝上の部分

(3)　路端に近接する部分

(4)　歩道（自転車歩行者道を含む。第十一条の七第一項第二号及び第十一条の十第一項第二号を除き、以下この章において同じ。）内の車道（自転車道を含む。第十一条の六第一項第三号及び第五号、第十一条の七第一項第一号、第十一条の十第一項第一号並びに第十一条の十一第一項第一号を除き、以下この章において同じ。）に近接する部分（第十六条の二第一号から第三号まで及び第六号に掲げる工作物、物件又は施設に該当する一般工作物等を利便増進誘導区域内に設ける場合にあつては、歩道上の部分）

(5)　一般工作物等の種類又は道路の構造からみて道路の構造又は交通に著しい支障を及ぼすおそれのない場合にあつては、分離帯、ロータリーその他これらに類する道路の部分

ロ　一般工作物等の道路の上空に設けられる部分（法敷、側溝、路端に近接する部分、歩道内の車道に近接する部分又は分離帯、ロータリーその他これらに類する道路の部分の上空にある部分を除く。）がある場合においては、その最下部と路面との距離が四・五メートル（歩道上にあつては、二・五メートル）以上であること。

ハ　一般工作物等の種類又は道路の構造からみて道路の構造又は交通に著しい支障を及ぼすおそれのない場合を除き、道路の交差し、接続し、又は屈曲する部分以外の道路の部分であること。

二　一般工作物等を地下に設ける場合においては、次のいずれにも適合する場所であること。

イ　一般工作物等の種類又は道路の構造からみて、路面をしばしば掘削し、又は他の占用物件と錯そうするおそれのない場所であること。

ロ　保安上又は工事実施上の支障のない限り、他の占用物

件に接近していること。

ハ　道路の構造又は地上にある占用物件に支障のない限り、当該一般工作物等の頂部が地面に接近していること。

三　一般工作物等をトンネルの上に設ける場合においては、トンネルの構造の保全又はトンネルの換気若しくは採光に支障のない場所であること。

四　一般工作物等を高架の道路の路面下に設ける場合においては、高架の道路の構造の保全に支障のない場所であること。

五　一般工作物等を特定連結路附属地に設ける場合においては、連結路及び連結路により連結される道路の見通しに支障を及ぼさない場所であること。

（電柱又は公衆電話所の占用の場所に関する基準）

第十一条　法第三十二条第二項第三号に掲げる事項についての電柱又は公衆電話所に関する法第三十三条第一項の政令で定める基準は、次のとおりとする。

一　道路の敷地外に当該場所に代わる適当な場所がなく、公益上やむを得ないと認められる場所であること。

二　電柱（鉄道の電柱を除く。）を地上に設ける場合においては次のいずれにも適合する場所であり、鉄道の電柱又は公衆電話所を地上に設ける場合においてはイに適合する場所であること。

イ　電柱又は公衆電話所の道路の区域内の地面に接する部分は、次のいずれかに該当する位置にあること。

(1)　法面（法面のない道路にあつては、路端に近接する部分）

(2)　歩道内の車道に近接する部分

ロ　同一の線路に係る電柱を道路（道路の交差し、接続し、又は屈曲する部分を除く。以下この号において同じ。）に設ける場合においては、道路の同じ側であること。

ハ　電柱を歩道を有しない道路に設ける場合において、その反対側に占用物件があるときは、当該占用物件との水平距離が八メートル以上であること。

2　前項に定めるもののほか、同項の基準については、電柱にあつては前条（第二号から第五号までに係る部分に限る。）の規定を、公衆電話所にあつては同条（第一号ハ及び第二号から第五号までに係る部分に限る。）の規定を、それぞれ準用する。

（電線の占用の場所に関する基準）

第十一条の二　法第三十二条第二項第三号に掲げる事項についての電線に関する法第三十三条第一項の政令で定める基準は、次のとおりとする。

一　電線を地上に設ける場合においては、次のいずれにも適合する場所であること。

イ　電線の最下部と路面との距離が五メートル（既設の電線に附属して設ける場合その他技術上やむを得ず、かつ、道路の構造又は交通に支障を及ぼすおそれの少ない場合にあつては四・五メートル、歩道上にあつては二・五メートル）以上であること。

ロ　電線を既設の電線に附属して設ける場合においては、保安上の支障がなく、かつ、技術上やむを得ないとき又は公益上やむを得ない事情があると認められるときを除き、当該既設の電線に、これと錯そうするおそれがなく、かつ、保安上の支障のない程度に接近していること。

二　電線を地下（トンネルの上又は高架の道路の路面下の道路がない区域の地下を除く。次条第一項第二号及び第十一条の四第一項において同じ。）に設ける場合においては、次のいずれにも適合する場所であること。

イ　道路を横断して設ける場合及び車道（歩道を有しない道路にあつては、路面の幅員の三分の二に相当する路面の中央部。以下この号及び第十一条の八第一項第二号において同じ。）以外の部分に当該場所に代わる適当な場所がなく、かつ、公益上やむを得ない事情があると認められるときに電線の本線を車道の部分に設ける場合を除き、車道以外の部分であること。

ロ　電線の頂部と路面との距離が、保安上又は道路に関する工事の実施上の支障のない場合を除き、車道にあつては〇・八メートル、歩道（歩道を有しない道路にあつては、路面の幅員の三分の二に相当する路面の中央部以外の部分。次条第一項第二号イ並びに第十一条の八第一項第二号及び第三号において同じ。）にあつては〇・六メートルを超えていること。

三　電線を橋又は高架の道路に取り付ける場合においては、桁の両側又は床版の下であること。

2　前項に定めるもののほか、同項の基準については、第十条（第二号から第五号までに係る部分に限る。）及び前条第一項（第一号に係る部分に限る。）の規定を準用する。

（水管又はガス管の占用の場所に関する基準）

第十一条の三　法第三十二条第二項第三号に掲げる事項についての水管又はガス管に関する法第三十三条第一項の政令で定める基準は、次のとおりとする。

一　水管又はガス管を地上に設ける場合においては、道路の交差し、接続し、又は屈曲する部分以外の道路の部分であること。

二　水管又はガス管を地下に設ける場合においては、次のいずれにも適合する場所であること。

イ　道路を横断して設ける場合及び歩道以外の部分に当該場所に代わる適当な場所がなく、かつ、公益上やむを得ない事情があると認められるときに水管又はガス管の本線を歩道以外の部分に設ける場合を除き、歩道の部分であること。

ロ　水管又はガス管の本線の頂部と路面との距離が一・二メートル（工事実施上やむを得ない場合にあつては、〇・六メートル）を超えていること。

2　前項に定めるもののほか、同項の基準については、第十条（第一号ロ及び第二号から第五号までに係る部分に限る。）及び前条第一項（第三号に係る部分に限る。）の規定を準用する。

（下水道管の占用の場所に関する基準）

第十一条の四　法第三十二条第二項第三号に掲げる事項についての下水道管に関する法第三十三条第一項の政令で定める基準は、下水道管の本線を地下に設ける場合において、その頂部と路面との距離が三メートル（工事実施上やむを得ない場合にあつては、一メートル）を超えていることとする。

2　前項に定めるもののほか、同項の基準については、第十条

（第一号ロ及び第二号から第五号までに係る部分に限る。）、第十一条第一項（第一号に係る部分に限る。）、第十一条の二第一項（第三号に係る部分に限る。）及び前条第一項（第一号及び第二号イに係る部分に限る。）の規定を準用する。

（石油管の占用の場所に関する基準）

第十一条の五　法第三十二条第二項第三号に掲げる事項についての石油管に関する法第三十三条第一項の政令で定める基準は、次のとおりとする。

一　トンネルの上の道路がない区域に設ける場合及び地形の状況その他特別の理由によりやむを得ないと認められる場合を除き、地下であること。

二　石油管を地下に設ける場合においては、次のいずれにも適合する場所であること。

イ　道路を横断して設ける場合及びトンネルの上又は高架の道路の路面下の道路がない区域に設ける場合を除き、原則として車両の荷重の影響の少ない場所であり、かつ、石油管の導管と道路の境界線との水平距離が保安上必要な距離以上であること。

ロ　道路の路面下に設ける場合においては、高架の道路の路面下の道路がない区域に設ける場合を除き、次に定めるところによる深さの場所であること。

(1)　市街地においては、防護構造物により石油管の導管を防護する場合にあつては当該防護構造物の頂部と路面との距離が一・五メートルを、その他の場合にあつては石油管の導管の頂部と路面との距離が一・八メートルを超えていること。

(2)　市街地以外の地域においては、石油管の導管の頂部（防護構造物によりその導管を防護する場合にあつては、当該防護構造物の頂部）と路面との距離が一・五メートルを超えていること。

ハ　道路の路面下以外の場所に設ける場合においては、トンネルの上の道路がない区域に設ける場合を除き、当該石油管の導管の頂部と地面との距離が一・二メートル（防護工又は防護構造物によりその導管を防護する場合においては、市街地にあつては〇・九メートル、市街地以外の地域にあつては〇・六メートル）を超えていること。

ニ　高架の道路の路面下に設ける場合においては、道路を横断して設ける場合を除き、当該石油管の導管と道路の境界線との水平距離が保安上必要な距離以上であること。

三　石油管を地上に設ける場合においては、次のいずれにも適合する場所であること。

イ　トンネルの中でないこと。

ロ　高架の道路の路面下の道路のない区域にあつては、当該高架の道路の桁の両側又は床版の下であり、かつ、当該石油管を取り付けることができる場所であること。

ハ　石油管の最下部と路面との距離が五メートル以上であること。

2　前項に定めるもののほか、同項の基準については、第十条（第二号から第五号までに係る部分に限る。）、第十一条の二第一項（第三号に係る部分に限る。）及び第十一条の三第一項（第一号に係る部分に限る。）の規定を準用する。この場合において、第十条第二号中「適合する場所」とあるのは、「適合する場所（高架の道路の路面下の地下に設ける場合にあつては、イ及びロに適合する場所）」と読み替えるものとする。

（自動運行補助施設の占用の場所に関する基準）

第十一条の六　法第三十二条第二項第三号に掲げる事項についての自動運行補助施設に関する法第三十三条第一項の政令で定める基準は、自動運行補助施設を地上に設ける場合においては、自動運行補助施設の道路の区域内の地面に接する部分が、次の各号のいずれかに該当する位置にあることとする。

一　法面

二　側溝上の部分

三　路端に近接する部分（路肩の部分及び車道上の部分を除く。）

四　歩道内の車道に近接する部分

五　道路の構造からみて道路の構造又は交通に著しい支障を及ぼすおそれのない場合にあつては、路肩の部分若しくは車道上の部分又は分離帯、ロータリーその他これらに類する道路の部分

2　前項に定めるもののほか、同項の基準については、第十条（第一号ロ及びハ、第二号イ及びハ並びに第三号から第五号までに係る部分に限る。）の規定を準用する。

（太陽光発電設備等の占用の場所に関する基準）

第十一条の七　法第三十二条第二項第三号に掲げる事項についての第七条第二号に掲げる工作物、同条第三号に掲げる施設又は同条第八号に掲げる施設（以下この条において「太陽光発電設備等」という。）に関する法第三十三条第一項の政令で定める基準は、太陽光発電設備等を地上に設ける場合においては、次のいずれにも適合する場所であることとする。

一　太陽光発電設備等の道路の区域内の地面に接する部分は、車道（第十六条の二第四号に掲げる施設に該当する施設を利便増進誘導区域内に設ける場合にあつては、車道及び自転車道）以外の道路の部分にあること。

二　自転車道、自転車歩行者道又は歩道上（第十六条の二第四号に掲げる施設に該当する施設を利便増進誘導区域内に設ける場合にあつては、自転車歩行者道又は歩道上）に設ける場合においては、道路の構造からみて道路の構造又は交通に著しい支障のない場合を除き、当該太陽光発電設備等を設けたときに自転車又は歩行者が通行することができる部分の一方の側の幅員が、国道にあつては道路構造令（昭和四十五年政令第三百二十号）第十条第三項本文、第十条の二第二項又は第十一条第三項に規定する幅員、都道府県道又は市町村道にあつてはこれらの規定に規定する幅員を参酌して法第三十条第三項の条例で定める幅員であること。

2　前項に定めるもののほか、同項の基準については、第十条（第一号ロ及びハ並びに第二号から第五号までに係る部分に限る。）の規定を準用する。

（特定仮設店舗等の占用の場所に関する基準）

第十一条の八　法第三十二条第二項第三号に掲げる事項についての第七条第六号に掲げる仮設建築物又は同条第七号に掲げる施設（以下「特定仮設店舗等」という。）に関する法第三十三条第一項の政令で定める基準は、特定仮設店舗等を地上に設ける場合において、次のいずれにも適合する場所であることとする。

一　道路の一方の側に設ける場合にあつては十二メートル以上、道路の両側に設ける場合にあつては二十四メートル以上の幅員の道路であること。
二　法面、側溝上の部分又は歩道上の部分（道路の構造又は道路の周辺の状況上やむを得ないと認められる場合において、当該道路の交通に著しい支障を及ぼさないときにあつては、これらの部分及び車道内の歩道に近接する部分）であること。
三　歩道上の部分に設ける場合においては、特定仮設店舗等を設けたときに歩行者がその一方の側を通行することができる場所であること。
四　特定仮設店舗等を設けることによつて通行することができなくなる路面の部分の幅員が道路の一方の側につき四メートル以下であること。
2　前項に定めるもののほか、同項の基準については、第十条（第一号ハ及び第二号から第五号までに係る部分に限る。）の規定を準用する。

（応急仮設住宅の占用の場所に関する基準）
第十一条の九　法第三十二条第二項第三号に掲げる事項についての第七条第十一号に掲げる応急仮設建築物（以下「応急仮設住宅」という。）に関する法第三十三条第一項の政令で定める基準は、応急仮設住宅を地上に設ける場合においては、次の各号のいずれかに該当する位置にあることとする。
一　法面
二　側溝上の部分
三　路端に近接する部分（車両又は歩行者の通行の用に供する部分及び路肩の部分を除く。）
2　前項に定めるもののほか、同項の基準については、第十条（第一号ロ及びハ並びに第二号から第五号までに係る部分に限る。）の規定を準用する。

（自転車駐車器具の占用の場所に関する基準）
第十一条の十　法第三十二条第二項第三号に掲げる事項についての第七条第十二号に規定する自転車を駐車させるため必要な車輪止め装置その他の器具（以下この条において「自転車駐車器具」という。）に関する法第三十三条第一項の政令で定める基準は、次のいずれにも適合する場所であることとする。
一　車道以外の道路の部分（分離帯、ロータリーその他これらに類する道路の部分を除く。次条第二項第一号において同じ。）であること。
二　法面若しくは側溝上の部分又は自転車道、自転車歩行者道若しくは歩道上に設ける場合においては、道路の構造からみて道路の構造又は交通に著しい支障のない場合を除き当該自転車駐車器具を自転車の駐車の用に供したときに自転車又は歩行者が通行することができる部分の一方の側の幅員が、国道にあつては道路構造令第十条第三項本文、第十条の二第二項又は第十一条第三項に規定する幅員、都道府県道又は市町村道にあつてはこれらの規定に規定する幅員を参酌して法第三十条第三項の条例で定める幅員であること。
2　前項に定めるもののほか、同項の基準については、第十条（第一号及び第五号に係る部分に限る。）の規定を準用する。この場合において、同条第一号中「地上（」とあるのは「地面（」と、「地上を」とあるのは「地面を」と、「次のいずれにも適合する場所（特定連結路附属地の地上に設ける場合にあつては、ロ及びハのいずれにも適合する場所）」とあるのは「ロ及びハのいずれにも適合する場所」と読み替えるものとする。

（原動機付自転車等駐車器具の占用の場所に関する基準）
第十一条の十一　法第三十二条第二項第三号に掲げる事項についての第七条第十二号に規定する原動機付自転車又は二輪自動車を駐車させるため必要な車輪止め装置その他の器具（以下この条において「原動機付自転車等駐車器具」という。）に関する法第三十三条第一項の政令で定める基準は、次のいずれにも適合する場所であることとする。
一　車道以外の道路の部分内の車道に近接する部分であること。
二　道路の構造からみて道路の構造又は交通に著しい支障のない場合を除き、当該原動機付自転車等駐車器具を原動機付自転車（側車付きのものを除く。）又は二輪自動車の駐車の用に供したときに自転車又は歩行者が通行することができる部分の幅員が、国道にあつては道路構造令第十条第三項本文、第十条の二第二項又は第十一条第三項に規定する幅員、都道府県道又は市町村道にあつてはこれらの規定に規定する幅員を参酌して法第三十条第三項の条例で定める幅員であること。
2　前項に定めるもののほか、同項の基準については、第十条（第一号及び第五号に係る部分に限る。）の規定を準用する。この場合において、同条第一号中「地上（」とあるのは「地面（」と、「地上を」とあるのは「地面を」と、「次のいずれにも適合する場所（特定連結路附属地の地上に設ける場合にあつては、ロ及びハのいずれにも適合する場所）」とあるのは「ロ及びハのいずれにも適合する場所」と読み替えるものとする。

（構造に関する基準）
第十二条　法第三十二条第二項第四号に掲げる事項についての法第三十三条第一項の政令で定める基準は、次のとおりとする。
一　地上に設ける場合においては、次のいずれにも適合する構造であること。
イ　倒壊、落下、剝離、汚損、火災、荷重、漏水その他の事由により道路の構造又は交通に支障を及ぼすことがないと認められるものであること。
ロ　電柱の脚釘は、路面から一・八メートル以上の高さに、道路の方向と平行して設けるものであること。
ハ　特定仮設店舗等又は第七条第八号に掲げる施設（特定連結路附属地に設けるものを除く。）にあつては、必要最小限度の規模であり、かつ、道路の交通に及ぼす支障をできる限り少なくするものであること。
二　地下に設ける場合においては、次のいずれにも適合する構造であること。
イ　堅固で耐久性を有するとともに、道路及び地下にある他の占用物件の構造に支障を及ぼさないものであること。
ロ　車道に設ける場合においては、道路の強度に影響を与えないものであること。
ハ　電線、水管、下水道管、ガス管又は石油管については、各戸に引き込むために地下に設けるものその他国土交通省令で定めるものを除き、国土交通省令で定めるところにより、当該占用物件の名称、管理者、埋設した年その他の保安上必要な事項を明示するものであること。

三　橋又は高架の道路に取り付ける場合においては、当該橋又は高架の道路の強度に影響を与えない構造であること。

四　特定連結路附属地に設ける場合においては、次のいずれにも適合する構造であること。

イ　連結路及び連結路により連結される道路の見通しに支障を及ぼさないものであること。

ロ　当該工作物、物件又は施設の規模及び用途その他の状況に応じ、当該工作物、物件又は施設と連絡する道路の安全かつ円滑な交通に支障を及ぼさないように、必要な規模の駐車場及び適切な構造の通路その他の施設を設けるものであること。

※　二号ハ「国土交通省令」＝則四の三の二

（工事実施の方法に関する基準）

第十三条　法第三十二条第二項第五号に掲げる事項についての法第三十三条第一項の政令で定める基準は、次のとおりとする。

一　占用物件の保持に支障を及ぼさないために必要な措置を講ずること。

二　道路を掘削する場合においては、溝掘、つぼ掘又は推進工法その他これに準ずる方法によるものとし、えぐり掘の方法によらないこと。

三　路面の排水を妨げない措置を講ずること。

四　原則として、道路の一方の側は、常に通行することができることとすること。

五　工事現場においては、さく又は覆いの設置、夜間における赤色灯又は黄色灯の点灯その他道路の交通の危険防止のために必要な措置を講ずること。

六　前各号に定めるところによるほか、電線、水管、下水道管、ガス管若しくは石油管（以下この号において「電線等」という。）が地下に設けられていると認められる場所又はその付近を掘削する工事にあつては、保安上の支障のない場合を除き、次のいずれにも適合するものであること。

イ　試掘その他の方法により当該電線等を確認した後に実施すること。

ロ　当該電線等の管理者との協議に基づき、当該電線等の移設又は防護、工事の見回り又は立会いその他の保安上必要な措置を講ずること。

ハ　ガス管又は石油管の付近において、火気を使用しないこと。

（工事の時期に関する基準）

第十四条　法第三十二条第二項第六号に掲げる事項についての法第三十三条第一項の政令で定める基準は、次のとおりとする。

一　他の占用に関する工事又は道路に関する工事の時期を勘案して適当な時期であること。

二　道路の交通に著しく支障を及ぼさない時期であること。特に道路を横断して掘削する工事その他道路の交通を遮断する工事については、交通量の最も少ない時間であること。

（道路の復旧の方法に関する基準）

第十五条　法第三十二条第二項第七号に掲げる事項についての法第三十三条第一項の政令で定める基準は、次のとおりとする。

一　占用のために掘削した土砂を埋め戻す場合においては、層ごとに行うとともに、確実に締め固めること。

二　占用のために掘削した土砂をそのまま埋め戻すことが不適当である場合においては、土砂の補充又は入換えを行つた後に埋め戻すこと。

三　砂利道の表面仕上げを行う場合においては、路面を砂利及び衣土（ころもつち）をもつて掘削前の路面形に締め固めること。

（技術的細目）

第十六条　第十条から前条までに規定する基準を適用するについて必要な技術的細目は、国土交通省令で定める。ただし、第十一条の五に規定する石油管（第九条第一号チに掲げる石油管に限る。以下この条において同じ。）の占用の場所に関する基準又は第十二条に規定する石油管の構造に関する基準を適用するについて必要な技術的細目は、石油パイプライン事業法第十五条第三項第二号の規定に基づく主務省令の規定（石油管の設置の場所又は構造に係るものに限る。）の例による。

※　「主務省令」＝石油パイプライン事業の事業用施設の技術上の基準を定める省令

（歩行者利便増進施設等）

第十六条の二　法第三十三条第二項第三号の政令で定める工作物、物件又は施設は、次に掲げるものとする。

一　広告塔又は看板で良好な景観の形成又は風致の維持に寄与するもの

二　ベンチ、街灯その他これらに類する工作物で歩行者の利便の増進に資するもの

三　標識、旗ざお、幕又はアーチで歩行者の利便の増進に資するもの

四　食事施設、購買施設その他これらに類する施設で歩行者の利便の増進に資するもの

五　第十一条の十第一項に規定する自転車駐車器具で自転車を賃貸する事業の用に供するもの

六　次に掲げるもので、集会、展示会その他これらに類する催しのため設けられ、かつ、歩行者の利便の増進に資するもの

イ　広告塔その他これに類する工作物

ロ　露店、商品置場その他これらに類する施設

ハ　看板、旗ざお、幕及びアーチ

（災害応急対策に資する工作物又は施設）

第十六条の三　法第三十三条第二項第四号の政令で定める工作物又は施設は、次に掲げるものとする。

一　広告塔、通信設備、街灯その他これらに類する工作物又は看板であつて、災害時において住民その他の者（次号及び第三十五条の七において「住民等」という。）に対する災害情報の伝達の用に供することができるもの

二　次に掲げるもので、災害時において住民等に対する物資又は電力の供給の用に供することができるもの

イ　ベンチその他これに類する工作物であつて、物資の保管その他災害応急対策の実施に資する機能を併せ有するもの

ロ　貯水槽その他これに類する施設

ハ　第七条第二号又は第八号に掲げる工作物又は施設
三　第七条第十四号に掲げる施設

（道路の管理上当該道路の区域内に設けることが必要な工作物又は施設）

第十七条　法第三十三条第二項第五号の政令で定める工作物又は施設は、次に掲げるものとする。
一　歩行者の休憩の用に供するベンチ又はその上屋
二　花壇その他道路の緑化のための施設
三　高架の道路の路面下に設ける自転車駐車場であつて、自転車の安全利用の促進及び自転車等の駐車対策の総合的推進に関する法律（昭和五十五年法律第八十七号）第七条第一項に規定する総合計画にその整備に関する事業の概要が定められたもの

（工事の計画書の提出を要しない軽易な工事）

第十八条　法第三十六条第一項ただし書の政令で定める軽易な工事は、各戸に引き込むために地下に埋設する水管、下水道管、ガス管又は電線で、道路を占用する部分の延長が二十メートルを超えないものの設置又は改修に関する工事とする。

（指定区間内の国道に係る占用料の額）

第十九条　指定区間内の国道に係る占用料の額は、別表占用料の欄に定める金額（第七条第八号に掲げる施設のうち特定連結路附属地に設けるもの及び同条第十三号に掲げる施設にあつては、同表占用料の欄に定める額及び道路の交通量等から見込まれる当該施設において行われる営業により通常得られる売上収入額に応じて国土交通省令で定めるところにより算定した額を勘案して占用面積一平方メートルにつき一年当たりの妥当な占用の対価として算定した額。以下この項及び次項において同じ。）に、法第三十二条第一項若しくは第三項の規定により許可をし、法第三十五条の規定により同意をし、又は法第四十八条の四十五若しくは第四十八条の六十四の規定により協議が成立した占用の期間（電線共同溝に係る占用料にあつては、電線共同溝整備法第十条、第十一条第一項若しくは第十二条第一項の規定により許可をし、又は電線共同溝整備法第二十一条の規定により協議が成立した占用することができる期間（当該許可又は当該協議に係る電線共同溝への電線の敷設工事を開始した日が当該許可をし、又は当該協議が成立した日と異なる場合には、当該敷設工事を開始した日から当該占用することができる期間の末日までの期間）。以下この項、次項、次条第一項及び別表の備考第九号において同じ。）に相当する期間を同表占用料の単位の欄に定める期間で除して得た数を乗じて得た額（その額が百円に満たない場合にあつては、百円）とする。ただし、当該占用の期間が翌年度以降にわたる場合においては、同表占用料の欄に定める金額に、各年度における占用の期間に相当する期間を同表占用料の単位の欄に定める期間で除して得た数を乗じて得た額（その額が百円に満たない場合にあつては、百円）の合計額とする。

2　前項の規定にかかわらず、指定区間内の国道に係る道路の占用のうち占用の期間が一月未満のものについての占用料の額は、別表占用料の欄に定める金額に、当該占用の期間に相当する期間を同表占用料の単位の欄に定める期間で除して得た数を乗じて得た額に、当該道路を占用させることにつき課されるべき消費税に相当する額及び当該課されるべき消費税の額を課税標準として課されるべき地方消費税に相当する額の合計額を加えた額（その額が百円に満たない場合にあつては、百円）とする。ただし、当該占用の期間が翌年度にわたる場合においては、同表占用料の欄に定める金額に、各年度における占用の期間に相当する期間を同表占用料の単位の欄に定める期間で除して得た数を乗じて得た額に、当該各年度において当該道路を占用させることにつき課されるべき消費税に相当する額及び当該課されるべき消費税の額を課税標準として課されるべき地方消費税に相当する額の合計額を加えた額（その額が百円に満たない場合にあつては、百円）の合計額とする。

3　国土交通大臣は、指定区間内の国道に係る占用料で次に掲げる占用物件に係るものについて、特に必要があると認めるときは、前二項の規定にかかわらず、前二項に規定する額の範囲内において別に占用料の額を定め、又は占用料を徴収しないことができる。
一　応急仮設住宅
二　地方財政法（昭和二十三年法律第百九号）第六条に規定する公営企業に係るもの
三　独立行政法人鉄道建設・運輸施設整備支援機構が建設し、又は災害復旧工事を行う鉄道施設及び独立行政法人日本高速道路保有・債務返済機構が管理を行う鉄道施設並びに鉄道事業法による鉄道事業者又は索道事業者がその鉄道事業又は索道事業で一般の需要に応ずるものの用に供する施設
四　公職選挙法（昭和二十五年法律第百号）による選挙運動のために使用する立札、看板その他の物件
五　街灯、公共の用に供する通路及び駐車場法（昭和三十二年法律第百六号）第十七条第一項に規定する都市計画において定められた路外駐車場
六　前各号に掲げるもののほか、前二項に規定する額の占用料を徴収することが著しく不適当であると認められる占用物件で、国土交通大臣が定めるもの

4　指定区間内の国道に係る占用料で指定区間の指定の日の前日までに道路管理者である都道府県又は指定市が徴収すべきものの額は、前三項の規定にかかわらず、当該指定区間の指定の際現に当該指定区間の存する都道府県又は指定市が法第三十九条第二項の規定に基づく条例で定めている占用料の額とする。

（指定区間内の国道に係る占用料の徴収方法）

第十九条の二　指定区間内の国道に係る占用料は、法第三十二条第一項若しくは第三項の規定により許可をし、法第三十五条の規定により同意をし、又は法第四十八条の四十五若しくは第四十八条の六十四の規定により協議が成立した占用の期間に係る分を、当該占用の許可をし、同意をし、又は協議が成立した日（電線共同溝に係る占用料にあつては、電線共同溝整備法第十条、第十一条第一項若しくは第十二条第一項の規定により許可をし、又は電線共同溝整備法第二十一条の規定により協議が成立した日（当該許可又は当該協議に係る電線共同溝への電線の敷設工事を開始した日が当該許可をし、又は当該協議が成立した日と異なる場合には、当該敷設工事を開始した日））から一月以内に納入告知書（法第十三条第二項の規定により都道府県又は指定市が占用料を徴収する事務を行つている場合にあつては、納入通知書）により一括し

て徴収するものとする。ただし、当該占用の期間が翌年度以降にわたる場合においては、翌年度以降の占用料は、毎年度、当該年度分を四月三十日までに徴収するものとする。

2　前項の占用料で既に納めたものは、返還しない。ただし、国土交通大臣が法第七十一条第二項の規定により道路の占用の許可を取り消した場合において、既に納めた占用料の額が当該占用の許可の日から当該占用の許可の取消しの日までの期間につき算出した占用料の額を超えるときは、その超える額の占用料は、返還する。

3　指定区間内の国道に係る占用料で指定区間の指定の日の前日までに道路管理者である都道府県又は指定市が徴収すべきものは、前二項の規定にかかわらず、当該指定区間の指定の際現に当該指定区間の存する都道府県又は指定市が法第三十九条第二項の規定に基づく条例で定めている占用料の徴収方法により徴収するものとする。

（占用料の収入の帰属）

第十九条の三　法第三十九条の規定に基づく占用料は、指定区間内の国道に係るものにあつては国、指定区間外の国道に係るものにあつては道路管理者である都道府県又は指定市若しくは指定市以外の市、都道府県道又は市町村道に係るものにあつては道路管理者である都道府県又は市町村の収入とする。

2　法第十三条第二項の規定により都道府県又は指定市が指定区間内の国道の管理を行つている場合においては、当該管理を行つている指定区間内の国道に係る占用料は、前項の規定にかかわらず、当該都道府県又は指定市の収入とする。

3　前項の規定により都道府県又は指定市の収入となるべき指定区間内の国道に係る占用料で法第十三条第二項の規定により都道府県又は指定市が指定区間内の国道の管理を行うこととされる日の前日までに国が徴収すべきものは、前項の規定にかかわらず、国の収入とする。

4　第一項の規定により国の収入となるべき指定区間内の国道に係る占用料で法第十三条第二項の規定により国土交通大臣が都道府県又は指定市が行つていた指定区間内の国道の管理を解除する日の前日までに当該都道府県又は指定市が徴収すべきものは、第一項の規定にかかわらず、当該都道府県又は指定市の収入とする。

5　第一項の規定により国の収入となるべき指定区間内の国道に係る占用料で当該指定区間の指定の日の前日までに道路管理者である都道府県又は指定市が徴収すべきものは、同項の規定にかかわらず、当該都道府県又は指定市の収入とする。

6　第一項の規定により道路管理者である都道府県又は指定市の収入となるべき国道に係る占用料で、当該国道に係る指定区間の指定の廃止の日の前日までに国が徴収すべきものは、同項の規定にかかわらず、国の収入とする。

（指定区間内の国道に係る占用料の額の最低額）

第十九条の三の二　法第三十九条の二第五項の政令で定める額については、第十九条第一項本文及び第三項の規定を準用する。この場合において、同条第一項本文中「法第三十二条第一項若しくは第三項の規定により許可をし、法第三十五条の規定により同意をし、又は法第四十八条の四十五若しくは第四十八条の六十四の規定により協議が成立した占用の期間（電線共同溝に係る占用料にあつては、電線共同溝整備法第十条、第十一条第一項若しくは第十二条第一項の規定により許可をし、又は電線共同溝整備法第二十一条の規定により協議が成立した占用することができる期間（当該許可又は当該協議に係る電線共同溝への電線の敷設工事を開始した日が当該許可をし、又は当該協議が成立した日と異なる場合には、当該敷設工事を開始した日から当該占用することができる期間の末日までの期間）。以下この項、次項、次条第一項及び別表の備考第九号において同じ。）に相当する期間」とあるのは「入札対象施設等の種類その他の事項を勘案して国土交通大臣が定める期間」と、同条第三項中「前二項の規定にかかわらず、前二項」とあるのは「第十九条の三の二において準用する第一項の規定にかかわらず、同項」と、「占用料の額を定め、又は占用料を徴収しない」とあるのは「占用料の額の最低額の下限の額を定める」と、同項第六号中「前二項」とあるのは「第十九条の三の二において準用する第一項」と、「の占用料を徴収する」とあるのは「を占用料の額の最低額の下限の額とする」と読み替えるものとする。

（総合評価占用入札の手続）

第十九条の三の三　道路管理者は、法第三十九条の四第四項ただし書の規定により落札者を決定する占用入札（以下この項において「総合評価占用入札」という。）を行おうとするときは、あらかじめ、当該総合評価占用入札に係る申出のうち占用料の額その他の条件が当該道路管理者にとつて最も有利なものを決定するための基準（以下この条において「総合評価落札者決定基準」という。）を、法第三十九条の二第二項第七号の入札の実施に関する事項として入札占用指針において定めなければならない。

2　道路管理者は、総合評価落札者決定基準を定めようとするときは、国土交通省令で定めるところにより、あらかじめ、学識経験を有する者（次項において「学識経験者」という。）の意見を聴かなければならない。

3　道路管理者は、前項の規定による意見の聴取において、あわせて、当該総合評価落札者決定基準に基づいて落札者を決定しようとするときに改めて意見を聴く必要があるかどうかについて意見を聴くものとし、改めて意見を聴く必要があるとの意見が述べられた場合には、当該落札者を決定しようとするときに、あらかじめ、学識経験者の意見を聴かなければならない。

※　2項「国土交通省令」＝則四の五の四

（総合評価占用入札に関する規定の指定市以外の市町村が道路管理者の権限を代行する場合についての準用）

第十九条の三の四　前条の規定は、法第二十七条第二項の規定により指定市以外の市町村が第四条第一項第十二号（法第三十九条の四第四項の規定による落札者の決定に係る部分に限る。）に掲げる権限を道路管理者に代わつて行う場合について準用する。

（道路の占用に関する規定の道路予定区域についての準用）

第十九条の四　第七条から前条までの規定は、道路予定区域に法第三十二条第一項各号に掲げる工作物、物件又は施設を設け、継続して道路予定区域を使用する場合について準用する。

第二章の二　違法放置等物件の保管の手続等

（違法放置等物件を保管した場合の公示事項）

第十九条の五　法第四十四条の三第三項の政令で定める事項は、次に掲げるものとする。
一　保管した違法放置等物件の名称又は種類、形状及び数量
二　保管した違法放置等物件が放置され、又は設置されていた場所及びその違法放置等物件を除去した日時
三　その違法放置等物件の保管を始めた日時及び保管の場所
四　前三号に掲げるもののほか、保管した違法放置等物件を返還するため必要と認められる事項

（違法放置等物件を保管した場合の公示の方法）
第十九条の六　法第四十四条の三第三項の規定による公示は、次に掲げる方法により行わなければならない。
一　前条各号に掲げる事項を、保管を始めた日から起算して十四日間、当該道路管理者の事務所に掲示すること。
二　前号の公示に係る違法放置等物件のうち特に貴重と認められるものについては、同号の公示の期間が満了しても、なおその違法放置等物件の占有者等の氏名及び住所を知ることができないときは、その公示の要旨を官報に掲載すること。
2　道路管理者は、前項に規定する方法による公示を行うとともに、国土交通省令で定める様式による保管違法放置等物件一覧簿を当該道路管理者の事務所に備え付け、かつ、これをいつでも関係者に自由に閲覧させなければならない。

（違法放置等物件の価額の評価の方法）
第十九条の七　法第四十四条の三第四項の規定による違法放置等物件の価額の評価は、取引の実例価格、当該違法放置等物件の使用年数、損耗の程度その他当該違法放置等物件の価額の評価に関する事情を勘案してするものとする。この場合において、道路管理者は、必要があると認めるときは、違法放置等物件の価額の評価に関し専門的知識を有する者の意見を聴くことができる。

（保管した違法放置等物件を売却する場合の手続）
第十九条の八　法第四十四条の三第四項の規定による保管した違法放置等物件の売却は、競争入札に付して行わなければならない。ただし、次の各号のいずれかに該当するものについては、随意契約により売却することができる。
一　速やかに売却しなければ価値が著しく減少するおそれのある違法放置等物件
二　競争入札に付しても入札者がない違法放置等物件
三　前二号に掲げるもののほか、競争入札に付することが適当でないと認められる違法放置等物件

第十九条の九　道路管理者は、前条本文の規定による競争入札のうち一般競争入札に付そうとするときは、その入札期日の前日から起算して少なくとも五日前までに、その違法放置等物件の名称又は種類、形状、数量その他国土交通省令で定める事項を当該道路管理者の事務所に掲示し、又はこれに準ずる適当な方法で公示しなければならない。
2　道路管理者は、前条本文の規定による競争入札のうち指名競争入札に付そうとするときは、なるべく三人以上の入札者を指定し、かつ、それらの者に違法放置等物件の名称又は種類、形状、数量その他国土交通省令で定める事項をあらかじめ通知しなければならない。
3　道路管理者は、前条ただし書の規定による随意契約によろうとするときは、なるべく二人以上の者から見積書を徴さなければならない。

（違法放置等物件を返還する場合の手続）
第十九条の十　道路管理者は、保管した違法放置等物件を当該違法放置等物件の占有者等に返還するときは、返還を受ける者にその氏名及び住所を証するに足りる書類を提示させる等の方法によつてその者がその違法放置等物件の返還を受けるべき違法放置等物件の占有者等であることを証明させ、かつ、国土交通省令で定める様式による受領書と引換えに返還するものとする。

（違法放置等物件に関する規定の指定市以外の市町村が道路管理者の権限を代行する場合等についての準用）
第十九条の十一　第十九条の五から前条までの規定は、法第二十七条第二項又は第四十八条の二十二第三項の規定により指定市以外の市町村が第四条第一項第十九号に掲げる権限を道路管理者に代わつて行う場合について準用する。
2　第十九条の五から前条まで及び前項の規定は、道路予定区域に係る違法放置等物件について準用する。

第二章の三　危険物を積載する車両の水底トンネルの通行の禁止又は制限

（車両の通行の禁止）
第十九条の十二　道路管理者は、次に掲げる危険物を積載する車両の水底トンネルの通行を禁止することができる。
一　火薬類取締法（昭和二十五年法律第百四十九号）第二条に規定する火薬類（以下この条及び次条において「火薬類」という。）のうち次に掲げるもの
イ　雷こう、アジ化鉛その他の起爆薬
ロ　ニトログリセリン、ニトログリコール及び爆発の用途に供せられるその他の硝酸エステル（国土交通省令で定めるものを除く。）
ハ　煙火（玩具煙火を除く。）
二　火薬類以外の物品で、アセチレン銅、ジアゾメタンその他これらと同程度以上の爆発性を有するもの
三　毒物及び劇物取締法（昭和二十五年法律第三百三号）第二条第一項に規定する毒物（以下この条及び次条において「毒物」という。）又は同法第二条第二項に規定する劇物（次条において「劇物」という。）のうち次に掲げるもの
イ　シアン化水素
ロ　塩化シアノゲン
ハ　四アルキル鉛
ニ　ホスゲン
ホ　クロルピクリン
四　毒物以外の物品で、チオホスゲンその他これと同程度以上の毒性を有するもの
五　消防法（昭和二十三年法律第百八十六号）第二条第七項に規定する危険物以外の物品で、塩化アセチレン、ジシランその他水又は空気と作用してこれらと同程度以上の発火性を有するもの

（車両の通行の制限）

第十九条の十三　道路管理者は、次に掲げる危険物を積載する車両のうち水底トンネルを通行することができる車両を、道路管理者の定める種類に属し、かつ、積載する危険物の容器、容器への収納方法及び包装（次条において「容器包装」という。）、積載数量並びに積載方法が道路管理者の定める要件を満たしているものに限ることができる。

一　火薬類

二　高圧ガス保安法（昭和二十六年法律第二百四号）第二条に規定する高圧ガス

三　毒物又は劇物

四　毒物及び劇物以外の物品で、クロルアセトフエノン、モノクロルアセトンその他これらと同程度以上の毒性を有するもの

五　消防法第二条第七項に規定する危険物（同法別表に掲げる第四類の危険物にあつては、危険物の規制に関する政令（昭和三十四年政令第三百六号）第一条の六に規定する引火点を測定する試験において、一気圧において、引火点が七十度未満の温度で測定されるものに限る。）

六　四塩化けい素、オキシ塩化りんその他これらと同程度以上の腐食性を有するもの

七　マッチ

八　前条第二号及び第五号に掲げるもの

2　道路管理者は、前項各号に掲げる危険物を積載する車両が水底トンネルを通行することができる時間を限ることができる。

第十九条の十四　道路管理者は、前条の規定に基き車両の種類、危険物の容器包装、積載数量若しくは積載方法に関する要件又は通行することができる時間を定める場合においては、それぞれ次の各号に掲げる事項を考慮しなければならない。

一　車両の種類については、危険物を運搬しても、構造上運行中の動揺、衝撃、排気等により危険物の作用を誘発する虞のないものであること。

二　容器包装については、積載する危険物が容器若しくは被包の内部で作用し、又はその外部に出る虞のないものであること。

三　積載数量については、積載する危険物の全部が作用しても、水底トンネルの構造又は交通に危険を及ぼす虞の少ないものであること。

四　積載方法については、積載する危険物の摩擦、動揺、衝突、転倒又は転落の虞のないこと及び積載する危険物の作用を誘発し易い他の物件と混載しないこと。

五　通行できる時間については、交通の状況により他の車両との衝突事故の発生の虞の大きい時間でないこと。

（車両の通行の禁止又は制限に関する公示）

第十九条の十五　道路管理者は、第十九条の十二又は第十九条の十三の規定により車両の通行を禁止し、又は制限しようとするときは、国土交通省令で定めるところにより、あらかじめ、その旨を公示しなければならない。

第二章の四　連結位置及び連結料

（連結位置に関する基準）

第十九条の十六　法第四十八条の五第二項第二号（同条第四項において準用する場合を含む。）の政令で定める連結位置に関する基準は、当該自動車専用道路の構造及び交通の状況その他当該自動車専用道路及び周辺の状況を勘案して、当該自動車専用道路の安全かつ円滑な交通に著しい支障を及ぼすおそれのない位置であることとする。

（指定区間内の国道に係る連結料の額の基準）

第十九条の十七　指定区間内の国道に係る法第四十八条の七第一項の規定による連結料の額の基準は、次のとおりとする。

一　次に掲げる額の合計額の範囲内であること。

イ　当該自動車専用道路と連結する法第四十八条の四第二号に掲げる施設（以下この条において「連結利便施設等」という。）の用に供する土地又は当該自動車専用道路と連結する同条第三号に掲げる施設（以下この条において「連結通路等」という。）及び当該連結通路等によつて自動車専用道路と連絡する同条第二号に掲げる施設（以下この条において「連絡施設」という。）の用に供する土地と当該連結利便施設等又は連結通路等が自動車専用道路に連結しないものとした場合のこれらの土地の国土交通省令で定めるところにより算定した地代の差額に相当する額

ロ　当該連結利便施設等又は連結通路等と連結することにより追加的に必要を生じた当該自動車専用道路の管理に要する費用の額（以下「追加管理費用額」という。）

二　追加管理費用額を下回らないこと。

三　連結利便施設等又は連絡施設の規模、用途その他の状況に応じて公正妥当なものであること。

（指定区間内の国道に係る連結料の徴収方法）

第十九条の十八　指定区間内の国道に係る法第四十八条の七第一項の規定による連結料は、毎年度、当該年度分を六月三十日（追加管理費用額に相当する分にあつては、翌年の六月三十日）までに一括して徴収するものとする。ただし、次の各号に掲げる連結料は、当該各号に定める日から三月以内に一括して徴収するものとする。

一　連結許可の日の属する年度分の連結料（追加管理費用額に相当する分を除く。）　当該連結許可の日

二　法第四十八条の十の規定により連結許可に翌年度以降にわたらない期限が付された場合における追加管理費用額に相当する分又は同条の規定により連結許可に翌年度以降にわたる期限が付された場合における最終年度の追加管理費用額に相当する分の連結料　当該期限が到来した日の翌日

2　前項の連結料は、納入告知書により徴収するものとする。

3　第一項の連結料で既に徴収したものは、返還しない。ただし、道路管理者が法第七十一条第二項の規定により連結許可を取り消した場合において、既に徴収した連結料の額が当該連結許可の日から当該連結許可の取消しの日までの期間につき算出した連結料の額を超えるときは、その超える額の連結料は、返還する。

○車両制限令

（昭和三十六年七月十七日 政令第二百六十五号）

沿革 昭三九政令二六六、昭四五政令三二〇、昭四六政令二五二、昭四七政令三七八、昭五三政令一四五、昭五九政令一三九、平五政令三七五、平一一政令三五二、平一二政令三一二、平一三政令一七〇、平一六政令二三・三八七、平二三政令四二四、平二六政令一八七、平三一政令四一、令三政令一九八改正

目次

第一章 総則

（趣旨）

第一条 道路の構造を保全し、又は交通の危険を防止するために道路との関係において必要とされる車両についての制限及び限度超過車両の通行に係る許可の申請その他の手続に関し必要な事項については、道路法（以下「法」という。）に定めるもののほか、この政令の定めるところによる。

（定義）

第二条 この政令において、次の各号に掲げる用語の意義は、それぞれ当該各号に定めるところによる。

一 車両 法第二条第五項に規定する車両（人が乗車し、又は貨物が積載されている場合にあつてはその状態におけるものをいい、他の車両をけん引している場合にあつては当該けん引されている車両を含む。）をいう。

二 自動車 道路運送車両法（昭和二十六年法律第百八十五号）第二条第二項に規定する自動車（二輪のものを除く。）及び無軌条電車をいう。

三 歩道 専ら歩行者の通行の用に供されている道路の部分をいう。

四 自転車道 専ら自転車の通行の用に供されている道路の部分をいう。

五 自転車歩行者道 専ら自転車及び歩行者の通行の用に供されている道路の部分をいう。

六 車道 専ら車両及び無軌条電車以外の軌道車の通行の用に供されている道路の部分（自転車道を除く。）又は歩道、自転車道若しくは自転車歩行者道のいずれをも有しない道路（自動車のみの一般交通の用に供されている道路を除く。）の一般通行の用に供されている部分をいう。

七 路肩 道路の主要構造部を保護し、又は車道の効用を保つために、車道、歩道、自転車道又は自転車歩行者道に接続して設けられている帯状の道路の部分をいう。

第二章 道路との関係において必要とされる車両についての制限

（車両の幅等の最高限度）

第三条 法第四十七条第一項の車両の幅、重量、高さ、長さ及び最小回転半径の最高限度は、次のとおりとする。

一 幅 二・五メートル

二 重量 次に掲げる値

イ 総重量 高速自動車国道又は道路管理者が道路の構造の保全及び交通の危険の防止上支障がないと認めて指定した道路を通行する車両にあつては二十五トン以下で車両の長さ及び軸距に応じて当該車両の通行により道路に生ずる応力を勘案して国土交通省令で定める値、その他の道路を通行する車両にあつては二十トン

ロ 軸重 十トン

ハ 隣り合う車軸に係る軸重の合計 隣り合う車軸に係る軸距が一・八メートル未満である場合にあつては十八トン（隣り合う車軸に係る軸距が一・三メートル以上であり、かつ、当該隣り合う車軸に係る軸重がいずれも九・五トン以下である場合にあつては、十九トン）、一・八メートル以上である場合にあつては二十トン

ニ 輪荷重 五トン

三 高さ 道路管理者が道路の構造の保全及び交通の危険の防止上支障がないと認めて指定した道路を通行する車両にあつては四・一メートル、その他の道路を通行する車両にあつては三・八メートル

四 長さ 十二メートル

五 最小回転半径 車両の最外側のわだちについて十二メートル

2 バン型のセミトレーラ連結車（自動車と前車軸を有しない被けん引車との結合体であつて、被けん引車の一部が自動車に載せられ、かつ、被けん引車及びその積載物の重量の相当の部分が自動車によつて支えられるものをいう。以下同じ。）、タンク型のセミトレーラ連結車、幌枠型のセミトレーラ連結車及びコンテナ又は自動車の運搬用のセミトレーラ連結車並びにフルトレーラ連結車（自動車と一の被けん引車との結合体であつて、被けん引車及びその積載物の重量が自動車によつて支えられないものをいう。以下同じ。）で自動車及び被けん引車がバン型の車両、タンク型の車両、幌枠型の車両又はコンテナ若しくは自動車の運搬用の車両であるものの総重量の最高限度は、前項の規定にかかわらず、高速自動車国道を通行するものにあつては三十六トン以下、その他の道路を通行するものにあつては二十七トン以下で、車両の軸距に応じて当該車両の通行により道路に生ずる応力を勘案して国土交通省令で定める値とする。

3 高速自動車国道を通行するセミトレーラ連結車又はフルトレーラ連結車で、その積載する貨物が被けん引車の車体の前方又は後方にはみ出していないものの長さの最高限度は、第一項の規定にかかわらず、セミトレーラ連結車にあつては十六・五メートル、フルトレーラ連結車にあつては十八メートルとする。

4 道路管理者が道路の強度、線形その他の道路の構造を勘案して国際海上コンテナの運搬用のセミトレーラ連結車の通行による道路の構造の保全及び交通の危険の防止上の支障がないと認めて指定した道路を通行する国際海上コンテナの運搬

用のセミトレーラ連結車の重量及び長さの最高限度は、第一項及び第二項の規定にかかわらず、次のとおりとする。

一 重量 次に掲げる値

イ 総重量 四十四トン以下で車両の車軸の数及び軸距に応じて当該車両の通行により道路に生ずる応力を勘案して国土交通省令で定める値

ロ 軸重 十一・五トン以下で当該車両の通行により道路に生ずる応力を勘案して国土交通省令で定める値

ハ 輪荷重 五・七五トン以下で車両の総重量、車軸の数及び軸距に応じて当該車両の通行により道路に生ずる応力を勘案して国土交通省令で定める値

二 長さ 十六・五メートル

※ 1項二号イ・2項・4項一号イ―ハ「国土交通省令」＝車両の通行の許可の手続等を定める省令一・二・四

（車両についての制限の基準）

第四条 法第四十七条第四項の車両についての制限に関する基準は、次条から第十二条までに定めるとおりとする。

（幅の制限）

第五条 市街地を形成している区域（以下「市街地区域」という。）内の道路で、道路管理者が自動車の交通量がきわめて少ないと認めて指定したもの又は一方通行とされているものを通行する車両の幅は、当該道路の車道の幅員（歩道又は自転車歩行者道のいずれをも有しない道路で、その路肩の幅員が明らかでないもの又はその路肩の幅員の合計が一メートル未満（トンネル、橋又は高架の道路にあつては、〇・五メートル未満）のものにあつては、当該道路の路面の幅員から一メートル（トンネル、橋又は高架の道路にあつては、〇・五メートル）を減じたものとする。以下同じ。）から〇・五メートルを減じたものをこえないものでなければならない。

2 市街地区域内の道路で前項に規定するもの以外のものを通行する車両の幅は、当該道路の車道の幅員から〇・五メートルを減じたものの二分の一をこえないものでなければならない。

3 市街地区域内の駅前、繁華街等にある歩行者の多い道路で道路管理者が指定したものの歩道又は自転車歩行者道のいずれをも有しない区間を道路管理者が指定した時間内に通行する車両についての前二項の規定の適用については、第一項中「〇・五メートルを減じたもの」とあるのは「一メートルを減じたもの」と、第二項中「〇・五メートル」とあるのは「一・五メートル」とする。

第六条 市街地区域外の道路（道路管理者が自動車の交通量がきわめて少ないと認めて指定したものを除く。以下次項において同じ。）で一方通行とされているもの又はその道路におおむね三百メートル以内の区間ごとに待避所があるもの（道路管理者が自動車の交通量が多いため当該待避所のみでは車両のすれ違いに支障があると認めて指定したものを除く。）を通行する車両の幅は、当該道路の車道の幅員から〇・五メートルを減じたものをこえないものでなければならない。

2 市街地区域外の道路で前項に規定するもの以外のものを通行する車両の幅は、当該道路の車道の幅員の二分の一をこえないものでなければならない。

（総重量、軸重及び輪荷重の制限）

第七条 道路構造令（昭和四十五年政令第三百二十号）第二十三条第二項の基準（強度に係るものに限る。）を参酌して法第三十条第三項の条例で定める基準に適合している舗装がされていない都道府県道又は市町村道で、これに代わるべき他の道路があるものについて、道路管理者が路面の破損を防止するため必要と認められる車両の総重量、軸重又は輪荷重の限度を定めたときは、当該道路を通行する車両の総重量、軸重又は輪荷重は、当該限度を超えないものでなければならない。ただし、当該道路を通行しなければ目的地に到達することができない車両については、この限りでない。

2 融雪、冠水等のため支持力が著しく低下している道路について、道路管理者が路盤又は路床の破損を防止するため必要と認められる車両の総重量、軸重又は輪荷重の限度を定めたときは、当該道路を通行する車両の総重量、軸重又は輪荷重は、当該限度をこえないものでなければならない。

3 前項の規定により道路管理者が車両の総重量、軸重又は輪荷重の限度を定めようとするときは、国土交通省令で定める構造計算又は試験の方法に基づいてしなければならない。

（カタピラを有する自動車の制限）

第八条 舗装道を通行する自動車は、次の各号の一に該当する場合を除き、カタピラを有しないものでなければならない。

一 その自動車のカタピラの構造が路面を損傷するおそれのないものである場合

二 その自動車が当該道路の除雪のために使用される場合

三 その自動車のカタピラが路面を損傷しないように当該道路について必要な措置がとられている場合

（路肩通行の制限）

第九条 歩道、自転車道又は自転車歩行者道のいずれをも有しない道路を通行する自動車は、その車輪が路肩（路肩が明らかでない道路にあつては、路端から車道寄りの〇・五メートル（トンネル、橋又は高架の道路にあつては、〇・二五メートル）の幅の道路の部分）にはみ出してはならない。

（通行方法の制限）

第十条 第三条第一項第三号の規定による指定を受けた道路について、高さが三・八メートルを超え四・一メートル以下の車両に関し、道路管理者が当該道路の構造を保全し、又は交通の危険を防止するため必要と認められる路肩の通行の禁止その他の通行方法を定めたときは、当該道路を通行する当該車両は、当該通行方法によらなければならない。

2 第三条第四項の規定による指定を受けた道路について、国際海上コンテナの運搬用のセミトレーラ連結車に関し、道路管理者が当該道路の構造を保全し、又は交通の危険を防止するため必要と認められる徐行その他の通行方法を定めたときは、当該道路を通行する国際海上コンテナの運搬用のセミトレーラ連結車は、当該通行方法によらなければならない。

3 第七条第二項の規定により車両の総重量、軸重又は輪荷重の限度が定められている道路について、道路管理者が当該道路の構造を保全し、又は交通の危険を防止するため必要と認められる徐行その他の通行方法を定めたときは、当該道路を通行する車両は、当該通行方法によらなければならない。

（幅の制限の特例）

第十一条 道路が次の各号の一に該当し、車両の通行に支障のある場合において、道路管理者が交通の円滑を図るためやむを得ない必要があると認めて他の道路を指定したときは、当該他の道路を通行する車両については、第五条及び第六条の

規定は、適用しない。

一　道路が破損し、又は欠壊している場合

二　道路に関する工事が行なわれている場合

三　車両の通行が著しく停滞している場合

2　道路管理者は、前項に規定する指定をしようとするときは、あらかじめ都道府県公安委員会（道警察本部の所在地を包括する方面を除く方面にあつては、方面公安委員会）の意見をきかなければならない。

（特殊な車両の特例）

第十二条　幅、総重量、軸重又は輪荷重が第三条に規定する最高限度をこえず、かつ、第五条から第七条までに規定する基準に適合しない車両で、当該車両を通行させようとする者の申請により、道路管理者がその基準に適合しないことが車両の構造又は車両に積載する貨物が特殊であるためやむを得ないと認定したものは、当該認定に係る事項については、第五条から第七条までに規定する基準に適合するものとみなす。ただし、道路管理者が運転経路又は運転時間の指定等道路の構造の保全又は交通の安全を図るため必要な条件を附したときは、当該条件に従つて通行する場合に限る。

（無軌条電車の特例）

第十三条　道路を通行する無軌条電車の高さについては、第三条の規定にかかわらず、軌道法（大正十年法律第七十六号）第三十一条第一項において準用する同法第十四条の規定に基づく命令の定めるところによる。

※「軌道法…一四条の規定に基づく命令」＝軌道法施行令、軌道建設規程、軌道運輸規程、軌道運輸規程第二条第二項の特例に関する件、軌道係員規程、軌道業会計規則、無軌条電車建設規則、無軌条電車運転規則、運転の安全の確保に関する省令、軌道運転規則、動力車操縦者運転免許に関する省令等

（緊急自動車等の特例）

第十四条　道路交通法（昭和三十五年法律第百五号）第三十九条第一項に規定する緊急自動車及び災害救助、水防活動等の緊急の用務又はその他の公共の利害に重大な関係がある公の用務のために通行する国土交通省令で定める車両並びに日本国とアメリカ合衆国との間の相互協力及び安全保障条約に基づき日本国内にあるアメリカ合衆国の軍隊の任務の遂行に必要な用務のために通行する当該軍隊の車両で、道路の構造の保全のための必要な措置を講じて通行するものについては、この政令の規定は、適用しない。

2　前項に規定するもののほか、公益上緊要な用務のために通行する国土交通省令で定める車両で、道路の構造の保全のための必要な措置を講じて通行するものについては、第五条から第七条まで、第九条及び第十条第三項の規定は、適用しない。

※1・2項「国土交通省令」＝車両の通行の許可の手続等を定める省令七

第三章　限度超過車両の通行に係る許可の申請その他の手続に関し必要な事項

（道路管理者を異にする二以上の道路の通行の許可）

第十五条　道路管理者を異にする二以上の道路についての法第四十七条の二第一項の許可に関する権限は、当該二以上の道路の全部又は一部が市町村道（指定市の市道及び道路法施行令（昭和二十七年政令第四百七十九号）第三十四条第一項又は第三項の規定により国土交通大臣が新設若しくは改築又は維持を行なう道路を除く。以下この条において同じ。）以外の道路であるときは当該市町村道以外の道路の道路管理者（当該市町村道以外の道路の道路管理者が二以上あるときは、最初に申請を受けた道路管理者）が、当該二以上の道路が市町村道のみであるときは国土交通省令で定める道路管理者が行なうものとする。

※「国土交通省令」＝なし

（国土交通大臣が許可に関する権限を行う場合の手数料）

第十六条　法第四十七条の二第二項の規定により国土交通大臣が同条第一項の許可に関する権限を行う場合における同条第三項の手数料の額は、当該受けようとする許可に係る一通行経路ごとに二百円とする。

（国土交通大臣が許可に関する権限を行う申請）

第十七条　法第四十七条の三第六項の政令で定める申請は、国土交通大臣に対してされた申請とする。

（限度超過車両の通行を誘導すべき道路に係る許可の手数料）

第十八条　法第四十七条の三第七項の手数料の額は、当該受けようとする許可に係る一通行経路ごとに百六十円とする。

（限度超過車両の登録の手数料）

第十九条　法第四十七条の四第五項の手数料の額は、同条第一項の登録又は同条第二項の登録の更新に係る申請一件につき五千円とする。

（登録車両の通行に関する確認の手数料）

第二十条　法第四十七条の十第五項の手数料の額は、同条第一項の規定による求め一件につき六百円とする。ただし、当該求めに係る同条第二項第二号に掲げる出発地及び目的地が一の都道府県の区域内にある場合には、当該求め一件につき四百円を超えない範囲内において同条第四項の規定により判定基準が定められている当該都道府県の区域内の道路の延長及び構造を勘案して当該都道府県ごとに国土交通大臣が定める額とする。

（指定登録確認機関が登録等事務を行う場合の手数料）

第二十一条　法第四十八条の五十九第一項第一号に掲げる者が同項の規定により指定登録確認機関に納付しなければならない手数料の額は、第十九条に規定する額とする。

2　法第四十八条の五十九第一項第二号に掲げる者が同項の規定により指定登録確認機関に納付しなければならない手数料の額は、前条に規定する額とする。

第四章　雑則

（事務の区分）

第二十二条　この政令の規定により都道府県、指定市又は法第十七条第二項の規定により都道府県の同意を得た市が指定区間外の国道の道路管理者として処理することとされている事務は、地方自治法（昭和二十二年法律第六十七号）第二条第九項第一号に規定する第一号法定受託事務とする。

（国土交通省令への委任）

第二十三条　この政令で定めるもののほか、この政令を実施するために必要な事項は、国土交通省令で定める。

※「国土交通省令」＝車両の通行の許可の手続等を定める省令

附　則

1　この政令は、昭和三十七年二月一日から施行する。ただし、第七条、第九条から第十一条まで及び第十四条から第十六条まで並びに附則第二項から第四項までの規定は、昭和三十六年九月一日から施行する。

2　道路法の施行の際に道路運送法（昭和二十六年法律第百八十三号）第四条第一項の規定による免許を受けて路線を定めて道路を自動車運送事業のために使用していた者の車両で、この政令の規定による基準に適合しないものについては、道路法の施行後この政令の公布前に当該事業につき道路運送法第十八条第一項の規定による事業計画の変更（自動車の大きさ又は重量の増加を伴う事業計画の変更に限る。以下次項において同じ。）の認可を受けて車両を通行させている場合を除き、この政令の規定は、適用しない。

3　この政令の公布の際現に道路運送法第四条第一項の規定による免許を受けて路線を定めて道路を自動車運送事業のために使用している者の車両で、この政令の規定による基準に適合しないもの（前項の規定の適用を受けるものを除く。）については、当該事業につき道路運送法第十八条第一項の規定による事業計画の変更の認可を受けて車両を通行させる場合を除き、昭和三十九年七月三十一日までの間（道路運送法第三条第二項第一号に掲げる一般乗合旅客自動車運送事業の用に供するものにあつては、昭和四十一年七月三十一日までの間）は、この政令の規定（第七条第二項及び第三項、第十条並びに第十一条の規定を除く。）は、適用しない。

4　この政令の公布の際現に設けられている車両の常置場を利用する車両で、その出入路との関係においてこの政令の規定による基準に適合しないものについては、道路管理者の許可を受けてその出入路を通行する場合に限り、昭和三十八年一月三十一日までの間は、この政令の規定は、適用しない。

附　則（昭四五・一〇・二九政令三二〇抄）

（施行期日）

1　この政令は、昭和四十六年四月一日から施行する。

附　則（昭四六・七・二二政令二五二抄）

（施行期日等）

1　この政令は、道路法等の一部を改正する法律（昭和四十六年法律第四十六号）の施行の日（昭和四十六年十二月一日）から施行する。ただし、第二条の規定による改正後の車両制限令（以下「新車両制限令」という。）第三条第二項及び第三項、第十五条並びに第十六条の規定、第四条の規定による改正後の高速自動車国道法施行令第六条の規定並びに第五条の規定による改正後の道路整備特別措置法施行令第七条第一項の規定は、同法附則第一項ただし書に規定する同法による改正後の道路法の規定の適用の日（昭和四十七年四月一日）から適用する。

2　前項ただし書に規定する日までの間は、新車両制限令第三条第一項第三号中「三・八メートル」とあるのは「三・五メートル」とする。

附　則（昭四七・一〇・一八政令三七八）

この政令は、公布の日から施行する。

附　則（昭五三・四・二五政令一四五）

この政令は、昭和五十三年五月一日から施行する。

附　則（昭五九・五・一五政令一三九）

1　この政令は、各種手数料等の額の改定及び規定の合理化に関する法律の施行の日（昭和五十九年五月二十一日）から施行する。

2　この政令の施行前にした都道府県知事に対するあつ旋の申請、建設大臣又は都道府県知事に対する事業の認定の申請、収用委員会に対する裁決の申請及び協議の確認の申請並びに建設大臣に対する特定公共事業の認定の申請に係る手数料の額については、なお従前の例による。

附　則（平五・一一・二五政令三七五抄）

（施行期日）

1　この政令は、公布の日から施行する。

（罰則に関する経過措置）

3　この政令の施行前にした行為に対する罰則の適用については、なお従前の例による。

附　則（平一一・一一・一〇政令三五二抄）

（施行期日）

第一条　この政令は、平成十二年四月一日から施行する。

附　則（平一二・六・七政令三一二抄）

（施行期日）

1　この政令は、内閣法の一部を改正する法律（平成十一年法律第八十八号）の施行の日（平成十三年一月六日）から施行する。〔後略〕

附　則（平一三・四・二五政令一七〇抄）

（施行期日）

第一条　この政令は、平成十三年七月一日から施行する。

附　則（平一六・二・一六政令二三抄）

（施行期日）

第一条　この政令は、平成十六年三月一日から施行する。

附　則（平一六・一二・八政令三八七）

この政令は、平成十七年四月一日から施行する。

附　則（平二三・一二・二六政令四二四抄）

（施行期日）

第一条　この政令は、平成二十四年四月一日から施行する。

附　則（平二六・五・二八政令一八七抄）

（施行期日）

第一条　この政令は、道路法等の一部を改正する法律〔平成二五年六月法律第三〇号〕附則第一条ただし書に規定する規定の施行の日（平成二十六年五月三十日）から施行する。

附　則（平三一・三・二〇政令四一抄）

（施行期日）

1　この政令は、公布の日から施行する。

附　則（令三・七・九政令一九八）

この政令は、道路法等の一部を改正する法律（令和二年法律第三十一号）附則第一条第二号に掲げる規定の施行の日（令和四年四月一日）から施行する。

○車両の通行の許可の手続等を定める省令

（昭和三十六年九月二十五日建設省令第二十八号）

沿革　昭四六建令二五、昭四七建令八・二七、昭五三建令一七、平元建令三、平二建令一二、平五建令一九、平八建令九、平一一建令一、平一二建令四一、平一六国交令一六、平一七国交令二四、平一九国交令七五、平二六国交令五二、平二七国交令一八、平二八国交令二三、平三〇国交令七四、平三一国交令九、令元国交令一、令二国交令九八、令三国交令四七、令五国交令五六・九八、令六国交令二六改正

（高速自動車国道又は道路管理者が指定した道路を通行する車両の総重量の最高限度）

第一条　車両制限令（以下「令」という。）第三条第二項第二号イに規定する国土交通省令で定める高速自動車国道又は道路管理者が指定した道路を通行する車両の総重量の最高限度は、次の表に掲げる値とする。

最遠軸距	総重量の最高限度
五・五メートル未満	二十トン
五・五メートル以上七メートル未満	二十二トン（貨物が積載されていない状態における長さが九メートル未満のものにあつては、二十トン）
七メートル以上	二十五トン（貨物が積載されていない状態における長さが九メートル未満のものにあつては二十トン、九メートル以上十一メートル未満のものにあつては二十二トン）

備考　最遠軸距とは、車両の最前軸と最後軸との軸間距離をいう。以下同じ。

（セミトレーラ連結車及びフルトレーラ連結車の総重量の最高限度）

第二条　令第三条第二項に規定する国土交通省令で定めるバン型のセミトレーラ連結車、タンク型のセミトレーラ連結車、幌（ほろ）枠型のセミトレーラ連結車及びコンテナ又は自動車の運搬用のセミトレーラ連結車並びにフルトレーラ連結車で自動車及び被けん引車がバン型の車両、タンク型の車両、幌（ほろ）枠型の車両又はコンテナ若しくは自動車の運搬用の車両であるものの総重量の最高限度は、次の表に掲げる値とする。

区分	最遠軸距	総重量の最高限度
高速自動車国道を通行するもの	八メートル以上九メートル未満	二十五トン
	九メートル以上十メートル未満	二十六トン
	十メートル以上十一メートル未満	二十七トン
	十一メートル以上十二メートル未満	二十九トン
	十二メートル以上十三メートル未満	三十トン
	十三メートル以上十四メートル未満	三十二トン
	十四メートル以上十五メートル未満	三十三トン
	十五メートル以上十五・五メートル未満	三十五トン
	十五・五メートル以上	三十六トン
その他の道路を通行するもの	八メートル以上九メートル未満	二十四トン（令第三条第一項第二号イの規定に基づき道路管理者が指定した道路を通行する車両にあつては、二十五トン）
	九メートル以上十メートル未満	二十五・五トン（令第三条第一項第二号イの規定に基づき道路管理者が指定した道路を通行する車両にあつては、二十六トン）
	十メートル以上	二十七トン

（国際海上コンテナの運搬用のセミトレーラ連結車）

第三条　令第三条第四項の規定による指定を受けた道路を通行する国際海上コンテナの運搬用のセミトレーラ連結車は、次のいずれにも適合するものとする。

一　四十フィート背高の国際海上コンテナ（本邦において、目的地に到達するまで貨物の詰替えを行わずに運搬されるものに限る。）の運搬用のものであつて、これを確認することができるものとして国土交通大臣が定める書類を備え付けているものであること。

二　国土交通大臣が定める基準に適合するＥＴＣ二・〇車載器（有料道路自動料金収受システムを使用する料金徴収事務の取扱いに関する省令（平成十一年建設省令第三十八号）第四条第一項第一号に規定する車載器であつて、無線の交信により通行経路を記録することができる装置をいう。第十四条において同じ。）を搭載したものであること。

（国際海上コンテナの運搬用のセミトレーラ連結車の重量の最高限度）

第四条　令第三条第四項第一号に規定する国土交通省令で定める国際海上コンテナの運搬用のセミトレーラ連結車の重量の最高限度は、次のとおりとする。

一　総重量　次の表に掲げる値

車軸の数		最遠軸距	総重量の最高限度
自動車	被けん引車		
二	二	七・七メートル以上	三十六・二トン

		八・七メートル未満	
		八・七メートル以上	三十七・五トン
	三	九・三メートル以上十一・九メートル未満	三十七・五トン
		十一・九メートル以上	四十四トン
三	二	八・六メートル以上九・五メートル未満	三十六・二トン
		九・五メートル以上十一・一メートル未満	三十七・五トン
		十一・一メートル以上	四十四トン
	三	十・三メートル以上十二・八メートル未満	三十七・五トン
		十二・八メートル以上	四十四トン

二　軸重　次の表に掲げる値

総重量	車軸の数 自動車	車軸の数 被けん引車	軸重の最高限度
三十八トン未満	三	三	被けん引車にあつては、十トン以下で最小軸距（メートル）の値に二・三を乗じ五を加えた値（トン）
三十八トン以上	二	三	道路運送車両の保安基準（昭和二十六年運輸省令第六十七号）第四条の二第一項の規定による告示で定める基準を満たすセミトレーラ連結車のうち、自動車にあつては十一・五トン、被けん引車にあつては十トン以下で最小軸距（メートル）の値に二・三を乗じ五を加えた値（トン）、その他のセミトレーラ連結車のうち、被けん引車にあつては十トン以下で最小軸距（メートル）の値に二・三を乗じ五を加えた値（トン）
	三	三	被けん引車にあつては、十トン以下で最小軸距（メートル）の値に二・三を乗じ五を加えた値（トン）

三　輪荷重　次の表に掲げる値

総重量	車軸の数 自動車	車軸の数 被けん引車	輪荷重の最高限度
三十八トン未満	三	三	被けん引車にあつては、五トン以下で最小軸距（メートル）の値に二・三を乗じ五を加え二で除した値（トン）
三十八トン以上	二	三	道路運送車両の保安基準第四条の二第一項の規定による告示で定める基準を満たすセミトレーラ連結車のうち、自動車にあつては五・七五トン、被けん引車にあつては五トン以下で最小軸距（メートル）の値に二・三を乗じ五を加え二で除した値（トン）、その他のセミトレーラ連結車のうち、被けん引車にあつては五トン以下で最小軸距（メートル）の値に二・三を乗じ五を加え二で除した値（トン）
	三	三	被けん引車にあつては、五トン以下で最小軸距（メートル）の値に二・三を乗じ五を加え二で除した値（トン）

（道路の指定等の公示）

第五条　道路管理者は、令第三条第一項第二号イ若しくは第三号若しくは第四項、第五条第一項若しくは第三項、第六条第一項又は第十一条第一項の規定による指定をし、又はその指定を解除しようとする場合は、あらかじめ、次に掲げる事項を公示しなければならない。

一　路線名

二　指定し、又は解除する道路の区間

三　指定し、又は解除する期日

四　その他指定又は解除に関し必要な事項

2　道路管理者は、令第十条第一項又は第二項の規定により通行方法を定めようとする場合は、あらかじめ、当該通行方法を公示しなければならない。

（特殊な車両の認定の手続）

第六条　令第十二条の認定の申請をしようとする者は、別記様式第一による申請書を道路管理者に提出しなければならない。

2　前項の場合において、申請に係る車両が一の都道府県の区域内における二以上の道路管理者の管理に係る道路を通行しようとするものであるときは、一の道路管理者を経由してその者以外の道路管理者に係る同項の申請書を提出することができる。この場合において、当該申請書を受理した道路管理者は、すみやかに他の道路管理者にその者に係る申請書を送付しなければならない。

3　道路管理者は、令第十二条の認定をしたときは、別記様式第二による認定書を交付しなければならない。

（車両の指定）

第七条　令第十四条第一項に規定する国土交通省令で定める車両は、次のとおりとする。

一　災害救助、人命救助（傷病者を緊急に医療機関その他の場所に搬送することを含む。）、水防活動、消火活動又は火災現場への臨場のため使用される車両

二　裁判官又は裁判所の発する令状の執行のため使用される自動車

三　交通の取締りのため使用される自動車

四　警らのため使用される無線自動車

五　被疑者の逮捕、犯罪現場への臨場その他の緊急を要する警察活動のため使用される自動車

六　災害警備その他の警備実施に係る警察部隊活動の訓練のため使用される車両

七　自衛隊法（昭和二十九年法律第百六十五号）第七十六条から第七十九条まで及び第八十一条から第八十四条までの規定による自衛隊の行動のため使用される車両又は自衛隊の部隊若しくは機関の編成若しくは配置若しくは教育訓練のため使用される自衛隊の車両

八　日本国の自衛隊とオーストラリア国防軍との間における相互のアクセス及び協力の円滑化に関する日本国とオーストラリアとの間の協定第八条第一項に規定する協力活動の実施のための要請に基づき使用される公用車両（同協定第一条(e)に規定する公用車両であって、オーストラリアの軍隊に係るものをいう。）

九　日本国の自衛隊とグレートブリテン及び北アイルランド連合王国の軍隊との間における相互のアクセス及び協力の円滑化に関する日本国とグレートブリテン及び北アイルランド連合王国との間の協定第八条第一項に規定する協力活動の実施のための要請に基づき使用される公用車両（同協定第一条(e)に規定する公用車両であって、英国の軍隊に係るものをいう。）

十　緊急を要する火薬類の除去のため使用される車両

十一　緊急を要する事故の発生した航空機、車両等の回収のため使用される車両

十二　人の生命又は身体に危害の生ずるおそれがある緊急の事態における関係者に対する警告のため使用される車両

十三　交通の混乱その他消火活動に著しい支障を及ぼすおそれがある事態において火災の警戒のため配置される消防自動車

十四　火災の発生に伴い人の生命若しくは身体に危害を生ずるおそれがある市街地区域内の特殊防火対象物又は火災の拡大がすみやかである火災危険区域で市町村の作成する消防計画において指定したものに係る消防訓練のため使用される消防自動車

十五　感染症の予防及び感染症の患者に対する医療に関する法律（平成十年法律第百十四号）の規定による感染症の予防及び感染症の患者に対する医療のため使用される車両

十六　新型インフルエンザ等対策特別措置法（平成二十四年法律第三十一号）第二条第二号に規定する新型インフルエンザ等対策のため使用される車両

十七　家畜伝染病予防法（昭和二十六年法律第百六十六号）第二十一条の規定による家畜の死体の焼却又は埋却のために必要となる装置の運搬のため使用される車両

2　令第十四条第二項に規定する国土交通省令で定める車両は、次のとおりとする。

一　郵便法（昭和二十二年法律第百六十五号）に規定する郵便物を配達するため使用される車両でその幅が一・三メートル以下のもの

二　廃棄物の処理及び清掃に関する法律（昭和四十六年法律第百三十七号）第六条の規定による一般廃棄物の収集のため使用される車両

三　霊きゅう車で市町村の運営管理するもの又は緊急に通行することがやむを得ないもの

（二以上の道路の通行の許可を一の道路の道路管理者が行なわない場合）

第八条　道路法（昭和二十七年法律第百八十号。以下「法」という。）第四十七条の二第二項に規定する国土交通省令で定める場合は、同条第一項の申請に係る二以上の道路が市町村道（指定市の市道及び道路法施行令（昭和二十七年政令第四百七十九号）第三十四条第一項又は第三項の規定により国土交通大臣が新設若しくは改築又は維持を行なう道路を除く。）のみである場合とする。

（車両の通行の許可の手続）

第九条　法第四十七条の二第一項の許可の申請をしようとする者は、別記様式第一による申請書を道路管理者に提出しなければならない。

2　前項の申請書には、次に掲げる書類及び図面を添付しなければならない。ただし、道路管理者は、更新若しくは変更の申請であるため又は他の方法により当該書類の内容を確認することができるためその添付の必要がないと認めるときは、その必要がないと認める書類の添付を省略させることができる。

一　道路運送車両法（昭和二十六年法律第百八十五号）による自動車検査証の写し

二　車両の諸元に関する説明書

三　車両内訳書（申請に係る車両の数が二以上である場合に限る。）

四　通行経路図及び通行経路表

五　その他道路管理者が許可を行うにつき必要と認めるもの

3　道路管理者は、法第四十七条の二第一項の許可をしたときは、別記様式第二による許可証を交付しなければならない。

（限度超過車両の通行の許可に係る車両の幅等の基準）

第十条　法第四十七条の三第四項に規定する国土交通省令で定める車両の幅、重量、高さ、長さ及び最小回転半径に関する基準は、次のとおりとする。
一　幅　二・五メートル以下
二　重量　次に掲げる値以下
イ　総重量　次の表の上欄に掲げる車両の種類の区分に応じ、それぞれ同表の下欄に掲げる値

車両の種類	総重量の基準
一　国際海上コンテナの運搬用のセミトレーラ連結車	四十四トン
二　単車（自動車と被けん引車との結合体ではない車両をいう。以下同じ。）及び連結車（前項に掲げるものを除く。）で総重量が二十トンを超え、かつ、幅、軸重、隣り合う車軸に係る軸重の合計、輪荷重、高さ、長さ又は最小回転半径が令第三条第一項に規定する最高限度をこえないもの	令第三条第二項に規定するバン型のセミトレーラ連結車、タンク型のセミトレーラ連結車、幌枠型のセミトレーラ連結車及びコンテナ又は自動車の運搬用のセミトレーラ連結車（ロ及びニにおいて「バン型等のセミトレーラ連結車」という。）並びにフルトレーラ連結車で自動車及び被けん引車がバン型の車両、タンク型の車両、幌枠型の車両又はコンテナ若しくは自動車の運搬用の車両であるものにあっては二十六トン、その他の車両にあっては二十五トン
三　前二項に掲げるもの以外の車両	単車にあっては三十九トン、セミトレーラ連結車、フルトレーラ連結車及びダブルス（自動車と二の被けん引車との結合体であって、二台目の被けん引車及びその積載物の重量が自動車又は一台目の被けん引車によって支えられないものをいう。以下同じ。）にあっては四十四トン

ロ　軸重　バン型等のセミトレーラ連結車、あおり型のセミトレーラ連結車、スタンション型のセミトレーラ連結車、船底型のセミトレーラ連結車及び国際海上コンテナの運搬用のセミトレーラ連結車（自動車の車軸の数が二のものであって、道路運送車両の保安基準第四条の二第一項の規定による告示で定めるものに限る。ニにおいて同じ。）にあっては十一・五トン、その他の車両にあっては十トン
ハ　隣り合う車軸に係る軸重の合計　隣り合う車軸に係る軸距が一・八メートル未満である場合にあっては十八トン（隣り合う車軸に係る軸距が一・三メートル以上であり、かつ、当該隣り合う車軸に係る軸重がいずれも九・五トン以下である場合にあっては、十九トン）、一・八メートル以上である場合にあっては二十トン
ニ　輪荷重　バン型等のセミトレーラ連結車、あおり型のセミトレーラ連結車、スタンション型のセミトレーラ連結車、船底型のセミトレーラ連結車及び国際海上コンテナの運搬用のセミトレーラ連結車にあっては五・七五トン、その他の車両にあっては五トン
三　高さ　四・一メートル以下
四　長さ　次に掲げる値以下
イ　単車にあっては十二メートル
ロ　セミトレーラ連結車にあっては十七メートル（被けん引車の後軸の旋回中心から車体の後面までの距離が三・二メートルから三・八メートルまでの車両にあっては十七・五メートル、三・八メートルから四・二メートルまでの車両にあっては十八メートル）
ハ　フルトレーラ連結車にあっては十九メートル
ニ　ダブルスにあっては二十一メートル
五　最小回転半径　車両の最外側のわだちについて十二メートル以下

（道路の構造に関する情報）
第十一条　法第四十七条の三第四項に規定する国土交通省令で定める道路の構造に関する情報は、幅員、平面線形、上空にある橋梁その他の障害物、交差点の形状、橋梁の強度、通行の規制等に関する情報とする。

（電子情報処理組織の使用）
第十二条　国土交通大臣（指定登録確認機関が登録等事務を行う場合にあっては、指定登録確認機関）は、次の各号に掲げる事項については、電子情報処理組織（情報通信技術を活用した行政の推進等に関する法律（平成十四年法律第百五十一号）第六条第一項に規定する電子情報処理組織をいう。以下この条において同じ。）を使用して行わせるものとする。ただし、電気通信回線の故障、災害その他の理由により電子情報処理組織を使用することが困難であり、かつ、電子情報処理組織を使用しないで次の各号に掲げる事項を行わせることができると認める場合は、この限りでない。
一　法第四十七条の五の規定による申請
二　法第四十七条の七第一項の規定による届出
三　法第四十七条の八第一項の規定による届出
四　法第四十七条の十第一項の規定による確認の求め（以下「確認の求め」という。）

（限度超過車両の登録に係る車両の幅等の基準）
第十三条　法第四十七条の六第一項第一号に規定する国土交通省令で定める車両の幅、重量、高さ、長さ及び最小回転半径に関する基準は、次のとおりとする。
一　幅　三・五メートル以下
二　重量　次に掲げる値以下
イ　フルトレーラ連結車及びダブルスにあっては百六十三・六トン
ロ　セミトレーラ連結車にあっては百四十三・六トン
ハ　イ及びロに規定する車両以外の車両にあっては百三十五・一トン
三　高さ　四・三メートル以下
四　長さ　次に掲げる値以下
イ　フルトレーラ連結車及びダブルスにあっては二十一メートル
ロ　セミトレーラ連結車にあっては二十メートル
ハ　イ及びロに規定する車両以外の車両にあっては十六メートル
五　最小回転半径　車両の最外側のわだちについて十二メートル以下

（通行経路に係る記録の保存の方法の基準）
第十四条 法第四十七条の六第一項第二号に規定する国土交通省令で定める保存の方法の基準は、限度超過車両に搭載された第三条第二号の国土交通大臣が定める基準に適合するＥＴＣ二・〇車載器を用いて行われるものであることとする。

（積載する貨物の重量に係る記録の保存の方法の基準）
第十五条 法第四十七条の六第一項第三号に規定する国土交通省令で定める保存の方法の基準は、積載する貨物の重量並びに当該貨物の積卸しの日時及び場所を明らかにできる書類（通行経路に係る記録と組み合わせてこれらを明らかにできる書類を含む。）を、法第四十七条の十第三項の回答の内容に従って限度超過車両を通行させた日から一年間保存するものであることとする。

（通行可能経路の有無の判定の方法）
第十六条 法第四十七条の十第三項の規定による判定は、法第四十七条の十三第一項に規定するデータベースが整備されている場合にあっては、当該データベースを用いて行うものとする。

（判定基準の策定の方法）
第十七条 法第四十七条の十第四項に規定する判定基準は、限度超過車両の通行の状況及びその将来の見通しその他の事情を勘案して道路の管理上必要と認められる道路について、同条第三項の規定による判定を、数式を用いて算定する方法その他の定型的な方法により直ちに行うことができるよう定めるものとする。

（判定に係る道路の構造に関する情報）
第十八条 法第四十七条の十一第一項に規定する国土交通省令で定める道路の構造に関する情報は、幅員、平面線形、上空にある橋梁その他の障害物、交差点の形状、橋梁の強度及び通行の規制に関する情報並びに法第四十七条の二第一項の規定による許可をした限度超過車両の幅、重量、高さ、長さ及び最小回転半径並びに当該許可に付した条件とする。

（報告の徴収の方法）
第十九条 国土交通大臣は、法第四十七条の十二第二項の規定により報告を求める場合には、報告すべき事項、報告の期限その他必要な事項を明示し、これを行うものとする。

（道路管理者への通知事項）
第二十条 法第四十七条の十二第三項に規定する国土交通省令で定める事項は、次の各号に掲げるものとする。
一 登録車両の通行が法第四十七条の十第三項の回答の内容に従うものであったか否かの別
二 登録車両の通行が前号の回答の内容に従わないものであった場合にあっては、当該登録車両に係る法第四十七条の五第一号から第三号までに掲げる事項並びに当該登録車両が通行した経路及び総重量

（データベースに記録する情報）
第二十一条 法第四十七条の十三第一項第三号に規定する国土交通省令で定める事項は、登録車両の通行経路並びに判定基準に係る道路の路線名及び区間とする。

（公表事項）
第二十二条 法第四十七条の十三第二項に規定する国土交通省令で定める情報は、判定基準に係る道路の路線名及び区間とする。

（指定の申請）
第二十三条 法第四十八条の四十六第一項の規定による指定を受けようとする者（次項第八号において「申請者」という。）は、次に掲げる事項を記載した申請書を国土交通大臣に提出しなければならない。
一 名称及び住所
二 行おうとする道路交通管理業務の範囲
三 道路交通管理業務を行おうとする事務所の所在地
四 道路交通管理業務を開始しようとする年月日
2 前項の申請書には、次に掲げる書類を添付しなければならない。
一 定款及び登記事項証明書
二 最近の事業年度における財産目録及び貸借対照表又はこれらに準ずるもの
三 申請の日の属する事業年度及び翌事業年度における事業計画書及び収支予算書
四 申請に係る意思の決定を証する書類
五 役員の氏名及び略歴を記載した書類
六 現に行っている業務の概要を記載した書類
七 道路交通管理業務の実施に関する計画を記載した書類
八 申請者が法第四十八条の四十七各号に該当しない旨を誓約する書面
九 その他参考となる事項を記載した書類

（名称等の変更の届出）
第二十四条 指定登録確認機関は、法第四十八条の四十八第二項の規定による届出をしようとするときは、次に掲げる事項を記載した届出書を国土交通大臣に提出しなければならない。
一 変更後の指定登録確認機関の名称若しくは住所、指定登録確認機関が行う道路交通管理業務の範囲又は道路交通管理業務を行う事務所の所在地
二 変更しようとする年月日
三 変更の理由

（国土交通大臣による登録等事務の引継ぎ）
第二十五条 国土交通大臣は、法第四十八条の五十第二項に規定する場合及び法第四十八条の五十八第一項の規定により行っている登録等事務を行わないこととする場合にあっては、次に掲げる事項を行わなければならない。
一 登録等事務を指定登録確認機関に引き継ぐこと。
二 登録等事務に関する書類（電磁的記録（電子的方式、磁気的方式その他人の知覚によっては認識することができない方式で作られる記録であって、電子計算機による情報処理の用に供されるものをいう。第二十八条第二項において同じ。）を含む。）を指定登録確認機関に引き継ぐこと。
三 その他国土交通大臣が必要と認める事項

（登録等事務規程の認可の申請等）
第二十六条 指定登録確認機関は、法第四十八条の五十二第一項前段の規定による認可を受けようとするときは、申請書に、当該認可に係る同項に規定する登録等事務規程を添え、これを国土交通大臣に提出しなければならない。
2 指定登録確認機関は、法第四十八条の五十二第一項後段の規定による認可を受けようとするときは、次に掲げる事項を記載した申請書を国土交通大臣に提出しなければならない。
一 変更しようとする事項

二　変更しようとする年月日
三　変更の理由

（登録等事務規程の記載事項）
第二十七条　法第四十八条の五十二条第二項に規定する国土交通省令で定める事項は、次に掲げるものとする。
一　登録等事務を行う時間及び休日に関する事項
二　登録等事務を行う事務所に関する事項
三　登録等事務の実施体制に関する事項
四　登録等事務の実施の方法に関する事項
五　手数料の収納の方法に関する事項
六　登録等事務に関する秘密の保持に関する事項
七　登録等事務に関する帳簿及び書類の管理に関する事項
八　その他登録等事務の実施に関し必要な事項

（帳簿）
第二十八条　法第四十八条の五十三第一項に規定する登録等事務に関する事項で国土交通省令で定めるものは、次に掲げるものとする。
一　登録の申請又は法第四十七条の七第一項若しくは第四十七条の八第一項の規定による届出を受けた年月日
二　登録又は法第四十七条の七第二項の規定による変更の登録を行った年月日
三　登録の内容
四　確認の求めを受けた年月日
五　法第四十七条の十第三項の回答をした年月日及び当該回答の内容
六　法第四十七条の十一第二項又は第三項の規定による判定基準等の提供を受けた年月日
七　法第四十七条の十一第四項の規定による情報の提供の求めを受けた年月日
八　法第四十七条の十一第四項の規定による情報の提供を行った年月日及び当該提供の内容
九　法第四十七条の十二第二項の規定による報告を受けた年月日
十　法第四十七条の十二第三項の規定による通知を行った年月日及び当該通知の内容
十一　その他登録等事務に関し必要な事項

2　前項各号に掲げる事項が、電子計算機に備えられたファイル又は電磁的記録媒体（電磁的記録に係る記録媒体をいう。次項及び次条において同じ。）に記録され、必要に応じ指定登録確認機関において電子計算機その他の機器を用いて明確に紙面に表示されるときは、当該記録をもって法第四十八条の五十三第一項の帳簿（次項において「帳簿」という。）への記載に代えることができる。
3　指定登録確認機関は、帳簿（前項の規定による記録が行われた同項のファイル又は電磁的記録媒体を含む。第三十二条第二号において同じ。）を、登録等事務の全部を廃止するまで保存しなければならない。

（書類の保存）
第二十九条　法第四十八条の五十三第二項に規定する登録等事務に関する書類で国土交通省令で定めるものは、次に掲げるものとする。
一　前条第一項第一号の申請又は届出に係る書類
二　確認の求めに係る書類
三　法第四十七条の十一第二項又は第三項の規定による判定基準等の提供に係る書類
四　法第四十七条の十一第四項の規定による情報の提供の求めに係る書類
五　法第四十七条の十二第二項の規定による報告に係る書類
六　その他国土交通大臣が必要と認める書類
2　前項各号に掲げる書類が、電子計算機に備えられたファイル又は電磁的記録媒体に記録され、必要に応じ指定登録確認機関において電子計算機その他の機器を用いて明確に紙面に表示されるときは、当該記録をもって同項各号に掲げる書類に代えることができる。
3　指定登録確認機関は、第一項の書類（前項の規定による記録が行われた同項のファイル又は電磁的記録媒体を含む。第三十二条第二号において同じ。）を、次の各号に掲げる書類の区分に応じ、当該各号に定める期間保存しなければならない。
一　第一項第一号の書類　法第四十七条の四第三項に規定する登録の有効期間が満了するまでの間
二　第一項第二号及び第四号の書類　法第四十七条の十第三項の回答の日から五年間
三　第一項第三号の書類　登録等事務の全部を廃止するまでの間
四　第一項第五号の書類　法第四十七条の十二第二項の規定による報告を受けた日から五年間
五　第一項第六号の書類　国土交通大臣が定める期間

（不正登録車両の報告）
第三十条　指定登録確認機関は、登録を受けた者が偽りその他不正の手段により当該登録を受けたと思料するときは、直ちに、次に掲げる事項を記載した報告書を国土交通大臣に提出しなければならない。
一　登録車両に係る登録事項
二　偽りその他不正の手段

（登録等事務の休廃止の許可の申請）
第三十一条　指定登録確認機関は、法第四十八条の五十六第一項の規定による許可を受けようとするときは、次に掲げる事項を記載した申請書を国土交通大臣に提出しなければならない。
一　休止し、又は廃止しようとする登録等事務の範囲
二　休止し、又は廃止しようとする年月日及び休止しようとする場合にあっては、その期間
三　休止又は廃止の理由

（指定登録確認機関による登録等事務の引継ぎ）
第三十二条　指定登録確認機関は、法第四十八条の五十八第三項（同条第一項の規定により国土交通大臣が行っている登録等事務を行わないこととする場合を除く。）にあっては、次に掲げる事項を行わなければならない。
一　登録等事務を国土交通大臣に引き継ぐこと。
二　帳簿及び第二十九条第一項の書類を国土交通大臣に引き継ぐこと。
三　その他国土交通大臣が必要と認める事項

（登録の取消しの通知）
第三十三条　国土交通大臣は、指定登録確認機関が登録等事務を行う場合において、法第四十七条の九の規定により登録を取り消したときは、次に掲げる事項を指定登録確認機関に通知するものとする。

一　取消しに係る登録車両の自動車登録番号（道路運送車両法による自動車登録番号をいう。）

二　取消しを受けた者の氏名又は名称及び住所並びに法人にあつては、その代表者の氏名

三　取消しをした年月日

（限度超過車両の所有者等に対する立入検査の証明書）

第三十四条　法第七十二条の二第三項の証明書（国の職員が携帯するものを除く。）は、別記様式第四によるものとする。

附　則

この省令は、公布の日から施行する。

附　則（昭四六・一一・二五建令二五）

（施行期日等）

1　この省令は、昭和四十六年十二月一日から施行する。ただし、この省令による改正後の車両の通行の許可の手続等を定める省令第四条の規定は、昭和四十七年四月一日から適用する。

（経過規定）

2　この省令の施行前にこの省令による改正前の車両制限令施行規則第二条第三項の規定により道路管理者が交付した認定書のうち、道路法等の一部を改正する法律（昭和四十六年法律第四十六号）による改正後の法第四十七条の二第五項の許可証に相当するものは、同項の許可証とみなす。

附　則（昭四七・三・二八建令八）

この省令は、昭和四十七年四月一日から施行する。

附　則（昭四七・一〇・一八建令二七）

この省令は、公布の日から施行する。

附　則（昭五三・一一・一〇建令一七）

1　この省令は、昭和五十三年十二月一日から施行する。

2　申請書、許可証及び認定書の様式については、この省令の規定による改正後の車両の通行の許可の手続等を定める省令（以下「新省令」という。）様式第一の様式にかかわらず、昭和五十四年三月三十一日までの間、なお従前の例によることができる。

3　前項に規定する日までに交付された従前の様式による許可証及び認定書については、新省令様式第一の様式にかかわらず、改正後の様式によるものとみなす。

附　則（平元・三・二七建令三）

この省令は、公布の日から施行する。

附　則（平二・一一・三〇建令一二）

この省令は、貨物運送取扱事業法及び貨物自動車運送事業法の施行の日（平成二年十二月一日）から施行する。

附　則（平五・一一・二五建令一九）

1　この省令は、公布の日から施行する。

2　この省令の施行の際現にある申請書の用紙は、平成六年三月三十一日までの間は、これを取り繕って使用することができる。

附　則（平八・七・一〇建令九）

1　この省令は、公布の日から施行する。

2　この省令の施行の際現にある申請書の用紙は、平成九年三月三十一日までの間は、これを取り繕って使用することができる。

附　則（平一一・一・一一建令一）

この省令は、公布の日から施行する。

附　則（平一二・一一・二〇建令四一抄）

（施行期日）

1　この省令は、内閣法の一部を改正する法律（平成十一年法律第八十八号）の施行の日（平成十三年一月六日）から施行する。

附　則（平一六・三・一五国交令一六）

1　この省令は、平成十六年三月二十九日から施行する。ただし、第二条の改正規定は、公布の日から施行する。

2　申請書、許可証又は認定書の様式については、この省令による改正後の車両の通行の許可の手続等を定める省令（以下「新省令」という。）別記様式第一又は別記様式第二の様式にかかわらず、平成十七年三月三十一日までの間、なお従前の例によることができる。

3　前項に規定する日以前に交付された従前の様式による許可証又は認定書については、同項に規定する日後も新省令別記様式第二による許可証又は認定書とみなす。

附　則（平一七・三・二九国交令二四）

（施行期日）

1　この省令は、行政事件訴訟法の一部を改正する法律〔平成一六年六月法律第八四号〕の施行の日（平成十七年四月一日）から施行する。

（経過措置）

2　この省令の施行前にその期間が満了した高等海難審判庁の裁決に対する訴えの出訴期間の計算については、なお従前の例による。

3　この省令の施行の際現にあるこの省令による改正前の様式による用紙については、当分の間、これを取り繕って使用することができる。

附　則（平一九・八・三国交令七五抄）

（施行期日）

1　この省令は、平成十九年十月一日から施行する。

附　則（平二六・五・二八国交令五二）

この省令は、道路法等の一部を改正する法律〔平成二五年六月法律第三〇号〕附則第一条ただし書に規定する規定の施行の日（平成二十六年五月三十日）から施行する。

附　則（平二七・三・三一国交令一八）

この省令は、平成二十七年五月一日から施行する。ただし、第二条の規定は、同年六月一日から施行する。

附　則（平二八・三・三一国交令二三抄）

1　この省令は、行政不服審査法〔平成二六年六月法律第六八号〕の施行の日（平成二十八年四月一日）から施行する。

附　則（平三〇・九・二八国交令七四）

この省令は、道路法等の一部を改正する法律〔平成三〇年三月法律第六号〕の施行の日（平成三十年九月三十日）から施行する。

附　則（平三一・三・二〇国交令九）

この省令は、公布の日から施行する。

附　則（令元・五・七国交令一）

この省令は、公布の日から施行する。

附　則（令二・一二・二三国交令九八）

（施行期日）

1　この省令は、令和三年一月一日から施行する。

（経過措置）

2　この省令の施行の際現にあるこの省令による改正前の様式による用紙は、当分の間、これを取り繕って使用することが

できる。

附　則（令三・七・九国交令四七）

この省令は、道路法等の一部を改正する法律〔令和二年五月法律第三一号〕附則第一条第二号に掲げる規定の施行の日（令和四年四月一日）から施行する。

附　則（令五・七・六国交令五六）

この省令中、第一条の規定は、日本国の自衛隊とオーストラリア国防軍との間における相互のアクセス及び協力の円滑化に関する日本国とオーストラリアとの間の協定〔令和五年八月条約第九号〕の効力発生の日〔令和五年八月一三日〕から、第二条の規定は、日本国の自衛隊とグレートブリテン及び北アイルランド連合王国の軍隊との間における相互のアクセス及び協力の円滑化に関する日本国とグレートブリテン及び北アイルランド連合王国との間の協定〔令和五年九月条約一一号〕の効力発生の日〔令和五年一〇月一五日〕から施行する。

附　則（令五・一二・二八国交令九八）

この省令は、公布の日から施行する。

附　則（令六・三・二九国交令二六抄）

（施行期日）

第一条　この省令は、令和六年四月一日から施行する。〔後略〕

様式第一〔第６条・第９条〕

（用紙Ａ４）

受付番号	

許可
特殊車両通行　　申請書　（　　　）
認定

道路管理者
殿

年　月　日

通行開始日	年　月　日
通行終了日	年　月　日

住所

会社名・氏名

代表者名　　　　TEL

担当者名　　　　TEL

車種区分	
車両番号等	車名及び型式
他　　台	
他　　台	

積載貨物	幅	高さ	長さ
	品名		

軸種数	

車両諸元	総重量	最遠軸距	最小隣接軸距	隣接軸重	長さ
	kg	cm	cm	kg	cm
	幅	高さ	最小回転半径	最大軸重	最大輪荷重
	cm	cm	cm	kg	kg

通行区分		通行経路数	

更新又は変更経緯					
申請内容	年月日	許可番号	車両台数	総通行経路数	変更事由
新規時			／		
前回			／		

様式第二〔第６条・第９条〕

許可
特殊車両通行　　申請書（　　　　）
認定

年　月　日

通行開始日	年　月　日
通行終了日	年　月　日

住所
会社名・氏名
代表者名　　TEL
担当者名　　TEL

車種区分	
車両番号等	車名及び型式
他　台	
他　台	

積載貨物	幅	高さ	長さ
	品名		

軸種数	

車両諸元	総重量	最遠軸距	最小隣接軸距	隣接軸重	長さ
	kg	cm	cm	kg	cm
	幅	高さ	最小回転半径	最大軸重	最大輪荷重
	cm	cm	cm	kg	kg

通行区分		通行経路数	

更　新　又　は　変　更　経　緯					
申請内容	年月日	許可番号	車両台数	総通行経路数	変更事由
新規時			／		
前回			／		

特殊車両通行 許可証／認定書

第　　号
年　月　日

上記の通り許可／認定する。ただし、別紙の条件に従うこと。

許可証／認定書の有効期間	自：　年　月　日
	至：　年　月　日

道路管理者

〔Ｉ〕許可証又は認定書（以下「本証」という。）の取扱上の注意事項

1．本証の交付を受けた者は、通行中本証を当該車両に備え付けなければならない。

2．本証は、本証に記載された車両以外の車両には使用することはできない。

3．通行に際し、本証に記載されている通行条件、通行経路等は厳守しなければならない。

4．通行条件等に関し、道路管理者等から措置命令を受けた場合には、それに従わなければならない。

5．本証に記載されている車両諸元、通行経路等に変更があった場合には、道路管理者に変更の申請を行い、許可を得なければならない。

6．以上の各事項に違反した場合には、道路法の規定に基づき懲役又は罰金の刑に処せられることがある。

〔Ⅱ〕審査請求又は処分の取消しの訴え

この特殊車両通行許可又は認定について不服があるときは、行政不服審査法の定めるところにより、本証を受け取つた日の翌日から起算して３か月以内に　　　　　　に、審査請求することができる（なお、本証を受け取つた日の翌日から起算して３か月以内であつても、処分の日から１年を経過すると審査請求することができなくなる。）。また、行政事件訴訟法の定めるところにより、本証を受け取つた日（当該処分につき、審査請求した場合においては、これに対する裁決の送達を受けた日）の翌日から起算して６か月以内に、　　　　　　を被告として（訴訟において　　　　　　を代表する者は　　　　　　となる。）、処分の取消しの訴えを提起することができる（なお、本証を受け取つた日又は裁決の送達を受けた日の翌日から起算して６か月以内であつても、処分の日又は裁決の日から１年を経過すると処分の取消しの訴えを提起することができなくなる。）。

様式第三　削除

様式第四〔第34条〕

（表）

第　　　　号
官職
氏名

道路法
第72条の２第３項の立入検査員証
（第72条の２第２項関係）

道路管理者　印

年　月　日発行
年　月　日限り有効

九センチメートル　六・五センチメートル

（裏）

道路法（抜粋）

（報告及び立入検査）
第七十二条の二　（略）
２　道路管理者は、第四十七条第二項及び第三項並びに第七十一条第一項（第四十七条第二項若しくは第三項又は第四十七条の二第一項の規定に係る場合に限る。）の規定の施行に必要な限度において、国土交通省令で定めるところにより、限度超過車両を所有し、若しくは通行させる者に対し、道路管理上必要な報告をさせ、又はその職員に、限度超過車両の所在する場所若しくは限度超過車両を所有し、若しくは通行させる者の事務所その他の事業場に立ち入り、限度超過車両の通行経路、通行時間その他の通行の方法の記録その他の物件を検査させることができる。
３　前二項の規定により立入検査をする職員は、その身分を示す証明書を携帯し、関係人の請求があつたときは、これを提示しなければならない。
４　第一項及び第二項の規定による立入検査の権限は、犯罪捜査のために認められたものと解釈してはならない。

第百六条　次の各号のいずれかに該当する者は、三十万円以下の罰金に処する。
一　（略）
二　第七十二条の二第一項又は第二項の規定に違反して、報告をせず、若しくは虚偽の報告をし、又はこれらの規定による検査を拒み、若しくは妨げた者

○道路整備事業に係る国の財政上の特別措置に関する法律

（昭和三十三年三月三十一日法律第三十四号）

沿革　（前略）昭四〇法一五六、昭四二法五二、昭四五法六三、昭四八法三六、昭四九法九八、昭五三法一六、昭五八法二一、昭六〇法二五・三七、昭六一法二・四六、昭六三法八、平元法一二、平三法一五、平五法八・一六、平一〇法三三、平一一法一六〇、平一五法二一、平二〇法三一、平二一法二八、平二三法四二・一〇五、平二五法三〇、平二六法五三・六七、平三〇法六、令二法三一、令五法四三改正

（目的）

第一条　この法律は、道路（道路法（昭和二十七年法律第百八十号）による道路をいう。以下同じ。）の交通の安全の確保とその円滑化を図るとともに、生活環境の改善に資するため、道路の改築に関する国の負担又は補助の割合の特例その他道路整備事業（道路の新設、改築、維持及び修繕に関する事業（道路の新設又は改築（電線共同溝の整備等に関する特別措置法（平成七年法律第三十九号）第二条第三項に規定する電線共同溝（第四条第一項において単に「電線共同溝」という。）に係るものに限る。）に密接に関連する事業を含む。）並びに道路の占用に関する工事（道路法第三十二条第一項第三号に掲げる自動運行補助施設（第五条第一項において単に「自動運行補助施設」という。）に係るものに限る。）に関する事業をいう。）に係る国の財政上の特別措置を定め、もつて国民経済の健全な発展と国民生活の向上に寄与することを目的とする。

（国の負担又は補助の割合の特例）

第二条　平成三十年度以降十箇年間における地方公共団体に対する道路の舗装その他の改築又は修繕に関する国の負担又は補助の割合については、道路法（第八十八条を除く。）及び土地区画整理法（昭和二十九年法律第百十九号）の規定にかかわらず、十分の七（土地区画整理事業に係るものにあつては、十分の五・五）の範囲内で、政令で特別の定めをすることができる。

※　「政令」＝令一―三

（国土交通大臣が行う都道府県道又は市町村道に係る工事に関する費用負担の特例）

第三条　道路法第十七条第六項の規定により国土交通大臣が行う都道府県道又は市町村道を構成する施設又は工作物の改築又は修繕に関する工事（都道府県又は市町村が自ら当該工事を行うこととした場合に前条の規定その他の同法以外の法律の規定（以下この条において「他法律の規定」という。）により国が当該工事に要する費用について補助することができる工事に限る。）に要する費用は、道路法第五十一条第一項及び第二項の規定にかかわらず、国が補助金相当額（都道府県又は市町村が自ら当該工事を行うこととした場合に他法律の規定により国が当該都道府県又は市町村に補助することができる金額に相当する額をいう。以下この条において同じ。）を、当該都道府県又は市町村が当該工事に要する費用の額から補助金相当額を控除した額を負担する。

（電線共同溝への電線の敷設工事に係る資金の貸付け）

第四条　国は、都道府県又は市町村が道路法第三十七条第一項の規定により指定された道路の区域又は同法第四十八条の二十第一項若しくは第三項の規定により指定された歩行者利便増進道路の区域において建設される電線共同溝に係る電線共同溝の占用予定者（電線共同溝の整備等に関する特別措置法第五条第二項に規定する電線共同溝の占用予定者をいう。）に対し電線共同溝への電線の敷設工事（これに附帯する工事を含む。）に要する費用に充てる資金を無利子で貸し付ける場合において、その貸付けの条件が次項の政令で定める基準に適合しているときは、当該貸付けに必要な資金の一部を無利子で当該都道府県又は市町村に貸し付けることができる。

2　前項に規定する国の貸付金及び同項の規定による国の貸付けに係る都道府県又は市町村の貸付金に関する償還方法その他必要な貸付けの条件の基準については、政令で定める。

※　2項「政令」＝令四

（自動運行補助施設の設置工事に係る資金の貸付け）

第五条　国は、都道府県又は市町村が道路法第三十二条第一項又は第三項の規定による許可を受けて自動運行補助施設を設置しようとする者に対し自動運行補助施設の設置工事に要する費用に充てる資金を無利子で貸し付ける場合において、その貸付けの条件が次項の政令で定める基準に適合しているときは、当該貸付けに必要な資金の一部を無利子で当該都道府県又は市町村に貸し付けることができる。

2　前項に規定する国の貸付金及び同項の規定による国の貸付けに係る都道府県又は市町村の貸付金に関する償還方法その他必要な貸付けの条件の基準については、政令で定める。

※　2項「政令」＝令五

（特定連絡道路に関する工事に係る資金の貸付け）

第六条　国は、都道府県又は市町村が特定連絡道路工事施行者（道路法第二十四条の規定により特定連絡道路の道路管理者の承認を受けて当該特定連絡道路に関する工事を行おうとする者であつて国土交通大臣が政令で定める要件に適合すると認めるものをいう。）に対し当該工事に要する費用に充てる資金を無利子で貸し付ける場合において、その貸付けの条件が第三項の政令で定める基準に適合しているときは、当該貸付けに必要な資金の一部を無利子で当該都道府県又は市町村に貸し付けることができる。

2　前項の「特定連絡道路」とは、道路法第四十八条の十七第一項の規定により指定された重要物流道路（高速自動車国道又は自動車専用道路であるものに限る。）と商業施設、レクリエーション施設その他の施設でその利用者のうち相当数の者が当該重要物流道路を通行するものとを連絡する道路（他の道路と平面で交差するものを除く。）であつて、当該重要物流道路と他の連絡道路（当該重要物流道路と当該施設とを連絡する道路をいう。）が連結する部分における交通の混雑を緩和するために整備されるものをいう。

3　第一項の規定による国の貸付金及び当該貸付金に係る同項の規定による都道府県又は市町村の貸付金に関する償還方法その他必要な貸付けの条件の基準については、政令で定める。

※　1・3項「政令」＝令六・七

（高速道路利便増進事業のための一般会計における独立行政法人日本高速道路保有・債務返済機構の債務の承継等）

第七条　政府は、独立行政法人日本高速道路保有・債務返済機構（以下「機構」という。）の債務の負担の軽減により、高速道路利便増進事業のために必要となる高速道路貸付料（独立行政法人日本高速道路保有・債務返済機構法（平成十六年法律第百号。以下「機構法」という。）第十三条第一項第六号に規定する貸付料をいう。以下この条において同じ。）の額の減額を機構が行うこととした場合における機構法第十二条第一項第二号及び第三号の業務の確実かつ円滑な実施のために必要なその財政基盤の確保を図るため、平成二十一年三月三十一日までの間で国土交通大臣が財務大臣と協議して定める日（以下「承継日」という。）において、承継日における次に掲げる機構の債務（以下「機構債務」という。）で第四項の同意（第八項の変更の同意を含む。）を得た次項の計画（以下「同意計画」という。）に定められたものを、一般会計において承継する。

一　長期借入金に係る債務及び当該債務に係る利息（承継日以前に発生している利息のうち、承継日以後に支払われることとされているものに限る。）に係る債務

二　日本高速道路保有・債務返済機構債券及び日本道路公団等民営化関係法施行法（平成十六年法律第百二号）第十六条第二項に規定する道路債券等（以下「機構債券等」という。）に係る債務（承継日前に支払期が到来した利息に係るものを除く。）

2　機構及び高速道路株式会社法（平成十六年法律第九十九号）第一条に規定する会社（以下この条において単に「会社」という。）は、共同して、当該会社が道路整備特別措置法（昭和三十一年法律第七号）の規定に基づき管理を行っている高速道路（高速道路株式会社法第二条第二項に規定する高速道路をいう。以下この条において同じ。）（当該高速道路について二以上の会社が管理を行う場合にあっては、それぞれその会社が管理を行う高速道路の各部分。以下この項及び第四項において同じ。）に係る高速道路利便増進事業に関し、次に掲げる事項を定めた計画を作成し、国土交通大臣に協議し、その同意を求めるものとする。

一　当該高速道路について特に必要と認められる高速道路利便増進事業に関する事項

二　前号の高速道路利便増進事業のために必要となる機構による高速道路貸付料の額の減額に関する事項

三　前項の規定により一般会計に承継された機構債務に関する事項及び東日本大震災に対処するために必要な財源の確保を図るための特別措置に関する法律（平成二十三年法律第四十二号）第五条第一項に規定する高速道路機構の特別国庫納付金額（第四項において単に「特別国庫納付金額」という。）に関する事項

四　計画期間

五　その他国土交通省令で定める事項

3　機構及び会社は、前項の計画を作成しようとするときは、あらかじめ、国民の意見を反映させるために必要な措置を講じなければならない。

4　国土交通大臣は、第二項の計画が次に掲げる基準に適合すると認める場合に限り、これに同意をすることができる。

一　当該計画の実施が当該高速道路の通行者及び利用者の利便の増進並びに機構法第十三条第一項第九号に規定する徴収期間を通じた高速道路料金（同号に規定する料金をいう。第十項第二号において同じ。）の額の合計額を減少させることによる当該高速道路の通行者及び利用者の負担の軽減を図る上で適切かつ効果的であると認められること。

二　当該計画の実施が当該高速道路を含む道路の交通の安全の確保とその円滑化を図る上で適切かつ効果的であると認められること。

三　当該計画の実施による第二項第二号に規定する高速道路貸付料の額の減額の額が、第一項の措置による機構債務の負担の軽減額から特別国庫納付金額の納付による機構の負担の増加額を減じた額に見合う額となるものであると認められること。

四　当該計画の実施のため必要となる機構法第十三条第一項に規定する協定の変更の案について機構及び当該会社が合意していることその他確実かつ円滑に実施されると見込まれるものであること。

5　国土交通大臣は、前項の同意をしようとするときは、あらかじめ、財務大臣に協議しなければならない。

6　機構及び会社は、第二項の計画について第四項の同意を得たときは、遅滞なく、これを公表しなければならない。

7　機構は、第二項の計画を作成するために必要があると認めるときは、第一項第二号に掲げる債務に係る機構債券等のうち社債、株式等の振替に関する法律（平成十三年法律第七十五号。以下「社債等振替法」という。）の規定の適用があるものを取り扱うことについて社債等振替法第十三条第一項の同意を与えた振替機関（社債等振替法第二条第二項に規定する振替機関をいう。以下同じ。）及び当該振替機関の下位機関（社債等振替法第二条第九項に規定する下位機関をいう。以下同じ。）に対し、資料又は情報の提供その他必要な協力を求めることができる。

8　機構及び会社は、第四項の同意を得た第二項の計画の変更をしようとするときは、国土交通大臣に協議し、その同意を得なければならない。この場合においては、第三項から前項までの規定を準用する。

9　国土交通大臣は、承継日を定めたときは、これを公示しなければならない。これを変更したときも、同様とする。

10　第一項及び第二項の「高速道路利便増進事業」とは、次に掲げる事業又は事務であって、会社が行うものをいう。

一　高速道路のうち当該高速道路と道路（高速道路を除く。）とを連結する部分で国土交通省令で定めるものの整備に関する事業（これに附帯する高速道路の車線の増設に関する事業その他の事業を含む。）であって、高速道路の通行者及び利用者の利便の増進のため必要と認められるもの

二　高速道路の区間を限った特別な高速道路料金の額の設定（機構法第十三条第一項第九号に規定する徴収期間を通じた高速道路料金の額の合計額を減少させることにより高速道路の通行者及び利用者の負担の軽減を図るものに限る。）であって、当該高速道路を含む道路の自動車交通の円滑化のため必要と認められるもの

（政府が承継した機構債券等に係る国債に関する法律の適用等）

第八条　前条第一項の規定により政府が承継した同項第二号に

掲げる債務に係る機構債券等については、国債に関する法律（明治三十九年法律第三十四号。第六条及び第八条を除く。）、社債等振替法、特別会計に関する法律（平成十九年法律第二十三号）その他の法令中国債に関する規定を適用し、次の各号に掲げる機構債券等の区分に応じ、それぞれ当該各号に定める法律の規定は、適用しない。

一　日本高速道路保有・債務返済機構債券　機構法第二十二条（第三項及び第四項を除く。）

二　日本道路公団等民営化関係法施行法第十六条第二項に規定する道路債券等　同条第一項

2　機構は、前条第四項の同意（同条第八項の変更の同意を含む。）を得たときは、直ちに、当該同意計画に定められた同条第二項第三号に規定する機構債務に係る機構債券等のうち社債等振替法の規定の適用があるもの（以下この条において「振替機構債券等」という。）を取り扱うことについて社債等振替法第十三条第一項の同意を与えた振替機関（以下この条において「同意振替機関」という。）に対し、振替機構債券等の種類及び当該種類ごとの金額その他振替機構債券等に関し国土交通省令で定める事項（次項において「振替機構債券等の種類等」という。）を通知するとともに、社債等振替法第二条第五項に規定する振替機関等（以下この条において単に「振替機関等」という。）が振替機構債券等の振替を行うための口座を開設した者（以下この条において「特定加入者」という。）の氏名又は名称その他前条第一項の規定による振替機構債券等に係る機構債務の承継のために必要なものとして国土交通省令で定める事項（以下この条において「特定加入者の氏名等」という。）について報告を求めなければならない。

3　前項の通知を受けた同意振替機関は、直ちに、その直近下位機関（社債等振替法第二条第八項に規定する直近下位機関をいう。以下この条において同じ。）に対し、振替機構債券等の種類等を通知するとともに、特定加入者の氏名等について報告を求めなければならない。

4　前項の規定は、同項（この項において準用する場合を含む。）の通知があつた場合における当該通知を受けた口座管理機関（社債等振替法第二条第四項に規定する口座管理機関をいう。以下この条において同じ。）について準用する。

5　第二項又は第三項（前項において準用する場合を含む。）の規定による報告を求められた同意振替機関、直近下位機関及び口座管理機関は、速やかに、当該報告をしなければならない。その報告をした特定加入者の氏名等に変更があつたときも、同様とする。

6　機構は、前項の規定による報告を受けたときは、速やかに特定加入者に対し、承継日の二十日前までに機構に対し振替機関等により当該特定加入者のために開設された振替機構債券等の承継日以後における振替を行うための口座（当該口座の必要がないときは、その旨）を通知すべき旨を通知しなければならない。

7　振替機構債券等については、承継日の一月前の日から承継日までの間、社債等振替法第百二十条において準用する社債等振替法第七十条第一項又は第七十一条第一項の振替又は抹消の申請（相続、遺贈、合併その他これらに準ずる事由による振替又は抹消の申請を除く。）その他社債等振替法又は社債等振替法に基づく政令の規定による申請であつて政令で定めるものをすることができない。

8　機構は、承継日の二十日前までに、次に掲げる事項を財務大臣及び国土交通大臣に通知するものとする。

一　振替機構債券等の名称

二　特定加入者の氏名又は名称

三　特定加入者ごとの振替機構債券等（当該特定加入者が質権者である場合におけるその質権の目的である振替機構債券等を除く。）の金額

四　特定加入者が質権者であるときは、その旨及び質権の目的である振替機構債券等の金額

五　特定加入者が信託の受託者であるときは、その旨並びに第三号及び前号の金額のうち信託財産であるものの金額

六　特定加入者から通知を受けた第六項の口座（当該通知がないときは、特定加入者から同項の口座の必要がない旨の通知を受けた場合を除き、機構が次項に規定する振替機関又は当該振替機関の下位機関から特定加入者のために開設を受けた振替機構債券等の承継日以後における振替を行うための口座）

七　その他前条第一項の規定による振替機構債券等に係る機構債務の承継のために必要な事項

9　財務大臣は、前項の通知を受けたときは、承継日の二週間前までに、国が社債等振替法第十三条第一項の同意を与えた振替機関に対し、次に掲げる事項を通知しなければならない。

一　前項第二号から第六号までに掲げる事項

二　振替機構債券等の承継日以後における名称及び記号

三　その他振替機構債券等の承継日以後における振替のために必要な事項

10　前項の通知を受けた振替機関は、承継日までに、当該通知に係る振替機構債券等について、次に掲げる措置を執らなければならない。

一　当該振替機関が第八項第六号の口座を開設したものである場合には、次に掲げる措置

イ　当該口座の第八項第三号に掲げる事項を記載し、又は記録する欄における当該口座の特定加入者に係る同号の金額の増額の記載又は記録

ロ　当該口座の第八項第四号に掲げる事項を記載し、又は記録する欄における当該口座の特定加入者に係る同号の金額の増額の記載又は記録

ハ　当該口座の第八項第五号の信託財産であるものの金額の増額の記載又は記録

ニ　当該口座の特定加入者に対する第八項第六号に掲げる口座に関する事項及びイからハまでの記載又は記録に関する事項の通知

二　当該振替機関が第八項第六号の口座を開設したものでない場合には、次に掲げる措置

イ　その直近下位機関であつて特定加入者の上位機関（社債等振替法第二条第七項に規定する上位機関をいう。）であるものの口座（当該口座管理機関又はその下位機関の特定加入者が振替機構債券等についての権利を有するものを記載し、又は記録する口座に限る。）における特定加入者に係る第八項第三号の金額及び同項第四号の金額の合計額の増額の記載又は記録

ロ　イの直近下位機関に対する前項第一号及び第二号に掲

げる事項の通知

11　前項の規定は、同項第二号ロ（この項において準用する場合を含む。）の通知があつた場合における当該通知を受けた口座管理機関について準用する。

12　承継日以後における社債等振替法の国債に関する規定の適用については、振替機構債券等は社債等振替法第九十一条第三項第二号ニに掲げる振替国債と、第十項（前項において準用する場合を含む。）の規定による記載又は記録は当該振替国債についての社債等振替法第九十二条第二項（同条第三項において準用する場合を含む。）の規定による記載又は記録とみなす。

13　振替機関等は、承継日に、当該振替機関等が備える振替口座簿（社債等振替法第十二条第三項又は第四十五条第二項に規定する振替口座簿をいう。）中の振替機構債券等についての記載又は記録がされている口座において、当該振替機構債券等についての記載又は記録（第十項（第十一項において準用する場合を含む。）の規定による記載又は記録を除く。）の全部を抹消するものとする。

14　前各項に定めるもののほか、前条第一項の規定による債務の承継に関し必要な事項は、政令で定める。

※7項「政令」＝令八

附　則

1　この法律は、昭和三十三年四月一日から施行する。

2　道路整備費の財源等に関する臨時措置法（昭和二十八年法律第七十三号。以下「旧法」という。）は、廃止する。

3　同意計画に定められた第四条第二項第三号に規定する機構債務に係る機構債券等のうち、承継日において現に証券決済制度等の改革による証券市場の整備のための関係法律の整備等に関する法律（平成十四年法律第六十五号）附則第三条の規定によりなおその効力を有することとされる同法第三条の規定による廃止前の社債等登録法（昭和十七年法律第十一号）の規定による登録を受けているものについては、承継日に、当該登録を行つている登録機関は、当該登録の抹消を行うとともに、当該登録を受けている事項を日本銀行に通知するものとする。

4　日本銀行は、前項の通知を受けたときは、当該通知を受けた事項の登録を行うものとする。

5　前項の規定による登録は、国債に関する法律の規定による登録とみなす。

6　附則第三項に規定する機構債券等については、承継日以後二週間、国債の登録（相続、遺贈、合併その他これらに準ずる事由による移転の登録を除く。）を請求することができない。国債の登録の除却についても、同様とする。

附　則（昭四五・五・一六法六三抄）

1　この法律は、公布の日から施行する。

附　則（昭四八・六・二一法三六抄）

1　この法律は、公布の日から施行する。

附　則（昭四九・六・二六法九八抄）

（施行期日）

第一条　この法律は、公布の日から施行する。

附　則（昭五三・三・三一法一六抄）

（施行期日）

1　この法律は、昭和五十三年四月一日から施行する。〔後略〕

（昭和五十三年度における道路整備費の財源の特例）

2　昭和五十三年度における第一条の規定による改正後の道路整備緊急措置法第三条の規定の適用については、同条第一項中「次の各号に掲げる額の合算額」とあるのは、「第一号に掲げる額」とする。

附　則（昭五八・三・三一法二一抄）

（施行期日）

1　この法律は、昭和五十八年四月一日から施行する。〔後略〕

附　則（昭六〇・四・二三法二五抄）

（施行期日）

1　この法律は、公布の日から施行〔中略〕する。

〔昭六〇・五・一八法三七抄〕

（地方公共団体に対する財政金融上の措置）

第六十条　国は、この法律の規定（第十一条の規定を除く。）による改正後の法律の規定により昭和六十年度予算に係る国の負担又は補助の割合の引下げ措置の対象となる地方公共団体に対し、その事務又は事業の執行及び財政運営に支障を生ずることのないよう財政金融上の措置を講ずるものとする。

附　則（昭六〇・五・一八法三七抄）

（施行期日等）

1　この法律は、公布の日から施行する。

2　この法律による改正後の法律の昭和六十年度の特例に係る規定は、同年度の予算に係る国の負担又は補助（昭和五十九年度以前の年度における事務又は事業の実施により昭和六十年度に支出される国の負担又は補助及び昭和五十九年度以前の年度の国庫債務負担行為に基づき昭和六十年度に支出すべきものとされた国の負担又は補助を除く。）並びに同年度における事務又は事業の実施により昭和六十一年度以降の年度に支出される国の負担又は補助、昭和六十年度の国庫債務負担行為に基づき昭和六十一年度以降の年度に支出すべきものとされる国の負担又は補助及び昭和六十年度の歳出予算に係る国の負担又は補助で昭和六十一年度以降の年度に繰り越されるものについて適用し、昭和五十九年度以前の年度における事務又は事業の実施により昭和六十年度に支出される国の負担又は補助、昭和五十九年度以前の年度の国庫債務負担行為に基づき昭和六十年度に支出すべきものとされた国の負担又は補助及び昭和五十九年度以前の年度の歳出予算に係る国の負担又は補助で昭和六十年度に繰り越されたものについては、なお従前の例による。

附　則（昭六一・二・一九法二抄）

1　この法律は、公布の日から施行する。

附　則（昭六一・五・八法四六抄）

1　この法律は、公布の日から施行する。

2　この法律〔中略〕による改正後の法律の昭和六十一年度から昭和六十三年度までの各年度の特例に係る規定並びに昭和六十一年度及び昭和六十二年度の特例に係る規定は、昭和六十一年度から昭和六十三年度までの各年度（昭和六十一年度及び昭和六十二年度の特例に係るものにあつては、昭和六十一年度及び昭和六十二年度。以下この項において同じ。）の予算に係る国の負担（当該国の負担に係る都道府県又は市町村の負担を含む。以下この項において同じ。）又は補助（昭和六十年度以前の年度における事務又は事業の実施により昭和六十一年度以降の年度に支出される国の負担又は補助及び昭和六十年度以前の年度の国庫債務負担行為に基づき昭和六十一年度以降の年度に支出すべきものとされた国の負担又は補助を除く。）並びに昭和六十一年度から昭和六十三年度までの各年度における事務又は事業の実施により昭和六十四年度（昭和六十一年度及び昭和六十二年度の特例に係るものにあつては、昭和六十三年度。以下この項において同じ。）以降の年度に支出される国の負担又は補助、昭和六十一年度から昭和六十三年度までの各年度の国庫債務負担行為に基づき昭和六十四年度以降の年度に支出すべきものとされる国の負担又は補助及び昭和六十一年度から昭和六十三年度までの各年度の歳出予算に係る国の負担又は補助で昭和六十四年度以降の年度に繰り越されるものについて適用し、昭和六十年度以前の年度における事務又は事業の実施により昭和六十一年度以降の年度に支出される国の負担又は補助、昭和六十年度以前の年度の国庫債務負担行為に基づき昭和六十一年度以降の年度に支出すべきものとされた国の負担又は補助及び昭和六十年度以前の年度の歳出予算に係る国の負担又は補助で昭和六十一年度以降の年度に繰り越されたものについては、なお従前の例による。

附　則（昭六三・三・三一法八抄）

（施行期日）

1　この法律は、昭和六十三年四月一日から施行する。〔後略〕

（昭和六十三年度及び昭和六十四年度における地方道路整備臨時交付金の総額の特例）

2　昭和六十三年度及び昭和六十四年度における第一条の規定による改正後の道路整備緊急措置法第五条第二項の規定の適用については、同項中「予算額（当該年度の前々年度の揮発油税の収入額の予算額が同年度の揮発油税の収入額の決算額に不足するときは、当該不足額を加算し、当該予算額が当該決算額を超えるときは、当該超える額を控除した額）」とあるのは、「予算額」とする。

〔平元・四・一〇法二二抄〕

（地方公共団体に対する財政金融上の措置）

第四十八条　国は、この法律の規定（第十一条、第十二条、第十六条から第二十八条まで及び第三十四条の規定を除く。）による改正後の法律の規定により平成元年度及び平成二年度の予算に係る国の負担又は補助の割合の引下げ措置の対象となる地方公共団体に対し、その事務又は事業の執行及び財政運営に支障を生ずることのないよう財政金融上の措置を講ずるものとする。

附　則（平元・四・一〇法二二抄）

（施行期日等）

1　この法律は、公布の日から施行する。

2　この法律（第十一条、第十二条及び第三十四条の規定を除く。）による改正後の法律の平成元年度及び平成二年度の特例に係る規定並びに平成元年度の特例に係る規定は、平成元年度及び平成二年度（平成元年度の特例に係るものにあつては、平成元年度。以下この項において同じ。）の予算に係る国の負担（当該国の負担に係る都道府県又は市町村の負担を含む。以下この項及び次項において同じ。）又は補助（昭和六十三年度以前の年度における事務又は事業の実施により平成元年度以降の年度に支出される国の負担及び昭和六十三年度以前の年度の国庫債務負担行為に基づき平成元年度以降の年度に支出すべきものとされた国の負担又は補助を除く。）並びに平成元年度及び平成二年度における事務又は事業の実施により平成三年度（平成元年度の特例に係るものにあつては、平成二年度。以下この項において同じ。）以降の年度に支出される国の負担、平成元年度及び平成二年度の国庫債務負担行為に基づき平成三年度以降の年度に支出すべきものとされる国の負担又は補助並びに平成元年度及び平成二年度の歳出予算に係る国の負担又は補助で平成三年度以降の年度に繰り越されるものについて適用し、昭和六十三年度以前の年度における事務又は事業の実施により平成元年度以降の年度に支出される国の負担、昭和六十三年度以前の年度の国庫債務負担行為に基づき平成元年度以降の年度に支出すべきものとされた国の負担又は補助及び昭和六十三年度以前の年度の歳出予算に係る国の負担又は補助で平成元年度以降の年度に繰り越されたものについては、なお従前の例による。

附　則（平三・三・三〇法一五）

沿革　平五法八改正

1　この法律は、平成三年四月一日から施行する。

2　この法律（第十一条及び第十九条の規定を除く。）による改正後の法律の平成三年度及び平成四年度の特例に係る規定並びに平成三年度の特例に係る規定は、平成三年度及び平成四年度（平成三年度の特例に係るものにあつては平成三年度。以下この項において同じ。）の予算に係る国の負担（当該国の負担に係る都道府県又は市町村の負担を含む。以下この項において同じ。）又は補助（平成二年度以前の年度における事務又は事業の実施により平成三年度以降の年度に支出される国の負担及び平成二年度以前の年度の国庫債務負担行為に基づき平成三年度以降の年度に支出すべきものとされた国の負担又は補助を除く。）並びに平成三年度及び平成四年度における事務又は事業の実施により平成五年度（平成三年度の特例に係るものにあつては平成四年度とする。以下この項において同じ。）以降の年度に支出される国の負担、平成三年度及び平成四年度の国庫債務負担行為に基づき平成五年度以降の年度に支出すべきものとされる国の負担又は補助並びに平成三年度及び平成四年度の歳出予算に係る国の負担又は補助で平成五年度以降の年度に繰り越されるものについて適用し、平成二年度以前の年度における事務又は事業の実施により平成三年度以降の年度に支出される国の負担、平成二年度以前の年度の国庫債務負担行為に基づき平成三年度以降の年度に支出すべきものとされた国の負担又は補助及び平成二年度以前の年度の歳出予算に係る国の負担又は補助で平成三年度以降の年度に繰り越されたものについては、なお従前の例による。

附　則（平五・三・三一法八抄）

（施行期日等）

1　この法律は、平成五年四月一日から施行する。

附　則（平五・三・三一法一六抄）

（施行期日）

1　この法律は、平成五年四月一日から施行する。〔後略〕

（経過措置）

2　この法律による改正後の道路整備緊急措置法及び奥地等産業開発道路整備臨時措置法の規定は、平成五年度以降の年度の予算に係る国の負担又は補助（平成四年度以前の年度の国庫債務負担行為に基づき平成五年度以降の年度に支出すべきものとされた国の負担又は補助を除く。）について適用し、平成四年度以前の年度の国庫債務負担行為に基づき平成五年度以降の年度に支出すべきものとされた国の負担又は補助及び平成四年度以前の年度の歳出予算に係る国の負担又は補助で平成五年度以降の年度に繰り越されたものについては、なお従前の例による。

附　則（平一〇・三・三一法三三抄）

（施行期日）

1　この法律は、平成十年四月一日から施行する。〔後略〕

（平成十年度における道路整備費の財源等の特例）

2　平成十年度における第一条の規定による改正後の道路整備緊急措置法第三条第一項及び第五条第二項の規定の適用については、同法第三条第一項中「次に掲げる額の合算額」とあるのは「第一号に掲げる額」と、同法第五条第二項中「予算額（当該年度の前々年度の揮発油税の収入額の予算額が同年度の揮発油税の収入額の決算額に不足するときは、当該不足額を加算し、当該予算額が当該決算額を超えるときは、当該超える額を控除した額）」とあるのは「予算額」とする。

〔平一一・一二・二二法一六〇抄〕

（処分、申請等に関する経過措置）

第千三百一条　中央省庁等改革関係法及びこの法律（以下「改革関係法等」と総称する。）の施行前に法令の規定により従前の国の機関がした免許、許可、認可、承認、指定その他の処分又は通知その他の行為は、法令に別段の定めがあるもののほか、改革関係法等の施行後は、改革関係法等の施行後の法令の相当規定に基づいて、相当の国の機関がした免許、許可、認可、承認、指定その他の処分又は通知その他の行為とみなす。

2　改革関係法等の施行の際現に法令の規定により従前の国の機関に対してされている申請、届出その他の行為は、法令に別段の定めがあるもののほか、改革関係法等の施行後は、改革関係法等の施行後の法令の相当規定に基づいて、相当の国の機関に対してされた申請、届出その他の行為とみなす。

3　改革関係法等の施行前に法令の規定により従前の国の機関に対し報告、届出、提出その他の手続をしなければならないとされている事項で、改革関係法等の施行の日前にその手続がされていないものについては、法令に別段の定めがあるもののほか、改革関係法等の施行後は、これを、改革関係法等の施行後の法令の相当規定により相当の国の機関に対して報告、届出、提出その他の手続をしなければならないとされた事項についてその手続がされていないものとみなして、改革関係法等の施行後の法令の規定を適用する。

（従前の例による処分等に関する経過措置）

第千三百二条　なお従前の例によることとする法令の規定により、従前の国の機関がすべき免許、許可、認可、承認、指定その他の処分若しくは通知その他の行為又は従前の国の機関に対してすべき申請、届出その他の行為については、法令に別段の定めがあるもののほか、改革関係法等の施行後は、改革関係法等の施行後の法令の規定に基づくその任務及び所掌事務の区分に応じ、それぞれ、相当の国の機関がすべきものとし、又は相当の国の機関に対してすべきものとする。

（罰則に関する経過措置）

第千三百三条　改革関係法等の施行前にした行為に対する罰則の適用については、なお従前の例による。

（政令への委任）

第千三百四十四条　第七十一条から第七十六条まで及び第千三百一条から前条まで並びに中央省庁等改革関係法に定めるもののほか、改革関係法等の施行に関し必要な経過措置（罰則に関する経過措置を含む。）は、政令で定める。

附　則（平一一・一二・二二法一六〇抄）

（施行期日）

第一条　この法律（第二条及び第三条を除く。）は、平成十三年一月六日から施行する。ただし、次の各号に掲げる規定は、当該各号に定める日から施行する。

一　〔前略〕第千三百四十四条の規定　公布の日

二　〔略〕

附　則（平一五・三・三一法二一抄）

（施行期日）

第一条　この法律は、平成十五年四月一日から施行する。

（政令への委任）

第四条　前二条に規定するもののほか、この法律の施行に伴い必要な経過措置は、政令で定める。

附　則（平二〇・五・一三法三一抄）

（施行期日）

第一条　この法律は、平成二十年四月一日から施行する。

（調整規定）

第二条　株式等の取引に係る決済の合理化を図るための社債等の振替に関する法律等の一部を改正する法律（平成十六年法律第八十八号）の施行の日がこの法律の施行の日後となる場合には、株式等の取引に係る決済の合理化を図るための社債等の振替に関する法律等の一部を改正する法律の施行の日の前日までの間におけるこの法律による改正後の道路整備事業に係る国の財政上の特別措置に関する法律第七条第七項の規定の適用については、同項中「社債、株式等の振替に関する法律」とあるのは、「社債等の振替に関する法律」とする。

（政令への委任）

第三条　前条に定めるもののほか、この法律の施行に関し必要な経過措置は、政令で定める。

附　則（平二一・四・三〇法二八抄）

（施行期日等）

第一条　この法律は、公布の日から施行し、平成二十一年四月一日から適用する。

（検討）

第二条　政府は、真に必要な道路の整備の推進を図る観点から、費用効果分析の結果の適切な活用等により、地域の実情をより反映した効率的かつ効果的で透明性が確保された道路整備事業の実施の在り方について検討を加え、必要があると認めるときは、その結果に基づいて必要な措置を講ずるものとする。

（道路整備事業に係る国の財政上の特別措置に関する法律の一部改正に伴う経過措置）

第三条　平成二十年度以前の年度の歳出予算に係る地方道路整備臨時交付金で平成二十一年度以降の年度に繰り越されたものの交付については、なお従前の例による。

2　第一条の規定による改正前の道路整備事業に係る国の財政上の特別措置に関する法律第六条第二項の規定により決定された資金の貸付け及びその償還については、なお従前の例による。

（政令への委任）

第六条 前三条に定めるもののほか、この法律の施行に関し必要な経過措置は、政令で定める。

附　則（平二三・五・二法四二抄）

（施行期日）

第一条 この法律は、公布の日から施行する。

附　則（平二三・八・三〇法一〇五抄）

（施行期日）

第一条 この法律は、公布の日から施行する。ただし、次の各号に掲げる規定は、当該各号に定める日から施行する。

一 〔前略〕附則第三十三条〔中略〕第九十三条〔中略〕の規定 公布の日から起算して三月を経過した日

二～六 〔略〕

附　則（平二五・六・五法三〇抄）

（施行期日）

第一条 この法律は、公布の日から起算して三月を超えない範囲内において政令で定める日から施行する。〔後略〕

〔平二五・八政令二四二により、平二五・九・二から施行〕

（道路整備事業に係る国の財政上の特別措置に関する法律の一部改正に伴う経過措置）

第二条 第四条の規定の施行前に国が貸付けを行った同条の規定による改正前の道路整備事業に係る国の財政上の特別措置に関する法律第三条第一項又は第二項の規定による国の貸付金の償還については、なお従前の例による。ただし、附則第六条の規定による改正後の特別会計に関する法律（平成十九年法律第二十三号）附則第五十条の二の規定の適用については、この限りでない。

（政令への委任）

第三条 前条に定めるもののほか、この法律の施行に関し必要な経過措置は、政令で定める。

附　則（平二六・六・四法五三抄）

（施行期日）

第一条 この法律は、公布の日から起算して三月を超えない範囲内において政令で定める日から施行する。〔後略〕

〔平二六・六政令二二〇により、平二六・六・三〇から施行〕

附　則（平二六・六・一三法六七抄）

（施行期日）

第一条 この法律は、独立行政法人通則法の一部を改正する法律（平成二十六年法律第六十六号。以下「通則法改正法」という。）の施行の日〔平成二七年四月一日〕から施行する。ただし、次の各号に掲げる規定は、当該各号に定める日から施行する。

一 附則第十四条第二項、第十八条及び第三十条の規定 公布の日

二 〔略〕

（処分等の効力）

第二十八条 この法律の施行前にこの法律による改正前のそれぞれの法律（これに基づく命令を含む。）の規定によってした又はすべき処分、手続その他の行為であってこの法律による改正後のそれぞれの法律（これに基づく命令を含む。以下この条において「新法令」という。）に相当の規定があるものは、法律（これに基づく政令を含む。）に別段の定めのあるものを除き、新法令の相当の規定によってした又はすべき処分、手続その他の行為とみなす。

（その他の経過措置の政令等への委任）

第三十条 附則第三条から前条までに定めるもののほか、この法律の施行に関し必要な経過措置（罰則に関する経過措置を含む。）は、政令（人事院の所掌する事項については、人事院規則）で定める。

附　則（平三〇・三・三一法六抄）

（施行期日）

第一条 この法律は、公布の日から起算して六月を超えない範囲内において政令で定める日から施行する。ただし、第三条中道路整備事業に係る国の財政上の特別措置に関する法律第二条の改正規定は、平成三十年四月一日から施行する。

〔平三〇・九政令二七九により、平三〇・九・三〇から施行〕

（政令への委任）

第二条 この法律の施行に関し必要な経過措置は、政令で定める。

附　則（令二・五・二七法三一抄）

（施行期日）

第一条 この法律は、公布の日から起算して六月を超えない範囲内において政令で定める日から施行する。〔後略〕

〔令二・一一政令三二八により、令二・一一・二五から施行〕

（政令への委任）

第三条 前条に規定するもののほか、この法律の施行に関し必要な経過措置は、政令で定める。

附　則（令五・六・七法四三抄）

（施行期日）

第一条 この法律は、公布の日から起算して三月を超えない範囲内において政令で定める日から施行する。〔後略〕

〔令五・九政令二六九により、令五・九・六から施行〕

○道路整備事業に係る国の財政上の特別措置に関する法律施行令

（昭和三十四年二月十六日　政令第十七号）

沿革　（前略）昭四〇政令五七、昭四一政令一〇二、昭四四政令二三二、昭四五政令七九・三二〇、昭五〇政令三〇六、昭六〇政令一三三、昭六一政令一五四、昭六二政令九一八、昭六三政令七九、一三〇、平元政令一〇八、平二政令三二五、平三政令九八、平五政令九四、平一二政令三一二、平一三政令一七〇、平一五政令七二・一六三・五二三、平一六政令一三八、平一七政令一二六、平一八政令一二二・二七六、平二〇政令一七六・二一九、平二一政令一三〇、平二三政令四二四、平二五政令二四三、平三〇政令一二八・二八〇、令二政令八六・三二九・三四三、令三政令一三二改正

（一般国道の改築等に関する国の負担等の割合の特例）

第一条　高速自動車国道と一体となつて全国的な自動車交通網を構成する自動車専用道路として国土交通大臣が指定する一般国道（道の区域内のものを除く。以下同じ。）の改築で国土交通大臣が行うもののうち、次に掲げるもの以外のものに要する費用について道路整備事業に係る国の財政上の特別措置に関する法律（昭和三十三年法律第三十四号。以下「法」という。）第二条の政令で定める国の負担の割合は、十分の七とする。

一　道路構造令（昭和四十五年政令第三百二十号）第三十八条第一項の規定により同項に規定する規定による基準によらないことができる改築で、これに要する費用の額が国土交通大臣が定めた額を超えないもの

二　道路の交通に支障を及ぼしている構造上の原因の一部を除去するために行う突角の切取り、路床の改良、排水施設の整備又は待避所の設置

三　道路の区域を変更し、当該変更に係る部分を一般国道以外の道路とする計画がある箇所の改築

四　車道の舗装につき道路構造令第二十三条第二項に規定する基準によることを要しない場合における当該道路の舗装

五　交通安全施設等整備事業の推進に関する法律（昭和四十一年法律第四十五号）第二条第三項（第一号を除く。）に規定する交通安全施設等整備事業として行われるもの

2　一般国道の改築（国土交通大臣が行うものを除く。以下同じ。）で次の各号に掲げる基準のいずれにも適合するもののうち、土地区画整理事業（土地区画整理法（昭和二十九年法律第百十九号）による土地区画整理事業をいう。以下同じ。）に係るもの以外のものに要する費用について法第二条の政令で定める国の負担の割合は、十分の五・五以上十分の七以下の範囲内で当該一般国道の改築を行う地方公共団体の財政力に応じて国土交通省令で定めるところにより算定した割合とする。

一　地域住民の日常生活の安全性若しくは利便性の向上を図るために必要であり、又は快適な生活環境の確保若しくは地域の活力の創造に資すると認められるものであること。

二　公共施設その他の公益的施設の整備、管理若しくは運営に関連して、又は地域の自然的若しくは社会的な特性に即して行われるものであること。

三　その他国土交通省令で定める要件を満たすものであること。

3　一般国道の改築（その財政力が国土交通省令で定める基準に満たない地方公共団体が行うものに限る。）で次の各号のいずれかに該当するもののうち、第一項各号に掲げるもの、前項に規定するもの及び土地区画整理事業に係るもの以外のものに要する費用について法第二条の政令で定める国の負担の割合は、十分の五・五とする。

一　第一項の規定による国土交通大臣の指定を受けた一般国道の改築

二　中心都市等連絡道路（地域社会の中心となる都市（以下この号及び次条第二項第一号において「中心都市」という。）と、その周辺の地域の市町村（以下この号及び同項第一号において「周辺市町村」という。）又は当該中心都市と密接な関係にある中心都市若しくは高速自動車国道、空港その他の交通施設とを連絡する道路をいう。同号において同じ。）、中心都市等循環道路（中心都市及び周辺市町村の区域を循環する道路をいう。同号において同じ。）その他の道路であつて、自動車専用道路、他の道路との交差の方式を立体交差とする道路その他の中心都市及び周辺市町村における安全かつ円滑な交通の確保に特に資する道路として国土交通大臣が指定する一般国道の改築

三　前二号に規定する一般国道以外の一般国道の改築で次のいずれかに該当するもの

イ　踏切道改良促進法（昭和三十六年法律第百九十五号）第十一条第一項（同条第三項の規定により読み替えて適用する場合を含む。次条第二項第三号イにおいて同じ。）又は第二項の規定による踏切道の改良のために必要な道路の高架移設（鉄道（新設軌道を含む。）と交差している道路を高架式構造とすることにより当該交差の方式を立体交差とすることをいう。同号イにおいて同じ。）、車道又は歩道の拡幅その他の国土交通省令で定める改築

ロ　通学路（交通安全施設等整備事業の推進に関する法律施行令（昭和四十一年政令第百三号）第四条に規定する通学路をいう。次条第二項第三号ロにおいて同じ。）その他の特に交通の安全を確保する必要がある区間に該当する一般国道における交通事故の防止を図るために必要な歩道の拡幅、自動車を減速させて歩行者又は自転車の安全な通行を確保するために行う路面の凸部の設置、柵の設置その他の国土交通省令で定める改築

ハ　無電柱化（無電柱化の推進に関する法律（平成二十八年法律第百十二号）第一条に規定する無電柱化をいう。次条第二項第三号ハにおいて同じ。）の推進のために必要な電線共同溝の建設その他の国土交通省令で定める改築

四　第一号及び第二号に規定する一般国道以外の一般国道を構成する橋、トンネルその他の施設又は工作物で、損傷、腐食その他の劣化により当該一般国道の構造に支障を及ぼすおそれが大きいものとして国土交通省令で定めるものの改築（前号に該当するものを除く。）

4　一般国道の改築で離島振興法（昭和二十八年法律第七十二

号）第四条第一項の離島振興計画に基づいて行われるもののうち、第一項各号に掲げるもの、第二項に規定するもの及び土地区画整理事業に係るもの以外のものに要する費用について法第二条の政令で定める国の負担の割合は、前項の規定にかかわらず、三分の二とする。

5　一般国道の修繕（国土交通大臣が行うものを除く。）で次の各号のいずれかに該当するものに要する費用について法第二条の政令で定める国の補助の割合は、十分の七以内とする。

一　第一項又は第三項第二号の規定による国土交通大臣の指定を受けた一般国道の修繕

二　前号に規定する一般国道以外の一般国道の修繕で第二項各号に掲げる基準のいずれにも適合するもの

三　第一号に規定する一般国道以外の一般国道を構成する橋、トンネルその他の施設又は工作物で、損傷、腐食その他の劣化により当該一般国道の構造に支障を及ぼすおそれが大きいものとして国土交通省令で定めるものの修繕（前号に該当するものを除く。）

（都府県道等の改築に関する国の補助の割合の特例）

第二条　次に掲げる都府県道等（都府県道又は市町村道（道の区域内のものを除く。）をいう。以下同じ。）の改築で前条第二項各号に掲げる基準のいずれにも適合するもののうち、土地区画整理事業に係るもの以外のものに要する費用について法第二条の政令で定める国の補助の割合は、十分の七以内とする。

一　道路法（昭和二十七年法律第百八十号）第五十六条の規定による国土交通大臣の指定を受けた都府県道又は市道

二　前号に掲げるもののほか、資源の開発、産業の振興その他国の施策上特に整備を行う必要があると認められる都府県道等

2　都府県道等の改築で次の各号のいずれかに該当するもののうち、前項に規定するもの、土地区画整理事業に係るもの、少額改築、特例舗装並びに前条第一項第二号及び第五号に掲げるもの以外のものに要する費用について法第二条の政令で定める国の補助の割合は、都府県道にあつては十分の五・五以内、市町村道にあつては十分の七以内とする。

一　中心都市等連絡道路、中心都市等循環道路その他の道路であつて、自動車専用道路、他の道路との交差の方式を立体交差とする道路その他の中心都市及び周辺市町村における安全かつ円滑な交通の確保に特に資する道路として国土交通大臣が指定する都府県道等の改築

二　半島振興法（昭和六十年法律第六十三号）第十条の規定による国土交通大臣の指定を受けた都府県道等の改築

三　前二号に規定する都府県道等以外の都府県道等の改築で次のいずれかに該当するもの

イ　踏切道改良促進法第十一条第一項又は第二項の規定による踏切道の改良のために必要な道路の高架移設、車道又は歩道の拡幅その他の国土交通省令で定める改築

ロ　通学路その他の特に交通の安全を確保する必要がある区間に該当する都府県道等における交通事故の防止を図るために必要な歩道の拡幅、自動車を減速させて歩行者又は自転車の安全な通行を確保するために行う路面の凸部の設置、柵の設置その他の国土交通省令で定める改築

ハ　無電柱化の推進のために必要な電線共同溝の建設その他の国土交通省令で定める改築

四　第一号及び第二号に規定する都府県道等以外の都府県道等を構成する橋、トンネルその他の施設又は工作物で、損傷、腐食その他の劣化により当該都府県道等の構造に支障を及ぼすおそれが大きいものとして国土交通省令で定めるものの改築（前号に該当するものを除く。）

3　都府県道の改築で離島振興法第四条第一項の離島振興計画に基づいて行われるもの（前項第三号又は第四号に該当するものに限る。）のうち、第一項に規定するもの、土地区画整理事業に係るもの、少額改築、特例舗装並びに前条第一項第二号及び第五号に掲げるもの以外のものに要する費用について法第二条の政令で定める国の補助の割合は、前項の規定にかかわらず、十分の六以内とする。

4　前二項の「少額改築」とは、当該改築に係る都府県道等に道路法第三十条第三項の政令で定める基準を適用した場合に当該基準に適合しないこととなる改築又は当該場合に道路構造令第三十八条第一項の規定により同項に規定する規定による基準によらないことができることとなる改築でこれらに要する費用の額が国土交通大臣が定めた額を超えないものをいう。

5　第二項及び第三項の「特例舗装」とは、当該改築に係る都府県道等に道路法第三十条第三項の政令で定める基準を適用した場合に、車道の舗装につき道路構造令第二十三条第二項に規定する基準によることを要しないこととなる場合における当該道路の舗装をいう。

（土地区画整理事業に係る道路の改築に関する国の負担等の割合の特例）

第三条　一般国道の改築で次の各号のいずれかに該当するもののうち、土地区画整理事業に係るものに要する費用について法第二条の政令で定める国の負担の割合は、十分の五・五とする。

一　第一条第一項の規定による国土交通大臣の指定を受けた一般国道の改築

二　前号に規定する一般国道以外の一般国道の改築で第一条第二項各号に掲げる基準のいずれにも適合するもの

2　都府県道等の改築で次の各号のいずれかに該当するもののうち、土地区画整理事業に係るものに要する費用について法第二条の政令で定める国の補助の割合は、十分の五・五以内とする。

一　前条第二項第一号又は半島振興法第十条の規定による国土交通大臣の指定を受けた都府県道等の改築

二　前号に規定する都府県道等以外の都府県道等のうち前条第一項各号に掲げるものの改築で第一条第二項各号に掲げる基準のいずれにも適合するもの

（電線共同溝への電線の敷設工事に係る資金の貸付けの条件の基準）

第四条　法第四条第一項に規定する国の貸付金に関する貸付けの条件の基準は、貸付金の償還期間が二十年（五年以内の据置期間を含む。）以内であり、かつ、その償還が均等半年賦償還の方法によるものであることとする。

2　法第四条第一項の規定による国の貸付けに係る都道府県又は市町村の貸付金に関する貸付けの条件の基準は、次のとおりとする。

一　貸付金の償還期間が二十年（五年以内の据置期間を含

む。）以内であり、かつ、その償還が均等半年賦償還の方法によるものであること。

二　貸付けを受ける電線共同溝の占用予定者は、国又は都道府県若しくは市町村が、貸付けに係る債権の保全その他貸付けの条件の適正な実施を図るため必要があると認めて、当該占用予定者の業務及び資産の状況に関し報告を求め、又はその職員に、当該占用予定者の事務所その他の事業所に立ち入り、帳簿、書類その他の必要な物件を調査させ、若しくは関係者に質問させる場合において、報告をし、立入調査を受忍し、又は質問に応じなければならないこと。

（自動運行補助施設の設置工事に係る資金の貸付けの条件の基準）

第五条　法第五条第一項に規定する国の貸付金に関する貸付けの条件の基準は、貸付金の償還期間が二十年（五年以内の据置期間を含む。）以内であり、かつ、その償還が均等半年賦償還の方法によるものであることとする。

2　法第五条第一項の規定による国の貸付けに係る都道府県又は市町村の貸付金に関する貸付けの条件の基準は、次のとおりとする。

一　貸付金の償還期間が二十年（五年以内の据置期間を含む。）以内であり、かつ、その償還が均等半年賦償還の方法によるものであること。

二　貸付けを受ける自動運行補助施設設置者（法第五条第一項に規定する自動運行補助施設を設置しようとする者をいう。以下この号において同じ。）は、国又は都道府県若しくは市町村が、貸付けに係る債権の保全その他貸付けの条件の適正な実施を図るため必要があると認めて、当該自動運行補助施設設置者の業務及び資産の状況に関し報告を求め、又はその職員に、当該自動運行補助施設設置者の事務所その他の事業所に立ち入り、帳簿、書類その他の必要な物件を調査させ、若しくは関係者に質問させる場合において、報告をし、立入調査を受忍し、又は質問に応じなければならないこと。

（特定連絡道路工事施行者の要件）

第六条　法第六条第一項の政令で定める要件は、次のとおりとする。

一　特定連絡道路に関する工事に関し、道路の構造及び交通の状況その他当該特定連絡道路及び周辺の状況に照らして適切な工事実施計画を有する者であること。

二　前号の工事実施計画を実施するため適切な資金計画及び収支計画を有する者であること。

三　特定連絡道路に関する工事を適確に行う能力を有する者であること。

（特定連絡道路に関する工事に係る資金の貸付けの条件の基準）

第七条　法第六条第一項の規定による国の貸付金に関する貸付けの条件の基準は、貸付金の償還期間が二十年（五年以内の据置期間を含む。）以内であり、かつ、その償還が均等半年賦償還の方法によるものであることとする。

2　法第六条第一項の規定による国の貸付金に係る同項の規定による都道府県又は市町村の貸付金に関する貸付けの条件の基準は、次のとおりとする。

一　貸付金の償還期間が二十年（五年以内の据置期間を含む。）以内であり、かつ、その償還が均等半年賦償還の方法によるものであること。

二　貸付けを受ける特定連絡道路工事施行者は、国又は都道府県若しくは市町村が、貸付けに係る債権の保全その他貸付けの条件の適正な実施を図るため必要があると認めて、当該特定連絡道路工事施行者の業務及び資産の状況に関し報告を求め、又はその職員に、当該特定連絡道路工事施行者の事務所その他の事業所に立ち入り、帳簿、書類その他の必要な物件を調査させ、若しくは関係者に質問させる場合において、報告をし、立入調査を受忍し、又は質問に応じなければならないこと。

（振替機構債券等についての申請の制限の対象となる社債、株式等の振替に関する法律等の規定による申請）

第八条　法第八条第七項の政令で定める申請は、次に掲げるもの（相続、遺贈、合併その他これらに準ずる事由によるものを除く。）とする。

一　社債、株式等の振替に関する法律（平成十三年法律第七十五号）附則第三十一条第二項において準用する同法附則第十四条第一項の規定による記載又は記録の申請

二　社債、株式等の振替に関する法律施行令（平成十四年政令第三百六十二号）第二十三条において準用する同令第八条第一項又は第九条第一項の規定による記載又は記録の申請

三　社債、株式等の振替に関する法律施行令第二十三条において準用する同令第十一条第一項の規定による記載又は記録の抹消の申請

附　則

1　この政令は、公布の日から施行し、昭和三十三年四月一日から適用する。

2　次に掲げる政令は、廃止する。

道路整備費の財源等に関する臨時措置法第二条第一項に規定する都道府県道等を定める政令（昭和二十九年政令第七十三号）

道路の整備に要する費用についての国の負担金の割合等の臨時特例に関する政令（昭和三十年政令第三百二号）

3　昭和三十三年度における道道及び道の区域内の市町村道の改築に要する費用についての国の補助金の率については、なお従前の例による。

4　第二条、第三条第一項及び第四条の規定の昭和六十年度における適用については、第二条中「四分の三」とあるのは「十分の六」と、「三分の二」とあるのは「十分の六」と、第三条第一項及び第四条中「三分の二」とあるのは「十分の六」とする。

5　第二条、第三条第一項及び第四条の規定の昭和六十一年度、平成三年度及び平成四年度における適用については、第二条中「四分の三」とあるのは「十分の六（建設大臣が行うものにあつては、三分の二）」と、「三分の二」とあるのは「十分の五・五（建設大臣が行うものにあつては、十分の六）」と、第三条第一項中「三分の二」とあるのは「十分の五・五（平成三年度及び平成四年度においては、半島振興法第十条に規定する道路の改築に係るものにあつては、十分の五・七五）」と、第四条中「割合は三分の二」とあるのは「割合は十分の五・五（建設大臣が行うものにあつては、十分の六）」と、「率は三分の二」とあるのは「率は十分の五・五（平成三年度及び平成四年度においては、半島振興法第十

条に規定する道路の改築に係るものにあつては、十分の五・七五）」とする。

6　第二条、第三条第一項及び第四条の規定の昭和六十二年度から平成二年度までの各年度における適用については、第二条中「四分の三」とあるのは「十分の五・七五（建設大臣が行うものにあつては、十分の六）」と、「三分の二」とあるのは「十分の五・二五（建設大臣が行うものにあつては、十分の五・五）」と、第三条第一項中「三分の二」とあるのは「十分の五・二五（半島振興法第十条に規定する道路の改築に係るものにあつては、十分の五・五）」と、第四条中「割合は三分の二」とあるのは「割合は十分の五・二五（建設大臣が行うものにあつては、十分の五・五）」と、「率は三分の二」とあるのは「率は十分の五・二五（半島振興法第十条に規定する道路の改築に係るものにあつては、十分の五・五）」とする。

附　則（昭四五・四・二〇政令七九）

1　この政令は、公布の日から施行する。

2　この政令による改正後の道路整備緊急措置法施行令第二条〔中略〕の規定は、昭和四十五年度分の予算に係る国の負担金から適用し、昭和四十四年度以前の年度の予算に係る一般国道の改築でその工事又はその工事に係る負担金に係る経費の金額が昭和四十五年度以降に繰り越されたものに要する費用についての国及び都道府県の負担割合は、なお従前の例による。

附　則（昭六〇・五・一八政令一三三）

（施行期日）

1　この政令は、公布の日から施行する。

（経過措置）

2　改正後の〔中略〕道路整備緊急措置法施行令附則第四項〔中略〕の規定は、昭和六十年度の予算に係る国の負担又は補助（昭和五十九年度以前の年度の国庫債務負担行為に基づき昭和六十年度に支出すべきものとされた国の負担又は補助を除く。）並びに同年度の国庫債務負担行為に基づき昭和六十一年度以降の年度に支出すべきものとされる国の負担又は補助及び昭和六十年度の歳出予算に係る国の負担又は補助で昭和六十一年度以降の年度に繰り越されるものについて適用し、昭和五十九年度以前の年度の国庫債務負担行為に基づき昭和六十年度に支出すべきものとされた国の負担又は補助及び昭和五十九年度以前の年度の歳出予算に係る国の負担又は補助で昭和六十年度に繰り越されたものについては、なお従前の例による。

附　則（昭六一・五・八政令一五四抄）

（施行期日）

1　この政令は、公布の日から施行する。

（経過措置）

2　改正後の〔中略〕道路整備緊急措置法施行令〔中略〕の規定は、昭和六十一年度から昭和六十三年度までの各年度（昭和六十一年度及び昭和六十二年度の特例に係るものにあつては、昭和六十一年度及び昭和六十二年度。以下この項において同じ。）の予算に係る国の負担又は補助（昭和六十年度以前の年度の国庫債務負担行為に基づき昭和六十一年度以降の年度に支出すべきものとされた国の負担又は補助を除く。）並びに昭和六十一年度から昭和六十三年度までの各年度の国庫債務負担行為に基づき昭和六十四年度（昭和六十一年度及び昭和六十二年度の特例に係るものにあつては、昭和六十三年度。以下この項において同じ。）以降の年度に支出すべきものとされる国の負担又は補助及び昭和六十一年度から昭和六十三年度までの各年度の歳出予算に係る国の負担又は補助で昭和六十四年度以降の年度に繰り越されるものについて適用し、昭和六十年度以前の年度の国庫債務負担行為に基づき昭和六十一年度以降の年度に支出すべきものとされた国の負担又は補助及び昭和六十年度以前の年度の歳出予算に係る国の負担又は補助で昭和六十一年度以降の年度に繰り越されたものについては、なお従前の例による。

附　則（昭六二・三・三一政令九八抄）

（施行期日）

1　この政令は、昭和六十二年四月一日から施行する。

（経過措置）

2　改正後の〔中略〕道路整備緊急措置法施行令〔中略〕の規定は、昭和六十二年度及び昭和六十三年度（昭和六十二年度の特例に係るものにあつては、昭和六十二年度。以下この項において同じ。）の予算に係る国の負担又は補助（昭和六十一年度以前の年度の国庫債務負担行為に基づき昭和六十二年度以降の年度に支出すべきものとされた国の負担又は補助を除く。）、昭和六十二年度及び昭和六十三年度の国庫債務負担行為に基づき昭和六十四年度（昭和六十二年度の特例に係るものにあつては、昭和六十三年度。以下この項において同じ。）以降の年度に支出すべきものとされる国の負担又は補助並びに昭和六十二年度及び昭和六十三年度の歳出予算に係る国の負担又は補助で昭和六十四年度以降の年度に繰り越されるものについて適用し、昭和六十一年度以前の年度の国庫債務負担行為に基づき昭和六十二年度以降の年度に支出すべきものとされた国の負担又は補助及び昭和六十一年度以前の年度の歳出予算に係る国の負担又は補助で昭和六十二年度以降の年度に繰り越されたものについては、なお従前の例による。

附　則（昭六三・三・三一政令七九抄）

（施行期日）

1　この政令は、昭和六十三年四月一日から施行する。

（経過措置）

2　この政令による改正後の〔中略〕道路整備緊急措置法施行令附則第六項〔中略〕の規定は、昭和六十三年度の予算に係る国の負担又は補助（昭和六十二年度以前の年度の国庫債務負担行為に基づき昭和六十三年度以降の年度に支出すべきものとされた国の負担又は補助を除く。）、昭和六十三年度の国庫債務負担行為に基づき昭和六十四年度以降の年度に支出すべきものとされる国の負担又は補助及び昭和六十三年度の歳出予算に係る国の負担又は補助で昭和六十四年度以降の年度に繰り越されるものについて適用し、昭和六十二年度以前の年度の国庫債務負担行為に基づき昭和六十三年度以降の年度に支出すべきものとされた国の負担又は補助及び昭和六十二年度以前の年度の歳出予算に係る国の負担又は補助で昭和六十三年度以降の年度に繰り越されたものについては、なお従前の例による。

附　則（昭六三・四・二六政令一三〇）

（施行期日）

1　この政令は、公布の日から施行する。

（経過措置）

2　改正後の附則第六項の規定は、昭和六十三年度の予算に係る国の補助（昭和六十二年度以前の年度の国庫債務負担行為に基づき昭和六十三年度以降の年度に支出すべきものとされた国の補助を除く。）、昭和六十三年度の国庫債務負担行為に基づき昭和六十四年度以降の年度に支出すべきものとされる国の補助及び昭和六十三年度の歳出予算に係る国の補助で昭和六十四年度以降の年度に繰り越されるものについて適用し、昭和六十二年度以前の年度の国庫債務負担行為に基づき昭和六十三年度以降の年度に支出すべきものとされた国の補助及び昭和六十二年度以前の年度の歳出予算に係る国の補助で昭和六十三年度以降の年度に繰り越されたものについては、なお従前の例による。

附　則（平元・四・一〇政令一〇八）

（施行期日）

1　この政令は、公布の日から施行する。

（経過措置）

2　改正後の［中略］道路整備緊急措置法施行令［中略］の規定は、平成元年度及び平成二年度（平成元年度の特例に係るものにあっては、平成元年度。以下この項において同じ。）の予算に係る国の負担又は補助（昭和六十三年度以前の年度の国庫債務負担行為に基づき平成元年度以降の年度に支出すべきものとされた国の負担又は補助を除く。）、平成元年度及び平成二年度の国庫債務負担行為に基づき平成三年度（平成元年度の特例に係るものにあっては、平成二年度。以下この項において同じ。）以降の年度に支出すべきものとされる国の負担又は補助並びに平成元年度及び平成二年度の歳出予算に係る国の負担又は補助で平成三年度以降の年度に繰り越されるものについて適用し、昭和六十三年度以前の年度の国庫債務負担行為に基づき平成元年度以降の年度に支出すべきものとされた国の負担又は補助及び昭和六十三年度以前の年度の歳出予算に係る国の負担又は補助で平成元年度以降の年度に繰り越されたものについては、なお従前の例による。

附　則（平二・一一・九政令三二五抄）

（施行期日）

1　この政令は、大都市地域における住宅地等の供給の促進に関する特別措置法の一部を改正する法律（平成二年法律第六十二号）の施行の日（平成二年十一月二十日）から施行する。

附　則（平三・三・三〇政令九八）

沿革　平五政令九四改正

（施行期日）

1　この政令は、平成三年四月一日から施行する。

（経過措置）

2　改正後の道路法施行令、都市公園法施行令、海岸法施行令、道路整備緊急措置法施行令、下水道法施行令、奥地等産業開発道路整備臨時措置法施行令、河川法施行令及び交通安全施設等整備事業に関する緊急措置法施行令の規定は、平成三年度及び平成四年度の予算に係る国の負担又は補助（平成二年度以前の年度の国庫債務負担行為に基づき平成三年度以降の年度に支出すべきものとされた国の負担又は補助を除く。）、平成三年度及び平成四年度の国庫債務負担行為に基づき平成五年度以降の年度に支出すべきものとされる国の負担又は補助並びに平成三年度及び平成四年度の歳出予算に係る国の負担又は補助で平成五年度以降の年度に繰り越されるものについて適用し、平成二年度以前の年度の国庫債務負担行為に基づき平成三年度以降の年度に支出すべきものとされた国の負担又は補助及び平成二年度以前の年度の歳出予算に係る国の負担又は補助で平成三年度以降の年度に繰り越されたものについては、なお従前の例による。

附　則（平五・三・三一政令九四抄）

（施行期日）

1　この政令は、平成五年四月一日から施行する。

（経過措置）

2　改正後の道路の修繕に関する法律の施行に関する政令、道路法施行令、都市公園法施行令、道路整備緊急措置法施行令、下水道法施行令、奥地等産業開発道路整備臨時措置法施行令、河川法施行令及び交通安全施設等整備事業に関する緊急措置法施行令の規定は、平成五年度以降の年度の予算に係る国の負担又は補助（平成四年度以前の年度の国庫債務負担行為に基づき平成五年度以降の年度に支出すべきものとされた国の負担又は補助を除く。）について適用し、平成四年度以前の年度の国庫債務負担行為に基づき平成五年度以降の年度に支出すべきものとされた国の負担又は補助及び平成四年度以前の年度の歳出予算に係る国の負担又は補助で平成五年度以降の年度に繰り越されたものについては、なお従前の例による。

附　則（平一五・一二・一七政令五二三）

（施行期日）

第一条　この政令は、密集市街地における防災街区の整備の促進に関する法律等の一部を改正する法律［平成一五年六月法律第一〇一号］の施行の日（平成十五年十二月十九日）から施行する。

（罰則に関する経過措置）

第二条　この政令の施行前にした行為に対する罰則の適用については、なお従前の例による。

附　則（平一六・四・一政令一三八）

この政令は、公布の日から施行する。

附　則（平一七・四・一政令一二六）

この政令は、公布の日から施行する。

附　則（平一八・三・三一政令一二二）

この政令は、平成十八年四月一日から施行する。

附　則（平一八・八・一八政令二七六）

この政令は、道路運送法等の一部を改正する法律［平成一八年五月法律第四〇号］の施行の日（平成十八年十月一日）から施行する。

附　則（平二〇・五・一三政令一七六抄）

（施行期日）

1　この政令は、公布の日から施行する。

附　則（平二〇・七・四政令二一九抄）

（施行期日）

第一条　この政令は、株式等の取引に係る決済の合理化を図るための社債等の振替に関する法律等の一部を改正する法律［平成一六年六月法律第八八号］（以下「改正法」という。）の施行の日［平成二一年一月五日］から施行する。［後略］

附　則（平二一・四・三〇政令一三〇抄）

（施行期日）

第一条　この政令は、公布の日から施行する。

（国の負担又は補助に関する経過措置）

第二条　第一条、第五条、第六条、第八条、第九条、第十二条及び第十四条から第十六条までの規定による改正後の次に掲げる政令の規定は、平成二十一年度以降の年度の予算に係る国の負担又は補助（平成二十年度以前の年度の国庫債務負担行為に基づき平成二十一年度以降の年度に支出すべきものとされた国の負担又は補助を除く。）について適用し、平成二十年度以前の年度の予算に係る国の負担又は補助で平成二十一年度以降の年度に繰り越されたもの及び平成二十年度以前の年度の国庫債務負担行為に基づき平成二十一年度以降の年度に支出すべきものとされた国の負担又は補助については、なお従前の例による。

一　道路整備事業に係る国の財政上の特別措置に関する法律施行令第一条第二項から第四項まで、第二条及び第三条

二～九　〔略〕

（不用物件の管理に関する経過措置）

第三条　この政令の施行の際現に道路法（昭和二十七年法律第百八十号）第九十二条第一項（同法第九十一条第二項（高速自動車国道法施行令（昭和三十二年政令第二百五号）第十二条の規定により読み替えて適用する場合を含む。）において準用する場合を含む。）の規定による管理が行われている不用物件の管理期間については、なお従前の例による。

附　則（平二三・一二・二六政令四二四抄）

（施行期日）

第一条　この政令は、平成二十四年四月一日から施行する。

附　則（平二五・八・二六政令二四三抄）

（施行期日）

第一条　この政令は、道路法等の一部を改正する法律〔平成二五年六月法律第三〇号〕の施行の日（平成二十五年九月二日）から施行する。

附　則（平三〇・三・三一政令一二八抄）

（施行期日）

1　この政令は、平成三十年四月一日から施行する。

（経過措置）

2　第一条から第三条までの規定による改正後の次に掲げる政令の規定は、平成三十年度以降の年度の予算に係る国の負担又は補助（平成二十九年度以前の年度の国庫債務負担行為に基づき平成三十年度以降の年度に支出すべきものとされた国の負担又は補助を除く。）について適用し、平成二十九年度以前の年度の予算に係る国の負担又は補助で平成三十年度以降の年度に繰り越されたもの及び平成二十九年度以前の年度の国庫債務負担行為に基づき平成三十年度以降の年度に支出すべきものとされた国の負担又は補助については、なお従前の例による。

一　道路整備事業に係る国の財政上の特別措置に関する法律施行令第一条第三項及び第五項並びに第二条第二項

二　道路の修繕に関する法律の施行に関する政令第一条第一項

三　道路法施行令第三十四条の二の三第一項及び第二項

附　則（平三〇・九・二八政令二八〇抄）

（施行期日）

第一条　この政令は、道路法等の一部を改正する法律〔平成三〇年三月法律第六号〕の施行の日（平成三十年九月三十日）から施行する。

附　則（令二・三・三〇政令八六）

（施行期日）

1　この政令は、令和二年四月一日から施行する。

（経過措置）

2　この政令による改正後の規定は、令和二年度以降の年度の予算に係る国の負担又は補助（令和元年度以前の年度の国庫債務負担行為に基づき令和二年度以降の年度に支出すべきものとされた国の負担又は補助を除く。）について適用し、令和元年度以前の年度の予算に係る国の負担又は補助で令和二年度以降の年度に繰り越されたもの及び令和元年度以前の年度の国庫債務負担行為に基づき令和二年度以降の年度に支出すべきものとされた国の負担又は補助については、なお従前の例による。

附　則（令二・一一・二〇政令三二九抄）

（施行期日）

第一条　この政令は、道路法等の一部を改正する法律〔令和二年五月法律第三一号〕の施行の日（令和二年十一月二十五日）から施行する。

附　則（令二・一二・九政令三四三抄）

（施行期日）

第一条　この政令は、公布の日から施行する。

（経過措置）

第二条　この政令による改正後の道路整備事業に係る国の財政上の特別措置に関する法律施行令第二条第三項の規定は、令和二年度以降の年度の予算に係る国の補助について適用し、令和元年度以前の年度の予算に係る国の補助で令和二年度以降の年度に繰り越されたものについては、なお従前の例による。

附　則（令三・三・三一政令一三二）

（施行期日）

1　この政令は、令和三年四月一日から施行する。

（経過措置）

2　第二条の規定による改正後の道路法施行令第三十四条の二の三第一項第三号の規定並びに第五条の規定による改正後の道路整備事業に係る国の財政上の特別措置に関する法律施行令第一条第三項第三号及び第二条第二項第三号の規定は、令和三年度以降の年度の予算に係る国の負担又は補助（令和二年度以前の年度の国庫債務負担行為に基づき令和三年度以降の年度に支出すべきものとされた国の負担又は補助を除く。）について適用し、令和二年度以前の年度の予算に係る国の負担又は補助で令和三年度以降の年度に繰り越されたもの及び令和二年度以前の年度の国庫債務負担行為に基づき令和三年度以降の年度に支出すべきものとされた国の負担又は補助については、なお従前の例による。

第十一編　道路交通法関係

○道路交通法（抄）

（昭和三十五年六月二十五日 法律第百五号）

最終改正　令六法五九

〔編者注〕

1 令和四年四月二七日法律第三二号による改正のうち、公布の日から起算して三年を超えない範囲内において政令で定める日から施行される部分は、改正文を本法の末尾に登載した。

2 令和四年六月一七日法律第六八号による改正のうち、令和七年六月一日から施行される部分は、改正文を本法の末尾に登載した。

3 令和五年六月一六日法律第六三号による改正のうち、公布の日から起算して三年を超えない範囲内において政令で定める日から施行される部分は、直接改正を加えないで、現行条文と並列して登載した。

4 令和六年五月二四日法律第三四号による改正のうち、公布の日から起算して二年を超えない範囲内において政令で定める日から施行される部分は、改正文を本法の末尾に登載した。

5 令和六年六月二一日法律第五九号による改正のうち、公布の日から起算して二年を超えない範囲内において政令で定める日から施行される部分は、改正文を本法の末尾に登載した。

目次

目次…一部改正〔昭五三法五三昭六〇法八七昭六一法六三平元法九〇平二法七三平四法四三平五法四三・八九平九法四一平一一法四〇・八七平一六法九〇・一一二平二五法四三令元法二〇令二法四二令四法三二〕

第一章　総則

（目的）

第一条　この法律は、道路における危険を防止し、その他交通の安全と円滑を図り、及び道路の交通に起因する障害の防止に資することを目的とする。

本条…一部改正〔昭四五法一四三〕

（定義）

第二条　この法律において、次の各号に掲げる用語の意義は、それぞれ当該各号に定めるところによる。

一　道路　道路法（昭和二十七年法律第百八十号）第二条第一項に規定する道路、道路運送法（昭和二十六年法律第百八十三号）第二条第八項に規定する自動車道及び一般交通の用に供するその他の場所をいう。

二　歩道　歩行者の通行の用に供するため縁石線又は柵その他これに類する工作物によつて区画された道路の部分をいう。

三　車道　車両の通行の用に供するため縁石線若しくは柵その他これに類する工作物又は道路標示によつて区画された道路の部分をいう。

三の二　本線車道　高速自動車国道（高速自動車国道法（昭和三十二年法律第七十九号）第四条第一項に規定する道路をいう。以下同じ。）又は自動車専用道路（道路法第四十八条の四に規定する自動車専用道路をいう。以下同じ。）の本線車線により構成する車道をいう。

三の三　自転車道　自転車の通行の用に供するため縁石線又は柵その他これに類する工作物によつて区画された車道の部分をいう。

三の四　路側帯　歩行者の通行の用に供し、又は車道の効用を保つため、歩道の設けられていない道路又は道路の歩道の設けられていない側の路端寄りに設けられた帯状の道路の部分で、道路標示によつて区画されたものをいう。

四　横断歩道　道路標識又は道路標示（以下「道路標識等」という。）により歩行者の横断の用に供するための場所であることが示されている道路の部分をいう。

四の二　自転車横断帯　道路標識等により自転車の横断の用に供するための場所であることが示されている道路の部分をいう。

五　交差点　十字路、丁字路その他二以上の道路が交わる場合における当該二以上の道路（歩道と車道の区別のある道路においては、車道）の交わる部分をいう。

六　安全地帯　路面電車に乗降する者若しくは横断している歩行者の安全を図るため道路に設けられた島状の施設又は道路標識及び道路標示により安全地帯であることが示されている道路の部分をいう。

七　車両通行帯　車両が道路の定められた部分を通行すべきことが道路標示により示されている場合における当該道路標示により示されている道路の部分をいう。

八　車両　自動車、原動機付自転車、軽車両及びトロリーバスをいう。

九　自動車　原動機を用い、かつ、レール又は架線によらないで運転する車又は特定自動運行を行う車であつて、原動機付自転車、軽車両、移動用小型車、身体障害者用の車及び遠隔操作型小型車並びに歩行補助車、乳母車その他の歩きながら用いる小型の車で政令で定めるもの（以下「歩行補助車等」という。）以外のものをいう。

十　原動機付自転車　原動機を用い、かつ、レール又は架線によらないで運転する車であつて次に掲げるもののうち、軽車両、移動用小型車、身体障害者用の車、遠隔操作型小型車及び歩行補助車等以外のものをいう。

イ　内閣府令で定める大きさ以下の総排気量又は定格出力を有する原動機を用いる車（ロに該当するものを除く。）

ロ　車体の大きさ及び構造が自転車道における他の車両の通行を妨げるおそれのないものであり、かつ、その運転に関し高い技能を要しないものである車として内閣府令で定める基準に該当するもの

十一　軽車両　次に掲げるものであつて、移動用小型車、身体障害者用の車及び歩行補助車等以外のもの（遠隔操作（車から離れた場所から当該車に電気通信技術を用いて指令を与えることにより当該車の操作をすること（当該操作をする車に備えられた衝突を防止するために自動的に当該車の通行を制御する装置を使用する場合を含む。）をいう。以下同じ。）により通行させることができるものを除く。）をいう。

イ　自転車、荷車その他人若しくは動物の力により、又は他の車両に牽引され、かつ、レールによらないで運転する車（そり及び牛馬を含み、小児用の車（小児が用いる小型の車であつて、歩きながら用いるもの以外のものをいう。次号及び第三項第一号において同じ。）を除く。）

ロ　原動機を用い、かつ、レール又は架線によらないで運転する車であつて、車体の大きさ及び構造を勘案してイに準ずるものとして内閣府令で定めるもの

十一の二　自転車　ペダル又はハンド・クランクを用い、かつ、人の力により運転する二輪以上の車（レールにより運転する車を除く。）であつて、身体障害者用の車、小児用の車及び歩行補助車等以外のもの（原動機を用いるものにあつては、人の力を補うため原動機を用いるものであつて内閣府令で定める基準に該当するものを含み、移動用小型車及び遠隔操作により通行させることができるものを除く。）をいう。

十一の三　移動用小型車　人の移動の用に供するための原動機を用いる小型の車（遠隔操作により通行させることができるものを除く。）であつて、車体の大きさ及び構造が他の歩行者の通行を妨げるおそれのないものとして内閣府令で定める基準に該当するもののうち、身体障害者用の車以外のものをいう。

十一の四　身体障害者用の車　身体の障害により歩行が困難な者の移動の用に供するための車（原動機を用いるものにあつては、内閣府令で定める基準に該当するものに限り、遠隔操作により通行させることができるものを除く。）をいう。

十一の五　遠隔操作型小型車　人又は物の運送の用に供するための原動機を用いる小型の車であつて遠隔操作により通行させることができるもののうち、車体の大きさ及び構造が歩行者の通行を妨げるおそれのないものとして内閣府令で定める基準に該当するものであり、かつ、内閣府令で定める基準に適合する非常停止装置を備えているものをいう。

十二　トロリーバス　架線から供給される電力により、かつ、レールによらないで運転する車をいう。

十三　路面電車　レールにより運転する車をいう。

十三の二　自動運行装置　道路運送車両法（昭和二十六年法律第百八十五号）第四十一条第一項第二十号に規定する自動運行装置をいう。

十四　信号機　電気により操作され、かつ、道路の交通に関し、灯火により交通整理等のための信号を表示する装置をいう。

十五　道路標識　道路の交通に関し、規制又は指示を表示する標示板をいう。

十六　道路標示　道路の交通に関し、規制又は指示を表示する標示で、路面に描かれた道路鋲（びよう）、ペイント、石等による線、記号又は文字をいう。

十七　運転　道路において、車両又は路面電車（以下「車両等」という。）をその本来の用い方に従つて用いること（原動機に加えてペダルその他の人の力により走行させることができる装置を備えている自動車又は原動機付自転車にあつては当該装置を用いて走行させる場合を含み、特定自動運行を行う場合を除く。）をいう。

十七の二　特定自動運行　道路において、自動運行装置（当該自動運行装置を備えている自動車が第六十二条に規定する整備不良車両に該当することとなつたとき又は当該自動運行装置の使用が当該自動運行装置に係る使用条件（道路運送車両法第四十一条第二項に規定する条件をいう。以下同じ。）を満たさないこととなつたときに、直ちに自動的に安全な方法で当該自動車を停止させることができるものに限る。）を当該自動運行装置に係る使用条件で使用して当該自動運行装置を備えている自動車を運行すること（当該自動車の運行中の道路、交通及び当該自動車の状況に応じて当該自動車の装置を操作する者がいる場合のものを除く。）をいう。

十八　駐車　車両等が客待ち、荷待ち、貨物の積卸し、故障その他の理由により継続的に停止すること（貨物の積卸しのための停止で五分を超えない時間内のもの及び人の乗降のための停止を除く。）、又は車両等が停止（特定自動運行中の停止を除く。）をし、かつ、当該車両等の運転をする者（以下「運転者」という。）がその車両等を離れて直ちに運転することができない状態にあることをいう。

十九　停車　車両等が停止することで駐車以外のものをいう。

二十　徐行　車両等が直ちに停止することができるような速度で進行することをいう。

二十一　追越し　車両が他の車両等に追い付いた場合において、その進路を変えてその追い付いた車両等の側方を通過し、かつ、当該車両等の前方に出ることをいう。

二十二　進行妨害　車両等が、進行を継続し、又は始めた場合においては危険を防止するため他の車両等がその速度又は方向を急に変更しなければならないこととなるおそれがあるときに、その進行を継続し、又は始めることをいう。

二十三　交通公害　道路の交通に起因して生ずる大気の汚染、騒音及び振動のうち内閣府令・環境省令で定めるものによつて、人の健康又は生活環境に係る被害が生ずることをいう。

2　道路法第四十五条第一項の規定により設置された区画線は、この法律の規定の適用については、内閣府令・国土交通省令で定めるところにより、道路標示とみなす。

3　この法律の規定の適用については、次に掲げる者は、歩行者とする。

一　移動用小型車、身体障害者用の車、遠隔操作型小型車、小児用の車又は歩行補助車等を通行させている者（遠隔操作型小型車にあつては、遠隔操作により通行させている者を除く。）

二　次条の大型自動二輪車又は普通自動二輪車、二輪の原動機付自転車、二輪又は三輪の自転車その他車体の大きさ及び構造が他の歩行者の通行を妨げるおそれのないものとして内閣府令で定める基準に該当する車両（これらの車両で側車付きのもの及び他の車両を牽（けん）引しているものを除く。）を押して歩いている者

本条…一部改正〔昭三八法九〇・三九法九一・昭四〇法九六・昭四五法八六・一四三・昭四六法八八〕、一項…一部改正・二・三項…追加〔昭四六法九八〕、一項…一部改正〔昭五三法五三〕、一項…一部改正〔平元法八二・八三・平四法四三〕、一・三項…一部改正〔平七法七四〕、一項…一部改正〔平一一法八七〕、一・二項…一部改正〔平一一法一六〇〕、一項…一部改正〔平一九法九〇〕、一・三項…一部改正、一項…一部改正〔令元法二〇〕、三項…一部改正〔令二法四二〕、一・三項…一部改正、一項…一部改正〔令四法三二〕、一項…一部改正〔令六法三四〕

※1項一号「引用条項」＝道路法二1（道路の定義）、道路運送法二8（自動車道の定義）、1項三号の二「引用条項」＝高速自動車国道法四1（高速自動車国道の意義）、道路法四八の四（道路等と自動車専用道路との連結又は交差）、1項九号「政令」＝令一、1項一〇号「内閣府令」＝則一の二・一の二の二、1項一一号「内閣府令」＝則一の三、1項一一号の三「内閣府令」＝則一の四、1項一一号の四「内閣府令」＝則一の五、1項一一号の五「内閣府令」＝則一の六・一の七、1項二三号「内閣府令・環境省令」＝交通公害に係る大気の汚染、騒音及び振動を定める命令、2項「内閣府令・国土交通省令」＝道路標識令七、「引用条項」＝道路法四五1（道路標識等の設置）、3項二号「内閣府令」＝則一の八

（自動車の種類）

第三条　自動車は、内閣府令で定める車体の大きさ及び構造並びに原動機の大きさを基準として、大型自動車、中型自動車、準中型自動車、普通自動車、大型特殊自動車、大型自動二輪車（側車付きのものを含む。以下同じ。）、普通自動二輪車（側車付きのものを含む。以下同じ。）及び小型特殊自動車に区分する。

一項…一部改正〔昭三九法九一〕、見出・一項…一部改正・二項…削除・本条…一部改正〔昭四〇法九六〕、本条…一部改正〔平七法七四平一一法一六〇平一六法九〇平二七法四〇〕

※「内閣府令」＝則二、「車両法の自動車の種別」＝車両法二・三、「自賠法の自動車の種別」＝自賠法二〇・同法施行令九

（公安委員会の交通規制）

第四条　都道府県公安委員会（以下「公安委員会」という。）は、道路における危険を防止し、その他交通の安全と円滑を図り、又は交通公害その他の道路の交通に起因する障害を防止するため必要があると認めるときは、政令で定めるところにより、信号機又は道路標識等を設置し、及び管理して、交通整理、歩行者若しくは遠隔操作型小型車（遠隔操作により道路を通行しているものに限る。）（次条から第十三条の二までにおいて「歩行者等」という。）又は車両等の通行の禁止その他の道路における交通の規制をすることができる。この場合において、緊急を要するため道路標識等を設置するいとまがないときその他道路標識等による交通の規制をすることが困難であると認めるときは、公安委員会は、その管理に

属する都道府県警察の警察官の現場における指示により、道路標識等の設置及び管理による交通の規制に相当する交通の規制をすることができる。

2　前項の規定による交通の規制は、区域、道路の区間又は場所を定めて行なう。この場合において、その規制は、対象を限定し、又は適用される日若しくは時間を限定して行なうことができる。

3　公安委員会は、環状交差点（車両の通行の用に供する部分が環状の交差点であつて、道路標識等により車両が当該部分を右回りに通行すべきことが指定されているものをいう。以下同じ。）以外の交通の頻繁な交差点その他交通の危険を防止するために必要と認められる場所には、信号機を設置するように努めなければならない。

4　信号機の表示する信号の意味その他信号機について必要な事項は、政令で定める。

5　道路標識等の種類、様式、設置場所その他道路標識等について必要な事項は、内閣府令・国土交通省令で定める。

（罰則　第一項後段については第百十九条第一項第一号、第百二十一条第一項第一号及び第二号）

二項…一部改正〔昭四〇法九六〕、付記…一部改正〔昭四五法八六〕、一項…一部改正〔昭四五法一四三〕、見出・一・二項・付記…全部改正・五項…追加〔昭四六法九八〕、五項…一部改正〔平一一法一六〇〕、三項…一部改正〔平二五法四三〕、一項・付記…一部改正〔令四法三二〕

※　1項「政令」＝令一の二、「特定の交通の規制等の手続」＝本法一一〇の二、「権限の委任」＝本法五、「関係行政機関の長等の意見聴取」＝本法一一〇の2～6、4項「政令」＝令二・三、5項「内閣府令・国土交通省令」＝道路標識命令

（警察署長等への委任）

第五条　公安委員会は、政令で定めるところにより、前条第一項に規定する歩行者等又は車両等の通行の禁止その他の交通の規制のうち、適用期間の短いものを警察署長に行わせることができる。

2　公安委員会は、信号機の設置又は管理に係る事務を政令で定める者に委任することができる。

見出・一・二項・付記…一部改正〔昭四五法八六〕、本条…全部改正〔昭四六法九八〕、一項…一部改正〔令四法三二〕

※　1項「警察署長に行わせることができる交通規制」＝令三の二、1・2項「政令」＝令三の二

（警察官等の交通規制）

第六条　警察官又は第百十四条の四第一項に規定する交通巡視員（以下「警察官等」という。）は、手信号その他の信号（以下「手信号等」という。）により交通整理を行なうことができる。この場合において、警察官等は、道路における危険を防止し、その他交通の安全と円滑を図るため特に必要があると認めるときは、信号機の表示する信号にかかわらず、これと異なる意味を表示する手信号等をすることができる。

2　警察官は、車両等の通行が著しく停滞したことにより道路（高速自動車国道及び自動車専用道路を除く。第四項において同じ。）における交通が著しく混雑するおそれがある場合において、当該道路における交通の円滑を図るためやむを得ないと認めるときは、その現場における混雑を緩和するため必要な限度において、その現場に進行してくる車両等の通行を禁止し、若しくは制限し、その現場にある車両等の運転者に対し、当該車両等を後退させることを命じ、又は第八条第一項、第三章第一節、第三節若しくは第六節に規定する通行方法と異なる通行方法によるべきことを命ずることができる。

3　警察官は、前項の規定による措置のみによつては、その現場における混雑を緩和することができないと認めるときは、その混雑を緩和するため必要な限度において、その現場にある関係者に対し必要な指示をすることができる。

4　警察官は、道路の損壊、火災の発生その他の事情により道路において交通の危険が生ずるおそれがある場合において、当該道路における危険を防止するため緊急の必要があると認めるときは、必要な限度において、当該道路につき、一時、歩行者等又は車両等の通行を禁止し、又は制限することができる。

5　第一項の手信号等の意味は、政令で定める。

（罰則　第二項については第百二十条第一項第一号、第四項については第百十九条第一項第一号、第百二十一条第一項第一号及び第二号）

一項…一部改正〔昭三八法九〇〕、見出・付記…全部改正・一・四・五項…追加・旧一項…一部改正し二項に繰下・旧二項…三項に繰下〔昭四六法九八〕、四項・付記…一部改正〔令四法三二〕

※　5項「政令」＝令四・五

（信号機の信号等に従う義務）

第七条　道路を通行する歩行者等又は車両等は、信号機の表示する信号又は警察官等の手信号等（前条第一項後段の場合においては、当該手信号等）に従わなければならない。

（罰則　第百十九条第一項第二号、同条第三項、第百二十一条第一項第一号及び第二号）

三項…一部改正〔昭三八法九〇〕、付記…一部改正〔昭四五法八六〕、一項…一部改正〔昭四五法一四三〕、本条…全部改正〔昭四六法九八〕、付記…一部改正、本条・付記…一部改正〔令四法三二〕

（通行の禁止等）

第八条　歩行者等又は車両等は、道路標識等によりその通行を禁止されている道路又はその部分を通行してはならない。

2　車両は、警察署長が政令で定めるやむを得ない理由があると認めて許可をしたときは、前項の規定にかかわらず、道路標識等によりその通行を禁止されている道路又はその部分を通行することができる。

3　警察署長は、前項の許可をしたときは、許可証を交付しなければならない。

4　前項の規定により許可証の交付を受けた車両の運転者は、当該許可に係る通行中、当該許可証を携帯していなければならない。

5　第二項の許可を与える場合において、必要があると認めるときは、警察署長は、当該許可に条件を付することができる。

6　第三項の許可証の様式その他第二項の許可について必要な事項は、内閣府令で定める。

（罰則　第一項については第百十九条第一項第二号、同条第三項、第百二十一条第一項第一号及び第二号、第五項については第百二十一条第一項第三号）

本条…全部改正〔昭四六法九八〕、六項…一部改正〔平一一法一六〇〕、付記…一部改正、一部改正〔令四法三二〕

※　1項「道路標識等」＝道路標識命令別表一・二（三一一）、「通行の禁止」＝本法四1・一一〇の二2～4、2項「政令」＝令六、「申請手続等」＝則五、6項「内閣

府令」＝則五

（歩行者用道路を通行する車両の義務）

第九条 車両は、歩行者の通行の安全と円滑を図るため車両の通行が禁止されていることが道路標識等により表示されている道路（第十三条の二において「歩行者用道路」という。）を、前条第二項の許可を受け、又はその禁止の対象から除外されていることにより通行するときは、特に歩行者に注意して徐行しなければならない。

（罰則 第百十九条第一項第二号、同条第三項）

二項…一部改正〔昭三八法九〇・昭三九法九一〕、一・二項…一部改正・三項…追加・旧三項…四項に繰下〔昭四五法一四三〕、本条…全部改正〔昭四六法九八〕、付記…全部改正〔令四法三二〕

第二章 歩行者等の通行方法

章名…改正〔令四法三二〕

（通行区分）

第十条 歩行者等は、歩道又は歩行者等の通行に十分な幅員を有する路側帯（次項及び次条において「歩道等」という。）と車道の区別のない道路においては、道路の右側端に寄つて通行しなければならない。ただし、道路の右側端を通行することが危険であるときその他やむを得ないときは、道路の左側端に寄つて通行することができる。

2 歩行者等は、歩道等と車道の区別のある道路においては、次の各号に掲げる場合を除き、歩道等を通行しなければならない。

一 車道を横断するとき。

二 道路工事等のため歩道等を通行することができないとき、その他やむを得ないとき。

3 前項の規定により歩道を通行する歩行者等は、普通自転車通行指定部分（第六十三条の四第二項に規定する普通自転車通行指定部分をいう。第十七条の二第二項において同じ。）があるときは、当該普通自転車通行指定部分をできるだけ避けて通行するように努めなければならない。

一・二項…一部改正〔昭四六法九八〕、三項…追加〔平一九法九〇〕、一―三項…一部改正、三項…一部改正〔令四法三二〕

※「通行方法の指示」＝本法一一五

（行列等の通行）

第十一条 学生生徒の隊列、葬列その他の行列（以下「行列」という。）及び歩行者の通行を妨げるおそれのある者で、政令で定めるものは、前条第二項の規定にかかわらず、歩道等と車道の区別のある道路においては、車道をその右側端（自転車道が設けられている車道にあつては、自転車道以外の部分の右側端。次項において同じ。）に寄つて通行しなければならない。

2 前項の政令で定める行列以外の行列は、前条第二項の規定にかかわらず、歩道等と車道の区別のある道路において、車道を通行することができる。この場合においては、車道の右側端に寄つて通行しなければならない。

3 警察官は、道路における危険を防止し、その他交通の安全と円滑を図るため必要があると認めるときは、第一項の行列の指揮者に対し、区間を定めて当該行列が道路又は車道の左側端（自転車道が設けられている車道にあつては、自転車道以外の部分の左側端）に寄つて通行すべきことを命ずることができる。

（罰則 第一項については第百二十一条第一項第四号 第二項及び第三項については第百二十一条第一項第五号）

一・三項…一部改正〔昭四五法八六〕、一・二項…一部改正〔昭四六法九八〕、付記…一部改正〔令四法三二〕

※ 1項「政令」＝令七

（横断の方法）

第十二条 歩行者等は、道路を横断しようとするときは、横断歩道がある場所の付近においては、その横断歩道によつて道路を横断しなければならない。

2 歩行者等は、交差点において道路標識等により斜めに道路を横断することができることとされている場合を除き、斜めに道路を横断してはならない。

見出…一部改正・一項…削除・旧二・三項…一部改正し一項ずつ繰上〔昭四六法九八〕、一・二項…一部改正〔令四法三二〕

※ 2項「道路標識等により斜めに道路を横断することができることとされている場合」＝令二3、則三の二、道路標識命令別表五・六（二〇一の二）、「通行方法の指示」＝本法一一五

（横断の禁止の場所）

第十三条 歩行者等は、車両等の直前又は直後で道路を横断してはならない。ただし、横断歩道によつて道路を横断するとき、又は信号機の表示する信号若しくは警察官等の手信号等に従つて道路を横断するときは、この限りでない。

2 歩行者等は、道路標識等によりその横断が禁止されている道路の部分においては、道路を横断してはならない。

一項…一部改正〔昭四五法八六〕、二項…全部改正〔昭四六法九八〕、一・二項…一部改正〔令四法三二〕

※ 2項「道路標識等により横断が禁止されている道路の部分」＝道路標識命令別表一・二（三三二）、「道路管理者の意見聴取等」＝本法一一〇の二3・4、「通行方法の指示」＝本法一一五

（歩行者用道路等の特例）

第十三条の二 歩行者用道路又はその構造上車両等が入ることができないこととなつている道路を通行する歩行者等については、第十条から前条までの規定は、適用しない。

本条…追加〔昭四六法九八〕、一部改正〔令四法三二〕

（目が見えない者、幼児、高齢者等の保護）

第十四条 目が見えない者（目が見えない者に準ずる者を含む。以下同じ。）は、道路を通行するときは、政令で定めるつえを携え、又は政令で定める盲導犬を連れていなければならない。

2 目が見えない者以外の者（耳が聞こえない者及び政令で定める程度の身体の障害のある者を除く。）は、政令で定めるつえを携え、又は政令で定める用具を付けた犬を連れて道路を通行してはならない。

3 児童（六歳以上十三歳未満の者をいう。以下同じ。）若しくは幼児（六歳未満の者をいう。以下同じ。）を保護する責任のある者は、交通のひんぱんな道路又は踏切若しくはその附近の道路において、児童若しくは幼児に遊戯をさせ、又は自ら若しくはこれに代わる監護者が付き添わないで幼児を歩行させてはならない。

4 児童又は幼児が小学校、幼稚園、幼保連携型認定こども園その他の教育又は保育のための施設に通うため道路を通行している場合において、誘導、合図その他適当な措置をとるこ

とが必要と認められる場所については、警察官等その他その場所に居合わせた者は、これらの措置をとることにより、児童又は幼児が安全に道路を通行することができるように努めなければならない。

5　高齢の歩行者、身体の障害のある歩行者その他の歩行者でその通行に支障のあるものが道路を横断し、又は横断しようとしている場合において、当該歩行者から申出があつたときその他必要があると認められるときは、警察官等その他その場所に居合わせた者は、誘導、合図その他適当な措置をとることにより、当該歩行者が安全に道路を横断することができるように努めなければならない。

二項…一部改正〔昭三八法九〇〕、四項…一部改正〔昭四五法八六〕、一・二項…一部改正〔昭四六法九八昭五三法五三〕、見出…一部改正・五項…追加〔平九法四一〕、五項…一部改正〔平一三法五一〕、四項…一部改正〔平二四法六七〕

※　1・2項「政令」＝令八

（歩行者と遠隔操作型小型車との関係）

第十四条の二　遠隔操作型小型車は、遠隔操作により道路を通行する場合において、歩行者の通行を妨げることとなるときは、当該歩行者に進路を譲らなければならない。

本条…追加〔令四法三二〕

（遠隔操作型小型車の遠隔操作を行う者の義務）

第十四条の三　遠隔操作型小型車（道路を通行しているものに限る。）の遠隔操作を行う者は、当該遠隔操作型小型車について遠隔操作のための装置を確実に操作し、かつ、道路、交通及び当該遠隔操作型小型車の状況に応じ、他人に危害を及ぼさないような速度と方法で通行させなければならない。

本条…追加〔令四法三二〕

（移動用小型車等を通行させる者の義務）

第十四条の四　移動用小型車又は遠隔操作型小型車を道路において通行させる者は、当該移動用小型車又は遠隔操作型小型車の見やすい箇所に内閣府令で定める様式の標識を付けなければならない。

（罰則　第百二十一条第一項第六号）

本条…追加〔令四法三二〕

※　「内閣府令」＝則五の三

（通行方法の指示）

第十五条　警察官等は、第十条第一項若しくは第二項、第十二条若しくは第十三条の規定に違反して道路を通行している歩行者又はこれらの規定若しくは第十四条の二若しくは第十四条の三の規定に違反して道路を通行している遠隔操作型小型車の遠隔操作を行う者に対し、当該各条に規定する通行方法によるべきことを指示することができる。

（罰則　第百二十一条第一項第七号）

本条…一部改正〔昭四五法八六昭四六法九八平一九法九〇〕、付記…一部改正、本条・付記…一部改正〔令四法三二〕

※　「引用条項」＝本法一〇（通行区分）・一二（横断の方法）・一三（横断の禁止の場所）

（遠隔操作型小型車に対する危険防止等の措置）

第十五条の二　警察官等は、遠隔操作により道路を通行している遠隔操作型小型車が著しく道路における交通の危険を生じさせ、又は交通の妨害となるおそれがあり、かつ、急を要すると認めるときは、道路における交通の危険を防止し、又は交通の妨害を排除するため必要な限度において、当該遠隔操作型小型車を停止させ、又は移動させることができる。

本条…追加〔令四法三二〕

第二章の二　遠隔操作型小型車の使用者の義務

本章…追加〔令四法三二〕

（遠隔操作による通行の届出）

第十五条の三　遠隔操作型小型車（遠隔操作により道路において通行させるものに限る。以下この項及び次条において同じ。）の使用者は、内閣府令で定めるところにより、次に掲げる事項を当該遠隔操作型小型車を遠隔操作により通行させようとする場所を管轄する公安委員会に届け出なければならない。その届け出た事項を変更しようとするときも、同様とする。

一　遠隔操作型小型車の使用者の氏名又は名称及び住所並びに法人にあつては、その代表者の氏名

二　遠隔操作型小型車を遠隔操作により通行させようとする場所

三　遠隔操作型小型車の遠隔操作を行う場所の所在地及び連絡先並びに遠隔操作のための装置、人員その他の体制

四　運送される人又は物の別及び当該人又は物の運送の方法

五　非常停止装置の位置及び形状

六　遠隔操作型小型車の仕様に関する事項として内閣府令で定める事項

2　前項の規定による届出には、当該届出をする者に係る住民票の写し又は登記事項証明書、当該届出に係る遠隔操作型小型車の仕様を示す書面その他の内閣府令で定める書類を添付しなければならない。

3　公安委員会は、第一項前段の規定による届出があつたときは、当該届出をした者を識別するための番号、記号その他の符号（次条において「届出番号等」という。）をその者に通知しなければならない。

（罰則　第一項については第百十九条の二の二第一号、第百二十三条）

本条…追加〔令四法三二〕

※　1項「内閣府令」＝則五の四

（届出番号等の表示義務）

第十五条の四　前条第一項前段の規定による届出をした遠隔操作型小型車の使用者は、内閣府令で定めるところにより、同条第三項の規定により通知された届出番号等を遠隔操作型小型車の見やすい箇所に表示しなければならない。

本条…追加〔令四法三二〕

※　「内閣府令」＝則五の五

（報告及び検査）

第十五条の五　公安委員会は、この章の規定の施行に必要な限度において、遠隔操作型小型車の使用者に対し、遠隔操作型小型車の遠隔操作による道路における通行に関し報告若しくは資料の提出を求め、又は警察職員に、第十五条の三第一項第三号に規定する場所その他の遠隔操作型小型車の使用者の事務所に立ち入り、帳簿、書類その他の物件を検査させ、若しくは関係者に質問させることができる。

2　前項の規定により警察職員が立ち入るときは、その身分を示す証票を携帯し、関係者に提示しなければならない。

3　第一項の規定による立入検査の権限は、犯罪捜査のために

認められたものと解してはならない。

（罰則　第一項については第百十九条の二の三第一号、第百二十三条）

本条…追加〔令四法三二〕

（遠隔操作型小型車の使用者に対する指示）

第十五条の六　公安委員会は、遠隔操作型小型車の使用者又はその使用する者が遠隔操作型小型車の遠隔操作による道路における通行に関しこの法律若しくはこの法律に基づく命令の規定又はこの法律の規定に基づく処分に違反した場合において、道路における危険を防止し、その他交通の安全と円滑を図るため必要があると認めるときは、当該遠隔操作型小型車の使用者に対し、遠隔操作型小型車の遠隔操作による道路における通行に関し必要な措置をとるべきこと（措置をとるまでの間、遠隔操作型小型車の遠隔操作による道路の通行を停止させることを含む。）を指示することができる。

（罰則　第百十九条の二の二第二号、第百二十三条）

本条…追加〔令四法三二〕

第三章　車両及び路面電車の交通方法

第一節　通則

（通則）

第十六条　道路における車両及び路面電車の交通方法については、この章の定めるところによる。

2　この章の規定の適用については、自動車又は原動機付自転車により他の車両を牽引する場合における当該牽引される車両は、その牽引する自動車又は原動機付自転車の一部とする。

3　この章の規定のうち交差点における交通に係る規定は、本線車道を通行している自動車については、適用しない。

4　この章の規定の適用については、自転車道が設けられている道路における自転車道と自転車道以外の車道の部分とは、それぞれ一の車道とする。

三項…追加〔昭三八法九〇〕、四項…追加〔昭四五法八六〕、三項…一部改正〔昭四六法九八〕

（通行区分）

第十七条　車両は、歩道又は路側帯（以下この条及び次条第一項において「歩道等」という。）と車道の区別のある道路においては、車道を通行しなければならない。ただし、道路外の施設又は場所に出入するためやむを得ない場合において歩道等を横断するとき、又は第四十七条第三項若しくは第四十八条の規定により歩道等で停車し、若しくは駐車するため必要な限度において歩道等を通行するときは、この限りでない。

2　前項ただし書の場合において、車両は、歩道等に入る直前で一時停止し、かつ、歩行者の通行を妨げないようにしなければならない。

3　特定小型原動機付自転車（原動機付自転車のうち第二条第一項第十号ロに該当するものをいう。以下同じ。）、二輪又は三輪の自転車その他車体の大きさ及び構造が自転車道における他の車両の通行を妨げるおそれのないものとして内閣府令で定める基準に該当する車両（これらの車両で側車付きのもの及び他の車両を牽引しているものを除く。）以外の車両は、自転車道を通行してはならない。ただし、道路外の施設又は場所に出入するためやむを得ないときは、自転車道を横断することができる。

4　車両は、道路（歩道等と車道の区別のある道路においては、車道。以下第九節の二までにおいて同じ。）の中央（軌道が道路の側端に寄つて設けられている場合においては当該道路の軌道敷を除いた部分の中央とし、道路標識等による中央線が設けられているときはその中央線の設けられた道路の部分を中央とする。以下同じ。）から左の部分（以下「左側部分」という。）を通行しなければならない。

5　車両は、次の各号に掲げる場合においては、前項の規定にかかわらず、道路の中央から右の部分（以下「右側部分」という。）にその全部又は一部をはみ出して通行することができる。この場合において、車両は、第一号に掲げる場合を除き、そのはみ出し方ができるだけ少なくなるようにしなければならない。

一　当該道路が一方通行（道路における車両の通行につき一定の方向にする通行が禁止されていることをいう。以下同じ。）となつているとき。

二　当該道路の左側部分の幅員が当該車両の通行のため十分なものでないとき。

三　当該車両が道路の損壊、道路工事その他の障害のため当該道路の左側部分を通行することができないとき。

四　当該道路の左側部分の幅員が六メートルに満たない道路において、他の車両を追い越そうとするとき（当該道路の右側部分を見とおすことができ、かつ、反対の方向からの交通を妨げるおそれがない場合に限るものとし、道路標識等により追越しのため右側部分にはみ出して通行することが禁止されている場合を除く。）。

五　勾配の急な道路のまがりかど附近について、道路標識等により通行の方法が指定されている場合において、当該車両が当該指定に従い通行するとき。

6　車両は、安全地帯又は道路標識等により車両の通行の用に供しない部分であることが表示されているその他の道路の部分に入つてはならない。

（罰則　第一項から第三項まで及び第六項については第百十九条第一項第六号　第四項については第百十七条の二第一項第四号、第百十七条の二の二第一項第八号イ、第百十九条第一項第六号）

三・四項・付記…一部改正・六項…追加〔昭三九法九一〕、三項・付記…一部改正〔昭四五法八六〕、一〜五項…一部改正・六項…削除〔昭四六法九八〕、三項…追加・付記…一部改正・旧三—五項…一項ずつ繰下〔昭五三法五三〕、四項…一部改正〔平一六法九〇〕、三項・付記…一部改正〔令二法四二〕、付記…一部改正、一・三項…一部改正〔令四法三二〕

※1項「引用条項」＝本法四七3（停車又は駐車の方法）・四八（停車又は駐車の方法の特例）、「普通自転車の歩道通行」＝本法六三の四、3項「内閣府令」＝則五の六、4〜6項「道路標識等」＝道路標識命令別表一・二（四〇六）・別表五・六（二〇五）・別表一・二（三一四）・別表三・四（一〇二）・別表五・六（二〇二）・別表五・六（一〇六）、「道路管理者の意見聴取等」＝本法一一〇の二3・4

（特例特定小型原動機付自転車の歩道通行）

第十七条の二　特定小型原動機付自転車のうち、次の各号のいずれにも該当するもので、他の車両を牽引していないもの（遠隔操作により通行させることができるものを除く。以下この条及び次条において「特例特定小型原動機付自転車」という。）は、前条第一項の規定にかかわらず、道路標識等により特例特定小型原動機付自転車が歩道を通行することができることとされているときは、当該歩道を通行することができる。ただし、警察官等が歩行者の安全を確保するため必要があると認めて当該歩道を通行してはならない旨を指示したときは、この限りでない。

一　歩道等を通行する間、当該特定小型原動機付自転車が歩道等を通行することができるものであることを内閣府令で定める方法により表示していること。

二　前号の規定による表示をしている場合においては、車体の構造上、歩道等における歩行者の通行を妨げるおそれのない速度として内閣府令で定める速度を超える速度を出すことができないものであること。

三　前二号に規定するもののほか、車体の構造が歩道等における歩行者の通行を妨げるおそれのないものとして内閣府令で定める基準に該当すること。

2　前項の場合において、特例特定小型原動機付自転車は、当該歩道の中央から車道寄りの部分（普通自転車通行指定部分があるときは、当該普通自転車通行指定部分）を徐行しなければならず、また、特例特定小型原動機付自転車の進行が歩行者の通行を妨げることとなるときは、一時停止しなければならない。ただし、普通自転車通行指定部分については、当該普通自転車通行指定部分を通行し、又は通行しようとする歩行者がないときは、歩道の状況に応じた安全な速度と方法で進行することができる。

（罰則　第二項については第百二十一条第一項第八号）

本条…追加〔令四法三二〕

※　1項「内閣府令」＝則五の六の二

（特例特定小型原動機付自転車等の路側帯通行）

第十七条の三　特例特定小型原動機付自転車及び軽車両は、第十七条第一項の規定にかかわらず、著しく歩行者の通行を妨げることとなる場合を除き、道路の左側部分に設けられた路側帯（特例特定小型原動機付自転車及び軽車両の通行を禁止することを表示する道路標示によつて区画されたものを除く。）を通行することができる。

2　前項の場合において、特例特定小型原動機付自転車及び軽車両は、歩行者の通行を妨げないような速度と方法で進行しなければならない。

（罰則　第二項については第百二十一条第一項第八号）

本条…追加〔昭四五法八六〕、全部改正〔昭五三法五三〕、一項…一部改正〔平二五法四三〕、付記…一部改正、見出・一・二項…一部改正・旧一七条の二…繰下〔令四法三二〕

※　1項「引用条項」＝本法一七1（車両の通行区分）

（左側寄り通行等）

第十八条　車両（トロリーバスを除く。）は、車両通行帯の設けられた道路を通行する場合を除き、自動車及び一般原動機付自転車（原動機付自転車のうち第二条第一項第十号イに該当するものをいう。以下同じ。）にあつては道路の左側に寄つて、特定小型原動機付自転車及び軽車両（以下「特定小型原動機付自転車等」という。）にあつては道路の左側端に寄つて、それぞれ当該道路を通行しなければならない。ただし、追越しをするとき、第二十五条第二項若しくは第三十四条第二項若しくは第四項の規定により道路の中央若しくは右側端に寄るとき、又は道路の状況その他の事情によりやむを得ないときは、この限りでない。

2　車両は、前項の規定により歩道と車道の区別のない道路を通行する場合その他の場合において、歩行者の側方を通過するときは、これとの間に安全な間隔を保ち、又は徐行しなければならない。

（罰則　第二項については第百十九条第一項第六号）

本条…一部改正〔昭三八法九〇〕、見出…削除・一項…一部改正・二項…追加・旧一九条…繰上〔昭三九法九一〕、見出…追加〔昭四五法八六〕、見出…全部改正・一・二項…一部改正・付記…追加〔昭四六法九八〕、付記…一部改正、一項…一部改正〔令四法三二〕

※　1項「引用条項」＝本法二五（道路外に出る場合の方法）・三四（右折）

（軽車両の並進の禁止）

第十九条　軽車両は、軽車両が並進することとなる場合においては、他の軽車両と並進してはならない。

（罰則　第百二十一条第一項第八号）

本条…追加〔昭三九法九一〕、見出…追加・付記…一部改正〔昭四五法八六〕、二項…一部改正〔昭四六法九八〕、二項…削除・付記…一部改正〔昭五三法五三〕、付記…一部改正〔令四法三二〕

※　「普通自転車の並進」＝本法六三の五

（車両通行帯）

第二十条　車両は、車両通行帯の設けられた道路においては、道路の左側端から数えて一番目の車両通行帯を通行しなければならない。ただし、自動車（小型特殊自動車及び道路標識等によつて指定された自動車を除く。）は、当該道路の左側部分（当該道路が一方通行となつているときは、当該道路）に三以上の車両通行帯が設けられているときは、政令で定めるところにより、その速度に応じ、その最も右側の車両通行帯以外の車両通行帯を通行することができる。

2　車両は、車両通行帯の設けられた道路において、道路標識等により前項に規定する通行の区分と異なる通行の区分が指定されているときは、当該通行の区分に従い、当該車両通行帯を通行しなければならない。

3　車両は、追越しをするとき、第二十五条第一項若しくは第二項、第三十四条第一項から第五項まで若しくは第三十五条の二の規定により道路の左側端、中央若しくは右側端に寄るとき、第三十五条第一項の規定に従い通行するとき、第二十六条の二第三項の規定によりその通行している車両通行帯をそのまま通行するとき、第四十条第二項の規定により一時進路を譲るとき、又は道路の状況その他の事情によりやむを得ないときは、前二項の規定によらないことができる。この場合において、追越しをするときは、その通行している車両通行帯の直近の右側の車両通行帯を通行しなければならない。

（罰則　第百二十条第一項第三号、同条第三項）

一～三項…一部改正〔昭三八法九〇〕、見出・一～四項・付記…一部改正〔昭三九法九一〕、一・四項・付記…一部改正〔昭四五法八六〕、一・三項…削除・二項…追加・付記…一部改正・旧二・四項…一部改正し一項ずつ繰上〔昭四六法九八〕、三項…一部改正〔昭六〇法八七平二五法四三〕、付記…一部改正〔令四法三二〕

※　1項ただし書「政令」＝令九、2項「道路標識等」＝道路標識命令別表一・二（三二七）（三二七の二）・別表五・六（一〇九の三）（一〇九の四）、3項「引用条項」＝本法二五（道路外に出る場合の方法）・三四（左折又は右折）・三五（指定通行区分）・二六の二（進路の変更の禁止）・四〇（緊急自動車の優先）

（路線バス等優先通行帯）

第二十条の二　道路運送法第九条第一項に規定する一般乗合旅客自動車運送事業者による同法第五条第一項第三号に規定する路線定期運行の用に供する自動車その他の政令で定める自動車（以下この条において「路線バス等」という。）の優先通行帯であることが道路標識等により表示されている車両通行帯が設けられている道路においては、自動車（路線バス等を除く。以下この条において同じ。）は、路線バス等が後方から接近してきた場合に当該道路における交通の混雑のため当該車両通行帯から出ることができないこととなるときは、当該車両通行帯を通行してはならず、また、当該車両通行帯を通行している場合において、後方から路線バス等が接近してきたときは、その正常な運行に支障を及ぼさないように、すみやかに当該車両通行帯の外に出なければならない。ただし、この法律の他の規定により通行すべきこととされている道路の部分が当該車両通行帯であるとき、又は道路の状況その他の事情によりやむを得ないときは、この限りでない。

2　前条第一項本文の規定は、前項の車両通行帯の直近の右側の車両通行帯又は道路の部分を通行する自動車については、適用しない。

（罰則　第一項については第百二十条第一項第三号、同条第三項）

本条…追加〔昭四六法九八〕、一項…一部改正〔平元法八三平一八法四〇〕、付記…一部改正〔令四法三二〕

※　1項「政令」＝令一〇、「道路標識等」＝道路標識命令別表一・二（三二七の五）、別表五・六（一〇九の七）

（軌道敷内の通行）

第二十一条　車両（トロリーバスを除く。以下この条及び次条第一項において同じ。）は、左折し、右折し、横断し、若しくは転回するため軌道敷を横切る場合又は危険防止のためやむを得ない場合を除き、軌道敷内を通行してはならない。

2　車両は、次の各号に掲げる場合においては、前項の規定にかかわらず、軌道敷内を通行することができる。この場合において、車両は、路面電車の通行を妨げてはならない。

一　当該道路の左側部分から軌道敷を除いた部分の幅員が当該車両の通行のため十分なものでないとき。

二　当該車両が、道路の損壊、道路工事その他の障害のため当該道路の左側部分から軌道敷を除いた部分を通行することができないとき。

三　道路標識等により軌道敷内を通行することができることとされている自動車が通行するとき。

3　軌道敷内を通行する車両は、後方から路面電車が接近してきたときは、当該路面電車の正常な運行に支障を及ぼさないように、すみやかに軌道敷外に出るか、又は当該路面電車から必要な距離を保つようにしなければならない。

（罰則　第百二十一条第一項第八号）

付記…一部改正〔昭四五法八六〕、一・二項…一部改正〔昭四六法九八〕、付記…一部改正〔令四法三二〕

※　2項「道路標識等」＝道路標識命令別表一・二（四〇二）

第二節　速度

（最高速度）

第二十二条　車両は、道路標識等によりその最高速度が指定されている道路においてはその最高速度を、その他の道路においては政令で定める最高速度をこえる速度で進行してはならない。

2　路面電車又はトロリーバスは、軌道法（大正十年法律第七十六号）第十四条（同法第三十一条において準用する場合を含む。第六十二条において同じ。）の規定に基づく命令で定める最高速度をこえない範囲内で道路標識等によりその最高速度が指定されている道路においてはその最高速度を、その他の道路においては当該命令で定める最高速度をこえる速度で進行してはならない。

（罰則　第百十八条第一項第一号、同条第三項）

本条…全部改正〔昭四六法九八〕、付記…一部改正〔平一三法五一令四法三二〕

※　1項「政令」＝令一一・一二・二七、「道路管理者の意見聴取等」＝本法一一〇の二3・4、1・2項「道路標識等」＝道路標識命令別表一・二（三二三）・別表五・六（一〇五）、2項「引用条項」＝軌道法一四（軌道の建設、運輸等に関する規程）、「命令」＝軌道運転規則五三〜五八、無軌条電車運転規則四六・四八

（最高速度違反行為に係る車両の使用者に対する指示）

第二十二条の二　車両の運転者が前条の規定に違反する行為（以下この条及び第七十五条の二第一項において「最高速度違反行為」という。）を当該車両の使用者（当該車両の運転者であるものを除く。以下この条において同じ。）の業務に関してした場合において、当該最高速度違反行為に係る車両の使用者が当該車両につき最高速度違反行為を防止するため必要な運行の管理を行つていると認められないときは、当該車両の使用の本拠の位置を管轄する公安委員会は、当該車両の使用者に対し、最高速度違反行為となる運転が行われることのないよう運転者に指導し又は助言することその他最高速度違反行為を防止するため必要な措置をとることを指示することができる。

2　前項の規定による指示に係る車両の使用者が道路運送法の規定による自動車運送事業者、貨物利用運送事業法（平成元年法律第八十二号）の規定による第二種貨物利用運送事業を経営する者又は軌道法の規定による軌道経営者（トロリーバスを運行するものに限る。）である場合における当該指示は、公安委員会が当該事業を監督する行政庁とあらかじめ協議して定めたところによつてしなければならない。

本条…追加〔平九法四一〕、二項…一部改正〔平一四法七七〕

※　2項…「道路運送法の規定による自動車運送事業者」＝道運法二②、「貨物利用運送事業法（平成元年法律第八十二号）の規定による第二種貨物利用運送事業」＝貨物利用運送事業法二⑧、「軌道法の規定による軌道経営者」＝軌道法三

（最低速度）

第二十三条　自動車は、道路標識等によりその最低速度が指定されている道路（第七十五条の四に規定する高速自動車国道の本線車道を除く。）においては、法令の規定により速度を減ずる場合及び危険を防止するためやむを得ない場合を除き、その最低速度に達しない速度で進行してはならない。

本条…一部改正〔昭三九法九一〕、全部改正〔昭四六法九八〕

※　「道路標識等」＝道路標識命令別表一・二（三二四）、「道路管理者の意見聴取等」＝本法一一〇の二3・4、「法令」＝本法三四・四二等

（急ブレーキの禁止）

第二十四条　車両等の運転者は、危険を防止するためやむを得ない場合を除き、その車両等を急に停止させ、又はその速度

を急激に減ずることとなるような急ブレーキをかけてはならない。

（罰則 第百十七条の二第一項第四号、第百十七条の二の二第一項第八号ロ、第百十九条第一項第三号）

一項…削除・旧二項…一部改正し一項に繰上〔昭三八法九〇〕、本条…全部改正〔昭四六法九八〕、付記…一部改正〔令二法四二〕、全部改正〔令四法三二〕

第三節 横断等

節名…改正〔昭三九法九一〕

（道路外に出る場合の方法）

第二十五条 車両は、道路外に出るため左折するときは、あらかじめその前からできる限り道路の左側端に寄り、かつ、徐行しなければならない。

2 車両（特定小型原動機付自転車等及びトロリーバスを除く。）は、道路外に出るため右折するときは、あらかじめその前からできる限り道路の中央（当該道路が一方通行となつているときは、当該道路の右側端）に寄り、かつ、徐行しなければならない。

3 道路外に出るため左折又は右折をしようとする車両が、前二項の規定により、それぞれ道路の左側端、中央又は右側端に寄ろうとして手又は方向指示器による合図をした場合においては、その後方にある車両は、その速度又は方向を急に変更しなければならないこととなる場合を除き、当該合図をした車両の進路の変更を妨げてはならない。

（罰則 第一項及び第二項については第百二十一条第一項第八号 第三項については第百二十条第一項第二号）

本条…追加〔昭三九法九一〕、付記…一部改正〔昭四五法八六〕、見出…全部改正・一項…追加・付記…一部改正・旧一・二項…一部改正し一項ずつ繰下〔昭四六法九八〕、付記…一部改正、二項…一部改正〔令四法三二〕

※ 3項「合図」＝本法五三、令二一

（横断等の禁止）

第二十五条の二 車両は、歩行者又は他の車両等の正常な交通を妨害するおそれがあるときは、道路外の施設若しくは場所に出入するための左折若しくは右折をし、横断し、転回し、又は後退してはならない。

2 車両は、道路標識等により横断、転回又は後退が禁止されている道路の部分においては、当該禁止された行為をしてはならない。

（罰則 第一項については第百二十条第一項第四号、同条第三項 第二項については第百十九条第一項第六号）

付記…一部改正・旧二五条…繰下〔昭三九法九一〕、付記…一部改正〔昭四五法八六〕、一項…一部改正・二項…全部改正〔昭四六法九八〕、付記…一部改正〔令四法三二〕

※ 2項「道路標識等」＝道路標識命令別表一・二（三一二）（三一三）・別表五・六（一〇一）

第四節 追越し等

（車間距離の保持）

第二十六条 車両等は、同一の進路を進行している他の車両等の直後を進行するときは、その直前の車両等が急に停止したときにおいてもこれに追突するのを避けることができるため必要な距離を、これから保たなければならない。

（罰則 第百十七条の二第一項第四号、第百十七条の二の二第一項第八号ハ、第百十九条第一項第四号、第百二十条第一項第二号）

二項…追加・付記…一部改正〔昭三九法九一〕、付記…一部改正〔昭四五法八六〕、二項…削除〔昭四六法九八〕、付記…一部改正〔平二一法二一令二法四二令四法三二〕

（進路の変更の禁止）

第二十六条の二 車両は、みだりにその進路を変更してはならない。

2 車両は、進路を変更した場合にその変更した後の進路と同一の進路を後方から進行してくる車両等の速度又は方向を急に変更させることとなるおそれがあるときは、進路を変更してはならない。

3 車両は、車両通行帯を通行している場合において、その車両通行帯が当該車両通行帯を通行している車両の進路の変更の禁止を表示する道路標示によつて区画されているときは、次に掲げる場合を除き、その道路標示をこえて進路を変更してはならない。

一 第四十条の規定により道路の左側若しくは右側に寄るとき、又は道路の損壊、道路工事その他の障害のためその通行している車両通行帯を通行することができないとき。

二 第四十条の規定に従うため、又は道路の損壊、道路工事その他の障害のため、通行することができなかつた車両通行帯を通行の区分に関する規定に従つて通行しようとするとき。

（罰則 第二項については第百十七条の二の二第一項第八号ニ、第百二十条第一項第二号 第三項については第百二十条第一項第三号、同条第三項）

本条…追加〔昭四五法八六〕、見出…一部改正・一・二項…追加・付記…全部改正・旧一項…一部改正し三項に繰下〔昭四六法九八〕、付記…一部改正〔令二法四二令四法三二〕

※ 3項「道路標示」＝道路標識命令別表五・六（一〇二の二）、「引用条項」＝本法四〇（緊急自動車の優先）

（他の車両に追いつかれた車両の義務）

第二十七条 車両（道路運送法第九条第一項に規定する一般乗合旅客自動車運送事業者による同法第五条第一項第三号に規定する路線定期運行又は同法第三条第二号に掲げる特定旅客自動車運送事業の用に供する自動車（以下「乗合自動車」という。）及びトロリーバスを除く。）は、第二十二条第一項の規定に基づく政令で定める最高速度（以下この条において「最高速度」という。）が高い車両に追いつかれたときは、その追いついた車両が当該車両の追越しを終わるまで速度を増してはならない。最高速度が同じであるか又は低い車両に追いつかれ、かつ、その追いついた車両の速度よりもおそい速度で引き続き進行しようとするときも、同様とする。

2 車両（乗合自動車及びトロリーバスを除く。）は、車両通行帯の設けられた道路を通行する場合を除き、最高速度が高い車両に追いつかれ、かつ、道路の中央（当該道路が一方通行となつているときは、当該道路の右側端。以下この項において同じ。）との間にその追いついた車両が通行するのに十分な余地がない場合においては、第十八条第一項の規定にかかわらず、できる限り道路の左側端に寄つてこれに進路を譲らなければならない。最高速度が同じであるか又は低い車両に追いつかれ、かつ、道路の中央との間にその追いついた車両が通行するのに十分な余地がない場合において、その追いついた車両の速度よりもおそい速度で引き続き進行しようとするときも、同様とする。

（罰則　第百二十条第一項第二号）

見出…一部改正・一項…追加・旧一項…一部改正し二項に繰下［昭三九法九一］、付記…一部改正［昭四五法八六］、一・二項…一部改正［昭四六法九八］、一項…一部改正［平元法八三平一八法四〇］

※1項「引用条項」＝道運法三①（一般乗合旅客自動車運送事業）、道運法三②（特定旅客自動車運送事業）、本法二二1（最高速度）、2項「引用条項」＝本法一八1（左側寄り通行）

（追越しの方法）

第二十八条　車両は、他の車両を追い越そうとするときは、その追い越されようとする車両（以下この節において「前車」という。）の右側を通行しなければならない。

2　車両は、他の車両を追い越そうとする場合において、前車が第二十五条第二項又は第三十四条第二項若しくは第四項の規定により道路の中央又は右側端に寄つて通行しているときは、前項の規定にかかわらず、その左側を通行しなければならない。

3　車両は、路面電車を追い越そうとするときは、当該車両が追いついた路面電車の左側を通行しなければならない。ただし、軌道が道路の左側端に寄つて設けられているときは、この限りでない。

4　前三項の場合においては、追越しをしようとする車両（次条において「後車」という。）は、反対の方向又は後方からの交通及び前車又は路面電車の前方の交通にも十分に注意し、かつ、前車又は路面電車の速度及び進路並びに道路の状況に応じて、できる限り安全な速度と方法で進行しなければならない。

（罰則　第一項及び第四項については第百十七条の二第一項第四号、第百十七条の二の二第一項第八号ホ、第百十九条第一項第六号　第二項及び第三項については第百十九条第一項第六号）

一項・付記…一部改正［昭三九法九一］、付記…一部改正［昭四五法八六］、一項…一部改正・二項…追加・旧三項…一部改正し四項に繰下・旧二項…三項に繰下［昭四六法九八］、付記…一部改正［令二法四二令四法三二］

※2項「引用条項」＝本法二五2（道路外へ出る場合の方法）、三四2・4（右折）

（追越しを禁止する場合）

第二十九条　後車は、前車が他の自動車又はトロリーバスを追い越そうとしているときは、追越しを始めてはならない。

（罰則　第百十九条第一項第六号）

一項…削除・付記…一部改正・旧二項…一部改正し一項に繰上［昭三九法九一］、付記…一部改正［昭四五法八六］、本条…一部改正［昭四六法九八］、付記…一部改正［令四法三二］

（追越しを禁止する場所）

第三十条　車両は、道路標識等により追越しが禁止されている道路の部分及び次に掲げるその他の道路の部分においては、他の車両（特定小型原動機付自転車等を除く。）を追い越すため、進路を変更し、又は前車の側方を通過してはならない。

一　道路の曲がり角付近、上り坂の頂上付近又は勾配の急な下り坂

二　トンネル（車両通行帯の設けられた道路以外の道路の部分に限る。）

三　交差点（当該車両が第三十六条第二項に規定する優先道路を通行している場合における当該優先道路にある交差点を除く。）、踏切、横断歩道又は自転車横断帯及びこれらの手前の側端から前に三十メートル以内の部分

（罰則　第百十九条第一項第五号、同条第三項）

本条…全部改正［昭三九法九一］、付記…一部改正［昭四五法八六］、本条…一部改正［昭四六法九八昭五三法五三］、付記…全部改正、本条…一部改正［令四法三二］

※「道路標識等」＝道路標識命令別表一・二（三一四の二）、「道路管理者との協議」＝本法一一〇の二4、「引用条項」＝本法三六2（交差点における他の車両との関係）

（停車中の路面電車がある場合の停止又は徐行）

第三十一条　車両は、乗客の乗降のため停車中の路面電車に追いついたときは、当該路面電車の乗客が乗降を終わり、又は当該路面電車から降りた者で当該車両の前方において当該路面電車の左側を横断し、若しくは横断しようとしているものがいなくなるまで、当該路面電車の後方で停止しなければならない。ただし、路面電車に乗降する者の安全を図るため設けられた安全地帯があるとき、又は当該路面電車に乗降する者がいない場合において当該路面電車の左側に当該路面電車から一・五メートル以上の間隔を保つことができるときは、徐行して当該路面電車の左側を通過することができる。

（罰則　第百十九条第一項第六号）

付記…一部改正［昭三九法九一昭四五法八六令四法三二］

（乗合自動車の発進の保護）

第三十一条の二　停留所において乗客の乗降のため停車していた乗合自動車が発進するため進路を変更しようとして手又は方向指示器により合図をした場合においては、その後方にある車両は、その速度又は方向を急に変更しなければならないこととなる場合を除き、当該合図をした乗合自動車の進路の変更を妨げてはならない。

（罰則　第百二十条第一項第二号）

本条…追加［昭四六法九八］

（割込み等の禁止）

第三十二条　車両は、法令の規定若しくは警察官の命令により、又は危険を防止するため、停止し、若しくは停止しようとして徐行している車両等又はこれらに続いて停止し、若しくは徐行している車両等に追いついたときは、その前方にある車両等の側方を通過して当該車両等の前方に割り込み、又はその前方を横切つてはならない。

（罰則　第百二十条第一項第二号）

付記…一部改正［昭四五法八六］

※「法令の規定」＝本法七・八・三一・三三・三八・四〇・四二の二・四三・七一等、無軌条電車運転規則三九・四〇等

第五節　踏切の通過

（踏切の通過）

第三十三条　車両等は、踏切を通過しようとするときは、踏切の直前（道路標識等による停止線が設けられているときは、その停止線の直前。以下この項において同じ。）で停止し、かつ、安全であることを確認した後でなければ進行してはならない。ただし、信号機の表示する信号に従うときは、踏切の直前で停止しないで進行することができる。

2　車両等は、踏切を通過しようとする場合において、踏切の遮断機が閉じようとし、若しくは閉じている間又は踏切の警報機が警報している間は、当該踏切に入つてはならない。

3　車両等の運転者は、故障その他の理由により踏切において当該車両等を運転することができなくなつたときは、直ちに非常信号を行う等踏切に故障その他の理由により停止している車両等があることを鉄道若しくは軌道の係員又は警察官に知らせるための措置を講ずるとともに、当該車両等を踏切以外の場所に移動するため必要な措置を講じなければならない。

（罰則　第一項及び第二項については第百十九条第一項第五号、同条第三項）

三項…追加・付記…一部改正〔昭三九法九一〕、付記…一部改正〔昭四五法八六〕、二項…一部改正〔昭四六法九八〕、付記…一部改正、三項…一部改正〔令四法三二〕

※　1項「道路標識等」＝道路標識命令別表五・六（二〇三）

第六節　交差点における通行方法等

（左折又は右折）

第三十四条　車両は、左折するときは、あらかじめその前からできる限り道路の左側端に寄り、かつ、できる限り道路の左側端に沿つて（道路標識等により通行すべき部分が指定されているときは、その指定された部分を通行して）徐行しなければならない。

2　自動車、一般原動機付自転車又はトロリーバスは、右折するときは、あらかじめその前からできる限り道路の中央に寄り、かつ、交差点の中心の直近の内側（道路標識等により通行すべき部分が指定されているときは、その指定された部分）を徐行しなければならない。

3　特定小型原動機付自転車等は、右折するときは、あらかじめその前からできる限り道路の左側端に寄り、かつ、交差点の側端に沿つて徐行しなければならない。

4　自動車、一般原動機付自転車又はトロリーバスは、一方通行となつている道路において右折するときは、第二項の規定にかかわらず、あらかじめその前からできる限り道路の右側端に寄り、かつ、交差点の中心の内側（道路標識等により通行すべき部分が指定されているときは、その指定された部分）を徐行しなければならない。

5　一般原動機付自転車は、第二項及び前項の規定にかかわらず、道路標識等により交通整理の行われている交差点における一般原動機付自転車の右折につき交差点の側端に沿つて通行すべきことが指定されている道路及び道路の左側部分（一方通行となつている道路にあつては、道路）に車両通行帯が三以上設けられているその他の道路（以下この項において「多通行帯道路」という。）において右折するとき（交通整理の行われている交差点において右折する場合に限る。）は、あらかじめその前からできる限り道路の左側端に寄り、かつ、交差点の側端に沿つて徐行しなければならない。ただし、多通行帯道路において、交通整理の行われている交差点における一般原動機付自転車の右折につきあらかじめ道路の中央又は右側端に寄るべきことが道路標識等により指定されているときは、この限りでない。

6　左折又は右折しようとする車両が、前各項の規定により、それぞれ道路の左側端、中央又は右側端に寄ろうとして手又は方向指示器による合図をした場合においては、その後方にある車両は、その速度又は方向を急に変更しなければならないこととなる場合を除き、当該合図をした車両の進路の変更を妨げてはならない。

（罰則　第一項から第五項までについては第百二十一条第一項第八号　第六項については第百二十条第一項第二号）

二・三項・付記…一部改正・四項…追加・旧四項…一部改正し五項に繰下〔昭三九法九一〕、一・二・四項・付記…一部改正〔昭四五法八六〕、一―五項…一部改正〔昭四六法九八〕、五項…追加・付記…一部改正・旧五項…六項に繰下〔昭六〇法八七〕、付記…一部改正、二―五項…一部改正〔令四法三二〕

※　1・2・4項「道路標識等」＝道路標識命令別表五・六（一一一）、6項「合図」＝本法五三、令二一

（指定通行区分）

第三十五条　車両（特定小型原動機付自転車等及び右折につき一般原動機付自転車が前条第五項本文の規定によることとされる交差点において左折又は右折をする一般原動機付自転車を除く。）は、車両通行帯の設けられた道路において、道路標識等により交差点で進行する方向に関する通行の区分が指定されているときは、同条第一項、第二項及び第四項の規定にかかわらず、当該通行の区分に従い当該車両通行帯を通行しなければならない。ただし、第四十条の規定に従うため、又は道路の損壊、道路工事その他の障害のためやむを得ないときは、この限りでない。

2　前条第六項の規定は、車両が前項の通行の区分に従い通行するため進路を変更しようとして手又は方向指示器による合図をした場合について準用する。

（罰則　第一項については第百二十条第一項第三号、同条第三項　第二項については第百二十条第一項第二号）

本条…追加〔昭四五法八六〕、見出…全部改正・一項…削除・付記…一部改正・旧二・三項…一部改正し一項ずつ繰上・旧三四条の二…繰下〔昭四六法九八〕、一・二項…一部改正〔昭六〇法八七〕、付記…一部改正、一項…一部改正〔令四法三二〕

※　1項「道路標識等」＝道路標識命令別表一・二（三二七の七）・別表五・六（一一〇）、「引用条項」＝本法四〇（緊急自動車の優先）、2項「合図」＝本法五三・令二一

（環状交差点における左折等）

第三十五条の二　車両は、環状交差点において左折し、又は右折するときは、第三十四条第一項から第五項までの規定にかかわらず、あらかじめその前からできる限り道路の左側端に寄り、かつ、できる限り環状交差点の側端に沿つて（道路標識等により通行すべき部分が指定されているときは、その指定された部分を通行して）徐行しなければならない。

2　車両は、環状交差点において直進し、又は転回するときは、あらかじめその前からできる限り道路の左側端に寄り、かつ、できる限り環状交差点の側端に沿つて（道路標識等により通行すべき部分が指定されているときは、その指定された部分を通行して）徐行しなければならない。

（罰則　第百二十一条第一項第八号）

本条…追加〔平二五法四三〕、付記…一部改正〔令四法三二〕

（交差点における他の車両等との関係等）

第三十六条　車両等は、交通整理の行なわれていない交差点に

おいては、次項の規定が適用される場合を除き、次の各号に掲げる区分に従い、当該各号に掲げる車両等の進行妨害をしてはならない。

一 車両である場合 その通行している道路と交差する道路（以下「交差道路」という。）を左方から進行してくる車両及び交差道路を通行する路面電車

二 路面電車である場合 交差道路を左方から進行してくる路面電車

2 車両等は、交通整理の行なわれていない交差点においては、その通行している道路が優先道路（道路標識等により優先道路として指定されているもの及び当該交差点において当該道路における車両の通行を規制する道路標識等による中央線又は車両通行帯が設けられている道路をいう。以下同じ。）である場合を除き、交差道路が優先道路であるとき、又はその通行している道路の幅員よりも交差道路の幅員が明らかに広いものであるときは、当該交差道路を通行する車両等の進行妨害をしてはならない。

3 車両等（優先道路を通行している車両等を除く。）は、交通整理の行なわれていない交差点に入ろうとする場合において、交差道路が優先道路であるとき、又はその通行している道路の幅員よりも交差道路の幅員が明らかに広いものであるときは、徐行しなければならない。

4 車両等は、交差点に入ろうとし、及び交差点内を通行するときは、当該交差点の状況に応じ、交差道路を通行する車両等、反対方向から進行してきて右折する車両等及び当該交差点又はその直近で道路を横断する歩行者に特に注意し、かつ、できる限り安全な速度と方法で進行しなければならない。

（罰則 第一項については第百二十条第一項第二号 第二項から第四項までについては第百十九条第一項第六号）

見出・付記…一部改正・一項…追加・旧一～三項…一部改正し一項ずつ繰下〔昭三九法九一〕、付記…一部改正〔昭四五法八六〕、本条…全部改正〔昭四六法九八〕、付記…一部改正〔令四法三二〕

※ 2項「道路標識等」＝道路標識命令別表一・二（四〇五）（四〇六）・別表五・六（一〇九）（二〇五）、2・3項「前方優先道路」＝道路標識命令別表一・二（三二九の二）・別表五・六（二二一）

第三十七条 車両等は、交差点で右折する場合において、当該交差点において直進し、又は左折しようとする車両等があるときは、当該車両等の進行妨害をしてはならない。

（罰則 第百二十条第一項第二号）

一項…一部改正〔昭三九法九一〕、付記…一部改正〔昭四五法八六〕、見出・二項…削除・一項…一部改正〔昭四六法九八〕

（環状交差点における他の車両等との関係等）

第三十七条の二 車両等は、環状交差点においては、第三十六条第一項及び第二項並びに前条の規定にかかわらず、当該環状交差点内を通行する車両等の進行妨害をしてはならない。

2 車両等は、環状交差点に入ろうとするときは、第三十六条第三項の規定にかかわらず、徐行しなければならない。

3 車両等は、環状交差点に入ろうとし、及び環状交差点内を通行するときは、第三十六条第四項の規定にかかわらず、当該環状交差点の状況に応じ、当該環状交差点に入ろうとする車両等、当該環状交差点内を通行する車両等及び当該環状交差点又はその直近で道路を横断する歩行者に特に注意し、かつ、できる限り安全な速度と方法で進行しなければならない。

（罰則 第百十九条第一項第六号）

本条…追加〔平二五法四三〕、付記…一部改正〔令四法三二〕

第六節の二 横断歩行者等の保護のための通行方法

本節…追加〔昭四二法一二六〕、節名…改正〔昭五三法五三〕

（横断歩道等における歩行者等の優先）

第三十八条 車両等は、横断歩道又は自転車横断帯（以下この条において「横断歩道等」という。）に接近する場合には、当該横断歩道等を通過する際に当該横断歩道等によりその進路の前方を横断しようとする歩行者又は自転車（以下この条において「歩行者等」という。）がないことが明らかな場合を除き、当該横断歩道等の直前（道路標識等による停止線が設けられているときは、その停止線の直前。以下この項において同じ。）で停止することができるような速度で進行しなければならない。この場合において、横断歩道等によりその進路の前方を横断し、又は横断しようとする歩行者等があるときは、当該横断歩道等の直前で一時停止し、かつ、その通行を妨げないようにしなければならない。

2 車両等は、横断歩道等（当該車両等が通過する際に信号機の表示する信号又は警察官等の手信号等により当該横断歩道等による歩行者等の横断が禁止されているものを除く。次項において同じ。）又はその手前の直前で停止している車両等がある場合において、当該停止している車両等の側方を通過してその前方に出ようとするときは、その前方に出る前に一時停止しなければならない。

3 車両等は、横断歩道等及びその手前の側端から前に三十メートル以内の道路の部分においては、第三十条第三号の規定に該当する場合のほか、その前方を進行している他の車両等（特定小型原動機付自転車等を除く。）の側方を通過してその前方に出てはならない。

（罰則 第百十九条第一項第五号、同条第三項）

付記…一部改正〔昭三九法九一〕、本条…削り・追加〔昭四二法一二六〕、付記…一部改正〔昭四五法八六〕、一項…全部改正・二・三項・付記…一部改正〔昭四六法九八〕、見出…全部改正・一―三項…一部改正〔昭五三法五三〕、付記…全部改正・三項…一部改正〔令四法三二〕

※ 1項「道路標識等」＝道路標識命令別表五・六（二〇三）、2項「信号」＝令二・三、3項「引用条項」＝本法三〇（追越しを禁止する場所）

（横断歩道のない交差点における歩行者の優先）

第三十八条の二 車両等は、交差点又はその直近で横断歩道の設けられていない場所において歩行者が道路を横断しているときは、その歩行者の通行を妨げてはならない。

（罰則 第百十九条第一項第六号）

本条…追加〔昭四二法一二六〕、付記…一部改正〔昭四五法八六 令四法三二〕

第七節 緊急自動車等

（緊急自動車の通行区分等）

第三十九条 緊急自動車（消防用自動車、救急用自動車その他の政令で定める自動車で、当該緊急用務のため、政令で定め

るところにより、運転中のものをいう。以下同じ。）は、第十七条第五項に規定する場合のほか、追越しをするためその他やむを得ない必要があるときは、同条第四項の規定にかかわらず、道路の右側部分にその全部又は一部をはみ出して通行することができる。

２　緊急自動車は、法令の規定により停止しなければならない場合においても、停止することを要しない。この場合においては、他の交通に注意して徐行しなければならない。

二項…削除・旧三項…二項に繰上〔昭三九法九一〕、一項…一部改正〔昭五三法五三〕

※　１項「政令」＝令一三・一四、「引用条項」＝本法一七５（道路の右側部分にはみ出して通行できる場合）・一七４（道路の左側部分を通行する義務）、２項「法令」＝本法一七２・三一・三三１・三八・四三・七一

（緊急自動車の優先）

第四十条　交差点又はその附近において、緊急自動車が接近してきたときは、路面電車は交差点を避けて、車両（緊急自動車を除く。以下この条において同じ。）は交差点を避け、かつ、道路の左側（一方通行となつている道路においてその左側に寄ることが緊急自動車の通行を妨げることとなる場合にあつては、道路の右側。次項において同じ。）に寄つて一時停止しなければならない。

２　前項以外の場所において、緊急自動車が接近してきたときは、車両は、道路の左側に寄つて、これに進路を譲らなければならない。

（罰則　第百二十条第一項第二号）

二項…一部改正〔昭三八法九〇〕、一項・付記…一部改正〔昭四五法八六〕、二項…一部改正〔昭四六法九八〕、一項…一部改正〔昭四七法五一〕

（緊急自動車等の特例）

第四十一条　緊急自動車については、第八条第一項、第十七条第六項、第十八条、第二十条第一項及び第二項、第二十条の二、第二十五条第一項及び第二項、第二十五条の二第二項、第二十六条の二第三項、第二十九条、第三十条、第三十四条第一項、第二項及び第四項、第三十五条第一項並びに第三十八条第一項前段及び第三項の規定は、適用しない。

２　前項に規定するもののほか、第二十二条の規定に違反する車両等を取り締まる場合における緊急自動車については、同条の規定は、適用しない。

３　もつぱら交通の取締りに従事する自動車で内閣府令で定めるものについては、第十八条第一項、第二十条第一項及び第二項、第二十条の二並びに第二十五条の二第二項の規定は、適用しない。

４　政令で定めるところにより道路の維持、修繕等のための作業に従事している場合における道路維持作業用自動車（専ら道路の維持、修繕等のために使用する自動車で政令で定めるものをいう。以下第七十五条の九において同じ。）については、第十七条第四項及び第六項、第十八条第一項、第二十条第一項及び第二項、第二十条の二、第二十三条並びに第二十五条の二第二項の規定は、適用しない。

四項…追加〔昭三八法九〇〕、一・三・四項…一部改正〔昭三九法九一〕、一項…一部改正〔昭四二法一二六昭四五法八六〕、一～四項…一部改正〔昭四六法九八〕、一・四項…一部改正〔昭五三法五三〕、三項…一部改正〔平一一法一六〇〕

※　１項「引用条項」＝本法八１（通行の禁止）・一七６（安全地帯等への進入の禁止）・一八（左側寄り通行等）・二〇（車両通行帯の通行義務）・二〇の二（路線バス等優先通行帯）・二五（道路外に出る場合の方法）・二五の二２（横断等の禁止）・二六の二３（進路の変更の禁止）・二九（追越しを禁止する場合）・三〇（追越しを禁止する場所）・三四（左折又は右折）・三五１（指定通行区分）・三八（横断歩道等における歩行者等の優先）、２項「引用条項」＝本法二二（最高速度）、３項「内閣府令」＝則六、「引用条項」＝本法一八１（左側寄り通行等）・二〇（車両通行帯）・二〇の二（路線バス等優先通行帯）・二五の二２（横断等の禁止）、４項「政令」＝令一四の二・一四の三、「引用条項」＝本法七五の九（高速自動車国道等における緊急自動車等の特例）・一七（通行区分）・一八１（左側寄り通行）・二〇（車両通行帯）・二〇の二（路線バス等優先通行帯）・二三（最低速度）・二五の二２（横断等の禁止）

（消防用車両の優先等）

第四十一条の二　交差点又はその付近において、消防用車両（消防用自動車以外の消防の用に供する車両で、消防用務のため、政令で定めるところにより、運転中のものをいう。以下この条及び第七十五条の二十二第二項において同じ。）が接近してきたときは、車両等（車両にあつては、緊急自動車及び消防用車両を除く。）は、交差点を避けて一時停止しなければならない。

２　前項以外の場所において、消防用車両が接近してきたときは、車両（緊急自動車及び消防用車両を除く。）は、当該消防用車両の通行を妨げてはならない。

３　第三十九条の規定は、消防用車両について準用する。

４　消防用車両については、第八条第一項、第十七条第六項、第十八条、第二十条第一項及び第二項、第二十五条第一項及び第二項、第二十五条の二第二項、第二十六条の二第三項、第二十九条、第三十条、第三十四条第一項から第五項まで、第三十五条第一項、第三十八条第一項前段及び第三項、第四十条第一項、第六十三条の六並びに第六十三条の七の規定は、適用しない。

（罰則　第一項及び第二項については第百二十条第一項第二号）

本条…追加〔昭三八法九〇〕、三・四項…一部改正〔昭三九法九一〕、四項…一部改正〔昭四二法一二六〕、四項・付記…一部改正〔昭四五法八六〕、二・四項…一部改正〔昭四六法九八〕、一・四項…一部改正〔昭五三法五三〕、四項…一部改正〔昭六〇法八七〕、一項…一部改正〔令四法三二〕

※　１項「政令」＝令一四の四、３項「引用条項」＝本法三九（緊急自動車等の通行区分等）、４項「引用条項」＝本法八１（通行の禁止等）・一七６（安全地帯等への進入禁止）・一八（左側寄り通行等）・二〇（車両通行帯）・二五（道路外に出る場合の方法）・二五の二２（横断等の禁止）・二六の二３（進路の変更の禁止）・二九（追越しを禁止する場合）・三〇（追越しを禁止する場所）・三四（左折又は右折）・三五１（指定通行区分）・三八（横断歩道等における歩行者等の優先）・四〇（緊急自動車の優先）・六三の六（自転車の横断の方法）・六三の七（交差点における自転車の通行方法）

第八節　徐行及び一時停止

（徐行すべき場所）

第四十二条　車両等は、道路標識等により徐行すべきことが指定されている道路の部分を通行する場合及び次に掲げるその他の場合においては、徐行しなければならない。

一　左右の見とおしがきかない交差点に入ろうとし、又は交差点内で左右の見とおしがきかない部分を通行しようとするとき（当該交差点において交通整理が行なわれている場合及び優先道路を通行している場合を除く。）。

二　道路のまがりかど附近、上り坂の頂上附近又は勾配の急な下り坂を通行するとき。

（罰則　第百十九条第一項第五号、同条第三項）

付記…一部改正〔昭三九法九一昭四五法八六〕、本条…一部改正〔昭四五法一四三〕、全部改正〔昭四六法九八〕、付記…全部改正〔令四法三二〕

※「道路標識等」＝道路標識命令別表一・二（三二九）、「道路管理者と協議」＝本法一一〇の二４

（指定場所における一時停止）

第四十三条　車両等は、交通整理が行なわれていない交差点又はその手前の直近において、道路標識等により一時停止すべきことが指定されているときは、道路標識等による停止線の直前（道路標識等による停止線が設けられていない場合にあつては、交差点の直前）で一時停止しなければならない。この場合において、当該車両等は、第三十六条第二項の規定に該当する場合のほか、交差道路を通行する車両等の進行妨害をしてはならない。

（罰則　第百十九条第一項第五号、同条第三項）

付記…一部改正〔昭三九法九一昭四五法八六〕、本条…全部改正〔昭四六法九八〕、付記…全部改正〔令四法三二〕

※「道路標識等」＝道路標識命令別表一・二（三三〇）・別表五・六（一〇三）、「引用条項」＝本法三六２（交差点における他の車両等の進行妨害の禁止）

第九節　停車及び駐車

（停車及び駐車を禁止する場所）

第四十四条　車両は、道路標識等により停車及び駐車が禁止されている道路の部分及び次に掲げるその他の道路の部分においては、法令の規定若しくは警察官の命令により、又は危険を防止するため一時停止する場合のほか、停車し、又は駐車してはならない。

一　交差点、横断歩道、自転車横断帯、踏切、軌道敷内、坂の頂上付近、勾配の急な坂又はトンネル

二　交差点の側端又は道路の曲がり角から五メートル以内の部分

三　横断歩道又は自転車横断帯の前後の側端からそれぞれ前後に五メートル以内の部分

四　安全地帯が設けられている道路の当該安全地帯の左側の部分及び当該部分の前後の側端からそれぞれ前後に十メートル以内の部分

五　乗合自動車の停留所又はトロリーバス若しくは路面電車の停留場を表示する標示柱又は標示板が設けられている位置から十メートル以内の部分（当該停留所又は停留場に係る運行系統に属する乗合自動車、トロリーバス又は路面電車の運行時間中に限る。）

六　踏切の前後の側端からそれぞれ前後に十メートル以内の部分

２　前項の規定は、次に掲げる場合には、適用しない。

一　乗合自動車又はトロリーバスが、その属する運行系統に係る停留所又は停留場において、乗客の乗降のため停車するとき、又は運行時間を調整するため駐車するとき。

二　旅客の運送の用に供する自動車（乗合自動車を除く。第四十九条の三第一項において同じ。）が、乗合自動車の停留所又はトロリーバス若しくは路面電車の停留場において、乗客の乗降のため停車するとき、又は運行時間を調整するため駐車するとき（当該停留所又は停留場における停車又は駐車であつて、地域住民の生活に必要な旅客輸送を確保するために有用であり、かつ、道路又は交通の状況により支障がないことについて、内閣府令で定めるところにより、道路運送法第九条第一項に規定する一般乗合旅客自動車運送事業者、公安委員会その他の当該停車又は駐車に関係のある者として内閣府令で定める者が合意し、その旨を公安委員会が公示したものをする場合に限る。）。

（罰則　第一項については第百十九条の二の四第一項第一号、同条第三項、第百十九条の三第一項第一号、同条第三項）

本条…一部改正〔昭三九法九一〕、本条・付記…一部改正〔昭四六法九八〕、本条…一部改正〔昭五三法五三〕、付記…一部改正〔平二法七三平一六法九〇平一九法九〇〕、一項・付記…一部改正・二項…追加〔令二法四二〕、二項・付記…一部改正、付記…一部改正〔令四法三二〕

※１項「道路標識等」＝道路標識命令別表一・二（三一五）・別表五・六（一〇三）、「道路管理者の意見聴取」＝本法一一〇の二５、「違法駐車に対する措置」＝本法五一　２項二号「内閣府令」＝則六の三の二・六の三の三

（駐車を禁止する場所）

第四十五条　車両は、道路標識等により駐車が禁止されている道路の部分及び次に掲げるその他の道路の部分においては、駐車してはならない。ただし、公安委員会の定めるところにより警察署長の許可を受けたときは、この限りでない。

一　人の乗降、貨物の積卸し、駐車又は自動車の格納若しくは修理のため道路外に設けられた施設又は場所の道路に接する自動車用の出入口から三メートル以内の部分

二　道路工事が行なわれている場合における当該工事区域の側端から五メートル以内の部分

三　消防用機械器具の置場若しくは消防用防火水槽の側端又はこれらの道路に接する出入口から五メートル以内の部分

四　消火栓、指定消防水利の標識が設けられている位置又は消防用防火水槽の吸水口若しくは吸管投入孔から五メートル以内の部分

五　火災報知機から一メートル以内の部分

２　車両は、第四十七条第二項又は第三項の規定により駐車する場合に当該車両の右側の道路上に三・五メートル（道路標識等により距離が指定されているときは、その距離）以上の余地がないこととなる場所においては、駐車してはならない。ただし、貨物の積卸しを行なう場合で運転者がその車両を離れないとき、若しくは運転者がその車両を離れたが直ちに運転に従事することができる状態にあるとき、又は傷病者の救護のためやむを得ないときは、この限りでない。

３　公安委員会が交通がひんぱんでないと認めて指定した区域においては、前項本文の規定は、適用しない。

（罰則　第一項及び第二項については第百十九条の二の四第一項第一号、同条第三項、第百十九条の三第一項第一号、同条第三項）

一・二項・付記…一部改正〔昭四六法九八〕、付記…一部改正〔平二法七三平一六法九〇平一九法九〇令四法三二〕

※１項「道路標識等」＝道路標識命令別表一・二（三一六）・別表五・六（一〇四）、「地方公共団体の意見聴取」＝本法一一〇の二５、２項＝「引用条項」＝本法四七（停車又は駐車の方法）、「道路標識等」＝道路標識命令別表一・二（三一七）、「違法駐車に対する措置」＝本法五一

（高齢運転者等標章自動車の停車又は駐車の特例）

第四十五条の二　次の各号のいずれかに該当する者（以下この項及び次項において「高齢運転者等」という。）が運転する

普通自動車（当該高齢運転者等が内閣府令で定めるところによりその者の住所地を管轄する公安委員会に届出をしたものに限る。）であつて、当該高齢運転者等が同項の規定により交付を受けた高齢運転者等標章をその停車又は駐車をしている間前面の見やすい箇所に掲示したもの（以下「高齢運転者等標章自動車」という。）は、第四十四条第一項の規定による停車及び駐車を禁止する道路の部分又は前条第一項の規定による駐車を禁止する道路の部分の全部又は一部について、道路標識等により停車又は駐車をすることができることとされているときは、これらの規定にかかわらず、停車し、又は駐車することができる。

一　第七十一条の五第三項に規定する普通自動車対応免許（以下この条において単に「普通自動車対応免許」という。）を受けた者で七十歳以上のもの

二　第七十一条の六第二項又は第三項に規定する者

三　前二号に掲げるもののほか、普通自動車対応免許を受けた者で、妊娠その他の事由により身体の機能に制限があることからその者の運転する普通自動車が停車又は駐車をすることができる場所について特に配慮する必要があるものとして政令で定めるもの

2　公安委員会は、高齢運転者等に対し、その申請により、その者が前項の届出に係る普通自動車の運転をする高齢運転者等であることを示す高齢運転者等標章を交付するものとする。

3　高齢運転者等標章の交付を受けた者は、当該高齢運転者等標章を亡失し、滅失し、汚損し、又は破損したときは、その者の住所地を管轄する公安委員会に高齢運転者等標章の再交付を申請することができる。

4　高齢運転者等標章の交付を受けた者は、普通自動車対応免許が取り消され、又は失効したとき、第一項第三号に規定する事由がなくなつたときその他内閣府令で定める事由が生じたときは、速やかに、当該高齢運転者等標章をその者の住所地を管轄する公安委員会に返納しなければならない。

5　前三項に定めるもののほか、高齢運転者等標章について必要な事項は、内閣府令で定める。

（罰則　第四項については第百二十一条第一項第十号）

本条…追加〔平二一法二一〕、一項…一部改正〔平二七法四〇令二法四二〕、付記…一部改正〔令四法三二〕

※　1項三号「政令」＝令一四の五、1項「内閣府令」＝則六の三の四、4項「内閣府令」＝同六の三の七、5項「内閣府令」＝同六の三の五・六の三の六

（停車又は駐車を禁止する場所の特例）

第四十六条　前条第一項に規定するもののほか、車両は、第四十四条第一項又は第四十五条第一項の規定による停車及び駐車を禁止する道路の部分又は駐車を禁止する道路の部分の一部について、道路標識等により停車又は駐車をすることができることとされているときは、これらの規定にかかわらず、停車し、又は駐車することができる。

本条…一部改正〔昭三九法九一昭四六法九八平二一法二一令二法四二〕

※　「道路標識等」＝道路標識命令別表一・二（四〇三）（四〇四）、「引用条項」＝本法四四（停車及び駐車を禁止する場所）・四五Ⅰ（駐車を禁止する場所）

（停車又は駐車の方法）

第四十七条　車両は、人の乗降又は貨物の積卸しのため停車するときは、できる限り道路の左側端に沿い、かつ、他の交通の妨害とならないようにしなければならない。

2　車両は、駐車するときは、道路の左側端に沿い、かつ、他の交通の妨害とならないようにしなければならない。

3　車両は、車道の左側端に接して路側帯（当該路側帯における停車及び駐車を禁止することを表示する道路標示によつて区画されたもの及び政令で定めるものを除く。）が設けられている場所において、停車し、又は駐車するときは、前二項の規定にかかわらず、政令で定めるところにより、当該路側帯に入り、かつ、他の交通の妨害とならないようにしなければならない。

（罰則　第一項については第百十九条の三第一項第四号、第二項及び第三項については第百十九条の二の四第一項第二号、第百十九条の三第一項第四号）

見出・一項・付記…一部改正・二・三項…追加〔昭四六法九八〕、付記…一部改正〔昭六一法六三〕、全部改正〔平二法七三〕、一部改正〔平一六法九〇平一九法九〇令四法三二〕

※　3項「道路標示」＝道路標識命令別表五・六（一〇八の二）、「政令」＝令一四の六、「駐車の場合の灯火」＝本法五二、令一八2・一九、「違法駐車に対する措置」＝本法五一

（停車又は駐車の方法の特例）

第四十八条　車両は、道路標識等により停車又は駐車の方法が指定されているときは、前条の規定にかかわらず、当該方法によつて停車し、又は駐車しなければならない。

（罰則　第百十九条の二の四第一項第一号、同条第三項、第百十九条の三第一項第一号、同条第三項）

本条…全部改正〔昭四六法九八〕、付記…一部改正〔平二法七三平一六法九〇平一九法九〇令四法三二〕

※　「道路標識等」＝道路標識命令別表五・六（一一二）〜（一一四）、「違法駐車に対する措置」＝本法五一

（時間制限駐車区間）

第四十九条　公安委員会は、時間を限つて同一の車両が引き続き駐車することができる道路の区間であることが道路標識等により指定されている道路の区間（以下「時間制限駐車区間」という。）について、当該時間制限駐車区間における駐車の適正を確保するため、パーキング・メーター（内閣府令で定める機能を有するものに限る。以下同じ。）又はパーキング・チケット（内閣府令で定める様式の標章であつて、発給を受けた時刻その他内閣府令で定める事項を表示するものをいう。以下同じ。）を発給するための設備で内閣府令で定める機能を有するもの（以下「パーキング・チケット発給設備」という。）を設置し、及び管理するものとする。

2　前項に定めるもののほか、公安委員会は、時間制限駐車区間において駐車しようとする車両の運転者に対する情報の提供、時間制限駐車区間において駐車する車両の整理その他時間制限駐車区間における駐車の適正を確保するために必要な措置を講じなければならない。

3　公安委員会は、第一項のパーキング・メーター及びパーキング・チケット発給設備の管理に関する事務並びに前項に規定する措置に関する事務の全部又は一部を内閣府令で定める者に委託することができる。

本条…全部改正〔昭四六法九八昭六一法六三〕、一・二・四項…一部改正〔平一一法一六〇〕、一項…一部改正・二項…削除・旧三・四項…一部改正し一項ずつ繰上〔平一九法九〇〕

※　1・3項「内閣府令」＝則六の四・六の五・六の六・六の八

（高齢運転者等専用時間制限駐車区間）

第四十九条の二　公安委員会は、時間制限駐車区間を、時間を限つて同一の高齢運転者等標章自動車に限り引き続き駐車することができる道路の区間として指定することができる。この場合において、公安委員会は、前条第一項の道路標識等にその旨を表示するものとする。

本条…追加〔平二一法二一〕

（時間制限駐車区間における駐車の方法等）

第四十九条の三　時間制限駐車区間における車両の駐車（第四十四条第二項各号に掲げる場合における当該乗合自動車若しくはトロリーバス又は当該旅客の運送の用に供する自動車の駐車を除く。次条において同じ。）については、第四十四条から第四十八条までの規定にかかわらず、この条から第四十九条の五までに定めるところによる。

2　車両（前条の規定により指定された道路の区間（次条において「高齢運転者等専用時間制限駐車区間」という。）にあつては、高齢運転者等標章自動車に限る。以下この条、第四十九条の六及び第百十九条の三第一項第二号において同じ。）は、時間制限駐車区間においては、当該駐車につき第四十九条第一項のパーキング・メーターが車両を感知した時又は同項のパーキング・チケット発給設備によりパーキング・チケットの発給を受けた時から、それぞれ道路標識等により表示されている時間を超えて引き続き駐車してはならない。

3　車両は、時間制限駐車区間においては、駐車につき道路標識等により指定されている道路の部分及び方法でなければ、駐車してはならない。

4　車両の運転者は、時間制限駐車区間において車両を駐車したときは、政令で定めるところにより、第四十九条第一項のパーキング・メーターを直ちに作動させ、又は同項のパーキング・チケット発給設備によりパーキング・チケットの発給を直ちに受けて、これを当該車両が駐車している間（当該パーキング・チケットの発給を受けた時から道路標識等により表示されている時間を経過する時までの間に限る。）、当該車両の前面の見やすい箇所に掲示しなければならない。

（罰則　第二項については第百十九条の三第一項第一号、同条第三項　第三項については第百十九条の二の四第一項第一号、同条第三項、第百十九条の三第一項第一号、同条第三項　第四項については第百十九条の三第一項第三号、同条第三項）

本条…追加〔昭六一法六三〕、付記…一部改正〔平二法七三・平一六法九〇〕、二・四項・付記…一部改正〔平一九法九〇〕、一・二・四項・付記…一部改正・五項…削除・旧四九条の二…繰下〔平二一法二一〕、一項…一部改正〔令二法四二〕、一項・付記…一部改正、付記…一部改正〔令四法三二〕

※　4項「政令」＝令一四の七

（高齢運転者等専用時間制限駐車区間における駐車の禁止）

第四十九条の四　高齢運転者等専用時間制限駐車区間においては、高齢運転者等標章自動車以外の車両は、駐車をしてはならない。

（罰則　第百十九条の二の四第一項第一号、同条第三項、第百十九条の三第一項第一号、同条第三項）

本条…追加〔平二一法二一〕、付記…一部改正〔令四法三二〕

（時間制限駐車区間における駐車の特例）

第四十九条の五　警察署長が公安委員会の定めるところにより時間制限駐車区間における車両の駐車につき駐車することができる場所及び駐車の方法並びに駐車を開始することができる時刻及び駐車を終了すべき時刻を指定して許可をした場合において、当該許可に係る車両が、指定された場所及び方法で、指定された駐車を開始することができる時刻から駐車を終了すべき時刻までの間において駐車を開始したときは、当該車両及びその運転者については、前二条（第四十九条の三第一項を除く。）の規定は、適用しない。この場合において、当該車両は、当該指定された駐車を終了すべき時刻を過ぎて引き続き駐車してはならない。

（罰則　後段については第百十九条の三第一項第一号、同条第三項）

本条…追加〔平二一法二一〕、付記…一部改正〔令四法三二〕

（時間制限駐車区間における停車の特例）

第四十九条の六　車両は、第四十九条の三第三項の道路標識等により車両が駐車することができる道路の部分として指定されている時間制限駐車区間の第四十四条第一項各号に掲げる道路の部分においては、同項の規定にかかわらず、停車することができる。

本条…追加〔昭六一法六三〕、一部改正・旧四九条の三…繰下〔平二一法二一〕、一部改正〔令二法四二〕

（時間制限駐車区間の路上駐車場に関する特例）

第四十九条の七　時間制限駐車区間に駐車場法（昭和三十二年法律第百六号）第五条第一項の規定により同法第二条第一号に規定する路上駐車場（以下この条及び第百十条の二において「路上駐車場」という。）が設置されている場合における当該路上駐車場に係る道路の部分については、第四十九条の規定は適用しない。

2　時間制限駐車区間に設置されている路上駐車場に係る道路の部分のうち、駐車場法第六条第一項に規定する路上駐車場管理者によりパーキング・メーター又はパーキング・チケット発給設備が設置されているものについては、当該パーキング・メーター又はパーキング・チケット発給設備を第四十九条第一項のパーキング・メーター又はパーキング・チケット発給設備とみなして、第四十九条の三の規定を適用する。

3　時間制限駐車区間に設置されている路上駐車場に係る道路の部分のうち、パーキング・メーター又はパーキング・チケット発給設備が設置されていないものについては、第四十九条の三から第四十九条の五までの規定は適用しない。

本条…追加〔昭六一法六三〕、一・二項…一部改正〔平三法六〇〕、二項…一部改正〔平一九法九〇〕、二・三項…一部改正・旧四九条の四…繰下〔平二一法二一〕

（交差点等への進入禁止）

第五十条　交通整理の行なわれている交差点に入ろうとする車両等は、その進行しようとする進路の前方の車両等の状況により、交差点（交差点内に道路標識等による停止線が設けられているときは、その停止線をこえた部分。以下この項において同じ。）に入つた場合においては当該交差点内で停止することとなり、よつて交差道路における車両等の通行の妨害となるおそれがあるときは、当該交差点に入つてはならない。

2　車両等は、その進行しようとする進路の前方の車両等の状況により、横断歩道、自転車横断帯、踏切又は道路標示によって区画された部分に入った場合においてはその部分で停止することとなるおそれがあるときは、これらの部分に入ってはならない。

（罰則　第百二十条第一項第五号、同条第三項）

一項…一部改正〔昭三九法九一〕、本条…全部改正〔昭四六法九八〕、二項…一部改正〔昭五三法五三〕、付記…一部改正〔令四法三二〕

※１項「道路標識等」＝道路標識命令別表五・六（二〇三）、２項「道路標示」＝道路標識命令別表五・六（一〇八の三）

第九節の二　違法停車及び違法駐車に対する措置

節名…追加〔平一六法九〇〕

（違法停車に対する措置）

第五十条の二　車両（トロリーバスを除く。以下この条、次条及び第五十一条の四において同じ。）が第四十四条第一項、第四十七条第一項若しくは第三項又は第四十八条の規定に違反して停車していると認められるときは、警察官等は、当該車両の運転者に対し、当該車両の停車の方法を変更し、又は当該車両を当該停車が禁止されている場所から移動すべきことを命ずることができる。

（罰則　第百十九条第一項第七号）

本条…追加〔平二法七三〕、一部改正〔平五法四三令二法四二〕、付記…一部改正〔令四法三二〕

（違法駐車に対する措置）

第五十一条　車両が第四十四条第一項、第四十五条第一項若しくは第二項、第四十七条第二項若しくは第三項、第四十八条、第四十九条の三第二項若しくは第三項、第四十九条の四若しくは第四十九条の五後段の規定に違反して駐車していると認められるとき、又は第四十九条第一項のパーキング・チケット発給設備を設置する時間制限駐車区間において駐車している場合において当該車両に当該パーキング・チケット発給設備により発給を受けたパーキング・チケットが掲示されておらず、かつ、第四十九条の三第四項の規定に違反していると認められるとき（第五十一条の四第一項及び第七十五条の二十二第三項において「違法駐車と認められる場合」と総称する。）は、警察官等は、当該車両の運転者その他当該車両の管理について責任がある者（以下この条において「運転者等」という。）に対し、当該車両の駐車の方法を変更し、若しくは当該車両を当該駐車が禁止されている場所から移動すべきこと又は当該車両を当該時間制限駐車区間の当該車両が駐車している場所から移動すべきことを命ずることができる。

２　車両の故障その他の理由により当該車両の運転者等が直ちに前項の規定による命令に従うことが困難であると認められるときは、警察官等は、道路における危険を防止し、その他交通の安全と円滑を図るため必要な限度において、当該車両の駐車の方法を変更し、又は当該車両を移動することができる。

３　第一項の場合において、現場に当該車両の運転者等がいないために、当該運転者等に対して同項の規定による命令をすることができないときは、警察官等は、道路における交通の危険を防止し、又は交通の円滑を図るため必要な限度において、当該車両の駐車の方法の変更その他必要な措置をとり、又は当該車両が駐車している場所からの距離が五十メートルを超えない道路上の場所に当該車両を移動することができる。

４　前項の規定により車両の移動をしようとする場合において、当該車両が駐車している場所からの距離が五十メートルを超えない範囲の地域内の道路上に当該車両を移動する場所がないときは、警察官等は、当該車両が駐車している場所を管轄する警察署長にその旨を報告しなければならない。

５　前項の報告を受けた警察署長は、駐車場、空地、第三項に規定する場所以外の道路上の場所その他の場所に当該車両を移動することができる。

６　警察署長は、前項の規定により車両を移動したときは、当該車両を保管しなければならない。この場合において、警察署長は、車両の保管の場所の形状、管理の態様等に応じ、当該車両に係る盗難等の事故の発生を防止するため、警察署長が当該車両を保管している旨の表示、車輪止め装置の取付けその他の必要な措置を講じなければならない。

７　警察署長は、前項の規定により車両を保管したときは、当該車両の使用者に対し、保管を始めた日時及び保管の場所並びに当該車両を速やかに引き取るべき旨を告知しなければならない。

８　警察署長は、前項の場合において、当該車両の使用者の氏名及び住所を知ることができないとき、その他当該使用者に当該車両を返還することが困難であると認められるときは、当該車両の所有者に対し、同項に規定する旨を告知しなければならない。

９　警察署長は、前項の場合において、当該車両の所有者の氏名及び住所を知ることができないときは、政令で定めるところにより、当該車両の保管の場所その他の政令で定める事項を公示しなければならない。

10　警察署長は、前項の規定による公示をしたときは、内閣府令で定めるところにより、当該公示の日付及び内容をインターネットの利用その他の方法により公表するものとする。

11　第七項から前項までに定めるもののほか、第六項の規定により保管した車両の返還に関し必要な事項は、政令で定める。

12　警察署長は、第六項の規定により保管した車両につき、第八項の規定による告知の日又は第九項の規定による公示の日から起算して一月を経過してもなお当該車両を返還することができない場合において、政令で定めるところにより評価した当該車両の価額に比し、その保管に不相当な費用を要するときは、政令で定めるところにより、当該車両を売却し、その売却した代金を保管することができる。

13　警察署長は、前項の規定による車両の売却につき買受人がない場合において、同項に規定する価額が著しく低いときは、当該車両を廃棄することができる。

14　第十二項の規定により売却した代金は、売却に要した費用に充てることができる。

15　第二項、第三項又は第五項から第十一項までの規定による車両の移動、車両の保管、公示その他の措置に要した費用は、当該車両の運転者等又は使用者若しくは所有者（以下この条及び次条において「使用者等」という。）の負担とする。

16　警察署長は、前項の規定により運転者等又は使用者等の負担とされる負担金につき納付すべき金額、納付の期限及び場所を定め、これらの者に対し、文書でその納付を命じなければならない。この場合において、納付すべき金額は、同項に規定する費用につき実費を勘案して都道府県規則でその額を定めたときは、その定めた額とする。

17　警察署長は、前項の規定により納付を命ぜられた者が納付の期限を経過しても負担金を納付しないときは、督促状によつて納付すべき期限を指定して督促しなければならない。この場合において、警察署長は、負担金につき年十四・五パーセントの割合により計算した額の範囲内の延滞金及び督促に要した手数料を徴収することができる。

18　前項の規定による督促を受けた者がその指定期限までに負担金並びに同項後段の延滞金及び手数料（以下この条において「負担金等」という。）を納付しないときは、警察署長は、地方税の滞納処分の例により、負担金等を徴収することができる。この場合における負担金等の先取特権の順位は、国税及び地方税に次ぐものとする。

19　納付され、又は徴収された負担金等は、当該警察署の属する都道府県の収入とする。

20　第八項の規定による告知の日又は第九項の規定による公示の日から起算して三月を経過してもなお第六項の規定により保管した車両（第十二項の規定により売却した代金を含む。以下この項において同じ。）を返還することができないときは、当該車両の所有権は、当該警察署の属する都道府県に帰属する。

21　警察署長は、第十二項の規定による車両（道路運送車両法による登録を受けた自動車に限る。以下この項において同じ。）の売却、第十三項の規定による車両の廃棄又は前項の規定による車両の所有権の都道府県への帰属があつたときは、政令で定めるところにより、当該車両について、これらの処分等に係る同法による登録を国土交通大臣又は同法第百五条第一項若しくは第二項の規定により委任を受けた者に嘱託しなければならない。

22　第六項、第七項及び第九項から第二十項までの規定は、第六項の規定により保管した車両に積載物があつた場合における当該積載物について準用する。この場合において、第七項中「使用者」とあるのは「所有者、占有者その他当該積載物について権原を有する者（以下この条において「所有者等」という。）」と、第九項中「前項」とあるのは「第二十二項において読み替えて準用する第七項」と、「知ることができない」とあるのは「知ることができず、かつ、当該積載物の所有者以外の者に当該積載物を返還することが困難であると認められる」と、第十一項中「第七項から前項まで」とあるのは「第二十二項において読み替えて準用する第七項及び前二項」と、第十二項中「第八項の規定による告知の日又は」とあるのは「腐敗し、若しくは変質するおそれがあるとき、又は第二十二項において読み替えて準用する第七項の規定による当該積載物の所有者に対する告知の日若しくは」と、「費用」とあるのは「費用若しくは手数」と、第十五項中「第二項、第三項又は第五項から第十一項までの規定による車両の移動」とあるのは「第二十二項において準用する第六項、第七項又は第九項から第十一項までの規定による」と、「運転者等又は使用者若しくは所有者（以下この条及び次条において「使用者等」という。）」とあるのは「所有者等」と、第十六項中「運転者等又は使用者等」とあるのは「所有者等」と、第二十項中「第八項の規定による」とあるのは「第二十二項において読み替えて準用する第七項の規定による当該積載物の所有者に対する」と読み替えるものとする。

（罰則　第一項については第百十九条第一項第七号）

一項…一部改正・二項…追加・旧二～四・六項…一部改正し一項ずつ繰下・旧五項…六項に繰下〔昭四五法八六〕、一・三項…一部改正・八項…追加〔昭四六法九八〕、八項…一部改正〔昭五三法五三〕、六項…一部改正・七～九・一一～一七項…追加・八項…削除・旧七項…一部改正し一〇項に繰下〔昭六〇法八七〕、一項・付記…一部改正・三～五項…追加・旧三～七・九・一〇・一二～一七項…一部改正し三項ずつ繰下・旧八・一一項…三項ずつ繰下〔昭六一法六三〕、一・六・八項…一部改正・九項…追加・旧九・一〇・一二・一三・一八～二〇項…一部改正し一項ずつ繰下・旧一一・一四～一七項…一項ずつ繰下〔平二法七三〕、一・三項…一部改正〔平五法四三〕、一〇項…一部改正〔平一一法八七〕、三・二〇項…一部改正〔平一一法一六〇〕、一・三・四・六・一〇項…一部改正・一一～一三項…追加・旧一一・一三～一五・一八～二一項…一部改正し三項ずつ繰下・旧一二・一七項…三項ずつ繰下・一項・付記…一部改正・三～五項…削除・旧六・八・一一・一三・一四・一六・一七・二二～二四項…一部改正し三項ずつ繰上・旧七・九～一二・一五・一八～二一項…三項ずつ繰上〔平一六法九〇〕、二項…一部改正、一項…一部改正・一〇項…追加・旧一〇・一三・一四・一九―二一項…一部改正し一項ずつ繰下・旧一一・一二・一五―一八項…一項ずつ繰下〔平一九法九〇〕、一項…一部改正〔平二一法二一〕、一二項…一部改正〔令元法二〇〕、見出…削り、追加・一一・一五・二二項…一部改正〔令二法四二〕、付記…一部改正、一項…一部改正〔令四法三二〕

※　1項「引用条項」＝本法四四（停車及び駐車を禁止する場所）・四五（駐車を禁止する場所）・四七2・3（駐車の方法）・四八（停車又は駐車の方法の特例）・四九1（駐車時間の制限）、9項「政令」＝令一五・一六、「保管車両一覧簿」＝令一六2、「車両を返還する場合の手続」＝令一七、10項「内閣府令」＝則七の二の二、11項「政令」＝令一四の八、12項「政令」＝令一六の二～一六の四、「引用条項」＝行政代執行法五・六（費用の徴収）、「本条の準用」＝本法七五の八（停車及び駐車の禁止）、21項「政令」＝令一六の五

（報告徴収等）

第五十一条の二　警察署長は、前条の規定の施行のため必要があると認めるときは、同条第六項の規定により保管した車両の使用者等その他の関係者又は同条第二十二項において準用する同条第六項の規定により保管した積載物の所有者、占有者その他当該積載物について権原を有する者その他の関係者に対し、当該車両又は積載物に関し必要な報告又は資料の提出を求めることができる。

2　警察署長は、前条の規定の施行のため必要があると認めるときは、官庁、公共団体その他の者に照会し、又は協力を求めることができる。

本条…追加〔平一九法九〇〕、一・二項…一部改正・旧五一条の二の二…繰上〔令二法四二〕

（車両移動保管関係事務の委託）

第五十一条の三　警察署長は、第五十一条第五項及び第六項（同条第二十二項において準用する場合を含む。）の規定による車両（積載物を含む。以下この項において同じ。）の移動及び保管に関する事務（当該車両の移動、返還、売却及び廃棄の決定、同条第十六項の規定による命令、滞納処分その他の政令で定めるものを除く。）の全部又は一部を内閣府令で定める法人に委託することができる。

2　前項の規定により警察署長から事務の委託を受けた法人の役員若しくは職員又はこれらの職にあつた者は、当該事務に

関して知り得た秘密を漏らしてはならない。

（罰則　第二項については第百十七条の四第一項第一号）

本条…追加〔昭六一法六三〕、一・一〇・一一項…一部改正・一二・一三項…追加・旧一二・一三項…二項ずつ繰下〔平二法七三〕、一・一〇・一一項…一部改正・旧五一条の二…繰下〔平五法四三〕、付記…一部改正〔平一三法五一〕、一・二・六・七・一〇・一一項…一部改正〔平一六法九〇〕、本条…全部改正〔平一九法九〇〕、付記…一部改正〔平二五法四三令四法三二〕

※　1項「政令」＝令一七の二、「内閣府令」＝則七の四

（放置違反金）

第五十一条の四　警察署長は、警察官等に、違法駐車と認められる場合における車両（軽車両にあつては、牽引されるための構造及び装置を有し、かつ、車両総重量（道路運送車両法第四十条第三号の車両総重量をいう。）が七百五十キログラムを超えるもの（以下「重被牽引車」という。）に限る。以下この条において同じ。）であつて、その運転者がこれを離れて直ちに運転することができない状態にあるもの（以下「放置車両」という。）の確認をさせ、内閣府令で定めるところにより、当該確認をした旨及び当該車両に係る違法駐車行為（違法駐車と認められる場合に係る車両の運転者の行為をいう。第四項及び第十六項において同じ。）をした者について第四項ただし書に規定する場合に該当しないときは同項本文の規定により当該車両の使用者が放置違反金の納付を命ぜられることがある旨を告知する標章を当該車両の見やすい箇所に取り付けさせることができる。

2　何人も、前項の規定により車両に取り付けられた標章を破損し、若しくは汚損し、又はこれを取り除いてはならない。ただし、当該車両の使用者、運転者その他当該車両の管理について責任がある者が取り除く場合は、この限りでない。

3　警察署長は、第一項の規定により車両に標章を取り付けさせたときは、当該車両の駐車に関する状況を公安委員会に報告しなければならない。

4　前項の規定による報告を受けた公安委員会は、当該報告に係る車両を放置車両と認めるときは、当該車両の使用者に対し、放置違反金の納付を命ずることができる。ただし、第一項の規定により当該車両に標章が取り付けられた日の翌日から起算して三十日以内に、当該車両に係る違法駐車行為をした者が当該違法駐車行為について第百二十八条第一項の規定による反則金の納付をした場合又は当該違法駐車行為に係る事件について公訴を提起され、若しくは家庭裁判所の審判に付された場合は、この限りでない。

5　前項本文の規定による命令（以下「納付命令」という。）は、放置違反金の額並びに納付の期限及び場所を記載した文書により行うものとする。

6　公安委員会は、納付命令をしようとするときは、当該車両の使用者に対し、あらかじめ、次に掲げる事項を書面で通知し、相当の期間を指定して、当該事案について弁明を記載した書面（以下この項及び第九項において「弁明書」という。）及び有利な証拠を提出する機会を与えなければならない。

一　当該納付命令の原因となる事実

二　弁明書の提出先及び提出期限

7　公安委員会は、納付命令を受けるべき者の所在が判明しないときは、前項の規定による通知を、その者の氏名及び同項第二号に掲げる事項並びに公安委員会が同項各号に掲げる事項を記載した書面をいつでもその者に交付する旨を当該公安委員会の掲示板に掲示することによつて行うことができる。この場合においては、掲示を始めた日から二週間を経過したときに、当該通知がその者に到達したものとみなす。

> **注　令和五年六月一六日法律六三号により改正され、公布の日から起算して三年を超えない範囲内において政令で定める日から施行**
>
> 第五十一条の四第七項中「交付する旨」の下に「（以下この項において「公示事項」という。）を内閣府令で定める方法により不特定多数の者が閲覧することができる状態に置くとともに、公示事項が記載された書面」を加え、「掲示する」を「掲示し、又は公示事項を当該公安委員会の庁舎に設置した電子計算機の映像面に表示したものの閲覧をすることができる状態に置く措置をとる」に、「掲示を始めた」を「当該措置を開始した」に改める。

8　放置違反金の額は、別表第一に定める金額の範囲内において、政令で定める。

9　第六項の規定による通知を受けた者は、弁明書の提出期限までに、政令で定めるところにより、放置違反金に相当する金額を仮に納付することができる。

10　納付命令は、前項の規定による仮納付をした者については、政令で定めるところにより、公示して行うことができる。

11　第九項の規定による仮納付をした者について同項の通知に係る納付命令があつたときは、当該放置違反金に相当する金額の仮納付は、当該納付命令による放置違反金の納付とみなす。

12　公安委員会は、第九項の規定による仮納付をした者について同項の通知に係る納付命令をしないこととしたときは、速やかに、その者に対し、理由を明示してその旨を書面で通知し、当該仮納付に係る金額を返還しなければならない。

13　公安委員会は、納付命令を受けた者が納付の期限を経過しても放置違反金を納付しないときは、督促状によつて納付すべき期限を指定して督促しなければならない。この場合において、公安委員会は、放置違反金につき年十四・五パーセントの割合により計算した額の範囲内の延滞金及び督促に要した手数料を徴収することができる。

14　前項の規定による督促を受けた者がその指定期限までに放置違反金並びに同項後段の延滞金及び手数料（以下この条及び第五十一条の七において「放置違反金等」という。）を納付しないときは、公安委員会は、地方税の滞納処分の例により、放置違反金等を徴収することができる。この場合における放置違反金等の先取特権の順位は、国税及び地方税に次ぐものとする。

15　納付され、又は徴収された放置違反金等は、当該公安委員会が置かれている都道府県の収入とする。

16　公安委員会は、納付命令をした場合において、当該納付命令の原因となつた車両に係る違法駐車行為をした者が当該違法駐車行為について第百二十八条第一項の規定による反則金の納付をしたとき、又は当該違法駐車行為に係る事件について公訴を提起され、若しくは家庭裁判所の審判に付されたときは、当該納付命令を取り消さなければならない。

17　公安委員会は、前項の規定により納付命令を取り消したと

きは、速やかに、理由を明示してその旨を当該納付命令を受けた者に通知しなければならない。この場合において、既に当該納付命令に係る放置違反金等が納付され、又は徴収されているときは、公安委員会は、当該放置違反金等に相当する金額を還付しなければならない。

18　放置違反金等の徴収又は還付に関する書類の送達及び公示送達については、地方税の例による。

（罰則　第二項については第百二十一条第一項第十号）

本条…追加〔平二法七三〕、一部改正・旧五一条の三…繰下〔平五法四三〕、一部改正〔平九法四一〕、全部改正〔平一六法九〇〕、一項…一部改正〔令二法四二〕、付記…一部改正〔令四法三二〕

※　1項「内閣府令」＝則七の五、8項「政令」＝令一七の三、9項「政令」＝令一七の四、10項「政令」＝令一七の五

（報告徴収等）

第五十一条の五　公安委員会は、前条の規定の施行のため必要があると認めるときは、同条第一項の規定により標章を取り付けられた車両の使用者、所有者その他の関係者に対し、当該車両の使用に関し必要な報告又は資料の提出を求めることができる。

2　公安委員会は、前条の規定の施行のため必要があると認めるときは、官庁、公共団体その他の者に照会し、又は協力を求めることができる。

（罰則　第一項については第百十九条の三第二項第一号、第百二十三条）

本条…追加〔平一六法九〇〕、付記…一部改正〔平一九法九〇令四法三二〕

（国家公安委員会への報告等）

第五十一条の六　公安委員会は、納付命令をしたとき、第五十一条の四第十三項の規定による督促をしたとき、又は同条第十六項の規定により納付命令を取り消したときその他当該納付命令の原因となつた車両の使用者について内閣府令で定める事由が生じたときは、その旨、当該使用者の氏名及び住所、当該車両の番号標の番号その他内閣府令で定める事項を国家公安委員会に報告しなければならない。この場合において、国家公安委員会は、放置車両に関する措置の適正を図るため、当該報告に係る事項を各公安委員会に通報するものとする。

2　国家公安委員会は、前項前段の規定により、督促をした旨の報告を受けたときは、当該報告に係る事項（内閣府令で定めるものに限る。）を国土交通大臣等（国土交通大臣若しくはその権限の委任を受けた地方運輸局長、運輸監理部長若しくは運輸支局長又は軽自動車検査協会（道路運送車両法第五章の二の規定により設立された軽自動車検査協会をいう。）をいう。次条及び第七十五条の十三第二項第一号において同じ。）に通知するものとする。当該督促に係る納付命令を取り消した旨の報告を受けたときも、同様とする。

本条…追加〔平一六法九〇〕、二項…一部改正〔令四法三二〕

※　1項「内閣府令」＝則七の八・七の九、2項「内閣府令」＝則七の一〇

（放置違反金等の納付等を証する書面の提示）

第五十一条の七　自動車検査証の返付（道路運送車両法第六十二条第二項（同法第六十七条第四項において準用する場合を含む。）又は総合特別区域法（平成二十三年法律第八十一号）第二十二条の二第三項の規定による自動車検査証の返付をいう。以下この条において同じ。）を受けようとする者は、その自動車（道路運送車両法第五十八条第一項に規定する自動車をいう。）が最後に同法第六十条第一項若しくは第七十一条第四項の規定による自動車検査証の交付又は自動車検査証の返付を受けた後に第五十一条の四第十三項の規定による督促（当該自動車が原因となつた納付命令（同条第十六項の規定により取り消されたものを除く。）に係るものに限る。）を受けたことがあるときは、国土交通大臣等に対して、当該督促に係る放置違反金等を納付したこと又はこれを徴収されたことを証する書面を提示しなければならない。

2　国土交通大臣等は、前項の規定により同項の書面を提示しなければならないこととされる者（前条第二項前段の通知に係る者に限る。）による当該書面の提示がないときは、自動車検査証の返付をしないものとする。

本条…追加〔平一六法九〇〕、一項…一部改正〔平二五法五三〕

（確認事務の委託）

第五十一条の八　警察署長は、第五十一条の四第一項に規定する放置車両の確認及び標章の取付け（以下「放置車両の確認等」という。）に関する事務（以下「確認事務」という。）の全部又は一部を、公安委員会の登録を受けた法人に委託することができる。

2　前項の登録（以下この条から第五十一条の十一までにおいて「登録」という。）は、委託を受けて確認事務を行おうとする法人の申請により行う。

3　次の各号のいずれかに該当する法人は、登録を受けることができない。

一　第五十一条の十の規定により登録を取り消され、その取消しの日から起算して二年を経過しない法人

二　役員（業務を執行する社員、取締役、執行役又はこれらに準ずる者をいい、相談役、顧問その他いかなる名称を有する者であるかを問わず、法人に対し業務を執行する社員、取締役、執行役又はこれらに準ずる者と同等以上の支配力を有するものと認められる者を含む。第七十五条の十四において同じ。）のうちに次のいずれかに該当する者のある法人

イ　破産手続開始の決定を受けて復権を得ない者

ロ　禁錮以上の刑に処せられ、又は第百十九条の二の四第二項の罪を犯して刑に処せられ、その執行を終わり、又は執行を受けることがなくなつた日から起算して二年を経過しない者

ハ　集団的に、又は常習的に暴力的不法行為その他の罪に当たる違法な行為で国家公安委員会規則で定めるものを行うおそれがあると認めるに足りる相当な理由がある者

ニ　暴力団員による不当な行為の防止等に関する法律（平成三年法律第七十七号）第十二条若しくは第十二条の六の規定による命令又は同法第十二条の四第二項の規定による指示を受けた者であつて、当該命令又は指示を受けた日から起算して二年を経過しないもの

ホ　アルコール、麻薬、大麻、あへん又は覚醒剤の中毒者

ヘ　心身の障害により確認事務を適正に行うことができない者として国家公安委員会規則で定めるもの

4　公安委員会は、第二項の規定により登録を申請した法人が次に掲げる要件のすべてに適合しているときは、その登録を

しなければならない。

一　車両、携帯電話用装置その他の携帯用の無線通話装置、地図、写真機及び電子計算機を用いて確認事務を行うものであること。

二　第五十一条の十二第三項の駐車監視員が放置車両の確認等を行うものであること。

三　当該公安委員会が置かれている都道府県の区域内に事務所を有するものであること。

5　登録は、登録簿に登録を受ける法人の名称、代表者の氏名、主たる事務所の所在地、登録の年月日及び登録番号を記載してするものとする。

6　登録は、三年を下らない政令で定める期間ごとにその更新を受けなければ、その期間の経過によって、その効力を失う。

7　第二項から第五項までの規定は、前項の登録の更新について準用する。

本条…追加〔平一六法九〇〕、三項…一部改正〔平一九法九〇令元法三七令四法三二〕

※3項二号ハ「国家公安委員会規則」＝確認事務の委託の手続等に関する規則三、3項二号ヘ「国家公安委員会規則」＝同四、6項「政令」＝令一七の六

（適合命令）

第五十一条の九　公安委員会は、登録を受けた法人が前条第四項各号のいずれかに適合しなくなったと認めるときは、その法人に対し、これらの規定に適合するため必要な措置をとるべきことを命ずることができる。

本条…追加〔平一六法九〇〕

（登録の取消し）

第五十一条の十　公安委員会は、登録を受けた法人が次の各号のいずれかに該当するときは、その登録を取り消すことができる。

一　第五十一条の八第三項第二号に該当するに至ったとき。

二　前条の規定による命令に違反したとき。

三　次条第一項の規定による報告をせず、若しくは虚偽の報告をし、又は同項の規定による検査を拒み、妨げ、若しくは忌避したとき。

四　第五十一条の十二第二項から第四項までの規定に違反したとき。

五　偽りその他不正の手段により登録を受けたとき。

本条…追加〔平一六法九〇〕

（報告及び検査）

第五十一条の十一　公安委員会は、第五十一条の八から前条までの規定の施行に必要な限度において、登録を受けた法人に対し、その業務又は経理の状況に関し報告をさせ、又は警察職員に、登録を受けた法人の事務所に立ち入り、業務の状況若しくは帳簿、書類その他の物件を検査させることができる。

2　前項の規定により立入検査をする警察職員は、その身分を示す証票を携帯し、関係者の請求があるときは、これを提示しなければならない。

3　第一項の規定による立入検査の権限は、犯罪捜査のために認められたものと解してはならない。

本条…追加〔平一六法九〇〕

（放置車両確認機関）

第五十一条の十二　警察署長は、第五十一条の八第一項の規定により確認事務を委託したときは、その受託者（以下「放置車両確認機関」という。）の名称及び主たる事務所の所在地その他政令で定める事項を公示しなければならない。

2　放置車両確認機関は、公正に、かつ、第五十一条の八第四項第一号及び第二号に掲げる要件に適合する方法により確認事務を行わなければならない。

3　放置車両確認機関は、次条第一項の駐車監視員資格者証の交付を受けている者のうちから選任した駐車監視員以外の者に放置車両の確認等を行わせてはならない。

4　放置車両確認機関は、駐車監視員に制服を着用させ、又はその他の方法によりその者が駐車監視員であることを表示させ、かつ、国家公安委員会規則でその制式を定める記章を着用させなければ、その者に放置車両の確認等を行わせてはならない。

5　駐車監視員は、放置車両の確認等を行うときは、次条第一項の駐車監視員資格者証を携帯し、警察官等から提示を求められたときは、これを提示しなければならない。

6　放置車両確認機関の役員若しくは職員（駐車監視員を含む。次項において同じ。）又はこれらの職にあった者は、確認事務に関して知り得た秘密を漏らしてはならない。

7　確認事務に従事する放置車両確認機関の役員又は職員は、刑法（明治四十年法律第四十五号）その他の罰則の適用に関しては、法令により公務に従事する職員とみなす。

8　第五十一条の八第一項の規定により確認事務を委託した場合における第五十一条の四第一項の規定の適用については、同項中「警察官等」とあるのは、「警察官等又は第五十一条の十二第一項の放置車両確認機関」とする。

（罰則　第六項については第百十七条の四第一項第一号）

本条…追加〔平一六法九〇〕、七項…一部改正〔平一九法九〇〕、付記…一部改正〔平二五法四三令四法三二〕

※1項「政令」＝令一七の七、4項「国家公安委員会規則」＝確認事務の委託の手続等に関する規則五

（駐車監視員資格者証）

第五十一条の十三　公安委員会は、次の各号のいずれにも該当する者に対し、駐車監視員資格者証を交付する。

一　次のいずれかに該当する者

イ　公安委員会が国家公安委員会規則で定めるところにより放置車両の確認等に関する技能及び知識に関して行う講習を受け、その課程を修了した者

ロ　公安委員会が国家公安委員会規則で定めるところにより放置車両の確認等に関しイに掲げる者と同等以上の技能及び知識を有すると認める者

二　次のいずれにも該当しない者

イ　十八歳未満の者

ロ　第五十一条の八第三項第二号イからヘまでのいずれかに該当する者

ハ　次項第二号又は第三号に該当して同項の規定により駐車監視員資格者証の返納を命ぜられ、その返納の日から起算して二年を経過しない者

2　公安委員会は、駐車監視員資格者証の交付を受けた者が次の各号のいずれかに該当すると認めるときは、その者に係る駐車監視員資格者証の返納を命ずることができる。

一　第五十一条の八第三項第二号イからヘまでのいずれかに該当するに至ったとき。

二　偽りその他不正の手段により駐車監視員資格者証の交付を受けたとき。
三　前条第五項の規定に違反し、又は放置車両の確認等に関し不正な行為をし、その情状が駐車監視員として不適当であると認められるとき。
本条…追加〔平一六法九〇〕
※　1項一号イ「国家公安委員会規則」＝確認事務の委託の手続等に関する規則六、1項一号ロ「国家公安委員会規則」＝同一〇

（国家公安委員会規則への委任）

第五十一条の十四　第五十一条の八から前条までに定めるもののほか、確認事務の委託の手続及び駐車監視員資格者証に関し必要な事項は、国家公安委員会規則で定める。

本条…追加〔平一六法九〇〕
※　「国家公安委員会規則」＝確認事務の委託の手続等に関する規則一・二・一一～一四

（放置違反金関係事務の委託）
第五十一条の十五　公安委員会は、第五十一条の四に規定する放置違反金に関する事務（確認事務、納付命令、督促及び滞納処分を除く。）の全部又は一部を会社その他の法人に委託することができる。
2　前項の規定により公安委員会から事務の委託を受けた法人の役員若しくは職員又はこれらの職にあつた者は、当該事務に関して知り得た秘密を漏らしてはならない。
（罰則　第二項については第百十七条の四第一項第一号）

本条…追加〔平一六法九〇〕、付記…一部改正〔平二五法四三令四法三二〕

第十節　灯火及び合図

（車両等の灯火）
第五十二条　車両等は、夜間（日没時から日出時までの時間をいう。以下この条及び第六十三条の九第二項において同じ。）、道路にあるときは、政令で定めるところにより、前照灯、車幅灯、尾灯その他の灯火をつけなければならない。政令で定める場合においては、夜間以外の時間にあつても、同様とする。
2　車両等が、夜間（前項後段の場合を含む。）、他の車両等と行き違う場合又は他の車両等の直後を進行する場合において、他の車両等の交通を妨げるおそれがあるときは、車両等の運転者は、政令で定めるところにより、灯火を消し、灯火の光度を減ずる等灯火を操作しなければならない。
（罰則　第一項については第百二十条第一項第五号、同条第三項　第二項については第百十七条の二第一項第四号、第百十七条の二の二第一項第八号へ、第百二十条第一項第六号、同条第三項）

二項…一部改正〔昭四六法九八〕、一項…一部改正〔昭五三法五三〕、付記…一部改正〔令二法四二令四法三二〕
※　1項「政令」＝令一八・一九、「灯火」＝車両法四一⑬・四四⑥、「引用条項」＝本法六三の九2（自転車の反射器材）、2項「政令」＝令二〇

（合図）
第五十三条　車両（自転車以外の軽車両を除く。次項及び第四項において同じ。）の運転者は、左折し、右折し、転回し、徐行し、停止し、後退し、又は同一方向に進行しながら進路を変えるときは、手、方向指示器又は灯火により合図をし、かつ、これらの行為が終わるまで当該合図を継続しなければならない。
2　車両の運転者は、環状交差点においては、前項の規定にかかわらず、当該環状交差点を出るとき、又は当該環状交差点において徐行し、停止し、若しくは後退するときは、手、方向指示器又は灯火により合図をし、かつ、これらの行為が終わるまで当該合図を継続しなければならない。
3　前二項の合図を行う時期及び合図の方法について必要な事項は、政令で定める。
4　車両の運転者は、第一項又は第二項に規定する行為を終わつたときは、当該合図をやめなければならないものとし、また、これらの規定に規定する合図に係る行為をしないのにかかわらず、当該合図をしてはならない。
（罰則　第一項、第二項及び第四項については第百二十条第一項第六号、同条第三項）

付記…一部改正〔昭四二法一二六〕、一項・付記…一部改正・三項…追加〔昭四六法九八〕、一項・付記…一部改正・二項…追加・旧二・三項…一部改正し一項ずつ繰下〔平二五法四三〕、付記…一部改正〔令四法三二〕
※　3項「政令」＝令二一

（警音器の使用等）
第五十四条　車両等（自転車以外の軽車両を除く。以下この条において同じ。）の運転者は、次の各号に掲げる場合においては、警音器を鳴らさなければならない。
一　左右の見とおしのきかない交差点、見とおしのきかない道路のまがりかど又は見とおしのきかない上り坂の頂上で道路標識等により指定された場所を通行しようとするとき。
二　山地部の道路その他曲折が多い道路について道路標識等により指定された区間における左右の見とおしのきかない交差点、見とおしのきかない道路のまがりかど又は見とおしのきかない上り坂の頂上を通行しようとするとき。
2　車両等の運転者は、法令の規定により警音器を鳴らさなければならないこととされている場合を除き、警音器を鳴らしてはならない。ただし、危険を防止するためやむを得ないときは、この限りでない。
（罰則　第一項については第百二十条第一項第六号、同条第三項　第二項については第百二十一条第一項第四号、第百十七条の二の二第一項第八号ト、第百二十一条第一項第九号）

一項…一部改正〔昭四六法九八〕、付記…一部改正〔令二法四二〕、全部改正、一部改正〔令四法三二〕
※　1項一号「道路標識等」＝道路標識令別表一・二（三二八）、1項二号「道路標識等」＝道路標識令別表一・二（三二八の二）、2項「法令の規定」＝本条1、旅客自動車運送事業運輸規則五〇2②

第十一節　乗車、積載及び牽（けん）引

（乗車又は積載の方法）
第五十五条　車両の運転者は、当該車両の乗車のために設備された場所以外の場所に乗車させ、又は乗車若しくは積載のために設備された場所以外の場所に積載して車両を運転してはならない。ただし、もつぱら貨物を運搬する構造の自動車（以下次条及び第五十七条において「貨物自動車」という。）で貨物を積載しているものにあつては、当該貨物を看守するため必要な最小限度の人員をその荷台に乗車させて運

転することができる。

2　車両の運転者は、運転者の視野若しくはハンドルその他の装置の操作を妨げ、後写鏡の効用を失わせ、車両の安定を害し、又は外部から当該車両の方向指示器、車両の番号標、制動灯、尾灯若しくは後部反射器を確認することができないこととなるような乗車をさせ、又は積載をして車両を運転してはならない。

3　車両に乗車する者は、当該車両の運転者が前二項の規定に違反することとなるような方法で乗車をしてはならない。

（罰則　第一項及び第二項については第百二十条第二項第一号、第百二十三条　第三項については第百二十一条第一項第九号）

付記…一部改正〔昭四五法八六令四法三二〕

※　1項「乗車のために設備された場所」・「積載のために設備された場所」＝車両法四一⑨、2項「方向指示器」＝車両法四一⑮・四四⑨、「番号標」＝車両法一九・七三1、「制動灯・尾灯・後部反射器」＝車両法四一⑬・四四⑥

（乗車又は積載の方法の特例）

第五十六条　車両の運転者は、当該車両の出発地を管轄する警察署長（以下第五十八条までにおいて「出発地警察署長」という。）が当該車両の構造又は道路若しくは交通の状況により支障がないと認めて積載の場所を指定して許可をしたときは、前条第一項の規定にかかわらず、当該車両の乗車又は積載のために設備された場所以外の場所で指定された場所に積載して車両を運転することができる。

2　貨物自動車の運転者は、出発地警察署長が道路又は交通の状況により支障がないと認めて人員を限つて許可をしたときは、前条第一項の規定にかかわらず、当該許可に係る人員の範囲内で当該貨物自動車の荷台に乗車させて貨物自動車を運転することができる。

※　1・2項「許可申請」＝則八

（乗車又は積載の制限等）

第五十七条　車両（軽車両を除く。以下この項及び第五十八条の二から第五十八条の五までにおいて同じ。）の運転者は、当該車両について政令で定める乗車人員又は積載物の重量、大きさ若しくは積載の方法（以下この条において「積載重量等」という。）の制限を超えて乗車をさせ、又は積載をして車両を運転してはならない。ただし、第五十五条第一項ただし書の規定により、又は前条第二項の規定による許可を受けて貨物自動車の荷台に乗車させる場合にあつては、当該制限を超える乗車をさせて運転することができる。

2　公安委員会は、道路における危険を防止し、その他交通の安全を図るため必要があると認めるときは、軽車両の乗車人員又は積載重量等の制限について定めることができる。

3　貨物が分割できないものであるため第一項の政令で定める積載重量等の制限又は前項の規定に基づき公安委員会が定める積載重量等を超えることとなる場合において、出発地警察署長が当該車両の構造又は道路若しくは交通の状況により支障がないと認めて積載重量等を限つて許可をしたときは、車両の運転者は、前二項の規定にかかわらず、当該許可に係る積載重量等の範囲内で当該制限を超える積載をして車両を運転することができる。

（罰則　第一項については第百十八条第二項第一号、第百十九条第二項第一号、第百二十条第二項第二号、第百二十三条　第二項については第百二十一条第二項第一号、第百二十三条）

付記…一部改正〔昭四二法一二六昭四五法八六〕、一〜三項…一部改正〔昭四六法九八〕、一・三項・付記…一部改正〔平五法四三〕、付記…一部改正〔平一三法五一〕、三項・付記…一部改正〔令元法二〇〕、付記…一部改正〔令四法三二〕

※　1項「貨物自動車」＝本法五五、「政令」＝令二二・二三、「引用条項」＝本法五五1（乗車又は積載の方法）・五六2（乗車又は積載の方法の特例）、3項「許可申請」＝則八

（制限外許可証の交付等）

第五十八条　出発地警察署長は、第五十六条又は前条第三項の規定による許可（以下この条において「制限外許可」という。）をしたときは、許可証を交付しなければならない。

2　前項の規定により許可証の交付を受けた車両の運転者は、当該許可に係る車両の運転中、当該許可証を携帯していなければならない。

3　制限外許可を与える場合において、必要があると認めるときは、出発地警察署長は、政令で定めるところにより、当該許可に危険を防止するため必要な条件を付することができる。

4　第一項の許可証の様式その他制限外許可の手続について必要な事項は、内閣府令で定める。

（罰則　第三項については第百二十一条第二項第二号、第百二十三条）

四項…一部改正〔平一一法一六〇〕、付記…一部改正〔令四法三二〕

※　1項「引用条項」＝本法五六（乗車又は積載の方法の特例）・五七3（積載の制限の特例）、3項「政令」＝令二四、4項「内閣府令」＝則八

（積載物の重量の測定等）

第五十八条の二　警察官は、第五十七条第一項の積載物の重量の制限を超える積載をしていると認められる車両が運転されているときは、当該車両を停止させ、並びに当該車両の運転者に対し、自動車検査証（道路運送車両法第六十条の自動車検査証をいう。第六十三条第一項において同じ。）その他政令で定める書類の提示を求め、及び当該車両の積載物の重量を測定することができる。

（罰則　第百十九条第一項第八号）

本条…追加〔平五法四三〕、付記…一部改正〔令四法三二〕

※　「政令」＝令二四の二

（過積載車両に係る措置命令）

第五十八条の三　警察官は、過積載（車両に積載をする積載物の重量が第五十七条第一項の制限に係る重量（同条第三項の規定による許可に係る積載物については、当該許可に係る重量）を超える場合における当該積載をいう。以下同じ。）をしている車両の運転者に対し、当該車両に係る積載が過積載とならないようにするため必要な応急の措置をとることを命ずることができる。

2　警察官は、前項の規定による命令によつては車両に係る積載が過積載とならないようにすることができないと認められる場合において、当該車両に係る過積載の程度及び道路又は交通の状況を勘案して当該車両を警察官が指示した事項を遵守して運転させることに支障がないと認めるときは、当該車両の運転者に対し、第五十七条第一項の規定にかかわらず、当該車両の通行の区間及び経路、道路における危険を防止するために必要な措置その他の事項であつて警察官が指示したものを遵守して当該車両を運転し、及び当該車両に係る

積載が過積載とならないようにするため必要な措置をとることを命ずることができる。この場合において、警察官は、当該車両の運転者に対し、通行指示書を交付しなければならない。

3　前項の規定により通行指示書の交付を受けた車両の運転者は、同項の規定による命令に係る運転に当たつては、当該通行指示書を携帯していなければならない。

4　第二項の通行指示書の様式その他同項の通行指示書に関し必要な事項は、内閣府令で定める。

（罰則　第一項及び第二項については第百十九条第一項第九号）

本条…追加〔平五法四三〕、四項…一部改正〔平一一法一六〇〕、付記…一部改正〔令四法三二〕

※　4項「内閣府令」＝則八の二

（過積載車両に係る指示）

第五十八条の四　前条第一項又は第二項の規定による命令がされた場合において、当該命令に係る車両の使用者（当該車両の運転者であるものを除く。以下この条において同じ。）が当該車両に係る過積載を防止するため必要な運行の管理を行つていると認められないときは、当該車両の使用の本拠の位置を管轄する公安委員会は、当該車両の使用者に対し、車両を運転者に運転させる場合にあらかじめ車両の積載物の重量を確認することを運転者に指導し又は助言することその他車両に係る過積載を防止するため必要な措置をとることを指示することができる。

本条…追加〔平五法四三〕

（過積載車両の運転の要求等の禁止）

第五十八条の五　第七十五条第一項に規定する使用者等以外の者は、次に掲げる行為をしてはならない。

一　車両の運転者に対し、過積載をして車両を運転することを要求すること。

二　車両の運転者に対し、当該車両への積載が過積載となるとの情を知りながら、第五十七条第一項の制限に係る重量を超える積載物を当該車両に積載をさせるため売り渡し、又は当該積載物を引き渡すこと。

2　警察署長は、前項の規定に違反する行為が行われた場合において、当該行為をした者が反復して同項の規定に違反する行為をするおそれがあると認めるときは、内閣府令で定めるところにより、当該行為をした者に対し、同項の規定に違反する行為をしてはならない旨を命ずることができる。

（罰則　第二項については第百十八条第二項第二号、第百二十三条）

本条…追加〔平五法四三〕、二項…一部改正〔平一一法一六〇〕、付記…一部改正〔平一三法五一・令四法三二〕

※　2項「内閣府令」＝則八の三

（自動車の牽引制限）

第五十九条　自動車の運転者は、牽引するための構造及び装置を有する自動車によつて牽引されるための構造及び装置を有する車両を牽引する場合を除き、他の車両を牽引してはならない。ただし、故障その他の理由により自動車を牽引することがやむを得ない場合において、政令で定めるところにより当該自動車を牽引するときは、この限りでない。

2　自動車の運転者は、他の車両を牽引する場合においては、大型自動二輪車、普通自動二輪車又は小型特殊自動車によつて牽引するときは一台を超える車両を、その他の自動車によつて牽引するときは二台を超える車両を牽引してはならず、また、牽引する自動車の前端から牽引される車両の後端（牽引される車両が二台のときは二台目の車両の後端）までの長さが二十五メートルを超えることとなるときは、牽引をしてはならない。ただし、公安委員会が当該自動車について、道路を指定し、又は時間を限つて牽引の許可をしたときは、この限りでない。

3　前項ただし書の規定による許可をしたときは、公安委員会は、許可証を交付しなければならない。

4　前項の規定により許可証の交付を受けた自動車の運転者は、当該許可に係る牽引中、当該許可証を携帯していなければならない。

5　第三項の許可証の様式その他第二項ただし書の許可の手続について必要な事項は、内閣府令で定める。

（罰則　第一項及び第二項については第百二十条第二項第一号、第百二十三条）

二項…一部改正〔昭三九法九一・昭四〇法九六〕、付記…一部改正〔昭四五法八六〕、二項…一部改正〔平七法七四〕、五項…一部改正〔平一一法一六〇〕、付記…一部改正〔令四法三二〕

※　1項ただし書「政令」＝令二五、5項「内閣府令」＝則八の五

（自動車以外の車両の牽引制限）

第六十条　公安委員会は、道路における危険を防止し、その他交通の安全を図るため必要があると認めるときは、自動車以外の車両によつてする牽引の制限について定めることができる。

（罰則　第百二十一条第二項第一号、第百二十三条）

付記…一部改正〔令四法三二〕

（危険防止の措置）

第六十一条　警察官は、第五十八条の三第一項及び第二項の規定による場合のほか、車両等の乗車、積載又は牽引について危険を防止するため特に必要があると認めるときは、当該車両等を停止させ、及び当該車両等の運転者に対し、危険を防止するため必要な応急の措置をとることを命ずることができる。

（罰則　第百十九条第一項第十号）

本条…一部改正〔平五法四三〕、付記…一部改正〔令四法三二〕

第十二節　整備不良車両の運転の禁止等

（整備不良車両の運転の禁止）

第六十二条　車両等の使用者その他車両等の装置の整備について責任を有する者又は運転者は、その装置が道路運送車両法第三章若しくはこれに基づく命令の規定（同法の規定が適用されない自衛隊の使用する自動車については、自衛隊法（昭和二十九年法律第百六十五号）第百十四条第二項の規定による防衛大臣の定め。以下同じ。）又は軌道法第十四条若しくはこれに基づく命令の規定に定めるところに適合しないため交通の危険を生じさせ、又は他人に迷惑を及ぼすおそれがある車両等（次条第一項及び第七十一条の四の二第二項第一号において「整備不良車両」という。）を運転させ、又は運転してはならない。

（罰則　第百十九条第二項第二号、同条第三項、第百二十条第一項第七号、同条第三項、第百二十三条）

付記…一部改正〔昭四五法八六〕、本条…一部改正〔昭四六法九八〕、付記…一部改正〔昭五三法五三〕、本条…一部改正〔昭六〇法八七平一八法一一八令元法二〇〕、付記…一部改正〔令四法三二〕

※「引用条項」＝車両法三章（道路運送車両の保安基準）、自衛隊法一一四2（道路運送車両法の適用除外）、軌道法一四（三一で準用する場合を含む）（軌道の運転等に関する規程）、「道路運送車両法に基づく命令」＝車両法施行規則六二の二の三、保安基準等、「防衛大臣の定め」＝自衛隊の使用する自動車に関する訓令、「軌道法に基づく命令」＝無軌条電車運転規則等

（車両の検査等）

第六十三条　警察官は、整備不良車両に該当すると認められる車両（軽車両を除く。以下この条において同じ。）が運転されているときは、当該車両を停止させ、並びに当該車両の運転者に対し、自動車検査証その他政令で定める書類及び作動状態記録装置（道路運送車両法第四十一条第二項に規定する作動状態の確認に必要な情報を記録するための装置をいう。第六十三条の二の二において同じ。）により記録された記録の提示を求め、並びに当該車両の装置について検査をすることができる。この場合において、警察官は、当該記録を人の視覚又は聴覚により認識することができる状態にするための措置が必要であると認めるときは、当該車両を製作し、又は輸入した者その他の関係者に対し、当該措置を求めることができる。

２　前項の場合において、警察官は、当該車両の運転者に対し、道路における危険を防止し、その他交通の安全を図り、又は他人に及ぼす迷惑を防止するため必要な応急の措置をとることを命じ、また、応急の措置によつては必要な整備をすることができないと認められる車両（以下この条において「故障車両」という。）については、当該故障車両の運転を継続してはならない旨を命ずることができる。

３　前項の場合において、当該故障車両の整備不良の程度及び道路又は交通の状況により支障がないと認めるときは、警察官は、前条の規定にかかわらず、当該故障車両を整備するため必要な限度において、区間及び通行の経路を指定し、その他道路における危険又は他人に及ぼす迷惑を防止するため必要な条件を付して当該故障車両を運転することを許可することができる。この場合において、警察官は、許可証を交付しなければならない。

４　警察官は、第二項の規定による措置をとつたときは、当該故障車両の運転者に対し、当該故障車両について整備を要する事項を記載した文書を交付し、かつ、当該故障車両の前面の見やすい箇所に標章を貼り付けなければならない。

５　警察官は、前項の措置をとつたときは、その旨を当該措置をとつた場所を管轄する警察署長に報告しなければならない。

６　警察署長は、前項の報告を受けたときは、当該故障車両の使用の本拠の位置を管轄する地方運輸局長に対し、内閣府令・国土交通省令で定める事項を通知しなければならない。

７　第四項の規定により貼り付けられた標章は、何人も、これを破損し、又は汚損してはならず、また、当該故障車両の必要な整備がされたことについて、内閣府令・国土交通省令で定める手続により、最寄りの警察署の警察署長又は車両の整備に係る事項について権限を有する行政庁の確認を受けた後でなければ、これを取り除いてはならない。

８　第三項の許可証の様式、第四項の規定により故障車両の運転者に対し交付する文書の様式及び同項の標章の様式は、内閣府令・国土交通省令で定める。

（罰則　第一項前段については第百十九条第一項第十一号　第七項第二項については第百十九条第一項第十二号　第七項については第百二十一条第一項第十号）

一項…一部改正〔昭三八法九〇〕、一～三項…一部改正〔昭四六法九八〕、六項…一部改正〔昭五九法二五〕、一項…一部改正〔平五法四三〕、六～八項…一部改正〔平一一法一六〇〕、一・四・七項・付記…一部改正〔令元法二〇〕、付記…一部改正〔令四法三二〕

※1項「整備不良車」＝本法六二、「政令」＝令二五の二、3項「引用条項」＝本法六二（整備不良車両の運転の禁止）、4項「道路運送車両法に基づく整備命令」＝車両法五四、6～8項「内閣府令・国土交通省令」＝故障車両の整備確認の手続等に関する命令、7項「行政庁」＝車両法四章

（運行記録計による記録等）

第六十三条の二　自動車の使用者その他自動車の装置の整備について責任を有する者又は運転者は、道路運送車両法第三章又はこれに基づく命令の規定により運行記録計を備えなければならないこととされている自動車で、これらの規定により定められた運行記録計を備えていないか、又は当該運行記録計についての調整がされていないためこれらの規定により定められた事項を記録することができないものを運転させ、又は運転してはならない。

２　前項の運行記録計を備えなければならないこととされている自動車の使用者は、運行記録計により記録された当該自動車に係る記録を、内閣府令で定めるところにより一年間保存しなければならない。

（罰則　第百二十一条第二項第三号、第百二十三条）

本条…追加〔昭四三法一二六〕、旧六三条の三…繰上〔昭四六法九八〕、二項…一部改正〔平一一法一六〇〕、付記…一部改正〔令四法三二〕

※1項「命令」＝保安基準四八の二、2項「内閣府令」＝則九

（作動状態記録装置による記録等）

第六十三条の二の二　自動車の使用者その他自動車の装置の整備について責任を有する者又は運転者は、自動運行装置を備えている自動車で、作動状態記録装置により道路運送車両法第四十一条第二項に規定する作動状態の確認に必要な情報を正確に記録することができないものを運転させ、又は運転してはならない。

２　自動運行装置を備えている自動車の使用者は、作動状態記録装置により記録された記録を、内閣府令で定めるところにより保存しなければならない。

（罰則　第百十九条第二項第三号、第百二十三条）

本条…追加〔令元法二〇〕、付記…一部改正〔令四法三二〕

※「内閣府令」＝則九の二

第十三節　自転車の交通方法の特例

本節…追加〔昭五三法五三〕

（自転車道の通行区分）

第六十三条の三　車体の大きさ及び構造が内閣府令で定める基準に適合する自転車で、他の車両を牽引していないもの（以

下この節において「普通自転車」という。）は、自転車道が設けられている道路においては、自転車道以外の車道を横断する場合及び道路の状況その他の事情によりやむを得ない場合を除き、自転車道を通行しなければならない。

（罰則　第百二十一条第一項第八号）

本条…追加〔昭五三法五三〕、一部改正〔平一一法一六〇令二法四二〕、付記…一部改正〔令四法三二〕

※「内閣府令」＝則九の二の二

（普通自転車の歩道通行）

第六十三条の四　普通自転車は、次に掲げるときは、第十七条第一項の規定にかかわらず、歩道を通行することができる。ただし、警察官等が歩行者の安全を確保するため必要があると認めて当該歩道を通行してはならない旨を指示したときは、この限りでない。

一　道路標識等により普通自転車が当該歩道を通行することができることとされているとき。

二　当該普通自転車の運転者が、児童、幼児その他の普通自転車により車道を通行することが危険であると認められるものとして政令で定める者であるとき。

三　前二号に掲げるもののほか、車道又は交通の状況に照らして当該普通自転車の通行の安全を確保するため当該普通自転車が歩道を通行することがやむを得ないと認められるとき。

2　前項の場合において、普通自転車は、当該歩道の中央から車道寄りの部分（道路標識等により普通自転車が通行すべき部分として指定された部分（以下この項において「普通自転車通行指定部分」という。）があるときは、当該普通自転車通行指定部分）を徐行しなければならず、また、普通自転車の進行が歩行者の通行を妨げることとなるときは、一時停止しなければならない。ただし、普通自転車通行指定部分については、当該普通自転車通行指定部分を通行し、又は通行しようとする歩行者がないときは、歩道の状況に応じた安全な速度と方法で進行することができる。

（罰則　第二項については第百二十一条第一項第八号）

本条…追加〔昭五三法五三〕、一項…全部改正・二項…一部改正〔平一九法九〇〕、付記…一部改正〔令四法三二〕

※1項「道路管理者の意見聴取」＝本法一一〇の二3、「引用条項」＝本法一七1（車両の通行区分）、「政令」＝令二六、2項「道路標識等」＝道路標識命令別表第五・六（一一四の二）

（普通自転車の並進）

第六十三条の五　普通自転車は、道路標識等により並進することができることとされている道路においては、第十九条の規定にかかわらず、他の普通自転車と並進することができる。ただし、普通自転車が三台以上並進することとなる場合においては、この限りでない。

本条…追加〔昭五三法五三〕

※「道路標識等」＝道路標識命令別表第一・二（四〇一）、「引用条項」＝本法一九（軽車両の並進の禁止）

（自転車の横断の方法）

第六十三条の六　自転車は、道路を横断しようとするときは、自転車横断帯がある場所の付近においては、その自転車横断帯によつて道路を横断しなければならない。

本条…追加〔昭五三法五三〕

※「車両の横断等の禁止」＝本法二五の二、「自転車の通行方法の指示」＝本法六三の八

（交差点における自転車の通行方法）

第六十三条の七　自転車は、前条に規定するもののほか、交差点を通行しようとする場合において、当該交差点又はその付近に自転車横断帯があるときは、第十七条第四項、第三十四条第一項及び第三項並びに第三十五条の二の規定にかかわらず、当該自転車横断帯を進行しなければならない。

2　普通自転車は、交差点又はその手前の直近において、当該交差点への進入の禁止を表示する道路標示があるときは、当該道路標示を越えて当該交差点に入つてはならない。

本条…追加〔昭五三法五三〕、一項…一部改正〔平二五法四三〕

※1項「引用条項」＝本法一七4（車両の通行区分）・三四（左折及び右折）、2項「道路管理者の意見聴取」＝本法一一〇の二3、「道路標識等」＝道路標識命令別表第五・六（一一四の二）、「自転車の通行方法の指示」＝本法六三の八

（自転車の通行方法の指示）

第六十三条の八　警察官等は、第六十三条の六若しくは前条第一項の規定に違反して通行している自転車の運転者に対し、これらの規定に定める通行方法により当該自転車を通行させ、又は同条第二項の規定に違反して通行している普通自転車の運転者に対し、当該普通自転車を歩道により通行させるべきことを指示することができる。

（罰則　第百二十一条第一項第七号）

本条…追加〔昭五三法五三〕、付記…一部改正〔令四法三二〕

※「引用条項」＝本法六三の六（自転車の横断の方法）・六三の七（交差点における自転車の通行方法）

（自転車の制動装置等）

第六十三条の九　自転車の運転者は、内閣府令で定める基準に適合する制動装置を備えていないため交通の危険を生じさせるおそれがある自転車を運転してはならない。

2　自転車の運転者は、夜間（第五十二条第一項後段の場合を含む。）、内閣府令で定める基準に適合する反射器材を備えていない自転車を運転してはならない。ただし、第五十二条第一項前段の規定により尾灯をつけている場合は、この限りでない。

（罰則　第一項については第百二十条第一項第七号、同条第三項）

本条…追加〔昭五三法五三〕、一・二項…一部改正〔平一一法一六〇〕、付記…一部改正〔令四法三二〕

※1項「内閣府令」＝則九の三、2項「内閣府令」＝則九の四、「引用条項」＝本法五二（車両等の灯火）

（自転車の検査等）

第六十三条の十　警察官は、前条第一項の内閣府令で定める基準に適合する制動装置を備えていないため交通の危険を生じさせるおそれがある自転車と認められる自転車が運転されているときは、当該自転車を停止させ、及び当該自転車の制動装置について検査をすることができる。

2　前項の場合において、警察官は、当該自転車の運転者に対し、道路における危険を防止し、その他交通の安全を図るため必要な応急の措置をとることを命じ、また、応急の措置によつては必要な整備をすることができないと認められる自転車については、当該自転車の運転を継続してはならない旨を命ずることができる。

（罰則　第一項については第百二十条第一項第八号、第二項については第百二十条第一項第九号）

本条…追加〔平二五法四三〕、付記…一部改正〔令四法三二〕

（自転車の運転者等の遵守事項）

第六十三条の十一　自転車の運転者は、乗車用ヘルメットをかぶるよう努めなければならない。

2　自転車の運転者は、他人を当該自転車に乗車させるときは、当該他人に乗車用ヘルメットをかぶらせるよう努めなければならない。

3　児童又は幼児を保護する責任のある者は、児童又は幼児が自転車を運転するときは、当該児童又は幼児に乗車用ヘルメットをかぶらせるよう努めなければならない。

本条…追加〔平一九法九〇〕、旧六三条の一〇…繰下〔平二五法四三〕、見出…全部改正・一・二項…追加・旧一項…一部改正し三項に繰下〔令四法三二〕

第四章　車両等の運転者及び使用者の義務

章名…改正〔昭五三法五三令四法三二〕

第一節　運転者の義務

（無免許運転等の禁止）

第六十四条　何人も、第八十四条第一項の規定による公安委員会の運転免許を受けないで（第九十条第五項、第百三条第一項若しくは第四項、第百三条の二第一項、第百四条の二の三第一項若しくは第三項又は同条第五項において準用する第百三条第四項の規定により運転免許の効力が停止されている場合を含む。）、自動車又は一般原動機付自転車を運転してはならない。

2　何人も、前項の規定に違反して自動車又は一般原動機付自転車を運転することとなるおそれがある者に対し、自動車又は一般原動機付自転車を提供してはならない。

3　何人も、自動車（道路運送法第二条第三項に規定する旅客自動車運送事業（以下単に「旅客自動車運送事業」という。）の用に供する自動車で当該業務に従事中のものその他の政令で定める自動車を除く。以下この項において同じ。）又は一般原動機付自転車の運転者が第八十四条第一項の規定による公安委員会の運転免許を受けていないこと（第九十条第五項、第百三条第一項若しくは第四項、第百三条の二第一項、第百四条の二の三第一項若しくは第三項又は同条第五項において準用する第百三条第四項の規定により運転免許の効力が停止されていることを含む。）を知りながら、当該運転者に対し、当該自動車又は一般原動機付自転車を運転して自己を運送することを要求し、又は依頼して、当該運転者が第一項の規定に違反して運転する自動車又は一般原動機付自転車に同乗してはならない。

（罰則　第一項については第百十七条の二の二第一項第一号　第二項については第百十七条の二の二第一項第二号　第三項については第百十七条の三の二第一号）

本条…一部改正〔昭三九法九一昭四二法一二六〕、付記…一部改正〔昭四五法八六〕、本条…一部改正〔平九法四一〕、本条・付記…一部改正〔平一三法五一〕、付記…一部改正〔平一六法九〇〕、本条…一部改正〔平一九法九〇〕、見出…一部改正・二・三項…追加・付記…全部改正、一・三項…一部改正〔平二五法四三〕、付記…一部改正、一―三項…一部改正〔令四法三二〕

※「国際運転免許証を所持する者の自動車等の運転」＝本法一〇七の二、「引用条項」＝本法八四1（運転免許）・九〇（免許の拒否等）・一〇三（免許の取消し及び効力停止）・一〇三の二（免許の仮停止）、「危険防止の措置」＝本法六七、「政令」＝令二六の二

（十六歳未満の者による特定小型原動機付自転車の運転等の禁止）

第六十四条の二　十六歳未満の者は、特定小型原動機付自転車を運転してはならない。

2　何人も、前項の規定に違反して特定小型原動機付自転車を運転することとなるおそれがある者に対し、特定小型原動機付自転車を提供してはならない。

（罰則　第一項については第百十八条第一項第二号　第二項については第百十八条第一項第三号）

本条…追加〔令四法三二〕

（酒気帯び運転等の禁止）

第六十五条　何人も、酒気を帯びて車両等を運転してはならない。

2　何人も、酒気を帯びている者で、前項の規定に違反して車両等を運転することとなるおそれがあるものに対し、車両等を提供してはならない。

3　何人も、第一項の規定に違反して車両等を運転することとなるおそれがある者に対し、酒類を提供し、又は飲酒をすすめてはならない。

4　何人も、車両（トロリーバス及び旅客自動車運送事業の用に供する自動車で当該業務に従事中のものその他の政令で定める自動車を除く。以下この項、第百十七条の二の二第一項第六号及び第百十七条の三の二第三号において同じ。）の運転者が酒気を帯びていることを知りながら、当該運転者に対し、当該車両を運転して自己を運送することを要求し、又は依頼して、当該運転者が第一項の規定に違反して運転する車両に同乗してはならない。

（罰則　第一項については第百十七条の二第一項第一号、第百十七条の二の二第一項第三号　第二項については第百十七条の二第一項第二号、第百十七条の二の二第一項第四号　第三項については第百十七条の二の二第一項第五号、第百十七条の三の二第二号　第四項については第百十七条の二の二第一項第六号、第百十七条の三の二第三号）

付記…全部改正〔昭三九法九一〕、見出・一項・付記…一部改正・二項…追加〔昭四五法八六〕、付記…一部改正〔平一三法五一平一六法九〇〕、二・四項…追加・付記…全部改正・旧二項…一部改正し三項に繰下〔平一九法九〇〕、四項・付記…一部改正〔平二五法四三令四法三二〕

※1項「危険防止の措置」＝本法六七、4項「政令」＝令二六の二

（過労運転等の禁止）

第六十六条　何人も、前条第一項に規定する場合のほか、過労、病気、薬物の影響その他の理由により、正常な運転ができないおそれがある状態で車両等を運転してはならない。

（罰則　第百十七条の二第一項第三号、第百十七条の二の二第一項第七号）

本条…一部改正〔昭四五法八六〕、付記…一部改正〔昭四六法九八昭五三法五三平一三法五一平一六法九〇〕、全部改正〔平一九法九〇〕、一部改正〔平二五法四三〕、全部改正〔令四法三二〕

※「過労防止等」＝旅客運輸規則二一、「引用条項」＝本法六五1（酒気帯び運転等の禁止）、「危険防止の措置」＝本法六七

（過労運転に係る車両の使用者に対する指示）

第六十六条の二　車両の運転者が前条の規定に違反して過労により正常な運転ができないおそれがある状態で車両を運転する行為（以下この条及び第七十五条の二第一項において「過労運転」という。）を当該車両の使用者（当該車両の運転者であるものを除く。以下この条において同じ。）の業務に関してした場合において、当該過労運転に係る車両の使用者が当該車両につき過労運転を防止するため必要な運行の管理を行つていると認められないときは、当該車両の使用の本拠の位置を管轄する公安委員会は、当該車両の使用者に対し、過労運転が行われることのないよう運転者に指導し又は助言することその他過労運転を防止するため必要な措置をとることを指示することができる。

2　第二十二条の二第二項の規定は、前項の規定による指示について準用する。

本条…追加〔平九法四二〕

（危険防止の措置）

第六十七条　警察官は、車両等の運転者が第六十四条第一項、第六十五条第一項、第六十六条、第七十一条の四第四項から第七項まで又は第八十五条第五項から第七項（第二号を除く。）までの規定に違反して車両等を運転していると認めるときは、当該車両等を停止させ、及び当該車両等の運転者に対し、第九十二条第一項の運転免許証又は第百七条の二の国際運転免許証若しくは外国運転免許証の提示を求めることができる。

2　前項に定めるもののほか、警察官は、車両等の運転者が車両等の運転に関しこの法律（第六十四条第一項、第六十五条第一項、第六十六条、第七十一条の四第四項から第七項まで及び第八十五条第五項から第七項（第二号を除く。）までを除く。）若しくはこの法律に基づく命令の規定若しくはこの法律の規定に基づく処分に違反し、又は車両等の交通による人の死傷若しくは物の損壊（以下「交通事故」という。）を起こした場合において、当該車両等の運転者に引き続き当該車両等を運転させることができるかどうかを確認するため必要があると認めるときは、当該車両等の運転者に対し、第九十二条第一項の運転免許証又は第百七条の二の国際運転免許証若しくは外国運転免許証の提示を求めることができる。

3　車両等に乗車し、又は乗車しようとしている者が第六十五条第一項の規定に違反して車両等を運転するおそれがあると認められるときは、警察官は、次項の規定による措置に関し、その者が身体に保有しているアルコールの程度について調査するため、政令で定めるところにより、その者の呼気の検査をすることができる。

4　前三項の場合において、当該車両等の運転者が第六十四条第一項、第六十五条第一項、第六十六条、第七十一条の四第四項から第七項まで又は第八十五条第五項から第七項（第二号を除く。）までの規定に違反して車両等を運転するおそれがあるときは、警察官は、その者が正常な運転ができる状態になるまで車両等の運転をしてはならない旨を指示する等道路における交通の危険を防止するため必要な応急の措置をとることができる。

（罰則　第一項については第百十九条第一項第十三号　第三項については第百十八条の二）

一・二項…一部改正〔昭三七法一四七〕、一項…一部改正〔昭三九法九一〕、一・二項…一部改正〔昭四〇法九六昭四二法一二六〕、一項・付記…一部改正・二項…追加・旧二項…一部改正し三項に繰下〔昭四五法八六〕、付記…一部改正〔昭四六法九八〕、一項…一部改正〔平五法四三〕、一・三項…一部改正〔平九法四一〕、一・三項・付記…一部改正〔平一六法九〇〕、二項…追加・付記…一部改正・旧三項…一部改正し四項に繰下・旧二項…三項に繰下〔平一九法九〇〕、一・二・四項…一部改正〔平二五法四三平二七法四〇〕、付記…一部改正、一・二・四項…一部改正〔令四法三二〕

※　1項「免許証の提示」＝本法九五、「引用条項」＝本法六四（無免許運転の禁止）・六五1（酒気帯び運転の禁止）・六六（過労運転等の禁止）・八五5・6（大型自動車を運転することができない者）・九二（免許証の交付）・一〇七の二（国際運転免許証を所持する者の自動車等の運転）、3項「政令」＝令二六の二の二

（共同危険行為等の禁止）

第六十八条　二人以上の自動車又は原動機付自転車の運転者は、道路において二台以上の自動車又は原動機付自転車を連ねて通行させ、又は並進させる場合において、共同して、著しく道路における交通の危険を生じさせ、又は著しく他人に迷惑を及ぼすこととなる行為をしてはならない。

（罰則　第百十七条の三）

本条…削除〔昭四六法九八〕、全部改正〔昭五三法五三〕、付記…一部改正〔平一三法五一〕、本条…一部改正〔平一六法九〇〕

第六十九条　削除〔昭五三法五三〕

（安全運転の義務）

第七十条　車両等の運転者は、当該車両等のハンドル、ブレーキその他の装置を確実に操作し、かつ、道路、交通及び当該車両等の状況に応じ、他人に危害を及ぼさないような速度と方法で運転しなければならない。

（罰則　第百十七条の二第一項第四号、第百十七条の二の二第一項第八号チ、第百十九条第一項第十四号、同条第三項）

付記…一部改正〔昭四五法八六令二法四二〕、全部改正〔令四法三二〕

（運転者の遵守事項）

第七十一条　車両等の運転者は、次に掲げる事項を守らなければならない。

一　ぬかるみ又は水たまりを通行するときは、泥よけ器を付け、又は徐行する等して、泥土、汚水等を飛散させて他人に迷惑を及ぼすことがないようにすること。

二　身体障害者用の車が通行しているとき、目が見えない者が第十四条第一項の規定に基づく政令で定めるつえを携え、若しくは同項の規定に基づく政令で定める盲導犬を連れて通行しているとき、耳が聞こえない者若しくは同条第二項の規定に基づく政令で定める程度の身体の障害のある者が同項の規定に基づく政令で定めるつえを携えて通行しているとき、又は監護者が付き添わない児童若しくは幼児が歩行しているときは、一時停止し、又は徐行して、その通行又は歩行を妨げないようにすること。

二の二　前号に掲げるもののほか、高齢の歩行者、身体の障害のある歩行者その他の歩行者でその通行に支障のあるものが通行しているときは、一時停止し、又は徐行して、その通行を妨げないようにすること。

二の三　児童、幼児等の乗降のため、政令で定めるところにより停車している通学通園バス（専ら小学校、幼稚園等に通う児童、幼児等を運送するために使用する自動車で政令で定めるものをいう。）の側方を通過するときは、徐行し

て安全を確認すること。

三　道路の左側部分に設けられた安全地帯の側方を通過する場合において、当該安全地帯に歩行者がいるときは、徐行すること。

四　乗降口のドアを閉じ、貨物の積載を確実に行う等当該車両等に乗車している者の転落又は積載している物の転落若しくは飛散を防ぐため必要な措置を講ずること。

四の二　車両等に積載している物が道路に転落し、又は飛散したときは、速やかに転落し、又は飛散した物を除去する等道路における危険を防止するため必要な措置を講ずること。

四の三　安全を確認しないで、ドアを開き、又は車両等から降りないようにし、及びその車両等に乗車している他の者がこれらの行為により交通の危険を生じさせないようにするため必要な措置を講ずること。

五　車両等を離れるときは、その原動機を止め、完全にブレーキをかける等当該車両等が停止の状態を保つため必要な措置を講ずること。

五の二　自動車又は原動機付自転車を離れるときは、その車両の装置に応じ、その車両が他人に無断で運転されることがないようにするため必要な措置を講ずること。

五の三　正当な理由がないのに、著しく他人に迷惑を及ぼすこととなる騒音を生じさせるような方法で、自動車若しくは原動機付自転車を急に発進させ、若しくはその速度を急激に増加させ、又は自動車若しくは原動機付自転車の原動機の動力を車輪に伝達させないで原動機の回転数を増加させないこと。

五の四　自動車を運転する場合において、第七十一条の五第一項から第四項まで若しくは第七十一条の六第一項から第三項までに規定する者又は第八十四条第二項に規定する仮運転免許を受けた者が表示自動車（第七十一条の五第一項、第七十一条の六第一項若しくは第八十七条第三項に規定する標識を付けた準中型自動車又は第七十一条の五第二項から第四項まで、第七十一条の六第二項若しくは第三項若しくは第八十七条第三項に規定する標識を付けた普通自動車をいう。以下この号において同じ。）を運転しているときは、危険防止のためやむを得ない場合を除き、進行している当該表示自動車の側方に幅寄せをし、又は当該自動車が進路を変更した場合にその変更した後の進路と同一の進路を後方から進行してくる表示自動車が当該自動車との間に第二十六条に規定する必要な距離を保つことができないこととなるときは進路を変更しないこと。

五の五　自動車、原動機付自転車又は自転車（以下この号において「自動車等」という。）を運転する場合においては、当該自動車等が停止しているときを除き、携帯電話用装置、自動車電話用装置その他の無線通話装置（その全部又は一部を手で保持しなければ送信及び受信のいずれをも行うことができないものに限る。第百十八条第一項第四号において「無線通話装置」という。）を通話（傷病者の救護又は公共の安全の維持のため当該自動車等の走行中に緊急やむを得ずに行うものを除く。同号において同じ。）のために使用し、又は当該自動車等に取り付けられ若しくは持ち込まれた画像表示用装置（道路運送車両法第四十一条第一項第十六号若しくは第十七号又は第四十四条第十一号に規定する装置であるものを除く。第百十八条第一項第四号において同じ。）に表示された画像を注視しないこと。

六　前各号に掲げるもののほか、道路又は交通の状況により、公安委員会が道路における危険を防止し、その他交通の安全を図るため必要と認めて定めた事項

（罰則　第一号、第四号から第五号まで、第五号の三、第五号の四及び第六号については第百二十条第一項第十号　第二号、第二号の三及び第三号については第百十九条第一項第十五号　第五号の五については第百十七条の四第一項第二号、第百十八条第一項第四号）

本条…一部改正〔昭三七法一四七昭三八法九〇〕、付記…全部改正〔昭三九法九一〕、本条…一部改正〔昭四〇法九六〕、本条・付記…一部改正〔昭四二法一二六昭四五法八六昭四六法九八昭四七法五一〕、本条…一部改正〔昭五三法五三〕、本条・付記…一部改正〔昭六〇法八七〕、本条…一部改正〔平元法九〇平二法七三平四法四三〕、本条・付記…一部改正〔平九法四一平一一法四〇〕、本条…一部改正〔平一三法五一〕、本条・付記…一部改正〔平一六法九〇〕、本条…一部改正〔平一九法九〇平二七法四〇〕、本条・付記…一部改正〔令元法二〇〕、本条…一部改正〔令元法一四令二法四二〕、本条・付記…一部改正〔令四法三二〕、本条…一部改正〔令六法三四〕

※　二号「引用条項」＝本法一四（目が見えない者、幼児等の保護）、二号の三「政令」＝令二六の三、五号の四「引用条項」＝本法八四2（免許の区分）・七一の五（初心運転者の標識）・八七3（仮免許運転者の標識）・二六（車間距離の保持）

（自動車等の運転者の遵守事項）

第七十一条の二　自動車又は原動機付自転車（これらのうち内閣府令で定めるものを除く。以下この条において同じ。）の運転者は、道路運送車両法第四十一条第一項第十一号又は第四十四条第八号に規定する消音器を備えていない自動車又は原動機付自転車（当該消音器を切断したものその他の消音器の機能に著しい支障を及ぼす改造等で内閣府令で定めるものを加えた当該消音器を備えている自動車又は原動機付自転車を含む。）を運転してはならない。

（罰則　第百二十条第一項第十号）

本条…追加〔平四法四三〕、一部改正〔平一一法一六〇〕、付記…一部改正〔平一六法九〇〕、本条…一部改正〔令元法一四〕、付記…一部改正〔令四法三二〕

※　「内閣府令」＝則九の四の二・九の四の三

（普通自動車等の運転者の遵守事項）

第七十一条の三　自動車（大型自動二輪車及び普通自動二輪車を除く。以下この条において同じ。）の運転者は、道路運送車両法第三章及びこれに基づく命令の規定により当該自動車に備えなければならないこととされている座席ベルト（以下「座席ベルト」という。）を装着しないで自動車を運転してはならない。ただし、疾病のため座席ベルトを装着することが療養上適当でない者が自動車を運転するとき、緊急自動車の運転者が当該緊急自動車を運転するとき、その他政令で定めるやむを得ない理由があるときは、この限りでない。

2　自動車の運転者は、座席ベルトを装着しない者を運転者席以外の乗車装置（当該乗車装置につき座席ベルトを備えなければならないこととされているものに限る。以下この項において同じ。）に乗車させて自動車を運転してはならない。ただし、幼児（適切に座席ベルトを装着させるに足りる座高を有するものを除く。以下この条において同じ。）を当該乗車装置に乗車させるとき、疾病のため座席ベルトを装着させる

ことが療養上適当でない者を当該乗車装置に乗車させるとき、その他政令で定めるやむを得ない理由があるときは、この限りでない。

3　自動車の運転者は、幼児用補助装置（幼児を乗車させる際座席ベルトに代わる機能を果たさせるため座席に固定して用いる補助装置であつて、道路運送車両法第三章及びこれに基づく命令の規定に適合し、かつ、幼児の発育の程度に応じた形状を有するものをいう。以下この項において同じ。）を使用しない幼児を乗車させて自動車を運転してはならない。ただし、疾病のため幼児用補助装置を使用させることが療養上適当でない幼児を乗車させるとき、その他政令で定めるやむを得ない理由があるときは、この限りでない。

本条…追加〔昭四七法五一〕、本条…全部改正〔昭六〇法八七〕、旧七一条の二…繰下〔平四法四三〕、見出し・一～三項…一部改正・四項…追加〔平一一法四〇〕、二項…一部改正・三項…削除・旧四項…三項に繰上〔平一九法九〇〕

※「引用条項」＝本法八四3（免許の種類）、1項「命令」＝保安基準二二の三、1～3項「政令」＝令二六の三の二

（大型自動二輪車等の運転者の遵守事項）

第七十一条の四　大型自動二輪車又は普通自動二輪車の運転者は、乗車用ヘルメットをかぶらないで大型自動二輪車若しくは普通自動二輪車を運転し、又は乗車用ヘルメットをかぶらない者を乗車させて大型自動二輪車若しくは普通自動二輪車を運転してはならない。

2　一般原動機付自転車の運転者は、乗車用ヘルメットをかぶらないで一般原動機付自転車を運転してはならない。

3　特定小型原動機付自転車の運転者は、乗車用ヘルメットをかぶるよう努めなければならない。

4　第八十四条第三項の大型自動二輪車免許を受けた者で、二十歳に満たないもの又は当該大型自動二輪車免許を受けていた期間（当該免許の効力が停止されていた期間を除く。）が通算して三年に達しないもの（同項の普通自動二輪車免許を現に受けており、かつ、当該普通自動二輪車免許を受けていた期間（当該免許の効力が停止されていた期間を除く。）が通算して三年以上である者その他の者で政令で定めるものを除く。）は、高速自動車国道及び自動車専用道路においては、運転者以外の者を乗車させて大型自動二輪車（側車付きのものを除く。以下この条において同じ。）又は普通自動二輪車（側車付きのものを除く。以下この条において同じ。）を運転してはならない。

5　第八十四条第三項の普通自動二輪車免許を受けた者（同項の大型自動二輪車免許を現に受けている者を除く。）で、二十歳に満たないもの又は当該普通自動二輪車免許を受けていた期間（当該免許の効力が停止されていた期間を除く。）が通算して三年に達しないもの（当該免許を受けた日前六月以内に普通自動二輪車免許を受けていたことがある者その他の者で政令で定めるものを除く。）は、高速自動車国道及び自動車専用道路においては、運転者以外の者を乗車させて普通自動二輪車を運転してはならない。

6　第八十四条第三項の大型自動二輪車免許を受けた者で、当該大型自動二輪車免許を受けていた期間（当該免許の効力が停止されていた期間を除く。）が通算して一年に達しないもの（同項の普通自動二輪車免許を現に受けており、かつ、当該普通自動二輪車免許を受けていた期間（当該免許の効力が停止されていた期間を除く。）が通算して一年以上である者その他の者で政令で定めるものを除く。）は、運転者以外の者を乗車させて大型自動二輪車又は普通自動二輪車を運転してはならない。

7　第八十四条第三項の普通自動二輪車免許を受けた者（同項の大型自動二輪車免許を現に受けている者を除く。）で、当該普通自動二輪車免許を受けていた期間（当該免許の効力が停止されていた期間を除く。）が通算して一年に達しないもの（当該免許を受けた日前六月以内に普通自動二輪車免許を受けていたことがある者その他の者で政令で定めるものを除く。）は、運転者以外の者を乗車させて普通自動二輪車を運転してはならない。

8　第一項及び第二項の乗車用ヘルメットの基準は、内閣府令で定める。

（罰則　第四項から第七項までについては第百十九条の三第一項第五号）

本条…追加〔昭四〇法九六〕、二項…一部改正〔昭四六法九八〕、旧七一条の二…繰下〔昭四七法五一〕、見出し・一項…一部改正・二・四項・付記…追加・旧二項…一部改正し三項に繰下〔昭五三法五三〕、二・三項…一部改正・四項…追加・旧四項…五項に繰下・付記…一部改正〔昭六〇法八七〕、旧七一条の三…繰下〔平四法四三〕、見出し・一・三項・付記…一部改正・四項…追加・旧四項…一部改正し五項に繰下・旧五項…六項に繰下〔平七法七四〕、六項…一部改正〔平一一法一六〇〕、三項…全部改正・四項…追加・付記…一部改正・旧四―六項…一項ずつ繰下〔平一六法九〇〕、付記…一部改正〔平一九法九〇〕、付記…一部改正、二項・付記…一部改正・三項…追加・旧三―七項…一項ずつ繰下〔令四法三二〕

※4項「高速自動車国道」＝高速自動車国道法四1、「自動車専用道路」＝道路法四八の二、4～7項「政令」＝令二六の三の三、8項「内閣府令」＝則九の五

（自動運行装置を備えている自動車の運転者の遵守事項等）

第七十一条の四の二　自動運行装置を備えている自動車の運転者は、当該自動運行装置に係る使用条件を満たさない場合においては、当該自動運行装置を使用して当該自動車を運転してはならない。

2　自動運行装置を備えている自動車の運転者が当該自動運行装置を使用して当該自動車を運転する場合において、次の各号のいずれにも該当するときは、当該運転者については、第七十一条第五号の五の規定は、適用しない。

一　当該自動車が整備不良車両に該当しないこと。

二　当該自動運行装置に係る使用条件を満たしていること。

三　当該運転者が、前二号のいずれかに該当しなくなつた場合において、直ちに、そのことを認知するとともに、当該自動運行装置以外の当該自動車の装置を確実に操作することができる状態にあること。

（罰則　第一項については第百十九条第一項第十六号、同条第三項）

本条…追加〔令元法二〇〕、付記…一部改正、一項…一部改正〔令四法三二〕

（初心運転者標識等の表示義務）

第七十一条の五　第八十四条第三項の準中型自動車免許を受けた者で、当該準中型自動車免許を受けていた期間（当該免許の効力が停止されていた期間を除く。）が通算して一年に達しないもの（当該免許を受けた日前六月以内に準中型自動車免許を受けていたことがある者その他の者で政令で定めるもの及び同項の普通自動車免許を現に受けており、かつ、現に

受けている準中型自動車免許を受けた日前に当該普通自動車免許を受けていた期間（当該免許の効力が停止されていた期間を除く。）が通算して二年以上である者を除く。）は、内閣府令で定めるところにより準中型自動車の前面及び後面に内閣府令で定める様式の標識を付けないで準中型自動車を運転してはならない。

2　第八十四条第三項の準中型自動車免許又は普通自動車免許を受けた者で、当該準中型自動車免許又は普通自動車免許を受けていた期間（当該免許の効力が停止されていた期間を除く。）が通算して一年に達しないもの（当該免許を受けた日前六月以内に準中型自動車免許又は普通自動車免許を受けていたことがある者、現に受けている準中型自動車免許又は普通自動車免許を受けた日以後に当該免許に係る上位免許（第八十五条第二項の規定により一の種類の運転免許について同条第一項の表の区分に従い運転することができる自動車等（以下「免許自動車等」という。）を運転することができる他の種類の運転免許（第八十四条第二項の仮運転免許を除く。）をいう。第百条の二第一項第一号及び第三号において同じ。）を受けた者その他の者で政令で定めるものを除く。）は、内閣府令で定めるところにより普通自動車の前面及び後面に内閣府令で定める様式の標識を付けないで普通自動車を運転してはならない。

3　第八十五条第一項若しくは第二項又は第八十六条第一項若しくは第二項の規定により普通自動車を運転することができる免許（以下「普通自動車対応免許」という。）を受けた者で七十五歳以上のものは、内閣府令で定めるところにより普通自動車の前面及び後面に内閣府令で定める様式の標識を付けないで普通自動車を運転してはならない。

4　普通自動車対応免許を受けた者で七十歳以上七十五歳未満のものは、加齢に伴つて生ずる身体の機能の低下が自動車の運転に影響を及ぼすおそれがあるときは、内閣府令で定めるところにより普通自動車の前面及び後面に内閣府令で定める様式の標識を付けて普通自動車を運転するように努めなければならない。

（罰則　第一項から第三項までについては第百二十一条第一項第十一号、同条第三項）

本条…追加〔昭六〇法八七〕、旧七一条の五…繰上〔平元法九〇〕、旧七一条の四…繰下〔平四法四三〕、見出・付記…一部改正・二項…追加〔平九法四一〕、一・二項…一部改正〔平一一法一六〇〕、二項…一部改正・三項…追加〔平一三法五一〕、二・三項…一部改正〔平一六法九〇〕、見出…削り・追加・二項…追加・三項…削除・付記…一部改正・旧二項…一部改正し三項に繰下〔平一九法九〇〕、一項…追加・付記…一部改正・旧一・二項…一部改正し一項ずつ繰下・旧三項…四項に繰下〔平二七法四〇〕、二項…一部改正〔令二法四二〕、付記…一部改正〔令四法三二〕

※　1・2項「政令」＝令二六の四、1〜4項「内閣府令」＝則九の六・九の七

第七十一条の六　第八十五条第一項若しくは第二項又は第八十六条第一項若しくは第二項の規定により準中型自動車を運転することができる免許を受けた者で政令で定める程度の聴覚障害のあることを理由に当該免許に条件を付されているものは、内閣府令で定めるところにより準中型自動車の前面及び後面に内閣府令で定める様式の標識を付けないで準中型自動車を運転してはならない。

2　普通自動車対応免許を受けた者で政令で定める程度の聴覚障害のあることを理由に当該普通自動車対応免許に条件を付されているものは、内閣府令で定めるところにより普通自動車の前面及び後面に内閣府令で定める様式の標識を付けないで普通自動車を運転してはならない。

3　普通自動車対応免許を受けた者で肢体不自由であることを理由に当該普通自動車対応免許に条件を付されているものは、当該肢体不自由が自動車の運転に影響を及ぼすおそれがあるときは、内閣府令で定めるところにより普通自動車の前面及び後面に内閣府令で定める様式の標識を付けて普通自動車を運転するように努めなければならない。

（罰則　第一項及び第二項については第百二十一条第一項第十一号、同条第三項）

本条…追加〔平一九法九〇〕、一項…追加・付記…一部改正・旧一・二項…一項ずつ繰下〔平二七法四〇〕、付記…一部改正〔令四法三二〕

※　1・2項「政令」＝令二六の四の二、1〜3項「内閣府令」＝則九の六・九の七

第二節　交通事故の場合の措置等

（交通事故の場合の措置）

第七十二条　交通事故があつたときは、当該交通事故に係る車両等の運転者その他の乗務員（以下この節において「運転者等」という。）は、直ちに車両等の運転を停止して、負傷者を救護し、道路における危険を防止する等必要な措置を講じなければならない。この場合において、当該車両等の運転者（運転者が死亡し、又は負傷したためやむを得ないときは、その他の乗務員。次項において同じ。）は、警察官が現場にいるときは当該警察官に、警察官が現場にいないときは直ちに最寄りの警察署（派出所又は駐在所を含む。同項において同じ。）の警察官に当該交通事故が発生した日時及び場所、当該交通事故における死傷者の数及び負傷者の負傷の程度並びに損壊した物及びその損壊の程度、当該交通事故に係る車両等の積載物並びに当該交通事故について講じた措置（第七十五条の二十三第一項及び第三項において「交通事故発生日時等」という。）を報告しなければならない。

2　前項後段の規定により報告を受けた最寄りの警察署の警察官は、負傷者を救護し、又は道路における危険を防止するため必要があると認めるときは、当該報告をした運転者に対し、警察官が現場に到着するまで現場を去つてはならない旨を命ずることができる。

3　前二項の場合において、現場にある警察官は、当該車両等の運転者等に対し、負傷者を救護し、又は道路における危険を防止し、その他交通の安全と円滑を図るため必要な指示をすることができる。

4　緊急自動車若しくは傷病者を運搬中の車両又は乗合自動車、トロリーバス若しくは路面電車で当該業務に従事中のものの運転者は、当該業務のため引き続き当該車両等を運転する必要があるときは、第一項の規定にかかわらず、その他の乗務員に第一項前段に規定する措置を講じさせ、又は同項後段に規定する報告をさせて、当該車両等の運転を継続することができる。

（罰則　第一項前段については第百十七条第一項、同条第二項、第百十七条の五第一項第一号　第一項後段については第百十九条第一項第十七号　第二項については第百二十条第一項第十一号）

付記…一部改正〔昭三八法九〇昭三九法九一昭四五法

八六昭四六法九八〕、一項…一部改正〔平二法七三〕、付記…一部改正〔平一三法五一〕、四項…一部改正〔平一七法一〇二〕、一項・付記…一部改正〔平一九法九〇〕、付記…一部改正・一・二項・付記…一部改正〔令四法三二〕

※ 4項「乗合自動車」＝本法二七1

第七十二条の二 前条第三項の場合において、当該車両等の運転者等が負傷その他の理由により直ちに同項の規定による指示に従うことが困難であると認められるときは、現場にある警察官は、道路における交通の危険を防止し、その他交通の安全と円滑を図るため必要な限度において、当該交通事故において損壊した物及び当該交通事故に係る車両等の積載物（以下この条において「損壊物等」という。）の移動その他応急の措置をとることができる。

2 前項の規定による措置をとつた場合において、当該損壊物等を移動したときは、警察官は、当該損壊物等を当該損壊物等の在つた場所を管轄する警察署長に差し出さなければならない。この場合において、警察署長は、当該損壊物等を保管しなければならない。

3 第五十一条第七項及び第九項から第二十一項まで並びに第五十一条の二の規定は、前二項の規定による措置に係る損壊物等について準用する。この場合において、第五十一条第七項中「使用者」とあるのは「所有者、占有者その他当該損壊物等について権原を有する者（以下この条及び次条において「所有者等」という。）」と、同条第九項中「前項」とあるのは「第七十二条の二第三項において読み替えて準用する第七項」と、「知ることができない」とあるのは「知ることができず、かつ、当該損壊物等の所有者以外の者に当該損壊物等を返還することが困難であると認められる」と、同条第十一項中「第七項から前項まで」とあるのは「第七十二条の二第三項において読み替えて準用する第七項及び前二項」と、同条第十二項中「第八項の規定による告知の日又は」とあるのは「腐敗し、若しくは変質するおそれがあるとき、又は第七十二条の二第三項において読み替えて準用する第七項の規定による当該損壊物等の所有者に対する告知の日若しくは」と、「費用」とあるのは「費用若しくは手数」と、同条第十五項中「運転者等又は使用者若しくは所有者（以下この条及び次条において「使用者等」という。）」とあるのは「所有者等」と、同条第十六項中「運転者等又は使用者等」とあるのは「所有者等」と、同条第二十項中「第八項の規定による」とあるのは「第七十二条の二第三項において読み替えて準用する第七項の規定による当該損壊物等の所有者に対する」と、第五十一条の二第一項中「同条第六項の規定により保管した車両の使用者等その他の関係者又は同条第二十二項において準用する同条第六項の規定により保管した積載物の所有者、占有者その他当該積載物について権原を有する者」とあるのは「第七十二条の二第三項後段の規定により保管した損壊物等の所有者等」と読み替えるものとする。

本条…追加〔平二法七三〕、一—三項…一部改正、三項…一部改正〔平一六法九〇〕、三項…一部改正〔平一九法九〇令二法四二〕

※ 3項で読み替えて準用する五一条9・11・12・21項「政令」＝令二六の四の三、3項で準用する五一条10項「内閣府令」＝則七の二の二

（妨害の禁止）

第七十三条 交通事故があつた場合において、当該交通事故に係る車両等の運転者等以外の者で当該車両等に乗車しているものがあるときは、その者は、当該車両等の運転者等が第七十二条第一項前段に規定する措置を講じ、又は同項後段に規定する報告をするのを妨げてはならない。

（罰則 第百二十条第一項第十号）

本条…一部改正〔平二法七三〕、付記…一部改正〔令四法三二〕

※「本条の準用」＝本法七二1（交通事故の場合の措置）

第三節 使用者の義務

節名…改正〔昭五三法五三〕

（車両等の使用者の義務）

第七十四条 車両等の使用者は、その者の業務に関し当該車両等を運転させる場合には、当該車両等の運転者及び安全運転管理者、副安全運転管理者その他当該車両等の運行を直接管理する地位にある者に、この法律又はこの法律に基づく命令に規定する車両等の安全な運転に関する事項を遵守させるように努めなければならない。

2 車両の使用者は、当該車両の運転者に、当該車両を運転するに当たつて車両の速度、駐車及び積載並びに運転者の心身の状態に関しこの法律又はこの法律に基づく命令に規定する事項を遵守させるように努めなければならない。

3 消防用自動車、救急用自動車その他の政令で定める自動車の使用者（第七十四条の三第一項の規定により安全運転管理者を選任したものを除く。）は、当該自動車の運転者に対し、当該自動車の安全な運転を確保するために必要な交通安全教育を行うように努めなければならない。

二項…一部改正〔昭四六法九八〕、本条…全部改正〔昭五三法五三〕、二項…追加・旧二項…三項に繰下〔平二法七六〕、三項…追加・旧三項…四項に繰下〔平五法四三〕、二項…追加・三項…削除・四項…一部改正・旧二項…三項に繰下〔平九法四一〕、見出…削り・追加・二項…一部改正・三項…削除・旧四項…一部改正し三項に繰上〔平一六法九〇〕

※ 3項「政令」＝令二六の五

第七十四条の二 車両の使用者は、当該車両を適正に駐車する場所を確保することその他駐車に関しての車両の適正な使用のために必要な措置を講じなければならない。

本条…追加〔平一六法九〇〕

（安全運転管理者等）

第七十四条の三 自動車の使用者（道路運送法の規定による自動車運送事業者（貨物自動車運送事業法（平成元年法律第八十三号）の規定による貨物軽自動車運送事業を経営する者を除く。以下同じ。）、貨物利用運送事業法の規定による第二種貨物利用運送事業を経営する者及び道路運送法第七十九条の規定による登録を受けた者を除く。以下この条において同じ。）は、内閣府令で定める台数以上の自動車の使用の本拠ごとに、年齢、自動車の運転の管理の経験その他について内閣府令で定める要件を備える者のうちから、次項の業務を行う者として、安全運転管理者を選任しなければならない。

2 安全運転管理者は、自動車の安全な運転を確保するために必要な当該使用者の業務に従事する運転者に対して行う交通安全教育その他自動車の安全な運転に必要な業務（自動車の装置の整備に関する業務を除く。第七十五条の二の二第一項において同じ。）で内閣府令で定めるものを行わなければならない。

3　前項の交通安全教育は、第百八条の二十八第一項の交通安全教育指針に従つて行わなければならない。

4　自動車の使用者は、安全運転管理者の業務を補助させるため、内閣府令で定める台数以上の自動車を使用する本拠ごとに、年齢、自動車の運転の経験その他について内閣府令で定める要件を備える者のうちから、内閣府令で定めるところにより、副安全運転管理者を選任しなければならない。

5　自動車の使用者は、安全運転管理者又は副安全運転管理者（以下「安全運転管理者等」という。）を選任したときは、選任した日から十五日以内に、内閣府令で定める事項を当該自動車の使用の本拠の位置を管轄する公安委員会に届け出なければならない。これを解任したときも、同様とする。

6　公安委員会は、安全運転管理者等が第一項若しくは第四項の内閣府令で定める要件を備えないこととなつたとき、又は安全運転管理者等が第二項の規定を遵守していないため自動車の安全な運転が確保されていないと認めるときは、自動車の使用者に対し、当該安全運転管理者等の解任を命ずることができる。

7　自動車の使用者は、安全運転管理者に対し、第二項の業務を行うため必要な権限を与えるとともに、同項の業務を行うため必要な機材を整備しなければならない。

8　公安委員会は、自動車の使用者が前項の規定を遵守していないため自動車の安全な運転が確保されていないと認めるときは、自動車の使用者に対し、その是正のために必要な措置をとるべきことを命ずることができる。

9　自動車の使用者は、公安委員会からその選任に係る安全運転管理者等について第百八条の二第一項第一号に掲げる講習を行う旨の通知を受けたときは、当該安全運転管理者等に当該講習を受けさせなければならない。

（罰則　第一項、第四項、第六項及び第八項については第百十九条の二、第百二十三条　第五項については第百二十条第二項第三号、第百二十三条）

本条…追加〔昭四〇法九六〕、三項…一部改正〔昭四二法一二六〕、三項・付記…一部改正〔昭四五法八六〕、五〜七項…追加・付記…一部改正〔昭四六法九八〕、見出…全部改正・一項・付記…一部改正・二・九項…追加・旧二〜四・七項…一部改正し一項ずつ繰下・旧五・六項…一項ずつ繰下〔昭五三法五三〕、八項…一部改正〔昭六〇法八七〕、一項…一部改正〔平元法八二・八三〕、八項…一部改正〔平元法九〇〕、一項…一部改正・九項…削除〔平二法七三〕、八項…一部改正〔平五法四三〕、五項…削除・旧六〜八項…一項ずつ繰上〔平五法八九〕、一項・付記…一部改正・二・三項…追加・五項…削除・旧四項…一部改正し六項に繰下・旧六項…一部改正し七項に繰下・旧二・三項…二項ずつ繰下・旧七項…八項に繰下〔平九法四一〕、一・二・四〜六項…一部改正〔平一一法一六〇〕、一項…一部改正〔平一四法七七〕、旧七四条の二…繰下〔平一六法九〇〕、一・七項・付記…一部改正〔平一九法九〇〕、一項…一部改正・八項…追加・旧八項…九項に繰下〔令四法三二〕

※１・２・４・５項「内閣府令」＝則九の八〜九の一三

（自動車の使用者の義務等）

第七十五条　自動車（重被牽引車を含む。以下この条、次条第一項及び第七十五条の二の二第二項において同じ。）の使用者（安全運転管理者等その他自動車の運行を直接管理する地位にある者を含む。次項において「使用者等」という。）は、その者の業務に関し、自動車の運転者に対し、次の各号のいずれかに掲げる行為をすることを命じ、又は自動車の運転者がこれらの行為をすることを容認してはならない。

一　第八十四条第一項の規定による公安委員会の運転免許を受けている者（第百七条の二の規定により国際運転免許証又は外国運転免許証で自動車を運転することができることとされている者を含む。以下この項において同じ。）でなければ運転することができないこととされている自動車を当該運転免許を受けている者以外の者（第九十条第五項、第百三条第一項若しくは第四項、第百三条の二第一項、第百四条の二の三第一項若しくは第三項又は同条第五項において準用する第百三条第四項の規定により当該運転免許の効力が停止されている者を含む。）が運転すること。

二　第二十二条第一項の規定に違反して自動車を運転すること。

三　第六十五条第一項の規定に違反して自動車を運転すること。

四　第六十六条の規定に違反して自動車を運転すること。

五　第八十五条第五項の規定に違反して大型自動車、中型自動車若しくは準中型自動車を運転し、同条第六項の規定に違反して中型自動車若しくは準中型自動車を運転し、同条第七項の規定に違反して準中型自動車若しくは普通自動車を運転し、同条第八項の規定に違反して普通自動車を運転し、同条第九項の規定に違反して大型自動二輪車若しくは普通自動二輪車を運転し、又は同条第十項の規定に違反して普通自動二輪車を運転すること。

六　第五十七条第一項の規定に違反して積載をして自動車を運転すること。

七　自動車を離れて直ちに運転することができない状態にする行為（当該行為により自動車が第四十四条第一項、第四十五条第一項若しくは第二項、第四十七条第二項若しくは第三項、第四十八条、第四十九条の三第三項、第四十九条の四若しくは第七十五条の八第一項の規定に違反して駐車することとなる場合のもの又は自動車がこれらの規定に違反して駐車している場合におけるものに限る。）

2　自動車の使用者等が前項の規定に違反し、当該違反により自動車の運転者が同項各号のいずれかに掲げる行為をした場合において、自動車の使用者がその者の業務に関し自動車を使用することが著しく道路における交通の危険を生じさせ、又は著しく交通の妨害となるおそれがあると認めるときは、当該違反に係る自動車の使用の本拠の位置を管轄する公安委員会は、政令で定める基準に従い、当該自動車の使用者に対し、六月を超えない範囲内で期間を定めて、当該違反に係る自動車を運転し、又は運転させてはならない旨を命ずることができる。

3　公安委員会は、前項の規定による命令をしようとする場合において、当該命令に係る自動車の使用者が道路運送法の規定による自動車運送事業者又は貨物利用運送事業法の規定による第二種貨物利用運送事業を経営する者であるときは、当該事業を監督する行政庁の意見を聴かなければならない。

4　公安委員会は、第二項の規定による命令をしようとするときは、行政手続法（平成五年法律第八十八号）第十三条第一項の規定による意見陳述のための手続の区分にかかわらず、聴聞を行わなければならない。

5　公安委員会は、前項の聴聞を行うに当たつては、その期日の一週間前までに、行政手続法第十五条第一項の規定による通知をし、かつ、聴聞の期日及び場所を公示しなければならない。

6　前項の通知を行政手続法第十五条第三項に規定する方法によつて行う場合においては、同条第一項の規定により聴聞の期日までにおくべき相当な期間は、二週間を下回つてはならない。

7　第四項の聴聞の期日における審理は、公開により行わなければならない。

8　第四項の聴聞の主宰者は、必要があると認めるときは、道路交通に関する事項に関し専門的知識を有する参考人又は当該事案の関係人の出頭を求め、これらの者からその意見又は事情を聴くことができる。

9　公安委員会は、第二項の規定による命令をしたときは、当該命令を受けた自動車の使用者に対し、運転し、又は運転させてはならないこととなる自動車の番号標の番号その他の内閣府令で定める事項を記載した文書を交付し、かつ、当該自動車の前面の見やすい箇所に内閣府令で定める様式の標章をはり付けるものとする。

10　前項の規定により標章をはり付けられた自動車について、当該自動車の使用者から当該自動車を買い受けた者その他当該自動車の使用について権原を有する第三者は、内閣府令で定めるところにより、公安委員会に対し、当該標章を取り除くべきことを申請することができる。この場合において、公安委員会は、当該標章を取り除かなければならない。

11　何人も、第九項の規定によりはり付けられた標章を破損し、又は汚損してはならず、また、当該自動車に係る運転の禁止の期間を経過した後でなければ、これを取り除いてはならない。

（罰則　第一項第一号については第百十七条の二の二第二項第一号、第百二十三条　第一項第二号及び第五号については第百十八条第二項第三号、第百二十三条　第一項第三号については第百十七条の二第二項第一号、第百十七条の二の二第二項第二号、第百二十三条　第一項第四号については第百十七条の二第二項第二号、第百十七条の二の二第二項第三号、第百二十三条第一項第六号については第百十八条第二項第四号、第百十九条第二項第四号、第百二十三条　第一項第七号については第百十九条の二の四第二項、第百二十三条　第二項については第百十九条第二項第五号、第百二十三条　第十一項については第百二十一条第一項第十号）

三項…追加〔昭三七法一四七〕、一項…一部改正〔昭三九法九一〕、一―三項・付記…一部改正・四項…追加〔昭四〇法九六〕、三項・付記…一部改正・四項…追加・旧四項…一部改正し五項に繰下〔昭四二法一二六〕、一項・付記…全部改正・二～四項…削除・旧五項…一部改正し二項に繰上〔昭四五法八六〕、本条…全部改正〔昭五三法五三〕、三項…一部改正〔平元法八二・八三〕、一・二項・付記…一部改正〔平二法七三〕、一項・付記…一部改正〔平五法四三〕、四項…一部改正・五項…全部改正・六・七項…追加・七・八項…削除・旧六項…一部改正し八項に繰下〔平五法八九〕、二項…一部改正〔平七法七四、平九法四一〕、九・一〇項…一部改正〔平一一法一六〇〕、一項・付記…一部改正〔平一三法五一〕、三項…一部改正〔平一四法七七〕、付記…一部改正、一項・付記…一部改正、一項…一部改正〔平一六法九〇〕、付記…一部改正、一項…一部改正〔平一九法九〇〕、一項…一部改正〔平二一法二一〕、付記…一部改正、一項…一部改正〔平二五法四三〕、一項…一部改正〔平二七法四〇、令二法四二〕、付記…一部改正〔令四法三二〕

※1項2号「引用条項」＝本法二二1（最高速度の制限）、1項3号「引用条項」＝本法六五1（酒気帯び運転の禁止）、1項4号「引用条項」＝本法六六（過労運転等の禁止）、1項5号「引用条項」＝本法八五（第一種免許）、1項6号「引用条項」＝本法五七1（乗車又は積載の制限）、2項「政令」＝令二六の六、9・10項「内閣府令」＝則九の一四～九の一六

第七十五条の二　公安委員会が自動車の使用者に対し次の表の上欄に掲げる指示をした場合において、当該使用者に係る当該自動車につきその指示を受けた後一年以内にその指示の区分ごとに同表の下欄に掲げる違反行為が行われ、かつ、当該使用者が当該自動車を使用することについて著しく交通の危険を生じさせるおそれがあると認めるときは、当該自動車の使用の本拠の位置を管轄する公安委員会は、政令で定める基準に従い、当該使用者に対し、三月を超えない範囲内で期間を定めて、当該自動車を運転し、又は運転させてはならない旨を命ずることができる。

自動車の使用者に対する指示	違反行為
第二十二条の二第一項の規定による指示	最高速度違反行為
第五十八条の四の規定による指示	過積載をして自動車を運転する行為
第六十六条の二第一項の規定による指示	過労運転

2　公安委員会が第五十一条の四第一項の規定により標章が取り付けられた車両の使用者に対し納付命令をした場合において、当該使用者が当該標章が取り付けられた日前六月以内に当該車両が原因となつた納付命令（同条第十六項の規定により取り消されたものを除く。）を受けたことがあり、かつ、当該使用者が当該車両を使用することについて著しく交通の危険を生じさせ又は著しく交通の妨害となるおそれがあると認めるときは、当該車両の使用の本拠の位置を管轄する公安委員会は、政令で定める基準に従い、当該使用者に対し、三月を超えない範囲内で期間を定めて、当該車両を運転し、又は運転させてはならない旨を命ずることができる。

3　前条第三項から第十一項までの規定は、前二項の規定による命令について準用する。

（罰則　第一項及び第二項については第百十九条第二項第五号、第百二十三条　第三項については第百二十一条第一項第十号）

本条…追加〔平二法七三〕、一項・付記…一部改正・二項…追加・旧二項…一部改正し三項に繰下〔平五法四三〕、一項・付記…一部改正・二項…削除・旧三項…一部改正し二項に繰上〔平九法四一〕、付記…一部改正〔平一三法五一〕、一項・付記…一部改正・二項…追加・旧二項…一部改正し三項に繰下〔平一六法九〇〕、付記…一部改正〔令四法三二〕

※1・2項「政令」＝令二六の七・二六の八、3項で準用する前条9・10項「内閣府令」＝則九の一四～九の一六

（報告又は資料の提出）

第七十五条の二の二　公安委員会は、安全運転管理者が選任されている自動車の使用の本拠について、自動車の安全な運転を確保するために必要な交通安全教育その他自動車の安全な運転に必要な業務の推進を図るため必要があると認めるときは、当該安全運転管理者を選任している自動車の使用者又は当該安全運転管理者に対し、必要な報告又は資料の提出を求

めることができる。

2　公安委員会は、速度、駐車若しくは積載又は運転者の心身の状態に関しての自動車の適正な使用の推進を図るため必要があると認めるときは、自動車の使用者に対し、必要な報告又は資料の提出を求めることができる。

本条…追加〔平二法七三〕、二項…一部改正〔平五法四三〕、一・二項…一部改正〔平九法四一〕

第四章の二　高速自動車国道等における自動車の交通方法等の特例

本章…追加〔昭三八法九〇〕

第一節　自動車の交通方法

本節…追加〔昭三八法九〇〕

（停車及び駐車の禁止）

第七十五条の八　自動車（これにより牽引されるための構造及び装置を有する車両を含む。以下この条において同じ。）は、高速自動車国道等においては、法令の規定若しくは警察官の命令により、又は危険を防止するため一時停止する場合のほか、停車し、又は駐車してはならない。ただし、次の各号のいずれかに掲げる場合においては、この限りでない。

一　駐車の用に供するため区画された場所において停車し、又は駐車するとき。

二　故障その他の理由により停車し、又は駐車することがやむを得ない場合において、停車又は駐車のため十分な幅員がある路肩又は路側帯に停車し、又は駐車するとき。

三　乗合自動車が、その属する運行系統に係る停留所において、乗客の乗降のため停車し、又は運行時間を調整するため駐車するとき。

四　料金支払いのため料金徴収所において停車するとき。

2　第五十条の二から第五十一条の二までの規定は、自動車が前項の規定に違反して停車し、又は駐車していると認められる場合について準用する。この場合において、第五十一条第三項中「当該車両が駐車している場所からの距離が五十メートルを超えない道路上の場所」とあるのは「政令で定める場所」と、同条第四項中「当該車両が駐車している場所からの距離が五十メートルを超えない範囲の地域内の道路上に当該車両を移動する場所がないとき」とあるのは「前項の政令で定める場所に当該車両を移動することができないとき」と、同条第五項中「駐車場、空地、第三項に規定する場所以外の道路上の場所その他の場所」とあるのは「第三項に規定する場所以外の場所」と読み替えるものとする。

3　高速自動車国道等において第一項の規定に違反して駐車していると認められる自動車であつて、その運転者がこれを離れて直ちに運転することができない状態にあるものは、第五十一条の四第一項に規定する放置車両とみなして、同条の規定を適用する。

〔罰則　第一項については第百十七条の二第一項第四号、第百十七条の二の二第一項第八号ヌ、第百十九条の二の四第一項第二号、第百十九条の三第一項第四号　第二項については第百十九条第一項第七号〕

本条…追加〔昭三八法九〇〕、一項…一部改正〔昭四五法八六〕、一・二項・付記…一部改正〔昭四六法九八〕、二項…一部改正〔昭五三法五三〕、二項・付記…一部改正〔昭六一法六三〕、一・二項・付記…一部改正・三項…追加〔平二法七三〕、三項…一部改正〔平五法四三〕、一項・付記…一部改正・三項…全部改正〔平一六法九〇〕、付記…一部改正、二項…一部改正〔平一九法九〇〕、二項・付記…一部改正〔令二法四二〕、付記…一部改正〔令四法三二〕

※　1項「法令」＝本法七・一七2・三一・三三1・三八1・2・四〇1・四一の二1・四三・六三の四2・七一等、2項「引用条項」＝本法五一（違法駐車に対する措置）、2項で読み替えて準用する五一条3項「政令」＝令二七の四、2項で準用する五一条9・11・12・21項「政令」＝令二七の五、2項で準用する五一条10項「内閣府令」＝則七の二の二

第四章の三　特定自動運行の許可等

本章…追加〔令四法三二〕

（特定自動運行の許可）

第七十五条の十二　特定自動運行を行おうとする者は、特定自動運行を行おうとする場所を管轄する公安委員会の許可を受けなければならない。

2　前項の許可を受けようとする者は、次に掲げる事項を記載した申請書を公安委員会に提出しなければならない。

一　特定自動運行を行う者の氏名又は名称及び住所並びに法人にあつては、その代表者の氏名並びにその役員の氏名及び住所

二　次に掲げる事項を記載した特定自動運行に関する計画（以下「特定自動運行計画」という。）

イ　特定自動運行に使用する自動車（以下「特定自動運行用自動車」という。）の型式、自動車登録番号又は車両番号及び車台番号、自動運行装置に係る使用条件その他の内閣府令で定める特定自動運行用自動車に関する事項

ロ　特定自動運行に関する次に掲げる事項

(1)　特定自動運行の経路

(2)　特定自動運行を行う日及び時間帯

(3)　特定自動運行により運送される人又は物

(4)　(1)から(3)までに掲げるもののほか、内閣府令で定める事項

ハ　特定自動運行を管理する場所の所在地及び連絡先

ニ　この法律及びこの法律に基づく命令の規定並びにこの法律の規定に基づく処分により特定自動運行実施者（第七十五条の十六第一項に規定する特定自動運行実施者をいう。次条第一項第三号において同じ。）又は特定自動運行業務従事者（第七十五条の十九第一項に規定する特定自動運行業務従事者をいう。次条第一項第三号において同じ。）が実施しなければならない措置に関する次に掲げる事項

(1)　第七十五条の十九第一項に規定する教育の具体的内容及びその実施方法

(2)　第七十五条の十九第二項の規定による特定自動運行主任者の指定及び同条第三項の規定による現場措置業務実施者の指定の方法

(3)　第七十五条の二十第一項に規定する措置の実施方法及び当該措置を講ずるための装置、人員その他の体制

(4)　第七十五条の二十第二項の規定による表示の具体的方法

(5)　第七十五条の二十一、第七十五条の二十二及び第七十五条の二十三第一項から第三項までの規定による措置を講ずるための設備、人員その他の体制及び当該措

置の手順

(6) (1)から(5)までに掲げるもののほか、内閣府令で定める事項

3 前項の申請書には、特定自動運行用自動車の自動車検査証記録事項（道路運送車両法第五十八条第二項に規定する自動車検査証記録事項をいう。）が記載された書面その他の内閣府令で定める書類を添付しなければならない。

（罰則 第一項については第百十七条の二第二項第三号及び第四号、第百二十三条）

本条…追加〔令四法三二〕

※ 2・3項「内閣府令」＝則九の二〇・九の二一

第七十五条の十三（**特定自動運行の許可基準等**） 公安委員会は、前条第一項の許可をしようとするときは、同条第二項の規定により提出を受けた申請書に記載された特定自動運行計画が次に掲げる基準に適合するかどうかを審査して、これをしなければならない。

一 特定自動運行計画に係る特定自動運行用自動車が特定自動運行を行うことができるものであること。

二 特定自動運行計画に従つて行われる特定自動運行が当該特定自動運行用自動車の自動運行装置に係る使用条件を満たすものであること。

三 第七十五条の十九から第七十五条の二十二まで及び第七十五条の二十三第一項から第三項までの規定による措置その他のこの法律及びこの法律に基づく命令の規定並びにこの法律の規定に基づく処分により特定自動運行実施者又は特定自動運行業務従事者が実施しなければならない措置の円滑かつ確実な実施が見込まれるものであること。

四 特定自動運行計画に従つて行われる特定自動運行（道路において当該特定自動運行が終了した場合を含む。）が他の交通に著しく支障を及ぼすおそれがないと認められるものであること。

五 特定自動運行計画に従つて行われる特定自動運行が人又は物の運送を目的とするものであつて、当該運送が地域住民の利便性又は福祉の向上に資すると認められるものであること。

2 公安委員会は、前条第一項の許可をしようとするときは、次の各号に掲げる事項の区分に応じ、当該事項について、当該各号に定める者の意見を聴かなければならない。

一 前項第一号及び第二号に掲げる事項 国土交通大臣等

二 前項第五号に掲げる事項 前条第二項第二号ロ(1)に規定する経路をその区域に含む市町村（特別区を含む。）の長

本条…追加〔令四法三二〕

第七十五条の十四（**欠格事由**） 公安委員会は、第七十五条の十二第一項の許可を受けようとする者が次の各号のいずれかに該当する場合には、その許可をしてはならない。

一 第七十五条の二十七第一項の規定により許可を取り消され、その取消しの日から五年を経過していない者（当該許可を取り消された者が法人である場合においては、当該取消しを受けた法人のその処分を受ける原因となつた事項が発生した当時現にその法人の役員として在任した者で当該取消しの日から五年を経過していないものを含む。）であるとき。

二 法人である場合において、その法人の役員が前号に該当する者であるとき。

本条…追加〔令四法三二〕

第七十五条の十五（**許可の条件**） 公安委員会は、第七十五条の十二第一項の許可をする場合において、必要があると認めるときは、当該許可に道路における危険を防止し、その他交通の安全と円滑を図るため必要な条件を付することができる。

2 公安委員会は、道路における危険を防止し、その他交通の安全と円滑を図るため特別の必要が生じたときは、前項の規定により付した条件を変更し、又は新たに条件を付することができる。

本条…追加〔令四法三二〕

第七十五条の十六（**許可事項の変更**） 第七十五条の十二第一項の許可を受けた者（以下「特定自動運行実施者」という。）は、特定自動運行計画を変更しようとするときは、内閣府令で定めるところにより、公安委員会の許可を受けなければならない。ただし、内閣府令で定める軽微な変更については、この限りでない。

2 第七十五条の十三及び前条の規定は、前項の許可について準用する。

3 特定自動運行実施者は、第一項ただし書に規定する内閣府令で定める軽微な変更をしようとするときは、内閣府令で定めるところにより、その旨を公安委員会に届け出なければならない。

4 特定自動運行実施者は、第七十五条の十二第二項第一号に掲げる事項を変更したときは、内閣府令で定めるところにより、変更の日から三十日以内に、公安委員会に届け出なければならない。

（罰則 第一項については第百十七条の二第二項第四号及び第五号、第百二十三条 第三項及び第四項については第百十九条の二の三第二号、第百二十三条）

本条…追加〔令四法三二〕

※ 1項「内閣府令」＝則九の二三・九の二四、3・4項「内閣府令」＝則九の二五

第七十五条の十七（**公示**） 公安委員会は、第七十五条の十二第一項又は前条第一項の許可をしたときは、内閣府令で定めるところにより、その旨を公示しなければならない。

本条…追加〔令四法三二〕

※ 「内閣府令」＝則九の二六

第七十五条の十八（**特定自動運行計画等の遵守**） 特定自動運行実施者は、第七十五条の十二第一項の許可を受けた特定自動運行計画（第七十五条の十六第一項又は第三項の規定による変更の許可又は届出があつたときは、その変更後のもの。第七十五条の二十七第一項第二号において同じ。）及び第七十五条の十五第一項（第七十五条の十六第二項において準用する場合を含む。）の規定により付された条件（第七十五条の十五第二項（第七十五条の十六第二項において準用する場合を含む。）の規定により変更され、又は新たに付された条件を含む。）に従わなければならない。

（罰則 第百十七条の四第二項、第百二十三条）

本条…追加〔令四法三二〕

第七十五条の十九（**特定自動運行を行う前の措置**） 特定自動運行実施者は、次項の規定により

指定した特定自動運行主任者、第三項の規定により指定した現場措置業務実施者その他の特定自動運行のために使用する者（以下「特定自動運行業務従事者」という。）に対し、第七十五条の二十一、第七十五条の二十二及び第七十五条の二十三第一項から第三項までの規定による措置その他のこの法律及びこの法律に基づく命令の規定並びにこの法律の規定に基づく処分により特定自動運行業務従事者が実施しなければならない措置を円滑かつ確実に実施させるため、内閣府令で定めるところにより教育を行わなければならない。

2　特定自動運行実施者は、特定自動運行を行うときは、第七十五条の二十一、第七十五条の二十二並びに第七十五条の二十三第一項及び第三項の規定による措置その他のこの法律及びこの法律に基づく命令の規定並びにこの法律の規定に基づく処分により特定自動運行主任者が実施しなければならない措置を講じさせるため、当該措置を講ずるために必要な適性について内閣府令で定める要件を備える者のうちから、特定自動運行主任者を指定しなければならない。

3　特定自動運行実施者は、次条第一項第一号に規定する措置を講じて特定自動運行を行うときは、第七十五条の二十三第一項及び第二項の規定による措置を講じさせるため、現場措置業務実施者を指定しなければならない。

本条…追加〔令四法三二〕

※　1・2項「内閣府令」＝則九の二七・九の二八

（特定自動運行中の遵守事項）

第七十五条の二十　特定自動運行実施者は、特定自動運行中の特定自動運行用自動車について、次の各号のいずれかの措置を講じなければならない。

一　当該特定自動運行用自動車の周囲の道路及び交通の状況並びに当該特定自動運行用自動車の状況を映像及び音声により確認することができる装置で内閣府令で定めるものを第七十五条の十二第二項第二号ハに規定する場所に備え付け、かつ、当該場所に特定自動運行主任者を配置する措置

二　第七十五条の二十三第三項の規定による措置その他の措置を講じさせるため、特定自動運行主任者を当該特定自動運行用自動車に乗車させる措置

2　特定自動運行実施者は、特定自動運行を行っているときは、内閣府令で定めるところにより、当該特定自動運行用自動車の見やすい箇所に特定自動運行中である旨を表示しなければならない。

本条…追加〔令四法三二〕

※　1・2項「内閣府令」＝則九の二九・九の三〇

（特定自動運行主任者の義務）

第七十五条の二十一　前条第一項第一号の規定により配置された特定自動運行主任者は、当該特定自動運行用自動車が特定自動運行を行っているときは、同号に規定する装置の作動状態を監視していなければならない。この場合において、当該装置が正常に作動していないことを認めたときは、当該特定自動運行主任者は、直ちに、当該特定自動運行を終了させるための措置を講じなければならない。

2　特定自動運行主任者は、道路において特定自動運行が終了したときは、直ちに、次条又は第七十五条の二十三第一項若しくは第三項の規定による措置その他のこの法律及びこの法律に基づく命令の規定並びにこの法律の規定に基づく処分により特定自動運行主任者が実施しなければならない措置を講ずべき事由の有無を確認しなければならない。

本条…追加〔令四法三二〕

（特定自動運行が終了した場合の措置）

第七十五条の二十二　特定自動運行主任者は、特定自動運行が終了した場合において、当該特定自動運行用自動車又は当該特定自動運行主任者に対し次の各号のいずれかの措置又は命令が行われているときは、直ちに、当該特定自動運行用自動車を当該措置又は命令に従つて通行させるため必要な措置を講じなければならない。

一　第四条第一項後段に規定する警察官の現場における指示

二　第六条第一項の規定による警察官等の交通整理

三　第七十五条の二十四の規定により読み替えて適用する第六条第二項の規定による警察官の禁止、制限又は命令

四　第七十五条の二十四の規定により読み替えて適用する第六条第三項の規定による警察官の指示

五　第六条第四項の規定による警察官の禁止又は制限

六　第七十五条の二十四の規定により読み替えて適用する第七十五条の三の規定による警察官の禁止、制限又は命令

2　特定自動運行主任者は、特定自動運行が終了した場合において、当該特定自動運行用自動車に緊急自動車若しくは消防用車両が接近し、又は当該特定自動運行用自動車の付近に緊急自動車若しくは消防用車両があるときは、直ちに、当該特定自動運行用自動車が当該緊急自動車又は消防用車両の通行を妨げないようにするため必要な措置を講じなければならない。

3　特定自動運行主任者は、特定自動運行が終了した場合において、当該特定自動運行用自動車が違法駐車と認められる場合は、直ちに、当該特定自動運行用自動車の駐車の方法を変更し、又は当該特定自動運行用自動車を当該場所から移動するため必要な措置を講じなければならない。

本条…追加〔令四法三二〕

（特定自動運行において交通事故があつた場合の措置）

第七十五条の二十三　特定自動運行（道路において当該特定自動運行が終了した場合を含む。第三項及び第六項並びに第百十七条第三項において同じ。）において特定自動運行用自動車（第七十五条の二十第一項第一号に規定する措置が講じられたものに限る。）に係る交通事故があつたときは、同号の規定により配置された特定自動運行主任者は、直ちに当該交通事故の現場の最寄りの消防機関に通報する措置及び現場措置業務実施者を当該交通事故の現場に向かわせる措置（当該交通事故による人の死傷がないことが明らかな場合にあつては、現場措置業務実施者を当該交通事故の現場に向かわせる措置）を講じなければならない。この場合において、当該特定自動運行用自動車の特定自動運行主任者は、直ちに当該交通事故の現場の最寄りの警察署（派出所又は駐在所を含む。第三項及び第四項において同じ。）の警察官に交通事故発生日時等を報告しなければならない。

2　前項に規定する交通事故の現場に到着した現場措置業務実施者は、当該交通事故の現場において、道路における危険を防止するため必要な措置を講じなければならない。

3　特定自動運行において特定自動運行用自動車（第七十五条の二十第一項第二号に規定する措置が講じられたものに限る。）に係る交通事故があつたときは、当該交通事故に係る特定自動運行用自動車に同号の規定により乗車させられた特

定自動運行主任者その他の乗務員（第五項において「特定自動運行主任者等」という。）は、直ちに、負傷者を救護し、道路における危険を防止する等必要な措置を講じなければならない。この場合において、当該特定自動運行用自動車の特定自動運行主任者（特定自動運行主任者が死亡し、又は負傷したためやむを得ないときは、その他の乗務員。次項において同じ。）は、警察官が現場にいるときは当該警察官に、警察官が現場にいないときは直ちに最寄りの警察署の警察官に、交通事故発生日時等を報告しなければならない。

4　前項後段の規定により報告を受けた最寄りの警察署の警察官は、負傷者を救護し、又は道路における危険を防止するため必要があると認めるときは、当該報告をした特定自動運行主任者に対し、警察官が現場に到着するまで現場を去つてはならない旨を命ずることができる。

5　前三項の場合において、当該交通事故の現場にある警察官は、当該交通事故の現場にある現場措置業務実施者又は特定自動運行主任者等に対し、負傷者を救護し、又は道路における危険を防止し、その他交通の安全と円滑を図るため必要な指示をすることができる。

6　第七十二条の二及び第七十三条の規定は、特定自動運行において交通事故があつた場合について準用する。この場合において、第七十二条の二第一項中「前条第三項」とあるのは「第七十五条の二十三第五項」と、「の運転者等」とあるのは「に係る現場措置業務実施者（第七十五条の十九第三項に規定する現場措置業務実施者をいう。以下同じ。）又は特定自動運行主任者等（第七十五条の二十三第三項に規定する特定自動運行主任者等をいう。以下同じ。）」と、「同項」とあるのは「同条第五項」と、「現場」とあるのは「当該交通事故の現場」と、第七十三条中「運転者等以外」とあるのは「特定自動運行主任者等以外」と、「の運転者等が第七十二条第一項前段」とあるのは「に係る現場措置業務実施者が第七十五条の二十三第二項に規定する措置を講じ、又は特定自動運行主任者等が同条第三項前段」と、「又は」とあるのは「若しくは」と読み替えるものとする。

（罰則　第一項前段及び第三項前段については第百十七条第三項、第百十七条の五第二項、第百二十三条　第一項後段及び第三項後段については第百十九条第二項第六号、第百二十三条　第二項については第百十七条の五第二項、第百二十三条　第四項については第百二十条第二項第四号、第百二十三条）

本条…追加〔令四法三二〕

※6項で準用する七二条の二第三項で準用する五一条一〇項「内閣府令」＝則七の二の二

（特定自動運行の特則）

第七十五条の二十四　特定自動運行実施者による特定自動運行についてのこの法律の規定（第四章第二節を除く。）の適用については、次の表の上欄に掲げる規定中同表の中欄に掲げる字句は、それぞれ同表の下欄に掲げる字句とするほか、必要な技術的読替えは、政令で定める。

第六条第二項	運転者	特定自動運行主任者（第七十五条の十九第二項に規定する特定自動運行主任者をいう。以下同じ。）
第六条第三項	において、	において、特定自動運行主任者又は
第三十三条第三項	運転者は、故障その他の理由により踏切において	特定自動運行主任者は、踏切において特定自動運行が終了した場合において、
	運転することができなくなつた	運転し、又は運転させることができない
	非常信号を行う等踏切に故障その他の理由により	鉄道事業法（昭和六十一年法律第九十二号）の規定による鉄道事業者又は軌道法の規定による軌道経営者への通報（特定自動運行主任者が第七十五条の十二第二項第二号イに規定する特定自動運行用自動車に乗車している場合にあつては、非常信号）を行う等踏切に
第六十三条の二第一項	運転者	特定自動運行実施者（第七十五条の十六第一項に規定する特定自動運行実施者をいう。以下同じ。）
	を運転させ、又は運転して	の特定自動運行を行わせ、又は特定自動運行を行つて
第六十三条の二の二第一項	運転者	特定自動運行実施者
	を運転させ、又は運転して	の特定自動運行を行わせ、又は特定自動運行を行つて
第七十五条の三	運転者	特定自動運行主任者
第七十五条の十一第一項	運転者は、故障その他の理由により	特定自動運行主任者は、
	当該自動車を運転することができなくなつた	特定自動運行が終了した場合において、当該自動車を運転し、又は運転させることができない
	自動車が故障その他の理由により	自動車が
第七十五条の十一第二項	運転者は、故障その他の理由により	特定自動運行主任者は、
	運転することができなくなつた	特定自動運行が終了した場合において、当該自動車を運転し、又は運転させることができない

本条…追加〔令四法三二〕

（報告及び検査等）

第七十五条の二十五　公安委員会は、この章の規定の施行に必要な限度において、特定自動運行実施者に対し、その特定自動運行に関し報告若しくは資料の提出を求め、又は警察職員に、第七十五条の十二第二項第二号ハに規定する場所その他の特定自動運行実施者の事務所に立ち入り、帳簿、書類その他の物件を検査させ、若しくは関係者に質問させることができる。

2　前項の規定により警察職員が立ち入るときは、その身分を示す証票を携帯し、関係者に提示しなければならない。

3　第一項の規定による立入検査の権限は、犯罪捜査のために認められたものと解してはならない。

4　公安委員会は、この章の規定の施行のため必要があると認めるときは、官庁、公共団体その他の者に照会し、又は協力を求めることができる。

（罰則　第一項については第百十九条の二の三第三号、第百二十三条）

本条…追加〔令四法三二〕

（特定自動運行実施者に対する指示）

第七十五条の二十六　公安委員会は、特定自動運行実施者又はその特定自動運行業務従事者が、特定自動運行に関しこの法律若しくはこの法律に基づく命令の規定若しくはこの法律の規定に基づく処分又は他の法令の規定に違反した場合において、道路における危険を防止し、その他交通の安全と円滑を図るため必要があると認めるときは、特定自動運行実施者に対し、特定自動運行に関し必要な措置をとるべきこと（措置をとるまでの間、特定自動運行を行わないことを含む。）を指示することができる。

2　公安委員会は、前項の規定による指示をしようとする場合において、当該指示に係る特定自動運行実施者による特定自動運行が道路運送法第二条第二項に規定する自動車運送事業（貨物自動車運送事業法第二条第四項に規定する貨物軽自動車運送事業を除く。）又は貨物利用運送事業法第二条第八項に規定する第二種貨物利用運送事業として行われるものであるときは、当該事業を監督する行政庁の意見を聴かなければならない。

（罰則　第一項については第百十七条の二の二第二項第六号、第百二十三条）

本条…追加〔令四法三二〕

（許可の取消し等）

第七十五条の二十七　公安委員会は、次の各号のいずれかに該当するときは、当該特定自動運行実施者に対し、特定自動運行の許可を取り消し、又は六月を超えない範囲内で期間を定めてその効力を停止することができる。

一　特定自動運行実施者又はその特定自動運行業務従事者が、特定自動運行に関し、この法律若しくはこの法律に基づく命令の規定又はこの法律の規定に基づく処分に違反したとき。

二　特定自動運行計画が第七十五条の十三第一項各号に掲げる基準に適合しなくなつたとき。

三　特定自動運行実施者が第七十五条の十四各号のいずれかに該当することとなつたとき。

2　前条第二項の規定は、前項の規定による許可の取消し又はその効力の停止について準用する。

3　公安委員会は、第一項の規定により特定自動運行の許可を取り消したときは、内閣府令で定めるところにより、その旨を公示しなければならない。

本条…追加〔令四法三二〕

※　3項「内閣府令」＝則九の三四

（許可の効力の仮停止）

第七十五条の二十八　次の各号のいずれかに該当する場合において、道路における危険を防止するため緊急の必要があるときは、その事実があつた場所を管轄する警察署長は、当該特定自動運行実施者に対し、その事実があつた日から起算して三十日を経過する日を終期とする特定自動運行の許可の効力の停止（以下この条において「仮停止」という。）をすることができる。

一　特定自動運行中の特定自動運行用自動車に係る交通事故があつたとき。

二　特定自動運行実施者又はその特定自動運行業務従事者が、特定自動運行に関しこの法律若しくはこの法律に基づく命令の規定若しくはこの法律の規定に基づく処分又は他の法令の規定に違反したとき。

2　警察署長は、仮停止をしたときは、当該処分をした日から起算して五日以内に、当該処分を受けた特定自動運行実施者に対し弁明の機会を与えなければならない。

3　仮停止をした警察署長は、速やかに、内閣府令で定める事項を公安委員会に報告しなければならない。

4　仮停止は、前項の規定により報告を受けた公安委員会が当該仮停止の期間内に当該事案について第七十五条の二十六第一項又は前条第一項の規定による処分をしたときは、その効力を失う。

5　仮停止を受けた者が当該事案について前条第一項の規定による許可の効力の停止を受けたときは、仮停止をされていた期間は、当該許可の効力の停止の期間に通算する。

本条…追加〔令四法三二〕

※　3項「内閣府令」＝則九の三六

（特定自動運行の許可の取消し等の報告）

第七十五条の二十九　公安委員会は、第七十五条の二十六第一項若しくは第七十五条の二十七第一項の規定による処分をしたとき、又は前条第三項の規定による報告を受けたときは、内閣府令で定める事項を国家公安委員会に報告しなければならない。この場合において、国家公安委員会は、当該報告に係る事項を各公安委員会に通報するものとする。

本条…追加〔令四法三二〕

※　「内閣府令」＝則九の三七

第六章　自動車及び一般原動機付自転車の運転免許

章名…改正〔令四法三二〕

第一節　通則

（運転免許）

第八十四条　自動車及び一般原動機付自転車（以下「自動車等」という。）を運転しようとする者は、公安委員会の運転免許（以下「免許」という。）を受けなければならない。

2　免許は、第一種運転免許（以下「第一種免許」という。）、第二種運転免許（以下「第二種免許」という。）及び仮運転免許（以下「仮免許」という。）に区分する。

3　第一種免許を分けて、大型自動車免許（以下「大型免許」という。）、中型自動車免許（以下「中型免許」という。）、準中型自動車免許（以下「準中型免許」という。）、普通自動車免許（以下「普通免許」という。）、大型特殊自動車免許（以下「大型特殊免許」という。）、大型自動二輪車免許（以下「大型二輪免許」という。）、普通自動二輪車免許（以下「普通二輪免許」という。）、小型特殊自動車免許（以下「小型特殊免許」という。）、原動機付自転車免許（以下「原付免許」という。）及び牽引免許の十種類とする。

4　第二種免許を分けて、大型自動車第二種免許（以下「大型第二種免許」という。）、中型自動車第二種免許（以下「中型第二種免許」という。）、普通自動車第二種免許（以下「普通第二種免許」という。）、大型特殊自動車第二種免許（以下「大型特殊第二種免許」という。）及び牽引第二種免許の五種類とする。

5　仮免許を分けて、大型自動車仮免許（以下「大型仮免許」という。）、中型自動車仮免許（以下「中型仮免許」という。）、準中型自動車仮免許（以下「準中型仮免許」という。）及び普通自動車仮免許（以下「普通仮免許」という。）の四種類とする。

三・四項…一部改正〔昭三九法九一・四〇法九六〕、五項…追加〔昭四七法五一〕、一項…一部改正〔平元法九〇〕、三項…一部改正〔平七法七四〕、三―五項…一部改正〔平一六法九〇〕、三・五項…一部改正〔平二七法四〇〕、一項…一部改正〔令四法三二〕

※「無免許運転の禁止」＝本法六四1項「免許の申請等」＝本法八八～九一、「免許証」＝本法九二～九五、「運転免許試験」＝本法九六～一〇〇、5項「公安委員会の事務の委任」＝本法一一四の二

（第一種免許）

第八十五条　次の表の上欄に掲げる自動車等を運転しようとする者は、当該自動車等の種類に応じ、それぞれ同表の下欄に掲げる第一種免許を受けなければならない。

自動車等の種類	第一種免許の種類
大型自動車	大型免許
中型自動車	中型免許
準中型自動車	準中型免許
普通自動車	普通免許
大型特殊自動車	大型特殊免許
大型自動二輪車	大型二輪免許
普通自動二輪車	普通二輪免許
小型特殊自動車	小型特殊免許
一般原動機付自転車	原付免許

2　前項の表の下欄に掲げる第一種免許を受けた者は、同表の区分に従い当該自動車等を運転することができるほか、次の表の上欄に掲げる免許の種類に応じ、それぞれ同表の下欄に掲げる種類の自動車等を運転することができる。

第一種免許の種類	運転することができる自動車等の種類
大型免許	中型自動車、準中型自動車、普通自動車、小型特殊自動車及び一般原動機付自転車
中型免許	準中型自動車、普通自動車、小型特殊自動車及び一般原動機付自転車
準中型免許	普通自動車、小型特殊自動車及び一般原動機付自転車
普通免許	小型特殊自動車及び一般原動機付自転車
大型特殊免許	小型特殊自動車及び一般原動機付自転車
大型二輪免許	普通自動二輪車、小型特殊自動車及び一般原動機付自転車
普通二輪免許	小型特殊自動車及び一般原動機付自転車

3　牽引自動車によつて重被牽引車を牽引して当該牽引自動車を運転しようとする者は、当該牽引自動車に係る免許（仮免許を除く。）のほか、牽引免許を受けなければならない。

4　牽引免許を受けた者で、大型免許、中型免許、準中型免許、普通免許、大型特殊免許、大型第二種免許、中型第二種免許、普通第二種免許又は大型特殊第二種免許を現に受けているものは、これらの免許によつて運転することができる牽引自動車によつて重被牽引車を牽引して当該牽引自動車を運転することができる。

5　大型免許を受けた者で、二十一歳に満たないもの又は大型免許、中型免許、準中型免許、普通免許若しくは大型特殊免許のいずれかを受けていた期間（当該免許の効力が停止されていた期間を除く。）が通算して三年に達しないものは、第二項の規定にかかわらず、政令で定める大型自動車、中型自動車又は準中型自動車を運転することはできない。

6　中型免許を受けた者（大型免許を現に受けている者を除く。）で、二十一歳に満たないもの又は大型免許、中型免許、準中型免許、普通免許若しくは大型特殊免許のいずれかを受けていた期間（当該免許の効力が停止されていた期間を除く。）が通算して三年に達しないものは、第二項の規定にかかわらず、政令で定める中型自動車又は準中型自動車を運転することはできない。

7　準中型免許を受けた者（大型免許又は中型免許を現に受けている者を除く。）で、次の各号に掲げるものは、第二項の規定にかかわらず、それぞれ当該各号に定める自動車を運転することはできない。

一　二十一歳に満たない者又は大型免許、中型免許、準中型免許、普通免許若しくは大型特殊免許のいずれかを受けていた期間（当該免許の効力が停止されていた期間を除く。）が通算して三年に達しない者　政令で定める準中型自動車

二　大型免許、中型免許、準中型免許、普通免許又は大型特殊免許のいずれかを受けていた期間（当該免許の効力が停止されていた期間を除く。）が通算して二年に達しない者　政令で定める普通自動車

8　普通免許を受けた者（準中型免許を現に受けている者を除

く。）で、大型免許、中型免許、準中型免許、普通免許又は大型特殊免許のいずれかを受けていた期間（当該免許の効力が停止されていた期間を除く。）が通算して二年に達しないものは、第二項の規定にかかわらず、政令で定める普通自動車を運転することはできない。

9　大型二輪免許を受けた者で、大型二輪免許又は普通二輪免許のいずれかを受けていた期間（当該免許の効力が停止されていた期間を除く。）が通算して二年に達しないものは、第二項の規定にかかわらず、政令で定める大型自動二輪車又は普通自動二輪車を運転することはできない。

10　普通二輪免許を受けた者（大型二輪免許を現に受けている者を除く。）で、大型二輪免許又は普通二輪免許のいずれかを受けていた期間（当該免許の効力が停止されていた期間を除く。）が通算して二年に達しないものは、第二項の規定にかかわらず、政令で定める普通自動二輪車を運転することはできない。

11　第一種免許を受けた者は、第二項の規定により運転することができる自動車又は第四項の規定により牽引自動車によつて重被牽引車を牽引して当該牽引自動車を運転することができる場合における当該重被牽引車が旅客自動車運送事業の用に供される自動車（以下「旅客自動車」という。）又は旅客自動車運送事業の用に供される重被牽引車（以下「旅客用車両」という。）であるときは、第二項及び第四項の規定にかかわらず、旅客自動車運送事業に係る旅客を運送する目的で、当該旅客自動車を運転し、又は牽引自動車によつて当該旅客用車両を牽引して当該牽引自動車を運転することはできない。

12　大型免許、中型免許、準中型免許又は普通免許を受けた者は、第二項の規定にかかわらず、自動車運転代行業の業務の適正化に関する法律（平成十三年法律第五十七号）第二条第六項に規定する代行運転自動車（普通自動車に限る。以下「代行運転普通自動車」という。）を運転することはできない。

（罰則　第五項から第十項までについては第百十八条第一項第五号）

三項・付記…追加・旧三項…一部改正し四項に繰下〔昭三七法一四七〕、一—三項…一部改正〔昭三九法九一〕、一・二項・付記…一部改正・三・六項…追加・四項…削り・追加・旧三項…一部改正し五項に繰下・一・二項…一部改正〔昭四〇法九六〕、五項・付記…一部改正・六項…追加・旧六項…七項に繰下〔昭四二法一二六〕、付記…一部改正〔昭四五法八六〕、七項…一部改正〔昭四六法九六〕、五項…一部改正〔昭四六法九八〕、五・七項…一部改正〔昭四七法五一〕、七・八項…追加・付記…一部改正・旧七項…九項に繰下〔昭五三法五三〕、九項…一部改正〔平元法八三〕、三項…一部改正〔平二法七三〕、一・二項・付記…一部改正・八項…追加・旧八項…一部改正し九項に繰下・旧九項…一〇項に繰下〔平七法七四〕、三項…一部改正〔平九法四一〕、一〇項・付記…一部改正・一一項…追加〔平一三法五一〕、一・二・四・五・七・一一項…一部改正・六項…全部改正〔平一六法九〇〕、一〇項…一部改正〔平一九法九〇〕、一・二・四—六項・付記…一部改正・七項…追加・旧七・一一項…一部改正し一項ずつ繰下・旧八—一〇項…一項ずつ繰下〔平二七法四〇〕、付記…一部改正・一・二項・付記…一部改正〔令四法三二〕

※　3項「引用条項」＝車両法四〇（自動車の構造）、5項「政令」＝令三二の二、「危険防止の措置」＝本法六七、6項「政令」＝令三二の三、「危険防止の措置」＝本法六七、7項「政令」＝令三二の三の二、8・9項「政令」＝令三二の四・三二の五1・2、10項「引用条項」＝道運法三（旅客自動車運送事業の種類）、「政令」＝令三二の五3

（第二種免許）

第八十六条　次の表の上欄に掲げる自動車で旅客自動車であるものを旅客自動車運送事業に係る旅客を運送する目的で運転しようとする者は、当該自動車の種類に応じ、それぞれ同表の下欄に掲げる第二種免許を受けなければならない。

自動車の種類	第二種免許の種類
大型自動車	大型第二種免許
中型自動車及び準中型自動車	中型第二種免許
普通自動車	普通第二種免許
大型特殊自動車	大型特殊第二種免許

2　前項の表の下欄に掲げる第二種免許を受けた者は、同表の区分に従い当該自動車を当該目的で運転することができるほか、当該第二種免許に対応する第一種免許を受けた者が前条第二項の規定により運転することができる自動車等を運転すること（大型第二種免許を受けた者にあつては旅客自動車である中型自動車、準中型自動車又は普通自動車を、中型第二種免許を受けた者にあつては旅客自動車である普通自動車を当該目的で運転することを含む。）ができる。

3　牽引自動車によつて旅客用車両を旅客自動車運送事業に係る旅客を運送する目的で牽引して当該牽引自動車を運転しようとする者は、当該牽引自動車に係る免許（仮免許を除く。）のほか、牽引第二種免許を受けなければならない。

4　牽引第二種免許を受けた者で、大型免許、中型免許、準中型免許、普通免許、大型特殊免許、大型第二種免許、中型第二種免許、普通第二種免許又は大型特殊第二種免許を現に受けているものは、これらの免許によつて運転することができる牽引自動車によつて旅客用車両を旅客自動車運送事業に係る旅客を運送する目的で牽引して当該牽引自動車を運転することができるほか、これらの免許によつて運転することができる牽引自動車によつて重被牽引車を牽引して当該牽引自動車を運転することができる。

5　代行運転普通自動車を運転しようとする者は、普通第二種免許を受けなければならない。

6　大型第二種免許又は中型第二種免許を受けた者は、第二項に規定するもののほか、代行運転普通自動車を運転することができる。

一項…一部改正〔昭三九法九一〕、一・二項…一部改正・三・四項…追加〔昭四〇法九六〕、一・三・四項…一部改正〔昭四七法五一〕、二項…一部改正・五・六項…追加〔平一三法五一〕、一・二・四・六項…一部改正〔平一六法九〇〕、一・二・四項…一部改正〔平二七法四〇〕

（仮免許）

第八十七条　大型自動車、中型自動車、準中型自動車又は普通自動車を運転することができる第一種免許又は第二種免許を受けないで練習のため又は第九十七条第一項第二号に掲げる事項について行う運転免許試験若しくは第九十九条第一項に規定する指定自動車教習所における自動車の運転に関する技能についての技能検定（次項において「試験等」という。）において運転しようとする者は、その運転しようとする自動車が大型自動車であるときは大型仮免許を、中型自動車であるときは中型仮免許を、準中型自動車であるときは準中型仮免許を、普通自動車であるときは普通仮免許を受けなければならない。

2　大型仮免許を受けた者は大型自動車、中型自動車、準中型自動車又は普通自動車を、中型仮免許を受けた者は中型自動車、準中型自動車又は普通自動車を、準中型仮免許を受けた者は準中型自動車又は普通自動車を、普通仮免許を受けた者は普通自動車を、練習のため又は試験等において運転することができる。この場合において、仮免許を受けた者は、練習のため自動車を運転しようとするときは、その運転者席の横の乗車装置に、当該自動車を運転することができる第一種免許を受けている者（免許の効力が停止されている者を除く。）で当該免許を受けていた期間（当該免許の効力が停止されていた期間を除く。）が通算して三年以上のもの、当該自動車を運転することができる第二種免許を受けている者（免許の効力が停止されている者及び二十一歳に満たない者を除く。）その他政令で定める者を同乗させ、かつ、その指導の下に、当該自動車を運転しなければならない。

3　仮免許を受けた者は、練習のため自動車を運転しようとするときは、内閣府令で定めるところにより当該自動車の前面及び後面に内閣府令で定める様式の標識を付けて当該自動車を運転しなければならない。

4　仮免許を受けた者は、第二項の規定にかかわらず、旅客自動車運送事業に係る旅客を運送する目的で旅客自動車を運転することはできない。

5　仮免許を受けた者は、第二項の規定にかかわらず、代行運転普通自動車を運転することはできない。

6　仮免許の有効期間は、当該仮免許に係る第九十七条第一項第一号に掲げる事項について行う運転免許試験（第九十条及び第九十二条の二において「適性試験」という。）を受けた日から起算して六月とする。ただし、当該期間が満了するまでの間に、大型仮免許を受けた者が大型免許若しくは大型第二種免許を受け、中型仮免許を受けた者が大型自動車若しくは中型自動車を運転することができる第一種免許若しくは第二種免許を受け、準中型仮免許を受けた者が大型自動車、中型自動車若しくは準中型自動車を運転することができる第一種免許若しくは第二種免許を受け、又は普通仮免許を受けた者が大型自動車、中型自動車、準中型自動車若しくは普通自動車を運転することができる第一種免許若しくは第二種免許を受けたときは、当該仮免許は、その効力を失う。

（罰則　第二項後段については第百十八条第一項第六号　第三項については第百二十条第一項第十四号、同条第三項）

一項…一部改正〔昭四〇法九六〕、付記…一部改正〔昭四五法八六〕、本条…全部改正〔昭四七法五一〕、五項…一部改正〔昭五三法五三〕、一項…一部改正〔平四法四三平五法四三〕、三項…一部改正〔平一一法一六〇〕、一・二項…一部改正・五項…追加・旧五項…六項に繰下・付記…一部改正〔平一三法五一〕、一―三・六項…一部改正〔平一六法九〇〕、一・二・六項…一部改正〔平二七法四〇〕、二項…一部改正〔令二法四二〕、付記…一部改正〔令四法三二〕

※　1項「引用条項」＝本法九七1（運転免許試験の方法）・九八（指定自動車教習所）、2項「政令」＝令三二の六、3項「内閣府令」＝則一五の三・一六、「標識をつけた自動車の保護」＝本法七一5の4

第二節　免許の申請等

（免許の欠格事由）

第八十八条　次の各号のいずれかに該当する者に対しては、第一種免許又は第二種免許を与えない。

一　大型免許にあつては二十一歳（政令で定める者にあつては、十九歳）に、中型免許にあつては二十歳（政令で定める者にあつては、十九歳）に、準中型免許、普通免許、大型特殊免許、大型二輪免許及び牽引免許にあつては十八歳に、普通二輪免許、小型特殊免許及び原付免許にあつては十六歳に、それぞれ満たない者

二　第九十条第一項ただし書の規定による免許の拒否（同項第三号又は第七号に該当することを理由とするものを除く。）をされた日から起算して同条第九項の規定により指定された期間を経過していない者若しくは免許を保留されている者若しくは同条第二項の規定による免許の拒否をされた日から起算して同条第十項の規定により指定された期間を経過していない者又は同条第五項の規定により免許を取り消された日から起算して同条第九項の規定により指定された期間を経過していない者若しくは同条第六項の規定により免許の効力を停止されている者若しくは同条第六項の規定により免許を取り消された日から起算して同条第十項の規定により指定された期間を経過していない者

三　第百三条第一項若しくは第四項の規定による免許の取消し（同条第一項（第四号を除く。）に係るものに限る。）をされた日から起算して同条第七項の規定により指定された期間（第百三条の二第一項の規定により免許の効力を停止された者が当該事案について免許を取り消された場合にあつては、当該指定された期間から当該免許の効力が停止されていた期間を除いた期間。以下この号において同じ。）を経過していない者若しくは第百三条第二項若しくは第四項の規定による免許の取消し（同条第四項の規定による免許の取消しにあつては、同条第二項に係るものに限る。）をされた日から起算して同条第八項の規定により指定された期間を経過していない者又は同条第一項若しくは第四項、第百三条の二第一項、第百四条の二の三第一項若しくは第三項若しくは同条第五項において準用する第百三条第四項の規定により免許の効力が停止されている者

四　第百七条の五第一項若しくは第二項、同条第九項において準用する第百三条第四項又は第百七条の五第十項において準用する第百三条の二第一項の規定により自動車等の運転を禁止されている者

2　大型仮免許にあつては二十一歳（政令で定める者にあつては、十九歳）に、中型仮免許にあつては二十歳（政令で定める者にあつては、十九歳）に、準中型仮免許及び普通仮免許にあつては十八歳に、それぞれ満たない者に対しては、仮免許を与えない。

3　免許を現に受けている者は、当該免許と同一の種類の免許を重ねて受けることができない。

一項…一部改正〔昭三七法一四七昭三九法九一昭四〇法九六昭四二法一二六昭四五法八六〕、一項…一部改正・二項…追加・旧二項…三項に繰下〔昭四七法五一〕、一項…一部改正〔平七法七四平九法四一平一〇法一一〇〕、一・二項…全部改正〔平一三法五一〕、一・二項…一部改正〔平一六法九〇〕、一項…一部改正〔平一九法九〇平二五法四三〕、一・二項…一部改正〔平二七法四〇〕

※1項一号・2項「政令」＝令三二の七・三二の八、1項二～四号「引用条項」＝本法九〇（免許の拒否等）・一〇三（免許の取消し、停止等）・一〇三の二（免許の効力の仮停止）・一〇七の五⑨（国際運転免許を所持する者の自動車の運転禁止等）

（免許の申請等）

第八十九条　免許を受けようとする者は、その者の住所地（仮免許を受けようとする者で現に第九十八条第二項の規定による届出をした自動車教習所において自動車の運転に関する教習を受けているものにあつては、その者の住所地又は当該自動車教習所の所在地）を管轄する公安委員会に、内閣府令で定める様式の免許申請書（次項の規定による質問票の交付を受けた者にあつては、当該免許申請書及び必要な事項を記載した当該質問票）を提出し、かつ、当該公安委員会の行う運転免許試験を受けなければならない。

2　前項に規定する公安委員会は、同項の規定により免許申請書を提出しようとする者に対し、その者が次条第一項第一号から第二号までのいずれかに該当するかどうかの判断に必要な質問をするため、内閣府令で定める様式の質問票を交付することができる。

3　第一項の規定により自動車教習所の所在地を管轄する公安委員会（その者の住所地を管轄する公安委員会を除く。）に仮免許に係る免許申請書を提出し、当該公安委員会の仮免許を受けている者であつて、現に当該自動車教習所において自動車の運転に関する教習を受けているものは、自動車の運転について必要な技能を有するかどうかについて当該公安委員会が内閣府令で定めるところにより行う検査を受けることができる。この場合において、当該公安委員会は、その者が自動車の運転について必要な技能を有すると認めるときは、内閣府令で定めるところにより、その者に対しその旨を証する書面を交付するものとする。

（罰則　第一項については第百十七条の四第一項第三号）

本条…一部改正〔平四法四三平一一法一六〇〕、見出…全部改正・二項…追加〔平一三法五一〕、一項…一部改正・二項・付記…追加・旧二項…一部改正し三項に繰下〔平二五法四三〕、付記…一部改正〔令四法三二〕

※1～3項「内閣府令」＝則一七・一八の二の二・一八の二の三、「運転免許試験」＝本法九六～一〇〇

（免許の拒否等）

第九十条　公安委員会は、前条第一項の運転免許試験に合格した者（当該運転免許試験に係る適性試験を受けた日から起算して、第一種免許又は第二種免許にあつては一年を、仮免許にあつては三月を経過していない者に限る。）に対し、免許を与えなければならない。ただし、次の各号のいずれかに該当する者については、政令で定める基準に従い、免許（仮免許を除く。以下この項から第十二項までにおいて同じ。）を与えず、又は六月を超えない範囲内において免許を保留することができる。

一　次に掲げる病気にかかつている者

イ　幻覚の症状を伴う精神病であつて政令で定めるもの

ロ　発作により意識障害又は運動障害をもたらす病気であつて政令で定めるもの

ハ　イ又はロに掲げるもののほか、自動車等の安全な運転に支障を及ぼすおそれがある病気として政令で定めるもの

一の二　介護保険法（平成九年法律第百二十三号）第五条の二第一項に規定する認知症（第百二条第一項及び第百三条第一項第一号の二において単に「認知症」という。）である者

二　アルコール、麻薬、大麻、あへん又は覚醒剤の中毒者

三　第八項の規定による命令に違反した者

四　自動車等の運転に関しこの法律若しくはこの法律に基づく命令の規定又はこの法律の規定に基づく処分に違反する行為（次項第一号から第四号までに規定する行為を除く。）をした者

五　自動車等の運転者を唆してこの法律の規定に違反する行為で重大なものとして政令で定めるもの（以下この号において「重大違反」という。）をさせ、又は自動車等の運転者が重大違反をした場合において当該重大違反を助ける行為（以下「重大違反唆し等」という。）をした者

六　道路以外の場所において自動車等をその本来の用い方に従つて用いることにより人を死傷させる行為（以下「道路外致死傷」という。）で次項第五号に規定する行為以外のものをした者

七　第百二条第一項から第四項までの規定による命令を受け、又は同条第六項の規定による通知を受けた者

2　前項本文の規定にかかわらず、公安委員会は、次の各号のいずれかに該当する者については、政令で定める基準に従い、免許を与えないことができる。

一　自動車等の運転により人を死傷させ、又は建造物を損壊させる行為で故意によるものをした者

二　自動車等の運転に関し自動車の運転により人を死傷させる行為等の処罰に関する法律（平成二十五年法律第八十六号）第二条から第四条までの罪に当たる行為をした者

三　自動車等の運転に関し第百十七条の二第一項第一号、第三号又は第四号の違反行為をした者（前二号のいずれかに該当する者を除く。）

四　自動車等の運転に関し第百十七条第一項又は第二項の違反行為をした者

五　道路外致死傷で故意によるもの又は自動車の運転により人を死傷させる行為等の処罰に関する法律第二条から第四条までの罪に当たるものをした者

3　第一項ただし書の規定は、同項第四号に該当する者が第百二条の二（第百七条の四の二において準用する場合を含む。第百八条の二第一項及び第百八条の三の二において同じ。）の規定の適用を受ける者であるときは、その者が第百二条の二に規定する講習を受けないで同条の期間を経過した後でなければ、適用しない。

4　公安委員会は、第一項ただし書の規定により免許を拒否し、若しくは保留しようとするとき又は第二項の規定により免許を拒否しようとするときは、当該運転免許試験に合格した者に対し、あらかじめ、弁明をなすべき日時、場所及び当該処分をしようとする理由を通知して、当該事案について弁明及び有利な証拠の提出の機会を与えなければならない。

5　公安委員会は、免許を与えた後において、当該免許を受けた者が当該免許を受ける前に第一項第四号から第六号までのいずれかに該当していたことが判明したときは、政令で定める基準に従い、その者の免許を取り消し、又は六月を超えない範囲内で期間を定めて免許の効力を停止することができる。

6　公安委員会は、免許を与えた後において、当該免許を受けた者が当該免許を受ける前に第二項各号のいずれかに該当していたことが判明したときは、その者の免許を取り消すことができる。

7　第三項の規定は第五項の規定による処分について、第四項の規定は前二項の規定による処分について、それぞれ準用する。この場合において、第三項中「第一項ただし書」とあるのは「第五項」と、「同項第四号」とあるのは「第一項第四号」と、第四項中「第一項ただし書」とあるのは「次項」と、「第二項」とあるのは「第六項」と読み替えるものとする。

8　公安委員会は、第一項第一号から第三号までのいずれかに該当することを理由として同項ただし書の規定により免許を保留する場合において、必要があると認めるときは、当該処分の際に、その者に対し、公安委員会が指定する期日及び場所において適性検査を受け、又は公安委員会が指定する期限までに内閣府令で定める要件を満たす医師の診断書を提出すべき旨を命ずることができる。

9　公安委員会は、第一項ただし書の規定により免許の拒否（同項第三号又は第七号に該当することを理由とするものを除く。）をし、又は第五項の規定により免許を取り消したときは、政令で定める基準に従い、五年を超えない範囲内で当該処分を受けた者が免許を受けることができない期間を指定するものとする。

10　公安委員会は、第二項の規定により免許の拒否をし、又は第六項の規定により免許を取り消したときは、政令で定める基準に従い、十年を超えない範囲内で当該処分を受けた者が免許を受けることができない期間を指定するものとする。

11　第五項の規定により免許を取り消され、若しくは免許の効力の停止を受けた時又は第六項の規定により免許を取り消された時におけるその者の住所が当該処分をした公安委員会以外の公安委員会の管轄区域内にあるときは、当該処分をした公安委員会は、速やかに当該処分をその者の住所地を管轄する公安委員会に通知しなければならない。

12　公安委員会は、第一項ただし書の規定により免許の保留（同項第四号から第六号までのいずれかに該当することを理由とするものに限る。）をされ、又は第五項の規定により免許の効力の停止を受けた者が第百八条の二第一項第三号に掲げる講習を終了したときは、政令で定める範囲内で、その者の免許の保留の期間又は効力の停止の期間を短縮することができる。

13　公安委員会は、仮免許の運転免許試験に合格した者が第一項第一号から第三号までのいずれかに該当するときは、同項本文の規定にかかわらず、政令で定める基準に従い、仮免許を与えないことができる。

14　第四項の規定は、前項の規定により仮免許を拒否しようとする場合について準用する。この場合において、第四項中「第一項ただし書」とあるのは、「第十三項」と読み替えるものとする。

一項…一部改正・三～六項…追加〔昭三九法九一〕、四項…追加・旧四・六項…一部改正し一項ずつ繰下・旧五項…六項に繰下〔昭四五法八六〕、一・三項…一部改正・七項…全部改正〔昭四六法九八〕、一項…一部改正〔昭四七法五一〕、七項…一部改正〔昭六〇法八七〕、六項…削除・旧七項…繰上〔昭六一法六三〕、六項…一部改正〔平五法四三〕、一項…一部改正・二・五項…追加・旧二・三項…一部改正し一項ずつ繰下・旧四～六項…一部改正し二項ずつ繰下〔平九法四一〕、一・二・四・五項…一部改正・六・一〇・一一項…追加・旧六・八項…一部改正し一項ずつ繰下・旧七項…八項に繰下〔平一三法五一〕、一項…一部改正・二・六・一〇項…追加・旧二・三項…一部改正し一項ずつ繰下・旧五・七項…一部改正し二項ずつ繰下・旧八―一一項…一部改正し三項ずつ繰下・旧四項…五項に繰下・旧六項…八項に繰下〔平一九法九〇〕、一項…一部改正〔平二三法七二〕、二項…一部改正〔平二五法八六〕、一項…一部改正〔平二七法四〇平二九法五二〕、二項…一部改正、一項…一部改正〔令二法四二〕、二項…一部改正〔令四法三二〕

※　1項「公安委員会の事務の委任」＝本法一一四の二1、2項「この法律に基づく命令」＝令、則等、1・2・5・9・10・12・13項「政令」＝令三三～三三の五の二、4項「免許証の返納等」＝本法一〇七、8項「内閣府令」＝則一八の四、9項「引用条項」＝本法一〇八の二1②（免許の保留等を受けた者に対する講習）

（大型免許等を受けようとする者の義務）

第九十条の二　次の各号に掲げる種類の免許を受けようとする者は、それぞれ当該各号に定める講習を受けなければならない。ただし、当該講習を受ける必要がないものとして政令で定める者は、この限りでない。

一　大型免許、中型免許、準中型免許又は普通免許　第百八条の二第一項第四号及び第八号に掲げる講習

二　大型二輪免許又は普通二輪免許　第百八条の二第一項第五号及び第八号に掲げる講習

三　原付免許　第百八条の二第一項第六号に掲げる講習

四　大型第二種免許、中型第二種免許又は普通第二種免許　第百八条の二第一項第七号及び第八号に掲げる講習

2　公安委員会は、前項各号に掲げる種類の免許に係る運転免許試験に合格した者（同項ただし書の政令で定める者を除く。）がそれぞれ同項各号に定める講習を受けていないときは、その者に対し、免許を与えないことができる。

本条…追加〔平四法四三〕、見出・一・二項…一部改正〔平五法四三〕、一項…一部改正〔平七法七四平一三法五一〕、見出・一項…一部改正〔平一六法九〇〕、一項…一部改正〔平二七法四〇〕

※　1項「政令」＝令三三の五の三

（免許の条件）

第九十一条　公安委員会は、道路における危険を防止し、その他交通の安全を図るため必要があると認めるときは、必要な限度において、免許に、その免許に係る者の身体の状態又は運転の技能に応じ、その者が運転することができる自動車等の種類を限定し、その他自動車等を運転するについて必要な条件を付し、及びこれを変更することができる。

（罰則　第百十九条第一項第二十号）

付記…一部改正〔昭四五法八六〕、本条…一部改正〔平五法四三〕、付記…一部改正〔令四法三二〕

（申請による免許の条件の付与等）

第九十一条の二　免許を受けた者は、その者の住所地を管轄する公安委員会に対し、免許に、その者が運転することができる自動車等の種類を限定する条件その他の条件であつて、交通事故を防止し、若しくは交通事故による被害を軽減することに資するものとして内閣府令で定めるものを付し、又はこれを変更することを申請することができる。

2　前項の規定による申請を受けた公安委員会は、政令で定めるところにより、当該申請に係る免許に条件を付し、又は当

該申請に係る免許に付されている条件を変更するものとする。

3 公安委員会は、第一項の規定による条件の変更の申請があつた場合において、必要があると認めるときは、当該申請をした者に対し、当該変更をすることが適当であるかどうかについて審査を行うことができる。

4 前三項に定めるもののほか、第二項の規定による免許の条件の付与及び変更について必要な事項は、内閣府令で定める。

（罰則 第二項については第百十九条第一項第二十号）

本条…追加〔令二法四二〕、付記…一部改正〔令四法三二〕

※ 1・4項「内閣府令」＝則一八の六、2項「政令」＝令三三の六

第三節 免許証等

（免許証の交付）

第九十二条 免許は、運転免許証（以下「免許証」という。）を交付して行なう。この場合において、同一人に対し、日を同じくして第一種免許又は第二種免許のうち二以上の種類の免許を与えるときは、一の種類の免許に係る免許証に他の種類の免許に係る事項を記載して、当該種類の免許に係る免許証の交付に代えるものとする。

2 免許を現に受けている者に対し、当該免許の種類と異なる種類の免許を与えるときは、その異なる種類の免許に係る免許証にその者が現に受けている免許に係る事項を記載して、その者が現に有する免許証と引き換えに交付するものとする。

三項…一部改正〔昭三九法九一〕、削除〔昭四七法五一〕

（免許証の有効期間）

第九十二条の二 第一種免許及び第二種免許に係る免許証（第百七条第二項の規定により交付された免許証を除く。以下この項において同じ。）の有効期間は、次の表の上欄に掲げる区分ごとに、それぞれ、同表の中欄に掲げる年齢に応じ、同表の下欄に定める日が経過するまでの期間とする。

免許証の交付又は更新を受けた者の区分	更新日等における年齢	有効期間の末日
優良運転者及び一般運転者	七十歳未満	満了日等の後のその者の五回目の誕生日から起算して一月を経過する日
	七十歳	満了日等の後のその者の四回目の誕生日から起算して一月を経過する日
	七十一歳以上	満了日等の後のその者の三回目の誕生日から起算して一月を経過する日
違反運転者等		満了日等の後のその者の三回目の誕生日から起算して一月を経過する日

備考

一 この表に掲げる用語の意義は、次に定めるとおりとする。

1 更新日等 第百一条第六項の規定により更新された免許証にあつては当該更新された日、第百一条の二第四項の規定により更新された免許証にあつては同条第三項の規定による適性検査を受けた日、海外旅行、災害その他の政令で定めるやむを得ない理由のため第百一条第一項の免許証の有効期間の更新を受けることができなかつた者（その免許がその結果第百五条第一項の規定により効力を失つた日から起算して六月（当該やむを得ない理由のためその期間内に次の免許を受けることができなかつた者にあつては、当該効力を失つた日から起算して三年を経過しない場合に限り、当該事情がやんだ日から起算して一月）を経過しない者に限る。）に対して前条第一項の規定により交付された免許証及び第百三条第一項又は第四項の規定による免許の取消し（同条第一項第一号から第二号までのいずれかに係るものに限る。）を受けた者（当該取消しを受けた日から起算して三年を経過しない者に限り、同日前の直近においてした第八十九条第一項、第百一条第一項若しくは第百一条の二第一項の規定による質問票の提出又は第百一条の五の規定による報告について第百十七条の四第一項第三号の違反行為をした者を除く。）に対して前条第一項の規定により交付された免許証にあつてはこれらの交付された免許証に係る適性試験を受けた日の直前のその者の誕生日（当該適性試験を受けた日がその者の誕生日である場合にあつては、当該適性試験を受けた日）の前日、その他の免許証にあつては当該免許証に係る適性試験を受けた日

2 優良運転者 更新日等（海外旅行、災害その他の政令で定めるやむを得ない理由のため第百一条第一項の免許証の有効期間の更新を受けることができなかつた者（その免許がその結果第百五条第一項の規定により効力を失つた日から起算して六月（当該やむを得ない理由のためその期間内に次の免許を受けることができなかつた者にあつては、当該効力を失つた日から起算して三年を経過しない場合に限り、当該事情がやんだ日から起算して一月）を経過しない者に限る。）に対して前条第一項の規定により交付された免許証にあつては当該効力を失つた免許に係る免許証の有効期間の末日、第百三条第一項又は第四項の規定による免許の取消し（同条第一項第一号から第二号までのいずれかに係るものに限る。）を受けた者（当該取消しを受けた日から起算して三年を経過しない者に限り、同日前の直近においてした第八十九条第一項、第百一条第一項若しくは第百一条の二第一項の規定による質問票の提出又は第百一条の五の規定による報告について第百十七条の四第一項第三号の違反行為をした者を除く。）に対して前条第一項の規定により交付された免許証にあつては当該取消しを受けた日。4において同じ。）までに継続して免許（仮免許を除く。4において同じ。）を受けている期間が五年以上である者であつて、自動車等の運転に関するこの法律及びこの法律に基づく命令の規定並びにこの法律の規定に基づく処分並びに重大違反唆し等及び道路外致死傷に係る法律の規定の遵守の状況が優良な者と

して政令で定める基準に適合するもの

３　一般運転者　優良運転者又は違反運転者等以外の者

４　違反運転者等　更新日等までに継続して免許を受けている期間が五年以上である者であつて自動車等の運転に関するこの法律及びこの法律に基づく命令の規定並びにこの法律の規定に基づく処分並びに重大違反唆し等及び道路外致死傷に係る法律の規定の遵守の状況が不良な者として政令で定める基準に該当するもの又は当該期間が五年未満である者

５　満了日等　第百一条第六項の規定により更新された免許証にあつては更新前の免許証の有効期間が満了した日、第百一条の二第四項の規定により更新された免許証にあつては同条第三項の規定による適性検査を受けた日、その他の免許証にあつては当該免許証に係る適性試験を受けた日

二　更新日等がその者の誕生日である場合におけるこの表の適用については、この表中「更新日等」とあるのは、「更新日等の前日」とする。

三　更新日等が有効期間の末日の直前のその者の誕生日の翌日から当該有効期間の末日までの間である場合におけるこの表の適用については、この表中「更新日等」とあるのは、「更新日等の直前のその者の誕生日の前日」とする。

四　海外旅行、災害その他の政令で定めるやむを得ない理由のため第百一条第一項の免許証の有効期間の更新を受けることができなかつた者（その免許がその結果第百五条第一項の規定により効力を失つた日から起算して六月（当該やむを得ない理由のためその期間内に次の免許を受けることができなかつた者にあつては、当該効力を失つた日から起算して三年を経過しない場合に限り、当該事情がやんだ日から起算して一月）を経過する前に次の免許を受けた者に限る。）に対するこの表の備考一の２及び４の規定の適用については、当該効力を失つた免許を受けていた期間及び当該次の免許を受けていた期間は、継続していたものとみなす。

五　第百三条第一項又は第四項の規定による免許の取消し（同条第一項第一号から第二号までのいずれかに係るものに限る。）を受けた者（当該取消しを受けた日から起算して三年を経過する前に次の免許を受けた者に限り、同日前の直近においてした第八十九条第一項、第百一条第一項若しくは第百一条の二の第一項の規定による質問票の提出又は第百一条の五の規定による報告について第百十七条の四第一項第三号の違反行為をした者を除く。）に対するこの表の備考一の２及び４の規定の適用については、当該取り消された免許を受けた日から当該取消しを受けた日までの期間及び当該次の免許を受けていた期間は、継続していたものとみなす。

六　その者の誕生日が二月二十九日である場合におけるこの表の適用については、その者のうるう年以外の年における誕生日は二月二十八日であるものとみなす。

２　第百四条の四第三項の規定により与えられる免許に係る免許証の有効期間は、同条第二項の規定により取り消される免許に係る免許証の有効期間が満了することとされていた日が経過するまでの期間とする。

３　第百七条第二項の規定により交付された免許証（前項に規定するものを除く。）の有効期間は、当該免許証に係る同条第一項の規定により返納された免許証の有効期間が満了することとされていた日が経過するまでの期間とする。

４　前三項に規定する期間の末日が日曜日その他政令で定める日に当たるときは、これらの日の翌日を当該期間の末日とみなす。

本条…追加〔昭四七法五一〕、全部改正〔平元法九〇〕、一項…全部改正・二項…追加・旧二項…一部改正・三項に繰下〔平五法四三〕、一項…一部改正・二項…追加・旧三項…一部改正し四項に繰下・旧二項…三項に繰下〔平九法四一〕、一項…一部改正〔平一一法八七〕、一・三項…一部改正〔平一三法五一〕、一項…一部改正〔平二五法四三令元法二〇・令四法三二〕

※　１項の表の備考一の１・２第一・備考四「政令」＝令三三の六の二、１項の表備考一の２の「政令で定める基準」＝令三三の七１、１項の表の備考一の４の「政令」＝令三三の七第二項、４項「政令」＝令三三の八

（免許証の記載事項）

第九十三条　免許証には、次に掲げる事項（次条の規定による記録が行われる場合にあつては、内閣府令で定めるものを除く。）を記載するものとする。

一　免許証の番号

二　免許の年月日並びに免許証の交付年月日及び有効期間の末日

三　免許の種類

四　免許を受けた者の本籍、住所、氏名及び生年月日

五　免許を受けた者が前条第一項の表の備考一の２に規定する優良運転者（第百一条第三項及び第百一条の二の二第一項において単に「優良運転者」という。）である場合にあつては、その旨

２　公安委員会は、前項に規定するもののほか、免許を受けた者について、第九十一条又は第九十一条の二第二項の規定により、免許に条件を付し、又は免許に付されている条件を変更したときは、その者の免許証に当該条件に係る事項を記載しなければならない。

３　前二項に規定するもののほか、免許証の様式、免許証に表示すべきものその他免許証について必要な事項は、内閣府令で定める。

二項…一部改正〔昭三九法九一・昭四五法八六・昭四六法九八〕、二項…一部改正〔昭六一法六三〕、一・二項…一部改正〔平五法四三〕、三項…一部改正〔平一一法一六〇〕、一～三項…一部改正〔平一三法五一〕、二項…一部改正〔令二法四二〕

※　２項「引用条項」＝本法九〇（免許の拒否等）・九一（免許の条件）・一〇三（免許の取消し、停止等）、１・３項「内閣府令」＝則一九

（免許証の電磁的方法による記録）

第九十三条の二　公安委員会は、前条第一項各号に掲げる事項又は同条第二項若しくは第三項の規定により記載され若しくは表示されるものの一部を、内閣府令で定めるところにより、免許証に電磁的方法（電子的方法、磁気的方法その他の人の知覚によつて認識することができない方法をいう。）により記録することができる。

本条…追加〔平一三法五一〕

※　「内閣府令」＝則一九の二

（免許証の記載事項の変更届出等）

第九十四条　免許を受けた者は、第九十三条第一項各号に掲げる事項に変更を生じたときは、速やかに住所地を管轄する公安委員会（公安委員会の管轄区域を異にして住所を変更したときは、変更した後の住所地を管轄する公安委員会）に届け

出て、免許証に変更に係る事項の記載（前条の規定による記録が行われる場合にあつては、同条の規定による記録）を受けなければならない。

2　免許を受けた者は、免許証を亡失し、滅失し、汚損し、若しくは破損したとき、前条の規定による記録を毀損したとき、又は前項の規定による届出をしたとき、その他内閣府令で定めるときは、その者の住所地（仮免許に係る免許証にあつては、その者の住所地又はその者が現に自動車の運転に関する教習を受けている第九十八条第二項の規定による届出をした自動車教習所の所在地）を管轄する公安委員会に免許証の再交付を申請することができる。

3　第一項の規定による届出の手続及び前項に規定する免許証の再交付の申請の手続は、内閣府令で定める。

（罰則　第一項については第百二十一条第一項第十号）

三項…一部改正〔平四法四三〕、二項…削除・旧三・四項…一項ずつ繰上〔平一一法四〇〕、三項…一部改正〔平一一法一六〇〕、一～三項…一部改正〔平一三法五一〕、二項…一部改正〔令元法二〇〕、付記…一部改正〔令四法三二〕

※　2・3項「内閣府令」＝則二〇・二一

（免許証の携帯及び提示義務）

第九十五条　免許を受けた者は、自動車等を運転するときは、当該自動車等に係る免許証を携帯していなければならない。

2　免許を受けた者は、自動車等を運転している場合において、警察官から第六十七条第一項又は第二項の規定による免許証の提示を求められたときは、これを提示しなければならない。

（罰則　第一項については第百二十一条第一項第十二号、同条第三項　第二項については第百二十条第一項第十号）

二項…一部改正〔平一九法九〇〕、付記…一部改正〔令四法三二〕

※　2項「引用条項」＝本法六七1・2（酒気帯び運転等のおそれがある場合の免許証提示の請求等）、「本項の準用」＝本法一〇七の三

第四節　運転免許試験

（受験資格）

第九十六条　第八十八条第一項各号のいずれかに該当する者は仮免許の運転免許試験を、同条第二項に規定する者は第一種免許の運転免許試験を受けることができない。

2　大型免許の運転免許試験を受けようとする者（政令で定める者を除く。）は、中型免許、準中型免許、普通免許又は大型特殊免許を現に受けている者に該当し、かつ、これらの免許のいずれかを受けていた期間（当該免許の効力が停止されていた期間を除く。）が通算して三年（政令で定める教習を修了した者にあつては、一年）以上の者でなければならない。

3　中型免許の運転免許試験を受けようとする者（政令で定める者を除く。）は、準中型免許、普通免許又は大型特殊免許を現に受けている者に該当し、かつ、これらの免許のいずれかを受けていた期間（当該免許の効力が停止されていた期間を除く。）が通算して二年（政令で定める教習を修了した者にあつては、一年）以上の者でなければならない。

4　大型免許、中型免許、準中型免許、普通免許、大型特殊免許、大型第二種免許、中型第二種免許、普通第二種免許又は大型特殊第二種免許を現に受けている者でなければ、牽引免許の運転免許試験を受けることができない。

5　第二種免許の運転免許試験は、次の各号のいずれかに該当する者でなければ、受けることができない。

一　牽引第二種免許以外の第二種免許の運転免許試験については、二十一歳（政令で定める教習を修了した者（第百四条の二の四第一項又は第二項の規定により特例取得免許の取消しを受けた者その他の政令で定める者を除く。）にあつては、十九歳）以上の者で、大型免許、中型免許、準中型免許、普通免許又は大型特殊免許を現に受けている者に該当し、かつ、これらの免許のいずれかを受けていた期間（当該免許の効力が停止されていた期間を除く。）が通算して三年（政令で定める経験を有するものにあつては二年、政令で定める教習を修了したものにあつては一年）以上のもの

二　牽引第二種免許の運転免許試験については、二十一歳（政令で定める教習を修了した者（第百四条の二の四第一項又は第二項の規定により特例取得免許の取消しを受けた者その他の政令で定める者を除く。）にあつては、十九歳）以上の者で、大型免許、中型免許、準中型免許、普通免許又は大型特殊免許及び牽引免許を現に受けている者に該当し、かつ、これらの免許のいずれかを受けていた期間（当該免許の効力が停止されていた期間を除く。）が通算して三年（政令で定める経験を有するものにあつては二年、政令で定める教習を修了したものにあつては一年）以上のもの

三　その者が受けようとする第二種免許の種類と異なる種類の第二種免許を現に受けている者

6　第二項から第四項まで及び前項各号に規定する免許を現に受けている者には、第九十条第五項、第百三条第一項若しくは第四項、第百三条の二第一項、第百四条の二の三第一項若しくは第三項又は同条第五項において準用する第百三条第四項の規定により当該免許の効力が停止されている者及びこれに準ずるものとして政令で定める者を含まないものとする。

二項…一部改正〔昭三七法一四七昭三九法九一〕、二・四項…追加・旧二項…一部改正し三項に繰下〔昭四〇法九六〕、二項…追加・一部改正・旧四項…一部改正し五項に繰下・旧二・三項…一項ずつ繰下〔昭四二法一二六〕、二・四項…一部改正〔昭四六法九八〕、一・二・四項…一部改正〔昭四七法五一〕、五項…一部改正〔平元法九〇平九法四一〕、一・五項…一部改正〔平一三法五一〕、二項…一部改正・三項…追加・旧三―五項…一部改正し一項ずつ繰下〔平一六法九〇〕、六項…一部改正〔平一九法九〇平二五法四三〕、二―五項…一部改正〔平二七法四〇〕、二・三・五項…一部改正〔令二法四二〕

※　2・3・5項一・二号・6項「政令」＝令三四、6項「引用条項」＝本法九〇4（免許の取消又は停止）・一〇三（免許の取消、停止等）・一〇三の二（免許の効力の仮停止）

第九十六条の二　大型免許、中型免許、準中型免許、普通免許、大型第二種免許、中型第二種免許又は普通第二種免許の運転免許試験を受けようとする者（政令で定める者を除く。）は、仮免許（大型免許又は大型第二種免許の運転免許試験を受けようとする者にあつては大型仮免許、中型免許又は中型第二種免許の運転免許試験を受けようとする者にあつては大型仮免許又は中型仮免許、準中型免許の運転免許試験を受けようとする者にあつては大型仮免許、中型仮免許又は準中型仮免許）を現に受けている者に該当し、かつ、過去三

月以内に五日以上、内閣府令で定めるところにより道路において自動車の運転の練習をした者でなければならない。

本条…追加〔昭四七法五一〕、一部改正〔平一一法一六〇平一三法五一平一六法九〇平二七法四〇〕

※「政令」＝令三四の二、「内閣府令」＝則二一の二

第九十六条の三　第九十条第一項ただし書若しくは第二項の規定による免許の拒否、同条第五項若しくは第六項若しくは第百三条第一項、第二項若しくは第四項の規定による免許の取消し又は第百七条の五第一項若しくは第二項の規定若しくは同条第九項において準用する第百三条第四項の規定による六月を超える期間の自動車等の運転の禁止を受けた者（第九十条第一項第一号から第三号まで若しくは第七号、第百三条第一項第一号から第四号まで又は第百七条の五第一項第一号に該当することを理由としてこれらの処分を受けた者を除く。第百八条の二第一項第二号において「取消処分者等」という。）で、運転免許試験（仮免許の運転免許試験を除く。次項において同じ。）を受けようとするものは、過去一年以内に第百八条の二第一項第二号に掲げる講習（当該処分前に行われた講習を除く。）を終了した者でなければならない。ただし、当該処分を受けた後免許（仮免許を除く。）を受けたことがある者は、この限りでない。

2　前項の規定は、免許が失効したため又は第百七条の二の国際運転免許証若しくは外国運転免許証を所持する者でなくなつたため、第九十条第五項若しくは第六項若しくは第百三条第一項、第二項若しくは第四項の規定による免許の取消し又は第百七条の五第一項若しくは第二項の規定若しくは同条第九項において準用する第百三条第四項の規定による六月を超える期間の自動車等の運転の禁止（第百三条第一項第一号から第四号まで又は第百七条の五第一項第一号に該当することを理由とするものを除く。）を受けなかつた者（第百八条の二第一項第二号において「準取消処分者等」という。）で、運転免許試験を受けようとするものについて準用する。この場合において、前項中「当該処分前に行われた講習」とあるのは「当該免許が失効する前又は当該国際運転免許証若しくは外国運転免許証を所持する者でなくなる前に行われた講習」と、「当該処分を受けた後」とあるのは「当該免許が失効した後又は当該国際運転免許証若しくは外国運転免許証を所持する者でなくなつた後」と読み替えるものとする。

本条…追加〔平元法九〇〕、一部改正〔平五法四三平九法四一平一三法五一平一九法九〇〕、一項…一部改正・二項…追加〔平二五法四三〕

（運転免許試験の方法）

第九十七条　運転免許試験は、免許の種類ごとに次の各号（小型特殊免許及び原付免許の運転免許試験にあつては第一号及び第三号、牽引免許の運転免許試験にあつては第一号及び第二号）に掲げる事項について行う。

一　自動車等の運転について必要な適性

二　自動車等の運転について必要な技能

三　自動車等の運転について必要な知識

2　前項第二号に掲げる事項について行う大型免許、中型免許、準中型免許、普通免許、大型第二種免許、中型第二種免許及び普通第二種免許の運転免許試験は、道路において行うものとする。ただし、道路において行うことが交通の妨害となるおそれがあるものとして内閣府令で定める運転免許試験の項目については、この限りでない。

3　第一項第三号に掲げる事項についての運転免許試験は、第百八条の二十八第四項の規定により国家公安委員会が作成する教則の内容の範囲内で行う。

4　前三項に規定するもののほか、運転免許試験の実施の手続、方法その他運転免許試験について必要な事項は、内閣府令で定める。

二項…一部改正〔昭三九法九一昭四〇法九六〕、一項…一部改正・二項…追加・旧二項…一部改正し三項に繰下〔昭四六法九八〕、二項…追加・旧二・三項…一部改正し一項ずつ繰下〔昭四七法五一〕、三項…一部改正〔平九法四一〕、四項…一部改正〔平一一法一六〇〕、一項…一部改正〔平一三法五一〕、一・二項…一部改正〔平一六法九〇〕、二項…一部改正〔平二七法四〇〕

※　2項「内閣府令」＝則二三の二、3項「引用条項」＝本法一〇八の二八（交通の方法に関する教則の作成）、4項「内閣府令」＝則二二〜二六

（運転免許試験の免除）

第九十七条の二　次の各号のいずれかに該当する者に対しては、それぞれ当該各号に定める運転免許試験を免除する。

一　第八十九条第三項後段に規定する書面を有する者で同項に規定する検査を受けた日から起算して一年を経過しないもの　その者が当該検査の時に受けていた仮免許の区分に応じ大型免許、中型免許、準中型免許又は普通免許のいずれかに係る前条第一項第二号に掲げる事項についての運転免許試験

二　第九十九条の五第五項に規定する卒業証明書（同項後段に規定する技能検定員の書面による証明が付されているものに限る。）を有する者で当該卒業証明書に係る技能検定を受けた日から起算して一年を経過しないもの又は同項に規定する修了証明書（同項後段に規定する技能検定員の書面による証明が付されているものに限るものとし、政令で定めるものを除く。）を有する者で当該修了証明書に係る技能検定を受けた日から起算して三月を経過しないもの　当該卒業証明書又は修了証明書に係る免許に係る前条第一項第二号に掲げる事項についての運転免許試験

三　第百一条第一項の免許証の有効期間の更新を受けなかつた者（政令で定める者を除く。）で、その者の免許が第百五条第一項の規定により効力を失つた日から起算して六月（海外旅行、災害その他政令で定めるやむを得ない理由のため、その期間内に運転免許試験を受けることができなかつた者にあつては、当該効力を失つた日から起算して三年を経過しない場合に限り、当該事情がやんだ日から起算して一月）を経過しないもの（以下「特定失効者」という。）のうち、次に掲げる区分に応じそれぞれ次に定める検査及び講習又は教育を内閣府令で定めるところにより受けたもの　その者が受けていた免許に係る運転免許試験（前条第一項第一号に掲げる事項についてのものを除く。）

イ　第八十九条第一項の規定により免許申請書を提出した日における年齢が七十五歳以上の者（普通自動車対応免許を受けようとする者であつて大型自動車、中型自動車、準中型自動車又は普通自動車（以下この条及び第百一条の四において「普通自動車等」という。）の運転に関するこの法律及びこの法律に基づく命令の規定並びにこの法律の規定に基づく処分並びに重大違反唆し等及び道路外致死傷に係る法律の規定の遵守の状況を勘案して

普通自動車等を運転することが道路における交通の危険を生じさせるおそれがある者として政令で定める基準に該当するものに限り、同日前一年以内に第百二条第一項から第四項までの規定により診断書（同項に規定する診断書にあつては、その者が第百三条第一項第一号の二に該当するかどうかを診断したものに限る。ロ及びハ並びに第百一条の四第二項において同じ。）を提出した者その他公安委員会が内閣府令で定めるところにより行う介護保険法第五条の二第一項に規定する認知機能（以下単に「認知機能」という。）に関する検査（以下「認知機能検査」という。）又は第百八条の三十二の三第一項第三号イに掲げる基準に適合する同項の認定を受けた同項の運転免許取得者等検査（以下「認知機能検査等」という。）を受ける必要がないものとして内閣府令で定める者を除く。）　認知機能検査等、公安委員会が内閣府令で定めるところにより行う普通自動車等の運転について必要な技能に関する検査（同号ロ及び第百十二条第一項第五号の四において「運転技能検査」という。）又は第百八条の三十二の三第一項第三号ロに掲げる基準に適合する同項の認定を受けた同項の運転免許取得者等検査（以下「運転技能検査等」という。）及び第百八条の二第一項第十二号に掲げる講習、同条第二項の規定による講習（同号に掲げる講習と同等の効果がある講習の基準として国家公安委員会規則で定める基準に適合するものに限る。ロからニまでにおいて同じ。）又は第百八条の三十二の二第一項の認定を受けた同項の運転免許取得者等教育の課程（同項第三号ロに掲げる基準に適合するものに限る。ロからニまでにおいて同じ。）

ロ　第八十九条第一項の規定により免許申請書を提出した日における年齢が七十五歳以上の者（普通自動車対応免許を受けようとする者であつてイの政令で定める基準に該当するもの及び同日前一年以内に第百二条第一項から第四項までの規定により診断書を提出した者その他認知機能検査等を受ける必要がないものとして内閣府令で定める者を除く。）　認知機能検査等及び第百八条の二第一項第十二号に掲げる講習、同条第二項の規定による講習又は第百八条の三十二の二第一項の認定を受けた同項の運転免許取得者等教育の課程

ハ　第八十九条第一項の規定により免許申請書を提出した日における年齢が七十五歳以上の者（普通自動車対応免許を受けようとする者であつてイの政令で定める基準に該当し、かつ、同日前一年以内に第百二条第一項から第四項までの規定により診断書を提出した者その他認知機能検査等を受ける必要がないものとして内閣府令で定める者であるものに限る。）　運転技能検査等及び第百八条の二第一項第十二号に掲げる講習、同条第二項の規定による講習又は第百八条の三十二の二第一項の認定を受けた同項の運転免許取得者等教育の課程

ニ　第八十九条第一項の規定により免許申請書を提出した日における年齢が七十歳以上の者（イからハまでに掲げる者を除く。）　第百八条の二第一項第十二号に掲げる講習、同条第二項の規定による講習又は第百八条の三十二の二第一項の認定を受けた同項の運転免許取得者等教育の課程

ホ　イからニまでに掲げる者以外の者　第百八条の二第一項第十一号に掲げる講習、同条第二項の規定による講習（同号に掲げる講習と同等の効果がある講習の基準として国家公安委員会規則で定める基準に適合するものに限る。）又は第百八条の三十二の二第一項の認定を受けた同項の運転免許取得者等教育の課程（同項第三号イに掲げる基準に適合するものに限る。）

四　大型自動車、中型自動車、準中型自動車又は普通自動車を運転することができる免許について第百一条第一項の免許証の有効期間の更新を受けなかつた者（前号の政令で定める者を除く。）で、その者の免許が第百五条第一項の規定により効力を失つた日から起算して六月を超え一年を経過しないもの　その者が受けていた免許の区分に応じ大型仮免許、中型仮免許、準中型仮免許又は普通仮免許のいずれかに係る前条第一項第二号及び第三号に掲げる事項についての運転免許試験

五　第百三条第一項又は第四項の規定による免許の取消し（同条第一項第一号から第二号までのいずれかに係るものに限る。）を受けた者（当該取消しを受けた日前の直近においてした第八十九条第一項、第百一条第一項若しくは第百一条の二第一項の規定による質問票の提出又は第百一条の五の規定による報告について第百十七条の四第一項第三号の違反行為をした者その他政令で定める者を除く。）で、その者の免許が取り消された日から起算して三年を経過しないもの（以下「特定取消処分者」という。）のうち、第三号イからホまでに掲げる区分に応じそれぞれ同号イからホまでに定める検査及び講習又は教育を内閣府令で定めるところにより受けたもの　その者が受けていた免許に係る運転免許試験（前条第一項第一号に掲げる事項についてのものを除く。）

2　公安委員会は、前項第三号又は第五号の規定により運転技能検査等を受けた者で当該運転技能検査等の結果が普通自動車等を運転することが支障があることを示すものとして内閣府令で定める基準に該当するものに対し、同項の規定にかかわらず、同項第三号又は第五号に定める運転免許試験を免除しないことができる。

3　第一項に定めるもののほか、免許を受けようとする者が自動車等の運転に関する本邦の域外にある国又は地域の行政庁又は権限のある機関の免許を有する者であるときは、公安委員会は、政令で定めるところにより、その者が受けようとする免許に係る自動車等を運転することに支障がないことを確認した上で、運転免許試験の一部を免除することができる。

4　第一項及び前項に定めるもののほか、公安委員会は、政令で定める基準に従い、免許を受けようとする者が当該免許に係る自動車等を運転することが支障がないと認めたときは、運転免許試験の一部を免除することができる。

本条…追加〔平四法四三〕、一項…一部改正・二項…追加・旧二項…一部改正し三項に繰下〔平五法四三〕、二項…一部改正〔平一一法四〇、平一二法一六〇〕、一項…一部改正〔平一三法五一平一六法九〇〕、二項…一部改正、一項…一部改正〔平一九法九〇〕、一項…一部改正〔平二三法七二平二五法四三平二七法四〇平二九法五二令元法二〇令二法五二〕、一項…一部改正・二項…追加・旧二・三項…一部改正し一項ずつ繰下〔令二法四二〕、一項…一部改正〔令四法三二〕

※　1〜3項「政令」＝令三四の三〜三四の五、1・2項

「内閣府令」＝則二六の二～二六の六、1項「国家公安委員会規則」＝運転免許に係る講習等に関する規則一・二

（運転免許試験の停止等）

第九十七条の三　公安委員会は、不正の手段によつて運転免許試験を受け、又は受けようとした者に対しては、その運転免許試験を停止し、又は合格の決定を取り消すことができる。

2　前項の規定により合格の決定を取り消したときは、公安委員会は、その旨を直ちにその者に通知しなければならない。この場合において、当該運転免許試験に係る免許は、その通知を受けた日に効力を失うものとする。

3　公安委員会は、第一項の規定による処分を受けた者に対し、情状により、一年以内の期間を定めて、運転免許試験を受けることができないものとすることができる。

本条…追加〔平四法四三〕

第四節の二　自動車教習所

本節…追加〔平四法四三〕

（自動車教習所）

第九十八条　自動車教習所（免許を受けようとする者に対し、自動車の運転に関する技能及び知識について教習を行う施設をいう。以下同じ。）を設置し、又は管理する者は、当該自動車教習所において行う自動車の運転に関する教習の水準の維持向上に努めなければならない。

2　自動車教習所を設置し、又は管理する者は、内閣府令で定めるところにより、当該自動車教習所の所在地を管轄する公安委員会に、次に掲げる事項を届け出ることができる。

一　氏名又は名称及び住所並びに法人にあつては、その代表者の氏名

二　自動車教習所の名称及び所在地

三　前二号に掲げるもののほか、内閣府令で定める事項

3　公安委員会は、前項の規定による届出をした自動車教習所を設置し、又は管理する者に対し、自動車の運転に関する教習の適正な水準を確保するため、当該自動車教習所における教習の態様に応じて、必要な指導又は助言をするものとする。

4　公安委員会は、前項の指導又は助言をした場合において、必要があると認めるときは、自動車安全運転センターに対し、当該指導又は助言に係る自動車教習所における自動車の運転に関する技能又は知識の教習を行う職員に対する研修その他当該職員の資質の向上を図るための措置について、必要な配慮を加えるよう求めることができる。

5　公安委員会は、内閣府令で定めるところにより、第三項の指導又は助言をするため必要な限度において、第二項の規定による届出をした自動車教習所を設置し、又は管理する者に対し、必要な報告又は資料の提出を求めることができる。

本条…追加〔平四法四三〕、二・五項…一部改正〔平一一法一六〇〕

※　2・5項「内閣府令」＝則三一の五・三一の六

（指定自動車教習所の指定）

第九十九条　公安委員会は、前条第二項の規定による届出をした自動車教習所のうち、一定の種類の免許（政令で定めるものに限る。）を受けようとする者に対し自動車の運転に関する技能及び知識について教習を行うものであつて当該免許に係る教習について職員、設備等に関する次に掲げる基準に適合するものを、当該自動車教習所を設置し、又は管理する者の申請に基づき、指定自動車教習所として指定することができる。

一　政令で定める要件を備えた当該自動車教習所を管理する者が置かれていること。

二　次条第四項の技能検定員資格者証の交付を受けており、同条第一項の規定により技能検定員として選任されることとなる職員が置かれていること。

三　第九十九条の三第四項の教習指導員資格者証の交付を受けており、同条第一項の規定により教習指導員として選任されることとなる職員が置かれていること。

四　自動車の運転に関する技能及び知識の教習並びに技能検定（自動車の運転に関する技能についての検定で、内閣府令で定めるところにより行われるものをいう。以下同じ。）のための設備が政令で定める基準に適合していること。

五　当該自動車教習所の運営が政令で定める基準に適合していること。

2　公安委員会は、前項の申請に係る自動車教習所が第百条の規定により指定を取り消され、その取消しの日から三年を経過しないものであるときは、同項の規定による指定をしてはならない。

一・三項…一部改正・四・五項…追加〔昭四五法八六〕、一・三項…一部改正・六項…追加〔昭四六法九八〕、本条…全部改正〔昭四七法五一〕、四項…一部改正〔昭六〇法八七〕、二項…一部改正〔昭六一法六三〕、一・二・四・五・一〇・一二項…一部改正・旧九八条…繰下〔平四法四三〕、見出・二項…全部改正・一項…一部改正・三～一二項…削除〔平五法四三〕、一項…一部改正〔平一一法一六〇平一三法五一〕

※　1項「指定の申請の手続」＝則三五、「指定書等」＝則三七、「指定申請書の記載事項の変更」＝則三六、1項一・四・五号「政令」＝令三四の六・三五、1項四号「内閣府令」＝則三四

（技能検定員）

第九十九条の二　指定自動車教習所を管理する者は、技能検定を行わせるため、技能検定員を選任しなければならない。

2　第四項の技能検定員資格者証の交付を受けていない者は、技能検定員となることができない。

3　技能検定員は、刑法その他の罰則の適用については、法令により公務に従事する職員とみなす。

4　公安委員会は、次の各号のいずれにも該当する者に対し、技能検定員資格者証を交付する。

一　次のいずれかに該当する者

イ　公安委員会が国家公安委員会規則で定めるところにより技能検定に関する技能及び知識に関して行う審査に合格した者

ロ　自動車安全運転センターが行う自動車の運転に関する研修の課程であつて国家公安委員会が指定するものを修了した者

ハ　公安委員会が国家公安委員会規則で定めるところにより技能検定に関しイ又はロに掲げる者と同等以上の技能及び知識を有すると認める者

二　次のいずれにも該当しない者

イ　二十五歳未満の者

ロ　過去三年以内に第九十九条の五第五項に規定する卒業証明書又は修了証明書の発行に関し不正な行為をした者

ハ　第百十七条の二の二第一項第九号の罪を犯し罰金以上の刑に処せられ、その執行を終わり、又は執行を受けることがなくなつた日から起算して三年を経過していない者

ニ　自動車等の運転に関し自動車の運転により人を死傷させる行為等の処罰に関する法律第二条から第六条までの罪又はこの法律に規定する罪（第百十七条の二の二第一項第九号の罪を除く。）を犯し禁錮以上の刑に処せられ、その執行を終わり、又は執行を受けることがなくなつた日から起算して三年を経過していない者

ホ　次項第二号又は第三号に該当して同項の規定により技能検定員資格者証の返納を命ぜられ、その返納の日から起算して三年を経過していない者

5　公安委員会は、前項の技能検定員資格者証の交付を受けた者が次の各号のいずれかに該当すると認めるときは、国家公安委員会規則で定めるところにより、その者に係る技能検定員資格者証の返納を命ずることができる。

一　前項第二号ロからニまでに掲げる者のいずれかに該当するに至つたとき。

二　偽りその他不正の手段により技能検定員資格者証の交付を受けたとき。

三　技能検定員の業務に関し不正な行為をし、その情状が技能検定員として不適当であると認められるとき。

6　前二項に定めるもののほか、第四項の技能検定員資格者証に関し必要な事項は、国家公安委員会規則で定める。

本条…追加〔平五法四三〕、四項…一部改正〔平一三法五一・一三八平一六法九〇平一九法五四・九〇平二五法四三・八六令二法四二・令四法三二〕

※　4項一号イ・ハ・5・6項「国家公安委員会規則」＝技能検定員審査等に関する規則一～九

（教習指導員）

第九十九条の三　指定自動車教習所を管理する者は、自動車の運転に関する技能及び知識の教習を行わせるため、教習指導員を選任しなければならない。

2　第四項の教習指導員資格者証の交付を受けていない者は、教習指導員となることができない。

3　指定自動車教習所を管理する者は、自動車の運転に関する技能又は知識の教習を、教習指導員以外の者に行わせてはならない。

4　公安委員会は、次の各号のいずれにも該当する者に対し、教習指導員資格者証を交付する。

一　次のいずれかに該当する者

イ　公安委員会が国家公安委員会規則で定めるところにより自動車の運転に関する技能及び知識の教習に関する技能及び知識に関して行う審査に合格した者

ロ　自動車安全運転センターが行う自動車の運転に関する研修の課程であつて国家公安委員会が指定するものを修了した者

ハ　公安委員会が国家公安委員会規則で定めるところにより自動車の運転に関する技能及び知識の教習に関しイ又はロに掲げる者と同等以上の技能及び知識があると認める者

二　次のいずれにも該当しない者

イ　二十一歳未満の者

ロ　次項において準用する前条第五項第二号又は第三号に該当して次項において準用する同条第五項の規定により教習指導員資格者証の返納を命ぜられ、その返納の日から起算して三年を経過していない者

ハ　前条第四項第二号ロからニまでのいずれかに該当する者

5　前条第五項及び第六項の規定は、教習指導員資格者証について準用する。この場合において、同条第五項第三号中「技能検定員」とあるのは、「教習指導員」と読み替えるものとする。

本条…追加〔平五法四三〕

※　4項一号イ・ハ・5項で準用する九九条の二5・6項「国家公安委員会規則」＝技能検定員審査等に関する規則八～一六

（職員に対する講習）

第九十九条の四　指定自動車教習所を管理する者は、公安委員会から当該指定自動車教習所の職員について第百八条の二第一項第九号に掲げる講習を行う旨の通知を受けたときは、当該職員に当該講習を受けさせなければならない。

本条…追加〔平五法四三〕、一部改正〔平七法七四〕

（技能検定）

第九十九条の五　指定自動車教習所を管理する者は、第九十九条第一項に規定する免許の種類ごとに、技能検定員に、内閣府令で定めるところにより自動車の運転に関する技能及び知識の教習を終了した者に対し技能検定を行わせなければならない。

2　指定自動車教習所を管理する者は、技能検定員に、前項に規定する教習を終了した者以外の者に対し技能検定を行わせてはならない。

3　指定自動車教習所を管理する者は、技能検定員以外の者に技能検定を行わせてはならない。

4　技能検定員は、技能検定に合格した者について、その者が技能検定に合格した旨の証明をしなければならない。

5　指定自動車教習所は、技能検定員が前項の証明をしたときは、当該証明に係る者に対し、内閣府令で定めるところにより、内閣府令で定める様式の卒業証明書（指定自動車教習所において教習を終了した旨を証明する証明書をいう。以下同じ。）又は修了証明書（指定自動車教習所において教習を受け、仮免許を受けて運転することができる程度の技能及び知識の水準に達した旨を証明する証明書をいう。以下同じ。）を発行することができる。この場合において、当該卒業証明書又は修了証明書には、内閣府令で定めるところにより、当該卒業証明書又は修了証明書に係る者が技能検定に合格した旨の技能検定員の書面による証明を付さなければならない。

本条…追加〔平五法四三〕、一・五項…一部改正〔平一一法一六〇〕、一項…一部改正〔平一三法五一〕

※　1・5項「内閣府令」＝則三四・三四の二

（報告及び検査）

第九十九条の六　公安委員会は、この節の規定を施行するため必要な限度において、指定自動車教習所を設置し、若しくは管理する者に対し、当該指定自動車教習所の業務に関し報告若しくは資料の提出を求め、又は警察職員に当該指定自動車教習所に立ち入り、書類その他の物件を検査させ、若しくは関係者に質問させることができる。

2　前項の規定により立入検査をする警察職員は、その身分を示す証票を携帯し、関係者の請求があるときは、これを提示しなければならない。

３　第一項の規定による立入検査の権限は、犯罪捜査のために認められたものと解してはならない。

本条…追加〔平五法四三〕

（適合命令等）

第九十九条の七　公安委員会は、指定自動車教習所が第九十九条第一項各号に掲げる基準に適合しなくなつたと認めるときは、当該指定自動車教習所を設置し、又は管理する者に対し、当該指定自動車教習所を同項各号に掲げる基準に適合させるため必要な措置をとることを命ずることができる。

２　前項に定めるもののほか、公安委員会は、この節の規定を施行するため必要な限度において、指定自動車教習所を設置し、又は管理する者に対し、当該指定自動車教習所の業務に関し監督上必要な命令をすることができる。

本条…追加〔平五法四三〕

（指定自動車教習所の指定の取消し等）

第百条　公安委員会は、指定自動車教習所を管理する者が第九十九条の三第三項、第九十九条の四若しくは第九十九条の五第二項若しくは第三項の規定に違反したとき、指定自動車教習所が同条第五項の規定に違反して卒業証明書若しくは修了証明書を発行したとき、又は指定自動車教習所を設置し、若しくは管理する者が前条の規定による命令に違反したときは、当該指定自動車教習所に対し、その指定を取り消し、又は六月を超えない範囲内で期間を定めて当該指定自動車教習所が当該期間内における教習に基づき卒業証明書若しくは修了証明書を発行することを禁止することができる。

２　公安委員会は、前項の規定による卒業証明書又は修了証明書の発行の禁止の処分を受けた指定自動車教習所が当該処分に違反して卒業証明書又は修了証明書を発行したときは、その指定を取り消し、又は六月を超えない範囲内で卒業証明書若しくは修了証明書を発行することを禁止する期間を延長することができる。

本条…追加〔昭四七法五一〕、旧九八条の二…繰下〔平四法四三〕、全部改正〔平五法四三〕

※「公務に従事する職員」＝刑法四・七・九五・一五五・一九三・一九七〜一九七の四

第四節の三　再試験

本節…追加〔平元法九〇〕、旧四節の二…繰下〔平四法四三〕

（再試験）

第百条の二　公安委員会は、準中型免許、普通免許、大型二輪免許、普通二輪免許又は原付免許を受けた者で、当該免許を受けた日から当該免許を受けていた期間（当該免許の効力が停止されていた期間を除く。）が通算して一年に達することとなる日までの間（以下「初心運転者期間」という。）に当該免許に係る免許自動車等の運転に関しこの法律若しくはこの法律に基づく命令の規定又はこの法律の規定に基づく処分に違反する行為をし、当該行為が当該免許について政令で定める基準に該当することとなつたもの（以下「基準該当初心運転者」という。）に対し、その者が当該免許に係る免許自動車等を安全に運転するために必要な能力を現に有するかどうかを確認するための試験（以下「再試験」という。）を行うものとする。ただし、次に掲げる者については、この限りでない。

一　当該免許を受けた日前六月以内に当該免許に係る上位免許を受けていたことがある者

二　当該免許を受けた日前六月以内に当該免許と同一の種類の免許（当該免許と同等の免許として政令で定めるものを含み、第百四条の二の二第一項、第二項又は第四項の規定により取り消された免許及びこれに準ずるものとして政令で定める免許を除く。）を受けていたことがあり、かつ、その免許を受けていた期間（その免許の効力が停止されていた期間を除く。）が通算して一年以上である者

三　当該免許を受けた日以後に当該免許に係る上位免許を受けた者

四　第百八条の二第一項第十号に掲げる講習を終了した者（当該講習を終了した後初心運転者期間が経過することとなるまでの間に当該免許に係る免許自動車等の運転に関しこの法律若しくはこの法律に基づく命令の規定又はこの法律の規定に基づく処分に違反する行為をし、当該行為が当該講習に係る免許について政令で定める基準に該当することとなる者を除く。）

五　当該免許が準中型免許である場合において、普通免許を現に受けており、かつ、当該準中型免許を受けた日前に当該普通免許を受けていた期間（当該免許の効力が停止されていた期間を除く。）が通算して二年以上である者

２　再試験は、基準該当初心運転者の当該免許に係る初心運転者期間が経過した時におけるその者の住所地を管轄する公安委員会が、当該期間が経過した後、免許の種類ごとに自動車等の運転について必要な技能及び知識（原付免許にあつては必要な知識に限る。）について行う。

３　第九十七条第二項から第四項までの規定は、公安委員会が行う再試験について準用する。

４　公安委員会は、第一項の規定に基づき再試験を行おうとする場合には、内閣府令で定めるところにより、基準該当初心運転者の当該免許に係る初心運転者期間が経過した後速やかに、再試験を行う旨及びその理由その他必要な事項を基準該当初心運転者に書面で通知しなければならない。

５　基準該当初心運転者は、公安委員会から再試験の通知（前項の規定による通知をいう。以下同じ。）を受けたときは、当該通知を受けた日の翌日から起算した期間（再試験を受けないことについて政令で定めるやむを得ない理由のある者にあつては、当該期間から当該事情の存する期間を除いた期間）が通算して一月を超えることとなるまでに、当該公安委員会に内閣府令で定める再試験受験申込書を提出して、再試験を受けなければならない。第九十二条の二第四項の規定は、この場合について準用する。

本条…追加〔平元法九〇〕、一項…一部改正〔平四法四三〕、一・五項…一部改正〔平五法四三〕、一項…一部改正〔平五法八九平七法七四〕、五項…一部改正〔平九法四一〕、四・五項…一部改正〔平一一法一六〇〕、一項…一部改正〔平二七法四〇〕

※１・５項「政令」＝令三六〜三七の四、４・５項「内閣府令」＝則二八の三・二八の四、５項で準用する九二条の二４項「政令」＝令三三の八、３項で準用する九七条４項「内閣府令」＝則二八の二

第百条の三　公安委員会は、再試験を行おうとする場合において、基準該当初心運転者がその住所を他の公安委員会の管轄区域内に変更していたときは、速やかに現にその者の住所地を管轄する公安委員会に内閣府令で定める試験移送通知書を送付しなければならない。

２　前項の試験移送通知書が当該公安委員会に送付されたときは、当該公安委員会は、当該試験移送通知書に係る基準該当

初心運転者に対し、再試験を行うものとする。この場合において、前項の試験移送通知書を送付した公安委員会は、当該基準該当初心運転者に対し、再試験を行うことができない。

3　前条第四項及び第一項の規定は、公安委員会が前項の規定により再試験を行おうとする場合について準用する。この場合において、同条第四項中「基準該当初心運転者の当該免許に係る初心運転者期間が経過した後」とあるのは、「試験移送通知書の送付を受けた後」と読み替えるものとする。

4　公安委員会が第二項の規定により再試験を行おうとする場合において、第一項の試験移送通知書を送付した公安委員会が当該試験移送通知書に係る基準該当初心運転者に再試験の通知をしているときは、当該通知は、第二項の規定により再試験を行おうとする公安委員会がした再試験の通知とみなす。

※　本条…追加〔平元法九〇〕、一項…一部改正〔平一一法一六〇〕

※　1項「内閣府令」＝則二八の五

第五節　免許証の更新等

（免許証の更新及び定期検査）

第百一条　免許証の有効期間の更新（以下「免許証の更新」という。）を受けようとする者は、当該免許証の有効期間が満了する日の直前のその者の誕生日の一月前から当該免許証の有効期間が満了する日までの間（以下「更新期間」という。）に、その者の住所地を管轄する公安委員会に内閣府令で定める様式の更新申請書（第四項の規定による質問票の交付を受けた者にあつては、当該更新申請書及び必要な事項を記載した当該質問票。第五項及び第百一条の二の二第一項から第三項までにおいて同じ。）を提出しなければならない。

2　前項の規定により免許証の更新を受けようとする者の誕生日が二月二十九日である場合における同項の規定の適用については、その者のうるう年以外の年における誕生日は二月二十八日であるものとみなす。

3　公安委員会は、免許を現に受けている者に対し、更新期間その他免許証の更新の申請に係る事務の円滑な実施を図るため必要な事項（その者が更新を受ける日において優良運転者（第九十一条の規定により免許に条件を付されている者のうち内閣府令で定めるもの及び第九十二条の二第一項の表の備考四の規定の適用を受けて優良運転者となる者を除く。）に該当することとなる場合には、その旨を含む。）を記載した書面を送付するものとする。

4　第一項に規定する公安委員会（同項の規定による更新申請書の提出が第百一条の二の二第一項に規定する経由地公安委員会を経由して行われる場合にあつては、当該経由地公安委員会）は、第一項の規定により更新申請書を提出しようとする者に対し、その者が第百三条第一項第一号、第一号の二又は第三号のいずれかに該当するかどうかの判断に必要な質問をするため、内閣府令で定める様式の質問票を交付することができる。

5　第一項の規定による更新申請書の提出があつたときは、当該公安委員会は、その者について、速やかに自動車等の運転について必要な適性検査（以下「適性検査」という。）を行わなければならない。

6　前項の規定による適性検査の結果又は第百一条の二の二第三項に規定する書面の内容（同条第五項の規定による適性検査を行つた場合には、当該書面の内容及び当該適性検査の結果）から判断して、当該免許証の更新を受けようとする者が自動車等を運転することが支障がないと認めたときは、当該公安委員会は、当該免許証の更新をしなければならない。

7　前各項に定めるもののほか、免許証の更新の申請及び適性検査について必要な事項は、内閣府令で定める。

（罰則　第一項については第百十七条の四第一項第三号）

※　一項…一部改正〔昭三九法九一〕、付記…一部改正〔昭四五法八六〕、一項…一部改正〔平元法九〇〕、二項…追加・付記…削除・旧二・三項…一部改正し一項ずつ繰下〔平五法四三〕、三項…追加・旧四項…一部改正し五項に繰下・旧三項…四項に繰下〔平一一法八七〕、五項…一部改正〔平一一法一六〇〕、一・三項…一部改正・四項…追加・旧四項…一部改正し五項に繰下・旧五項…六項に繰下〔平一三法五一〕、一項…一部改正・四項・付記…追加・旧四―六項…一項ずつ繰下〔平二五法四三〕、付記…一部改正〔令四法三二〕

※　1・3・4・7項「内閣府令」＝則二九

（免許証の更新の特例）

第百一条の二　海外旅行その他政令で定めるやむを得ない理由のため更新期間内に適性検査を受けることが困難であると予想される者は、その者の住所地を管轄する公安委員会に当該更新期間前における免許証の更新を申請することができる。この場合においては、当該公安委員会に内閣府令で定める様式の特例更新申請書（次項の規定による質問票の交付を受けた者にあつては、当該特例更新申請書及び必要な事項を記載した当該質問票）を提出しなければならない。

2　前項に規定する公安委員会は、同項後段の規定により特例更新申請書を提出しようとする者に対し、その者が第百三条第一項第一号、第一号の二又は第三号のいずれかに該当するかどうかの判断に必要な質問をするため、内閣府令で定める様式の質問票を交付することができる。

3　第一項の規定による申請があつたときは、当該公安委員会は、その者について、速やかに適性検査を行わなければならない。

4　前項の規定による適性検査の結果から判断して、当該免許証の更新を受けようとする者が自動車等を運転することが支障がないと認めたときは、当該公安委員会は、速やかに当該免許証の更新をしなければならない。

5　前各項に定めるもののほか、更新期間前における免許証の更新の申請及び適性検査について必要な事項は、内閣府令で定める。

（罰則　第一項については第百十七条の四第一項第三号）

※　本条…追加〔昭三九法九一〕、付記…一部改正〔昭四五法八六〕、一・三項…一部改正・付記…削除〔平五法四三〕、四項…一部改正〔平一一法一六〇〕、三項…一部改正〔平一三法五一〕、一項…一部改正・二項・付記…追加・旧二・四項…一部改正し一項ずつ繰下・旧三項…四項に繰下〔平二五法四三〕、付記…一部改正〔令四法三二〕

※　1項「政令」＝令三七の五、1・2・5項「内閣府令」＝則二九の二

（更新の申請の特例）

第百一条の二の二　免許証の更新を受けようとする者のうち当該更新を受ける日において優良運転者に該当するもの（第百一条第三項の規定により当該更新を受ける日において優良運転者に該当することとなる旨を記載した書面の送付を受けた者に限る。）は、当該免許証の有効期間が満了する日の直前のその者の誕生日までに免許証の更新の申請をする場合に

は、同条第一項の規定による更新申請書の提出を、その者の住所地を管轄する公安委員会以外の公安委員会（以下この条及び次条において「経由地公安委員会」という。）を経由して行うことができる。

2　前項の規定により更新申請書を受理した経由地公安委員会は、その者について、速やかに適性検査を行わなければならない。

3　経由地公安委員会は、前項の規定による適性検査の結果を記載した書面を、第一項の規定により受理した更新申請書とともに、その者の住所地を管轄する公安委員会に送付しなければならない。この場合において、その者の住所地を管轄する公安委員会は、第百一条第五項の規定による適性検査を行わないものとする。

4　経由地公安委員会は、当該免許証の更新を受けようとする者が次条第一項の規定により経由地公安委員会が行う第百八条の二第一項第十一号に掲げる講習を受けたときは、その旨をその者の住所地を管轄する公安委員会に通知するものとする。

5　第三項の規定による書面の送付を受けた公安委員会は、当該書面の内容のみによつては当該免許証の更新を受けようとする者が自動車等を運転することが支障がないかどうかを判断できないときは、その者について適性検査を行うものとする。この場合において、当該公安委員会は、その者に適性検査を受けるべき旨を通知しなければならない。

本条…追加〔平一三法五一〕、三項…一部改正〔平二五法四三〕

（更新を受けようとする者の義務）

第百一条の三　免許証の更新を受けようとする者は、その者の住所地を管轄する公安委員会（前条第一項の場合にあつては、その者の住所地を管轄する公安委員会又は経由地公安委員会。次条第一項から第三項までにおいて同じ。）が行う第百八条の二第一項第十一号に掲げる講習を受けなければならない。ただし、更新期間が満了する日（第百一条の二第一項の規定による免許証の更新の申請をしようとする者にあつては、当該申請をする日。次条第一項から第三項まで及び第百八条の二第一項第十二号において同じ。）前六月以内に同項第十二号に掲げる講習を受けた者その他の同項第十一号に掲げる講習を受ける必要がないものとして政令で定める者は、この限りでない。

2　公安委員会は、第百一条第五項若しくは第百一条の二第三項の規定による適性検査の結果又は前条第三項に規定する書面の内容（同条第五項の規定による適性検査を行つた場合には、当該書面の内容及び当該適性検査の結果）から判断して自動車等を運転することが支障がないと認めた者（前項ただし書の政令で定める者を除く。）が第百八条の二第一項第十一号に掲げる講習を受けていないときは、第百一条第六項又は第百一条の二第四項の規定にかかわらず、その者に対し、免許証の更新をしないことができる。

本条…追加〔昭四六法九八〕、一部改正〔昭六〇法八七・平元法九〇・平四法四三〕、全部改正〔平五法四三〕、一項…一部改正〔平七法七四〕、一・二項…一部改正〔平九法四一〕、二項…一部改正〔平一一法八七〕、一・二項…一部改正〔平一三法五一〕、一項…一部改正〔平一九法九〇〕、二項…一部改正〔平二五法四三〕、一項…一部改正〔平二七法四〇・令二法四二〕

※　1項「引用条項」＝本法一〇八の二-1⑪（免許証の更新を受けようとする者に対する講習）、1項「政令」＝令三七の六

（七十歳以上の者の特例）

第百一条の四　免許証の更新を受けようとする者で更新期間が満了する日における年齢が七十歳以上のものは、更新期間が満了する日前六月以内にその者の住所地を管轄する公安委員会が行つた第百八条の二第一項第十二号に掲げる講習を受けていなければならない。ただし、当該講習を受ける必要がないものとして政令で定める者は、この限りでない。

2　前項に定めるもののほか、免許証の更新を受けようとする者で更新期間が満了する日における年齢が七十五歳以上のものは、更新期間が満了する日前六月以内に第百二条第一項から第四項までの規定により診断書を提出した場合その他認知機能検査等を受ける必要がないものとして内閣府令で定める場合を除き、当該期間内にその者の住所地を管轄する公安委員会又は第百八条の三十二の三第一項の認定を受けて同項の運転免許取得者等検査を行う者が行つた認知機能検査等を受けていなければならない。

3　前二項に定めるもののほか、免許証の更新を受けようとする者で更新期間が満了する日における年齢が七十五歳以上のもの（普通自動車対応免許を現に受けている者であつて、普通自動車等の運転に関するこの法律及びこの法律に基づく命令の規定並びにこの法律の規定に基づく処分並びに重大違反唆し等及び道路外致死傷に係る法律の規定の遵守の状況を勘案して普通自動車等を運転することが道路における交通の危険を生じさせるおそれがある者として政令で定める基準に該当するものに限る。）は、更新期間が満了する日前六月以内にその者の住所地を管轄する公安委員会又は第百八条の三十二の三第一項の認定を受けて同項の運転免許取得者等検査を行う者が行つた運転技能検査等を受けていなければならない。

4　公安委員会は、前項の規定により運転技能検査等を受けた者で当該運転技能検査等の結果が普通自動車等を運転することが支障があることを示すものとして内閣府令で定める基準に該当するものに対し、第百一条第六項又は第百一条の二第四項の規定にかかわらず、免許証の更新をしないことができる。

5　公安委員会は、次の各号に掲げる者に対し、当該各号に定める事項を記載した書面を送付するものとする。

一　免許を現に受けている者で更新期間が満了する日における年齢が七十歳以上七十五歳未満のもの　免許証の更新を受けようとするときは更新期間が満了する日前六月以内に第一項の規定により講習を受けていなければならない旨、当該講習を受けることができる日時及び場所その他当該講習に係る事務の円滑な実施を図るため必要な事項

二　免許を現に受けている者で更新期間が満了する日における年齢が七十五歳以上のもの（普通自動車対応免許を現に受けている者であつて第三項の政令で定める基準に該当するものを除く。）　前号に定める事項並びに免許証の更新を受けようとするときは更新期間が満了する日前六月以内に第二項の規定により認知機能検査等を受けていなければならない旨、当該認知機能検査等を受けることができる日時及び場所その他当該認知機能検査等に係る事務の円滑な実施を図るため必要な事項

三　免許を現に受けている者で更新期間が満了する日におけ

る年齢が七十五歳以上のもの（普通自動車対応免許を現に受けている者であつて第三項の政令で定める基準に該当するものに限る。）　前号に定める事項並びに免許証の更新を受けようとするときは更新期間が満了する日前六月以内に同項の規定により運転技能検査等を受けていなければならない旨、当該運転技能検査等を受けることができる日時及び場所その他当該運転技能検査等に係る事務の円滑な実施を図るため必要な事項

本条…追加〔平九法四一〕、二項…追加〔平一一法八七〕、見出・一・二項…一部改正〔平一三法五一〕、一項…一部改正・二項…全部改正・三項…追加〔平一九法九〇〕、二項…一部改正・三・四項…追加・旧三項…一部改正し五項に繰下〔令二法四二〕

※　1・3項「政令」＝令三七の六の二・三七の六の三、2・4項「内閣府令」＝則二九の二の三・二六の六

（免許を受けた者に対する報告徴収）

第百一条の五　公安委員会は、免許を受けた者が第百三条第一項第一号、第一号の二又は第三号のいずれかに該当するかどうかを調査するため必要があると認めるときは、内閣府令で定めるところにより、その者に対し、必要な報告を求めることができる。

（罰則　第百十七条の四第一項第三号）

本条…追加〔平二五法四三〕、付記…一部改正〔令四法三二〕

※「内閣府令」＝則二九の二の四

（医師の届出）

第百一条の六　医師は、その診察を受けた者が第百三条第一項第一号、第一号の二又は第三号のいずれかに該当すると認めた場合において、その者が免許を受けた者又は第百七条の二の国際運転免許証若しくは外国運転免許証を所持する者（本邦に上陸（同条に規定する上陸をいう。）をした日から起算して滞在期間が一年を超えている者を除く。）であることを知つたときは、当該診察の結果を公安委員会に届け出ることができる。

2　前項に規定する場合において、公安委員会は、医師からその診察を受けた者が免許を受けた者であるかどうかについての確認を求められたときは、これに回答するものとする。

3　刑法の秘密漏示罪の規定その他の守秘義務に関する法律の規定は、第一項の規定による届出をすることを妨げるものと解釈してはならない。

4　公安委員会は、その管轄する都道府県の区域外に居住する者について第一項の規定による届出を受けたときは、当該届出の内容を、その者の居住地を管轄する公安委員会に通知しなければならない。

本条…追加〔平二五法四三〕

（臨時認知機能検査等）

第百一条の七　公安委員会は、七十五歳以上の者（免許を現に受けている者に限る。）が、自動車等の運転に関しこの法律若しくはこの法律の規定に基づく命令の規定又はこの法律の規定に基づく処分に違反する行為のうち認知機能が低下した場合に行われやすいものとして政令で定める行為をしたときは、その者が当該行為をした日の三月前の日以後に第九十七条の二第一項第三号若しくは第五号、第百一条の四第二項又はこの条第三項の規定により認知機能検査等を受けた場合その他臨時に認知機能検査を受ける必要がないものとして内閣府令で定める場合を除き、その者に対し、臨時に認知機能検査を行うものとする。

2　公安委員会は、前項の規定により認知機能検査を行おうとするときは、内閣府令で定めるところにより、認知機能検査を行う旨を当該認知機能検査に係る者に書面で通知しなければならない。

3　前項の規定による通知を受けた者は、当該通知を受けた日の翌日から起算した期間（認知機能検査等を受けないことについて政令で定めるやむを得ない理由のある者にあつては、当該期間から当該事情の存する期間を除いた期間）が通算して一月を超えることとなるまでに、認知機能検査等を受けなければならない。

4　公安委員会は、前項の規定により認知機能検査等を受けた者が、当該認知機能検査等を受けた日前の直近において受けた認知機能検査等の結果その他の事情を勘案して、認知機能の低下が自動車等の運転に影響を及ぼす可能性があるものとして内閣府令で定める基準に該当するときは、その者に対し、第百八条の二第一項第十二号に掲げる講習を行うものとする。

5　公安委員会は、前項の規定により第百八条の二第一項第十二号に掲げる講習を行おうとするときは、内閣府令で定めるところにより、同号に掲げる講習を行う旨を当該講習に係る者に書面で通知しなければならない。

6　前項の規定による通知を受けた者は、当該通知を受けた日の翌日から起算した期間（講習を受けないことについて政令で定めるやむを得ない理由のある者にあつては、当該期間から当該事情の存する期間を除いた期間）が通算して一月を超えることとなるまでに、第百八条の二第一項第十二号に掲げる講習を受けなければならない。

本条…追加〔平二七法四〇〕、一・三・四項…一部改正〔令二法四二〕

※　1・3・6項「政令」＝令三七の六の四・三七の六の五、1・2・4・5項「内閣府令」＝則二九の二の五・二九の二の六

（臨時適性検査等）

第百二条　公安委員会は、第九十七条の二第一項第三号又は第五号の規定により認知機能検査等を受けた者で当該認知機能検査等の結果が認知症のおそれがあることを示すものとして内閣府令で定める基準に該当するもの（以下この条において「基準該当者」という。）が第八十九条第一項の免許申請書を提出したとき又はその者が当該認知機能検査等を受けた日以後に次の各号のいずれかに該当することとなつたときを除き、その者が第九十条第一項第一号の二に該当する者であるかどうかにつき、臨時に適性検査を行い、又はその者に対し公安委員会が指定する期限までに内閣府令で定める要件を満たす医師の診断書を提出すべき旨を命ずるものとする。

一　この条（第五項を除く。）の規定による適性検査（第四項の規定によるものにあつては、その者が第百三条第一項第一号の二に該当することとなつた疑いがあることを理由としたものに限る。）を受け、又はこの項から第四項までの規定により診断書（同項に規定する診断書にあつては、その者が同号に該当するかどうかを診断したものに限る。）を提出したとき。

二　認知機能検査等を受け、基準該当者に該当しないこととなつたとき。

2　公安委員会は、第百一条の四第二項の規定により認知機能

検査等を受けた者が基準該当者に該当したときは、その者が次の各号のいずれかに該当するときを除き、その者が第百三条第一項第一号の二に該当することとなつたかどうかにつき、臨時に適性検査を行い、又はその者に対し公安委員会が指定する期限までに内閣府令で定める要件を満たす医師の診断書を提出すべき旨を命ずるものとする。

一 当該認知機能検査等を受けた日以後に前項各号のいずれかに該当することとなつたとき。

二 次項の規定による適性検査を受け、又は同項の規定により診断書を提出することとされているとき。

3 公安委員会は、前条第三項の規定により認知機能検査等を受けた者が基準該当者に該当したときは、その者が当該認知機能検査等を受けた日以後に第一項各号のいずれかに該当することとなつたときを除き、その者が第百三条第一項第一号の二に該当することとなつたかどうかにつき、臨時に適性検査を行い、又はその者に対し公安委員会が指定する期限までに内閣府令で定める要件を満たす医師の診断書を提出すべき旨を命ずるものとする。

4 前三項に定めるもののほか、公安委員会は、運転免許試験に合格した者が第九十条第一項第一号から第二号までのいずれかに該当する者であり、又は免許を受けた者が第百三条第一項第一号から第三号までのいずれかに該当することとなつたと疑う理由があるときは、当該運転免許試験に合格した者又は免許を受けた者につき、臨時に適性検査を行い、又はその者に対し公安委員会が指定する期限までに内閣府令で定める要件を満たす医師の診断書を提出すべき旨を命ずることができる。この場合において、公安委員会は、第八十九条第一項、第百一条第一項又は第百一条の二第一項の規定により提出された質問票の記載内容、第百一条の五の規定による報告の内容その他の事情を考慮するものとする。

5 第一項から前項までに定めるもののほか、公安委員会は、道路における危険を防止し、その他交通の安全と円滑を図るため必要があると認めるときは、政令で定めるところにより、免許を受けた者について、臨時に適性検査を行うことができる。

6 公安委員会は、第一項から前項までの規定により適性検査を行おうとするときは、あらかじめ、適性検査を行う期日、場所その他必要な事項を当該適性検査に係る者に通知しなければならない。

7 前項の規定により通知を受けた者は、通知された期日に通知された場所に出頭して適性検査を受けなければならない。

8 前各項に定めるもののほか、第一項から第五項までの規定による適性検査について必要な事項は、内閣府令で定める。

三項…一部改正〔昭三九法九一〕、四項…追加〔昭四二法一二六〕、付記…一部改正〔昭四五法八六〕、一項…一部改正・二・三項…全部改正・四項…追加・付記…削除・旧四項…一部改正し五項に繰下〔平五法四三〕、一項…一部改正〔平九法四一〕、五項…一部改正〔平一一法一六〇〕、一項…一部改正〔平一三法五一〕、一―三項…追加・旧一―五項…一部改正し三項ずつ繰下〔平一九法九〇〕、一―四項…一部改正〔平二五法四三〕、見出・一―三項…全部改正・七項…一部改正〔平二七法四〇〕、一―四・七項…一部改正〔令二法四二〕

※ 1項「引用条項」＝本法八八1（免許の欠格事由）・一〇三2①（免許の欠格事由に到らない程度の身体の障害）、5項「政令」＝令三七の七、1～4・8項「内閣府令」＝則二九の三

（軽微違反行為をした者の受講義務）

第百二条の二 免許を受けた者は、自動車等の運転に関しこの法律若しくはこの法律に基づく命令の規定又はこの法律の規定に基づく処分に違反する行為（政令で定める軽微なものに限る。以下「軽微違反行為」という。）をし、当該行為が政令で定める基準に該当することとなつた場合において、第百八条の三の二の規定による通知を受けたときは、当該通知を受けた日の翌日から起算した期間（講習を受けないことについて政令で定めるやむを得ない理由がある者にあつては、当該期間から当該事情の存する期間を除いた期間）が通算して一月を超えることとなるまでの間に第百八条の二第一項第十三号に掲げる講習を受けなければならない。

本条…追加〔平九法四一〕

※ 「政令」＝令三七の八

（基準該当若年運転者の受講義務）

第百二条の三 特例取得免許（第八十八条第一項第一号の規定により十九歳から大型免許を受けることができる者に該当して受けた大型免許若しくは十九歳から中型免許を受けることができる者に該当して受けた中型免許又は第九十六条第五項第一号若しくは第二号の規定により十九歳から第二種免許の運転免許試験を受けることができる者に該当して受けた第二種免許をいい、政令で定めるものを除く。以下同じ。）を現に受けている者であつて、特例取得免許を最初に受けた日から二十一歳に達するまでの間（特例取得免許を受けていない期間及び二十歳に達した日以後特例取得免許のうち中型免許のみを受けている期間を除く。以下「若年運転者期間」という。）に自動車等の運転に関しこの法律若しくはこの法律に基づく命令の規定又はこの法律の規定に基づく処分に違反する行為をし、当該行為が政令で定める基準に該当することとなつたもの（第百八条の二第一項第十四号に掲げる講習を終了した後若年運転者期間が経過することとなるまでの間に自動車等の運転に関しこの法律若しくはこの法律に基づく命令の規定又はこの法律の規定に基づく処分に違反する行為をし、当該行為が第百四条の二の四第二項の政令で定める基準に該当することとなつた者を除く。以下「基準該当若年運転者」という。）が、第百八条の三の三の規定による通知を受けたときは、当該通知を受けた日の翌日から起算した期間（講習を受けないことについて政令で定めるやむを得ない理由がある者にあつては、当該期間から当該事情の存する期間を除いた期間）が通算して一月を超えることとなるまでの間に同号に掲げる講習を受けなければならない。

本条…追加〔令二法四二〕

※ 「政令」＝令三七の九～三七の一一

第六節 免許の取消し、停止等

（免許の取消し、停止等）

第百三条 免許（仮免許を除く。以下第百六条までにおいて同じ。）を受けた者が次の各号のいずれかに該当することとなつたときは、その者が当該各号のいずれかに該当することとなつた時におけるその者の住所地を管轄する公安委員会は、政令で定める基準に従い、その者の免許を取り消し、又は六月を超えない範囲内で期間を定めて免許の効力を停止することができる。ただし、第五号に該当する者が第百二条の二の

規定の適用を受ける者であるときは、当該処分は、その者が同条に規定する講習を受けないで同条の期間を経過した後でなければ、することができない。

一　次に掲げる病気にかかつている者であることが判明したとき。

イ　幻覚の症状を伴う精神病であつて政令で定めるもの

ロ　発作により意識障害又は運動障害をもたらす病気であつて政令で定めるもの

ハ　イ及びロに掲げるもののほか、自動車等の安全な運転に支障を及ぼすおそれがある病気として政令で定めるもの

一の二　認知症であることが判明したとき。

二　目が見えないことその他自動車等の安全な運転に支障を及ぼすおそれがある身体の障害として政令で定めるものが生じている者であることが判明したとき。

三　アルコール、麻薬、大麻、あへん又は覚醒剤の中毒者であることが判明したとき。

四　第六項の規定による命令に違反したとき。

五　自動車等の運転に関しこの法律若しくはこの法律に基づく命令の規定又はこの法律の規定に基づく処分に違反したとき（次項第一号から第四号までのいずれかに該当する場合を除く。）。

六　重大違反唆し等をしたとき。

七　道路外致死傷をしたとき（次項第五号に該当する場合を除く。）。

八　前各号に掲げるもののほか、免許を受けた者が自動車等を運転することが著しく道路における交通の危険を生じさせるおそれがあるとき。

2　免許を受けた者が次の各号のいずれかに該当することとなつたときは、その者が当該各号のいずれかに該当することとなつた時におけるその者の住所地を管轄する公安委員会は、その者の免許を取り消すことができる。

一　自動車等の運転により人を死傷させ、又は建造物を損壊させる行為で故意によるものをしたとき。

二　自動車等の運転に関し自動車の運転により人を死傷させる行為等の処罰に関する法律第二条から第四条までの罪に当たる行為をしたとき。

三　自動車等の運転に関し第百十七条の二第一項第一号、第三号又は第四号の違反行為をしたとき（前二号のいずれかに該当する場合を除く。）。

四　自動車等の運転に関し第百十七条第一項又は第二項の違反行為をしたとき。

五　道路外致死傷で故意によるもの又は自動車の運転により人を死傷させる行為等の処罰に関する法律第二条から第四条までの罪に当たるものをしたとき。

3　公安委員会は、第一項の規定により免許を取り消し、若しくは免許の効力を九十日（公安委員会が九十日を超えない範囲内で期間を定めたときは、その期間）以上停止しようとする場合又は前項の規定により免許を取り消そうとする場合において、当該処分に係る者がその住所を他の公安委員会の管轄区域内に変更していたときは、当該処分に係る事案に関する第百四条第一項の意見の聴取又は聴聞を終了している場合を除き、速やかに現にその者の住所地を管轄する公安委員会に内閣府令で定める処分移送通知書を送付しなければならない。

4　前項の処分移送通知書が当該公安委員会に送付されたときは、当該公安委員会は、その者が第一項各号のいずれかに該当する場合（同項第五号に該当する者が第百二条の二の規定の適用を受ける者であるときは、その者が同条に規定する講習を受けないで同条の期間を経過した後に限る。）には、同項の政令で定める基準に従い、その者の免許を取り消し、又は六月を超えない範囲内において期間を定めて免許の効力を停止することができるものとし、その者が第二項各号のいずれかに該当する場合には、その者の免許を取り消すことができるものとし、処分移送通知書を送付した公安委員会は、第一項又は第二項の規定にかかわらず、当該事案について、その者の免許を取り消し、又は免許の効力を停止することができないものとする。

5　第三項の規定は、公安委員会が前項の規定により免許を取り消し、又は免許の効力を停止しようとする場合について準用する。

6　公安委員会は、第一項第一号から第四号までのいずれかに該当することを理由として同項又は第四項の規定により免許の効力を停止する場合において、必要があると認めるときは、当該処分の際に、その者に対し、公安委員会が指定する期日及び場所において適性検査を受け、又は公安委員会が指定する期限までに内閣府令で定める要件を満たす医師の診断書を提出すべき旨を命ずることができる。

7　公安委員会は、第一項各号（第四号を除く。）のいずれかに該当することを理由として同項又は第四項の規定により免許を取り消したときは、政令で定める基準に従い、一年以上五年を超えない範囲内で当該処分を受けた者が免許を受けることができない期間を指定するものとする。

8　公安委員会は、第二項各号のいずれかに該当することを理由として同項又は第四項の規定により免許を取り消したときは、政令で定める基準に従い、三年以上十年を超えない範囲内で当該処分を受けた者が免許を受けることができない期間を指定するものとする。

9　第一項、第二項又は第四項の規定により免許を取り消され、又は免許の効力の停止を受けた時におけるその者の住所が当該処分をした公安委員会以外の公安委員会の管轄区域内にあるときは、当該処分をした公安委員会は、速やかに当該処分をした旨をその者の住所地を管轄する公安委員会に通知しなければならない。

10　公安委員会は、第一項又は第四項の規定による免許の効力の停止（第一項第一号から第四号までのいずれかに該当することを理由とするものを除く。）を受けた者が第百八条の二第一項第三号に掲げる講習を終了したときは、政令で定める範囲内で、その者の免許の効力の停止の期間を短縮することができる。

〔一・二項…一部改正・三～七項…追加・旧三項…一部改正し八項に繰下〔昭三九法九一〕、三項…一部改正〔昭四二法一二六〕、六項…追加・旧六～八項…一項ずつ繰下〔昭四五法八六〕、九項…全部改正〔昭四六法九八〕、一・四項…一部改正〔昭四七法五二〕、九項…一部改正〔昭六〇法八七〕、八項…削除・九項…繰上〔昭六一法六三〕、八項…一部改正〔平五法四三〕、三項…一部改正〔平五法八九〕、二・四・六項…一部改正〔平九法四一〕、三項…一部改正〔平一一法一六〇〕、一項…削除・旧二―五項…一部改正し一項ずつ繰上・五項…追加・六―八項…一部改正〔平一三法五

一〕、一項…一部改正〔平一七法七七〕、一項…一部改正・二・八項…追加・旧二―六項…一部改正し一項ずつ繰下・旧七・八項…一部改正し二項ずつ繰下〔平一九法九〇〕、二項…一部改正〔平二五法八六〕、二項…一部改正、一・四項…一部改正〔令二法四二〕、二項…一部改正〔令四法三二〕

※「免許証の返納等」＝本法一〇七「公安委員会の事務の委任」＝本法一一四の二1、2項「聴聞」＝本法一〇四、1・3・5・10項「引用条項」＝本法八八1（免許の欠格事由）、1・7・8・10項「政令」＝令三八・三八の二・三三の五、1項五号「この法律に基づく命令」＝令、則等、3・6項「内閣府令」＝則二九の四・二九の五、4〜6・9項「これらの項の準用」＝本法一〇七の五、10項「引用条項」＝本法一〇八の二1②（免許の保留等を受けた者に対する講習）、「本項の準用」＝本法一〇七の五2

第百三条の二　**（免許の効力の仮停止）**

免許を受けた者が自動車等の運転に関し次の各号のいずれかに該当することとなつたときは、その者が当該交通事故を起こした場所を管轄する警察署長は、その者に対し、当該交通事故を起こした日から起算して三十日を経過する日を終期とする免許の効力の停止（以下この条において「仮停止」という。）をすることができる。

一　交通事故を起こして人を死亡させ、又は傷つけた場合において、第百十七条第一項又は第二項の違反行為をしたとき。

二　第百十七条の二第一項第一号、第三号若しくは第四号、第百十七条の二の二第一項第一号、第三号若しくは第七号、第百十七条の四第一項第二号又は第百十八条第一項第五号の違反行為をし、よつて交通事故を起こして人を死亡させ、又は傷つけたとき。

三　第百十八条第一項第一号若しくは第二項第一号又は第百十九条第一項第一号から第六号まで、第十五号若しくは第二十号若しくは第二項第一号若しくは第二号の違反行為をし、よつて交通事故を起こして人を死亡させたとき。

2　警察署長は、仮停止をしたときは、当該処分をした日から起算して五日以内に、当該処分を受けた者に対し弁明の機会を与えなければならない。

3　仮停止を受けた者は、免許証を当該処分をした警察署長に提出しなければならない。

4　仮停止をした警察署長は、速やかに、当該処分を受けた者が第一項各号のいずれかに該当することとなつた時におけるその者の住所地を管轄する公安委員会に対し、内閣府令で定める仮停止通知書及び前項の規定により提出を受けた免許証を送付しなければならない。

5　前項の仮停止通知書及び免許証の送付を受けた公安委員会は、当該事案について前条第三項（同条第五項において準用する場合を含む。）の規定により処分移送通知書を送付するときは、併せて当該送付を受けた仮停止通知書及び免許証を送付しなければならない。

6　仮停止は、前二項の規定により仮停止通知書及び免許証の送付を受けた公安委員会が当該仮停止の期間内に当該事案について前条第一項、第二項又は第四項の規定による処分をしたときは、その効力を失う。

7　仮停止を受けた者が当該事案について前条第一項又は第四項の規定により免許の効力の停止を受けたときは、仮停止をされていた期間は、当該免許の効力の停止の期間に通算する。

（罰則　第三項については第百二十一条第一項第十号）

本条…追加〔昭四二法一二六〕、一項…一部改正〔昭四五法八六昭五三法五三〕、五項…削除・旧六項…一部改正し五項に繰上・旧七・八項…一項ずつ繰上〔昭六一法六三〕、一・四項…一部改正〔平五法四三〕、四項…一部改正〔平一一法一六〇〕、一・五〜七項…一部改正〔平一三法五一〕、一項…一部改正〔平一六法九〇〕、一項…一部改正、五―七項…一部改正〔平一九法九〇〕、一項…一部改正〔平二五法四三平二七法四〇〕、一・六項…一部改正〔令元法二〇〕、一項…一部改正〔令二法四二〕、一項・付記…一部改正、一項…一部改正〔令四法三二〕

※4項「内閣府令」＝則三〇の二

第百四条　**（意見の聴取）**

公安委員会は、第百三条第一項第五号の規定により免許を取り消し、若しくは免許の効力を九十日（公安委員会が九十日を超えない範囲内においてこれと異なる期間を定めたときは、その期間。次条第一項において同じ。）以上停止しようとするとき、第百三条第二項第一号から第四号までのいずれかの規定により免許を取り消そうとするとき、又は同条第三項（同条第五項において準用する場合を含む。）の処分移送通知書（同条第一項第五号又は第二項第一号から第四号までのいずれかに係るものに限る。）の送付を受けたときは、公開による意見の聴取を行なわなければならない。この場合において、公安委員会は、意見の聴取の期日の一週間前までに、当該処分に係る者に対し、処分をしようとする理由並びに意見の聴取の期日及び場所を通知し、かつ、意見の聴取の期日及び場所を公示しなければならない。

2　意見の聴取に際しては、当該処分に係る者又はその代理人は、当該事案について意見を述べ、かつ、有利な証拠を提出することができる。

3　意見の聴取を行う場合において、必要があると認めるときは、公安委員会は、道路交通に関する事項に関し専門的知識を有する参考人又は当該事案の関係人の出頭を求め、これらの者からその意見又は事情を聴くことができる。

4　公安委員会は、当該処分に係る者又はその代理人が正当な理由がなくて出頭しないとき、又は当該処分に係る者の所在が不明であるため第一項の通知をすることができず、かつ、同項後段の規定による公示をした日から三十日を経過してもその者の所在が判明しないときは、同項の規定にかかわらず、意見の聴取を行わないで第百三条第一項若しくは第四項の規定による免許の取消し若しくは効力の停止（同条第一項第五号に係るものに限る。）又は同条第二項若しくは第四項の規定による免許の取消し（同条第二項第一号から第四号までのいずれかに係るものに限る。）をすることができる。

5　前各項に定めるもののほか、意見の聴取の実施について必要な事項は、政令で定める。

一・四項…一部改正〔昭三九法九一〕、一項…一部改正・四項…追加・旧四項…一部改正し五項に繰下・旧五項…六項に繰下〔昭四二法一二六〕、見出・一〜三項…一部改正・四項…削除・旧五・六項…一部改正し一項ずつ繰上〔平五法八九〕、一・四項…一部改正〔平一三法五一平一九法九〇〕

※「本条の準用」＝本法一〇七の五3、1項「引用条項」＝本法一〇三（免許の取消し、停止等）、4項「引用条項」＝本法八八（免許の欠格事由）、5項「政令」＝令三九

第百四条の二　**（聴聞の特例）**

公安委員会は、第百三条第一項又は第四項の規

定により免許の効力を九十日以上停止しようとするとき（同条第一項第五号に係る場合を除く。）は、行政手続法第十三条第一項の規定による意見陳述のための手続の区分にかかわらず、聴聞を行わなければならない。

2　公安委員会は、前項の聴聞又は第百三条第一項若しくは第四項の規定による免許の取消し（同条第一項各号（第五号を除く。）に係るものに限る。）若しくは同条第二項若しくは第四項の規定による免許の取消し（同条第二項第五号に係るものに限る。）に係る聴聞を行うに当たつては、その期日の一週間前までに、行政手続法第十五条第一項の規定による通知をし、かつ、聴聞の期日及び場所を公示しなければならない。

3　前項の通知を行政手続法第十五条第三項に規定する方法によつて行う場合においては、同条第一項の規定により聴聞の期日までにおくべき相当な期間は、二週間を下回つてはならない。

4　第二項の聴聞の期日における審理は、公開により行わなければならない。

5　第二項の聴聞の主宰者は、聴聞の期日において必要があると認めるときは、道路交通に関する事項に関し専門的知識を有する参考人又は当該事案の関係人の出頭を求め、これらの者からその意見又は事情を聴くことができる。

本条…追加〔平五法八九〕、一・二項…一部改正〔平一三法五一・平一九法九〇〕

（再試験に係る取消し）

第百四条の二の二　再試験を行つた公安委員会は、再試験の結果、再試験を受けた者が当該免許に係る免許自動車等を安全に運転するために必要な能力を現に有しないと認めるときは、その者の当該免許を取り消さなければならない。

2　再試験の通知を受けた者が第百条の二第五項の規定に違反して再試験を受けないと認めるときは、その者の住所地を管轄する公安委員会は、その者の当該免許を取り消さなければならない。

3　公安委員会は、前項の規定により当該免許を取り消そうとする場合において、当該処分に係る者がその住所を他の公安委員会の管轄区域内に変更していたときは、当該処分に関する第六項において準用する第百四条の意見の聴取を終了している場合を除き、速やかに現にその者の住所地を管轄する公安委員会に内閣府令で定める処分移送通知書を送付しなければならない。

4　前項の処分移送通知書の送付を受けた公安委員会は、その者が第百条の二第五項の規定に違反して当該再試験を受けないと認めるときは、その者の当該免許を取り消さなければならない。この場合において、処分移送通知書を送付した公安委員会は、第二項の規定にかかわらず、その者の当該免許を取り消すことができない。

5　第三項の規定は、公安委員会が前項の規定により免許を取り消そうとする場合について準用する。

6　第百四条（第三項を除く。）の規定は、第二項又は第四項の規定により免許を取り消す場合について準用する。

7　第一項、第二項又は第四項の規定により当該免許を取り消された時におけるその者の住所が当該処分をした公安委員会以外の公安委員会の管轄区域内にあるときは、当該処分をした公安委員会は、速やかに当該処分をした旨をその者の住所地を管轄する公安委員会に通知しなければならない。

本条…追加〔平元法九〇〕、三項…一部改正・六項…全部改正・七項…削除・旧八項…七項に繰上・旧一〇四条の二…繰下〔平五法八九〕、三項…一部改正〔平一一法一六〇〕、一項…一部改正〔平二七法四〇〕

※3項「内閣府令」＝則三〇の三、6項で準用する一〇四条5項「政令」＝令三九

（臨時適性検査に係る取消し等）

第百四条の二の三　公安委員会は、第百二条第一項から第四項までの規定により適性検査を行い、又はこれらの規定による命令をする場合において、当該適性検査を受けるべき者（免許を受けた者に限る。）又は当該命令を受け診断書を提出することとされている者（免許を受けた者に限る。）が、自動車等の運転により交通事故を起こし、かつ、当該交通事故の状況から判断して、第百三条第一項第一号、第一号の二又は第三号のいずれかに該当する疑いがあると認められるときその他これに準ずるものとして政令で定めるときは、三月を超えない範囲内で期間を定めてその者の免許の効力を停止することができる。この場合において、当該処分を受けた者がこれらの規定に該当しないことが明らかとなつたときは、速やかに当該処分を解除しなければならない。

2　公安委員会は、前項前段の規定により免許の効力を停止したときは、当該処分をした日から起算して五日以内に、当該処分を受けた者に対し弁明の機会を与えなければならない。

3　第百一条の七第二項の規定による通知を受けた者（免許を受けた者に限る。）が同条第三項の規定に違反して当該通知に係る認知機能検査等を受けないと認めるとき、同条第五項の規定による通知を受けた者（免許を受けた者に限る。）が同条第六項の規定に違反して当該通知に係る講習を受けないと認めるとき、第百二条第一項から第四項までの規定による命令を受けた者（免許を受けた者に限る。）が当該命令に違反したと認めるとき（第一項前段の規定による免許の効力の停止を受けた者にあつては、当該停止の期間が満了するまでの間に命令に応じないと認めるとき）又は同条第六項の規定による通知を受けた者（免許を受けた者に限る。）が同条第七項の規定に違反して当該通知に係る適性検査を受けないと認めるとき（第一項前段の規定による免許の効力の停止を受けた者にあつては、当該停止の期間が満了するまでの間に適性検査を受けないと認めるとき）は、第百一条の七第三項若しくは第六項に規定する期間が通算して一月となる日、第百二条第一項から第四項までに規定する期限の満了の日又は同条第七項の通知された期日におけるその者の住所地を管轄する公安委員会は、政令で定める基準に従い、その者の免許を取り消し、又は六月を超えない範囲内で期間を定めて免許の効力を停止することができる。ただし、当該認知機能検査等を受けないこと、当該講習を受けないこと、当該命令に応じないこと又は当該適性検査を受けないことについてやむを得ない理由がある場合は、この限りでない。

4　前項の規定による免許の効力の停止は、その者が当該認知機能検査等を受けたとき、当該講習を受けたとき、当該命令に応じたとき又は当該適性検査を受けたときは、その効力を失う。

5　第百三条第三項、第四項及び第九項の規定は、第三項の規定により免許を取り消し、又は免許の効力を九十日（公安委員会が九十日を超えない範囲内においてこれと異なる期間を

定めたときは、その期間。第七項において同じ。）以上停止しようとする場合について準用する。この場合において、同条第三項中「第百四条第一項の意見の聴取又は聴聞」とあるのは「聴聞」と、同条第四項中「第一項各号のいずれかに該当する場合（同項第五号に該当する者が第百二条の二の規定の適用を受ける者であるときは、その者が同条に規定する講習を受けないで同条の期間を経過した後に限る。）」には、同項」とあるのは「第百一条の七第三項の規定に違反して当該通知に係る認知機能検査等を受けないと認めるとき、同条第六項の規定に違反して当該通知に係る講習を受けないと認めるとき、第百二条第一項から第四項までの規定による命令に違反したと認めるとき又は同条第七項の規定に違反して当該通知に係る適性検査を受けないと認めるときは、第百四条の二の三第三項」と、「停止することができるものとし」、その者が第二項各号のいずれかに該当する場合には、その者の免許を取り消すことができるものとし」とあるのは「停止することができるものとし」と、「第一項又は第二項」とあるのは「同項」と、同条第九項中「第一項、第二項又は第四項」とあるのは「第百四条の二の三第三項又は同条第五項において準用する第四項」と読み替えるものとする。

6　第四項の規定は、前項において準用する第百三条第四項の規定により免許の効力を停止した場合について準用する。

7　第百四条の二（第五項を除く。）の規定は、公安委員会が第三項の規定又は第五項において準用する第百三条第四項の規定により免許を取り消し、又は免許の効力を九十日以上停止しようとする場合について準用する。

8　第百三条第三項の規定は、第五項において準用する同条第四項の規定により免許を取り消し、又は免許の効力を停止しようとする場合について準用する。この場合において、同条第三項中「第百四条第一項の意見の聴取又は聴聞」とあるのは、「聴聞」と読み替えるものとする。

本条…追加〔平一三法五一〕、一・三―六項…一部改正〔平一九法九〇〕、一・二項…追加・旧一・三―六項…一部改正し二項ずつ繰下・旧二項…四項に繰下〔平二五法四三〕、一・三―五項…一部改正〔平二七法四〇・令二法四二〕

※　1・3項「政令」＝令三九の二、5・8項で準用する一〇三条3項「内閣府令」＝則二九の四

（若年運転者期間に係る取消し）

第百四条の二の四　第百八条の三の三の規定による通知を受けた者が第百二条の三の規定に違反して講習を受けないと認めるときは、その者の住所地を管轄する公安委員会は、その者が受けている特例取得免許（自動車等の運転に関しこの法律若しくはこの法律に基づく命令の規定又はこの法律の規定に基づく処分に違反する行為をし、当該行為が同条の政令で定める基準に該当することとなつた時点において二十歳に達している者にあつては、中型免許を除く。）を取り消さなければならない。

2　第百八条の二第一項第十四号に掲げる講習を終了した者が当該講習を終了した後若年運転者期間が経過することとなるまでの間に自動車等の運転に関しこの法律若しくはこの法律に基づく命令の規定又はこの法律の規定に基づく処分に違反する行為をし、当該行為が政令で定める基準に該当することとなつたときは、その者の住所地を管轄する公安委員会は、その者が受けている特例取得免許（当該行為が当該基準に該当することとなつた時点において二十歳に達している者にあつては、中型免許を除く。）を取り消さなければならない。

3　公安委員会は、前二項の規定により特例取得免許を取り消そうとする場合において、当該処分に係る者がその住所を他の公安委員会の管轄区域内に変更していたときは、当該処分に関する第六項本文において準用する第百四条の意見の聴取を終了している場合を除き、速やかに現にその者の住所地を管轄する公安委員会に内閣府令で定める処分移送通知書を送付しなければならない。

4　前項の処分移送通知書の送付を受けた公安委員会は、第百八条の三の三の規定による通知を受けた者が第百二条の三の規定に違反して講習を受けないと認めるとき又は第百八条の二第一項第十四号に掲げる講習を終了した者が当該講習を終了した後若年運転者期間が経過することとなるまでの間に自動車等の運転に関しこの法律若しくはこの法律に基づく命令の規定若しくはこの法律の規定に基づく処分に違反する行為をし、当該行為が第二項の政令で定める基準に該当することとなつたときは、その者が受けている特例取得免許（第一項又は第二項に規定する時点において二十歳に達している者にあつては、中型免許を除く。）を取り消さなければならない。この場合において、処分移送通知書を送付した公安委員会は、第一項又は第二項の規定にかかわらず、その者の特例取得免許を取り消すことができない。

5　第三項の規定は、公安委員会が前項の規定により特例取得免許を取り消そうとする場合について準用する。

6　第百四条の規定は、第一項、第二項又は第四項の規定により特例取得免許を取り消す場合について準用する。ただし、第一項又は第四項（第百八条の三の三の規定による通知を受けた者が第百二条の三の規定に違反して講習を受けないと認めるときに係る部分に限る。）の規定により特例取得免許を取り消す場合においては、第百四条第三項の規定は、準用しない。

7　第一項、第二項又は第四項の規定により特例取得免許を取り消された時におけるその者の住所が当該処分をした公安委員会以外の公安委員会の管轄区域内にあるときは、当該処分をした公安委員会は、速やかに当該処分をした旨をその者の住所地を管轄する公安委員会に通知しなければならない。

本条…追加〔令二法四二〕

※　2項「政令」＝令三九の二の二、6項で準用する一〇四条5項「政令」＝令三九、3項「内閣府令」＝則三〇の三の二

（免許の取消し又は効力の停止に係る書面の交付等）

第百四条の三　第百三条第一項、第二項若しくは第四項、第百四条の二の二第一項、第二項若しくは第四項、第百四条の二の三第一項若しくは第三項、同条第五項において準用する第百三条第四項又は前条第一項、第二項若しくは第四項の規定による免許の取消し又は効力の停止は、内閣府令で定めるところにより、当該取消し又は効力の停止に係る者に対し当該取消し又は効力の停止の内容及び理由を記載した書面を交付して行うものとする。

2　公安委員会がその者の所在が不明であることその他の理由により前項の規定による書面の交付をすることができなかつた場合において、警察官が当該書面の交付を受けていない者の所在を知つたときは、警察官は、内閣府令で定めるところ

により、その者に対し、日時及び場所を指定して当該書面の交付を受けるために出頭すべき旨を命ずることができる。

3　警察官は、前項の規定による命令をするときは、内閣府令で定めるところにより、当該命令に係る者に対し、当該命令に係る取消し又は効力の停止に係る免許証の提出を求め、これを保管することができる。この場合において、警察官は、当該命令に係る者に対し、保管証を交付しなければならない。

4　警察官は、第二項の規定による命令をしたときは、内閣府令で定めるところにより、速やかに、当該命令に係る者の氏名及び住所、当該命令に係る出頭すべき日時及び場所その他必要な事項を当該命令に係る者の住所地を管轄する公安委員会（その者に対し第一項に規定する免許の取消し又は効力の停止をした公安委員会とその者の住所地を管轄する公安委員会が異なる場合にあつては、それぞれの公安委員会）に通知しなければならない。この場合において、警察官は、前項の規定により免許証を保管したときは、当該保管した免許証をその者の住所地を管轄する公安委員会に送付しなければならない。

5　前項の規定による免許証の送付を受けた公安委員会は、当該免許証に係る免許の効力の停止の期間が満了した場合において、第三項の規定により当該免許証を提出した者から返還の請求があつたときは、直ちに当該免許証を返還しなければならない。

6　第三項の保管証は、第九十五条の規定の適用については、免許証とみなす。

7　第三項の保管証の有効期間は、当該保管証を交付した時から、当該保管証の交付を受けた者が第二項の規定により指定された日時（その日時までにその者が同項の規定により指定された場所に出頭したときは、その出頭した時）までの間とする。

8　第三項の規定により保管証の交付を受けた者は、当該保管証の有効期間が満了したときは、直ちに当該保管証を警察官に返納しなければならない。

9　第三項の保管証の記載事項その他同項の保管証に関し必要な事項は、内閣府令で定める。

本条…追加〔平五法四三〕、一—四・九項…一部改正〔平一一法一六〇〕、一項…一部改正〔平一三法五一・平一九法九〇・平二五法四三・令二法四二〕

※　1～4・9項「内閣府令」＝則三〇の四～三〇の八

（申請による取消し）

第百四条の四　免許を受けた者は、その者の住所地を管轄する公安委員会に免許の取消しを申請することができる。この場合において、その者は、第八十九条第一項及び第九十条の二第一項の規定にかかわらず、併せて、当該免許が取り消された場合には他の種類の免許（取消しに係る免許の種類ごとに政令で定める種類のものに限る。）を受けたい旨の申出をすることができる。

2　前項の規定による申請を受けた公安委員会は、政令で定めるところにより、当該申請に係る免許を取り消すものとする。

3　前項の規定により免許を取り消した公安委員会は、第一項の申出をした者から第百七条第一項第一号の規定による当該免許に係る免許証の返納を受けたときは、その者に対し、当該申出に係る免許を与えることができる。

4　前項の規定により与えられる免許は、第二項の規定により取り消された免許を受けた日に受けたものとみなす。

5　第二項の規定により免許を取り消された者（第三項の規定により免許を受けた者を除く。）は、その者の住所地を管轄する公安委員会に対し、当該取消しを受けた日前五年間の自動車等の運転に関する経歴について、第九十二条の二第一項の表の上欄に規定する優良運転者、一般運転者又は違反運転者等の区分に準じた区分により表示する書面（次項及び第百六条において「運転経歴証明書」という。）の交付を申請することができる。

6　前項の規定による申請を受けた公安委員会は、政令で定めるところにより、運転経歴証明書を交付するものとする。この場合において、運転経歴証明書は、免許証と紛らわしい外観を有するものであつてはならない。

7　前各項に定めるもののほか、第二項の規定による免許の取消しについて必要な事項は、内閣府令で定める。

本条…追加〔平九法四一〕、五項…一部改正〔平一一法一六〇〕、二項…一部改正・五・六項…追加・旧五項…七項に繰下〔平一三法五一〕、五項…一部改正〔令元法二〇〕

※　1・2・6項「政令」＝令三九の二の三・三九の二の五、7項「内閣府令」＝則三〇の九～三〇の一四

（免許の失効）

第百五条　免許は、免許を受けた者が免許証の更新を受けなかつたときは、その効力を失う。

2　前条第五項から第七項までの規定は、免許証の更新を受けなかつた者について準用する。この場合において、同条第五項中「第三項の規定により免許を受けた者」とあるのは「当該免許証の有効期間が満了する日において第九十条第五項の規定による免許の取消しの基準に該当する者その他の政令で定める者」と、「当該取消しを受けた日」とあるのは「当該免許証に係る免許が失効した日」と、「次項」とあるのは「以下この条」と、同条第七項中「前各項」とあるのは「前二項」と、「第二項の規定による免許の取消し」とあるのは「運転経歴証明書」と読み替えるものとする。

二項…追加〔令元法二〇〕

※　「免許証の更新」＝本法一〇一・一〇一の二、2項で読み替えて準用する一〇四条の四5項・2項で準用する一〇四条の四6項「政令」＝令三九の二の六

（国家公安委員会への報告）

第百六条　公安委員会は、第九十条第一項本文若しくは第百四条の四第三項の規定により免許を与え、第九十一条若しくは第九十一条の二第二項の規定により条件を付し、若しくはこれを変更し、第九十四条第一項の規定による届出を受け、同条第二項の規定による免許証の再交付をし、第百一条第六項若しくは第百一条の二第四項の規定により免許証の更新をし、第百二条第六項の規定による通知をし、第百四条の四第六項（前条第二項において準用する場合を含む。）の規定により運転経歴証明書を交付し、第九十条第一項ただし書、第二項、第五項、第六項、第九項、第十項若しくは第十二項、第九十七条の三第三項、第百三条第一項、第二項、第四項、第七項、第八項若しくは第十項、第百四条の二の二第一項、第二項若しくは第四項、第百四条の二の三第一項若しくは第三項、同条第五項において準用する第百三条第四項、第百四条の二の四第一項、第二項若しくは第四項若しくは第百四条

の四第二項の規定による処分をし、若しくは第九十条第八項、第百二条第一項から第四項まで若しくは第百三条第六項の規定による命令をしたとき、警察署長が第百三条の二第一項の規定による処分をしたとき、又は自動車等の運転者が自動車等の運転に関しこの法律若しくはこの法律に基づく命令の規定若しくはこの法律の規定に基づく処分に違反したとき（内閣府令で定める場合に限る。）、重大違反唆し等若しくは道路外致死傷（内閣府令で定めるものに限る。）をしたとき、認知機能検査を受けたとき、第百条の二第一項の規定による再試験を受けたとき、若しくは第百八条の二第一項第二号、第十号、第十三号若しくは第十四号に掲げる講習を受けたとき、その他自動車等の運転者について自動車等の運転に関し内閣府令で定める事由が生じたときは、内閣府令で定める事項を国家公安委員会に報告しなければならない。この場合において、国家公安委員会は、免許に関する事務の適正を図るため、当該報告に係る事項を各公安委員会に通報するものとする。

本条…一部改正〔昭三九法九一〕、見出…全部改正・本条…一部改正〔昭四〇法九六〕、本条…一部改正〔昭四二法一二六昭四五法八六昭五三法五三昭六一法六三平元法九〇平四法四三平五法四三法八九平七法七四平九法四一平一一法四〇・八七・一六〇平一二法五一平一九法九〇平二五法四三平二七法四〇令元法二〇令二法四二〕

※「内閣府令」＝則三一～三一の三、「引用条項」＝本法九〇1本文（免許）・一〇一2前段（免許の更新）・一〇一の二3前段（免許の更新の特例）・九〇1ただし書（免許の保留）・九〇3（免許の取消し又は停止）・九〇4（免許を受けることができない期間の指定）・一〇三（不正手段による運転免許試験受験者に対する運転免許試験を受けることができない期間の指定）・一〇三（免許の取消・停止等）・一〇四の二の二（再試験に係る取消し）

（仮免許の取消し）

第百六条の二　仮免許を受けた者が第百三条第一項各号（第四号及び第八号を除く。）又は第二項各号のいずれかに該当することとなつたときは、その者が当該各号のいずれかに該当することとなつた時におけるその者の住所地を管轄する公安委員会は、政令で定める基準に従い、その者の仮免許を取り消すことができる。

2　第百一条の七第二項の規定による通知を受けた者（仮免許を受けた者に限る。）が同条第三項の規定に違反して当該通知に係る認知機能検査等を受けないと認めるとき、同条第五項の規定による通知を受けた者（仮免許を受けた者に限る。）が同条第六項の規定に違反して当該通知に係る講習を受けないと認めるとき、第百二条第一項から第四項までの規定による命令を受けた者（仮免許を受けた者に限る。）が当該命令に違反したと認めるとき又は同条第六項の規定による通知を受けた者（仮免許を受けた者に限る。）が同条第七項の規定に違反して当該通知に係る適性検査を受けないと認めるときは、第百一条の七第三項若しくは第六項に規定する期間が通算して一月となる日、第百二条第一項から第四項までに規定する期限の満了の日又は同条第七項の通知された期日におけるその者の住所地を管轄する公安委員会は、政令で定める基準に従い、その者の仮免許を取り消すことができる。ただし、当該認知機能検査等を受けないこと、当該講習を受けないこと、当該命令に応じないこと又は当該適性検査を受けないことについてやむを得ない理由がある場合は、この限りでない。

本条…追加〔昭四七法五一〕、二項…一部改正〔平九法四一〕、一項…削除・旧二項…一部改正し一項に繰上・二項…追加〔平一三法五一〕、一・二項…一部改正〔平一九法九〇〕、二項…一部改正〔平二七法四〇令二法四二〕

※「公安委員会の事務の委任」＝本法一一四の二、1項「引用条項」＝本法八八（免許の欠格事由）、1・2項「政令」＝令三九の三、「引用条項」＝本法一〇三2（免許の取消又は停止）

（免許証の返納等）

第百七条　免許を受けた者は、次の各号のいずれかに該当することとなつたときは、すみやかに、免許証（第三号の場合にあつては、発見し、又は回復した免許証）をその者の住所地を管轄する公安委員会に返納しなければならない。

一　免許が取り消されたとき。

二　免許が失効したとき。

三　免許証の再交付を受けた後において亡失した免許証を発見し、又は回復したとき。

2　第百四条の二の二第一項、第二項若しくは第四項、第百四条の二の四第一項、第二項若しくは第四項又は第百四条の二の四第二項の規定により免許を取り消された者がなお他の種類の免許を受けている場合において、前項の規定により免許証を返納したときは、公安委員会は、当該他の種類の免許に係る免許証を交付するものとする。

3　免許を受けた者は、第九十条第五項、第百三条第一項若しくは第四項、第百四条の二の三第一項若しくは第三項又は同条第五項において準用する第百三条第四項の規定により免許の効力が停止されたときは、速やかに、免許証をその者の住所地を管轄する公安委員会に提出しなければならない。

4　前項の規定により免許証の提出を受けた公安委員会又は第百三条の二第四項若しくは第五項の規定により免許証の送付を受けた公安委員会は、当該免許証に係る免許の効力の停止の期間が満了した場合又は当該免許証に係る免許の効力の停止が解除された場合においてその提出者から返還の請求があつたときは、直ちに当該免許証を返還しなければならない。

（罰則　第一項及び第三項については第百二十一条第一項第十号）

二項…全部改正・三項…追加・付記…一部改正〔昭三九法九一〕、二・三項…一部改正〔昭四二法一二六〕、二項…追加・付記…一部改正・旧二・三項…一項ずつ繰下〔平元法九〇〕、二項…一部改正〔平五法八九平九法四一〕、三項…一部改正〔平一三法五一〕、三・四項…一部改正〔平一九法九〇〕、二項…一部改正〔令二法四二〕、付記…一部改正〔令四法三二〕

第七節　国際運転免許証及び外国運転免許証並びに国外運転免許証

本節…追加〔昭三九法九一〕、節名…改正〔平五法四三〕

（国際運転免許証又は外国運転免許証を所持する者の自動車等の運転）

第百七条の二　道路交通に関する条約（以下「条約」という。）第二十四条第一項の運転免許証（第百七条の七第一項の国外運転免許証を除く。）で条約附属書九若しくは条約附属書十に定める様式に合致したもの（以下この条において

「国際運転免許証」という。）又は自動車等の運転に関する本邦の域外にある国若しくは地域（国際運転免許証を発給していない国又は地域であつて、道路における危険を防止し、その他交通の安全と円滑を図る上で我が国と同等の水準にあると認められる運転免許の制度を有している国又は地域として政令で定めるものに限る。）の行政庁若しくは権限のある機関の免許に係る運転免許証（日本語による翻訳文で政令で定める者が作成したものが添付されているものに限る。以下この条において「外国運転免許証」という。）を所持する者（第八十八条第一項第二号から第四号までのいずれかに該当する者を除く。）は、第六十四条第一項の規定にかかわらず、本邦に上陸（住民基本台帳法（昭和四十二年法律第八十一号）に基づき住民基本台帳に記録されている者が出入国管理及び難民認定法（昭和二十六年政令第三百十九号）第六十条第一項の規定による出国の確認、同法第二十六条第一項の規定による再入国の許可（同法第二十六条の二第一項（日本国との平和条約に基づき日本の国籍を離脱した者等の出入国管理に関する特例法（平成三年法律第七十一号）第二十三条第二項において準用する場合を含む。）の規定により出入国管理及び難民認定法第二十六条第一項の規定による再入国の許可を受けたものとみなされる場合を含む。）又は出入国管理及び難民認定法第六十一条の二の十五第一項の規定による難民旅行証明書の交付を受けて出国し、当該出国の日から三月に満たない期間内に再び本邦に上陸した場合における当該上陸を除く。第百十七条の二の二第一項第一号において同じ。）をした日から起算して一年間、当該国際運転免許証又は外国運転免許証（以下「国際運転免許証等」という。）で運転することができることとされている自動車等を運転することができる。ただし、旅客自動車運送事業に係る旅客を運送する目的で、旅客自動車を運転し若しくは牽引自動車によつて旅客用車両を牽引して当該牽引自動車を運転する場合、又は代行運転普通自動車を運転する場合は、この限りでない。

本条…追加〔昭三九法九一〕、一部改正〔昭四〇法九六昭四二法一二六昭四六法一三〇昭五三法五三〕、見出・本条…一部改正〔平五法四三〕、本条…一部改正〔平一三法五一平一六法七三・九〇平一九法九〇平二一法七九平二五法四三令四法三二令五法五六〕

※ 「条約附属書九」＝運転免許証の様式、「条約附属書十」＝国際運転免許証の様式、「引用条項」＝本法一〇七の七（国外運転免許証の交付）・八八1⑤～⑦（免許の欠格事由）・六四（無免許運転の禁止）、「旅客自動車」＝本法八五9、「旅客用車両」＝本法八五9、「政令」＝令三九の四・三九の五

（国際運転免許証等の携帯及び提示義務）

第百七条の三　国際運転免許証等を所持する者は、自動車等を運転するときは、当該自動車等に係る国際運転免許証等を携帯していなければならない。第九十五条第二項の規定は、この場合について準用する。

（罰則　前段については第百二十一条第一項第十二号、同条第三項　後段については第百二十条第一項第十号）

本条…追加〔昭三九法九一〕、見出・本条…一部改正〔平五法四三〕、付記…一部改正〔令四法三二〕

※ 「引用条項」＝本法九五2（免許証の提示義務）

（国際運転免許証等を所持する者に対する報告徴収）

第百七条の三の二　公安委員会は、国際運転免許証等を所持する者が当該国際運転免許証等に係る発給の条件を満たしているかどうかを調査するため必要があると認めるとき（その者が第百三条第一項第一号、第一号の二又は第三号のいずれかに該当するかどうかを調査するため必要があると認めるときに限る。）は、内閣府令で定めるところにより、その者に対し、必要な報告を求めることができる。

（罰則　第百十七条の四第一項第三号）

本条…追加〔平二五法四三〕、付記…一部改正〔令四法三二〕

※ 「内閣府令」＝則三七の二

（臨時適性検査）

第百七条の四　公安委員会は、国際運転免許証等を所持する者について、当該国際運転免許証等に係る発給の条件が満たされなくなつたと疑う理由があるとき（その者が第百三条第一項第一号から第三号までのいずれかに該当することとなつたと疑う理由があるときに限る。）は、臨時に適性検査を行うことができる。この場合において、公安委員会は、前条の規定による報告の内容その他の事情を考慮するとともに、あらかじめ、適性検査を行う期日、場所その他必要な事項をその者に通知しなければならない。

2　前項後段の規定による通知を受けた者は、通知された期日に通知された場所に出頭して適性検査を受けなければならない。

3　公安委員会は、道路における危険を防止し、その他交通の安全を図るため必要があると認めるときは、第一項の適性検査を受けた者に対し、運転をするに当たつてその者の身体の状態に応じた必要な措置をとることを命ずることができる。

4　前三項に定めるもののほか、第一項の規定による適性検査について必要な事項は、内閣府令で定める。

（罰則　第三項については第百十九条第一項第二十号）

本条…追加〔昭三九法九一〕、四項…追加〔昭四二法一二六〕、付記…一部改正〔昭四五法八六〕、一項…一部改正・三項…全部改正〔平五法四三〕、四項…一部改正〔平一一法一六〇〕、一項…一部改正〔平一三法五一平二五法四三〕、付記…一部改正〔令四法三二〕

※ 1項「引用条項」＝本法八八1（免許の欠格事由）・一〇三2①（免許の欠格事由に該当するに至らない程度の身体の障害）、4項「内閣府令」＝則三七の二の二

（軽微違反行為をした者の受講義務）

第百七条の四の二　第百二条の二の規定は、国際運転免許証等を所持する者が軽微違反行為をし、当該行為が同条の政令で定める基準に該当することとなつた場合について準用する。

本条…追加〔平九法四一〕

（自動車等の運転禁止等）

第百七条の五　国際運転免許証等を所持する者が次の各号のいずれかに該当することとなつたときは、その者が当該各号のいずれかに該当することとなつた時におけるその者の住所地を管轄する公安委員会は、政令で定める基準に従い、五年を超えない範囲内で期間を定めてその者に対し、当該国際運転免許証等に係る自動車等の運転を禁止することができる。ただし、第二号に該当する者が前条において準用する第百二条の二の規定の適用を受ける者であるときは、当該処分は、その者が前条において準用する第百二条の二に規定する講習を受けないで同条の期間を経過した後でなければ、することができない。

一　国際運転免許証等の発給の条件が満たされなくなつたことが明らかになつたとき（その者が第百三条第一項第一号から第三号までのいずれかに該当することとなつたときに

限る。）。

二　自動車等の運転に関しこの法律若しくはこの法律に基づく命令の規定又はこの法律の規定に基づく処分に違反したとき（次項各号のいずれかに該当する場合を除く。）。

2　国際運転免許証等を所持する者が次の各号のいずれかに該当することとなつた時におけるその者の住所地を管轄する公安委員会は、政令で定める基準に従い、三年以上十年を超えない範囲内で期間を定めてその者に対し、当該国際運転免許証等に係る自動車等の運転を禁止することができる。

一　自動車等の運転により人を死傷させ、又は建造物を損壊させる行為で故意によるものをしたとき。

二　自動車等の運転に関し自動車の運転により人を死傷させる行為等の処罰に関する法律第二条から第四条までの罪に当たる行為をしたとき。

三　自動車等の運転に関し第百十七条の二第一項第一号、第三号又は第四号の違反行為をしたとき（前二号のいずれかに該当する場合を除く。）。

四　自動車等の運転に関し第百十七条第一項又は第二項の違反行為をしたとき。

3　第百三条第十項の規定は、第一項の規定又は第九項において準用する同条第四項の規定による自動車等の運転の禁止を受けた者について準用する。この場合において、同条第十項中「その者の免許の効力の停止の期間」とあるのは、「その者の自動車等の運転の禁止の期間」と読み替えるものとする。

4　第百四条の規定は公安委員会が第一項第二号又は第二項各号に該当してこれらの規定により自動車等の運転を九十日（公安委員会が九十日を超えない範囲内においてこれと異なる期間を定めたときは、その期間。以下この項において同じ。）以上禁止しようとする場合及び第九項において準用する第百三条第三項（同条第五項において準用する場合を含む。以下この項において同じ。）の処分移送通知書（第一項第二号及び第二項各号に係るものに限る。）の送付を受けた場合について、第百四条の二の規定は公安委員会が第一項第一号に該当して同項の規定により自動車等の運転を九十日以上禁止しようとする場合及び第九項において準用する第百三条第三項の処分移送通知書（第一項第一号に係るものに限る。）の送付を受けた場合について準用する。この場合において、第百四条第四項中「第百三条第一項若しくは第四項の規定による免許の取消し若しくは効力の停止（同条第一項第五号に係るものに限る。）又は同条第二項若しくは第四項の規定による免許の取消し（同条第二項第一号から第四号までのいずれかに係るものに限る。）をする」とあるのは「第百七条の五第一項若しくは第二項又は同条第九項において準用する第百三条第四項の規定による自動車等の運転の禁止（第百七条の五第一項第二号及び第二項各号に係るものに限る。）をする」と、第百四条の二第二項中「前項の聴聞又は第百三条第一項若しくは第四項の規定による免許の取消し（同条第一項各号（第五号を除く。）に係るものに限る。）若しくは同条第二項若しくは第四項の規定による免許の取消し（同条第二項第五号に係るものに限る。）に係る聴聞」とあるのは「前項の聴聞」と読み替えるものとする。

5　国際運転免許証等を所持する者は、第一項若しくは第二項の規定により、又は第九項において準用する第百三条第四項の規定により自動車等の運転を禁止されたときは、速やかに、国際運転免許証等をその者の住所地を管轄する公安委員会に提出しなければならない。

6　前項の規定により国際運転免許証等の提出を受けた公安委員会又は第十項において準用する第百三条の二第四項若しくは第五項の規定により国際運転免許証等の送付を受けた公安委員会は、当該処分の期間が満了する時又は当該処分に係る者が本邦から出国する時のいずれか早い時においてその提出者から返還の請求があつたときは、直ちに当該国際運転免許証等を返還しなければならない。

7　第一項若しくは第二項の規定により、若しくは第九項において準用する第百三条第四項の規定により、又は第十項において準用する第百三条の二第一項の規定により自動車等の運転を禁止された者は、当該処分の期間中に本邦から出国した後に再び本邦に上陸したときは、速やかに、国際運転免許証等をその者の住所地を管轄する公安委員会に提出しなければならない。前項の規定は、この場合について準用する。

8　公安委員会は、第一項若しくは第二項の規定により、若しくは次項において準用する第百三条第四項の規定により自動車等の運転を禁止し、又は第三項において準用する同条第十項の規定により期間を短縮したときは、内閣府令で定めるところにより、当該処分に係る者の国際運転免許証等に当該処分に係る事項を記載しなければならない。

9　第百三条第三項から第五項まで及び第九項の規定は、第一項又は第二項の規定により自動車等の運転を禁止する場合について準用する。この場合において、同条第四項中「第一項各号のいずれかに該当する場合（同項第五号に該当する者が第百二条の二の規定の適用を受ける者であるときは、その者が同条に規定する講習を受けないで同条の期間を経過した後に限る。）には、同項の政令で定める基準に従い、その者の免許を取り消し、又は六月を超えない範囲内において期間を定めて免許の効力を停止することができるものとし、その者が第二項各号のいずれかに該当する場合には、その者の免許を取り消すことができる」とあるのは、「第百七条の五第一項各号のいずれかに該当するものであるとき（同項第二号に該当する者が第百七条の四の二において準用する第百二条の二の規定の適用を受ける者であるときは、その者が第百七条の四の二において準用する第百二条の二に規定する講習を受けないで同条の期間を経過した後に限る。）は、同項の政令で定める基準に従い、五年を超えない範囲内で期間を定めて、その者が第百七条の五第二項各号のいずれかに該当するものであるときは、同項の政令で定める基準に従い、三年以上十年を超えない範囲内で期間を定めて、その者に対し、当該国際運転免許証等に係る自動車等の運転を禁止することができる」と読み替えるものとする。

10　第百三条の二の規定は、国際運転免許証等を所持する者が自動車等の運転に関し同条第一項各号のいずれかに該当することとなつた場合について準用する。この場合において、同条中「免許の効力の停止」とあるのは「自動車等の運転の禁止」と、「仮停止」とあるのは「仮禁止」と、「免許証」とあるのは「国際運転免許証等」と、「仮停止通知書」とあるのは「仮禁止通知書」と、同条第五項中「前条第三項」とあるのは「第百七条の五第九項において準用する前条第三項」

と、同条第六項中「前条第一項、第二項又は第四項の規定」とあるのは「第百七条の五第一項若しくは第二項の規定又は同条第九項において準用する前条第四項の規定」と、同条第七項中「前条第一項又は第四項の規定」とあるのは「第百七条の五第一項若しくは第二項の規定又は同条第九項において準用する前条第四項の規定」と読み替えるものとする。

11　第百四条の三の規定は、第一項若しくは第二項の規定又は第九項において準用する第百三条第四項の規定により自動車等の運転の禁止をした場合について準用する。この場合において、第百四条の三中「免許証」とあるのは「国際運転免許証等」と、同条第五項中「免許の効力の停止の期間が満了した場合」とあるのは「自動車等の運転の禁止の期間が満了した場合又は当該禁止に係る者が本邦から出国する場合」と、同条第六項中「第九十五条」とあるのは「第百七条の三前段の規定及び同条後段において準用する第九十五条第二項」と読み替えるものとする。

（罰則　第五項、第七項及び第十項については第百二十一条第一項第十号）

本条…追加〔昭三九法九一〕、三・五・六項・付記…一部改正・九項…追加〔昭四二法一二六〕、一・二・七・八項…一部改正〔昭四五法八六〕、二項…一部改正〔昭四六法九八〕、二・五・七〜九項…一部改正〔昭六一法六三〕、一・三〜九項…一部改正・一〇項…追加〔平五法四三〕、三項…一部改正〔平五法八九〕、一・八項…一部改正〔平九法四一〕、七項…一部改正〔平一一法一六〇〕、一〜四項・六〜一〇項…一部改正〔平一三法五一〕、一項・付記…一部改正・二項…追加・旧二〜一〇項…一部改正し一項ずつ繰下〔平一九法九〇〕、二項…一部改正〔平二五法八六〕、二項…一部改正、九項…一部改正〔令二法四二〕、二項・付記…一部改正〔令四法三二〕

※　1・2項「政令」＝令四〇、1項一号「引用条項」＝本法八八1（免許の欠格事由）、1項二号「この法律に基づく命令」＝令、則等、3項で準用する一〇三条10項「政令」＝令三三の五、3〜5・7・8項「引用条項」＝本法一〇三（免許の取消し、停止等）、4項で準用する一〇四条5項「政令」＝令三九、6・7項「引用条項」＝本法一〇三の二（免許の効力の仮停止）、8項「内閣府令」＝則三七の四、9項で準用する一〇三条3項「内閣府令」＝則三七の三、10項で準用する一〇三条の二4項「内閣府令」＝則三七の五、11項で準用する一〇四条の三1〜4・9項「内閣府令」＝則三七の五の二

（自動車等の運転禁止等の報告）

第百七条の六　公安委員会は、第百七条の四第一項後段の規定による通知をしたとき、前条第一項若しくは第二項若しくは同条第九項において準用する第百三条第四項の規定により自動車等の運転を禁止し、若しくは前条第三項において準用する第百三条第十項の規定により期間を短縮したとき、又は警察署長が前条第十項において準用する第百三条の二第一項の規定により自動車等の運転を禁止したときは、内閣府令で定める事項を国家公安委員会に報告しなければならない。この場合において、国家公安委員会は、免許に関する事務の適正を図るため、当該報告に係る事項を各公安委員会に通報するものとする。

本条…追加〔昭三九法九一〕、一部改正〔昭四二法一二六〕、見出・本条…一部改正〔昭四五法八六〕、一部改正〔昭六一法六三〕、本条…一部改正〔平一一法一六〇平一三法五一平一九法九〇平二五法四三・四四〕

※　「内閣府令」＝則三七の六、「引用条項」＝本法一〇三（免許の取消、停止等）、一〇三の二（免許の仮停止）

（国外運転免許証の交付）

第百七条の七　免許（小型特殊免許、原付免許及び仮免許を除く。）を現に受けている者（第九十条第五項、第百三条第一項若しくは第四項、第百三条の二第一項、第百四条の二の三第一項若しくは第三項又は同条第五項において準用する第百三条第四項の規定により免許の効力が停止されている者を除く。）は、内閣府令で定める区分に従い、当該免許で運転することができることとされている自動車等に対応する条約附属書十に規定する自動車等に係る条約第二十四条第一項の運転免許証で公安委員会が発給するもの（以下「国外運転免許証」という。）の交付を受けることができる。

2　国外運転免許証の交付を受けようとする者は、その者の住所地を管轄する公安委員会に、その者が外国に渡航するものであることを証する書面を添えて、内閣府令で定める様式の交付申請書を提出しなければならない。

3　公安委員会は、前項の申請があつたときは、運転することができる自動車等の種類を指定し、かつ、その旨を記載して当該国外運転免許証を交付するものとする。

4　前三項に規定するもののほか、国外運転免許証の様式その他国外運転免許証の交付について必要な事項は、内閣府令で定める。

本条…追加〔昭三九法九一〕、一項…一部改正〔昭四〇法九六昭四二法一二六平九法四一〕、一・二・四項…一部改正〔平一一法一六〇〕、一項…一部改正〔平一三法五一平一九法九〇平二五法四三〕

※　1項「条約」＝道路交通に関する条約、「附属書十」＝国際運転免許証の様式、1・2・4項「内閣府令」＝則三七の七〜三七の一〇

（国外運転免許証の有効期間）

第百七条の八　国外運転免許証の有効期間は、当該国外運転免許証の発給の日から起算して一年とする。

本条…追加〔昭三九法九一〕

（国外運転免許証の失効）

第百七条の九　国外運転免許証は、当該国外運転免許証に係る免許が失効し、又は取り消されたときは、その効力を失う。

2　国外運転免許証は、当該国外運転免許証に係る免許の効力が停止されたときは、当該停止の期間、その効力が停止されるものとする。

本条…追加〔昭三九法九一〕

（国外運転免許証の返納等）

第百七条の十　国外運転免許証の交付を受けた者は、当該国外運転免許証の有効期間が満了し、又は当該国外運転免許証が失効したとき（当該国外運転免許証の有効期間が満了した時又は当該国外運転免許証が失効した時に本邦外の地域にある者については、本邦に帰国したとき。）は、すみやかに、当該国外運転免許証をその住所地を管轄する公安委員会に返納しなければならない。

2　国外運転免許証の交付を受けた者は、当該国外運転免許証の効力が停止されたとき（当該国外運転免許証の効力が停止された時に本邦外の地域にあり、かつ、当該国外運転免許証の効力の停止の期間中に本邦に帰国した者については、帰国したとき。）は、すみやかに、当該国外運転免許証をその者の住所地を管轄する公安委員会に提出しなければならない。

3　前項の規定により国外運転免許証の提出を受けた公安委員会は、当該国外運転免許証の効力の停止の期間が満了した場合においてその提出者から返還の請求があつたときは、直ちに当該国外運転免許証を返還しなければならない。

（罰則　第一項及び第二項については第百二十一条第一項

第十号）

本条…追加〔昭三九法九一〕、付記…一部改正〔令四法三二〕

第八節　免許関係事務の委託

本節…追加〔平五法四三〕

（免許関係事務の委託）

第百八条　公安委員会は、政令で定めるところにより、この章に規定する免許に関する事務（免許の拒否及び保留、免許の条件の付与及び変更、運転免許試験及び適性検査の結果の判定並びに免許の取消し及び効力の停止に係る事務その他の政令で定める事務を除く。次項において「免許関係事務」という。）の全部又は一部を内閣府令で定める法人に委託することができる。

2　前項の規定により免許関係事務の委託を受けた法人の役員若しくは職員又はこれらの職にあつた者は、当該委託に係る免許関係事務に関して知り得た秘密を漏らしてはならない。

（罰則　第二項については第百十七条の四第一項第一号）

本条…追加〔平五法四三〕、旧一〇七条の一一…繰下〔平九法四一〕、一項…一部改正〔平一一法一六〇〕、付記…一部改正〔平一三法五一・平一九法九〇・平二五法四三・令四法三二〕

※1項「政令」＝令四〇の二・四〇の三、「内閣府令」＝則三一の四の二

第六章の二　講習

章名…追加〔平元法九〇〕、改正〔平九法四一〕

（講習）

第百八条の二　公安委員会は、内閣府令で定めるところにより、次に掲げる講習を行うものとする。

一　安全運転管理者等に対する講習

二　取消処分者等又は準取消処分者等に対する講習

三　第九十条第一項ただし書の規定による免許の保留、同条第五項若しくは第百三条第一項若しくは第四項の規定による免許の効力の停止又は第百七条の五第一項の規定若しくは同条第九項において準用する第百三条第四項の規定による六月を超えない範囲内の自動車等の運転の禁止を受けた者（第九十条第一項第一号から第三号まで若しくは第七号、第百三条第一項第一号から第四号まで又は第百七条の五第一項第一号に該当することを理由としてこれらの処分を受けた者及び第百二条の二の期間内に同条に規定する講習を受けなかつた者を除く。）に対する講習

四　大型免許、中型免許、準中型免許又は普通免許を受けようとする者に対するその受けようとする免許に係る自動車の運転に関する講習

五　大型二輪免許又は普通二輪免許を受けようとする者に対するその受けようとする免許に係る自動車の運転に関する講習

六　原付免許を受けようとする者に対する一般原動機付自転車の運転に関する講習

七　大型第二種免許、中型第二種免許又は普通第二種免許を受けようとする者に対するその受けようとする免許に係る自動車の運転に関する講習

八　大型免許、中型免許、準中型免許、普通免許、大型二輪免許、普通二輪免許、大型第二種免許、中型第二種免許又は普通第二種免許を受けようとする者に対する応急救護処置（交通事故の現場においてその負傷者を救護するため必要な応急の処置をいう。）に関する講習

九　指定自動車教習所の政令で定める職員に対する講習

十　基準該当初心運転者（免許の効力が停止されている者を除く。）に対する免許の種類ごとに行う当該免許自動車等の運転について必要な技能及び知識に関する講習

十一　免許証の更新を受けようとする者、特定失効者又は特定取消処分者に対する第九十二条の二第一項の表の上欄に規定する優良運転者、一般運転者又は違反運転者等の区分に応じた講習

十二　更新期間が満了する日における年齢が七十歳以上の者、第八十九条第一項の規定により免許申請書を提出した日における年齢が七十歳以上の特定失効者若しくは特定取消処分者又は第百一条の七第五項の規定による通知を受けた者に、加齢に伴つて生ずるその者の身体の機能の低下が自動車等の運転に影響を及ぼす可能性があることを理解させるための講習

十三　免許を受けた者又は国際運転免許証等を所持する者で軽微違反行為をし、当該行為が第百二条の二の政令で定める基準に該当することとなつたものに対する講習

十四　基準該当若年運転者（免許の効力が停止されている者を除く。）に対する特例取得免許に係る自動車の運転に関する講習

十五　特定小型原動機付自転車の運転による交通の危険を防止するための講習

十六　自転車の運転による交通の危険を防止するための講習

2　公安委員会は、前項各号に掲げるもののほか、車両の運転に関する技能及び知識の向上を図るため車両の運転者に対する講習を行うように努めなければならない。

3　公安委員会は、内閣府令で定める者に第一項第一号、第三号から第九号まで、第十一号から第十三号まで、第十五号若しくは第十六号に掲げる講習又は前項に規定する講習の実施を委託することができる。

本条…追加〔昭四六法九八〕、一項…一部改正・二項…追加・旧二項…一部改正し三項に繰下〔昭五三法五三〕、一項…一部改正〔昭六〇法八七〕、一・三項…一部改正〔平元法九〇平四法四三平五法四三平七法七四平九法四一〕、一項…一部改正〔平一一法四〇〕、一・三項…一部改正〔平一一法一六〇〕、一項…一部改正〔平一三法五一平一六法九〇〕、一項…一部改正・四項・付記…追加〔平一九法九〇〕、付記…一部改正、一・三項・付記…一部改正〔平二五法四三〕、一・四項…一部改正〔平二七法四〇〕、一・三項…一部改正・四項・付記…削除〔令二法四二〕、一・三項…一部改正〔令四法三二〕

※1項各号列記以外の部分・3項「内閣府令」＝則三八・三八の三、1項一号「安全運転管理者等」＝本法七四の二、1項九号「政令」＝令四一、「指定自動車教習所」＝本法九八、1項十一号「免許証の更新」＝本法一〇一、「更新を受けようとする者の義務」＝本法一〇一の三

（初心運転者講習の手続）

第百八条の三　公安委員会は、内閣府令で定めるところにより、基準該当初心運転者に対し、その者が第百条の二第一項に規定する行為をし、当該行為が同項本文の政令で定める基準に該当することとなつた後速やかに、前条第一項第十号に掲げる講習（以下「初心運転者講習」という。）を受けることができる旨を書面で通知するものとする。

2　前項の通知を受けた者は、当該通知を受けた日の翌日から

起算した期間（講習を受けないことについて政令で定めるやむを得ない理由がある者にあつては、当該期間から当該事情の存する期間を除いた期間）が通算して一月を超えることとなるまでの間に限り、初心運転者講習を受けることができる。

本条…追加〔平元法九〇〕、二項…一部改正〔平四法四三平五法四三平七法七四平一一法一六〇〕

※　1項「内閣府令」＝則三八の四、「政令」＝令四一の二

（軽微違反行為をした者に対する講習の手続）

第百八条の三の二　公安委員会は、免許を受けた者又は国際運転免許証等を所持する者が軽微違反行為をし、当該行為が第百二条の二の政令で定める基準に該当することとなつたときは、内閣府令で定めるところにより、速やかに、その者に対し、第百八条の二第一項第十三号に掲げる講習を行う旨を書面で通知しなければならない。

本条…追加〔平九法四一〕、一部改正〔平一一法一六〇〕

※　「内閣府令」＝則三八の四の二

（若年運転者講習の手続）

第百八条の三の三　公安委員会は、内閣府令で定めるところにより、基準該当若年運転者に対し、その者が自動車等の運転に関しこの法律若しくはこの法律に基づく命令の規定又はこの法律の規定に基づく処分に違反する行為をし、当該行為が第百二条の三の政令で定める基準に該当することとなつた後速やかに、第百八条の二第一項第十四号に掲げる講習（以下「若年運転者講習」という。）を行う旨を書面で通知しなければならない。

本条…追加〔令二法四二〕

※　「内閣府令」＝則三八の四の二の二

（講習通知事務の委託）

第百八条の三の四　公安委員会は、第百八条の三第一項又は前二条の規定による通知の実施に係る事務（次項において「講習通知事務」という。）の全部又は一部を内閣府令で定める法人に委託することができる。

2　前項の規定により講習通知事務の委託を受けた法人の役員若しくは職員又はこれらの職にあつた者は、当該委託に係る講習通知事務に関して知り得た秘密を漏らしてはならない。

（罰則　第二項については第百十七条の五第一項第二号）

本条…追加〔平一一法四〇〕、一項…一部改正〔平一一法一六〇〕、付記…一部改正〔平一三法五一〕、付記…一部改正、一項…一部改正・旧一〇八条の三の三…繰下〔令二法四二〕、付記…一部改正〔令四法三二〕

※　1項「内閣府令」＝則三八の四の三

（特定小型原動機付自転車運転者講習等の受講命令）

第百八条の三の五　公安委員会は、特定小型原動機付自転車の運転に関しこの法律若しくはこの法律に基づく命令の規定又はこの法律の規定に基づく処分に違反する行為であつて道路における交通の危険を生じさせるおそれのあるものとして政令で定めるもの（次条において「特定小型原動機付自転車危険行為」という。）を反復してした者が、更に特定小型原動機付自転車を運転することが道路における交通の危険を生じさせるおそれがあると認めるときは、内閣府令で定めるところにより、その者に対し、三月を超えない範囲内で期間を定めて、当該期間内に行われる第百八条の二第一項第十五号に掲げる講習（次条において「特定小型原動機付自転車運転者講習」という。）を受けるべき旨を命ずることができる。

2　公安委員会は、自転車の運転に関しこの法律若しくはこの法律に基づく命令の規定又はこの法律の規定に基づく処分に違反する行為であつて道路における交通の危険を生じさせるおそれのあるものとして政令で定めるもの（次条において「自転車危険行為」という。）を反復してした者が、更に自転車を運転することが道路における交通の危険を生じさせるおそれがあると認めるときは、内閣府令で定めるところにより、その者に対し、三月を超えない範囲内で期間を定めて、当該期間内に行われる第百八条の二第一項第十六号に掲げる講習（次条において「自転車運転者講習」という。）を受けるべき旨を命ずることができる。

（罰則　第百二十条第一項第十七号）

本条…追加〔平二五法四三〕、一部改正・旧一〇八条の三の四…繰下〔令二法四二〕、見出…全部改正・一項…追加・旧一項…一部改正し二項に繰下〔令四法三二〕

※　1・2項「政令」＝令四一の三、「内閣府令」＝則三八の四の四

（特定小型原動機付自転車運転者講習等の受講命令等の報告）

第百八条の三の六　公安委員会は、前条の規定による命令をしたとき、特定小型原動機付自転車の運転者が特定小型原動機付自転車危険行為をしたとき若しくは自転車の運転者が自転車危険行為をしたとき又は特定小型原動機付自転車運転者講習若しくは自転車運転者講習を受けたときは、内閣府令で定める事項を国家公安委員会に報告しなければならない。この場合において、国家公安委員会は、特定小型原動機付自転車運転者講習及び自転車運転者講習に関する事務の適正を図るため、当該報告に係る事項を各公安委員会に通報するものとする。

本条…追加〔平二五法四三〕、旧一〇八条の三の五…繰下〔令二法四二〕、見出…全部改正・本条…一部改正〔令四法三二〕

※　「内閣府令」＝則三八の四の五

（指定講習機関）

第百八条の四　公安委員会は、次の各号に掲げる講習を、それぞれ当該各号に定める要件に該当すると認められるものとして指定する者（以下「指定講習機関」という。）に行わせることができる。

一　第百八条の二第一項第二号に掲げる講習（以下この条及び次条第一項において「取消処分者講習」という。）　自動車等の運転に必要な適性に関する調査及びこれに基づく指導（以下「運転適性指導」という。）について専門的知識を有する者として国家公安委員会規則で定める者（第三号及び次条において「運転適性指導員」という。）が置かれていることその他取消処分者講習を適正かつ確実に行うために必要なものとして国家公安委員会規則で定める基準に適合すること。

二　初心運転者講習　自動車等の運転に必要な技能及び知識に関する指導（次条において「運転習熟指導」という。）について高度の能力を有する者として国家公安委員会規則で定める者（同条において「運転習熟指導員」という。）が置かれていることその他初心運転者講習を適正かつ確実に行うために必要なものとして国家公安委員会規則で定める基準に適合すること。

三　若年運転者講習に運転適性指導員が置かれていることその他若年運転者講習を適正かつ確実に行うために必要なものとして国家公安委員会規則で定める基準に適合すること。

2　前項の規定による指定は、取消処分者講習、初心運転者講習又は若年運転者講習（以下「特定講習」という。）を行おうとする者の申請により行う。

3　次の各号のいずれかに該当する者は、第一項の規定による指定を受けることができない。

一　一般社団法人若しくは一般財団法人又は指定自動車教習所として指定された者以外の者

二　第百八条の十一第一項又は第二項の規定により指定を取り消され、その取消しの日から起算して二年を経過しない者

三　自動車等の運転に関し自動車の運転により人を死傷させる行為等の処罰に関する法律第二条から第六条までの罪又はこの法律に規定する罪を犯し禁錮以上の刑に処せられ、その執行を終わり、又はその執行を受けることがなくなつた日から起算して二年を経過しない者

四　法人で、その役員のうちに前号に該当する者があるもの

4　公安委員会は、第一項の規定による指定をしたときは、当該指定に係る特定講習を行わないことができる。

本条…追加〔平元法九〇〕、一項…一部改正〔平五法四三・平九法四一〕、三項…一部改正〔平一三法一三八・平一九法五四・法九〇・平一八法五〇・平二五法八六〕、一・二項…一部改正〔令二法四二〕

※　1項「国家公安委員会規則」＝指定講習機関に関する規則五～八の二

（運転適性指導員等）

第百八条の五　取消処分者講習又は若年運転者講習を行う指定講習機関は、運転適性指導には、運転適性指導員以外の者を従事させてはならない。

2　初心運転者講習を行う指定講習機関は、運転習熟指導には、運転習熟指導員以外の者を従事させてはならない。

3　公安委員会は、運転適性指導員又は運転習熟指導員が運転適性指導又は運転習熟指導について不正な行為をしたときは、当該指定講習機関に対し、その選任に係る当該運転適性指導員又は運転習熟指導員の解任を命ずることができる。

本条…追加〔平元法九〇〕、四項…削除〔平五法八九〕、一項…一部改正〔令二法四二〕

（講習業務規程）

第百八条の六　指定講習機関は、特定講習の開始前に、特定講習の業務に関する規程（次項において「講習業務規程」という。）を定め、公安委員会の認可を受けなければならない。これを変更しようとするときも、同様とする。

2　講習業務規程で定めるべき事項は、国家公安委員会規則で定める。

本条…追加〔平元法九〇〕

※　2項「国家公安委員会規則」＝指定講習機関に関する規則一〇

（秘密保持義務等）

第百八条の七　指定講習機関の役員（法人でない指定自動車教習所にあつては当該施設を設置する者。次項において同じ。）若しくは職員又はこれらの職にあつた者は、特定講習の業務に関して知り得た秘密を漏らしてはならない。

2　特定講習の業務に従事する指定講習機関の役員又は職員は、刑法その他の罰則の適用については、法令により公務に従事する職員とみなす。

（罰則　第一項については第百十七条の五第一項第二号）

本条…追加〔平元法九〇〕、付記…一部改正〔平一三法五一・令二法四二・令四法三二〕

（適合命令等）

第百八条の八　公安委員会は、指定講習機関が第百八条の四第一項各号に規定する基準に適合しなくなつたと認めるときは、当該指定講習機関に対し、同項各号に規定する基準に適合するため必要な措置を採るべきことを命ずることができる。

2　公安委員会は、前項に定めるもののほか、特定講習を適正かつ確実に行うことを確保するため必要があると認めるときは、指定講習機関に対し、特定講習の業務に関し監督上必要な命令をすることができる。

本条…追加〔平元法九〇〕

（検査等）

第百八条の九　公安委員会は、指定講習機関について、第百八条の四第一項各号に規定する基準に適合しているかどうか、又は第百八条の五第一項若しくは第二項の規定に従い運営されているかどうかを検査し、及び指定講習機関に対し、必要な報告又は資料の提出を求めることができる。

本条…追加〔平元法九〇〕

（講習の休廃止）

第百八条の十　指定講習機関は、公安委員会の許可を受けなければ、特定講習の全部又は一部を休止し、又は廃止してはならない。

本条…追加〔平元法九〇〕

（指定の取消し）

第百八条の十一　公安委員会は、指定講習機関が第百八条の四第三項第一号、第三号又は第四号のいずれかに該当する者になつたときは、その指定を取り消さなければならない。

2　公安委員会は、指定講習機関が次の各号のいずれかに該当することとなつたときは、その指定を取り消すことができる。

一　第百八条の五第一項若しくは第二項、第百八条の六第一項又は前条の規定に違反したとき。

二　第百八条の五第三項又は第百八条の八第一項若しくは第二項の規定による命令に違反したとき。

本条…追加〔平元法九〇〕、三項…削除〔平五法八九〕

（国家公安委員会規則への委任）

第百八条の十二　第百八条の四から前条までに規定するもののほか、指定講習機関に関し必要な事項は、国家公安委員会規則で定める。

本条…追加〔平元法九〇〕

※　「国家公安委員会規則」＝指定講習機関に関する規則

第六章の四　交通の安全と円滑に資するための民間の組織活動等の促進

本章…追加〔平九法四一〕

（都道府県交通安全活動推進センター）

第百八条の三十一　公安委員会は、道路における交通の安全と円滑に寄与することを目的とする一般社団法人又は一般財団法人であつて、次項に規定する事業を適正かつ確実に行うことができると認められるものを、その申出により、都道府県に一を限つて、都道府県交通安全活動推進センター（以下「都道府県センター」という。）として指定することができる。

2　都道府県センターは、当該都道府県の区域において、次に掲げる事業を行うものとする。

一　適正な交通の方法、交通事故防止その他道路における交通の安全に関する事項について広報活動を行うこと。

二　適正な交通の方法、交通事故防止その他道路における交通の安全についての啓発活動を行うこと。

三　交通事故に関する相談に応ずること。

四　道路における車両の駐車及び交通の規制並びに道路の使用に関する事項について照会及び相談に応ずること。

五　道路における車両の駐車及び交通の規制並びに道路の使用に関する事項について広報活動を行うこと（第一号に該当するものを除く。）。

六　道路における適正な車両の駐車及び道路の使用についての啓発活動を行うこと（第二号に該当するものを除く。）。

七　警察署長の委託を受けて第五十六条、第五十七条第三項及び第七十七条第一項の規定による許可に関し、道路又は交通の状況について調査すること。

八　警察署長の委託を受けて道路における工作物又は物件の設置の状況について調査すること（前号の許可に係るものを除く。）。

九　運転適性指導（道路運送法第二条第二項に規定する自動車運送事業（貨物利用運送事業法第二条第八項に規定する第二種貨物利用運送事業を含む。）の用に供する自動車の運転者に対するものを除く。）を行うこと。

十　道路における交通の安全と円滑に資するための民間の自主的な組織活動を助けること。

十一　地域交通安全活動推進委員に対する研修を行うこと。

十二　地域交通安全活動推進委員協議会の事務について連絡調整を行う等その任務の遂行を助けること。

十三　前各号の事業に附帯する事業

3　公安委員会は、都道府県センターの財産の状況又はその事業の運営に関し改善が必要であると認めるときは、都道府県センターに対し、その改善に必要な措置を採るべきことを命ずることができる。

4　公安委員会は、都道府県センターが前項の規定による命令に違反したときは、第一項の指定を取り消すことができる。

5　都道府県センターの役員若しくは職員又はこれらの職にあつた者は、第二項第三号又は第七号から第九号までに掲げる業務に関して知り得た秘密を漏らしてはならない。

6　第二項第七号又は第八号に掲げる業務に従事する都道府県センターの役員又は職員は、刑法その他の罰則の適用に関しては、法令により公務に従事する職員とみなす。

7　都道府県センターは、第二項各号に掲げる事業の遂行に当たつては、関係する機関及び団体の活動の円滑な遂行に配慮して、これらの活動との調和及び連携を図らなければならない。

8　第一項の指定の手続その他都道府県センターに関し必要な事項は、国家公安委員会規則で定める。

（罰則　第五項については第百十七条の五第一項第二号）

本条…追加〔平九法四一〕、付記…一部改正〔平一三法五一〕、二項…一部改正〔平一四法七七〕、一項…一部改正〔平一八法五〇〕、付記…一部改正〔令二法四二令四法三二〕

※　8項「国家公安委員会規則」＝交通安全活動推進センターに関する規則一～一〇

（全国交通安全活動推進センター）

第百八条の三十二　国家公安委員会は、道路における交通の安全と円滑に寄与することを目的とする一般社団法人又は一般財団法人であつて、次項に規定する事業を適正かつ確実に行うことができると認められるものを、その申出により、全国に一を限つて、全国交通安全活動推進センター（以下「全国センター」という。）として指定することができる。

2　全国センターは、次に掲げる事業を行うものとする。

一　交通事故に関する相談に応ずる業務を担当する者、道路における車両の駐車及び交通の規制並びに道路の使用に関する事項について照会及び相談に応ずる業務を担当する者、運転適性指導の業務を担当する者その他都道府県センターの業務を行う者に対する研修を行うこと。

二　適正な交通の方法、交通事故防止その他道路における交通の安全に関する事項について二以上の都道府県の区域における広報活動を行うこと。

三　適正な交通の方法、交通事故防止その他道路における交通の安全についての二以上の都道府県の区域における啓発活動を行うこと。

四　道路における適正な車両の駐車及び道路の使用についての二以上の都道府県の区域における啓発活動を行うこと（前号に該当するものを除く。）。

五　道路における車両の駐車及び交通の規制並びに道路の使用並びに運転適性指導に関する調査研究を行うこと。

六　道路を通行する者に対する交通安全教育を行う者の資質の向上に必要とされる技能及び知識に関する研修（道路運送法及び貨物自動車運送事業法に規定する運行管理者に対するものその他国家公安委員会規則で定めるものを除く。）を行うこと。

七　都道府県センターの事業について、連絡調整を行うこと。

八　前各号の事業に附帯する事業

3　前条第三項、第四項、第七項及び第八項の規定は、全国センターについて準用する。この場合において、同条第三項中「公安委員会」とあるのは「国家公安委員会」と、同条第四項中「公安委員会」とあるのは「国家公安委員会」と、「第一項」とあるのは「次条第一項」と、同条第七項中「第二項各号」とあるのは「次条第二項各号」と、同条第八項中「第一項」とあるのは「次条第一項」と読み替えるものとする。

本条…追加〔平九法四一〕、二項…一部改正〔平一九法九〇〕、一項…一部改正〔平一八法五〇〕

※　2項六号「国家公安委員会規則」＝交通安全活動推進センターに関する規則一一、3項「準用規定」＝交通安全活動推進センターに関する規則一二

第七章　雑則

章名…削り・追加〔平元法九〇〕

（免許の拒否等に関する規定の適用の特例）

第百八条の三十三　道路運送車両法第十九条、第五十八条第一項若しくは第七十三条第一項（同法第九十七条の三第二項において準用する場合を含む。）、自動車損害賠償保障法（昭和三十年法律第九十七号）第五条又は自動車の保管場所の確保等に関する法律（昭和三十七年法律第百四十五号）第十一条第一項若しくは第二項の規定は、第六十七条第二項、第九十条第一項第四号若しくは第五号、第九十二条の二第一項、第九十七条の二第一項第三号イ、第百条の二第一項本文若しくは同項第四号、第百一条の四第三項、第百二条の二、第百二条の三、第百三条第一項第五号、第百四条の二の四第一項、第二項若しくは第四項、第百六条、第百七条の五第一項第二号、第百八条の三の三又は次条の規定の適用については、この法律の規定とみなす。

本条…追加〔昭五三法五三〕、一部改正・旧一〇八条の三…繰下〔平元法九〇〕、一部改正〔平二法七四〕、一部改正・旧一〇八条の二三…繰下〔平四法四三〕、一部改正〔平五法四三〕、一部改正・旧一〇八条の二六…繰下〔平九法四一〕、一部改正〔平一三法五一・平一九法九〇・令二法四二〕

※「引用条項」＝車両法五八1（自動車の検査）、自賠法五（自動車損害賠償責任保険の締結強制）、自動車の保管場所の確保等に関する法律五（保管場所としての道路の使用の禁止等）、本法九〇（免許の拒否等）、一〇〇の二（再試験）、一〇三2（免許の効力の停止）、一〇六の二（国家公安委員会への報告）、一〇七の五（自動車の運転禁止）

（使用者に対する通知）

第百八条の三十四　車両等の運転者がこの法律若しくはこの法律に基づく命令の規定又はこの法律の規定に基づく処分に違反した場合において、当該違反が当該違反に係る車両等の使用者の業務に関してなされたものであると認めるときは、公安委員会は、内閣府令で定めるところにより、当該車両等の使用者が道路運送法の規定による自動車運送事業者、貨物利用運送事業法の規定による第二種貨物利用運送事業を経営する者又は軌道法の規定による軌道の事業者であるときは当該事業者及び当該事業を監督する行政庁に対し、当該車両等の使用者がこれらの事業者以外の者であるときは当該車両等の使用者に対し、当該違反の内容を通知するものとする。

本条…一部改正〔昭四〇法九六〕、旧一〇八条…繰下〔昭四六法九八〕、見出・本条…一部改正・旧一〇八条の三…繰下〔昭五三法五三〕、一部改正〔平元法八二〕、旧一〇八条の四…繰下〔平元法九〇〕、旧一〇八条の一四…繰下〔平四法四三〕、一部改正〔平五法四三〕、旧一〇八条の二七…繰下〔平九法四一〕、一部改正〔平一一法一六〇・平一四法七七〕

※「この法律に基づく命令」＝令、則等、「内閣府令」＝則三八の五

（免許証又は国際運転免許証等の保管）

第百九条　警察官は、自動車又は一般原動機付自転車の運転者が自動車又は一般原動機付自転車の運転に関しこの法律の罰則に触れる行為をしたと認めるときは、その現場において、免許証又は国際運転免許証等の提出を求めこれを保管することができる。この場合において、警察官は、保管証を交付しなければならない。

2　前項の保管証は、第九十五条（第百七条の三後段において準用する場合を含む。）及び第百七条の三前段の規定の適用については、免許証又は国際運転免許証等とみなす。

3　当該警察官は、第一項の規定により保管した免許証又は国際運転免許証等の提出者が当該警察官の指定した日時及び場所に出頭したとき、又は当該日時が経過した後においてその提出者から返還の請求があつたときは、当該免許証又は国際運転免許証等を返還しなければならない。

4　前項の規定により免許証又は国際運転免許証等の返還を受ける者は、当該免許証又は国際運転免許証等と引き換えに保管証を返納しなければならない。

5　警察官は、第一項の規定により免許証又は国際運転免許証等の提出を求めるときは、出頭の日時及び場所を告げ、かつ、前三項の規定の趣旨を説明しなければならない。

6　第一項の保管証の有効期間、記載事項その他保管証について必要な事項は、政令で定める。

見出・一〜五項…一部改正〔昭三九法九一・平五法四三〕、二項…一部改正〔令四法三二〕

※1項「保管証の様式」＝則三八の六、2項「引用条項」＝本法九五（免許証の携帯及び提示義務）・一〇七の三（国際運転免許証等の携帯及び提示義務）、6項「政令」＝令四一の四

（交通情報の提供）

第百九条の二　公安委員会は、内閣府令で定めるところにより、車両の運転者に対し、車両の通行に必要な情報（以下この条及び次条において「交通情報」という。）を提供するように努めなければならない。

2　公安委員会は、内閣府令で定める者に交通情報の提供に係る事務を委託することができる。

3　国家公安委員会は、交通情報を提供する事業を行う者が正確かつ適切に交通情報を提供することができるようにするため、交通情報の提供に関する指針を作成し、これを公表するものとする。

4　交通情報を提供する事業（公安委員会及び第二項の規定による委託を受けた者が行うもの並びに道路法による道路の管理者が道路の維持、修繕その他の管理のため行うものを除く。次条第一項において同じ。）を行う者は、前項の交通情報の提供に関する指針に従い正確かつ適切に交通情報を提供することにより、道路における危険の防止その他交通の安全と円滑に資するように配慮しなければならない。

本条…追加〔昭四六法九八〕、見出・一・二項…一部改正・三項…追加〔平九法四一〕、一・二項…一部改正・三項…追加・旧三項…一部改正し繰下げ〔平一三法五一〕

※1・2項「内閣府令」＝則三八の七

第百九条の三　交通情報を提供する事業であつて次の各号のいずれかに該当するもの（以下この条において「特定交通情報提供事業」という。）を行おうとする者は、内閣府令で定めるところにより、氏名及び住所（法人にあつては、その名称、代表者の氏名及び主たる事務所の所在地）、交通情報の収集及び提供の方法その他内閣府令で定める事項を国家公安委員会に届け出なければならない。その者が届出をした事項を変更するときも、同様とする。

一　道路における交通の混雑の状態を予測する事業

二　目的地に到達するまでに要する時間を予測する事業

2　国家公安委員会は、特定交通情報提供事業を行う者が正確かつ適切でない交通情報を提供することにより道路における交通の危険又は混雑を生じさせたと認めるときは、その者に対し、前項各号に掲げる事業に係る技術水準その他の事情を勘案して、相当な期間を定めて、正確かつ適切な交通情報の提供の実施のために必要な措置をとるべきことを勧告することができる。

3　国家公安委員会は、前項の規定による勧告をした場合において、当該勧告を受けた特定交通情報提供事業を行う者が当該勧告に従わないときは、その旨及び当該勧告の内容を公表することができる。

4　国家公安委員会は、前二項の規定を施行するため必要な限度において、特定交通情報提供事業を行う者に対し、必要な事項を報告させることができる。

（罰則　第一項については第百十九条の三第二項第二号、第百二十三条　第四項については第百十九条の三第二項第三号、第百二十三条）

※　1項「内閣府令」＝則三八の八

本条…追加〔平一三法五一〕、付記…一部改正〔平一六法九〇平一九法九〇令四法三二〕

（国家公安委員会の指示権）

第百十条　国家公安委員会は、全国的な幹線道路（高速自動車国道及び政令で定める基準に従い国家公安委員会が指定する自動車専用道路を除く。）における交通の規制の斉一を図るため必要があると認めるときは、政令で定めるところにより、公安委員会に対し、この法律の規定により公安委員会の権限に属する事務のうち、車両等の最高速度その他政令で定める事項に係るものの処理について指示することができる。

2　国家公安委員会は、高速自動車国道及び前項の規定により国家公安委員会が指定する自動車専用道路における危険を防止し、その他交通の安全と円滑を図るため特に必要があると認めるときは、公安委員会に対し、当該道路におけるこの法律の実施に関する事項について指示することができる。

一項…一部改正・二項…追加〔昭四〇法九六〕、一・二項…一部改正〔昭四七法五一平一一法四〇〕

※　1項「政令」＝令四二、「指定」＝道路交通法第百十条第一項の規定に基づく国家公安委員会が指定する自動車専用道路、「この法律の規定」＝本法四・四五・七七等

（特定の交通の規制等の手続）

第百十条の二　公安委員会は、大気汚染防止法（昭和四十三年法律第九十七号）第二十一条第一項若しくは第二十三条第二項、騒音規制法（昭和四十三年法律第九十八号）第十七条第一項又は振動規制法（昭和五十一年法律第六十四号）第十六条第一項の要請があつた場合その他交通公害が発生したことを知つた場合において、必要があると認めるときは、当該交通公害の防止に関し第四条第一項の規定によりその権限に属する事務を行なうものとする。この場合において、必要があると認めるときは、都道府県知事その他関係地方公共団体の長に対し、当該交通公害に関する資料の提供を求めることができる。

2　公安委員会は、第四条第一項の規定に基づき第八条第一項の道路標識等により自動車の通行を禁止しようとする場合において、その禁止を行なうことにより、広域にわたり道路における交通に著しい影響が及ぶおそれがあるときは、都道府県知事及び関係地方行政機関の長その他政令で定める者の意見をきかなければならない。

3　公安委員会（第五条第一項の規定により権限を委任された警察署長を含む。以下この条において同じ。）は、第四条第一項の規定に基づき、第二条第一項第三号、第三号の四、第四号、第四号の二若しくは第七号、第四条第三項、第八条第一項、第十三条第二項、第十七条第四項、第五項第五号若しくは第六項、第十七条の二第一項、第二十二条第一項、第二十三条、第三十四条第五項、第四十九条第一項、第六十三条の四第一項第一号又は第六十三条の七第二項の道路標識等（第十七条第六項の道路標識等にあつては内閣府令・国土交通省令で定めるものに限り、第二十二条第一項の道路標識等にあつては同項の政令で定める最高速度を超える最高速度に係るものに限る。以下この条において同じ。）により交通の規制を行おうとするときは、当該規制の適用される道路（第二十二条第一項及び第六十三条の四第一項第一号の道路標識等以外の道路標識等に係る場合にあつては、道路法による道路に限る。）の管理者の意見を聴かなければならない。ただし、第八条第一項の道路標識等による交通の規制を行う場合において、緊急を要するためやむを得ないと認められるときは、この限りでないものとし、この場合には、事後において、速やかに当該交通の規制に係る事項を通知しなければならない。

4　公安委員会は、高速自動車国道等について、第四条第一項の規定に基づき、前項本文に規定する道路標識等又は第十七条第五項第四号、第三十条、第四十二条若しくは第七十五条の四の道路標識等により交通の規制を行おうとするときは、前項本文の規定にかかわらず、当該道路の管理者に協議しなければならない。同項ただし書の規定は、当該協議について準用する。

5　公安委員会は、第四条第一項の規定に基づき、第四十四条第一項又は第四十五条第一項の道路標識等により路上駐車場が設けられている道路の部分における停車及び駐車又は駐車を禁止しようとするときは、その禁止しようとする旨及び禁止の期間について当該路上駐車場を設置した地方公共団体の意見を聴いた上で、期間を定めて行わなければならない。この場合において、緊急を要するためやむを得ないと認められるときは、当該地方公共団体の意見を聴かないで当該禁止をすることができるものとし、当該禁止をしたときは、速やかに当該禁止をした旨及び禁止の期間を通知しなければならない。

6　公安委員会は、路上駐車場が設けられている道路の部分について、第四条第一項の規定に基づき第四十九条第一項の道路標識等により時間制限駐車区間として指定しようとするときは、当該路上駐車場を設置した地方公共団体の意見を聴かなければならない。

7　公安委員会は、駐車場法第三条第一項に規定する駐車場整備地区内において、第四条第一項の規定に基づき第四十九条第一項の道路標識等により時間制限駐車区間を指定しようとする場合において、同法第四条第一項の規定により駐車場整備計画（同条第二項第四号に掲げる事項が定められているものに限る。）が定められているときは、当該計画を定めた市町村の意見を聴かなければならない。

本条…追加〔昭四五法一四三〕、見出…全部改正・一・二項…一部改正・三〜七項…追加〔昭四六法九八〕、一項…一部改正〔昭五一法六四〕、三・四項…一部改正〔昭五三法五三〕、三項…一部改正〔昭六〇法八七〕、三・六・七項…一部改正〔昭六一法六三〕、七項…一部改正〔平三法六〇〕、一項…一部改正〔平八法三二〕、三項…一部改正〔平一一法一六〇平一一九法九〇平二五法四三〕、五項…一部改正〔令二法四二〕、三項…一部改正〔令四法三二〕

※　1項「引用条項」＝大気汚染防止法二一1（測定に基づく要請）・二三4（緊急時の措置の要請）、騒音規制法一七1（測定に基づく要請）、本法四1（公安委員会の交通規制）、2項「政令」＝令四二の二、「引用条項」＝

本法八1（通行の禁止）、3項「内閣府令・国土交通省令」＝道路標識、区画線及び道路標示に関する命令、「沖縄の復帰に伴う道路標識、区画線及び道路標示に関する命令の適用の特別措置に関する命令」、7項「引用条項」＝駐車場法三1（駐車場整備地区）、「駐車場設置計画を定めなければならないこととされている者」＝都道府県知事・市町村

（道路の交通に関する調査）

第百十一条　公安委員会は、この法律の規定により行なう道路における交通の規制の適正を図るため、道路における交通量、車両等の通行の経路その他道路の交通に関し必要な事項の調査をその管理に属する都道府県警察の警察官に行なわせることができる。

2　前項の規定による道路の交通に関する調査をするため特に必要があると認めるときは、当該警察官は、道路を通行する車両等の運転者に対し、当該調査をするため必要な限度において、一時当該車両等を停止することを求め、及び当該車両等の通行の経路について質問することができる。

3　公安委員会は、第一項の規定による調査を行なつた場合において、必要があると認めるときは、その道路の管理者又は関係行政庁に対し、意見を付してその調査の結果を通知するものとする。

※　「道路に関する調査」＝道路法七七・高速自動車国道法二三、「この法律の規定」＝四・四九等

（免許等に関する手数料）

第百十二条　都道府県は、第六章（第百四条の四第六項（第百五条第二項において準用する場合を含む。）を除く。）及び第六章の二の規定により公安委員会が行うものとされている事務に係る手数料の徴収については、次の各号に掲げる者から、それぞれ当該各号に定める手数料の種別ごとに政令で定める区分に応じて、物件費及び施設費に対応する部分として政令で定める額に人件費に対応する部分として政令で定める額を加えた額を標準とする額を徴収することを標準として条例を定めなければならない。

一　第八十九条第一項の規定による運転免許試験を受けようとする者　運転免許試験手数料

一の二　第八十九条第三項の規定による検査を受けようとする者　検査手数料

二　第百条の二第一項の規定による再試験を受けようとする者　再試験手数料

三　第九十二条第一項の規定による免許証の交付を受けようとする者　免許証交付手数料

四　第九十四条第二項の規定による免許証の再交付を受けようとする者　免許証再交付手数料

五　第百一条第一項又は第百一条の二第一項の規定による免許証の更新を受けようとする者　免許証更新手数料

五の二　第百一条の二の二第一項の規定により免許証の更新の申請をしようとする者　経由手数料

五の三　認知機能検査を受けようとする者　認知機能検査手数料

五の四　運転技能検査を受けようとする者　運転技能検査手数料

六　第九十一条又は第九十一条の二第二項の規定により運転することができる自動車等の種類を限定された者で、その限定の全部又は一部の解除を受けるため、公安委員会の審査を受けようとするもの　審査手数料

七　第九十九条の二第四項の規定による技能検定員資格者証の交付を受けようとする者　技能検定員資格者証交付手数料

八　第九十九条の二第四項第一号イの規定による審査を受けようとする者　技能検定員審査手数料

九　第九十九条の三第四項の規定による教習指導員資格者証の交付を受けようとする者　教習指導員資格者証交付手数料

十　第九十九条の三第四項第一号イの規定による審査を受けようとする者　教習指導員審査手数料

十一　第百七条の七第一項の規定による国外運転免許証の交付を受けようとする者　国外運転免許証交付手数料

十二　第百八条の二第一項各号に掲げる講習を受けようとする者　講習手数料

十三　初心運転者講習、第百八条の二第一項第十三号に掲げる講習又は若年運転者講習を受けようとする者　通知手数料

2　前項の場合においては、都道府県は、条例で定めるところにより、指定講習機関が行う特定講習に係る同項第十二号の講習手数料を当該指定講習機関へ納めさせ、その収入とすることができる。

見出・一項…一部改正・二項…追加・旧二項…一部改正し三項に繰下〔昭三九法九一〕、三項…追加・旧三項…一部改正し四項に繰下〔昭四〇法九六〕、三項…一部改正〔昭四五法八六〕、一項…一部改正・二項…追加・旧三・四項…一部改正し一項ずつ繰下・旧二項…三項に繰下〔昭四六法九八〕、五項…一部改正〔昭四七法五一・昭五三法五三〕、四・五項…一部改正〔昭六〇法八七〕、一・四項…一部改正・五・六項…追加・旧五項…一部改正し七項に繰下〔平元法九〇〕、四項…一部改正〔平四法四三〕、二項…一部改正・三項…追加・旧四・六・七項…一部改正し一項ずつ繰下・旧三・五項…一項ずつ繰下〔平五法四三〕、六項…一部改正〔平九法四一〕、一項…一部改正〔平一一法四〇〕、本条…全部改正〔平一一法八七〕、一項…一部改正〔平一三法五一平一九法九〇平二五法四三令元法二〇令二法四二〕

※　1項「政令」＝令四三

第百十三条　削除〔平一一法八七〕

（行政手続法の適用除外）

第百十三条の二　第七十五条の十五第二項（第七十五条の十六第二項において準用する場合を含む。）の規定による条件の変更及び新たな条件の付加、第七十七条第四項の規定による条件の変更及び新たな条件の付加並びに同条第五項の規定による許可の取消し及び効力の停止、第九十条第五項の規定による免許の取消し並びに同条第九項又は第十項の規定による免許の取消し及び効力の停止、同条第六項の規定による免許を受けることができない期間の指定、第九十七条の三第三項の規定による運転免許試験を受けることができないものとする措置（同条第一項の合格の決定の取消しに係るものに限る。）、第百三条第一項又は第四項の規定による免許の取消し及び効力の停止（同条第一項第五号に係るものに限る。）、同条第二項又は第四項の規定による免許の取消し（同条第二項第一号から第四号までのいずれかに係るものに限る。）並びに同条第七項又は第八項の規定による免許を受けることができない期間の指定、第百四条の二の二第二項若しくは第四項又は第百四条の二の四第一項、第二項若しくは第四項の規定による免許の取消し、第百六条の二の規定による仮免許の取消し並びに第百七条の五第一項又は同条第九項において準用

する第百三条第四項の規定による自動車等の運転の禁止（第百七条の五第一項第二号に係るものに限る。）及び第百七条の五第二項又は同条第九項において準用する第百三条第四項の規定による自動車等の運転の禁止（第百七条の五第九項において準用する第百三条第四項の規定による自動車等の運転の禁止にあつては、第百七条の五第二項に係るものに限る。）については、行政手続法第三章（第十二条及び第十四条を除く。）の規定は、適用しない。

本条…追加〔平五法八九〕、一部改正〔平九法四一・平一三法五一・平一九法九〇・令二法四二・令四法三二〕

（審査請求の制限）

第百十三条の三　この法律の規定に基づき警察官等が現場においてした処分については、審査請求をすることができない。

本条…追加〔昭三七法一六一〕、一部改正〔昭四五法八六・昭六一法六三〕、旧一一三条の二…繰下〔平五法八九〕、一部改正〔平一九法九〇〕、見出・本条…一部改正〔平二六法六九〕

※「この法律の規定」＝本法六・七・一一・五一・六三・七二等

（警察庁長官への権限の委任）

第百十三条の四　この法律又はこの法律に基づく命令の規定により国家公安委員会の権限に属する事務（第百十条第一項の規定による指定に係るものを除く。）は、政令で定めるところにより、警察庁長官に委任することができる。

本条…追加〔平一一法四〇〕

※「政令」＝令四三の二

（方面公安委員会への権限の委任）

第百十四条　この法律の規定により道公安委員会の権限に属する事務は、政令で定めるところにより、方面公安委員会に行なわせることができる。

※「政令」＝令四四

（公安委員会の事務の委任）

第百十四条の二　公安委員会は、免許の保留及び免許の効力の停止に関する事務（これらの処分の際の弁明の機会の付与、聴聞及び意見の聴取に関する事務を含む。）並びに仮免許を与えること及び仮免許の取消しに関する事務を警視総監又は道府県警察本部長（以下「警察本部長」という。）に行わせることができる。

2　方面公安委員会は、前条の規定により道公安委員会から委任された事務のうち、前項の事務を方面本部長に行なわせることができる。

本条…追加〔昭四二法一二六〕、一項…一部改正〔昭四五法八六・昭四七法五一・平五法八九〕

（高速自動車国道等における権限）

第百十四条の三　この法律の規定により警察署長の権限に属する事務のうち、高速自動車国道等に係るものは、公安委員会の定めるところにより、当該高速自動車国道等における交通警察に関する事務を処理する警視以上の警察官に行わせることができる。

本条…追加〔昭四六法九八〕、一部改正〔昭五三法五三〕

※「この法律の規定」＝本法五・七七・一〇三の二等

（交通巡視員）

第百十四条の四　都道府県警察に、歩行者又は自転車の通行の安全の確保、停車又は駐車の規制の励行及び道路における交通の安全と円滑に係るその他の指導に関する事務を行わせるため、交通巡視員を置く。

2　交通巡視員は、前項に規定する事務のほか、自動車の保管場所の確保等に関する法律の規定による自動車の保管場所の確保の励行に関する事務を行うものとする。

3　交通巡視員は、警察法（昭和二十九年法律第百六十二号）第五十五条第一項に規定する職員（警察官を除く。）で政令で定める要件を備えるもののうちから、警察本部長が命ずる。

4　都道府県は、政令で定める基準に従い条例で定めるところにより、交通巡視員に対し、その職務遂行上必要な被服を支給し、及び装備品を貸与するものとする。

本条…追加〔昭四五法八六〕、旧一一四条の三…繰下〔昭四六法九八〕、一項…一部改正〔昭五三法五三〕、二項…追加・旧二・三項…一項ずつ繰下〔平二法七三〕

※3・4項「政令」＝令四四の二、3項「引用条項」＝警察法五五1（都道府県警察の職員）

（自衛隊の防衛出動時における交通の規制等）

第百十四条の五　公安委員会は、自衛隊法第七十六条第一項の規定による防衛出動命令が発せられた場合において、自衛隊又は武力攻撃事態等及び存立危機事態におけるアメリカ合衆国等の軍隊の行動に伴い我が国が実施する措置に関する法律（平成十六年法律第百十三号）第二条第六号に規定する特定合衆国軍隊（以下「自衛隊等」という。）による我が国に対する外部からの武力攻撃を排除するための行動が的確かつ円滑に実施されるようにするため緊急の必要があると認めるときは、武力攻撃事態等における国民の保護のための措置に関する法律（平成十六年法律第百十二号）第百五十五条第一項の規定の例により、自衛隊等の使用する車両以外の車両の道路における通行を禁止し、又は制限することができる。

2　災害対策基本法（昭和三十六年法律第二百二十三号）第七十六条第二項、第七十六条の二、第七十六条の三（第四項を除く。）、第七十六条の五及び第八十二条第一項の規定は、前項の規定による通行の禁止又は制限について準用する。この場合において、同法第七十六条の二第一項及び第二項並びに第七十六条の三第一項中「緊急通行車両」とあるのは「自衛隊等の使用する車両」と、同法第七十六条の二第五項中「前条第一項」とあり、及び同法第七十六条の三第五項中「第七十六条第一項」とあるのは「道路交通法第百十四条の五第一項」と、同条第二項及び同法第七十六条の五中「災害応急対策」とあるのは「我が国に対する外部からの武力攻撃を排除するための行動」と、同法第七十六条の三第三項前段及び第六項中「災害派遣を命ぜられた部隊等」とあるのは「自衛隊法第七十六条第一項の規定により防衛出動を命ぜられた自衛隊」と、同条第三項後段中「第一項」とあるのは「道路交通法第百十四条の五第二項において読み替えて準用する第一項」と、「緊急通行車両」とあるのは「自衛隊等の使用する車両」と、「自衛隊用緊急通行車両（自衛隊の使用する緊急通行車両で災害応急対策の実施のため運転中のものをいう。以下この項において同じ。）の」とあり、及び「自衛隊用緊急通行車両の」とあるのは「自衛隊の使用する車両の」と、同条第六項中「直ちに」とあるのは「遅滞なく」と読み替えるものとする。

（罰則　第一項については第百十八条の三）

本条…追加〔平一六法一一二〕、一・二項…一部改正〔平一九法九

〇〕、二項…一部改正〔平二六法一二四〕、三項…一部改正〔平二七法七六〕

（経過措置）

第百十四条の六　この法律の規定に基づき政令、内閣府令、国家公安委員会規則又は都道府県公安委員会規則を制定し、又は改廃する場合においては、それぞれ政令、内閣府令、国家公安委員会規則又は都道府県公安委員会規則で、その制定又は改廃に伴い合理的に必要と判断される範囲内において、所要の経過措置（罰則に関する経過措置を含む。）を定めることができる。

本条…追加〔昭四五法八六〕、旧一一四条の四…繰下〔昭四六法九八〕、旧一一四条の五…繰下〔平二法七三〕、旧一二四条の七…繰上〔平九法四一〕、一部改正〔平一一法一六〇〕、旧一一四条の五…繰下〔平一六法一一二〕

（内閣府令への委任）

第百十四条の七　この法律に定めるもののほか、この法律の実施のための手続その他この法律の施行に関し必要な事項は、内閣府令で定める。

本条…追加〔平一一法八七〕、見出・本条…一部改正〔平一一法一六〇〕、旧一一四条の六…繰下〔平一六法一一二〕

※「内閣府令」＝則

第八章　罰則

第百十五条　みだりに信号機を操作し、若しくは公安委員会が設置した道路標識若しくは道路標示を移転し、又は信号機若しくは公安委員会が設置した道路標識若しくは道路標示を損壊して道路における交通の危険を生じさせた者は、五年以下の懲役又は二十万円以下の罰金に処する。

本条…一部改正〔昭六一法六三〕

第百十六条　車両等の運転者が業務上必要な注意を怠り、又は重大な過失により他人の建造物を損壊したときは、六月以下の禁錮又は十万円以下の罰金に処する。

2　特定自動運行を行う者又は特定自動運行のために使用される者が業務上必要な注意を怠り、又は重大な過失により、特定自動運行によつて他人の建造物を損壊したときは、六月以下の禁錮又は十万円以下の罰金に処する。

本条…一部改正〔昭六一法六三〕、二項…追加〔令四法三二〕

第百十七条　車両等（軽車両を除く。以下この項において同じ。）の運転者が、当該車両等の交通による人の死傷があつた場合において、第七十二条（交通事故の場合の措置）第一項前段の規定に違反したときは、五年以下の懲役又は五十万円以下の罰金に処する。

2　前項の場合において、同項の人の死傷が当該運転者の運転に起因するものであるときは、十年以下の懲役又は百万円以下の罰金に処する。

3　特定自動運行において特定自動運行用自動車の交通による人の死傷があつた場合において、第七十五条の二十三（特定自動運行において交通事故があつた場合の措置）第一項前段又は第三項前段の規定に違反したとき（特定自動運行主任者が違反した場合に限る。）は、当該違反行為をした者は、五年以下の懲役又は五十万円以下の罰金に処する。

本条…一部改正〔昭三九法九一昭六一法六三平一三法五一〕、一項…一部改正・二項…追加〔平一九法九〇〕、三項…追加〔令四法三二〕

第百十七条の二　次の各号のいずれかに該当する者は、五年以下の懲役又は百万円以下の罰金に処する。

一　第六十五条（酒気帯び運転等の禁止）第一項の規定に違反して車両等を運転した者で、その運転をした場合において酒に酔つた状態（アルコールの影響により正常な運転ができないおそれがある状態をいう。以下同じ。）にあつたもの

二　第六十五条（酒気帯び運転等の禁止）第二項の規定に違反した者（当該違反により当該車両等の提供を受けた者が酒に酔つた状態で当該車両等を運転した場合に限る。）

三　第六十六条（過労運転等の禁止）の規定に違反した者（麻薬、大麻、あへん、覚醒剤又は毒物及び劇物取締法（昭和二十五年法律第三百三号）第三条の三の規定に基づく政令で定める物の影響により正常な運転ができないおそれがある状態で車両等を運転した者に限る。）

四　次条第一項第八号の罪を犯し、よつて高速自動車国道等において他の自動車を停止させ、その他道路における著しい交通の危険を生じさせた者

2　次の各号のいずれかに該当する場合には、当該違反行為をした者は、五年以下の懲役又は百万円以下の罰金に処する。

一　第七十五条（自動車の使用者の義務等）第一項第三号の規定に違反して、酒に酔つた状態で自動車を運転することを命じ、又は容認したとき。

二　第七十五条（自動車の使用者の義務等）第一項第四号の規定に違反して、前項第三号に規定する状態で自動車を運転することを命じ、又は容認したとき。

三　第七十五条の十二（特定自動運行の許可）第一項の許可を受けないで（第七十五条の二十七（許可の取消し等）第一項又は第七十五条の二十八（許可の効力の仮停止）第一項の規定により当該許可の効力が停止されている場合を含む。）特定自動運行を行つたとき。

四　偽りその他不正の手段により第七十五条の十二（特定自動運行の許可）第一項又は第七十五条の十六（許可事項の変更）第一項の許可を受けたとき。

五　第七十五条の十六（許可事項の変更）第一項の規定に違反して特定自動運行計画を変更したとき。

六　第七十五条の二十六（特定自動運行実施者に対する指示）第一項の規定による公安委員会の指示に従わなかつたとき。

本条…追加〔昭四五法八六〕、一部改正〔昭五三法五三昭六一法六三平一三法五一平一九法九〇令二法四二〕、一項…一部改正・二項…追加、二項…一部改正〔令四法三二〕

第百十七条の二の二　次の各号のいずれかに該当する者は、三年以下の懲役又は五十万円以下の罰金に処する。

一　法令の規定による運転の免許を受けている者（第百七条の二の規定により国際運転免許証等で自動車等を運転することができることとされている者を含む。）でなければ運転し、又は操縦することができないこととされている車両等を当該免許を受けないで（法令の規定により当該免許の効力が停止されている場合を含む。）又は国際運転免許証等を所持しないで（第八十八条第一項第二号から第四号までのいずれかに該当している場合又は本邦に上陸をした日から起算して滞在期間が一年を超えている場合を含む。）運転した者

二　第六十四条（無免許運転等の禁止）第二項の規定に違反

した者（当該違反により当該自動車又は一般原動機付自転車の提供を受けた者が同条第一項の規定に違反して当該自動車又は一般原動機付自転車を運転した場合に限る。）

三　第六十五条（酒気帯び運転等の禁止）第一項の規定に違反して車両等（自転車以外の軽車両を除く。次号において同じ。）を運転した者で、その運転をした場合において身体に政令で定める程度以上にアルコールを保有する状態にあつたもの

四　第六十五条（酒気帯び運転等の禁止）第二項の規定に違反した者（当該違反により当該車両等の提供を受けた者が身体に前号の政令で定める程度以上にアルコールを保有する状態で当該車両等を運転した場合に限るものとし、前条第一項第二号に該当する場合を除く。）

五　第六十五条（酒気帯び運転等の禁止）第三項の規定に違反して酒類を提供した者（当該違反により当該酒類の提供を受けた者が酒に酔った状態で車両等を運転した場合に限る。）

六　第六十五条（酒気帯び運転等の禁止）第四項の規定に違反した者（その者が当該同乗した車両の運転者が酒に酔った状態にあることを知りながら同項の規定に違反した場合であつて、当該運転者が酒に酔った状態で当該車両を運転したときに限る。）

七　第六十六条（過労運転等の禁止）の規定に違反した者（前条第一項第三号の規定に該当する者を除く。）

八　他の車両等の通行を妨害する目的で、次のいずれかに掲げる行為であつて、当該他の車両等に道路における交通の危険を生じさせるおそれのある方法によるものをした者

イ　第十七条（通行区分）第四項の規定の違反となるような行為

ロ　第二十四条（急ブレーキの禁止）の規定に違反する行為

ハ　第二十六条（車間距離の保持）の規定の違反となるような行為

ニ　第二十六条の二（進路の変更の禁止）第二項の規定の違反となるような行為

ホ　第二十八条（追越しの方法）第一項又は第四項の規定の違反となるような行為

ヘ　第五十二条（車両等の灯火）第二項の規定に違反する行為

ト　第五十四条（警音器の使用等）第二項の規定に違反する行為

チ　第七十条（安全運転の義務）の規定に違反する行為

リ　第七十五条の四（最低速度）の規定の違反となるような行為

ヌ　第七十五条の八（停車及び駐車の禁止）第一項の規定の違反となるような行為

九　偽りその他不正の手段により免許証又は国外運転免許証の交付を受けた者

2　次の各号のいずれかに該当する場合には、当該違反行為をした者は、三年以下の懲役又は五十万円以下の罰金に処する。

一　第七十五条（自動車の使用者の義務等）第一項第一号の規定に違反したとき。

二　第七十五条（自動車の使用者の義務等）第一項第三号の規定に違反したとき（当該違反により運転者が酒に酔った状態で自動車を運転し、又は身体に前項第三号の政令で定める程度以上にアルコールを保有する状態で自動車を運転した場合に限るものとし、前条第二項第一号に該当する場合を除く。）。

三　第七十五条（自動車の使用者の義務等）第一項第四号の規定に違反したとき（前条第二項第二号に該当する場合を除く。）。

本条…追加〔平一九法九〇〕、一部改正〔平二五法四三・令二法四二〕、一項…一部改正・二項…追加、一項…一部改正〔令四法三二〕、一項…一部改正〔令六法三四〕

※1項三号「政令」＝令四四の三

第百十七条の三　第六十八条（共同危険行為等の禁止）の規定に違反した者は、二年以下の懲役又は五十万円以下の罰金に処する。

本条…追加〔平一三法五一〕

第百十七条の三の二　次の各号のいずれかに該当する者は、二年以下の懲役又は三十万円以下の罰金に処する。

一　第六十四条（無免許運転等の禁止）第三項の規定に違反した者

二　第六十五条（酒気帯び運転等の禁止）第三項の規定に違反して酒類を提供した者（当該違反により当該酒類の提供を受けた者が身体に第百十七条の二の二第一項第三号の政令で定める程度以上にアルコールを保有する状態で車両等（自転車以外の軽車両を除く。）を運転した場合に限るものとし、同項第五号に該当する場合を除く。）

三　第六十五条（酒気帯び運転等の禁止）第四項の規定に違反した者（当該同乗した車両（自転車以外の軽車両を除く。以下この号において同じ。）の運転者が酒に酔った状態で当該車両を運転し、又は身体に第百十七条の二の二第一項第三号の政令で定める程度以上にアルコールを保有する状態で当該車両を運転した場合に限るものとし、同項第六号に該当する場合を除く。）

本条…追加〔平一九法九〇〕、一部改正〔平二五法四三・令四法三二・令六法三四〕

第百十七条の四　次の各号のいずれかに該当する者は、一年以下の懲役又は三十万円以下の罰金に処する。

一　第五十一条の三（車両移動保管関係事務の委託）第二項、第五十一条の十二（放置車両確認機関）第六項、第五十一条の十五（放置違反金関係事務の委託）第二項又は第百八条（免許関係事務の委託）第二項の規定に違反した者

二　第七十一条（運転者の遵守事項）第五号の五の規定に違反し、よつて道路における交通の危険を生じさせた者

三　第八十九条（免許の申請等）第一項、第百一条（免許証の更新及び定期検査）第一項若しくは第百一条の二（免許証の更新の特例）第一項の質問票に虚偽の記載をして提出し、又は第百一条の五（免許を受けた者に対する報告徴収）若しくは第百七条の三の二（国際運転免許証等を所持する者に対する報告徴収）の規定による公安委員会の求めがあった場合において虚偽の報告をした者

2　第七十五条の十八（特定自動運行計画等の遵守）の規定に違反したときは、当該違反行為をした者は、一年以下の懲役又は三十万円以下の罰金に処する。

本条…追加〔平一三法五一〕、一部改正〔平一六法九

〇平一九法九〇〕、全部改正〔平二五法四三〕、一部改正〔令元法二〇令二法四二〕、本条…一部改正、二項…追加〔令四法三二〕

第百十七条の五　次の各号のいずれかに該当する者は、一年以下の懲役又は十万円以下の罰金に処する。

一　第七十二条（交通事故の場合の措置）第一項前段の規定に違反した者（第百十七条第一項又は第二項に該当する者を除く。）

二　第百八条の三の四（講習通知事務の委託）第二項、第百八条の七（秘密保持義務等）第一項、第百八条の十八（秘密保持義務）又は第百八条の三十一（都道府県交通安全活動推進センター）第五項の規定に違反した者

2　第七十五条の二十三（特定自動運行において交通事故があつた場合の措置）第一項前段、第二項又は第三項前段の規定に違反したとき（第百十七条第三項の違反行為に該当する場合を除く。）は、当該違反行為をした者は、一年以下の懲役又は十万円以下の罰金に処する。

本条…追加〔昭三九法九一〕、一部改正・旧一一七条の二…繰下〔昭四五法八六〕、一部改正〔昭六一法六三平元法九〇平二法七三平四法四三平五法四三平九法四一平一一法四〇〕、一部改正・旧一一七条の三…繰下〔平一三法五一〕、一部改正〔平一六法九〇平一九法九〇令二法四二〕、一項…一部改正・二項…追加〔令四法三二〕

第百十八条　次の各号のいずれかに該当する者は、六月以下の懲役又は十万円以下の罰金に処する。

一　第二十二条（最高速度）の規定の違反となるような行為をした者

二　第六十四条の二（十六歳未満の者による特定小型原動機付自転車の運転等の禁止）第一項の規定に違反した者

三　第六十四条の二（十六歳未満の者による特定小型原動機付自転車の運転等の禁止）第二項の規定に違反した者（当該違反により当該特定小型原動機付自転車の提供を受けた者が同条第一項の規定に違反して当該特定小型原動機付自転車を運転した場合に限る。）

四　第七十一条（運転者の遵守事項）第五号の五の規定に違反して無線通話装置を通話のために使用し、又は自動車、原動機付自転車若しくは自転車に持ち込まれた画像表示用装置を手で保持してこれに表示された画像を注視した者（第百十七条の四第一項第二号に該当する者を除く。）

五　第八十五条（第一種免許）第五項から第十項までの規定に違反した者

六　第八十七条（仮免許）第二項後段の規定に違反して自動車を運転した者

2　次の各号のいずれかに該当する場合には、当該違反行為をした者は、六月以下の懲役又は十万円以下の罰金に処する。

一　第五十七条（乗車又は積載の制限等）第一項の規定に違反して積載物の重量の制限を超える積載をして車両を運転したとき。

二　第五十八条の五（過積載車両の運転の要求等の禁止）第二項の規定による警察署長の命令に従わなかつたとき。

三　第七十五条（自動車の使用者の義務等）第一項第二号又は第五号の規定に違反したとき。

四　第七十五条（自動車の使用者の義務等）第一項第六号の規定に違反して、第一号に規定する積載をして自動車を運転することを命じ、又は容認したとき。

五　第七十六条（禁止行為）第一項又は第二項の規定に違反したとき。

3　過失により第一項第一号の罪を犯した者は、三月以下の禁錮又は十万円以下の罰金に処する。

一項…一部改正〔昭三七法一四七昭三九法九一昭四〇法九六昭四二法一二六昭四五法八六〕、一・二項…一部改正〔昭四六法九八〕、一項…一部改正〔昭四七法五一昭五三法五三〕、一・二項…一部改正〔昭六一法六三〕、一項…一部改正〔平五法四三平七法七四〕、一・二項…一部改正〔平一三法五一〕、一項…一部改正〔平二七法四〇〕、一・二項…一部改正〔令元法二〇〕、一項…一部改正・二項…追加・旧二項…一部改正し三項に繰下、一項…一部改正〔令四法三二〕、一項…一部改正〔令六法三四〕

※1項1号「法令の規定」＝本法八四・九〇3・一〇三、動力車操縦者運転免許に関する省令三・四・六

第百十八条の二　第六十七条（危険防止の措置）第三項の規定による警察官の検査を拒み、又は妨げた者は、三月以下の懲役又は五十万円以下の罰金に処する。

本条…追加〔平一九法九〇〕

第百十八条の三　第百十四条の五（自衛隊の防衛出動時における交通の規制等）第一項の規定による公安委員会の禁止又は制限に従わなかつた者は、三月以下の懲役又は三十万円以下の罰金に処する。

本条…追加〔平一六法一一二〕、旧一一八条の二…繰下〔平一九法九〇〕、一部改正〔令四法三二〕

第百十九条　次の各号のいずれかに該当する者は、三月以下の懲役又は五万円以下の罰金に処する。

一　第四条（公安委員会の交通規制）第一項後段に規定する警察官の現場における指示又は第六条（警察官等の交通規制）第四項の規定による警察官の禁止若しくは制限に従わなかつた者（当該行為が車両等の通行に関して行われた場合に限る。）

二　第七条（信号機の信号等に従う義務）、第八条（通行の禁止等）第一項又は第九条（歩行者用道路を通行する車両の義務）の規定の違反となるような行為をした者（当該行為が車両等の通行に関して行われた場合に限る。）

三　第二十四条（急ブレーキの禁止）の規定に違反した者

四　第二十六条（車間距離の保持）の規定の違反となるような行為（高速自動車国道等におけるものに限る。）をした者

五　第三十条（追越しを禁止する場所）、第三十三条（踏切の通過）第一項若しくは第二項、第三十八条（横断歩道等における歩行者等の優先）、第四十二条（徐行すべき場所）又は第四十三条（指定場所における一時停止）の規定の違反となるような行為をした者

六　第十七条（通行区分）第一項から第四項まで若しくは第六項、第十八条（左側寄り通行等）第二項、第二十五条の二（横断等の禁止）第一項、第二十八条（追越しの方法）、第二十九条（追越しを禁止する場合）、第三十一条（停車中の路面電車がある場合の停止又は徐行）、第三十六条（交差点における他の車両等との関係等）第二項から第四項まで、第三十七条の二（環状交差点における他の車両等との関係等）、第三十八条の二（横断歩道のない交差点における歩行者の優先）又は第七十五条の五（横断等の禁止）の規定の違反となるような行為をした者

七　第五十条の二（違法停車に対する措置）（第七十五条の八（停車及び駐車の禁止）第二項において準用する場合を含む。）又は第五十一条（違法駐車に対する措置）第一項

（第七十五条の八（停車及び駐車の禁止）第二項において準用する場合を含む。）の規定による警察官等の命令に従わなかつた者
八　第五十八条の二（積載物の重量の測定等）の規定による警察官の停止に従わず、提示の要求を拒み、又は測定を拒み、若しくは妨げた者
九　第五十八条の三（過積載車両に係る措置命令）第一項又は第二項の規定による警察官の命令に従わなかつた者
十　第六十一条（危険防止の措置）の規定による警察官の停止又は命令に従わなかつた者
十一　第六十三条（車両の検査等）第一項前段の規定による警察官の停止に従わず、提示の要求を拒み、又は検査を拒み、若しくは妨げた者
十二　第六十三条（車両の検査等）第二項の規定による警察官の命令に従わなかつた者
十三　第六十七条（危険防止の措置）第一項の規定による警察官の停止に従わなかつた者
十四　第七十条（安全運転の義務）の規定に違反した者
十五　第七十一条（運転者の遵守事項）第二号、第二号の三又は第三号の規定に違反した者
十六　第七十一条の四の二（自動運行装置を備えている自動車の運転者の遵守事項等）第一項の規定に違反した者
十七　第七十二条（交通事故の場合の措置）第一項後段に規定する報告をしなかつた者
十八　第七十五条の三（危険防止等の措置）（第七十五条の二十四（特定自動運行の特則）の規定により読み替えて適用する場合を含む。）の規定による警察官の禁止、制限又は命令に従わなかつた者
十九　第七十五条の十（自動車の運転者の遵守事項）の規定に違反し、本線車道等において当該自動車を運転することができなくなつた者又は当該自動車に積載している物を当該高速自動車国道等に転落させ、若しくは飛散させた者
二十　第九十一条（免許の条件）若しくは第九十一条の二（申請による免許の条件の付与等）第二項の規定により公安委員会が付し、若しくは変更した条件に違反し、又は第百七条の四（臨時適性検査）第三項の規定による公安委員会の命令に違反して自動車又は一般原動機付自転車を運転した者

2　次の各号のいずれかに該当する場合には、当該違反行為をした者は、三月以下の懲役又は五万円以下の罰金に処する。
一　第五十七条（乗車又は積載の制限等）第一項の規定に違反して積載をして車両を運転したとき（第百十八条第二項第一号に該当する場合を除く。）。
二　第六十二条（整備不良車両の運転の禁止）の規定に違反して車両等（軽車両を除く。）を運転させ、又は運転したとき。
三　第六十三条の二の二（作動状態記録装置による記録等）第一項（第七十五条の二十四（特定自動運行の特則）の規定により読み替えて適用する場合を含む。）又は第二項の規定に違反したとき。
四　第七十五条（自動車の使用者の義務等）第一項第六号の規定に違反したとき（第百十八条第二項第四号に該当する場合を除く。）。
五　第七十五条（自動車の使用者の義務等）第二項又は第七十五条の二（自動車の使用者の義務等）第一項若しくは第二項の規定による公安委員会の命令に従わなかつたとき。
六　第七十五条の二十三（特定自動運行において交通事故があつた場合の措置）第一項後段又は第三項後段に規定する報告をしなかつたとき。
七　第七十六条（禁止行為）第三項又は第七十七条（道路の使用の許可）第一項の規定に違反したとき。
八　第七十七条（道路の使用の許可）第三項の規定により警察署長が付し、又は同条第四項の規定により警察署長が変更し、若しくは付した条件に違反したとき。
九　第八十一条（違法工作物等に対する措置）第一項、第八十一条の二（転落積載物等に対する措置）第一項又は第八十二条（沿道の工作物等の危険防止措置）第一項の規定による警察署長の命令に従わなかつたとき。

3　過失により第一項第二号、第五号（第四十三条後段に係る部分を除く。）、第十四号、第十六号若しくは第十九号又は前項第二号の罪を犯した者は、十万円以下の罰金に処する。

〔一項…一部改正〔昭三八法九〇・昭三九法九一・昭四〇法九六・昭四二法一二六・昭四五法八六〕、一・二項…一部改正〔昭四六法九八〕、二項…一部改正〔昭四七法五一〕、一・二項…一部改正〔昭五三法五三〕、一項…一部改正〔昭六〇法八七〕、一・二項…一部改正〔昭六一法六三〕、一項…一部改正〔平二法七三・平五法四三・平九法四一・平一一法四〇〕、一・二項…一部改正〔平一三法五一〕、一項…一部改正〔平一六法九〇・平一七法七七・平二一法二一・平二五法四三〕、一項…一部改正、一・二項…一部改正〔令元法二〇号〕、一項…一部改正〔令二法四二〕、一項…一部改正、二項…追加・旧二項…一部改正し三項に繰下、一・二項…一部改正、一項…一部改正〔令四法三二〕

第百十九条の二　第七十四条の三（安全運転管理者等）第一項若しくは第四項の規定に違反し、又は同条第六項若しくは第八項の規定による公安委員会の命令に従わなかつたときは、当該違反行為をした者は、五十万円以下の罰金に処する。

本条…追加〔令四法三二〕

第百十九条の二の二　次の各号のいずれかに該当する場合には、当該違反行為をした者は、三十万円以下の罰金に処する。
一　第十五条の三（遠隔操作による通行の届出）第一項の規定による届出をしないで、又は虚偽の届出をして、道路において通行させるため遠隔操作型小型車の遠隔操作を行つたとき。
二　第十五条の六（遠隔操作型小型車の使用者に対する指示）の規定による公安委員会の指示に従わなかつたとき。

本条…追加〔令四法三二〕

第百十九条の二の三　次の各号のいずれかに該当する場合には、当該違反行為をした者は、二十万円以下の罰金に処する。
一　第十五条の五（報告及び検査）第一項の規定による報告若しくは資料の提出をせず、若しくは虚偽の報告若しくは資料の提出をし、又は同項の規定による検査を拒み、妨げ、若しくは忌避し、若しくは質問に対して陳述せず、若しくは虚偽の陳述をしたとき。
二　第七十五条の十六（許可事項の変更）第三項の規定による届出をしないで、若しくは虚偽の届出をして、同条第一項ただし書に規定する変更をし、又は同条第四項の規定による届出をせず、若しくは虚偽の届出をしたとき。
三　第七十五条の二十五（報告及び検査等）第一項の規定に

よる報告若しくは資料の提出をせず、若しくは虚偽の報告若しくは資料の提出をし、又は同項の規定による検査を拒み、妨げ、若しくは忌避し、若しくは質問に対して陳述せず、若しくは虚偽の陳述をしたとき。

本条…追加〔令四法三二〕

第百十九条の二の四　次の各号のいずれかに該当する行為（その行為が車両を離れて直ちに運転することができない状態にする行為に該当するとき又はその行為をした場合において車両を離れて直ちに運転することができない状態にする行為をしたときに限る。）をした者は、十五万円以下の罰金に処する。

一　第四十四条（停車及び駐車を禁止する場所）第一項、第四十五条（駐車を禁止する場所）第一項若しくは第二項、第四十八条（停車又は駐車の方法の特例）、第四十九条の三（時間制限駐車区間における駐車の方法等）第三項又は第四十九条の四（高齢運転者等専用時間制限駐車区間における駐車の禁止）の規定の違反となるような行為

二　第四十七条（停車又は駐車の方法）第二項若しくは第三項又は第七十五条の八（停車及び駐車の禁止）第一項の規定の違反となるような行為

2　第七十五条（自動車の使用者の義務等）第一項第七号の規定に違反したときは、当該違反行為をした者は、十五万円以下の罰金に処する。

3　過失により第一項第一号の罪を犯した者は、十五万円以下の罰金に処する。

本条…追加〔平二法七三〕、旧一一九条の二…繰下〔平一六法九〇〕、旧一一九条の三…繰上〔平一九法九〇〕、二項…一部改正〔平二一法二一・令二法四二〕、一項…一部改正・二項…追加・旧二項…一部改正し三項に繰下・旧一一九条の二…繰下、旧一一九条の二の二…繰下〔令四法三二〕

第百十九条の三　次の各号のいずれかに該当する者（第一号から第四号までに掲げる者にあつては、前条第一項の規定に該当する者を除く。）は、十万円以下の罰金に処する。

一　第四十四条（停車及び駐車を禁止する場所）第一項、第四十五条（駐車を禁止する場所）第一項若しくは第二項、第四十八条（停車又は駐車の方法の特例）、第四十九条の三（時間制限駐車区間における駐車の方法等）第二項若しくは第三項、第四十九条の四（高齢運転者等専用時間制限駐車区間における駐車の禁止）又は第四十九条の五（時間制限駐車区間における駐車の特例）後段の規定の違反となるような行為をした者（第四十九条の三第二項の規定の違反となるような行為をした者にあつては、次号に該当する者を除く。）

二　第四十九条第一項のパーキング・チケット発給設備を設置する時間制限駐車区間において、車両を駐車した時から第四十九条の三第二項の道路標識等により表示されている時間を超えて引き続き駐車した者（車両を駐車した時から当該表示されている時間を経過する時までの間に当該パーキング・チケット発給設備によりパーキング・チケットの発給を受けた者を除く。）

三　第四十九条の三（時間制限駐車区間における駐車の方法等）第四項の規定に違反した者

四　第四十七条（停車又は駐車の方法）又は第七十五条の八（停車及び駐車の禁止）第一項の規定の違反となるような行為をした者

五　第七十一条の四（大型自動二輪車等の運転者の遵守事項）第四項から第七項までの規定に違反した者

2　次の各号のいずれかに該当する場合には、当該違反行為をした者は、十万円以下の罰金に処する。

一　第五十一条の五（報告徴収等）第一項の規定による報告をせず、若しくは資料の提出をせず、又は虚偽の報告をし、若しくは虚偽の資料を提出したとき。

二　第百九条の三（交通情報の提供）第一項の規定による届出をせず、又は虚偽の届出をしたとき。

三　第百九条の三（交通情報の提供）第四項の規定による報告をせず、又は虚偽の報告をしたとき。

3　過失により第一項第一号から第三号までの罪を犯した者は、十万円以下の罰金に処する。

本条…追加〔昭四六法九八〕、一・二項…一部改正〔昭六一法六三〕、一項…一部改正・旧一一九条の二…繰下〔平二法七三〕、一項…一部改正〔平一三法五一〕、旧一一九条の三…繰下、一項…一部改正〔平一六法九〇〕、一項…一部改正・旧一一九条の四…繰上〔平一九法九〇〕、一項…一部改正〔平二一法二一・令二法四二〕、一項…一部改正・二項…追加・旧二項…一部改正し三項に繰下、一項…一部改正〔令四法三二〕

第百二十条　次の各号のいずれかに該当する者は、五万円以下の罰金に処する。

一　第六条（警察官等の交通規制）第二項（第七十五条の二十四（特定自動運行の特則）の規定により読み替えて適用する場合を含む。）の規定による警察官の禁止、制限又は命令に従わなかつた者

二　第二十五条（道路外に出る場合の方法）第三項、第二十六条（車間距離の保持）、第二十六条の二（進路の変更の禁止）第二項、第二十七条（他の車両に追いつかれた車両の義務）、第三十一条の二（乗合自動車の発進の保護）、第三十二条（割込み等の禁止）、第三十四条（左折又は右折）第六項（第三十五条（指定通行区分）第二項において準用する場合を含む。）、第三十六条（交差点における他の車両等との関係等）第一項、第三十七条（交差点における他の車両等との関係等）、第四十条（緊急自動車の優先）、第四十一条の二（消防用車両の優先等）第一項若しくは第二項又は第七十五条の六（本線車道に入る場合等における他の自動車との関係）の規定の違反となるような行為をした者（第二十六条の規定の違反となるような行為をした者にあつては、第百十九条第一項第四号に該当する者を除く。）

三　第二十条（車両通行帯）第一項、第二十条の二（路線バス等優先通行帯）第一項、第二十六条の二（進路の変更の禁止）第三項、第三十五条（指定通行区分）第一項又は第七十五条の八の二（重被牽引車を牽引する牽引自動車の通行区分）第二項から第四項までの規定の違反となるような行為をした者

四　第二十五条の二（横断等の禁止）第二項の規定の違反となるような行為をした者

五　第五十条（交差点等への進入禁止）又は第五十二条（車両等の灯火）第一項の規定の違反となるような行為をした者

六　第五十二条（車両等の灯火）第二項、第五十三条（合図）第一項、第二項若しくは第四項又は第五十四条（警音

器の使用等）第一項の規定に違反した者

七　第六十二条（整備不良車両の運転の禁止）の規定に違反して軽車両を運転させ、若しくは運転した者又は第六十三条の九（自転車の制動装置等）第一項の規定に違反した者

八　第六十三条の十（自転車の検査等）第一項の規定による警察官の停止に従わず、又は検査を拒み、若しくは妨げた者

九　第六十三条の十（自転車の検査等）第二項の規定による警察官の命令に従わなかつた者

十　第七十一条（運転者の遵守事項）第一号、第四号から第五号まで、第五号の三、第五号の四若しくは第六号、第七十一条の二（自動車等の運転者の遵守事項）、第七十三条（妨害の禁止）（第七十五条の二十三（特定自動運行において交通事故があつた場合の措置）第六項において読み替えて準用する場合を含む。）、第七十六条（禁止行為）第四項又は第九十五条（免許証の携帯及び提示義務）第二項（第百七条の三（国際運転免許証等の携帯及び提示義務）後段において準用する場合を含む。）の規定に違反した者

十一　第七十二条（交通事故の場合の措置）第二項の規定による警察官の命令に従わなかつた者

十二　第七十五条の四（最低速度）の規定の違反となるような行為をした者

十三　第七十五条の十一（故障等の場合の措置）第一項（第七十五条の二十四（特定自動運行の特則）の規定により読み替えて適用する場合を含む。）の規定に違反した者

十四　第八十七条（仮免許）第三項の規定に違反した者

十五　免許証、国外運転免許証又は国際運転免許証等を他人に譲り渡し、又は貸与した者

十六　高齢運転者等標章を他人に譲り渡し、又は貸与した者

十七　第百八条の三の五（特定小型原動機付自転車運転者講習等の受講命令）の規定による公安委員会の命令に従わなかつた者

2　次の各号のいずれかに該当する場合には、当該違反行為をした者は、五万円以下の罰金に処する。

一　第五十五条（乗車又は積載の方法）第一項若しくは第二項又は第五十九条（自動車の牽引制限）第一項若しくは第二項の規定に違反したとき。

二　第五十七条（乗車又は積載の制限等）第一項の規定に違反したとき（第百十八条第二項第一号及び第百十九条第二項第一号に該当する場合を除く。）。

三　第七十四条の三（安全運転管理者等）第五項の規定に違反したとき。

四　第七十五条の二十三（特定自動運行において交通事故があつた場合の措置）第四項の規定による警察官の命令に従わなかつたとき。

五　第七十七条（道路の使用の許可）第七項の規定に違反したとき。

3　過失により第一項第三号から第七号まで又は第十四号の罪を犯した者は、五万円以下の罰金に処する。

一・二項…一部改正〔昭三八法九〇〕、一項…一部改正〔昭三九法九一昭四〇法九六昭四二法一二六昭四五法八六〕、一・二項…一部改正〔昭四六法九八昭四七法五一昭五三法五三〕、一項…一部改正〔昭六〇法八七〕、一・二項…一部改正〔昭六一法六三〕、一項…一部改正〔平二法七三平四法四三平五法四三平七法七四平九法四一平一三法五一平一六法九〇平二一法二一平二五法四三〕、一・二項…一部改正〔令元法二〇〕、一項…一部改正〔令二法四二〕、一項…一部改正・二項…追加・旧二項…一部改正し三項に繰下、一・二項…一部改正、一項…一部改正〔令四法三二〕

第百二十一条　次の各号のいずれかに該当する者は、二万円以下の罰金又は科料に処する。

一　第四条（公安委員会の交通規制）第一項後段に規定する警察官の現場における指示若しくは第六条（警察官等の交通規制）第四項の規定による警察官の禁止若しくは制限に従わず、又は第七条（信号機の信号等に従う義務）若しくは第八条（通行の禁止等）第一項の規定に違反した者（第百十九条第一項第一号及び第二号並びに次号に該当する者を除く。）

二　第四条（公安委員会の交通規制）第一項後段に規定する警察官の現場における指示若しくは第六条（警察官等の交通規制）第四項の規定による警察官の禁止若しくは制限に従わず、又は第七条（信号機の信号等に従う義務）若しくは第八条（通行の禁止等）第一項の規定の違反となるような行為をした者（当該行為が遠隔操作型小型車の遠隔操作による通行に関して行われた場合に限る。）

三　第八条（通行の禁止等）第五項の規定により警察署長が付した条件に違反した者

四　第十一条（行列等の通行）第一項の規定に違反した者（行列にあつては、その指揮者）

五　第十一条（行列等の通行）第二項後段の規定に違反し、又は同条第三項の規定による警察官の命令に従わなかつた行列の指揮者

六　第十四条の四（移動用小型車等を通行させる者の義務）の規定に違反した者

七　第十五条（通行方法の指示）又は第六十三条の八（自転車の通行方法の指示）の規定による警察官等の指示に従わなかつた者

八　第十七条の二（特例特定小型原動機付自転車の歩道通行）第二項、第十七条の三（特例特定小型原動機付自転車等の路側帯通行）第二項、第十九条（軽車両の並進の禁止）、第二十一条（軌道敷内の通行）第一項、第二項後段若しくは第三項、第二十五条（道路外に出る場合の方法）第一項若しくは第二項、第三十四条（左折又は右折）第一項から第五項まで、第三十五条の二（環状交差点における左折等）、第六十三条の三（自転車道の通行区分）、第六十三条の四（普通自転車の歩道通行）第二項又は第七十五条の七（本線車道の出入の方法）の規定の違反となるような行為をした者

九　第五十四条（警音器の使用等）第二項又は第五十五条（乗車又は積載の方法）第三項の規定に違反した者

十　第四十五条の二（高齢運転者等標章自動車の停車又は駐車の特例）第四項、第五十一条の四（放置違反金）第二項、第六十三条（車両の検査等）第七項、第七十五条（自動車の使用者の義務等）第十一項（第七十五条の二（自動車の使用者の義務等）第三項において準用する場合を含む。）、第七十八条（許可の手続）第四項、第九十四条（免許証の記載事項の変更届出等）第一項、第百三条の二（免許の効力の仮停止）第三項（第百七条の五（自動車等の運転禁止等）第十項において準用する場合を含む。）、第百七条（免許証の返納等）第一項若しくは第三項、第百七条の

五　（自動車等の運転禁止等）第五項若しくは第七項又は第百七条の十（国外運転免許証の返納等）第一項若しくは第二項の規定に違反した者

十一　第七十一条の五（初心運転者標識等の表示義務）第一項から第三項まで又は第七十一条の六（初心運転者標識等の表示義務）第一項若しくは第二項の規定に違反した者

十二　第九十五条（免許証の携帯及び提示義務）第一項又は第百七条の三（国際運転免許証等の携帯及び提示義務）前段の規定に違反した者

2　次の各号のいずれかに該当する場合には、当該違反行為をした者は、二万円以下の罰金又は科料に処する。

一　第五十七条（乗車又は積載の制限等）第二項又は第六十条（自動車以外の車両の牽引制限）の規定に基づく公安委員会の定めに違反したとき。

二　第五十八条（制限外許可証の交付等）第三項の規定により警察署長が付した条件に違反したとき。

三　第六十三条の二（運行記録計による記録等）第一項（第七十五条の二十四（特定自動運行の特則）の規定により読み替えて適用する場合を含む。）又は第二項の規定に違反したとき。

3　過失により第一項第十一号又は第十二号の罪を犯した者は、二万円以下の罰金又は科料に処する。

一項…一部改正〔昭三八法九〇昭三九法九一昭四〇法九六昭四二法一二六昭四五法八六昭四六法九八〕、一・二項…一部改正〔昭四七法五二〕、一・二項…一部改正〔昭五三法五三昭六〇法八七〕、一項…一部改正〔昭六一法六三〕、一項…一部改正〔平元法九〇平二法七三平四法四三平五法四三平九法四一平一三法五一平一六法九〇平一九法九〇平二一法二一平二五法四三平二七法四〇令二法四二〕、一項…一部改正・二項…追加・旧二項…一部改正し三項に繰下、一―三項…一部改正、一項…一部改正〔令四法三二〕

第百二十二条　削除〔昭四五法八六〕

第百二十三条　法人の代表者又は法人若しくは人の代理人、使用人その他の従業者が、その法人又は人の業務に関し、第百十七条第三項、第百十七条の二第二項、第百十七条の二の二第二項、第百十八条第二項、第百十七条の四第二項、第百十七条の五第二項、第百十九条第二項、第百十九条の二から第百十九条の二の三まで、第百十九条の二の四第二項、第百十九条の三第二項、第百二十条第二項又は第百二十一条第二項の違反行為をしたときは、行為者を罰するほか、その法人又は人に対しても、各本条の罰金刑又は科料刑を科する。

本条…一部改正〔昭三八法九〇昭四〇法九六昭四二法一二六昭四五法八六昭四六法九八昭五三法五三平二法七三平五法四三平一三法五一平一六法九〇平一九法九〇平二五法四三令元法二〇〕、全部改正、一部改正〔令四法三二〕

第百二十三条の二　第百八条の三十二の二（運転免許取得者等教育の認定）第三項（第百八条の三十二の三（運転免許取得者等検査の認定）第二項において準用する場合を含む。）の規定に違反した者は、十万円以下の過料に処する。

本条…追加〔平一一法四〇〕、一部改正〔令二法四二〕

第百二十四条　この章の規定の適用については、この法律の規定中公安委員会とあるのは、第百十四条の規定により権限の委任を受けた方面公安委員会を含むものとする。

第九章　反則行為に関する処理手続の特例

本章…追加〔昭四二法一二六〕

第一節　通則

本節…追加〔昭四二法一二六〕

（通則）

第百二十五条　この章において「反則行為」とは、前章の罪に当たる行為のうち別表第二の上欄に掲げるものであつて、車両等（重被牽引車以外の軽車両を除く。次項において同じ。）の運転者がしたものをいい、その種別は、政令で定める。

2　この章において「反則者」とは、反則行為をした者であつて、次の各号のいずれかに該当する者以外のものをいう。

一　当該反則行為に係る車両等（特定小型原動機付自転車を除く。）に関し法令の規定による運転の免許を受けていない者（法令の規定により当該免許の効力が停止されている者を含み、第百七条の二の規定により国際運転免許証等で当該車両等を運転することができることとされている者を除く。）、第六十四条の二第一項の規定により当該反則行為に係る特定小型原動機付自転車を運転することができないこととされている者又は第八十五条第五項から第十項までの規定により当該反則行為に係る自動車を運転することができないこととされている者

二　当該反則行為をした場合において、酒に酔つた状態、第百十七条の二第一項第三号に規定する状態又は身体に第百十七条の二の二第一項第三号の政令で定める程度以上にアルコールを保有する状態で車両等を運転していた者

三　当該反則行為をし、よつて交通事故を起こした者

3　この章において「反則金」とは、反則者がこの章の規定の適用を受けようとする場合に国に納付すべき金銭をいい、その額は、別表第二に定める金額の範囲内において、反則行為の種別に応じ政令で定める。

本条…追加〔昭四二法一二六〕、二項…一部改正〔昭四五法八六昭五三法五三昭六一法六三〕、一項…一部改正〔平二法七三〕、二項…一部改正〔平五法四三平七法七四平一三法五一〕、一―三項…一部改正〔平一六法九〇〕、二項…一部改正〔平一九法九〇平二一法二一平二五法四三平二七法四〇令四法三二〕

※1・3項「政令」＝令四五、2項1号「法令の規定」＝本法八四・一〇三、動力車操縦者運転免許に関する省令三・四・六

第二節　告知及び通告

本節…追加〔昭四二法一二六〕

（告知）

第百二十六条　警察官は、反則者があると認めるときは、次に掲げる場合を除き、その者に対し、速やかに、反則行為となるべき事実の要旨及び当該反則行為が属する反則行為の種別並びにその者が次条第一項前段の規定による通告を受けるための出頭の期日及び場所を書面で告知するものとする。ただし、出頭の期日及び場所の告知は、その必要がないと認めるときは、この限りでない。

一　その者の居所又は氏名が明らかでないとき。

二　その者が逃亡するおそれがあるとき。

2　前項の書面には、この章に定める手続を理解させるため必要な事項を記載するものとする。

3　警察官は、第一項の規定による告知をしたときは、当該告知に係る反則行為が行われた地を管轄する都道府県警察の警

察本部長に速やかにその旨を報告しなければならない。ただし、警察法第六十条の二又は第六十六条第二項の規定に基づいて、当該警察官の所属する都道府県警察の管轄区域以外の区域において反則行為をしたと認めた者に対し告知をしたときは、当該警察官の所属する都道府県警察の警察本部長に報告しなければならない。

4 第百十四条の四第一項に規定する交通巡視員は、第百十九条の二の四第一項若しくは第三項又は第百十九条の三第一項第一号から第四号まで若しくは第三項の罪に当たる行為をした反則者があると認めるときは、第一項の例により告知するものとし、当該告知をしたときは、前項の例により報告しなければならない。

本条…追加〔昭四二法一二六〕、一・三項…一部改正・四項…追加〔昭四五法八六〕、四項…一部改正〔昭四六法九八平二法七三〕、一・三・四項…一部改正〔平一六法九〇〕、四項…一部改正〔平一九法九〇令四法三二〕

※ 2項「告知書の記載事項」＝令四六1、「告知書の様式」＝則四〇、3項「引用条項」＝警察法六〇の二（管轄区域の境界附近における事案に関する権限）・六六2（移動警察等に関する職権行使）

（通告）

第百二十七条 警察本部長は、前条第三項又は第四項の報告を受けた場合において、当該報告に係る告知を受けた者が当該告知に係る種別に属する反則行為をした反則者であると認めるときは、その者に対し、理由を明示して当該反則行為が属する種別に係る反則金の納付を書面で通告するものとする。この場合においては、その者が当該告知に係る出頭の期日及び場所に出頭した場合並びにその者が第百二十九条第一項の規定による仮納付をしている場合を除き、当該通告書の送付に要する費用の納付をあわせて通告するものとする。

2 警察本部長は、前条第三項又は第四項の報告を受けた場合において、当該報告に係る告知を受けた者が当該告知に係る種別に属する反則行為をした反則者でないと認めるときは、その者に対し、すみやかに理由を明示してその旨を書面で通知するものとする。この場合において、その者が当該告知に係る種別以外の種別に属する反則行為をした反則者であると認めるときは、その者に対し、理由を明示して当該反則行為が属する種別に係る反則金の納付を書面で通告するものとする。

3 第一項の規定による通告は、第百二十九条第一項に規定する期間を経過した日以後において、すみやかに行なうものとする。

本条…追加〔昭四二法一二六〕、一・二項…一部改正〔昭四五法八六〕

※ 1項「送付による通告の効力発生時期」＝令四八、「通告書の記載事項」＝令四七、「通告書の様式」＝則四一、「通告書の送付費用」＝令四九、2項「通知書」＝令五〇、「通知書の様式」＝則四二

第三節 反則金の納付及び仮納付

本節…追加〔昭四二法一二六〕

（反則金の納付）

第百二十八条 前条第一項又は第二項後段の規定による通告を受けた者は、当該通告に係る反則金（同条第一項後段の規定による通告にあつては、反則金及び通告書の送付に要する費用。以下この条において同じ。）の納付は、当該通告を受けた日の翌日から起算して十日以内（政令で定めるやむを得ない理由のため当該期間内に反則金を納付することができなかつた者にあつては、当該事情がやんだ日の翌日から起算して十日以内）に、政令で定めるところにより、国に対してしなければならない。

2 前項の規定により反則金を納付した者は、当該通告の理由となつた行為に係る事件について、公訴を提起されず、又は家庭裁判所の審判に付されない。

本条…追加〔昭四二法一二六〕、二項…一部改正〔昭四五法八六〕

※ 1項「政令」＝令五一・五二

（仮納付）

第百二十九条 第百二十六条第一項又は第四項の規定による告知を受けた者は、当該告知を受けた日の翌日から起算して七日以内に、政令で定めるところにより、当該告知された反則行為の種別に係る反則金に相当する金額を仮に納付することができる。ただし、第百二十七条第二項前段の規定による通知を受けた後は、この限りでない。

2 第百二十七条第一項前段の規定による通告は、前項の規定による仮納付をした者については、政令で定めるところにより、公示して行うことができる。

3 第一項の規定による仮納付をした者について当該告知に係る第百二十七条第一項前段の規定による通告があつたときは、当該仮納付をした者は、前条第一項の規定により当該通告に係る反則金を納付した者とみなし、当該反則金に相当する金額の仮納付は、同項の規定による反則金の納付とみなす。

4 警察本部長は、第一項の規定による仮納付をした者に対し、第百二十七条第二項前段の規定による通知をしたときは、当該仮納付に係る金額を速やかにその者に返還しなければならない。

本条…追加〔昭四二法一二六〕、一項…一部改正〔昭四五法八六〕、一・二・四項…一部改正〔平一六法九〇〕

※ 1・2項「政令」＝令五三・五四、2項「公示通告書の様式」＝則四四

（期間の特例）

第百二十九条の二 第百二十八条第一項及び前条第一項に規定する期間の末日が日曜日その他政令で定める日に当たるときは、これらの日の翌日を当該期間の末日とみなす。

本条…追加〔昭六〇法八七〕

※ 「政令」＝令五四の二

第四節 反則者に係る刑事事件等

本節…追加〔昭四二法一二六〕、節名…改正〔昭四五法八六〕

（反則者に係る刑事事件）

第百三十条 反則者は、当該反則行為についてその者が第百二十七条第一項又は第二項後段の規定により当該反則行為が属する種別に係る反則金の納付の通告を受け、かつ、第百二十八条第一項に規定する期間が経過した後でなければ、当該反則行為に係る事件について、公訴を提起されず、又は家庭裁判所の審判に付されない。ただし、次の各号に掲げる場合においては、この限りでない。

一　第百二十六条第一項各号のいずれかに掲げる場合に該当するため、同項又は同条第四項の規定による告知をしなかつたとき。
二　その者が書面の受領を拒んだため、又はその者の居所が明らかでないため、第百二十六条第一項若しくは第四項の規定による告知又は第百二十七条第一項若しくは第二項後段の規定による通告をすることができなかつたとき。

本条…追加〔昭四二法一二六〕、一部改正〔昭四五法八六〕

※「引用条項」＝本法一二八（反則金の納付）・一二六（告知）・一二七（通告）

（反則者に係る保護事件）

第百三十条の二　家庭裁判所は、前条本文に規定する通告があつた事件について審判を開始した場合において、相当と認めるときは、期限を定めて反則金の納付を指示することができる。この場合において、その反則金の額は、第百二十五条第三項の規定にかかわらず、別表第二に定める金額の範囲内において家庭裁判所が定める額とする。

2　前項の規定による指示の告知は、書面で行うものとし、この書面には、同項の規定によつて定めた期限及び反則金の額を記載するものとする。

3　第百二十八条の規定は、第一項の規定による指示に係る反則金の納付について準用する。この場合において、同条第一項中「当該通告を受けた日の翌日から起算して十日以内」とあるのは、「第百三十条の二第一項の規定により定められた期限まで」と読み替えるものとする。

本条…追加〔昭四五法八六〕、一・二項…一部改正〔平一六法九〇〕

※　1項「引用条項」＝本法一二五3（反則金の定義）、3項で準用する一二八条1項「政令」＝令五二の二2

第五節　雑則

本節…追加〔昭四二法一二六〕

（方面本部長への権限の委任）

第百三十一条　この章の規定により道警察本部長の権限に属する事務は、政令で定めるところにより、方面本部長に行なわせることができる。

本条…追加〔昭四二法一二六〕

※「政令」＝令五五

（政令への委任）

第百三十二条　この章に定めるもののほか、第百二十六条第一項又は第百二十七条第一項若しくは第二項に規定する書面の記載事項その他この章の規定の実施に関し必要な事項は、政令で定める。

本条…追加〔昭四二法一二六〕

※「政令」＝令四六～五〇・五二・五二の二

附　則（抄）

（施行期日）

第一条　この法律（以下「新法」という。）は、公布の日から起算して六月をこえない範囲内において政令で定める日から施行する。

〔昭三五・一〇政令二六九により、昭三五・一二・二〇から施行〕

（道路交通取締法等の廃止）

第二条　道路交通取締法（昭和二十二年法律第百三十号。以下「旧法」という。）及び道路交通取締法施行令（昭和二十八年政令第二百六十一号。以下「旧令」という。）は廃止する。

（経過規定）

第三条　新法の施行の際、現に旧法及び旧令の規定により運転免許（小型自動四輪車免許及び旧令第五十条の二第一項の規定による仮運転免許を除く。）又は運転許可を受けている者は、それぞれ次の各号に定める区分により、新法の相当規定による免許を受けたものとみなし、その者が旧法及び旧令の規定により交付を受けた運転免許証又は運転許可証は、それぞれ免許の区分に従い、新法の相当規定により交付を受けた免許証とみなす。この場合において、当該免許証の新法第九十二条第三項に規定する有効期間は、当該運転免許証又は運転許可証に記載されている旧令第五十七条第一項（旧令第六十六条において準用する場合を含む。）の規定による検査の期限までとする。
一　大型自動車免許については、大型免許
二　普通自動車免許については、普通免許
三　けん引自動車免許については、普通免許及び特殊免許
四　特殊作業用自動車免許又は特殊自動車免許については、特殊免許
五　自動三輪車免許については、三輪免許
六　側車付自動二輪車免許又は自動二輪車免許については、二輪免許
七　軽自動車免許については、軽免許
八　旧令第五十条の二第二項の規定による仮運転免許については、仮免許
九　第一種運転許可については、第一種原付免許
十　第二種運転許可については、第二種原付免許
十一　大型自動車第二種免許については、大型第二種免許
十二　普通自動車第二種免許又は小型自動四輪車第二種免許については、普通第二種免許
十三　けん引自動車第二種免許については、普通第二種免許及び特殊第二種免許
十四　自動三輪車第二種免許については、三輪第二種免許

2　新法の施行の際、現に旧法及び旧令の規定により小型自動四輪車免許を受けている者は、新法の規定による普通免許を受けたものとみなし、その者が旧法及び旧令の規定により交付を受けた運転免許証は、新法の相当規定により交付を受けた免許証とみなす。前項後段の規定は、この場合について準用する。

三・四項…削除〔平一六法九〇〕

第四条　前条第一項又は第二項の場合において、旧令の規定により公安委員会が運転免許についてした自動車の種類その他の限定又は運転免許若しくは運転許可について付した条件で現にその効力を有するものは、それぞれ新法の相当規定により公安委員会が当該免許について付した条件とみなす。

第五条　削除〔平一六法九〇〕

第六条　新法の施行の際、現に旧令第五十三条第一項第一号に掲げる公安委員会の指定した自動車練習所その他これに類する施設の発行する卒業証明書を有する者で卒業後一年を経過しないものは、新法第九十九条第一項の適用については、当該施設を卒業して一年を経過しない間は、同条同項第一号に掲げる指定自動車教習所の発行する卒業証明書を有する者で当該指定自動車教習所を卒業した日から起算して一年を経過

しないものとみなす。

第七条　附則第三条に規定するもののほか、新法の施行の際、旧法の規定により公安委員会がした道路の通行の禁止若しくは制限又は旧法若しくは旧令の規定により公安委員会がした運転免許若しくは運転許可の取消し若しくは停止その他の処分で現にその効力を有するものは、それぞれ新法の相当規定により公安委員会がした処分とみなす。この場合において、当該処分に期間が定められているときは、その期間は、旧法又は旧令の規定により当該処分がされた日から起算するものとする。

第八条　新法の施行の際、現に旧法又は旧令の規定により公安委員会に対してされている運転免許の申請（十八歳未満の者がした小型自動四輪車免許に係る申請を除く。以下この条において同じ。）、届出その他の手続は、それぞれ新法の相当規定により公安委員会に対してされた手続とみなす。この場合において、運転免許の申請、運転免許証若しくは運転許可証の再交付の申請又は運転免許証若しくは運転許可証の記載事項の変更に係る届出を受理した公安委員会が当該手続をした者の住所地を管轄するものでないときは、当該公安委員会は、新法の施行後すみやかに当該手続に係る書類をその者の住所地を管轄する公安委員会に引き継がなければならない。

本条…一部改正〔平一六法九〇〕

第九条　新法の施行の際、旧法第九条第六項（第九条の二第四項において準用する場合を含む。）の規定により公安委員会がした聴聞又は聴聞の手続については、これを新法第百四条の規定により公安委員会がした聴聞又は聴聞の手続とみなし、当該聴聞又は聴聞の手続をした公安委員会は、当該聴聞に係る事案について新法第百三条の規定による処分をすることができる。この場合において、当該処分をした公安委員会が当該処分に係る者の住所地を管轄するものでないときは、当該公安委員会は、すみやかに当該処分をした旨をその者の住所地を管轄する公安委員会に通知しなければならない。

第十条　新法第九十条第一項及び第百三条第二項（同項第二号に係る部分に限る。）の規定の適用については、自動車及び原動機付自転車の運転に関し旧法若しくは旧令の規定又はこれらの規定に基づく処分に違反した者は、新法の相当規定又はこれに基づく処分にそれぞれ違反した者とみなす。

第十一条　新法の施行の際、旧法又は旧令の規定により警察署長がした許可その他の処分で現にその効力を有するものは、それぞれ新法の相当規定により警察署長がした処分とみなし、当該許可に係る許可証は、新法の相当規定による許可証とみなす。この場合において、当該処分に期間が定められているときは、その期間は、旧法又は旧令の規定により当該処分がされた日から起算するものとする。

第十二条　新法の施行の際、現に旧法又は旧令の規定により警察署長に対してされている許可の申請その他の手続は、それぞれ新法の相当規定により警察署長に対してされた手続とみなす。

第十三条　新法の施行の際、現に旧法第二十三条の三第一項の規定により交付されている保管証は、新法第百九条第一項の規定により交付された保管証とみなす。この場合において、当該保管証の新法第百九条第六項に規定する有効期間は、旧法第二十三条の三第一項の規定により当該保管証が交付された日から起算するものとする。

第十四条　新法の施行前にした行為に対する罰則の適用については、なお従前の例による。

（交通安全対策特別交付金）

第十六条　国は、当分の間、交通安全対策の一環として、道路交通安全施設の設置及び管理に要する費用で政令で定めるものに充てるため、都道府県及び市町村（特別区を含む。以下同じ。）に対し、交通安全対策特別交付金（以下「交付金」という。）を交付する。

2　交付金の額は、第百二十八条第一項（第百三十条の二第三項において準用する場合を含む。以下この項において同じ。）の規定により納付された反則金（第百二十九条第三項の規定により反則金の納付とみなされる同条第一項の規定による仮納付に係るものを含む。以下この条及び附則第十八条第一項において「反則金等」という。）に係る収入額に相当する金額に当該金額に係る余裕金の運用により生じた利子に相当する金額を加えた額（次項第一号及び附則第十八条第一項において「反則金収入相当額等」という。）から次の各号に掲げる額の合算額を控除した額とする。

一　第百二十九条第四項の規定による返還金に相当する額

二　第百二十七条第一項後段に規定する通告書の送付に要する費用（次項第二号ロ及び附則第十九条において「通告書送付費」という。）に係る収入額に相当する額として政令で定めるところにより算定した額（以下「通告書送付費支出金相当額」という。）

三　過誤納に係る反則金等の返還金に相当する額

3　毎年度分として交付すべき交付金の総額は、第一号に掲げる額（第二号に掲げる額を限度とする。）に当該年度の前年度以前の年度において交付すべきであった交付金の額でまだ交付していない額を加算した額とする。

一　前年度の二月から当該年度の一月までの期間の収納に係る反則金収入相当額等からイからハまでに掲げる額の合算額を控除した額

イ　前年度の二月から当該年度の一月までの期間に係る第百二十九条第四項の規定による返還金に相当する額

ロ　前年度の二月から当該年度の一月までの期間に係る通告書送付費支出金相当額

ハ　前年度の二月から当該年度の一月までの期間に係る過誤納に係る反則金等の返還金に相当する額

二　前年度の二月から当該年度の一月までの期間の収納に係る反則金等の収入見込額に当該額に係る余裕金の運用により生じた利子に相当する金額を加えた額からイからハまでに掲げる額の合算額を控除した額

イ　前年度の二月から当該年度の一月までの期間に係る第百二十九条第四項の規定による返還金の見込額

ロ　前年度の二月から当該年度の一月までの期間に係る通告書送付費に係る支出見込額

ハ　前年度の二月から当該年度の一月までの期間に係る過誤納に係る反則金等の返還金の見込額

本条…追加〔昭五八法三六〕、二項…一部改正〔平一四法九八平一六法九〇〕、二項…一部改正・三項…追加〔平二五法七六〕

※　1・2項「政令」＝交通安全対策特別交付金等に関する政令一・二

（交付の基準）

第十七条　都道府県及び市町村ごとの交付金の額は、当該都道府県及び市町村の区域における交通事故の発生件数、人口の集中度その他の事情を考慮して政令で定めるところにより算定した額とする。

本条…追加〔昭五八法三六〕

※「政令」＝交通安全対策特別交付金等に関する政令四

第十八条（**交付の時期及び交付時期ごとの交付額**）交付金は、毎年度、次の表の上欄に掲げる時期に、それぞれ同表の下欄に定める額を交付する。

交付時期	交付時期ごとに交付すべき額
九月	前年度の二月から当該年度の七月までの期間の収納に係る反則金収入相当額等に当該年度の前年度以前の年度において交付すべきであつた交付金の額でまだ交付していない額を加算した額から当該期間に係る第百二十九条第四項の規定による返還金に相当する額、通告書送付費支出金相当額及び過誤納に係る反則金等の返還金に相当する額の合算額を控除した額に相当する額（附則第十六条第三項第二号に掲げる額に当該年度の前年度以前の年度において交付すべきであつた交付金の額でまだ交付していない額を加算した額（以下この表において「交付金見込額」という。）を限度とする。）を基礎として政令で定める額
三月	当該年度の八月から一月までの期間の収納に係る反則金収入相当額等から当該期間に係る第百二十九条第四項の規定による返還金に相当する額、通告書送付費支出金相当額及び過誤納に係る反則金等の返還金に相当する額の合算額を控除した額に相当する額（交付金見込額から九月に交付した額を控除した額を限度とする。）を基礎として政令で定める額

2　前項に規定する各交付時期ごとに交付することができなかつた金額があるとき、又は各交付時期において交付すべき金額を超えて交付した金額があるときは、それぞれ当該金額を、次の交付時期に交付すべき額に加算し、又はこれから減額するものとする。

本条…追加〔昭五八法三六〕、一項…一部改正〔平一四法九八平二五法七六〕

※1項「政令」＝交通安全対策特別交付金等に関する政令五

第十九条（**通告書送付費支出金の支出**）国は、通告書送付費支出金として、各都道府県ごとの通告書送付費に係る支出額を考慮して政令で定めるところにより、通告書送付費支出金相当額を都道府県に支出する。

本条…追加〔昭五八法三六〕、旧二一条…繰上〔平一六法九〇〕、一部改正〔平二五法七六〕

※「政令」＝交通安全対策特別交付金等に関する政令一〇

第二十条（**主務大臣等**）附則第十六条から第十八条までの規定による交付金に関する事務は総務大臣が、前条の規定による通告書送付費支出金に関する事務は内閣総理大臣が行う。

2　前項の規定により内閣総理大臣が行うものとされる事務は、政令で定めるところにより、警察庁長官に委任することができる。

本条…追加〔昭五八法三六〕、一項…一部改正〔平一一法一六〇〕、一項…一部改正・旧二二条…繰上〔平一六法九〇〕

※2項「政令」＝交通安全対策特別交付金等に関する政令一四

第二十一条（**地方財政審議会の意見の聴取**）総務大臣は、次に掲げる場合には、地方財政審議会の意見を聴かなければならない。

一　附則第十七条の政令の制定又は改廃の立案をしようとするとき。

二　都道府県及び市町村に対して交付すべき交付金を交付しようとするとき。

本条…追加〔平一一法一六〇〕、一部改正・旧二三条…繰上〔平一六法九〇〕

第二十二条（**高齢運転者標識表示義務に関する当面の措置**）第七十一条の五第三項の規定は、当分の間、適用しない。この場合において、同条第四項中「七十歳以上七十五歳未満」とあるのは、「七十歳以上」とする。

本条…追加〔平二一法二一〕、一部改正〔平二七法四〇〕

附　則（昭三七・六・二法一四七）

1　この法律は、公布の日から起算して一月をこえない範囲内において政令で定める日から施行する。

〔昭三七・六政令二三四により、昭三七・七・一から施行〕

2　この法律の施行の際現に大型免許を受けている者については、この法律による改正後の第八十五条第三項の規定は、適用しない。

附　則（昭三七・九・一五法一六一抄）

1　この法律は、昭和三十七年十月一日から施行する。

2　この法律による改正後の規定は、この附則に特別の定めがある場合を除き、この法律の施行前にされた行政庁の処分、この法律の施行前にされた申請に係る行政庁の不作為その他この法律の施行前に生じた事項についても適用する。ただし、この法律による改正前の規定によつて生じた効力を妨げない。

3　この法律の施行前に提起された訴願、審査の請求、異議の申立てその他の不服申立て（以下「訴願等」という。）については、この法律の施行後も、なお従前の例による。この法律の施行前にされた訴願等の裁決、決定その他の処分（以下「裁決等」という。）又はこの法律の施行前に提起された訴願等につきこの法律の施行後にされる裁決等にさらに不服がある場合の訴願等についても、同様とする。

4　前項に規定する訴願等で、この法律の施行後は行政不服審査法による不服申立てをすることができることとなる処分に係るものは、同法以外の法律の適用については、行政不服審査法による不服申立てとみなす。

5　第三項の規定によりこの法律の施行後にされる審査の請求、異議の申立てその他の不服申立ての裁決等については、行政不服審査法による不服申立てをすることができない。

6　この法律の施行前にされた行政庁の処分で、この法律による改正前の規定により訴願等をすることができるものとされ、かつ、その提起期間が定められていなかつたものについて、行政不服審査法による不服申立てをすることができる期間は、この法律の施行の日から起算する。

8　この法律の施行前にした行為に対する罰則の適用については、なお従前の例による。

9　前八項に定めるもののほか、この法律の施行に関して必要な経過措置は、政令で定める。

10 この法律及び行政事件訴訟法の施行に伴う関係法律の整理等に関する法律（昭和三十七年法律第百四十号）に同一の法律についての改正規定がある場合においては、当該法律は、この法律によつてまず改正され、次いで行政事件訴訟法の施行に伴う関係法律の整理等に関する法律によつて改正されるものとする。

※ 9項「政令」＝なし

附 則（昭三八・四・一五法九〇抄）

1 この法律は、公布の日から起算して三月をこえない範囲内において政令で定める日から施行する。

〔昭三八・六政令二〇四により、昭三八・七・一四から施行〕

3 この法律の施行前にした行為に対する罰則の適用については、なお従前の例による。

附 則（昭三九・六・一法九一抄）

1 この法律は、公布の日から起算して三月を経過した日から施行する。ただし、この法律の施行の際に条約が日本国について効力を生じていない場合には、目次の改正規定（第六節を改める部分に限る。）、第六十七条第一項の改正規定、第七十五条第一項の改正規定、第八十八条第一項に第七号を加える改正規定、第六章第六節の次に一節を加える改正規定、第百九条の改正規定、第百十二条の改正規定（「若しくは第百一条の二第一項」を加える部分を除く。）、第百十八条第一項第一号の改正規定、第百二十条第一項の改正規定（同項第九号中「（第百七条の三（国際運転免許証の携帯及び提示義務）後段において準用する場合を含む。）」を加える部分及び同項第十五号中「免許証、国外運転免許証又は国際運転免許証を」に改める部分に限る。）及び第百二十一条第一項第十号の改正規定は、条約が日本国について効力を生ずる日から施行する。

2 この法律の施行の日から条約が日本国について効力を生ずるまでの間は、改正後の道路交通法（以下「新法」という。）第百十七条の二第三号中「偽りその他不正の手段により免許証又は国外運転免許証の交付を受けた者」とあるのは「偽りその他不正の手段により免許証の交付を受けた者」と、新法第百十九条第一項第十五号中「、第百二条（臨時適性検査）第三項又は第百七条の四（臨時適性検査）第三項において準用する場合を含む。」とあるのは「又は第百二条（臨時適性検査）第三項において準用する場合を含む。」と、新法第百二十一条第一項第九号中「、第百七条（免許証の返納等）第一項若しくは第二項、第百七条の五（自動車等の運転の禁止等）第四項若しくは第六項又は第百七条の十（国外運転免許証の返納等）第一項若しくは第二項」とあるのは「又は第百七条（免許証の返納等）第一項若しくは第二項」とする。

3 この法律の施行の際現に改正前の道路交通法（以下「旧法」という。）の規定により特殊自動車免許、軽自動車免許又は特殊自動車第二種免許を受けている者は、それぞれ次の各号に定める区分により、新法の相当規定による大型特殊自動車免許、軽自動車免許、小型特殊自動車免許、第一種原動機付自転車免許、第二種原動機付自転車免許又は大型特殊自動車第二種免許を受けたものとみなし、その者が旧法の規定により交付を受けた運転免許証は、それぞれの運転免許の区分に従い、新法の相当規定により交付を受けた運転免許証とみなす。この場合において、当該運転免許証の有効期間は、旧法の規定による有効期間とする。

一 特殊自動車免許については、大型特殊自動車免許

二 軽自動車免許（次号から第五号までに掲げるものを除く。）については、軽自動車免許及び小型特殊自動車免許

三 軽自動車免許で旧法第九十一条の規定により運転することができる自動車等の種類が新法の規定による小型特殊自動車及び原動機付自転車に限定されているものについては、小型特殊自動車免許及び第二種原動機付自転車免許

四 軽自動車免許で旧法第九十一条の規定により運転することができる自動車等の種類が新法の規定による小型特殊自動車及び第一種原動機付自転車に限定されているものについては、小型特殊自動車免許及び第一種原動機付自転車免許

五 軽自動車免許で旧法第九十一条の規定により運転することができる自動車等の種類が新法の規定による小型特殊自動車に限定されているものについては、小型特殊自動車免許

六 特殊自動車第二種免許については、大型特殊自動車第二種免許

4 前項の場合において、旧法の規定により公安委員会が運転免許について付した自動車等の種類の限定（前項第三号から第五号までに掲げるものを除く。）又は当該運転免許について付した条件で現にその効力を有するものは、それぞれ新法の相当規定により公安委員会が当該運転免許について付した自動車等の種類の限定又は当該運転免許について付した条件とみなす。

5 この法律の施行の際現に旧法の規定による特殊自動車免許、軽自動車免許又は特殊自動車第二種免許の運転免許試験に合格して旧法の規定による運転免許を受けていない者については、それぞれ次の各号に定める区分により、新法の相当規定による大型特殊自動車免許、軽自動車免許、小型特殊自動車免許、第一種原動機付自転車免許、第二種原動機付自転車免許又は大型特殊自動車第二種免許の運転免許試験に合格した者とみなす。

一 特殊自動車免許については、大型特殊自動車免許

二 軽自動車免許（次号から第五号までに掲げるものを除く。）については、軽自動車免許及び小型特殊自動車免許

三 軽自動車免許で旧法第九十一条の規定により運転することができる自動車等の種類を新法の規定による小型特殊自動車及び原動機付自転車に限定すべきものについては、小型特殊自動車免許及び第二種原動機付自転車免許

四 軽自動車免許で旧法第九十一条の規定により運転することができる自動車等の種類を新法の規定による小型特殊自動車及び第一種原動機付自転車に限定すべきものについては、小型特殊自動車免許及び第一種原動機付自転車免許

五 軽自動車免許で旧法第九十一条の規定により運転することができる自動車等の種類を新法の規定による小型特殊自動車に限定すべきものについては、小型特殊自動車免許

六 特殊自動車第二種免許については、大型特殊自動車第二種免許

6 この法律の施行の際、旧法第九十条第一項ただし書の規定により公安委員会がした運転免許の拒否又は保留で現にその効力を有するものは、新法第九十条第一項ただし書の規定に

より公安委員会がした運転免許の拒否又は保留とみなす。この場合において、保留の期間については、同項の規定にかかわらず、なお従前の例によるものとし、その期間は、旧法第九十条第一項ただし書の規定により当該保留がされた日から起算するものとする。

7　この法律の施行の際現に旧法の規定により公安委員会に対してされている旧法の規定による特殊自動車免許、軽自動車免許又は特殊自動車第二種免許に係る申請、届出その他の手続は、それぞれ次の各号に定める区分により、新法の相当規定により公安委員会に対してされた手続とみなす。

一　特殊自動車免許については、大型特殊自動車免許

二　軽自動車免許については、軽自動車免許及び小型特殊自動車免許

三　特殊自動車第二種免許については、大型特殊自動車第二種免許

8　この法律の施行の際、旧法第九十条第一項ただし書の規定により運転免許を拒否されてから一年を経過していない者又は同項ただし書の規定により現に運転免許を保留されている者については、新法第八十八条第一項第五号の規定は、適用しない。

9　この法律の施行前に運転免許を受けた者については、新法第九十条第三項の規定は、適用しない。

10　この法律の施行前に運転免許の効力の停止を受けた者に係る運転免許証の提出及び保管については、新法第百七条第二項の規定にかかわらず、なお従前の例による。

11　この法律の施行の際、旧法の規定により旧法の特殊自動車免許、軽自動車免許又は特殊自動車第二種免許に係る事案について公安委員会がした聴聞又は聴聞の手続については、それぞれ次の各号に定める区分により、これらを新法の相当規定により大型特殊自動車免許、軽自動車免許、小型特殊自動車免許、第一種原動機付自転車免許、第二種原動機付自転車免許又は大型特殊自動車第二種免許に係る事案について公安委員会がした聴聞又は聴聞の手続とみなす。

一　特殊自動車免許については、大型特殊自動車免許

二　軽自動車免許（次号から第五号までに掲げるものを除く。）については、軽自動車免許及び小型特殊自動車免許

三　軽自動車免許で旧法第九十一条の規定により運転することができる自動車等の種類が新法の規定による小型特殊自動車及び原動機付自転車に限定されているものについては、小型特殊自動車免許及び第二種原動機付自転車免許

四　軽自動車免許で旧法第九十一条の規定により運転することができる自動車等の種類が新法の規定による小型特殊自動車及び第一種原動機付自転車に限定されているものについては、小型特殊自動車免許及び第一種原動機付自転車免許

五　軽自動車免許で旧法第九十一条の規定により運転することができる自動車等の種類が新法の規定による小型特殊自動車に限定されているものについては、小型特殊自動車免許

六　特殊自動車第二種免許については、大型特殊自動車第二種免許

12　この法律の施行の際、旧法の規定により公安委員会がした旧法の特殊自動車免許、軽自動車免許又は特殊自動車第二種免許の取消し若しくは停止その他の処分で現にその効力を有するものは、それぞれ次の各号に定める区分により、新法の相当規定により大型特殊自動車免許、軽自動車免許、小型特殊自動車免許、第一種原動機付自転車免許、第二種原動機付自転車免許又は大型特殊自動車第二種免許について公安委員会がした処分とみなす。この場合において、当該処分に期間が定められているときは、その期間は、旧法の規定により当該処分がされた日から起算するものとする。

一　特殊自動車免許については、大型特殊自動車免許

二　軽自動車免許（次号から第五号までに掲げるものを除く。）については、軽自動車免許及び小型特殊自動車免許

三　軽自動車免許で旧法第九十一条の規定により運転することができる自動車等の種類が新法の規定による小型特殊自動車及び原動機付自転車に限定されているものについては、小型特殊自動車免許及び第二種原動機付自転車免許

四　軽自動車免許で旧法第九十一条の規定により運転することができる自動車等の種類が新法の規定による小型特殊自動車及び第一種原動機付自転車に限定されているものについては、小型特殊自動車免許及び第一種原動機付自転車免許

五　軽自動車免許で旧法第九十一条の規定により運転することができる自動車等の種類が新法の規定による小型特殊自動車に限定されているものについては、小型特殊自動車免許

六　特殊自動車第二種免許については、大型特殊自動車第二種免許

13　新法第九十条第一項ただし書及び第三項並びに第百三条第二項第二号の規定の適用については、自動車及び原動機付自転車の運転に関し旧法若しくは旧法に基づく命令の規定又は旧法に基づく処分に違反した者は、新法の相当規定又はこれに基づく処分にそれぞれ違反した者とみなす。

14　この法律の施行の際現に旧法第八十八条第一項第二号、第三号若しくは第四号又は旧法第百三条第二項各号のいずれかに該当する者で同条第一項又は第二項の規定による運転免許の取消し又は効力の停止を受けていないものに係る当該事由を理由とする運転免許の取消し又は効力の停止については、新法第百三条第一項及び第二項の規定にかかわらず、なお従前の例による。

15　前項の規定により運転免許の効力の停止を受けた者に係る講習及び運転免許の効力の停止の期間の短縮については、新法第百三条第八項の規定にかかわらず、なお従前の例による。

16　この法律の施行の際現に旧法第百三条第三項の規定による講習を終了していない者に係る講習及び同項後段の規定による期間の短縮を受けていない者に係る期間の短縮については、新法第百三条第八項の規定にかかわらず、なお従前の例による。

17　この法律の施行前にした行為に対する罰則の適用については、なお従前の例による。

附　則（昭四〇・六・一法九六抄）

沿革　平七法七四、平一六法九〇改正

（施行期日）

第一条　この法律中第一条及び附則の規定は公布の日から起算して三月を経過した日から、第二条の規定は同日から三年を経過した日から施行する。

（自動三輪車免許等に関する経過規定）

第二条　第一条の規定による改正前の道路交通法（以下「旧法」という。）の規定による運転免許で次の表の上欄に掲げるものは、それぞれ同表の下欄に掲げる同条の規定による改正後の道路交通法（以下「新法」という。）の規定による運転免許とみなす。

旧法の規定による運転免許	新法の規定による運転免許
自動三輪車免許	普通自動車免許
第一種原動機付自転車免許	原動機付自転車免許
第二種原動機付自転車免許	自動二輪車免許
自動三輪車第二種免許	普通自動車第二種免許
自動三輪車に係る仮運転免許	普通自動車に係る仮運転免許

2　第一条の規定の施行の日（以下「施行日」という。）前に旧法の規定によつてした運転免許に係る処分又は手続で前項の表の上欄に掲げる運転免許に係るものは、新法の相当規定によりそれぞれ同表の下欄に掲げる運転免許に係る処分又は手続としてされたものとみなす。

四項…削除・旧五項…一部改正し四項に繰上〔平七法七四〕、三・四項…削除〔平一六法九〇〕

（大型自動車免許等に関する特例）

第三条　第一条の規定の施行の際（以下「改正法の施行の際」という。）現に旧法の規定による運転免許（小型特殊自動車免許、第一種原動機付自転車免許、第二種原動機付自転車免許及び仮運転免許を除く。）を受けている者又は施行日前にこれらの運転免許に係る運転免許試験に合格したことにより同日以後にこれらの運転免許若しくはこれらに相当する新法の規定による運転免許を受けた者は、当該運転免許を受けている間（道路交通法第九十条第三項又は第百三条第二項若しくは第四項の規定により当該運転免許の効力が停止されている間を除く。）は、新法の規定による自動二輪車免許を受けたものとみなす。

2　改正法の施行の際現に旧法の規定による大型特殊自動車免許、自動二輪車免許若しくは大型特殊自動車第二種免許を受けている者又は施行日前にこれらの運転免許に係る運転免許試験に合格したことにより同日以後にこれらの運転免許を受けた者は、当該運転免許を受けている間（道路交通法第九十条第三項又は第百三条第二項若しくは第四項の規定により当該運転免許の効力が停止されている間を除く。）は、新法の規定による軽自動車免許を受けたものとみなす。

一項…一部改正〔平一六法九〇〕

（牽引免許等に関する特例）

第四条　改正法の施行の際大型特殊自動車で牽引されるための構造及び装置を有する車両を牽引するための構造及び装置を有し、かつ、もつぱら牽引のために使用されるもの（以下「牽引車」という。）に係る旧法の規定による大型特殊自動車免許を現に受けている者又は施行日前に当該運転免許に係る運転免許試験に合格したことにより同日以後に当該運転免許を受けた者は、新法の規定による大型自動車免許及び牽引免許を受けたものとみなす。

2　改正法の施行の際牽引車に係る旧法の規定による大型特殊自動車第二種免許を現に受けている者又は施行日前に当該運転免許に係る運転免許試験に合格したことにより同日以後に当該運転免許を受けた者は、新法の規定による大型自動車免許及び牽引第二種免許を受けたものとみなす。

3　改正法の施行の際旧法の規定による大型自動車免許、普通自動車免許、大型特殊自動車免許（牽引車に係る大型特殊自動車免許を除く。）、自動三輪車免許、大型自動車第二種免許、普通自動車第二種免許、大型特殊自動車第二種免許（牽引車に係る大型特殊自動車第二種免許を除く。）若しくは自動三輪車第二種免許を現に受けている者又は施行日前にこれらの運転免許に係る運転免許試験に合格したことにより同日以後にこれらの運転免許若しくはこれらに相当する新法の規定による運転免許を受けた者は、同日から六月間は、その者が牽引車によつて牽引されるための構造及び装置を有する車両で車両総重量（道路運送車両法（昭和二十六年法律第百八十五号）第四十条第三号の車両総重量をいう。）が七百五十キログラムをこえるものを牽引して当該牽引車を運転する場合を除き、牽引第二種免許を受けたものとみなす。

（三年経過後における軽自動車免許及び自動三輪車免許に関する経過規定）

第五条　施行日から三年を経過する際における運転免許で次の表の上欄に掲げるものは、それぞれ同表の下欄に掲げる運転免許とみなす。

従前の運転免許	第二条の規定による改正後の道路交通法（以下「三年後の新法」という。）の規定による運転免許
軽自動車免許	普通自動車免許
軽自動車に係る仮運転免許	普通自動車に係る仮運転免許

2　施行日から三年を経過した日前に従前の規定によつてした運転免許に係る処分又は手続で前項の表の上欄に掲げる運転免許に係るものは、三年後の新法の相当規定によりそれぞれ同表の下欄に掲げる運転免許に係る処分又は手続としてされたものとみなす。

五項…一部改正〔平七法七四〕、三―五項…削除〔平一六法九〇〕

（従前の行為に対する罰則の適用）

第六条　この法律の施行前にした行為に対する罰則の適用については、なお従前の例による。

附　則（昭四二・八・一法一二六抄）

沿革　昭四五法八六、昭五八法三六改正

1　この法律の規定は、次の各号に掲げる区分に従い、当該各号に掲げる日から施行する。

一　第一条の規定中道路交通法目次の改正規定（「第百十四条」を改める部分に限る。）、同法第七十五条の四の改正規定及び同法第百十四条の次に一条を加える改正規定　この法律の公布の日

二　第一条の規定（前号に掲げる改正規定を除く。次項から附則第五項までにおいて同じ。）及び次項から附則第五項までの規定　この法律の公布の日から起算して三月を経過

した日

三　第二条並びに附則第六項から第十一項まで、第十三項及び第十四項の規定　昭和四十三年七月一日

四　第三条及び附則第十二項の規定　道路交通法の一部を改正する法律（昭和四十年法律第九十六号）第二条の規定の施行の日（昭和四十三年九月一日）

2　第一条の規定の施行の際現に大型自動車免許（以下「大型免許」という。）を受けている者で、大型免許、普通自動車免許又は大型特殊自動車免許によつて運転することができる自動車の運転の経験の期間が通算して二年に達しているものは、同条の規定による改正後の道路交通法（以下「新法」という。）第八十五条第五項の規定の適用については、これらの自動車の運転の経験の期間が通算して三年に達しているものとみなす。

3　第一条の規定の施行の際現に大型免許を受けている者及び大型免許の運転免許試験に合格して大型免許を受けていない者に係る大型自動車の運転及び大型免許については、新法第八十五条第六項及び第八十八条第一項第一号の規定にかかわらず、なお従前の例による。

4　新法第百三条の二第一項の規定は、第一条の規定の施行前に交通事故を起こした者で当該交通事故に関し同項各号のいずれかに該当することとなつたものについては、適用しない。

5　第一条の規定の施行前にした行為に対する罰則の適用については、なお従前の例による。

6　第二条の規定による改正後の道路交通法第九章及び別表の規定は、同条の規定の施行前にした行為については、適用しない。

7　第三条の規定の施行前にした軽自動車に係る反則行為は、同条の規定による改正後の道路交通法第九章及び別表の規定の適用については、普通自動車に係る反則行為とみなす。

七項…一部改正〔昭四五法八六〕、七―一二項…削除・旧一二項…七項に繰上〔昭五八法三六〕

附　則（昭四五・五・二一法八六抄）

1　この法律は、公布の日から起算して三月をこえない範囲内において政令で定める日から施行する。

〔昭四五・七政令二二六により、昭四五・八・二〇から施行〕

2　この法律の施行前に改正前の道路交通法（以下「旧法」という。）第五十一条第二項の規定により行なつた措置に要した費用については、改正後の道路交通法（以下「新法」という。）第五十一条第七項の規定は、適用しない。

3　この法律の施行前に旧法第九十条第一項ただし書の規定による運転免許（以下「免許」という。）の拒否の基準、同条第三項の規定による免許の取消しの基準又は旧法第百三条第二項若しくは第四項の規定による免許の取消しの基準に該当したことを理由とするこれらの処分を受けた後に免許を与えない期間については、新法第八十八条第一項第五号及び第六号、第九十条第四項並びに第百三条第六項の規定にかかわらず、なお従前の例による。

4　この法律の施行前に旧法第百七条の五第一項の規定又は同条第八項において準用する旧法第百三条第四項の規定による自動車等の運転の禁止の基準に該当したことを理由とする自動車等の運転の禁止の期間については、なお従前の例による。

5　この法律の施行前に交通事故を起こしたことを理由とする新法第百三条の二第一項第三号（新法第百七条の五第九項において準用する場合を含む。）の規定による仮停止又は仮禁止については、なお従前の例による。

6　この法律の施行前にした行為に対する罰則の適用については、なお従前の例による。

7　この法律の施行前にした反則行為に関する処理手続については、新法第九章の規定にかかわらず、なお従前の例による。

附　則（昭四六・六・二法九八抄）

（施行期日）

第一条　この法律は、公布の日から起算して六月をこえない範囲内において政令で定める日から施行する。ただし、第七十四条の二に第七項を加える改正規定、第百一条の二の次に一条を加える改正規定、第九十七条から第九十九条までの改正規定、第百八条を第百八条の三とし、同条の前に二条を加える改正規定（第百八条の二第一項第一号、第三号及び第四号に係る部分に限る。）及び第百十二条の改正規定は、昭和四十七年四月一日から施行する。

〔昭四六・一一政令三四七により、昭四六・一二・一から施行〕

（交通の規制等に係る経過措置）

第二条　改正前の道路交通法（以下この条において「旧法」という。）の規定に基づく交通の規制に係る禁止、制限又は指定で、この法律の施行の際現にその効力を有し、かつ、改正後の道路交通法（以下この条において「新法」という。）第四条第一項の規定に基づく交通の規制に相当するものは、当該交通の規制とみなす。

2　この法律の施行前に旧法第五十一条第二項、第三項、第五項又は第六項の規定により行なつた措置に要した費用の徴収については、新法第五十一条第八項の規定は、適用しない。

3　この法律の施行の際現に大型自動車免許を受けている者で、大型自動車免許、普通自動車免許又は大型特殊自動車免許によつて運転することができる自動車の運転の経験の期間が通算して三年に達しているものの運転することができる大型自動車については、新法第八十五条第五項の規定にかかわらず、なお従前の例による。

（罰則に係る経過措置）

第五条　この法律の施行前にした行為に対する罰則の適用については、なお従前の例による。

附　則（昭四六・一二・三一法一三〇）

（施行期日）

1　この法律は、琉球諸島及び大東諸島に関する日本国とアメリカ合衆国との間の協定の効力発生の日〔昭和四七年五月一五日〕から施行する。ただし、〔中略〕次項の規定はこの法律の公布の日から〔中略〕施行する。

（琉球政府行政主席への通知）

2　内閣総理大臣は、この法律の内容を琉球政府行政主席に通知しなければならない。

附　則（昭四七・六・一法五一）

1　この法律は、次の各号に掲げる規定ごとに、それぞれ当該各号に掲げる日から施行する。

一　目次の改正規定、第七十一条の改正規定（第二号及び第

三号に係る部分を除く。）、第七十一条の二を第七十一条の三とし、第七十一条の次に一条を加える改正規定、第百十条の改正規定、第百二十条第一項第九号の改正規定、第百二十一条の改正規定、別表の改正規定（「第五号又は」及び「、第九号の二若しくは第十号」を改める部分に限る。）及び次項の規定　昭和四十七年十月一日

二　第八十四条に一項を加える改正規定、第八十五条第五項の改正規定、第八十七条の改正規定、第八十八条の改正規定、第九十条第一項の改正規定、第九十二条第三項を削り、同条の次に一条を加える改正規定、第九十六条第一項、第二項及び第四項の各改正規定、同条の次に一条を加える改正規定、第九十七条の改正規定、第九十八条の改正規定、同条の次に一条を加える改正規定、第九十九条第一項の改正規定、第百三条第一項及び第四項の各改正規定、第百六条の次に一条を加える改正規定、第百十二条第五項の改正規定、第百十四条の二第一項の改正規定、第百十八条第一項に一号を加える改正規定、第百二十条第一項第十四号及び第二項の各改正規定、別表の改正規定（「第百十九条第一項第一号の二、第二号、第二号の二」を改める部分に限る。）並びに附則第三項から第七項まで及び第九項の規定　昭和四十八年四月一日

三　その他の規定　この法律の公布の日

2　昭和四十八年三月三十一日までの間は、前項第一号に掲げる改正規定による改正後の道路交通法第七十一条第五号の三中「第八十七条第三項」とあるのは「第八十七条第四項」とする。

3　附則第一項第二号に掲げる改正規定の施行の際現に当該改正規定による改正前の道路交通法（以下「旧法」という。）の規定により仮運転免許（以下「仮免許」という。）を受けている者は、当該仮免許について指定されている自動車の種類が大型自動車であるときは当該改正規定による改正後の道路交通法（以下「新法」という。）の規定により大型自動車仮免許を受けたものと、当該仮免許について指定されている自動車の種類が普通自動車であるときは新法の規定により普通自動車仮免許を受けたものとみなす。

4　附則第一項第二号に掲げる改正規定の施行の際現に旧法の規定により受けている仮免許の有効期間は、前項及び新法第八十七条第五項本文の規定にかかわらず、なお従前の例による。

5　附則第一項第二号に掲げる改正規定の施行の際現に運転免許（以下「免許」という。）を受けている者の当該免許に係る運転免許証（以下「免許証」という。）の有効期間については、新法第九十二条の二の規定にかかわらず、なお従前の例による。この場合において、新法第百一条第二項又は第百一条の二第三項の規定によりその者の免許証の有効期間が当該改正規定の施行後最初に更新された場合における当該更新された免許証の有効期間は、新法第九十二条の二第二項又は第三項の規定にかかわらず、当該更新に係る新法第百一条第一項又は第百一条の二第二項の規定による適性検査を受けた日の後のその者の四回目の誕生日（その者の誕生日が二月二十九日であるときは、その者の誕生日は二月二十八日であるものとみなす。）が経過するまでの期間とする。

6　附則第一項第二号に掲げる改正規定の施行の際現に旧法の規定により普通自動車免許（以下「普通免許」という。）の申請をしている者の当該申請に係る運転免許試験の受験資格及びその者に対して新法第九十七条第一項第二号に掲げる事項について行なう普通免許の運転免許試験の方法については、新法第九十六条の二及び第九十七条第二項の規定にかかわらず、なお従前の例による。

7　附則第一項第二号に掲げる改正規定の施行の際現に旧法の規定により指定自動車教習所として指定されているものは、新法の規定により指定自動車教習所として指定されたものとみなし、その際現に当該自動車教習所において自動車の運転に関する技能若しくは知識の教習又は自動車の運転に関する技能についての技能検定に従事している者（新法第九十八条第一項第三号の規定に基づく政令で定める要件又は同条第二項各号に掲げる要件を備えていない者を除く。）で、当該改正規定の施行後も引き続き当該自動車教習所において当該教習又は当該技能検定に従事するものは、新法第九十八条第一項第三号又は第二項の規定により、当該自動車教習所の技能指導員若しくは学科指導員又は技能検定員に、それぞれ選任された者とみなす。

8　この法律の各改正規定の施行前にした行為に対する罰則の適用については、それぞれなお従前の例による。

9　附則第一項第二号に掲げる改正規定の施行前にした旧法第二十四条の規定に違反する行為については、新法第九章及び別表の規定は、適用しない。

附　則（昭五一・六・一〇法六四抄）

（施行期日）

1　この法律は、公布の日から起算して六月を超えない範囲内において政令で定める日から施行する。〔後略〕

〔昭五一・一〇政令二七九により、昭五一・一二・一から施行〕

附　則（昭五三・五・二〇法五三抄）

1　この法律は、昭和五十三年十二月一日から施行する。ただし、第八十五条の改正規定、第百十八条第一項第五号の改正規定及び第百二十五条第二項第一号の改正規定は、昭和五十四年四月一日から施行する。

2　昭和五十四年三月三十一日までの間は、改正後の道路交通法（以下「新法」という。）第七十五条第一項第五号中「大型自動車を運転し、同条第七項の規定に違反して普通自動車を運転し、又は同条第八項の規定に違反して自動二輪車を運転すること」とあるのは、「大型自動車を運転すること」とする。

3　この法律の施行前に改正前の道路交通法（以下「旧法」という。）第七十四条の二第三項の規定によりされた解任命令は、新法第七十四条の二第四項の規定による解任命令とみなす。

4　この法律の施行の際現に旧法第八十七条第一項の規定により受けている仮運転免許の有効期間は、新法第八十七条第五項本文の規定にかかわらず、なお従前の例による。

5　この法律の施行前にした行為に係る運転免許を受けた者（国際運転免許証を所持する者を含む。）に対する警察署長による運転免許の効力の停止（自動車等の運転の禁止を含む。）については、新法第百三条の二第一項第二号及び第三号（新法第百七条の五第九項において準用する場合を含む。）の規定にかかわらず、なお従前の例による。

6　この法律の施行前にした行為については、新法第百八条の

三の規定は、適用しない。

7　この法律（附則第一項ただし書に規定する改正規定については、当該改正規定）の施行前にした行為に対する罰則の適用については、なお従前の例による。

8　この法律（附則第一項ただし書に規定する改正規定については、当該改正規定）の施行前にした反則行為については、新法第百二十五条及び別表の規定にかかわらず、なお従前の例による。

附　則（昭五八・五・一六法三六抄）

（施行期日）

第一条　この法律は、公布の日から施行する。

（道路交通法の一部を改正する法律の一部改正に伴う経過措置）

第五条　昭和五十八年度及び昭和五十九年度に限り、新特別会計法附則第三条第一項中「収入」とあるのは「収入、地方交付税法等の一部を改正する法律（昭和五十八年法律第三十六号。以下「昭和五十八年改正法」という。）附則第四条の規定による改正前の道路交通法の一部を改正する法律（昭和四十二年法律第百二十六号。以下「昭和四十二年改正法」という。）附則第八項の規定がなお効力を有するものとした場合に同項の規定により昭和五十八年度又は昭和五十九年度において加算すべきであった額に相当する額として一般会計から繰り入れられる額」と、「同法附則第十六条」とあるのは「道路交通法附則第十六条」と、「返還金、同法」とあるのは「返還金、昭和五十八年改正法附則第四条の規定による改正前の昭和四十二年改正法附則第八項の規定がなお効力を有するものとした場合に同項の規定により昭和五十八年度又は昭和五十九年度において控除すべきであった額に相当する額として一般会計の歳入に繰り入れる額、道路交通法」とする。

2　昭和五十八年度に限り、第三条の規定による改正後の道路交通法（以下「新道路交通法」という。）附則第十八条第一項の表九月の項中「前年度の三月及び当該年度」とあるのは「当該年度」と、「政令で定める額」とあるのは「政令で定める額（地方交付税法等の一部を改正する法律（昭和五十八年法律第三十六号）附則第四条の規定による改正前の道路交通法の一部を改正する法律（昭和四十二年法律第百二十六号）附則第八項の規定がなお効力を有するものとした場合に、同項の規定により昭和五十八年度において加算すべきであった額があるときは当該政令で定める額に当該加算すべきであった額に相当する額として一般会計から交付税及び譲与税配付金特別会計の交通安全対策特別交付金勘定の歳入に繰り入れられる額を加算した額に相当する額とし、同項の規定により同年度において控除すべきであった額があるときは当該政令で定める額から当該控除すべきであった額に相当する額として同勘定から一般会計の歳入に繰り入れる額を控除した額に相当する額とする。）」とする。

3　昭和五十九年度に限り、新道路交通法附則第十八条第一項の表九月の項中「政令で定める額」とあるのは、「政令で定める額（地方交付税法等の一部を改正する法律（昭和五十八年法律第三十六号）附則第四条の規定による改正前の道路交通法の一部を改正する法律（昭和四十二年法律第百二十六号）附則第八項の規定がなお効力を有するものとした場合に、同項の規定により昭和五十九年度において加算すべきであった額があるときは当該政令で定める額に当該加算すべきであった額に相当する額として一般会計から交付税及び譲与税配付金特別会計の交通安全対策特別交付金勘定の歳入に繰り入れられる額を加算した額に相当する額とし、同項の規定により同年度において控除すべきであった額があるときは当該政令で定める額から当該控除すべきであった額に相当する額として同勘定から一般会計の歳入に繰り入れる額を控除した額に相当する額とする。）」とする。

附　則（昭五九・五・八法二五抄）

（施行期日）

第一条　この法律は、昭和五十九年七月一日から施行する。

附　則（昭六〇・七・五法八七）

1　この法律は、次の各号に掲げる規定ごとに、それぞれ当該各号に定める日から施行する。

一　目次の改正規定（「第百二十八条・第百二十九条」を「第百二十八条―第百二十九条の二」に改める部分に限る。）及び第百二十九条の次に一条を加える改正規定　この法律の公布の日

二　第五十一条、第六十二条、第八十一条、第八十二条第三項及び第八十三条第三項の改正規定並びに次項及び附則第三項の規定　この法律の公布の日から起算して二十日を経過した日

三　第七十一条の三の次に二条を加える改正規定（第七十一条の四に係る部分に限る。）　昭和六十一年一月一日

四　第七十一条の三第二項の改正規定　この法律の公布の日から起算して一年を経過した日

五　その他の規定　この法律の公布の日から起算して六月を超えない範囲内において政令で定める日

〔昭六〇・七政令二一八により、昭和六一・一・一から施行。ただし、目次の改正規定（「第七十一条の三」を「第七十一条の五」に改める部分に限る。）、第七十一条第五号の三を改め、同号を同条第五号の四とし、同条第五号の二の次に一号を加え、同条の付記を改める改正規定、第七十一条の二の改正規定、第七十一条の三第三項を改め、同条第四項を同条第五項とし、同条第三項の次に一項を加え、同条の付記を改める改正規定、第七十一条の三の次に二条を加える改正規定（第七十一条の五に係る部分に限る。）、第七十五条の十第二項を削り、同条の付記を改める改正規定、第百十二条第五項、第百十三条第一項、第百十九条第一項第十二号の四、第百二十条第一項第九号、第百二十一条第一項第九号の三及び別表の改正規定並びに附則第四項及び第五項の規定は、昭和六〇・九・一から施行〕

2　前項第二号に掲げる改正規定の施行の際現に改正前の道路交通法（以下「旧法」という。）第五十一条第五項後段の規定により保管されている車両で当該車両につき同条第六項後段の規定による公示がされているものについては、同号に定める日に、改正後の道路交通法（以下「新法」という。）第五十一条第六項後段の規定による公示があったものとみなす。

3　附則第一項第二号に掲げる改正規定の施行の際現に旧法第五十一条第五項後段の規定により保管されている車両に積載物があった場合における当該積載物は、新法第五十一条第十七項において準用する同条第五項後段の規定により保管された積載物とみなす。

4　この法律の各改正規定の施行前にした行為に対する罰則の適用については、それぞれなお従前の例による。

5　この法律の各改正規定の施行前にした反則行為については、新法第百二十五条及び別表の規定にかかわらず、それぞれなお従前の例による。

附　則（昭六一・五・二三法六三）

1　この法律は、昭和六十二年四月一日から施行する。

2　この法律の施行前に改正前の道路交通法第五十一条第十一項（同条第十七項において準用する場合を含む。）又は第八十一条第六項（同法第八十二条第三項及び第八十三条第三項において準用する場合を含む。）の規定により納付を命ぜられた負担金の督促及びこの法律の施行前に開始された改正前の道路交通法第五十一条第十三項（同条第十七項において準用する場合を含む。）又は第八十一条第八項（同法第八十二条第三項及び第八十三条第三項において準用する場合を含む。）の規定による負担金の徴収手続については、なお従前の例による。

3　この法律の施行前にした行為に対する罰則の適用については、なお従前の例による。

4　この法律の施行前にした行為については、改正後の道路交通法第百二十五条及び別表の規定にかかわらず、なお従前の例による。

附　則（平元・一二・一九法八二抄）

（施行期日）

第一条　この法律は、公布の日から起算して一年を超えない範囲内において政令で定める日から施行する。

〔平二・七政令二〇九により、平二・一二・一から施行〕

（経過措置）

第三十条　この法律の施行前にした行為及び附則第十一条第一項又は第二十一条第一項若しくは第二十七条の規定により従前の例によることとされる海上運送取扱業又は航空運送取扱業に係るこの法律の施行後にした行為に対する罰則の適用については、なお従前の例による。

第三十一条　附則第七条から前条までに定めるもののほか、この法律の施行に関して必要な経過措置は、政令で定める。

附　則（平元・一二・一九法八三抄）

（施行期日）

第一条　この法律は、公布の日から起算して一年を超えない範囲内において政令で定める日から施行する。

〔平二・七政令二二二により、平二・一二・一から施行〕

（経過措置）

第十条　この法律の施行前にした行為並びに附則第二条第三項又は第四条第三項の規定により従前の例によることとされる場合及び附則第二条第五項（附則第三条第四項及び第七条第二項において準用する場合を含む。）又は第四条第五項（附則第五条第四項において準用する場合を含む。）の規定により旧法第二十五条の二第一項又は第三項（旧法第四十五条第五項において準用する場合を含む。）の規定の例によることとされる場合におけるこの法律の施行後にした行為に対する罰則の適用については、なお従前の例による。

第十一条　附則第二条から前条までに定めるもののほか、この法律の施行に関して必要な経過措置は、政令で定める。

附　則（平元・一二・二二法九〇）

1　この法律は、公布の日から起算して一年を超えない範囲内において政令で定める日から施行する。

〔平二・三政令二五により、平二・九・一から施行〕

2　改正後の道路交通法第百条の二、第百条の三、第百四条の二、第百八条の二第一項第五号及び第百八条の三の規定は、この法律の施行の日（次項において「施行日」という。）以後に運転免許を受けた者について適用する。

3　この法律の施行の際現に道路交通法第八十四条第二項の第一種運転免許を受けている者で、当該第一種運転免許を受けていた期間（当該免許の効力が停止されていた期間を除く。）が通算して一年に達しないものについては、改正前の道路交通法第七十一条の四、第百八条の二第一項第一号及び同条第三項並びに第百十二条第四項の規定は、なおその効力を有する。この場合において、改正前の道路交通法第七十一条の四に規定する行為には、施行日以後に受けた運転免許に係る道路交通法第八十五条第二項の規定により当該免許について同条第一項の表の区分に従い運転することができる当該自動車等の運転に関し行われた行為は含まないものとする。

4　この法律の施行の際現に道路交通法第八十九条の規定により運転免許の申請をしている者の当該申請に係る運転免許試験の受験資格については、改正後の道路交通法第九十六条の三の規定にかかわらず、なお従前の例による。

附　則（平二・七・三法七三）

（施行期日）

1　この法律は、公布の日から起算して六月を超えない範囲内において政令で定める日から施行する。

〔平二・一〇政令三〇二により、平三・一・一から施行〕

（経過措置）

2　改正後の道路交通法第五十一条の二第十二項及び第十三項の規定は、この法律の施行後に同条第一項の指定車両移動保管機関が同項の規定により移動した車両に係る同条第八項の負担金等の請求権について適用する。

3　この法律の施行前にした反則行為については、改正後の道路交通法第百二十五条及び別表の規定にかかわらず、なお従前の例による。

附　則（平二・七・三法七四抄）

（施行期日）

第一条　この法律は、公布の日から起算して一年を超えない範囲内において政令で定める日から施行する。

〔平三・一政令一一により、平三・七・一から施行〕

附　則（平三・五・二法六〇抄）

（施行期日）

第一条　この法律は、公布の日から起算して六月を超えない範囲内において政令で定める日から施行する。

〔平三・一〇・四政令三一六により、平三・一〇・一から施行〕

（道路交通法の一部改正に伴う経過措置）

第六条　附則第二条の規定により従前の例によることとされた路上駐車場に関しては、前条の規定による改正後の道路交通法第四十九条の四第一項及び第二項の規定にかかわらず、なお従前の例による。

附　則（平四・五・六法四三抄）

（施行期日）

1　この法律は、公布の日から起算して六月を超えない範囲内において政令で定める日から施行する。ただし、目次の改正規定中第七章に係る部分、第百八条の十四を第百八条の二十七とする改正規定、第六章の二の次に一章を加える改正規定及び第百十七条の三第三号の改正規定は、公布の日から施行する。

〔平四・六政令二三〇により平四・一一・一から施行。ただし、道路交通法（昭和三十五年法律第百五号）目次の改正規定（「第七十一条の四」を「第七十一条の五」に改める部分に限る。）、同法第七十一条第五号の四の改正規定、同法第四章第一節中第七十一条の四を第七十一条の五とし、第七十一条の三を第七十一条の四とし、第七十一条の二を第七十一条の三とし、第七十一条の次に一条を加える改正規定、同法第百八条の十三の改正規定、同法第百二十条第一項第九号の改正規定並びに同法第百二十一条第一項第六号及び第九号の三の改正規定の施行期日は、平四・八・一から施行〕

（経過措置）

2　この法律の施行の際現に原付免許に係る運転免許試験に合格している者については、改正後の道路交通法（以下「新法」という。）第九十条の二の規定にかかわらず、なお従前の例による。

3　この法律の施行の際現に改正前の道路交通法第九十八条第一項の規定による指定を受けている指定自動車教習所は、新法第九十八条第二項の規定による届出をし、かつ、新法第九十九条第一項の規定による指定を受けた指定自動車教習所とみなす。

4　新法第九十七条の二第一項第二号の規定は、この法律の施行の日以後に道路交通法第百五条の規定によりその免許が効力を失った者について適用し、その他の者については、なお従前の例による。

附　則（平五・五・一二法四三抄）

（施行期日）

第一条　この法律は、公布の日から起算して一年を超えない範囲内において政令で定める日から施行する。

〔平五・一〇政令三四七により平六・五・一〇から施行〕

（免許等に関する経過措置）

第二条　この法律の施行の際現に普通免許又は二輪免許に係る運転免許試験に合格している者については、改正後の道路交通法（以下「新法」という。）第九十条の二の規定にかかわらず、なお従前の例による。

第三条　この法律の施行の日（以下「施行日」という。）以後に更新された免許証であって当該更新に係る道路交通法第百一条第一項に規定する更新期間の初日が施行日前であるものの有効期間については、なお従前の例による。

2　施行日から二年間は、新法第九十二条の二第一項の表の備考一の２中「継続して免許（仮免許を除く。）を受けている期間が五年以上である者であって、自動車等の運転に関しこの法律及びこの法律に基づく命令の規定並びにこの法律の規定に基づく処分の遵守の状況が優良な者として政令で定める基準に適合するもの」とあるのは、「継続して免許（仮免許を除く。）を受けている期間が政令で定める期間以上である者であって、自動車等の運転に関しこの法律及びこの法律に基づく命令の規定並びにこの法律の規定に基づく処分の遵守の状況が優良な者として政令で定める基準に適合するもの」とする。

※２項「政令」＝令改正附則（平五令三四八）２・３

第四条　この法律の施行の際現に改正前の道路交通法（以下「旧法」という。）第百一条第二項後段（旧法第百一条の二第三項後段、第百二条第三項及び第百七条の四第三項において準用する場合を含む。）の規定により付されている条件は、新法第九十一条の規定により付された条件又は新法第百七条の四第三項の規定によりされた命令とみなす。

（指定自動車教習所等に関する経過措置）

第五条　この法律の施行の際現に旧法第九十九条第一項の規定による指定を受けている指定自動車教習所は、新法第九十九条第一項の規定による指定を受けた指定自動車教習所とみなす。

第六条　この法律の施行の際現に前条の規定により新法第九十九条第一項の規定による指定を受けた指定自動車教習所とみなされる自動車教習所（以下「旧法指定自動車教習所」という。）において旧法第九十九条第二項の規定による選任をされている技能検定員は、当該旧法指定自動車教習所において新法第九十九条の五第一項、第四項及び第五項に規定する技能検定員の業務に従事する場合には、新法第九十九条の二第一項の規定による選任をされた技能検定員とみなす。

2　前項の規定により新法第九十九条の二第一項の規定による選任をされた技能検定員とみなされる者（次項において「旧法技能検定員」という。）については、その者が同条第四項の規定により技能検定員資格者証の交付を受けるまでの間は、同条第二項の規定は、適用しない。

3　旧法技能検定員に関しては、前項に規定する期間が経過するまでの間は、旧法第九十九条第八項及び第九項の規定は、なおその効力を有する。

第七条　この法律の施行の際現に旧法指定自動車教習所において旧法第九十九条第一項第三号の規定による選任をされている技能指導員又は学科指導員は、当該旧法指定自動車教習所において新法第九十九条の三第一項に規定する教習指導員の業務に従事する場合には、同項の規定による選任をされた教習指導員とみなす。

2　前項の規定により新法第九十九条の三第一項の規定による選任をされた教習指導員とみなされる者（以下この条において「みなし教習指導員」という。）については、その者が同条第四項の規定により教習指導員資格者証の交付を受けるまでの間は、同条第二項の規定は、適用しない。

3　旧法指定自動車教習所を管理する者は、前項に規定する期間が経過するまでの間は、みなし教習指導員のうちこの法律の施行の際現に旧法第九十九条第一項第三号の技能指導員でなかった者に自動車の運転に関する技能の教習を行わせてはならず、又はみなし教習指導員のうちこの法律の施行の際現に同号の学科指導員でなかった者に自動車の運転に関する知識の教習を行わせてはならない。

4　みなし教習指導員に関しては、第二項に規定する期間が経過するまでの間は、旧法第九十九条第八項及び第九項の規定は、なおその効力を有する。この場合において、同条第八項中「技能指導員若しくは学科指導員」とあるのは「道路交通法の一部を改正する法律（平成五年法律第四十三号）附則第七条第二項のみなし教習指導員」と、同条第九項中「技能指導員若しくは学科指導員」とあるのは「道路交通法の一部を改正する法律附則第七条第二項のみなし教習指導員」と読み替えるものとする。

第八条　旧法指定自動車教習所に関する新法第九十九条の六第一項の規定の適用については、同項中「この節の規定」とあるのは、「この節の規定、道路交通法の一部を改正する法律（平成五年法律第四十三号）附則第七条第三項の規定並びに同法附則第六条第三項及び第七条第四項の規定によりなおその効力を有するものとされる同法による改正前の第九十九条第八項の規定」とする。

2　旧法指定自動車教習所に関する新法第九十九条の七第一項の規定の適用については、同項中「指定自動車教習所が第九十九条第一項各号に掲げる基準に適合しなくなつたと認めるとき」とあるのは「指定自動車教習所が第九十九条第一項第一号、第四号若しくは第五号に掲げる基準に適合しなくなつたと認めるとき又は指定自動車教習所に同項第二号に規定する職員（道路交通法の一部を改正する法律附則第六条第二項の旧法技能検定員を含む。）若しくは第九十九条第一項第三号に規定する職員（同法附則第七条第二項のみなし教習指導員を含む。）が置かれなくなつたと認めるとき」と、「当該指定自動車教習所を同項各号に掲げる基準に適合させるため」とあるのは「当該指定自動車教習所を同項第一号、第四号若しくは第五号に掲げる基準に適合させるため又は当該指定自動車教習所にこれらの職員を置くため」とする。

3　旧法指定自動車教習所に関する新法第九十九条の七第二項の規定の適用については、同項中「この節の規定」とあるのは、「この節の規定及び道路交通法の一部を改正する法律附則第七条第三項の規定」とする。

4　旧法指定自動車教習所に関する新法第百条第一項の規定の適用については、同項中「第九十九条の三第三項」とあるのは「第九十九条の三第三項若しくは道路交通法の一部を改正する法律附則第七条第三項」と、「前条の規定による命令」とあるのは「前条の規定による命令若しくは同法附則第六条第三項若しくは第七条第四項の規定によりなおその効力を有するものとされる同法による改正前の第九十九条第八項の規定による命令」とする。

第九条　旧法第九十九条第五項に規定する自動車の運転に関する技能及び知識の教習を終了した者は、新法第九十九条の五第一項に規定する自動車の運転に関する技能及び知識の教習を終了した者とみなす。

2　旧法第九十九条第五項の技能検定は、新法第九十九条の五第一項の技能検定とみなす。

3　旧法第九十九条第六項の規定により発行された卒業証明書又は修了証明書は、新法第九十九条の五第五項の規定により発行された卒業証明書又は修了証明書とみなす。

第十条　附則第五条から前条までに規定するもののほか、旧法第九十九条又はこれに基づく命令の規定によりした処分、手続その他の行為は、新法中相当する規定がある場合には、新法の相当規定によりしたものとみなす。

（罰則等に関する経過措置）

第十一条　この法律の施行前にした行為に対する罰則の適用については、なお従前の例による。

第十二条　この法律の施行前にした行為については、新法第百二十五条及び別表の規定にかかわらず、なお従前の例による。

附　則（平五・一一・一二法八九抄）

（施行期日）

第一条　この法律は、行政手続法（平成五年法律第八十八号）の施行の日〔平成六年一〇月一日〕から施行する。

（諮問等がされた不利益処分に関する経過措置）

第二条　この法律の施行前に法令に基づき審議会その他の合議制の機関に対し行政手続法第十三条に規定する聴聞又は弁明の機会の付与の手続その他の意見陳述のための手続に相当する手続を執るべきことの諮問その他の求めがされた場合においては、当該諮問その他の求めに係る不利益処分の手続に関しては、この法律による改正後の関係法律の規定にかかわらず、なお従前の例による。

（罰則に関する経過措置）

第十三条　この法律の施行前にした行為に対する罰則の適用については、なお従前の例による。

（聴聞に関する規定の整理に伴う経過措置）

第十四条　この法律の施行前に法律の規定により行われた聴聞、聴問若しくは聴聞会（不利益処分に係るものを除く。）又はこれらのための手続は、この法律による改正後の関係法律の相当規定により行われたものとみなす。

（政令への委任）

第十五条　附則第二条から前条までに定めるもののほか、この法律の施行に関して必要な経過措置は、政令で定める。

附　則（平七・四・二一法七四抄）

（施行期日）

第一条　この法律は、公布の日から起算して一年六月を超えない範囲内において政令で定める日から施行する。ただし、第二条第一項及び第三項第一号の改正規定は、公布の日から起算して六月を超えない範囲内において政令で定める日から施行する。

〔平八・五政令一五九により、本文に係る部分は、平八・九・一から施行。平七・六政令二六五により、ただし書に係る部分は、平七・一〇・一から施行〕

（免許等に関する経過措置）

第二条　改正前の道路交通法（以下「旧法」という。）第八十四条第三項の自動二輪車免許（以下「旧法二輪免許」という。）は、次の各号に掲げる区分に従い、それぞれ当該各号に定める改正後の道路交通法（以下「新法」という。）第八十四条第三項の大型自動二輪車免許（以下「大型自動二輪車免許」という。）又は同項の普通自動二輪車免許（以下「普通自動二輪車免許」という。）とみなす。

一　次号及び第三号に掲げるもの以外のもの　大型自動二輪車免許

二　旧法第九十一条の規定により、運転することができる旧法第三条の自動二輪車（以下「旧法自動二輪車」という。）が新法第三条の普通自動二輪車（以下「普通自動二輪車」という。）に相当するものに限る旨の限定が付されているもの　普通自動二輪車免許

三　道路交通法の一部を改正する法律（昭和四十年法律第九十六号。次条第二項において「昭和四十年改正法」という。）附則第二条第一項の規定により旧法二輪免許とみなされるもので、附則第十一条の規定による改正前の同法附則第二条第四項に規定する審査に合格しなかった者に係るもの　普通自動二輪車免許

2　旧法二輪免許が前項第二号に規定する限定の解除を受けた

ることにより同項の規定により大型自動二輪車免許とみなされることとなる場合における当該大型自動二輪車免許は、当該旧法二輪免許を受けた日に受けたものとする。

第三条　旧法第九十一条の規定により旧法二輪免許について付された自動車等の運転に係る限定又は条件でこの法律の施行の際現にその効力を有するもの（前条第一項第二号に規定する限定であって、新法第三条の規定による大型自動二輪車と普通自動二輪車との区分に係るものを除く。）は、新法第九十一条の規定により大型自動二輪車免許又は普通自動二輪車免許について付された自動車等の運転に係る限定又は条件とみなす。

2　前条第一項の規定により普通自動二輪車免許とみなされる同項第三号に掲げる運転免許は、新法第九十一条の規定により運転することができる普通自動二輪車が第二種原動機付自転車（昭和四十年改正法第一条の規定による改正前の道路交通法第三条第二項の第二種原動機付自転車をいう。）に相当するものに限る旨の限定が付されているものとみなす。

第四条　この法律の施行の際現にされている旧法二輪免許の申請は、当該旧法二輪免許により運転することができる旧法自動二輪車を普通自動二輪車に相当するものに限定してされたものについては普通自動二輪車免許の申請と、それ以外のものについては大型自動二輪車免許の申請とみなす。

第五条　前二条に規定するもののほか、この法律の施行前にされた旧法二輪免許に係る処分又は手続は、附則第二条第一項の規定による運転免許の区分に応じ、それぞれ、大型自動二輪車免許又は普通自動二輪車免許に係る処分又は手続としてされたものとみなす。

第六条　この法律の施行の際現に旧法二輪免許に係る運転免許試験に合格して旧法二輪免許を受けていない者は、当該旧法二輪免許により運転することができる旧法自動二輪車を普通自動二輪車に相当するものに限定して行われた当該運転免許試験に合格した者については普通自動二輪車免許に係る運転免許試験に合格した者と、それ以外の旧法二輪免許に係る運転免許試験に合格した者については大型自動二輪車免許に係る運転免許試験に合格した者とみなす。

第七条　この法律の施行の際現に附則第二条第一項の規定により大型自動二輪車免許とみなされる旧法二輪免許を受けている者及び前条の規定により大型自動二輪車免許に係る運転免許試験に合格した者とみなされる者に対する新法第八十八条第一項第一号の規定の適用については、同号中「、大型二輪免許及び牽引免許にあっては十八歳に」とあるのは、「及び牽引免許にあっては十八歳に、大型二輪免許」とする。

第八条　この法律の施行の際現に附則第二条第一項の規定により大型自動二輪車免許とみなされる旧法二輪免許を受けている者に関する新法第百条の二第一項の規定の適用については、同項中「（以下「免許自動車等」という。）」とあるのは「（道路交通法の一部を改正する法律（平成七年法律第七十四号。以下この項において「改正法」という。）附則第二条第一項の規定により大型自動二輪車免許とみなされる免許については、大型自動二輪車及び普通自動二輪車。以下「免許自動車等」という。）」とし、同項第二号中「政令で定めるものを含み」とあるのは「政令で定めるものを含み、かつ、改正法附則第二条第一項の規定により大型自動二輪車免許とみなされる免許については同項の規定により普通自動二輪車免許とみなされる免許を含み」とする。

（罰則等に関する経過措置）

第九条　この法律の施行前にした行為に対する罰則の適用については、なお従前の例による。

第十条　この法律の施行前にした行為に対する反則行為の取扱いに関しては、なお従前の例による。

附　則（平八・五・九法三二抄）

（施行期日）

1　この法律は、公布の日から起算して一年を超えない範囲内において政令で定める日から施行する。

〔平九・一政令五により、平九・四・一から施行〕

附　則（平九・五・一法四一）

（施行期日）

第一条　この法律は、公布の日から起算して一年を超えない範囲内において政令で定める日から施行する。ただし、次の各号に掲げる規定は、当該各号に定める日から施行する。

〔平九・一二政令三九〇により、平一〇・四・一から施行〕

一　第十四条の改正規定、第七十一条の改正規定、第七十一条の五の改正規定、第七十五条の八の次に一条を加える改正規定、第七十五条の九の改正規定、第八十五条第三項の改正規定、第百九条の二の改正規定、第百十九条第一項第九号の二の改正規定、第百二十条第一項第三号の改正規定及び第百二十一条第一項第九号の三の改正規定並びに附則第六条及び第七条の規定　この法律の公布の日から起算して六月を超えない範囲内において政令で定める日

〔平九・六政令二〇四により、平九・一〇・三〇から施行〕

二　目次の改正規定（「第百二条」を改める部分に限る。）、第六十四条の改正規定、第七十五条第一項の改正規定、第八十八条第一項第五号の改正規定、第九十条の改正規定（同条第一項ただし書を改める部分、同条第四項の改正規定中「三年をこえない」を改める部分及び同条第三項の改正規定中「自動車等の運転に関しこの法律若しくはこの法律に基づく命令の規定又はこの法律の規定に基づく処分に違反した」を改める部分を除く。）、第九十六条第五項の改正規定（「第九十条第三項」を改める部分に限る。）、第九十六条の三の改正規定、第百一条の三の改正規定、同条の次に一条を加える改正規定、第百二条第一項の改正規定、同条の次に一条を加える改正規定、第百三条第二項の改正規定（ただし書を加える部分に限る。）、同条第四項の改正規定、第百六条の改正規定（「第三項若しくは第四項」を改める部分及び「第百八条の二第一項第十号」の下に「若しくは第十三号」を加える部分に限る。）、第百七条第三項の改正規定、第百七条の四の次に一条を加える改正規定、第百七条の五第一項の改正規定（ただし書を加える部分に限る。）、同条第八項の改正規定（「三年」を改める部分を除く。）、第百七条の七第一項の改正規定、第百八条の二の改正規定、第百八条の三の次に一条を加える改正規定、第百八条の二十六の改正規定（「同項第四号」の下に「、第百二条の二」を加える部分に限る。）、第百十二条第六項の改正規定及び第百十三条の二の改正規定並びに附則第三条の規定　この法律の公布の日から起算して一年六月を超えない範囲内において政令で定める日

〔平九・一二政令三九〇により、平一〇・一〇・一から施

行」

（免許等に関する経過措置）

第二条　この法律の施行の日（以下「施行日」という。）前に改正前の道路交通法（以下「旧法」という。）第九十条第一項ただし書の規定による免許の拒否の基準、同条第三項の規定による免許の取消しの基準又は旧法第百三条第二項若しくは第四項の規定による免許の取消しの基準に該当したことを理由としてこれらの処分を受けた者に対するその者が免許を受けることができない期間の指定については、なお従前の例による。

2　施行日前にした行為については、改正後の道路交通法（次項及び次条を除き、以下「新法」という。）第九十条第一項第二号及び第三号、同条第四項（同条第一項第二号及び第三号に係る部分に限る。）、新法第百三条第二項第三号及び第四号、同条第四項（同条第二項第三号及び第四号に係る部分に限る。）並びに新法第百六条の二第二項（新法第百三条第二項第三号及び第四号に係る部分に限る。）の規定は、適用しない。

3　この法律の施行の際現に交付されている免許証及び施行日以後に更新された免許証であって当該更新に係る道路交通法第百一条第一項に規定する更新期間の初日が施行日前であるものの有効期間については、なお従前の例による。

4　施行日前に旧法第百七条の五第一項の規定又は同条第八項において準用する旧法第百三条第四項の規定による自動車等の運転の禁止の基準に該当したことを理由として自動車等の運転の禁止をする場合における当該禁止の期間については、なお従前の例による。

（講習に関する経過措置）

第三条　附則第一条第二号に掲げる改正規定による改正後の道路交通法（次項において「新法」という。）第百一条の四の規定は、更新期間が満了する日（道路交通法第百一条の二第一項の規定による免許証の更新の申請をしようとする者にあっては、当該申請をする日とする。）が附則第一条第二号に定める日から二月を経過した日以後である免許証の更新を受けようとする者について適用する。

2　新法第百二条の二（新法第百七条の四の二において準用する場合を含む。以下この項において同じ。）、新法第百八条の二第一項第十三号及び新法第百八条の三の二の規定は、附則第一条第二号に定める日以後にした行為が新法第百二条の二の政令で定める基準に該当した者について適用する。

（都道府県交通安全活動推進センターに関する経過措置）

第四条　この法律の施行の際現に旧法第百十四条の八第一項の規定による指定を受けている都道府県道路使用適正化センターは、施行日に新法第百八条の三十一第一項の規定により都道府県交通安全活動推進センターとしての指定を受けたものとみなす。

2　施行日前に旧法第百十四条の八第三項の規定によりされた命令は、施行日に新法第百八条の三十一第三項の規定によりされた命令とみなす。

3　都道府県道路使用適正化センターの役員又は職員であった者が旧法第百十四条の八第二項第四号又は第五号の規定による調査の業務に関して知り得た秘密を漏らしてはならない義務については、この法律の施行後も、なお従前の例による。

（全国交通安全活動推進センターに関する経過措置）

第五条　この法律の施行の際現に旧法第百十四条の九第一項の規定による指定を受けている全国道路使用適正化センターは、施行日に新法第百八条の三十二第一項の規定により全国交通安全活動推進センターとしての指定を受けたものとみなす。

2　施行日前に旧法第百十四条の九第三項において準用する旧法第百十四条の八第三項の規定によりされた命令は、施行日に新法第百八条の三十二第三項において準用する新法第百八条の三十一第三項の規定によりされた命令とみなす。

（罰則等に関する経過措置）

第六条　この法律（附則第一条第一号に掲げる改正規定については、当該改正規定）の施行前にした行為及び附則第四条第三項の規定によりなお従前の例によることとされる事項に係るこの法律の施行後にした行為に対する罰則の適用については、なお従前の例による。

第七条　附則第一条第一号に掲げる改正規定の施行前にした行為に対する反則行為の取扱いに関しては、なお従前の例による。

附　則（平一〇・九・二八法一一〇）

この法律は、平成十一年四月一日から施行する。

附　則（平一一・五・一〇法四〇）

この法律は、公布の日から起算して一年を超えない範囲内において政令で定める日から施行する。ただし、第七十一条、第九十四条、第九十七条の二第一項第二号、第百六条及び第百八条の二第一項の改正規定、第百八条の三の二の次に一条を加える改正規定、第百十条及び第百十二条第一項の改正規定、第百十三条の三の次に一条を加える改正規定並びに第百十七条の三第三号、第百十九条第一項及び別表の改正規定は、公布の日から起算して六月を超えない範囲内において政令で定める日から施行する。

〔平一一・七政令二二八により、本文に係る部分は、平一二・四・一から、ただし書に係る部分は、平一一・一一・一から施行〕

附　則（平一一・七・一六法八七抄）

（施行期日）

第一条　この法律は、平成十二年四月一日から施行する。ただし、次の各号に掲げる規定は、当該各号に定める日から施行する。

一　〔前略〕附則第七条、第十条、第十二条、第五十九条ただし書、第六十条第四項及び第五項、第七十三条、第七十七条、第百五十七条第四項から第六項まで、第百六十条、第百六十三条、第百六十四条並びに第二百二条の規定　公布の日

二～六　〔略〕

（国等の事務）

第百五十九条　この法律による改正前のそれぞれの法律に規定するもののほか、この法律の施行前において、地方公共団体の機関が法律又はこれに基づく政令により管理し又は執行する国、他の地方公共団体その他公共団体の事務（附則第百六十一条において「国等の事務」という。）は、この法律の施行後は、地方公共団体が法律又はこれに基づく政令により当該地方公共団体の事務として処理するものとする。

（処分、申請等に関する経過措置）

第百六十条　この法律（附則第一条各号に掲げる規定について

は、当該各規定。以下この条及び附則第百六十三条において同じ。）の施行前に改正前のそれぞれの法律の規定によりされた許可等の処分その他の行為（以下この条において「処分等の行為」という。）又はこの法律の施行の際現に改正前のそれぞれの法律の規定によりされている許可等の申請その他の行為（以下この条において「申請等の行為」という。）で、この法律の施行の日においてこれらの行為に係る行政事務を行うべき者が異なることとなるものは、附則第二条から前条までの規定又は改正後のそれぞれの法律（これに基づく命令を含む。）の経過措置に関する規定に定めるものを除き、この法律の施行の日以後における改正後のそれぞれの法律の適用については、改正後のそれぞれの法律の相当規定によりされた処分等の行為又は申請等の行為とみなす。

2　この法律の施行前に改正前のそれぞれの法律の規定により国又は地方公共団体の機関に対し報告、届出、提出その他の手続をしなければならない事項で、この法律の施行の日前にその手続がされていないものについては、この法律及びこれに基づく政令に別段の定めがあるもののほか、これを、改正後のそれぞれの法律の相当規定により国又は地方公共団体の相当の機関に対して報告、届出、提出その他の手続をしなければならない事項についてその手続がされていないものとみなして、この法律による改正後のそれぞれの法律の規定を適用する。

（不服申立てに関する経過措置）

第百六十一条　施行日前にされた国等の事務に係る処分であって、当該処分をした行政庁（以下この条において「処分庁」という。）に施行日前に行政不服審査法に規定する上級行政庁（以下この条において「上級行政庁」という。）があったものについての同法による不服申立てについては、施行日以後においても、当該処分庁に引き続き上級行政庁があるものとみなして、行政不服審査法の規定を適用する。この場合において、当該処分庁の上級行政庁とみなされる行政庁は、施行日前に当該処分庁の上級行政庁であった行政庁とする。

2　前項の場合において、上級行政庁とみなされる行政庁が地方公共団体の機関であるときは、当該機関が行政不服審査法の規定により処理することとされる事務は、新地方自治法第二条第九項第一号に規定する第一号法定受託事務とする。

（手数料に関する経過措置）

第百六十二条　施行日前においてこの法律による改正前のそれぞれの法律（これに基づく命令を含む。）の規定により納付すべきであった手数料については、この法律及びこれに基づく政令に別段の定めがあるもののほか、なお従前の例による。

（罰則に関する経過措置）

第百六十三条　この法律の施行前にした行為に対する罰則の適用については、なお従前の例による。

（その他の経過措置の政令への委任）

第百六十四条　この附則に規定するもののほか、この法律の施行に伴い必要な経過措置（罰則に関する経過措置を含む。）は、政令で定める。

2　附則第十八条、第五十一条及び第百八十四条の規定の適用に関して必要な事項は、政令で定める。

〔平一一・一二・二二法一六〇抄〕

（処分、申請等に関する経過措置）

第千三百一条　中央省庁等改革関係法及びこの法律（以下「改革関係法等」と総称する。）の施行前に法令の規定により従前の国の機関がした免許、許可、認可、承認、指定その他の処分又は通知その他の行為は、法令に別段の定めがあるもののほか、改革関係法等の施行後は、改革関係法等の施行後の法令の相当規定に基づいて、相当の国の機関がした免許、許可、認可、承認、指定その他の処分又は通知その他の行為とみなす。

2　改革関係法等の施行の際現に法令の規定により従前の国の機関に対してされている申請、届出その他の行為は、法令に別段の定めがあるもののほか、改革関係法等の施行後は、改革関係法等の施行後の法令の相当規定に基づいて、相当の国の機関に対してされた申請、届出その他の行為とみなす。

3　改革関係法等の施行前に法令の規定により従前の国の機関に対し報告、届出、提出その他の手続をしなければならないとされている事項で、改革関係法等の施行の日前にその手続がされていないものについては、法令に別段の定めがあるもののほか、改革関係法等の施行後は、これを、改革関係法等の施行後の法令の相当規定により相当の国の機関に対して報告、届出、提出その他の手続をしなければならないとされた事項についてその手続がされていないものとみなして、改革関係法等の施行後の法令の規定を適用する。

（従前の例による処分等に関する経過措置）

第千三百二条　なお従前の例によることとする法令の規定により、従前の国の機関がすべき免許、許可、認可、承認、指定その他の処分若しくは通知その他の行為又は従前の国の機関に対してすべき申請、届出その他の行為については、法令に別段の定めがあるもののほか、改革関係法等の施行後は、改革関係法等の施行後の法令の規定に基づくその任務及び所掌事務の区分に応じ、それぞれ、相当の国の機関がすべきものとし、又は相当の国の機関に対してすべきものとする。

（罰則に関する経過措置）

第千三百三条　改革関係法等の施行前にした行為に対する罰則の適用については、なお従前の例による。

（政令への委任）

第千三百四十四条　第七十一条から第七十六条まで及び第千三百一条から前条まで並びに中央省庁等改革関係法に定めるもののほか、改革関係法等の施行に関し必要な経過措置（罰則に関する経過措置を含む。）は、政令で定める。

附　則〔平一一・一二・二二法一六〇抄〕

（施行期日）

第一条　この法律（第二条及び第三条を除く。）は、平成十三年一月六日から施行する。ただし、次の各号に掲げる規定は、当該各号に定める日から施行する。

一　〔前略〕第千三百四十四条の規定　公布の日

二　〔略〕

附　則〔平一二・五・二六法八六抄〕

（施行期日）

第一条　この法律は、平成十四年三月三十一日までの間において政令で定める日から施行する。

〔平一二・一二政令五三二により、平一四・二・一から施行〕

附　則〔平一三・六・二〇法五一抄〕

（施行期日）

第一条　この法律は、公布の日から起算して一年を超えない範囲内において政令で定める日から施行する。ただし、第八十五条に一項を加える改正規定、第八十六条に二項を加える改正規定、第八十七条第四項の次に一項を加える改正規定及び第百七条の二の改正規定（「、又は」を「若しくは」に改め、「運転する場合」の下に「、又は代行運転普通自動車を運転する場合」を加える部分に限る。）は、公布の日から起算して三年を超えない範囲内において政令で定める日から施行する。

〔平一四・二政令二三により、本文に係る部分は、平一四・六・一から、平一五・七政令三〇二により、ただし書に係る部分は、平一六・六・一から施行〕

（免許等に関する経過措置）

第二条　この法律の施行の際現に交付されている免許証の有効期間については、改正後の道路交通法（以下「新法」という。）第九十二条の二の規定にかかわらず、なお従前の例による。

２　前項に規定する免許証のうち改正前の道路交通法（以下「旧法」という。）第百一条第一項の規定による更新期間の初日がこの法律の施行の日（以下「施行日」という。）以後となるものの有効期間の末日は、前項の規定にかかわらず、同項の規定によりなお従前の例によることとされる有効期間の末日（その日が当該免許証に係る免許を受けている者の誕生日でないときは、その日の直前のその者の誕生日）から起算して一月を経過する日（その日が道路交通法第九十二条の二第四項に規定する日に当たるときは、その日の翌日）とする。

３　この法律の施行の際現に交付されている免許証で当該免許証に係る旧法第百一条第一項の規定による更新期間の初日が施行日前であるもの（以下「特定免許証」という。）について施行日以後にされた更新に係る免許証（次項において「特定更新免許証」という。）の有効期間については、新法第九十二条の二の規定にかかわらず、なお従前の例による。

４　特定更新免許証の有効期間の末日は、前項の規定にかかわらず、同項の規定によりなお従前の例によることとされる有効期間の末日（その日が当該免許証に係る免許を受けている者の誕生日でないときは、その日の直前のその者の誕生日）から起算して一月を経過する日（その日が道路交通法第九十二条の二第四項に規定する日に当たるときは、その日の翌日）とする。

５　特定免許証の更新を施行日以後に受けようとする場合における新法第百一条第一項に規定する更新期間の初日は、同項の規定にかかわらず、旧法第百一条第一項に規定する更新期間の初日とする。

６　特定免許証の更新を施行日以後に受けようとする者については、新法第百一条の二の二及び第百十二条第一項第五号の二の規定は、適用しない。

７　特定免許証の更新を施行日以後に受けようとする際にその者が受けるべき講習については、新法第百一条の三及び第百八条の二第一項第十一号の規定にかかわらず、なお従前の例による。

８　新法第百一条の四の規定は、更新期間が満了する日（新法第百一条の二第一項の規定による免許証の更新の申請をしようとする者にあっては、当該申請をする日とする。）が施行日から起算して三月を経過した日以後である免許証の更新を受けようとする者について適用する。

第三条　この法律の施行の際現に大型自動車第二種免許又は普通自動車第二種免許に係る運転免許試験に合格している者については、新法第九十条の二の規定にかかわらず、なお従前の例による。

２　この法律の施行の際現に旧法の規定により大型自動車第二種免許又は普通自動車第二種免許の申請をしている者の当該申請に係る運転免許試験の受験資格（旧法第九十六条第一項に係るものを除く。）及びその者に対して新法第九十七条第一項第二号に掲げる事項について行う当該免許の運転免許試験の方法については、新法第九十六条の二及び第九十七条第二項の規定にかかわらず、なお従前の例による。

第四条　旧法第九十七条の二第一項第二号に規定する特定失効者に該当する者であってその運転免許試験を受けることができなかった事情がこの法律の公布の日前に生じたものに対する新法第九十七条の二第一項第三号の規定の適用については、同号中「当該効力を失つた日から起算して三年を経過しない場合に限り、当該事情」とあるのは、「当該事情」とする。

第五条　施行日前に道路交通法第百二条第三項又は第百七条の四第一項の規定による通知を受けた者については、新法第九十条第一項第七号、第百四条の二の三及び第百六条の二第二項の規定は、適用しない。

第六条　施行日前にした行為に係る免許を受けた者（国際運転免許証又は外国運転免許証を所持する者を含む。）に対する警察署長による免許の効力の停止（自動車等の運転の禁止を含む。）については、新法第百三条の二第一項（新法第百七条の五第九項において準用する場合を含む。）の規定にかかわらず、なお従前の例による。

第七条　この法律の施行の際現に国際運転免許証又は外国運転免許証を所持する者に対する新法第百七条の二の規定の適用については、同条中「出国し」とあるのは、「道路交通法の一部を改正する法律（平成十三年法律第五十一号）の施行の日以後に出国し」とする。

（特定交通情報提供事業の届出に関する経過措置）

第八条　この法律の施行の際現に新法第百九条の三第一項の特定交通情報提供事業に該当する事業を行っている者の当該事業に対する同項の規定の適用については、同項中「、内閣府令」とあるのは、「、道路交通法の一部を改正する法律（平成十三年法律第五十一号）の施行の日から起算して三月を経過する日までに、内閣府令」とする。

（罰則に関する経過措置）

第九条　この法律の施行前にした行為に対する罰則の適用については、なお従前の例による。

（その他の経過措置の政令への委任）

第十条　附則第二条から前条までに規定するもののほか、この法律の施行に伴い必要な経過措置（罰則に関する経過措置を含む。）は、政令で定める。

附　則（平一三・一二・五法一三八抄）

（施行期日）

第一条　この法律は、公布の日から起算して二十日を経過した日から施行する。

（経過措置）

第二条　この法律の施行前にした行為の処罰については、なお従前の例による。

附　則（平一四・六・一九法七七抄）

（施行期日）

第一条　この法律は、公布の日から起算して一年を超えない範囲内において政令で定める日から施行する。

〔平一四・一〇政令三二〇により、平一五・四・一から施行〕

附　則（平一四・七・三一法九八抄）

（施行期日）

第一条　この法律は、公社法〔日本郵政公社法＝平成一四年七月法律第九七号〕の施行の日〔平成一五年四月一日〕から施行する。ただし、次の各号に掲げる規定は、当該各号に定める日から施行する。

一　第一章第一節（別表第一から別表第四までを含む。）並びに附則第二十八条第二項、第三十三条第二項及び第三項並びに第三十九条の規定　公布の日

二　〔略〕

（罰則に関する経過措置）

第三十八条　施行日前にした行為並びにこの法律の規定によりなお従前の例によることとされる場合及びこの附則の規定によりなおその効力を有することとされる場合における施行日以後にした行為に対する罰則の適用については、なお従前の例による。

（その他の経過措置の政令への委任）

第三十九条　この法律に規定するもののほか、公社法及びこの法律の施行に関し必要な経過措置（罰則に関する経過措置を含む。）は、政令で定める。

附　則（平一六・六・二法七三抄）

（施行期日）

第一条　この法律は、公布の日から起算して六月を経過した日から施行する。ただし、次の各号に掲げる規定は、当該各号に定める日から施行する。

一　第二条並びに附則第六条から第九条まで〔中略〕の規定　公布の日から起算して一年を超えない範囲内において政令で定める日

〔平一七・四政令一六一により、平一七・五・一六から施行〕

二　〔略〕

附　則（平一六・六・九法九〇抄）

（施行期日）

第一条　この法律の規定は、次の各号に掲げる区分に従い、当該各号に定める日から施行する。

一　第一条中附則第十六条第二項の改正規定、附則第十九条及び第二十条を削る改正規定、附則第二十一条を附則第十九条とする改正規定、附則第二十二条の改正規定、同条を附則第二十条とする改正規定、附則第二十三条第三号を削る改正規定並びに同条を附則第二十一条とする改正規定並びに附則第三条及び第二十五条の規定　公布の日

二　第一条の規定（前号に掲げる改正規定を除く。）並びに附則第四条及び第十九条の規定　公布の日から起算して六月を超えない範囲内において政令で定める日

〔平一六・八政令二五六により、平一六・一二・一から施行〕

三　第二条並びに次条、附則第二十三条及び第二十四条の規定　公布の日から起算して一年を超えない範囲内において政令で定める日

〔平一六・一二政令三八〇により、平一七・四・一から施行〕

四　第三条並びに附則第五条、第十六条及び第二十条から第二十二条までの規定　公布の日から起算して二年を超えない範囲内において政令で定める日

〔平一七・一二政令三七三により、平一八・六・一から施行〕

五　第四条並びに附則第六条から第十五条まで、第十七条及び第十八条の規定　公布の日から起算して三年を超えない範囲内において政令で定める日

〔平一八・一一政令三五一により、平一九・六・二から施行〕

（準備行為）

第二条　第三条の規定による改正後の道路交通法第五十一条の八第一項の登録、同法第五十一条の十三第一項の駐車監視員資格者証の交付その他確認事務の委託に関し必要な手続その他の行為は、第三条の規定の施行前においても行うことができる。

（交通安全対策特別交付金に関する経過措置）

第三条　平成十五年度以前に交付された交通安全対策特別交付金については、なお従前の例による。

（保管車両等に関する経過措置）

第四条　附則第一条第二号に掲げる規定の施行の際現に第一条の規定による改正前の道路交通法第五十一条第九項（同条第二十一項及び同法第七十五条の八第二項において準用する場合を含む。）、同法第五十一条の三第一項又は同法第七十二条の二第二項後段の規定により保管されている車両、積載物又は損壊物等（次項において「保管車両等」という。）に関する第一条の規定による改正後の道路交通法第五十一条第十項（同条第二十四項並びに同法第五十一条の三第十項、第七十二条の二第三項及び第七十五条の八第二項において準用する場合を含む。）の規定の適用については、附則第一条第二号に掲げる規定の施行の日に同法第五十一条第九項（同条第二十四項及び同法第七十五条の八第二項において準用する場合を含む。）、同法第五十一条の三第一項又は同法第七十二条の二第二項後段の規定により保管されたものとみなす。

2　前項の規定にかかわらず、附則第一条第二号に掲げる規定の施行前に第一条の規定による改正前の道路交通法第五十一条第十項後段（同条第二十一項並びに同法第五十一条の三第十項、第七十二条の二第三項及び第七十五条の八第二項において準用する場合を含む。）の規定による公示がされている場合における保管車両等については、なお従前の例による。

（放置車両に関する経過措置）

第五条　第三条の規定の施行前に同条の規定による改正前の道路交通法第五十一条第三項の規定により車両に取り付けられた標章については、なお従前の例による。

2　第三条の規定の施行前に、同条の規定による改正前の道路交通法第五十一条の四（同法第七十五条の八第三項において準用する場合を含む。）の規定によりされた指示に係る車両につき同法第七十五条第一項第七号に掲げる行為が行われた場合については、第三条の規定による改正後の道路交通法第

七十五条の二第一項の規定にかかわらず、なお従前の例による。

（免許等に関する経過措置）

第六条　第四条の規定による改正前の道路交通法（以下「旧法」という。）第八十四条第三項の大型自動車免許（以下「旧法大型免許」という。）、同項の普通自動車免許（以下「旧法普通免許」という。）、同条第四項の大型自動車第二種免許（以下「旧法大型第二種免許」という。）、同項の普通自動車第二種免許（以下「旧法普通第二種免許」という。）、同条第五項の大型自動車仮免許（以下「旧法大型仮免許」という。）及び同項の普通自動車仮免許（以下「旧法普通仮免許」という。）は、次の各号に掲げる区分に応じ、それぞれ当該各号に定める第四条の規定による改正後の道路交通法（以下「新法」という。）第八十四条第三項の大型自動車免許（以下「大型免許」という。）、同項の中型自動車免許（以下「中型免許」という。）、同項の普通自動車免許（以下「普通免許」という。）、同条第四項の大型自動車第二種免許（以下「大型第二種免許」という。）、同項の中型自動車第二種免許（以下「中型第二種免許」という。）、同項の普通自動車第二種免許（以下「普通第二種免許」という。）、同条第五項の大型自動車仮免許（以下「大型仮免許」という。）及び同項の普通自動車仮免許（以下「普通仮免許」という。）とみなす。

一　旧法大型免許　大型免許

二　旧法普通免許で、次号及び第九号から第十一号までに掲げるもの以外のもの　新法第九十一条の規定により、運転することができる新法第三条の中型自動車（以下「中型自動車」という。）が旧法第三条の普通自動車（以下「旧法普通自動車」という。）に相当するものに限定されている中型免許

三　旧法普通免許で、旧法第九十一条の規定により、運転することができる旧法普通自動車が新法第三条の普通自動車（以下「普通自動車」という。）に相当するものに限定されているもの　新法第九十一条の規定により、運転することができる普通自動車について当該限定に相当する限定がされている普通免許

四　旧法大型第二種免許　大型第二種免許

五　旧法普通第二種免許で、次号及び第十二号に掲げるもの以外のもの　新法第九十一条の規定により、運転することができる中型自動車が旧法普通自動車に相当するものに限定されている中型第二種免許

六　旧法普通第二種免許で、旧法第九十一条の規定により、運転することができる旧法普通自動車が普通自動車に相当するものに限定されているもの　新法第九十一条の規定により、運転することができる普通自動車について当該限定に相当する限定がされている普通第二種免許

七　旧法大型仮免許　大型仮免許

八　旧法普通仮免許　普通仮免許

九　旧法附則第三条第二項の規定により同項に規定する者（同条第三項に規定する審査に合格しなかった者に限る。）が受けたものとみなされる旧法普通免許又は旧法附則第五条第一項前段の規定により同項前段に規定する者（同条第二項に規定する審査に合格しなかった者に限る。）が受けた旧法普通免許　新法第九十一条の規定により、運転することができる普通自動車が旧法附則第二条の規定による廃止前の道路交通取締法施行令（昭和二十八年政令第二百六十一号）の規定による小型自動四輪車に相当するものに限定されている普通免許

十　道路交通法の一部を改正する法律（昭和四十年法律第九十六号。以下この条及び附則第十五条において「昭和四十年改正法」という。）附則第二条第三項の規定により、運転することができる普通自動車が昭和四十年改正法による改正前の道路交通法の規定による自動三輪車に限られている旧法普通免許　新法第九十一条の規定により、運転することができる普通自動車が昭和四十年改正法による改正前の道路交通法の規定による自動三輪車及び軽自動車に限定されている普通免許

十一　昭和四十年改正法附則第五条第三項の規定により、運転することができる普通自動車が昭和四十年改正法による改正前の道路交通法の規定による軽自動車に限られている旧法普通免許　新法第九十一条の規定により、運転することができる普通自動車が昭和四十年改正法による改正前の道路交通法の規定による軽自動車に限定されている普通免許

十二　昭和四十年改正法附則第二条第三項の規定により、運転することができる普通自動車が昭和四十年改正法による改正前の道路交通法の規定による自動三輪車に限られている旧法普通第二種免許　新法第九十一条の規定により、運転することができる普通自動車が昭和四十年改正法による改正前の道路交通法の規定による自動三輪車及び軽自動車に限定されている普通第二種免許

第七条　第四条の規定の施行の際現にされている次の各号に掲げる運転免許の申請は、当該各号に定める運転免許の申請とみなす。

一　旧法大型免許　大型免許

二　旧法普通免許　普通免許

三　旧法大型第二種免許　大型第二種免許

四　旧法普通第二種免許　普通第二種免許

五　旧法大型仮免許　大型仮免許

六　旧法普通仮免許　普通仮免許

第八条　前二条に規定するもののほか、旧法の規定により旧法大型免許、旧法普通免許、旧法大型第二種免許、旧法普通第二種免許、旧法大型仮免許又は旧法普通仮免許についてした処分、手続その他の行為は、新法の相当する規定によりした処分、手続その他の行為とみなす。

第九条　第四条の規定の施行の際現に附則第六条の規定により中型免許とみなされる旧法普通免許を受けている者及び次条の規定により中型免許に係る運転免許試験に合格した者とみなされて中型免許を受けた者は、新法第七十一条の五第一項及び第八十五条第七項の規定の適用については、普通免許を受けた者とみなす。

第十条　第四条の規定の施行の際現に旧法大型免許、旧法普通免許、旧法大型第二種免許、旧法普通第二種免許、旧法大型仮免許又は旧法普通仮免許に係る運転免許試験に合格して旧法の規定による運転免許を受けていない者は、附則第六条第一号から第八号までに掲げる区分に応じ、当該各号に定める運転免許に係る運転免許試験に合格した者とみなす。

第十一条　附則第六条の規定により大型免許とみなされる旧法

大型免許を受けている者及び前条の規定により大型免許に係る運転免許試験に合格した者とみなされる者に対する新法第八十八条第一項第一号及び第九十六条第二項の規定の適用については、新法第八十八条第一項第一号中「二十一歳」とあるのは「二十歳」と、新法第九十六条第二項中「三年」とあるのは「二年」とする。

2 附則第六条の規定により中型免許とみなされる旧法普通免許を受けている者及び前条の規定により中型免許に係る運転免許試験に合格した者とみなされる者に対する新法第八十八条第一項第一号の規定の適用については、同号中「中型免許にあつては二十歳（政令で定める者にあつては、十九歳）に」とあるのは、「中型免許」とする。

3 前項に規定する者については、新法第九十六条第三項の規定は、適用しない。

4 附則第六条の規定により大型仮免許とみなされる旧法大型仮免許を受けている者及び前条の規定により大型仮免許に係る運転免許試験に合格した者とみなされる者に対する新法第八十八条第二項の規定の適用については、同項中「二十一歳」とあるのは、「二十歳」とする。

第十二条 附則第十条の規定により大型免許に係る運転免許試験に合格した者とみなされる者については、新法第九十条の二の規定にかかわらず、なお従前の例による。

2 附則第十条の規定により中型免許に係る運転免許試験に合格した者とみなされる者は、新法第九十条の二の規定の適用については、普通免許を受けようとする者とみなす。

3 附則第十条の規定により中型第二種免許に係る運転免許試験に合格した者とみなされる者は、新法第九十条の二の規定の適用については、普通第二種免許を受けようとする者とみなす。

第十三条 附則第七条の規定により大型免許の申請とみなされる旧法大型免許の申請をしている者については、新法第九十六条の二及び第九十七条第二項の規定にかかわらず、なお従前の例による。

第十四条 附則第六条の規定により中型免許とみなされる旧法普通免許を受けている者及び附則第十条の規定により中型免許に係る運転免許試験に合格した者とみなされて中型免許を受けた者に対する新法第百条の二第一項の規定の適用については、同項中「普通免許」とあるのは「中型免許、普通免許」と、「以下「免許自動車等」」とあるのは「中型免許にあつては、道路交通法の一部を改正する法律（平成十六年法律第九十号）第四条の規定による改正前の道路交通法の規定による普通自動車。以下「免許自動車等」」と、同項第二号中「当該免許と同一の種類の免許」とあるのは「同法の規定による普通免許」と、同項第三号中「受けた者」とあるのは「受けた者又は道路交通法の一部を改正する法律附則第六条第二号に規定する限定が解除された者」とする。

（罰則等に関する経過措置）

第二十三条 第二条から第四条までの規定の施行前にした行為並びに附則第五条及び第二十一条第三項の規定によりなお従前の例によることとされる場合並びに附則第二十一条第二項の規定によりなおその効力を有することとされる場合におけるこの法律の施行後にした行為に対する罰則の適用については、それぞれなお従前の例による。

第二十四条 第二条から第四条までの規定の施行前にした行為に対する反則行為の取扱いに関しては、それぞれなお従前の例による。

（その他の経過措置の政令への委任）

第二十五条 附則第三条から第十四条まで、第二十一条、第二十三条及び前条に規定するもののほか、この法律の施行に伴い必要な経過措置（罰則に関する経過措置を含む。）は、政令で定める。

附 則（平一六・六・一八法一一二抄）

（施行期日）

第一条 この法律は、公布の日から起算して三月を超えない範囲内において政令で定める日から施行する。

〔平一六・九政令二七四により、平一六・九・一七から施行〕

附 則（平一六・六・一八法一一三抄）

（施行期日）

第一条 この法律は、日本国の自衛隊とアメリカ合衆国軍隊との間における後方支援、物品又は役務の相互の提供に関する日本国政府とアメリカ合衆国政府との間の協定を改正する協定の効力発生の日から施行する。ただし、〔中略〕附則第四条の規定は、公布の日から起算して三月を超えない範囲内において政令で定める日から施行する。

〔平一六・九政令二七七により、ただし書に係る部分は、平一六・九・一七から施行〕

附 則（平一七・六・二九法七七抄）

（施行期日）

第一条 この法律は、平成十八年四月一日から施行する。ただし、次の各号に掲げる規定は、それぞれ当該各号に定める日から施行する。

一 〔前略〕附則第四条、第十五条、第二十二条、第二十三条第二項、第三十二条、第三十九条及び第五十六条の規定 公布の日

二・三〔略〕

（罰則に関する経過措置）

第五十五条 この法律の施行前にした行為及び附則第九条の規定によりなお従前の例によることとされる場合におけるこの法律の施行後にした行為に対する罰則の適用については、なお従前の例による。

（その他の経過措置の政令への委任）

第五十六条 附則第三条から第二十七条まで、第三十六条及び第三十七条に定めるもののほか、この法律の施行に関し必要な経過措置（罰則に関する経過措置を含む。）は、政令で定める。

附 則（平一七・一〇・二一法一〇二抄）

沿革 平三〇法四一改正

（施行期日）

第一条 この法律は、郵政民営化法〔平成一七年一〇月法律第九七号〕の施行の日〔平成一九年一〇月一日〕から施行する。〔後略〕

（定義）

第三条 この附則において、次の各号に掲げる用語の意義は、それぞれ当該各号に定めるところによる。

一 旧郵便貯金法 第二条の規定による廃止前の郵便貯金法をいう。

二 旧郵便為替法 第二条の規定による廃止前の郵便為替法

をいう。

三　旧郵便振替法　第二条の規定による廃止前の郵便振替法をいう。

四　旧簡易生命保険法　第二条の規定による廃止前の簡易生命保険法をいう。

五　旧郵便貯金利子寄附委託法　第二条の規定による廃止前の郵便貯金の利子の民間海外援助事業に対する寄附の委託に関する法律をいう。

六　旧郵便振替預り金寄附委託法　第二条の規定による廃止前の郵便振替の預り金の民間災害救援事業に対する寄附の委託に関する法律をいう。

七　旧原動機付自転車等責任保険募集取扱法　第二条の規定による廃止前の日本郵政公社による原動機付自転車等責任保険募集の取扱いに関する法律をいう。

八　旧公社法　第二条の規定による廃止前の日本郵政公社法をいう。

九　旧公社法施行法　第二条の規定による廃止前の日本郵政公社法施行法をいう。

十　旧郵便貯金　附則第五条第一項の規定によりなおその効力を有するものとされる旧郵便貯金法第七条第一項各号に規定する郵便貯金をいう。

十一　旧簡易生命保険契約　旧簡易生命保険法第三条に規定する簡易生命保険契約をいう。

十二　施行日　この法律の施行の日をいう。

十三　旧公社　郵政民営化法第百六十六条第一項の規定による解散前の日本郵政公社をいう。

十四　郵便貯金銀行　郵政民営化法第九十四条に規定する郵便貯金銀行をいう。

十五　郵便保険会社　郵政民営化法第百二十六条に規定する郵便保険会社をいう。

十六　機構　独立行政法人郵便貯金簡易生命保険管理・郵便局ネットワーク支援機構をいう。

十七　機構法　独立行政法人郵便貯金簡易生命保険管理・郵便局ネットワーク支援機構法（平成十七年法律第百一号）をいう。

本条…一部改正〔平三〇法四一〕

（罰則に関する経過措置）

第百十七条　この法律の施行前にした行為、この附則の規定によりなお従前の例によることとされる場合におけるこの法律の施行後にした行為、この法律の施行後附則第九条第一項の規定によりなおその効力を有するものとされる旧郵便為替法第三十八条の八（第二号及び第三号に係る部分に限る。）の規定の失効前にした行為、この法律の施行後附則第十三条第一項の規定によりなおその効力を有するものとされる旧郵便振替法第七十条（第二号及び第三号に係る部分に限る。）の規定の失効前にした行為、この法律の施行後附則第二十七条第一項の規定によりなおその効力を有するものとされる旧郵便振替預り金寄附委託法第八条（第二号に係る部分に限る。）の規定の失効前にした行為、この法律の施行後附則第三十九条第二項の規定によりなおその効力を有するものとされる旧公社法第七十条（第二号に係る部分に限る。）の規定の失効前にした行為、この法律の施行後附則第四十二条第一項の規定によりなおその効力を有するものとされる旧公社法第七十一条及び第七十二条（第十五号に係る部分に限る。）の規定の失効前にした行為並びに附則第二条第二項の規定の適用がある場合における郵政民営化法第百四条に規定する郵便貯金銀行に係る特定日前にした行為に対する罰則の適用については、なお従前の例による。

附　則（平一八・五・一九法四〇抄）

（施行期日）

第一条　この法律は、公布の日から起算して十月を超えない範囲内において政令で定める日から施行する。〔後略〕

〔平一八・八政令二七五により、平一八・一〇・一から施行〕

附　則（平一八・六・二法五〇抄）

（罰則に関する経過措置）

第四百五十七条　施行日前にした行為及びこの法律の規定によりなお従前の例によることとされる場合における施行日以後にした行為に対する罰則の適用については、なお従前の例による。

（政令への委任）

第四百五十八条　この法律に定めるもののほか、この法律の規定による法律の廃止又は改正に伴い必要な経過措置は、政令で定める。

附　則（平一八・六・二法五〇）

沿革　平二三法七四改正

この法律は、一般社団・財団法人法〔一般社団法人及び一般財団法人に関する法律＝平成一八年六月法律第四八号〕の施行の日〔平成二〇年一二月一日〕から施行する。〔後略〕

一項の見出…削除・一項…一部改正〔平二三法七四〕

附　則（平一八・一二・二二法一一八抄）

（施行期日）

第一条　この法律は、公布の日から起算して三月を超えない範囲内において政令で定める日から施行する。〔後略〕

〔平一九・一政令一により、平一九・一・九から施行〕

附　則（平一九・五・二三法五四抄）

沿革　平二五法八六改正

（施行期日）

第一条　この法律は、公布の日から起算して二十日を経過した日から施行する。〔後略〕

（道路交通法の一部改正に伴う経過措置）

第五条　この法律の施行前に道路交通法第八十四条第一項に規定する自動車等の運転に関しこの法律による改正前の刑法第二百十一条第一項（附則第二条の規定によりなお従前の例によることとされる場合における当該規定を含む。）の罪を犯した者に対する自動車の運転により人を死傷させる行為等の処罰に関する法律（平成二十五年法律第八十六号）附則第六条の規定による改正後の道路交通法第九十九条の二第四項第二号ニ及び第百八条の四第三項第三号の規定の適用については、これらの規定中「第六条まで」とあるのは、「第六条までの罪、同法附則第二条の規定による改正前の刑法第二百八条の二若しくは第二百十一条第二項（自動車の運転により人を死傷させる行為等の処罰に関する法律附則第十四条の規定によりなお従前の例によることとされる場合におけるこれらの規定を含む。）の罪、刑法の一部を改正する法律（平成十九年法律第五十四号）による改正前の刑法第二百十一条第一項（刑法の一部を改正する法律附則第二条の規定によりなお従前の例によることとされる場合における当該規定を含む。」」とする。

本条…一部改正〔平二五法八六〕

附　則（平一九・六・二〇法九〇抄）

（施行期日）

第一条　この法律は、公布の日から起算して三月を超えない範囲内において政令で定める日から施行する。ただし、次の各号に掲げる規定は、当該各号に定める日から施行する。

〔平一九・八政令二六五により、平一九・九・一九から施行〕

一　目次の改正規定、第十条の改正規定、第十五条の改正規定、第五十一条の改正規定（同条第一項中「第四十九条第二項」を「第四十九条第一項」に改める部分を除く。）、第五十一条の二の次に一条を加える改正規定、第五十一条の三の改正規定、第五十一条の十二第七項の改正規定、第六十三条の四の改正規定、第六十三条の九の次に一条を加える改正規定、第七十一条第五号の四の改正規定、第七十一条の三の改正規定、第七十一条の五の改正規定、同条の次に一条を加える改正規定、第七十二条の二第三項の改正規定、第七十四条の三第一項の改正規定、第七十五条の八第二項の改正規定、第百八条の四第三項第一号の改正規定、第百八条の二十六の改正規定、第百八条の二十九第二項の改正規定、第百八条の三十二第二項第六号の改正規定、第百十条の二第三項の改正規定、第百十三条の三の改正規定、第百十七条の四第一号の改正規定（同号中「第五十一条の十二」を「第五十一条の三（車両移動保管関係事務の委託）第二項、第五十一条の十二」に改める部分に限る。）、第百十七条の五第三号の改正規定（「第五十一条の三（指定車両移動保管機関）第四項、」を削る部分に限る。）及び第百二十一条第一項第九号の三の改正規定並びに次条、附則第三条及び第十一条の規定　公布の日から起算して一年を超えない範囲内において政令で定める日

〔平二〇・四政令一四八により、平二〇・六・一から施行〕

二　第六十四条の改正規定、第七十五条第一項第一号の改正規定、第八十八条第一項の改正規定、第九十条の改正規定、第九十六条第六項の改正規定、第九十六条の三の改正規定、第九十七条の二第一項の改正規定、第百一条の三第一項の改正規定、第百一条の四の改正規定、第百二条の改正規定、第百三条の改正規定、第百三条の二の改正規定（同条第一項に係る部分を除く。）、第百四条の改正規定、第百四条の二の改正規定、第百四条の二の三の改正規定、第百四条の三第一項の改正規定、第百六条の改正規定、第百六条の二の改正規定、第百七条第三項の改正規定、第百七条の五の改正規定、第百七条の六の改正規定、第百七条の七第一項の改正規定、第百八条の付記の改正規定、第百八条の二の改正規定、第百十二条第一項の改正規定、第百十三条の二の改正規定、第百十七条の四第一号の改正規定（同号中「第五十一条の十二」を「第五十一条の三（車両移動保管関係事務の委託）第二項、第五十一条の十二」に改める部分を除く。）、第百十七条の五第三号の改正規定（「第百八条（免許関係事務の委託）第二項、」を削る部分に限る。）及び第百二十一条第一項第九号の改正規定並びに附則第四条から第六条まで及び第十条の規定　公布の日から起算して二年を超えない範囲内において政令で定める日

〔平二一・一政令一一により、平二一・六・一から施行〕

（保管車両等に関する経過措置）

第二条　前条第一号に掲げる規定の施行の際現にこの法律による改正前の道路交通法（以下「旧法」という。）第五十一条第六項（同条第二十一項及び旧法第七十五条の八第二項において準用する場合を含む。）又は旧法第七十二条の二第二項後段の規定により保管されている車両、積載物又は損壊物等（旧法第五十一条第十一項（同条第二十一項並びに旧法第七十二条の二第三項及び第七十五条の八第二項において準用する場合を含む。）の規定によりこれらを売却した場合におけるその代金を含む。）については、この法律による改正後の道路交通法（以下「新法」という。）第五十一条第十項及び第二十項（同条第二十二項並びに新法第七十二条の二第三項及び第七十五条の八第二項において準用する場合を含む。）の規定にかかわらず、なお従前の例による。

（車両移動保管事務に係る経過措置）

第三条　附則第一条第一号に掲げる規定の施行の際現に旧法第五十一条の三第一項に規定する指定車両移動保管機関（以下この条において単に「指定車両移動保管機関」という。）が同項の規定により保管している車両又は積載物（旧法第五十一条の三第十項において準用する旧法第五十一条第十一項（同条第二十一項において準用する場合を含む。）の規定によりこれらを売却した場合におけるその代金を含む。）に係る旧法第五十一条の三第一項に規定する車両移動保管事務（以下この条において単に「車両移動保管事務」という。）については、なお従前の例による。

2　前項に定めるもののほか、附則第一条第一号に掲げる規定の施行前に指定車両移動保管機関が行った車両移動保管事務に係る旧法第五十一条の三第八項に規定する負担金等の納付、督促、徴収及び滞納処分並びに当該負担金等の請求権の消滅時効については、なお従前の例による。

3　第一項に定めるもののほか、附則第一条第一号に掲げる規定の施行前に指定車両移動保管機関が行った車両移動保管事務に係る処分に関する行政不服審査法（昭和三十七年法律第百六十号）による審査請求については、なお従前の例による。

4　指定車両移動保管機関の役員又は職員であった者に係る車両移動保管事務（第一項及び第二項の規定によりなお従前の例によることとされる場合におけるものを含む。）に関して知り得た秘密を漏らしてはならない義務については、附則第一条第一号に掲げる規定の施行の日以後も、なお従前の例による。

（免許等に関する経過措置）

第四条　附則第一条第二号に掲げる規定の施行の日（以下「第二号施行日」という。）前に旧法第九十条第一項ただし書の規定による運転免許（以下「免許」という。）の拒否若しくは保留の基準、同条第四項の規定による免許の取消し若しくは効力の停止の基準又は旧法第百三条第一項若しくは第三項の規定による免許の取消し若しくは効力の停止の基準に該当したことを理由とする免許の拒否、保留、取消し又は効力の停止については、なお従前の例による。

2　前項の規定によりなお従前の例によることとされる免許の拒否又は取消しを受けた者に対するその者が免許を受けるこ

とができない期間の指定については、なお従前の例による。

3　第二号施行日前に旧法第百七条の五第一項の規定又は同条第八項において準用する旧法第百三条第三項の規定による自動車等の運転の禁止の基準に該当したことを理由として自動車等の運転の禁止をする場合における当該禁止の期間については、なお従前の例による。

第五条　新法第九十七条の二第一項第三号イの規定は、第二号施行日から起算して六月を経過した日の翌日以後に免許が失効した者について適用する。

2　新法第百一条の四第二項の規定は、新法第百一条第一項の更新期間が満了する日（新法第百一条の二第一項の規定による免許証の更新を申請しようとする者にあっては、当該申請をする日）が第二号施行日から起算して六月を経過した日以後である免許証の更新を受けようとする者について適用する。

第六条　旧法第百二条第三項の規定により通知を受けた者は、新法第百二条第六項の規定により通知を受けた者とみなす。

（罰則に関する経過措置）

第十二条　この法律（附則第一条第一号に掲げる改正規定については、当該改正規定）の施行前にした行為並びに附則第三条第一項及び第四項の規定によりなお従前の例によることとされる場合における同号に掲げる規定の施行後にした行為に対する罰則の適用については、なお従前の例による。

（その他の経過措置の政令への委任）

第十三条　附則第二条から第六条まで及び前条に定めるもののほか、この法律の施行に関し必要な経過措置（罰則に関する経過措置を含む。）は、政令で定める。

附　則（平二一・四・二四法二一抄）

（施行期日）

第一条　この法律は、公布の日から起算して一年を超えない範囲内において政令で定める日から施行する。ただし、次の各号に掲げる規定は、当該各号に定める日から施行する。

〔平二一・一二政令二九〇により、平二二・四・一九から施行〕

一　附則に一条を加える改正規定並びに次条から附則第四条までの規定及び附則第五条の規定（自動車運転代行業の業務の適正化に関する法律（平成十三年法律第五十七号）第十九条第一項の表第七十四条の三第一項の項の改正規定に係る部分に限る。）　公布の日

二　第二十六条の付記の改正規定、第百八条の二十九第二項の改正規定、第百十九条第一項第一号の三の次に一号を加える改正規定及び第百二十条第一項第二号の改正規定　公布の日から起算して六月を超えない範囲内において政令で定める日

〔平二一・八政令二二五により、平二一・一〇・一から施行〕

（運転免許の拒否等に関する経過措置）

第二条　前条第一号に掲げる改正規定の施行前にした行為を理由とする運転免許の拒否、保留、取消し若しくは効力の停止又は自動車等の運転の禁止については、なお従前の例による。

2　前条第一号に掲げる改正規定の施行前にした行為に対する罰則の適用については、なお従前の例による。

第三条　附則第一条各号に掲げる改正規定の施行前にした行為に対する反則行為の取扱いに関しては、それぞれなお従前の例による。

（その他の経過措置の政令への委任）

第四条　前二条に定めるもののほか、この法律の施行に関し必要な経過措置（罰則に関する経過措置を含む。）は、政令で定める。

附　則（平二一・七・一五法七九抄）

（施行期日）

第一条　この法律は、公布の日から起算して三年を超えない範囲内において政令で定める日から施行する。〔後略〕

〔平二三・一二政令四一九により、平二四・七・九から施行〕

附　則（平二三・六・二二法七二抄）

（施行期日）

第一条　この法律は、平成二十四年四月一日から施行する。ただし、次の各号に掲げる規定は、当該各号に定める日から施行する。

一　〔前略〕附則第九条〔中略〕及び第五十条から第五十二条までの規定　公布の日

二　〔略〕

（罰則に関する経過措置）

第五十一条　この法律（附則第一条第一号に掲げる規定にあっては、当該規定）の施行前にした行為に対する罰則の適用については、なお従前の例による。

（政令への委任）

第五十二条　この附則に定めるもののほか、この法律の施行に関し必要な経過措置（罰則に関する経過措置を含む。）は、政令で定める。

附　則（平二三・六・二四法七四抄）

（施行期日）

第一条　この法律は、公布の日から起算して二十日を経過した日から施行する。〔後略〕

（平二四・八・二二法六七抄）

（罰則に関する経過措置）

第七十二条　施行日前にした行為に対する罰則の適用については、なお従前の例による。

（政令への委任）

第七十三条　この法律に定めるもののほか、この法律の施行に関し必要な経過措置は、政令で定める。

附　則（平二四・八・二二法六七）

沿革　平二五法一一二改正

この法律は、子ども・子育て支援法〔平成二四年八月法律第六五号〕の施行の日から施行する。ただし、次の各号に掲げる規定は、当該各号に定める日から施行する。

一　第二十五条及び第七十三条の規定　公布の日

二〜五　〔略〕

本附則…一部改正〔平二五法一一二〕

附　則（平二五・六・一四法四三抄）

（施行期日）

第一条　この法律は、公布の日から起算して一年を超えない範囲内において政令で定める日から施行する。ただし、次の各号に掲げる規定は、当該各号に定める日から施行する。

〔平二六・三政令六二により、平二六・六・一から施行〕

一　第一条及び附則第六条から第八条までの規定　公布の日

から起算して六月を超えない範囲内において政令で定める日

〔平二五・一一政令三〇九により、平二五・一二・一から施行〕

二　第二条中目次の改正規定（「第三十七条」を「第三十七条の二」に改める部分に限る。）、第四条第三項の改正規定、第二十条第三項の改正規定、第三十五条の次に一条を加える改正規定、第三章第六節中第三十七条の次に一条を加える改正規定、第五十三条の改正規定、第六十三条の七第一項の改正規定、第百十条の二第三項の改正規定、第百十九条第一項第二号の二の改正規定、第百二十条第一項第八号の改正規定及び第百二十一条第一項第五号の改正規定　公布の日から起算して一年六月を超えない範囲内において政令で定める日

〔平二六・三政令六二により、平二六・九・一から施行〕

三　第二条中第九十二条の二第一項の表の改正規定（同表の備考一の1中「第百一条第五項」を「第百一条第六項」に、「第百一条の二第三項」を「第百一条の二第四項」に、「同条第二項」を「同条第三項」に改める部分及び同表の備考一の5に係る部分を除く。）、第百六条の改正規定（「更新をし」の下に「、第百二条第六項の規定による通知をし」を加える部分に限る。）、第百七条の六の改正規定、第百八条の二第一項に一号を加える改正規定、同条第三項の改正規定、第百八条の三の三の次に二条を加える改正規定及び第百二十条第一項に一号を加える改正規定並びに次条並びに附則第四条及び第五条の規定　公布の日から起算して二年を超えない範囲内において政令で定める日

〔平二七・一政令一八により、平二七・六・一から施行〕

（免許等に関する経過措置）

第二条　前条第三号に掲げる規定の施行の際現に交付されている免許証の有効期間については、第二条の規定による改正後の道路交通法（以下「新法」という。）第九十二条の二第一項の規定にかかわらず、なお従前の例による。

第三条　新法第九十六条の三第二項の規定は、この法律の施行の際現に第二条の規定による改正前の道路交通法第八十九条第一項の規定により免許の申請をしている者については、適用しない。

（国家公安委員会への報告に関する経過措置）

第四条　新法第百六条及び第百七条の六の規定は、附則第一条第三号に掲げる規定の施行の日以後にされた新法第百二条第六項及び第百七条の四第一項後段の規定による通知について適用する。

（自転車運転者講習の受講命令に関する経過措置）

第五条　新法第百八条の三の四の規定は、附則第一条第三号に掲げる規定の施行の日以後に自転車の運転に関し新法第百八条の三の四に規定する危険行為を反復してした者について適用する。

（政令への委任）

第六条　附則第二条から前条までに定めるもののほか、この法律の施行に関し必要な経過措置は、政令で定める。

附　則（平二五・六・一四法四四抄）

（施行期日）

第一条　この法律は、公布の日から施行する。〔後略〕

（罰則に関する経過措置）

第十条　この法律（附則第一条各号に掲げる規定にあっては、当該規定）の施行前にした行為に対する罰則の適用については、なお従前の例による。

（政令への委任）

第十一条　この附則に規定するもののほか、この法律の施行に関し必要な経過措置（罰則に関する経過措置を含む。）は、政令で定める。

附　則（平二五・六・二一法五三抄）

（施行期日）

第一条　この法律は、公布の日から施行する。ただし、次の各号に掲げる規定は、当該各号に定める日から施行する。

一　〔略〕

二　第三条及び附則第四条から第六条までの規定　公布の日から起算して一年を超えない範囲内において政令で定める日

〔平二五・一二政令三五二により、平二六・三・三一から施行〕

三　〔略〕

附　則（平二五・一一・二二法七六抄）

（施行期日）

第一条　この法律は、平成二十六年四月一日から施行〔中略〕する。

（道路交通法の一部改正に伴う経過措置）

第二十六条　平成二十六年度の交通安全対策特別交付金に限り、前条の規定による改正後の道路交通法附則第十六条第三項中「限度とする。」に当該年度の前年度以前の年度において交付すべきであった交付金の額でまだ交付していない額を加算した額」とあるのは「限度とする。」」と、「二月」とあるのは「三月」と、同法附則第十八条第一項の表九月の項中「二月から当該年度の七月までの期間の収納に係る反則金収入相当額等に当該年度の前年度以前の年度において交付すべきであった交付金の額でまだ交付していない額を加算した額」とあるのは「三月から当該年度の七月までの期間の収納に係る反則金収入相当額等」と、「掲げる額に当該年度の前年度以前の年度において交付すべきであった交付金の額でまだ交付していない額を加算した額」とあるのは「掲げる額」とする。

附　則（平二五・一一・二七法八六抄）

（施行期日）

第一条　この法律は、公布の日から起算して六月を超えない範囲内において政令で定める日から施行する。

〔平二六・四政令一六五により、平二六・五・二〇から施行〕

（罰則の適用等に関する経過措置）

第十四条　この法律の施行前にした行為に対する罰則の適用については、なお従前の例による。

第十七条　この法律の施行前にした行為を理由とする附則第六条の規定による改正後の道路交通法第九十条第一項ただし書、第二項、第五項若しくは第六項若しくは第百三条第一項、第二項若しくは第四項又は第百七条の五第一項若しくは第二項若しくは同条第九項において準用する同法第百三条第四項の規定による運転免許の拒否、保留、取消し若しくは効力の停止又は自動車等の運転の禁止については、なお従前の例による。

2　この法律の施行前に道路交通法第八十四条第一項に規定する自動車等の運転に関し附則第二条の規定による改正前の刑法第二百八条の二又は第二百十一条第二項（附則第十四条の規定によりなお従前の例によることとされる場合におけるこれらの規定を含む。）の罪を犯した者（附則第七条の規定による改正後の刑法の一部を改正する法律附則第五条に規定する者を除く。）に対する附則第六条の規定による改正後の道路交通法第九十九条の二第四項第二号ニ及び第百八条の四第三項第三号の規定の適用については、これらの規定中「第六条まで」とあるのは、「第六条までの罪、同法附則第二条の規定による改正前の刑法第二百八条の二若しくは第二百十一条第二項（自動車の運転により人を死傷させる行為等の処罰に関する法律附則第十四条の規定によりなお従前の例によることとされる場合におけるこれらの規定を含む。）」とする。

附　則（平二五・一二・一三法一一二抄）

（施行期日）

第一条　この法律は、公布の日から施行する。〔後略〕

附　則（平二六・六・一三法六九抄）

（施行期日）

第一条　この法律は、行政不服審査法（平成二十六年法律第六十八号）の施行の日〔平成二八年四月一日〕から施行する。

（経過措置の原則）

第五条　行政庁の処分その他の行為又は不作為についての不服申立てであってこの法律の施行前にされた行政庁の処分その他の行為又はこの法律の施行前にされた申請に係る行政庁の不作為に係るものについては、この附則に特別の定めがある場合を除き、なお従前の例による。

（訴訟に関する経過措置）

第六条　この法律による改正前の法律の規定により不服申立てに対する行政庁の裁決、決定その他の行為を経た後でなければ訴えを提起できないこととされる事項であって、当該不服申立てを提起しないでこの法律の施行前にこれを提起すべき期間を経過したもの（当該不服申立てが他の不服申立てに対する行政庁の裁決、決定その他の行為を経た後でなければ提起できないとされる場合にあっては、当該他の不服申立てを提起しないでこの法律の施行前にこれを提起すべき期間を経過したものを含む。）の訴えの提起については、なお従前の例による。

2　この法律の規定による改正前の法律の規定（前条の規定によりなお従前の例によることとされる場合を含む。）により異議申立てが提起された処分その他の行為であって、この法律の規定による改正後の法律の規定により審査請求に対する裁決を経た後でなければ取消しの訴えを提起することができないこととされるものの取消しの訴えの提起については、なお従前の例による。

3　不服申立てに対する行政庁の裁決、決定その他の行為の取消しの訴えであって、この法律の施行前に提起されたものについては、なお従前の例による。

（罰則に関する経過措置）

第九条　この法律の施行前にした行為並びに附則第五条及び前二条の規定によりなお従前の例によることとされる場合におけるこの法律の施行後にした行為に対する罰則の適用については、なお従前の例による。

（その他の経過措置の政令への委任）

第十条　附則第五条から前条までに定めるもののほか、この法律の施行に関し必要な経過措置（罰則に関する経過措置を含む。）は、政令で定める。

附　則（平二六・一一・二一法一一四抄）

（施行期日）

第一条　この法律は、公布の日から施行する。

附　則（平二七・六・一七法四〇抄）

（施行期日）

第一条　この法律は、公布の日から起算して二年を超えない範囲内において政令で定める日から施行する。ただし、第百三条の二第一項の改正規定並びに附則第十条及び第十四条から第十六条までの規定は、公布の日から施行する。

〔平二八・七政令二五七により、平二九・三・一二から施行〕

（免許等に関する経過措置）

第二条　この法律による改正前の道路交通法（以下「旧法」という。）第八十四条第三項の中型自動車免許（以下「旧法中型免許」という。）、同項の普通自動車免許（以下「旧法普通免許」という。）、同条第四項の中型自動車第二種免許（以下「旧法中型第二種免許」という。）、同項の普通自動車第二種免許（以下「旧法普通第二種免許」という。）、同条第五項の中型自動車仮免許（以下「旧法中型仮免許」という。）及び同項の普通自動車仮免許（以下「旧法普通仮免許」という。）は、次の各号に掲げる区分に応じ、それぞれ当該各号に定めるこの法律による改正後の道路交通法（以下「新法」という。）第八十四条第三項の中型自動車免許（以下「中型免許」という。）、同項の準中型自動車免許（以下「準中型免許」という。）、同項の普通自動車免許（以下「普通免許」という。）、同条第四項の中型自動車第二種免許（以下「中型第二種免許」という。）、同項の普通自動車第二種免許（以下「普通第二種免許」という。）、同条第五項の中型自動車仮免許（以下「中型仮免許」という。）及び同項の普通自動車仮免許（以下「普通仮免許」という。）とみなす。

一　旧法中型免許　中型免許

二　旧法普通免許で、次号に掲げるもの以外のもの　新法第九十一条の規定により、運転することができる新法第三条の準中型自動車（第五号において「準中型自動車」という。）が旧法第三条の普通自動車（以下「旧法普通自動車」という。）に相当するものに限定されている準中型免許

三　旧法普通免許で、旧法第九十一条の規定により運転することができる旧法普通自動車が新法第三条の普通自動車（第六号において「普通自動車」という。）に相当するものに限定されているもの　普通免許

四　旧法中型第二種免許　中型第二種免許

五　旧法普通第二種免許で、次号に掲げるもの以外のもの　新法第九十一条の規定により、運転することができる新法第三条の中型自動車がなく、かつ、運転することができる準中型自動車が旧法普通自動車に相当するものに限定されている中型第二種免許

六　旧法普通第二種免許で、旧法第九十一条の規定により、運転することができる旧法普通自動車が普通自動車に相当するものに限定されているもの　普通第二種免許

七　旧法中型仮免許　中型仮免許

八　旧法普通仮免許　普通仮免許

第三条　この法律の施行の際現にされている次の各号に掲げる運転免許の申請は、それぞれ当該各号に定める運転免許の申請とみなす。

一　旧法中型免許　中型免許

二　旧法普通免許　普通免許

三　旧法中型第二種免許　中型第二種免許

四　旧法普通第二種免許　普通第二種免許

五　旧法中型仮免許　中型仮免許

六　旧法普通仮免許　普通仮免許

第四条　前二条に規定するもののほか、旧法の規定により旧法中型免許、旧法普通免許、旧法中型第二種免許、旧法普通第二種免許、旧法中型仮免許又は旧法普通仮免許についてした処分、手続その他の行為は、新法の相当する規定により附則第二条各号に掲げる区分に応じ、それぞれ当該各号に定める運転免許についてした処分、手続その他の行為とみなす。

第五条　この法律の施行の際現に旧法中型免許、旧法普通免許、旧法中型第二種免許、旧法普通第二種免許、旧法中型仮免許又は旧法普通仮免許に係る運転免許試験に合格して旧法の規定による運転免許を受けていない者は、附則第二条各号に掲げる区分に応じ、それぞれ当該各号に定める運転免許に係る運転免許試験に合格した者とみなす。

第六条　前条の規定により附則第二条第二号に定める運転免許に係る運転免許試験に合格した者とみなされる者は、新法第九十条の二の規定の適用については、普通免許を受けようとする者とみなす。

２　前条の規定により附則第二条第五号に定める運転免許に係る運転免許試験に合格した者とみなされる者は、新法第九十条の二の規定の適用については、普通第二種免許を受けようとする者とみなす。

第七条　附則第二条の規定により準中型免許とみなされる旧法普通免許を受けている者（次項に規定する者を除く。）に対する新法第七十一条第五号の四、第七十一条の五第一項及び第百条の二第一項の規定の適用については、新法第七十一条第五号の四中「第七十一条の五第二項」とあるのは「第七十一条の五第一項」と、新法第七十一条の五第一項中「に準中型自動車免許」とあるのは「に道路交通法の一部を改正する法律（平成二十七年法律第四十号）による改正前の道路交通法（以下この項及び第百条の二第一項において「旧法」という。）の規定による普通自動車免許」と、「及び同項の普通自動車免許を現に受けており、かつ、現に受けている準中型自動車免許を受けた日前に当該普通自動車免許を受けていた期間（当該免許の効力が停止されていた期間を除く。）が通算して二年以上である者を除く」とあるのは「を除く」と、「準中型自動車の」とあるのは「旧法の規定による普通自動車に相当する自動車の」と、「準中型自動車を」とあるのは「当該自動車を」と、新法第百条の二第一項中「いう。）に当該免許に係る免許自動車等」とあるのは「いう。）に当該免許に係る免許自動車等（準中型免許にあつては、旧法の規定による普通自動車に相当する自動車。以下同じ。）」と、同項第二号中「当該免許と同一の種類の免許」とあるのは「旧法の規定による普通免許」とする。

２　附則第二条第二号に規定する限定が解除された者に対する新法第七十一条の五第一項及び第百条の二第一項の規定の適用については、新法第七十一条の五第一項中「者で、」とあるのは「者で、道路交通法の一部を改正する法律（平成二十七年法律第四十号。以下この項において「平成二十七年改正法」という。）附則第二条第二号に規定する限定が解除された日（以下この項及び第百条の二第一項において「限定解除日」という。）から」と、「当該免許を受けた日前六月以内に準中型自動車免許を受けていたことがある者その他の者で政令で定めるもの及び同項の普通自動車免許を現に受けており、かつ、現に受けている準中型自動車免許を受けた日前に当該普通自動車免許を受けていた期間（」とあるのは「限定解除日前に当該免許を受けていた期間（平成二十七年改正法の施行の日前に平成二十七年改正法による改正前の道路交通法の規定による普通自動車免許を受けていた期間及び同日以後に当該準中型自動車免許を受けていた期間（いずれも」と、「が通算して二年以上である」とあるのは「をいう。第百条の二第一項第五号において同じ。）が通算して二年以上である者その他政令で定める」と、新法第百条の二第一項中「当該免許を受けた日」とあるのは「限定解除日」と、同項第五号中「普通免許を現に受けており、かつ、当該準中型免許を受けた日前に当該普通免許」とあるのは「限定解除日前に当該免許」と、「期間（当該免許の効力が停止されていた期間を除く。）」とあるのは「期間」とする。

（臨時認知機能検査に関する経過措置）

第八条　新法第百一条の七第一項の規定は、この法律の施行の日（次条において「施行日」という。）以後にされた同項に規定する政令で定める行為（次条に規定する者が旧法第百二条第一項に規定する政令で定める行為をして次条の規定によりなお従前の例によることとされる場合における当該行為を除く。）について適用する。

（臨時適性検査に関する経過措置）

第九条　施行日前に旧法第九十七条の二第一項第三号若しくは第五号又は第百一条の四第二項の規定により認知機能検査（施行日前の直近において受けたものに限る。）を受けた者（旧法第百二条第一項に規定する基準該当者である者に限る。）に対する当該認知機能検査に係る臨時適性検査については、なお従前の例による。

（免許の効力の仮停止等に関する経過措置）

第十条　附則第一条ただし書に規定する規定の施行前にした行為に係る免許を受けた者（国際運転免許証又は外国運転免許証を所持する者を含む。）に対する警察署長による免許の効力の停止（自動車等の運転の禁止を含む。）については、新法第百三条の二第一項（新法第百七条の五第十項において準用する場合を含む。）の規定にかかわらず、なお従前の例による。

（罰則等に関する経過措置）

第十一条　この法律の施行前にした行為に対する罰則の適用については、なお従前の例による。

第十二条　この法律の施行前にした行為に係る放置違反金の取扱いに関しては、なお従前の例による。

第十三条　この法律の施行前にした行為に対する反則行為の取扱いに関しては、なお従前の例による。

（政令への委任）

第十四条　この附則に規定するもののほか、この法律の施行に関し必要な経過措置（罰則に関する経過措置を含む。）は、政令で定める。

附　則（平二七・九・三〇法七六抄）

（施行期日）

第一条　この法律は、公布の日から起算して六月を超えない範囲内において政令で定める日から施行する。

〔平二八・三政令八三により、平二八・三・二九から施行〕

附　則（平二九・六・二法五二抄）

（施行期日）

第一条　この法律は、平成三十年四月一日から施行する。ただし、次の各号に掲げる規定は、当該各号に定める日から施行する。

一　第三条の規定並びに次条並びに附則第十五条、第十六条、第二十七条、第二十九条、第三十一条、第三十六条及び第四十七条から第四十九条までの規定　公布の日

二・三　〔略〕

（罰則の適用に関する経過措置）

第四十八条　この法律（附則第一条各号に掲げる規定については、当該各規定。以下この条において同じ。）の施行前にした行為及びこの附則の規定によりなお従前の例によることとされる場合におけるこの法律の施行後にした行為に対する罰則の適用については、なお従前の例による。

（その他の経過措置の政令への委任）

第四十九条　この附則に規定するもののほか、この法律の施行に伴い必要な経過措置（罰則に関する経過措置を含む。）は、政令で定める。

附　則（平三〇・六・八法四一抄）

（施行期日）

第一条　この法律は、公布の日から起算して六月を超えない範囲内において政令で定める日から施行する。ただし、次の各号に掲げる規定は、当該各号に定める日から施行する。

一　〔略〕

二　〔前略〕附則第四条から第八条まで、〔中略〕第十一条〔中略〕の規定　平成三十一年四月一日

附　則（令元・五・二四法一四抄）

（施行期日）

第一条　この法律は、公布の日から起算して一年を超えない範囲内において政令で定める日から施行する。〔後略〕

〔令二・一政令二〇により、令二・四・一から施行〕

附　則（令元・六・五法二〇）

（施行期日）

第一条　この法律は、道路運送車両法の一部を改正する法律（令和元年法律第十四号）の施行の日〔令和二年四月一日〕から施行する。ただし、次の各号に掲げる規定は、当該各号に定める日から施行する。

一　附則第五条の規定　公布の日

二　第一条並びに次条から附則第四条まで及び附則第六条から第八条までの規定　公布の日から起算して六月を超えない範囲内において政令で定める日

〔令元・九政令一〇七により、令元・一二・一から施行〕

（免許の効力の仮停止等に関する経過措置）

第二条　前条第二号に掲げる規定の施行前にした行為に係る免許を受けた者（国際運転免許証又は外国運転免許証を所持する者を含む。）に対する警察署長による免許の効力の停止（自動車等の運転の禁止を含む。）については、第一条の規定による改正後の道路交通法（以下この条及び次条において「新法」という。）第百三条の二第一項（新法第百七条の五第十項において準用する場合を含む。）の規定にかかわらず、なお従前の例による。

（運転経歴証明書の交付の申請に関する経過措置）

第三条　附則第一条第二号に掲げる規定の施行の際現に第一条の規定による改正前の道路交通法第百四条の四第二項の規定により免許を取り消した公安委員会に対してされている同条第五項の規定による運転経歴証明書の交付の申請については、新法第百四条の四第五項から第七項までの規定にかかわらず、なお従前の例による。

（反則行為に関する経過措置）

第四条　附則第一条第二号に掲げる規定の施行前にした行為に対する反則行為の取扱いに関しては、なお従前の例による。

（政令への委任）

第五条　前三条及び附則第七条に規定するもののほか、この法律の施行に関し必要な経過措置（罰則に関する経過措置を含む。）は、政令で定める。

附　則（令元・六・一四法三七抄）

（施行期日）

第一条　この法律は、公布の日から起算して三月を経過した日から施行する。ただし、次の各号に掲げる規定は、当該各号に定める日から施行する。

一　〔前略〕次条並びに附則第三条及び第六条の規定　公布の日

二　〔前略〕第二章第二節〔中略〕の規定　公布の日から起算して六月を経過した日

三・四　〔略〕

（行政庁の行為等に関する経過措置）

第二条　この法律（前条各号に掲げる規定にあっては、当該規定。以下この条及び次条において同じ。）の施行の日前に、この法律による改正前の法律又はこれに基づく命令の規定（欠格条項その他の権利の制限に係る措置を定めるものに限る。）に基づき行われた行政庁の処分その他の行為及び当該規定により生じた失職の効力については、なお従前の例による。

（罰則に関する経過措置）

第三条　この法律の施行前にした行為に対する罰則の適用については、なお従前の例による。

（検討）

第七条　政府は、会社法（平成十七年法律第八十六号）及び一般社団法人及び一般財団法人に関する法律（平成十八年法律第四十八号）における法人の役員の資格を成年被後見人又は被保佐人であることを理由に制限する旨の規定について、この法律の公布後一年以内を目途として検討を加え、その結果に基づき、当該規定の削除その他の必要な法制上の措置を講ずるものとする。

附　則（令二・六・一〇法四二抄）

（施行期日）

第一条　この法律は、公布の日から起算して二年を超えない範囲内において政令で定める日から施行する。ただし、次の各号に掲げる規定は、当該各号に定める日から施行する。

〔令四・一政令一五により、令四・五・一三から施行〕

一　第十七条の付記の改正規定、第二十四条の付記の改正規

定、第二十六条の付記の改正規定、第二十六条の二の付記の改正規定、第二十八条の付記の改正規定、第五十二条の付記の改正規定、第五十四条の付記の改正規定、第七十条の付記の改正規定、第七十五条の四の付記の改正規定、第七十五条の八の付記の改正規定、第九十条第二項第三号の改正規定、第九十九条の二第四項第二号ハ及びニの改正規定、第百三条第二項第三号の改正規定、第百三条の二第一項第二号の改正規定、第百七条の五第二項第三号の改正規定、第百十七条の二の改正規定並びに第百十七条の二の二の改正規定並びに附則第三条及び第八条から第十一条までの規定　公布の日から起算して二十日を経過した日

二　第二条第三項第二号の改正規定、第十七条第三項の改正規定、第四十四条の改正規定、第四十五条の二第一項及び第四十六条の改正規定、第四十九条の三第一項の改正規定、第四十九条の六の改正規定、第五十条の二の改正規定、第五十一条の前の見出しを削り、同条に見出しを付する改正規定、同条の改正規定、第五十一条の二を削る改正規定、第五十一条の二の二の改正規定、同条を第五十一条の二とする改正規定、第五十一条の四第一項の改正規定、第六十三条の三の改正規定、第七十一条第五号の四の改正規定、第七十一条の五第二項の改正規定、第七十二条の二第三項の改正規定、第七十五条第一項第七号の改正規定、第七十五条の八第二項の改正規定、第百八条の三の三の付記の改正規定、第百八条の七の付記、第百八条の十八の付記及び第百八条の三十一の付記の改正規定、第百十条の二第五項の改正規定、第百十七条の五の改正規定、第百十九条の二第一項第一号及び第百十九条の三第一項第一号の改正規定、第百二十一条第一項第九号の改正規定並びに別表第一の改正規定並びに次条並びに附則第六条、第七条、第十二条及び第十三条の規定　公布の日から起算して六月を超えない範囲内において政令で定める日

〔令二・一一政令三二二により、令二・一二・一から施行〕

（調整規定）

第二条　前条第二号に掲げる規定の施行の日からこの法律の施行の日の前日までの間における同号に掲げる改正規定による改正後の道路交通法第百十七条の五の規定の適用については、同条第二号中「第百八条の三の四」とあるのは、「第百八条の三の三」とする。

（免許等に関する経過措置）

第三条　附則第一条各号に掲げる規定の施行前にした行為を理由とする免許（道路交通法第八十四条第一項に規定する免許をいう。次条第一項において同じ。）の拒否、保留、取消し若しくは効力の停止又は自動車等（同法第八十四条第一項に規定する自動車等をいう。）の運転の禁止については、なお従前の例による。

第四条　この法律による改正後の道路交通法（以下「新法」という。）第九十七条の二第一項第三号イからニまでの規定は、この法律の施行の日から起算して六月を経過した日（以下この条において「基準日」という。）の翌日以後に免許が失効した者について適用し、基準日以前に免許が失効した者については、なお従前の例による。

2　新法第百一条の四第二項の規定は、道路交通法第百一条第一項の更新期間が満了する日（同法第百一条の二第一項の規定による免許証の更新を申請しようとする者にあっては、当該申請をする日。以下この条において同じ。）が基準日以後である免許証の更新を受けようとする者について適用し、同法第百一条第一項の更新期間が満了する日が基準日の前日以前である免許証の更新を受けようとする者については、なお従前の例による。

3　新法第百一条の四第三項の規定は、道路交通法第百一条第一項の更新期間が満了する日が基準日以後である免許証の更新を受けようとする者について適用する。

（秘密保持義務に関する経過措置）

第五条　この法律による改正前の道路交通法（以下この条において「旧法」という。）第百八条の二第三項の規定により道路交通法第百八条の二第一項第十二号に掲げる講習（旧法第九十七条の二第一項第三号イ、第百一条の四第二項又は第百一条の七第四項の規定により認知機能検査の結果に基づいて行うものに限る。）の実施の委託を受けた者若しくは新法第百八条の二第三項の規定により道路交通法第百八条の二第一項第十二号に掲げる講習（前条第一項又は第二項の規定によりなお従前の例によることとされる場合における旧法第九十七条の二第一項第三号イ又は第百一条の四第二項の規定により認知機能検査の結果に基づいて行うものに限る。）の実施の委託を受けた者（これらの者が法人である場合にあっては、その役員）若しくはこれらの職員又はこれらの者であった者については、旧法第百八条の二第四項の規定は、この法律の施行後も、なおその効力を有する。

（自転車運転者講習の受講命令に関する経過措置）

第六条　附則第一条第二号に掲げる規定の施行前にした行為を理由とする自転車運転者講習の受講命令については、なお従前の例による。

（罰則等に関する経過措置）

第七条　この法律（附則第一条第二号に掲げる規定については、当該規定）の施行前にした行為及び附則第五条の規定によりなおその効力を有することとされる場合におけるこの法律の施行後にした行為に対する罰則の適用については、なお従前の例による。

第八条　附則第一条各号に掲げる規定の施行前にした行為に対する反則行為の取扱いに関しては、なお従前の例による。

（政令への委任）

第九条　附則第三条から前条まで及び附則第十一条に規定するもののほか、この法律の施行に関し必要な経過措置（罰則に関する経過措置を含む。）は、政令で定める。

附　則（令二・六・一二法五二抄）

（施行期日）

第一条　この法律は、令和三年四月一日から施行する。ただし、次の各号に掲げる規定は、当該各号に定める日から施行する。

一　〔前略〕附則第八条及び第九条の規定　公布の日

二　〔略〕

（政令への委任）

第九条　この法律の施行に関し必要な経過措置は、政令で定める。

附　則（令四・四・二七法三二抄）

（施行期日）

第一条　この法律は、公布の日から起算して一年を超えない範囲内において政令で定める日から施行する。ただし、次の各

号に掲げる規定は、当該各号に定める日から施行する。
〔令四・一二政令三九〇により、令五・四・一から施行〕

一　附則第九条の規定　公布の日

二　第一条並びに附則第六条、第十一条及び第十五条の規定　公布の日から起算して六月を超えない範囲内において政令で定める日
〔令四・九政令三〇三により、令四・一〇・一から施行〕

三　第三条並びに附則第四条、第十二条（土砂等を運搬する大型自動車による交通事故の防止等に関する特別措置法（昭和四十二年法律第百三十一号）第七条第一項第二号の改正規定（「第百十八条第一項第三号」を「第百十八条第一項第五号」に改める部分に限る。）に限る。）及び第十四条の規定　公布の日から起算して二年を超えない範囲内において政令で定める日
〔令五・三政令五三により、令五・七・一から施行〕

四　第四条並びに附則第五条、第十条及び第十三条の規定　公布の日から起算して三年を超えない範囲内において政令で定める日

（調整規定）

第二条　道路運送車両法の一部を改正する法律（令和元年法律第十四号）附則第一条第六号に掲げる規定の施行の日がこの法律の施行の日後となる場合には、同号に掲げる規定の施行の日の前日までの間における第二条の規定による改正後の道路交通法第七十五条の十二第三項の規定の適用については、同項中「自動車検査証記録事項」とあるのは「自動車検査証」と、「第五十八条第二項」とあるのは「第六十条第一項」と、「が記載された書面」とあるのは「の写し」とする。

（免許の拒否等に関する経過措置）

第三条　この法律（附則第一条第三号に掲げる規定については、当該規定）の施行前にした行為を理由とする免許の拒否、保留、取消し若しくは効力の停止又は自動車等の運転の禁止については、なお従前の例による。

（特定小型原動機付自転車運転者講習の受講命令に関する経過措置）

第四条　第三条の規定による改正後の道路交通法第百八条の三の五第一項の規定は、附則第一条第三号に掲げる規定の施行の日以後に特定小型原動機付自転車の運転に関し同項に規定する特定小型原動機付自転車危険行為を反復してした者について適用する。

（免許証の保管等に関する経過措置）

第五条　附則第一条第四号に掲げる規定の施行の際現に第四条の規定による改正前の道路交通法（以下この条において「旧法」という。）第百四条の三第三項（旧法第百七条の五第十一項において読み替えて準用する場合を含む。）又は第百九条第一項の規定により保管されている免許証又は国際運転免許証若しくは外国運転免許証の保管及び返還並びにこれらの規定により交付されている保管証については、なお従前の例による。

2　第四条の規定による改正後の道路交通法第百二十三条の二（第一号に係る部分に限る。）の規定は、附則第一条第四号に掲げる規定の施行前にされた旧法第百四条の三第二項（旧法第百七条の五第十一項において準用する場合を含む。）の規定による命令に係る違反行為については、適用しない。

（罰則等に関する経過措置）

第六条　この法律（附則第一条第二号及び第三号に掲げる規定については、当該各規定）の施行前にした行為に対する罰則の適用については、なお従前の例による。

第七条　この法律（附則第一条第三号に掲げる規定については、当該規定。次条において同じ。）の施行前にした行為に係る放置違反金の取扱いに関しては、なお従前の例による。

第八条　この法律の施行前にした行為に対する反則行為の取扱いに関しては、なお従前の例による。

（政令への委任）

第九条　附則第三条から前条までに定めるもののほか、この法律の施行に関し必要な経過措置（罰則に関する経過措置を含む。）は、政令で定める。

〔令四・六・一七法六八抄〕

（罰則の適用等に関する経過措置）

第四百四十一条　刑法等の一部を改正する法律（令和四年法律第六十七号。以下「刑法等一部改正法」という。）及びこの法律（以下「刑法等一部改正法等」という。）の施行前にした行為の処罰については、次章に別段の定めがあるもののほか、なお従前の例による。

2　刑法等一部改正法等の施行後にした行為に対して、他の法律の規定によりなお従前の例によることとされ、なお効力を有することとされ又は改正前若しくは廃止前の法律の規定の例によることとされる罰則を適用する場合において、当該罰則に定める刑（刑法施行法第十九条第一項の規定又は第八十二条の規定による改正後の沖縄の復帰に伴う特別措置に関する法律第二十五条第四項の規定の適用後のものを含む。）に刑法等一部改正法第二条の規定による改正前の刑法（明治四十年法律第四十五号。以下この項において「旧刑法」という。）第十二条に規定する懲役（以下「懲役」という。）、旧刑法第十三条に規定する禁錮（以下「禁錮」という。）又は旧刑法第十六条に規定する拘留（以下「旧拘留」という。）が含まれるときは、当該刑のうち無期の懲役又は禁錮はそれぞれ無期拘禁刑と、有期の懲役又は禁錮はそれぞれその刑と長期及び短期（刑法施行法第二十条の規定の適用後のものを含む。）を同じくする有期拘禁刑と、旧拘留は長期及び短期（刑法施行法第二十条の規定の適用後のものを含む。）を同じくする拘留とする。

（裁判の効力とその執行に関する経過措置）

第四百四十二条　懲役、禁錮及び旧拘留の確定裁判の効力並びにその執行については、次章に別段の定めがあるもののほか、なお従前の例による。

（人の資格に関する経過措置）

第四百四十三条　懲役、禁錮又は旧拘留に処せられた者に係る人の資格に関する法令の規定の適用については、無期の懲役又は禁錮に処せられた者はそれぞれ無期拘禁刑に処せられた者と、有期の懲役又は禁錮に処せられた者はそれぞれ刑期を同じくする有期拘禁刑に処せられた者と、旧拘留に処せられた者は拘留に処せられた者とみなす。

2　拘禁刑又は拘留に処せられた者に係る他の法律の規定によりなお従前の例によることとされ、なお効力を有することとされ又は改正前若しくは廃止前の法律の規定の例によることとされる人の資格に関する法令の規定の適用については、無期拘禁刑に処せられた者は無期禁錮に処せられた者と、有期

拘禁刑に処せられた者は刑期を同じくする有期禁錮に処せられた者と、拘留に処せられた者は刑期を同じくする旧拘留に処せられた者とみなす。

（経過措置の政令への委任）

第五百九条　この編に定めるもののほか、刑法等一部改正法等の施行に伴い必要な経過措置は、政令で定める。

附　則（令四・六・一七法六八抄）

（施行期日）

1　この法律は、刑法等一部改正法〔刑法等の一部を改正する法律＝令和四年六月法律第六七号〕施行日〔令和七年六月一日〕から施行する。ただし、次の各号に掲げる規定は、当該各号に定める日から施行する。

一　第五百九条の規定　公布の日

二　〔略〕

附　則（令五・五・八法二九抄）

（施行期日）

第一条　この法律は、令和六年四月一日から施行する。〔後略〕

附　則（令五・六・一六法五六抄）

（施行期日）

第一条　この法律は、公布の日から起算して二年を超えない範囲内において政令で定める日から施行する。〔後略〕

〔令六・四政令一六六により、令六・六・二〇から施行〕

附　則（令五・六・一六法六三抄）

（施行期日）

第一条　この法律は、公布の日から起算して一年を超えない範囲内において政令で定める日から施行する。ただし、次の各号に掲げる規定は、当該各号に定める日から施行する。

一　〔前略〕附則第七条〔中略〕の規定　公布の日

二　〔前略〕第三十一条〔中略〕並びに次条〔中略〕の規定　公布の日から起算して三年を超えない範囲内において政令で定める日

（公示送達等の方法に関する経過措置）

第二条　次に掲げる法律の規定は、前条第二号に掲げる規定の施行の日以後にする公示送達、送達又は通知について適用し、同日前にした公示送達、送達又は通知については、なお従前の例による。

一～四　〔略〕

五　第三十一条の規定による改正後の道路交通法第五十一条の四第七項

六～十五　〔略〕

（罰則に関する経過措置）

第六条　この法律の施行前にした行為に対する罰則の適用については、なお従前の例による。

（政令への委任）

第七条　この附則に定めるもののほか、この法律の施行に関し必要な経過措置（罰則に関する経過措置を含む。）は、政令で定める。

附　則（令六・五・二四法三四）

（施行期日）

1　この法律は、公布の日から起算して二年を超えない範囲内において政令で定める日から施行する。ただし、次の各号に掲げる規定は、当該各号に定める日から施行する。

一　附則第三項の規定　公布の日

二　第二条第一項の改正規定、第七十一条第五号の五の改正規定、第百十七条の二の二第一項第三号の改正規定、第百十七条の三の二の改正規定及び第百十八条第一項第四号の改正規定　公布の日から起算して六月を超えない範囲内において政令で定める日

（経過措置）

2　この法律の施行前にした行為に対する反則行為の取扱いに関しては、なお従前の例による。

（政令への委任）

3　前項に定めるもののほか、この法律の施行に関し必要な経過措置（罰則に関する経過措置を含む。）は、政令で定める。

附　則（令六・六・二一法五九抄）

（施行期日）

第一条　この法律は、公布の日から起算して二年を超えない範囲内において政令で定める日から施行する。ただし、次の各号に掲げる規定は、当該各号に定める日から施行する。

一　附則第十一条の規定　公布の日

二　〔略〕

（政令への委任）

第十一条　この附則に定めるもののほか、この法律の施行に伴い必要な経過措置は、政令で定める。

別表第一（第五十一条の四関係）

放置車両の態様の区分	放置車両の種類	放置違反金の限度額
第四十四条第一項、第四十五条第一項若しくは第二項、第四十七条第二項若しくは第三項、第四十八条、第四十九条の三第三項、第四十九条の四又は第七十五条の八第一項の規定に違反して駐車しているもの	大型自動車、中型自動車、準中型自動車、大型特殊自動車及び重被牽引車	三万五千円
	普通自動車、大型自動二輪車及び普通自動二輪車（以下「普通自動車等」という。）	二万五千円
	小型特殊自動車及び原動機付自転車（以下「小型特殊自動車等」という。）	一万五千円
第四十九条の三第二項若しくは第四十九条の五後段の規定に違反して駐車しているもの又は第四十九条第一項のパーキング・チケット発給設備を設置する時間制限駐車区間において駐車している場合において当該車両に当該パーキング・チケット発給設備により発給を受けたパーキング・チケットが掲示されておらず、かつ、第四十九条の三第四項の規定に違反しているもの	大型自動車、中型自動車、準中型自動車、大型特殊自動車及び重被牽引車	二万五千円
	普通自動車等	二万円
	小型特殊自動車等	一万二千円

備考　放置違反金の限度額は、この表の上欄に掲げる放置車両の態様の区分及びこの表の中欄に掲げる放置車両の種類に応じ、この表の下欄に掲げる金額とする。

本表…追加、一部改正〔平一六法九〇〕、一部改正〔平一九法九〇平二一法二一平二七法四〇令二法四二〕

別表第二（第百二十五条、第百三十条の二関係）

反則行為の区分	反則行為に係る車両等の種類	反則金の限度額
第百十八条第一項第一号又は第三項の罪に当たる行為（第二十二条の規定によりこれを超える速度で進行してはならないこととされている最高速度を三十キロメートル毎時（高速自動車国道等においては四十キロメートル毎時）以上超える速度で運転する行為を除く。）	大型自動車、中型自動車、準中型自動車、大型特殊自動車、トロリーバス及び路面電車（以下「大型自動車等」という。）	五万円
	普通自動車等	四万円
	小型特殊自動車等	三万円
第百十八条第一項第四号の罪に当たる行為	大型自動車等	五万円
	普通自動車等	四万円
	小型特殊自動車等	三万円
第百十八条第二項第一号の罪に当たる行為（車両について第五十七条第一項の規定により積載物の重量の制限として定められた数値の二倍以上の重量の積載をして大型自動車等を運転する行為を除く。）	大型自動車等	五万円
	普通自動車等	四万円
	小型特殊自動車等	三万円
第百十九条第一項第二号から第六号まで、第十四号から第十六号まで、第十九号若しくは第二十号、第二項第一号から第三号まで又は第三項の罪に当たる行為	大型自動車等	二万円
	普通自動車等	一万五千円
	小型特殊自動車等	一万円
第百十九条の二の四第一項又は第三項の罪に当たる行為	大型自動車等及び重被牽（けん）引車	三万五千円
	普通自動車等	二万五千円
	小型特殊自動車等	一万五千円
第百十九条の三第一項又は第三項の罪に当たる行為	大型自動車等及び重被牽（けん）引車	二万五千円
	普通自動車等	二万円
	小型特殊自動車等	一万二千円
第百二十条第一項第二号から第六号まで、第十号（第七十一条第一号、第四号から第五号まで、第五号の三、第五号の四若しくは第六号又は第七十一条の二に係る部分に限る。）若しくは第十二号から第十四号まで、第二項第一号若しくは第二号又は第三項の罪に当たる行為	大型自動車等	一万円
	普通自動車等	八千円
	小型特殊自動車等	六千円
第百二十一条第一項第三号、第八号、第九号、第十一号若しくは第十二号、第二項又は第三項の罪に当たる行為	大型自動車等	八千円
	普通自動車等	六千円
	小型特殊自動車等	四千円

備考

反則金の限度額は、この表の上欄に掲げる反則行為の区分及びこの表の中欄に掲げる反則行為に係る車両等の種類に応じ、この表の下欄に掲げる金額とする。

本表…追加・一部改正〔昭四三法一二六〕、一部改正〔昭四六法九八昭四七法五一昭五三法五三昭六〇法八七昭六一法六三平二法七三平五法四三平七法七四平一一法四〇平一三法五一〕、一部改正、一部改正・旧別表…別表二に改正、一部改正〔平一六法九〇〕、一部改正〔平一九法九〇平二七法四〇令元法二〇令四法三二〕

1　次の改正は、公布の日（令四・四・二七）から起算して三年を超えない範囲内において政令で定める日から施行

目次中「第九十五条」を「第九十五条の六」に、「免許証の更新等」を「免許証等の更新等」に改める。

第八十七条第六項中「第九十条及び第九十二条の二」を「第九十条第一項及び第九十五条の六第一項」に改める。

第九十二条第二項中「引き換え」を「引換え」に改める。

第九十二条の二を削る。

第九十三条第一項第五号中「前条第一項の表の備考一の2」を「第九十五条の六第一項の表の備考一のロ」に改める。

第九十三条の二中「いう」の下に「。以下同じ」を加える。

第六章第三節中第九十五条の次に次の五条を加える。

（特定免許情報の記録等）

第九十五条の二　免許（仮免許を除く。以下この条において同じ。）を現に受けている者のうち、当該免許について免許証のみを有するもの並びに免許証及び第四項に規定する免許情報記録個人番号カードのいずれをも有しないものは、いつでも、その者の住所地を管轄する公安委員会に、その者の個人番号カード（行政手続における特定の個人を識別するための番号の利用等に関する法律（平成二十五年法律第二十七号）第二条第七項に規定する個人番号カードをいう。以下同じ。）の区分部分（同法第十八条に規定するカード記録事項が記録された部分と区分された部分をいう。以下同じ。）に当該免許に係る特定免許情報を記録することを申請することができる。

2　前項の特定免許情報とは、次に掲げる事項をいう。

一　免許情報記録（個人番号カードに記録された特定免許情報に係る記録をいう。以下同じ。）の番号

二　免許の年月日及び免許情報記録の有効期間の末日

三　免許の種類

四　第九十三条第二項に規定する条件に係る事項

五　第九十三条第三項の規定により免許証（仮免許に係るものを除く。以下この条及び第九十五条の四において同じ。）に記載され、又は表示される事項であつて内閣府令で定めるもの

3　第一項の規定による申請を受けた公安委員会は、次の各号のいずれかに該当する場合を除き、前項に規定する特定免許情報（以下「特定免許情報」という。）をその者の個人番号カードの区分部分に電磁的方法により記録するものとする。

一　免許の効力が停止されているとき。

二　当該個人番号カードが行政手続における特定の個人を識別するための番号の利用等に関する法律第十七条第十項の規定により効力を失つていること、当該個人番号カードの区分部分における他の事項が記録されていない領域が特定免許情報を記録するために十分でないことその他の公安委員会が個人番号カードの区分部分に特定免許情報を記録することができない事情として内閣府令で定めるものがあるとき。

4　免許証及び免許情報記録個人番号カード（その者に係る特定免許情報が記録された個人番号カードをいう。以下同じ。）を有する者は、いつでも、免許証をその者の住所地を管轄する公安委員会に返納することができる。

5　第一項の規定による申請は、同項の規定にかかわらず、免許を現に受けていない者が第九十二条第一項の規定による免許証の交付を受けようとする際においてもすることができる。

6　第九十二条第一項の規定による免許証の交付を受けようとする際に第一項の規定による申請をする者は、当該申請に併せて当該免許証の交付を希望しない旨の申出をすることができる。この場合においては、その者が第三項の規定による特定免許情報の記録を受けたことをもつて、当該免許証が同条第一項の規定により交付され、第四項の規定により返納されたものとみなす。

7　免許情報記録個人番号カードは、前条の規定の適用については、免許証とみなす。

8　警察官は、第六十七条第一項又は第二項の規定による免許証の提示を求めた場合において、前項の規定により免許証とみなされた免許情報記録個人番号カードの提示を受けたときは、当該提示をした者に対し、警察官が当該免許情報記録個人番号カードに記録された特定免許情報を確認するために必要な措置を受けることを求めることができる。この場合において、当該求めを受けた者は、これに応じなければならない。

9　行政手続における特定の個人を識別するための番号の利用等に関する法律第十七条第十項の規定による個人番号カードの失効は、免許情報記録の効力に影響を及ぼさないものとする。

10　免許証及び免許情報記録個人番号カードを有する者は、いつでも、免許情報記録個人番号カードをその者の住所地を管轄する公安委員会に提示して免許情報記録の抹消を受けることができる。

11　免許を現に受けている者のうち当該免許について免許情報記録個人番号カードのみを有するものは、いつでも、その者の住所地を管轄する公安委員会に当該免許に係る免許証の交付を申請することができる。

12　第一項及び前項の申請の手続並びに第六項の申出の手続について必要な事項は、内閣府令で定める。

（罰則　第八項については第百二十条第一項第十号）

（免許情報記録個人番号カードの特則）

第九十五条の三　免許情報記録個人番号カードについての第九十二条第二項及び第九十三条第二項の規定の適用については、第九十二条第二項中「その異なる種類の免許に係る免許証にその者が現に受けている免許に係る事項を記載して、その者が現に有する免許証と引換えに交付する」とあるのは「その者の免許情報記録個人番号カード（第九十五条の二第四項に規定する免許情報記録個人番号カードをいう。以下同じ。）に記録された免許情報記録（同条第二項第一号に規定する免許情報記録をいう。）をその異なる種類の免許及びその者が現に受けている免許に係るものに書き換える」と、第九十三条第二項中「免許証に当該条件」とあるのは「免許情報記録個人番号カードの区分部分（第九十五条の二第一項に規定する区分部分をいう。）に当該条件（仮免許に係るものを除く。）」と、「記載しなければ」とあるのは「電磁的方法（次条に規定する電磁的方法をいう。）により記録しなければ」とする。

（免許証及び免許情報記録個人番号カードを有する者の特則）

第九十五条の四　公安委員会は、免許証及び免許情報記録個人

番号カードを有する者について、第九十二条第二項に規定する異なる種類の免許を与えるときは、同条第一項の規定による当該異なる種類の免許に係る免許証の交付を行うとともに、前条の規定により読み替えて適用する第九十二条第二項の規定による免許情報記録の書換えを行うものとする。

2　公安委員会は、免許証及び免許情報記録個人番号カードを有する者について、第九十一条又は第九十一条の二第二項の規定により、免許（仮免許を除く。以下この項及び次条第一項において同じ。）に条件を付し、又は免許に付されている条件を変更したときは、第九十三条第二項の規定による当該条件に係る事項の記載を行うとともに、前条の規定により読み替えて適用する第九十三条第二項の規定による当該条件に係る事項の記録を行うものとする。

（免許情報記録個人番号カードのみを有する者の特則）

第九十五条の五　免許を現に受けている者のうち当該免許について免許情報記録個人番号カードのみを有するものに対し、第九十二条第二項に規定する異なる種類の免許を与えるときは、同条第一項の規定にかかわらず、第九十五条の三の規定により読み替えて適用する第九十二条第二項の規定による免許情報記録の書換えをもつて、当該異なる種類の免許を与えたものとする。

2　免許を現に受けている者のうち免許情報記録個人番号カードのみを有するものについての第九十四条第一項及び第三項の規定の適用については、同条第一項中「届け出て、免許証に変更に係る事項の記載（前条の規定による記録が行われる場合にあつては、同条の規定による記録）を受けなければ」とあるのは「届け出なければ」と、同条第三項中「第一項」とあるのは「第九十五条の五第二項の規定により読み替えて適用する第一項」とする。

3　前項に規定する者のうち次の各号に掲げるものは、同項の規定により読み替えて適用する第九十四条第一項の規定にかかわらず、当該各号に定める事項の変更についての届出をすることを要しない。

一　国家公安委員会に対し、戸籍法（昭和二十二年法律第二百二十四号）第百二十条の三第三項の規定により国家公安委員会が同条第一項に規定する戸籍電子証明書（その者の変更した後の本籍を証明するものに限る。）の提供を受けるための措置として内閣府令で定める措置を講じた者　本籍

二　国家公安委員会に対し、電子署名等に係る地方公共団体情報システム機構の認証業務に関する法律（平成十四年法律第百五十三号）第十八条第三項の規定により国家公安委員会が同項に規定する特定署名用電子証明書記録情報（その者の個人番号カードに記録された同法第三条第一項に規定する個人番号カード用署名用電子証明書に係るものに限る。）の提供を受けるための措置として内閣府令で定める措置を講じている者　住所、氏名及び生年月日

4　国家公安委員会は、免許に関する事務の適正を図るため、次の各号に掲げる場合の区分に応じ、当該各号に定める事項を各公安委員会に通報するものとする。

一　前項第一号に規定する戸籍電子証明書又は同項第二号に規定する特定署名用電子証明書記録情報の提供を受けたとき　当該戸籍電子証明書又は当該特定署名用電子証明書記録情報に係る内閣府令で定める事項

二　前項第二号に規定する措置が開始され、又は終了したとき　当該措置が開始され、又は終了した旨その他の内閣府令で定める事項

（免許証等の有効期間）

第九十五条の六　第一種免許及び第二種免許に係る免許証（第九十五条の二第十一項の規定により交付された免許証（第百七条の規定により読み替えて適用する第百一条の四の二第三項に規定する書面（以下この項において「更新証明書」という。）の交付を受けた者に対して交付されたものを除く。次項において同じ。）及び第百六条の三第二項の規定により交付された免許証を除く。以下この項において同じ。）並びに免許情報記録（第九十二条第一項の規定による免許証の交付を受けようとする際に第九十五条の二第一項の規定による申請をした者又は更新証明書の交付を受けた者に対して同条第三項の規定により記録された免許情報記録（次項において「免許付与時記録免許情報記録等」という。）、第九十五条の三の規定により読み替えて適用する第九十二条第二項の規定により書き換えられた免許情報記録及び第百一条第六項又は第百一条の二第四項の規定により更新された免許情報記録に限る。以下この項において同じ。）の有効期間は、次の表の上欄に掲げる区分ごとに、それぞれ、同表の中欄に掲げる年齢に応じ、同表の下欄に定める日が経過するまでの期間とする。

免許証の交付又は特定免許情報の記録を受けた者の区分	更新日等における年齢	有効期間の末日
優良運転者及び一般運転者	七十歳未満	満了日等の後のその者の五回目の誕生日から起算して一月を経過する日
	七十歳	満了日等の後のその者の四回目の誕生日から起算して一月を経過する日
	七十一歳以上	満了日等の後のその者の三回目の誕生日から起算して一月を経過する日
違反運転者等		満了日等の後のその者の三回目の誕生日から起算して一月を経過する日

備考
一　この表に掲げる用語の意義は、次に定めるとおりとする。
イ　更新日等　次の(1)から(5)までに掲げる免許証及び免許情報記録の区分に応じ、当該(1)から(5)までに定める日
(1)　第百一条第六項の規定により更新された免許証及び免許情報記録　当該更新された日
(2)　更新証明書の交付を受けた者のうち第百一条第六項の規定による免許情報記録の有効期間の更新を受けたものに対して第九十五条の二第十一項の規定により交付された免許証及び同条第

三項の規定により記録された免許情報記録　当該更新証明書の交付を受けた日

(3)　第百一条の二第四項の規定により更新された免許証及び免許情報記録並びに更新証明書の交付を受けた者のうち同項の規定による免許情報記録の有効期間の更新を受けたものに対して第九十五条の二第十一項の規定により交付された免許証及び同条第三項の規定により記録された免許情報記録　第百一条の二第三項の規定による適性検査を受けた日

(4)　海外旅行、災害その他の政令で定めるやむを得ない理由のため第百一条第一項の免許証等の更新を受けることができなかつた者（その免許がその結果第百五条の規定により効力を失つた日から起算して六月（当該やむを得ない理由のためその期間内に次の免許を受けることができなかつた者にあつては、当該効力を失つた日から起算して三年を経過しない場合に限り、当該事情がやんだ日から起算して一月）を経過しない者に限る。以下この表において「特別失効者」という。）又は第百三条第一項若しくは第四項の規定による免許の取消し（同条第一項第一号から第二号までのいずれかに係るものに限る。）を受けた者（当該取消しを受けた日から起算して三年を経過しない者に限り、同日前の直近においてした第八十九条第一項、第百一条第一項若しくは第百一条の二第一項の規定による質問票の提出又は第百一条の五の規定による報告について第百十七条の四第一項第三号の違反行為をした者を除く。以下この表において「特別取消処分者」という。）に対して第九十二条第一項の規定により交付された免許証及び第九十五条の二第三項の規定により記録された免許情報記録　当該交付された免許証又は記録された免許情報記録に係る適性試験を受けた日の直前のその者の誕生日（当該適性試験を受けた日がその者の誕生日である場合にあつては、当該適性試験を受けた日）の前日

(5)　その他の免許証及び免許情報記録　当該免許証又は免許情報記録に係る適性試験を受けた日

ロ　優良運転者　更新日等（特別失効者に対して第九十二条第一項の規定により交付された免許証及び第九十五条の二第三項の規定により記録された免許情報記録にあつては当該効力を失つた免許に係る免許証又は免許情報記録の有効期間の末日、特別取消処分者に対して第九十二条第一項の規定により交付された免許証及び第九十五条の二第三項の規定により記録された免許情報記録にあつては当該取消しを受けた日。ニにおいて同じ。）までに継続して免許（仮免許を除く。ニにおいて同じ。）を受けている期間が五年以上である者であつて、自動車等の運転に関するこの法律及びこの法律に基づく命令の規定並びにこの法律の規定に基づく処分並びに重大違反唆し等及び道路外致死傷に係る法律の規定の遵守の状況が優良な者として政令で定める基準に適合するもの

ハ　一般運転者　優良運転者又は違反運転者等以外の者

ニ　違反運転者等　更新日等までに継続して免許を受けている期間が五年以上である者であつて自動車等の運転に関するこの法律及びこの法律に基づく命令の規定並びにこの法律の規定に基づく処分並びに重大違反唆し等及び道路外致死傷に係る法律の規定の遵守の状況が不良な者として政令で定める基準に該当するもの又は当該期間が五年未満である者

ホ　満了日等　次の(1)から(4)までに掲げる免許証及び免許情報記録の区分に応じ、当該(1)から(4)までに定める日

(1)　イ(1)に掲げる免許証及び免許情報記録　更新前の免許証又は免許情報記録の有効期間が満了した日

(2)　イ(2)に掲げる免許証及び免許情報記録　その直近において記録された免許情報記録の有効期間が満了することとされていた日

(3)　イ(3)に掲げる免許証及び免許情報記録　第百一条の二第三項の規定による適性検査を受けた日

(4)　その他の免許証及び免許情報記録　当該免許証又は免許情報記録に係る適性試験を受けた日

二　更新日等がその者の誕生日である場合におけるこの表の適用については、この表中「更新日等」とあるのは、「更新日等の前日」とする。

三　更新日等が有効期間の末日の直前のその者の誕生日の翌日から当該有効期間の末日までの間である場合におけるこの表の適用については、この表中「更新日等」とあるのは、「更新日等の直前のその者の誕生日の前日」とする。

四　特別失効者に該当する者として当該効力を失つた免許の次の免許を受けた者に対するこの表の備考一のロ及びニの規定の適用については、当該効力を失つた免許を受けていた期間及び当該次の免許を受けていた期間は、継続していたものとみなす。

五　特別取消処分者に該当する者として当該取り消された免許の次の免許を受けた者に対するこの表の備考一のロ及びニの規定の適用については、当該取り消された免許を受けた日から当該取消しを受けた日までの期間及び当該次の免許を受けていた期間は、継続していたものとみなす。

六　その者の誕生日が二月二十九日である場合におけるこの表の適用については、その者のうるう年以外の年における誕生日は二月二十八日であるものとみなす。

2　次の各号に掲げる者に対して第九十五条の二第十一項の規定により交付された免許証及び第百六条の三第二項の規定により交付された免許証並びに第九十五条の二第三項の規定により記録された免許情報記録（免許付与時記録免許情報記録等を除く。）及び第百六条の四第二項の規定により書き換えられた免許情報記録の有効期間は、当該各号に掲げる者の区分に応じ、当該各号に定める日が経過するまでの期間とする。

一　現に受けている免許（仮免許を除く。以下この項において同じ。）について免許証のみを有していた者　当該免許証の有効期間が満了する日

二　現に受けている免許について免許情報記録個人番号カードのみを有していた者　当該免許情報記録個人番号カードに記録された免許情報記録の有効期間が満了する日

三　現に受けている免許について免許証及び免許情報記録個人番号カードを有していた者　当該免許証の有効期間が満了する日又は当該免許情報記録個人番号カードに記録された免許情報記録の有効期間が満了する日のいずれか遅い日

四　現に受けている免許について免許証及び免許情報記録個人番号カードのいずれをも有していなかつた者　その直近

において記録された免許情報記録の有効期間が満了することとされていた日

3　前二項に規定する期間の末日が日曜日その他政令で定める日に当たるときは、これらの日の翌日を当該期間の末日とみなす。

第九十七条の二第一項第三号及び第四号中「免許証の有効期間の更新」を「免許証等の更新」に、「第百五条第一項」を「第百五条」に改める。

第百条の二第五項中「第九十二条の二第四項」を「第九十五条の六第三項」に改める。

第六章第五節の節名を次のように改める。

第五節　免許証等の更新等

第百一条の見出しを「（免許証等の更新の申請及び定期検査）」に改め、同条第一項中「の有効期間の」を「又は免許情報記録（以下「免許証等」という。）の有効期間の」に、「免許証の更新」を「免許証等の更新」に、「当該免許証」を「当該免許証等」に、「第三項」を「第五項」に改め、同条第二項中「免許証の更新」を「免許証等の更新」に改め、同条第三項中「免許証の更新」を「免許証等の更新」に、「優良運転者（」を「優良運転者又は一般運転者（第九十五条の六第一項の表の備考一の八に規定する一般運転者をいう。第百一条の二の二第一項において同じ。）（」に、「第九十二条の二第一項の表の備考四」を「同表の備考四」に、「受けて優良運転者」を「受けなければ同表の備考一の二に規定する違反運転者等」に改め、同条第六項中「第百一条の二の二第三項に規定する書面の内容（同条第五項」を「第百一条の二の二第五項の規定により通知された適性検査の結果（同条第七項」に、「書面の内容及び当該」を「通知された適性検査の結果及び同項の規定による」に、「免許証の更新」を「免許証等の更新」に改め、同項に後段として次のように加える。

この場合において、当該公安委員会は、その者が同条第三項の規定による申出をしていたときは、同条第七項の規定による適性検査を行つた場合その他内閣府令で定める場合を除き、当該申出に係る経由地公安委員会（同条第一項に規定する経由地公安委員会をいう。）に当該免許情報記録の有効期間の更新をすべき旨を通知して、当該経由地公安委員会に第百一条の四の二第三項の規定による免許情報記録の書換えを行わせるものとする。

第百一条第七項中「免許証の更新」を「免許証等の更新」に改め、同項を同条第八項とし、同条第六項の次に次の一項を加える。

7　免許証（仮免許に係るものを除く。次条第五項において同じ。）及び免許情報記録個人番号カードを有する者は、前項の規定による免許証の有効期間の更新若しくは免許情報記録の有効期間の更新又はその双方を受けることができる。ただし、その双方を受けようとする者は、その双方を同時に申請しなければならない。

第百一条の二の見出しを「（更新期間前における免許証等の更新の申請及び適性検査）」に改め、同条第一項、第四項及び第五項中「免許証の更新」を「免許証等の更新」に改め、同項を同条第六項とし、同条第四項の次に次の一項を加える。

5　免許証及び免許情報記録個人番号カードを有する者は、前項の規定による免許証の有効期間の更新若しくは免許情報記録の有効期間の更新又はその双方を受けることができる。ただし、その双方を受けようとする者は、その双方を同時に申請しなければならない。

第百一条の二の二の見出しを「（免許証等の更新に係る申請先の特例）」に改め、同条第一項中「免許証の更新を」を「免許証等の更新を」に改め、「優良運転者」の下に「又は一般運転者」を加え、「、当該免許証の有効期間が満了する日の直前のその者の誕生日までに免許証の更新の申請をする場合には」及び「この条及び次条において」を削り、同条第五項中「第三項」を「第五項」に、「書面の送付」を「通知」に、「書面の内容」を「通知に係る適性検査の結果」に、「免許証の更新」を「免許証等の更新」に改め、同項を同条第七項とし、同条第四項中「免許証の更新」を「免許証等の更新」に改め、同項を同条第六項とし、同条第三項中「、前項の規定による適性検査の結果を記載した書面を」を削り、「とともに」を「の内容（第三項の規定による申出があつた場合には、その旨を含む。）及び前項の規定による適性検査の結果を」に、「送付しなければ」を「通知しなければ」に改め、同項を同条第五項とし、同条第二項中「前項」を「第一項」に改め、同項を同条第四項とし、同条第一項の次に次の二項を加える。

2　前項の規定による経由地公安委員会を経由して行う更新申請書の提出は、次項の規定による申出をする場合を除き、当該免許証等の有効期間が満了する日の直前のその者の誕生日までに行わなければならない。

3　免許情報記録の有効期間の更新を受けようとする者は、第一項の規定による経由地公安委員会を経由して行う更新申請書の提出に併せて第百一条の四の二第三項の規定による免許情報記録の書換えを当該経由地公安委員会において受けたい旨を申し出ることができる。

第百一条の二の二に次の一項を加える。

8　第三項の申出の手続について必要な事項は、内閣府令で定める。

第百一条の三第一項中「免許証の更新」を「免許証等の更新」に改め、同条第二項中「前条第三項に規定する書面の内容（同条第五項」を「前条第五項の規定により通知された適性検査の結果（同条第七項」に、「書面の内容及び当該」を「通知された適性検査の結果及び同項の規定による」に、「免許証の更新」を「免許証等の更新」に改める。

第百一条の四中「免許証の更新」を「免許証等の更新」に改め、同条の次に次の一条を加える。

（更新された免許証の交付等）

第百一条の四の二　免許証の有効期間の更新は、当該更新を受けようとする者が現に有する免許証（仮免許に係るものを除く。以下この条において同じ。）と引換えに更新された免許証を交付して行う。

2　前項の規定による免許証の交付を受けようとする際に第九十五条の二第一項の規定による申請をする者は、当該申請に併せて当該免許証の交付を希望しない旨の申出をすることができる。この場合においては、その者が同条第三項の規定による更新された特定免許情報の記録を受けたことをもつて、当該免許証が前項の規定により交付され、同条第四項の規定により返納されたものとみなす。

3　免許情報記録の有効期間の更新は、当該更新を受けようとする者が現に有する免許情報記録個人番号カードに記録された免許情報記録を書き換えて行う。

4　前項の規定による免許情報記録の書換えを経由地公安委員会において受けた者は、第九十五条の二第四項の規定にかかわらず、免許証を当該経由地公安委員会に返納することができる。

5　第二項の申出の手続について必要な事項は、内閣府令で定める。

第百三条の二第三項中「仮停止を受けた者」を「免許証を有する者が仮停止を受けたとき」に改め、同条第七項を同条第八項とし、同条第六項中「及び免許証」を削り、同項を同条第七項とし、同条第五項中「及び前項」を「（第三項」に、「提出を受けた免許証」を「免許証の提出を受けた場合にあつては、当該仮停止通知書及び当該免許証。次項及び第七項において同じ。）」に改め、同項を同条第五項とし、同条第三項の次に次の一項を加える。

4　免許情報記録個人番号カードを有する者が仮停止を受けたときは、免許情報記録個人番号カードを当該処分をした警察署長に提示して免許情報記録の抹消を受けなければならない。

第百三条の二の付記中「第三項」の下に「及び第四項」を加える。

第百四条の三第三項を削り、同条第四項中「第二項」を「前項」に改め、同項後段を削り、同項を同条第三項とし、同条第五項から第九項までを削り、同条に付記として次のように加える。

（罰則　第二項については第百二十三条の二第一号）

第百四条の四第三項中「第百七条第一項第一号」を「第百六条の三第一項第一号」に、「受けたとき」を「受け、又は第一項の申出をした者に係る第百六条の四第一項第一号の規定による免許情報記録の抹消を行つたとき（第一項の申出をした者が免許証（仮免許に係るものを除く。次条において同じ。）及び免許情報記録個人番号カードを有する者である場合にあつては、当該免許証の返納を受け、かつ、当該免許情報記録の抹消を行つたとき）」に改め、同条第五項及び第六項を削り、同条第七項を同条第五項とする。

第百五条第一項中「免許証の更新」を「免許証等の更新」に、「とき」を「とき（免許証及び免許情報記録個人番号カードを有する者にあつては、免許証の有効期間の更新及び免許情報記録の有効期間の更新のいずれをも受けなかつたとき）」に改め、同条第二項を削り、同条の次に次の一条を加える。

（運転経歴証明書及び運転経歴情報の記録）

第百五条の二　第百四条の四第二項の規定により免許を取り消された者（同条第三項の規定により免許を受けた者を除く。）及び前条の規定により免許が失効した者（当該免許が失効した日の前日において第九十条第五項の規定による免許の取消しの基準に該当する者その他の政令で定める者を除く。）は、その者の住所地を管轄する公安委員会に対し、運転経歴証明書（当該取消しを受けた日又は当該免許が失効した日前五年間の自動車等の運転に関する経歴について、第九十二条の六第一項の表の上欄に規定する優良運転者、一般運転者又は違反運転者等の区分に準じた区分（第三項において「運転経歴区分」という。）により表示する書面をいう。以下この条及び次条において同じ。）の交付を申請することができる。

2　前項の規定による申請を受けた公安委員会は、政令で定めるところにより、運転経歴証明書を交付するものとする。この場合において、運転経歴証明書は、免許証と紛らわしい外観を有するものであつてはならない。

3　第一項に規定する者は、その者の住所地を管轄する公安委員会に対し、運転経歴情報（第百四条の四第二項の規定による免許の取消しを受けた日又は免許が前条の規定により効力を失つた日前五年間の自動車等の運転に関する経歴について、運転経歴区分により示した情報をいう。以下この条及び次条において同じ。）をその者の個人番号カードの区分部分に記録することを申請することができる。

4　前項の規定による申請を受けた公安委員会は、政令で定めるところにより、運転経歴情報をその者の個人番号カードの区分部分に電磁的方法により記録するものとする。

5　前各項に定めるもののほか、運転経歴証明書及び運転経歴情報の記録について必要な事項は、内閣府令で定める。

第百六条中「第九十四条第一項」の下に「（第九十五条の五第二項の規定により読み替えて適用する場合を含む。）」を加え、「同条第二項」を「第九十四条第二項」に改め、「再交付をし」の下に「、第九十五条の二第三項の規定により特定免許情報の記録をし、同条第四項の規定による免許証の返納を受け、同条第十項の規定により免許証の交付をし」を加え、「免許証の更新」を「免許証等の更新」に改め、「第百四条の四第六項（」及び「において準用する場合を含む。）」を削り、「交付し」の下に「、同条第四項の規定により運転経歴情報の記録をし」を加える。

第百七条第一項中「免許を受けた」を「免許証を有する」に、「すみやかに」を「速やかに」に改め、同項に次の一号を加える。

四　免許証の有効期間が満了したとき（第二号に該当する場合を除く。）。

第百七条第二項中「場合」を「場合（同条第三項の規定により免許が与えられる場合を含む。次条第二項において同じ。）」に改め、同条第四項中「第百三条の二第四項若しくは第五項」を「第百三条の二第五項若しくは第六項」に改め、同項を同条第五項とし、同条第三項中「免許を受けた」を「免許証を有する」に改め、同項を同条第四項とし、同条第二項の次に次の一項を加える。

3　第九十五条の二第五項及び第六項の規定は、前項の規定による免許証の交付について準用する。

第百七条に次の一項を加える。

6　第三項において準用する第九十五条の二第六項の申出の手続について必要な事項は、内閣府令で定める。

第百七条の付記中「第三項」を「第四項」に改め、同条を第百六条の三とし、第六章第六節中同条の次に次の四条を加える。

（免許情報記録の抹消等）

第百六条の四　免許情報記録個人番号カードを有する者は、次の各号のいずれかに該当することとなつたときは、速やかに、免許情報記録個人番号カードをその者の住所地を管轄する公安委員会に提示して免許情報記録の抹消を受けなければならない。ただし、当該免許情報記録個人番号カードを行政手続における特定の個人を識別するための番号の利用等に関する法律第十七条第八項に規定する住所地市町村長に返納した場合は、この限りでない。

一　前条第一項第一号又は第二号に該当することとなつたとき。

二　第九十条第五項、第百三条第一項若しくは第四項、第百四条の二の三第一項若しくは第三項又は同条第五項において準用する第百三条第四項の規定により免許の効力が停止されたとき。

三　免許情報記録の有効期間が満了したとき（第一号に該当する場合を除く。）。

2　第百四条の二の二第一項、第二項若しくは第四項、第百四条の二の四第一項、第二項若しくは第四項又は第百四条の四第二項の規定により免許を取り消された者がなお他の種類の免許を受けている場合において、その者の住所地を管轄する公安委員会に対して前項の規定により免許情報記録個人番号カードを提示したときは、当該公安委員会は、同項の規定にかかわらず、当該免許情報記録個人番号カードに記録された免許情報記録を当該他の種類の免許に係る免許情報記録に書き換えるものとする。

（罰則　第一項については第百二十一条第一項第十号）

（免許証及び免許情報記録個人番号カードを有する者の特則）

第百六条の五　公安委員会は、免許証（仮免許に係るものを除く。第百七条において同じ。）及び免許情報記録個人番号カードを有する者について、第百四条の二の二第一項、第二項若しくは第四項、第百四条の二の四第一項、第二項若しくは第四項又は第百四条の四第二項の規定により免許を取り消したときは、その者が第百六条の三第一項の規定により免許証を返納し、かつ、前条第一項の規定により免許情報記録個人番号カードを提示した場合に限り、第百六条の三第二項の規定による免許証の交付及び前条第二項の規定による免許情報記録の書換えを行うものとする。

（免許情報記録個人番号カードのみを有していた者の特則）

第百六条の六　第百四条の四第二項の規定により取り消された免許について免許情報記録個人番号カードのみを有していた者に対し、同条第三項の規定により免許を与えるときは、第九十二条第一項の規定にかかわらず、第百六条の四第二項の規定による免許情報記録の書換えをもつて、当該免許を与えたものとする。

（免許証及び免許情報記録個人番号カードのいずれをも有しない者の特則）

第百七条　現に受けている免許（仮免許を除く。）について免許情報記録個人番号カードを有していた者であつて、第百三条の二第四項又は第百六条の四第一項第二号の規定による免許情報記録の抹消を受けたことその他の事情により免許証及び免許情報記録個人番号カードのいずれをも有しない者となつたものについては、その直近において有していた免許情報記録個人番号カードを引き続き有している者とみなして、第九十五条の二第十一項、第九十五条の五第二項及び第三項、第百一条から第百一条の四まで（第百一条の二の二第三項を除く。）、第百一条の四の二第三項並びに第百五条の規定を適用する。この場合において、第百一条の四の二第三項中「が現に有する免許情報記録個人番号カードに記録された免許情報記録を書き換えて」とあるのは、「に対し、当該更新をした旨を証する書面を交付して」とする。

第百七条の五第六項中「第百三条の二第四項若しくは第五項」を「第百三条の二第五項若しくは第六項」に改め、同条第十項中「第百三条の二」の下に「（第四項を除く。）」を加え、「同条第五項」を「同条第三項中「有する」とあるのは「所持する」と、同条第六項」に、「同条第六項」を「同条第七項」に、「同条第七項」を「同条第八項」に改め、同条第十一項後段を削り、同条の付記中「第百二十一条第一項第十号」を「第百二十一条第一項第十号　第十一項については第百二十三条の二第一号」に改める。

第百八条の二第一項第十一号中「免許証の更新」を「免許証等の更新」に、「第九十二条の二第一項」を「第九十五条の六第一項」に改める。

第百八条の三十三中「第九十二条の二第一項」を「第九十五条の六第一項」に改める。

第百九条の見出しを「（出頭命令）」に改め、同条第一項中「免許証又は国際運転免許証等の提出を求めこれを保管する」を「内閣府令で定めるところにより、その者に対し、日時及び場所を指定して、第百三条第一項第五号に掲げる事由に係る事実の確認その他の必要な措置を受けるために出頭すべき旨を命ずる」に改め、同項後段及び同条第二項から第六項までを削り、同条に付記として次のように加える。

（罰則　第百二十三条の二第一号）

第百十二条第一項中「第百四条の四第六項（第百五条第二項において準用する場合を含む。）」を「第百五条の二第二項及び第四項」に改め、同項第三号中「第九十二条第一項」の下に「又は第九十五条の二第十一項」を加え、同項第四号の次に次の一号を加える。

四の二　第九十五条の二第三項の規定による特定免許情報記録又は第九十五条の三の規定により読み替えて適用する第九十二条第二項の規定若しくは第百六条の四第二項の規定による免許情報記録の書換えを受けようとする者（免許の効力の停止の期間が満了した場合又は免許の効力の停止が解除された場合に第九十五条の二第一項の規定による申請をした者その他の政令で定める者を除く。）　特定免許情報記録手数料

第百十二条第一項第五号中「免許証の更新」を「免許証等の更新」に、「免許証更新手数料」を「免許証等更新手数料」に改め、同項第五号の二中「免許証の更新」を「免許証等の更新」に改める。

第百十七条の二の二第一項第九号中「又は」を「若しくは」に、「交付」を「交付又は特定免許情報の記録」に改める。

第百十七条の四第一項第三号中「免許証の更新及び」を「免許証等の更新の申請及び」に、「免許証の更新の特例」を「更新期間前における免許証等の更新の申請及び適性検査」に改める。

第百二十条第一項第十号中「第四項又は」を「第四項、」に、「の規定」を「又は第九十五条の二（特定免許情報の記録等）第八項の規定」に改め、同項第十五号中「免許証、」の下に「免許情報記録個人番号カード、」を加える。

第百二十一条第一項第十号中「第一項」を「第一項（第九十五条の五（免許情報記録個人番号カードのみを有する者の特則）第二項の規定により読み替えて適用する場合を含む。）」に、「、第百七条（」を「若しくは第四項、第百六条の三（」

に、「若しくは第三項」を「若しくは第四項、第百六条の四（免許情報記録の抹消等）第一項」に改める。

第百二十三条の二を次のように改める。

第百二十三条の二 次の各号のいずれかに該当する者は、十万円以下の過料に処する。

一　第百四条の三（免許の取消し又は効力の停止に係る書面の交付等）第二項（第百七条の五（自動車等の運転禁止等）第十一項において準用する場合を含む。）又は第百九条（出頭命令）の規定による警察官の命令に従わなかった者

二　第百八条の三十二の二（運転免許取得者等教育の認定）第三項（第百八条の三十二の三（運転免許取得者等検査の認定）第二項において準用する場合を含む。）の規定に違反した者

2 次の改正は、令和七六月一日から施行

第五十一条の八第三項第二号ロ中「禁錮」を「拘禁刑」に改め、同条第四項中「すべて」を「全て」に改める。

第九十九条の二第四項第二号ニ及び第百八条の四第三項第三号中「禁錮」を「拘禁刑」に改める。

第百十五条中「懲役」を「拘禁刑」に改める。

第百十六条第一項中「禁錮」を「拘禁刑」に改め、同条第二項中「禁錮」を「拘禁刑」に改める。

第百十七条から第百十七条の五までの規定中「懲役」を「拘禁刑」に改める。

第百十八条第一項及び第二項中「懲役」を「拘禁刑」に改め、同条第三項中「禁錮」を「拘禁刑」に改める。

第百十八条の二、第百十八条の三並びに第百十九条第一項及び第二項中「懲役」を「拘禁刑」に改める。

3 次の改正は、公布の日（令六・五・二四）から起算して二年を超えない範囲内において政令で定める日から施行

第十八条に次の二項を加える。

3　車両（特定小型原動機付自転車等を除く。）は、当該車両と同一の方向に進行している特定小型原動機付自転車等（歩道又は自転車道を通行しているものを除く。）の右側を通過する場合（当該特定小型原動機付自転車等を追い越す場合を除く。）において、当該車両と当該特定小型原動機付自転車等との間に十分な間隔がないときは、当該特定小型原動機付自転車等との間隔に応じた安全な速度で進行しなければならない。

4　前項に規定する場合においては、当該特定小型原動機付自転車等は、できる限り道路の左側端に寄つて通行しなければならない。

第十八条の付記中「第百十九条第一項第六号」を「第百十九条第一項第六号　第三項については第百十七条の二第一項第四号、第百十七条の二の二第一項第八号ロ、第百十九条第一項第六号　第四項については第百二十条第一項第二号」に改める。

第二十条第三項中「第二十五条第一項」を「第十八条第四項、第二十五条第一項」に改める。

第二十四条の付記中「第百十七条の二の二第一項第八号ロ」を「第百十七条の二の二第一項第八号ハ」に改める。

第二十六条の付記中「第百十七条の二の二第一項第八号ハ」を「第百十七条の二の二第一項第八号ニ」に改める。

第二十六条の二の付記中「第百十七条の二の二第一項第八号ニ」を「第百十七条の二の二第一項第八号ホ」に改める。

第二十八条の付記中「第百十七条の二の二第一項第八号ホ」を「第百十七条の二の二第一項第八号ヘ」に改める。

第四十一条第一項中「第十八条」を「第十八条第一項から第三項まで」に改める。

第五十二条の付記中「第百十七条の二の二第一項第八号ヘ」を「第百十七条の二の二第一項第八号ト」に改める。

第五十四条の付記中「第百十七条の二の二第一項第八号ト」を「第百十七条の二の二第一項第八号チ」に改める。

第七十条の付記中「第百十七条の二の二第一項第八号チ」を「第百十七条の二の二第一項第八号リ」に改める。

第七十五条の八の付記中「第百十七条の二の二第一項第八号ヌ」を「第百十七条の二の二第一項第八号ル」に改める。

第八十八条第二項中「十八歳」を「十七歳六か月」に改める。

第九十条第一項中「限る」を「限り、かつ、第九十六条第一項ただし書の規定の適用を受けて当該運転免許試験を受けた場合にあつてはその年齢が十八歳に達した者に限る」に改める。

第九十五条の六第一項の表の備考一のホ中「(4)まで」を「(5)まで」に改め、同表の備考一のホ中(4)を(5)とし、(3)の次に次のように加える。

(4)　十八歳に達するまでの間に準中型免許又は普通免許に係る運転免許試験に合格した者に対して第九十二条第一項の規定により交付された免許証並びに第九十五条の二第三項の規定により記録された免許情報記録及び第九十五条の三の規定により読み替えて適用する第九十二条第二項の規定により書き換えられた免許情報記録　その者の十八歳の誕生日

第九十六条第一項中「第一種免許の運転免許試験を、同条第二項に規定する者は仮免許」を「、第一種免許」に改め、同項に次のただし書を加える。

ただし、準中型免許及び普通免許の運転免許試験にあつては、十七歳六か月以上の者（同項第二号から第四号までのいずれかに該当する者を除く。）も受けることができる。

第九十六条に次の一項を加える。

7　第八十八条第二項に規定する者は、仮免許の運転免許試験を受けることができない。

第百十七条の二の二第一項第八号ヌを同号ルとし、同号ロからリまでを同号ハからヌまでとし、同号イの次に次のように加える。

ロ　第十八条（左側寄り通行等）第三項の規定の違反となるような行為

第百十九条第一項第六号中「第二項、」を「第二項若しくは第三項、」に改める。

第百二十条第一項第二号中「第二十五条」を「第十八条（左側寄り通行等）第四項、第二十五条」に改める。

第百二十五条第一項中「（重被牽引車以外の軽車両を除く。次項において同じ。）」を削り、同条第二項第一号中「（特定小型原動機付自転車」を「（特定小型原動機付自転車等」に改め、「、第六十四条の二第一項の規定により当該反則行為に係る特定小型原動機付自転車を運転することができないこととされている者」を削り、同項第二号中「状態、」を「状態若しくは」に改め、「規定する状態」の下に「で車両等を運転していた

者」を、「車両等」の下に「（自転車以外の軽車両を除く。）」を加え、同項に次の一号を加える。

四　十六歳未満の者

別表第一第四十四条第一項、第四十五条第一項若しくは第二項、第四十七条第二項若しくは第三項、第四十八条、第四十九条の三第三項、第四十九条の四又は第七十五条の八第一項の規定に違反して駐車しているものの項中「原動機付自転車（以下」の下に「この表において」を加える。

別表第二第百十八条第一項第一号又は第三項の罪に当たる行為（第二十二条の規定によりこれを超える速度で進行してはならないこととされている最高速度を三十キロメートル毎時（高速自動車国道等においては四十キロメートル毎時）以上超える速度で運転する行為を除く。）の項中「小型特殊自動車等」を「小型特殊自動車、原動機付自転車及び重被牽引車以外の軽車両（以下この表において「小型特殊自動車等」という。）」に改め、同表第百十八条第二項第一号の罪に当たる行為（車両について第五十七条第一項の規定により積載物の重量の制限として定められた数値の二倍以上の重量の積載をして大型自動車等を運転する行為を除く。）の項中「小型特殊自動車等」を「小型特殊自動車及び原動機付自転車」に改め、同表第百二十条第一項第二号から第六号まで、第十号（第七十一条第一号、第四号から第五号まで、第五号の三、第五号の四若しくは第六号又は第七十一条の二に係る部分に限る。）若しくは第十二号から第十四号まで、第二項第一号若しくは第二号又は第三項の罪に当たる行為の項中「第六号まで」を「第七号まで」に改める。

4　**次の改正は、公布の日（令六・六・二一）から起算して二年を超えない範囲内において政令で定める日から施行**

第七十五条の十三第二項第二号中「を含む」の下に「。第百六条の四第一項において同じ」を加える。

第九十五条の二第三項第二号及び第九項中「第十七条第十項」を削る。

第百六条の四第一項ただし書中「第十七条第八項に規定する住所地市町村長」を「その他の法令の規定により市町村の長（同法第十八条の五第一項に規定する特定在留カード等であるものにあつては、出入国在留管理庁長官）」に改める。

○道路交通法施行令（抄）

（昭和三十五年十月十一日政令第二百七十号）

最終改正　令六政令四三

目次

第一章　総則

（歩行補助車等）

第一条　道路交通法（以下「法」という。）第二条第一項第九号の歩行補助車等は、次に掲げるもの（原動機を用いるものにあつては、内閣府令で定める基準に該当するものに限る。）とする。

一　歩行補助車、乳母車及びショッピング・カート

二　レール又は架線によらないで通行させる車であつて、次のいずれにも該当するもの（前号に掲げるものを除く。）

イ　車体の大きさが他の歩行者の通行を妨げるおそれのないものとして内閣府令で定める基準に該当すること。

ロ　車体の構造が歩きながら用いるためのものとして内閣府令で定める基準に該当すること。

※「内閣府令」＝則一

第三章　車両及び路面電車の交通方法

（路線バス等の範囲）

第十条　法第二十条の二第一項の政令で定める自動車は、道路運送法（昭和二十六年法律第百八十三号）第九条第一項に規定する一般乗合旅客自動車運送事業者による同法第五条第一項第三号に規定する路線定期運行の用に供する自動車、法第七十一条第二号の三に規定する通学通園バスその他人又は貨物を輸送する事業の用に供する自動車で当該道路におけるその通行の円滑を図ることが特に必要であると認めて公安委員会が指定したものとする。

（緊急自動車）

第十三条　法第三十九条第一項の政令で定める自動車は、次に掲げる自動車で、その自動車を使用する者の申請に基づき公安委員会が指定したもの（第一号又は第一号の二に掲げる自動車についてはその自動車を使用する者が公安委員会に届け出たもの）とする。

一　消防機関その他の者が消防のための出動に使用する消防用自動車のうち、消防のために必要な特別の構造又は装置を有するもの

一の二　国、都道府県、市町村、成田国際空港株式会社、新関西国際空港株式会社又は医療機関が傷病者の緊急搬送のために使用する救急用自動車のうち、傷病者の緊急搬送のために必要な特別の構造又は装置を有するもの

一の三　消防機関が消防のための出動に使用する消防用自動車（第一号に掲げるものを除く。）

一の四　都道府県又は市町村が傷病者の応急手当（当該傷病者が緊急搬送により医師の管理下に置かれるまでの間緊急やむを得ないものとして行われるものに限る。）のための出動に使用する大型自動二輪車又は普通自動二輪車

一の五　医療機関が、傷病者の緊急搬送をしようとする都道府県又は市町村の要請を受けて、当該傷病者が医療機関に緊急搬送をされるまでの間における応急の治療を行う医師を当該傷病者の所在する場所にまで運搬するために使用する自動車

一の六　医療機関（重度の傷病者でその居宅において療養しているものについていつでも必要な往診をすることができる体制を確保しているものとして国家公安委員会が定める基準に該当するものに限る。）が、当該傷病者について必要な緊急の往診を行う医師を当該傷病者の居宅にまで搬送するために使用する自動車

一の七　警察用自動車（警察庁又は都道府県警察において使用する自動車をいう。以下同じ。）のうち、犯罪の捜査、交通の取締りその他の警察の責務の遂行のため使用するもの

二　自衛隊用自動車（自衛隊において使用する自動車をいう。以下同じ。）のうち、部内の秩序維持又は自衛隊の行動若しくは自衛隊の部隊の運用のため使用するもの

三　検察庁において使用する自動車のうち、犯罪の捜査のため使用するもの

四　刑務所その他の矯正施設において使用する自動車のうち、逃走者の逮捕若しくは連戻し又は被収容者の警備のため使用するもの

五　入国者収容所又は地方出入国在留管理局において使用する自動車のうち、容疑者の収容又は被収容者の警備のため使用するもの

六　電気事業、ガス事業その他の公益事業において、危険防止のための応急作業に使用する自動車

七　水防機関が水防のための出動に使用する自動車

八　輸血に用いる血液製剤を販売する者が輸血に用いる血液製剤の応急運搬のため使用する自動車

八の二　医療機関が臓器の移植に関する法律（平成九年法律第百四号）の規定により死体（脳死した者の身体を含む。）から摘出された臓器、同法の規定により臓器の摘出をしようとする医師又はその摘出に必要な器材の応急運搬のため使用する自動車

九　道路の管理者が使用する自動車のうち、道路における危険を防止するため必要がある場合において、道路の通行を禁止し、若しくは制限するための応急措置又は障害物を排除するための応急作業に使用するもの

十　総合通信局又は沖縄総合通信事務所において使用する自動車のうち、不法に開設された無線局（電波法（昭和二十五年法律第百三十一号）第百八条の二第一項に規定する無線設備による無線通信を妨害する電波を発射しているものに限る。）の探査のための出動に使用するもの

十一　交通事故調査分析センターにおいて使用する自動車のうち、事故例調査（交通事故があつた場合に直ちに現場において行う必要のあるものに限る。）のための出動に使用するもの

十二　国、都道府県、市町村、国立研究開発法人日本原子力研究開発機構、国立研究開発法人量子科学技術研究開発機構又は原子力災害対策特別措置法（平成十一年法律第百五十六号）第二条第三号に規定する原子力事業者が、同条第一号に規定する原子力災害の発生又は拡大の防止を図るための応急の対策として実施する放射線量の測定、傷病者の搬送、施設若しくは設備の整備、点検若しくは復旧又は放射線による人体の障害を防止するための医薬品の運搬のため使用する自動車（第一号の二又は第六号に掲げるものを除く。）

2　前項に規定するもののほか、緊急自動車である警察用自動車に誘導されている自動車又は緊急自動車である自衛隊用自動車に誘導されている自衛隊用自動車は、それぞれ法第三十九条第一項の政令で定める自動車とする。

※　1項一号の六「国家公安委員会が定める基準」＝重度の傷病者でその居宅において療養しているものについていつでも必要な往診をすることができる体制を確保しているものとして国家公安委員会が定める基準

（緊急自動車の要件）

第十四条　前条第一項に規定する自動車は、緊急の用務のため運転するときは、道路運送車両法第三章及びこれに基づく命令の規定（道路運送車両法の規定が適用されない自衛隊用自動車については、自衛隊法第百十四条第二項の規定による防衛大臣の定め。以下「車両の保安基準に関する規定」という。）により設けられるサイレンを鳴らし、かつ、赤色の警光灯をつけなければならない。ただし、警察用自動車が法第二十二条の規定に違反する車両又は路面電車（以下「車両等」という。）を取り締まる場合において、特に必要があると認めるときは、サイレンを鳴らすことを要しない。

※　「命令」＝道路運送車両の保安基準四九

（道路維持作業用自動車）

第十四条の二　法第四十一条第四項の政令で定める自動車は、次の各号に掲げるものとする。

一　道路を維持し、若しくは修繕し、又は道路標示を設置するため必要な特別の構造又は装置を有する自動車で、その自動車を使用する者が公安委員会に届け出たもの

二　道路の管理者が道路の損傷箇所等を発見するため使用する自動車（内閣府令で定めるところにより、その車体を塗色したものに限る。）で、当該道路の管理者の申請に基づき公安委員会が指定したもの

※　二号「内閣府令」＝則六の二

第十四条の三　道路維持作業用自動車は、道路の維持、修繕等のための作業に従事するときは、車両の保安基準に関する規定により設けられる黄色の灯火をつけなければならない。

※　「車両の保安基準に関する規定」＝道路運送車両の保安基準四九の二

（消防用車両の要件）

第十四条の四　消防用自動車以外の消防の用に供する車両は、消防用務のため運転するときは、サイレン又は鐘を鳴らし、かつ、夜間及び第十九条に規定する場合にあつては、内閣府令で定める赤色の灯火をつけなければならない。

※　「内閣府令」＝則六の三

（道路にある場合の灯火）

第十八条　車両等は、法第五十二条第一項前段の規定により、夜間、道路を通行するとき（高速自動車国道及び自動車専用道路においては前方二百メートル、その他の道路においては前方五十メートルまで明りように見える程度に照明が行われているトンネルを通行する場合を除く。）は、次の各号に掲げる区分に従い、それぞれ当該各号に定める灯火をつけなければならない。

一　自動車　車両の保安基準に関する規定により設けられる前照灯、車幅灯、尾灯（尾灯が故障している場合においては、これと同等以上の光度を有する赤色の灯火とする。以下この項において同じ。）、番号灯及び室内照明灯（法第二十七条の乗合自動車に限る。）

二　原動機付自転車　車両の保安基準に関する規定により設けられる前照灯及び尾灯

三　トロリーバス　軌道法（大正十年法律第七十六号）第三十一条において準用する同法第十四条の規定に基づく命令の規定（以下「トロリーバスの保安基準に関する規定」という。）により設けられる前照灯、尾灯及び室内照明灯

四　路面電車　軌道法第十四条の規定に基づく命令の規定に定める白色灯及び赤色灯

五　軽車両　公安委員会が定める灯火

2　自動車（大型自動二輪車、普通自動二輪車及び小型特殊自動車を除く。）は、法第五十二条第一項前段の規定により、夜間、道路（歩道又は路側帯と車道の区別のある道路においては、車道）の幅員が五・五メートル以上の道路に停車し、又は駐車しているときは、車両の保安基準に関する規定により設けられる非常点滅表示灯又は尾灯をつけなければならない。ただし、車両の保安基準に関する規定に定める基準に適合する駐車灯をつけて停車し、若しくは駐車しているとき、又は高速自動車国道及び自動車専用道路以外の道路において後方五十メートルの距離から当該自動車が明りように見える程度に照明が行われている場所に停車し、若しくは駐車しているとき、若しくは高速自動車国道及び自動車専用道路以外の道路において第二十七条の六第一号に定める夜間用停止表示器材若しくは車両の保安基準に関する規定に定める基準に適合する警告反射板を後方から進行してくる自動車の運転者が見やすい位置に置いて停車し、若しくは駐車しているときは、この限りでない。

3　車両等は、次の各号に掲げる場合においては、第一項の規定にかかわらず、それぞれ当該各号に掲げる灯火をつけることを要しない。

一　他の車両を牽（けん）引する場合　尾灯及び番号灯

二　他の車両に牽（けん）引される場合　前照灯

※　1項一・二号「車両の保安基準に関する規定」＝道路

運送車両の保安基準三二・三四・三六・三七・四二・六二・六二の三、２項「車両の保安基準に関する規定」＝道路運送車両の保安基準三七・三七の三・四一の三・四三の三

（夜間以外の時間で灯火をつけなければならない場合）

第十九条　法第五十二条第一項後段の政令で定める場合は、トンネルの中、濃霧がかかつている場所その他の場所で、視界が高速自動車国道及び自動車専用道路においては二百メートル、その他の道路においては五十メートル以下であるような暗い場所を通行する場合及び当該場所に停車し、又は駐車している場合とする。

（他の車両等と行き違う場合等の灯火の操作）

第二十条　法第五十二条第二項の規定による灯火の操作は、次の各号に掲げる区分に従い、それぞれ当該各号に定める方法によつて行うものとする。

一　車両の保安基準に関する規定に定める走行用前照灯で光度が一万カンデラを超えるものをつけ、車両の保安基準に関する規定に定めるすれ違い用前照灯又は前部霧灯を備える自動車　すれ違い用前照灯又は前部霧灯のいずれかをつけて走行用前照灯を消すこと。

二　光度が一万カンデラを超える前照灯をつけている自動車（前号に掲げる自動車を除く。）　前照灯の光度を減じ、又はその照射方向を下向きとすること。

三　光度が一万カンデラを超える前照灯をつけている原動機付自転車　前照灯の光度を減じ、又はその照射方向を下向きとすること。

四　トロリーバス　前照灯の光度を減じ、又はその照射方向を下向きとすること。

※　一号「車両の保安基準に関する規定」＝道路運送車両の保安基準三三

（合図の時期及び方法）

第二十一条　法第五十三条第一項に規定する合図を行う時期及び合図の方法は、次の表に掲げるとおりとする。

合図を行う場合	合図を行う時期	合図の方法
左折するとき。	その行為をしようとする地点（交差点においてその行為をする場合にあつては、当該交差点の手前の側端）から三十メートル手前の地点に達したとき。	左腕を車体の左側の外に出して水平に伸ばし、若しくは右腕を車体の右側の外に出して肘を垂直に上に曲げること、又は左側の方向指示器を操作すること。
同一方向に進行しながら進路を左方に変えるとき。	その行為をしようとする時の三秒前のとき。	
右折し、又は転回するとき。	その行為をしようとする地点（交差点において右折する場合にあつては、当該交差点の手前の側端）から三十メートル手前の地点に達したとき。	右腕を車体の右側の外に出して水平に伸ばし、若しくは左腕を車体の左側の外に出して肘を垂直に上に曲げること、又は右側の方向指示器を操作すること。
同一方向に進行しながら進路を右方に変えるとき。	その行為をしようとする時の三秒前のとき。	
徐行し、又は停止するとき。	その行為をしようとするとき。	腕を車体の外に出して斜め下に伸ばすこと、又は車両の保安基準に関する規定若しくはトロリーバスの保安基準に関する規定により設けられる制動灯をつけること。
後退するとき。	その行為をしようとするとき。	腕を車体の外に出して斜め下に伸ばし、かつ、手のひらを後ろに向けてその腕を前後に動かすこと、又は車両の保安基準に関する規定に定める後退灯を備える自動車にあつてはその後退灯を、トロリーバスにあつてはトロリーバスの保安基準に関する規定により設けられる後退灯を、それぞれつけること。

２　法第五十三条第二項に規定する合図を行う時期及び合図の方法は、次の表に掲げるとおりとする。

合図を行う場合	合図を行う時期	合図の方法
環状交差点を出るとき。	その行為をしようとする地点の直前の出口の側方を通過したとき（環状交差点に入つた直後の出口を出る場合にあつては、当該環状交差点に入つたとき）。	左腕を車体の左側の外に出して水平に伸ばし、若しくは右腕を車体の右側の外に出して肘を垂直に上に曲げること、又は左側の方向指示器を操作すること。
環状交差点において徐行し、又は停止するとき。	その行為をしようとするとき。	腕を車体の外に出して斜め下に伸ばすこと、又は車両の保安基準に関する規定若しくはトロリーバスの保安基準に関する規定により設けられる制動灯をつけること。
環状交差点において後退するとき。	その行為をしようとするとき。	腕を車体の外に出して斜め下に伸ばし、かつ、手のひらを後ろに向けてその腕を前後に動かすこ

と、又は車両の保安基準に関する規定に定める後退灯を備える自動車にあつてはその後退灯を、トロリーバスにあつてはトロリーバスの保安基準に関する規定により設けられる後退灯を、それぞれつけること。

（自動車の乗車又は積載の制限）

第二十二条　自動車の法第五十七条第一項の政令で定める乗車人員又は積載物の重量、大きさ若しくは積載の方法の制限は、次の各号に定めるところによる。

一　乗車人員（運転者を含む。次条において同じ。）は、自動車（普通自動車で内閣府令で定める大きさ以下の原動機を有するもの（以下この条において「ミニカー」という。）、普通自動車（ミニカーを除く。）又は大型特殊自動車で車体の大きさ及び構造を基準として内閣府令で定めるもの（以下この条において「特定普通自動車等」という。）、大型自動二輪車（側車付きのものを除く。以下この号、次号並びに第三号イ及びロにおいて同じ。）、普通自動二輪車（側車付きのものを除く。以下この号、次号並びに第三号イ及びロにおいて同じ。）並びに小型特殊自動車を除く。）にあつては自動車検査証（道路運送車両法第六十条第一項の自動車検査証をいう。以下この条において同じ。）に記録され、又は保安基準適合標章（道路運送車両法第九十四条の五第一項の保安基準適合標章をいう。以下同じ。）若しくは軽自動車届出済証（道路運送車両法第三条の軽自動車の使用者が同法第九十七条の三第一項の規定により届け出たことを証する書類をいう。以下同じ。）に記載された乗車定員を、ミニカー、特定普通自動車等、大型自動二輪車、普通自動二輪車及び小型特殊自動車にあつては一人（特定普通自動車等、大型自動二輪車、普通自動二輪車及び小型特殊自動車で運転者以外の者の用に供する乗車装置（以下この条において「乗車装置」という。）を備えるものにあつては二人）をそれぞれ超えないこと。ただし、道路交通に関する条約の実施に伴う道路運送車両法の特例等に関する法律（昭和三十九年法律第百九号）第二条第二項に規定する締約国登録自動車にあつては、車両の保安基準に関する規定により定められる乗車定員を超えてはならないものとする。

二　積載物の重量は、自動車（ミニカー、特定普通自動車等及び小型特殊自動車を除く。）にあつては自動車検査証に記録され、又は保安基準適合標章若しくは軽自動車届出済証に記載された最大積載重量（大型自動二輪車及び普通自動二輪車で乗車装置又は積載装置を備えるものにあつては六十キログラム、第十二条第一項の内閣府令で定める大きさ以下の原動機を有する普通自動二輪車がリヤカーを牽引する場合におけるその牽引されるリヤカーについては百二十キログラム）を、ミニカーで積載装置を備えるものにあつては九十キログラムを、特定普通自動車等で積載装置を備えるものにあつては千五百キログラムを超えない範囲内において内閣府令で定める重量を、小型特殊自動車で積載装置を備えるものにあつては七百キログラムをそれぞれ超えないこと。ただし、前号の締約国登録自動車にあつては、車両の保安基準に関する規定により定められる最大積載重量を超えてはならないものとする。

三　積載物の長さ、幅又は高さは、それぞれ次に掲げる長さ、幅又は高さを超えないこと。

イ　長さ　自動車の長さにその長さの十分の二の長さを加えたもの（大型自動二輪車及び普通自動二輪車にあつては、その乗車装置又は積載装置の長さに〇・三メートルを加えたもの）

ロ　幅　自動車の幅にその幅の十分の二の幅を加えたもの（大型自動二輪車及び普通自動二輪車にあつては、その乗車装置又は積載装置の幅に〇・三メートルを加えたもの）

ハ　高さ　三・八メートル（大型自動二輪車、普通自動二輪車及び小型特殊自動車にあつては二メートル、三輪の普通自動車並びにその他の普通自動車で車体及び原動機の大きさを基準として内閣府令で定めるものにあつては二・五メートル、その他の自動車で公安委員会が道路又は交通の状況により支障がないと認めて定めるものにあつては三・八メートル以上四・一メートルを超えない範囲内において公安委員会が定める高さ）からその自動車の積載をする場所の高さを減じたもの

四　積載物は、次に掲げる制限を超えることとなるような方法で積載しないこと。

イ　自動車の車体の前後から自動車の長さの十分の一の長さ（大型自動二輪車及び普通自動二輪車にあつては、その乗車装置又は積載装置の前後から〇・三メートル）を超えてはみ出さないこと。

ロ　自動車の車体の左右から自動車の幅の十分の一の幅（大型自動二輪車及び普通自動二輪車にあつては、その乗車装置又は積載装置の左右から〇・一五メートル）を超えてはみ出さないこと。

※　一・二号「車両の保安基準に関する規定」＝道路運送車両の保安基準五八の二、一～三号「内閣府令」＝則七の一～七の一四

（原動機付自転車の乗車又は積載の制限）

第二十三条　原動機付自転車の法第五十七条第一項の政令で定める乗車人員又は積載物の重量、大きさ若しくは積載の方法の制限は、次の各号に定めるところによる。

一　乗車人員は、一人をこえないこと。

二　積載物の重量は、積載装置を備える原動機付自転車にあつては三十キログラムを、リヤカーを牽引する場合におけるその牽引されるリヤカーについては百二十キログラムを、それぞれこえないこと。

三　積載物の長さ、幅又は高さは、それぞれ次に掲げる長さ、幅又は高さをこえないこと。

イ　長さ　原動機付自転車の積載装置（リヤカーを牽引する場合にあつては、その牽引されるリヤカーの積載装置。以下この条において同じ。）の長さに〇・三メートルを加えたもの

ロ　幅　原動機付自転車の積載装置の幅に〇・三メートルを加えたもの

ハ　高さ　二メートルからその原動機付自転車の積載をする場所の高さを減じたもの

四　積載物は、次に掲げる制限をこえることとなるような方

法で積載しないこと。

イ　原動機付自転車の積載装置の前後から〇・三メートルをこえてはみ出さないこと。

ロ　原動機付自転車の積載装置の左右から〇・一五メートルをこえてはみ出さないこと。

（制限外許可の条件）

第二十四条　法第五十八条第三項の規定により出発地警察署長が付することができる条件は、次に掲げるものとする。

一　積載した貨物の長さ又は幅が前二条に規定する制限又は法第五十七条第二項の規定に基づき公安委員会が定める制限を超えるものであるときは、その貨物の見やすい箇所に、昼間にあつては〇・三メートル平方以上の大きさの赤色の布を、夜間にあつては赤色の灯火又は反射器をつけること。

二　車両の前面の見やすい箇所に法第五十八条第一項の許可証（次項及び次条において「制限外許可証」という。）を掲示すること。

三　前二号に掲げるもののほか、道路における危険を防止するため必要と認める事項

2　出発地警察署長は、前項の条件を付したときは、制限外許可証にその条件を記載しなければならない。

（過積載車両に係る提示書類）

第二十四条の二　法第五十八条の二の政令で定める書類は、制限外許可証、法第五十八条の三第二項の通行指示書、保安基準適合標章、軽自動車届出済証又は登録証書（道路交通に関する条約第十八条2に規定する登録証書をいう。第二十五条の二において同じ。）とする。

（故障自動車の牽引）

第二十五条　法第五十九条第一項ただし書の規定により自動車を牽引するときは、次の各号に定める方法によらなければならない。

一　牽引される自動車（以下この条において「故障自動車」という。）の前輪又は後輪を上げて牽引する場合にあつては、クレーンその他のつり上げ装置若しくは堅ろうなロープ、鎖等（以下この条において「ロープ等」という。）により故障自動車をつり上げて牽引するか、又は牽引する自動車の後端（牽引する自動車に牽引するための用具で内閣府令で定める基準に適合する構造及び装置を有するものを取り付けた場合における当該用具を含む。）に故障自動車の前部若しくは後部を載せ、かつ、その載せた部分を堅ろうなロープ等で固縛して牽引すること。この場合においては、故障自動車のかじ取り車輪以外の車輪を上げるときは、かじ取り車輪がその故障自動車の中心線に平行になつているようにハンドルを固定しておくこと。

二　故障自動車の車輪を上げないで牽引する場合にあつては、次に定めるところにより牽引すること。

イ　牽引する自動車と故障自動車相互を堅ろうなロープ等によつて確実につなぐこと。二台の故障自動車を牽引する場合における故障自動車相互についても、同様とする。

ロ　その故障自動車に係る運転免許を受けた者又は国際運転免許証若しくは外国運転免許証（以下「国際運転免許証等」という。）を所持する者を故障自動車に乗車させてハンドルその他の装置を操作させること。

ハ　牽引する自動車と故障自動車の間の距離又は二台の故障自動車を牽引する場合における故障自動車相互の間の距離は、それぞれ五メートルを超えないこと。

ニ　故障自動車を牽引しているロープ等の見やすい箇所に〇・三メートル平方以上の大きさの白色の布をつけること。

※一号「内閣府令」＝則八の四

（整備不良車両に係る提示書類）

第二十五条の二　法第六十三条第一項の政令で定める書類は、臨時運行許可証（道路運送車両法第三十五条第四項（同法第七十三条第二項において準用する場合を含む。）の臨時運行許可証をいう。）、回送運行許可証（道路運送車両法第三十六条の二第五項（同法第七十三条第二項において準用する場合を含む。）の回送運行許可証をいう。）、保安基準適合標章、軽自動車届出済証又は登録証書とする。

（普通自転車により歩道を通行することができる者）

第二十六条　法第六十三条の四第一項第二号の政令で定める者は、次に掲げるとおりとする。

一　児童及び幼児

二　七十歳以上の者

三　普通自転車により安全に車道を通行することに支障を生ずる程度の身体の障害として内閣府令で定めるものを有する者

※「内閣府令」＝則九の二の三

第四章　車両等の運転者及び使用者の義務

（同乗の禁止の対象とならない自動車）

第二十六条の二　法第六十四条第三項及び第六十五条第四項の政令で定める自動車は、次に掲げる自動車とする。

一　道路運送法第二条第三項に規定する旅客自動車運送事業（以下「旅客自動車運送事業」という。）の用に供する自動車で当該業務に従事中のもの

二　自動車運転代行業の業務の適正化に関する法律（平成十三年法律第五十七号）第二条第六項に規定する代行運転自動車

（呼気検査の方法）

第二十六条の二の二　法第六十七条第三項の規定による呼気の検査は、検査を受ける者にその呼気を風船又はアルコールを検知する機器に吹き込ませることによりこれを採取して行うものとする。

（通学通園バス）

第二十六条の三　法第七十一条第二号の三の政令で定める自動車は、車両の保安基準に関する規定で定めるところにより、専ら小学校、中学校、義務教育学校、特別支援学校、幼稚園、幼保連携型認定こども園、保育所又は児童福祉法（昭和二十二年法律第百六十四号）第六条の三第十項に規定する小規模保育事業若しくは同条第十二項に規定する事業所内保育事業を行う施設（次項において「小学校等」という。）に通う児童、生徒又は幼児の運送を目的とする自動車である旨を表示しているものをいう。

2　通学通園バスは、小学校等の児童、生徒又は幼児の乗降のため停車しているときは、車両の保安基準に関する規定に定める非常点滅表示灯をつけなければならない。

※　1・2項「車両の保安基準に関する規定」＝道路運送車両の保安基準一八9・四一の三

（座席ベルト及び幼児用補助装置に係る義務の免除）

第二十六条の三の二　法第七十一条の三第一項ただし書の政令で定めるやむを得ない理由があるときは、次に掲げるとおりとする。

一　負傷若しくは障害のため又は妊娠中であることにより座席ベルトを装着することが療養上又は健康保持上適当でない者が自動車を運転するとき。

二　著しく座高が高いか又は低いこと、著しく肥満していることその他の身体の状態により適切に座席ベルトを装着することができない者が自動車を運転するとき。

三　自動車を後退させるため当該自動車を運転するとき。

四　法第四十一条の二第一項に規定する消防用車両（次項第四号において「消防用車両」という。）である自動車の運転者が当該消防用車両である自動車を運転するとき。

五　人の生命若しくは身体に危害を及ぼす行為の発生をその身辺において警戒し、及びその行為を制止する職務又は被疑者を逮捕し、若しくは法令の規定により身体の自由を拘束されている者の逃走を防止する職務に従事する公務員が当該職務のため自動車を運転するとき。

六　郵便物の集配業務その他業務のため自動車を使用する場合において当該業務に従事する者が頻繁に当該自動車に乗降することを必要とする業務として国家公安委員会規則で定める業務に従事する者が、当該業務につき頻繁に自動車に乗降することを必要とする区間において当該業務のために使用される自動車を運転するとき。

七　自動車に乗車している者の警衛若しくは警護を行うため又は車列を組んでパレード等を行う自動車に係る交通の安全と円滑を図るためその前方及び後方等を進行する警察用自動車（緊急自動車である警察用自動車を除く。次項第七号において同じ。）により護衛され、又は誘導されている自動車の運転者が当該自動車を運転するとき。

八　公職選挙法（昭和二十五年法律第百号）の適用を受ける選挙における公職の候補者又は選挙運動に従事する者が同法第百四十一条の規定により選挙運動のために使用される自動車を当該選挙運動のため運転するとき。

2　法第七十一条の三第二項ただし書の政令で定めるやむを得ない理由があるときは、次に掲げるとおりとする。

一　運転者席以外の座席の数を超える数の者を乗車させるためこれらの者のうちに座席ベルトを装着させることができない者がある場合において、当該座席ベルトを装着させることができない者を運転者席以外の乗車装置（運転者席の横の乗車装置を除く。）に乗車させるとき（法第五十七条第一項本文の規定による乗車人員の制限を超えない場合に限る。）。

二　負傷若しくは障害のため又は妊娠中であることにより座席ベルトを装着させることが療養上又は健康保持上適当でない者を自動車の運転者席以外の乗車装置に乗車させるとき。

三　著しく座高が高いか又は低いこと、著しく肥満していることその他の身体の状態により適切に座席ベルトを装着させることができない者を自動車の運転者席以外の乗車装置に乗車させるとき。

四　緊急自動車に係る緊急用務又は消防用車両に係る消防用務に従事する者を当該緊急自動車又は消防用車両である自動車の運転者席以外の乗車装置に乗車させるとき。

五　人の生命若しくは身体に危害を及ぼす行為の発生をその身辺において警戒し、及びその行為を制止する職務又は被疑者を逮捕し、若しくは法令の規定により身体の自由を拘束されている者の逃走を防止する職務に従事する公務員を当該職務のため自動車の運転者席以外の乗車装置に乗車させるとき。

六　郵便物の集配業務その他前項第六号に規定する業務に従事する者を、当該業務につき頻繁に自動車に乗降させることを必要とする区間において当該業務のために使用される自動車の運転者席以外の乗車装置に乗車させるとき。

七　自動車に乗車している者の警衛若しくは警護を行うため又は車列を組んでパレード等を行う自動車に係る交通の安全と円滑を図るためその前方及び後方等を進行する警察用自動車により護衛され、又は誘導されている自動車の運転者が運転者以外の者を当該自動車の運転者席以外の乗車装置に乗車させるとき。

八　公職選挙法の適用を受ける選挙における公職の候補者又は選挙運動に従事する者を同法第百四十一条の規定により選挙運動のために使用される自動車の運転者席以外の乗車装置に当該選挙運動のため乗車させるとき。

3　法第七十一条の三第三項ただし書の政令で定めるやむを得ない理由があるときは、次に掲げるとおりとする。

一　その構造上幼児用補助装置を固定して用いることができない座席において幼児を乗車させるとき（当該座席以外の座席において当該幼児に幼児用補助装置を使用させることができる場合を除く。）。

二　運転者席以外の座席の数以上の数の者を乗車させるため乗車させる幼児の数に等しい数の幼児用補助装置のすべてを固定して用いることができない場合において、当該固定して用いることができない幼児用補助装置の数の幼児を乗車させるとき（法第五十七条第一項本文の規定による乗車人員の制限を超えない場合に限る。）。

三　負傷又は障害のため幼児用補助装置を使用させることが療養上又は健康保持上適当でない幼児を乗車させるとき。

四　著しく肥満していることその他の身体の状態により適切に幼児用補助装置を使用させることができない幼児を乗車させるとき。

五　運転者以外の者が授乳その他の日常生活上の世話（幼児用補助装置を使用させたままでは行うことができないものに限る。）を行っている幼児を乗車させるとき。

六　道路運送法第三条第一号に掲げる一般旅客自動車運送事業の用に供される自動車の運転者が当該事業に係る旅客である幼児を乗車させるとき。

七　道路運送法第七十八条第二号又は第三号に掲げる場合に該当して人の運送の用に供される自動車（特定の者の需要に応じて運送の用に供されるものを除く。）の運転者が当該運送のため幼児を乗車させるとき。

八　応急の救護のため医療機関、官公署その他の場所へ緊急に搬送する必要がある幼児を当該搬送のため乗車させるとき。

（緊急自動車等）

第二十六条の五　法第七十四条第三項の政令で定める自動車は、第十三条第一項に規定する自動車及び第十四条の二に規定する自動車とする。

（自動車の使用の制限の基準）

第二十六条の六　法第七十五条第二項の政令で定める基準は、次に掲げるとおりとする。

一　自動車（法第五十一条の四第一項に規定する重被牽引車（以下「重被牽引車」という。）を含む。以下この条及び次条において同じ。）の使用者（安全運転管理者、副安全運転管理者その他自動車の運行を直接管理する地位にある者を含む。以下この条において「使用者等」という。）が次の表の上欄に掲げる違反行為をし、当該違反行為により自動車の運転者が同表の下欄に掲げる違反行為をしたときは、六月を超えない範囲内の期間、当該違反行為に係る自動車を運転し、又は運転させてはならない旨を命ずるものとする。

自動車の使用者等の違反行為	自動車の運転者の違反行為
法第百十七条の二第二項第一号の違反行為	法第百十七条の二第一項第一号の違反行為
法第百十七条の二第二項第二号の違反行為	法第百十七条の二第一項第三号の違反行為
法第百十七条の二の二第二項第一号の違反行為	法第百十七条の二の二第一項第一号の違反行為
法第百十七条の二の二第二項第二号の違反行為	法第百十七条の二第一項第一号又は法第百十七条の二の二第一項第三号の違反行為
法第百十七条の二の二第二項第三号の違反行為	法第百十七条の二の二第一項第七号の違反行為
法第百十八条第二項第三号（法第七十五条第一項第五号に係る部分に限る。）の違反行為	法第百十八条第一項第五号の違反行為

二　自動車の使用者等が次の表の上欄に掲げる違反行為をし、当該違反行為により自動車の運転者が同表の中欄に掲げる違反行為をした場合において、同表の下欄に掲げるいずれかの事情があるときは、三月を超えない範囲内の期間、当該違反行為に係る自動車を運転し、又は運転させてはならない旨を命ずることができる。

自動車の使用者等の違反行為	自動車の運転者の違反行為	事情
法第百十八条第二項第三号（法第七十五条第一項第二号に係る部分に限る。）の違反行為	法第百十八条第一項第一号の違反行為	一　当該自動車の使用者が、当該自動車の使用の本拠において使用する自動車の運転について、過去一年以内に、法第七十五条第二項又は法第七十五条の二第一項若しくは第二項の規定による公安委員会の命令を受けた者であること。 二　自動車の使用者等が、当該自動車の使用の本拠におけるその者の業務に関し、過去一年以内に、法第百十七条の二第二項第一号若しくは第二号、法第百十七条の二の二第二項若しくは法第百十八条第二項第三号（法第七十五条第一項第五号に係る部分に限る。）の違反行為をし、又は過去一年以内に二回以上、法第百十八条第二項第三号（法第七十五条第一項第二号に係る部分に限る。）若しくは第四号、法第百十九条第二項第四号若しくは法第百十九条の二の四第二項の違反行為をした者であること。 三　自動車の運転者が当該違反行為をし、よって交通事故を起こして人を死亡させ、又は傷つけたこと。
法第百十八条第二項第四号の違反行為	法第百十八条第一項第一号の違反行為	
法第百十九条第二項第四号の違反行為	法第百十九条第二項第一号の違反行為	
法第百十九条の二の四第二項の違反行為	法第百十九条の二の四第一項の違反行為	

第二十六条の七　法第七十五条の二第一項の政令で定める基準は、次の表一の上欄に掲げる違反行為が行われた場合において、自動車の使用者がその違反行為の区分ごとに同表の中欄に掲げる指示を受けた後一年以内における当該使用者の使用する当該指示に係る自動車に係る違反行為関係累計点数（当該違反行為及び当該指示を受けた時から当該違反行為が行われた時までの間における当該自動車についての当該違反行為と同一の区分のその他の違反行為（その行為の都度、同表の下欄に掲げる罪に当たる行為として認定されたものに限る。）のそれぞれについて別表第二の定めるところにより付した基礎点数の合計をいう。以下この条において同じ。）が、当該自動車の使用者の次の表二の上欄に掲げる前歴の回数の区分に応じ、それぞれ同表の下欄に定める点数以上の点数に該当することとなったときは、当該自動車の次の表三の上欄に掲げる種類に応じ、それぞれ同表の下欄に定める期間を超えない範囲内の期間、当該自動車を運転し、又は運転させてはならない旨を命ずることができることとする。

表一

違反行為	自動車の使用者に対する指示	罪
法第二十二条の二第一項に規定する最高速度違反行為	法第二十二条の二第一項の規定による指示	法第百十八条第一項第一号又は第三項の罪
法第五十八条の三第一項に規定する過積載をして自動車を運転する行為	法第五十八条の四の規定による指示	法第百十八条第二項第一号の罪

法第六十六条の二第一項に規定する過労運転	法第六十六条の二第一項の規定による指示	法第百十七条の二の二第一項第七号の罪

表二

前歴の回数	点数
なし	六点
一回	四点
二回以上	二点

備考　この表において「前歴の回数」とは、違反行為関係累計点数に係る当該違反行為が行われた日を起算日とする過去一年以内に当該違反行為に係る自動車の使用の本拠において使用する自動車の運転について、法第七十五条第二項又は法第七十五条の二第一項の規定による公安委員会の命令（当該違反行為と同一の区分の違反行為に係るものに限る。次項において「使用制限命令」と総称する。）を受けた回数をいう。

表三

自動車の種類	期間
大型自動車、中型自動車、準中型自動車、大型特殊自動車又は重被牽引車	三月
普通自動車	二月
大型自動二輪車、普通自動二輪車又は小型特殊自動車	一月

2　前項に規定するその他の違反行為には、違反行為関係累計点数に係る当該違反行為が行われた時において、当該違反行為に係る当該自動車につき使用制限命令を受け、かつ、当該使用制限命令に従つて当該使用制限命令に係る運転の禁止の期間を経過した者に係る当該使用制限命令を受ける前の違反行為を含まないものとする。

（車両の使用の制限の基準）

第二十六条の八　法第七十五条の二第二項の政令で定める基準は、公安委員会が法第五十一条の四第一項の規定により標章が取り付けられた車両の使用者に対し納付命令をした場合において、当該使用者が、当該標章が取り付けられた日前六月以内に、次の表一の上欄に掲げる前歴の回数の区分に応じそれぞれ同表の下欄に定める納付命令の回数以上、当該車両が原因となつた納付命令（同条第十六項の規定により取り消されたものを除くほか、当該標章が取り付けられた日において、当該使用者が当該車両につき法第七十五条第二項（同条第一項第七号に掲げる行為に係る部分に限る。以下この条において同じ。）又は法第七十五条の二第二項の規定による公安委員会の命令を受け、かつ、当該命令に従つて当該命令に係る運転の禁止の期間を経過したことがある場合には、当該命令を受ける前に取り付けられた標章に係るものを除く。）を受けたことがあるときは、当該車両の次の表二の上欄に掲げる種類に応じ、それぞれ同表の下欄に定める期間の範囲内において、当該車両を運転し、又は運転させてはならない旨を命ずることができることとする。

表一

前歴の回数	納付命令の回数
なし	三回
一回	二回
二回以上	一回

備考　この表において「前歴の回数」とは、公安委員会が法第五十一条の四第一項の規定により標章が取り付けられた車両の使用者に対し納付命令をした場合において、当該使用者が、当該標章が取り付けられた日前一年以内に、当該車両の使用の本拠において使用する車両の運転について、法第七十五条第二項又は法第七十五条の二第二項の規定による公安委員会の命令を受けた回数をいう。

表二

車両の種類	期間
大型自動車、中型自動車、準中型自動車、大型特殊自動車又は重被牽引車	三月
普通自動車	二月
大型自動二輪車、普通自動二輪車、小型特殊自動車又は原動機付自転車	一月

第四章の三　特定自動運行の特則

（特定自動運行において交通事故があつた場合における損壊物等の保管の手続等）

第二十七条の七　第二十六条の四の三の規定は、法第七十五条の二十三第六項において準用する法第七十二条の二第二項後段の規定により保管した損壊物等について準用する。この場合において、第二十六条の四の三中「法第七十二条の二第三項」とあるのは、「法第七十五条の二十三第六項において準用する法第七十二条の二第三項」と読み替えるものとする。

※本条で読み替えて準用する二六条の四の三で準用する一四条の八の「内閣府令」＝則七～七の三

（特定自動運行が終了した場合における表示の方法）

第二十七条の八　法第七十五条の二十四の規定により法第七十五条の十一第一項の規定を読み替えて適用する場合における第二十七条の六の規定の適用については、同条中「とする」とあるのは、「とする。ただし、停止した自動車が法第七十五条の二十第一項第一号に規定する措置が講じられた特定自動運行用自動車（法第七十五条の十二第二項第二号イに規定する特定自動運行用自動車をいう。以下この条において同じ。）である場合にあつては、当該特定自動運行用自動車が停止しているものであることを表示する装置で内閣府令で定める基準に適合するもの（当該特定自動運行用自動車の後面その他の後方から進行してくる自動車の運転者が見やすい位置に取り付けられたものに限る。）を作動させる方法により行うものとする」とする。

※　本条で読み替えて適用する二七条の六ただし書の「内閣府令」＝則九の三二

第六章　自動車及び一般原動機付自転車の運転免許

（大型免許を受けた二十一歳に満たない者等が運転することができない大型自動車、中型自動車又は準中型自動車）

第三十二条の二　法第八十五条第五項の政令で定める大型自動車は、次の各号に掲げる者の区分に応じ、当該各号に定める大型自動車とする。

一　第三十二条の七第一号に掲げる者に該当して大型自動車免許を受けた者で二十一歳に満たないもの又は第三十四条第一項に規定する者に該当して大型自動車免許を受けた者　自衛隊用自動車で自衛官が運転するもの以外の大型自動車

二　前号に掲げる者以外の者　第十三条第一項に規定する自動車で当該緊急用務のため運転するもの（緊急用務のための大型自動車の運転に関し内閣府令で定めるところにより公安委員会が行う審査に合格した者が運転するもの及び自衛隊用自動車で自衛官が運転するものを除く。）に該当する大型自動車

2　法第八十五条第五項の政令で定める中型自動車は、次の各号に掲げる者の区分に応じ、当該各号に定める中型自動車とする。

一　前項第一号に掲げる者であつて二十歳に満たないもの　自衛隊用自動車で自衛官が運転するもの以外の中型自動車

二　前号に掲げる者以外の者　第十三条第一項に規定する自動車で当該緊急用務のため運転するもの（緊急用務のための中型自動車の運転に関し内閣府令で定めるところにより公安委員会が行う審査に合格した者が運転するもの及び自衛隊用自動車で自衛官が運転するものを除く。）に該当する中型自動車

3　法第八十五条第五項の政令で定める準中型自動車は、第十三条第一項に規定する自動車で当該緊急用務のため運転するもの（緊急用務のための準中型自動車の運転に関し内閣府令で定めるところにより公安委員会が行う審査に合格した者が運転するもの及び自衛隊用自動車で自衛官が運転するものを除く。）に該当する準中型自動車とする。

※　1～3項「内閣府令」＝則一五の二

（中型免許を受けた二十一歳に満たない者等が運転することができない中型自動車又は準中型自動車）

第三十二条の三　法第八十五条第六項の政令で定める中型自動車は、次の各号に掲げる者の区分に応じ、当該各号に定める中型自動車とする。

一　第三十二条の八第一号に掲げる者又は第三十四条第三項に規定する者に該当して中型自動車免許を受けた者で二十歳に満たないもの　前条第二項第一号に定める中型自動車

二　前号に掲げる者以外の者　前条第二項第二号に定める中型自動車

2　法第八十五条第六項の政令で定める準中型自動車は、前条第三項に規定する準中型自動車とする。

（準中型免許を受けた二十一歳に満たない者等が運転することができない準中型自動車又は普通自動車）

第三十二条の三の二　法第八十五条第七項第一号の政令で定める準中型自動車は、第三十二条の二第三項に規定する準中型自動車とする。

2　法第八十五条第七項第二号の政令で定める普通自動車は、第十三条第一項に規定する自動車で当該緊急用務のため運転するもの（緊急用務のための普通自動車の運転に関し内閣府令で定めるところにより公安委員会が行う審査に合格した者が運転するもの及び自衛隊用自動車で自衛官が運転するものを除く。）に該当する普通自動車とする。

※　2項「内閣府令」＝則一五の二

（普通免許を受けた者が運転することができない普通自動車）

第三十二条の四　法第八十五条第八項の政令で定める普通自動車は、前条第二項に規定する普通自動車とする。

（大型二輪免許等を受けた者が運転することができない大型自動二輪車等）

第三十二条の五　法第八十五条第九項の政令で定める大型自動二輪車は、第十三条第一項に規定する自動車で当該緊急用務のため運転するもの（緊急用務のための大型自動二輪車の運転に関し内閣府令で定めるところにより公安委員会が行う審査に合格した者が運転するもの及び自衛隊用自動車で自衛官が運転するものを除く。）に該当する大型自動二輪車とする。

2　法第八十五条第九項の政令で定める普通自動二輪車は、第十三条第一項に規定する自動車で当該緊急用務のため運転するもの（緊急用務のための普通自動二輪車の運転に関し内閣府令で定めるところにより公安委員会が行う審査に合格した者が運転するもの及び自衛隊用自動車で自衛官が運転するものを除く。）に該当する普通自動二輪車とする。

3　法第八十五条第十項の政令で定める普通自動二輪車は、前項に規定する普通自動二輪車とする。

※　1・2項「内閣府令」＝則一五の二

（仮運転免許を受けた者の同乗指導をすることができる者）

第三十二条の六　法第八十七条第二項後段の政令で定める者は、法第九十九条の三第一項に規定する教習指導員の業務としての自動車の運転に関する技能の教習（第三十五条及び第四十三条第三項において「技能教習」という。）に従事する場合における教習指導員（運転免許の効力が停止されている者を除く。）とする。

（十九歳から大型免許等を受けることができる者）

第三十二条の七　法第八十八条第一項第一号の十九歳から大型自動車免許を受けることができる政令で定める者及び同条第二項の十九歳から大型自動車仮運転免許を受けることができる政令で定める者は、次に掲げる者とする。

一　自衛官

二　大型自動車の運転に必要な適性に関する教習であつて公安委員会が国家公安委員会規則で定めるところにより指定した課程により行うものを修了した者（第三十四条第十一項各号に掲げる者を除く。）

（十九歳から中型免許等を受けることができる者）

第三十二条の八　法第八十八条第一項第一号の十九歳から中型自動車免許を受けることができる政令で定める者及び同条第二項の十九歳から中型自動車仮運転免許を受けることができ

る政令で定める者は、次に掲げる者とする。

一　自衛官

二　中型自動車の運転に必要な適性に関する教習であって公安委員会が国家公安委員会規則で定めるところにより指定した課程により行うものを修了した者（第三十四条第十一項各号に掲げる者を除く。）

（免許の拒否又は保留の基準）

第三十三条　法第九十条第一項第一号から第二号までのいずれかに該当する者についての同項ただし書の政令で定める基準は、次に掲げるとおりとする。

一　法第九十条第一項第一号から第二号までのいずれかに該当する場合（次号の場合を除く。）には、運転免許（以下「免許」という。）を与えないものとする。

二　六月以内に法第九十条第一項第一号から第二号までのいずれにも該当しないこととなる見込みがある場合には、免許を保留するものとする。

2　法第九十条第一項第三号に該当する者についての同項ただし書の政令で定める基準は、次に掲げるとおりとする。

一　法第九十条第一項第三号に該当することを理由として同項ただし書の規定により免許を保留された者が重ねて同号に該当した場合には、同条第八項の規定による命令に違反したことについてやむを得ない理由がある場合を除き、免許を与えないものとする。

二　法第九十条第一項第三号に該当する場合（前号に該当する場合を除く。）には、免許を保留するものとする。

第三十三条の二　法第九十条第一項第四号から第六号までのいずれかに該当する者についての同項ただし書の政令で定める基準は、次に掲げるとおりとする。

一　運転免許試験（以下「試験」という。）に合格した者（他免許等既得者（当該試験に係る免許以外の免許を現に受けている者及び国際運転免許証等を現に所持している者をいう。以下この条において同じ。）を除く。次号から第六号までにおいて同じ。）が一般違反行為（自動車又は一般原動機付自転車（以下「自動車等」という。）の運転に関し法若しくは法に基づく命令の規定又は法の規定に基づく処分に違反する行為で別表第二の一の表の上欄に掲げるものをいう。以下同じ。）をした者で、次のいずれかに該当するものであるとき（次号に該当する場合を除く。）は、免許を与えないものとする。

イ　当該一般違反行為に係る累積点数が別表第三の一の表の第一欄に掲げる区分に応じそれぞれ同表の第二欄に掲げる点数に該当しており、かつ、当該一般違反行為をした日から起算して五年を経過していない者

ロ　当該一般違反行為に係る累積点数が別表第三の一の表の第一欄に掲げる区分に応じそれぞれ同表の第三欄に掲げる点数に該当しており、かつ、当該一般違反行為をした日から起算して四年を経過していない者

ハ　当該一般違反行為に係る累積点数が別表第三の一の表の第一欄に掲げる区分に応じそれぞれ同表の第四欄に掲げる点数に該当しており、かつ、当該一般違反行為をした日から起算して三年を経過していない者

ニ　当該一般違反行為に係る累積点数が別表第三の一の表の第一欄に掲げる区分に応じそれぞれ同表の第五欄に掲げる点数に該当しており、かつ、当該一般違反行為をした日から起算して二年を経過していない者

ホ　当該一般違反行為に係る累積点数が別表第三の一の表の第一欄に掲げる区分に応じそれぞれ同表の第六欄に掲げる点数に該当しており、かつ、当該一般違反行為をした日から起算して一年を経過していない者

二　試験に合格した者が法第九十条第一項ただし書若しくは第二項の規定による免許の拒否、同条第五項若しくは第六項若しくは法第百三条第一項、第二項若しくは第四項の規定による免許の取消し又は法第百七条の五第一項若しくは第二項の規定若しくは同条第九項において準用する法第百三条第四項の規定による六月を超える期間の自動車等の運転の禁止を受けたことがある者（法第九十条第一項第一号から第三号まで若しくは第七号、法第百三条第一項第一号から第四号まで又は法第百七条の五第一項第一号に該当することを理由としてこれらの処分を受けた者を除く。以下「免許取消歴等保有者」という。）で、法第九十条第九項若しくは第十項若しくは法第百三条第七項若しくは第八項の規定若しくは法第百七条の五第一項若しくは第二項の規定により指定され若しくは定められた期間内又はこれに引き続く五年の期間内に一般違反行為をし、かつ、次のいずれかに該当するものであるときは、免許を与えないものとする。

イ　当該一般違反行為に係る累積点数が別表第三の一の表の第一欄に掲げる区分に応じそれぞれ同表の第二欄、第三欄又は第四欄に掲げる点数に該当しており、かつ、当該一般違反行為をした日から起算して五年を経過していない者

ロ　当該一般違反行為に係る累積点数が別表第三の一の表の第一欄に掲げる区分に応じそれぞれ同表の第五欄に掲げる点数に該当しており、かつ、当該一般違反行為をした日から起算して四年を経過していない者

ハ　当該一般違反行為に係る累積点数が別表第三の一の表の第一欄に掲げる区分に応じそれぞれ同表の第六欄に掲げる点数に該当しており、かつ、当該一般違反行為をした日から起算して三年を経過していない者

三　試験に合格した者が一般違反行為をした者で、当該一般違反行為に係る累積点数が別表第三の一の表の第一欄に掲げる区分に応じそれぞれ同表の第七欄に掲げる点数に該当しており、かつ、当該一般違反行為をした日から起算して六月を経過していないものであるときは、免許を保留することができるものとする。

四　試験に合格した者が重大違反唆し等（法第九十条第一項第五号に規定する重大違反唆し等をいう。以下同じ。）又は道路外致死傷（同項第六号に規定する道路外致死傷をいう。以下同じ。）で同条第二項第五号に規定する行為以外のものをした者で、次のいずれかに該当するものであるとき（次号に該当する場合を除く。）は、免許を与えないものとする。

イ　当該行為が別表第四第一号に掲げるものであり、かつ、当該行為をした日から起算して三年を経過していない者

ロ　当該行為が別表第四第二号に掲げるものであり、かつ、当該行為をした日から起算して二年を経過していない者

ハ　当該行為が別表第四第三号に掲げるものであり、かつ、当該行為をした日から起算して一年を経過していない者

五　試験に合格した者が免許取消歴等保有者で、第二号に規定する期間内に重大違反唆し等又は道路外致死傷で法第九十条第二項第五号に規定する行為以外のものをし、かつ、次のいずれかに該当するものであるときは、免許を与えないものとする。

イ　当該行為が別表第四第一号に掲げるものであり、かつ、当該行為をした日から起算して五年を経過していない者

ロ　当該行為が別表第四第二号に掲げるものであり、かつ、当該行為をした日から起算して四年を経過していない者

ハ　当該行為が別表第四第三号に掲げるものであり、かつ、当該行為をした日から起算して三年を経過していない者

六　試験に合格した者が重大違反唆し等又は道路外致死傷で法第九十条第二項第五号に規定する行為以外のものをした者で、当該行為が別表第四第四号に掲げるものであり、かつ、当該行為をした日から起算して六月を経過していないものであるときは、免許を保留することができるものとする。

七　試験に合格した者（他免許等既得者に限る。次号において同じ。）が第三十八条第五項第一号イ若しくはロ又は第四十条第一項第二号若しくは第三号の基準に該当する者であるときは、免許を与えないものとする。

八　試験に合格した者が第三十八条第五項第二号イ若しくはロ又は第四十条第一項第四号の基準に該当する者であるときは、免許を保留するものとする。

2　法第九十条第二項各号のいずれかに該当する者についての同項の政令で定める基準は、次に掲げるとおりとする。

一　試験に合格した者（他免許等既得者を除く。次号から第四号までにおいて同じ。）が特定違反行為（別表第二の二の表の上欄に掲げる行為をいう。以下同じ。）をした者で、次のいずれかに該当するものであるとき（次号に該当する場合を除く。）は、免許を与えないものとする。

イ　当該特定違反行為に係る累積点数が別表第三の二の表の第一欄に掲げる区分に応じそれぞれ同表の第二欄に掲げる点数に該当しており、かつ、当該特定違反行為をした日から起算して十年を経過していない者

ロ　当該特定違反行為に係る累積点数が別表第三の二の表の第一欄に掲げる区分に応じそれぞれ同表の第三欄に掲げる点数に該当しており、かつ、当該特定違反行為をした日から起算して九年を経過していない者

ハ　当該特定違反行為に係る累積点数が別表第三の二の表の第一欄に掲げる区分に応じそれぞれ同表の第四欄に掲げる点数に該当しており、かつ、当該特定違反行為をした日から起算して八年を経過していない者

ニ　当該特定違反行為に係る累積点数が別表第三の二の表の第一欄に掲げる区分に応じそれぞれ同表の第五欄に掲げる点数に該当しており、かつ、当該特定違反行為をした日から起算して七年を経過していない者

ホ　当該特定違反行為に係る累積点数が別表第三の二の表の第一欄に掲げる区分に応じそれぞれ同表の第六欄に掲げる点数に該当しており、かつ、当該特定違反行為をした日から起算して六年を経過していない者

ヘ　当該特定違反行為に係る累積点数が別表第三の二の表の第一欄に掲げる区分に応じそれぞれ同表の第七欄に掲げる点数に該当しており、かつ、当該特定違反行為をした日から起算して五年を経過していない者

ト　当該特定違反行為に係る累積点数が別表第三の二の表の第一欄に掲げる区分に応じそれぞれ同表の第八欄に掲げる点数に該当しており、かつ、当該特定違反行為をした日から起算して四年を経過していない者

チ　当該特定違反行為に係る累積点数が別表第三の二の表前歴がない者の項の第九欄に掲げる点数に該当しており、かつ、当該特定違反行為をした日から起算して三年を経過していない者

二　試験に合格した者が免許取消歴等保有者で、前項第二号に規定する期間内に特定違反行為をし、かつ、次のいずれかに該当するものであるときは、免許を与えないものとする。

イ　当該特定違反行為に係る累積点数が別表第三の二の表の第一欄に掲げる区分に応じそれぞれ同表の第二欄、第三欄又は第四欄に掲げる点数に該当しており、かつ、当該特定違反行為をした日から起算して十年を経過していない者

ロ　当該特定違反行為に係る累積点数が別表第三の二の表の第一欄に掲げる区分に応じそれぞれ同表の第五欄に掲げる点数に該当しており、かつ、当該特定違反行為をした日から起算して九年を経過していない者

ハ　当該特定違反行為に係る累積点数が別表第三の二の表の第一欄に掲げる区分に応じそれぞれ同表の第六欄に掲げる点数に該当しており、かつ、当該特定違反行為をした日から起算して八年を経過していない者

ニ　当該特定違反行為に係る累積点数が別表第三の二の表の第一欄に掲げる区分に応じそれぞれ同表の第七欄に掲げる点数に該当しており、かつ、当該特定違反行為をした日から起算して七年を経過していない者

ホ　当該特定違反行為に係る累積点数が別表第三の二の表の第一欄に掲げる区分に応じそれぞれ同表の第八欄に掲げる点数に該当しており、かつ、当該特定違反行為をした日から起算して六年を経過していない者

ヘ　当該特定違反行為に係る累積点数が別表第三の二の表前歴がない者の項の第九欄に掲げる点数に該当しており、かつ、当該特定違反行為をした日から起算して五年を経過していない者

三　試験に合格した者が法第九十条第二項第五号に規定する行為をした者で、次のいずれかに該当するものであるとき（次号に該当する場合を除く。）は、免許を与えないものとする。

イ　当該行為が別表第五第一号に掲げるものであり、かつ、当該行為をした日から起算して八年を経過していない者

ロ　当該行為が別表第五第二号に掲げるものであり、かつ、当該行為をした日から起算して七年を経過していない者

ハ　当該行為が別表第五第三号に掲げるものであり、かつ、当該行為をした日から起算して六年を経過していない者

ニ　当該行為が別表第五第四号に掲げるものであり、かつ、当該行為をした日から起算して五年を経過していない者

四　試験に合格した者が免許取消歴等保有者で、前項第二号に規定する期間内に法第九十条第二項第五号に規定する行為をし、かつ、次のいずれかに該当するものであるときは、免許を与えないものとする。

イ　当該行為が別表第五第一号に掲げるものであり、かつ、当該行為をした日から起算して十年を経過していない者

ロ　当該行為が別表第五第二号に掲げるものであり、かつ、当該行為をした日から起算して九年を経過していない者

ハ　当該行為が別表第五第三号に掲げるものであり、かつ、当該行為をした日から起算して八年を経過していない者

ニ　当該行為が別表第五第四号に掲げるものであり、かつ、当該行為をした日から起算して七年を経過していない者

五　試験に合格した者（他免許等既得者に限る。）が法第百三条第二項の規定により免許を取り消すことができることとされている者又は法第百七条の五第二項の規定により自動車等の運転を禁止することができることとされている者に該当するものであるときは、免許を与えないものとする。

3　前二項に規定する累積点数とは、これらの規定により行おうとする処分の理由となる違反行為（一般違反行為及び特定違反行為をいう。以下同じ。）及び当該違反行為をした日を起算日とする過去三年以内におけるその他の違反行為（当該違反行為をした時において次の各号のいずれかに該当していた者に係る当該各号に掲げる違反行為を除く。）のそれぞれについて別表第二に定めるところにより付した点数の合計をいう。

一　免許を受けていた期間（免許の効力が停止されていた期間を除く。以下この条及び別表第三において同じ。）が通算して一年となつたことがあり、かつ、当該期間の初日に当たる日から末日に当たる日までの間に違反行為をしたことがない者　当該期間前の違反行為

二　違反行為をしたことを理由として法第百三条第一項若しくは第四項の規定による免許の取消し又は法第百七条の五第一項の規定若しくは同条第九項において準用する法第百三条第四項の規定による六月を超える期間の自動車等の運転の禁止の処分を受けたことがあり、かつ、同条第七項の規定により指定され又は法第百七条の五第一項の規定により定められた期間内に違反行為をしたことがない者　当該処分を受ける前の違反行為

三　違反行為をしたことを理由として法第百三条第一項若しくは第四項の規定による免許の効力の停止又は法第百七条の五第一項の規定若しくは同条第九項において準用する法第百三条第四項の規定による六月を超えない範囲内の期間の自動車等の運転の禁止の処分を受けたことがあり、かつ、当該処分の期間内に違反行為をしたことがない者　当該処分を受ける前の違反行為

四　違反行為に係る累積点数が別表第三の一の表の第一欄に掲げる区分に応じそれぞれ同表の第五欄又は第六欄に掲げる点数に該当したことがあり、かつ、当該違反行為をした後それぞれ二年又は一年の間に違反行為をしたことがない者（第一項第二号ロ若しくはハに該当する者又は第二号に規定する免許の取消し若しくは六月を超える期間の自動車等の運転の禁止の処分を受けた者を除く。）　当該違反行為以前の違反行為

五　違反行為に係る累積点数が別表第三の一の表の第一欄に掲げる区分に応じそれぞれ同表の第七欄に掲げる点数に該当したことがある者で、当該違反行為をした後六月の間に違反行為をしたことがないか、又は当該期間内に免許を受けたことがあるもの（法第九十条第五項の規定により当該免許の効力が停止されている者又は第三号に規定する処分を受けた者を除く。）　当該違反行為以前の違反行為

六　別表第二に定めるところにより付した点数が三点以下となる違反行為（以下この号において「軽微な違反行為」という。）をした者で、当該軽微な違反行為をした日において免許を受けていた期間（過去三年以内のものに限る。）が通算して二年に達しており、かつ、当該二年の期間の初日に当たる日から当該軽微な違反行為をするまでの間に違反行為をしたことがないもののうち、当該軽微な違反行為をした後免許を受けていた期間が通算して三月に達しており、かつ、当該三月に達した日までの間に違反行為をしたことがないもの　当該軽微な違反行為

七　法第百二条の二に規定する講習を受けたことがある者　軽微違反行為（法第百二条の二に規定する軽微違反行為をいう。以下同じ。）で当該講習に係る法第百八条の三の二の規定による通知の理由となつたもの及び当該軽微違反行為をする前の軽微違反行為

4　第一項第一号、第二号イからハまで及び第三号から第六号まで、第二項第一号から第四号まで並びに前項第四号及び第五号の十年、九年、八年、七年、六年、五年、四年、三年、二年、一年及び六月の期間（同項第四号の六月の期間を除く。）は、次の各号に掲げる者については、それぞれ当該各号に定める日から起算するものとする。

一　免許を受けていた間に違反行為又は別表第四若しくは別表第五に掲げる行為をした者で、これらの行為をした後当該免許が失効したためこれらの行為をしたことを理由とする法第百三条第一項、第二項又は第四項の規定による免許の取消し又は効力の停止を受けなかつたもの　当該免許が失効した日

二　免許を受けていた間に違反行為又は別表第四若しくは別表第五に掲げる行為をした者で、これらの行為をした後法第百三条第一項第一号から第四号までに該当することを理由として同項若しくは同条第四項の規定により、又は法第百四条の二の二第一項、第二項若しくは第四項、法第百四条の二の三第三項若しくは同条第五項において準用する法第百三条第四項、法第百四条の二の四第一項、第二項若しくは第四項若しくは法第百四条の四第二項の規定により当該免許を取り消されたためこれらの行為をしたことを理由とする法第百三条第一項、第二項又は第四項の規定による

免許の取消し又は効力の停止を受けなかつたもの　当該免許が取り消された日

三　国際運転免許証等を所持していた間に違反行為をした者で、当該違反行為をした後当該国際運転免許証等を所持する者でなくなつたため当該違反行為をしたことを理由とする自動車等の運転の禁止を受けなかつたもの　当該国際運転免許証等を所持する者でなくなつた日

第三十三条の二の二　法第九十条第一項第七号に該当する者についての同項ただし書の政令で定める基準は、次に掲げるとおりとする。

一　法第九十条第一項第七号に該当することを理由として同項ただし書の規定により免許を保留された者が当該保留の期間内に重ねて同号に該当した場合において、その者が法第百二条第一項から第四項までの規定による命令に違反したと認めるとき又は同条第七項の規定に違反して同条第六項の通知に係る適性検査を受けないと認めるときは、当該命令に応じないこと又は当該適性検査を受けないことについてやむを得ない理由があるときを除き、免許を与えないものとする。

二　法第九十条第一項第七号に該当する場合（前号に該当する場合を除く。）には、免許を保留するものとする。

（免許の拒否又は保留の事由となる病気等）

第三十三条の二の三　法第九十条第一項第一号イの政令で定める精神病は、統合失調症（自動車等の安全な運転に必要な認知、予測、判断又は操作のいずれかに係る能力を欠くこととなるおそれがある症状を呈しないものを除く。）とする。

2　法第九十条第一項第一号ロの政令で定める病気は、次に掲げるとおりとする。

一　てんかん（発作が再発するおそれがないもの、発作が再発しても意識障害及び運動障害がもたらされないもの並びに発作が睡眠中に限り再発するものを除く。）

二　再発性の失神（脳全体の虚血により一過性の意識障害をもたらす病気であつて、発作が再発するおそれがあるものをいう。）

三　無自覚性の低血糖症（人為的に血糖を調節することができるものを除く。）

3　法第九十条第一項第一号ハの政令で定める病気は、次に掲げるとおりとする。

一　そう鬱病（そう病及び鬱病を含み、自動車等の安全な運転に必要な認知、予測、判断又は操作のいずれかに係る能力を欠くこととなるおそれがある症状を呈しないものを除く。）

二　重度の眠気の症状を呈する睡眠障害

三　前二号に掲げるもののほか、自動車等の安全な運転に必要な認知、予測、判断又は操作のいずれかに係る能力を欠くこととなるおそれがある症状を呈する病気

4　法第九十条第一項第五号の政令で定める行為は、次に掲げるとおりとする。

一　法第百十七条の二第一項第一号、第三号又は第四号の罪に当たる行為（自動車等の運転に関し行われたものに限る。）

二　法第百十七条第一項又は第二項の罪に当たる行為（自動車等の運転に関し行われたものに限る。）

三　別表第二の一の表に定める点数が六点以上である一般違反行為

（免許を与えた後における免許の取消し又は停止の基準）

第三十三条の三　法第九十条第五項の政令で定める基準は、次に掲げるとおりとする。

一　免許を受けた者が第三十三条の二（第二項を除く。次号において同じ。）の基準において免許を与えないこととされている者であつたとき（同条第一項第一号、第二号、第四号又は第五号に係る者にあつては、それぞれ引き続き同項第一号、第二号、第四号又は第五号に該当している場合に限る。）は、その者の免許を取り消すものとする。

二　免許を受けた者が第三十三条の二の基準において免許を保留することができることとされている者又は免許を保留することとされている者であつたとき（同条第一項第三号又は第六号に係る者にあつては、それぞれ引き続き同項第三号又は第六号に該当している場合に限る。）は、それぞれその者の免許の効力を停止することができ、又は停止するものとする。

（免許の拒否等の場合の免許の欠格期間の指定の基準）

第三十三条の四　法第九十条第九項の政令で定める基準は、次に掲げるとおりとする。

一　第三十三条第一項第一号に該当して免許を拒否したときは、一年の期間とする。

二　第三十三条の二第一項第一号又は第四号の基準に係るものとして免許を拒否し、又は取り消したときは、当該処分の理由となつた行為をした日から起算して、同項第一号イに該当する者にあつては五年、同号ロに該当する者にあつては四年、同号ハ又は同項第四号イに該当する者にあつては三年、同項第一号ニ又は第四号ロに該当する者にあつては二年、同項第一号ホ又は第四号ハに該当する者にあつては一年を経過するまでの期間とする。

三　第三十三条の二第一項第二号又は第五号の基準に係るものとして免許を拒否し、又は取り消したときは、当該処分の理由となつた行為をした日から起算して、同項第二号イ又は第五号イに該当する者にあつては五年、同項第二号ロ又は第五号ロに該当する者にあつては四年、同項第二号ハ又は第五号ハに該当する者にあつては三年を経過するまでの期間とする。

四　第三十三条の二第一項第七号の基準に係るものとして免許を拒否し、又は取り消したときは、当該処分を受けた者が当該免許以外の免許の取消し又は自動車等の運転の禁止の処分により免許を受けることができないこととされる期間の満了日までの期間とする。

2　法第九十条第十項の政令で定める基準は、次に掲げるとおりとする。

一　第三十三条の二第二項第一号又は第三号の基準に係るものとして免許を拒否し、又は取り消したときは、当該処分の理由となつた行為をした日から起算して、同項第一号イに該当する者にあつては十年、同号ロに該当する者にあつては九年、同号ハ又は同項第三号イに該当する者にあつては八年、同項第一号ニ又は第三号ロに該当する者にあつては七年、同項第一号ホ又は第三号ハに該当する者にあつては六年、同項第一号ヘ又は第三号ニに該当する者にあつては五年、同項第一号トに該当する者にあつては四年、同号チに該当する者にあつては三年を経過するまでの期間とす

る。

二　第三十三条の二第二項第二号又は第四号の基準に係るものとして免許を拒否し、又は取り消したときは、当該処分の理由となつた行為をした日から起算して、同項第二号イ又は第四号イに該当する者にあつては十年、同項第二号ロ又は第四号ロに該当する者にあつては九年、同項第二号ハ又は第四号ハに該当する者にあつては八年、同項第二号ニ又は第四号ニに該当する者にあつては七年、同項第二号ホに該当する者にあつては六年、同号ヘに該当する者にあつては五年を経過するまでの期間とする。

三　第三十三条の二第二項第五号の基準に係るものとして免許を拒否し、又は取り消したときは、当該処分を受けた者が当該免許以外の免許の取消し又は自動車等の運転の禁止の処分により免許を受けることができないこととされる期間の満了日までの期間とする。

3　第三十三条の二第四項の規定は、第一項第二号及び第三号並びに前項第一号及び第二号の十年、九年、八年、七年、六年、五年、四年、三年、二年及び一年の期間について準用する。

（免許の保留等の期間を短縮することができる範囲）

第三十三条の五　法第九十条第十二項及び第百三条第十項（法第百七条の五第三項において準用する場合を含む。）の政令で定める範囲は、法第百八条の二第一項第三号に掲げる講習を終了した日以後における当該講習を終了した者の免許の保留若しくは効力の停止の期間又は自動車等の運転の禁止の期間とする。ただし、その者の免許の保留若しくは効力の停止の期間又は自動車等の運転の禁止の期間が四十日以上の場合には、当該期間の二分の一を超えてはならない。

（仮運転免許の拒否の基準）

第三十三条の五の二　法第九十条第十三項の政令で定める基準は、同条第一項第一号に該当する場合において六月の間自動車等の安全な運転に必要な認知、予測、判断又は操作のいずれかに係る能力を欠くこととなるおそれがある症状を呈しないと認められるときを除き、仮運転免許を与えないものとすることとする。

（大型免許等を受けようとする者に対する講習を受ける必要がない者）

第三十三条の五の三　法第九十条の二第一項第一号に定める講習を受ける必要がないものとして政令で定める者は、次の各号のいずれかに該当する者とする。

一　次のいずれかに該当する者

イ　次の(1)から(3)までに掲げる受けようとする免許の種類に応じ、当該(1)から(3)までに定める免許を現に受けている者

(1)　大型自動車免許　中型自動車免許、準中型自動車免許、中型自動車第二種免許又は普通自動車第二種免許

(2)　中型自動車免許　準中型自動車免許又は普通自動車第二種免許

(3)　準中型自動車免許　普通自動車第二種免許

ロ　法第九十九条の五第五項に規定する卒業証明書（同項後段に規定する技能検定員の書面による証明が付されているものに限る。以下「卒業証明書」という。）であつて受けようとする免許に係るものを有する者で、当該卒業証明書に係る技能検定を受けた日から起算して一年を経過していないもの

ハ　受けようとする免許を申請した日前一年以内に、法第九十八条第二項の規定による届出をした自動車教習所が行う当該免許に係る教習の課程であつて公安委員会が国家公安委員会規則で定めるところにより指定したものを終了した者

ニ　法第九十七条の二第一項第三号に規定する特定失効者（以下「特定失効者」という。）又は同項第五号に規定する特定取消処分者（以下「特定取消処分者」という。）で、次の(1)又は(2)に掲げる受けようとする免許の種類に応じ、当該(1)又は(2)に定める免許を受けていたもの

(1)　大型自動車免許、中型自動車免許又は準中型自動車免許　大型自動車免許、中型自動車免許、準中型自動車免許、大型自動車第二種免許、中型自動車第二種免許又は普通自動車第二種免許

(2)　普通自動車免許　大型自動車免許、中型自動車免許、準中型自動車免許、普通自動車免許、大型自動車第二種免許、中型自動車第二種免許又は普通自動車第二種免許

ホ　受けようとする免許を申請した日前六月以内に、次の(1)又は(2)に掲げる受けようとする免許の種類に応じ、当該(1)又は(2)に定める自動車に相当する種類の自動車の運転に関する外国等の行政庁等の免許を受けていたことがある者で、当該外国等の行政庁等の免許を受けていた期間のうち当該外国等に滞在していた期間が通算して三月以上のもの

(1)　大型自動車免許、中型自動車免許又は準中型自動車免許　準中型自動車

(2)　普通自動車免許　普通自動車

二　次のいずれかに該当する者であつて、受けようとする免許を申請した日前一年以内に、当該免許に係る法第百八条の二第一項第四号に掲げる講習を終了したもの

イ　次の(1)又は(2)に掲げる受けようとする免許の種類に応じ、当該(1)又は(2)に定める免許を現に受けている者

(1)　大型自動車免許、中型自動車免許又は準中型自動車免許　普通自動車免許、大型自動二輪車免許又は普通自動二輪車免許

(2)　普通自動車免許　大型自動二輪車免許又は普通自動二輪車免許

ロ　特定失効者又は特定取消処分者で、次の(1)又は(2)に掲げる受けようとする免許の種類に応じ、当該(1)又は(2)に定める免許を受けていたもの

(1)　大型自動車免許、中型自動車免許又は準中型自動車免許　普通自動車免許、大型自動二輪車免許又は普通自動二輪車免許

(2)　普通自動車免許　大型自動二輪車免許又は普通自動二輪車免許

ハ　受けようとする免許を申請した日前六月以内に、次の(1)又は(2)に掲げる受けようとする免許の種類に応じ、当該(1)又は(2)に定める自動車に相当する種類の自動車の運転に関する外国等の行政庁等の免許を受けていたことがある者で、当該外国等の行政庁等の免許を受けていた期間のうち当該外国等に滞在していた期間が通算して三月

以上のもの

(1) 大型自動車免許、中型自動車免許又は準中型自動車免許　普通自動車又は普通自動二輪車

(2) 普通自動車免許　普通自動二輪車

ニ　医師である者

ホ　法令の規定による免許（医師免許を除く。）で応急救護処置に関係するものを受けている者その他の応急救護処置に関しニに掲げる者に準ずる能力を有する者であつて、国家公安委員会規則で定めるもの

2　法第九十条の二第一項第二号に定める講習を受ける必要がないものとして政令で定める者は、次の各号のいずれかに該当する者とする。

一　次のいずれかに該当する者

イ　大型自動二輪車免許を受けようとする者で、普通自動二輪車免許を現に受けているもの

ロ　受けようとする免許に係る卒業証明書を有する者で、当該卒業証明書に係る技能検定を受けた日から起算して一年を経過していないもの

ハ　受けようとする免許を申請した日前一年以内に、法第九十八条第二項の規定による届出をした自動車教習所が行う当該免許に係る教習の課程であつて公安委員会が国家公安委員会規則で定めるところにより指定したものを終了した者

ニ　特定失効者又は特定取消処分者で、大型自動二輪車免許又は普通自動二輪車免許を受けていたもの

ホ　受けようとする免許を申請した日前六月以内に普通自動二輪車に相当する種類の自動車の運転に関する外国等の行政庁等の免許を受けていたことがある者で、当該外国等の行政庁等の免許を受けていた期間のうち当該外国等に滞在していた期間が通算して三月以上のもの

二　次のいずれかに該当する者であつて、受けようとする免許を申請した日前一年以内に、当該免許に係る法第百八条の二第一項第五号に掲げる講習を終了したもの

イ　普通自動車を運転することができる免許を現に受けている者

ロ　特定失効者又は特定取消処分者で、普通自動車を運転することができる免許を受けていたもの

ハ　受けようとする免許を申請した日前六月以内に普通自動車に相当する種類の自動車の運転に関する外国等の行政庁等の免許を受けていたことがある者で、当該外国等の行政庁等の免許を受けていた期間のうち当該外国等に滞在していた期間が通算して三月以上のもの

ニ　前項第二号ニ又はホのいずれかに該当する者

3　法第九十条の二第一項第三号に定める講習を受ける必要がないものとして政令で定める者は、次の各号のいずれかに該当する者とする。

一　特定失効者又は特定取消処分者で、一般原動機付自転車を運転することができる免許を受けていたもの

二　原動機付自転車免許を申請した日前六月以内に一般原動機付自転車に相当する種類の車両の運転に関する外国等の行政庁等の免許を受けていたことがある者で、当該外国等の行政庁等の免許を受けていた期間のうち当該外国等に滞在していた期間が通算して三月以上のもの

三　原動機付自転車免許を申請した日前一年以内に法第百八条の二第一項第二号に掲げる講習を終了した者

4　法第九十条の二第一項第四号に定める講習を受ける必要がないものとして政令で定める者は、次の各号のいずれかに該当する者とする。

一　次のいずれかに該当する者

イ　次の(1)又は(2)に掲げる受けようとする免許の種類に応じ、当該(1)又は(2)に定める免許を現に受けている者

(1) 大型自動車第二種免許　中型自動車第二種免許又は普通自動車第二種免許

(2) 中型自動車第二種免許　普通自動車第二種免許

ロ　受けようとする免許に係る卒業証明書を有する者で、当該卒業証明書に係る技能検定を受けた日から起算して一年を経過していないもの

ハ　受けようとする免許を申請した日前一年以内に、法第九十八条第二項の規定による届出をした自動車教習所が行う当該免許に係る教習の課程であつて公安委員会が国家公安委員会規則で定めるところにより指定したものを終了した者

ニ　特定失効者又は特定取消処分者で、大型自動車第二種免許、中型自動車第二種免許又は普通自動車第二種免許を受けていたもの

二　第一項第二号ニ又はホのいずれかに該当する者で、受けようとする免許を申請した日前一年以内に、当該免許に係る法第百八条の二第一項第七号に掲げる講習を終了したもの

※1項二号ハ・2項一号ハ・4項一号ハ「国家公安委員会規則」＝届出自動車教習所が行う教習の課程の指定に関する規則、1項二号ホ「国家公安委員会規則」＝応急救護処置に関し医師である者に準ずる能力を有する者を定める規則

第三十三条の六（申請による免許の条件の付与等の基準）　法第九十一条の二第二項の規定による免許の条件の付与及び変更は、同条第一項の規定による申請をした者が次の各号のいずれにも該当しない場合に行うものとする。

一　次の表の上欄に掲げる種類の免許を受けており、かつ、当該免許について当該申請に係る条件を付されていない場合において、当該免許の種類ごとに同表の下欄に定める種類の免許についてのみ条件の付与の申請をしたとき。

受けている免許の種類	条件の付与の申請に係る免許の種類
大型自動車免許	中型自動車免許、準中型自動車免許、普通自動車免許、小型特殊自動車免許又は原動機付自転車免許
中型自動車免許	準中型自動車免許、普通自動車免許、小型特殊自動車免許又は原動機付自転車免許
準中型自動車免許	普通自動車免許、小型特殊自動車免許又は原動機付自転車免許
普通自動車免許	小型特殊自動車免許又は原動機付自転車免許
大型特殊自動車免許	小型特殊自動車免許又は原動機付自転車免許

大型自動二輪車免許	普通自動二輪車免許、小型特殊自動車免許又は原動機付自転車免許
普通自動二輪車免許	小型特殊自動車免許又は原動機付自転車免許
大型自動車第二種免許	大型自動車免許、中型自動車免許、準中型自動車免許、普通自動車免許、小型特殊自動車免許、原動機付自転車免許、中型自動車第二種免許又は普通自動車第二種免許
中型自動車第二種免許	中型自動車免許、準中型自動車免許、普通自動車免許、小型特殊自動車免許、原動機付自転車免許又は普通自動車第二種免許
普通自動車第二種免許	普通自動車免許、小型特殊自動車免許又は原動機付自転車免許
大型特殊自動車第二種免許	大型特殊自動車免許、小型特殊自動車免許又は原動機付自転車免許
牽引第二種免許	牽引免許

二　前号に掲げる場合のほか、当該申請に係る免許に条件を付し、又は当該申請に係る免許に付されている条件を変更することによつても、当該申請に係る免許以外の免許を受けていることその他の事情により、運転することができる自動車等の種類その他自動車等を運転することについての条件が実質的に変更されることとならないとき。

三　法第九十一条の二第三項の規定による審査の結果、当該申請に係る免許に付されている条件を変更することが、道路における危険を防止し、その他交通の安全を図る上で適当でないと認められるとき。

（免許証の更新を受けることができなかつたやむを得ない理由）

第三十三条の六の二　法第九十二条の二第一項の表の備考一の1及び2並びに同表の備考四の政令で定めるやむを得ない理由は、次に掲げる理由とする。

一　海外旅行をしていたこと。

二　災害を受けたこと。

三　病気にかかり、又は負傷したこと。

四　法令の規定により身体の自由を拘束されていたこと。

五　社会の慣習上又は業務の遂行上やむを得ない用務が生じたこと。

六　前各号に掲げるもののほか、公安委員会がやむを得ないと認める事情があつたこと。

（優良運転者及び違反運転者等に係る基準）

第三十三条の七　法第九十二条の二第一項の表の備考一の2の政令で定める基準は、次の各号に掲げる者の区分に応じ、それぞれ当該各号に定める日前五年間（第三号に掲げる者又は第四号に掲げる者（法第九十二条第一項の規定により交付を受けた運転免許証（以下「免許証」という。）に係る法第九十七条第一項第一号に掲げる事項について行う試験（以下この項において「適性試験」という。）を受けた日の前日が第四号に定める日以後である者に限る。）にあつては、それぞれ第三号又は第四号に定める日前五年間及び同日から法第九十二条第一項の規定により交付を受けた免許証に係る適性試験を受けた日の前日までの間。次項において同じ。）において違反行為又は別表第四若しくは別表第五に掲げる行為をしたことがないこととする。

一　法第百一条第六項の規定により免許証の更新（免許証の有効期間の更新をいう。以下同じ。）を受けた者　更新前の免許証の有効期間が満了する日の直前のその者の誕生日（以下「特定誕生日」という。）の四十日前の日

二　法第百一条の二第四項の規定により免許証の更新を受けた者　同条第三項の規定による適性検査を受けた日（当該日が特定誕生日の四十日前の日以後であるときは、特定誕生日の四十日前の日）

三　前条各号に掲げるやむを得ない理由のため免許証の更新を受けることができなかつた者（その免許がその結果法第百五条第一項の規定により効力を失つた日から起算して六月（当該やむを得ない理由のためその期間内に次の免許を受けることができなかつた者にあつては、当該効力を失つた日から起算して三年を経過しない場合に限り、当該事情がやんだ日から起算して一月）を経過しない者に限る。）で法第九十二条第一項の規定により免許証の交付を受けたもの　更新を受けることができなかつた免許証を更新前の免許証とした場合における特定誕生日の四十日前の日

四　法第百三条第一項又は第四項の規定による免許の取消し（同条第一項第一号から第二号までのいずれかに係るものに限る。）を受けた者（当該取消しを受けた日から起算して三年を経過しない者に限り、同日前の直近において法第八十九条第一項、第百一条第一項若しくは第百一条の二第一項の規定による質問票の提出又は法第百一条の五の規定による報告について法第百十七条の四第一項第三号の違反行為をした者を除く。）で法第九十二条第一項の規定により免許証の交付を受けたもの　当該免許証に係る適性試験を受けた日（当該日が取り消された免許に係る免許証を更新前の免許証とした場合における特定誕生日の四十日前の日以後であるときは、当該特定誕生日の四十日前の日）

五　法第九十二条第二項の規定により免許証の交付を受けた者　当該免許証に係る適性試験を受けた日（当該日が当該免許証と引き換えた免許証を更新前の免許証とした場合における特定誕生日の四十日前の日以後であるときは、当該特定誕生日の四十日前の日）

2　法第九十二条の二第一項の表の備考一の4の政令で定める基準は、前項各号に掲げる者の区分に応じ、それぞれ当該各号に定める日前五年間において違反行為又は別表第四若しくは別表第五に掲げる行為をしたことがあること（軽微違反行為一回のほかこれらの行為をしたことがない場合（当該軽微違反行為をし、よつて交通事故を起こした場合にあつては、当該交通事故が建造物以外の物の損壊のみに係るものであり、かつ、法第七十二条第一項前段の規定に違反していないときに限る。）を除く。）とする。

（免許証の有効期間等の特例の適用がある日）

第三十三条の八　法第九十二条の二第四項（法第百条の二第五項において準用する場合を含む。）の政令で定める日は、次に掲げるとおりとする。

一　土曜日

二　国民の祝日に関する法律（昭和二十三年法律第百七十八号）に規定する休日

三　十二月二十九日から翌年の一月三日までの日（前号に掲げる日を除く。）

（受験資格の特例）

第三十四条　法第九十六条第二項の政令で定める者は、自衛隊の自動車の運転に関する教習を行う施設において大型自動車の運転に関する教習を修了した自衛官とする。

2　法第九十六条第二項の政令で定める教習は、大型自動車の運転に必要な技能に関する教習であつて公安委員会が国家公安委員会規則で定めるところにより指定した課程により行うものとする。

3　法第九十六条第三項の政令で定める者は、第一項に規定する者及び同項に規定する施設において中型自動車の運転に関する教習を修了した自衛官とする。

4　法第九十六条第三項の政令で定める教習は、中型自動車の運転に必要な技能に関する教習であつて公安委員会が国家公安委員会規則で定めるところにより指定した課程により行うものとする。

5　法第九十六条第五項第一号の十九歳から牽引第二種免許以外の第二種運転免許の試験を受けるための政令で定める教習は、旅客自動車運送事業に係る旅客を運送する目的で行う法第八十五条第十一項に規定する旅客自動車（以下「旅客自動車」という。）の運転に必要な適性に関する教習であつて公安委員会が国家公安委員会規則で定めるところにより指定した課程により行うものとする。

6　法第九十六条第五項第一号の政令で定める経験は、次に掲げる経験とする。

一　旅客自動車の運転者以外の乗務員として旅客自動車に二年以上乗務した経験

二　大型自動車免許、中型自動車免許、準中型自動車免許、普通自動車免許又は大型特殊自動車免許を受けた日以後において、自衛官として自衛隊用自動車（大型自動車、中型自動車、準中型自動車、普通自動車及び大型特殊自動車に限る。）を二年以上運転した経験

7　法第九十六条第五項第一号の大型自動車免許、中型自動車免許、準中型自動車免許、普通自動車免許又は大型特殊自動車免許のいずれかを受けていた期間が通算して一年以上で牽引第二種免許以外の第二種運転免許の試験を受けるための政令で定める教習は、旅客自動車運送事業に係る旅客を運送する目的で行う旅客自動車の運転に必要な技能に関する教習であつて公安委員会が国家公安委員会規則で定めるところにより指定した課程により行うものとする。

8　法第九十六条第五項第二号の十九歳から牽引第二種免許の試験を受けるための政令で定める教習は、法第七十五条の八の二第一項に規定する牽引自動車（以下「牽引自動車」という。）によつて法第八十五条第十一項に規定する旅客用車両（以下「旅客用車両」という。）を旅客自動車運送事業に係る旅客を運送する目的で牽引して行う当該牽引自動車の運転に必要な適性に関する教習であつて公安委員会が国家公安委員会規則で定めるところにより指定した課程により行うものとする。

9　法第九十六条第五項第二号の政令で定める経験は、次に掲げる経験とする。

一　牽引自動車によつて旅客用車両を牽引する場合における牽引自動車の運転者以外の乗務員として牽引自動車又は旅客用車両に二年以上乗務した経験

二　大型自動車免許、中型自動車免許、準中型自動車免許、普通自動車免許又は大型特殊自動車免許を受けた日以後において、自衛官として当該免許によつて運転することができる自衛隊用自動車で牽引自動車であるものによつて重被牽引車を牽引して牽引自動車を二年以上運転した経験

10　法第九十六条第五項第二号の大型自動車免許、中型自動車免許、準中型自動車免許、普通自動車免許又は大型特殊自動車免許のいずれかを受けていた期間が通算して一年以上で牽引第二種免許の試験を受けるための政令で定める教習は、牽引自動車によつて旅客用車両を旅客自動車運送事業に係る旅客を運送する目的で牽引して行う当該牽引自動車の運転に必要な技能に関する教習であつて公安委員会が国家公安委員会規則で定めるところにより指定した課程により行うものとする。

11　法第九十六条第五項第一号及び第二号の政令で定める者は、次に掲げる者とする。

一　法第百二条の三に規定する基準該当若年運転者（以下「基準該当若年運転者」という。）に該当したことがある者で、法第百八条の二第一項第十四号に掲げる講習（以下「若年運転者講習」という。）を終了していないもの（次号及び第三号に掲げる者を除く。）

二　法第百二条の三に規定する特例取得免許（以下「特例取得免許」という。）の取消し（法第百三条第一項第一号から第二号までのいずれかに係るものを除く。）を受けた者

三　法第百三条第一項又は第四項の規定による免許の取消し（同条第一項第一号から第二号までのいずれかに係るものに限る。）を受けたため、特例取得免許の取消し（同条第一項第一号から第二号までのいずれかに係るものを除く。）を受けなかつた者

12　法第九十六条第六項の政令で定める者は、次に掲げる者とする。

一　準中型自動車免許を現に受けている者のうち、法第百四条の二の二第六項において準用する法第百四条第一項の通知を受けた者で法第百四条の二の二第二項又は第四項の規定による当該準中型自動車免許の取消しを受けていないもの

二　普通自動車免許を現に受けている者のうち、法第百四条の二の二第六項において準用する法第百四条第一項の通知を受けた者で法第百四条の二の二第二項又は第四項の規定による当該普通自動車免許の取消しを受けていないもの

三　特例取得免許を現に受けている者のうち、法第百四条の二の四第六項において準用する法第百四条第一項の通知を受けた者で法第百四条の二の四第一項、第二項又は第四項の規定による当該特例取得免許の取消しを受けていないもの

第三十四条の二　法第九十六条の二の政令で定める者は、次に掲げるとおりとする。

一　大型自動車免許、中型自動車免許、準中型自動車免許又は普通自動車免許の試験を受けようとする者で、次のいずれかに該当するもの

イ　法第八十九条第三項後段に規定する書面を有する者

で、受けようとする免許の種類に応じそれぞれ大型自動車仮運転免許、中型自動車仮運転免許、準中型自動車仮運転免許又は普通自動車仮運転免許を同項に規定する検査の時に受けており、かつ、当該検査を受けた日から起算して一年を経過していないもの

ロ　受けようとする免許に係る卒業証明書を有する者で、当該卒業証明書に係る技能検定を受けた日から起算して一年を経過していないもの

ハ　特定失効者又は特定取消処分者で、法第九十七条第一項第二号に掲げる事項について行う試験において使用される自動車を運転することができる免許を受けていたもの

ニ　法第九十七条第一項第二号に掲げる事項について行う試験において使用される自動車に相当する種類の自動車の運転に関する外国等の行政庁等の免許を有する者で、当該外国等の行政庁等の免許を受けた後当該外国等に滞在していた期間が通算して三月以上のもの

ホ　受けようとする免許につき法第九十七条第一項第二号に掲げる事項について行う試験について内閣府令で定める基準に達する成績を得た者で、当該試験を受けた日から起算して六月を経過していないもの

二　大型自動車第二種免許、中型自動車第二種免許又は普通自動車第二種免許の試験を受けようとする者で、次のいずれかに該当するもの

イ　法第九十七条第一項第二号に掲げる事項について行う試験において使用される自動車を運転することができる第一種運転免許を現に受けている者

ロ　受けようとする免許に係る卒業証明書を有する者で、当該卒業証明書に係る技能検定を受けた日から起算して一年を経過していないもの

ハ　特定失効者又は特定取消処分者で、法第九十七条第一項第二号に掲げる事項について行う試験において使用される自動車を運転することができる免許を受けていたもの

ニ　受けようとする免許につき法第九十七条第一項第二号に掲げる事項について行う試験について内閣府令で定める基準に達する成績を得た者で、当該試験を受けた日から起算して六月を経過していないもの

※「内閣府令」＝則二一の三

（試験の免除）

第三十四条の三　法第九十七条の二第一項第二号の政令で定める修了証明書は、修了証明書を有する者が仮運転免許を受けた後に第三十九条の三第一項各号の基準に該当して当該仮運転免許を取り消された場合における当該修了証明書とする。

2　法第九十七条の二第一項第三号の政令で定める者は、次に掲げる者とする。

一　免許証の更新を受けなかつたため、一般違反行為又は別表第四に掲げる行為をしたことを理由とする法第九十条第五項又は第百三条第一項若しくは第四項の規定による免許の取消しを受けなかつた者

二　法第百五条第一項の規定により免許が効力を失つた後に一般違反行為（当該一般違反行為に係る累積点数（第三十三条の二第三項に規定する累積点数をいう。以下同じ。）が別表第三の一の表の第一欄に掲げる区分に応じそれぞれ同表の第五欄又は第六欄に掲げる点数に該当するものに限り、免許取消歴等保有者が第三十三条の二第一項第二号に規定する期間内にしたものを除く。第六項第二号において同じ。）又は別表第四第二号若しくは第三号に掲げる行為（免許取消歴等保有者が第三十三条の二第一項第二号に規定する期間内にしたものを除く。第六項第二号において同じ。）をした者

三　法第百条の二第一項に規定する基準該当初心運転者（以下「基準該当初心運転者」という。）で、再試験の通知（同条第四項の規定による通知をいう。以下同じ。）を受ける前に免許証の更新を受けず、又は再試験の通知を受けた後同条第五項に規定する期間が通算して一月となる日までの間に免許証の更新を受けなかつたため、再試験を受けなかつたもの

四　再試験を受けた後免許証の更新を受けなかつたため法第百四条の二の二第一項の規定による免許の取消しを受けなかつた者

五　法第百条の二第五項の規定に違反して再試験を受けなかつた者で、同項に規定する期間が通算して一月を超えた日以後に免許証の更新を受けなかつたため法第百四条の二の二第二項又は第四項の規定による免許の取消しを受けなかつたもの

六　基準該当若年運転者で、若年運転者講習の通知（法第百八条の三の三の規定による通知をいう。以下同じ。）を受ける前に免許証の更新を受けず、又は若年運転者講習の通知を受けた日の翌日から起算した期間（若年運転者講習を受けないことについて第三十七条の十一各号に掲げるやむを得ない理由がある者にあつては、当該期間から当該事情の存する期間を除いた期間）が通算して一月となる日までの間に免許証の更新を受けなかつたため、若年運転者講習を受けなかつたもの

七　法第百二条の三の規定に違反して若年運転者講習を受けなかつた者で、前号に規定する期間が通算して一月を超えた日以後に免許証の更新を受けなかつたため、法第百四条の二の四第一項又は第四項の規定による特例取得免許の取消し（同条第四項の規定による特例取得免許の取消しにあつては、同条第一項に係るものに限る。）を受けなかつたもの

八　若年運転者講習を終了した後免許証の更新を受けなかつたため法第百四条の二の四第二項又は第四項の規定による特例取得免許の取消し（同条第四項の規定による特例取得免許の取消しにあつては、同条第二項に係るものに限る。）を受けなかつたもの

九　法第百五条第二項において準用する法第百四条の四第六項の規定により運転経歴証明書の交付を受けた者

3　法第九十七条の二第一項第三号の政令で定めるやむを得ない理由は、第三十三条の六の二第三号から第六号までに掲げる理由とする。

4　法第九十七条の二第一項第三号イの政令で定める基準は、次の各号に掲げる者の区分に応じ、当該各号に定める日前三年間において基準違反行為（同項第三号イに規定する運転技能検査等（以下「運転技能検査等」という。）の結果が同条第二項の内閣府令で定める基準に該当しない場合において当該運転技能検査等を受けた日以後にしたものを除く。）をし

たことがあることとする。

一　特定失効者　法第百五条第一項の規定により効力を失つた免許に係る免許証を更新前の免許証とした場合における特定誕生日の百六十日前の日

二　特定取消処分者　法第百三条第一項又は第四項の規定による免許の取消し（同条第一項第一号から第二号までのいずれかに係るものに限る。）を受けた日（当該日が取り消された免許に係る免許証を更新前の免許証とした場合における特定誕生日の百六十日前の日以後であるときは、当該特定誕生日の百六十日前の日）

5　前項に規定する基準違反行為とは、法第九十七条の二第一項第三号イに規定する普通自動車等の運転に関し行われた次に掲げる行為をいう。

一　法第七条（信号機の信号等に従う義務）の規定に違反する行為

二　法第十七条（通行区分）第一項から第四項まで又は第六項の規定に違反する行為

三　法第二十条（車両通行帯）の規定に違反する行為

四　法第二十条の二（路線バス等優先通行帯）第一項の規定に違反する行為

五　法第二十二条（最高速度）第一項の規定に違反する行為

六　法第二十五条の二（横断等の禁止）の規定に違反する行為

七　法第三十三条（踏切の通過）第一項又は第二項の規定に違反する行為

八　法第三十四条（左折又は右折）第一項、第二項又は第四項の規定に違反する行為

九　法第三十五条の二（環状交差点における左折等）の規定に違反する行為

十　法第三十六条（交差点における他の車両等との関係等）の規定に違反する行為

十一　法第三十七条（交差点における他の車両等との関係等）の規定に違反する行為

十二　法第三十七条の二（環状交差点における他の車両等との関係等）の規定に違反する行為

十三　法第三十八条（横断歩道等における歩行者等の優先）の規定に違反する行為

十四　法第三十八条の二（横断歩道のない交差点における歩行者の優先）の規定に違反する行為

十五　法第七十条（安全運転の義務）の規定に違反する行為

十六　法第七十一条（運転者の遵守事項）第五号の五の規定に違反する行為（別表第二の備考の二の16又は23に規定する行為に該当するものに限る。）

6　法第九十七条の二第一項第五号の政令で定める者は、次に掲げる者とする。

一　法第百三条第一項又は第四項の規定による免許の取消し（同条第一項第一号から第二号までのいずれかに係るものに限る。）を受けたため、一般違反行為又は別表第四に掲げる行為をしたことを理由とする法第九十条第五項又は第百三条第一項若しくは第四項の規定による免許の取消しを受けなかつた者

二　法第百三条第一項又は第四項の規定による免許の取消し（同条第一項第一号から第二号までのいずれかに係るものに限る。以下この項において同じ。）を受けた後に一般違反行為又は別表第四第二号若しくは第三号に掲げる行為をした者

三　基準該当初心運転者で、再試験の通知を受ける前に法第百三条第一項若しくは第四項の規定による免許の取消しを受け、又は再試験の通知を受けた後法第百条の二第五項に規定する期間が通算して一月となる日までの間に法第百三条第一項若しくは第四項の規定による免許の取消しを受けたため、再試験を受けなかつたもの

四　再試験を受けた後法第百三条第一項又は第四項の規定による免許の取消しを受けたため法第百四条の二の二第一項の規定による免許の取消しを受けなかつた者

五　法第百条の二第五項の規定に違反して再試験を受けなかつた者で、同項に規定する期間が通算して一月を超えた日以後に法第百三条第一項又は第四項の規定による免許の取消しを受けたため法第百四条の二の二第二項又は第四項の規定による免許の取消しを受けなかつたもの

六　基準該当若年運転者で、若年運転者講習の通知を受ける前に法第百三条第一項若しくは第四項の規定による免許の取消しを受け、又は若年運転者講習の通知を受けた日の翌日から起算した期間（若年運転者講習を受けないことについて第三十七条の十一各号に掲げるやむを得ない理由がある者にあつては、当該期間から当該事情の存する期間を除いた期間）が通算して一月となる日までの間に法第百三条第一項若しくは第四項の規定による免許の取消しを受けたため、若年運転者講習を受けなかつたもの

七　法第百二条の三の規定に違反して若年運転者講習を受けなかつた者で、前号に規定する期間が通算して一月を超えた日以後に法第百三条第一項又は第四項の規定による免許の取消しを受けたため、法第百四条の二の四第一項又は第四項の規定による特例取得免許の取消し（同条第四項の規定による特例取得免許の取消しにあつては、同条第一項に係るものに限る。）を受けなかつたもの

八　若年運転者講習を終了した後法第百三条第一項又は第四項の規定による免許の取消しを受けたため、法第百四条の二の四第二項又は第四項の規定による特例取得免許の取消し（同条第四項の規定による特例取得免許の取消しにあつては、同条第二項に係るものに限る。）を受けなかつたもの

第三十四条の四　法第九十七条の二第三項の規定による確認は、免許を受けようとする者に対し法令で定める道路の交通の方法その他の自動車等の運転について必要な知識若しくはその者の自動車等の運転に関する経歴に関する質問をすること又はその者に自動車等の運転に関する実技をさせることにより行う。

2　免許を受けようとする者が第一種運転免許を受けようとする者であつてその受けようとしている免許に係る自動車等に相当する種類の自動車等の運転に関する外国等の行政庁等の免許を有するもの（当該外国等の行政庁等の免許を受けた後当該外国等に滞在していた期間が通算して三月以上の者に限る。）であるときは、法第九十七条第一項第二号及び第三号に掲げる事項について行う試験を免除する。

第三十四条の五　法第九十七条の二第四項の政令で定める基準は、次に掲げるとおりとする。

一　第一種運転免許を受けようとする者で次のイからハまで

に該当するものに対しては、当該イからハまでに定める試験を免除する。

イ　受けようとする免許の種類と異なる種類の第一種運転免許（小型特殊自動車免許及び原動機付自転車免許を除く。以下この条において同じ。）又は第二種運転免許を現に受けている者　法第九十七条第一項第三号に掲げる事項について行う試験

ロ　特定失効者（法第九十七条の二第一項第三号に掲げる者に限り、同号の規定により運転技能検査等を受けた者で当該運転技能検査等の結果が同条第二項の内閣府令で定める基準に該当するものを除く。次号ロにおいて同じ。）又は特定取消処分者（同条第一項第五号に掲げる者に限り、同号の規定により運転技能検査等を受けた者で当該運転技能検査等の結果が同条第二項の内閣府令で定める基準に該当するものを除く。次号ロにおいて同じ。）で、受けようとする免許により運転することができる自動車等を運転することができる他の種類の免許を受けていたもの　法第九十七条第一項第二号及び第三号に掲げる事項について行う試験

ハ　受けようとする免許の種類と異なる種類の第一種運転免許につき法第九十七条第一項第三号に掲げる事項について行う試験について内閣府令で定める基準に達する成績を得た者で、当該試験を受けた日から起算して六月を経過していないもの　法第九十七条第一項第三号に掲げる事項について行う試験

二　第二種運転免許を受けようとする者で次のイからハまでに該当するものに対しては、当該イからハまでに定める試験を免除する。

イ　受けようとする免許の種類と異なる種類の第二種運転免許を現に受けている者　法第九十七条第一項第三号に掲げる事項について行う試験

ロ　特定失効者又は特定取消処分者で、受けようとする免許により運転することができる自動車を運転することができる他の種類の第二種運転免許を受けていたもの　法第九十七条第一項第二号及び第三号に掲げる事項について行う試験

ハ　受けようとする免許の種類と異なる種類の第二種運転免許につき法第九十七条第一項第三号に掲げる事項について行う試験について内閣府令で定める基準に達する成績を得た者で、当該試験を受けた日から起算して六月を経過していないもの　法第九十七条第一項第三号に掲げる事項について行う試験

三　仮運転免許を受けようとする者で次のイからニまでに該当するものに対しては、当該イからニまでに定める試験を免除する。

イ　第一種運転免許又は第二種運転免許を現に受けている者　法第九十七条第一項第三号に掲げる事項について行う試験

ロ　法第八十九条第三項後段に規定する書面を有する者で、同項に規定する検査を受けた日から起算して一年を経過していないもの　当該検査に係る仮運転免許と同一の種類の仮運転免許につき法第九十七条第一項第二号に掲げる事項について行う試験

ハ　受けようとする仮運転免許により運転することができる自動車を運転することができる免許（仮運転免許を除く。）につき法第九十七条第一項第二号に掲げる事項について行う試験について内閣府令で定める基準に達する成績を得た者で、当該試験を受けた日から起算して六月を経過していないもの　法第九十七条第一項第二号に掲げる事項について行う試験

ニ　第一種運転免許につき法第九十七条第一項第三号に掲げる事項について行う試験について内閣府令で定める基準に達する成績を得た者で、当該試験を受けた日から起算して六月を経過していないもの　法第九十七条第一項第三号に掲げる事項について行う試験

四　準中型自動車仮運転免許を受けようとする者が次に掲げる者に該当するときは、イに掲げる者にあつては当該準中型自動車免許を取り消された日から、ロからニまでに掲げる者にあつては当該準中型自動車免許が失効した日から起算して六月の間は、法第九十七条第一項第二号及び第三号に掲げる事項について行う試験を免除する。

イ　法第百四条の二の二第一項、第二項又は第四項の規定により準中型自動車免許を取り消された者

ロ　準中型自動車免許に係る基準該当初心運転者で、再試験の通知を受ける前に準中型自動車免許が失効し、又は再試験の通知を受けた後法第百条の二第五項に規定する期間が通算して一月となる日までの間に準中型自動車免許が失効したため、再試験を受けなかつたもの

ハ　準中型自動車免許に係る再試験を受けた後準中型自動車免許が失効したため法第百四条の二の二第一項の規定による免許の取消しを受けなかつた者

ニ　法第百条の二第五項の規定に違反して準中型自動車免許に係る再試験を受けなかつた者で、同項に規定する期間が通算して一月を超えた日以後に準中型自動車免許が失効したため法第百四条の二の二第二項又は第四項の規定による免許の取消しを受けなかつたもの

五　普通自動車仮運転免許を受けようとする者が次に掲げる者に該当するときは、イに掲げる者にあつては当該準中型自動車免許又は普通自動車免許を取り消された日から、ロからニまでに掲げる者にあつては当該準中型自動車免許又は普通自動車免許が失効した日から起算して六月の間は、法第九十七条第一項第二号及び第三号に掲げる事項について行う試験を免除する。

イ　法第百四条の二の二第一項、第二項又は第四項の規定により準中型自動車免許又は普通自動車免許を取り消された者

ロ　準中型自動車免許又は普通自動車免許に係る基準該当初心運転者で、再試験の通知を受ける前に準中型自動車免許若しくは普通自動車免許が失効し、又は再試験の通知を受けた後法第百条の二第五項に規定する期間が通算して一月となる日までの間に準中型自動車免許若しくは普通自動車免許が失効したため、再試験を受けなかつたもの

ハ　準中型自動車免許又は普通自動車免許に係る再試験を受けた後準中型自動車免許又は普通自動車免許が失効したため法第百四条の二の二第一項の規定による免許の取消しを受けなかつた者

ニ　法第百条の二第五項の規定に違反して準中型自動車免

許又は普通自動車免許に係る再試験を受けなかつた者で、同項に規定する期間が通算して一月を超えた日以後に準中型自動車免許又は普通自動車免許が失効したため法第百四条の二の二第二項又は第四項の規定による免許の取消しを受けなかつたもの

六　免許を受けようとする者が法第八十九条第一項の規定による試験を受け、当該試験（その者が仮運転免許を受けた後第三十九条の三第一項各号の基準に該当して当該仮運転免許を取り消されたものである場合における当該仮運転免許に係る試験を除く。）において法第九十七条第一項第二号及び第三号に掲げる事項について行う試験のいずれかについて内閣府令で定める基準に達する成績を得た者であるときは、当該試験を受けた日から起算して六月の間は、その成績を得た試験に係る事項について行う試験を免除する。

※　一号ハ・二号ハ・三号ハ・三・六号「内閣府令」＝則二七

（指定自動車教習所の指定の区分）

第三十四条の六　法第九十九条第一項の政令で定める免許は、次に掲げるとおりとする。

一　大型自動車免許
二　中型自動車免許
三　準中型自動車免許
四　普通自動車免許
五　大型特殊自動車免許
六　大型自動二輪車免許
七　普通自動二輪車免許
八　牽引免許
九　大型自動車第二種免許
十　中型自動車第二種免許
十一　普通自動車第二種免許

（指定自動車教習所の指定の基準）

第三十五条　法第九十九条第一項第一号の政令で定める要件は、次に掲げるとおりとする。

一　二十五歳以上の者であること。
二　道路の交通に関する業務における管理的又は監督的地位に三年以上あつた者その他自動車教習所の管理について必要な知識及び経験を有する者で、次のいずれにも該当しないものであること。
イ　法第九十九条の二第四項第二号ロに該当する者
ロ　法第百十七条の二第二項第一号若しくは第二号の罪、法第百十七条の二の二第一項第九号若しくは第二項の罪、法第百十八条第二項第三号若しくは第四号の罪、法第百十九条第二項第四号の罪又は法第百十九条の二の四第二項の罪を犯し罰金以上の刑に処せられ、その執行を終わり、又は執行を受けることがなくなつた日から起算して三年を経過していない者
ハ　自動車等の運転に関し自動車の運転により人を死傷させる行為等の処罰に関する法律（平成二十五年法律第八十六号）第二条から第六条までの罪又は法に規定する罪（ロに掲げる罪を除く。）を犯し禁錮以上の刑に処せられ、その執行を終わり、又は執行を受けることがなくなつた日から起算して三年を経過していない者

2　法第九十九条第一項第四号の政令で定める基準は、次に掲げるとおりとする。

一　次に掲げる要件を備えた技能教習及び技能検定のための設備を有すること。
イ　コース敷地の面積が八千平方メートル（専ら大型自動二輪車免許又は普通自動二輪車免許に係る技能教習及び技能検定を行う自動車教習所にあつては、三千五百平方メートル）以上であること。
ロ　コースの種類、形状及び構造が内閣府令で定める基準に適合していること。
二　技能教習及び技能検定を行うため必要な種類の自動車を備えていること。
三　前号に掲げる自動車（大型自動二輪車、普通自動二輪車及び専ら無線指導装置による教習を行う場合に使用される自動車を除く。）は、教習指導員又は技能検定員が危険を防止するための応急の措置を講ずることができる装置を備えたものであること。
四　技能教習、学科教習（自動車の運転に関する知識の教習をいう。第四十三条第三項において同じ。）及び技能検定を行うため必要な建物その他の設備を備えていること。

3　法第九十九条第一項第五号の政令で定める基準は、次に掲げるとおりとする。

一　法第九十九条第一項の申請に係る免許に係る教習の科目並びに教習の科目ごとの教習時間及び教習方法が内閣府令で定める基準に適合していること。
二　法第九十九条第一項の申請に係る免許に係る教習が、内閣府令で定める基準に適合しており、かつ、同項の申請の日前六月の間引き続き行われていること。
三　法第九十九条第一項の申請の日前六月の間に同項の申請に係る免許に係る教習を終了し、かつ、当該免許につき法第九十七条第一項第二号に掲げる事項について行う試験を受けた者のうちに内閣府令で定める基準に達する成績を得た者の占める割合が、九十五パーセント以上であること。

※　2項一号・3項「内閣府令」＝則三三・三三・三四の三・三四の四

（再試験の基準）

第三十六条　法第百条の二第一項本文の政令で定める基準は、次のいずれかに該当することとなることとする。

一　当該行為に係る合計点数（当該行為及び当該行為をする前においてした違反行為（当該免許による法第七十一条の五第二項の免許自動車等（以下「免許自動車等」という。）の運転に関してした違反行為に限る。以下この条において同じ。）のそれぞれについて別表第二に定めるところにより付した点数の合計をいう。以下この条において同じ。）が三点以上（当該行為について別表第二に定めるところにより付した点数が三点であることによつて三点となる場合を除く。）であつて、当該行為をする前においてした直近の違反行為に係る合計点数が二点以下であり、又は当該行為をする前において違反行為をしたことがないこと。
二　当該行為に係る合計点数が四点以上であつて、当該行為をする前においてした違反行為の回数が一回であり、かつ、当該違反行為について別表第二に定めるところにより付した点数が三点であること。

（同等の免許）

第三十七条　法第百条の二第一項第二号の当該免許と同等の免許として政令で定めるものは、当該免許に係る免許自動車等に相当する種類の自動車等の運転に関する外国等の行政庁等の免許（外国等の行政庁等の免許を受けていた期間のうち当該外国等に滞在していた期間が通算して一年以上である者の当該外国等の行政庁等の免許に限る。）とする。

（再試験により取り消された免許に準ずるもの）

第三十七条の二　法第百条の二第一項第二号の政令で定める免許は、当該免許を受けた日前六月以内に当該免許と同一の種類の免許（以下この条において「同種免許」という。）を受けていたことがある者で次のいずれかに該当するものに係る当該同種免許とする。

一　当該同種免許に係る再試験を受けた後当該同種免許が失効したため法第百四条の二の二第一項の規定による免許の取消しを受けなかつた者

二　法第百条の二第五項の規定に違反して当該同種免許に係る再試験を受けなかつた者で、同項に規定する期間が通算して一月を超えた日以後に当該同種免許が失効したため法第百四条の二の二第二項又は第四項の規定による免許の取消しを受けなかつたもの

（初心運転者講習終了者に係る再試験の基準）

第三十七条の三　法第百条の二第一項第四号の政令で定める基準は、次のいずれかに該当することとなることとする。

一　当該行為に係る合計点数（当該行為及び当該行為をする前においてした違反行為（当該講習を終了した後に当該免許による免許自動車等の運転に関してした違反行為に限る。以下この条において同じ。）のそれぞれについて別表第二に定めるところにより付した点数の合計をいう。以下この条において同じ。）が三点以上（当該行為について別表第二に定めるところにより付した点数が三点であることによつて三点となる場合を除く。）であつて、当該行為をする前においてした直近の違反行為に係る合計点数が二点以下であり、又は当該行為をする前において違反行為をしたことがないこと。

二　当該行為に係る合計点数が四点以上であつて、当該行為をする前においてした違反行為の回数が一回であり、かつ、当該違反行為について別表第二に定めるところにより付した点数が三点であること。

（再試験の受験期間の特例）

第三十七条の四　法第百条の二第五項の政令で定めるやむを得ない理由は、次に掲げるとおりとする。

一　海外旅行をしていること。

二　災害を受けていること。

三　病気にかかり、又は負傷していること。

四　法令の規定により身体の自由を拘束されていること。

五　社会の慣習上又は業務の遂行上やむを得ない緊急の用務が生じていること。

六　免許の効力が停止されていること（当該再試験が準中型自動車免許又は普通自動車免許について行われる場合に限る。）。

七　前各号に掲げるもののほか、公安委員会がやむを得ないと認める事情があること。

（免許証の更新の特例）

第三十七条の五　法第百一条の二第一項の政令で定めるやむを得ない理由は、次の各号に掲げるとおりとする。

一　病気又は負傷について療養していること。

二　法令の規定により身体の自由を拘束されていること。

三　社会の慣習上又は業務の遂行上やむを得ない用務が生じていること。

四　積雪、高波その他の自然現象により交通が困難となつていること。

（免許証の更新を受けようとする者に対する講習を受ける必要がない者）

第三十七条の六　法第百一条の三第一項ただし書の政令で定める者は、次に掲げる者とする。

一　法第百一条第一項に規定する更新期間（次条において「更新期間」という。）が満了する日（法第百一条の二第一項の規定による免許証の更新の申請をしようとする者にあつては、当該申請をする日。次条において同じ。）前六月以内に法第百八条の二第一項第十二号に掲げる講習を受けた者

二　免許証の更新を申請する日前六月以内に法第百八条の二第二項の規定による講習（法第九十七条の二第一項第三号イ又はホの国家公安委員会規則で定める基準に適合するものに限る。）を終了した者

三　免許証の更新を申請する日前六月以内に法第百八条の三十二の二第一項の認定を受けた同項に規定する運転免許取得者等教育の課程（同項第三号イ又はロに掲げる基準に適合するものに限る。）を終了した者

第三十七条の六の二　法第百一条の四第一項ただし書の政令で定める者は、次に掲げる者とする。

一　更新期間が満了する日前六月以内に法第百八条の二第二項の規定による講習（法第九十七条の二第一項第三号イの国家公安委員会規則で定める基準に適合するものに限る。）を終了した者

二　更新期間が満了する日前六月以内に法第百八条の三十二の二第一項の認定を受けた同項に規定する運転免許取得者等教育の課程（同項第三号ロに掲げる基準に適合するものに限る。）を終了した者

（運転技能検査等の基準）

第三十七条の六の三　法第百一条の四第三項の政令で定める基準は、次の各号に掲げる者の区分に応じ、当該各号に定める日前三年間において第三十四条の三第五項に規定する基準違反行為（運転技能検査等の結果が法第百一条の四第四項の内閣府令で定める基準に該当しない場合において当該運転技能検査等を受けた日以前にしたものを除く。）をしたことがあることとする。

一　免許証の更新を受けようとする者（次号に掲げる者を除く。）　特定誕生日の百六十日前の日

二　法第百一条の二第一項の規定による免許証の更新を受けようとする者　当該更新の申請をする日（当該日が特定誕生日の百六十日前の日以後であるときは、特定誕生日の百六十日前の日）

（認知機能が低下した場合に行われやすい違反行為）

第三十七条の六の四　法第百一条の七第一項の政令で定める行為は、自動車等の運転に関し行われた次に掲げる行為とする。

一　法第七条（信号機の信号等に従う義務）の規定に違反す

る行為

二　法第八条（通行の禁止等）第一項の規定に違反する行為

三　法第十七条（通行区分）第一項から第四項まで又は第六項の規定に違反する行為

四　法第二十五条の二（横断等の禁止）の規定に違反する行為

五　法第二十六条の二（進路の変更の禁止）第二項又は第三項の規定に違反する行為

六　法第三十三条（踏切の通過）第一項又は第二項の規定に違反する行為

七　法第三十四条（左折又は右折）第一項、第二項、第四項又は第五項の規定に違反する行為

八　法第三十五条（指定通行区分）第一項の規定に違反する行為

九　法第三十五条の二（環状交差点における左折等）の規定に違反する行為

十　法第三十六条（交差点における他の車両等との関係等）の規定に違反する行為

十一　法第三十七条（交差点における他の車両等との関係等）の規定に違反する行為

十二　法第三十七条の二（環状交差点における他の車両等との関係等）の規定に違反する行為

十三　法第三十八条（横断歩道等における歩行者等の優先）の規定に違反する行為

十四　法第三十八条の二（横断歩道のない交差点における歩行者の優先）の規定に違反する行為

十五　法第四十二条（徐行すべき場所）の規定に違反する行為

十六　法第四十三条（指定場所における一時停止）の規定に違反する行為

十七　法第五十三条（合図）第一項又は第二項の規定に違反する行為

十八　法第七十条（安全運転の義務）の規定に違反する行為

（臨時認知機能検査の受検期間等の特例）

第三十七条の六の五　法第百一条の七第三項及び第六項の政令で定めるやむを得ない理由は、次に掲げる理由とする。

一　海外旅行をしていること。

二　災害を受けていること。

三　病気にかかり、又は負傷していること。

四　法令の規定により身体の自由を拘束されていること。

五　社会の慣習上又は業務の遂行上やむを得ない緊急の用務が生じていること。

六　前各号に掲げるもののほか、公安委員会がやむを得ないと認める事情があること。

（臨時適性検査）

第三十七条の七　法第百二条第五項に規定する適性検査は、次に掲げる場合に行うものとする。

一　免許を受けた者から適性検査を受けたい旨の申出があつた場合において、その申出に理由があると認められるとき。

二　免許を受けた者が違反行為をし、又は自動車等の運転により交通事故を起こした場合において、その者が自動車等の運転について必要な適性を備えていないおそれがあると認められるとき。

三　免許を受けた者の身体の状態に照らして、その者が自動車等の安全な運転に必要な認知又は操作のいずれかに係る能力を欠いているおそれがあると認められるとき（その者が法第百三条第一項第二号に該当することとなつたと疑う理由があるときを除く。）。

（軽微違反行為等）

第三十七条の八　法第百二条の二の政令で定める軽微な行為は、別表第二の一の表に定める点数が三点以下である一般違反行為とする。

2　法第百二条の二の政令で定める基準は、次のいずれにも該当することとなることとする。

一　軽微違反行為に該当する当該一般違反行為に係る累積点数が六点であること。

二　軽微違反行為に該当する当該一般違反行為をした時において、当該一般違反行為をした者に別表第三に規定する前歴（次号において「前歴」という。）がないこと。

三　軽微違反行為に該当する当該一般違反行為をした日を起算日とする過去三年以内においてその他の違反行為（当該その他の違反行為に係る累積点数が次の表の上欄に掲げる区分に応じそれぞれ同表の下欄に定める点数に該当するものに限る。）をしたことがないこと。

当該その他の違反行為をした時における前歴の回数	点数
なし	六点以上
一回	四点以上
二回以上	二点以上

四　軽微違反行為に該当する当該一般違反行為をした日を起算日とする過去三年以内において別表第四又は別表第五に掲げる行為をしたことがないこと。

3　法第百二条の二の政令で定めるやむを得ない理由は、第三十七条の六の五各号に掲げる理由とする。

（特例取得免許から除かれる免許）

第三十七条の九　法第百二条の三の政令で定めるものは、第三十二条の七第一号に掲げる者に該当して受けた大型自動車免許又は第三十二条の八第一号に掲げる者に該当して受けた中型自動車免許とする。

（若年運転者講習の受講の基準）

第三十七条の十　法第百二条の三の政令で定める基準は、同条に規定する若年運転者期間（以下「若年運転者期間」という。）にした自動車等の運転に関し法若しくは法に基づく命令の規定又は法の規定に基づく処分に違反する行為（以下この条において「若年違反行為」という。）が一般違反行為である場合（第三十八条第五項第一号イに該当する場合を除く。）において、次のいずれかに該当することとなることとする。

一　当該若年違反行為及び当該若年違反行為をする前においてした若年違反行為（特例取得免許を受けていた期間（免許の効力が停止されていた期間を除く。）が通算して一年となつたことがあり、かつ、当該期間の初日に当たる日から末日に当たる日までの間に違反行為をしたことがない場合にあつては、当該期間前の若年違反行為を除く。以下こ

の条において「先行若年違反行為」という。）のそれぞれについて別表第二に定めるところにより付した点数の合計（以下この条において「若年違反合計点数」という。）が三点以上（当該若年違反行為について別表第二に定めるところにより付した点数が三点であることによつて三点となる場合を除く。）であつて、当該若年違反行為の直近の先行若年違反行為に係る若年違反合計点数が二点以下であり、又は先行若年違反行為をしたことがないこと。

二　若年違反合計点数が四点以上であつて、先行若年違反行為の回数が一回であり、かつ、当該先行若年違反行為について別表第二に定めるところにより付した点数が三点であること。

（若年運転者講習の受講期間の特例）

第三十七条の十一　法第百二条の三の政令で定めるやむを得ない理由は、次に掲げる理由とする。

一　海外旅行をしていること。

二　災害を受けていること。

三　病気にかかり、又は負傷していること。

四　法令の規定により身体の自由を拘束されていること。

五　社会の慣習上又は業務の遂行上やむを得ない緊急の用務が生じていること。

六　免許の効力が停止されていること。

七　前各号に掲げるもののほか、公安委員会がやむを得ないと認める事情があること。

（免許の取消し又は停止及び免許の欠格期間の指定の基準）

第三十八条　免許を受けた者が法第百三条第一項第一号又は第一号の二に該当することとなつた場合についての同項の政令で定める基準は、次に掲げるとおりとする。

一　法第百三条第一項第一号又は第一号の二に該当することとなつた場合（次号の場合を除く。）には、免許を取り消すものとする。

二　六月以内に法第百三条第一項第一号イからハまでに掲げる病気にかかつている者又は同項第一号の二に規定する認知症である者に該当しないこととなる見込みがある場合には、免許の効力を停止するものとする。

2　免許を受けた者が法第百三条第一項第二号に該当することとなつた場合についての同項の政令で定める基準は、次に掲げるとおりとする。

一　法第百三条第一項第二号に該当することとなつた場合（次号の場合を除く。）には、免許を取り消すものとする。

二　次条第四項第三号に掲げる身体の障害が生じているが、法第九十一条の規定により条件を付し、又はこれを変更することにより、六月以内に当該障害が自動車等の安全な運転に支障を及ぼすおそれがなくなる見込みがある場合には、免許の効力を停止するものとする。

3　免許を受けた者が法第百三条第一項第三号に該当することとなつた場合についての同項の政令で定める基準は、次に掲げるとおりとする。

一　法第百三条第一項第三号に該当することとなつた場合（次号の場合を除く。）には、免許を取り消すものとする。

二　六月以内に法第百三条第一項第三号の中毒者に該当しないこととなる見込みがある場合には、免許の効力を停止するものとする。

4　免許を受けた者が法第百三条第一項第四号に該当することとなつた場合についての同項の政令で定める基準は、次に掲げるとおりとする。

一　法第百三条第一項第四号に該当することを理由として同項本文の規定により免許の効力を停止された者が重ねて同号に該当した場合には、同条第六項の規定による命令に違反したことについてやむを得ない理由がある場合を除き、免許を取り消すものとする。

二　法第百三条第一項第四号に該当する場合（前号に該当する場合を除く。）には、免許の効力を停止するものとする。

5　免許を受けた者が法第百三条第一項第五号から第八号までのいずれかに該当することとなつた場合についての同項の政令で定める基準は、次に掲げるとおりとする。

一　次のいずれかに該当するときは、免許を取り消すものとする。

イ　一般違反行為をした場合において、当該一般違反行為に係る累積点数が、別表第三の一の表の第一欄に掲げる区分に応じそれぞれ同表の第二欄、第三欄、第四欄、第五欄又は第六欄に掲げる点数に該当したとき。

ロ　別表第四第一号から第三号までに掲げる行為をしたとき。

二　次のいずれかに該当するときは、免許の効力を停止するものとする。

イ　一般違反行為をした場合において、当該一般違反行為に係る累積点数が、別表第三の一の表の第一欄に掲げる区分に応じそれぞれ同表の第七欄に掲げる点数に該当したとき。

ロ　別表第四第四号に掲げる行為をしたとき。

ハ　法第百三条第一項第八号に該当することとなつたとき。

6　法第百三条第七項の政令で定める基準は、次に掲げるとおりとする。

一　第一項第一号、第二項第一号又は第三項第一号に該当して免許を取り消したときは、一年の期間とする。

二　一般違反行為をしたことを理由として免許を取り消したとき（次号に該当する場合を除く。）は、次に掲げる区分に応じ、それぞれ次に定める期間とする。

イ　当該一般違反行為に係る累積点数が別表第三の一の表の第一欄に掲げる区分に応じそれぞれ同表の第二欄に掲げる点数に該当した場合　五年

ロ　当該一般違反行為に係る累積点数が別表第三の一の表の第一欄に掲げる区分に応じそれぞれ同表の第三欄に掲げる点数に該当した場合　四年

ハ　当該一般違反行為に係る累積点数が別表第三の一の表の第一欄に掲げる区分に応じそれぞれ同表の第四欄に掲げる点数に該当した場合　三年

ニ　当該一般違反行為に係る累積点数が別表第三の一の表の第一欄に掲げる区分に応じそれぞれ同表の第五欄に掲げる点数に該当した場合　二年

ホ　当該一般違反行為に係る累積点数が別表第三の一の表の第一欄に掲げる区分に応じそれぞれ同表の第六欄に掲げる点数に該当した場合　一年

三　一般違反行為をしたことを理由として免許を取り消された者が免許取消歴等保有者であり、かつ、当該一般違反行為が法第九十条第九項若しくは第十項若しくは法第百三条第七項若しくは第八項の規定により指定され又は法第百七条の五第一項若しくは第二項の規定により指定され又は定められた期間が満了した日から五年を経過する日までの間（以下この項及び次項において「特定期間」という。）にされたものであるときは、次に掲げる区分に応じ、それぞれ次に定める期間とする。

イ　当該一般違反行為に係る累積点数が別表第三の一の表の第一欄に掲げる区分に応じそれぞれ同表の第二欄、第三欄又は第四欄に掲げる点数に該当した場合　五年

ロ　当該一般違反行為に係る累積点数が別表第三の一の表の第一欄に掲げる区分に応じそれぞれ同表の第五欄に掲げる点数に該当した場合　四年

ハ　当該一般違反行為に係る累積点数が別表第三の一の表の第一欄に掲げる区分に応じそれぞれ同表の第六欄に掲げる点数に該当した場合　三年

四　重大違反唆し等又は道路外致死傷で法第百三条第二項第五号に規定する行為以外のものをしたことを理由として免許を取り消したとき（次号に該当する場合を除く。）は、次に掲げる区分に応じ、それぞれ次に定める期間とする。

イ　当該行為が別表第四第一号に掲げるものである場合　三年

ロ　当該行為が別表第四第二号に掲げるものである場合　二年

ハ　当該行為が別表第四第三号に掲げるものである場合　一年

五　重大違反唆し等又は道路外致死傷で法第百三条第二項第五号に規定する行為以外のものをしたことを理由として免許を取り消された者が免許取消歴等保有者であり、かつ、当該行為が特定期間内にされたものであるときは、次に掲げる区分に応じ、それぞれ次に定める期間とする。

イ　当該行為が別表第四第一号に掲げるものである場合　五年

ロ　当該行為が別表第四第二号に掲げるものである場合　四年

ハ　当該行為が別表第四第三号に掲げるものである場合　三年

7　法第百三条第八項の政令で定める基準は、次に掲げるとおりとする。

一　特定違反行為をしたことを理由として免許を取り消したとき（次号に該当する場合を除く。）は、次に掲げる区分に応じ、それぞれ次に定める期間とする。

イ　当該特定違反行為に係る累積点数が別表第三の二の表の第一欄に掲げる区分に応じそれぞれ同表の第二欄に掲げる点数に該当した場合　十年

ロ　当該特定違反行為に係る累積点数が別表第三の二の表の第一欄に掲げる区分に応じそれぞれ同表の第三欄に掲げる点数に該当した場合　九年

ハ　当該特定違反行為に係る累積点数が別表第三の二の表の第一欄に掲げる区分に応じそれぞれ同表の第四欄に掲げる点数に該当した場合　八年

ニ　当該特定違反行為に係る累積点数が別表第三の二の表の第一欄に掲げる区分に応じそれぞれ同表の第五欄に掲げる点数に該当した場合　七年

ホ　当該特定違反行為に係る累積点数が別表第三の二の表の第一欄に掲げる区分に応じそれぞれ同表の第六欄に掲げる点数に該当した場合　六年

ヘ　当該特定違反行為に係る累積点数が別表第三の二の表の第一欄に掲げる区分に応じそれぞれ同表の第七欄に掲げる点数に該当した場合　五年

ト　当該特定違反行為に係る累積点数が別表第三の二の表の第一欄に掲げる区分に応じそれぞれ同表の第八欄に掲げる点数に該当した場合　四年

チ　当該特定違反行為に係る累積点数が別表第三の二の表前歴がない者の項の第九欄に掲げる点数に該当した場合　三年

二　特定違反行為をしたことを理由として免許を取り消された者が免許取消歴等保有者であり、かつ、当該特定違反行為が特定期間内にされたものであるときは、次に掲げる区分に応じ、それぞれ次に定める期間とする。

イ　当該特定違反行為に係る累積点数が別表第三の二の表の第一欄に掲げる区分に応じそれぞれ同表の第二欄、第三欄又は第四欄に掲げる点数に該当した場合　十年

ロ　当該特定違反行為に係る累積点数が別表第三の二の表の第一欄に掲げる区分に応じそれぞれ同表の第五欄に掲げる点数に該当した場合　九年

ハ　当該特定違反行為に係る累積点数が別表第三の二の表の第一欄に掲げる区分に応じそれぞれ同表の第六欄に掲げる点数に該当した場合　八年

ニ　当該特定違反行為に係る累積点数が別表第三の二の表の第一欄に掲げる区分に応じそれぞれ同表の第七欄に掲げる点数に該当した場合　七年

ホ　当該特定違反行為に係る累積点数が別表第三の二の表の第一欄に掲げる区分に応じそれぞれ同表の第八欄に掲げる点数に該当した場合　六年

ヘ　当該特定違反行為に係る累積点数が別表第三の二の表前歴がない者の項の第九欄に掲げる点数に該当した場合　五年

三　法第百三条第二項第五号に規定する行為をしたことを理由として免許を取り消したとき（次号に該当する場合を除く。）は、次に掲げる区分に応じ、それぞれ次に定める期間とする。

イ　当該行為が別表第五第一号に掲げるものである場合　八年

ロ　当該行為が別表第五第二号に掲げるものである場合　七年

ハ　当該行為が別表第五第三号に掲げるものである場合　六年

ニ　当該行為が別表第五第四号に掲げるものである場合　五年

四　法第百三条第二項第五号に規定する行為をしたことを理由として免許を取り消された者が免許取消歴等保有者であり、かつ、当該行為が特定期間内にされたものであるときは、次に掲げる区分に応じ、それぞれ次に定める期間とする。

イ　当該行為が別表第五第一号に掲げるものである場合

十年

ロ　当該行為が別表第五第二号に掲げるものである場合　九年

ハ　当該行為が別表第五第三号に掲げるものである場合　八年

ニ　当該行為が別表第五第四号に掲げるものである場合　七年

（免許の取消し又は停止の事由となる病気等）

第三十八条の二　法第百三条第一項第一号イの政令で定める精神病は、第三十三条の二の三第一項に規定するものとする。

2　法第百三条第一項第一号ロの政令で定める病気は、第三十三条の二の三第二項各号に掲げるものとする。

3　法第百三条第一項第一号ハの政令で定める病気は、第三十三条の二の三第三項各号に掲げるものとする。

4　法第百三条第一項第二号の政令で定める身体の障害は、次に掲げるとおりとする。

一　体幹の機能に障害があつて腰をかけていることができないもの

二　四肢の全部を失つたもの又は四肢の用を全廃したもの

三　前二号に掲げるもののほか、自動車等の安全な運転に必要な認知又は操作のいずれかに係る能力を欠くこととなるもの（法第九十一条の規定により条件を付し、又はこれを変更することにより、その能力が回復することが明らかであるものを除く。）

（臨時適性検査に係る免許の効力の停止をする場合等）

第三十九条の二　法第百四条の二の三第一項の政令で定めるときは、医師の診断に基づき、同項に規定する適性検査を受けるべき者又は同項に規定する命令を受け診断書を提出することとされている者が法第百三条第一項第一号、第一号の二又は第三号のいずれかに該当する疑いがあると認められるときとする。

2　法第百四条の二の三第三項の政令で定める基準は、次に掲げるとおりとする。

一　次号イからハまでのいずれかに該当することを理由として法第百四条の二の三第三項の規定により免許の効力を停止された者が当該停止の期間内に重ねてそれぞれ当該イからハまでに該当した場合は、免許を取り消すものとする。

二　次のいずれかに該当する場合（前号に該当する場合を除く。）には、免許の効力を停止するものとする。

イ　法第百一条の七第二項の規定による通知を受け、同条第三項の規定に違反して当該通知に係る法第九十七条の二第一項第三号イに規定する認知機能検査等を受けないと認める場合

ロ　法第百一条の七第五項の規定による通知を受け、同条第六項の規定に違反して当該通知に係る講習を受けないと認める場合

ハ　法第百二条第一項から第四項までの規定による命令を受け、当該命令に違反したと認める場合又は同条第六項の規定による通知を受け、同条第七項の規定に違反して当該通知に係る適性検査を受けないと認める場合

（若年運転者講習終了者に係る免許の取消しの基準）

第三十九条の二の二　法第百四条の二の四第二項の政令で定める基準は、若年運転者講習を終了した後若年運転者期間が経過することとなるまでの間にした自動車等の運転に関し法若しくは法に基づく命令の規定又は法の規定に基づく処分に違反する行為（以下この条において「講習後若年違反行為」という。）が一般違反行為である場合（第三十八条第五項第一号イに該当する場合を除く。）において、次のいずれかに該当することとなることとする。

一　当該講習後若年違反行為及び当該講習後若年違反行為をする前においてした講習後若年違反行為（特例取得免許を受けていた期間（免許の効力が停止されていた期間を除く。）が通算して一年となつたことがあり、かつ、当該期間の初日に当たる日から末日に当たる日までの間に違反行為をしたことがない場合にあつては、当該期間前の講習後若年違反行為を除く。以下この条において「先行講習後若年違反行為」という。）のそれぞれについて別表第二に定めるところにより付した点数の合計（以下この条において「講習後若年違反合計点数」という。）が三点以上（当該講習後若年違反行為について別表第二に定めるところにより付した点数が三点であることによつて三点となる場合を除く。）であつて、当該講習後若年違反行為の直近の先行講習後若年違反行為に係る講習後若年違反合計点数が二点以下であり、又は先行講習後若年違反行為をしたことがないこと。

二　講習後若年違反合計点数が四点以上であつて、先行講習後若年違反行為の回数が一回であり、かつ、当該先行講習後若年違反行為について別表第二に定めるところにより付した点数が三点であること。

（申請による取消しの際に受けることができる免許の種類）

第三十九条の二の三　法第百四条の四第一項の政令で定める種類の免許は、次の表の上欄に掲げる取消しに係る免許の種類ごとに同表の下欄に定めるものとする。

取消しに係る免許の種類	受けたい旨の申出をすることができる免許の種類
大型自動車免許	中型自動車免許、準中型自動車免許、普通自動車免許、小型特殊自動車免許又は原動機付自転車免許
中型自動車免許	準中型自動車免許、普通自動車免許、小型特殊自動車免許又は原動機付自転車免許
準中型自動車免許	普通自動車免許、小型特殊自動車免許又は原動機付自転車免許
普通自動車免許	小型特殊自動車免許又は原動機付自転車免許
大型特殊自動車免許	小型特殊自動車免許又は原動機付自転車免許
大型自動二輪車免許	普通自動二輪車免許、小型特殊自動車免許又は原動機付自転車免許
普通自動二輪車免許	小型特殊自動車免許又は原動機付自転車免許
大型自動車第二種免許	大型自動車免許、中型自動車免許、準中型自動車免許、普通自動車免許、小型特殊自動車免許、原動機付自転車免許、中型自動車第二種免許又は普通自動車第二種免許

中型自動車第二種免許	中型自動車免許、準中型自動車免許、普通自動車免許、小型特殊自動車免許、原動機付自転車免許又は普通自動車第二種免許
普通自動車第二種免許	普通自動車免許、小型特殊自動車免許又は原動機付自転車免許
大型特殊自動車第二種免許	大型特殊自動車免許、小型特殊自動車免許又は原動機付自転車免許
牽引第二種免許	牽引免許

（申請による取消しの基準）

第三十九条の二の四　法第百四条の四第二項の規定による免許の取消しは、同条第一項の規定による申請をした者が次の各号のいずれにも該当しない場合に行うものとする。

一　前条の表の上欄に掲げる種類の免許を受けていること（当該免許の種類ごとに同表の下欄に定める種類の免許のみの取消しを申請した場合に限る。）。

二　法第九十条第五項、法第百三条第一項若しくは第四項（法第百四条の二の三第五項において準用する場合を含む。）若しくは法第百四条の二の三第三項の規定による免許の取消しの基準又は法第九十条第六項若しくは法第百三条第二項の規定による免許の取消しの要件に該当していること。

三　法第九十条第五項、法第百三条第一項若しくは第四項（法第百四条の二の三第五項において準用する場合を含む。）若しくは法第百四条の二の三第一項若しくは第三項の規定により免許の効力が停止され、又はこれらの規定による免許の効力の停止の基準に該当していること。

四　当該申請に係る免許について基準該当初心運転者（法第百条の二第一項各号のいずれかに該当する者及び同項の再試験に合格した者を除く。第三十九条の二の六第一項第三号において同じ。）に該当していること。

五　当該申請に係る免許（基準該当若年運転者に該当することとなつた時点において二十歳に達している者にあつては、特例取得免許である中型自動車免許を除く。）について、基準該当若年運転者（若年運転者講習を終了した者を除く。第三十九条の二の六第一項第三号において同じ。）に該当していること又は法第百四条の二の四第二項の規定による特例取得免許の取消しの基準に該当していること。

（運転経歴証明書の交付）

第三十九条の二の五　法第百四条の四第六項の規定による運転経歴証明書の交付は、同条第五項の規定による申請をした日前五年以内に同条第二項の規定により免許を取り消され、かつ、現に受けている免許がない者に対して行うものとする。

第三十九条の二の六　法第百五条第二項において読み替えて準用する法第百四条の四第五項の政令で定める者は、法第百五条第一項の規定により効力を失つた免許に係る免許証の有効期間が満了する日において次の各号のいずれかに該当する者とする。

一　法第九十条第五項、法第百三条第一項若しくは第四項（法第百四条の二の三第五項において準用する場合を含む。）若しくは法第百四条の二の三第三項の規定による免許の取消しの基準又は法第九十条第六項若しくは法第百三条第二項の規定による免許の取消しの要件に該当している者

二　法第九十条第五項、法第百三条第一項若しくは第四項（法第百四条の二の三第五項において準用する場合を含む。）若しくは法第百四条の二の三第一項若しくは第三項の規定により免許の効力が停止され、又はこれらの規定による免許の効力の停止の基準に該当している者

三　法第百五条第一項の規定により効力を失つた免許の全てについて、基準該当初心運転者に該当している者、基準該当若年運転者に該当している者（特例取得免許である中型自動車免許については、基準該当若年運転者に該当することとなつた時点において二十歳に達している者を除く。）又は法第百四条の二の四第二項の規定による特例取得免許の取消しの基準に該当している者

2　前条の規定は、法第百五条第二項において準用する法第百四条の四第六項の規定による運転経歴証明書の交付について準用する。この場合において、前条中「同条第五項」とあるのは「法第百五条第二項において読み替えて準用する法第百四条の四第五項」と、「同条第二項」とあるのは「法第百五条第一項」と、「を取り消され」とあるのは「が効力を失い」と読み替えるものとする。

（仮運転免許の取消しの基準）

第三十九条の三　法第百六条の二第一項の政令で定める基準は、次に掲げるとおりとする。

一　仮運転免許を受けた者が法第百三条第一項第一号から第三号までのいずれかに該当することとなつたとき（同項第一号に該当することとなつた場合において、六月の間自動車等の安全な運転に必要な認知、予測、判断又は操作のいずれかに係る能力を欠くこととなるおそれがある症状を呈しないと認められるときを除く。）。

二　仮運転免許を受けた者が違反行為をし、よつて交通事故を起こして人を死亡させ、若しくは傷つけ、又は建造物を損壊したとき。

三　仮運転免許を受けた者が法第百十七条第一項若しくは第二項、法第百十七条の二第一項第一号、第三号若しくは第四号、法第百十七条の二の二第一項第一号、第三号、第七号若しくは第八号、法第百十七条の三、法第百十七条の四第一項第二号若しくは法第百十八条第一項第一号、第五号（法第八十五条第六項から第十項までに係る部分に限る。）若しくは第六号若しくは第二項第一号に係る違反行為（法第百十八条第一項第一号に係る違反行為にあつては法第二十二条の規定によりこれを超える速度で進行してはならないこととされている最高速度を三十キロメートル毎時（高速自動車国道等においては四十キロメートル毎時）以上超える速度で運転する行為に、法第百十八条第二項第一号に係る違反行為にあつては車両について法第五十七条第一項の規定により積載物の重量の制限として定められた数値の二倍以上の重量の積載をして大型自動車、中型自動車、準中型自動車又は大型特殊自動車を運転する行為に限る。）又は道路運送車両法第五十八条第一項若しくは自動車損害賠償保障法（昭和三十年法律第九十七号）第五条の規定に違反する行為をしたとき。

四　仮運転免許を受けた者が別表第四又は別表第五に掲げる行為をしたとき。

2　法第百六条の二第二項の政令で定める基準は、第三十七条の七第一号に掲げる場合を除き、仮運転免許を取り消すものとすることとする。

第四十条　**（自動車等の運転の禁止の基準）**　法第百七条の五第一項の政令で定める基準は、次に掲げるとおりとする。

一　国際運転免許証等を所持する者が法第百七条の五第一項第一号に該当したとき（法第百七条の四第三項の規定により、その者の身体の状態に応じた必要な措置をとることを命じても、なお自動車等の運転に支障を及ぼすおそれがある場合に限る。）は、一年を超えない範囲内の期間、その者が自動車等を運転することを禁止するものとする。

二　国際運転免許証等を所持する者が一般違反行為をしたとき（次号に該当する場合を除く。）は、次に掲げる区分に応じ、それぞれ次に定める期間、その者が自動車等を運転することを禁止するものとする。

イ　当該一般違反行為に係る累積点数が別表第三の一の表の第一欄に掲げる区分に応じそれぞれ同表の第二欄に掲げる点数に該当した場合　五年

ロ　当該一般違反行為に係る累積点数が別表第三の一の表の第一欄に掲げる区分に応じそれぞれ同表の第三欄に掲げる点数に該当した場合　四年

ハ　当該一般違反行為に係る累積点数が別表第三の一の表の第一欄に掲げる区分に応じそれぞれ同表の第四欄に掲げる点数に該当した場合　三年

ニ　当該一般違反行為に係る累積点数が別表第三の一の表の第一欄に掲げる区分に応じそれぞれ同表の第五欄に掲げる点数に該当した場合　二年

ホ　当該一般違反行為に係る累積点数が別表第三の一の表の第一欄に掲げる区分に応じそれぞれ同表の第六欄に掲げる点数に該当した場合　一年

三　国際運転免許証等を所持する者で免許取消歴等保有者であるものが第三十三条の二第一項第二号に規定する期間内に一般違反行為をしたときは、次に掲げる区分に応じ、それぞれ次に定める期間、その者が自動車等を運転することを禁止するものとする。

イ　当該一般違反行為に係る累積点数が別表第三の一の表の第一欄に掲げる区分に応じそれぞれ同表の第二欄、第三欄又は第四欄に掲げる点数に該当した場合　五年

ロ　当該一般違反行為に係る累積点数が別表第三の一の表の第一欄に掲げる区分に応じそれぞれ同表の第五欄に掲げる点数に該当した場合　四年

ハ　当該一般違反行為に係る累積点数が別表第三の一の表の第一欄に掲げる区分に応じそれぞれ同表の第六欄に掲げる点数に該当した場合　三年

四　国際運転免許証等を所持する者が一般違反行為をした場合において、当該一般違反行為に係る累積点数が別表第三の一の表の第一欄に掲げる区分に応じそれぞれ同表の第七欄に掲げる点数に該当したときは、六月を超えない範囲内の期間、その者が自動車等を運転することを禁止するものとする。

2　法第百七条の五第二項の政令で定める基準は、次に掲げるとおりとする。

一　国際運転免許証等を所持する者が特定違反行為をしたとき（次号に該当する場合を除く。）は、次に掲げる区分に応じ、それぞれ次に定める期間、その者が自動車等を運転することを禁止するものとする。

イ　当該特定違反行為に係る累積点数が別表第三の二の表の第一欄に掲げる区分に応じそれぞれ同表の第二欄に掲げる点数に該当した場合　十年

ロ　当該特定違反行為に係る累積点数が別表第三の二の表の第一欄に掲げる区分に応じそれぞれ同表の第三欄に掲げる点数に該当した場合　九年

ハ　当該特定違反行為に係る累積点数が別表第三の二の表の第一欄に掲げる区分に応じそれぞれ同表の第四欄に掲げる点数に該当した場合　八年

ニ　当該特定違反行為に係る累積点数が別表第三の二の表の第一欄に掲げる区分に応じそれぞれ同表の第五欄に掲げる点数に該当した場合　七年

ホ　当該特定違反行為に係る累積点数が別表第三の二の表の第一欄に掲げる区分に応じそれぞれ同表の第六欄に掲げる点数に該当した場合　六年

ヘ　当該特定違反行為に係る累積点数が別表第三の二の表の第一欄に掲げる区分に応じそれぞれ同表の第七欄に掲げる点数に該当した場合　五年

ト　当該特定違反行為に係る累積点数が別表第三の二の表の第一欄に掲げる区分に応じそれぞれ同表の第八欄に掲げる点数に該当した場合　四年

チ　当該特定違反行為に係る累積点数が別表第三の二の表の前歴がない者の項の第九欄に掲げる点数に該当した場合　三年

二　国際運転免許証等を所持する者で免許取消歴等保有者であるものが第三十三条の二第一項第二号に規定する期間内に特定違反行為をしたときは、次に掲げる区分に応じ、それぞれ次に定める期間、その者が自動車等を運転することを禁止するものとする。

イ　当該特定違反行為に係る累積点数が別表第三の二の表の第一欄に掲げる区分に応じそれぞれ同表の第二欄、第三欄又は第四欄に掲げる点数に該当した場合　十年

ロ　当該特定違反行為に係る累積点数が別表第三の二の表の第一欄に掲げる区分に応じそれぞれ同表の第五欄に掲げる点数に該当した場合　九年

ハ　当該特定違反行為に係る累積点数が別表第三の二の表の第一欄に掲げる区分に応じそれぞれ同表の第六欄に掲げる点数に該当した場合　八年

ニ　当該特定違反行為に係る累積点数が別表第三の二の表の第一欄に掲げる区分に応じそれぞれ同表の第七欄に掲げる点数に該当した場合　七年

ホ　当該特定違反行為に係る累積点数が別表第三の二の表の第一欄に掲げる区分に応じそれぞれ同表の第八欄に掲げる点数に該当した場合　六年

ヘ　当該特定違反行為に係る累積点数が別表第三の二の表前歴がない者の項の第九欄に掲げる点数に該当した場合　五年

第四十条の二　**（委託の方法）**　法第百八条第一項の規定による委託は、次に定めるところにより行うものとする。

一　次に掲げる事項についての条項を含む委託契約書を作成

すること。

イ　委託に係る免許関係事務の内容に関する事項

ロ　委託に係る免許関係事務を処理する場所及び方法に関する事項

ハ　委託契約の期間及びその解除に関する事項

ニ　その他内閣府令で定める事項

二　委託をしたときは、内閣府令で定めるところにより、その旨を公示すること。

※一号ニ・二号「内閣府令」＝則三一の四の三・三一の四の四

（委託することのできない事務）

第四十条の三　法第百八条第一項の政令で定める事務は、次に掲げる事務とする。

一　法第八十九条第三項の規定による検査の結果の判定に係る事務

二　法第九十条第一項ただし書の規定による免許の拒否及び保留、同条第二項の規定による免許の拒否、同条第四項（同条第七項及び第十四項において準用する場合を含む。）の規定による弁明の聴取り及び証拠の受取り、同条第五項の規定による免許の取消し及び効力の停止、同条第六項の規定による免許の取消し、同条第八項の規定による適性検査の結果の判定又は診断書の受取り、同条第九項又は第十項の規定による免許を受けることができない期間の指定、同条第十二項の規定による免許の保留の期間及び効力の停止の期間の短縮並びに同条第十三項の規定による仮免許の拒否に係る事務

三　法第九十条の二第二項の規定による免許の拒否に係る事務

四　法第九十一条の規定による免許の条件の付与及び変更に係る事務

五　法第九十一条の二第二項の規定による免許の条件の付与及び変更並びに同条第三項の規定による審査に係る事務

六　法第九十七条第二項の規定による試験の結果の判定に係る事務

七　法第九十七条の二第一項第三号イ又はロの規定による認知機能検査の結果の判定、同号イ又はハの規定による運転技能検査の結果の判定、同条第二項の規定による試験の一部の免除の拒否及び同条第三項又は第四項の規定による試験の一部の免除に係る事務

八　法第九十七条の三第一項の規定による試験の停止及び合格の決定の取消し並びに同条第三項の規定による試験を受けることができないものとする措置に係る事務

九　法第百条の二第一項の規定による再試験の結果の判定に係る事務

十　法第百条の三第二項の規定による再試験の結果の判定に係る事務

十一　法第百一条第五項の規定による適性検査の結果の判定に係る事務

十二　法第百一条の二第三項の規定による適性検査の結果の判定に係る事務

十三　法第百一条の二の二第五項の規定による書面の内容の判定及び同項の規定による適性検査の結果の判定に係る事務

十四　法第百一条の三第二項の規定による免許証の更新の拒否に係る事務

十五　法第百一条の四第二項の規定による認知機能検査の結果の判定、同条第三項の規定による運転技能検査の結果の判定及び同条第四項の規定による免許証の更新の拒否に係る事務

十六　法第百一条の七第二項の規定による認知機能検査の結果の判定に係る事務

十七　法第百二条第一項から第五項までの規定による適性検査の結果の判定及び同条第一項から第四項までの規定により提出された診断書の受取りに係る事務

十八　法第百三条第一項又は第四項の規定による免許の取消し及び効力の停止、同条第二項の規定による免許の取消し、同条第六項の規定による適性検査の結果の判定又は診断書の受取り、同条第七項又は第八項の規定による免許を受けることができない期間の指定並びに同条第十項の規定による免許の効力の停止の期間の短縮に係る事務

十九　法第百四条第二項（法第百七条の五第四項において準用する場合を含む。）の規定による意見の聴取り及び証拠の受取り並びに法第百四条第三項（法第百七条の五第四項において準用する場合を含む。）の規定による参考人又は関係人の出頭の要求及びその意見又は事情の聴取りに係る事務

二十　法第百四条の二第五項（法第百七条の五第四項において準用する場合を含む。）の規定による参考人又は関係人の出頭の要求及びその意見又は事情の聴取りに係る事務

二十一　法第百四条の二の二第一項、第二項又は第四項の規定による免許の取消し並びに同条第六項において準用する法第百四条第二項の規定による意見の聴取り及び証拠の受取りに係る事務

二十二　法第百四条の二の三第一項若しくは第三項の規定又は同条第五項において準用する法第百三条第四項の規定による免許の取消し及び効力の停止に係る事務

二十三　法第百四条の二の四第一項、第二項又は第四項の規定による特例取得免許の取消し並びに同条第六項において準用する法第百四条第二項の規定による意見の聴取り及び証拠の受取り並びに同条第三項の規定による参考人又は関係人の出頭の要求及びその意見又は事情の聴取りに係る事務

二十四　法第百四条の四第二項の規定による免許の取消しに係る事務

二十五　法第百六条の二の規定による仮免許の取消しに係る事務

二十六　法第百七条の四第一項の規定による適性検査の結果の判定及び同条第三項の規定による命令に係る事務

二十七　法第百七条の五第一項若しくは第二項の規定又は同条第九項において準用する法第百三条第四項の規定による自動車等の運転の禁止及び法第百七条の五第三項において準用する法第百三条第十項の規定による自動車等の運転の禁止の期間の短縮に係る事務

第七章　雑則

（公安委員会の講習の対象となる指定自動車教習所の職員）

第四十一条　法第百八条の二第一項第九号の政令で定める職員は、教習指導員及び技能検定員並びに卒業証明書又は修了証

明書の発行に関し監督的な地位にあり、かつ、管理者を直接に補佐する職員とする。

（初心運転者講習の受講期間の特例）

第四十一条の二　法第百八条の三第二項の政令で定めるやむを得ない理由は、第三十七条の十一各号に掲げる理由とする。

（特定小型原動機付自転車危険行為等）

第四十一条の三　法第百八条の三の五第一項の政令で定める行為は、特定小型原動機付自転車の運転に関し行われた次に掲げる行為とする。

一　法第七条（信号機の信号等に従う義務）の規定に違反する行為
二　法第八条（通行の禁止等）第一項の規定に違反する行為
三　法第九条（歩行者用道路を通行する車両の義務）の規定に違反する行為
四　法第十七条（通行区分）第一項、第四項又は第六項の規定に違反する行為
五　法第十七条の二（特例特定小型原動機付自転車の歩道通行）第二項の規定に違反する行為
六　法第十七条の三（特例特定小型原動機付自転車等の路側帯通行）第二項の規定に違反する行為
七　法第三十三条（踏切の通過）第二項の規定に違反する行為
八　法第三十六条（交差点における他の車両等との関係等）の規定に違反する行為
九　法第三十七条（交差点における他の車両等との関係等）の規定に違反する行為
十　法第三十七条の二（環状交差点における他の車両等との関係等）の規定に違反する行為
十一　法第四十三条（指定場所における一時停止）の規定に違反する行為
十二　法第六十二条（整備不良車両の運転の禁止）の規定に違反する行為
十三　法第六十五条（酒気帯び運転等の禁止）第一項の規定に違反する行為
十四　法第六十八条（共同危険行為等の禁止）の規定に違反する行為
十五　法第七十条（安全運転の義務）の規定に違反する行為
十六　法第七十一条（運転者の遵守事項）第五号の五の規定に違反する行為（別表第二の備考の二の16又は23に規定する行為に該当するものに限る。）
十七　法第百十七条の二第一項第四号又は法第百十七条の二の二第一項第八号の罪に当たる行為

2　法第百八条の三の五第二項の政令で定める行為は、自転車の運転に関し行われた次に掲げる行為とする。

一　法第七条（信号機の信号等に従う義務）の規定に違反する行為
二　法第八条（通行の禁止等）第一項の規定に違反する行為
三　法第九条（歩行者用道路を通行する車両の義務）の規定に違反する行為
四　法第十七条（通行区分）第一項、第四項又は第六項の規定に違反する行為
五　法第十七条の三（特例特定小型原動機付自転車等の路側帯通行）第二項の規定に違反する行為
六　法第三十三条（踏切の通過）第二項の規定に違反する行為
七　法第三十六条（交差点における他の車両等との関係等）の規定に違反する行為
八　法第三十七条（交差点における他の車両等との関係等）の規定に違反する行為
九　法第三十七条の二（環状交差点における他の車両等との関係等）の規定に違反する行為
十　法第四十三条（指定場所における一時停止）の規定に違反する行為
十一　法第六十三条の四（普通自転車の歩道通行）第二項の規定に違反する行為
十二　法第六十三条の九（自転車の制動装置等）第一項の規定に違反する行為
十三　法第六十五条（酒気帯び運転等の禁止）第一項の規定に違反する行為（法第百十七条の二第一項第一号に規定する酒に酔った状態であるものに限る。）
十四　法第七十条（安全運転の義務）の規定に違反する行為
十五　法第百十七条の二第一項第四号又は法第百十七条の二の二第一項第八号の罪に当たる行為

（保管証）

第四十一条の四　法第百九条第一項の保管証（以下この条において「保管証」という。）の有効期間は、保管証を交付した日から起算して四十日とする。

2　保管証のうち免許証の保管に係る保管証には、次に掲げる事項を記載するものとする。

一　保管証の有効期限
二　免許証の番号、免許の年月日及び免許証の交付年月日並びにその免許証を交付した公安委員会名
三　免許の種類及びその免許に付されている条件
四　免許を受けた者の住所、氏名及び生年月日
五　保管証を交付した日時並びに交付した警察官の所属、階級及び氏名

3　保管証のうち国際運転免許証等の保管に係る保管証には、次に掲げる事項を記載するものとする。

一　保管証の有効期限
二　国際運転免許証等の番号、発給年月日、発給地及び発給機関名
三　国際運転免許証等で運転することができる自動車等の種類
四　国際運転免許証等を所持する者の本邦における住所、氏名及び生年月日
五　保管証を交付した日時並びに交付した警察官の所属、階級及び氏名

4　保管証の様式は、内閣府令で定める。

※　4項「内閣府令」＝則三八の六

（国家公安委員会の指示）

第四十二条　法第百十条第一項の政令で定める基準は、次のいずれにも該当する自動車専用道路を指定することとする。

一　高速自動車国道又は法第百十条第一項の規定により指定された他の自動車専用道路に接続しているものであること。
二　本線車線が往復の方向別に相当の方法で明確に分離されているものであること。

2　法第百十条第一項の規定による国家公安委員会の指示は、

全国的な幹線道路のうち内閣府令で定めるものについて、交通の規制が斉一に行われていないか、又は斉一でない交通の規制が行われようとしているため、その道路における交通の円滑を欠き、又は欠くおそれがあるときに行うものとする。

3　法第百十条第一項の政令で定める事項は、信号機の設置及び管理による交通整理並びに法第二条第一項第七号、第四条第三項、第八条第一項、第十七条第四項、第二十条第一項ただし書及び第二項、第二十条の二第一項、第二十一条第二項第三号、第二十三条、第二十五条の二第二項、第二十六条の二第三項、第三十条、第三十四条第一項、第二項、第四項及び第五項、第三十五条第一項、第三十五条の二、第三十六条第二項、第四十四条第一項、第四十五条第一項、第七十五条の六第一項並びに第七十五条の八の二第二項の道路標識等による交通の規制に関することとする。

※　2項「内閣府令」＝則三九

第四十二条の二（特定の交通の規制に関する意見の聴取）　法第百十条の二第二項の政令で定める者は、地方自治法（昭和二十二年法律第六十七号）第二百五十二条の十九第一項の規定により指定する市の市長とする。

第四十三条（法第百十二条第一項の政令で定める区分及び額）　法第百十二条第一項の政令で定める区分は、次の表の第一欄に掲げる手数料の種別ごとにそれぞれ同表の第二欄に定める区分とし、同項の物件費及び施設費に対応する部分として政令で定める額は、当該区分に応じてそれぞれ同表の第三欄に定める額とし、同項の人件費に対応する部分として政令で定める額は、当該区分に応じてそれぞれ同表の第四欄に定める額とする。

手数料の種別	区分		物件費及び施設費に対応する額	人件費に対応する額
運転免許試験手数料	大型自動車免許、中型自動車免許又は準中型自動車免許に係る試験	法第九十七条の二第一項第一号又は第二号に該当して同項の規定の適用を受ける場合	五百円	千五十円
		法第九十七条の二第一項第三号又は第五号に該当して同項の規定の適用を受ける場合	五百円（第三十三条の六の二第六号に掲げるやむを得ない理由のため免許証の更新を受けることができなかつた者に対する試験にあつては、四百円）	千四百円（第三十三条の六の二第六号に掲げるやむを得ない理由のため免許証の更新を受けることができなかつた者に対する試験にあつては、四百円）
		法第九十七条の二第一項の規定の適用を受けない場合	六百五十円（法第九十七条第一項第二号に掲げる事項について行う試験を公安委員会が提供する自動車を使用して受ける場合にあつては、二千九百五十円）	三千四百五十円（法第九十七条第一項第二号に掲げる事項について行う試験を公安委員会が提供する自動車を使用して受ける場合にあつては、三千六百五十円）
	普通自動車免許に係る試験	法第九十七条の二第一項第一号又は第二号に該当して同項の規定の適用を受ける場合	五百円	千二百五十円
		法第九十七条の二第一項第三号又は第五号に該当して同項の規定の適用を受ける場合	五百円（第三十三条の六の二第六号に掲げるやむを得ない理由のため免許証の更新を受けることができなかつた者に対する試験にあつては、四百円）	千四百円（第三十三条の六の二第六号に掲げるやむを得ない理由のため免許証の更新を受けることができなかつた者に対する試験にあつては、四百円）
		法第九十七条の二第一項の規定の適用を受けない場合	六百五十円（法第九十七条第一項第二号に掲げる事項について行う試験を公安委員会が提供する自動車を使用して受ける場合にあつては、千二百五十円）	千九百円（法第九十七条第一項第二号に掲げる事項について行う試験を公安委員会が提供する自動車を使用して受ける場合にあつては、二千百円）
	特定第一種運転免許（大型特殊自動車免許、大型自動二輪車免許、普通自動二輪車免許又は牽引免許をいう。以下同じ。）又は大型特殊自動車第二種免許若しくは牽引第二種免許に係る試験	法第九十七条の二第一項第二号に該当して同項の規定の適用を受ける場合	五百円	千二百五十円
		法第九十七条の二第一項第三号又は第五号に該当して同項の規定の適用を受ける場合	五百円（第三十三条の六の二第六号に掲げるやむを得ない理由のため免許証の更新を受けることができなかつた者に対する試験にあつては、四百円）	千四百円（第三十三条の六の二第六号に掲げるやむを得ない理由のため免許証の更新を受けることができなかつた者に対する試験にあつては、四百円）
		法第九十七条の二第一項の規定の適用を受けない場合	六百五十円（法第九十七条第一項第二号に掲げる事項について行う試験を公安委員会が提供する自動車を使用して受ける場合にあつては、千九百五十円）	千九百五十円（法第九十七条第一項第二号に掲げる事項について行う試験を公安委員会が提供する自動車を使用して受ける場合にあつては、二千百円）

小型特殊自動車免許又は原動機付自転車免許に係る試験	法第九十七条の二第一項の規定の適用を受ける場合	五百円（第三十三条の六の二第六号に掲げるやむを得ない理由のため免許証の更新を受けることができなかつた者に対する試験にあつては、四百円）	千四百円（第三十三条の六の二第六号に掲げるやむを得ない理由のため免許証の更新を受けることができなかつた者に対する試験にあつては、四百円）
	法第九十七条の二第一項の規定の適用を受けない場合	五百円	千円
大型自動車第二種免許、中型自動車第二種免許又は普通自動車第二種免許に係る試験	法第九十七条の二第一項第二号に該当して同項の規定の適用を受ける場合	五百円	千二百円
	法第九十七条の二第一項第三号又は第五号に該当して同項の規定の適用を受ける場合	五百円（第三十三条の六の二第六号に掲げるやむを得ない理由のため免許証の更新を受けることができなかつた者に対する試験にあつては、四百円）	千四百円（第三十三条の六の二第六号に掲げるやむを得ない理由のため免許証の更新を受けることができなかつた者に対する試験にあつては、四百円）
	法第九十七条の二第一項の規定の適用を受けない場合	六百五十円（法第九十七条第一項第二号に掲げる事項について行う試験を公安委員会が提供する自動車を使用して受ける場合にあつては、三千三百円）	四千百五十円（法第九十七条第一項第二号に掲げる事項について行う試験を公安委員会が提供する自動車を使用して受ける場合にあつては、四千三百五十円）
仮運転免許に係る試験	法第九十七条の二第一項第二号に該当して同項の規定の適用を受ける場合	五百円	千二百円
	法第九十七条の二第一項第四号に該当して同項の規定の適用を受ける場合	五百円	千五十円
	法第九十七条の二第一項の規定の適用を受けない場合	六百五十円（法第九十七条第一項第二号に掲げる事項について行う試験を公安委員会が提供する自動車を使用して受ける場合にあつては、千九百五十円）	二千二百五十円（法第九十七条第一項第二号に掲げる事項について行う試験を公安委員会が提供する自動車を使用して受ける場合にあつては、二千四百円）
検査手数料	大型自動車仮運転免許、中型自動車仮運転免許又は準中型自動車仮運転免許を受けている者に対する法第八十九条第三項の規定による検査（以下「検査」という。）	三百円（公安委員会が提供する自動車を使用して受ける場合にあつては、二千六百円）	三千六百円（公安委員会が提供する自動車を使用して受ける場合にあつては、三千八百円）
	普通自動車仮運転免許を受けている者に対する検査	三百円（公安委員会が提供する自動車を使用して受ける場合にあつては、九百円）	三千四百五十円（公安委員会が提供する自動車を使用して受ける場合にあつては、三千六百五十円）
再試験手数料	準中型自動車免許に係る再試験	六百円（法第百条の二第二項に規定する準中型自動車の運転について必要な技能について行う試験を公安委員会が提供する自動車を使用して受ける場合にあつては、二千九百円）	千三百円（法第百条の二第二項に規定する準中型自動車の運転について必要な技能について行う試験を公安委員会が提供する自動車を使用して受ける場合にあつては、千五百円）
	普通自動車免許に係る再試験	六百円（法第百条の二第二項に規定する普通自動車の運転について必要な技能について行う試験を公安委員会が提供する自動車を使用して受ける場合にあつては、千二百円）	千百五十円（法第百条の二第二項に規定する普通自動車の運転について必要な技能について行う試験を公安委員会が提供する自動車を使用して受ける場合にあつては、千三百五十円）
	大型自動二輪車免許又は普通自動二輪車免許に係る再試験	六百円（法第百条の二第二項に規定する大型自動二輪車又は普通自動二輪車の運転について必要な技能について行う試験を公安委員会	千五十円（法第百条の二第二項に規定する大型自動二輪車又は普通自動二輪車の運転について必要な技能について行う試験を公安委員

		が提供する自動車を使用して受ける場合にあつては、千九百円）	会が提供する自動車を使用して受ける場合にあつては、千二百円）
	原動機付自転車免許に係る再試験	四百五十円	五百五十円
免許証交付手数料	第一種運転免許又は第二種運転免許に係る免許証	千百五十円（第三十三条の六の二第六号に掲げるやむを得ない理由のため免許証の更新を受けることができなかつた者であつて、法第九十七条の二第一項第三号に該当して同項の規定の適用を受けたものに対する免許証の交付にあつては、八百円）	九百円（法第九十二条第一項後段の規定により、一の種類の免許に係る免許証に他の種類の免許に係る事項を記載してその種類の免許に係る免許証の交付に代える場合にあつては、九百円に、当該他の種類の免許に係る事項を記載するごとに二百円を加えた額）
	仮運転免許に係る免許証	四百円	七百五十円
免許証再交付手数料	第一種運転免許又は第二種運転免許に係る免許証	千百五十円	千百円
	仮運転免許に係る免許証	四百円	七百五十円
免許証更新手数料	免許証の更新（法第百一条の二の二第一項の規定により免許証の更新の申請をする場合を除く。）	千三百円	千二百円
	免許証の更新（法第百一条の二の二第一項の規定により免許証の更新の申請をする場合）	千二百五十円	千三百円
経由手数料		二百円	三百五十円
認知機能検査手数料		四百円	六百五十円
運転技能検査手数料		千五十円	二千五百円
審査手数料		七百円（公安委員会が提供する自動車を使用して受ける場合にあつては、二千円）	七百円（公安委員会が提供する自動車を使用して受ける場合にあつては、八百五十円）
技能検定員資格者証交付手数料		二百円	九百五十円
技能検定員審査手数料	大型自動車免許、中型自動車免許又は準中型自動車免許に係る法第九十九条の二第四項第一号イの規定による審査（以下「技能検定員審査」という。）	二千九百五十円	二万四百五十円
	普通自動車免許に係る技能検定員審査	千百円	一万八千四百円
	特定第一種運転免許に係る技能検定員審査	千二百円	一万三千五百円
	大型自動車第二種免許、中型自動車第二種免許又は普通自動車第二種免許に係る技能検定員審査で、これらの免許に対応する第一種運転免許に係る技能検定員資格者証の交付を受けている者に対するもの（以下「大型自動車第二種免許等に係る技能検定員審査」という。）	三千五百五十円	一万八千三百五十円
教習指導員資格者証交付手数料		二百円	九百五十円
教習指導員審査手数料	大型自動車免許、中型自動車免許又は準中型自動車免許に係る法第九十九条の三第四項第一号イの規定による審査（以下「教習指導員審査」という。）	二千七百円	一万千八百五十円
	普通自動車免許に係る教習指導員審査	千円	一万八百五十円
	特定第一種運転免許に係る教習指導員審査	千二百円	八千四百五十円
	大型自動車第二種免許、中型自動車第二種免許又は普通自動車第二種免許に係る教習指導員審査で、これらの免許に対応する第一種運転免許に係る教習指導員資格者証の交付を受けている者に対するもの（以下「大型自動車第二種免許等に係る教習指導員審査」という。）	三千五十円	九千四百円
国外運転免許証交付手数料		九百円	千四百五十円

講習手数料	法第百八条の二第一項第一号に掲げる講習		講習一時間について四百五十円	講習一時間について三百円
	法第百八条の二第一項第二号に掲げる講習		講習一時間について千五十円	講習一時間について千三百円
	法第百八条の二第一項第三号に掲げる講習		講習一時間について七百円	講習一時間について千二百五十円
	法第百八条の二第一項第四号に掲げる講習	大型自動車免許、中型自動車免許又は準中型自動車免許に係る講習（準中型自動車免許に係る講習にあつては、普通自動車免許を受けている者に対するものに限る。）	講習一時間について二千四百五十円	講習一時間について二千円
		準中型自動車免許に係る講習（普通自動車免許を受けている者に対するものを除く。）	講習一時間について千八百五十円	講習一時間について千六百五十円
		普通自動車免許に係る講習	講習一時間について千四百五十円	講習一時間について千三百五十円
	法第百八条の二第一項第五号に掲げる講習	大型自動二輪車免許に係る講習	講習一時間について二千八百円	講習一時間について千三百五十円
		普通自動二輪車免許に係る講習	講習一時間について二千六百五十円	講習一時間について千三百五十円
	法第百八条の二第一項第六号に掲げる講習		講習一時間について五百円	講習一時間について千円
	法第百八条の二第一項第七号に掲げる講習		講習一時間について千五百五十円	講習一時間について千五百五十円
	法第百八条の二第一項第八号に掲げる講習		講習一時間について千円	講習一時間について四百円
	法第百八条の二第一項第九号に掲げる講習		講習一時間について四百五十円	講習一時間について三百円
	法第百八条の二第一項第十号に掲げる講習	準中型自動車免許に係る講習	講習一時間について六百円	講習一時間について千五百五十円
		普通自動車免許に係る講習	講習一時間について五百円	講習一時間について千五百五十円
		大型自動二輪車免許に係る講習	講習一時間について千五百十円	講習一時間について千五百五十円
		普通自動二輪車免許に係る講習	講習一時間について千円	講習一時間について千五百五十円
		原動機付自転車免許に係る講習	講習一時間について八百五十円	講習一時間について千六百円
	法第百八条の二第一項第十一号に掲げる講習	法第九十二条の二第一項の表の備考一の2に規定する優良運転者に対する講習	二百円	三百円
		法第九十二条の二第一項の表の備考一の3に規定する一般運転者に対する講習	三百円	五百円
		法第九十二条の二第一項の表の備考一の4に規定する違反運転者等に対する講習	六百円（国家公安委員会規則で定める第三十三条の七第二項の基準に該当しない者に対する講習にあつては、三百円）	七百五十円（国家公安委員会規則で定める第三十三条の七第二項の基準に該当しない者に対する講習にあつては、五百円）
	法第百八条の二第一項第十二号に掲げる講習	法第七十一条の五第三項に規定する普通自動車対応免許（以下この表において「普通自動車対応免許」という。）を受けている者（法第九十七条の二第一項第三号イ及びハに掲げる者並びに法第百一条の四第三項の規定の適用を受ける者を除く。）に対する講習	二千五十円	四千四百円
		普通自動車対応免許を受けている者（法第九十七条の二第一項第三号イ若しくはハに掲げる者又は法	六百五十円	二千二百五十円

	第百一条の四第三項の規定の適用を受ける者に限る。）又は第一種運転免許若しくは第二種運転免許であって普通自動車対応免許以外のもののみを受けている者に対する講習		
	法第百八条の二第一項第十三号に掲げる講習	四千八百円（当該講習が国家公安委員会規則で定めるものである場合にあっては、三千五百五十円）	七千七百円（当該講習が国家公安委員会規則で定めるものである場合にあっては、五千五百円）
	若年運転者講習	講習一時間について九百円	講習一時間について千三百五十円
	法第百八条の二第一項第十五号又は第十六号に掲げる講習	講習一時間について五百五十円	講習一時間について千四百五十円
通知手数料		八百五十円	五十円

備考　一の種類の免許に係る免許証に他の種類の免許に係る事項を記載した免許証の再交付は、一の免許証の再交付とする。

2　技能検定員審査を受けようとする者が次の表の第一欄に掲げる審査細目についての審査を免除される者である場合にあっては、法第百十二条第一項の物件費及び施設費に対応する部分として政令で定める額又は人件費に対応する部分として政令で定める額は、前項の表技能検定員審査手数料の項の第三欄又は第四欄の規定にかかわらず、次の表の第二欄に掲げる区分に応じて、それぞれ前項の表技能検定員審査手数料の項の第三欄又は第四欄に定める額から、次の表の第三欄又は第四欄に定める額を減じた額とする。

審査細目	区分	物件費及び施設費に対応する額から減ずる額	人件費に対応する額から減ずる額
一　技能検定員として必要な自動車の運転技能	大型自動車免許、中型自動車免許又は準中型自動車免許に係る技能検定員審査	三百円	三千七百円
	普通自動車免許に係る技能検定員審査	百円	三千四百五十円
	特定第一種運転免許に係る技能検定員審査	五十円	千二百円
	大型自動車第二種免許等に係る技能検定員審査	百五十円	四千百円
二　自動車の運転技能に関する観察及び採点の技能	大型自動車免許、中型自動車免許又は準中型自動車免許に係る技能検定員審査	三百円	六千四百円
	普通自動車免許に係る技能検定員審査	百円	六千円
	特定第一種運転免許に係る技能検定員審査	五十円	二千五十円
	大型自動車第二種免許等に係る技能検定員審査	百五十円	七千二百五十円
三　法第百八条の二十八第四項に規定する教則の内容となっている事項	大型自動車免許、中型自動車免許又は準中型自動車免許に係る技能検定員審査		二千五百円
	普通自動車免許に係る技能検定員審査		二千円
	特定第一種運転免許に係る技能検定員審査		二千円
四　自動車教習所に関する法令についての知識	大型自動車免許、中型自動車免許又は準中型自動車免許に係る技能検定員審査		二千五百円
	普通自動車免許に係る技能検定員審査		二千円
	特定第一種運転免許に係る技能検定員審査		二千円
五　技能検定の実施に関する知識	大型自動車免許、中型自動車免許又は準中型自動車免許に係る技能検定員審査		二千三百五十円
	普通自動車免許に係る技能検定員審査		千九百円
	特定第一種運転免許に係る技能検定員審査		二千六百五十円
六　自動車の運転技能の評価方法に関する知識	大型自動車免許、中型自動車免許又は準中型自動車免許に係る技能検定員審査		千八百円
	普通自動車免許に係る技能検定員審査		二千五十円
	特定第一種運転免許に係る技能検定員審査		二千五百五十円
	大型自動車第二種免許等に係る技能検定員審査		三千七百円

七　旅客自動車運送事業及び自動車運転代行業の業務の適正化に関する法律第二条第一項に規定する自動車運転代行業に関する法令についての知識	大型自動車第二種免許等に係る技能検定員審査		二千五百五十円

備考
一　技能検定員審査を受けようとする者が一の項及び二の項の第一欄に掲げる審査細目についての審査のいずれをも免除される者である場合にあつては、一の項及び二の項の第三欄及び第四欄に定めるところによるほか、前項の表技能検定員審査手数料の項の第三欄に定める額から更に大型自動車免許、中型自動車免許又は準中型自動車免許に係る技能検定員審査については二千百五十円を、普通自動車免許に係る技能検定員審査については七百円を、特定第一種運転免許に係る技能検定員審査については九百円を、大型自動車第二種免許等に係る技能検定員審査については二千七百円を減ずるものとし、前項の表技能検定員審査手数料の項の第四欄に定める額から更に大型自動車免許、中型自動車免許又は準中型自動車免許に係る技能検定員審査については二百円を、普通自動車免許に係る技能検定員審査については二百円を、特定第一種運転免許に係る技能検定員審査については二百円を、大型自動車第二種免許等に係る技能検定員審査については二百円を減ずるものとする。
二　技能検定員審査を受けようとする者が三の項及び四の項の第一欄に掲げる審査細目についての審査のいずれをも免除される者である場合にあつては、三の項及び四の項の第三欄及び第四欄に定めるところによるほか、前項の表技能検定員審査手数料の項の第四欄に定める額から更に大型自動車免許、中型自動車免許又は準中型自動車免許に係る技能検定員審査については五百円を、普通自動車免許に係る技能検定員審査については三百円を、特定第一種運転免許に係る技能検定員審査については三百円を減ずるものとする。

3　教習指導員審査を受けようとする者が次の表の第一欄に掲げる審査細目についての審査を免除される者である場合にあつては、法第百十二条第一項の物件費及び施設費に対応する部分として政令で定める額又は人件費に対応する部分として政令で定める額は、第一項の表教習指導員審査手数料の項の第三欄又は第四欄の規定にかかわらず、次の表の第二欄に掲げる区分に応じて、それぞれ第一項の表教習指導員審査手数料の項の第三欄又は第四欄に定める額から、次の表の第三欄又は第四欄に定める額を減じた額とする。

審査細目	区分	物件費及び施設費に対応する額から減ずる額	人件費に対応する額から減ずる額
一　教習指導員として必要な自動車の運転技能	大型自動車免許、中型自動車免許又は準中型自動車免許に係る教習指導員審査	三百円	三千七百円
	普通自動車免許に係る教習指導員審査	百円	三千四百五十円
	特定第一種運転免許に係る教習指導員審査	五十円	千二百円
	大型自動車第二種免許等に係る教習指導員審査	百五十円	四千百円
二　技能教習に必要な教習の技能	大型自動車免許、中型自動車免許又は準中型自動車免許に係る教習指導員審査	五十円	千三百五十円
	普通自動車免許に係る教習指導員審査		千三百円
	特定第一種運転免許に係る教習指導員審査	五十円	千三百円
	大型自動車第二種免許等に係る教習指導員審査	五十円	二千円
三　学科教習に必要な教習の技能	大型自動車免許、中型自動車免許又は準中型自動車免許に係る教習指導員審査		千三百円
	普通自動車免許に係る教習指導員審査		千二百五十円
	特定第一種運転免許に係る教習指導員審査		千二百五十円
四　法第百八条の二十八第四項に規定する教則の内容となつている事項その他自動車の運転に関する知識	大型自動車免許、中型自動車免許又は準中型自動車免許に係る教習指導員審査		千六百円
	普通自動車免許に係る教習指導員審査		千三百五十円
	特定第一種運転免許に係る教習指導員審査		千三百円
五　自動車教習所に関する法令についての知識	大型自動車免許、中型自動車免許又は準中型自動車免許に係る教習指導員審査		千六百円
	普通自動車免許に係る教習指導員審査		千三百五十円
	特定第一種運転免許に係る教習指導員審査		千三百円
六　教習指導員として必要な教育についての知識	大型自動車免許、中型自動車免許又は準中型自動車免許に係る教習指導員審査		千五百円
	普通自動車免許に係る教習指導員審査		千三百円

特定第一種運転免許に係る教習指導員審査			千二百五十円
七 旅客自動車運送事業及び自動車運転代行業の業務の適正化に関する法律第二条第一項に規定する自動車運転代行業に関する法令についての知識	大型自動車第二種免許等に係る教習指導員審査		二千五百五十円

備考

一 教習指導員審査を受けようとする者が一の項及び二の項の第一欄に掲げる審査細目についての審査のいずれをも免除される者である場合にあつては、一の項及び二の項の第三欄及び第四欄に定めるところによるほか、第一項の表教習指導員審査手数料の項の第三欄に定める額から更に大型自動車免許、中型自動車免許又は準中型自動車免許に係る教習指導員審査については二千二百円を、普通自動車免許に係る教習指導員審査については七百円を、特定第一種運転免許に係る教習指導員審査については九百円を、大型自動車第二種免許等に係る教習指導員審査については二千六百五十円を減ずるものとし、第一項の表教習指導員審査手数料の項の第四欄に定める額から更に大型自動車免許、中型自動車免許又は準中型自動車免許に係る教習指導員審査については二百円を、普通自動車免許に係る教習指導員審査については二百円を、特定第一種運転免許に係る教習指導員審査については二百円を、大型自動車第二種免許等に係る教習指導員審査については二百円を減ずるものとする。

二 教習指導員審査を受けようとする者が四の項及び五の項の第一欄に掲げる審査細目についての審査のいずれをも免除される者である場合にあつては、四の項及び五の項の第三欄及び第四欄に定めるところによるほか、第一項の表教習指導員審査手数料の項の第四欄に定める額から更に大型自動車免許、中型自動車免許又は準中型自動車免許に係る教習指導員審査については百五十円を、普通自動車免許に係る教習指導員審査については百五十円を、特定第一種運転免許に係る教習指導員審査については百五十円を減ずるものとする。

※ 1項表「国家公安委員会規則」＝運転免許に係る講習等に関する規則八

（警察庁長官への権限の委任）

第四十三条の二 法第五十一条の六第一項の規定による報告の受理及び通報、同条第二項の規定による通知並びに法第七十五条の二十九、第百六条、第百七条の六及び第百八条の三の六の規定による報告の受理及び通報に関する事務は、警察庁長官が行う。

（権限の委任）

第四十四条 法の規定により道公安委員会の権限に属する事務は、次に掲げるものを除き、道警察本部の所在地を包括する方面を除く方面については、当該方面公安委員会が行う。

一 法第四十五条第一項ただし書、第四十九条の五、第五十七条第二項、第六十条、第七十一条第六号、第七十六条第四項第七号、第七十七条第一項第四号、第百三条第三項（第百四条の二の三第五項及び第八項並びに第百七条の五第九項において準用する場合を含む。）、第百四条第一項、第百七条の五第四項、第百八条の三十第一項及び第百十四条の三の規定による公安委員会の定めに関する事務

二 全国的な幹線道路における交通の規制で、信号機の設置及び管理によるもの並びに法第二条第一項第七号、第四条第三項、第八条第一項、第十七条第四項及び第五項第四号、第二十条第一項ただし書及び第二項、第二十条の二第一項、第二十一条第二項第三号、第二十二条、第二十三条、第二十五条の二第二項、第二十六条の二第三項、第三十条、第三十四条第一項、第二項、第四項及び第五項、第三十五条第一項、第三十五条の二、第三十六条第二項、第四十四条第一項、第四十五条第一項、第七十五条の四、第七十五条の六第一項並びに第七十五条の八の二第二項及び第三項の道路標識等によるものに関する事務

三 法第五十一条の八第一項の登録、同条第六項の更新、法第五十一条の九の命令、法第五十一条の十の取消し並びに法第五十一条の十一の報告及び検査に関する事務

四 法第百八条の三十一第一項の指定、同条第三項の命令及び同条第四項の取消しに関する事務

2 方面公安委員会は、前項の規定により方面公安委員会が行う処分に係る聴聞を行い、又は同項の規定により法第百四条第一項の規定による意見の聴取を行うに当たつては、道公安委員会が定める手続に従うものとする。

（交通巡視員の要件等）

第四十四条の二 法第百十四条の四第三項の政令で定める要件は、十八歳以上の者で、道路の交通に関する法令その他交通巡視員としての職務に必要な事項に関する教育訓練を受けたものであることとする。

2 法第百十四条の四第四項の政令で定める基準は、警察官に対して支給し、又は貸与する被服又は装備品について定めるところに準ずるものとする。ただし、装備品については、階級章に代えて交通巡視員章を貸与するものとし、手錠、警棒、けん銃及びけん銃つりひもは貸与しないものとする。

（アルコールの程度）

第四十四条の三 法第百十七条の二の二第一項第三号の政令で定める身体に保有するアルコールの程度は、血液一ミリリットルにつき〇・三ミリグラム又は呼気一リットルにつき〇・一五ミリグラムとする。

附　則

この政令は、法施行の日（昭和三十五年十二月二十日）から施行する。

附　則（令五・三・一七政令五四抄）

（施行期日）

第一条 この政令は、道路交通法の一部を改正する法律（令和四年法律第三二号）附則第一条第三号に掲げる規定の施行の日（令和五年七月一日）から施行する。

（優良運転者及び違反運転者の区分に関する経過措置）

第二条 この政令の施行の日（以下「施行日」という。）前に道路交通法の一部を改正する法律第三条の規定による改正前の道路交通法（以下「旧法」という。）第八十四条第一項に規定する自動車等の運転に関し道路交通法施行令（以下「令」という。）第三十三条の二第三項に規定する違反行為又は令別表第四若しくは別表第五に掲げる行為をした者に対する道路交通法（以下「法」という。）第九十二条の二第一項の表の備考一の2及び4の規定の適用については、同表の備考一の2中「自動車等」とあるのは「自動車等又は道路交

通法の一部を改正する法律（令和四年法律第三十二号）第三条の規定による改正前の第八十四条第一項に規定する自動車等」と、同表の備考一の4中「自動車等」とあるのは「自動車等若しくは道路交通法の一部を改正する法律第三条の規定による改正前の第八十四条第一項に規定する自動車等」とする。

（運転技能検査等に関する経過措置）

第三条　施行日前に旧法第三条に規定する大型自動車、中型自動車、準中型自動車又は普通自動車の運転に関し令第三十四条の三第五項に規定する基準違反行為をした者に対する法第九十七条の二第一項第三号イの規定の適用については、同号イ中「大型自動車、中型自動車、準中型自動車又は普通自動車」とあるのは、「大型自動車、中型自動車、準中型自動車若しくは普通自動車又は道路交通法の一部を改正する法律（令和四年法律第三十二号）第三条の規定による改正前の第三条に規定する大型自動車、中型自動車、準中型自動車若しくは普通自動車」とする。

（技能検定員資格者証等の交付の拒否等に関する経過措置）

第四条　施行日前にした行為を理由とする法第九十九条の二第四項の技能検定員資格者証及び法第九十九条の三第四項の教習指導員資格者証の交付の拒否又は返納、法第百条の二第五項の規定による再試験の受験義務、法第百一条の七第三項の規定による認知機能検査等の受検義務、法第百二条第七項の規定による適性検査の受検義務、法第百二条の二又は第百二条の三の規定による講習の受講義務並びに法第百六条の規定による都道府県公安委員会から国家公安委員会への報告については、なお従前の例による。

（指定講習機関の指定等に関する経過措置）

第五条　施行日前に旧法第八十四条第一項に規定する自動車等の運転に関し自動車の運転により人を死傷させる行為等の処罰に関する法律（平成二十五年法律第八十六号）第二条から第六条までの罪又は旧法に規定する罪を犯した者に対する法第百八条の四第三項第三号及び令第三十五条第一項第二号ハの規定の適用については、法第百八条の四第三項第三号中「自動車等」とあるのは「自動車等又は道路交通法の一部を改正する法律（令和四年法律第三十二号）第三条の規定による改正前の第八十四条第一項に規定する自動車等」と、令第三十五条第一項第二号ハ中「自動車等」とあるのは「自動車等又は道路交通法の一部を改正する法律（令和四年法律第三十二号）第三条の規定による改正前の法第八十四条第一項に規定する自動車等」とする。

（点数に関する経過措置）

第六条　施行日前にした違反行為に付する点数については、なお従前の例による。

別表第二（第二十六条の七、第三十三条の二、第三十三条の二の三、第三十四条の三、第三十六条、第三十七条の三、第三十七条の八、第三十七条の十、第三十九条の二の二、第四十一条の三関係）

一　一般違反行為に付する基礎点数

一般違反行為の種別	点数
無免許運転、酒気帯び運転（〇・二五以上）、過労運転等、妨害運転（交通の危険のおそれ）又は共同危険行為等禁止違反	二十五点
酒気帯び（〇・二五未満）速度超過（五十以上）等	十九点
酒気帯び（〇・二五未満）速度超過（三十（高速四十）以上五十未満）等	十六点
酒気帯び（〇・二五未満）速度超過（二十五以上三十（高速四十）未満）等	十五点
酒気帯び（〇・二五未満）速度超過（二十五未満）等	十四点
酒気帯び運転（〇・二五未満）	十三点
大型自動車等無資格運転、仮免許運転違反又は速度超過（五十以上）	十二点
速度超過（三十（高速四十）以上五十未満）、積載物重量制限超過（大型等十割以上）、携帯電話使用等（交通の危険）、無車検運行又は無保険運行	六点
速度超過（二十五以上三十（高速四十）未満）、放置駐車違反（駐停車禁止場所等）、積載物重量制限超過（大型等五割以上十割未満）、積載物重量制限超過（普通等十割以上）、携帯電話使用等（保持）又は保管場所法違反（道路使用）	三点
警察官現場指示違反、警察官通行禁止制限違反、信号無視、通行禁止違反、歩行者用道路徐行違反、通行区分違反、歩行者側方安全間隔不保持等、速度超過（二十以上二十五未満）、急ブレーキ禁止違反、法定横断等禁止違反、高速自動車国道等車間距離不保持、追越し違反、路面電車後方不停止、踏切不停止等、遮断踏切立入り、優先道路通行車妨害等、交差点安全進行義務違反、環状交差点通行車妨害等、環状交差点安全進行義務違反、横断歩行者等妨害等、徐行場所違反、指定場所一時不停止等、駐停車違反（駐停車禁止場所等）、放置駐車違反（駐車禁止場所等）、積載物重量制限超過（大型等五割未満）、積載物重量制限超過（普通等五割以上十割未満）、整備不良（制動装置等）、作動状態記録装置不備、安全運転義務違反、幼児等通行妨害、安全地帯徐行違反、騒音運転等、消音器不備、大型自動二輪車等乗車方法違反、自動運行装置使用条件違反、高速自動車国道等措置命令違反、本線車道横断等禁止違反、高速自動車国道等運転者遵守事項違反、免許条件違反、番号標表示義務違反又は保管場所法違反（長時間駐車）	二点
混雑緩和措置命令違反、通行許可条件違反、通行帯違反、路線バス等優先通行帯違反、軌道敷内違反、速度超過（二十未満）、道路外出右左折方法違反、道路外出右左折合図車妨害、指定横断等禁止違反、車間距離不保持、進路変更禁止違反、追い付かれた車両の義務違反、乗合自動車発進妨害、割込み等、自動車等交差点右左折方法違反、交差点右左折等合図車妨害、指定通行区分違反、環状交差点左折等方法違反、交差点優先車妨害、緊急車妨害等、駐停車違反（駐車禁止場所等）、交差点等進入禁止違反、無灯火、減光等義務違反、合図不履行、合図制限違反、警音器吹鳴義務違反、乗車積載方法違反、定員外乗車、積載物重量制限超過（普通等五割未満）、積載物大きさ制限超過、積載方法制限超過、制限外許可条件違反、牽引違反、原付牽引違反、整備不良（尾灯等）、転落等防止措置義務違反、転落積載物等危険防止措置義務違反、安全不確認ドア開放等、停止措置義務違反、初心運転者等保護義務違反、座席ベルト装着義務違反、幼児用補助装置使用義務違反、乗車用ヘルメット着用義務違反、初心運転者標識表示義務違反、聴覚障害者標識表示義務違反、最低速度違反、本線車道通行車妨害、本線車道緊急車妨害、本線車道出入方法違反、牽引自動車本線車道通行帯違反、故障車両表示義務違反又は仮免許練習標識表示義務違反	一点

二　特定違反行為に付する基礎点数

特定違反行為の種別	点数
運転殺人等又は危険運転致死等	六十二点
運転傷害等（治療期間三月以上又は後遺障害）又は危険運転致傷等（治療期間三月以上又は後遺障害）	五十五点
運転傷害等（治療期間三十日以上）又は危険運転致傷等（治療期間三十日以上）	五十一点
運転傷害等（治療期間十五日以上）又は危険運転致傷等（治療期間十五日以上）	四十八点
運転傷害等（治療期間十五日未満又は建造物損壊）又は危険運転致傷等（治療期間十五日未満）	四十五点
酒酔い運転、麻薬等運転、妨害運転（著しい交通の危険）又は救護義務違反	三十五点

三　違反行為に付する付加点数（交通事故の場合）

交通事故の種別	交通事故が専ら当該違反行為をした者の不注意によって発生したものである場合における点数	中欄に規定する場合以外の場合における点数
人の死亡に係る交通事故	二十点	十三点

人の傷害に係る交通事故（他人を傷つけたものに限る。以下この表において「傷害事故」という。）のうち、当該傷害事故に係る負傷者の負傷の治療に要する期間（当該負傷者の数が二人以上である場合にあつては、これらの者のうち最も負傷の程度が重い者の負傷の治療に要する期間とする。以下この表において「治療期間」という。）が三月以上であるもの又は後遺障害（当該負傷者の負傷が治つたとき（その症状が固定したときを含む。）における身体の障害で国家公安委員会規則で定める程度のものをいう。以下この表において同じ。）が存するもの	十三点	九点
傷害事故のうち、治療期間が三十日以上三月未満であるもの（後遺障害が存するものを除く。）	九点	六点
傷害事故のうち、治療期間が十五日以上三十日未満であるもの（後遺障害が存するものを除く。）	六点	四点
傷害事故のうち治療期間が十五日未満であるもの（後遺障害が存するものを除く。）又は建造物の損壊に係る交通事故	三点	二点

備考〔抄〕

二　一の表及び二の表の上欄に掲げる用語の意味は、それぞれ次に定めるところによる。

51　「整備不良（制動装置等）」とは、法第六十二条の規定に違反する行為（制動装置、かじ取装置、走行装置、自動運行装置又は騒音防止装置に係るものに限る。）をいう。

59　「自動運行装置使用条件違反」とは、法第七十一条の四の二第一項の規定に違反する行為をいう。

69　「路線バス等優先通行帯違反」とは、法第二十条の二第一項の規定の違反となるような行為をいう。

78　「乗合自動車発進妨害」とは、法第三十一条の二の規定の違反となるような行為をいう。

※　三の表「国家公安委員会規則」＝運転免許の拒否等の処分の基準に係る身体の障害の程度を定める規則

○道路交通法施行規則（抄）

（昭和三十五年十二月三日 総理府令第六十号）

最終改正 令六内令六一

〔編者注〕令和六年六月二六日内閣府令第六〇号による改正のうち、令和八年四月一日、令和九年四月一日及び令和九年一〇月一日から施行される部分は、直接改正を加えないで、改正後の規定をこの規則の末尾に登載した。

第一章 総則

（歩行補助車等の基準）

第一条 道路交通法施行令（昭和三十五年政令第二百七十号。以下「令」という。）第一条各号列記以外の部分の内閣府令で定める基準は、次に掲げるとおりとする。

一 車体の大きさは、次に掲げる長さ、幅及び高さを超えないこと。

イ 長さ 百二十センチメートル

ロ 幅 七十センチメートル

ハ 高さ 百二十センチメートル

二 車体の構造は、次に掲げるものであること。

イ 原動機として、電動機を用いること。

ロ 六キロメートル毎時を超える速度を出すことができないこと。

ハ 歩行者に危害を及ぼすおそれがある鋭利な突出部がないこと。

ニ 歩行補助車等を通行させている者が当該車から離れた場合には、原動機が停止すること。

2 前項第一号の規定は、次に掲げる車については、適用しない。

一 特定の経路を通行させることその他の特定の方法により通行させる乳母車（通行させる者が乗車することができないものに限る。）で、当該方法が他の歩行者の通行を妨げるおそれのないものであることにつきその通行の場所を管轄する警察署長（その通行の場所が同一の都道府県公安委員会（以下「公安委員会」という。）の管理に属する二以上の警察署長の管轄にわたるときは、そのいずれかの警察署長）の確認を受けたもの

二 令第一条第二号に掲げる車

3 令第一条第二号イの内閣府令で定める基準は、次に掲げる長さ及び幅を超えないこととする。

一 長さ 百九十センチメートル

二 幅 六十センチメートル

4 令第一条第二号ロの内閣府令で定める基準は、道路交通法（昭和三十五年法律第百五号。以下「法」という。）第六十三条の三に規定する普通自転車の乗車装置（幼児用座席を除く。）を使用することができないようにした車その他の車であつて、通行させる者が乗車することができないものであることとする。

（一般原動機付自転車の総排気量等の大きさ）

第一条の二 法第二条第一項第十号イの内閣府令で定める大きさは、二輪のもの及び内閣総理大臣が指定する三輪以上のものにあつては、総排気量については〇・〇五〇リットル、定格出力については〇・六〇キロワットとし、その他のものにあつては、総排気量については〇・〇二〇リットル、定格出力については〇・二五キロワットとする。

（特定小型原動機付自転車の大きさ等）

第一条の二の二 法第二条第一項第十号ロの内閣府令で定める基準は、次の各号に掲げるとおりとする。

一 車体の大きさは、次に掲げる長さ及び幅を超えないこと。

イ 長さ 百九十センチメートル

ロ 幅 六十センチメートル

二 車体の構造は、次に掲げるものであること。

イ 原動機として、定格出力が〇・六〇キロワット以下の電動機を用いること。

ロ 二十キロメートル毎時を超える速度を出すことができないこと。

ハ 構造上出すことができる最高の速度を複数設定することができるものにあつては、走行中に当該最高の速度の設定を変更することができないこと。

ニ オートマチック・トランスミッションその他のクラッチの操作を要しない機構（以下「AT機構」という。）がとられていること。

ホ 道路運送車両の保安基準（昭和二十六年運輸省令第六十七号）第六十六条の十七に規定する最高速度表示灯（第五条の六の二第一項において単に「最高速度表示灯」という。）が備えられていること。

（原動機を用いる軽車両）

第一条の二の三 法第二条第一項第十一号ロの内閣府令で定めるものは、次の各号のいずれにも該当するものとする。

一 車体の大きさは、次に掲げる長さ、幅及び高さを超えないこと。

イ 長さ 四・〇〇メートル

ロ 幅 二・〇〇メートル

ハ 高さ 三・〇〇メートル

二 車体の構造は、次に掲げるものであること。

イ 原動機として、電動機を用いること。

ロ 歩きながら運転するものであること。

ハ 運転者が当該車から離れた場合には、原動機が停止すること。

（人の力を補うため原動機を用いる自転車の基準）

第一条の三 法第二条第一項第十一号の二の内閣府令で定める基準は、次に掲げるとおりとする。

一 人の力を補うために用いる原動機が次のいずれにも該当するものであること。

イ 電動機であること。

ロ 二十四キロメートル毎時未満の速度で自転車を走行させることとなる場合において、人の力に対する原動機を用いて人の力を補う力の比率が、(1)又は(2)に掲げる速度の区分に応じそれぞれ(1)又は(2)に定める数値以下であること。

(1) 十キロメートル毎時未満の速度 二（三輪又は四輪の自転車であつて牽引されるための装置を有するリヤカーを牽引するものを走行させることとなる場合にあつては、三）

(2) 十キロメートル毎時以上二十四キロメートル毎時未満の速度　走行速度をキロメートル毎時で表した数値から十を減じて得た数値を七で除したものを二から減じた数値（三輪又は四輪の自転車であつて牽引されるための装置を有するリヤカーを牽引するものを走行させることとなる場合にあつては、走行速度をキロメートル毎時で表した数値から十を減じて得た数値を三分の十四で除したものを三から減じた数値）

ハ　二十四キロメートル毎時以上の速度で自転車を走行させることとなる場合において、原動機を用いて人の力を補う力が加わらないこと。

ニ　イからハまでのいずれにも該当する原動機についてイからハまでのいずれかに該当しないものに改造することが容易でない構造であること。

二　原動機を用いて人の力を補う機能が円滑に働き、かつ、当該機能が働くことにより安全な運転の確保に支障が生じるおそれがないこと。

（移動用小型車の基準）

第一条の四　法第二条第一項第十一号の三の内閣府令で定める基準は、次に掲げるとおりとする。

一　車体の大きさは、次に掲げる長さ、幅及び高さを超えないこと。

イ　長さ　百二十センチメートル

ロ　幅　七十センチメートル

ハ　高さ　百二十センチメートル（ヘッドサポートを除いた部分の高さ）

二　車体の構造は、次に掲げるものであること。

イ　原動機として、電動機を用いること。

ロ　六キロメートル毎時を超える速度を出すことができないこと。

ハ　歩行者に危害を及ぼすおそれがある鋭利な突出部がないこと。

（原動機を用いる身体障害者用の車の基準）

第一条の五　法第二条第一項第十一号の四の内閣府令で定める基準は、次に掲げるとおりとする。

一　車体の大きさは、次に掲げる長さ、幅及び高さを超えないこと。

イ　長さ　百二十センチメートル

ロ　幅　七十センチメートル

ハ　高さ　百二十センチメートル（ヘッドサポートを除いた部分の高さ）

二　車体の構造は、次に掲げるものであること。

イ　原動機として、電動機を用いること。

ロ　六キロメートル毎時を超える速度を出すことができないこと。

ハ　歩行者に危害を及ぼすおそれがある鋭利な突出部がないこと。

三　自動車又は原動機付自転車と外観を通じて明確に識別することができること。

2　前項第一号の規定は、身体の状態により同号に定める車体の大きさの基準に該当する身体障害者用の車を用いることができない者が用いる身体障害者用の車で、その大きさの身体障害者用の車を用いることがやむを得ないことにつきその者の住所地を管轄する警察署長の確認を受けたものについては、適用しない。

（遠隔操作型小型車の基準）

第一条の六　法第二条第一項第十一号の五の遠隔操作型小型車の車体の大きさ及び構造に係る内閣府令で定める基準は、次に掲げるとおりとする。

一　車体の大きさは、次に掲げる長さ、幅及び高さを超えないこと。

イ　長さ　百二十センチメートル

ロ　幅　七十センチメートル

ハ　高さ　百二十センチメートル（センサー、カメラその他の通行時の周囲の状況を検知するための装置及びヘッドサポートを除いた部分の高さ）

二　車体の構造は、次に掲げるものであること。

イ　原動機として、電動機を用いること。

ロ　六キロメートル毎時を超える速度を出すことができないこと。

ハ　歩行者に危害を及ぼすおそれがある鋭利な突出部がないこと。

（非常停止装置の基準）

第一条の七　法第二条第一項第十一号の五の非常停止装置に係る内閣府令で定める基準は、次に掲げるとおりとする。

一　押しボタン（車体の前方及び後方から容易に操作できるものに限る。）の操作により作動するものであること。

二　前号の押しボタンとその周囲の部分との色の明度、色相又は彩度の差が大きいことにより当該押しボタンを容易に識別できるものであること。

三　作動時に直ちに原動機を停止させるものであること。

（押して歩いている者を歩行者とする車両の大きさ等）

第一条の八　法第二条第三項第二号の内閣府令で定める基準は、三輪以上の特定小型原動機付自転車（法第十七条第三項に規定する特定小型原動機付自転車をいう。以下同じ。）であること又は次に掲げる長さ及び幅を超えない四輪以上の自転車であることとする。

一　長さ　百九十センチメートル

二　幅　六十センチメートル

（自動車の種類）

第二条　法第三条に規定する自動車の区分の基準となる車体の大きさ及び構造並びに原動機の大きさ（以下この条において「車体の大きさ等」という。）は、次の表に定めるとおりとする。

自動車の種類	車体の大きさ等
大型自動車	大型特殊自動車、大型自動二輪車、普通自動二輪車及び小型特殊自動車以外の自動車で、車両総重量が一一、〇〇〇キログラム以上のもの、最大積載量が六、五〇〇キログラム以上のもの又は乗車定員が三〇人以上のもの
中型自動車	大型自動車、大型特殊自動車、大型自動二輪車、普通自動二輪車及び小型特殊自動車以外の自動車で、車両総重量が七、五〇〇キログラム以上一一、〇〇〇キログラム未満のもの、最大積載量が四、五〇〇キログラム以上六、五〇〇キログラム未満のもの又は乗車定員が一一人以上二九人以下のもの

準中型自動車	大型自動車、中型自動車、大型特殊自動車、大型自動二輪車、普通自動二輪車及び小型特殊自動車以外の自動車で、車両総重量が三、五〇〇キログラム以上七、五〇〇キログラム未満のもの又は最大積載量が二、〇〇〇キログラム以上四、五〇〇キログラム未満のもの			
普通自動車	車体の大きさ等が、大型自動車、中型自動車、準中型自動車、大型特殊自動車、大型自動二輪車、普通自動二輪車又は小型特殊自動車について定められた車体の大きさ等のいずれにも該当しない自動車			
大型特殊自動車	カタピラを有する自動車（内閣総理大臣が指定するものを除く。）、ロード・スタビライザ、タイヤ・ローラ、ロード・ローラ、グレーダ、スクレーパ、ショベル・ローダ、ダンパ、モータ・スイーパ、フォーク・リフト、ホイール・クレーン、ストラドル・キャリヤ、アスファルト・フィニッシャ、ホイール・ハンマ、ホイール・ブレーカ、フォーク・ローダ、農耕作業用自動車、ロータリ除雪車、ターレット式構内運搬車、自動車の車台が屈折して操向する構造の自動車及び内閣総理大臣が指定する特殊な構造を有する自動車（この表の小型特殊自動車の項において「特殊自動車」という。）で、小型特殊自動車以外のもの			
大型自動二輪車	総排気量が〇・四〇〇リットルを超え、又は定格出力が二〇・〇〇キロワットを超える原動機を有する二輪の自動車（側車付きのものを含む。）で、大型特殊自動車及び小型特殊自動車以外のもの			
普通自動二輪車	二輪の自動車（側車付きのものを含む。）で、大型自動二輪車及び小型特殊自動車以外のもの			
小型特殊自動車	特殊自動車で、車体の大きさが下欄に該当するもののうち、一五キロメートル毎時を超える速度を出すことができない構造のもの	車体の大きさ		
		長さ	幅	高さ
		四・七〇メートル以下	一・七〇メートル以下	二・〇〇メートル（ヘッドガード、安全キャブ、安全フレームその他これらに類する装置が備えられている自動車で、当該装置を除いた部分の高さが二・〇〇メートル以下のものにあっては、二・八〇メートル）以下

備考　車体の構造上その運転に係る走行の特性が二輪の自動車の運転に係る走行の特性に類似するものとして内閣総理大臣が指定する三輪の自動車については、二輪の自動車とみなして、この表を適用する。

※　大型特殊自動車の項第一「指定」＝内閣総理大臣が指定するカタピラを有する自動車、大型特殊自動車の項第二「指定」＝内閣総理大臣が指定する特殊な構造を有する自動車、備考「指定」＝道路交通法施行規則第二条の表備考の規定に基づき内閣総理大臣が指定する三輪の自動車

（移動用小型車又は遠隔操作型小型車に付ける標識の様式）

第五条の三　法第十四条の四の内閣府令で定める様式は、移動用小型車にあつては別記様式第一の三の二のとおりとし、遠隔操作型小型車にあつては別記様式第一の三の三のとおりとする。

（遠隔操作による通行の届出）

第五条の四　法第十五条の三第一項の規定による届出は、遠隔操作型小型車の道路における遠隔操作による通行を開始しようとする日の一週間前までに、別記様式第一の三の四の届出書を提出して行うものとする。

2　法第十五条の三第一項第六号の内閣府令で定める事項は、遠隔操作型小型車に係る次に掲げる事項とする。

一　大きさ

二　原動機の種類

三　構造上出すことができる最高の速度

3　法第十五条の三第二項の内閣府令で定める書類は、次に掲げるとおりとする。

一　届出をする者が住民基本台帳法（昭和四十二年法律第八十一号）の適用を受ける者である場合にあつては、同法第十二条第一項に規定する住民票の写し（以下「住民票の写し」という。）

二　届出をする者が住民基本台帳法の適用を受けない者（自然人に限る。）である場合にあつては、旅券、外務省の発行する身分証明書又は権限のある機関が発行する身分を証明する書類（以下「旅券等」という。）の写し

三　届出をする者が法人である場合にあつては、登記事項証明書

四　遠隔操作型小型車が遠隔操作により安全に通行させることができることについての審査（以下この号において単に「審査」という。）を行うことを目的として設立された一般社団法人又は一般財団法人であつて審査を行うのに必要かつ適切な組織及び能力を有するものが実施する審査に合格したことを証する書面その他の届出に係る遠隔操作型小型車の構造及び性能を示す書面

五　遠隔操作型小型車を遠隔操作により通行させようとする場所の付近の見取図

（届出番号等の表示）

第五条の五　法第十五条の四に規定する届出番号等の表示は、当該遠隔操作型小型車の見やすい箇所に、明瞭にしなければならない。

（自転車道を通行することができる車両の大きさ等）

第五条の六　法第十七条第三項の内閣府令で定める基準は、第一条の八に掲げる長さ及び幅を超えない四輪以上の自転車であることとする。

（**特例特定小型原動機付自転車の歩道通行**）

第五条の六の二　法第十七条の二第一項第一号の内閣府令で定める方法は、道路運送車両の保安基準第六十六条の十七第二項及び第三項の基準に適合する最高速度表示灯を点滅させることにより表示する方法とする。

2　法第十七条の二第一項第二号の内閣府令で定める速度は、六キロメートル毎時とする。

3　法第十七条の二第一項第三号の内閣府令で定める基準は、次の各号に掲げるとおりとする。

一　側車を付していないこと。

二　制動装置が走行中容易に操作できる位置にあること。

三　歩行者に危害を及ぼすおそれがある鋭利な突出部がないこと。

（**普通自動二輪車の最高速度を区分する原動機の大きさ**）

第五条の七　令第十二条第一項の内閣府令で定める大きさは、総排気量については〇・一二五リットル、定格出力については一・〇〇キロワットとする。

（**通行区分の特例を認められる自動車**）

第六条　法第四十一条第三項の内閣府令で定めるものは、都道府県警察において使用する自動車のうち、その車体の全部を白色に塗った大型自動二輪車若しくは普通自動二輪車又はその車体の全部若しくは上半分を白色に塗った普通自動車とする。

（**道路維持作業用自動車の塗色**）

第六条の二　令第十四条の二第二号の道路の管理者が道路の損傷箇所等を発見するため使用する自動車は、車体の両側面及び後面の幅十五センチメートルの帯状かつ水平の部分を白色に、車体のその他の部分を黄色に、それぞれ塗色したものとする。

（**消防用車両の灯火の要件**）

第六条の三　令第十四条の四の内閣府令で定める赤色の灯火は、五十メートルの距離から確認できる光度を有するものとする。

（**停車又は駐車に関係のある者による合意**）

第六条の三の二　法第四十四条第二項第二号の規定による合意は、旅客の運送の用に供する自動車（乗合自動車を除く。以下この条において同じ。）が停車又は駐車をする一又は二以上の乗合自動車の停留所又はトロリーバス若しくは路面電車の停留場ごとに、書面により、停車又は駐車をする旅客の運送の用に供する自動車の範囲を明らかにしてするものとする。

2　前項の書面には、当該旅客の運送の用に供する自動車による当該停留所又は停留場における停車又は駐車が道路又は交通の状況により支障がないものとなるようにするため必要と認める事項があるときは、当該事項を記載するものとする。

（**停車又は駐車に関係のある者**）

第六条の三の三　法第四十四条第二項第二号の内閣府令で定める者は、次に掲げる者とする。

一　乗合自動車、トロリーバス又は路面電車を使用する者

二　公安委員会

三　都道府県知事又は市町村長（特別区の区長を含む。）

四　地方運輸局長

五　前各号に掲げる者のほか、当該停車又は駐車に関係のあるものとして公安委員会が認める者

（**国土交通大臣等への通知**）

第七条の十　法第五十一条の六第二項前段の内閣府令で定めるものは、次に掲げる事項とする。

一　督促をした旨

二　督促を受けた者の氏名及び住所

三　督促に係る納付命令の原因となつた車両の番号標の番号

四　督促の年月日

五　督促に係る納付命令に係る弁明通知書の番号

2　法第五十一条の六第二項後段の規定により通知する事項は、次に掲げるとおりとする。

一　督促に係る納付命令を取り消した旨

二　取り消された納付命令に係る弁明通知書の番号

（**普通自動車の乗車人員又は積載重量を区分する原動機の大きさ**）

第七条の十一　令第二十二条第一号の内閣府令で定める大きさは、総排気量については〇・〇五〇リットル、定格出力については〇・六〇キロワットとする。

（**特定普通自動車等**）

第七条の十二　令第二十二条第一号の内閣府令で定める普通自動車又は大型特殊自動車は、次に掲げるものとする。

一　三十五キロメートル毎時以上の速度を出すことができない構造の農業用薬剤散布車である普通自動車

二　三十五キロメートル毎時以上の速度を出すことができない構造の農耕作業用自動車である大型特殊自動車

三　車体の大きさが長さ四・七〇メートル以下、幅一・七〇メートル以下、高さ二・八〇メートル以下で、十五キロメートル毎時を超える速度を出すことができない構造の大型特殊自動車（農耕作業用自動車であるものを除く。）

（**特定普通自動車等に係る積載物の重量の制限**）

第七条の十三　令第二十二条第二号の内閣府令で定める重量は、前条第一号に掲げる自動車にあつては千五百キログラムと、同条第三号に掲げる自動車で積載装置を備えるものにあつては千キログラムとする。

第二章　積載の制限外許可等

（**運行記録計による記録の保存**）

第九条　法第六十三条の二第二項に規定する運行記録計による記録の保存は、次の各号に掲げる事項を明らかにして行なわなければならない。

一　記録が行なわれた年月日

二　記録に係る自動車の登録番号

三　記録に係る運転者の氏名

四　記録に係る主たる運転区間又は運転区域

（**作動状態記録装置による記録の保存**）

第九条の二　法第六十三条の二の二第二項に規定する作動状態記録装置による記録は、当該作動状態記録装置において、道路運送車両の保安基準の細目を定める告示（平成十四年国土交通省告示第六百十九号）別添百二十三「作動状態記録装置

の技術基準」三・三・一・に規定する期間保存しなければならない。

第二章の三　自動車等の運転者の遵守事項

（乗車用ヘルメット）

第九条の五　法第七十一条の四第一項及び第二項の乗車用ヘルメットの基準は、次の各号に定めるとおりとする。

一　左右、上下の視野が十分とれること。

二　風圧によりひさしが垂れて視野を妨げることのない構造であること。

三　著しく聴力を損ねない構造であること。

四　衝撃吸収性があり、かつ、帽体が耐貫通性を有すること。

五　衝撃により容易に脱げないように固定できるあごひもを有すること。

六　重量が二キログラム以下であること。

七　人体を傷つけるおそれがある構造でないこと。

第二章の四　安全運転管理者等

（安全運転管理者等の選任を必要とする自動車の台数）

第九条の八　法第七十四条の三第一項の内閣府令で定める台数は、乗車定員が十一人以上の自動車にあつては一台、その他の自動車にあつては五台とする。

2　法第七十四条の三第四項の内閣府令で定める台数は、二十台とする。

3　前二項及び第九条の十一の台数を計算する場合においては、大型自動二輪車一台又は普通自動二輪車一台は、それぞれ〇・五台として計算するものとする。

（安全運転管理者等の要件）

第九条の九　法第七十四条の三第一項の内閣府令で定める要件は、次に掲げるものとする。

一　二十歳（副安全運転管理者が置かれることとなる場合にあつては、三十歳）以上の者であること。

二　自動車の運転の管理に関し二年（自動車の運転の管理に関し公安委員会が行う教習を修了した者にあつては、一年）以上実務の経験を有する者又は自動車の運転の管理に関しこれらの者と同等以上の能力を有すると公安委員会が認定した者で、次のいずれにも該当しないものであること。

イ　法第七十四条の三第六項の規定による命令により解任され、解任の日から二年を経過していない者

ロ　法第百十七条、法第百十七条の二、法第百十七条の二の二（第一項第七号及び第九号を除く。）、法第百十七条の三の二、法第百十八条第二項第三号若しくは第四号、法第百十九条第二項第四号若しくは第五号又は法第百十九条の二の四第二項の違反行為をした日から二年を経過していない者

2　法第七十四条の三第四項の内閣府令で定める要件は、次に掲げるものとする。

一　二十歳以上の者であること。

二　自動車の運転の管理に関し一年以上実務の経験を有する者、自動車の運転の経験の期間が三年以上の者又は自動車の運転の管理に関しこれらの者と同等以上の能力を有すると公安委員会が認定した者で、前項第二号イ及びロのいずれにも該当しないものであること。

（安全運転管理者の業務）

第九条の十　法第七十四条の三第二項の内閣府令で定める業務は、次に掲げるとおりとする。

一　自動車の運転に関する運転者の適性、技能及び知識並びに法及び法に基づく命令の規定並びに法の規定に基づく処分の運転者による遵守の状況を把握するための措置を講ずること。

二　法第二十二条の二第一項に規定する最高速度違反行為、法第五十八条の三第一項に規定する過積載をして自動車を運転する行為、法第六十六条の二第一項に規定する過労運転及び法第七十五条第一項第七号に掲げる行為の防止その他安全な運転の確保に留意して、自動車の運行計画を作成すること。

三　運転者が長距離の運転又は夜間の運転に従事する場合であつて、疲労等により安全な運転を継続することができないおそれがあるときは、あらかじめ、交替するための運転者を配置すること。

四　異常な気象、天災その他の理由により、安全な運転の確保に支障が生ずるおそれがあるときは、運転者に対する必要な指示その他安全な運転の確保を図るための措置を講ずること。

五　運転しようとする運転者に対して点呼を行う等により、道路運送車両法第四十七条の二第二項の規定により当該運転者が行わなければならないこととされている自動車の点検の実施及び過労、病気その他の理由により正常な運転をすることができないおそれの有無を確認し、安全な運転を確保するために必要な指示を与えること。

六　運転しようとする運転者及び運転を終了した運転者に対し、酒気帯びの有無について、当該運転者の状態を目視等で確認するほか、アルコール検知器（呼気に含まれるアルコールを検知する機器であつて、国家公安委員会が定めるものをいう。次号において同じ。）を用いて確認を行うこと。

七　前号の規定による確認の内容を記録し、及びその記録を一年間保存し、並びにアルコール検知器を常時有効に保持すること。

八　運転者名、運転の開始及び終了の日時、運転した距離その他自動車の運転の状況を把握するため必要な事項を記録する日誌を備え付け、運転を終了した運転者に記録させること。

九　運転者に対し、自動車の運転に関する技能、知識その他安全な運転を確保するため必要な事項について指導を行うこと（法第七十四条の三第二項に規定する交通安全教育を行うことを除く。）。

（電磁的方法による記録）

第九条の十の二　前条第八号に規定する事項が、電磁的方法（電子的方法、磁気的方法その他の人の知覚によつて認識することができない方法をいう。）により記録され、必要に応じ

じ電子計算機その他の機器を用いて直ちに表示されることができるときは、当該記録をもつて同号に規定する当該事項が記載された日誌に代えることができる。

2　前項の規定による記録をする場合には、国家公安委員会が定める基準を確保するよう努めなければならない。

（副安全運転管理者の人数）

第九条の十一　法第七十四条の三第四項の規定による選任は、次の表の上欄に掲げる自動車の台数に応じ、同表の下欄に掲げる人数以上の副安全運転管理者を選任して行うものとする。

自動車の台数	人　　数
二十台以上四十台未満	一人
四十台以上	一人に四十台以上二十台までを超えるごとに一人を加算して得た人数

（届出事項等）

第九条の十二　法第七十四条の三第五項の内閣府令で定める事項は、次に掲げるものとする。

一　届出者の氏名（法人にあつては、その名称及び代表者の氏名）及び住所

二　自動車の使用の本拠の名称及び位置

三　安全運転管理者又は副安全運転管理者（以下「安全運転管理者等」という。）の選任又は解任の年月日

四　安全運転管理者等の氏名及び生年月日

五　安全運転管理者等の職務上の地位

第九条の十三　法第七十四条の三第五項の規定による選任の届出は、前条各号に掲げる事項及び自動車の安全な運転の管理に関し参考となる事項を記載した書面を提出して行わなければならない。この場合において、当該書面には、当該届出に係る安全運転管理者等がそれぞれ第九条の九第一項又は第二項に規定する要件を備える者であることを証するに足りる書類を添付するものとする。

2　法第七十四条の三第五項の規定による解任の届出は、前条各号に掲げる事項を記載した書面を提出して行わなければならない。

第二章の五　車両の使用の制限

（車両の使用制限書の記載事項）

第九条の十四　法第七十五条第九項及び法第七十五条の二第三項において準用する法第七十五条第九項の内閣府令で定める事項は、次に掲げるものとする。

一　法第七十五条第二項又は法第七十五条の二第一項若しくは第二項の規定による公安委員会の命令（以下この条及び第九条の十六において「命令」という。）の年月日

二　命令を受けた車両の使用者の氏名（法人にあつては、その名称及び代表者の氏名）及び住所

三　命令に係る車両の使用の本拠の名称及び位置

四　命令に係る車両の番号標の番号

五　命令に係る車両を運転し、又は運転させてはならないこととなる期間及びその理由

（標章の様式）

第九条の十五　法第七十五条第九項（法第七十五条の二第三項において準用する場合を含む。）の内閣府令で定める様式は、別記様式第五の三のとおりとする。

（申請の手続）

第九条の十六　法第七十五条第十項（法第七十五条の二第三項において準用する場合を含む。）の規定による申請は、別記様式第五の四の標章除去申請書及び次に掲げる書類を提出（第二号及び第四号に掲げるものについては、提示）して行うものとする。

一　標章の除去を申請しようとする者（以下この条において「標章除去申請者」という。）が住民基本台帳法の適用を受ける者である場合にあつては、住民票の写し

二　標章除去申請者が住民基本台帳法の適用を受けない者（自然人に限る。）である場合にあつては、旅券等

三　標章除去申請者が法人である場合にあつては、登記事項証明書

四　申請に係る車両が自動車である場合にあつては、道路運送車両法第六十条第一項に規定する自動車検査証

五　申請に係る車両が自動車である場合にあつては、自動車の保管場所の確保等に関する法律（昭和三十七年法律第百四十五号）第三条に規定する保管場所が確保されていることを明らかにする書面の写し

六　標章除去申請者が申請に係る車両の使用について権原を有することを証明する書類

七　命令の期間における車両の使用に関し、標章除去申請者と命令を受けた者との法律関係を明らかにする書類（当該期間において命令を受けた者に当該車両を使用させない旨を誓約する標章除去申請者の書面を含む。）

第二章の七　特定自動運行の許可等

（特定自動運行の許可証の交付等）

第九条の十九　公安委員会は、法第七十五条の十二第一項の許可をしたときは、別記様式第五の七の許可証を交付しなければならない。

2　前項の規定による許可証の交付を受けた者は、当該許可証を亡失し、滅失し、汚損し、又は破損したときは、その交付を受けた公安委員会に別記様式第五の八の再交付申請書及び当該許可証を提出して許可証の再交付を申請することができる。ただし、当該許可証を亡失し、又は滅失した場合にあつては、当該許可証を提出することを要しない。

（特定自動運行の許可の申請書の様式等）

第九条の二十　法第七十五条の十二第二項の申請書の様式は、別記様式第五の九のとおりとする。

2　法第七十五条の十二第二項第二号イの内閣府令で定める特定自動運行用自動車に関する事項は、次に掲げるものとする。

一　特定自動運行用自動車の車名及び型式

二　自動車登録番号又は車両番号及び車台番号

三　長さ、幅及び高さ

四　自動運行装置に係る使用条件

3　法第七十五条の十二第二項第二号ロ(4)の内閣府令で定める

特定自動運行に関する事項は、次に掲げるものとする。

一　特定自動運行を行うための前提となる気象の状況

二　特定自動運行を行うための前提となる道路の構造並びに特定自動運行及び特定自動運行が終了した場合に講じられる措置が他の交通に及ぼす影響の程度

4　法第七十五条の十二第二項第二号ニ(6)の内閣府令で定める特定自動運行実施者又は特定自動運行業務従事者が実施しなければならない措置に関する事項は、次に掲げるものとする。

一　法第七十五条の二十四の規定により読み替えて適用する法第三十三条第三項の規定による措置を講ずるための設備、人員その他の体制及び当該措置の手順

二　法第七十五条の二十四の規定により読み替えて適用する法第七十五条の十一第一項の規定による表示の具体的方法

三　法第七十五条の二十四の規定により読み替えて適用する法第七十五条の十一第二項の規定による措置を講ずるための設備、人員その他の体制及び当該措置の手順

（特定自動運行の許可の申請書の添付書類等）

第九条の二十一　法第七十五条の十二第三項の内閣府令で定める書類は、次に掲げるとおりとする。

一　特定自動運行用自動車の道路運送車両法第六十条第一項に規定する自動車検査証の写し又は同法第五十八条第二項に規定する自動車検査証記録事項が記載された書面

二　許可を受けようとする者（以下この条において「特定自動運行許可申請者」という。）が住民基本台帳法の適用を受ける者である場合にあつては、住民票の写し

三　特定自動運行許可申請者が住民基本台帳法の適用を受けない者（自然人に限る。）である場合にあつては、旅券等の写し

四　特定自動運行許可申請者が法人である場合にあつては、次に掲げる書類

イ　登記事項証明書

ロ　役員の住民票の写し（当該役員が住民基本台帳法の適用を受けない者である場合にあつては、旅券等の写し）

五　特定自動運行用自動車の自動運行装置に係る使用条件が記載された書面

六　法第七十五条の十二第二項第二号ニ(5)に規定する設備の状況を明らかにした図面又は写真

七　法第七十五条の十三第一項第五号の基準に適合することを明らかにする書類

2　公安委員会は、特定自動運行許可申請者に対し、前項に規定する書類のほか、法第七十五条の十二第一項の許可に係る審査に必要な資料の提出を求めることができる。この場合において、公安委員会は、同条第二項の規定により提出を受けた申請書に記載された特定自動運行計画が法第七十五条の十三第一項各号に掲げる基準に適合することを担保するため必要があると認めるときは、当該特定自動運行許可申請者に対し、当該特定自動運行計画に、公安委員会が必要と認める事項を定めることを求めることができる。

（意見聴取）

第九条の二十二　公安委員会は、法第七十五条の十二第一項の許可をしようとするときは、次に掲げる者の意見を聴くことができる。

一　法第七十五条の十二第二項第二号ロ(1)に規定する経路をその区域に含む都道府県の知事

二　法第七十五条の十二第二項第二号ロ(1)に規定する経路を構成する道路の管理者

三　前二号に掲げる者のほか、学識経験を有する者その他の公安委員会が必要と認める者

（変更の許可の申請等）

第九条の二十三　法第七十五条の十六第一項の許可の申請は、別記様式第五の十の変更許可申請書を提出して行うものとする。

2　第九条の二十一第二項及び前条の規定は、法第七十五条の十六第一項の許可について準用する。この場合において、第九条の二十一第二項中「前項に規定する書類」とあるのは「申請書に添付された書類」と、「同条第二項」とあるのは「第九条の二十三第一項」と、「記載された」とあるのは「係る」と読み替えるものとする。

3　公安委員会は、法第七十五条の十六第一項の許可をしたときは、特定自動運行実施者に対し、その旨を通知するとともに、当該特定自動運行に係る許可証を返納させた上で、別記様式第五の七の許可証を再交付するものとする。

（特定自動運行計画の軽微な変更）

第九条の二十四　法第七十五条の十六第一項ただし書の内閣府令で定める軽微な変更は、特定自動運行計画の変更のうち次に掲げるものとする。

一　第九条の二十第二項第二号に掲げる事項の変更であつて、当該特定自動運行計画に係る特定自動運行用自動車の台数の変更を伴わないもの

二　法第七十五条の十二第二項第二号ハに規定する場所の連絡先の変更

（軽微な変更等の届出等）

第九条の二十五　法第七十五条の十六第三項又は第四項の届出は、別記様式第五の十一の変更届出書及び当該特定自動運行に係る許可証を提出して行うものとする。

2　前項の変更届出書には、次の各号に掲げる変更に係る事項の区分に応じ、当該各号に定める書類を添付しなければならない。

一　前条第一号に掲げる事項　第九条の二十一第一項第一号に掲げる書類及び当該特定自動運行計画に係る特定自動運行用自動車の一覧表

二　前条第二号に掲げる事項　当該変更の事実を証する書類

三　法第七十五条の十二第二項第一号に掲げる事項　住民基本台帳法の適用の有無及び個人又は法人の別に応じ、それぞれ第九条の二十一第一項第二号、第三号又は第四号に掲げる書類

3　公安委員会は、法第七十五条の十六第三項又は第四項の届出があつた場合において必要があると認めるときは、当該許可証を書き換えるものとする。

（許可の公示の方法）

第九条の二十六　法第七十五条の十七の規定による公示は、次に掲げる事項について、インターネットの利用その他の方法により行うものとする。

一　許可をした旨

二　特定自動運行実施者の氏名又は名称及び法人にあつては、その代表者の氏名

三　特定自動運行の経路

四　特定自動運行を行う日及び時間帯
五　第九条の二十第三項各号に掲げる事項
六　許可の年月日
七　前各号に掲げるもののほか、公安委員会が必要と認める事項

（教育）
第九条の二十七　法第七十五条の十九第一項の規定による特定自動運行業務従事者に対する教育は、次の表の上欄に掲げる特定自動運行業務従事者の区分に応じ、同表の下欄に掲げる教育事項について、それぞれ特定自動運行実施者、特定自動運行用自動車の自動運行装置の製作者その他の当該教育事項について十分な知識経験がある者が行うものとする。

特定自動運行業務従事者の区分	教育事項
特定自動運行主任者	一　特定自動運行に係る業務の適正な実施に必要な法令に関すること。 二　特定自動運行計画の内容及び特定自動運行用自動車の自動運行装置の仕様に関すること。 三　次に掲げる措置を特定自動運行計画に従って実施するための手順及び当該措置を実施するために必要な設備の使用方法に関すること。 イ　法第七十五条の二十一第一項前段の規定による法第七十五条の二十第一項第一号に規定する装置（次条及び第九条の二十九において「遠隔監視装置」という。）の作動状態の監視 ロ　法第七十五条の二十一第一項後段の規定による特定自動運行を終了させるための措置 ハ　法第七十五条の二十一第二項の規定による確認 ニ　法第七十五条の二十二第一項から第三項までの規定による特定自動運行が終了した場合の措置 ホ　法第七十五条の二十三第一項前段の規定による交通事故の現場の最寄りの消防機関に通報する措置及び現場措置業務実施者を当該交通事故の現場に向かわせる措置並びに同項後段の規定による警察官への交通事故発生日時等の報告 ヘ　法第七十五条の二十三第三項前段の規定による負傷者の救護等の措置及び同項後段の規定による警察官への交通事故発生日時等の報告 ト　法第七十五条の二十四の規定により読み替えて適用する法第三十三条第三項の規定による措置 チ　法第七十五条の二十四の規定により読み替えて適用する法第七十五条の十一第一項の規定による表示 リ　法第七十五条の二十四の規定により読み替えて適用する法第七十五条の十一第二項の規定による措置 四　その他特定自動運行に係る業務を適正に実施するため必要な知識及び技能に関すること。
現場措置業務実施者	一　特定自動運行に係る業務の適正な実施に必要な法令に関すること。 二　特定自動運行計画の内容に関すること。 三　特定自動運行において特定自動運行用自動車（法第七十五条の二十第一項第一号に規定する措置が講じられたものに限る。）に係る交通事故があったときに特定自動運行主任者が法第七十五条の二十三第一項前段の規定により講ずる措置に従って当該交通事故の現場に向かう手順及び同条第二項の規定による措置を特定自動運行計画に従って実施するための手順に関すること。 四　その他特定自動運行に係る業務を適正に実施するため必要な知識及び技能に関すること。
特定自動運行業務従事者（特定自動運行主任者及び現場措置業務実施者を除く。）	一　特定自動運行に係る業務の適正な実施に必要な法令に関すること。 二　特定自動運行計画の内容に関すること。 三　特定自動運行計画に基づき実施しなければならない措置を特定自動運行計画に従って実施するための手順及び当該措置を実施するために必要な設備の使用方法に関すること。 四　その他特定自動運行に係る業務を適正に実施するため必要な知識及び技能に関すること。

（特定自動運行主任者の要件）
第九条の二十八　法第七十五条の十九第二項の内閣府令で定める要件は、次に掲げるとおりとする。
一　両眼の視力又は両耳の聴力を喪失した者でないこと。
二　遠隔監視装置その他の特定自動運行計画に従って特定自動運行を行うために必要な設備を適切に使用することができる者であること。
三　前二号に定めるもののほか、法及び法に基づく命令の規定並びに法の規定に基づく処分により特定自動運行主任者が実施しなければならない措置を円滑かつ確実に実施する上で支障があると認められる者でないこと。

（遠隔監視装置）
第九条の二十九　遠隔監視装置は、次に掲げる要件に該当する装置とする。
一　特定自動運行を行う場合（道路において当該特定自動運行が終了した場合を含む。）において、特定自動運行用自動車に取り付けられた装置から送信された当該特定自動運行用自動車の周囲の全方向の道路及び交通の状況並びに当該特定自動運行用自動車の車内の状況に係る鮮明な映像及び明瞭な音声並びに当該特定自動運行用自動車の位置情報を常時かつ即時に受信することができるものであること。
二　ディスプレイその他の特定自動運行主任者が前号の映像及び位置情報を視覚により認識するための機器を有するものであること。

三　スピーカーその他の特定自動運行主任者が第一号の音声を聴覚により認識するための機器を有するものであること。

四　無線通話装置その他の特定自動運行主任者が特定自動運行用自動車の車内にいる者及び車外にいる者との間で音声の送受信により通話をするための機器を有するものであること。

五　第一号の映像若しくは音声若しくは位置情報の受信又は前号の音声の送受信を正常に行うことができないこととなつた場合には、直ちに、特定自動運行主任者にその旨を通知するものであること。

六　第一号の映像及び音声並びに位置情報、第四号の通話の内容並びに前号の通知に係る情報を記録するものであること。

七　サイバーセキュリティ（サイバーセキュリティ基本法（平成二十六年法律第百四号）第二条に規定するサイバーセキュリティをいう。）を確保するために必要な措置が講じられているものであること。

（特定自動運行中である旨の表示）

第九条の三十　法第七十五条の二十第二項の規定による表示は、「自動運行中」の文字を特定自動運行用自動車の自動運行装置の作動状態と連動して見やすく表示する装置を、当該特定自動運行用自動車の前方及び後方から見やすい位置に取り付け、当該装置を作動させる方法により行うものとする。

（特定自動運行を行う場合における運行記録計の記録の保存）

第九条の三十一　法第七十五条の二十四の規定により法第六十三条の二第一項の規定を読み替えて適用する場合における第九条の規定の適用については、同条第三号中「運転者」とあるのは「特定自動運行実施者」と、同条第四号中「運転区間又は運転区域」とあるのは「特定自動運行の経路」とする。

（高速自動車国道等において特定自動運行が終了した場合における表示のための装置）

第九条の三十二　令第二十七条の八の規定により読み替えて適用する令第二十七条の六ただし書の内閣府令で定める基準は、次に掲げるとおりとする。

一　記号を表示する装置にあつては、次に該当するものであること。

イ　外側の一辺の長さがおおむね四十五センチメートル以上、内側の一辺の長さがおおむね十五センチメートル以上三十センチメートル以下の中空の正立正三角形（外側と内側とが相似形であり、これらの配置が同心かつ同方向のものに限る。）又はこれに類する形状の記号を表示するものであること。

ロ　二百メートルの距離からイの記号を容易に確認できるものであること。

ハ　イの記号の色は、赤色又は橙色であること。

二　灯火式の装置（前号に該当するものを除く。）にあつては、次に該当するものであること。

イ　点滅式のものであること。

ロ　二百メートルの距離から点灯を容易に確認できるものであること。

ハ　灯光の色は、紫色であること。

（許可の取消し等に係る通知）

第九条の三十三　公安委員会は、法第七十五条の二十七第一項の規定により特定自動運行の許可を取り消し、又はその効力を停止したときは、別記様式第五の十二の通知書により当該処分を受けた者に通知するものとする。

（許可の取消しの公示の方法）

第九条の三十四　法第七十五条の二十七第三項の規定による公示は、次に掲げる事項について、インターネットの利用その他の方法により行うものとする。

一　許可を取り消した旨

二　特定自動運行実施者の氏名又は名称及び法人にあつては、その代表者の氏名

三　特定自動運行の経路

四　特定自動運行を行う日及び時間帯

五　許可を取り消した年月日

六　前各号に掲げるもののほか、公安委員会が必要と認める事項

（仮停止に係る通知）

第九条の三十五　警察署長は、法第七十五条の二十八第一項の規定による特定自動運行の許可の効力の停止（次条において「仮停止」という。）をしたときは、別記様式第五の十三の通知書により当該処分を受けた者に通知するものとする。

（公安委員会への報告）

第九条の三十六　法第七十五条の二十八第三項の内閣府令で定める事項は、次に掲げる事項とする。

一　仮停止をした旨

二　仮停止に係る許可を受けた特定自動運行実施者の氏名又は名称及び住所並びに法人にあつては、その代表者の氏名

三　仮停止を受けた許可に係る許可証の番号

四　仮停止の年月日

五　仮停止の理由

（国家公安委員会への報告）

第九条の三十七　法第七十五条の二十九の内閣府令で定める事項は、次に掲げる事項とする。

一　処分を受けた者の氏名又は名称及び住所並びに法人にあつては、その代表者の氏名並びにその役員の氏名及び住所

二　処分の別及び理由

三　法第七十五条の二十六第一項の規定による処分にあつては、当該処分の内容

四　処分の期日及び処分に係る期間

（許可証の返納等）

第九条の三十八　特定自動運行実施者は、次の各号のいずれかに該当することとなつたときは、遅滞なく、許可証をその交付を受けた公安委員会に返納しなければならない。

一　特定自動運行を行わないこととしたとき。

二　許可が取り消されたとき。

三　許可証の再交付を受けた場合において、亡失した許可証を発見し、又は回復したとき。

2　前項第一号の規定による許可証の返納があつたときは、許可は、その効力を失う。

3　特定自動運行実施者が次の各号に掲げる場合のいずれかに該当することとなつたときは、当該各号に掲げる者は、遅滞なく、許可証をその交付を受けた公安委員会に返納しなければならない。

一　死亡した場合　同居の親族又は法定代理人

二　法人が合併以外の事由により解散した場合　清算人又は破産管財人
三　法人が合併により消滅した場合　合併後存続し、又は合併により設立された法人の代表者

4　公安委員会は、第一項第一号又は前項の規定による許可証の返納を受けたときは、次に掲げる事項について、インターネットの利用その他の方法により公示しなければならない。
一　許可が失効した旨
二　特定自動運行実施者の氏名又は名称及び法人にあっては、その代表者の氏名
三　特定自動運行の経路
四　特定自動運行を行う日及び時間帯
五　許可が失効した年月日
六　前各号に掲げるもののほか、公安委員会が必要と認める事項

第五章　運転免許及び運転免許試験

（緊急自動車の運転資格の審査）

第十五条の二　令第三十二条の二第一項第二号、第二項第二号若しくは第三項、第三十二条の三の二第二項又は第三十二条の五第一項若しくは第二項に規定する審査は、それぞれ大型自動車、中型自動車、準中型自動車、普通自動車、大型自動二輪車又は普通自動二輪車の緊急用務のための運転に必要な技能について行うものとする。

（練習運転のための標識の表示）

第十五条の三　法第八十七条第三項に規定する標識は、地上〇・四メートル以上一・二メートル以下の位置に前方又は後方から見やすいように表示するものとする。

（練習運転のための標識の様式）

第十六条　法第八十七条第三項の内閣府令で定める様式は、別記様式第十一のとおりとする。

（免許申請書）

第十七条　法第八十九条第一項の内閣府令で定める様式は、別記様式第十二のとおりとする。

2　前項の様式の免許申請書には、次に掲げる書類及び写真を添付（第三号、第五号又は第九号に掲げるものについては、提示）しなければならない。
一　運転免許（以下「免許」という。）を受けようとする者（以下「免許申請者」という。）が住民基本台帳法の適用を受ける者である場合にあっては、住民票の写し（同法第七条第五号に掲げる事項（外国人にあっては、同法第三十条の四十五に規定する国籍等（以下「国籍等」という。））を記載したものに限る。第二十条第二項第二号及び第三十五条第一号において同じ。）
二　免許申請者が東日本大震災における原子力発電所の事故による災害に対処するための避難住民に係る事務処理の特例及び住所移転者に係る措置に関する法律（平成二十三年法律第九十八号）第二条第三項に規定する避難住民である場合にあっては、同条第一項に規定する指定市町村の長が発行する同法第四条第一項の避難場所を証明する書類
三　免許申請者が住民基本台帳法の適用を受けない者である場合にあっては、旅券等
四　免許申請者が法第八十九条第一項の規定によりその住所地を管轄する公安委員会以外の公安委員会の仮運転免許（以下「仮免許」という。）を受けようとする者である場合にあっては、その者が現に法第九十八条第二項の規定による届出をした自動車教習所において自動車の運転に関する教習を受けている者であることを証明する書類
五　免許申請者が令第三十二条の七第一号又は第三十二条の八第一号に掲げる者である場合にあっては、当該掲げる者であることを証明する書類
六　免許申請者が令第三十二条の七第二号、第三十二条の八第二号又は第三十四条第二項、第四項、第五項、第七項、第八項若しくは第十項に規定する教習を修了した者である場合にあっては、当該教習を修了した者であることを証明する書類
七　免許申請者が令第三十四条第一項又は第三項の規定に該当する者である場合にあっては、当該規定に該当する者であることを証明する書類
八　免許申請者が令第三十四条第六項各号又は同条第九項各号に掲げる経験を有する者である場合にあっては、当該経験を有する者であることを証明する書類
九　健康保険の被保険者証、行政手続における特定の個人を識別するための番号の利用等に関する法律（平成二十五年法律第二十七号）第二条第七項に規定する個人番号カード、旅券その他の書類で当該免許申請者が本人であることを確認するに足りるもの（前各号に掲げる書類であってこの項の規定により添付し又は提示するものを除く。）
十　申請前六月以内に撮影した無帽（免許申請者が宗教上又は医療上の理由により顔の輪郭を識別することができる範囲内において頭部を布等で覆う者である場合を除く。以下同じ。）、正面、上三分身、無背景の縦の長さ三・〇センチメートル、横の長さ二・四センチメートルの写真で、その裏面に氏名及び撮影年月日を記入したもの（以下「申請用写真」という。）

3　免許申請者が受けようとする免許の種類と異なる種類の免許を現に受けている者であるときは、現に受けている免許に係る免許証を提示しなければならない。この場合にあっては、前項の規定にかかわらず、同項第一号及び第二号に掲げる書類を添付し又は同項第三号及び第九号に掲げる書類を提示することを要しない。

第十八条　免許申請者が次の各号のいずれかに該当する者であるときは、免許申請書にそれぞれ当該各号に定める書類を添付（第六号に定める免許証及び旅券等については、提示）しなければならない。
一　令第三十三条の六の二に規定するやむを得ない理由（以下この項において「やむを得ない理由」という。）により法第百一条第一項に規定する免許証の有効期間の更新（以下「免許証の更新」という。）を受けることができなかった者で、法第九十二条の二第一項に規定する優良運転者（以下「優良運転者」という。）又は同項に規定する一般運転者（以下「一般運転者」という。）となるもの　やむを得ない理由を証するに足りる書類
二　かつてやむを得ない理由により法第百一条第一項に規定する免許証の更新を受けることができなかったことがある者で、当該免許及びその次に受けた免許について法第九十

二条の二第一項の表の備考四の規定の適用を受けることにより優良運転者又は一般運転者となるもの（当該次の免許を受けた際の免許申請書に前号の規定により同号に定める書類を添付した者を除く。）　やむを得ない理由を証するに足りる書類

三　法第九十七条の二第一項第一号又は令第三十四条の五第三号ロに該当する者　第十八条の二の三第五項の検査合格証明書

四　法第九十七条の二第一項第二号に該当する者　当該卒業証明書又は修了証明書

五　法第九十七条の二第一項第三号に規定する特定失効者（以下「特定失効者」という。）であって、当該免許が法第百五条第一項の規定により効力を失った日から起算して六月以内に運転免許試験（以下「免許試験」という。）を受けることができなかったもの　やむを得ない理由を証するに足りる書類

六　令第三十四条の四第二項の規定に該当する者　同項に規定する外国等の行政庁等の免許に係る運転免許証、日本語による当該運転免許証の翻訳文（当該運転免許証を発給した外国等の行政庁等、本邦の域外にある国（当該運転免許証を発給した国に限る。）の領事機関又は令第三十九条の五第一項第二号若しくは第三号に掲げる者が作成したものであって、当該免許で運転することができる自動車及び一般原動機付自転車（法第十八条第一項に規定する一般原動機付自転車をいう。以下同じ。）（以下「自動車等」という。）の種類、当該免許又は当該運転免許証の有効期限及び当該免許の条件を明らかにしたものに限る。）及び令第三十四条の四第二項に規定する事実を証するに足りる旅券その他の書類

七　令第三十四条の五第一号ハ、第二号ハ、第三号ハ若しくはニ又は第六号に該当する者（当該免許試験を行った公安委員会以外の公安委員会の免許を受けようとする者に限る。）　第二十八条の運転免許試験成績証明書

2　免許申請者が特定失効者又は法第九十七条の二第一項第五号に規定する特定取消処分者（以下「特定取消処分者」という。）で、次の各号に掲げる検査、講習又は教育を受けたものであるときは、免許申請書にそれぞれ当該各号に定める書類を添付しなければならない。

一　法第九十七条の二第一項第三号イに規定する認知機能検査（以下「認知機能検査」という。）　第二十六条の三第二項に規定する書類

二　法第百八条の三十二の三第一項の認定を受けた同項に規定する運転免許取得者等検査（同項第三号イに掲げる基準に適合するものに限る。）　当該運転免許取得者等検査を受けた者であることを証明する書類

三　法第九十七条の二第一項第三号イに規定する運転技能検査（以下「運転技能検査」という。）　第二十六条の五第六項に規定する書類

四　法第百八条の三十二の三第一項の認定を受けた同項に規定する運転免許取得者等検査（同項第三号ロに掲げる基準に適合するものに限る。）　当該運転免許取得者等検査の結果を証明する書類

五　法第百八条の二第一項第十二号に掲げる講習（以下「高齢者講習」という。）　第三十八条第十八項に規定する高齢者講習終了証明書

六　法第百八条の二第二項の規定による講習（法第九十七条の二第一項第三号イ又はホの国家公安委員会規則で定める基準に適合するものに限る。）　第三十八条の二の国家公安委員会規則で定める書類

七　法第百八条の三十二の二第一項の認定を受けた同項に規定する運転免許取得者等教育の課程（同項第三号イ又はロに掲げる基準に適合するものに限る。）　当該課程を終了した者であることを証明する書類

第十八条の二　次の表の上欄に掲げる種類の免許に係る免許申請者が同表の中欄に掲げる種類の講習を終了した者であるときは、免許申請書に、それぞれ同表の下欄に掲げる種類の第三十八条第十八項に規定する証明書（当該講習を終了した日から起算して一年を経過しないものに限る。）を添付しなければならない。

免許の種類	講習の種類	証明書の種類
大型自動車免許（以下「大型免許」という。）	第三十八条第四項第一号の大型車講習	大型車講習終了証明書
	第三十八条第八項第一号の応急救護処置講習（一）	応急救護処置講習（一）終了証明書
中型自動車免許（以下「中型免許」という。）	第三十八条第四項第一号の中型車講習	中型車講習終了証明書
	第三十八条第八項第一号の応急救護処置講習（一）	応急救護処置講習（一）終了証明書
準中型自動車免許（以下「準中型免許」という。）	第三十八条第四項第一号の準中型車講習	準中型車講習終了証明書
	第三十八条第八項第一号の応急救護処置講習（一）	応急救護処置講習（一）終了証明書
普通自動車免許（以下「普通免許」という。）	第三十八条第四項第一号の普通車講習	普通車講習終了証明書
	第三十八条第八項第一号の応急救護処置講習（一）	応急救護処置講習（一）終了証明書
大型自動二輪車免許（以下「大型二輪免許」という。）	第三十八条第五項第一号の大型二輪車講習	大型二輪車講習終了証明書
	第三十八条第八項第一号の応急救護処置講習（一）	応急救護処置講習（一）終了証明書
普通自動二輪車免許（以下「普通二輪免許」という。）	第三十八条第五項第一号の普通二輪車講習	普通二輪車講習終了証明書
	第三十八条第八項第一号の応急救護処置講習（一）	応急救護処置講習（一）終了証明書
原動機付自転車免許（以下「原付免許」という。）	第三十八条第六項の原付講習	原付講習終了証明書

大型自動車第二種免許（以下「大型第二種免許」という。）	第三十八条第七項第二号の大型旅客車講習	大型旅客車講習終了証明書
	第三十八条第八項第一号の応急救護処置講習（二）	応急救護処置講習（二）終了証明書
中型自動車第二種免許（以下「中型第二種免許」という。）	第三十八条第七項第二号の中型旅客車講習	中型旅客車講習終了証明書
	第三十八条第八項第一号の応急救護処置講習（二）	応急救護処置講習（二）終了証明書
普通自動車第二種免許（以下「普通第二種免許」という。）	第三十八条第七項第二号の普通旅客車講習	普通旅客車講習終了証明書
	第三十八条第八項第一号の応急救護処置講習（二）	応急救護処置講習（二）終了証明書

2　免許申請者が令第三十三条の五の三第一項第一号ハ、第二項第一号ハ又は第四項第一号ハに該当する者であるときは、免許申請書にこれらの規定に該当する者であることを証明する書類を添付しなければならない。

（質問票の様式）

第十八条の二の二　法第八十九条第二項の内閣府令で定める様式は、別記様式第十二の二のとおりとする。

（技能検査）

第十八条の二の三　法第八十九条第三項の検査（以下「技能検査」という。）は、当該技能検査を受けようとする者が現に受けている仮免許の区分に応じ、大型自動車、中型自動車、準中型自動車又は普通自動車のいずれかの運転について行うものとする。

2　技能検査を受けようとする者は、法第八十九条第三項に規定する公安委員会に、別記様式第十三の技能検査申請書を提出するとともに、現に受けている仮免許に係る免許証を提示しなければならない。

3　前項の技能検査申請書には、技能検査を受けようとする者が法第八十九条第三項前段に規定する者であることを証明する書類及び申請用写真を添付しなければならない。

4　第二十二条及び第二十四条（第五項を除くものとし、第一項、第四項及び第六項の規定にあつては普通免許に係る部分に限り、第二項及び第七項の規定にあつては大型免許、中型免許及び準中型免許に係る部分に限り、第九項及び第十項の規定にあつては大型免許、中型免許、準中型免許及び普通免許に係る部分に限る。）の規定は、公安委員会が行う技能検査について準用する。この場合において、第二十四条第三項及び第六項中「合格基準」とあるのは「基準」と、同条第九項中「技能試験の合格基準」とあるのは「技能検査において自動車の運転について必要な技能を有すると認める基準」と読み替えるものとする。

5　技能検査を受けた者が自動車の運転について必要な技能を有する旨を証する書面の交付は、その者に対して別記様式第十三の二の検査合格証明書を交付して行うものとする。

（免許の拒否等に係る通知）

第十八条の三　公安委員会は、法第九十条第一項ただし書の規定により免許を拒否し若しくは免許を保留し又は同条第二項の規定により免許を拒否したときは別記様式第十三の三の通知書により、同条第五項の規定により免許を取り消し若しくは免許の効力を停止し又は同条第六項の規定により免許を取り消したときは別記様式第十三の四の通知書により当該処分を受けた者に通知するものとする。

（免許の保留に係る適性検査の受検等命令）

第十八条の四　法第九十条第八項の適性検査は、同条第一項第一号から第二号までに規定する免許の保留の要件に関し専門的な知識を有すると公安委員会が認める医師の診断により、行うものとする。

2　法第九十条第八項の内閣府令で定める要件は、免許を保留された者のその理由とされる事由に係る主治の医師（同条第一項第一号の二に該当して免許を保留された者にあつては、介護保険法（平成九年法律第百二十三号）第五条の二第一項に規定する認知症（以下単に「認知症」という。）に関し専門的な知識を有する医師又は当該事由に係る主治の医師）が作成した診断書であつて、法第九十条第一項第一号から第二号までに該当しないと認められるかどうかに関する当該医師の意見（同項第一号の二に該当して免許を保留された者にあつては、診断に係る検査の結果及び認知症に該当しないと認められるかどうかに関する当該医師の意見）が記載されているものであることとする。

（限定解除審査の申請の手続）

第十八条の五　法第九十一条の規定により運転することができる自動車等の種類を限定された者で、その限定の全部又は一部の解除を受けるため、公安委員会の審査を受けようとするものは、その者の住所地を管轄する公安委員会に、現に受けている免許に係る免許証を提示し、かつ、別記様式第十三の五の限定解除審査申請書を提出しなければならない。

（申請により付与又は変更する免許の条件等）

第十八条の六　法第九十一条の二第一項の内閣府令で定める条件は、普通免許により運転することができる普通自動車の種類を次の各号のいずれかに該当するものに限定する条件とする。

一　次のイ及びロに掲げる装置（AT機構がとられている自動車以外の自動車にあつては、イに掲げる装置）の性能に関し、先進安全技術の性能認定実施要領（平成三十年国土交通省告示第五百四十四号。以下この号において「実施要領」という。）第三条の認定が行われた普通自動車

イ　実施要領第一条第三号に規定する衝突被害軽減制動制御装置

ロ　実施要領第一条第四号に規定する障害物検知機能付ペダル踏み間違い急発進抑制装置又は同条第五号に規定するペダル踏み間違い急発進抑制装置

二　乗車定員が十人未満の普通自動車であつて当該普通自動車に備える前方障害物との衝突による被害を軽減するために制動装置を作動させる装置が道路運送車両法第三章及びこれに基づく命令の規定に適合するもの

2　法第九十一条の二第一項の規定による免許の条件の付与又は変更の申請は、別記様式第十三の六の運転免許条件申請書を提出して行うものとする。この場合において、当該申請を行おうとする者は、現に受けている免許に係る免許証を提示しなければならない。

（免許証の記載事項等）

第十九条 法第九十三条第一項の内閣府令で定めるものは、免許を受けた者の本籍（外国人にあつては、国籍等）とする。

2 法第九十三条第一項の免許証の様式は、別記様式第十四（仮免許に係るものにあつては、別記様式第十五）のとおりとする。

3 免許証には、当該免許証を交付した公安委員会（次条において「交付公安委員会」という。）の名称及び公印の印影並びに免許を受けた者の写真を表示するものとする。

4 免許証に記載されている別表第二の上欄に掲げる略語は、それぞれ同表の下欄に掲げる意味を表すものとする。

（免許証の電磁的方法による記録）

第十九条の二 法第九十三条の二の規定による記録は、法第九十三条第一項各号に掲げる事項、同条第二項の規定により記載されることとなる事項及び前条第三項の規定により表示されることとなるもの（交付公安委員会の公印の印影を除く。）を免許証に組み込んだ半導体集積回路に記録して行うものとする。

（免許証の記載事項の変更の届出の手続）

第二十条 法第九十四条第一項に規定する免許証の記載事項の変更の届出は、別記様式第十六の届出書を提出して行うものとする。

2 前項の届出をしようとする者が次の各号のいずれかに該当する者であるときは、それぞれ当該各号に定める書類を提示（第二号に該当する者であるときは、前項の届出書に同号に定める書類を添付）しなければならない。

一 住所を変更した者　住民票の写しその他の住所を確かめるに足りる書類

二 本籍（外国人にあつては、国籍等）又は氏名を変更した者（住民基本台帳法の適用を受ける者である場合に限る。）　住民票の写し

三 国籍等又は氏名を変更した者（住民基本台帳法の適用を受けない者に限る。）　旅券等

（免許証の再交付の申請）

第二十一条 法第九十四条第二項の内閣府令で定めるときは、次の各号のいずれかに該当するときとする。

一 法第九十一条又は第九十一条の二第二項の規定により、免許に条件を付され、又はこれを変更されたとき。

二 免許証の備考欄に法第九十三条第二項に規定する事項又は法第九十四条第一項に規定する変更に係る事項の記載を受けているとき。

三 免許証に表示されている写真を変更しようとするとき。

四 前三号に掲げるもののほか、公安委員会が相当と認めるとき。

2 法第九十四条第二項に規定する免許証の再交付の申請は、別記様式第十七の再交付申請書を提出して行うものとする。

3 前項の申請書には、次に掲げる書類及び写真（都道府県公安委員会規則で定める場合にあつては、第一号及び第二号に掲げる書類）を添付しなければならない。

一 当該申請に係る免許証（当該免許証を亡失し、又は滅失した場合にあつては、その事実を証するに足りる書類）

二 法第九十四条第二項の規定により住所地を管轄する公安委員会以外の公安委員会に仮免許に係る免許証の再交付の申請を行おうとする場合にあつては、現に法第九十八条第二項の規定による届出をした自動車教習所において自動車の運転に関する教習を受けている者であることを証明する書類

三 申請用写真

（仮免許による運転練習）

第二十一条の二 法第九十六条の二の内閣府令で定める運転の練習は、高速自動車国道及び自動車専用道路以外の道路（交通の著しい混雑その他の理由により運転の練習を行うことが適当でないと認められる場合における当該道路を除く。）において、次の表の上欄に掲げる練習項目に応じ、それぞれ同表の下欄に掲げる練習細目について、大型免許を受けようとする者にあつては大型自動車、中型免許を受けようとする者にあつては中型自動車、準中型免許を受けようとする者にあつては準中型自動車、普通免許又は普通第二種免許を受けようとする者にあつては普通自動車、大型第二種免許を受けようとする者にあつては乗車定員三十人以上のバス型の大型自動車、中型第二種免許を受けようとする者にあつては乗車定員十一人以上二十九人以下のバス型の中型自動車により行う練習とする。

練習項目	練習細目
運転装置の操作等	一 運転姿勢を正しく保つこと。 二 乗降口のドアを閉じ、後写鏡を調節する等安全を図るため必要な措置を講ずること。 三 道路及び交通の状況に応じ、ハンドル、ブレーキその他の装置を確実に操作すること。
交通法規に従い、道路及び交通の状況に応じた運転	一 信号並びに道路標識及び道路標示による交通規制に従うこと。 二 歩行者を保護する等交通の安全を確保すること。 三 通行区分等を守ること。 四 他人に危害を及ぼさないような速度、車間距離及び側方間隔を保つこと。 五 合図の方法を守ること。 六 交差点における通行方法を守ること。 七 その他法第百八条の二十八第四項に規定する教則（以下「教則」という。）の内容となつている事項を守ること。
法第八十五条第十一項の旅客自動車（以下「旅客自動車」という。）の運転（大型第二種免許、中型第二種免許又は普通第二種免許を受けようとする者に限る。）	一 人の乗降のための停車及び発進を安全に行うこと。 二 普通第二種免許を受けようとする者にあつては、転回を安全に行うこと。

（大型免許等に係る受験資格の特例）

第二十一条の三 令第三十四条の二第一号ホの内閣府令で定める基準は、試験に係る免許の種類に応じ、第二十四条第九項

第三号又は第四号に定める成績とし、令第三十四条の二第二号ニの内閣府令で定める基準は、試験に係る免許の種類に応じ、第二十四条第九項第一号又は第二号に定める成績とする。

（試験の場所等）

第二十二条　免許試験は、公安委員会の管理する試験場又は公安委員会の指定する道路若しくは場所において行う。

2　公安委員会は、免許試験の実施の円滑を図るため必要があるときは、免許申請者に対し、受験の日時又は受験の場所を指定することができる。

3　公安委員会は、受験の日時を指定された者が病気その他正当な理由により指定された日時に受験できない旨をその指定された日時までに届け出たときは、新たに受験の日時を指定するものとする。

4　前二項の規定により受験の日時を指定された者が指定された日時に受験しなかつたときは、その者に対しては、当該免許申請に係る免許試験を行わない。

（適性試験）

第二十三条　自動車等の運転に必要な適性についての免許試験（以下「適性試験」という。）は、次の表の上欄に掲げる科目について行うものとし、その合格基準は、それぞれ同表の下欄に定めるとおりとする。

科目	合格基準
視力	一　大型免許、中型免許、準中型免許、大型自動車仮免許（以下「大型仮免許」という。）、中型自動車仮免許（以下「中型仮免許」という。）、準中型自動車仮免許（以下「準中型仮免許」という。）、牽引免許及び第二種運転免許（以下「第二種免許」という。）に係る適性試験にあつては、視力（万国式試視力表により検査した視力で、矯正視力を含む。以下同じ。）が両眼で〇・八以上、かつ、一眼でそれぞれ〇・五以上であること。 二　原付免許及び小型特殊自動車免許（以下「小型特殊免許」という。）に係る適性試験にあつては、視力が両眼で〇・五以上であること又は一眼が見えない者については、他眼の視野が左右一五〇度以上で、視力が〇・五以上であること。 三　前二号の免許以外の免許に係る適性試験にあつては、視力が両眼で〇・七以上、かつ、一眼でそれぞれ〇・三以上であること又は一眼の視力が〇・三に満たない者若しくは一眼が見えない者については、他眼の視野が左右一五〇度以上で、視力が〇・七以上であること。
色彩識別能力	赤色、青色及び黄色の識別ができること。
深視力	大型免許、中型免許、準中型免許、大型仮免許、中型仮免許、準中型仮免許、牽引免許及び第二種免許に係る適性試験にあつては、三桿法の奥行知覚検査器により二・五メートルの距離で三回検査し、その平均誤差が二センチメートル以下であること。
聴力	一　大型免許、中型免許、準中型免許、普通免許、大型特殊自動車免許（以下「大型特殊免許」という。）、牽引免許、第二種免許及び仮免許に係る適性試験にあつては、両耳の聴力（補聴器により補われた聴力を含む。）が一〇メートルの距離で、九〇デシベルの警音器の音が聞こえるものであること。 二　一に定めるもののほか、準中型免許、普通免許、準中型仮免許及び普通自動車仮免許（以下「普通仮免許」という。）に係る適性試験にあつては、両耳の聴力が一〇メートルの距離で、九〇デシベルの警音器の音が聞こえるものではないが、法第九十一条の規定により、運転する準中型自動車又は普通自動車の進路と同一の進路及び進路を運転者席の反対側に変更しようとする場合にその変更した後の進路と同一の進路を後方から進行してくる自動車等を運転者席から容易に確認することができることとなる後写鏡その他の装置（以下「特定後写鏡等」という。）を使用すべきこととする条件を付すことにより、当該準中型自動車又は普通自動車の安全な運転に支障を及ぼすおそれがないと認められること。
運動能力	一　令第三十八条の二第四項第一号又は第二号に掲げる身体の障害がないこと。 二　一に定めるもののほか、自動車等の安全な運転に必要な認知又は操作のいずれかに係る能力を欠くこととなる四肢又は体幹の障害があるが、法第九十一条の規定による条件を付すことにより、自動車等の安全な運転に支障を及ぼすおそれがないと認められること。

2　次の各号のいずれかに該当する者に対し行う適性試験にあつては、前項の規定にかかわらず、色彩識別能力の科目についての試験は、行わないものとする。

一　受けようとする免許の種類と異なる種類の免許を現に受けている者

二　第一種運転免許（以下「第一種免許」という。）又は第二種免許に係る特定失効者又は特定取消処分者であるもの

三　大型仮免許、中型仮免許、準中型仮免許又は普通仮免許を受けようとする者で、法第九十七条の二第一項第四号に該当するもの

（道路において行わなくてよい運転免許試験項目）

第二十三条の二　法第九十七条第二項ただし書の内閣府令で定める項目は、次に掲げるものとする。

一　次条第一項の規定によりAT機構がとられておりクラッチの操作装置を有しない自動車（以下「AT自動車」という。）を使用して行う項目のうち方向変換、縦列駐車（縦列に駐車している自動車の間に縦列に駐車することをいう。以下同じ。）及び鋭角コースの走行

二　次条第一項の規定によりAT自動車以外の自動車を使用して行う項目

三　次条第二項の表の下欄に掲げる項目のうち方向変換、縦列駐車及び鋭角コースの走行

（技能試験）

第二十四条　次の表の上欄に掲げる種類の免許に係る自動車の運転に必要な技能についての免許試験（以下「技能試験」という。）は、当該免許の種類に応じ、それぞれ同表の中欄に掲げる自動車を使用して、同表の下欄に掲げる項目について行うものとする。

免許の種類	使用する自動車	項目
普通免許	AT自動車	一　道路（高速自動車国道及び自動車専用道路を除く。以下この表及び次項の表において同じ。）における走行（発進及び停止を含む。） 二　交差点の通行（右折及び左折を含む。以下この表及び次項の表において同じ。） 三　横断歩道の通過 四　方向変換又は縦列駐車
	AT自動車以外の自動車	一　幹線コース及び周回コースの走行（これらのコースにおける発進、停止及び指定速度での走行を含む。以下この表及び次項の表において同じ。） 二　交差点の通行 三　横断歩道及び踏切の通過 四　曲線コース、屈折コース及び坂道コースの走行（坂道における一時停止及び発進を含む。以下この表及び次項の表において同じ。） 五　方向変換
普通第二種免許	AT自動車	一　道路における走行（発進及び停止を含む。） 二　交差点の通行 三　横断歩道の通過 四　人の乗降のための停車及び発進 五　転回 六　方向変換又は縦列駐車 七　鋭角コースの走行
	AT自動車以外の自動車	一　幹線コース及び周回コースの走行 二　交差点の通行 三　横断歩道及び踏切の通過 四　曲線コース、屈折コース及び坂道コースの走行 五　方向変換 六　鋭角コースの走行
普通仮免許	AT自動車	一　幹線コース及び周回コースの走行 二　交差点の通行 三　横断歩道及び踏切の通過 四　曲線コース、屈折コース及び坂道コースの走行
	AT自動車以外の自動車	一　幹線コース及び周回コースの走行 二　交差点の通行 三　横断歩道及び踏切の通過 四　曲線コース、屈折コース及び坂道コースの走行

2　次の表の上欄に掲げる種類の免許に係る技能試験は、当該免許の種類に応じ、それぞれ同表の下欄に掲げる項目について行うものとする。

免許の種類	項目
大型免許、中型免許及び準中型免許	一　道路における走行（発進及び停止を含む。） 二　交差点の通行 三　横断歩道の通過 四　方向変換又は縦列駐車
大型特殊免許及び大型特殊自動車第二種免許（以下「大型特殊第二種免許」という。）（カタピラを有する大型特殊自動車（車輪を有す	一　幹線コース及び周回コースの走行 二　交差点の通行 三　横断歩道及び踏切の通過 四　方向変換

免許の種類	項目
るものを除く。以下同じ。）のみに係る大型特殊免許及び大型特殊第二種免許を除く。）	
カタピラを有する大型特殊自動車のみに係る大型特殊免許及び大型特殊第二種免許	一　幹線コースの走行（発進及び停止を含む。） 二　交差点の通行
大型二輪免許	一　幹線コース及び周回コースの走行 二　交差点の通行 三　横断歩道及び踏切の通過 四　曲線コース、屈折コース及び坂道コースの走行 五　直線狭路コース、連続進路転換コース及び波状路コースの走行
普通二輪免許	一　幹線コース及び周回コースの走行 二　交差点の通行 三　横断歩道及び踏切の通過 四　曲線コース、屈折コース及び坂道コースの走行 五　直線狭路コース及び連続進路転換コースの走行（総排気量については〇・一二五リットル以下、定格出力については一・〇〇キロワット以下の原動機を有する普通自動二輪車（以下「小型二輪車」という。）に限り運転することができる普通二輪免許（以下「小型限定普通二輪免許」という。）については、連続進路転換コースの走行を除く。）
牽（けん）引免許及び牽（けん）引第二種免許	一　幹線コース及び周回コースの走行 二　交差点の通行 三　横断歩道及び踏切の通過 四　曲線コースの走行 五　方向変換
大型第二種免許及び中型第二種免許	一　道路における走行（発進及び停止を含む。） 二　交差点の通行 三　横断歩道の通過 四　人の乗降のための停車及び発進 五　方向変換又は縦列駐車 六　鋭角コースの走行
大型仮免許及び中型仮免許	一　幹線コース及び周回コースの走行 二　交差点の通行 三　横断歩道及び踏切の通過 四　曲線コース、屈折コース及び坂道コースの走行 五　路端における停車及び発進 六　隘（あい）路への進入
準中型仮免許	一　幹線コース及び周回コースの走行 二　交差点の通行 三　横断歩道及び踏切の通過 四　曲線コース、屈折コース及び坂道コースの走行

3　第一項の表の上欄に掲げる種類の免許に係る技能試験においては、AT自動車を使用して行う項目をAT自動車以外の自動車を使用して行う項目の前に行うものとし、AT自動車を使用して行う項目について第九項に定める合格基準に達する成績を得ることができなかつた者に対しては、AT自動車以外の自動車を使用して行う項目を行うことを要しない。

4　次の各号に掲げる種類の免許に係る技能試験については、第一項の規定にかかわらず、同項の規定によりAT自動車以外の自動車を使用して行う項目を行うことを要しない。

一　AT普通免許（運転することができる普通自動車をAT機構がとられておりクラッチの操作装置を有しない普通自動車に限る普通免許をいう。以下同じ。）

二　AT普通第二種免許（運転することができる普通自動車をAT機構がとられておりクラッチの操作装置を有しない普通自動車に限る普通第二種免許をいう。以下同じ。）

三　AT普通仮免許（運転することができる普通自動車をAT機構がとられておりクラッチの操作装置を有しない普通自動車に限る普通仮免許をいう。以下この条において同じ。）

5　大型仮免許又は中型仮免許の技能試験については、曲線コースに障害物を設けたものを走行させることにより屈折コースの走行の項目において確認すべき技能の有無を確認できると認められる場合には、第二項の規定にかかわらず、屈折コースの走行の項目を行わないことができる。

6　次の表の上欄に掲げる種類の免許に係る技能試験は、当該免許の種類に応じ、それぞれ同表の中欄に掲げる自動車を使用して、同表の下欄に掲げる距離を走行させて行うものとする。ただし、技能試験を受ける者が走行の途中において第九項に定める合格基準に達する成績を得ることができないことが明らかになつたときは、同表の下欄に掲げる距離の全部を走行させることを要しない。

免許の種類	使用する自動車	距離
普通免許	AT自動車	四千五百メートル以上
	AT自動車以外の自動車	千二百メートル以上
普通第二種免許	AT自動車	六千メートル以上
	AT自動車以外の自動車	千二百メートル以上
普通仮免許	AT自動車	二千メートル以上
	AT自動車以外の自動車	千二百メートル以上

7　次の表の上欄に掲げる種類の免許に係る技能試験は、当該

免許の種類に応じ、それぞれ同表の下欄に掲げる距離を走行させて行うものとする。この場合においては、前項ただし書の規定を準用する。

免許の種類	距離
大型免許、中型免許及び準中型免許	五千メートル以上
大型特殊免許（カタピラを有する大型特殊自動車のみに係る大型特殊免許を除く。）、大型特殊第二種免許（カタピラを有する大型特殊自動車のみに係る大型特殊第二種免許を除く。）、普通二輪免許、牽引免許、牽引第二種免許、大型仮免許及び中型仮免許	千二百メートル以上
カタピラを有する大型特殊自動車のみに係る大型特殊免許及び大型特殊第二種免許	二百メートル以上
大型二輪免許	千五百メートル以上
大型第二種免許及び中型第二種免許	六千メートル以上
準中型仮免許	二千メートル以上

8 技能試験の採点は、次に掲げる能力について減点式採点法により行うものとする。

一 運転装置を操作する能力

二 交通法規に従つて運転する能力

三 前二号に掲げるもののほか運転姿勢その他自動車を安全に運転する能力

9 技能試験の合格基準は、次に定めるとおりとする。

一 大型第二種免許、中型第二種免許、大型特殊第二種免許及び牽引第二種免許に係る技能試験にあつては、八十パーセント以上の成績であること。

二 普通第二種免許に係る技能試験にあつては、AT自動車を使用して行う項目及びAT自動車以外の自動車を使用して行う項目のそれぞれについて八十パーセント以上（第四項の規定の適用を受ける場合にあつては、AT自動車を使用して行う項目について八十パーセント以上）の成績であること。

三 大型免許、中型免許、準中型免許、大型特殊免許、大型二輪免許、普通二輪免許、牽引免許及び準中型仮免許に係る技能試験にあつては、七十パーセント以上の成績であること。

四 普通免許に係る技能試験にあつては、AT自動車を使用して行う項目及びAT自動車以外の自動車を使用して行う項目のそれぞれについて七十パーセント以上（第四項の規定の適用を受ける場合にあつては、AT自動車を使用して行う項目について七十パーセント以上）の成績であること。

五 大型仮免許及び中型仮免許に係る技能試験にあつては、六十パーセント以上の成績であること。

六 普通仮免許に係る技能試験にあつては、AT自動車を使用して行う項目について七十パーセント以上、AT自動車以外の自動車を使用して行う項目について六十パーセント以上（第四項の規定の適用を受ける場合にあつては、AT自動車を使用して行う項目について七十パーセント以上）の成績であること。

10 技能試験において使用する自動車は、次の表の上欄に掲げる免許の種類に応じ、それぞれ同表の下欄に掲げる種類の自動車とする。ただし、自動車の安全な運転に必要な認知又は操作のいずれかに係る能力を欠くこととなる四肢又は体幹の障害（令第三十八条の二第四項第一号又は第二号に掲げる身体の障害を除く。第二十六条の五第四項において同じ。）がある者で法第九十一条の規定による条件を付することにより自動車の安全な運転に支障を及ぼすおそれがないと認められるものについて技能試験を行う場合又は特別の必要がある場合には、次の表に掲げる自動車以外の自動車とすることができる。

免許の種類	自動車の種類
大型免許	最大積載量一〇、〇〇〇キログラム以上の大型自動車で長さが一一・〇〇メートル以上、幅が二・四〇メートル以上及び最遠軸距が六・九〇メートル以上のもの（運転することができる大型自動車を自衛隊用自動車（令第十三条第一項第二号に規定する自衛隊用自動車をいう。以下同じ。）に限る大型免許にあつては、最大積載量六、〇〇〇キログラム以上の大型自動車で長さが六・六五メートル以上、幅が二・四〇メートル以上及び最遠軸距が四・四〇メートル以上のもの）
中型免許	最大積載量五、〇〇〇キログラム以上の中型自動車で長さが七・〇〇メートル以上、幅が二・二五メートル以上及び最遠軸距が四・一〇メートル以上のもの
準中型免許及び準中型仮免許	最大積載量二、〇〇〇キログラム以上の準中型自動車で長さが四・四〇メートル以上、幅が一・六九メートル以上、最遠軸距が二・五〇メートル以上及び前軸輪距が一・三〇メートル以上のもの
普通免許、普通第二種免許及び普通仮免許	一 AT自動車を使用して行う技能試験にあつては、乗車定員五人以上の専ら人を運搬する構造の普通自動車（AT自動車に限る。）で長さが四・四〇メートル以上、幅が一・

	六九メートル以上、最遠軸距が二・五〇メートル以上及び輪距が一・三〇メートル以上のもの 二　AT自動車以外の自動車を使用して行う技能試験にあつては、乗車定員五人以上の専ら人を運搬する構造の普通自動車（AT自動車以外の自動車に限る。）で長さが四・四〇メートル以上、幅が一・六九メートル以上、最遠軸距が二・五〇メートル以上及び輪距が一・三〇メートル以上のもの
大型特殊免許及び大型特殊第二種免許	車両総重量五、〇〇〇キログラム以上の車輪を有する大型特殊自動車で二〇キロメートル毎時を超える速度を出すことができる構造のもの（カタピラを有する大型特殊自動車のみを運転しようとする者については、車両総重量五、〇〇〇キログラム以上のカタピラを有する大型特殊自動車）
大型二輪免許	総排気量〇・七〇〇リットル以上の大型自動二輪車
普通二輪免許	総排気量〇・三〇〇リットル以上の普通自動二輪車（小型限定普通二輪免許にあつては総排気量〇・〇九〇リットル以上〇・一二五リットル以下のもの）
牽引免許及び牽引第二種免許	牽引されるための構造及び装置を有する車両（以下「被牽引車」という。）を牽引するための構造及び装置を有し、かつ、専ら牽引のために使用される中型自動車で被牽引車（最大積載量五、〇〇〇キログラム以上のものに限る。）を牽引しているもの（キャンピングトレーラその他の車両総重量二、〇〇〇キログラム未満の被牽引車で、セミトレーラ（前車軸を有しない被牽引車であつて、その一部が牽引自動車に載せられ、かつ、当該被牽引車及びその積載物の重量の相当部分が牽引自動車によつて支えられる構造のものをいう。）に該当しないもの（以下「キャンピングトレーラ等」という。）に係る牽引免許又は牽引第二種免許を受けようとする者については、キャンピングトレーラ等）
大型第二種免許	乗車定員三〇人以上のバス型の大型自動車で長さが一〇・〇〇メートル以上、幅が二・四〇メートル以上及び最遠軸距が五・一五メートル以上のもの
中型第二種免許	乗車定員一一人以上二九人以下のバス型の中型自動車で長さが八・二〇メートル以上、幅が二・二五メートル以上及び最遠軸距が四・二〇メートル以上のもの
大型仮免許	最大積載量一〇、〇〇〇キログラム以上の大型自動車で長さが一一・〇〇メートル以上、幅が二・四〇メートル以上及び最遠軸距が六・九〇メートル以上のもの（自衛隊用自動車である大型自動車又は乗車定員三〇人以上のバス型の大型自動車を練習のため若しくは法第八十七条第一項に規定する試験等において運転しようとする者については、それぞれ最大積載量六、〇〇〇キログラム以上の大型自動車で長さが六・六五メートル以上、幅が二・四〇メートル以上及び最遠軸距が四・四〇メートル以上のもの又は乗車定員三〇人以上のバス型の大型自動車で長さが一〇・〇〇メートル以上、幅が二・四〇メートル以上及び最遠軸距が五・一五メートル以上のもの）
中型仮免許	最大積載量五、〇〇〇キログラム以上の中型自動車で長さが七・〇〇メートル以上、幅が二・二五メートル以上及び最遠軸距が四・一〇メートル以上のもの（乗車定員一一人以上二九人以下のバス型の中型自動車を練習のため又は法第八十七条第一項に規定する試験等において運転しようとする者については、乗車定員一一人以上二九人以下のバス型の中型自動車で長さが八・二〇メートル以上、幅が二・二五メートル以上及び最遠軸距が四・二〇メートル以上のもの）

11　技能試験においては、公安委員会が提供し、又は指定した自動車を使用するものとする。ただし、前項ただし書に規定する場合又はキャンピングトレーラ等に係る牽引免許若しくは牽引第二種免許についての技能試験を行う場合は、これらの自動車以外の自動車を使用することができる。

12　技能試験は、公安委員会の指定を受けた警察職員が技能試験を受ける者の運転する自動車に同乗して（大型自動二輪車若しくは普通自動二輪車又はその他の自動車で乗車定員が一人であるものを使用する技能試験にあつては、同乗以外の方法で）行うものとする。

（学科試験）

第二十五条　自動車等の運転に必要な知識についての免許試験（以下「学科試験」という。）は、択一式又は正誤式の筆記試験又は電子計算機その他の機器を使用して行う試験により行うものとし、その合格基準は、九十パーセント以上の成績であることとする。

（試験の順序等）

第二十六条　免許試験においては、適性試験及び学科試験を技能試験の前に行うものとし、その適性試験又は学科試験のいずれかに合格しなかつた者に対しては、他の免許試験を行わない。

（特定失効者又は特定取消処分者に係る講習の受講期間等）

第二十六条の二　法第九十七条の二第一項第三号イからハまでに定める検査及び同号イからホまでに定める講習又は教育は、特定失効者又は特定取消処分者が法第八十九条第一項の規定により免許申請書を提出した日前一年以内に受けたものでなければならない。

（認知機能検査）

第二十六条の三　認知機能検査は、次に掲げる方法により行うものとする。

一　認知機能検査を行つている時の年月日、曜日及び時刻を記述させること。

二　十六の物の図面を当該物の名称及び分類とともに示した時点から一定の時間が経過した後に当該物の名称を記述させること。

2　公安委員会は、認知機能検査を受けた者からの申出により、次に掲げる事項を記載した書類を交付するものとする。

一　認知機能検査を受けた者の住所、氏名及び生年月日

二　認知機能検査を受けた年月日

三　認知機能検査を受けた場所

四　認知機能検査の結果

（認知機能検査等を受ける必要がない者）

第二十六条の四　法第九十七条の二第一項第三号イからハまでの内閣府令で定める者は、次の各号のいずれかに該当する者とする。

一　法第八十九条第一項の規定により免許申請書を提出した日前一年以内に免許を受けた者

二　法第八十九条第一項の規定により免許申請書を提出した日前一年以内に法第百二条第一項から第四項までの規定による適性検査（同項の規定によるものにあつては、当該免許申請書を提出した者が法第九十条第一項第一号の二に該当する者であり、又は法第百三条第一項第一号の二に該当することとなつた疑いがあることを理由としたものに限る。）を受けた者

三　法第八十九条第一項の規定により免許申請書を提出した日前一年以内に医師が作成した診断書その他の書類であつて、当該免許申請書を提出した者が認知症に該当する疑いがないと認められるかどうかに関する当該医師の意見及び当該意見に係る検査の結果が記載されているものを公安委員会に提出した者

（運転技能検査）

第二十六条の五　運転技能検査は、次に掲げる項目について行うものとする。

一　幹線コース及び周回コースの走行又は道路（高速自動車国道及び自動車専用道路を除く。）における走行（いずれも発進、停止及び指定速度での走行を含む。）

二　交差点の通行（右折及び左折を含む。）

三　段差の乗り上げ（停止を含む。）

2　運転技能検査は、千二百メートル以上の距離を走行させて行うものとする。ただし、運転技能検査を受ける者が走行の途中において次条第一号ロに定める基準に該当することが明らかになつた場合において、運転技能検査の安全かつ円滑な実施が困難と認められるときは、当該距離の全部を走行させることを要しない。

3　運転技能検査の採点は、次に掲げる能力について減点式採点法により行うものとする。

一　運転装置を操作する能力

二　交通法規に従つて運転する能力

三　前二号に掲げるもののほか、他人に危害を及ぼさないような速度と方法で運転する能力その他の自動車を安全に運転する能力

4　運転技能検査においては、公安委員会が提供した普通自動車を使用するものとする。ただし、自動車の安全な運転に必要な認知又は操作のいずれかに係る能力を欠くこととなる四肢又は体幹の障害がある者で法第九十一条の規定によりその能力の回復に係る条件が付されているものについて運転技能検査を行う場合又は特別の必要がある場合には、当該普通自動車以外の普通自動車を使用することができる。

5　運転技能検査は、運転技能検査の採点を行う者が運転技能検査を受ける者の運転する普通自動車に同乗して行うものとする。ただし、乗車定員が一人である普通自動車を使用して運転技能検査を行う場合には、同乗以外の方法で行うことができる。

6　公安委員会は、運転技能検査を受けた者からの申出により、次に掲げる事項を記載した書類を交付するものとする。

一　運転技能検査を受けた者の住所、氏名及び生年月日

二　運転技能検査を受けた年月日

三　運転技能検査を受けた場所

四　運転技能検査の結果

（運転技能検査等の基準）

第二十六条の六　法第九十七条の二第二項及び第百一条の四第四項の内閣府令で定める基準は、次の各号に掲げる検査の区分に応じ、当該各号に定める基準とする。

一　運転技能検査　次のイ又はロに掲げる者の区分に応じ、当該イ又はロに定める基準

イ　大型第二種免許、中型第二種免許又は普通第二種免許を受けようとし、又は現に受けている者　八十パーセント未満の成績であること。

ロ　イに掲げる者以外の者　七十パーセント未満の成績であること。

二　法第百八条の三十二の三第一項の認定を受けた同項に規定する運転免許取得者等検査（同項第三号ロに掲げる基準に適合するものに限る。）　前号に定める基準に準ずるものとして国家公安委員会規則で定める基準

（試験の一部免除の基準）

第二十七条　令第三十四条の五第一項第一号ハ、第二号ハ、第三号ハ

及び二並びに第六号の内閣府令で定める基準は、第二十四条第九項各号又は第二十五条に定める成績とする。

（運転免許試験成績証明書）

第二十八条　公安委員会は、次の各号に掲げる者の申出により、別記様式第十七の二の運転免許試験成績証明書を交付するものとする。

一　免許試験に合格しなかつた者で、当該免許試験において前条に規定する成績を得たもの

二　法第九十条の二第一項各号に掲げる種類の免許に係る免許試験に合格した者で、当該各号に定める講習を受けていないもの

（再試験）

第二十八条の二　第二十二条、第二十三条の二、第二十四条（第五項を除くものとし、第一項、第四項及び第六項の規定にあつては普通免許に係る部分に限り、第二項及び第七項の規定にあつては準中型免許、大型二輪免許及び普通二輪免許に係る部分に限り、第九項及び第十項の規定にあつては準中型免許、普通免許、大型二輪免許及び普通二輪免許に係る部分に限る。）、第二十五条及び第二十六条の規定は、公安委員会が行う再試験（法第百条の二第一項の再試験をいう。以下同じ。）について準用する。この場合において、第二十四条第一項中「免許試験（以下「技能試験」とあるのは「再試験（以下「技能再試験」と、同条第二項中「技能試験」とあるのは「技能再試験」と、同条第三項中「技能試験」とあるのは「技能再試験」と、「合格基準」とあるのは「基準」と、同条第四項中「技能試験」とあるのは「技能再試験」と、同条第六項中「技能試験」とあるのは「技能再試験」と、「合格基準」とあるのは「基準」と、同条第七項及び第八項中「技能試験」とあるのは「技能再試験」と、同条第九項中「技能試験の合格基準」とあるのは「技能再試験において免許自動車等（法第七十一条の五第二項の免許自動車等をいう。以下同じ。）を安全に運転するために必要な能力を現に有すると認める基準」と、同項第三号及び第四号中「技能試験」とあるのは「技能再試験」と、同条第十項から第十二項までの規定中「技能試験」とあるのは「技能再試験」と、第二十五条中「免許試験（以下「学科試験」とあるのは「再試験（以下「学科再試験」と、「その合格基準」とあるのは「学科再試験において免許自動車等を安全に運転するために必要な能力を現に有すると認める基準」と、第二十六条中「適性試験及び学科試験」とあるのは「学科再試験」と、「技能試験」とあるのは「技能再試験」と、「適性試験又は学科試験のいずれかに合格しなかつた者」とあるのは「学科再試験において免許自動車等を安全に運転するために必要な能力を現に有すると認められなかつた者」と、「他の免許試験」とあるのは「技能再試験」と読み替えるものとする。

（再試験通知書）

第二十八条の三　法第百条の二第四項に規定する書面（以下「再試験通知書」という。）の様式は、別記様式第十七の二の二のとおりとする。

2　再試験通知書を送付するときは、配達証明郵便又は民間事業者による信書の送達に関する法律（平成十四年法律第九十九号）第二条第六項に規定する一般信書便事業者若しくは同条第九項に規定する特定信書便事業者の提供する同条第二項に規定する信書便の役務のうち配達証明郵便に準ずるものとして国家公安委員会規則で定めるもの（以下「配達証明郵便等」という。）に付して行うものとする。

（再試験受験申込書）

第二十八条の四　法第百条の二第五項の内閣府令で定める再試験受験申込書の様式は、別記様式第十七の三のとおりとする。

2　前項の様式の再試験受験申込書には、次の各号（再試験を受けようとする者が免許の効力を停止されている者である場合にあつては、第二号）に掲げる書類を添付（第一号に掲げるものについては、提示）しなければならない。

一　再試験を受けようとする者が現に受けている免許に係る免許証

二　再試験通知書

3　法第百条の二第四項の規定による通知を受けた者で、当該通知を受けた日の翌日から起算した期間が一月となる日（以下この項において「特定日」という。）までに再試験を受けないことについて令第三十七条の四各号に掲げるやむを得ない理由のあるものは、特定日後に再試験を受けようとするときは、前項各号に掲げるもののほか、当該やむを得ない理由のあることを証するに足る書類を第一項の再試験受験申込書に添付しなければならない。

（試験移送通知書の様式）

第二十八条の五　法第百条の三第一項の内閣府令で定める試験移送通知書の様式は、別記様式第十七の四のとおりとする。

（免許証の更新の申請等）

第二十九条　法第百一条第一項の更新申請書（以下この条及び第二十九条の二の二において「更新申請書」という。）の様式は、別記様式第十八のとおりとする。

2　法第百一条第一項に規定する免許証の更新を受けようとする者（以下「更新申請者」という。）は、現に受けている免許に係る免許証を提示しなければならない。ただし、更新申請者が免許の効力を停止されている者である場合にあつては、現に受けている免許に係る免許証を提示することを要しない。

3　更新申請書には、都道府県公安委員会規則で定める場合を除き、申請用写真を添付しなければならない。

4　更新申請者が次の各号のいずれかに該当する者であるときは、更新申請書にそれぞれ当該各号に定める書類を添付しなければならない。

一　令第三十七条の六第一号に掲げる者　第三十八条第十八項に規定する高齢者講習終了証明書

二　令第三十七条の六第二号に掲げる者　第三十八条の二の国家公安委員会規則で定める書類

三　令第三十七条の六第三号に掲げる者　同号に掲げる者であることを証明する書類

四　令第三十七条の六の二第一号に掲げる者　第三十八条の二の国家公安委員会規則で定める書類

五　令第三十七条の六の二第二号に掲げる者　同号に掲げる者であることを証明する書類

六　法第百一条の四第二項の規定により認知機能検査を受けた者　第二十六条の三第二項に規定する書類

七　法第百一条の四第二項の規定により法第百八条の三十二の三第一項の認定を受けた同項に規定する運転免許取得者等検査（同項第三号イに掲げる基準に適合するものに限

る。）を受けた者　当該運転免許取得者等検査を受けた者であることを証明する書類

八　法第百一条の四第三項の規定により運転技能検査を受けた者　第二十六条の五第六項に規定する書類

九　法第百一条の四第三項の規定により法第百八条の三十二の三第一項の認定を受けた同項に規定する運転免許取得者等検査（同項第三号ロに掲げる基準に適合するものに限る。）を受けた者　当該運転免許取得者等検査の結果を証明する書類

5　前項に定めるもののほか、更新申請者が第十八条第一項第二号に該当する者であるときは、更新申請書に同号に掲げる書類を添付しなければならない。

6　法第百一条第三項の内閣府令で定める者は、法第九十一条の規定により免許に身体の状態に応じた条件（眼鏡等、補聴器又は特定後写鏡等を使用すべきこととするものを除く。）が付されている者とする。

7　法第百一条第四項の内閣府令で定める様式は、別記様式第十二の二のとおりとする。

8　第二十三条第一項の規定（色彩識別能力に係る部分を除く。）は、法第百一条第五項に規定する適性検査について準用する。この場合において、第二十三条第一項の表運動能力の項中「付す」とあるのは「付し、又はこれを変更する」と読み替えるものとする。

9　法第百一条第一項に規定する免許証の更新は、更新申請者が現に有する免許証と引換えに新たな免許証を交付して行うものとする。

第二十九条の二　法第百一条の二第一項の内閣府令で定める様式は、別記様式第十八の二のとおりとする。

2　法第百一条の二第一項に規定する更新期間前における免許証の更新を受けようとする者（以下「特例更新申請者」という。）は、前項の様式の特例更新申請書に海外旅行又は令第三十七条の五各号に掲げる事実を証するに足りる書類を添えて、その者の住所地を管轄する公安委員会に提出するとともに、現に受けている免許に係る免許証を提示しなければならない。ただし、特例更新申請者が免許の効力を停止されている者である場合にあつては、現に受けている免許に係る免許証を提示することを要しない。

3　前条第三項の規定は、前項の特例更新申請書について準用する。

4　前条第四項及び第五項の規定は、特例更新申請者について準用する。

5　法第百一条の二第二項の内閣府令で定める様式は、別記様式第十二の二のとおりとする。

6　第二十三条第一項の規定（色彩識別能力に係る部分を除く。）は、法第百一条の二第三項に規定する適性検査について準用する。この場合において、第二十三条第一項の表運動能力の項中「付す」とあるのは「付し、又はこれを変更する」と読み替えるものとする。

7　前条第九項の規定は、第二項の免許証の更新について準用する。

第二十九条の二の二　法第百一条の二の二第一項の規定により更新申請書の提出を同項に規定する経由地公安委員会を経由して行おうとする者は、第二十九条第三項から第五項までに規定するもののほか、別記様式第十八の三の経由申請書を当該経由地公安委員会に提出しなければならない。この場合において、同条第二項に規定するもののほか、法第百一条第三項に規定する書面（その者が更新を受ける日において優良運転者に該当することとなる旨を記載したものに限る。）又は当該書面の送付を受けた者であることを証するに足りる書類を提示しなければならない。

2　法第百一条の二の二第三項に規定する書面の様式は、別記様式第十八の四のとおりとする。

3　第二十三条第一項の規定（色彩識別能力に係る部分を除く。）は、法第百一条の二の二第五項に規定する適性検査について準用する。この場合において、第二十三条第一項の表運動能力の項中「付す」とあるのは「付し、又はこれを変更する」と読み替えるものとする。

（認知機能検査等を受ける必要がない場合）

第二十九条の二の三　法第百一条の四第二項の内閣府令で定める場合は、次の各号のいずれかに該当する場合とする。

一　法第百一条第一項に規定する更新期間が満了する日（特例更新申請者にあつては、法第百一条の二第一項の規定による免許証の更新の申請をする日。以下この条において同じ。）前六月以内に免許を受けた場合

二　法第百一条第一項に規定する更新期間が満了する日前六月以内に法第百二条第一項から第四項までの規定による適性検査（同項の規定によるものにあつては、当該免許証の更新を受けようとする者が法第百三条第一項第一号の二に該当することとなつた疑いがあることを理由としたものに限る。）を受けた場合

三　法第百一条第一項に規定する更新期間が満了する日前六月以内に医師が作成した診断書その他の書類であつて、当該免許証の更新を受けようとする者が認知症に該当する疑いがないと認められるかどうかに関する当該医師の意見及び当該意見に係る検査の結果が記載されているものを公安委員会に提出した場合

（報告徴収の方法）

第二十九条の二の四　法第百一条の五の規定による報告徴収は、別記様式第十八の五の報告書の提出を求めることにより行うものとする。

（臨時認知機能検査）

第二十九条の二の五　法第百一条の七第一項の内閣府令で定める場合は、次の各号のいずれかに該当する場合とする。

一　法第百一条の七第一項に規定する政令で定める行為（以下この項において「基準行為」という。）をした日の三月前の日以後に免許を受けた場合

二　基準行為をした日の三月前の日以後に法第百二条第一項から第四項までの規定による適性検査（同項の規定によるものにあつては、当該行為をした者が法第百三条第一項第一号の二に該当することとなつた疑いがあることを理由としたものに限る。次号において同じ。）を受け、又は法第百二条第一項から第四項までの規定により診断書（同項の規定により提出するものにあつては、その者が法第百三条第一項第一号の二に該当するかどうかを診断したものに限る。次号において同じ。）を提出した場合

三　法第百二条第一項から第四項までの規定による適性検査を受け、又はこれらの規定により診断書を提出することとされている場合

四　基準行為をした日の三月前の日以後に医師が作成した診断書その他の書類であつて、当該行為をした者が認知症に該当する疑いがないと認められるかどうかに関する当該医師の意見及び当該意見に係る検査の結果が記載されているものを公安委員会に提出した場合

2　法第百一条の七第二項に規定する書面（次項において「臨時認知機能検査通知書」という。）の様式は、別記様式第十八の六のとおりとする。

3　臨時認知機能検査通知書を送付するときは、配達証明郵便等に付して行うものとする。

4　法第百一条の七第二項の規定による通知を受けた者で、当該通知を受けた日の翌日から起算した期間が一月となる日（以下この項において「特定日」という。）までに法第九十七条の二第一項第三号イに規定する認知機能検査等（次条において「認知機能検査等」という。）を受けないことについて令第三十七条の六の五各号に掲げるやむを得ない理由のあるものは、特定日後に認知機能検査を受けようとするときは、当該やむを得ない理由のあることを証するに足る書類を公安委員会に提出しなければならない。

（臨時高齢者講習）

第二十九条の二の六　法第百一条の七第四項の内閣府令で定める基準は、次の各号のいずれにも該当することとする。

一　法第百一条の七第三項の規定により受けた認知機能検査等（以下この項において「臨時認知機能検査等」という。）の結果が次条第一項に定める基準に該当すること（当該臨時認知機能検査等を受けた日前の直近において受けた認知機能検査等（当該臨時認知機能検査等を受けた日前三年以内に受けたものに限る。）の結果が当該基準に該当していた場合（当該認知機能検査等を受けた日以後に当該日において受けていた免許の種類と異なる種類の免許を受けた場合を除く。）を除く。）。

二　次のいずれにも該当しないこと。

イ　臨時認知機能検査等を受けた日以後に当該日において受けていた免許の種類と異なる種類の免許を受けたこと。

ロ　現に受けている免許に係る免許証の有効期間が満了する日の一年前の日（ハにおいて「特定日」という。）以後に臨時認知機能検査等を受けたこと。

ハ　特定日前一月以内に臨時認知機能検査等を受けたこと。

ニ　臨時認知機能検査等を受けた日以後に高齢者講習を受け、又は令第三十七条の六の二第一号に規定する講習若しくは同条第二号に規定する課程を終了したこと。

ホ　臨時認知機能検査等を受けた日前一年以内に高齢者講習を受け、又は令第三十七条の六の二第一号に規定する講習若しくは同条第二号に規定する課程を終了したこと。

ヘ　臨時認知機能検査等を受けた日以後に認知機能検査等を受け、当該認知機能検査等の結果が次条第一項に定める基準に該当しなかつたこと。

2　法第百一条の七第五項に規定する書面（次項において「臨時高齢者講習通知書」という。）の様式は、別記様式第十八の七のとおりとする。

3　臨時高齢者講習通知書を送付するときは、配達証明郵便等に付して行うものとする。

4　法第百一条の七第五項の規定による通知を受けた者で、当該通知を受けた日の翌日から起算した期間が一月となる日（以下この項において「特定日」という。）までに高齢者講習を受けないことについて令第三十七条の六の五各号に掲げるやむを得ない理由のあるものは、特定日後に高齢者講習を受けようとするときは、当該やむを得ない理由のあることを証するに足る書類を公安委員会に提出しなければならない。

（臨時適性検査等）

第二十九条の三　法第百二条第一項の内閣府令で定める基準は、次の各号に掲げる検査の区分に応じ、当該各号に定める基準とする。

一　認知機能検査　次の式により算出した数値が三十六未満であること。

1.336×A＋2.499×B

この式において、A及びBは、それぞれ次の数値を表すものとする。

A　第二十六条の三第一項第一号に掲げる方法により記述された事項についての次に掲げる数値の総和

一　認知機能検査を行つた時の年が記述されている場合には、五

二　認知機能検査を行つた時の月が記述されている場合には、四

三　認知機能検査を行つた時の日が記述されている場合には、三

四　認知機能検査を行つた時の曜日が記述されている場合には、二

五　記述された時刻と認知機能検査を行つた時の時刻との差に相当する分数が三十未満の場合には、一

B　第二十六条の三第一項第二号に掲げる方法により名称が記述された物について、次に定めるところにより算出した数値の総和

一　一定の時間が経過した後において分類を再び示す前に名称が正しく記述された物の数に二を乗じて得た数値

二　一定の時間が経過した後において分類を再び示す前に名称が正しく記述されなかつた物のうち、分類を再び示した後に名称が正しく記述されたものの数に一を乗じて得た数値

二　法第百八条の三十二の三第一項の認定を受けた同項に規定する運転免許取得者等検査（同項第三号イに掲げる基準に適合するものに限る。）　前号に定める基準に準ずるものとして国家公安委員会規則で定める基準

2　免許試験に合格した者が法第九十条第一項第一号から第二号までのいずれかに該当する者であり、又は免許を受けた者が法第百三条第一項第一号から第三号までのいずれかに該当することとなつたと疑う理由がある場合における法第百二条第一項から第四項までに規定する適性検査は、これらの規定に規定する処分の要件に関し専門的な知識を有すると公安委員会が認める医師の診断により、行うものとする。

3　法第百二条第一項から第三項までの内閣府令で定める要件

は、認知症に関し専門的な知識を有する医師又は同条第一項から第三項までの規定による命令を受けた者のその理由とされる事由に係る主治の医師が作成した診断書であつて、診断に係る検査の結果及び当該命令を受けた者が認知症に該当しないと認められるかどうかに関する当該医師の意見が記載されているものであることとする。

4　法第百二条第四項の内閣府令で定める要件は、同項の規定による命令を受けた者のその理由とされる事由に係る主治の医師（法第九十条第一項第一号の二に該当する者であり、又は法第百三条第一項第一号の二に該当することとなつたと疑う理由があるとして法第百二条第四項の規定による命令を受けた者にあつては、認知症に関し専門的な知識を有する医師又は当該事由に係る主治の医師）が作成した診断書であつて、免許試験に合格した者が法第九十条第一項第一号から第二号までに該当する者でなく、又は免許を受けた者が法第百三条第一項第一号から第三号までに該当しないと認められるかどうかに関する当該医師の意見（法第九十条第一項第一号の二に該当する者であり、又は法第百三条第一項第一号の二に該当することとなつたと疑う理由があるとして法第百二条第四項の規定による命令を受けた者にあつては、診断に係る検査の結果及び当該命令を受けた者が認知症に該当しないと認められるかどうかに関する当該医師の意見）が記載されているものであることとする。

5　第二十三条の規定は、法第百二条第五項に規定する適性検査について準用する。この場合において、第二十三条第一項の表聴力の項中「準中型免許、普通免許、準中型仮免許及び普通自動車仮免許（以下「普通仮免許」という。）」とあるのは「普通自動車対応免許（法第七十一条の五第三項の普通自動車対応免許をいう。）」と、同表運動能力の項中「付す」とあるのは「付し、又はこれを変更する」と読み替えるものとする。

（処分移送通知書の様式）

第二十九条の四　法第百三条第三項（法第百四条の二の三第五項及び第八項において準用する場合を含む。）の内閣府令で定める処分移送通知書の様式は、別記様式第十九のとおりとする。

（免許の効力の停止に係る適性検査の受検等命令）

第二十九条の五　法第百三条第六項の適性検査は、同条第一項第一号から第三号までに規定する免許の効力の停止の要件に関し専門的な知識を有すると公安委員会が認める医師の診断により、行うものとする。

2　法第百三条第六項の内閣府令で定める要件は、免許の効力の停止を受けた者のその理由とされる事由に係る主治の医師（同条第一項第一号の二に該当して免許の効力の停止を受けた者にあつては、認知症に関し専門的な知識を有する医師又は当該事由に係る主治の医師）が作成した診断書であつて、法第百三条第一項第一号から第三号までに該当しないと認められるかどうかに関する当該医師の意見（同項第一号の二に該当して免許の効力の停止を受けた者にあつては、診断に係る検査の結果及び認知症に該当しないと認められるかどうかに関する当該医師の意見）が記載されているものであることとする。

（免許の取消し等）

第三十条の四　法第百四条の三第一項の規定による書面の交付は、免許の取消し又は効力の停止に係る者に対し、当該処分の内容を口頭で告知した上、法第百三条第一項若しくは第四項、法第百四条の二の三第一項若しくは第三項若しくは同条第五項において準用する法第百三条第四項の規定による免許の取消し若しくは効力の停止又は法第百三条第二項の規定による免許の取消しにあつては別記様式第十九の三の三の処分書を、法第百四条の二の二第一項、第二項又は第四項の規定による免許の取消しにあつては別記様式第十九の三の四の処分書を、法第百四条の二の四第一項、第二項又は第四項の規定による免許の取消しにあつては別記様式第十九の三の四の二の処分書を交付することにより行うものとする。

（出頭命令書の交付）

第三十条の五　法第百四条の三第二項の規定による命令は、別記様式第十九の三の五の出頭命令書を交付して行うものとする。

（免許証の提出）

第三十条の六　法第百四条の三第三項の規定により免許証の提出を求め、これを保管するときは、前条の命令に係る者に対し、同項の規定の趣旨を説明するものとする。

（保管証）

第三十条の七　法第百四条の三第三項の保管証（以下この条において「保管証」という。）には、次に掲げる事項を記載するものとする。

一　保管証の有効期限

二　免許証の番号、免許の年月日及び免許証の交付年月日並びにその免許証を交付した公安委員会

三　免許の種類及びその免許に付されている条件

四　免許を受けた者の住所、氏名及び生年月日

五　保管証を交付した日時並びに交付した警察官の所属、階級及び氏名

2　保管証の様式は、別記様式第十九の三の六のとおりとする。

（公安委員会への通知）

第三十条の八　法第百四条の三第四項の規定による通知は、別記様式第十九の三の七の通知書を送付して行うものとする。

（取消しの申請等）

第三十条の九　法第百四条の四第一項の規定による免許の取消しの申請は、別記様式第十九の三の八の申請書を提出して行うものとする。この場合において、当該申請を行おうとする者は、現に受けている免許に係る免許証を提示しなければならない。

2　法第百四条の四第一項後段の申出は、前項の申請書に受けたい他の免許の種類を記載して行うものとする。

3　前項の申出をする場合においては、都道府県公安委員会規則で定める場合を除き、第一項の申請書に申請用写真を添付しなければならない。

4　公安委員会は、法第百四条の四第二項の規定により免許を取り消したときは、当該処分を受けた者に別記様式第十九の三の九の通知書により通知するものとする。

（運転経歴証明書の交付の申請の手続）

第三十条の十　法第百四条の四第五項（法第百五条第二項において読み替えて準用する場合を含む。）に規定する運転経歴証明書の交付の申請は、都道府県公安委員会規則で定める運転経歴証明書交付申請書を提出して行うものとする。

2　前項の運転経歴証明書交付申請書には、都道府県公安委員会規則で定める場合を除き、申請用写真を添付しなければならない。

3　第一項の申請をしようとする者は、住民票の写しその他の住所、氏名及び生年月日を確かめるに足りる書類を提示しなければならない。ただし、前条第一項の規定による免許の取消しの申請と日を同じくして第一項の申請をしようとする場合にあつては、当該書類を提示することを要しない。

（運転経歴証明書の記載事項等）

第三十条の十一　運転経歴証明書には、次に掲げる事項を記載するものとする。

一　運転経歴証明書の番号

二　運転経歴証明書の交付を受けた者が法第百四条の四第二項の規定により取り消された日又は免許証の有効期間が満了する日において受けていた免許の年月日及び種類

三　運転経歴証明書の交付年月日

四　運転経歴証明書の交付を受けた者の住所、氏名及び生年月日

五　運転経歴証明書の交付を受けた者の法第百四条の四第二項の規定により取り消された日又は免許が失効した日前五年間の自動車等の運転に関する経歴

2　運転経歴証明書の様式は、別記様式第十九の三の十のとおりとする。

3　運転経歴証明書には、当該運転経歴証明書を交付した公安委員会の名称及び公印の印影並びに当該運転経歴証明書の交付を受けた者の写真を表示するものとする。

4　運転経歴証明書に記載されている別表第二の二の上欄に掲げる略語は、それぞれ同表の下欄に掲げる意味を表すものとする。

（運転経歴証明書の記載事項の変更の届出）

第三十条の十二　運転経歴証明書の交付を受けた者は、前条第一項第四号に掲げる事項に変更を生じたときは、速やかに住所地を管轄する公安委員会（公安委員会の管轄区域を異にして住所を変更したときは、変更した後の住所地を管轄する公安委員会）に届け出て、運転経歴証明書に変更に係る事項の記載を受けなければならない。

2　前項の届出は、都道府県公安委員会規則で定める届出書を提出して行うものとする。

3　第一項の届出をしようとする者は、次の各号の区分に応じ、当該各号に定める書類を提示しなければならない。

一　住所を変更した者　住民票の写しその他の住所を確かめるに足りる書類

二　氏名を変更した者　住民票の写し（住民基本台帳法の適用を受けない者である場合にあつては、旅券等）

（運転経歴証明書の再交付の申請）

第三十条の十三　運転経歴証明書の交付を受けた者は、次の各号のいずれかに該当するときは、その者の住所地を管轄する公安委員会に都道府県公安委員会規則で定める運転経歴証明書再交付申請書を提出して運転経歴証明書の再交付を申請することができる。

一　運転経歴証明書を亡失し、滅失し、汚損し、又は破損したとき。

二　前条第一項の規定による届出をしたとき。

三　運転経歴証明書の備考欄に前条第一項に規定する変更に係る事項の記載を受けているとき。

四　運転経歴証明書に表示されている写真を変更しようとするとき。

五　前各号に掲げるもののほか、公安委員会が相当と認めるとき。

2　前項の申請をしようとする者は、次に掲げる書類及び写真（都道府県公安委員会規則で定める場合にあつては、第一号に掲げる書類）を同項の運転経歴証明書再交付申請書に添付しなければならない。

一　当該申請に係る運転経歴証明書（当該運転経歴証明書を亡失し、又は滅失した場合にあつては、その事実を証するに足りる書類）

二　申請用写真

（運転経歴証明書の返納）

第三十条の十四　運転経歴証明書の交付を受けた者は、次の各号のいずれかに該当することとなつたときは、速やかに、運転経歴証明書（第二号の場合にあつては、発見し、又は回復した運転経歴証明書）をその者の住所地を管轄する公安委員会に返納しなければならない。

一　免許を受けたとき。

二　運転経歴証明書の再交付を受けた後において亡失した運転経歴証明書を発見し、又は回復したとき。

（国家公安委員会への報告）

第三十一条　法第百六条の内閣府令で定める場合は、自動車等の運転者が自動車等の運転に関し、令別表第二の一の表若しくは二の表の上欄に掲げる違反行為又は法第百十七条の五第一項第一号の罪に当たる行為（第三十一条の三の表において「違反行為等」という。）をした場合とする。

第三十一条の二　法第百六条の内閣府令で定めるものは、令別表第四又は別表第五に掲げる行為（第三十一条の三の表において「特定行為」という。）とする。

第三十一条の二の二　法第百六条の内閣府令で定める事由は、自動車等の運転者が人の死傷又は建造物の損壊に係る交通事故を起こしたこととする。

第三十一条の三　法第百六条の内閣府令で定める事項は、次の表の上欄に掲げる場合の区分に応じ、それぞれ同表の下欄に定める事項とする。

報告する場合	事項
法第九十条第一項本文の規定により免許を与えたとき（免許を現に受けている者に対し、当該免許の種類と異なる種類の免許を与えたときを除く。）	一　免許を受けた者の本籍又は国籍等、住所、氏名、生年月日及び性別 二　免許の種類 三　免許証の交付年月日及び免許証番号 四　免許の条件 五　過去三年以内において令別表第三の備考の一の3又は4に該当したことがある者にあつては、その旨及び年月日 六　第十八条第一項第一号又は第二号に該当する者にあつては、

	その旨
免許を現に受けている者に対し、当該免許の種類と異なる種類の免許を与えたとき。	一 免許を受けた者の生年月日及び性別 二 免許の種類 三 免許証の交付年月日及び免許証番号 四 免許の条件 五 適性試験を受けた日 六 第十八条第一項第二号に該当する者にあつては、その旨
法第百四条の四第三項の規定により免許を与えたとき。	一 免許を受けた者の生年月日及び性別 二 免許の種類 三 免許証の交付年月日及び免許証番号 四 免許の条件
法第九十一条又は第九十一条の二第二項の規定により条件を付し、又はこれを変更したとき（法第九十条第一項本文の規定により免許を与えた場合及び法第百四条の四第三項の規定により免許を与えた場合において行つたときを除く。）。	一 免許に条件を付され、又はこれを変更された者の生年月日及び性別 二 免許証番号 三 免許の条件 四 免許に条件を付し、又はこれを変更した年月日
法第九十四条第一項の規定による届出を受けたとき。	一 免許証の記載事項の変更の届出をした者の生年月日及び性別 二 免許証番号 三 変更に係る事項 四 届出を受けた年月日
法第九十四条第二項の規定による免許証の再交付をしたとき。	一 免許証の再交付を受けた者の生年月日及び性別 二 免許証の再交付年月日及び免許証番号
法第百一条第六項又は第百一条の二第四項の規定により免許証の更新をしたとき。	一 免許証の更新を受けた者の生年月日及び性別 二 免許証の交付年月日及び免許証番号 三 法第百一条の二第四項の規定により免許証の更新を受けた者にあつては、同条第三項の規定による適性検査を受けた日 四 第十八条第一項第二号に該当する者にあつては、その旨
法第百二条第六項の規定による通知をしたとき。	一 通知を受けた者の本籍又は国籍等、氏名、生年月日及び性別（免許を受けたことがある者にあつては、生年月日及び性別） 二 免許を現に受けている者にあつては、免許証番号 三 免許を受けていたことがある者にあつては、その者が当該通知を受けた日前の直近に受けていた免許に係る免許証番号 四 通知をした年月日
法第百四条の四第六項（法第百五条第二項において準用する場合を含む。）の規定により運転経歴証明書を交付したとき。	一 運転経歴証明書の交付を受けた者の生年月日及び性別 二 運転経歴証明書の交付を受けた日前の直近に受けていた免許に係る免許証番号 三 運転経歴証明書の交付年月日
法第九十条第一項ただし書、第二項、第五項、第六項、第九項、第十項若しくは第十二項、第九十七条の三第三項、第百三条第一項、第二項、第四項、第七項、第八項若しくは第十項、第百三条の二第一項、第百四条の二の二第一項、第二項若しくは第四項、第百四条の二の三第一項若しくは第三項、同条第五項において準用する法第百三条第四項又は法第百四条の二の四第一項、第二項若しくは第四項の規定による処分をしたとき。	一 処分を受けた者の本籍又は国籍等、氏名、生年月日及び性別（免許を受けたことがある者にあつては、生年月日及び性別） 二 法第百四条の二の二第一項、第二項若しくは第四項又は第百四条の二の四第一項、第二項若しくは第四項の規定による処分を受けた者にあつては、当該処分に係る免許の種類 三 免許を現に受けている者にあつては、免許証番号 四 免許を受けていたことがある者にあつては、その者が当該処分を受けた日前の直近に受けていた免許に係る免許証番号 五 処分の別及び理由 六 処分の期日及び処分に係る期間 七 処分の事由が発生した地の都道府県名
法第百四条の四第二項の規定による処分をしたとき。	一 処分を受けた者の生年月日及び性別 二 処分に係る免許の種類及び免許証番号 三 処分の期日
法第九十条第八項又は第百三条第六項の規定による命令をしたとき。	一 命令を受けた者の生年月日及び性別 二 命令に係る免許の種類及び免許を現に受けている者にあつては、免許証番号 三 命令の内容
法第百二条第一項から第四項までの規定による命令をしたとき。	一 命令を受けた者の本籍又は国籍等、氏名、生年月日及び性別（免許を受けたことがある者にあつては、生年月日及び性別）

	二　免許を現に受けている者にあつては、免許証番号 三　免許を受けていたことがある者にあつては、その者が当該命令を受けた日前の直近に受けていた免許に係る免許証番号 四　命令をした年月日
認知機能検査を受けたとき。	一　認知機能検査を受けた者の本籍又は国籍等、氏名、生年月日及び性別（免許を受けたことがある者にあつては、生年月日及び性別） 二　免許を現に受けている者にあつては、免許証番号 三　免許を受けていたことがある者にあつては、その者が当該認知機能検査を受けた日前の直近に受けていた免許に係る免許証番号 四　認知機能検査を受けた年月日 五　認知機能検査の結果
法第百条の二第一項の規定による再試験を受けたとき。	一　再試験を受けた者の生年月日及び性別 二　再試験に係る免許の種類及び免許証番号 三　再試験を受けた年月日
法第百八条の二第一項第二号に掲げる講習（以下「取消処分者講習」という。）を受けたとき。	一　取消処分者講習を受けた者の本籍又は国籍等、氏名、生年月日及び性別（免許を受けたことがある者にあつては、生年月日及び性別） 二　法第九十条第一項ただし書又は第二項の規定による免許の拒否を受けた者（免許を受けていたことがある者に限る。）にあつては、その者が当該処分を受けた日前の直近に受けていた免許に係る免許証番号 三　法第九十条第五項若しくは第六項、第百三条第一項、第二項若しくは第四項の規定による免許の取消しを受けた者又は免許が失効したためこれらの規定による免許の取消し（同条第一項第一号から第四号までのいずれかに該当することを理由とするものを除く。）を受けなかつた者にあつては、取り消され、又は失効した免許に係る免許証番号 四　取消処分者講習を受けた年月日
法第百八条の二第一項第十号に掲げる講習（以下「初心運転者講習」という。）を受けたとき。	一　初心運転者講習を受けた者の生年月日及び性別 二　初心運転者講習に係る免許の種類及び免許証番号 三　初心運転者講習を受けた年月日
法第百八条の二第一項第十三号に掲げる講習（以下「違反者講習」という。）を受けたとき。	一　違反者講習を受けた者の本籍又は国籍等、氏名、生年月日及び性別（免許を受けたことがある者にあつては、生年月日及び性別） 二　免許を現に受けている者にあつては、免許証番号 三　免許を受けていたことがある者にあつては、その者が当該違反者講習を受けた日前の直近に受けていた免許に係る免許証番号 四　違反者講習を受けた年月日
法第百八条の二第一項第十四号に掲げる講習（以下「若年運転者講習」という。）を受けたとき。	一　若年運転者講習を受けた者の生年月日及び性別 二　免許証番号 三　若年運転者講習を受けた年月日
第三十一条に規定する場合	一　違反行為等をした者の本籍又は国籍等、住所、氏名、生年月日及び性別 二　免許を現に受けている者にあつては、その免許の種類及び免許証番号 三　免許を受けていたことがある者にあつては、その者が当該違反行為等をした日前の直近に受けていた免許に係る免許証番号 四　違反行為等が当該違反行為等をした者が受けた免許によつて運転することができる自動車等の運転に関するものであるときは、当該自動車等の種類 五　違反行為等の種別 六　違反行為等をした地の都道府県名及び違反行為等をした年月日
第三十一条の二に規定する行為をしたとき。	一　特定行為をした者の本籍又は国籍等、住所、氏名、生年月日及び性別 二　免許を現に受けている者にあつては、免許証番号 三　免許を受けていたことがある者にあつては、その者が当該特定行為をした日前の直近に受けていた免許に係る免許証番号 四　特定行為の種別 五　特定行為をした地の都道府県名及び特定行為をした年月日

前条に規定する事由が生じたとき。	一　交通事故を起こした者の本籍又は国籍等、住所、氏名、生年月日及び性別 二　免許を現に受けている者にあつては、免許証番号 三　免許を受けていたことがある者にあつては、その者が当該交通事故を起こした日前の直近に受けていた免許に係る免許証番号 四　交通事故の状況及び違反行為等の種別 五　交通事故を起こした地の都道府県名及び交通事故を起こした年月日

（仮免許の取消し）

第三十一条の四　公安委員会は、仮免許を取り消したときは、当該処分を受けた者に別記様式第十九の四の通知書により通知するものとする。

（免許関係事務の委託）

第三十一条の四の二　法第百八条第一項の内閣府令で定める法人は、免許関係事務を行うのに必要かつ適切な組織及び能力を有すると公安委員会が認める法人とする。ただし、国家公安委員会規則で定める免許関係事務については、当該免許関係事務の実施に必要な能力を有する者として国家公安委員会規則で定めるものが当該免許関係事務の業務を行うために必要な数以上置かれている法人に限るものとする。

※　ただし書「国家公安委員会規則」＝運転免許に係る講習等に関する規則四

（委託契約書の記載事項）

第三十一条の四の三　令第四十条の二第一号ニの内閣府令で定める事項は、次に掲げるとおりとする。

一　委託契約金額
二　委託契約代金の支払の時期及び方法
三　受託法人の公安委員会への報告に関する事項
四　その他公安委員会が必要と認める事項

（公示の方法）

第三十一条の四の四　令第四十条の二第二号の規定による公示は、次に掲げる事項について、インターネットの利用その他の方法により行うものとする。

一　受託法人の名称及び住所並びに代表者の氏名
二　委託に係る免許関係事務の内容
三　委託に係る免許関係事務を処理する場所

第八章　講習

（講習）

第三十八条　法第百八条の二第一項第一号に掲げる講習（第十七項において「安全運転管理者等講習」という。）は、次に定めるところにより行うものとする。

一　自動車及び道路の交通に関する法令の知識その他自動車の安全な運転に必要な知識、自動車の運転者に対する交通安全教育に必要な知識及び技能、安全運転管理に必要な知識及び技能等に関し行うこと。
二　あらかじめ講習計画を作成し、これに基づいて行い、かつ、その方法は、教本、視聴覚教材等必要な教材を用いて行うこと。
三　講習時間は、一回につき、その講習を受けようとする者に係る自動車の使用の本拠の規模、運転の管理の経験等に応じ、安全運転管理者に対しては六時間以上十時間以下、副安全運転管理者に対しては四時間以上八時間以下とすること。

2　取消処分者講習は、次に定めるところにより行うものとする。

一　法第百八条の二第一項第二号に規定する者からの申出により行うこと。
二　運転者としての資質の向上に関すること及び自動車等の運転について必要な適性について行うこと。
三　あらかじめ講習計画を作成し、これに基づいて行い、かつ、その方法は、教本、自動車等、運転シミュレーター、運転適性検査器材、視聴覚教材等必要な教材を用いて行うこと。
四　コース若しくは道路における自動車等の運転又は運転シミュレーターの操作をさせることにより行う検査、運転適性検査器材を用いた検査、筆記又は口頭による検査その他の自動車等の運転について必要な適性に関する調査に基づく個別的指導を含むものであること。
五　講習時間は、十三時間とすること。

3　法第百八条の二第一項第三号に掲げる講習は、次に定めるところにより行うものとする。

一　法第百八条の二第一項第三号に規定する者からの申出により行うこと。
二　運転者としての資質の向上に関すること、自動車等の運転について必要な適性並びに道路交通の現状及び交通事故の実態その他の自動車等の運転について必要な知識について行うこと。
三　あらかじめ講習計画を作成し、これに基づいて行い、かつ、その方法は、教本、自動車等、運転シミュレーター、運転適性検査器材、視聴覚教材等必要な教材を用いて行うこと。
四　自動車等の運転について必要な適性に関する調査でコースにおける自動車等の運転若しくは運転シミュレーターの操作をさせることにより行う検査、運転適性検査器材を用いた検査又は筆記による検査によるものに基づく指導を含むものであること。
五　講習を受けようとする者の免許の保留若しくは効力の停止の期間又は自動車等の運転の禁止の期間（以下この項において「免許の保留等の期間」という。）に応じ、次の表の上欄に掲げる区分により、それぞれ同表の下欄に掲げる時間行うこと。

免許の保留等の期間	時間
四十日未満	六時間
四十日以上九十日未満	十時間
九十日以上	十二時間

六　講習を受けようとする者が免許を保留され、若しくは免許の効力の停止を受けた日又は自動車等の運転を禁止された日から起算してその免許の保留等の期間の二分の一の期間を経過しない間において終了するように行うこと。

4　法第百八条の二第一項第四号に掲げる講習は、次に定めるところにより行うものとする。

一　次の表の第一欄に掲げる受けようとする免許の種類に応じ、同表の第二欄に掲げる講習に区分して行うこととし、それぞれ、同表の第三欄に掲げる講習事項について、同表の第四欄に掲げる講習方法により行うこと。ただし、講習を受けようとする者が準中型免許を受けようとする者であつて、現に普通免許を受けているものであるときは、その者の講習は、同表の準中型免許の項第三欄第一号から第三号までに掲げる講習事項（同欄第一号に掲げる講習事項にあつては、貨物自動車（専ら貨物を運搬する構造の自動車をいう。以下この項において同じ。）に係るものに限る。）について、同項第四欄に掲げる講習方法により行うこと。

第一欄（種類）	第二欄（講習）	第三欄（講習事項）	第四欄（講習方法）
大型免許	大型車講習	一　貨物自動車の運転に係る危険の予測その他の貨物自動車の安全な運転に必要な技能及び知識 二　夜間における貨物自動車の安全な運転に必要な技能 三　路面が凍結の状態にある場合その他の悪条件下にある場合における運転の危険性に応じた貨物自動車の安全な運転に必要な技能	教本、大型自動車（貨物自動車に限る。）、運転シミュレーター、視聴覚教材等必要な教材を用いて行うこと。
中型免許	中型車講習	一　貨物自動車の運転に係る危険の予測その他の貨物自動車の安全な運転に必要な技能及び知識 二　夜間における貨物自動車の安全な運転に必要な技能 三　路面が凍結の状態にある場合その他の悪条件下にある場合における運転の危険性に応じた貨物自動車の安全な運転に必要な技能	教本、中型自動車（貨物自動車に限る。）、運転シミュレーター、視聴覚教材等必要な教材を用いて行うこと。
準中型免許	準中型車講習	一　貨物自動車及び普通自動車（貨物自動車を除く。）の運転に係る危険の予測その他の貨物自動車及び普通自動車（貨物自動車を除く。）の安全な運転に必要な技能及び知識 二　夜間における貨物自動車の安全な運転に必要な技能 三　路面が凍結の状態にある場合その他の悪条件下にある場合における運転の危険性に応じた貨物自動車の安全な運転に必要な技能 四　高速自動車国道及び自動車専用道路における普通自動車の安全な運転に必要な技能及び知識	教本、準中型自動車（貨物自動車に限る。）、運転シミュレーター、視聴覚教材等必要な教材を用いて行うこと。
普通免許	普通車講習	一　普通自動車の運転に係る危険の予測その他の安全な運転に必要な技能及び知識 二　高速自動車国道及び自動車専用道路における普通自動車の安全な運転に必要な技能及び知識	教本、普通自動車、運転シミュレーター、視聴覚教材等必要な教材を用いて行うこと。

二　あらかじめ講習計画を作成し、これに基づいて行うこと。

三　第一号の表の準中型免許の項の第三欄第一号及び第四号に掲げる講習事項（同欄第一号に掲げる講習事項にあつては、貨物自動車に係るものを除く。）については、同項第四欄に掲げる講習方法にかかわらず、普通自動車（同項第三欄第一号に掲げる講習事項にあつては、貨物自動車を除く。）を用いて行うこと。

四　第一号の表の第二欄に掲げる講習の区分に応じ、道路における大型自動車（貨物自動車に限る。）、中型自動車（貨物自動車に限る。次号において同じ。）、準中型自動車（貨物自動車に限る。この号及び次号において同じ。）及び普通自動車（現に普通免許を受けている者に対する準中型車講習にあつては、準中型自動車）又は普通自動車の運転の実習その他のこれらの自動車の運転に関する実技訓練を含むものであること。

五　次に掲げる第一号の表の第三欄に掲げる講習事項については、同表第四欄に掲げる講習方法にかかわらず、それぞれ次に定める自動車を用いて行うことができる。

イ　大型免許の項の第三欄第一号に掲げる講習事項（荷重が貨物自動車の運転操作に与える影響を理解するための走行に限る。）　中型自動車又は準中型自動車

ロ　大型免許の項の第三欄第三号に掲げる講習事項　中型

自動車、準中型自動車又は普通自動車

ハ　中型免許の項の第三欄第一号に掲げる講習事項（荷重が貨物自動車の運転操作に与える影響を理解するための走行に限る。）　準中型自動車

ニ　中型免許の項の第三欄第三号に掲げる講習事項　準中型自動車又は普通自動車

ホ　準中型免許の項の第三欄第三号に掲げる講習事項　普通自動車

六　講習時間は、大型車講習、中型車講習又は普通車講習にあつては四時間、準中型車講習にあつては八時間（現に普通免許を受けている者に対する当該講習にあつては、四時間）とすること。

5　法第百八条の二第一項第五号に掲げる講習は、次に定めるところにより行うものとする。

一　次の表の第一欄に掲げる受けようとする免許の種類に応じ、同表の第二欄に掲げる講習に区分して行うこととし、それぞれ、同表の第三欄に掲げる講習事項について、同表の第四欄に掲げる講習方法により行うこと。

第一欄（種類）	第二欄（講習）	第三欄（講習事項）	第四欄（講習方法）
大型二輪免許	大型二輪車講習	一　大型自動二輪車の運転に係る危険の予測その他の安全な運転に必要な技能及び知識 二　大型自動二輪車の二人乗り運転に関する知識	教本、大型自動二輪車、運転シミュレーター、視聴覚教材等必要な教材を用いて行うこと。
普通二輪免許	普通二輪車講習	一　普通自動二輪車の運転に係る危険の予測その他の安全な運転に必要な技能及び知識 二　普通自動二輪車の二人乗り運転に関する知識	教本、普通自動二輪車、運転シミュレーター、視聴覚教材等必要な教材を用いて行うこと。

二　あらかじめ講習計画を作成し、これに基づいて行うこと。

三　第一号の表の第二欄に掲げる講習の区分に応じ、大型自動二輪車又は普通自動二輪車の運転に関する実技訓練を含むものであること。

四　講習時間は、三時間とすること。

6　法第百八条の二第一項第六号に掲げる講習（第十八項において「原付講習」という。）は、次に定めるところにより行うものとする。

一　一般原動機付自転車の操作方法及び走行方法並びに安全運転に必要な知識等について行うこと。

二　あらかじめ講習計画を作成し、これに基づいて行い、かつ、その方法は、一般原動機付自転車、視聴覚教材等必要な教材を用いて行うこと。

三　一般原動機付自転車の運転に関する実技訓練を含むものであること。

四　講習時間は、三時間とすること。

7　法第百八条の二第一項第七号に掲げる講習は、次に定めるところにより行うものとする。

一　次に掲げる事項について行うこと。

イ　旅客自動車の運転に係る危険の予測その他の旅客自動車の安全な運転に必要な技能及び知識

ロ　夜間における旅客自動車の安全な運転に必要な技能

ハ　路面が凍結の状態にある場合その他の悪条件下にある場合における運転の危険性に応じた旅客自動車の安全な運転に必要な技能

ニ　身体障害者、高齢者等が旅客である場合における旅客自動車の安全な運転その他の交通の安全の確保について必要な知識

二　次の表の第一欄に掲げる受けようとする免許の種類に応じ、同表の第二欄に掲げる講習に区分して行うこととし、それぞれ同表の第三欄に掲げる講習方法により行うこと。

第一欄（種類）	第二欄（講習）	第三欄（講習方法）
大型第二種免許	大型旅客車講習	教本、乗車定員三〇人以上のバス型の大型自動車、運転シミュレーター、視聴覚教材等必要な教材を用いて行うこと。
中型第二種免許	中型旅客車講習	教本、乗車定員一一人以上二九人以下のバス型の中型自動車、運転シミュレーター、視聴覚教材等必要な教材を用いて行うこと。
普通第二種免許	普通旅客車講習	教本、普通自動車、運転シミュレーター、視聴覚教材等必要な教材を用いて行うこと。

三　あらかじめ講習計画を作成し、これに基づいて行うこと。

四　第二号の表の第二欄に掲げる講習の区分に応じ、道路における乗車定員三十人以上のバス型の大型自動車、乗車定員十一人以上二十九人以下のバス型の中型自動車又は普通自動車の旅客を運送する目的での運転の実習その他のこれらの自動車の運転に関する実技訓練を含むものであること。

五　大型旅客車講習又は中型旅客車講習に係る第一号ハに掲げる講習事項については、第二号の表第三欄に掲げる講習方法にかかわらず、それぞれ中型自動車若しくは普通自動車又は普通自動車を用いて行うことができるものとする。

六　講習時間は、六時間とすること。

七　講習を受ける者一人に対し自動車の運転又は運転シミュレーターの使用による講習を行う時間は、一日に三時間を超えないこと。

8　法第百八条の二第一項第八号に掲げる講習は、次に定めるところにより行うものとする。

一　次の表の第一欄に掲げる受けようとする免許の種類に応じ、同表の第二欄に掲げる講習に区分して行うこととし、それぞれ、同表の第三欄に掲げる講習事項について、同表

の第四欄に掲げる時間行うこと。

第一欄（種類）	第二欄（講習）	第三欄（講習事項）	第四欄（時間）
大型免許、中型免許、準中型免許、普通免許、大型二輪免許又は普通二輪免許	応急救護処置講習（一）	一 気道確保、人工呼吸、心臓マッサージ及び止血に必要な知識 二 前号に掲げるもののほか、応急救護処置に必要な知識	三時間
大型第二種免許、中型第二種免許又は普通第二種免許	応急救護処置講習（二）	一 気道確保、人工呼吸、心臓マッサージ、止血、被覆及び固定に必要な知識 二 外傷、熱傷その他の交通事故に係る傷病者の負傷等の状態に応じた対応に必要な知識 三 前二号に掲げるもののほか、応急救護処置に必要な知識	六時間

二 公安委員会が応急救護処置の指導に必要な能力を有すると認める者の指導により行うこと。

三 あらかじめ講習計画を作成し、これに基づいて行い、かつ、その方法は、教本、模擬人体装置、視聴覚教材等必要な教材を用いて行うこと。

四 模擬人体装置による応急救護処置に関する実技訓練を含むものであること。

9 法第百八条の二第一項第九号に掲げる講習（第十七項において「指定自動車教習所職員講習」という。）は、次に定めるところにより行うものとする。

一 各々の指定自動車教習所職員（令第四十一条に規定する教習指導員及び技能検定員並びに卒業証明書又は修了証明書の発行に関し監督的な地位にあり、かつ、管理者を直接に補佐する職員（次号において「管理者を直接に補佐する職員」という。）をいう。次号において同じ。）に対して、おおむね一年ごとに一回行うこと。

二 次の表の第一欄に掲げる区分に応じ、それぞれ同表の第二欄に掲げる講習事項について、同表の第三欄に掲げる講習方法により、あらかじめ講習計画を作成し、これに基づいて同表の第四欄に掲げる時間行うこと。この場合において、当該指定自動車教習所職員が教習指導員であり、かつ、技能検定員であるときは、教習指導員又は技能検定員のいずれかに対する講習を行うことをもつて足りる。

第一欄（区分）	第二欄（講習事項）	第三欄（講習方法）	第四欄（時間）
教習指導員	一 教則の内容となっている事項その他自動車の運転に関する知識 二 自動車教習所に関する法令等についての知識 三 教習指導員として必要な教育についての知識 四 教習指導員として必要な自動車の運転技能 五 技能教習に必要な教習の技能 六 学科教習に必要な教習の技能	教本、自動車等、運転シミュレーター、視聴覚教材等必要な教材を用いて行うこと。	九時間以上十一時間以下
技能検定員	一 教則の内容となっている事項 二 自動車教習所に関する法令等についての知識 三 技能検定の実施に関する知識 四 自動車の運転技能の評価方法に関する知識 五 技能検定員として必要な自動車の運転技能 六 自動車の運転技能に関する観察及び採点の技能	教本、自動車、視聴覚教材等必要な教材を用いて行うこと。	十時間以上十二時間以下
管理者を直接に補佐する職員	自動車教習所に関する法令についての知識その他自動車教習所の管理に関する知識	教本、視聴覚教材等必要な教材を用いて行うこと。	六時間以上七時間以下

三 教習指導員又は技能検定員に対する講習は、これらの者の教習又は技能検定に係る免許の種類及び教習又は技能検定の経験の別に応じ、学級を編成して行うよう努めること。

10 初心運転者講習は、次に定めるところにより行うものとする。

一 法第百八条の二第一項第十号に規定する者からの申出により行うこと。

二 運転者としての資質の向上に関すること並びに自動車等の運転について必要な技能及び知識について行うこと。

三 あらかじめ講習計画を作成し、これに基づいて行い、かつ、その方法は、教本、自動車等、運転シミュレーター、視聴覚教材等必要な教材を用いて行うこと。

四 道路における自動車等の運転の実習その他の自動車等の運転に関する実技訓練を含むものであること。

五 講習時間は、七時間（原付免許に係る初心運転者講習にあつては、四時間）とすること。

11 法第百八条の二第一項第十一号に掲げる講習は、次に定めるところにより行うものとする。

一 次の表の第一欄に掲げる区分に応じ、それぞれ同表の第二欄に定める講習事項について、同表の第三欄に定める講習方法により、同表の第四欄に定める時間行うこと。ただし、講習を受けようとする者が法第九十二条の二第一項に規定する違反運転者等（以下この号において「違反運転者等」という。）のうち同項の表の備考一の4に規定する当該期間が五年未満である者に該当するもの（国家公安委員会規則で定める者に限る。）であるときは、その者からの申出により、その者の講習は、次の表の二の項第二欄に掲げる講習事項について、同項第三欄に掲げる講習方法により、同項第四欄に掲げる時間行うこと。

第一欄（区分）	第二欄（講習事項）	第三欄（講習方法）	第四欄（時間）
一 優良運転者に対する講習	一 道路交通の現状及び交通事故の実態 二 運転者としての資質の向上に関すること。 三 自動車等の安全な運転に必要な知識	教本、視聴覚教材等必要な教材を用いて行うこと。	三十分
二 一般運転者に対する講習	一 道路交通の現状及び交通事故の実態 二 運転者としての資質の向上に関すること。 三 自動車等の安全な運転に必要な知識 四 自動車等の運転について必要な適性	一 教本、視聴覚教材等必要な教材を用いて行うこと。 二 自動車等の運転について必要な適性に関する調査で筆記による検査によるものに基づく指導を含むものであること。	一時間
三 違反運転者等（令第三十三条の七第二項の基準に該当する者及び国家公安委員会規則で定める者に限る。）に対する講習	一 道路交通の現状及び交通事故の実態 二 運転者としての資質の向上に関すること。 三 自動車等の安全な運転に必要な知識 四 自動車等の運転について必要な適性及び技能	一 教本、視聴覚教材等必要な教材を用いて行うこと。 二 自動車等の運転について必要な知識に関する討議及び指導を含むものであること。 三 自動車等の運転について必要な適性に関する調査で筆記による検査によるものに基づく指導を含むものであること。	二時間
四 三の項に規定する違反運転者等以外の違反運転者等に対する講習	一 道路交通の現状及び交通事故の実態 二 運転者としての資質の向上に関すること。 三 自動車等の運転に関する基礎的な知識 四 自動車等の運転について必要な適性及び技能	一 教本、視聴覚教材等必要な教材を用いて行うこと。 二 自動車等の運転に関する基礎的な知識に習熟させるための演習を含むものであること。 三 自動車等の運転について必要な適性に関する調査で筆記による検査によるものに基づく指導を含むものであること。	二時間

二 講習を受けようとする者の年齢及びその者が現に受けている免許の種類の別に応じ、学級を編成して行うように努めること。

12 高齢者講習は、次に定めるところにより行うものとする。

一 運転者としての資質の向上に関すること、身体の機能の状況その他の自動車等の運転について必要な適性並びに道路交通の現状及び交通事故の実態その他の自動車等の運転について必要な知識について行うこと。

二 あらかじめ講習計画を作成し、これに基づいて行い、かつ、その方法は、教本、普通自動車、運転適性検査器材、視聴覚教材等必要な教材を用いて行うこと。

三 自動車等の運転について必要な適性に関する調査でコース又は道路における普通自動車の運転をさせることにより行う検査及び運転適性検査器材を用いた検査（法第七十一条の五第三項に規定する普通自動車対応免許（次号において「普通自動車対応免許」という。）以外の免許のみを受けている者及び令第三十四条の三第四項又は第三十七条の六の三の基準に該当する者に対する講習にあつては、自動車等の運転について必要な適性に関する調査で運転適性検査器材を用いた検査）によるものに基づく指導を含むものであること。

四 講習時間は、二時間（普通自動車対応免許以外の免許のみを受けている者及び令第三十四条の三第四項又は第三十七条の六の三の基準に該当する者に対する講習にあつては、一時間）とすること。

13 違反者講習は、次に定めるところにより行うものとする。

一 運転者としての資質の向上に関すること、自動車等の運転について必要な適性並びに道路交通の現状及び交通事故の実態その他の自動車等の運転について必要な知識について行うこと。

二 あらかじめ講習計画を作成し、これに基づいて行い、かつ、次の表の上欄に掲げる場合に応じ、それぞれ同表の下欄の方法によること。

一 違反者講習を受けようとする者の選択により、運転者の資質の向上に資するものとして国家公安委員会規則で定める活動（以下この	一 教本、運転適性検査器材、視聴覚教材等必要な教材を用いて行うこと。 二 活動を体験させること。 三 自動車等の運転について

項において「活動」という。）を体験させる場合	必要な適性に関する調査で運転適性検査器材を用いた検査又は筆記による検査によるものに基づく指導を含むものであること。
二 一以外の場合	一 教本、自動車等、運転シミュレーター、運転適性検査器材、視聴覚教材等必要な教材を用いて行うこと。 二 自動車等の運転について必要な適性に関する調査でコース若しくは道路における自動車等の運転若しくは運転シミュレーターの操作をさせることにより行う検査、運転適性検査器材を用いた検査又は筆記による検査によるものに基づく指導を含むものであること。

三 講習時間は、二六時間とすること。

14 若年運転者講習は、次に定めるところにより行うものとする。

一 運転者としての資質の向上に関すること及び自動車の運転について必要な適性について行うこと。

二 あらかじめ講習計画を作成し、これに基づいて行い、かつ、その方法は、普通自動車、視聴覚教材等必要な教材を用いて行うこと。

三 コース又は道路における普通自動車の運転をさせることにより行う検査、筆記又は口頭による検査その他の自動車の運転について必要な適性に関する調査に基づく個別的指導を含むものであること。

四 講習時間は、九時間とすること。

15 法第百八条の二第一項第十五号に掲げる講習（以下「特定小型原動機付自転車運転者講習」という。）は、次に定めるところにより行うものとする。

一 運転者としての資質の向上に関すること、特定小型原動機付自転車の運転について必要な適性並びに道路交通の現状及び交通事故の実態その他の特定小型原動機付自転車の運転について必要な知識について行うこと。

二 あらかじめ講習計画を作成し、これに基づいて行い、かつ、その方法は、教本、視聴覚教材等必要な教材を用いて行うこと。

三 特定小型原動機付自転車の運転について必要な適性に関する調査に基づく個別的指導を含むものであること。

四 講習時間は、三時間とすること。

16 法第百八条の二第一項第十六号に掲げる講習（以下「自転車運転者講習」という。）は、次に定めるところにより行うものとする。

一 運転者としての資質の向上に関すること、自転車の運転について必要な適性並びに道路交通の現状及び交通事故の実態その他の自転車の運転について必要な知識について行うこと。

二 あらかじめ講習計画を作成し、これに基づいて行い、かつ、その方法は、教本、視聴覚教材等必要な教材を用いて行うこと。

三 自転車の運転について必要な適性に関する調査に基づく個別的指導を含むものであること。

四 講習時間は、三時間とすること。

17 安全運転管理者等講習又は指定自動車教習所職員講習を行う旨の通知は、それぞれ別記様式第二十二の九又は別記様式第二十二の十の通知書を送付して行うものとする。

18 公安委員会は、第四項第一号の表の第二欄に掲げる大型車講習、中型車講習、準中型車講習若しくは普通車講習、第五項第一号の表の第二欄に掲げる大型二輪車講習若しくは普通二輪車講習、原付講習、第七項第二号の表の第二欄に掲げる大型旅客車講習、中型旅客車講習若しくは普通旅客車講習、第八項第一号の表の第二欄に掲げる応急救護処置講習(一)若しくは応急救護処置講習(二)又は高齢者講習を終了した者からの申出により、それぞれ別記様式第二十二の十の二の大型車講習終了証明書、別記様式第二十二の十の二の二の中型車講習終了証明書、別記様式第二十二の十の二の三の準中型車講習終了証明書若しくは別記様式第二十二の十の二の四の普通車講習終了証明書、別記様式第二十二の十の三の大型二輪車講習終了証明書若しくは別記様式第二十二の十の三の二の普通二輪車講習終了証明書、別記様式第二十二の十の四の原付講習終了証明書、別記様式第二十二の十の五の大型旅客車講習終了証明書、別記様式第二十二の十の五の二の中型旅客車講習終了証明書若しくは別記様式第二十二の十の五の三の普通旅客車講習終了証明書、別記様式第二十二の十の六の応急救護処置講習(一)終了証明書若しくは別記様式第二十二の十の六の二の応急救護処置講習(二)終了証明書又は別記様式第二十二の十の七の高齢者講習終了証明書を交付するものとする。

※ 11項一号ただし書「国家公安委員会規則」＝運転免許に係る講習等に関する規則五1、11項一号表三の項「国家公安委員会規則」＝同五2、13項二号表「国家公安委員会規則」＝同六

第三十八条の二 公安委員会は、法第九十七条の二第一項第三号イ又はホの国家公安委員会規則で定める基準に適合する法第百八条の二第二項の規定による講習を行ったときは、当該講習を終了した者からの申出により、当該講習を終了した者であることを証明する書類として国家公安委員会規則で定める書類を交付するものとする。

※ 第二「国家公安委員会規則」＝運転免許に係る講習等に関する規則三

（講習の委託）

第三十八条の三 法第百八条の二第三項の内閣府令で定める者は、道路における交通の安全に寄与することを目的とする一般社団法人又は一般財団法人その他の者で、講習を行うのに必要かつ適切な組織、設備及び能力を有すると公安委員会が認めるものとする。ただし、国家公安委員会規則で定める講習については、当該講習における指導に必要な能力を有する者として国家公安委員会規則で定めるものが当該講習の業務を行うために必要な数以上置かれている者に限るものとする。

※ ただし書第一「国家公安委員会規則」＝運転免許に係る講習に関する規則六1、ただし書第二「国家公安委員会規則」＝同六2

（初心運転者講習通知書）

第三十八条の四 法第百八条の三第一項に規定する書面（次項

において「初心運転者講習通知書」という。）の様式は、別記様式第二十二の十一のとおりとする。

2　初心運転者講習通知書を送付するときは、配達証明郵便等に付して行うものとする。

3　法第百八条の三第一項の規定による通知を受けた者で、当該通知を受けた日の翌日から起算した期間が一月となる日（以下この項において「特定日」という。）までに初心運転者講習を受けないことについて令第四十一条の二に規定するやむを得ない理由のあるものは、特定日後に初心運転者講習を受けようとするときは、当該やむを得ない理由のあることを証するに足る書類を公安委員会（指定講習機関（法第百八条の四第一項に規定する指定講習機関をいう。以下この項及び次条第三項において同じ。）が行う初心運転者講習を受けようとする者にあつては、指定講習機関）に提出しなければならない。

（違反者講習通知書）

第三十八条の四の二　法第百八条の三の二に規定する書面（次項において「違反者講習通知書」という。）の様式は、別記様式第二十二の十一の二のとおりとする。

2　違反者講習通知書を送付するときは、配達証明郵便等に付して行うものとする。

3　法第百八条の三の二の規定による通知を受けた者で、当該通知を受けた日の翌日から起算した期間が一月となる日（以下この項において「特定日」という。）までに違反者講習を受けないことについて令第三十七条の八第三項に規定するやむを得ない理由のあるものは、特定日後に違反者講習を受けようとするときは、当該やむを得ない理由のあることを証するに足る書類を公安委員会に提出しなければならない。

（若年運転者講習通知書）

第三十八条の四の二の二　法第百八条の三の三に規定する書面（次項において「若年運転者講習通知書」という。）の様式は、別記様式第二十二の十一の二の二のとおりとする。

2　若年運転者講習通知書を送付するときは、配達証明郵便等に付して行うものとする。

3　法第百八条の三の三の規定による通知を受けた者で、当該通知を受けた日の翌日から起算した期間が一月となる日（以下この項において「特定日」という。）までに若年運転者講習を受けないことについて令第三十七条の十一各号に掲げるやむを得ない理由のあるものは、特定日後に若年運転者講習を受けようとするときは、当該やむを得ない理由のあることを証するに足る書類を公安委員会（指定講習機関が行う若年運転者講習を受けようとする者にあつては、指定講習機関）に提出しなければならない。

（講習通知事務の委託）

第三十八条の四の三　法第百八条の三の四第二項の内閣府令で定める法人は、講習通知事務を行うのに必要かつ適切な組織及び能力を有すると公安委員会が認める法人とする。

（特定小型原動機付自転車運転者講習等の受講命令の方法）

第三十八条の四の四　法第百八条の三の五第一項の規定による命令は、別記様式第二十二の十一の三の命令書を交付して行うものとする。

2　法第百八条の三の五第二項の規定による命令は、別記様式第二十二の十一の四の命令書を交付して行うものとする。

（特定小型原動機付自転車運転者講習等の受講命令等についての報告事項）

第三十八条の四の五　法第百八条の三の六の内閣府令で定める事項は、次の表の上欄に掲げる場合の区分に応じ、それぞれ同表の下欄に定める事項とする。

報告する場合	事項
法第百八条の三の五第一項又は第二項の規定による命令をしたとき。	一　命令を受けた者の本籍又は国籍等、住所、氏名、生年月日及び性別 二　命令の理由 三　命令をした年月日 四　命令に係る期間
特定小型原動機付自転車危険行為（法第百八条の三の五第一項に規定する特定小型原動機付自転車危険行為をいう。以下この表において同じ。）又は自転車危険行為（同条第二項に規定する自転車危険行為をいう。以下この表において同じ。）をしたとき。	一　特定小型原動機付自転車危険行為又は自転車危険行為をした者の本籍又は国籍等、住所、氏名、生年月日及び性別 二　特定小型原動機付自転車危険行為又は自転車危険行為の種別 三　特定小型原動機付自転車危険行為又は自転車危険行為をした地の都道府県名及び特定小型原動機付自転車危険行為又は自転車危険行為をした年月日
特定小型原動機付自転車運転者講習又は自転車運転者講習を受けたとき。	一　特定小型原動機付自転車運転者講習又は自転車運転者講習を受けた者の本籍又は国籍等、住所、氏名、生年月日及び性別 二　特定小型原動機付自転車運転者講習又は自転車運転者講習を受けた年月日

第八章の二　雑則

（運転免許取得者等教育に係る報告等）

第三十八条の四の六　公安委員会は、法第百八条の三十二の二第一項の認定を受けて同項に規定する運転免許取得者等教育を行う者に対し、次に掲げる事項に関し、定期的に報告書の提出を求めることができる。

一　当該運転免許取得者等教育の課程において指導を行う者に関する事項

二　当該運転免許取得者等教育の課程に関する事項として国家公安委員会規則で定めるもの

2　公安委員会は、法第百八条の三十二の二第一項の認定を受けて同項に規定する運転免許取得者等教育を行う者に対し、前項に規定する報告書によるもののほか、必要な報告又は資料の提出を求めることができる。

（運転免許取得者等検査に係る報告等）

第三十八条の四の七　前条の規定は、法第百八条の三十二の三第一項の認定を受けて同項に規定する運転免許取得者等検査を行う者について準用する。この場合において、前条第一項第一号中「運転免許取得者等教育の課程において指導を行う」とあるのは「運転免許取得者等検査に従事する」と、同項第二号中「運転免許取得者等教育の課程」とあるのは「運転免許取得者等検査の方法」と読み替えるものとする。

（使用者に対する通知）

第三十八条の五　法第百八条の三十四の規定による通知は、車両等の使用者に対し別記様式第二十二の十二の通知書を、同条に規定する行政庁に対し別記様式第二十二の十三の通知書を送付して行うものとする。

（保管証の様式）

第三十八条の六　法第百九条第一項の保管証の様式は、免許証の保管に係る保管証については別記様式第二十三とし、国際運転免許証の保管に係る保管証については別記様式第二十四とし、外国運転免許証の保管に係る保管証については別記様式第二十四の二のとおりとする。

（交通情報の提供）

第三十八条の七　法第百九条の二第一項の規定による交通情報の提供は、次に定めるところにより行うものとする。

一　ラジオ、テレビジョン、新聞紙、インターネット等により、交通情報を提供すること。

二　電話による照会に応じ、交通情報を提供すること。

三　交通情報板、路側通信設備、光ビーコン（赤外線により双方向通信を行うための設備で交通情報を提供するものをいう。）その他の交通情報提供施設を用いて、交通情報を提供すること。

2　法第百九条の二第二項の内閣府令で定める者は、道路の交通に関する情報を提供することにより道路における交通の安全と円滑に寄与することを目的とする一般社団法人又は一般財団法人で、同条第一項に規定する交通情報の提供に係る事務を行うのに必要かつ適切な組織、設備及び能力を有すると公安委員会が認めるものとする。

（特定交通情報提供事業の届出）

第三十八条の八　法第百九条の三第一項前段の規定による届出は、事業を開始しようとする日の十日前までに、別記様式第二十四の三の届出書を提出して行うものとする。

2　法第百九条の三第一項の内閣府令で定める事項は、次のとおりとする。

一　事業の開始年月日

二　交通情報を提供する道路

三　予測の方法

四　提供する交通情報の種類及び内容

五　交通情報の提供先がこれを用いて交通情報を提供する事業を行う場合には、その氏名及び住所（法人にあつては、その名称、代表者の氏名及び主たる事務所の所在地）、交通情報の提供の方法並びに第二号及び前号に掲げる事項

3　第一項の規定は、法第百九条の三第一項後段の規定による変更の届出について準用する。この場合において、「事業を開始しようとする日の十日前までに」とあるのは、「変更の日の十日前までに」と読み替えるものとする。

（国家公安委員会が指示を行う全国的な幹線道路）

第三十九条　令第四十二条第二項の内閣府令で定めるものは、道路法（昭和二十七年法律第百八十号）第三条第二号の一般国道とする。

（原動機を用いる歩行補助車等の型式認定）

第三十九条の二　原動機を用いる歩行補助車等の製作又は販売を業とする者は、その製作し、又は販売する原動機を用いる歩行補助車等の型式について国家公安委員会の認定を受けることができる。

2　前項の認定は、原動機を用いる歩行補助車等が第一条第一項に定める基準（令第一条第二号に掲げる歩行補助車等で原動機を用いるものにあつては、第一条第一項第二号、第三項及び第四項に定める基準）に適合するものであるかどうかを判定することによつて行う。

3　第一項の認定を受けようとする者は、次に掲げる事項を記載した申請書を国家公安委員会に提出し、かつ、当該型式の原動機を用いる歩行補助車等を提示しなければならない。

一　申請者の氏名又は名称及び住所並びに法人にあつては、その代表者の氏名及び住所

二　原動機を用いる歩行補助車等の名称及び型式

三　製作工場の名称及び所在地

4　前項の申請書には、次に掲げる事項を記載した書類を添付しなければならない。

一　諸元、外観等当該型式の内容に関する事項

二　製作方法、検査方法等当該型式の原動機を用いる歩行補助車等の製作における均一性を明らかにする事項

三　第一項の認定に必要な当該型式についての試験を行うのに必要かつ適切な組織及び能力を有する法人として国家公安委員会が指定したものが行う当該型式についての試験の結果及びその意見

5　国家公安委員会は、第一項の認定をしたときは、当該認定に係る型式認定番号を指定する。

6　第一項の認定を受けた者は、当該型式の原動機を用いる歩行補助車等に前項の規定により指定を受けた型式認定番号を表示するものとする。

7　第一項の認定を受けた者は、次に掲げる場合においては、速やかにその旨を国家公安委員会に届け出るものとする。

一　第三項各号に掲げる事項に変更があつたとき。

二　当該型式の原動機を用いる歩行補助車等の製作又は販売をやめたとき。

三　当該型式の原動機を用いる歩行補助車等の製作における均一性を確保できない事情が生じたとき。

8　国家公安委員会は、次の各号のいずれかに該当する場合は、第一項の認定を取り消すものとする。

一　当該型式の原動機を用いる歩行補助車等の製作における均一性が確保されていないと認められるとき。

二　第一項の認定を受けた者が虚偽の型式認定番号の表示をしたとき。

（原動機を用いる軽車両の型式認定）

第三十九条の二の二　原動機を用いる軽車両の製作又は販売を業とする者は、その製作し、又は販売する原動機を用いる軽車両の型式について国家公安委員会の認定を受けることができる。

2　前項の認定は、原動機を用いる軽車両が第一条の二の三に定めるものに該当するものであるかどうかを判定することによつて行う。

3　前条第三項から第八項までの規定は、第一項の認定について準用する。この場合において、「歩行補助車等」とあるのは、「軽車両」と読み替えるものとする。

（人の力を補うため原動機を用いる自転車の型式認定）

第三十九条の三　人の力を補うため原動機を用いる自転車（以下「駆動補助機付自転車」という。）の製作又は販売を業と

する者は、その製作し、又は販売する駆動補助機付自転車の型式について国家公安委員会の認定を受けることができる。

2 前項の認定は、駆動補助機付自転車が第一条の三に定める基準に該当するものであるかどうかを判定することによつて行う。

3 第三十九条の二第三項から第八項までの規定は、第一項の認定について準用する。この場合において、「原動機を用いる歩行補助車等」とあるのは、「駆動補助機付自転車」と読み替えるものとする。

（移動用小型車の型式認定）

第三十九条の四 移動用小型車の製作又は販売を業とする者は、その製作し、又は販売する移動用小型車の型式について国家公安委員会の認定を受けることができる。

2 前項の認定は、移動用小型車が第一条の四に定める基準に該当するものであるかどうかを判定することによつて行う。

3 第三十九条の二第三項から第八項までの規定は、第一項の認定について準用する。この場合において、「歩行補助車等」とあるのは、「移動用小型車」と読み替えるものとする。

（原動機を用いる身体障害者用の車の型式認定）

第三十九条の五 原動機を用いる身体障害者用の車の製作又は販売を業とする者は、その製作し、又は販売する原動機を用いる身体障害者用の車の型式について国家公安委員会の認定を受けることができる。

2 前項の認定は、原動機を用いる身体障害者用の車が第一条の五第一項に定める基準に該当するものであるかどうかを判定することによつて行う。

3 第三十九条の二第三項から第八項までの規定は、第一項の認定について準用する。この場合において、「歩行補助車等」とあるのは、「身体障害者用の車」と読み替えるものとする。

（遠隔操作型小型車の型式認定）

第三十九条の六 遠隔操作型小型車の製作又は販売を業とする者は、その製作し、又は販売する遠隔操作型小型車の型式について国家公安委員会の認定を受けることができる。

2 前項の認定は、遠隔操作型小型車が遠隔操作により通行させることができ、かつ、第一条の六に定める基準に該当するものであるかどうか及び遠隔操作型小型車の非常停止装置が第一条の七に定める基準に該当するものであるかどうかを判定することによつて行う。

3 第三十九条の二第三項から第八項までの規定は、第一項の認定について準用する。この場合において、「歩行補助車等」とあるのは、「遠隔操作型小型車」と読み替えるものとする。

（普通自転車の型式認定）

第三十九条の七 自転車の製作、組立て又は販売を業とする者は、その製作し、組み立て、又は販売する自転車の型式について国家公安委員会の認定を受けることができる。

2 前項の認定は、自転車の大きさ及び構造が第九条の二の二に定める基準に適合し、かつ、当該自転車に備えられた制動装置が第九条の三に定める基準に適合するものであるかどうかを判定することによつて行う。

3 第三十九条の二第三項から第八項までの規定は、第一項の認定について準用する。この場合において、同条第三項第二号及び第六項中「原動機を用いる歩行補助車等」とあるのは「自転車」と、同条第三項第三号中「製作工場」とあるのは「製作工場又は組立て工場」と、同条第四項第二号、第七項第三号及び第八項第一号中「原動機を用いる歩行補助車等の製作」とあるのは「自転車の製作又は組立て」と、同条第七項第二号中「原動機を用いる歩行補助車等の製作」とあるのは「自転車の製作、組立て」と読み替えるものとする。

（安全器材等の型式認定）

第三十九条の八 次に掲げる安全器材等の製作又は販売を業とする者は、その製作し、又は販売する安全器材等の型式について国家公安委員会の認定を受けることができる。

一 牽引の用具
二 自転車に備えられる反射器材
三 夜間用停止表示器材
四 昼間用停止表示器材

2 前項の認定は、同項各号に掲げる安全器材等がそれぞれ次に掲げる基準に適合するものであるかどうかを判定することによつて行う。

一 牽引の用具にあつては、第八条の四の基準
二 自転車に備えられる反射器材にあつては、第九条の四の基準
三 夜間用停止表示器材にあつては、第九条の十七の基準
四 昼間用停止表示器材にあつては、第九条の十八の基準

3 第三十九条の二第三項から第八項までの規定は、第一項の認定について準用する。この場合において、「原動機を用いる歩行補助車等」とあるのは、「安全器材等」と読み替えるものとする。

（運転シミュレーターの型式認定）

第三十九条の九 模擬運転装置の製作又は販売を業とする者は、その製作し、又は販売する模擬運転装置の型式について国家公安委員会の認定を受けることができる。

2 前項の認定は、模擬運転装置が第三十三条第五項第一号ホの基準に適合するものであるかどうかを判定することによつて行う。

3 第三十九条の二第三項から第八項までの規定は、第一項の認定について準用する。この場合において、「原動機を用いる歩行補助車等」とあるのは、「模擬運転装置」と読み替えるものとする。

附　則

1 この府令は、法施行の日（昭和三十五年十二月二十日）から施行する。

2 道路交通取締法施行規則（昭和二十八年総理府令第五十四号）及び運転免許等の取消、停止又は必要な処分を行う場合における基準等を定める総理府令（昭和二十八年総理府令第七十五号）は、廃止する。

3 令附則第二項第二号の総理府令で定める基準は、次の表のとおりとする。

コースの種類	コースの形状
周回コース	六〇メートル以上の距離を直線走行することができる部分を有すること。
幹線コース	おおむね直線で、周回コースと連絡する部分を有すること。

坂道コース	一　二以上の坂道コースを有すること。 二　勾配の起点から頂上までの高さは、一メートル以上であること。
屈折コース	クランク型となつている部分を有すること。
曲線コース	蛇行形となつている部分を有すること。
方向変換コース	ハンドルの切り返し操作を必要とする部分を有すること。

4　第三十三条第四項各号の規定は、令附則第二項第三号に規定する技能教習の教習方法の基準について準用する。この場合において、同条同項第一号ホ中「二百平方メートル」とあるのは「百六十平方メートル」と読み替えるものとする。

5　法施行の際、現に存する道路交通取締法施行令（昭和二十八年政令第二百六十一号）第五十三条第一項第一号に掲げる公安委員会の指定した自動車教習所その他これに類する施設で、当該施設の技能教習のためのコース敷地の面積が八千平方メートル以上のものに係るコースの種類及び形状の基準については、昭和三十七年十二月三十一日までの間は、第三十二条の規定にかかわらず、なお従前の例による。

附　則（令四・二・一〇内令七）

沿革　令五内令一七改正

（施行期日）

第一条　この府令は、道路交通法の一部を改正する法律〔令和二年六月法律第四二号〕（以下「改正法」という。）の施行の日（令和四年五月十三日。以下「施行日」という。）から施行する。

（免許申請書等の添付書類に関する経過措置）

第二条　運転免許を受けようとする者が次の各号に該当する者であるときは、道路交通法施行規則第十七条第一項の様式の免許申請書（附則第五条において「免許申請書」という。）には、当該各号に定める書類を添付しなければならない。

一　施行日前に改正法による改正前の道路交通法（次号において「旧法」という。）第百八条の二第一項第十二号に掲げる講習（以下「旧法高齢者講習」という。）を受けた者　この府令による改正前の道路交通法施行規則（以下「旧府令」という。）別記様式第二十二の十の七の高齢者講習終了証明書

二　施行日以後に旧法第九十七条の二第一項第三号イに規定する認知機能検査（以下「旧法認知機能検査」という。）を受けた者　附則第五条において準用するこの府令による改正後の道路交通法施行規則（以下「新府令」という。）第二十六条の三第二項に規定する書類

三　施行日以後に旧法高齢者講習を受けた者　附則第七条において準用する道路交通法施行規則の一部を改正する内閣府令（令和五年内閣府令第十七号。附則第七条において「令和五年改正府令」という。）による改正後の道路交通法施行規則第三十八条第十八項に規定する高齢者講習終了証明書

四　道路交通法施行令の一部を改正する政令（以下この号において「改正令」という。）附則第二条第一項の規定により改正法による改正後の道路交通法（以下この号において「新法」という。）第九十六条第五項第一号の適用について同号に規定する政令で定める経験を有するものとみなされる者又は改正令附則第二条第二項の規定により新法第九十六条第五項第二号の適用について同号に規定する政令で定める経験を有するものとみなされる者　当該者であることを証明する書類

第三条　道路交通法第百一条第一項に規定する免許証の更新を受けようとする者が次の各号に該当する者であるときは、道路交通法施行規則第二十九条第一項の様式の更新申請書には、当該各号に定める書類を添付しなければならない。

一　施行日前に旧法高齢者講習を受けた者　旧府令別記様式第二十二の十の七の高齢者講習終了証明書

二　施行日以後に旧法認知機能検査を受けた者　附則第五条において準用する新府令第二十六条の三第二項に規定する書類

三　施行日以後に旧法高齢者講習を受けた者　附則第七条において準用する新府令第三十八条第十七項に規定する高齢者講習終了証明書

（認知機能検査に関する経過措置）

第四条　施行日前に受けた旧法認知機能検査の結果について、旧府令第二十九条の三第一項の式により算出した数値が四十九以上である者は、新府令第二十九条の三第一項第一号の式により算出した数値が三十六以上である者とみなし、旧府令第二十九条の三第一項の式により算出した数値が四十九未満である者は、新府令第二十九条の三第一項第一号の式により算出した数値が三十六未満である者とみなす。

第五条　改正法附則第四条第一項の規定によりなお従前の例によることとされる者（道路交通法第八十九条第一項の規定により免許申請書を提出した日における年齢が七十五歳以上の者に限る。）及び改正法附則第四条第二項の規定によりなお従前の例によることとされる者に対して施行日以後に行う旧法認知機能検査については、旧府令第二十六条の三、第二十九条の二の五第一項及び第二十九条の三第一項の規定にかかわらず、新府令第二十六条の三、第二十九条の二の六第一項及び第二十九条の三第一項第一号の規定を準用する。

（高齢者講習に関する経過措置）

第六条　新府令第二十九条の二の六第一項第二号ホの規定は、施行日から起算して一年間は、適用しない。

第七条　改正法附則第四条第一項又は第二項の規定によりなお従前の例によることとされる者に対して施行日以後に行う旧法高齢者講習については、旧府令第三十八条第十二項及び第十六項の規定にかかわらず、令和五年改正府令による改正後の道路交通法施行規則第三十八条第十二項及び第十八項の規定を準用する。この場合において、同条第十二項第三号及び第四号の規定中「者及び令第三十四条の三第四項又は第三十七条の六の三の基準に該当する者」とあるのは「者」と、同項第三号中「ものに」とあるのは「もの並びに認知機能検査の結果に」と読み替えるものとする。

附　則（令五・三・一七内令一七抄）

（施行期日）

1　この府令は、道路交通法の一部を改正する法律〔令和四年四月法律第三二号〕附則第一条第三号に掲げる規定の施行の

日（令和五年七月一日）から施行する。

（経過措置）

2　この府令の施行の日前に製作された道路運送車両の保安基準（昭和二十六年運輸省令第六十七号）第一条第一項第十三号の六に規定する特定小型原動機付自転車に対するこの府令による改正後の道路交通法施行規則第一条の二の二の規定の適用については、令和六年十二月二十二日までの間、同条第二号ホ中「こと」とあるのは、「こと又は道路運送車両法施行規則（昭和二十六年運輸省令第七十四号）第六十二条の三第一項の認定を受けた者が同条第五項の規定により道路運送車両の保安基準第三章第二節（第六十六条の十七を除く。）の基準に適合するものとして特定小型原動機付自転車に表示しなければならないこととされている型式認定番号標（これに準ずるものとして国家公安委員会が定めるものを含む。）若しくは市町村（特別区を含む。）の条例で定めるところにより特定小型原動機付自転車に取り付けることとされている標識（地方税法（昭和二十五年法律第二百二十六号）第四百六十三条の十八第三項（同法第一条第二項において準用する場合を含む。）に規定する標識をいう。）を見やすいように表示していること」とする。

附　則（令六・六・二六内令六〇抄）

（施行期日）

第一条　この府令は、令和七年四月一日から施行する。ただし、次の各号に掲げる規定は、当該各号に定める日から施行する。

一　第一条中道路交通法施行規則第三十四条の二第三項の改正規定　公布の日

二　第二条並びに附則第三条、第七条及び第十条の規定　令和八年四月一日

三　第三条並びに附則第四条及び第八条の規定　令和九年四月一日

四　第四条及び附則第五条の規定　令和九年十月一日

（普通免許等に関する経過措置）

第二条　普通自動車免許（以下「普通免許」という。）（運転することができる普通自動車をオートマチック・トランスミッションその他のクラッチの操作を要しない機構（以下「ＡＴ機構」という。）がとられておりクラッチの操作装置を有しない普通自動車に限る普通免許（以下「ＡＴ普通免許」という。）を除く。）に係る道路交通法（昭和三十五年法律第百五号。以下「法」という。）第八十九条第三項の検査（以下「技能検査」という。）、法第九十七条第一項第二号に掲げる事項について行う運転免許試験（以下「技能試験」という。）及び法第百条の二第一項の再試験（以下「再試験」という。）については、第一条の規定による改正後の道路交通法施行規則（以下この条及び次条において「第一条新府令」という。）第二十四条（第一条新府令第十八条の二の三第四項及び第二十八条の二において準用する場合を含む。）の規定にかかわらず、当分の間、なお従前の例によることができる。

2　普通自動車第二種免許（以下「普通第二種免許」という。）（運転することができる普通自動車をＡＴ機構がとられておりクラッチの操作装置を有しない普通自動車に限る普通第二種免許（以下「ＡＴ普通第二種免許」という。）を除く。）及び普通自動車仮免許（以下「普通仮免許」という。）（運転することができる普通自動車をＡＴ機構がとられておりクラッチの操作装置を有しない普通自動車に限る普通仮免許に係る技能試験については、第一条新府令第二十四条の規定にかかわらず、当分の間、なお従前の例によることができる。

3　この府令の施行の際現に第一条の規定による改正前の道路交通法施行規則（以下「旧府令」という。）第十八条の二の三の技能検査において同条第四項の規定により読み替えられた旧府令第二十四条第五項に定める基準に達する成績を得ている者については、第一条新府令第十八条の二の三の技能検査において同条第四項の規定により読み替えられた第一条新府令第二十四条第九項に定める基準に達する成績を得た者とみなす。

4　この府令の施行前に旧府令第十八条の二の三第五項の規定により交付された検査合格証明書は、第一条新府令第十八条の二の三第五項の規定により交付された検査合格証明書とみなす。

5　この府令の施行の際現に旧府令第二十四条に規定する技能試験に合格している者は、第一条新府令第二十四条に規定する技能試験に合格した者とみなす。

6　この府令の施行前に技能試験について旧府令第二十八条の規定により交付された運転免許試験成績証明書は、技能試験について第一条新府令第二十八条の規定により交付された運転免許試験成績証明書とみなす。

7　この府令の施行の際現に法第九十一条の規定により運転することができる中型自動車（車両総重量八千キログラム未満、最大積載量五千キログラム未満、乗車定員十人以下のものに限る。以下この項において同じ。）、準中型自動車及び普通自動車をＡＴ機構がとられておりクラッチの操作装置を有しない中型自動車、準中型自動車及び普通自動車並びにＡＴ機構がとられておりクラッチの操作装置を有しない自動車（以下「ＡＴ自動車」という。）以外の普通自動車であって、長さが三・〇〇メートル以下、幅が一・三〇メートル以下、高さが二・〇〇メートル以下のもの（内燃機関を原動機とする自動車にあっては、総排気量が〇・三六〇リットル以下のものに限る。）（次項及び第九項において「ＡＴ自動車以外の軽車（三六〇）」という。）に限ることとする条件が付されている中型自動車免許は、当該条件が付されていないものとみなす。

8　この府令の施行の際現に法第九十一条の規定により運転することができる準中型自動車（車両総重量五千キログラム未満、最大積載量三千キログラム未満のものに限る。以下この項において同じ。）及び普通自動車をＡＴ機構がとられておりクラッチの操作装置を有しない準中型自動車及び普通自動車並びにＡＴ自動車以外の軽車（三六〇）に限ることとする条件が付されている準中型自動車免許は、当該条件が付されていないものとみなす。

9　この府令の施行の際現に法第九十一条の規定により運転することができる普通自動車をＡＴ機構がとられておりクラッチの操作装置を有しない普通自動車及びＡＴ自動車以外の軽車（三六〇）に限ることとする条件が付されている普通免許は、当該条件が付されていないものとみなす。

10　指定自動車教習所における普通免許（ＡＴ普通免許を除く。）に係る技能教習の科目ごとの教習時間及び教習方法の基準並びに技能検定の実施の方法及び合格の基準は、第一条

新府令第三十三条第五項第一号チ又は第三十四条第二項第二号若しくは第三項第二号の規定によりその例に準ずるものとされる第一条新府令第二十四条及び別表第四の一の規定にかかわらず、当分の間、なお従前の例によることができる。

11　指定自動車教習所における普通第二種免許（AT普通第二種免許を除く。）に係る技能教習の科目ごとの教習時間並びに技能検定の実施の方法及び合格の基準は、第一条新府令第三十四条第二項第二号又は第三項第二号の規定によりその例に準ずるものとされる第一条新府令第二十四条及び別表第四の一の規定にかかわらず、当分の間、なお従前の例によることができる。

12　この府令の施行の際現に指定自動車教習所において普通免許（AT普通免許を除く。）に係る教習を受けている者に対する技能教習の科目ごとの教習時間及び教習方法の基準並びに技能検定の実施の方法及び合格の基準は、第一条新府令第三十三条第五項第一号チ又は第三十四条第二項第二号若しくは第三項第二号の規定によりその例に準ずるものとされる第一条新府令第二十四条及び別表第四の一の規定にかかわらず、なお従前の例による。

13　この府令の施行の際現に指定自動車教習所において普通第二種免許（AT普通第二種免許を除く。）に係る教習を受けている者に対する技能教習の科目ごとの教習時間並びに技能検定の実施の方法及び合格の基準は、第一条新府令第三十四条第二項第二号又は第三項第二号の規定によりその例に準ずるものとされる第一条新府令第二十四条及び別表第四の一の規定にかかわらず、なお従前の例による。

14　この府令の施行の際現に旧府令第三十四条の技能検定に合格している者は、第一条新府令第三十四条の技能検定に合格した者とみなす。

15　この府令の施行前に旧府令第三十四条の二第一項及び第二項の規定により発行された卒業証明書若しくは修了証明書又は同条第三項の規定により行われた証明は、第一条新府令第三十四条の二第一項及び第二項の規定により発行された卒業証明書若しくは修了証明書又は同条第三項の規定により行われた証明とみなす。

16　この府令の施行の日から起算して六月を経過する日までに普通免許（AT普通免許を除く。）に係る法第九十九条第一項の規定による申請をした者に対する同項の規定による指定の基準については、第一条新府令第三十三条第五項第一号チ及び別表第四の一の規定にかかわらず、なお従前の例によることができる。

17　この府令の施行の日から起算して六月を経過する日までに普通第二種免許（AT普通第二種免許を除く。）に係る法第九十九条第一項の規定による申請をした者に対する同項の規定による指定の基準については、第一条新府令別表第四の一の規定にかかわらず、なお従前の例によることができる。

（中型免許等に関する経過措置）

第三条　中型自動車免許（以下「中型免許」という。）（運転することができる中型自動車、準中型自動車及び普通自動車をAT機構がとられておりクラッチの操作装置を有しない中型自動車、準中型自動車及び普通自動車に限る中型免許（以下「AT中型免許」という。）を除く。）に係る技能検査及び技能試験については、第二条の規定による改正後の道路交通法施行規則（以下この条及び次条において「第二条新府令」という。）第二十四条（第二条新府令第十八条の二の三第四項において準用する場合を含む。）の規定にかかわらず、当分の間、なお従前の例によることができる。

2　準中型自動車免許（以下「準中型免許」という。）（運転することができる準中型自動車及び普通自動車をAT機構がとられておりクラッチの操作装置を有しない準中型自動車及び普通自動車に限る準中型免許（以下「AT準中型免許」という。）を除く。）に係る技能検査、技能試験及び再試験については、第二条新府令第二十四条（第二条新府令第十八条の二の三第四項及び第二十八条の二において準用する場合を含む。）の規定にかかわらず、当分の間、なお従前の例によることができる。

3　中型自動車第二種免許（以下「中型第二種免許」という。）（運転することができる中型自動車、準中型自動車及び普通自動車をAT機構がとられておりクラッチの操作装置を有しない中型自動車、準中型自動車及び普通自動車に限る中型第二種免許（以下「AT中型第二種免許」という。）を除く。）、中型自動車仮免許（以下「中型仮免許」という。）（運転することができる中型自動車、準中型自動車及び普通自動車をAT機構がとられておりクラッチの操作装置を有しない中型自動車、準中型自動車及び普通自動車に限る中型仮免許（以下「AT中型仮免許」という。）を除く。）及び準中型自動車仮免許（以下「準中型仮免許」という。）（運転することができる準中型自動車及び普通自動車をAT機構がとられておりクラッチの操作装置を有しない準中型自動車及び普通自動車に限る準中型仮免許（以下「AT準中型仮免許」という。）を除く。）に係る技能試験については、第二条新府令第二十四条の規定にかかわらず、当分の間、なお従前の例によることができる。

4　AT自動車以外の自動車を使用して行う中型免許（AT中型免許を除く。）に係る技能検査及び技能試験は、第二条新府令第二十四条第十一項（第二条新府令第十八条の二の三第四項において準用する場合を含む。）の規定にかかわらず、当分の間、最大積載量五千キログラム以上の中型自動車（AT自動車以外の自動車に限る。）で長さが七・〇〇メートル以上、幅が二・二五メートル以上、最遠軸距が四・一〇メートル以上のものを使用して行うことができる。

5　AT自動車以外の自動車を使用して行う準中型免許（AT準中型免許を除く。）に係る技能検査、技能試験及び再試験並びに準中型仮免許（AT準中型仮免許を除く。）に係る技能試験は、第二条新府令第二十四条第十一項（第二条新府令第十八条の二の三第四項及び第二十八条の二において準用する場合を含む。）の規定にかかわらず、当分の間、最大積載量二千キログラム以上の準中型自動車（AT自動車以外の自動車に限る。）で長さが四・四〇メートル以上、幅が一・六九メートル以上、最遠軸距が二・五〇メートル以上、前軸輪距が一・三〇メートル以上のものを使用して行うことができる。

6　AT自動車以外の自動車を使用して行う中型第二種免許（AT中型第二種免許を除く。）に係る技能試験は、第二条新府令第二十四条第十一項の規定にかかわらず、当分の間、乗車定員十一人以上二十九人以下のバス型の中型自動車（AT自動車以外の自動車に限る。）で長さが八・二〇メートル以上、幅が二・二五メートル以上、最遠軸距が四・二〇メートル以上のものを使用して行うことができる。

7　AT自動車以外の自動車を使用して行う中型仮免許（AT中型仮免許を除く。）に係る技能試験は、第二条新府令第二十四条第十一項の規定にかかわらず、当分の間、最大積載量五千キログラム以上の中型自動車（AT自動車以外の自動車に限る。）で長さが七・〇〇メートル以上、幅が二・二五メートル以上、最遠軸距が四・一〇メートル以上のもの（乗車定員十一人以上二十九人以下のバス型の中型自動車を練習のため又は法第八十七条第一項に規定する試験等（以下単に「試験等」という。）において運転しようとする者については、乗車定員十一人以上二十九人以下のバス型の中型自動車（AT自動車以外の自動車に限る。）で長さが八・二〇メートル以上、幅が二・二五メートル以上、最遠軸距が四・二〇メートル以上のもの）を使用して行うことができる。

8　附則第一条第二号に掲げる規定の施行の際現に第一条新府令第十八条の二の三の技能検査において同条第四項の規定により読み替えられた第一条新府令第二十四条第九項に定める基準に達する成績を得ている者については、第二条新府令第十八条の二の三の技能検査において同条第四項の規定により読み替えられた第二条新府令第二十四条第十項に定める基準に達する成績を得た者とみなす。

9　附則第一条第二号に掲げる規定の施行前に第一条新府令第十八条の二の三第五項の規定により交付された検査合格証明書は、第二条新府令第十八条の二の三第五項の規定により交付された検査合格証明書とみなす。

10　附則第一条第二号に掲げる規定の施行の際現に第一条新府令第二十四条に規定する技能試験に合格している者は、第二条新府令第二十四条に規定する技能試験に合格した者とみなす。

11　附則第一条第二号に掲げる規定の施行前に技能試験について第一条新府令第二十八条の規定により交付された運転免許試験成績証明書は、技能試験について第二条新府令第二十八条の規定により交付された運転免許試験成績証明書とみなす。

12　指定自動車教習所における中型免許（AT中型免許を除く。）及び準中型免許（AT準中型免許を除く。）に係る技能教習の科目ごとの教習時間及び教習方法の基準並びに技能検定の実施の方法及び合格の基準は、第二条新府令第三十三条第五項第一号チ又は第三十四条第二項第二号若しくは第三項第二号の規定によりその例に準ずるものとされる第二条新府令第二十四条及び別表第四の一の規定にかかわらず、当分の間、なお従前の例によることができる。

13　指定自動車教習所における中型第二種免許（AT中型第二種免許を除く。）に係るコースの形状及び構造に関する基準、技能教習の科目ごとの教習時間並びに技能検定の実施の方法及び合格の基準は、第二条新府令第三十四条第二項第二号又は第三項第二号の規定によりその例に準ずるものとされる第二条新府令第二十四条、別表第三の二及び別表第四の一の規定にかかわらず、当分の間、なお従前の例によることができる。

14　附則第一条第二号に掲げる規定の施行の際現に指定自動車教習所において中型免許（AT中型免許を除く。）又は準中型免許（AT準中型免許を除く。）に係る教習を受けている者に対する技能教習の科目ごとの教習時間及び教習方法の基準並びに技能検定の実施の方法及び合格の基準は、第二条新府令第三十三条第五項第一号チ又は第三十四条第二項第二号若しくは第三項第二号の規定によりその例に準ずるものとされる第二条新府令第二十四条及び別表第四の一の規定にかかわらず、なお従前の例による。

15　附則第一条第二号に掲げる規定の施行の際現に指定自動車教習所において中型第二種免許（AT中型第二種免許を除く。）に係る教習を受けている者に対するコースの形状及び構造に関する基準、技能教習の科目ごとの教習時間並びに技能検定の実施の方法及び合格の基準は、第二条新府令第三十四条第二項第二号又は第三項第二号の規定によりその例に準ずるものとされる第二条新府令第二十四条、別表第三の二及び別表第四の一の規定にかかわらず、なお従前の例による。

16　指定自動車教習所におけるAT自動車以外の自動車を使用して行う中型免許（AT中型免許を除く。）に係る技能検定は、第二条新府令第三十四条第二項第二号又は第三項第二号の規定によりその例に準ずるものとされる第二条新府令第二十四条第十一項の規定にかかわらず、当分の間、最大積載量五千キログラム以上の中型自動車（AT自動車以外の自動車に限る。）で長さが七・〇〇メートル以上、幅が二・二五メートル以上、最遠軸距が四・一〇メートル以上のものを使用して行うことができる。

17　指定自動車教習所におけるAT自動車以外の自動車を使用して行う準中型免許（AT準中型免許を除く。）に係る技能検定は、第二条新府令第三十四条第二項第二号又は第三項第二号の規定によりその例に準ずるものとされる第二条新府令第二十四条第十一項の規定にかかわらず、当分の間、最大積載量二千キログラム以上の準中型自動車（AT自動車以外の自動車に限る。）で長さが四・四〇メートル以上、幅が一・六九メートル以上、最遠軸距が二・五〇メートル以上、前軸輪距が一・三〇メートル以上のものを使用して行うことができる。

18　指定自動車教習所におけるAT自動車以外の自動車を使用して行う中型第二種免許（AT中型第二種免許を除く。）に係る技能検定は、第二条新府令第三十四条第二項第二号又は第三項第二号の規定によりその例に準ずるものとされる第二条新府令第二十四条第十一項の規定にかかわらず、当分の間、乗車定員十一人以上二十九人以下のバス型の中型自動車（AT自動車以外の自動車に限る。）で長さが八・二〇メートル以上、幅が二・二五メートル以上、最遠軸距が四・二〇メートル以上のものを使用して行うことができる。

19　前項の規定により同項に規定する中型自動車を使用して中型第二種免許（AT中型第二種免許を除く。）に係る技能検定を行う場合及び当該技能検定に係る技能教習を行う場合におけるコースの形状及び構造に関する基準は、第二条新府令別表第三の二の規定にかかわらず、なお従前の例による。

20　附則第一条第二号に掲げる規定の施行の際現に第一条新府令第三十四条の技能検定に合格している者は、第二条新府令第三十四条の技能検定に合格した者とみなす。

21　附則第一条第二号に掲げる規定の施行前に第一条新府令第三十四条の二第一項及び第二項の規定により発行された卒業証明書若しくは修了証明書又は同条第三項の規定により行われた証明は、第二条新府令第三十四条の二第一項及び第二項の規定により発行された卒業証明書若しくは修了証明書又は同条第三項の規定により行われた証明とみなす。

22　附則第一条第二号に掲げる規定の施行の日から起算して六月を経過する日までに中型免許（AT中型免許を除く。）又は準中型免許（AT準中型免許を除く。）に係る法第九十九条第一項の規定による申請をした者に対する同項の規定による指定の基準については、第二条新府令第三十三条第五項第一号チ及び別表第四の一の規定にかかわらず、なお従前の例によることができる。

23　附則第一条第二号に掲げる規定の施行の日から起算して六月を経過する日までに中型第二種免許（AT中型第二種免許を除く。）に係る法第九十九条第一項の規定による申請をした者に対する同項の規定による指定の基準については、第二条新府令別表第四の一の規定にかかわらず、なお従前の例によることができる。

（大型免許等に関する経過措置）

第四条　大型自動車免許（以下「大型免許」という。）（運転することができる大型自動車、中型自動車、準中型自動車及び普通自動車をAT機構がとられておりクラッチの操作装置を有しない大型自動車、中型自動車、準中型自動車及び普通自動車に限る大型免許（以下「AT大型免許」という。）を除く。）に係る技能検査及び技能試験については、第三条の規定による改正後の道路交通法施行規則（以下この条及び次条において「第三条新府令」という。）第二十四条（第三条新府令第十八条の二の三第四項において準用する場合を含む。）の規定にかかわらず、当分の間、なお従前の例によることができる。

2　大型自動車仮免許（以下「大型仮免許」という。）（運転することができる大型自動車、中型自動車、準中型自動車及び普通自動車をAT機構がとられておりクラッチの操作装置を有しない大型自動車、中型自動車、準中型自動車及び普通自動車に限る大型仮免許（以下「AT大型仮免許」という。）を除く。）に係る技能試験（乗車定員三十人以上のバス型の大型自動車を練習のため又は試験等において運転しようとする者に対するものを除く。）については、第三条新府令第二十四条の規定にかかわらず、当分の間、なお従前の例によることができる。

3　AT自動車以外の自動車を使用して行う大型免許（AT大型免許を除く。）に係る技能検査及び技能試験は、第三条新府令第二十四条第十一項（第三条新府令第十八条の二の三第四項において準用する場合を含む。）の規定にかかわらず、当分の間、最大積載量一万キログラム以上の大型自動車（AT自動車以外の自動車に限る。）で長さが一一・〇〇メートル以上、幅が二・四〇メートル以上、最遠軸距が六・九〇メートル以上のもの（運転することができる大型自動車を自衛隊用自動車（道路交通法施行令（昭和三十五年政令第二百七十号）第十三条第一項第二号に規定する自衛隊用自動車をいう。以下同じ。）に限る大型免許にあっては、最大積載量六千キログラム以上の大型自動車（AT自動車以外の自動車に限る。）で長さが六・六五メートル以上、幅が二・四〇メートル以上、最遠軸距が四・四〇メートル以上のもの）を使用して行うことができる。

4　AT自動車以外の自動車を使用して行う大型仮免許（AT大型仮免許を除く。）に係る技能試験（乗車定員三十人以上のバス型の大型自動車を練習のため又は試験等において運転しようとする者に対するものを除く。）は、第三条新府令第二十四条第十一項の規定にかかわらず、当分の間、最大積載量一万キログラム以上の大型自動車（AT自動車以外の自動車に限る。）で長さが一一・〇〇メートル以上、幅が二・四〇メートル以上、最遠軸距が六・九〇メートル以上のもの（自衛隊用自動車である大型自動車を練習のため若しくは試験等において運転しようとする者については、最大積載量六千キログラム以上の大型自動車（AT自動車以外の自動車に限る。）で長さが六・六五メートル以上、幅が二・四〇メートル以上、最遠軸距が四・四〇メートル以上のもの）を使用して行うことができる。

5　附則第一条第三号に掲げる規定の施行の際現に第二条新府令第十八条の二の三の技能検査において同条第四項の規定により読み替えられた第二条新府令第二十四条第十項に定める基準に達する成績を得ている者については、第三条新府令第十八条の二の三の技能検査において同条第四項の規定により読み替えられた第三条新府令第二十四条第十項に定める基準に達する成績を得た者とみなす。

6　附則第一条第三号に掲げる規定の施行前に第二条新府令第十八条の二の三第五項の規定により交付された検査合格証明書は、第三条新府令第十八条の二の三第五項の規定により交付された検査合格証明書とみなす。

7　附則第一条第三号に掲げる規定の施行の際現に第二条新府令第二十四条に規定する技能試験に合格している者は、第三条新府令第二十四条に規定する技能試験に合格した者とみなす。

8　附則第一条第三号に掲げる規定の施行前に技能試験について第二条新府令第二十八条の規定により交付された運転免許試験成績証明書は、技能試験について第三条新府令第二十八条の規定により交付された運転免許試験成績証明書とみなす。

9　指定自動車教習所における大型免許（AT大型免許を除く。）に係る技能教習の科目ごとの教習時間及び教習方法の基準並びに技能検定の実施の方法及び合格の基準は、第三条新府令第三十三条第五項第一号チ又は第三十四条第二項第二号若しくは第三項第二号の規定によりその例に準ずるものとされる第三条新府令第二十四条及び別表第四の一の規定にかかわらず、当分の間、なお従前の例によることができる。

10　附則第一条第三号に掲げる規定の施行の際現に指定自動車教習所において大型免許（AT大型免許を除く。）に係る教習を受けている者に対する技能教習の科目ごとの教習時間及び教習方法の基準並びに技能検定の実施の方法及び合格の基準は、第三条新府令第三十三条第五項第一号チ又は第三十四条第二項第二号若しくは第三項第二号の規定によりその例に準ずるものとされる第三条新府令第二十四条及び別表第四の一の規定にかかわらず、なお従前の例による。

11　指定自動車教習所におけるAT自動車以外の自動車を使用して行う大型免許（AT大型免許を除く。）に係る技能検定は、第三条新府令第三十四条第二項第二号又は第三項第二号の規定によりその例に準ずるものとされる第三条新府令第二十四条第十一項の規定にかかわらず、当分の間、最大積載量一万キログラム以上の大型自動車（AT自動車以外の自動車に限る。）で長さが一一・〇〇メートル以上、幅が二・四〇メートル以上、最遠軸距が六・九〇メートル以上のもの（運転することができる大型自動車を自衛隊用自動車に限る大型免許にあっては、最大積載量六千キログラム以上の大型自動車（ＡＴ自動車以外の自動車に限る。）で長さが六・六五メートル以上、幅が二・四〇メートル以上、最遠軸距が四・四〇メートル以上のもの）を使用して行うことができる。

12　附則第一条第三号に掲げる規定の施行の際現に第二条新府令第三十四条の技能検定に合格している者は、第三条新府令第三十四条の技能検定に合格した者とみなす。

13　附則第一条第三号に掲げる規定の施行前に第二条新府令第三十四条の二第一項及び第二項の規定により発行された卒業証明書若しくは修了証明書又は同条第三項の規定により行われた証明は、第三条新府令第三十四条の二第一項及び第二項の規定により発行された卒業証明書若しくは修了証明書又は同条第三項の規定により行われた証明とみなす。

14　附則第一条第三号に掲げる規定の施行の日から起算して六月を経過する日までに大型免許（ＡＴ大型免許を除く。）に係る法第九十九条第一項の規定による申請をした者に対する同項の規定による指定の基準については、第三条新府令第三十三条第五項第一号チ及び別表第四の一の規定にかかわらず、なお従前の例によることができる。

（大型第二種免許等に関する経過措置）

第五条　大型自動車第二種免許（以下「大型第二種免許」という。）（運転することができる大型自動車、中型自動車、準中型自動車及び普通自動車をＡＴ機構がとられておりクラッチの操作装置を有しない大型自動車、中型自動車、準中型自動車及び普通自動車に限る大型第二種免許（以下「ＡＴ大型第二種免許」という。）を除く。）及び大型仮免許（ＡＴ大型仮免許を除く。）に係る技能試験（大型仮免許に係る技能試験にあっては、乗車定員三十人以上のバス型の大型自動車を練習のため又は試験等において運転しようとする者に対するものに限る。）については、第四条の規定による改正後の道路交通法施行規則（以下この条において「第四条新府令」という。）第二十四条の規定にかかわらず、当分の間、なお従前の例によることができる。

2　ＡＴ自動車以外の自動車を使用して行う大型第二種免許（ＡＴ大型第二種免許を除く。）及び大型仮免許（ＡＴ大型仮免許を除く。）に係る技能試験（大型仮免許に係る技能試験にあっては、乗車定員三十人以上のバス型の大型自動車を練習のため又は試験等において運転しようとする者に対するものに限る。）は、第四条新府令第二十四条第十一項の規定にかかわらず、当分の間、乗車定員三十人以上のバス型の大型自動車（ＡＴ自動車以外の自動車に限る。）で長さが一〇・〇〇メートル以上、幅が二・四〇メートル以上、最遠軸距が五・一五メートル以上のものを使用して行うことができる。

3　附則第一条第四号に掲げる規定の施行の際現に第三条新府令第二十四条に規定する技能試験に合格している者は、第四条新府令第二十四条に規定する技能試験に合格した者とみなす。

4　附則第一条第四号に掲げる規定の施行前に技能試験について第三条新府令第二十八条の規定により交付された運転免許試験成績証明書は、技能試験について第四条新府令第二十八条の規定により交付された運転免許試験成績証明書とみなす。

5　指定自動車教習所における大型第二種免許（ＡＴ大型第二種免許を除く。）に係る技能教習の科目ごとの教習時間並びに技能検定の実施の方法及び合格の基準は、第四条新府令第三十四条第二項第二号又は第三項第二号の規定によりその例に準ずるものとされる第四条新府令第二十四条及び別表第四の一の規定にかかわらず、当分の間、なお従前の例によることができる。

6　附則第一条第四号に掲げる規定の施行の際現に指定自動車教習所において大型第二種免許（ＡＴ大型第二種免許を除く。）に係る教習を受けている者に対する技能教習の科目ごとの教習時間並びに技能検定の実施の方法及び合格の基準は、第四条新府令第三十四条第二項第二号又は第三項第二号の規定によりその例に準ずるものとされる第四条新府令第二十四条及び別表第四の一の規定にかかわらず、なお従前の例による。

7　指定自動車教習所におけるＡＴ自動車以外の自動車を使用して行う大型第二種免許（ＡＴ大型第二種免許を除く。）に係る技能検定は、第四条新府令第三十四条第二項第二号又は第三項第二号の規定によりその例に準ずるものとされる第四条新府令第二十四条第十一項の規定にかかわらず、当分の間、乗車定員三十人以上のバス型の大型自動車（ＡＴ自動車以外の自動車に限る。）で長さが一〇・〇〇メートル以上、幅が二・四〇メートル以上、最遠軸距が五・一五メートル以上のものを使用して行うことができる。

8　附則第一条第四号に掲げる規定の施行の際現に第三条新府令第三十四条の技能検定に合格している者は、第四条新府令第三十四条の技能検定に合格した者とみなす。

9　附則第一条第四号に掲げる規定の施行前に第三条新府令第三十四条の二第一項及び第二項の規定により発行された卒業証明書若しくは修了証明書又は同条第三項の規定により行われた証明は、第四条新府令第三十四条の二第一項及び第二項の規定により発行された卒業証明書若しくは修了証明書又は同条第三項の規定により行われた証明とみなす。

10　附則第一条第四号に掲げる規定の施行の日から起算して六月を経過する日までに大型第二種免許（ＡＴ大型第二種免許を除く。）に係る法第九十九条第一項の規定による申請をした者に対する同項の規定による指定の基準については、第四条新府令別表第四の一の規定にかかわらず、なお従前の例によることができる。

別表第一（第四条関係）

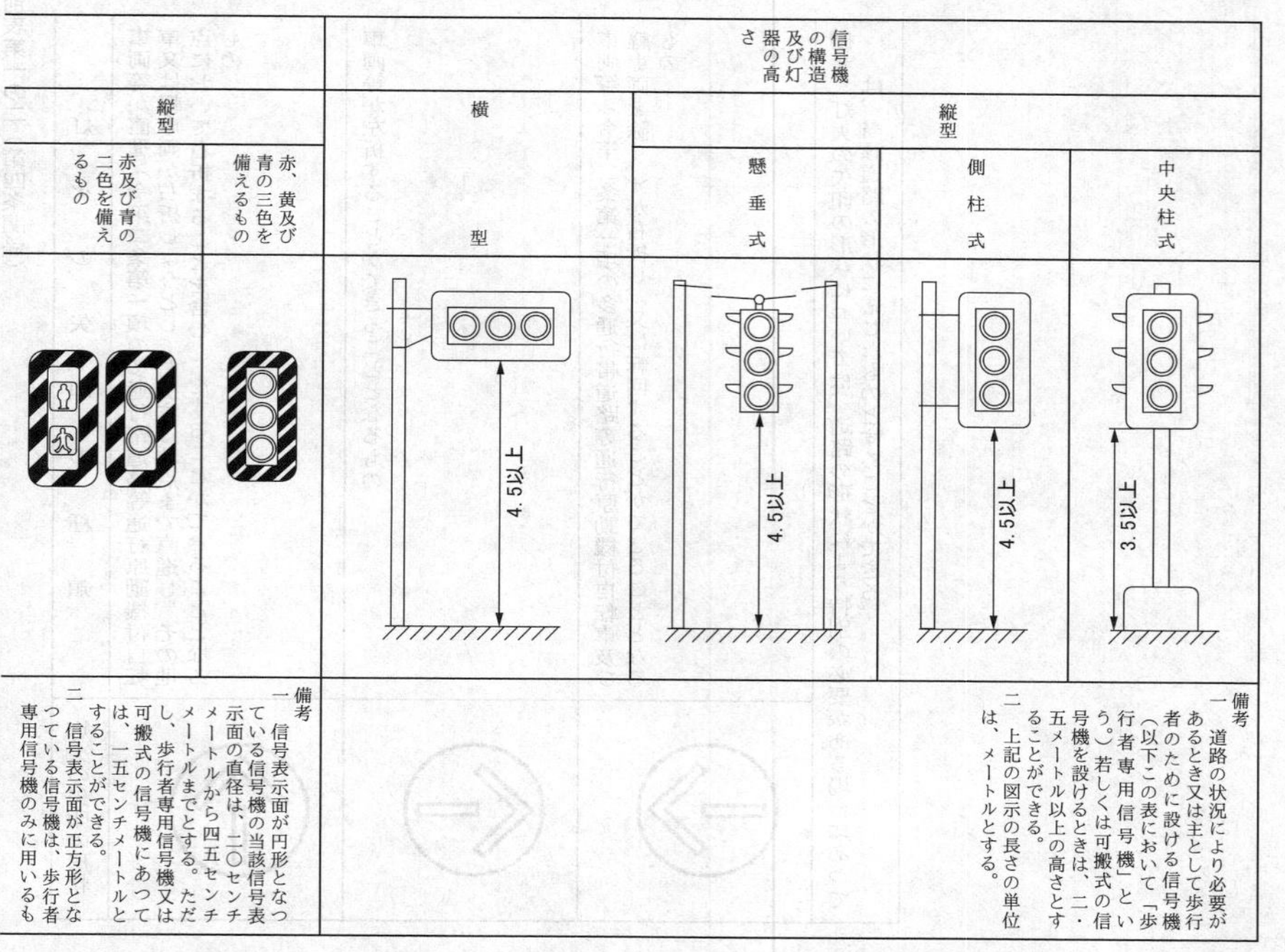

信号機の構造及び灯器の高さ
縦型
中央柱式
側柱式
懸垂式
3.5以上
4.5以上
4.5以上
横型
4.5以上
備考
一　道路の状況により必要があるとき又は主として歩行者のために設ける信号機（以下この表において「歩行者専用信号機」という。）若しくは可搬式の信号機を設けるときは、二・五メートル以上の高さとすることができる。
二　上記の図示の長さの単位は、メートルとする。
縦型
赤、黄及び青の三色を備えるもの
赤及び青の二色を備えるもの
備考
一　信号表示面が円形となつている信号機の当該信号表示面の直径は、二〇センチメートルから四五センチメートルまでとする。ただし、歩行者専用信号機又は可搬式の信号機にあつては、一五センチメートルとすることができる。
二　信号表示面が正方形となつている信号機は、歩行者専用信号機のみに用いるも

灯器の構造	横型		点滅型
	赤、黄及び青の三色を備えるもの	赤及び青の二色を備えるもの	

のとし、当該信号表示面の一辺の長さは、二〇センチメートルから二五センチメートルまでとする。

三　背面板を設ける場合にあつては、その図柄は幅一〇センチメートルのしま模様とし、その色彩は緑と白又は黄と黒とする。

別表第一の二（第四条関係）

灯火の矢印の種類	灯火の矢印の形状
車両等が直進（令第二条第一項の多通行帯道路等通行原動機付自転車又は軽車両が右折しようとして右折する地点まで直進し、その地点において右折することを含む。）をすることができることとなるもの	
車両等が左折することができることとなるもの	
車両等（令第二条第一項の多通行帯道路等通行原動機付自転車及び軽車両を除く。）が右折し、又は転回することができることとなるもの	
備考　灯火の矢印の形状については、道路の形状により特別の必要がある場合にあっては、当該道路の形状に応じたものとすることができる。	

別表第二（第十九条関係）

略語	意味
大型	大型自動車免許
中型	中型自動車免許
準中型	準中型自動車免許
普通	普通自動車免許
大特	大型特殊自動車免許
大自二	大型自動二輪車免許
普自二	普通自動二輪車免許
小特	小型特殊自動車免許
原付	原動機付自転車免許
大二	大型自動車第二種免許
中二	中型自動車第二種免許
普二	普通自動車第二種免許
大特二	大型特殊自動車第二種免許
け引	牽引免許
け引二	牽引第二種免許
引・引二	牽引免許及び牽引第二種免許
二・小・原	大型自動二輪車免許、普通自動二輪車免許、小型特殊自動車免許又は原動機付自転車免許
大型車	大型自動車
マイクロバス	乗車定員が一一人以上二九人以下の専ら人を運搬する構造の大型自動車
中型車	中型自動車

中型車（8t）	中型自動車（車両総重量八、〇〇〇キログラム未満、最大積載量五、〇〇〇キログラム未満及び乗車定員一〇人以下のものに限る。）
準中型車	準中型自動車
準中型車（5t）	準中型自動車（車両総重量五、〇〇〇キログラム未満及び最大積載量三、〇〇〇キログラム未満のものに限る。）
普通車	普通自動車
大特車	大型特殊自動車
大型二輪	大型自動二輪車
普通二輪	普通自動二輪車
小型二輪	総排気量については〇・一二五リットル以下、定格出力については一・〇〇キロワット以下の原動機を有する普通自動二輪車
二輪車	大型自動二輪車及び普通自動二輪車
軽車（六六〇）	長さが三・四〇メートル以下、幅が一・四八メートル以下、高さが二・〇〇メートル以下の普通自動車（内燃機関を原動機とする自動車にあつては、総排気量が〇・六六〇リットル以下のものに限る。）
軽車（五五〇）	長さが三・二〇メートル以下、幅が一・四〇メートル以下、高さが二・〇〇メートル以下の普通自動車（内燃機関を原動機とする自動車にあつては、総排気量が〇・五五〇リットル以下のものに限る。）
軽車（三六〇）	長さが三・〇〇メートル以下、幅が一・三〇メートル以下、高さが二・〇〇メートル以下の普通自動車（内燃機関を原動機とする自動車にあつては、総排気量が〇・三六〇リットル以下のものに限る。）
ミニカー	総排気量については〇・〇五〇リットル以下、定格出力については〇・六〇キロワット以下の原動機を有する普通自動車
小特車	小型特殊自動車
原付車	原動機付自転車
自三車	前一輪により操向する三輪の普通自動車
小四車	長さが四・七〇メートル以下、幅が一・七〇メートル以下、高さが二・〇〇メートル以下の普通自動車（内燃機関を原動機とする自動車にあつては総排気量が二・〇〇リットル以下のもの、内燃機関以外を原動機とする自動車にあつては定格出力が七・五〇キロワット以下のものに限る。）
乗用車	専ら人を運搬する構造の自動車
貨物車	専ら貨物を運搬する構造の自動車
AT車	AT機構がとられており、クラッチの操作装置を有しない自動車等
サポートカー	第十八条の六第一項各号のいずれかに該当する普通自動車
カタピラ車	カタピラを有する自動車（車輪を有するものを除く。）
農耕車	農耕作業用自動車
旅客車	旅客自動車
総重量	車両総重量
積載量	最大積載量
排気量	総排気量
定員	乗車定員
m	メートル
t	トン
l	リットル
眼鏡等	視力（深視力を含む。）を第二十三条第一項の表の視力の項に定める基準以上に矯正する眼鏡等を使用すること。
補聴器	大型自動車、中型自動車、準中型自動車、普通自動車又は大型特殊自動車を運転中は、聴力を第二十三条第一項の表の聴力の項第一号に定める基準以上に補う補聴器を使用すること。
特定後写鏡等	準中型自動車又は普通自動車を運転中は、特定後写鏡等を使用すること。
義手	自動車等を運転中は、運転操作上有効な義手を使用すること。
義足	自動車等を運転中は、運転操作上有効な義足を使用すること。
優良	優良運転者

別表第二の二（第三十条の十二関係）

略語	意味
大型	大型自動車免許
中型	中型自動車免許
準中型	準中型自動車免許
普通	普通自動車免許
大特	大型特殊自動車免許
大自二	大型自動二輪車免許
普自二	普通自動二輪車免許
小特	小型特殊自動車免許
原付	原動機付自転車免許
大二	大型自動車第二種免許
中二	中型自動車第二種免許
普二	普通自動車第二種免許
大特二	大型特殊自動車第二種免許
け引	牽引免許
け引二	牽引第二種免許
引・引二	牽引免許及び牽引第二種免許
二・小・原	大型自動二輪車免許、普通自動二輪車免許、小型特殊自動車免許又は原動機付自転車免許

別表第三（第三十二条関係）

一　コースの種類に関する基準

教習に係る免許の種類	基準
大型免許	周回コース、幹線コース、坂道コース、屈折コース、曲線コース及び方向変換コースを有すること。
中型免許	大型免許の項に規定するコースを有すること。
準中型免許	大型免許の項に規定するコースを有すること。
普通免許	大型免許の項に規定するコースを有すること。
大型特殊免許	大型特殊自動車コースを有すること。
大型二輪免許	大型免許の項に規定するコース（方向変換コースを除く。）、直線狭路コース、連続進路転換コース及び波状路コースを有すること。
普通二輪免許	大型免許の項に規定するコース（方向変換コースを除く。）、直線狭路コース及び連続進路転換コース（小型限定普通二輪免許については、連続進路転換コースを除く。）を有すること。
牽引免許	牽引コースを有すること。
大型第二種免許	大型免許の項に規定するコース及び鋭角コースを有すること。
中型第二種免許	大型免許の項に規定するコース及び鋭角コースを有すること。
普通第二種免許	大型免許の項に規定するコース及び鋭角コースを有すること。
備考　大型免許、中型免許、大型第二種免許又は中型第二種免許に係る教習については、曲線コース（中型免許に係る教習に用いる曲線コースにあつては、大型免許又は大型第二種免許に係る教習に用いるコースの形状及び構造に関する基準（以下「コースの基準」という。）を満たしている曲線コースであつて、二の表の備考の二の規定により中型免許に係る教習に用いることができるものに限り、中型第二種免許に係る教習に用いる曲線コースにあつては、大型免許又は大型第二種免許に係る教習に用いるコースの基準を満たしている曲線コースであつて、二の表の備考の三の規定により中型第二種免許に係る教習に用いることができるものに限る。）に障害物を設けたものを走行することにより屈折コースを走行するのと同等の教習効果があると公安委員会が認める場合には、屈折コースを設けないことができる。	

二　コースの形状及び構造に関する基準

コースの種類	基準
周回コース	一　おおむね長円形で、八〇メートル（大型二輪免許又は普通二輪免許に係る教習に用いるコースにあつては、六〇メートル）以上の距離を直線走行することができる部分を有し、幅八メートル（大型二輪免許又は普通二輪免許に係る教習に用いるコースにあつては、七メートル）以上であること。 二　総延長の二分の一以上に相当する部分が舗装されていること。
幹線コース	一　おおむね直線で、周回コースと連絡し、幅七メートル以上であるコースが相互に十字形に交差するものであること。 二　一以上のコースが舗装されていること。
坂道コース	一　二以上の坂道を有すること。 二　幅は、七メートル以上であること。 三　こう配の起点から頂上までの高さは、一・五メートル（大型二輪免許又は普通二輪免許に係る教習に用いるコースにあつては、一メートル）以上であること。 四　こう配は、緩坂路において六・五パーセントから九・〇パーセントまで、急坂路において一〇・〇パーセントから一二・五パーセントまでであること。 五　頂上平たん部の長さは、四メートル（大型二輪免許又は普通二輪免許に係る教習に用いるコースにあつては、三メートル）以上であること。 六　舗装されていること。
屈折コース	一　教習に係る免許の種類に応じ、次の表に掲げる基準を満たしているものであること。 （表は下記） 二　舗装されていること。

（屈折コースの表）

図示の記号 ＼ 教習に係る免許の種類		大型免許	大型第二種免許	中型免許及び中型第二種免許	準中型免許、普通免許及び普通第二種免許	大型二輪免許及び普通二輪免許
幅	A	五メートル	四・五メートル	四・五メートル	三・五メートル	二メートル
曲角間の長さ	B	二〇メートル	一五メートル	一五メートル	一二メートル	一〇メートル
出入口部の長さ	C	六メートル以上	六メートル以上	六メートル以上	四メートル以上	三メートル以上
すみ切り半径	D	二・五メートル	二・五メートル	一・五メートル	一メートル	一メートル

（図）

備考　一　すみ切り半径とは、曲角部の内側を円形に切つた場合の、その円の半径をいう。
二　大型二輪免許又は普通二輪免許に係る教習に用いるコースにあつては、立体障害物をコースの内側に接して一メートル間隔に二十四個設けているものであること。
三　立体障害物は、高さがおおむね〇・四五メートルの円すい形のものであること。

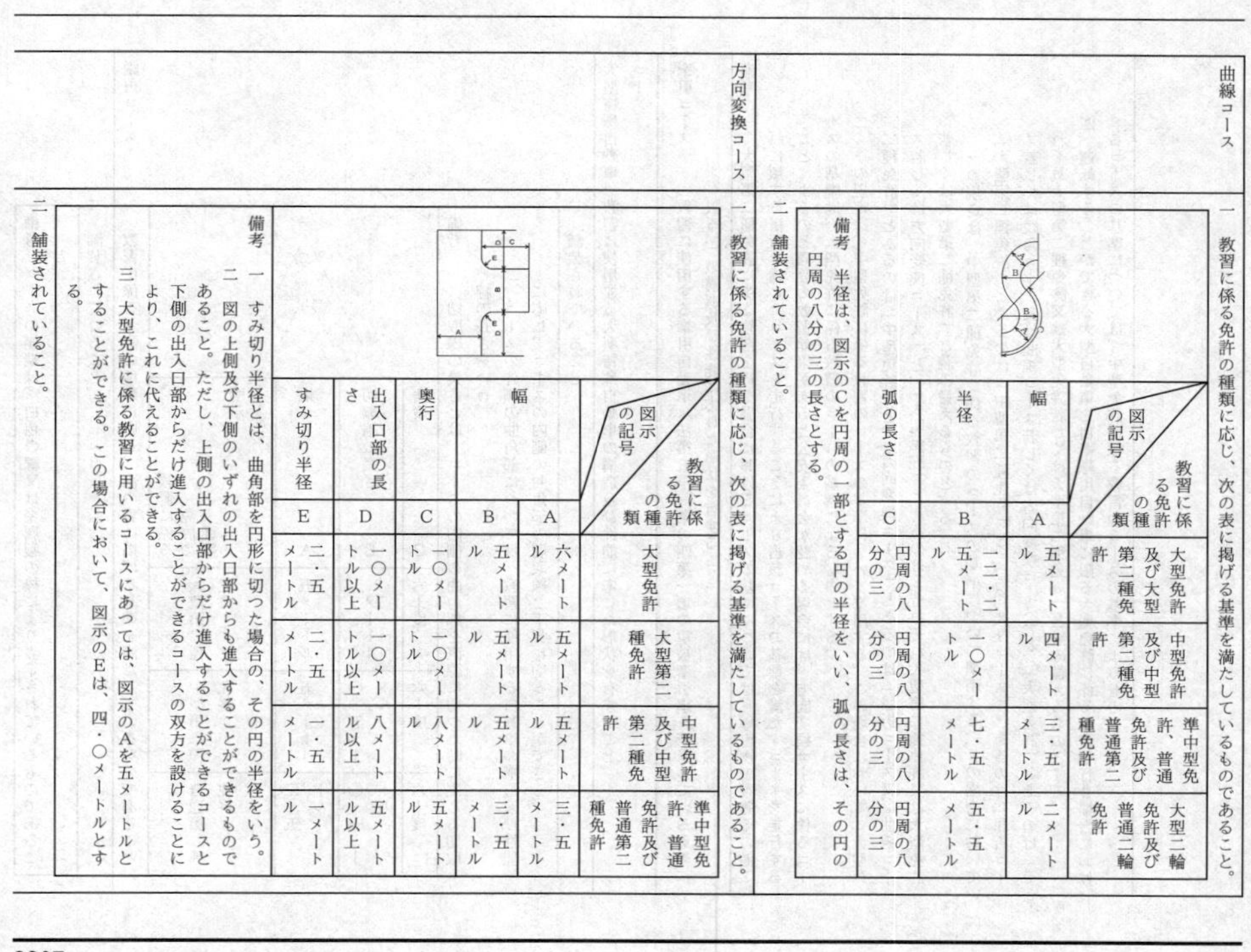

曲線コース	一　教習に係る免許の種類に応じ、次の表に掲げる基準を満たしているものであること。 （表は下記） 二　舗装されていること。
方向変換コース	一　教習に係る免許の種類に応じ、次の表に掲げる基準を満たしているものであること。 （表は下記） 二　舗装されていること。

（曲線コースの表）

図示の記号 ＼ 教習に係る免許の種類		大型免許及び大型第二種免許	中型免許及び中型第二種免許	準中型免許、普通免許及び普通第二種免許	大型二輪免許及び普通二輪免許
幅	A	五メートル	四メートル	三・五メートル	二メートル
半径	B	一二・五メートル	一〇メートル	七・五メートル	五・五メートル
弧の長さ	C	円周の八分の三	円周の八分の三	円周の八分の三	円周の八分の三

備考　半径は、図示のCを円周の一部とする円の半径をいい、弧の長さは、その円の円周の八分の三の長さとする。

（方向変換コースの表）

図示の記号 ＼ 教習に係る免許の種類		大型免許	大型第二種免許	中型免許及び中型第二種免許	準中型免許、普通免許及び普通第二種免許
幅	A	六メートル	五メートル	五メートル	三・五メートル
	B	五メートル	五メートル	五メートル	三・五メートル
奥行	C	一〇メートル	一〇メートル	八メートル	五メートル
出入口部の長さ	D	一〇メートル以上	一〇メートル以上	八メートル以上	五メートル以上
すみ切り半径	E	二・五メートル	二・五メートル	一・五メートル	一メートル

備考　一　すみ切り半径とは、曲角部を円形に切つた場合の、その円の半径をいう。
二　図の上側及び下側のいずれの出入口部からも進入することができるものであること。ただし、上側の出入口部からだけ進入することができるコースと下側の出入口部からだけ進入することができるコースの双方を設けることにより、これに代えることができる。
三　大型免許に係る教習に用いるコースにあつては、図示のEは、四・〇メートルとすることができる。この場合において、図示のAを五メートルとする。

直線狭路コース

次の表に掲げる基準を満たしているものであること。

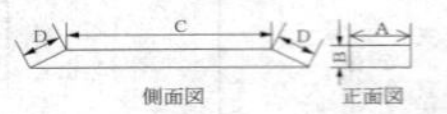

区分	図示の記号	寸法
幅	A	〇・三メートル以上〇・四メートル以下
高さ	B	〇・〇三メートル以上〇・〇五メートル以下
平たん部分の長さ	C	一三メートル以上一五メートル以下
傾斜部の長さ	D	〇・三メートル以上〇・四メートル以下

連続進路転換コース

一　次の表に掲げる基準を満たしているものであること。

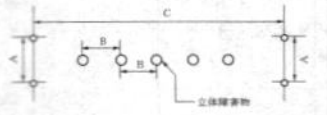

区分	図示の記号	寸法
入口及び出口の幅	A	二メートル以上三メートル以下
立体障害物間の距離	B	四メートル以上六メートル以下
	C	二六メートル以上二八メートル以下

備考　コース中央に高さがおおむね〇・七メートルの立体障害物を五個設け、コースの入口及び出口に高さがおおむね〇・四五メートルの立体障害物をそれぞれ二個設けているものであること。

二　舗装されていること。

波状路コース

一　次の表に掲げる基準を満たしているものであること。

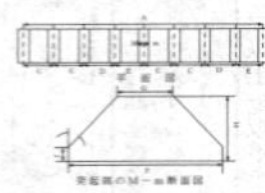

区分	図示の記号	寸法
長さ	A	九・五メートル
幅	B	〇・七メートル
突起部の間隔	C	一・三メートル
突起部の間隔	D	一・〇メートル
突起部の間隔	E	一・一五メートル
突起部の幅	F	〇・一四メートル
突起部上部の幅	G	〇・〇六メートル
突起部の高さ	H	〇・〇五メートル
傾斜部までの高さ	I	〇・〇一メートル
傾斜部の角度	J	四十五度

二　舗装されていること。

備考　コースの側端は、白色の線又は金属製の枠により表示されているものであること。

二　舗装されていること。

鋭角コース

一　教習に係る免許の種類に応じ、次の表に掲げる基準を満たしているものであること。

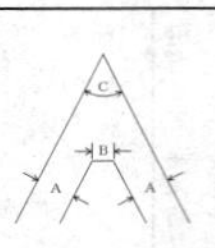

図示の記号	教習に係る免許の種類	大型第二種免許	中型第二種免許	普通第二種免許
幅	A	五メートル	五メートル	三・五メートル
切取線の長さ	B	一メートル	〇・五メートル	〇・一メートル
角度	C	六十度	六十度	六十度

備考　一　切取線の長さとは、コースの内側の曲角部を直線に切った時に生じる切取線の長さをいう。

二　コースの外側の曲角部については、教習に使用する自動車の構造及び性能に応じ、コースの内側の曲角部の切取線と平行に切ることができる。

二　舗装されていること。

大型特殊自動車コース

教習に使用する大型特殊自動車の構造及び性能に応じた形状を有すること。

牽引コース

教習に使用する牽引自動車（法第五十一条の四第一項の重被牽引車を牽引しているものに限る。）の構造及び性能に応じた形状を有すること。

備考　一　大型第二種免許に係る教習を行う場合におけるコースの基準については、障害物の設置その他これに類する措置を講じたコースを走行することにより当該コースの基準を満たすコースを走行することによるのと同等の教習効果があると公安委員会が認める場合には、方向変換コースに係るコースの基準は、大型免許に係る教習のコースの基準によるものとする。

二　一の規定は、中型免許に係る教習のコースの基準について準用する。この場合において「大型第二種免許」とあるのは「中型免許」と、「方向変換コース」とあるのは「屈折コース又は曲線コース若しくは方向変換コース」と、「大型免許」とあるのは「それぞれ大型第二種免許又は大型免許若しくは大型第二種免許」と読み替えるものとする。

三　一の規定は、中型第二種免許に係る教習のコースの基準について準用する。この場合において「大型第二種免許」とあるのは「中型第二種免許」と、「方向変換コース」とあるのは「屈折コース若しくは鋭角コース又は曲線コース若しくは方向変換コース」と、「大型免許」とあるのは「それぞれ大型第二種免許又は大型免許若しくは大型第二種免許」と読み替えるものとする。

四　運転することができる大型自動車を自衛隊用自動車に限る大型免許に係る教習を行う場合におけるコースの基準については、中型免許に係る教習のコースの基準によるものとする。

別表第四（第三十三条関係）

一　技能教習の教習時間の基準

教習に係る免許の種類	現に受けている免許の有無及び種類		教習時間（時限数）		
			基本操作及び基本走行	応用走行	計
大型免許	なし		26	27	53
	中型免許		5	9	14
		中型車（８ｔ）限定中型免許	8	12	20
		ＡＴ中型車（８ｔ）限定中型免許	12	12	24
	準中型免許		10	13	23
		準中型車（５ｔ）限定準中型免許	11	15	26
		ＡＴ準中型車（５ｔ）限定準中型免許	15	15	30
	普通免許		12	18	30
		ＡＴ普通免許	16	18	34
	大型特殊免許又は大型特殊第二種免許		18	27	45
		カタピラ限定大型特殊免許又はカタピラ限定大型特殊第二種免許	26	27	53
	大型二輪免許又は普通二輪免許		24	27	51
	中型第二種免許		5	9	14
		中型車（８ｔ）限定中型第二種免許	8	12	20
		ＡＴ中型車（８ｔ）限定中型第二種免許	12	12	24
		準中型車（５ｔ）限定中型第二種免許	12	14	26
		ＡＴ準中型車（５ｔ）限定中型第二種免許	16	14	30
	普通第二種免許		12	14	26
		ＡＴ普通第二種免許	16	14	30
中型免許	なし		21	18	39
	準中型免許		5	4	9
		準中型車（５ｔ）限定準中型免許	5	6	11
		ＡＴ準中型車（５ｔ）限定準中型免許	9	6	15
	普通免許		7	8	15
		ＡＴ普通免許	11	8	19
	大型特殊免許又は大型特殊第二種免許		13	18	31
		カタピラ限定大型特殊免許又はカタピラ限定大型特殊第二種免許	21	18	39
	大型二輪免許又は普通二輪免許		19	18	37
	普通第二種免許		7	4	11

	ＡＴ普通第二種免許	11	4	15
準中型免許	なし	18	23	41
	普通免許	4	9	13
	ＡＴ普通免許	8	9	17
	大型特殊免許又は大型特殊第二種免許	13	18	31
	カタピラ限定大型特殊免許又はカタピラ限定大型特殊第二種免許	18	23	41
	大型二輪免許又は普通二輪免許	16	23	39
	普通第二種免許	4	5	9
	ＡＴ普通第二種免許	8	5	13
普通免許（ＡＴ普通免許を除く。）	なし	12	23	35
	大型特殊免許又は大型特殊第二種免許	8	19	27
	カタピラ限定大型特殊免許又はカタピラ限定大型特殊第二種免許	12	23	35
	大型二輪免許又は普通二輪免許	10	23	33
ＡＴ普通免許	なし	12	19	31
	大型特殊免許又は大型特殊第二種免許	8	15	23
	カタピラ限定大型特殊免許又はカタピラ限定大型特殊第二種免許	12	19	31
	大型二輪免許又は普通二輪免許	10	19	29
大型特殊免許（カタピラ限定大型特殊免許を除く。）	なし	6	6	12
	大型免許、中型免許、準中型免許、普通免許、大型第二種免許、中型第二種免許又は普通第二種免許	3	3	6
	大型二輪免許又は普通二輪免許	5	5	10
カタピラ限定大型特殊免許	なし	10		10
	大型免許、中型免許、準中型免許、普通免許、大型第二種免許、中型第二種免許又は普通第二種免許	5		5
	大型二輪免許又は普通二輪免許	8		8
大型二輪免許（ＡＴ大型二輪免許を除く。）	なし	16	20	36
	大型免許、中型免許、準中型免許、普通免許、大型第二種免許、中型第二種免許又は普通第二種免許	14	17	31
	大型特殊免許又は大型特殊第二種免許	14	17	31
	カタピラ限定大型特殊免許又はカタピラ限定大型特殊第二種免許	16	20	36
	普通二輪免許	5	7	12
	ＡＴ普通二輪免許（ＡＴ小型限定普通二輪免許を除く。以下この表において同じ。）	9	7	16
	小型限定普通二輪免許（ＡＴ小型限定普通二輪免許を除く。以下この表において同じ。）	9	11	20
	ＡＴ小型限定普通二輪免許	13	11	24
ＡＴ大型二輪免許	なし	9	20	29

	大型免許、中型免許、準中型免許、普通免許、大型第二種免許、中型第二種免許又は普通第二種免許		7	17	24
	大型特殊免許又は大型特殊第二種免許		7	17	24
		カタピラ限定大型特殊免許又はカタピラ限定大型特殊第二種免許	9	20	29
	普通二輪免許		3	6	9
		ＡＴ普通二輪免許	4	6	10
		小型限定普通二輪免許	6	11	17
		ＡＴ小型限定普通二輪免許	7	11	18
普通二輪免許（ＡＴ普通二輪免許、小型限定普通二輪免許及びＡＴ小型限定普通二輪免許を除く。）	なし		9	10	19
	大型免許、中型免許、準中型免許、普通免許、大型第二種免許、中型第二種免許又は普通第二種免許		9	8	17
	大型特殊免許又は大型特殊第二種免許		9	8	17
		カタピラ限定大型特殊免許又はカタピラ限定大型特殊第二種免許	9	10	19
ＡＴ普通二輪免許	なし		5	10	15
	大型免許、中型免許、準中型免許、普通免許、大型第二種免許、中型第二種免許又は普通第二種免許		5	8	13
	大型特殊免許又は大型特殊第二種免許		5	8	13
		カタピラ限定大型特殊免許又はカタピラ限定大型特殊第二種免許	5	10	15
小型限定普通二輪免許	なし		6	6	12
	大型免許、中型免許、準中型免許、普通免許、大型第二種免許、中型第二種免許又は普通第二種免許		5	5	10
	大型特殊免許又は大型特殊第二種免許		5	5	10
		カタピラ限定大型特殊免許又はカタピラ限定大型特殊第二種免許	6	6	12
ＡＴ小型限定普通二輪免許	なし		3	6	9
	大型免許、中型免許、準中型免許、普通免許、大型第二種免許、中型第二種免許又は普通第二種免許		3	5	8
	大型特殊免許又は大型特殊第二種免許		3	5	8
		カタピラ限定大型特殊免許又はカタピラ限定大型特殊第二種免許	3	6	9
牽（けん）引免許	大型免許、中型免許、準中型免許、普通免許、大型特殊免許、大型第二種免許、中型第二種免許、普通第二種免許又は大型特殊第二種免許		5	7	12
大型第二種免許	大型免許		8	10	18
		マイクロバス限定大型免許	10	14	24
	中型免許		10	14	24
		中型車（８ｔ）限定中型免許	12	17	29
		ＡＴ中型車（８ｔ）限定中型免許	16	17	33
	準中型免許		13	17	30
		準中型車（５ｔ）限定準中型免許	15	19	34

		ＡＴ準中型車（５ｔ）限定準中型免許	19	19	38
	普通免許		15	19	34
		ＡＴ普通免許	19	19	38
	大型特殊免許又は大型特殊第二種免許		23	29	52
		カタピラ限定大型特殊免許又はカタピラ限定大型特殊第二種免許	31	29	60
	中型第二種免許		5	9	14
		中型車（８ｔ）限定中型第二種免許	8	12	20
		ＡＴ中型車（８ｔ）限定中型第二種免許	12	12	24
		準中型車（５ｔ）限定中型第二種免許	12	14	26
		ＡＴ準中型車（５ｔ）限定中型第二種免許	16	14	30
	普通第二種免許		15	14	29
		ＡＴ普通第二種免許	19	14	33
中型第二種免許	大型免許		8	10	18
	中型免許		8	10	18
		中型車（８ｔ）限定中型免許	10	13	23
		ＡＴ中型車（８ｔ）限定中型免許	14	13	27
	準中型免許		11	13	24
		準中型車（５ｔ）限定準中型免許	12	16	28
		ＡＴ準中型車（５ｔ）限定準中型免許	16	16	32
	普通免許		12	16	28
		ＡＴ普通免許	16	16	32
	大型特殊免許又は大型特殊第二種免許		22	26	48
		カタピラ限定大型特殊免許又はカタピラ限定大型特殊第二種免許	30	26	56
	普通第二種免許		7	4	11
		ＡＴ普通第二種免許	11	4	15
普通第二種免許（ＡＴ普通第二種免許を除く。）	大型免許		8	10	18
	中型免許		8	10	18
		中型車（８ｔ）限定中型免許	8	10	18
		ＡＴ中型車（８ｔ）限定中型免許	8	14	22
	準中型免許		8	10	18
		準中型車（５ｔ）限定準中型免許	8	10	18
		ＡＴ準中型車（５ｔ）限定準中型免許	8	14	22
	普通免許		8	13	21
		ＡＴ普通免許	8	17	25

	大型特殊免許又は大型特殊第二種免許		17	30	47
		カタピラ限定大型特殊免許又はカタピラ限定大型特殊第二種免許	21	34	55
ＡＴ普通第二種免許	大型免許		8	10	18
	中型免許		8	10	18
		中型車（８ｔ）限定中型免許又はＡＴ中型車（８ｔ）限定中型免許	8	10	18
	準中型免許		8	10	18
		準中型車（５ｔ）限定準中型免許	8	10	18
		ＡＴ準中型車（５ｔ）限定準中型免許	8	10	18
	普通免許		8	13	21
		ＡＴ普通免許	8	13	21
	大型特殊免許又は大型特殊第二種免許		17	26	43
		カタピラ限定大型特殊免許又はカタピラ限定大型特殊第二種免許	21	30	51

備考 1　この表において、教習時間は、1教習時限につき50分とする。

2　この表に定める教習時間の時限数は、教習を受ける者の技能の修得状況に応じ延長するものとする。

3　この表において、なしとは、教習に係る免許の種類に応じ現に受けている免許の有無及び種類の項に掲げる免許のいずれをも現に受けていないことをいう。

4　この表において、中型車（８ｔ）限定中型免許又は中型車（８ｔ）限定中型第二種免許とは、それぞれ運転することができる中型自動車を車両総重量8,000キログラム未満、最大積載量5,000キログラム未満及び乗車定員10人以下の中型自動車に限る中型免許又は中型第二種免許をいう。

5　この表において、ＡＴ中型車（８ｔ）限定中型免許又はＡＴ中型車（８ｔ）限定中型第二種免許とは、それぞれ運転することができる中型自動車並びに準中型自動車及び普通自動車を、ＡＴ機構がとられておりクラッチの操作装置を有しない車両総重量8,000キログラム未満、最大積載量5,000キログラム未満及び乗車定員10人以下の中型自動車並びにＡＴ機構がとられておりクラッチの操作装置を有しない準中型自動車及び普通自動車に限る中型免許又は中型第二種免許をいう。

6　この表において、準中型車（５ｔ）限定準中型免許とは、運転することができる準中型自動車を車両総重量5,000キログラム未満及び最大積載量3,000キログラム未満の準中型自動車に限る準中型免許をいう。

7　この表において、ＡＴ準中型車（５ｔ）限定準中型免許とは、運転することができる準中型自動車及び普通自動車を、ＡＴ機構がとられておりクラッチの操作装置を有しない車両総重量5,000キログラム未満及び最大積載量3,000キログラム未満の準中型自動車並びにＡＴ機構がとられておりクラッチの操作装置を有しない普通自動車に限る準中型免許をいう。

8　この表において、準中型車（５ｔ）限定中型第二種免許とは、運転することができる中型自動車がなく、かつ、運転することができる準中型自動車を車両総重量5,000キログラム未満及び最大積載量3,000キログラム未満の準中型自動車に限る中型第二種免許をいう。

9　この表において、ＡＴ準中型車（５ｔ）限定中型第二種免許とは、運転することができる中型自動車がなく、かつ、運転することができる準中型自動車及び普通自動車を、ＡＴ機構がとられておりクラッチの操作装置を有しない車両総重量5,000キログラム未満及び最大積載量3,000キログラム未満の準中型自動車並びにＡＴ機構がとられておりクラッチの操作装置を有しない普通自動車に限る中型第二種免許をいう。

10　この表において、カタピラ限定大型特殊免許又はカタピラ限定大型特殊第二種免許とは、それぞれ運転することができる大型特殊自動車をカタピラを有する大型特殊自動車に限る大型特殊免許又は大型特殊第二種免許をいう。

11　この表において、ＡＴ大型二輪免許とは、運転することができる大型自動二輪車及び普通自動二輪車をＡＴ機構がとられておりクラッチの操作装置を有しない大型自動二輪車及び普通自動二輪車に限る大型二輪免許をいう。

12　この表において、ＡＴ普通二輪免許とは、運転することができる普通自動二輪車をＡＴ機構がとられておりクラッチの操作装置を有しない普通自動二輪車に限る普通二輪免許をいう。

13　この表において、マイクロバス限定大型免許とは、運転することができる大型自動車を乗車定員11人以上29人以下の大型乗用自動車に限る大型免許をいう。

14　教習を受けようとする者が現に2以上の免許を受けている場合には、そのそれぞれについて規定する教習時間の時限数のうち最も短いものをその者の教習時間の時限数とする。ただし、大型免許、中型免許又は準中型免許を受け、かつ、中型第二種免許又は普通第二種免許のいずれかを受けている者（マイクロバス限定大型免許、中型免許又は準中型免許を受け、かつ、中型第二種免許（準中型車（５ｔ）限定中型第二種免許を除く。）を受けている者、ＡＴ中型車（８ｔ）限定中型免許又は準中型車（５ｔ）限定準中型免許を受け、かつ、準中型車（５ｔ）限定中型第二種免許（ＡＴ準中型車（５ｔ）限定中型第二種免許を除く。）を受けている者及びＡＴ準中型車（５ｔ）限定準中型免許を受け、かつ、ＡＴ準中型車（５ｔ）限定中型第二種免許又は普通第二種免許（ＡＴ普通第二種免許を除く。）を受けている者を除く。）に対する大型第二種免許に係る教習の教習時間については、大型免許、中型免許又は準中型免許を受けている者について規定する応用走行の時限数から、現に受けている当該免許の種類に応じ、それぞれ5時限を減じた時限数とする。

二　学科教習の教習時間の基準

教習に係る免許の種類	現に受けている免許の有無及び種類	教習時間（時限数） 学科㈠	学科㈡	計
大型免許	なし	10	16	26
	中型免許、準中型免許（準中型車（５ｔ）限定準中型免許及びＡＴ準中型車（５ｔ）限定準中型免許を除く。）、中型第二種免許又は普通第二種免許	0		0
	準中型車（５ｔ）限定準中型免許、ＡＴ準中型車（５ｔ）限定準中型免許、普通免許、大型二輪免許又は普通二輪免許	0	1	1
	大型特殊免許、大型特殊第二種免許又は牽引第二種免許	0	4	4
中型免許	なし	10	16	26
	準中型免許（準中型車（５ｔ）限定準中型免許及びＡＴ準中型車（５ｔ）限定準中型免許を除く。）又は普通第二種免許	0		0
	準中型車（５ｔ）限定準中型免許、ＡＴ準中型車（５ｔ）限定準中型免許、普通免許、大型二輪免許又は普通二輪免許	0	1	1
	大型特殊免許、大型特殊第二種免許又は牽引第二種免許	0	4	4
準中型免許	なし	10	17	27
	普通免許	0	1	1
	大型特殊免許、大型特殊第二種免許又は牽引第二種免許	0	5	5
	大型二輪免許又は普通二輪免許	0	3	3
	普通第二種免許	0		0
普通免許	なし	10	16	26
	大型特殊免許、大型特殊第二種免許又は牽引第二種免許	0	5	5
	大型二輪免許又は普通二輪免許	0	2	2
大型特殊免許	なし	10	12	22
	カタピラ限定大型特殊免許に係る教習の場合	22		22
	大型免許、中型免許、準中型免許、普通免許、大型二輪免許、普通二輪免許、大型第二種免許、中型第二種免許、普通第二種免許又は牽引第二種免許	0		0
大型二輪免許	なし	10	16	26
	大型免許、中型免許、準中型免許、普通免許、大型第二種免許、中型第二種免許又は普通第二種免許	0	1	1
	大型特殊免許、大型特殊第二種免許又は牽引第二種免許	0	4	4
	普通二輪免許	0		0
普通二輪免許	なし	10	16	26
	大型免許、中型免許、準中型免許、普通免許、大型第二種免許、中型第二種免許又は普通第二種免許	0	1	1
	大型特殊免許、大型特殊第二種免許又は牽引第二種免許	0	4	4
牽引免許	大型免許、中型免許、準中型免許、普通免許、大型特殊免許、大型第二種免許、中型第二種免許、普通第二種免許又は大型特殊第二種免許	0		0

<table>
<tr><td rowspan="4">大型第二種免許</td><td>大型免許、中型免許、準中型免許又は普通免許</td><td>7</td><td>12</td><td>19</td></tr>
<tr><td>大型特殊免許</td><td>7</td><td>13</td><td>20</td></tr>
<tr><td>中型第二種免許又は普通第二種免許</td><td colspan="2">0</td><td>0</td></tr>
<tr><td>大型特殊第二種免許又は牽引第二種免許</td><td>1</td><td>8</td><td>9</td></tr>
<tr><td rowspan="4">中型第二種免許</td><td>大型免許、中型免許、準中型免許又は普通免許</td><td>7</td><td>12</td><td>19</td></tr>
<tr><td>大型特殊免許</td><td>7</td><td>13</td><td>20</td></tr>
<tr><td>普通第二種免許</td><td colspan="2">0</td><td>0</td></tr>
<tr><td>大型特殊第二種免許又は牽引第二種免許</td><td>1</td><td>8</td><td>9</td></tr>
<tr><td rowspan="3">普通第二種免許</td><td>大型免許、中型免許、準中型免許又は普通免許</td><td>7</td><td>12</td><td>19</td></tr>
<tr><td>大型特殊免許</td><td>7</td><td>13</td><td>20</td></tr>
<tr><td>大型特殊第二種免許又は牽引第二種免許</td><td>1</td><td>8</td><td>9</td></tr>
</table>

備考　1　この表において、教習時間は、１教習時限につき50分とする。

2　この表において、なしとは、教習に係る免許の種類に応じ現に受けている免許の有無及び種類の項に掲げる免許のいずれをも現に受けていないことをいう。

3　学科㈠は、応用走行を行うために必要な知識の教習とし、学科㈡は、自動車の運転に必要な知識の教習のうち学科㈠の内容を除いたものについての教習とする。

4　教習を受けようとする者が現に２以上の免許を受けている場合には、そのそれぞれについて規定する教習時間の時限数のうち最も短いものをその者の教習時間の時限数とする。ただし、大型免許、中型免許、準中型免許又は普通免許のいずれかを受け、かつ、大型特殊第二種免許又は牽引第二種免許のいずれかを受けている者に対する大型第二種免許、中型第二種免許又は普通第二種免許に係る教習の教習時間については、大型特殊第二種免許又は牽引第二種免許の別に応じ、現に当該免許を受けている者について規定する学科㈡の時限数からそれぞれ１時限を減じた時限数とする。

5　大型免許、中型免許、準中型免許、普通免許、大型二輪免許若しくは普通二輪免許に係る学科㈡（現に普通自動車又は普通自動二輪車を運転することができる免許を受けている場合を除く。）又は大型第二種免許、中型第二種免許若しくは普通第二種免許に係る学科㈡（大型第二種免許又は中型第二種免許に係る教習にあつては、それぞれ現に中型第二種免許若しくは普通第二種免許又は普通第二種免許を受けている場合を除く。）においては、応急救護処置教習をそれぞれ３時限又は６時限行うものとする。

6　５の規定にかかわらず、令第三十三条の五の三第一項第二号ニ又はホに該当する者に対しては、応急救護処置教習を行わないものとする。この場合において、大型免許、中型免許、準中型免許、普通免許、大型二輪免許若しくは普通二輪免許に係る学科㈡の教習時間又は大型第二種免許、中型第二種免許若しくは普通第二種免許に係る学科㈡の教習時間は、この表に規定する時限数からそれぞれ３時限又は６時限を減じた時限数とする。

別図（第五条の二関係）

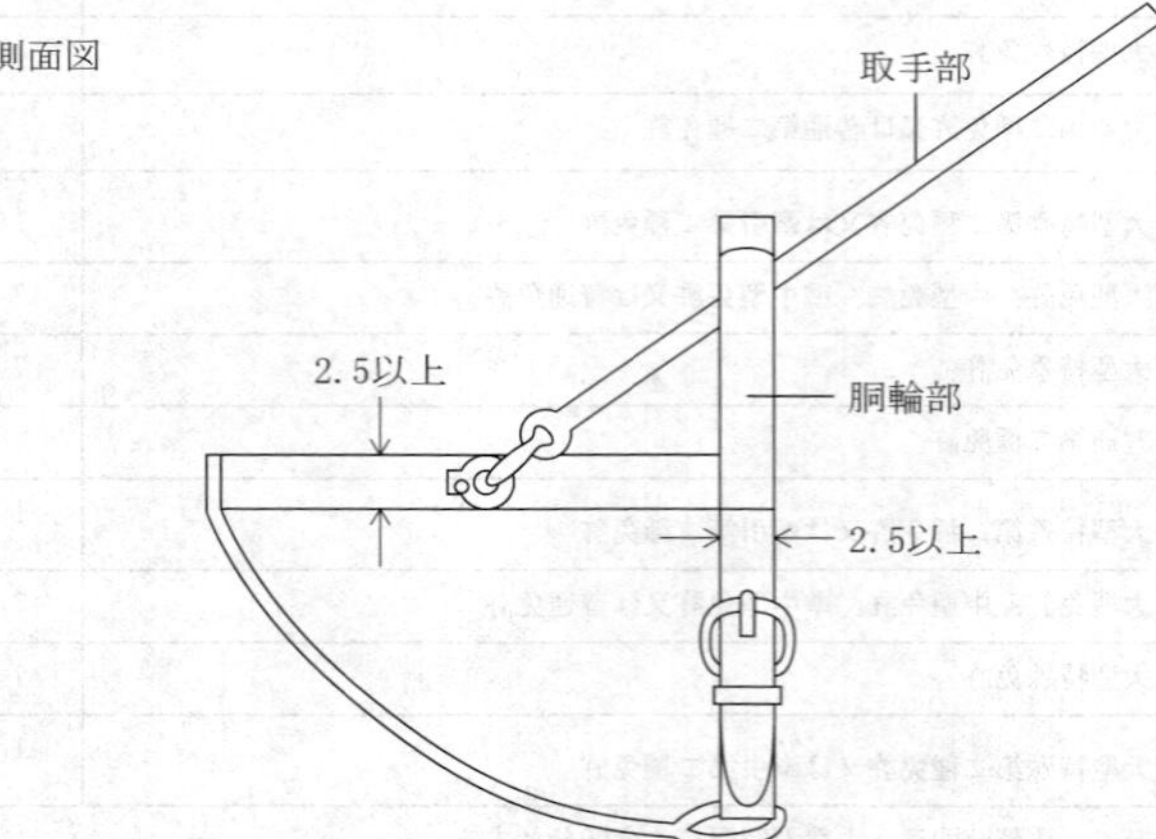

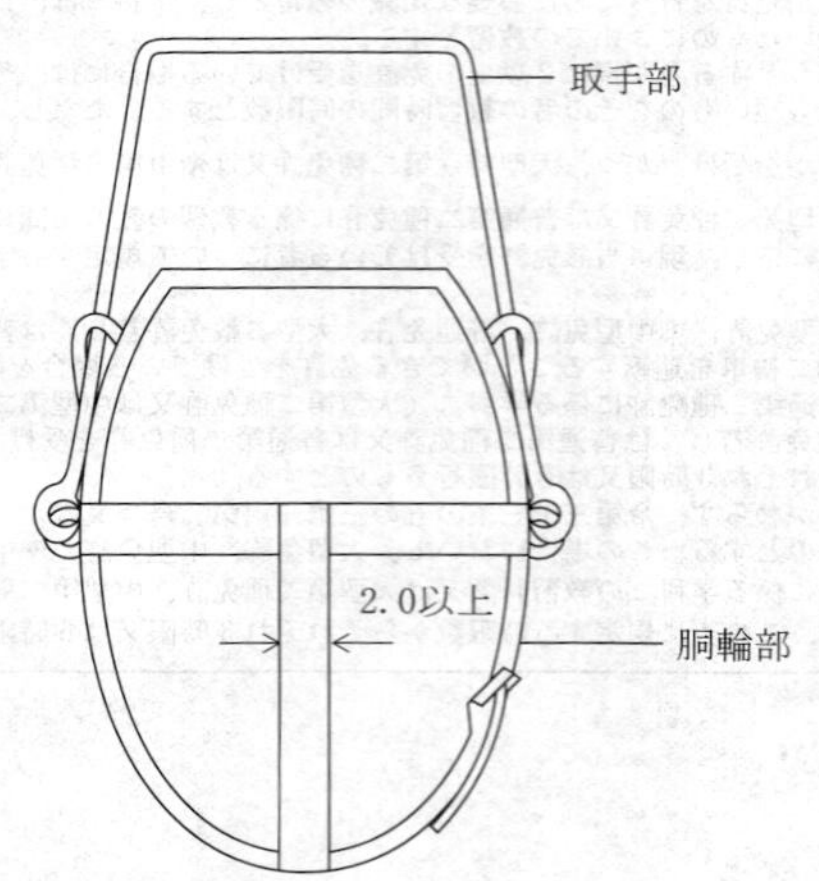

備考　1　取手部については、目が見えない者（目が見えない者に準ずる者を含む。）が把持する部分（盲導犬の使用時において、当該者が確実に把持することができ、かつ、取手部から容易に外れない構造のものに限る。）を更に別に取り付けることができる。

2　胴輪部のうち盲導犬の両前肢の間を通す部分については、備えないことができる。

3　図示の長さの単位は、センチメートルとする。

注1　次の規定は、令和八年四月一日から施行
（傍線部分は改正部分）

（技能検査）
第十八条の二の三　［1～3　略］
4　第二十二条及び第二十四条（第六項を除くものとし、第一項、第四項、第五項及び第七項の規定にあつては中型免許、準中型免許及び普通免許に係る技能試験に係る部分に限り、第二項及び第八項の規定にあつては大型免許に係る技能試験に係る部分に限り、第十項及び第十一項の規定にあつては大型免許、中型免許、準中型免許及び普通免許に係る技能試験に係る部分に限る。）の規定は、公安委員会が行う技能検査について準用する。この場合において、第二十四条第三項及び第七項中「合格基準」とあるのは「基準」と、同条第十項中「技能試験の合格基準」とあるのは「技能検査において自動車の運転について必要な技能を有すると認める基準」と読み替えるものとする。
5　［略］

（大型免許等に係る受験資格の特例）
第二十一条の三　令第三十四条の二第一号ホの内閣府令で定める基準は、試験に係る免許の種類に応じ、第二十四条第十項第三号又は第四号に定める成績とし、令第三十四条の二第二号ニの内閣府令で定める基準は、試験に係る免許の種類に応じ、第二十四条第十項第一号又は第二号に定める成績とする。

（技能試験）
第二十四条　次の表の上欄に掲げる種類の免許に係る自動車の運転に必要な技能についての免許試験（以下「技能試験」という。）は、当該免許の種類に応じ、それぞれ同表の中欄に掲げる自動車を使用して、同表の下欄に掲げる項目について行うものとする。

免許の種類	使用する自動車	項目
中型免許、準中型免許及び普通免許	AT自動車	一　道路（高速自動車国道及び自動車専用道路を除く。以下この表及び次項の表において同じ。）における走行（発進及び停止を含む。）
		二　交差点の通行（右折及び左折を含む。以下この表及び次項の表において同じ。）
		三　横断歩道の通過
		四　方向変換又は縦列駐車
	AT自動車以外の自動車	一　幹線コース及び周回コースの走行（これらのコースにおける発進、停止及び指定速度での走行を含む。以下この表及び次項の表において同じ。）
		二　交差点の通行
		三　横断歩道及び踏切の通過
		四　曲線コース、屈折コース及び坂道コースの走行（坂道における一時停止及び発進を含む。以下この表及び次項の表において同じ。）
		五　方向変換
中型第二種免許	AT自動車	一　道路における走行（発進及び停止を含む。）
		二　交差点の通行
		三　横断歩道の通過
		四　人の乗降のための停車及び発進
		五　方向変換又は縦列駐車
		六　鋭角コースの走行
	AT自動車以外の自動車	一　幹線コース及び周回コースの走行
		二　交差点の通行
		三　横断歩道及び踏切の通過

		四 曲線コース、屈折コース及び坂道コースの走行 五 方向変換 六 鋭角コースの走行
普通第二種免許	AT自動車	一 道路における走行（発進及び停止を含む。） 二 交差点の通行 三 横断歩道の通過 四 人の乗降のための停車及び発進 五 転回 六 方向変換又は縦列駐車 七 鋭角コースの走行
	AT自動車以外の自動車	一 幹線コース及び周回コースの走行 二 交差点の通行 三 横断歩道及び踏切の通過 四 曲線コース、屈折コース及び坂道コースの走行 五 方向変換 六 鋭角コースの走行
中型仮免許	AT自動車	一 幹線コース及び周回コースの走行 二 交差点の通行 三 横断歩道及び踏切の通過

2 次の表の上欄に掲げる種類の免許に係る技能試験は、当該免許の種類に応じ、それぞれ同表の下欄に掲げる項目について行うものとする。

		四 曲線コース、屈折コース及び坂道コースの走行 五 路端における停車及び発進 六 隘路への進入
	AT自動車以外の自動車	一 幹線コース及び周回コースの走行 二 交差点の通行 三 横断歩道及び踏切の通過 四 曲線コース、屈折コース及び坂道コースの走行
準中型仮免許及び普通仮免許	AT自動車	一 幹線コース及び周回コースの走行 二 交差点の通行 三 横断歩道及び踏切の通過 四 曲線コース、屈折コース及び坂道コースの走行
	AT自動車以外の自動車	一 幹線コース及び周回コースの走行 二 交差点の通行 三 横断歩道及び踏切の通過 四 曲線コース、屈折コース及び坂道コースの走行

免許の種類	項目
大型免許	一 道路における走行（発進及び停止を含む。）
	二 交差点の通行
	三 横断歩道の通過
	四 方向変換又は縦列駐車
［略］	
大型第二種免許	一 道路における走行（発進及び停止を含む。）
	二 交差点の通行
	三 横断歩道の通過
	四 人の乗降のための停車及び発進
	五 方向変換又は縦列駐車
	六 鋭角コースの走行
大型仮免許	一 幹線コース及び周回コースの走行
	二 交差点の通行
	三 横断歩道及び踏切の通過
	四 曲線コース、屈折コース及び坂道コースの走行
	五 路端における停車及び発進
	六 隘路への進入
［項を削る。］	

3 第一項の表の上欄に掲げる種類の免許に係る技能試験においては、AT自動車を使用して行う項目をAT自動車以外の自動車を使用して行う項目の前に行うものとし、AT自動車を使用して行う項目について第十項に定める合格基準に達する成績を得ることができなかつた者に対しては、AT自動車以外の自動車を使用して行う項目を行うことを要しない。

4 次の各号に掲げる種類の免許に係る技能試験については、第一項の規定にかかわらず、同項の規定によりAT自動車以外の自動車を使用して行う項目を行うことを要しない。

一‖ AT中型免許（運転することができる中型自動車、準中型自動車及び普通自動車をAT機構がとられておりクラッチの操作装置を有しない中型自動車、準中型自動車及び普通自動車に限る中型免許をいう。以下同じ。）

二‖ AT準中型免許（運転することができる準中型自動車及び普通自動車をAT機構がとられておりクラッチの操作装置を有しない準中型自動車及び普通自動車に限る準中型免許をいう。以下同じ。）

三‖ ［略］

四‖ AT中型第二種免許（運転することができる中型自動車、準中型自動車及び普通自動車をAT機構がとられておりクラッチの操作装置を有しない中型自動車、準中型自動車及び普通自動車に限る中型第二種免許をいう。以下同じ。）

五‖ ［略］

六‖ AT中型仮免許（運転することができる中型自動車、準中型自動車及び普通自動車をAT機構がとられておりクラッチの操作装置を有しない中型自動車、準中型自動車及び普通自動車に限る中型仮免許をいう。以下この条において同じ。）

七‖ AT準中型仮免許（運転することができる準中型自動車及び普通自動車をAT機構がとられておりクラッチの操作装置を有しない準中型自動車及び普通自動車に限る準中型仮免許をいう。以下この条において同じ。）

八‖ ［略］

5‖ 次の表の上欄に掲げる種類の免許に係る技能試験（当該免許の種類に応じ、それぞれ同表の下欄に掲げる種類の免許を現に受けている者に対するものに限る。）については、第一項の規定にかかわらず、同項の規定によりAT自動車以外の自動車を使用して行う項目を行うことを要しない。

技能試験に係る免許の種類	現に受けている免許の種類
中型免許（AT中型免許を除く。）	準中型免許（AT準中型免許を除く。以下この表において同じ。）、普通免許（AT普通免許を除く。以下この表において同じ。）又は普通第二種免許（AT普通第二種免許を除く。以下この表において同じ。）
準中型免許	普通免許又は普通第二種免許
中型第二種免許（AT中型第二種免許を除く。）	普通第二種免許
中型仮免許（AT中型仮免許を除く。）	準中型免許、普通免許、普通第二種免許、準中型仮免許（AT準中型仮免許を除く。以下この表において同じ。）

	又は普通仮免許（AT普通仮免許を除く。以下この表において同じ。）
準中型仮免許	普通免許、普通第二種免許又は普通仮免許

6‖　大型仮免許又は中型仮免許の技能試験については、曲線コースに障害物を設けたものを走行させることにより屈折コースの走行の項目（中型仮免許の技能試験にあつては、AT自動車を使用して行うものに限る。以下この項において同じ。）において確認すべき技能の有無を確認できると認められる場合には、第一項又は第二項の規定にかかわらず、屈折コースの走行の項目を行わないことができる。

7‖　次の表の上欄に掲げる種類の免許に係る技能試験は、当該免許の種類に応じ、それぞれ同表の中欄に掲げる自動車を使用して、同表の下欄に掲げる距離を走行させて行うものとする。ただし、技能試験を受ける者が走行の途中において第十項に定める合格基準に達する成績を得ることができないことが明らかになつたときは、同表の下欄に掲げる距離の全部を走行させることを要しない。

免許の種類	使用する自動車	距離
中型免許及び準中型免許	AT自動車	五千メートル以上
	AT自動車以外の自動車	千二百メートル以上
［略］		
中型第二種免許及び普通第二種免許	AT自動車	六千メートル以上
	AT自動車以外の自動車	千二百メートル以上
中型仮免許	AT自動車	千二百メートル以上
	AT自動車以外の自動車	千二百メートル以上
準中型仮免許及び普通仮免許	AT自動車	二千メートル以上
	AT自動車以外の自動車	千二百メートル以上

8‖　次の表の上欄に掲げる種類の免許に係る技能試験は、当該免許の種類に応じ、それぞれ同表の下欄に掲げる距離を走行させて行うものとする。この場合においては、前項ただし書の規定を準用する。

免許の種類	距離
大型免許	五千メートル以上
大型特殊免許（カタピラを有する大型特殊自動車のみに係る大型特殊免許を除く。）、大型特殊第二種免許（カタピラを有する大型特殊自動車のみに係る大型特殊第二種免許を除く。）、普通二輪免許、牽引免許、牽引第二種免許及び大型仮免許	千二百メートル以上
［略］	
大型第二種免許	六千メートル以上
［項を削る。］	

9‖　［略］

10‖　技能試験の合格基準は、次に定めるとおりとする。

一　大型第二種免許、大型特殊第二種免許及び牽引第二種免許に係る技能試験にあつては、八十パーセント以上の成績であること。

二　中型第二種免許及び普通第二種免許に係る技能試験にあつては、AT自動車を使用して行う項目及びAT自動車以外の自動車を使用して行う項目のそれぞれについて八十パーセント以上（第四項又は第五項の規定の適用を受ける場合にあつては、AT自動車を使用して行う項目について八十パーセント以上）の成績であること。

三　大型免許、大型特殊免許、大型二輪免許、普通二輪免許及び牽引免許に係る技能試験にあつては、七十パーセント以上の成績であること。

四　中型免許、準中型免許及び普通免許に係る技能試験にあつては、AT自動車を使用して行う項目及びAT自動車以外の自動車を使用して行う項目のそれぞれについて七十パーセント以上（第四項又は第五項の規定の適用を受ける場合にあつては、AT自動車を使用して行う項目について七十パーセント以上）の成績であること。

五　大型仮免許に係る技能試験にあつては、六十パーセント以上の成績であること。

六‖　中型仮免許に係る技能試験にあつては、AT自動車を使用して行う項目及びAT自動車以外の自動車を使用して行う項目のそれぞれについて六十パーセント以上（第四項又は第五項の規定の適用を受ける場合にあつては、AT自動車を使用して行う項目について六十パーセント以上）の成績であること。

七‖ 準中型仮免許及び普通仮免許に係る技能試験にあつては、AT自動車を使用して行う項目について七十パーセント以上、AT自動車以外の自動車を使用して行う項目について六十パーセント以上（第四項又は第五項の規定の適用を受ける場合にあつては、AT自動車を使用して行う項目について七十パーセント以上）の成績であること。

11‖ 技能試験において使用する自動車は、次の表の上欄に掲げる免許の種類に応じ、それぞれ同表の下欄に掲げる種類の自動車とする。ただし、自動車の安全な運転に必要な認知又は操作のいずれかに係る能力を欠くこととなる四肢又は体幹の障害（令第三十八条の二第四項第一号又は第二号に掲げる身体の障害を除く。第二十六条の五第四項において同じ。）がある者で法第九十一条の規定による条件を付すことにより自動車の安全な運転に支障を及ぼすおそれがないと認められるものについて技能試験を行う場合又は特別の必要がある場合には、次の表に掲げる自動車以外の自動車とすることができる。

免許の種類	自動車の種類
［略］	
中型免許	一　AT自動車を使用して行う技能試験にあつては、最大積載量五、〇〇〇キログラム以上の中型自動車（AT自動車に限る。）で長さが七・〇〇メートル以上、幅が二・二五メートル以上及び最遠軸距が四・一〇メートル以上のもの 二　AT自動車以外の自動車を使用して行う技能試験にあつては、乗車定員五人以上の専ら人を運搬する構造の普通自動車（AT自動車以外の自動車に限る。）で長さが四・四〇メートル以上、幅が一・六九メートル以上、最遠軸距が二・五〇メートル以上及び輪距が一・三〇メートル以上のもの（以下この表において「特定普通免許標準試験車両」という。）
準中型免許及び準中型仮免許	一　AT自動車を使用して行う技能試験にあつては、最大積載量二、〇〇〇キログラム以上の準中型自動車（AT自動車に限る。）で長さが四・四〇メートル以上、幅が一・六九メートル以上、最遠軸距が二・五〇メートル以上及び前軸輪距が一・三〇メートル以上のもの 二　AT自動車以外の自動車を使用して行う技能試験にあつては、特定普通免許標準試験車両
普通免許、普通第二種免許及び普通仮免許	一　AT自動車を使用して行う技能試験にあつては、乗車定員五人以上の専ら人を運搬する構造の普通自動車（AT自動車に限る。）で長さが四・四〇メートル以上、幅が一・六九メートル以上、最遠軸距が二・五〇メートル以上及び輪距が一・三〇メートル以上のもの 二　AT自動車以外の自動車を使用して行う技能試験にあつては、特定普通免許標準試験車両
［略］	
中型第二種免許	一　AT自動車を使用して行う技能試験にあつては、乗車定員一一人以上二九人以下のバス型の中型自動車（AT自動車に限る。）で長さが六・五〇メートル以上、幅が二・〇〇メートル以上及び最遠軸距が三・八〇メートル以上のもの 二　AT自動車以外の自動車を使用して行う技能試験にあつては、特定普通免許標準試験車両
［略］	
中型仮免許	一　AT自動車を使用して行う技能試験にあつては、最大積載量五、〇〇〇キログラム以上の中型自動車（AT自動車に限る。）で長さが七・〇〇メートル以上、幅が二・二五メートル以上及び最遠軸距が四・一〇メートル以上のもの（乗車定員一一人以上二九人以下のバス型の中型自動車を練習のため又は法第八十七条第一項に規定する試験等において運転しようとする者については、乗車定員一一人以上二九人以下のバス型の中型自動車（AT自動車に限る。）で長さが六・五〇メートル以上、幅が二・〇〇メートル以上及び最遠軸距が三・八〇メートル以上のもの） 二　AT自動車以外の自動車を使用して行う技能試験にあつては、特定普通免許標準試験車両

12‖ ［略］

13‖ ［略］

（試験の一部免除の基準）

第二十七条 令第三十四条の五第一号ハ、第二号ハ、第三号ハ及びニ並びに第六号の内閣府令で定める基準は、第二十四条第十項各号又は第二十五条に定める成績とする。

（再試験）

第二十八条の二 第二十二条、第二十三条の二、第二十四条（第六項を除くものとし、第一項、第四項、第五項及び第七項の規定にあつては準中型免許及び普通免許に係る技能試験に係る部分に限り、第二項及び第八項の規定にあつては大型二輪免許及び普通二輪免許に係る技能試験に係る部分に限り、第十項及び第十一項の規定にあつては準中型免許、普通免許、大型二輪免許及び普通二輪免許に係る技能試験に係る部分に限る。）、第二十五条及び第二十六条の規定は、公安委員会が行う再試験（法第百条の二第一項の再試験をいう。以下同じ。）について準用する。この場合において、第二十四条第一項中「免許試験（以下「技能試験」とあるのは「再試験（以下「技能再試験」と、同条第二項中「技能試験」とあるのは「技能再試験」と、同条第三項中「技能試験」とあるのは「技能再試験」と、「合格基準」とあるのは「基準」と、同条第四項及び第五項中「技能試験」とあるのは「技能再試験」と、同条第七項中「技能試験」とあるのは「技能再試験」と、「合格基準」とあるのは「基準」と、同条第八項及び第九項中「技能試験」とあるのは「技能再試験」と、同条第十項中「技能試験の合格基準」とあるのは「技能再試験において免許自動車等（法第七十一条の五第二項の免許自動車等をいう。以下同じ。）を安全に運転するために必要な能力を現に有すると認める基準」と、同項第三号及び第四号中「技能試験」とあるのは「技能再試験」と、同条第十一項から第十三項までの規定中「技能試験」とあるのは「技能再試験」と、第二十五条中「免許試験（以下「学科試験」とあるのは「再試験（以下「学科再試験」と、「その合格基準」とあるのは「学科再試験において免許自動車等を安全に運転するために必要な能力を現に有すると認める基準」と、第二十六条中「適性試験及び学科試験」とあるのは「学科再試験」と、「技能試験」とあるのは「技能再試験」と、「適性試験又は学科試験のいずれかに合格しなかつた者」とあるのは「学科再試験において免許自動車等を安全に運転するために必要な能力を現に有すると認められなかつた者」と、「他の免許試験」とあるのは「技能再試験」と読み替えるものとする。

別表第三（第三十二条関係）

一　［略］

二　コースの形状及び構造に関する基準

コースの種類	基準
［略］	
曲線コース	一　教習に係る免許の種類に応じ、次の表に掲げる基準を満たしているものであること。

図示の記号 ＼ 教習に係る免許の種類		大型免許及び大型第二種免許	中型免許	中型第二種免許	準中型免許、普通免許及び普通第二種免許	大型二輪免許及び普通二輪免許
幅	A	五メートル	四メートル	三・五メートル	三・五メートル	二メートル
半径	B	一二・二五メートル	一〇メートル	九・七五メートル	七・五メートル	五・五メートル
弧の長さ	C	円周の八分の三	円周の八分の三	円周の八分の三	円周の八分の三	円周の八分の三

備考　半径は、図示のCを円周の一部とする円の半径をいい、弧の長さは、その円の円周の八分の三の長さとする。

二　［略］

コースの種類	基準
方向変換コース	一　教習に係る免許の種類に応じ、次の表に掲げる基準を満たしているものであること。

図示の記号 ＼ 教習に係る免許の種類		大型免許	大型第二種免許	中型免許	中型第二種免許	準中型免許、普通免許及び普通第二種免許
幅	A	六メートル	五メートル	五メートル	四・五メートル	三・五メートル
	B	五メートル	五メートル	五メートル	五メートル	三・五メートル
奥行	C	一〇メートル	一〇メートル	八メートル	八メートル	五メートル
出入口部の長さ	D	一〇メートル以上	一〇メートル以上	八メートル以上	七メートル以上	五メートル以上
すみ切り半径	E	二・五メートル	二・五メートル	一・五メートル	一・五メートル	一メートル

備考　一　すみ切り半径とは、曲角部を円形に切つた場合の、その円の半径をいう。

二　図の上側及び下側のいずれの出入口部からも進入することができるものであること。ただし、上側の出入口部からだけ進入することができるコースと下側の出入口部からだけ進入することができるコースの双方を設けることにより、これに代えることができる。

三　大型免許に係る教習に用いるコースにあつては、図示のAを五メートルとすることができる。この場合において、図示のEは、四・〇メートルとする。

二　［略］

コースの種類	基準
［略］	

鋭角コース	一　教習に係る免許の種類に応じ、次の表に掲げる基準を満たしているものであること。

図示の記号＼教習に係る免許の種類		大型第二種免許	中型第二種免許	普通第二種免許
幅	A	五メートル	四メートル	三・五メートル
切取線の長さ	B	一メートル	〇・七メートル	〇・一メートル
角度	C	六十度	六十度	六十度

備考　一　切取線の長さとは、コースの内側の曲角部を直線に切つた時に生じる切取線の長さをいう。

二　コースの外側の曲角部については、教習に使用する自動車の構造及び性能に応じ、コースの内側の曲角部の切取線と平行に切ることができる。

二　［略］

［略］

備考

［一～三　略］

四　中型免許（AT中型免許を除く。）に係る教習において普通自動車を使用して屈折コース、曲線コース又は方向変換コースを走行する教習を行う場合における当該コースに係るコースの基準については、普通免許又は普通第二種免許に係る教習のコースの基準によるものとする。

五　中型第二種免許（AT中型第二種免許を除く。）に係る教習において普通自動車を使用して屈折コース、曲線コース、方向変換コース又は鋭角コースを走行する教習を行う場合における屈折コース、曲線コース若しくは方向変換コース又は鋭角コースに係るコースの基準については、それぞれ普通免許若しくは普通第二種免許又は普通第二種免許に係る教習のコースの基準によるものとする。

六　［略］

別表第四（第三十三条関係）

一　技能教習の教習時間の基準

教習に係る免許の種類	現に受けている免許の有無及び種類	教習時間（時限数）		
		基本操作及び基本走行	応用走行	計
大型免許	［略］			
	中型免許	5	9	14
	AT中型免許	9	9	18
	中型車（8t）限定中型免許	8	12	20
	［略］			
	準中型免許	10	13	23
	AT準中型免許	14	13	27
	準中型車（5t）限定準中型免許	11	15	26
	［略］			
	［略］			
	中型第二種免許	5	9	14
	AT中型第二種免許	9	9	18
	中型車（8t）限定中型第二種免許	8	12	20
	［略］			
	［略］			
中型免許（AT中型免許を除く。）	なし	18	22	40
	準中型免許	5	4	9
	AT準中型免許	5	8	13
	準中型車（5t）限定準中型免許	5	6	11
	AT準中型車（5t）限定準中型免許	5	10	15
	普通免許	7	8	15
	AT普通免許	7	12	19
	大型特殊免許又は大型特殊第二種免許	10	22	32
	カタピラ限定大型特殊免許又はカタピラ限定大型特殊第二種免許	18	22	40
	大型二輪免許又は普通二輪免許	16	22	38
	普通第二種免許	7	4	11

		ＡＴ普通第二種免許	7	8	15
ＡＴ中型免許	なし		18	18	36
	ＡＴ準中型免許		5	4	9
		ＡＴ準中型車（５ｔ）限定準中型免許	5	6	11
	ＡＴ普通免許		7	8	15
	大型特殊免許又は大型特殊第二種免許		10	18	28
		カタピラ限定大型特殊免許又はカタピラ限定大型特殊第二種免許	18	18	36
	大型二輪免許又は普通二輪免許		16	18	34
	ＡＴ普通第二種免許		7	4	11
準中型免許（ＡＴ準中型免許を除く。）	なし		15	27	42
	普通免許		4	9	13
		ＡＴ普通免許	4	13	17
	大型特殊免許又は大型特殊第二種免許		10	22	32
		カタピラ限定大型特殊免許又はカタピラ限定大型特殊第二種免許	15	27	42
	大型二輪免許又は普通二輪免許		13	27	40
	普通第二種免許		4	5	9
		ＡＴ普通第二種免許	4	9	13
ＡＴ準中型免許	なし		15	23	38
	ＡＴ普通免許		4	9	13
	大型特殊免許又は大型特殊第二種免許		10	18	28
		カタピラ限定大型特殊免許又はカタピラ限定大型特殊第二種免許	15	23	38
	大型二輪免許又は普通二輪免許		13	23	36
	ＡＴ普通第二種免許		4	5	9
［略］					

大型第二種免許	［略］				
	中型免許		10	14	24
		ＡＴ中型免許	14	14	28
		中型車（８ｔ）限定中型免許	12	17	29
		［略］			
	準中型免許		13	17	30
		ＡＴ準中型免許	17	17	34
		準中型車（５ｔ）限定準中型免許	15	19	34
		［略］			
	［略］				
	中型第二種免許		5	9	14
		ＡＴ中型第二種免許	9	9	18
		中型車（８ｔ）限定中型第二種免許	8	12	20
		［略］			
	［略］				
中型第二種免許（ＡＴ中型第二種免許を除く。）	大型免許		8	10	18
	中型免許		8	10	18
		ＡＴ中型免許	8	14	22
		中型車（８ｔ）限定中型免許	10	13	23
		ＡＴ中型車（８ｔ）限定中型免許	10	17	27
	準中型免許		11	13	24
		ＡＴ準中型免許	11	17	28
		準中型車（５ｔ）限定準中型免許	12	16	28
		ＡＴ準中型車（５ｔ）限定準中型免許	12	20	32

	普通免許	12	16	28
	ＡＴ普通免許	12	20	32
	大型特殊免許又は大型特殊第二種免許	19	30	49
	カタピラ限定大型特殊免許又はカタピラ限定大型特殊第二種免許	27	30	57
	普通第二種免許	7	4	11
	ＡＴ普通第二種免許	7	8	15
ＡＴ中型第二種免許	大型免許	8	10	18
	中型免許	8	10	18
	ＡＴ中型免許	8	10	18
	中型車（８ｔ）限定中型免許	10	13	23
	ＡＴ中型車（８ｔ）限定中型免許	10	13	23
	準中型免許	11	13	24
	ＡＴ準中型免許	11	13	24
	準中型車（５ｔ）限定準中型免許	12	16	28
	ＡＴ準中型車（５ｔ）限定準中型免許	12	16	28
	普通免許	12	16	28
	ＡＴ普通免許	12	16	28
	大型特殊免許又は大型特殊第二種免許	19	26	45
	カタピラ限定大型特殊免許又はカタピラ限定大型特殊第二種免許	27	26	53
	ＡＴ普通第二種免許	7	4	11
普通第二種免許（ＡＴ普通第二種免許を除く。）	［略］			
	中型免許	8	10	18
	ＡＴ中型免許	8	14	22
	中型車（８ｔ）限定中型免許	8	10	18
	［略］			
	準中型免許			
	ＡＴ準中型免許	8	14	22
	準中型車（５ｔ）限定準中型免許	8	10	18
	［略］			
	［略］			
ＡＴ普通第二種免許	［略］			
	中型免許	8	10	18
	ＡＴ中型免許	8	10	18
	中型車（８ｔ）限定中型免許	8	10	18
	ＡＴ中型車（８ｔ）限定中型免許	8	10	18
	準中型免許	8	10	18
	ＡＴ準中型免許	8	10	18
	準中型車（５ｔ）限定準中型免許	8	10	18
	［略］			
	［略］			

備考　［1～13　略］

14　教習を受けようとする者が現に２以上の免許を受けている場合には、そのそれぞれについて規定する教習時間の時限数のうち最も短いものをその者の教習時間の時限数とする。ただし、次の各号に掲げる教習の教習時間については、当該各号に定めるところによる。

一　普通免許（ＡＴ普通免許を除く。以下この号において同じ。）を受け、かつ、ＡＴ普通第二種免許を受けている者に対する中型免許（ＡＴ中型免許を除く。以下この号において同じ。）又は準中型免許（ＡＴ準中型免許を除く。以下この号において同じ。）に係る教習及び大型免許、中型免許、準中型免許又は普通免許を受け、かつ、ＡＴ普通第二種免許を受けている者に対する中型第二種免許（ＡＴ中型第二種免許を除く。）に係る教習の教習時間については、ＡＴ普通第二種免許を受けている者について規定する応用走行の時限数から、教習に係る免許の種類に応じ、それぞれ4時限を減じた時限数とする。

三 大型免許、中型免許又は準中型免許を受け、かつ、中型第二種免許又は普通第二種免許のいずれかを受けている者（マイクロバス限定大型免許、中型免許又は準中型免許を受け、かつ、中型第二種免許（準中型車（5ｔ）限定中型第二種免許を除く。）を受けている者、AT中型車（8ｔ）限定中型免許又は準中型車（5ｔ）限定準中型免許を受け、かつ、準中型車（5ｔ）限定中型第二種免許（AT準中型車（5ｔ）限定中型第二種免許を除く。）を受けている者及びAT準中型車（5ｔ）限定準中型免許を受け、かつ、AT準中型車（5ｔ）限定中型第二種免許又は普通第二種免許（AT普通第二種免許を除く。）を受けている者を除く。）に対する大型第二種免許に係る教習の教習時間については、大型免許、中型免許又は準中型免許を受けている者について規定する応用走行の時限数から、現に受けている当該免許の種類に応じ、それぞれ5時限を減じた時限数とする。

二 ［略］

注2 次の規定は、令和九年四月一日から施行

（傍線部分は改正部分）

（技能検査）

第十八条の二の三 ［1～3 略］

4 第二十二条及び第二十四条（第二項、第六項及び第八項を除くものとし、第一項、第四項、第五項、第七項、第十項及び第十一項の規定にあつては、大型免許、中型免許、準中型免許及び普通免許に係る技能試験に係る部分に限る。）の規定は、公安委員会が行う技能検査について準用する。この場合において、第二十四条第三項及び第七項中「合格基準」とあるのは「基準」と、同条第十項中「技能試験の合格基準」とあるのは「技能検査において自動車の運転について必要な技能を有すると認める基準」と読み替えるものとする。

5 ［略］

（大型免許等に係る受験資格の特例）

第二十一条の三 令第三十四条の二第一号ホの内閣府令で定める基準は、第二十四条第十項第三号に定める成績とし、令第三十四条の二第二号ニの内閣府令で定める基準は、試験に係る免許の種類に応じ、第二十四条第十項第一号又は第二号に定める成績とする。

（技能試験）

第二十四条 次の表の上欄に掲げる種類の免許に係る自動車の運転に必要な技能についての免許試験（以下「技能試験」という。）（大型仮免許に係る技能試験にあつては、乗車定員三十人以上のバス型の大型自動車を練習のため又は法第八十七条第一項に規定する試験等（以下この条において単に「試験等」という。）において運転しようとする者に対するものを除く。第四項、第五項及び第七項において同じ。）は、当該免許の種類に応じ、それぞれ同表の中欄に掲げる自動車を使用して、同表の下欄に掲げる項目について行うものとする。

免許の種類	使用する自動車	項目
大型免許、中型免許、準中型免許及び普通免許	AT自動車	一 道路（高速自動車国道及び自動車専用道路を除く。以下この表及び次項の表において同じ。）における走行（発進及び停止を含む。） 二 交差点の通行（右折及び左折を含む。以下この表及び次項の表において同じ。） 三 横断歩道の通過 四 方向変換又は縦列駐車
	AT自動車以外の自動車	一 幹線コース及び周回コースの走行（これらのコースにおける発進、停止及び指定速度での走行を含む。以下この表及び次項の表において同じ。） 二 交差点の通行 三 横断歩道及び踏切の通過 四 曲線コース、屈折コース及び坂道コースの走行（坂道における一時停止及び発進を含む。以下この表及び次項の表において同じ。） 五 方向変換
［略］		
大型仮免許及び中型仮免許	AT自動車	一 幹線コース及び周回コースの走行

	二　交差点の通行 三　横断歩道及び踏切の通過 四　曲線コース、屈折コース及び坂道コースの走行 五　路端における停車及び発進 六　隘路への進入
AT自動車以外の自動車	一　幹線コース及び周回コースの走行 二　交差点の通行 三　横断歩道及び踏切の通過 四　曲線コース、屈折コース及び坂道コースの走行
[略]	

2　次の表の上欄に掲げる種類の免許に係る技能試験（大型仮免許に係る技能試験にあつては、乗車定員三十人以上のバス型の大型自動車を練習のため又は試験等において運転しようとする者に対するものに限る。第八項において同じ。）は、当該免許の種類に応じ、それぞれ同表の下欄に掲げる項目について行うものとする。

免許の種類	項目
[項を削る。]	
[略]	

3　[略]

4　次の各号に掲げる種類の免許に係る技能試験については、第一項の規定にかかわらず、同項の規定によりAT自動車以外の自動車を使用して行う項目を行うことを要しない。

一　AT大型免許（運転することができる大型自動車、中型自動車、準中型自動車及び普通自動車をAT機構がとられておりクラッチの操作装置を有しない大型自動車、中型自動車、準中型自動車及び普通自動車に限る大型免許をいう。以下同じ。）

二〜六　[略]

七　AT大型仮免許（運転することができる大型自動車、中型自動車、準中型自動車及び普通自動車をAT機構がとられておりクラッチの操作装置を有しない大型自動車、中型自動車、準中型自動車及び普通自動車に限る大型仮免許をいう。以下この条において同じ。）

八〜十　[略]

5　次の表の上欄に掲げる種類の免許を現に受けている者に対するものに限る。）については、第一項の規定にかかわらず、同項の規定によりAT自動車以外の自動車を使用して行う項目を行うことを要しない。

技能試験に係る免許の種類	現に受けている免許の種類
大型免許（AT大型免許を除く。）	中型免許（AT中型免許を除く。以下この表において同じ。）、準中型免許（AT準中型免許を除く。以下この表において同じ。）、普通免許（AT普通免許を除く。以下この表において同じ。）、中型第二種免許（AT中型第二種免許を除く。以下この表において同じ。）又は普通第二種免許（AT普通第二種免許を除く。以下この表において同じ。）
中型免許	準中型免許、普通免許又は普通第二種免許
[略]	
中型第二種免許	普通第二種免許
大型仮免許（AT大型仮免許を除く。）	中型免許、準中型免許、普通免許、中型第二種免許、普通第二種免許、中型仮免許（AT中型仮免許を除く。以下この表において同じ。）、準中型仮免許（AT準中型仮免許を除く。以下この表において同じ。）又は普通仮免許（AT普通仮免許を除く。以下この表において同じ。）

中型仮免許	準中型免許、普通免許、普通第二種免許、準中型仮免許又は普通仮免許
[略]	

6　大型仮免許又は中型仮免許の技能試験については、曲線コースに障害物を設けたものを走行させることにより屈折コースの走行の項目（大型仮免許の技能試験（乗車定員三十人以上のバス型の大型自動車を練習のため又は試験等において運転しようとする者に対するものを除く。）又は中型仮免許の技能試験にあつては、AT自動車を使用して行うものに限る。以下この項において同じ。）において確認すべき技能の有無を確認できると認められる場合には、第一項又は第二項の規定にかかわらず、屈折コースの走行の項目を行わないことができる。

7　次の表の上欄に掲げる種類の免許に係る技能試験は、当該免許の種類に応じ、それぞれ同表の中欄に掲げる自動車を使用して、同表の下欄に掲げる距離を走行させて行うものとする。ただし、技能試験を受ける者が走行の途中において第十項に定める合格基準に達する成績を得ることができないことが明らかになつたときは、同表の下欄に掲げる距離の全部を走行させることを要しない。

免許の種類	使用する自動車	距離
大型免許、中型免許及び準中型免許	AT自動車	五千メートル以上
	AT自動車以外の自動車	千二百メートル以上
大型仮免許及び中型仮免許	AT自動車	千二百メートル以上
	AT自動車以外の自動車	千二百メートル以上
[略]		

8　次の表の上欄に掲げる種類の免許に係る技能試験は、当該免許の種類に応じ、それぞれ同表の下欄に掲げる距離を走行させて行うものとする。この場合においては、前項ただし書の規定を準用する。

免許の種類	距離
[項を削る。]	
[略]	

9　[略]

10　技能試験の合格基準は、次に定めるとおりとする。

[一・二　略]

三　大型免許、中型免許、準中型免許及び普通免許に係る技能試験にあつては、AT自動車を使用して行う項目及びAT自動車以外の自動車を使用して行う項目のそれぞれについて七十パーセント以上（第四項又は第五項の規定の適用を受ける場合にあつては、AT自動車を使用して行う項目について七十パーセント以上）の成績であること。

四　大型特殊免許、大型二輪免許、普通二輪免許及び牽引免許に係る技能試験にあつては、七十パーセント以上の成績であること。

[号を削る。]

五　大型仮免許及び中型仮免許に係る技能試験（大型仮免許に係る技能試験にあつては、乗車定員三十人以上のバス型の大型自動車を練習のため又は試験等において運転しようとする者に対するものを除く。）にあつては、AT自動車を使用して行う項目及びAT自動車以外の自動車を使用して行う項目のそれぞれについて六十パーセント以上（第四項又は第五項の規定の適用を受ける場合にあつては、AT自動車を使用して行う項目について六十パーセント以上）の成績であること。

六　大型仮免許に係る技能試験（乗車定員三十人以上のバス型の大型自動車を練習のため又は試験等において運転しようとする者に対するものに限る。）にあつては、六十パーセント以上の成績であること。

七　[略]

11　技能試験において使用する自動車は、次の表の上欄に掲げる免許の種類に応じ、それぞれ同表の下欄に掲げる種類の自動車とする。ただし、自動車の安全な運転に必要な認知又は操作のいずれかに係る能力を欠くこととなる四肢又は体幹の障害（令第三十八条の二第四項第一号又は第二号に掲げる身体の障害を除く。第二十六条の五第四項において同じ。）がある者で法第九十一条の規定による条件を付すことにより自動車の安全な運転に支障を及ぼすおそれがないと認められるものについて技能試験を行う場合又は特別の必要がある場合には、次の表に掲げる自動車以外の自動車とすることができる。

免許の種類	自動車の種類
大型免許	一　AT自動車を使用して行う技能試験にあつては、最大積載量一〇、〇〇〇キログラム以上の大型自動車（AT自動車に限る。）で長さが一一・〇〇メートル以上、幅が二・四〇メートル以上及び最遠軸距が六・九〇メートル以上のもの（運転することができる大型自動車を自衛隊用自動車（令第十三条第一項第二号に規定する自衛隊用自動車をいう。以下

	同じ。）に限る大型免許にあっては、最大積載量六、〇〇〇キログラム以上の大型自動車（AT自動車に限る。）で長さが六・六五メートル以上、幅が二・四〇メートル以上及び最遠軸距が四・四〇メートル以上のもの） 二　AT自動車以外の自動車を使用して行う技能試験にあっては、乗車定員五人以上の専ら人を運搬する構造の普通自動車（AT自動車以外の自動車に限る。）で長さが四・四〇メートル以上、幅が一・六九メートル以上、最遠軸距が二・五〇メートル以上及び輪距が一・三〇メートル以上のもの（以下この表において「特定普通免許標準試験車両」という。）
中型免許	一　AT自動車を使用して行う技能試験にあっては、最大積載量五、〇〇〇キログラム以上の中型自動車（AT自動車に限る。）で長さが七・〇〇メートル以上、幅が二・二五メートル以上及び最遠軸距が四・一〇メートル以上のもの 二　AT自動車以外の自動車を使用して行う技能試験にあっては、特定普通免許標準試験車両
[略]	
大型仮免許	一　第一項に規定する方法により行う技能試験（AT自動車を使用して行うものに限る。）にあっては、最大積載量一〇、〇〇〇キログラム以上の大型自動車（AT自動車に限る。）で長さが一一・〇〇メートル以上、幅が二・四〇メートル以上及び最遠軸距が六・九〇メートル以上のもの（自衛隊用自動車である大型自動車を練習のため若しくは試験等において運転しようとする者については、最大積載量六、〇〇〇キログラム以上の大型自動車（AT自動車に限る。）で長さが六・六五メートル以上、幅が二・四〇メートル以上及び最遠軸距が四・四〇メートル以上のもの） 二　第一項に規定する方法により行う技能試験（AT自動車を使用して行うものを除く。）にあっては、特定普通免許標準試験車両 三　第二項に規定する方法により行う技能試験にあっては、乗車定員三〇人以上のバス型の大型自動車で長さが一〇・〇〇メートル以上、幅が二・四〇メートル以上及び最遠軸距が五・一五メートル以上のもの
中型仮免許	一　AT自動車を使用して行う技能試験にあっては、最大積載量五、〇〇〇キログラム以上の中型自動車（AT自動車に限る。）で長さが七・〇〇メートル以上、幅が二・二五メートル以上及び最遠軸距が四・一〇メートル以上のもの（乗車定員一一人以上二九人以下のバス型の中型自動車を練習のため又は試験等において運転しようとする者については、乗車定員一一人以上二九人以下のバス型の中型自動車（AT自動車に限る。）で長さが六・五〇メートル以上、幅が二・〇〇メートル以上及び最遠軸距が三・八〇メートル以上のもの） 二　[略]

[12・13　略]

別表第三（第三十二条関係）

一　[略]

二　コースの形状及び構造に関する基準

[略]

備考

[一～三　略]

四　大型免許（AT大型免許を除く。）又は中型免許（AT中型免許を除く。）に係る教習において普通自動車を使用して屈折コース、曲線コース又は方向変換コースを走行する教習を行う場合における当該コースに係るコースの基準については、普通免許又は普通第二種免許に係る教習のコースの基準によるものとする。

[五・六　略]

別表第四（第三十三条関係）

一　技能教習の教習時間の基準

教習に係る免許の種類	現に受けている免許の有無及び種類	教習時間（時限数）		
		基本操作及び基本走行	応用走行	計
大型免許（AT大型免許を除く。）	なし	23	31	54
	中型免許	5	9	14

		ＡＴ中型免許	5	13	18
		中型車（８ｔ）限定中型免許	8	12	20
		ＡＴ中型車（８ｔ）限定中型免許	8	16	24
	準中型免許		10	13	23
		ＡＴ準中型免許	10	17	27
		準中型車（５ｔ）限定準中型免許	11	15	26
		ＡＴ準中型車（５ｔ）限定準中型免許	11	19	30
	普通免許		12	18	30
		ＡＴ普通免許	12	22	34
	大型特殊免許又は大型特殊第二種免許		15	31	46
		カタピラ限定大型特殊免許又はカタピラ限定大型特殊第二種免許	23	31	54
	大型二輪免許又は普通二輪免許		21	31	52
	中型第二種免許		5	9	14
		ＡＴ中型第二種免許	5	13	18
		中型車（８ｔ）限定中型第二種免許	8	12	20
		ＡＴ中型車（８ｔ）限定中型第二種免許	8	16	24
		準中型車（５ｔ）限定中型第二種免許	12	14	26
		ＡＴ準中型車（５ｔ）限定中型第二種免許	12	18	30
	普通第二種免許		12	14	26
		ＡＴ普通第二種免許	12	18	30
ＡＴ大型免許	なし		23	27	50
	ＡＴ中型免許		5	9	14
		ＡＴ中型車（８ｔ）限定中型免許	8	12	20
	ＡＴ準中型免許		10	13	23
		ＡＴ準中型車（５ｔ）限定準中型免許	11	15	26
	ＡＴ普通免許		12	18	30
	大型特殊免許又は大型特殊第二種免許		15	27	42
		カタピラ限定大型特殊免許又はカタピラ限定大型特殊第二種免許	23	27	50
	大型二輪免許又は普通二輪免許		21	27	48
	ＡＴ中型第二種免許		5	9	14
		ＡＴ中型車（８ｔ）限定中型第二種免許	8	12	20
		ＡＴ準中型車（５ｔ）限定中型第二種免許	12	14	26
	ＡＴ普通第二種免許		12	14	26
［略］					
大型第二種免許	大型免許		8	10	18
		ＡＴ大型免許	12	10	22
		マイクロバス限定大型免許	10	14	24
	［略］				
中型第二種免許（ＡＴ中型第二種免許を除く。）	大型免許		8	10	18
		ＡＴ大型免許	8	14	22
	［略］				
ＡＴ中型第二種免許	大型免許		8	10	18
		ＡＴ大型免許	8	10	18
	［略］				
普通第二種免許	大型免許		8	10	18

（AT普通第二種免許を除く。）	AT大型免許	8	14	22
	[略]			
AT普通第二種免許	大型免許	8	10	18
	AT大型免許	8	10	18
	[略]			

備考 [1～13 略]

14 教習を受けようとする者が現に2以上の免許を受けている場合には、そのそれぞれについて規定する教習時間の時限数のうち最も短いものをその者の教習時間の時限数とする。ただし、次の各号に掲げる教習の教習時間については、当該各号に定めるところによる。

一 中型車（8t）限定中型免許（AT中型車（8t）限定中型免許を除く。以下この号及び次号において同じ。）、準中型免許（AT準中型免許を除く。次号において同じ。）又は普通免許（AT普通免許を除く。以下この号において同じ。）を受け、かつ、AT普通第二種免許又はAT中型第二種免許のいずれか（中型車（8t）限定中型第二種免許を受けている者（中型車（8t）限定中型第二種免許を受けている者を除く。）に係る教習の教習時間にについては、AT中型第二種免許を受けている者にあっては、AT準中型車（5t）限定中型第二種免許を受け、かつ、AT普通第二種免許を受けている者を除く。次号において同じ。）に対する大型免許（AT大型免許を除く。次号において同じ。）に係る教習の教習時間については、AT中型第二種免許又はAT普通第二種免許を受けている者について規定する応用走行の時限数から、現に受けている免許の種類に応じ、それぞれ4時限を減じた時限数とする。

二 普通免許を受け、かつ、AT普通第二種免許を受けている者に対する中型免許（AT中型免許を除く。以下この号において同じ。）又は準中型免許に係る教習及び大型免許、中型免許、準中型免許又は普通免許を受け、かつ、AT普通第二種免許（AT中型第二種免許を除く。）に係る教習の教習時間については、AT普通第二種免許を受けている者について規定する応用走行の時限数から、教習に係る免許の種類に応じ、それぞれ4時限を減じた時限数とする。

三 [略]

注3 次の規定は、令和九年一〇月一日から施行

（傍線部分は改正部分）

二 [略]

（大型免許等に係る受験資格の特例）

第二十一条の三 令第三十四条の二第一号ホの内閣府令で定める基準は、第二十四条第十項第三号に定める成績とし、令第三十四条の二第二号ニの内閣府令で定める基準は、第二十四条第十項第一号に定める成績とする。

（道路において行わなくてよい運転免許試験項目）

第二十三条の二 法第九十七条第二項ただし書の内閣府令で定める項目は、次に掲げるものとする。

[一・二 略]

[号を削る。]

（技能試験）

第二十四条 次の表の上欄に掲げる種類の免許に係る自動車の運転に必要な技能についての免許試験（以下「技能試験」という。）は、当該免許の種類に応じ、それぞれ同表の中欄に掲げる自動車を使用して、同表の下欄に掲げる項目について行うものとする。

免許の種類	使用する自動車	項目
大型免許、中型免許、準中型免許及び普通免許	AT自動車	一 道路（高速自動車国道及び自動車専用道路を除く。以下この表において同じ。）における走行（発進及び停止を含む。） 二 交差点の通行（右折及び左折を含む。以下この表及び次項の表において同じ。） 三 横断歩道の通過 四 方向変換又は縦列駐車
	AT自動車以外の自動車	一 幹線コース及び周回コースの走行（これらのコースにおける発進、停止及び指定速度での走行を含む。以下この表及び次項の表において同じ。） 二 交差点の通行 三 横断歩道及び踏切の通

		過 四　曲線コース、屈折コース及び坂道コースの走行（坂道における一時停止及び発進を含む。以下この表及び次項の表において同じ。） 五　方向変換
大型第二種免許及び中型第二種免許	AT自動車	一　道路における走行（発進及び停止を含む。） 二　交差点の通行 三　横断歩道の通過 四　人の乗降のための停車及び発進 五　方向変換又は縦列駐車 六　鋭角コースの走行
	AT自動車以外の自動車	一　幹線コース及び周回コースの走行 二　交差点の通行 三　横断歩道及び踏切の通過 四　曲線コース、屈折コース及び坂道コースの走行 五　方向変換 六　鋭角コースの走行
[略]		

2　次の表の上欄に掲げる種類の免許に係る技能試験は、当該免許の種類に応じ、それぞれ同表の下欄に掲げる項目について行うものとする。

免許の種類	項目
[略]	
[項を削る。]	
[項を削る。]	

3　[略]

4　次の各号に掲げる種類の免許に係る技能試験については、第一項の規定にかかわらず、同項の規定によりAT自動車以外の自動車を使用して行う項目を行うことを要しない。

[一～四　略]

五　AT大型第二種免許（運転することができる大型自動車、中型自動車、準中型自動車及び普通自動車をAT機構がとられておりクラッチの操作装置を有しない大型自動車、中型自動車、準中型自動車及び普通自動車に限る大型第二種免許をいう。以下同じ。）

六～十一　[略]

5　次の表の上欄に掲げる種類の免許に係る技能試験（当該免許の種類に応じ、それぞれ同表の下欄に掲げる種類の免許を現に受けている者に対するものに限る。）については、第一項の規定にかかわらず、同項の規定によりAT自動車以外の自動車を使用して行う項目を行うことを要しない。

技能試験に係る免許の種類	現に受けている免許の種類
[略]	
準中型免許	普通免許又は普通第二種免許
大型第二種免許（AT大型第二種免許を除く。）	中型第二種免許又は普通第二種免許
[略]	

6　大型仮免許又は中型仮免許の技能試験については、曲線コースに障害物を設けたものを走行させることにより屈折コースの走行の項目（AT自動車を使用して行うものに限る。以下この項において同じ。）において確認すべき技能の有無を確認できると認められる場合には、第一項の規定にかかわらず、屈折コースの走行の項目を行わないことができる。

7　次の表の上欄に掲げる種類の免許に係る技能試験は、当該免許の種類に応じ、それぞれ同表の中欄に掲げる自動車を使用して、同表の下欄に掲げる距離を走行させて行うものとする。ただし、技能試験を受ける者が走行の途中において第十項に定める合格基準に達する成績を得ることができないことが明らかになつたときは、同表の下欄に掲げる距離の全部を走行させることを要しない。

免許の種類	使用する自動車	距離
[略]		
大型第二種免許、中型第二種免許及び普通第二種免許	AT自動車	六千メートル以上
	AT自動車以外の自動車	千二百メートル以上

8　次の表の上欄に掲げる種類の免許に係る技能試験は、当該免許の種類に応じ、それぞれ同表の下欄に掲げる距離を走行させて行うものとする。この場合においては、前項ただし書の規定を準用する。

免許の種類	距離
[略]	
大型特殊免許（カタピラを有する大型特殊自動車のみに係る大型特殊免許を除く。）、大型特殊第二種免許（カタピラを有する大型特殊自動車のみに係る大型特殊第二種免許を除く。）、普通二輪免許、牽引免許及び牽引第二種免許	千二百メートル以上
[略]	
[項を削る。]	

9　[略]

10　技能試験の合格基準は、次に定めるとおりとする。

[号を削る。]

一　大型第二種免許、中型第二種免許及び普通第二種免許に係る技能試験にあつては、AT自動車を使用して行う項目及びAT自動車以外の自動車を使用して行う項目のそれぞれについて八十パーセント以上（第四項又は第五項の規定の適用を受ける場合にあつては、AT自動車を使用して行う項目について八十パーセント以上）の成績であること。

二　大型特殊第二種免許及び牽引第二種免許に係る技能試験にあつては、八十パーセント以上の成績であること。

[三・四　略]

五　大型仮免許及び中型仮免許に係る技能試験にあつては、AT自動車を使用して行う項目及びAT自動車以外の自動車を使用して行う項目のそれぞれについて六十パーセント以上（第四項又は第五項の規定の適用を受ける場合にあつては、AT自動車を使用して行う項目について六十パーセント以上）の成績であること。

[号を削る。]

六　[略]

11　技能試験において使用する自動車は、次の表の上欄に掲げる免許の種類に応じ、それぞれ同表の下欄に掲げる種類の自動車とする。ただし、自動車の安全な運転に必要な認知又は操作のいずれかに係る能力を欠くこととなる四肢又は体幹の障害（令第三十八条の二第四項第一号又は第二号に掲げる身体の障害を除く。第二十六条の五第四項において同じ。）がある者で法第九十一条の規定による条件を付することにより自動車の安全な運転に支障を及ぼすおそれがないと認められるものについて技能試験を行う場合又は特別の必要がある場合には、次の表に掲げる自動車以外の自動車とすることができる。

免許の種類	自動車の種類
[略]	
大型第二種免許	一　AT自動車を使用して行う技能試験にあつては、乗車定員三〇人以上のバス型の大型自動車（AT自動車に限る。）で長さが一〇・〇〇メートル以上、幅が二・四〇メートル以上及び最遠軸距が五・一五メートル以上のもの 二　AT自動車以外の自動車を使用して行う技能試験にあつては、特定普通免許標準試験車両
[略]	
大型仮免許	一　AT自動車を使用して行う技能試験にあつては、最大積載量一〇、〇〇〇キログラム以上の大型自動車（AT自動車に限る。）で長さが一一・〇〇メートル以上、幅が二・四〇メートル以上及び最遠軸距が六・九〇メートル以上のもの（自衛隊用自動車である大型自動車又は乗車定員三〇人以上のバス型の大型自動車を練習のため若しくは法第八十七条第一項に規定する試験等において運転しようとする者について

	は、それぞれ最大積載量六、〇〇〇キログラム以上の大型自動車（ＡＴ自動車に限る。）で長さが六・六五メートル以上、幅が二・四〇メートル以上及び最遠軸距が四・四〇メートル以上のもの又は乗車定員三〇人以上のバス型の大型自動車（ＡＴ自動車に限る。）で長さが一〇・〇〇メートル以上、幅が二・四〇メートル以上及び最遠軸距が五・一五メートル以上のもの） 二　ＡＴ自動車以外の自動車を使用して行う技能試験にあっては、特定普通免許標準試験車両
［号を削る。］	
中型仮免許	一　ＡＴ自動車を使用して行う技能試験にあっては、最大積載量五、〇〇〇キログラム以上の中型自動車（ＡＴ自動車に限る。）で長さが七・〇〇メートル以上、幅が二・一五メートル以上及び最遠軸距が四・一〇メートル以上のもの（乗車定員一一人以上二九人以下のバス型の中型自動車を練習のため又は法第八十七条第一項に規定する試験等において運転しようとする者については、乗車定員一一人以上二九人以下のバス型の中型自動車（ＡＴ自動車に限る。）で長さが六・五〇メートル以上、幅が二・〇〇メートル以上及び最遠軸距が三・八〇メートル以上のもの） 二　［略］

［12・13　略］

別表第三（第三十二条関係）

一　［略］

二　コースの形状及び構造に関する基準

［略］

備考

［一～四　略］

五　大型第二種免許（ＡＴ大型第二種免許を除く。）又は中型第二種免許（ＡＴ中型第二種免許を除く。）に係る教習において普通自動車を使用して屈折コース、曲線コース、方向変換コース又は鋭角コースを走行する教習を行う場合における屈折コース、曲線コース、方向変換コース若しくは鋭角コースに係るコースの基準については、それぞれ普通免許若しくは普通第二種免許又は普通第二種免許に係る教習のコースの基準によるものとする。

六　［略］

別表第四（第三十三条関係）

一　技能教習の教習時間の基準

教習に係る免許の種類	現に受けている免許の有無及び種類	教習時間（時限数）		
		基本操作及び基本走行	応用走行	計
［略］				
大型第二種免許（ＡＴ大型第二種免許を除く。）	大型免許	8	10	18
	ＡＴ大型免許	8	14	22
	マイクロバス限定大型免許	10	14	24
	中型免許	10	14	24
	ＡＴ中型免許	10	18	28
	中型車（８ｔ）限定中型免許	12	17	29
	ＡＴ中型車（８ｔ）限定中型免許	12	21	33
	準中型免許	13	17	30
	ＡＴ準中型免許	13	21	34
	準中型車（５ｔ）限定準中型免許	15	19	34
	ＡＴ準中型車（５ｔ）限定準中型免許	15	23	38
	普通免許	15	19	34
	ＡＴ普通免許	15	23	38
	大型特殊免許又は大型特殊第二種免許	20	33	53
	カタピラ限定大型特殊免許又はカタピラ限定大型特殊第二種免許	28	33	61

	中型第二種免許		5	9	14
		ＡＴ中型第二種免許	5	13	18
		中型車（８ｔ）限定中型第二種免許	8	12	20
		ＡＴ中型車（８ｔ）限定中型第二種免許	8	16	24
		準中型車（５ｔ）限定中型第二種免許	12	14	26
		ＡＴ準中型車（５ｔ）限定中型第二種免許	12	18	30
	普通第二種免許		15	14	29
		ＡＴ普通第二種免許	15	18	33
ＡＴ大型第二種免許	大型免許		8	10	18
		ＡＴ大型免許	8	10	18
		マイクロバス限定大型免許	10	14	24
	中型免許		10	14	24
		ＡＴ中型免許	10	14	24
		中型車（８ｔ）限定中型免許	12	17	29
		ＡＴ中型車（８ｔ）限定中型免許	12	17	29
	準中型免許		13	17	30
		ＡＴ準中型免許	13	17	30
		準中型車（５ｔ）限定準中型免許	15	19	34
		ＡＴ準中型車（５ｔ）限定準中型免許	15	19	34
	普通免許		15	19	34
		ＡＴ普通免許	15	19	34
	大型特殊免許又は大型特殊第二種免許		20	29	49
	カタピラ限定大型特殊免許又はカタピラ限定大型特殊第二種免許		28	29	57
	ＡＴ中型第二種免許		5	9	14
		ＡＴ中型車（８ｔ）限定中型第二種免許	8	12	20
		ＡＴ準中型車（５ｔ）限定中型第二種免許	12	14	26
	ＡＴ普通第二種免許		15	14	29

［略］

備考　［１～13　略］

14　教習を受けようとする者が現に２以上の免許を受けている場合には、そのそれぞれについて規定する教習時間の時限数のうち最も短いものをその者の教習時間の時限数とする。ただし、次の各号に掲げる教習の教習時間については、当該各号に定めるところによる。

一　中型車（８ｔ）限定中型免許（ＡＴ中型車（８ｔ）限定中型免許を除く。以下この号において同じ。）、準中型免許（ＡＴ準中型免許を除く。以下この号及び次号において同じ。）又は普通免許（ＡＴ普通免許を除く。以下この号及び次号において同じ。）を受け、かつ、ＡＴ中型第二種免許又はＡＴ普通第二種免許のいずれかを受けている者（中型車（８ｔ）限定中型免許を受け、かつ、ＡＴ中型車（８ｔ）限定中型第二種免許を受けている者及び中型車（８ｔ）限定中型免許又は準中型免許を受け、かつ、ＡＴ準中型車（５ｔ）限定中型第二種免許又はＡＴ普通第二種免許を受けている者を除く。）に対する大型免許（ＡＴ大型免許を除く。次号において同じ。）に係る教習及びマイクロバス限定大型免許、中型免許（ＡＴ中型免許を除く。以下この号及び次号において同じ。）、準中型免許又は普通免許のいずれかを受けている者（マイクロバス限定大型免許又は中型免許（中型車（８ｔ）限定中型免許を除く。）を受け、かつ、ＡＴ中型車（８ｔ）限定中型第二種免許、ＡＴ準中型車（５ｔ）限定中型第二種免許又はＡＴ普通第二種免許を受けている者及び中型車（８ｔ）限定中型免許又は準中型免許（準中型車（５ｔ）限定準中型免許を除く。）を受け、かつ、ＡＴ準中型車（５ｔ）限定中型第二種免許又はＡＴ普通第二種免許を受けている者を除く。）に対する大型第二種免許（ＡＴ大型第二種免許を除く。）に係る教習の教習時間については、ＡＴ中型第二種免許又はＡＴ普通第二種免許を受けている者について規定する応用走行の時限数から、現に受けている免許の種類に応じ、それぞれ４時限を減じた時限数とする。

二　普通免許を受け、かつ、ＡＴ普通第二種免許を受けている者に対する中型免許又は準中型免許に係る教習及び大型免許、中型免許、準中型免許又は普通免許を受け、かつ、ＡＴ普通第二種免許を受けている者に対する中型第二種免許（ＡＴ中型第二種免許を除く。）に係る教習の教習時間については、ＡＴ普通第二種免許を受けている者について規定する応用走行の時限数から、教習に係る免許の種類に応じ、それぞれ４時限を減じた時限数とする。

三　大型免許、中型免許又は準中型免許（準中型車（５ｔ）限定準中型免許を除く。以下この号において同じ。）を受け、かつ、中型第二種免許又は普通第二種免許のいずれかを受けている者（マイクロバス限定大型免許、中型免許又は準中型免許を受け、かつ、中型第二種免許（中型車（８ｔ）限定中型第二種免許及び準中型車（５ｔ）限定中型第二種免許を除く。）を受けている者及び中型車（８ｔ）限定中型免許又は準中型免許を受け、かつ、中型車（８ｔ）限定中型第二種免許を受けている者を除く。）に対する大型第二種免許に係る教習の教習時間については、大型免許、中型免許又は準中型免許を受けている者について規定する応用走行の時限数から、現に受けている当該免許の種類に応じ、それぞれ５時限を減じた時限数とする。

２　［略］

○交通公害に係る大気の汚染、騒音及び振動を定める命令

（昭和四十六年六月二十三日 総理府 厚生省 令第一号）

沿革　昭四六総令四一、昭四七総令一三、平一二総令八九改正

道路交通法（昭和三十五年法律第百五号）第二条第一項第二十三号の内閣府令・環境省令で定めるものは、次の各号に掲げる大気の汚染、騒音及び振動であつて、当該区域において人の健康を保護し、及び生活環境を保全する上で維持されることが望ましい限度を超えるものとする。

一　道路を通行する自動車又は原動機付自転車から排出される一酸化炭素、炭化水素、鉛化合物、窒素酸化物又は粒子状物質に起因する大気の汚染

二　自動車又は原動機付自転車の通行に伴つて発生する騒音及び振動

附　則

この命令は、昭和四十六年六月二十四日から施行する。

附　則（昭四六・七・一総令四一）

この府令は、公布の日から施行する。

附　則（昭四七・四・八総令一三）

この府令は、公布の日から施行する。

附　則（平一二・八・一四総令八九抄）

（施行期日）

1　この府令は、内閣法の一部を改正する法律（平成十一年法律第八十八号）の施行の日（平成十三年一月六日）から施行する。

○自動車の保管場所の確保等に関する法律

（昭和三十七年六月一日法律第百四十五号）

沿革　昭三八法一四九、昭三九法九一、昭四二法一二六、昭四四法六八、昭四五法八六、昭四六法九八、平二法七四、平五法八九、平七法七三、平一一法八七、平一四法七七、平一六法五五、令四法六八、令六法三五改正

〔編者注〕

1　令和四年六月一七日法律第六八号による改正のうち、令和七年六月一日から施行される部分は、直接改正を加えないで、現行条文と並列して登載した。

2　令和六年五月二四日法律第三五号による改正のうち、公布の日から起算して一年を超えない範囲内において政令で定める日から施行される部分は、直接改正を加えないで、現行条文と並列して登載した。

（目的）

第一条　この法律は、自動車の保有者等に自動車の保管場所を確保し、道路を自動車の保管場所として使用しないよう義務づけるとともに、自動車の駐車に関する規制を強化することにより、道路使用の適正化、道路における危険の防止及び道路交通の円滑化を図ることを目的とする。

（定義）

第二条　この法律において、次の各号に掲げる用語の意義は、それぞれ当該各号に定めるところによる。

一　自動車　道路運送車両法（昭和二十六年法律第百八十五号）第二条第二項に規定する自動車（二輪の小型自動車、二輪の軽自動車及び二輪の小型特殊自動車を除く。）をいう。

二　保有者　自動車損害賠償保障法（昭和三十年法律第九十七号）第二条第三項に規定する保有者をいう。

三　保管場所　車庫、空地その他自動車を通常保管するための場所をいう。

四　道路　道路法（昭和二十七年法律第百八十号）第二条第一項に規定する道路及び一般交通の用に供するその他の場所をいう。

五　駐車　道路交通法（昭和三十五年法律第百五号）第二条第一項第十八号に規定する駐車をいう。

（保管場所の確保）

第三条　自動車の保有者は、道路上の場所以外の場所において、当該自動車の保管場所（自動車の使用の本拠の位置との間の距離その他の事項について政令で定める要件を備えるものに限る。第十一条第一項を除き、以下同じ。）を確保しなければならない。

※　「政令」＝令一

（保管場所の確保を証する書面の提出等）

第四条　道路運送車両法第四条に規定する処分、同法第十二条に規定する処分（使用の本拠の位置の変更に係るものに限る。以下同じ。）又は同法第十三条に規定する処分（使用の本拠の位置の変更を伴う場合に限る。以下同じ。）を受けようとする者は、当該行政庁に対して、警察署長の交付する道路上の場所以外の場所に当該自動車の保管場所を確保していることを証する書面で政令で定めるものを提出しなければならない。ただし、その者が、警察署長に対して、当該書面に相当するものとして政令で定める通知を当該行政庁に対して行うべきことを申請したときは、この限りでない。

2　当該行政庁は、前項の政令で定める書面の提出又は同項ただし書の政令で定める通知がないときは、同項の処分をしないものとする。

※　1項「政令」＝令二、「罰則」＝本法一七2①・一八

第五条　軽自動車である自動車を新規に運行の用に供しようとするときは、当該自動車の保有者は、当該自動車の保管場所の位置を管轄する警察署長に、当該自動車の使用の本拠の位置、保管場所の位置その他政令で定める事項を届け出なければならない。

※　「政令」＝令三、「罰則」＝本法一七3①・一八

（保管場所標章）

第六条　警察署長は、第四条第一項の政令で定める書面を交付したとき、同項ただし書の政令で定める通知を行つたとき、又は前条の規定による届出を受理したときは、当該自動車の保有者に対し、当該自動車の保管場所の位置等について表示する国家公安委員会規則で定める様式の保管場所標章を交付しなければならない。

2　前項の規定により保管場所標章の交付を受けた者は、国家公安委員会規則で定めるところにより、当該自動車に保管場所標章を表示しなければならない。この場合において、道路運送車両法第十二条に規定する処分又は同法第十三条に規定する処分についての第四条第一項の政令で定める書面の交付又は同項ただし書の政令で定める通知に係る保管場所標章を表示するときは、既に表示されている保管場所標章を取り除かなければならない。

3　自動車の保有者は、前項前段の保管場所標章が滅失し、損傷し、又はその識別が困難となつた場合その他国家公安委員会規則で定める場合には、当該自動車の保管場所の位置を管轄する警察署長に、その再交付を求めることができる。

> 注　令和六年五月二四日法律三五号により改正され、公布の日から起算して一年を超えない範囲内において政令で定める日から施行
>
> 第六条を次のように改める。
>
> **第六条**　削除

※　1〜3項「国家公安委員会規則」＝則六〜八

（保管場所の変更届出等）

第七条　自動車の保有者は、第四条第一項の政令で定める書面若しくは同項ただし書の政令で定める通知（以下この項において「書面等」という。）において証された保管場所の位置を変更したとき（道路運送車両法第十二条に規定する処分を受けようとする場合において、書面等において証された保管場所の位置を変更したときを除く。）又は第五条の規定による届出に係る保管場所の位置を変更したときは、変更した日から十五日以内に、変更後の保管場所の位置を管轄する警察署長に、当該自動車の使用の本拠の位置、変更後の保管場所の位置その他政令で定める事項を届け出なければならない。変更後の保管場所の位置を変更したとき（同法第十二条に規定する処分又は同法第十三条に規定する処分を受けようとする場合において、書面等において証された保管場所の位置を変更したときを除く。）

も、同様とする。

2　前条第一項の規定は前項の規定による届出を受理した場合について、同条第二項及び第三項の規定はこの項において準用する同条第一項の規定により交付された保管場所標章について準用する。この場合において、同条第二項中「道路運送車両法第十二条に規定する処分又は同法第十三条に規定する処分についての第四条第一項の政令で定める書面の交付又は同項ただし書の政令で定める通知に係る」とあるのは、「次条第一項の規定による届出に係る」と読み替えるものとする。

注　令和六年五月二四日法律三五号により改正され、公布の日から起算して一年を超えない範囲内において政令で定める日から施行

第七条第一項中「この項」を「この条」に改め、同条第二項を削る。

※　1項「政令」＝令三、「罰則」＝本法一七3①・一八、2項で準用する前条二・三項「国家公安委員会規則」＝則七・八

（通知）

第八条　警察署長は、自動車について、保管場所標章が表示されていないことその他の理由により、道路上の場所以外の場所に保管場所が確保されていないおそれがあるものと認めたときは、当該自動車の使用の本拠の位置を管轄する都道府県公安委員会（以下「公安委員会」という。）に対し、その旨を通知するものとする。

注　令和六年五月二四日法律三五号により改正され、公布の日から起算して一年を超えない範囲内において政令で定める日から施行

第八条中「、保管場所標章が表示されていないことその他の理由により」を削る。

（自動車の運行供用の制限）

第九条　自動車の使用の本拠の位置を管轄する公安委員会は、道路上の場所以外の場所に自動車の保管場所が確保されていると認められないときは、当該自動車の保有者に対し、当該自動車の保管場所が確保されたことについて公安委員会の確認を受けるまでの間当該自動車を運行の用に供してはならない旨を命ずることができる。

2　公安委員会は、前項の規定による命令をしたときは、当該命令を受けた自動車の保有者に対し、運行の用に供してはならないこととなる自動車の番号標の番号その他の国家公安委員会規則で定める事項を記載した文書を交付し、かつ、当該自動車の前面の見やすい箇所に国家公安委員会規則で定める様式の標章をはり付けるものとする。

3　前項の規定により標章をはり付けられた自動車の保有者が道路上の場所以外の場所に当該自動車の保管場所を確保したときは、その旨を第一項の規定による命令をした公安委員会に申告するものとする。

4　公安委員会は、前項の申告を受けたときは、速やかに当該申告に係る保管場所の位置に当該自動車の保管場所が確保されているかどうかを確認しなければならない。

5　公安委員会は、当該申告に係る保管場所の位置に当該自動車の保管場所が確保されていることを確認したときは、当該自動車の保有者に対し、文書で確認した旨を通知し、かつ、第二項の規定によりはり付けられた標章を取り除かなければならない。

6　何人も、第二項の規定によりはり付けられた標章を破損し、又は汚損してはならず、また、前項の規定による場合を除き、これを取り除いてはならない。

※　1項「罰則」＝本法一七1①・一八、2項「国家公安委員会規則」＝則九・一〇、6項「罰則」＝本法一七3②・一八

（聴聞の特例）

第十条　公安委員会は、前条第一項の規定による命令をしようとするときは、行政手続法（平成五年法律第八十八号）第十三条第一項の規定による意見陳述のための手続の区分にかかわらず、聴聞を行わなければならない。

2　前項の聴聞を行うに当たつては、その期日の一週間前までに、行政手続法第十五条第一項の規定による通知をし、かつ、聴聞の期日及び場所を公示しなければならない。

3　前項の通知を行政手続法第十五条第三項に規定する方法によつて行う場合においては、同条第一項の規定により聴聞の期日までにおくべき相当な期間は、二週間を下回つてはならない。

4　第一項の聴聞の期日における審理は、公開により行わなければならない。

※　2項「公示」＝則一二

（保管場所としての道路の使用の禁止等）

第十一条　何人も、道路上の場所を自動車の保管場所として使用してはならない。

2　何人も、次の各号に掲げる行為は、してはならない。

一　自動車が道路上の同一の場所に引き続き十二時間以上駐車することとなるような行為

二　自動車が夜間（日没時から日出時までの時間をいう。）に道路上の同一の場所に引き続き八時間以上駐車することとなるような行為

3　前二項の規定は、政令で定める特別の用務を遂行するため必要がある場合その他政令で定める場合については、適用しない。

※　1・2項「罰則」＝本法一七1②・2②・一八、3項「政令」＝令四

（報告又は資料の提出）

第十二条　公安委員会は、この法律の施行に必要な限度において、使用の本拠の位置がその管轄に属する自動車の保有者又は当該自動車の保管場所を管理する者に対し、当該自動車の保管場所に関し報告又は資料の提出を求めることができる。

※　「罰則」＝本法一七3③・一八

（適用除外等）

第十三条　道路運送法（昭和二十六年法律第百八十三号）第二条第二項に規定する自動車運送事業（以下「自動車運送事業」という。）又は貨物利用運送事業法（平成元年法律第八十二号）第二条第八項に規定する第二種貨物利用運送事業（自動車を使用して貨物の集配を行うものに限る。以下「第二種貨物利用運送事業」という。）の用に供する自動車については、第四条から第七条まで、第九条、第十条及び第十二条の規定を適用せず、その保管場所の確保に関しては、この法律に定めるもののほか、道路運送法、貨物自動車運送事業法（平成元年法律第八十三号）若しくは貨物運送取扱事業法又はこれらの法律に基づく命令の定めるところによる。

2　自動車運送事業又は第二種貨物利用運送事業の用に供する自動車（以下「運送事業用自動車」という。）の使用の本拠

の位置を管轄する公安委員会は、運送事業用自動車の保有者が道路上の場所以外の場所に当該自動車の保管場所を確保していないおそれがあると認めるときは、当該事業を監督する行政庁に対し、その旨を通知するものとする。

3　運送事業用自動車である自動車が運送事業用自動車でなくなつた場合において引き続き当該自動車を運行の用に供しようとするとき（道路運送車両法第十二条に規定する処分又は同法第十三条に規定する処分を受けようとするときを除く。）の当該自動車の保有者は、当該自動車が運送事業用自動車でなくなつた日から十五日以内に、当該自動車の保管場所の位置を管轄する警察署長に、当該自動車の使用の本拠の位置、保管場所の位置その他政令で定める事項を届け出なければならない。

4　第六条第一項の規定は前項の規定による届出を受理した場合について、同条第二項前段及び第三項の規定はこの項において準用する同条第一項の規定により交付された保管場所標章について、第七条の規定は前項の規定による届出に係る保管場所の位置を変更した場合について準用する。

注　令和六年五月二四日法律三五号により改正され、公布の日から起算して一年を超えない範囲内において政令で定める日から施行

第十三条第一項中「から第七条まで」を「、第五条、第七条」に、「第十二条」を「前条」に改め、同条第四項中「第六条第一項の規定は前項の規定による届出を受理した場合について、同条第二項前段及び第三項の規定はこの項において準用する同条第一項の規定により交付された保管場所標章について、第七条の規定は」を「第七条の規定は」に改める。

※　3項「政令」＝令三、4項で準用する六条二・三項「国家公安委員会規則」＝則七・八、4項で準用する七条一項「政令」＝令三、3・4項「罰則」＝本法一七③①・一八

（方面公安委員会への権限の委任）

第十四条　この法律又はこの法律に基づく政令の規定により道公安委員会の権限に属する事務は、政令で定めるところにより、方面公安委員会に委任することができる。

※　「政令」＝令五

（経過措置）

第十五条　この法律の規定に基づき政令又は国家公安委員会規則を制定し、又は改廃する場合においては、それぞれ政令又は国家公安委員会規則でその制定又は改廃に伴い合理的に必要と判断される範囲内において、所要の経過措置（罰則に関する経過措置を含む。）を定めることができる。

（国家公安委員会規則への委任）

第十六条　この法律に定めるもののほか、この法律の実施のための手続その他この法律の施行に関し必要な事項は、国家公安委員会規則で定める。

（罰則）

第十七条　次の各号のいずれかに該当する者は、三月以下の懲役又は二十万円以下の罰金に処する。

一　第九条第一項の規定による公安委員会の命令に違反した者

二　第十一条第一項の規定に違反して道路上の場所を使用した者

2　次の各号のいずれかに該当する者は、二十万円以下の罰金に処する。

一　自動車の保管場所に関する虚偽の書面を提出し、又は警察署長に自動車の保管場所に関する虚偽の通知を行わせて、第四条第一項の規定による処分を受けた者

二　第十一条第二項の規定に違反した者

3　次の各号のいずれかに該当する者は、十万円以下の罰金に処する。

一　第五条、第七条第一項（第十三条第四項において準用する場合を含む。）又は第十三条第三項の規定による届出をせず、又は虚偽の届出をした者

二　第九条第六項の規定に違反した者

三　第十二条の規定による報告をせず、若しくは資料の提出をせず、又は虚偽の報告をし、若しくは虚偽の資料を提出した者

注1　令和四年六月一七日法律六八号により改正され、令和七年六月一日から施行

第十七条第一項中「懲役」を「拘禁刑」に改める。

注2　令和六年五月二四日法律三五号により改正され、公布の日から起算して一年を超えない範囲内において政令で定める日から施行

第十七条第一項中「者は」を「場合には、当該違反行為をした者は」に改め、同項各号中「者」を「とき。」に改め、同条第二項中「者は」を「場合には、当該違反行為をした者は」に改め、同項各号中「者」を「とき。」に改め、同条第三項中「者は」を「場合には、当該違反行為をした者は」に改め、同項第一号中「第七条第一項」を「第七条」に、「者」を「とき。」に改め、同項第二号及び第三号中「者」を「とき。」に改める。

第十八条　法人の代表者又は法人若しくは人の代理人、使用人その他の従業者が、その法人又は人の業務に関し、前条の違反行為をしたときは、行為者を罰するほか、その法人又は人に対しても、同条の罰金刑を科する。

附　則

（施行期日）

1　この法律は、公布の日から起算して三月を経過した日から施行する。ただし、第五条の規定は公布の日から起算して一年を経過した日から施行し、第六条第三項中道路交通法第百十三条の二の規定を準用する部分は行政不服審査法（昭和三十七年法律第百六十号）の施行の日から施行する。

（適用地域等に関する経過措置）

2　第四条から第七条（第十三条第四項において準用する場合を含む。）まで及び第十三条第三項の規定は、当分の間、第四条第一項の処分に係る自動車又は軽自動車である自動車の区分に従いそれぞれ政令で定める地域以外の地域に使用の本拠の位置が在る自動車の保有者については、適用しない。

3　第十一条の規定は、当分の間、政令で定める地域以外の地域において行われた行為については、適用しない。

4　第八条から第十条までの規定は、当分の間、前項の政令で定める地域以外の地域に使用の本拠の位置が在る自動車及び当該自動車の保有者については、適用しない。

5　保管場所標章が表示されている自動車の保有者は、当該自

動車の使用の本拠の位置を附則第二項の政令で定める地域からそれ以外の地域に変更した場合には、速やかに、当該表示されている保管場所標章を取り除かなければならない。

6　自動車の使用の本拠の位置を附則第二項の政令で定める地域からそれ以外の地域に変更した自動車の保有者については、第七条（第十三条第四項及び附則第八項において準用する場合を含む。）の規定は、適用しない。

7　次に掲げる軽自動車である自動車の保有者は、当該自動車の保管場所の位置（保管場所の位置を変更した場合にあっては、変更後の保管場所の位置）を管轄する警察署長に、当該自動車の使用の本拠の位置（使用の本拠の位置を変更した場合にあっては、変更後の使用の本拠の位置）、保管場所の位置（保管場所の位置を変更した場合にあっては、変更後の保管場所の位置）その他政令で定める事項を届け出なければならない。この場合において、第一号に掲げる保有者に係る届出は、当該保管場所の位置を変更した日から十五日以内にしなければならない。

一　軽自動車である自動車の使用の本拠の位置を軽自動車である自動車についての附則第二項の政令で定める地域（以下「軽自動車適用地域」という。）以外の地域から軽自動車適用地域に変更した当該自動車の保有者であつて、当該自動車の保管場所の位置を変更したもの

二　一の地域が軽自動車適用地域となつた際現に当該一の地域に使用の本拠の位置を有して運行の用に供されている軽自動車である自動車について当該一の地域が軽自動車適用地域となつた日（以下「適用日」という。）以後に適用日における保有者の変更があつた場合における新保有者であつて、軽自動車適用地域にその使用の本拠の位置を有して当該自動車を運用の用に供しようとするもの

8　第六条第一項の規定は前項の規定による届出を受理した場合について、同条第二項前段及び第三項の規定はこの項において準用する同条第一項の規定により交付された保管場所標章について、第七条の規定は前項の規定による届出に係る保管場所の位置を変更した場合について準用する。

9　附則第七項の規定又は前項において準用する第七条第一項の規定による届出をせず、又は虚偽の届出をした者は、十万円以下の罰金に処する。

注　令和六年五月二四日法律三五号により改正され、公布の日から起算して一年を超えない範囲内において政令で定める日から施行

附則第二項中「から」を「、第五条」に改め、「まで」を削る。

附則第五項を削る。

附則第六項中「附則第八項」を「附則第七項」に改め、同項を附則第五項とし、附則第七項を附則第六項とする。

附則第八項中「第六条第一項の規定は前項の規定による届出を受理した場合について、同条第二項前段及び第三項の規定はこの項において準用する同条第一項の規定により交付された保管場所標章について、第七条の規定は」を「第七条の規定は」に改め、同項を附則第七項とする。

附則第九項中「附則第七項」を「附則第六項」に、「第七条第一項」を「第七条」に、「者」を「ときは、当該違反行為をした者」に改め、同項を附則第八項とする。

附則に次の一項を加える。

9　法人の代表者又は法人若しくは人の代理人、使用人その他の従業者が、その法人又は人の業務に関し、前項の違反行為をしたときは、行為者を罰するほか、その法人又は人に対しても、同項の刑を科する。

※2・3・7項「政令」＝令附則2・3・4

附　則（昭四六・六・二法九八抄）

（施行期日）

第一条　この法律は、公布の日から起算して六月をこえない範囲内において政令で定める日から施行する。〔後略〕

〔昭四六・一一政令三四七により、昭四六・一二・一から施行〕

（自動車の保管場所の確保等に関する法律の一部改正に伴う経過措置）

第四条　改正前の自動車の保管場所の確保等に関する法律（次項において「旧法」という。）第六条第一項又は第二項の規定に基づく指定又は制限で、この法律の施行の際現にその効力を有するものは、改正後の道路交通法第四条第一項の規定に基づく交通の規制とみなす。

2　旧法第六条の規定又はこれに基づく処分に違反した行為に関しては、旧法第六条、第七条、第十条第二項及び第十一条の規定は、なおその効力を有する。この場合において、旧法第七条中「第百八条」とあるのは、「第百八条の三」とする。

（罰則に係る経過措置）

第五条　この法律の施行前にした行為に対する罰則の適用については、なお従前の例による。

附　則（平二・七・三法七四抄）

沿革　平七法七三改正

（施行期日）

第一条　この法律は、公布の日から起算して一年を超えない範囲内において政令で定める日から施行する。

〔平三・一政令一一により、平三・七・一から施行〕

（経過措置）

第二条　この法律の施行の際現に改正前の自動車の保管場所の確保等に関する法律第三条の規定により自動車の保有者が確保している当該自動車の保管場所は、改正後の自動車の保管場所の確保等に関する法律（以下「新法」という。）の規定の適用については、新法第三条の規定により確保している自動車の保管場所とみなす。

2　新法第六条の規定は、この法律の施行の日（以下「施行日」という。）前にされた申請に基づき施行日以後に第四条第一項の政令で定める書面を交付した場合については、適用しない。

3　新法第九条及び第十条の規定は、この法律の施行の際現に運行の用に供されている自動車の保有者が施行日以後も引き続き当該自動車を運行の用に供している場合（施行日以後に当該自動車につき道路運送車両法（昭和二十六年法律第百八十五号）第十二条に規定する処分（使用の本拠の位置の変更に係るものに限る。）又は同法第十三条に規定する処分（使

用の本拠の位置の変更を伴う場合に限る。）に係る新法第四条第一項の政令で定める書面の交付があった場合及び新法第七条第一項の規定による届出をした場合を除く。）における当該保有者及び当該自動車については、適用しない。

附　則（平五・一一・一二法八九抄）

（施行期日）

第一条　この法律は、行政手続法（平成五年法律第八十八号）の施行の日〔平成六年一〇月一日〕から施行する。

（諮問等がされた不利益処分に関する経過措置）

第二条　この法律の施行前に法令に基づき審議会その他の合議制の機関に対し行政手続法第十三条に規定する聴聞又は弁明の機会の付与の手続その他の意見陳述のための手続に相当する手続を執るべきことの諮問その他の求めがされた場合においては、当該諮問その他の求めに係る不利益処分の手続に関しては、この法律による改正後の関係法律の規定にかかわらず、なお従前の例による。

（罰則に関する経過措置）

第十三条　この法律の施行前にした行為に対する罰則の適用については、なお従前の例による。

（聴聞に関する規定の整理に伴う経過措置）

第十四条　この法律の施行前に法律の規定により行われた聴聞、聴聞若しくは聴聞会（不利益処分に係るものを除く。）又はこれらのための手続は、この法律による改正後の関係法律の相当規定により行われたものとみなす。

（政令への委任）

第十五条　附則第二条から前条までに定めるもののほか、この法律の施行に関して必要な経過措置は、政令で定める。

附　則（平七・四・二一法七三抄）

（施行期日）

1　この法律は、平成八年一月一日から施行する。

（経過措置）

2　この法律の施行前にした行為に対する罰則の適用については、なお従前の例による。

附　則（平一一・七・一六法八七抄）

（施行期日）

第一条　この法律は、平成十二年四月一日から施行する。ただし、次の各号に掲げる規定は、当該各号に定める日から施行する。

一　〔前略〕附則第七条、第十条、第十二条、第五十九条ただし書、第六十条第四項及び第五項、第七十三条、第七十七条、第百五十七条第四項から第六項まで、第百六十条、第百六十三条、第百六十四条並びに第二百二条の規定　公布の日

二～六〔略〕

（国等の事務）

第百五十九条　この法律による改正前のそれぞれの法律に規定するもののほか、この法律の施行前において、地方公共団体の機関が法律又はこれに基づく政令により管理し又は執行する国、他の地方公共団体その他公共団体の事務（附則第百六十一条において「国等の事務」という。）は、この法律の施行後は、地方公共団体が法律又はこれに基づく政令により当該地方公共団体の事務として処理するものとする。

（処分、申請等に関する経過措置）

第百六十条　この法律（附則第一条各号に掲げる規定については、当該各規定。以下この条及び附則第百六十三条において同じ。）の施行前に改正前のそれぞれの法律の規定によりされた許可等の処分その他の行為（以下この条において「処分等の行為」という。）又はこの法律の施行の際現に改正前のそれぞれの法律の規定によりされている許可等の申請その他の行為（以下この条において「申請等の行為」という。）で、この法律の施行の日においてこれらの行為に係る行政事務を行うべき者が異なることとなるものは、附則第二条から前条までの規定又は改正後のそれぞれの法律（これに基づく命令を含む。）の経過措置に関する規定に定めるものを除き、この法律の施行の日以後における改正後のそれぞれの法律の適用については、改正後のそれぞれの法律の相当規定によりされた処分等の行為又は申請等の行為とみなす。

2　この法律の施行前に改正前のそれぞれの法律の規定により国又は地方公共団体の機関に対し報告、届出、提出その他の手続をしなければならない事項で、この法律の施行の日前にその手続がされていないものについては、この法律及びこれに基づく政令に別段の定めがあるもののほか、これを、改正後のそれぞれの法律の相当規定により国又は地方公共団体の相当の機関に対して報告、届出、提出その他の手続をしなければならない事項についてその手続がされていないものとみなして、この法律による改正後のそれぞれの法律の規定を適用する。

（不服申立てに関する経過措置）

第百六十一条　施行日前にされた国等の事務に係る処分であって、当該処分をした行政庁（以下この条において「処分庁」という。）に施行日前に行政不服審査法に規定する上級行政庁（以下この条において「上級行政庁」という。）があったものについての同法による不服申立てについては、施行日以後においても、当該処分庁に引き続き上級行政庁があるものとみなして、行政不服審査法の規定を適用する。この場合において、当該処分庁の上級行政庁とみなされる行政庁は、施行日前に当該処分庁の上級行政庁であった行政庁とする。

2　前項の場合において、上級行政庁とみなされる行政庁が地方公共団体の機関であるときは、当該機関が行政不服審査法の規定により処理することとされる事務は、新地方自治法第二条第九項第一号に規定する第一号法定受託事務とする。

（手数料に関する経過措置）

第百六十二条　施行日前においてこの法律による改正前のそれぞれの法律（これに基づく命令を含む。）の規定により納付すべきであった手数料については、この法律及びこれに基づく政令に別段の定めがあるもののほか、なお従前の例による。

（罰則に関する経過措置）

第百六十三条　この法律の施行前にした行為に対する罰則の適用については、なお従前の例による。

（その他の経過措置の政令への委任）

第百六十四条　この附則に規定するもののほか、この法律の施行に伴い必要な経過措置（罰則に関する経過措置を含む。）は、政令で定める。

2　附則第十八条、第五十一条及び第百八十四条の規定の適用に関して必要な事項は、政令で定める。

附　則（平一四・六・一九法七七抄）

（施行期日）

第一条　この法律は、公布の日から起算して一年を超えない範囲内において政令で定める日から施行する。〔平一四・一〇政令三二〇により、平一五・四・一から施行〕

附　則（平一六・五・二六法五五抄）

（施行期日）

第一条　この法律は、平成十七年十二月三十一日までの間において政令で定める日から施行する。〔後略〕
〔平一七・五政令一八六により、平一七・一二・二六から施行〕

（政令への委任）

第八条　附則第二条から前条までに定めるもののほか、この法律の施行に関して必要となる経過措置（罰則に関する経過措置を含む。）は、政令で定める。

附　則（令四・六・一七法六八抄）

（罰則の適用等に関する経過措置）

第四百四十一条　刑法等の一部を改正する法律（令和四年法律第六十七号。以下「刑法等一部改正法」という。）及びこの法律（以下「刑法等一部改正法等」という。）の施行前にした行為の処罰については、次章に別段の定めがあるもののほか、なお従前の例による。

2　刑法等一部改正法等の施行後にした行為に対して、他の法律の規定によりなお従前の例によることとされ、なお効力を有することとされ又は改正前若しくは廃止前の法律の規定の例によることとされる罰則を適用する場合において、当該罰則に定める刑（刑法施行法第十九条第一項の規定又は第八十二条の規定による改正後の沖縄の復帰に伴う特別措置に関する法律第二十五条第四項の規定の適用後のものを含む。）に刑法等一部改正法第二条の規定による改正前の刑法（明治四十年法律第四十五号。以下この項において「旧刑法」という。）第十二条に規定する懲役（以下「懲役」という。）、旧刑法第十三条に規定する禁錮（以下「禁錮」という。）又は旧刑法第十六条に規定する拘留（以下「旧拘留」という。）が含まれるときは、当該刑のうち無期の懲役又は禁錮はそれぞれ無期拘禁刑と、有期の懲役又は禁錮はそれぞれその刑と長期及び短期（刑法施行法第二十条の規定の適用後のものを含む。）を同じくする有期拘禁刑と、旧拘留は長期及び短期（刑法施行法第二十条の規定の適用後のものを含む。）を同じくする拘留とする。

（裁判の効力とその執行に関する経過措置）

第四百四十二条　懲役、禁錮及び旧拘留の確定裁判の効力並びにその執行については、次章に別段の定めがあるもののほか、なお従前の例による。

（人の資格に関する経過措置）

第四百四十三条　懲役、禁錮又は旧拘留に処せられた者に係る人の資格に関する法令の規定の適用については、無期の懲役又は禁錮に処せられた者はそれぞれ無期拘禁刑に処せられた者と、有期の懲役又は禁錮に処せられた者はそれぞれ刑期を同じくする有期拘禁刑に処せられた者と、旧拘留に処せられた者は拘留に処せられた者とみなす。

2　拘禁刑又は拘留に処せられた者に係る他の法律の規定によりなお従前の例によることとされ、なお効力を有することとされ又は改正前若しくは廃止前の法律の規定の例によることとされる人の資格に関する法令の規定の適用については、無期拘禁刑に処せられた者は無期禁錮に処せられた者と、有期拘禁刑に処せられた者は刑期を同じくする有期禁錮に処せられた者と、拘留に処せられた者は刑期を同じくする旧拘留に処せられた者とみなす。

（経過措置の政令への委任）

第五百九条　この編に定めるもののほか、刑法等一部改正法等の施行に伴い必要な経過措置は、政令で定める。

附　則（令四・六・一七法六八抄）

（施行期日）

1　この法律は、刑法等一部改正法〔刑法等の一部を改正する法律＝令和四年六月法律第六七号〕施行日〔令和七年六月一日〕から施行する。ただし、次の各号に掲げる規定は、当該各号に定める日から施行する。

一　第五百九条の規定　公布の日

二　〔略〕

附　則（令六・五・二四法三五）

この法律は、公布の日から起算して一年を超えない範囲内において政令で定める日から施行する。

○自動車の保管場所の確保等に関する法律施行令

（昭和三十七年八月二十日政令第三百二十九号）

沿革（前略）昭四〇政令二四一、昭四二政令六、昭四五政令二二七、昭四六政令三四八、昭四七政令一〇〇、昭四八政令四一、昭五五政令一八三、昭五六政令三一〇、昭五九政令一七六・一八四、昭六〇政令三一、平二政令二一一、平三政令一二、平六政令三〇三、平七政令二六四、平一〇政令二一四、平一二政令三〇三・三五九、平一四政令四・三二一、平一六政令五九、平一七政令一八七、平二八政令一〇三、令三政令一九五改正

（保管場所の要件）

第一条　自動車の保管場所の確保等に関する法律（以下「法」という。）第三条の政令で定める要件は、次の各号のすべてに該当することとする。

一　当該自動車の使用の本拠の位置との間の距離が、二キロメートル（法第十三条第二項の運送事業用自動車である自動車にあつては、国土交通大臣が運送事業（同条第一項の自動車運送事業又は第二種貨物利用運送事業をいう。）に関し土地の利用状況等を勘案して定める地域に当該自動車の使用の本拠の位置が在るときは、当該地域につき国土交通大臣が定める距離）を超えないものであること。

二　当該自動車が法令の規定により通行することができないこととされる道路以外の道路から当該自動車を支障なく出入させ、かつ、その全体を収容することができるものであること。

三　当該自動車の保有者が当該自動車の保管場所として使用する権原を有するものであること。

（保管場所の確保を証する書面等）

第二条　法第四条第一項の政令で定める書面は、自動車の保有者の申請により、当該申請に係る場所の位置を管轄する警察署長が、当該場所が当該申請に係る自動車につき法第三条に規定する保管場所として確保されていることを証明した書面とする。

2　法第四条第一項ただし書の政令で定める通知は、当該申請に係る場所の位置を管轄する警察署長が、当該場所が当該申請に係る自動車につき法第三条に規定する保管場所として確保されていることを証明する旨の通知であつて、当該警察署長の使用に係る電子計算機（入出力装置を含む。以下この項において同じ。）から電気通信回線を通じて法第四条第一項に規定する当該行政庁の使用に係る電子計算機に送信することによつて行われるものとする。

（届出事項）

第三条　法第五条、第七条第一項（法第十三条第四項において準用する場合を含む。）及び第十三条第三項の政令で定める事項は、当該自動車に関する次に掲げるものとする。

一　車名

二　型式

三　車台番号

四　車体の長さ、幅及び高さ

（法第十一条第一項及び第二項の規定の適用除外に係る用務等）

第四条　法第十一条第三項の政令で定める特別の用務は、次の各号に掲げる用務とする。

一　災害対策基本法（昭和三十六年法律第二百二十三号）第五十条第二項の規定による災害応急対策の実施

二　自衛隊法（昭和二十九年法律第百六十五号）第七十六条第一項、第七十八条第一項、第八十一条第二項又は第八十三条第二項の規定による自衛隊の行動

2　法第十一条第三項の政令で定める場合は、次の各号に掲げる場合とする。

一　自動車が、工作物の損壊、危険物の爆発、火事その他の事故による危害を防止し、又は軽減する用務が行われている間、当該用務の遂行のため駐車することがやむを得ない場合

二　自動車が、自衛隊法第七十七条の規定による防衛出動待機命令又は同法第七十九条第一項の規定による治安出動待機命令に基づく待機が行われている間、当該待機のため駐車することがやむを得ない場合

三　自動車が、医師若しくは歯科医師の往診又は助産師の出張による業務が行われている間、当該業務の遂行のため駐車することがやむを得ない場合

四　自動車が、生命が危険な状態にある傷病者を看護する用務が行われている間、当該用務のため駐車することがやむを得ない場合

五　自動車が、報道機関による報道の取材が行われている間、当該報道の取材のため駐車することがやむを得ない場合

六　自動車が、土地収用法（昭和二十六年法律第二百十九号）第三条各号のいずれかに掲げるもの並びに電気通信事業法（昭和五十九年法律第八十六号）第百二十八条第一項の規定の適用がある線路及び空中線並びにこれらの附属設備に係る工事が行われている間、当該工事の実施のため駐車することがやむを得ない場合

七　自動車が、道路法（昭和二十七年法律第百八十号）第七十七条第一項の規定による道路の構造に関する調査が行われている間、当該調査の実施のため駐車することがやむを得ない場合

八　自動車が、犯罪の予防、鎮圧又は捜査が行われている間、当該用務のため駐車することがやむを得ない場合

九　自動車が、出入国管理及び難民認定法（昭和二十六年政令第三百十九号）第五章の規定による退去強制手続を執行する用務が行われている間、当該用務の遂行のため駐車することがやむを得ない場合

十　自動車が、総務省設置法（平成十一年法律第九十一号）第二十八条第一項に規定する事務（同法第四条第一項第六十四号及び第六十五号に掲げる事務に係るものに限る。）が行われている間、当該事務の遂行のため駐車することがやむを得ない場合

十一　火事、出水等の事故その他自己の責めに帰することのできない理由により自動車の保管場所を使用することができないため道路上の場所を当該自動車の保管場所として使用し、又は道路において法第十一条第二項各号のいずれかに掲げる行為をすることがやむを得ない場合において、新たに自動車の保管場所を確保するため通常必要と認められ

る間、当該道路上の場所を管轄する警察署長に届け出て当該行為をするとき。

（方面公安委員会への権限の委任）

第五条　法第八条、第九条第一項から第五項まで、第十条第一項、第十二条及び第十三条第二項の規定により道公安委員会の権限に属する事務は、道警察本部の所在地を包括する方面を除く方面については、当該方面公安委員会が行う。

2　前項の規定により方面公安委員会が法第十条第一項の規定による聴聞を行うに当たつては、道公安委員会が定める手続に従うものとする。

附　則

（施行期日）

1　この政令は、昭和三十七年九月一日から施行する。

（保管場所の確保を証する書面の提出等、保管場所標章等の規定の適用地域）

2　法附則第二項の政令で定める地域は、次の各号に掲げる自動車の区分に応じ、それぞれ当該各号に定める特別区及び市町村の区域とし、その区域は、平成十二年六月一日における区域とする。

一　法第四条第一項の処分に係る自動車　特別区並びに市、町及び別表第一に掲げる村の区域

二　軽自動車である自動車　特別区及び別表第二に掲げる市の区域

（保管場所としての道路の使用の禁止等の規定の適用地域）

3　法附則第三項の政令で定める地域は、前項第一号に定める区域とする。

（届出事項）

4　法附則第七項の政令で定める事項は、同項の規定による届出に係る自動車に関する第三条各号に掲げる事項とする。

附　則（昭四五・七・二七政令二二七抄）

1　この政令は、道路交通法の一部を改正する法律（昭和四十五年法律第八十六号。以下「改正法」という。）の施行の日（昭和四十五年八月二十日）から施行する。

附　則（昭四六・一一・二四政令三四八抄）

1　この政令は、道路交通法の一部を改正する法律（昭和四十六年法律第九十八号。以下「改正法」という。）の施行の日（昭和四十六年十二月一日）から施行する。〔後略〕

附　則（昭四七・四・二八政令一〇〇）

この政令は、沖縄の復帰に伴う関係法令の改廃に関する法律（昭和四十六年法律第百三十号）の施行の日（昭和四十七年五月十五日）から施行する。

附　則（昭四八・三・三一政令四一）

1　この政令は、昭和四十八年六月一日から施行する。

2　昭和四十八年十一月三十日までの間は、この政令による改正後の自動車の保管場所の確保等に関する法律施行令第二条中「東京都の特別区の存する区域並びに市、町及び別表に掲げる村の区域」とあるのは、「東京都の特別区の存する区域及び市の区域」とする。

附　則（昭五五・六・二三政令一八三抄）

1　この政令〔中略〕は郵政省設置法の一部を改正する法律（昭和五十五年法律第四十八号）の施行の日（昭和五十五年七月一日）から施行する。

附　則（昭五六・一〇・二七政令三一〇）

この政令は、昭和五十七年一月一日から施行する。

附　則（昭五九・六・六政令一七六抄）

（施行期日）

第一条　この政令は、昭和五十九年七月一日から施行する。

附　則（昭五九・六・一三政令一八四）

この政令は、昭和五十九年七月一日から施行する。

附　則（昭六〇・三・一五政令三一抄）

（施行期日）

第一条　この政令は、昭和六十年四月一日から施行する。

附　則（平二・七・一〇政令二一一）

この政令は、貨物運送取扱事業法の施行の日（平成二年十二月一日）から施行する。

附　則（平三・一・三一政令一二抄）

（施行期日）

1　この政令は、自動車の保管場所の確保等に関する法律の一部を改正する法律の施行の日（平成三年七月一日）から施行する。

附　則（平六・九・一九政令三〇三抄）

（施行期日）

第一条　この政令は、行政手続法の施行の日（平成六年十月一日）から施行する。

附　則（平七・六・二六政令二六四）

この政令は、自動車の保管場所の確保等に関する法律の一部を改正する法律（平成七年法律第七十三号）の施行の日（平成八年一月一日）から施行する。

附　則（平一〇・六・一二政令二〇四）

（施行期日）

1　この政令は、平成十一年一月一日から施行する。

（経過措置）

2　この政令の施行前にした行為に対する罰則の適用については、なお従前の例による。

附　則（平一二・六・二三政令三五九）

（施行期日）

1　この政令は、平成十三年一月一日から施行する。

（経過措置）

2　この政令の施行前にした行為に対する罰則の適用については、なお従前の例による。

附　則（平一二・六・七政令三〇三抄）

（施行期日）

第一条　この政令は、内閣法の一部を改正する法律（平成一一年七月法律第八八号）の施行の日（平成十三年一月六日）から施行する。〔後略〕

附　則（平一四・一一・一七政令四抄）

（施行期日）

第一条　この政令は、保健婦助産婦看護婦法の一部を改正する法律の施行の日（平成十四年三月一日）から施行する。

附　則（平一四・一〇・三〇政令三二一）

この政令は、鉄道事業法等の一部を改正する法律の施行の日（平成十五年四月一日）から施行する。

附　則（平一六・三・二四政令五九）

この政令は、電気通信事業法及び日本電信電話株式会社等に関する法律の一部を改正する法律附則第一条第三号に掲げる規定の施行の日（平成十六年四月一日）から施行する。

附　則（平一七・五・二七政令一八七抄）

（施行期日）

第一条　この政令は、自動車関係手続における電子情報処理組織の活用のための道路運送車両法等の一部を改正する法律〔平成一六年五月法律第五五号〕（以下「改正法」という。）の施行の日（平成十七年十二月二十六日）から施行する。

附　則（平二八・三・三一政令一〇三抄）

（施行期日）

1　この政令は、平成二十八年四月一日から施行する。

附　則（令三・七・二政令一九五抄）

（施行期日）

1　この政令は、令和三年九月一日から施行する。〔後略〕

別表第一（附則第二項関係）

都道府県名	郡名	村名
青森県	南津軽郡	田舎館村
岩手県	岩手郡	滝沢村
宮城県	黒川郡	大衡村
福島県	北会津郡	北会津村
	河沼郡	湯川村
茨城県	那珂郡	東海村
	新治郡	新治村
	筑波郡	谷和原村
埼玉県	大里郡	大里村
	北埼玉郡	南河原村　川里村
千葉県	印旛郡	印旛村　本埜村
富山県	中新川郡	舟橋村
	射水郡	下村
静岡県	磐田郡	豊岡村
愛知県	海部郡	十四山村　飛島村　立田村　八開村
大阪府	南河内郡	千早赤阪村
奈良県	山辺郡	都祁村
	高市郡	明日香村
鳥取県	西伯郡	日吉津村
岡山県	都窪郡	山手村　清音村
愛媛県	越智郡	朝倉村
沖縄県	中頭郡	北中城村　中城村
	島尻郡	豊見城村　大里村

別表第二（附則第二項関係）

都道府県名	市名
北海道	札幌市　函館市　小樽市　旭川市　室蘭市　江別市　釧路市　帯広市　北見市　苫小牧市
青森県	青森市　弘前市　八戸市
岩手県	盛岡市
宮城県	仙台市　石巻市
秋田県	秋田市
山形県	山形市　鶴岡市　酒田市
福島県	福島市　会津若松市　郡山市　いわき市
茨城県	水戸市　日立市　土浦市　つくば市　ひたちなか市
栃木県	宇都宮市　足利市　小山市
群馬県	前橋市　高崎市　桐生市　伊勢崎市　太田市
埼玉県	川越市　熊谷市　川口市　浦和市　大宮市　所沢市　岩槻市　春日部市　狭山市　深谷市　上尾市　与野市　草加市　越谷市　蕨市　戸田市　入間市　鳩ケ谷市　朝霞市　志木市　和光市　新座市　八潮市　富士見市　上福岡市　三郷市
千葉県	千葉市　市川市　船橋市　木更津市　松戸市　野田市　佐倉市　習志野市　柏市　市原市　流山市　八千代市　我孫子市　鎌ケ谷市　浦安市
東京都	八王子市　立川市　武蔵野市　三鷹市　青梅市　府中市　昭島市　調布市　町田市　小金井市　小平市　日野市　東村山市　国分寺市　国立市　田無市　保谷市　狛江市

	東大和市　清瀬市　東久留米市　多摩市　稲城市
神奈川県	横浜市　川崎市　横須賀市　平塚市　鎌倉市　藤沢市　小田原市　茅ケ崎市　相模原市　秦野市　厚木市　大和市　海老名市　座間市
新潟県	新潟市　長岡市　上越市
富山県	富山市　高岡市
石川県	金沢市　小松市
福井県	福井市
山梨県	甲府市
長野県	長野市　松本市　上田市　飯田市
岐阜県	岐阜市　大垣市　多治見市　各務原市
静岡県	静岡市　浜松市　沼津市　清水市　三島市　富士宮市　富士市　焼津市　藤枝市
愛知県	名古屋市　豊橋市　岡崎市　一宮市　瀬戸市　半田市　春日井市　豊川市　刈谷市　豊田市　安城市　小牧市
三重県	津市　四日市市　伊勢市　松阪市　桑名市　鈴鹿市
滋賀県	大津市　彦根市　草津市
京都府	京都市　宇治市　長岡京市
大阪府	大阪市　堺市　岸和田市　豊中市　池田市　吹田市　泉大津市　高槻市　守口市　枚方市　茨木市　八尾市　富田林市　寝屋川市　河内長野市　松原市　大東市　和泉市　箕面市　柏原市　羽曳野市　門真市　摂津市　高石市　藤井寺市　東大阪市　四條畷市　交野市　大阪狭山市

兵庫県	神戸市　姫路市　尼崎市　明石市　西宮市　芦屋市　伊丹市　加古川市　宝塚市　川西市
奈良県	奈良市　大和高田市　橿原市　生駒市
和歌山県	和歌山市
鳥取県	鳥取市　米子市
島根県	松江市
岡山県	岡山市　倉敷市
広島県	広島市　呉市　福山市　東広島市
山口県	下関市　宇部市　山口市　徳山市　防府市　岩国市
徳島県	徳島市
香川県	高松市
愛媛県	松山市　今治市　新居浜市
高知県	高知市
福岡県	北九州市　福岡市　大牟田市　久留米市
佐賀県	佐賀市
長崎県	長崎市　佐世保市
熊本県	熊本市　八代市
大分県	大分市　別府市
宮崎県	宮崎市　都城市　延岡市
鹿児島県	鹿児島市
沖縄県	那覇市　沖縄市

○自動車の保管場所の確保等に関する法律施行規則

（平成三年一月三十一日
国家公安委員会規則第一号）

沿革　平六公安委規則九・二五、平七公安委規則九、平一一公安委規則一一、平一二公安委規則六、平一三公安委規則一五、平一七公安委規則二一、平二二公安委規則六、令元公安委規則三・一〇、令二公安委規則一三改正

（保管場所の確保を証する書面の交付の申請の手続等）

第一条　自動車の保管場所の確保等に関する法律施行令（昭和三十七年政令第三百二十九号）第二条第一項の規定により自動車の保有者が行う自動車の保管場所の確保等に関する法律（以下「法」という。）第四条第一項の書面の交付の申請は、申請書二通（都道府県公安委員会規則で別段の定めをしたときは、一通。第四条第一項及び第八条第二項において同じ。）を当該申請に係る場所の位置を管轄する警察署長に提出して行うものとする。

2　前項の申請を行う場合において、申請書二通のうち一通（同項の規定による別段の定めにより申請書一通を提出することとされる場合にあっては、当該申請書）には、次に掲げる書面を添付しなければならない。

一　自動車の保有者が当該申請に係る場所を保管場所として使用する権原を有することを疎明する書面

二　当該申請に係る使用の本拠の位置並びに当該申請に係る場所の付近の道路及び目標となる地物を表示した当該申請に係る場所の所在図

三　当該申請に係る場所並びに当該申請に係る場所の周囲の建物、空地及び道路を表示した配置図（当該申請に係る場所にあってはその平面の寸法、道路にあってはその幅員を明記すること。）

3　前項の規定にかかわらず、次に掲げる場合には、前項第二号に掲げる書面の添付を省略することができる。ただし、警察署長は、当該申請に係る場所の付近の目標となる地物及び

その位置を知るため特に必要があると認めるときは、同号に掲げる書面の提出を求めることができる。

一　当該申請に係る使用の本拠の位置が旧自動車（当該申請者が保有者である自動車であって当該申請に係るもの以外のものをいう。以下この号及び次項において同じ。）に係る使用の本拠の位置と同一であり、かつ、当該申請に係る場所が当該旧自動車の保管場所とされているとき。

二　当該申請に係る使用の本拠の位置が当該申請に係る場所の位置と同一であるとき（前号に掲げる場合を除く。）。

4　前項第一号の規定により第二項第二号に掲げる書面の添付を省略する場合には、当該申請に係る申請書に当該旧自動車に表示されている保管場所標章に係る保管場所標章番号を記載しなければならない。

5　第一項の申請書及び法第四条第一項の書面の様式は、別記様式第一号のとおりとする。

（保管場所の確保を証する通知の申請の手続等）

第二条　法第四条第一項ただし書の申請は、当該申請に係る場所の位置を管轄する警察署長の使用に係る電子計算機（入出力装置を含む。以下この条において同じ。）と当該申請を行う者の使用に係る電子計算機とを電気通信回線で接続した電子情報処理組織を使用して行うものとする。

2　前項の申請を行おうとする者は、前条第一項の申請書に記載すべき事項並びに同条第二項第一号に掲げる書面に記載されている事項又はこれに記載すべき事項並びに同項第二号及び第三号に掲げる書面に記載すべき事項を、当該申請を行う者の使用に係る電子計算機であって次の各号に掲げる機能のすべてを備えたものから入力して、当該申請を行わなければならない。

一　警察署長が交付する電子計算機用ソフトウェアを用いてこの項各号列記以外の部分に規定する事項のすべてを当該警察署長が提供する様式に入力できる機能

二　警察署長が交付する電子計算機用ソフトウェアを用いて当該警察署長の使用に係る電子計算機と通信できる機能

3　前条第三項及び第四項の規定並びに国家公安委員会の所管する法令に係る情報通信技術を活用した行政の推進等に関する法律施行規則（平成十五年国家公安委員会規則第六号。以下この項及び第五条第二項において「規則」という。）第四条第三項及び第四項の規定は第一項の申請について、情報通信技術を活用した行政の推進等に関する法律（平成十四年法律第百五十一号。第五条第二項において「情報通信技術活用法」という。）第六条第三項の規定は第一項の規定により行われた申請の到達時期について、それぞれ準用する。この場合において、前条第三項中「前項の」とあるのは「第二条第二項の」と、「前項第二号に掲げる書面の添付」とあるのは「第二条第二項第二号に掲げる書面に記載すべき事項の入力」と、前条第四項中「第二項第二号に掲げる書面の添付」とあるのは「第二条第二項第二号に掲げる書面に記載すべき事項の入力」と、「の提出」とあるのは「に記載すべき事項の入力」と、「に係る申請書に」とあるのは「を行う者の使用に係る電子計算機から」と、「記載」とあるのは「入力」と、規則第四条第四項中「国家公安委員会が情報通信技術活用法第六条第一項」とあるのは「自動車の保管場所の確保等に関する法律第四条第一項ただし書の申請に係る場所の位置を管轄する警察署長が自動車の保管場所の確保等に関する法律施行規則第二条第一項」と、「国家公安委員会の」とあるのは「当該警察署長の」と読み替えるものとする。

（届出の手続）

第三条　法第五条、第七条第一項（法第十三条第四項及び附則第八項において準用する場合を含む。）、第十三条第三項又は附則第七項の規定による届出は、別記様式第二号の届出書を提出して行うものとする。

2　第一条第二項から第四項まで（第三項ただし書を除く。）の規定は、前項の届出について準用する。この場合において、同条第三項第一号中「ある」とあるのは「あり、又は保有者であった」と、「いる」とあるのは「おり、又は当該届出の日前十五日以内に保管場所とされていた」と、同条第四項中「いる」とあるのは「おり、又は当該届出の日前十五日以内に表示されていた」と読み替えるものとする。

（保管場所標章の交付の手続）

第四条　法第六条第一項（法第七条第二項（法第十三条第四項及び附則第八項において準用する場合を含む。）、第十三条第四項及び附則第八項において準用する場合を含む。第六条において同じ。）の規定により保管場所標章を交付しようとする警察署長は、当該保管場所標章の交付を受けようとする者（法第四条第一項ただし書の申請を行う者を除く。）に対し、申請書二通の提出を求めなければならない。

2　前項の申請書の提出を受けた警察署長は、当該自動車の保有者に対し、当該自動車に係る保管場所標章の交付に併せて、通知書を交付しなければならない。

3　第一項の申請書及び前項の通知書の様式は、別記様式第三号のとおりとする。

第五条　法第四条第一項ただし書の申請に係る場所の位置を管轄する警察署長は、当該申請を行う者に対し、当該申請に併せて法第六条第一項の保管場所標章の交付の申請を求めなければならない。

2　第二条第一項及び第二項並びに規則第四条第三項及び第四項の規定は前項の規定により求められた申請について、情報通信技術活用法第六条第三項の規定は前項の申請の到達時期について、それぞれ準用する。この場合において、第二条第一項中「に係る場所の位置を管轄する」とあるのは「を求めた」と、同条第二項中「前条第一項の申請書に記載すべき事項並びに同条第二項第一号に掲げる書面に記載されている事項又はこれに記載すべき事項並びに同項第二号及び第三号に掲げる書面」とあるのは「第四条第一項の申請書」と、規則第四条第四項中「国家公安委員会が情報通信技術活用法第六条第一項」とあるのは「自動車の保管場所の確保等に関する法律施行規則（以下この項において「施行規則」という。）第五条第一項の申請を求めた警察署長が同条第二項において読み替えて準用する施行規則第二条第一項」と、「国家公安委員会の」とあるのは「当該警察署長の」と読み替えるものとする。

3　第一項の申請を求めた警察署長は、法第四条第一項ただし書に規定する通知に係る自動車の保有者に対し、当該自動車に係る保管場所標章の交付に併せて、通知書を交付しなければならない。

4　前項の通知書の様式は、別記様式第四号のとおりとする。

（保管場所標章の様式）

第六条　法第六条第一項の国家公安委員会規則で定める様式

は、別記様式第五号のとおりとする。

（保管場所標章の表示の方法）

第七条　法第六条第二項（法第七条第二項（法第十三条第四項及び附則第八項において準用する場合を含む。）、第十三条第四項及び附則第八項において準用する場合を含む。）の規定による保管場所標章の表示は、当該保管場所標章を当該自動車の後面ガラスに、当該保管場所標章に表示された事項が後方から見やすいようにはり付けることにより行わなければならない。ただし、当該自動車に後面ガラスがない場合、当該自動車の後面ガラスにはり付けた場合において保管場所標章に表示された事項を後方から見ることが困難であるときその他保管場所標章を当該自動車の後面ガラスにはり付けることが適当と認められない場合にあっては、当該自動車の車体の左側面に保管場所標章に表示された事項が見やすいようにはり付けることにより行わなければならない。

（保管場所標章の再交付）

第八条　法第六条第三項（法第七条第二項（法第十三条第四項及び附則第八項において準用する場合を含む。）、第十三条第四項及び附則第八項において準用する場合を含む。以下この条において同じ。）の国家公安委員会規則で定める場合は、次のとおりとする。

一　当該自動車の保管場所標章がはり付けられた後面ガラス又は車体の左側面の部分が取り除かれた場合

二　保管場所標章のはり付けが不完全になった場合

三　前二号に掲げるもののほか、再交付を受けることについて正当な理由があると認められる場合

2　法第六条第三項の規定による保管場所標章の再交付の申請は、申請書二通を提出して行うものとする。

3　第四条第二項の規定は、前項の規定により保管場所標章の再交付の申請を受けた警察署長について準用する。この場合において、第四条第二項中「当該自動車の」とあるのは「当該保管場所標章の再交付を受けることとなる者が当該申請に係る自動車の保有者であることを確認した上、当該自動車の」と読み替えるものとする。

4　第二項の申請書及び前項において準用する第四条第二項の通知書の様式は、別記様式第六号のとおりとする。

（運行供用制限命令に係る文書の記載事項）

第九条　法第九条第二項の国家公安委員会規則で定める事項は、次のとおりとする。

一　法第九条第一項の規定による都道府県公安委員会（以下「公安委員会」という。）の命令（以下この条において「運行供用制限命令」という。）の年月日

二　運行供用制限命令を受けた自動車の保有者の氏名（法人にあっては、その名称及び代表者の氏名）及び住所

三　運行供用制限命令に係る自動車の使用の本拠の位置

四　運行供用制限命令に係る自動車の番号標の番号

五　運行供用制限命令の理由

（運行供用制限命令に係る標章の様式）

第十条　法第九条第二項の国家公安委員会規則で定める様式は、別記様式第七号のとおりとする。

（運行供用制限命令に係る自動車の保管場所確保の申告の手続）

第十一条　法第九条第三項の規定による申告は、別記様式第八号の申告書を提出して行うものとする。

（聴聞の手続）

第十二条　法第十条第二項の規定による公示は、公安委員会の掲示板に掲示して行うものとする。

附　則

この規則は、自動車の保管場所の確保等に関する法律の一部を改正する法律（平成二年法律第七十四号）の施行の日（平成三年七月一日）から施行する。

附　則（平六・三・四公安委規則九）

1　この規則は、平成六年四月一日から施行する。〔後略〕

2　この規則による改正前の警備員指導教育責任者及び機械警備業務管理者に係る講習等に関する規則、風俗営業等の規制及び業務の適正化等に関する法律施行規則、遊技機の認定及び型式の検定等に関する規則、警備員等の検定に関する規則、指定車両移動保管機関等に関する規則、遺失物取扱規則、自動車の保管場所の確保等に関する法律施行規則、暴力団員による不当な行為の防止等に関する法律施行規則及び暴力団員による不当な行為の防止等に関する法律の規定に基づく聴聞の実施に関する規則に規定する様式による書面については、当分の間、それぞれ改正後のこれらの規則に規定する様式による書面とみなす。

附　則（平六・九・二六公安委規則二五）

この規則は、行政手続法の施行の日（平成六年十月一日）から施行する。

附　則（平七・八・一公安委規則九）

この規則は、自動車の保管場所の確保等に関する法律の一部を改正する法律（平成七年法律第七十三号）の施行の日（平成八年一月一日）から施行する。

附　則（平一一・一・一一公安委規則一）

（施行期日）

1　この規則は、公布の日から施行する。〔後略〕

（経過措置）

2　この規則による改正前の〔中略〕自動車の保管場所の確保等に関する法律施行規則〔中略〕に規定する様式による書面については、改正後の〔中略〕自動車の保管場所の確保等に関する法律施行規則〔中略〕に規定する様式にかかわらず、当分の間、なおこれを使用することができる。この場合には、氏名を記載し及び押印することに代えて、署名することができる。

附　則（平一二・三・一七公安委規則六）

この規則は、平成十二年三月三十一日から施行する。

附　則（平一三・一二・一三公安委規則一五）

この規則は、公布の日から施行する。

附　則（平一七・一二・八公安委規則二一）

この規則は、自動車関係手続における電子情報処理組織の活用のための道路運送車両法等の一部を改正する法律（平成十六年法律第五十五号）の施行の日（平成十七年十二月二十六日）から施行する。

附　則（平二二・一一・五公安委規則六）

（施行期日）

1　この規則は、平成二十三年七月十九日から施行する。

（経過措置）

2　自動車保管場所証明申請書及び自動車保管場所届出書の様式については、改正後の自動車の保管場所の確保等に関する法律施行規則別記様式第一号及び別記様式第二号の様式にか

かわらず、当分の間、なお従前の例によることができる。

附　則（令元・六・二一公安委規則三）

（施行期日）

1　この規則は、令和元年七月一日から施行する。

（経過措置）

2　この規則による改正前の［中略］自動車の保管場所の確保等に関する法律施行規則［中略］に規定する様式による書面については、この規則による改正後のこれらの規則に規定する様式にかかわらず、当分の間、なおこれを使用することができる。

附　則（令元・一二・一三公安委規則一〇）

この規則は、情報通信技術の活用による行政手続等に係る関係者の利便性の向上並びに行政運営の簡素化及び効率化を図るための行政手続等における情報通信の技術の利用に関する法律等の一部を改正する法律［令和元年五月法律第一六号］の施行の日（令和元年十二月十六日）から施行する。

附　則（令二・一二・二八公安委規則一三）

（施行期日）

第一条　この規則は、公布の日から施行する。

（経過措置）

第二条　この規則による改正前の様式（次項において「旧様式」という。）により使用されている書類は、当分の間、この規則による改正後の様式によるものとみなす。

2　旧様式による用紙については、当分の間、これを取り繕って使用することができる。

別記様式第１号（第１条関係）

自動車保管場所証明申請書			
車名	型式	車台番号	自動車の大きさ
			長さ　センチメートル 幅　センチメートル 高さ　センチメートル
自動車の使用の本拠の位置			
自動車の保管場所の位置			
※保管場所標章番号			

自動車の保管場所の位置欄記載の場所は、申請に係る自動車の保管場所として確保されていることを証明願います。

年　月　日

警察署長　殿

〒（　）

住所

申請者

（　）局　番

氏名

第　　号

自動車保管場所証明書

自動車の保管場所の位置欄記載の場所は、上記申請に係る自動車の保管場所として確保されていることを証明する。

年　月　日

警察署長　印

備考　1　次に掲げる場合は、所在図の添付を省略することができる。ただし、警察署長は、保管場所の付近の目標となる地物及びその位置を知るため特に必要があると認めるときは、所在図の提出を求めることができる。

(1)　自動車の使用の本拠の位置が、旧自動車（申請者が保有者である自動車であって申請に係るもの以外のものをいう。以下同じ。）に係る使用の本拠の位置と同一であり、かつ、申請に係る場所が旧自動車の保管場所とされているとき。

(2)　自動車の使用の本拠の位置が、保管場所の位置と同一であるとき（(1)に該当する場合を除く。）。

2　1(1)に該当することにより所在図の添付を省略する場合は、※印の欄に旧自動車に表示されている保管場所標章に係る保管場所標章番号を記載すること。

3　用紙の大きさは、日本産業規格Ａ列４番とする。

別記様式第２号（第３条関係）

自動車保管場所届出書（新規・変更）		自動車の区分	登録・軽
車名	型式	車台番号	自動車の大きさ
			長さ　センチメートル 幅　センチメートル 高さ　センチメートル
自動車の使用の本拠の位置			
自動車の保管場所の位置	（変更前　　）		
※保管場所標章番号			

上記の事項について届出をします。

年　月　日

警察署長　殿

〒（　）

住所

届出者

（　）局　番

氏名

備考　1　法第５条、第13条第３項及び附則第７項の規定による届出にあっては「新規」の文字を、法第７条第１項（第13条第４項及び附則第８項において準用する場合を含む。）の規定による届出（以下「変更届出」という。）にあっては「変更」の文字を○で囲むこと。

2　自動車の区分の欄は、法第４条第１項の処分に係る自動車の届出にあっては「登録」の文字を、軽自動車である自動車の届出にあっては「軽」の文字を○で囲むこと。

3　変更届出をする場合において、自動車の保管場所の位置欄には変更後の自動車の保管場所の位置を記入するほか、同欄括弧内に変更前の自動車の保管場所の位置を記入すること。

4　次に掲げる場合は、所在図の添付を省略することができる。

(1)　自動車の使用の本拠の位置が、旧自動車（届出者が保有者であり、又は保有者であった自動車であって届出に係るもの以外のものをいう。以下同じ。）に係る使用の本拠の位置と同一であり、かつ、届出に係る場所が旧自動車の保管場所とされており、又は当該届出の日前15日以内に保管場所とされていたとき。

(2)　自動車の使用の本拠の位置が、保管場所の位置と同一であるとき（(1)に該当する場合を除く。）。

5　4(1)に該当することにより所在図の添付を省略する場合は、※印の欄に旧自動車に表示され、又は当該届出の日前15日以内に表示されていた保管場所標章に係る保管場所標章番号を記載すること。

6　用紙の大きさは、日本産業規格Ａ列４番とする。

別記様式第３号（第４条関係）

保管場所標章交付申請書			
車　　名	型　　式	車台番号	自動車の大きさ
			長さ　センチメートル 幅　センチメートル 高さ　センチメートル
自動車の使用の本拠の位置			
自動車の保管場所の位置			

私は上記の自動車の保有者であるので、保管場所標章の交付を申請します。

年　月　日

警察署長　殿

〒(　　)
住　所
申請者
(　　)　局　番
氏　名

第　　号

保管場所標章番号通知書

上記に記載された自動車に係る保管場所標章番号を通知します。

保管場所標章番号	

年　月　日
警察署長 印

備考　用紙の大きさは、日本産業規格Ａ列４番とする。

別記様式第４号（第５条関係）

保管場所標章番号通知書			
車　　名	型　　式	車台番号	自動車の大きさ
			長さ　センチメートル 幅　センチメートル 高さ　センチメートル
自動車の使用の本拠の位置			
自動車の保管場所の位置			

〒(　　)
申請者　住所
(　　)　局　番
氏名

第　　号

上記に記載された自動車に係る保管場所標章番号を通知します。

保管場所標章番号	

年　月　日
警察署長 印

備考　用紙の大きさは、日本産業規格Ａ列４番とする。

別記様式第５号（第６条関係）

備考　１　色彩は、イの部分を青色、ロの部分を黄茶色、地の模様を黄茶色及び紫色、「保管場所標章」の文字及び地を白色とする。

２　ハの部分には、ホログラムシールをはり付ける。

３　保管場所標章には、保管場所標章番号、保管場所の位置及び保管場所標章を交付する警察署長を印字する。

４　保管場所の位置については、都道府県及び市（特別区を含む。）町村名を表示する。

５　図示の長さの単位は、ミリメートルとする。

６　保管場所標章の材質は、容易に劣化しないものとする。

別記様式第６号（第８条関係）

保管場所標章再交付申請書

車　名	型　式	車台番号	自動車の大きさ
			長さ　センチメートル 幅　センチメートル 高さ　センチメートル
自動車の使用の本拠の位置			
自動車の保管場所の位置			
再交付申請の理由			

私は上記の自動車の保有者であるので、保管場所標章の再交付を申請します。

年　月　日

警察署長　殿

申請者　〒（　）
住　所
（　）　局　番
氏　名

第　号

保管場所標章番号通知書

上記に記載された自動車に係る保管場所標章番号を通知します。

保管場所標章番号	

年　月　日

警　察　署　長　㊞

備考　用紙の大きさは、日本産業規格Ａ列４番とする。

別記様式第７号（第10条関係）

備考　１　色彩は、記号を赤色、文字及び枠を黒色、地を白色とする。
　　　２　図示の長さの単位は、ミリメートルとする。
　　　３　標章の材質は、容易に劣化しないものとする。

別記様式第８号（第11条関係）

自動車保管場所確保申告書

下記の自動車の保管場所の位置欄記載の場所に下記の自動車の保管場所を確保した旨を申告します。

年　　月　　日

公安委員会　殿

〒（　　）
住　所
申告者
（　　）　局　番
氏　名

標章が付されている自動車の番号標の番号	
自動車の使用の本拠の位置	
自動車の保管場所の位置	

備考　１　申告者の氏名は、申告者が法人であるときは、その名称及び代表者の氏名とすること。
　　　２　用紙の大きさは、日本産業規格Ａ列４番とする。

第十二編　税法関係

○登録免許税法（抄）

（昭和四十二年六月十二日法律第三十五号）

最終改正　令六法六〇

〔編者注〕

1　令和五年五月一二日法律第二四号による改正のうち、公布の日から起算して二年を超えない範囲内において政令で定める日から施行される部分は、直接改正を加えないで、現行条文と並列して登載した。

2　令和六年五月一五日法律第二三号による改正のうち、公布の日から起算して一年を超えない範囲内において政令で定める日から施行される部分は、直接改正を加えないで、現行条文と並列して登載した。

3　令和六年五月二四日法律第三八号による改正のうち、公布の日から起算して二年を超えない範囲内において政令で定める日から施行される部分は、直接改正を加えないで、現行条文と並列して登載した。

第一章　総則

（趣旨）

第一条　この法律は、登録免許税について、課税の範囲、納税義務者、課税標準、税率、納付及び還付の手続並びにその納税義務の適正な履行を確保するため必要な事項を定めるものとする。

（課税の範囲）

第二条　登録免許税は、別表第一に掲げる登記、登録、特許、免許、許可、認可、認定、指定及び技能証明（以下「登記等」という。）について課する。

（納税義務者）

第三条　登記等を受ける者は、この法律により登録免許税を納める義務がある。この場合において、当該登記等を受ける者が二人以上あるときは、これらの者は、連帯して登録免許税を納付する義務を負う。

（公共法人等が受ける登記等の非課税）

第四条　国及び別表第二に掲げる者が自己のために受ける登記等については、登録免許税を課さない。

2　別表第三の第一欄に掲げる者が自己のために受けるそれぞれ同表の第三欄に掲げる登記等（同表の第四欄に財務省令で定める書類の添附があるものに限る旨の規定がある登記等にあつては、当該書類を添附して受けるものに限る。）については、登録免許税を課さない。

（非課税登記等）

第五条　次に掲げる登記等（第四号又は第五号に掲げる登記又は登録にあつては、当該登記等がこれらの号に掲げる登記又は登録に該当するものであることを証する財務省令で定める書類を添付して受けるものに限る。）については、登録免許税を課さない。

一　国又は別表第二に掲げる者がこれらの者以外の者に代位してする登記又は登録

二　登記機関（登記官又は登記以外の登記等をする官庁若しくは団体の長をいう。以下同じ。）が職権に基づいてする登記又は登録で政令で定めるもの

三　会社法（平成十七年法律第八十六号）第二編第九章第二節（特別清算）の規定による株式会社の特別清算（同節の規定を同法第八百二十二条第三項（日本にある外国会社の財産についての清算）において準用する場合における同条第一項の規定による日本にある外国会社の財産についての清算を含む。）に関し裁判所の嘱託によりする登記又は登録

四　住居表示に関する法律（昭和三十七年法律第百十九号）第三条第一項及び第二項又は第四条（住居表示の実施手続等）の規定による住居表示の実施又は変更に伴う登記事項又は登録事項の変更の登記又は登録

五　行政区画、郡、区、市町村内の町若しくは字又はこれらの名称の変更（その変更に伴う地番の変更及び次号に規定する事業の施行に伴う地番の変更を含む。）に伴う登記事項又は登録事項の変更の登記又は登録

六　土地改良法（昭和二十四年法律第百九十五号）第二条第二項（定義）に規定する土地改良事業又は土地区画整理法（昭和二十九年法律第百十九号）第二条第一項（定義）に規定する土地区画整理事業の施行のため必要な土地又は建物に関する登記（政令で定めるものを除く。）

七　都市再開発法（昭和四十四年法律第三十八号）第二条第一号（定義）に規定する市街地再開発事業、大都市地域における住宅及び住宅地の供給の促進に関する特別措置法（昭和五十年法律第六十七号）第二条第四号（定義）に規定する住宅街区整備事業又は密集市街地における防災街区の整備の促進に関する法律（平成九年法律第四十九号）第二条第五号（定義）に規定する防災街区整備事業の施行のため必要な土地又は建物（当該住宅街区整備事業に係る土地又は建物にあつては、大都市地域における宅地開発及び鉄道整備の一体的推進に関する特別措置法（平成元年法律第六十一号）第十七条（大都市地域における住宅及び住宅地の供給の促進に関する特別措置法の特例）の規定により特別措置法第二条第一号に規定する大都市地域とみなされる区域内にある土地又は建物を除く。）に関する登記（政令で定めるものを除く。）

八　国土調査法（昭和二十六年法律第百八十号）第三十二条の二第一項（代位登記）の規定による土地に関する登記

九　入会林野等に係る権利関係の近代化の助長に関する法律（昭和四十一年法律第百二十六号）第十四条第二項（登記）（同法第二十三条第二項（旧慣使用林野整備の効果等）において準用する場合を含む。）の規定による土地に関する登記

十　墳墓地に関する登記

十一　滞納処分（その例による処分を含む。）に関してする登記又は登録（換価による権利の移転の登記又は登録を除くものとし、滞納処分の例により処分するものとされている担保に係る登記又は登録の抹消を含む。）

十二　登記機関の過誤による登記若しくは登録又はその抹消があつた場合の当該登記若しくは登録の抹消若しくは更正又は抹消した登記若しくは登録の回復の登記若しくは登録

十三　相続又は法人の合併若しくは分割に伴い相続人又は合併後存続する法人若しくは合併により設立する法人若しくは

は分割により設立する法人若しくは事業を承継する法人が、被相続人又は合併により消滅した法人若しくは分割をした法人の受けた別表第一第三十三号から第百六十号までに掲げる登録、特許、免許、許可、認可、認定又は指定を引き続いて受ける場合における当該登録、特許、免許、許可、認可、認定又は指定

十四　公益社団法人及び公益財団法人の認定等に関する法律（平成十八年法律第四十九号）第九条第一項（名称等）又は第二十九条第五項（公益認定の取消し）の規定による一般社団法人若しくは一般財団法人又は公益社団法人若しくは公益財団法人の名称の変更の登記

（外国公館等の非課税）

第六条　外国政府が当該外国の大使館、公使館又は領事館その他これらに準ずる施設（次項において「大使館等」という。）の敷地又は建物に関して受ける登記については、政令で定めるところにより、登録免許税を課さない。

2　前項の規定は、同項の外国が、その国において日本国の大使館等の敷地又は建物に関する登記若しくは登録又はこれらに準ずる行為について課する租税を免除する場合に限り、適用する。

（信託財産の登記等の課税の特例）

第七条　信託による財産権の移転の登記又は登録で次の各号のいずれかに該当するものについては、登録免許税を課さない。

一　委託者から受託者に信託のために財産を移す場合における財産権の移転の登記又は登録

二　信託の効力が生じた時から引き続き委託者のみが信託財産の元本の受益者である信託の信託財産を受託者から当該受益者（当該信託の効力が生じた時から引き続き委託者である者に限る。）に移す場合における財産権の移転の登記又は登録

三　受託者の変更に伴い受託者であつた者から新たな受託者に信託財産を移す場合における財産権の移転の登記又は登録

2　信託の信託財産を受託者から受益者に移す場合であつて、かつ、当該信託の効力が生じた時から引き続き委託者のみが信託財産の元本の受益者である場合において、当該受益者が当該信託の効力が生じた時における委託者の相続人（当該委託者が合併により消滅した場合にあつては、当該合併後存続する法人又は当該合併により設立された法人）であるときは、当該信託による財産権の移転の登記又は登録を相続（当該受益者が当該存続する法人又は当該設立された法人である場合にあつては、合併）による財産権の移転の登記又は登録とみなして、この法律の規定を適用する。

（納税地）

第八条　登録免許税の納税地は、納税義務者が受ける登記等の事務をつかさどる登記所その他の官署又は団体（以下「登記官署等」という。）の所在地（第二十四条の二第一項に規定する財務省令で定める方法により登録免許税を納付する場合にあつては、政令で定める場所）とする。

2　第二十九条第一項若しくは第四項の規定により徴収すべき登録免許税又は国税通則法（昭和三十七年法律第六十六号）第五十六条第一項（還付）に規定する過誤納金に係る登録免許税の納税地は、前項の規定にかかわらず、納税義務者が次の各号に掲げる場合のいずれに該当するかに応じ当該各号に定める場所とする。

一　この法律の施行地（以下「国内」という。）に住所を有する個人である場合　その住所地

二　国内に住所を有せず居所を有する個人である場合　その居所地

三　国内に本店又は主たる事務所を有する法人である場合　その本店又は主たる事務所の所在地

四　前三号に掲げる場合を除き、国内に事務所、営業所その他これらに準ずるものを有する者である場合　その事務所、営業所その他これらに準ずるものの所在地（これらが二以上ある場合には、政令で定める場所）

五　前各号に掲げる場合以外の場合　政令で定める場所

第二章　課税標準及び税率

（課税標準及び税率）

第九条　登録免許税の課税標準及び税率は、この法律に別段の定めがある場合を除くほか、登記等の区分に応じ、別表第一の課税標準欄に掲げる金額又は数量及び同表の税率欄に掲げる割合又は金額による。

（一定の債権金額がない場合の課税標準）

第十一条　登記又は登録につき債権金額を課税標準として登録免許税を課する場合において、一定の債権金額がないときは、当該登記又は登録の時における当該登記又は登録に係る債権の価額又は処分の制限の目的となる不動産、動産、立木、工場財団、鉱業財団、漁業財団、港湾運送事業財団、道路交通事業財団、自動車交通事業財団、観光施設財団、企業担保権、鉄道財団、軌道財団、運河財団、鉱業権、特定鉱業権、試掘権（二酸化炭素の貯留事業に関する法律（令和六年法律第三十八号）第二条第八項（定義）に規定する試掘権をいう。別表第一第二十二号の二において同じ。）、著作権、出版権、著作隣接権、特許権、実用新案権、意匠権、商標権、回路配置利用権、育成者権、漁業権、入漁権、ダム使用権、公共施設等運営権、樹木採取権又は漁港水面施設運営権に関する権利（以下第十四条までにおいて「不動産等に関する権利」という。）の価額をもつて債権金額とみなす。

> **注　令和六年五月二四日法律三八号により改正され、公布の日から起算して二年を超えない範囲内において政令で定める日から施行**
>
> 第十一条第一項中「著作権」を「貯留権、著作権」に改める。

2　前条の規定は、前項の不動産等に関する権利の価額について準用する。

（課税標準の金額の端数計算）

第十五条　別表第一に掲げる登記又は登録に係る課税標準の金額を計算する場合において、その全額が千円に満たないときは、これを千円とする。

（二以上の登記等を受ける場合の税額）

第十八条　同一の登記等の申請書（当該登記等が官庁又は公署の嘱託による場合には、当該登記等の嘱託書）により、別表第一に掲げる登記等の区分に応じ二以上の登記等を受ける場合における登録免許税の額は、各登記等につき同表に掲げる税率を適用して計算した金額の合計金額とする。

（定率課税の場合の最低税額）

第十九条　別表第一に掲げる登記又は登録につき同表に掲げる税率を適用して計算した金額が千円に満たない場合には、当該登記又は登録に係る登録免許税の額は、千円とする。

（政令への委任）

第二十条　この章に定めるもののほか、登録免許税の課税標準及び税額の計算に関し必要な事項は、政令で定める。

第三章　納付及び還付

第一節　納付

（現金納付）

第二十一条　登記等を受ける者は、この法律に別段の定めがある場合を除き、当該登記等につき課されるべき登録免許税の額に相当する登録免許税を国に納付し、当該納付に係る領収証書を当該登記等の申請書（当該登記等に係る登記官署等の使用に係る電子計算機（入出力装置を含む。以下同じ。）と当該登記等の申請又は嘱託をする者の使用に係る電子計算機とを電気通信回線で接続した電子情報処理組織（以下「電子情報処理組織」という。）を使用して当該登記等の申請を行う場合には、当該登記等に係る登記機関の定める書類。第二十六条及び第三十一条第二項を除き、以下同じ。）に貼り付けて当該登記等に係る登記官署等に提出しなければならない。

（印紙納付）

第二十二条　登記等（第二十四条第一項に規定する免許等を除く。）を受ける者は、当該登記等につき課されるべき登録免許税の額が三万円以下である場合その他政令で定める場合には、当該登録免許税の額に相当する金額の印紙を当該登記等の申請書に貼り付けて登記官署等に提出することにより、国に納付することができる。

（嘱託登記等の場合の納付）

第二十三条　官庁又は公署が別表第一第一号から第三十一号までに掲げる登記等を受ける者のために当該登記等を登記官署等に嘱託する場合には、当該登記等を受ける者は、当該登記等につき課されるべき登録免許税の額に相当する登録免許税を国に納付し、当該納付に係る領収証書を当該官庁又は公署に提出しなければならない。この場合において、当該官庁又は公署は、当該領収証書を当該登記等の嘱託書（当該官庁又は公署が電子情報処理組織を使用して当該登記等の嘱託を行う場合には、当該登記等に係る登記機関の定める書類。第二十五条及び第三十一条第三項において同じ。）に貼り付けて登記官署等に提出するものとする。

2　前項の場合において、登録免許税の額が三万円以下であるときは、登記等を受ける者は、同項の規定にかかわらず、同項の嘱託する官庁又は公署に対し、当該登録免許税の額に相当する金額の印紙を提出して登録免許税を国に納付することができる。この場合において、当該官庁又は公署は、当該印紙を同項に規定する登記等の嘱託書に貼り付けて登記官署等に提出するものとする。

（免許等の場合の納付の特例）

第二十四条　別表第一に掲げる登録、特許、免許、許可、認可、認定、指定又は技能証明で政令で定めるもの（以下この章において「免許等」という。）につき課されるべき登録免許税については、当該免許等を受ける者は、当該免許等に係る登記機関が定めた期限までに、当該免許税の額に相当する登録免許税を国に納付し、当該納付に係る領収証書を当該登記機関の定める書類に貼り付けて登記官署等に提出しなければならない。

2　免許等に係る登記機関は、当該免許等に係る前項の登録免許税の納付の期限及び書類を定めなければならない。この場合には、その期限を当該免許等をする日から一月を経過する日後としてはならない。

（電子情報処理組織を使用する方法等による納付の特例）

第二十四条の二　登記等を受ける者又は次条第一項の規定による委託を受けた納付受託者（第二十四条の四第一項に規定する納付受託者をいう。次条において同じ。）は、当該登記等につき課されるべき登録免許税の額に相当する登録免許税又は当該委託を受けた登録免許税を、第二十一条から前条までの規定にかかわらず、電子情報処理組織を使用する方法その他の情報通信の技術を利用する方法であつて財務省令で定めるものにより国に納付することができる。ただし、登記機関が当該財務省令で定める方法による当該登録免許税の額の納付の事実を確認することができない場合として財務省令で定める場合は、この限りでない。

2　免許等につき課されるべき登録免許税の額に相当する登録免許税を前項に規定する財務省令で定める方法により国に納付する場合には、当該免許等に係る登記機関は、当該免許等につき課されるべき登録免許税の納付の期限を定めなければならない。この場合には、その期限を当該免許等をする日から一月を経過する日後としてはならない。

（納付受託者に対する納付の委託）

第二十四条の三　登記等を受ける者は、当該登記等につき課されるべき登録免許税の額に相当する登録免許税を電子情報処理組織を使用する方法その他の情報通信の技術を利用する方法により行う納付受託者に対する通知で財務省令で定めるものに基づき納付しようとするときは、当該納付受託者に納付を委託することができる。

2　前項の規定により免許等につき課されるべき登録免許税の額に相当する登録免許税の納付を委託する場合における前条第二項の規定の適用については、同項中「納付の」とあるのは、「納付の委託の」とする。

3　登記等を受ける者が第一項の通知に基づき登録免許税を納付しようとする場合において、納付受託者が当該登録免許税の納付の委託を受けたときは、当該委託を受けた日に当該登録免許税の納付があつたものとみなして、国税通則法の延滞税に関する規定を適用する。

（納付受託者）

第二十四条の四　登録免許税の納付に関する事務（以下この項及び第二十四条の六第一項において「納付事務」という。）を適正かつ確実に実施することができると認められる者であり、かつ、政令で定める要件に該当する者として登記等を所管する省庁の長（以下「所管省庁の長」という。）が指定するもの（以下「納付受託者」という。）は、当該登記等を受ける者の委託を受けて、納付事務を行うことができる。

2　所管省庁の長は、前項の規定による指定をしたときは、納付受託者の名称、住所又は事務所の所在地その他財務省令で定める事項を公示しなければならない。

3　納付受託者は、その名称、住所又は事務所の所在地を変更しようとするときは、あらかじめ、その旨を所管省庁の長に届け出なければならない。

4　所管省庁の長は、前項の規定による届出があつたときは、当該届出に係る事項を公示しなければならない。

（納付受託者の納付）

第二十四条の五　納付受託者は、第二十四条の三第一項の規定による委託を受けたときは、政令で定める日までに当該委託を受けた登録免許税を国に納付しなければならない。

2　納付受託者は、第二十四条の三第一項の規定による委託を受けたときは、遅滞なく、財務省令で定めるところにより、その旨及びその年月日を当該委託に係る所管省庁の長に報告しなければならない。

（納付受託者の帳簿保存等の義務）

第二十四条の六　納付受託者は、財務省令で定めるところにより、帳簿を備え付け、これに納付事務に関する事項を記載し、及びこれを保存しなければならない。

2　所管省庁の長は、前二条及びこの条の規定を施行するため必要があると認めるときは、その必要な限度で、財務省令で定めるところにより、納付受託者に対し、報告をさせることができる。

3　所管省庁の長は、前二条及びこの条の規定を施行するため必要があると認めるときは、その必要な限度で、その職員に、納付受託者の事務所に立ち入り、納付受託者の帳簿書類（その作成又は保存に代えて電磁的記録（電子的方式、磁気的方式その他人の知覚によつては認識することができない方式で作られる記録であつて、電子計算機による情報処理の用に供されるものをいう。）の作成又は保存がされている場合における当該電磁的記録を含む。）その他必要な物件を検査させ、又は関係者に質問させることができる。

4　前項の規定により立入検査を行う職員は、その身分を示す証明書を携帯し、かつ、関係者の請求があるときは、これを提示しなければならない。

5　第三項に規定する権限は、犯罪捜査のために認められたものと解してはならない。

（納付受託者の指定の取消し）

第二十四条の七　所管省庁の長は、第二十四条の四第一項の規定による指定を受けた者が次の各号のいずれかに該当するときは、その指定を取り消すことができる。

一　第二十四条の四第一項に規定する指定の要件に該当しなくなつたとき。

二　第二十四条の五第二項又は前条第二項の規定による報告をせず、又は虚偽の報告をしたとき。

三　前条第一項の規定に違反して、帳簿を備え付けず、帳簿に記載せず、若しくは帳簿に虚偽の記載をし、又は帳簿を保存しなかつたとき。

四　前条第三項の規定による立入り若しくは検査を拒み、妨げ、若しくは忌避し、又は同項の規定による質問に対して陳述をせず、若しくは虚偽の陳述をしたとき。

2　所管省庁の長は、前項の規定により指定を取り消したときは、その旨を公示しなければならない。

（納付の確認）

第二十五条　登記機関は、登記等をするとき（第二十四条第一項の規定により同項に規定する書類が免許等をした後に提出される場合及び第二十四条の二第二項の納付の期限が免許等をした日後である場合並びに納付受託者が第二十四条の三第一項の規定による委託を受けた場合にあつては、財務省令で定めるとき）は、当該登記等につき課されるべき登録免許税の額の納付の事実を確認しなければならない。この場合において、当該納付が第二十二条、第二十三条第二項又は次条第三項の規定により印紙をもつてされたものであるときは、当該登記等の申請書（当該登記等が第二十三条の官庁又は公署の嘱託による場合にあつては、当該登記等の嘱託書）の紙面と印紙の彩紋とにかけて判明に消印しなければならない。

（課税標準及び税額の認定）

第二十六条　登記機関は、登記等の申請書（当該登記等が官庁又は公署の嘱託による場合にあつては当該登記等の嘱託書とし、当該登記等が免許等である場合にあつては財務省令で定める書類とする。次項及び第四項において同じ。）に記載された当該登記等に係る登録免許税の課税標準の金額若しくは数量又は登録免許税の額が国税に関する法律の規定に従つていなかつたとき、その他当該課税標準の金額若しくは数量又は登録免許税の額がその調査したところと異なるときは、その調査したところにより認定した課税標準の金額若しくは数量又は登録免許税の額を当該登記等を受ける者に通知するものとする。ただし、他の法令の規定により当該登記等の申請を却下するときは、この限りでない。

2　前項の通知を受けた者は、当該通知に係る登記等を受けることをやめる場合を除き、遅滞なく、当該通知に係る登録免許税の額と当該登記等の申請書に記載された登録免許税の額との差額に相当する登録免許税を国に納付し、その納付に係る領収証書を当該通知に係る登記官署等に提出しなければならない。

3　前項の場合において、第一項の通知に係る登録免許税が免許等以外の登記等に係るものであり、かつ、当該通知をした登記機関が認めるときは、前項に規定する登記等を受ける者は、遅滞なく、同項に規定する差額に相当する金額の印紙を当該通知に係る登記官署等に提出することにより、当該差額に相当する登録免許税を国に納付することができる。

4　第二項の場合において、第一項の通知を受けた者は、当該通知に係る登記等の申請書に記載された登録免許税を第二十四条の二第一項に規定する財務省令で定める方法により納付しているときは、第二項に規定する差額に相当する登録免許税を当該方法により国に納付することができる。

（納期限）

第二十七条　登録免許税を納付すべき期限は、次の各号に掲げる登録免許税の区分に応じ、当該各号に定める時又は期限とする。

一　次号に掲げる登録免許税以外の登録免許税　当該登録免許税の納付の基因となる登記等を受ける時

二　免許等に係る登録免許税で当該登録免許税に係る第二十四条第一項又は第二十四条の二第二項（第二十四条の三第二項の規定により読み替えて適用する場合を含む。）の期限が当該登録免許税の納付の基因となる免許等を受ける日後であるもの　当該期限

（納付不足額の通知）

第二十八条　登記機関は、登録免許税の納期限後において登記等を受けた者が第二十一条から第二十三条まで（第三十五条

第四項の規定により読み替えて適用する場合を含む。）、第二十四条、第二十四条の二第一項又は第二十六条第二項から第四項までの規定により当該登記等につき納付すべき登録免許税の額の全部又は一部を納付していない事実を知つたときは、第三項の規定の適用がある場合を除き、遅滞なく、当該登記等を受けた者の当該登録免許税に係る第八条第二項の規定による納税地の所轄税務署長に対し、その旨及び財務省令で定める事項を通知しなければならない。

2　前項の通知は、登記等を受けた者が二人以上ある場合には、そのうち登記機関の選定した者（当該登記等が登記又は登録の権利者及び義務者の申請に係るものである場合には、当該権利者のうちから選定した者）の同項の納税地の所轄税務署長にするものとする。

3　登記機関は、登録免許税の納期限（第二十四条の五第一項に規定する政令で定める日）後において、納付受託者が第二十四条の三第一項の規定による委託を受けた登録免許税の額の全部又は一部を納付していない事実を知つたときは、遅滞なく、当該納付受託者の住所又は事務所の所在地の所轄税務署長に対し、その旨及び財務省令で定める事項を通知しなければならない。

（税務署長による徴収）

第二十九条　税務署長は、前条第一項の通知を受けた場合には、当該通知に係る同項に規定する納付していない登録免許税を当該通知に係る登記等を受けた者から徴収する。

2　税務署長は、前条第三項の通知を受けた場合には、国税の保証人に関する徴収の例により当該通知に係る同項に規定する納付していない登録免許税を当該通知に係る納付受託者から徴収する。

3　税務署長は、第二十四条の五第一項の規定により納付受託者が納付すべき登録免許税については、当該納付受託者に対して国税通則法第四十条（滞納処分）の規定による処分をしてもなお徴収すべき残余がある場合でなければ、その残余の額について当該登録免許税に係る登記等を受けた者から徴収することができない。

4　税務署長は、第一項に規定する場合のほか、登記等を受けた者が第二十一条から第二十三条まで（第三十五条第四項の規定により読み替えて適用する場合を含む。）、第二十四条、第二十四条の二第一項又は第二十六条第二項から第四項までの規定により当該登記等につき納付すべき登録免許税の額の全部又は一部を納付していない事実を知つた場合には、当該納付していない登録免許税をその者から徴収する。

（納付手続等の政令への委任）

第三十条　この節に定めるもののほか、登録免許税の納付の手続その他この節の規定の適用に関し必要な事項は、政令で定める。

第二節　還付

（過誤納金の還付等）

第三十一条　登記機関は、次の各号に掲げる場合のいずれかに該当する場合には、遅滞なく、当該各号に定める登録免許税の額その他政令で定める事項を登記等の申請をした者又は登記等を受けた者（これらの者が二人以上ある場合には、そのうち登記機関の選定した者）の当該登録免許税に係る第八条第二項の規定による納税地の所轄税務署長に通知しなければならない。

一　登録免許税を納付して登記等の申請をした者につき当該申請が却下された場合（第四項において準用する第三項の証明をする場合を除く。）　当該納付された登録免許税の額

二　登録免許税を納付して登記等の申請をした者につき当該申請の取下げがあつた場合（第三項の証明をする場合を除く。）　当該納付された登録免許税の額

三　過大に登録免許税を納付して登記等を受けた場合　当該過大に納付した登録免許税の額

2　登記等を受けた者は、当該登記等の申請書（当該登記等が官庁又は公署の嘱託による場合にあつては当該登記等の嘱託書とし、当該登記等が免許等である場合にあつては財務省令で定める書類とする。）に記載した登録免許税の課税標準又は税額の計算が国税に関する法律の規定に従つていなかつたこと又は当該計算に誤りがあつたことにより、登録免許税の過誤納があるときは、当該登記等を受けた日（当該登記等が免許等である場合において、当該免許等に係る第二十四条第一項又は第二十四条の二第二項（第二十四条の三第二項の規定により読み替えて適用する場合を含む。）に規定する期限が当該免許等をした日後であるときは、当該期限）から五年を経過する日までに、政令で定めるところにより、その旨を登記機関に申し出て、前項の通知をすべき旨の請求をすることができる。

3　登記機関は、登記等を受ける者から登記等の申請の取下げにあわせて、当該登記等の申請書（当該登記等が第二十三条の官庁又は公署の嘱託による場合にあつては当該登記等の嘱託書とし、当該登記等が免許等である場合にあつては当該登記等に係る登記機関の定める書類とする。次項において同じ。）に貼り付けられた登録免許税の領収証書又は印紙で使用済みの旨の記載又は消印がされたものを当該登記官署等における登記等について当該取下げの日から一年以内に再使用したい旨の申出があつたときは、政令で定めるところにより、当該領収証書又は印紙につき再使用することができる証明をすることができる。この場合には、第五項の申出があつたときを除き、当該証明を受けた領収証書又は印紙に係る登録免許税は、還付しない。

4　前項の規定は、登記機関が、登記等の却下に伴い当該登記等の申請書を当該申請者に返付する場合において、当該申請書に貼り付けられた登録免許税の領収証書又は印紙で使用済みの旨の記載又は消印がされたものを当該登記官署等における登記等について当該却下の日から一年以内に再使用させることを適当と認めるときについて準用する。

5　第三項（前項において準用する場合を含む。）の証明を受けた者は、当該証明に係る領収証書又は印紙を再使用しないこととなつたときは、当該証明をした登記機関に対し、当該証明のあつた日から一年を経過した日までに、政令で定めるところにより、当該証明を無効とするとともに、当該領収証書で納付した登録免許税又は当該印紙の額に相当する登録免許税の還付を受けたい旨の申出をすることができる。この場合において、当該申出があつたときは、当該申出を新たな登記等の申請の却下又は取下げとみなして第一項の規定を適用する。

6 第二十四条の二第一項に規定する財務省令で定める方法により登録免許税を納付した者が当該登録免許税の納付に係る登記等を受けることをやめる場合には、当該登録免許税を納付した者は、当該納付した日（第二十四条の三第一項の規定により当該登録免許税の納付の委託をした者にあつては、当該納付の委託をした日。次項において同じ。）から六月を経過する日までに、政令で定めるところによりその旨を登記機関に申し出て、当該登録免許税の額その他政令で定める事項を当該登録免許税を納付した者の当該登録免許税に係る第八条第二項の規定による納税地の所轄税務署長に対し通知をすべき旨の請求をすることができる。

7 第二十四条の二第一項に規定する財務省令で定める方法により登録免許税を納付した者が当該納付した日から六月を経過する日までに当該登録免許税の納付に係る登記等の申請をしなかつた場合には、前項の請求があつたものとみなす。

8 登録免許税の過誤納金に対する国税通則法第五十六条から第五十八条まで（還付・充当・還付加算金）の規定の適用については、次の各号に掲げる場合の区分に応じ、当該各号に定める日に納付があつたものとみなす。ただし、当該各号（第二号を除く。）に掲げる場合のいずれかに該当する場合の登録免許税に係る過誤納金のうち当該各号に定める日後に納付された登録免許税の額に相当する部分については、この限りでない。

一 登録免許税を納付して登記等の申請をした者につき当該申請を却下した場合（第四項において準用する第三項の証明をした場合を除く。） 当該却下した日

二 第五項の申出があつた場合 当該申出があつた日

三 登録免許税を納付して登記等の申請をした者につき当該申請の取下げがあつた場合（第三項の証明をした場合を除く。） 当該取下げがあつた日

四 過大に登録免許税を納付して登記等を受けた場合 当該登記等を受けた日（当該登記等が免許等である場合において、当該免許等を受けた日が当該免許等に係る第二十七条第二号に定める期限前であるときは、当該期限）

五 第二十四条の二第一項に規定する財務省令で定める方法により登録免許税を納付した者が当該登録免許税の納付の基因となる登記等の申請をしなかつた場合 第六項の申出があつた日（同項の申出がなかつた場合には、前項に規定する六月を経過する日）

第四章 雑則

（通知）

第三十二条 登記機関（政令で定める登記機関については、政令で定める省庁の長）は、政令で定めるところにより、その年の前年四月一日からその年三月三十一日までの期間内にした登記等に係る登録免許税の納付額を、その年七月三十一日までに財務大臣に通知しなければならない。

（認定が一般貨物自動車運送事業の許可等とみなされる場合の取扱い）

第三十四条の三 福島復興再生特別措置法（平成二十四年法律第二十五号）第七条第一項（福島復興再生計画の認定）に規定する福島復興再生計画の同条第十四項の認定（同法第七条の二第一項（東日本大震災復興特別区域法の準用）において読み替えて準用する東日本大震災復興特別区域法（平成二十三年法律第百二十二号）第六条第一項（認定復興推進計画の変更）の変更の認定を含む。）が次の各号に掲げる規定により当該各号に定める登記等とみなされる場合における福島復興再生特別措置法第七十一条第三項（流通機能向上事業に係る許認可等の特例）の同意をした者については、当該福島復興再生計画に係る同法第七条第一項の規定による申請を当該同意をした者の当該登記等に係る申請とみなして、前章及びこの章の規定を適用する。

一 別表第一第百二十五号 貨物自動車運送事業法（平成元年法律第八十三号）第三条（一般貨物自動車運送事業の許可）の一般貨物自動車運送事業の許可

二 別表第一第百三十九号 貨物利用運送事業法（平成元年法律第八十二号）第三条第一項（登録）の第一種貨物利用運送事業の登録若しくは同法第七条第一項（変更登録等）の変更登録、同法第二十条（許可）の第二種貨物利用運送事業の許可若しくは同法第二十五条第一項（事業計画及び集配事業計画）の事業計画の変更の認可、同法第三十五条第一項（登録）の第一種貨物利用運送事業の登録若しくは同法第三十九条第一項（変更登録等）の変更登録又は同法第四十五条第一項（許可）の第二種貨物利用運送事業の許可若しくは同法第四十六条第二項（事業計画）の事業計画の変更の認可

三 別表第一第百四十号 倉庫業法（昭和三十一年法律第百二十一号）第三条（登録）の倉庫業者の登録又は同法第七条第一項（変更登録等）の変更登録

（認定等が鉄道事業の許可等とみなされる場合の取扱い）

第三十四条の五 地域公共交通の活性化及び再生に関する法律（平成十九年法律第五十九号）第二十七条の二第一項（地域旅客運送サービス継続事業の実施）に規定する地域旅客運送サービス継続実施計画の同法第二十七条の三第二項（地域旅客運送サービス継続実施計画の認定）（同条第七項において準用する場合を含む。）の認定若しくは同法第二十七条の十四第一項（地域公共交通利便増進事業の実施）（同法第二十九条の九（鉄道事業再構築事業等に関する規定の準用）において準用する場合を含む。）に規定する地域公共交通利便増進実施計画の同法第二十七条の十五第二項（地域公共交通利便増進実施計画の認定）（同条第七項において準用する場合を含む。）の認定又は同法第二十九条の四第一項（交通手段再構築実証事業計画の作成）に規定する交通手段再構築実証事業計画の同条第六項（同条第七項において準用する場合を含む。）の規定による公表が次の各号に掲げる規定により当該各号に定める登記等とみなされる場合における同法第二十七条の二第三項の同意をした者若しくは同法第二十七条の十四第四項の同意をした者若しくは同項に規定する協定締結実施主体（以下この条において「協定締結実施主体」という。）又は当該交通手段再構築実証事業計画に定められた同法第二十九条の四第一項に規定する交通手段再構築実証事業の同条第二項第二号の実施主体（以下この条において「実施主体」という。）については、当該地域旅客運送サービス継続実施計画に係る同法第二十七条の三第一項の規定による申請若しくは当該地域公共交通利便増進実施計画に係る同法第二十七条の十五第一項の規定による申請又は当該交通手段再構築実証事業計画に係る同法第二十九条の四第四項の規定に

よる協議の申出を、これらの同意をした者若しくは協定締結実施主体又は実施主体の当該登記等に係る申請とみなして、前章及びこの章の規定を適用する。

一　別表第一第百二十号　鉄道事業法（昭和六十一年法律第九十二号）第三条第一項（許可）の第一種鉄道事業、第二種鉄道事業若しくは第三種鉄道事業の許可又は軌道法（大正十年法律第七十六号）第三条（事業の特許）の軌道事業の特許

二　別表第一第百二十五号　道路運送法（昭和二十六年法律第百八十三号）第四条第一項（一般旅客自動車運送事業の許可）の一般旅客自動車運送事業の許可又は同法第十五条第一項（事業計画の変更）の事業計画の変更の認可

三　別表第一第百二十五号の三　道路運送法第七十九条（登録）の自家用有償旅客運送者の登録又は同法第七十九条の七第一項（変更登録等）の変更登録

四　別表第一第百三十三号　海上運送法（昭和二十四年法律第百八十七号）第三条第一項（一般旅客定期航路事業の許可）の一般旅客定期航路事業の許可

> **注　令和五年五月一二日法律二四号により改正され、公布の日から起算して二年を超えない範囲内において政令で定める日から施行**
>
> 第三十四条の五第四号中「の一般旅客定期航路事業の許可」の下に「又は同法第二十条第一項（貨客定期航路事業）の貨客定期航路事業の登録若しくは同法第二十二条第一項（一般不定期航路事業）の一般不定期航路事業の登録」を加える。

（公表が自家用有償旅客運送者の登録とみなされる場合の取扱い）

第三十四条の六　地域再生法（平成十七年法律第二十四号）第十七条の三十六第一項（地域住宅団地再生事業計画の作成）に規定する地域住宅団地再生事業計画の同条第二十九項（同条第三十項において準用する場合を含む。）の規定による公表が別表第一第百二十五号の三の規定により道路運送法第七十九条（登録）の自家用有償旅客運送者の登録又は同法第七十九条の七第一項（変更登録等）の変更登録とみなされる場合における地域再生法第十七条の三十六第十五項の同意をした者については、当該地域住宅団地再生事業計画に係る同条第二十七項の同意を得るための申出を同条第十五項の同意をした者の当該登録又は変更登録に係る申請とみなして、前章及びこの章の規定を適用する。

（電子情報処理組織等を使用した登記等の申請等）

第三十五条　登記等を受ける者又は官庁若しくは公署が電子情報処理組織を使用して当該登記等の申請又は嘱託を行つた場合には、当該登記等の申請又は嘱託は、書面により行われたものとみなして、この法律その他登録免許税に関する法令の規定を適用する。

2　前項に規定する場合において、第四条第二項に規定する財務省令で定める書類の添付の方法その他前項の規定の適用に関し必要な事項は、財務省令で定める。

3　登記を受ける者又は官庁若しくは公署が不動産登記法（平成十六年法律第百二十三号）第十八条（申請の方法）（他の法令において準用する場合を含む。）の規定により磁気ディスクを提出して登記の申請又は嘱託を行つた場合には、当該登記の申請又は嘱託（当該磁気ディスクに係る部分に限る。）は、書面により行われたものとみなして、この法律その他登録免許税に関する法令の規定を適用する。

4　前項の場合（登記の申請に必要な情報の全部を記録した磁気ディスクを提出して登記の申請又は嘱託を行つた場合に限る。）において、当該登記につき課されるべき登録免許税の額に相当する登録免許税を第二十一条から第二十三条までの規定により国に納付するときは、第二十一条中「当該登記等に係る登記官署等の使用に係る電子計算機（入出力装置を含む。以下同じ。）と当該登記等の申請又は嘱託をする者の使用に係る電子計算機とを電気通信回線で接続した電子情報処理組織（以下「電子情報処理組織」という。）を使用して」とあり、及び第二十三条第一項中「電子情報処理組織を使用して」とあるのは、「磁気ディスクを提出して」と読み替えて適用するものとする。

5　第二項の規定は、第三項に規定する場合について準用する。

別表第一　課税範囲、課税標準及び税率の表（第二条、第五条、第九条、第十条、第十三条、第十五条―第十七条、第十七条の三―第十九条、第二十三条、第二十四条、第三十四条―第三十四条の六関係）

登記、登録、特許、免許、許可、認可、認定、指定又は技能証明の事項	課税標準	税率
五　工場財団、鉱業財団、漁業財団、港湾運送事業財団、道路交通事業財団、自動車交通事業財団又は観光施設財団の登記（これらの財団の信託の登記を含む。）		
㈠　所有権の保存の登記	財団の数	一個につき三万円
㈡　抵当権の設定、強制競売、競売、強制管理若しくは担保不動産収益執行に係る差押え、仮差押え、仮処分又は抵当付債権の差押えその他権利の処分の制限の登記	債権金額又は極度金額	千分の二・五
㈢　抵当権の移転の登記	債権金額又は極度金額	千分の一・五
㈣　根抵当権の一部譲渡又は法人の分割による移転の登記	一部譲渡又は分割後の共有者の数で極度金額を除して計算した金額	千分の一・五
㈤　抵当権の順位の変更の登記	抵当権の件数	一件につき六千円
㈥　信託の登記	債権金額又は極度金額	千分の一・五
㈦　付記登記、仮登記、抹消された登記の回復の登記又は登記事項の更正若しくは変更の登記（これらの登記のうち㈠から㈥までに掲げるものを除く。）	財団の数	一個につき六千円
㈧　登記の抹消	財団の数	一個につき六千円
八　動産の抵当権に関する登記又は登録（動産の抵当権の信託の登記又は登録を含む。）		
㈠　農業用動産の抵当権に関する登記		
イ　抵当権の設定の登記	債権金額又は極度金額	千分の三
ロ　抵当権の移転の登記	債権金額又は極度金額	千分の一・五
ハ　根抵当権の一部譲渡又は法人の分割による移転の登記	一部譲渡又は分割後の共有者の数で極度金額を除して計算した金額	千分の一・五
ニ　抵当権の順位の変更の登記	抵当権の件数	一件につき千円
ホ　抵当権の信託の登記	債権金額又は極度金額	千分の一・五
ヘ　付記登記、仮登記、抹消された登記の回復の登記又は登記事項の更正若しくは変更の登記（これらの登記のうちイからホまでに掲げるものを除く。）	申請件数	一件につき千円
ト　登記の抹消	申請件数	一件につき千円
㈡　建設機械の抵当権に関する登記		
イ　抵当権の設定の登記	債権金額又は極度金額	千分の三
ロ　抵当権の移転の登記	債権金額又は極度金額	千分の一・五
ハ　根抵当権の一部譲渡又は法人の分割による移転の登記	一部譲渡又は分割後の共有者の数で極度金額を除して計算した金額	千分の一・五
ニ　抵当権の順位の変更の登記	抵当権の件数	一件につき千円
ホ　抵当権の信託の登記	債権金額又は極度金額	千分の一・五
ヘ　付記登記、仮登記、抹消された登記の回復の登記又は登記事項の更正若しくは変更の登記（これらの登記のうちイからホまでに掲げるものを除く。）	建設機械の数	一個につき千円

登記、登録等の区分	課税標準	税率
ト　登記の抹消	建設機械の数	一個につき千円
(三)　自動車の抵当権に関する登録		
イ　抵当権の設定の登録	債権金額又は極度金額	千分の三
ロ　抵当権の移転の登録	債権金額又は極度金額	千分の一・五
ハ　根抵当権の一部譲渡又は法人の分割による移転の登録	一部譲渡又は分割後の共有者の数で極度金額を除して計算した金額	千分の一・五
ニ　抵当権の信託の登録	債権金額又は極度金額	千分の一・五
ホ　抹消した登録の回復の登録又は登録の更正若しくは変更の登録	自動車の数	一両につき千円
ヘ　登録の抹消	自動車の数	一両につき千円
九　動産の譲渡又は債権の譲渡若しくは質権の設定の登記		
(一)　動産の譲渡の登記	申請件数	一件につき一万五千円
(二)　債権の譲渡又は質権の設定の登記	申請件数	一件につき一万五千円
(三)　(一)又は(二)に掲げる登記の存続期間を延長する登記	申請件数	一件につき七千五百円
(四)　登記の抹消	申請件数	一件につき千円
九十九　揮発油販売業者、揮発油特定加工業者若しくは軽油特定加工業者の登録又は揮発油等に係る分析機関の登録		
(一)　揮発油等の品質の確保等に関する法律（昭和五十一年法律第八十八号）第三条（揮発油販売業者の登録）の揮発油販売業者の登録	登録件数	一件につき三万円
(二)　揮発油等の品質の確保等に関する法律第十二条の二（揮発油特定加工業者の登録）の揮発油特定加工業者の登録	登録件数	一件につき九万円
(三)　揮発油等の品質の確保等に関する法律第十二条の九（軽油特定加工業者の登録）の軽油特定加工業者の登録	登録件数	一件につき九万円
(四)　揮発油等の品質の確保等に関する法律第十六条の二第一項（揮発油販売業者に係る分析機関の登録）、第十七条の三第二項（揮発油生産業者に係る分析機関の登録）（同法第十七条の八第一項（軽油生産業者に係る分析機関の登録）、第十七条の十第一項（灯油生産業者に係る分析機関の登録）又は第十七条の十二第一項（重油生産業者に係る分析機関の登録）において準用する場合を含む。）、第十七条の四第三項（揮発油輸入業者等に係る分析機関の登録）（同法第十七条の八第二項若しくは第三項、第十七条の十第二項若しくは第三項又は第十七条の十二第二項若しくは第三項において準用する場合を含む。）又は第十七条の十四の二第二項（揮発油特定加工業者に係る分析機関の登録）（同法第十七条の八第四項において準用する場合を含む。）の登録（更新の登録を除く。）	登録件数	一件につき九万円
百　液化石油ガス販売事業者の登録、保安機関の認定若しくは一般消費者等の数の増加の認可又は特定液化石油ガス器具等に係る検査機関の登録		
(一)　液化石油ガスの保安の確保及び取引の適正化に関する法律（昭和四十二年法律第百四十九号）第三条第一項（事業の登録）の経済産業大臣がする液化石油ガス販売事業者の登録	登録件数	一件につき三万円
(二)　液化石油ガスの保安の確保及び取引の適正化に関する法律第二十九条第一項（認定）の経済産業大臣がする保安機関の認定（更新の認定を除く。）	認定件数	一件につき九万円

(三) 液化石油ガスの保安の確保及び取引の適正化に関する法律第三十三条第一項（一般消費者等の数の増加の認可等）の規定により経済産業大臣がする保安業務に係る一般消費者等の数の増加の認可	認可件数	一件につき一万五千円
(四) 液化石油ガスの保安の確保及び取引の適正化に関する法律第四十七条第一項（検査機関の登録）の登録（更新の登録を除く。）	申請件数	一件につき九万円（既に(四)に掲げる登録を受けている者については、一万五千円）
百二十一　自動車道事業の免許		
道路運送法第四十七条第一項（免許）の自動車道事業の免許	免許件数	一件につき十五万円
百二十二　高速道路の新設又は改築の許可		
道路整備特別措置法（昭和三十一年法律第七号）第三条第一項（高速道路の新設又は改築）の規定による高速道路の新設又は改築の許可	許可件数	一件につき十五万円
百二十三　自動車ターミナル事業の許可 （注）流通業務総合効率化促進法第十五条第一項（自動車ターミナル法の特例）の規定により自動車ターミナル事業の許可を受けたものとみなされる場合における流通業務総合効率化促進法第四条第一項（総合効率化計画の認定）の規定による総合効率化計画の認定は、当該許可とみなす。		
自動車ターミナル法（昭和三十四年法律第百三十六号）第三条（事業の許可）の自動車ターミナル事業の許可	許可件数	一件につき九万円

百二十四　優良自動車整備事業者の認定又は自動車の登録に係る登録情報処理機関若しくは登録情報提供機関の登録		
(一) 道路運送車両法（昭和二十六年法律第百八十五号）第九十四条第一項（優良自動車整備事業者の認定）の優良自動車整備事業者の認定		
イ 道路運送車両法第四十八条第一項（定期点検整備）の点検に付随して行われる自動車又はその部分の整備又は改造の事業（ロにおいて「点検付随整備事業」という。）の全部の実施に係る認定で財務省令で定めるもの	認定件数	一件につき九万円
ロ 点検付随整備事業の一部の実施に係る認定で財務省令で定めるもの	認定件数	一件につき六万円
ハ イ及びロに掲げる認定以外の認定	認定件数	一件につき三万円
(二) 道路運送車両法第七条第四項（登録情報処理機関の登録）の登録（更新の登録を除く。）	登録件数	一件につき九万円
(三) 道路運送車両法第二十二条第三項（登録情報提供機関の登録）の登録（更新の登録を除く。）	登録件数	一件につき九万円

百二十五　道路運送事業の許可若しくは事業計画の変更の認可又は登録貨物軽自動車安全管理者講習機関若しくは登録貨物軽自動車安全管理者定期講習機関の登録

（注）地域再生法第十七条の五十二（一般旅客自動車運送事業の許可等の特例）、地域公共交通の活性化及び再生に関する法律第十五条（道路運送法の特例）、第二十七条の四第一項（道路運送法の特例）、第二十七条の十（道路運送法の特例）、第二十七条の十八第一項（道路運送法の特例）（同法第二十九条の九（鉄道事業再構築事業等に関する規定の準用）において準用する場合を含む。）、第二十九条の七第一項（道路運送法の特例）若しくは第三十四条第一項（道路運送法の特例）又は都市の低炭素化の促進に関する法律第三十条（道路運送法の特例）の規定により一般旅客自動車運送事業の許可又は事業計画の変更の認可を受けたものとみなされる場合における地域再生法第十七条の五十一第三項（住宅団地再生道路運送利便増進実施計画の認定）（同条第七項において準用する場合を含む。以下この号において同じ。）の規定による住宅団地再生道路運送利便増進実施計画の認定、地域公共交通の活性化及び再生に関する法律第十四条第三項（道路運送高度化実施計画の認定）（同条第九項において準用する場合を含む。）の規定による道路運送高度化実施計画の認定、同法第二十七条の三第二項（地域旅客運送サービス継続実施計画の認定）（同条第七項において準用する場合を含む。）の規定による地域旅客運送サービス継続実施計画の認定、同法第二十七条の七第三項（貨客運送効率化実施計画の認定）（同条第十項において準用する場合を含む。以下この号において同じ。）の規定による貨客運送効率化実施計画の認定、同法第二十七条の十五第二項（地域公共交通利便増進実施計画の認定）（同条第七項において準用する場合及びこれらの規定を同法第二十九条の九において準用する場合を含む。）の規定による地域公共交通利便増進実施計画の認定、同法第二十九条の四第六項（交通手段再構築実証事業計画の作成）（同条第七項において準用する場合を含む。）の規定による交通手段再構築実証事業計画の公表若しくは同法第三十条第三項（新地域旅客運送事業計画の認定）の規定による新地域旅客運送事業計画の認定又は都市の

低炭素化の促進に関する法律第二十九条第三項（道路運送利便増進実施計画の認定）（同条第七項において準用する場合を含む。以下この号において同じ。）の規定による道路運送利便増進実施計画の認定は当該許可又は事業計画の変更の認可と、地域公共交通の活性化及び再生に関する法律第三十四条第二項又は特定地域及び準特定地域における一般乗用旅客自動車運送事業の適正化及び活性化に関する特別措置法（平成二十一年法律第六十四号）第八条の八第一項（道路運送法の特例）若しくは第十三条第一項（道路運送法の特例）の規定により事業計画の変更の認可を受けたものとみなされる場合における地域公共交通の活性化及び再生に関する法律第三十条第八項において準用する同条第三項の規定による新地域旅客運送事業計画の変更の認定又は特定地域及び準特定地域における一般乗用旅客自動車運送事業の適正化及び活性化に関する特別措置法第八条の七第一項（事業者計画の認可）の規定による事業者計画の認可若しくは同法第十一条第四項（活性化事業計画の認定）（同条第六項において準用する場合を含む。）の規定による活性化事業計画の認定は当該事業計画の変更の認可と、地域再生法第十七条の五十二又は都市の低炭素化の促進に関する法律第三十条の規定により特定旅客自動車運送事業の許可を受けたものとみなされる場合における地域再生法第十七条の五十一第三項の規定による住宅団地再生道路運送利便増進実施計画の認定又は都市の低炭素化の促進に関する法律第二十九条第三項の規定による道路運送利便増進実施計画の認定は当該許可と、地域再生法第十七条の五十八（貨物自動車運送事業法の特例）、流通業務総合効率化促進法第十条第一項（貨物自動車運送事業法の特例）、地域公共交通の活性化及び再生に関する法律第二十七条の十一（貨物自動車運送事業法の特例）、福島復興再生特別措置法第七十一条第一項（流通機能向上事業に係る許可等の特例）又は都市の低炭素化の促進に関する法律第三十六条（貨物自動車運送事業法の特例）の規定により一般貨物自動車運送事業の許可を受けたものとみなされる場合における地域再生法第十七条の五十五第三項（住宅団地再生貨物運送共同化実施計画の認定）（同条第七項において準用する場合を含む。）の規定による住宅団地再生貨物運送共同化実施計画の認定、流通業務総合効率化促進法第四条第一項（総合効率化計画の認定）、地域公共交通の活性化及び再生に関する法律第二十七条の七第三項の規定による貨客運送効率化実施計画の認定、福島復興再生特別措置法第七条第十四項（福島復興再生計画の認定）の規定による福島復興再生計画の認定若しくは同法第七条の二第一項（東日本大震災復興特別区域法の準用）において読み替えて準用する東日本大震災復興特別区域法第六条第一項（認定復興推進計画の変更）の規定による福島復興再生計画の変更の認定又は都市の低炭素化の促進に関する法律第三十三条第三項（貨物運送共同化実施計画の認定）（同条第七項において準用する場合を含む。）の規定による貨物運送共同化実施計画の認定は当該許可とみなす。

(一) 道路運送法第四条第一項（一般旅客自動車運送事業の許可）の一般旅客自動車運送事業の許可		
イ 一般乗合旅客自動車運送事業の許可又は一般貸切旅客自動車運送事業の許可（更新の許可を除く。）	許可件数	一件につき九万円
ロ 一般乗用旅客自動車運送事業の許可	許可件数	一件につき三万円（個人の受ける一般乗用旅客自動車運送事業の許可で政令で定めるものについては、一万五千円）
(二) 道路運送法第十五条第一項（事業計画の変更）の規定による事業計画の変更の認可		
イ (一)イに掲げる許可を受けている者が道路運送法第五条第一項第三号（許可申請）の路線又は営業区域を増加することに係る事業計画の変更の認可で財務省令で定めるもの	認可件数	一件につき一万五千円
ロ (一)ロに掲げる許可（政令で定めるものを除く。ハにおいて同じ。）を受けている者が道路運送法第五条第一項第三号の営業区域を増加することに係る事業計画の変更の認可で財務省令で定めるもの	認可件数	一件につき五千円
ハ (一)ロに掲げる許可を受けている者が特定地域及び準特定地域における一般乗用旅客自動車運送事業の適正化及び活性化に関する特別措置法第二条第六項（定義）に規定する準特定地域における一般乗用旅客自動車運送事業の供給輸送力を増加させる事業計画の変更の認可で財務省令で定めるもの	認可件数	一件につき五千円
(三) 道路運送法第四十三条第一項（特定旅客自動車運送事業）の特定旅客自動車運送事業の許可	許可件数	一件につき三万円

(四) 貨物自動車運送事業法第三条（一般貨物自動車運送事業の許可）の一般貨物自動車運送事業の許可	許可件数	一件につき十二万円
(五) 貨物自動車運送事業法第三十五条第一項（特定貨物自動車運送事業）の特定貨物自動車運送事業の許可	許可件数	一件につき六万円
(六) 貨物自動車運送事業法第五十八条の二（登録貨物軽自動車安全管理者講習機関の登録）の登録貨物軽自動車安全管理者講習機関の登録（更新の登録を除く。）	登録件数	一件につき九万円
(七) 貨物自動車運送事業法第五十八条の十六第一項（登録貨物軽自動車安全管理者定期講習機関の登録）の登録貨物軽自動車安全管理者定期講習機関の登録（更新の登録を除く。）	登録件数	一件につき九万円
百二十五の二　タクシーの運転者に係る登録実施機関の登録		
タクシー業務適正化特別措置法（昭和四十五年法律第七十五号）第十九条第一項（登録実施機関の登録）の登録（更新の登録を除く。）	登録件数	一件につき九万円
百二十五の三　自家用有償旅客運送者の登録 （注）地域再生法第十七条の五十三（自家用有償旅客運送の登録等の特例）の規定により自家用有償旅客運送者の登録若しくは変更登録を受けたものとみなされる場合における同法第十七条の三十六第二十九項（地域住宅団地再生事業計画の作成）（同条第三十項において準用する場合を含む。）の規定による地域住宅団地再生事業計画の公表又は地域公共交通の活性化及び再生に関する法律第二十七条の十八第一項（道路運送法の特例）（同法第二十九条の九（鉄道事業再構築事業等に関する規定の準用）において準用する場合を含む。）の規定により自家用有償旅客運送者の登録若しくは変更登録を受けたものとみなされる場合における同法第二十七条の十五第二項（地域公共交通利便増進実施計画の認定）（同条第七項において準用する場合及びこれらの規定を同法第二十九条の九において準用する場合を含む。）の規定による地域公共交通利便増進実施計画の認定若しくは同法第二十九条の七第一項（道路運送法の特例）の規定により自家用有償旅客運送者の登録若しくは変更登録を受けたものとみなされる場合における同法第二十九条の四第六項（交通手段再構築実証事業計画の作成）（同条第七項において準用する場合を含む。）の規定による交通手段再構築実証事業計画の公表は、自家用有償旅客運送者の登録又は変更登録とみなす。		
(一) 道路運送法第七十九条（登録）の自家用有償旅客運送者の登録（政令で定めるものに限り、更新の登録を除く。）	登録件数	一件につき一万五千円
(二) 道路運送法第七十九条の七第一項（変更登録等）の変更登録（政令で定めるものに限る。）	登録件数	一件につき三千円
百二十六　自家用自動車の有償貸渡しの許可		
道路運送法第八十条第一項（有償貸渡し）の規定による自家用自動車の貸渡しの事業の許可（政令で定めるものを除く。）	許可件数	一件につき九万円
百三十九　貨物利用運送事業の登録若しくは許可又は事業計画の変更の認可 （注）中心市街地の活性化に関する法律（平成十年法律第九十二号）第五十七条第一項、第三項若しくは第四項（貨物利用運送事業法の特例）、地域再生法第十七条の五十六第一項（貨物利用運送事業法の特例）、流通業務総合効率化促進法第八条第一項若しくは第二項（貨物利用運送事業法の特例）、地域公共交通の活性化及び再生に関する法律第二十七条の十四第一項（貨物利用運送事業法の特例）、福島復興再生特別措置法第七十一条第一項（流通機能向上事業に係る許認可等の特例）又は都市の低炭素化の促進に関する法律第三十四条第一項（貨物利用運送事業法の特例）の規定により第一種貨物利用運送事業の登録又は変更登録を受けたものとみなされる場合における中心市街地の活性化に関する法律第四十八条第一項（特定民間中心市街地活性化事業計画の認定）の規定による特定民間中心市街地活性化事業計画の認定若しくは同法第四十九条第一項（認定特定民間中心市街地活性化事業計画の変更等）の規定による認定特定民間中心市街地活性化事業計画の変更の認定、地域再生法第十七条の五十五第三項（住宅団地再生貨物運送共同化実施計画の認定）（同条第七項において準用する場合を含む。以下この号において同じ。）の規定による住宅団地再生貨物運送共同化実施計画の認定、流通業務総合効率化促進法第四条第一項（総合効率化計画の認定）の規定による総合効率化計画の認定若しくは流通業務総合効率化促進法第五条第一項（総合効率化計画の変更の認定）の規定による総合効率化計画の変更の認定、地域公共交通の活性化及び再生に関する法律第二十七条の九第三項（貨客運送効率化実施計画の認定）（同条第九項において準用する場合を含む。以下この号において同じ。）の規定による貨客運送効率化実施計画の認定、福島復興再生特別措置法第七条第十四項（福島復興再生計画の認定）の規定による福島復興再生計画の認定若しくは同法第七条の二第一項（東日本大震災復興特別区域法の準用）において読み替えて準用する東日本大震災復興特別区域法第六条第一項（認定復興推進計画の変更）の規定による福島復興再生計画の変更の認定又は都市の低炭素化の促進に関		

登記、登録、特許、免許、許可、認可、認定、指定又は技能証明の事項	課税標準	税率
する法律第三十三条第三項（貨物運送共同化実施計画の認定）（同条第七項において準用する場合を含む。以下この号において同じ。）の規定による貨物運送共同化実施計画の認定は当該登録又は変更登録とみなし、地域再生法第十七条の五十七第一項（貨物利用運送事業法の特例）、流通業務総合効率化促進法第九条第一項若しくは第二項（貨物利用運送事業法の特例）、地域公共交通の活性化及び再生に関する法律第二十七条の十五第一項（貨物利用運送事業法の特例）、福島復興再生特別措置法第七十一条第一項又は都市の低炭素化の促進に関する法律第三十五条第一項（貨物利用運送事業法の特例）の規定により第二種貨物利用運送事業の許可又は事業計画の変更の認可を受けたものとみなされる場合における地域再生法第十七条の五十五第三項の規定による住宅団地再生貨物運送共同化実施計画の認定、流通業務総合効率化促進法第四条第一項の規定による総合効率化計画の認定若しくは流通業務総合効率化促進法第五条第一項の規定による総合効率化計画の変更の認定、地域公共交通の活性化及び再生に関する法律第二十七条の九第三項の規定による貨客運送効率化実施計画の認定、福島復興再生特別措置法第七条第十四項の規定による福島復興再生計画の認定若しくは同法第七条の二第一項において読み替えて準用する東日本大震災復興特別区域法第六条第一項の規定による福島復興再生計画の変更の認定又は都市の低炭素化の促進に関する法律第三十三条第三項の規定による貨物運送共同化実施計画の認定は当該許可又は事業計画の変更の認可とみなす。		
(一) 貨物利用運送事業法第三条第一項（登録）の第一種貨物利用運送事業の登録	登録件数	一件につき九万円
(二) 貨物利用運送事業法第七条第一項（変更登録）の変更登録（同法第四条第一項第四号（登録の申請）の利用運送に係る運送機関の種類若しくは利用運送の区域若しくは区間の増加に係るもの（財務省令で定めるものに限る。）又は同号の業務の範囲の増加に係るものに限る。）	登録件数	一件につき一万五千円
(三) 貨物利用運送事業法第二十条（許可）の第二種貨物利用運送事業の許可	許可件数	一件につき十二万円
(四) 貨物利用運送事業法第二十五条第一項（事業計画及び集配事業計画）の事業計画の変更の認可（財務省令で定めるものに限る。）	認可件数	一件につき二万円
(五) 貨物利用運送事業法第三十五条第一項（登録）の船舶運航事業者又は航空運送事業者の行う国際貨物運送に係る第一種貨物利用運送事業の登録	登録件数	一件につき九万円
(六) 貨物利用運送事業法第三十九条第一項（変更登録等）の変更登録（同法第四条第一項第四号の利用運送の区間又は業務の範囲の増加に係るものに限る。）	登録件数	一件につき一万五千円
(七) 貨物利用運送事業法第四十五条第一項（許可）の船舶運航事業者又は航空運送事業者の行う国際貨物運送に係る第二種貨物利用運送事業の許可	許可件数	一件につき十二万円
(八) 貨物利用運送事業法第四十六条第二項（事業計画）の事業計画の変更の認可（財務省令で定めるものに限る。）	認可件数	一件につき二万円
百四十 倉庫業者の登録又は認定 （注）流通業務総合効率化促進法第十六条第一項若しくは第二項（倉庫業法の特例）又は福島復興再生特別措置法第七十一条第一項（流通機能向上事業に係る許認可等の特例）の規定により倉庫業者の登録又は変更登録を受けたものとみなされる場合における流通業務総合効率化促進法第四条第一項（総合効率化計画の認定）の規定による総合効率化計画の認定若しくは流通業務総合効率化促進法第五条第一項（総合効率化計画の変更の認定）の規定による総合効率化計画の変更の認定又は福島復興再生特別措置法第七条第十四項（福島復興再生計画の認定）の規定による福島復興再生計画の認定若しくは同法第七条の二第一項（東日本大震災復興特別区域法の準用）において読み替えて準用する東日本大震災復興特別区域法第六条第一項（認定復興推進計画の変更）の規定による福島復興再生計画の変更の認定は、当該登録又は変更登録とみなす。		
(一) 倉庫業法第三条（登録）の倉庫業者の登録	登録件数	一件につき九万円
(二) 倉庫業法第七条第一項（変更登録等）の変更登録（倉庫の新設に係る変更登録で政令で定めるものに限る。）	倉庫の数	一個につき三万円
(三) 倉庫業法第二十五条（トランクルームの認定）の認定	トランクルームの数	一個につき一万円
百五十八 登録特定原動機検査機関又は登録特定特殊自動車検査機関の登録		

(一) 特定特殊自動車排出ガスの規制等に関する法律（平成十七年法律第五十一号）第十九条第一項（登録特定原動機検査機関の登録）の登録（更新の登録を除く。）	登録件数	一件につき九万円
(二) 特定特殊自動車排出ガスの規制等に関する法律第二十六条第一項（登録特定特殊自動車検査機関の登録）の登録（更新の登録を除く。）	登録件数	一件につき九万円

注　令和六年五月一五日法律二三号により改正され、公布の日から起算して一年を超えない範囲内において政令で定める日から施行

別表第一第百二十三号中「流通業務総合効率化促進法第十五条第一項」を「物資流通効率化法第十七条第一項」に、「流通業務総合効率化促進法第四条第一項」を「物資流通効率化法第六条第一項」に改め、同表第百二十五号中「流通業務総合効率化促進法第十条第一項」を「物資流通効率化法第十二条第一項」に、「流通業務総合効率化促進法第四条第一項」を「物資流通効率化法第六条第一項」に改める。

別表第一第百三十九号中「流通業務総合効率化促進法第八条第一項」を「物資流通効率化法第十条第一項」に、「流通業務総合効率化促進法第四条第一項」を「物資流通効率化法第六条第一項」に、「流通業務総合効率化促進法第五条第一項」を「物資流通効率化法第七条第一項」に、「流通業務総合効率化促進法第九条第一項」を「物資流通効率化法第十一条第一項」に改め、同表第百四十号中「流通業務総合効率化促進法第十六条第一項」を「物資流通効率化法第十八条第一項」に、「流通業務総合効率化促進法第四条第一項」を「物資流通効率化法第六条第一項」に、「流通業務総合効率化促進法第五条第一項」を「物資流通効率化法第七条第一項」に改める。

○自動車重量税法

（昭和四十六年五月三十一日法律第八十九号）

沿革　昭四七法六二、昭五八法二一、昭五九法二五・六七、平一〇法七四、平一一法一六〇、平一四法五四・一五二、平一八法一〇、平二三法一一四、平二五法五三、平二六法六九、令元法一六、令四法四改正

目次

第一章　総則

（趣旨）

第一条　この法律は、自動車重量税の課税物件、納税義務者、課税標準、税率及び納付の手続その他自動車重量税の納税義務の履行について必要な事項を定めるものとする。

（定義）

第二条　この法律において、次の各号に掲げる用語の意義は、当該各号に定めるところによる。

一　自動車　原動機により陸上を移動させることを目的として製作した用具で軌条若しくは架線を用いないもの又はこれにより牽引して陸上を移動させることを目的として製作した用具をいい、道路運送車両法（昭和二十六年法律第百八十五号）第二条第三項（定義）に規定する原動機付自転車を含まないものとする。

二　検査自動車　道路運送車両法第六十条第一項（新規検査の場合の自動車検査証の交付）、第六十二条第二項（同法第六十三条第三項及び第六十七条第四項において準用する場合を含む。）（継続検査、臨時検査及び構造等変更検査の場合の自動車検査証の返付）若しくは第七十一条第四項（予備検査の場合の自動車検査証の交付）又は総合特別区域法（平成二十三年法律第八十一号）第二十二条の二第三項（有効期間の伸長の場合の自動車検査証の返付）の規定による自動車検査証の交付又は返付（以下「自動車検査証の交付等」という。）を受ける自動車をいう。

三　届出軽自動車　道路運送車両法第九十七条の三第一項（軽自動車の使用の届出）の規定による車両番号の指定（以下「車両番号の指定」という。）を受ける軽自動車をいう。

2　この法律に規定する小型自動車、軽自動車及び大型特殊自動車の別は、道路運送車両法第三条（自動車の種別）に定めるところによる。

（課税物件）

第三条　検査自動車及び届出軽自動車には、この法律により、自動車重量税を課する。

（納税義務者）

第四条　自動車検査証の交付等を受ける者及び車両番号の指定を受ける者は、当該検査自動車及び届出軽自動車につき、自動車重量税を納める義務がある。この場合において、当該自動車検査証の交付等を受ける者又は車両番号の指定を受ける者が二人以上あるときは、これらの者は、連帯して自動車重量税を納付する義務を負う。

2　前項に規定する者以外の者が当該検査自動車又は届出軽自動車の所有者（これらの自動車の売買契約において売主が所有権を留保している場合にあつては買主とし、これらの自動車が譲渡により担保の目的となつている場合にあつては当該譲渡をした者とする。）である場合には、その者は、これらの自動車につき、同項に規定する者と連帯して自動車重量税を納める義務がある。

（非課税自動車）

第五条　次に掲げる自動車には、自動車重量税を課さない。

一　大型特殊自動車

二　車両番号の指定を受けたことがあることが政令で定めるところにより明らかにされた届出軽自動車

三　道路運送車両法第六十三条（臨時検査）に規定する臨時検査（第七条第一項において「臨時検査」という。）の結果、返付を受ける自動車検査証の有効期間の満了の日が従前の有効期間の満了の日以前とされることとなる自動車

※　二号「政令」＝令二

（納税地）

第六条　自動車重量税の納税地は、納税義務者が受ける自動車検査証の交付等又は車両番号の指定の事務をつかさどる官公署又は道路運送車両法第五章の二の規定により設立された軽自動車検査協会（以下「協会」という。）の事務所の所在地（第十条の二に規定する財務省令で定める方法により自動車重量税を納付する場合にあつては、政令で定める場所）とする。

2　第十四条第一項若しくは第四項の規定により徴収すべき自動車重量税又は国税通則法（昭和三十七年法律第六十六号）第五十六条第一項（還付）に規定する過誤納金に係る自動車重量税の納税地は、前項の規定にかかわらず、納税義務者が次の各号に掲げる場合のいずれに該当するかに応じ当該各号に定める場所とする。

一　この法律の施行地（以下この条において「国内」という。）に住所を有する個人である場合　その住所地

二　国内に住所を有せず居所を有する個人である場合　その居所地

三　国内に本店又は主たる事務所を有する法人である場合　その本店又は主たる事務所の所在地

四　前三号に掲げる場合を除き、国内に事務所、営業所その他これらに準ずるものを有する者である場合　その事務所、営業所その他これらに準ずるものの所在地（これらが二以上ある場合には、政令で定める場所）

五　前各号に掲げる場合以外の場合　政令で定める場所

※　1・2項四・五号「政令」＝令三・附則2

第二章　課税標準及び税率

（課税標準及び税率）

第七条　自動車重量税の課税標準は、検査自動車及び届出軽自動車の数量とし、その税率は、次に掲げる自動車の区分に応じ、一両につき、次に掲げる金額（臨時検査に係る自動車にあつては、当該金額に〇・五を乗じて得た金額）とする。

一　検査自動車のうち自動車検査証の有効期間が三年と定め

られているもの（道路運送車両法第六十一条第三項（自動車検査証の有効期間の短縮）の規定により自動車検査証の有効期間が短縮される自動車を除く。）

イ　乗用自動車（ロ及びハに掲げる自動車を除く。）

(1)　車両重量が〇・五トン以下のもの　七千五百円

(2)　車両重量が〇・五トンを超えるもの　車両重量〇・五トン又はその端数ごとに七千五百円

ロ　軽自動車　七千五百円

ハ　二輪の小型自動車　四千五百円

二　検査自動車のうち、自動車検査証の有効期間が二年と定められているもの（道路運送車両法第六十一条第三項の規定により自動車検査証の有効期間が短縮される自動車を除く。）及び自動車検査証の有効期間が三年と定められているもので同項の規定により自動車検査証の有効期間が短縮されるもの（自動車検査証の有効期間が二年未満に短縮される自動車を除く。）

イ　乗用自動車（ハ及びニに掲げる自動車を除く。）

(1)　車両重量が〇・五トン以下のもの　五千円

(2)　車両重量が〇・五トンを超えるもの　車両重量〇・五トン又はその端数ごとに五千円

ロ　イ、ハ及びニに掲げる自動車以外の自動車

(1)　車両総重量が一トン以下のもの　五千円

(2)　車両総重量が一トンを超えるもの　車両総重量一トン又はその端数ごとに五千円

ハ　軽自動車　五千円

ニ　二輪の小型自動車　三千円

三　検査自動車のうち前二号に掲げる自動車以外のもの

イ　乗用自動車（ハ及びニに掲げる自動車を除く。）

(1)　車両重量が〇・五トン以下のもの　二千五百円

(2)　車両重量が〇・五トンを超えるもの　車両重量〇・五トン又はその端数ごとに二千五百円

ロ　イ、ハ及びニに掲げる自動車以外の自動車

(1)　車両総重量が一トン以下のもの　二千五百円

(2)　車両総重量が一トンを超えるもの　車両総重量一トン又はその端数ごとに二千五百円

ハ　軽自動車　二千五百円

ニ　二輪の小型自動車　千五百円

四　届出軽自動車

イ　ロに掲げる軽自動車以外の軽自動車　七千五百円

ロ　二輪の軽自動車　四千円

2　前項における用語については、次に定めるところによる。

一　「乗用自動車」とは、もっぱら人の運送の用に供する自動車で、政令で定めるものをいう。

二　「車両重量」とは、運行に必要な装備をした状態における自動車の重量をいう。

三　「車両総重量」とは、車両重量、最大積載量及び五十五キログラムに乗車定員を乗じて得た重量の総和をいう。

3　第一項の車両重量及び車両総重量の計算に関し必要な事項は、政令で定める。

※　2項一号「政令」＝令四、3項「政令」＝令五

第三章　納付及び還付等

（検査自動車についての印紙納付）

第八条　自動車検査証の交付等を受ける者は、その自動車検査証の交付等を受ける時までに、当該検査自動車につき課されるべき自動車重量税の額に相当する金額の自動車重量税印紙を政令で定める書類にはり付けて、当該自動車検査証の交付等を行う国土交通大臣若しくはその権限の委任を受けた地方運輸局長、運輸監理部長若しくは運輸支局長又は協会に提出することにより、自動車重量税を国に納付しなければならない。

※　「政令」＝令六

（届出軽自動車についての印紙納付）

第九条　車両番号の指定を受ける者は、その車両番号の指定を受ける時までに、当該届出軽自動車につき課されるべき自動車重量税の額に相当する金額の自動車重量税印紙を政令で定める書類にはり付けて、当該車両番号の指定を行う地方運輸局長又はその権限の委任を受けた運輸監理部長若しくは運輸支局長に提出することにより、自動車重量税を国に納付しなければならない。

※　「政令」＝令六

（現金納付）

第十条　自動車検査証の交付等を受ける者又は車両番号の指定を受ける者は、自動車重量税を金銭で納付することにつき特別の事情があると国土交通大臣、地方運輸局長、運輸監理部長若しくは運輸支局長又は協会（以下「国土交通大臣等」という。）が認めた場合その他政令で定める場合には、前二条の規定にかかわらず、当該検査自動車又は届出軽自動車につき課されるべき自動車重量税の額に相当する自動車重量税を国に納付し、当該納付に係る領収証書を政令で定める書類に添付して、当該自動車検査証の交付等又は車両番号の指定を行う国土交通大臣等に提出することができる。

※　前の「政令」＝令七、後の「政令」＝令六

（電子情報処理組織を使用する方法等による納付の特例）

第十条の二　自動車検査証の交付等を受ける者若しくは車両番号の指定を受ける者又は次条第一項の規定による委託を受けた納付受託者（第十条の四第一項に規定する納付受託者をいう。次条において同じ。）は、当該検査自動車若しくは届出軽自動車につき課されるべき自動車重量税の額に相当する自動車重量税又は当該委託を受けた自動車重量税を、第八条から前条までの規定にかかわらず、電子情報処理組織を使用する方法その他の情報通信の技術を利用する方法であつて財務省令で定めるものにより国に納付することができる。

※　「財務省令」＝則三

（納付受託者に対する納付の委託）

第十条の三　自動車検査証の交付等を受ける者又は車両番号の指定を受ける者は、当該検査自動車又は届出軽自動車につき課されるべき自動車重量税の額に相当する自動車重量税を電子情報処理組織を使用する方法その他の情報通信の技術を利用する方法を使用して行う納付受託者に対する通知で財務省令で定めるものに基づき納付しようとするときは、当該納付受託者に納付を委託することができる。

2　自動車検査証の交付等を受ける者又は車両番号の指定を受ける者が前項の通知に基づき自動車重量税を納付しようとする場合において、納付受託者が当該自動車重量税の納付の委託を受けたときは、当該委託を受けた日に当該自動車重量税の納付があつたものとみなして、国税通則法の延滞税に関する規定を適用する。

※　1項「財務省令」＝則四

（納付受託者）

第十条の四　自動車重量税の納付に関する事務（以下この項及び第十条の六第一項において「納付事務」という。）を適正かつ確実に実施することができると認められる者であり、かつ、政令で定める要件に該当する者として国土交通大臣が指定するもの（以下「納付受託者」という。）は、自動車検査証の交付等を受ける者又は車両番号の指定を受ける者の委託を受けて、納付事務を行うことができる。

2　国土交通大臣は、前項の規定による指定をしたときは、納付受託者の名称、住所又は事務所の所在地その他財務省令で定める事項を公示しなければならない。

3　納付受託者は、その名称、住所又は事務所の所在地を変更しようとするときは、あらかじめ、その旨を国土交通大臣に届け出なければならない。

4　国土交通大臣は、前項の規定による届出があつたときは、当該届出に係る事項を公示しなければならない。

※　1項「政令」＝令八、2項「財務省令」＝則七

（納付受託者の納付）

第十条の五　納付受託者は、第十条の三第一項の規定による委託を受けたときは、政令で定める日までに当該委託を受けた自動車重量税を国に納付しなければならない。

2　納付受託者は、第十条の三第一項の規定による委託を受けたときは、遅滞なく、財務省令で定めるところにより、その旨及びその年月日を国土交通大臣に報告しなければならない。

※　1項「政令」＝令九、2項「財務省令」＝則一〇

（納付受託者の帳簿保存等の義務）

第十条の六　納付受託者は、財務省令で定めるところにより、帳簿を備え付け、これに納付事務に関する事項を記載し、及びこれを保存しなければならない。

2　国土交通大臣は、前二条及びこの条の規定を施行するため必要があると認めるときは、その必要な限度で、財務省令で定めるところにより、納付受託者に対し、報告をさせることができる。

3　国土交通大臣は、前二条及びこの条の規定を施行するため必要があると認めるときは、その必要な限度で、その職員に、納付受託者の事務所に立ち入り、納付受託者の帳簿書類（その作成又は保存に代えて電磁的記録（電子的方式、磁気的方式その他人の知覚によつては認識することができない方式で作られる記録であつて、電子計算機による情報処理の用に供されるものをいう。）の作成又は保存がされている場合における当該電磁的記録を含む。）その他必要な物件を検査させ、又は関係者に質問させることができる。

4　前項の規定により立入検査を行う職員は、その身分を示す証明書を携帯し、かつ、関係者の請求があるときは、これを提示しなければならない。

5　第三項に規定する権限は、犯罪捜査のために認められたものと解してはならない。

※　1・2項「財務省令」＝則六・八・九2・一一・一二

（納付受託者の指定の取消し）

第十条の七　国土交通大臣は、第十条の四第一項の規定による指定を受けた者が次の各号のいずれかに該当するときは、その指定を取り消すことができる。

一　第十条の四第一項に規定する指定の要件に該当しなくなつたとき。

二　第十条の五第二項又は前条第二項の規定による報告をせず、又は虚偽の報告をしたとき。

三　前条第一項の規定に違反して、帳簿を備え付けず、帳簿に記載せず、若しくは帳簿に虚偽の記載をし、又は帳簿を保存しなかつたとき。

四　前条第三項の規定による立入り若しくは検査を拒み、妨げ、若しくは忌避し、又は同項の規定による質問に対して陳述をせず、若しくは虚偽の陳述をしたとき。

2　国土交通大臣は、前項の規定により指定を取り消したときは、その旨を公示しなければならない。

（納付の確認）

第十一条　国土交通大臣等は、自動車検査証の交付等又は車両番号の指定を行うとき（納付受託者が第十条の三第一項の規定による委託を受けた場合にあつては、財務省令で定めるとき）は、当該検査自動車又は届出軽自動車につき課されるべき自動車重量税の額の納付の事実を確認しなければならない。この場合において、当該納付が第八条、第九条又は次条第二項の規定により自動車重量税印紙をもつてされたものであるときは、これらの規定に規定する書類の紙面と自動車重量税印紙の彩紋とにかけて判明に消さなければならない。

※　「財務省令」＝則一四

（税額の認定）

第十二条　国土交通大臣等は、第八条若しくは第九条に規定する書類に貼り付けられた自動車重量税印紙又は第十条に規定する書類に添付された自動車重量税の納付に係る領収証書の金額、第十条の二に規定する財務省令で定める方法により納付された自動車重量税の額若しくは納付受託者が第十条の三第一項の規定による委託を受けた自動車重量税の額がその調査したところの金額に不足するときは、その調査したところにより認定した自動車重量税の額及び当該不足額を当該自動車検査証の交付等又は車両番号の指定を受けようとする者に通知するものとする。

2　前項の通知を受けた者は、当該自動車検査証の交付等又は車両番号の指定を受けることをやめる場合を除き、遅滞なく、同項の不足額に相当する金額の自動車重量税印紙を当該通知をした国土交通大臣等に提出することにより、当該不足額に相当する自動車重量税を国に納付しなければならない。

3　前項の場合において、第一項の通知を受けた者は、当該通知をした国土交通大臣等が認めるときは、同項の不足額に相当する自動車重量税を国に納付し、その納付に係る領収証書を当該国土交通大臣等に提出することができる。

4　第二項の場合において、第一項の通知を受けた者は、当該通知に係る自動車重量税を第十条の二に規定する財務省令で定める方法により納付しているときは、第一項の不足額に相当する自動車重量税を当該方法により国に納付することができる。

（納付不足額の通知）

第十三条　国土交通大臣等は、自動車検査証の交付等又は車両番号の指定を受けた者が第八条から第十条の二まで又は前条第二項から第四項までの規定により当該検査自動車又は届出軽自動車につき納付すべき自動車重量税の額の全部又は一部を納付していない事実をその納期限後において知つたとき

は、第三項の規定の適用がある場合を除き、遅滞なく、これらの者の当該自動車重量税に係る第六条第二項の規定による納税地の所轄税務署長に対し、その旨及び財務省令で定める事項を通知しなければならない。

2　前項の通知は、検査自動車又は届出軽自動車につき自動車重量税の納税義務者が二人以上ある場合には、そのうち国土交通大臣等の選定した者の同項の納税地の所轄税務署長にするものとする。

3　国土交通大臣等は、納付受託者が第十条の三第一項の規定による委託を受けた自動車重量税の額の全部又は一部を納付していない事実を第十条の五第一項に規定する政令で定める日後に知つたときは、遅滞なく、当該納付受託者の住所又は事務所の所在地の所轄税務署長に対し、その旨及び財務省令で定める事項を通知しなければならない。

※1・3項「財務省令」＝則一六

（税務署長による徴収）

第十四条　税務署長は、前条第一項の通知を受けた場合には、当該通知に係る同項に規定する納付していない自動車重量税を当該通知に係る自動車検査証の交付等又は車両番号の指定を受けた者から徴収する。

2　税務署長は、前条第三項の通知を受けた場合には、国税の保証人に関する徴収の例により当該通知に係る同項に規定する納付していない自動車重量税を当該通知に係る納付受託者から徴収する。

3　税務署長は、第十条の五第一項の規定により納付受託者が納付すべき自動車重量税については、当該納付受託者に対して国税通則法第四十条（滞納処分）の規定による処分をしてもなお徴収すべき残余がある場合でなければ、その残余の額について当該自動車重量税に係る自動車検査証の交付等又は車両番号の指定を受けた者から徴収することができない。

4　税務署長は、第一項に規定する場合のほか、自動車検査証の交付等又は車両番号の指定を受けた者が第八条から第十条の二まで又は第十二条第二項から第四項までの規定により当該検査自動車又は届出軽自動車につき納付すべき自動車重量税の額の全部又は一部を納付していない事実を知つた場合には、当該納付していない自動車重量税をその者から徴収する。

（納付手続等の政令への委任）

第十五条　第八条から前条までに定めるもののほか、自動車重量税の納付の手続その他これらの規定の適用に関し必要な事項は、政令で定める。

（過誤納の確認等）

第十六条　自動車検査証の交付等又は車両番号の指定を受ける者は、次の各号に掲げる場合のいずれかに該当する場合には、その該当することとなつた日から五年を経過する日までに、政令で定めるところにより、当該自動車検査証の交付等又は車両番号の指定に係る国土交通大臣等に申し出て、当該各号に定める自動車重量税の額その他政令で定める事項について確認を求め、証明書の交付を請求することができる。

一　自動車重量税を納付した後自動車検査証の交付等又は車両番号の指定を受けることをやめた場合　当該納付した自動車重量税の額

二　過大に自動車重量税を納付して自動車検査証の交付等又は車両番号の指定を受けた場合（国税通則法第七十五条第一項第三号（国税に関する処分についての不服申立て）の規定による審査請求に対する裁決により第十二条第一項の認定に係る処分の全部又は一部が取り消された場合を除く。）　当該過大に納付した自動車重量税の額

2　国土交通大臣等は、前項第二号に該当する事実があることを知つたときは、既に同項の請求がされている場合を除き、遅滞なく、同号に定める自動車重量税の額その他政令で定める事項を自動車検査証の交付等又は車両番号の指定を受けた者（これらの者が二人以上ある場合には、そのうち国土交通大臣等の選定した者）に書面をもつて通知するものとする。

3　自動車重量税に係る過誤納金の還付を受けようとする者は、第一項の証明書又は前項の書面を納税地の所轄税務署長に提出しなければならない。

4　自動車重量税の過誤納金に対する国税通則法第五十六条から第五十八条まで（還付・充当・還付加算金）の規定の適用については、次の各号に掲げる場合の区分に応じ、当該各号に定める日に納付があつたものとみなす。ただし、当該各号に掲げる場合のいずれかに該当する場合の自動車重量税に係る過誤納金のうち当該各号に定める日後に納付された自動車重量税の額に相当する部分については、この限りでない。

一　自動車重量税を納付した後自動車検査証の交付等又は車両番号の指定を受けることをやめた場合　当該自動車検査証の交付等又は車両番号の指定を受けることをやめた日

二　過大に自動車重量税を納付して自動車検査証の交付等又は車両番号の指定を受けた場合　当該自動車検査証の交付等又は車両番号の指定を受けた日

※1・2項「政令」＝令一〇

第四章　雑則

（通知）

第十七条　国土交通大臣等は、政令で定めるところにより、自動車重量税の納付額その他政令で定める事項を財務大臣に通知しなければならない。

※「政令」＝令一一

附　則（抄）

（施行期日）

1　この法律は、昭和四十六年十二月一日から施行する。ただし、附則第五項及び第六項の規定は、同年十月一日から施行する。

（軽自動車である検査自動車の暫定的取扱い）

12　軽自動車である検査自動車のうち昭和四十九年五月一日前に車両番号の指定（道路運送車両法第六十条第一項の規定による車両番号の指定を含む。）を受けたことがあることが政令で定めるところにより明らかにされたものは、この法律の規定の適用については、当分の間、届出軽自動車とみなす。この場合において、第二条第一項第三号に規定する車両番号の指定には、道路運送車両法第六十条第一項の規定による車両番号の指定を含むものとし、第九条中「地方運輸局長又はその権限の委任を受けた都道府県知事」とあるのは、「運輸大臣等」とする。この場合において、第五条第二号中「車両番号の指定」とあるのは、「車両番号の指定（道路運送車両法第六十条第一項の規定による車両番号の指定を含む。）」とする。

附　則（令四・三・三一法四抄）

（施行期日）

第一条　この法律は、令和四年四月一日から施行する。〔後略〕

（政令への委任）

第九十九条　この附則に規定するもののほか、この法律の施行に関し必要な経過措置は、政令で定める。

○自動車重量税法施行令

（昭和四十六年八月二十八日
政令第二百七十五号）

沿革　昭四八政令二六〇、昭五八政令六二、平一二政令三〇七、平一五政令二八、平一九政令二三五、平二四政令二〇二、令四政令一四五・一九五改正

（定義）

第一条　この政令において「自動車」、「検査自動車」、「自動車検査証の交付等」、「届出軽自動車」、「車両番号の指定」、「協会」又は「国土交通大臣等」とは、それぞれ自動車重量税法（以下「法」という。）第二条第一項、第六条第一項又は第十条に規定する自動車、検査自動車、自動車検査証の交付等、届出軽自動車、車両番号の指定、協会又は国土交通大臣等をいう。

（非課税届出軽自動車の範囲）

第二条　法第五条第二号に規定する車両番号の指定を受けたことがあることが明らかにされた届出軽自動車は、当該届出軽自動車についての道路運送車両法（昭和二十六年法律第百八十五号）第九十七条の三第一項（検査対象外軽自動車の使用の届出）の規定による届出の際に、財務省令で定める書類が当該届出のための書類に添付された当該届出軽自動車とする。

※「財務省令」＝則一・附則2

（特殊な場合の納税地）

第三条　法第六条第一項に規定する政令で定める場所は、麹町税務署の管轄区域内の場所とする。

2　法第六条第二項第四号に規定する政令で定める場所は、次の各号に掲げる納税義務者の区分に応じ当該各号に掲げる場所とする。

一　自動車の使用者　第六条に規定する書類に記載された当該使用者の法の施行地にある事務所、営業所その他これらに準ずるもの（以下「国内の事務所等」という。）の所在地

二　自動車の所有者　道路運送車両法第四条（登録の一般的効力）に規定する自動車登録ファイル（軽自動車である検査自動車又は二輪の小型自動車にあつては、同法第七十二条第一項（検査記録）に規定する軽自動車検査ファイル又は二輪自動車検査ファイル）に記録され、又は同法第九十七条の三第一項（検査対象外軽自動車の使用の届出）の規定による届出の書類に記載された当該所有者の国内の事務所等の所在地

3　法第六条第二項第五号に規定する政令で定める場所は、その自動車検査証の交付等又は車両番号の指定の事務をつかさどる官公署又は協会の所在地とする。

（乗用自動車の範囲）

第四条　法第七条第二項第一号に規定する政令で定める自動車は、乗車定員十人以下の自動車とする。

（車両総重量の計算方法等）

第五条　牽引自動車（その自動車検査証において第五輪荷重が最大積載量と一致するものに限る。）及び被牽引自動車（その自動車検査証において当該牽引自動車のみにより牽引されるものであることが明らかにされるものに限る。）の車両総重量は、当該牽引自動車にあつてはその自動車検査証に記録される車両総重量から第五輪荷重を控除し牽引重量を加えた重量とし、当該被牽引自動車にあつてはないものとする。

2　前項に規定する自動車以外の自動車の車両重量又は車両総重量は、当該自動車の自動車検査証に記録される車両重量又は車両総重量とする。この場合において、当該自動車検査証に記録される車両総重量が二以上あるときは、そのうちの最も重いものとする。

3　第一項における用語については、次に定めるところによる。

一　「第五輪荷重」とは、セミトレーラ（前車軸を有しない被牽引自動車であつて、その一部が牽引自動車に載せられ、かつ、当該被牽引自動車及びその積載物の重量の相当部分が牽引自動車によつて支えられる構造のものをいう。）を牽引することを目的とする牽引自動車の連結装置に垂直に負荷することができる最大荷重として当該牽引自動車の自動車検査証に記録される重量をいう。

二　「牽引重量」とは、原動機の性能その他牽引自動車の駆動性能を基礎にして当該牽引自動車が最大限牽引することができるものとして算出された重量であつて、当該牽引自動車の自動車検査証に記録されるものをいう。

4　第一項の規定の適用に関し必要な事項は、財務省令で定める。

※4項「財務省令」＝則二

（自動車重量税印紙を貼り付ける書類）

第六条　法第八条から第十条までに規定する政令で定める書類は、当該自動車に係る次に掲げる事項を記載した書類とする。

一　使用者の住所（住所がない場合には、居所又は国内の事務所等の所在地。第十条第一項第一号において同じ。）及び氏名又は名称

二　納付する自動車重量税の額

三　当該自動車の次に掲げる区分に応じそれぞれ次に定める事項

イ　登録を受けている自動車　自動車登録番号

ロ　道路運送車両法第六十条第一項後段（新規検査）の規定により車両番号が指定されている軽自動車及び二輪の小型自動車　当該車両番号

ハ　その他の自動車　車台番号

四　法第七条第一項の区分及び当該自動車が次に掲げる自動車である場合には、それぞれ次に定める事項

イ　法第七条第一項第一号イ、第二号イ又は第三号イに掲げる自動車　車両重量

ロ　法第七条第一項第二号ロ又は第三号ロに掲げる自動車　車両総重量

五　その他参考となるべき事項

（現金納付をすることができる場合）

第七条　法第十条に規定する政令で定める場合は、次に掲げる場合とする。

一　道路運送車両法第六十三条第三項において準用する同法第六十二条第二項（臨時検査の場合の自動車検査証の返付）の規定により自動車検査証の返付を受ける自動車につき課されるべき自動車重量税を納付する場合

二　その他財務大臣が指定する場合

（納付受託者の指定要件）

第八条　法第十条の四第一項に規定する政令で定める要件は、次に掲げるものとする。

一　納付受託者（法第十条の四第一項に規定する納付受託者をいう。）として納付事務（同項に規定する納付事務をいう。次号において同じ。）を行うことが自動車重量税の徴収の確保及び納税者の便益の増進に寄与すると認められること。

二　納付事務を適正かつ確実に遂行するに足りる経理的及び技術的な基礎を有するものとして財務省令で定める基準を満たしていること。

※二号「財務省令」＝則五

（納付受託者の納付に係る納付期日）

第九条　法第十条の五第一項に規定する政令で定める日は、次の各号に掲げる区分に応じ、当該各号に定める日（災害その他やむを得ない理由によりその日までに納付することができないと国土交通大臣が認める場合には、その承認する日）とする。

一　月の一日から十五日までの期間内に納付の委託を受けた自動車重量税　同日の翌日から起算して七取引日（収納機関（日本銀行及び国税の収納を行うその代理店をいう。次条第一項第七号において同じ。）の休日以外の日をいう。次号において同じ。）を経過する日

二　月の十六日から末日までの期間内に納付の委託を受けた自動車重量税　同日の属する月の翌月の初日から起算して七取引日を経過する日

（過誤納の証明書の請求等）

第十条　法第十六条第一項の規定により証明書の交付を請求しようとする者は、次に掲げる事項を記載した請求書を同項の国土交通大臣等に提出しなければならない。

一　請求者の住所及び氏名又は名称

二　納付した自動車重量税の額

三　前号の税額のうち過誤納となつた額

四　過誤納となつた自動車重量税に係る自動車の次に掲げる区分に応じそれぞれ次に定める事項

イ　登録を受けている自動車　自動車登録番号

ロ　車両番号が指定されている軽自動車及び二輪の小型自動車　当該車両番号

ハ　その他の自動車　車台番号

五　前号の自動車の法第七条第一項の区分及び当該自動車が次に掲げる自動車である場合には、それぞれ次に定める事項

イ　法第七条第一項第一号イ、第二号イ又は第三号イに掲げる自動車　車両重量

ロ　法第七条第一項第二号ロ又は第三号ロに掲げる自動車　車両総重量

六　納付した自動車重量税の額が過誤納となつた理由が法第十六条第一項各号に掲げる場合のいずれに該当するかの別及びその該当することとなつた日

七　過誤納となつた自動車重量税を納付した者の氏名又は名称及びその納付方法（法第十条若しくは第十二条第三項の規定により納付した自動車重量税又は法第十条の二に規定する財務省令で定める方法により納付した自動車重量税については、その納付した収納機関の名称（法第十条の三第一項の規定により納付の委託をした場合にあつては、その旨））

八　当該請求に係る自動車重量税の還付のための支払を受けようとする銀行又は郵便局（簡易郵便局法（昭和二十四年法律第二百十三号）第二条（定義）に規定する郵便窓口業務を行う日本郵便株式会社の営業所であつて郵政民営化法（平成十七年法律第九十七号）第九十四条（定義）に規定する郵便貯金銀行を銀行法（昭和五十六年法律第五十九号）第二条第十六項（定義等）に規定する所属銀行とする同条第十四項に規定する銀行代理業の業務を行うものをいう。）の名称及び所在地

九　その他参考となるべき事項

2　法第十六条第一項に規定する政令で定める事項は、前項第六号及び第七号に掲げる事項とする。

3　法第十六条第二項に規定する政令で定める事項は、次に掲げる事項とする。

一　第一項第四号、第五号及び第七号に掲げる事項

二　過大に自動車重量税を納付して自動車検査証の交付等又は車両番号の指定を受けた日

三　その他参考となるべき事項

（通知）

第十一条　法第十七条に規定する政令で定める事項は、自動車重量税の納付件数とし、同条の通知は、毎月、その月中において自動車検査証の交付等又は車両番号の指定をした自動車に係る自動車重量税の納付件数及び納付額並びに当該自動車重量税の法第七条第一項の自動車の区分ごとの納付件数及び納付額を記載した通知書を、翌月末日までに、財務大臣に送付することによりするものとする。

（関係書類の保存年数）

第十二条　自動車検査証の交付等又は車両番号の指定の事務をつかさどる官公署又は協会は、第六条及び第十条第一項に規定する書類を、その受理した日から五年間保存しなければならない。

附　則（抄）

1　この政令は、昭和四十六年十二月一日から施行する。

2　道路運送車両法の一部を改正する法律の施行に伴う経過措置を定める政令（昭和四十四年政令第三百九号）第三条第一項（自動車登録原簿への登録）に規定する自動車登録原簿に登録されている自動車又は同令第十七条第二項において準用する同条第一項（自動車検査記録簿への記録）に規定する自動車検査記録簿に記録されている二輪の小型自動車の所有者に係る第三条第一項第二号の場所は、同号の規定にかかわらず、当該自動車登録原簿に記載され又は当該自動車検査記録簿に記録されているこれらの自動車の所有者の国内の事務所等の所在地とする。

3　法附則第十二項に規定する車両番号の指定を受けたことがあることが明らかにされた軽自動車である検査自動車は、当該検査自動車についての道路運送車両法第五章の規定による検査に係る申請の際に、財務省令で定める書類が提出された当該検査自動車とし、当該検査自動車に対する第二条の規定の適用については、同条中「第九十七条の三第一項（検査対象外軽自動車の使用の届出）の規定による届出の際に、財務省令で定める書類が当該届出のための書類に添付された」とあるのは、「第六十条第一項後段（検査対象軽自動車及び二

輪小型自動車の車両番号の指定）の規定による車両番号の指定を受ける際に、財務省令で定める書類が提出された」とする。

※　3項「財務省令」＝則附則3

附　則（令四・五・二〇政令一九五）

この政令は、道路運送車両法の一部を改正する法律〔令和元年五月法律第一四号〕附則第一条第六号に掲げる規定の施行の日（令和五年一月一日）から施行する。

○自動車重量税法施行規則

（昭和四十六年九月八日　大蔵省令第六十六号）

沿革　昭四八大令四三、昭五八大令二〇、平七大令四六、平一二大令六九、平一四財令四〇、平一六財令六九、平三一財令一一、令四財令二〇改正

（非課税軽自動車であることを明らかにするための書類）

第一条　自動車重量税法施行令（昭和四十六年政令第二百七十五号。以下「令」という。）第二条に規定する財務省令で定める書類は、道路運送車両法施行規則（昭和二十六年運輸省令第七十四号）第六十三条の六第三項（軽自動車届出済証返納証明書の交付）に規定する軽自動車届出済証返納証明書とする。

（車両総重量がないものとされる被牽引自動車）

第二条　令第五条第一項に規定する被牽引自動車は、次に掲げる被牽引自動車とする。

一　自動車検査証の車体の形状の欄に「セミトレーラ」、「バンセミトレーラ」、「ダンプセミトレーラ」又は「コンテナセミトレーラ」と記録される被牽引自動車

二　自動車検査証の車体の形状の欄に「ドリー付トレーラ」と記録され、かつ、当該検査証に記録される牽引自動車の車名及び型式が令第五条第一項に規定する牽引自動車に係るもののみである被牽引自動車

（電子情報処理組織を使用する場合の納付方法等）

第三条　自動車重量税法（昭和四十六年法律第八十九号。以下「法」という。）第十条の二に規定する財務省令で定める方法は、国土交通大臣等（法第十条に規定する国土交通大臣等をいう。）から得た納付情報により納付する方法とする。

（納付の委託に係る通知）

第四条　法第十条の三第一項に規定する財務省令で定めるものは、次の各号に掲げる場合の区分に応じ当該各号に定める事項の通知とする。

一　自動車検査証の交付等（法第二条第一項第二号に規定する自動車検査証の交付等をいう。第九条第一項において同じ。）を受ける者又は車両番号の指定（法第二条第一項第三号に規定する車両番号の指定をいう。第九条第一項において同じ。）を受ける者（これらの者以外の者で当該検査自動車（法第二条第一項第二号に規定する検査自動車をいう。）又は届出軽自動車（同項第三号に規定する届出軽自動車をいう。）につき課されるべき自動車重量税の額に相当する自動車重量税を納付しようとするものを含む。次号において「自動車検査証の交付等を受ける者等」という。）のクレジットカードを使用する方法により自動車重量税を納付しようとする場合（当該自動車重量税の額が当該クレジットカードによって決済することができる金額以下である場合に限る。）　当該クレジットカードの番号及び有効期限その他当該クレジットカードを使用する方法による決済に関し必要な事項

二　自動車検査証の交付等を受ける者等が使用する資金決済に関する法律（平成二十一年法律第五十九号）第三条第五項（定義）に規定する第三者型前払式支払手段による取引その他これに類する為替取引（以下この号において「第三者型前払式支払手段による取引等」という。）により自動車重量税を納付しようとする場合（当該自動車重量税の額が当該第三者型前払式支払手段による取引等によって決済することができる金額以下である場合に限る。）　当該第三者型前払式支払手段による取引等に係る業務を行う者の名称その他当該第三者型前払式支払手段による取引等による決済に関し必要な事項

（納付受託者の指定の基準）

第五条　令第八条第二号に規定する財務省令で定める基準は、地方自治法（昭和二十二年法律第六十七号）第二百三十一条の二の三第一項（指定納付受託者）に規定する指定納付受託者として道府県税又は都税の納付に関する事務処理の実績を有する者その他これらの者に準じて法第十条の四第一項に規定する納付事務を適正かつ確実に遂行することができると認められる者であることとする。

（納付受託者の指定の手続）

第六条　法第十条の四第一項の規定による国土交通大臣の指定を受けようとする者は、その名称及び住所又は事務所の所在地を記載した申出書を国土交通大臣に提出しなければならない。

2　前項の申出書には、同項の指定を受けようとする者に係る定款、登記事項証明書並びに最終の貸借対照表、損益計算書及び事業報告書又はこれらに準ずるもの（以下この項において「定款等」という。）を添付しなければならない。ただし、国土交通大臣が、インターネットにおいて識別するための文字、記号その他の符号又はこれらの結合をその使用に係る電子計算機に入力することによって、自動公衆送信装置（著作権法（昭和四十五年法律第四十八号）第二条第一項第九号の五イ（定義）に規定する自動公衆送信装置をいう。）に記録されている情報のうち定款等の内容を閲覧し、かつ、当該電子計算機に備えられたファイルに当該情報を記録することができる場合は、この限りでない。

3　国土交通大臣は、第一項の申出書の提出があつた場合において、その申出につき指定をしたときはその旨を、指定をしないこととしたときはその旨及びその理由を当該申出書を提出した者に通知しなければならない。

（納付受託者の指定に係る公示事項）

第七条　法第十条の四第二項に規定する財務省令で定める事項は、国土交通大臣が同条第一項の規定による指定をした日とする。

（納付受託者の名称等の変更の届出）

第八条　納付受託者（法第十条の四第一項に規定する納付受託者をいう。以下同じ。）は、その名称、住所又は事務所の所在地を変更しようとするときは、同条第三項の規定により、変更しようとする日の前日から起算して六十日前の日又はその変更を決定した日の翌日から起算して十四日後の日のいずれか早い日までに、その旨を記載した届出書を国土交通大臣に提出しなければならない。

（納付受託の手続）

第九条　納付受託者は、法第十条の三第一項の規定による委託を受けたときは、当該自動車検査証の交付等を受ける者又は車両番号の指定を受ける者に、その旨を電子情報処理組織を使用して通知しなければならない。

2　前項の納付受託者は、同項の委託を受けた自動車重量税の

納付に関する情報を保存しなければならない。

（納付受託者の報告）

第十条　法第十条の五第二項の規定による報告は、電子情報処理組織を使用する方法その他の情報通信の技術を利用する方法により行うものとする。

（納付受託者に対する報告の徴求）

第十一条　国土交通大臣は、納付受託者に対し、法第十条の六第二項の報告を求めるときは、報告すべき事項、報告の期限その他必要な事項を明示するものとする。

（帳簿等の書式）

第十二条　次の各号に掲げる帳簿又は証明書の様式及び作成の方法は、当該各号に定める書式に定めるところによる。

一　法第十条の六第一項の帳簿　別紙第一号書式

二　法第十条の六第四項の証明書　別紙第二号書式

（納付受託者の指定取消の通知）

第十三条　国土交通大臣は、法第十条の七第一項の規定による指定の取消しをしたときは、その旨及びその理由を当該指定の取消しを受けた者に通知しなければならない。

（納付の委託がされた場合の納付の確認の時期）

第十四条　法第十一条に規定する財務省令で定めるときは、自動車重量税の額の納付の事実に係る情報が当該事実の確認に係る事務を電子情報処理組織により処理するために必要な電子計算機に備えられたファイルに記録されたときとする。

（税額の認定通知）

第十五条　法第十二条第一項に規定する通知は、当該自動車に係る次に掲げる事項を記載した書面をもつてするものとする。

一　使用者の住所（住所がない場合には、居所又は法の施行地にある事務所、営業所その他これらに準ずるものの所在地。次条第一項第一号及び第二項第二号において同じ。）及び氏名又は名称

二　法第十二条第一項の規定により認定した自動車重量税の額

三　前号の税額のうち未納の金額

四　当該自動車の次に掲げる区分に応じそれぞれ次に定める事項

イ　登録を受けている自動車　自動車登録番号

ロ　道路運送車両法（昭和二十六年法律第百八十五号）第六十条第一項後段（新規検査）の規定により車両番号が指定されている軽自動車及び二輪の小型自動車　当該車両番号

ハ　その他の自動車　車台番号

五　法第七条第一項の区分及び当該自動車が次に掲げる自動車である場合には、それぞれ次に定める事項

イ　法第七条第一項第一号イ、第二号イ又は第三号イに掲げる自動車　車両重量

ロ　法第七条第一項第二号ロ又は第三号ロに掲げる自動車　車両総重量

六　その他参考となるべき事項

（納付不足額の通知事項）

第十六条　法第十三条第一項に規定する財務省令で定める事項は、次に掲げる事項とする。

一　当該自動車の使用者の住所及び氏名又は名称

二　当該自動車に係る自動車重量税の額

三　前号の税額のうち未納の金額

四　第二号の自動車重量税の納期限

五　当該自動車についての前条第四号及び第五号に掲げる事項

六　その他参考となるべき事項

2　法第十三条第三項に規定する財務省令で定める事項は、次に掲げる事項とする。

一　当該納付受託者の住所又は事務所の所在地及び名称

二　当該自動車の使用者の住所及び氏名又は名称

三　法第十条の三第一項の規定による委託を受けた自動車重量税の額

四　前号の税額のうち未納の金額

五　第三号の自動車重量税の納期限

六　当該自動車についての前条第四号及び第五号に掲げる事項

七　その他参考となるべき事項

附　則（抄）

1　この省令は、昭和四十六年十二月一日から施行する。

2　道路運送車両法施行規則の一部を改正する省令（昭和四十六年運輸省令第五十五号）の施行日前に道路運送車両法施行規則第六十三条の六（軽自動車届出済証の返納）の規定によりその軽自動車届出済証が返納された軽自動車について法第五条第二号の規定の適用を受けるため必要とされる令第二条に規定する大蔵省令で定める書類は、第一条の規定にかかわらず、当該軽自動車届出済証が返納されたことを証する書類として適当なものであることを道路運送車両法施行規則第六十三条の二第一項（軽自動車の使用の届出書）に規定する都道府県知事が認めた書類とする。

3　令附則第三項に規定する財務省令で定める書類は、次の各号に掲げる自動車の区分に応じ当該各号に掲げる書類とする。

一　道路運送車両法第六十条第一項（新規検査の場合の自動車検査証の交付）の規定により自動車検査証が交付された検査自動車である軽自動車

イ　ロに掲げる軽自動車以外のもの　当該自動車検査証（当該軽自動車が昭和四十九年五月一日前に道路運送車両法第六十条第一項又は第九十七条の三第一項（軽自動車の使用の届出）の規定による車両番号の指定を受けたことがあることを法第八条に規定する国土交通大臣若しくはその権限の委任を受けた地方運輸局長、運輸監理部長若しくは運輸支局長又は協会（以下「国土交通大臣等」という。）が確認することができるものに限る。）

ロ　道路運送車両法第六十九条第四項（自動車検査証の返納等）の規定によりその自動車検査証が返納された検査自動車である軽自動車　同項に規定する自動車検査証返納証明書（当該軽自動車が昭和四十九年五月一日前に同法第六十条第一項又は第九十七条の三第一項の規定による車両番号の指定を受けたことがあることを国土交通大臣等が確認することができるものに限る。）

二　道路運送車両法施行規則等の一部を改正する省令（昭和四十八年運輸省令第三十三号。以下この号において「改正省令」という。）による改正前の道路運送車両法施行規則（以下この号において「旧規則」という。）第六十三条の二第三項又は改正省令による改正後の道路運送車両法施行

規則（以下この号において「新規則」という。）第六十三条の二第三項（軽自動車届出済証の交付）の規定により軽自動車届出済証が交付された検査自動車である軽自動車で前号以外のもの

イ　ロに掲げる軽自動車以外のもの　当該軽自動車届出済証

ロ　旧規則第六十三条の六第一項又は新規則第六十三条の六第一項（軽自動車届出済証の返納）の規定により当該軽自動車届出済証が返納されたもの　旧規則第六十三条の六第二項又は新規則第六十三条の六第二項（軽自動車届出済証返納証明書の交付）に規定する軽自動車届出済証返納証明書（道路運送車両法施行規則の一部を改正する省令（昭和四十六年運輸省令第五十五号）の施行日前に当該軽自動車届出済証が返納されたものにあつては、これに代わるべき書類として適当なものであることを国土交通大臣等が認めた書類）

附　則（令四・三・三一財令二〇抄）

（施行期日）

1　この省令は、令和四年四月一日から施行する。ただし、第二条の改正規定は、道路運送車両法の一部を改正する法律（令和元年法律第十四号）附則第一条第六号に掲げる規定の施行の日〔令和五年一月一日〕から施行する。

別紙第一号書式〔第12条〕

自動車重量税納付受託記録簿

年月日	摘要	受		払		残	
		件数	金額	件数	金額	件数	金額

備　考

1　摘要欄には、納付先の金融機関名その他必要な事項を記載すること。
2　受欄と払欄は改行して記載すること。
3　必要があるときは、各欄の配置を著しく変更することなく所要の調整を加えることができる。

別紙第二号書式〔第12条〕

第　　号

官職

氏名

納付受託者の納付事務に関する質問検査章

上記の者は、自動車重量税法第10条の６第３項に規定する質問及び検査を行う職員であることを証明する。

年　月　日　発行

年　月　日限り有効

国土交通大臣　印

（用紙　日本産業規格Ｂ８）

○災害被害者に対する租税の減免、徴収猶予等に関する法律（抄）

（昭和二十二年十二月十三日法律第百七十五号）

最終改正　令三法一一

〔この法律の目的〕

第一条　震災、風水害、落雷、火災その他これらに類する災害（以下災害という。）による被害者の納付すべき国税の軽減若しくは免除、その課税標準の計算若しくは徴収の猶予又は災害を受けた物品について納付すべき国税の徴収若しくは還付に関する特例については、他の法律に特別の定めのある場合を除くほか、この法律の定めるところによる。

〔自動車重量税額の還付〕

第九条　自動車の販売業者又は自動車特定整備事業者が自動車の使用者のために自動車検査証の交付等又は車両番号の指定を受ける目的で保管している自動車のうち、当該保管をしている間に自動車重量税が納付され自動車検査証の交付等又は車両番号の指定を受けたもので災害による被害を受けたことにより当該自動車検査証の交付等又は車両番号の指定を受けた後走行の用に供されることなく使用の廃止がされたもの（政令で定めるところにより使用の廃止がされたことが明らかにされる自動車に限る。以下この項において「被災自動車」という。）については、政令で定めるところにより、当該被災自動車につき当該自動車検査証の交付等又は車両番号の指定を受ける際に納付された自動車重量税の額に相当する金額を、当該被災自動車に係る自動車重量税の納税義務者に還付する。

② 前項において、次の各号に掲げる用語の意義は、当該各号に定めるところによる。

一　自動車特定整備事業者　道路運送車両法（昭和二十六年法律第百八十五号）第七十八条第四項に規定する自動車特定整備事業者をいう。

二　自動車検査証の交付等　自動車重量税法（昭和四十六年法律第八十九号）第二条第一項第二号に規定する自動車検査証の交付等をいう。

三　車両番号の指定　自動車重量税法第二条第一項第三号に規定する車両番号の指定をいう。

○災害被害者に対する租税の減免、徴収猶予等に関する法律の施行に関する政令（抄）

（昭和二十二年十二月十三日 政令第二百六十八号）

最終改正　令五政令一三四

〔使用の廃止がされたことが明らかにされる自動車〕
第十五条の三　法第九条第一項に規定する政令で定めるところにより使用の廃止がされたことが明らかにされる自動車は、次の各号に掲げる自動車の区分に応じ、当該各号に定める手続がされた自動車とする。

一　自動車検査証の交付等（法第九条第二項第二号に規定する自動車検査証の交付等をいう。以下同じ。）を受けた自動車のうち登録（道路運送車両法（昭和二十六年法律第百八十五号）第四条に規定する登録をいう。）を受けたもの　当該自動車に係る抹消登録（同法第十五条に規定する永久抹消登録又は同法第十六条第一項の申請に基づく一時抹消登録をいう。）を受けたことについての証明書の交付を同法の定めるところにより受けていること。

二　自動車検査証の交付等を受けた自動車のうち前号に掲げる自動車以外のもの　当該自動車に係る自動車検査証を国土交通大臣若しくはその権限の委任を受けた地方運輸局長、運輸監理部長若しくは運輸支局長又は道路運送車両法第五章の二の規定により設立された軽自動車検査協会（第十五条の六第三項において「協会」という。）に返納したことについての証明書の交付をこれらの者から受けていること。

三　車両番号の指定（法第九条第二項第三号に規定する車両番号の指定をいう。以下同じ。）を受けた自動車　当該車両番号の指定を受ける際に交付を受けた届出済証（以下「軽自動車届出済証」という。）を地方運輸局長又はその権限の委任を受けた運輸監理部長若しくは運輸支局長に返納したことについての証明書の交付をこれらの者から受けていること。

〔還付の手続〕
第十五条の四　法第九条第一項の規定により、被災自動車（同項に規定する被災自動車をいう。以下同じ。）について、当該自動車検査証の交付等又は車両番号の指定を受ける際に納付された自動車重量税の額に相当する金額の還付を受けようとする当該被災自動車に係る自動車重量税の納税義務者（第十五条の六第一項において「被災自動車の納税義務者」という。）は、災害のやんだ日から四月以内に、次に掲げる事項を記載した申請書に、次条第一項に規定する被災自動車確認書及び第十五条の六第一項に規定する自動車重量税納付税額証明書を添付して、これを自動車重量税の納税地（自動車重量税法（昭和四十六年法律第八十九号）第六条第二項に規定する自動車重量税の納税地をいう。）の所轄税務署長に提出しなければならない。

一　申請者の住所、氏名又は名称及び個人番号又は法人番号（個人番号及び法人番号を有しない者にあつては、住所及び氏名又は名称）

二　還付を受けようとする自動車重量税の額に相当する金額

三　当該被災自動車に係る自動車登録番号又は車両番号及び車台番号

四　当該被災自動車に係る自動車重量税を納付した日（自動車重量税法第十条の三第一項の規定により納付の委託をした場合にあつては、その納付の委託をした日）

五　その他参考となるべき事項

②　前項の場合において、被災自動車が前条第三号に掲げる自動車であるときは、同号に規定する証明書を併せ添付しなければならない。

〔被災自動車確認書の交付〕
第十五条の五　被災自動車が災害による被害を受けた場所の所在地の所轄税務署長（以下「被災地所轄税務署長」という。）は、当該被災自動車を保管していた自動車の販売業者又は自動車特定整備事業者（法第九条第二項第一号に規定する自動車特定整備事業者をいう。）の申請により、当該申請者が自動車の使用者のために自動車検査証の交付等又は車両番号の指定を受ける目的で当該被災自動車を保管していた間に、当該被災自動車が災害による被害を受けたことにより当該被災自動車検査証の交付等又は車両番号の指定を受けた後走行の用に供されることなく使用の廃止がされた事実の確認をした場合には、当該確認をしたことを証する書類（以下「被災自動車確認書」という。）を交付するものとする。

②　前項の規定により被災自動車確認書の交付を受けようとする者は、災害のやんだ日から一月以内に、被災自動車ごとに次に掲げる事項を記載した申請書を被災地所轄税務署長に提出しなければならない。

一　申請者の住所、氏名又は名称及び個人番号又は法人番号

二　当該被災自動車の使用者の住所及び氏名又は名称

三　当該被災自動車の自動車登録番号又は車両番号及び車台番号

四　当該被災自動車の保管を開始した日及びその目的

五　当該被災自動車が災害による被害を受けた日及びその場所並びに当該被害の状況

六　当該被災自動車の使用の廃止がされた日（当該被災自動車が第十五条の三第一号に掲げる自動車である場合にあつては同号の抹消登録を受けた日とし、同条第二号に掲げる自動車である場合にあつては同号の自動車検査証を返納した日とし、同条第三号に掲げる自動車である場合にあつては同号の軽自動車届出済証を返納した日とする。）

七　当該被災自動車が自動車検査証の交付等又は車両番号の指定を受けた後使用の廃止がされるまでの間に走行の用に供されることがなかつた旨

八　その他参考となるべき事項

③　前項の申請書を提出する場合には、その提出の際に、当該被災自動車につき第十五条の三各号に掲げる自動車の区分に応じ、当該各号に規定する証明書を被災地所轄税務署長に提示しなければならない。

〔自動車重量税納付税額証明書の交付等〕
第十五条の六　国土交通大臣等（自動車重量税法第十条に規定する国土交通大臣等をいう。次項において同じ。）は、被災自動車の納税義務者の申請により、当該申請者が当該自動車

検査証の交付等又は車両番号の指定を受ける際に納付した当該被災自動車に係る自動車重量税の額についての確認をした場合には、当該確認をしたことを証する書類（同項において「自動車重量税納付税額証明書」という。）を交付するものとする。

② 前項の規定により自動車重量税納付税額証明書の交付を受けようとする者は、被災地所轄税務署長が前条第一項に規定する確認をした日から一月以内に、次に掲げる事項を記載した申請書に被災自動車確認書の写しを添付して、これを当該自動車検査証の交付等又は車両番号の指定に係る国土交通大臣等に提出しなければならない。

一 申請者の住所及び氏名又は名称

二 当該被災自動車につき納付した自動車重量税の額

三 当該被災自動車の自動車登録番号又は車両番号及び車台番号

四 当該被災自動車の自動車重量税法第七条第一項の区分及び当該被災自動車が次に掲げる自動車である場合には、それぞれ次に定める事項

イ 自動車重量税法第七条第二項第一号に規定する乗用自動車　車両重量

ロ イに掲げる自動車以外の自動車（自動車重量税法第二条第二項に規定する小型自動車（二輪の小型自動車に限る。）及び軽自動車を除く。）　車両総重量

五 当該被災自動車に係る自動車重量税を納付した日（自動車重量税法第十条の三第一項の規定により納付の委託をした場合にあつては、その納付の委託をした日）

六 当該自動車検査証の交付等又は車両番号の指定を受けた日

七 当該自動車検査証又は軽自動車届出済証を返納した日その他参考となるべき事項

③ 自動車検査証の交付等又は車両番号の指定の事務をつかさどる官公署又は協会は、前項に規定する書類を、その受理した日から五年間保存しなければならない。

〔還付加算金の計算等〕

第十六条 ①・②〔略〕

③ 法第九条第一項の規定による還付金について還付加算金を計算する場合には、その計算の基礎となる国税通則法第五十八条第一項の期間は、第十五条の四第一項の申請書の提出があつた日の翌日から起算するものとする。

○自動車重量譲与税法

（昭和四十六年五月三十一日法律第九十号）

沿革　昭五八法八三、昭五九法七、平一一法一六〇、平一五法九、平二一法九、平二二法四、平二八法一三、平三一法二・四、令二法五改正

〔編者注〕
平成三一年三月二九日法律第二号による改正のうち、令和一六年四月一日及び令和一七年四月一日から施行される部分は、直接改正を加えないで、現行条文と並列して登載した。

（自動車重量譲与税）
第一条　自動車重量譲与税は、自動車重量税法（昭和四十六年法律第八十九号）の規定による自動車重量税の収入額の千分の三百五十七に相当する額とし、市町村（特別区を含む。以下同じ。）及び都道府県に対して譲与するものとする。

> **注1**　平成三一年三月二九日法律二号により改正され、令和一六年四月一日から施行
> 第一条中「千分の三百五十七」を「千分の四百一」に改める。
>
> **注2**　平成三一年三月二九日法律二号により改正され、令和一七年四月一日から施行
> 第一条中「千分の四百一」を「千分の四百十六」に改める。

（市町村に対する自動車重量譲与税の譲与の基準）
第二条　自動車重量譲与税の三百五十七分の三百三十三に相当する額は、市町村に対し、道路法（昭和二十七年法律第百八十号）第二十八条に規定する道路台帳に記載されている市町村道で各市町村が管理するもの（当該市町村がその管理について経費を負担しないものその他総務省令で定めるものを除く。）の延長及び面積に按分して譲与するものとする。

2　前項の場合においては、同項の額の二分の一の額を同項の道路の延長で、他の二分の一の額を同項の道路の面積で按分するものとする。

3　第一項の道路の延長及び面積は、総務省令で定めるところにより算定するものとする。ただし、道路の種別その他の事情を参酌して、総務省令で定めるところにより補正することができる。

> **注1**　平成三一年三月二九日法律二号により改正され、令和一六年四月一日から施行
> 第二条第一項中「三百五十七分の三百三十三」を「四百一分の三百三十三」に改める。
>
> **注2**　平成三一年三月二九日法律二号により改正され、令和一七年四月一日から施行
> 第二条第一項中「四百一分の三百三十三」を「四百十六分の三百三十三」に改める。

（都道府県に対する自動車重量譲与税の譲与の基準）
第二条の二　自動車重量譲与税の三百五十七分の二十四に相当する額は、都道府県に対し、当該都道府県が地方税法（昭和二十五年法律第二百二十六号）第百四十六条第一項若しくは第三項又は第百四十七条第一項若しくは第二項の規定により自動車税の種別割を課した自家用の乗用車（三輪の小型自動車であるもの及び同法第百七十七条の十七の規定により自動車税の種別割を免除したものを除く。次項において同じ。）の台数に按分して譲与するものとする。

2　前項の自家用の乗用車の台数は、総務省令で定めるところにより算定するものとする。

> **注1**　平成三一年三月二九日法律二号により改正され、令和一六年四月一日から施行
> 第二条の二第一項中「三百五十七分の二十四」を「四百一分の六十八」に改める。
>
> **注2**　平成三一年三月二九日法律二号により改正され、令和一七年四月一日から施行
> 第二条の二第一項中「四百一分の六十八」を「四百十六分の八十三」に改める。

（譲与時期及び譲与時期ごとの譲与額）
第三条　自動車重量譲与税は、毎年度、次の表の上欄に掲げる譲与時期に、第二条第一項の規定により譲与すべきものについてはそれぞれ同表の下欄に掲げる額の三百五十七分の三百三十三に相当する額を、前条第一項の規定により譲与すべきものについてはそれぞれ同表の下欄に掲げる額の三百五十七分の二十四に相当する額を譲与する。

譲与時期	譲与時期ごとに譲与すべき額
六　月	当該年度の初日の属する年の二月から四月までの間の収納に係る自動車重量税の収入額の千分の三百五十七に相当する額
十一月	当該年度の初日の属する年の五月から九月までの間の収納に係る自動車重量税の収入額の千分の三百五十七に相当する額
三　月	当該年度の初日の属する年の十月から翌年の一月までの間の収納に係る自動車重量税の収入額の千分の三百五十七に相当する額

2　前項に規定する各譲与時期に譲与することができなかった金額があるとき、又は各譲与時期において譲与すべき額を超えて譲与した金額があるときは、それぞれ当該金額を、次の譲与時期に譲与すべき額に加算し、又はこれから減額するものとする。

> **注1**　平成三一年三月二九日法律二号により改正され、令和一六年四月一日から施行
> 第三条第一項中「三百五十七分の三百三十三」を「四百一分の三百三十三」に、「三百五十七分の二十四」を「四百一分の六十八」に改め、同項の表六月の項、十一月の項及び三月の項中「千分の三百五十七」を「千分の四百一」に改める。
>
> **注2**　平成三一年三月二九日法律二号により改正され、令和一七年四月一日から施行
> 第三条第一項中「四百一分の三百三十三」を「四百十六分の三百三十三」に、「四百一分の六十八」を「四百十六分の八十三」に改め、同項の表六月の項、十一月の項及び三月の項中「千分の四百一」を「千分の

の四百十六」に改める。

（譲与時期ごとの譲与額の計算）

第四条　各市町村に対する前条第一項に規定する各譲与時期に譲与すべき自動車重量譲与税の額として前三条の規定を適用して計算した金額に千円未満の端数金額があるときは、その端数金額を控除した金額をもつて、当該各譲与時期に譲与すべき自動車重量譲与税の額とする。

（譲与額の算定に用いる資料の提出義務）

第五条　市町村長及び都道府県知事は、総務省令で定めるところにより、自動車重量譲与税の額の算定に用いる資料を総務大臣に（市町村長にあつては、都道府県知事を経由して総務大臣に）提出しなければならない。

（譲与すべき額の算定に錯誤があつた場合の措置）

第六条　総務大臣は、自動車重量譲与税を市町村及び都道府県に譲与した後において、その譲与した額の算定に錯誤があつたため、譲与した額を増加し、又は減少する必要が生じたときは、総務省令で定めるところにより、当該増加し、又は減少すべき額を、錯誤があつたことを発見した日以後に到来する譲与時期において譲与すべき額に加算し、又はこれから減額した額をもつて当該譲与時期において市町村及び都道府県に譲与すべき額とするものとする。

（地方財政審議会の意見の聴取）

第六条の二　総務大臣は、第二条第一項若しくは第三項、第二条の二第二項若しくは前条の総務省令を制定し、若しくは改廃しようとするとき、又は市町村及び都道府県に対して譲与すべき自動車重量譲与税を譲与しようとするときは、地方財政審議会の意見を聴かなければならない。

（自動車重量譲与税の使途）

第七条　国は、自動車重量譲与税の譲与に当たつては、その使途について条件を付け、又は制限してはならない。

附　則

（施行期日）

1　この法律は、公布の日から施行し、昭和四十六年度分の自動車重量譲与税から適用する。

（自動車重量譲与税の譲与額の特例）

2　第一条、第二条第一項、第二条の二第一項及び第三条第一項の規定の適用については、当分の間、次の表の上欄に掲げる規定中同表の中欄に掲げる字句は、それぞれ同表の下欄に掲げる字句とする。

第一条	千分の三百五十七	千分の四百三十一
第二条第一項	三百五十七分の三百三十三	四百三十一分の四百七
第二条の二第一項	三百五十七分の二十四	四百三十一分の二十四
第三条第一項	三百五十七分の三百三十三	四百三十一分の四百七
	三百五十七分の二十四	四百三十一分の二十四
第三条第一項の表六月の項、十一月の項及び三月の項	千分の三百五十七	千分の四百三十一

注1　平成三一年三月二九日法律二号により改正され、令和一六年四月一日から施行

附則第二項の表中

「

千分の三百五十七	千分の四百三十一
三百五十七分の三百三十三	四百三十一分の四百七
三百五十七分の二十四	四百三十一分の二十四
三百五十七分の三百三十三	四百三十一分の四百七
三百五十七分の二十四	四百三十一分の二十四
千分の三百五十七	千分の四百三十一

」

を

「

千分の四百一	千分の四百七十五
四百一分の三百三十三	四百七十五分の四百七
四百一分の六十八	四百七十五分の六十八
四百一分の三百三十三	四百七十五分の四百七
四百一分の六十八	四百七十五分の六十八
千分の四百一	千分の四百七十五

」

に改める。

注2　平成三一年三月二九日法律二号により改正され、令和一七年四月一日から施行

附則第二項の表中

「

千分の四百一	千分の四百七十五
四百一分の三百三十三	四百七十五分の四百七
四百一分の六十八	四百七十五分の六十八
四百一分の三百三十三	四百七十五分の四百七
四百一分の六十八	四百七十五分の六十八
千分の四百一	千分の四百七十五

」

を

「

千分の四百十六	千分の四百九十
四百十六分の三百三十三	四百九十分の四百七
四百十六分の八十三	四百九十分の八十三
四百十六分の三百三十三	四百九十分の四百七

四百十六分の八十三	四百九十分の八十三
千分の四百十六	千分の四百九十

」に改める。

附　則（平三一・三・二九法二抄）

沿革　令二法五改正

（施行期日）

第一条　この法律は、平成三十一年四月一日から施行する。ただし、次の各号に掲げる規定は、当該各号に定める日から施行する。

一～七　〔略〕

八　第三条中地方税法第百七十七条の六第一項の改正規定及び第八条並びに附則第十二条第一項及び第二十四条の規定　令和四年四月一日

九　第六条及び第九条並びに附則第二十二条、第二十五条及び第三十条第三項の規定　令和十六年四月一日

十　第十条及び附則第二十六条の規定　令和十七年四月一日

十一～十三　〔略〕

（自動車重量譲与税法の一部改正に伴う経過措置）

第二十三条　第七条の規定による改正後の自動車重量譲与税法（次項から第五項までにおいて「平成三十一年新自動車重量譲与税法」という。）の規定は、施行日以後に収納される自動車重量税に係る自動車重量譲与税について適用し、施行日前に収納された自動車重量税に係る自動車重量譲与税については、なお従前の例による。

2　平成三十一年新自動車重量譲与税法第二条第一項の規定により譲与すべき自動車重量譲与税に係る平成三十一年新自動車重量譲与税法第三条第一項の規定の適用については、令和元年度分の自動車重量譲与税に限り、同項中「額を、」とあるのは「額（令和元年六月に譲与すべきものについては、同表六月の項の下欄に掲げる額のうち、平成三十一年二月及び三月の収納に係る額に相当する額と同年四月における収納に係る額の三百四十八分の三百三十三に相当する額との合算額）を、」と、同項の表六月の項中「当該年度の初日の属する年の二月から四月までの間の」とあるのは「平成三十一年二月及び三月の収納に係る自動車重量税の収入額の三分の一に相当する額と同年四月における」と、「相当する額」とあるのは「相当する額との合算額」とする。

3　平成三十一年新自動車重量譲与税法第二条の二第一項の規定により譲与すべき自動車重量譲与税に係る平成三十一年新自動車重量譲与税法第三条第一項の規定の適用については、令和元年度分の自動車重量譲与税に限り、同項の表中

「

六月	当該年度の初日の属する年の二月から四月までの間の収納に係る自動車重量税の収入額の千分の三百四十八に相当する額
十一月	当該年度の初日の属する年の五月から九月までの間の収納に係る自動車重量税の収入額の千分の三百四十八に相当する額

」とあるのは、

「

十一月	平成三十一年四月から令和元年九月までの間の収納に係る自動車重量税の収入額の千分の三百四十八に相当する額

」とする。

4　平成三十一年新自動車重量譲与税法附則第二項の規定により読み替えて適用される平成三十一年新自動車重量譲与税法第二条第一項の規定により譲与すべき自動車重量譲与税に係る平成三十一年新自動車重量譲与税法附則第二項の規定により読み替えて適用される平成三十一年新自動車重量譲与税法第三条第一項の規定の適用については、令和元年度分の自動車重量譲与税に限り、同項中「額を、」とあるのは「額（令和元年六月に譲与すべきものについては、同表六月の項の下欄に掲げる額のうち、平成三十一年二月及び三月の収納に係る額の四百二十二分の四百七に相当する額と同年四月における収納に係る額との合算額）を、」と、同項の表六月の項中「当該年度の初日の属する年の二月から四月までの間の」とあるのは「平成三十一年二月及び三月の収納に係る自動車重量税の収入額の千分の四百七に相当する額と同年四月における」と、「相当する額」とあるのは「相当する額との合算額」とする。

5　平成三十一年新自動車重量譲与税法附則第二項の規定により読み替えて適用される平成三十一年新自動車重量譲与税法第二条の二第一項の規定により譲与すべき自動車重量譲与税に係る平成三十一年新自動車重量譲与税法附則第二項の規定により読み替えて適用される平成三十一年新自動車重量譲与税法第三条第一項の規定の適用については、令和元年度分の自動車重量譲与税に限り、同項の表中

「

六月	当該年度の初日の属する年の二月から四月までの間の収納に係る自動車重量税の収入額の千分の四百二十二に相当する額
十一月	当該年度の初日の属する年の五月から九月までの間の収納に係る自動車重量税の収入額の千分の四百二十二に相当する額

」とあるのは、

「

十一月	平成三十一年四月から令和元年九月までの間の収納に係る自動車重量税の収入額の千分の四百二十二に相当する額

」とする。

第二十四条　第八条の規定による改正後の自動車重量譲与税法（次項及び第三項において「令和四年新自動車重量譲与税法」という。）の規定は、附則第一条第八号に掲げる規定の施行の日以後に収納される自動車重量税に係る自動車重量譲与税について適用し、同日前に収納された自動車重量税に係る自動車重量譲与税については、なお従前の例による。

2　令和四年新自動車重量譲与税法第二条第一項及び第二条の二第一項の規定により譲与すべき自動車重量譲与税に係る令和四年新自動車重量譲与税法第三条第一項の規定の適用については、令和四年度分の自動車重量譲与税に限り、同項中「額を、」とあるのは「額（令和四年六月に譲与すべきものについては、同表六月の項の下欄に掲げる額のうち、同年二月及び三月の収納に係る額の三百四十八分の三百三十三に相

当する額と同年四月における収納に係る額の三百五十七分の三百三十三に相当する額との合算額）を、」と、「額を譲与する」とあるのは「額（同年六月に譲与すべきものについては、同表六月の項の下欄に掲げる額のうち、同年二月及び三月の収納に係る額の三百四十八分の十五に相当する額と同年四月における収納に係る額の三百五十七分の二十四に相当する額との合算額）を譲与する」と、同項の表六月の項中「当該年度の初日の属する年の二月から四月までの間の」とあるのは「令和四年二月及び三月の収納に係る自動車重量税の収入額の千分の三百四十八に相当する額と同年四月における」と、「相当する額」とあるのは「相当する額との合算額」とする。

3　令和四年新自動車重量譲与税法附則第二項の規定により読み替えて適用される令和四年新自動車重量譲与税法第二条第一項及び第二条の二第一項の規定により譲与すべき自動車重量譲与税に係る令和四年新自動車重量譲与税法附則第二項の規定により読み替えて適用される令和四年新自動車重量譲与税法第三条第一項の規定の適用については、令和四年度分の自動車重量譲与税に限り、同項中「額を、」とあるのは「額（令和四年六月に譲与すべきものについては、同表六月の項の下欄に掲げる額のうち、同年二月及び三月の収納に係る額の四百二十二分の四百七に相当する額と同年四月における収納に係る額の四百三十一分の四百七に相当する額との合算額）を、」と、「額を譲与する」とあるのは「額（同年六月に譲与すべきものについては、同表六月の項の下欄に掲げる額のうち、同年二月及び三月の収納に係る額の四百二十二分の十五に相当する額と同年四月における収納に係る額の四百三十一分の二十四に相当する額との合算額）を譲与する」と、同項の表六月の項中「当該年度の初日の属する年の二月から四月までの間の」とあるのは「令和四年二月及び三月の収納に係る自動車重量税の収入額の千分の四百二十二に相当する額と同年四月における」と、「相当する額」とあるのは「相当する額との合算額」とする。

第二十五条　第九条の規定による改正後の自動車重量譲与税法（次項及び第三項において「令和十六年新自動車重量譲与税法」という。）の規定は、附則第一条第九号に掲げる規定の施行の日以後に収納される自動車重量税に係る自動車重量譲与税について適用し、同日前に収納された自動車重量税に係る自動車重量譲与税については、なお従前の例による。

2　令和十六年新自動車重量譲与税法第二条第一項及び第二条の二第一項の規定により譲与すべき自動車重量譲与税に係る令和十六年新自動車重量譲与税法第三条第一項の規定の適用については、令和十六年度分の自動車重量譲与税に限り、同項中「額を、」とあるのは「額（令和十六年六月に譲与すべきものについては、同表六月の項の下欄に掲げる額のうち、同年二月及び三月の収納に係る額の三百五十七分の三百三十三に相当する額と同年四月における収納に係る額の四百一分の三百三十三に相当する額との合算額）を、」と、「額を譲与する」とあるのは「額（同年六月に譲与すべきものについては、同表六月の項の下欄に掲げる額のうち、同年二月及び三月の収納に係る額の三百五十七分の二十四に相当する額と同年四月における収納に係る額の四百一分の六十八に相当する額との合算額）を譲与する」と、同項の表六月の項中「当該年度の初日の属する年の二月から四月までの間の」とあるのは「令和十六年二月及び三月の収納に係る自動車重量税の収入額の千分の三百五十七に相当する額と同年四月における」と、「相当する額」とあるのは「相当する額との合算額」とする。

3　令和十六年新自動車重量譲与税法附則第二項の規定により読み替えて適用される令和十六年新自動車重量譲与税法第二条第一項及び第二条の二第一項の規定により譲与すべき自動車重量譲与税に係る令和十六年新自動車重量譲与税法附則第二項の規定により読み替えて適用される令和十六年新自動車重量譲与税法第三条第一項の規定の適用については、令和十六年度分の自動車重量譲与税に限り、同項中「額を、」とあるのは「額（令和十六年六月に譲与すべきものについては、同表六月の項の下欄に掲げる額のうち、同年二月及び三月の収納に係る額の四百三十一分の四百七に相当する額と同年四月における収納に係る額の四百七十五分の四百七に相当する額との合算額）を、」と、「額を譲与する」とあるのは「額（同年六月に譲与すべきものについては、同表六月の項の下欄に掲げる額のうち、同年二月及び三月の収納に係る額の四百三十一分の二十四に相当する額と同年四月における収納に係る額の四百七十五分の六十八に相当する額との合算額）を譲与する」と、同項の表六月の項中「当該年度の初日の属する年の二月から四月までの間の」とあるのは「令和十六年二月及び三月の収納に係る自動車重量税の収入額の千分の四百三十一に相当する額と同年四月における」と、「相当する額」とあるのは「相当する額との合算額」とする。

第二十六条　第十条の規定による改正後の自動車重量譲与税法（次項及び第三項において「令和十七年新自動車重量譲与税法」という。）の規定は、附則第一条第十号に掲げる規定の施行の日以後に収納される自動車重量税に係る自動車重量譲与税について適用し、同日前に収納された自動車重量税に係る自動車重量譲与税については、なお従前の例による。

2　令和十七年新自動車重量譲与税法第二条第一項及び第二条の二第一項の規定により譲与すべき自動車重量譲与税に係る令和十七年新自動車重量譲与税法第三条第一項の規定の適用については、令和十七年度分の自動車重量譲与税に限り、同項中「額を、」とあるのは「額（令和十七年六月に譲与すべきものについては、同表六月の項の下欄に掲げる額のうち、同年二月及び三月の収納に係る額の四百一分の三百三十三に相当する額と同年四月における収納に係る額の四百十六分の三百三十三に相当する額との合算額）を、」と、「額を譲与する」とあるのは「額（同年六月に譲与すべきものについては、同表六月の項の下欄に掲げる額のうち、同年二月及び三月の収納に係る額の四百一分の六十八に相当する額と同年四月における収納に係る額の四百十六分の八十三に相当する額との合算額）を譲与する」と、同項の表六月の項中「当該年度の初日の属する年の二月から四月までの間の」とあるのは「令和十七年二月及び三月の収納に係る自動車重量税の収入額の千分の四百一に相当する額と同年四月における」と、「相当する額」とあるのは「相当する額との合算額」とする。

3　令和十七年新自動車重量譲与税法附則第二項の規定により読み替えて適用される令和十七年新自動車重量譲与税法第二条第一項及び第二条の二第一項の規定により譲与すべき自動車重量譲与税に係る令和十七年新自動車重量譲与税法附則第

二項の規定により読み替えて適用される令和十七年新自動車重量譲与税法第三条第一項の規定の適用については、令和十七年度分の自動車重量譲与税に限り、同項中「額を、」とあるのは「額（令和十七年六月に譲与すべきものについては、同表六月の項の下欄に掲げる額のうち、同年二月及び三月の収納に係る額の四百七十五分の四百七に相当する額と同年四月における収納に係る額の四百九十分の四百七に相当する額との合算額）を、」と、「額を譲与する」とあるのは「額（同年六月に譲与すべきものについては、同表六月の項の下欄に掲げる額のうち、同年二月及び三月の収納に係る額の四百七十五分の六十八に相当する額と同年四月における収納に係る額の四百九十分の八十三に相当する額との合算額）を譲与する」と、同項の表六月の項中「当該年度の初日の属する年の二月から四月までの間の」とあるのは「令和十七年二月及び三月の収納に係る自動車重量税の収入額の千分の四百七十五に相当する額と同年四月における」と、「相当する額」とあるのは「相当する額との合算額」とする。

（罰則に関する経過措置）

第二十七条　この法律（附則第一条各号に掲げる規定にあっては、当該規定。以下この条において同じ。）の施行前にした行為及びこの附則の規定によりなお従前の例によることとされる地方税に係るこの法律の施行後にした行為に対する罰則の適用については、なお従前の例による。

（政令への委任）

第二十八条　この附則に定めるもののほか、この法律の施行に伴い必要な経過措置は、政令で定める。

附　則（令二・三・三一法五抄）

（施行期日）

第一条　この法律は、令和二年四月一日から施行する。（後略）

○揮発油税法（抄）

（昭和三十二年四月六日法律第五十五号）

最終改正　令六法五二

〔編者注〕

平成三一年三月二九日法律第六号による改正のうち、令和一六年四月一日から施行される部分は、直接改正を加えないで、現行条文と並列して登載した。

第一章　総則

（課税物件）

第一条　揮発油には、この法律により、揮発油税を課する。

（定義）

第二条　この法律において「揮発油」とは、温度十五度において〇・八〇一七をこえない比重を有する炭化水素油をいう。

2　この法律において「保税地域」とは、関税法（昭和二十九年法律第六十一号）第二十九条（保税地域の種類）に規定する保税地域をいう。

（納税義務者）

第三条　揮発油の製造者は、その製造場から移出した揮発油につき、揮発油税を納める義務がある。

2　揮発油を保税地域から引き取る者は、その引き取る揮発油につき、揮発油税を納める義務がある。

第二章　課税標準及び税率

（課税標準）

第八条　揮発油税の課税標準は、揮発油の製造場から移出した揮発油又は保税地域から引き取る揮発油の数量から、消費者に販売するまでに貯蔵及び輸送により減少すべき揮発油の数量に相当する数量で政令で定めるものを控除した数量とする。

2　第五条第一項若しくは第二項の規定により揮発油を製造場から移出したものとみなされ、若しくは保税地域から引き取るものとみなされる場合における当該揮発油又は第十六条の三第六項本文（第十六条の五第四項において準用する場合を含む。）の規定により揮発油税を直ちに徴収されることとなる揮発油に係る揮発油税の課税標準は、前項の規定にかかわらず、その消費され又は譲り渡される揮発油の数量とする。

（税率）

第九条　揮発油税の税率は、揮発油一キロリットルにつき二万四千三百円とする。

注　平成三一年三月二九日法律六号により改正され、令和一六年四月一日から施行

第九条中「二万四千三百円」を「二万四千円」に改める。

○地方揮発油税法（抄）

（昭和三十年七月三十日法律第百四号）

最終改正　令六法八

〔編者注〕

平成三一年三月二九日法律第六号による改正のうち、令和一六年四月一日から施行される部分は、直接改正を加えないで、現行条文と並列して登載した。

（課税目的及び課税物件）

第一条　都道府県及び市町村（特別区を含む。）に対し財源を譲与するため、揮発油には、この法律により、地方揮発油税を課する。

（定義）

第二条　この法律において「揮発油」とは、揮発油税法（昭和三十二年法律第五十五号）第二条第一項に規定する炭化水素油及び同法第六条の規定により揮発油とみなされる物をいう。

2　この法律において「揮発油税」とは、揮発油税法の規定による揮発油税をいう。

3　この法律において「保税地域」とは、関税法（昭和二十九年法律第六十一号）第二十九条に規定する保税地域をいう。

（課税標準）

第三条　地方揮発油税の課税標準は、揮発油税の課税標準となる揮発油の数量とする。

（税率）

第四条　地方揮発油税の税率は、揮発油一キロリットルにつき四千四百円とする。

> 注　平成三一年三月二九日法律六号により改正され、令和一六年四月一日から施行
>
> 第四条中「四千四百円」を「四千七百円」に改める。

（納税義務者）

第五条　揮発油の製造者（揮発油税法第五条第一項ただし書、第七条、第十四条第六項、第十四条の三第五項又は第十六条の三第七項（同法第十六条の五第四項において準用する場合を含む。）の規定により揮発油の製造者とみなされる者を含む。以下この項において同じ。）は、その揮発油の製造場（同法第五条第五項、第十四条第六項、第十四条の三第五項又は第十六条の三第七項の規定により揮発油の製造場とみなされる場所を含み、同法第四条の規定により揮発油の製造場でない保税地域とみなされる揮発油の製造場を除く。以下同じ。）から移出した揮発油（同法第五条第一項の規定の適用がある場合には、その消費される揮発油とし、同条第三項の規定の適用がある場合には、その換価される揮発油とし、同条第四項又は第五項の規定の適用がある場合には、その現存する揮発油とし、同法第十六条の三第七項の規定の適用がある場合には、その譲り渡される揮発油とする。）につき、地方揮発油税を納める義務がある。

2　揮発油を保税地域（揮発油税法第四条の規定により保税地域に該当しない揮発油の製造場とみなされるものを除く。）から引き取る者（同法第五条第二項の規定の適用がある場合には、その消費者。以下同じ。）は、その引き取る揮発油（同項の規定の適用がある場合には、その消費される揮発油）につき、地方揮発油税を納める義務がある。

○地方揮発油譲与税法（抄）

（昭和三十年八月一日 法律第百十三号）

最終改正 令二法五

〔編者注〕平成三一年三月二九日法律第二号による改正のうち、令和一六年四月一日から施行される部分は、直接改正を加えないで、現行条文と並列して登載した。

（地方揮発油譲与税）

第一条 地方揮発油譲与税は、地方揮発油税法（昭和三十年法律第百四号）の規定による地方揮発油税の収入額に相当する額とし、都道府県及び市町村（特別区を含む。以下同じ。）に対して譲与するものとする。

（都道府県及び指定市に対する地方揮発油譲与税の譲与の基準）

第二条 地方揮発油譲与税の百分の五十八に相当する額は、都道府県及び道路法（昭和二十七年法律第百八十号）第七条第三項に規定する指定市（以下「指定市」という。）に対し、同法第二十八条に規定する道路台帳（次条第一項において「道路台帳」という。）に記載されている一般国道、高速自動車国道及び都道府県道で各都道府県及び各指定市が管理するもの（当該都道府県又は指定市がその管理について経費を負担しないものその他総務省令で定めるものを除く。）の延長及び面積にあん分して譲与するものとする。

2 前項の場合においては、同項の額の二分の一の額を同項の道路の延長で、他の二分の一の額を同項の道路の面積であん分するものとする。

3 前年度の地方交付税の算定の基礎となつた地方交付税法（昭和二十五年法律第二百十一号）第十四条（都にあつては、同条及び第二十一条第一項）の規定によつて算定した基準財政収入額が同法第十一条（都にあつては、同条及び第二十一条第一項）の規定によつて算定した基準財政需要額を超える都道府県及び指定市（以下「収入超過団体」という。）に対して当該年度分として譲与すべき地方揮発油譲与税の額は、前二項の規定にかかわらず、これらの規定により算定した額から、その超える金額の十分の二に相当する額（当該額が前二項の規定により算定した額の三分の二に相当する額を超える場合にあつては、当該三分の二に相当する額とする。）を控除した金額とする。

4 前項の基準財政収入額又は基準財政需要額については、法律の制定又は改廃により、当該年度の地方交付税の算定の基礎となるべき基準財政収入額又は基準財政需要額と著しく異なることとなる場合においては、総務省令で定めるところにより、必要な補正をすることができる。

5 第三項の規定により控除した金額は、収入超過団体以外の都道府県及び指定市に対して、第一項及び第二項の規定の例により、道路の延長及び面積にあん分して譲与するものとする。

6 第一項又は前項の道路の延長及び面積は、総務省令で定めるところにより算定するものとする。ただし、道路の種類、幅員による道路の種別その他の事情を参酌して、総務省令で定めるところにより、補正することができる。

注 平成三一年三月二九日法律二号により改正され、令和一六年四月一日から施行

第二条第一項中「百分の五十八」を「千分の五百四十八」に改め、「又は」の下に「当該」を加え、「あん分して」を「按分して」に改め、同条第二項中「あん分する」を「按分する」に改め、同条第三項中「によつて」を「により」に、「場合にあつては」を「場合には」に改め、同条第四項中「においては」を「には」に改め、同条第五項中「あん分して」を「按分して」に改め、同条に次の二項を加える。

7 地方揮発油譲与税の千分の五十五に相当する額は、都道府県に対し、当該都道府県が地方税法（昭和二十五年法律第二百二十六号）第百四十六条第一項若しくは第三項又は第百四十七条第一項若しくは第二項の規定により自動車税の種別割を課した自家用の乗用車（三輪の小型自動車であるもの及び同法第百七十七条の十七の規定により自動車税の種別割を免除したものを除く。次項において同じ。）の台数に按分して譲与するものとする。

8 前項の自家用の乗用車の台数は、総務省令で定めるところにより算定するものとする。

（市町村に対する地方揮発油譲与税の譲与の基準）

第三条 地方揮発油譲与税の百分の四十二に相当する額は、市町村に対し、道路台帳に記載されている市町村道で各市町村が管理するもの（当該市町村がその管理について経費を負担しないものその他総務省令で定めるものを除く。）の延長及び面積にあん分して譲与するものとする。

注 平成三一年三月二九日法律二号により改正され、令和一六年四月一日から施行

第三条第一項中「百分の四十二」を「千分の三百九十七」に、「あん分して」を「按分して」に改める。

2 前条第二項及び第六項の規定は、前項の場合について準用する。この場合において、同条第二項中「前項」とあり、及び同条第六項中「第一項又は前項」とあるのは、「次条第一項」と読み替えるものとする。

（譲与時期及び譲与時期ごとの譲与額）

第四条 地方揮発油譲与税は、毎年度、次の表の上欄に掲げる時期に、第二条第一項の規定により譲与すべきものについてはそれぞれ当該下欄に定める額の百分の五十八に相当する額を、前条第一項の規定により譲与すべきものについてはそれぞれ当該下欄に定める額の百分の四十二に相当する額を譲与する。

譲与時期	譲与時期ごとに譲与すべき額
六月	当該年度の初日の属する年の三月から五月までの間の収納に係る地方揮発油税の収入額に相当する額
十一月	当該年度の初日の属する年の六月から十月までの間の収納に係る地方揮発油税の収入額に相当する額
三月	当該年度の初日の属する年の十一月から翌年の二月までの間の収納に係る地方揮発油税の収入額に相当する額

2　前項に規定する各譲与時期ごとに譲与することができなかつた金額があるとき、又は各譲与時期において譲与すべき金額を超えて譲与した金額があるときは、それぞれ当該金額を、次の譲与時期に譲与すべき額に加算し、又はこれから減額するものとする。

注　平成三一年三月二九日法律二号により改正され、令和一六年四月一日から施行

第四条第一項中「時期に」を「譲与時期に」に、「当該下欄に定める」を「同表の下欄に掲げる」に、「百分の五十八」を「千分の五百四十八に相当する額を、同条第七項の規定により譲与すべきものについてはそれぞれ同表の下欄に掲げる額の千分の五十五」に、「百分の四十二」を「千分の三百九十七」に改め、同条第二項中「ごと」を削り、「金額を超えて」を「額を超えて」に改める。

（地方揮発油譲与税の使途）

第八条　国は、地方揮発油譲与税の譲与に当たつては、その使途について条件を付け、又は制限してはならない。

附　則（平二一・三・三一法九抄）

（施行期日）

第一条　この法律は、平成二十一年四月一日から施行する。

［後略］

（地方道路譲与税法の一部改正に伴う経過措置）

第十四条　第三条の規定による改正後の地方揮発油譲与税法（以下この条において「新譲与税法」という。）の規定は、平成二十一年度分の地方揮発油譲与税から適用する。

2　第三条の規定による改正前の地方道路譲与税法（以下この条及び附則第三十二条第二項において「旧譲与税法」という。）の規定（旧譲与税法第五条及び第七条を除く。）は、所得税法等の一部を改正する法律（平成二十一年法律第十三号。以下この項において「平成二十一年所得税法等改正法」という。）第四条の規定による改正前の地方道路税法（昭和三十年法律第百四号）の規定（平成二十一年所得税法等改正法附則第二十条第一項の規定によりなお従前の例によることとされる場合を含む。）による地方道路税について、なおその効力を有する。

3　新譲与税法第七条の規定は、前項の規定によりなお効力を有することとされる旧譲与税法第四条第一項の規定により平成二十一年六月において譲与すべき地方道路譲与税（次項において「平成二十一年六月分地方道路譲与税」という。）の額の算定について準用する。この場合において、新譲与税法第七条中「地方揮発油譲与税」とあるのは、「地方道路譲与税」と読み替えるものとする。

4　旧譲与税法第四条第一項（第二項の規定によりなおその効力を有することとされる場合を含む。）の規定により地方道路譲与税を都道府県及び市町村に譲与した後において、その譲与した額の算定に錯誤があつたため、譲与した額を増加し、又は減少する必要が平成二十一年六月分地方道路譲与税を譲与した後に生じたときは、当該増加し、又は減少すべき額については、平成二十一年十一月以後に到来する地方揮発油譲与税の譲与時期において、これを地方揮発油譲与税の増加し、又は減少すべき額とみなして、新譲与税法第七条の規定を適用する。

（政令への委任）

第十八条　この法律の公布の日が附則第一条本文に規定する日後となる場合におけるこの法律による改正後のそれぞれの法律の規定の適用に関し必要な事項（この附則の規定の読替えを含む。）その他のこの法律の円滑な施行に関し必要な経過措置は、政令で定める。

第十九条　附則第二条から前条までに定めるもののほか、この法律の施行に関し必要な経過措置は、政令で定める。

附　則（平三一・三・二九法二抄）

沿革　令二法五改正

（施行期日）

第一条　この法律は、平成三十一年四月一日から施行する。ただし、次の各号に掲げる規定は、当該各号に定める日から施行する。

一～八　［略］

九　第六条及び第九条並びに附則第二十二条、第二十五条及び第三十条第三項の規定　令和十六年四月一日

十～十三　［略］

（地方揮発油譲与税法の一部改正に伴う経過措置）

第二十二条　第六条の規定による改正後の地方揮発油譲与税法（次項において「新地方揮発油譲与税法」という。）の規定は、附則第一条第九号に掲げる規定の施行の日以後に収納される地方揮発油税に係る地方揮発油譲与税について適用し、同日前に収納された地方揮発油税に係る地方揮発油譲与税については、なお従前の例による。

2　新地方揮発油譲与税法第二条第一項及び第七項並びに第三条第一項の規定により譲与すべき地方揮発油譲与税に係る新地方揮発油譲与税法第四条第一項の規定の適用については、令和十六年度分の地方揮発油譲与税に限り、同項中「を、同条第七項」とあるのは「（令和十六年六月に譲与すべきものについては、同表六月の項の下欄に掲げる額のうち、同年三月における収納に係る額の百分の五十八に相当する額と同年四月及び五月の収納に係る額の千分の五百四十八に相当する額との合算額）を、同条第七項」と、「を、前条第一項」とあるのは「（同年六月に譲与すべきものについては、同表六月の項の下欄に掲げる額のうち、同年四月及び五月の収納に係る額の千分の五十五に相当する額）を、前条第一項」と、「を譲与する」とあるのは「（同年六月に譲与すべきものについては、同表六月の項の下欄に掲げる額のうち、同年三月における収納に係る額の百分の四十二に相当する額と同年四月及び五月の収納に係る額の千分の三百九十七に相当する額との合算額）を譲与する」とする。

（罰則に関する経過措置）

第二十七条　この法律（附則第一条各号に掲げる規定にあっては、当該規定。以下この条において同じ。）の施行前にした行為及びこの附則の規定によりなお従前の例によることとされる地方税に係るこの法律の施行後にした行為に対する罰則の適用については、なお従前の例による。

（政令への委任）

第二十八条　この附則に定めるもののほか、この法律の施行に伴い必要な経過措置は、政令で定める。

○石油ガス税法（抄）

（昭和四十年十二月二十九日　法律第百五十六号）

最終改正　令六法五二

第一章　総則

（趣旨）

第一条　この法律は、石油ガス税の課税物件、納税義務者、課税標準、税率、免税、申告及び納付の手続その他石油ガス税の納税義務の履行について必要な事項を定めるものとする。

（定義）

第二条　この法律において、次の各号に掲げる用語の意義は、当該各号に定めるところによる。

一　石油ガス　炭化水素（炭化水素とその他の物との混合物でその性状及び用途が炭化水素に類するものを含む。）で温度十五度及び一気圧において気状のもの（一分子を構成する炭素の原子の数が二個以下のものを主成分とするものを除く。）をいう。

二　自動車　原動機により陸上を移動させることを目的として製作した用具で軌条又は架線を用いないものをいう。

三　自動車用の石油ガス容器　石油ガスの容器のうち、当該容器に充てんされる石油ガスを自動車の燃料の用に供するための機能を有するもので政令で定めるものをいう。

四　石油ガスの充てん場　自動車用の石油ガス容器に石油ガスを充てんする場所をいう。

五　保税地域　関税法（昭和二十九年法律第六十一号）第二十九条（保税地域の種類）に規定する保税地域をいう。

（課税物件）

第三条　自動車用の石油ガス容器に充てんされている石油ガス（以下「課税石油ガス」という。）には、この法律により、石油ガス税を課する。

（納税義務者）

第四条　石油ガスを自動車用の石油ガス容器に充てんする者（以下「石油ガスの充てん者」という。）は、その石油ガスの充てん場から移出された課税石油ガスにつき、石油ガス税を納める義務がある。

2　課税石油ガスを保税地域から引き取る者は、その引き取る課税石油ガスにつき、石油ガス税を納める義務がある。

第二章　課税標準及び税率

（課税標準）

第九条　石油ガス税の課税標準は、石油ガスの充てん場から移出し、又は保税地域から引き取る課税石油ガスの重量とする。

2　課税石油ガスで容量により計量されているものについての前項の重量の計算に関し必要な事項は、政令で定める。

（税率）

第十条　石油ガス税の税率は、課税石油ガス一キログラムにつき、十七円五十銭とする。

○石油ガス譲与税法（抄）

（昭和四十年十二月二十九日　法律第百五十七号）

最終改正　平二一法九

（石油ガス譲与税）

第一条　石油ガス譲与税は、石油ガス税法（昭和四十年法律第百五十六号）の規定による石油ガス税の収入額の二分の一に相当する額とし、都道府県及び道路法（昭和二十七年法律第百八十号）第七条第三項に規定する指定市（以下「指定市」という。）に対して譲与するものとする。

（譲与の基準）

第二条　石油ガス譲与税は、都道府県及び指定市に対し、道路法第二十八条に規定する道路台帳に記載されている一般国道、高速自動車国道及び都道府県道で各都道府県及び各指定市が管理するもの（当該都道府県又は指定市がその管理について経費を負担しないものその他総務省令で定めるものを除く。）の延長及び面積にあん分して譲与するものとする。

2　前項の場合においては、石油ガス譲与税の二分の一の額を同項の道路の延長で、他の二分の一の額を同項の道路の面積であん分するものとする。

3　第一項の道路の延長及び面積は、総務省令で定めるところにより算定するものとする。ただし、道路の種類、幅員による道路の種別その他の事情を参酌して、総務省令で定めるところにより補正することができる。

（石油ガス譲与税の使途）

第七条　国は、石油ガス譲与税の譲与に当たつては、その使途について条件を付け、又は制限してはならない。

附　則（平二一・三・三一法九抄）

（施行期日）

第一条　この法律は、平成二十一年四月一日から施行する。

（後略）

（石油ガス譲与税法の一部改正に伴う経過措置）

第十六条　第五条の規定による改正後の石油ガス譲与税法の規

定は、平成二十一年度分の石油ガス譲与税から適用し、平成二十年度分までの石油ガス譲与税については、なお従前の例による。

（政令への委任）

第十八条 この法律の公布の日が附則第一条本文に規定する日後となる場合におけるこの法律による改正後のそれぞれの法律の規定の適用に関し必要な事項（この附則の規定の読替えを含む。）その他のこの法律の円滑な施行に関し必要な経過措置は、政令で定める。

第十九条 附則第二条から前条までに定めるもののほか、この法律の施行に関し必要な経過措置は、政令で定める。

○関税定率法（抄）

（明治四十三年四月十五日 法律第五十四号）

最終改正 令六法九

（趣旨）

第一条 この法律は、関税の税率、関税を課する場合における課税標準及び関税の減免その他関税制度について定めるものとする。

（定義）

第二条 この法律又はこの法律に基づく命令において「輸入」とは、関税法（昭和二十九年法律第六十一号）第二条（定義）に定める定義に従うものとし、「輸出」とは、同条第一項第二号に規定する行為その他貨物を特定の国（公海並びに本邦の排他的経済水域の海域及び外国の排他的経済水域の海域で採捕された水産物については、これを採捕したその国の船舶を含む。）から他の国に向けて送り出すことをいう。

（課税標準及び税率）

第三条 関税は、輸入貨物の価格又は数量を課税標準として課するものとし、その税率は、別表による。

別表 関税率表（抄）

第八七類 鉄道用及び軌道用以外の車両並びにその部分品及び附属品

注

1 この類には、専らレール走行用に設計した鉄道用又は軌道用の車両を含まない。

2 この類において「トラクター」とは、本来、車両、機器又は貨物をけん引し又は押すために作った車両をいい、本来の用途に関連して、道具、種、肥料その他の物品を輸送するための補助器具を有するか有しないかを問わない。

第八七・〇一項のトラクター用に設計した互換性のある機械及び工具（トラクターに取り付けてあるかないかを問わない。）は、トラクターとともに提示する場合であっても、それらがそれぞれ属する項に属する。

3 運転室を有する原動機付きシャシは、第八七・〇二項から第八七・〇四項までに属するものとし、第八七・〇六項には属しない。

4 第八七・一二項には、すべての幼児用自転車を含む。その他の幼児用乗物は、第九五・〇三項に属する。

号注

1 第八七〇八・二二号には、次の物品のみを含む。

(a) フロントガラス（風防）、後部の窓及びその他の窓（枠付きのものに限る。）

(b) フロントガラス（風防）、後部の窓及びその他の窓（枠付きであるかないかを問わないものとし、加熱装置又はその他の電気的若しくは電子的装置を自蔵するものに限る。）

ただし、第八七・〇一項から第八七・〇五項までの自動車に専ら又は主として使用するものに限る。

番号	品名	税率
八七・〇一	トラクター（第八七・〇九項のトラクターを除く。）	
八七〇一・一〇	一軸トラクター	無税
	セミトレーラー用の道路走行用トラクター	
八七〇一・二一	ピストン式圧縮点火内燃機関（ディーゼルエンジン又はセミディーゼルエンジン）のみを搭載したもの	無税
八七〇一・二二	駆動原動機としてピストン式圧縮点火内燃機関（ディーゼルエンジン又はセミディーゼルエンジン）及び電動機を搭載したもの	無税
八七〇一・二三	駆動原動機としてピストン式火花点火内燃機関及び電動機を搭載したもの	無税
八七〇一・二四	駆動原動機として電動機のみを搭載したもの	無税

八七〇一・二九	その他のもの	無税
八七〇一・三〇	無限軌道式トラクター	無税
	その他のもの	
八七〇一・九一	エンジン出力が一八キロワット以下のもの	無税
八七〇一・九二	エンジン出力が一八キロワットを超え三七キロワット以下のもの	無税
八七〇一・九三	エンジン出力が三七キロワットを超え七五キロワット以下のもの	無税
八七〇一・九四	エンジン出力が七五キロワットを超え一三〇キロワット以下のもの	無税
八七〇一・九五	エンジン出力が一三〇キロワットを超えるもの	無税
八七・〇二	一〇人以上の人員（運転手を含む。）の輸送用の自動車	
八七〇二・一〇	ピストン式圧縮点火内燃機関（ディーゼルエンジン及びセミディーゼルエンジン）のみを搭載したもの	無税
八七〇二・二〇	駆動原動機としてピストン式圧縮点火内燃機関（ディーゼルエンジン及びセミディーゼルエンジン）及び電動機を搭載したもの	無税
八七〇二・三〇	駆動原動機としてピストン式火花点火内燃機関及び電動機を搭載したもの	無税
八七〇二・四〇	駆動原動機として電動機のみを搭載したもの	無税
八七〇二・九〇	その他のもの	無税
八七・〇三	乗用自動車その他の自動車（ステーションワゴン及びレーシングカーを含み、主として人員の輸送用に設計したものに限るものとし、第八七・〇二項のものを除く。）	
八七〇三・一〇	雪上走行用に特に設計した車両及びゴルフカーその他これに類する車両	無税
	その他の車両（ピストン式火花点火内燃機関のみを搭載したものに限る。）	
八七〇三・二一	シリンダー容積が一、〇〇〇立方センチメートル以下のもの	無税
八七〇三・二二	シリンダー容積が一、〇〇〇立方センチメートルを超え一、五〇〇立方センチメートル以下のもの	無税
八七〇三・二三	シリンダー容積が一、五〇〇立方センチメートルを超え三、〇〇〇立方センチメートル以下のもの	無税
八七〇三・二四	シリンダー容積が三、〇〇〇立方センチメートルを超えるもの	無税
	その他の車両（ピストン式圧縮点火内燃機関（ディーゼルエンジン又はセミディーゼルエンジン）のみを搭載したものに限る。）	
八七〇三・三一	シリンダー容積が一、五〇〇立方センチメートル以下のもの	無税
八七〇三・三二	シリンダー容積が一、五〇〇立方センチメートルを超え二、五〇〇立方センチメートル以下のもの	無税
八七〇三・三三	シリンダー容積が二、五〇〇立方センチメートルを超えるもの	無税
八七〇三・四〇	その他の車両（駆動原動機としてピストン式火花点火内燃機関及び電動機を搭載したものに限るものとし、外部電源に接続することにより充電することができるものを除く。）	無税
八七〇三・五〇	その他の車両（駆動原動機としてピストン式圧縮点火内燃機関（ディーゼルエンジン又はセミディーゼルエンジン）及び電動機を搭載したものに限るものとし、外部電源に接続することにより充電することができるものを除く。）	無税
八七〇三・六〇	その他の車両（駆動原動機としてピストン式火花点火内燃機関及び電動機を搭載したもの	無税

番号	品名	税率
	で、外部電源に接続することにより充電することができるものに限る。）	
八七〇三・七〇	その他の車両（駆動原動機としてピストン式圧縮点火内燃機関（ディーゼルエンジン又はセミディーゼルエンジン）及び電動機を搭載したもので、外部電源に接続することにより充電することができるものに限る。）	無税
八七〇三・八〇	その他の車両（駆動原動機として電動機のみを搭載したものに限る。）	無税
八七〇三・九〇	その他のもの	無税
八七・〇四	貨物自動車	
八七〇四・一〇	ダンプカー（不整地走行用に設計したものに限る。）	無税
	その他のもの（ピストン式圧縮点火内燃機関（ディーゼルエンジン又はセミディーゼルエンジン）のみを搭載したものに限る。）	
八七〇四・二一	車両総重量が五トン以下のもの	無税
八七〇四・二二	車両総重量が五トンを超え二〇トン以下のもの	無税
八七〇四・二三	車両総重量が二〇トンを超えるもの	無税
	その他のもの（ピストン式火花点火内燃機関のみを搭載したものに限る。）	
八七〇四・三一	車両総重量が五トン以下のもの	無税
八七〇四・三二	車両総重量が五トンを超えるもの	無税
	その他のもの（駆動原動機としてピストン式圧縮点火内燃機関（ディーゼルエンジン又はセミディーゼルエンジン）及び電動機を搭載したものに限る。）	
八七〇四・四一	車両総重量が五トン以下のもの	無税
八七〇四・四二	車両総重量が五トンを超え二〇トン以下のもの	無税
八七〇四・四三	車両総重量が二〇トンを超えるもの	無税
	その他のもの（駆動原動機としてピストン式火花点火内燃機関及び電動機を搭載したものに限る。）	
八七〇四・五一	車両総重量が五トン以下のもの	無税
八七〇四・五二	車両総重量が五トンを超えるもの	無税
八七〇四・六〇	その他のもの（駆動原動機として電動機のみを搭載したものに限る。）	無税
八七〇四・九〇	その他のもの	無税
八七・〇五	特殊用途自動車（例えば、救難車、クレーン車、消防車、コンクリートミキサー車、道路清掃車、散水車、工作車及びレントゲン車。主として人員又は貨物の輸送用に設計したものを除く。）	
八七〇五・一〇	クレーン車	無税
八七〇五・二〇	せん孔デリック車	無税
八七〇五・三〇	消防車	無税
八七〇五・四〇	コンクリートミキサー車	無税
八七〇五・九〇	その他のもの	無税
八七・〇六		
八七〇六・〇〇	原動機付きシャシ（第八七・〇一項から第八七・〇五項までの自動車用のものに限る。）	無税
八七・〇七	車体（運転室を含むものとし、第八七・〇一項から第八七・〇五項までの自動車用のものに限る。）	
八七〇七・一〇	第八七・〇三項の車両用のもの	無税

八七〇七・九〇	その他のもの	無税
八七・〇八	部分品及び附属品（第八七・〇一項から第八七・〇五項までの自動車のものに限る。）	
八七〇八・一〇	バンパー及びその部分品	無税
	車体（運転室を含む。）のその他の部分品及び附属品	
八七〇八・二一	シートベルト	無税
八七〇八・二二	この類の号注1のフロントガラス（風防）、後部の窓及びその他の窓	無税
八七〇八・二九	その他のもの	無税
八七〇八・三〇	ブレーキ及びサーボブレーキ並びにこれらの部分品	無税
八七〇八・四〇	ギヤボックス及びその部分品	無税
八七〇八・五〇	駆動軸（差動装置を有するものに限るものとし、伝動装置のその他の構成部品を有するか有しないかを問わない。）及び非駆動軸並びにこれらの部分品	無税
八七〇八・七〇	車輪並びにその部分品及び附属品	無税
八七〇八・八〇	懸架装置及びその部分品（ショックアブソーバーを含む。）	無税
	その他の部分品及び附属品	
八七〇八・九一	ラジエーター及びその部分品	無税
八七〇八・九二	消音装置（マフラー）及び排気管並びにこれらの部分品	無税
八七〇八・九三	クラッチ及びその部分品	無税
八七〇八・九四	ハンドル、ステアリングコラム及びステアリングボックス並びにこれらの部分品	無税
八七〇八・九五	安全エアバッグ（インフレーターシステムを有するものに限る。）及びその部分品	無税
八七〇八・九九	その他のもの	無税
八七・〇九	自走式作業トラック（工場、倉庫、埠頭又は空港において貨物の短距離の運搬に使用する種類のものに限るものとし、持上げ用又は荷扱い用の機器を装備したものを除く。）及び鉄道の駅のプラットホームにおいて使用する種類のトラクター並びにこれらの部分品	
	車両	
八七〇九・一一	電気式のもの	無税
八七〇九・一九	その他のもの	無税
八七〇九・九〇	部分品	無税
八七・一〇 八七一〇・〇〇	戦車その他の装甲車両（自走式のものに限るものとし、武器を装備しているかいないかを問わない。）及びその部分品	一二・八％
八七・一一	モーターサイクル（モペットを含むものとし、サイドカー付きであるかないかを問わない。）、補助原動機付きの自転車（サイドカー付きであるかないかを問わない。）及びサイドカー	
八七一一・一〇	シリンダー容積が五〇立方センチメートル以下のピストン式内燃機関付きのもの	無税
八七一一・二〇	シリンダー容積が五〇立方センチメートルを超え二五〇立方センチメートル以下のピストン式内燃機関付きのもの	無税
八七一一・三〇	シリンダー容積が二五〇立方センチメートルを超え五〇〇立方センチメートル以下のピストン式内燃機関付きのもの	無税
八七一一・四〇	シリンダー容積が五〇〇立方センチメートルを超え八〇〇立方センチメートル以下のピス	無税

八七一一・五〇	トン式内燃機関付きのもの	無税
八七一一・六〇	シリンダー容積が八〇〇立方センチメートルを超えるピストン式内燃機関付きのもの	無税
八七一一・九〇	駆動原動機として電動機を有するもの	無税
	その他のもの	無税
八七・一二		
八七一二・〇〇	自転車（運搬用三輪自転車を含むものとし、原動機付きのものを除く。）	無税
八七・一三	身体障害者用又は病人用の車両（原動機その他の機械式駆動機構を有するか有しないかを問わない。）	
八七一三・一〇	機械式駆動機構を有しないもの	無税
八七一三・九〇	その他のもの	無税
八七・一四	部分品及び附属品（第八七・一一項から第八七・一三項までの車両のものに限る。）	
八七一四・一〇	モーターサイクル（モペットを含む。）のもの	無税
八七一四・二〇	身体障害者用又は病人用の車両のもの	無税
	その他のもの	
八七一四・九一	フレーム体及び前ホーク並びにこれらの部分品	無税
八七一四・九二	リム及びスポーク	無税
八七一四・九三	ハブ（コースターブレーキハブ及びハブブレーキを除く。）及びフリーホイール	無税
八七一四・九四	ブレーキ（コースターブレーキハブ及びハブブレーキを含む。）及びその部分品	無税
八七一四・九五	サドル	無税
八七一四・九六	ペダル及びギヤクランク並びにこれらの部分品	無税
八七一四・九九	その他のもの	無税
八七・一五		
八七一五・〇〇	乳母車及びその部分品	無税
八七・一六	トレーラー及びセミトレーラー並びにその他の車両（機械式駆動機構を有するものを除く。）並びにこれらの部分品	
八七一六・一〇	トレーラー及びセミトレーラー（住居用又はキャンプ用のキャラバン型のものに限る。）	無税
八七一六・二〇	農業用のトレーラー及びセミトレーラー（積込機構付き又は荷卸機構付きのものに限る。）	無税
	貨物輸送用のその他のトレーラー及びセミトレーラー	
八七一六・三一	タンクトレーラー及びタンクセミトレーラー	無税
八七一六・三九	その他のもの	無税
八七一六・四〇	その他のトレーラー及びセミトレーラー	無税
八七一六・八〇	その他の車両	無税
八七一六・九〇	部分品	無税

○地方税法（抄）

（昭和二十五年七月三十一日
法律第二百二十六号）

最終改正　令六法六五

〔編者注〕

令和四年六月一七日法律第六八号による改正のうち、令和七年六月一日から施行される部分は、直接改正を加えないで、現行条文と並列して登載した。

第一章　総則

第四節　第二次納税義務

（第二次納税義務の通則）

第十一条　地方団体の長は、納税者又は特別徴収義務者の地方団体の徴収金を次条から第十一条の十まで又は第十二条の二第二項若しくは第三項の規定により第二次納税義務を有する者（以下「第二次納税義務者」という。）から徴収しようとするときは、その者に対し、納付又は納入すべき金額、納付又は納入の期限及び納付又は納入の場所その他必要な事項を記載した納付又は納入の通知書により告知しなければならない。

2　第二次納税義務者が地方団体の徴収金を前項の納付又は納入の期限までに完納しないときは、地方団体の長は、第十三条の二の規定により繰上徴収をする場合を除き、その期限後二十日以内に納付又は納入の催告書を発して督促しなければならない。

3　第二次納税義務者の財産の換価は、その財産の価額が著しく減少するおそれがあるときを除き、第一項の納税者又は特別徴収義務者の財産を換価に付した後でなければ、することができない。

4　第二次納税義務者が第一項の告知、第二項の督促又はこれらに係る地方団体の徴収金に関する滞納処分につき出訴したときは、その訴の係属する間は、その財産の換価をすることができない。

5　次条から第十一条の十まで並びに第十二条の二第二項及び第三項の規定は、第二次納税義務者から第一項の納税者又は特別徴収義務者に対してする求償権の行使を妨げない。

（自動車等の売主の第二次納税義務）

第十一条の十　第百四十五条第三号に規定する自動車又は第四百四十二条第三号に規定する軽自動車等（以下この条において「自動車等」という。）の買主が当該自動車等に対して課する自動車税の種別割又は軽自動車税の種別割に係る地方団体の徴収金を滞納した場合において、その者の財産につき滞納処分をしてもなおその徴収すべき額に不足すると認められるときは、当該自動車等の売主は、当該自動車等の譲渡価額として政令で定める額を限度として、当該滞納に係る地方団体の徴収金の第二次納税義務を負う。

2　道府県又は市町村は、自動車等の所在及び買主の住所又は居所が不明である場合において、当該自動車等の売主が当該自動車等の売買に係る代金の全部又は一部を受け取ることができなくなつたと認められるときは、当該受け取ることができなくなつたと認められる額を限度として、当該自動車等の売主の前項の規定による第二次納税義務に係る地方団体の徴収金の納付の義務を免除するものとする。

3　前項の規定は、自動車等の売主から同項の規定の適用があるべき旨の申告があり、当該申告が真実であると認められるときに限り、適用する。

第二章　道府県の普通税

第七節　軽油引取税

第一款　通則

（用語の意義）

第百四十四条　軽油引取税について、次の各号に掲げる用語の意義は、それぞれ当該各号に定めるところによる。

一　軽油　温度十五度において〇・八〇一七を超え、〇・八七六二に達するまでの比重を有する炭化水素油をいい、政令で定める規格の炭化水素油を含まないものとする。

二　元売業者　軽油を製造することを業とする者、軽油を輸入することを業とする者又は軽油を販売することを業とする者で、第百四十四条の七第一項の規定により総務大臣の指定を受けている者をいう。

三　特約業者　元売業者との間に締結された販売契約に基づいて当該元売業者から継続的に軽油の供給を受け、これを販売することを業とする者で、第百四十四条の九第一項の規定により道府県知事の指定を受けている者をいう。

2　軽油引取税が課される引取りが行われる前に軽油に炭化水素油以外のものを混和した場合においては、その混和により生じたものを前項第一号の軽油とみなす。

（軽油引取税の納税義務者等）

第百四十四条の二　軽油引取税は、特約業者又は元売業者からの軽油の引取り（特約業者の元売業者からの引取り及び元売業者の他の元売業者からの引取りを除く。次項において同じ。）で当該引取りに係る軽油の現実の納入を伴うものに対し、その数量を課税標準として、当該軽油の納入地（石油製品の販売業者が軽油の引取りを行う場合にあつては、販売業者の当該納入に係る事業所。第百四十四条の十四第二項及び第百四十四条の十五第一項において同じ。）所在の道府県において、その引取りを行う者に課する。

2　前項の場合において、特約業者又は元売業者からの軽油の引取りを行う者が当該引取りに係る軽油の現実の納入を受けない場合に当該軽油につき現実の納入を伴う引取りを行う者があるときは、その者が当該納入の時に当該特約業者又は元売業者から当該納入に係る軽油の引取りを行つたものとみなして、同項の規定を適用する。

3　軽油引取税は、前二項に規定する場合のほか、特約業者又は元売業者が炭化水素油（炭化水素とその他の物との混合物又は単一の炭化水素で、一気圧において温度十五度で液状であるものを含む。以下この節において同じ。）で軽油又は揮発油（揮発油税法（昭和三十二年法律第五十五号）第二条第一項に規定する揮発油（同法第六条において揮発油とみなされるものを含む。）をいう。以下この節において同じ。）以外のもの（同法第十六条又は第十六条の二に規定する揮発油のうち灯油に該当するものを含む。以下この節において「燃料炭化水素油」という。）を自動車の内燃機関の燃料として販売した場合においては、その販売量（第百四十四条の三十二第一項第三号の規定により譲渡の承認を受けた当該販売に係る燃料炭化水素油に既に軽油引取税又は揮発油税が課され、又は課されるべき軽油又は揮発油が含まれているときは、当該含まれている軽油又は揮発油に相当する部分の炭化水素油の数量を控除した数量とする。）を課税標準として、当該特約業者又は元売業者の事業所所在の道府県において、当該特約業者又は元売業者に課する。

4　軽油引取税は、前三項に規定する場合のほか、特約業者又は元売業者以外の石油製品の販売業者（以下この節において「石油製品販売業者」という。）が、軽油に軽油以外の炭化水素油を混和し若しくは軽油以外の炭化水素油と軽油以外の炭化水素油を混和して製造された軽油を販売した場合又は燃料炭化水素油を自動車の内燃機関の燃料として販売した場合においては、その販売量（第百四十四条の三十二第一項第一号若しくは第二号の規定により製造の承認を受けた当該販売に係る軽油又は同項第三号の規定により譲渡の承認を受けた当該販売に係る燃料炭化水素油に既に軽油引取税又は揮発油税が課され、又は課されるべき軽油又は揮発油が含まれているときは、当該含まれている軽油又は揮発油に相当する部分の炭化水素油の数量を控除した数量とする。）を課税標準として、当該石油製品販売業者の事業所所在の道府県において、当該石油製品販売業者に課する。

5　軽油引取税は、前各項に規定する場合のほか、自動車の保有者（自動車の所有者その他自動車を使用する権利を有する者で、自己のために自動車を運行の用に供するものをいう。以下この節において同じ。）が炭化水素油を自動車の内燃機関の燃料として消費した場合（当該自動車を道路において運行の用に供するため消費した場合に限る。）においては、当該炭化水素油の消費に対し、消費量（当該消費に係る炭化水素油（燃料炭化水素油にあつては、第百四十四条の三十二第一項第四号の規定により消費の承認を受け、又は同条第六項の規定により自動車用炭化水素油譲渡証の交付を受けたものをいう。）に既に軽油引取税又は揮発油税が課され、又は課されるべき軽油若しくは燃料炭化水素油又は揮発油が含まれているときは、当該含まれている軽油若しくは燃料炭化水素油又は揮発油に相当する部分の炭化水素油の数量を控除した数量とする。）を課税標準として、当該自動車の主たる定置場所在の道府県において、当該自動車の保有者に課する。

6　軽油引取税は、前各項に規定する場合のほか、軽油引取税の特別徴収義務者がその特別徴収の義務が消滅した時に軽油を所有している場合（特別徴収義務者が引渡しを行つた軽油につき現実の納入が行われていない場合を含む。）においては、その所有に係る軽油（引渡しの後現実の納入が行われていない軽油を含む。以下この項及び第百四十四条の十八第一項第四号において同じ。）の数量（当該所有に係る軽油に既に軽油引取税が課され、又は課されるべき軽油が含まれているときは、当該所有に係る軽油の数量から当該含まれている軽油に相当する部分の数量を控除して得た数量）で政令で定めるところによつて算定したものを課税標準として、その者の事務所又は事業所で当該軽油を直接管理するものが所在する道府県において、その者に課する。

（軽油引取税のみなす課税）

第百四十四条の三　軽油引取税は、前条に規定する場合のほか、次の各号に掲げる者の当該各号に掲げる消費、譲渡又は輸入に対し、当該消費、譲渡又は輸入を同条第一項に規定する引取りと、当該消費、譲渡又は輸入をする者を同項に規定する引取りを行う者とみなし、その数量を課税標準として、第一号又は第二号の場合にあつては当該消費をする者の当該消費について直接関係を有する事務所又は事業所（事務所又は事業所がない者にあつては、住所。以下この節において同じ。）所在の道府県において、第三号又は第四号の場合にあつては当該軽油に係る第百四十四条の二十一第一項に規定する免税証を交付した道府県において、第五号の場合にあつては当該消費又は譲渡をする者の当該消費又は譲渡について直接関係を有する事務所又は事業所所在の道府県において、第六号の場合にあつては当該輸入をする者（関税法第六十七条の輸入の許可を受ける場合には当該許可を受ける者をいう。以下この項において同じ。）の当該輸入について直接関係を有する事務所又は事業所所在の道府県において、それぞれ当該消費、譲渡又は輸入をする者に課する。

一　特約業者が軽油を自ら消費する場合における当該軽油の消費

二　元売業者が軽油を自ら消費する場合における当該軽油の消費

三　第百四十四条の六に規定する軽油の引取りを行つた者が他の者に当該引取りに係る軽油を譲渡する場合における当該軽油の譲渡

四　第百四十四条の六に規定する軽油の引取りを行つた者が同条に規定する用途以外の用途に供するため当該引取りに係る軽油を自ら消費する場合における当該軽油の消費

五　特約業者及び元売業者以外の者が軽油の製造をして、当該製造に係る軽油を自ら消費し、又は他の者に譲渡する場合における当該軽油の消費又は譲渡

六　特約業者及び元売業者以外の者が軽油の輸入をする場合における当該軽油の輸入

2　特約業者又は元売業者が軽油を使用して軽油以外の炭化水素油（自動車の内燃機関の用に供することができると認められる炭化水素油で政令で定めるものを除く。）を製造する場合における当該軽油の使用は、前項第一号又は第二号に掲げる軽油の消費に含まれないものとする。

3　第一項第三号に掲げる軽油の譲渡をしようとする者は、政令で定めるところにより、あらかじめ、当該軽油に係る第百四十四条の二十一第一項に規定する免税証を交付した道府県知事にその旨を届け出て、その承認を受けなければならない。

4　何人も、譲渡について前項の承認のなかつた軽油を譲り受けてはならない。

5　道府県は、日本国の自衛隊とオーストラリア国防軍との間における相互のアクセス及び協力の円滑化に関する日本国とオーストラリアとの間の協定に基づきオーストラリア軍隊（同協定第一条(c)に規定する訪問部隊として日本国内に所在するオーストラリアの軍隊をいう。第百四十四条の六の二及び第百四十四条の三十二第九項において同じ。）が公用に供する軽油の輸入をする場合における当該軽油の輸入に対しては、第一項（第六号に係る部分に限る。）の規定にかかわらず、軽油引取税を課さないものとする。

（軽油引取税の補完的納税義務）

第百四十四条の四　第百四十四条の三十二第一項第一号又は第

二号の規定に違反して道府県知事の承認を受けないで製造された軽油について、第百四十四条の二第四項又は前条第一項第五号の規定により軽油引取税を納付する義務を負う者（以下この条において「納税義務者」という。）が特定できないとき又はその所在が明らかでないときは、当該軽油の製造を行つた者又は当該軽油の製造の用に供した施設若しくは設備を所有する者で政令で定めるものは、当該納税義務者と連帯して当該軽油引取税に係る地方団体の徴収金を納付する義務を負う。

2　前項の場合において、納税義務者が特定できないとき、又は納税義務者の所在が明らかでないときであつて当該納税義務者の第百四十四条の二第四項に規定する事業所若しくは前条第一項第五号に規定する軽油の消費若しくは譲渡について直接関係を有する事務所若しくは事業所（以下この項において「事業所等」という。）が明らかでないときは、この節の適用については、当該軽油の製造が行われた場所を事業所等とみなす。

（軽油引取税の課税免除）

第百四十四条の五　道府県は、次に掲げる軽油の引取りに対しては、第百四十四条の十四第四項の規定による道府県知事の承認があつた場合に限り、軽油引取税を課さないものとする。

一　軽油の引取りで本邦からの輸出として行われたもの

二　既に軽油引取税を課された軽油に係る引取り

第百四十四条の六　道府県は、石油化学製品を製造する事業を営む者が当該事業の事業場においてエチレンその他の政令で定める石油化学製品を製造するためにその原料の用途その他の政令で定める用途に供する軽油の引取りに対しては、第百四十四条の二十一第一項の規定による免税証の交付があつた場合又は第百四十四条の三十一第四項若しくは第五項の規定による道府県知事の承認があつた場合に限り、軽油引取税を課さないものとする。

第百四十四条の六の二　道府県は、オーストラリア軍隊が、第百四十四条の三第五項の規定により軽油引取税を課さないこととされる輸入に係る軽油又は自ら輸入をした公用に供する燃料炭化水素油を自動車の内燃機関の燃料として消費した場合（当該自動車を道路において運行の用に供するため消費した場合に限る。）における当該軽油又は燃料炭化水素油の消費に対しては、第百四十四条の二第五項の規定にかかわらず、軽油引取税を課さないものとする。

（元売業者の指定）

第百四十四条の七　総務大臣は、次に掲げる者のうち、軽油引取税の徴収の確保に支障がないと認められることその他の政令で定める要件に該当するものを、これらの者の申請に基づき、元売業者として指定するものとする。

一　軽油を製造することを業とする者（軽油の製造量その他の事項について総務省令で定める基準に該当する者に限る。）

二　軽油を輸入することを業とする者（軽油の輸入量その他の事項について総務省令で定める基準に該当する者に限る。）

三　軽油を販売することを業とする者（軽油の販売量その他の事項について総務省令で定める基準に該当する者に限る。）

2　総務大臣は、元売業者が前項に規定する要件に該当しなくなつたときその他政令で定める要件に該当するときは、元売業者の指定を取り消すことができる。

3　前二項に定めるもののほか、元売業者の指定又は指定の取消しに関し必要な事項は、総務省令で定める。

（特約業者の指定等）

第百四十四条の八　道府県知事は、元売業者との間に締結された販売契約に基づいて当該元売業者から継続的に軽油の供給を受け、これを販売することを業とする者（その経営の基礎その他の事項を勘案して政令で定める要件に該当する者を除く。）で、当該道府県内に主たる事務所又は事業所を有するものを、その者の申請に基づき、仮特約業者として指定するものとする。

2　前項の規定による仮特約業者の指定の有効期間は、指定を受けた日から起算して一年とする。ただし、仮特約業者が次条第一項の規定による特約業者の指定を受けたときは、当該仮特約業者の指定は、その効力を失う。

3　第一項の道府県知事は、仮特約業者が同項の政令で定める要件に該当することとなつたときその他政令で定める場合には、仮特約業者の指定を取り消すことができる。

4　第一項の道府県知事は、仮特約業者の指定又は指定の取消しを行つた場合には、その旨を関係道府県知事に通知しなければならない。

5　前各項に定めるもののほか、仮特約業者の指定又は指定の取消しに関し必要な事項は、総務省令で定める。

第百四十四条の九　道府県知事は、当該道府県内に主たる事務所又は事業所を有する仮特約業者のうち、軽油引取税の徴収の確保に支障がないと認められることその他の政令で定める要件に該当するものを、当該仮特約業者の申請に基づき、特約業者として指定するものとする。この場合において、道府県知事は、あらかじめ関係道府県知事の意見を聴かなければならない。

2　前項の道府県知事は、特約業者の指定を行つたときは、その旨を関係道府県知事に通知するとともに、総務大臣に報告しなければならない。

3　特約業者の主たる事務所又は事業所所在地の道府県知事は、特約業者が第一項に規定する要件に該当しなくなつたときその他政令で定める要件に該当するときは、特約業者の指定を取り消すことができる。

4　関係道府県知事は、特約業者について前項の規定による指定の取消しの必要があると認めるときは、その理由を記載した書類を添えて、当該特約業者の主たる事務所又は事業所所在地の道府県知事に対し、特約業者の指定の取消しの請求をしなければならない。

5　特約業者の主たる事務所又は事業所所在地の道府県知事は、当該特約業者について前項の規定による指定の取消しの請求に係る書類を受け取つた場合において、必要があると認めるときは、当該特約業者の指定を取り消さなければならない。ただし、関係道府県知事と意見を異にする場合においては、当該書類を受け取つた日から二月以内に、自己の意見を付して、当該書類を総務大臣に送付するとともに、その指示を求めなければならない。

6　総務大臣は、前項ただし書の規定による指示の請求があつた場合において、特約業者の指定の取消しの必要があると認めるときは、その特約業者の主たる事務所又は事業所所在地の道府県知事に対し、その特約業者の指定の取消しの指示をしなければならない。この場合においては、当該特約業者の主たる事務所又は事業所所在地の道府県知事は、その指示に基づいて当該特約業者の指定を取り消さなければならない。

7　総務大臣は、第五項ただし書の規定による指示の請求があつた場合において、特約業者の指定の取消しの必要がないと認めるときは、その旨を当該特約業者の主たる事務所又は事業所所在地の道府県知事及び関係道府県知事に通知しなければならない。

8　総務大臣は、第六項前段の指示又は前項の規定による通知をしようとするときは、地方財政審議会の意見を聴かなければならない。

9　特約業者の主たる事務所又は事業所所在地の道府県知事は、第三項、第五項本文又は第六項後段の規定によつて当該特約業者の指定の取消しを行つた場合には、その旨を関係道府県知事に通知するとともに、総務大臣に報告しなければならない。

10　前各項に定めるもののほか、特約業者の指定又は指定の取消しに関し必要な事項は、総務省令で定める。

（軽油引取税の税率）

第百四十四条の十　軽油引取税の税率は、一キロリットルにつき、一万五千円とする。

（徴税吏員の軽油引取税に関する調査に係る質問検査権）

第百四十四条の十一　道府県の徴税吏員は、軽油引取税の賦課徴収に関する調査のために必要がある場合においては、次に掲げる者に質問し、又はその者の事業に関する帳簿書類（その作成又は保存に代えて電磁的記録（電子的方式、磁気的方式その他の人の知覚によつては認識することができない方式で作られる記録であつて、電子計算機による情報処理の用に供されるものをいう。）の作成又は保存がされている場合における当該電磁的記録を含む。以下この節において同じ。）その他の物件を検査し、若しくは当該物件（その写しを含む。）の提示若しくは提出を求めることができる。

一　特別徴収義務者

二　納税義務者又は納税義務があると認められる者

三　軽油を内燃機関の燃料として使用することができると認められる自動車の保有者

四　前三号に掲げる者に金銭又は物品を給付する義務があると認められる者

五　石油製品販売業者、石油製品を運搬する者その他前各号に掲げる者以外の者で、当該軽油引取税の賦課徴収に関し直接関係があると認められるもの

2　前項第一号から第三号までに掲げる者を分割法人（分割によりその有する資産及び負債の移転を行つた法人をいう。以下この項において同じ。）とする分割に係る分割承継法人（分割により分割法人から資産及び負債の移転を受けた法人をいう。以下この項において同じ。）及び前項第一号から第三号までに掲げる者を分割承継法人とする分割に係る分割法人は、同項第四号に規定する金銭又は物品を給付する義務があると認められる者に含まれるものとする。

3　第一項の場合においては、当該徴税吏員は、軽油その他の石油製品について、必要最少限度の数量を見本品として採取することができる。

4　第一項又は前項の場合においては、当該徴税吏員は、その身分を証明する証票を携帯し、関係人の請求があつたときは、これを提示しなければならない。

5　道府県の徴税吏員は、政令で定めるところにより、第一項の規定により提出を受けた物件を留め置くことができる。

6　軽油引取税に係る滞納処分に関する調査については、第一項の規定にかかわらず、第百四十四条の五十一第六項の定めるところによる。

7　第一項、第三項又は第五項に規定する道府県の徴税吏員の権限は、犯罪捜査のために認められたものと解釈してはならない。

（軽油引取税に係る検査拒否等に関する罪）

第百四十四条の十二　次の各号のいずれかに該当する場合には、その違反行為をした者は、一年以下の懲役又は五十万円以下の罰金に処する。

一　前条第一項の規定による帳簿書類その他の物件の検査又は同条第三項の規定による採取を拒み、妨げ、又は忌避したとき。

二　前条第一項の規定による物件の提示又は提出の要求に対し、正当な理由がなくこれに応ぜず、又は偽りの記載若しくは記録をした帳簿書類その他の物件（その写しを含む。）を提示し、若しくは提出したとき。

三　前条第一項の規定による徴税吏員の質問に対し、答弁をしないとき、又は虚偽の答弁をしたとき。

> 注　令和四年六月一七日法律六八号により改正され、令和七年六月一日から施行
>
> 第百四十四条の十二第一項中「懲役」を「拘禁刑」に改める。

2　法人の代表者又は法人若しくは人の代理人、使用人その他の従業者がその法人又は人の業務又は財産に関して前項の違反行為をした場合には、その行為者を罰するほか、その法人又は人に対し、同項の罰金刑を科する。

第二款　徴収

（軽油引取税の徴収の方法）

第百四十四条の十三　軽油引取税の徴収については、特別徴収の方法によらなければならない。ただし、第百四十四条の二第三項から第六項まで又は第百四十四条の三の規定によつて軽油引取税を課する場合その他特別の必要がある場合における徴収は、申告納付の方法によるものとする。

（軽油引取税の特別徴収の手続）

第百四十四条の十四　軽油引取税を特別徴収によつて徴収しようとする場合においては、元売業者又は特約業者その他徴収の便宜を有する者を当該道府県の条例によつて特別徴収義務者として指定し、これに徴収させなければならない。

2　軽油引取税の特別徴収義務者は、毎月末日までに、総務省令で定める様式によつて、前月の初日から末日までの間において徴収すべき軽油引取税に係る課税標準たる数量（以下この節において「課税標準量」という。）及び税額並びに第百四十四条の五又は第百四十四条の六の規定によつて軽油引取税を課さないこととされる引取りに係る軽油の数量その他必要な事項を記載した納入申告書を、当該特別徴収義務者からの引取りに係る軽油の納入地所在の道府県ごとにその道府県

知事に提出し、及びその納入金を当該道府県に納入する義務を負う。

3　前項の課税標準量は、当該引取りに係る軽油の数量から引取りの際減少すべき軽油の数量として政令で定める数量を控除した数量とする。

4　第二項の場合において、第百四十四条の五又は第百四十四条の六の規定によつて軽油引取税を課さないこととされる引取りに係る軽油の数量については、総務省令で定めるところにより、次条第三項に規定する登録特別徴収義務者は、当該登録に係る道府県知事が交付した第百四十四条の二十一第一項に規定する免税証その他当該数量を証するに足りる書面を添付して、当該道府県知事の承認を受けなければならない。

5　次条第三項に規定する登録特別徴収義務者は、第二項の期間について当該登録に係る道府県に納入すべき軽油引取税額がない場合においても、同項及び前項の規定に準じて納入申告書を提出しなければならない。

6　第二項の規定によつて納入した納入金のうち、軽油引取税の納税者が軽油引取税の特別徴収義務者に支払わなかつた税金に相当する部分については、当該特別徴収義務者は、当該納税者に対して求償権を有する。

7　軽油引取税の特別徴収義務者が前項の求償権に基づいて訴えを提起した場合においては、道府県の徴税吏員は、職務上の秘密に関する場合を除くほか、証拠の提供その他必要な援助を与えなければならない。

8　軽油引取税の特別徴収義務者が元売業者又は特約業者の指定を取り消された場合には、道府県の条例で定めるところにより、その取消しの日に特別徴収義務者でなくなるものとする。

（軽油引取税の特別徴収義務者としての登録等）

第百四十四条の十五　軽油引取税の特別徴収義務者は、その事務所又は事業所所在地の道府県知事及び当該特別徴収義務者からの引取りに係る軽油の納入地の道府県知事に、当該道府県の条例で定めるところにより、特別徴収義務者としての登録を申請しなければならない。

2　道府県知事は、前項の登録の申請を受理した場合には、当該特別徴収義務者を当該道府県に係る登録特別徴収義務者として登録するとともに、その旨を当該特別徴収義務者に対し通知しなければならない。

3　道府県知事は、当該道府県に係る登録特別徴収義務者（前項の規定により登録を受けた特別徴収義務者をいう。以下この節において同じ。）から同項の登録の消除の申請があつたときその他条例で定める場合には、条例で定めるところにより、当該登録特別徴収義務者の登録を消除するとともに、その旨を当該消除に係る者に対し通知するものとする。

（軽油引取税の特別徴収義務者としての証票の交付等）

第百四十四条の十六　道府県知事は、前条第一項の登録の申請を受理した場合には、その申請をした者のうち当該道府県内に事務所又は事業所を有するものに対し、当該道府県の条例で定めるところにより、その者の当該道府県内に所在する事務所又は事業所ごとに、その者が軽油引取税を徴収すべき義務を課せられた者であることを証する総務省令で定める証票を交付しなければならない。

2　前項の証票の交付を受けた者は、これを事務所又は事業所の公衆の見やすい箇所に掲示しなければならない。

3　第一項の証票は、他人に貸し付け、又は譲り渡してはならない。

4　第一項の証票の交付を受けた者は、軽油引取税の特別徴収の義務が消滅した場合又は事務所若しくは事業所を廃止した場合には、その消滅し、又は廃止した日から十日以内にその証票を道府県知事に返さなければならない。

（軽油引取税の特別徴収義務者の登録等に関する罪）

第百四十四条の十七　次の各号のいずれかに該当する場合には、その違反行為をした者は、一年以下の懲役又は五十万円以下の罰金に処する。

一　第百四十四条の十五第一項の規定による登録の申請をしなかつたとき。

二　前条第二項から第四項までの規定のいずれかに違反したとき。

> 注　令和四年六月一七日法律六八号により改正され、令和七年六月一日から施行
> 第百四十四条の十七第一項中「懲役」を「拘禁刑」に改める。

2　法人の代表者又は法人若しくは人の代理人、使用人その他の従業者がその法人又は人の業務に関して前項の違反行為をした場合には、その行為者を罰するほか、その法人又は人に対し、同項の罰金刑を科する。

（軽油引取税の申告納付の手続）

第百四十四条の十八　第百四十四条の十三ただし書の規定によつて軽油引取税を申告納付すべき納税者（以下この節において「納税者」という。）は、次に定めるところによつて申告した税額をそれぞれ道府県に納付しなければならない。

一　第百四十四条の二第三項に該当する特約業者又は元売業者にあつては、毎月末日までに、前月の初日から末日までの間における当該販売に係る軽油引取税の課税標準量、税額その他必要な事項を記載した申告書を当該特約業者又は元売業者の事務所所在地の道府県知事に提出すること。

二　第百四十四条の二第四項に該当する石油製品販売業者にあつては、毎月末日までに、前月の初日から末日までの間における当該販売に係る軽油引取税の課税標準量、税額その他必要な事項を記載した申告書を当該石油製品販売業者の事業所所在地の道府県知事に提出すること。

三　第百四十四条の二第五項に該当する自動車の保有者にあつては、毎月末日までに、前月の初日から末日までの間における当該消費に係る軽油引取税の課税標準量、税額その他必要な事項を記載した申告書を当該消費に係る自動車の主たる定置場所在地の道府県知事に提出すること。

四　第百四十四条の二第六項に該当する者にあつては、その者に係る特別徴収の義務が消滅した日の属する月の翌月の末日までに、その所有に係る軽油に係る軽油引取税の課税標準量、税額その他必要な事項を記載した申告書をその者の事務所又は事業所で当該軽油を直接管理するものの所在地の道府県知事に提出すること。

五　第百四十四条の三第一項第一号、第二号又は第五号に掲げる者にあつては、毎月末日までに、前月の初日から末日までの間における当該消費又は譲渡に係る軽油引取税の課税標準量、税額その他必要な事項を記載した申告書を当該納税者の当該消費又は譲渡について直接関係を有する事務所又は事業所所在地の道府県知事に提出すること。

六　第百四十四条の三第一項第三号又は第四号に掲げる者にあつては、当該消費又は譲渡をした日から三十日以内に当該消費又は譲渡に係る軽油引取税の課税標準量、税額その他必要な事項を記載した申告書を当該軽油に係る第百四十四条の二十一第一項に規定する免税証を交付した道府県知事に提出すること。

七　第百四十四条の三第一項第六号に掲げる者にあつては、当該軽油の輸入の時までに、当該輸入に係る軽油引取税の課税標準量、税額その他必要な事項を記載した申告書を当該納税者の当該輸入について直接関係を有する事務所又は事業所所在地の道府県知事に提出すること。

2　前項各号に規定する申告書の様式は、総務省令で定める。

（軽油引取税に係る故意不申告の罪）

第百四十四条の十九　正当な理由がなくて前条第一項各号の規定による申告書を当該各号に規定する申告書の提出期限までに提出しなかつたときは、その違反行為をした者は、一年以下の懲役又は五十万円以下の罰金に処する。ただし、情状により、その刑を免除することができる。

注　令和四年六月一七日法律六八号により改正され、令和七年六月一日から施行

第百四十四条の十九第一項中「懲役」を「拘禁刑」に改める。

2　法人の代表者又は法人若しくは人の代理人、使用人その他の従業者が、その法人又は人の業務又は財産に関して前項の違反行為をした場合には、その行為者を罰するほか、その法人又は人に対し、同項の罰金刑を科する。

（軽油引取税の保全担保）

第百四十四条の二十　道府県知事は、軽油引取税に係る地方団体の徴収金の保全のため必要があると認めるときは、政令で定めるところにより、軽油引取税に係る地方団体の徴収金の担保として、軽油引取税の特別徴収義務者又は納税者に対し、金額及び期間を指定して、第十六条第一項各号に掲げる担保又は金銭の提供を命ずることができる。

2　第十六条第三項及び第十六条の五の規定は、前項の規定による担保について準用する。

（軽油引取税に係る免税の手続）

第百四十四条の二十一　第百四十四条の六に規定する用途に供するため、同条の規定によつてその引取りについて軽油引取税を課さないこととされる軽油（以下この節において「免税軽油」という。）の引取りを行おうとする同条に規定する者（以下この節において「免税軽油使用者」という。）は、政令で定めるところにより、免税軽油使用者の当該免税軽油の使用に係る事務所又は事業所所在地の道府県知事に、当該道府県知事から交付を受けた次項に規定する免税軽油使用者証を提示するとともに、免税軽油の数量、免税軽油の引取りを行おうとする販売業者の事務所又は事業所所在地及び氏名又は名称その他必要な事項を記載した申請書を提出して免税証（免税軽油の引取りであることを証する書面をいう。以下この節において同じ。）の交付を受け、その免税証を当該免税証の交付を行つた道府県に係る登録特別徴収義務者に提出しなければならない。ただし、免税軽油使用者は、特別の事情によりこれにより難い場合にあつては、政令で定めるところにより、その主たる事務所若しくは事業所所在地の道府県知事又は当該免税軽油の使用に係る事務所若しくは事業所を管理する事務所若しくは事業所所在地の道府県知事に、当該道府県知事から交付を受けた次項に規定する免税軽油使用者証を提示して免税証の交付を申請することができる。

2　前項の規定により免税証の交付を受けようとする免税軽油使用者は、あらかじめ、政令で定めるところにより、免税証の交付を受けようとする道府県知事に申請書を提出して免税軽油使用者であることを証する書面（以下この節において「免税軽油使用者証」という。）の交付を受けておかなければならない。この場合において、免税軽油使用者のうち当該道府県知事の承認を受けた者にあつては、二人以上の者が代表者を定めて免税軽油使用者証の交付を受けることができる。

3　道府県知事は、前項の申請があつた場合において、免税軽油使用者が引取りを行おうとする免税軽油の用途が第百四十四条の六に規定する用途に該当しないときその他政令で定めるときを除き、免税軽油使用者証を交付しなければならない。

4　免税軽油使用者証の交付を受けた者（第二項後段の規定により二人以上の者が代表者を定めて免税軽油使用者証の交付を受けた場合にあつては、そのいずれかの者）が地方税に関する法令の規定に違反したときその他軽油引取税の取締り又は保全上特に必要があると認めるときは、当該免税軽油使用者証を交付した道府県知事は、当該免税軽油使用者証及び当該免税軽油使用者証の提示を受けて交付した免税証の返納を命ずることができる。

5　前各項に定めるもののほか、免税軽油使用者証の申請の手続、免税軽油使用者証の有効期間その他免税軽油使用者証に関し必要な事項は、政令で定める。

6　道府県知事は、第一項の申請があつた場合において、免税軽油使用者が引取りを行おうとする軽油の数量がその用途及び使用期間に照らし適当でないと認めるときその他政令で定めるときを除き、免税証を交付しなければならない。免税証には、免税軽油の数量、有効期間並びに免税軽油使用者が申請書に記載した販売業者の事務所又は事業所所在地及び氏名又は名称を記載するものとし、その様式は、総務省令で定める。

7　免税軽油の引取りは、免税証に記載された販売業者から行うものとする。ただし、免税軽油使用者が当該販売業者の事務所又は事業所所在地以外の地において軽油の引取りを行う必要が生じたことその他やむを得ない理由がある場合においては、免税軽油使用者は、引取りを行う販売業者の事務所又は事業所所在の道府県の条例で定めるところにより、他の販売業者から免税軽油の引取りを行うことができる。

8　免税軽油使用者が免税証を当該免税証の交付を行つた道府県に係る免税取扱特別徴収義務者（第一項の規定により免税証を提出すべき登録特別徴収義務者をいう。以下この節において同じ。）である者以外の軽油の販売業者に提出して、免税軽油の引取りを求めた場合においては、当該販売業者は、当該免税軽油使用者に代わつて、当該免税証を当該免税証の交付を行つた道府県に係る免税取扱特別徴収義務者である販売業者に提出して免税軽油の引取りを行うものとする。

9　道府県知事は、第一項ただし書の規定による申請に基づき、免税軽油使用者が当該道府県以外の道府県に事務所又は

事業所が所在する販売業者から免税軽油の引取りを行うための免税証を交付したときは、遅滞なく、政令で定めるところにより、当該免税証に記載された数量その他必要な事項を当該販売業者に係る当該事務所又は事業所所在地の道府県知事に通知しなければならない。

（免税証の不正受給による免税軽油の引取りに関する罪等）

第百四十四条の二十二　偽りその他不正の行為により免税証の交付を受け、免税軽油の引取りを行つたときは、その違反行為をした者は、十年以下の懲役若しくは千万円以下の罰金に処し、又はこれを併科する。

注　令和四年六月一七日法律六八号により改正され、令和七年六月一日から施行
第百四十四条の二十二第一項中「懲役」を「拘禁刑」に改める。

2　法人の代表者又は法人若しくは人の代理人、使用人その他の従業者がその法人又は人の業務に関して前項の違反行為をした場合には、その行為者を罰するほか、その法人又は人に対し、同項の罰金刑を科する。

3　前項の規定により第一項の違反行為につき法人又は人に罰金刑を科する場合における時効の期間は、同項の罪についての時効の期間による。

4　第一項の場合には、当該免税証を交付した道府県は、当該軽油の引取りを第百四十四条の二第一項に規定する引取りとみなし、当該免税証に記載された免税軽油の数量を課税標準量として、直ちに、普通徴収の例により、軽油引取税を徴収するものとする。

（免税証の受取義務）

第百四十四条の二十三　免税取扱特別徴収義務者は、免税証を提出して免税軽油の引取りを行おうとする者に対して免税軽油の引渡しをする場合においては、当該免税証を受け取らなければならない。

（免税証の譲渡の禁止）

第百四十四条の二十四　免税証は、これを他人に譲り渡し、又は他人から譲り受けてはならない。

（免税証の譲渡の禁止に関する罪等）

第百四十四条の二十五　前条の規定に違反したときは、その違反行為をした者は、一年以下の懲役又は五十万円以下の罰金に処する。

2　前条の規定に違反して免税証を譲り受け、免税軽油の引取りを行つたときは、その違反行為をした者は、十年以下の懲役若しくは千万円以下の罰金に処し、又はこれを併科する。

3　法人の代表者又は法人若しくは人の代理人、使用人その他の従業者がその法人又は人の業務に関して前二項の違反行為をした場合には、その行為者を罰するほか、その法人又は人に対し、当該各項の罰金刑を科する。

4　前項の規定により第二項の違反行為につき法人又は人に罰金刑を科する場合における時効の期間は、同項の罪についての時効の期間による。

5　第百四十四条の二十二第四項の規定は、第二項の場合について準用する。

注　令和四年六月一七日法律六八号により改正され、令和七年六月一日から施行
第百四十四条の二十五第一項及び第二項中「懲役」を「拘禁刑」に改める。

（道府県知事の承認を受けないでする免税軽油の譲渡に関する罪）

第百四十四条の二十六　第百四十四条の三第三項の規定に違反して道府県知事の承認を受けないで免税軽油の譲渡を行つたときは、その違反行為をした者は、二年以下の懲役又は百万円以下の罰金に処する。

注　令和四年六月一七日法律六八号により改正され、令和七年六月一日から施行
第百四十四条の二十六第一項中「懲役」を「拘禁刑」に改める。

2　第百四十四条の三第四項の規定に違反して免税軽油を譲り受けたときも、前項と同様とする。

3　法人の代表者又は法人若しくは人の代理人、使用人その他の従業者がその法人又は人の業務に関して前二項の違反行為をした場合には、その行為者を罰するほか、その法人又は人に対し、当該各項の罰金刑を科する。

（免税軽油の引取り等に係る報告義務）

第百四十四条の二十七　免税軽油使用者証の交付を受けた者（第百四十四条の二十一第二項後段の規定により二人以上の者が代表者を定めて免税軽油使用者証の交付を受けた場合にあつては、それぞれの者。以下この項及び次項において同じ。）は、毎月末日までに（次項の規定により異なる提出期限が定められている場合には、当該期限までに）、前月の初日から末日までの間に行つた当該免税軽油使用者証に係る報告対象免税軽油（免税軽油使用者証を提示して交付を受けた免税証により引取りを行つた免税軽油をいう。以下この項及び次項において同じ。）の引取りに関する事実及びその数量（その事実がない場合には、その旨）、当該報告対象免税軽油の引渡しを行つた販売業者の事務所又は事業所所在地及び氏名又は名称、当該販売業者に提出した当該免税軽油使用者証を提示して交付を受けた免税証に関する事項並びに前月の初日から末日までの間に行つた当該免税軽油使用者証に係る報告対象免税軽油の使用に関する事実及びその数量（その事実がない場合には、その旨）その他の総務省令で定める事項を記載した報告書を、当該免税軽油使用者証を交付した道府県知事に提出しなければならない。ただし、前月の初日から末日までの間を通じて、当該免税軽油使用者証の交付を受けた者が当該免税軽油使用者証を提示して交付を受けた免税証を有せず、かつ、当該免税軽油使用者証に係る報告対象免税軽油を保有していない場合は、この限りでない。

2　道府県は、引取りを行う当該免税軽油使用者証に係る報告対象免税軽油の数量が少量であることその他の特別の事情があると認められる免税軽油使用者証の交付を受けた者については、前項の報告書の提出の期限について、当該道府県の条例で同項に規定する期限と異なる期限を定めることができる。

3　前二項に定めるもののほか、第一項の規定による報告に関し必要な事項は、総務省令で定める。

（免税軽油の引取り等に係る報告義務に関する罪）

第百四十四条の二十八　前条第一項の規定に違反して報告書を提出せず、又は虚偽の記載をした報告書を提出したときは、その違反行為をした者は、一年以下の懲役又は五十万円以下

の罰金に処する。

> 注　令和四年六月一七日法律六八号により改正され、令和七年六月一日から施行
> 第百四十四条の二十八第一項中「懲役」を「拘禁刑」に改める。

2　法人の代表者又は法人若しくは人の代理人、使用人その他の従業者がその法人又は人の業務に関して前項の違反行為をした場合には、その行為者を罰するほか、その法人又は人に対し、同項の罰金刑を科する。

（軽油引取税の徴収猶予）

第百四十四条の二十九　道府県知事は、軽油引取税の特別徴収義務者が軽油の代金及び軽油引取税の全部又は一部を第百四十四条の十四第二項の納期限までに受け取ることができなかつたことにより、その納入すべき軽油引取税に係る地方団体の徴収金の全部又は一部を納入することができないと認める場合には、当該特別徴収義務者の申請により、その納入することができないと認められる金額を限度として、二月以内の期間を限つてその徴収を猶予するものとする。この場合において、道府県知事は、政令で定める要件に該当して担保を徴する必要がないと認めるときを除き、その猶予に係る金額に相当する担保で第十六条第一項各号に掲げるものを、政令で定めるところにより、徴しなければならない。

2　第十五条の二の二、第十五条の二の三及び第十五条の三並びに第十六条の二第一項から第三項までの規定は前項の規定による徴収猶予について、第十一条、第十六条第二項及び第三項、第十六条の二第四項並びに第十六条の五第一項及び第二項の規定は前項の規定による担保について、それぞれ準用する。

3　道府県知事は、第一項の規定によつて徴収猶予をした場合においては、その徴収猶予をした税額に係る延滞金額のうち当該徴収猶予をした期間に対応する部分の金額を免除するものとする。

（軽油引取税の徴収不能額等の還付又は納入義務の免除）

第百四十四条の三十　道府県知事は、軽油引取税の特別徴収義務者が軽油の代金及び軽油引取税の全部又は一部を受け取ることができなくなつたことについて正当な理由があると認める場合又は徴収した軽油引取税額を失つたことについて天災その他避けることのできない理由があるものと認める場合においては、当該特別徴収義務者の申請によりその軽油引取税額が既に納入されているときはこれに相当する額を還付し、前条の規定により徴収猶予をしているとき、その他その軽油引取税額がまだ納入されていないときはその納入の義務を免除するものとする。

2　道府県知事は、前項の規定により、軽油引取税額に相当する額を還付する場合において、還付を受ける特別徴収義務者の未納に係る地方団体の徴収金があるときは、当該還付すべき額をこれに充当することができる。

3　道府県知事は、第一項の規定による申請を受理した場合においては、同項又は前項に規定する措置を採るかどうかについて、その申請を受理した日から六十日以内に特別徴収義務者に通知しなければならない。

（軽油を返還した場合及び引取り後において免税用途に供した場合における措置）

第百四十四条の三十一　軽油引取税の特別徴収義務者から軽油引取税が課される軽油の引取りが行われた後販売契約の解除により、その引取りに係る軽油の全部又は一部を当該特別徴収義務者に返還した場合において、その引取りに係る軽油の軽油引取税額がまだ納入されていないときは、当該軽油の引取りは行われなかつたものとみなし、既に軽油引取税額の全部又は一部が納入されているときは、道府県知事は、当該納入に係る軽油引取税額のうち当該返還された軽油に対応する部分の税額及びこれに係る地方団体の徴収金を、当該特別徴収義務者の申請により、還付するものとする。この場合においては、当該特別徴収義務者は、その返還があつたこと及びその数量を証するに足りる書類を道府県知事に提出しなければならない。

2　前項の場合において、当該軽油の引取りを行つた者が既に当該引取りに係る軽油の代金及び軽油引取税額を支払つているときは、その者は、当該返還した軽油に対応する代金及び軽油引取税額に相当する額について当該特別徴収義務者に対して求償権を有する。

3　軽油の引取りを行つた者が前項の求償権に基づいて訴えを提起した場合においては、道府県の徴税吏員は、職務上の秘密に関する場合を除くほか、証拠の提供その他必要な援助を与えなければならない。

4　第百四十四条の六に規定する者が、免税証の交付を受けた後当該免税証に記載された数量を超える数量の軽油を同条に規定する用途に供する必要が生じたため、当該免税証を交付した道府県に係る免税取扱特別徴収義務者から免税軽油以外の軽油の引取りを行つてこれを同条に規定する用途に供した場合において、その事実及び数量を当該免税証を交付した道府県知事に証明してその承認を得たときは、当該道府県知事は、政令で定めるところにより、当該免税取扱特別徴収義務者の申請により、当該軽油に係る軽油引取税額がまだ納入されていない場合にあつてはその納入を免除し、既に軽油引取税の全部又は一部が納入されている場合にあつては当該納入に係る軽油引取税額のうち当該使用に係る軽油に対応する部分の税額及びこれに係る地方団体の徴収金を当該免税取扱特別徴収義務者に還付するものとする。

5　第百四十四条の六に規定する者が、免税証の交付を受けた後当該免税証に記載された数量を超える数量の軽油を同条に規定する用途に供する必要が生じたため、当該免税証を交付した道府県に係る免税取扱特別徴収義務者以外の販売業者から免税軽油以外の軽油の引取りを行つてこれを同条に規定する用途に供したことについてその事実及び数量を当該免税証を交付した道府県知事に証明してその承認を得た場合において、その旨を当該販売業者を通じて当該販売業者に当該軽油の引渡しを行つた当該道府県に係る免税取扱特別徴収義務者に申し出たときも、前項と同様とする。

6　第二項及び第三項の規定は、前二項の場合について準用する。

7　第一項、第四項又は第五項の規定によつて軽油引取税及びこれに係る地方団体の徴収金を還付する場合においては、特別徴収義務者の還付の申請があつた日から起算して十日を経過した日を第十七条の四第一項各号に掲げる日とみなして、同項の規定を適用する。

8　第二項の規定の適用に関し必要な事項は、総務省令で定め

る。

第百四十四条の三十二（製造等の承認を受ける義務等）　元売業者（第一号及び第二号に掲げる場合にあつては、第百四十四条の七第一項第一号に掲げる者で、同項の規定により元売業者としての指定を受けたものを除く。）、特約業者、石油製品販売業者、軽油製造業者等（軽油の製造又は輸入をする者で元売業者以外のものをいう。）及び自動車の保有者は、次に掲げる場合には、製造、譲渡又は消費（以下この条において「製造等」という。）を行う時期、数量その他の総務省令で定める事項を定めて、製造等を行う場所（第四号に掲げる場合にあつては、当該自動車の主たる定置場）の所在地の道府県知事の承認を受けなければならない。

一　軽油と軽油以外の炭化水素油を混和して炭化水素油を製造するとき。

二　前号に掲げる場合のほか、軽油を製造するとき。

三　燃料炭化水素油を自動車の内燃機関の燃料として譲渡するとき。

四　燃料炭化水素油（この項の承認を受けて譲渡された前号の燃料炭化水素油を除く。）を自動車の内燃機関の燃料として消費するとき。

2　前項の場合において、道府県知事は、軽油引取税の取締り又は保全上特に必要があると認めるときを除き、同項の承認を与えるものとする。

3　第一項の承認を受けた者は、帳簿を備え、製造等を行つた時期、数量その他当該承認を受けた事項に関する事実をこれに記載しなければならない。

4　第一項の承認は、製造等承認証を交付して行う。

5　第一項の承認を受けた者は、当該承認に係る製造等を行うとき、又は当該製造等に係る炭化水素油を保有しているときは、前項の製造等承認証を所持していなければならない。

6　第一項第三号に係る承認を受けた者は、当該承認に係る燃料炭化水素油を自動車の内燃機関の燃料として自動車の保有者に譲渡するときは、自動車用炭化水素油譲渡証及びその写しを作成して、当該自動車用炭化水素油譲渡証を当該自動車の保有者に交付するとともに、その写しを保管しなければならない。

7　自動車の保有者は、第一項第三号に係る承認を受けて譲渡された燃料炭化水素油を自動車の内燃機関の燃料として消費するときは、前項の自動車用炭化水素油譲渡証を携帯していなければならない。

8　製造等承認証及び自動車用炭化水素油譲渡証は、これを他人に譲り渡し、又は他人から譲り受けてはならない。

9　オーストラリア軍隊が自ら輸入をした公用に供する燃料炭化水素油を自動車の内燃機関の燃料として消費するときは、第一項（第四号に係る部分に限る。）の規定は、適用しない。

10　前各項に定めるもののほか、第一項の承認、帳簿の記載、製造等承認証及び自動車用炭化水素油譲渡証に関し必要な事項は、総務省令で定める。

第百四十四条の三十三（製造等の承認を受ける義務等に関する罪）　前条第一項の規定に違反して道府県知事の承認を受けないで同項第一号若しくは第二号の行為を行つたとき、又は偽りその他不正の手段により同項の承認を受け同項第一号若しくは第二号の行為を行つたときは、その違反行為をした者は、十年以下の懲役若しくは千万円以下の罰金に処し、又はこれを併科する。

2　情を知つて前項の罪に当たる行為に要する資金、土地、建物、艦船、車両、設備、機械、器具、原材料又は薬品を提供し、又は運搬したときは、その違反行為をした者は、七年以下の懲役若しくは七百万円以下の罰金に処し、又はこれを併科する。

3　第一項の犯罪に係る炭化水素油について、情を知つてこれを運搬し、保管し、有償若しくは無償で取得し、又は処分の媒介若しくはあつせんをしたときは、その違反行為をした者は、三年以下の懲役若しくは三百万円以下の罰金に処し、又はこれを併科する。

4　前条第一項の規定に違反して道府県知事の承認を受けないで同項第三号若しくは第四号の行為を行つたとき、又は偽りその他不正の手段により同項の承認を受けたときは、その違反行為をした者は、二年以下の懲役又は百万円以下の罰金に処する。

5　次の各号のいずれかに該当する場合には、その違反行為をした者は、一年以下の懲役又は五十万円以下の罰金に処する。

一　前条第三項の規定による帳簿の記載をせず、若しくは偽り、又はその帳簿を隠匿したとき。

二　前条第五項から第八項までの規定に違反したとき。

6　法人の代表者又は法人若しくは人の代理人、使用人その他の従業者がその法人又は人の業務に関して前各項の違反行為をした場合には、その行為者を罰するほか、その法人に対して次の各号に掲げる違反行為の区分に応じ当該各号に定める罰金刑を、その人に対して当該各項の罰金刑を科する。

一　第一項の違反行為　三億円以下の罰金刑

二　第二項の違反行為　二億円以下の罰金刑

三　第三項の違反行為　一億円以下の罰金刑

四　前二項の違反行為　当該各項の罰金刑

7　前項の規定により第一項又は第二項の違反行為につき法人又は人に罰金刑を科する場合における時効の期間は、これらの項の罪についての時効の期間による。

> 注　令和四年六月一七日法律六八号により改正され、令和七年六月一日から施行
> 　第百四十四条の三十三第一項から第五項までの規定中「懲役」を「拘禁刑」に改める。

第百四十四条の三十四（事業の開廃等の届出）　元売業者、特約業者、石油製品販売業者及び軽油製造業者等（軽油の製造又は輸入をすることを業とする者で元売業者以外のものをいう。以下この節において同じ。）は、事業を開始しようとするときは、その旨を、当該事務所又は事業所ごとに、主たる事務所又は事業所所在地の道府県知事に（元売業者にあつては、当該道府県知事を経由して総務大臣に）届け出なければならない。その事業を廃止し、又は休止しようとするときも、同様とする。

2　元売業者又は軽油製造業者等が、特約業者、石油製品販売業者又は軽油製造業者等と、継続的に軽油の供給を行う販売契約を締結したときは、その当事者は、その旨を、主たる事務所又は事業所所在地の道府県知事に（元売業者にあつて

は、当該道府県知事を経由して総務大臣に）届け出なければならない。当該販売契約が終了したときも、同様とする。

3　元売業者、特約業者、石油製品販売業者及び軽油製造業者等は、前二項の規定により届け出た事項に異動を生じた場合には、遅滞なく、その旨を当該各項の規定に準じて総務大臣又は道府県知事に届け出なければならない。

4　前三項の規定により届出を受けた道府県知事は、当該届出に係る事項を、速やかに関係道府県知事に通知するものとする。

5　前各項に定めるもののほか、これらの規定の届出及び通知に関し必要な事項は、総務省令で定める。

（軽油の引取りの報告等）

第百四十四条の三十五　元売業者、特約業者及び軽油製造業者等は、毎月末日までに、前月の初日から末日までの間に行つた軽油の引取り、引渡し、納入、製造及び輸入に関する事実並びにその数量、前月の末日における軽油の在庫数量その他の総務省令で定める事項を、総務省令で定める道府県知事に報告しなければならない。

2　前項に規定する者以外の者は、軽油の製造をした場合には、当該製造をした日から三十日以内に軽油の製造に関する事実及びその数量その他の総務省令で定める事項を、総務省令で定める道府県知事に報告しなければならない。

3　前二項に規定する者は、これらの規定により報告した事項に異動を生じた場合には、遅滞なく、その旨をこれらの規定の道府県知事に報告しなければならない。

4　前三項の規定により報告を受けた道府県知事は、当該報告に係る事項を、速やかに関係道府県知事に通知するものとする。

5　元売業者は、特約業者が当該元売業者から引取りを行つた軽油について当該特約業者の指図に基づき納入を行つた場合には、その納入に関する事実その他の総務省令で定める事項を、当該特約業者に通知しなければならない。

6　第百四十四条の二第一項又は第二項に規定する軽油の引取りを行つた者は、その事務所又は事業所ごとにその納入を受けた軽油の数量その他の総務省令で定める事項を記載した書類を、当該引取りに係る特別徴収義務者に対し提出しなければならない。

7　前項の特別徴収義務者は、総務省令で定めるところにより、同項の規定により提出を受けた書類を保存しなければならない。

8　前各項に定めるもののほか、これらの規定の報告、通知並びに書類の提出及び保存に関し必要な事項は、総務省令で定める。

（帳簿記載義務）

第百四十四条の三十六　元売業者、特約業者、石油製品販売業者及び軽油製造業者等は、帳簿を備え、総務省令で定めるところにより、軽油又は燃料炭化水素油の引取り、引渡し、納入、貯蔵及び消費に関する事実をこれに記載しなければならない。

（事業の開廃等に係る虚偽の届出等に関する罪）

第百四十四条の三十七　次の各号のいずれかに該当する場合には、その違反行為をした者は、一年以下の懲役又は五十万円以下の罰金に処する。

一　第百四十四条の三十四第一項から第三項までの規定による届出をせず、又は偽つたとき。

二　第百四十四条の三十五第一項から第三項までの規定による報告若しくは同条第五項の規定による通知をせず、又は偽つたとき。

三　第百四十四条の三十五第六項の規定による書類を提出せず、又は虚偽の記載をしたものを提出したとき。

四　第百四十四条の三十五第七項の規定に違反したとき。

五　前条の規定による帳簿の記載をせず、若しくは偽り、又はその帳簿を隠匿したとき。

注　令和四年六月一七日法律六八号により改正され、令和七年六月一日から施行
第百四十四条の三十七第一項中「懲役」を「拘禁刑」に改める。

2　法人の代表者又は法人若しくは人の代理人、使用人その他の従業者がその法人又は人の業務に関して前項の違反行為をした場合には、その行為者を罰するほか、その法人又は人に対し、同項の罰金刑を科する。

（総務省の職員の軽油引取税に関する調査に係る質問検査権）

第百四十四条の三十八　総務大臣は、軽油引取税の徴収について適正な運営を図るため必要があると認める場合においては、その指定する職員（以下この条から第百四十四条の三十九までにおいて「総務省指定職員」という。）をして、次に掲げる者に質問させ、又はこれらの者の事業に関する帳簿書類その他の物件を検査させ、若しくは当該物件（その写しを含む。）の提示若しくは提出を求めさせることができる。

一　元売業者又は元売業者の指定の申請を行つた者その他第百四十四条の七第一項各号に該当すると認められる者

二　前号の者から軽油その他の石油製品の引取りを行う者

2　前項の場合においては、当該総務省指定職員は、軽油その他の石油製品について必要最少限度の数量を見本品として採取することができる。

3　前二項の場合においては、当該総務省指定職員は、その身分を証明する証票を携帯し、関係人の請求があつたときは、これを提示しなければならない。

4　総務省指定職員は、政令で定めるところにより、第一項の規定により提出を受けた物件を留め置くことができる。

5　第一項、第二項又は前項に規定する総務省指定職員の権限は、犯罪捜査のために認められたものと解釈してはならない。

（総務省の職員の軽油引取税に関する調査の事前通知等）

第百四十四条の三十八の二　総務大臣は、総務省指定職員に前条第一項第一号に掲げる者（以下この条から第百四十四条の三十八の四までにおいて「元売業者等」という。）に対し実地の調査において前条の規定による質問、検査又は提示若しくは提出の要求（以下この条及び第百四十四条の三十八の四において「質問検査等」という。）を行わせる場合には、あらかじめ、当該元売業者等（当該元売業者等について税務代理人（税理士法第三十条（同法第四十八条の十六において準用する場合を含む。）の書面を提出している税理士若しくは税理士法人又は同法第五十一条第一項の規定による通知をした弁護士若しくは同条第三項の規定による通知をした弁護士法人若しくは弁護士・外国法事務弁護士共同法人をいう。以

下この款において同じ。）がある場合には、当該税務代理人を含む。）に対し、その旨及び次に掲げる事項を通知するものとする。

一　質問検査等を行う実地の調査（以下この項及び第三項において単に「調査」という。）を開始する日時
二　調査を行う場所
三　調査の目的
四　軽油引取税に関する調査である旨
五　調査の対象となる期間
六　調査の対象となる帳簿書類その他の物件
七　その他調査の適正かつ円滑な実施に必要なものとして政令で定める事項

2　総務大臣は、前項の規定による通知を受けた元売業者等から合理的な理由を付して同項第一号又は第二号に掲げる事項について変更するよう求めがあつた場合には、当該事項について協議するよう努めるものとする。

3　第一項の規定は、総務省指定職員が、当該調査により当該調査に係る同項第三号から第六号までに掲げる事項以外の事項について軽油引取税の徴収について適正な運営を図るため必要があると認めることとなつた場合において、当該事項に関し質問検査等を行うことを妨げるものではない。この場合において、同項の規定は、当該事項に関する質問検査等については、適用しない。

4　元売業者等について税務代理人がある場合において、当該元売業者等の同意がある場合として総務省令で定める場合に該当するときは、当該元売業者等への第一項の規定による通知は、当該税務代理人に対してすれば足りる。

5　元売業者等について税務代理人が数人ある場合において、当該元売業者等がこれらの税務代理人のうちから代表する税務代理人を定めた場合として総務省令で定める場合に該当するときは、これらの税務代理人への第一項の規定による通知は、当該代表する税務代理人に対してすれば足りる。

（事前通知を要しない場合）

第百四十四条の三十八の三　前条第一項の規定にかかわらず、総務大臣が調査の相手方である元売業者等の過去の調査結果の内容又はその営む事業内容に関する情報その他総務大臣が保有する情報に鑑み、違法又は不当な行為を容易にし、正確な事実の把握を困難にするおそれその他軽油引取税に関する調査の適正な遂行に支障を及ぼすおそれがあると認める場合には、同項の規定による通知を要しない。

（総務省の職員の軽油引取税に関する調査の終了の際の手続）

第百四十四条の三十八の四　総務大臣は、軽油引取税に関する実地の調査を行つた結果、元売業者等のうち元売業者について第百四十四条の七第二項の規定により元売業者の指定を取り消すことができると認められない場合には、元売業者であつて当該調査において質問検査等の相手方となつた者に対し、その時点において同項の規定により元売業者の指定を取り消すことができると認められない旨を書面により通知するものとし、元売業者等のうち元売業者以外の者について同条第一項に規定する要件に該当すると認められる場合には、元売業者以外の者であつて当該調査において質問検査等の相手方となつた者に対し、その時点において同項に規定する要件に該当すると認められる旨を書面により通知するものとする。

2　総務大臣は、軽油引取税に関する調査の結果、元売業者等のうち元売業者について第百四十四条の七第二項の規定により元売業者の指定を取り消すことができると認められる場合には、当該元売業者に対し、その時点において同項の規定により元売業者の指定を取り消すことができると認められる旨及びその理由を説明するものとし、元売業者等のうち元売業者以外の者について同条第一項に規定する要件に該当すると認められない場合には、当該元売業者以外の者に対し、その時点において同項に規定する要件に該当すると認められない旨及びその理由を説明するものとする。

3　実地の調査により質問検査等を行つた元売業者等について税務代理人がある場合において、当該元売業者等の同意がある場合には、当該元売業者等への第一項又は前項の規定による通知又は説明に代えて、当該税務代理人へのこれらの規定による通知又は説明を行うことができる。

（政令への委任）

第百四十四条の三十八の五　第百四十四条の三十八から前条までに定めるもののほか、総務省の職員の軽油引取税に関する調査の実施に関し必要な事項は、政令で定める。

（軽油引取税に係る総務省の職員の行う検査拒否等に関する罪）

第百四十四条の三十九　次の各号のいずれかに該当する場合には、その違反行為をした者は、一年以下の懲役又は五十万円以下の罰金に処する。

一　第百四十四条の三十八第一項の規定による帳簿書類その他の物件の検査又は同条第二項の規定による採取を拒み、妨げ、又は忌避したとき。
二　第百四十四条の三十八第二項の規定による物件の提示又は提出の要求に対し、正当な理由がなくこれに応ぜず、又は偽りの記載若しくは記録をした帳簿書類その他の物件（その写しを含む。）を提示し、若しくは提出したとき。
三　第百四十四条の三十八第一項の規定による総務省指定職員の質問に対し、答弁をしないとき、又は虚偽の答弁をしたとき。

> **注　令和四年六月一七日法律六八号により改正され、令和七年六月一日から施行**
> 第百四十四条の三十九第一項中「懲役」を「拘禁刑」に改める。

2　法人の代表者又は法人若しくは人の代理人、使用人その他の従業者がその法人又は人の業務又は財産に関して前項の違反行為をした場合には、その行為者を罰するほか、その法人又は人に対し、同項の罰金刑を科する。

（道府県間の協力）

第百四十四条の四十　道府県は、軽油引取税の取締り又は保全に関し、他の道府県と緊密な連絡を保ち、相互に協力しなければならない。

（軽油引取税に係る脱税に関する罪）

第百四十四条の四十一　第百四十四条の十四第二項の規定により徴収して納入すべき軽油引取税に係る納入金の全部又は一部を納入しなかつたときは、その違反行為をした者は、十年以下の懲役若しくは千万円以下の罰金に処し、又はこれを併科する。

2　偽りその他不正の行為により第百四十四条の十八の規定により納付すべき軽油引取税の全部又は一部を免れたときは、その違反行為をした者は、十年以下の懲役若しくは千万円以下の罰金に処し、又はこれを併科する。

3　偽りその他不正の行為により第百四十四条の三十第一項又は第百四十四条の三十一第一項、第四項若しくは第五項の規定による還付を受けたときは、その違反行為をした者は、十年以下の懲役若しくは千万円以下の罰金に処し、又はこれを併科する。

4　第一項の納入しなかつた金額、第二項の免れた税額又は前項の還付を受けた金額が千万円を超える場合には、情状により、当該各項の罰金の額は、当該各項の規定にかかわらず、千万円を超える額でその納入しなかつた金額、免れた税額又は還付を受けた金額に相当する額以下の額とすることができる。

5　第二項に規定するもののほか、第百四十四条の十八第一項各号の規定による申告書を当該各号に規定する申告書の提出期限までに提出しないことにより、同条の規定により納付すべき軽油引取税の全部又は一部を免れたときは、その違反行為をした者は、五年以下の懲役若しくは五百万円以下の罰金に処し、又はこれを併科する。

6　前項の免れた税額が五百万円を超える場合には、情状により、同項の罰金の額は、同項の規定にかかわらず、五百万円を超える額でその免れた税額に相当する額以下の額とすることができる。

7　法人の代表者又は法人若しくは人の代理人、使用人その他の従業者がその法人又は人の業務に関して第一項から第三項まで又は第五項の違反行為をした場合には、その行為者を罰するほか、その法人又は人に対し、当該各項の罰金刑を科する。

8　前項の規定により第一項から第三項まで又は第五項の違反行為につき法人又は人に罰金刑を科する場合における時効の期間は、これらの項の罪についての時効の期間による。

注　令和四年六月一七日法律六八号により改正され、令和七年六月一日から施行

第百四十四条の四十一第一項から第三項まで及び第五項中「懲役」を「拘禁刑」に改める。

（軽油引取税の減免）

第百四十四条の四十二　道府県知事は、天災その他特別の事情がある場合において軽油引取税の減免を必要とすると認められる納税者に限り、当該道府県の条例で定めるところにより、軽油引取税を減免することができる。

（関税等に関する書類の供覧等）

第百四十四条の四十三　道府県知事が軽油引取税の賦課徴収について、政府に対し、関税又は外国貨物（関税法第二条第一項第三号に規定する外国貨物をいう。）に係る内国消費税（輸入品に対する内国消費税の徴収等に関する法律第二条第一号に規定する内国消費税をいう。）の納税義務者が政府に提出した申告書、政府がした更正又は決定に関する書類その他参考となるべき帳簿書類を閲覧し、又は記録することを請求した場合においては、政府は、関係帳簿書類を道府県知事又はその指定する職員に閲覧させ、又は記録させるものとする。

（軽油引取税に係る更正及び決定）

第百四十四条の四十四　道府県知事は、第百四十四条の十四第二項の規定による納入申告書又は第百四十四条の十八の規定による申告書（以下この節において「申告書」と総称する。）の提出があつた場合において、当該納入申告書又は申告書に係る課税標準量又は税額がその調査したところと異なるときは、これを更正することができる。

2　道府県知事は、軽油引取税の特別徴収義務者又は納税者が申告書を提出しなかつた場合においては、その調査によつて、納入申告し、又は申告すべき課税標準量及び税額を決定することができる。

3　道府県知事は、第一項若しくはこの項の規定によつて更正し、又は前項の規定によつて決定した課税標準量又は税額について、調査によつて、過大又は過少であることを発見した場合においては、これを更正することができる。

4　道府県知事は、前三項の規定によつて更正し、又は決定した場合においては、遅滞なく、これを軽油引取税の特別徴収義務者又は納税者に通知しなければならない。

（軽油引取税に係る不足金額及びその延滞金の徴収）

第百四十四条の四十五　道府県の徴税吏員は、前条第一項から第三項までの規定による更正又は決定があつた場合において、不足金額（更正による納入金若しくは税金の不足額又は決定による納入金額若しくは税額をいう。以下この節において同じ。）があるときは、同条第四項の通知をした日から十五日を経過した日を納期限として、これを徴収しなければならない。

2　前項の場合においては、その不足金額に第百四十四条の十四第二項又は第百四十四条の十八の納期限（納期限の延長があつたときは、その延長された納期限とする。以下この節において同じ。）の翌日から納入又は納付の日までの期間の日数に応じ、年十四・六パーセント（前項の納期限までの期間又は当該納期限（第百四十四条の二十九第一項の規定により徴収を猶予した税額にあつては、当該猶予した期間の末日）の翌日から一月を経過する日までの期間については、年七・三パーセント）の割合を乗じて計算した金額に相当する延滞金額を加算して徴収しなければならない。

3　道府県知事は、軽油引取税の特別徴収義務者又は納税者が前条第一項の規定による更正又は同条第二項の規定による決定を受けたことについてやむを得ない理由があると認める場合においては、前項の延滞金額を減免することができる。

（納期限後に申告納入し、又は納付する軽油引取税に係る延滞金）

第百四十四条の四十六　軽油引取税の特別徴収義務者又は納税者は、第百四十四条の十四第二項、第百四十四条の十八又は第百四十四条の二十二第四項（第百四十四条の二十五第五項において準用する場合を含む。）の納期限後にその納入金を納入し、又はその税金を納付する場合においては、当該納入金額又は税額に、これらの規定の納期限の翌日から納入又は納付の日までの期間の日数に応じ、年十四・六パーセント（当該納期限（第百四十四条の二十九第一項の規定により徴収を猶予した税額にあつては、当該猶予した期間の末日）の翌日から一月を経過する日までの期間については、年七・三パーセント）の割合を乗じて計算した金額に相当する延滞金

額を加算して納入し、又は納付しなければならない。

2　道府県知事は、軽油引取税の特別徴収義務者又は納税者が第百四十四条の十四第二項又は第百四十四条の十八の納期限までに納入金を納入しなかつたこと又は税金を納付しなかつたことについてやむを得ない理由があると認める場合においては、前項の延滞金額を減免することができる。

（軽油引取税に係る過少申告加算金及び不申告加算金）

第百四十四条の四十七　申告書の提出期限までにその提出があつた場合（申告書の提出期限後にその提出があつた場合において、次項ただし書又は第八項の規定の適用があるときを含む。以下この項において同じ。）において、第百四十四条の四十四第一項又は第三項の規定による更正があつたときは、道府県知事は、当該更正前の納入申告又は申告に係る課税標準量又は税額に誤りがあつたことについて正当な理由がないと認める場合には、当該更正による不足金額（以下この項において「対象不足金額」という。）に百分の十の割合を乗じて計算した金額（当該対象不足金額（当該更正前にその更正に係る軽油引取税について更正があつた場合には、その更正による不足金額の合計額（当該更正前の納入申告又は申告に係る課税標準量又は税額に誤りがあつたことについて正当な理由があると認められたときは、その更正による不足金額を控除した金額とし、当該軽油引取税についてその納入すべき金額若しくは納付すべき税額を減少させる更正又は更正に係る審査請求若しくは訴えについての裁決若しくは判決による原処分の異動があつたときは、これらにより減少した部分の金額に相当する金額を控除した金額とする。）を加算した金額とする。）が申告書の提出期限までにその提出があつた場合における当該申告書に係る税額に相当する金額と五十万円とのいずれか多い金額を超えるときは、その超える部分に相当する金額（当該対象不足金額が当該超える部分に相当する金額に満たないときは、当該対象不足金額）に百分の五の割合を乗じて計算した金額を加算した金額とする。）に相当する過少申告加算金額を徴収しなければならない。

2　次の各号のいずれかに該当する場合には、道府県知事は、当該各号に規定する申告、決定又は更正により納入し、又は納付すべき税額に百分の十五の割合を乗じて計算した金額に相当する不申告加算金額を徴収しなければならない。ただし、申告書の提出期限までにその提出がなかつたことについて正当な理由があると認められる場合は、この限りでない。

一　申告書の提出期限後にその提出があつた場合又は第百四十四条の四十四第二項の規定による決定があつた場合

二　申告書の提出期限後にその提出があつた後において第百四十四条の四十四第一項又は第三項の規定による更正があつた場合

三　第百四十四条の四十四第二項の規定による決定があつた後において同条第三項の規定による更正があつた場合

3　前項の規定に該当する場合（同項ただし書又は第八項の規定の適用がある場合を除く。次項及び第五項において同じ。）において、前項に規定する納入し、又は納付すべき税額（同項第二号又は第三号に該当する場合には、これらの規定に規定する更正前にされた当該軽油引取税に係る申告書の提出期限後の申告又は第百四十四条の四十四第一項から第三項までの規定による更正若しくは決定により納入し、又は納付すべき税額の合計額（当該納入し、若しくは納付すべき税額を減少させる更正又は更正に係る審査請求若しくは訴えについての裁決若しくは判決による原処分の異動があつたときは、これらにより減少した部分の税額に相当する金額を控除した金額とする。次項において「累積税額」という。）を加算した金額。次項において「加算後累積税額」という。）が五十万円を超えるときは、前項に規定する不申告加算金額は、同項の規定にかかわらず、同項の規定により計算した金額に、その超える部分に相当する金額（同項に規定する納入し、又は納付すべき税額が当該超える部分に相当する金額に満たないときは、当該納入し、又は納付すべき税額）に百分の五の割合を乗じて計算した金額を加算した金額とする。

4　第二項の規定に該当する場合において、加算後累積税額（当該加算後累積税額の計算の基礎となつた事実のうちに同項各号に規定する申告、決定又は更正前の税額（還付金の額に相当する税額を含む。）の計算の基礎とされていなかつたことについて当該特別徴収義務者又は納税者の責めに帰すべき事由がないと認められるものがあるときは、その事実に基づく税額として政令で定めるところにより計算した金額を控除した税額）が三百万円を超えるときは、同項に規定する不申告加算金額は、前二項の規定にかかわらず、加算後累積税額を次の各号に掲げる金額に区分してそれぞれの金額に当該各号に定める割合を乗じて計算した金額の合計額から累積税額を当該各号に掲げる金額に区分してそれぞれの金額に当該各号に定める割合を乗じて計算した金額の合計額を控除した金額とする。

一　五十万円以下の部分に相当する金額　百分の十五の割合

二　五十万円を超え三百万円以下の部分に相当する金額　百分の二十の割合

三　三百万円を超える部分に相当する金額　百分の三十の割合

5　第二項の規定に該当する場合において、次の各号のいずれかに該当するときは、同項に規定する不申告加算金額は、前三項の規定にかかわらず、これらの規定により計算した金額に、第二項に規定する納入し、又は納付すべき税額に百分の十の割合を乗じて計算した金額を加算した金額とする。

一　申告書の提出期限後のその提出（当該申告書に係る軽油引取税について道府県知事の調査による決定があるべきことを予知してされたものに限る。次号において同じ。）又は第百四十四条の四十四第一項から第三項までの規定による更正若しくは決定があつた日の前日から起算して五年前の日までの間に、軽油引取税について、不申告加算金（次項の規定の適用があるものを除く。同号において同じ。）又は重加算金（次条第三項第一号において「不申告加算金等」という。）を徴収されたことがある場合

二　申告書の提出期限後のその提出又は第百四十四条の四十四第一項から第三項までの規定による更正若しくは決定に係る軽油引取税の特別徴収義務又は納税義務が成立した日の属する年の前年及び前々年に特別徴収義務又は納税義務が成立した軽油引取税について、不申告加算金若しくは重加算金（次条第二項の規定の適用があるものに限る。）（以下この号及び次条第三項第二号において「特定不申告加算金等」という。）を徴収されたことがあり、又は特定不申告加算金等に係る決定をすべきと認める場合

6　申告書の提出期限後にその提出があつた場合において、そ

の提出が当該申告書に係る軽油引取税について道府県知事の調査による決定があるべきことを予知してされたものでないときは、当該申告書に係る税額に係る第二項に規定する不申告加算金額は、同項から第四項までの規定にかかわらず、当該税額に百分の五の割合を乗じて計算した金額に相当する額とする。

7　道府県知事は、第一項の規定により徴収すべき過少申告加算金額又は第二項の規定により徴収すべき不申告加算金額を決定した場合には、遅滞なく、これを軽油引取税の特別徴収義務者又は納税者に通知しなければならない。

8　第二項の規定は、第六項の規定に該当する申告書の提出があつた場合において、その提出が、申告書の提出期限までに提出する意思があつたと認められる場合として政令で定める場合に該当して行われたものであり、かつ、申告書の提出期限から一月を経過する日までに行われたものであるときは、適用しない。

（軽油引取税に係る重加算金）

第百四十四条の四十八　前条第一項の規定に該当する場合において、軽油引取税の特別徴収義務者又は納税者が課税標準量の計算の基礎となるべき事実の全部又は一部を隠蔽し、又は仮装し、かつ、その隠蔽し、又は仮装した事実に基づいて申告書又は第二十条の九の三第三項に規定する更正請求書（次項において「更正請求書」という。）を提出したときは、道府県知事は、政令で定めるところにより、前条第一項に規定する過少申告加算金額に代えて、その計算の基礎となるべき更正による不足金額に百分の三十五の割合を乗じて計算した金額に相当する重加算金額を徴収しなければならない。

2　前条第二項の規定に該当する場合（同項ただし書の規定の適用がある場合を除く。）において、特別徴収義務者又は納税者が課税標準量の計算の基礎となるべき事実の全部又は一部を隠蔽し、又は仮装し、かつ、その隠蔽し、又は仮装した事実に基づいて申告書の提出期限までにこれを提出せず、又は申告書の提出期限後にその提出をし、若しくは更正請求書を提出したときは、道府県知事は、同項に規定する不申告加算金額に代えて、その計算の基礎となるべき税額に百分の四十の割合を乗じて計算した金額に相当する重加算金額を徴収しなければならない。

3　前二項の規定に該当する場合において、次の各号のいずれか（第一項の規定に該当する場合にあつては、第一号）に該当するときは、前二項に規定する重加算金額は、これらの規定にかかわらず、これらの規定により計算した金額に、第一項の規定に該当するときは同項に規定する計算の基礎となるべき更正による不足金額に、前項の規定に該当するときは同項に規定する計算の基礎となるべき税額に、それぞれ百分の十の割合を乗じて計算した金額を加算した金額とする。

一　前二項に規定する課税標準量の計算の基礎となるべき事実で隠蔽し、又は仮装されたものに基づき申告書の提出期限後のその提出又は第百四十四条の四十四第一項から第三項までの規定による更正若しくは決定があつた日の前日から起算して五年前の日までの間に、軽油引取税について、不申告加算金等を徴収されたことがある場合

二　申告書の提出期限後のその提出又は第百四十四条の四十四第一項から第三項までの規定による更正若しくは決定に係る軽油引取税の特別徴収義務又は納税義務が成立した日の属する年の前年及び前々年に特別徴収義務又は納税義務が成立した軽油引取税について、特定不申告加算金等を徴収されたことがあり、又は特定不申告加算金等に係る決定をすべきと認める場合

4　道府県知事は、前二項の規定に該当する場合において、申告書の提出について前条第六項に規定する理由があるときは、当該納入申告又は申告に係る税額を基礎として計算した重加算金額を徴収しない。

5　道府県知事は、第一項又は第二項の規定により徴収すべき重加算金額を決定した場合には、遅滞なく、これを軽油引取税の特別徴収義務者又は納税者に通知しなければならない。

第三款　督促及び滞納処分

（軽油引取税に係る督促）

第百四十四条の四十九　軽油引取税の特別徴収義務者又は納税者が納期限（更正又は決定があつた場合においては、不足金額の納期限をいう。以下この節において同じ。）までに軽油引取税に係る地方団体の徴収金を完納しない場合においては、道府県の徴税吏員は、納期限後二十日以内に、督促状を発しなければならない。ただし、繰上徴収をする場合又は第百四十四条の二十二第四項（第百四十四条の二十五第五項において準用する場合を含む。）の規定により徴収する場合においては、この限りでない。

2　特別の事情がある道府県においては、当該道府県の条例で前項に規定する期間と異なる期間を定めることができる。

（軽油引取税に係る督促手数料）

第百四十四条の五十　道府県の徴税吏員は、督促状を発した場合においては、当該道府県の条例で定めるところにより、手数料を徴収することができる。

（軽油引取税に係る滞納処分）

第百四十四条の五十一　軽油引取税に係る滞納者が次の各号のいずれかに該当するときは、道府県の徴税吏員は、当該軽油引取税に係る地方団体の徴収金につき、滞納者の財産を差し押さえなければならない。

一　滞納者が督促を受け、その督促状を発した日から起算して十日を経過した日までにその督促に係る軽油引取税に係る地方団体の徴収金を完納しないとき。

二　滞納者が繰上徴収に係る告知又は第百四十四条の二十二第四項（第百四十四条の二十五第五項において準用する場合を含む。）の規定による徴収に係る告知により指定された納期限までに軽油引取税に係る地方団体の徴収金を完納しないとき。

2　第二次納税義務者又は保証人について前項の規定を適用する場合には、同項第一号中「督促状」とあるのは、「納入又は納付の催告書」とする。

3　軽油引取税に係る地方団体の徴収金の納期限後第一項第一号に規定する十日を経過した日までに、督促を受けた滞納者につき第十三条の二第一項各号のいずれかに該当する事実が生じたときは、道府県の徴税吏員は、直ちにその財産を差し押さえることができる。

4　滞納者の財産につき強制換価手続が行われた場合には、道府県の徴税吏員は、執行機関（破産法第百十四条第一号に掲げる請求権に係る軽油引取税に係る地方団体の徴収金の交付要求を行う場合には、その交付要求に係る破産事件を取り扱

う裁判所）に対し、滞納に係る軽油引取税に係る地方団体の徴収金につき、交付要求をしなければならない。

5　道府県の徴税吏員は、第一項から第三項までの規定により差押えをすることができる場合において、滞納者の財産で国税徴収法第八十六条第一項各号に掲げるものにつき、既に他の地方団体の徴収金若しくは国税の滞納処分又はこれらの滞納処分の例による処分による差押えがされているときは、当該財産についての交付要求は、参加差押えによりすることができる。

6　前各項に定めるものその他軽油引取税に係る地方団体の徴収金の滞納処分については、国税徴収法に規定する滞納処分の例による。

7　前各項の規定による処分は、当該道府県の区域外においても行うことができる。

（軽油引取税に係る滞納処分に関する罪）

第百四十四条の五十二　軽油引取税の特別徴収義務者又は納税者が滞納処分の執行を免れる目的でその財産を隠蔽し、損壊し、若しくは道府県の不利益に処分し、その財産に係る負担を偽つて増加する行為をし、又はその現状を改変して、その財産の価額を減損し、若しくはその滞納処分に係る滞納処分費を増大させる行為をしたときは、その者は、三年以下の懲役若しくは二百五十万円以下の罰金に処し、又はこれを併科する。

2　特別徴収義務者又は納税者の財産を占有する第三者が特別徴収義務者又は納税者に滞納処分の執行を免れさせる目的で前項の行為をしたときも、同項と同様とする。

3　情を知つて前二項の行為につき特別徴収義務者若しくは納税者又はその財産を占有する第三者の相手方となつたときは、その相手方としてその違反行為をした者は、二年以下の懲役若しくは百五十万円以下の罰金に処し、又はこれを併科する。

4　法人の代表者又は法人若しくは人の代理人、使用人その他の従業者がその法人又は人の業務又は財産に関して前三項の違反行為をした場合には、その行為者を罰するほか、その法人又は人に対し、当該各項の罰金刑を科する。

注　令和四年六月一七日法律六八号により改正され、令和七年六月一日から施行
第百四十四条の五十二第一項及び第三項中「懲役」を「拘禁刑」に改める。

（国税徴収法の例による軽油引取税に係る滞納処分に関する検査拒否等の罪）

第百四十四条の五十三　次の各号のいずれかに該当する場合には、その違反行為をした者は、一年以下の懲役又は五十万円以下の罰金に処する。

一　第百四十四条の五十一第六項の場合において、国税徴収法第百四十一条の規定の例により行う道府県の徴税吏員の質問に対して答弁をせず、又は偽りの陳述をしたとき。

二　第百四十四条の五十一第六項の場合において、国税徴収法第百四十一条の規定の例により行う道府県の徴税吏員の帳簿書類（同条に規定する帳簿書類をいう。次号において同じ。）その他の物件の検査を拒み、妨げ、又は忌避したとき。

三　第百四十四条の五十一第六項の場合において、国税徴収法第百四十一条の規定の例により行う道府県の徴税吏員の物件の提示又は提出の要求に対し、正当な理由がなくこれに応じず、又は偽りの記載若しくは記録をした帳簿書類その他の物件（その写しを含む。）を提示し、若しくは提出したとき。

注　令和四年六月一七日法律六八号により改正され、令和七年六月一日から施行
第百四十四条の五十三第一項中「懲役」を「拘禁刑」に改める。

2　法人の代表者又は法人若しくは人の代理人、使用人その他の従業者がその法人又は人の業務又は財産に関して前項の違反行為をした場合には、その行為者を罰するほか、その法人又は人に対し、同項の罰金刑を科する。

（国税徴収法の例による軽油引取税に係る滞納処分に関する虚偽の陳述の罪）

第百四十四条の五十四　第百四十四条の五十一第六項の場合において、国税徴収法第九十九条の二（同法第百九条第四項において準用する場合を含む。）の規定の例により道府県知事に対して陳述すべき事項について虚偽の陳述をした者は、六月以下の懲役又は五十万円以下の罰金に処する。

注　令和四年六月一七日法律六八号により改正され、令和七年六月一日から施行
第百四十四条の五十四中「懲役」を「拘禁刑」に改める。

第四款　指定市に対する交付

第百四十四条の六十　道路法（昭和二十七年法律第百八十号）第七条第三項に規定する指定市（以下この項において「指定市」という。）を包括する道府県（以下この項において「指定道府県」という。）は、総務省令で定めるところにより、当該指定道府県に納入され、又は納付された軽油引取税額に相当する額に政令で定める率を乗じて得た額に当該指定市の区域内に存する一般国道等（一般国道、高速自動車国道及び都道府県道（当該指定道府県又は指定市がその管理について経費を負担しないものその他総務省令で定めるものを除く。）をいう。以下この条において同じ。）の面積を当該指定道府県の区域内に存する一般国道等の面積で除して得た数を乗じて得た額を当該指定市に対して交付するものとする。

2　前項の一般国道等の面積は、総務省令で定めるところにより、それぞれ当該一般国道等の幅員にその延長を乗じて算定するものとする。ただし、道路の種類、幅員による道路の種別その他の事情を参酌して、総務省令で定めるところにより、補正することができる。

第八節　自動車税

第一款　通則

（自動車税に関する用語の意義）

第百四十五条　自動車税について、次の各号に掲げる用語の意義は、それぞれ当該各号に定めるところによる。

一　環境性能割　自動車のエネルギー消費効率の基準エネルギー消費効率に対する達成の程度その他の環境への負荷の低減に資する程度に応じ、自動車に対して課する自動車税

をいう。

二　種別割　自動車の種別、用途、総排気量、最大積載量、乗車定員その他の諸元の区分に応じ、自動車に対して課する自動車税をいう。

三　自動車　道路運送車両法（昭和二十六年法律第百八十五号）第二条第二項に規定する自動車（自動車に付加して一体となつている物として政令で定めるものを含む。）のうち、同法第三条に規定する普通自動車及び同条に規定する小型自動車のうち三輪以上のものをいう。

四　エネルギー消費効率　エネルギーの使用の合理化及び非化石エネルギーへの転換等に関する法律（昭和五十四年法律第四十九号）第百五十一条第一号イに規定するエネルギー消費効率をいう。

五　基準エネルギー消費効率　エネルギーの使用の合理化及び非化石エネルギーへの転換等に関する法律第百四十九条第一項の規定により定められるエネルギー消費機器等製造事業者等の判断の基準となるべき事項を勘案して総務省令で定めるエネルギー消費効率をいう。

（自動車税の納税義務者等）

第百四十六条　自動車税は、自動車に対し、当該自動車の取得者に環境性能割によつて、当該自動車の所有者に種別割によつて、それぞれ当該自動車の主たる定置場所在の道府県が課する。

2　前項に規定する自動車の取得者には、製造により自動車を取得した自動車製造業者、販売のために自動車を取得した自動車販売業者その他運行（道路運送車両法第二条第五項に規定する運行をいう。次条第三項及び第四項において同じ。）以外の目的に供するために自動車を取得した者として政令で定めるものを含まないものとする。

3　自動車の所有者が第百四十八条第一項の規定により種別割を課することができない者である場合には、第一項の規定にかかわらず、当該自動車の使用者に種別割を課する。ただし、公用又は公共の用に供する自動車については、この限りでない。

（自動車税のみなす課税）

第百四十七条　自動車の売買契約において売主が当該自動車の所有権を留保している場合には、自動車税の賦課徴収については、買主を前条第一項に規定する自動車の取得者（以下この節において「自動車の取得者」という。）及び自動車の所有者とみなして、自動車税を課する。

2　前項の規定の適用を受ける売買契約に係る自動車について、買主の変更があつたときは、新たに買主となる者を自動車の取得者及び自動車の所有者とみなして、自動車税を課する。

3　自動車製造業者、自動車販売業者又は前条第二項の政令で定める自動車を取得した者（以下この項において「販売業者等」という。）が、その製造により取得した自動車又はその販売のためその他運行以外の目的に供するため取得した自動車について、当該販売業者等が、道路運送車両法第七条第一項に規定する新規登録（以下この節において「新規登録」という。）を受けた場合（当該新規登録前に第一項の規定の適用を受ける売買契約の締結が行われた場合を除く。）には、当該販売業者等を自動車の取得者とみなして、環境性能割を課する。

4　この法律の施行地外で自動車を取得した者が、当該自動車をこの法律の施行地内に持ち込んで運行の用に供した場合には、当該自動車を運行の用に供する者を自動車の取得者とみなして、環境性能割を課する。

（国等に対する自動車税の非課税）

第百四十八条　道府県は、国、非課税独立行政法人、国立大学法人等、日本年金機構及び国立健康危機管理研究機構並びに都道府県、市町村、特別区、これらの組合、財産区、合併特例区及び地方独立行政法人に対しては、自動車税を課することができない。

2　道府県は、日本赤十字社が所有する自動車のうち直接その本来の事業の用に供する救急自動車その他これに類するもので道府県の条例で定めるものに対しては、自動車税を課することができない。

3　道府県は、オーストラリア軍隊（日本国の自衛隊とオーストラリア国防軍との間における相互のアクセス及び協力の円滑化に関する日本国とオーストラリアとの間の協定第一条(c)に規定する訪問部隊として日本国内に所在するオーストラリアの軍隊をいう。）が所有する自動車のうち公用に供するものに対しては、自動車税を課することができない。

（環境への負荷の低減に著しく資する自動車に対する環境性能割の非課税）

第百四十九条　道府県は、次に掲げる自動車に対しては、環境性能割を課することができない。

一　電気自動車（電気を動力源とする自動車で内燃機関を有しないものをいう。）

二　次に掲げる天然ガス自動車（専ら可燃性天然ガスを内燃機関の燃料として用いる自動車で総務省令で定めるものをいう。イ及びロにおいて同じ。）

イ　車両総重量（道路運送車両法第四十条第三号に規定する車両総重量をいう。以下この項及び第百五十七条において同じ。）が三・五トン以下の天然ガス自動車のうち、同法第四十一条第一項の規定により平成三十年十月一日以降に適用されるべきものとして定められた自動車排出ガスに係る保安上又は公害防止その他の環境保全上の技術基準（以下この項において「排出ガス保安基準」という。）で総務省令で定めるものに適合するもの

ロ　道路運送車両法第四十一条第一項の規定により平成二十一年十月一日（車両総重量が三・五トンを超え十二トン以下の天然ガス自動車にあつては、平成二十二年十月一日）以降に適用されるべきものとして定められた排出ガス保安基準で総務省令で定めるもの（以下このロにおいて「平成二十一年天然ガス車基準」という。）に適合し、かつ、窒素酸化物の排出量が平成二十一年天然ガス車基準に定める窒素酸化物の値の十分の九を超えない天然ガス自動車で総務省令で定めるもの

三　充電機能付電力併用自動車（電力併用自動車（内燃機関を有する自動車で併せて電気その他の総務省令で定めるものを動力源として用いるものであつて、廃エネルギーを回収する機能を備えていることにより大気汚染防止法（昭和四十三年法律第九十七号）第二条第十七項に規定する自動車排出ガスの排出の抑制に資するもので総務省令で定めるものをいう。）のうち、動力源として用いる電気を外部から充電する機能を備えているもので総務省令で定めるもの

をいう。）

四　次に掲げるガソリン自動車（ガソリンを内燃機関の燃料として用いる自動車をいい、前号に掲げる自動車に該当するものを除く。第百五十七条第一項第一号及び第二項第一号において同じ。）

イ　営業用の乗用車のうち、次のいずれにも該当するもので総務省令で定めるもの

(1)　次のいずれかに該当すること。

(i)　道路運送車両法第四十一条第一項の規定により平成三十年十月一日以降に適用されるべきものとして定められた排出ガス保安基準で総務省令で定めるもの（以下この号及び第百五十七条において「平成三十年ガソリン軽中量車基準」という。）に適合し、かつ、窒素酸化物の排出量が平成三十年ガソリン軽中量車基準に定める窒素酸化物の値の二分の一を超えないこと。

(ii)　道路運送車両法第四十一条第一項の規定により平成十七年十月一日以降に適用されるべきものとして定められた排出ガス保安基準で総務省令で定めるもの（以下この号及び第百五十七条において「平成十七年ガソリン軽中量車基準」という。）に適合し、かつ、窒素酸化物の排出量が平成十七年ガソリン軽中量車基準に定める窒素酸化物の値の四分の一を超えないこと。

(2)　エネルギー消費効率が基準エネルギー消費効率であつて令和十二年度以降の各年度において適用されるべきものとして定められたもの（以下この条及び第百五十七条において「令和十二年度基準エネルギー消費効率」という。）に百分の九十を乗じて得た数値以上であること。

(3)　エネルギー消費効率が基準エネルギー消費効率であつて令和二年度以降の各年度において適用されるべきものとして定められたもの（以下この条及び第百五十七条において「令和二年度基準エネルギー消費効率」という。）以上であること。

ロ　自家用の乗用車のうち、次のいずれにも該当するもので総務省令で定めるもの

(1)　次のいずれかに該当すること。

(i)　平成三十年ガソリン軽中量車基準に適合し、かつ、窒素酸化物の排出量が平成三十年ガソリン軽中量車基準に定める窒素酸化物の値の二分の一を超えないこと。

(ii)　平成十七年ガソリン軽中量車基準に適合し、かつ、窒素酸化物の排出量が平成十七年ガソリン軽中量車基準に定める窒素酸化物の値の四分の一を超えないこと。

(2)　エネルギー消費効率が令和十二年度基準エネルギー消費効率に百分の九十五を乗じて得た数値以上であること。

(3)　エネルギー消費効率が令和二年度基準エネルギー消費効率以上であること。

ハ　車両総重量が三・五トン以下のバスのうち、次のいずれにも該当するもので総務省令で定めるもの

(1)　次のいずれかに該当すること。

(i)　平成三十年ガソリン軽中量車基準に適合し、かつ、窒素酸化物の排出量が平成三十年ガソリン軽中量車基準に定める窒素酸化物の値の二分の一を超えないこと。

(ii)　平成十七年ガソリン軽中量車基準に適合し、かつ、窒素酸化物の排出量が平成十七年ガソリン軽中量車基準に定める窒素酸化物の値の四分の一を超えないこと。

(2)　エネルギー消費効率が令和二年度基準エネルギー消費効率に百分の百五を乗じて得た数値以上であること。

ニ　車両総重量が三・五トン以下のバスのうち、次のいずれにも該当するもので総務省令で定めるもの

(1)　次のいずれかに該当すること。

(i)　平成三十年ガソリン軽中量車基準に適合し、かつ、窒素酸化物の排出量が平成三十年ガソリン軽中量車基準に定める窒素酸化物の値の四分の三を超えないこと。

(ii)　平成十七年ガソリン軽中量車基準に適合し、かつ、窒素酸化物の排出量が平成十七年ガソリン軽中量車基準に定める窒素酸化物の値の二分の一を超えないこと。

(2)　エネルギー消費効率が令和二年度基準エネルギー消費効率に百分の百十を乗じて得た数値以上であること。

ホ　車両総重量が三・五トン以下のトラックのうち、次のいずれにも該当するもので総務省令で定めるもの

(1)　次のいずれかに該当すること。

(i)　平成三十年ガソリン軽中量車基準に適合し、かつ、窒素酸化物の排出量が平成三十年ガソリン軽中量車基準に定める窒素酸化物の値の二分の一を超えないこと。

(ii)　平成十七年ガソリン軽中量車基準に適合し、かつ、窒素酸化物の排出量が平成十七年ガソリン軽中量車基準に定める窒素酸化物の値の四分の一を超えないこと。

(2)　エネルギー消費効率が基準エネルギー消費効率であつて令和四年度以降の各年度において適用されるべきものとして定められたもの（以下この条及び第百五十七条において「令和四年度基準エネルギー消費効率」という。）以上（車両総重量が二・五トン以下のトラックにあつては、令和四年度基準エネルギー消費効率に百分の百五を乗じて得た数値以上）であること。

ヘ　車両総重量が二・五トンを超え三・五トン以下のトラックのうち、次のいずれにも該当するもので総務省令で定めるもの

(1)　次のいずれかに該当すること。

(i)　平成三十年ガソリン軽中量車基準に適合し、かつ、窒素酸化物の排出量が平成三十年ガソリン軽中量車基準に定める窒素酸化物の値の四分の三を超えないこと。

(ii)　平成十七年ガソリン軽中量車基準に適合し、かつ、窒素酸化物の排出量が平成十七年ガソリン軽中量車基準に定める窒素酸化物の値の二分の一を超え

ないこと。

(2) エネルギー消費効率が令和四年度基準エネルギー消費効率に百分の百五を乗じて得た数値以上であること。

五 次に掲げる石油ガス自動車（液化石油ガスを内燃機関の燃料として用いる自動車をいい、第三号に掲げる自動車に該当するものを除く。第百五十七条第一項第二号及び第二項第二号において同じ。）

イ 営業用の乗用車のうち、次のいずれにも該当するもので総務省令で定めるもの

(1) 次のいずれかに該当すること。

(i) 道路運送車両法第四十一条第一項の規定により平成三十年十月一日以降に適用されるべきものとして定められた排出ガス保安基準で総務省令で定めるもの（以下この号及び第百五十七条において「平成三十年石油ガス軽中量車基準」という。）に適合し、かつ、窒素酸化物の排出量が平成三十年石油ガス軽中量車基準に定める窒素酸化物の値の二分の一を超えないこと。

(ii) 道路運送車両法第四十一条第一項の規定により平成十七年十月一日以降に適用されるべきものとして定められた排出ガス保安基準で総務省令で定めるもの（以下この号及び第百五十七条において「平成十七年石油ガス軽中量車基準」という。）に適合し、かつ、窒素酸化物の排出量が平成十七年石油ガス軽中量車基準に定める窒素酸化物の値の四分の一を超えないこと。

(2) エネルギー消費効率が令和十二年度基準エネルギー消費効率に百分の九十を乗じて得た数値以上であること。

(3) エネルギー消費効率が令和二年度基準エネルギー消費効率以上であること。

ロ 自家用の乗用車のうち、次のいずれにも該当するもので総務省令で定めるもの

(1) 次のいずれかに該当すること。

(i) 平成三十年石油ガス軽中量車基準に適合し、かつ、窒素酸化物の排出量が平成三十年石油ガス軽中量車基準に定める窒素酸化物の値の二分の一を超えないこと。

(ii) 平成十七年石油ガス軽中量車基準に適合し、かつ、窒素酸化物の排出量が平成十七年石油ガス軽中量車基準に定める窒素酸化物の値の四分の一を超えないこと。

(2) エネルギー消費効率が令和十二年度基準エネルギー消費効率に百分の九十五を乗じて得た数値以上であること。

(3) エネルギー消費効率が令和二年度基準エネルギー消費効率以上であること。

六 次に掲げる軽油自動車（軽油を内燃機関の燃料として用いる自動車をいい、第三号に掲げる自動車に該当するものを除く。第百五十七条第一項第三号及び第二項第三号において同じ。）

イ 営業用の乗用車のうち、次のいずれにも該当するもので総務省令で定めるもの

(1) 道路運送車両法第四十一条第一項の規定により平成三十年十月一日以降に適用されるべきものとして定められた排出ガス保安基準で総務省令で定めるもの（以下この号及び第百五十七条において「平成三十年軽油軽中量車基準」という。）又は同項の規定により平成二十一年十月一日以降に適用されるべきものとして定められた排出ガス保安基準で総務省令で定めるもの（以下この号及び第百五十七条において「平成二十一年軽油軽中量車基準」という。）に適合すること。

(2) エネルギー消費効率が令和十二年度基準エネルギー消費効率に百分の九十を乗じて得た数値以上であること。

(3) エネルギー消費効率が令和二年度基準エネルギー消費効率以上であること。

ロ 自家用の乗用車のうち、次のいずれにも該当するもので総務省令で定めるもの

(1) 平成三十年軽油軽中量車基準又は平成二十一年軽油軽中量車基準に適合すること。

(2) エネルギー消費効率が令和十二年度基準エネルギー消費効率に百分の九十五を乗じて得た数値以上であること。

(3) エネルギー消費効率が令和二年度基準エネルギー消費効率以上であること。

ハ 車両総重量が三・五トン以下のバスのうち、次のいずれにも該当するもので総務省令で定めるもの

(1) 次のいずれかに該当すること。

(i) 平成三十年軽油軽中量車基準に適合すること。

(ii) 平成二十一年軽油軽中量車基準に適合し、かつ、窒素酸化物及び粒子状物質の排出量が平成二十一年軽油軽中量車基準に定める窒素酸化物及び粒子状物質の値の十分の九を超えないこと。

(2) エネルギー消費効率が令和二年度基準エネルギー消費効率に百分の百五を乗じて得た数値以上であること。

ニ 車両総重量が三・五トン以下のバスのうち、次のいずれにも該当するもので総務省令で定めるもの

(1) 平成二十一年軽油軽中量車基準に適合すること。

(2) エネルギー消費効率が令和二年度基準エネルギー消費効率に百分の百十を乗じて得た数値以上であること。

ホ 車両総重量が二・五トンを超え三・五トン以下のトラックのうち、次のいずれにも該当するもので総務省令で定めるもの

(1) 次のいずれかに該当すること。

(i) 平成三十年軽油軽中量車基準に適合すること。

(ii) 平成二十一年軽油軽中量車基準に適合し、かつ、窒素酸化物及び粒子状物質の排出量が平成二十一年軽油軽中量車基準に定める窒素酸化物及び粒子状物質の値の十分の九を超えないこと。

(2) エネルギー消費効率が令和四年度基準エネルギー消費効率以上であること。

ヘ 車両総重量が二・五トンを超え三・五トン以下のトラックのうち、次のいずれにも該当するもので総務省令で定めるもの

(1) 平成二十一年軽油軽中量車基準に適合すること。

(2) エネルギー消費効率が令和四年度基準エネルギー消費効率に百分の百五を乗じて得た数値以上であること。

ト 車両総重量が三・五トンを超えるバス又はトラックのうち、次のいずれにも該当するもので総務省令で定めるもの

(1) 次のいずれかに該当すること。

(i) 道路運送車両法第四十一条第一項の規定により平成二十八年十月一日（車両総重量が三・五トンを超え七・五トン以下のものにあつては、平成三十年十月一日）以降に適用されるべきものとして定められた排出ガス保安基準で総務省令で定めるもの（第百五十七条第一項第三号ト(1)(i)及び第二項第三号ホ(1)(i)において「平成二十八年軽油重量車基準」という。）に適合すること。

(ii) 道路運送車両法第四十一条第一項の規定により平成二十一年十月一日（車両総重量が十二トン以下のものにあつては、平成二十二年十月一日）以降に適用されるべきものとして定められた排出ガス保安基準で総務省令で定めるもの（以下(ii)及び第百五十七条において「平成二十一年軽油重量車基準」という。）に適合し、かつ、窒素酸化物及び粒子状物質の排出量が平成二十一年軽油重量車基準に定める窒素酸化物及び粒子状物質の値の十分の九を超えないこと。

(2) エネルギー消費効率が基準エネルギー消費効率であつて令和七年度以降の各年度において適用されるべきものとして定められたもの（第四項及び第百五十七条において「令和七年度基準エネルギー消費効率」という。）に百分の百五を乗じて得た数値以上であること。

2 前項（第四号イ、ロ及びホに係る部分に限る。）の規定は、令和十二年度基準エネルギー消費効率を算定する方法として総務省令で定める方法並びに令和四年度基準エネルギー消費効率及び令和二年度基準エネルギー消費効率を算定する方法として総務省令で定める方法によりエネルギー消費効率を算定していない自動車であつて、基準エネルギー消費効率であつて平成二十二年度以降の各年度において適用されるべきものとして定められたものを算定する方法として総務省令で定める方法によりエネルギー消費効率を算定している自動車（第百五十七条第四項において「平成二十二年度基準エネルギー消費効率算定自動車」という。）について準用する。この場合において、次の表の上欄に掲げる前項の規定中同表の中欄に掲げる字句は、それぞれ同表の下欄に掲げる字句に読み替えるものとする。

第四号イ(2)	令和十二年度以降の各年度において適用されるべきものとして定められたもの（以下この条及び第百五十七条において「令和十二年度基準エネルギー消費効率」という。）に百分の九十	平成二十二年度以降の各年度において適用されるべきものとして定められたもの（以下この号において「平成二十二年度基準エネルギー消費効率」という。）に百分の百九十四
第四号イ(3)	基準エネルギー消費効率であつて令和二年度以降の各年度において適用されるべきものとして定められたもの（以下この条及び第百五十七条において「令和二年度基準エネルギー消費効率」という。）	平成二十二年度基準エネルギー消費効率に百分の百五十を乗じて得た数値
第四号ロ(2)	令和十二年度基準エネルギー消費効率に百分の九十五	平成二十二年度基準エネルギー消費効率に百分の二百五
第四号ロ(3)	令和二年度基準エネルギー消費効率	平成二十二年度基準エネルギー消費効率に百分の百五十を乗じて得た数値
第四号ホ(2)	令和四年度基準エネルギー消費効率に百分の百五	平成二十二年度基準エネルギー消費効率に百分の百六十三

3 第一項（第四号イ及びロ、第五号並びに第六号イ及びロに係る部分に限る。）の規定は、令和十二年度基準エネルギー消費効率を算定する方法として総務省令で定める方法によりエネルギー消費効率を算定していない自動車であつて、令和二年度基準エネルギー消費効率及び基準エネルギー消費効率であつて平成二十七年度以降の各年度において適用されるべきものとして定められたもの（次項において「平成二十七年度基準エネルギー消費効率」という。）を算定する方法として総務省令で定める方法によりエネルギー消費効率を算定している自動車（第百五十七条第五項において「令和二年度基準エネルギー消費効率等算定自動車」という。）について準用する。この場合において、次の表の上欄に掲げる第一項の規定中同表の中欄に掲げる字句は、それぞれ同表の下欄に掲げる字句に読み替えるものとする。

第四号イ(2)	令和十二年度以降の各年度において適用されるべきものとして定められたもの（以下この条及び第百五十七条において「令和十二年度基準エネルギー消費効率」という。）に百分の九十	令和二年度以降の各年度において適用されるべきものとして定められたものに百分の百三十
第四号ロ(2)	令和十二年度基準エネルギー消費効率に百分の九十五	令和二年度基準エネルギー消費効率に百分の百三十八
第五号イ(2)	令和十二年度基準エネルギー消費効率に百分の九十	令和二年度基準エネルギー消費効率に百分の百三十
第五号ロ(2)	令和十二年度基準エネルギー消費効率に百分の九十五	令和二年度基準エネルギー消費効率に百分の百三十八

第六号イ(2)	令和十二年度基準エネルギー消費効率に百分の九十	令和二年度基準エネルギー消費効率に百分の百三十
第六号ロ(2)	令和十二年度基準エネルギー消費効率に百分の九十五	令和二年度基準エネルギー消費効率に百分の百三十八

4 第一項（第六号トに係る部分に限る。）の規定は、令和七年度基準エネルギー消費効率を算定する方法として総務省令で定める方法によりエネルギー消費効率を算定していない自動車であつて、平成二十七年度基準エネルギー消費効率を算定する方法として総務省令で定める方法によりエネルギー消費効率を算定している自動車（第百五十七条第六項において「平成二十七年度基準エネルギー消費効率算定自動車」という。）について準用する。この場合において、同号ト(2)中「令和七年度以降の各年度において適用されるべきものとして定められたもの（第四項及び第百五十七条において「令和七年度基準エネルギー消費効率」という。）に百分の百五」とあるのは、「平成二十七年度以降の各年度において適用されるべきものとして定められたものに百分の百十五」と読み替えるものとする。

5 前各項の規定の適用を受ける自動車の範囲については、二年ごとに見直しを行うものとする。

（形式的な所有権の移転により取得した自動車に対する環境性能割の非課税）

第百五十条 道府県は、次に掲げる自動車に対しては、環境性能割を課することができない。

一 相続（被相続人から相続人に対してされた遺贈を含む。）により取得した自動車

二 法人の合併又は政令で定める分割により取得した自動車

三 法人が新たに法人を設立するために現物出資（現金出資をする場合における当該出資の額に相当する資産の譲渡を含む。）を行う場合（政令で定める場合に限る。）における当該新たに設立された法人が取得した自動車

四 会社更生法第百八十三条（金融機関等の更生手続の特例等に関する法律（以下この号において「更生特例法」という。）第百四条又は第二百七十三条において準用する場合を含む。）、更生特例法第百三条第一項（更生特例法第三百四十六条において準用する場合を含む。）又は更生特例法第二百七十二条（更生特例法第三百六十三条において準用する場合を含む。）の規定により更生計画において株式会社、更生特例法第二条第二項に規定する協同組織金融機関又は同条第六項に規定する相互会社から会社更生法第百八十三条第一号に規定する新会社（以下この号において「新会社」という。）、更生特例法第百三条第一項第一号に規定する新協同組織金融機関（以下この号において「新協同組織金融機関」という。）又は更生特例法第二百七十二条第一号に規定する新相互会社（以下この号において「新相互会社」という。）に移転すべき自動車を定めた場合における当該新会社、新協同組織金融機関又は新相互会社が取得した自動車

五 委託者から受託者に信託財産を移す場合における当該受託者が取得した自動車

六 信託の効力が生じた時から引き続き委託者のみが信託財産の元本の受益者である信託により受託者から当該受益者（当該信託の効力が生じた時から引き続き委託者である者に限る。以下この号において同じ。）に信託財産を移す場合における当該受益者が取得した自動車

七 信託の受託者の変更があつた場合における新たな受託者が取得した自動車

八 保険業法の規定により保険会社がその保険契約の全部を他の保険会社に移転した場合における当該他の保険会社が取得した自動車

九 譲渡により担保の目的となつている財産（以下この号及び第百六十四条第一項において「譲渡担保財産」という。）により担保される債権の消滅により当該譲渡担保財産の設定の日から六月以内に譲渡担保財産の権利者（同項及び同条第六項において「譲渡担保権者」という。）から譲渡担保財産の設定者（設定者が交代した場合に新たに設定者となる者を除く。以下この号及び同条第一項において同じ。）に当該譲渡担保財産を移転する場合における当該譲渡担保財産の設定者が取得した自動車

2 道府県は、第百四十七条第一項又は第二項の規定の適用を受ける売買契約に基づき自動車の所有権がこれらの規定に規定する買主に移転したときは、当該買主が取得した自動車に対しては、重ねて環境性能割を課することができない。

（徴税吏員の自動車税に関する調査に係る質問検査権）

第百五十一条 道府県の徴税吏員は、自動車税の賦課徴収に関する調査のために必要がある場合には、次に掲げる者に質問し、又は第一号若しくは第二号に掲げる者の事業に関する帳簿書類（その作成又は保存に代えて電磁的記録（電子的方式、磁気的方式その他の人の知覚によつては認識することができない方式で作られる記録であつて、電子計算機による情報処理の用に供されるものをいう。）の作成又は保存がされている場合における当該電磁的記録を含む。次条第一項第一号及び第二号において同じ。）その他の物件を検査し、若しくは当該物件（その写しを含む。）の提示若しくは提出を求めることができる。

一 納税義務者又は納税義務があると認められる者

二 前号に掲げる者に金銭又は物品を給付する義務があると認められる者

三 前二号に掲げる者以外の者で当該自動車税の賦課徴収に関し直接関係があると認められる者

2 前項第一号に掲げる者を分割法人（分割によりその有する資産及び負債の移転を行つた法人をいう。以下この項において同じ。）とする分割に係る分割承継法人（分割により分割法人から資産及び負債の移転を受けた法人をいう。以下この項において同じ。）及び同号に掲げる者を分割承継法人とする分割に係る分割法人は、前項第二号に規定する金銭又は物品を給付する義務があると認められる者に含まれるものとする。

3 第一項の場合には、当該徴税吏員は、その身分を証明する証票を携帯し、関係人の請求があつたときは、これを提示しなければならない。

4 道府県の徴税吏員は、政令で定めるところにより、第一項の規定により提出を受けた物件を留め置くことができる。

5 自動車税に係る滞納処分に関する調査については、第一項

の規定にかかわらず、第百七十五条第六項及び第百七十七条の二十一第六項に定めるところによる。

6　第一項又は第四項の規定による道府県の徴税吏員の権限は、犯罪捜査のために認められたものと解釈してはならない。

（自動車税に係る検査拒否等に関する罪）

第百五十二条　次の各号のいずれかに該当する場合には、その違反行為をした者は、一年以下の懲役又は五十万円以下の罰金に処する。

一　前条第一項の規定による徴税吏員の帳簿書類その他の物件の検査を拒み、妨げ、又は忌避したとき。

二　前条第一項の規定による徴税吏員の物件の提示又は提出の要求に対し、正当な理由がなくこれに応じず、又は偽りの記載若しくは記録をした帳簿書類その他の物件（その写しを含む。）を提示し、若しくは提出したとき。

三　前条第一項の規定による徴税吏員の質問に対し答弁をしないとき、又は虚偽の答弁をしたとき。

> 注　令和四年六月一七日法律六八号により改正され、令和七年六月一日から施行
> 第百五十二条第一項中「懲役」を「拘禁刑」に改める。

2　法人の代表者又は法人若しくは人の代理人、使用人その他の従業者がその法人又は人の業務又は財産に関して前項の違反行為をした場合には、その行為者を罰するほか、その法人又は人に対し、同項の罰金刑を科する。

（種別割の納税管理人）

第百五十三条　種別割の納税義務者は、納税義務を負う道府県内に住所、居所、事務所又は事業所（以下この項において「住所等」という。）を有しない場合には、納税に関する一切の事項を処理させるため、当該道府県の条例で定める地域内に住所等を有する者のうちから納税管理人を定めてこれを道府県知事に申告し、又は当該地域外に住所等を有する者のうち当該事項の処理につき便宜を有するものを納税管理人として定めることについて道府県知事に申請してその承認を受けなければならない。納税管理人を変更し、又は変更しようとする場合も、同様とする。

2　前項の規定にかかわらず、当該納税義務者は、当該納税義務者に係る種別割の徴収の確保に支障がないことについて道府県知事に申請してその認定を受けたときは、納税管理人を定めることを要しない。

（種別割の納税管理人に係る虚偽の申告等に関する罪）

第百五十四条　前条第一項の規定により申告すべき納税管理人について虚偽の申告をし、又は偽りその他不正の手段により同項の承認若しくは同条第二項の認定を受けたときは、その違反行為をした者は、三十万円以下の罰金に処する。

2　法人の代表者又は法人若しくは人の代理人、使用人その他の従業者がその法人又は人の業務又は財産に関して前項の違反行為をした場合には、その行為者を罰するほか、その法人又は人に対し、同項の刑を科する。

（種別割の納税管理人に係る不申告に関する過料）

第百五十五条　道府県は、第百五十三条第二項の認定を受けていない種別割の納税義務者で同条第一項の承認を受けていないものが同項の規定により申告すべき納税管理人について正当な事由がなくて申告をしなかつた場合には、その者に対し、当該道府県の条例で十万円以下の過料を科する旨の規定を設けることができる。

第二款　環境性能割

第一目　課税標準及び税率

（環境性能割の課税標準）

第百五十六条　環境性能割の課税標準は、自動車の取得のために通常要する価額として総務省令で定めるところにより算定した金額（第百五十八条において「通常の取得価額」という。）とする。

（環境性能割の税率）

第百五十七条　次に掲げる自動車（第百四十九条第一項（同条第二項から第四項までにおいて準用する場合を含む。次項及び第三項において同じ。）の規定の適用を受けるものを除く。）に対して課する環境性能割の税率は、百分の一とする。

一　次に掲げるガソリン自動車

イ　営業用の乗用車のうち、次のいずれにも該当するもので総務省令で定めるもの

(1)　次のいずれかに該当すること。

(i)　平成三十年ガソリン軽中量車基準に適合し、かつ、窒素酸化物の排出量が平成三十年ガソリン軽中量車基準に定める窒素酸化物の値の二分の一を超えないこと。

(ii)　平成十七年ガソリン軽中量車基準に適合し、かつ、窒素酸化物の排出量が平成十七年ガソリン軽中量車基準に定める窒素酸化物の値の四分の一を超えないこと。

(2)　エネルギー消費効率が令和十二年度基準エネルギー消費効率に百分の八十を乗じて得た数値以上であること。

(3)　エネルギー消費効率が令和二年度基準エネルギー消費効率以上であること。

ロ　自家用の乗用車のうち、次のいずれにも該当するもので総務省令で定めるもの

(1)　次のいずれかに該当すること。

(i)　平成三十年ガソリン軽中量車基準に適合し、かつ、窒素酸化物の排出量が平成三十年ガソリン軽中量車基準に定める窒素酸化物の値の二分の一を超えないこと。

(ii)　平成十七年ガソリン軽中量車基準に適合し、かつ、窒素酸化物の排出量が平成十七年ガソリン軽中量車基準に定める窒素酸化物の値の四分の一を超えないこと。

(2)　エネルギー消費効率が令和十二年度基準エネルギー消費効率に百分の八十五を乗じて得た数値以上であること。

(3)　エネルギー消費効率が令和二年度基準エネルギー消費効率以上であること。

ハ　車両総重量が三・五トン以下のバスのうち、次のいず

れにも該当するもので総務省令で定めるもの

(1) 次のいずれかに該当すること。

(i) 平成三十年ガソリン軽中量車基準に適合し、かつ、窒素酸化物の排出量が平成三十年ガソリン軽中量車基準に定める窒素酸化物の値の二分の一を超えないこと。

(ii) 平成十七年ガソリン軽中量車基準に適合し、かつ、窒素酸化物の排出量が平成十七年ガソリン軽中量車基準に定める窒素酸化物の値の四分の一を超えないこと。

(2) エネルギー消費効率が令和二年度基準エネルギー消費効率以上であること。

ニ 車両総重量が三・五トン以下のバスのうち、次のいずれにも該当するもので総務省令で定めるもの

(1) 次のいずれかに該当すること。

(i) 平成三十年ガソリン軽中量車基準に適合し、かつ、窒素酸化物の排出量が平成三十年ガソリン軽中量車基準に定める窒素酸化物の値の四分の三を超えないこと。

(ii) 平成十七年ガソリン軽中量車基準に適合し、かつ、窒素酸化物の排出量が平成十七年ガソリン軽中量車基準に定める窒素酸化物の値の二分の一を超えないこと。

(2) エネルギー消費効率が令和二年度基準エネルギー消費効率に百分の百五を乗じて得た数値以上であること。

ホ 車両総重量が三・五トン以下のトラックのうち、次のいずれにも該当するもので総務省令で定めるもの

(1) 次のいずれかに該当すること。

(i) 平成三十年ガソリン軽中量車基準に適合し、かつ、窒素酸化物の排出量が平成三十年ガソリン軽中量車基準に定める窒素酸化物の値の二分の一を超えないこと。

(ii) 平成十七年ガソリン軽中量車基準に適合し、かつ、窒素酸化物の排出量が平成十七年ガソリン軽中量車基準に定める窒素酸化物の値の四分の一を超えないこと。

(2) エネルギー消費効率が令和四年度基準エネルギー消費効率に百分の九十五を乗じて得た数値（車両総重量が二・五トン以下のトラックにあつては、令和四年度基準エネルギー消費効率）以上であること。

ヘ 車両総重量が二・五トンを超え三・五トン以下のトラックのうち、次のいずれにも該当するもので総務省令で定めるもの

(1) 次のいずれかに該当すること。

(i) 平成三十年ガソリン軽中量車基準に適合し、かつ、窒素酸化物の排出量が平成三十年ガソリン軽中量車基準に定める窒素酸化物の値の四分の三を超えないこと。

(ii) 平成十七年ガソリン軽中量車基準に適合し、かつ、窒素酸化物の排出量が平成十七年ガソリン軽中量車基準に定める窒素酸化物の値の二分の一を超えないこと。

(2) エネルギー消費効率が令和四年度基準エネルギー消費効率以上であること。

二 次に掲げる石油ガス自動車

イ 営業用の乗用車のうち、次のいずれにも該当するもので総務省令で定めるもの

(1) 次のいずれかに該当すること。

(i) 平成三十年石油ガス軽中量車基準に適合し、かつ、窒素酸化物の排出量が平成三十年石油ガス軽中量車基準に定める窒素酸化物の値の二分の一を超えないこと。

(ii) 平成十七年石油ガス軽中量車基準に適合し、かつ、窒素酸化物の排出量が平成十七年石油ガス軽中量車基準に定める窒素酸化物の値の四分の一を超えないこと。

(2) エネルギー消費効率が令和十二年度基準エネルギー消費効率に百分の八十を乗じて得た数値以上であること。

(3) エネルギー消費効率が令和二年度基準エネルギー消費効率以上であること。

ロ 自家用の乗用車のうち、次のいずれにも該当するもので総務省令で定めるもの

(1) 次のいずれかに該当すること。

(i) 平成三十年石油ガス軽中量車基準に適合し、かつ、窒素酸化物の排出量が平成三十年石油ガス軽中量車基準に定める窒素酸化物の値の二分の一を超えないこと。

(ii) 平成十七年石油ガス軽中量車基準に適合し、かつ、窒素酸化物の排出量が平成十七年石油ガス軽中量車基準に定める窒素酸化物の値の四分の一を超えないこと。

(2) エネルギー消費効率が令和十二年度基準エネルギー消費効率に百分の八十五を乗じて得た数値以上であること。

(3) エネルギー消費効率が令和二年度基準エネルギー消費効率以上であること。

三 次に掲げる軽油自動車

イ 営業用の乗用車のうち、次のいずれにも該当するもので総務省令で定めるもの

(1) 平成三十年軽油軽中量車基準又は平成二十一年軽油軽中量車基準に適合すること。

(2) エネルギー消費効率が令和十二年度基準エネルギー消費効率に百分の八十を乗じて得た数値以上であること。

(3) エネルギー消費効率が令和二年度基準エネルギー消費効率以上であること。

ロ 自家用の乗用車のうち、次のいずれにも該当するもので総務省令で定めるもの

(1) 平成三十年軽油軽中量車基準又は平成二十一年軽油軽中量車基準に適合すること。

(2) エネルギー消費効率が令和十二年度基準エネルギー消費効率に百分の八十五を乗じて得た数値以上であること。

(3) エネルギー消費効率が令和二年度基準エネルギー消費効率以上であること。

ハ 車両総重量が三・五トン以下のバスのうち、次のいず

れにも該当するもので総務省令で定めるもの

(1) 次のいずれかに該当すること。

(i) 平成三十年軽油軽中量車基準に適合すること。

(ii) 平成二十一年軽油軽中量車基準に適合し、かつ、平成二十一年軽油軽中量車基準に定める窒素酸化物及び粒子状物質の値の十分の九を超えないこと。

(2) エネルギー消費効率が令和二年度基準エネルギー消費効率以上であること。

ニ 車両総重量が三・五トン以下のバスのうち、次のいずれにも該当するもので総務省令で定めるもの

(1) 平成二十一年軽油軽中量車基準に適合すること。

(2) エネルギー消費効率が令和二年度基準エネルギー消費効率に百分の百五を乗じて得た数値以上であること。

ホ 車両総重量が二・五トンを超え三・五トン以下のトラックのうち、次のいずれにも該当するもので総務省令で定めるもの

(1) 次のいずれかに該当すること。

(i) 平成三十年軽油軽中量車基準に適合すること。

(ii) 平成二十一年軽油軽中量車基準に適合し、かつ、平成二十一年軽油軽中量車基準に定める窒素酸化物及び粒子状物質の値の十分の九を超えないこと。

(2) エネルギー消費効率が令和四年度基準エネルギー消費効率に百分の九十五を乗じて得た数値以上であること。

ヘ 車両総重量が二・五トンを超え三・五トン以下のトラックのうち、次のいずれにも該当するもので総務省令で定めるもの

(1) 平成二十一年軽油軽中量車基準に適合すること。

(2) エネルギー消費効率が令和四年度基準エネルギー消費効率以上であること。

ト 車両総重量が三・五トンを超えるバス又はトラックのうち、次のいずれにも該当するもので総務省令で定めるもの

(1) 次のいずれかに該当すること。

(i) 平成二十八年軽油重量車基準に適合すること。

(ii) 平成二十一年軽油重量車基準に適合し、かつ、窒素酸化物及び粒子状物質の排出量が平成二十一年軽油重量車基準に定める窒素酸化物及び粒子状物質の値の十分の九を超えないこと。

(2) エネルギー消費効率が令和七年度基準エネルギー消費効率以上であること。

2 次に掲げる自動車（第百四十九条第一項及び前項（第四項から第六項までにおいて準用する場合を含む。）の規定の適用を受けるものを除く。）に対して課する環境性能割の税率は、百分の二とする。

一 次に掲げるガソリン自動車

イ 営業用の乗用車のうち、次のいずれにも該当するもので総務省令で定めるもの

(1) 次のいずれかに該当すること。

(i) 平成三十年ガソリン軽中量車基準に適合し、かつ、窒素酸化物の排出量が平成三十年ガソリン軽中量車基準に定める窒素酸化物の値の二分の一を超えないこと。

(ii) 平成十七年ガソリン軽中量車基準に適合し、かつ、窒素酸化物の排出量が平成十七年ガソリン軽中量車基準に定める窒素酸化物の値の四分の一を超えないこと。

(2) エネルギー消費効率が令和十二年度基準エネルギー消費効率に百分の七十を乗じて得た数値以上であること。

(3) エネルギー消費効率が令和二年度基準エネルギー消費効率以上であること。

ロ 自家用の乗用車のうち、次のいずれにも該当するもので総務省令で定めるもの

(1) 次のいずれかに該当すること。

(i) 平成三十年ガソリン軽中量車基準に適合し、かつ、窒素酸化物の排出量が平成三十年ガソリン軽中量車基準に定める窒素酸化物の値の二分の一を超えないこと。

(ii) 平成十七年ガソリン軽中量車基準に適合し、かつ、窒素酸化物の排出量が平成十七年ガソリン軽中量車基準に定める窒素酸化物の値の四分の一を超えないこと。

(2) エネルギー消費効率が令和十二年度基準エネルギー消費効率に百分の七十五を乗じて得た数値以上であること。

(3) エネルギー消費効率が令和二年度基準エネルギー消費効率以上であること。

ハ 車両総重量が三・五トン以下のバスのうち、次のいずれにも該当するもので総務省令で定めるもの

(1) 次のいずれかに該当すること。

(i) 平成三十年ガソリン軽中量車基準に適合し、かつ、窒素酸化物の排出量が平成三十年ガソリン軽中量車基準に定める窒素酸化物の値の四分の三を超えないこと。

(ii) 平成十七年ガソリン軽中量車基準に適合し、かつ、窒素酸化物の排出量が平成十七年ガソリン軽中量車基準に定める窒素酸化物の値の二分の一を超えないこと。

(2) エネルギー消費効率が令和二年度基準エネルギー消費効率以上であること。

ニ 車両総重量が二・五トン以下のトラックのうち、次のいずれにも該当するもので総務省令で定めるもの

(1) 次のいずれかに該当すること。

(i) 平成三十年ガソリン軽中量車基準に適合し、かつ、窒素酸化物の排出量が平成三十年ガソリン軽中量車基準に定める窒素酸化物の値の二分の一を超えないこと。

(ii) 平成十七年ガソリン軽中量車基準に適合し、かつ、窒素酸化物の排出量が平成十七年ガソリン軽中量車基準に定める窒素酸化物の値の四分の一を超えないこと。

(2) エネルギー消費効率が令和四年度基準エネルギー消費効率に百分の九十五を乗じて得た数値以上であること。

ホ　車両総重量が二・五トンを超え三・五トン以下のトラックのうち、次のいずれにも該当するもので総務省令で定めるもの

(1)　次のいずれかに該当すること。

(i)　平成三十年ガソリン軽中量車基準に適合し、かつ、窒素酸化物の排出量が平成三十年ガソリン軽中量車基準に定める窒素酸化物の値の四分の三を超えないこと。

(ii)　平成十七年ガソリン軽中量車基準に適合し、かつ、窒素酸化物の排出量が平成十七年ガソリン軽中量車基準に定める窒素酸化物の値の二分の一を超えないこと。

(2)　エネルギー消費効率が令和四年度基準エネルギー消費効率に百分の九十五を乗じて得た数値以上であること。

二　次に掲げる石油ガス自動車

イ　営業用の乗用車のうち、次のいずれにも該当するもので総務省令で定めるもの

(1)　次のいずれかに該当すること。

(i)　平成三十年石油ガス軽中量車基準に適合し、かつ、窒素酸化物の排出量が平成三十年石油ガス軽中量車基準に定める窒素酸化物の値の四分の一を超えないこと。

(ii)　平成十七年石油ガス軽中量車基準に適合し、かつ、窒素酸化物の排出量が平成十七年石油ガス軽中量車基準に定める窒素酸化物の値の二分の一を超えないこと。

(2)　エネルギー消費効率が令和十二年度基準エネルギー消費効率に百分の七十を乗じて得た数値以上であること。

(3)　エネルギー消費効率が令和二年度基準エネルギー消費効率以上であること。

ロ　自家用の乗用車のうち、次のいずれにも該当するもので総務省令で定めるもの

(1)　次のいずれかに該当すること。

(i)　平成三十年石油ガス軽中量車基準に適合し、かつ、窒素酸化物の排出量が平成三十年石油ガス軽中量車基準に定める窒素酸化物の値の二分の一を超えないこと。

(ii)　平成十七年石油ガス軽中量車基準に適合し、かつ、窒素酸化物の排出量が平成十七年石油ガス軽中量車基準に定める窒素酸化物の値の四分の一を超えないこと。

(2)　エネルギー消費効率が令和十二年度基準エネルギー消費効率に百分の七十五を乗じて得た数値以上であること。

(3)　エネルギー消費効率が令和二年度基準エネルギー消費効率以上であること。

三　次に掲げる軽油自動車

イ　営業用の乗用車のうち、次のいずれにも該当するもので総務省令で定めるもの

(1)　平成三十年軽油軽中量車基準又は平成二十一年軽油軽中量車基準に適合すること。

(2)　エネルギー消費効率が令和十二年度基準エネルギー消費効率に百分の七十を乗じて得た数値以上であること。

(3)　エネルギー消費効率が令和二年度基準エネルギー消費効率以上であること。

ロ　自家用の乗用車のうち、次のいずれにも該当するもので総務省令で定めるもの

(1)　平成三十年軽油軽中量車基準又は平成二十一年軽油軽中量車基準に適合すること。

(2)　エネルギー消費効率が令和十二年度基準エネルギー消費効率に百分の七十五を乗じて得た数値以上であること。

(3)　エネルギー消費効率が令和二年度基準エネルギー消費効率以上であること。

ハ　車両総重量が三・五トン以下のバスのうち、次のいずれにも該当するもので総務省令で定めるもの

(1)　平成二十一年軽油軽中量車基準に適合すること。

(2)　エネルギー消費効率が令和二年度基準エネルギー消費効率以上であること。

ニ　車両総重量が二・五トンを超え三・五トン以下のトラックのうち、次のいずれにも該当するもので総務省令で定めるもの

(1)　平成二十一年軽油軽中量車基準に適合すること。

(2)　エネルギー消費効率が令和四年度基準エネルギー消費効率に百分の九十五を乗じて得た数値以上であること。

ホ　車両総重量が三・五トンを超えるバス又はトラックのうち、次のいずれにも該当するもので総務省令で定めるもの

(1)　次のいずれかに該当すること。

(i)　平成二十八年軽油重量車基準に適合すること。

(ii)　平成二十一年軽油重量車基準に適合し、かつ、窒素酸化物及び粒子状物質の排出量が平成二十一年軽油重量車基準に定める窒素酸化物及び粒子状物質の値の十分の九を超えないこと。

(2)　エネルギー消費効率が令和七年度基準エネルギー消費効率に百分の九十五を乗じて得た数値以上であること。

3　第百四十九条第一項及び前二項（これらの規定を次項から第六項までにおいて準用する場合を含む。）の規定の適用を受ける自動車以外の自動車に対して課する環境性能割の税率は、百分の三とする。

4　第一項（第一号イ、ロ及びニに係る部分に限る。）及び第二項（第一号イ、ロ及びホに係る部分に限る。）の規定は、平成二十二年度基準エネルギー消費効率算定自動車について準用する。この場合において、次の表の上欄に掲げる規定中同表の中欄に掲げる字句は、それぞれ同表の下欄に掲げる字句に読み替えるものとする。

第一項第一号イ(2)	令和十二年度基準エネルギー消費効率に百分の八十	第百四十九条第二項に規定する基準エネルギー消費効率であって平成二十二年度以降の各年度において適用されるべきものとして定められたもの（以下こ

		の号及び次項第一号において「平成二十二年度基準エネルギー消費効率」という。）に百分の百七十三
第一項第一号イ(3)	令和二年度基準エネルギー消費効率	平成二十二年度基準エネルギー消費効率に百分の百五十を乗じて得た数値
第一項第一号ロ(2)	令和十二年度基準エネルギー消費効率に百分の八十五	平成二十二年度基準エネルギー消費効率に百分の百八十四
第一項第一号ロ(3)	令和二年度基準エネルギー消費効率	平成二十二年度基準エネルギー消費効率に百分の百五十を乗じて得た数値
第一項第一号ホ(2)	令和四年度基準エネルギー消費効率）	平成二十二年度基準エネルギー消費効率に百分の百五十五を乗じて得た数値）
第二項第一号イ(2)	令和十二年度基準エネルギー消費効率に百分の七十	平成二十二年度基準エネルギー消費効率に百分の百五十一
第二項第一号イ(3)	令和二年度基準エネルギー消費効率	平成二十二年度基準エネルギー消費効率に百分の百五十を乗じて得た数値
第二項第一号ロ(2)	令和十二年度基準エネルギー消費効率に百分の七十五	平成二十二年度基準エネルギー消費効率に百分の百六十二
第二項第一号ロ(3)	令和二年度基準エネルギー消費効率	平成二十二年度基準エネルギー消費効率に百分の百五十を乗じて得た数値
第二項第二号ニ(2)	令和四年度基準エネルギー消費効率に百分の九十五	平成二十二年度基準エネルギー消費効率に百分の百四十七

5　第一項（第一号イ及びロ、第二号並びに第三号イ及びロに係る部分に限る。）及び第二項（第一号イ及びロ、第二号並びに第三号イ及びロに係る部分に限る。）の規定は、令和三年度基準エネルギー消費効率等算定自動車について準用する。この場合において、次の表の上欄に掲げる規定中同表の中欄に掲げる字句は、それぞれ同表の下欄に掲げる字句に読み替えるものとする。

第一項第一号イ(2)	令和十二年度基準エネルギー消費効率に百分の八十	令和二年度基準エネルギー消費効率に百分の百十六
第一項第一号ロ(2)	令和十二年度基準エネルギー消費効率に百分の八十五	令和二年度基準エネルギー消費効率に百分の百二十三
第一項第二号イ(2)	令和十二年度基準エネルギー消費効率に百分の八十	令和二年度基準エネルギー消費効率に百分の百十六
第一項第二号ロ(2)	令和十二年度基準エネルギー消費効率に百分の八十五	令和二年度基準エネルギー消費効率に百分の百二十三
第一項第三号イ(2)	令和十二年度基準エネルギー消費効率に百分の八十	令和二年度基準エネルギー消費効率に百分の百十六
第一項第三号ロ(2)	令和十二年度基準エネルギー消費効率に百分の八十五	令和二年度基準エネルギー消費効率に百分の百二十三
第二項第一号イ(2)	令和十二年度基準エネルギー消費効率に百分の七十	令和二年度基準エネルギー消費効率に百分の百二
第二項第一号ロ(2)	令和十二年度基準エネルギー消費効率に百分の七十五	令和二年度基準エネルギー消費効率に百分の百九
第二項第二号イ(2)	令和十二年度基準エネルギー消費効率に百分の七十	令和二年度基準エネルギー消費効率に百分の百二
第二項第二号ロ(2)	令和十二年度基準エネルギー消費効率に百分の七十五	令和二年度基準エネルギー消費効率に百分の百九
第二項第三号イ(2)	令和十二年度基準エネルギー消費効率に百分の七十	令和二年度基準エネルギー消費効率に百分の百二
第二項第三号ロ(2)	令和十二年度基準エネルギー消費効率に百分の七十五	令和二年度基準エネルギー消費効率に百分の百九

6　第一項（第三号トに係る部分に限る。）及び第二項（第三号ホに係る部分に限る。）の規定は、平成二十七年度基準エネルギー消費効率算定自動車について準用する。この場合において、第一項第三号ト(2)中「令和七年度基準エネルギー消費効率」とあるのは「基準エネルギー消費効率であつて平成二十七年度以降の各年度において適用されるべきものとして定められたもの（次項第三号ホ(2)において「平成二十七年度基準エネルギー消費効率」という。）に百分の百十を乗じて得た数値」と、第二項第三号ホ(2)中「令和七年度基準エネルギー消費効率に百分の九十五」とあるのは「平成二十七年度基準エネルギー消費効率に百分の百五」と読み替えるものとする。

7　前各項の規定の適用を受ける自動車の範囲については、二年ごとに見直しを行うものとする。

（環境性能割の免税点）

第百五十八条　道府県は、通常の取得価額が五十万円以下である自動車に対しては、環境性能割を課することができない。

第二目　申告納付並びに更正及び決定等

（環境性能割の徴収の方法）

第百五十九条　環境性能割の徴収については、申告納付の方法によらなければならない。

（環境性能割の申告納付）

第百六十条　環境性能割の納税義務者は、次の各号に掲げる自動車の区分に応じ、当該各号に定める時又は日までに、総務省令で定める様式により、環境性能割の課税標準額、環境性能割額その他必要な事項を記載した申告書を道府県知事に提出するとともに、その申告に係る環境性能割額を当該道府県に納付しなければならない。

一　新規登録を受ける自動車　当該新規登録の時

二　道路運送車両法第十三条第一項の規定による移転登録（以下この号及び第百七十七条の十三第一項において「移転登録」という。）を受けるべき自動車　当該移転登録を受けるべき事由があつた日から十五日を経過する日（その日前に当該移転登録を受けたときは、当該移転登録の時）

三　前二号に掲げる自動車以外の自動車で、道路運送車両法第六十七条第一項の規定による自動車検査証の変更記録を受けるべき自動車　当該変更記録を受けるべき事由があつた日から十五日を経過する日（その日前に当該変更記録を受けたときは、当該変更記録の時）

四　前三号に掲げる自動車以外の自動車　当該自動車の取得の日から十五日を経過する日

2　自動車の取得者（環境性能割の納税義務者を除く。以下この項において同じ。）は、前項各号に掲げる区分に応じ、当該各号に定める時又は日までに、総務省令で定める様式により、当該自動車の取得者が取得した自動車について必要な事項を記載した報告書を道府県知事に提出しなければならない。

（環境性能割の期限後申告及び修正申告納付）

第百六十一条　前条第一項の規定により同項に規定する申告書（以下この目において「申告書」という。）を提出すべき者は、同項各号に規定する申告書の提出期限（以下この目において「申告書の提出期限」という。）後においても、第百六十八条第四項の規定による決定の通知があるまでの間は、前条第一項の規定により申告納付することができる。

2　前条第一項若しくはこの項の規定により申告書若しくは修正申告書を提出した者又は第百六十八条第一項から第三項までの規定による更正若しくは決定を受けた者は、当該申告書若しくは修正申告書又は当該更正若しくは決定に係る課税標準額又は環境性能割額について不足額がある場合には、遅滞なく、総務省令で定める事項を記載した修正申告書を道府県知事に提出するとともに、その修正により増加した環境性能割額を当該道府県に納付しなければならない。

（環境性能割の納付の方法）

第百六十二条　環境性能割の納税義務者は、第百六十条第一項又は前条の規定により環境性能割額を納付する場合（第百七十条の規定により当該環境性能割額に係る延滞金額を納付する場合を含む。次項において同じ。）には、申告書又は前条第二項に規定する修正申告書（以下この目において「修正申告書」という。）に道府県が発行する証紙を貼つてしなければならない。ただし、当該道府県の条例で当該環境性能割額（当該環境性能割額に係る延滞金額を含む。次項において同じ。）に相当する金額を証紙代金収納計器で表示させる納付の方法が定められている場合には、これによることができる。

2　道府県は、環境性能割の納税義務者が第百六十条第一項又は前条の規定により環境性能割額を納付する場合において、当該道府県の条例で、前項の証紙に代えて、当該環境性能割額に相当する現金を納付することができる旨を定めることができる。

3　道府県は、第一項の規定により納税義務者が証紙を貼つた場合には、当該証紙を貼つた紙面と当該証紙の彩紋とにかけて当該道府県の印で判明にこれを消さなければならない。

4　第一項の証紙の取扱いに関しては、当該道府県の条例で定めなければならない。

（環境性能割に係る不申告等に関する過料）

第百六十三条　道府県は、環境性能割の納税義務者が第百六十条の規定により申告し、又は報告すべき事項について正当な事由がなくて申告又は報告をしなかつた場合には、その者に対し、当該道府県の条例で十万円以下の過料を科する旨の規定を設けることができる。

（譲渡担保財産に対して課する環境性能割の納税義務の免除等）

第百六十四条　道府県は、譲渡担保権者が譲渡担保財産として自動車の取得をした場合において、当該譲渡担保財産により担保される債権の消滅により当該取得の日から六月以内に譲渡担保権者から譲渡担保財産の設定者に当該譲渡担保財産を移転したときは、譲渡担保権者が取得した当該譲渡担保財産に対する環境性能割に係る地方団体の徴収金に係る納税義務を免除するものとする。

2　道府県知事は、自動車の取得者から環境性能割について前項の規定の適用があるべき旨の申告があり、当該申告が真実であると認めるときは、当該取得の日から六月以内の期間を限つて、当該自動車に対する環境性能割に係る地方団体の徴収金の徴収を猶予するものとする。

3　道府県知事は、前項の規定による徴収の猶予をした場合には、当該徴収の猶予がされた環境性能割額に係る延滞金額のうち当該徴収を猶予した期間に対応する部分の金額を免除するものとする。

4　道府県知事は、第二項の規定による徴収の猶予をした場合において、当該徴収の猶予に係る環境性能割について第一項の規定の適用がないことが明らかとなつたときは、当該徴収の猶予を取り消さなければならない。この場合において、徴収の猶予を取り消された者は、直ちに当該徴収の猶予がされた環境性能割に係る地方団体の徴収金を納付しなければならない。

5　第十五条の二の二及び第十五条の二の三第一項の規定は第二項の規定による徴収の猶予について、第十五条の三第三項の規定は前項の規定による徴収の猶予の取消しについて、それぞれ準用する。

6　道府県が環境性能割に係る地方団体の徴収金を徴収した場合において、当該環境性能割について第一項の規定の適用があることとなつたときは、道府県知事は、同項の譲渡担保権者の申請に基づいて、当該地方団体の徴収金を還付するものとする。

7　道府県知事は、前項の規定により環境性能割に係る地方団体の徴収金を還付する場合において、還付を受けるべき者の未納に係る地方団体の徴収金があるときは、当該還付すべき額をこれに充当しなければならない。

8　前二項の規定により環境性能割に係る地方団体の徴収金を

還付し、又は充当する場合には、第六項の規定による還付の申請があつた日から起算して十日を経過した日を第十七条の四第一項各号に定める日とみなして、同項の規定を適用する。

（自動車の返還があつた場合の環境性能割の納税義務の免除等）

第百六十五条　道府県は、自動車販売業者から自動車の取得をした者（以下この項及び次項において「自動車の取得をした者」という。）が、当該自動車の性能が良好でないことその他これに類する理由で総務省令で定めるものにより、当該自動車の取得の日から一月以内に当該自動車を当該自動車販売業者に返還した場合には、当該自動車の取得をした者が取得した自動車に対する環境性能割に係る納税義務を免除するものとする。

2　道府県が環境性能割を徴収した場合において、当該環境性能割について前項の規定の適用があることとなつたときは、当該道府県知事は、自動車の取得をした者の申請に基づいて、当該環境性能割額に相当する額を還付するものとする。

3　前条第七項の規定は、前項の規定により環境性能割額を還付する場合について準用する。

（環境性能割の脱税に関する罪）

第百六十六条　偽りその他不正の行為により環境性能割の全部又は一部を免れたときは、その違反行為をした者は、五年以下の懲役若しくは百万円以下の罰金に処し、又はこれを併科する。

2　前項の免れた税額が百万円を超える場合には、情状により、同項の罰金の額は、同項の規定にかかわらず、百万円を超える額でその免れた税額に相当する額以下の額とすることができる。

3　第一項に規定するもののほか、申告書を申告書の提出期限までに提出しないことにより、環境性能割の全部又は一部を免れたときは、その違反行為をした者は、三年以下の懲役若しくは五十万円以下の罰金に処し、又はこれを併科する。

4　前項の免れた税額が五十万円を超える場合には、情状により、同項の罰金の額は、同項の規定にかかわらず、五十万円を超える額でその免れた税額に相当する額以下の額とすることができる。

5　法人の代表者又は法人若しくは人の代理人、使用人その他の従業者がその法人又は人の業務又は財産に関して第一項又は第三項の違反行為をした場合には、その行為者を罰するほか、その法人又は人に対し、当該各項の罰金刑を科する。

6　前項の規定により第一項の違反行為につき法人又は人に罰金刑を科する場合における時効の期間は、同項の罪についての時効の期間による。

> 注　令和四年六月一七日法律六八号により改正され、令和七年六月一日から施行
> 第百六十六条第一項及び第三項中「懲役」を「拘禁刑」に改める。

（環境性能割の減免）

第百六十七条　道府県知事は、天災その他特別の事情がある場合において環境性能割の減免を必要とすると認める者その他特別の事情がある者に限り、当該道府県の条例で定めるところにより、環境性能割を減免することができる。

（環境性能割の更正及び決定）

第百六十八条　道府県知事は、申告書又は修正申告書の提出があつた場合において、当該申告書又は修正申告書に係る課税標準額又は環境性能割額がその調査したところと異なるときは、これを更正する。

2　道府県知事は、申告書を提出すべき者が当該申告書を提出しなかつた場合には、その調査により、申告すべき課税標準額及び環境性能割額を決定する。

3　道府県知事は、第一項若しくはこの項の規定により更正し、又は前項の規定により決定した課税標準額又は環境性能割額について過不足額があることを知つたときは、その調査により、これを更正する。

4　道府県知事は、前三項の規定により課税標準額又は環境性能割額を更正し、又は決定した場合には、遅滞なく、これを納税者に通知しなければならない。

（環境性能割の不足税額及びその延滞金の徴収）

第百六十九条　道府県の徴税吏員は、前条第一項から第三項までの規定による更正又は決定があつた場合において、不足税額（更正による不足税額又は決定による税額をいう。以下この款において同じ。）があるときは、同条第四項の通知をした日から一月を経過する日を納期限として、これを徴収しなければならない。

2　前項の場合においては、その不足税額に第百六十条第一項各号に規定する納期限（納期限の延長があつたときは、その延長された納期限。以下この款において同じ。）の翌日から納付の日までの期間の日数に応じ、年十四・六パーセント（前項の納期限までの期間又は当該納期限（第百六十四条第二項の規定により徴収を猶予した税額にあつては、当該猶予した期間の末日）の翌日から一月を経過する日までの期間については、年七・三パーセント）の割合を乗じて計算した金額に相当する延滞金額を加算して徴収しなければならない。

3　道府県知事は、納税者が前条第一項から第三項までの規定による更正又は決定を受けたことについてやむを得ない理由があると認める場合には、前項の延滞金額を減免することができる。

（納期限後に申告納付する環境性能割の延滞金）

第百七十条　環境性能割の納税者は、第百六十条第一項各号に規定する納期限後にその税金を納付する場合には、当該税額に、当該納期限の翌日から納付の日までの期間の日数に応じ、年十四・六パーセント（次の各号に掲げる税額の区分に応じ、当該各号に定める日までの期間については、年七・三パーセント）の割合を乗じて計算した金額に相当する延滞金額を加算して納付しなければならない。

一　申告書の提出期限までに提出した申告書に係る税額（第四号に掲げる税額を除く。次号及び第三号において同じ。）　当該税額に係る納期限の翌日から一月を経過する日

二　申告書の提出期限後に提出した申告書に係る税額　当該提出した日又はその日の翌日から一月を経過する日

三　修正申告書に係る税額　修正申告書を提出した日又はその日の翌日から一月を経過する日

四　第百六十四条第二項の規定により徴収を猶予した税額　当該猶予した期間の末日の翌日から一月を経過する日

2　道府県知事は、納税者が第百六十条第一項各号に規定する

納期限までに税金を納付しなかつたことについてやむを得ない理由があると認める場合には、前項の延滞金額を減免することができる。

（環境性能割の過少申告加算金及び不申告加算金）

第百七十一条　申告書の提出期限までに申告書の提出があつた場合（申告書の提出期限後に申告書の提出があつた場合において、次項ただし書又は第八項の規定の適用があるときを含む。以下この項において同じ。）において、第百六十八条第一項若しくは第三項の規定による更正があつたとき、又は修正申告書の提出があつたときは、道府県知事は、当該更正又は修正申告前の申告又は修正申告に係る税額に誤りがあつたことについて正当な理由がないと認める場合には、当該更正による不足税額又は当該修正申告により増加した税額（以下この項において「対象不足税額等」という。）に百分の十の割合を乗じて計算した金額（当該対象不足税額等（当該更正又は修正申告前にその更正又は修正申告に係る環境性能割について更正又は修正申告書の提出があつた場合には、その更正による不足税額又は修正申告により増加した税額の合計額（当該更正又は修正申告前の申告又は修正申告に係る税額に誤りがあつたことについて正当な理由があると認めるときは、その更正による不足税額又は修正申告により増加した税額を控除した金額とし、当該環境性能割についてその納付すべき税額を減少させる更正又は更正に係る審査請求若しくは訴えについての裁決若しくは判決による原処分の異動があつたときは、これらにより減少した部分の税額に相当する金額を控除した金額とする。）を加算した金額とする。）が申告書の提出期限までに申告書の提出があつた場合における当該申告書に係る税額に相当する金額と五十万円とのいずれか多い金額を超えるときは、その超える部分に相当する金額（当該対象不足税額等が当該超える部分に相当する金額に満たないときは、当該対象不足税額等）に百分の五の割合を乗じて計算した金額を加算した金額とする。）に相当する過少申告加算金額を徴収しなければならない。ただし、修正申告書の提出があつた場合において、その提出が当該修正申告書に係る環境性能割額について同条第一項又は第三項の規定による更正があるべきことを予知してされたものでないときは、この限りでない。

2　次の各号のいずれかに該当する場合には、道府県知事は、当該各号に規定する申告、決定又は更正により納付すべき税額に百分の十五の割合を乗じて計算した金額に相当する不申告加算金額を徴収しなければならない。ただし、申告書の提出期限までに申告書の提出がなかつたことについて正当な理由があると認める場合は、この限りでない。

一　申告書の提出期限後に申告書の提出があつた場合又は第百六十八条第二項の規定による決定があつた場合

二　申告書の提出期限後に申告書の提出があつた後において修正申告書の提出又は第百六十八条第一項若しくは第三項の規定による更正があつた場合

三　第百六十八条第二項の規定による決定があつた後において修正申告書の提出又は同条第三項の規定による更正があつた場合

3　前項の規定に該当する場合（同項ただし書又は第八項の規定の適用がある場合を除く。次項及び第五項において同じ。）において、前項に規定する納付すべき税額（同項第二号又は第三号に該当する場合には、これらの規定に規定する修正申告又は更正前にされた当該環境性能割に係る申告書の提出期限後の申告又は第百六十八条第一項から第三項までの規定による更正若しくは決定により納付すべき税額の合計額（当該納付すべき税額を減少させる更正又は更正に係る審査請求若しくは訴えについての裁決若しくは判決による原処分の異動があつたときは、これらにより減少した部分の税額に相当する金額を控除した金額とする。次項において「累積納付税額」という。）を加算した金額。次項において「加算後累積納付税額」という。）が五十万円を超えるときは、前項に規定する不申告加算金額は、同項の規定にかかわらず、同項の規定により計算した金額に、その超える部分に相当する金額（同項に規定する納付すべき税額が当該超える部分に相当する金額に満たないときは、当該納付すべき税額）に百分の五の割合を乗じて計算した金額を加算した金額とする。

4　第二項の規定に該当する場合において、加算後累積納付税額（当該加算後累積納付税額の計算の基礎となつた事実のうちに同項各号に規定する申告、決定又は更正前の税額（還付金の額に相当する税額を含む。）の計算の基礎とされていなかつたことについて当該納税者の責めに帰すべき事由がないと認められるものがあるときは、その事実に基づく税額として政令で定めるところにより計算した金額を控除した税額）が三百万円を超えるときは、同項に規定する不申告加算金額は、前二項の規定にかかわらず、加算後累積納付税額を次の各号に掲げる金額に区分してそれぞれの金額に当該各号に定める割合を乗じて計算した金額の合計額から累積納付税額を当該各号に掲げる金額に区分してそれぞれの金額に当該各号に定める割合を乗じて計算した金額の合計額を控除した金額とする。

一　五十万円以下の部分に相当する金額　百分の十五の割合

二　五十万円を超え三百万円以下の部分に相当する金額　百分の二十の割合

三　三百万円を超える部分に相当する金額　百分の三十の割合

5　第二項の規定に該当する場合において、次の各号のいずれかに該当するときは、同項に規定する不申告加算金額は、前三項の規定にかかわらず、これらの規定により計算した金額に、第二項に規定する納付すべき税額に百分の十の割合を乗じて計算した金額を加算した金額とする。

一　申告書の提出期限後の申告書の提出若しくは修正申告書の提出（当該申告書又は修正申告書に係る環境性能割について第百六十八条第一項から第三項までの規定による更正又は決定があるべきことを予知してされたものに限る。次号において同じ。）又は同条第一項から第三項までの規定による更正若しくは決定があつた日の前日から起算して五年前の日までの間に、環境性能割について、不申告加算金（次項の規定の適用があるものを除く。同号において同じ。）又は重加算金（次条第三項第一号において「不申告加算金等」という。）を徴収されたことがある場合

二　申告書の提出期限後の申告書の提出若しくは修正申告書の提出又は第百六十八条第一項から第三項までの規定による更正若しくは決定に係る環境性能割の納税義務が成立した日の属する年の前年及び前々年に納税義務が成立した環境性能割について、不申告加算金若しくは重加算金（次条

第二項の規定の適用があるものに限る。）（以下この号及び次条第三項第二号において「特定不申告加算金等」という。）を徴収されたことがあり、又は特定不申告加算金等に係る決定をすべきと認める場合

6 申告書の提出期限後に申告書の提出があつた場合又は修正申告書の提出があつた場合において、その提出が当該申告書又は修正申告書に係る環境性能割について第百六十八条第一項から第三項までの規定による更正又は決定があるべきことを予知してされたものでないときは、当該申告書又は修正申告書に係る税額に係る第二項に規定する不申告加算金額は、同項から第四項までの規定にかかわらず、当該税額に百分の五の割合を乗じて計算した金額に相当する額とする。

7 道府県知事は、第一項の規定により徴収すべき過少申告加算金額又は第二項の規定により徴収すべき不申告加算金額を決定した場合には、遅滞なく、納税者に通知しなければならない。

8 第二項の規定は、第六項の規定に該当する申告書の提出があつた場合において、その提出が、申告書の提出期限までに提出する意思があつたと認められる場合として政令で定める場合に該当して行われたものであり、かつ、申告書の提出期限から一月を経過する日までに行われたものであるときは、適用しない。

（環境性能割の重加算金）

第百七十二条 前条第一項の規定に該当する場合において、納税者が課税標準額の計算の基礎となるべき事実の全部又は一部を隠蔽し、又は仮装し、かつ、その隠蔽し、又は仮装した事実に基づいて申告書、修正申告書又は第二十条の九の三第三項に規定する更正請求書（次項において「更正請求書」という。）を提出したときは、道府県知事は、政令で定めるところにより、前条第一項に規定する過少申告加算金額に代えて、その計算の基礎となるべき更正による不足税額又は修正申告により増加した税額に百分の三十五の割合を乗じて計算した金額に相当する重加算金額を徴収しなければならない。

2 前条第二項の規定に該当する場合（同項ただし書の規定の適用がある場合を除く。）において、納税者が課税標準額の計算の基礎となるべき事実の全部又は一部を隠蔽し、又は仮装し、かつ、その隠蔽し、又は仮装した事実に基づいて、申告書の提出期限までに申告書を提出せず、又は申告書の提出期限後に申告書の提出をし、修正申告書を提出し、若しくは更正請求書を提出したときは、道府県知事は、同項に規定する不申告加算金額に代えて、その計算の基礎となるべき税額に百分の四十の割合を乗じて計算した金額に相当する重加算金額を徴収しなければならない。

3 前二項の規定に該当する場合において、次の各号のいずれか（第一項の規定に該当する場合にあつては、第一号）に該当するときは、前二項に規定する重加算金額は、これらの規定にかかわらず、これらの規定により計算した金額に、第一項の規定に該当するときは同項に規定する計算の基礎となるべき更正による不足税額又は修正申告により増加した税額に、前項の規定に該当するときは同項に規定する計算の基礎となるべき税額に、それぞれ百分の十の割合を乗じて計算した金額を加算した金額とする。

一 前二項に規定する課税標準額の計算の基礎となるべき事実で隠蔽し、又は仮装されたものに基づき申告書の提出期限後の申告書の提出、修正申告書の提出又は第百六十八条第一項から第三項までの規定による更正若しくは決定があつた日の前日から起算して五年前の日までの間に、環境性能割について、不申告加算金等を徴収されたことがある場合

二 申告書の提出期限後の申告書の提出、修正申告書の提出又は第百六十八条第一項から第三項までの規定による更正若しくは決定に係る環境性能割の納税義務が成立した日の属する年の前年及び前々年に納税義務が成立した環境性能割について、特定不申告加算金等を徴収されたことがあり、又は特定不申告加算金等に係る決定をすべきと認める場合

4 道府県知事は、前三項の規定に該当する場合において、申告書又は修正申告書の提出について前条第一項ただし書又は第六項に規定する理由があるときは、当該申告により納付すべき税額又は当該修正申告により増加した税額を基礎として計算した重加算金額を徴収しない。

5 道府県知事は、第一項又は第二項の規定により徴収すべき重加算金額を決定した場合には、遅滞なく、納税者に通知しなければならない。

第三目 督促及び滞納処分

（環境性能割に係る督促）

第百七十三条 納税者が納期限（更正又は決定があつた場合には、不足税額の納期限。以下この項及び第百七十五条第三項において同じ。）までに環境性能割に係る地方団体の徴収金を完納しない場合には、道府県の徴税吏員は、納期限後二十日以内に、督促状を発しなければならない。ただし、繰上徴収をする場合は、この限りでない。

2 特別の事情がある道府県においては、当該道府県の条例で前項に規定する期間と異なる期間を定めることができる。

（環境性能割に係る督促手数料）

第百七十四条 道府県の徴税吏員は、督促状を発した場合には、当該道府県の条例で定めるところにより、手数料を徴収することができる。

（環境性能割に係る滞納処分）

第百七十五条 環境性能割に係る滞納者が次の各号のいずれかに該当するときは、道府県の徴税吏員は、当該環境性能割に係る地方団体の徴収金につき、滞納者の財産を差し押さえなければならない。

一 滞納者が督促を受け、その督促状を発した日から起算して十日を経過した日までにその督促に係る環境性能割に係る地方団体の徴収金を完納しないとき。

二 滞納者が繰上徴収に係る告知により指定された納期限までに環境性能割に係る地方団体の徴収金を完納しないとき。

2 第二次納税義務者又は保証人について前項の規定を適用する場合には、同項第一号中「督促状」とあるのは、「納付の催告書」とする。

3 環境性能割に係る地方団体の徴収金の納期限後第一項第一号に規定する十日を経過した日までに、督促を受けた滞納者につき第十三条の二第一項各号のいずれかに該当する事実が生じたときは、道府県の徴税吏員は、直ちにその財産を差し

押さえることができる。

4　滞納者の財産につき強制換価手続が行われた場合には、道府県の徴収吏員は、執行機関（破産法第百十四条第一号に掲げる請求権に係る環境性能割に係る地方団体の徴収金の交付要求を行う場合には、その交付要求に係る破産事件を取り扱う裁判所）に対し、滞納に係る環境性能割に係る地方団体の徴収金につき、交付要求をしなければならない。

5　道府県の徴収吏員は、第一項から第三項までの規定により差押えをすることができる場合において、滞納者の財産で国税徴収法第八十六条第一項各号に掲げるものにつき、既に他の地方団体の徴収金若しくは国税の滞納処分又はこれらの滞納処分の例による処分による差押えがされているときは、当該財産についての交付要求は、参加差押えによりすることができる。

6　前各項に定めるもののほか、環境性能割に係る地方団体の徴収金の滞納処分については、国税徴収法に規定する滞納処分の例による。

7　前各項の規定による処分は、当該道府県の区域外においても行うことができる。

（環境性能割に係る滞納処分に関する罪）

第百七十六条　環境性能割の納税者が滞納処分の執行を免れる目的でその財産を隠蔽し、損壊し、若しくは道府県の不利益に処分し、その財産に係る負担を偽つて増加する行為をし、又はその現状を改変して、その財産の価額を減損し、若しくはその滞納処分に係る滞納処分費を増大させる行為をしたときは、その者は、三年以下の懲役若しくは二百五十万円以下の罰金に処し、又はこれを併科する。

2　納税者の財産を占有する第三者が納税者に滞納処分の執行を免れさせる目的で前項の行為をしたときも、同項と同様とする。

3　情を知つて前二項の行為につき納税者又はその財産を占有する第三者の相手方となつたときは、その相手方としてその違反行為をした者は、二年以下の懲役若しくは百五十万円以下の罰金に処し、又はこれを併科する。

4　法人の代表者又は法人若しくは人の代理人、使用人その他の従業者がその法人又は人の業務又は財産に関して前三項の違反行為をした場合には、その行為者を罰するほか、その法人又は人に対し、当該各項の罰金刑を科する。

注　令和四年六月一七日法律六八号により改正され、令和七年六月一日から施行
　第百七十六条第一項及び第三項中「懲役」を「拘禁刑」に改める。

（国税徴収法の例による環境性能割に係る滞納処分に関する検査拒否等の罪）

第百七十七条　次の各号のいずれかに該当する場合には、その違反行為をした者は、一年以下の懲役又は五十万円以下の罰金に処する。

一　第百七十五条第六項の場合において、国税徴収法第百四十一条の規定の例により行う道府県の徴税吏員の質問に対して答弁をせず、又は偽りの陳述をしたとき。

二　第百七十五条第六項の場合において、国税徴収法第百四十一条の規定の例により行う道府県の徴税吏員の帳簿書類（同条に規定する帳簿書類をいう。次号において同じ。）その他の物件の検査を拒み、妨げ、又は忌避したとき。

三　第百七十五条第六項の場合において、国税徴収法第百四十一条の規定の例により行う道府県の徴税吏員の物件の提示又は提出の要求に対し、正当な理由がなくこれに応じず、又は偽りの記載若しくは記録をした帳簿書類その他の物件（その写しを含む。）を提示し、若しくは提出したとき。

注　令和四年六月一七日法律六八号により改正され、令和七年六月一日から施行
　第百七十七条第一項中「懲役」を「拘禁刑」に改める。

2　法人の代表者又は法人若しくは人の代理人、使用人その他の従業者がその法人又は人の業務又は財産に関して前項の違反行為をした場合には、その行為者を罰するほか、その法人又は人に対し、同項の罰金刑を科する。

（国税徴収法の例による環境性能割に係る滞納処分に関する虚偽の陳述の罪）

第百七十七条の二　第百七十五条第六項の場合において、国税徴収法第九十九条の二（同法第百九条第四項において準用する場合を含む。）の規定の例により道府県知事に対して陳述すべき事項について虚偽の陳述をした者は、六月以下の懲役又は五十万円以下の罰金に処する。

注　令和四年六月一七日法律六八号により改正され、令和七年六月一日から施行
　第百七十七条の二中「懲役」を「拘禁刑」に改める。

第四目　市町村に対する交付

第百七十七条の六　道府県は、当該道府県に納付された環境性能割額に相当する額に政令で定める率を乗じて得た額の百分の四十三に相当する額を、政令で定めるところにより、当該道府県内の市町村（特別区を含む。以下この項において同じ。）に対し、当該市町村が管理する市町村道（当該市町村がその管理について経費を負担しないものその他総務省令で定めるものを除く。）の延長及び面積に按分して交付するものとする。

2　道路法第七条第三項に規定する指定市（以下この項において「指定市」という。）を包括する道府県（以下この項において「指定道府県」という。）は、前項の規定によるほか、政令で定めるところにより、当該指定道府県に納付された環境性能割額に相当する額に政令で定める率を乗じて得た額の百分の三十五に相当する額に、当該指定道府県の区域内に存する一般国道等（一般国道、高速自動車国道及び都道府県道（当該指定道府県又は指定市がその管理について経費を負担しないものその他総務省令で定めるものを除く。）をいう。以下この項において同じ。）の延長及び面積のうちに占める当該指定市の区域内に存する一般国道等の延長及び面積の割合を乗じて得た額を当該指定市に対して交付するものとする。

3　前二項の道路の延長及び面積は、総務省令で定めるところにより算定するものとする。ただし、道路の種類、幅員によ

る道路の種別その他の事情を参酌して、総務省令で定めるところにより補正することができる。

第三款　種別割

第一目　税率

（種別割の標準税率）

第百七十七条の七　次の各号に掲げる自動車に対して課する種別割の標準税率は、一台について、それぞれ当該各号に定める額とする。

一　乗用車（三輪の小型自動車であるものを除く。）

イ　営業用

(1)　総排気量が一リットル以下のもの　年額　七千五百円

(2)　総排気量が一リットルを超え、一・五リットル以下のもの　年額　八千五百円

(3)　総排気量が一・五リットルを超え、二リットル以下のもの　年額　九千五百円

(4)　総排気量が二リットルを超え、二・五リットル以下のもの　年額　一万三千八百円

(5)　総排気量が二・五リットルを超え、三リットル以下のもの　年額　一万五千七百円

(6)　総排気量が三リットルを超え、三・五リットル以下のもの　年額　一万七千九百円

(7)　総排気量が三・五リットルを超え、四リットル以下のもの　年額　二万五百円

(8)　総排気量が四リットルを超え、四・五リットル以下のもの　年額　二万三千六百円

(9)　総排気量が四・五リットルを超え、六リットル以下のもの　年額　二万七千二百円

(10)　総排気量が六リットルを超えるもの　年額　四万七百円

ロ　自家用

(1)　総排気量が一リットル以下のもの　年額　二万五千円

(2)　総排気量が一リットルを超え、一・五リットル以下のもの　年額　三万五百円

(3)　総排気量が一・五リットルを超え、二リットル以下のもの　年額　三万六千円

(4)　総排気量が二リットルを超え、二・五リットル以下のもの　年額　四万三千五百円

(5)　総排気量が二・五リットルを超え、三リットル以下のもの　年額　五万円

(6)　総排気量が三リットルを超え、三・五リットル以下のもの　年額　五万七千円

(7)　総排気量が三・五リットルを超え、四リットル以下のもの　年額　六万五千五百円

(8)　総排気量が四リットルを超え、四・五リットル以下のもの　年額　七万五千五百円

(9)　総排気量が四・五リットルを超え、六リットル以下のもの　年額　八万七千円

(10)　総排気量が六リットルを超えるもの　年額　十一万円

二　トラック（三輪の小型自動車であるものを除く。）

イ　営業用（けん引自動車であるもの及び被けん引自動車であるものを除く。）

(1)　最大積載量が一トン以下のもの　年額　六千五百円

(2)　最大積載量が一トンを超え、二トン以下のもの　年額　九千円

(3)　最大積載量が二トンを超え、三トン以下のもの　年額　一万二千円

(4)　最大積載量が三トンを超え、四トン以下のもの　年額　一万五千円

(5)　最大積載量が四トンを超え、五トン以下のもの　年額　一万八千五百円

(6)　最大積載量が五トンを超え、六トン以下のもの　年額　二万二千円

(7)　最大積載量が六トンを超え、七トン以下のもの　年額　二万五千五百円

(8)　最大積載量が七トンを超え、八トン以下のもの　年額　二万九千五百円

(9)　最大積載量が八トンを超えるもの　年額　二万九千五百円に最大積載量が八トンを超える部分一トンまでごとに四千七百円を加算した額

ロ　自家用（けん引自動車であるもの及び被けん引自動車であるものを除く。）

(1)　最大積載量が一トン以下のもの　年額　八千円

(2)　最大積載量が一トンを超え、二トン以下のもの　年額　一万千五百円

(3)　最大積載量が二トンを超え、三トン以下のもの　年額　一万六千円

(4)　最大積載量が三トンを超え、四トン以下のもの　年額　二万五百円

(5) 最大積載量が四トンを超え、五トン以下のもの　年額　二万五千五百円

(6) 最大積載量が五トンを超え、六トン以下のもの　年額　三万円

(7) 最大積載量が六トンを超え、七トン以下のもの　年額　三万五千円

(8) 最大積載量が七トンを超え、八トン以下のもの　年額　四万五百円

(9) 最大積載量が八トンを超えるもの　年額　四万五百円に最大積載量が八トンを超える部分一トンまでごとに六千三百円を加算した額

ハ　けん引自動車

(1) 営業用

(i) 小型自動車であるもの　年額　七千五百円

(ii) 普通自動車であるもの　年額　一万五千百円

(2) 自家用

(i) 小型自動車であるもの　年額　一万二百円

(ii) 普通自動車であるもの　年額　二万六百円

ニ　被けん引自動車

(1) 営業用

(i) 小型自動車であるもの　年額　三千九百円

(ii) 普通自動車であるもので最大積載量が八トン以下のもの　年額　七千五百円

(iii) 普通自動車であるもので最大積載量が八トンを超えるもの　年額　七千五百円に最大積載量が八トンを超える部分一トンまでごとに三千八百円を加算した額

(2) 自家用

(i) 小型自動車であるもの　年額　五千三百円

(ii) 普通自動車であるもので最大積載量が八トン以下のもの　年額　一万二百円

(iii) 普通自動車であるもので最大積載量が八トンを超えるもの　年額　一万二百円に最大積載量が八トンを超える部分一トンまでごとに五千百円を加算した額

三　バス（三輪の小型自動車であるものを除く。以下この号において同じ。）

イ　営業用

(1) 一般乗合用バス（道路運送法（昭和二十六年法律第百八十三号）第五条第一項第三号に規定する路線定期運行の用に供するバスをいう。(2)において同じ。）

(i) 乗車定員が三十人以下のもの　年額　一万二千円

(ii) 乗車定員が三十人を超え、四十人以下のもの　年額　一万四千五百円

(iii) 乗車定員が四十人を超え、五十人以下のもの　年額　一万七千五百円

(iv) 乗車定員が五十人を超え、六十人以下のもの　年額　二万円

(v) 乗車定員が六十人を超え、七十人以下のもの　年額　二万二千五百円

(vi) 乗車定員が七十人を超え、八十人以下のもの　年額　二万五千五百円

(vii) 乗車定員が八十人を超えるもの　年額　二万九千円

(2) 一般乗合用バス以外のバス

(i) 乗車定員が三十人以下のもの　年額　二万六千五百円

(ii) 乗車定員が三十人を超え、四十人以下のもの　年額　三万二千円

(iii) 乗車定員が四十人を超え、五十人以下のもの　年額　三万八千円

(iv) 乗車定員が五十人を超え、六十人以下のもの　年額　四万四千円

(v) 乗車定員が六十人を超え、七十人以下のもの　年額　五万五百円

(vi) 乗車定員が七十人を超え、八十人以下のもの　年額　五万七千円

(vii) 乗車定員が八十人を超えるもの　年額　六万四千円

ロ　自家用

(1) 乗車定員が三十人以下のもの　年額　三万三千円

(2) 乗車定員が三十人を超え、四十人以下のもの　年額　四万千円

(3) 乗車定員が四十人を超え、五十人以下のもの　年額　四万九千円

(4) 乗車定員が五十人を超え、六十人以下のもの　年額　五万七千円

(5) 乗車定員が六十人を超え、七十人以下のもの　年額　六万五千五百円

(6) 乗車定員が七十人を超え、八十人以下のもの　年額　七万四千円

(7) 乗車定員が八十人を超えるもの　年額　八万三千円

四　三輪の小型自動車

イ　営業用　年額　四千五百円

ロ　自家用　年額　六千円

2　前項第二号に掲げる自動車のうち最大乗車定員が四人以上であるものに対して課する種別割の標準税率は、同項の規定にかかわらず、同号に定める額に、次の各号の区分に応じ当該各号に定める額を、それぞれ加算した額とする。

一　営業用

イ　総排気量が一リットル以下のもの　三千七百円

ロ　総排気量が一リットルを超え、一・五リットル以下のもの　四千七百円

ハ　総排気量が一・五リットルを超えるもの　六千三百円

二　自家用

イ　総排気量が一リットル以下のもの　五千二百円

ロ　総排気量が一リットルを超え、一・五リットル以下のもの　六千三百円

ハ　総排気量が一・五リットルを超えるもの　八千円

3　積雪により、通常、一定の期間において自動車を運行の用に供することができないと認められる地域に主たる定置場を有する自動車に対して課する種別割の標準税率は、前二項の規定にかかわらず、前二項の税率に、それぞれ政令で定める割合を乗じた税率とする。ただし、その割合は、十分の七を下ることができない。

4　道府県は、前三項に定める標準税率を超える税率で種別割を課する場合には、前三項の税率に、それぞれ一・五を乗じて得た率を超える税率で課することができない。

5　道府県は、第一項各号に掲げる自動車以外の自動車及び同項各号に掲げる自動車で当該各号の区分により難いものについては、同項各号の区分とは別に、用途、総排気量、定格出力、最大積載量、乗車定員その他の自動車の諸元により区分を設けて、種別割の税率を定めることができる。この場合においては、前各項の規定を適用して定められる税率と均衡を失しないようにしなければならない。

第二目　賦課及び徴収

（種別割の賦課期日）

第百七十七条の八　種別割の賦課期日は、四月一日とする。

（種別割の納期）

第百七十七条の九　種別割の納期は、五月中において、当該道府県の条例で定める。ただし、特別の事情がある場合には、これと異なる納期を定めることができる。

（種別割の納税義務の発生、消滅等に伴う賦課）

第百七十七条の十　第百七十七条の八に規定する種別割の賦課期日（以下この条及び次条第三項において「賦課期日」という。）後に納税義務が発生した者には、その発生した月の翌月から、月割をもつて、種別割を課する。

2　賦課期日後に納税義務が消滅した者には、その消滅した月まで、月割をもつて、種別割を課する。

3　賦課期日後に用途その他の自動車の諸元の変更により適用すべき種別割の税率に異動があつた場合には、当該自動車に対して課する種別割の納税義務者には、当該年度については、異動前の適用すべき種別割の税率により、種別割を課する。

4　賦課期日後にその主たる定置場が一の道府県から他の道府県に変更された場合又は自動車の所有者の変更があつた場合には、当該年度の末日に当該変更があつたものとみなして、第一項及び第二項の規定を適用する。ただし、自動車の所有者の変更があつた場合において、変更前の所有者又は変更後の所有者のいずれかが、この項以外の法令の規定に基づき当該自動車に対して種別割を課されないときは、この限りでない。

（種別割の徴収の方法）

第百七十七条の十一　種別割の徴収については、普通徴収の方法によらなければならない。

2　種別割を普通徴収の方法によつて徴収しようとする場合において納税者に交付すべき納税通知書は、遅くとも、その納期限前十日までに納税者に交付しなければならない。

3　新規登録の申請があつた自動車について前条第一項の規定により課する種別割の徴収については、賦課期日後翌年二月末日までの間に納税義務が発生した場合に限り、第一項の規定にかかわらず、証紙徴収の方法によらなければならない。

4　道府県は、前項の規定により種別割を証紙徴収の方法によつて徴収しようとする場合には、納税者が新規登録の申請をしたときに、当該道府県が発行する証紙を第百七十七条の十三第一項の規定により提出すべき申告書又は報告書に貼らせることによりその税金を払い込ませなければならない。この場合においては、当該道府県の条例で定めるところにより証紙の額面金額に相当する金額を証紙代金収納計器で表示させることにより、又は証紙の額面金額に相当する現金の納付を受けた後納税済印を押すことにより、証紙に代えることができる。

5　道府県は、前項の規定により納税者が証紙を貼つた場合には、当該証紙を貼つた紙面と当該証紙の彩紋とにかけて当該道府県の印で判明にこれを消さなければならない。

6　第四項の証紙の取扱いに関しては、当該道府県の条例で定めなければならない。

7　第四項の申告書又は報告書の提出がなかつたことにより、第三項の規定により種別割を証紙徴収の方法によつて徴収することができない場合には、当該種別割の徴収については、普通徴収の方法によらなければならない。

（種別割の徴収の方法の特例）

第百七十七条の十二　道府県は、納税者が情報通信技術を活用した行政の推進等に関する法律第六条第一項の規定により同項に規定する電子情報処理組織を使用して新規登録の申請を行う場合において、同項の規定により同項に規定する電子情報処理組織を使用して、又は第七百四十七条の二第一項の規定により第七百六十二条第一号に規定する地方税関係手続用電子情報処理組織を使用し、かつ、地方税共同機構を経由して、次条第一項の規定による申告書又は報告書の提出を行うときは、前条第三項から第六項までの規定によるほか、当該道府県の条例で定めるところにより、当該納税者が当該登録の申請をした際に、当該登録の申請に係る自動車に対して課する種別割を総務省令で定める方法により徴収することができる。

（種別割の賦課徴収に関する申告又は報告の義務）

第百七十七条の十三　種別割の納税義務者は、新規登録、道路運送車両法第十二条第一項に規定する変更登録又は移転登録の申請をした場合その他当該道府県の条例で定める場合に

は、総務省令で定める様式により、種別割の賦課徴収に関し必要な事項を記載した申告書又は報告書を道府県知事に提出しなければならない。

2 第百四十七条第一項に規定する自動車の売主は、当該道府県の条例で定めるところにより、当該道府県知事から当該自動車の買主の住所又は居所が不明であることを理由として請求があつた場合には、当該自動車の買主の住所又は居所その他当該自動車に対して課する種別割の賦課徴収に関し必要な事項を報告しなければならない。

（種別割に係る虚偽の申告等に関する罪）

第百七十七条の十四 前条の規定により申告し、又は報告すべき事項について虚偽の申告又は報告をしたときは、その違反行為をした者は、一年以下の懲役又は五十万円以下の罰金に処する。

> 注 令和四年六月一七日法律六八号により改正され、令和七年六月一日から施行
> 第百七十七条の十四第一項中「懲役」を「拘禁刑」に改める。

2 法人の代表者又は法人若しくは人の代理人、使用人その他の従業者がその法人又は人の業務又は財産に関して前項の違反行為をした場合には、その行為者を罰するほか、その法人又は人に対し、同項の罰金刑を科する。

（種別割に係る不申告等に関する過料）

第百七十七条の十五 道府県は、種別割の納税義務者又は第百四十七条第一項に規定する自動車の売主が第百七十七条の十三の規定により申告し、又は報告すべき事項について正当な事由がなくて申告又は報告をしなかつた場合には、その者に対し、当該道府県の条例で十万円以下の過料を科する旨の規定を設けることができる。

第三章 市町村の普通税

第二節 固定資産税

第一款 通則

（固定資産税に関する用語の意義）

第三百四十一条 固定資産税について、次の各号に掲げる用語の意義は、それぞれ当該各号に定めるところによる。

一 固定資産 土地、家屋及び償却資産を総称する。

二 土地 田、畑、宅地、塩田、鉱泉地、池沼、山林、牧場、原野その他の土地をいう。

三 家屋 住家、店舗、工場（発電所及び変電所を含む。）、倉庫その他の建物をいう。

四 償却資産 土地及び家屋以外の事業の用に供することができる資産（鉱業権、漁業権、特許権その他の無形減価償却資産を除く。）でその減価償却額又は減価償却費が法人税法又は所得税法の規定による所得の計算上損金又は必要な経費に算入されるもののうちその取得価額が少額である資産その他の政令で定める資産以外のもの（これに類する資産で法人税又は所得税を課されない者が所有するものを含む。）をいう。ただし、自動車税の種別割の課税客体である自動車並びに軽自動車税の種別割の課税客体である原動機付自転車、軽自動車、小型特殊自動車及び二輪の小型自動車を除くものとする。

五 価格 適正な時価をいう。

六 基準年度 昭和三十一年度及び昭和三十三年度並びに昭和三十三年度から起算して三年度又は三の倍数の年度を経過したごとの年度をいう。

七 第二年度 基準年度の翌年度をいう。

八 第三年度 第二年度の翌年度（昭和三十三年度を除く。）をいう。

九 固定資産課税台帳 土地課税台帳、土地補充課税台帳、家屋課税台帳、家屋補充課税台帳及び償却資産課税台帳を総称する。

十 土地課税台帳 登記簿に登記されている土地について第三百八十一条第一項に規定する事項を登録した帳簿をいう。

十一 土地補充課税台帳 登記簿に登記されていない土地でこの法律の規定によつて固定資産税を課することができるものについて第三百八十一条第二項に規定する事項を登録した帳簿をいう。

十二 家屋課税台帳 登記簿に登記されている家屋（建物の区分所有等に関する法律第二条第三項の専有部分の属する家屋（同法第四条第二項の規定により共用部分とされた附属の建物を含む。以下「区分所有に係る家屋」という。）の専有部分が登記簿に登記されている場合においては、当該区分所有に係る家屋とする。以下固定資産税について同様とする。）について第三百八十一条第三項に規定する事項を登録した帳簿をいう。

十三 家屋補充課税台帳 登記簿に登記されている家屋以外の家屋でこの法律の規定によつて固定資産税を課することができるものについて第三百八十一条第四項に規定する事項を登録した帳簿をいう。

十四 償却資産課税台帳 償却資産について第三百八十一条第五項に規定する事項を登録した帳簿をいう。

（固定資産税の課税客体等）

第三百四十二条 固定資産税は、固定資産に対し、当該固定資産所在の市町村において課する。

2 償却資産のうち船舶、車両その他これらに類する物件については、第三百八十九条第一項第一号の規定の適用がある場合を除き、その主たる定けい場又は定置場所在の市町村を前項の市町村とし、船舶についてその主たる定けい場が不明である場合においては、定けい場所在の市町村で船籍港があるものを主たる定けい場所在の市町村とみなす。

3 償却資産に係る売買があつた場合において売主が当該償却資産の所有権を留保しているときは、固定資産税の賦課徴収については、当該償却資産は、売主及び買主の共有物とみなす。

（固定資産税の納税義務者等）

第三百四十三条 固定資産税は、固定資産の所有者（質権又は百年より永い存続期間の定めのある地上権の目的である土地については、その質権者又は地上権者とする。以下固定資産税について同様とする。）に課する。

2 前項の所有者とは、土地又は家屋については、登記簿又は土地補充課税台帳若しくは家屋補充課税台帳に所有者（区分所有に係る家屋については、当該家屋に係る建物の区分所有等に関する法律第二条第二項の区分所有者とする。以下固定資産税について同様とする。）として登記又は登録がされて

いる者をいう。この場合において、所有者として登記又は登録がされている個人が賦課期日前に死亡しているとき、若しくは所有者として登記又は登録がされている法人が同日前に消滅しているとき、又は所有者として登記されている第三百四十八条第一項の者が同日前に所有者でなくなつているときは、同日において当該土地又は家屋を現に所有している者をいうものとする。

3　第一項の所有者とは、償却資産については、償却資産課税台帳に所有者として登録されている者をいう。

4　市町村は、固定資産の所有者の所在が震災、風水害、火災その他の事由により不明である場合には、その使用者を所有者とみなして、固定資産課税台帳に登録し、その者に固定資産税を課することができる。この場合において、当該市町村は、当該登録をしようとするときは、あらかじめ、その旨を当該使用者に通知しなければならない。

5　市町村は、相当な努力が払われたと認められるものとして政令で定める方法により探索を行つてもなお固定資産の所有者の存在が不明である場合（前項に規定する場合を除く。）には、その使用者を所有者とみなして、固定資産課税台帳に登録し、その者に固定資産税を課することができる。この場合において、当該市町村は、当該登録をしようとするときは、あらかじめ、その旨を当該使用者に通知しなければならない。

6　農地法第四十五条第一項若しくは農地法等の一部を改正する法律（平成二十一年法律第五十七号）附則第八条第一項の規定によりなお従前の例によることとされる同法第一条の規定による改正前の農地法第七十八条第一項の規定により農林水産大臣が管理する土地又は旧相続税法（昭和二十二年法律第八十七号）第五十二条、相続税法第四十一条若しくは第四十八条の二、所得税法の一部を改正する法律（昭和二十六年法律第六十三号）による改正前の所得税法第五十七条の四、戦時補償特別措置法（昭和二十一年法律第三十八号）第二十三条若しくは財産税法（昭和二十一年法律第五十二号）第五十六条の規定により国が収納した農地については、買収し、又は収納した日から国が当該土地又は農地を他人に売り渡し、その所有権が売渡しの相手方に移転する日までの間はその使用者をもつて、その日後当該売渡しの相手方が登記簿に所有者として登記される日までの間はその売渡しの相手方をもつて、それぞれ第一項の所有者とみなす。

7　土地区画整理法による土地区画整理事業（農住組合法第八条第一項の規定により土地区画整理法の規定が適用される農住組合法第七条第一項第一号の事業及び密集市街地における防災街区の整備の促進に関する法律第四十六条第一項の規定により土地区画整理法の規定が適用される密集市街地における防災街区の整備の促進に関する法律第四十五条第一項第一号の事業並びに大都市地域における住宅及び住宅地の供給の促進に関する特別措置法による住宅街区整備事業を含む。以下この項において同じ。）又は土地改良法による土地改良事業の施行に係る土地については、法令若しくは規約等の定めるところにより仮換地、一時利用地その他の仮に使用し、若しくは収益することができる土地（以下この項、第三百四十九条の三の三第三項及び第三百八十一条第八項において「仮換地等」と総称する。）の指定があつた場合又は土地区画整理法による土地区画整理事業の施行者が同法第百条の二（農住組合法第八条第一項及び密集市街地における防災街区の整備の促進に関する法律第四十六条第一項において適用する場合並びに大都市地域における住宅及び住宅地の供給の促進に関する特別措置法第八十三条において準用する場合を含む。）の規定により管理する土地で当該施行者以外の者が仮に使用するもの（以下この項及び第三百八十一条第八項において「仮使用地」という。）がある場合には、当該仮換地等又は仮使用地について使用し、又は収益することができることとなつた日から換地処分の公告がある日又は換地計画の認可の公告がある日までの間は、仮換地等にあつては当該仮換地等に対応する従前の土地について登記簿又は土地補充課税台帳に所有者として登記又は登録がされている者をもつて、仮使用地にあつては土地区画整理法による土地区画整理事業の施行者以外の仮使用地の使用者をもつて、それぞれ当該仮換地等又は仮使用地に係る第一項の所有者とみなし、換地処分の公告があつた日又は換地計画の認可の公告があつた日から換地又は保留地を取得した者が登記簿に当該換地又は保留地に係る所有者として登記される日までの間は、当該換地又は保留地を取得した者をもつて当該換地又は保留地に係る同項の所有者とみなすことができる。

8　公有水面埋立法（大正十年法律第五十七号）第二十三条第一項の規定により使用する埋立地若しくは干拓地（以下この項において「埋立地等」という。）又は国が埋立て若しくは干拓により造成する埋立地等（同法第四十二条第二項の規定による通知前の埋立地等に限る。以下この項において同じ。）で工作物を設置し、その他土地を使用する場合と同様の状態で使用されているもの（埋立て又は干拓に関する工事に関して使用されているものを除く。）については、これらの埋立地等をもつて土地とみなし、これらの埋立地等のうち、都道府県、市町村、特別区、これらの組合、財産区及び合併特例区（以下この項において「都道府県等」という。）以外の者が同法第二十三条第一項の規定により使用する埋立地等にあつては、当該埋立地等を使用する者をもつて当該埋立地等に係る第一項の所有者とみなし、都道府県等が同条第一項の規定により使用し、又は国が埋立て若しくは干拓により造成する埋立地等にあつては、都道府県等又は国が当該埋立地等を都道府県等又は国以外の者に使用させている場合に限り、当該埋立地等を使用する者（土地改良法第八十七条の二第一項の規定により国又は都道府県が行う同項第一号の事業により造成された埋立地等を使用する者で政令で定めるものを除く。）をもつて当該埋立地等に係る第一項の所有者とみなし、これらの埋立地等が隣接する土地の所在する市町村をもつてこれらの埋立地等が所在する市町村とみなして固定資産税を課することができる。

9　信託会社（金融機関の信託業務の兼営等に関する法律（昭和十八年法律第四十三号）により同法第一条第一項に規定する信託業務を営む同項に規定する金融機関を含む。以下この項において同じ。）が信託の引受けをした償却資産で、その信託行為の定めるところにしたがい当該信託会社が他の者にこれを譲渡することを条件として当該他の者に賃貸しているものについては、当該償却資産が当該他の者の事業の用に供するものであるときは、当該他の者をもつて第一項の所有者とみなす。

10　家屋の附帯設備（家屋のうち附帯設備に属する部分その他

総務省令で定めるものを含む。）であつて、当該家屋の所有者以外の者がその事業の用に供するため取り付けたものであり、かつ、当該家屋に付合したことにより当該家屋の所有者が所有することとなつたもの（以下この項において「特定附帯設備」という。）については、当該取り付けた者の事業の用に供することができる資産である場合に限り、当該取り付けた者をもつて第一項の所有者とみなし、当該特定附帯設備のうち家屋に属する部分は家屋以外の資産とみなして固定資産税を課することができる。

（償却資産に対して課する固定資産税の課税標準）

第三百四十九条の二　償却資産に対して課する固定資産税の課税標準は、賦課期日における当該償却資産の価格で償却資産課税台帳に登録されたものとする。

（固定資産税の税率）

第三百五十条　固定資産税の標準税率は、百分の一・四とする。

2　市町村は、当該市町村の固定資産税の一の納税義務者であつてその所有する固定資産に対して課すべき当該市町村の固定資産税の課税標準の総額が当該市町村の区域内に所在する固定資産に対して課すべき当該市町村の固定資産税の課税標準の総額の三分の二を超えるものがある場合において、固定資産税の税率を定め、又はこれを変更して百分の一・七を超える税率で固定資産税を課する旨の条例を制定しようとするときは、当該市町村の議会において、当該納税義務者の意見を聴くものとする。

（固定資産税の免税点）

第三百五十一条　市町村は、同一の者について当該市町村の区域内におけるその者の所有に係る土地、家屋又は償却資産に対して課する固定資産税の課税標準となるべき額が土地にあつては三十万円、家屋にあつては二十万円、償却資産にあつては百五十万円に満たない場合においては、固定資産税を課することができない。ただし、財政上その他特別の必要がある場合においては、当該市町村の条例の定めるところによつて、その額がそれぞれ三十万円、二十万円又は百五十万円に満たないときであつても、固定資産税を課することができる。

第三節　軽自動車税

第一款　通則

（軽自動車税に関する用語の意義）

第四百四十二条　軽自動車税について、次の各号に掲げる用語の意義は、それぞれ当該各号に定めるところによる。

一　環境性能割　三輪以上の軽自動車のエネルギー消費効率の基準エネルギー消費効率に対する達成の程度その他の環境への負荷の低減に資する程度に応じ、三輪以上の軽自動車に対して課する軽自動車税をいう。

二　種別割　軽自動車等の種別、用途、総排気量、定格出力その他の諸元の区分に応じ、軽自動車等に対して課する軽自動車税をいう。

三　軽自動車等　原動機付自転車、軽自動車、小型特殊自動車及び二輪の小型自動車をいう。

四　原動機付自転車　道路運送車両法第二条第三項に規定する原動機付自転車のうち、原動機により陸上を移動させることを目的として製作したものをいう。

五　軽自動車　道路運送車両法第三条に規定する軽自動車（軽自動車に付加して一体となつている物として政令で定めるものを含む。）をいう。

六　小型特殊自動車　道路運送車両法第三条に規定する小型特殊自動車をいう。

七　二輪の小型自動車　道路運送車両法第三条に規定する小型自動車のうち、二輪のもの（側車付二輪自動車を含む。）をいう。

八　エネルギー消費効率　エネルギーの使用の合理化及び非化石エネルギーへの転換等に関する法律第百五十一条第一号イに規定するエネルギー消費効率をいう。

九　基準エネルギー消費効率　エネルギーの使用の合理化及び非化石エネルギーへの転換等に関する法律第百四十九条第一項の規定により定められるエネルギー消費機器等製造事業者等の判断の基準となるべき事項を勘案して総務省令で定めるエネルギー消費効率をいう。

（軽自動車税の納税義務者等）

第四百四十三条　軽自動車税は、三輪以上の軽自動車に対し、当該三輪以上の軽自動車の取得者に環境性能割によつて、軽自動車等に対し、当該軽自動車等の所有者に種別割によつて、それぞれ当該三輪以上の軽自動車及び当該軽自動車等の主たる定置場所在の市町村が課する。

2　前項に規定する三輪以上の軽自動車の取得者には、製造により三輪以上の軽自動車を取得した自動車製造業者、販売のために三輪以上の軽自動車を取得した自動車販売業者その他運行（道路運送車両法第二条第五項に規定する運行をいう。次条第三項及び第四項において同じ。）以外の目的に供するために三輪以上の軽自動車を取得した者として政令で定めるものを含まないものとする。

3　軽自動車等の所有者が第四百四十五条第一項の規定により種別割を課することができない者である場合には、第一項の規定にかかわらず、当該軽自動車等の使用者に種別割を課する。ただし、公用又は公共の用に供する軽自動車等については、この限りでない。

（軽自動車税のみなす課税）

第四百四十四条　軽自動車等の売買契約において売主が当該軽自動車等の所有権を留保している場合には、軽自動車税の賦課徴収については、買主を前条第一項に規定する三輪以上の軽自動車の取得者（以下この節において「三輪以上の軽自動車の取得者」という。）又は軽自動車等の所有者とみなして軽自動車税を課する。

2　前項の規定の適用を受ける売買契約に係る軽自動車等について、買主の変更があつたときは、新たに買主となる者を三輪以上の軽自動車の取得者又は軽自動車等の所有者とみなして、軽自動車税を課する。

3　自動車製造業者、自動車販売業者又は前条第二項の政令で定める三輪以上の軽自動車を取得した者（以下この項において「販売業者等」という。）が、その製造により取得した三輪以上の軽自動車又はその販売のためその他運行以外の目的に供するため取得した三輪以上の軽自動車について、当該販売業者等が、道路運送車両法第六十条第一項後段の規定による車両番号の指定（以下この項及び第四百五十四条第一項第一号において「車両番号の指定」という。）を受けた場合（当該車両番号の指定前に第一項の規定の適用を受ける売買契約の締結が行われた場合を除く。）には、当該販売業者等を三輪以上の軽自動車の取得者とみなして、環境性能割を課する。

4　この法律の施行地外で三輪以上の軽自動車を取得した者が、当該三輪以上の軽自動車をこの法律の施行地内に持ち込んで運行の用に供した場合には、当該三輪以上の軽自動車を運行の用に供する者を三輪以上の軽自動車の取得者とみなして、環境性能割を課する。

（国等に対する軽自動車税の非課税）

第四百四十五条　市町村は、国、非課税独立行政法人、国立大学法人等、日本年金機構及び国立健康危機管理研究機構並びに都道府県、市町村、特別区、これらの組合、財産区、合併特例区及び地方独立行政法人に対しては、軽自動車税を課することができない。

2　市町村は、日本赤十字社が所有する軽自動車等のうち直接その本来の事業の用に供する救急用のものその他これに類するもので市町村の条例で定めるものに対しては、軽自動車税を課することができない。

3　市町村は、オーストラリア軍隊（日本国の自衛隊とオーストラリア国防軍との間における相互のアクセス及び協力の円滑化に関する日本国とオーストラリアとの間の協定第一条(c)に規定する訪問部隊として日本国内に所在するオーストラリアの軍隊をいう。）が所有する軽自動車等のうち公用に供するものに対しては、軽自動車税を課することができない。

（環境への負荷の低減に著しく資する三輪以上の軽自動車に対する環境性能割の非課税）

第四百四十六条　市町村は、次に掲げる三輪以上の軽自動車に対しては、環境性能割を課することができない。

一　電気軽自動車（電気を動力源とする軽自動車で内燃機関を有しないものをいう。）

二　次に掲げる天然ガス軽自動車（専ら可燃性天然ガスを内燃機関の燃料として用いる軽自動車で総務省令で定めるものをいう。イ及びロにおいて同じ。）

イ　道路運送車両法第四十一条第一項の規定により平成三十年十月一日以降に適用されるべきものとして定められた自動車排出ガスに係る保安上又は公害防止その他の環境保全上の技術基準（ロ及び次号イ(1)において「排出ガス保安基準」という。）で総務省令で定めるものに適合する天然ガス軽自動車

ロ　道路運送車両法第四十一条第一項の規定により平成二十一年十月一日以降に適用されるべきものとして定められた排出ガス保安基準で総務省令で定めるもの（以下このロにおいて「平成二十一年天然ガス車基準」という。）に適合し、かつ、窒素酸化物の排出量が平成二十一年天然ガス車基準に定める窒素酸化物の値の十分の九を超えない天然ガス軽自動車で総務省令で定めるもの

三　次に掲げるガソリン軽自動車（ガソリンを内燃機関の燃料として用いる軽自動車をいう。第四百五十一条第一項及び第二項において同じ。）

イ　乗用車のうち、次のいずれにも該当するもので総務省令で定めるもの

(1)　次のいずれかに該当すること。

(i)　道路運送車両法第四十一条第一項の規定により平成三十年十月一日以降に適用されるべきものとして定められた排出ガス保安基準で総務省令で定めるもの（以下この号及び第四百五十一条において「平成三十年ガソリン軽中量車基準」という。）に適合し、かつ、窒素酸化物の排出量が平成三十年ガソリン軽中量車基準に定める窒素酸化物の値の二分の一を超えないこと。

(ii)　道路運送車両法第四十一条第一項の規定により平成十七年十月一日以降に適用されるべきものとして定められた排出ガス保安基準で総務省令で定めるもの（以下この号及び第四百五十一条において「平成十七年ガソリン軽中量車基準」という。）に適合し、かつ、窒素酸化物の排出量が平成十七年ガソリン軽中量車基準に定める窒素酸化物の値の四分の一を超えないこと。

(2)　エネルギー消費効率が基準エネルギー消費効率であって令和十二年度以降の各年度において適用されるべきものとして定められたもの（以下この条及び第四百五十一条において「令和十二年度基準エネルギー消費効率」という。）に百分の八十を乗じて得た数値以上であること。

(3)　エネルギー消費効率が基準エネルギー消費効率であって令和二年度以降の各年度において適用されるべきものとして定められたもの（以下この条及び第四百五十一条において「令和二年度基準エネルギー消費効率」という。）以上であること。

ロ　車両総重量（道路運送車両法第四十条第三号に規定する車両総重量をいう。第四百五十一条第一項第二号及び第二項第二号において同じ。）が二・五トン以下のトラックのうち、次のいずれにも該当するもので総務省令で定めるもの

(1)　次のいずれかに該当すること。

(i)　平成三十年ガソリン軽中量車基準に適合し、かつ、窒素酸化物の排出量が平成三十年ガソリン軽中量車基準に定める窒素酸化物の値の二分の一を超えないこと。

(ii)　平成十七年ガソリン軽中量車基準に適合し、かつ、窒素酸化物の排出量が平成十七年ガソリン軽中量車基準に定める窒素酸化物の値の四分の一を超えないこと。

(2)　エネルギー消費効率が基準エネルギー消費効率であって令和四年度以降の各年度において適用されるべきものとして定められたもの（次項及び第四百五十一条において「令和四年度基準エネルギー消費効率」という。）に百分の百五を乗じて得た数値以上であること。

2　前項（第三号に係る部分に限る。）の規定は、令和十二年度基準エネルギー消費効率を算定する方法として総務省令で定める方法並びに令和四年度基準エネルギー消費効率及び令和二年度基準エネルギー消費効率を算定する方法として総務省令で定める方法によりエネルギー消費効率を算定していない三輪以上の軽自動車であって、基準エネルギー消費効率で

あつて平成二十二年度以降の各年度において適用されるべきものとして定められたものを算定する方法として総務省令で定める方法によりエネルギー消費効率を算定している三輪以上の軽自動車（第四百五十一条第四項において「平成二十二年度基準エネルギー消費効率算定軽自動車」という。）について準用する。この場合において、次の表の上欄に掲げる前項の規定中同表の中欄に掲げる字句は、それぞれ同表の下欄に掲げる字句に読み替えるものとする。

第三号イ(2)	令和十二年度以降の各年度において適用されるべきものとして定められたもの（以下この条及び第四百五十一条において「令和十二年度基準エネルギー消費効率」という。）に百分の八十	平成二十二年度以降の各年度において適用されるべきものとして定められたもの（イ(3)及びロ(2)において「平成二十二年度基準エネルギー消費効率」という。）に百分の百七十三
第三号イ(3)	基準エネルギー消費効率であつて令和二年度以降の各年度において適用されるべきものとして定められたもの（以下この条及び第四百五十一条において「令和二年度基準エネルギー消費効率」という。）	平成二十二年度基準エネルギー消費効率に百分の百五十を乗じて得た数値
第三号ロ(2)	基準エネルギー消費効率であつて令和四年度以降の各年度において適用されるべきものとして定められたもの（次項及び第四百五十一条において「令和四年度基準エネルギー消費効率」という。）に百分の百五	平成二十二年度基準エネルギー消費効率に百分の百六十三

3　第一項（第三号イに係る部分に限る。）の規定は、令和十二年度基準エネルギー消費効率を算定する方法として総務省令で定める方法によりエネルギー消費効率を算定していない三輪以上の軽自動車であつて、令和二年度基準エネルギー消費効率及び基準エネルギー消費効率であつて平成二十七年度以降の各年度において適用されるべきものとして定められたものを算定する方法として総務省令で定める方法によりエネルギー消費効率を算定している三輪以上の軽自動車（第四百五十一条第五項において「令和二年度基準エネルギー消費効率等算定軽自動車」という。）について準用する。この場合において、同号イ(2)中「令和十二年度以降の各年度において適用されるべきものとして定められたもの（以下この条及び第四百五十一条において「令和十二年度基準エネルギー消費効率」という。）に百分の八十」とあるのは、「令和二年度以降の各年度において適用されるべきものとして定められたものに百分の百十六」と読み替えるものとする。

4　前三項の規定の適用を受ける三輪以上の軽自動車の範囲については、二年ごとに見直しを行うものとする。

（形式的な所有権の移転により取得した三輪以上の軽自動車に対する環境性能割の非課税）

第四百四十七条　市町村は、次に掲げる三輪以上の軽自動車に対しては、環境性能割を課することができない。

一　相続（被相続人から相続人に対してされた遺贈を含む。）により取得した三輪以上の軽自動車

二　法人の合併又は政令で定める分割により取得した三輪以上の軽自動車

三　法人が新たに法人を設立するために現物出資（現金出資をする場合における当該出資の額に相当する資産の譲渡を含む。）を行う場合（政令で定める場合に限る。）における当該新たに設立された法人が取得した三輪以上の軽自動車

四　会社更生法第八十三条（金融機関等の更生手続の特例等に関する法律（以下この号において「更生特例法」という。）第百四条又は第二百七十三条において準用する場合を含む。）、更生特例法第百三条第一項（更生特例法第三百四十六条において準用する場合を含む。）又は更生特例法第二百七十二条（更生特例法第三百六十三条において準用する場合を含む。）の規定により更生計画において株式会社、更生特例法第二条第二項に規定する協同組織金融機関又は同条第六項に規定する相互会社から会社更生法第百八十三条第一号に規定する新会社（以下この号において「新会社」という。）、更生特例法第百三条第一項第一号に規定する新協同組織金融機関（以下この号において「新協同組織金融機関」という。）又は更生特例法第二百七十二条第一号に規定する新相互会社（以下この号において「新相互会社」という。）に移転すべき三輪以上の軽自動車を定めた場合における当該新会社、新協同組織金融機関又は新相互会社が取得した三輪以上の軽自動車

五　委託者から受託者に信託財産を移す場合における当該受託者が取得した三輪以上の軽自動車

六　信託の効力が生じた時から引き続き委託者のみが信託財産の元本の受益者である信託により受託者から当該受益者（当該信託の効力が生じた時から引き続き委託者である者に限る。以下この号において同じ。）に信託財産を移す場合における当該受益者が取得した三輪以上の軽自動車

七　信託の受託者の変更があつた場合における新たな受託者が取得した三輪以上の軽自動車

八　保険業法の規定により保険会社がその保険契約の全部を他の保険会社に移転した場合における当該他の保険会社が取得した三輪以上の軽自動車

九　譲渡により担保の目的となつている財産（以下この号及び第四百五十八条第一項において「譲渡担保財産」という。）により担保される債権の消滅により当該譲渡担保財産の設定の日から六月以内に譲渡担保財産の権利者（同項及び同条第六項において「譲渡担保権者」という。）から譲渡担保財産の設定者（設定者が交代した場合に新たに設定者となる者を除く。以下この号及び同条第一項において同じ。）に当該譲渡担保財産を移転する場合における当該譲渡担保財産の設定者が取得した三輪以上の軽自動車

2　市町村は、第四百四十四条第一項又は第二項の規定の適用を受ける売買契約に基づき三輪以上の軽自動車の所有権がこれらの規定に規定する買主に移転したときは、当該買主が取得した三輪以上の軽自動車に対しては、重ねて環境性能割を

課することができない。

（徴税吏員の軽自動車税に関する調査に係る質問検査権）

第四百四十八条 市町村の徴税吏員は、軽自動車税の賦課徴収に関する調査のために必要がある場合には、納税義務者又は納税義務があると認められる者に質問し、又はこれらの者の事業に関する帳簿書類（その作成又は保存に代えて電磁的記録（電子的方式、磁気的方式その他の人の知覚によつては認識することができない方式で作られる記録であつて、電子計算機による情報処理の用に供されるものをいう。）の作成又は保存がされている場合における当該電磁的記録を含む。次条第一項第一号及び第二号において同じ。）その他の物件を検査し、若しくは当該物件（その写しを含む。）の提示若しくは提出を求めることができる。

2 前項の場合には、当該徴税吏員は、その身分を証明する証票を携帯し、関係人の請求があつたときは、これを提示しなければならない。

3 市町村の徴税吏員は、政令で定めるところにより、第一項の規定により提出を受けた物件を留め置くことができる。

4 軽自動車税に係る滞納処分に関する調査については、第一項の規定にかかわらず、第四百六十三条の七第六項及び第四百六十三条の二十七第六項に定めるところによる。

5 第一項又は第三項の規定による市町村の徴税吏員の権限は、犯罪捜査のために認められたものと解釈してはならない。

（軽自動車税に係る検査拒否等に関する罪）

第四百四十九条 次の各号のいずれかに該当する場合には、その違反行為をした者は、三十万円以下の罰金に処する。

一 前条第一項の規定による徴税吏員の帳簿書類その他の物件の検査を拒み、妨げ、又は忌避したとき。

二 前条第一項の規定による徴税吏員の物件の提示又は提出の要求に対し、正当な理由がなくこれに応じず、又は偽りの記載若しくは記録をした帳簿書類その他の物件（その写しを含む。）を提示し、若しくは提出したとき。

三 前条第一項の規定による徴税吏員の質問に対し答弁をしないとき、又は虚偽の答弁をしたとき。

2 法人の代表者又は法人若しくは人の代理人、使用人その他の従業者がその法人又は人の業務又は財産に関して前項の違反行為をした場合には、その行為者を罰するほか、その法人又は人に対し、同項の刑を科する。

第二款 環境性能割

第一目 課税標準及び税率

（環境性能割の課税標準）

第四百五十条 環境性能割の課税標準は、三輪以上の軽自動車の取得のために通常要する価額として総務省令で定めるところにより算定した金額（第四百五十二条において「通常の取得価額」という。）とする。

（環境性能割の税率）

第四百五十一条 次に掲げるガソリン軽自動車のうち三輪以上のもの（第四百四十六条第一項（同条第二項又は第三項において準用する場合を含む。次項及び第三項において同じ。）の規定の適用を受けるものを除く。）に対して課する環境性能割の税率は、百分の一とする。

一 乗用車のうち、次のいずれにも該当するもので総務省令で定めるもの

イ 次のいずれかに該当すること。

(1) 平成三十年ガソリン軽中量車基準に適合し、かつ、窒素酸化物の排出量が平成三十年ガソリン軽中量車基準に定める窒素酸化物の値の二分の一を超えないこと。

(2) 平成十七年ガソリン軽中量車基準に適合し、かつ、窒素酸化物の排出量が平成十七年ガソリン軽中量車基準に定める窒素酸化物の値の四分の一を超えないこと。

ロ エネルギー消費効率が令和十二年度基準エネルギー消費効率に百分の七十五を乗じて得た数値以上であること。

ハ エネルギー消費効率が令和二年度基準エネルギー消費効率以上であること。

二 車両総重量が二・五トン以下のトラックのうち、次のいずれにも該当するもので総務省令で定めるもの

イ 次のいずれかに該当すること。

(1) 平成三十年ガソリン軽中量車基準に適合し、かつ、窒素酸化物の排出量が平成三十年ガソリン軽中量車基準に定める窒素酸化物の値の二分の一を超えないこと。

(2) 平成十七年ガソリン軽中量車基準に適合し、かつ、窒素酸化物の排出量が平成十七年ガソリン軽中量車基準に定める窒素酸化物の値の四分の一を超えないこと。

ロ エネルギー消費効率が令和四年度基準エネルギー消費効率以上であること。

2 次に掲げるガソリン軽自動車のうち三輪以上のもの（第四百四十六条第一項及び前項（第四項又は第五項において準用する場合を含む。）の規定の適用を受けるものを除く。）に対して課する環境性能割の税率は、百分の二とする。

一 乗用車のうち、次のいずれにも該当するもので総務省令で定めるもの

イ 次のいずれかに該当すること。

(1) 平成三十年ガソリン軽中量車基準に適合し、かつ、窒素酸化物の排出量が平成三十年ガソリン軽中量車基準に定める窒素酸化物の値の二分の一を超えないこと。

(2) 平成十七年ガソリン軽中量車基準に適合し、かつ、窒素酸化物の排出量が平成十七年ガソリン軽中量車基準に定める窒素酸化物の値の四分の一を超えないこと。

ロ エネルギー消費効率が令和十二年度基準エネルギー消費効率に百分の七十を乗じて得た数値以上であること。

ハ エネルギー消費効率が令和二年度基準エネルギー消費効率以上であること。

二 車両総重量が二・五トン以下のトラックのうち、次のいずれにも該当するもので総務省令で定めるもの

イ 次のいずれかに該当すること。

(1) 平成三十年ガソリン軽中量車基準に適合し、かつ、窒素酸化物の排出量が平成三十年ガソリン軽中量車基

準に定める窒素酸化物の値の二分の一を超えないこと。

(2) 平成十七年ガソリン軽中量車基準に適合し、かつ、窒素酸化物の排出量が平成十七年ガソリン軽中量車基準に定める窒素酸化物の値の四分の一を超えないこと。

ロ エネルギー消費効率が令和四年度基準エネルギー消費効率に百分の九十五を乗じて得た数値以上であること。

3 第四百四十六条第一項及び前二項（これらの規定を第五項において準用する場合を含む。）の規定の適用を受ける三輪以上の軽自動車以外の三輪以上の軽自動車に対して課する環境性能割の税率は、百分の三とする。

4 第一項及び第二項の規定は、平成二十二年度基準エネルギー消費効率算定軽自動車について準用する。この場合において、次の表の上欄に掲げる規定中同表の中欄に掲げる字句は、それぞれ同表の下欄に掲げる字句に読み替えるものとする。

第一項第一号ロ	令和十二年度基準エネルギー消費効率に百分の七十五	第四百四十六条第二項に規定する基準エネルギー消費効率であつて平成二十二年度以降の各年度において適用されるべきものとして定められたもの（以下この項及び次項において「平成二十二年度基準エネルギー消費効率」という。）に百分の百六十二
第一項第二号ハ	令和二年度基準エネルギー消費効率	平成二十二年度基準エネルギー消費効率に百分の百五十を乗じて得た数値
第一項第二号ロ	令和四年度基準エネルギー消費効率	平成二十二年度基準エネルギー消費効率に百分の百五十五を乗じて得た数値
第二項第一号ロ	令和十二年度基準エネルギー消費効率に百分の七十	平成二十二年度基準エネルギー消費効率に百分の百五十一
第二項第一号ハ	令和二年度基準エネルギー消費効率	平成二十二年度基準エネルギー消費効率に百分の百五十を乗じて得た数値
第二項第二号ロ	令和四年度基準エネルギー消費効率に百分の九十五	平成二十二年度基準エネルギー消費効率に百分の百四十七

5 第一項（第一号に係る部分に限る。）及び第二項（第一号に係る部分に限る。）の規定は、令和二年度基準エネルギー消費効率等算定軽自動車について準用する。この場合において、第一項第一号ロ中「令和十二年度基準エネルギー消費効率に百分の七十五」とあるのは「令和二年度基準エネルギー消費効率に百分の百九」と、第二項第一号ロ中「令和十二年度基準エネルギー消費効率に百分の七十」とあるのは「令和二年度基準エネルギー消費効率に百分の百二」と読み替えるものとする。

6 前各項の規定の適用を受ける三輪以上の軽自動車の範囲については、二年ごとに見直しを行うものとする。

（環境性能割の免税点）

第四百五十二条 市町村は、通常の取得価額が五十万円以下である三輪以上の軽自動車に対しては、環境性能割を課することができない。

第二目 申告納付並びに更正及び決定等

（環境性能割の徴収の方法）

第四百五十三条 環境性能割の徴収については、申告納付の方法によらなければならない。

（環境性能割の申告納付）

第四百五十四条 環境性能割の納税義務者は、次の各号に掲げる三輪以上の軽自動車の区分に応じ、当該各号に定める時又は日までに、総務省令で定める様式により、環境性能割の課税標準額、環境性能割額その他必要な事項を記載した申告書を市町村長に提出するとともに、その申告に係る環境性能割額を当該市町村に納付しなければならない。

一 車両番号の指定を受ける三輪以上の軽自動車 当該車両番号の指定の時

二 前号に掲げる三輪以上の軽自動車以外の三輪以上の軽自動車で、道路運送車両法第六十七条第一項の規定による自動車検査証の変更記録を受けるべき三輪以上の軽自動車 当該変更記録を受けるべき事由があつた日から十五日を経過する日（その日前に当該変更記録を受けたときは、当該変更記録の時）

三 前二号に掲げる三輪以上の軽自動車以外の三輪以上の軽自動車 当該三輪以上の軽自動車の取得の日から十五日を経過する日

2 三輪以上の軽自動車の取得者（環境性能割の納税義務者を除く。以下この項において同じ。）は、前項各号に掲げる区分に応じ、当該各号に定める時又は日までに、総務省令で定める様式により、当該三輪以上の軽自動車の取得者が取得した三輪以上の軽自動車について必要な事項を記載した報告書を市町村長に提出しなければならない。

（環境性能割の期限後申告及び修正申告納付）

第四百五十五条 前条第一項の規定により同項に規定する申告書（以下この目において「申告書」という。）を提出すべき者は、同項各号に規定する申告書の提出期限（以下この目において「申告書の提出期限」という。）後においても、第四百六十二条第四項の規定による決定の通知があるまでの間は、前条第一項の規定により申告納付することができる。

2 前条第一項若しくは前項の規定により申告書若しくは修正申告書を提出した者又は第四百六十二条第一項から第三項までの規定による更正若しくは決定を受けた者は、当該申告書若しくは修正申告書又は当該更正若しくは決定に係る課税標準額又は環境性能割額について不足額がある場合には、遅滞なく、総務省令で定める事項を記載した修正申告書を市町村長に提出するとともに、その修正により増加した環境性能割額を当該市町村に納付しなければならない。

（環境性能割の納付の方法）

第四百五十六条　環境性能割の納税義務者は、第四百五十四条第一項又は前条の規定により環境性能割額を納付する場合（第四百六十三条の二の規定により当該環境性能割額に係る延滞金額を納付する場合を含む。次項において同じ。）には、申告書又は前条第二項に規定する修正申告書（以下この目において「修正申告書」という。）に市町村が発行する証紙を貼つてしなければならない。ただし、当該市町村の条例で当該環境性能割額（当該環境性能割額に係る延滞金額を含む。次項において同じ。）に相当する金額を証紙代金収納計器で表示させる納付の方法が定められている場合には、これによることができる。

2　市町村は、環境性能割の納税義務者が第四百五十四条第一項又は前条の規定により環境性能割額を納付する場合において、当該市町村の条例で、前項の証紙に代えて、当該環境性能割額に相当する現金を納付することができる旨を定めることができる。

3　市町村は、第一項の規定により納税義務者が証紙を貼つた場合には、当該証紙を貼つた紙面と当該証紙の彩紋とにかけて当該市町村の印で判明にこれを消さなければならない。

4　第一項の証紙の取扱いに関しては、当該市町村の条例で定めなければならない。

（環境性能割に係る不申告等に関する過料）

第四百五十七条　市町村は、環境性能割の納税義務者が第四百五十四条の規定により申告し、又は報告すべき事項について正当な事由がなくて申告又は報告をしなかつた場合には、その者に対し、当該市町村の条例で十万円以下の過料を科する旨の規定を設けることができる。

（譲渡担保財産に対して課する環境性能割の納税義務の免除等）

第四百五十八条　市町村は、譲渡担保権者が譲渡担保財産として三輪以上の軽自動車の取得をした場合において、当該譲渡担保財産により担保される債権の消滅により当該取得の日から六月以内に譲渡担保権者から譲渡担保財産の設定者に当該譲渡担保財産を移転したときは、譲渡担保権者が取得した当該譲渡担保財産に対する環境性能割に係る地方団体の徴収金に係る納税義務を免除するものとする。

2　市町村長は、三輪以上の軽自動車の取得者から環境性能割について前項の規定の適用があるべき旨の申告があり、当該申告が真実であると認めるときは、当該取得の日から六月以内の期間を限つて、当該三輪以上の軽自動車に対する環境性能割に係る地方団体の徴収金の徴収を猶予するものとする。

3　市町村長は、前項の規定による徴収の猶予をした場合には、当該徴収の猶予がされた環境性能割額に係る延滞金額のうち当該徴収を猶予した期間に対応する部分の金額を免除するものとする。

4　市町村長は、第二項の規定による徴収の猶予をした場合において、当該徴収の猶予に係る環境性能割について第一項の規定の適用がないことが明らかとなつたときは、当該徴収の猶予を取り消さなければならない。この場合において、徴収の猶予を取り消された者は、直ちに当該徴収の猶予がされた環境性能割に係る地方団体の徴収金を納付しなければならない。

5　第十五条の二の二及び第十五条の二の三第一項の規定は第二項の規定による徴収の猶予について、第十五条の三第三項の規定は前項の規定による徴収の猶予の取消しについて、それぞれ準用する。

6　市町村が環境性能割に係る地方団体の徴収金を徴収した場合において、当該環境性能割について第一項の規定の適用があることとなつたときは、市町村長は、同項の譲渡担保権者の申請に基づいて、当該地方団体の徴収金を還付するものとする。

7　市町村長は、前項の規定により環境性能割に係る地方団体の徴収金を還付する場合において、還付を受けるべき者の未納に係る地方団体の徴収金があるときは、当該還付すべき額をこれに充当しなければならない。

8　前二項の規定により環境性能割に係る地方団体の徴収金を還付し、又は充当する場合には、第六項の規定による還付の申請があつた日から起算して十日を経過した日を第十七条の四第一項各号に定める日とみなして、同項の規定を適用する。

（三輪以上の軽自動車の返還があつた場合の環境性能割の納税義務の免除等）

第四百五十九条　市町村は、自動車販売業者から三輪以上の軽自動車の取得をした者（以下この項及び次項において「三輪以上の軽自動車の取得をした者」という。）が、当該三輪以上の軽自動車の性能が良好でないことその他これに類する理由で総務省令で定めるものにより、当該三輪以上の軽自動車の取得の日から一月以内に当該三輪以上の軽自動車を当該自動車販売業者に返還した場合には、当該三輪以上の軽自動車の取得をした者が取得した三輪以上の軽自動車に対する環境性能割に係る納税義務を免除するものとする。

2　市町村が環境性能割を徴収した場合において、当該環境性能割について前項の規定の適用があることとなつたときは、市町村長は、三輪以上の軽自動車の取得をした者の申請に基づいて、当該環境性能割額に相当する額を還付するものとする。

3　前条第七項の規定は、前項の規定により環境性能割額を還付する場合について準用する。

（環境性能割の脱税に関する罪）

第四百六十条　偽りその他不正の行為により環境性能割の全部又は一部を免れたときは、その違反行為をした者は、五年以下の懲役若しくは百万円以下の罰金に処し、又はこれを併科する。

2　前項の免れた税額が百万円を超える場合には、情状により、同項の罰金の額は、同項の規定にかかわらず、百万円を超える額でその免れた税額に相当する額以下の額とすることができる。

3　第一項に規定するもののほか、申告書を申告書の提出期限までに提出しないことにより、環境性能割の全部又は一部を免れたときは、その違反行為をした者は、三年以下の懲役若しくは五十万円以下の罰金に処し、又はこれを併科する。

4　前項の免れた税額が五十万円を超える場合には、情状により、同項の罰金の額は、同項の規定にかかわらず、五十万円を超える額でその免れた税額に相当する額以下の額とすることができる。

5　法人の代表者又は法人若しくは人の代理人、使用人その他の従業者がその法人又は人の業務又は財産に関して第一項又は第三項の違反行為をした場合には、その行為者を罰するほか、その法人又は人に対し、当該各項の罰金刑を科する。

6　前項の規定により第一項の違反行為につき法人又は人に罰金刑を科する場合における時効の期間は、同項の罪についての時効の期間による。

> 注　令和四年六月一七日法律六八号により改正され、令和七年六月一日から施行
>
> 第四百六十条第一項及び第三項中「懲役」を「拘禁刑」に改める。

（環境性能割の減免）

第四百六十一条　市町村長は、天災その他特別の事情がある場合において環境性能割の減免を必要とすると認める者その他特別の事情がある者に限り、当該市町村の条例で定めるところにより、環境性能割を減免することができる。

（環境性能割の更正及び決定）

第四百六十二条　市町村長は、申告書又は修正申告書の提出があつた場合において、当該申告書又は修正申告書に係る課税標準額又は環境性能割額がその調査したところと異なるときは、これを更正する。

2　市町村長は、申告書を提出すべき者が当該申告書を提出しなかつた場合には、その調査により、申告すべき課税標準額及び環境性能割額を決定する。

3　市町村長は、第一項若しくはこの項の規定により更正し、又は前項の規定により決定した課税標準額又は環境性能割額について過不足額があることを知つたときは、その調査により、これを更正する。

4　市町村長は、前三項の規定により課税標準額又は環境性能割額を更正し、又は決定した場合には、遅滞なく、これを納税者に通知しなければならない。

（環境性能割の不足税額及びその延滞金の徴収）

第四百六十三条　市町村の徴税吏員は、前条第一項から第三項までの規定による更正又は決定があつた場合において、不足税額（更正による不足税額又は決定による税額をいう。以下この款において同じ。）があるときは、同条第四項の通知をした日から一月を経過する日を納期限として、これを徴収しなければならない。

2　前項の場合においては、その不足税額に第四百五十四条第一項各号に規定する納期限（納期限の延長があつたときは、その延長された納期限。以下この款において同じ。）の翌日から納付の日までの期間の日数に応じ、年十四・六パーセント（前項の納期限までの期間又は当該納期限（第四百五十八条第二項の規定により徴収を猶予した税額にあつては、当該猶予した期間の末日）の翌日から一月を経過する日までの期間については、年七・三パーセント）の割合を乗じて計算した金額に相当する延滞金額を加算して徴収しなければならない。

3　市町村長は、納税者が前条第一項から第三項までの規定による更正又は決定を受けたことについてやむを得ない理由があると認める場合には、前項の延滞金額を減免することができる。

（納期限後に申告納付する環境性能割の延滞金）

第四百六十三条の二　環境性能割の納税者は、第四百五十四条第一項各号に規定する納期限後にその税金を納付する場合には、当該税額に、当該納期限の翌日から納付の日までの期間の日数に応じ、年十四・六パーセント（次の各号に掲げる税額の区分に応じ、当該各号に定める日までの期間については、年七・三パーセント）の割合を乗じて計算した金額に相当する延滞金額を加算して納付しなければならない。

一　申告書の提出期限までに提出した申告書に係る税額（第四号に掲げる税額を除く。次号及び第三号において同じ。）　当該税額に係る納期限の翌日から一月を経過する日

二　申告書の提出期限後に提出した申告書に係る税額　当該提出した日又はその日の翌日から一月を経過する日

三　修正申告書に係る税額　修正申告書を提出した日又はその日の翌日から一月を経過する日

四　第四百五十八条第二項の規定により徴収を猶予した税額　当該猶予した期間の末日の翌日から一月を経過する日

2　市町村長は、納税者が第四百五十四条第一項各号に規定する納期限までに税金を納付しなかつたことについてやむを得ない理由があると認める場合には、前項の延滞金額を減免することができる。

（環境性能割の過少申告加算金及び不申告加算金）

第四百六十三条の三　申告書の提出期限までに申告書の提出があつた場合（申告書の提出期限後に申告書の提出があつた場合において、次ただし書又は第八項の規定の適用があるときを含む。以下この項において同じ。）において、第四百六十二条第一項若しくは第三項の規定による更正があつたとき、又は修正申告書の提出があつたときは、市町村長は、当該更正又は修正申告前の申告又は修正申告に係る税額に誤りがあつたことについて正当な理由がないと認める場合には、当該更正による不足税額又は当該修正申告により増加した税額（以下この項において「対象不足税額等」という。）に百分の十の割合を乗じて計算した金額（当該対象不足税額等（当該更正又は修正申告前にその更正又は修正申告に係る環境性能割について更正又は修正申告書の提出があつた場合には、その更正による不足税額又は修正申告により増加した税額の合計額（当該更正又は修正申告前の申告又は修正申告に係る税額に誤りがあつたことについて正当な理由があると認めるときは、その更正による不足税額又は修正申告により増加した税額を控除した金額とし、当該環境性能割についてその納付すべき税額を減少させる更正又は更正に係る審査請求若しくは訴えについての裁決若しくは判決による原処分の異動があつたときは、これらにより減少した部分の税額に相当する金額を控除した金額とする。）を加算した金額とする。）が申告書の提出期限までに申告書の提出があつた場合における当該申告書に係る税額に相当する金額と五十万円とのいずれか多い金額を超えるときは、その超える部分に相当する金額（当該対象不足税額等が当該超える部分に相当する金額に満たないときは、当該対象不足税額等）に百分の五の割合を乗じて計算した金額を加算した金額とする。）に相当する過少申告加算金額を徴収しなければならない。ただし、修正申告書の提出があつた場合において、その提出が当該修正申告書に係る環境性能割額について同条第一項又は第三項の規定

による更正があるべきことを予知してされたものでないときは、この限りでない。

2　次の各号のいずれかに該当する場合には、市町村長は、当該各号に規定する申告、決定又は更正により納付すべき税額に百分の十五の割合を乗じて計算した金額に相当する不申告加算金額を徴収しなければならない。ただし、申告書の提出期限までに申告書の提出がなかつたことについて正当な理由があると認める場合は、この限りでない。

一　申告書の提出期限後に申告書の提出があつた場合又は第四百六十二条第二項の規定による決定があつた場合

二　申告書の提出期限後に申告書の提出があつた後において修正申告書の提出又は第四百六十二条第一項若しくは第三項の規定による更正があつた場合

三　第四百六十二条第二項の規定による決定があつた後において修正申告書の提出又は同条第三項の規定による更正があつた場合

3　前項の規定に該当する場合（同項ただし書又は第八項の規定の適用がある場合を除く。次項及び第五項において同じ。）において、前項に規定する納付すべき税額（同項第二号又は第三号に該当する場合には、これらの規定に規定する修正申告又は更正前にされた当該環境性能割に係る申告書の提出期限後の申告又は第四百六十二条第一項から第三項までの規定による更正若しくは決定により納付すべき税額の合計額（当該納付すべき税額を減少させる更正又は更正に係る審査請求若しくは訴えについての裁決若しくは判決による原処分の異動があつたときは、これらにより減少した部分の税額に相当する金額を控除した金額とする。次項において「累積納付税額」という。）を加算した金額。次項において「加算後累積納付税額」という。）が五十万円を超えるときは、前項に規定する不申告加算金額は、同項の規定にかかわらず、同項の規定により計算した金額に、その超える部分に相当する金額（同項に規定する納付すべき税額が当該超える部分に相当する金額に満たないときは、当該納付すべき税額）に百分の五の割合を乗じて計算した金額を加算した金額とする。

4　第二項の規定に該当する場合において、加算後累積納付税額（当該加算後累積納付税額の計算の基礎となつた事実のうちに同項各号に規定する申告、決定又は更正前の税額（還付金の額に相当する税額を含む。）の計算の基礎とされていなかつたことについて当該納税者の責めに帰すべき事由がないと認められるものがあるときは、その事実に基づく税額として政令で定めるところにより計算した金額を控除した税額）が三百万円を超えるときは、同項に規定する不申告加算金額は、前二項の規定にかかわらず、加算後累積納付税額を次の各号に掲げる金額に区分してそれぞれの金額に当該各号に定める割合を乗じて計算した金額の合計額から累積納付税額を当該各号に掲げる金額に区分してそれぞれの金額に当該各号に定める割合を乗じて計算した金額の合計額を控除した金額とする。

一　五十万円以下の部分に相当する金額　百分の十五の割合

二　五十万円を超え三百万円以下の部分に相当する金額　百分の二十の割合

三　三百万円を超える部分に相当する金額　百分の三十の割合

5　第二項の規定に該当する場合において、次の各号のいずれかに該当するときは、同項に規定する不申告加算金額は、前三項の規定にかかわらず、これらの規定により計算した金額に、第二項に規定する納付すべき税額に百分の十の割合を乗じて計算した金額を加算した金額とする。

一　申告書の提出期限後の申告書の提出若しくは修正申告書の提出（当該申告書又は修正申告書に係る環境性能割について第四百六十二条第一項から第三項までの規定による更正又は決定があるべきことを予知してされたものに限る。次号において同じ。）又は同条第一項から第三項までの規定による更正若しくは決定があつた日の前日から起算して五年前の日までの間に、環境性能割について、不申告加算金（次項の規定の適用があるものを除く。同号において同じ。）又は重加算金（次条第三項第一号において「不申告加算金等」という。）を徴収されたことがある場合

二　申告書の提出期限後の申告書の提出若しくは修正申告書の提出又は第四百六十二条第一項から第三項までの規定による更正若しくは決定に係る環境性能割の納税義務が成立した日の属する年の前年及び前々年に納税義務が成立した環境性能割について、不申告加算金若しくは重加算金（次条第二項の規定の適用があるものに限る。）（以下この号及び次条第三項第二号において「特定不申告加算金等」という。）を徴収されたことがあり、又は特定不申告加算金等に係る決定をすべきと認める場合

6　申告書の提出期限後に申告書の提出があつた場合又は修正申告書の提出があつた場合において、その提出が当該申告書又は修正申告書に係る環境性能割について第四百六十二条第一項から第三項までの規定による更正又は決定があるべきことを予知してされたものでないときは、当該申告書又は修正申告書に係る税額に係る第二項に規定する不申告加算金額は、同項から第四項までの規定にかかわらず、当該税額に百分の五の割合を乗じて計算した金額に相当する額とする。

7　市町村長は、第一項の規定により徴収すべき過少申告加算金額又は第二項の規定により徴収すべき不申告加算金額を決定した場合には、遅滞なく、納税者に通知しなければならない。

8　第二項の規定は、第六項の規定に該当する申告書の提出があつた場合において、その提出が、申告書の提出期限までに提出する意思があつたと認められる場合として政令で定める場合に該当して行われたものであり、かつ、申告書の提出期限から一月を経過する日までに行われたものであるときは、適用しない。

第四百六十三条の四（環境性能割の重加算金）　前条第一項の規定に該当する場合において、納税者が課税標準額の計算の基礎となるべき事実の全部又は一部を隠蔽し、又は仮装し、かつ、その隠蔽し、又は仮装した事実に基づいて申告書、修正申告書又は第二十条の九の三第三項に規定する更正請求書（次項において「更正請求書」という。）を提出したときは、市町村長は、政令で定めるところにより、前条第一項に規定する過少申告加算金額に代えて、その計算の基礎となるべき更正による不足税額又は修正申告により増加した税額に百分の三十五の割合を乗じて計算した金額に相当する重加算金額を徴収しなければならない。

2　前条第二項の規定に該当する場合（同項ただし書の規定の

適用がある場合を除く。）において、納税者が課税標準額の計算の基礎となるべき事実の全部又は一部を隠蔽し、又は仮装し、かつ、その隠蔽し、又は仮装した事実に基づいて、申告書の提出期限までに申告書を提出せず、又は申告書の提出期限後に申告書の提出をし、修正申告書を提出し、若しくは更正請求書を提出したときは、市町村長は、同項に規定する不申告加算金額に代えて、その計算の基礎となるべき税額に百分の四十の割合を乗じて計算した金額に相当する重加算金額を徴収しなければならない。

3　前二項の規定に該当する場合において、次の各号のいずれか（第一項の規定に該当する場合にあつては、第一号）に該当するときは、前二項に規定する重加算金額は、これらの規定にかかわらず、これらの規定により計算した金額に、第一項の規定に該当するときは同項に規定する計算の基礎となるべき更正による不足税額又は修正申告により増加した税額に、前項の規定に該当するときは同項に規定する計算の基礎となるべき税額に、それぞれ百分の十の割合を乗じて計算した金額を加算した金額とする。

一　前二項に規定する課税標準額の計算の基礎となるべき事実で隠蔽し、又は仮装されたものに基づき申告書の提出期限後の申告書の提出、修正申告書の提出又は第四百六十二条第一項から第三項までの規定による更正若しくは決定があつた日の前日から起算して五年前の日までの間に、環境性能割について、不申告加算金等を徴収されたことがある場合

二　申告書の提出期限後の申告書の提出、修正申告書の提出又は第四百六十二条第一項から第三項までの規定による更正若しくは決定に係る環境性能割の納税義務が成立した日の属する年の前年及び前々年に納税義務が成立した環境性能割について、特定不申告加算金等を徴収されたことがあり、又は特定不申告加算金等に係る決定をすべきと認める場合

4　市町村長は、前三項の規定に該当する場合において、申告書又は修正申告書の提出について前条第一項ただし書又は第六項に規定する理由があるときは、当該申告により納付すべき税額又は当該修正申告により増加した税額を基礎として計算した重加算金額を徴収しない。

5　市町村長は、第一項又は第二項の規定により徴収すべき重加算金額を決定した場合には、遅滞なく、納税者に通知しなければならない。

第三目　督促及び滞納処分

（環境性能割に係る督促）

第四百六十三条の五　納税者が納期限（更正又は決定があつた場合には、不足税額の納期限。以下この項及び第四百六十三条の七第三項において同じ。）までに環境性能割に係る地方団体の徴収金を完納しない場合においては、市町村の徴税吏員は、納期限後二十日以内に、督促状を発しなければならない。ただし、繰上徴収をする場合においては、この限りでない。

2　特別の事情がある市町村においては、当該市町村の条例で前項に規定する期間と異なる期間を定めることができる。

（環境性能割に係る督促手数料）

第四百六十三条の六　市町村の徴税吏員は、督促状を発した場合には、当該市町村の条例で定めるところにより、手数料を徴収することができる。

（環境性能割に係る滞納処分）

第四百六十三条の七　環境性能割に係る滞納者が次の各号のいずれかに該当するときは、市町村の徴税吏員は、当該環境性能割に係る地方団体の徴収金につき、滞納者の財産を差し押さえなければならない。

一　滞納者が督促を受け、その督促状を発した日から起算して十日を経過した日までにその督促に係る環境性能割に係る地方団体の徴収金を完納しないとき。

二　滞納者が繰上徴収に係る告知により指定された納期限までに環境性能割に係る地方団体の徴収金を完納しないとき。

2　第二次納税義務者又は保証人について前項の規定を適用する場合には、同項第一号中「督促状」とあるのは、「納付の催告書」とする。

3　環境性能割に係る地方団体の徴収金の納期限後第一項第一号に規定する十日を経過した日までに、督促を受けた滞納者につき第十三条の二第一項各号のいずれかに該当する事実が生じたときは、市町村の徴税吏員は、直ちにその財産を差し押さえることができる。

4　滞納者の財産につき強制換価手続が行われた場合には、市町村の徴税吏員は、執行機関（破産法第百十四条第一号に掲げる請求権に係る環境性能割に係る地方団体の徴収金の交付要求を行う場合には、その交付要求に係る破産事件を取り扱う裁判所）に対し、滞納に係る環境性能割に係る地方団体の徴収金につき、交付要求をしなければならない。

5　市町村の徴税吏員は、第一項から第三項までの規定により差押えをすることができる場合において、滞納者の財産で国税徴収法第八十六条第一項各号に掲げるものにつき、既に他の地方団体の徴収金若しくは国税の滞納処分又はこれらの滞納処分の例による処分による差押えがされているときは、当該財産についての交付要求は、参加差押えによりすることができる。

6　前各項に定めるもののほか、環境性能割に係る地方団体の徴収金の滞納処分については、国税徴収法に規定する滞納処分の例による。

7　前各項の規定による処分は、当該市町村の区域外においても行うことができる。

（環境性能割に係る滞納処分に関する罪）

第四百六十三条の八　環境性能割の納税者が滞納処分の執行を免れる目的でその財産を隠蔽し、損壊し、若しくは市町村の不利益に処分し、又はその財産に係る負担を偽つて増加する行為をし、又はその現状を改変して、その財産の価額を減損し、若しくはその滞納処分に係る滞納処分費を増大させる行為をしたときは、その者は、三年以下の懲役若しくは二百五十万円以下の罰金に処し、又はこれを併科する。

2　納税者の財産を占有する第三者が納税者に滞納処分の執行を免れさせる目的で前項の行為をしたときも、同項と同様とする。

3　情を知つて前二項の行為につき納税者又はその財産を占有する第三者の相手方となつたときは、その相手方としてその違反行為をした者は、二年以下の懲役若しくは百五十万円以

下の罰金に処し、又はこれを併科する。

4　法人の代表者又は法人若しくは人の代理人、使用人その他の従業者がその法人又は人の業務又は財産に関して前三項の違反行為をした場合には、その行為者を罰するほか、その法人又は人に対し、当該各項の罰金刑を科する。

注　令和四年六月一七日法律六八号により改正され、令和七年六月一日から施行
第四百六十三条の八第一項及び第三項中「懲役」を「拘禁刑」に改める。

（国税徴収法の例による環境性能割に係る滞納処分に関する検査拒否等の罪）

第四百六十三条の九　次の各号のいずれかに該当する場合には、その違反行為をした者は、一年以下の懲役又は五十万円以下の罰金に処する。

一　第四百六十三条の七第六項の場合において、国税徴収法第百四十一条の規定の例により行う市町村の徴税吏員の質問に対して答弁をせず、又は偽りの陳述をしたとき。

二　第四百六十三条の七第六項の場合において、国税徴収法第百四十一条の規定の例により行う市町村の徴税吏員の帳簿書類（同条に規定する帳簿書類をいう。次号において同じ。）その他の物件の検査を拒み、妨げ、又は忌避したとき。

三　第四百六十三条の七第六項の場合において、国税徴収法第百四十一条の規定の例により行う市町村の徴税吏員の物件の提示又は提出の要求に対し、正当な理由がなくこれに応じず、又は偽りの記載若しくは記録をした帳簿書類その他の物件（その写しを含む。）を提示し、若しくは提出したとき。

注　令和四年六月一七日法律六八号により改正され、令和七年六月一日から施行
第四百六十三条の九第一項中「懲役」を「拘禁刑」に改める。

2　法人の代表者又は法人若しくは人の代理人、使用人その他の従業者がその法人又は人の業務又は財産に関して前項の違反行為をした場合には、その行為者を罰するほか、その法人又は人に対し、同項の罰金刑を科する。

第三款　種別割

第一目　税率

（種別割の標準税率）

第四百六十三条の十五　次の各号に掲げる軽自動車等に対して課する種別割の標準税率は、一台について、それぞれ当該各号に定める額とする。

一　原動機付自転車

イ　総排気量が〇・〇五リットル以下のもの又は定格出力が〇・六キロワット以下のもの（ニに掲げるものを除く。）　年額　二千円

ロ　二輪のもので、総排気量が〇・〇五リットルを超え、〇・〇九リットル以下のもの又は定格出力が〇・六キロワットを超え、〇・八キロワット以下のもの　年額　二千円

ハ　二輪のもので、総排気量が〇・〇九リットルを超えるもの又は定格出力が〇・八キロワットを超えるもの　年額　二千四百円

ニ　三輪以上のもの（総務省令で定めるものを除く。）で、総排気量が〇・〇二リットルを超えるもの又は定格出力が〇・二五キロワットを超えるもの　年額　三千七百円

二　軽自動車及び小型特殊自動車

イ　二輪のもの（側車付のものを含む。）　年額　三千六百円

ロ　三輪のもの　年額　三千九百円

ハ　四輪以上のもの

(1)　乗用のもの

(i)　営業用　年額　六千九百円

(ii)　自家用　年額　一万八百円

(2)　貨物用のもの

(i)　営業用　年額　三千八百円

(ii)　自家用　年額　五千円

三　二輪の小型自動車　年額　六千円

2　市町村は、前項に定める標準税率を超える税率で種別割を課する場合には、同項各号の税率に、それぞれ一・五を乗じて得た率を超える税率で課することができない。

3　市町村は、第一項各号に掲げる軽自動車等以外の軽自動車等及び同項第二号に掲げる軽自動車及び小型特殊自動車のうち三輪の小型特殊自動車で農耕作業用のものその他の同号の区分により難いものについては、同項各号の区分とは別に、用途、総排気量、定格出力その他の軽自動車等の諸元により区分を設けて、種別割の税率を定めることができる。この場合においては、前二項の規定を適用して定められる税率と均衡を失しないようにしなければならない。

第二目　賦課及び徴収

（種別割の賦課期日）

第四百六十三条の十六　種別割の賦課期日は、四月一日とする。

（種別割の納期）

第四百六十三条の十七　種別割の納期は、四月中において、当該市町村の条例で定める。ただし、特別の事情がある場合には、これと異なる納期を定めることができる。

（種別割の徴収の方法）

第四百六十三条の十八　種別割の徴収については、普通徴収の方法によらなければならない。

2　種別割を普通徴収の方法によつて徴収しようとする場合において納税者に交付すべき納税通知書は、遅くとも、その納

期限前十日までに納税者に交付しなければならない。

3 市町村は、当該市町村の条例で、軽自動車等に当該市町村の交付する標識を付すべき旨を定めている場合には、第一項の規定にかかわらず、当該市町村の条例で定めるところにより、当該軽自動車等の所有者に標識を交付するときに、証紙徴収の方法によつて、種別割を徴収することができる。

4 市町村は、前項の規定により種別割を証紙徴収の方法によつて徴収しようとする場合には、納税者に当該市町村が発行する証紙をもつてその税金を払い込ませなければならない。この場合においては、市町村は、種別割を納付する義務が発生することを証する書類に証紙を貼らせることにより、又は証紙の額面金額に相当する現金の納付を受けた後納税済印を押すことにより、証紙に代えることができる。

5 市町村は、納税者が証紙を貼つた場合には、当該証紙を貼つた紙面と当該証紙の彩紋とにかけて当該市町村の印又は署名で判明にこれを消さなければならない。

6 第四項の証紙の取扱いに関しては、当該市町村の条例で定めなければならない。

（種別割の賦課徴収に関する申告又は報告の義務）

第四百六十三条の十九 種別割の納税義務者は、当該市町村の条例で定めるところにより、総務省令で定める様式により、種別割の賦課徴収に関し必要な事項を記載した申告書又は報告書を市町村長に提出しなければならない。

2 第四百四十四条第一項に規定する軽自動車等の売主は、当該市町村の条例で定めるところにより、当該市町村長から当該軽自動車等の買主の住所又は居所が不明であることを理由として請求があつた場合には、当該軽自動車等の買主の住所又は居所その他当該軽自動車等に対して課する種別割の賦課徴収に関し必要な事項を報告しなければならない。

（種別割に係る虚偽の申告等に関する罪）

第四百六十三条の二十 前条の規定により申告し、又は報告すべき事項について虚偽の申告又は報告をしたときは、その違反行為をした者は、三十万円以下の罰金に処する。

2 法人の代表者又は法人若しくは人の代理人、使用人その他の従業者がその法人又は人の業務又は財産に関して前項の違反行為をした場合には、行為者を罰するほか、その法人又は人に対し、同項の刑を科する。

（種別割に係る不申告等に関する過料）

第四百六十三条の二十一 市町村は、種別割の納税義務者又は第四百四十四条第一項に規定する軽自動車等の売主が第四百六十三条の十九の規定により申告し、又は報告すべき事項について正当な事由がなくて申告又は報告をしなかつた場合には、その者に対し、当該市町村の条例で十万円以下の過料を科する旨の規定を設けることができる。

第四章 目的税

第五節 事業所税

第一款 通則

（事業所税）

第七百一条の三十 指定都市等は、都市環境の整備及び改善に関する事業に要する費用に充てるため、事業所税を課するものとする。

（用語の意義）

第七百一条の三十一 事業所税について、次の各号に掲げる用語の意義は、それぞれ当該各号に定めるところによる。

一 指定都市等 次に掲げる市をいう。

イ 地方自治法第二百五十二条の十九第一項の市

ロ イに掲げる市以外の市で首都圏整備法第二条第三項に規定する既成市街地又は近畿圏整備法第二条第三項に規定する既成都市区域を有するもの

ハ イ及びロに掲げる市以外の市で人口（官報で公示された最近の国勢調査の結果による人口その他これに準ずるものとして政令で定める人口をいう。）三十万以上のもののうち政令で指定するもの

二 資産割 事業所床面積を課税標準として課する事業所税をいう。

三 従業者割 従業者給与総額を課税標準として課する事業所税をいう。

四 事業所床面積 事業所用家屋の床面積として政令で定める床面積をいう。

五 従業者給与総額 事務所又は事業所（以下この節において「事業所等」という。）の従業者（役員を含むものとし、政令で定める障害者（次項において「障害者」という。）及び年齢六十五歳以上の者（役員を除く。）を除く。以下この号及び第七百一条の四十三において同じ。）に対して支払われる俸給、給料、賃金及び賞与並びにこれらの性質を有する給与（以下この号及び次項において「給与等」という。）の総額（事業所等の従業者のうちに、第三百十三条第四項に規定する事業専従者がある場合には、その者に係る同条第五項に規定する事業専従者控除額を含むものとし、年齢五十五歳以上六十五歳未満の者のうち雇用保険法（昭和四十九年法律第百十六号）その他の法令の規定に基づく国の雇用に関する助成に係る者で政令で定めるもの（次項において「雇用改善助成対象者」という。）がある場合には、その者の給与等の額の二分の一に相当する額を除く。）をいう。

六 事業所用家屋 家屋（第三百四十一条第三号の家屋をいう。以下本節において同じ。）の全部又は一部で現に事業所等の用に供するものをいう。

七 事業年度 第七十二条の十三に規定する事業年度をいう。

八 個人に係る課税期間 個人の行う事業に対して課する事業所税の課税標準の算定の基礎となる期間をいい、次に掲げる場合の区分に応じ、それぞれ次に掲げる期間とする。

イ ロからニまでに掲げる場合以外の場合 その年の一月一日から十二月三十一日まで

ロ 年の中途において事業を廃止した場合（ニの場合を除く。） その年の一月一日から当該廃止の日まで

ハ 年の中途において事業を開始した場合（ニの場合を除く。） 当該開始の日からその年の十二月三十一日まで

ニ 年の中途において事業を開始し、その年の中途において事業を廃止した場合 当該開始の日から当該廃止の日まで

2 前項第五号の場合において、障害者、年齢六十五歳以上の者又は雇用改善助成対象者であるかどうかの判定は、その者に対して給与等が支払われる時の現況によるものとする。

（事業所税の納税義務者等）

第七百一条の三十二　事業所税は、事業所等において法人又は個人の行う事業に対し、当該事業所等所在の指定都市等において、当該事業を行う者に資産割額及び従業者割額の合算額によつて課する。

2　特殊関係者（親族その他の特殊の関係のある個人又は同族会社（これに類する法人を含む。）で政令で定めるものをいう。以下本項において同じ。）を有する者がある場合において、当該特殊関係者が行う事業について政令で定める特別の事情があるときは、事業所税の賦課徴収については、当該事業は、その者及び当該特殊関係者の共同事業とみなす。

3　法人でない社団又は財団で代表者又は管理人の定めがあるもの（以下本節において「人格のない社団等」という。）は、法人とみなして、本節中法人に関する規定を適用する。

（事業を行う者が名義人である場合における事業所税の納税義務者）

第七百一条の三十三　法律上事業所等において事業を行うとみられる者が単なる名義人であつて、他の者が事実上当該事業を行つていると認められる場合には、当該事業に対して課する事業所税は、当該他の者に課するものとする。

（事業所税の非課税の範囲）

第七百一条の三十四　指定都市等は、国及び非課税独立行政法人並びに法人税法第二条第五号の公共法人（非課税独立行政法人であるものを除く。）に対しては、事業所税を課することができない。

2　指定都市等は、法人税法第二条第六号の公益法人等（防災街区整備事業組合、管理組合法人及び団地管理組合法人、マンション建替組合、マンション敷地売却組合及び敷地分割組合、地方自治法第二百六十条の二第七項に規定する認可地縁団体、政党交付金の交付を受ける政党等に対する法人格の付与に関する法律第七条の二第一項に規定する法人である政党等並びに特定非営利活動促進法第二条第二項に規定する法人を含む。）又は人格のない社団等が事業所等において行う事業のうち収益事業以外の事業に対しては、事業所税を課することができない。

3　指定都市等は、次に掲げる施設に係る事業所等において行う事業に対しては、事業所税を課することができない。

一及び二　削除

三　博物館法第二条第一項に規定する博物館その他政令で定める教育文化施設（第十号の四に該当するものを除く。）

四　公衆浴場法（昭和二十三年法律第百三十九号）第一条第一項に規定する公衆浴場で政令で定めるもの

五　と畜場法（昭和二十八年法律第百十四号）第三条第二項に規定すると畜場

六　化製場等に関する法律（昭和二十三年法律第百四十号）第一条第三項に規定する死亡獣畜取扱場

七　水道法（昭和三十二年法律第百七十七号）第三条第八項に規定する水道施設

八　廃棄物の処理及び清掃に関する法律第七条第一項若しくは第六項の規定による許可若しくは同法第九条の八第一項ただし書若しくは同法第六項ただし書の規定により市町村の委託を受けて行う一般廃棄物の収集、運搬又は処分の事業の用に供する施設

九　医療法第一条の五第一項に規定する病院及び同条第二項に規定する診療所、介護保険法第八条第二十八項に規定する介護老人保健施設で政令で定めるもの及び同条第二十九項に規定する介護医療院で政令で定めるもの並びに看護師、准看護師、歯科衛生士その他政令で定める医療関係者の養成所

十　生活保護法第三十八条第一項に規定する保護施設で政令で定めるもの

十の二　児童福祉法第六条の三第十項に規定する小規模保育事業の用に供する施設

十の三　児童福祉法第七条第一項に規定する児童福祉施設で政令で定めるもの（次号に該当するものを除く。）

十の四　就学前の子どもに関する教育、保育等の総合的な提供の推進に関する法律第二条第六項に規定する認定こども園

十の五　老人福祉法第五条の三に規定する老人福祉施設で政令で定めるもの

十の六　障害者の日常生活及び社会生活を総合的に支援するための法律第五条第十一項に規定する障害者支援施設

十の七　第十号から前号までに掲げる施設のほか、社会福祉法第二条第一項に規定する社会福祉事業の用に供する施設で政令で定めるもの

十の八　介護保険法第百十五条の四十六第一項に規定する包括的支援事業の用に供する施設

十の九　児童福祉法第六条の三第九項に規定する家庭的保育事業、同条第十一項に規定する居宅訪問型保育事業又は同条第十二項に規定する事業所内保育事業の用に供する施設

十一　農業、林業又は漁業を営む者が直接その生産の用に供する施設で政令で定めるもの

十二　農業協同組合、水産業協同組合、森林組合その他政令で定める法人が農林水産業者の共同利用に供する施設で政令で定めるもの

十三　削除

十四　卸売市場法第二条第二項に規定する卸売市場及びその機能を補完するものとして政令で定める施設

十五　削除

十六　電気事業法第二条第一項第八号に規定する一般送配電事業、同項第十号に規定する送電事業、同項第十一号の二に規定する配電事業、同項第十四号に規定する発電事業又は同項第十五号の三に規定する特定卸供給事業の用に供する施設で政令で定めるもの

十七　ガス事業法第二条第五項に規定する一般ガス導管事業又は同条第九項に規定するガス製造事業（当該ガス製造事業により製造されたガスが、直接又は間接に同条第六項に規定する一般ガス導管事業者が維持し、及び運用する導管により受け入れられるものに限る。）の用に供する施設で政令で定めるもの

十八　独立行政法人中小企業基盤整備機構法第十五条第一項第三号ロに規定する連携等又は中小企業の集積の活性化に寄与する事業で政令で定めるものを行う者が都道府県又は独立行政法人中小企業基盤整備機構から同号ロの資金の貸付け（これに準ずるものとして政令で定める資金の貸付けを含む。）を受けて設置する施設のうち、当該事業又は当該事業に係るものとして政令で定める事業の用に供する施

設で政令で定めるもの

十九　次のイ又はロに掲げる施設

イ　総合特別区域法（平成二十三年法律第八十一号）第二条第二項第五号イに規定する事業（総務省令で定めるものを除く。）を行う者が市町村（特別区を含む。ロにおいて同じ。）から同号イの資金の貸付けを受けて設置する施設のうち、当該事業又は当該事業に係るものとして政令で定める事業の用に供する施設で政令で定めるもの

ロ　総合特別区域法第二条第三項第五号イに規定する事業（総務省令で定めるものを除く。）を行う者が市町村から同号イの資金の貸付けを受けて設置する施設のうち、当該事業又は当該事業に係るものとして政令で定める事業の用に供する施設で政令で定めるもの

二十　鉄道事業法第七条第一項に規定する鉄道事業者又は軌道法第四条に規定する軌道経営者がその本来の事業の用に供する施設で政令で定めるもの

二十一　道路運送法第三条第一号イに規定する一般乗合旅客自動車運送事業（路線を定めて定期に運行する自動車により乗合旅客を運送するものに限る。）若しくは貨物自動車運送事業法（平成元年法律第八十三号）第二条第二項に規定する一般貨物自動車運送事業又は貨物利用運送事業法（平成元年法律第八十二号）第二条第六項に規定する貨物利用運送事業のうち同条第四項に規定する鉄道運送事業者の行う貨物の運送に係るもの若しくは同条第八項に規定する第二種貨物利用運送事業のうち同条第三項に規定する航空運送事業者の行う貨物の運送に係るもの（当該第二種貨物利用運送事業に係る貨物の集貨又は配達を自動車を使用して行う事業（特定の者の需要に応じてするものを除く。）に係る部分に限る。）を経営する者がその本来の事業の用に供する施設で政令で定めるもの

二十二　自動車ターミナル法（昭和三十四年法律第百三十六号）第二条第六項に規定するバスターミナル又はトラックターミナルの用に供する施設で政令で定めるもの

二十三　国際路線に就航する航空機が使用する公共の飛行場に設置される施設で当該国際路線に係るものとして政令で定める施設

二十四　専ら公衆の利用を目的として電気通信回線設備（送信の場所と受信の場所との間を接続する伝送路設備及びこれと一体として設置される交換設備並びにこれらの附属設備をいう。）を設置して電気通信事業法（昭和五十九年法律第八十六号）第二条第三号に規定する電気通信役務を提供する同条第四号に規定する電気通信事業（携帯電話用装置、自動車電話用装置その他の無線通話装置を用いて同条第三号に規定する電気通信役務を提供する事業を除く。以下この号において同じ。）を営む者で政令で定めるものが当該電気通信事業の用に供する施設で政令で定めるもの

二十五　民間事業者による信書の送達に関する法律第二条第六項に規定する一般信書便事業者がその本来の事業の用に供する施設で政令で定めるもの

二十五の二　日本郵便株式会社が日本郵便株式会社法（平成十七年法律第百号）第四条第一項第一号及び第六号に掲げる業務並びにこれらに附帯する業務の用に供する施設で政令で定めるもの

二十六　勤労者の福利厚生施設で政令で定めるもの

二十七　駐車場法（昭和三十二年法律第百六号）第二条第二号に規定する路外駐車場で政令で定めるもの

二十八　道路交通法（昭和三十五年法律第百五号）第二条第一項第十号に規定する原動機付自転車又は同項第十一号の二に規定する自転車の駐車のための施設で都市計画法第十一条第一項第一号に掲げる駐車場として都市計画に定められたもの

二十九　東日本高速道路株式会社、首都高速道路株式会社、中日本高速道路株式会社、西日本高速道路株式会社、阪神高速道路株式会社又は本州四国連絡高速道路株式会社が、高速道路株式会社法（平成十六年法律第九十九号）第五条第一項第一号、第二号又は第四号に規定する事業（本州四国連絡高速道路株式会社にあつては、同項第一号、第二号、第四号又は第五号に規定する事業）の用に供する施設で政令で定めるもの

4　指定都市等は、百貨店、旅館その他の消防法（昭和二十三年法律第百八十六号）第十七条第一項に規定する防火対象物で多数の者が出入するものとして政令で定めるものに設置される同項に規定する消防用設備等で政令で定めるもの（以下この項において「消防用設備等」という。）及び同条第三項に規定する特殊消防用設備等（以下この項において「特殊消防用設備等」という。）並びに当該防火対象物に設置される建築基準法第三十五条に規定する避難施設その他の政令で定める防災に関する施設又は設備（消防用設備等及び特殊消防用設備等を除く。）のうち政令で定める部分に係る事業所床面積に対しては資産割を課することができない。

5　指定都市等は、港湾運送事業法（昭和二十六年法律第百六十一号）第九条第一項に規定する港湾運送事業者がその本来の事業の用に供する施設で政令で定めるものに係る従業者給与総額に対しては、従業者割を課することができない。

6　第二項から前項までに規定する場合において、これらの規定の適用を受ける事業であるかどうかの判定は課税標準の算定期間（法人に係るものにあつては、事業年度とし、個人に係るものにあつては、個人に係る課税期間とする。以下この節において同じ。）の末日の現況によるものとする。

7　第二項の法人が同一の事業所等において収益事業と収益事業以外の事業とを併せて行う場合における事業所床面積又は従業者給与総額についての同項の規定の適用を受けるものと受けないものとの区分に関し必要な事項、同項の収益事業の範囲その他第一項から第五項までの規定の適用に関し必要な事項は、政令で定める。

（徴税吏員の事業所税に関する調査に係る質問検査権）

第七百一条の三十五　指定都市等の徴税吏員は、事業所税の賦課徴収に関する調査のために必要がある場合には、次に掲げる者に質問し、又は第一号若しくは第二号の者の帳簿書類（その作成又は保存に代えて電磁的記録（電子的方式、磁気的方式その他の人の知覚によつては認識することができない方式で作られる記録であつて、電子計算機による情報処理の用に供されるものをいう。）の作成又は保存がされている場合における当該電磁的記録を含む。次条第一項第一号及び第二号において同じ。）その他の物件を検査し、若しくは当該物件（その写しを含む。）の提示若しくは提出を求めることができる。

一　納税義務者又は納税義務があると認められる者

二　前号に掲げる者に金銭若しくは物品を給付する義務があると認められる者又は同号に掲げる者から金銭若しくは物品を受け取る権利があると認められる者

三　前二号に掲げる者以外の者で当該事業所税の賦課徴収に関し直接関係があると認められるもの

2　前項第一号に掲げる者を分割法人（分割によりその有する資産及び負債の移転を行つた法人をいう。以下本項において同じ。）とする分割に係る分割承継法人（分割により分割法人から資産及び負債の移転を受けた法人をいう。以下本項において同じ。）は前項第二号に規定する物品を受け取る権利があると認められる者に、同項第一号に掲げる者を分割承継法人とする分割に係る分割法人は同項第二号に規定する物品を給付する義務があると認められる者にそれぞれ含まれるものとする。

3　第一項の場合には、当該徴税吏員は、その身分を証明する証票を携帯し、関係人の請求があつたときは、これを提示しなければならない。

4　指定都市等の徴税吏員は、政令で定めるところにより、第一項の規定により提出を受けた物件を留め置くことができる。

5　事業所税に係る滞納処分に関する調査については、第一項の規定にかかわらず、第七百一条の六十五第六項の定めるところによる。

6　第一項又は第四項の規定による指定都市等の徴税吏員の権限は、犯罪捜査のために認められたものと解釈してはならない。

（事業所税に係る検査拒否等に関する罪）

第七百一条の三十六　次の各号のいずれかに該当する場合には、その違反行為をした者は、一年以下の懲役又は五十万円以下の罰金に処する。

一　前条第一項の規定による帳簿書類その他の物件の検査を拒み、妨げ、又は忌避したとき。

二　前条第一項の規定による物件の提示又は提出の要求に対し、正当な理由がなくこれに応ぜず、又は偽りの記載若しくは記録をした帳簿書類その他の物件（その写しを含む。）を提示し、若しくは提出したとき。

三　前条の規定による徴税吏員の質問に対し答弁をしないとき、又は虚偽の答弁をしたとき。

> 注　令和四年六月一七日法律六八号により改正され、令和七年六月一日から施行
>
> 第七百一条の三十六第一項中「懲役」を「拘禁刑」に改める。

2　法人の代表者（人格のない社団等の管理人を含む。第七百一条の三十八第二項、第七百一条の五十三第二項、第七百一条の五十六第五項、第七百一条の六十六第四項及び第七百一条の六十七第二項において同じ。）又は法人若しくは人の代理人、使用人その他の従業者がその法人又は人の業務又は財産に関して前項の違反行為をした場合には、その行為者を罰するほか、その法人又は人に対し、同項の罰金刑を科する。

3　人格のない社団等について前項の規定の適用がある場合には、その代表者又は管理人がその訴訟行為につき当該人格のない社団等を代表するほか、法人を被告人又は被疑者とする場合の刑事訴訟に関する法律の規定を準用する。

（事業所税の納税管理人）

第七百一条の三十七　事業所税の納税義務者は、納税義務を負う指定都市等の区域内に住所、居所又は事業所等（以下本項において「住所等」という。）を有しない場合には、納税に関する一切の事項を処理させるため、当該指定都市等の条例で定める地域内に住所等を有する者のうちから納税管理人を定めてこれを指定都市等の長に申告し、又は当該地域外に住所等を有する者のうち当該事項の処理につき便宜を有するものを納税管理人として定めることについて指定都市等の長に申請してその承認を受けなければならない。納税管理人を変更し、又は変更しようとする場合においても、また、同様とする。

2　前項の規定にかかわらず、当該納税義務者は、当該納税義務者に係る事業所税の徴収の確保に支障がないことについて指定都市等の長に申請してその認定を受けたときは、納税管理人を定めることを要しない。

（事業所税の納税管理人に係る虚偽の申告等に関する罪）

第七百一条の三十八　前条第一項の規定により申告すべき納税管理人について虚偽の申告をし、又は偽りその他不正の手段により同項の承認若しくは同条第二項の認定を受けたときは、その違反行為をした者は、三十万円以下の罰金に処する。

2　法人の代表者又は法人若しくは人の代理人、使用人その他の従業者がその法人又は人の業務又は財産に関して前項の違反行為をした場合には、その行為者を罰するほか、その法人又は人に対し、同項の刑を科する。

3　人格のない社団等について前項の規定の適用がある場合には、その代表者又は管理人がその訴訟行為につき当該人格のない社団等を代表するほか、法人を被告人又は被疑者とする場合の刑事訴訟に関する法律の規定を準用する。

（事業所税の納税管理人に係る不申告に関する過料）

第七百一条の三十九　指定都市等は、第七百一条の三十七第二項の認定を受けていない事業所税の納税義務者で同条第一項の承認を受けていないものが同項の規定によつて申告すべき納税管理人について正当な理由がなくて申告をしなかつた場合には、その者に対し、当該指定都市等の条例で十万円以下の過料を科する旨の規定を設けることができる。

第二款　課税標準及び税率

（事業所税の課税標準）

第七百一条の四十　事業所税の課税標準は、資産割にあつては、課税標準の算定期間の末日現在における事業所床面積（当該課税標準の算定期間の月数が十二月に満たない場合には、当該事業所床面積を十二で除して得た面積に当該課税標準の算定期間の月数を乗じて得た面積。次項において同じ。）とし、従業者割にあつては、課税標準の算定期間中に支払われた従業者給与総額とする。

2　次の各号に掲げる事業所等において行う事業に対して課する資産割の課税標準は、前項の規定にかかわらず、それぞれ当該各号に定める面積とする。

一　課税標準の算定期間の中途において新設された事業所等（第三号の事業所等を除く。）　当該課税標準の算定期間の末日における事業所床面積に当該新設の日の属する月の翌月から当該課税標準の算定期間の末日の属する月までの

月数の当該課税標準の算定期間の月数に対する割合を乗じて得た面積

二　課税標準の算定期間の中途において廃止された事業所等（次号の事業所等を除く。）　当該廃止の日における事業所床面積に当該課税標準の算定期間の開始の日の属する月から当該廃止の日の属する月までの月数の当該課税標準の算定期間の月数に対する割合を乗じて得た面積

三　課税標準の算定期間の中途において新設された事業所等で当該課税標準の算定期間の中途において廃止されたもの　当該廃止の日における事業所床面積に当該新設の日の属する月の翌月から当該廃止の日の属する月までの月数の当該課税標準の算定期間の月数に対する割合を乗じて得た面積

3　前二項の課税標準の算定期間の月数は、暦に従って計算し、一月に満たない端数を生じたときは、これを一月とする。

（事業所税の課税標準の特例）

第七百一条の四十一　次の表の各号の上欄に掲げる施設に係る事業所等において行う事業に対して課する資産割又は従業者割の課税標準となるべき事業所床面積又は従業者給与総額の算定については、当該資産割又は従業者割につき、それぞれ当該各号の中欄又は下欄に割合が定められている場合には、当該施設に係る事業所等に係る事業所床面積又は従業者給与総額（第七百一条の三十四の規定の適用を受けるものを除く。以下この項において同じ。）から当該施設に係る事業所床面積又は従業者給与総額にそれぞれ当該各号の中欄又は下欄に掲げる割合を乗じて得た面積又は金額を控除するものとする。

施設	資産割に係る割合	従業者割に係る割合
一　法人税法第二条第七号の協同組合等がその本来の事業の用に供する施設	二分の一	二分の一
二　学校教育法第百二十四条に規定する専修学校又は同法第百三十四条第一項に規定する各種学校（学校法人又は私立学校法第百五十二条第五項の法人が設置する専修学校又は各種学校を除く。）において直接教育の用に供する施設	二分の一	二分の一
三　事業活動に伴って生ずるばい煙、汚水、廃棄物等の処理その他公害の防止又は資源の有効な利用のための施設で政令で定めるもの（次号に掲げるものを除く。）	四分の三	
四　廃棄物の処理及び清掃に関する法律第十四条第一項若しくは第六項若しくは第十四条の四第一項若しくは第六項の規定による許可又は同法第十五条の四の二第一項の規定による認定を受けて行う産業廃棄物の収集、運搬又は処分の事業その他公害の防止又は資源の有効な利用のための事業で政令で定めるものの用に供する施設で政令で定めるもの	四分の三	二分の一
五　家畜取引法（昭和三十一年法律第百二十三号）第二条第三項に規定する家畜市場	四分の三	
六　生鮮食料品の価格安定に資することを目的として設置される施設で政令で定めるもの	四分の三	
七　みそ、しょうゆ若しくは食用酢又は酒類（酒税法（昭和二十八年法律第六号）第二条第一項に規定する酒類をいう。）の製造業者が直接これらの製造の用に供する施設で政令で定めるもの	四分の三	
八　木材取引のために開設される市場で政令で定めるもの又は製材、合板の製造その他の木材の加工を業とする者で政令で定めるもの若しくは木材の販売を業とする者がその事業の用に供する木材の保管施設で政令で定めるもの	四分の三	
九　旅館業法（昭和二十三年法律第百三十八号）第二条第二項に規定する旅館・ホテル営業の用に供する施設で政令で定めるもの（次号に掲げるものを除く。）	二分の一	
十　港湾法第二条第五項に規定する港湾施設のうち同項第五号、第七号又は第八号の二に掲げる施設で政令で定めるもの	二分の一	二分の一
十一　港湾法第二条第五項に規定する港湾施設のうち同項第六号又は第八号に掲げる施設で政令で定めるもの	四分の三	二分の一
十二　外国貿易のため外国航路に就航する船舶により運送されるコンテナー貨物に係る荷さばきの用に供する施設（前号に掲げるものを除く。）	二分の一	
十三　港湾運送事業法第二条第二項に規定する港湾運送事業のうち同法第三条第一		

号又は第二号に掲げる一般港湾運送事業又は港湾荷役事業の用に供する上屋（第十一号に掲げるものを除く。）	二分の一	
十四　倉庫業法（昭和三十一年法律第百二十一号）第七条第一項に規定する倉庫業者（第十八号において「倉庫業者」という。）がその本来の事業の用に供する倉庫（第十一号及び第十八号に掲げるものを除く。）	四分の三	
十五　道路運送法第三条第一号ハに掲げる事業（タクシー業務適正化特別措置法（昭和四十五年法律第七十五号）第二条第三項に規定するタクシー事業に限る。）の用に供する施設で政令で定めるもの	二分の一	二分の一
十六　公共の飛行場に設置される施設（第七百一条の三十四第三項第二十三号に掲げるものを除く。）で政令で定めるもの	二分の一	二分の一
十七　流通業務市街地の整備に関する法律第四条第一項に規定する流通業務地区内に設置される同法第五条第一項第一号、第三号から第五号まで又は第九号に掲げる施設で政令で定めるもの（次号に掲げるものを除く。）	二分の一	二分の一
十八　流通業務市街地の整備に関する法律第四条第一項に規定する流通業務地区内に設置される倉庫で倉庫業者がその本来の事業の用に供するもの	四分の三	二分の一
十九　民間事業者による信書の送達に関する法律第二条第九項に規定する特定信書便事業者がその本来の事業の用に供する施設で政令で定めるもの	二分の一	二分の一

2　心身障害者を多数雇用するものとして政令で定める事業所等（障害者の雇用の促進等に関する法律（昭和三十五年法律第百二十三号）第四十九条第一項第六号の助成金の支給に係る施設又は設備に係るものに限る。）において行う事業に対して課する資産割の課税標準となるべき事業所床面積の算定については、当該事業に係る事業所床面積（第七百一条の三十四の規定の適用を受けるものを除く。以下この項において同じ。）から当該事業所床面積の二分の一に相当する面積を控除するものとする。

3　前二項の場合において、これらの規定の適用を受ける事業であるかどうかの判定は課税標準の算定期間の末日の現況によるものとする。

4　第一項の表の各号の上欄に掲げる施設に係る事業所等において行う事業と同項の規定の適用を受ける事業と受けない事業とを併せて行う場合における事業所床面積又は従業者給与総額についての同項の規定の適用を受けるものと受けないものとの区分に関し必要な事項その他同項及び第二項の規定の適用に関し必要な事項は、政令で定める。

（税率）

第七百一条の四十二　事業所税の税率は、資産割にあつては一平方メートルにつき六百円、従業者割にあつては百分の〇・二五とする。

（事業所税の免税点）

第七百一条の四十三　指定都市等は、同一の者が当該指定都市等の区域内において行う事業に係る各事業所等（次項に規定する事業所等に該当するものを除く。）について、当該各事業所等に係る事業所床面積（第七百一条の三十四の規定の適用を受けるものを除く。）の合計面積が千平方メートル以下である場合には資産割を、当該各事業所等の従業者（同条の規定の適用に係る者を除く。）の数の合計数が百人以下である場合には従業者割を課することができない。

2　指定都市等は、中小企業団体の組織に関する法律第三条第一項第六号に規定する企業組合又は同項第七号に規定する協業組合（以下本項において「企業組合等」という。）が当該指定都市等の区域内において行う事業に係る各事業所等のうち、当該事業所等に係る事業所用家屋が当該企業組合等の組合員が組合員となつた際その者の事業の用に供されていたものであり、かつ、その者がその後引き続き当該事業所等において行われる事業の主宰者として当該企業組合等の事業に従事しているものその他これに準ずるものとして政令で定める事業所等に該当するものについては、事業所床面積（第七百一条の三十四の規定の適用を受けるものを除く。）が千平方メートル以下であるものにあつては資産割を、従業者（同条の規定の適用に係る者を除く。）の数が百人以下であるものにあつては従業者割を課することができない。

3　前二項の場合において、第一項に規定する事業所床面積の合計面積及び第二項に規定する事業所床面積が千平方メートル以下であるかどうか並びに第一項に規定する従業者の数の合計数及び第二項に規定する従業者の数が百人以下であるかどうかの判定は課税標準の算定期間の末日の現況によるものとする。

4　前項の場合において、第一項に規定する従業者の数の合計数及び第二項に規定する従業者の数が百人以下であるかどうかの判定の基礎となる事業所等のうち、課税標準の算定期間中を通じて従業者の数に著しい変動がある事業所等として政令で定めるもの（当該課税標準の算定期間の中途において廃止された事業所等を除く。）については、当該課税標準の算定期間に属する各月の末日現在における従業者の数を合計した数を当該課税標準の算定期間の月数で除して得た数をもつて前項の課税標準の算定期間の末日現在の従業者の数とみなす。

5　前項の月数は、暦に従つて計算し、一月に満たない端数を生じたときは、これを一月とする。

（政令への委任）

第七百一条の四十四　第七百一条の四十から前条までに定めるもののほか、事業所等が指定都市等とその他の市町村とにわたつて所在する場合の第七百一条の四十の規定の適用その他同条から前条までの規定の適用に関し必要な事項は、政令で定める。

第三款　申告納付並びに更正及び決定等

（事業所税の徴収の方法）

第七百一条の四十五　事業所税の徴収については、申告納付の方法によらなければならない。

（法人に対して課する事業所税の申告納付）

第七百一条の四十六　事業所等において法人が行う事業に対して課する事業所税の納税義務者は、各事業年度終了の日から二月以内（外国法人（この法律の施行地に本店又は主たる事務所を有しない法人をいう。）が第七百一条の三十七第一項に規定する納税管理人を定めないでこの法律の施行地に事業所等を有しないこととなる場合（同条第二項の認定を受けた場合を除く。）には、当該事業年度終了の日から二月を経過した日の前日と当該事業所等を有しないこととなる日とのいずれか早い日まで）に、当該各事業年度に係る事業所税の課税標準額及び税額その他必要な事項を記載した総務省令で定める様式による申告書を当該事業所等所在の指定都市等の長に提出するとともに、その申告した税額を当該指定都市等に納付しなければならない。

2　前項の課税標準額は、資産割にあつては、当該事業年度中において当該法人が当該指定都市等の区域内に有し、又は有していた各事業所等に係る資産割の課税標準となるべき事業所床面積の合計面積とし、従業者割にあつては、当該各事業所等に係る従業者割の課税標準となるべき従業者給与総額の合計額とする。

3　指定都市等の長は、事業所等において事業を行う法人で各事業年度について納付すべき事業所税額がないものに、当該指定都市等の条例の定めるところにより、第一項の規定に準じて申告書を提出させることができる。

（個人に対して課する事業所税の申告納付）

第七百一条の四十七　事業所等において個人が行う事業に対して課する事業所税の納税義務者は、その年の翌年三月十五日までに（年の中途において事業を廃止した場合には、当該事業の廃止の日から一月以内（当該事業の廃止が納税義務者の死亡によるときは、四月以内）に）、個人に係る課税期間に係る事業所税の課税標準額及び税額その他必要な事項を記載した総務省令で定める様式による申告書を当該事業所等所在の指定都市等の長に提出するとともに、その申告した税額を当該指定都市等に納付しなければならない。

2　前項の課税標準額は、資産割にあつては、当該個人に係る課税期間中においてその者が当該指定都市等の区域内に有し、又は有していた各事業所等に係る資産割の課税標準となるべき事業所床面積の合計面積とし、従業者割にあつては、当該各事業所等に係る従業者割の課税標準となるべき従業者給与総額の合計額とする。

3　指定都市等の長は、事業所等において事業を行う個人で各個人に係る課税期間について納付すべき事業所税額がないものに、当該指定都市等の条例の定めるところにより、第一項の規定に準じて申告書を提出させることができる。

（事業所税の期限後申告及び修正申告納付）

第七百一条の四十九　第七百一条の四十六又は第七百一条の四十七の規定によつて申告書を提出すべき者は、当該申告書の提出期限後においても、第七百一条の五十八第四項の規定による決定の通知があるまでは、第七百一条の四十六又は第七百一条の四十七の規定によつて申告納付することができる。

2　第七百一条の四十六又は第七百一条の四十七若しくは前項の規定によつて申告書若しくは修正申告書を提出した者又は第七百一条の五十八の規定による更正若しくは決定を受けた者は、当該申告書若しくは修正申告書又は当該更正若しくは決定に係る課税標準額（第七百一条の四十六第二項又は第七百一条の四十七第二項の課税標準額をいう。以下本節において同じ。）又は税額について不足額がある場合には、遅滞なく、総務省令で定める様式による修正申告書を指定都市等の長に提出するとともに、その修正により増加した税額を当該指定都市等に納付しなければならない。

（事業所税に係る不申告に関する過料）

第七百一条の四十九の二　指定都市等は、事業所税の納税義務者が正当な事由がなくて第七百一条の四十六第一項若しくは第三項又は第七百一条の四十七第一項若しくは第三項の規定による申告書をこれらの項に規定する申告書の提出期限までに提出しなかつた場合においては、その者に対し、当該指定都市等の条例で十万円以下の過料を科する旨の規定を設けることができる。

（事業所税の賦課徴収に関する申告の義務）

第七百一条の五十二　指定都市等の区域内において事業所等を新設し、又は廃止した者は、当該指定都市等の条例の定めるところにより、その旨その他必要な事項を当該事業所等所在の指定都市等の長に申告しなければならない。

2　事業所税の納税義務者に事業所用家屋を貸し付けている者は、当該指定都市等の条例の定めるところにより、当該事業所用家屋の床面積その他必要な事項を当該事業所用家屋所在の指定都市等の長に申告しなければならない。

（事業所税の賦課徴収に係る虚偽の申告に関する罪）

第七百一条の五十三　前条の規定により申告すべき事項について虚偽の申告をしたときは、その違反行為をした者は、一年以下の懲役又は五十万円以下の罰金に処する。

> 注　令和四年六月一七日法律六八号により改正され、令和七年六月一日から施行
>
> 第七百一条の五十三第一項中「懲役」を「拘禁刑」に改める。

2　法人の代表者又は法人若しくは人の代理人、使用人その他の従業者がその法人又は人の業務又は財産に関して前項の違反行為をした場合には、その行為者を罰するほか、その法人又は人に対し、同項の罰金刑を科する。

3　人格のない社団等について前項の規定の適用がある場合には、その代表者又は管理人がその訴訟行為につき当該人格のない社団等を代表するほか、法人を被告人又は被疑者とする場合の刑事訴訟に関する法律の規定を準用する。

（事業所税の賦課徴収に係る不申告に関する過料）

第七百一条の五十四　指定都市等は、第七百一条の五十二の規定により申告をすべき者が同条の規定によつて申告すべき事項について正当な理由がなくて申告をしなかつた場合には、その者に対し、当該指定都市等の条例で十万円以下の過料を科する旨の規定を設けることができる。

（所得税又は法人税に関する書類の閲覧等）

第七百一条の五十五　指定都市等の長が事業所税の賦課徴収について、政府に対し、事業所税の納税義務者で所得税若しくは法人税の納税義務があるものが政府に提出した申告書若しくは修正申告書又は政府が当該納税義務者の所得税若しくは法人税に係る課税標準若しくは税額についてした更正若しくは決定に関する書類を閲覧し、又は記録することを請求した場合には、政府は、関係書類を指定都市等の長又はその指定する職員に閲覧させ、又は記録させるものとする。

2　指定都市等の長が事業所税の賦課徴収について、道府県知事に対し、事業所税の納税義務者で事業税の納税義務があるものが道府県知事に提出した申告書若しくは修正申告書又は道府県知事が当該納税義務者に係る事業税についてした更正、決定若しくは賦課決定若しくは事業所税の納税義務者で不動産取得税の納税義務があるものに係る不動産取得税についてした賦課決定に関する書類を閲覧し、又は記録することを請求した場合には、道府県知事は、関係書類を指定都市等の長又はその指定する職員に閲覧させ、又は記録させるものとする。

（事業所税の脱税に関する罪）

第七百一条の五十六　偽りその他不正の行為により事業所税の全部又は一部を免れたときは、その違反行為をした者は、五年以下の懲役若しくは百万円以下の罰金に処し、又はこれを併科する。

2　前項の免れた税額が百万円を超える場合には、情状により、同項の罰金の額は、同項の規定にかかわらず、百万円を超える額でその免れた税額に相当する額以下の額とすることができる。

3　第一項に規定するもののほか、第七百一条の四十六第一項又は第七百一条の四十七第一項の規定による申告書を当該各項に規定する申告書の提出期限までに提出しないことにより、事業所税の全部又は一部を免れたときは、その違反行為をした者は、三年以下の懲役若しくは五十万円以下の罰金に処し、又はこれを併科する。

4　前項の免れた税額が五十万円を超える場合には、情状により、同項の罰金の額は、同項の規定にかかわらず、五十万円を超える額でその免れた税額に相当する額以下の額とすることができる。

5　法人の代表者又は法人若しくは人の代理人、使用人その他の従業者がその法人又は人の業務又は財産に関して第一項又は第三項の違反行為をした場合には、その行為者を罰するほか、その法人又は人に対し、当該各項の罰金刑を科する。

6　前項の規定により第一項の違反行為につき法人又は人に罰金刑を科する場合における時効の期間は、同項の罪についての時効の期間による。

7　人格のない社団等について第五項の規定の適用がある場合には、その代表者又は管理人がその訴訟行為につき当該人格のない社団等を代表するほか、法人を被告人又は被疑者とする場合の刑事訴訟に関する法律の規定を準用する。

> **注　令和四年六月一七日法律六八号により改正され、令和七年六月一日から施行**
> 第七百一条の五十六第一項及び第三項中「懲役」を「拘禁刑」に改める。

（事業所税の減免）

第七百一条の五十七　指定都市等の長は、天災その他特別の事情がある場合において事業所税の減免を必要とすると認める者その他特別の事情がある者に限り、当該指定都市等の条例の定めるところにより、事業所税を減免することができる。

（事業所税の更正又は決定）

第七百一条の五十八　指定都市等の長は、第七百一条の四十六又は第七百一条の四十七の規定による申告書（以下本節において「申告書」という。）又は第七百一条の四十九第二項の規定による修正申告書（以下本節において「修正申告書」という。）の提出があつた場合において、当該申告書又は修正申告書に係る課税標準額又は税額がその調査したところと異なるときは、これを更正する。

2　指定都市等の長は、申告書を提出すべき者が当該申告書を提出しなかつた場合には、その調査によつて、申告すべき課税標準額及び税額を決定する。

3　指定都市等の長は、第一項若しくは本項の規定によつて更正し、又は前項の規定によつて決定した課税標準額又は税額について過不足額があることを知つたときは、その調査によつてこれを更正する。

4　指定都市等の長は、前三項の規定によつて更正し、又は決定した場合には、遅滞なく、これを納税者に通知しなければならない。

（事業所税の不足税額及びその延滞金の徴収）

第七百一条の五十九　指定都市等の徴税吏員は、前条第一項から第三項までの規定による更正又は決定があつた場合においては、不足税額（更正による不足税額又は決定による税額をいう。以下本節において同じ。）があるときは、同条第四項の通知をした日から一月を経過する日を納期限として、これを徴収しなければならない。

2　前項の場合には、その不足税額に第七百一条の四十六第一項又は第七百一条の四十七第一項の納期限（納期限の延長があつたときは、その延長された納期限。次条において「事業所税の納期限」という。）の翌日から納付の日までの期間の日数に応じ、年十四・六パーセント（前項の納期限までの期間又は当該納期限の翌日から一月を経過する日までの期間については、年七・三パーセント）の割合を乗じて計算した金額に相当する延滞金額を加算して徴収しなければならない。

3　指定都市等の長は、納税者が前条第一項から第三項までの規定による更正又は決定を受けたことについてやむを得ない理由があると認める場合には、前項の延滞金額を減免することができる。

（納期限後に納付する事業所税の延滞金）

第七百一条の六十　事業所税の納税者は、事業所税の納期限後にその税金を納付する場合には、当該税額に、事業所税の納期限の翌日から納付の日までの期間の日数に応じ、年十四・六パーセント（次の各号に掲げる税額の区分に応じ、当該各号に掲げる期間については、年七・三パーセント）の割合を乗じて計算した金額に相当する延滞金額を加算して納付しなければならない。

一　その提出期限までに提出した申告書に係る税額　当該税額に係る事業所税の納期限の翌日から一月を経過する日までの期間

二　その提出期限後に提出した申告書に係る税額　当該提出した日までの期間又はその日の翌日から一月を経過する日までの期間

三　修正申告書に係る税額　修正申告書を提出した日までの期間又はその日の翌日から一月を経過する日までの期間

2　指定都市等の長は、納税者が事業所税の納期限までに税金を納付しなかつたことについてやむを得ない理由があると認める場合には、前項の延滞金額を減免することができる。

第七百一条の六十一（事業所税の過少申告加算金及び不申告加算金）　申告書の提出期限までにその提出があつた場合（申告書の提出期限後にその提出があつた場合において、次項ただし書又は第八項の規定の適用があるときを含む。以下この項において同じ。）において、第七百一条の五十八第一項若しくは第三項の規定による更正があつたとき、又は修正申告書の提出があつたときは、指定都市等の長は、当該更正又は修正申告前の申告又は修正申告に係る税額に誤りがあつたことについて正当な理由があると認める場合を除き、当該更正による不足税額又は当該修正申告により増加した税額（以下この項において「対象不足税額等」という。）に百分の十の割合を乗じて計算した金額（当該対象不足税額等（当該更正又は修正申告前にその更正又は修正申告に係る事業所税について更正又は修正申告書の提出があつた場合には、その更正による不足税額又は修正申告により増加した税額の合計額（当該更正又は修正申告前の申告又は修正申告に係る税額に誤りがあつたことについて正当な理由があると認められたときは、その更正による不足税額又は修正申告により増加した税額を控除した金額とし、当該事業所税についてその納付すべき税額を減少させる更正又は更正に係る審査請求若しくは訴えについての裁決若しくは判決による原処分の異動があつたときは、これらにより減少した部分の税額に相当する金額を控除した金額とする。）を加算した金額とする。）が申告書の提出期限までにその提出があつた場合における当該申告書に係る税額に相当する金額と五十万円とのいずれか多い金額を超えるときは、その超える部分に相当する金額（当該対象不足税額等が当該超える部分に相当する金額に満たないときは、当該対象不足税額等）に百分の五の割合を乗じて計算した金額を加算した金額とする。）に相当する過少申告加算金額を徴収しなければならない。ただし、修正申告書の提出があつた場合において、その提出が当該修正申告書に係る事業所税額について同条第一項又は第三項の規定による更正があるべきことを予知してされたものでないときは、この限りでない。

2　次の各号のいずれかに該当する場合には、指定都市等の長は、当該各号に規定する申告、決定又は更正により納付すべき税額に百分の十五の割合を乗じて計算した金額に相当する不申告加算金額を徴収しなければならない。ただし、申告書の提出期限までにその提出がなかつたことについて正当な理由があると認められる場合は、この限りでない。

一　申告書の提出期限後にその提出があつた場合又は第七百一条の五十八第二項の規定による決定があつた場合

二　申告書の提出期限後にその提出があつた後において修正申告書の提出又は第七百一条の五十八第一項若しくは第三項の規定による更正があつた場合

三　第七百一条の五十八第二項の規定による決定があつた後において修正申告書の提出又は同条第三項の規定による更正があつた場合

3　前項の規定に該当する場合（同項ただし書又は第八項の規定の適用がある場合を除く。次項及び第五項において同じ。）において、前項に規定する納付すべき税額（同項第二号又は第三号に該当する場合には、これらの規定に規定する修正申告又は更正前にされた当該事業所税に係る申告書の提出期限後の申告又は第七百一条の五十八第一項から第三項までの規定による更正若しくは決定により納付すべき税額の合計額（当該納付すべき税額を減少させる更正又は更正に係る審査請求若しくは訴えについての裁決若しくは判決による原処分の異動があつたときは、これらにより減少した部分の税額に相当する金額を控除した金額とする。次項において「累積納付税額」という。）を加算した金額。次項において「加算後累積納付税額」という。）が五十万円を超えるときは、前項に規定する不申告加算金額は、同項の規定にかかわらず、同項の規定により計算した金額に、その超える部分に相当する金額（同項に規定する納付すべき税額が当該超える部分に相当する金額に満たないときは、当該納付すべき税額）に百分の五の割合を乗じて計算した金額を加算した金額とする。

4　第二項の規定に該当する場合において、加算後累積納付税額（当該加算後累積納付税額の計算の基礎となつた事実のうちに同項各号に規定する申告、決定又は更正前の税額の計算の基礎とされていなかつたことについて当該納税者の責めに帰すべき事由がないと認められるものがあるときは、その事実に基づく税額として政令で定めるところにより計算した金額を控除した税額）が三百万円を超えるときは、同項に規定する不申告加算金額は、前二項の規定にかかわらず、加算後累積納付税額を次の各号に掲げる金額に区分してそれぞれの金額に当該各号に定める割合を乗じて計算した金額の合計額から累積納付税額を当該各号に掲げる金額に区分してそれぞれの金額に当該各号に定める割合を乗じて計算した金額の合計額を控除した金額とする。

一　五十万円以下の部分に相当する金額　百分の十五の割合

二　五十万円を超え三百万円以下の部分に相当する金額　百分の二十の割合

三　三百万円を超える部分に相当する金額　百分の三十の割合

5　第二項の規定に該当する場合において、次の各号のいずれかに該当するときは、同項に規定する不申告加算金額は、前三項の規定にかかわらず、これらの規定により計算した金額に、第二項に規定する納付すべき税額に百分の十の割合を乗じて計算した金額を加算した金額とする。

一　申告書の提出期限後のその提出若しくは修正申告書の提出（当該申告書又は修正申告書に係る事業所税について第七百一条の五十八第一項から第三項までの規定による更正又は決定があるべきことを予知してされたものに限る。次号及び第三号において同じ。）又は同条第一項から第三項までの規定による更正若しくは決定があつた日の前日から起算して五年前の日までの間に、事業所税について、不申告加算金（次項の規定の適用があるものを除く。次号において同じ。）又は重加算金（次条第三項第一号において「不申告加算金等」という。）を徴収されたことがある場合

二　申告書の提出期限後のその提出若しくは修正申告書の提出又は第七百一条の五十八第一項から第三項までの規定による更正若しくは決定に係る事業年度の開始の日の属する年の前年及び前々年に開始した事業年度に係る法人の行う事業に対して課する事業所税について、不申告加算金若しくは重加算金（次条第二項の規定の適用があるものに限る。）（以下この項及び次条第三項において「特定不申告加算金等」という。）を徴収されたことがあり、又は特定不申告加算金等に係る決定をすべきと認める場合

三　申告書の提出期限後のその提出若しくは修正申告書の提出又は第七百一条の五十八第一項から第三項までの規定による更正若しくは決定に係る個人に係る課税期間の初日の属する年の前年及び前々年に個人に係る課税期間が開始した個人の行う事業に対して課する事業所税について、特定不申告加算金等を徴収されたことがあり、又は特定不申告加算金等に係る決定をすべきと認める場合

6　申告書の提出期限後にその提出があつた場合又は修正申告書の提出があつた場合において、その提出が当該申告書又は修正申告書に係る事業所税について第七百一条の五十八第一項から第三項までの規定による更正又は決定があるべきことを予知してされたものでないときは、当該申告書又は修正申告書に係る税額に係る第二項に規定する不申告加算金額は、同項から第四項までの規定にかかわらず、当該税額に百分の五の割合を乗じて計算した金額に相当する額とする。

7　指定都市等の長は、第一項の規定により徴収すべき過少申告加算金額又は第二項の規定により徴収すべき不申告加算金額を決定した場合には、遅滞なく、納税者に通知しなければならない。

8　第二項の規定は、第六項の規定に該当する申告書の提出があつた場合において、その提出が、申告書の提出期限までに提出する意思があつたと認められる場合として政令で定める場合に該当して行われたものであり、かつ、申告書の提出期限から一月を経過する日までに行われたものであるときは、適用しない。

（事業所税の重加算金）

第七百一条の六十二　前条第一項の規定に該当する場合において、納税者が課税標準額の計算の基礎となるべき事実の全部又は一部を隠蔽し、又は仮装し、かつ、その隠蔽し、又は仮装した事実に基づいて申告書、修正申告書又は第二十条の九の三第三項に規定する更正請求書（次項において「更正請求書」という。）を提出したときは、指定都市等の長は、政令で定めるところにより、前条第一項に規定する過少申告加算金額に代えて、その計算の基礎となるべき更正による不足税額又は修正申告により増加した税額に百分の三十五の割合を乗じて計算した金額に相当する重加算金額を徴収しなければならない。

2　前条第二項の規定に該当する場合（同項ただし書の規定の適用がある場合を除く。）において、納税者が課税標準額の計算の基礎となるべき事実の全部又は一部を隠蔽し、又は仮装し、かつ、その隠蔽し、又は仮装した事実に基づいて、申告書の提出期限までにこれを提出せず、又は申告書の提出期限後にその提出をし、修正申告書を提出し、若しくは更正請求書を提出したときは、指定都市等の長は、同項に規定する不申告加算金額に代えて、その計算の基礎となるべき税額に百分の四十の割合を乗じて計算した金額に相当する重加算金額を徴収しなければならない。

3　前二項の規定に該当する場合において、次の各号のいずれか（第一項の規定に該当する場合にあつては、第一号）に該当するときは、前二項に規定する重加算金額は、これらの規定にかかわらず、これらの規定により計算した金額に、第一項の規定に該当するときは同項に規定する計算の基礎となるべき更正による不足税額又は修正申告により増加した税額に、前項の規定に該当するときは同項に規定する計算の基礎となるべき税額に、それぞれ百分の十の割合を乗じて計算した金額を加算した金額とする。

一　前二項に規定する課税標準額の計算の基礎となるべき事実で隠蔽し、又は仮装されたものに基づき申告書の提出期限後のその提出、修正申告書の提出又は第七百一条の五十八第一項から第三項までの規定による更正若しくは決定があつた日の前日から起算して五年前の日までの間に、事業所税について、不申告加算金等を徴収されたことがある場合

二　申告書の提出期限後のその提出、修正申告書の提出又は第七百一条の五十八第一項から第三項までの規定による更正若しくは決定に係る事業年度の開始の日の属する年の前年及び前々年に開始した事業年度に係る法人の行う事業に対して課する事業所税について、特定不申告加算金等を徴収されたことがあり、又は特定不申告加算金等に係る決定をすべきと認める場合

三　申告書の提出期限後のその提出、修正申告書の提出又は第七百一条の五十八第一項から第三項までの規定による更正若しくは決定に係る個人に係る課税期間の初日の属する年の前年及び前々年に個人に係る課税期間が開始した個人の行う事業に対して課する事業所税について、特定不申告加算金等を徴収されたことがあり、又は特定不申告加算金等に係る決定をすべきと認める場合

4　指定都市等の長は、前三項の規定に該当する場合において、申告書又は修正申告書の提出について前条第一項ただし書又は第六項に規定する理由があるときは、当該申告書又は当該修正申告により納付すべき税額又は当該修正申告により増加した税額を基礎として計算した重加算金額を徴収しない。

5　指定都市等の長は、第一項又は第二項の規定により徴収すべき重加算金額を決定した場合には、遅滞なく、納税者に通知しなければならない。

第四款　督促及び滞納処分

（事業所税に係る督促）

第七百一条の六十三　納税者が納期限（更正又は決定があつた場合には、不足税額の納期限。以下本条及び第七百一条の六十五第三項において同じ。）までに事業所税に係る地方団体の徴収金を完納しない場合には、指定都市等の徴税吏員は、納期限後二十日以内に、督促状を発しなければならない。た

だし、繰上徴収をする場合は、この限りでない。

2　特別の事情がある指定都市等においては、当該指定都市等の条例で、前項に規定する期間と異なる期間を定めることができる。

（事業所税に係る督促手数料）

第七百一条の六十四　指定都市等の徴税吏員は、督促状を発した場合には、当該指定都市等の条例の定めるところによつて、手数料を徴収することができる。

（事業所税に係る滞納処分）

第七百一条の六十五　事業所税に係る滞納者が次の各号の一に該当するときは、指定都市等の徴税吏員は、当該事業所税に係る地方団体の徴収金につき、滞納者の財産を差し押えなければならない。

一　滞納者が督促を受け、その督促状を発した日から起算して十日を経過した日までにその督促に係る事業所税に係る地方団体の徴収金を完納しないとき。

二　滞納者が繰上徴収に係る告知により指定された納期限までに事業所税に係る地方団体の徴収金を完納しないとき。

2　第二次納税義務者又は保証人について前項の規定を適用する場合には、同項第一号中「督促状」とあるのは、「納付の催告書」とする。

3　事業所税に係る地方団体の徴収金の納期限後第一項第一号に規定する十日を経過した日までに、督促を受けた滞納者につき第十三条の二第一項各号の一に該当する事実が生じたときは、指定都市等の徴税吏員は、直ちにその財産を差し押えることができる。

4　滞納者の財産につき強制換価手続が行われた場合には、指定都市等の徴税吏員は、執行機関（破産法第百十四条第一号に掲げる請求権に係る事業所税に係る地方団体の徴収金の交付要求を行う場合には、その交付要求に係る破産事件を取り扱う裁判所）に対し、滞納に係る事業所税に係る地方団体の徴収金につき、交付要求をしなければならない。

5　指定都市等の徴税吏員は、第一項から第三項までの規定により差押えをすることができる場合において、滞納者の財産で国税徴収法第八十六条第一項各号に掲げるものにつき、既に他の地方団体の徴収金若しくは国税の滞納処分又はこれらの滞納処分の例による処分による差押えがされているときは、当該財産についての交付要求は、参加差押えによりすることができる。

6　前各項に定めるもののほか、事業所税に係る地方団体の徴収金の滞納処分については、国税徴収法に規定する滞納処分の例による。

7　前各項の規定による処分は、当該指定都市等の区域外においても行うことができる。

（事業所税に係る滞納処分に関する罪）

第七百一条の六十六　事業所税の納税者が滞納処分の執行を免れる目的でその財産を隠蔽し、損壊し、若しくは指定都市等の不利益に処分し、又はその財産に係る負担を偽つて増加する行為をし、又はその現状を改変して、その財産の価額を減損し、若しくはその滞納処分に係る滞納処分費を増大させる行為をしたときは、その者は、三年以下の懲役若しくは二百五十万円以下の罰金に処し、又はこれを併科する。

2　納税者の財産を占有する第三者が納税者に滞納処分の執行を免れさせる目的で前項の行為をしたときも、同項と同様とする。

3　情を知つて前二項の行為につき納税者又はその財産を占有する第三者の相手方となつたときは、その相手方としてその違反行為をした者は、二年以下の懲役若しくは百五十万円以下の罰金に処し、又はこれを併科する。

4　法人の代表者又は法人若しくは人の代理人、使用人その他の従業者がその法人又は人の業務又は財産に関して前三項の違反行為をした場合には、その行為者を罰するほか、その法人又は人に対し、当該各項の罰金刑を科する。

5　人格のない社団等について前項の規定の適用がある場合には、その代表者又は管理人がその訴訟行為につき当該人格のない社団等を代表するほか、法人を被告人又は被疑者とする場合の刑事訴訟に関する法律の規定を準用する。

注　令和四年六月一七日法律六八号により改正され、令和七年六月一日から施行
第七百一条の六十六第一項及び第三項中「懲役」を「拘禁刑」に改める。

（国税徴収法の例による事業所税に係る滞納処分に関する検査拒否等の罪）

第七百一条の六十七　次の各号のいずれかに該当する場合には、その違反行為をした者は、一年以下の懲役又は五十万円以下の罰金に処する。

一　第七百一条の六十五第六項の場合において、国税徴収法第百四十一条の規定の例により行う指定都市等の徴税吏員の質問に対して答弁をせず、又は偽りの陳述をしたとき。

二　第七百一条の六十五第六項の場合において、国税徴収法第百四十一条の規定の例により行う指定都市等の徴税吏員の帳簿書類（同条に規定する帳簿書類をいう。次号において同じ。）その他の物件の検査を拒み、妨げ、又は忌避したとき。

三　第七百一条の六十五第六項の場合において、国税徴収法第百四十一条の規定の例により行う指定都市等の徴税吏員の物件の提示又は提出の要求に対し、正当な理由がなくこれに応じず、又は偽りの記載若しくは記録をした帳簿書類その他の物件（その写しを含む。）を提示し、若しくは提出したとき。

注　令和四年六月一七日法律六八号により改正され、令和七年六月一日から施行
第七百一条の六十七第一項中「懲役」を「拘禁刑」に改める。

2　法人の代表者又は法人若しくは人の代理人、使用人その他の従業者がその法人又は人の業務又は財産に関して前項の違反行為をした場合には、その行為者を罰するほか、その法人又は人に対し、同項の罰金刑を科する。

3　人格のない社団等について前項の規定の適用がある場合には、その代表者又は管理人がその訴訟行為につき当該人格のない社団等を代表するほか、法人を被告人又は被疑者とする場合の刑事訴訟に関する法律の規定を準用する。

（国税徴収法の例による事業所税に係る滞納処分に関する虚偽の陳述の罪）

第七百一条の六十八　第七百一条の六十五第六項の場合において、国税徴収法第九十九条の二（同法第百九条第四項におい

て準用する場合を含む。）の規定の例により指定都市等の長に対して陳述すべき事項について虚偽の陳述をした者は、六月以下の懲役又は五十万円以下の罰金に処する。

注　令和四年六月一七日法律六八号により改正され、令和七年六月一日から施行
第七百一条の六十八中「懲役」を「拘禁刑」に改める。

第五款　使途等

（事業所税の使途）

第七百一条の七十三　指定都市等は、当該指定都市等に納付された事業所税額に相当する額から事業所税の徴収に要する費用として総務省令で定める額を控除して得た額を、次に掲げる事業に要する費用に充てなければならない。

一　道路、都市高速鉄道、駐車場その他の交通施設の整備事業

二　公園、緑地その他の公共空地の整備事業

三　水道、下水道、廃棄物処理施設その他の供給施設又は処理施設の整備事業

四　河川その他の水路の整備事業

五　学校、図書館その他の教育文化施設の整備事業

六　病院、保育所その他の医療施設又は社会福祉施設の整備事業

七　公害防止に関する事業

八　防災に関する事業

九　前各号に掲げるもののほか、市街地開発事業その他の都市環境の整備及び改善に必要な事業で政令で定めるもの

（指定都市等でなくなつた場合等の特例）

第七百一条の七十四　指定都市等であつた市が指定都市等に該当しなくなつた場合において、当該該当しなくなつた際において当該指定都市等に申告納付すべき事業所税額があるときの当該事業所税額に係る本節の規定の適用に関する特例その他指定都市等であつた市が指定都市等に該当しなくなり、若しくは指定都市等に該当しない市が新たに指定都市等となり、又は指定都市等の区域に係る廃置分合若しくは境界の変更があつた場合における事業所税の賦課徴収に関し必要な経過措置は、政令で定める。

附　則（抄）

（軽油引取税に係るみなし揮発油の特例）

第十二条の二の六　当分の間、第百四十四条の二第三項に規定する揮発油には、租税特別措置法第八十八条の六の規定により揮発油とみなされる揮発油類似品を含むものとする。

（軽油引取税の課税免除の特例）

第十二条の二の七　道府県は、令和九年三月三十一日までに行われる次に掲げる軽油の引取りに対しては、第百四十四条の二第一項及び第二項の規定にかかわらず、次項において読み替えて準用する第百四十四条の二十一第一項の規定による免税証の交付があつた場合又は次項において読み替えて準用する第百四十四条の三十一第四項若しくは第五項の規定による道府県知事の承認があつた場合に限り、軽油引取税を課さないものとする。

一　船舶（政令で定めるものを除く。）の使用者が当該船舶の動力源に供する軽油の引取り

二　自衛隊又は第百四十四条の三第五項に規定するオーストラリア軍隊（第七項において「オーストラリア軍隊」という。）が通信の用に供する機械、自動車（政令で定めるものを除く。）その他これらに類するものとして政令で定めるものの電源又は動力源に供する軽油の引取り

三　鉄道事業又は軌道事業を営む者その他政令で定める者が鉄道用車両、軌道用車両又はこれらの車両に類するもので政令で定めるもの（日本貨物鉄道株式会社にあつては、政令で定める機械を含む。）の動力源に供する軽油の引取り

四　農業又は林業を営む者その他政令で定める者が動力耕うん機その他の政令で定める機械の動力源に供する軽油の引取り

五　木材加工業その他の政令で定める事業を営む者が当該事業の事業場において使用する機械の動力源の用途その他の政令で定める用途に供する軽油の引取り

2　第百四十四条の二十一、第百四十四条の二十三、第百四十四条の二十四、第百四十四条の二十七及び第百四十四条の三十一第四項から第七項までの規定は、前項の規定により軽油引取税を課さないこととされる軽油の引取りについて準用する。この場合において、第百四十四条の二十一第一項中「第百四十四条の六に規定する」とあるのは「附則第十二条の二の七第一項各号に掲げる」と、「同条の」とあるのは「同項の」と、「同条に規定する」とあるのは「同項各号に掲げる」と、同条第三項中「第百四十四条の六に規定する」とあるのは「附則第十二条の二の七第一項各号に掲げる」と、第百四十四条の三十一第四項及び第五項中「第百四十四条の六に規定する」とあるのは「附則第十二条の二の七第一項各号に掲げる」と、「同条に規定する」とあるのは「同項各号に掲げる」と、同条第七項中「第一項、第四項」とあるのは「第四項」と読み替えるものとする。

3　前項において読み替えて準用する第百四十四条の二十一第一項に規定する免税軽油又は免税証は、それぞれ第百四十四条の二十一第一項に規定する免税軽油又は免税証とみなして、第百四十四条の二十二、第百四十四条の二十五、第百四十四条の二十六、第百四十四条の二十八及び第百四十四条の四十一の規定を適用する。

4　前三項の場合における第百四十四条の三、第百四十四条の十三、第百四十四条の十四、第百四十四条の十八、第百四十四条の二十五、第百四十四条の二十六、第百四十四条の二十八、第百四十四条の二十九、第百四十四条の四十一、第百四十四条の四十四から第百四十四条の四十六まで、第百四十四条の四十九及び第百四十四条の五十一の規定の適用については、次の表の上欄に掲げる規定中同表の中欄に掲げる字句は、それぞれ同表の下欄に掲げる字句とする。

第百四十四条の三第一項	第百四十四条の二十一第一項	第百四十四条の二十一第一項（附則第十二条の二の七第二項において読み替えて準用する場合を含む。第三項において同じ。）
第百四十四条の三第一項第三号及び第四号	第百四十四条の六	第百四十四条の六又は附則第十二条の二の七第一項

第百四十四条の三第一項第四号	同条	これらの規定
第百四十四条の十三	第百四十四条の三	第百四十四条の三（附則第十二条の二の七第四項の規定により読み替えて適用される場合を含む。）
第百四十四条の十四第二項及び第四項	又は第百四十四条の六	若しくは第百四十四条の六又は附則第十二条の二の七第一項
第百四十四条の十四第四項及び第百四十四条の十八第一項第六号	第百四十四条の二十一第一項	第百四十四条の二十一第一項（附則第十二条の二の七第二項において読み替えて準用する場合を含む。）
第百四十四条の十八第一項第六号	第百四十四条の三第一項第三号又は第四号	第百四十四条の三第一項第三号又は第四号（附則第十二条の二の七第四項の規定により読み替えて適用される場合を含む。）
第百四十四条の二十五第一項	前条	前条（附則第十二条の二の七第二項において準用する場合を含む。次項において同じ。）
第百四十四条の二十六第一項	第百四十四条の三第三項	第百四十四条の三第三項（附則第十二条の二の七第四項の規定により読み替えて適用される場合を含む。）
第百四十四条の二十六第二項	第百四十四条の三第四項	第百四十四条の三第四項（附則第十二条の二の七第四項の規定により読み替えて適用される場合を含む。）
第百四十四条の二十八第一項	前条第一項	前条第一項（附則第十二条の二の七第二項において準用する場合を含む。）
第百四十四条の二十九第一項、第百四十四条の四十一第一項、第百四十四条の四十四第一項、第百四十四条の四十五第二項並びに第百四十四条の四十六第一項及び第二項	第百四十四条の十四第二項	第百四十四条の十四第二項（附則第十二条の二の七第四項の規定により読み替えて適用される場合を含む。）
第百四十四条の四十一第二項、第百四十四条の四十四第一項、第百四十四条の四十五第二項並びに第百四十四条の四十六第一項及び第二項	第百四十四条の十八	第百四十四条の十八（附則第十二条の二の七第四項の規定により読み替えて適用される場合を含む。）
第百四十四条の四十一第三項	第四項	第四項（附則第十二条の二の七第二項において読み替えて準用する場合を含む。）
	第五項	第五項（附則第十二条の二の七第二項において読み替えて準用する場合を含む。）
第百四十四条の四十六第一項、第百四十四条の四十九第一項及び第百四十四条の五十一第一項第二号	第百四十四条の二十二第四項（第百四十四条の二十五第五項において準用する場合を含む。）	第百四十四条の二十二第四項（附則第十二条の二の七第四項の規定により読み替えて適用される場合を含む。以下この項において同じ。）若しくは第百四十四条の二十五第五項（附則第十二条の二の七第四項の規定により読み替えて適用される場合を含む。）において準用する第百四十四条の二十二第四項

5　第一項第一号に掲げる軽油の引取りを行った自衛隊の船舶の使用者が、令和九年三月三十一日までに次に掲げる規定により当該引取りに係る軽油を譲渡する場合には、当該軽油の譲渡については、前項の規定により読み替えられた第百四十四条の三第一項（第三号に係る部分に限る。）並びに同条第三項及び第四項の規定にかかわらず、軽油引取税を課さないものとする。

一　重要影響事態に際して我が国の平和及び安全を確保するための措置に関する法律（平成十一年法律第六十号）第六条第一項（同法第七条第八項及び重要影響事態等に際して実施する船舶検査活動に関する法律（平成十二年法律第百四十五号）第五条第七項において準用する場合を含む。）

二　武力攻撃事態等及び存立危機事態におけるアメリカ合衆国等の軍隊の行動に伴い我が国が実施する措置に関する法律（平成十六年法律第百十三号）第十条第一項

三　国際平和共同対処事態に際して我が国が実施する諸外国の軍隊等に対する協力支援活動等に関する法律（平成二十七年法律第七十七号）第七条第一項（同法第八条第八項及び重要影響事態等に際して実施する船舶検査活動に関する法律第五条第七項において準用する場合を含む。）

6　第一項第一号に掲げる軽油の引取りを行った自衛隊の船舶の使用者が、我が国と我が国以外の締約国との間の物品又は役務の相互の提供に関する条約その他の国際約束で政令で定めるものに基づき、令和九年三月三十一日までに当該引取りに係る軽油を当該締約国の軍隊の船舶の動力源に供するため譲渡する場合には、前項の規定の適用があるときを除き、当該軽油の譲渡については、第四項の規定により読み替えられた第百四十四条の三第一項（第三号に係る部分に限る。）並びに同条第三項及び第四項の規定にかかわらず、軽油引取税を課さないものとする。

7　第一項第一号に掲げる軽油の引取りを行つたオーストラリア軍隊の船舶の使用者が、令和九年三月三十一日までに当該引取りに係る軽油を自衛隊に譲渡する場合には、当該軽油の譲渡については、第四項の規定により読み替えられた第百四十四条の三第一項（第三号に係る部分に限る。）並びに同条第三項及び第四項の規定にかかわらず、軽油引取税を課さないものとする。

8　前三項の規定の適用がある場合における第二項において準用する第百四十四条の二十七第一項の規定の適用については、同項中「並びに前月」とあるのは「、前月」と、「その他」とあるのは「並びに前月の初日から末日までの間に行つた附則第十二条の二の七第五項から第七項までに規定する譲渡に関する事実及びその数量その他」とする。

（軽油引取税の税率の特例）

第十二条の二の八　軽油引取税の税率は、第百四十四条の十の規定にかかわらず、当分の間、一キロリットルにつき、三万二千百円とする。

（揮発油価格高騰時における軽油引取税の税率の特例規定の適用停止）

第十二条の二の九　前条の規定の適用がある場合において、租税特別措置法第八十九条第一項の規定による告示の日の属する月の翌月の初日以後に第百四十四条の二第一項若しくは第二項に規定する軽油の引取り、同条第三項の燃料炭化水素油の販売、同条第四項の軽油若しくは燃料炭化水素油の消費若しくは譲渡、同条第五項の炭化水素油の消費若しくは第百四十四条の三第一項各号の軽油の消費、譲渡若しくは輸入が行われた場合又は同日以後に軽油引取税の特別徴収義務者が第百四十四条の二第六項の規定に該当するに至つた場合における軽油引取税については、前条の規定の適用を停止する。

2　前項の規定により前条の規定の適用が停止されている場合において、租税特別措置法第八十九条第二項の規定による告示の日の属する月の翌月の初日以後に第百四十四条の二第一項若しくは第二項に規定する軽油の引取り、同条第三項の燃料炭化水素油の販売、同条第四項の軽油若しくは燃料炭化水素油の販売、同条第五項の炭化水素油の消費若しくは第百四十四条の三第一項各号の軽油の消費、譲渡若しくは輸入が行われた場合又は同日以後に軽油引取税の特別徴収義務者が第百四十四条の二第六項の規定に該当するに至つた場合における軽油引取税については、前項の規定にかかわらず、前条の規定を適用する。

（国際博覧会の開催に伴う自動車税の非課税）

第十二条の二の九の二　道府県は、令和六年度分及び令和七年度分の自動車税に限り、公益社団法人二千二十五年日本国際博覧会協会が取得し、又は所有する一般貸切用のバスで国際博覧会に関する条約の適用を受けて令和七年に開催される国際博覧会の観客の輸送の用に供するものに対しては、第百四十六条第一項の規定にかかわらず、自動車税を課することができない。

（自動車税の環境性能割の非課税）

第十二条の二の十　道府県は、道路運送法第三条第一号イに規定する一般乗合旅客自動車運送事業を経営する者が地域住民の生活に必要な路線で輸送人員の減少等により運行の維持が困難になつているものとして道府県の条例で定めるものの運行の用に供する一般乗合用のバスに対しては、当該一般乗合用のバスの取得が令和七年三月三十一日までに行われたときに限り、第百四十六条第一項の規定にかかわらず、自動車税の環境性能割を課することができない。

（自動車税の環境性能割の賦課徴収の特例）

第十二条の二の十一　道府県知事は、当分の間、自動車税の環境性能割の賦課徴収に関し、自動車が第百四十九条第一項（同条第二項から第四項までにおいて準用する場合を含む。以下この項において同じ。）又は第百五十七条第一項若しくは第二項（これらの規定を同条第四項から第六項までにおいて準用する場合を含む。以下この項において同じ。）に規定する窒素酸化物の排出量若しくは粒子状物質の排出量又はエネルギー消費効率についての基準（以下この項において「窒素酸化物排出量等基準」という。）につき第百四十九条第一項又は第百五十七条第一項若しくは第二項の規定の適用を受ける自動車（以下この項において「非課税対象車等」という。）に該当するかどうかの判断をするときは、国土交通大臣の認定等（申請に基づき国土交通大臣が行つた自動車についての認定又は評価であつて、当該認定又は評価の事実に基づき自動車が窒素酸化物排出量等基準につき非課税対象車等に該当するかどうかの判断をすることが適当であるものとして総務省令で定めるものをいう。次項及び第五項において同じ。）に基づき当該判断をするものとする。

2　道府県知事は、当分の間、納付すべき自動車税の環境性能割の額について不足額があることを第百六十条第一項の納期限（納期限の延長があつたときは、その延長された納期限）後において知つた場合において、当該事実が生じた原因が、国土交通大臣の認定等の申請をした者が偽りその他不正の手段（当該申請をした者に当該申請に必要な情報を直接又は間接に提供した者の偽りその他不正の手段を含む。）により国土交通大臣の認定等を受けたことを事由として国土交通大臣が当該国土交通大臣の認定等を取り消したことによるものであるときは、当該申請をした者又はその一般承継人を当該不足額に係る自動車について第百六十一条第一項に規定する申告書を提出すべき当該自動車の取得者とみなして、第百六十八条第二項の規定その他の自動車税の環境性能割に関する規定（第百七十一条及び第百七十二条の規定を除く。）を適用する。

3　前項の規定の適用がある場合における第百六十八条第二項の規定による決定により納付すべき自動車税の環境性能割の額は、前項の不足額に、これに百分の三十五の割合を乗じて計算した金額を加算した金額とする。

4　第二項の規定の適用がある場合における第十七条の五第一項及び第十八条第一項の規定の適用については、第十七条の五第一項中「五年」とあるのは「七年」と、第十八条第一項中「五年間」とあるのは「七年間」とする。

5　第二項の規定の適用を受けた国土交通大臣の認定等の申請をした者又はその一般承継人に対する法人税法の規定の適用については、同法第五十五条第四項中「次に掲げるもの」とあるのは、「次に掲げるもの及び地方税法附則第十二条の二の十一第二項の規定による自動車税の環境性能割」とする。

6　前各項に定めるもののほか、これらの規定の適用がある場合における自動車税の環境性能割に関する規定の適用に関し必要な事項は、政令で定める。

（自動車税の環境性能割の税率の特例）

第十二条の二の十二　営業用の自動車に対する第百五十七条第一項及び第二項（これらの規定を同条第四項から第六項までにおいて準用する場合を含む。）並びに同条第三項の規定の適用については、当分の間、次の表の上欄に掲げる同条の規定中同表の中欄に掲げる字句は、それぞれ同表の下欄に掲げる字句とする。

第一項（第四項から第六項までにおいて準用する場合を含む。）	百分の一	百分の〇・五
第二項（第四項から第六項までにおいて準用する場合を含む。）	百分の二	百分の一
第三項	百分の三	百分の二

（自動車税の環境性能割の課税標準の特例）
第十二条の二の十三　道路運送法第三条第一号イに規定する一般乗合旅客自動車運送事業を経営する者が同法第五条第一項第三号に規定する路線定期運行の用に供する自動車又は同法第三条第一号ロに規定する一般貸切旅客自動車運送事業を経営する者がその事業の用に供する自動車（以下この項及び次項において「路線バス等」という。）のうち、次の各号のいずれにも該当するものであつて乗降口から車椅子を固定することができる設備までの通路に段がないもの（総務省令で定めるものに限る。）で最初の第百四十七条第三項に規定する新規登録（以下この条から附則第十二条の四までにおいて「初回新規登録」という。）を受けるものに対する第百五十六条の規定の適用については、当該路線バス等の取得が令和七年三月三十一日までに行われたときに限り、同条中「という。）」とあるのは、「という。）から千万円を控除して得た額」とする。
一　高齢者、障害者等の移動等の円滑化の促進に関する法律第三条第一項に規定する基本方針（次項第一号及び第三項第一号において「基本方針」という。）に令和七年度までに導入する台数が目標として定められた自動車に該当するものであること。
二　高齢者、障害者等の移動等の円滑化の促進に関する法律第八条第一項に規定する公共交通移動等円滑化基準（次項第二号及び第三項第二号において「公共交通移動等円滑化基準」という。）で総務省令で定めるものに適合するものであること。
2　路線バス等のうち、次の各号のいずれにも該当するものであつて車椅子を使用したまま円滑に乗降するための昇降機を備えるもの（総務省令で定めるものに限る。）で初回新規登録を受けるものに対する第百五十六条の規定の適用については、当該路線バス等の取得が令和七年三月三十一日までに行われたときに限り、同条中「という。）」とあるのは、「という。）から六百五十万円（乗車定員三十人以上の附則第十二条の二の十三第二項に規定する路線バス等のうち、道路運送法（昭和二十六年法律第百八十三号）第三条第一号イに規定する一般乗合旅客自動車運送事業を経営する者が同法第五条第一項第三号に規定する路線定期運行の用に供する自動車（空港法（昭和三十一年法律第八十号）第二条に規定する空港又は同法附則第二条第一項の政令で定める飛行場を起点又は終点とするもので総務省令で定めるものに限る。）にあつては八百万円とし、乗車定員三十人未満の附則第十二条の二の十三第二項に規定する路線バス等にあつては二百万円とする。）を控除して得た額」とする。
一　基本方針に令和七年度までに導入する台数が目標として定められた自動車に該当するものであること。
二　公共交通移動等円滑化基準で総務省令で定めるものに適合するものであること。
3　道路運送法第三条第一号ハに規定する一般乗用旅客自動車運送事業を経営する者がその事業の用に供する乗用車のうち、次の各号のいずれにも該当するものであつてその構造及び設備が高齢者、障害者等の移動等の円滑化の促進に関する法律第二条第一号に規定する高齢者、障害者等（第三号において「高齢者、障害者等」という。）の移動上の利便性を特に向上させるもの（総務省令で定めるものに限る。）で初回新規登録を受けるものに対する第百五十六条の規定の適用については、当該乗用車の取得が令和七年三月三十一日までに行われたときに限り、同条中「という。）」とあるのは、「という。）から百万円を控除して得た額」とする。
一　基本方針に令和七年度までに導入する台数が目標として定められた自動車に該当するものであること。
二　公共交通移動等円滑化基準で総務省令で定めるものに適合するものであること。
三　高齢者、障害者等を含む全ての利用者の移動上の利便性を向上させる機能を有する構造及び設備が特に優れたものとして国土交通大臣が認めたものであること。
4　車両総重量（道路運送車両法第四十条第三号に規定する車両総重量をいう。次項及び第六項において同じ。）が八トンを超えるトラック（総務省令で定める被けん引自動車を除く。次項及び第六項において同じ。）であつて、同法第四十一条第一項の規定により令和四年五月一日以降に適用されるべきものとして定められた左側面への衝突に対する安全性の向上を図るための装置（以下この項及び次項において「側方衝突警報装置」という。）に係る保安上又は公害防止その他の環境保全上の技術基準で総務省令で定めるもの（次項において「側方衝突警報装置に係る保安基準」という。）及び同条第一項の規定により令和七年九月一日以降に適用されるべきものとして定められた前方障害物との衝突に対する安全性の向上を図るための装置（以下この項及び第六項において「衝突被害軽減制動制御装置」という。）に係る保安上又は公害防止その他の環境保全上の技術基準で総務省令で定めるもの（第六項において「衝突被害軽減制動制御装置に係る保安基準」という。）のいずれにも適合するもののうち、側方衝突警報装置及び衝突被害軽減制動制御装置を備えるもの（総務省令で定めるものに限る。）で初回新規登録を受けるものに対する第百五十六条の規定の適用については、当該自動車の取得が令和六年四月三十日までに行われたときに限り、同条中「という。）」とあるのは、「という。）から三百五十万円を控除して得た額」とする。
5　車両総重量が八トンを超えるトラックであつて、道路運送車両法第四十一条第一項の規定により令和四年五月一日以降に適用されるべきものとして定められた側方衝突警報装置に係る保安基準に適合するもののうち、側方衝突警報装置を備えるもの（総務省令で定めるものに限る。）で初回新規登録を受けるものに対する第百五十六条の規定の適用については、当該自動車の取得が令和六年四月三十日までに行われたときに限り、同条中「という。）」とあるのは、「という。）から百七十五万円を控除して得た額」とする。

6　乗用車（総務省令で定めるものに限る。）、バス（総務省令で定めるものに限る。）又は車両総重量が三・五トンを超えるトラックであつて、道路運送車両法第四十一条第一項の規定により令和七年九月一日以降に適用されるべきものとして定められた衝突被害軽減制動制御装置に係る保安基準に適合するもののうち、衝突被害軽減制動制御装置を備えるもの（総務省令で定めるものに限る。）で初回新規登録を受けるものに対する第百五十六条の規定の適用については、当該自動車の取得が令和七年三月三十一日までに行われたときに限り、同条中「という。）」とあるのは、「という。）」から百七十五万円を控除して得た額」とする。

7　前各項の規定は、第百六十条第一項又は第百六十一条の規定により提出される申告書又は修正申告書に、当該自動車の取得につき前各項の規定の適用を受けようとする旨その他の総務省令で定める事項の記載がある場合に限り、適用する。

（自動車税の種別割の税率の特例）

第十二条の三　次の各号に掲げる自動車（電気自動車（第百四十九条第一項第一号に規定する電気自動車をいう。次項第一号及び次条第三項において同じ。）、天然ガス自動車（第百四十九条第一項第二号に規定する天然ガス自動車をいう。次項第二号及び次条第三項において同じ。）、メタノール自動車（専らメタノールを内燃機関の燃料として用いる自動車で総務省令で定めるものをいう。同項において同じ。）、混合メタノール自動車（メタノールとメタノール以外のものとの混合物で総務省令で定めるものを内燃機関の燃料として用いる自動車で総務省令で定めるものをいう。同項において同じ。）及びガソリンを内燃機関の燃料として用いる電力併用自動車（第百四十九条第一項第三号に規定する電力併用自動車をいう。次条第三項において同じ。）並びに自家用の乗用車（三輪の小型自動車であるものを除く。同条において同じ。）、第百七十七条の七第一項第三号イ(1)に規定する一般乗合用バス及び被けん引自動車を除く。）に対する当該各号に定める年度以後の年度分の自動車税の種別割に係る同項及び同条第二項の規定の適用については、次の表の上欄に掲げる同条の規定中同表の中欄に掲げる字句は、それぞれ同表の下欄に掲げる字句とする。

一　第百四十九条第一項第四号に規定するガソリン自動車（次項第四号及び第三項第一号において「ガソリン自動車」という。）又は同条第一項第五号に規定する石油ガス自動車（次項第五号及び第三項第二号において「石油ガス自動車」という。）で平成二十五年三月三十一日までに初回新規登録を受けたもの　初回新規登録を受けた日から起算して十四年を経過した日の属する年度

二　第百四十九条第一項第六号に規定する軽油自動車（次項第六号及び第三項第三号において「軽油自動車」という。）その他の前号に掲げる自動車以外の自動車で平成二十七年三月三十一日までに初回新規登録を受けたもの　初回新規登録を受けた日から起算して十二年を経過した日の属する年度

第一項第一号イ	七千五百円	八千六百円
	八千五百円	九千七百円
	九千五百円	一万九百円
	一万三千八百円	一万五千八百円
	一万五千七百円	一万八千円
	一万七千九百円	二万五百円
	二万五百円	二万三千五百円
	二万三千六百円	二万七千円
	二万七千二百円	三万千二百円
	四万七百円	四万六千八百円
第一項第二号イ	六千五百円	七千百円
	九千円	九千九百円
	一万二千円	一万三千二百円
	一万五千円	一万六千五百円
	一万八千五百円	二万三百円
	二万二千円	二万四千二百円
	二万五千五百円	二万八千円
	二万九千五百円	三万二千四百円
	四千七百円	五千百円
第一項第二号ロ	八千円	八千八百円
	一万千五百円	一万二千六百円
	一万六千円	一万七千六百円
	二万五百円	二万二千五百円
	二万五千五百円	二万八千円
	三万円	三万三千円
	三万五千円	三万八千五百円
	四万五百円	四万四千五百円
	六千三百円	六千九百円
(1)第一項第二号ハ	七千五百円	八千二百円
	一万五千百円	一万六千六百円
(2)第一項第二号ハ	一万二百円	一万千二百円
	二万六百円	二万二千六百円
(2)第一項第三号イ	二万六千五百円	二万九千百円
	三万二千円	三万五千二百円
	三万八千円	四万千八百円

	四万四千円	四万八千四百円
	五万五百円	五万五千五百円
	五万七千円	六万二千七百円
	六万四千円	七万四百円
第一項第三号ロ	三万三千円	三万六千三百円
	四万千円	四万五千百円
	四万九千円	五万三千九百円
	五万七千円	六万二千七百円
	六万五千五百円	七万二千円
	七万四千円	八万千四百円
	八万三千円	九万千三百円
第一項第四号	四千五百円	五千百円
	六千円	六千九百円
第二項第一号	三千七百円	四千百円
	四千七百円	五千二百円
	六千三百円	六千九百円
第二項第二号	五千二百円	五千七百円
	六千三百円	六千九百円
	八千円	八千八百円

2　次に掲げる自動車に対する第百七十七条の七第一項及び第二項の規定の適用については、当該自動車が令和四年四月一日から令和八年三月三十一日までの間に初回新規登録を受けた場合には、当該初回新規登録を受けた日の属する年度の翌年度分の自動車税の種別割に限り、次の表の上欄に掲げる同条の規定中同表の中欄に掲げる字句は、それぞれ同表の下欄に掲げる字句とする。

一　電気自動車

二　天然ガス自動車のうち、道路運送車両法第四十一条第一項の規定により平成三十年十月一日以降に適用されるべきものとして定められた第百四十九条第一項第二号イに規定する排出ガス保安基準で総務省令で定めるものに適合するもの又は同号ロに規定する平成二十一年天然ガス車基準（以下この号において「平成二十一年天然ガス車基準」という。）に適合し、かつ、窒素酸化物の排出量が平成二十一年天然ガス車基準に定める窒素酸化物の値の十分の九を超えないもので総務省令で定めるもの

三　第百四十九条第一項第三号に規定する充電機能付電力併用自動車

四　ガソリン自動車（営業用の乗用車に限る。）のうち、窒素酸化物の排出量が第百四十九条第一項第四号イ(1)(i)に規定する平成三十年ガソリン軽中量車基準（次項第一号において「平成三十年ガソリン軽中量車基準」という。）に定める窒素酸化物の値の二分の一を超えないもの又は窒素酸化物の排出量が同条第一項第四号イ(1)(ii)に規定する平成十七年ガソリン軽中量車基準（次項第一号において「平成十七年ガソリン軽中量車基準」という。）に定める窒素酸化物の値の四分の一を超えないものであつて、エネルギー消費効率が同条第一項第四号イ(2)に規定する令和十二年度基準エネルギー消費効率（以下この項及び次項において「令和十二年度基準エネルギー消費効率」という。）に百分の九十を乗じて得た数値以上かつ同号イ(3)に規定する令和二年度基準エネルギー消費効率（以下この項及び次項において「令和二年度基準エネルギー消費効率」という。）以上のもので総務省令で定めるもの

五　石油ガス自動車（営業用の乗用車に限る。）のうち、窒素酸化物の排出量が第百四十九条第一項第五号イ(1)(i)に規定する平成三十年石油ガス軽中量車基準（次項第二号において「平成三十年石油ガス軽中量車基準」という。）に定める窒素酸化物の値の二分の一を超えないもの又は窒素酸化物の排出量が同条第一項第五号イ(1)(ii)に規定する平成十七年石油ガス軽中量車基準（次項第二号において「平成十七年石油ガス軽中量車基準」という。）に定める窒素酸化物の値の四分の一を超えないものであつて、エネルギー消費効率が令和十二年度基準エネルギー消費効率に百分の九十を乗じて得た数値以上かつ令和二年度基準エネルギー消費効率以上のもので総務省令で定めるもの

六　軽油自動車（営業用の乗用車に限る。）のうち、第百四十九条第一項第六号イ(1)に規定する平成三十年軽油軽中量車基準（次項第三号において「平成三十年軽油軽中量車基準」という。）又は同条第一項第六号イ(1)に規定する平成二十一年軽油軽中量車基準（次項第三号において「平成二十一年軽油軽中量車基準」という。）に適合するものであつて、エネルギー消費効率が令和十二年度基準エネルギー消費効率に百分の九十を乗じて得た数値以上かつ令和二年度基準エネルギー消費効率以上のもので総務省令で定めるもの

第一項第一号イ	七千五百円	二千円
	八千五百円	二千五百円
	九千五百円	二千五百円
	一万三千八百円	三千五百円
	一万五千七百円	四千円
	一万七千九百円	四千五百円
	二万五百円	五千五百円
	二万三千六百円	六千円
	二万七千二百円	七千円
	四万七百円	一万五百円
第一項第一号ロ	二万五千円	六千五百円
	三万五百円	八千円
	三万六千円	九千円

	四万三千五百円	一万千円
	五万円	一万二千五百円
	五万七千円	一万四千五百円
	六万五千五百円	一万六千五百円
	七万五千五百円	一万九千円
	八万七千円	二万二千円
	十一万円	二万七千五百円
第一項第二号イ	六千五百円	二千円
	九千円	二千五百円
	一万二千円	三千円
	一万五千円	四千円
	一万八千五百円	五千円
	二万二千円	五千五百円
	二万五千五百円	六千五百円
	二万九千五百円	七千五百円
	四千七百円	千二百円
第一項第二号ロ	八千円	二千円
	一万千五百円	三千円
	一万六千円	四千円
	二万五百円	五千五百円
	二万五千五百円	六千五百円
	三万円	七千五百円
	三万五千円	九千円

	四万五百円	一万五百円
	六千三百円	千六百円
(1)第一項第二号ハ	七千五百円	二千円
	一万五千円	四千円
(2)第一項第二号ハ	一万二百円	三千円
	二万六百円	五千五百円
(1)第一項第三号イ	一万二千円	三千円
	一万四千五百円	四千円
	一万七千五百円	四千五百円
	二万円	五千円
	二万二千五百円	六千円
	二万五千五百円	六千五百円
	二万九千円	七千五百円
(2)第一項第三号イ	二万六千五百円	七千円
	三万二千円	八千円
	三万八千円	九千五百円
	四万四千円	一万千円
	五万五百円	一万三千円
	五万七千円	一万四千五百円
	六万四千円	一万六千円
第一項第三号ロ	三万三千円	八千五百円
	四万千円	一万五百円
	四万九千円	一万二千五百円

	五万七千円	一万四千五百円
	六万五千五百円	一万六千五百円
	七万四千円	一万八千五百円
	八万三千円	二万千円
第一項第四号	四千五百円	千五百円
	六千円	千五百円
第二項第一号	三千七百円	千円
	四千七百円	千二百円
	六千三百円	千六百円
第二項第二号	五千二百円	千三百円
	六千三百円	千六百円
	八千円	二千円

3　次に掲げる自動車のうち、営業用の乗用車（前項の規定の適用を受けるものを除く。）に対する第百七十七条の七第一項第一号イ及び第四号イの規定の適用については、当該営業用の乗用車が令和四年四月一日から令和七年三月三十一日までの間に初回新規登録を受けた場合には、当該初回新規登録を受けた日の属する年度の翌年度分の自動車税の種別割に限り、次の表の上欄に掲げる同項の規定中同表の中欄に掲げる字句は、それぞれ同表の下欄に掲げる字句とする。

一　ガソリン自動車のうち、窒素酸化物の排出量が平成三十年ガソリン軽中量車基準に定める窒素酸化物の値の二分の一を超えないもの又は窒素酸化物の排出量が平成十七年ガソリン軽中量車基準に定める窒素酸化物の値の四分の一を超えないものであつて、エネルギー消費効率が令和十二年度基準エネルギー消費効率に百分の七十を乗じて得た数値以上かつ令和二年度基準エネルギー消費効率以上のもので総務省令で定めるもの

二　石油ガス自動車のうち、窒素酸化物の排出量が平成三十年石油ガス軽中量車基準に定める窒素酸化物の値の二分の一を超えないもの又は窒素酸化物の排出量が平成十七年石油ガス軽中量車基準に定める窒素酸化物の値の四分の一を超えないものであつて、エネルギー消費効率が令和十二年度基準エネルギー消費効率に百分の七十を乗じて得た数値以上かつ令和二年度基準エネルギー消費効率以上のもので総務省令で定めるもの

三　軽油自動車のうち、平成三十年軽油軽中量車基準又は平成二十一年軽油軽中量車基準に適合するものであつて、エネルギー消費効率が令和十二年度基準エネルギー消費効率に百分の七十を乗じて得た数値以上かつ令和二年度基準エネルギー消費効率以上のもので総務省令で定めるもの

第一号イ	七千五百円	四千円
	八千五百円	四千五百円
	九千五百円	五千円
	一万三千八百円	七千円
	一万五千七百円	八千円
	一万七千九百円	九千円
	二万五百円	一万五百円
	二万三千六百円	一万二千円
	二万七千二百円	一万四千円
	四万七百円	二万五百円
第四号イ	四千五百円	二千五百円

第十二条の四　地方税法等の一部を改正する法律（平成三十一年法律第二号）附則第一条第二号に掲げる規定の施行の日（以下この項において「特定日」という。）の前日までに初回新規登録を受けた自家用の乗用車であつて地方税法等の一部を改正する等の法律（平成二十八年法律第十三号）第二条の規定による改正前の地方税法（以下この項において「平成二十八年改正前の地方税法」という。）第百四十五条第一項若しくは第三項の規定により平成二十八年改正前の地方税法に規定する自動車税を課されたもの（同日までに初回新規登録を受けた自家用の乗用車であつて、平成二十八年改正前の地方税法第百四十六条その他の地方税に関する法律及びこれらの法律に基づく条例の規定により平成二十八年改正前の地方税法に規定する自動車税を課されなかつたものを含む。）又は同日までにこの法律の施行地外において第百四十六条第二項に規定する運行に相当するものとして総務省令で定めるものの用に供されたことがある自家用の乗用車であつて特定日以後に初回新規登録を受けたものに対して課する自動車税の種別割の標準税率は、第百七十七条の七第一項の規定にかかわらず、一台について、次の各号に掲げる自家用の乗用車の区分に応じ、当該各号に定める額とする。

一　総排気量が一リットル以下のもの　年額　二万九千五百円

二　総排気量が一リットルを超え、一・五リットル以下のもの　年額　三万四千五百円

三　総排気量が一・五リットルを超え、二リットル以下のもの　年額　三万九千五百円

四　総排気量が二リットルを超え、二・五リットル以下のもの　年額　四万五千円

五　総排気量が二・五リットルを超え、三リットル以下のもの　年額　五万千円

六　総排気量が三リットルを超え、三・五リットル以下のもの　年額　五万八千円

七　総排気量が三・五リットルを超え、四リットル以下のもの　年額　六万六千五百円

八　総排気量が四リットルを超え、四・五リットル以下のもの　年額　七万六千五百円

九　総排気量が四・五リットルを超え、六リットル以下のもの　年額　八万八千円

十　総排気量が六リットルを超えるもの　年額　十一万千円

2　第百七十七条の七第三項から第五項までの規定は、前項の規定の適用を受ける自家用の乗用車について準用する。

3　第一項の規定の適用を受ける自家用の乗用車（電気自動車、天然ガス自動車、メタノール自動車、混合メタノール自動車及びガソリンを内燃機関の燃料として用いる電力併用自動車を除く。）のうち、前条第一項各号に掲げるものに対する当該各号に定める年度以後の年度分の自動車税の種別割に係る第一項の規定の適用については、次の表の上欄に掲げる同項の規定中同表の中欄に掲げる字句は、それぞれ同表の下欄に掲げる字句とする。

第一号	二万九千五百円	三万三千九百円
第二号	三万四千五百円	三万九千六百円
第三号	三万九千五百円	四万五千四百円
第四号	四万五千円	五万千七百円
第五号	五万千円	五万八千六百円
第六号	五万八千円	六万六千七百円
第七号	六万六千五百円	七万六千四百円
第八号	七万六千五百円	八万七千九百円
第九号	八万八千円	十万千二百円
第十号	十一万千円	十二万七千六百円

（自動車税の種別割の賦課徴収の特例）

第十二条の五　道府県知事は、自動車税の種別割の賦課徴収に関し、自動車が附則第十二条の三第二項又は第三項に規定する窒素酸化物の排出量又はエネルギー消費効率についての基準（以下この項において「窒素酸化物排出量等基準」という。）につき同条第二項又は第三項の規定の適用を受ける自動車（以下この項において「減税対象車」という。）に該当するかどうかの判断をするときは、国土交通大臣の認定等（申請に基づき国土交通大臣が行つた自動車についての認定又は評価であつて、当該認定又は評価の事実に基づき自動車が窒素酸化物排出量等基準につき減税対象車に該当するかどうかの判断をすることが適当であるものとして総務省令で定めるものをいう。次項及び第五項において同じ。）に基づき当該判断をするものとする。

2　道府県知事は、納付すべき自動車税の種別割の額について不足額があることを第百七十七条の九の納期限（納期限の延長があつたときは、その延長された納期限）後において知つた場合において、当該事実が生じた原因が、国土交通大臣の認定等の申請をした者が偽りその他不正の手段（当該申請をした者に当該申請に必要な情報を直接又は間接に提供した者の偽りその他不正の手段を含む。）により国土交通大臣の認定等を受けたことを事由として国土交通大臣が当該国土交通大臣の認定等を取り消したことによるものであるときは、当該申請をした者又はその一般承継人を賦課期日現在における当該不足額に係る自動車の所有者とみなして、自動車税の種別割に関する規定（第百七十七条の十三から第百七十七条の十五までの規定を除く。）を適用する。

3　前項の規定の適用がある場合における納付すべき自動車税の種別割の額は、同項の不足額に、これに百分の三十五の割合を乗じて計算した金額を加算した金額とする。

4　第二項の規定の適用がある場合における第十七条の五第三項、第十八条第一項及び第百七十七条の十八第一項の規定の適用については、第十七条の五第三項中「三年」とあるのは「七年」と、第十八条第一項中「五年間」とあるのは「七年間」と、第百七十七条の十八第一項中「納期限の延長があつた場合には、その延長された納期限とする。以下この款において同じ。」とあるのは「附則第十二条の五第二項の規定の適用がないものとした場合の当該自動車の所有者についての自動車税の種別割の納期限とし、当該納期限の延長があつた場合には、その延長された納期限とする。以下この項において同じ。」とする。

5　第二項の規定の適用を受けた国土交通大臣の認定等の申請をした者又はその一般承継人に対する法人税法の規定の適用については、同法第五十五条第四項中「次に掲げるもの」とあるのは、「次に掲げるもの及び地方税法附則第十二条の五第二項の規定による自動車税の種別割」とする。

6　前各項に定めるもののほか、これらの規定の適用がある場合における自動車税の種別割に関する規定の適用に関し必要な事項は、政令で定める。

（固定資産税等の課税標準の特例）

第十五条　1～6〔略〕

7　電気を動力源とする自動車で内燃機関を有しないものに水素を充塡するための設備で政令で定めるもののうち、令和五年四月一日から令和七年三月三十一日までの間に政府の補助で総務省令で定めるものを受けて新たに取得されたものに対して課する固定資産税の課税標準は、第三百四十九条の二の規定にかかわらず、当該設備に対して新たに固定資産税が課されることとなつた年度から三年度分の固定資産税に限り、当該設備に係る固定資産税の課税標準となるべき価格の六分の五（当該設備のうち大規模なものとして政令で定めるものにあつては、当該設備に係る固定資産税の課税標準となるべき価格の二分の一）の額とする。

8～44〔略〕

45　道路運送法第三条第一号イに規定する一般乗合旅客自動車運送事業を経営する者（同法第五条第一項第三号に規定する路線定期運行を行う者に限る。）が地域公共交通の活性化及び再生に関する法律第十四条第三項の規定による認定を受けた同法第十三条第一項に規定する道路運送高度化実施計画に基づき実施する同法第二条第七号に規定する道路運送高度化事業（同号ハに掲げるものに限る。以下この項において「特定道路運送高度化事業」という。）の用に供する電気自動車（電気を動力源とする自動車で内燃機関を有しないものをいう。）で総務省令で定めるものの充電の用に供する土地及び償却資産で政令で定めるものに対して課する固定資産税又は都市計画税の課税標準は、第三百四十九条、第三百四十九条の二又は第七百二条第一項の規定にかかわらず、当該土地及び償却資産が地域公共交通の活性化及び再生に関する法律等の一部を改正する法律（令和五年法律第十八号）附則第一条第二号に掲げる規定の施行の日から令和十年三月三十一日までの期間内に最初に特定道路運送高度化事業の用に供された日（以下この項において「供用開始日」という。）の属する年の翌年の一月一日（供用開始日が一月一日である場合には、同日）を賦課期日とする年度から五年度分の固定資産税又は都市計画税に限り、当該土地及び償却資産に係る固定資産税又は都市計画税の課税標準となるべき価格の三分の一の額とする。

（固定資産課税台帳の登録事項の特例）

第十五条の五　市町村長は、第三百八十一条第一項から第六項までに定めるもののほか、附則第十五条から第十五条の三の二までの規定の適用を受ける固定資産については、これらの規定により固定資産税の課税標準とされる額を固定資産課税台帳に登録しなければならない。

（軽自動車税の環境性能割の賦課徴収の特例）

第二十九条の九　軽自動車税の環境性能割の賦課徴収は、当分の間、次項及び次条の規定を除くほか、第四百四十八条、第四百五十八条（第六項を除く。）、第四百五十九条第一項及び第三項、第四百六十二条、第四百六十三条、第四百六十三条の二第二項、第四百六十三条の三から第四百六十三条の五まで並びに第四百六十三条の七の規定にかかわらず、軽自動車税の環境性能割を課する三輪以上の軽自動車の主たる定置場所在の道府県（以下この条から附則第二十九条の十六までにおいて「定置場所在道府県」という。）が、自動車税の環境性能割の賦課徴収の例により、行うものとする。

2　定置場所在道府県の徴税吏員は、当分の間、前項の規定によりその例によることとされた第百七十三条第一項の規定により軽自動車税の環境性能割に係る地方団体の徴収金に係る督促状を発した場合には、第四百六十三条の六の規定にかかわらず、第百七十四条の規定により当該定置場所在道府県の条例で定める自動車税の環境性能割に係る督促手数料に相当する金額を軽自動車税の環境性能割に係る督促手数料として徴収することができる。

3　定置場所在道府県の知事は、当分の間、第一項の規定により当該定置場所在道府県が行う軽自動車税の環境性能割の賦課徴収に関し、三輪以上の軽自動車が第四百四十六条第一項（同条第二項又は第三項において準用する場合を含む。以下この項において同じ。）又は第四百五十一条第一項若しくは第二項（これらの規定を同条第四項又は第五項において準用する場合を含む。以下この項において同じ。）に規定する窒素酸化物の排出量又はエネルギー消費効率についての基準（以下この項において「窒素酸化物排出量等基準」という。）につき第四百四十六条第一項又は第四百五十一条第一項若しくは第二項の規定の適用を受ける三輪以上の軽自動車（以下この項において「非課税対象車等」という。）に該当するかどうかの判断をするときは、国土交通大臣の認定等（申請に基づき国土交通大臣が行つた三輪以上の軽自動車についての認定又は評価であつて、当該認定又は評価の事実に基づき三輪以上の軽自動車が窒素酸化物排出量等基準につき非課税対象車等に該当するかどうかの判断をすることが適当であるものとして総務省令で定めるものをいう。次項及び第七項において同じ。）に基づき当該判断をするものとする。

4　定置場所在道府県の知事は、当分の間、第一項の規定により当該定置場所在道府県が賦課徴収を行う軽自動車税の環境性能割につき、その納付すべき額について不足額があることを附則第二十九条の十二第一項の規定により読み替えられた第四百五十四条第一項の納期限（納期限の延長があつたときは、その延長された納期限）後において知つた場合において、当該事実が生じた原因が、国土交通大臣の認定等の申請をした者が偽りその他不正の手段（当該申請をした者に当該申請に必要な情報を直接又は間接に提供した者の偽りその他不正の手段を含む。）により国土交通大臣の認定等を受けたことを事由として国土交通大臣が当該国土交通大臣の認定等を取り消したことによるものであるときは、当該申請をした者又はその一般承継人を当該不足額に係る三輪以上の軽自動車について附則第二十九条の十一の規定によりその例によることとされた第百六十一条第一項に規定する申告書を提出すべき当該三輪以上の軽自動車の取得者とみなして、第一項の規定によりその例によることとされた第百六十八条第二項の規定その他の軽自動車税の環境性能割に関する規定（第一項の規定によりその例によることとされた第百七十一条及び第百七十二条の規定を除く。）を適用する。

5　前項の規定の適用がある場合における第一項の規定によりその例によることとされた第百六十八条第二項の規定による決定により納付すべき軽自動車税の環境性能割の額は、前項の不足額に、これに百分の三十五の割合を乗じて計算した金額を加算した金額とする。

6　第四項の規定の適用がある場合における第十七条の五第一項及び第十八条第一項の規定の適用については、第十七条の五第一項中「五年」とあるのは「七年」と、第十八条第一項中「五年間」とあるのは「七年間」とする。

7　第四項の規定の適用を受けた国土交通大臣の認定等の申請をした者又はその一般承継人に対する法人税法の規定の適用については、同法第五十五条第四項中「次に掲げるもの」とあるのは、「次に掲げるもの及び地方税法附則第二十九条の九第四項の規定による軽自動車税の環境性能割」とする。

（軽自動車税の環境性能割の減免の特例）

第二十九条の十　軽自動車税の環境性能割を課する三輪以上の軽自動車の主たる定置場所在の市町村（以下この条から附則第二十九条の十六までにおいて「定置場所在市町村」という。）が第四百六十一条の規定に基づく条例を定めた場合には、軽自動車税の環境性能割の減免に関する事務は、当分の間、同条の規定にかかわらず、定置場所在道府県の知事が行うものとする。この場合において、当該事務について規定する条例又は規則中定置場所在市町村に関する規定は、当該事務の範囲内において、当該定置場所在道府県に関する規定として当該定置場所在道府県に適用があるものとする。

2　前項の条例又は規則を制定し、又は改廃する場合には、定置場所在市町村の長は、あらかじめ、定置場所在道府県の知事に協議しなければならない。

（軽自動車税の環境性能割の申告等の特例）

第二十九条の十一　軽自動車税の環境性能割の申告又は報告は、当分の間、第四百五十四条の規定を除くほか、第四百五十五条の規定にかかわらず、自動車税の環境性能割の申告の例により、定置場所在道府県の知事にしなければならない。この場合において、第四百五十四条の規定による申告については、第百六十一条中「前条第一項」とあるのは「第四百五十四条第一項」と、第四百五十四条中「市町村長」とあるのは「軽自動車税の環境性能割を課する三輪以上の軽自動車の主たる定置場所在の道府県の知事」とする。

（軽自動車税の環境性能割に係る地方団体の徴収金の納付の特例等）

第二十九条の十二　軽自動車税の環境性能割の納税義務者は、当分の間、第四百五十四条の規定を除くほか、第四百五十五条、第四百五十六条、第四百五十八条第四項及び第四百六十三条の二第一項の規定にかかわらず、自動車税の環境性能割に係る地方団体の徴収金の納付の例により、軽自動車税の環境性能割に係る地方団体の徴収金を定置場所在道府県に納付しなければならない。この場合において、第四百五十四条の規定による納付については、第百六十一条中「前条第一項」とあるのは「第四百五十四条第一項」と、第四百五十四条第一項中「当該市町村」とあるのは「軽自動車税の環境性能割を課する三輪以上の軽自動車の主たる定置場所在の道府県」とする。

2　定置場所在道府県は、軽自動車税の環境性能割に係る地方団体の徴収金の納付があつた場合には、当該納付があつた月の翌々月の末日までに、政令で定めるところにより、軽自動車税の環境性能割に係る地方団体の徴収金として納付された額を定置場所在市町村に払い込むものとする。

（軽自動車税の環境性能割の還付の特例）

第二十九条の十三　軽自動車税の環境性能割に係る過誤納金の還付は、当分の間、第四百五十八条第六項及び第八項並びに第四百五十九条第二項の規定にかかわらず、定置場所在道府県が、自動車税の環境性能割の還付の例により、行わなければならない。

（軽自動車税の環境性能割に係る犯則事件の調査及び処分の特例）

第二十九条の十四　軽自動車税の環境性能割に関する犯則事件

については、当分の間、自動車税の環境性能割に関する犯則事件とみなして、第一章第十六節の規定を適用する。

（軽自動車税の環境性能割の賦課徴収又は申告納付に関する報告等）

第二十九条の十五　定置場所在道府県の知事は、政令で定めるところにより、定置場所在市町村の長に対し、軽自動車税の環境性能割の申告の件数、軽自動車税の環境性能割額その他必要な事項を報告するものとする。

2　定置場所在市町村の長が定置場所在道府県の知事に対し、軽自動車税の環境性能割の賦課徴収に関する書類を閲覧し、又は記録することを請求した場合には、当該定置場所在道府県の知事は、関係書類を当該定置場所在市町村の長又はその指定する職員に閲覧させ、又は記録させるものとする。

（軽自動車税の環境性能割に係る徴収取扱費の交付）

第二十九条の十六　定置場所在市町村は、定置場所在道府県が軽自動車税の環境性能割の賦課徴収に関する事務を行うために要する費用を補償するため、次に掲げる金額の合計額を、徴収取扱費として当該定置場所在道府県に交付しなければならない。

一　軽自動車税の環境性能割に係る地方団体の徴収金として払い込まれた額に政令で定める率を乗じて得た金額

二　定置場所在道府県に納付された軽自動車税の環境性能割に係る地方団体の徴収金を第十七条又は第十七条の二の規定により定置場所在道府県が還付し、又は充当した場合における当該地方団体の徴収金に係る過誤納金に相当する金額として政令で定める金額

三　第十七条の四の規定により定置場所在道府県が加算した前号の過誤納金に係る還付加算金に相当する金額

2　前項に定めるもののほか、同項の徴収取扱費の算定及び交付に関し必要な事項は、政令で定める。

（政令への委任）

第二十九条の十七　附則第二十九条の九から前条までに定めるもののほか、これらの規定に規定する軽自動車税の環境性能割の賦課徴収その他の特例の実施のための手続その他必要な事項は、政令で定める。

（軽自動車税の環境性能割の税率の特例）

第二十九条の十八　営業用の三輪以上の軽自動車に対する第四百五十一条第一項及び第二項（これらの規定を同条第四項又は第五項において準用する場合を含む。）並びに同条第三項の規定の適用については、当分の間、次の表の上欄に掲げる同条の規定中同表の中欄に掲げる字句は、それぞれ同表の下欄に掲げる字句とする。

第一項（第四項又は第五項において準用する場合を含む。）	百分の一	百分の〇・五
第二項（第四項又は第五項において準用する場合を含む。）	百分の二	百分の一
第三項	百分の三	百分の二

2　自家用の三輪以上の軽自動車に対する第四百五十一条第三項の規定の適用については、当分の間、同項中「百分の三」とあるのは、「百分の二」とする。

（軽自動車税の種別割の税率の特例）

第三十条　三輪以上の軽自動車（電気軽自動車（第四百四十六条第一項第一号に規定する電気軽自動車をいう。次項第一号において同じ。）、天然ガス軽自動車（同条第一項第二号に規定する天然ガス軽自動車をいう。次項第二号において同じ。）、メタノール軽自動車（専らメタノールを内燃機関の燃料として用いる軽自動車で総務省令で定めるものをいう。）、混合メタノール軽自動車（メタノールとメタノール以外のものとの混合物で総務省令で定めるものを内燃機関の燃料として用いる軽自動車で総務省令で定めるものをいう。）及びガソリンを内燃機関の燃料として用いる電力併用軽自動車（内燃機関を有する軽自動車で併せて電気その他の総務省令で定めるものを動力源として用いるものであって、廃エネルギーを回収する機能を備えていることにより大気汚染防止法第二条第十七項に規定する自動車排出ガスの排出の抑制に資するもので総務省令で定めるものをいう。）並びに被けん引自動車を除く。）に対する当該軽自動車が最初の第四百四十四条第三項に規定する車両番号の指定（次項から第四項までにおいて「初回車両番号指定」という。）を受けた月から起算して十四年を経過した月の属する年度以後の年度分の軽自動車税の種別割に係る第四百六十三条の十五第一項の規定の適用については、当分の間、次の表の上欄に掲げる同項の規定中同表の中欄に掲げる字句は、それぞれ同表の下欄に掲げる字句とする。

第二号ロ	三千九百円	四千六百円
第二号ハ(1)(i)	六千九百円	八千二百円
第二号ハ(1)(ii)	一万八百円	一万二千九百円
第二号ハ(2)(i)	三千八百円	四千五百円
第二号ハ(2)(ii)	五千円	六千円

2　次に掲げる三輪以上の軽自動車に対する第四百六十三条の十五第一項の規定の適用については、当該軽自動車が令和四年四月一日から令和八年三月三十一日までの間に初回車両番号指定を受けた場合には、当該初回車両番号指定を受けた日の属する年度の翌年度分の軽自動車税の種別割に限り、次の表の上欄に掲げる同項の規定中同表の中欄に掲げる字句は、それぞれ同表の下欄に掲げる字句とする。

一　電気軽自動車

二　天然ガス軽自動車のうち、道路運送車両法第四十一条第一項の規定により平成三十年十月一日以降に適用されるべきものとして定められた第四百四十六条第一項第二号イに規定する排出ガス保安基準で総務省令で定めるものに適合するもの又は同号ロに規定する平成二十一年天然ガス車基準（以下この号において「平成二十一年天然ガス車基準」という。）に適合し、かつ、窒素酸化物の排出量が平成二十一年天然ガス車基準に定める窒素酸化物の値の十分の九を超えないもので総務省令で定めるもの

第二号ロ	三千九百円	千円
第二号ハ(1)(i)	六千九百円	千八百円

第二号ハ(1)(ii)	一万八百円	二千七百円
第二号ハ(2)(i)	三千八百円	千円
第二号ハ(2)(ii)	五千円	千三百円

3　三輪以上の第四百四十六条第一項第三号に規定するガソリン軽自動車（以下この項及び次項において「ガソリン軽自動車」という。）（営業用の乗用のものに限る。）のうち、窒素酸化物の排出量が同号イ(1)(i)に規定する平成三十年ガソリン軽中量車基準（次項において「平成三十年ガソリン軽中量車基準」という。）に定める窒素酸化物の値の二分の一を超えないもの又は窒素酸化物の排出量が同号イ(1)(ii)に規定する平成十七年ガソリン軽中量車基準（次項において「平成十七年ガソリン軽中量車基準」という。）に定める窒素酸化物の値の四分の一を超えないものであつて、エネルギー消費効率が同号イ(2)に規定する令和十二年度基準エネルギー消費効率（次項において「令和十二年度基準エネルギー消費効率」という。）に百分の九十を乗じて得た数値以上かつ同号イ(3)に規定する令和二年度基準エネルギー消費効率（次項において「令和二年度基準エネルギー消費効率」という。）以上のもので総務省令で定めるものに対する第四百六十三条の十五第一項の規定の適用については、当該ガソリン軽自動車が令和四年四月一日から令和八年三月三十一日までの間に初回車両番号指定を受けた場合には、当該初回車両番号指定を受けた日の属する年度の翌年度分の軽自動車税の種別割に限り、同項第二号ロ中「三千九百円」とあるのは「二千円」と、同号ハ(1)(i)中「六千九百円」とあるのは「三千五百円」とする。

4　三輪以上のガソリン軽自動車（前項の規定の適用を受けるものを除き、営業用の乗用のものに限る。）のうち、窒素酸化物の排出量が平成三十年ガソリン軽中量車基準に定める窒素酸化物の値の二分の一を超えないもの又は窒素酸化物の排出量が平成十七年ガソリン軽中量車基準に定める窒素酸化物の値の四分の一を超えないものであつて、エネルギー消費効率が令和十二年度基準エネルギー消費効率に百分の七十を乗じて得た数値以上かつ令和二年度基準エネルギー消費効率以上のもので総務省令で定めるものに対する第四百六十三条の十五第一項の規定の適用については、当該ガソリン軽自動車が令和四年四月一日から令和七年三月三十一日までの間に初回車両番号指定を受けた場合には、当該初回車両番号指定を受けた日の属する年度の翌年度分の軽自動車税の種別割に限り、同項第二号ロ中「三千九百円」とあるのは「三千円」と、同号ハ(1)(i)中「六千九百円」とあるのは「五千二百円」とする。

（軽自動車税の種別割の賦課徴収の特例）

第三十条の二　市町村長は、軽自動車税の種別割の賦課徴収に関し、三輪以上の軽自動車が前条第二項から第四項までに規定する窒素酸化物の排出量又はエネルギー消費効率についての基準（以下この項において「窒素酸化物排出量等基準」という。）につき同条第二項から第四項までの規定の適用を受ける三輪以上の軽自動車（以下この項において「減税対象車」という。）に該当するかどうかの判断をするときは、国土交通大臣が行つた三輪以上の軽自動車についての認定等（申請に基づき国土交通大臣が行う認定又は評価であつて、当該認定又は評価の事実に基づき三輪以上の軽自動車が窒素酸化物排出量等基準につき減税対象車に該当するかどうかの判断をすることが適当であるものとして総務省令で定めるものをいう。次項及び第五項において同じ。）に基づき当該判断をするものとする。

2　市町村長は、納付すべき軽自動車税の種別割の額について不足額があることを第四百六十三条の十七の納期限（納期限の延長があつたときは、その延長された納期限）後において知つた場合において、当該事実が生じた原因が、国土交通大臣の認定等の申請をした者が偽りその他不正の手段（当該申請をした者に当該申請に必要な情報を直接又は間接に提供した者の偽りその他の不正の手段を含む。）により国土交通大臣の認定等を受けたことを事由として国土交通大臣が当該国土交通大臣の認定等を取り消したことによるものであるときは、当該申請をした者又はその一般承継人を賦課期日現在における当該不足額に係る三輪以上の軽自動車の所有者とみなして、軽自動車税の種別割に関する規定（第四百六十三条の十九から第四百六十三条の二十一までの規定を除く。）を適用する。

3　前項の規定の適用がある場合における納付すべき軽自動車税の種別割の額は、同項の不足額に、これに百分の三十五の割合を乗じて計算した金額を加算した金額とする。

4　第二項の規定の適用がある場合における第十七条の五第三項、第十八条第一項及び第四百六十三条の二十四第一項の規定の適用については、第十七条の五第三項中「三年」とあるのは「七年」と、第十八条第一項中「五年間」とあるのは「七年間」と、第四百六十三条の二十四第一項中「納期限の延長があつた場合には、その延長された納期限とする。以下この款において同じ」とあるのは「附則第三十条の二第二項の規定の適用がないものとした場合の当該三輪以上の軽自動車の所有者についての軽自動車税の種別割の納期限とし、当該納期限の延長があつた場合には、その延長された納期限とする。以下この項において同じ」とする。

5　第二項の規定の適用を受けた国土交通大臣の認定等の申請をした者又はその一般承継人に対する法人税法の規定の適用については、同法第五十五条第四項中「次に掲げるもの」とあるのは、「次に掲げるもの及び地方税法附則第三十条の二第二項の規定による軽自動車税の種別割」とする。

6　前各項に定めるもののほか、これらの規定の適用がある場合における軽自動車税の種別割に関する規定の適用に関し必要な事項は、政令で定める。

（揮発油価格高騰時における軽油引取税の税率の特例規定の適用停止措置の停止）

第五十三条　附則第十二条の二の九の規定は、震災特例法第四十四条の別に法律で定める日までの間、その適用を停止する。

（東日本大震災による被災自動車等の代替自動車等に対する自動車税の環境性能割の非課税等）

第五十三条の二　道府県は、東日本大震災により滅失し、又は損壊した自動車又は第四百四十二条第五号に規定する軽自動車のうち三輪以上のもの（以下この項及び次条第一項において「被災自動車等」という。）の所有者（第百四十七条第一項又は第四百四十四条第一項に規定する場合には、これらの規定に規定する買主）その他の政令で定める者が、被災自動車等に代わるものと道府県知事が認める自動車（以下この項において「代替自動車」という。）の取得をした場合には、当該代替自動車の取得が令和三年三月三十一日までに行われたときに限り、第百四十六条第一項の規定にかかわらず、当該代替自動車に対しては、自動車税の環境性能割を課することができない。

２　道府県は、次の各号に掲げる自動車又は第四百四十二条第五号に規定する軽自動車のうち三輪以上のもの（以下この項及び次項において「自動車等」という。）で政令で定めるもの（以下この条及び次条において「対象区域内用途廃止等自動車等」という。）の当該各号に規定する自動車等持出困難区域を指定する旨の公示があつた日における所有者（第百四十七条第一項又は第四百四十四条第一項に規定する場合には、これらの規定に規定する買主）その他の政令で定める者が、対象区域内用途廃止等自動車等に代わるものと道府県知事が認める自動車（以下この項において「代替自動車」という。）の取得をした場合には、当該代替自動車の取得が同日から令和三年三月三十一日までの間に行われたときに限り、第百四十六条第一項の規定にかかわらず、当該代替自動車に対しては、自動車税の環境性能割を課することができない。

一　避難指示区域であつて平成二十四年一月一日において原子力発電所の事故に関して原子力規制委員会設置法（平成二十四年法律第四十七号）附則第五十四条による改正前の原子力災害対策特別措置法第二十条第三項の規定により原子力災害対策本部長が市町村長に対して行つた同法第二十八条第二項の規定により読み替えて適用される災害対策基本法第六十三条第一項の規定による警戒区域の設定を行うことの指示の対象区域であつた区域のうち立入りが困難であるため当該区域内の自動車等を当該区域の外に移動させることが困難な区域として総務大臣が指定して公示した区域（以下この条及び次条において「自動車等持出困難区域」という。）内に当該自動車等持出困難区域を指定する旨の公示があつた日から継続してあつた自動車等で、当該自動車等持出困難区域内にある間に用途を廃止したもの

二　自動車等持出困難区域を指定する旨の公示があつた日から当該自動車等持出困難区域の指定を解除する旨の公示があつた日までの間継続して当該自動車等持出困難区域内にあつた自動車等で、次に掲げる自動車等の区分に応じそれぞれ次に定めるもの

イ　自動車等であつて、使用済自動車の再資源化等に関する法律（平成十四年法律第八十七号）第二条第一項に規定する自動車に該当するもの　当該自動車等持出困難区域の指定を解除する旨の公示があつた日から二月以内に用途を廃止し、又は同条第十一項に規定する引取業者（次号において「引取業者」という。）に引き渡したもの

ロ　イに掲げる自動車等以外の自動車等　当該自動車等持出困難区域の指定を解除する旨の公示があつた日から二月以内に用途を廃止したもの又は同日から九月以内に解体したもの

三　自動車等持出困難区域を指定する旨の公示があつた日から当該自動車等持出困難区域の外に移動させた日までの間継続して当該自動車等持出困難区域内にあつた自動車等で、次に掲げる自動車等の区分に応じそれぞれ次に定めるもの

イ　自動車等であつて、使用済自動車の再資源化等に関する法律第二条第一項に規定する自動車に該当するもの　当該移動させた日から二月以内に用途を廃止し、又は引取業者に引き渡したもの

ロ　イに掲げる自動車等以外の自動車等　当該移動させた日から二月以内に用途を廃止したもの又は同日から九月以内に解体したもの

３　道府県は、自動車等持出困難区域内の自動車等（以下この項及び次条第七項において「対象区域内自動車等」という。）の当該自動車等持出困難区域を指定する旨の公示があつた日における所有者（第百四十七条第一項又は第四百四十四条第一項に規定する場合には、これらの規定に規定する買主）その他の政令で定める者が対象区域内自動車等以外の自動車（以下この項及び次条第三項において「他の自動車」という。）の取得をした場合において、当該他の自動車の取得をした後に、対象区域内自動車等が対象区域内用途廃止等自動車等に該当することとなり、かつ、当該取得した他の自動車を対象区域内用途廃止等自動車等に代わるものと道府県知事が認めるときは、当該他の自動車の取得が同日から令和三年三月三十一日までの間に行われたときに限り、当該他の自動車に対して課する自動車税の環境性能割に係る地方団体の徴収金に係る納税義務を免除するものとする。

４　道府県は、自動車税の環境性能割に係る地方団体の徴収金を徴収した場合において、当該自動車税の環境性能割について前項の規定の適用があることとなつたときは、同項の政令で定める者の申請に基づいて、当該地方団体の徴収金を還付するものとする。

５　道府県知事は、前項の規定により自動車税の環境性能割に係る地方団体の徴収金を還付する場合において、還付を受けるべき者の未納に係る地方団体の徴収金があるときは、当該還付すべき額をこれに充当しなければならない。

６　前二項の規定により自動車税の環境性能割に係る地方団体の徴収金を還付し、又は充当する場合には、第四項の規定による還付の申請があつた日から起算して十日を経過した日を第十七条の四第一項各号に掲げる日とみなして、同項の規定を適用する。

７　前各項に定めるもののほか、これらの規定の適用に関し必要な事項は、政令で定める。

（東日本大震災による被災自動車等の代替自動車等に対する自動車税の種別割の非課税等）

第五十四条　道府県は、前条第一項に規定する政令で定める者が、被災自動車等に代わるものと道府県知事が認める自動車を次の各号に掲げる期間に取得した場合における当該取得された自動車に対しては、第百四十六条第一項の規定にかかわらず、それぞれ当該各号に定める年度分の自動車税の種別割を課することができない。

一　平成三十一年四月一日から令和二年三月三十一日までの期間　令和元年度分及び令和二年度分

二　令和二年四月一日から令和三年三月三十一日までの期間　令和二年度分及び令和三年度分

２　道府県は、前条第二項に規定する政令で定める者が、対象区域内用途廃止等自動車等に代わるものと道府県知事が認める自動車を前項各号に掲げる期間に取得した場合における当

該取得された自動車に対しては、第百四十六条第一項の規定にかかわらず、それぞれ当該各号に定める年度分の自動車税の種別割を課することができない。

3　道府県は、前条第三項に規定する政令で定める者が、同項の規定の適用を受けることとなつた場合には、第一項各号に掲げる期間に取得された他の自動車に対する当該各号に定める年度分の自動車税の種別割に係る地方団体の徴収金に係る納税義務を免除するものとする。

4　道府県は、自動車税の種別割に係る地方団体の徴収金を徴収した場合において、当該自動車税の種別割について前項の規定の適用があることとなつたときは、同項の政令で定める者の申請に基づいて、当該地方団体の徴収金を還付するものとする。

5　道府県知事は、前項の規定により自動車税の種別割に係る地方団体の徴収金を還付する場合において、還付を受けるべき者の未納に係る地方団体の徴収金があるときは、当該還付すべき額をこれに充当しなければならない。

6　前二項の規定により自動車税の種別割に係る地方団体の徴収金を還付し、又は充当する場合には、第四項の規定による還付の申請があつた日から起算して十日を経過した日を第十七条の四第一項各号に掲げる日とみなして、同項の規定を適用する。

7　対象区域内自動車等（自動車であるものに限る。以下この項において同じ。）が対象区域内用途廃止等自動車等に該当することとなつた場合には、当該対象区域内自動車等は、第百四十六条第一項の規定の適用については、当該対象区域内自動車等に係る自動車等持出困難区域を指定する旨の公示があつた日以後同項に規定する自動車でなかつたものとみなす。

8　前各項に定めるもののほか、これらの規定の適用に関し必要な事項は、政令で定める。

（東日本大震災による被災自動車等の代替軽自動車等に対する軽自動車税の環境性能割の非課税等）

第五十七条　市町村は、東日本大震災により滅失し、又は損壊した第百四十五条第三号に規定する自動車又は軽自動車のうち三輪以上のもの（以下この項及び次条第一項において「被災自動車等」という。）の所有者（第百四十七条第一項又は第四百四十四条第一項に規定する場合には、これらの規定に規定する買主）その他の政令で定める者が、被災自動車等に代わるものと道府県知事が認める三輪以上の軽自動車（以下この項において「代替軽自動車」という。）の取得をした場合には、当該代替軽自動車の取得が令和三年三月三十一日までに行われたときに限り、第四百四十三条第一項の規定にかかわらず、当該代替軽自動車に対しては、軽自動車税の環境性能割を課することができない。

2　市町村は、次の各号に掲げる第百四十五条第三号に規定する自動車又は軽自動車のうち三輪以上のもの（以下この項及び次項において「自動車等」という。）で政令で定めるもの（以下この条及び次条において「対象区域内用途廃止等自動車等」という。）の当該各号に規定する自動車等持出困難区域を指定する旨の公示があつた日における所有者（第百四十七条第一項又は第四百四十四条第一項に規定する場合には、これらの規定に規定する買主）その他の政令で定める者が、対象区域内用途廃止等自動車等に代わるものと道府県知事が認める三輪以上の軽自動車（以下この項において「代替軽自動車」という。）の取得をした場合には、当該代替軽自動車の取得が同日から令和三年三月三十一日までの間に行われたときに限り、第四百四十三条第一項の規定にかかわらず、当該代替軽自動車に対しては、軽自動車税の環境性能割を課することができない。

一　附則第五十三条の二第二項第一号に規定する自動車等持出困難区域（以下この条及び次条において「自動車等持出困難区域」という。）内に当該自動車等持出困難区域を指定する旨の公示があつた日から継続してあつた自動車等で、当該自動車等持出困難区域内にある間に用途を廃止したもの

二　自動車等持出困難区域を指定する旨の公示があつた日から当該自動車等持出困難区域の指定を解除する旨の公示があつた日までの間継続して当該自動車等持出困難区域内にあつた自動車等で、次に掲げる自動車等の区分に応じそれぞれ次に定めるもの

イ　自動車等であつて、使用済自動車の再資源化等に関する法律第二条第一項に規定する自動車に該当するもの　当該自動車等持出困難区域の指定を解除する旨の公示があつた日から二月以内に用途を廃止し、又は同条第十一項に規定する引取業者（次号において「引取業者」という。）に引き渡したもの

ロ　イに掲げる自動車等以外の自動車等　当該自動車等持出困難区域の指定を解除する旨の公示があつた日から二月以内に用途を廃止したもの又は同日から九月以内に解体したもの

三　自動車等持出困難区域を指定する旨の公示があつた日から当該自動車等持出困難区域の外に移動させた日までの間継続して当該自動車等持出困難区域内にあつた自動車等で、次に掲げる自動車等の区分に応じそれぞれ次に定めるもの

イ　自動車等であつて、使用済自動車の再資源化等に関する法律第二条第一項に規定する自動車に該当するもの　当該移動させた日から二月以内に用途を廃止し、又は引取業者に引き渡したもの

ロ　イに掲げる自動車等以外の自動車等　当該移動させた日から二月以内に用途を廃止したもの又は同日から九月以内に解体したもの

3　市町村は、自動車等持出困難区域内の自動車等（以下この項及び次条において「対象区域内自動車等」という。）の当該自動車等持出困難区域を指定する旨の公示があつた日における所有者（第百四十七条第一項又は第四百四十四条第一項に規定する場合には、これらの規定に規定する買主）その他の政令で定める者が対象区域内自動車等以外の三輪以上の軽自動車（以下この項及び次条第五項において「他の三輪以上の軽自動車」という。）の取得をした後に、対象区域内自動車等が対象区域内用途廃止等自動車等に該当することとなり、かつ、当該取得した他の三輪以上の軽自動車を対象区域内用途廃止等自動車等に代わるものと道府県知事が認めるときは、当該他の三輪以上の軽自動車の取得が同日から令和三年三月三十一日までの間に行われたときに限り、当該他の三輪以上の軽自動車に対して課する軽自動車税の環境性能割に係

る地方団体の徴収金に係る納税義務を免除するものとする。

4　附則第二十九条の九第一項に規定する定置場所在道府県（次項において「定置場所在道府県」という。）は、同条第一項の規定により賦課徴収を行う軽自動車税の環境性能割に係る地方団体の徴収金を徴収した場合において、当該軽自動車税の環境性能割について前項の規定の適用があることとなつたときは、同項の政令で定める者の申請に基づいて、当該地方団体の徴収金を還付するものとする。

5　定置場所在道府県の知事は、前項の規定により軽自動車税の環境性能割に係る地方団体の徴収金を還付する場合において、還付を受けるべき者の未納に係る地方団体の徴収金があるときは、当該還付すべき額をこれに充当しなければならない。

6　前二項の規定により軽自動車税の環境性能割に係る地方団体の徴収金を還付し、又は充当する場合には、第四項の規定による還付の申請があつた日から起算して十日を経過した日を第十七条の四第一項各号に掲げる日とみなして、同項の規定を適用する。

7　前各項に定めるもののほか、これらの規定の適用に関し必要な事項は、政令で定める。

（東日本大震災による被災自動車等の代替軽自動車等に対する軽自動車税の種別割の非課税等）

第五十八条　市町村は、前条第一項に規定する政令で定める者が、被災自動車等に代わるものと市町村長が認める三輪以上の軽自動車を次の各号に掲げる期間に取得した場合における当該取得された三輪以上の軽自動車に対しては、第四百四十三条第一項の規定にかかわらず、それぞれ当該各号に定める年度分の軽自動車税の種別割を課することができない。

一　平成三十一年四月一日から令和二年三月三十一日までの期間　令和二年度分

二　令和二年四月一日から令和三年三月三十一日までの期間　令和二年度分及び令和三年度分

2　市町村は、原動機付自転車、軽自動車（二輪のものに限る。）及び二輪の小型自動車（以下この条において「二輪自動車等」という。）であつて東日本大震災により滅失し、又は損壊したもの（以下この項において「被災二輪自動車等」という。）の所有者（第四百四十四条第一項に規定する買主）その他の政令で定める者が、被災二輪自動車等に代わるものと市町村長が認める二輪自動車等を前項各号に掲げる期間に取得した場合における当該取得された二輪自動車等に対しては、第四百四十三条第一項の規定にかかわらず、それぞれ当該各号に定める年度分の軽自動車税の種別割を課することができない。

3　市町村は、小型特殊自動車であつて東日本大震災により滅失し、又は損壊したもの（以下この項において「被災小型特殊自動車」という。）の所有者（第四百四十四条第一項に規定する買主）その他の政令で定める者が、被災小型特殊自動車に代わるものと市町村長が認める小型特殊自動車を第一項各号に掲げる期間に取得した場合における当該取得された小型特殊自動車に対しては、第四百四十三条第一項の規定にかかわらず、それぞれ当該各号に定める年度分の軽自動車税の種別割を課することができない。

4　市町村は、前条第二項に規定する政令で定める者が、対象区域内用途廃止等自動車等に代わるものと市町村長が認める三輪以上の軽自動車を第一項各号に掲げる期間に取得した場合における当該取得された三輪以上の軽自動車に対しては、第四百四十三条第一項の規定にかかわらず、それぞれ当該各号に定める年度分の軽自動車税の種別割を課することができない。

5　市町村は、前条第三項に規定する政令で定める者が、他の三輪以上の軽自動車を第一項各号に掲げる期間に取得した場合において、当該他の三輪以上の軽自動車を取得した後に、対象区域内自動車等が対象区域内用途廃止等自動車等に該当することとなり、かつ、当該取得した他の三輪以上の軽自動車を対象区域内用途廃止等自動車等に代わるものと市町村長が認めるときは、当該他の三輪以上の軽自動車に対する当該各号に定める年度分の軽自動車税の種別割に係る地方団体の徴収金に係る納税義務を免除するものとする。

6　市町村は、次の各号に掲げる二輪自動車等で政令で定めるもの（以下この条において「対象区域内用途廃止等二輪自動車等」という。）の当該各号に規定する自動車等持出困難区域を指定する旨の公示があつた日における所有者（第四百四十四条第一項に規定する買主）その他の政令で定める者が、対象区域内用途廃止等二輪自動車等に代わるものと市町村長が認める二輪自動車等を第一項各号に掲げる期間に取得した場合における当該取得された二輪自動車等に対しては、第四百四十三条第一項の規定にかかわらず、それぞれ当該各号に定める年度分の軽自動車税の種別割を課することができない。

一　自動車等持出困難区域を指定する旨の公示があつた日から継続して当該自動車等持出困難区域内にあつた二輪自動車等で、当該自動車等持出困難区域内にある間に用途を廃止したもの

二　自動車等持出困難区域を指定する旨の公示があつた日から当該自動車等持出困難区域の指定を解除する旨の公示があつた日までの間継続して当該自動車等持出困難区域内にあつた二輪自動車等で、同日から二月以内に用途を廃止し、又は解体したもの

三　自動車等持出困難区域を指定する旨の公示があつた日から当該自動車等持出困難区域の外に移動させた日までの間継続して当該自動車等持出困難区域内にあつた二輪自動車等で、同日から二月以内に用途を廃止し、又は解体したもの

7　市町村は、自動車等持出困難区域内の二輪自動車等（以下この項及び第十三項において「対象区域内二輪自動車等」という。）の当該自動車等持出困難区域を指定する旨の公示があつた日における所有者（第四百四十四条第一項に規定する買主）その他の政令で定める者が、対象区域内二輪自動車等以外の二輪自動車等（以下この項において「他の二輪自動車等」という。）を第一項各号に掲げる期間に取得した場合において、当該他の二輪自動車等を取得した後に、対象区域内二輪自動車等が対象区域内用途廃止等二輪自動車等に該当することとなり、かつ、当該取得した他の二輪自動車等を対象区域内用途廃止等二輪自動車等に代わるものと市町村長が認めるときは、当該他の二輪自動車等に対する当該各号に定める年度分の軽自動車税の種別割に係る地方団体の徴収金に係る納税義務を免除するものとする。

8　市町村は、次の各号に掲げる小型特殊自動車で政令で定め

るもの（以下この条において「対象区域内用途廃止等小型特殊自動車」という。）の当該各号に規定する自動車等持出困難区域を指定する旨の公示があつた日における所有者（第四百四十四条第一項に規定する場合には、同項に規定する買主）その他の政令で定める者が、対象区域内用途廃止等小型特殊自動車に代わるものと市町村長が認める小型特殊自動車を第一項各号に掲げる期間に取得した場合における当該取得された小型特殊自動車に対しては、第四百四十三条第一項の規定にかかわらず、それぞれ当該各号に定める年度分の軽自動車税の種別割を課することができない。

一　自動車等持出困難区域を指定する旨の公示があつた日から継続して当該自動車等持出困難区域内にあつた小型特殊自動車で、当該自動車等持出困難区域内にある間に用途を廃止したもの

二　自動車等持出困難区域を指定する旨の公示があつた日から当該自動車等持出困難区域の指定を解除する旨の公示があつた日までの間継続して当該自動車等持出困難区域内にあつた小型特殊自動車で、同日から二月以内に用途を廃止し、又は解体したもの

三　自動車等持出困難区域を指定する旨の公示があつた日から当該自動車等持出困難区域の外に移動させた日までの間継続して当該自動車等持出困難区域内にあつた小型特殊自動車で、同日から二月以内に用途を廃止し、又は解体したもの

9　市町村は、自動車等持出困難区域内の小型特殊自動車（以下この項及び第十三項において「対象区域内小型特殊自動車」という。）の当該自動車等持出困難区域を指定する旨の公示があつた日における所有者（第四百四十四条第一項に規定する場合には、同項に規定する買主）その他の政令で定める者が対象区域内小型特殊自動車以外の小型特殊自動車（以下この項において「他の小型特殊自動車」という。）を第一項各号に掲げる期間に取得した場合において、当該他の小型特殊自動車を取得した後に、対象区域内小型特殊自動車が対象区域内用途廃止等小型特殊自動車に該当することとなり、かつ、当該取得した他の小型特殊自動車を対象区域内用途廃止等小型特殊自動車に代わるものと市町村長が認めるときは、当該他の小型特殊自動車に対する当該各号に定める年度分の軽自動車税の種別割に係る地方団体の徴収金に係る納税義務を免除するものとする。

10　市町村は、軽自動車税の種別割に係る地方団体の徴収金を徴収した場合において、当該軽自動車税の種別割について第五項、第七項又は前項の規定の適用があることとなつたときは、これらの規定の政令で定める者の申請に基づいて、当該地方団体の徴収金を還付するものとする。

11　市町村長は、前項の規定により軽自動車税の種別割に係る地方団体の徴収金を還付する場合において、還付を受けるべき者の未納に係る地方団体の徴収金があるときは、当該還付すべき額をこれに充当しなければならない。

12　前二項の規定により軽自動車税の種別割に係る地方団体の徴収金を還付し、又は充当する場合には、第十項の規定による還付の申請があつた日から起算して十日を経過した日を第十七条の四第一項各号に掲げる日とみなして、同項の規定を適用する。

13　対象区域内自動車等（三輪以上の軽自動車に限る。）、対象区域内二輪自動車等又は対象区域内小型特殊自動車（以下この項において「対象区域内軽自動車等」という。）が、対象区域内用途廃止等自動車等、対象区域内用途廃止等二輪自動車等又は対象区域内用途廃止等小型特殊自動車に該当することとなつた場合には、当該対象区域内軽自動車等は、第四百四十三条第一項の規定の適用については、当該対象区域内軽自動車等に係る自動車等持出困難区域を指定する旨の公示があつた日以後軽自動車等でなかつたものとみなす。

14　前各項に定めるもののほか、これらの規定の適用に関し必要な事項は、政令で定める。

○地方税法施行令（抄）

（昭和二十五年七月三十一日 政令第二百四十五号）

最終改正　令六政令二二六

第一章　総則

（自動車等の譲渡価額）

第六条の二の二　法第十一条の十第一項に規定する政令で定める額は、同項に規定する自動車等の引渡しと同時にその代金の全額の受渡しを行うものとした場合の価額とする。

第二章　道府県の普通税

第七節　軽油引取税

（法第百四十四条第一項第一号の規格）

第四十三条　法第百四十四条第一項第一号に規定する政令で定める規格は、次の各号のいずれかに該当するものとする。

一　分留性状九十パーセント留出温度が二百六十七度を超えないこと。

二　分留性状九十パーセント留出温度が四百度を超えること。

三　前号に掲げるもののほか、残留炭素分が〇・二パーセントを超えること。

四　前二号に掲げるもののほか、引火点が温度百三十度を超えること。

2　前項の規格は、産業標準化法（昭和二十四年法律第百八十五号）によつて定められる石油製品の試験等の方法に関する日本産業規格により認定するものとする。

（法第百四十四条の二第六項の軽油の数量の算定）

第四十三条の二　法第百四十四条の二第六項に規定する軽油の数量で政令で定めるところによつて算定したものは、軽油引取税の特別徴収義務者がその特別徴収の義務が消滅した時に所有している軽油（引渡しの後現実の納入が行われていない軽油を含む。）の数量（法第二章第七節（同項を除く。）の規定により軽油引取税が課され、又は課されるべき軽油に相当する部分の数量を除く。）から次に掲げる軽油の数量（同節（同項を除く。）の規定により軽油引取税が課され、又は課されるべき軽油に相当する部分の数量を除く。）を控除して得た数量とする。

一　特別徴収の義務の消滅した者が元売業者である場合において、当該特別徴収の義務が消滅した者の所有に係る軽油（引渡しの後現実の納入が行われていない軽油を含む。）を法第百四十四条の十八第一項第四号の期限までに他の元売業者が引取りを行つたときにおける当該引取りに係る軽油の数量

二　軽油引取税の特別徴収義務者の死亡又は合併により特別徴収の義務が消滅した場合において、その者の相続人又は当該合併に係る合併後存続する法人若しくは合併により設立した法人で当該特別徴収の義務が消滅した者の所有に係る軽油（引渡しの後現実の納入が行われていない軽油を含む。）を承継したものが、引き続き特別徴収義務者として指定されているときにおける当該承継に係る軽油の数量

（法第百四十四条の三第二項の政令で定める炭化水素油）

第四十三条の三　法第百四十四条の三第二項に規定する自動車の内燃機関の用に供することができると認められる炭化水素油で政令で定めるものは、次に掲げる規格を有する炭化水素油とし、金属圧延の用に供する炭化水素油その他の炭化水素油で総務大臣が指定するものを除くものとする。

一　温度十五度における比重が〇・八七六二を超えないこと。

二　分留性状九十パーセント留出温度が二百六十七度を超えないこと。

三　残留炭素分が〇・二パーセントを超えないこと。

2　前項の規格を有する炭化水素油には、揮発油税法（昭和三十二年法律第五十五号）第二条第一項に規定する揮発油（同法第六条において揮発油とみなされるものを含み、同法第十六条又は第十六条の二に規定する揮発油のうち灯油に該当するものを除く。）を含まないものとする。

3　第四十三条第二項の規定は、第一項の規格について準用する。

（法第百四十四条の三第三項の道府県知事に対する届出及びその承認）

第四十三条の四　法第百四十四条の三第一項第三号に掲げる軽油の譲渡をしようとする者は、同条第三項の承認を受けようとする場合においては、あらかじめ、その譲渡をしようとする軽油の数量その他必要な事項を記載した届出書を同項の道府県知事に提出して当該道府県知事の承認書の交付を受けなければならない。

2　前項の届出書及び承認書の様式は、総務省令で定める。

（法第百四十四条の四第一項の施設又は設備を所有する者）

第四十三条の五　法第百四十四条の四第一項に規定する施設又は設備を所有する者で政令で定めるものは、同項に規定する施設又は設備（以下この条において「施設等」という。）を所有する者で同項に規定する納税義務者又は同項に規定する軽油の製造を行つた者に施設等を貸し付け、又は使用させた者とする。

（法第百四十四条の六の石油化学製品及び用途）

第四十三条の六　法第百四十四条の六に規定する政令で定める石油化学製品は、次の表の上欄に掲げるものとし、同条に規定する原料の用途その他の政令で定める用途は、同表の上欄に掲げる石油化学製品について、それぞれ同表の下欄に掲げる用途とする。

一　エチレン、プロピレン、ブチレン、ノルマルパラフィン、硝安油剤爆薬、潤滑油、グリース又は印刷インキ用溶剤	原料（ノルマルパラフィンにあつては、ノルマルパラフィンとなる部分に限る。）の用途
二　ポリプロピレン	製造工程における物性改良のためのアモルファスポリマーの粘性低下の用途

（法第百四十四条の七第一項の元売業者の指定の要件）

第四十三条の七　法第百四十四条の七第一項に規定する政令で定める要件は、次の各号のいずれにも該当することとする。

一　その事業を適確に遂行するに足りる経理的基礎を有することその他の事情から軽油引取税の徴収の確保に支障がないと認められること。

二　次のいずれにも該当しない者であること。

イ　法第百四十四条の七第二項の規定により元売業者の指定を取り消された者（次条第二号又は第三号の要件により元売業者の指定を取り消された者を除く。ロにおいて同じ。）で、その取消しの日から起算して二年を経過しないもの

ロ　法第百四十四条の七第二項の規定により元売業者の指定を取り消された者が法人である場合において、その取消しの原因となつた事実があつた日以前一年以内に当該法人の役員（業務を執行する社員、取締役、執行役又はこれらに準ずる者をいい、相談役、顧問その他いかなる名称を有する者であるかを問わず、法人に対し業務を執行する社員、取締役、執行役又はこれらに準ずる者と同等以上の支配力を有するものと認められる者を含む。ホ及び第四十三条の九において同じ。）であつた者で当該取消しの日から起算して二年を経過しないもの

ハ　国税又は地方税の滞納処分を受け、その滞納処分の日から起算して二年を経過しない者

ニ　国税若しくは地方税に関する法令の規定により罰金以上の刑に処せられ、又は国税通則法第百五十七条第一項、関税法第百四十六条第一項（とん税法（昭和三十二年法律第三十七号）第十四条及び特別とん税法（昭和三十二年法律第三十八号）第十二条において準用する場合を含む。）若しくは法第二十二条の二十八第一項の規定により通告処分を受け、それぞれ、その刑の執行を終わり、若しくは執行を受けることがなくなつた日又はその通告の旨を履行した日から起算して三年を経過しない者

ホ　法人であつて、その役員のうちにイからニまでのいずれかに該当する者があるもの

（法第百四十四条の七第二項の元売業者の指定の取消しの要件）

第四十三条の八　法第百四十四条の七第二項に規定する政令で定める要件は、次の各号のいずれかに該当することとする。

一　偽りその他不正の行為により法第百四十四条の七第一項の規定による元売業者の指定を受けたこと。

二　法第百四十四条の七第一項各号に該当しなくなつたこと。

三　一年以上引き続き軽油の製造、輸入又は販売をしていないこと。

四　元売業者又は元売業者の代理人、使用人その他の従業者（以下この条、第四十三条の十及び第四十三条の十二において「代理人等」という。）が、法第百四十四条の十一第一項若しくは第百四十四条の三十八第一項の規定によるこれらの規定に規定する帳簿書類その他の物件の検査又は法第百四十四条の十一第三項若しくは第百四十四条の三十八第二項の規定による採取を拒み、妨げ、又は忌避したこと（元売業者の代理人等がその行為をした場合において、その行為を防止するため、当該元売業者が相当の注意及び監督を尽くしたときを除く。）。

五　元売業者又は元売業者の代理人等が、法第百四十四条の十一第一項又は第百四十四条の三十八第一項の帳簿書類で虚偽の記載又は記録をしたものを提示したこと（元売業者の代理人等がその行為をした場合において、その行為を防止するため、当該元売業者が相当の注意及び監督を尽くしたときを除く。）。

六　元売業者又は元売業者の代理人等が、法第百四十四条の十一第一項の規定による徴税吏員の質問又は法第百四十四条の三十八第一項の規定による総務省の職員の質問に対し、答弁をしないこと又は虚偽の答弁をしたこと（元売業者の代理人等が答弁をせず、又は虚偽の答弁をした場合において、その者が答弁をしないこと又は虚偽の答弁をすることを防止するため、当該元売業者が相当の注意及び監督を尽くしたときを除く。）。

七　法第百四十四条の三十二第一項の規定に違反して道府県知事の承認を受けないで同項各号の行為を行い、又は偽りその他不正の手段により同項の承認を受けたこと。

八　法第百四十四条の三十二第三項又は第百四十四条の三十六の規定による帳簿の記載をせず、若しくは偽り、又はその帳簿を隠匿したこと。

九　法第百四十四条の三十三第二項又は第三項の罪に当たる行為をしたこと。

十　法第百四十四条の三十四第一項から第三項までの規定による届出をせず、又は偽つたこと。

十一　法第百四十四条の三十五第一項若しくは第三項の規定による報告若しくは同条第五項の規定による通知をせず、又はその報告若しくは通知を偽つたこと。

十二　元売業者の代理人等又は元売業者の代理人等であつた者が、当該代理人等である間の事実により、法第二章第七節の規定により罰金以上の刑に処せられ、又は法第二十二条の二十八第一項の規定により通告処分を受け、その通告の旨を履行したこと。

十三　軽油引取税の特別徴収義務者として、法第百四十四条の十四第二項の規定により徴収して納入すべき軽油引取税に係る納入金の全部又は一部を納入しなかつたこと。

十四　軽油引取税の特別徴収義務者として、法第百四十四条の二十第一項の規定により命じられた担保の提供、増担保の提供、保証人の変更その他担保を確保するため必要な行為を、その指定された期限までにしなかつたこと。

（法第百四十四条の八第一項の仮特約業者の欠格要件）

第四十三条の九　法第百四十四条の八第一項に規定する政令で定める要件は、次の各号のいずれかに該当することとする。

一　破産手続開始の決定を受けて復権を得ない者その他その経営の基礎が薄弱であると認められる者であること。

二　法第百四十四条の八第三項の規定により仮特約業者の指定を取り消された者（次条第二号に該当するものとして仮特約業者の指定を取り消された者を除く。第四号において同じ。）で、その取消しの日から起算して二年を経過しないものであること。

三　法第百四十四条の九第三項、第五項本文又は第六項後段の規定により特約業者の指定を取り消された者（第四十三条の十一第二号、第四号若しくは第五号の要件に該当せず、又は第四十三条の十二第二号の要件に該当することにより、特約業者の指定を取り消された者を除く。次号において同じ。）で、その取消しの日から起算して二年を経過しないものであること。

四　法第百四十四条の八第三項の規定により仮特約業者の指定を取り消された者又は法第百四十四条の九第三項、第五項本文若しくは第六項後段の規定により特約業者の指定を取り消された者が法人である場合において、その取消しの原因となつた事実があつた日以前一年以内に当該法人の役員であつた者で当該取消しの日から起算して二年を経過しないものであること。

五　国税又は地方税の滞納処分を受け、その滞納処分の日から起算して二年を経過しない者であること。

六　国税若しくは地方税に関する法令の規定により罰金以上の刑に処せられ、又は国税通則法第百五十七条第一項、関税法第百四十六条第一項（とん税法第十四条及び特別とん税法第十二条において準用する場合を含む。）若しくは法第二十二条の二十八第一項の規定により通告処分を受け、それぞれ、その刑の執行を終わり、若しくは執行を受けることがなくなつた日又はその通告の旨を履行した日から起算して三年を経過しない者であること。

七　法人であつて、その役員のうちに第二号から前号までのいずれかに該当する者があること。

（法第百四十四条の八第三項の仮特約業者の指定の取消しができる場合）

第四十三条の十　法第百四十四条の八第三項に規定する政令で定める場合は、次の各号のいずれかに該当する場合とする。

一　偽りその他不正の行為により法第百四十四条の八第一項の規定による仮特約業者の指定を受けた場合

二　元売業者との間に締結された販売契約に基づいて当該元売業者から継続的に軽油の供給を受け、これを販売することを業とする者でなくなつた場合

三　仮特約業者又は仮特約業者の代理人等が、法第百四十四条の十一第一項若しくは第百四十四条の三十八第一項の規定によるこれらの規定に規定する帳簿書類その他の物件の検査又は法第百四十四条の十一第三項若しくは第百四十四条の三十八第二項の規定による採取を拒み、妨げ、又は忌避した場合（仮特約業者の代理人等がその行為をした場合において、その行為を防止するため、当該仮特約業者が相当の注意及び監督を尽くしたときを除く。）

四　仮特約業者又は仮特約業者の代理人等が、法第百四十四条の十一第一項又は第百四十四条の三十八第一項の帳簿書類で虚偽の記載又は記録をしたものを提示した場合（仮特約業者の代理人等がその行為をした場合において、その行為を防止するため、当該仮特約業者が相当の注意及び監督を尽くしたときを除く。）

五　仮特約業者又は仮特約業者の代理人等が、法第百四十四条の十一第一項の規定による徴税吏員の質問又は法第百四十四条の三十八第一項の規定による総務省の職員の質問に対し、答弁をせず、又は虚偽の答弁をした場合（仮特約業者の代理人等が答弁をせず、又は虚偽の答弁をした場合において、その者が答弁をしないこと又は虚偽の答弁をすることを防止するため、当該仮特約業者が相当の注意及び監督を尽くしたときを除く。）

六　法第百四十四条の三十二第一項の規定に違反して道府県知事の承認を受けないで同項各号の行為を行い、又は偽りその他不正の手段により同項の承認を受けた場合

七　法第百四十四条の三十二第三項又は第百四十四条の三十六の規定による帳簿の記載をせず、若しくは偽り、又はその帳簿を隠匿した場合

八　法第百四十四条の三十三第二項又は第三項の罪に当たる行為をした場合

九　法第百四十四条の三十四第一項から第三項までの規定による届出をせず、又は偽つた場合

十　法第百四十四条の三十五第一項から第三項までの規定による報告をせず、又は偽つた場合

十一　仮特約業者の代理人等又は仮特約業者の代理人等であつた者が、当該代理人等である間の事実により、法第二章第七節の規定により罰金以上の刑に処せられ、又は法第二十二条の二十八第一項の規定により通告処分を受け、その通告の旨を履行した場合

（法第百四十四条の九第一項の特約業者の指定の要件）

第四十三条の十一　法第百四十四条の九第一項に規定する政令で定める要件は、次の各号のすべてに該当することとする。

一　その事業を適確に遂行するに足りる経理的基礎を有することその他の事情から軽油引取税の徴収の確保に支障がないと認められること。

二　元売業者との間に締結された販売契約に基づいて当該元売業者から継続的に軽油の供給を受け、これを販売することを業とする者であること。

三　第四十三条の九各号のいずれにも該当しないこと。

四　次のいずれかに該当する者であること。

イ　仮特約業者として一年以上引き続き軽油（第二号の販売契約に基づき、当該元売業者から供給を受けた軽油に限る。ロにおいて同じ。）の販売をしている者

ロ　仮特約業者として三月以上引き続き軽油の販売をしている者で、当該仮特約業者の納入すべき軽油引取税に係る地方団体の徴収金について当該元売業者が総務省令で定めるところにより保証するもの

五　軽油の販売量その他の事項について総務省令で定める基準に該当する者であること。

（法第百四十四条の九第三項の特約業者の指定の取消しの要件）

第四十三条の十二　法第百四十四条の九第三項に規定する政令で定める要件は、次の各号のいずれかに該当することとする。

一　偽りその他不正の行為により法第百四十四条の九第一項の規定による特約業者の指定を受けたこと。

二　一年以上引き続き軽油の販売をしていないこと。

三　特約業者又は特約業者の代理人等が、法第百四十四条の十一第一項若しくは第百四十四条の三十八第一項の規定によるこれらの規定に規定する帳簿書類その他の物件の検査又は法第百四十四条の十一第三項若しくは第百四十四条の三十八第二項の規定による採取を拒み、妨げ、又は忌避したこと（特約業者の代理人等がその行為をした場合において、その行為を防止するため、当該特約業者が相当の注意及び監督を尽くしたときを除く。）。

四　特約業者又は特約業者の代理人等が、法第百四十四条の十一第一項又は第百四十四条の三十八第一項の帳簿書類で虚偽の記載又は記録をしたものを提示したこと（特約業者の代理人等がその行為をした場合において、その行為を防止するため、当該特約業者が相当の注意及び監督を尽くし

たときを除く。）。

五　特約業者又は特約業者の代理人等が、法第百四十四条の十一第一項の規定による徴税吏員の質問又は法第百四十四条の三十八第一項の規定による総務省の職員の質問に対し、答弁をしないこと又は虚偽の答弁をしたこと（特約業者の代理人等が答弁をせず、又は虚偽の答弁をした場合において、その者が答弁をしないこと又は虚偽の答弁をすることを防止するため、当該特約業者が相当の注意及び監督を尽くしたときを除く。）。

六　法第百四十四条の三十二第一項の規定に違反して道府県知事の承認を受けないで同項各号の行為を行い、又は偽りその他不正の手段により同項の承認を受けたこと。

七　法第百四十四条の三十二第三項又は第百四十四条の三十六の規定による帳簿の記載をせず、若しくは偽り、又はその帳簿を隠匿したこと。

八　法第百四十四条の三十三第二項又は第三項の罪に当たる行為をしたこと。

九　法第百四十四条の三十四第一項から第三項までの規定による届出をせず、又は偽つたこと。

十　法第百四十四条の三十五第一項又は第三項の規定による報告をせず、又は偽つたこと。

十一　特約業者の代理人等又は特約業者の代理人等であつた者が、当該代理人等である間の事実により、法第二章第七節の規定により罰金以上の刑に処せられ、又は法第二十二条の二十八第一項の規定により通告処分を受け、その通告の旨を履行したこと。

十二　軽油引取税の特別徴収義務者として、法第百四十四条の十四第二項の規定により徴収して納入すべき軽油引取税に係る納入金の全部又は一部を納入しなかつたこと。

十三　軽油引取税の特別徴収義務者として、法第百四十四条の二十第一項の規定により命じられた担保の提供、増担保の提供、保証人の変更その他担保を確保するため必要な行為を、その指定された期限までにしなかつたこと。

（徴税吏員の軽油引取税に関する調査に係る提出物件の留置き、返還等）

第四十三条の十二の二　道府県の徴税吏員は、法第百四十四条の十一第五項の規定により物件を留め置く場合には、当該物件の名称又は種類及びその数量、当該物件の提出年月日並びに当該物件を提出した者の氏名及び住所又は居所その他当該物件の留置きに関し必要な事項を記載した書面を作成し、当該物件を提出した者にこれを交付しなければならない。

2　道府県の徴税吏員は、法第百四十四条の十一第五項の規定により留め置いた物件につき留め置く必要がなくなつたときは、遅滞なく、これを返還しなければならない。

3　道府県の徴税吏員は、前項に規定する物件を善良な管理者の注意をもつて管理しなければならない。

（法第百四十四条の十四第三項の引取りの際減少すべき軽油の数量）

第四十三条の十三　法第百四十四条の十四第三項に規定する政令で定める数量は、特約業者からの引取りに係る軽油については当該軽油の数量に百分の一を乗じて得た数量とし、元売業者からの引取りに係る軽油については当該軽油の数量に百分の〇・三を乗じて得た数量とする。

（法第百四十四条の二十第一項の担保の提供）

第四十三条の十四　道府県知事は、法第百四十四条の二十第一項の規定に基づき担保の提供を命ずる場合には、これを提供すべき期限を指定するものとする。

2　前項の担保は、道府県知事の承認を受けた場合には、順次その総額を分割して提供することができる。

3　法第百四十四条の二十第一項の規定により指定する期間は一年を限度とし、同項の規定により指定する金額はその提供を命ずる期間における軽油引取税の額に相当する額として道府県知事が認める額を限度とする。

4　第六条の十及び第六条の十一の規定は、法第百四十四条の二十第一項の規定によつて提供すべき担保について準用する。

（軽油引取税に係る免税の手続）

第四十三条の十五　法第百四十四条の二十一第一項に規定する免税軽油使用者（以下この条において「免税軽油使用者」という。）は、法第百四十四条の二十一第二項に規定する免税軽油使用者証（以下この条において「免税軽油使用者証」という。）の交付を受けようとする場合には、法第百四十四条の二十一第一項に規定する免税軽油（以下この条において「免税軽油」という。）の用途、当該用途に係る機械又は設備（以下この条において「免税機械等」という。）の明細その他総務省令で定める事項を記載した申請書に、第十五項第一号から第四号までのいずれにも該当しないことを誓約する書面を添付して、これをその交付を受けようとする道府県知事に提出しなければならない。

2　前項の申請書及び書面の様式は、総務省令で定める。

3　免税軽油使用者証には、免税軽油の用途、当該用途に係る免税機械等の明細、有効期間その他総務省令で定める事項を記載するものとし、その様式は、総務省令で定める。

4　免税軽油使用者証の有効期間は、免税軽油使用者証を交付した日から起算して三年を超えない範囲内において免税軽油使用者ごとに当該道府県知事が定める期間を経過する日までとする。

5　免税軽油使用者は、免税軽油使用者証の交付を受けた後において、当該免税軽油使用者証の記載事項に変更を生じた場合には、遅滞なく、その交付を受けた道府県知事に申請して当該免税軽油使用者証の書換えを受けなければならない。

6　免税軽油使用者は、免税軽油使用者証の交付を受けた後において、免税軽油の引取りを必要としなくなつたとき、又は当該免税軽油使用者証の有効期間が満了したときは、遅滞なく、当該免税軽油使用者証をその交付を受けた道府県知事に返納しなければならない。

7　免税軽油使用者が法第百四十四条の二十一第一項に規定する免税証（以下この条及び第四十三条の十七において「免税証」という。）の交付を受けようとする場合には、その都度、免税軽油使用者証を提示して同項の規定による申請書を道府県知事に提出しなければならない。

8　前項の申請書に記載する免税軽油の数量は、十八リットルを下らないようにするものとする。

9　第七項の規定による申請は、二人以上の免税軽油使用者が引取りを行おうとする免税軽油の数量を取りまとめ、その代表者からすることができる。この場合においては、当該代表者は、それぞれの者の免税軽油使用者証又は法第百四十四条の二十一第二項後段の規定により交付を受けた免税軽油使用者証を提示するとともに、第七項の申請書に免税軽油使用者ごとにその氏名又は名称を記載した明細書を添付しなければならない。

10　免税証の有効期間は、免税証を交付した日から起算して一年を超えない範囲内において免税軽油使用者ごとに当該道府県知事が定める期間を経過する日までとする。

11　第六項の規定は、免税証について準用する。

12　第七項の申請書及び第九項の明細書の様式は、総務省令で定める。

13　免税軽油使用者は、その主たる事務所若しくは事業所所在地の道府県知事又は当該免税軽油の使用に係る事務所若しくは事業所を管理する事務所若しくは事業所所在地の道府県知事に免税証の交付を申請しようとする場合には、当該免税軽油の使用に係る事務所又は事業所所在地の道府県知事に対し、当該道府県知事以外の道府県知事に免税証の交付を申請する旨並びに免税証の交付を受けようとする道府県ごとの免税機械等の種類、数量及び所在地その他必要な事項を記載した届出書を提出するとともに、その写しを免税証の交付を受けようとする道府県知事に提出しなければならない。ただし、免税軽油使用者である国の行政機関の長が免税証の交付を申請しようとするときは、この限りでない。

14　前項の届出書の様式は、総務省令で定める。

15　法第百四十四条の二十一第三項に規定する政令で定めるときは、次の各号のいずれかに該当するときとする。

一　免税軽油使用者が地方税に関する法令の規定に違反したことにより法第百四十四条の二十一第四項の規定により免税軽油使用者証及び免税証の返納を命ぜられ、その日から起算して二年を経過しない者であるとき。

二　免税軽油使用者が国税又は地方税の滞納処分を受け、その滞納処分の日から起算して二年を経過しない者であるとき。

三　免税軽油使用者が国税若しくは地方税に関する法令の規定により罰金以上の刑に処せられ、又は国税通則法第百五十七条第一項、関税法第百四十六条第一項（とん税法第十四条及び特別とん税法第十二条において準用する場合を含む。）若しくは法第二十二条の二十八第一項の規定により通告処分を受け、それぞれ、その刑の執行を終わり、若しくは執行を受けることがなくなつた日又はその通告の旨を履行した日から起算して三年を経過しない者であるとき。

四　免税軽油使用者が法人であつて、その役員のうちに前三号のいずれかに該当する者があるとき。

五　前各号に掲げるときのほか、免税軽油使用者証を交付することが軽油引取税の取締り又は保全上特に不適当と認めるとき。

16　法第百四十四条の二十一第六項に規定する政令で定めるときは、次の各号のいずれかに該当するときとする。

一　免税軽油使用者が前項第一号から第四号までのいずれかに該当するに至つたとき。

二　免税軽油使用者が法第百四十四条の二十七第一項の規定に違反して報告書を提出しないとき。

三　前二号に掲げるときのほか、免税証を交付することが軽油引取税の取締り又は保全上特に不適当と認めるとき。

17　法第百四十四条の二十一第九項の規定による通知は、総務省令で定める様式の通知書でしなければならない。

（法第百四十四条の二十九第一項の担保の提供を免除する場合の要件及び担保の提供手続）

第四十三条の十六　法第百四十四条の二十九第一項に規定する政令で定める要件は、同条の規定による徴収猶予の申請をした軽油引取税の特別徴収義務者が当該徴収猶予の申請をした日前三年以内において軽油引取税に係る地方団体の徴収金について滞納処分を受けたことがなく、かつ、最近における軽油引取税に係る地方団体の徴収金の納入状況からみてその徴収猶予された期間の末日までに当該徴収猶予に係る軽油引取税を納入することが確実と認められることとする。

2　第六条の十の規定は、法第百四十四条の二十九第一項の規定により徴する担保の提供手続について準用する。

（法第百四十四条の三十一第四項の免除又は還付の手続）

第四十三条の十七　道府県知事は、法第百四十四条の三十一第四項の規定により軽油引取税額の納入を免除し、又は納入に係る軽油引取税額を還付しようとする場合においては、同項の免税取扱特別徴収義務者に、同項の規定により免税証を交付した道府県知事の承認を得たことを証する書面を提出させなければならない。

（総務省の職員の軽油引取税に関する調査に係る提出物件の留置き、返還等）

第四十三条の十七の二　法第百四十四条の三十八第一項に規定する総務省指定職員（以下この条及び次条において「総務省指定職員」という。）は、法第百四十四条の三十八第四項の規定により物件を留め置く場合には、当該物件の名称又は種類及びその数量、当該物件の提出年月日並びに当該物件を提出した者の氏名及び住所又は居所その他当該物件の留置きに関し必要な事項を記載した書面を作成し、当該物件を提出した者にこれを交付しなければならない。

2　総務省指定職員は、法第百四十四条の三十八第四項の規定により留め置いた物件につき留め置く必要がなくなつたときは、遅滞なく、これを返還しなければならない。

3　総務省指定職員は、前項に規定する物件を善良な管理者の注意をもつて管理しなければならない。

（総務省の職員の軽油引取税に関する調査の事前通知に係る通知事項）

第四十三条の十七の三　法第百四十四条の三十八の二第一項第七号に規定する政令で定める事項は、次に掲げる事項とする。

一　調査（法第百四十四条の三十八の二第一項第一号に規定する調査をいう。以下この条において同じ。）の相手方である同項に規定する元売業者等の氏名及び住所又は居所

二　調査を行う総務省指定職員の氏名（総務省指定職員が複数であるときは、総務省指定職員を代表する者の氏名）

三　法第百四十四条の三十八の二第一項第一号又は第二号に掲げる事項の変更に関する事項

四　法第百四十四条の三十八の二第三項の規定の趣旨

2　法第百四十四条の三十八の二第一項各号に掲げる事項のうち同項第二号に掲げる事項については調査を開始する日時において同項に規定する質問検査等を行おうとする場所を、同項第三号に掲げる事項については軽油引取税の徴収について適正な運営を図るための調査である旨を、それぞれ通知するものとし、同項第六号に掲げる事項については、同号に掲げる物件が地方税に関する法令の規定により備付け又は保存

をしなければならないこととされているものである場合には、その旨を併せて通知するものとする。

（法第百四十四条の四十七第四項の政令で定めるところにより計算した金額）

第四十三条の十七の四　法第百四十四条の四十七第四項に規定する政令で定めるところにより計算した金額は、同項に規定する当該特別徴収義務者又は納税者の責めに帰すべき事由がないと認められる事実のみに基づいて同条第二項各号に規定する申告、決定又は更正があつたものとした場合におけるその申告、決定又は更正により納入し、又は納付すべき税額とする。

（法第百四十四条の四十七第八項の申告書の提出期限までに提出する意思があつたと認められる場合）

第四十三条の十八　法第百四十四条の四十七第八項に規定する申告書の提出期限までに提出する意思があつたと認められる場合として政令で定める場合は、次の各号のいずれにも該当する場合とする。

一　法第百四十四条の四十七第八項に規定する申告書の提出があつた日の前日から起算して一年前の日までの間に、軽油引取税について、同条第二項第一号に該当することにより不申告加算金額又は重加算金額を課されたことがない場合であつて、同条第八項の規定の適用を受けていないとき。

二　前号に規定する申告書に係る納入し、又は納付すべき税額の全額が、次に掲げる場合の区分に応じ、それぞれ次に定める期限又は日までに納入され、又は納付されていた場合

イ　ロに掲げる場合以外の場合　当該納入し、又は納付すべき税額に係る法第百四十四条の十四第二項又は第百四十四条の十八の納期限（納期限の延長があつたときは、その延長された納期限）

ロ　道府県知事が当該申告書に係る納入又は納付について口座振替の方法による旨の申出を受けていた場合　当該申告書の提出があつた日

（軽油引取税の重加算金額を徴収する場合の過少申告加算金額の取扱い）

第四十三条の十九　法第百四十四条の四十八第一項又は第三項（同条第一項の重加算金に係る部分に限る。以下この条において同じ。）の規定により、過少申告加算金額に代えて重加算金額を徴収する場合には、法第百四十四条の四十八第一項又は第三項の規定による重加算金額の算定の基礎となるべき同条第一項又は第三項に規定する不足金額に相当する金額を、法第百四十四条の四十七第一項に規定する対象不足金額から控除して計算するものとした場合における過少申告加算金額以外の部分の過少申告加算金額に代えて、重加算金額を徴収するものとする。

（法第百四十四条の六十第一項の率）

第四十三条の二十　法第百四十四条の六十第一項の政令で定める率は、十分の九とする。

第八節　自動車税

（法第百四十五条第三号の自動車の付加物）

第四十四条　法第百四十五条第三号に規定する自動車に付加して一体となつている物として政令で定めるものは、次に掲げる物とする。

一　ラジオ、ヒーター、クーラーその他の自動車に取り付けられる自動車の附属物

二　特殊の用途にのみ用いられる自動車に装備される特別な機械又は装置のうち、人又は物を運送するために用いられるもの

（法第百四十六条第二項の運行以外の目的に供するために自動車を取得した者）

第四十四条の二　法第百四十六条第二項に規定する運行以外の目的に供するために自動車を取得した者として政令で定めるものは、道路（道路運送車両法（昭和二十六年法律第百八十五号）第二条第六項に規定する道路をいう。）以外の場所のみにおいてその用い方に従い用いられる自動車その他法第百四十六条第二項に規定する運行の用に供されない自動車を取得した者とする。

（法第百五十条の三第一項第二号の法人の分割等）

第四十四条の三　第三十七条の十四の規定は、法第百五十条第一項第二号に規定する政令で定める分割について準用する。

2　第三十七条の十四の二の規定は、法第百五十条第一項第三号に規定する政令で定める場合について準用する。

（徴税吏員の自動車税に関する調査に係る提出物件の留置き、返還等）

第四十四条の四　道府県の徴税吏員は、法第百五十一条第四項の規定により物件を留め置く場合には、当該物件の名称又は種類及びその数量、当該物件の提出年月日並びに当該物件を提出した者の氏名及び住所又は居所その他当該物件の留置きに関し必要な事項を記載した書面を作成し、当該物件を提出した者にこれを交付しなければならない。

2　道府県の徴税吏員は、法第百五十一条第四項の規定により留め置いた物件につき留め置く必要がなくなつたときは、遅滞なく、これを返還しなければならない。

3　道府県の徴税吏員は、法第百五十一条第四項の規定により留め置いた物件を善良な管理者の注意をもつて管理しなければならない。

（法第百七十一条第四項の政令で定めるところにより計算した金額）

第四十四条の四の二　法第百七十一条第四項に規定する政令で定めるところにより計算した金額は、同項に規定する当該納税者の責めに帰すべき事由がないと認められる事実のみに基づいて同条第二項各号に規定する申告、決定又は更正があつたものとした場合におけるその申告、決定又は更正により納付すべき税額とする。

（法第百七十一条第八項の申告書の提出期限までに提出する意思があつたと認められる場合）

第四十四条の五　法第百七十一条第八項に規定する申告書の提出期限までに提出する意思があつたと認められる場合として政令で定める場合は、次の各号のいずれにも該当する場合とする。

一　法第百七十一条第八項に規定する申告書の提出があつた日の前日から起算して五年前の日までの間に、環境性能割について、同条第二項第一号に該当することにより不申告加算金額又は重加算金額を課されたことがない場合であつて、同条第八項の規定の適用を受けていないとき。

二　前号に規定する申告書に係る納付すべき税額の全額が、

次に掲げる場合の区分に応じ、それぞれ次に定める期限又は日までに納付されていた場合

イ　ロに掲げる場合以外の場合　当該納付すべき税額に係る法第六十条第一項各号に規定する納期限（納期限の延長があつたときは、その延長された納期限）

ロ　道府県知事が当該申告書に係る納付について口座振替の方法による旨の申出を受けていた場合　当該申告書の提出があつた日

（環境性能割の重加算金額を徴収する場合の過少申告加算金額の取扱い）

第四十四条の六　法第百七十二条第一項又は第三項（同条第一項の重加算金に係る部分に限る。以下この条において同じ。）の規定により、過少申告加算金額に代えて、重加算金額を徴収する場合には、法第百七十二条第一項又は第三項の規定による重加算金額の算定の基礎となるべき税額に相当する金額を、法第百七十一条第一項に規定する対象不足税額等から控除して計算するものとした場合における過少申告加算金額以外の部分の過少申告加算金額に代えて、重加算金額を徴収するものとする。

（法第百七十七条の六第一項及び第二項の率）

第四十四条の七　法第百七十七条の六第一項及び第二項の政令で定める率は、百分の九十五とする。

（環境性能割の交付基準及び交付時期等）

第四十四条の八　道府県は、毎年度、法第百七十七条の六第一項の規定により同項に規定する額を当該道府県内の市町村（特別区を含む。）に対し交付する場合には、当該額の二分の一の額を市町村道（同項に規定する市町村道をいう。以下この項及び第四項において同じ。）の延長で、他の二分の一の額を市町村道の面積で按分して、次項に定めるところにより交付するものとする。

2　道府県は、次の表の上欄に掲げる交付時期に、それぞれ同表の下欄に掲げる額を交付するものとする。

交付時期	交付時期ごとに交付すべき額
八月	前年度三月における同月において収入すべき環境性能割の収入見込額と同月において収入した環境性能割の収入額（当該期間内に過誤納に係る環境性能割の還付金を歳出予算から支出した場合には、その支出した額を控除した額。以下この表において同じ。）との差額を、四月から七月までの間に収入した環境性能割の収入額に加算し、又はこれから減額した額の百分の四十・八五に相当する額
十二月	八月から十一月までの間に収入した環境性能割の収入額の百分の四十・八五に相当する額
三月	十二月から二月までの間に収入した環境性能割の収入額と三月において収入すべき環境性能割の収入見込額との合算額の百分の四十・八五に相当する額

3　前項に規定する各交付時期に交付することができなかつた金額があるとき、又は当該交付時期において交付すべき額を超えて交付した金額があるときは、それぞれこれらの金額を、その次の交付時期に交付すべき額に加算し、又はこれから減額するものとする。

4　第二項に規定する各交付時期に各市町村に交付すべき額として第一項の規定を適用して計算する場合において、市町村道の延長で按分して得た額又は市町村道の面積で按分して得た額に千円未満の端数金額があるときは、その端数金額を控除した金額をもつて、当該交付時期に交付すべき額とする。

第四十四条の九　法第百七十七条の六第二項に規定する指定市（以下この項及び第三項において「指定市」という。）を包括する道府県（以下この項及び第三項において「指定道府県」という。）は、毎年度、同条第二項の規定により同項に規定する額を当該指定市に対し交付する場合には、次に掲げる金額の合算額を交付するものとする。

一　当該指定道府県が収入した環境性能割額の百分の三十三・二五の額の二分の一に相当する額に、当該指定道府県の区域内に存する一般国道等（法第百七十七条の六第二項に規定する一般国道等をいう。以下この項において同じ。）の延長のうちに占める当該指定市の区域内に存する一般国道等の延長の割合を乗じて得た額

二　当該指定道府県が収入した環境性能割額の百分の三十三・二五の額の二分の一に相当する額に、当該指定道府県の区域内に存する一般国道等の面積のうちに占める当該指定市の区域内に存する一般国道等の面積の割合を乗じて得た額

2　前項の割合を算定する場合において、当該割合に小数点三位未満の端数があるときは、これを切り捨てる。

3　前条第二項及び第三項の規定は、指定道府県が法第百七十七条の六第二項の規定により同項に規定する額を指定市に対し交付する場合について準用する。この場合において、前条第二項の表中「の百分の四十・八五に相当する額」とあるのは、「を基礎として計算した次条第一項各号に掲げる金額の合算額」と読み替えるものとする。

第四十四条の十　前二条に定めるもののほか、環境性能割の交付に関し必要な事項は、総務省令で定める。

（法第百七十七条の七第三項の種別割の税率に乗ずる割合）

第四十四条の十一　法第百七十七条の七第三項に規定する政令で定める割合は、十分の十から積雪により自動車を運行の用に供することができないと認められる期間の月数（当該月数が四を超える場合には、四）に十分の〇・七五を乗じて得た数を控除したものとする。

2　前項の月数は、暦に従つて計算し、一月に満たない端数を生じたときは、切り捨てる。

第三章　市町村の普通税

第二節の二　軽自動車税

（法第四百四十二条第五号の軽自動車の付加物）

第五十二条の十八　法第四百四十二条第五号に規定する軽自動車に付加して一体となつている物として政令で定めるものは、次に掲げる物とする。

一　ラジオ、ヒーター、クーラーその他の軽自動車に取り付けられる軽自動車の附属物

二　特殊の用途にのみ用いられる軽自動車に装備される特別な機械又は装置のうち、人又は物を運送するために用いら

れるもの

（法第四百四十三条第二項の運行以外の目的に供するために三輪以上の軽自動車を取得した者）

第五十二条の十九　法第四百四十三条第二項に規定する運行以外の目的に供するために三輪以上の軽自動車を取得した者として政令で定めるものは、道路（道路運送車両法第二条第六項に規定する道路をいう。）以外の場所のみにおいてその用い方に従い用いられる三輪以上の軽自動車その他法第四百四十三条第二項に規定する運行の用に供されない三輪以上の軽自動車を取得した者とする。

（法第四百四十七条第一項第二号の法人の分割等）

第五十二条の二十　第三十七条の十四の規定は、法第四百四十七条第一項第二号に規定する政令で定める分割について準用する。

2　第三十七条の十四の二の規定は、法第四百四十七条第一項第三号に規定する政令で定める場合について準用する。

（徴税吏員の軽自動車税に関する調査に係る提出物件の留置き、返還等）

第五十二条の二十一　市町村の徴税吏員は、法第四百四十八条第三項の規定により物件を留め置く場合には、当該物件の名称又は種類及びその数量、当該物件の提出年月日並びに当該物件を提出した者の氏名及び住所又は居所その他当該物件の留置きに関し必要な事項を記載した書面を作成し、当該物件を提出した者にこれを交付しなければならない。

2　市町村の徴税吏員は、法第四百四十八条第三項の規定により留め置いた物件につき留め置く必要がなくなつたときは、遅滞なく、これを返還しなければならない。

3　市町村の徴税吏員は、法第四百四十八条第三項の規定により留め置いた物件を善良な管理者の注意をもつて管理しなければならない。

（法第四百六十三条の三第四項の政令で定めるところにより計算した金額）

第五十二条の二十一の二　法第四百六十三条の三第四項に規定する政令で定めるところにより計算した金額は、同項に規定する当該納税者の責めに帰すべき事由がないと認められる事実のみに基づいて同条第二項各号に規定する申告、決定又は更正があつたものとした場合におけるその申告、決定又は更正により納付すべき税額とする。

（法第四百六十三条の三第八項の申告書の提出期限までに提出する意思があつたと認められる場合）

第五十二条の二十二　法第四百六十三条の三第八項に規定する申告書の提出期限までに提出する意思があつたと認められる場合として政令で定める場合は、次の各号のいずれにも該当する場合とする。

一　法第四百六十三条の三第八項に規定する申告書の提出があつた日の前日から起算して五年前の日までの間に、環境性能割について、同条第二項第一号に該当することにより不申告加算金額又は重加算金額を課されたことがない場合であつて、同条第八項の規定の適用を受けていないとき。

二　前号に規定する申告書に係る納付すべき税額の全額が、次に掲げる場合の区分に応じ、それぞれ次に定める期限又は日までに納付されていた場合

イ　ロに掲げる場合以外の場合　当該納付すべき税額に係る法第四百五十四条第一項各号に規定する納期限（納期限の延長があつたときは、その延長された納期限）

ロ　市町村長が当該申告書に係る納付について口座振替の方法による旨の申出を受けていた場合　当該申告書の提出があつた日

（環境性能割の重加算金額を徴収する場合の過少申告加算金額の取扱い）

第五十二条の二十三　法第四百六十三条の四第一項又は第三項（同条第一項の重加算金に係る部分に限る。以下この条において同じ。）の規定により、過少申告加算金額に代えて、重加算金額を徴収する場合には、法第四百六十三条の四第一項又は第三項の規定による重加算金額の算定の基礎となるべき税額に相当する金額を、法第四百六十三条の三第一項に規定する対象不足税額等から控除して計算するものとした場合における過少申告加算金額以外の部分の過少申告加算金額に代えて、重加算金額を徴収するものとする。

第三章の四　事業所税

（徴税吏員の事業所税に関する調査に係る提出物件の留置き、返還等）

第五十六条の四十九の二　指定都市等の徴税吏員は、法第七百一条の三十五第四項の規定により物件を留め置く場合には、当該物件の名称又は種類及びその数量、当該物件の提出年月日並びに当該物件を提出した者の氏名及び住所又は居所その他当該物件の留置きに関し必要な事項を記載した書面を作成し、当該物件を提出した者にこれを交付しなければならない。

2　指定都市等の徴税吏員は、法第七百一条の三十五第四項の規定により留め置いた物件につき留め置く必要がなくなつたときは、遅滞なく、これを返還しなければならない。

3　指定都市等の徴税吏員は、前項に規定する物件を善良な管理者の注意をもつて管理しなければならない。

附　則（抄）

（軽油引取税に係るみなし揮発油の特例）

第十条の二　当分の間、第四十三条の三第二項に規定する揮発油には、租税特別措置法第八十八条の六の規定により揮発油とみなされる揮発油類似品を含むものとする。

（軽油引取税の課税免除の特例）

第十条の二の二　法附則第十二条の二の七第一項第一号に規定する政令で定める船舶は、専らレクリエーションの用（レクリエーションに関する事業の用を除く。）に供する船舶とする。

2　法附則第十二条の二の七第一項第二号に規定する政令で定める自動車は、次に掲げるものとする。

一　道路運送車両法第四条の規定により登録を受けている同法第二条第二項に規定する自動車

二　自衛隊法（昭和二十九年法律第百六十五号）第百十四条第一項の規定により道路運送車両法の規定が適用されない自動車のうち同条第三項の規定により番号及び標識を付されたもの

三　日本国の自衛隊とオーストラリア国防軍との間における相互のアクセス及び協力の円滑化に関する日本国とオーストラリアとの間の協定の実施に関する法律（令和五年法律第二十六号）第三条第二項の規定により同項に規定する道路運送車両法の規定が適用されない自動車

3　法附則第十二条の二の七第一項第二号に規定する通信の用

に供する機械又は自動車に類するものとして政令で定めるものは、レーダー、射撃統制装置その他総務省令で定めるものとする。

4　法附則第十二条の二の七第一項第三号に規定する政令で定める者は、専用の鉄道を設置する者及び専用側線において車両の入換作業を営む者とする。

5　法附則第十二条の二の七第一項第三号に規定する政令で定める機械は、日本貨物鉄道株式会社が駅（専用側線のために設けられたものを除く。）の構内その他これに類するコンテナ貨物の取扱いを行う場所において専らコンテナ貨物の積卸しの用に供するフォークリフトその他これに類する機械で、道路運送車両法第四条の規定による登録を受けているもの以外のものとする。

6　法附則第十二条の二の七第一項第四号に規定する政令で定める者は、委託を受けて農作業を行う者で総務省令で定めるもの、農地の造成又は改良を主たる業務とする者及び素材生産業を営む者で総務省令で定めるものとする。

7　法附則第十二条の二の七第一項第四号に規定する動力耕うん機その他の政令で定める機械は、農業又は林業の用に供する機械、農地の造成又は改良の業務の用に供する機械及び素材生産業の用に供する機械で、次に掲げるものとする。

一　動力耕うん機その他の耕うん整地用機械、栽培管理用機械、収穫調整用機械、植物繊維用機械及び畜産用機械

二　製材機、集材機、積込機及び可搬式チップ製造機

8　法附則第十二条の二の七第一項第五号に規定する木材加工業その他の政令で定める事業は、次の表の上欄に掲げるものとし、同号に規定する当該事業の事業場において使用する機械の動力源の用途その他の政令で定める用途は、同表の上欄に掲げる事業について、それぞれ同表の下欄に掲げるものとする。

セメント製品製造業（生コンクリート製造業を除く。）	セメント製品製造業（生コンクリート製造業を除く。）を営む者の事業場内において専らセメント製品又はその原材料の積卸しのために使用するフォークリフトその他これに類する機械で、道路運送車両法第四条の規定による登録を受けているもの以外のものの動力源の用途
生コンクリート製造業	生コンクリート製造業を営む者（製造した生コンクリートを事業場外において自ら運搬するものを除く。）の事業場内において専ら骨材の積卸しのために使用するフォークリフトその他これに類する機械で、道路運送車両法第四条の規定による登録を受けているもの以外のものの動力源の用途
鉱物（岩石及び砂利を含む。以下この項において同じ。）の掘採事業	削岩機及び動力付試すい機並びに鉱物の掘採事業を営む者の事業場（砂利を洗浄する場所を含む。）内において専ら鉱物の掘採、積込み又は運搬のために使用する機械（道路運送車両法第四条の規定による登録を受けているものを除く。）の動力源の用途
とび・土工工事業で総務省令で定めるもの	とび・土工・コンクリート工事の工事現場において専らくい打ち、くい抜き、掘削又は運搬のために使用する建設機械（カタピラを有しないもの又は道路運送車両法第四条の規定により登録を受けているものを除く。）の動力源の用途
鉱さいバラス製造業	鉱さいバラス製造業を営む者（租税特別措置法第十条第八項第六号に規定する中小事業者又は同法第四十二条の四第十九項第七号に規定する中小企業者（以下この表において「中小事業者等」という。）に限る。）の事業場内において専ら鉱さいの破砕又は鉱さいバラスの集積若しくは積込みのために使用する機械（道路運送車両法第四条の規定による登録を受けているものを除く。）の動力源の用途
港湾運送業	港湾において専ら港湾運送のために使用されるブルドーザーその他これに類する機械で、道路運送車両法第四条の規定による登録を受けているもの以外のものの動力源の用途
倉庫業	倉庫業法第三条の規定による登録を受けて倉庫業を営む者の倉庫において専ら当該倉庫業のために使用するフォークリフトその他これに類する機械で、道路運送車両法第四条の規定による登録を受けているもの以外のものの動力源の用途
鉄道（軌道を含む。）に係る貨物利用運送事業又は鉄道貨物積卸業	駅（専用側線のために設けられたものを除く。）の構内において専ら貨物利用運送事業法第二条第六項に規定する貨物利用運送事業のうち同条第四項に規定する鉄道運送事業者の行う貨物の運送に係るもの又は鉄道（軌道を含む。）により運送される貨物の鉄道（軌道を含む。）の車両への積込み若しくは取卸しの事業のために使用するフォークリフトその他これに類する機械で、道路運送車両法第四条の規定による登録を受けているもの以外のものの動力源の用途
航空運送サービス業で総務省令で定めるもの	空港法第四条第一項各号に掲げる空港、同法第五条第一項に規定する地方管理空港その他の公共の用に供する飛行場で総務省令で定めるものにおいて専ら航空機への旅客の乗降、航空貨物の積卸し若しくは運搬又は航空機の整備のために使用するパッセンジャーステップ、ベルトローダー、高所作業車その他これらに類する作業用機械で、道路運送車両法第四条の規定による登録を受けているもの以外のものの動力源の用途
廃棄物処理事業	廃棄物処理事業を営む者が廃棄物の埋立地（廃棄物の処理及び清掃に関する法律施行令（昭和四十六年政令第三百号）第三条第三号ロに規定する埋立地をいう。以下この項において同じ。）内において専ら廃棄物の処分のために使用する機械（道路運送車両法第四条の規定による登録を受けているものを除く。）で、廃棄物の処理及び清掃に

	関する法律第十四条第十二項に規定する産業廃棄物処分業者又は同法第十四条の四第十二項に規定する特別管理産業廃棄物処分業者（これらの者のうち中小事業者等を除く。）が廃棄物の埋立地内において専ら産業廃棄物の処分のために使用するもの（一般廃棄物の処分のために使用することが必要であると認められるものを除く。）以外のものの動力源の用途
木材加工業で総務省令で定めるもの	木材加工業で総務省令で定めるものを営む者の事業場内において専ら木材の積卸しのために使用する機械（道路運送車両法第四条の規定による登録を受けているものを除く。）の動力源の用途
木材市場業で総務省令で定めるもの	木材市場業で総務省令で定めるものを営む者の事業場内において専ら木材の積卸しのために使用する機械（道路運送車両法第四条の規定による登録を受けているものを除く。）の動力源の用途
堆肥製造業で総務省令で定めるもの	堆肥製造業で総務省令で定めるものを営む者の事業場内において、専ら堆肥の製造工程において使用する機械（道路運送車両法第四条の規定により登録を受けているものを除く。以下この項において同じ。）又は堆肥若しくはその原材料の積卸し若しくは運搬のために使用する機械の動力源の用途
索道事業	鉄道事業法第三十二条の規定による許可を受けて索道事業を営む者のスキー場において専ら当該スキー場の整備のために使用する積雪を圧縮するための特殊な構造を有する装置を備えた機械（道路運送車両法第四条の規定による登録を受けているものを除く。以下この項において同じ。）又は雪を製造するための装置を備えた機械の動力源の用途

9　第四十三条の十五の規定は、法附則第十二条の二の七第二項において準用する法第百四十四条の二十一の規定による免税の手続について準用する。この場合において、第四十三条の十五第一項中「又は設備」とあるのは「、車両又は設備」と、同条第四項中「経過する日」とあるのは「経過する日（当該経過する日が令和九年三月三十一日以後に到来する場合には、同日）」と、同条第十三項ただし書中「国の行政機関の長」とあるのは「国の行政機関の長又は法附則第十二条の二の七第一項第二号に規定するオーストラリア軍隊」と読み替えるものとする。

10　第四十三条の十七の規定は、法附則第十二条の二の七第二項において準用する法第百四十四条の三十一第四項の規定による免除又は還付の手続について準用する。

11　第四十三条の四の規定は、法附則第十二条の二の七第四項の規定により読み替えて適用される法第百四十四条の三第一項第三号に規定する法附則第十二条の二の七第一項に規定する軽油の引取りに係る軽油の譲渡をしようとする者について準用する。

12　法附則第十二条の二の七第六項に規定する政令で定める国際約束は、次のとおりとする。

一　日本国の自衛隊とオーストラリア国防軍との間における物品又は役務の相互の提供に関する日本国政府とオーストラリア政府との間の協定

二　日本国の自衛隊とグレートブリテン及び北アイルランド連合王国の軍隊との間における物品又は役務の相互の提供に関する日本国政府とグレートブリテン及び北アイルランド連合王国政府との間の協定

三　日本国の自衛隊とフランス共和国の軍隊との間における物品又は役務の相互の提供に関する日本国政府とフランス共和国政府との間の協定

四　日本国の自衛隊とカナダ軍隊との間における物品又は役務の相互の提供に関する日本国政府とカナダ政府との間の協定

五　日本国の自衛隊とインド軍隊との間における物品又は役務の相互の提供に関する日本国政府とインド共和国政府との間の協定

（固定資産税等の課税標準の特例の適用を受ける固定資産の範囲等）

第十一条　1～8　［略］

9　法附則第十五条第七項に規定する設備で政令で定めるものは、電気を動力源とする自動車で内燃機関を有しないものに水素を充塡するための設備で総務省令で定めるもの（次項において「水素充塡設備」という。）のうち、一基の取得価額として総務省令で定めるところにより計算した金額が一億五千万円以上のものとする。

10　法附則第十五条第七項に規定する設備のうち大規模なものとして政令で定めるものは、水素充塡設備のうち、前項に規定する金額が五億円以上のものとする。

11～49　［略］

50　法附則第十五条第四十五項に規定する土地で政令で定めるものは、次に掲げるものとする。

一　次項に規定する設備の用に供する土地で総務省令で定めるもの

二　法附則第十五条第四十五項に規定する電気自動車（次項において「電気自動車」という。）が次項に規定する設備による充電に際して駐車するため必要な土地として総務省令で定めるもの

51　法附則第十五条第四十五項に規定する償却資産で政令で定めるものは、電気自動車の充電のために必要な設備であつて、地域公共交通の活性化及び再生に関する法律等の一部を改正する法律（令和五年法律第十八号）附則第一条第二号に掲げる規定の施行の日以後に取得されたもの又は同日前に令和四年度の一般会計補正予算（第2号）若しくは令和五年度の当初予算により交付される補助金を受けて取得されたもので総務省令で定めるものとする。

（東日本大震災に係る自動車税の環境性能割の特例の適用を受ける者の範囲等）

第三十二条　法附則第五十三条の二第一項に規定する政令で定める者は、次に掲げる者とする。

一　被災自動車等（法附則第五十三条の二第一項に規定する被災自動車等をいう。第三号において同じ。）の所有者（法第百四十七条第一項又は第四百四十四条第一項に規定

する場合には、これらの規定に規定する買主）

二　前号に掲げる者（この号に規定する相続人を含む。）が個人である場合において、その者について相続があったときにおけるその者の相続人

三　第一号に掲げる者（この号に規定する合併後存続する法人若しくは合併により設立された法人又は分割承継法人を含む。）が法人である場合において、当該法人が合併により消滅したときにおけるその合併に係る合併後存続する法人若しくは合併により設立された法人又は当該法人が分割により被災自動車等に係る事業を承継させたときにおけるその分割に係る法人税法第二条第十二号の三に規定する分割承継法人（第三項第三号及び第四項第三号において「分割承継法人」という。）

2　法附則第五十三条の二第二項に規定する政令で定める自動車等は、次に掲げる同項に規定する自動車等とする。

一　自動車であって、用途の廃止又は解体を事由として道路運送車両法第十五条の規定により永久抹消登録がされたもの又は同法第十六条第二項の規定による届出がされたもの

二　法第四百四十二条第五号に規定する軽自動車のうち三輪以上のものであって、用途の廃止又は解体を事由として道路運送車両法第六十九条の二第一項の規定による届出がされたもの

3　法附則第五十三条の二第二項に規定する政令で定める者は、次に掲げる者とする。

一　対象区域内用途廃止等自動車等（法附則第五十三条の二第二項に規定する対象区域内用途廃止等自動車等をいう。第三号において同じ。）の同項各号に規定する自動車等持出困難区域を指定する旨の公示があった日における所有者（法第百四十七条第一項又は第四百四十四条第一項に規定する場合には、これらの規定に規定する買主）

二　前号に掲げる者（この号に規定する相続人を含む。）が個人である場合において、その者について相続があったときにおけるその者の相続人

三　第一号に掲げる者（この号に規定する合併後存続する法人若しくは合併により設立された法人又は分割承継法人を含む。）が法人である場合において、当該法人が合併により消滅したときにおけるその合併に係る合併後存続する法人若しくは合併により設立された法人又は当該法人が分割により対象区域内用途廃止等自動車等に係る事業を承継させたときにおけるその分割に係る分割承継法人

4　法附則第五十三条の二第三項に規定する政令で定める者は、次に掲げる者とする。

一　対象区域内自動車等（法附則第五十三条の二第三項に規定する対象区域内自動車等をいう。第三号において同じ。）の同項に規定する自動車等持出困難区域を指定する旨の公示があった日における所有者（法第百四十七条第一項又は第四百四十四条第一項に規定する場合には、これらの規定に規定する買主）

二　前号に掲げる者（この号に規定する相続人を含む。）が個人である場合において、その者について相続があったときにおけるその者の相続人

三　第一号に掲げる者（この号に規定する合併後存続する法人若しくは合併により設立された法人又は分割承継法人を含む。）が法人である場合において、当該法人が合併により消滅したときにおけるその合併に係る合併後存続する法人若しくは合併により設立された法人又は当該法人が分割により対象区域内自動車等に係る事業を承継させたときにおけるその分割に係る分割承継法人

5　法附則第五十三条の二第一項、第三項又は前項に規定する者が法附則第五十三条の二第一項から第三項までの規定の適用を受けようとする場合には、総務省令で定める書類をこれらの規定に規定する道府県知事に提出しなければならない。

（東日本大震災に係る自動車税の種別割の特例に関する手続）

第三十二条の二　前条第四項に規定する者が法附則第五十四条第三項の規定の適用を受けようとする場合には、総務省令で定める書類を同項に規定する道府県の知事に提出しなければならない。

2　法附則第五十四条第七項に規定する場合には、同項に規定する対象区域内自動車等の所有者（法第百四十七条第一項に規定する買主）は、総務省令で定める書類を当該対象区域内自動車等の主たる定置場所在の道府県の知事に提出しなければならない。

（東日本大震災に係る軽自動車税の環境性能割の特例の適用を受ける者の範囲等）

第三十四条　法附則第五十七条第一項に規定する政令で定める者は、次に掲げる者とする。

一　被災自動車等（法附則第五十七条第一項に規定する被災自動車等をいう。第三号において同じ。）の所有者（法第百四十七条第一項又は第四百四十四条第一項に規定する場合には、これらの規定に規定する買主）

二　前号に掲げる者（この号に規定する相続人を含む。）が個人である場合において、その者について相続があったときにおけるその者の相続人

三　第一号に掲げる者（この号に規定する合併後存続する法人若しくは合併により設立された法人又は分割承継法人を含む。）が法人である場合において、当該法人が合併により消滅したときにおけるその合併に係る合併後存続する法人若しくは合併により設立された法人又は当該法人が分割により被災自動車等に係る事業を承継させたときにおけるその分割に係る法人税法第二条第十二号の三に規定する分割承継法人（以下この条及び次条において「分割承継法人」という。）

2　法附則第五十七条第二項に規定する政令で定める自動車等は、次に掲げる同項に規定する自動車等とする。

一　法第百四十五条第三号に規定する自動車であって、用途の廃止又は解体を事由として道路運送車両法第十五条の規定により永久抹消登録がされたもの又は同法第十六条第二項の規定による届出がされたもの

二　軽自動車のうち三輪以上のものであって、用途の廃止又は解体を事由として道路運送車両法第六十九条の二第一項の規定による届出がされたもの

3　法附則第五十七条第二項に規定する政令で定める者は、次に掲げる者とする。

一　対象区域内用途廃止等自動車等（法附則第五十七条第二項に規定する対象区域内用途廃止等自動車等をいう。第三号において同じ。）の同項各号に規定する自動車等持出困難区域を指定する旨の公示があった日における所有者（法

第百四十七条第一項又は第四百四十四条第一項に規定する場合には、これらの規定に規定する買主）

二　前号に掲げる者（この号に規定する相続人を含む。）が個人である場合において、その者について相続があつたときにおけるその者の相続人

三　第一号に掲げる者（この号に規定する合併後存続する法人若しくは合併により設立された法人又は分割承継法人を含む。）が法人である場合において、当該法人が合併により消滅したときにおけるその合併に係る合併後存続する法人若しくは合併により設立された法人又は当該法人が分割により対象区域内用途廃止等自動車等に係る事業を承継させたときにおけるその分割に係る分割承継法人

4　法附則第五十七条第三項に規定する政令で定める者は、次に掲げる者とする。

一　対象区域内自動車等（法附則第五十七条第三項に規定する対象区域内自動車等をいう。第三号において同じ。）の同項に規定する自動車等持出困難区域を指定する旨の公示があつた日における所有者（法第百四十七条第一項又は第四百四十四条第一項に規定する場合には、これらの規定に規定する買主）

二　前号に掲げる者（この号に規定する相続人を含む。）が個人である場合において、その者について相続があつたときにおけるその者の相続人

三　第一号に掲げる者（この号に規定する合併後存続する法人若しくは合併により設立された法人又は分割承継法人を含む。）が法人である場合において、当該法人が合併により消滅したときにおけるその合併に係る合併後存続する法人若しくは合併により設立された法人又は当該法人が分割により対象区域内自動車等に係る事業を承継させたときにおけるその分割に係る分割承継法人

5　第一項、第三項又は前項に規定する者が法附則第五十七条第一項から第三項までの規定の適用を受けようとする場合には、総務省令で定める書類をこれらの規定に規定する道府県知事に提出しなければならない。

（東日本大震災に係る軽自動車税の種別割の特例の適用を受ける者の範囲等）

第三十五条　法附則第五十八条第二項に規定する政令で定める者は、次に掲げる者とする。

一　被災二輪自動車等（法附則第五十八条第二項に規定する被災二輪自動車等をいう。第三号において同じ。）の所有者（法第四百四十四条第一項に規定する場合には、同項に規定する買主）

二　前号に掲げる者（この号に規定する相続人を含む。）が個人である場合において、その者について相続があつたときにおけるその者の相続人

三　第一号に掲げる者（この号に規定する合併後存続する法人若しくは合併により設立された法人又は分割承継法人を含む。）が法人である場合において、当該法人が合併により消滅したときにおけるその合併に係る合併後存続する法人若しくは合併により設立された法人又は当該法人が分割により被災二輪自動車等に係る事業を承継させたときにおけるその分割に係る分割承継法人

2　法附則第五十八条第三項に規定する政令で定める者は、次に掲げる者とする。

一　被災小型特殊自動車（法附則第五十八条第三項に規定する被災小型特殊自動車をいう。第三号において同じ。）の所有者（法第四百四十四条第一項に規定する場合には、同項に規定する買主）

二　前号に掲げる者（この号に規定する相続人を含む。）が個人である場合において、その者について相続があつたときにおけるその者の相続人

三　第一号に掲げる者（この号に規定する合併後存続する法人若しくは合併により設立された法人又は分割承継法人を含む。）が法人である場合において、当該法人が合併により消滅したときにおけるその合併に係る合併後存続する法人若しくは合併により設立された法人又は当該法人が分割により被災小型特殊自動車に係る事業を承継させたときにおけるその分割に係る分割承継法人

3　法附則第五十八条第六項に規定する政令で定める二輪自動車等は、次に掲げる同条第二項に規定する二輪自動車等とする。

一　原動機付自転車であつて、法第四百六十三条の十九第一項の規定により用途を廃止し、又は解体した旨の申告書又は報告書が提出されたもの

二　軽自動車（二輪のものに限る。）であつて、用途の廃止又は解体を事由として軽自動車届出済証（軽自動車の使用者が道路運送車両法第九十七条の三第一項の規定により届け出たことを証する書類をいう。）が地方運輸局長又はその権限の委任を受けた運輸監理部長若しくは運輸支局長に返納されたもの

三　二輪の小型自動車であつて、用途の廃止又は解体を事由として道路運送車両法第六十九条第一項の規定により自動車検査証が返納されたもの

4　法附則第五十八条第六項に規定する政令で定める者は、次に掲げる者とする。

一　対象区域内用途廃止等二輪自動車等（法附則第五十八条第六項に規定する対象区域内用途廃止等二輪自動車等をいう。第三号において同じ。）の同項各号に規定する自動車等持出困難区域を指定する旨の公示があつた日における所有者（法第四百四十四条第一項に規定する場合には、同項に規定する買主）

二　前号に掲げる者（この号に規定する相続人を含む。）が個人である場合において、その者について相続があつたときにおけるその者の相続人

三　第一号に掲げる者（この号に規定する合併後存続する法人若しくは合併により設立された法人又は分割承継法人を含む。）が法人である場合において、当該法人が合併により消滅したときにおけるその合併に係る合併後存続する法人若しくは合併により設立された法人又は当該法人が分割により対象区域内用途廃止等二輪自動車等に係る事業を承継させたときにおけるその分割に係る分割承継法人

5　法附則第五十八条第七項に規定する政令で定める者は、次に掲げる者とする。

一　対象区域内二輪自動車等（法附則第五十八条第七項に規定する対象区域内二輪自動車等をいう。第三号において同じ。）の同項に規定する自動車等持出困難区域を指定する旨の公示があつた日における所有者（法第四百四十四条第一項に規定する買主）

二　前号に掲げる者（この号に規定する相続人を含む。）が個人である場合において、その者について相続があったときにおけるその者の相続人
三　第一号に掲げる者（この号に規定する合併後存続する法人若しくは合併により設立された法人又は分割承継法人を含む。）が法人である場合において、当該法人が合併により消滅したときにおけるその合併に係る合併後存続する法人若しくは合併により設立された法人又は当該法人が分割により対象区域内二輪自動車等に係る事業を承継させたときにおけるその分割に係る分割承継法人

6　法附則第五十八条第八項に規定する政令で定める小型特殊自動車は、小型特殊自動車であつて、法第四百六十三条の十九第一項の規定により用途を廃止し、又は解体した旨の申告書又は報告書が提出されたものとする。

7　法附則第五十八条第八項に規定する政令で定める者は、次に掲げる者とする。
一　対象区域内用途廃止等小型特殊自動車（法附則第五十八条第八項に規定する対象区域内用途廃止等小型特殊自動車をいう。第三号において同じ。）の同項各号に規定する自動車等持出困難区域を指定する旨の公示があつた日における所有者（法第四百四十四条第一項に規定する場合には、同項に規定する買主）
二　前号に掲げる者（この号に規定する相続人を含む。）が個人である場合において、その者について相続があったときにおけるその者の相続人
三　第一号に掲げる者（この号に規定する合併後存続する法人若しくは合併により設立された法人又は分割承継法人を含む。）が法人である場合において、当該法人が合併により消滅したときにおけるその合併に係る合併後存続する法人若しくは合併により設立された法人又は当該法人が分割により対象区域内用途廃止等小型特殊自動車に係る事業を承継させたときにおけるその分割に係る分割承継法人

8　法附則第五十八条第九項に規定する政令で定める者は、次に掲げる者とする。
一　対象区域内小型特殊自動車（法附則第五十八条第九項に規定する対象区域内小型特殊自動車をいう。第三号において同じ。）の同項に規定する自動車等持出困難区域を指定する旨の公示があつた日における所有者（法第四百四十四条第一項に規定する場合には、同項に規定する買主）
二　前号に掲げる者（この号に規定する相続人を含む。）が個人である場合において、その者について相続があったときにおけるその者の相続人
三　第一号に掲げる者（この号に規定する合併後存続する法人若しくは合併により設立された法人又は分割承継法人を含む。）が法人である場合において、当該法人が合併により消滅したときにおけるその合併に係る合併後存続する法人若しくは合併により設立された法人又は当該法人が分割により対象区域内小型特殊自動車に係る事業を承継させたときにおけるその分割に係る分割承継法人

9　前条第一項、第三項若しくは第四項又は第一項、第二項、第四項、第五項、第七項若しくは前項に規定する者が法附則第五十八条第一項から第九項までの規定の適用を受けようとする場合には、総務省令で定める書類をこれらの規定に規定する市町村長に提出しなければならない。

10　法附則第五十八条第十三項に規定する場合には、同項に規定する対象区域内軽自動車等の所有者（法第四百四十四条第一項に規定する場合には、同項に規定する買主）は、総務省令で定める書類を当該対象区域内軽自動車等の主たる定置場所在の市町村の長に提出しなければならない。

○地方税法施行規則（抄）

（昭和二十九年五月十三日 総理府令第二十三号）

最終改正　令六総令五一

（軽油引取税に係る納入申告書等の様式）

第八条の二十八　軽油引取税について、次の表の上欄に掲げる納入申告書等の様式は、それぞれその下欄に掲げるところによるものとする。

納入申告書等の種類	様式
(一)　法第百四十四条の十四第二項の納入申告書	第十六号の十様式
(二)　法第百四十四条の十六第一項の証票	第十六号の十一様式
(三)　法第百四十四条の十八第二項の申告書	第十六号の十二様式
(四)　法第百四十四条の二十一第六項の免税証	第十六号の十三様式
(五)　法第百四十四条の三十第一項の申請に用いる申請書	第十六号の十四様式
(六)　政令第四十三条の四第二項の免税軽油譲渡届出書及び免税軽油譲渡承認書	第十六号の十五様式
(七)　政令第四十三条の十五第二項の免税軽油使用者証の交付申請書	第十六号の十六様式 第十六号の十七様式
(八)　政令第四十三条の十五第二項の書面	第十六号の十八様式
(九)　政令第四十三条の十五第三項の免税軽油使用者証	第十六号の十九様式 第十六号の二十様式
(十)　政令第四十三条の十五第十二項の免税証の交付申請書	第十六号の二十一様式
(十一)　政令第四十三条の十五第十二項の明細書	第十六号の二十二様式
(十二)　政令第四十三条の十五第十四項の免税証の交付申請の届出書	第十六号の二十三様式
(十三)　政令第四十三条の十五第十七項の通知書	第十六号の二十四様式

（法第百四十四条の七第一項第一号の基準）

第八条の二十九　法第百四十四条の七第一項第一号に規定する総務省令で定める基準は、次に掲げるとおりとする。

一　石油の備蓄の確保等に関する法律（昭和五十年法律第九十六号）第二十六条第一項の規定による届出を適正に行つた者であること。

二　次のいずれかに該当すること。

イ　最近の三年における軽油の年間の製造量の平均が二十万キロリットル以上であること。

ロ　石油の備蓄の確保等に関する法律第二十六条第一項の規定による届出の日から起算して三年を経過しない者である場合にあつては、申請の日の属する年の前年における軽油の年間の製造量が二十万キロリットル以上であること。

2　法第百四十四条の七第一項の規定により同項第一号に該当する者として元売業者の指定を受けている法人が最近の三年において合併した場合における当該合併後存続する法人又は当該合併により設立した法人に係る前項第二号イの規定の適用については、同号イ中「最近の三年における軽油の年間の製造量の平均が二十万キロリットル」とあるのは、「合併により消滅した法人及び合併後存続する法人の当該合併前の軽油の製造量と当該合併により設立した法人又は当該合併後存続する法人の当該合併後の軽油の製造量の最近の三年における合計が六十万キロリットル」とする。

3　法第百四十四条の七第一項の規定により同項第一号に該当する者として元売業者の指定を受けている法人が最近の三年において分割等（分割、現物出資、法人税法第二条第十二号の五の二に規定する現物分配又は同法第六十一条の十一第一項の規定の適用を受ける同項に規定する譲渡損益調整資産の譲渡をいう。次項並びに次条及び第八条の三十一において同じ。）をした場合における当該分割等に係る分割法人等（同法第二条第十二号の二に規定する分割法人、同条第十二号の四に規定する現物出資法人、同条第十二号の五の二に規定する現物分配法人又は同法第六十一条の十一第一項に規定する譲渡損益調整資産を譲渡した法人をいう。次条及び第八条の三十一において同じ。）に係る第一項第二号イの規定の適用については、同号イ中「最近の三年における軽油の年間の製造量の平均が二十万キロリットル」とあるのは、「分割法人等（第三項に規定する分割法人等をいう。以下この号において同じ。）の分割等（第三項に規定する分割等をいう。以下この号において同じ。）前の軽油の製造量を元売業者の指定を受けている当該分割法人等及び元売業者の指定を受けようとする分割承継法人等（第四項に規定する分割承継法人等をいう。）の法人数の合計で除して得た量と当該分割法人等の分割等後の軽油の製造量の最近三年における合計が六十万キロリットル」とする。

4　法第百四十四条の七第一項の規定により同項第一号に該当する者として元売業者の指定を受けている法人が最近の三年において分割等をした場合における当該分割等に係る分割承継法人等（法人税法第二条第十二号の三に規定する分割承継法人、同条第十二号の五に規定する被現物出資法人、同条第十二号の五の三に規定する被現物分配法人又は同法第六十一条の十一第二項に規定する譲受法人をいう。次条及び第八条の三十一において同じ。）に係る第一項第二号イの規定の適用については、同号イ中「最近の三年における軽油の年間の製造量の平均が二十万キロリットル」とあるのは、「分割法人等（第三項に規定する分割法人等をいう。以下この号において同じ。）の分割等（第三項に規定する分割等をいう。以下この号において同じ。）前の軽油の製造量を元売業者の指定を受けている当該分割法人等及び元売業者の指定を受けようとする分割承継法人等（第四項に規定する分割承継法人等をいう。以下この号において同じ。）の法人数の合計で除して得た量と当該分割承継法人等の分割等後の軽油の製造量の最近三年における合計が六十万キロリットル」とする。

（法第百四十四条の七第一項第二号の基準）

第八条の三十　法第百四十四条の七第一項第二号に規定する総務省令で定める基準は、次に掲げるとおりとする。

一　石油の備蓄の確保等に関する法律第十六条の規定による登録を受けた者であること。

二　最近の三年における軽油の年間の輸入量の平均が五万キロリットル以上であること。

2　法第百四十四条の七第一項の規定により同項第二号に該当する者として元売業者の指定を受けている法人が最近の三年において合併した場合における当該合併後存続する法人又は当該合併により設立した法人に係る前項第二号の規定の適用については、同号中「最近の三年における軽油の年間の輸入量の平均が五万キロリットル」とあるのは、「合併により消滅した法人及び合併後存続する法人の当該合併前の軽油の輸入量と当該合併により設立した法人又は当該合併後存続する法人の当該合併後の軽油の輸入量の最近の三年における合計が十五万キロリットル」とする。

3　法第百四十四条の七第一項の規定により同項第二号に該当する者として元売業者の指定を受けている法人が最近の三年において分割等をした場合における当該分割等に係る分割法人等に係る第一項第二号の規定の適用については、同号中「最近の三年における軽油の年間の輸入量の平均が五万キロリットル」とあるのは、「分割法人等（第三項に規定する分割法人等をいう。以下この号において同じ。）の分割等（第三項に規定する分割等をいう。以下この号において同じ。）前の軽油の輸入量を元売業者の指定を受けている当該分割法人等及び元売業者の指定を受けようとする分割承継法人等（第四項に規定する分割承継法人等をいう。）の法人数の合計で除して得た量と当該分割法人等の分割等後の軽油の輸入量の最近三年における合計が十五万キロリットル」とする。

4　法第百四十四条の七第一項の規定により同項第二号に該当する者として元売業者の指定を受けている法人が最近の三年において分割等をした場合における当該分割等に係る分割承継法人等に係る第一項第二号の規定の適用については、同号中「最近の三年における軽油の年間の輸入量の平均が五万キロリットル」とあるのは、「分割法人等（第三項に規定する分割法人等をいう。以下この号において同じ。）の分割等（第三項に規定する分割等をいう。以下この号において同じ。）前の軽油の輸入量を元売業者の指定を受けている当該分割法人等及び元売業者の指定を受けようとする分割承継法人等（第四項に規定する分割承継法人等をいう。以下この号において同じ。）の法人数の合計で除して得た量と当該分割承継法人等の分割等後の軽油の輸入量の最近三年における合計が十五万キロリットル」とする。

（法第百四十四条の七第一項第三号の基準）

第八条の三十一　法第百四十四条の七第一項第三号に規定する総務省令で定める基準は、次の各号のいずれかに該当することとする。

一　次のすべてに該当すること。

イ　最近の三年における他の元売業者以外の者に対する軽油の年間の販売量（現実の納入を伴う販売に係るものに限る。第八条の三十六までにおいて同じ。）の平均が三十万キロリットル以上であること。

ロ　その者との間に、その者から継続的に軽油の供給を受け、これを販売することを内容とする販売契約を締結している石油製品の販売業者で、他にこれと同様の販売契約を締結していないもの（ハ及び次条第一項第三号において「系列販売業者」という。）の数が百五十以上であること。

ハ　系列販売業者の主たる事務所又は事業所が三十以上の道府県に所在すること。

ニ　主として元売業者以外の者に対し軽油を販売するものであること。

二　その行う事業によってその組合員又は会員のために奉仕することを目的とする全国を地区とする組合である場合にあっては、次のいずれかに該当すること。

イ　主として免税軽油を取り扱う石油製品の販売業者と継続的に軽油の供給を行う販売契約を締結し、専ら当該販売業者に対し軽油を販売するものであること。

ロ　その組合員又は会員（当該組合員又は会員の組合員又は会員等を含む。次条第一項第三号において同じ。）中の法第百四十四条の二十一第一項に規定する免税軽油使用者（以下第八条の五十三までにおいて「免税軽油使用者」という。）の数が三十万以上であること。

2　法第百四十四条の七第一項の規定により同項第三号に該当する者として元売業者の指定を受けている法人が最近の三年において合併した場合における当該合併後存続する法人又は当該合併により設立した法人に係る前項第一号イの規定の適用については、同号イ中「最近の三年における他の元売業者以外の者に対する軽油の年間の販売量（現実の納入を伴う販売に係るものに限る。第八条の三十六までにおいて同じ。）の平均が三十万キロリットル」とあるのは、「合併により消滅した法人及び合併後存続する法人の当該合併前の軽油の販売量（現実の納入を伴う販売に係るものに限る。この号及び次条第一項第三号において同じ。）と当該合併により設立した法人又は当該合併後存続する法人の当該合併後の軽油の販売量の最近の三年における合計（他の元売業者以外の者に対する販売量の合計に限る。）が九十万キロリットル」とする。

3　法第百四十四条の七第一項の規定により同項第三号に該当する者として元売業者の指定を受けている法人が最近の三年において分割等をした場合における当該分割等に係る分割法人等に係る第一項第一号イの規定の適用については、同号イ中「最近の三年における他の元売業者以外の者に対する軽油の年間の販売量（現実の納入を伴う販売に係るものに限る。第八条の三十六までにおいて同じ。）の平均が三十万キロリットル」とあるのは、「分割法人等の分割等前の軽油の販売量（現実の納入を伴う販売に係るものに限る。以下この号及び次条第一項第三号において同じ。）を元売業者の指定を受けている当該分割法人等及び元売業者の指定を受けようとする分割承継法人等の法人数の合計で除して得た量と当該分割法人等の分割等後の軽油の販売量の最近三年における合計（他の元売業者以外の者に対する販売量の合計に限る。）が九十万キロリットル」とする。

4　法第百四十四条の七第一項の規定により同項第三号に該当する者として元売業者の指定を受けている法人が最近の三年において分割等をした場合における当該分割等に係る分割承継法人等に係る第一項第一号イの規定の適用については、同号イ中「最近の三年における他の元売業者以外の者に対する軽油の年間の販売量（現実の納入を伴う販売に係るものに限る。第八条の三十六までにおいて同じ。）の平均が三十万キロリットル」とあるのは、「分割法人等の分割等前の軽油の販売量（現実の納入を伴う販売に係るものに限る。以下この号及び次条第一項第三号において同じ。）を元売業者の指定を受けている当該分割法人等及び元売業者の指定を受けようとする分割承継法人等の法人数の合計で除して得た量と当該分割承継法人等の分割等後の軽油の販売量の最近三年における合計（他の元売業者以外の者に対する販売量の合計に限る。）が九十万キロリットル」とする。

（元売業者の指定の申請の手続等）

第八条の三十二　法第百四十四条の七第一項の規定により元売業者の指定を申請しようとする者（以下この条において「申請者」という。）は、第十六号の二十五様式による申請書に次に掲げる書類を添付して、これをその主たる事務所又は事業所所在地の道府県知事を経由して総務大臣に提出しなければならない。

一　法第百四十四条の七第一項第一号に掲げる者にあつては、次に掲げる書類

イ　石油の備蓄の確保等に関する法律第二十六条第一項の規定による届出を適正に行つた者であることを証する書面

ロ　次の表の上欄に掲げる区分に応じ、それぞれその下欄に掲げる書類

(1)　第八条の二十九第一項第二号イの基準に該当する者	申請の日の属する年の前三年の軽油の製造量並びに申請の日の属する年の軽油の製造量並びに製造計画量及びその算出の基礎を記載した書面
(2)　第八条の二十九第一項第二号ロの基準に該当する者	申請の日の属する年の前年の軽油の製造量並びに申請の日の属する年の軽油の製造量並びに製造計画量及びその算出の基礎を記載した書面

二　法第百四十四条の七第一項第二号に掲げる者にあつては、次に掲げる書類

イ　石油の備蓄の確保等に関する法律第十六条の規定による登録を受けた者であることを証する書面

ロ　申請の日の属する年の前三年の軽油の輸入量並びに申請の日の属する年の軽油の輸入量並びに輸入計画量及びその算出の基礎を記載した書面

三　法第百四十四条の七第一項第三号に掲げる者にあつては、次の表の上欄に掲げる区分に応じ、それぞれその下欄に掲げる書類

一　前条第一項第一号の基準に該当する者	①　申請の日の属する年の前三年の軽油の販売量及び他の元売業者に対する軽油の販売量並びに申請の日の属する年の軽油の販売量並びに販売計画量（現実の納入を伴う販売に係るものに限る。次条及び第八条の三十四において同じ。）及びその算出基礎を記載した書面 ②　系列販売業者の氏名又は名称、住所又は所在地及び事業の概要を記載した書面 ③　系列販売業者であることを証する書面
二　前条第一項第二号イの基準に該当する者	①　継続的に軽油の供給を行う販売契約を締結している販売業者の氏名又は名称、住所又は所在地並びに申請の日の属する年の前年の軽油及び免税軽油の販売数量を記載した書面 ②　申請の日の属する年の前年の販売先ごとの販売数量を記載した書面 ③　前条第一項第二号イに規定する販売契約に係る契約書の写し
三　前条第一項第二号ロの基準に該当する者	組合員又は会員の氏名又は名称及び住所又は所在地並びにその組合員又は会員中の免税軽油使用者の数を記載した書面

四　政令第四十三条の七第二号イからホまでのいずれにも該当しないことを誓約する第十六号の二十六様式により作成した書面

五　誠実に事業を行うことを誓約する第十六号の二十七様式により作成した書面

六　申請者が法人である場合にあつては、次に掲げる書類

イ　定款又は寄附行為及び登記事項証明書

ロ　申請の日の属する事業年度の直前の事業年度における貸借対照表及び損益計算書

ハ　役員の名簿及び履歴書

七　申請者が個人である場合にあつては、次に掲げる書類

イ　戸籍抄本又は本籍（外国人にあつては、国籍等（住民基本台帳法第三十条の四十五に規定する国籍等をいう。次条第六号イ及び第八条の三十四第六号イにおいて同じ。）の記載のある住民票の写し

ロ　財産目録

ハ　履歴書

八　事務所又は事業所の名称及び所在地を記載した書類

2　道府県知事は、前項の申請書の提出を受けたときは、当該申請書について調査し、遅滞なく、その申請書を総務大臣に送付しなければならない。

3　総務大臣は、法第百四十四条の七第一項の規定による元売業者の指定をした場合においては、その旨を官報によつて公示するものとする。公示した事項に変更があつたとき又は同条第二項の規定により元売業者の指定を取り消したときも、同様とする。

（仮特約業者の指定の申請の手続）

第八条の三十三　法第百四十四条の八第一項の規定により仮特約業者の指定を申請しようとする者（以下この条において「申請者」という。）は、第十六号の二十八様式による申請

書に次に掲げる書類を添付して、これをその主たる事務所又は事業所所在地の道府県知事に提出しなければならない。
一　元売業者との間に締結された販売契約書の写し
二　政令第四十三条の九各号のいずれにも該当しないことを誓約する第十六号の二十六様式により作成した書面
三　誠実に事業を行うことを誓約する第十六号の二十七様式により作成した書面
四　申請の日の属する年の前年の軽油の販売量並びに申請の日の属する年の軽油の販売計画量及びその算出の基礎を記載した書面
五　申請者が法人である場合にあつては、次に掲げる書類
イ　定款又は寄附行為及び登記事項証明書
ロ　申請の日の属する事業年度の直前の事業年度における貸借対照表及び損益計算書
ハ　役員の名簿及び履歴書
六　申請者が個人である場合にあつては、次に掲げる書類
イ　戸籍抄本又は本籍（外国人にあつては、国籍等）の記載のある住民票の写し
ロ　財産目録
ハ　履歴書
七　事務所又は事業所の名称及び所在地を記載した書類

（特約業者の指定の申請の手続）

第八条の三十四　法第百四十四条の九第一項の規定により特約業者の指定を申請しようとする者（以下この条において「申請者」という。）は、第十六号の二十九様式による申請書に次に掲げる書類を添付して、これをその主たる事務所又は事業所所在地の道府県知事に提出しなければならない。
一　元売業者との間に締結された販売契約書の写し
二　政令第四十三条の九各号のいずれにも該当しないことを誓約する第十六号の二十六様式により作成した書面
三　誠実に事業を行うことを誓約する第十六号の二十七様式により作成した書面
四　申請の日の属する年の前三年の軽油の販売量、元売業者に対する軽油の販売量及び特約業者に対する軽油の販売量並びに申請の日の属する年の軽油の販売量並びに販売計画量及びその算出の基礎を記載した書面
五　申請者が法人である場合にあつては、次に掲げる書類
イ　定款又は寄附行為及び登記事項証明書
ロ　申請の日の属する事業年度の直前の事業年度における貸借対照表及び損益計算書
ハ　役員の名簿及び履歴書
六　申請者が個人である場合にあつては、次に掲げる書類
イ　戸籍抄本又は本籍（外国人にあつては、国籍等）の記載のある住民票の写し
ロ　財産目録
ハ　履歴書
七　事務所又は事業所の名称及び所在地を記載した書類

（政令第四十三条の十一第四号の保証）

第八条の三十五　政令第四十三条の十一第四号に規定する保証を行おうとする元売業者は、当該仮特約業者の引渡しに係る軽油の納入地（法第百四十四条の二第一項に規定する納入地をいう。以下第八条の五十三までにおいて同じ。）の道府県知事に対し、当該道府県知事が指定する金額及び期間について保証を行うことを証する文書を提出しなければならない。

（政令第四十三条の十一第五号の総務省令で定める基準）

第八条の三十六　政令第四十三条の十一第五号に規定する総務省令で定める基準は、次の各号（同条第四号ロに該当する場合にあつては、第一号から第三号までの各号）に掲げるとおりとする。
一　石油の備蓄の確保等に関する法律第二十七条第一項の規定により石油販売業の届出を義務付けられている者にあつては、当該届出を適正に行つていること。
二　専ら元売業者以外の者に対し軽油を販売するものであること。
三　専ら特約業者以外の者に対し軽油を販売するものであること。
四　最近の三年における軽油の年間の販売量の平均が七十キロリットル以上であること。

（軽油引取税を課さないこととされる軽油の数量を証する書類の提出）

第八条の三十七　法第百四十四条の十四第四項の規定によつて、道府県知事の承認を受けようとする登録特別徴収義務者は、当該登録特別徴収義務者からの引取りに係る軽油の納入地所在の道府県ごとに次の各号に掲げる軽油の数量の区分に応じ、当該各号に定める書類を同条第二項の納入申告書に添付して、これを当該道府県知事に提出しなければならない。
一　法第百四十四条の五第一号の規定によつて軽油引取税を課さないこととされる引取りに係る軽油の数量　軽油の引取りで本邦からの輸出として行われたものであることを証するに足りる書類で、次に掲げる事項が記載されたもの
イ　輸出した者の氏名又は名称及び住所又は所在地
ロ　輸出の年月日
ハ　輸出した軽油の数量
ニ　輸出先
二　法第百四十四条の五第二号の規定によつて軽油引取税を課さないこととされる引取りに係る軽油の数量　次に掲げる事項が記載された書類
イ　当該軽油の数量
ロ　先に軽油引取税を課された状況
ハ　軽油引取税を課された後の当該軽油の流通の状況
三　法第百四十四条の六の規定によつて軽油引取税を課さないこととされる引取りに係る軽油の数量　当該道府県知事の交付した免税証（法第百四十四条の二十一第一項に規定する免税証をいう。以下第八条の三十九までにおいて同じ。）

（政令第四十三条の十五第一項の総務省令で定める事項等）

第八条の三十八　政令第四十三条の十五第一項に規定する総務省令で定める事項は、次に掲げる事項とする。
一　免税軽油使用者の住所又は事務所若しくは事業所の所在地、氏名又は名称及び個人番号（行政手続における特定の個人を識別するための番号の利用等に関する法律第二条第五項に規定する個人番号をいう。以下軽油引取税について同じ。）又は法人番号（同条第十五項に規定する法人番号をいう。以下軽油引取税について同じ。）（個人番号若しくは法人番号を有しない者又は法第百四十四条の二十一第二項後段の規定により代表者を定めて免税軽油使用者証の交付を受けようとするそれぞれの者にあつては、住所又は事務所若しくは事業所の所在地及び氏名又は名称）

二　業種
三　免税軽油の用途に係る機械又は設備ごとの免税軽油の年間所要見込数量及びその合計数量
四　法第百四十四条の二十一第二項後段の規定により二人以上の者が代表者を定めて免税軽油使用者証の交付を受ける場合にあつては、当該代表者の住所又は事務所若しくは事業所の所在地、氏名又は名称及び個人番号又は法人番号（個人番号又は法人番号を有しない者にあつては、住所又は事務所若しくは事業所の所在地及び氏名又は名称）

2　政令第四十三条の十五第三項に規定する総務省令で定める事項は、次に掲げる事項とする。
一　免税軽油使用者の住所又は事務所若しくは事業所の所在地及び氏名又は名称
二　業種
三　免税軽油使用者証の交付年月日及び番号
四　当該免税軽油使用者証を提示して交付を受けた免税証に係る免税軽油の数量及び当該数量の計算の基礎となつた期間
五　法第百四十四条の二十一第二項後段の規定により二人以上の者が代表者を定めて免税軽油使用者証の交付を受ける場合にあつては、当該代表者の住所又は事務所若しくは事業所の所在地及び氏名又は名称

第八条の三十九（**免税軽油の引取り等に係る報告書の提出**）　法第百四十四条の二十七第一項に規定する総務省令で定める事項は、次に掲げる事項とする。
一　免税軽油使用者の住所又は事務所若しくは事業所の所在地及び氏名又は名称
二　業種
三　免税軽油使用者証の番号
四　法第百四十四条の二十七第一項の規定による報告の対象となる期間（以下この項において「報告対象期間」という。）の初日及び末日の年月日
五　当該報告対象期間内に行つた当該免税軽油使用者証に係る報告対象免税軽油（免税軽油使用者証を提示して交付を受けた免税証により引取りを行つた免税軽油をいう。以下この条において同じ。）の引取りに関する事実及びその数量（その事実がない場合には、その旨）
六　当該報告対象免税軽油の引渡しを行つた販売業者の事務所又は事業所所在地及び氏名又は名称
七　当該販売業者に提出した当該免税軽油使用者証を提示して交付を受けた免税証に関する事項
八　当該報告対象期間内に行つた当該免税軽油使用者証に係る報告対象免税軽油の使用に関する事実及びその数量（その事実がない場合には、その旨）
九　当該報告対象期間の初日の前日及び末日における免税軽油の保有数量
十　当該報告対象期間の末日において有する免税証の種類及び枚数

2　法第百四十四条の二十七第一項の規定により報告書を提出しようとする免税軽油使用者証の交付を受けた者は、第十六号の三十様式による報告書に次に掲げる書類を添付して、これを当該免税軽油使用者証を交付した道府県知事に提出しなければならない。
一　報告対象免税軽油の引取りを行つた日及びその数量並びに当該報告対象免税軽油の引渡しを行つた販売業者の氏名又は名称を証するに足りる書類
二　前号に掲げるもののほか、道府県知事が当該報告書に記載された事項についての事実を証する書類として特に必要と認める書類

第八条の四十（**軽油引取税の求償権の特例**）　軽油引取税が課される軽油の引取りを行つた者が、軽油引取税の特別徴収義務者から当該特別徴収義務者以外の者を経由して当該引取りを行つた場合における法第百四十四条の三十一第二項の規定の適用については、同項中「当該特別徴収義務者に」とあるのは、「当該軽油の引渡しを行つた者で当該特別徴収義務者以外のもの又は当該特別徴収義務者に」とする。

2　前項の規定は、当該特別徴収義務者以外の者が、その返還した軽油に対応する代金及び軽油引取税額に相当する額を支払つた場合におけるその者の当該特別徴収義務者に対する求償権の行使を妨げない。

（法第百四十四条の三十二第一項の総務省令で定める事項）

第八条の四十一　法第百四十四条の三十二第一項に規定する総務省令で定める事項は、次の各号に掲げる場合の区分に応じ、当該各号に定める事項とする。
一　法第百四十四条の三十二第一項第一号又は第二号の炭化水素油の製造を行う場合　次に掲げる事項
イ　承認を受けようとする者の氏名又は名称、住所又は所在地及び個人番号又は法人番号（個人番号又は法人番号を有しない者にあつては、氏名又は名称及び住所又は所在地）（事業の委託をしている場合にあつては、承認を受けようとする者の氏名又は名称、住所又は所在地及び個人番号又は法人番号（個人番号又は法人番号を有しない者にあつては、氏名又は名称及び住所又は所在地）並びにその委託を受けている者の氏名又は名称及び住所又は所在地）
ロ　製造を行う年月日
ハ　製造を行う場所
ニ　製造に使用する炭化水素油その他の原材料の性状及び数量
ホ　炭化水素油の製造方法
ヘ　製造に使用する炭化水素油その他の原材料の仕入先の氏名又は名称及び住所又は所在地並びに仕入先ごとの仕入数量
ト　製造する炭化水素油の性状及び数量
チ　製造する炭化水素油の用途
リ　製造する炭化水素油の貯蔵場所
ヌ　製造する炭化水素油の譲渡先及び譲渡又は消費の予定年月日
二　法第百四十四条の三十二第一項第三号の燃料炭化水素油の譲渡を行う場合　次に掲げる事項
イ　承認を受けようとする者の氏名又は名称、住所又は所在地及び個人番号又は法人番号（個人番号又は法人番号を有しない者にあつては、氏名又は名称及び住所又は所在地）
ロ　譲渡を行う年月日
ハ　譲渡を行う場所
ニ　譲渡しようとする燃料炭化水素油の性状及び数量

ホ　譲渡しようとする相手方の氏名又は名称及び住所又は所在地

へ　譲渡に係る自動車の自動車登録番号

三　法第百四十四条の三十二第一項第四号の燃料炭化水素油の消費を行う場合　次に掲げる事項

イ　承認を受けようとする者の氏名又は名称、住所又は所在地及び個人番号又は法人番号（個人番号又は法人番号を有しない者にあつては、氏名又は名称及び住所又は所在地）

ロ　消費を行う年月日

ハ　消費しようとする燃料炭化水素油の性状及び数量

ニ　消費に係る自動車の自動車登録番号

ホ　消費に係る自動車の主たる定置場

（製造等の承認に係る手続）

第八条の四十二　元売業者（法第百四十四条の七第一項第一号に掲げる者で、同項の規定により元売業者としての指定を受けたものを除く。次項において同じ。）、特約業者、石油製品販売業者、軽油製造業者等及び自動車の保有者は、法第百四十四条の三十二第一項第一号又は第二号に該当する場合には、それぞれ当該各号に掲げる行為をしようとする日前十日までに第十六号の三十一様式による承認申請書に過去における炭化水素油の製造の状況、軽油引取税に係る納入金の納入又は軽油引取税の納付の状況及び炭化水素油の製造又は貯蔵の用に供する施設又は設備の詳細を記載した書面を添付して、これを同項に規定する道府県知事に提出しなければならない。

2　元売業者が法第百四十四条の三十二第一項第一号又は第二号の炭化水素油の製造を行う場合における同項の承認の申請については、前項に規定する道府県知事が軽油引取税の取締り又は保全上支障がないと認めるときに限り、前項の規定にかかわらず、当該元売業者が、三月ごとに、申請の日から三月間の炭化水素油の製造についての計画を記載した承認申請書に過去三月間における炭化水素油の製造の状況及び製造された炭化水素油の用途を記載した書面を添付して、これを前項に規定する道府県知事に提出する方法で行うことができる。

3　元売業者、特約業者、石油製品販売業者、軽油製造者等及び自動車の保有者は、法第百四十四条の三十二第一項第三号に該当する場合には、その行為をしようとする日前十日までに第十六号の三十二様式による承認申請書に、当該燃料炭化水素油が混和して製造されたものであるときは、当該製造に係る製造等承認証を、その者が過去において同号の承認を受けた者であるときは、前回承認を受けた際の当該譲渡に係る自動車用炭化水素油譲渡証の交付の状況及び軽油引取税の納付の状況を記載した書面を添付して、これを同項に規定する道府県知事に提出しなければならない。

4　自動車の保有者は、法第百四十四条の三十二第一項第四号に該当する場合には、その行為をしようとする日前十日までに第十六号の三十三様式による承認申請書に過去における燃料炭化水素油の消費の状況及び軽油引取税の納付の状況を記載した書面を添付して、これを同項に規定する道府県知事に提出しなければならない。

5　次の表の上欄に掲げる製造等承認証の様式は、それぞれその下欄に掲げるところによるものとする。

製造等承認証の種類	様式
一　法第百四十四条の三十二第一項第一号又は第二号の承認に係る製造等承認証	第十六号の三十一様式
二　法第百四十四条の三十二第一項第三号の承認に係る製造等承認証	第十六号の三十二様式
三　法第百四十四条の三十二第一項第四号の承認に係る製造等承認証	第十六号の三十三様式

（自動車用炭化水素油譲渡証）

第八条の四十三　自動車用炭化水素油譲渡証及びその写しは、道府県知事の交付する用紙によつて作成しなければならない。

2　前項の自動車用炭化水素油譲渡証及びその写しの用紙には一連の番号を付けなければならない。

3　自動車用炭化水素油譲渡証及びその写しの様式は、第十六号の三十四様式による。

4　法第百四十四条の三十二第一項第三号の承認を受けた者は、自動車用炭化水素油譲渡証の写しを、当該自動車用炭化水素油譲渡証を交付した日から起算して一年間保管しなければならない。

5　法第百四十四条の三十二第一項第三号の承認を受けた者は、当該承認に係る燃料炭化水素油の譲渡が完了した際に第一項の用紙を所持しているときは、遅滞なく、これを交付した道府県知事に対し返納しなければならない。

（製造等に係る帳簿記載義務）

第八条の四十四　法第百四十四条の三十二第一項第一号又は第二号の承認を受けた者は、事務所又は事業所（事業の委託をしている場合にあつては、その委託を受けている者の事務所又は事業所を含む。以下第八条の五十三までにおいて同じ。）ごとに、次に掲げる事項を帳簿に記載しなければならない。

一　製造を行つた年月日

二　製造を行つた場所

三　製造に使用した炭化水素油その他の原材料の性状及び数量

四　炭化水素油の製造方法

五　製造に使用した炭化水素油その他の原材料の仕入先の氏名又は名称及び住所又は所在地並びに仕入先ごとの仕入数量

六　製造した炭化水素油の性状及び数量

七　製造した炭化水素油の用途

八　製造した炭化水素油の貯蔵場所及び在庫数量

九　製造した炭化水素油を譲渡し、又は消費したときは、その譲渡先の氏名又は名称及び住所又は所在地、その譲渡又は消費の年月日並びにその譲渡数量又は消費数量

2　法第百四十四条の三十二第一項第三号の承認を受けた者は、事務所又は事業所ごとに、次に掲げる事項を帳簿に記載しなければならない。

一　譲渡を行つた年月日

二　譲渡を行つた場所

三　譲渡した燃料炭化水素油の性状及び数量

四　譲渡した相手方の氏名又は名称及び住所又は所在地並び

に当該譲渡に係る自動車の自動車登録番号

五　交付した自動車用炭化水素油譲渡証の番号

六　燃料炭化水素油の貯蔵場所及び在庫数量

3　法第百四十四条の三十二第一項第四号の承認を受けた者は、消費に係る自動車の主たる定置場ごとに、次に掲げる事項を帳簿に記載しなければならない。

一　消費を行つた年月日

二　消費した燃料炭化水素油の性状及び数量

三　消費に係る自動車の自動車登録番号

四　燃料炭化水素油の在庫数量

4　法第百四十四条の三十二第一項第三号の承認を受けた者が、その者の事務所又は事業所において当該承認に係る燃料炭化水素油を自動車の保有者に譲渡し、同条第六項の規定により自動車用炭化水素油譲渡証の交付を行つた場合には、第二項第四号に掲げる事項のうち譲渡した相手方の氏名又は名称及び住所又は所在地に係る事項の記載を省略することができる。ただし、道府県知事が特に必要があると認めてその記載を命じたときは、この限りでない。

（事業の開廃等の届出書の提出）

第八条の四十五　法第百四十四条の三十四第一項の規定による届出をしようとする元売業者、特約業者、石油製品販売業者及び軽油製造業者等は、事業を開始し、廃止し、又は休止しようとする日の五日前までに第十六号の三十五様式による届出書を、主たる事務所又は事業所所在地の道府県知事に（元売業者にあつては、当該道府県知事を経由して総務大臣に）提出しなければならない。

2　法第百四十四条の三十四第二項の規定による届出をしようとする元売業者、特約業者、石油製品販売業者及び軽油製造業者等は、当該販売契約の締結又は終了の日から五日以内に第十六号の三十六様式による届出書を主たる事務所又は事業所所在地の道府県知事に（元売業者にあつては、当該道府県知事を経由して総務大臣に）提出しなければならない。

3　法第百四十四条の三十四第三項の規定による届出をしようとする元売業者、特約業者、石油製品販売業者及び軽油製造業者等は、遅滞なく、当該異動に係る事項を記載した第十六号の三十五様式又は第十六号の三十六様式による届出書を主たる事務所又は事業所所在地の道府県知事に（元売業者にあつては、当該道府県知事を経由して総務大臣に）提出しなければならない。

（届出書の提出を受けた道府県知事から関係道府県知事への通知）

第八条の四十六　前条第一項の規定による届出書の提出を受けた道府県知事は、速やかに、次に掲げる事項を関係道府県知事に通知するものとする。

一　元売業者、特約業者、石油製品販売業者及び軽油製造業者等の氏名又は名称及び住所又は所在地

二　事務所又は事業所の名称及び所在地

三　事業の開始若しくは廃止の年月日又は休止期間

2　前条第二項の規定による届出書の提出を受けた道府県知事は、速やかに、次に掲げる事項を関係道府県知事に通知するものとする。

一　契約の当事者それぞれの氏名又は名称及び住所又は所在地

二　契約の締結又は終了の年月日

3　前条第三項の規定による届出書の提出を受けた道府県知事は、速やかに、当該異動に係る事項を関係道府県知事に通知するものとする。

（法第百四十四条の三十五第一項の報告事項等）

第八条の四十七　法第百四十四条の三十五第一項に規定する総務省令で定める事項は、次の表の上欄に掲げる者の区分に応じ、それぞれ同表の中欄に掲げる事項とし、同項に規定する総務省令で定める道府県知事は、同表の上欄に掲げる者及び同表の中欄に掲げる事項の区分に応じ、それぞれ同表の下欄に掲げる道府県知事とする。

元売業者	①　納入を行つた軽油についての引取りを行つた者の氏名又は名称及び住所又は所在地並びに引取りを行つた者ごとの引渡数量 ②　納入を行つた軽油についての納入を受けた者の事務所又は事業所の名称及び所在地並びに当該事務所又は事業所ごとの納入数量 ③　納入を行つた後返還を受けた軽油についての引取りを行つた者の氏名又は名称及び住所又は所在地並びに引取りを行つた者ごとの返還数量 ④　納入を行つた後返還を受けた軽油についての納入を受けた者の事務所又は事業所の名称及び所在地並びに当該事務所又は事業所ごとの返還数量 ⑤　納入を行つた軽油についての元売業者の事務所又は事業所の名称及び所在地並びに当該事務所又は事業所ごとの納入数量 ⑥　納入を行つた後返還を受けた軽油についての返還を受けた元売業者の事務所又は事業所の名称及び所在地並びに当該事務所又は事業所ごとの返還数量	軽油の納入地の道府県知事
	①　軽油の製造を行つた事業所の名称及び所在地並びに事業所ごとの軽油の製造数量 ②　軽油の輸入の許可（関税法（昭和二十九年法律第六十一号）第六十七条に規定する輸入の許可をいう。以下この条、次条及び第八条の五十三において同じ。）に係る税関、輸入の許可を受けた年月日、税関ごと及び輸入の許可ごとの軽油の輸入数量並びに輸入した軽油に係る関税定率法（明治四十三年法律第五十四号）別表の品名及び関税法第百二条の規定に基づく輸出統計品目表及び輸入統計品目表（昭和六十二年大蔵省告示第九十四号）の輸入統計品目表（以下この条、次条及び第八条の五十三において「輸入統計品目表」という。）の統計番号 ③　引取りを行つた軽油についての引渡しを行つた者の氏名又は名称及び引渡しを行つた者ごとの引取数量並びに引渡しを行つた者の事務所又は事業所所在の道府県ごとの引取数量 ④　納入を受けた軽油についての納入を行つた者の氏名又は名称及び納入を行つた者ごとの納入数量並びに納入を行つた者の事務所又は事業所所在の道府県ごとの納入数量	主たる事務所又は事業所所在地の道府県知事

	⑤　引取りを行つた後返還を行つた軽油についての引渡しを行つた者の氏名又は名称及び引渡しを行つた者ごとの返還数量並びに引渡しを行つた者の事務所又は事業所所在の道府県ごとの返還数量 ⑥　納入を受けた後返還を行つた軽油についての納入を行つた者の氏名又は名称及び納入を行つた者ごとの返還数量並びに納入を行つた者の事務所又は事業所所在の道府県ごとの返還数量 ⑦　引渡しを行つた軽油についての引取りを行つた者の氏名又は名称及び引取りを行つた者ごとの引渡数量並びに引取りを行つた者の事務所又は事業所所在の道府県ごとの引渡数量 ⑧　納入を行つた軽油についての納入を受けた者の氏名又は名称及び納入を受けた者ごとの納入数量並びに納入を受けた者の事務所又は事業所所在の道府県ごとの納入数量 ⑨　消費を行つた事務所又は事業所ごとの消費数量 ⑩　引渡しを行つた後返還を受けた軽油についての引取りを行つた者の氏名又は名称及び引取りを行つた者ごとの返還数量並びに引取りを行つた者の事務所又は事業所所在の道府県ごとの返還数量 ⑪　納入を行つた後返還を受けた軽油についての納入を受けた者の氏名又は名称及び納入を受けた者ごとの返還数量並びに納入を受けた者の事務所又は事業所所在の道府県ごとの返還数量 ⑫　元売業者の事務所又は事業所ごとの各月末日における軽油の在庫数量	
特約業者	①　軽油の製造を行つた事業所の名称及び所在地並びに事業所ごとの軽油の製造数量 ②　軽油の輸入の許可に係る税関、輸入の許可を受けた年月日、税関ごと及び輸入の許可ごとの軽油の輸入数量並びに輸入した軽油に係る関税定率法別表の品名及び輸入統計品目表の統計番号 ③　引取りを行つた軽油についての引渡しを行つた者の氏名又は名称及び引渡しを行つた者ごとの引取数量並びに引渡しを行つた者の事務所又は事業所所在の道府県ごとの引取数量 ④　納入を受けた軽油についての納入を行つた者の氏名又は名称及び納入を行つた者ごとの納入数量並びに納入を行つた者の事務所又は事業所所在の道府県ごとの納入数量 ⑤　引取りを行つた後返還を行つた軽油についての引渡しを行つた者の氏名又は名称及び引渡しを行つた者ごとの返還数量並びに引渡しを行つた者の事務所又は事業所所在の道府県ごとの返還数量 ⑥　納入を受けた後返還を行つた軽油についての納入を行つた者の氏名又は名称及び納入を行つた者ごとの返還数量並びに納入を行つた者の事務所又は事業所所在の道府県ごとの返還数量 ⑦　引渡しを行つた軽油についての引取りを行つた者の氏名又は名称及び引取りを行つた者ごとの引渡数量並びに引取りを行つた者の事務所又は事業所所在の道府県ごとの引渡数量 ⑧　納入を行つた軽油についての納入を受けた者の氏名又は名称及び納入を受けた者ごとの納入数量並びに納入を受けた者の事務所又は事業所所在の道府県ごとの納入数量 ⑨　消費を行つた事務所又は事業所ごとの消費数量 ⑩　引渡しを行つた後返還を受けた軽油についての引取りを行つた者の氏名又は名称及び引取りを行つた者ごとの返還数量並びに引取りを行つた者の事務所又は事業所所在の道府県ごとの返還数量 ⑪　納入を行つた後返還を受けた軽油についての納入を受けた者の氏名又は名称及び納入を受けた者ごとの返還数量並びに納入を受けた者の事務所又は事業所所在の道府県ごとの返還数量 ⑫　特約業者の事務所又は事業所ごとの各月末日における軽油の在庫数量	主たる事務所又は事業所所在地の道府県知事
軽油製造業者等	①　軽油の製造を行つた事業所の名称及び所在地並びに事業所ごとの軽油の製造数量 ②　軽油の輸入の許可に係る税関、輸入の許可を受けた年月日、税関ごと及び輸入の許可ごとの軽油の輸入数量並びに輸入した軽油に係る関税定率法別表の品名及び輸入統計品目表の統計番号 ③　引取りを行つた軽油についての引渡しを行つた者の氏名又は名称及び引渡しを行つた者ごとの引取数量並びに引渡しを行つた者の事務所又は事業所所在の道府県ごとの引取数量 ④　納入を受けた軽油についての納入を行つた者の氏名又は名称及び納入を行つた者ごとの納入数量並びに納入を行つた者の事務所又は事業所所在の道府県ごとの納入数量 ⑤　引取りを行つた後返還を行つた軽油についての引渡しを行つた者の氏名又は名称及び引渡しを行つた者ごとの返還数量並びに引渡しを行つた者の事務所又は事業所所在の道府県ごとの返還数量 ⑥　納入を受けた後返還を行つた軽油についての納入を行つた者の氏名又は名称及び納入を行つた者ごとの返還数量並びに納入を行つた者の事務所又は事業所所在の道府県ごとの返還数量 ⑦　引渡しを行つた軽油についての引取りを行つた者の氏名又は名称及び引取りを行つた者ごとの引渡数量並びに引取りを行つた者の事務所又は事業所所在の道府県ごとの引渡数量 ⑧　納入を行つた軽油についての納入を受けた者の氏名又は名称及び納入を受けた者ごとの納入数量並びに納入を受けた者の事務所又は事業所所在の道府県ごとの納入数量	主たる事務所又は事業所所在地の道府県知事

	⑨　消費を行った事務所又は事業所ごとの消費数量
	⑩　引渡しを行った後返還を受けた軽油についての引取りを行った者の氏名又は名称及び引取りを行った者ごとの返還数量並びに引取りを行った者の事務所又は事業所所在の道府県ごとの返還数量
	⑪　納入を行った後返還を受けた軽油についての納入を受けた者の氏名又は名称及び納入を受けた者ごとの返還数量並びに納入を受けた者の事務所又は事業所所在の道府県ごとの返還数量
	⑫　軽油製造業者等の事務所又は事業所ごとの各月末日における軽油の在庫数量

（法第百四十四条の三十五第二項の報告事項等）

第八条の四十八　法第百四十四条の三十五第二項に規定する総務省令で定める事項は、次に定める事項とし、同項に規定する総務省令で定める道府県知事は、主たる事務所又は事業所所在地の道府県知事とする。

一　製造をした者の氏名又は名称、住所又は所在地及び個人番号又は法人番号（個人番号又は法人番号を有しない者にあつては、氏名又は名称及び住所又は所在地）

二　製造をした年月日

三　製造をした場所

四　製造に使用した炭化水素油その他の原材料の性状及び数量並びに軽油の製造方法

五　製造した軽油の数量

六　製造した軽油の用途

七　製造した軽油を譲渡しようとする相手方の氏名又は名称及び住所又は所在地並びに譲渡又は消費の予定年月日

八　製造した軽油を譲渡し、又は消費したときは、その譲渡先の氏名又は名称及び住所又は所在地、その譲渡又は消費の年月日並びにその譲渡数量又は消費数量

（法第百四十四条の三十五第五項の総務省令で定める事項）

第八条の四十九　法第百四十四条の三十五第五項に規定する総務省令で定める事項は、次に掲げる事項とする。

一　軽油の納入先の氏名又は名称及び住所又は所在地

二　納入を行った年月日

三　納入を行った軽油の数量

（法第百四十四条の三十五第六項の総務省令で定める事項）

第八条の五十　法第百四十四条の三十五第六項に規定する総務省令で定める事項は、次に掲げる事項とする。

一　納入を受けた軽油の引渡しを行った者の氏名又は名称及び住所又は所在地

二　納入を受けた軽油の納入を行った者の氏名又は名称及び住所又は所在地

三　納入を受けた年月日

四　納入を受けた軽油の数量

（軽油の引取りの報告等の方法）

第八条の五十一　法第百四十四条の三十五第一項又は第二項の規定による報告は、次の表の上欄に掲げる事項の区分に応じ、それぞれ同表の下欄に掲げる様式によるものとする。

一　法第百四十四条の三十五第一項の元売業者が軽油の納入地の道府県知事に対し報告すべき事項	第十六号の三十七様式から第十六号の四十様式まで
二　法第百四十四条の三十五第一項の元売業者、特約業者及び軽油製造業者等がその主たる事務所又は事業所所在地の道府県知事に対し報告すべき事項	第十六号の四十一様式
三　法第百四十四条の三十五第二項の規定による報告をしようとする者がその主たる事務所又は事業所所在地の道府県知事に対し報告すべき事項	第十六号の四十二様式

2　元売業者、特約業者及び軽油製造業者等がその事務所又は事業所において行う自動車の保有者に対する現実の納入を伴う軽油の引渡しについては、第八条の四十七の表の中欄に掲げる事項のうち、引渡しを行った軽油についての引取りを行った者の氏名又は名称及び引取りを行った者ごとの引渡数量並びに引取りを行った者の事務所又は事業所所在の道府県ごとの引渡数量並びに納入を行った軽油についての納入を受けた者の氏名又は名称及び納入を受けた者ごとの納入数量並びに納入を受けた者の事務所又は事業所所在の道府県ごとの納入数量を省略する方法により報告することができる。ただし、道府県知事が特に必要があると認めてその報告を命じたときは、この限りでない。

3　元売業者は、毎月末日までに、前月の初日から末日までの間に法第百四十四条の三十五第五項の規定による納入を行った軽油に係る第八条の四十九に規定する事項を、当該特約業者に対し通知しなければならない。

4　法第百四十四条の二第一項又は第二項に規定する軽油の引取りを行った者は、毎月末日までに、前月の初日から末日までの間に納入を受けた軽油に係る前条に規定する事項を記載した書類を、当該引取りに係る特別徴収義務者に提出しなければならない。

5　自動車の保有者が元売業者又は特約業者の事務所又は事業所において現実の納入を伴う軽油の引取りを行う場合においての前項の書類の提出については、特別徴収義務者が前条に規定する事項を記載した書類を当該自動車の保有者が確認する方法で行うことができる。

（法第百四十四条の三十五第七項の書類の保存）

第八条の五十二　法第百四十四条の三十五第六項の規定により書類の提出を受けた特別徴収義務者は、これを当該書類の提出を受けた日から七年間、当該特別徴収義務者の事務所又は事業所に保存しなければならない。

（法第百四十四条の三十六の帳簿記載義務）

第八条の五十三　元売業者、特約業者、石油製品販売業者及び軽油製造業者等は、事務所又は事業所ごとに、次に掲げる事項を帳簿に記載しなければならない。

一　引取りを行った軽油の数量及び引取りを行った年月日並びに引渡しを行った者の氏名又は名称及び引渡しを行った者の事務所又は事業所の名称及び所在地

二　納入を受けた軽油の数量及び納入を受けた年月日並びに納入を行った者の氏名又は名称及び納入を行った者の事務所又は事業所の名称及び所在地

三　引渡しを行つた軽油の数量及び引渡しを行つた年月日並びに引取りを行つた者の氏名又は名称及び引取りを行つた者の事務所又は事業所の名称及び所在地

四　納入を行つた軽油の数量及び納入を行つた年月日並びに納入を受けた者の氏名又は名称及び納入を受けた者の事務所又は事業所の名称及び所在地

五　各月末日における軽油の在庫数量

六　消費した軽油の数量及び消費の年月日

七　引取りを行つた後返還を行つた軽油の数量及び返還を行つた年月日並びに返還を受けた者の氏名又は名称及び返還を受けた者の事務所又は事業所の名称及び所在地

八　納入を受けた後返還を行つた軽油の数量及び返還を行つた年月日並びに返還を受けた者の氏名又は名称及び返還を受けた者の事務所又は事業所の名称及び所在地

九　引渡しを行つた後返還を受けた軽油の数量及び返還を受けた年月日並びに返還を行つた者の氏名又は名称及び返還を行つた者の事務所又は事業所の名称及び所在地

十　納入を行つた後返還を受けた軽油の数量及び返還を受けた年月日並びに返還を行つた者の氏名又は名称及び返還を行つた者の事務所又は事業所の名称及び所在地

2　前項の場合において、軽油が法第百四十四条の五又は第百四十四条の六の規定の適用を受けた、又は受けるべきものであるときには、その旨を付記しなければならない。

3　元売業者、特約業者及び軽油製造業者等は、第一項各号に掲げる事項のほか、次に掲げる事項を記載しなければならない。

一　軽油の製造を行つた事業所の名称及び所在地、製造を行つた年月日並びに事業所ごとの軽油の製造数量

二　軽油の輸入の許可に係る税関、輸入の許可を受けた年月日、税関ごと及び輸入の許可ごとの軽油の輸入数量並びに輸入した軽油に係る関税定率法別表の品名及び輸入統計品目表の統計番号

4　元売業者、特約業者、石油製品販売業者及び軽油製造業者等は、帳簿を既に軽油引取税が課され又は課されるべき軽油に係るものとその他の軽油に係るものに区分しなければならない。

5　元売業者又は特約業者がその販売事業の一部を他の者に委託している場合においては、当該事業の委託を受けている者は、帳簿を当該委託者ごとのものとその他のものに区分し、第一項各号に掲げる事項及び当該委託に係る事項を記載しなければならない。

6　元売業者、特約業者、石油製品販売業者及び軽油製造業者等がその事務所又は事業所において行う自動車の保有者に対する現実の納入を伴う軽油の引渡しについては、第一項第三号及び第四号に掲げる事項（引渡しを行つた軽油の数量及び引渡しを行つた年月日並びに納入を行つた軽油の数量及び納入を行つた年月日を除く。）の記載を省略することができる。ただし、道府県知事が特に必要であると認めてその記載を命じたときは、この限りでない。

（法第百四十四条の三十八の二第四項の場合等）

第八条の五十三の二　法第百四十四条の三十八の二第四項に規定する総務省令で定める場合は、税理士法施行規則第十五条の税務代理権限証書（次項において「税務代理権限証書」という。）に、法第百四十四条の三十八の二第一項に規定する元売業者等への調査の通知は税務代理人に対してすれば足りる旨の記載がある場合とする。

2　法第百四十四条の三十八の二第五項に規定する総務省令で定める場合は、税務代理権限証書に、当該税務代理権限証書を提出する者を同項の代表する税務代理人として定めた旨の記載がある場合とする。

（法第百四十四条の六十第一項の総務省令で定める道路）

第八条の五十四　法第百四十四条の六十第一項に規定する総務省令で定める道路は、第九条の九に定める道路とする。

（交付時期及び交付時期ごとの交付額）

第八条の五十五　法第百四十四条の六十第一項の指定道府県（以下第八条の五十九までにおいて「指定道府県」という。）は、毎年度、同項の指定市（以下第八条の六十までにおいて「指定市」という。）に対して、次の表の上欄に掲げる時期に、それぞれその下欄に定める額に当該指定市の区域内に存する一般国道等（法第百四十四条の六十第一項の一般国道等をいう。以下第八条の五十八までにおいて同じ。）の面積を当該指定道府県の区域内に存する一般国道等の面積で除して得た率を乗じて得た金額を交付する。

交付時期	交付時期ごとに交付すべき額の基準となる額
八月	前年度三月から七月までの間に収入した軽油引取税の額（当該期間内に軽油引取税に係る還付金を歳出予算から支出した場合においては、当該支出した額を控除した額とする。以下この表において同じ。）の十分の九に相当する額
十二月	八月から十一月までの間に収入した軽油引取税の額の十分の九に相当する額
三月	十二月から二月までの間に収入した軽油引取税の額の十分の九に相当する額

2　前項の率を算出する場合において小数点以下三位未満の端数が生ずるときは、これを切り捨てる。

3　第一項に規定する各交付時期ごとに交付することができなかつた金額があるとき、又は各交付時期において交付すべき金額を超えて交付した金額がある場合においては、それぞれ当該金額を次の交付時期に交付すべき金額に加算し、又はこれから減額するものとする。

（交付額の算定に用いる資料の提出義務）

第八条の五十六　指定市の長は、指定道府県の知事の定めるところにより、当該指定道府県が当該指定市に対して前条の規定により交付する額の算定に用いる一般国道等の面積に関する資料を当該指定道府県の知事に提出しなければならない。

（一般国道等の面積の算定）

第八条の五十七　法第百四十四条の六十第二項本文に規定する一般国道等の面積の算定は、道路法第二十八条に規定する道路台帳に記載されている道路（同法第九条の路線の認定の公示、同法第十八条第一項の道路の区域の決定の公示及び同条第二項の供用開始の公示が行われたものをいう。）の延長に当該一般国道等の路面幅員を乗じて行うものとする。

2　前項の算定は、毎年度、前年の四月一日現在において行うものとする。ただし、前年の四月二日からその年の四月一日までの間において、市町村の廃置分合、大規模な境界変更又

は指定市の指定等により一般国道等を管理する都道府県又は指定市に変更があつたときは、都道府県知事が必要と認める場合に限り前項及びこの項本文の規定による算定は、その年の四月一日現在における一般国道等の管理者の区分により行うことができる。

（一般国道等の面積の補正）

第八条の五十八　前条の規定によつて算定した一般国道等の面積は、次項以下に規定する方法によつて、補正するものとする。

2　一般国道等の面積のうち道路（橋りようを除く。以下この項において同じ。）にかかる面積は、第一号及び第二号に掲げる率を連乗して得た率を基礎として、橋りようにかかる面積は、第三号に掲げる率を基礎として、それぞれ総務大臣が定める率を乗じて補正するものとする。

一　次の算式によつて得た率

$$1+\frac{\text{道路の面積}}{\text{（有効幅員4.5メートル以上7.5メートル未満の道路（未改良にかかる道路を除く。）の延長×1）＋（有効幅員4.5メートル以上の道路（改良にかかる道路を除く。）の延長×1.2）＋（有効幅員4.5メートル未満の道路の延長×1.5）}}$$

二　次の算式によつて得た率

$$\frac{\text{道路の延長}}{\text{砂利道の延長×1.3＋舗装道の延長}}$$

三　次の算式によつて得た率

$$\frac{\text{（木橋の延長×9＋橋りよう（木橋を除く。）の延長）×2.5}}{\text{橋りようの延長}}$$

3　前項の規定によつて補正された一般国道等の面積は、更に、次表によつて得られる当該指定道府県又は指定市の率を乗じて得た率を基礎として総務大臣が定める率を乗じて補正するものとする。

指定道府県又は指定市の平均交通量	率
二、五〇〇台以下	一・〇
二、五〇〇台を超え　三、五〇〇台以下	一・二
三、五〇〇台を超え　四、五〇〇台以下	一・四
四、五〇〇台を超え　五、五〇〇台以下	一・六
五、五〇〇台を超え　六、五〇〇台以下	一・八
六、五〇〇台を超え　七、五〇〇台以下	二・〇
七、五〇〇台を超え　八、五〇〇台以下	二・二
八、五〇〇台を超え一〇、五〇〇台以下	二・六
一〇、五〇〇台を超え一二、五〇〇台以下	三・〇
一二、五〇〇台を超え二八、五〇〇台以下	三・〇に一二、五〇〇台から計算して一、〇〇〇台までを増すごとに〇・二を加算した数
二八、五〇〇台を超えるもの	六・六

4　第二項第三号の木橋とは、前年の四月一日現在において道路法第二十八条に規定する道路台帳に記載されている木橋をいい、前項の平均交通量とは、道路法第七十七条第一項の規定によつて国土交通大臣が最近に行つた一般交通調査に基づき、総務大臣が調査算定したものをいう。

5　第二項各号に掲げる率及び同項第一号及び第二号に掲げる率を連乗して得た率並びにこれらの率を基礎として総務大臣が定める率を算定する場合において、小数点以下三位未満の端数が生ずるときは、これを四捨五入する。

（総務大臣が定める率の算定に用いる資料の提出義務）

第八条の五十九　指定道府県の知事及び指定市の長は、総務大臣の定めるところにより、前条の規定によつて総務大臣が定める率の算定に用いるために必要な資料を総務大臣に提出しなければならない。

（交付すべき額の算定に錯誤があつた場合の措置）

第八条の六十　第八条の五十五第一項の規定によつて指定市に対して交付すべき額を交付した後において、その交付した額の算定に錯誤があつたため、交付した額を増加し、又は減少する必要が生じた場合においては、当該錯誤に係る額を発見した日以後に到来する交付時期において当該交付すべき額に加算し、又はこれから減額するものとする。

（法第百四十五条第五号のエネルギー消費効率）

第九条　法第百四十五条第五号に規定するエネルギーの使用の合理化及び非化石エネルギーへの転換等に関する法律（昭和五十四年法律第四十九号）第百四十九条第一項の規定により定められるエネルギー消費機器等製造事業者等の判断の基準となるべき事項を勘案して総務省令で定めるエネルギー消費効率は、次の各号に掲げる自動車の区分に応じ、当該各号に定めるエネルギー消費効率とする。

一　エネルギーの使用の合理化及び非化石エネルギーへの転換等に関する法律施行令（昭和五十四年政令第二百六十七号）第十八条第一号に掲げる乗用自動車　乗用自動車のエネルギー消費性能の向上に関するエネルギー消費機器等製造事業者等の判断の基準等（平成二十五年経済産業省・国土交通省告示第二号）に定める基準エネルギー消費効率

二　エネルギーの使用の合理化及び非化石エネルギーへの転換等に関する法律施行令第十八条第八号に掲げる貨物自動車　貨物自動車のエネルギー消費性能の向上に関するエネルギー消費機器等製造事業者等の判断の基準等（平成二十七年経済産業省・国土交通省告示第一号）に定める基準エネルギー消費効率

（法第百四十九条第一項第二号の専ら可燃性天然ガスを内燃機関の燃料として用いる自動車等）

第九条の二　法第百四十九条第一項第二号に規定する専ら可燃性天然ガスを内燃機関の燃料として用いる自動車で総務省令で定めるものは、内燃機関の燃料として可燃性天然ガスを用いる自動車で当該自動車に係る道路運送車両法（昭和二十六年法律第百八十五号）第五十八条に規定する自動車検査証（以下この条及び第九条の四において「自動車検査証」という。）において燃料が可燃性天然ガスである旨が明らかにされているもの（可燃性天然ガス以外の燃料を用いる旨が併せて明らかにされているものを除く。）とする。

2　法第百四十九条第一項第二号イに規定する平成三十年十月一日以降に適用されるべきものとして定められた排出ガス保

安基準で総務省令で定めるものは、道路運送車両の保安基準の細目を定める告示（平成十四年国土交通省告示第六百十九号。以下この条及び第九条の四において「細目告示」という。）第四十一条第一項第十一号の基準とする。

3 法第百四十九条第一項第二号ロに規定する平成二十一年十月一日（車両総重量が三・五トンを超え十二トン以下の天然ガス自動車にあつては、平成二十二年十月一日）以降に適用されるべきものとして定められた排出ガス保安基準で総務省令で定めるものは、次の各号に掲げる自動車の区分に応じ、当該各号に定める基準とする。

一 車両総重量（道路運送車両法第四十条第三号に規定する車両総重量をいう。以下この条及び第九条の四において同じ。）が三・五トン以下の自動車 道路運送車両の保安基準の細目を定める告示及び道路運送車両の保安基準第二章及び第三章の規定の適用関係の整理のため必要な事項を定める告示の一部を改正する告示（平成三十年国土交通省告示第五百二十八号）による改正前の細目告示（以下この条及び第九条の四において「旧細目告示」という。）第四十一条第一項第十一号イの基準又は道路運送車両の保安基準第二章及び第三章の規定の適用関係の整理のため必要な事項を定める告示（平成十五年国土交通省告示第千三百十八号。以下この条及び第九条の四において「適用関係告示」という。）第二十八条第百三十三項の基準

二 車両総重量が三・五トンを超える自動車 細目告示第四十一条第一項第九号の基準

4 法第百四十九条第一項第二号ロに規定する窒素酸化物の排出量が平成二十一年天然ガス車基準に定める窒素酸化物の値の十分の九を超えない天然ガス自動車で総務省令で定めるものは、次の各号に掲げる自動車の区分に応じ、当該各号に定める要件に該当する自動車とする。

一 車両総重量が三・五トン以下の自動車 窒素酸化物の排出量が旧細目告示第四十一条第一項第十一号イの表の(1)から(3)までに掲げる自動車の種別に応じ、同表の窒素酸化物の欄に掲げる値の十分の九を超えない自動車で、かつ、低排出ガス車認定実施要領（平成十二年運輸省告示第百三号）第五条の規定による認定（以下この条及び第九条の四において「低排出ガス車認定」という。）を受けたものであること。

二 車両総重量が三・五トンを超える自動車 窒素酸化物の排出量が細目告示第四十一条第一項第九号に定める窒素酸化物の値の十分の九を超えない自動車で、かつ、低排出ガス車認定を受けたものであること。

5 法第百四十九条第一項第三号に規定する総務省令で定める動力源は、電気及び蓄圧器に蓄えられた圧力とする。

6 法第百四十九条第一項第三号に規定する自動車排出ガスの排出の抑制に資する自動車で総務省令で定めるものは、当該自動車に係る自動車検査証においてハイブリッド自動車である旨が明らかにされている自動車とする。

7 法第百四十九条第一項第三号に規定する動力源として用いる電気を外部から充電する機能を備えている自動車で総務省令で定めるものは、当該自動車に係る自動車検査証においてプラグインハイブリッド自動車である旨が明らかにされている自動車とする。

8 法第百四十九条第一項第四号イに規定する乗用車で総務省令で定めるものは、次に掲げる要件に該当する自動車とする。

一 次に掲げる自動車の区分に応じ、それぞれ次に定める要件に該当すること。

イ 平成三十年ガソリン軽中量車基準（法第百四十九条第一項第四号イ(1)(i)に規定する平成三十年ガソリン軽中量車基準をいう。以下この条及び第九条の四において同じ。）に適合する自動車 窒素酸化物の排出量が細目告示第四十一条第一項第三号イの表の(1)の窒素酸化物の欄に掲げる値の二分の一を超えない自動車で、かつ、低排出ガス車認定を受けたものであること。

ロ 平成十七年ガソリン軽中量車基準（法第百四十九条第一項第四号イ(1)(ii)に規定する平成十七年ガソリン軽中量車基準をいう。以下この条及び第九条の四において同じ。）に適合する自動車 窒素酸化物の排出量が旧細目告示第四十一条第一項第三号イの表の(1)の窒素酸化物の欄に掲げる値の四分の一を超えない自動車で、かつ、低排出ガス車認定を受けたものであること。

二 自動車の燃費性能の評価及び公表に関する実施要領（平成十六年国土交通省告示第六十一号。以下この条において「燃費評価実施要領」という。）第四条の五に規定する令和十二年度燃費基準達成・向上達成レベル（以下この条及び第九条の四において「令和十二年度燃費基準達成レベル」という。）が九十以上であること及び当該自動車に係る自動車検査証においてその旨が明らかにされていること。

三 燃費評価実施要領第四条の二に規定する令和二年度燃費基準達成・向上達成レベル（以下この条及び第九条の四において「令和二年度燃費基準達成レベル」という。）が百以上であること及び当該自動車に係る自動車検査証においてその旨が明らかにされていること。

9 法第百四十九条第一項第四号イ(1)(i)に規定する平成三十年十月一日以降に適用されるべきものとして定められた排出ガス保安基準で総務省令で定めるものは、細目告示第四十一条第一項第三号イ（粒子状物質に係る部分を除く。）の基準とする。

10 法第百四十九条第一項第四号イ(1)(ii)に規定する平成十七年十月一日以降に適用されるべきものとして定められた排出ガス保安基準で総務省令で定めるものは、旧細目告示第四十一条第一項第三号イ（粒子状物質に係る部分を除く。）の基準又は適用関係告示第二十八条第百八項の基準とする。

11 法第百四十九条第一項第四号ロに規定する乗用車で総務省令で定めるものは、次に掲げる要件に該当する自動車とする。

一 次に掲げる自動車の区分に応じ、それぞれ次に定める要件に該当すること。

イ 平成三十年ガソリン軽中量車基準に適合する自動車 窒素酸化物の排出量が細目告示第四十一条第一項第三号イの表の(1)の窒素酸化物の欄に掲げる値の二分の一を超えない自動車で、かつ、低排出ガス車認定を受けたものであること。

ロ 平成十七年ガソリン軽中量車基準に適合する自動車 窒素酸化物の排出量が旧細目告示第四十一条第一項第三号イの表の(1)の窒素酸化物の欄に掲げる値の四分の一を

超えない自動車で、かつ、低排出ガス車認定を受けたものであること。

二　令和十二年度燃費基準達成レベルが九十五以上であること及び当該自動車に係る自動車検査証においてその旨が明らかにされていること。

三　令和二年度燃費基準達成レベルが百以上であること及び当該自動車に係る自動車検査証においてその旨が明らかにされていること。

12　法第百四十九条第一項第四号ハに規定する車両総重量が三・五トン以下のバスで総務省令で定めるものは、次に掲げる要件に該当する自動車とする。

一　次に掲げる自動車の区分に応じ、それぞれ次に定める要件に該当すること。

イ　平成三十年ガソリン軽中量車基準に適合する自動車　窒素酸化物の排出量が細目告示第四十一条第一項第三号イの表の(2)又は(3)に掲げる自動車の種別に応じ、同表の窒素酸化物の欄に掲げる値の二分の一を超えない自動車で、かつ、低排出ガス車認定を受けたものであること。

ロ　平成十七年ガソリン軽中量車基準に適合する自動車　窒素酸化物の排出量が旧細目告示第四十一条第一項第三号イの表の(2)又は(3)に掲げる自動車の種別に応じ、同表の窒素酸化物の欄に掲げる値の四分の一を超えない自動車で、かつ、低排出ガス車認定を受けたものであること。

二　令和二年度燃費基準達成レベルが百五以上であること及び当該自動車に係る自動車検査証においてその旨が明らかにされていること。

13　法第百四十九条第一項第四号ニに規定する車両総重量が三・五トン以下のバスで総務省令で定めるものは、次に掲げる要件に該当する自動車とする。

一　次に掲げる自動車の区分に応じ、それぞれ次に定める要件に該当すること。

イ　平成三十年ガソリン軽中量車基準に適合する自動車　窒素酸化物の排出量が細目告示第四十一条第一項第三号イの表の(2)又は(3)に掲げる自動車の種別に応じ、同表の窒素酸化物の欄に掲げる値の四分の三を超えない自動車で、かつ、低排出ガス車認定を受けたものであること。

ロ　平成十七年ガソリン軽中量車基準に適合する自動車　窒素酸化物の排出量が旧細目告示第四十一条第一項第三号イの表の(2)又は(3)に掲げる自動車の種別に応じ、同表の窒素酸化物の欄に掲げる値の二分の一を超えない自動車で、かつ、低排出ガス車認定を受けたものであること。

二　令和二年度燃費基準達成レベルが百十以上であること及び当該自動車に係る自動車検査証においてその旨が明らかにされていること。

14　法第百四十九条第一項第四号ホに規定する車両総重量が三・五トン以下のトラックで総務省令で定めるものは、次に掲げる要件に該当する自動車とする。

一　次に掲げる自動車の区分に応じ、それぞれ次に定める要件に該当すること。

イ　平成三十年ガソリン軽中量車基準に適合する自動車　窒素酸化物の排出量が細目告示第四十一条第一項第三号イの表の(2)又は(3)に掲げる自動車の種別に応じ、同表の窒素酸化物の欄に掲げる値の二分の一を超えない自動車で、かつ、低排出ガス車認定を受けたものであること。

ロ　平成十七年ガソリン軽中量車基準に適合する自動車　窒素酸化物の排出量が旧細目告示第四十一条第一項第三号イの表の(2)又は(3)に掲げる自動車の種別に応じ、同表の窒素酸化物の欄に掲げる値の四分の一を超えない自動車で、かつ、低排出ガス車認定を受けたものであること。

二　燃費評価実施要領第四条の三に規定する令和四年度燃費基準達成・向上達成レベル（以下この条及び第九条の四において「令和四年度燃費基準達成レベル」という。）が百（車両総重量が二・五トン以下のトラックにあつては、令和四年度燃費基準達成レベルが百五）以上であること及び当該自動車に係る自動車検査証においてその旨が明らかにされていること。

15　法第百四十九条第一項第四号ヘに規定する車両総重量が二・五トンを超え三・五トン以下のトラックで総務省令で定めるものは、次に掲げる要件に該当する自動車とする。

一　次に掲げる自動車の区分に応じ、それぞれ次に定める要件に該当すること。

イ　平成三十年ガソリン軽中量車基準に適合する自動車　窒素酸化物の排出量が細目告示第四十一条第一項第三号イの表の(3)の窒素酸化物の欄に掲げる値の四分の三を超えない自動車で、かつ、低排出ガス車認定を受けたものであること。

ロ　平成十七年ガソリン軽中量車基準に適合する自動車　窒素酸化物の排出量が旧細目告示第四十一条第一項第三号イの表の(3)の窒素酸化物の欄に掲げる値の二分の一を超えない自動車で、かつ、低排出ガス車認定を受けたものであること。

二　令和四年度燃費基準達成レベルが百五以上であること及び当該自動車に係る自動車検査証においてその旨が明らかにされていること。

16　法第百四十九条第一項第五号イに規定する乗用車で総務省令で定めるものは、次に掲げる要件に該当する自動車とする。

一　次に掲げる自動車の区分に応じ、それぞれ次に定める要件に該当すること。

イ　平成三十年石油ガス軽中量車基準（法第百四十九条第一項第五号イ(1)(i)に規定する平成三十年石油ガス軽中量車基準をいう。第二十項第一号及び第九条の四において同じ。）に適合する自動車　窒素酸化物の排出量が細目告示第四十一条第一項第三号イの表の(1)の窒素酸化物の欄に掲げる値の二分の一を超えない自動車で、かつ、低排出ガス車認定を受けたものであること。

ロ　平成十七年石油ガス軽中量車基準（法第百四十九条第一項第五号イ(1)(ii)に規定する平成十七年石油ガス軽中量車基準をいう。第二十項第一号及び第九条の四において同じ。）に適合する自動車　窒素酸化物の排出量が旧細目告示第四十一条第一項第三号イの表の(1)の窒素酸化物の欄に掲げる値の四分の一を超えない自動車で、かつ、低排出ガス車認定を受けたものであること。

二　令和十二年度燃費基準達成レベルが九十以上であること及び当該自動車に係る自動車検査証においてその旨が明ら

かにされていること。
三　令和二年度燃費基準達成レベルが百以上であること及び当該自動車に係る自動車検査証においてその旨が明らかにされていること。
17　法第百四十九条第一項第五号イ(1)(i)に規定する平成三十年十月一日以降に適用されるべきものとして定められた排出ガス保安基準で総務省令で定めるものは、細目告示第四十一条第一項第三号イ（粒子状物質に係る部分を除く。）の基準とする。
18　法第百四十九条第一項第五号イ(1)(ii)に規定する平成十七年十月一日以降に適用されるべきものとして定められた排出ガス保安基準で総務省令で定めるものは、旧細目告示第四十一条第一項第三号イ（粒子状物質に係る部分を除く。）の基準又は適用関係告示第二十八条第百八項の基準とする。
19　法第百四十九条第一項第五号ロに規定する乗用車で総務省令で定めるものは、次に掲げる要件に該当する自動車とする。
一　次に掲げる自動車の区分に応じ、それぞれ次に定める要件に該当すること。
イ　平成三十年石油ガス軽中量車基準に適合する自動車　窒素酸化物の排出量が細目告示第四十一条第一項第三号イの表の(1)の窒素酸化物の欄に掲げる値の二分の一を超えない自動車で、かつ、低排出ガス車認定を受けたものであること。
ロ　平成十七年石油ガス軽中量車基準に適合する自動車　窒素酸化物の排出量が旧細目告示第四十一条第一項第三号イの表の(1)の窒素酸化物の欄に掲げる値の四分の一を超えない自動車で、かつ、低排出ガス車認定を受けたものであること。
二　令和十二年度燃費基準達成レベルが九十五以上であること及び当該自動車に係る自動車検査証においてその旨が明らかにされていること。
三　令和二年度燃費基準達成レベルが百以上であること及び当該自動車に係る自動車検査証においてその旨が明らかにされていること。
20　法第百四十九条第一項第六号イに規定する乗用車で総務省令で定めるものは、次に掲げる要件に該当する自動車とする。
一　令和十二年度燃費基準達成レベルが九十以上であること及び当該自動車に係る自動車検査証においてその旨が明らかにされていること。
二　令和二年度燃費基準達成レベルが百以上であること及び当該自動車に係る自動車検査証においてその旨が明らかにされていること。
21　法第百四十九条第一項第六号イ(1)に規定する平成三十年十月一日以降に適用されるべきものとして定められた排出ガス保安基準で総務省令で定めるものは、細目告示第四十一条第一項第七号の基準とする。
22　法第百四十九条第一項第六号イ(1)に規定する平成二十一年十月一日以降に適用されるべきものとして定められた排出ガス保安基準で総務省令で定めるものは、旧細目告示第四十一条第一項第七号イの基準とする。
23　法第百四十九条第一項第六号ロに規定する乗用車で総務省令で定めるものは、次に掲げる要件に該当する自動車とする。
一　令和十二年度燃費基準達成レベルが九十五以上であること及び当該自動車に係る自動車検査証においてその旨が明らかにされていること。
二　令和二年度燃費基準達成レベルが百以上であること及び当該自動車に係る自動車検査証においてその旨が明らかにされていること。
24　法第百四十九条第一項第六号ハに規定する車両総重量が三・五トン以下のバスで総務省令で定めるものは、次に掲げる要件（平成三十年軽油軽中量車基準（同号イ(1)に規定する平成三十年軽油軽中量車基準をいう。第二十六項及び第九条の四において同じ。）に適合する自動車にあつては、第一号に掲げる要件を除く。）に該当する自動車とする。
一　窒素酸化物及び粒子状物質の排出量が旧細目告示第四十一条第一項第七号イの表の(2)又は(3)に掲げる自動車の種別に応じ、同表の窒素酸化物及び粒子状物質の欄に掲げる値の十分の九を超えない自動車で、かつ、低排出ガス車認定を受けたものであること。
二　令和二年度燃費基準達成レベルが百五以上であること及び当該自動車に係る自動車検査証においてその旨が明らかにされていること。
25　法第百四十九条第一項第六号ニに規定する車両総重量が三・五トン以下のバスで総務省令で定めるものは、令和二年度燃費基準達成レベルが百十以上である自動車（当該自動車に係る自動車検査証においてその旨が明らかにされている自動車に限る。）とする。
26　法第百四十九条第一項第六号ホに規定する車両総重量が二・五トンを超え三・五トン以下のトラックで総務省令で定めるものは、次に掲げる要件（平成三十年軽油軽中量車基準に適合する自動車にあつては、第一号に掲げる要件を除く。）に該当する自動車とする。
一　窒素酸化物及び粒子状物質の排出量が旧細目告示第四十一条第一項第七号イの表の(3)の窒素酸化物及び粒子状物質の欄に掲げる値の十分の九を超えない自動車で、かつ、低排出ガス車認定を受けたものであること。
二　令和四年度燃費基準達成レベルが百以上であること及び当該自動車に係る自動車検査証においてその旨が明らかにされていること。
27　法第百四十九条第一項第六号ヘに規定する車両総重量が二・五トンを超え三・五トン以下のトラックで総務省令で定めるものは、令和四年度燃費基準達成レベルが百五以上である自動車（当該自動車に係る自動車検査証においてその旨が明らかにされている自動車に限る。）とする。
28　法第百四十九条第一項第六号トに規定する車両総重量が三・五トンを超えるバス又はトラックで総務省令で定めるものは、次に掲げる要件（平成二十八年軽油重量車基準（同号ト(1)(i)に規定する平成二十八年軽油重量車基準をいう。第九条の四において同じ。）に適合する自動車にあつては、第一号に掲げる要件を除く。）に該当する自動車とする。
一　窒素酸化物及び粒子状物質の排出量が適用関係告示第二十八条第百六十四項第一号に定める窒素酸化物及び粒子状物質の値の十分の九を超えない自動車で、かつ、低排出ガス車認定を受けたものであること。
二　燃費評価実施要領第四条の四に規定する令和七年度燃費

基準達成・向上達成レベル」第九条の四において「令和七年度燃費基準達成レベル」という。）が百五以上であること及び当該自動車に係る自動車検査証においてその旨が明らかにされていること。

29　法第百四十九条第一項第六号ト(1)(i)に規定する平成二十八年十月一日（車両総重量が三・五トンを超え七・五トン以下のものにあつては、平成三十年十月一日）以降に適用されるべきものとして定められた排出ガス保安基準で総務省令で定めるものは、細目告示第四十一条第一項第五号の基準とする。

30　法第百四十九条第一項第六号ト(1)(ii)に規定する平成二十一年十月一日（車両総重量が十二トン以下のものにあつては、平成二十二年十月一日）以降に適用されるべきものとして定められた排出ガス保安基準で総務省令で定めるものは、適用関係告示第二十八条第百六十四項第一号の基準とする。

31　法第百四十九条第二項に規定する令和十二年度基準エネルギー消費効率を算定する方法として総務省令で定める方法は、自動車のエネルギー消費効率の算定等に関する省令に規定する国土交通大臣が告示で定める方法（平成十八年国土交通省告示第三百五十号。以下この条において「エネルギー消費効率算定告示」という。）第一条第二項第三号に掲げる方法とする。

32　法第百四十九条第二項に規定する令和四年度基準エネルギー消費効率及び令和二年度基準エネルギー消費効率を算定する方法として総務省令で定める方法は、エネルギー消費効率算定告示第一条第一項第二号に掲げる方法とする。

33　法第百四十九条第二項に規定する基準エネルギー消費効率であつて平成二十二年度以降の各年度において適用されるべきものとして定められたものを算定する方法として総務省令で定める方法は、エネルギー消費効率算定告示第一条第一項第一号に掲げる方法とする。

34　法第百四十九条第二項において準用する同条第一項（第四号イ、ロ及びホに係る部分に限る。）の規定の適用がある場合における第八項、第十一項及び第十四項の規定の適用については、次の表の上欄に掲げる規定中同表の中欄に掲げる字句は、それぞれ同表の下欄に掲げる字句とする。

第八項第二号	第四条の五に規定する令和十二年度燃費基準達成・向上達成レベル（以下この条及び第九条の四において「令和十二年度燃費基準達成レベル」という。）が九十以上であること及び	第三条に規定する十・十五モード燃費値（以下この条において「十・十五モード燃費値」という。）が同告示第三条第一号に規定する平成二十二年度基準エネルギー消費効率（以下この条において「平成二十二年度基準エネルギー消費効率」という。）に百分の百九十四を乗じて得た数値以上であること並びに
	その旨	その旨並びに自動車のエネルギー消費効率の算定等に関する省令に規定する国土交通大臣が告示で定める方法（平成十八年国土交通省告示第三百五十号）第一条第二項第二号及び第三号に掲げる方法（以下この条において「JC〇八モード法及びWLTCモード法」という。）により当該自動車のエネルギー消費効率が算定されていない旨
第八項第三号	第四条の二に規定する令和二年度燃費基準達成・向上達成レベル（以下この条及び第九条の四において「令和二年度燃費基準達成レベル」という。）が百以上であること及び	十・十五モード燃費値が平成二十二年度基準エネルギー消費効率に百分の百五十を乗じて得た数値以上であること並びに
	その旨	その旨並びにJC〇八モード法及びWLTCモード法により当該自動車のエネルギー消費効率が算定されていない旨
第十一項第二号	令和十二年度燃費基準達成レベルが九十五以上であること及び	十・十五モード燃費値が平成二十二年度基準エネルギー消費効率に百分の二百五を乗じて得た数値以上であること並びに
	その旨	その旨並びにJC〇八モード法及びWLTCモード法により当該自動車のエネルギー消費効率が算定されていない旨
第十一項第三号	令和二年度燃費基準達成レベルが百以上であること及び	十・十五モード燃費値が平成二十二年度基準エネルギー消費効率に百分の百五十を乗じて得た数値以上であること並びに
	その旨	その旨並びにJC〇八モード法及びWLTCモード法により当該自動車

		のエネルギー消費効率が算定されていない旨
第十四項第二号	燃費評価実施要領第四条の三に規定する令和四年度燃費基準達成・向上達成レベル（以下この条及び第九条の四において「令和四年度燃費基準達成レベル」という。）が百（車両総重量が二・五トン以下のトラックにあつては、令和四年度燃費基準達成レベルが百五）以上であること及び	十・十五モード燃費値が平成二十二年度燃費基準エネルギー消費効率に百分の百六十三を乗じて得た数値以上であること並びに
	その旨	その旨並びにJC〇八モード法及びWLTCモード法により当該自動車のエネルギー消費効率が算定されていない旨

35　法第百四十九条第三項に規定する令和十二年度基準エネルギー消費効率を算定する方法として総務省令で定める方法は、エネルギー消費効率算定告示第一条第一項第三号に掲げる方法とする。

36　法第百四十九条第三項に規定する令和二年度基準エネルギー消費効率を算定する方法として総務省令で定める方法は、エネルギー消費効率算定告示第一条第一項第二号に掲げる方法とする。

37　法第百四十九条第三項において準用する同条第一項（第四号イ及びロ、第五号並びに第六号イ及びロに係る部分に限る。）の規定の適用がある場合における第八項、第十一項、第十六項、第十九項、第二十項及び第二十三項の規定の適用については、次の表の上欄に掲げる規定中同表の中欄に掲げる字句は、それぞれ同表の下欄に掲げる字句とする。

第八項第二号	第四条の五に規定する令和十二年度燃費基準達成・向上達成レベル（以下この条及び第九条の四において「令和十二年度燃費基準達成レベル」という。）が九十以上であること及び	第四条の二に規定する令和二年度燃費基準達成・向上達成レベルが百三十以上であること並びに
	その旨	その旨及び自動車のエネルギー消費効率の算定等に関する省令に規定する国土交通大臣が告示で定める方法（平成十八年国土交通省告示第三百五十号）第一条第一項第三号に掲げる方法（以下この条において「WLTCモード法」という。）により当該自動車のエネルギー消費効率が算定されていない旨
第十一項第二号	令和十二年度燃費基準達成レベルが九十五以上であること及び	令和二年度燃費基準達成レベルが百三十八以上であること並びに
	その旨	その旨及びWLTCモード法により当該自動車のエネルギー消費効率が算定されていない旨
第十六項第二号	令和十二年度燃費基準達成レベルが九十以上であること及び	令和二年度燃費基準達成レベルが百三十以上であること並びに
	その旨	その旨及びWLTCモード法により当該自動車のエネルギー消費効率が算定されていない旨
第十九項第二号	令和十二年度燃費基準達成レベルが九十五以上であること及び	令和二年度燃費基準達成レベルが百三十八以上であること並びに
	その旨	その旨及びWLTCモード法により当該自動車のエネルギー消費効率が算定されていない旨
第二十項第二号	令和十二年度燃費基準達成レベルが九十以上であること及び	令和二年度燃費基準達成レベルが百三十以上であること並びに
	その旨	その旨及びWLTCモード法により当該自動車のエネルギー消費効率が算定されていない旨
第二十三項第一号	令和十二年度燃費基準達成レベルが九十五以上であること及び	令和二年度燃費基準達成レベルが百三十八以上であること並びに

	その旨	その旨及びWLTCモード法により当該自動車のエネルギー消費効率が算定されていない旨

38　法第百四十九条第四項に規定する令和七年度基準エネルギー消費効率を算定する方法として総務省令で定める方法は、エネルギー消費効率算定告示第二条第二号に掲げる方法とする。

39　法第百四十九条第四項に規定する平成二十七年度基準エネルギー消費効率を算定する方法として総務省令で定める方法は、エネルギー消費効率算定告示第二条第一号に掲げる方法とする。

40　法第百四十九条第四項において準用する同条第一項（第六号トに係る部分に限る。）の規定の適用がある場合における第二十八項の規定の適用については、同項第二号中「第四条の四に規定する令和七年度燃費基準達成・向上達成レベル（第九条の四において「令和七年度燃費基準達成レベル」という。）が百五以上であること及び」とあるのは「第四条に規定する平成二十七年度燃費基準達成・向上達成レベルが百十五以上であること並びに」と、「その旨」とあるのは「その旨及び自動車のエネルギー消費効率の算定等に関する省令に規定する国土交通大臣が告示で定める方法第二条第一号に掲げる方法により当該自動車のエネルギー消費効率が算定されていない旨」とする。

41　国土交通大臣の認定等（法附則第十二条の二の十一第一項に規定する国土交通大臣の認定等をいう。以下この項及び第九条の四第三十一項において同じ。）の申請をした者が偽りその他不正の手段（当該申請をした者に当該申請に必要な情報を直接又は間接に提供した者の偽りその他不正の手段を含む。同項において同じ。）により国土交通大臣が当該国土交通大臣の認定等を受けたことを事由として国土交通大臣の認定等を取り消した場合であつて、当該取消し後にその対象となつた自動車が新たに受けた国土交通大臣の認定等が自動車登録ファイル（道路運送車両法第四条に規定する自動車登録ファイルをいう。同項において同じ。）に記録されてから、当該新たに受けた国土交通大臣の認定等が当該自動車に係る自動車検査証において明らかにされるまでの間においては、当該自動車に対する第八項、第十一項から第十六項まで、第十九項、第二十項及び第二十三項から第二十八項まで（これらの規定を第三十四項、第三十七項及び前項の規定により読み替えて適用する場合を含む。）の規定の適用については、これらの規定中「当該自動車に係る自動車検査証」とあるのは「道路運送車両法第四条に規定する自動車登録ファイル」と読み替えるものとする。

（法第百五十六条の自動車の取得のために通常要する価額）

第九条の三　法第百五十六条に規定する自動車の取得のために通常要する価額として総務省令で定めるところにより算定した金額は、次の各号に掲げる自動車の区分に応じ、当該各号に定める金額とする。

一　初めて道路運送車両法第七条第一項に規定する新規登録を受けるべき自動車　当該自動車を通常の取引の条件に従つて自動車等の販売業者から取得するとした場合における当該自動車等の販売価額に相当する金額

二　前号に掲げる自動車以外の自動車　当該自動車が初めて前号に規定する新規登録（以下この号において「初回新規登録」という。）を受けたときにおける前号に定める金額に、初回新規登録を受けた日の属する年の一月一日から起算した期間に応じて総務大臣が定める割合を乗じて得た額

（法第百五十七条第一項第一号イの乗用車等）

第九条の四　法第百五十七条第一項第一号イに規定する乗用車で総務省令で定めるものは、次に掲げる要件に該当する自動車とする。

一　次に掲げる自動車の区分に応じ、それぞれ次に定める要件に該当すること。

イ　平成三十年ガソリン軽中量車基準に適合する自動車　窒素酸化物の排出量が細目告示第四十一条第一項第三号イの表の(1)の窒素酸化物の欄に掲げる値の二分の一を超えない自動車で、かつ、低排出ガス車認定を受けたものであること。

ロ　平成十七年ガソリン軽中量車基準に適合する自動車　窒素酸化物の排出量が旧細目告示第四十一条第一項第三号イの表の(1)の窒素酸化物の欄に掲げる値の四分の一を超えない自動車で、かつ、低排出ガス車認定を受けたものであること。

二　令和十二年度燃費基準達成レベルが八十以上九十未満であること及び当該自動車に係る自動車検査証においてその旨が明らかにされていること。

三　令和二年度燃費基準達成レベルが百以上であること及び当該自動車に係る自動車検査証においてその旨が明らかにされていること。

2　法第百五十七条第一項第一号ロに規定する乗用車で総務省令で定めるものは、次に掲げる要件に該当する自動車とする。

一　次に掲げる自動車の区分に応じ、それぞれ次に定める要件に該当すること。

イ　平成三十年ガソリン軽中量車基準に適合する自動車　窒素酸化物の排出量が細目告示第四十一条第一項第三号イの表の(1)の窒素酸化物の欄に掲げる値の二分の一を超えない自動車で、かつ、低排出ガス車認定を受けたものであること。

ロ　平成十七年ガソリン軽中量車基準に適合する自動車　窒素酸化物の排出量が旧細目告示第四十一条第一項第三号イの表の(1)の窒素酸化物の欄に掲げる値の四分の一を超えない自動車で、かつ、低排出ガス車認定を受けたものであること。

二　令和十二年度燃費基準達成レベルが八十五以上九十五未満であること及び当該自動車に係る自動車検査証においてその旨が明らかにされていること。

三　令和二年度燃費基準達成レベルが百以上であること及び当該自動車に係る自動車検査証においてその旨が明らかにされていること。

3　法第百五十七条第一項第一号ハに規定する車両総重量が三・五トン以下のバスで総務省令で定めるものは、次に掲げる要件に該当する自動車とする。

一　次に掲げる自動車の区分に応じ、それぞれ次に定める要

件に該当すること。

イ　平成三十年ガソリン軽中量車基準に適合する自動車　窒素酸化物の排出量が細目告示第四十一条第一項第三号イの表の(2)又は(3)に掲げる自動車の種別に応じ、同表の窒素酸化物の欄に掲げる値の二分の一を超えない自動車で、かつ、低排出ガス車認定を受けたものであること。

ロ　平成十七年ガソリン軽中量車基準に適合する自動車　窒素酸化物の排出量が旧細目告示第四十一条第一項第三号イの表の(2)又は(3)に掲げる自動車の種別に応じ、同表の窒素酸化物の欄に掲げる値の四分の一を超えない自動車で、かつ、低排出ガス車認定を受けたものであること。

二　令和二年度燃費基準達成レベルが百以上百五未満であること及び当該自動車に係る自動車検査証においてその旨が明らかにされていること。

4　法第百五十七条第一項第一号ニに規定する車両総重量が三・五トン以下のバスで総務省令で定めるものは、次に掲げる要件に該当する自動車とする。

一　次に掲げる自動車の区分に応じ、それぞれ次に定める要件に該当すること。

イ　平成三十年ガソリン軽中量車基準に適合する自動車　窒素酸化物の排出量が細目告示第四十一条第一項第三号イの表の(2)又は(3)に掲げる自動車の種別に応じ、同表の窒素酸化物の欄に掲げる値の四分の三を超えない自動車で、かつ、低排出ガス車認定を受けたものであること。

ロ　平成十七年ガソリン軽中量車基準に適合する自動車　窒素酸化物の排出量が旧細目告示第四十一条第一項第三号イの表の(2)又は(3)に掲げる自動車の種別に応じ、同表の窒素酸化物の欄に掲げる値の二分の一を超えない自動車で、かつ、低排出ガス車認定を受けたものであること。

二　令和二年度燃費基準達成レベルが百五以上百十未満であること及び当該自動車に係る自動車検査証においてその旨が明らかにされていること。

5　法第百五十七条第一項第一号ホに規定する車両総重量が三・五トン以下のトラックで総務省令で定めるものは、次に掲げる要件に該当する自動車とする。

一　次に掲げる自動車の区分に応じ、それぞれ次に定める要件に該当すること。

イ　平成三十年ガソリン軽中量車基準に適合する自動車　窒素酸化物の排出量が細目告示第四十一条第一項第三号イの表の(2)又は(3)に掲げる自動車の種別に応じ、同表の窒素酸化物の欄に掲げる値の二分の一を超えない自動車で、かつ、低排出ガス車認定を受けたものであること。

ロ　平成十七年ガソリン軽中量車基準に適合する自動車　窒素酸化物の排出量が旧細目告示第四十一条第一項第三号イの表の(2)又は(3)に掲げる自動車の種別に応じ、同表の窒素酸化物の欄に掲げる値の四分の一を超えない自動車で、かつ、低排出ガス車認定を受けたものであること。

二　令和四年度燃費基準達成レベルが九十五以上百未満（車両総重量が二・五トン以下のトラックにあっては、令和四年度燃費基準達成レベルが百以上百五未満）であること及び当該自動車に係る自動車検査証においてその旨が明らかにされていること。

6　法第百五十七条第一項第一号へに規定する車両総重量が二・五トンを超え三・五トン以下のトラックで総務省令で定めるものは、次に掲げる要件に該当する自動車とする。

一　次に掲げる自動車の区分に応じ、それぞれ次に定める要件に該当すること。

イ　平成三十年ガソリン軽中量車基準に適合する自動車　窒素酸化物の排出量が細目告示第四十一条第一項第三号イの表の(3)の窒素酸化物の欄に掲げる値の四分の三を超えない自動車で、かつ、低排出ガス車認定を受けたものであること。

ロ　平成十七年ガソリン軽中量車基準に適合する自動車　窒素酸化物の排出量が旧細目告示第四十一条第一項第三号イの表の(3)の窒素酸化物の欄に掲げる値の二分の一を超えない自動車で、かつ、低排出ガス車認定を受けたものであること。

二　令和四年度燃費基準達成レベルが百以上百五未満であること及び当該自動車に係る自動車検査証においてその旨が明らかにされていること。

7　法第百五十七条第一項第二号イに規定する乗用車で総務省令で定めるものは、次に掲げる要件に該当する自動車とする。

一　次に掲げる自動車の区分に応じ、それぞれ次に定める要件に該当すること。

イ　平成三十年石油ガス軽中量車基準に適合する自動車　窒素酸化物の排出量が細目告示第四十一条第一項第三号イの表の(1)の窒素酸化物の欄に掲げる値の二分の一を超えない自動車で、かつ、低排出ガス車認定を受けたものであること。

ロ　平成十七年石油ガス軽中量車基準に適合する自動車　窒素酸化物の排出量が旧細目告示第四十一条第一項第三号イの表の(1)の窒素酸化物の欄に掲げる値の四分の一を超えない自動車で、かつ、低排出ガス車認定を受けたものであること。

二　令和十二年度燃費基準達成レベルが八十以上九十未満であること及び当該自動車に係る自動車検査証においてその旨が明らかにされていること。

三　令和二年度燃費基準達成レベルが百以上であること及び当該自動車に係る自動車検査証においてその旨が明らかにされていること。

8　法第百五十七条第一項第二号ロに規定する乗用車で総務省令で定めるものは、次に掲げる要件に該当する自動車とする。

一　次に掲げる自動車の区分に応じ、それぞれ次に定める要件に該当すること。

イ　平成三十年石油ガス軽中量車基準に適合する自動車　窒素酸化物の排出量が細目告示第四十一条第一項第三号イの表の(1)の窒素酸化物の欄に掲げる値の二分の一を超えない自動車で、かつ、低排出ガス車認定を受けたものであること。

ロ　平成十七年石油ガス軽中量車基準に適合する自動車　窒素酸化物の排出量が旧細目告示第四十一条第一項第三号イの表の(1)の窒素酸化物の欄に掲げる値の四分の一を超えない自動車で、かつ、低排出ガス車認定を受けたもののであること。

二　令和十二年度燃費基準達成レベルが八十五以上九十五未満であること及び当該自動車に係る自動車検査証においてその旨が明らかにされていること。

三　令和二年度燃費基準達成レベルが百以上であること及び当該自動車に係る自動車検査証においてその旨が明らかにされていること。

9　法第百五十七条第一項第三号イに規定する乗用車で総務省令で定めるものは、次に掲げる要件に該当する自動車とする。

一　令和十二年度燃費基準達成レベルが八十以上九十未満であること及び当該自動車に係る自動車検査証においてその旨が明らかにされていること。

二　令和二年度燃費基準達成レベルが百以上であること及び当該自動車に係る自動車検査証においてその旨が明らかにされていること。

10　法第百五十七条第一項第三号ロに規定する乗用車で総務省令で定めるものは、次に掲げる要件に該当する自動車とする。

一　令和十二年度燃費基準達成レベルが八十五以上九十五未満であること及び当該自動車に係る自動車検査証においてその旨が明らかにされていること。

二　令和二年度燃費基準達成レベルが百以上であること及び当該自動車に係る自動車検査証においてその旨が明らかにされていること。

11　法第百五十七条第一項第三号ハに規定する車両総重量が三・五トン以下のバスで総務省令で定めるものは、次に掲げる要件（平成三十年軽油軽中量車基準に適合する自動車にあっては、第一号に掲げる要件を除く。）に該当する自動車とする。

一　窒素酸化物及び粒子状物質の排出量が旧細目告示第四十一条第一項第七号イの表の(2)又は(3)に掲げる自動車の種別に応じ、同表の窒素酸化物及び粒子状物質の欄に掲げる値の十分の九を超えない自動車で、かつ、低排出ガス車認定を受けたものであること。

二　令和二年度燃費基準達成レベルが百以上百五未満であること及び当該自動車に係る自動車検査証においてその旨が明らかにされていること。

12　法第百五十七条第一項第三号ニに規定する車両総重量が三・五トン以下のバスで総務省令で定めるものは、令和二年度燃費基準達成レベルが百五以上百十未満である自動車（当該自動車に係る自動車検査証においてその旨が明らかにされている自動車に限る。）とする。

13　法第百五十七条第一項第三号ホに規定する車両総重量が二・五トンを超え三・五トン以下のトラックで総務省令で定めるものは、次に掲げる要件（平成三十年軽油軽中量車基準に適合する自動車にあっては、第一号に掲げる要件を除く。）に該当する自動車とする。

一　窒素酸化物及び粒子状物質の排出量が旧細目告示第四十一条第一項第七号イの表の(3)の窒素酸化物及び粒子状物質の欄に掲げる値の十分の九を超えない自動車で、かつ、低排出ガス車認定を受けたものであること。

二　令和四年度燃費基準達成レベルが九十五以上百未満であること及び当該自動車に係る自動車検査証においてその旨が明らかにされていること。

14　法第百五十七条第一項第三号ヘに規定する車両総重量が二・五トンを超え三・五トン以下のトラックで総務省令で定めるものは、令和四年度燃費基準達成レベルが百以上百五未満である自動車（当該自動車に係る自動車検査証においてその旨が明らかにされている自動車に限る。）とする。

15　法第百五十七条第一項第三号トに規定する車両総重量が三・五トンを超えるバス又はトラックで総務省令で定めるものは、次に掲げる要件（平成二十八年軽油重量車基準に適合する自動車にあっては、第一号に掲げる要件を除く。）に該当する自動車とする。

一　窒素酸化物及び粒子状物質の排出量が適用関係告示第二十八条第百六十四項第一号に定める窒素酸化物及び粒子状物質の値の十分の九を超えない自動車で、かつ、低排出ガス車認定を受けたものであること。

二　令和七年度燃費基準達成レベルが百以上百五未満であること及び当該自動車に係る自動車検査証においてその旨が明らかにされていること。

16　法第百五十七条第二項第一号イに規定する乗用車で総務省令で定めるものは、次に掲げる要件に該当する自動車とする。

一　次に掲げる自動車の区分に応じ、それぞれ次に定める要件に該当すること。

イ　平成三十年ガソリン軽中量車基準に適合する自動車　窒素酸化物の排出量が細目告示第四十一条第一項第三号イの表の(1)の窒素酸化物の欄に掲げる値の二分の一を超えない自動車で、かつ、低排出ガス車認定を受けたものであること。

ロ　平成十七年ガソリン軽中量車基準に適合する自動車　窒素酸化物の排出量が旧細目告示第四十一条第一項第三号イの表の(1)の窒素酸化物の欄に掲げる値の四分の一を超えない自動車で、かつ、低排出ガス車認定を受けたものであること。

二　令和十二年度燃費基準達成レベルが七十以上八十未満であること及び当該自動車に係る自動車検査証においてその旨が明らかにされていること。

三　令和二年度燃費基準達成レベルが百以上であること及び当該自動車に係る自動車検査証においてその旨が明らかにされていること。

17　法第百五十七条第二項第一号ロに規定する乗用車で総務省令で定めるものは、次に掲げる要件に該当する自動車とする。

一　次に掲げる自動車の区分に応じ、それぞれ次に定める要件に該当すること。

イ　平成三十年ガソリン軽中量車基準に適合する自動車　窒素酸化物の排出量が細目告示第四十一条第一項第三号イの表の(1)の窒素酸化物の欄に掲げる値の二分の一を超えない自動車で、かつ、低排出ガス車認定を受けたものであること。

ロ　平成十七年ガソリン軽中量車基準に適合する自動車　窒素酸化物の排出量が旧細目告示第四十一条第一項第三号イの表の(1)の窒素酸化物の欄に掲げる値の四分の一を超えない自動車で、かつ、低排出ガス車認定を受けたものであること。

二　令和十二年度燃費基準達成レベルが七十五以上八十五未満であること及び当該自動車に係る自動車検査証においてその旨が明らかにされていること。
三　令和二年度燃費基準達成レベルが百以上であること及び当該自動車に係る自動車検査証においてその旨が明らかにされていること。

18　法第百五十七条第二項第一号ハに規定する車両総重量が三・五トン以下のバスで総務省令で定めるものは、次に掲げる要件に該当する自動車とする。
一　次に掲げる自動車の区分に応じ、それぞれ次に定める要件に該当すること。
イ　平成三十年ガソリン軽中量車基準に適合する自動車窒素酸化物の排出量が細目告示第四十一条第一項第三号イの表の⑵又は⑶に掲げる自動車の種別に応じ、同表の窒素酸化物の欄に掲げる値の四分の三を超えない自動車で、かつ、低排出ガス車認定を受けたものであること。
ロ　平成十七年ガソリン軽中量車基準に適合する自動車窒素酸化物の排出量が旧細目告示第四十一条第一項第三号イの表の⑵又は⑶に掲げる自動車の種別に応じ、同表の窒素酸化物の欄に掲げる値の二分の一を超えない自動車で、かつ、低排出ガス車認定を受けたものであること。
二　令和二年度燃費基準達成レベルが百以上百五未満であること及び当該自動車に係る自動車検査証においてその旨が明らかにされていること。

19　法第百五十七条第二項第一号ニに規定する車両総重量が二・五トン以下のトラックで総務省令で定めるものは、次に掲げる要件に該当する自動車とする。
一　次に掲げる自動車の区分に応じ、それぞれ次に定める要件に該当すること。
イ　平成三十年ガソリン軽中量車基準に適合する自動車窒素酸化物の排出量が細目告示第四十一条第一項第三号イの表の⑵又は⑶に掲げる自動車の種別に応じ、同表の窒素酸化物の欄に掲げる値の二分の一を超えない自動車で、かつ、低排出ガス車認定を受けたものであること。
ロ　平成十七年ガソリン軽中量車基準に適合する自動車窒素酸化物の排出量が旧細目告示第四十一条第一項第三号イの表の⑵又は⑶に掲げる自動車の種別に応じ、同表の窒素酸化物の欄に掲げる値の四分の一を超えない自動車で、かつ、低排出ガス車認定を受けたものであること。
二　令和四年度燃費基準達成レベルが九十五以上百未満であること及び当該自動車に係る自動車検査証においてその旨が明らかにされていること。

20　法第百五十七条第二項第一号ホに規定する車両総重量が二・五トンを超え三・五トン以下のトラックで総務省令で定めるものは、次に掲げる要件に該当する自動車とする。
一　次に掲げる自動車の区分に応じ、それぞれ次に定める要件に該当すること。
イ　平成三十年ガソリン軽中量車基準に適合する自動車窒素酸化物の排出量が細目告示第四十一条第一項第三号イの表の⑶の窒素酸化物の欄に掲げる値の四分の三を超えない自動車で、かつ、低排出ガス車認定を受けたものであること。
ロ　平成十七年ガソリン軽中量車基準に適合する自動車窒素酸化物の排出量が旧細目告示第四十一条第一項第三号イの表の⑶の窒素酸化物の欄に掲げる値の二分の一を超えない自動車で、かつ、低排出ガス車認定を受けたものであること。
二　令和四年度燃費基準達成レベルが九十五以上百未満であること及び当該自動車に係る自動車検査証においてその旨が明らかにされていること。

21　法第百五十七条第二項第二号イに規定する乗用車で総務省令で定めるものは、次に掲げる要件に該当する自動車とする。
一　次に掲げる自動車の区分に応じ、それぞれ次に定める要件に該当すること。
イ　平成三十年石油ガス軽中量車基準に適合する自動車窒素酸化物の排出量が細目告示第四十一条第一項第三号イの表の⑴の窒素酸化物の欄に掲げる値の二分の一を超えない自動車で、かつ、低排出ガス車認定を受けたものであること。
ロ　平成十七年石油ガス軽中量車基準に適合する自動車窒素酸化物の排出量が旧細目告示第四十一条第一項第三号イの表の⑴の窒素酸化物の欄に掲げる値の四分の一を超えない自動車で、かつ、低排出ガス車認定を受けたものであること。
二　令和十二年度燃費基準達成レベルが七十以上八十未満であること及び当該自動車に係る自動車検査証においてその旨が明らかにされていること。
三　令和二年度燃費基準達成レベルが百以上であること及び当該自動車に係る自動車検査証においてその旨が明らかにされていること。

22　法第百五十七条第二項第二号ロに規定する乗用車で総務省令で定めるものは、次に掲げる要件に該当する自動車とする。
一　次に掲げる自動車の区分に応じ、それぞれ次に定める要件に該当すること。
イ　平成三十年石油ガス軽中量車基準に適合する自動車窒素酸化物の排出量が細目告示第四十一条第一項第三号イの表の⑴の窒素酸化物の欄に掲げる値の二分の一を超えない自動車で、かつ、低排出ガス車認定を受けたものであること。
ロ　平成十七年石油ガス軽中量車基準に適合する自動車窒素酸化物の排出量が旧細目告示第四十一条第一項第三号イの表の⑴の窒素酸化物の欄に掲げる値の四分の一を超えない自動車で、かつ、低排出ガス車認定を受けたものであること。
二　令和十二年度燃費基準達成レベルが七十五以上八十五未満であること及び当該自動車に係る自動車検査証においてその旨が明らかにされていること。
三　令和二年度燃費基準達成レベルが百以上であること及び当該自動車に係る自動車検査証においてその旨が明らかにされていること。

23　法第百五十七条第二項第三号イに規定する乗用車で総務省令で定めるものは、次に掲げる要件に該当する自動車とする。
一　令和十二年度燃費基準達成レベルが七十以上八十未満で

あること及び当該自動車に係る自動車検査証においてその旨が明らかにされていること。

二　令和二年度燃費基準達成レベルが百以上であること及び当該自動車に係る自動車検査証においてその旨が明らかにされていること。

24　法第百五十七条第二項第三号ロに規定する乗用車で総務省令で定めるものは、次に掲げる要件に該当する自動車とする。

一　令和十二年度燃費基準達成レベルが七十五以上八十五未満であること及び当該自動車に係る自動車検査証においてその旨が明らかにされていること。

二　令和二年度燃費基準達成レベルが百以上であること及び当該自動車に係る自動車検査証においてその旨が明らかにされていること。

25　法第百五十七条第二項第三号ハに規定する車両総重量が三・五トン以下のバスで総務省令で定めるものは、令和二年度燃費基準達成レベルが百以上百五未満である自動車（当該自動車に係る自動車検査証においてその旨が明らかにされている自動車に限る。）とする。

26　法第百五十七条第二項第三号ニに規定する車両総重量が二・五トンを超え三・五トン以下のトラックで総務省令で定めるものは、令和四年度燃費基準達成レベルが九十五以上百未満である自動車（当該自動車に係る自動車検査証においてその旨が明らかにされている自動車に限る。）とする。

27　法第百五十七条第二項第三号ホに規定する車両総重量が三・五トンを超えるバス又はトラックで総務省令で定めるものは、次に掲げる要件（平成二十八年軽油重量車基準に適合する自動車にあつては、第一号に掲げる要件を除く。）に該当する自動車とする。

一　窒素酸化物及び粒子状物質の排出量が適用関係告示第二十八条第百六十四項第一号に定める窒素酸化物及び粒子状物質の値の十分の九を超えない自動車で、かつ、低排出ガス車認定を受けたものであること。

二　令和七年度燃費基準達成レベルが九十五以上百未満であること及び当該自動車に係る自動車検査証においてその旨が明らかにされていること。

28　法第百五十七条第四項において準用する同条第一項（第一号イ、ロ及びニに係る部分に限る。）又は第二項（第一号に係る部分に限る。）の規定の適用がある場合における第一項、第二項、第五項、第十六項、第十七項及び第十九項の規定の適用については、次の表の上欄に掲げる規定中同表の中欄に掲げる字句は、それぞれ同表の下欄に掲げる字句とする。

第一項第二号	令和十二年度燃費基準達成レベルが八十以上九十未満であること及び	自動車の燃費性能の評価及び公表に関する実施要領第三条に規定する十・十五モード燃費値（以下この条において「十・十五モード燃費値」という。）が同告示第三条第一号に規定する平成二十二年度基準エネルギー消費効率（以下この条において「平成二十二年度基準エネルギー消費効率」という。）に百分の百七十三を乗じて得た数値以上であること並びに
	その旨	その旨並びに自動車のエネルギー消費効率の算定等に関する省令に規定する国土交通大臣が告示で定める方法第一条第一項第二号及び第三号に掲げる方法（以下この条において「JC〇八モード法及びWLTCモード法」という。）により当該自動車のエネルギー消費効率が算定されていない旨
第一項第三号	令和二年度燃費基準達成レベルが百以上であること及び	十・十五モード燃費値が平成二十二年度基準エネルギー消費効率に百分の百五十を乗じて得た数値以上であること並びに
	その旨	その旨並びにJC〇八モード法及びWLTCモード法により当該自動車のエネルギー消費効率が算定されていない旨
第二項第二号	令和十二年度燃費基準達成レベルが八十五以上九十五未満であること及び	十・十五モード燃費値が平成二十二年度基準エネルギー消費効率に百分の百八十四を乗じて得た数値以上であること並びに
	その旨	その旨並びにJC〇八モード法及びWLTCモード法により当該自動車のエネルギー消費効率が算定されていない旨
第二項第三号	令和二年度燃費基準達成レベルが百以上であること及び	十・十五モード燃費値が平成二十二年度基準エネルギー消費効率に百分の百五十を乗じて得た数値以上であること並びに

	その旨	その旨並びにJC〇八モード法及びWLTCモード法により当該自動車のエネルギー消費効率が算定されていない旨
第五項第二号	令和四年度燃費基準達成レベルが九十五以上百未満（車両総重量が二・五トン以下のトラックにあっては、令和四年度燃費基準達成レベルが百以上百五未満）であること及び	十・十五モード燃費値が平成二十二年度基準エネルギー消費効率に百分の百五十五を乗じて得た数値以上であること並びに
	その旨	その旨並びにJC〇八モード法及びWLTCモード法により当該自動車のエネルギー消費効率が算定されていない旨
第十六項第二号	令和十二年度燃費基準達成レベルが七十以上八十未満であること及び	十・十五モード燃費値が平成二十二年度基準エネルギー消費効率に百分の百五十一を乗じて得た数値以上であること並びに
	その旨	その旨並びにJC〇八モード法及びWLTCモード法により当該自動車のエネルギー消費効率が算定されていない旨
第十六項第三号	令和二年度燃費基準達成レベルが百以上であること及び	十・十五モード燃費値が平成二十二年度基準エネルギー消費効率に百分の百五十を乗じて得た数値以上であること並びに
	その旨	その旨並びにJC〇八モード法及びWLTCモード法により当該自動車のエネルギー消費効率が算定されていない旨
第十七項第二号	令和十二年度燃費基準達成レベルが七十五以上八十五未満であること及び	十・十五モード燃費値が平成二十二年度基準エネルギー消費効率に百分の百六十二を乗じて得た数値以上であること並びに
	その旨	その旨並びにJC〇八モード法及びWLTCモード法により当該自動車のエネルギー消費効率が算定されていない旨
第十七項第三号	令和二年度燃費基準達成レベルが百以上であること及び	十・十五モード燃費値が平成二十二年度基準エネルギー消費効率に百分の百五十を乗じて得た数値以上であること並びに
	その旨	その旨並びにJC〇八モード法及びWLTCモード法により当該自動車のエネルギー消費効率が算定されていない旨
第十九項第二号	令和四年度燃費基準達成レベルが九十五以上百未満であること及び	十・十五モード燃費値が平成二十二年度基準エネルギー消費効率に百分の百四十七を乗じて得た数値以上であること並びに
	その旨	その旨並びにJC〇八モード法及びWLTCモード法により当該自動車のエネルギー消費効率が算定されていない旨

29　法第百五十七条第五項において準用する同条第一項（第一号イ及びロ、第二号並びに第三号イ及びロに係る部分に限る。）又は第二項（第一号イ及びロ、第二号並びに第三号イ及びロに係る部分に限る。）の規定の適用がある場合における第一項、第二項、第七項から第十項まで、第十六項、第十七項及び第二十一項から第二十四項までの規定の適用については、次の表の上欄に掲げる規定中同表の中欄に掲げる字句は、それぞれ同表の下欄に掲げる字句とする。

第一項第二号	令和十二年度燃費基準達成レベルが八十以上九十未満であること及び	令和二年度燃費基準達成レベルが百十六以上であること並びに
	その旨	その旨及び自動車のエネルギー消費効率の算定等に関する省令に規定する国土交通大臣が告示で定める方法第一条第一項第三

		号に掲げる方法（以下この条において「ＷＬＴＣモード法」という。）により当該自動車のエネルギー消費効率が算定されていない旨
第二項第二号	令和十二年度燃費基準達成レベルが八十五以上九十五未満であること及び	令和二年度燃費基準達成レベルが百二十三以上であること並びに
	その旨	その旨及びＷＬＴＣモード法により当該自動車のエネルギー消費効率が算定されていない旨
第七項第二号	令和十二年度燃費基準達成レベルが八十以上九十未満であること及び	令和二年度燃費基準達成レベルが百十六以上であること並びに
	その旨	その旨及びＷＬＴＣモード法により当該自動車のエネルギー消費効率が算定されていない旨
第八項第二号	令和十二年度燃費基準達成レベルが八十五以上九十五未満であること及び	令和二年度燃費基準達成レベルが百二十三以上であること並びに
	その旨	その旨及びＷＬＴＣモード法により当該自動車のエネルギー消費効率が算定されていない旨
第九項第一号	令和十二年度燃費基準達成レベルが八十以上九十未満であること及び	令和二年度燃費基準達成レベルが百十六以上であること並びに
	その旨	その旨及びＷＬＴＣモード法により当該自動車のエネルギー消費効率が算定されていない旨
第十項第一号	令和十二年度燃費基準達成レベルが八十五以上九十五未満であること及び	令和二年度燃費基準達成レベルが百二十三以上であること並びに
	その旨	その旨及びＷＬＴＣモード法により当該自動車のエネルギー消費効率が算定されていない旨
第十六項第二号	令和十二年度燃費基準達成レベルが七十以上八十未満であること及び	令和二年度燃費基準達成レベルが百二以上であること並びに
	その旨	その旨及びＷＬＴＣモード法により当該自動車のエネルギー消費効率が算定されていない旨
第十七項第二号	令和十二年度燃費基準達成レベルが七十五以上八十五未満であること及び	令和二年度燃費基準達成レベルが百九以上であること並びに
	その旨	その旨及びＷＬＴＣモード法により当該自動車のエネルギー消費効率が算定されていない旨
第二十一項第二号	令和十二年度燃費基準達成レベルが七十以上八十未満であること及び	令和二年度燃費基準達成レベルが百二以上であること並びに
	その旨	その旨及びＷＬＴＣモード法により当該自動車のエネルギー消費効率が算定されていない旨
第二十二項第二号	令和十二年度燃費基準達成レベルが七十五以上八十五未満であること及び	令和二年度燃費基準達成レベルが百九以上であること並びに
	その旨	その旨及びＷＬＴＣモード法により当該自動車のエネルギー消費効率が算定されていない旨
第二十三項第一号	令和十二年度燃費基準達成レベルが七十以上八十未満であること及び	令和二年度燃費基準達成レベルが百二以上であること並びに
	その旨	その旨及びＷＬＴＣモード法により当該自動車のエネルギー消費効率が算定されていない旨

第二十四項第一号	令和十二年度燃費基準達成レベルが七十五以上八十五未満であること及び	令和二年度燃費基準達成レベルが百九以上であること並びに
	その旨	その旨及びWLTCモード法により当該自動車のエネルギー消費効率が算定されていない旨

30　法第百五十七条第六項において準用する同条第一項（第三号ホに係る部分に限る。）又は第二項（第三号ホに係る部分に限る。）の規定の適用がある場合における第十五項及び第二十七項の規定の適用については、第十五項第二号中「令和七年度燃費基準達成レベルが百以上百五未満であること及び」とあるのは「自動車の燃費性能の評価及び公表に関する実施要領第四条に規定する平成二十七年度燃費基準達成・向上達成レベル（第二十七項第二号において「平成二十七年度燃費基準達成レベル」という。）が百十以上であること並びに」と、「その旨」とあるのは「その旨及び自動車のエネルギー消費効率の算定等に関する省令に規定する国土交通大臣が告示で定める方法（第二十七項第二号において「エネルギー消費効率算定告示」という。）第二条第一号に掲げる方法により当該自動車のエネルギー消費効率が算定されていない旨」と、第二十七項第二号中「令和七年度燃費基準達成レベルが九十五以上百未満であること及び」とあるのは「平成二十七年度燃費基準達成レベルが百五以上であること並びに」と、「その旨」とあるのは「その旨及びエネルギー消費効率算定告示第二条第一号に掲げる方法により当該自動車のエネルギー消費効率が算定されていない旨」とする。

31　国土交通大臣の認定等の申請をした者が偽りその他不正の手段により国土交通大臣の認定等を受けたことを事由として国土交通大臣が当該国土交通大臣の認定等を取り消した場合であつて、当該取消し後にその対象となつた自動車が新たに受けた国土交通大臣の認定等が自動車登録ファイルに記録されてから、当該新たに受けた国土交通大臣の認定等が当該自動車に係る自動車検査証において明らかにされるまでの間においては、当該自動車に対する第一項から第二十七項まで（これらの規定を前三項の規定により読み替えて適用する場合を含む。）の規定の適用については、これらの規定中「当該自動車に係る自動車検査証」とあるのは「道路運送車両法第四条に規定する自動車登録ファイル」と読み替えるものとする。

（環境性能割に係る申告書等の様式）

第九条の五　法第百六十条第一項の規定により提出すべき申告書又は同条第二項の規定により提出すべき報告書の様式は、第十六号の四十三様式によるものとする。

（環境性能割の修正申告書の記載事項）

第九条の六　法第百六十一条第二項に規定する総務省令で定める事項は、次に掲げる事項とする。

一　納税義務者の氏名又は名称及び住所
二　自動車を譲渡した者の氏名又は名称及び住所
三　自動車の取得がされた年月日
四　自動車の取得の原因
五　自動車の種別、用途、車名及び型式
六　自動車の定置場
七　既に納付の確定した環境性能割額
八　環境性能割の課税標準額及び環境性能割額
九　前号の環境性能割額に相当する金額から第七号の環境性能割額に相当する金額を控除した金額
十　前各号に掲げるもののほか道府県の条例で定める事項

（自動車の性能が良好でないことに類する理由）

第九条の七　法第百六十五条第一項に規定する総務省令で定める理由は、自動車の車体の塗色等が当該自動車の取得に係る契約の内容と異なることとする。

（法第百七十七条の六第一項の総務省令で定める市町村道）

第九条の八　法第百七十七条の六第一項に規定する総務省令で定める市町村道は、渡船施設、路面幅員が二・五メートル未満である市町村道（橋梁を除く。）及び道路整備特別措置法（昭和三十一年法律第七号）の規定により料金を徴収する市町村道とする。

（法第百七十七条の六第二項の総務省令で定める道路）

第九条の九　法第百七十七条の六第二項に規定する総務省令で定める道路は、渡船施設、路面幅員が二・五メートル未満である道路（橋梁を除く。）及び道路整備特別措置法の規定により料金を徴収する道路とする。

（道路の延長及び面積の算定）

第九条の十　法第百七十七条の六第三項本文に規定する道路の延長及び面積は、道路の延長にあつては道路法（昭和二十七年法律第百八十号）第二十八条に規定する道路台帳に記載されている道路（同法第九条の路線の認定の公示、同法第十八条第一項の道路の区域の決定の公示及び同条第二項の供用開始の公示が行われたものをいう。）の延長（道路法施行令（昭和二十七年政令第四百七十九号）第三十四条の開発道路にあつては、その延長に〇・五を乗じた延長）とし、道路の面積にあつては当該道路の延長に当該道路の路面幅員を乗じて算定するものとする。この場合において、その算定をした数に一メートル又は一平方メートル未満の端数があるときは、その端数を四捨五入する。

2　前項の算定は、毎年度、前年の四月一日現在において行うものとする。ただし、前年の四月二日からその年の四月一日までの間において、市町村の廃置分合、大規模な境界変更又は法第百七十七条の六第二項の指定市（第九条の十二第二項及び第九条の十五第四項において「指定市」という。）の指定等により道路を管理する都道府県又は市町村に変更があつたときは、都道府県知事が必要と認める場合に限り前項及びこの項本文の規定による算定は、その年の四月一日現在における道路の管理者の区分により行うことができる。

（市町村道の延長及び面積の補正）

第九条の十一　前条の規定により算定した市町村道の延長及び面積は、次項から第六項まで及び第九条の十三に規定する方法により、補正するものとする。

2　市町村道の延長は、次の表の上欄に掲げる市町村道の種別に応じ、それぞれ同表の下欄に掲げる率を乗じて補正するものとする。

市町村道の種別	率
路面幅員四・五メートル以上の市町村道（橋梁を除く。以下この表において同じ。）	〇・九
路面幅員四・五メートル未満の市町村道	一・〇
木橋	四二・〇
橋梁（木橋を除く。）	一・〇

3　前項の規定により補正された市町村道の延長は、更に、当該市町村（特別区を含む。以下この項、第六項及び第九条の十五において同じ。）に係る市町村道の延長（前条の規定により算定した市町村道の延長をいう。）を千メートルで除して得た数値で当該市町村の人口を除して得た数による次の表の上欄に掲げる市町村の区分に応じ、それぞれ同表の下欄に掲げる率を乗じて補正するものとする。

市町村の区分	率
五〇人以下のもの	一・〇
五〇人を超え一〇〇人以下のもの	一・三
一〇〇人を超え一五〇人以下のもの	一・五
一五〇人を超え二〇〇人以下のもの	一・七
二〇〇人を超え二五〇人以下のもの	二・〇
二五〇人を超え三〇〇人以下のもの	二・二
三〇〇人を超え三五〇人以下のもの	二・四
三五〇人を超え四〇〇人以下のもの	二・七
四〇〇人を超え四五〇人以下のもの	二・九
四五〇人を超え五〇〇人以下のもの	三・一
五〇〇人を超え五五〇人以下のもの	三・三
五五〇人を超え六〇〇人以下のもの	三・六
六〇〇人を超え六五〇人以下のもの	三・八
六五〇人を超え七〇〇人以下のもの	四・〇
七〇〇人を超え七五〇人以下のもの	四・三
七五〇人を超え八〇〇人以下のもの	四・五
八〇〇人を超え八五〇人以下のもの	四・七
八五〇人を超え九〇〇人以下のもの	五・〇
九〇〇人を超え九五〇人以下のもの	五・二
九五〇人を超え一、〇〇〇人以下のもの	五・四
一、〇〇〇人を超え一、〇五〇人以下のもの	五・六
一、〇五〇人を超え一、一〇〇人以下のもの	五・九
一、一〇〇人を超え一、一五〇人以下のもの	六・一
一、一五〇人を超え一、二〇〇人以下のもの	六・三
一、二〇〇人を超え一、二五〇人以下のもの	六・六
一、二五〇人を超え一、三〇〇人以下のもの	六・八
一、三〇〇人を超えるもの	七・〇

4　第二項の表において「木橋」とは、前年の四月一日現在において道路法第二十八条に規定する道路台帳に記載されている木橋をいう。

5　市町村道の面積は、次の表の上欄に掲げる市町村道の種別に応じ、それぞれ同表の下欄に掲げる率を乗じて補正するものとする。

市町村道の種別	率
路面幅員六・五メートル以上の市町村道（橋梁を除く。以下この表において同じ。）	一・一
路面幅員四・五メートル以上六・五メートル未満の市町村道	一・〇
路面幅員四・五メートル未満の市町村道	〇・七
橋梁	一〇・八

6　前項の規定により補正された市町村道の面積は、更に、当該市町村に係る市町村道の面積（前条の規定により算定した市町村道の面積をいう。）を千平方メートルで除して得た数値で当該市町村の人口を除して得た数による次の表の上欄に掲げる市町村の区分に応じ、それぞれ同表の下欄に掲げる率を乗じて補正するものとする。

市町村の区分	率
一〇人以下のもの	一・〇
一〇人を超え二〇人以下のもの	一・二
二〇人を超え三〇人以下のもの	一・四
三〇人を超え四〇人以下のもの	一・六
四〇人を超え五〇人以下のもの	一・八
五〇人を超え六〇人以下のもの	二・〇
六〇人を超え七〇人以下のもの	二・一
七〇人を超え八〇人以下のもの	二・三
八〇人を超え九〇人以下のもの	二・五
九〇人を超え一〇〇人以下のもの	二・七
一〇〇人を超え一一〇人以下のもの	二・九
一一〇人を超え一二〇人以下のもの	三・一
一二〇人を超え一三〇人以下のもの	三・二
一三〇人を超え一四〇人以下のもの	三・四

一四〇人を超え一五〇人以下のもの	三・六
一五〇人を超え一六〇人以下のもの	三・八
一六〇人を超え一七〇人以下のもの	四・〇
一七〇人を超え一八〇人以下のもの	四・一
一八〇人を超え一九〇人以下のもの	四・三
一九〇人を超え二〇〇人以下のもの	四・五
二〇〇人を超えるもの	四・七

（一般国道等の延長及び面積の補正）

第九条の十二　第九条の十の規定により算定した一般国道等（法第百七十七条の六第二項に規定する一般国道等をいう。以下この条及び次条第四項において同じ。）の延長及び面積は、次項から第五項まで及び次条に規定する方法により補正するものとする。

2　一般国道等の延長は、法第百七十七条の六第二項の指定道府県（以下この条及び第九条の十五第四項において「指定道府県」という。）に係る一般国道等の延長（第九条の十の規定により算定した一般国道等の延長をいう。以下この項において同じ。）を千メートルで除して得た数値又は指定市に係る一般国道等の延長を千メートルで除して得た数値で当該指定道府県の人口（当該指定市の人口を除く。第四項において同じ。）又は当該指定市の人口を除して得た数による次の表の上欄に掲げる指定道府県又は指定市の区分に応じ、それぞれ同表の下欄に掲げる率を乗じて補正するものとする。

指定道府県又は指定市の区分	率
一、〇〇〇人以下のもの	一・〇
一、〇〇〇人を超え二、〇〇〇人以下のもの	一・五
二、〇〇〇人を超え三、〇〇〇人以下のもの	一・九
三、〇〇〇人を超え四、〇〇〇人以下のもの	二・三
四、〇〇〇人を超え五、〇〇〇人以下のもの	二・七
五、〇〇〇人を超え六、〇〇〇人以下のもの	三・一
六、〇〇〇人を超え七、〇〇〇人以下のもの	三・六
七、〇〇〇人を超え八、〇〇〇人以下のもの	四・〇
八、〇〇〇人を超え九、〇〇〇人以下のもの	四・四
九、〇〇〇人を超え一〇、〇〇〇人以下のもの	四・八
一〇、〇〇〇人を超え一一、〇〇〇人以下のもの	五・二
一一、〇〇〇人を超え一二、〇〇〇人以下のもの	五・七
一二、〇〇〇人を超え一三、〇〇〇人以下のもの	六・一
一三、〇〇〇人を超え一四、〇〇〇人以下のもの	六・五
一四、〇〇〇人を超えるもの	六・九

3　一般国道等の面積は、次の表の上欄に掲げる一般国道等の種別に応じ、それぞれ同表の下欄に掲げる率を乗じて補正するものとする。

一般国道等の種別			率
一般国道（橋梁を除く。）	指定区間内の一般国道	砂利道	〇・七
		舗装道	〇・六
	指定区間外の一般国道	砂利道	一・〇
		舗装道	〇・六
高速自動車国道（橋梁を除く。）			〇・六
都道府県道（橋梁を除く。）		砂利道	一・〇
		舗装道	〇・五
橋梁			四・三

4　前項の規定により補正された一般国道等の面積は、更に、当該指定道府県に係る一般国道等の面積（第九条の十の規定により算定した一般国道等の面積をいう。以下この項において同じ。）を千平方メートルで除して得た数値又は当該指定市に係る一般国道等の面積を千平方メートルで除して得た数値で当該指定道府県の人口又は当該指定市の人口を除して得た数による次の表の上欄に掲げる指定道府県又は指定市の区分に応じ、それぞれ同表の下欄に掲げる率を乗じて補正するものとする。

指定道府県又は指定市の区分	率
五〇人以下のもの	一・〇
五〇人を超え一〇〇人以下のもの	一・二
一〇〇人を超え一五〇人以下のもの	一・四
一五〇人を超え二〇〇人以下のもの	一・六
二〇〇人を超え二五〇人以下のもの	一・八
二五〇人を超え三〇〇人以下のもの	二・〇
三〇〇人を超え三五〇人以下のもの	二・三
三五〇人を超え四〇〇人以下のもの	二・五
四〇〇人を超え四五〇人以下のもの	二・七
四五〇人を超え五〇〇人以下のもの	二・九
五〇〇人を超え五五〇人以下のもの	三・一
五五〇人を超え六〇〇人以下のもの	三・三

六〇〇人を超え六五〇人以下のもの	三・五
六五〇人を超え七〇〇人以下のもの	三・七
七〇〇人を超えるもの	三・九

5　第三項の表において「指定区間」とは、道路法第十三条第一項に規定する政令で指定する区間をいう。

（人口の定義等）

第九条の十三　第九条の十一第三項及び第六項並びに前条第二項及び第四項において「人口」とは、前年度末までに官報で公示された国勢調査のうち最近のものの結果による人口をいう。この場合において、第十三条の三の規定はこれらの項の人口について準用する。

2　市町村の昼間人口（従業地、通学地による人口が統計法第八条の規定により前年度末までに公表されている国勢調査のうち最近のものの結果による当該人口をいう。以下この項及び次項において同じ。）を当該市町村の常住人口（当該国勢調査の結果による官報で公示された人口をいう。以下この項及び次項において同じ。）で除して得た率が一・一を超える市町村の第九条の十一第三項及び第六項の人口は、前項の規定にかかわらず、昼間人口から常住人口に一・一を乗じて得た人口を控除した人口の二分の一の人口（一人未満の端数があるときは、その端数を四捨五入する。）を同項の人口に加えた人口とする。

3　市町村の廃置分合若しくは境界変更があつた場合又は市町村の境界が確定した場合には、当該廃置分合若しくは境界変更又は境界確定後の関係市町村について地方自治法施行令第百七十七条第一項の規定に基づき都道府県知事が告示した人口を基礎として同項の規定に準じて当該市町村に係る昼間人口及び常住人口に相当する人口として算定した人口をそれぞれ前項の昼間人口及び常住人口とみなして、同項の規定を適用する。

4　前二条の規定により市町村道又は一般国道等の延長又は面積を補正する場合において、第九条の十一第二項、第五項及び前条第三項の道路の種別ごとの延長若しくは面積の数、これらの項に定める率を乗じた後の数又は第九条の十一第三項、第六項、前条第二項若しくは第四項に定める率を乗じた後の数に一メートル又は一平方メートル未満の端数があるときは、その端数をそれぞれ四捨五入する。

（環境性能割額の交付額の算定に用いる資料の提出義務）

第九条の十四　市町村長（特別区の区長を含む。）は、道府県知事の定めるところにより、環境性能割額の交付額の算定に用いる道路の延長及び面積に関する資料を当該道府県知事に提出しなければならない。

（交付すべき額の算定に錯誤があつた場合の措置）

第九条の十五　道府県は、法第百七十七条の六第一項の規定により市町村に対し環境性能割額を交付した後において、その交付した額の算定に錯誤があつたため、交付した額を増加し、又は減少する必要が生じた場合には、当該錯誤に係る額を発見した日以後に到来する交付時期において当該交付すべき額に加算し、又はこれを減額するものとする。この場合において、当該市町村に係る市町村道の延長又は面積（第九条の十一の規定による補正をした後の延長又は面積をいう。以下この項において同じ。）に錯誤があつたことにより生じた錯誤に係る額は、次の算式により得た率（小数点以下三位未満の端数があるときは、これを四捨五入する。）を錯誤があつた年度において当該市町村に交付した環境性能割額に乗じて得た額とする。

$$\left\{\frac{\text{錯誤を修正した後の市町村道の延長}-\text{錯誤を修正する前の市町村道の延長}}{\text{錯誤を修正する前の市町村道の延長}}+\frac{\text{錯誤を修正した後の市町村道の面積}-\text{錯誤を修正する前の市町村道の面積}}{\text{錯誤を修正する前の市町村道の面積}}\right\}\times\frac{1}{2}$$

2　前項の場合においては、同項の交付時期において各市町村に交付する額は、政令第四十四条の八第二項の規定により当該交付時期に交付すべき額から前項の加算すべき額を減額し、及びこれに同項の減額すべき額を加算して得た額を当該交付時期に交付する同条第二項の交付額として算定した各市町村に交付すべき額に相当する額に前項の加算すべき額を加算し、又は当該交付すべき額に相当する額から当該減額すべき額を減額して得た額とするものとする。

3　第一項後段の錯誤に係る額に千円未満の端数金額があるときは、その端数金額を控除した金額をもつて、当該錯誤に係る額とする。

4　第一項前段の規定は、指定道府県が法第百七十七条の六第二項の規定により指定市に対し環境性能割額を交付する場合について準用する。

（法第百七十七条の十二に規定する総務省令で定める方法）

第九条の十六　法第百七十七条の十二に規定する総務省令で定める方法は、道府県知事又は地方税共同機構から得た納付情報により納付する方法とする。

（種別割に係る申告書等の様式）

第九条の十七　法第百七十七条の十三第一項の規定により提出すべき申告書又は報告書の様式は、第十六号の四十三様式によるものとする。

（法第四百四十二条第九号のエネルギー消費効率）

第十五条の八　法第四百四十二条第九号に規定するエネルギーの使用の合理化及び非化石エネルギーへの転換等に関する法律第百四十九条第一項の規定により定められるエネルギー消費機器等製造事業者等の判断の基準となるべき事項を勘案して総務省令で定めるエネルギー消費効率は、次の各号に掲げる自動車の区分に応じ、当該各号に定めるエネルギー消費効率とする。

一　エネルギーの使用の合理化及び非化石エネルギーへの転換等に関する法律施行令第十八条第一号に掲げる乗用自動車　乗用自動車のエネルギー消費機器等製造事業者等の判断の基準等に定める基準エネルギー消費効率

二　エネルギーの使用の合理化及び非化石エネルギーへの転換等に関する法律施行令第十八条第八号に掲げる貨物自動車　貨物自動車のエネルギー消費性能の向上に関するエネルギー消費機器等製造事業者等の判断の基準等に定める基準エネルギー消費効率

（法第四百四十六条第一項第二号の専ら可燃性天然ガスを内燃機関の燃料として用いる軽自動車等）

第十五条の九　法第四百四十六条第一項第二号に規定する専ら可燃性天然ガスを内燃機関の燃料として用いる軽自動車で総

務省令で定めるものは、内燃機関の燃料として可燃性天然ガスを用いる軽自動車で当該軽自動車に係る道路運送車両法第五十八条に規定する自動車検査証（以下この条及び第十五条の十一において「自動車検査証」という。）において燃料が可燃性天然ガスである旨が明らかにされているもの（可燃性天然ガス以外の燃料を用いる旨が併せて明らかにされているものを除く。）とする。

2　法第四百四十六条第一項第二号イに規定する平成三十年十月一日以降に適用されるべきものとして定められた排出ガス保安基準で総務省令で定めるものは、道路運送車両の保安基準の細目を定める告示（以下この条及び第十五条の十一において「細目告示」という。）第四十一条第一項第十一号の基準とする。

3　法第四百四十六条第一項第二号ロに規定する平成二十一年十月一日以降に適用されるべきものとして定められた排出ガス保安基準で総務省令で定めるものは、道路運送車両の保安基準第二章及び第三章の規定の適用関係の整理のため必要な事項を定める告示及び道路運送車両の保安基準の細目を定める告示の一部を改正する告示（平成三十年国土交通省告示第五百二十八号）による改正前の細目告示（以下この条及び第十五条の十一において「旧細目告示」という。）第四十一条第一項第十一号イの基準又は道路運送車両の保安基準第二章及び第三章の規定の適用関係の整理のため必要な事項を定める告示（以下この条において「適用関係告示」という。）第二十八条第百三十三項の基準とする。

4　法第四百四十六条第一項第二号ロに規定する窒素酸化物の排出量が平成二十一年天然ガス車基準に定める窒素酸化物の値の十分の九を超えない天然ガス軽自動車で総務省令で定めるものは、窒素酸化物の排出量が旧細目告示第四十一条第一項第十一号イの表の(1)又は(4)に掲げる軽自動車の種別に応じ、同表の窒素酸化物の欄に掲げる値の十分の九を超えない軽自動車で、かつ、低排出ガス車認定実施要領第五条の規定による認定（以下この条及び第十五条の十一において「低排出ガス車認定」という。）を受けた軽自動車とする。

5　法第四百四十六条第一項第三号イに規定する乗用車で総務省令で定めるものは、次に掲げる要件に該当する軽自動車とする。

一　次に掲げる軽自動車の区分に応じ、それぞれ次に定める要件に該当すること。

イ　平成三十年ガソリン軽中量車基準（法第四百四十六条第一項第三号イ(1)(i)に規定する平成三十年ガソリン軽中量車基準をいう。第八項第一号及び第十五条の十一において同じ。）に適合する軽自動車　窒素酸化物の排出量が細目告示第四十一条第一項第三号イの表の(1)の窒素酸化物の欄に掲げる値の二分の一を超えない軽自動車で、かつ、低排出ガス車認定を受けたものであること。

ロ　平成十七年ガソリン軽中量車基準（法第四百四十六条第一項第三号イ(1)(ii)に規定する平成十七年ガソリン軽中量車基準をいう。第八項第一号及び第十五条の十一において同じ。）に適合する軽自動車　窒素酸化物の排出量が旧細目告示第四十一条第一項第三号イの表の(1)の窒素酸化物の欄に掲げる値の四分の一を超えない軽自動車で、かつ、低排出ガス車認定を受けたものであること。

二　自動車の燃費性能の評価及び公表に関する実施要領（次号及び第八項第二号において「燃費評価実施要領」という。）第四条の五に規定する令和十二年度燃費基準達成・向上達成レベル（第十五条の十一第一項第二号及び第三項第二号において「令和十二年度燃費基準達成レベル」という。）が八十以上であること及び当該軽自動車に係る自動車検査証においてその旨が明らかにされていること。

三　燃費評価実施要領第四条の二に規定する令和二年度燃費基準達成・向上達成レベル（第十五条の十一第一項第三号及び第三項第三号において「令和二年度燃費基準達成レベル」という。）が百以上であること及び当該軽自動車に係る自動車検査証においてその旨が明らかにされていること。

6　法第四百四十六条第一項第三号イ(1)(i)に規定する平成三十年十月一日以降に適用されるべきものとして定められた排出ガス保安基準で総務省令で定めるものは、細目告示第四十一条第一項第三号イ（粒子状物質に係る部分を除く。）の基準とする。

7　法第四百四十六条第一項第三号イ(1)(ii)に規定する平成十七年十月一日以降に適用されるべきものとして定められた排出ガス保安基準で総務省令で定めるものは、旧細目告示第四十一条第一項第三号イ（粒子状物質に係る部分を除く。）の基準又は適用関係告示第二十八条第百八項の基準とする。

8　法第四百四十六条第一項第三号ロに規定する車両総重量が二・五トン以下のトラックで総務省令で定めるものは、次に掲げる要件に該当する軽自動車とする。

一　次に掲げる軽自動車の区分に応じ、それぞれ次に定める要件に該当すること。

イ　平成三十年ガソリン軽中量車基準に適合する軽自動車　窒素酸化物の排出量が細目告示第四十一条第一項第三号イの表の(4)の窒素酸化物の欄に掲げる値の二分の一を超えない軽自動車で、かつ、低排出ガス車認定を受けたものであること。

ロ　平成十七年ガソリン軽中量車基準に適合する軽自動車　窒素酸化物の排出量が旧細目告示第四十一条第一項第三号イの表の(4)の窒素酸化物の欄に掲げる値の四分の一を超えない軽自動車で、かつ、低排出ガス車認定を受けたものであること。

二　燃費評価実施要領第四条の三に規定する令和四年度燃費基準達成・向上達成レベル（第十五条の十一第二項第二号及び第四項第二号において「令和四年度燃費基準達成レベル」という。）が百五以上であること及び当該軽自動車に係る自動車検査証においてその旨が明らかにされていること。

9　法第四百四十六条第二項に規定する令和十二年度基準エネルギー消費効率を算定する方法として総務省令で定める方法は、自動車のエネルギー消費効率の算定等に関する省令に規定する国土交通大臣が告示で定める方法（以下この条において「エネルギー消費効率算定告示」という。）第一条第一項第三号に掲げる方法とする。

10　法第四百四十六条第二項に規定する令和四年度基準エネルギー消費効率を算定する方法として総務省令で定める方法は、エネルギー消費効率算定告示第一条第一項第二号に掲げる方法とする。

11　法第四百四十六条第二項に規定する基準エネルギー消費効

率であつて平成二十二年度以降の各年度において適用されるべきものとして定められたものを算定する方法として総務省令で定める方法は、エネルギー消費効率算定告示第一条第一項第一号に掲げる方法とする。

12　法第四百四十六条第二項において準用する同条第一項（第三号に係る部分に限る。）の規定の適用がある場合における第五項及び第八項の規定の適用については、次の表の上欄に掲げる規定中同表の中欄に掲げる字句は、それぞれ同表の下欄に掲げる字句とする。

第五項第二号	第四条の五に規定する令和十二年度燃費基準達成・向上達成レベル（第十五条の十一第一項第二号及び第三項第二号において「令和十二年度燃費基準達成レベル」という。）が八十以上であること及び	第三条に規定する十・十五モード燃費値（次号及び第八項第二号において「十・十五モード燃費値」という。）が同条第一号に規定する平成二十二年度基準エネルギー消費効率（次号及び第八項第二号において「平成二十二年度基準エネルギー消費効率」という。）に百分の七十三を乗じて得た数値以上であること並びに
	その旨	その旨並びに自動車のエネルギー消費効率の算定等に関する省令に規定する国土交通大臣が告示で定める方法第一条第一項第二号及び第三号に掲げる方法（次号及び第八項第二号において「ＪＣ〇八モード法及びＷＬＴＣモード法」という。）により当該軽自動車のエネルギー消費効率が算定されていない旨
第五項第三号	燃費評価実施要領第四条の二に規定する令和二年度燃費基準達成・向上達成レベル（第十五条の十一第一項第三号及び第三項第三号において「令和二年度燃費基準達成レベル」という。）が百以上であること及び	十・十五モード燃費値が平成二十二年度基準エネルギー消費効率に百分の百五十を乗じて得た数値以上であること並びに
	その旨	その旨並びにＪＣ〇八モード法及びＷＬＴＣモード法により当該軽自動車のエネルギー消費効率が算定されていない旨
第八項第二号	燃費評価実施要領第四条の三に規定する令和四年度燃費基準達成・向上達成レベル（第十五条の十一第二項第二号及び第四項第二号において「令和四年度燃費基準達成レベル」という。）が百五以上であること及び	十・十五モード燃費値が平成二十二年度基準エネルギー消費効率に百分の百六十三を乗じて得た数値以上であること並びに
	その旨	その旨並びにＪＣ〇八モード法及びＷＬＴＣモード法により当該軽自動車のエネルギー消費効率が算定されていない旨

13　法第四百四十六条第三項に規定する令和十二年度基準エネルギー消費効率を算定する方法として総務省令で定める方法は、エネルギー消費効率算定告示第一条第一項第三号に掲げる方法とする。

14　法第四百四十六条第三項に規定する令和二年度基準エネルギー消費効率であつて平成二十七年度以降の各年度において適用されるべきものとして定められたものを算定する方法として総務省令で定める方法は、エネルギー消費効率算定告示第一条第一項第二号に掲げる方法とする。

15　法第四百四十六条第三項において準用する同条第一項（第三号イに係る部分に限る。）の規定の適用がある場合における第五項の規定の適用については、同項第二号中「第四条の五に規定する令和十二年度燃費基準達成・向上達成レベル（第十五条の十一第一項第二号及び第三項第二号において「令和十二年度燃費基準達成レベル」という。）が八十以上であること及び」とあるのは「第四条の二に規定する令和二年度燃費基準達成・向上達成レベルが百十六以上であること並びに」と、「その旨」とあるのは「その旨及び自動車のエネルギー消費効率の算定等に関する省令に規定する国土交通大臣が告示で定める方法第一条第一項第三号に掲げる方法により当該軽自動車のエネルギー消費効率が算定されていない旨」とする。

16　国土交通大臣の認定等（法附則第二十九条の九第三項に規定する国土交通大臣の認定等をいう。以下この項及び第十五条の十一第七項において同じ。）の申請をした者が偽りその他不正の手段（当該申請をした者に当該申請に必要な情報を直接又は間接に提供した者の偽りその他不正の手段を含む。同項において同じ。）により国土交通大臣が当該国土交通大臣の認定等を受けたことを事由として国土交通大臣の認定等を取り消した場合であつて、当該取消し後にその対象となつた軽自動車が新たに受けた国土交通大臣の認定等が軽自動車検査ファイル（道路運送車両法第七十二条第一項に規定する軽自動車検査ファイルをいう。第十五条の十一第七項において同じ。）に記録されてから、当該新たに受けた国土交通大臣の認定等が当該軽自動車に係る自動車検査証において明らかにされるまでの間においては、当該軽自動車に対する第五項及び第八項（これらの規定を第十二項及び前項の規定により読み替えて適用する場合を含む。）の規定の適用については、これらの規定中「当該軽自動車の自動車検査証」とあるのは「道路運送車両法第七十二条第一項に規定する軽自動車検査ファイル」と読み替えるものとする。

（法第四百五十条の三輪以上の軽自動車の取得のために通常要する価額）

第十五条の十　法第四百五十条に規定する三輪以上の軽自動車の取得のために通常要する価額として総務省令で定めるところにより算定した金額は、次の各号に掲げる三輪以上の軽自動車の区分に応じ、当該各号に定める金額とする。

一　初めて道路運送車両法第六十条第一項後段の規定による車両番号の指定を受ける三輪以上の軽自動車　当該三輪以上の軽自動車を通常の取引の条件に従つて自動車等の販売業者から取得するとした場合における当該三輪以上の軽自動車の販売価額に相当する金額

二　前号に掲げる三輪以上の軽自動車以外の三輪以上の軽自動車　当該三輪以上の軽自動車が初めて前号に規定する車両番号の指定（以下この号において「初回車両番号指定」という。）を受けたときにおける前号に定める金額に、初回車両番号指定を受けた日の属する年の一月一日から起算した期間に応じて総務大臣が定める割合を乗じて得た額

（法第四百五十一条第一項第一号の乗用車等）

第十五条の十一　法第四百五十一条第一項第一号に規定する乗用車で総務省令で定めるものは、次に掲げる要件に該当する軽自動車とする。

一　次に掲げる軽自動車の区分に応じ、それぞれ次に定める要件に該当すること。

イ　平成三十年ガソリン軽中量車基準に適合する軽自動車
窒素酸化物の排出量が細目告示第四十一条第一項第三号イの表の(1)の窒素酸化物の欄に掲げる値の二分の一を超えない軽自動車で、かつ、低排出ガス車認定を受けたものであること。

ロ　平成十七年ガソリン軽中量車基準に適合する軽自動車
窒素酸化物の排出量が旧細目告示第四十一条第一項第三号イの表の(1)の窒素酸化物の欄に掲げる値の四分の一を超えない軽自動車で、かつ、低排出ガス車認定を受けたものであること。

二　令和十二年度燃費基準達成レベルが七十五以上八十未満であること及び当該軽自動車に係る自動車検査証においてその旨が明らかにされていること。

三　令和二年度燃費基準達成レベルが百以上であること及び当該軽自動車に係る自動車検査証においてその旨が明らかにされていること。

2　法第四百五十一条第一項第二号に規定する車両総重量が二・五トン以下のトラックで総務省令で定めるものは、次に掲げる要件に該当する軽自動車とする。

一　次に掲げる軽自動車の区分に応じ、それぞれ次に定める要件に該当すること。

イ　平成三十年ガソリン軽中量車基準に適合する軽自動車
窒素酸化物の排出量が細目告示第四十一条第一項第三号イの表の(4)の窒素酸化物の欄に掲げる値の二分の一を超えない軽自動車で、かつ、低排出ガス車認定を受けたものであること。

ロ　平成十七年ガソリン軽中量車基準に適合する軽自動車
窒素酸化物の排出量が旧細目告示第四十一条第一項第三号イの表の(4)の窒素酸化物の欄に掲げる値の四分の一を超えない軽自動車で、かつ、低排出ガス車認定を受けたものであること。

二　令和四年度燃費基準達成レベルが百以上百五未満であること及び当該軽自動車に係る自動車検査証においてその旨が明らかにされていること。

3　法第四百五十一条第二項第一号に規定する乗用車で総務省令で定めるものは、次に掲げる要件に該当する軽自動車とする。

一　次に掲げる軽自動車の区分に応じ、それぞれ次に定める要件に該当すること。

イ　平成三十年ガソリン軽中量車基準に適合する軽自動車
窒素酸化物の排出量が細目告示第四十一条第一項第三号イの表の(1)の窒素酸化物の欄に掲げる値の二分の一を超えない軽自動車で、かつ、低排出ガス車認定を受けたものであること。

ロ　平成十七年ガソリン軽中量車基準に適合する軽自動車
窒素酸化物の排出量が旧細目告示第四十一条第一項第三号イの表の(1)の窒素酸化物の欄に掲げる値の四分の一を超えない軽自動車で、かつ、低排出ガス車認定を受けたものであること。

二　令和十二年度燃費基準達成レベルが七十以上七十五未満であること及び当該軽自動車に係る自動車検査証においてその旨が明らかにされていること。

三　令和二年度燃費基準達成レベルが百以上であること及び当該軽自動車に係る自動車検査証においてその旨が明らかにされていること。

4　法第四百五十一条第二項第二号に規定する車両総重量が二・五トン以下のトラックで総務省令で定めるものは、次に掲げる要件に該当する軽自動車とする。

一　次に掲げる軽自動車の区分に応じ、それぞれ次に定める要件に該当すること。

イ　平成三十年ガソリン軽中量車基準に適合する軽自動車
窒素酸化物の排出量が細目告示第四十一条第一項第三号イの表の(4)に掲げる軽自動車の種別に応じ、同表の窒素酸化物の欄に掲げる値の二分の一を超えない軽自動車で、かつ、低排出ガス車認定を受けたものであること。

ロ　平成十七年ガソリン軽中量車基準に適合する軽自動車
窒素酸化物の排出量が旧細目告示第四十一条第一項第三号イの表の(4)に掲げる軽自動車の種別に応じ、同表の窒素酸化物の欄に掲げる値の四分の一を超えない軽自動車で、かつ、低排出ガス車認定を受けたものであること。

二　令和四年度燃費基準達成レベルが九十五以上百未満であること及び当該軽自動車に係る自動車検査証においてその

旨が明らかにされていること。

5　法第四百五十一条第四項において準用する同条第一項又は第二項の規定の適用がある場合における前各項の規定の適用については、次の表の上欄に掲げる規定中同表の中欄に掲げる字句は、それぞれ同表の下欄に掲げる字句とする。

第一項第二号	令和十二年度燃費基準達成レベルが七十五以上八十未満であること及び	自動車の燃費性能の評価及び公表に関する実施要領第三条に規定する十・十五モード燃費値（次号及び第二項から第四項までにおいて「十・十五モード燃費値」という。）が同条第一号に規定する平成二十二年度基準エネルギー消費効率（次号及び第二項から第四項までにおいて「平成二十二年度基準エネルギー消費効率」という。）に百分の百六十二を乗じて得た数値以上であること並びに
	その旨	その旨並びに自動車のエネルギー消費効率の算定等に関する省令に規定する国土交通大臣が告示で定める方法第一条第一項第二号及び第三号に掲げる方法（次号及び第二項から第四項までにおいて「JC〇八モード法及びWLTCモード法」という。）により当該軽自動車のエネルギー消費効率が算定されていない旨
第一項第三号	令和二年度燃費基準達成レベルが百以上であること及び	十・十五モード燃費値が平成二十二年度基準エネルギー消費効率に百分の百五十を乗じて得た数値以上であること並びに
	その旨	その旨並びにJC〇八モード法及びWLTCモード法により当該軽自動車のエネルギー消費効率が算定されていない旨
第二項第二号	令和四年度燃費基準達成レベルが百以上百五未満であること及び	十・十五モード燃費値が平成二十二年度基準エネルギー消費効率に百分の百五十五を乗じて得た数値以上であること並びに
	その旨	その旨並びにJC〇八モード法及びWLTCモード法により当該軽自動車のエネルギー消費効率が算定されていない旨
第三項第二号	令和十二年度燃費基準達成レベルが七十以上七十五未満であること及び	十・十五モード燃費値が平成二十二年度基準エネルギー消費効率に百分の百五十一を乗じて得た数値以上であること並びに
	その旨	その旨並びにJC〇八モード法及びWLTCモード法により当該軽自動車のエネルギー消費効率が算定されていない旨
第三項第三号	令和二年度燃費基準達成レベルが百以上であること及び	十・十五モード燃費値が平成二十二年度基準エネルギー消費効率に百分の百五十を乗じて得た数値以上であること並びに
	その旨	その旨並びにJC〇八モード法及びWLTCモード法により当該軽自動車のエネルギー消費効率が算定されていない旨
第四項第二号	令和四年度燃費基準達成レベルが九十五以上百未満であること及び	十・十五モード燃費値が平成二十二年度基準エネルギー消費効率に百分の百四十七を乗じて得た数値以上であること並びに
	その旨	その旨並びにJC〇八モード法及びWLTCモード法により当該軽自動車のエネルギー消費効率が算定されていない旨

6　法第四百五十一条第五項において準用する同条第一項（第一号に係る部分に限る。）又は第二項（第一号に係る部分に限る。）の規定の適用がある場合における第一項及び第三項

の規定の適用については、次の表の上欄に掲げる規定中同表の中欄に掲げる字句は、それぞれ同表の下欄に掲げる字句とする。

第一項第二号	令和十二年度燃費基準達成レベルが七十五以上八十未満であること及び	令和二年度燃費基準達成レベルが百九以上であること並びに
	その旨	その旨及び自動車のエネルギー消費効率の算定等に関する省令に規定する国土交通大臣が告示で定める方法第一条第一項第三号に掲げる方法（第三項第二号において「WLTCモード法」という。）により当該軽自動車のエネルギー消費効率が算定されていない旨
第三項第二号	令和十二年度燃費基準達成レベルが七十以上七十五未満であること及び	令和二年度燃費基準達成レベルが百二以上であること並びに
	その旨	その旨及びWLTCモード法により当該軽自動車のエネルギー消費効率が算定されていない旨

7　国土交通大臣の認定等の申請をした者が偽りその他不正の手段により国土交通大臣の認定等を受けたことを事由として国土交通大臣が当該国土交通大臣の認定等を取り消した場合であって、当該取消し後にその対象となった軽自動車が新たに受けた国土交通大臣の認定等が軽自動車検査ファイルに記録されてから、当該新たに受けた国土交通大臣の認定等が当該軽自動車に係る自動車検査証において明らかにされるまでの間においては、当該軽自動車に対する第一項から第四項まで（これらの規定を前二項の規定により読み替えて適用する場合を含む。）の規定の適用については、これらの規定中「当該軽自動車に係る自動車検査証」とあるのは「道路運送車両法第七十二条第一項に規定する軽自動車検査ファイル」と読み替えるものとする。

（環境性能割に係る申告書等の様式）

第十五条の十二　法第四百五十四条第一項の規定により提出すべき申告書又は同条第二項の規定により提出すべき報告書の様式は、第三十三号の四様式によるものとする。

（環境性能割の修正申告書の記載事項）

第十五条の十三　法第四百五十五条第二項に規定する総務省令で定める事項は、次に掲げる事項とする。

一　納税義務者の氏名又は名称及び住所
二　三輪以上の軽自動車を譲渡した者の氏名又は名称及び住所
三　三輪以上の軽自動車の取得がされた年月日
四　三輪以上の軽自動車の取得の原因
五　三輪以上の軽自動車の種別、用途、車名及び型式
六　三輪以上の軽自動車の定置場
七　既に納付の確定した環境性能割額
八　環境性能割の課税標準額及び環境性能割額
九　前号の環境性能割額に相当する金額から第七号の環境性能割額に相当する金額を控除した金額
十　前各号に掲げるもののほか市町村の条例で定める事項

（三輪以上の軽自動車の性能が良好でないことに類する理由）

第十五条の十四　法第四百五十九条第一項に規定する総務省令で定める理由は、三輪以上の軽自動車の車体の塗色等が当該三輪以上の軽自動車の取得に係る契約の内容と異なることとする。

（法第四百六十三条の十五第一項第一号ニに規定する総務省令で定める原動機付自転車）

第十五条の十五　法第四百六十三条の十五第一項第一号ニに規定する総務省令で定める原動機付自転車は、次のいずれかに該当する原動機付自転車とする。

一　車室を備えず、かつ、輪距（二以上の輪距を有するものにあっては、その輪距のうち最大のもの）が〇・五メートル以下の原動機付自転車
二　側面が構造上開放されている車室を備え、かつ、輪距が〇・五メートル以下の三輪の原動機付自転車
三　道路運送車両の保安基準（昭和二十六年運輸省令第六十七号）第一条第一項第十三号の六に規定する特定小型原動機付自転車

（種別割に係る申告書等の様式）

第十六条　法第四百六十三条の十九第一項の規定により提出すべき次の表の上欄に掲げる申告書又は報告書の様式は、それぞれその下欄に掲げるところによるものとする。

申告書等の種類	様式
(一)　軽自動車税（種別割）申告（報告）書（軽自動車及び二輪の小型自動車に係る申告（報告）書）	第三十三号の四の二様式
(二)　軽自動車税（種別割）申告（報告）書兼標識交付申請書（原動機付自転車・小型特殊自動車）（原動機付自転車及び小型特殊自動車に係る新規又は変更申告（報告）書）	第三十三号の五様式
(三)　軽自動車税（種別割）廃車申告書兼標識返納書（原動機付自転車・小型特殊自動車）（原動機付自転車及び小型特殊自動車に係る廃車申告書）	第三十四号様式

附　則（抄）

（軽油引取税の課税免除の特例）

第四条の七　政令附則第十条の二の二第三項に規定する総務省令で定めるものは、音波機械、整備教育用エンジン、火砲及び誘導武器の発射装置並びに通信の用に供する機械及びレーダーの整備用機械等とする。

2　政令附則第十条の二の二第六項に規定する委託を受けて農作業を行う者で総務省令で定めるものは、農作業のうち基幹的な作業（専ら機械を使用して行われるものをいう。）の全ての委託を受けて農作業を行う者とする。

3　政令附則第十条の二の二第六項に規定する素材生産業を営む者で総務省令で定めるものは、前年度の素材の生産量が千立方メートル以上である素材生産業を営む者とする。

4　政令附則第十条の二の二第八項の表に規定するとび・土工工事業で総務省令で定めるものは、建設業法（昭和二十四年法律第百号）第三条の規定によるとび・土工工事業の許可を受けて専らとび・土工・コンクリート工事を行うものが営むとび・土工工事業とする。

5　政令附則第十条の二の二第八項の表に規定する航空運送サービス業で総務省令で定めるものは、飛行場において航空機への旅客乗降用設備の供用、航空貨物の積卸し若しくは運搬又は航空機の整備を行う事業とする。

6　政令附則第十条の二の二第八項の表に規定する公共の飛行場で総務省令で定めるものは、新千歳空港、旭川空港、釧路空港、帯広空港、函館空港、女満別空港、青森空港、仙台空港、秋田空港、成田国際空港、東京国際空港、新潟空港、富山空港、小松飛行場、静岡空港、中部国際空港、関西国際空港、大阪国際空港、神戸空港、出雲空港、岡山空港、広島空港、山口宇部空港、高松空港、徳島飛行場、松山空港、高知空港、福岡空港、北九州空港、長崎空港、熊本空港、大分空港、宮崎空港、鹿児島空港、奄美空港、那覇空港、宮古空港及び新石垣空港とする。

7　政令附則第十条の二の二第八項の表に規定する木材加工業で総務省令で定めるものは、一般製材業、単板製造業、床板製造業、木材チップ製造業、造作材製造業、合板製造業、建築用木製組立材料製造業、パーティクルボード製造業及び木材防腐処理業とする。

8　政令附則第十条の二の二第八項の表に規定する木材市場業で総務省令で定めるものは、政令第五十六条の五十七第一項に規定する市場を開設し、又は経営する事業とする。

9　政令附則第十条の二の二第八項の表に規定する堆肥製造業で総務省令で定めるものは、肥料の品質の確保等に関する法律（昭和二十五年法律第百二十七号）第二十二条第一項の規定により届出がされた同項第三号の事業場内で行われるバーク堆肥製造業とする。

10　第八条の三十八の規定は、法附則第十二条の二の七第二項において準用する法第百四十四条の二十一の規定による免税の手続について準用する。この場合において、第八条の三十八第一項第一号中「、氏名又は名称及び個人番号（行政手続における特定の個人を識別するための番号の利用等に関する法律第二条第五項に規定する個人番号をいう。以下軽油引取税について同じ。）又は法人番号（同条第十五項に規定する法人番号をいう。以下軽油引取税について同じ。）（個人番号若しくは法人番号を有しない者又は法第百四十四条の二十一第二項後段の規定により代表者を定めて免税軽油使用者証の交付を受けようとするそれぞれの者にあつては、住所又は事務所若しくは事業所の所在地及び氏名又は名称）」とあるのは「及び氏名又は名称」と、同項第三号中「又は設備」とあるのは「、車両又は設備」と、同項第四号中「、氏名又は名称及び個人番号又は法人番号（個人番号又は法人番号を有しない者にあつては、住所又は事務所若しくは事業所の所在地及び氏名又は名称）」とあるのは「及び氏名又は名称」と読み替えるものとする。

11　第八条の三十九の規定は、法附則第十二条の二の七第二項において準用する法第百四十四条の二十七の規定による免税軽油の引取り等に係る報告義務について準用する。

12　法附則第十二条の二の七第五項から第七項までの規定の適用がある場合における前項において準用する第八条の三十九の規定の適用については、次の表の上欄に掲げる同条の規定中同表の中欄に掲げる字句は、同表の下欄に掲げる字句とする。

第一項	八　当該報告対象期間内に行つた当該免税軽油使用者証に係る報告対象免税軽油の使用に関する事実及びその数量（その事実がない場合には、その旨）	八　当該報告対象期間内に行つた当該免税軽油使用者証に係る報告対象免税軽油の使用に関する事実及びその数量（その事実がない場合には、その旨） 八の二　当該報告対象期間内に行つた法附則第十二条の二の七第五項から第七項までに規定する事実及びその数量
第二項	第十六号の三十様式 一　報告対象免税軽油の引取りを行つた日及びその数量並びに当該報告対象免税軽油の引渡しを行つた販売業者の氏名又は名称を証するに足りる書類	第十六号の三十二様式 一　報告対象免税軽油の引取りを行つた日及びその数量並びに当該報告対象免税軽油の引渡しを行つた販売業者の氏名又は名称を証するに足りる書類 一の二　法附則第十二条の二の七第六項又は第七項に規定する譲渡を行つた数量及び譲渡先の名称を証するに足りる書類
第二項第二号	前号	前二号

13　法附則第十二条の二の七第四項の場合における第八条の三十一、第八条の三十七及び第八条の五十三の規定の適用については、第八条の三十一第一項中「法第百四十四条の二十一第二項」とあるのは「法第百四十四条の二十一第二項（法附則第十二条の二の七第二項において読み替えて準用する場合を含む。）」と、第八条の三十七第一項中「法第百四十四条の六」とあるのは「法第百四十四条の六又は法附則第十二条の

二の七第一項」と、「法第百四十四条の二十一第一項」とあるのは「法第百四十四条の二十一第一項（法附則第十二条の二の七第二項において読み替えて準用する場合を含む。）」と、第八条の五十三第二項中「又は第百四十四条の六」とあるのは「若しくは第百四十四条の六又は法附則第十二条の二の七第一項」とする。

第四条の八　法附則第十二条の二の七第二項において準用する法第百四十四条の二十一第六項の規定により交付される免税証の様式は、第十六号の十三様式とする。

2　政令附則第十条の二の二第九項において準用する第四十三条の十五の規定による免税証の手続に係る様式は、第十六号の十六の二様式、第十六号の十七の二様式から第十六号の二十四様式まで及び第十六号の三十様式とする。

3　政令附則第十条の二の二第十一項において準用する第四十三条の四の規定による届出及びその承認の様式は、第十六号の十五様式とする。

（環境性能割交付金を計算する場合に係る経過措置）

第四条の九　当分の間、第九条の十の規定により道路の延長及び面積を算定する場合には、道路台帳が調製されていない道路にあつては、道路橋りよう現況調書に記載されている延長及び路面幅員によることができる。

（法附則第十二条の二の十一第一項の認定又は評価）

第四条の十　法附則第十二条の二の十一第一項に規定する総務省令で定める認定又は評価は、低排出ガス車認定実施要領第五条の規定による認定（附則第五条の二及び附則第五条の二の三において「低排出ガス車認定」という。）又は自動車の燃費性能の評価及び公表に関する実施要領（附則第五条の二の三において「燃費評価実施要領」という。）第三条から第四条の三までの規定による評価とする。

（法附則第十二条の二の十三第一項の路線バス等）

第四条の十一　法附則第十二条の二の十三第一項に規定する乗降口から車椅子を固定することができる設備までの通路に段がない路線バス等であつて総務省令で定めるものは、当該路線バス等に係る第九条の二第一項に規定する自動車検査証（以下この条から附則第五条の二までにおいて「自動車検査証」という。）においてノンステップバスである旨が明らかにされているものとする。

2　法附則第十二条の二の十三第一項第二号に規定する公共交通移動等円滑化基準で総務省令で定めるものは、次の各号に掲げる自動車の区分に応じ、当該各号に定める基準とする。

一　法附則第十二条の二の十三第一項に規定する一般乗合旅客自動車運送事業を経営する者が同項に規定する路線定期運行の用に供する自動車（第五項第一号において「乗合バス」という。）　移動等円滑化のために必要な旅客施設又は車両等の構造及び設備並びに旅客施設及び車両等を使用した役務の提供の方法に関する基準を定める省令（平成十八年国土交通省令第百十一号。以下この条において「公共交通移動等円滑化基準省令」という。）第三十七条から第四十二条までの基準

二　法附則第十二条の二の十三第一項に規定する一般貸切旅客自動車運送事業を経営する者がその事業の用に供する自動車（第五項第二号において「貸切バス」という。）　公共交通移動等円滑化基準省令第三十八条第一項及び第四十条第二項並びに公共交通移動等円滑化基準省令第四十三条の二において準用する公共交通移動等円滑化基準省令第三章第三節（第三十八条第一項、第三十九条第五号及び第六号、第三十九条の二、第四十条第二項、第四十一条第二項及び第三項並びに第四十三条を除く。）の基準

3　法附則第十二条の二の十三第二項に規定する車椅子を使用したまま円滑に乗降するための昇降機を備える路線バス等であつて総務省令で定めるものは、当該路線バス等に係る自動車検査証においてリフト付きバスである旨が明らかにされているものとする。

4　法附則第十二条の二の十三第二項に規定する空港法（昭和三十一年法律第八十号）第二条に規定する空港又は同法附則第二条第一項の政令で定める飛行場を起点又は終点とする自動車で総務省令で定めるものは、当該自動車に係る自動車検査証において空港アクセスバスである旨が明らかにされているものとする。

5　法附則第十二条の二の十三第二項第二号に規定する公共交通移動等円滑化基準で総務省令で定めるものは、次の各号に掲げる自動車の区分に応じ、当該各号に定める基準とする。

一　乗合バス　公共交通移動等円滑化基準省令第三十七条第一項、第三十八条第二項及び第四十二条の基準

二　貸切バス　公共交通移動等円滑化基準省令第四十三条の二において準用する公共交通移動等円滑化基準省令第三章第三節（第三十八条第一項、第三十九条第五号及び第六号、第三十九条の二、第四十条第二項、第四十一条第二項及び第三項並びに第四十三条を除く。）の基準

6　法附則第十二条の二の十三第三項に規定する高齢者、障害者等の移動上の利便性を特に向上させる乗用車であつて総務省令で定めるものは、移動等円滑化の促進に関する基本方針において移動等円滑化の目標が定められているノンステップバスの基準等を定める告示（平成二十四年国土交通省告示第二百五十七号）第四条第一項の認定を受けたものとして、当該乗用車に係る自動車検査証において認定ユニバーサルデザインタクシーである旨が明らかにされているものとする。

7　法附則第十二条の二の十三第三項第二号に規定する公共交通移動等円滑化基準で総務省令で定めるものは、公共交通移動等円滑化基準省令第四十五条第一項の基準とする。

8　法附則第十二条の二の十三第四項に規定する総務省令で定める自動車は、当該自動車に係る自動車検査証において側方衝突警報装置（同項に規定する側方衝突警報装置をいう。次項及び第十二項において同じ。）及び衝突被害軽減制動制御装置（同条第四項に規定する衝突被害軽減制動制御装置をいう。第十項及び第十三項において同じ。）を搭載した車両である旨が明らかにされているものとする。

9　法附則第十二条の二の十三第四項に規定する側方衝突警報装置に係る保安上又は公害防止その他の環境保全上の技術基準で総務省令で定めるものは、道路運送車両の保安基準の細目を定める告示（次項及び附則第五条の二において「細目告示」という。）第六十七条の五及び第百四十五条の五の基準とする。

10　法附則第十二条の二の十三第四項に規定する衝突被害軽減制動制御装置に係る保安上又は公害防止その他の環境保全上の技術基準で総務省令で定めるものは、細目告示第十五条第七項及び第九十三条第八項の基準とする。

11　法附則第十二条の二の十三第四項に規定する総務省令で定

める被けん引自動車は、当該自動車に係る自動車検査証において被けん引自動車である旨が明らかにされているものとする。

12　法附則第十二条の二の十三第五項に規定する総務省令で定める自動車は、当該自動車に係る自動車検査証において側方衝突警報装置を搭載した車両である旨が明らかにされているものとする。

13　法附則第十二条の二の十三第六項に規定する総務省令で定める自動車は、当該自動車に係る自動車検査証において衝突被害軽減制動制御装置を搭載した車両である旨が明らかにされているものとする。

14　法附則第十二条の二の十三第六項に規定する総務省令で定める乗用車は、乗車定員が十人であり、かつ、立席を有しないものとする。

15　法附則第十二条の二の十三第六項に規定する総務省令で定めるバスは、立席を有しないものとする。

16　法附則第十二条の二の十三第七項に規定する総務省令で定める事項は、次の各号に掲げる場合の区分に応じ、当該各号に定める事項とする。

一　法附則第十二条の二の十三第一項から第三項までの規定の適用を受けようとする場合　次に掲げる事項

イ　法附則第十二条の二の十三第一項から第三項までの規定の適用を受けようとする旨

ロ　自動車の通常の取得価額（法第百五十六条に規定する通常の取得価額をいう。次号ロにおいて同じ。）

ハ　自動車の乗車定員

二　法附則第十二条の二の十三第四項から第六項までの規定の適用を受けようとする場合　次に掲げる事項（同条第四項及び第五項に掲げる自動車にあつては、ニに掲げる事項を除く。）

イ　法附則第十二条の二の十三第四項から第六項までの規定の適用を受けようとする旨

ロ　自動車の通常の取得価額

ハ　自動車の車両総重量（第九条の二第三項第一号に規定する車両総重量をいう。附則第五条の二第二項において同じ。）

ニ　自動車の乗車定員

17　前項第一号ハ並びに第二号ハ及びニに掲げる事項は、当該自動車に係る法第百六十条第一項若しくは第百六十一条第一項の規定により提出された申告書又は同条第二項の規定により提出された修正申告書に既にこれらの事項が記載されていた場合に限り、前項の規定にかかわらず、記載を省略することができる。

（法附則第十二条の三第一項の専らメタノールを内燃機関の燃料として用いる自動車等）

第五条　法附則第十二条の三第一項に規定する専らメタノールを内燃機関の燃料として用いる自動車で総務省令で定めるもの及びメタノールとメタノール以外のものとの混合物を内燃機関の燃料として用いる自動車で総務省令で定めるものは、当該燃料による走行が可能となるよう内燃機関に着火性、耐腐食性等を高めるための所要の改良を施した自動車で当該自動車に係る第九条の二第一項に規定する自動車検査証において主燃料がメタノールである旨が明らかにされているものとする。

2　法附則第十二条の三第一項に規定するメタノールとメタノール以外のものとの混合物で総務省令で定めるものは、温度十五度かつ千十三ヘクトパスカルの気圧において、当該燃料に混合されたメタノールの容積を当該燃料に混合されたメタノール以外のものの容積で除して得た数値が四以上となるものとする。

（法附則第十二条の三第二項第二号の基準等）

第五条の二　法附則第十二条の三第二項第二号に規定する平成三十年十月一日以降に適用されるべきものとして定められた排出ガス保安基準で総務省令で定めるものは、細目告示第四十一条第一項第十一号の基準とする。

2　法附則第十二条の三第二項第二号に規定する窒素酸化物の排出量が平成二十一年天然ガス車基準に定める窒素酸化物の値の十分の九を超えない天然ガス自動車で総務省令で定めるものは、次の各号に掲げる自動車の区分に応じ、当該各号に定める要件に該当する天然ガス自動車とする。

一　車両総重量が三・五トン以下の自動車　窒素酸化物の排出量が道路運送車両の保安基準の細目を定める告示及び道路運送車両の保安基準第二章及び第三章の規定の適用関係の整理のため必要な事項を定める告示の一部を改正する告示（平成三十年国土交通省告示第五百二十八号）による改正前の細目告示（以下この条において「旧細目告示」という。）第四十一条第一項第十一号イの表の(1)から(3)までに掲げる自動車の種別に応じ、同表の窒素酸化物の欄に掲げる値の十分の九を超えない自動車で、かつ、低排出ガス車認定を受けたものであること。

二　車両総重量が三・五トンを超える自動車　窒素酸化物の排出量が細目告示第四十一条第一項第九号に定める窒素酸化物の値の十分の九を超えない自動車で、かつ、低排出ガス車認定を受けたものであること。

3　法附則第十二条の三第二項第四号に規定するガソリン自動車で総務省令で定めるものは、次に掲げる要件に該当するガソリン自動車とする。

一　次に掲げる要件のいずれかに該当すること。

イ　窒素酸化物の排出量が細目告示第四十一条第一項第三号イの表の(1)の窒素酸化物の欄に掲げる値の二分の一を超えない自動車で、かつ、低排出ガス車認定を受けたものであること。

ロ　窒素酸化物の排出量が旧細目告示第四十一条第一項第三号イの表の(1)の窒素酸化物の欄に掲げる値の四分の一を超えない自動車で、かつ、低排出ガス車認定を受けたものであること。

二　第九条の二第八項第二号に規定する令和十二年度燃費基準達成レベル（以下この条において「令和十二年度燃費基準達成レベル」という。）が九十以上である自動車であること及び当該自動車に係る自動車検査証においてその旨が明らかにされていること。

三　第九条の二第八項第三号に規定する令和二年度燃費基準達成レベル（以下この条において「令和二年度燃費基準達成レベル」という。）が百以上である自動車であること及び当該自動車に係る自動車検査証においてその旨が明らかにされていること。

4　法附則第十二条の三第二項第五号に規定する石油ガス自動車で総務省令で定めるものは、次に掲げる要件に該当する石油ガス自動車とする。

一　次に掲げる要件のいずれかに該当すること。

イ　窒素酸化物の排出量が細目告示第四十一条第一項第三号イの表の(1)の窒素酸化物の欄に掲げる値の二分の一を超えない自動車で、かつ、低排出ガス車認定を受けたものであること。

ロ　窒素酸化物の排出量が旧細目告示第四十一条第一項第三号イの表の(1)の窒素酸化物の欄に掲げる値の四分の一を超えない自動車で、かつ、低排出ガス車認定を受けたものであること。

二　令和十二年度燃費基準達成レベルが九十以上である自動車であること及び当該自動車に係る自動車検査証においてその旨が明らかにされていること。

三　令和二年度燃費基準達成レベルが百以上である自動車であること及び当該自動車に係る自動車検査証においてその旨が明らかにされていること。

5　法附則第十二条の三第二項第六号に規定する軽油自動車で総務省令で定めるものは、次に掲げる要件に該当する軽油自動車とする。

一　令和十二年度燃費基準達成レベルが九十以上である自動車であること及び当該自動車に係る自動車検査証においてその旨が明らかにされていること。

二　令和二年度燃費基準達成レベルが百以上である自動車であること及び当該自動車に係る自動車検査証においてその旨が明らかにされていること。

6　法附則第十二条の三第三項第一号に規定するガソリン自動車で総務省令で定めるものは、次に掲げる要件に該当するガソリン自動車とする。

一　次に掲げる要件のいずれかに該当すること。

イ　窒素酸化物の排出量が細目告示第四十一条第一項第三号イの表の(1)の窒素酸化物の欄に掲げる値の二分の一を超えない自動車で、かつ、低排出ガス車認定を受けたものであること。

ロ　窒素酸化物の排出量が旧細目告示第四十一条第一項第三号イの表の(1)の窒素酸化物の欄に掲げる値の四分の一を超えない自動車で、かつ、低排出ガス車認定を受けたものであること。

二　令和十二年度燃費基準達成レベルが七十以上九十未満である自動車であること及び当該自動車に係る自動車検査証においてその旨が明らかにされていること。

三　令和二年度燃費基準達成レベルが百以上である自動車であること及び当該自動車に係る自動車検査証においてその旨が明らかにされていること。

7　法附則第十二条の三第三項第二号に規定する石油ガス自動車で総務省令で定めるものは、次に掲げる要件に該当する石油ガス自動車とする。

一　次に掲げる要件のいずれかに該当すること。

イ　窒素酸化物の排出量が細目告示第四十一条第一項第三号イの表の(1)の窒素酸化物の欄に掲げる値の二分の一を超えない自動車で、かつ、低排出ガス車認定を受けたものであること。

ロ　窒素酸化物の排出量が旧細目告示第四十一条第一項第三号イの表の(1)の窒素酸化物の欄に掲げる値の四分の一を超えない自動車で、かつ、低排出ガス車認定を受けたものであること。

二　令和十二年度燃費基準達成レベルが七十以上九十未満である自動車であること及び当該自動車に係る自動車検査証においてその旨が明らかにされていること。

三　令和二年度燃費基準達成レベルが百以上である自動車であること及び当該自動車に係る自動車検査証においてその旨が明らかにされていること。

8　法附則第十二条の三第三項第三号に規定する軽油自動車で総務省令で定めるものは、次に掲げる要件に該当する軽油自動車とする。

一　令和十二年度燃費基準達成レベルが七十以上九十未満である自動車であること及び当該自動車に係る自動車検査証においてその旨が明らかにされていること。

二　令和二年度燃費基準達成レベルが百以上である自動車であること及び当該自動車に係る自動車検査証においてその旨が明らかにされていること。

9　国土交通大臣の認定等（法附則第十二条の五第一項に規定する国土交通大臣の認定等をいう。以下この項において同じ。）の申請をした者が偽りその他不正の手段（当該申請をした者に当該申請に必要な情報を直接又は間接に提供した者の偽りその他不正の手段を含む。）により国土交通大臣が当該国土交通大臣の認定等を受けたことを事由として国土交通大臣の認定等を取り消した場合であつて、当該取消し後にその対象となつた自動車が新たに受けた国土交通大臣の認定等が自動車登録ファイル（道路運送車両法第四条に規定する自動車登録ファイルをいう。）に記録されてから、当該新たに受けた国土交通大臣の認定等が当該自動車に係る自動車検査証において明らかにされるまでの間においては、当該自動車に対する第三項から前項までの規定の適用については、これらの規定中「当該自動車に係る自動車検査証」とあるのは「道路運送車両法第四条に規定する自動車登録ファイル」と読み替えるものとする。

（法附則第十二条の四第一項の運行に相当するもの）

第五条の二の二　法附則第十二条の四第一項に規定する法第百四十六条第二項に規定する運行に相当するものとして総務省令で定めるものは、人又は物品を運送するとしないとにかかわらず、自動車を当該装置の用い方に従い用いることをいう。

（法附則第十二条の五第一項の認定又は評価）

第五条の三　法附則第十二条の五第一項に規定する総務省令で定める認定又は評価は、低排出ガス車認定又は燃費評価実施要領第三条から第四条の三までの規定による評価とする。

（政令附則第十一条第二項第一号の倉庫等）

第六条　1～23〔略〕

24　政令附則第十一条第九項に規定する電気を動力源とする自動車で内燃機関を有しないものに水素を充塡するための設備で総務省令で定めるものは、水素ガス圧縮機又は液体水素圧縮機、ディスペンサーを同時に設置する場合のこれらの設備（当該設備と同時に設置する専用の制御装置、サクションスナッパー、蓄圧器、ガス圧縮機用冷却・加温装置、計装空気圧縮機、冷却散水ポンプ、貯水槽、水素受入装置、水素製造原料受入装置、貯槽、水素払出装置、水素製造原料払出装置、気化器、付臭装置、自然蒸発水素処理設備、水素発生設備、水素精製設備、水素放散処理設備、不活性ガス設備、障壁、防火壁、万代塀、ガス検知器、キャノピー又は配管を含む。）とする。

25　法附則第十五条第七項に規定する政府の補助で総務省令で定めるものは、燃料電池自動車の普及促進に向けた水素ステーション整備事業費に係る補助とする。

26　政令附則第十一条第九項に規定する総務省令で定めるところにより計算した取得価額は、次の各号に掲げる設備の区分に応じ、当該各号に定める金額とする。

一　購入した設備　次に掲げる金額の合計額

イ　当該設備の購入の代価（引取運賃、荷役費、運送保険料、購入手数料、関税その他当該設備の購入のために要した費用がある場合には、その費用の額を加算した金額）

ロ　当該設備を事業の用に供するために直接要した費用の額

二　購入以外の方法により取得した設備　次に掲げる金額の合計額

イ　その取得の時における当該設備の取得のために通常要する価額

ロ　当該設備を事業の用に供するために直接要した費用の額

27～92　［略］

93　法附則第十五条第四十五項に規定する電気自動車で総務省令で定めるものは、電気自動車（燃料電池自動車を除く。）とする。

94　政令附則第十一条第五十項第一号に規定する土地で総務省令で定めるものは、同条第五十一項に規定する設備を設置するための台の水平投影面積に相当する土地とする。

95　政令附則第十一条第五十項第二号に規定する電気自動車が充電に際して駐車するため必要な土地として総務省令で定めるものは、次項に規定する充電設備により同時に充電することができる電気自動車（法附則第十五条第四十五項に規定する電気自動車をいう。次項において同じ。）の台数に三十八平方メートルを乗じて得た面積（当該面積が実際に要した面積と著しく異なる場合にあつては、市町村長が調査した面積）に相当する土地（当該土地が法附則第十五条第四十五項に規定する者が有料で借り受けたものである場合にあつては、当該土地が同項の規定の適用を受けたことにより減少した当該土地に係る固定資産税額及び都市計画税額に相当する額がその賃料から減額されていることにつき国土交通大臣の証明を受けたものに限る。）とする。

96　政令附則第十一条第五十一項に規定する償却資産で総務省令で定めるものは、電気自動車に動力源として用いる電気を充電するための充電設備及び変電設備（当該充電設備及び当該変電設備が法附則第十五条第四十五項に規定する者が有料で借り受けたものである場合にあつては、当該充電設備及び当該変電設備が同項の規定の適用を受けたことにより減少した当該充電設備及び当該変電設備に係る固定資産税額に相当する額がその賃料から減額されていることにつき国土交通大臣の証明を受けたものに限る。）とする。

（法附則第二十九条の九第三項の認定又は評価）

第八条の三の三　法附則第二十九条の九第三項に規定する総務省令で定める認定又は評価は、低排出ガス車認定実施要領第五条の規定による認定（附則第八条の三の五及び附則第八条の四において「低排出ガス車認定」という。）又は自動車の燃費性能の評価及び公表に関する実施要領（附則第八条の四において「燃費評価実施要領」という。）第三条から第四条の三までの規定による評価とする。

（法附則第三十条第一項の専らメタノールを内燃機関の燃料として用いる軽自動車等）

第八条の三の四　法附則第三十条第一項に規定する専らメタノールを内燃機関の燃料として用いる軽自動車で総務省令で定めるもの及びメタノールとメタノール以外のものとの混合物を内燃機関の燃料として用いる軽自動車で総務省令で定めるものは、当該燃料による走行が可能となるよう内燃機関に着火性、耐腐食性等を高めるための所要の改良を施した軽自動車で当該軽自動車に係る第十五条の九第一項に規定する自動車検査証（第四項及び附則第八条の三の五において「自動車検査証」という。）において主燃料がメタノールである旨が明らかにされているものとする。

2　法附則第三十条第一項に規定するメタノールとメタノール以外のものとの混合物で総務省令で定めるものは、温度十五度かつ千十三ヘクトパスカルの気圧において、当該燃料に混合されたメタノールの容積を当該燃料に混合されたメタノール以外のものの容積で除して得た数値が四以上となるものとする。

3　法附則第三十条第一項に規定する総務省令で定める動力源は、電気及び蓄圧器に蓄えられた圧力とする。

4　法附則第三十条第一項に規定する自動車排出ガスの排出抑制に資する軽自動車で総務省令で定めるものは、当該軽自動車に係る自動車検査証においてハイブリッド自動車である旨が明らかにされている軽自動車とする。

（法附則第三十条第二項第二号の基準等）

第八条の三の五　法附則第三十条第二項第二号に規定する平成三十年十月一日以降に適用されるべきものとして定められた排出ガス保安基準で総務省令で定めるものは、道路運送車両の保安基準の細目を定める告示（以下この条において「細目告示」という。）第四十一条第一項第十一号の基準とする。

2　法附則第三十条第二項第二号に規定する窒素酸化物の排出量が平成二十一年天然ガス車基準に定める窒素酸化物の値の十分の九を超えない天然ガス軽自動車で総務省令で定めるものは、窒素酸化物の排出量が道路運送車両の保安基準の細目を定める告示及び道路運送車両の保安基準第二章及び第三章の規定の適用関係の整理のため必要な事項を定める告示の一部を改正する告示（平成三十年国土交通省告示第五百二十八号）による改正前の細目告示（以下この条において「旧細目告示」という。）第四十一条第一項第十一号イの表の(1)又は(4)に掲げる軽自動車の種別に応じ、同表の窒素酸化物の欄に掲げる値の十分の九を超えない軽自動車で、かつ、低排出ガス車認定を受けた軽自動車とする。

3　法附則第三十条第三項に規定する三輪以上のガソリン軽自動車で総務省令で定めるものは、次に掲げる要件に該当する三輪以上のガソリン軽自動車とする。

一　次に掲げる要件のいずれかに該当すること。

イ　窒素酸化物の排出量が細目告示第四十一条第一項第三号イの表の(1)の窒素酸化物の欄に掲げる値の二分の一を超えない軽自動車で、かつ、低排出ガス車認定を受けたものであること。

ロ　窒素酸化物の排出量が旧細目告示第四十一条第一項第三号イの表の(1)の窒素酸化物の欄に掲げる値の四分の一を超えない軽自動車で、かつ、低排出ガス車認定を受けたものであること。

二　第十五条の九第五項第二号に規定する令和十二年度燃費基準達成レベル（次項第二号において「令和十二年度燃費基準達成レベル」という。）が九十以上である軽自動車であること及び当該軽自動車に係る自動車検査証においてその旨が明らかにされていること。

三　第十五条の九第五項第三号に規定する令和二年度燃費基準達成レベル（次項第三号において「令和二年度燃費基準達成レベル」という。）が百以上である軽自動車であること及び当該軽自動車に係る自動車検査証においてその旨が明らかにされていること。

4　法附則第三十条第四項に規定する三輪以上のガソリン軽自動車で総務省令で定めるものは、次に掲げる要件に該当する三輪以上のガソリン軽自動車とする。

一　次に掲げる要件のいずれかに該当すること。

イ　窒素酸化物の排出量が細目告示第四十一条第一項第三号イの表の(1)の窒素酸化物の欄に掲げる値の二分の一を超えない軽自動車で、かつ、低排出ガス車認定を受けたものであること。

ロ　窒素酸化物の排出量が旧細目告示第四十一条第一項第三号イの表の(1)の窒素酸化物の欄に掲げる値の四分の一を超えない軽自動車で、かつ、低排出ガス車認定を受けたものであること。

二　令和十二年度燃費基準達成レベルが七十以上九十未満である軽自動車であること及び当該軽自動車に係る自動車検査証においてその旨が明らかにされていること。

三　令和二年度燃費基準達成レベルが百以上である軽自動車であること及び当該軽自動車に係る自動車検査証においてその旨が明らかにされていること。

5　国土交通大臣の認定等（法附則第三十条の二第一項に規定する国土交通大臣の認定等をいう。以下この項において同じ。）の申請をした者が偽りその他不正の手段（当該申請をした者に当該申請に必要な情報を直接又は間接に提供した者の偽りその他不正の手段を含む。）により国土交通大臣が当該国土交通大臣の認定等を受けたことを事由として国土交通大臣の認定等を取り消した場合であつて、当該取消し後にその対象となつた軽自動車が新たに受けた国土交通大臣の認定等が軽自動車検査ファイル（道路運送車両法第七十二条第一項に規定する軽自動車検査ファイルをいう。）に記録されてから、当該新たに受けた国土交通大臣の認定等が当該軽自動車に係る自動車検査証において明らかにされるまでの間においては、これらの規定中「当該軽自動車に係る自動車検査証」とあるのは「道路運送車両法第七十二条第一項に規定する軽自動車検査ファイル」と読み替えるものとする。

（法附則第三十条の二第一項の認定又は評価）

第八条の四　法附則第三十条の二第一項に規定する総務省令で定める認定又は評価は、低排出ガス車認定又は燃費評価実施要領第三条から第四条の三までの規定による評価とする。

（政令附則第三十二条第五項に規定する総務省令で定める書類）

第二十三条　政令附則第三十二条第一項に規定する者が法附則第五十三条の二第一項の規定の適用を受けようとする場合における政令附則第三十二条第五項に規定する総務省令で定める書類は、次に掲げる書類とする。

一　次に掲げる事項を記載した書類

イ　被災自動車等（法附則第五十三条の二第一項に規定する被災自動車等をいう。以下この項において同じ。）の所有者（法第百四十七条第一項又は第四百四十四条第一項に規定する場合には、これらの規定に規定する買主。以下この号において同じ。）の氏名又は名称及び住所又は本店若しくは主たる事務所の所在地、当該被災自動車等の自動車登録番号又は車両番号及び主たる定置場並びに当該被災自動車等が営業用又は自家用のいずれであるかの別

ロ　法附則第五十三条の二第一項の規定の適用を受けようとする自動車（以下この号において「申請自動車」という。）の所有者の氏名又は名称、住所又は本店若しくは主たる事務所の所在地及び個人番号（行政手続における特定の個人を識別するための番号の利用等に関する法律第二条第五項に規定する個人番号をいう。以下この条及び次条において同じ。）又は法人番号（行政手続における特定の個人を識別するための番号の利用等に関する法律第二条第十五項に規定する法人番号をいう。以下この条及び次条において同じ。）（個人番号又は法人番号を有しない者にあつては、氏名又は名称及び住所又は本店若しくは主たる事務所の所在地）、当該申請自動車の自動車登録番号、車台番号、種別及び主たる定置場並びに当該申請自動車が営業用又は自家用のいずれであるかの別

ハ　当該被災自動車等の所有者につき、次に掲げる自動車等（自動車又は法第四百四十二条第五号に規定する軽自動車のうち三輪以上のものをいう。以下この条及び次条において同じ。）がある場合には、その台数、自動車登録番号又は車両番号及び車台番号

(1)　既に法附則第五十三条の二第一項の規定の適用を受けた同項に規定する代替自動車

(2)　既に法附則第五十三条の二第二項（地方税法等の一部を改正する法律（平成三十一年法律第二号。以下この項において「平成三十一年改正法」という。）附則第十一条第五項から第七項までの規定によりみなして適用される場合を含む。以下この条及び次条第一項において同じ。）の規定の適用を受けた法附則第五十三条の二第二項に規定する代替自動車

(3)　既に法附則第五十三条の二第三項（平成三十一年改正法附則第十一条第五項及び第六項の規定によりみなして適用される場合を含む。以下この条及び次条第一項において同じ。）の規定の適用を受けた法附則第五十三条の二第三項に規定する他の自動車

(4)　既に法附則第五十七条第一項の規定の適用を受けた同項に規定する代替軽自動車

(5)　既に法附則第五十七条第二項（平成三十一年改正法附則第十八条第五項から第七項までの規定によりみなして適用される場合を含む。以下この条及び次条第一項において同じ。）の規定の適用を受けた法附則第五

十七条第二項に規定する代替軽自動車

(6) 既に法附則第五十七条第三項（平成三十一年改正法附則第十八条第五項及び第六項の規定によりみなして適用される場合を含む。以下この条及び次条第一項において同じ。）の規定の適用を受けた法附則第五十七条第三項に規定する他の三輪以上の軽自動車

(7) 既に地方税法等の一部を改正する等の法律（平成二十八年法律第十三号）第二条の規定による改正前の地方税法（以下この条及び次条第一項において「元年十月旧法」という。）附則第五十二条第一項の規定の適用を受けた同項に規定する代替自動車

(8) 既に元年十月旧法附則第五十二条第二項（地方税法及び国有資産等所在市町村交付金法の一部を改正する法律（平成二十四年法律第十七号。以下この条及び次条において「平成二十四年改正法」という。）附則第十五条第二項の規定により読み替えて適用される場合を含む。以下この条及び次条第一項において同じ。）の規定の適用を受けた元年十月旧法附則第五十二条第二項に規定する代替自動車

(9) 既に元年十月旧法附則第五十二条第三項（平成二十四年改正法附則第十五条第二項の規定により読み替えて適用される場合を含む。以下この条及び次条第一項において同じ。）の規定の適用を受けた元年十月旧法附則第五十二条第三項に規定する他の自動車

(10) 既に平成二十四年改正法第一条の規定による改正前の地方税法（以下この条及び次条において「平成二十四年改正前の地方税法」という。）附則第五十二条第二項（東日本大震災における原子力発電所の事故による災害に対処するための地方税法及び東日本大震災に対処するための特別の財政援助及び助成に関する法律の一部を改正する法律（平成二十三年法律第九十六号。以下この号において「地方税法等改正法」という。）附則第二条の規定により読み替えて適用される場合又は平成二十四年改正法附則第五条第二項の規定によりなお従前の例によることとされる場合を含む。以下この条及び次条第一項において同じ。）の規定の適用を受けた平成二十四年改正前の地方税法附則第五十二条第二項に規定する代替自動車

(11) 平成二十四年改正前の地方税法附則第五十二条第三項（地方税法等改正法附則第二条の規定により読み替えて適用される場合又は平成二十四年改正法附則第五条第三項の規定によりなお従前の例によることとされる場合を含む。以下この条及び次条第一項において同じ。）の規定の適用を受けた平成二十四年改正前の地方税法附則第五十二条第三項に規定する他の自動車

ニ　イからハまでに規定するもののほか、申請自動車が被災自動車等に代わるものと認めるに際し、法附則第五十三条の二第一項に規定する道府県知事が必要と認める事項

二　道路運送車両法第二十二条第一項に規定する登録事項等証明書又は同法第七十二条の三に規定する軽自動車検査ファイルに記録されている事項を証明した書面であつて滅失し、又は損壊した自動車等が被災自動車等であることを証するもの

三　前号に規定する書類をやむを得ない理由により提出することができない場合には、滅失し、又は損壊した自動車等が被災自動車等であることについて当該自動車等が滅失し、若しくは損壊した場所の所在地又は当該自動車等の主たる定置場所在地の道府県知事又は市町村長が証する書類

四　政令附則第三十二条第一項第二号及び第三号に掲げる者（以下この号において「相続人等」という。）が、法附則第五十三条の二第一項の規定の適用を受けようとする場合には、前三号に掲げるもののほか、戸籍の謄本又は法人に係る登記事項証明書その他のその適用を受けようとする者が相続人等に該当する旨を証する書類

2　政令附則第三十二条第三項又は第四項に規定する者が法附則第五十三条の二第二項又は第三項の規定の適用を受けようとする場合における政令附則第三十二条第五項に規定する総務省令で定める書類は、次に掲げる書類とする。

一　次に掲げる事項を記載した書類

イ　対象区域内用途廃止等自動車等（法附則第五十三条の二第二項に規定する対象区域内用途廃止等自動車等をいう。以下この条及び次条において同じ。）の同項各号又は法附則第五十三条の二第三項に規定する自動車等持出困難区域を指定する旨の公示があつた日における所有者（法第百四十七条第一項又は第四百四十四条第一項に規定する場合には、これらの規定に規定する買主。以下この号において同じ。）の氏名又は名称及び住所又は本店若しくは主たる事務所の所在地、当該対象区域内用途廃止等自動車等の自動車登録番号又は車両番号、車台番号及び主たる定置場並びに当該対象区域内用途廃止等自動車等が営業用又は自家用のいずれであるかの別

ロ　法附則第五十三条の二第二項又は第三項の規定の適用を受けようとする自動車（以下この号において「申請自動車」という。）の所有者の氏名又は名称、住所又は本店若しくは主たる事務所の所在地及び個人番号又は法人番号（個人番号又は法人番号を有しない者にあつては、氏名又は名称及び住所又は本店若しくは主たる事務所の所在地）、当該申請自動車の自動車登録番号、車台番号、種別及び主たる定置場並びに当該申請自動車が営業用又は自家用のいずれであるかの別

ハ　当該対象区域内用途廃止等自動車等の所有者につき、次に掲げる自動車等がある場合には、その台数、自動車登録番号又は車両番号及び車台番号

(1) 既に法附則第五十三条の二第一項の規定の適用を受けた同項に規定する代替自動車

(2) 既に法附則第五十三条の二第二項の規定の適用を受けた同項に規定する代替自動車

(3) 既に法附則第五十三条の二第三項の規定の適用を受けた同項に規定する他の自動車

(4) 既に法附則第五十七条第一項の規定の適用を受けた同項に規定する代替軽自動車

(5) 既に法附則第五十七条第二項の規定の適用を受けた同項に規定する代替軽自動車

(6) 既に法附則第五十七条第三項の規定の適用を受けた同項に規定する他の三輪以上の軽自動車

(7) 既に元年十月旧法附則第五十二条第一項の規定の適用を受けた同項に規定する代替自動車

(8) 既に元年十月旧法附則第五十二条第二項の規定の適用を受けた同項に規定する代替自動車
(9) 既に元年十月旧法附則第五十二条第三項の規定の適用を受けた同項に規定する他の自動車
(10) 既に平成二十四年改正前の地方税法附則第五十二条第二項の規定の適用を受けた同項に規定する代替自動車
(11) 平成二十四年改正前の地方税法附則第五十二条第三項の規定の適用を受けた同項に規定する他の自動車

ニ　当該対象区域内用途廃止等自動車等の法附則第五十三条の二第二項各号又は第三項に規定する自動車等持出困難区域を指定する旨の公示があつた日における所在地

ホ　当該対象区域内用途廃止等自動車等が法附則第五十三条の二第二項第二号に掲げる自動車等に該当する場合には、同号に規定する自動車等持出困難区域の指定を解除する旨の公示があつた日

ヘ　当該対象区域内用途廃止等自動車等が法附則第五十三条の二第二項第三号に掲げる自動車等に該当する場合には、同号に規定する移動させた日

ト　当該対象区域内用途廃止等自動車等の用途を廃止し、法附則第五十三条の二第二項第二号イ若しくは第三号イに規定する引取業者に引き渡し、又は解体した日

チ　イからトまでに規定するもののほか、申請自動車が対象区域内用途廃止等自動車等に代わるものと認めるに際し、法附則第五十三条の二第二項又は第三項に規定する道府県知事が必要と認める事項

二　次に掲げるいずれかの書類

イ　政令附則第三十二条の二第二項に規定する主たる定置場所在の道府県の知事が法附則第五十四条第七項に規定する対象区域内自動車等が対象区域内用途廃止等自動車等に該当することとなつたことを証する書類

ロ　政令附則第三十五条第十項に規定する主たる定置場所在の市町村の長が法附則第五十八条第十三項に規定する対象区域内自動車等が対象区域内用途廃止等自動車等に該当することとなつたことを証する書類

ハ　次に掲げる場合の区分に応じ、次に定める書類

(1) 対象区域内用途廃止等自動車等が法附則第五十三条の二第二項第二号に掲げる自動車等（用途を廃止したものを除く。）に該当する場合　道路運送車両法第二十二条第一項に規定する登録事項等証明書（(2)から(4)までにおいて「登録事項等証明書」という。）であつて解体した自動車等が対象区域内用途廃止等自動車等に該当することとなつたことを証するもの又は同法第七十二条の三に規定する軽自動車検査ファイルに記録されている事項を証明した書面（(2)から(4)までにおいて「検査記録事項等証明書」という。）であつて解体した自動車等が対象区域内用途廃止等自動車等に該当することとなつたことを証するもの及び当該自動車等を同号イに規定する引取業者に引き渡したことを証する書類又は当該自動車等を解体したことを証する書類

(2) 対象区域内用途廃止等自動車等が法附則第五十三条の二第二項第三号に掲げる自動車等（用途を廃止したものに限る。）に該当する場合　登録事項等証明書であつて用途を廃止した自動車等が対象区域内用途廃止等自動車等に該当することとなつたことを証するもの又は検査記録事項等証明書であつて用途を廃止した自動車等が対象区域内用途廃止等自動車等に該当することとなつたことを証するもののうち用途を廃止した日の記載がされているもの及び同号に規定する移動させた日を証する書類（当該移動させた日を証する書類をやむを得ない理由により提出することができない場合には、当該移動させた日を確認するため同項又は同条第三項に規定する道府県知事が適当と認める書類。以下この号において同じ。）

(3) 対象区域内用途廃止等自動車等が法附則第五十三条の二第二項第三号に掲げる自動車等（用途を廃止したものを除く。）に該当する場合　登録事項等証明書であつて解体した自動車等が対象区域内用途廃止等自動車等に該当することとなつたことを証するもの又は検査記録事項等証明書であつて解体した自動車等が対象区域内用途廃止等自動車等に該当することとなつたことを証するもの、同号に規定する移動させた日を証する書類及び当該自動車等を同号イに規定する引取業者に引き渡したことを証する書類又は当該自動車等を解体したことを証する書類

(4) (1)から(3)までに掲げる場合以外の場合　登録事項等証明書であつて用途を廃止した自動車等が対象区域内用途廃止等自動車等に該当することとなつたことを証するもの又は検査記録事項等証明書であつて用途を廃止した自動車等が対象区域内用途廃止等自動車等に該当することとなつたことを証するもののうち用途を廃止した日の記載がされているもの

三　政令附則第三十二条第三項第二号及び第三号又は第四項第二号及び第三号に掲げる者（以下この号において「相続人等」という。）が、法附則第五十三条の二第二項又は第三項の規定の適用を受けようとする場合には、前二号に掲げるもののほか、戸籍の謄本又は法人に係る登記事項証明書その他の適用を受けようとする者が相続人等に該当する旨を証する書類

（政令附則第三十二条の二に規定する総務省令で定める書類）

第二十三条の二　政令附則第三十二条の二第一項に規定する総務省令で定める書類は、次に掲げる書類とする。

一　次に掲げる事項を記載した書類

イ　対象区域内用途廃止等自動車等の法附則第五十三条の二第三項に規定する自動車等持出困難区域を指定する旨の公示があつた日における所有者（法第百四十七条第一項又は第四百四十四条第一項に規定する場合には、これらの規定に規定する買主。以下この号において同じ。）の氏名又は名称及び住所又は本店若しくは主たる事務所の所在地、当該対象区域内用途廃止等自動車等の自動車登録番号又は車両番号、車台番号及び主たる定置場並びに当該対象区域内用途廃止等自動車等が営業用又は自家用のいずれであるかの別

ロ　法附則第五十四条第三項の規定の適用を受けようとする自動車（以下この号において「申請自動車」という。）の所有者の氏名又は名称、住所又は本店若しくは主たる事務所の所在地、個人番号又は法人番号（個人番

号又は法人番号を有しない者にあつては、氏名又は名称及び住所又は本店若しくは主たる事務所の所在地）、当該申請自動車の自動車登録番号、車台番号及び主たる定置場並びに当該申請自動車が営業用又は自家用のいずれであるかの別

ハ　当該対象区域内用途廃止等自動車等の所有者につき、次に掲げる自動車等がある場合には、その台数、自動車登録番号又は車両番号及び車台番号

(1) 既に法附則第五十三条の二第一項の規定の適用を受けた同項に規定する代替自動車

(2) 既に法附則第五十三条の二第二項の規定の適用を受けた同項に規定する代替自動車

(3) 既に法附則第五十三条の二第三項の規定の適用を受けた同項に規定する他の自動車

(4) 既に法附則第五十七条第一項の規定の適用を受けた同項に規定する代替軽自動車

(5) 既に法附則第五十七条第二項の規定の適用を受けた同項に規定する代替軽自動車

(6) 既に法附則第五十七条第三項の規定の適用を受けた同項に規定する他の三輪以上の軽自動車

(7) 既に元年十月旧法附則第五十二条第一項の規定の適用を受けた同項に規定する代替自動車

(8) 既に元年十月旧法附則第五十二条第二項の規定の適用を受けた同項に規定する代替自動車

(9) 既に元年十月旧法附則第五十二条第三項の規定の適用を受けた同項に規定する他の自動車

(10) 既に平成二十四年改正前の地方税法附則第五十二条第二項の規定の適用を受けた同項に規定する代替自動車

(11) 平成二十四年改正前の地方税法附則第五十二条第三項の規定の適用を受けた同項に規定する他の自動車

ニ　当該対象区域内用途廃止等自動車等の法附則第五十三条の二第三項に規定する自動車等持出困難区域を指定する旨の公示があつた日における所在地

ホ　当該対象区域内用途廃止等自動車等が法附則第五十三条の二第二項第二号に掲げる自動車等に該当する場合には、同号に規定する自動車等持出困難区域の指定を解除する旨の公示があつた日

ヘ　当該対象区域内用途廃止等自動車等が法附則第五十三条の二第二項第三号に掲げる自動車等に該当する場合には、同号に規定する移動させた日

ト　当該対象区域内用途廃止等自動車等の用途を廃止し、法附則第五十三条の二第二項第二号イ若しくは第三号イに規定する引取業者に引き渡し、又は解体した日

チ　イからトまでに規定するもののほか、申請自動車が対象区域内用途廃止等自動車等に代わるものと認めるに際し、法附則第五十四条第三項に規定する道府県の知事が必要と認める事項

二　法附則第五十三条の二第三項の規定の適用を受けたことを証する書類

三　政令附則第三十二条第四項第二号及び第三号に掲げる者（以下この号において「相続人等」という。）が、法附則第五十四条第三項の規定の適用を受けようとする場合には、前二号に掲げるもののほか、戸籍の謄本又は法人に係る登記事項証明書その他の適用を受けようとする者が相続人等に該当する旨を証する書類

2　政令附則第三十二条の二第二項に規定する総務省令で定める書類は、次に掲げる書類とする。

一　次に掲げる事項を記載した書類

イ　対象区域内用途廃止等自動車等の所有者（法第百四十七条第一項又は第四百四十四条第一項に規定する場合には、これらの規定に規定する買主。ロにおいて同じ。）の氏名又は名称、住所又は本店若しくは主たる事務所の所在地、個人番号又は法人番号（個人番号又は法人番号を有しない者にあつては、氏名又は名称及び住所又は本店若しくは主たる事務所の所在地）、当該対象区域内用途廃止等自動車等の自動車登録番号又は車両番号、車台番号及び主たる定置場並びに当該対象区域内用途廃止等自動車等が営業用又は自家用のいずれであるかの別

ロ　当該対象区域内用途廃止等自動車等の法附則第五十四条第七項に規定する自動車等持出困難区域を指定する旨の公示があつた日における所有者の氏名又は名称

ハ　当該対象区域内用途廃止等自動車等の法附則第五十四条第七項に規定する自動車等持出困難区域を指定する旨の公示があつた日における所在地

ニ　当該対象区域内用途廃止等自動車等が法附則第五十三条の二第二項第二号に掲げる自動車等に該当する場合には、同号に規定する自動車等持出困難区域の指定を解除する旨の公示があつた日

ホ　当該対象区域内用途廃止等自動車等が法附則第五十三条の二第二項第三号に掲げる自動車等に該当する場合には、同号に規定する移動させた日

ヘ　当該対象区域内用途廃止等自動車等の用途を廃止し、法附則第五十三条の二第二項第二号イ若しくは第三号イに規定する引取業者に引き渡し、又は解体した日

ト　イからヘまでに規定するもののほか、法附則第五十四条第七項に規定する対象区域内自動車等が対象区域内用途廃止等自動車等に該当することとなつたと認めるに際し、当該対象区域内自動車等の主たる定置場所在の道府県の知事が必要と認める事項

二　道路運送車両法第二十二条第一項に規定する登録事項等証明書であつて当該対象区域内自動車等が対象区域内用途廃止等自動車等に該当することとなつたことを証するもの

三　対象区域内用途廃止等自動車等が法附則第五十三条の二第二項第二号に掲げる自動車等に該当する場合には、当該自動車等を同号イに規定する引取業者に引き渡したことを証する書類又は当該自動車等を解体したことを証する書類

四　対象区域内用途廃止等自動車等が法附則第五十三条の二第二項第三号に掲げる自動車等に該当する場合には、同号に規定する移動させた日を証する書類（当該移動させた日を証する書類をやむを得ない理由により提出することができない場合には、当該移動させた日を確認するため当該自動車等の主たる定置場所在の道府県の知事が適当と認める書類）及び当該自動車等を同号イに規定する引取業者に引き渡したことを証する書類又は当該自動車等を解体したことを証する書類

（政令附則第三十四条第五項に規定する総務省令で定める書類）

第二十五条　政令附則第三十四条第一項に規定する者が法附則第五十七条第一項の規定の適用を受けようとする場合における政令附則第三十四条第五項に規定する総務省令で定める書類は、次に掲げる書類とする。

一　次に掲げる事項を記載した書類

イ　被災自動車等（法附則第五十七条第一項に規定する被災自動車等をいう。以下この項及び次条第一項において同じ。）の所有者（法第百四十七条第一項又は第四百四十四条第一項に規定する場合には、これらの規定に規定する買主。以下この号及び次条第一項において同じ。）の氏名又は名称及び住所又は本店若しくは主たる事務所の所在地、当該被災自動車等の自動車登録番号又は車両番号及び主たる定置場並びに当該被災自動車等が営業用又は自家用のいずれであるかの別

ロ　法附則第五十七条第一項の規定の適用を受けようとする三輪以上の軽自動車（以下この号において「申請軽自動車」という。）の所有者の氏名又は名称、住所又は本店若しくは主たる事務所の所在地及び個人番号（行政手続における特定の個人を識別するための番号の利用等に関する法律第二条第五項に規定する個人番号をいう。以下この条及び次条において同じ。）又は法人番号（行政手続における特定の個人を識別するための番号の利用等に関する法律第二条第十五項に規定する法人番号をいう。以下この条及び次条において同じ。）（個人番号又は法人番号を有しない者にあつては、氏名又は名称及び住所又は本店若しくは主たる事務所の所在地）、当該申請軽自動車の車両番号、車台番号、種別及び主たる定置場並びに当該申請軽自動車が営業用又は自家用のいずれであるかの別

ハ　当該被災自動車等の所有者につき、次に掲げる自動車等（法第百四十五条第三号に規定する自動車又は軽自動車のうち三輪以上のものをいう。以下この条及び次条において同じ。）がある場合には、その台数、自動車登録番号又は車両番号及び車台番号

(1)　既に法附則第五十三条の二第一項の規定の適用を受けた同項に規定する代替自動車

(2)　既に法附則第五十三条の二第二項（地方税法等の一部を改正する法律（平成三十一年法律第二号。以下この項において「平成三十一年改正法」という。）附則第十一条第五項から第七項までの規定によりみなして適用される場合を含む。以下この条及び次条において同じ。）の規定の適用を受けた法附則第五十三条の二第二項に規定する代替自動車

(3)　既に法附則第五十三条の二第三項及び第六項（平成三十一年改正法附則第十一条第五項及び第六項の規定によりみなして適用される場合を含む。以下この条及び次条において同じ。）の規定の適用を受けた法附則第五十三条の二第三項に規定する他の自動車

(4)　既に法附則第五十七条第一項の規定の適用を受けた同項に規定する代替軽自動車

(5)　既に法附則第五十七条第二項（平成三十一年改正法附則第十八条第五項から第七項までの規定によりみなして適用される場合を含む。以下この条及び次条において同じ。）の規定の適用を受けた法附則第五十七条第二項に規定する代替軽自動車

(6)　既に法附則第五十七条第三項（平成三十一年改正法附則第十八条第五項及び第六項の規定によりみなして適用される場合を含む。以下この条及び次条において同じ。）の規定の適用を受けた法附則第五十七条第三項に規定する他の三輪以上の軽自動車

(7)　既に地方税法等の一部を改正する等の法律（平成二十八年法律第十三号）第二条の規定による改正前の地方税法（以下この条及び次条において「元年十月旧法」という。）附則第五十二条第一項の規定の適用を受けた同項に規定する代替自動車

(8)　既に元年十月旧法附則第五十二条第二項（地方税法及び国有資産等所在市町村交付金法の一部を改正する法律（平成二十四年法律第十七号。以下この条及び次条において「平成二十四年改正法」という。）附則第十五条第二項の規定により読み替えて適用される場合を含む。以下この条及び次条において同じ。）の規定の適用を受けた元年十月旧法附則第五十二条第二項に規定する代替自動車

(9)　既に元年十月旧法附則第五十二条第三項（平成二十四年改正法附則第十五条第二項の規定により読み替えて適用される場合を含む。以下この条及び次条において同じ。）の規定の適用を受けた元年十月旧法附則第五十二条第三項に規定する他の自動車

(10)　既に平成二十四年改正法第一条の規定による改正前の地方税法（以下この条及び次条において「平成二十四年改正前の地方税法」という。）附則第五十二条第二項（東日本大震災における原子力発電所の事故による災害に対処するための地方税法及び東日本大震災に対処するための特別の財政援助及び助成に関する法律の一部を改正する法律（平成二十三年法律第九十六号。以下この号において「地方税法等改正法」という。）附則第二条の規定により読み替えて適用される場合又は平成二十四年改正法附則第五条第二項の規定によりなお従前の例によることとされる場合を含む。以下この条及び次条において同じ。）の規定の適用を受けた平成二十四年改正前の地方税法附則第五十二条第二項に規定する代替自動車

(11)　平成二十四年改正前の地方税法附則第五十二条第三項（地方税法等改正法附則第二条の規定により読み替えて適用される場合又は平成二十四年改正法附則第五条第三項の規定によりなお従前の例によることとされる場合を含む。以下この条及び次条において同じ。）の規定の適用を受けた平成二十四年改正前の地方税法附則第五十二条第三項に規定する他の自動車

ニ　イからハまでに規定するもののほか、申請軽自動車が被災自動車等に代わるものと認めるに際し、法附則第五十七条第一項に規定する道府県知事が必要と認める事項

二　道路運送車両法第二十二条第一項に規定する登録事項等証明書又は同法第七十二条の三に規定する軽自動車検査ファイルに記録されている事項を証明した書面であつて滅失し、又は損壊した自動車等が被災自動車等であることを証するもの

三　前号に規定する書類をやむを得ない理由により提出する

ことができない場合には、滅失し、又は損壊した自動車等が被災自動車等であることについて当該自動車等が滅失し、若しくは損壊した場所の所在地又は当該自動車等の主たる定置場所在地の道府県知事又は市町村長が証する書類

四　政令附則第三十四条第一項第二号及び第三号に掲げる者（以下この号において「相続人等」という。）が、法附則第五十七条第一項の規定の適用を受けようとする場合には、前三号に掲げるもののほか、戸籍の謄本又は法人に係る登記事項証明書その他のその適用を受けようとする者が相続人等に該当する旨を証する書類

2　政令附則第三十四条第三項又は第四項に規定する者が法附則第五十七条第二項又は第三項の規定の適用を受けようとする場合における政令附則第三十四条第五項に規定する総務省令で定める書類は、次に掲げる書類とする。

一　次に掲げる事項を記載した書類

イ　対象区域内用途廃止等自動車等（法附則第五十七条第二項に規定する対象区域内用途廃止等自動車等をいう。以下この条及び次条において同じ。）の同項各号又は法附則第五十七条第三項に規定する自動車等持出困難区域を指定する旨の公示があつた日における所有者（法第百四十七条第一項又は第四百四十四条第一項に規定する場合には、これらの規定に規定する買主。以下この号において同じ。）の氏名又は名称及び住所又は本店若しくは主たる事務所の所在地、当該対象区域内用途廃止等自動車等の自動車登録番号又は車両番号、車台番号及び主たる定置場並びに当該対象区域内用途廃止等自動車等が営業用又は自家用のいずれであるかの別

ロ　法附則第五十七条第二項又は第三項の規定の適用を受けようとする三輪以上の軽自動車（以下この号において「申請軽自動車」という。）の所有者の氏名又は名称、住所又は本店若しくは主たる事務所の所在地及び個人番号又は法人番号（個人番号又は法人番号を有しない者にあつては、氏名又は名称及び住所又は本店若しくは主たる事務所の所在地）、当該申請軽自動車の車両番号、車台番号、種別及び主たる定置場並びに当該申請軽自動車が営業用又は自家用のいずれであるかの別

ハ　当該対象区域内用途廃止等自動車等の所有者につき、次に掲げる自動車等がある場合には、その台数、自動車登録番号又は車両番号及び車台番号

(1)　既に法附則第五十三条の二第一項の規定の適用を受けた同項に規定する代替自動車

(2)　既に法附則第五十三条の二第二項の規定の適用を受けた同項に規定する代替自動車

(3)　既に法附則第五十三条の二第三項の規定の適用を受けた同項に規定する他の自動車

(4)　既に法附則第五十七条第一項の規定の適用を受けた同項に規定する代替軽自動車

(5)　既に法附則第五十七条第二項の規定の適用を受けた同項に規定する代替軽自動車

(6)　既に法附則第五十七条第三項の規定の適用を受けた同項に規定する他の三輪以上の軽自動車

(7)　既に元年十月旧法附則第五十二条第一項の規定の適用を受けた同項に規定する代替自動車

(8)　既に元年十月旧法附則第五十二条第二項の規定の適用を受けた同項に規定する代替自動車

(9)　既に元年十月旧法附則第五十二条第三項の規定の適用を受けた同項に規定する他の自動車

(10)　既に平成二十四年改正前の地方税法附則第五十二条第二項の規定の適用を受けた同項に規定する代替自動車

(11)　平成二十四年改正前の地方税法附則第五十二条第三項の規定の適用を受けた同項に規定する他の自動車

ニ　当該対象区域内用途廃止等自動車等の法附則第五十七条第二項各号又は第三項に規定する自動車等持出困難区域を指定する旨の公示があつた日における所在地

ホ　当該対象区域内用途廃止等自動車等が法附則第五十七条第二項第二号に掲げる自動車等に該当する場合には、同号に規定する自動車等持出困難区域の指定を解除する旨の公示があつた日

ヘ　当該対象区域内用途廃止等自動車等が法附則第五十七条第二項第三号に掲げる自動車等に該当する場合には、同号に規定する移動させた日

ト　当該対象区域内用途廃止等自動車等の用途を廃止し、法附則第五十七条第二項第二号イ若しくは第三号イに規定する引取業者に引き渡し、又は解体した日

チ　イからトまでに規定するもののほか、申請軽自動車が対象区域内用途廃止等自動車等に代わるものと認めるに際し、法附則第五十七条第二項又は第三項に規定する道府県知事が必要と認める事項

二　次に掲げるいずれかの書類

イ　政令附則第三十二条の二第二項に規定する主たる定置場所在の道府県の知事が法附則第五十四条第七項に規定する対象区域内自動車等が対象区域内用途廃止等自動車等に該当することとなつたことを証する書類

ロ　政令附則第三十五条第十項に規定する主たる定置場所在の市町村の長が法附則第五十八条第十三項に規定する対象区域内自動車等が対象区域内用途廃止等自動車等に該当することとなつたことを証する書類

ハ　次に掲げる場合の区分に応じ、次に定める書類

(1)　対象区域内用途廃止等自動車等が法附則第五十七条第二項第二号に掲げる自動車等（用途を廃止したものを除く。）に該当する場合　道路運送車両法第二十二条第一項に規定する登録事項等証明書（(2)から(4)までにおいて「登録事項等証明書」という。）であつて解体した自動車等が対象区域内用途廃止等自動車等に該当することとなつたことを証するもの又は同法第七十二条の三に規定する軽自動車検査ファイルに記録されている事項を証明した書面（(2)から(4)までにおいて「検査記録事項等証明書」という。）であつて解体した自動車等が対象区域内用途廃止等自動車等に該当することとなつたことを証するもの及び当該自動車等を同号イに規定する引取業者に引き渡したことを証する書類又は当該自動車等を解体したことを証する書類

(2)　対象区域内用途廃止等自動車等が法附則第五十七条第二項第三号に掲げる自動車等（用途を廃止したものに限る。）に該当する場合　登録事項等証明書であつて用途を廃止した自動車等が対象区域内用途廃止等自動車等に該当することとなつたことを証するもの又は

検査記録事項等証明書であつて用途を廃止した自動車等が対象区域内用途廃止等自動車等に該当することとなつたことを証するもののうち用途を廃止した日の記載がされているもの及び同号に規定する移動させた日を証する書類（当該移動させた日を証する書類をやむを得ない理由により提出することができない場合には、当該移動させた日を確認するため同項又は同条第三項に規定する道府県知事が適当と認める書類。以下この号において同じ。）

(3) 対象区域内用途廃止等自動車等が法附則第五十七条第二項第三号に掲げる自動車等（用途を廃止したものを除く。）に該当する場合　登録事項等証明書であつて解体した自動車等が対象区域内用途廃止等自動車等に該当することとなつたことを証するもの又は検査記録事項等証明書であつて解体した自動車等が対象区域内用途廃止等自動車等に該当することとなつたことを証するもの、同号に規定する移動させた日を証する書類及び当該自動車等を同号イに規定する引取業者に引き渡したことを証する書類又は当該自動車等を解体したことを証する書類

(4) (1)から(3)までに掲げる場合以外の場合　登録事項等証明書であつて用途を廃止した自動車等が対象区域内用途廃止等自動車等に該当することとなつたことを証するもの又は検査記録事項等証明書であつて用途を廃止した自動車等が対象区域内用途廃止等自動車等に該当することとなつたことを証するもののうち用途を廃止した日の記載がされているもの

三　政令附則第三十四条第三項第二号及び第三号又は同条第四項第二号及び第三号に掲げる者（以下この号において「相続人等」という。）が、法附則第五十七条第二項又は第三項の規定の適用を受けようとする場合には、前二号に掲げるもののほか、戸籍の謄本又は法人に係る登記事項証明書その他のその適用を受けようとする者が相続人等に該当する旨を証する書類

○租税特別措置法（抄）

（昭和三十二年三月三十一日
法律第二十六号）

最終改正　令六法四六

第一章　総則

（趣旨）

第一条　この法律は、当分の間、所得税、法人税、地方法人税、相続税、贈与税、地価税、登録免許税、消費税、酒税、たばこ税、揮発油税、地方揮発油税、石油石炭税、航空機燃料税、自動車重量税、国際観光旅客税、印紙税その他の内国税を軽減し、若しくは免除し、若しくは還付し、又はこれらの税に係る納税義務、課税標準若しくは税額の計算、申告書の提出期限若しくは徴収につき、所得税法（昭和四十年法律第三十三号）、法人税法（昭和四十年法律第三十四号）、地方法人税法（平成二十六年法律第十一号）、相続税法（昭和二十五年法律第七十三号）、地価税法（平成三年法律第六十九号）、登録免許税法（昭和四十二年法律第三十五号）、消費税法（昭和六十三年法律第百八号）、酒税法（昭和二十八年法律第六号）、たばこ税法（昭和五十九年法律第七十二号）、揮発油税法（昭和三十二年法律第五十五号）、地方揮発油税法（昭和三十年法律第百四号）、石油石炭税法（昭和五十三年法律第二十五号）、航空機燃料税法（昭和四十七年法律第七号）、自動車重量税法（昭和四十六年法律第八十九号）、国際観光旅客税法（平成三十年法律第十六号）、印紙税法（昭和四十二年法律第二十三号）、国税通則法（昭和三十七年法律第六十六号）及び国税徴収法（昭和三十四年法律第百四十七号）の特例を設けることについて規定するものとする。

（用語の意義）

第二条　第二章において、次の各号に掲げる用語の意義は、当該各号に定めるところによる。

一　国内又は国外　それぞれ所得税法第二条第一項第一号又は第二号に規定する国内又は国外をいう。

一の二　居住者又は非居住者　それぞれ所得税法第二条第一項第三号又は第五号に規定する居住者又は非居住者をいう。

二　内国法人又は外国法人　それぞれ所得税法第二条第一項第六号又は第七号に規定する内国法人又は外国法人をいい、それぞれ同項第八号に規定する人格のない社団等で、第一号に規定する国内に本店若しくは主たる事務所を有するもの又は同号に規定する国外に本店若しくは主たる事務所を有するものを含む。

三及び四　削除

五　法人課税信託、恒久的施設、公社債、預貯金、合同運用信託、貸付信託、投資信託、証券投資信託、公社債投資信託、公社債等運用投資信託、公募公社債等運用投資信託、特定目的信託、特定受益証券発行信託又は有価証券　それぞれ所得税法第二条第一項第八号の三から第十三号まで、第十五号から第十五号の五まで又は第十七号に規定する法人課税信託、恒久的施設、公社債、預貯金、合同運用信託、貸付信託、投資信託、証券投資信託、公社債投資信託、公社債等運用投資信託、公募公社債等運用投資信託、特定目的信託、特定受益証券発行信託又は有価証券をいう。

六　減価償却資産　所得税法第二条第一項第十九号に規定する減価償却資産をいう。

六の二　繰延資産　所得税法第二条第一項第二十号に規定する繰延資産をいう。

七　利子所得、配当所得、不動産所得、事業所得、給与所得、退職所得、山林所得、譲渡所得、一時所得又は雑所得　それぞれ所得税法第二編第二章第二節第一款に規定する利子所得、配当所得、不動産所得、事業所得、給与所得、退職所得、山林所得、譲渡所得、一時所得又は雑所得をいう。

八　配当所得の金額、不動産所得の金額、事業所得の金額、給与所得の金額、山林所得の金額、譲渡所得の金額又は雑所得の金額　それぞれ所得税法第二編第二章第二節第一款に規定する配当所得の金額、不動産所得の金額、事業所得の金額、給与所得の金額、山林所得の金額、譲渡所得の金額又は雑所得の金額をいう。

九　総所得金額、退職所得金額又は山林所得金額　それぞれ所得税法第二十二条第二項又は第三項に規定する総所得金額又は退職所得金額若しくは山林所得金額をいう。

十　確定申告書　所得税法第二条第一項第三十七号に規定する確定申告書をいう。

十一　青色申告書　所得税法第二条第一項第四十号に規定する青色申告書をいう。

十二　期限後申告書　国税通則法第十八条第二項に規定する期限後申告書をいう。

十三　修正申告書　国税通則法第十九条第三項に規定する修正申告書をいう。

十四　確定申告期限　所得税法第二条第一項第四十一号に規定する確定申告期限をいう。

十五　更正の請求　国税通則法第二十三条第二項に規定する更正の請求をいう。

十六　更正請求書　国税通則法第二十三条第三項に規定する更正請求書をいう。

2　第三章において、次の各号に掲げる用語の意義は、当該各号に定めるところによる。

一　国内又は国外　それぞれ法人税法第二条第一号又は第二号に規定する国内又は国外をいう。

一の二　内国法人又は外国法人　それぞれ法人税法第二条第三号又は第四号に規定する内国法人又は外国法人をいい、それぞれ法人税法第二条第八号に規定する人格のない社団等で、前号に規定する国内に本店若しくは主たる事務所を有するもの又は同号に規定する国外に本店若しくは主たる事務所を有するものを含む。

一の三　公共法人　法人税法第二条第五号に規定する公共法人をいう。

一の四　公益法人等　法人税法第二条第六号に規定する公益法人等をいう。

一の五　協同組合等　法人税法第二条第七号に規定する協同組合等をいう。

二　人格のない社団等　法人税法第二条第八号に規定する人格のない社団等をいう。

二の二　普通法人　法人税法第二条第九号に規定する普通法

人をいう。
三　被合併法人　法人税法第二条第十一号に規定する被合併法人をいう。
四　合併法人　法人税法第二条第十二号に規定する合併法人をいう。
五　分割法人　法人税法第二条第十二号の二に規定する分割法人をいう。
六　分割承継法人　法人税法第二条第十二号の三に規定する分割承継法人をいう。
七　現物出資法人　法人税法第二条第十二号の四に規定する現物出資法人をいう。
八　被現物出資法人　法人税法第二条第十二号の五に規定する被現物出資法人をいう。
九　現物分配法人　法人税法第二条第十二号の五の二に規定する現物分配法人をいう。
十　被現物分配法人　法人税法第二条第十二号の五の三に規定する被現物分配法人をいう。
十の二　株式交換等完全子法人　法人税法第二条第十二号の六の二に規定する株式交換等完全子法人をいう。
十の三　株式移転完全子法人　法人税法第二条第十二号の六の五に規定する株式移転完全子法人をいう。
十の四　通算親法人　法人税法第二条第十二号の六の七に規定する通算親法人をいう。
十の五　通算子法人　法人税法第二条第十二号の七に規定する通算子法人をいう。
十の六　通算法人　法人税法第二条第十二号の七の二に規定する通算法人をいう。
十の七　通算完全支配関係　法人税法第二条第十二号の七の七に規定する通算完全支配関係をいう。
十一　適格合併　法人税法第二条第十二号の八に規定する適格合併をいう。
十二　分割型分割　法人税法第二条第十二号の九に規定する分割型分割をいう。
十三　分社型分割　法人税法第二条第十二号の十に規定する分社型分割をいう。
十四　適格分割　法人税法第二条第十二号の十一に規定する適格分割をいう。
十五　適格分割型分割　法人税法第二条第十二号の十二に規定する適格分割型分割をいう。
十六　適格現物出資　法人税法第二条第十二号の十四に規定する適格現物出資をいう。
十七　適格現物分配　法人税法第二条第十二号の十五に規定する適格現物分配をいう。
十七の二　恒久的施設　法人税法第二条第十二号の十九に規定する恒久的施設をいう。
十八　収益事業　法人税法第二条第十三号に規定する収益事業をいう。
十九　事業年度　法人税法第十三条及び第十四条に規定する事業年度をいう。
二十　利益積立金額　法人税法第二条第十八号に規定する利益積立金額をいう。
二十一　欠損金額　法人税法第二条第十九号に規定する欠損金額をいう。
二十二　棚卸資産　法人税法第二条第二十号に規定する棚卸資産をいう。
二十三　固定資産　法人税法第二条第二十二号に規定する固定資産をいう。
二十四　減価償却資産　法人税法第二条第二十三号に規定する減価償却資産をいう。
二十五　繰延資産　法人税法第二条第二十四号に規定する繰延資産をいう。
二十六　損金経理　法人税法第二条第二十五号に規定する損金経理（同法第七十二条第一項第一号又は第百四十四条の四第一項第一号若しくは第二号若しくは第二項第一号に掲げる金額を計算する場合にあつては、同法第七十二条第一項又は第百四十四条の四第一項若しくは第二項に規定する期間（第十号の五に規定する通算子法人にあつては、同法第七十二条第五項第一号に規定する期間）に係る決算において費用又は損失として経理すること）をいう。
二十七　法人課税信託　法人税法第二条第二十九号の二に規定する法人課税信託をいう。
二十八　確定申告書等　法人税法第二条第三十号に規定する中間申告書で同法第七十二条第一項各号に掲げる事項を記載したもの及び同法第百四十四条の四第一項各号又は第二項各号に掲げる事項を記載したもの並びに同法第二条第三十一号に規定する確定申告書をいう。
二十九　青色申告書　法人税法第二条第三十六号に規定する青色申告書をいう。
三十　期限後申告書　国税通則法第十八条第二項に規定する期限後申告書をいう。
三十一　修正申告書　国税通則法第十九条第三項に規定する修正申告書をいう。
三十二　更正請求書　国税通則法第二十三条第三項に規定する更正請求書をいう。

3　第四章において、次の各号に掲げる用語の意義は、当該各号に定めるところによる。
一　期限内申告書　国税通則法第十七条第二項に規定する期限内申告書をいう。
二　期限後申告書　国税通則法第十八条第二項に規定する期限後申告書をいう。
三　修正申告書　国税通則法第十九条第三項に規定する修正申告書をいう。

4　第六章において、次の各号に掲げる用語の意義は、当該各号に定めるところによる。
一　酒類　酒税法第二条第一項に規定する酒類をいう。
二　酒類製造者　酒税法第七条第一項に規定する酒類製造者をいう。
三　製造たばこ　たばこ税法第三条に規定する製造たばこをいう。
四　製造たばこ製造者　たばこ税法第六条第四項に規定する製造たばこ製造者をいう。
五　原油、石油製品、ガス状炭化水素又は石炭　それぞれ石油石炭税法第二条第一号から第四号までに規定する原油、石油製品、ガス状炭化水素又は石炭をいう。
六　航空機燃料　航空機燃料税法第二条第二号に規定する航空機燃料をいう。
七　保税地域　関税法（昭和二十九年法律第六十一号）第二十九条に規定する保税地域をいう。

第五章　登録免許税法の特例

（勧告等によつてする登記の税率の軽減）

第七十九条　次に掲げる事項について登記を受ける場合において、当該事項が、日本経済の健全な発展に資するため緊急に必要なものとして行政機関の法令の規定に基づく勧告又は指示によつてされたものであるときは、当該登記に係る登録免許税の税率は、政令で定めるところにより当該勧告又は指示があつた日から一年以内に登記を受けるものに限り、登録免許税法第九条の規定にかかわらず、次の各号に掲げる事項の区分に応じ、当該各号に定める割合とする。

一　株式会社の設立又は資本金の額の増加（次号及び第三号に掲げるものを除く。）　千分の五

二　合併による株式会社の設立又は資本金の額の増加　千分の一（それぞれ資本金の額又は合併により増加した資本金の額のうち、合併により消滅した会社の当該合併の直前における資本金の額として財務省令で定めるものを超える資本金の額に対応する部分については、千分の五）

三　分割による株式会社の設立又は資本金の額の増加　千分の五

四　法人の設立、資本金若しくは出資金の額の増加又は事業に必要な資産の譲受けの場合における不動産又は船舶の所有権の取得（次号に掲げるものを除く。）　イ又はロに掲げる事項の区分に応じイ又はロに定める割合

イ　不動産の所有権の取得　千分の十六

ロ　船舶の所有権の取得　千分の二十三

五　合併による不動産又は船舶の所有権の取得　イ又はロに掲げる事項の区分に応じイ又はロに定める割合

イ　不動産の所有権の取得　千分の三

ロ　船舶の所有権の取得　千分の三

第六章　消費税法等の特例

第三節の四　自動車重量税法の特例

（用語の意義）

第九十条の十　この節において「自動車」、「検査自動車」、「自動車検査証の交付等」若しくは「届出軽自動車」又は「乗用自動車」、「車両重量」若しくは「車両総重量」とは、それぞれ自動車重量税法第二条第一項又は第七条第二項に規定する自動車、検査自動車、自動車検査証の交付等若しくは届出軽自動車又は乗用自動車、車両重量若しくは車両総重量をいう。

2　この節（第九十条の十二を除く。）において「貨物自動車」とは、貨物の運送の用に供する自動車で、政令で定めるものをいう。

3　この節に規定する小型自動車及び軽自動車の別は、道路運送車両法第三条に定めるところによる。

（自動車重量税率の特例）

第九十条の十一　平成二十四年五月一日以後に自動車検査証の交付等又は車両番号の指定（自動車重量税法第二条第一項第三号に規定する車両番号の指定をいう。）を受ける検査自動車（免税対象車等（第九十条の十二第一項から第四項までの各号に掲げる検査自動車及びエネルギーの消費に係る環境への負荷の程度が当該検査自動車と同程度であるものとして政令で定める検査自動車をいう。次条第一項、第九十条の十一の三第一項及び第二項並びに第九十条の十二の二第一項及び第二項において同じ。）を除く。）及び届出軽自動車に係る自動車重量税の税額は、同法第七条第一項の規定にかかわらず、当分の間、次に掲げる自動車の区分に応じ、一両につき、次に掲げる税率により計算した金額（道路運送車両法第六十三条に規定する臨時検査に係る自動車にあつては、当該金額に〇・五を乗じて得た金額）とする。

一　道路運送法（昭和二十六年法律第百八十三号）第二条第二項に規定する自動車運送事業又は貨物利用運送事業法（平成元年法律第八十二号）第二条第八項に規定する第二種貨物利用運送事業を経営する者がこれらの事業の用に供する自動車

イ　検査自動車のうち、自動車検査証の有効期間が三年と定められている二輪の小型自動車（道路運送車両法第六十一条第三項の規定により自動車検査証の有効期間が短縮される自動車を除く。）　四千五百円

ロ　検査自動車のうち、自動車検査証の有効期間が二年と定められているもの（道路運送車両法第六十一条第三項の規定により自動車検査証の有効期間が短縮される自動車を除く。）及び自動車検査証の有効期間が三年と定められているもので同項の規定により自動車検査証の有効期間が短縮されるもの（自動車検査証の有効期間が二年未満に短縮される自動車を除く。）

(1)　(2)及び(3)に掲げる自動車以外の自動車

(i)　車両総重量が一トン以下のもの　五千二百円

(ii)　車両総重量が一トンを超えるもの　車両総重量一トン又はその端数ごとに五千二百円

(2)　軽自動車　五千二百円

(3)　二輪の小型自動車　三千円

ハ　検査自動車のうちイ及びロに掲げる自動車以外のもの

(1)　乗用自動車（(3)及び(4)に掲げる自動車を除く。）

(i)　車両重量が〇・五トン以下のもの　二千六百円

(ii)　車両重量が〇・五トンを超えるもの　車両重量〇・五トン又はその端数ごとに二千六百円

(2)　(1)、(3)及び(4)に掲げる自動車以外の自動車

(i)　車両総重量が一トン以下のもの　二千六百円

(ii)　車両総重量が一トンを超えるもの　車両総重量一トン又はその端数ごとに二千六百円

(3)　軽自動車　二千六百円

(4)　二輪の小型自動車　千五百円

ニ　届出軽自動車

(1)　(2)に掲げる軽自動車以外の軽自動車　七千八百円

(2)　二輪の軽自動車　四千百円

二　前号に掲げる自動車以外の自動車

イ　検査自動車のうち自動車検査証の有効期間が三年と定められているもの（道路運送車両法第六十一条第三項の規定により自動車検査証の有効期間が短縮される自動車を除く。）

(1)　乗用自動車（(2)及び(3)に掲げる自動車を除く。）

(i)　車両重量が〇・五トン以下のもの　一万二千三百円

(ii)　車両重量が〇・五トンを超えるもの　車両重量

〇・五トン又はその端数ごとに一万二千三百円

(2) 軽自動車　九千九百円

(3) 二輪の小型自動車　五千七百円

ロ 検査自動車のうち、自動車検査証の有効期間が二年と定められているもの（道路運送車両法第六十一条第三項の規定により自動車検査証の有効期間が短縮される自動車を除く。）及び自動車検査証の有効期間が三年と定められているもので同項の規定により自動車検査証の有効期間が短縮されるもの（自動車検査証の有効期間が二年未満に短縮される自動車を除く。）

(1) 乗用自動車（(4)及び(5)に掲げる自動車を除く。）

(i) 車両重量が〇・五トン以下のもの　八千二百円

(ii) 車両重量が〇・五トンを超えるもの　車両重量〇・五トン又はその端数ごとに八千二百円

(2) (1)、(3)、(4)及び(5)に掲げる自動車以外の自動車

(i) 車両総重量が一トン以下のもの　八千二百円

(ii) 車両総重量が一トンを超えるもの　車両総重量一トン又はその端数ごとに八千二百円

(3) 車両総重量二・五トン以下の貨物自動車（(4)及び(5)に掲げる自動車を除く。）

(i) 車両総重量が一トン以下のもの　六千六百円

(ii) 車両総重量が一トンを超えるもの　車両総重量一トン又はその端数ごとに六千六百円

(4) 軽自動車　六千六百円

(5) 二輪の小型自動車　三千八百円

ハ 検査自動車のうちイ及びロに掲げる自動車以外のもの

(1) 乗用自動車（(4)及び(5)に掲げる自動車を除く。）

(i) 車両重量が〇・五トン以下のもの　四千百円

(ii) 車両重量が〇・五トンを超えるもの　車両重量〇・五トン又はその端数ごとに四千百円

(2) (1)、(3)、(4)及び(5)に掲げる自動車以外の自動車

(i) 車両総重量が一トン以下のもの　四千百円

(ii) 車両総重量が一トンを超えるもの　車両総重量一トン又はその端数ごとに四千百円

(3) 車両総重量二・五トン以下の貨物自動車（(4)及び(5)に掲げる自動車を除く。）

(i) 車両総重量が一トン以下のもの　三千三百円

(ii) 車両総重量が一トンを超えるもの　車両総重量一トン又はその端数ごとに三千三百円

(4) 軽自動車　三千三百円

(5) 二輪の小型自動車　千九百円

ニ 届出軽自動車

(1) (2)に掲げる軽自動車以外の軽自動車　九千九百円

(2) 二輪の軽自動車　四千九百円

2 前項の車両重量及び車両総重量の計算に関し必要な事項は、自動車重量税法第七条第三項に定めるところによる。

第九十条の十一の二 平成二十四年五月一日以後に自動車検査証の交付等を受ける検査自動車のうち、初めて道路運送車両法第七条第一項の規定による登録又は同法第六十条第一項後段の規定による車両番号の指定を受けた日の属する月から起算して十八年を経過する月（軽自動車その他の政令で定める検査自動車にあっては、政令で定める月）の初日以後に自動車検査証の交付等を受ける検査自動車（免税対象車等を除く。）に係る自動車重量税の税額は、自動車重量税法第七条第一項及び前条第一項の規定にかかわらず、当分の間、次に掲げる自動車の区分に応じ、一両につき、次に掲げる税率により計算した金額（道路運送車両法第六十三条に規定する臨時検査に係る自動車にあっては、当該金額に〇・五を乗じて得た金額）とする。

一 道路運送法第二条第二項に規定する自動車運送事業又は貨物利用運送事業法第二条第八項に規定する第二種貨物利用運送事業を経営する者がこれらの事業の用に供する自動車

イ 自動車検査証の有効期間が二年と定められている自動車（道路運送車両法第六十一条第三項の規定により自動車検査証の有効期間が短縮される自動車を除く。）

(1) (2)及び(3)に掲げる自動車以外の自動車

(i) 車両総重量が一トン以下のもの　五千六百円

(ii) 車両総重量が一トンを超えるもの　車両総重量一トン又はその端数ごとに五千六百円

(2) 軽自動車　五千六百円

(3) 二輪の小型自動車　三千四百円

ロ イに掲げる自動車以外の自動車

(1) 乗用自動車（(3)及び(4)に掲げる自動車を除く。）

(i) 車両重量が〇・五トン以下のもの　二千八百円

(ii) 車両重量が〇・五トンを超えるもの　車両重量〇・五トン又はその端数ごとに二千八百円

(2) (1)、(3)及び(4)に掲げる自動車以外の自動車

(i) 車両総重量が一トン以下のもの　二千八百円

(ii) 車両総重量が一トンを超えるもの　車両総重量一トン又はその端数ごとに二千八百円

(3) 軽自動車　二千八百円

(4) 二輪の小型自動車　千七百円

二 前号に掲げる自動車以外の自動車

イ 自動車検査証の有効期間が二年と定められている自動車（道路運送車両法第六十一条第三項の規定により自動車検査証の有効期間が短縮される自動車を除く。）

(1) 乗用自動車（(3)及び(4)に掲げる自動車を除く。）

(i) 車両重量が〇・五トン以下のもの　一万二千六百円

(ii) 車両重量が〇・五トンを超えるもの　車両重量〇・五トン又はその端数ごとに一万二千六百円

(2) (1)、(3)及び(4)に掲げる自動車以外の自動車

(i) 車両総重量が一トン以下のもの　一万二千六百円

(ii) 車両総重量が一トンを超えるもの　車両総重量一トン又はその端数ごとに一万二千六百円

(3) 軽自動車　八千八百円

(4) 二輪の小型自動車　五千円

ロ イに掲げる自動車以外の自動車

(1) 乗用自動車（(4)及び(5)に掲げる自動車を除く。）

(i) 車両重量が〇・五トン以下のもの　六千三百円

(ii) 車両重量が〇・五トンを超えるもの　車両重量〇・五トン又はその端数ごとに六千三百円

(2) (1)、(3)、(4)及び(5)に掲げる自動車以外の自動車

(i) 車両総重量が一トン以下のもの　六千三百円

(ii) 車両総重量が一トンを超えるもの　車両総重量一トン又はその端数ごとに六千三百円

(3) 車両総重量二・五トン以下の貨物自動車（(4)及び

(5)に掲げる自動車を除く。）
(i) 車両総重量が一トン以下のもの　四千四百円
(ii) 車両総重量が一トンを超えるもの　車両総重量一トン又はその端数ごとに四千四百円
(4) 軽自動車　四千四百円
(5) 二輪の小型自動車　二千五百円

2 前項の車両重量及び車両総重量の計算に関し必要な事項は、自動車重量税法第七条第三項に定めるところによる。

第九十条の十一の三 平成二十六年四月一日から平成二十八年三月三十一日までの間に自動車検査証の交付等を受ける検査自動車のうち、初めて道路運送車両法第七条第一項の規定による登録又は同法第六十条第一項後段の規定による車両番号の指定を受けた日の属する月から起算して十三年を経過する月（軽自動車その他の政令で定める検査自動車については、政令で定める月）の初日以後に自動車検査証の交付等を受ける検査自動車（前条の規定の適用がある検査自動車及び免税対象車等を除く。）に係る自動車重量税の税額は、自動車重量税法第七条第一項の規定及び第九十条の十一第一項の規定にかかわらず、次に掲げる自動車の区分に応じ、一両につき、次に掲げる税率により計算した金額（道路運送車両法第六十三条に規定する臨時検査に係る自動車にあつては、当該金額に〇・五を乗じて得た金額）とする。

一 道路運送法第二条第二項に規定する自動車運送事業又は貨物利用運送事業法第二条第八項に規定する第二種貨物利用運送事業を経営する者がこれらの事業の用に供する自動車
イ 自動車検査証の有効期間が二年と定められている自動車（道路運送車両法第六十一条第三項の規定により自動車検査証の有効期間が短縮される自動車を除く。）
(1) (2)及び(3)に掲げる自動車以外の自動車
(i) 車両総重量が一トン以下のもの　五千四百円
(ii) 車両総重量が一トンを超えるもの　車両総重量一トン又はその端数ごとに五千四百円
(2) 軽自動車　五千四百円
(3) 二輪の小型自動車　三千二百円
ロ イに掲げる自動車以外の自動車
(1) 乗用自動車（(3)及び(4)に掲げる自動車を除く。）
(i) 車両重量が〇・五トン以下のもの　二千七百円
(ii) 車両重量が〇・五トンを超えるもの　車両重量〇・五トン又はその端数ごとに二千七百円
(2) (1)、(3)及び(4)に掲げる自動車以外の自動車
(i) 車両総重量が一トン以下のもの　二千七百円
(ii) 車両総重量が一トンを超えるもの　車両総重量一トン又はその端数ごとに二千七百円
(3) 軽自動車　二千七百円
(4) 二輪の小型自動車　千六百円

二 前号に掲げる自動車以外の自動車
イ 自動車検査証の有効期間が二年と定められている自動車（道路運送車両法第六十一条第三項の規定により自動車検査証の有効期間が短縮される自動車を除く。）
(1) 乗用自動車（(3)及び(4)に掲げる自動車を除く。）
(i) 車両重量が〇・五トン以下のもの　一万八百円
(ii) 車両重量が〇・五トンを超えるもの　車両重量〇・五トン又はその端数ごとに一万八百円
(2) (1)、(3)及び(4)に掲げる自動車以外の自動車
(i) 車両総重量が一トン以下のもの　一万八百円
(ii) 車両総重量が一トンを超えるもの　車両総重量一トン又はその端数ごとに一万八百円
(3) 軽自動車　七千八百円
(4) 二輪の小型自動車　四千四百円
ロ イに掲げる自動車以外の自動車
(1) 乗用自動車（(4)及び(5)に掲げる自動車を除く。）
(i) 車両重量が〇・五トン以下のもの　五千四百円
(ii) 車両重量が〇・五トンを超えるもの　車両重量〇・五トン又はその端数ごとに五千四百円
(2) (1)、(3)、(4)及び(5)に掲げる自動車以外の自動車
(i) 車両総重量が一トン以下のもの　五千四百円
(ii) 車両総重量が一トンを超えるもの　車両総重量一トン又はその端数ごとに五千四百円
(3) 車両総重量二・五トン以下の貨物自動車（(4)及び(5)に掲げる自動車を除く。）
(i) 車両総重量が一トン以下のもの　三千九百円
(ii) 車両総重量が一トンを超えるもの　車両総重量一トン又はその端数ごとに三千九百円
(4) 軽自動車　三千九百円
(5) 二輪の小型自動車　二千二百円

2 平成二十八年四月一日以後に自動車検査証の交付等を受ける検査自動車のうち、初めて道路運送車両法第七条第一項の規定による登録又は同法第六十条第一項後段の規定による車両番号の指定を受けた日の属する月から起算して十三年を経過する月（軽自動車その他の政令で定める検査自動車については、政令で定める月）の初日以後に自動車検査証の交付等を受ける検査自動車（前条の規定の適用がある検査自動車及び免税対象車等を除く。）に係る自動車重量税の税額は、自動車重量税法第七条第一項の規定及び第九十条の十一第一項の規定にかかわらず、当分の間、次に掲げる自動車の区分に応じ、一両につき、次に掲げる税率により計算した金額（道路運送車両法第六十三条に規定する臨時検査に係る自動車にあつては、当該金額に〇・五を乗じて得た金額）とする。

一 道路運送法第二条第二項に規定する自動車運送事業又は貨物利用運送事業法第二条第八項に規定する第二種貨物利用運送事業を経営する者がこれらの事業の用に供する自動車
イ 自動車検査証の有効期間が二年と定められている自動車（道路運送車両法第六十一条第三項の規定により自動車検査証の有効期間が短縮される自動車を除く。）
(1) (2)及び(3)に掲げる自動車以外の自動車
(i) 車両総重量が一トン以下のもの　五千四百円
(ii) 車両総重量が一トンを超えるもの　車両総重量一トン又はその端数ごとに五千四百円
(2) 軽自動車　五千四百円
(3) 二輪の小型自動車　三千二百円
ロ イに掲げる自動車以外の自動車
(1) 乗用自動車（(3)及び(4)に掲げる自動車を除く。）
(i) 車両重量が〇・五トン以下のもの　二千七百円
(ii) 車両重量が〇・五トンを超えるもの　車両重量〇・五トン又はその端数ごとに二千七百円
(2) (1)、(3)及び(4)に掲げる自動車以外の自動車

(i) 車両総重量が一トン以下のもの　二千七百円
(ii) 車両総重量が一トンを超えるもの　車両総重量一トン又はその端数ごとに二千七百円
(3) 軽自動車　二千七百円
(4) 二輪の小型自動車　千六百円

二 前号に掲げる自動車以外の自動車

イ 自動車検査証の有効期間が二年と定められている自動車（道路運送車両法第六十一条第三項の規定により自動車検査証の有効期間が短縮される自動車を除く。）

(1) 乗用自動車（(3)及び(4)に掲げる自動車を除く。）
(i) 車両重量が〇・五トン以下のもの　一万千四百円
(ii) 車両重量が〇・五トンを超えるもの　車両重量〇・五トン又はその端数ごとに一万千四百円
(2) (1)、(3)及び(4)に掲げる自動車以外の自動車
(i) 車両総重量が一トン以下のもの　一万千四百円
(ii) 車両総重量が一トンを超えるもの　車両総重量一トン又はその端数ごとに一万千四百円
(3) 軽自動車　八千二百円
(4) 二輪の小型自動車　四千六百円

ロ イに掲げる自動車以外の自動車

(1) 乗用自動車（(4)及び(5)に掲げる自動車を除く。）
(i) 車両重量が〇・五トン以下のもの　五千七百円
(ii) 車両重量が〇・五トンを超えるもの　車両重量〇・五トン又はその端数ごとに五千七百円
(2) (1)、(3)、(4)及び(5)に掲げる自動車以外の自動車
(i) 車両総重量が一トン以下のもの　五千七百円
(ii) 車両総重量が一トンを超えるもの　車両総重量一トン又はその端数ごとに五千七百円
(3) 車両総重量二・五トン以下の貨物自動車（(4)及び(5)に掲げる自動車を除く。）
(i) 車両総重量が一トン以下のもの　四千百円
(ii) 車両総重量が一トンを超えるもの　車両総重量一トン又はその端数ごとに四千百円
(4) 軽自動車　四千百円
(5) 二輪の小型自動車　二千三百円

3 前二項の車両重量及び車両総重量の計算に関し必要な事項は、自動車重量税法第七条第三項に定めるところによる。

（自動車重量税の免税等）

第九十条の十二 次に掲げる検査自動車（二輪の小型自動車を除く。以下この条において同じ。）について令和五年五月一日から令和八年四月三十日までの間に初めて道路運送車両法第六十条第一項又は第七十一条第四項の規定により自動車検査証の交付を受ける場合には、当該自動車検査証の交付に係る自動車重量税を免除する。

一 電気を動力源とする自動車で内燃機関を有しないもの

二 次に掲げる天然ガス自動車（専ら可燃性天然ガスを内燃機関の燃料として用いる自動車で財務省令で定めるものをいう。）

イ 車両総重量が三・五トン以下の自動車のうち、道路運送車両法第四十一条第一項の規定により平成三十年十月一日以降に適用されるべきものとして定められた自動車排出ガスに係る保安上又は公害防止その他の環境保全上の技術基準（以下この条において「排出ガス保安基準」という。）で財務省令で定めるものに適合するもの

ロ 車両総重量が三・五トンを超える自動車のうち、道路運送車両法第四十一条第一項の規定により平成二十一年十月一日（車両総重量が三・五トンを超え十二トン以下のものにあつては、平成二十二年十月一日）以降に適用されるべきものとして定められた排出ガス保安基準で財務省令で定めるもの（以下この号において「平成二十一年天然ガス車基準」という。）に適合し、かつ、窒素酸化物の排出量が平成二十一年天然ガス車基準に定める窒素酸化物の値の十分の九を超えない自動車で財務省令で定めるもの

三 電力併用自動車（内燃機関を有する自動車で併せて電気その他の財務省令で定めるものを動力源として用いるものであつて、廃エネルギーを回収する機能を備えていることにより大気汚染防止法（昭和四十三年法律第九十七号）第二条第十七項に規定する自動車排出ガスの排出の抑制に資するものをいう。）のうち、動力源として用いる電気を外部から充電する機能を備えているもので財務省令で定めるもの

四 次に掲げる揮発油自動車（揮発油を内燃機関の燃料とする自動車をいい、前号に掲げる検査自動車に該当するものを除く。以下この条において同じ。）

イ 乗用自動車のうち、次のいずれにも該当するもので財務省令で定めるもの

(1) 道路運送車両法第四十一条第一項の規定により平成三十年十月一日以降に適用されるべきものとして定められた排出ガス保安基準で財務省令で定めるもの（以下この条において「平成三十年揮発油軽中量車基準」という。）に適合し、かつ、窒素酸化物の排出量が平成三十年揮発油軽中量車基準に定める窒素酸化物の値の二分の一を超えないこと。

(2) エネルギーの使用の合理化及び非化石エネルギーへの転換等に関する法律（昭和五十四年法律第四十九号）第百五十一条第一号イに規定するエネルギー消費効率（以下この条及び次条第二項において「エネルギー消費効率」という。）が、同法第百四十九条第一項の規定により定められるエネルギー消費機器等製造事業者等の判断の基準となるべき事項を勘案して財務省令で定めるエネルギー消費効率（以下この号及び第六号ニ(2)において「基準エネルギー消費効率」という。）であつて令和十二年度以降の各年度において適用されるべきものとして定められたもの（以下この条において「令和十二年度基準エネルギー消費効率」という。）以上（令和七年四月三十日までの間は、令和十二年度基準エネルギー消費効率に百分の九十を乗じて得た数値以上）であり、かつ、基準エネルギー消費効率であつて令和二年度以降の各年度において適用されるべきものとして定められたもの（以下この条において「令和二年度基準エネルギー消費効率」という。）以上であること。

ロ 車両総重量が三・五トン以下の乗合自動車（専ら人の運送の用に供する自動車で、乗用自動車以外のものをいう。以下この条において同じ。）のうち、次のいずれにも該当するもので財務省令で定めるもの

(1) 平成三十年揮発油軽中量車基準に適合し、かつ、窒

素酸化物の排出量が平成三十年揮発油軽中量車基準に定める窒素酸化物の値の二分の一を超えないこと。

(2) エネルギー消費効率が令和二年度基準エネルギー消費効率に百分の百五を乗じて得た数値以上であること。

ハ 車両総重量が三・五トン以下の乗合自動車のうち、次のいずれにも該当するもので財務省令で定めるもの

(1) 平成三十年揮発油軽中量車基準に適合し、かつ、窒素酸化物の排出量が平成三十年揮発油軽中量車基準に定める窒素酸化物の値の四分の三を超えないこと。

(2) エネルギー消費効率が令和二年度基準エネルギー消費効率に百分の百十を乗じて得た数値以上であること。

ニ 車両総重量が三・五トン以下の貨物自動車（貨物の運送の用に供する自動車をいう。以下この条において同じ。）のうち、次のいずれにも該当するもので財務省令で定めるもの

(1) 平成三十年揮発油軽中量車基準に適合し、かつ、窒素酸化物の排出量が平成三十年揮発油軽中量車基準に定める窒素酸化物の値の二分の一を超えないこと。

(2) エネルギー消費効率が基準エネルギー消費効率であつて令和四年度以降の各年度において適用されるべきものとして定められたもの（以下この条において「令和四年度基準エネルギー消費効率」という。）以上（車両総重量が二・五トン以下の自動車にあつては、令和四年度基準エネルギー消費効率に百分の百五を乗じて得た数値以上）であること。

五 石油ガス自動車（液化石油ガスを内燃機関の燃料とする乗用自動車をいい、第三号に掲げる検査自動車に該当するものを除く。以下この条において同じ。）のうち、次のいずれにも該当するもので財務省令で定めるもの

イ 道路運送車両法第四十一条第一項の規定により平成三十年十月一日以降に適用されるべきものとして定められた排出ガス保安基準で財務省令で定めるもの（以下この条において「平成三十年石油ガス軽中量車基準」という。）に適合し、かつ、窒素酸化物の排出量が平成三十年石油ガス軽中量車基準に定める窒素酸化物の値の二分の一を超えないこと。

ロ エネルギー消費効率が、令和十二年度基準エネルギー消費効率以上（令和七年四月三十日までの間は、令和十二年度基準エネルギー消費効率に百分の九十を乗じて得た数値以上）であり、かつ、令和二年度基準エネルギー消費効率以上であること。

六 次に掲げる軽油自動車（軽油を内燃機関の燃料とする自動車をいい、第三号に掲げる検査自動車に該当するものを除く。以下この条において同じ。）

イ 乗用自動車のうち、次のいずれにも該当するもので財務省令で定めるもの

(1) 道路運送車両法第四十一条第一項の規定により平成三十年十月一日以降に適用されるべきものとして定められた排出ガス保安基準で財務省令で定めるもの（以下この条において「平成三十年軽油軽中量車基準」という。）に適合すること。

(2) エネルギー消費効率が、令和十二年度基準エネルギー消費効率以上（令和七年四月三十日までの間は、令和十二年度基準エネルギー消費効率に百分の九十を乗じて得た数値以上）であり、かつ、令和二年度基準エネルギー消費効率以上であること。

ロ 車両総重量が三・五トン以下の乗合自動車のうち、次のいずれにも該当するもので財務省令で定めるもの

(1) 平成三十年軽油軽中量車基準に適合すること。

(2) エネルギー消費効率が令和二年度基準エネルギー消費効率に百分の百五を乗じて得た数値以上であること。

ハ 車両総重量が二・五トンを超え三・五トン以下の貨物自動車のうち、次のいずれにも該当するもので財務省令で定めるもの

(1) 平成三十年軽油軽中量車基準に適合すること。

(2) エネルギー消費効率が令和四年度基準エネルギー消費効率以上であること。

ニ 車両総重量が三・五トンを超える乗合自動車又は貨物自動車のうち、次のいずれにも該当するもので財務省令で定めるもの

(1) 道路運送車両法第四十一条第一項の規定により平成二十八年十月一日以降に適用されるべきものとして定められた排出ガス保安基準で財務省令で定めるもの（以下この条において「平成二十八年軽油重量車基準」という。）に適合すること。

(2) エネルギー消費効率が基準エネルギー消費効率であつて令和七年度以降の各年度において適用されるべきものとして定められたもの（第三項第三号ハ(2)において「令和七年度基準エネルギー消費効率」という。）以上（令和七年四月三十日までの間は、エネルギー消費効率が基準エネルギー消費効率であつて平成二十七年度以降の各年度において適用されるべきものとして定められたもの（同号ハ(2)及び第四項第三号ロ(2)において「平成二十七年度基準エネルギー消費効率」という。）に百分の百十五を乗じて得た数値以上）であること。

2 次に掲げる検査自動車（前項の規定の適用があるものを除く。）について令和五年五月一日から令和八年四月三十日までの間に初めて道路運送車両法第六十条第一項又は第七十一条第四項の規定により自動車検査証の交付を受ける場合には、当該自動車検査証の交付に係る自動車重量税の税額は、自動車重量税法第七条第一項の規定にかかわらず、同項の規定により計算した金額に百分の二十五を乗じて計算した金額とする。

一 次に掲げる揮発油自動車

イ 車両総重量が三・五トン以下の乗合自動車のうち、次のいずれにも該当するもので財務省令で定めるもの

(1) 平成三十年揮発油軽中量車基準に適合し、かつ、窒素酸化物の排出量が平成三十年揮発油軽中量車基準に定める窒素酸化物の値の二分の一を超えないこと。

(2) エネルギー消費効率が令和二年度基準エネルギー消費効率以上であること。

ロ 車両総重量が三・五トン以下の乗合自動車のうち、次のいずれにも該当するもので財務省令で定めるもの

(1) 平成三十年揮発油軽中量車基準に適合し、かつ、窒

素酸化物の排出量が平成三十年揮発油軽中量車基準に定める窒素酸化物の値の四分の三を超えないこと。

(2) エネルギー消費効率が令和二年度基準エネルギー消費効率に百分の百五を乗じて得た数値以上であること。

ハ 車両総重量が三・五トン以下の貨物自動車のうち、次のいずれにも該当するもので財務省令で定めるもの

(1) 平成三十年揮発油軽中量車基準に適合し、かつ、窒素酸化物の排出量が平成三十年揮発油軽中量車基準に定める窒素酸化物の値の二分の一を超えないこと。

(2) エネルギー消費効率が令和四年度基準エネルギー消費効率に百分の九十五を乗じて得た数値以上（車両総重量が二・五トン以下の自動車にあつては、令和四年度基準エネルギー消費効率以上）であること。

ニ 車両総重量が二・五トンを超え三・五トン以下の貨物自動車のうち、次のいずれにも該当するもので財務省令で定めるもの

(1) 平成三十年揮発油軽中量車基準に適合し、かつ、窒素酸化物の排出量が平成三十年揮発油軽中量車基準に定める窒素酸化物の値の四分の三を超えないこと。

(2) エネルギー消費効率が令和四年度基準エネルギー消費効率以上であること。

二 次に掲げる軽油自動車

イ 車両総重量が三・五トン以下の乗合自動車のうち、次のいずれにも該当するもので財務省令で定めるもの

(1) 平成三十年軽油軽中量車基準に適合すること。

(2) エネルギー消費効率が令和二年度基準エネルギー消費効率以上であること。

ロ 車両総重量が二・五トンを超え三・五トン以下の貨物自動車のうち、次のいずれにも該当するもので財務省令で定めるもの

(1) 平成三十年軽油軽中量車基準に適合すること。

(2) エネルギー消費効率が令和四年度基準エネルギー消費効率に百分の九十五を乗じて得た数値以上であること。

3 次に掲げる検査自動車（前二項の規定の適用があるものを除く。）について令和五年五月一日から令和八年四月三十日までの間に初めて道路運送車両法第六十条第一項又は第七十一条第四項の規定により自動車検査証の交付を受ける場合には、当該自動車に係る自動車重量税の税額は、自動車重量税法第七条第一項の規定にかかわらず、同項の規定により計算した金額に百分の五十を乗じて計算した金額とする。

一 次に掲げる揮発油自動車

イ 乗用自動車のうち、次のいずれにも該当するもので財務省令で定めるもの

(1) 平成三十年揮発油軽中量車基準に適合し、かつ、窒素酸化物の排出量が平成三十年揮発油軽中量車基準に定める窒素酸化物の値の二分の一を超えないこと。

(2) エネルギー消費効率が、令和十二年度基準エネルギー消費効率に百分の九十（令和七年四月三十日までの間は、百分の八十）を乗じて得た数値以上であり、かつ、令和二年度基準エネルギー消費効率以上であること。

ロ 車両総重量が三・五トン以下の乗合自動車のうち、次のいずれにも該当するもので財務省令で定めるもの

(1) 平成三十年揮発油軽中量車基準に適合し、かつ、窒素酸化物の排出量が平成三十年揮発油軽中量車基準に定める窒素酸化物の値の四分の三を超えないこと。

(2) エネルギー消費効率が令和二年度基準エネルギー消費効率以上であること。

ハ 車両総重量が三・五トン以下の貨物自動車のうち、次のいずれにも該当するもので財務省令で定めるもの

(1) 平成三十年揮発油軽中量車基準に適合し、かつ、窒素酸化物の排出量が平成三十年揮発油軽中量車基準に定める窒素酸化物の値の二分の一を超えないこと。

(2) エネルギー消費効率が令和四年度基準エネルギー消費効率に百分の九十（車両総重量が二・五トン以下の自動車にあつては、百分の九十五）を乗じて得た数値以上であること。

ニ 車両総重量が二・五トンを超え三・五トン以下の貨物自動車のうち、次のいずれにも該当するもので財務省令で定めるもの

(1) 平成三十年揮発油軽中量車基準に適合し、かつ、窒素酸化物の排出量が平成三十年揮発油軽中量車基準に定める窒素酸化物の値の四分の三を超えないこと。

(2) エネルギー消費効率が令和四年度基準エネルギー消費効率に百分の九十五を乗じて得た数値以上であること。

二 石油ガス自動車のうち、次のいずれにも該当するもので財務省令で定めるもの

イ 平成三十年石油ガス軽中量車基準に適合し、かつ、窒素酸化物の排出量が平成三十年石油ガス軽中量車基準に定める窒素酸化物の値の二分の一を超えないこと。

ロ エネルギー消費効率が、令和十二年度基準エネルギー消費効率に百分の九十（令和七年四月三十日までの間は、百分の八十）を乗じて得た数値以上であり、かつ、令和二年度基準エネルギー消費効率以上であること。

三 次に掲げる軽油自動車

イ 乗用自動車のうち、次のいずれにも該当するもので財務省令で定めるもの

(1) 平成三十年軽油軽中量車基準に適合すること。

(2) エネルギー消費効率が、令和十二年度基準エネルギー消費効率に百分の九十（令和七年四月三十日までの間は、百分の八十）を乗じて得た数値以上であり、かつ、令和二年度基準エネルギー消費効率以上であること。

ロ 車両総重量が二・五トンを超え三・五トン以下の貨物自動車のうち、次のいずれにも該当するもので財務省令で定めるもの

(1) 平成三十年軽油軽中量車基準に適合すること。

(2) エネルギー消費効率が令和四年度基準エネルギー消費効率に百分の九十を乗じて得た数値以上であること。

ハ 車両総重量が三・五トンを超える乗合自動車又は貨物自動車のうち、次のいずれにも該当するもので財務省令で定めるもの

(1) 平成二十八年軽油重量車基準に適合すること。

(2) エネルギー消費効率が令和七年度基準エネルギー消費効率に百分の九十五（令和七年四月三十日までの間は、平成二十七年度基準エネルギー消費効率に百分の百十）を乗じて得た数値以上であること。

4 次に掲げる検査自動車（前三項又は第九十条の十四第一項の規定の適用があるものを除く。）について令和五年五月一日から令和八年四月三十日までの間（第三号ロに掲げる検査自動車にあつては、令和六年一月一日から令和七年四月三十日までの間）に初めて道路運送車両法第六十条第一項又は第七十一条第四項の規定により自動車検査証の交付を受ける場合には、当該自動車検査証の交付に係る自動車重量税の税額は、自動車重量税法第七条第一項の規定にかかわらず、同項の規定により計算した金額に百分の七十五を乗じて計算した金額とする。

一 次に掲げる揮発油自動車

イ 乗用自動車のうち、次のいずれにも該当するもので財務省令で定めるもの

(1) 平成三十年揮発油軽中量車基準に適合し、かつ、窒素酸化物の排出量が平成三十年揮発油軽中量車基準に定める窒素酸化物の値の二分の一を超えないこと。

(2) エネルギー消費効率が、令和十二年度基準エネルギー消費効率に百分の八十（令和七年四月三十日までの間は、百分の七十）を乗じて得た数値以上であり、かつ、令和二年度基準エネルギー消費効率以上であること。

ロ 車両総重量が二・五トン以下の貨物自動車のうち、次のいずれにも該当するもので財務省令で定めるもの

(1) 平成三十年揮発油軽中量車基準に適合し、かつ、窒素酸化物の排出量が平成三十年揮発油軽中量車基準に定める窒素酸化物の値の二分の一を超えないこと。

(2) エネルギー消費効率が令和四年度基準エネルギー消費効率に百分の九十を乗じて得た数値以上であること。

ハ 車両総重量が二・五トンを超え三・五トン以下の貨物自動車のうち、次のいずれにも該当するもので財務省令で定めるもの

(1) 平成三十年揮発油軽中量車基準に適合し、かつ、窒素酸化物の排出量が平成三十年揮発油軽中量車基準に定める窒素酸化物の値の四分の三を超えないこと。

(2) エネルギー消費効率が令和四年度基準エネルギー消費効率に百分の九十を乗じて得た数値以上であること。

二 石油ガス自動車のうち、次のいずれにも該当するもので財務省令で定めるもの

イ 平成三十年石油ガス軽中量車基準に適合し、かつ、窒素酸化物の排出量が平成三十年石油ガス軽中量車基準に定める窒素酸化物の値の二分の一を超えないこと。

ロ エネルギー消費効率が、令和十二年度基準エネルギー消費効率に百分の八十（令和七年四月三十日までの間は、百分の七十）を乗じて得た数値以上であり、かつ、令和二年度基準エネルギー消費効率以上であること。

三 次に掲げる軽油自動車

イ 乗用自動車のうち、次のいずれにも該当するもので財務省令で定めるもの

(1) 平成三十年軽油軽中量車基準に適合すること。

(2) エネルギー消費効率が、令和十二年度基準エネルギー消費効率に百分の八十（令和七年四月三十日までの間は、百分の七十）を乗じて得た数値以上であり、かつ、令和二年度基準エネルギー消費効率以上であること。

ロ 車両総重量が三・五トンを超える乗合自動車又は貨物自動車のうち、次のいずれにも該当するもので財務省令で定めるもの

(1) 平成二十八年軽油重量車基準に適合すること。

(2) エネルギー消費効率が平成二十七年度基準エネルギー消費効率に百分の百五を乗じて得た数値以上であること。

5 第一項（第一号から第三号まで、第四号イ、第五号及び第六号イに係る部分に限る。）の規定の適用を受けた検査自動車（次の各号に掲げる検査自動車にあつては、当該各号に定めるものに限る。）について初めて道路運送車両法第六十条第一項又は第七十一条第四項の規定により交付を受けた自動車検査証の有効期間が満了する日から起算して十五日を経過する日までに自動車検査証の交付等（自動車重量税法第五条第三号に掲げる自動車以外の自動車に係るものであつて、当該自動車について初めて道路運送車両法第六十条第一項又は第七十一条第四項の規定により自動車検査証の交付を受けた日後最初に受けるものに限る。以下この項において同じ。）を受ける場合（当該自動車検査証の交付等を受ける際に、初めて同法第六十条第一項又は第七十一条第四項の規定により交付を受けた自動車検査証に記録された事項について財務省令で定める変更がない場合に限る。）には、当該自動車検査証の交付等に係る自動車重量税を免除する。

一 第一項第四号イ、第五号又は第六号イに掲げる検査自動車で令和六年一月一日から令和七年四月三十日までの間に同項の規定の適用を受けたもの　エネルギー消費効率が令和十二年度基準エネルギー消費効率に百分の百二十を乗じて得た数値以上である検査自動車

二 第一項第四号イ、第五号又は第六号イに掲げる検査自動車で令和七年五月一日から令和八年四月三十日までの間に同項の規定の適用を受けたもの　エネルギー消費効率が令和十二年度基準エネルギー消費効率に百分の百二十五を乗じて得た数値以上である検査自動車

6 国税通則法第百十九条第一項の規定は、第二項から第四項までの規定により計算した金額に百円未満の端数があるときについて準用する。

（自動車重量税の納付の事実の確認等の特例）

第九十条の十二の二 国土交通大臣等（自動車重量税法第十条に規定する国土交通大臣等をいう。第三項において同じ。）は、同法第十一条の規定により検査自動車につき課されるべき自動車重量税の額の納付の事実を確認する場合において、当該納付に係る検査自動車が窒素酸化物排出量等基準につき免税対象車等に該当するかどうかの判断をするときは、国土交通大臣の認定等に基づき当該判断をするものとする。

2 この条において「窒素酸化物排出量等基準」とは、前条第一項から第四項までの各号の規定により検査自動車が免税対象車等に該当するために当該検査自動車が適合しなければならないものとされる窒素酸化物及び粒子状物質の排出量並び

にエネルギー消費効率についての基準（第九十条の十一に規定する政令の規定によりこれに相当する基準を規定する場合には、当該基準を含む。）をいい、「国土交通大臣の認定等」とは、検査自動車と同一の自動車につき申請に基づき国土交通大臣が行つた認定又は評価で、当該認定又は評価の事実に基づき検査自動車が窒素酸化物排出量等基準につき免税対象車等に該当するかどうかの判断をすることが適当であるものとして財務省令で定めるものをいう。

3　国土交通大臣等は、自動車検査証の交付等を受けた者が自動車重量税法第八条、第十条、第十条の二若しくは第十二条第二項から第四項までの規定により当該自動車検査証の交付等に係る検査自動車につき納付すべき自動車重量税の額の全部若しくは一部を納付していない事実をその法定納期限（国税通則法第二条第八号に規定する法定納期限をいう。第五項において同じ。）後において知つた場合又は自動車重量税法第十条の四第一項に規定する納付受託者が同法第十条の三第一項の規定による委託を受けた自動車重量税の額の全部若しくは一部を納付していない事実を同法第十条の五第一項に規定する政令で定める日後において知つた場合において、当該事実が生じた原因が、前項の申請をした者が偽りその他不正の手段（当該申請をした者に当該申請に必要な情報を直接又は間接に提供した者の偽りその他不正の手段を含む。第五項において同じ。）により国土交通大臣が当該国土交通大臣の認定等を受けたことを事由として国土交通大臣の認定等を取り消したことによるものであるときは、同法第十三条第一項又は第三項の規定にかかわらず、当該申請をした者又はその一般承継人の同条第一項に規定する納税地の所轄税務署長に対し、同項の規定による通知をしなければならない。この場合においては、当該申請をした者又はその一般承継人を当該通知に係る自動車検査証の交付等を受けた者とみなして、これに当該通知に係る自動車検査証の交付等に係る自動車重量税を課する。

4　前項後段の規定により課する自動車重量税の額は、自動車重量税法第七条第一項その他自動車重量税に関する法令の規定にかかわらず、前項の規定による通知に係る同法第十三条第一項又は第三項に規定する納付していない自動車重量税の額に、これに百分の三十五を乗じて計算した金額を加算した金額とする。

5　第二項の申請をした者が偽りその他不正の手段により国土交通大臣の認定等を受けた場合における自動車重量税に係る国税通則法第七十二条第一項に規定する国税の徴収権の時効は、その法定納期限から二年間は、進行しない。この場合においては、同法第七十三条第三項ただし書の規定を準用する。

6　国税通則法第百十九条第一項の規定は、第四項の規定により計算した金額に百円未満の端数があるときについて準用する。

7　第三項後段の規定の適用を受けた第二項の申請をした者又はその一般承継人に対する法人税法の規定の適用については、同法第五十五条第四項中「次に掲げるもの」とあるのは、「次に掲げるもの及び租税特別措置法第九十条の十二第三項後段（自動車重量税の納付の事実の確認等の特例）の規定による自動車重量税」とする。

8　第四項から第六項までに定めるもののほか、第三項後段の規定の適用がある場合における自動車重量税法の規定の適用に関し必要な技術的読替えその他第一項から第三項までの規定の適用に関し必要な事項は、政令で定める。

（公共交通移動等円滑化基準に適合した乗合自動車等に係る自動車重量税の免税）

第九十条の十三　次に掲げる検査自動車について令和三年四月一日から令和八年三月三十一日までの間に初めて道路運送車両法第六十条第一項又は第七十一条第四項の規定により自動車検査証の交付を受ける場合には、当該自動車検査証の交付に係る自動車重量税を免除する。

一　道路運送法第三条第一号イに規定する一般乗合旅客自動車運送事業を経営する者が同法第五条第一項第三号に規定する路線定期運行の用に供する自動車又は同法第三条第一号ロに規定する一般貸切旅客自動車運送事業を経営する者がその事業の用に供する自動車のうち、次のいずれにも該当するものであつてその構造及び設備が高齢者、障害者等の移動等の円滑化の促進に関する法律第二条第一号に規定する高齢者、障害者等（次号において「高齢者、障害者等」という。）の移動上の利便性を特に向上させるものとして財務省令で定めるもの

イ　高齢者、障害者等の移動等の円滑化の促進に関する法律第三条第一項に規定する基本方針（次号イにおいて「基本方針」という。）に令和七年度までに導入する台数が目標として定められた自動車（同法第二条第八号に規定する自動車に限る。次号イにおいて同じ。）に該当するものであること。

ロ　高齢者、障害者等の移動等の円滑化の促進に関する法律第八条第一項に規定する公共交通移動等円滑化基準（次号ロにおいて「公共交通移動等円滑化基準」という。）で財務省令で定めるものに適合するものであること。

二　道路運送法第三条第一号ハに規定する一般乗用旅客自動車運送事業を経営する者がその事業の用に供する乗用自動車のうち、次のいずれにも該当するものであつてその構造及び設備が高齢者、障害者等の移動上の利便性を特に向上させるものとして財務省令で定めるもの

イ　基本方針に令和七年度までに導入する台数が目標として定められた自動車に該当するものであること。

ロ　公共交通移動等円滑化基準で財務省令で定めるものに適合するものであること。

ハ　高齢者、障害者等を含む全ての利用者の移動上の利便性を向上させる機能を有する構造及び設備が特に優れたものとして国土交通大臣が認めたものであること。

（側方衝突警報装置等を装備した貨物自動車等に係る自動車重量税率の特例）

第九十条の十四　車両総重量が八トンを超える貨物自動車（被牽（けん）引自動車を除く。次項及び第三項において同じ。）であつて、道路運送車両法第四十一条第一項の規定により令和四年五月一日以降に適用されるべきものとして定められた左側面への衝突に対する安全性の向上を図るための装置（以下この項及び次項において「側方衝突警報装置」という。）に係る保安上又は公害防止その他の環境保全上の技術基準で財務省令で定めるもの（次項において「側方衝突警報装置に係る保安基準」という。）及び同条第一項の規定により令和七年九

月一日以降に適用されるべきものとして定められた前方障害物との衝突に対する安全性の向上を図るための装置（以下この項及び第三項において「衝突被害軽減制動制御装置」という。）に係る保安上又は公害防止その他の環境保全上の技術基準で財務省令で定めるもの（第三項において「衝突被害軽減制動制御装置に係る保安基準」という。）のいずれにも適合する検査自動車（第九十条の十二第二項の規定の適用があるものを除く。）のうち、側方衝突警報装置及び衝突被害軽減制動制御装置を装備したものとして財務省令で定めるものについて令和五年五月一日から令和六年四月三十日までの間に初めて同法第六十条第一項又は第七十一条第四項の規定により自動車検査証の交付を受ける場合には、当該自動車検査証の交付に係る自動車重量税の税額は、自動車重量税法第七条第一項の規定及び第九十条の十一第一項の規定にかかわらず、同項（第九十条の十二第三項各号及び第四項各号に掲げる検査自動車にあつては、同法第七条第一項）の規定により計算した金額に百分の五十を乗じて計算した金額とする。

2　車両総重量が八トンを超える貨物自動車であつて、道路運送車両法第四十一条第一項の規定により令和四年五月一日以降に適用されるべきものとして定められた側方衝突警報装置に係る保安基準に適合する検査自動車（前項又は第九十条の十二第二項若しくは第三項の規定の適用があるものを除く。）のうち、側方衝突警報装置を装備したものとして財務省令で定めるものについて令和三年五月一日から令和六年四月三十日までの間に初めて同法第六十条第一項又は第七十一条第四項の規定により自動車検査証の交付を受ける場合には、当該自動車検査証の交付に係る自動車重量税の税額は、自動車重量税法第七条第一項の規定及び第九十条の十一第一項の規定にかかわらず、同項（第九十条の十二第四項各号に掲げる検査自動車にあつては、同法第七条第一項）の規定により計算した金額に百分の七十五を乗じて計算した金額とする。

3　専ら人の運送の用に供する自動車（財務省令で定めるものに限る。）又は車両総重量が三・五トンを超える貨物自動車であつて、道路運送車両法第四十一条第一項の規定により令和七年九月一日以降に適用されるべきものとして定められた衝突被害軽減制動制御装置に係る保安基準に適合する検査自動車（第一項又は第九十条の十二第二項若しくは第三項の規定の適用があるものを除く。）のうち、衝突被害軽減制動制御装置を装備したものとして財務省令で定めるものについて令和五年五月一日から令和八年四月三十日までの間に初めて同法第六十条第一項又は第七十一条第四項の規定により自動車検査証の交付を受ける場合には、当該自動車検査証の交付に係る自動車重量税の税額は、自動車重量税法第七条第一項の規定及び第九十条の十一第一項の規定にかかわらず、同項（第九十条の十二第四項各号に掲げる検査自動車にあつては、同法第七条第一項）の規定により計算した金額に百分の七十五を乗じて計算した金額とする。

4　国税通則法第百十九条第一項の規定は、前三項の規定により計算した金額に百円未満の端数があるときについて準用する。

（使用済自動車に係る自動車重量税の還付）

第九十条の十五　自動車検査証の交付等を受けた自動車のうち、自動車検査証の交付等を受ける際に当該自動車検査証に記録された有効期間の満了する日前に使用済自動車の再資源化等に関する法律（平成十四年法律第八十七号）第二条第十一項に規定する引取業者に引き渡された同条第二項に規定する使用済自動車（以下この条において「使用済自動車」という。）であつて、解体されたものとして政令で定めるものについては、当該自動車検査証の交付等を受ける際に納付された自動車重量税の額に相当する金額のうち政令で定めるところにより計算した金額を、当該使用済自動車を同法第八条の規定により当該引取業者に引き渡した者（以下この条において「使用済自動車の所有者」という。）に（当該使用済自動車の所有者が当該使用済自動車に係る自動車重量税の納税者でない場合にあつては、当該使用済自動車につき当該使用済自動車の所有者が当該自動車重量税を納付したものとみなして、当該使用済自動車の所有者に）還付する。

2　自動車検査証の交付等を受けた自動車（使用済自動車の再資源化等に関する法律第二条第一項に規定する自動車に限る。）のうち、自動車検査証の交付等を受けた際に当該自動車検査証に記録された有効期間の満了する日前に自然災害（被災者生活再建支援法第二条第一号に規定する政令で定める自然災害をいう。）を原因として滅失し、又は解体したものとして政令で定めるもの（以下この条において「被災自動車」という。）については、当該自動車検査証の交付等を受ける際に納付された自動車重量税の額に相当する金額のうち政令で定めるところにより計算した金額を、当該被災自動車の所有者に（当該被災自動車の所有者が当該被災自動車に係る自動車重量税の納税者でない場合にあつては、当該被災自動車につき当該被災自動車の所有者が当該自動車重量税を納付したものとみなして、当該被災自動車の所有者に）還付する。

3　前二項の規定は、災害被害者に対する租税の減免、徴収猶予等に関する法律第九条の規定の適用を受ける場合には、適用しない。

4　第一項又は第二項の規定による還付金の還付を受けようとする使用済自動車の所有者又は被災自動車の所有者は、政令で定める事項を記載した申請書を、政令で定めるところにより、国土交通大臣等（自動車重量税法第十条に規定する国土交通大臣等をいう。）を経由して、政令で定める場所の所轄税務署長に提出しなければならない。

5　第一項及び第二項の規定による還付金には、国税通則法の規定による還付加算金は、付さない。

○租税特別措置法施行令（抄）

（昭和三十二年三月三十一日政令第四十三号）

最終改正　令六政令二一三

第四章　登録免許税法の特例

（勧告等によつてする登記の税率の軽減）

第四十二条の五　法第七十九条の規定の適用を受けようとする者は、その登記を受ける事項が同条の規定に該当するものであることについて財務大臣の承認を受け、その登記の申請書に、当該登記を受ける事項が同条の規定に該当するものであることについて当該財務大臣の承認を受けたものである旨を証する書類で同条に規定する勧告又は指示の日の記載があるものを添付しなければならない。

第五章　消費税法等の特例

（貨物自動車の範囲）

第五十一条　法第九十条の十第二項に規定する政令で定める自動車は、その自動車検査証に最大積載量の記録がある自動車（同条第一項に規定する自動車をいう。次条、第五十一条の三及び第五十一条の五において同じ。）で、財務省令で定めるものとする。

（免税対象車等の範囲）

第五十一条の二　法第九十条の十一第一項に規定する政令で定める検査自動車は、次に掲げる自動車とする。

一　天然ガス自動車（法第九十条の十二第一項第二号に規定する天然ガス自動車をいう。次項第一号において同じ。）であつて、車両総重量（法第九十条の十第一項に規定する車両総重量をいう。以下この条において同じ。）が三・五トン以下のもののうち、平成二十一年天然ガス車基準に適合し、かつ、窒素酸化物の排出量が平成二十一年天然ガス車基準に定める窒素酸化物の値の十分の九を超えない自動車で財務省令で定めるもの

二　次に掲げる揮発油自動車（法第九十条の十二第一項第四号に規定する揮発油自動車をいう。次項第三号において同じ。）

イ　乗用自動車（法第九十条の十第一項に規定する乗用自動車をいう。ロ及び第四号イにおいて同じ。）（令和二年度基準エネルギー消費効率算定自動車であるものに限る。）のうち、次のいずれにも該当するもので財務省令で定めるもの

(1)　平成十七年揮発油軽中量車基準に適合し、かつ、窒素酸化物の排出量が平成十七年揮発油軽中量車基準に定める窒素酸化物の値の四分の一を超えないこと。

(2)　エネルギー消費効率（法第九十条の十二第一項第四号イ(2)に規定するエネルギー消費効率をいう。以下この条において同じ。）が令和二年度基準エネルギー消費効率（同号イ(2)に規定する令和二年度基準エネルギー消費効率をいう。以下この条において同じ。）に百分の百九を乗じて得た数値以上（令和七年四月三十日までの間は、令和二年度基準エネルギー消費効率以上）であること。

ロ　乗用自動車（平成二十二年度基準エネルギー消費効率算定自動車であるものに限る。）のうち、次のいずれにも該当するもので財務省令で定めるもの

(1)　平成十七年揮発油軽中量車基準に適合し、かつ、窒素酸化物の排出量が平成十七年揮発油軽中量車基準に定める窒素酸化物の値の四分の一を超えないこと。

(2)　エネルギー消費効率が平成二十二年度基準エネルギー消費効率に百分の百六十二（令和七年四月三十日までの間は、百分の百五十）を乗じて得た数値以上であること。

ハ　車両総重量が三・五トン以下の乗合自動車（法第九十条の十二第一項第四号ロに規定する乗合自動車をいう。第四号ロ及びニにおいて同じ。）のうち、次のいずれにも該当するもので財務省令で定めるもの

(1)　平成十七年揮発油軽中量車基準に適合し、かつ、窒素酸化物の排出量が平成十七年揮発油軽中量車基準に定める窒素酸化物の値の二分の一を超えないこと。

(2)　エネルギー消費効率が令和二年度基準エネルギー消費効率以上であること。

ニ　車両総重量が二・五トン以下の貨物自動車（法第九十条の十二第一項第四号ニに規定する貨物自動車をいう。以下この項において同じ。）（平成二十二年度基準エネルギー消費効率算定自動車であるものに限る。）のうち、次のいずれにも該当するもので財務省令で定めるもの

(1)　平成十七年揮発油軽中量車基準に適合し、かつ、窒素酸化物の排出量が平成十七年揮発油軽中量車基準に定める窒素酸化物の値の四分の一を超えないこと。

(2)　エネルギー消費効率が平成二十二年度基準エネルギー消費効率に百分の百三十九を乗じて得た数値以上であること。

ホ　車両総重量が三・五トン以下の貨物自動車（ニに掲げる自動車を除く。）のうち、次のいずれにも該当するもので財務省令で定めるもの

(1)　平成十七年揮発油軽中量車基準に適合し、かつ、窒素酸化物の排出量が平成十七年揮発油軽中量車基準に定める窒素酸化物の値の二分の一（車両総重量が二・五トン以下の自動車にあつては、四分の一）を超えないこと。

(2)　エネルギー消費効率が令和四年度基準エネルギー消費効率（法第九十条の十二第一項第四号ニ(2)に規定する令和四年度基準エネルギー消費効率をいう。第四号ハ(2)において同じ。）に百分の九十を乗じて得た数値以上であること。

三　石油ガス自動車（法第九十条の十二第一項第五号に規定する石油ガス自動車をいう。次項第六号において同じ。）（令和二年度基準エネルギー消費効率算定自動車であるものに限る。）のうち、次のいずれにも該当するもので財務省令で定めるもの

イ　平成十七年石油ガス軽中量車基準に適合し、かつ、窒素酸化物の排出量が平成十七年石油ガス軽中量車基準に定める窒素酸化物の値の四分の一を超えないこと。

ロ　エネルギー消費効率が令和二年度基準エネルギー消費

効率に百分の百九を乗じて得た数値以上（令和七年四月三十日までの間は、令和二年度基準エネルギー消費効率以上）であること。

四　次に掲げる軽油自動車（法第九十条の十二第一項第六号に規定する軽油自動車をいう。次項第七号及び第九号において同じ。）

イ　乗用自動車（令和二年度基準エネルギー消費効率算定自動車であるものに限る。）のうち、次のいずれにも該当するもので財務省令で定めるもの

(1)　平成二十二年軽油軽中量車基準に適合すること。

(2)　エネルギー消費効率が令和二年度基準エネルギー消費効率に百分の百九を乗じて得た数値以上（令和七年四月三十日までの間は、令和二年度基準エネルギー消費効率以上）であること。

ロ　車両総重量が三・五トン以下の乗合自動車のうち、次のいずれにも該当するもので財務省令で定めるもの

(1)　平成二十一年軽油軽中量車基準に適合すること。

(2)　エネルギー消費効率が令和二年度基準エネルギー消費効率以上であること。

ハ　車両総重量が二・五トンを超え三・五トン以下の貨物自動車のうち、次のいずれにも該当するもので財務省令で定めるもの

(1)　平成二十一年軽油軽中量車基準に適合すること。

(2)　エネルギー消費効率が令和四年度基準エネルギー消費効率に百分の九十を乗じて得た数値以上であること。

ニ　車両総重量が三・五トンを超える乗合自動車又は貨物自動車であって、平成二十七年度基準エネルギー消費効率算定自動車のうち、次のいずれにも該当するもので財務省令で定めるもの

(1)　法第九十条の十二第一項第六号ニ(1)に規定する平成二十八年軽油重量車基準に適合すること又は平成二十一年軽油重量車基準に適合し、かつ、窒素酸化物及び粒子状物質の排出量が平成二十一年軽油重量車基準に定める窒素酸化物及び粒子状物質の値の十分の九を超えないこと。

(2)　エネルギー消費効率が平成二十七年度基準エネルギー消費効率（法第九十条の十二第一項第六号ニ(2)に規定する平成二十七年度基準エネルギー消費効率をいう。次項第二号及び第八号において同じ。）に百分の百五を乗じて得た数値以上であること。

2　この条において、次の各号に掲げる用語の意義は、当該各号に定めるところによる。

一　平成二十一年天然ガス車基準　道路運送車両法（昭和二十六年法律第百八十五号）第四十一条第一項の規定により平成二十一年十月一日以降に適用されるべきものとして定められた天然ガス自動車に係る排出ガス保安基準（法第九十条の十二第一項第二号イに規定する排出ガス保安基準をいう。以下この項において同じ。）で財務省令で定めるものをいう。

二　令和二年度基準エネルギー消費効率算定自動車　令和十二年度基準算定法（法第九十条の十二第一項第四号イ(2)に規定する令和十二年度基準エネルギー消費効率を算定する方法として財務省令で定める方法をいう。第四号において同じ。）によりエネルギー消費効率を算定していない自動車であって令和二年度基準算定法（令和二年度基準エネルギー消費効率及び平成二十七年度基準エネルギー消費効率を算定する方法として財務省令で定める方法をいう。同号において同じ。）によりエネルギー消費効率を算定しているものをいう。

三　平成十七年揮発油軽中量車基準　道路運送車両法第四十一条第一項の規定により平成十七年十月一日以降に適用されるべきものとして定められた揮発油自動車に係る排出ガス保安基準で財務省令で定めるものをいう。

四　平成二十二年度基準エネルギー消費効率算定自動車　令和十二年度基準算定法及び令和二年度基準算定法によりエネルギー消費効率を算定していない自動車であって平成二十二年度基準エネルギー消費効率を算定する方法として財務省令で定める方法によりエネルギー消費効率を算定しているものをいう。

五　平成二十二年度基準エネルギー消費効率　法第九十条の十二第一項第四号イ(2)に規定する基準エネルギー消費効率であって平成二十二年度以降の各年度において適用されるべきものとして定められたものをいう。

六　平成十七年石油ガス軽中量車基準　道路運送車両法第四十一条第一項の規定により平成十七年十月一日以降に適用されるべきものとして定められた石油ガス自動車に係る排出ガス保安基準で財務省令で定めるものをいう。

七　平成二十一年軽油軽中量車基準　道路運送車両法第四十一条第一項の規定により平成二十一年十月一日以降に適用されるべきものとして定められた軽油自動車に係る排出ガス保安基準で財務省令で定めるものをいう。

八　平成二十七年度基準エネルギー消費効率算定自動車　法第九十条の十二第一項第六号ニ(2)に規定する令和七年度基準エネルギー消費効率を算定する方法として財務省令で定める方法によりエネルギー消費効率を算定していない自動車であって平成二十七年度基準エネルギー消費効率を算定する方法として財務省令で定める方法によりエネルギー消費効率を算定しているものをいう。

九　平成二十一年軽油重量車基準　道路運送車両法第四十一条第一項の規定により平成二十一年十月一日（車両総重量が十二トン以下の自動車にあっては、平成二十二年十月一日）以降に適用されるべきものとして定められた軽油自動車に係る排出ガス保安基準で財務省令で定めるものをいう。

（特定の検査自動車の範囲等）

第五十一条の三　法第九十条の十一の二第一項並びに第九十条の十一の三第一項及び第二項に規定する政令で定める検査自動車は、道路運送車両法第六十条第一項後段の規定による車両番号の指定を受けた軽自動車（以下この条において「軽自動車」という。）及び特定自動車（同法第六十二条に規定する継続検査（自動車検査証の有効期間の満了する日の二月前の日から当該満了する日の前日までの間に受けるものに限る。）の結果、返付を受ける自動車検査証の有効期間の起算日が従前の有効期間の満了する日の翌日とされる自動車で財務省令で定めるものをいう。次項及び第三項において同じ。）で軽自動車以外のものとする。

2　法第九十条の十一の二第一項に規定する政令で定める月

は、次の各号に掲げる自動車の区分に応じ、当該各号に定める月とする。

一　軽自動車　初めて道路運送車両法第六十条第一項後段の規定による車両番号の指定を受けた日の属する年から起算して十八年を経過した年の十二月（特定自動車に該当するものにあつては、十一月）

二　特定自動車（軽自動車に該当するものを除く。）　初めて道路運送車両法第七条第一項の規定による登録を受けた日の属する月から起算して十八年を経過する月の前月

3　法第九十条の十一の三第一項及び第二項に規定する政令で定める月は、次の各号に掲げる自動車の区分に応じ、当該各号に定める月とする。

一　軽自動車　初めて道路運送車両法第六十条第一項後段の規定による車両番号の指定を受けた日の属する年から起算して十三年を経過した年の十二月（特定自動車に該当するものにあつては、十一月）

二　特定自動車（軽自動車に該当するものを除く。）　初めて道路運送車両法第七条第一項の規定による登録を受けた日の属する月から起算して十三年を経過する月の前月

（自動車重量税の納付の事実の確認等の特例）

第五十一条の四　法第九十条の十二の二第三項の規定の適用がある場合における自動車重量税法（昭和四十六年法律第八十九号）の規定の適用については、同法第六条第二項第四号中「政令で定める場所」とあるのは「主たるものの所在地」と、同項第五号中「政令で定める」とあるのは「麹町税務署の管轄区域内の」と、同法第十四条第一項中「同項に規定する納付していない」とあるのは「租税特別措置法（昭和三十二年法律第二十六号）第九十条の十二の二第三項後段（自動車重量税の納付の事実の確認等の特例）の規定により課する」とする。

2　前項に定めるもののほか、法第九十条の十二の二第一項から第三項までの規定の適用に関し必要な事項は、財務省令で定める。

（使用済自動車に係る自動車重量税の還付の申請等）

第五十一条の五　法第九十条の十五第一項に規定する解体されたものとして政令で定めるものは、次の各号に掲げる自動車の区分に応じ、当該各号に定める手続がされたものとする。

一　道路運送車両法第四条に規定する登録を受けたもの　同法第十五条に規定する永久抹消登録（以下この条において「永久抹消登録」という。）のうち解体を事由とするもの又は同法第十六条第二項の規定による届出（以下この条において「登録自動車の届出」という。）のうち解体を事由とするもの

二　前号に掲げる自動車以外のもの　道路運送車両法第六十九条の二第一項の規定による届出（以下この条において「検査対象軽自動車の届出」という。）のうち解体を事由とするもの

2　法第九十条の十五第二項に規定する滅失し、又は解体したものとして政令で定めるものは、次の各号に掲げる自動車の区分に応じ、当該各号に定める手続がされたものとする。

一　道路運送車両法第四条に規定する登録を受けたもの　永久抹消登録のうち滅失若しくは解体を事由とするもの又は登録自動車の届出のうち滅失若しくは解体を事由とするもの

二　前号に掲げる自動車以外のもの　検査対象軽自動車の届出のうち滅失又は解体を事由とするもの

3　法第九十条の十五第一項及び第二項に規定する政令で定めるところにより計算した金額は、次の各号に掲げる場合の区分に応じ、当該各号に定める金額とする。

一　次号に掲げる場合以外の場合　自動車検査証の交付又は返付を受ける際に納付された自動車重量税の額に相当する金額を自動車検査証の有効期間の月数で除し、これに確定日から当該自動車検査証に記録された有効期間の満了する日までの月数を乗じて計算した金額（法第九十条の十五第一項に規定する使用済自動車（以下この条において「使用済自動車」という。）又は法第九十条の十五第二項に規定する被災自動車（以下この条において「被災自動車」という。）が第五十一条の三第一項に規定する継続検査を受けた同項に規定する特定自動車であり、かつ、確定日が新自動車検査証（当該継続検査の結果、返付を受ける自動車検査証をいう。以下この号において同じ。）の返付の日から旧自動車検査証（当該返付を受ける前の自動車検査証をいう。以下この号において同じ。）の有効期間の満了する日の一月前の日までの間の日である場合には、旧自動車検査証の交付又は返付の際に納付された自動車重量税の額に相当する金額を旧自動車検査証の有効期間の月数で除して計算した金額及び新自動車検査証の返付の際に納付された自動車重量税の額に相当する金額の合計額）

二　使用済自動車又は被災自動車に係る自動車重量税の額につき、既に、法第九十条の十五の規定の適用により還付された金額がある場合又は同条第四項の規定による申請書を提出し還付を受けようとしている場合　前号の規定により計算した金額から当該還付された金額又は当該還付を受けようとする金額を控除した金額

4　前項に規定する確定日とは、次の各号に掲げる場合の区分に応じ、当該各号に定める日をいう。

一　使用済自動車に係る永久抹消登録を受けた場合　当該永久抹消登録を受けた日

二　使用済自動車に係る登録自動車の届出を行つた場合　道路運送車両法第十六条第一項の申請（同法第十五条の二第五項の規定により申請があつたものとみなされる場合を含む。）に基づき一時抹消登録を受けた日又は使用済自動車の再資源化等に関する法律（平成十四年法律第八十七号）第八十一条第一項の規定により当該使用済自動車を引き取つたことが同法第二条第十一項に規定する引取業者から同法第百十四条に規定する情報管理センターに報告されたことについて国土交通大臣が報告を受けた日（次号において「報告受領日」という。）のいずれか遅い日

三　使用済自動車に係る検査対象軽自動車の届出を行つた場合　自動車検査証を国土交通大臣等（国土交通大臣若しくはその権限の委任を受けた地方運輸局長、運輸監理部長若しくは運輸支局長又は道路運送車両法第五章の二の規定により設立された軽自動車検査協会（第九項第五号において「協会」という。）をいう。第七項及び第八項において同じ。）に返納した日又は報告受領日のいずれか遅い日

四　被災自動車に係る永久抹消登録を受けた場合又は被災自動車に係る登録自動車の届出若しくは検査対象軽自動車の届出を行つた場合　これらの被災自動車に係る自然災害

（法第九十条の十五第二項に規定する自然災害をいう。第八項において同じ。）の発生した日

5　第三項第一号の月数は、暦に従つて計算し、一月に満たない端数を生じたときは、これを切り捨てる。

6　法第九十条の十五第四項に規定する政令で定める事項は、次に掲げる事項とする。

一　申請者の住所、氏名又は名称及び個人番号又は法人番号（個人番号又は法人番号を有しない者にあつては、住所及び氏名又は名称）

二　使用済自動車又は被災自動車の自動車登録番号又は車両番号及び車台番号

三　還付を受けようとする金額

四　その他参考となるべき事項

7　法第九十条の十五第一項の規定による還付金の還付を受けようとする使用済自動車の所有者（同項に規定する使用済自動車の所有者をいう。第九項において同じ。）は、永久抹消登録の申請、登録自動車の届出又は検査対象軽自動車の届出と同時に、前項に掲げる事項を記載した申請書を、国土交通大臣等に対し経由のため提出しなければならない。ただし、やむを得ない事情がある場合には、同時に提出することを要しない。

8　法第九十条の十五第二項の規定による還付金の還付を受けようとする被災自動車の所有者は、当該被災自動車に係る自然災害の発生した日から同日以後五年を経過する日までの間に、永久抹消登録の申請、登録自動車の届出又は検査対象軽自動車の届出と同時に、第六項に掲げる事項を記載した申請書を、国土交通大臣等に対し経由のため提出しなければならない。ただし、やむを得ない事情がある場合には、同時に提出することを要しない。

9　法第九十条の十五第四項に規定する政令で定める場所は、使用済自動車の所有者又は被災自動車の所有者が次の各号に掲げる場合のいずれに該当するかに応じ当該各号に定める場所とする。

一　自動車重量税法の施行地（以下この条において「国内」という。）に住所を有する個人である場合　その住所地

二　国内に住所を有せず居所を有する個人である場合　その居所地

三　国内に本店又は主たる事務所を有する法人である場合　その本店又は主たる事務所の所在地

四　前三号に掲げる場合を除き、国内に事務所、営業所その他これらに準ずるものを有する者である場合　その事務所、営業所その他これらに準ずるものの所在地（これらが二以上ある場合には、主たるものの所在地）

五　前各号に掲げる場合以外の場合　当該使用済自動車又は当該被災自動車に係る永久抹消登録、登録自動車の届出又は検査対象軽自動車の届出の事務をつかさどる官公署又は協会の所在地

○租税特別措置法施行規則（抄）

（昭和三十二年三月三十一日大蔵省令第十五号）

最終改正　令六財令四六

第六章　消費税法等の特例

（貨物自動車の範囲）

第四十条　施行令第五十一条に規定する財務省令で定める自動車は、自動車登録規則別表第二の自動車の範囲欄の1及び4に掲げる貨物の運送の用に供する普通自動車又は小型自動車に該当する自動車（法第九十条の十第一項に規定する自動車をいう。次条から第四十条の四まで、第四十条の六及び第四十条の七において同じ。）とする。

（免税対象車等の範囲）

第四十条の二　施行令第五十一条の二第一項第一号に規定する窒素酸化物の排出量が平成二十一年天然ガス車基準に定める窒素酸化物の値の十分の九を超えない自動車で財務省令で定めるものは、窒素酸化物の排出量が道路運送車両の保安基準の細目を定める告示及び道路運送車両の保安基準第二章及び第三章の規定の適用関係の整理のため必要な事項を定める告示の一部を改正する告示（平成三十年国土交通省告示第五百二十八号）による改正前の道路運送車両の保安基準の細目を定める告示（平成十四年国土交通省告示第六百十九号。以下この条において「旧細目告示」という。）第四十一条第一項第十一号イの表の左欄に掲げる自動車の種別に応じ、同表の窒素酸化物の欄に掲げる値の十分の九を超えない自動車で、かつ、低排出ガス車認定実施要領（平成十二年運輸省告示第百三号）第五条の規定による認定（以下この条、第四十条の四及び第四十条の五第一項において「低排出ガス車認定」という。）を受けたものとする。

2　施行令第五十一条の二第一項第二号イに規定する乗用自動車で財務省令で定めるものは、次の各号に掲げる要件に該当する自動車とする。

一　窒素酸化物の排出量が旧細目告示第四十一条第一項第三号イの表の(1)の窒素酸化物の欄に掲げる値の四分の一を超えない自動車で、かつ、低排出ガス車認定を受けたものであること。

二　自動車の燃費性能の評価及び公表に関する実施要領（平成十六年国土交通省告示第六十一号。以下この条、第四十条の四及び第四十条の五第一項において「燃費評価実施要領」という。）第四条の二に規定する令和二年度燃費基準達成・向上達成レベル（以下この条及び第四十条の四において「令和二年度燃費基準達成レベル」という。）が百九（令和七年四月三十日までの間は、百）以上であること並びに当該自動車に係る自動車検査証においてその旨及び第十三項に定める方法により当該自動車のエネルギー消費効率（法第九十条の十二第一項第四号イ(2)に規定するエネルギー消費効率をいう。以下この条及び第四十条の四第九項において同じ。）が算定されていないことが明らかにされていること。

3　施行令第五十一条の二第一項第二号ロに規定する乗用自動車で財務省令で定めるものは、次の各号に掲げる要件に該当する自動車とする。

一　窒素酸化物の排出量が旧細目告示第四十一条第一項第三号イの表の(1)の窒素酸化物の欄に掲げる値の四分の一を超えない自動車で、かつ、低排出ガス車認定を受けたものであること。

二　燃費評価実施要領第三条に規定する十・十五モード燃費値が同条第一号に規定する平成二十二年度基準エネルギー消費効率に百分の百六十二（令和七年四月三十日までの間は、百分の百五十）を乗じて得た数値以上であること並びに当該自動車に係る自動車検査証においてその旨並びに第十三項及び第十四項に定める方法により当該自動車のエネルギー消費効率が算定されていないことが明らかにされていること。

4　施行令第五十一条の二第一項第二号ハに規定する車両総重量が三・五トン以下の乗合自動車で財務省令で定めるものは、次の各号に掲げる要件に該当する自動車とする。

一　窒素酸化物の排出量が旧細目告示第四十一条第一項第三号イの表の(2)から(4)までに掲げる自動車の種別に応じ、同表の窒素酸化物の欄に掲げる値の二分の一を超えない自動車で、かつ、低排出ガス車認定を受けたものであること。

二　令和二年度燃費基準達成レベルが百以上であること及び当該自動車に係る自動車検査証においてその旨が明らかにされていること。

5　施行令第五十一条の二第一項第二号ニに規定する車両総重量が二・五トン以下の貨物自動車で財務省令で定めるものは、次の各号に掲げる要件に該当する自動車とする。

一　窒素酸化物の排出量が旧細目告示第四十一条第一項第三号イの表の(2)から(4)までに掲げる自動車の種別に応じ、同表の窒素酸化物の欄に掲げる値の四分の一を超えない自動車で、かつ、低排出ガス車認定を受けたものであること。

二　燃費評価実施要領第三条に規定する十・十五モード燃費値が同条第一号に規定する平成二十二年度基準エネルギー消費効率に百分の百三十九を乗じて得た数値以上であること並びに当該自動車に係る自動車検査証においてその旨並びに第十三項及び第十四項に定める方法により当該自動車のエネルギー消費効率が算定されていないことが明らかにされていること。

6　施行令第五十一条の二第一項第二号ホに規定する車両総重量が三・五トン以下の貨物自動車で財務省令で定めるものは、次の各号に掲げる要件に該当する自動車とする。

一　窒素酸化物の排出量が旧細目告示第四十一条第一項第三号イの表の(2)から(4)までに掲げる自動車の種別に応じ、同表の窒素酸化物の欄に掲げる値の二分の一（車両総重量（法第九十条の十第一項に規定する車両総重量をいう。第四十条の四において同じ。）が二・五トン以下の自動車にあっては、四分の一）を超えない自動車で、かつ、低排出ガス車認定を受けたものであること。

二　燃費評価実施要領第四条の三に規定する令和四年度燃費基準達成・向上達成レベル（第十項及び第四十条の四において「令和四年度燃費基準達成レベル」という。）が九十以上であること及び当該自動車に係る自動車検査証においてその旨が明らかにされていること。

7　施行令第五十一条の二第一項第三号に規定する石油ガス自動車で財務省令で定めるものは、次の各号に掲げる要件に該当する自動車とする。

一　窒素酸化物の排出量が旧細目告示第四十一条第一項第三号イの表の(1)の窒素酸化物の欄に掲げる値の四分の一を超えない自動車で、かつ、低排出ガス車認定を受けたものであること。

二　令和二年度燃費基準達成レベルが百九（令和七年四月三十日までの間は、百）以上であること並びに当該自動車に係る自動車検査証においてその旨及び第十三項に定める方法により当該自動車のエネルギー消費効率が算定されていないことが明らかにされていること。

8　施行令第五十一条の二第一項第四号イに規定する乗用自動車で財務省令で定めるものは、令和二年度燃費基準達成レベルが百九（令和七年四月三十日までの間は、百）以上である自動車で当該自動車に係る自動車検査証においてその旨及び第十三項に定める方法により当該自動車のエネルギー消費効率が算定されていないことが明らかにされているものとする。

9　施行令第五十一条の二第一項第四号ロに規定する車両総重量が三・五トン以下の乗合自動車で財務省令で定めるものは、令和二年度燃費基準達成レベルが百以上である自動車で当該自動車に係る自動車検査証においてその旨が明らかにされているものとする。

10　施行令第五十一条の二第一項第四号ハに規定する車両総重量が二・五トンを超え三・五トン以下の貨物自動車で財務省令で定めるものは、令和四年度燃費基準達成レベルが九十以上である自動車で当該自動車に係る自動車検査証においてその旨が明らかにされているものとする。

11　施行令第五十一条の二第一項第四号ニに規定する車両総重量が三・五トンを超える乗合自動車又は貨物自動車で財務省令で定めるものは、次の各号に掲げる要件（法第九十条の十二第一項第六号ニ(1)に規定する平成二十八年軽油重量車基準に適合する自動車にあつては、第一号に掲げる要件を除く。）に該当する自動車とする。

一　窒素酸化物及び粒子状物質の排出量が道路運送車両の保安基準第二章及び第三章の規定の適用関係の整理のため必要な事項を定める告示（平成十五年国土交通省告示第千三百十八号。以下この条において「適用関係告示」という。）第二十八条第百六十四項第一号に定める窒素酸化物及び粒子状物質の値の十分の九を超えない自動車で、かつ、低排出ガス車認定を受けたものであること。

二　燃費評価実施要領第四条に規定する平成二十七年度燃費基準達成・向上達成レベル（第四十条の四において「平成二十七年度燃費基準達成レベル」という。）が百五以上であること並びに当該自動車に係る自動車検査証においてその旨及び第十九項に定める方法により当該自動車のエネルギー消費効率が算定されていないことが明らかにされていること。

12　施行令第五十一条の二第二項第一号に規定する平成二十一年十月一日以降に適用されるべきものとして定められた天然ガス自動車に係る排出ガス保安基準で財務省令で定めるものは、旧細目告示第四十一条第一項第十一号イの基準又は適用関係告示第二十八条第百三十三項の基準とする。

13　施行令第五十一条の二第二項第二号に規定する令和十二年度基準エネルギー消費効率を算定する方法として財務省令で定める方法は、自動車のエネルギー消費効率の算定等に関する省令に規定する国土交通大臣が告示で定める方法（平成十八年国土交通省告示第三百五十号。以下この条において「エネルギー消費効率算定告示」という。）第一条第一項第三号に掲げる方法とする。

14　施行令第五十一条の二第二項第二号に規定する令和二年度基準エネルギー消費効率及び平成二十七年度基準エネルギー消費効率を算定する方法として財務省令で定める方法は、エネルギー消費効率算定告示第一条第一項第二号に掲げる方法とする。

15　施行令第五十一条の二第二項第三号に規定する平成十七年十月一日以降に適用されるべきものとして定められた揮発油自動車に係る排出ガス保安基準で財務省令で定めるものは、旧細目告示第四十一条第一項第三号イ（粒子状物質に係る部分を除く。）の基準又は適用関係告示第二十八条第百八項の基準とする。

16　施行令第五十一条の二第二項第四号に規定する平成二十二年度基準エネルギー消費効率を算定する方法として財務省令で定める方法は、エネルギー消費効率算定告示第一条第一項第一号に掲げる方法とする。

17　施行令第五十一条の二第二項第六号に規定する平成十七年十月一日以降に適用されるべきものとして定められた石油ガス自動車に係る排出ガス保安基準で財務省令で定めるものは、第十五項に定める基準とする。

18　施行令第五十一条の二第二項第七号に規定する平成二十一年十月一日以降に適用されるべきものとして定められた軽油自動車に係る排出ガス保安基準で財務省令で定めるものは、旧細目告示第四十一条第一項第七号イの基準とする。

19　施行令第五十一条の二第二項第八号に規定する令和七年度基準エネルギー消費効率を算定する方法として財務省令で定める方法は、エネルギー消費効率算定告示第二条第二号に掲げる方法とする。

20　施行令第五十一条の二第二項第八号に規定する平成二十七年度基準エネルギー消費効率を算定する方法として財務省令で定める方法は、エネルギー消費効率算定告示第二条第一号に掲げる方法とする。

21　施行令第五十一条の二第二項第九号に規定する平成二十一年十月一日（車両総重量が十二トン以下の自動車にあつては、平成二十二年十月一日）以降に適用されるべきものとして定められた軽油自動車に係る排出ガス保安基準で財務省令で定めるものは、適用関係告示第二十八条第百六十四項第一号の基準とする。

（特定自動車の範囲）

第四十条の三　施行令第五十一条の三第一項に規定する財務省令で定める自動車は、道路運送車両法施行規則第四十四条第一項ただし書に規定する離島に使用の本拠の位置を有する自動車とする。

（専ら可燃性天然ガスを内燃機関の燃料として用いる自動車の範囲等）

第四十条の四　法第九十条の十二第一項第二号に規定する専ら可燃性天然ガスを内燃機関の燃料として用いる自動車で財務省令で定めるものは、内燃機関の燃料として可燃性天然ガスを用いる自動車で当該自動車に係る自動車検査証において当該自動車の燃料が可燃性天然ガスであることが明らかにされているもの（可燃性天然ガス以外の燃料を用いることが併せて明らかにされているものを除く。）とする。

2　法第九十条の十二第一項第二号イに規定する平成三十年十月一日以降に適用されるべきものとして定められた自動車排出ガスに係る保安上又は公害防止その他の環境保全上の技術基準で財務省令で定めるものは、道路運送車両の保安基準の細目を定める告示（以下この条及び第四十条の七において「細目告示」という。）第四十一条第一項第十一号の基準とする。

3　法第九十条の十二第一項第二号ロに規定する平成二十一年十月一日（車両総重量が三・五トンを超え十二トン以下のものにあっては、平成二十二年十月一日）以降に適用されるべきものとして定められた排出ガス保安基準で財務省令で定めるものは、細目告示第四十一条第一項第九号の基準とする。

4　法第九十条の十二第一項第二号ロに規定する窒素酸化物の排出量が平成二十一年天然ガス車基準に定める窒素酸化物の値の十分の九を超えない自動車で財務省令で定めるものは、窒素酸化物の排出量が細目告示第四十一条第一項第九号に定める窒素酸化物の値の十分の九を超えない自動車で、かつ、低排出ガス車認定を受けたものとする。

5　法第九十条の十二第一項第三号に規定する財務省令で定める動力源は、電気及び蓄圧器に蓄えられた圧力とする。

6　法第九十条の十二第一項第三号に規定する動力源として用いる電気を外部から充電する機能を備えている電力併用自動車で財務省令で定めるものは、当該電力併用自動車に係る自動車検査証において当該電力併用自動車がプラグインハイブリッド自動車であることが明らかにされている自動車とする。

7　法第九十条の十二第一項第四号イに規定する乗用自動車で財務省令で定めるものは、次の各号に掲げる要件に該当する自動車とする。

一　窒素酸化物の排出量が細目告示第四十一条第一項第三号イの表の(1)の窒素酸化物の欄に掲げる値の二分の一を超えない自動車で、かつ、低排出ガス車認定を受けたものであること。

二　燃費評価実施要領第四条の五に規定する令和十二年度燃費基準達成・向上達成レベル（以下この条において「令和十二年度燃費基準達成レベル」という。）が百（令和七年四月三十日までの間は、九十）以上であり、かつ、令和二年度燃費基準達成レベルが百以上であること及び当該自動車に係る自動車検査証においてその旨が明らかにされていること。

8　法第九十条の十二第一項第四号イ(1)に規定する平成三十年十月一日以降に適用されるべきものとして定められた排出ガス保安基準で財務省令で定めるものは、細目告示第四十一条第一項第三号イ（粒子状物質に係る部分を除く。）の基準とする。

9　法第九十条の十二第一項第四号イ(2)に規定する財務省令で定めるエネルギー消費効率は、次の各号に掲げる自動車の区分に応じ、当該各号に定めるエネルギー消費効率とする。

一　エネルギーの使用の合理化及び非化石エネルギーへの転換等に関する法律施行令（昭和五十四年政令第二百六十七号）第十八条第一号に掲げる乗用自動車　乗用自動車のエネルギー消費性能の向上に関するエネルギー消費機器等製造事業者等の判断の基準等（平成二十五年経済産業省・国土交通省告示第二号）に定める基準エネルギー消費効率

二　エネルギーの使用の合理化及び非化石エネルギーへの転換等に関する法律施行令第十八条第八号に掲げる貨物自動車　貨物自動車のエネルギー消費性能の向上に関するエネルギー消費機器等製造事業者等の判断の基準等（平成二十七年経済産業省・国土交通省告示第一号）に定める基準エネルギー消費効率

10　法第九十条の十二第一項第四号ロに規定する車両総重量が三・五トン以下の乗合自動車で財務省令で定めるものは、次の各号に掲げる要件に該当する自動車とする。

一　窒素酸化物の排出量が細目告示第四十一条第一項第三号イの表の(2)から(4)までに掲げる自動車の種別に応じ、同表の窒素酸化物の欄に掲げる値の二分の一を超えない自動車で、かつ、低排出ガス車認定を受けたものであること。

二　令和二年度燃費基準達成レベルが百五以上であること及び当該自動車に係る自動車検査証においてその旨が明らかにされていること。

11　法第九十条の十二第一項第四号ハに規定する車両総重量が三・五トン以下の乗合自動車で財務省令で定めるものは、次の各号に掲げる要件に該当する自動車とする。

一　窒素酸化物の排出量が細目告示第四十一条第一項第三号イの表の(2)から(4)までに掲げる自動車の種別に応じ、同表の窒素酸化物の欄に掲げる値の四分の三を超えない自動車で、かつ、低排出ガス車認定を受けたものであること。

二　令和二年度燃費基準達成レベルが百十以上であること及び当該自動車に係る自動車検査証においてその旨が明らかにされていること。

12　法第九十条の十二第一項第四号ニに規定する車両総重量が三・五トン以下の貨物自動車で財務省令で定めるものは、次の各号に掲げる要件に該当する自動車とする。

一　窒素酸化物の排出量が細目告示第四十一条第一項第三号イの表の(2)から(4)までに掲げる自動車の種別に応じ、同表の窒素酸化物の欄に掲げる値の二分の一を超えない自動車で、かつ、低排出ガス車認定を受けたものであること。

二　令和四年度燃費基準達成レベルが百（車両総重量が二・五トン以下の自動車にあっては、百五）以上であること及び当該自動車に係る自動車検査証においてその旨が明らかにされていること。

13　法第九十条の十二第一項第五号に規定する石油ガス自動車で財務省令で定めるものは、次の各号に掲げる要件に該当する自動車とする。

一　窒素酸化物の排出量が細目告示第四十一条第一項第三号イの表の(1)の窒素酸化物の欄に掲げる値の二分の一を超えない自動車で、かつ、低排出ガス車認定を受けたものであること。

二　令和十二年度燃費基準達成レベルが百（令和七年四月三十日までの間は、九十）以上であり、かつ、令和二年度燃費基準達成レベルが百以上であること及び当該自動車に係る自動車検査証においてその旨が明らかにされていること。

14　法第九十条の十二第一項第五号イに規定する平成三十年十

月一日以降に適用されるべきものとして定められた排出ガス保安基準で財務省令で定めるものは、第八項に定める基準とする。

15　法第九十条の十二第一項第六号イに規定する乗用自動車で財務省令で定めるものは、令和十二年度燃費基準達成レベルが百（令和七年四月三十日までの間は、九十）以上であり、かつ、令和二年度燃費基準達成レベルが百以上である自動車で当該自動車に係る自動車検査証においてその旨が明らかにされているものとする。

16　法第九十条の十二第一項第六号イ(1)に規定する平成三十年十月一日以降に適用されるべきものとして定められた排出ガス保安基準で財務省令で定めるものは、細目告示第四十一条第一項第七号イ及びロの基準とする。

17　法第九十条の十二第一項第六号ロに規定する車両総重量が三・五トン以下の乗合自動車で財務省令で定めるものは、令和二年度燃費基準達成レベルが百五以上である自動車で当該自動車に係る自動車検査証においてその旨が明らかにされているものとする。

18　法第九十条の十二第一項第六号ハに規定する車両総重量が二・五トンを超え三・五トン以下の貨物自動車で財務省令で定めるものは、令和四年度燃費基準達成レベルが百以上である自動車で当該自動車に係る自動車検査証においてその旨が明らかにされているものとする。

19　法第九十条の十二第一項第六号ニに規定する車両総重量が三・五トンを超える乗合自動車又は貨物自動車で財務省令で定めるものは、燃費評価実施要領第四条の四に規定する令和七年度燃費基準達成・向上達成レベル（第三十四項において「令和七年度燃費基準達成レベル」という。）が百（令和七年四月三十日までの間は、平成二十七年度燃費基準達成レベルが百十五）以上である自動車で当該自動車に係る自動車検査証においてその旨が明らかにされているものとする。

20　法第九十条の十二第一項第六号ニ(1)に規定する平成二十八年十月一日以降に適用されるべきものとして定められた排出ガス保安基準で財務省令で定めるものは、細目告示第四十一条第一項第五号の基準とする。

21　法第九十条の十二第二項第一号イに規定する車両総重量が三・五トン以下の乗合自動車で財務省令で定めるものは、次の各号に掲げる要件に該当する自動車とする。

一　窒素酸化物の排出量が細目告示第四十一条第一項第三号イの表の(2)から(4)までに掲げる自動車の種別に応じ、同表の窒素酸化物の欄に掲げる値の二分の一を超えない自動車で、かつ、低排出ガス車認定を受けたものであること。

二　令和二年度燃費基準達成レベルが百以上百五未満であること及び当該自動車に係る自動車検査証においてその旨が明らかにされていること。

22　法第九十条の十二第二項第一号ロに規定する車両総重量が三・五トン以下の乗合自動車で財務省令で定めるものは、次の各号に掲げる要件に該当する自動車とする。

一　窒素酸化物の排出量が細目告示第四十一条第一項第三号イの表の(2)から(4)までに掲げる自動車の種別に応じ、同表の窒素酸化物の欄に掲げる値の四分の三を超えない自動車で、かつ、低排出ガス車認定を受けたものであること。

二　令和二年度燃費基準達成レベルが百五以上百十未満であること及び当該自動車に係る自動車検査証においてその旨が明らかにされていること。

23　法第九十条の十二第二項第一号ハに規定する車両総重量が三・五トン以下の貨物自動車で財務省令で定めるものは、次の各号に掲げる要件に該当する自動車とする。

一　窒素酸化物の排出量が細目告示第四十一条第一項第三号イの表の(2)から(4)までに掲げる自動車の種別に応じ、同表の窒素酸化物の欄に掲げる値の二分の一を超えない自動車で、かつ、低排出ガス車認定を受けたものであること。

二　令和四年度燃費基準達成レベルが九十五以上百未満（車両総重量が二・五トン以下の自動車にあつては、百以上百五未満）であること及び当該自動車に係る自動車検査証においてその旨が明らかにされていること。

24　法第九十条の十二第二項第一号ニに規定する車両総重量が二・五トンを超え三・五トン以下の貨物自動車で財務省令で定めるものは、次の各号に掲げる要件に該当する自動車とする。

一　窒素酸化物の排出量が細目告示第四十一条第一項第三号イの表の(3)の窒素酸化物の欄に掲げる値の四分の三を超えない自動車で、かつ、低排出ガス車認定を受けたものであること。

二　令和四年度燃費基準達成レベルが百以上であること及び当該自動車に係る自動車検査証においてその旨が明らかにされていること。

25　法第九十条の十二第二項第二号イに規定する車両総重量が三・五トン以下の乗合自動車で財務省令で定めるものは、令和二年度燃費基準達成レベルが百以上百五未満である自動車で当該自動車に係る自動車検査証においてその旨が明らかにされているものとする。

26　法第九十条の十二第二項第二号ロに規定する車両総重量が二・五トンを超え三・五トン以下の貨物自動車で財務省令で定めるものは、令和四年度燃費基準達成レベルが九十五以上百未満である自動車で当該自動車に係る自動車検査証においてその旨が明らかにされているものとする。

27　法第九十条の十二第三項第一号イに規定する乗用自動車で財務省令で定めるものは、次の各号に掲げる要件に該当する自動車とする。

一　窒素酸化物の排出量が細目告示第四十一条第一項第三号イの表の(1)の窒素酸化物の欄に掲げる値の二分の一を超えない自動車で、かつ、低排出ガス車認定を受けたものであること。

二　令和十二年度燃費基準達成レベルが九十以上百未満（令和七年四月三十日までの間は、八十以上九十未満）であり、かつ、令和二年度燃費基準達成レベルが百以上であること及び当該自動車に係る自動車検査証においてその旨が明らかにされていること。

28　法第九十条の十二第三項第一号ロに規定する車両総重量が三・五トン以下の乗合自動車で財務省令で定めるものは、次の各号に掲げる要件に該当する自動車とする。

一　窒素酸化物の排出量が細目告示第四十一条第一項第三号イの表の(2)から(4)までに掲げる自動車の種別に応じ、同表の窒素酸化物の欄に掲げる値の四分の三を超えない自動車で、かつ、低排出ガス車認定を受けたものであること。

二　令和二年度燃費基準達成レベルが百以上百五未満であること及び当該自動車に係る自動車検査証においてその旨が

明らかにされていること。

29 法第九十条の十二第三項第一号ハに規定する車両総重量が三・五トン以下の貨物自動車で財務省令で定めるものは、次の各号に掲げる要件に該当する自動車とする。

一 窒素酸化物の排出量が細目告示第四十一条第一項第三号イの表の(2)から(4)までに掲げる自動車の種別に応じ、同表の窒素酸化物の欄に掲げる値の二分の一を超えない自動車で、かつ、低排出ガス車認定を受けたものであること。

二 令和四年度燃費基準達成レベルが九十以上九十五未満（車両総重量が二・五トン以下の自動車にあっては、九十五以上百未満）であること及び当該自動車に係る自動車検査証においてその旨が明らかにされていること。

30 法第九十条の十二第三項第一号ニに規定する車両総重量が二・五トンを超え三・五トン以下の貨物自動車で財務省令で定めるものは、次の各号に掲げる要件に該当する自動車とする。

一 窒素酸化物の排出量が細目告示第四十一条第一項第三号イの表の(3)の窒素酸化物の欄に掲げる値の四分の三を超えない自動車で、かつ、低排出ガス車認定を受けたものであること。

二 令和四年度燃費基準達成レベルが九十五以上百未満であること及び当該自動車に係る自動車検査証においてその旨が明らかにされていること。

31 法第九十条の十二第三項第二号に規定する石油ガス自動車で財務省令で定めるものは、次の各号に掲げる要件に該当する自動車とする。

一 窒素酸化物の排出量が細目告示第四十一条第一項第三号イの表の(1)の窒素酸化物の欄に掲げる値の二分の一を超えない自動車で、かつ、低排出ガス車認定を受けたものであること。

二 令和十二年度燃費基準達成レベルが九十以上百未満（令和七年四月三十日までの間は、八十以上九十未満）であり、かつ、令和二年度燃費基準達成レベルが百以上であること及び当該自動車に係る自動車検査証においてその旨が明らかにされていること。

32 法第九十条の十二第三項第三号イに規定する乗用自動車で財務省令で定めるものは、令和十二年度燃費基準達成レベルが九十以上百未満（令和七年四月三十日までの間は、八十以上九十未満）であり、かつ、令和二年度燃費基準達成レベルが百以上である自動車で当該自動車に係る自動車検査証においてその旨が明らかにされているものとする。

33 法第九十条の十二第三項第三号ロに規定する車両総重量が二・五トンを超え三・五トン以下の貨物自動車で財務省令で定めるものは、令和四年度燃費基準達成レベルが九十以上九十五未満である自動車で当該自動車に係る自動車検査証においてその旨が明らかにされているものとする。

34 法第九十条の十二第三項第三号ハに規定する車両総重量が三・五トンを超える乗合自動車又は貨物自動車で財務省令で定めるものは、令和七年度燃費基準達成レベルが九十五以上百未満（令和七年四月三十日までの間は、平成二十七年度燃費基準達成レベルが百十以上百十五未満）である自動車で当該自動車に係る自動車検査証においてその旨が明らかにされているものとする。

35 法第九十条の十二第四項第一号イに規定する乗用自動車で財務省令で定めるものは、次の各号に掲げる要件に該当する自動車とする。

一 窒素酸化物の排出量が細目告示第四十一条第一項第三号イの表の(1)の窒素酸化物の欄に掲げる値の二分の一を超えない自動車で、かつ、低排出ガス車認定を受けたものであること。

二 令和十二年度燃費基準達成レベルが八十以上九十未満（令和七年四月三十日までの間は、七十以上八十未満）であり、かつ、令和二年度燃費基準達成レベルが百以上であること及び当該自動車に係る自動車検査証においてその旨が明らかにされていること。

36 法第九十条の十二第四項第一号ロに規定する車両総重量が二・五トン以下の貨物自動車で財務省令で定めるものは、次の各号に掲げる要件に該当する自動車とする。

一 窒素酸化物の排出量が細目告示第四十一条第一項第三号イの表の(2)から(4)までに掲げる自動車の種別に応じ、同表の窒素酸化物の欄に掲げる値の二分の一を超えない自動車で、かつ、低排出ガス車認定を受けたものであること。

二 令和四年度燃費基準達成レベルが九十以上九十五未満であること及び当該自動車に係る自動車検査証においてその旨が明らかにされていること。

37 法第九十条の十二第四項第一号ハに規定する車両総重量が二・五トンを超え三・五トン以下の貨物自動車で財務省令で定めるものは、次の各号に掲げる要件に該当する自動車とする。

一 窒素酸化物の排出量が細目告示第四十一条第一項第三号イの表の(3)の窒素酸化物の欄に掲げる値の四分の三を超えない自動車で、かつ、低排出ガス車認定を受けたものであること。

二 令和四年度燃費基準達成レベルが九十以上九十五未満であること及び当該自動車に係る自動車検査証においてその旨が明らかにされていること。

38 法第九十条の十二第四項第二号に規定する石油ガス自動車で財務省令で定めるものは、次の各号に掲げる要件に該当する自動車とする。

一 窒素酸化物の排出量が細目告示第四十一条第一項第三号イの表の(1)の窒素酸化物の欄に掲げる値の二分の一を超えない自動車で、かつ、低排出ガス車認定を受けたものであること。

二 令和十二年度燃費基準達成レベルが八十以上九十未満（令和七年四月三十日までの間は、七十以上八十未満）であり、かつ、令和二年度燃費基準達成レベルが百以上であること及び当該自動車に係る自動車検査証においてその旨が明らかにされていること。

39 法第九十条の十二第四項第三号イに規定する乗用自動車で財務省令で定めるものは、令和十二年度燃費基準達成レベルが八十以上九十未満（令和七年四月三十日までの間は、七十以上八十未満）であり、かつ、令和二年度燃費基準達成レベルが百以上である自動車で当該自動車に係る自動車検査証においてその旨が明らかにされているものとする。

40 法第九十条の十二第四項第三号ロに規定する車両総重量が三・五トンを超える乗合自動車又は貨物自動車で財務省令で定めるものは、平成二十七年度燃費基準達成レベルが百五以上百十未満である自動車で当該自動車に係る自動車検査証においてその旨が明らかにされているものとする。

41　法第九十条の十二第五項に規定する財務省令で定める変更は、次の各号のいずれかに掲げる事項についての変更とする。

一　型式
二　長さ、幅又は高さ
三　車体の形状
四　原動機の型式
五　燃料の種類
六　原動機の総排気量又は定格出力
七　乗車定員又は最大積載量
八　車両重量
九　空車状態における軸重

（自動車重量税の納付の事実の確認等の特例）

第四十条の五　法第九十条の十二の二第二項に規定する財務省令で定める認定又は評価は、低排出ガス車認定又は燃費評価実施要領第三条から第四条の五までの規定による評価とする。

2　法第九十条の十二の二第三項の規定の適用がある場合における自動車重量税法施行規則（昭和四十六年大蔵省令第六十六号）第十六条第一項の規定の適用については、同項第一号中「の使用者」とあるのは「について租税特別措置法（昭和三十二年法律第二十六号）第九十条の十二の二第三項後段（自動車重量税の納付の事実の確認等の特例）の規定により自動車検査証の交付等を受けた者とみなされた者」と、同項第五号中「前条第四号」とあるのは「前条第四号ハ」と、同項第六号中「その他」とあるのは「当該通知が租税特別措置法第九十条の十二の二第三項前段の規定の適用を受けたものである旨その他」とする。

（公共交通移動等円滑化基準に適合した乗合自動車の範囲等）

第四十条の六　法第九十条の十三第一号に規定する財務省令で定める自動車は、次の各号に掲げる自動車の区分に応じ、当該各号に定めるものとする。

一　法第九十条の十三第一号に規定する一般乗合旅客自動車運送事業を経営する者が同号に規定する路線定期運行の用に供する自動車　次に掲げる自動車

イ　移動等円滑化の促進に関する基本方針において移動等円滑化の目標が定められているノンステップバスの基準等を定める告示（平成二十四年国土交通省告示第二百五十七号。ロ、次号及び第三項において「移動等円滑化ノンステップバス基準等告示」という。）第一条第一項に規定するノンステップバス（次項第一号イにおいて「乗合ノンステップバス」という。）で当該自動車に係る自動車検査証において当該自動車がノンステップバスであることが明らかにされているもの

ロ　移動等円滑化ノンステップバス基準等告示第二条第一項に規定するリフト付きバス（次項第一号ロにおいて「乗合リフト付きバス」という。）で当該自動車に係る自動車検査証において当該自動車がリフト付きバスであることが明らかにされているもの

二　法第九十条の十三第一号に規定する一般貸切旅客自動車運送事業を経営する者がその事業の用に供する自動車　次に掲げる自動車

イ　移動等円滑化ノンステップバス基準等告示第一条第二項に規定するノンステップバス（次項第二号イにおいて「貸切ノンステップバス」という。）で当該自動車に係る自動車検査証において当該自動車がノンステップバスであることが明らかにされているもの

ロ　移動等円滑化ノンステップバス基準等告示第二条第二項に規定するリフト付きバス（次項第二号ロにおいて「貸切リフト付きバス」という。）で当該自動車に係る自動車検査証において当該自動車がリフト付きバスであることが明らかにされているもの

2　法第九十条の十三第一号ロに規定する財務省令で定める基準は、次の各号に掲げる自動車の区分に応じ、当該各号に定めるものとする。

一　前項第一号に掲げる自動車　次に掲げる自動車の区分に応じ、それぞれ次に定める基準

イ　乗合ノンステップバス　移動等円滑化のために必要な旅客施設又は車両等の構造及び設備並びに旅客施設及び車両等を使用した役務の提供の方法に関する基準を定める省令（平成十八年国土交通省令第百十一号。ロ、次号及び第四項において「公共交通移動等円滑化基準省令」という。）第三十七条から第四十二条までの基準

ロ　乗合リフト付きバス　公共交通移動等円滑化基準省令第三十七条第一項、第三十八条第二項及び第四十二条の基準

二　前項第二号に掲げる自動車　次に掲げる自動車の区分に応じ、それぞれ次に定める基準

イ　貸切ノンステップバス　公共交通移動等円滑化基準省令第三十八条第一項及び第四十三条の二において準用する公共交通移動等円滑化基準省令第三章第三節（第三十八条第一項、第三十九条第五号及び第六号、第三十九条の二、第四十条第二項、第四十一条第二項及び第三項並びに第四十三条を除く。）の基準

ロ　貸切リフト付きバス　公共交通移動等円滑化基準省令第四十三条の二において準用する公共交通移動等円滑化基準省令第三章第三節（第三十八条第一項、第三十九条第五号及び第六号、第四十条第二項、第四十一条第二項及び第三項並びに第四十三条を除く。）の基準

3　法第九十条の十三第二号に規定する財務省令で定める自動車は、移動等円滑化ノンステップバス基準等告示第四条第一項の規定による認定を受けた自動車で当該自動車に係る自動車検査証において当該自動車が認定ユニバーサルデザインタクシーであることが明らかにされているものとする。

4　法第九十条の十三第二号ロに規定する財務省令で定める基準は、公共交通移動等円滑化基準省令第四十五条第一項の基準とする。

（側方衝突警報装置等を装備した貨物自動車の範囲等）

第四十条の七　法第九十条の十四第一項に規定する側方衝突警報装置に係る保安上又は公害防止その他の環境保全上の技術基準で財務省令で定めるものは、細目告示第六十七条の五及び第百四十五条の五の基準とする。

2　法第九十条の十四第一項に規定する衝突被害軽減制動制御装置に係る保安上又は公害防止その他の環境保全上の技術基

準で財務省令で定めるものは、細目告示第十五条第七項及び第九十三条第八項の基準とする。

3　法第九十条の十四第一項に規定する財務省令で定める検査自動車は、当該検査自動車に係る自動車検査証において当該検査自動車が側方衝突警報装置（同項に規定する側方衝突警報装置をいう。次項において同じ。）及び衝突被害軽減制動制御装置（同条第一項に規定する衝突被害軽減制動制御装置をいう。第六項において同じ。）を装備した車両であることが明らかにされている自動車とする。

4　法第九十条の十四第二項に規定する財務省令で定める検査自動車は、当該検査自動車に係る自動車検査証において当該検査自動車が側方衝突警報装置を装備した車両であることが明らかにされている自動車とする。

5　法第九十条の十四第三項に規定する財務省令で定める自動車は、乗車定員十人以上の自動車（立席を有するものを除く。）とする。

6　法第九十条の十四第三項に規定する財務省令で定める検査自動車は、当該検査自動車に係る自動車検査証において当該検査自動車が衝突被害軽減制動制御装置を装備した車両であることが明らかにされている自動車とする。

第十三編　その他

○国土交通省設置法

（平成十一年七月十六日）
（法律第百号）

沿革　平一一法二〇五・二〇六、平一二法一五・四七・五七、平一三法一四・三四・六一・八三・一〇三・一一二、平一四法三・一八三・六〇・七七・九〇・九八・一八〇、平一五法二一・七五・一〇〇・一一九、平一六法一二・三六・三七・六六・六七・七一・一〇二・一四〇、平一七法七・八・四一・五四・八〇・八二・八九、平一八法一九・六一・六八・一一七、平一九法五・二一・五九・八五・一一五、平二〇法二六・五三・七五、平二一法八、平二二法三・三七、平二三法六六・八一・一二二・一二四、平二四法七・一三・二五・三九・四〇・四七・五二・八四・八七、平二五法二三・四六・五五・八三・九二、平二六法六・三〇・六七・六九、平二七法六・七・一四・二八・三六・五六・六六・七二、平二八法三六・一二三、平二九法一〇・五〇、平三〇法一五・六一、平三一法八・一六、令元法四・一八・二四、令三法一九・三一、令四法一〇・三八・五五・六九・九二、令五法三六、令六法六・二三改正

〔編者注〕

1　平成三〇年六月二〇日法律第六一号による改正は、条約［二千九年の船舶の安全かつ環境上適正な再資源化のための香港国際条約］が日本国について効力を生ずる日から施行につき、直接改正を加えないで、現行条文と並列して登載した。

2　令和六年五月一五日法律第二三号による改正のうち、公布の日から起算して一年を超えない範囲内において政令で定める日から施行される部分は、直接改正を加えないで、現行条文と並列して登載した。

目次

第一章　総則

（目的）

第一条　この法律は、国土交通省の設置並びに任務及びこれを達成するため必要となる明確な範囲の所掌事務を定めるとともに、その所掌する行政事務を能率的に遂行するため必要な組織を定めることを目的とする。

第二章　国土交通省の設置並びに任務及び所掌事務

第一節　国土交通省の設置

（設置）

第二条　国家行政組織法（昭和二十三年法律第百二十号）第三条第二項の規定に基づいて、国土交通省を設置する。

2　国土交通省の長は、国土交通大臣とする。

第二節　国土交通省の任務及び所掌事務

（任務）

第三条　国土交通省は、国土の総合的かつ体系的な利用、開発及び保全、そのための社会資本の整合的な整備、交通政策の推進、観光立国の実現に向けた施策の推進、気象業務の健全な発達並びに海上の安全及び治安の確保を図ることを任務とする。

2　前項に定めるもののほか、国土交通省は、同項の任務に関連する特定の内閣の重要政策に関する内閣の事務を助けることを任務とする。

3　国土交通省は、前項の任務を遂行するに当たり、内閣官房を助けるものとする。

（所掌事務）

第四条　国土交通省は、前条第一項の任務を達成するため、次に掲げる事務をつかさどる。

一　国土計画その他の国土の利用、開発及び保全に関する総合的かつ基本的な政策の企画及び立案並びに推進に関すること。

二　国土の利用、開発及び保全に関する基本的な政策に関する関係行政機関の事務の調整に関すること。

三　社会資本の整合的かつ効率的な整備の推進（公共事業の入札及び契約の改善を含む。）に関すること。

四　総合的な交通体系の整備に関すること。

五　都市交通その他の地域的な交通に関する基本的な計画及び地域における交通調整に関すること。

六　土地の使用及び収用に関すること。

七　公共用地取得制度に関すること。

八　公有地の拡大の推進に関する法律（昭和四十七年法律第六十六号）の規定による土地の先買い及び土地開発公社に関する事務を行うこと。

九　国が行う土地の測量、地図の調製及びこれらに関連する業務に関すること。

十　測量業の発達、改善及び調整その他土地の測量及び地図の調製に関すること。
十一　建設業（浄化槽工事業を含む。）の発達、改善及び調整並びに建設工事の請負契約の適正化に関すること。
十二　公共工事の前払金保証事業の発達、改善及び調整に関すること。
十三　不動産業の発達、改善及び調整並びに不動産取引の円滑化及び適正化に関すること。
十四　宅地の供給、造成、改良及び管理に関すること。
十五　海洋汚染等（海洋汚染等及び海上災害の防止に関する法律（昭和四十五年法律第百三十六号）第三条第十五号の二に規定する海洋汚染等をいう。第九十九号において同じ。）及び海上災害の防止に関すること。
十六　宇宙の開発に関する大規模な技術開発であって、測量その他の国土の管理、航空保安業務の高度化その他の交通の発達及び改善並びに気象業務に係るものに関すること。
十七　貨物流通の効率化、円滑化及び適正化に関する所掌に係る事務に関すること。
十八　倉庫業その他の保管事業の発達、改善及び調整に関すること。
十九　貨物利用運送事業の発達、改善及び調整に関すること。
二十　石油パイプライン事業の発達、改善及び調整に関すること。
二十の二　国際観光の振興に資する施策に関する基本的な政策の企画及び立案並びに推進に関すること。
二十の三　国際観光の振興に資する施策に関する関係行政機関の事務の調整に関すること。
二十一　観光地及び観光施設の改善その他の観光の振興に関すること。
二十二　旅行業、旅行業者代理業その他の所掌に係る観光事業の発達、改善及び調整に関すること。
二十二の二　全国通訳案内士及び地域通訳案内士に関すること。
二十三　ホテル及び旅館の登録に関すること。
二十四　首都圏その他の各大都市圏、東北地方その他の各地方及び北海道のそれぞれの整備及び開発に関する総合的な政策の企画及び立案並びに推進に関すること。
二十五　総合的かつ計画的に実施すべき特定の地域の整備及び開発のための大規模事業に関する関係行政機関の事務の調整に関すること。
二十六　北海道総合開発計画に基づく事業に関する関係行政機関の経費の見積りの方針の調整及び北海道総合開発計画に基づく公共事業に関する関係行政機関の経費の配分計画に関すること。
二十七　総合的かつ計画的に実施すべき特定の地域の整備及び開発のための大規模事業に係る政令で定める事業（北海道総合開発計画に基づくものを除く。）に関する関係行政機関の経費の見積りの方針及び配分計画の調整に関すること。
二十八　株式会社日本政策投資銀行が株式会社日本政策投資銀行法（平成十九年法律第八十五号）附則第十五条第一項の規定により同項の規定による解散前の日本政策投資銀行から承継する資産（北海道又は東北地方（青森県、岩手県、宮城県、秋田県、山形県、福島県及び新潟県の区域をいう。）における政令で定めるものに限る。）の管理に関すること。
二十九　地価対策その他土地に関する総合的かつ基本的な政策の企画及び立案並びに推進に関すること。
三十　国土利用計画法（昭和四十九年法律第九十二号）の規定による土地利用基本計画、土地取引の規制その他土地利用の調整に関すること。
三十一　農住組合の設立及び業務に関すること。
三十二　地価の公示に関すること。
三十三　不動産の鑑定評価に関すること。
三十四　国土調査に関すること。
三十五　水資源開発基本計画その他の水の需給に関する総合的かつ基本的な政策の企画及び立案並びに推進に関すること。
三十六　水源地域対策の企画及び立案並びに推進に関すること。
三十七　大都市の機能の改善に関する総合的な政策の企画及び立案並びに推進に関すること。
三十八　首都圏の既成市街地及び近畿圏の既成都市区域への産業及び人口の過度の集中の防止並びに首都圏及び近畿圏の近郊緑地保全区域における近郊緑地の保全に関すること。
三十九　国土の総合的かつ体系的な利用、開発及び保全を図る観点からの、地方の振興に関する総合的な政策の企画及び立案並びに推進に関すること。
四十　豪雪地帯（豪雪地帯対策特別措置法（昭和三十七年法律第七十三号）第二条第一項に規定する豪雪地帯をいう。）の雪害の防除及び振興に関する総合的な政策の企画及び立案並びに推進に関すること。
四十一　北方領土隣接地域（北方領土問題等の解決の促進のための特別措置に関する法律（昭和五十七年法律第八十五号）第二条第二項に規定する北方領土隣接地域をいう。）の振興及び住民の生活の安定に関する政策の企画及び立案並びに推進に関すること。
四十二　アイヌの伝統及びアイヌ文化に関する知識の普及及び啓発に関すること。
四十三　防災のための住居の集団的移転を促進する事業の援助及び助成に関すること。
四十四　都市計画及び都市計画事業に関すること。
四十五　土地区画整理事業、市街地再開発事業、民間都市開発事業その他市街地の整備改善に関すること。
四十六　駐車場及び自動車車庫に関すること。
四十七　都市開発資金の貸付けに関する法律（昭和四十一年法律第二十号）の規定による資金の貸付けに関すること。
四十八　都市公園その他の公共空地及び保勝地の整備及び管理（皇居外苑、新宿御苑及び京都御苑にあっては、これらの整備に限る。）に関すること。
四十九　都市における緑地の保全及び緑化の推進に関すること。
五十　市民農園の整備の促進に関すること。
五十一　屋外広告物に関すること。
五十二　古都（明日香村を含む。）における歴史的風土の保存に関する総合的な政策の企画及び立案並びに推進に関すること。
五十二の二　水道に関することその他人の飲用に供する水の利用に関すること。
五十三　下水道に関すること。
五十四　河川、水流及び水面の整備、利用、保全その他の管理に関すること。
五十五　水資源の開発又は利用のための施設の整備及び管理に関すること。
五十六　流域における治水及び水利に関する施策の企画及び立案並びに推進に関すること。
五十七　公有水面の埋立て及び干拓に関すること。
五十八　運河に関すること。
五十九　砂防に関すること。
六十　地すべり、ぼた山及び急傾斜地の崩壊並びに雪崩による災害の防止に関すること。
六十一　海岸の整備、利用、保全その他の管理に関すること。
六十二　水防に関すること。
六十三　公共土木施設の災害復旧事業に関する関係行政機関の事務の連絡調整に関すること。
六十四　道路の整備、利用、保全その他の管理（これに関連する環境対策及び交通安全対策を含む。）に関すること。
六十五　有料道路に関する事業に関すること。
六十六　住宅（その附帯施設を含む。）の供給、建設、改良及び管理並びにその居住環境の整備に関すること。
六十七　独立行政法人住宅金融支援機構の行う資金の融通、貸付債権の譲受け、債務の保証及び住宅融資保険に関すること。
六十八　被災地における土地及び建物の権利の保全に関すること。
六十九　建築物（浄化槽を含む。）に関する基準に関すること。
七十　建築士に関すること。
七十一　建築物の質の向上その他建築の発達及び改善に関すること。
七十二　鉄道、軌道及び索道の整備並びにこれらの整備及び運行に関連する環境対策に関すること。
七十三　鉄道、軌道及び索道による運送並びにこれらの事業の発達、改善及び調整に関すること。
七十四　鉄道、軌道及び索道の安全の確保に関すること。
七十五　鉄道、軌道及び索道に関する事故並びにこれらの事故の兆候の原因並びにこれらの事故に伴い発生した被害の原因を究明するための調査に関すること。
七十六　鉄道、軌道及び索道の用に供する車両、信号保安装置その他の陸運機器の製造、流通及び消費の増進、改善及び調整並びにこれらの陸運機器の製造に関する事業の発達、改善及び調整に関すること。
七十七　道路運送及び道路運送事業の発達、改善及び調整に関すること。
七十八　自動車ターミナルに関すること。
七十九　自動車の登録及び自動車抵当に関すること。
八十　道路運送及び道路運送車両の安全の確保、道路運送車両による公害の防止その他の道路運送車両に係る環境の保全並びに道路運送車両の使用に関すること。
八十一　自動車の整備事業の発達、改善及び調整に関すること。
八十二　軽車両及び自動車用代燃装置の製造、流通及び消費の増進、改善及び調整並びにこれらの製造に関する事業の発達、改善及び調整に関すること。
八十三　道路運送車両並びにその使用及び整備に必要な機械器具及び物資の流通及び消費の増進、改善及び調整に関すること。
八十四　自動車損害賠償責任保険及び自動車損害賠償責任共済に関すること。
八十五　政府の管掌する自動車損害賠償保障事業に関すること。
八十六　水上運送及び水上運送事業の発達、改善及び調整に関すること。
八十七　港湾運送及び港湾運送事業の発達、改善及び調整に関すること。
八十八　タンカー油濁損害賠償保障契約、一般船舶等油濁損害賠償保障契約及び難破物除去損害賠償保障契約並びに油による汚染損害の補償のための国際基金に関すること。
八十九　海事思想の普及及び宣伝に関すること。
九十　船舶のトン数の測度及び登録に関すること。
九十一　船舶の安全の確保並びに船舶による危険物その他の特殊貨物の運送及び貯蔵に関すること。
九十二　造船に関する事業の発達、改善及び調整に関すること。
九十三　船舶、船舶用機関及び船舶用品の製造、修繕、流通及び消費の増進、改善及び調整に関すること。
九十四　削除
九十五　モーターボート競走に関すること。
九十六　船員の労働条件、安全衛生その他の労働環境、福利厚生及び災害補償、船内規律並びに船員手帳に関すること。
九十七　船員の失業対策及び船員の職業の紹介、職業の指導、職業の補導その他船員の労務の需給調整に関すること。
九十八　船員の教育及び養成、海技士及び小型船舶操縦士の免許、船舶職員及び小型船舶操縦者の資格及び定員並びに水先に関すること。
九十九　船舶の航行の安全の確保、船舶の乗組員の適正な労働環境及び療養補償の確保並びに海洋汚染等の防止に係る外国船舶の監督に関すること。

> 注　平成三〇年六月二〇日法律六一号により改正され、条約［二千九年の船舶の安全かつ環境上適正な再資源化のための香港国際条約］が日本国について効力を生ずる日から施行
> 第四条第一項第九十九号中「並びに」を「、船舶の再資源化解体の適正な実施の確保並びに」に改める。

百　船舶事故及び船舶事故の兆候の原因並びに船舶事故に伴い発生した被害の原因を究明するための調査に関すること。
百一　港湾の整備、利用、保全及び管理に関すること。
百二　航路の整備、保全及び管理に関すること。
百三　国が行う海洋の汚染の防除に関する業務に関するこ

と。
百四　航空運送及び航空に関する事業（航空機及びその装備品の生産（修理については、航空機製造事業者の行うものに限る。）に関するものを除く。）の発達、改善及び調整に関すること。
百五　航空機の登録及び航空機抵当に関すること。
百六　航空機の安全の確保及び航空機の航行に起因する障害の防止並びに航空機の航行の安全の確保に関すること。
百七　航空機及びその装備品の修理及び改造（航空運送事業者又は航空機使用事業者の行う自家修理及びこれに準ずるものに限る。）並びに流通及び消費の増進、改善及び調整に関すること。
百八　航空従事者の教育及び養成並びに航空従事者に関する証明に関すること。
百九　空港法（昭和三十一年法律第八十号）第二条に規定する空港その他の飛行場（以下「空港等」という。）及び航空保安施設の設置及び管理並びに空港等の設置及び管理に関連する環境対策に関すること。
百十　航空路、航空交通管制、飛行計画及び航空機の運航に関する情報の提供に関すること。
百十一　航空事故及び航空事故の兆候の原因並びに航空事故に伴い発生した被害の原因を究明するための調査に関すること。
百十二　官公庁施設の整備（官公庁施設の建設等に関する法律（昭和二十六年法律第百八十一号）第十条第一項各号に掲げるものに限る。）並びに官公庁施設に関する基準の設定、指導及び監督に関すること。
百十三　地方公共団体その他政令で定める公共的団体からの委託に基づき、建設工事又は建設工事の設計若しくは工事管理を行うこと。
百十四　所掌事務に係る一般消費者の利益の保護に関すること。
百十五　所掌事務に関する情報化に関すること。
百十六　所掌事務に係る資源の有効な利用の確保に関すること。
百十七　交通安全基本計画（交通安全対策基本法（昭和四十五年法律第百十号）第二十二条第一項に規定する交通安全基本計画をいう。）に係る事項の実施に関する関係行政機関の事務の調整に関すること。
百十七の二　自転車活用推進計画（自転車活用推進法（平成二十八年法律第百十三号）第九条第一項に規定する自転車活用推進計画をいう。）の作成及び推進に関すること。
百十八　海難審判法（昭和二十二年法律第百三十五号）第九条に規定する事務
百十九　気象業務に関する基本的な計画の作成及び推進に関すること。
百二十　気象、地象（地震にあっては、発生した断層運動による地震動に限る。）及び水象の予報及び警報並びに気象通信に関すること。
百二十一　気象、地象、地動、地球磁気、地球電気及び水象並びにこれらに関連する輻射に関する観測並びに気象、地象及び水象に関する情報に関すること。
百二十二　気象測器その他の測器に関すること。
百二十三　海上保安庁法（昭和二十三年法律第二十八号）第五条に規定する事務
百二十四　建設技術、運輸技術及び気象業務に関連する技術に関する研究及び開発並びにこれらの助成並びに建設技術、運輸技術及び気象業務に関連する技術に関する指導及び普及に関すること。
百二十五　所掌事務に係る国際協力に関すること。
百二十六　政令で定める文教研修施設において所掌事務に関する研修を行うこと。
百二十七　国立研究開発法人建築研究所が行う地震工学に関する研修生（外国人研修生を含む。）の研修に関する関係行政機関の事務の連絡調整に関すること。
百二十八　前各号に掲げるもののほか、法律（法律に基づく命令を含む。）に基づき国土交通省に属させられた事務

2　前項に定めるもののほか、国土交通省は、前条第二項の任務を達成するため、同条第一項の任務に関連する特定の内閣の重要政策について、当該重要政策に関して閣議において決定された基本的な方針に基づいて、行政各部の施策の統一を図るために必要となる企画及び立案並びに総合調整に関する事務をつかさどる。

第三章　本省に置かれる職及び機関

第一節　特別な職

第五条　国土交通省に、技監一人及び国土交通審議官三人を置く。

2　技監は、命を受けて、国土交通省の所掌事務に係る技術を統理する。

3　国土交通審議官は、命を受けて、国土交通省の所掌事務に係る重要な政策に関する事務を総括整理する。

第二節　審議会等

第一款　設置

第六条　本省に、次の審議会等を置く。

国土審議会
社会資本整備審議会
交通政策審議会
運輸審議会

2　前項に定めるもののほか、別に法律で定めるところにより国土交通省に置かれる審議会等で本省に置かれるものは、次の表の上欄に掲げるものとし、それぞれ同表の下欄に掲げる法律（これらに基づく命令を含む。）の定めるところによる。

名称	法律
中央建設工事紛争審査会	建設業法（昭和二十四年法律第百号）
中央建設業審議会	建設業法
土地鑑定委員会	地価公示法（昭和四十四年法律第四十九号）

国土開発幹線自動車道建設会議	国土開発幹線自動車道建設法（昭和三十二年法律第六十八号）
中央建築士審査会	建築士法（昭和二十五年法律第二百二号）

第二款　国土審議会

（所掌事務）

第七条　国土審議会は、次に掲げる事務をつかさどる。

一　国土交通大臣の諮問に応じて国土の利用、開発及び保全に関する総合的かつ基本的な政策について調査審議すること。

二　国土形成計画法（昭和二十五年法律第二百五号）、国土利用計画法、首都圏整備法（昭和三十一年法律第八十三号）、首都圏近郊緑地保全法（昭和四十一年法律第百一号）、近畿圏整備法（昭和三十八年法律第百二十九号）、近畿圏の近郊整備区域及び都市開発区域の整備及び開発に関する法律（昭和三十九年法律第百四十五号）、近畿圏の保全区域の整備に関する法律（昭和四十二年法律第百三号）、中部圏開発整備法（昭和四十一年法律第百二号）、中部圏の都市整備区域、都市開発区域及び保全区域の整備等に関する法律（昭和四十二年法律第百二号）、北海道開発法（昭和二十五年法律第百二十六号）、土地基本法（平成元年法律第八十四号）、地価公示法、国土調査法（昭和二十六年法律第百八十号）、国土調査促進特別措置法（昭和三十七年法律第百四十三号）、水資源開発促進法（昭和三十六年法律第二百十七号）、低開発地域工業開発促進法（昭和三十六年法律第二百十六号）及び豪雪地帯対策特別措置法の規定によりその権限に属させられた事項を処理すること。

（組織）

第八条　国土審議会は、次に掲げる者につき国土交通大臣が任命する委員三十人以内で組織する。

一　衆議院議員のうちから衆議院が指名する者　六人

二　参議院議員のうちから参議院が指名する者　四人

三　学識経験を有する者　二十人以内

2　前項第三号に掲げる者につき任命される委員の任期は、三年とする。ただし、補欠の委員の任期は、前任者の残任期間とする。

3　委員は、再任されることができる。

4　委員は、非常勤とする。

（会長）

第九条　国土審議会に、会長を置き、委員の互選により選任する。

2　会長は、会務を総理し、国土審議会を代表する。

3　国土審議会は、あらかじめ、会長に事故があるときにその職務を代理する委員を定めておかなければならない。

（特別委員）

第十条　特別の事項を調査審議させるため、国土審議会に特別委員を置くことができる。

2　特別委員は、国会議員、当該特別の事項に関係のある地方公共団体の長及び議会の議長並びに当該特別の事項に関し学識経験を有する者のうちから、国土交通大臣が任命する。

3　特別委員は、その者の任命に係る当該特別の事項に関する調査審議が終了したときは、解任されるものとする。

4　第八条第四項の規定は、特別委員に準用する。

（資料提出の要求等）

第十一条　国土審議会は、その所掌事務を処理するため必要があると認めるときは、関係行政機関の長、関係地方公共団体の長その他の関係者に対し、資料の提出、意見の開陳、説明その他の必要な協力を求めることができる。

（政令への委任）

第十二条　この款に定めるもののほか、国土審議会の組織及び所掌事務その他国土審議会に関し必要な事項は、政令で定める。

第三款　社会資本整備審議会

第十三条　社会資本整備審議会は、次に掲げる事務をつかさどる。

一　国土交通大臣の諮問に応じて不動産業、宅地、住宅、建築、建築士及び官公庁施設に関する重要事項を調査審議すること。

二　前号に規定する重要事項に関し、関係行政機関（不動産業及び宅地に関する事項にあっては国土交通大臣、官公庁施設に関する事項にあっては関係国家機関）に意見を述べること。

三　津波防災地域づくりに関する法律（平成二十三年法律第百二十三号）、交通政策基本法（平成二十五年法律第九十二号）、土地収用法（昭和二十六年法律第二百十九号）、公共用地の取得に関する特別措置法（昭和三十六年法律第百五十号）、建設業法、宅地造成及び特定盛土等規制法（昭和三十六年法律第百九十一号）、都市計画法（昭和四十三年法律第百号。大規模災害からの復興に関する法律（平成二十五年法律第五十五号）第四十二条第四項及び第六項の規定により読み替えて適用する場合を含む。）、都市農業振興基本法（平成二十七年法律第十四号）、古都における歴史的風土の保存に関する特別措置法（昭和四十一年法律第一号）、明日香村における歴史的風土の保存及び生活環境の整備等に関する特別措置法（昭和五十五年法律第六十号）、河川法（昭和三十九年法律第百六十七号）、土砂災害警戒区域等における土砂災害防止対策の推進に関する法律（平成十二年法律第五十七号）、道路法（昭和二十七年法律第百八十号）、住生活基本法（平成十八年法律第六十一号）、住宅地区改良法（昭和三十五年法律第八十四号）第二十九条第三項の規定によりその例によることとされる公営住宅法の一部を改正する法律（平成八年法律第五十五号）の規定による改正前の公営住宅法（昭和二十六年法律第百九十三号）、住宅の品質確保の促進等に関する法律（平成十一年法律第八十一号）、建築基準法（昭和二十五年法律第二百一号）及び建築物のエネルギー消費性能の向上等に関する法律（平成二十七年法律第五十三号）の規定によりその権限に属させられた事項を処理すること。

2　前項に定めるもののほか、社会資本整備審議会の組織、所掌事務及び委員その他の職員その他社会資本整備審議会に関し必要な事項については、政令で定める。

第四款　交通政策審議会

第十四条　交通政策審議会は、次に掲げる事務をつかさどる。

一　国土交通大臣の諮問に応じて交通政策に関する重要事項を調査審議すること。

二　前号に規定する重要事項に関し、関係各大臣に意見を述べること。

三　交通政策基本法、観光立国推進基本法（平成十八年法律第百十七号）、全国新幹線鉄道整備法（昭和四十五年法律第七十一号）、海上運送法（昭和二十四年法律第百八十七号）、本州四国連絡橋の建設に伴う一般旅客定期航路事業等に関する特別措置法（昭和五十六年法律第七十二号）、造船法（昭和二十五年法律第百二十九号）、臨時船舶建造調整法（昭和二十八年法律第百四十九号）、船員法（昭和二十二年法律第百号）、最低賃金法（昭和三十四年法律第百三十七号）、障害者の雇用の促進等に関する法律（昭和三十五年法律第百二十三号）、労働施策の総合的な推進並びに労働者の雇用の安定及び職業生活の充実等に関する法律（昭和四十一年法律第百三十二号）、船員災害防止活動の促進に関する法律（昭和四十二年法律第六十一号）、青少年の雇用の促進等に関する法律（昭和四十五年法律第九十八号）、勤労者財産形成促進法（昭和四十六年法律第九十二号）、雇用の分野における男女の均等な機会及び待遇の確保等に関する法律（昭和四十七年法律第百十三号）、育児休業、介護休業等育児又は家族介護を行う労働者の福祉に関する法律（平成三年法律第七十六号）、船員職業安定法（昭和二十三年法律第百三十号）、船舶職員及び小型船舶操縦者法（昭和二十六年法律第百四十九号）、水先法（昭和二十四年法律第百二十一号）、港湾法（昭和二十五年法律第二百十八号）、港湾整備促進法（昭和二十八年法律第百七十号）、広域臨海環境整備センター法（昭和五十六年法律第七十六号）、空港法、気象業務法（昭和二十七年法律第百六十五号）及び海上交通安全法（昭和四十七年法律第百十五号）の規定によりその権限に属させられた事項を処理すること。

2　前項に定めるもののほか、交通政策審議会の組織、所掌事務及び委員その他の職員その他交通政策審議会に関し必要な事項は、政令で定める。

第五款　運輸審議会

（所掌事務等）

第十五条　運輸審議会は、鉄道事業法（昭和六十一年法律第九十二号）、軌道法（大正十年法律第七十六号）、都市鉄道等利便増進法（平成十七年法律第四十一号）、流通業務の総合化及び効率化の促進に関する法律（平成十七年法律第八十五号）、地域公共交通の活性化及び再生に関する法律（平成十九年法律第五十九号）、都市の低炭素化の促進に関する法律（平成二十四年法律第八十四号）、道路運送法（昭和二十六年法律第百八十三号）、貨物自動車運送事業法（平成元年法律第八十三号）、特定地域及び準特定地域における一般乗用旅客自動車運送事業の適正化及び活性化に関する特別措置法（平成二十一年法律第六十四号）、海上運送法、内航海運業法（昭和二十七年法律第百五十一号）、内航海運組合法（昭和三十二年法律第百六十二号）、港湾運送事業法（昭和二十六年法律第百六十一号）、港湾法及び航空法（昭和二十七年法律第二百三十一号）の規定により同審議会に諮ることを要する事項のうち国土交通大臣の行う処分等に係るものを処理する。

> **注**　令和六年五月一五日法律二三号により改正され、公布の日から起算して一年を超えない範囲内において政令で定める日から施行
>
> 第十五条第一項中「流通業務の総合化及び効率化の促進に関する法律」を「物資の流通の効率化に関する法律」に改める。

2　国土交通大臣は、前項に規定する事項に係る国土交通大臣又はその地方支分部局の長の行う処分又はその不作為についての審査請求に対する裁決をする場合には、運輸審議会に諮らなければならない。

3　第一項に規定する事項に係る処分等及び前項に規定する裁決（行政手続法（平成五年法律第八十八号）第二条第四号に規定する不利益処分（以下「不利益処分」という。）を除く。）のうち、国土交通大臣は、運輸審議会が軽微なものと認めるものについては、運輸審議会に諮らないでこれを行うことができる。

4　運輸審議会は、第一項に規定する事項に係る処分等及び第二項に規定する裁決に関し、職権により、又は利害関係人の申請に基づき、国土交通大臣に対し、必要な勧告をすることができる。

（組織）

第十六条　運輸審議会は、委員六人をもって組織する。

2　委員のうち四人は、非常勤とする。

（会長）

第十七条　運輸審議会に、会長を置き、委員の互選によって常勤の委員のうちからこれを定める。

2　会長は、会務を総理し、運輸審議会を代表する。

3　運輸審議会は、あらかじめ、会長に事故があるときにその職務を代理する常勤の委員を定めておかなければならない。

（委員の任命）

第十八条　委員は、年齢三十五年以上の者で広い経験と高い識見を有する者のうちから、両議院の同意を得て、国土交通大臣が任命する。

2　委員の任期が満了し、又は欠員を生じた場合において、国会の閉会又は衆議院の解散のために両議院の同意を得ることができないときは、国土交通大臣は、前項の規定にかかわらず、委員を任命することができる。

3　前項の場合においては、任命後最初の国会で両議院の事後の承認を得なければならない。この場合において、両議院の事後の承認を得られないときは、国土交通大臣は、直ちにその委員を罷免しなければならない。

4　常勤の委員は、他の政府職員の職を兼ねてはならない。

（委員の任期）

第十九条　委員の任期は、三年とする。ただし、補欠の委員の任期は、前任者の残任期間とする。

2　委員は、再任されることができる。

3　委員の任期が満了したときは、当該委員は、後任者が任命されるまで引き続きその職務を行うものとする。

（委員の罷免）

第二十条　国土交通大臣は、委員が心身の故障のため職務の遂行ができないと認める場合又は委員に職務上の義務違反その他委員たるに適しない非行があると認める場合においては、両議院の同意を得て、これを罷免することができる。

（委員の服務等）

第二十一条　委員は、職務上知ることのできた秘密を漏らし、又は盗用してはならない。その職を退いた後も同様とする。

2　委員は、在任中、政党その他の政治的団体の役員となり、又は積極的に政治運動をしてはならない。

3　常勤の委員は、在任中、国土交通大臣の許可のある場合を除くほか、報酬を得て他の職務に従事し、又は営利事業を営み、その他金銭上の利益を目的とする業務を行ってはならない。

（委員の給与）

第二十二条　委員の給与は、別に法律で定める。

（公聴会）

第二十三条　運輸審議会は、第十五条第一項に規定する事項及び同条第二項の規定により付議された事項については、必要があると認めるときは、公聴会を開くことができ、又は国土交通大臣の指示若しくは運輸審議会の定める利害関係人の請求があったときは、公聴会を開かなければならない。

（調査等）

第二十四条　運輸審議会は、その職務を行うため、必要があると認めるときは、次に掲げる事項を行うことができる。

一　公務所又は関係事業者若しくはその組織する団体その他の関係者に対し、必要な報告、情報又は資料を求めること。

二　公務所又は関係事業者若しくはその組織する団体又は学識経験ある者に必要な調査を嘱託すること。

三　関係人又は参考人に対し、出頭を求めてその意見又は報告を徴すること。

（行政手続法の適用除外）

第二十五条　第十五条第一項に規定する事項に係る不利益処分については、行政手続法第三章（第十二条及び第十四条を除く。）の規定は、適用しない。

（政令への委任）

第二十六条　この款に定めるもののほか、運輸審議会の組織、委員その他の職員その他運輸審議会に関し必要な事項は、政令で定める。

第三節　特別の機関

（設置）

第二十七条　本省に、国土地理院を置く。

2　前項に定めるもののほか、別に法律で定めるところにより国土交通省に置かれる特別の機関で本省に置かれるものは、次のとおりとする。

小笠原総合事務所
自転車活用推進本部
海難審判所

（国土地理院）

第二十八条　国土地理院は、第四条第一項第九号、第十号（測量業の発達、改善及び調整に係るものを除く。）、第十六号（測量その他の国土の管理に係るものに限る。）及び第百二十八号に掲げる事務をつかさどる。

2　国土地理院の位置及び内部組織は、国土交通省令で定める。

3　国土交通大臣は、国土地理院の所掌事務の一部を分掌させるため、所要の地に、国土地理院の支所を置くことができる。

4　国土地理院の支所の名称、位置、所掌事務及び内部組織は、国土交通省令で定める。

（小笠原総合事務所）

第二十九条　小笠原総合事務所については、小笠原諸島の復帰に伴う法令の適用の暫定措置等に関する法律（昭和四十三年法律第八十三号。これに基づく命令を含む。）の定めるところによる。

（自転車活用推進本部）

第二十九条の二　自転車活用推進本部については、自転車活用推進法（これに基づく命令を含む。）の定めるところによる。

（海難審判所）

第二十九条の三　海難審判所については、海難審判法（これに基づく命令を含む。）の定めるところによる。

第四節　地方支分部局

（設置）

第三十条　本省に、次の地方支分部局を置く。

地方整備局
北海道開発局
地方運輸局
地方航空局
航空交通管制部

（地方整備局）

第三十一条　地方整備局は、国土交通省の所掌事務のうち、次に掲げる事務（北海道の区域に係るものを除く。）の全部又は一部を分掌する。

一　第四条第一項第一号、第二十四号、第三十七号、第三十九号、第四十号及び第五十二号に規定する政策に係る計画及び方針に関する調査及び調整その他当該計画及び方針の推進に関すること。

二　第四条第一項第三号、第六号、第八号、第十一号、第十三号、第十四号、第十五号（油保管施設等の油濁防止緊急措置手引書等に係るものに限る。）、第三十二号から第三十四号まで、第四十四号、第四十五号、第四十六号（自動車車庫に係るものを除く。）、第四十七号から第五十号まで、第五十二号の二から第五十五号まで、第五十七号から第六十二号まで、第六十四号から第六十六号まで、第六十九号（基準の設定に係るものを除く。）、第七十号、第七十一号、第百一号から第百三号まで、第百十二号（基準の設定に係るものを除く。）、第百十三号、第百十四号、第百十六号、第百二十四号（運輸技術及び気象業務に関連する技術に係るものを除く。）及び第百二十八号に掲げる事務

三　測量業の発達、改善及び調整に関すること。

四　所有者不明土地の利用の円滑化等（所有者不明土地の利用の円滑化等に関する特別措置法（平成三十年法律第四十

九号）第三条第一項に規定する所有者不明土地の利用の円滑化等をいう。第三十三条第一項第四号において同じ。）を図るための施策に関する調査及び調整その他当該施策の推進に関すること。
五　地価の調査に関すること。
六　第四条第一項第五十六号に規定する施策に関する調査及び調整その他当該施策の推進に関すること。
七　空港等に関する国の直轄の土木施設の整備及び災害復旧に関すること。
2　地方整備局の名称、位置、管轄区域、所掌事務及び組織は、政令で定める。

（地方整備局の事務所）
第三十二条　国土交通大臣は、地方整備局の所掌事務の一部を分掌させるため、所要の地に、地方整備局の事務所を置くことができる。
2　地方整備局の事務所の名称、位置、管轄区域、所掌事務及び内部組織は、国土交通省令で定める。

（北海道開発局）
第三十三条　北海道開発局は、国土交通省の所掌事務のうち、北海道の区域に係る次に掲げる事務を分掌する。
一　第四条第一項第一号、第二十四号及び第三十九号から第四十一号までに規定する政策に係る計画及び方針に関する調査及び調整その他当該計画及び方針の推進に関すること。
二　第四条第一項第三号、第六号、第八号、第十一号、第十三号、第十四号、第十五号（油保管施設等の油濁防止緊急措置手引書等に係るものに限る。）、第三十二号から第三十四号まで、第四十二号、第四十四号、第四十五号、第四十六号（自動車車庫に係るものを除く。）、第四十七号から第五十号まで、第五十二号の二から第五十五号まで、第五十七号から第六十二号まで、第六十四号から第六十六号まで、第六十九号（基準の設定に係るものを除く。）、第七十号、第七十一号、第百一号から第百三号まで、第百十二号（基準の設定に係るものを除く。）、第百十三号、第百十四号、第百十六号、第百二十四号（運輸技術及び気象業務に関連する技術に係るものを除く。）及び第百二十八号に掲げる事務
三　測量業の発達、改善及び調整に関すること。
四　所有者不明土地の利用の円滑化等を図るための施策に関する調査及び調整その他当該施策の推進に関すること。
五　地価の調査に関すること。
六　第四条第一項第五十六号に規定する施策に関する調査及び調整その他当該施策の推進に関すること。
七　空港等に関する国の直轄の土木施設の整備及び災害復旧に関すること。
2　北海道開発局は、前項各号に掲げる事務のほか、農林水産省の所掌事務のうち、北海道の区域に係る次に掲げる事務をつかさどる。
一　公共事業費（政令で定めるものを除く。）の支弁に係る国の直轄事業の実施に関すること。
二　委託に基づき、前号に掲げる事業の実施に伴い必要を生じた工事を行うこと。
三　公共事業費（政令で定めるものを除く。）の支弁に係る事業の助成及びこれに伴う監督に関すること。
3　北海道開発局は、前項各号に掲げる事務については、農林水産大臣のみの指揮監督を受けるものとする。
4　第二項第三号に掲げる事務については、北海道開発局を農林水産省の地方支分部局と、北海道開発局の長その他の職員を農林水産省の地方支分部局の長その他の職員とみなして、その事務の処理に関する法令の規定を適用する。
5　北海道開発局の位置及び組織は、政令で定める。

（開発建設部）
第三十四条　国土交通大臣は、北海道開発局の所掌事務の一部を分掌させるため、所要の地に、開発建設部を置くことができる。
2　開発建設部の名称、位置、管轄区域、所掌事務及び内部組織は、国土交通省令で定める。

（地方運輸局）
第三十五条　地方運輸局は、国土交通省の所掌事務のうち、第四条第一項第五号、第十五号（油保管施設等の油濁防止緊急措置手引書等に係るものを除く。）、第十七号から第十九号まで、第二十一号から第二十三号まで、第四十六号（自動車車庫に係るものに限る。）、第七十二号から第七十四号まで、第七十六号から第九十三号まで（運輸安全委員会の所掌に属するものを除く。）、第九十五号から第九十九号まで、第百号（運輸安全委員会の行う運輸安全委員会設置法（昭和四十八年法律第百十三号）第五条第五号及び第六号に規定する調査に対する援助に係るものに限る。）、第百十四号、第百十六号及び第百二十八号に掲げる事務を分掌する。
2　地方運輸局は、前項の規定により分掌する事務のうち、第四十四条に規定するものについては、観光庁長官の指揮監督を受けるものとする。
3　地方運輸局の名称、位置、管轄区域及び組織は、政令で定める。

（運輸監理部）
第三十六条　地方運輸局の所掌事務の一部を分掌させるため、所要の地に、運輸監理部を置く。
2　運輸監理部の名称、位置及び管轄区域は、政令で定める。
3　運輸監理部の所掌事務及び内部組織は、国土交通省令で定める。

（運輸支局及び地方運輸局、運輸監理部又は運輸支局の事務所）
第三十七条　国土交通大臣は、地方運輸局又は運輸監理部の所掌事務の一部を分掌させるため、所要の地に、運輸支局を置くことができる。
2　運輸支局の名称、位置及び管轄区域は、政令で定める。
3　運輸支局の所掌事務及び内部組織は、国土交通省令で定める。
4　国土交通大臣は、地方運輸局、運輸監理部又は運輸支局の所掌事務の一部を分掌させるため、所要の地に、地方運輸局、運輸監理部又は運輸支局の事務所を置くことができる。
5　地方運輸局、運輸監理部又は運輸支局の事務所の名称、位置、管轄区域、所掌事務及び内部組織は、国土交通省令で定める。

（地方航空局）
第三十八条　地方航空局は、国土交通省の所掌事務のうち、第四条第一項第百四号、第百六号から第百八号まで、第百九号（空港等に関する国の直轄の土木施設の整備及び災害復旧に

係るものを除く。）、第百十号（航空路、航空交通管制（航空路管制及び進入管制に限る。）及び飛行計画の承認に係るものを除く。）、第百十一号（運輸安全委員会設置法第五条第一号及び第二号に規定する調査に対する援助に係るものに限る。）、第百十四号及び第百二十八号に掲げる事務を分掌する。

2　地方航空局の名称、位置、管轄区域及び内部組織は、政令で定める。

（地方航空局の事務所）

第三十九条　国土交通大臣は、地方航空局の所掌事務の一部を分掌させるため、所要の地に、地方航空局の事務所を置くことができる。

2　地方航空局の事務所の名称、位置、管轄区域、所掌事務及び内部組織は、国土交通省令で定める。

（航空交通管制部）

第四十条　航空交通管制部は、国土交通省の所掌事務のうち、第四条第一項第百十号（航空交通管制（航空路管制及び進入管制に限る。）及び飛行計画の承認に係るものに限る。）及び第百二十八号に掲げる事務の全部又は一部を分掌する。

2　航空交通管制部の名称、位置及び所掌事務は、政令で定める。

3　航空交通管制部の管轄区域は、国土交通省令で定める。

4　航空交通管制部に、政令で定めるところにより、次長を置くことができる。

5　前項に定めるもののほか、航空交通管制部の内部組織は、国土交通省令で定める。

6　国土交通大臣は、必要がある場合は、航空交通管制部の所掌事務の一部を地方航空局の事務所に分掌させることができる。

第四章　外局

第一節　設置

第四十一条　国家行政組織法第三条第二項の規定に基づいて、国土交通省に、次の外局を置く。

観光庁

気象庁

2　前項に定めるもののほか、国家行政組織法第三条第二項の規定に基づいて国土交通省に置かれる外局は、次のとおりとする。

運輸安全委員会

海上保安庁

第二節　観光庁

（長官）

第四十二条　観光庁の長は、観光庁長官とする。

（任務）

第四十三条　観光庁は、観光立国の実現に向けて、魅力ある観光地の形成、国際観光の振興その他の観光に関する事務を行うことを任務とする。

（所掌事務）

第四十四条　観光庁は、前条の任務を達成するため、第四条第一項第二十号の二から第二十三号まで、第百二十五号及び第百二十八号に掲げる事務をつかさどる。

第三節　気象庁

第一款　任務及び所掌事務

（長官）

第四十五条　気象庁の長は、気象庁長官とする。

（任務）

第四十六条　気象庁は、気象業務の健全な発達を図ることを任務とする。

（所掌事務）

第四十七条　気象庁は、前条の任務を達成するため、第四条第一項第十六号、第百十九号から第百二十二号まで、第百二十四号から第百二十六号まで及び第百二十八号に掲げる事務をつかさどる。

第二款　地方支分部局

（設置）

第四十八条　気象庁に、地方支分部局として、管区気象台を置く。

2　前項に定めるもののほか、当分の間、気象庁に、地方支分部局として、沖縄気象台を置く。

（管区気象台等）

第四十九条　管区気象台等（管区気象台及び沖縄気象台をいう。以下同じ。）は、気象庁の所掌事務のうち、第四条第一項第百二十号、第百二十一号（地球磁気及び地球電気に関するものを除く。）、第百二十二号及び第百二十八号に掲げる事務を分掌する。

2　管区気象台の名称及び位置は、政令で定める。

3　管区気象台の管轄区域は、国土交通省令で定める。

4　管区気象台に、政令で定める数の範囲内において、国土交通省令で定めるところにより、部を置くことができる。

5　前項に定めるもののほか、管区気象台の内部組織は、国土交通省令で定める。

6　沖縄気象台の位置は、政令で定める。

7　沖縄気象台の管轄区域及び内部組織は、国土交通省令で定める。

（地方気象台、管区気象台等の測候所若しくは出張所又は地方気象台若しくは測候所の出張所）

第五十条　国土交通大臣は、管区気象台等の所掌事務の一部を分掌させるため、所要の地に、政令で定める数の範囲内において、地方気象台を置くことができる。

2　地方気象台の名称、位置、管轄区域、所掌事務及び内部組織は、国土交通省令で定める。

3　国土交通大臣は、管区気象台等の所掌事務の一部を分掌させるため、所要の地に、管区気象台等の測候所又は出張所を置くことができる。

4　管区気象台等の測候所及び出張所の名称、位置、管轄区域、所掌事務及び内部組織は、国土交通省令で定める。

5　国土交通大臣は、地方気象台又は測候所の所掌事務の一部を分掌させるため、所要の地に、地方気象台又は測候所の出張所を置くことができる。

6　地方気象台又は測候所の出張所の名称、位置、管轄区域、所掌事務及び内部組織は、国土交通省令で定める。

第四節　運輸安全委員会

第五十一条　運輸安全委員会については、運輸安全委員会設置法（これに基づく命令を含む。）の定めるところによる。

第五節　海上保安庁

第五十二条　海上保安庁については、海上保安庁法（これに基づく命令を含む。）の定めるところによる。

附　則

（施行期日）

第一条　この法律は、内閣法の一部を改正する法律（平成十一年法律第八十八号）の施行の日〔平成一三年一月六日〕から施行する。ただし、附則第六条の規定は、公布の日から施行する。

（所掌事務の特例）

第二条　国土交通省は、第三条第一項の任務を達成するため、第四条第一項各号に掲げる事務のほか、次の表の上欄に掲げる日までの間、それぞれ同表の下欄に掲げる事務をつかさどる。

期限	事務
令和七年三月三十一日	振興山村（山村振興法（昭和四十年法律第六十四号）第七条第一項に規定する振興山村をいう。以下同じ。）の振興に関する総合的な政策の企画及び立案並びに推進に関すること。
	半島振興対策実施地域（半島振興法（昭和六十年法律第六十三号）第二条第一項に規定する半島振興対策実施地域をいう。以下同じ。）の振興に関する総合的な政策の企画及び立案並びに推進に関すること。
令和九年三月三十一日	特殊土壌地帯（特殊土壌地帯災害防除及び振興臨時措置法（昭和二十七年法律第九十六号）第二条第一項に規定する特殊土壌地帯をいう。以下同じ。）の災害の防除及び振興に関する総合的な政策の企画及び立案並びに推進に関すること。
令和十一年三月三十一日	奄美群島（奄美群島振興開発特別措置法（昭和二十九年法律第百八十九号）第一条に規定する奄美群島をいう。）の振興及び開発に関する総合的な政策の企画及び立案並びに推進に関すること。
	奄美群島振興開発計画（奄美群島振興開発特別措置法第五条第一項に規定する奄美群島振興開発計画をいう。）に基づく公共事業に関する関係行政機関の経費の配分計画に関すること。
	独立行政法人奄美群島振興開発基金の行う業務に関すること。
	小笠原諸島（小笠原諸島振興開発特別措置法（昭和四十四年法律第七十九号）第四条第一項に規定する小笠原諸島をいう。）の総合的な振興及び開発に関すること。
令和十三年三月三十一日	過疎地域（過疎地域の持続的発展の支援に関する特別措置法（令和三年法律第十九号）第二条第一項に規定する過疎地域をいう。）の持続的発展に関する総合的な政策の企画及び立案並びに推進に関すること。
令和十五年三月三十一日	離島振興対策実施地域（離島振興法（昭和二十八年法律第七十二号）第二条第一項に規定する離島振興対策実施地域をいう。以下同じ。）の振興に関する総合的な政策の企画及び立案並びに推進に関すること。
	離島振興計画（離島振興法第四条第一項に規定する離島振興計画をいう。）に基づく公共事業に関する関係行政機関の経費の配分計画に関すること。

2　国土交通省は、第三条第一項の任務を達成するため、第四条第一項各号及び前項の表の下欄に掲げる事務のほか、当分の間、日本国有鉄道の改革に関する事務、自動車損害賠償保障法及び自動車損害賠償責任再保険特別会計法の一部を改正する法律（平成十三年法律第八十三号）附則第二条第一項の規定によりなおその効力を有することとされた同法第一条の規定による改正前の自動車損害賠償保障法（昭和三十年法律第九十七号）の規定に基づく再保険関係及び保険関係に係る自動車損害賠償責任再保険事業及び自動車損害賠償責任共済保険事業に関する事務並びに特定タンカーに係る特定賠償義務履行担保契約等に関する特別措置法（平成二十四年法律第五十二号）第三条第一項に規定する特定保険者交付金交付契約に関する事務をつかさどる。

（国土交通審議官の設置期間の特例）

第三条　第五条第一項の国土交通審議官のうち一人は、当分の間、置かれるものとする。

（審議会等の設置の特例）

第四条　令和十一年三月三十一日までの間、奄美群島振興開発特別措置法の定めるところにより国土交通省に置かれる奄美群島振興開発審議会は、本省に置く。

2　令和十一年三月三十一日までの間、小笠原諸島振興開発特別措置法の定めるところにより国土交通省に置かれる小笠原諸島振興開発審議会は、本省に置く。

（国土審議会の所掌事務の特例）

第五条　国土審議会は、第七条各号に掲げる事務をつかさどるほか、次の表の上欄に掲げる日までの間、それぞれ同表の下欄に掲げる法律の規定によりその権限に属させられた事項を処理する。

期限	法律
令和七年三月三十一日	山村振興法
	半島振興法
令和九年三月三十一日	特殊土壌地帯災害防除及び振興臨時措置法

令和十五年三月三十一日	離島振興法

（国土審議会の委員の任命のために必要な行為に関する経過措置）

第六条　第八条第一項の規定による国土審議会の委員の任命のために必要な行為は、この法律の施行前においても行うことができる。

（社会資本整備審議会の所掌事務の特例）

第七条　社会資本整備審議会は、第十三条第一項各号に掲げる事務をつかさどるほか、日本道路公団等民営化関係法施行法（平成十六年法律第百二号）の施行の日から四月（同法第三十条第十項の規定により当該期間が延長された場合にあっては、当該延長後の期間）を経過するまでの間、同法の規定によりその権限に属させられた事項を処理する。

（運輸審議会の所掌事務の特例）

第八条　運輸審議会は、第十五条第一項に規定する事務をつかさどるほか、当分の間、旅客鉄道株式会社及び日本貨物鉄道株式会社に関する法律の一部を改正する法律（平成十三年法律第六十一号）及び旅客鉄道株式会社及び日本貨物鉄道株式会社に関する法律の一部を改正する法律（平成二十七年法律第三十六号）の規定によりその権限に属させられた事項を処理する。

2　第十五条第二項から第四項まで及び第二十三条から第二十五条までの規定は、前項に規定する事項について準用する。

（地方支分部局の所掌事務の特例）

第九条　地方整備局は、第三十一条第一項各号に掲げる事務のほか、次の表の上欄に掲げる日までの間、国土交通省の所掌事務のうち、それぞれ同表の下欄に掲げる事務（北海道の区域に係るものを除く。）を分掌する。

期　限	事　務
令和七年三月三十一日	振興山村の振興に関する総合的な政策に係る計画に関する調査及び調整その他当該計画の推進に関する事務
	半島振興対策実施地域の振興に関する総合的な政策に係る計画に関する調査及び調整その他当該計画の推進に関する事務
令和九年三月三十一日	特殊土壌地帯の災害の防除及び振興に関する総合的な政策に係る計画に関する調査及び調整その他当該計画の推進に関する事務
令和十五年三月三十一日	離島振興対策実施地域の振興に関する総合的な政策に係る計画に関する調査及び調整その他当該計画の推進に関する事務

2　北海道開発局は、第三十三条第一項各号及び第二項各号に掲げる事務のほか、前項の表の上欄に掲げる日までの間、国土交通省の所掌事務のうち、それぞれ北海道の区域に係る同表の下欄に掲げる事務を分掌する。

附　則（令五・五・二六法三六抄）

（施行期日）

第一条　この法律は、令和六年四月一日から施行する。ただし、附則第六条の規定は、公布の日から施行する。

（処分等に関する経過措置）

第二条　この法律の施行前にこの法律による改正前のそれぞれの法律（これに基づく命令を含む。以下この条及び次条において「旧法令」という。）の規定により従前の国の機関がした許可、認可、指定その他の処分又は通知その他の行為は、法令に別段の定めがあるもののほか、この法律の施行後は、この法律による改正後のそれぞれの法律（これに基づく命令を含む。以下この条及び次条において「新法令」という。）の相当規定により相当の国の機関がした許可、認可、指定その他の処分又は通知その他の行為とみなす。

2　この法律の施行の際現に旧法令の規定により従前の国の機関に対してされている申請、届出その他の行為は、法令に別段の定めがあるもののほか、この法律の施行後は、新法令の相当規定により相当の国の機関に対してされた申請、届出その他の行為とみなす。

3　この法律の施行前に旧法令の規定により従前の国の機関に対して申請、届出その他の手続をしなければならない事項で、この法律の施行の日前に従前の国の機関に対してその手続がされていないものについては、法令に別段の定めがあるもののほか、この法律の施行後は、これを、新法令の相当規定により相当の国の機関に対してその手続がされていないものとみなして、新法令の規定を適用する。

（命令の効力に関する経過措置）

第三条　旧法令の規定により発せられた国家行政組織法（昭和二十三年法律第百二十号）第十二条第一項の省令は、法令に別段の定めがあるもののほか、この法律の施行後は、新法令の相当規定に基づいて発せられた相当の内閣府設置法（平成十一年法律第八十九号）第七条第三項の内閣府令又は国家行政組織法第十二条第一項の省令としての効力を有するものとする。

（政令への委任）

第六条　附則第二条から前条までに定めるもののほか、この法律の施行に関し必要な経過措置（罰則に関する経過措置を含む。）は、政令で定める。

附　則（令六・五・一五法二三抄）

（施行期日）

第一条　この法律は、公布の日から起算して一年を超えない範囲内において政令で定める日から施行する。［後略］

○国土交通省組織令（抄）

（平成十二年六月七日　政令第二百五十五号）

最終改正　令六政令二三六

第一章　本省

第二節　内部部局等

第一款　大臣官房及び局並びに政策統括官及び国際統括官の設置等

（大臣官房及び局並びに政策統括官及び国際統括官の設置等）

第二条　本省に、大臣官房及び次の十三局並びに政策統括官二人及び国際統括官一人を置く。

総合政策局
国土政策局
不動産・建設経済局
都市局
水管理・国土保全局
道路局
住宅局
鉄道局
物流・自動車局
海事局
港湾局
航空局
北海道局

2　大臣官房に官庁営繕部を、水管理・国土保全局に水資源部及び砂防部を、航空局に航空ネットワーク部、安全部及び交通管制部を置く。

（大臣官房の所掌事務）

第三条　大臣官房は、次に掲げる事務をつかさどる。

一　機密に関すること。
二　国土交通省の職員の任免、給与、懲戒、服務その他の人事並びに教養及び訓練に関すること。
三　大臣の官印及び省印の保管に関すること。
四　公文書類の接受、発送、編集及び保存に関すること。
五　法令案その他の公文書類の審査に関すること。
六　国土交通省の所掌事務に関する総合調整に関すること（総合政策局及び道路局の所掌に属するものを除く。）。
七　国土交通省の行政の監察に関すること（海上保安庁並びに海事局及び航空局の所掌に属するものを除く。）。
八　国会との連絡に関すること。
九　広報に関すること。
十　国土交通省の保有する情報の公開に関すること。
十一　国土交通省の機構及び定員に関すること。
十二　国土交通省の所掌に係る経費及び収入の予算、決算及び会計並びに会計の監査に関すること。
十三　国土交通省所管の国有財産の管理及び処分並びに物品の管理に関すること。
十四　国土交通省所管の特別会計に属する国有財産の管理及び処分並びに物品の管理に関すること。
十五　東日本大震災復興特別会計の経理のうち国土交通省の所掌に係るものに関すること。
十六　国土交通省の職員の衛生、医療その他の福利厚生に関すること。
十七　国土交通省共済組合に関すること。
十八　公共事業の入札及び契約の改善に関する関係行政機関の事務の連絡調整に関すること。
十九　国土交通省の所掌事務に係る国の直轄事業（官庁営繕部、都市局、水管理・国土保全局及び道路局の所掌に属するものに限る。以下「直轄事業」という。）に係る建設技術に関する研究及び開発、技術基準及び積算基準、建設工事用機械の整備及び運用並びに電気通信施設の整備及び管理に関すること（他局の所掌に属するものを除く。）。
二十　公共工事に係る評価の適正化に係る技術基準及び費用の縮減に関する関係行政機関の事務の連絡調整に関すること。
二十一　建設業法（昭和二十四年法律第百号）の規定による建設機械施工管理の技術検定に関すること。
二十二　宇宙の開発に関する大規模な技術開発であって、測量その他の国土の管理に係るものに関すること。
二十三　建設技術に関する研究及び開発並びにこれらの助成並びに建設技術に関する指導及び普及に関すること（他局の所掌に属するものを除く。）。
二十四　建設工事用機械に関する調査及び統計に関すること。
二十五　国立研究開発法人審議会の庶務に関すること（総合政策局の所掌に属するものを除く。）。
二十六　国土交通省の所掌に係る危機管理（国民の生命、身体又は財産に重大な被害が生じ、又は生じるおそれがある緊急の事態への対処及び当該事態の発生の防止をいう。以下同じ。）に関する基本的な政策の企画及び立案に関すること。
二十七　国土交通省の所掌に係る危機管理に関する事務の総括に関すること（水管理・国土保全局の所掌に属するものを除く。）。
二十八　運輸事業者の輸送に係る安全管理体制の評価その他の運輸事業に係る輸送の安全の確保に関する基本に関すること。
二十九　国土交通省の所掌事務に関する放射性物質の運搬の安全の確保に関する事務の総括に関すること。
三十　官公庁施設の整備（官公庁施設の建設等に関する法律（昭和二十六年法律第百八十一号）第十条第一項各号に掲げるものに限る。以下同じ。）並びに官公庁施設に関する基準の設定、指導及び監督に関すること。
三十一　地方公共団体その他国土交通省設置法第四条第一項第二十八号の資産等を定める政令（平成十二年政令第二百九十七号）第二条に規定する公共的団体（以下「地方公共団体等」という。）からの委託に基づき、建築物の営繕に関する建設工事又は建設工事の設計若しくは工事管理を行うこと。

三十二　財政投融資特別会計の特定国有財産整備勘定の経理に関すること。

三十三　前各号に掲げるもののほか、国土交通省の所掌事務で他の所掌に属しないものに関すること。

2　官庁営繕部は、前項第三十号から第三十二号までに掲げる事務をつかさどる。

（総合政策局の所掌事務）

第四条　総合政策局は、次に掲げる事務をつかさどる。

一　国土交通省の所掌事務に関する総合的かつ基本的な方針その他の政策の企画及び立案並びに当該政策を実施するために必要な国土交通省の所掌事務の総括に関すること。

二　国土交通省の所掌に係る施策に関し横断的な処理を要する事項に関する基本的な政策の企画及び立案並びに当該政策を実施するために必要な国土交通省の所掌事務の総括に関すること（大臣官房及び他局並びに政策統括官及び国際統括官の所掌に属するものを除く。）。

三　社会資本の整合的かつ効率的な整備の推進に関すること（大臣官房の所掌に属するものを除く。）。

四　総合的な交通体系の整備に関すること。

五　都市交通その他の地域的な交通に関する基本的な計画及び地域における交通調整に関すること（都市局の所掌に属するものを除く。）。

六　公共交通機関の確保及びその機能の改善に関する総合的な事業の助成に関すること。

七　独立行政法人鉄道建設・運輸施設整備支援機構の行う独立行政法人鉄道建設・運輸施設整備支援機構法（平成十四年法律第百八十号）第十三条第一項第九号に掲げる業務及びこれに附帯する業務に関すること。

八　国立研究開発法人海上・港湾・航空技術研究所の組織及び運営一般に関すること。

九　海洋汚染等（海洋汚染等及び海上災害の防止に関する法律（昭和四十五年法律第百三十六号）第三条第十五号の二に規定する海洋汚染等をいう。以下同じ。）及び海上災害の防止に関すること（海上保安庁並びに海事局及び港湾局の所掌に属するものを除く。）。

十　海洋構築物等に係る安全水域の設定等に関する法律（平成十九年法律第三十四号）の施行に関すること。

十一　宇宙の開発に関する大規模な技術開発であって、航空保安業務の高度化その他の交通の発達及び改善並びに気象業務に係るものに関すること（気象庁及び他局の所掌に属するものを除く。）。

十二　交通安全基本計画（交通安全対策基本法（昭和四十五年法律第百十号）第二十二条第一項に規定する交通安全基本計画をいう。第三十七条第四号において同じ。）に係る事項の実施に関する関係行政機関の事務の調整に関すること。

十三　特定工場における公害防止組織の整備に関する法律（昭和四十六年法律第百七号）第七条に規定する資格に関すること。

十四　資源の有効な利用の促進に関する法律（平成三年法律第四十八号）第三条第一項に規定する基本方針に係る事務の取りまとめに関すること。

十五　独立行政法人環境再生保全機構の行う業務に関すること。

十六　国土交通省の所掌に係る公共事業の円滑かつ計画的な実施を推進するための当該各公共事業（鉄道整備事業、港湾整備事業及び空港整備事業並びにこれらに関連するものを除く。第四十七条第一号において同じ。）間の調整に関すること。

十七　直轄事業の施行の合理化のための方策（二以上の部局に共通するものに限る。）に関する企画及び立案、調整並びに指導に関すること（不動産・建設経済局の所掌に属するものを除く。）。

十八　産業廃棄物の処理に係る特定施設の整備の促進に関する法律（平成四年法律第六十二号）の規定による基本指針の策定の取りまとめに関すること並びに同法に規定する整備計画並びに特定周辺整備地区及び施設整備方針のうち建設業者の使用に供するための再生処理を行う特定施設以外の特定施設に係るものに関すること。

十九　高齢者、障害者等の移動等の円滑化の促進に関する法律（平成十八年法律第九十一号）の施行に関すること（他局の所掌に属するものを除く。）。

二十　社会資本整備審議会の庶務（公共用地分科会、産業分科会、住宅宅地分科会、都市計画・歴史的風土分科会、河川分科会、道路分科会及び建築分科会に係るものを除く。）に関すること。

二十一　交通政策審議会の庶務（観光分科会、陸上交通分科会、海事分科会、港湾分科会、航空分科会及び気象分科会に係るものを除く。）に関すること。

二十二　運輸審議会の庶務に関すること。

二十三　国立研究開発法人審議会の庶務に関すること（国立研究開発法人海上・港湾・航空技術研究所に係るものに限る。）。

二十四　中央交通安全対策会議の庶務（海上交通及び航空交通の安全に関する事項に係るものに限る。）に関すること。

二十五　国土交通省の所掌事務に関する情報化に関すること（他の所掌に属するものを除く。）。

二十六　国土交通省の情報システムの整備及び管理に関すること。

二十七　国土交通省の保有する個人情報の保護に関すること。

二十八　国土交通省の所掌事務に関する調査、情報の分析及び統計に関すること（他の所掌に属するものを除く。）。

二十九　国立国会図書館支部国土交通省図書館に関すること。

三十　国土交通省設置法（以下「法」という。）第三条第一項の任務に関連する特定の内閣の重要政策について、当該重要政策に関して閣議において決定された基本的な方針に基づいて、行政各部の施策の統一を図るために必要となる企画及び立案並びに総合調整に関すること（道路局の所掌に属するものを除く。）。

三十一　前各号に掲げるもののほか、国土交通省の所掌事務に係る政策に関する事務で他の所掌に属しないものに関すること。

（物流・自動車局の所掌事務）

第十二条　物流・自動車局は、次に掲げる事務をつかさどる。

一　貨物流通の効率化、円滑化及び適正化に関する国土交通省の所掌に係る事務に関する基本的な政策の企画及び立案並びに当該政策を実施するために必要な国土交通省の所掌事務の総括に関すること。
二　倉庫業その他の保管事業の発達、改善及び調整に関すること。
三　流通業務の総合化及び効率化の促進に関する法律（平成十七年法律第八十五号）の施行に関する事務で国土交通省の所掌に属するものに関すること（港湾局の所掌に属するものを除く。）。
四　貨物利用運送事業の発達、改善及び調整に関すること。
五　石油パイプライン事業の発達、改善及び調整に関すること（航空局の所掌に属するものを除く。）。
六　貨物の運送に係る航空運送代理店業の発達、改善及び調整に関すること。
七　道路運送及び道路運送事業の発達、改善及び調整に関すること。
八　自動車ターミナルに関すること。
九　自動車車庫に関すること。
十　自動車損害賠償責任保険及び自動車損害賠償責任共済に関すること。
十一　政府の管掌する自動車損害賠償保障事業に関すること。
十二　被害者保護増進等計画（自動車損害賠償保障法（昭和三十年法律第九十七号）第七十七条の三第一項に規定する被害者保護増進等計画をいう。第百三十五条第六号において同じ。）の作成及び変更並びに同法第七十七条の四の規定による交付並びに出資及び貸付け並びに補助に関すること。
十三　自動車安全特別会計の自動車事故対策勘定及び自動車検査登録勘定の経理に関すること。
十四　自動車の登録及び自動車抵当に関すること。
十五　道路運送及び道路運送車両の安全の確保、道路運送車両による公害の防止その他の道路運送車両に係る環境の保全並びに道路運送車両の使用に関すること。
十六　自動車の整備事業の発達、改善及び調整に関すること。
十七　軽車両及び自動車用代燃装置の製造、流通及び消費の増進、改善及び調整並びにこれらの製造に関する事業の発達、改善及び調整に関すること。
十八　道路運送車両並びにその使用及び整備に必要な機械器具及び物資の流通及び消費の増進、改善及び調整に関すること。
十九　独立行政法人自動車技術総合機構の組織及び運営一般に関すること。

（政策統括官の職務）
第十七条　政策統括官は、命を受けて、次に掲げる事務を分掌する。
一　国土交通省の所掌に係る事業に関する税制に関する調整に関する事務の総括に関すること。
二　国土の利用、開発及び保全に関する基本的な政策のうち交通施設の整備に係るものに関する関係行政機関の事務の調整に関すること。
三　土地に関する総合的かつ基本的な政策のうち地理空間情報（地理空間情報活用推進基本法（平成十九年法律第六十三号）第二条第一項に規定する地理空間情報をいう。第七十三条において同じ。）の活用の推進に係るものに関する企画及び立案並びに推進に関する調整に関すること。
四　国土交通省の所掌事務に関する政策の評価に関すること。

第二款　特別な職の設置等

（官房長）
第十八条　大臣官房に、官房長を置く。
2　官房長は、命を受けて、大臣官房の事務を掌理する。

（次長）
第十九条　総合政策局、不動産・建設経済局、水管理・国土保全局、道路局、鉄道局、物流・自動車局、海事局及び航空局に、それぞれ次長一人を置く。
2　次長は、局長を助け、局の事務を整理する。

（総括審議官、技術総括審議官、政策立案総括審議官、公共交通政策審議官、海外プロジェクト審議官、土地政策審議官、危機管理・運輸安全政策審議官、政策評価審議官、サイバーセキュリティ・情報化審議官、審議官及び技術審議官）
第二十条　大臣官房に、総括審議官二人、技術総括審議官一人、政策立案総括審議官一人、公共交通政策審議官一人、土地政策審議官一人、危機管理・運輸安全政策審議官一人、海外プロジェクト審議官一人、上下水道審議官一人、公文書監理官一人、政策評価審議官一人、サイバーセキュリティ・情報化審議官一人、審議官二十四人（うち一人は、関係のある他の職を占める者をもって充てられるものとする。）及び技術審議官五人を置く。
2　総括審議官は、命を受けて、国土交通省の所掌事務に関する重要事項についての企画及び立案並びに調整に関する事務を総括整理する。
3　技術総括審議官は、命を受けて、国土交通省の所掌事務に関する技術に関する重要事項についての企画及び立案並びに調整に関する事務を総括整理する。
4　政策立案総括審議官は、命を受けて、国土交通省の所掌事務に関する合理的な根拠に基づく政策立案の推進に関する重要事項についての企画及び立案並びに調整に関する事務並びに関係事務を総括整理する。
5　公共交通政策審議官は、命を受けて、国土交通省の所掌事務に関する交通機関の整備に関する政策に関する重要事項についての企画及び立案並びに調整に関する事務を総括整理する。
6　土地政策審議官は、命を受けて、国土交通省の所掌事務に関する適正かつ合理的な土地の利用及び管理並びに土地の取引の円滑化に関する政策に関する重要事項についての企画及び立案並びに調整に関する事務を総括整理する。
7　危機管理・運輸安全政策審議官は、命を受けて、国土交通省の所掌事務に関する危機管理及び運輸の安全の確保に関する政策に関する重要事項についての企画及び立案並びに調整に関する事務を総括整理する。
8　海外プロジェクト審議官は、命を受けて、国土交通省の所掌事務に関する国際関係事務で海外におけるプロジェクトに係る我が国事業者の事業活動の推進に係るもの、経済上の連携その他の対外経済関係に関するもの及び国際協力に係るものに関する重要事項についての企画及び立案並びに調整に関する事務を総括整理する。

9　上下水道審議官は、命を受けて、水道及び下水道に関する重要事項についての企画及び立案並びに調整に関する事務並びに関係事務を総括整理する。

10　公文書監理官は、命を受けて、国土交通省の所掌事務に関する公文書類の管理並びにこれに関連する情報の公開及び個人情報の保護の適正な実施の確保に関する重要事項についての事務並びに関係事務を総括整理する。

11　政策評価審議官は、命を受けて、国土交通省の所掌事務に関する政策の評価に関する重要事項についての企画及び立案に関する事務並びに関係事務を総括整理する。

12　サイバーセキュリティ・情報化審議官は、命を受けて、国土交通省の所掌事務に関するサイバーセキュリティ（サイバーセキュリティ基本法（平成二十六年法律第百四号）第二条に規定するサイバーセキュリティをいう。）の確保並びに情報システムの整備及び管理並びにこれらと併せて行われる事務の運営の改善及び効率化に関する重要事項についての企画及び立案に関する事務並びに関係事務を総括整理する。

13　審議官は、命を受けて、国土交通省の所掌事務に関する重要事項についての企画及び立案に参画し、関係事務を総括整理する。

14　技術審議官は、命を受けて、国土交通省の所掌事務に関する技術に関する重要事項についての企画及び立案に参画し、関係事務を総括整理する。

（参事官及び技術参事官）

第二十一条　大臣官房に、参事官二十四人及び技術参事官一人を置く。

2　大臣官房に置く参事官は、命を受けて、国土交通省の所掌事務に関する重要事項についての企画及び立案に参画する。

3　大臣官房に置く技術参事官は、命を受けて、国土交通省の所掌事務に関する技術に関する重要事項についての企画及び立案に参画する。

第三款　課の設置等

第一目　大臣官房

（大臣官房に置く課等）

第二十二条　大臣官房に、官庁営繕部に置くもののほか、次の六課並びに監察官一人、危機管理官一人及び運輸安全監理官一人を置く。

人事課

総務課

広報課

会計課

福利厚生課

技術調査課

2　官庁営繕部に、次の四課を置く。

管理課

計画課

整備課

設備・環境課

（人事課の所掌事務）

第二十四条　人事課は、次に掲げる事務をつかさどる。

一　機密に関すること。

二　国土交通省の職員の任免、給与、懲戒、服務その他の人事並びに教養及び訓練に関すること（福利厚生課の所掌に属するものを除く。）。

三　国土交通省の定員に関すること。

四　栄典の推薦及び伝達の実施並びに表彰及び儀式に関すること。

（総務課の所掌事務）

第二十五条　総務課は、次に掲げる事務をつかさどる。

一　大臣、副大臣、大臣政務官及び事務次官の官印並びに省印の保管に関すること。

二　公文書類の接受、発送、編集及び保存に関すること。

三　法令案その他の公文書類の審査及び進達に関すること。

四　国土交通省の所掌事務に関する総合調整に関すること（総合政策局及び道路局の所掌に属するものを除く。）。

五　国会との連絡に関すること。

六　国土交通省の保有する情報の公開に関すること。

七　国土交通省の機構に関すること。

八　本省で使用する乗用自動車の管理に関すること。

九　国土交通省の事務能率の増進に関すること。

十　国土交通省の所掌事務に関する官報掲載に関すること。

十一　前各号に掲げるもののほか、国土交通省の所掌事務で他の所掌に属しないものに関すること。

（広報課の所掌事務）

第二十六条　広報課は、広報に関する事務をつかさどる。

（会計課の所掌事務）

第二十七条　会計課は、次に掲げる事務をつかさどる。

一　国土交通省の所掌に係る経費及び収入の予算、決算及び会計並びに会計の監査に関すること。

二　国土交通省の所掌事務に関する財政投融資計画に関する事務の総括に関すること（総合政策局の所掌に属するものを除く。）。

三　国土交通省所管の国有財産の管理及び処分並びに物品の管理に関すること。

四　国土交通省所管の特別会計に属する国有財産の管理及び処分並びに物品の管理に関すること。

五　東日本大震災復興特別会計の経理のうち国土交通省の所掌に係るものに関すること。

六　公共事業の入札及び契約の改善に関する関係行政機関の事務の連絡調整に関すること。

七　庁内の管理に関すること。

第二十八条　削除

（福利厚生課の所掌事務）

第二十九条　福利厚生課は、次に掲げる事務をつかさどる。

一　国土交通省の職員の衛生、医療その他の福利厚生に関すること。

二　国土交通省共済組合に関すること。

三　国土交通省の職員（国土交通省所管の独立行政法人の職員を含む。）に貸与する宿舎に関すること。

四　国土交通省の職員の災害補償に関すること。

五　恩給に関する連絡事務に関すること。

（技術調査課の所掌事務）

第三十条　技術調査課は、次に掲げる事務をつかさどる。

一　直轄事業に係る建設技術に関する研究及び開発に関すること（他局及び官庁営繕部の所掌に属するものを除く。）。

二　直轄事業に係る技術基準及び積算基準（二以上の部局に共通するものに限る。）に関すること（不動産・建設経済局の所掌に属するものを除く。）。

三　直轄事業に係る建設工事用機械の整備及び運用（二以上の部局に共通するものに限る。）に関すること。

四　直轄事業に係る電気通信施設の整備及び管理に関すること。

五　公共工事に係る評価の適正化に係る技術基準及び費用の縮減に関する関係行政機関の事務の連絡調整に関すること。

六　建設業法の規定による建設機械施工管理の技術検定に関すること。

七　宇宙の開発に関する大規模な技術開発であって、測量その他の国土の管理に係るものに関すること。

八　建設技術に関する研究及び開発並びにこれらの助成並びに建設技術に関する指導及び普及に関すること（他局及び官庁営繕部の所掌に属するものを除く。）。

九　建設工事用機械に関する調査及び統計に関すること。

十　国土交通省の所掌事務に関する建設技術に関する事務の総括に関すること。

十一　国立研究開発法人審議会の庶務に関すること（総合政策局の所掌に属するものを除く。）。

（監察官の職務）

第三十一条　監察官は、国土交通省の行政の監察に関する事務（海上保安庁並びに海事局及び航空局の所掌に属するものを除く。）をつかさどる。

（危機管理官の職務）

第三十一条の二　危機管理官は、次に掲げる事務をつかさどる。

一　国土交通省の所掌に係る危機管理に関する基本的な政策の企画及び立案に関すること。

二　国土交通省の所掌に係る危機管理に関する事務の総括に関すること（水管理・国土保全局及び運輸安全監理官の所掌に属するものを除く。）。

（運輸安全監理官の職務）

第三十一条の三　運輸安全監理官は、次に掲げる事務をつかさどる。

一　運輸事業者の輸送に係る安全管理体制の評価その他の運輸事業に係る輸送の安全の確保に関する基本に関すること。

二　国土交通省の所掌事務に関する放射性物質の運搬の安全の確保に関する事務の総括に関すること。

三　国土交通省の所掌事務に関する交通に関連する防災に関する事務の総括に関すること。

（管理課の所掌事務）

第三十二条　管理課は、次に掲げる事務をつかさどる。

一　官庁営繕部の所掌事務に関する総合調整に関すること。

二　官庁営繕部の所掌事務に関する法令案の作成に関すること。

三　営繕工事（官公庁施設の整備及び委託に基づく建築物の営繕に関する建設工事又は建設工事の設計若しくは工事管理をいう。以下この目において同じ。）に係る入札及び契約に関すること。

四　官公庁施設に関する基準の設定、指導及び監督に関すること（計画課及び整備課の所掌に属するものを除く。）。

五　財政投融資特別会計の特定国有財産整備勘定の経理に関すること。

六　前各号に掲げるもののほか、官庁営繕部の所掌事務で他の所掌に属しないものに関すること。

（計画課の所掌事務）

第三十三条　計画課は、次に掲げる事務をつかさどる。

一　官公庁施設の整備に関する計画の企画及び立案並びに当該計画に関する関係機関との連絡調整に関すること。

二　営繕工事に係る積算に関すること。

三　官公庁施設の建設等に関する法律第九条に規定する営繕計画書に関すること。

四　官公庁施設に関する基準の設定、指導及び監督に関する事務（整備課の所掌に属するものを除く。）のうち、技術上の調査及び審査に関すること。

五　官公庁施設の建設等に関する法律第十三条第三項に規定する指導に関すること（整備課の所掌に属するものを除く。）。

（整備課の所掌事務）

第三十四条　整備課は、次に掲げる事務をつかさどる。

一　営繕工事に関すること（他課の所掌に属するものを除く。）。

二　官公庁施設に関する基準（官公庁施設の建設等に関する法律第十三条第一項に規定する位置、規模及び構造の基準に限る。）の設定に関すること。

三　官公庁施設の建設等に関する法律第十三条第三項に規定する指導（国家機関の建築物のうち特に重要なものに係るものに限る。）に関すること。

（設備・環境課の所掌事務）

第三十五条　設備・環境課は、次に掲げる事務をつかさどる。

一　営繕工事（国家機関の建築物のうち特に重要なものに係るものを除く。）のうち設備工事の設計に関すること（管理課及び計画課の所掌に属するものを除く。）。

二　営繕工事に関する事務のうち、環境対策の企画及び立案に関すること。

三　営繕工事の検査に関すること。

第二目　総合政策局

（総合政策局に置く課）

第三十六条　総合政策局に、次の十五課を置く。

総務課
政策課
社会資本整備政策課
バリアフリー政策課
環境政策課
海洋政策課
交通政策課
地域交通課
モビリティサービス推進課

公共事業企画調整課
技術政策課
国際政策課
海外プロジェクト推進課
情報政策課
行政情報化推進課

（総務課の所掌事務）

第三十七条 総務課は、次に掲げる事務をつかさどる。

一 総合政策局の所掌事務に関する総合調整に関すること（政策課の所掌に属するものを除く。）。

二 国土交通省の所掌事務に関する財政投融資計画に関する事務の総括に関すること（政府関係金融機関の行う投融資に関するものに限る。）。

三 総合的な交通体系の整備に関すること（交通政策課及びモビリティサービス推進課の所掌に属するものを除く。）。

四 交通安全基本計画に係る事項の実施に関する関係行政機関の事務の調整に関すること。

五 国土交通省の所掌事務に関する交通の安全の確保に関する事務の総括に関すること（大臣官房の所掌に属するものを除く。）。

六 国土交通省の所掌事務に関する交通に関する事故に係る救済に関する事務の総括に関すること。

七 社会資本整備審議会の庶務（公共用地分科会、産業分科会、住宅宅地分科会、都市計画・歴史的風土分科会、河川分科会、道路分科会及び建築分科会に係るものを除く。）に関すること。

八 交通政策審議会の庶務（交通体系分科会、技術分科会、観光分科会、陸上交通分科会、海事分科会、港湾分科会、航空分科会及び気象分科会に係るものを除く。）に関すること。

九 運輸審議会の庶務に関すること。

十 中央交通安全対策会議の庶務（海上交通及び航空交通の安全に関する事項に係るものに限る。）に関すること。

十一 前各号に掲げるもののほか、総合政策局の所掌事務で他の所掌に属しないものに関すること。

（政策課の所掌事務）

第三十八条 政策課は、次に掲げる事務をつかさどる。

一 国土交通省の所掌事務に関する総合的かつ基本的な方針その他の政策の企画及び立案並びに当該政策を実施するために必要な国土交通省の所掌事務の総括に関すること。

二 国土交通省の所掌事務に係る社会資本整備に関する基本的かつ短期的な政策（官民の連携による社会資本整備に係るものを除く。）の企画及び立案並びに当該政策を実施するために必要な国土交通省の所掌事務の総括に関すること。

三 前号に掲げるもののほか、国土交通省の所掌に係る施策に関し横断的な処理を要する事項に関する基本的な政策の企画及び立案に関する事務で他の所掌に属しないもの並びに当該政策を実施するために必要な国土交通省の所掌事務の総括に関すること。

四 法第三条第一項の任務に関連する特定の内閣の重要政策について、当該重要政策に関して閣議において決定された基本的な方針に基づいて、行政各部の施策の統一を図るために必要となる企画及び立案並びに総合調整に関すること（道路局の所掌に属するものを除く。）。

（社会資本整備政策課の所掌事務）

第三十九条 社会資本整備政策課は、次に掲げる事務をつかさどる。

一 国土交通省の所掌事務に係る社会資本整備に関する基本的な政策の企画及び立案並びに当該政策を実施するために必要な国土交通省の所掌事務の総括に関すること（政策課の所掌に属するものを除く。）。

二 社会資本の整合的かつ効率的な整備の推進に関すること（大臣官房の所掌に属するものを除く。）。

（バリアフリー政策課の所掌事務）

第四十条 バリアフリー政策課は、次に掲げる事務をつかさどる。

一 国土交通省の所掌事務に関する次に掲げる事項に関する基本的な政策の企画及び立案並びに当該政策を実施するために必要な国土交通省の所掌事務の総括に関すること。

イ 高齢者、障害者、子ども及び妊産婦が安心して生活するために必要なこれらの者の移動又は施設の利用に係るバリアフリー（これらの者の日常生活又は社会生活における移動上又は施設の利用上の支障を除去することをいう。）に資する施策の実施その他これらの者の移動上及び公共施設その他の施設の利用上の利便性及び安全性の向上

ロ 一般消費者の利便の増進及び利益の保護

二 高齢者、障害者等の移動等の円滑化の促進に関する法律の施行に関すること（他局の所掌に属するものを除く。）。

（環境政策課の所掌事務）

第四十一条 環境政策課は、次に掲げる事務をつかさどる。

一 国土交通省の所掌事務に係る環境の保全（良好な環境の創出を含む。以下単に「環境の保全」という。）に関する基本的な政策の企画及び立案並びに当該政策を実施するために必要な国土交通省の所掌事務の総括に関すること。

二 特定工場における公害防止組織の整備に関する法律第七条に規定する資格に関すること。

三 独立行政法人環境再生保全機構の行う業務に関すること。

四 前三号に掲げるもののほか、国土交通省の所掌事務に係る環境の保全に関する政策に関する事務で他の所掌に属しないものに関すること。

五 資源の有効な利用の促進に関する法律第三条第一項に規定する基本方針に係る事務の取りまとめに関すること。

（海洋政策課の所掌事務）

第四十二条 海洋政策課は、次に掲げる事務をつかさどる。

一 国土交通省の所掌事務に係る海洋の開発及び利用に関する基本的な政策の企画及び立案並びに当該政策を実施するために必要な国土交通省の所掌事務の総括に関すること。

二 海洋汚染等及び海上災害の防止に関すること（海上保安庁並びに海事局及び港湾局の所掌に属するものを除く。）。

三 海洋構築物等に係る安全水域の設定等に関する法律の施行に関すること。

（交通政策課の所掌事務）

第四十三条 交通政策課は、次に掲げる事務をつかさどる。

一 国土交通省の所掌事務に係る交通機関の整備に関する基本的な政策の企画及び立案並びに当該政策を実施するため

に必要な国土交通省の所掌事務の総括に関すること（地域交通課の所掌に属するものを除く。）。
二　運送産業（国土交通省の所掌に係る運送に関連する産業をいう。第四号において同じ。）に係る企業の合理化及び高度化並びに産業構造の改善に関する基本的な政策の企画及び立案並びに当該政策を実施するために必要な国土交通省の所掌事務の総括に関すること。
三　国土交通省の所掌事務に係る輸送及び保管に関連する運賃及び料金に関する基本的な政策の企画及び立案並びに当該政策を実施するために必要な国土交通省の所掌事務の総括に関すること。
四　運送産業の発達、改善及び調整に関する事務の取りまとめに関すること（政策統括官の所掌に属するものを除く。）。
五　運送及び運送事業の発達、改善及び調整を図る観点からの総合的な交通体系の整備に関すること（モビリティサービス推進課の所掌に属するものを除く。）。

（地域交通課の所掌事務）
第四十四条　地域交通課は、次に掲げる事務をつかさどる。
一　公共交通機関の確保及びその機能の改善に関する援助及び助成に関する基本的な政策の企画及び立案並びに当該政策を実施するために必要な国土交通省の所掌事務の総括に関すること。
二　都市交通その他の地域的な交通に関する基本的な計画及び地域における交通調整に関すること（都市局の所掌に属するものを除く。）。
三　公共交通機関の確保及びその機能の改善に関する総合的な事業の助成に関すること。
四　独立行政法人鉄道建設・運輸施設整備支援機構の行う独立行政法人鉄道建設・運輸施設整備支援機構法第十三条第一項第九号に掲げる業務及びこれに附帯する業務に関すること。

（モビリティサービス推進課の所掌事務）
第四十五条　モビリティサービス推進課は、運送及び運送事業の発達、改善及び調整を図る観点からの総合的な交通体系の整備に関する事務のうち、モビリティサービス（情報通信技術その他の先端的な技術を活用して複数の交通機関の利用に係る予約、料金の支払その他の行為を一括して行うことができるようにするサービスその他の当該技術の活用により交通機関の利用者の利便を増進するサービスをいう。）の実施の推進に関するものをつかさどる。

（公共事業企画調整課の所掌事務）
第四十七条　公共事業企画調整課は、次に掲げる事務をつかさどる。
一　国土交通省の所掌に係る公共事業の円滑かつ計画的な実施を推進するための当該各公共事業間の調整に関すること。
二　直轄事業の施行の合理化のための方策（二以上の部局に共通するものに限る。）に関する企画及び立案、調整並びに指導に関すること（不動産・建設経済局の所掌に属するものを除く。）。
三　産業廃棄物の処理に係る特定施設の整備の促進に関する法律の規定による基本指針の策定の取りまとめに関すること並びに同法に規定する整備計画並びに特定周辺整備地区及び施設整備方針のうち建設業者の使用に供するための再生処理を行う特定施設以外の特定施設に係るものに関すること。

（技術政策課の所掌事務）
第四十八条　技術政策課は、次に掲げる事務をつかさどる。
一　運輸技術及び気象業務に関連する技術に関する研究及び開発並びにこれらの助成並びに運輸技術及び気象業務に関連する技術に関する指導及び普及に関する基本的な政策の企画及び立案並びに当該政策を実施するために必要な国土交通省の所掌事務の総括に関すること。
二　国立研究開発法人海上・港湾・航空技術研究所の組織及び運営一般に関すること。
三　宇宙の開発に関する大規模な技術開発であって航空保安業務の高度化その他の交通の発達及び改善並びに気象業務に係るものに関すること（気象庁及び他局の所掌に属するものを除く。）。
四　国土交通省の所掌事務に係る交通の安全の確保を阻害するおそれがある人的又は技術的な要因についての基礎的な調査及び分析並びに当該要因を効果的に解消する手法の開発に関すること（大臣官房及び他局の所掌に属するものを除く。）。
五　交通政策審議会技術分科会の庶務に関すること。
六　国立研究開発法人審議会の庶務に関すること（国立研究開発法人海上・港湾・航空技術研究所に係るものに限る。）。

（情報政策課の所掌事務）
第五十一条　情報政策課は、次に掲げる事務をつかさどる。
一　総合政策局の所掌事務（第四条第二十五号から第二十九号までに掲げるものに限る。）に関する基本的な政策の企画及び立案に関すること。
二　国土交通省の所掌事務に関する情報化に関すること（他の所掌に属するものを除く。）。
三　国土交通省の保有する個人情報の保護に関すること。
四　国土交通省の所掌事務に関する調査、情報の分析及び統計に関すること（他の所掌に属するものを除く。）。

（行政情報化推進課の所掌事務）
第五十二条　行政情報化推進課は、次に掲げる事務をつかさどる。
一　国土交通省の所掌事務に関する行政の情報化の推進に関する総合的な政策（情報システムに係る情報の安全の確保及び情報システムの効率性に関する評価に関するものを除く。）の企画及び立案並びに当該政策を実施するために必要な国土交通省の所掌事務の総括に関すること。
二　国土交通省の情報システムの整備及び管理に関すること。
三　国立国会図書館支部国土交通省図書館に関すること。

第十目　物流・自動車局

（物流・自動車局に置く課）
第百三十一条　物流・自動車局に、次の十課を置く。
総務課
物流政策課
貨物流通事業課
安全政策課

技術・環境政策課
自動車情報課
旅客課
車両基準・国際課
審査・リコール課
自動車整備課

（総務課の所掌事務）
第百三十二条 総務課は、次に掲げる事務をつかさどる。
一 物流・自動車局の所掌事務に関する総合調整に関すること。
二 物流・自動車局の所掌事務に関する基本的な政策に関する企画及び立案に関すること（他課の所掌に属するものを除く。）。
三 物流・自動車局の所掌に係る事業に関する財務に関すること。
四 物流・自動車局の所掌に係る事業に関する税制に関する調整に関すること。
五 道路運送法（昭和二十六年法律第百八十三号）第八十五条の規定に基づく損失の補償に関すること。
六 物流・自動車局の所掌に係る事業に関する道路交通事業財団に関すること。
七 物流・自動車局の所掌に係る事業に関する中小企業等協同組合、協業組合並びに商工組合及び商工組合連合会の監督に関すること。
八 物流・自動車局の所掌に係る事業に関する外国為替及び外国貿易法第二十六条第二項に規定する対内直接投資等、同条第三項に規定する特定取得及び同法第三十条第一項に規定する技術導入契約の締結等に関すること。
九 道路運送に係る助成に関すること（技術・環境政策課の所掌に属するものを除く。）。
十 自動車道及び自動車道事業の発達、改善及び調整に関すること。
十一 自動車ターミナルに関すること（貨物流通事業課の所掌に属するものを除く。）。
十二 道路運送及び道路運送車両と道路との関連に関する調査及び研究に関すること。
十三 自動車の発着及び駐車の施設に関すること。
十四 交通政策審議会陸上交通分科会の庶務に関すること（道路運送及び道路運送車両に関する重要事項に係るものに限る。）。
十五 自動車安全特別会計の自動車事故対策勘定及び自動車検査登録勘定の経理に関すること。
十六 前各号に掲げるもののほか、物流・自動車局の所掌事務で他の所掌に属しないものに関すること。

（物流政策課の所掌事務）
第百三十三条 物流政策課は、次に掲げる事務をつかさどる。
一 貨物流通の効率化、円滑化及び適正化に関する国土交通省の所掌に係る事務に関する基本的な政策の企画及び立案並びに当該政策を実施するために必要な国土交通省の所掌事務の総括に関すること。
二 流通業務の総合化及び効率化の促進に関する法律の施行に関する事務で国土交通省の所掌に属するものに関すること（港湾局及び貨物流通事業課の所掌に属するものを除く。）。

（貨物流通事業課の所掌事務）
第百三十四条 貨物流通事業課は、次に掲げる事務をつかさどる。
一 道路運送車両による貨物の運送及び貨物自動車運送事業の発達、改善及び調整に関すること（総務課及び技術・環境政策課の所掌に属するものを除く。）。
二 自家用貨物自動車の使用に関すること。
三 倉庫業その他の保管事業の発達、改善及び調整に関すること。
四 流通業務の総合化及び効率化の促進に関する法律第二条第三号に規定する特定流通業務施設（港湾流通拠点地区（同条第五号に規定する港湾流通拠点地区をいう。第百六十条第七号において同じ。）に係るものを除く。）に関すること。
五 貨物利用運送事業の発達、改善及び調整に関すること。
六 石油パイプライン事業の発達、改善及び調整に関すること（航空局の所掌に属するものを除く。）。
七 貨物自動車ターミナルに関すること。
八 貨物の運送に係る航空運送代理店業の発達、改善及び調整に関すること。

（安全政策課の所掌事務）
第百三十五条 安全政策課は、次に掲げる事務をつかさどる。
一 道路運送の安全の確保に関すること（車両基準・国際課の所掌に属するものを除く。）。
二 道路運送事業の監査に関する基本的な政策に関する企画及び立案に関すること。
三 自動車損害賠償責任保険及び自動車損害賠償責任共済に関すること。
四 政府の管掌する自動車損害賠償保障事業に関すること。
五 前二号に掲げるもののほか、自動車事故による損害賠償を保障する制度に関すること（総務課の所掌に属するものを除く。）。
六 被害者保護増進等計画の作成及び変更並びに自動車損害賠償保障法第七十七条の四の規定による交付並びに出資及び貸付け並びに補助に関すること。
七 独立行政法人自動車事故対策機構の行う業務に関すること。

（技術・環境政策課の所掌事務）
第百三十六条 技術・環境政策課は、次に掲げる事務をつかさどる。
一 物流・自動車局の所掌事務に関する技術に関する基本的な政策の企画及び立案に関すること。
二 物流・自動車局の所掌事務に関する環境の保全に関する基本的な政策の企画及び立案に関すること。
三 道路運送に係る助成のうち環境の保全に係るものに関すること。
四 道路運送車両の安全の確保に関すること（車両基準・国際課、審査・リコール課及び自動車整備課の所掌に属するものを除く。）。
五 道路運送車両による公害の防止その他の道路運送車両に係る環境の保全に関すること（車両基準・国際課、審査・リコール課及び自動車整備課の所掌に属するものを除く。）。
六 道路運送車両の使用に関すること（車両基準・国際課及

び審査・リコール課の所掌に属するものを除く。）。

七　道路運送車両の使用に必要な物資の流通及び消費の増進、改善及び調整に関すること（車両基準・国際課の所掌に属するものを除く。）。

八　道路運送車両及びその使用に必要な機械器具に関する物流・自動車局の所掌に係る資源の有効な利用の確保に関すること。

九　独立行政法人自動車技術総合機構の組織及び運営一般に関すること。

十　物流・自動車局の所掌事務に係る国際機関及び外国の行政機関との連絡並びに国際協力に関する事務のうち、自動運転に関する技術に関すること。

（自動車情報課の所掌事務）

第百三十七条　自動車情報課は、次に掲げる事務をつかさどる。

一　物流・自動車局の所掌事務に係る自動車の使用における情報化の推進に関する基本的な政策の企画及び立案に関すること。

二　自動車の登録及び自動車抵当に関すること。

三　自動車検査登録印紙の売りさばきに関すること。

四　道路運送車両の流通及び消費の増進、改善及び調整に関すること（技術・環境政策課の所掌に属するものを除く。）。

（旅客課の所掌事務）

第百三十八条　旅客課は、次に掲げる事務をつかさどる。

一　道路運送車両による旅客の運送及び旅客自動車運送事業の発達、改善及び調整に関すること（総務課及び技術・環境政策課の所掌に属するものを除く。）。

二　自家用自動車の使用に関すること（貨物流通事業課の所掌に属するものを除く。）。

（車両基準・国際課の所掌事務）

第百三十九条　車両基準・国際課は、次に掲げる事務をつかさどる。

一　道路運送車両の安全の確保に係る技術上の基準に関すること（審査・リコール課及び自動車整備課の所掌に属するものを除く。）。

二　放射性物質の道路運送車両による運搬に関する規制に関すること。

三　道路運送車両による公害の防止その他の道路運送車両に係る環境の保全に係る技術上の基準に関すること（審査・リコール課及び自動車整備課の所掌に属するものを除く。）。

四　道路運送車両の使用に係る技術上の基準に関すること。

五　道路運送車両の使用に必要な物資の消費の改善に係る技術上の基準に関すること。

六　物流・自動車局の所掌事務に係る国際機関及び外国の行政機関との連絡並びに国際協力に関すること（物流政策課及び技術・環境政策課の所掌に属するものを除く。）。

（審査・リコール課の所掌事務）

第百四十条　審査・リコール課は、次に掲げる事務をつかさどる。

一　道路運送車両並びに道路運送車両の共通構造部及び装置の型式についての指定その他の証明に関すること。

二　自動車の車台番号及び原動機の型式の打刻に関すること（自動車整備課の所掌に属するものを除く。）。

三　設計又は製作の過程に起因する基準不適合自動車及び基準不適合特定後付装置についての改善措置に関すること。

四　軽車両及び自動車用代燃装置の製造、流通及び消費の増進、改善及び調整並びにこれらの製造に関する事業の発達、改善及び調整に関すること。

五　道路運送車両の使用に必要な機械器具の流通及び消費の増進、改善及び調整に関すること（技術・環境政策課の所掌に属するものを除く。）。

六　物流・自動車局の所掌事務に関する道路運送車両の使用者の利益の保護に関する事項についての企画及び立案に関すること（道路運送車両及び道路運送車両の装置の安全性の評価に係るものを除く。）。

（自動車整備課の所掌事務）

第百四十一条　自動車整備課は、次に掲げる事務をつかさどる。

一　道路運送車両の整備に関すること（環境の保全に係る技術上の基準に関することを除く。）。

二　自動車車庫に関すること。

三　自動車の整備事業の発達、改善及び調整に関すること。

四　道路運送車両の整備に必要な機械器具及び物資の流通及び消費の増進、改善及び調整に関すること。

五　自動車の検査に関すること。

六　道路運送車両法（昭和二十六年法律第百八十五号）第三十一条及び第三十二条の規定による自動車の車台番号及び原動機の型式の打刻に関すること。

第十五目　政策統括官

（政策評価官）

第百九十条　本省に、政策評価官一人を置く。

2　政策評価官は、政策統括官のつかさどる職務（第十七条第四号に掲げるものに限る。）を助ける。

第三節　審議会等

（国立研究開発法人審議会）

第百九十一条　法律の規定により置かれる審議会等のほか、本省に、国立研究開発法人審議会を置く。

2　国立研究開発法人審議会は、独立行政法人通則法（平成十一年法律第百三号）の規定に基づきその権限に属させられた事項を処理する。

3　前項に定めるもののほか、国立研究開発法人審議会に関し必要な事項については、国土交通省国立研究開発法人審議会令（平成二十七年政令第百九十七号）の定めるところによる。

第四節　施設等機関

（設置）

第百九十二条　本省に、次の施設等機関を置く。

国土交通政策研究所
国土技術政策総合研究所
国土交通大学校

航空保安大学校

第五節　地方支分部局

第三款　地方運輸局

（地方運輸局の名称、位置及び管轄区域）

第二百十二条　地方運輸局の名称、位置及び管轄区域は、次のとおりとする。

名称	位置	管轄区域
北海道運輸局	北海道	北海道
東北運輸局	宮城県	青森県　岩手県　宮城県　秋田県　山形県　福島県
関東運輸局	神奈川県	茨城県　栃木県　群馬県　埼玉県　千葉県　東京都　神奈川県　山梨県
北陸信越運輸局	新潟県	新潟県　富山県　石川県　長野県
中部運輸局	愛知県	福井県　岐阜県　静岡県　愛知県　三重県
近畿運輸局	大阪府	滋賀県　京都府　大阪府　兵庫県　奈良県　和歌山県
中国運輸局	広島県	鳥取県　島根県　岡山県　広島県　山口県
四国運輸局	香川県	徳島県　香川県　愛媛県　高知県
九州運輸局	福岡県	福岡県　佐賀県　長崎県　熊本県　大分県　宮崎県　鹿児島県

2　法第三十五条第一項に掲げる事務のうち法第四条第一項第十五号（油保管施設等の油濁防止緊急措置手引書等に係るものを除く。）、第十八号、第十九号（船舶運航事業者の行う貨物の運送に係るものに限る。）、第八十六号から第九十三号まで、第九十五号から第九十九号まで及び第百号（運輸安全委員会の行う運輸安全委員会設置法第五条第五号及び第六号に規定する調査に対する援助に係るものに限る。）に掲げる事務並びにこれらの事務に係る同項第百十四号及び第百二十八号に掲げる事務に関しては、前項の規定にかかわらず、山口県のうち下関市、宇部市、山陽小野田市及び長門市は九州運輸局の管轄区域とする。

3　国土交通大臣は、前二項に規定する地方運輸局の管轄区域の境界付近の区域に関し、特に必要があると認めるときは、国土交通省令で同項の管轄区域の特例（必要な経過措置を含む。）を定めることができる。

（地方運輸局の内部組織）

第二百十三条　北海道運輸局、東北運輸局、関東運輸局、北陸信越運輸局、中部運輸局、近畿運輸局、中国運輸局及び九州運輸局に、それぞれ次長一人を置く。

2　次長は、地方運輸局長を助け、地方運輸局の事務を整理する。

3　地方運輸局に、次の八部を置く。

総務部
交通政策部
観光部
鉄道部
自動車交通部
自動車技術安全部
海事振興部
海上安全環境部

4　前項の規定にかかわらず、北陸信越運輸局にあっては海事振興部及び海上安全環境部に代え海事部を置く。

5　第三項の部のほか、関東運輸局及び近畿運輸局に自動車監査指導部を置く。

6　前各項に定めるもののほか、地方運輸局の内部組織は、国土交通省令で定める。

（地方交通審議会）

第二百十四条　各地方運輸局に、それぞれ地方交通審議会を置く。

2　地方交通審議会は、次に掲げる事務をつかさどる。

一　地方運輸局長の諮問に応じて地方運輸局の所掌事務に関する重要事項を調査審議すること。

二　船員法（昭和二十二年法律第百号）、最低賃金法（昭和三十四年法律第百三十七号）及び船員職業安定法（昭和二十三年法律第百三十号）の規定によりその権限に属させられた事項を処理すること。

3　前項に定めるもののほか、地方交通審議会の組織、所掌事務及び委員その他の職員その他地方交通審議会に関し必要な事項については、国土交通省令で定める。

（運輸監理部の名称、位置及び管轄区域）

第二百十五条　運輸監理部の名称、位置及び管轄区域は、次のとおりとする。

名称	位置	管轄区域
神戸運輸監理部	神戸市	兵庫県

（運輸支局の名称、位置及び管轄区域）

第二百十六条　運輸支局の名称、位置及び管轄区域は、別表のとおりとする。

2　国土交通大臣は、一体として実施すべき事務の区域が前項に規定する二以上の運輸支局の管轄区域にわたる場合その他必要があると認める場合においては、国土交通省令で同項の管轄区域の特例（必要な経過措置を含む。）を定めることができる。

附　則（抄）

（施行期日）

第一条　この政令は、内閣法の一部を改正する法律（平成十一年法律第八十八号）の施行の日（平成十三年一月六日）から施行する。

（大臣官房の所掌事務の特例）

第一条の二　大臣官房は、第三条第一項各号に掲げる事務のほか、当分の間、国土交通省の所管に係る一般社団法人及び一般財団法人に関する法律及び公益社団法人及び公益財団法人の認定等に関する法律の施行に伴う関係法律の整備等に関する法律（平成十八年法律第五十号）第四十二条第二項に規定する特例民法法人（附則第五条の四において単に「特例民法法人」という。）の監督に関する事務をつかさどる。

（物流・自動車局の所掌事務の特例）

第五条の二　物流・自動車局は、第十二条各号に掲げる事務のほか、当分の間、自動車損害賠償保障法及び自動車損害賠償責任再保険特別会計法の一部を改正する法律（平成十三年法律第八十三号）附則第二条第一項の規定によりなおその効力を有することとされた同法第一条の規定による改正前の自動車損害賠償保障法の規定に基づく再保険関係及び保険関係に係る自動車損害賠償責任再保険事業及び自動車損害賠償責任共済保険事業（附則第二十四条の二において「再保険事業等」という。）に関する事務をつかさどる。

（大臣官房総務課の所掌事務の特例）

第五条の四　大臣官房総務課は、第二十五条各号に掲げる事務のほか、当分の間、国土交通省の所管に係る特例民法法人の監督に関する事務をつかさどる。

（物流・自動車局安全政策課の所掌事務の特例）

第二十四条の二　物流・自動車局安全政策課は、第百三十五条各号に掲げる事務のほか、当分の間、再保険事業等に関する事務をつかさどる。

別表（第二百十六条関係）

名称	位置	管轄区域
札幌運輸支局	札幌市	北海道のうち札幌市　小樽市　夕張市　岩見沢市　美唄市　芦別市　江別市　赤平市　三笠市　千歳市　滝川市　砂川市　歌志内市　恵庭市　北広島市　石狩市　石狩振興局管内　後志総合振興局管内　空知総合振興局管内のうち空知郡、夕張郡及び樺戸郡
函館運輸支局	函館市	北海道のうち函館市　北斗市　渡島総合振興局管内　檜山振興局管内
旭川運輸支局	旭川市	北海道のうち旭川市　留萌市　稚内市　士別市　名寄市　深川市　富良野市　空知総合振興局管内のうち雨竜郡　上川総合振興局管内　留萌振興局管内　宗谷総合振興局管内
室蘭運輸支局	室蘭市	北海道のうち室蘭市　苫小牧市　登別市　伊達市　胆振総合振興局管内　日高振興局管内
釧路運輸支局	釧路市	北海道のうち釧路市　根室市　釧路総合振興局管内　根室振興局管内
帯広運輸支局	帯広市	北海道のうち帯広市　十勝総合振興局管内
北見運輸支局	北見市	北海道のうち北見市　網走市　紋別市　オホーツク総合振興局管内
青森運輸支局	青森市	青森県
岩手運輸支局	岩手県紫波郡矢巾町	岩手県
宮城運輸支局	仙台市	宮城県
秋田運輸支局	秋田市	秋田県
山形運輸支局	山形市	山形県
福島運輸支局	福島市	福島県
茨城運輸支局	水戸市	茨城県
栃木運輸支局	宇都宮市	栃木県
群馬運輸支局	前橋市	群馬県
埼玉運輸支局	さいたま市	埼玉県
千葉運輸支局	千葉市	千葉県
東京運輸支局	東京都	東京都
神奈川運輸支局	横浜市	神奈川県
山梨運輸支局	笛吹市	山梨県
新潟運輸支局	新潟市	新潟県
富山運輸支局	富山市	富山県
石川運輸支局	金沢市	石川県
長野運輸支局	長野市	長野県
福井運輸支局	福井市	福井県
岐阜運輸支局	岐阜市	岐阜県
静岡運輸支局	静岡市	静岡県
愛知運輸支局	名古屋市	愛知県
三重運輸支局	津市	三重県
滋賀運輸支局	守山市	滋賀県
京都運輸支局	京都市	京都府
大阪運輸支局	寝屋川市	大阪府
奈良運輸支局	大和郡山市	奈良県
和歌山運輸支局	和歌山市	和歌山県
鳥取運輸支局	鳥取市	鳥取県
島根運輸支局	松江市	島根県
岡山運輸支局	岡山市	岡山県
広島運輸支局	広島市	広島県
山口運輸支局	山口市	山口県
徳島運輸支局	徳島市	徳島県
香川運輸支局	高松市	香川県
愛媛運輸支局	松山市	愛媛県
高知運輸支局	高知市	高知県
福岡運輸支局	福岡市	福岡県
佐賀運輸支局	佐賀市	佐賀県
長崎運輸支局	長崎市	長崎県

熊本運輸支局	熊本市	熊本県
大分運輸支局	大分市	大分県
宮崎運輸支局	宮崎市	宮崎県
鹿児島運輸支局	鹿児島市	鹿児島県

○国土交通省組織規則（抄）

（平成十三年一月六日）
（国土交通省令第一号）

最終改正　令六国交令七四

第一章　本省

第一節　内部部局

第一款　大臣官房

（公文書監理・情報公開室並びに企画官、企画調整官、地方企画調整官及び総務調整官）

第六条　総務課に、公文書監理・情報公開室並びに企画官十四人、企画調整官十一人、地方企画調整官一人及び総務調整官二人を置く。

2　公文書監理・情報公開室は、次に掲げる事務をつかさどる。

一　大臣、副大臣、大臣政務官及び事務次官の官印並びに省印の保管に関すること。

二　公文書類の接受、発送、編集及び保存に関すること。

三　国土交通省の保有する情報の公開に関すること。

四　国土交通省の所掌事務に関する官報掲載に関すること。

3　公文書監理・情報公開室に、室長を置く。

4　企画官は、命を受けて、総務課の所掌事務に関する重要事項についての企画及び立案並びに調整に関する事務に参画する。

5　企画調整官は、命を受けて、総務課の所掌事務に関する特定事項についての企画及び立案並びに調整に関する事務をつかさどる。

6　地方企画調整官は、命を受けて、総務課の所掌事務に関する重要な専門的事項についての企画及び立案並びに調整に関する事務をつかさどる。

7　総務調整官は、命を受けて、議案その他の審査又は国政に関する調査に係る国会との連絡に関する調整に関する事務を分掌する。

第十款　物流・自動車局

（バス高速輸送システム推進官及び財務企画調整官）

第八十六条　総務課に、バス高速輸送システム推進官及び財務企画調整官それぞれ一人を置く。

2　バス高速輸送システム推進官は、次に掲げる事務をつかさどる。

一　バス高速輸送システムの導入の推進に関する基本的な政策の企画及び立案並びに関係行政機関その他の関係者との連絡調整に関すること（他課の所掌に属するものを除く。）。

二　道路運送及び道路運送車両と道路との関連に関する調査及び研究のうちバス高速輸送システムに係るものに関すること。

三　自動車の発着及び駐車の施設のうちバス高速輸送システムに係るものに関すること。

3　財務企画調整官は、次に掲げる事務をつかさどる。

一　物流・自動車局の所掌に係る事業に関する財務に関する企画及び立案並びに関係行政機関その他の関係者との連絡調整に関すること（技術・環境政策課の所掌に属するものを除く。）。

二　道路運送に係る助成に関する企画及び立案並びに関係行政機関その他の関係者との連絡調整に関すること。

（国際物流室並びに物流革新推進官、次世代物流システム推進官、物流環境政策調整官、物流渉外官及び災害物流対策官）

第八十六条の二　物流政策課に、国際物流室並びに物流革新推進官、次世代物流システム推進官、物流環境政策調整官、物流渉外官及び災害物流対策官それぞれ一人を置く。

2　国際物流室は、国際的な貨物流通の効率化、円滑化及び適正化に関する国土交通省の所掌に係る事務に関する基本的な政策の企画及び立案並びに当該政策を実施するために必要な国土交通省の所掌事務の総括に関する事務（物流渉外官の所掌に属するものを除く。）をつかさどる。

3　国際物流室に、室長を置く。

4　物流革新推進官は、貨物流通の効率化、円滑化及び適正化に関する革新的な施策に関する基本的な政策の企画及び立案並びに調整に関する事務をつかさどる。

5　次世代物流システム推進官は、命を受けて、次世代物流システムの導入の推進に関する基本的な政策に係る重要事項についての企画及び立案並びに調整に関する事務をつかさどる。

6　物流環境政策調整官は、命を受けて、物流環境（貨物流通に係る環境をいう。）の保全に関する基本的な政策に係る重要事項についての企画及び立案並びに調整に関する事務をつかさどる。

7　物流渉外官は、国際的な貨物流通に関する国際機関及び外国の行政機関その他の外国の関係者との連絡調整に関する事務をつかさどる。

8　災害物流対策官は、命を受けて、災害物流（災害時における貨物流通をいう。）の円滑化に関する基本的な政策に係る重要事項についての企画及び立案並びに調整に関する事務をつかさどる。

（トラック事業適正化対策室及び貨物流通経営戦略室並びにトラック輸送パートナーシップ推進官、貨物流通事業適正化推進官及び国際複合物流企画調整官）

第八十六条の三　貨物流通事業課に、トラック事業適正化対策室及び貨物流通経営戦略室並びにトラック輸送パートナーシップ推進官、貨物流通事業適正化推進官及び国際複合物流企画調整官それぞれ一人を置く。

2　トラック事業適正化対策室は、次に掲げる事務をつかさどる。

一　道路運送車両による貨物の運送及び貨物自動車運送事業に関する業務の適正化に関すること（トラック輸送パートナーシップ推進官の所掌に属するものを除く。）。

二　自家用貨物自動車の使用に関すること。

3　トラック事業適正化対策室に、室長を置く。

4　貨物流通経営戦略室は、貨物自動車運送事業その他の貨物流通事業課の所掌に係る事業に関する業務の効率化及び高度化に関する重要事項についての企画及び立案並びに関係行政機関その他の関係者との連絡調整に関する事務（総務課の所掌に属するものを除く。）をつかさどる。

5　貨物流通経営戦略室に、室長を置く。

6　トラック輸送パートナーシップ推進官は、道路運送車両による貨物の運送及び貨物自動車運送事業に係る事業者と荷主との間の取引の適正化の推進に関する企画及び立案並びに関係行政機関その他の関係者との連絡調整に関する事務をつかさどる。

7　貨物流通事業適正化推進官は、倉庫業その他の貨物流通事業課の所掌に係る事業に関する業務の適正化に関する事務（トラック事業適正化対策室及びトラック輸送パートナーシップ推進官の所掌に属するものを除く。）をつかさどる。

8　国際複合物流企画調整官は、貨物利用運送事業に係る国際複合一貫輸送（本邦と外国との間の貨物の輸送であって、異なる二以上の種類の運送機関により一貫して行われるものをいう。）の推進に関する企画及び立案並びに調整に関する事務をつかさどる。

（安全監理室及び保障事業室並びに企画調整官、危機管理官、事故防止対策推進官、自動車安全監査官、自動車事故対策事業企画官、訟務官及び被害者保護企画調整官）

第八十七条　安全政策課に、安全監理室及び保障事業室並びに企画調整官、危機管理官及び事故防止対策推進官それぞれ一人、自動車安全監査官並びに自動車事故対策事業企画官、訟務官及び被害者保護企画調整官それぞれ一人を置く。

2　安全監理室は、次に掲げる事務をつかさどる。

一　道路運送の安全の確保に関する基準についての企画及び立案並びに関係行政機関その他の関係者との連絡調整に関すること（車両基準・国際課の所掌に属するものを除く。）。

二　前号の基準に基づく道路運送事業の監査に関する基本的な政策に関する企画及び立案に関すること。

3　安全監理室に、室長を置く。

4　保障事業室は、政府の管掌する自動車損害賠償保障事業に関する事務（自動車事故対策事業企画官及び訟務官の所掌に属するものを除く。）をつかさどる。

5　保障事業室に、室長を置く。

6　企画調整官は、命を受けて、安全政策課の所掌事務に関する重要事項についての企画及び立案並びに調整に関する事務をつかさどる。

7　危機管理官は、道路運送に関する危機管理に関する事務（車両基準・国際課及び安全監理室の所掌に属するものを除く。）をつかさどる。

8　事故防止対策推進官は、道路運送に関する事故の防止に係る企画及び立案並びに関係行政機関その他の関係者との連絡調整に関する事務（車両基準・国際課及び安全監理室の所掌に属するものを除く。）をつかさどる。

9　自動車安全監査官は、命を受けて、道路運送事業の監査に関する基本的な政策に関する企画及び立案に関する事務（安全監理室の所掌に属するものを除く。）を分掌する。

10　自動車安全監査官のうちから国土交通大臣が指名する者を首席自動車安全監査官とする。

11　首席自動車安全監査官は、自動車安全監査官の所掌に属する事務を統括する。

12　自動車事故対策事業企画官は、次に掲げる事項に関する企画及び立案並びに調整に関する事務をつかさどる。

一　自動車損害賠償保障法（昭和三十年法律第九十七号。第三号において「自賠法」という。）第七十八条に規定する自動車事故対策事業賦課金の金額に関すること。

二　被害者保護増進等計画の作成及び変更に関すること。

三　自賠法第七十七条の四の規定による交付並びに出資及び貸付け並びに補助の効率的かつ効果的な実施及び評価に関すること。

13　訟務官は、政府の管掌する自動車損害賠償保障事業に関する訴訟に関する事務をつかさどる。

14　被害者保護企画調整官は、自動車事故による被害者の保護に関する企画及び立案並びに関係行政機関その他の関係者との連絡調整に関する事務をつかさどる。

（先進技術推進室並びに自動運転戦略官及び自動車脱炭素化推進官）

第八十八条　技術・環境政策課に、先進技術推進室並びに自動運転戦略官及び自動車脱炭素化推進官それぞれ一人を置く。

2　先進技術推進室は、道路運送車両による公害の防止その他の道路運送車両に係る環境の保全に係る先進技術の開発及び普及に関する企画及び立案並びに関係行政機関その他の関係者との連絡調整に関する事務（他課並びに自動運転戦略官及び自動車脱炭素化推進官の所掌に属するものを除く。）をつかさどる。

3　先進技術推進室に、室長を置く。

4　自動運転戦略官は、次に掲げる事務をつかさどる。

一　道路運送車両の安全の確保及び使用に関する事務のうち自動運転技術の開発及び普及に関する企画及び立案並びに関係行政機関その他の関係者との連絡調整に関すること（他課の所掌に属するものを除く。）。

二　自動運転技術に関する国際機関及び外国の行政機関その他の外国の関係者との連絡調整に関すること。

三　自動運転技術に係る国際協力に関すること。

5　自動車脱炭素化推進官は、命を受けて、自動車に係る温室効果ガスの排出の量の削減等に関する事務（車両基準・国際課、審査・リコール課及び自動車整備課の所掌に属するものを除く。）で特定事項に関するものをつかさどる。

（自動車登録管理企画室並びに自動車情報活用推進官及び自動車登録番号標企画調整官）

第八十九条　自動車情報課に、自動車登録管理企画室並びに自動車情報活用推進官及び自動車登録番号標企画調整官それぞれ一人を置く。

2　自動車登録管理企画室は、次に掲げる事務をつかさどる。

一　自動車の登録に係る電子情報処理組織の管理及び運用に関すること。

二　自動車の保有に伴い必要とされる行政手続におけるワンストップサービスの利用の促進に関する企画及び立案並びに関係行政機関その他の関係者との連絡調整に関すること。

3　自動車登録管理企画室に、室長を置く。

4　自動車情報活用推進官は、命を受けて、自動車情報課の所掌事務のうち自動車情報の活用の推進に関する特定事項についての企画及び立案並びに関係行政機関その他の関係者との連絡調整に関する事務をつかさどる。

5　自動車登録番号標企画調整官は、命を受けて、自動車登録番号標に関する特定事項についての企画及び立案並びに関係行政機関その他の関係者との連絡調整に関する事務をつかさどる。

（地域交通室及び旅客運送適正化推進室並びに地域交通対策官、バス事業活性化調整官及びタクシー事業活性化調整官）

第九十条 旅客課に、地域交通室及び旅客運送適正化推進室並びに地域交通対策官、バス事業活性化調整官及びタクシー事業活性化調整官それぞれ一人を置く。

2 地域交通室は、次に掲げる事務をつかさどる。

一 旅客自動車運送事業に関する地域住民の生活に必要な輸送の確保に関する企画及び立案並びに関係行政機関その他の関係者との連絡調整に関すること（総務課及び地域交通対策官の所掌に属するものを除く。）。

二 自家用有償旅客運送に関すること。

3 地域交通室に、室長を置く。

4 旅客運送適正化推進室は、旅客自動車運送事業に係る業務の適正化に関する事務をつかさどる。

5 旅客運送適正化推進室に、室長を置く。

6 地域交通対策官は、命を受けて、次に掲げる事務をつかさどる。

一 旅客自動車運送事業に関する地域住民の生活に必要な輸送の確保に関する特定事項についての企画及び立案並びに関係行政機関その他の関係者との連絡調整に関すること（総務課の所掌に属するものを除く。）。

二 自家用自動車の使用に関すること（貨物流通事業課及び地域交通室の所掌に属するものを除く。）。

7 バス事業活性化調整官は、一般乗合旅客自動車運送事業及び一般貸切旅客自動車運送事業の活性化に関する企画及び立案並びに関係行政機関その他の関係者との連絡調整に関する事務（総務課の所掌に属するものを除く。）をつかさどる。

8 タクシー事業活性化調整官は、一般乗用旅客自動車運送事業の活性化に関する企画及び立案並びに関係行政機関その他の関係者との連絡調整に関する事務（総務課の所掌に属するものを除く。）をつかさどる。

（環境基準室及び国際業務室並びに自動車基準協定調整官）

第九十二条 車両基準・国際課に、環境基準室及び国際業務室並びに自動車基準協定調整官一人を置く。

2 環境基準室は、次に掲げる事務をつかさどる。

一 道路運送車両による公害の防止その他の道路運送車両に係る環境の保全に係る技術上の基準に関すること（審査・リコール課及び自動車整備課の所掌に属するものを除く。）。

二 道路運送車両の使用に関する事務のうち環境の保全（良好な環境の創出を含む。以下単に「環境の保全」という。）に係る技術上の基準に関すること。

三 道路運送車両の使用に必要な物資の消費の改善に係る技術上の基準に関すること。

3 環境基準室に室長を置く。

4 国際業務室は、物流・自動車局の所掌事務に係る国際機関及び外国の行政機関との連絡並びに国際協力に関する事務（物流政策課及び技術・環境政策課の所掌に属するものを除く。）をつかさどる。

5 国際業務室に、室長を置く。

6 自動車基準協定調整官は、車両等の技術規則に係る国際協定に関する国際機関及び外国の行政機関その他の外国の関係者との連絡調整に関する事務をつかさどる。

（リコール監理室及び不具合情報調査推進室並びに自動運転技術審査官、リコール業務指導官、型式指定業務指導官、完成検査業務適正化対策官及びユーザー情報企画調整官）

第九十三条 審査・リコール課に、リコール監理室及び不具合情報調査推進室並びに自動運転技術審査官、リコール業務指導官、型式指定業務指導官、完成検査業務適正化対策官及びユーザー情報企画調整官それぞれ一人を置く。

2 リコール監理室は、設計又は製作の過程に起因する基準不適合自動車及び基準不適合特定後付装置についての改善措置に関する事務（不具合情報調査推進室及びリコール業務指導官の所掌に属するものを除く。）をつかさどる。

3 リコール監理室に、室長を置く。

4 不具合情報調査推進室は、設計又は製作の過程に起因する基準不適合自動車及び基準不適合特定後付装置についての改善措置に関する事務のうち、道路運送車両の不具合に関する情報の収集及び分析並びに関係行政機関その他の関係者との連絡調整に関するものをつかさどる。

5 不具合情報調査推進室に、室長を置く。

6 自動運転技術審査官は、道路運送車両並びに道路運送車両の共通構造部及び装置の型式についての指定その他の証明に関する事務のうち自動運転技術に関すること（型式指定業務指導官及び完成検査業務適正化対策官の所掌に属するものを除く。）をつかさどる。

7 型式指定業務指導官は、道路運送車両法（昭和二十六年法律第百八十五号）第七十五条第一項、第七十五条の二第一項又は第七十五条の三第一項の指定を申請する者及び指定を受けた者の法令の遵守の体制の整備に関する指導及び関係行政機関その他の関係者との連絡調整に関する事務（完成検査業務適正化対策官の所掌に属するものを除く。）をつかさどる。

8 完成検査業務適正化対策官は、道路運送車両法第七十五条第四項の検査に係る業務の適正化に関する企画及び立案並びに関係行政機関その他の関係者との連絡調整に関する事務をつかさどる。

9 リコール業務指導官は、設計又は製作の過程に起因する基準不適合自動車及び基準不適合特定後付装置についての改善措置に関する事務のうち、道路運送車両法第五十七条の二に規定する自動車製作者等又は同法第六十三条の二第二項に規定する装置製作者等が行う改善措置の実施体制の整備に関する指導及び関係行政機関その他の関係者との連絡調整に関する事務をつかさどる。

10 ユーザー情報企画調整官は、物流・自動車局の所掌事務に関する道路運送車両の使用者の利益の保護に係る情報提供に関する重要事項についての企画及び立案に関する事務（道路運送車両及び道路運送車両の装置の安全性の評価に係るものを除く。）をつかさどる。

（点検整備推進対策官、整備事業指導官、人材政策企画官及び電子装置整備推進官）

第九十四条 自動車整備課に、点検整備推進対策官、整備事業指導官、人材政策企画官及び電子装置整備推進官それぞれ一人を置く。

2 点検整備推進対策官は、自動車の使用者の点検及び整備の推進に関する事務をつかさどる。

3　整備事業指導官は、次に掲げる事務（人材政策企画官の所掌に属するものを除く。）をつかさどる。

一　自動車整備事業の業務の適正化に関すること。

二　自動車整備事業の近代化に関すること。

4　人材政策企画官は、自動車整備事業における人材の確保及び育成に関する政策の企画及び立案並びに調整に関する事務をつかさどる。

5　電子装置整備推進官は、高度な電子装置を備える自動車の整備及び検査に関する企画及び立案並びに関係行政機関その他の関係者との連絡調整に関する事務（整備事業指導官の所掌に属するものを除く。）をつかさどる。

第四節　地方支分部局

第三款　地方運輸局

第百五十七条　地方運輸局については、地方運輸局組織規則（平成十四年国土交通省令第七十三号）の定めるところによる。

附　則（抄）

（施行期日）

第一条　この中央省庁等改革推進本部令（次条において「本部令」という。）は、内閣法の一部を改正する法律（平成十一年法律第八十八号）の施行の日（平成十三年一月六日）から施行する。

（この本部令の効力）

第二条　この本部令は、その施行の日に、国土交通省組織規則（平成十三年国土交通省令第一号）となるものとする。

（総務調整官の職務の特例）

第三条　大臣官房総務課総務調整官は、第六条第三項に規定する事務のほか、当分の間、命を受けて、国土交通省の所管に係る一般社団法人及び一般財団法人に関する法律及び公益社団法人及び公益財団法人の認定等に関する法律の施行に伴う関係法律の整備等に関する法律（平成十八年法律第五十号）第四十二条第二項に規定する特例民法法人の監督に関する事務を分掌する。

○地方交通審議会規則

（平成十三年　国土交通省令第二十四号）

〔この規則は、平成一二年八月一四日号外官報一六四号により中央省庁等改革推進本部令九九号として公布されたが、同令附則二項により、施行の日（平成一三年一月六日）に地方交通審議会規則（平成十三年国土交通省令第二十四号）となった〕

沿革　平一四法七九、平二〇国交令七〇、平二七国交令五〇改正

（所掌事務）

第一条　地方交通審議会（以下「審議会」という。）は、次に掲げる事務をつかさどる。

一　地方運輸局長の諮問に応じて、地方運輸局の所掌事務に関する重要事項を調査審議し、及びこれに関し必要と認める事項を関係行政機関の長に建議すること。

二　船員法（昭和二十二年法律第百号）、最低賃金法（昭和三十四年法律第百三十七号）及び船員職業安定法（昭和二十三年法律第百三十号）の規定によりその権限に属させられた事項を処理すること。

（組織）

第二条　審議会は、委員九人以内で組織する。

2　審議会に、特別の事項を調査審議させるため必要があるときは、臨時委員を置くことができる。

3　審議会に、専門の事項を調査させるため必要があるときは、専門委員を置くことができる。

（委員等の任命）

第三条　委員は、学識経験のある者のうちから、国土交通大臣が任命する。

2　臨時委員は、学識経験のある者、関係行政機関の職員又は関係地方公共団体の長若しくはその職員のうちから、国土交通大臣が任命する。

3　専門委員は、当該専門の事項に関し学識経験のある者のうちから、地方運輸局長が任命する。

（委員の任期等）

第四条　委員の任期は、二年とする。ただし、補欠の委員の任期は、前任者の残任期間とする。

2　委員は、再任されることができる。

3　臨時委員は、その者の任命に係る当該特別の事項に関する調査審議が終了したときは、解任されるものとする。

4　専門委員は、その者の任命に係る当該専門の事項に関する調査が終了したときは、解任されるものとする。

5　委員、臨時委員及び専門委員は、非常勤とする。

（会長）

第五条　審議会に、会長を置き、委員の互選により選任する。

2　会長は、会務を総理し、審議会を代表する。

3　会長に事故があるときは、あらかじめその指名する委員が、その職務を代理する。

（部会）

第六条　審議会は、その定めるところにより、部会を置くことができる。

2　部会に属すべき委員、臨時委員及び専門委員は、会長が指名する。

3　部会に、部会長を置き、当該部会に属する委員及び臨時委員の互選により選任する。

4　部会長は、当該部会の事務を掌理する。

5　部会長に事故があるときは、当該部会に属する委員及び臨時委員のうちから部会長があらかじめ指名する者が、その職務を代行する。

6　審議会は、その定めるところにより、部会の議決をもって審議会の議決とすることができる。

（議事）

第七条　審議会は、委員及び議事に関係のある臨時委員の過半数が出席しなければ、会議を開き、議決することができない。

2　審議会の議事は、委員及び議事に関係のある臨時委員で会議に出席したものの過半数で決し、可否同数のときは、会長の決するところによる。

3　前二項の規定は、部会の議事について準用する。

（庶務）

第八条　審議会の庶務は、地方運輸局交通政策部交通企画課に

おいて処理する。

（雑則）

第九条　この省令に定めるもののほか、議事の手続その他審議会の運営に関し必要な事項は、会長が審議会に諮って定める。

附　則

（施行期日）

1　この中央省庁等改革推進本部令（次項において「本部令」という。）は、内閣法の一部を改正する法律（平成十一年法律第八十八号）の施行の日（平成十三年一月六日）から施行する。

（この本部令の効力）

2　この本部令は、その施行の日に、地方交通審議会規則（平成十三年国土交通省令第二十四号）となるものとする。

附　則（平二七・六・三〇国交令五〇抄）

（施行期日）

1　この省令は、平成二十七年七月一日から施行する。

○独立行政法人通則法

（平成十一年七月十六日
法律第百三号）

沿革　平一一法一四一、平一二法一二五、平一四法一・九八、平一六法一五四、平一七法八七・一〇二・一一三、平一八法五〇・八三・一〇一、平一九法四二・四五・一〇八、平二〇法八九・九四、平二一法四一・九三、平二二法三七・六一、平二三法七四、平二四法四二・四七、平二五法七八・八二、平二六法二二・六六・六七、平二八法四〇、平三〇法四一・七一、令三法六一、令四法一九・六八改正

〔編者注〕
令和四年六月一七日法律第六八号による改正のうち、令和七年六月一日から施行される部分は、直接改正を加えないで、現行条文と並列して登載した。

目次

第一章　総則

第一節　通則

（目的等）

第一条　この法律は、独立行政法人の運営の基本その他の制度の基本となる共通の事項を定め、各独立行政法人の名称、目的、業務の範囲等に関する事項を定める法律（以下「個別法」という。）と相まって、独立行政法人制度の確立並びに独立行政法人が公共上の見地から行う事務及び事業の確実な実施を図り、もって国民生活の安定及び社会経済の健全な発展に資することを目的とする。

2　各独立行政法人の組織、運営及び管理については、個別法に定めるもののほか、この法律の定めるところによる。

（定義）

第二条　この法律において「独立行政法人」とは、国民生活及び社会経済の安定等の公共上の見地から確実に実施されることが必要な事務及び事業であって、国が自ら主体となって直接に実施する必要のないもののうち、民間の主体に委ねた場合には必ずしも実施されないおそれがあるもの又は一の主体に独占して行わせることが必要であるもの（以下この条において「公共上の事務等」という。）を効果的かつ効率的に行わせるため、中期目標管理法人、国立研究開発法人又は行政執行法人として、この法律及び個別法の定めるところにより設立される法人をいう。

2　この法律において「中期目標管理法人」とは、公共上の事務等のうち、その特性に照らし、一定の自主性及び自律性を発揮しつつ、中期的な視点に立って執行することが求められるもの（国立研究開発法人が行うものを除く。）を国が中期的な期間について定める業務運営に関する目標を達成するための計画に基づき行うことにより、国民の需要に的確に対応した多様で良質なサービスの提供を通じた公共の利益の増進を推進することを目的とする独立行政法人として、個別法で定めるものをいう。

3　この法律において「国立研究開発法人」とは、公共上の事務等のうち、その特性に照らし、一定の自主性及び自律性を発揮しつつ、中長期的な視点に立って執行することが求められる科学技術に関する試験、研究又は開発（以下「研究開発」という。）に係るものを主要な業務として国が中長期的な期間について定める業務運営に関する目標を達成するための計画に基づき行うことにより、我が国における科学技術の水準の向上を通じた国民経済の健全な発展その他の公益に資するため研究開発の最大限の成果を確保することを目的とする独立行政法人として、個別法で定めるものをいう。

4　この法律において「行政執行法人」とは、公共上の事務等のうち、その特性に照らし、国の行政事務と密接に関連して行われる国の指示その他の国の相当な関与の下に確実に執行することが求められるものを国が事業年度ごとに定める業務運営に関する目標を達成するための計画に基づき行うことにより、その公共上の事務等を正確かつ確実に執行することを目的とする独立行政法人として、個別法で定めるものをいう。

（業務の公共性、透明性及び自主性等）

第三条　独立行政法人は、その行う事務及び事業が国民生活及び社会経済の安定等の公共上の見地から確実に実施されることが必要なものであることに鑑み、適正かつ効率的にその業務を運営するよう努めなければならない。

2　独立行政法人は、この法律の定めるところによりその業務の内容を公表すること等を通じて、その組織及び運営の状況を国民に明らかにするよう努めなければならない。

3　この法律及び個別法の運用に当たっては、独立行政法人の事務及び事業が内外の社会経済情勢を踏まえつつ適切に行われるよう、独立行政法人の事務及び事業の特性並びに独立行政法人の業務運営における自主性は、十分配慮されなければならない。

（名称）

第四条　各独立行政法人の名称は、個別法で定める。

2　国立研究開発法人については、その名称中に、国立研究開発法人という文字を使用するものとする。

（目的）

第五条 各独立行政法人の目的は、第二条第二項、第三項又は第四項の目的の範囲内で、個別法で定める。

（**法人格**）

第六条 独立行政法人は、法人とする。

（**事務所**）

第七条 各独立行政法人は、主たる事務所を個別法で定める地に置く。

2 独立行政法人は、必要な地に従たる事務所を置くことができる。

（**財産的基礎等**）

第八条 独立行政法人は、その業務を確実に実施するために必要な資本金その他の財産的基礎を有しなければならない。

2 政府は、その業務を確実に実施させるために必要があると認めるときは、個別法で定めるところにより、各独立行政法人に出資することができる。

3 独立行政法人は、業務の見直し、社会経済情勢の変化その他の事由により、その保有する重要な財産であって主務省令（当該独立行政法人を所管する内閣府又は各省の内閣府令又は省令をいう。ただし、原子力規制委員会が所管する独立行政法人については、原子力規制委員会規則とする。以下同じ。）で定めるものが将来にわたり業務を確実に実施する上で必要がなくなったと認められる場合には、第四十六条の二又は第四十六条の三の規定により、当該財産（以下「不要財産」という。）を処分しなければならない。

（**登記**）

第九条 独立行政法人は、政令で定めるところにより、登記しなければならない。

2 前項の規定により登記しなければならない事項は、登記の後でなければ、これをもって第三者に対抗することができない。

※ 1項「政令」＝独立行政法人等登記令、「罰則」＝本法七一Ⅰ④

（**名称の使用制限**）

第十条 独立行政法人又は国立研究開発法人でない者は、その名称中に、独立行政法人又は国立研究開発法人という文字を用いてはならない。

※ 「罰則」＝本法七二

（**一般社団法人及び一般財団法人に関する法律の準用**）

第十一条 一般社団法人及び一般財団法人に関する法律（平成十八年法律第四十八号）第四条及び第七十八条の規定は、独立行政法人について準用する。

第二節 独立行政法人評価制度委員会

（**設置**）

第十二条 総務省に、独立行政法人評価制度委員会（以下「委員会」という。）を置く。

（**所掌事務等**）

第十二条の二 委員会は、次に掲げる事務をつかさどる。

一 第二十八条の二第二項の規定により、総務大臣に意見を述べること。

二 第二十九条第三項、第三十二条第五項、第三十五条第三項、第三十五条の四第三項、第三十五条の六第八項、第三十五条の七第四項又は第三十五条の十一第七項の規定により、主務大臣に意見を述べること。

三 第三十五条第四項又は第三十五条の七第五項の規定により、主務大臣に勧告をすること。

四 第三十五条の二（第三十五条の八において読み替えて準用する場合を含む。）の規定により、内閣総理大臣に対し、意見を具申すること。

五 独立行政法人の業務運営に係る評価（次号において「評価」という。）の制度に関する重要事項を調査審議し、必要があると認めるときは、総務大臣に意見を述べること。

六 評価の実施に関する重要事項を調査審議し、評価の実施が著しく適正を欠くと認めるときは、主務大臣に意見を述べること。

七 その他法律によりその権限に属させられた事項を処理すること。

2 委員会は、前項第一号若しくは第二号に規定する規定又は同項第五号若しくは第六号の規定により意見を述べたときは、その内容を公表しなければならない。

（**組織**）

第十二条の三 委員会は、委員十人以内で組織する。

2 委員会に、特別の事項を調査審議させるため必要があるときは、臨時委員を置くことができる。

3 委員会に、専門の事項を調査させるため必要があるときは、専門委員を置くことができる。

（**委員等の任命**）

第十二条の四 委員及び臨時委員は、学識経験のある者のうちから、内閣総理大臣が任命する。

2 専門委員は、当該専門の事項に関し学識経験のある者のうちから、内閣総理大臣が任命する。

（**委員の任期等**）

第十二条の五 委員の任期は、二年とする。ただし、補欠の委員の任期は、前任者の残任期間とする。

2 委員は、再任されることができる。

3 臨時委員は、その者の任命に係る当該特別の事項に関する調査審議が終了したときは、解任されるものとする。

4 専門委員は、その者の任命に係る当該専門の事項に関する調査が終了したときは、解任されるものとする。

5 委員、臨時委員及び専門委員は、非常勤とする。

（**委員長**）

第十二条の六 委員会に、委員長を置き、委員の互選により選任する。

2 委員長は、会務を総理し、委員会を代表する。

3 委員長に事故があるときは、あらかじめその指名する委員が、その職務を代理する。

（**資料の提出等の要求**）

第十二条の七 委員会は、その所掌事務を遂行するため必要があると認めるときは、関係行政機関の長に対し、資料の提出、意見の表明、説明その他必要な協力を求めることができる。

（**政令への委任**）

第十二条の八 この節に定めるもののほか、委員会の組織及び委員その他の職員その他委員会に関し必要な事項は、政令で定める。

※「政令」＝独立行政法人評価制度委員会令

第三節　設立

（設立の手続）

第十三条　各独立行政法人の設立に関する手続については、個別法に特別の定めがある場合を除くほか、この節の定めるところによる。

（法人の長及び監事となるべき者）

第十四条　主務大臣は、独立行政法人の長（以下「法人の長」という。）となるべき者及び監事となるべき者を指名する。

2　前項の規定により指名された法人の長又は監事となるべき者は、独立行政法人の成立の時において、この法律の規定により、それぞれ法人の長又は監事に任命されたものとする。

3　第二十条第一項の規定は、第一項の法人の長となるべき者の指名について準用する。

（設立委員）

第十五条　主務大臣は、設立委員を命じて、独立行政法人の設立に関する事務を処理させる。

2　設立委員は、独立行政法人の設立の準備を完了したときは、遅滞なく、その旨を主務大臣に届け出るとともに、その事務を前条第一項の規定により指名された法人の長となるべき者に引き継がなければならない。

（設立の登記）

第十六条　第十四条第一項の規定により指名された法人の長となるべき者は、前条第二項の規定による事務の引継ぎを受けたときは、遅滞なく、政令で定めるところにより、設立の登記をしなければならない。

※「政令」＝独立行政法人等登記令

第十七条　独立行政法人は、設立の登記をすることによって成立する。

第二章　役員及び職員

（役員）

第十八条　各独立行政法人に、個別法で定めるところにより、役員として、法人の長一人及び監事を置く。

2　各独立行政法人には、前項に規定する役員のほか、個別法で定めるところにより、他の役員を置くことができる。

3　各独立行政法人の法人の長の名称、前項に規定する役員の名称及び定数並びに監事の定数は、個別法で定める。

（役員の職務及び権限）

第十九条　法人の長は、独立行政法人を代表し、その業務を総理する。

2　個別法で定める役員（法人の長を除く。）は、法人の長の定めるところにより、法人の長に事故があるときはその職務を代理し、法人の長が欠員のときはその職務を行う。

3　前条第二項の規定により置かれる役員の職務及び権限は、個別法で定める。

4　監事は、独立行政法人の業務を監査する。この場合において、監事は、主務省令で定めるところにより、監査報告を作成しなければならない。

5　監事は、いつでも、役員（監事を除く。）及び職員に対して事務及び事業の報告を求め、又は独立行政法人の業務及び財産の状況の調査をすることができる。

6　監事は、独立行政法人が次に掲げる書類を主務大臣に提出しようとするときは、当該書類を調査しなければならない。

一　この法律の規定による認可、承認、認定及び届出に係る書類並びに報告書その他の総務省令で定める書類

二　その他主務省令で定める書類

7　監事は、その職務を行うため必要があるときは、独立行政法人の子法人（独立行政法人がその経営を支配している法人として総務省令で定めるものをいう。以下同じ。）に対して事業の報告を求め、又はその子法人の業務及び財産の状況の調査をすることができる。

8　前項の子法人は、正当な理由があるときは、同項の報告又は調査を拒むことができる。

9　監事は、監査の結果に基づき、必要があると認めるときは、法人の長又は主務大臣に意見を提出することができる。

※　5・6項「罰則」＝本法七一―1⑤、7項「罰則」＝本法七一―2

（法人の長等への報告義務）

第十九条の二　監事は、役員（監事を除く。）が不正の行為をし、若しくは当該行為をするおそれがあると認めるとき、又はこの法律、個別法若しくは他の法令に違反する事実若しくは著しく不当な事実があると認めるときは、遅滞なく、その旨を法人の長に報告するとともに、主務大臣に報告しなければならない。

（役員の任命）

第二十条　法人の長は、次に掲げる者のうちから、主務大臣が任命する。

一　当該独立行政法人が行う事務及び事業に関して高度な知識及び経験を有する者

二　前号に掲げる者のほか、当該独立行政法人が行う事務及び事業を適正かつ効率的に運営することができる者

2　監事は、主務大臣が任命する。

3　主務大臣は、前二項の規定により法人の長又は監事を任命しようとするときは、必要に応じ、公募（当該法人の長又は監事の職務の内容、勤務条件その他必要な事項を公示して行う候補者の募集をいう。以下この項において同じ。）の活用に努めなければならない。公募によらない場合であっても、透明性を確保しつつ、候補者の推薦の求めその他の適任と認める者を任命するために必要な措置を講ずるよう努めなければならない。

4　第十八条第二項の規定により置かれる役員は、第一項各号に掲げる者のうちから、法人の長が任命する。

5　法人の長は、前項の規定により役員を任命したときは、遅滞なく、主務大臣に届け出るとともに、これを公表しなければならない。

（中期目標管理法人の役員の任期）

第二十一条　中期目標管理法人の長の任期は、任命の日から、当該任命の日を含む当該中期目標管理法人の第二十九条第二項第一号に規定する中期目標の期間（次項において単に「中期目標の期間」という。）の末日までとする。

2　中期目標管理法人の監事の任期は、各中期目標の期間に対応して定めるものとし、任命の日から、当該対応する中期目標の期間の最後の事業年度についての財務諸表承認日（第三十八条第一項の規定による同項の財務諸表の承認の日をいう。以下同じ。）までとする。ただし、補欠の中期目標管理法人の監事の任期は、前任者の残任期間とする。

3　中期目標管理法人の役員（中期目標管理法人の長及び監事を除く。以下この項において同じ。）の任期は、個別法で定める。ただし、補欠の中期目標管理法人の役員の任期は、前任者の残任期間とする。

4　中期目標管理法人の役員は、再任されることができる。

第二十一条の二（国立研究開発法人の役員の任期）　国立研究開発法人の長の任期は、任命の日から、当該任命の日を含む当該国立研究開発法人の第三十五条の四第二項第一号に規定する中長期目標の期間（以下この項及び次項において単に「中長期目標の期間」という。）の末日までとする。ただし、中長期目標の期間が六年又は七年の場合であって、より適切と認める者を任命するため主務大臣が特に必要があると認めるときは、中長期目標の期間の初日（以下この項及び次項において単に「初日」という。）以後最初に任命される国立研究開発法人の長の任期は、任命の日から、次の各号に掲げる区分に応じ当該各号に定める日までとすることができる。

一　中長期目標の期間が六年の場合　初日から三年を経過する日

二　中長期目標の期間が七年の場合　初日から三年又は四年を経過する日

2　前項の規定にかかわらず、第十四条第一項の規定により国立研究開発法人の長となるべき者としてより適切と認める者を指名するため特に必要があると認める場合であって、中長期目標の期間が六年以上七年以下のときは、同条第二項の規定によりその成立の時において任命されたものとされる国立研究開発法人の長の任期は、任命の日から、次の各号に掲げる区分に応じ当該各号に定める日までとすることができる。

一　中長期目標の期間が六年の場合　初日から三年を経過する日

二　中長期目標の期間が六年を超え七年未満の場合　初日から四年を経過する日までの間に終了する最後の事業年度の末日

三　中長期目標の期間が七年の場合　初日から三年又は四年を経過する日

3　前二項の規定にかかわらず、補欠の国立研究開発法人の長の任期は、前任者の残任期間とする。

4　国立研究開発法人の監事の任期は、各国立研究開発法人の長の任期（補欠の国立研究開発法人の長の任期を含む。以下この項において同じ。）と対応するものとし、任命の日から、当該対応する国立研究開発法人の長の任期の末日を含む事業年度についての財務諸表承認日までとする。ただし、補欠の国立研究開発法人の監事の任期は、前任者の残任期間とする。

5　国立研究開発法人の役員（国立研究開発法人の長及び監事を除く。以下この項において同じ。）の任期は、個別法で定める。ただし、補欠の国立研究開発法人の役員の任期は、前任者の残任期間とする。

6　国立研究開発法人の役員は、再任されることができる。

第二十一条の三（行政執行法人の役員の任期）　行政執行法人の長の任期は、任命の日から、当該任命の日から年を単位として個別法で定める期間を経過する日までの間に終了する最後の事業年度の末日までとする。ただし、補欠の行政執行法人の長の任期は、前任者の残任期間とする。

2　行政執行法人の監事の任期は、各行政執行法人の長の任期（補欠の行政執行法人の長の任期を含む。以下この項において同じ。）と対応するものとし、任命の日から、当該対応する行政執行法人の長の任期の末日を含む事業年度についての財務諸表承認日までとする。ただし、補欠の行政執行法人の監事の任期は、前任者の残任期間とする。

3　行政執行法人の役員（行政執行法人の長及び監事を除く。以下この項において同じ。）の任期は、個別法で定める。ただし、補欠の行政執行法人の役員の任期は、前任者の残任期間とする。

4　行政執行法人の役員は、再任されることができる。

第二十一条の四（役員の忠実義務）　独立行政法人の役員は、その業務について、法令、法令に基づいてする主務大臣の処分及び当該独立行政法人が定める業務方法書その他の規則を遵守し、当該独立行政法人のため忠実にその職務を遂行しなければならない。

第二十一条の五（役員の報告義務）　独立行政法人の役員（監事を除く。）は、当該独立行政法人に著しい損害を及ぼすおそれのある事実があることを発見したときは、直ちに、当該事実を監事に報告しなければならない。

第二十二条（役員の欠格条項）　政府又は地方公共団体の職員（非常勤の者を除く。）は、役員となることができない。

第二十三条（役員の解任）　主務大臣又は法人の長は、それぞれその任命に係る役員が前条の規定により役員となることができない者に該当するに至ったときは、その役員を解任しなければならない。

2　主務大臣又は法人の長は、それぞれその任命に係る役員が次の各号の一に該当するとき、その他役員たるに適しないと認めるときは、その役員を解任することができる。

一　心身の故障のため職務の遂行に堪えないと認められるとき。

二　職務上の義務違反があるとき。

3　前項に規定するもののほか、主務大臣又は法人の長は、それぞれその任命に係る役員（監事を除く。）の職務の執行が適当でないため当該独立行政法人の業務の実績が悪化した場合であって、その役員に引き続き当該職務を行わせることが適切でないと認めるときは、その役員を解任することができる。

4　法人の長は、前二項の規定によりその任命に係る役員を解任したときは、遅滞なく、主務大臣に届け出るとともに、これを公表しなければならない。

第二十四条（代表権の制限）　独立行政法人と法人の長その他の代表権を有する役員との利益が相反する事項については、これらの者は、代表権を有しない。この場合には、監事が当該独立行政法人を代表する。

第二十五条（代理人の選任）　法人の長その他の代表権を有する役員は、当該独立行政法人の代表権を有しない役員又は職員のうちから、当該独立行政法人の業務の一部に関し一切の裁判上又は裁判外の行為をする権限を有する代理人を選任することができる。

（役員等の損害賠償責任）

第二十五条の二　独立行政法人の役員又は会計監査人（第四項において「役員等」という。）は、その任務を怠ったときは、独立行政法人に対し、これによって生じた損害を賠償する責任を負う。

2　前項の責任は、主務大臣の承認がなければ、免除することができない。

3　主務大臣は、前項の承認をしようとするときは、総務大臣に協議しなければならない。

4　前二項の規定にかかわらず、独立行政法人は、第一項の責任について、役員等が職務を行うにつき善意でかつ重大な過失がない場合において、責任の原因となった事実の内容、当該役員等の職務の執行の状況その他の事情を勘案して特に必要と認めるときは、当該役員等が賠償の責任を負う額から独立行政法人の事務及び事業の特性並びに役員等の職責その他の事情を考慮して総務大臣が定める額を控除して得た額を限度として主務大臣の承認を得て免除することができる旨を業務方法書で定めることができる。

（職員の任命）

第二十六条　独立行政法人の職員は、法人の長が任命する。

第三章　業務運営

第一節　通則

（業務の範囲）

第二十七条　各独立行政法人の業務の範囲は、個別法で定める。

（業務方法書）

第二十八条　独立行政法人は、業務開始の際、業務方法書を作成し、主務大臣の認可を受けなければならない。これを変更しようとするときも、同様とする。

2　前項の業務方法書には、役員（監事を除く。）の職務の執行がこの法律、個別法又は他の法令に適合することを確保するための体制その他独立行政法人の業務の適正を確保するための体制の整備に関する事項その他主務省令で定める事項を記載しなければならない。

3　独立行政法人は、第一項の認可を受けたときは、遅滞なく、その業務方法書を公表しなければならない。

（評価等の指針の策定）

第二十八条の二　総務大臣は、第二十九条第一項の中期目標、第三十五条の四第一項の中長期目標及び第三十五条の九第一項の年度目標の策定並びに第三十二条第一項、第三十五条の六第一項及び第二項並びに第三十五条の十一第一項及び第二項の評価に関する指針を定め、これを主務大臣に通知するとともに、公表しなければならない。これを変更したときも、同様とする。

2　総務大臣は、前項の指針を定め、又はこれを変更しようとするときは、総合科学技術・イノベーション会議が次条の規定により作成する研究開発の事務及び事業に関する事項に係る指針の案の内容を適切に反映するとともに、あらかじめ、委員会の意見を聴かなければならない。

3　主務大臣は、第一項の指針に基づき、第二十九条第一項の中期目標、第三十五条の四第一項の中長期目標及び第三十五条の九第一項の年度目標を定めるとともに、第三十二条第一項、第三十五条の六第一項及び第二項並びに第三十五条の十一第一項及び第二項の評価を行わなければならない。

（研究開発の事務及び事業に関する事項に係る指針の案の作成）

第二十八条の三　総合科学技術・イノベーション会議は、総務大臣の求めに応じ、研究開発の事務及び事業の特性を踏まえ、前条第一項の指針のうち、研究開発の事務及び事業に関する事項に係る指針の案を作成する。

（評価結果の取扱い等）

第二十八条の四　独立行政法人は、第三十二条第一項、第三十五条の六第一項若しくは第二項又は第三十五条の十一第一項若しくは第二項の評価の結果を、第三十条第一項の中期計画及び第三十一条第一項の年度計画、第三十五条の五第一項の中長期計画及び第三十五条の八において読み替えて準用する第三十一条第一項の年度計画又は第三十五条の十第一項の事業計画並びに業務運営の改善に適切に反映させるとともに、毎年度、評価結果の反映状況を公表しなければならない。

第二節　中期目標管理法人

（中期目標）

第二十九条　主務大臣は、三年以上五年以下の期間において中期目標管理法人が達成すべき業務運営に関する目標（以下「中期目標」という。）を定め、これを当該中期目標管理法人に指示するとともに、公表しなければならない。これを変更したときも、同様とする。

2　中期目標においては、次に掲げる事項について具体的に定めるものとする。

一　中期目標の期間（前項の期間の範囲内で主務大臣が定める期間をいう。以下同じ。）

二　国民に対して提供するサービスその他の業務の質の向上に関する事項

三　業務運営の効率化に関する事項

四　財務内容の改善に関する事項

五　その他業務運営に関する重要事項

3　主務大臣は、中期目標を定め、又はこれを変更しようとするときは、あらかじめ、委員会の意見を聴かなければならない。

（中期計画）

第三十条　中期目標管理法人は、前条第一項の指示を受けたときは、中期目標に基づき、主務省令で定めるところにより、当該中期目標を達成するための計画（以下この節において「中期計画」という。）を作成し、主務大臣の認可を受けなければならない。これを変更しようとするときも、同様とする。

2　中期計画においては、次に掲げる事項を定めるものとする。

一　国民に対して提供するサービスその他の業務の質の向上に関する目標を達成するためとるべき措置

二　業務運営の効率化に関する目標を達成するためとるべき措置

三　予算（人件費の見積りを含む。）、収支計画及び資金計画

四　短期借入金の限度額
五　不要財産又は不要財産となることが見込まれる財産がある場合には、当該財産の処分に関する計画
六　前号に規定する財産以外の重要な財産を譲渡し、又は担保に供しようとするときは、その計画
七　剰余金の使途
八　その他主務省令で定める業務運営に関する事項

3　主務大臣は、第一項の認可をした中期計画が前条第二項第二号から第五号までに掲げる事項の適正かつ確実な実施上不適当となったと認めるときは、その中期計画を変更すべきことを命ずることができる。

4　中期目標管理法人は、第一項の認可を受けたときは、遅滞なく、その中期計画を公表しなければならない。

※　3項「罰則」＝本法七一1⑥

（年度計画）

第三十一条　中期目標管理法人は、毎事業年度の開始前に、前条第一項の認可を受けた中期計画に基づき、主務省令で定めるところにより、その事業年度の業務運営に関する計画（次項において「年度計画」という。）を定め、これを主務大臣に届け出るとともに、公表しなければならない。これを変更したときも、同様とする。

2　中期目標管理法人の最初の事業年度の年度計画については、前項中「毎事業年度の開始前に、前条第一項の認可を受けた」とあるのは、「その成立後最初の中期計画について前条第一項の認可を受けた後遅滞なく、その」とする。

（各事業年度に係る業務の実績等に関する評価等）

第三十二条　中期目標管理法人は、毎事業年度の終了後、当該事業年度が次の各号に掲げる事業年度のいずれに該当するかに応じ当該各号に定める事項について、主務大臣の評価を受けなければならない。

一　次号及び第三号に掲げる事業年度以外の事業年度　当該事業年度における業務の実績
二　中期目標の期間の最後の事業年度の直前の事業年度　当該事業年度における業務の実績及び中期目標の期間の終了時に見込まれる中期目標の期間における業務の実績
三　中期目標の期間の最後の事業年度　当該事業年度における業務の実績及び中期目標の期間における業務の実績

2　中期目標管理法人は、前項の評価を受けようとするときは、主務省令で定めるところにより、各事業年度の終了後三月以内に、同項第一号、第二号又は第三号に定める事項及び当該事項について自ら評価を行った結果を明らかにした報告書を主務大臣に提出するとともに、公表しなければならない。

3　第一項の評価は、同項第一号、第二号又は第三号に定める事項について総合的な評定を付して、行わなければならない。この場合において、同項各号に規定する当該事業年度における業務の実績に関する評価は、当該事業年度における中期計画の実施状況の調査及び分析を行い、その結果を考慮して行わなければならない。

4　主務大臣は、第一項の評価を行ったときは、遅滞なく、当該中期目標管理法人に対して、その評価の結果を通知するとともに、公表しなければならない。この場合において、同項第二号に規定する中期目標の期間の終了時に見込まれる中期目標の期間における業務の実績に関する評価を行ったときは、委員会に対しても、遅滞なく、その評価の結果を通知しなければならない。

5　委員会は、前項の規定により通知された評価の結果について、必要があると認めるときは、主務大臣に意見を述べなければならない。

6　主務大臣は、第一項の評価の結果に基づき必要があると認めるときは、当該中期目標管理法人に対し、業務運営の改善その他の必要な措置を講ずることを命ずることができる。

※　2・6項「罰則」＝本法七一1⑥・⑦

第三十三条及び第三十四条　削除

（中期目標の期間の終了時の検討）

第三十五条　主務大臣は、第三十二条第一項第二号に規定する中期目標の期間の終了時に見込まれる中期目標の期間における業務の実績に関する評価を行ったときは、中期目標の期間の終了時までに、当該中期目標管理法人の業務の継続又は組織の存続の必要性その他その業務及び組織の全般にわたる検討を行い、その結果に基づき、業務の廃止若しくは移管又は組織の廃止その他の所要の措置を講ずるものとする。

2　主務大臣は、前項の検討の結果及び同項の規定により講ずる措置の内容を委員会に通知するとともに、公表しなければならない。

3　委員会は、前項の規定により通知された事項について、必要があると認めるときは、主務大臣に意見を述べなければならない。

4　前項の場合において、委員会は、中期目標管理法人の主要な事務及び事業の改廃に関し、主務大臣に勧告をすることができる。

5　委員会は、前項の勧告をしたときは、当該勧告の内容を内閣総理大臣に報告するとともに、公表しなければならない。

6　委員会は、第四項の勧告をしたときは、主務大臣に対し、その勧告に基づいて講じた措置及び講じようとする措置について報告を求めることができる。

（内閣総理大臣への意見具申）

第三十五条の二　委員会は、前条第四項の規定により勧告をした場合において特に必要があると認めるときは、内閣総理大臣に対し、当該勧告をした事項について内閣法（昭和二十二年法律第五号）第六条の規定による措置がとられるよう意見を具申することができる。

（違法行為等の是正等）

第三十五条の三　主務大臣は、中期目標管理法人若しくはその役員若しくは職員が、不正の行為若しくはこの法律、個別法若しくは他の法令に違反する行為をし、若しくは当該行為をするおそれがあると認めるとき、又は中期目標管理法人の業務運営が著しく適正を欠き、かつ、それを放置することにより公益を害することが明白である場合において、特に必要があると認めるときは、当該中期目標管理法人に対し、当該行為の是正又は業務運営の改善のため必要な措置をとるべきことを命ずることができる。

※　「罰則」＝本法七一1⑥

第三節　国立研究開発法人

（中長期目標）

第三十五条の四　主務大臣は、五年以上七年以下の期間において国立研究開発法人が達成すべき業務運営に関する目標（以

下「中長期目標」という。）を定め、これを当該国立研究開発法人に指示するとともに、公表しなければならない。これを変更したときも、同様とする。

2　中長期目標においては、次に掲げる事項について具体的に定めるものとする。

一　中長期目標の期間（前項の期間の範囲内で主務大臣が定める期間をいう。以下同じ。）

二　研究開発の成果の最大化その他の業務の質の向上に関する事項

三　業務運営の効率化に関する事項

四　財務内容の改善に関する事項

五　その他業務運営に関する重要事項

3　主務大臣は、中長期目標を定め、又はこれを変更しようとするときは、あらかじめ、委員会の意見を聴かなければならない。

4　主務大臣は、前項の規定により中長期目標に係る意見を聴こうとするときは、研究開発の事務及び事業（軽微なものとして政令で定めるものを除く。第三十五条の六第六項及び第三十五条の七第二項において同じ。）に関する事項について、あらかじめ、審議会等（内閣府設置法（平成十一年法律第八十九号）第三十七条若しくは第五十四条又は国家行政組織法（昭和二十三年法律第百二十号）第八条に規定する機関をいう。）で政令で定めるもの（以下「研究開発に関する審議会」という。）の意見を聴かなければならない。

5　主務大臣は、研究開発に関して高い識見を有する外国人（日本の国籍を有しない者をいう。次項において同じ。）を研究開発に関する審議会の委員に任命することができる。

6　前項の場合において、外国人である研究開発に関する審議会の委員は、研究開発に関する審議会の会務を総理し、研究開発に関する審議会を代表する者となることはできず、当該委員の数は、研究開発に関する審議会の委員の総数の五分の一を超えてはならない。

※　4項「政令」＝独立行政法人の組織、運営及び管理に係る共通的な事項に関する政令一・二

（中長期計画）

第三十五条の五　国立研究開発法人は、前条第一項の指示を受けたときは、中長期目標に基づき、主務省令で定めるところにより、当該中長期目標を達成するための計画（以下この節において「中長期計画」という。）を作成し、主務大臣の認可を受けなければならない。これを変更しようとするときも、同様とする。

2　中長期計画においては、次に掲げる事項を定めるものとする。

一　研究開発の成果の最大化その他の業務の質の向上に関する目標を達成するためとるべき措置

二　業務運営の効率化に関する目標を達成するためとるべき措置

三　予算（人件費の見積りを含む。）、収支計画及び資金計画

四　短期借入金の限度額

五　不要財産又は不要財産となることが見込まれる財産がある場合には、当該財産の処分に関する計画

六　前号に規定する財産以外の重要な財産を譲渡し、又は担保に供しようとするときは、その計画

七　剰余金の使途

八　その他主務省令で定める業務運営に関する事項

3　主務大臣は、第一項の認可をした中長期計画が前条第二項第二号から第五号までに掲げる事項の適正かつ確実な実施上不適当となったと認めるときは、その中長期計画を変更すべきことを命ずることができる。

4　国立研究開発法人は、第一項の認可を受けたときは、遅滞なく、その中長期計画を公表しなければならない。

※　3項「罰則」＝本法七一1⑥

（各事業年度に係る業務の実績等に関する評価等）

第三十五条の六　国立研究開発法人は、毎事業年度の終了後、当該事業年度が次の各号に掲げる事業年度のいずれに該当するかに応じ当該各号に定める事項について、主務大臣の評価を受けなければならない。

一　次号及び第三号に掲げる事業年度以外の事業年度　当該事業年度における業務の実績

二　中長期目標の期間の最後の事業年度の直前の事業年度　当該事業年度における業務の実績及び中長期目標の期間の終了時に見込まれる中長期目標の期間における業務の実績

三　中長期目標の期間の最後の事業年度　当該事業年度における業務の実績及び中長期目標の期間における業務の実績

2　国立研究開発法人は、前項の規定による評価のほか、中長期目標の期間の初日以後最初に任命される国立研究開発法人の長の任期が第二十一条の二第一項ただし書の規定により定められた場合又は第十四条第二項の規定によりその成立の時において任命されたものとされる国立研究開発法人の長の任期が第二十一条の二第二項の規定により定められた場合には、それらの国立研究開発法人の長（以下この項において「最初の国立研究開発法人の長」という。）の任期（補欠の国立研究開発法人の長の任期を含む。）の末日を含む事業年度の終了後、当該最初の国立研究開発法人の長の任命の日を含む事業年度から当該末日を含む事業年度の事業年度末までの期間における業務の実績について、主務大臣の評価を受けなければならない。

3　国立研究開発法人は、第一項の評価を受けようとするときは、主務省令で定めるところにより、各事業年度の終了後三月以内に、同項第一号、第二号又は第三号に定める事項及び当該事項について自ら評価を行った結果を明らかにした報告書を主務大臣に提出するとともに、公表しなければならない。

4　国立研究開発法人は、第二項の評価を受けようとするときは、主務省令で定めるところにより、同項に規定する末日を含む事業年度の終了後三月以内に、同項に規定する業務の実績及び当該業務の実績について自ら評価を行った結果を明らかにした報告書を主務大臣に提出するとともに、公表しなければならない。

5　第一項又は第二項の評価は、第一項第一号、第二号若しくは第三号に定める事項又は第二項に規定する業務の実績について総合的な評定を付して、行わなければならない。この場合において、第一項各号に規定する当該事業年度における業務の実績に関する評価は、当該事業年度における中長期計画の実施状況の調査及び分析を行い、その結果を考慮して行わなければならない。

6　主務大臣は、第一項又は第二項の評価を行おうとするときは、研究開発の事務及び事業に関する事項について、あらか

じめ、研究開発に関する審議会の意見を聴かなければならない。

7　主務大臣は、第一項又は第二項の評価を行ったときは、遅滞なく、当該国立研究開発法人に対して、その評価の結果を通知するとともに、公表しなければならない。この場合において、第一項第二号に規定する中長期目標の期間の終了時に見込まれる中長期目標の期間における業務の実績に関する評価を行ったときは、委員会に対しても、遅滞なく、その評価の結果を通知しなければならない。

8　委員会は、前項の規定により通知された評価の結果について、必要があると認めるときは、主務大臣に意見を述べなければならない。

9　主務大臣は、第一項又は第二項の評価の結果に基づき必要があると認めるときは、当該国立研究開発法人に対し、業務運営の改善その他の必要な措置を講ずることを命ずることができる。

※　3・4・9項「罰則」＝本法七一－1⑥・⑦

（中長期目標の期間の終了時の検討）

第三十五条の七　主務大臣は、前条第一項第二号に規定する中長期目標の期間の終了時に見込まれる中長期目標の期間における業務の実績に関する評価を行ったときは、中長期目標の期間の終了時までに、当該国立研究開発法人の業務の継続又は組織の存続の必要性その他その業務及び組織の全般にわたる検討を行い、その結果に基づき、業務の廃止若しくは移管又は組織の廃止その他の所要の措置を講ずるものとする。

2　主務大臣は、前項の規定による検討を行うに当たっては、研究開発の事務及び事業に関する事項について、研究開発に関する審議会の意見を聴かなければならない。

3　主務大臣は、第一項の検討の結果及び同項の規定により講ずる措置の内容を委員会に通知するとともに、公表しなければならない。

4　委員会は、前項の規定により通知された事項について、必要があると認めるときは、主務大臣に意見を述べなければならない。

5　前項の場合において、委員会は、国立研究開発法人の主要な事務及び事業の改廃に関し、主務大臣に勧告をすることができる。

6　委員会は、前項の勧告をしたときは、当該勧告の内容を内閣総理大臣に報告するとともに、公表しなければならない。

7　委員会は、第五項の勧告をしたときは、主務大臣に対し、その勧告に基づいて講じた措置及び講じようとする措置について報告を求めることができる。

（業務運営に関する規定の準用）

第三十五条の八　第三十一条、第三十五条の二及び第三十五条の三の規定は、国立研究開発法人について準用する。この場合において、第三十一条第一項中「前条第一項」とあるのは「第三十五条の五第一項」と、「中期計画」とあるのは「同項の中長期計画」と、同条第二項中「、前条第一項の認可を受けた」とあるのは「、第三十五条の五第一項の認可を受けた同項の」と、「中期計画について前条第一項」とあるのは「中長期計画（第三十五条の五第一項の中長期計画をいう。以下この項において同じ。）について同条第一項」と、第三十五条の二中「前条第四項」とあるのは「第三十五条の七第五項」と読み替えるものとする。

※　「罰則」＝本法七一－1⑥

第四節　行政執行法人

（年度目標）

第三十五条の九　主務大臣は、行政執行法人が達成すべき業務運営に関する事業年度ごとの目標（以下「年度目標」という。）を定め、これを当該行政執行法人に指示するとともに、公表しなければならない。これを変更したときも、同様とする。

2　年度目標においては、次に掲げる事項について具体的に定めるものとする。

一　国民に対して提供するサービスその他の業務の質の向上に関する事項

二　業務運営の効率化に関する事項

三　財務内容の改善に関する事項

四　その他業務運営に関する重要事項

3　前項の年度目標には、同項各号に掲げる事項に関し中期的な観点から参考となるべき事項についても記載するものとする。

（事業計画）

第三十五条の十　行政執行法人は、各事業年度に係る前条第一項の指示を受けたときは、当該事業年度の開始前に、年度目標に基づき、主務省令で定めるところにより、当該年度目標を達成するための計画（以下この条において「事業計画」という。）を作成し、主務大臣の認可を受けなければならない。これを変更しようとするときも、同様とする。

2　行政執行法人の最初の事業年度の事業計画については、前項中「各事業年度」とあるのは「その成立後最初の事業年度」と、「当該事業年度の開始前に」とあるのは「遅滞なく」とする。

3　事業計画においては、次に掲げる事項を定めるものとする。

一　国民に対して提供するサービスその他の業務の質の向上に関する目標を達成するためとるべき措置

二　業務運営の効率化に関する目標を達成するためとるべき措置

三　予算（人件費の見積りを含む。）、収支計画及び資金計画

四　短期借入金の限度額

五　不要財産又は不要財産となることが見込まれる財産がある場合には、当該財産の処分に関する計画

六　前号に規定する財産以外の重要な財産を譲渡し、又は担保に供しようとするときは、その計画

七　その他主務省令で定める業務運営に関する事項

4　主務大臣は、第一項の認可をした事業計画が前条第二項各号に掲げる事項の適正かつ確実な実施上不適当となったと認めるときは、その事業計画を変更すべきことを命ずることができる。

5　行政執行法人は、第一項の認可を受けたときは、遅滞なく、その事業計画を公表しなければならない。

※　4項「罰則」＝本法七一－1⑥

（各事業年度に係る業務の実績等に関する評価）

第三十五条の十一　行政執行法人は、毎事業年度の終了後、当該事業年度における業務の実績について、主務大臣の評価を受けなければならない。

2 行政執行法人は、前項の規定による評価のほか、三年以上五年以下の期間で主務省令で定める期間の最後の事業年度の終了後、当該期間における年度目標に定める業務運営の効率化に関する事項の実施状況について、主務大臣の評価を受けなければならない。

3 行政執行法人は、第一項の評価を受けようとするときは、主務省令で定めるところにより、各事業年度の終了後三月以内に、同項に規定する業務の実績及び当該業務の実績について自ら評価を行った結果を明らかにした報告書を主務大臣に提出するとともに、公表しなければならない。

4 行政執行法人は、第二項の評価を受けようとするときは、主務省令で定めるところにより、同項に規定する事業年度の終了後三月以内に、同項に規定する事項の実施状況及び当該事項の実施状況について自ら評価を行った結果を明らかにした報告書を主務大臣に提出するとともに、公表しなければならない。

5 第一項又は第二項の評価は、第一項に規定する業務の実績又は第二項に規定する事項の実施状況について総合的な評定を付して、行わなければならない。

6 主務大臣は、第一項又は第二項の評価を行ったときは、遅滞なく、当該行政執行法人に対して、その評価の結果を通知するとともに、公表しなければならない。この場合において、同項の評価を行ったときは、委員会に対しても、遅滞なく、その評価の結果を通知しなければならない。

7 委員会は、前項の規定により通知された評価の結果について、必要があると認めるときは、主務大臣に意見を述べなければならない。

※ 3・4項「罰則」＝本法七一－1⑦

（監督命令）

第三十五条の十二 主務大臣は、年度目標を達成するためその他この法律又は個別法を施行するため特に必要があると認めるときは、行政執行法人に対し、その業務に関し監督上必要な命令をすることができる。

※ 「罰則」＝本法七一－1⑥

第四章 財務及び会計

（事業年度）

第三十六条 独立行政法人の事業年度は、毎年四月一日に始まり、翌年三月三十一日に終わる。

2 独立行政法人の最初の事業年度は、前項の規定にかかわらず、その成立の日に始まり、翌年の三月三十一日（一月一日から三月三十一日までの間に成立した独立行政法人にあっては、その年の三月三十一日）に終わるものとする。

（企業会計原則）

第三十七条 独立行政法人の会計は、主務省令で定めるところにより、原則として企業会計原則によるものとする。

（財務諸表等）

第三十八条 独立行政法人は、毎事業年度、貸借対照表、損益計算書、利益の処分又は損失の処理に関する書類その他主務省令で定める書類及びこれらの附属明細書（以下「財務諸表」という。）を作成し、当該事業年度の終了後三月以内に主務大臣に提出し、その承認を受けなければならない。

2 独立行政法人は、前項の規定により財務諸表を主務大臣に提出するときは、これに主務省令で定めるところにより作成した当該事業年度の事業報告書及び予算の区分に従い作成した決算報告書並びに財務諸表及び決算報告書に関する監査報告（次条第一項の規定により会計監査人の監査を受けなければならない独立行政法人にあっては、監査報告及び会計監査報告。以下同じ。）を添付しなければならない。

3 独立行政法人は、第一項の規定による主務大臣の承認を受けたときは、遅滞なく、財務諸表を官報に公告し、かつ、財務諸表並びに前項の事業報告書、決算報告書及び監査報告を、各事務所に備えて置き、主務省令で定める期間、一般の閲覧に供しなければならない。

4 独立行政法人は、第一項の附属明細書その他主務省令で定める書類については、前項の規定による公告に代えて、次に掲げる方法のいずれかにより公告することができる。

一 時事に関する事項を掲載する日刊新聞紙に掲載する方法

二 電子公告（電子情報処理組織を使用する方法その他の情報通信の技術を利用する方法であって総務省令で定めるものにより不特定多数の者が公告すべき内容である情報の提供を受けることができる状態に置く措置であって総務省令で定めるものをとる公告の方法をいう。次項において同じ。）

5 独立行政法人が前項の規定により電子公告による公告をする場合には、第三項の主務省令で定める期間、継続して当該公告をしなければならない。

※ 3項「罰則」＝本法七一－1⑧

（会計監査人の監査）

第三十九条 独立行政法人（その資本の額その他の経営の規模が政令で定める基準に達しない独立行政法人を除く。以下この条において同じ。）は、財務諸表、事業報告書（会計に関する部分に限る。）及び決算報告書について、監事の監査のほか、会計監査人の監査を受けなければならない。この場合において、会計監査人は、主務省令で定めるところにより、会計監査報告を作成しなければならない。

2 会計監査人は、いつでも、次に掲げるものの閲覧及び謄写をし、又は役員（監事を除く。）及び職員に対し、会計に関する報告を求めることができる。

一 会計帳簿又はこれに関する資料が書面をもって作成されているときは、当該書面

二 会計帳簿又はこれに関する資料が電磁的記録（電子的方式、磁気的方式その他人の知覚によっては認識することができない方式で作られる記録であって、電子計算機による情報処理の用に供されるものとして総務省令で定めるものをいう。以下この号において同じ。）をもって作成されているときは、当該電磁的記録に記録された事項を総務省令で定める方法により表示したもの

3 会計監査人は、その職務を行うため必要があるときは、独立行政法人の子法人に対して会計に関する報告を求め、又は独立行政法人若しくはその子法人の業務及び財産の状況の調査をすることができる。

4 前項の子法人は、正当な理由があるときは、同項の報告又は調査を拒むことができる。

5 会計監査人は、その職務を行うに当たっては、次の各号のいずれかに該当する者を使用してはならない。

一 第四十一条第三項第一号又は第二号に掲げる者

二 第四十条の規定により自己が会計監査人に選任されている独立行政法人又はその子法人の役員又は職員

三　第四十条の規定により自己が会計監査人に選任されている独立行政法人又はその子法人から公認会計士（公認会計士法（昭和二十三年法律第百三号）第十六条の二第五項に規定する外国公認会計士を含む。第四十一条第一項及び第三項第二号において同じ。）又は監査法人の業務以外の業務により継続的な報酬を受けている者

※　1項「政令」＝独立行政法人の組織、運営及び管理に係る共通的な事項に関する政令三、「主務省令」＝独立行政法人自動車技術総合機構に関する省令一六等、3項「罰則」本法七一1⑤・2

（監事に対する報告）

第三十九条の二　会計監査人は、その職務を行うに際して役員（監事を除く。）の職務の執行に関し不正の行為又はこの法律、個別法若しくは他の法令に違反する重大な事実があることを発見したときは、遅滞なく、これを監事に報告しなければならない。

2　監事は、その職務を行うため必要があると認めるときは、会計監査人に対し、その監査に関する報告を求めることができる。

（会計監査人の選任）

第四十条　会計監査人は、主務大臣が選任する。

（会計監査人の資格等）

第四十一条　会計監査人は、公認会計士又は監査法人でなければならない。

2　会計監査人に選任された監査法人は、その社員の中から会計監査人の職務を行うべき者を選定し、これを独立行政法人に通知しなければならない。この場合においては、次項第二号に掲げる者を選定することはできない。

3　次に掲げる者は、会計監査人となることができない。

一　公認会計士法の規定により、財務諸表について監査をすることができない者

二　監査の対象となる独立行政法人の子法人若しくはその役員から公認会計士若しくは監査法人の業務以外の業務により継続的な報酬を受けている者又はその配偶者

三　監査法人でその社員の半数以上が前号に掲げる者であるもの

（会計監査人の任期）

第四十二条　会計監査人の任期は、その選任の日以後最初に終了する事業年度についての財務諸表承認日までとする。

（会計監査人の解任）

第四十三条　主務大臣は、会計監査人が次の各号の一に該当するときは、その会計監査人を解任することができる。

一　職務上の義務に違反し、又は職務を怠ったとき。

二　会計監査人たるにふさわしくない非行があったとき。

三　心身の故障のため、職務の遂行に支障があり、又はこれに堪えないとき。

（利益及び損失の処理）

第四十四条　独立行政法人は、毎事業年度、損益計算において利益を生じたときは、前事業年度から繰り越した損失を埋め、なお残余があるときは、その残余の額は、積立金として整理しなければならない。ただし、第三項の規定により同項の使途に充てる場合は、この限りでない。

2　独立行政法人は、毎事業年度、損益計算において損失を生じたときは、前項の規定による積立金を減額して整理し、なお不足があるときは、その不足額は、繰越欠損金として整理しなければならない。

3　中期目標管理法人及び国立研究開発法人は、第一項に規定する残余があるときは、主務大臣の承認を受けて、その残余の額の全部又は一部を中期計画（第三十条第一項の認可を受けた同項の中期計画（同項後段の規定による変更の認可を受けたときは、その変更後のもの）をいう。以下同じ。）の同条第二項第七号又は中長期計画（第三十五条の五第一項の認可を受けた同項の中長期計画（同項後段の規定による変更の認可を受けたときは、その変更後のもの）をいう。以下同じ。）の第三十五条の五第二項第七号の剰余金の使途に充てることができる。

4　第一項の規定による積立金の処分については、個別法で定める。

（借入金等）

第四十五条　独立行政法人は、中期目標管理法人の中期計画の第三十条第二項第四号、国立研究開発法人の中長期計画の第三十五条の五第二項第四号又は行政執行法人の事業計画（第三十五条の十第一項の認可を受けた同項の事業計画（同項後段の規定による変更の認可を受けたときは、その変更後のもの）をいう。以下同じ。）の第三十五条の十第三項第四号の短期借入金の限度額の範囲内で、短期借入金をすることができる。ただし、やむを得ない事由があるものとして主務大臣の認可を受けた場合は、当該限度額を超えて短期借入金をすることができる。

2　前項の規定による短期借入金は、当該事業年度内に償還しなければならない。ただし、資金の不足のため償還することができないときは、その償還することができない金額に限り、主務大臣の認可を受けて、これを借り換えることができる。

3　前項ただし書の規定により借り換えた短期借入金は、一年以内に償還しなければならない。

4　独立行政法人は、個別法に別段の定めがある場合を除くほか、長期借入金及び債券発行をすることができない。

（財源措置）

第四十六条　政府は、予算の範囲内において、独立行政法人に対し、その業務の財源に充てるために必要な金額の全部又は一部に相当する金額を交付することができる。

2　独立行政法人は、業務運営に当たっては、前項の規定による交付金について、国民から徴収された税金その他の貴重な財源で賄われるものであることに留意し、法令の規定及び中期目標管理法人の中期計画、国立研究開発法人の中長期計画又は行政執行法人の事業計画に従って適切かつ効率的に使用するよう努めなければならない。

（不要財産に係る国庫納付等）

第四十六条の二　独立行政法人は、不要財産であって、政府からの出資又は支出（金銭の出資に該当するものを除く。）に係るもの（以下この条において「政府出資等に係る不要財産」という。）については、遅滞なく、主務大臣の認可を受けて、これを国庫に納付するものとする。ただし、中期目標管理法人の中期計画において第三十条第二項第五号の計画を定めた場合、国立研究開発法人の中長期計画において第三十五条の五第二項第五号の計画を定めた場合又は行政執行法人の事業計画において第三十五条の十第三項第五号の計画を定めた場合であって、これらの計画に従って当該政府出資等に

係る不要財産を国庫に納付するときは、主務大臣の認可を受けることを要しない。

2　独立行政法人は、前項の規定による政府出資等に係る不要財産（金銭を除く。以下この項及び次項において同じ。）の国庫への納付に代えて、主務大臣の認可を受けて、政府出資等に係る不要財産を譲渡し、これにより生じた収入の額（当該財産の帳簿価額を超える額（次項において「簿価超過額」という。）がある場合には、その額を除く。）の範囲内で主務大臣が定める基準により算定した金額を国庫に納付することができる。ただし、中期目標管理法人の中期計画において第三十条第二項第五号の計画を定めた場合、国立研究開発法人の中長期計画において第三十五条の五第二項第五号の計画を定めた場合又は行政執行法人の事業計画において第三十五条の十第三項第五号の計画を定めた場合であって、これらの計画に従って当該金額を国庫に納付するときは、主務大臣の認可を受けることを要しない。

3　独立行政法人は、前項の場合において、政府出資等に係る不要財産の譲渡により生じた簿価超過額があるときは、遅滞なく、これを国庫に納付するものとする。ただし、その全部又は一部の金額について国庫に納付しないことについて主務大臣の認可を受けた場合における当該認可を受けた金額については、この限りでない。

4　独立行政法人が第一項又は第二項の規定による国庫への納付をした場合において、当該納付に係る政府出資等に係る不要財産が政府からの出資に係るものであるときは、当該独立行政法人の資本金のうち当該納付に係る政府出資等に係る不要財産に係る部分として主務大臣が定める金額については、当該独立行政法人に対する政府からの出資はなかったものとし、当該独立行政法人は、その額により資本金を減少するものとする。

5　前各項に定めるもののほか、政府出資等に係る不要財産の処分に関し必要な事項は、政令で定める。

（不要財産に係る民間等出資の払戻し）

第四十六条の三　独立行政法人は、不要財産であって、政府以外の者からの出資に係るもの（以下この条において「民間等出資に係る不要財産」という。）については、主務大臣の認可を受けて、当該民間等出資に係る不要財産に係る出資者（以下この条において単に「出資者」という。）に対し、主務省令で定めるところにより、当該民間等出資に係る不要財産に係る出資額として主務大臣が定める額の持分の全部又は一部の払戻しの請求をすることができる旨を催告しなければならない。ただし、中期目標管理法人の中期計画において第三十条第二項第五号の計画を定めた場合、国立研究開発法人の中長期計画において第三十五条の五第二項第五号の計画を定めた場合又は行政執行法人の事業計画において第三十五条の十第三項第五号の計画を定めた場合であって、これらの計画に従って払戻しの請求をすることができる旨を催告するときは、主務大臣の認可を受けることを要しない。

2　出資者は、独立行政法人に対し、前項の規定による催告を受けた日から起算して一月を経過する日までの間に限り、同項の払戻しの請求をすることができる。

3　独立行政法人は、前項の規定による請求があったときは、遅滞なく、当該請求に係る民間等出資に係る不要財産又は当該請求に係る民間等出資に係る不要財産（金銭を除く。）の譲渡により生じた収入の額（当該財産の帳簿価額を超える額がある場合には、その額を除く。）の範囲内で主務大臣が定める基準により算定した金額により、同項の規定により払戻しを請求された持分（当該算定した金額が当該持分の額に満たない場合にあっては、当該持分のうち主務大臣が定める額の持分）を、当該請求をした出資者に払い戻すものとする。

4　独立行政法人が前項の規定による払戻しをしたときは、当該独立行政法人の資本金のうち当該払戻しをした持分の額については、当該独立行政法人に対する出資者からの出資はなかったものとし、当該独立行政法人は、その額により資本金を減少するものとする。

5　出資者が第二項の規定による払戻しの請求をしなかったとき又は同項の規定による民間等出資に係る不要財産に係る持分の一部の払戻しの請求をしたときは、独立行政法人は、払戻しの請求がされなかった持分については、払戻しをしないものとする。

※　1項「主務省令」＝独立行政法人自動車事故対策機構に関する省令二二

（余裕金の運用）

第四十七条　独立行政法人は、次の方法による場合を除くほか、業務上の余裕金を運用してはならない。

一　国債、地方債、政府保証債（その元本の償還及び利息の支払について政府が保証する債券をいう。）その他主務大臣の指定する有価証券の取得

二　銀行その他主務大臣の指定する金融機関への預金

三　信託業務を営む金融機関（金融機関の信託業務の兼営等に関する法律（昭和十八年法律第四十三号）第一条第一項の認可を受けた金融機関をいう。）への金銭信託

※「罰則」本法七一1⑨

（財産の処分等の制限）

第四十八条　独立行政法人は、不要財産以外の重要な財産であって主務省令で定めるものを譲渡し、又は担保に供しようとするときは、主務大臣の認可を受けなければならない。ただし、中期目標管理法人の中期計画において第三十条第二項第六号の計画を定めた場合、国立研究開発法人の中長期計画において第三十五条の五第二項第六号の計画を定めた場合又は行政執行法人の事業計画において第三十五条の十第三項第六号の計画を定めた場合であって、これらの計画に従って当該重要な財産を譲渡し、又は担保に供するときは、この限りでない。

（会計規程）

第四十九条　独立行政法人は、業務開始の際、会計に関する事項について規程を定め、これを主務大臣に届け出なければならない。これを変更したときも、同様とする。

（主務省令への委任）

第五十条　この法律及びこれに基づく政令に規定するもののほか、独立行政法人の財務及び会計に関し必要な事項は、主務省令で定める。

第五章　人事管理

第一節　中期目標管理法人及び国立研究開発法人

（役員の報酬等）

第五十条の二　中期目標管理法人の役員に対する報酬及び退職手当（以下「報酬等」という。）は、その役員の業績が考慮されるものでなければならない。

2　中期目標管理法人は、その役員に対する報酬等の支給の基準を定め、これを主務大臣に届け出るとともに、公表しなければならない。これを変更したときも、同様とする。

3　前項の報酬等の支給の基準は、国家公務員の給与及び退職手当（以下「給与等」という。）、民間企業の役員の報酬等、当該中期目標管理法人の業務の実績その他の事情を考慮して定められなければならない。

（役員の兼職禁止）

第五十条の三　中期目標管理法人の役員（非常勤の者を除く。）は、在任中、任命権者の承認のある場合を除くほか、営利を目的とする団体の役員となり、又は自ら営利事業に従事してはならない。

（他の中期目標管理法人役職員についての依頼等の規制）

第五十条の四　中期目標管理法人の役員又は職員（非常勤の者を除く。以下「中期目標管理法人役職員」という。）は、密接関係法人等に対し、当該中期目標管理法人の他の中期目標管理法人役職員をその離職後に、若しくは当該中期目標管理法人の中期目標管理法人役職員であった者を、当該密接関係法人等の地位に就かせることを目的として、当該他の中期目標管理法人役職員若しくは当該中期目標管理法人役職員であった者に関する情報を提供し、若しくは当該地位に関する情報の提供を依頼し、又は当該他の中期目標管理法人役職員をその離職後に、若しくは当該中期目標管理法人役職員であった者を、当該密接関係法人等の地位に就かせることを要求し、若しくは依頼してはならない。

2　前項の規定は、次に掲げる場合には、適用しない。

一　基礎研究、福祉に関する業務その他の円滑な再就職に特に配慮を要する業務として政令で定めるものに従事し、若しくは従事していた他の中期目標管理法人役職員又はこれらの業務に従事していた中期目標管理法人役職員であった者を密接関係法人等の地位に就かせることを目的として行う場合

二　退職手当通算予定役職員を退職手当通算法人等の地位に就かせることを目的として行う場合

三　大学その他の教育研究機関の研究者であった者であって任期（十年以内に限る。）を定めて専ら研究に従事する職員として採用された他の中期目標管理法人役職員を密接関係法人等の地位に就かせることを目的として行う場合

四　第三十二条第一項の評価（同項第二号に規定する中期目標の期間の終了時に見込まれる中期目標の期間における業務の実績に関する評価を除く。）の結果に基づき中期目標管理法人の業務の縮小又は内部組織の合理化が行われることにより、当該中期目標管理法人の組織の意思決定の権限を実質的に有しない地位として主務大臣が指定したもの以外の地位に就いたことがない他の中期目標管理法人役職員が離職を余儀なくされることが見込まれる場合において、当該他の中期目標管理法人役職員を密接関係法人等の地位に就かせることを目的として行うとき。

五　第三十五条第一項の規定による措置であって政令で定める人数以上の中期目標管理法人役職員が離職を余儀なくされることが見込まれるものを行うため、当該中期目標管理法人役職員の離職後の就職の援助のための措置に関する計画を作成し、主務大臣の認定を受けている場合において、当該計画における離職後の就職の援助の対象者である他の中期目標管理法人役職員を密接関係法人等の地位に就かせることを目的として行うとき。

3　前二項の「密接関係法人等」とは、営利企業等（商業、工業又は金融業その他営利を目的とする私企業（以下この項において「営利企業」という。）及び営利企業以外の法人（国、国際機関、地方公共団体、行政執行法人及び地方独立行政法人法（平成十五年法律第百十八号）第二条第一項に規定する特定地方独立行政法人を除く。）をいう。以下同じ。）のうち、資本関係、取引関係等において当該中期目標管理法人と密接な関係を有するものとして政令で定めるものをいう。

4　第二項第二号の「退職手当通算法人等」とは、営利企業等でその業務が中期目標管理法人の事務又は事業と密接な関連を有するもののうち総務大臣が定めるもの（退職手当（これに相当する給付を含む。）に関する規程において、中期目標管理法人役職員が当該中期目標管理法人の長の要請に応じ、引き続いて当該営利企業等の役員又は当該営利企業等に使用される者となった場合に、中期目標管理法人役職員としての勤続期間を当該営利企業等の役員又は当該営利企業等に使用される者としての勤続期間に通算することと定めている営利企業等に限る。）をいう。

5　第二項第二号の「退職手当通算予定役職員」とは、中期目標管理法人の長の要請に応じ、引き続いて退職手当通算法人等（前項に規定する退職手当通算法人等をいう。以下同じ。）の役員又は退職手当通算法人等に使用される者となるため退職することとなる中期目標管理法人役職員であって、当該退職手当通算法人等に在職した後、特別の事情がない限り引き続いて採用が予定されている者のうち政令で定めるものをいう。

6　第一項の規定によるもののほか、中期目標管理法人の役員又は職員は、この法律、個別法若しくは他の法令若しくは当該中期目標管理法人が定める業務方法書、第四十九条に規定する規程その他の規則に違反する職務上の行為（以下「法令等違反行為」という。）をすること若しくはしたこと又は当該中期目標管理法人の他の役員若しくは職員に法令等違反行為をさせること若しくはさせたことに関し、営利企業等に対し、当該中期目標管理法人の他の役員若しくは職員をその離職後に、又は当該中期目標管理法人の役員若しくは職員であった者を、当該営利企業等の地位に就かせることを要求し、又は依頼してはならない。

（法令等違反行為に関する在職中の求職の規制）

第五十条の五　中期目標管理法人の役員又は職員は、法令等違反行為をすること若しくはしたこと又は中期目標管理法人の他の役員若しくは職員に法令等違反行為をさせること若しくはさせたことに関し、営利企業等に対し、離職後に当該営利企業等の地位に就くことを要求し、又は約束してはならない。

（再就職者による法令等違反行為の依頼等の届出）

第五十条の六　中期目標管理法人の役員又は職員は、次に掲げる要求又は依頼を受けたときは、政令で定めるところにより、当該中期目標管理法人の長にその旨を届け出なければな

らない。

一　中期目標管理法人役職員であった者であって離職後に営利企業等の地位に就いている者（以下この条において「再就職者」という。）が、離職後二年を経過するまでの間に、離職前五年間に在職していた当該中期目標管理法人の内部組織として主務省令で定めるものに属する役員又は職員に対して行う、当該中期目標管理法人と当該営利企業等との間で締結される売買、賃借、請負その他の契約又は当該営利企業等に対して行われる行政手続法（平成五年法律第八十八号）第二条第二号に規定する処分に関する事務（当該中期目標管理法人の業務に係るものに限る。次号において「契約等事務」という。）であって離職前五年間の職務に属するものに関する法令等違反行為の要求又は依頼

二　前号に掲げるもののほか、再就職者のうち、当該中期目標管理法人の役員又は管理若しくは監督の地位として主務省令で定めるものに就いていた者が、離職後二年を経過するまでの間に、当該中期目標管理法人の役員又は職員に対して行う、契約等事務に関する法令等違反行為の要求又は依頼

三　前二号に掲げるもののほか、再就職者が行う、当該中期目標管理法人と営利企業等（当該再就職者が現にその地位に就いているものに限る。）との間の契約であって当該中期目標管理法人においてその締結について自らが決定したもの又は当該中期目標管理法人による当該営利企業等に対する行政手続法第二条第二号に規定する処分であって自らが決定したものに関する法令等違反行為の要求又は依頼

（中期目標管理法人の長への届出）

第五十条の七　中期目標管理法人役職員（第五十条の四第五項に規定する退職手当通算予定役職員を除く。）は、離職後に営利企業等の地位に就くことを約束した場合には、速やかに、政令で定めるところにより、中期目標管理法人の長に政令で定める事項を届け出なければならない。

2　前項の規定による届出を受けた中期目標管理法人の長は、当該中期目標管理法人の業務の公正性を確保する観点から、当該届出を行った中期目標管理法人役職員の職務が適正に行われるよう、人事管理上の措置を講ずるものとする。

（中期目標管理法人の長がとるべき措置等）

第五十条の八　中期目標管理法人の長は、当該中期目標管理法人の役員又は職員が第五十条の四から前条までの規定に違反する行為をしたと認めるときは、当該役員又は職員に対する監督上の措置及び当該中期目標管理法人における当該規定の遵守を確保するために必要な措置を講じなければならない。

2　第五十条の六の規定による届出を受けた中期目標管理法人の長は、当該届出に係る要求又は依頼の事実があると認めるときは、当該要求又は依頼に係る法令等違反行為を確実に抑止するために必要な措置を講じなければならない。

3　中期目標管理法人の長は、毎年度、第五十条の六の規定による届出及び前二項の措置の内容を取りまとめ、政令で定めるところにより、主務大臣に報告しなければならない。

※　3項「罰則」＝本法七一―1⑩

（政令への委任）

第五十条の九　第五十条の四から前条までの規定の実施に関し必要な手続は、政令で定める。

（職員の給与等）

第五十条の十　中期目標管理法人の職員の給与は、その職員の勤務成績が考慮されるものでなければならない。

2　中期目標管理法人は、その職員の給与等の支給の基準を定め、これを主務大臣に届け出るとともに、公表しなければならない。これを変更したときも、同様とする。

3　前項の給与等の支給の基準は、一般職の職員の給与に関する法律（昭和二十五年法律第九十五号）の適用を受ける国家公務員の給与等、民間企業の従業員の給与等、当該中期目標管理法人の業務の実績並びに職員の職務の特性及び雇用形態その他の事情を考慮して定められなければならない。

（国立研究開発法人への準用）

第五十条の十一　第五十条の二から前条までの規定は、国立研究開発法人について準用する。この場合において、第五十条の四第二項第四号中「第三十二条第一項」とあるのは「第三十五条の六第一項」と、同項第五号中「中期目標の期間」とあるのは「中長期目標の期間」と、「第三十五条第一項」とあるのは「第三十五条の七第一項」と読み替えるものとする。

※　「罰則」＝本法七一―1⑩

第二節　行政執行法人

（役員及び職員の身分）

第五十一条　行政執行法人の役員及び職員は、国家公務員とする。

（役員の報酬等）

第五十二条　行政執行法人の役員に対する報酬等は、その役員の業績が考慮されるものでなければならない。

2　行政執行法人は、その役員に対する報酬等の支給の基準を定め、これを主務大臣に届け出るとともに、公表しなければならない。これを変更したときも、同様とする。

3　前項の報酬等の支給の基準は、国家公務員の給与等を参酌し、かつ、民間企業の役員の報酬等、当該行政執行法人の業務の実績及び事業計画の第三十五条の十第三項第三号の人件費の見積りその他の事情を考慮して定められなければならない。

（役員の服務）

第五十三条　行政執行法人の役員（以下この条から第五十六条までにおいて単に「役員」という。）は、職務上知ることのできた秘密を漏らしてはならない。その職を退いた後も、同様とする。

2　前項の規定は、次条第一項において準用する国家公務員法（昭和二十二年法律第百二十号）第十八条の四及び次条第六項の規定により権限の委任を受けた再就職等監視委員会で扱われる調査の際に求められる情報に関しては、適用しない。

3　役員は、前項の調査に際して再就職等監視委員会から陳述し、又は証言することを求められた場合には、正当な理由がないのにこれを拒んではならない。

4　役員は、在任中、政党その他の政治的団体の役員となり、又は積極的に政治運動をしてはならない。

5　役員（非常勤の者を除く。次条において同じ。）は、在任中、任命権者の承認のある場合を除くほか、報酬を得て他の職務に従事し、又は営利事業を営み、その他金銭上の利益を目的とする業務を行ってはならない。

※　1・3項「罰則」＝本法六九①・六九の二

（役員の退職管理）

第五十四条　国家公務員法第十八条の二第二項、第十八条の三第一項、第十八条の四、第十八条の五第一項、第十八条の六、第百六条の二（第二項第三号を除く。）、第百六条の三、第百六条の四及び第百六条の十六から第百六条の二十七までの規定（これらの規定に係る罰則を含む。）、同法第百九条（第十四号から第十八号までに係る部分に限る。）並びに第百十二条の規定は、役員又は役員であった者について準用する。この場合において、同法第十八条の二第一項中「採用試験の対象官職及び種類並びに採用試験により確保すべき人材に関する事務、標準職務遂行能力、採用昇任等基本方針、幹部職員の任用等に係る特例及び幹部候補育成課程に関する事務（第三十三条第一項に規定する根本基準の実施につき必要な事務であつて、行政需要の変化に対応するために行う優れた人材の養成及び活用の確保に関するものを含む。）、一般職の職員の給与に関する法律第六条の二第一項の規定による指定職俸給表の適用を受ける職員の号俸の決定の方法並びに同法第八条第一項の規定による職務の級の定数の設定及び改定に関する事務並びに職員の人事評価（任用、給与、分限その他の人事管理の基礎とするために、職員がその職務を遂行するに当たり発揮した能力及び挙げた業績を把握した上で行われる勤務成績の評価をいう。以下同じ。）、研修、能率、厚生、服務、退職管理等に関する事務（第三条第二項の規定により人事院の所掌に属するものを除く。）」とあるのは「役員の退職管理に関する事務」と、同法第十八条の三第一項及び第百六条の十六中「第百六条の二から第百六条の四まで」とあるのは「独立行政法人通則法第五十四条第一項において準用する第百六条の二から第百六条の四まで」と、同法第百六条の二第二項及び第四項、第百六条の三第二項並びに第百六条の四第二項中「前項」とあるのは「独立行政法人通則法第五十四条第一項において準用する前項」と、同法第百六条の二第二項第二号及び第四項、第百六条の三第二項第一号、第百六条の四第一項並びに第百六条の二十三第一項中「退職手当通算予定職員」とあるのは「退職手当通算予定役員」と、同法第百六条の二第二項第二号中「独立行政法人通則法第五十四条第一項において読み替えて準用する第四項に規定する退職手当通算予定役員を同条第一項において準用する次項」とあるのは「第四項に規定する退職手当通算予定職員を次項」と、同条第三項及び同法第百六条の二十四第二項中「前項第二号」とあるのは「独立行政法人通則法第五十四条第一項において準用する前項第二号」と、同法第百六条の二第四項中「第二項第二号」とあるのは「独立行政法人通則法第五十四条第一項において準用する第二項第二号」と、「選考による採用」とあるのは「任命」と、同法第百六条の三第二項第一号中「前条第四項」とあるのは「独立行政法人通則法第五十四条第一項において準用する前条第四項」と、同法第百六条の四第三項中「前二項」とあるのは「独立行政法人通則法第五十四条第一項において準用する前二項」と、同条第四項中「前三項」とあるのは「独立行政法人通則法第五十四条第一項において準用する前三項」と、同条第五項中「前各項」とあるのは「独立行政法人通則法第五十四条第一項において準用する前各項」と、同法第百六条の二十二中「第百六条の五」とあるのは「独立行政法人通則法第五十四条第一項において準用する第百六条の十六」と、同法第百六条の二十三第三項中「当該届出を行つた職員が管理又は監督の地位にある職員の官職として政令で定めるものに就いている職員（以下「管理職職員」という。）である場合には、速やかに」とあるのは「速やかに」と、同法第百六条の二十四中「前条第一項」とあるのは「独立行政法人通則法第五十四条第一項において準用する前条第一項」と、同法第百九条第十八号中「第十四号から前号までに掲げる再就職者から要求又は依頼（独立行政法人通則法第五十四条第一項において準用する第十四号から前号まで」とあるのは「独立行政法人通則法第五十四条第一項において準用する第十四号から前号までに掲げる再就職者から要求又は依頼（第十四号から前号まで」と、同法第百十二条第一号中「第百六条の二第一項」とあるのは「独立行政法人通則法第五十四条第一項において準用する第百六条の二第一項」と、同法第百十三条第一号中「第百六条の四第一項から第四項まで」とあるのは「独立行政法人通則法第五十四条第一項において準用する第百六条の四第一項から第四項まで」と、同条第二号中「第百六条の二十四第一項」とあるのは「独立行政法人通則法第五十四条第一項において準用する第百六条の二十四第一項」と読み替えるものとするほか、必要な技術的読替えは、政令で定める。

2　内閣総理大臣は、前項において準用する国家公務員法第十八条の三第一項の調査に関し必要があると認めるときは、証人を喚問し、又は調査すべき事項に関係があると認められる書類若しくはその写しの提出を求めることができる。

3　内閣総理大臣は、第一項において準用する国家公務員法第十八条の三第一項の調査に関し必要があると認めるときは、当該調査の対象である役員若しくは役員であった者に出頭を求めて質問し、又は当該役員の勤務する場所（役員として勤務していた場所を含む。）に立ち入り、帳簿、書類その他の必要な物件を検査し、若しくは関係人に質問することができる。

4　前項の規定により立入検査をする者は、その身分を示す証明書を携帯し、関係人にこれを提示しなければならない。

5　第三項の規定による立入検査の権限は、犯罪捜査のために認められたものと解してはならない。

6　内閣総理大臣は、第二項及び第三項の規定による権限を再就職等監視委員会に委任する。

※　1項「政令」＝特定独立行政法人の役員の退職管理に関する政令、2項「罰則」＝本法六九②〜④、3項「罰則」＝本法六九⑤

（役員の災害補償）

第五十五条　役員の公務上の災害又は通勤による災害に対する補償及び公務上の災害又は通勤による災害を受けた役員に対する福祉事業については、行政執行法人の職員の例による。

（役員に係る労働者災害補償保険法の適用除外）

第五十六条　労働者災害補償保険法（昭和二十二年法律第五十号）の規定は、役員には適用しない。

（職員の給与）

第五十七条　行政執行法人の職員の給与は、その職務の内容と責任に応ずるものであり、かつ、職員が発揮した能率が考慮されるものでなければならない。

2　行政執行法人は、その職員の給与の支給の基準を定め、これを主務大臣に届け出るとともに、公表しなければならない。これを変更したときも、同様とする。

3　前項の給与の支給の基準は、一般職の職員の給与に関する法律の適用を受ける国家公務員の給与を参酌し、かつ、民間企業の従業員の給与、当該行政執行法人の業務の実績及び事業計画の第三十五条の十第三項第三号の人件費の見積りその他の事情を考慮して定められなければならない。

（職員の勤務時間等）

第五十八条　行政執行法人は、その職員の勤務時間、休憩、休日及び休暇について規程を定め、これを主務大臣に届け出るとともに、公表しなければならない。これを変更したときも、同様とする。

2　前項の規程は、一般職の職員の勤務時間、休暇等に関する法律（平成六年法律第三十三号）の適用を受ける国家公務員の勤務条件その他の事情を考慮したものでなければならない。

（職員に係る他の法律の適用除外等）

第五十九条　次に掲げる法律の規定は、行政執行法人の職員（以下この条において単に「職員」という。）には適用しない。

一　労働者災害補償保険法の規定

二　国家公務員法第十八条、第二十八条（第一項前段を除く。）、第六十二条から第七十条まで、第七十条の三第二項、第七十条の四第二項、第七十五条第二項及び第百六条の規定

三　国家公務員の寒冷地手当に関する法律（昭和二十四年法律第二百号）の規定

四　一般職の職員の給与に関する法律の規定

五　削除

六　国家公務員の育児休業等に関する法律（平成三年法律第百九号）第五条第二項、第八条、第九条、第十六条から第十九条まで及び第二十四条から第二十六条までの規定

七　一般職の職員の勤務時間、休暇等に関する法律の規定

八　一般職の任期付職員の採用及び給与の特例に関する法律（平成十二年法律第百二十五号）第七条から第九条までの規定

九　国家公務員の自己啓発等休業に関する法律（平成十九年法律第四十五号）第五条第二項及び第七条の規定

十　国家公務員の配偶者同行休業に関する法律（平成二十五年法律第七十八号）第五条第二項及び第八条の規定

2　職員に関する国家公務員法の適用については、同法第二条第六項中「政府」とあるのは「独立行政法人通則法第二条第四項に規定する行政執行法人（以下「行政執行法人」という。）」と、同条第七項中「政府又はその機関」とあるのは「行政執行法人」と、同法第三十四条第一項第五号中「内閣総理大臣」とあるのは「行政執行法人」と、同条第二項中「政令で定める」とあるのは「行政執行法人が定めて公表する」と、同法第六十条第一項中「場合には、人事院の承認を得て」とあるのは「場合には」と、「により人事院の承認を得て」とあるのは「により」と、同法第七十条の三第一項中「その所轄庁の長」とあるのは「当該職員の勤務する行政執行法人の長」と、同法第七十条の四第一項中「所轄庁の長」とあるのは「職員の勤務する行政執行法人の長」と、同法第七十八条第四号中「官制」とあるのは「組織」と、同法第八十条第四項中「給与に関する法律」とあるのは「独立行政法人通則法第五十七条第二項に規定する給与の支給の基準」と、同法第八十一条の二第一項中「人事院規則で定める官職を」とあるのは「行政執行法人の長が定める官職を」と、同条第二項各号、同法第八十一条の五第一項各号及び第三項、第八十一条の六第二項並びに第八十一条の七第一項各号並びに同法附則第八条第三項及び第五項の表中「人事院規則で」とあるのは「行政執行法人の長が」と、同法第八十一条の七第二項中「ときは、人事院の承認を得て」とあるのは「ときは」と、同条第一項中「延長した場合であつて、引き続き勤務させることについて人事院の承認を得た」とあるのは「延長した」と、同法第百条第二項中「、所轄庁の長」とあるのは「、当該職員の勤務する行政執行法人の長」と、「の所轄庁の長」とあるのは「の属する行政執行法人の長」と、同法第百一条第一項中「政府」とあるのは「当該職員の勤務する行政執行法人」と、同条第二項中「官庁」とあるのは「行政執行法人」と、同法第百三条第二項中「所轄庁の長」とあるのは「当該職員の勤務する行政執行法人の長」と、同法第百四条中「内閣総理大臣及びその職員の所轄庁の長」とあるのは「当該職員の勤務する行政執行法人の長」と、同法附則第八条第二項及び第四項中「として人事院規則で」とあるのは「として行政執行法人の長が」と、同項中「人事院規則で定める年齢」と、」とあるのは「行政執行法人の長が定める年齢」と、」と、同法附則第九条中「相当する職員として人事院規則で」とあるのは「相当する職員として行政執行法人の長が」と、「のうち人事院規則で」とあるのは「のうち行政執行法人の長が」と、「その他人事院規則で」とあるのは「その他行政執行法人の長が」とする。

3　職員に関する国際機関等に派遣される一般職の国家公務員の処遇等に関する法律（昭和四十五年法律第百十七号）第五条及び第六条第三項の規定の適用については、同法第五条第一項中「俸給、扶養手当、地域手当、広域異動手当、研究員調整手当、住居手当及び期末手当のそれぞれ百分の百以内」とあるのは「給与」と、同条第二項中「人事院規則（派遣職員が検察官の俸給等に関する法律（昭和二十三年法律第七十六号）の適用を受ける職員である場合にあつては、同法第三条第一項に規定する準則）」とあるのは「独立行政法人通則法（平成十一年法律第百三号）第五十七条第二項に規定する給与の支給の基準」と、同法第六条第三項中「国は」とあるのは「独立行政法人通則法第二条第四項に規定する行政執行法人は」と、「同法」とあるのは「国家公務員災害補償法」とする。

4　職員に関する国家公務員の育児休業等に関する法律第三条第一項第一号、第十二条第一項、第十五条及び第二十二条の規定の適用については、同号中「勤務時間法第十九条に規定する特別休暇のうち出産により職員が勤務しないことが相当である場合として人事院規則で定める場合における休暇」とあるのは「独立行政法人通則法（平成十一年法律第百三号）第五十八条第一項の規定に基づく規程で定める休暇のうち職員が出産した場合における休暇」と、「同条の規定により人事院規則で定める期間」とあるのは「規程で定める期間」と、「人事院規則で定める期間内」とあるのは「規程で定める期間内」と、「当該休暇又はこれに相当するものとして勤務時間法第二十三条の規定により人事院規則で定める休暇」とあるのは「当該休暇」と、同項中「次の各号に掲げるいず

れかの勤務の形態（勤務時間法第七条第一項の規定の適用を受ける職員にあっては、第五号に掲げる勤務の形態）」とあるのは「五分の一勤務時間（以下この項において「週間勤務時間」という。）に五分の一を乗じて得た時間に端数処理（五分を最小の単位とし、これに満たない端数を切り上げることをいう。以下この項において同じ。）を行って得た時間をいう。第十五条において同じ。）に二を乗じて得た時間に十分の一勤務時間（週間勤務時間に十分の一を乗じて得た時間に端数処理を行って得た時間をいう。同条において同じ。）を加えた時間から八分の一勤務時間（週間勤務時間に八分の一を乗じて得た時間に端数処理を行って得た時間をいう。）に五を乗じて得た時間までの範囲内の時間となるように独立行政法人通則法第二条第四項に規定する行政執行法人の長が定める勤務の形態」と、同法第十五条中「十九時間二十五分から十九時間三十五分」とあるのは「五分の一勤務時間に二を乗じて得た時間に十分の一勤務時間を加えた時間から十分の一勤務時間に五を乗じて得た時間」と、同法第二十二条中「第十五条から前条まで」とあるのは「第十五条及び前二条」とする。

5　職員に関する労働基準法（昭和二十二年法律第四十九号）第十二条第三項第四号及び第三十九条第十項の規定の適用については、同号中「育児休業、介護休業等育児又は家族介護を行う労働者の福祉に関する法律（平成三年法律第七十六号）第二条第一号」とあるのは「国家公務員の育児休業等に関する法律（平成三年法律第百九号）第三条第一項」と、「同条第二号」とあるのは「育児休業、介護休業等育児又は家族介護を行う労働者の福祉に関する法律（平成三年法律第七十六号）第二条第二号」と、同項中「育児休業、介護休業等育児又は家族介護を行う労働者の福祉に関する法律第二条第一号」とあるのは「国家公務員の育児休業等に関する法律第三条第一項」と、「同条第二号」とあるのは「育児休業、介護休業等育児又は家族介護を行う労働者の福祉に関する法律第二条第二号」とする。

6　職員に関する船員法（昭和二十二年法律第百号）第七十四条第四項の規定の適用については、同項中「育児休業、介護休業等育児又は家族介護を行う労働者の福祉に関する法律（平成三年法律第七十六号）第二条第一号」とあるのは「国家公務員の育児休業等に関する法律（平成三年法律第百九号）第三条第一項」と、「同条第二号」とあるのは「育児休業、介護休業等育児又は家族介護を行う労働者の福祉に関する法律（平成三年法律第七十六号）第二条第二号」とする。

（国会への報告等）

第六十条　行政執行法人は、政令で定めるところにより、毎事業年度、常時勤務に服することを要するその職員（国家公務員法第七十九条又は第八十二条の規定による休職又は停職の処分を受けた者、法令の規定により職務に専念する義務を免除された者その他の常時勤務に服することを要しない職員で政令で定めるものを含む。次項において「常勤職員」という。）の数を主務大臣に報告しなければならない。

2　政府は、毎年、国会に対し、行政執行法人の常勤職員の数を報告しなければならない。

3　行政執行法人は、国家公務員法第三章第八節及び第四章（第五十四条第一項において準用する場合を含む。）の規定を施行するために必要な事項として内閣総理大臣が定める事項を、内閣総理大臣が定める日までに、内閣総理大臣に届け出なければならない。

※　1項「政令」＝独立行政法人の組織、運営及び管理に係る共通的な事項に関する政令一九、二〇、「罰則」＝本法七一1⑩

第六十一条から第六十三条まで　削除

第六章　雑則

（報告及び検査）

第六十四条　主務大臣は、この法律を施行するため必要があると認めるときは、独立行政法人に対し、その業務並びに資産及び債務の状況に関し報告をさせ、又はその職員に、独立行政法人の事務所に立ち入り、業務の状況若しくは帳簿、書類その他の必要な物件を検査させることができる。

2　前項の規定により職員が立入検査をする場合には、その身分を示す証明書を携帯し、関係人にこれを提示しなければならない。

3　第一項の規定による立入検査の権限は、犯罪捜査のために認められたものと解してはならない。

※　1項「罰則」＝本法七〇

第六十五条　削除

（解散）

第六十六条　独立行政法人の解散については、別に法律で定める。

（財務大臣との協議）

第六十七条　主務大臣は、次の場合には、財務大臣に協議しなければならない。

一　第二十九条第一項の規定により中期目標を定め、又は変更しようとするとき。

二　第三十五条の四第一項の規定により中長期目標を定め、又は変更しようとするとき。

三　第三十五条の九第一項の規定により年度目標を定め、又は変更しようとするとき。

四　第三十条第一項、第三十五条の五第一項、第三十五条の十第一項、第四十五条第一項ただし書若しくは第二項ただし書又は第四十八条の規定による認可をしようとするとき。

五　第四十四条第三項の規定による承認をしようとするとき。

六　第四十六条の二第一項、第二項若しくは第三項ただし書又は第四十六条の三第一項の規定による認可をしようとするとき。

七　第四十七条第一号又は第二号の規定による指定をしようとするとき。

（主務大臣等）

第六十八条　この法律における主務大臣及び主務省令は、個別法で定める。

第七章　罰則

第六十九条　次の各号のいずれかに該当する者は、三年以下の懲役又は百万円以下の罰金に処する。次の各号に規定する行為を企て、命じ、故意にこれを容認し、唆し、又はその幇助をした者も、同様とする。

一　正当な理由がないのに第五十三条第三項の規定に違反して陳述し、又は証言することを拒んだ者
二　第五十四条第二項の規定により証人として喚問を受け虚偽の陳述をした者
三　第五十四条第二項の規定により証人として喚問を受け正当な理由がないのにこれに応じず、又は同項の規定により書類若しくはその写しの提出を求められ正当な理由がないのにこれに応じなかった者
四　第五十四条第二項の規定により書類又はその写しの提出を求められ、虚偽の事項を記載した書類又は写しを提出した者
五　第五十四条第三項の規定による検査を拒み、妨げ、若しくは忌避し、又は質問に対して陳述をせず、若しくは虚偽の陳述をした者（同条第一項において準用する国家公務員法第十八条の三第一項の調査の対象である役員又は役員であった者を除く。）

注　令和四年六月一七日法律六八号により改正され、令和七年六月一日から施行
　第六十九条中「懲役」を「拘禁刑」に改める。

第六十九条の二　第五十三条第一項の規定に違反して秘密を漏らした者は、一年以下の懲役又は五十万円以下の罰金に処する。

注　令和四年六月一七日法律六八号により改正され、令和七年六月一日から施行
　第六十九条の二中「懲役」を「拘禁刑」に改める。

第七十条　第六十四条第一項の規定による報告をせず、若しくは虚偽の報告をし、又は同項の規定による検査を拒み、妨げ、若しくは忌避した場合には、その違反行為をした独立行政法人の役員又は職員は、二十万円以下の罰金に処する。

第七十一条　次の各号のいずれかに該当する場合には、その違反行為をした独立行政法人の役員は、二十万円以下の過料に処する。
一　この法律の規定により主務大臣の認可又は承認を受けなければならない場合において、その認可又は承認を受けなかったとき。
二　この法律の規定により主務大臣又は内閣総理大臣に届出をしなければならない場合において、その届出をせず、又は虚偽の届出をしたとき。
三　この法律の規定により公表をしなければならない場合において、その公表をせず、又は虚偽の公表をしたとき。
四　第九条第一項の規定による政令に違反して登記することを怠ったとき。
五　第十九条第五項若しくは第六項又は第三十九条第三項の規定による調査を妨げたとき。
六　第三十条第三項、第三十二条第六項、第三十五条の三（第三十五条の八において準用する場合を含む。）、第三十五条の五第三項、第三十五条の六第九項、第三十五条の十第四項又は第三十五条の十二の規定による主務大臣の命令に違反したとき。
七　第三十二条第二項、第三十五条の六第三項若しくは第四項又は第三十五条の十一第三項若しくは第四項の規定による報告書の提出をせず、又は報告書に記載すべき事項を記載せず、若しくは虚偽の記載をして報告書を提出したとき。
八　第三十八条第三項の規定に違反して財務諸表、事業報告書、決算報告書又は監査報告を備え置かず、又は閲覧に供しなかったとき。
九　第四十七条の規定に違反して業務上の余裕金を運用したとき。
十　第五十条の八第三項（第五十条の十一において準用する場合を含む。）又は第六十条第一項の規定による報告をせず、又は虚偽の報告をしたとき。
2　独立行政法人の子法人の役員が第十九条第七項又は第三十九条第三項の規定による調査を妨げたときは、二十万円以下の過料に処する。

第七十二条　第十条の規定に違反した者は、十万円以下の過料に処する。

附　則

（施行期日）
第一条　この法律は、内閣法の一部を改正する法律（平成十一年法律第八十八号）の施行の日〔平成一三年一月六日〕から施行する。

（名称の使用制限に関する経過措置）
第二条　この法律の施行の際現にその名称中に独立行政法人という文字を用いている者については、第十条の規定は、この法律の施行後六月間は、適用しない。

（政令への委任）
第三条　前条に定めるもののほか、この法律の施行に関し必要な経過措置は、政令で定める。
※「政令」＝独立行政法人通則法等の施行に伴う関係政令の整備及び経過措置に関する政令

（国の無利子貸付け等）
第四条　国は、当分の間、独立行政法人に対し、その施設の整備で日本電信電話株式会社の株式の売払収入の活用による社会資本の整備の促進に関する特別措置法（昭和六十二年法律第八十六号）第二条第一項第二号に該当するものに要する費用に充てる資金の全部又は一部を、予算の範囲内において、無利子で貸し付けることができる。この場合において、第四十五条第四項の規定は、適用しない。
2　前項の国の貸付金の償還期間は、五年（二年以内の据置期間を含む。）以内で政令で定める期間とする。
3　前項に定めるもののほか、第一項の規定による貸付金の償還方法、償還期限の繰上げその他償還に関し必要な事項は、政令で定める。
4　国は、第一項の規定により独立行政法人に対し貸付けを行った場合には、当該貸付けの対象である施設の整備について、当該貸付金に相当する金額の補助を行うものとし、当該補助については、当該貸付金の償還時において、当該貸付金の償還金に相当する金額を交付することにより行うものとする。
5　独立行政法人が、第一項の規定による貸付けを受けた無利子貸付金について、第二項及び第三項の規定に基づき定められる償還期限を繰り上げて償還を行った場合（政令で定める場合を除く。）における前項の規定の適用については、当該償還は、当該償還期限の到来時に行われたものとみなす。
※2項「政令」＝独立行政法人の組織、運営及び管理に

係る共通的な事項に関する政令附則二項、3項「政令」＝同附則三項―五項、5項「政令」＝同附則六項

附　則（令四・六・一七法六八抄）

（施行期日）

1　この法律は、刑法等一部改正法〔刑法等の一部を改正する法律＝令和四年六月法律第六七号〕施行日〔令和七年六月一日〕から施行する。ただし、次の各号に掲げる規定は、当該各号に定める日から施行する。

一　第五百九条の規定　公布の日

二　〔略〕

○独立行政法人自動車技術総合機構法

（平成十一年十二月二十二日）
（法律第二百十八号）

沿革　平一二法八四、平一四法八九、平一九法九、平二〇法九五、平二六法六七、平二七法四四、平三〇法九四、令元法一四・一六、令四法六八改正

〔編者注〕
令和四年六月一七日法律第六八号による改正のうち、令和七年六月一日から施行される部分は、直接改正を加えないで、現行条文と並列して登載した。

目次

第一章　総則

（目的）

第一条　この法律は、独立行政法人自動車技術総合機構の名称、目的、業務の範囲等に関する事項を定めることを目的とする。

（名称）

第二条　この法律及び独立行政法人通則法（平成十一年法律第百三号。以下「通則法」という。）の定めるところにより設立される通則法第二条第一項に規定する独立行政法人の名称は、独立行政法人自動車技術総合機構とする。

（機構の目的）

第三条　独立行政法人自動車技術総合機構（以下「機構」という。）は、自動車（道路運送車両法（昭和二十六年法律第百八十五号）第二条第二項に規定する自動車をいう。以下同じ。）が同法第四十六条に規定する保安基準（以下「保安基準」という。）に適合するかどうかの審査、自動車技術等に関する試験、調査、研究及び開発等を総合的に行うことにより、自動車運送等に関する安全の確保、公害の防止その他の環境の保全及び燃料資源の有効な利用の確保を図ることを目的とする。

（中期目標管理法人）

第三条の二　機構は、通則法第二条第二項に規定する中期目標管理法人とする。

（事務所）

第四条　機構は、主たる事務所を東京都に置く。

（資本金）

第五条　機構の資本金は、附則第五条第二項及び道路運送車両法及び自動車検査独立行政法人法の一部を改正する法律（平成二十七年法律第四十四号）附則第十二条第一項の規定により政府から出資があったものとされた金額の合計額とする。

2　政府は、必要があると認めるときは、予算で定める金額の範囲内において、機構に追加して出資することができる。

3　機構は、前項の規定による政府の出資があったときは、その出資額により資本金を増加するものとする。

第二章　役員及び職員

（役員）

第六条　機構に、役員として、その長である理事長及び監事二人を置く。

2　機構に、役員として、理事五人以内を置くことができる。

（理事の職務及び権限等）

第七条　理事は、理事長の定めるところにより、理事長を補佐して機構の業務を掌理する。

2　理事のうちから理事長が指名する者一人は、第十二条第一号に掲げる業務（道路運送車両法第七十五条の五第一項及び第九十九条の三第八項に基づき行うものに限る。）、第十二条第二号、第四号及び第五号に掲げる業務並びにこれらに附帯する業務について、理事長の定めるところにより、機構を代表する。

3　通則法第十九条第二項の個別法で定める役員は、理事とする。ただし、理事が置かれていないときは、監事とする。

4　前項ただし書の場合において、通則法第十九条第二項の規定により理事長の職務を代理し又はその職務を行う監事は、その間、監事の職務を行ってはならない。

（理事の任期）

第八条　理事の任期は、二年とする。

（役員の欠格条項の特例）

第九条　通則法第二十二条に定めるもののほか、次の各号のいずれかに該当する者は、役員となることができない。

一　自動車若しくは自動車の部品の製造、改造、整備若しくは販売の事業を営む者又はこれらの者が法人であるときはその役員（いかなる名称によるかを問わず、これと同等以上の職権又は支配力を有する者を含む。）

二　前号に掲げる事業者の団体の役員（いかなる名称によるかを問わず、これと同等以上の職権又は支配力を有する者を含む。）

2　機構の役員の解任に関する通則法第二十三条第一項の規定の適用については、同項中「前条」とあるのは、「前条又は独立行政法人自動車技術総合機構法第九条第一項」とする。

（役員及び職員の秘密保持義務）

第十条　機構の役員及び職員は、職務上知ることのできた秘密を漏らし、又は盗用してはならない。その職を退いた後も、同様とする。

（役員及び職員の地位）

第十一条　機構の役員及び職員は、刑法（明治四十年法律第四十五号）その他の罰則の適用については、法令により公務に従事する職員とみなす。

第三章　業務等

（業務の範囲）

第十二条　機構は、第三条の目的を達成するため、次の業務を行う。

一　自動車、共通構造部（道路運送車両法第七十五条の二第一項に規定する共通構造部をいう。）及び自動車の装置が保安基準に適合するかどうか並びに同法第九十九条の三第一項の許可の申請をした者及び同項の許可を受けた者が同項に規定する特定改造等を適確に実施するに足りる能力を

有するかどうかの審査を行うこと。

二　道路運送車両法第六十三条の二第六項及び第六十三条の三第五項の規定に基づき、自動車及び自動車の装置が保安基準に適合していないおそれの原因が設計又は製作の過程にあるかどうか並びに同条第一項及び第二項の規定による届出に係る改善措置の内容が適切であるかどうかの技術的な検証を行うこと。

三　自動車の登録に係る事実の確認をするために必要な調査を行うこと。

四　自動車技術その他の運輸技術のうち陸上運送及び航空運送に関する安全の確保、環境の保全及び燃料資源の有効な利用の確保に係るものに関する試験、調査、研究及び開発を行うこと。

五　前号に掲げる業務に係る成果を普及すること。

六　前各号に掲げる業務に附帯する業務を行うこと。

（株式等の取得及び保有）

第十二条の二　機構は、科学技術・イノベーション創出の活性化に関する法律（平成二十年法律第六十三号）第三十四条の五第一項及び第二項の規定による株式又は新株予約権の取得及び保有を行うことができる。

（事務規程）

第十三条　機構は、第十二条第一号に掲げる業務（以下「審査事務」という。）の開始前に、審査事務の実施に関する規程（以下「事務規程」という。）を定め、国土交通大臣に届け出なければならない。これを変更しようとするときも、同様とする。

2　国土交通大臣は、前項の規定による届出に係る事務規程が審査事務の適正かつ確実な実施を図るため適当でないと認めるときは、その事務規程を変更すべきことを命ずることができる。

3　事務規程で定めるべき事項は、国土交通省令で定める。

（設備の維持）

第十四条　機構は、審査事務（道路運送車両法第七十五条の五第一項に基づく審査に係る業務を除く。）を行う事務所ごとに、国土交通省令で定める基準に適合する設備を備え、かつ、これを当該基準に適合するように維持しなければならない。

（審査事務等を実施する者）

第十五条　機構は、審査事務及び第十二条第二号に掲げる業務を行うときは、国土交通省令で定める資格を有する者に実施させなければならない。

（区分経理）

第十五条の二　機構は、第十二条第一号から第三号までに掲げる業務（これらに附帯する業務を含む。）に係る経理とその他の業務に係る経理とを区分して整理しなければならない。

（積立金の処分）

第十六条　機構は、通則法第二十九条第二項第一号に規定する中期目標の期間（以下この項において「中期目標の期間」という。）の最後の事業年度に係る通則法第四十四条第一項又は第二項の規定による整理を行った後、同条第一項の規定による積立金があるときは、その額に相当する金額のうち国土交通大臣の承認を受けた金額を、当該中期目標の期間の次の中期目標の期間に係る通則法第三十条第一項の認可を受けた中期計画（同項後段の規定による変更の認可を受けたときは、その変更後のもの）の定めるところにより、当該次の中期目標の期間における第十二条に規定する業務の財源に充てることができる。

2　国土交通大臣は、前項の規定による承認をしようとするときは、財務大臣に協議しなければならない。

3　機構は、第一項に規定する積立金の額に相当する金額から同項の規定による承認を受けた金額を控除してなお残余があるときは、その残余の額を国庫に納付しなければならない。

4　前三項に定めるもののほか、納付金の納付の手続その他積立金の処分に関し必要な事項は、政令で定める。

（報告及び検査）

第十七条　国土交通大臣は、第十二条第一号及び第二号に掲げる業務の適正な運営を確保するために必要な限度において、機構に対し、当該業務に関し報告をさせ、又はその職員に、機構の事務所その他の事業場に立ち入り、業務の状況若しくは帳簿、書類その他の必要な物件を検査させることができる。

2　前項の規定により職員が立入検査をする場合には、その身分を示す証明書を携帯し、関係人にこれを提示しなければならない。

3　第一項の規定による立入検査の権限は、犯罪捜査のために認められたものと解してはならない。

第四章　雑則

（主務大臣等）

第十八条　機構に係る通則法における主務大臣及び主務省令は、それぞれ国土交通大臣及び国土交通省令とする。

第五章　罰則

第十九条　第十条の規定に違反して秘密を漏らし、又は盗用した者は、一年以下の懲役又は五十万円以下の罰金に処する。

> 注　令和四年六月一七日法律六八号により改正され、令和七年六月一日から施行
> 第十九条中「懲役」を「拘禁刑」に改める。

第二十条　第十七条第一項の規定による報告をせず、若しくは虚偽の報告をし、又は同項の規定による検査を拒み、妨げ、若しくは忌避した場合には、その違反行為をした機構の役員又は職員は、二十万円以下の罰金に処する。

第二十一条　次の各号のいずれかに該当する場合には、その違反行為をした機構の役員は、二十万円以下の過料に処する。

一　第十二条に規定する業務以外の業務を行ったとき。

二　第十三条第一項の規定に基づく届出をせず、又は虚偽の届出をしたとき。

三　第十六条第一項の規定により国土交通大臣の承認を受けなければならない場合において、その承認を受けなかったとき。

附　則（抄）

（施行期日）

第一条　この法律は、平成十三年一月六日から施行する。ただし、附則第八条及び第九条の規定は、同日から起算して一年九月を超えない範囲内において政令で定める日から施行する。

〔平一三・九政令二九六により、平一四・七・一から施行〕

（職員の引継ぎ等）

第二条 検査法人の成立の際現に国土交通省の部局又は機関で政令で定めるものの職員である者は、国土交通大臣の指名する者を除き、別に辞令を発せられない限り、検査法人の成立の日において、検査法人の相当の職員となるものとする。

2 前項の規定は、内閣府の部局又は機関で政令で定めるものの職員である者について準用する。この場合において、同項中「国土交通大臣」とあるのは、「内閣総理大臣」と読み替えるものとする。

第三条 検査法人の成立の際現に前条に規定する政令で定める部局又は機関の職員である者のうち、検査法人の成立の日において引き続き検査法人の職員となったもの（次条において「引継職員」という。）であって、検査法人の成立の日の前日において内閣総理大臣若しくは国土交通大臣又はその委任を受けた者から児童手当法（昭和四十六年法律第七十三号）第七条第一項（同法附則第六条第二項、第七条第四項又は第八条第四項において準用する場合を含む。以下この条において同じ。）の規定による認定を受けているものが、検査法人の成立の日において児童手当又は同法附則第六条第一項、第七条第一項若しくは第八条第一項の給付（以下この条において「特例給付等」という。）の支給要件に該当するときは、その者に対する児童手当又は特例給付等の支給に関しては、検査法人の成立の日において同法第七条第一項の規定による市町村長（特別区の区長を含む。）の認定があったものとみなす。この場合において、その認定があったものとみなされた児童手当又は特例給付等の支給は、同法第八条第二項（同法附則第六条第二項、第七条第四項又は第八条第四項において準用する場合を含む。）の規定にかかわらず、検査法人の成立の日の前日の属する月の翌月から始める。

（検査法人の職員となる者の職員団体についての経過措置）

第四条 検査法人の成立の際現に存する国家公務員法（昭和二十二年法律第百二十号）第百八条の二第一項に規定する職員団体であって、その構成員の過半数が引継職員であるものは、検査法人の成立の際国営企業及び特定独立行政法人の労働関係に関する法律（昭和二十三年法律第二百五十七号）の適用を受ける労働組合となるものとする。この場合において、当該職員団体が法人であるときは、法人である労働組合となるものとする。

2 前項の規定により法人である労働組合となったものは、検査法人の成立の日から起算して六十日を経過する日までに、労働組合法（昭和二十四年法律第百七十四号）第二条及び第五条第二項の規定に適合する旨の労働委員会の証明を受け、かつ、その主たる事務所の所在地において登記しなければ、その日の経過により解散するものとする。

3 第一項の規定により労働組合となったものについては、検査法人の成立の日から起算して六十日を経過する日までは、労働組合法第二条ただし書（第一号に係る部分に限る。）の規定は、適用しない。

（権利義務の承継等）

第五条 検査法人の成立の際、第十一条に規定する業務に関し、現に国が有する権利及び義務のうち政令で定めるものは、検査法人の成立の時において検査法人が承継する。

2 前項の規定により検査法人が国の有する権利及び義務を承継したときは、その承継の際、承継される権利に係る土地、建物その他の財産で政令で定めるものの価額の合計額に相当する金額は、政府から検査法人に対し出資されたものとする。

3 前項の規定により政府から出資があったものとされる同項の財産の価額は、検査法人の成立の日現在における時価を基準として評価委員が評価した価額とする。

4 前項の評価委員その他評価に関し必要な事項は、政令で定める。

（国有財産の無償使用）

第六条 国土交通大臣は、検査法人の成立の際現に道路運送車両法第五章に規定する自動車の検査に関する事務のうち、自動車が保安基準に適合するかどうかの審査に使用されている国有財産であって政令で定めるものを、政令で定めるところにより、検査法人の用に供するため、検査法人に無償で使用させることができる。

（政令への委任）

第七条 附則第二条から前条までに定めるもののほか、検査法人の設立に伴い必要な経過措置その他この法律の施行に関し必要な経過措置は、政令で定める。

附　則（令四・六・一七法六八抄）

（施行期日）

1 この法律は、刑法等一部改正法〔刑法等の一部を改正する法律＝令和四年六月法律第六七号〕施行日〔令和七年六月一日〕から施行する。ただし、次の各号に掲げる規定は、当該各号に定める日から施行する。

一 第五百九条の規定　公布の日

二 〔略〕

○独立行政法人自動車技術総合機構に関する省令

（平成十四年四月二日国土交通省令第五十七号）

沿革　平一九国交令三五、平二二国交令五五、平二七国交令一九、平二八国交令一四、平二九国交令五六、平三一国交令二九、令元国交令一六、令四国交令一七、令六国交令一三改正

（通則法第八条第三項に規定する主務省令で定める重要な財産）

第一条　独立行政法人自動車技術総合機構（以下「機構」という。）に係る独立行政法人通則法（以下「通則法」という。）第八条第三項に規定する主務省令で定める重要な財産は、その保有する財産であって、その通則法第四十六条の二第一項又は第二項の認可に係る申請の日（各項ただし書の場合にあっては、当該財産の処分に関する計画を定めた通則法第三十条第一項の中期計画の認可に係る申請の日）における帳簿価額（現金及び預金にあっては、申請の日におけるその額）が五十万円以上のもの（その性質上通則法第四十六条の二の規定により処分することが不適当なものを除く。）その他国土交通大臣が定める財産とする。

（監査報告の作成）

第二条　機構に係る通則法第十九条第四項の規定により主務省令で定める事項については、この条の定めるところによる。

2　監事は、その職務を適切に遂行するため、次に掲げる者との意思疎通を図り、情報の収集及び監査の環境の整備に努めなければならない。この場合において、役員（監事を除く。以下同じ。）は、監事の職務の執行のための必要な体制の整備に留意しなければならない。

一　機構の役員及び職員

二　その他監事が適切に職務を遂行するに当たり意思疎通を図るべき者

3　前項の規定は、監事が公正不偏の態度及び独立の立場を保持することができなくなるおそれのある関係の創設及び維持を認めるものと解してはならない。

4　監事は、その職務の遂行に当たり、必要に応じ、機構の他の監事との意思疎通及び情報の交換を図るよう努めなければならない。

5　監査報告には、次に掲げる事項を記載しなければならない。

一　監事の監査の方法及びその内容

二　機構の業務が、法令等に従って適正に実施されているかどうか及び中期目標の着実な達成に向け効果的かつ効率的に実施されているかどうかについての意見

三　機構の役員の職務の執行が法令等に適合することを確保するための体制その他機構の業務の適正を確保するための体制の整備及び運用についての意見

四　機構の役員の職務の遂行に関し、不正の行為又は法令等に違反する重大な事実があったときは、その事実

五　監査のため必要な調査ができなかったときは、その旨及びその理由

六　監査報告を作成した日

（監事の調査の対象となる書類）

第三条　機構に係る通則法第十九条第六項第二号に規定する主務省令で定める書類は、独立行政法人自動車技術総合機構法（以下「機構法」という。）の規定に基づき国土交通大臣に提出する書類とする。

（業務方法書の記載事項）

第四条　機構に係る通則法第二十八条第二項の主務省令で定める事項は、次のとおりとする。

一　機構法第十二条第一号に規定する審査に関する事項

二　機構法第十二条第二号に規定する技術的な検証に関する事項

三　機構法第十二条第三号に規定する調査に関する事項

四　機構法第十二条第四号に規定する試験、調査、研究及び開発に関する事項

五　機構法第十二条第五号に規定する成果の普及に関する事項

六　機構法第十二条第六号に規定する附帯する業務に関する事項

七　業務の委託に関する基準

八　競争入札その他の契約に関する事項

九　その他業務の執行に関して必要な事項

（中期計画の認可申請等）

第五条　機構は、通則法第三十条第一項の規定により中期計画の認可を受けようとするときは、当該中期計画を記載した申請書を、中期計画の最初の事業年度開始の日の三十日前までに、国土交通大臣に提出しなければならない。

2　機構は、通則法第三十条第一項後段の規定により中期計画の変更の認可を受けようとするときは、変更しようとする事項及びその理由を記載した申請書を国土交通大臣に提出しなければならない。

（中期計画の記載事項）

第六条　機構に係る通則法第三十条第二項第八号に規定する主務省令で定める業務運営に関する事項は、次に掲げるものとする。

一　施設及び設備に関する計画

二　人事に関する計画

三　機構法第十六条第一項に規定する積立金の使途

四　その他当該中期目標を達成するために必要な事項

（年度計画の記載事項等）

第七条　機構に係る通則法第三十一条第一項の年度計画には、中期計画に定めた事項に関し、当該事業年度において実施すべき事項を記載しなければならない。

2　機構は、通則法第三十一条第一項後段の規定により年度計画の変更をしたときは、変更した事項及びその理由を記載した届出書を国土交通大臣に提出しなければならない。

（業務実績等報告書）

第八条　機構に係る通則法第三十二条第二項の報告書には、当該報告書が次の表の上欄に掲げる報告書のいずれに該当するかに応じ、同表の下欄に掲げる事項を記載しなければならない。その際、機構は、当該報告書が同条第一項の評価の根拠となる情報を提供するために作成されるものであることに留意しつつ、機構の事務及び事業の性質、内容等に応じて区分して同欄に掲げる事項を記載するものとする。

報告書	記載事項
事業年度における業務の実績及び当該実績について自ら評価を行った結果を明らかにした報告書	一　当該事業年度における業務の実績（当該業務の実績が通則法第二十九条第二項第二号に掲げる事項に係るものである場合にあっては次のイからニまでに掲げる事項を明らかにしたものに、同項第三号から第五号までに掲げる事項に係るものである場合にあっては次のイからハまでに掲げる事項を明らかにしたものに限る。） イ　中期計画及び年度計画の実施状況 ロ　当該事業年度における業務運営の状況 ハ　当該業務の実績に係る指標及び当該事業年度の属する中期目標の期間における当該事業年度以前の毎年度の当該指標の数値（当該業務の実績に係る指標が設定されている場合に限る。） ニ　当該事業年度の属する中期目標の期間における当該事業年度以前の毎年度の当該業務の実績に係る財務情報及び人員に関する情報 二　次のイからハまでに掲げる事項を明らかにした前号に掲げる業務の実績についての評価の結果（当該業務の実績が通則法第二十九条第二項第二号から第五号までに掲げる事項に係るものである場合に限る。） イ　中期目標に定めた項目ごとの評定及び当該評定を付した理由 ロ　業務運営上の課題が検出された場合には、当該課題及び当該課題に対する改善方策 ハ　過去の報告書に記載された改善方策のうちその実施が完了した旨の記載がないものがある場合には、その実施状況
中期目標の期間の終了時に見込まれる中期目標の期間における業務の実績及び当該実績について自ら評価を行った結果を明らかにした報告書	一　中期目標の期間の終了時に見込まれる中期目標の期間における業務の実績（当該業務の実績が通則法第二十九条第二項第二号に掲げる事項に係るものである場合にあっては次のイからニまでに掲げる事項を明らかにしたものに、同項第三号から第五号までに掲げる事項に係るものである場合にあっては次のイからハまでに掲げる事項を明らかにしたものに限る。） イ　中期目標及び中期計画の実施状況 ロ　当該期間における業務運営の状況 ハ　当該業務の実績に係る指標及び当該期間における毎年度の当該指標の数値（当該業務の実績に係る指標が設定されている場合に限る。） ニ　当該期間における毎年度の当該業務の実績に係る財務情報及び人員に関する情報 二　次のイからハまでに掲げる事項を明らかにした前号に掲げる業務の実績についての評価の結果（当該業務の実績が通則法第二十九条第二項第二号から第五号までに掲げる事項に係るものである場合に限る。） イ　中期目標に定めた項目ごとの評定及び当該評定を付した理由 ロ　業務運営上の課題が検出された場合には、当該課題及び当該課題に対する改善方策 ハ　過去の報告書に記載された改善方策のうちその実施が完了した旨の記載がないものがある場合には、その実施状況
中期目標の期間における業務の実績及び当該実績について自ら評価を行った結果を明らかにした報告書	一　中期目標の期間における業務の実績（当該業務の実績が通則法第二十九条第二項第二号に掲げる事項に係るものである場合にあっては次のイからニまでに掲げる事項を明らかにしたものに、同項第三号から第五号までに掲げる事項に係るものである場合にあっては次のイからハまでに掲げる事項を明らかにしたものに限る。） イ　中期目標及び中期計画の実施状況 ロ　当該期間における業務運営の状況 ハ　当該業務の実績に係る指標及び当該期間における毎年度の当該指標の数値（当該業務の実績に係る指標が設定されている場合に限る。） ニ　当該期間における毎年度の当該業務の実績に係る財務情報及び人員に関する情報 二　次のイからハまでに掲げる事項を明らかにした前号に掲げる業務の実績についての評価の結果（当該業務の実績が通則法第二十九条第二項第二号から第五号までに掲げる事項に係るものである場合に限る。） イ　中期目標に定めた項目ごとの評定及び当該評定を付した理由 ロ　業務運営上の課題が検出された場合には、当該課題及び当該課題に対する改善方策 ハ　過去の報告書に記載された改善方策のうちその実施が完了した旨の記載がないものがある場合には、その実施状況

2　機構は、前項に規定する報告書を国土交通大臣に提出したときは、速やかに、当該報告書をインターネットの利用その他の適切な方法により公表するものとする。

（会計の原則）

第九条　機構の会計については、この省令の定めるところによるものとし、この省令に定めのないものについては、一般に公正妥当と認められる企業会計の基準に従うものとする。

2　金融庁組織令（平成十年政令第三百九十二号）第二十四条第一項に規定する企業会計審議会により公表された企業会計の基準は、前項に規定する一般に公正妥当と認められる企業会計の基準に該当するものとする。

3　平成十一年四月二十七日の中央省庁等改革推進本部決定に基づき行われた独立行政法人の会計に関する研究の成果として公表された基準（以下「独立行政法人会計基準」という。）は、この省令の規定に準ずるものとして、第一項に規定する一般に公正妥当と認められる企業会計の基準に優先して適用されるものとする。

（収益の獲得が予定されない償却資産）

第十条　国土交通大臣は、機構が業務のため取得しようとしている償却資産についてその減価に対応すべき収益の獲得が予定されないと認められる場合には、その取得までの間に限り、当該償却資産を指定することができる。

2　前項の指定を受けた資産の減価償却については、減価償却費は計上せず、資産の減価額と同額を資本剰余金に対する控除として計上するものとする。

（対応する収益の獲得が予定されない資産除去債務に係る除去費用等）

第十一条　国土交通大臣は、機構が業務のため保有し又は取得しようとしている有形固定資産に係る資産除去債務に対応する除去費用に係る費用配分額及び時の経過による資産除去債務の調整額（以下この条において「除去費用等」という。）についてその除去費用等に対応すべき収益の獲得が予定されていないと認められる場合には、当該除去費用等を指定することができる。

（譲渡差額を損益計算上の損益に計上しない譲渡取引）

第十二条　国土交通大臣は、機構が通則法第四十六条の二第二項の規定に基づいて行う不要財産の譲渡取引についてその譲渡差額を損益計算上の損益に計上しないことが必要と認められる場合には、当該譲渡取引を指定することができる。

（共通経費の経理）

第十二条の二　機構は、機構法第十五条の二の規定により区分して経理する場合において、経理すべき事項が当該経理に係る勘定以外の勘定によって経理すべき事項と共通の事項であるため、当該勘定に係る部分を区分して経理することが困難なときは、当該事項については、国土交通大臣の承認を受けて定める基準に従って、各勘定に配分することにより経理するものとする。

（財務諸表）

第十三条　機構に係る通則法第三十八条第一項に規定する主務省令で定める書類は、独立行政法人会計基準に掲げる行政コスト計算書、純資産変動計算書及びキャッシュ・フロー計算書とする。

（事業報告書の作成）

第十四条　機構に係る通則法第三十八条第二項の規定により主務省令で定める事項については、この条の定めるところによる。

2　事業報告書には、次に掲げる事項を記載しなければならない。

一　機構の目的及び業務内容
二　国の政策における機構の位置付け及び役割
三　中期目標の概要
四　理事長の理念並びに運営上の方針及び戦略
五　中期計画及び年度計画の概要
六　持続的に適正なサービスを提供するための源泉
七　業務運営上の課題及びリスクの状況並びにその対応策
八　業績の適正な評価に資する情報
九　業務の成果及び当該業務に要した資源
十　予算及び決算の概要
十一　財務諸表の要約
十二　財政状態及び運営状況の理事長による説明
十三　内部統制の運用状況
十四　機構に関する基礎的な情報

（財務諸表の閲覧期間）

第十五条　機構に係る通則法第三十八条第三項に規定する主務省令で定める期間は、五年とする。

（会計監査報告の作成）

第十六条　通則法第三十九条第一項後段の規定により主務省令で定める事項については、この条の定めるところによる。

2　会計監査人は、その職務を適切に遂行するため、次に掲げる者との意思疎通を図り、情報の収集及び監査の環境の整備に努めなければならない。ただし、会計監査人が公正不偏の態度及び独立の立場を保持することができなくなるおそれのある関係の創設及び維持を認めるものと解してはならない。

一　機構の役員及び職員
二　その他会計監査人が適切に職務を遂行するに当たり意思疎通を図るべき者

3　会計監査人は、通則法第三十八条第一項に規定する財務諸表並びに同条第二項に規定する事業報告書及び決算報告書を受領したときは、次に掲げる事項を内容とする会計監査報告を作成しなければならない。

一　会計監査人の監査の方法及びその内容
二　財務諸表（利益の処分又は損失の処理に関する書類を除く。以下この号及び次項において同じ。）が機構の財政状態、運営状況、キャッシュ・フローの状況等を全ての重要な点において適正に表示しているかどうかについての意見があるときは、次のイからハまでに掲げる意見の区分に応じ、当該イからハまでに定める事項
　イ　無限定適正意見　監査の対象となった財務諸表が独立行政法人会計基準その他の一般に公正妥当と認められる会計の慣行に準拠して、機構の財政状態、運営状況、キャッシュ・フローの状況等を全ての重要な点において適正に表示していると認められる旨
　ロ　除外事項を付した限定付適正意見　監査の対象となった財務諸表が除外事項を除き独立行政法人会計基準その他の一般に公正妥当と認められる会計の慣行に準拠して、機構の財政状態、運営状況、キャッシュ・フローの状況等を全ての重要な点において適正に表示していると認められる旨及び除外事項
　ハ　不適正意見　監査の対象となった財務諸表が不適正である旨及びその理由
三　前号の意見がないときは、その旨及びその理由
四　第二号の意見がある場合は、事業報告書（会計に関する部分を除く。）の内容と通則法第三十九条第一項に規定する財務諸表、事業報告書（会計に関する部分に限る。）及び決算報告書の内容又は会計監査人が監査の過程で得た知識との間の重要な相違等について、報告すべき事項の有無及び報告すべき事項があるときはその内容
五　追記情報
六　前各号に掲げるもののほか、利益の処分又は損失の処理に関する書類、事業報告書（会計に関する部分に限る。）及び決算報告書に関して必要な報告
七　会計監査報告を作成した日

4　前項第五号に規定する「追記情報」とは、次に掲げる事項その他の事項のうち、会計監査人の判断に関して説明を付す必要がある事項又は財務諸表の内容のうち強調する必要がある事項とする。

一　会計方針の変更

二　重要な偶発事象
三　重要な後発事象

（短期借入金の認可の申請）

第十七条　機構は、通則法第四十五条第一項ただし書の規定により短期借入金を受けようとするとき、又は同条第二項ただし書の規定により短期借入金の借換えの認可を受けようとするときは、次に掲げる事項を記載した申請書を国土交通大臣に提出しなければならない。
一　借入れを必要とする理由
二　借入金の額
三　借入先
四　借入金の利率
五　借入金の償還の方法及び期限
六　利息の支払いの方法及び期限
七　その他必要な事項

（通則法第四十八条に規定する主務省令で定める重要な財産）

第十八条　機構に係る通則法第四十八条に規定する主務省令で定める重要な財産とは、土地及び建物とする。

（重要な財産の処分等の認可の申請）

第十九条　機構は、通則法第四十八条の規定により重要な財産を譲渡し、又は担保に供すること（以下この条において「処分等」という。）について認可を受けようとするときは、次に掲げる事項を記載した申請書を国土交通大臣に提出しなければならない。
一　処分等に係る財産の内容及び評価額
二　処分等の条件
三　処分等の方法
四　機構の業務運営上支障がない旨及びその理由

（内部組織）

第二十条　機構に係る通則法第五十条の六第一号に規定する離職前五年間に在職していた当該中期目標管理法人の内部組織として主務省令で定めるものは、現に存する理事長の直近下位の内部組織として国土交通大臣が定めるもの（次項において「現内部組織」という。）であって再就職者（離職後二年を経過した者を除く。同項において同じ。）が離職前五年間に在職していたものとする。

2　直近七年間に存し、又は存していた理事長の直近下位の内部組織（独立行政法人通則法の一部を改正する法律（平成二十六年法律第六十六号）の施行の日以後のものに限る。）として国土交通大臣が定めるものであって再就職者が離職前五年間に在職していたものが行っていた業務を現内部組織（当該内部組織が現内部組織である場合にあっては他の現内部組織）が行っている場合における前項の規定の適用については、当該再就職者が離職前五年間に当該現内部組織に在職していたものとみなす。

（管理又は監督の地位）

第二十一条　機構に係る通則法第五十条の六第二号に規定する管理又は監督の地位として主務省令で定めるものは、職員の退職管理に関する政令（平成二十年政令第三百八十九号）第二十七条第六号に規定する職員が就いている官職に相当するものとして国土交通大臣が定めるものとする。

（積立金の処分に係る申請の添付書類）

第二十二条　独立行政法人の組織、運営及び管理に係る共通的な事項に関する政令（以下「令」という。）第二十一条第二項に規定する添付書類は、次に掲げるものとする。
一　令第二十一条第一項の当該期間最後の事業年度（以下単に「期間最後の事業年度」という。）の事業年度末の貸借対照表
二　期間最後の事業年度の損益計算書
三　期間最後の事業年度の事業年度末の利益の処分に関する書類
四　承認を受けようとする金額の計算の基礎を明らかにした書類

（審査事務規程で定めるべき事項）

第二十三条　機構法第十三条第三項の国土交通省令で定める審査事務規程で定めるべき事項は、次に掲げるものとする。
一　審査の実施方法に関する事項
二　審査結果の通知の方法に関する事項
三　その他の審査の実施に関し必要な事項

（審査設備の基準）

第二十四条　機構法第十四条の国土交通省令で定める審査設備の基準は、次のとおりとする。
一　審査に必要な屋内検査場を有すること。
二　審査に必要な自動車検査用機械器具を備えていること。

（審査事務等を実施する者）

第二十五条　機構法第十五条の国土交通省令で定める資格を有する者は、審査事務（道路運送車両法（昭和二十六年法律第百八十五号）第七十五条の五第一項に基づく審査に係る業務を除く。）を行う場合にあっては、機構の職員であって、次の各号のいずれかに該当し、かつ、機構の理事長が選任した者とする。
一　国土交通省又は機構（以下「国土交通省等」という。）において、道路運送車両法の規定による自動車の検査の事務（以下「自動車の検査事務」という。）に通算して五年以上従事した者
二　学校教育法（昭和二十二年法律第二十六号）による高等学校（旧中等学校令（昭和十八年勅令第三十六号）による中等学校を含む。次項第四号において同じ。）又は中等教育学校を卒業し、かつ、国土交通省等において自動車の検査事務に通算して三年以上又は自動車に関する事務に通算して四年以上従事した者
三　学校教育法による大学（旧大学令（大正七年勅令第三百八十八号）による大学を含む。次項第五号において同じ。）又は高等専門学校（旧専門学校令（明治三十六年勅令第六十一号）による専門学校を含む。次項第五号において同じ。）において理科系統の正規の課程を修めて卒業し（当該課程を修めて同法による専門職大学の前期課程を修了した場合を含む。）、かつ、国土交通省等において自動車の検査事務に通算して一年以上又は自動車に関する事務に通算して三年以上従事した者
四　その他前各号に掲げる者と同等以上の知識及び経験を有する者

2　機構法第十五条の国土交通省令で定める資格を有する者は、審査事務（道路運送車両法第七十五条の五第一項に基づく審査に係る業務に限る。）及び機構法第十二条第二号に掲げる業務を行う場合にあっては、機構の職員であって、次の各号のいずれかに該当し、かつ、機構の理事長が選任した者

とする。
一　道路運送車両法第七十四条第一項の自動車検査官の経験を有する者
二　前項の審査事務を実施する者として、自動車の検査事務に従事したもの
三　国土交通省等において、運輸技術のうち道路運送車両に関する事務（試験、調査、研究及び開発を含む。以下「自動車技術事務」という。）に通算して五年以上従事した者
四　学校教育法による高等学校又は中等教育学校を卒業し、かつ、国土交通省等において、自動車技術事務に通算して三年以上従事した者
五　学校教育法による大学又は高等専門学校において理学又は工学に関する正規の課程を修めて卒業し（当該課程を修めて同法による専門職大学の前期課程を修了した場合を含む。）、かつ、国土交通省等において、自動車技術事務に通算して一年以上従事した者
六　その他前各号に掲げる者と同等以上の知識及び経験を有する者

附　則

この省令は、公布の日から施行する。

附　則（令六・二・一九国交令一三）

この省令は、公布の日から施行する。

○独立行政法人自動車事故対策機構法

（平成十四年十二月十八日法律第百八十三号）

沿革　平一六法一二六・一二七・一三〇・一三五、平一八法一〇九、平二二法三七、平二六法六七、令四法六五・六八改正

〔編者注〕　令和四年六月一七日法律第六八号による改正のうち、令和七年六月一日から施行される部分は、直接改正を加えないで、現行条文と並列して登載した。

目次

第一章　総則

（目的）

第一条　この法律は、独立行政法人自動車事故対策機構の名称、目的、業務の範囲等に関する事項を定めることを目的とする。

（名称）

第二条　この法律及び独立行政法人通則法（平成十一年法律第百三号。以下「通則法」という。）の定めるところにより設立される通則法第二条第一項に規定する独立行政法人の名称は、独立行政法人自動車事故対策機構とする。

（機構の目的）

第三条　独立行政法人自動車事故対策機構（以下「機構」という。）は、自動車の運行の安全の確保に関する事項を処理する者に対する指導、自動車事故による被害者に対しその身体的又は財産的被害の回復に資する支援等を行うことにより、自動車事故の発生の防止に資するとともに、自動車損害賠償保障法（昭和三十年法律第九十七号。以下「自賠法」という。）による損害賠償の保障制度と相まって被害者の保護を増進することを目的とする。

（中期目標管理法人）

第三条の二　機構は、通則法第二条第二項に規定する中期目標管理法人とする。

（事務所）

第四条　機構は、主たる事務所を東京都に置く。

（資本金）

第五条　機構の資本金は、附則第二条第六項の規定により政府及び政府以外の者から出資があったものとされた金額とする。

2　機構は、必要があるときは、国土交通大臣の認可を受けて、その資本金を増加することができる。

3　政府は、前項の規定により機構がその資本金を増加するときは、予算で定める金額の範囲内において、機構に出資することができる。

（持分の払戻し等の禁止）

第六条　機構は、通則法第四十六条の二第一項若しくは第二項の規定による国庫への納付又は通則法第四十六条の三第三項の規定による払戻しをする場合を除くほか、出資者に対し、その持分を払い戻すことができない。

2　機構は、出資者の持分を取得し、又は質権の目的としてこれを受けることができない。

（持分の譲渡等）

第七条　政府以外の出資者は、その持分を譲渡することができる。

2　政府以外の出資者の持分の移転は、譲受け者について第十九条第二項各号に掲げる事項を出資者原簿に記載した後でなければ、機構その他の第三者に対抗することができない。

3　出資者の持分については、信託財産に属する財産である旨を出資者原簿に記載しなければ、当該持分が信託財産に属することを機構その他の第三者に対抗することができない。

第二章　役員及び職員

（役員）

第八条　機構に、役員として、その長である理事長及び監事二人を置く。

2　機構に、役員として、理事三人以内を置くことができる。

（理事の職務及び権限等）

第九条　理事は、理事長の定めるところにより、理事長を補佐して機構の業務を掌理する。

2　通則法第十九条第二項の個別法で定める役員は、理事とする。ただし、理事が置かれていないときは、監事とする。

3　前項ただし書の場合において、通則法第十九条第二項の規定により理事長の職務を代理し又はその職務を行う監事は、その間、監事の職務を行ってはならない。

（理事の任期）

第十条　理事の任期は、当該理事について理事長が定める期間（その末日が通則法第二十一条第一項の規定による理事長の任期の末日以前であるものに限る。）とする。

（役員及び職員の秘密保持義務）

第十一条　機構の役員及び職員は、職務上知ることのできた秘密を漏らしてはならない。その職を退いた後も、同様とする。

（役員及び職員の地位）

第十二条　機構の役員及び職員は、刑法（明治四十年法律第四十五号）その他の罰則の適用については、法令により公務に従事する職員とみなす。

第三章　業務等

（業務の範囲）

第十三条　機構は、第三条の目的を達成するため、次の業務を行う。

一　道路運送法（昭和二十六年法律第百八十三号）第二条第二項に規定する自動車運送事業（貨物利用運送事業法（平成元年法律第八十二号）第二条第八項に規定する第二種貨物利用運送事業を含む。）の用に供する自動車（以下単に「自動車」という。）の運行の安全の確保に関する事項を処理する者に対し、当該事項に関する指導及び講習を行うこと。

二　自動車の運転者に対し、適性診断（自動車の運行の安全

部を確保するため、自動車の運行の態様に応じ運転者に必要とされる事項について心理学的又は医学的な方法による調査を行い、必要に応じて指導することをいう。）を行うこと。

三　自動車事故による被害者で後遺障害（傷害が治ってもなお身体に存する障害をいう。以下同じ。）が存するため治療及び常時の介護を必要とするものを収容して治療及び養護を行う施設を設置し、及び運営すること。

四　自動車事故により介護を必要とする後遺障害をもたらす傷害を受けた者であって国土交通省令で定める基準に適合するものに対し、介護料を支給すること。

五　次に掲げる被害者であって生活の困窮の程度が国土交通省令で定める基準に適合するものに対し、当該被害者に必要な資金の全部又は一部の貸付けを行うこと。

イ　自動車事故により死亡した者の遺族又は国土交通省令で定める後遺障害をもたらす傷害を受けた者の家族である義務教育終了前の児童

ロ　自動車事故による損害賠償についての債務名義を得た被害者であって当該債務名義に係る債権についてその全部又は一部の弁済を受けることが困難であると認められるもの

六　次に掲げる被害者であって生活の困窮の程度が国土交通省令で定める基準に適合するものに対し、当該被害者が損害賠償額又は損害の塡補として支払われる金額の支払を受けるまでの間、その支払を受けるべき金額の一部に相当する資金の貸付けを行うこと。

イ　自賠法の規定により後遺障害に係る損害賠償額の支払を受けるべき被害者

ロ　自賠法第四章第二節の規定による損害の塡補として支払われる金額の支払を受けるべき被害者

七　自賠法による損害賠償の保障制度について周知宣伝を行うこと。

八　自動車事故の発生の防止及び被害者の保護に関する調査及び研究を行い、その成果を普及すること。

九　前各号に掲げる業務に附帯する業務を行うこと。

（生活資金の返還の免除）

第十四条　機構は、前条第五号及び第六号の規定により貸付けを受けた者が死亡又は心身障害により当該貸付けを受けた資金（以下「生活資金」という。）を返還することができなくなったときは、生活資金の全部又は一部の返還を免除することができる。

（利益及び損失の処理の特例等）

第十五条　機構は、通則法第二十九条第二項第一号に規定する中期目標の期間（以下この項において「中期目標の期間」という。）の最後の事業年度に係る通則法第四十四条第一項又は第二項の規定による整理を行った後、同条第一項の規定による積立金があるときは、その額に相当する金額のうち国土交通大臣の承認を受けた金額を、当該中期目標の期間の次の中期目標の期間に係る通則法第三十条第一項の認可を受けた中期計画（同項後段の規定による変更の認可を受けたときは、その変更後のもの）の定めるところにより、当該次の中期目標の期間における第十三条に規定する業務の財源に充てることができる。

2　機構は、前項に規定する積立金の額に相当する金額から同項の規定による承認を受けた金額を控除してなお残余があるときは、その残余の額を国庫に納付しなければならない。

3　前二項に定めるもののほか、納付金の納付の手続その他積立金の処分に関し必要な事項は、政令で定める。

（長期借入金）

第十六条　機構は、第十三条第五号及び第六号に掲げる業務に必要な費用に充てるため、国土交通大臣の認可を受けて、長期借入金をすることができる。

（償還計画）

第十七条　機構は、毎事業年度、長期借入金の償還計画を立てて、国土交通大臣の認可を受けなければならない。

（政府からの資金の貸付け）

第十八条　政府は、毎年度、予算で定める金額の範囲内において、機構に対し、第十三条第五号及び第六号に掲げる業務に要する資金を無利子で貸し付けることができる。

2　政府は、機構が第十四条の規定により生活資金の全部又は一部の返還を免除したときは、機構に対し、その免除した金額に相当する額の前項の貸付金の償還を免除することができる。

第四章　雑則

（出資者原簿）

第十九条　機構は、出資者原簿を備えて置かなければならない。

2　出資者原簿には、各出資者について次の事項を記載しなければならない。

一　氏名又は名称及び住所

二　出資の引受け及び出資金の払込みの年月日又は出資者の持分の譲受けの年月日

三　出資額又は出資者の持分の譲受け額（以下「出資額」という。）

3　政府以外の出資者は、出資者原簿の閲覧を求めることができる。

（解散）

第二十条　機構は、解散した場合において、その債務を弁済してなお残余財産があるときは、これを各出資者に対し、その出資額に応じて分配しなければならない。

2　前項の規定により各出資者に分配することができる金額は、その出資額を限度とする。

（財務大臣との協議）

第二十一条　国土交通大臣は、次の場合には、財務大臣に協議しなければならない。

一　第五条第二項、第十六条又は第十七条の認可をしようとするとき。

二　第十五条第一項の承認をしようとするとき。

（主務大臣等）

第二十二条　機構に係る通則法における主務大臣及び主務省令は、それぞれ国土交通大臣及び国土交通省令とする。

第二十三条　削除

（国家公務員宿舎法の適用除外）

第二十四条　国家公務員宿舎法（昭和二十四年法律第百十七号）の規定は、機構の役員及び職員には適用しない。

第五章　罰則

第二十五条　第十一条の規定に違反して秘密を漏らした者は、

一年以下の懲役又は三十万円以下の罰金に処する。

注　令和四年六月一七日法律六八号により改正され、令和七年六月一日から施行
第二十五条中「懲役」を「拘禁刑」に改める。

第二十六条　次の各号のいずれかに該当する場合には、その違反行為をした機構の役員は、二十万円以下の過料に処する。

一　この法律の規定により国土交通大臣の認可又は承認を受けなければならない場合において、その認可又は承認を受けなかったとき。

二　第十三条に規定する業務以外の業務を行ったとき。

附　則（抄）

（施行期日）

第一条　この法律は、平成十五年十月一日から施行する。ただし、第二十二条、次条及び附則第十二条の規定は、同年七月一日から施行する。

（自動車事故対策センターの解散等）

第二条　自動車事故対策センター（以下「センター」という。）は、機構の成立の時において解散するものとし、その一切の権利及び義務は、その時において次項の規定により国が承継する資産を除き、その時において機構が承継する。

2　機構の成立の際現にセンターが有する権利のうち、機構がその業務を確実に実施するために必要な資産以外の資産は、機構の成立の時において国が承継する。

3　前項の規定により国が承継する資産の範囲その他当該資産の国への承継に関し必要な事項は、政令で定める。

4　センターの解散の日の前日を含む事業年度は、その日に終わるものとする。

5　センターの解散の日の前日を含む事業年度に係る決算並びに財産目録、貸借対照表及び損益計算書については、なお従前の例による。

6　第一項の規定により機構がセンターの権利及び義務を承継したときは、その承継の際、機構が承継する資産の価額から負債の金額を差し引いた額は、政令で定めるところにより、政府及び政府以外の者から機構に対しセンターの解散の日の前日におけるセンターに対するそれぞれの出資額に応じて出資されたものとする。この場合において、政府以外の者から出資されたものとする金額は、センターの解散の日の前日におけるセンターに対する政府以外の者の出資額を超えないものとする。

7　前項の資産の価額は、機構の成立の日現在における時価を基準として評価委員が評価した価額とする。

8　前項の評価委員その他評価に関し必要な事項は、政令で定める。

9　センターの解散については、自動車事故対策センター法（昭和四十八年法律第六十五号。以下「旧法」という。）第四十七条第一項の規定による残余財産の分配は、行わない。

10　第一項の規定によりセンターが解散した場合における解散の登記については、政令で定める。

（政府が有する債権の免除）

第三条　政府は、旧法第三十一条第一項第三号及び第四号の業務に必要な費用に充てるため政府から旧法第四十条の規定によりセンターに貸し付けた資金であって政令で定めるものに係るセンターに対する債権を免除するものとする。

（権利及び義務の承継に伴う経過措置）

第四条　センターが旧法第四十条の規定により政府から貸付けを受けて行った旧法第三十一条第一項第三号及び第四号の規定による貸付けについては、第十八条第二項の規定は、適用しない。

第五条　附則第二条第一項の規定により機構が承継する債務に係るセンターの長期借入金は、第十七条の規定の適用については、同条の長期借入金とみなす。

（持分の払戻し）

第六条　附則第二条第六項の規定により機構に出資したものとされた政府以外の者は、機構に対し、機構の成立の日から一月以内に限り、当該出資に係る持分の払戻しを請求することができる。

2　機構は、前項の規定による請求があったときは、第六条第一項の規定にかかわらず、政令で定めるところにより、当該政府以外の者が有する機構の成立の日における機構の純資産額に対する持分に相当する金額（その金額が当該持分に係る出資額を超えるときは、当該出資額に相当する金額）により持分の払戻しをしなければならない。この場合において、機構は、その払戻しをした金額により資本金を減少するものとする。

（自動車事故対策センター法の廃止）

第七条　自動車事故対策センター法は、廃止する。

（自動車事故対策センター法の廃止に伴う経過措置）

第八条　旧法（第十九条を除く。）の規定によりした処分、手続その他の行為は、通則法又はこの法律中の相当する規定によりした処分、手続その他の行為とみなす。

第九条　センターの役員又は職員であった者に係るその職務に関して知り得た秘密を漏らしてはならない義務については、この法律の施行後も、なお従前の例による。

（罰則の適用に関する経過措置）

第十条　この法律の施行前にした行為並びに附則第二条第五項及び前条の規定によりなお従前の例によることとされる事項に係るこの法律の施行後にした行為に対する罰則の適用については、なお従前の例による。

（理事長の任期の特例）

第十一条　通則法第十四条第二項の規定により機構の成立の時に理事長に任命されたものとされる理事長の任期については、第十条第一項中「任命の日」とあるのは、「機構の成立の日」とする。

（政令への委任）

第十二条　附則第二条から前条までに定めるもののほか、機構の設立に伴い必要な経過措置その他この法律の施行に関し必要な経過措置は、政令で定める。

附　則（令四・六・一七法六八抄）

（施行期日）

1　この法律は、刑法等一部改正法〔刑法等の一部を改正する法律＝令和四年六月法律第六七号〕施行日〔令和七年六月一日〕から施行する。ただし、次の各号に掲げる規定は、当該各号に定める日から施行する。

一　第五百九条の規定　公布の日

二　〔略〕

○独立行政法人自動車事故対策機構に関する省令

（平成十五年十月一日国土交通省令第百六号）

沿革　平二二国交令五五、平二七国交令一九、平三一国交令二九、令元国交令一六、令四国交令一七改正

（通則法第八条第三項に規定する主務省令で定める重要な財産）

第一条　独立行政法人自動車事故対策機構（以下「機構」という。）に係る独立行政法人通則法（以下「通則法」という。）第八条第三項に規定する主務省令で定める重要な財産は、その保有する財産であって、その通則法第四十六条の二第一項若しくは第二項又は第四十六条の三第一項の認可に係る申請の日（各項ただし書の場合にあっては、当該財産の処分に関する計画を定めた通則法第三十条第一項の中期計画の認可に係る申請の日）における帳簿価額（現金及び預金にあっては、申請の日におけるその額）が五十万円以上のもの（その性質上通則法第四十六条の二又は第四十六条の三の規定により処分することが不適当なものを除く。）その他国土交通大臣が定める財産とする。

（監査報告の作成）

第二条　機構に係る通則法第十九条第四項の規定により主務省令で定める事項については、この条の定めるところによる。

2　監事は、その職務を適切に遂行するため、次に掲げる者との意思疎通を図り、情報の収集及び監査の環境の整備に努めなければならない。この場合において、役員（監事を除く。以下同じ。）は、監事の職務の執行のための必要な体制の整備に留意しなければならない。

一　機構の役員及び職員

二　その他監事が適切に職務を遂行するに当たり意思疎通を図るべき者

3　前項の規定は、監事が公正不偏の態度及び独立の立場を保持することができなくなるおそれのある関係の創設及び維持を認めるものと解してはならない。

4　監事は、その職務の遂行に当たり、必要に応じ、機構の他の監事との意思疎通及び情報の交換を図るよう努めなければならない。

5　監査報告には、次に掲げる事項を記載しなければならない。

一　監事の監査の方法及びその内容

二　機構の業務が、法令等に従って適正に実施されているかどうか及び中期目標の着実な達成に向け効果的かつ効率的に実施されているかどうかについての意見

三　機構の役員の職務の執行が法令等に適合することを確保するための体制その他機構の業務の適正を確保するための体制の整備及び運用についての意見

四　機構の役員の職務の遂行に関し、不正の行為又は法令等に違反する重大な事実があったときは、その事実

五　監査のため必要な調査ができなかったときは、その旨及びその理由

六　監査報告を作成した日

（監事の調査の対象となる書類）

第三条　機構に係る通則法第十九条第六項第二号に規定する主務省令で定める書類は、独立行政法人自動車事故対策機構法（以下「機構法」という。）の規定に基づき国土交通大臣に提出する書類とする。

（業務方法書の記載事項）

第四条　機構に係る通則法第二十八条第二項の主務省令で定める事項は、次のとおりとする。

一　機構法第十三条第一号に規定する指導及び講習に関する事項

二　機構法第十三条第二号に規定する適性診断に関する事項

三　機構法第十三条第三号に規定する施設の設置及び運営に関する事項

四　機構法第十三条第四号に規定する介護料の支給に関する事項

五　機構法第十三条第五号に規定する資金の貸付けに関する事項

六　機構法第十三条第六号に規定する資金の貸付けに関する事項

七　機構法第十三条第七号に規定する周知宣伝に関する事項

八　機構法第十三条第八号に規定する調査及び研究並びにその成果の普及に関する事項

九　機構法第十三条第九号に規定する附帯する業務に関する事項

十　業務の委託に関する基準

十一　競争入札その他の契約に関する事項

十二　その他業務の執行に関して必要な事項

（中期計画の認可申請等）

第五条　機構は、通則法第三十条第一項の規定により中期計画の認可を受けようとするときは、当該中期計画を記載した申請書を、中期計画の最初の事業年度開始の日の三十日前までに（機構の成立後最初の中期計画については、機構の成立後遅滞なく）、国土交通大臣に提出しなければならない。

2　機構は、通則法第三十条第一項後段の規定により中期計画の変更の認可を受けようとするときは、変更しようとする事項及びその理由を記載した申請書を国土交通大臣に提出しなければならない。

（中期計画の記載事項）

第六条　機構に係る通則法第三十条第二項第八号に規定する主務省令で定める業務運営に関する事項は、次に掲げるものとする。ただし、機構の成立後最初の中期計画に係る当該事項については、第一号、第二号及び第四号に掲げるものとする。

一　施設及び設備に関する計画

二　人事に関する計画

三　機構法第十五条第一項に規定する積立金の使途

四　その他当該中期目標を達成するために必要な事項

（年度計画の記載事項等）

第七条　機構に係る通則法第三十一条第一項の年度計画には、中期計画に定めた事項に関し、当該事業年度において実施すべき事項を記載しなければならない。

2　機構は、通則法第三十一条第一項後段の規定により年度計画の変更をしたときは、変更した事項及びその理由を記載した届出書を国土交通大臣に提出しなければならない。

（業務実績等報告書）

第八条 機構に係る通則法第三十二条第二項の報告書には、当該報告書が次の表の上欄に掲げる報告書のいずれに該当するかに応じ、同表の下欄に掲げる事項を記載しなければならない。その際、機構は、当該報告書が同条第一項の評価の根拠となる情報を提供するために作成されるものであることに留意しつつ、機構の事務及び事業の性質、内容等に応じて区分して同欄に掲げる事項を記載するものとする。

事業年度における業務の実績及び当該実績について自ら評価を行った結果を明らかにした報告書	一 当該事業年度における業務の実績（当該業務の実績が通則法第二十九条第二項第二号に掲げる事項に係るものである場合にあっては次のイからニまでに掲げる事項を明らかにしたものに、同項第三号から第五号までに掲げる事項に係るものである場合にあっては次のイからハまでに掲げる事項を明らかにしたものに限る。） イ 中期計画及び年度計画の実施状況 ロ 当該事業年度における業務運営の状況 ハ 当該業務の実績に係る指標及び当該事業年度の属する中期目標の期間における当該事業年度以前の毎年度の当該指標の数値（当該業務の実績に係る指標が設定されている場合に限る。） ニ 当該事業年度の属する中期目標の期間における当該事業年度以前の毎年度の当該業務の実績に係る財務情報及び人員に関する情報 二 次のイからハまでに掲げる事項を明らかにした前号に掲げる業務の実績についての評価の結果（当該業務の実績が通則法第二十九条第二項第二号から第五号までに掲げる事項に係るものである場合に限る。） イ 中期目標に定めた項目ごとの評定及び当該評定を付した理由 ロ 業務運営上の課題が検出された場合には、当該課題及び当該課題に対する改善方策 ハ 過去の報告書に記載された改善方策のうちその実施が完了した旨の記載がないものがある場合には、その実施状況
中期目標の期間の終了時に見込まれる中期目標の期間における業務の実績及び当該実績について自ら評価を行った結果を明らかにした報告書	一 中期目標の期間の終了時に見込まれる中期目標の期間における業務の実績（当該業務の実績が通則法第二十九条第二項第二号に掲げる事項に係るものである場合にあっては次のイからニまでに掲げる事項を明らかにしたものに、同項第三号から第五号までに掲げる事項に係るものである場合にあっては次のイからハまでに掲げる事項を明らかにしたものに限る。） イ 中期目標及び中期計画の実施状況 ロ 当該期間における業務運営の状況 ハ 当該業務の実績に係る指標及び当該期間における毎年度の当該指標の数値（当該業務の実績に係る指標が設定されている場合に限る。） ニ 当該期間における毎年度の当該業務の実績に係る財務情報及び人員に関する情報 二 次のイからハまでに掲げる事項を明らかにした前号に掲げる業務の実績についての評価の結果（当該業務の実績が通則法第二十九条第二項第二号から第五号までに掲げる事項に係るものである場合に限る。） イ 中期目標に定めた項目ごとの評定及び当該評定を付した理由 ロ 業務運営上の課題が検出された場合には、当該課題及び当該課題に対する改善方策 ハ 過去の報告書に記載された改善方策のうちその実施が完了した旨の記載がないものがある場合には、その実施状況
中期目標の期間における業務の実績及び当該実績について自ら評価を行った結果を明らかにした報告書	一 中期目標の期間における業務の実績（当該業務の実績が通則法第二十九条第二項第二号に掲げる事項に係るものである場合にあっては次のイからニまでに掲げる事項を明らかにしたものに、同項第三号から第五号までに掲げる事項に係るものである場合にあっては次のイからハまでに掲げる事項を明らかにしたものに限る。） イ 中期目標及び中期計画の実施状況 ロ 当該期間における業務運営の状況 ハ 当該業務の実績に係る指標及び当該期間における毎年度の当該指標の数値（当該業務の実績に係る指標が設定されている場合に限る。） ニ 当該期間における毎年度の当該業務の実績に係る財務情報及び人員に関する情報 二 次のイからハまでに掲げる事項を明らかにした前号に掲げる業務の実績についての評価の結果（当該業務の実績が通則法第二十九条第二項第二号から第五号までに掲げる事項に係るものである場合に限る。） イ 中期目標に定めた項目ごとの評定及び当該評定を付した理由 ロ 業務運営上の課題が検出された場合には、当該課題及び当該課題に対する改善方策 ハ 過去の報告書に記載された改善方策のうちその実施が完了した旨の記載がないものがある場合には、その実施状況

2 機構は、前項に規定する報告書を国土交通大臣に提出したときは、速やかに、当該報告書をインターネットの利用その他の適切な方法により公表するものとする。

（会計の原則）

第九条 機構の会計については、この省令の定めるところによるものとし、この省令に定めのないものについては、一般に公正妥当と認められる企業会計の基準に従うものとする。

2 金融庁組織令（平成十年政令第三百九十二号）第二十四条第一項に規定する企業会計審議会により公表された企業会計

の基準は、前項に規定する一般に公正妥当と認められる企業会計の基準に該当するものとする。

3　平成十一年四月二十七日の中央省庁等改革推進本部決定に基づき行われた独立行政法人の会計に関する研究の成果として公表された基準（以下「独立行政法人会計基準」という。）は、この省令の規定に準ずるものとして、第一項に規定する一般に公正妥当と認められる企業会計の基準に優先して適用されるものとする。

（収益の獲得が予定されない償却資産）

第十条　国土交通大臣は、機構が業務のため取得しようとしている償却資産についてその減価に対応すべき収益の獲得が予定されないと認められる場合には、その取得までの間に限り、当該償却資産を指定することができる。

2　前項の指定を受けた資産の減価償却については、減価償却費は計上せず、資産の減価額と同額を資本剰余金に対する控除として計上するものとする。

（対応する収益の獲得が予定されない資産除去債務に係る除去費用等）

第十一条　国土交通大臣は、機構が業務のため保有し又は取得しようとしている有形固定資産に係る資産除去債務に対応する除去費用に係る費用配分額及び時の経過による資産除去債務の調整額（以下この条において「除去費用等」という。）についてその除去費用等に対応すべき収益の獲得が予定されていないと認められる場合には、当該除去費用等を指定することができる。

（譲渡差額を損益計算上の損益に計上しない譲渡取引）

第十二条　国土交通大臣は、機構が通則法第四十六条の二第二項又は第四十六条の三第三項の規定に基づいて行う不要財産の譲渡取引についてその譲渡差額を損益計算上の損益に計上しないことが必要と認められる場合には、当該譲渡取引を指定することができる。

（財務諸表）

第十三条　機構に係る通則法第三十八条第一項に規定する主務省令で定める書類は、独立行政法人会計基準に掲げる行政コスト計算書、純資産変動計算書及びキャッシュ・フロー計算書とする。

（事業報告書の作成）

第十四条　機構に係る通則法第三十八条第二項の規定により主務省令で定める事項については、この条の定めるところによる。

2　事業報告書には、次に掲げる事項を記載しなければならない。

一　機構の目的及び業務内容
二　国の政策における機構の位置付け及び役割
三　中期目標の概要
四　理事長の理念並びに運営上の方針及び戦略
五　中期計画及び年度計画の概要
六　持続的に適正なサービスを提供するための源泉
七　業務運営上の課題及びリスクの状況並びにその対応策
八　業績の適正な評価に資する情報
九　業務の成果及び当該業務に要した資源
十　予算及び決算の概要
十一　財務諸表の要約
十二　財政状態及び運営状況の理事長による説明
十三　内部統制の運用状況
十四　機構に関する基礎的な情報

（財務諸表の閲覧期間）

第十五条　機構に係る通則法第三十八条第三項に規定する主務省令で定める期間は、五年とする。

（会計監査報告の作成）

第十六条　通則法第三十九条第一項後段の規定により主務省令で定める事項については、この条の定めるところによる。

2　会計監査人は、その職務を適切に遂行するため、次に掲げる者との意思疎通を図り、情報の収集及び監査の環境の整備に努めなければならない。ただし、会計監査人が公正不偏の態度及び独立の立場を保持することができなくなるおそれのある関係の創設及び維持を認めるものと解してはならない。

一　機構の役員及び職員
二　その他会計監査人が適切に職務を遂行するに当たり意思疎通を図るべき者

3　会計監査人は、通則法第三十八条第一項に規定する財務諸表並びに同条第二項に規定する事業報告書及び決算報告書を受領したときは、次に掲げる事項を内容とする会計監査報告を作成しなければならない。

一　会計監査人の監査の方法及びその内容
二　財務諸表（利益の処分又は損失の処理に関する書類を除く。以下この号及び次項において同じ。）が機構の財政状態、運営状況、キャッシュ・フローの状況等を全ての重要な点において適正に表示しているかどうかについての意見があるときは、次のイからハまでに掲げる意見の区分に応じ、当該イからハまでに定める事項

イ　無限定適正意見　監査の対象となった財務諸表が独立行政法人会計基準その他の一般に公正妥当と認められる会計の慣行に準拠して、機構の財政状態、運営状況、キャッシュ・フローの状況等を全ての重要な点において適正に表示していると認められる旨

ロ　除外事項を付した限定付適正意見　監査の対象となった財務諸表が除外事項を除き独立行政法人会計基準その他の一般に公正妥当と認められる会計の慣行に準拠して、機構の財政状態、運営状況、キャッシュ・フローの状況等を全ての重要な点において適正に表示していると認められる旨及び除外事項

ハ　不適正意見　監査の対象となった財務諸表が不適正である旨及びその理由

三　前号の意見がないときは、その旨及びその理由

四　第二号の意見がある場合は、事業報告書（会計に関する部分を除く。）の内容と通則法第三十九条第一項に規定する財務諸表、事業報告書（会計に関する部分に限る。）及び決算報告書の内容又は会計監査人が監査の過程で得た知識との間の重要な相違等について、報告すべき事項の有無及び報告すべき事項があるときはその内容

五　追記情報

六　前各号に掲げるもののほか、利益の処分又は損失の処理に関する書類、事業報告書（会計に関する部分に限る。）及び決算報告書に関して必要な報告

七　会計監査報告を作成した日

4　前項第五号に規定する「追記情報」とは、次に掲げる事項その他の事項のうち、会計監査人の判断に関して説明を付す

必要がある事項又は財務諸表の内容のうち強調する必要がある事項とする。
一　会計方針の変更
二　重要な偶発事象
三　重要な後発事象

（短期借入金の認可の申請）

第十七条　機構は、通則法第四十五条第一項ただし書の規定により短期借入金の認可を受けようとするとき、又は同条第二項ただし書の規定により短期借入金の借換えの認可を受けようとするときは、次に掲げる事項を記載した申請書を国土交通大臣に提出しなければならない。
一　借入れを必要とする理由
二　借入金の額
三　借入先
四　借入金の利率
五　借入金の償還の方法及び期限
六　利息の支払いの方法及び期限
七　その他必要な事項

（長期借入金の認可の申請）

第十八条　機構は、機構法第十六条の規定により長期借入金の認可を受けようとするときは、次に掲げる事項を記載した申請書を国土交通大臣に提出しなければならない。
一　借入れを必要とする理由
二　借入金の額
三　借入先
四　借入金の利率
五　借入金の償還の方法及び期限
六　利息の支払の方法及び期限
七　その他必要な事項

（償還計画の認可の申請）

第十九条　機構は、機構法第十七条の規定により償還計画の認可を受けようとするときは、通則法第三十一条第一項前段の規定により年度計画を届け出た後遅滞なく、次に掲げる事項を記載した申請書を国土交通大臣に提出しなければならない。ただし、償還計画の変更の認可を受けようとするときは、その都度提出しなければならない。
一　長期借入金の総額及び当該事業年度における借入見込額並びにその借入先
二　長期借入金の償還の方法及び期限
三　その他必要な事項

（不要財産に係る民間等出資の払戻しの認可の申請）

第二十条　機構は、通則法第四十六条の三第一項の規定により、民間等出資に係る不要財産について、当該民間等出資に係る不要財産に係る出資者（以下単に「出資者」という。）に対し当該民間等出資に係る不要財産に係る出資額として国土交通大臣が定める額の持分の全部又は一部の払戻しの請求をすることができる旨を催告することについて、同項本文の規定により認可を受けようとするときは、次に掲げる事項を記載した申請書を国土交通大臣に提出しなければならない。
一　催告に係る不要財産の内容
二　不要財産であると認められる理由
三　当該不要財産の取得の日及び申請の日における不要財産の帳簿価額（現金及び預金にあっては、取得の日及び申請の日におけるその額）
四　当該不要財産の取得に係る出資の内容（出資者が複数ある場合にあっては、出資者ごとの当該不要財産の取得の日における帳簿価額に占める出資額の割合）
五　催告の内容
六　不要財産により払戻しをする場合には、不要財産の評価額
七　通則法第四十六条の三第三項の規定により主務大臣が定める基準に従い算定した金額により払戻しをする場合には、不要財産の譲渡によって得られる収入の見込額並びに譲渡に要する費用の費目、費目ごとの見込額及びその合計額
八　前号の場合における譲渡の方法
九　第七号の場合における譲渡の予定時期
十　その他必要な事項

2　国土交通大臣は、前項の申請に係る払戻しの方法が通則法第四十六条の三第三項の規定により主務大臣が定める基準に従い算定した金額による払戻しである場合において、同条第一項の認可をしたときは、次に掲げる事項を機構に通知するものとする。
一　通則法第四十六条の三第一項の規定により当該不要財産に係る出資額として国土交通大臣が定める額の持分
二　通則法第四十六条の三第三項の規定により主務大臣が定める基準に従い算定した金額により払戻しをする場合における当該払戻しの見込額

（中期計画に定めた不要財産の払戻しの催告に係る通知）

第二十一条　機構は、通則法第四十四条第三項の中期計画において通則法第三十条第二項第五号の計画に定めた場合において、通則法第四十六条の三第一項の規定により、民間等出資に係る不要財産について、出資者に対し当該民間等出資に係る不要財産に係る出資額として国土交通大臣が定める額の持分の全部又は一部の払戻しの請求をすることができる旨を催告しようとするときは、前条第一項各号に掲げる事項を国土交通大臣に通知しなければならない。

2　国土交通大臣は、前項の通知を受けたときは、遅滞なく、財務大臣にその旨を通知するものとする。

（催告の方法）

第二十二条　機構は、通則法第四十六条の三第一項の規定により催告しようとするときは、次に掲げる事項を記載した書面を交付し、又は当該事項を電磁的方法（電子的方法、磁気的方法その他人の知覚によっては認識することができない方法をいう。）により提供しなければならない。
一　催告に係る不要財産の内容
二　通則法第四十六条の三第一項の規定に基づき当該民間等出資に係る不要財産に係る出資額として主務大臣が定める額の持分の全部又は一部の払戻しの請求をすることができる旨
三　通則法第四十六条の三第一項に規定する払戻しについて、次に掲げる方法のうちいずれの方法によるかの別
イ　不要財産により払戻しをすること
ロ　通則法第四十六条の三第三項の規定により主務大臣が定める基準に従い算定した金額により払戻しをすること
四　払戻しを行う予定時期
五　第三号ロの方法による払戻しの場合における払戻しの見込額

2　前項の規定により催告するに際し、当該不要財産の評価額が当該不要財産の帳簿価額を超えることその他の事情があるため、払戻しの方法が同項第三号イの方法により難い場合には、その旨を当該催告の相手方に対し、通知するものとする。

（民間等出資に係る不要財産の譲渡の報告等）

第二十三条　機構は、通則法第四十六条の三第三項の規定により民間等出資に係る不要財産の譲渡を行ったときは、遅滞なく、次に掲げる事項を記載した報告書を国土交通大臣に提出するものとする。

一　当該不要財産の内容

二　譲渡によって得られた収入の額

三　譲渡に要した費用の費目、費目ごとの金額及びその合計額

四　譲渡した時期

五　通則法第四十六条の三第二項の規定により払戻しを請求された持分の額

2　前項の報告書には、同項各号に掲げる事項を証する書類を添付するものとする。

3　国土交通大臣は、第一項の報告書の提出を受けたときは、通則法第四十六条の三第三項の規定により主務大臣が定める基準に従い算定した金額（当該算定した金額が第一項第五号の持分の額に満たない場合にあっては、当該算定した金額及び通則法第四十六条の三第三項の規定により当該持分のうち国土交通大臣が定める額の持分）を機構に通知するものとする。

4　機構は、前項の通知を受けたときは、遅滞なく、同項の規定により通知された金額により、第一項第五号の持分（当該通知された金額が当該持分の額に満たない場合にあっては、前項の規定により通知された額の持分）を、当該請求をした出資者に払い戻すものとする。

（資本金の減少の報告）

第二十四条　機構は、通則法第四十六条の三第四項の規定により資本金を減少したときは、遅滞なく、その旨を国土交通大臣に報告するものとする。

（通則法第四十八条に規定する主務省令で定める重要な財産）

第二十五条　機構に係る通則法第四十八条に規定する主務省令で定める重要な財産とは、土地及び建物並びに国土交通大臣が指定するその他の財産とする。

（重要な財産の処分等の認可の申請）

第二十六条　機構は、通則法第四十八条の規定により重要な財産を譲渡し、又は担保に供すること（以下この条において「処分等」という。）について認可を受けようとするときは、次に掲げる事項を記載した申請書を国土交通大臣に提出しなければならない。

一　処分等に係る財産の内容及び評価額

二　処分等の条件

三　処分等の方法

四　機構の業務運営上支障がない旨及びその理由

（内部組織）

第二十七条　機構に係る通則法第五十条の六第一号に規定する離職前五年間に在職していた当該中期目標管理法人の内部組織として主務省令で定めるものは、現に存する理事長の直近下位の内部組織として国土交通大臣が定めるもの（次項において「現内部組織」という。）であって再就職者（離職後二年を経過した者を除く。同項において同じ。）が離職前五年間に在職していたものとする。

2　直近七年間に存し、又は存していた理事長の直近下位の内部組織（独立行政法人通則法の一部を改正する法律（平成二十六年法律第六十六号）の施行の日以後のものに限る。）として国土交通大臣が定めるものであって再就職者が離職前五年間に在職していたものが行っていた業務を現内部組織（当該内部組織が現内部組織である場合にあっては他の現内部組織）が行っている場合における前項の規定の適用については、当該再就職者が離職前五年間に当該現内部組織に在職していたものとみなす。

（管理又は監督の地位）

第二十八条　機構に係る通則法第五十条の六第二号に規定する管理又は監督の地位として主務省令で定めるものは、職員の退職管理に関する政令（平成二十年政令第三百八十九号）第二十七条第六号に規定する職員が就いている官職に相当するものとして国土交通大臣が定めるものとする。

（区分経理等）

第二十九条　機構の経理は、次に掲げる業務に係る各経理単位に区分して行うものとする。

一　機構法第十三条第三号に掲げる業務及びこれに附帯する業務

二　機構法第十三条第五号及び第六号に掲げる業務及びこれらに附帯する業務

三　その他の業務

2　機構は、前項の規定により区分して経理する場合において、機構の運営に必要な経費については、前項第一号及び第二号の業務に係る経理単位から同項第三号の業務に係る経理単位に繰り入れて一括して経理することができる。

（積立金の処分に係る申請の添付書類）

第三十条　独立行政法人の組織、運営及び管理に係る共通的な事項に関する政令（以下「令」という。）第二十一条第二項に規定する添付書類は、次に掲げるものとする。

一　令第二十一条第一項の期間最後の事業年度（以下単に「期間最後の事業年度」という。）の事業年度末の貸借対照表

二　期間最後の事業年度の損益計算書

三　期間最後の事業年度の事業年度末の利益の処分に関する書類

四　承認を受けようとする金額の計算の基礎を明らかにした書類

（介護料の支給の基準）

第三十一条　機構法第十三条第四号の国土交通省令で定める基準は、当該傷害を受けた者が自動車損害賠償保障法施行令（昭和三十年政令第二百八十六号。以下「自賠令」という。）別表第一に定める第一級又は第二級に該当する介護を要する後遺障害をもたらす傷害を受けた者又はこれと同程度以上の傷害を受けたと認められる者（次に掲げる者を除く。次項において「受給資格者」という。）であることとする。

一　機構法第十三条第三号に規定する施設その他これに類する施設に収容されている者

二　労働者災害補償保険法（昭和二十二年法律第五十号）の

規定による介護補償給付又は介護給付その他の給付であって介護料に相当するものを受けている者

2　介護料は、次に掲げるいずれかの者の年間の所得の額（所得税法（昭和四十年法律第三十三号）第二十二条に規定する総所得金額、退職所得金額及び山林所得金額の合計額をいう。）が千万円を超えると認められる年にあっては、その年の九月から翌年の八月までは、支給しない。

一　受給資格者

二　受給資格者の配偶者

三　受給資格者の民法（明治二十九年法律第八十九号）第八百七十七条第一項に定める扶養義務者であって当該受給資格者の生計を維持するもの

（生活の困窮の程度の基準）

第三十二条　機構法第十三条第五号及び第六号の国土交通省令で定める基準は、当該被害者が次のいずれかに該当する者又はこれと同程度以上に生活に困窮していると認められる者であることとする。

一　生活保護法（昭和二十五年法律第百四十四号）第六条第一項に規定する被保護者

二　所得税法の規定により所得税を納付しないこととなる者であって、次に掲げるもの

イ　その者を扶養する者がいない者

ロ　その者を扶養する者がいる者であって、当該扶養する者が所得税法の規定により所得税を納付しないこととなるもの

（貸付けの対象となる傷害）

第三十三条　機構法第十三条第五号イの国土交通省令で定める後遺障害をもたらす傷害は、自賠令別表第一に定める第一級又は第二級に該当する介護を要する後遺障害をもたらす傷害若しくは同令別表第二に定める第一級から第三級までのいずれかに該当する後遺障害をもたらす傷害又はこれらと同程度以上の傷害であると認められるものとする。

附　則

（施行期日）

1　この省令は、公布の日から施行する。

（自動車事故対策センター法施行規則及び自動車事故対策センターの財務及び会計に関する省令の廃止）

2　次に掲げる省令は、廃止する。

一　自動車事故対策センター法施行規則（昭和四十八年運輸省令第三十八号）

二　自動車事故対策センターの財務及び会計に関する省令（昭和四十八年運輸省令第三十九号）

（自動車事故対策センターの財務及び会計に関する省令の廃止に伴う経過措置）

3　自動車事故対策センターの解散の日の前日の前日を含む事業年度の第二・四半期に係る前項の規定による廃止前の自動車事故対策センターの財務及び会計に関する省令第十三条の規定による報告については、なお従前の例による。

附　則（令四・三・二九国交令一七）

この省令は公布の日から施行する。

○内閣府において経費の配分計画に関する事務を行う事業等を定める政令（抄）

（昭和四十七年五月十三日政令第百八十三号）

最終改正　令五政令三〇四

第二条　沖縄総合事務局の所掌事務のうち次の表の第一欄に掲げる事務の処理に関しては、法令に別段の定めがある場合を除き、それぞれ沖縄総合事務局を同表の第二欄に掲げる地方支分部局その他の地方行政機関（以下この項において「地方支分部局等」という。）と、沖縄総合事務局の長を同表の第三欄に掲げる地方支分部局等の長と、沖縄総合事務局において当該事務に従事する職員を同表の第四欄に掲げる地方支分部局等の職員とみなす。

第一欄	第二欄	第三欄	第四欄
地方運輸局において所掌することとされている事務	地方運輸局	地方運輸局長	地方運輸局の職員

2　沖縄総合事務局の所掌事務のうち運輸支局において所掌することとされている事務の処理に関しては、法第四十七条第一項及び第三項の規定により沖縄総合事務局に置かれる事務所で地方運輸局において所掌することとされている事務を分掌するものを地方運輸局の運輸支局と、当該事務所の長を地方運輸局の運輸支局の長とみなす。

附　則

この政令は、沖縄開発庁設置法の施行の日（昭和四十七年五月十五日）から施行する。

○地方自治法（抄）

（昭和二十二年四月十七日法律第六十七号）

最終改正　令六法六六

〔事務の管理及び執行〕

第百四十八条　普通地方公共団体の長は、当該普通地方公共団体の事務を管理し及びこれを執行する。

〔行政機関の設置及び国の地方行政機関設置の条件〕

第百五十六条

①～③〔略〕

④　国の地方行政機関（駐在機関を含む。以下この項において同じ。）は、国会の承認を経なければ、設けてはならない。国の地方行政機関の設置及び運営に要する経費は、国において負担しなければならない。

⑤〔略〕

○行政手続法

（平成五年十一月十二日　法律第八十八号）

沿革　平一一法一五一・一六〇、平一四法一五二、平一五法一一九、平一七法七三、平一八法五八・六六、平二六法六九・七〇、平二九法四、令四法五二、令五法五六・六三、令六法六五改正

〔編者注〕
　令和五年六月一六日法律第六三号による改正のうち、公布の日から起算して三年を超えない範囲内において政令で定める日から施行される部分は、直接改正を加えないで、現行条文と並列して登載した。

目次

第一章　総則

（目的等）
第一条　この法律は、処分、行政指導及び届出に関する手続並びに命令等を定める手続に関し、共通する事項を定めることによって、行政運営における公正の確保と透明性（行政上の意思決定について、その内容及び過程が国民にとって明らかであることをいう。第四十六条において同じ。）の向上を図り、もって国民の権利利益の保護に資することを目的とする。

2　処分、行政指導及び届出に関する手続並びに命令等を定める手続に関しこの法律に規定する事項について、他の法律に特別の定めがある場合は、その定めるところによる。

（定義）
第二条　この法律において、次の各号に掲げる用語の意義は、当該各号に定めるところによる。
一　法令　法律、法律に基づく命令（告示を含む。）、条例及び地方公共団体の執行機関の規則（規程を含む。以下「規則」という。）をいう。
二　処分　行政庁の処分その他公権力の行使に当たる行為をいう。
三　申請　法令に基づき、行政庁の許可、認可、免許その他の自己に対し何らかの利益を付与する処分（以下「許認可等」という。）を求める行為であって、当該行為に対して行政庁が諾否の応答をすべきこととされているものをいう。
四　不利益処分　行政庁が、法令に基づき、特定の者を名あて人として、直接に、これに義務を課し、又はその権利を制限する処分をいう。ただし、次のいずれかに該当するものを除く。
イ　事実上の行為及び事実上の行為をするに当たりその範囲、時期等を明らかにするために法令上必要とされている手続としての処分
ロ　申請により求められた許認可等を拒否する処分その他申請に基づき当該申請をした者を名あて人としてされる処分
ハ　名あて人となるべき者の同意の下にすることとされている処分
ニ　許認可等の効力を失わせる処分であって、当該許認可等の基礎となった事実が消滅した旨の届出があったことを理由としてされるもの
五　行政機関　次に掲げる機関をいう。
イ　法律の規定に基づき内閣に置かれる機関若しくは内閣の所轄の下に置かれる機関、宮内庁、内閣府設置法（平成十一年法律第八十九号）第四十九条第一項若しくは第二項に規定する機関、国家行政組織法（昭和二十三年法律第百二十号）第三条第二項に規定する機関、会計検査院若しくはこれらに置かれる機関又はこれらの機関の職員であって法律上独立に権限を行使することを認められた職員
ロ　地方公共団体の機関（議会を除く。）
六　行政指導　行政機関がその任務又は所掌事務の範囲内において一定の行政目的を実現するため特定の者に一定の作為又は不作為を求める指導、勧告、助言その他の行為であって処分に該当しないものをいう。
七　届出　行政庁に対し一定の事項の通知をする行為（申請に該当するものを除く。）であって、法令により直接に当該通知が義務付けられているもの（自己の期待する一定の法律上の効果を発生させるためには当該通知をすべきこととされているものを含む。）をいう。
八　命令等　内閣又は行政機関が定める次に掲げるものをいう。
イ　法律に基づく命令（処分の要件を定める告示を含む。次条第二項において単に「命令」という。）又は規則
ロ　審査基準（申請により求められた許認可等をするかどうかをその法令の定めに従って判断するために必要とされる基準をいう。以下同じ。）
ハ　処分基準（不利益処分をするかどうか又はどのような不利益処分とするかについてその法令の定めに従って判断するために必要とされる基準をいう。以下同じ。）
ニ　行政指導指針（同一の行政目的を実現するため一定の条件に該当する複数の者に対し行政指導をしようとするときにこれらの行政指導に共通してその内容となるべき事項をいう。以下同じ。）

（適用除外）
第三条　次に掲げる処分及び行政指導については、次章から第四章の二までの規定は、適用しない。
一　国会の両院若しくは一院又は議会の議決によってされる処分
二　裁判所若しくは裁判官の裁判により、又は裁判の執行としてされる処分
三　国会の両院若しくは一院若しくは議会の議決を経て、又

はこれらの同意若しくは承認を得た上でされるべきものとされている処分

四　検査官会議で決すべきものとされている処分及び会計検査の際にされる行政指導

五　刑事事件に関する法令に基づいて検察官、検察事務官又は司法警察職員がする処分及び行政指導

六　国税又は地方税の犯則事件に関する法令（他の法令において準用する場合を含む。）に基づいて国税庁長官、国税局長、税務署長、国税庁、国税局若しくは税務署の当該職員、税関長、税関職員又は徴税吏員（他の法令の規定に基づいてこれらの職員の職務を行う者を含む。）がする処分及び行政指導並びに金融商品取引の犯則事件に関する法令（他の法令において準用する場合を含む。）に基づいて証券取引等監視委員会、その職員（当該法令においてその職員とみなされる者を含む。）、財務局長又は財務支局長がする処分及び行政指導

七　学校、講習所、訓練所又は研修所において、教育、講習、訓練又は研修の目的を達成するために、学生、生徒、児童若しくは幼児若しくはこれらの保護者、講習生、訓練生又は研修生に対してされる処分及び行政指導

八　刑務所、少年刑務所、拘置所、留置施設、海上保安留置施設、少年院又は少年鑑別所において、収容の目的を達成するためにされる処分及び行政指導

九　公務員（国家公務員法（昭和二十二年法律第百二十号）第二条第一項に規定する国家公務員及び地方公務員法（昭和二十五年法律第二百六十一号）第三条第一項に規定する地方公務員をいう。以下同じ。）又は公務員であった者に対してその職務又は身分に関してされる処分及び行政指導

十　外国人の出入国、出入国管理及び難民認定法（昭和二十六年政令第三百十九号）第六十一条の二第一項に規定する難民の認定、同条第二項に規定する補完的保護対象者の認定又は帰化に関する処分及び行政指導

十一　専ら人の学識技能に関する試験又は検定の結果についての処分

十二　相反する利害を有する者の間の利害の調整を目的として法令の規定に基づいてされる裁定その他の処分（その双方を名宛人とするものに限る。）及び行政指導

十三　公衆衛生、環境保全、防疫、保安その他の公益に関わる事象が発生し又は発生する可能性のある現場において警察官若しくは海上保安官又はこれらの公益を確保するために行使すべき権限を法律上直接に与えられたその他の職員によってされる処分及び行政指導

十四　報告又は物件の提出を命ずる処分その他その職務の遂行上必要な情報の収集を直接の目的としてされる処分及び行政指導

十五　審査請求、再調査の請求その他の不服申立てに対する行政庁の裁決、決定その他の処分

十六　前号に規定する処分の手続又は第三章に規定する聴聞若しくは弁明の機会の付与の手続その他の意見陳述のための手続において法令に基づいてされる処分及び行政指導

2　次に掲げる命令等を定める行為については、第六章の規定は、適用しない。

一　法律の施行期日について定める政令

二　恩赦に関する命令

三　命令又は規則を定める行為が処分に該当する場合における当該命令又は規則

四　法律の規定に基づき施設、区間、地域その他これらに類するものを指定する命令又は規則

五　公務員の給与、勤務時間その他の勤務条件について定める命令等

六　審査基準、処分基準又は行政指導指針であって、法令の規定により若しくは慣行として、又は命令等を定める機関の判断により公にされるもの以外のもの

3　第一項各号及び前項各号に掲げるもののほか、地方公共団体の機関がする処分（その根拠となる規定が条例又は規則に置かれているものに限る。）及び行政指導、地方公共団体の機関に対する届出（前条第七号の通知の根拠となる規定が条例又は規則に置かれているものに限る。）並びに地方公共団体の機関が命令等を定める行為については、次章から第六章までの規定は、適用しない。

（国の機関等に対する処分等の適用除外）

第四条　国の機関又は地方公共団体若しくはその機関に対する処分（これらの機関又は団体がその固有の資格において当該処分の名あて人となるものに限る。）及び行政指導並びにこれらの機関又は団体がする届出（これらの機関又は団体がその固有の資格においてすべきこととされているものに限る。）については、この法律の規定は、適用しない。

2　次の各号のいずれかに該当する法人に対する処分であって、当該法人の監督に関する法律の特別の規定に基づいてされるもの（当該法人の解散を命じ、若しくは設立に関する認可を取り消す処分又は当該法人の役員若しくは当該法人の業務に従事する者の解任を命ずる処分を除く。）については、次章及び第三章の規定は、適用しない。

一　法律により直接に設立された法人又は特別の法律により特別の設立行為をもって設立された法人

二　特別の法律により設立され、かつ、その設立に関し行政庁の認可を要する法人のうち、その行う業務が国又は地方公共団体の行政運営と密接な関連を有するものとして政令で定める法人

3　行政庁が法律の規定に基づく試験、検査、検定、登録その他の行政上の事務について当該法律に基づきその全部又は一部を行わせる者を指定した場合において、その指定を受けた者（その者が法人である場合にあっては、その役員）又は職員その他の者が当該事務に従事することに関し公務に従事する職員とみなされるときは、その指定を受けた者に対し当該法律に基づいて当該事務に関し監督上される処分（当該指定を取り消す処分、その指定を受けた者が法人である場合におけるその役員の解任を命ずる処分又はその指定を受けた者の当該事務に従事する者の解任を命ずる処分を除く。）については、次章及び第三章の規定は、適用しない。

4　次に掲げる命令等を定める行為については、第六章の規定は、適用しない。

一　国又は地方公共団体の機関の設置、所掌事務の範囲その他の組織について定める命令等

二　皇室典範（昭和二十二年法律第三号）第二十六条の皇統譜について定める命令等

三　公務員の礼式、服制、研修、教育訓練、表彰及び報償並びに公務員の間における競争試験について定める命令等

四　国又は地方公共団体の予算、決算及び会計について定める命令等（入札の参加者の資格、入札保証金その他の国又は地方公共団体の契約の相手方又は相手方になろうとする者に係る事項を定める命令等を除く。）並びに国又は地方公共団体の財産及び物品の管理について定める命令等（国又は地方公共団体が財産及び物品を貸し付け、交換し、売り払い、譲与し、信託し、若しくは出資の目的とし、又はこれらに私権を設定することについて定める命令等であって、これらの行為の相手方又は相手方になろうとする者に係る事項を定めるものを除く。）

五　会計検査について定める命令等

六　国の機関相互間の関係について定める命令等並びに地方自治法（昭和二十二年法律第六十七号）第二編第十二章に規定する国と普通地方公共団体との関係及び普通地方公共団体相互間の関係その他の国と地方公共団体との関係及び地方公共団体相互間の関係について定める命令等（第一項の規定によりこの法律の規定を適用しないこととされる処分に係る命令等を含む。）

七　第二項各号に規定する法人の役員及び職員、業務の範囲、財務及び会計その他の組織、運営及び管理について定める命令等（これらの法人に対する処分であって、これらの法人の解散を命じ、若しくは設立に関する認可を取り消す処分又はこれらの法人の役員若しくはこれらの法人の業務に従事する者の解任を命ずる処分に係る命令等を除く。）

第二章　申請に対する処分

（審査基準）

第五条　行政庁は、審査基準を定めるものとする。

2　行政庁は、審査基準を定めるに当たっては、許認可等の性質に照らしてできる限り具体的なものとしなければならない。

3　行政庁は、行政上特別の支障があるときを除き、法令により申請の提出先とされている機関の事務所における備付けその他の適当な方法により審査基準を公にしておかなければならない。

（標準処理期間）

第六条　行政庁は、申請がその事務所に到達してから当該申請に対する処分をするまでに通常要すべき標準的な期間（法令により当該行政庁と異なる機関が当該申請の提出先とされている場合は、併せて、当該申請が当該提出先とされている機関の事務所に到達してから当該行政庁の事務所に到達するまでに通常要すべき標準的な期間）を定めるよう努めるとともに、これを定めたときは、これらの当該申請の提出先とされている機関の事務所における備付けその他の適当な方法により公にしておかなければならない。

（申請に対する審査、応答）

第七条　行政庁は、申請がその事務所に到達したときは遅滞なく当該申請の審査を開始しなければならず、かつ、申請書の記載事項に不備がないこと、申請書に必要な書類が添付されていること、申請をすることができる期間内にされたものであることその他の法令に定められた申請の形式上の要件に適合しない申請については、速やかに、申請をした者（以下「申請者」という。）に対し相当の期間を定めて当該申請の補正を求め、又は当該申請により求められた許認可等を拒否しなければならない。

（理由の提示）

第八条　行政庁は、申請により求められた許認可等を拒否する処分をする場合は、申請者に対し、同時に、当該処分の理由を示さなければならない。ただし、法令に定められた許認可等の要件又は公にされた審査基準が数量的指標その他の客観的指標により明確に定められている場合であって、当該申請がこれらに適合しないことが申請書の記載又は添付書類その他の申請の内容から明らかであるときは、申請者の求めがあったときにこれを示せば足りる。

2　前項本文に規定する処分を書面でするときは、同項の理由は、書面により示さなければならない。

（情報の提供）

第九条　行政庁は、申請者の求めに応じ、当該申請に係る審査の進行状況及び当該申請に対する処分の時期の見通しを示すよう努めなければならない。

2　行政庁は、申請をしようとする者又は申請者の求めに応じ、申請書の記載及び添付書類に関する事項その他の申請に必要な情報の提供に努めなければならない。

（公聴会の開催等）

第十条　行政庁は、申請に対する処分であって、申請者以外の者の利害を考慮すべきことが当該法令において許認可等の要件とされているものを行う場合には、必要に応じ、公聴会の開催その他の適当な方法により当該申請者以外の者の意見を聴く機会を設けるよう努めなければならない。

（複数の行政庁が関与する処分）

第十一条　行政庁は、申請の処理をするに当たり、他の行政庁において同一の申請者からされた関連する申請が審査中であることをもって自らすべき許認可等をするかどうかについての審査又は判断を殊更に遅延させるようなことをしてはならない。

2　一の申請又は同一の申請者からされた相互に関連する複数の申請に対する処分について複数の行政庁が関与する場合においては、当該複数の行政庁は、必要に応じ、相互に連絡をとり、当該申請者からの説明の聴取を共同して行う等により審査の促進に努めるものとする。

第三章　不利益処分

第一節　通則

（処分の基準）

第十二条　行政庁は、処分基準を定め、かつ、これを公にしておくよう努めなければならない。

2　行政庁は、処分基準を定めるに当たっては、不利益処分の性質に照らしてできる限り具体的なものとしなければならない。

（不利益処分をしようとする場合の手続）

第十三条　行政庁は、不利益処分をしようとする場合には、次の各号の区分に従い、この章の定めるところにより、当該不利益処分の名あて人となるべき者について、当該各号に定める意見陳述のための手続を執らなければならない。

一　次のいずれかに該当するとき　聴聞

イ　許認可等を取り消す不利益処分をしようとするとき。

ロ　イに規定するもののほか、名あて人の資格又は地位を直接にはく奪する不利益処分をしようとするとき。

ハ　名あて人が法人である場合におけるその役員の解任を命ずる不利益処分、名あて人の業務に従事する者の解任を命ずる不利益処分又は名あて人の会員である者の除名を命ずる不利益処分をしようとするとき。

ニ　イからハまでに掲げる場合以外の場合であって行政庁が相当と認めるとき。

二　前号イからニまでのいずれにも該当しないとき　弁明の機会の付与

2　次の各号のいずれかに該当するときは、前項の規定は、適用しない。

一　公益上、緊急に不利益処分をする必要があるため、前項に規定する意見陳述のための手続を執ることができないとき。

二　法令上必要とされる資格がなかったこと又は失われるに至ったことが判明した場合に必ずすることとされている不利益処分であって、その資格の不存在又は喪失の事実が裁判所の判決書又は決定書、一定の職に就いたことを証する当該任命権者の書類その他の客観的な資料により直接証明されたものをしようとするとき。

三　施設若しくは設備の設置、維持若しくは管理又は物の製造、販売その他の取扱いについて遵守すべき事項が法令において技術的な基準をもって明確にされている場合において、専ら当該基準が充足されていないことを理由として当該基準に従うべきことを命ずる不利益処分であってその不充足の事実が計測、実験その他客観的な認定方法によって確認されたものをしようとするとき。

四　納付すべき金銭の額を確定し、一定の額の金銭の納付を命じ、又は金銭の給付決定の取消しその他の金銭の給付を制限する不利益処分をしようとするとき。

五　当該不利益処分の性質上、それによって課される義務の内容が著しく軽微なものであるため名あて人となるべき者の意見をあらかじめ聴くことを要しないものとして政令で定める処分をしようとするとき。

（不利益処分の理由の提示）

第十四条　行政庁は、不利益処分をする場合には、その名あて人に対し、同時に、当該不利益処分の理由を示さなければならない。ただし、当該理由を示さないで処分をすべき差し迫った必要がある場合は、この限りでない。

2　行政庁は、前項ただし書の場合においては、当該名あて人の所在が判明しなくなったときその他処分後において理由を示すことが困難な事情があるときを除き、処分後相当の期間内に、同項の理由を示さなければならない。

3　不利益処分を書面でするときは、前二項の理由は、書面により示さなければならない。

第二節　聴聞

（聴聞の通知の方式）

第十五条　行政庁は、聴聞を行うに当たっては、聴聞を行うべき期日までに相当な期間をおいて、不利益処分の名あて人となるべき者に対し、次に掲げる事項を書面により通知しなければならない。

一　予定される不利益処分の内容及び根拠となる法令の条項

二　不利益処分の原因となる事実

三　聴聞の期日及び場所

四　聴聞に関する事務を所掌する組織の名称及び所在地

2　前項の書面においては、次に掲げる事項を教示しなければならない。

一　聴聞の期日に出頭して意見を述べ、及び証拠書類又は証拠物（以下「証拠書類等」という。）を提出し、又は聴聞の期日への出頭に代えて陳述書及び証拠書類等を提出することができること。

二　聴聞が終結する時までの間、当該不利益処分の原因となる事実を証する資料の閲覧を求めることができること。

3　行政庁は、不利益処分の名あて人となるべき者の所在が判明しない場合においては、第一項の規定による通知を、その者の氏名、同項第三号及び第四号に掲げる事項並びに当該行政庁が同項各号に掲げる事項を記載した書面をいつでもその者に交付する旨を当該行政庁の事務所の掲示場に掲示することによって行うことができる。この場合においては、掲示を始めた日から二週間を経過したときに、当該通知がその者に到達したものとみなす。

注　令和五年六月一六日法律六三号により改正され、公布の日から起算して三年を超えない範囲内において政令で定める日から施行

第十五条第一項中「名あて人」を「名宛人」に改め、同条第三項中「名あて人」を「名宛人」に、「その者の氏名、同項第三号及び第四号に掲げる事項並びに当該行政庁が同項各号に掲げる事項を記載した書面をいつでもその者に交付する旨を当該行政庁の事務所の掲示場に掲示すること」を「公示の方法」に改め、同項後段を削り、同条に次の一項を加える。

4　前項の公示の方法による通知は、不利益処分の名宛人となるべき者の氏名、第一項第三号及び第四号に掲げる事項並びに当該行政庁が同項各号に掲げる事項を記載した書面をいつでもその者に交付する旨（以下この項において「公示事項」という。）を総務省令で定める方法により不特定多数の者が閲覧することができる状態に置くとともに、公示事項が記載された書面を当該行政庁の事務所の掲示場に掲示し、又は公示事項を当該事務所に設置した電子計算機の映像面に表示したものの閲覧をすることができる状態に置く措置をとることによって行うものとする。この場合においては、当該措置を開始した日から二週間を経過したときに、当該通知がその者に到達したものとみなす。

（代理人）

第十六条　前条第一項の通知を受けた者（同条第三項後段の規定により当該通知が到達したものとみなされる者を含む。以下「当事者」という。）は、代理人を選任することができる。

注　令和五年六月一六日法律六三号により改正され、公布の日から起算して三年を超えない範囲内において政令で定める日から施行

第十六条第一項中「同条第三項後段」を「同条第四項後段」に改める。

2　代理人は、各自、当事者のために、聴聞に関する一切の行為をすることができる。

3　代理人の資格は、書面で証明しなければならない。

4　代理人がその資格を失ったときは、当該代理人を選任した当事者は、書面でその旨を行政庁に届け出なければならない。

（参加人）

第十七条　第十九条の規定により聴聞を主宰する者（以下「主宰者」という。）は、必要があると認めるときは、当事者以外の者であって当該不利益処分の根拠となる法令に照らし当該不利益処分につき利害関係を有するものと認められる者（同条第二項第六号において「関係人」という。）に対し、当該聴聞に関する手続に参加することを求め、又は当該聴聞に関する手続に参加することを許可することができる。

2　前項の規定により当該聴聞に関する手続に参加する者（以下「参加人」という。）は、代理人を選任することができる。

3　前条第二項から第四項までの規定は、前項の代理人について準用する。この場合において、同条第二項及び第四項中「当事者」とあるのは、「参加人」と読み替えるものとする。

（文書等の閲覧）

第十八条　当事者及び当該不利益処分がされた場合に自己の利益を害されることとなる参加人（以下この条及び第二十四条第三項において「当事者等」という。）は、聴聞の通知があった時から聴聞が終結する時までの間、行政庁に対し、当該事案についてした調査の結果に係る調書その他の当該不利益処分の原因となる事実を証する資料の閲覧を求めることができる。この場合において、行政庁は、第三者の利益を害するおそれがあるときその他正当な理由があるときでなければ、その閲覧を拒むことができない。

2　前項の規定は、当事者等が聴聞の期日における審理の進行に応じて必要となった資料の閲覧を更に求めることを妨げない。

3　行政庁は、前二項の閲覧について日時及び場所を指定することができる。

（聴聞の主宰）

第十九条　聴聞は、行政庁が指名する職員その他政令で定める者が主宰する。

2　次の各号のいずれかに該当する者は、聴聞を主宰することができない。

一　当該聴聞の当事者又は参加人

二　前号に規定する者の配偶者、四親等内の親族又は同居の親族

三　第一号に規定する者の代理人又は次条第三項に規定する補佐人

四　前三号に規定する者であった者

五　第一号に規定する者の後見人、後見監督人、保佐人、保佐監督人、補助人又は補助監督人

六　参加人以外の関係人

（聴聞の期日における審理の方式）

第二十条　主宰者は、最初の聴聞の期日の冒頭において、行政庁の職員に、予定される不利益処分の内容及び根拠となる法令の条項並びにその原因となる事実を聴聞の期日に出頭した者に対し説明させなければならない。

2　当事者又は参加人は、聴聞の期日に出頭して、意見を述べ、及び証拠書類等を提出し、並びに主宰者の許可を得て行政庁の職員に対し質問を発することができる。

3　前項の場合において、当事者又は参加人は、主宰者の許可を得て、補佐人とともに出頭することができる。

4　主宰者は、聴聞の期日において必要があると認めるときは、当事者若しくは参加人に対し質問を発し、意見の陳述若しくは証拠書類等の提出を促し、又は行政庁の職員に対し説明を求めることができる。

5　主宰者は、当事者又は参加人の一部が出頭しないときであっても、聴聞の期日における審理を行うことができる。

6　聴聞の期日における審理は、行政庁が公開することを相当と認めるときを除き、公開しない。

（陳述書等の提出）

第二十一条　当事者又は参加人は、聴聞の期日への出頭に代えて、主宰者に対し、聴聞の期日までに陳述書及び証拠書類等を提出することができる。

2　主宰者は、聴聞の期日に出頭した者に対し、その求めに応じて、前項の陳述書及び証拠書類等を示すことができる。

（続行期日の指定）

第二十二条　主宰者は、聴聞の期日における審理の結果、なお聴聞を続行する必要があると認めるときは、さらに新たな期日を定めることができる。

2　前項の場合においては、当事者及び参加人に対し、あらかじめ、次回の聴聞の期日及び場所を書面により通知しなければならない。ただし、聴聞の期日に出頭した当事者及び参加人に対しては、当該聴聞の期日においてこれを告知すれば足りる。

3　第十五条第三項の規定は、前項本文の場合において、当事者又は参加人の所在が判明しないときにおける通知の方法について準用する。この場合において、同条第三項中「不利益処分の名あて人となるべき者」とあるのは「当事者又は参加人」と、「掲示を始めた日から二週間を経過したとき」とあるのは「掲示を始めた日から二週間を経過したとき（同一の当事者又は参加人に対する二回目以降の通知にあっては、掲示を始めた日の翌日）」と読み替えるものとする。

注　令和五年六月一六日法律六三号により改正され、公布の日から起算して三年を超えない範囲内において政令で定める日から施行

第二十二条第三項中「第十五条第三項」及び「同条第三項」の下に「及び第四項」を加え、「名あて人」を「名宛人」に改め、「と、」の下に「同項中」を加え、「掲示を始めた日から二週間を経過した」を削り、「、掲示を始めた」を「、当該措置を開始した」に改める。

（当事者の不出頭等の場合における聴聞の終結）

第二十三条　主宰者は、当事者の全部若しくは一部が正当な理由なく聴聞の期日に出頭せず、かつ、第二十一条第一項に規定する陳述書若しくは証拠書類等を提出しない場合、又は参加人の全部若しくは一部が聴聞の期日に出頭しない場合には、これらの者に対し改めて意見を述べ、及び証拠書類等を提出する機会を与えることなく、聴聞を終結することができる。

2　主宰者は、前項に規定する場合のほか、当事者の全部又は一部が聴聞の期日に出頭せず、かつ、第二十一条第一項に規定する陳述書又は証拠書類等を提出しない場合において、これらの者の聴聞の期日への出頭が相当期間引き続き見込めないときは、これらの者に対し、期限を定めて陳述書及び証拠書類等の提出を求め、当該期限が到来したときに聴聞を終結することとすることができる。

（聴聞調書及び報告書）

第二十四条　主宰者は、聴聞の審理の経過を記載した調書を作成し、当該調書において、不利益処分の原因となる事実に対する当事者及び参加人の陳述の要旨を明らかにしておかなければならない。

2　前項の調書は、聴聞の期日における審理が行われた場合には各期日ごとに、当該審理が行われなかった場合には聴聞の終結後速やかに作成しなければならない。

3　主宰者は、聴聞の終結後速やかに、不利益処分の原因となる事実に対する当事者等の主張に理由があるかどうかについての意見を記載した報告書を作成し、第一項の調書とともに行政庁に提出しなければならない。

4　当事者又は参加人は、第一項の調書及び前項の報告書の閲覧を求めることができる。

（聴聞の再開）

第二十五条　行政庁は、聴聞の終結後に生じた事情にかんがみ必要があると認めるときは、主宰者に対し、前条第三項の規定により提出された報告書を返戻して聴聞の再開を命ずることができる。第二十二条第二項本文及び第三項の規定は、この場合について準用する。

（聴聞を経てされる不利益処分の決定）

第二十六条　行政庁は、不利益処分の決定をするときは、第二十四条第一項の調書の内容及び同条第三項の報告書に記載された主宰者の意見を十分に参酌してこれをしなければならない。

（審査請求の制限）

第二十七条　この節の規定に基づく処分又はその不作為については、審査請求をすることができない。

（役員等の解任等を命ずる不利益処分をしようとする場合の聴聞等の特例）

第二十八条　第十三条第一項第一号ハに該当する不利益処分に係る聴聞において第十五条第一項の通知があった場合におけるこの節の規定の適用については、名あて人である法人の役員、名あて人の業務に従事する者又は名あて人の会員である者（当該処分において解任し又は除名すべきこととされている者に限る。）は、同項の通知を受けた者とみなす。

2　前項の不利益処分のうち名あて人である法人の役員又は名あて人の業務に従事する者（以下この項において「役員等」という。）の解任を命ずるものに係る聴聞が行われた場合においては、当該処分にその名あて人が従わないことを理由として法令の規定によりされる当該役員等を解任する不利益処分については、第十三条第一項の規定にかかわらず、行政庁は、当該役員等について聴聞を行うことを要しない。

第三節　弁明の機会の付与

（弁明の機会の付与の方式）

第二十九条　弁明は、行政庁が口頭ですることを認めたときを除き、弁明を記載した書面（以下「弁明書」という。）を提出してするものとする。

2　弁明をするときは、証拠書類等を提出することができる。

（弁明の機会の付与の通知の方式）

第三十条　行政庁は、弁明書の提出期限（口頭による弁明の機会の付与を行う場合には、その日時）までに相当な期間をおいて、不利益処分の名あて人となるべき者に対し、次に掲げる事項を書面により通知しなければならない。

一　予定される不利益処分の内容及び根拠となる法令の条項

二　不利益処分の原因となる事実

三　弁明書の提出先及び提出期限（口頭による弁明の機会の付与を行う場合には、その旨並びに出頭すべき日時及び場所）

（聴聞に関する手続の準用）

第三十一条　第十五条第三項及び第十六条の規定は、弁明の機会の付与について準用する。この場合において、第十五条第三項中「第一項」とあるのは「第三十条」と、「同項第三号及び第四号」とあるのは「同条第三号」と、第十六条第一項中「前条第一項」とあるのは「第三十条」と、「同条第三項後段」とあるのは「第三十一条において準用する第十五条第三項後段」と読み替えるものとする。

> 注　令和五年六月一六日法律六三号により改正され、公布の日から起算して三年を超えない範囲内において政令で定める日から施行
>
> 第三十一条中「第十五条第三項及び」の下に「第四項並びに」を加え、「「同項第三号」を「同条第四項中「第一項第三号」に、「同条第三号」を「第三十条第三号」に、「同条第三項後段」を「同条第四項後段」に、「第十五条第三項後段」を「第十五条第四項後段」に改める。

第四章　行政指導

（行政指導の一般原則）

第三十二条　行政指導にあっては、行政指導に携わる者は、いやしくも当該行政機関の任務又は所掌事務の範囲を逸脱してはならないこと及び行政指導の内容があくまでも相手方の任意の協力によってのみ実現されるものであることに留意しなければならない。

2　行政指導に携わる者は、その相手方が行政指導に従わなかったことを理由として、不利益な取扱いをしてはならない。

（申請に関連する行政指導）

第三十三条　申請の取下げ又は内容の変更を求める行政指導にあっては、行政指導に携わる者は、申請者が当該行政指導に従う意思がない旨を表明したにもかかわらず当該行政指導を継続すること等により当該申請者の権利の行使を妨げるようなことをしてはならない。

（許認可等の権限に関連する行政指導）

第三十四条　許認可等をする権限又は許認可等に基づく処分をする権限を有する行政機関が、当該権限を行使することができない場合又は行使する意思がない場合においてする行政指導にあっては、行政指導に携わる者は、当該権限を行使し得る旨を殊更に示すことにより相手方に当該行政指導に従うこ

とを余儀なくさせるようなことをしてはならない。

（行政指導の方式）

第三十五条　行政指導に携わる者は、その相手方に対して、当該行政指導の趣旨及び内容並びに責任者を明確に示さなければならない。

2　行政指導に携わる者は、当該行政指導をする際に、行政機関が許認可等をする権限又は許認可等に基づく処分をする権限を行使し得る旨を示すときは、その相手方に対して、次に掲げる事項を示さなければならない。

一　当該権限を行使し得る根拠となる法令の条項

二　前号の条項に規定する要件

三　当該権限の行使が前号の要件に適合する理由

3　行政指導が口頭でされた場合において、その相手方から前二項に規定する事項を記載した書面の交付を求められたときは、当該行政指導に携わる者は、行政上特別の支障がない限り、これを交付しなければならない。

4　前項の規定は、次に掲げる行政指導については、適用しない。

一　相手方に対しその場において完了する行為を求めるもの

二　既に文書（前項の書面を含む。）又は電磁的記録（電子的方式、磁気的方式その他人の知覚によっては認識することができない方式で作られる記録であって、電子計算機による情報処理の用に供されるものをいう。）によりその相手方に通知されている事項と同一の内容を求めるもの

（複数の者を対象とする行政指導）

第三十六条　同一の行政目的を実現するため一定の条件に該当する複数の者に対し行政指導をしようとするときは、行政機関は、あらかじめ、事案に応じ、行政指導指針を定め、かつ、行政上特別の支障がない限り、これを公表しなければならない。

（行政指導の中止等の求め）

第三十六条の二　法令に違反する行為の是正を求める行政指導（その根拠となる規定が法律に置かれているものに限る。）の相手方は、当該行政指導が当該法律に規定する要件に適合しないと思料するときは、当該行政指導をした行政機関に対し、その旨を申し出て、当該行政指導の中止その他必要な措置をとることを求めることができる。ただし、当該行政指導がその相手方について弁明その他意見陳述のための手続を経てされたものであるときは、この限りでない。

2　前項の申出は、次に掲げる事項を記載した申出書を提出してしなければならない。

一　申出をする者の氏名又は名称及び住所又は居所

二　当該行政指導の内容

三　当該行政指導がその根拠とする法律の条項

四　前号の条項に規定する要件

五　当該行政指導が前号の要件に適合しないと思料する理由

六　その他参考となる事項

3　当該行政機関は、第一項の規定による申出があったときは、必要な調査を行い、当該行政指導が当該法律に規定する要件に適合しないと認めるときは、当該行政指導の中止その他必要な措置をとらなければならない。

第四章の二　処分等の求め

第三十六条の三　何人も、法令に違反する事実がある場合において、その是正のためにされるべき処分又は行政指導（その根拠となる規定が法律に置かれているものに限る。）がされていないと思料するときは、当該処分をする権限を有する行政庁又は当該行政指導をする権限を有する行政機関に対し、その旨を申し出て、当該処分又は行政指導をすることを求めることができる。

2　前項の申出は、次に掲げる事項を記載した申出書を提出してしなければならない。

一　申出をする者の氏名又は名称及び住所又は居所

二　法令に違反する事実の内容

三　当該処分又は行政指導の内容

四　当該処分又は行政指導の根拠となる法令の条項

五　当該処分又は行政指導がされるべきであると思料する理由

六　その他参考となる事項

3　当該行政庁又は行政機関は、第一項の規定による申出があったときは、必要な調査を行い、その結果に基づき必要があると認めるときは、当該処分又は行政指導をしなければならない。

第五章　届出

（届出）

第三十七条　届出が届出書の記載事項に不備がないこと、届出書に必要な書類が添付されていることその他の法令に定められた届出の形式上の要件に適合している場合は、当該届出が法令により当該届出の提出先とされている機関の事務所に到達したときに、当該届出をすべき手続上の義務が履行されたものとする。

第六章　意見公募手続等

（命令等を定める場合の一般原則）

第三十八条　命令等を定める機関（閣議の決定により命令等が定められる場合にあっては、当該命令等の立案をする各大臣。以下「命令等制定機関」という。）は、命令等を定めるに当たっては、当該命令等がこれを定める根拠となる法令の趣旨に適合するものとなるようにしなければならない。

2　命令等制定機関は、命令等を定めた後においても、当該命令等の規定の実施状況、社会経済情勢の変化等を勘案し、必要に応じ、当該命令等の内容について検討を加え、その適正を確保するよう努めなければならない。

（意見公募手続）

第三十九条　命令等制定機関は、命令等を定めようとする場合には、当該命令等の案（命令等で定めようとする内容を示すものをいう。以下同じ。）及びこれに関連する資料をあらかじめ公示し、意見（情報を含む。以下同じ。）の提出先及び意見の提出のための期間（以下「意見提出期間」という。）を定めて広く一般の意見を求めなければならない。

2　前項の規定により公示する命令等の案は、具体的かつ明確な内容のものであって、かつ、当該命令等の題名及び当該命令等を定める根拠となる法令の条項が明示されたものでなければならない。

3　第一項の規定により定める意見提出期間は、同項の公示の

日から起算して三十日以上でなければならない。

4　次の各号のいずれかに該当するときは、第一項の規定は、適用しない。

一　公益上、緊急に命令等を定める必要があるため、第一項の規定による手続（以下「意見公募手続」という。）を実施することが困難であるとき。

二　納付すべき金銭について定める法律の制定又は改正により必要となる当該金銭の額の算定の基礎となるべき金額及び率並びに算定方法についての命令等その他当該法律の施行に関し必要な事項を定める命令等を定めようとするとき。

三　予算の定めるところにより金銭の給付決定を行うために必要となる当該金銭の額の算定の基礎となるべき金額及び率並びに算定方法その他の事項を定める命令等を定めようとするとき。

四　法律の規定により、内閣府設置法第四十九条第一項若しくは第二項若しくは国家行政組織法第三条第二項に規定する委員会又は内閣府設置法第三十七条若しくは第五十四条若しくは国家行政組織法第八条に規定する機関（以下「委員会等」という。）の議を経て定めることとされている命令等であって、相反する利害を有する者の間の利害の調整を目的として、法律又は政令の規定により、これらの者及び公益をそれぞれ代表する委員をもって組織される委員会等において審議を行うこととされているものとして政令で定める命令等を定めようとするとき。

五　他の行政機関が意見公募手続を実施して定めた命令等と実質的に同一の命令等を定めようとするとき。

六　法律の規定に基づき法令の規定の適用又は準用について必要な技術的読替えを定める命令等を定めようとするとき。

七　命令等を定める根拠となる法令の規定の削除に伴い当然必要とされる当該命令等の廃止をしようとするとき。

八　他の法令の制定又は改廃に伴い当然必要とされる規定の整理その他の意見公募手続を実施することを要しない軽微な変更として政令で定めるものを内容とする命令等を定めようとするとき。

（意見公募手続の特例）

第四十条　命令等制定機関は、命令等を定めようとする場合において、三十日以上の意見提出期間を定めることができないやむを得ない理由があるときは、前条第三項の規定にかかわらず、三十日を下回る意見提出期間を定めることができる。この場合においては、当該命令等の案の公示の際その理由を明らかにしなければならない。

2　命令等制定機関は、委員会等の議を経て命令等を定めようとする場合（前条第四項第四号に該当する場合を除く。）において、当該委員会等が意見公募手続に準じた手続を実施したときは、同条第一項の規定にかかわらず、自ら意見公募手続を実施することを要しない。

（意見公募手続の周知等）

第四十一条　命令等制定機関は、意見公募手続を実施して命令等を定めるに当たっては、必要に応じ、当該意見公募手続の実施について周知するよう努めるとともに、当該意見公募手続の実施に関連する情報の提供に努めるものとする。

（提出意見の考慮）

第四十二条　命令等制定機関は、意見公募手続を実施して命令等を定める場合には、意見提出期間内に当該命令等制定機関に対し提出された当該命令等の案についての意見（以下「提出意見」という。）を十分に考慮しなければならない。

（結果の公示等）

第四十三条　命令等制定機関は、意見公募手続を実施して命令等を定めた場合には、当該命令等の公布（公布をしないものにあっては、公にする行為。第五項において同じ。）と同時期に、次に掲げる事項を公示しなければならない。

一　命令等の題名

二　命令等の案の公示の日

三　提出意見（提出意見がなかった場合にあっては、その旨）

四　提出意見を考慮した結果（意見公募手続を実施した命令等の案と定めた命令等との差異を含む。）及びその理由

2　命令等制定機関は、前項の規定にかかわらず、必要に応じ、同項第三号の提出意見に代えて、当該提出意見を整理又は要約したものを公示することができる。この場合においては、当該公示の後遅滞なく、当該提出意見を当該命令等制定機関の事務所における備付けその他の適当な方法により公にしなければならない。

3　命令等制定機関は、前二項の規定により提出意見を公示し又は公にすることにより第三者の利益を害するおそれがあるとき、その他正当な理由があるときは、当該提出意見の全部又は一部を除くことができる。

4　命令等制定機関は、意見公募手続を実施したにもかかわらず命令等を定めないこととした場合には、その旨（別の命令等の案について改めて意見公募手続を実施しようとする場合にあっては、その旨を含む。）並びに第一項第一号及び第二号に掲げる事項を速やかに公示しなければならない。

5　命令等制定機関は、第三十九条第四項各号のいずれかに該当することにより意見公募手続を実施しないで命令等を定めた場合には、当該命令等の公布と同時期に、次に掲げる事項を公示しなければならない。ただし、第一号に掲げる事項のうち命令等の趣旨については、同項第一号から第四号までのいずれかに該当することにより意見公募手続を実施しなかった場合において、当該命令等自体から明らかでないときに限る。

一　命令等の題名及び趣旨

二　意見公募手続を実施しなかった旨及びその理由

（準用）

第四十四条　第四十二条の規定は第四十条第二項に該当することにより命令等制定機関が自ら意見公募手続を実施しないで命令等を定める場合について、前条第一項から第三項までの規定は第四十条第二項に該当することにより命令等制定機関が自ら意見公募手続を実施しないで命令等を定めた場合について、前条第四項の規定は第四十条第二項に該当することにより命令等制定機関が自ら意見公募手続を実施しないで命令等を定めないこととした場合について準用する。この場合において、第四十二条中「当該命令等制定機関」とあるのは「委員会等」と、前条第一項第二号中「命令等の案の公示の日」とあるのは「委員会等が命令等の案について公示に準じた手続を実施した日」と、同項第四号中「意見公募手続を実施した」とあるのは「委員会等が意見公募手続に準じた手続

を実施した」と読み替えるものとする。

（公示の方法）

第四十五条 第三十九条第一項並びに第四十三条第一項（前条において読み替えて準用する場合を含む。）、第四項（前条において準用する場合を含む。）及び第五項の規定による公示は、電子情報処理組織を使用する方法その他の情報通信の技術を利用する方法により行うものとする。

2 前項の公示に関し必要な事項は、総務大臣が定める。

第七章 補則

（地方公共団体の措置）

第四十六条 地方公共団体は、第三条第三項において第二章から前章までの規定を適用しないこととされた処分、行政指導及び届出並びに命令等を定める行為に関する手続について、この法律の規定の趣旨にのっとり、行政運営における公正の確保と透明性の向上を図るため必要な措置を講ずるよう努めなければならない。

附　則

（施行期日）

1 この法律は、公布の日から起算して一年を超えない範囲内において政令で定める日から施行する。

〔平六・九政令三〇二により、平六・一〇・一から施行〕

（経過措置）

2 この法律の施行前に第十五条第一項又は第三十条の規定による通知に相当する行為がされた場合においては、当該通知に相当する行為に係る不利益処分の手続に関しては、第三章の規定にかかわらず、なお従前の例による。

3 この法律の施行前に、届出その他政令で定める行為（以下「届出等」という。）がされた後一定期間内に限りすることができることとされている不利益処分に係る当該届出等がされた場合においては、当該不利益処分に係る手続に関しては、第三章の規定にかかわらず、なお従前の例による。

4 前二項に定めるもののほか、この法律の施行に関して必要な経過措置は、政令で定める。

附　則（令五・六・一六法六三抄）

（施行期日）

第一条 この法律は、公布の日から起算して一年を超えない範囲内において政令で定める日から施行する。ただし、次の各号に掲げる規定は、当該各号に定める日から施行する。

一 〔前略〕附則第七条〔中略〕の規定　公布の日

二 〔前略〕第四十四条〔中略〕並びに次条〔中略〕の規定　公布の日から起算して三年を超えない範囲内において政令で定める日

（公示送達等の方法に関する経過措置）

第二条 次に掲げる法律の規定は、前条第二号に掲げる規定の施行の日以後にする公示送達、送達又は通知について適用し、同日前にした公示送達、送達又は通知については、なお従前の例による。

一～九 〔略〕

十 第四十四条の規定による改正後の行政手続法第十五条第三項及び第四項（これらの規定を同法又は他の法律において準用する場合を含む。）

十一～十五 〔略〕

（政令への委任）

第七条 この附則に定めるもののほか、この法律の施行に関し必要な経過措置（罰則に関する経過措置を含む。）は、政令で定める。

附　則（令六・六・二六法六五抄）

（施行期日）

第一条 この法律は、公布の日から起算して三月を経過した日から施行する。〔後略〕

○行政不服審査法

（平成二十六年六月十三日）
（法律第六十八号）

沿革　平二九法四、令三法三七、令四法五二・六八、令五法六三改正

〔編者注〕

１　令和四年六月一七日法律第六八号による改正のうち、令和七年六月一日から施行される部分は、直接改正を加えないで、現行条文と並列して登載した。

２　令和五年六月一六日法律第六三号による改正のうち、公布の日から起算して三年を超えない範囲内において政令で定める日から施行される部分は、直接改正を加えないで、現行条文と並列して登載した。

目次

第一章　総則

（目的等）

第一条　この法律は、行政庁の違法又は不当な処分その他公権力の行使に当たる行為に関し、国民が簡易迅速かつ公正な手続の下で広く行政庁に対する不服申立てをすることができるための制度を定めることにより、国民の権利利益の救済を図るとともに、行政の適正な運営を確保することを目的とする。

２　行政庁の処分その他公権力の行使に当たる行為（以下単に「処分」という。）に関する不服申立てについては、他の法律に特別の定めがある場合を除くほか、この法律の定めるところによる。

（処分についての審査請求）

第二条　行政庁の処分に不服がある者は、第四条及び第五条第二項の定めるところにより、審査請求をすることができる。

（不作為についての審査請求）

第三条　法令に基づき行政庁に対して処分についての申請をした者は、当該申請から相当の期間が経過したにもかかわらず、行政庁の不作為（法令に基づく申請に対して何らの処分をもしないことをいう。以下同じ。）がある場合には、次条の定めるところにより、当該不作為についての審査請求をすることができる。

（審査請求をすべき行政庁）

第四条　審査請求は、法律（条例に基づく処分については、条例）に特別の定めがある場合を除くほか、次の各号に掲げる場合の区分に応じ、当該各号に定める行政庁に対してするものとする。

一　処分庁等（処分をした行政庁（以下「処分庁」という。）又は不作為に係る行政庁（以下「不作為庁」という。）をいう。以下同じ。）に上級行政庁がない場合又は処分庁等が主任の大臣若しくは宮内庁長官若しくは内閣府設置法（平成十一年法律第八十九号）第四十九条第一項若しくは第二項若しくは国家行政組織法（昭和二十三年法律第百二十号）第三条第二項に規定する庁の長である場合　当該処分庁等

二　宮内庁長官又は内閣府設置法第四十九条第一項若しくは第二項若しくは国家行政組織法第三条第二項に規定する庁の長が処分庁等の上級行政庁である場合　宮内庁長官又は当該庁の長

三　主任の大臣が処分庁等の上級行政庁である場合（前二号に掲げる場合を除く。）　当該主任の大臣

四　前三号に掲げる場合以外の場合　当該処分庁等の最上級行政庁

（再調査の請求）

第五条　行政庁の処分につき処分庁以外の行政庁に対して審査請求をすることができる場合において、法律に再調査の請求をすることができる旨の定めがあるときは、当該処分に不服がある者は、処分庁に対して再調査の請求をすることができる。ただし、当該処分について第二条の規定により審査請求をしたときは、この限りでない。

２　前項本文の規定により再調査の請求をしたときは、当該再調査の請求についての決定を経た後でなければ、審査請求をすることができない。ただし、次の各号のいずれかに該当する場合は、この限りでない。

一　当該処分につき再調査の請求をした日（第六十一条において読み替えて準用する第二十三条の規定により不備を補正すべきことを命じられた場合にあっては、当該不備を補正した日）の翌日から起算して三月を経過しても、処分庁が当該再調査の請求につき決定をしない場合

二　その他再調査の請求についての決定を経ないことにつき正当な理由がある場合

（再審査請求）

第六条　行政庁の処分につき法律に再審査請求をすることができる旨の定めがある場合には、当該処分についての審査請求の裁決に不服がある者は、再審査請求をすることができる。

２　再審査請求は、原裁決（再審査請求をすることができる処分についての審査請求の裁決をいう。以下同じ。）又は当該処分（以下「原裁決等」という。）を対象として、前項の法律に定める行政庁に対してするものとする。

（適用除外）

第七条　次に掲げる処分及びその不作為については、第二条及び第三条の規定は、適用しない。

一　国会の両院若しくは一院又は議会の議決によってされる処分

二　裁判所若しくは裁判官の裁判により、又は裁判の執行としてされる処分
三　国会の両院若しくは一院若しくは議会の議決を経て、又はこれらの同意若しくは承認を得た上でされるべきものとされている処分
四　検査官会議で決すべきものとされている処分
五　当事者間の法律関係を確認し、又は形成する処分で、法令の規定により当該処分に関する訴えにおいてその法律関係の当事者の一方を被告とすべきものと定められているもの
六　刑事事件に関する法令に基づいて検察官、検察事務官又は司法警察職員がする処分
七　国税又は地方税の犯則事件に関する法令（他の法令において準用する場合を含む。）に基づいて国税庁長官、国税局長、税務署長、国税庁、国税局若しくは税務署の当該職員、税関長、税関職員又は徴税吏員（他の法令の規定に基づいてこれらの職員の職務を行う者を含む。）がする処分及び金融商品取引の犯則事件に関する法令（他の法令において準用する場合を含む。）に基づいて証券取引等監視委員会、その職員（当該法令においてその職員とみなされる者を含む。）、財務局長又は財務支局長がする処分
八　学校、講習所、訓練所又は研修所において、教育、講習、訓練又は研修の目的を達成するために、学生、生徒、児童若しくは幼児若しくはこれらの保護者、講習生、訓練生又は研修生に対してされる処分
九　刑務所、少年刑務所、拘置所、留置施設、海上保安留置施設、少年院又は少年鑑別所において、収容の目的を達成するためにされる処分
十　外国人の出入国又は帰化に関する処分
十一　専ら人の学識技能に関する試験又は検定の結果についての処分
十二　この法律に基づく処分（第五章第一節第一款の規定に基づく処分を除く。）
2　国の機関又は地方公共団体その他の公共団体若しくはその機関に対する処分で、これらの機関又は団体がその固有の資格において当該処分の相手方となるもの及びその不作為については、この法律の規定は、適用しない。

（特別の不服申立ての制度）
第八条　前条の規定は、同条の規定により審査請求をすることができない処分又は不作為につき、別に法令で当該処分又は不作為の性質に応じた不服申立ての制度を設けることを妨げない。

第二章　審査請求

第一節　審査庁及び審理関係人

（審理員）
第九条　第四条又は他の法律若しくは条例の規定により審査請求がされた行政庁（第十四条の規定により引継ぎを受けた行政庁を含む。以下「審査庁」という。）は、審査庁に所属する職員（第十七条に規定する名簿を作成した場合にあっては、当該名簿に記載されている者）のうちから第三節に規定する審理手続（この節に規定する手続を含む。）を行う者を指名するとともに、その旨を審査請求人及び処分庁等（審査庁以外の処分庁等に限る。）に通知しなければならない。ただし、次の各号のいずれかに掲げる機関が審査庁である場合若しくは条例に基づく処分について条例に特別の定めがある場合又は第二十四条の規定により当該審査請求を却下する場合は、この限りでない。
一　内閣府設置法第四十九条第一項若しくは第二項又は国家行政組織法第三条第二項に規定する委員会
二　内閣府設置法第三十七条若しくは第五十四条又は国家行政組織法第八条に規定する機関
三　地方自治法（昭和二十二年法律第六十七号）第百三十八条の四第一項に規定する委員会若しくは委員又は同条第三項に規定する機関
2　審査庁が前項の規定により指名する者は、次に掲げる者以外の者でなければならない。
一　審査請求に係る処分若しくは当該処分に係る再調査の請求についての決定に関与した者又は審査請求に係る不作為に係る処分に関与し、若しくは関与することとなる者
二　審査請求人
三　審査請求人の配偶者、四親等内の親族又は同居の親族
四　審査請求人の代理人
五　前二号に掲げる者であった者
六　審査請求人の後見人、後見監督人、保佐人、保佐監督人、補助人又は補助監督人
七　第十三条第一項に規定する利害関係人
3　審査庁が第一項各号に掲げる機関である場合又は同項ただし書の特別の定めがある場合においては、別表第一の上欄に掲げる規定の適用については、これらの規定中同表の中欄に掲げる字句は、それぞれ同表の下欄に掲げる字句に読み替えるものとし、第十七条、第四十条、第四十二条及び第五十条第二項の規定は、適用しない。
4　前項に規定する場合において、審査庁は、必要があると認めるときは、その職員（第二項各号（第一項各号に掲げる機関の構成員にあっては、第一号を除く。）に掲げる者以外の者に限る。）に、前項において読み替えて適用する第三十一条第一項の規定による審査請求人若しくは第十三条第四項に規定する参加人の意見の陳述を聴かせ、前項において読み替えて適用する第三十四条の規定による参考人の陳述を聴かせ、同項において読み替えて適用する第三十五条第一項の規定による検証をさせ、前項において読み替えて適用する第三十六条の規定による第二十八条に規定する審理関係人に対する質問をさせ、又は同項において読み替えて適用する第三十七条第一項若しくは第二項の規定による意見の聴取を行わせることができる。

（法人でない社団又は財団の審査請求）
第十条　法人でない社団又は財団で代表者又は管理人の定めがあるものは、その名で審査請求をすることができる。

（総代）
第十一条　多数人が共同して審査請求をしようとするときは、三人を超えない総代を互選することができる。
2　共同審査請求人が総代を互選しない場合において、必要があると認めるときは、第九条第一項の規定により指名された者（以下「審理員」という。）は、総代の互選を命ずること

がができる。

3　総代は、各自、他の共同審査請求人のために、審査請求の取下げを除き、当該審査請求に関する一切の行為をすることができる。

4　総代が選任されたときは、共同審査請求人は、総代を通じてのみ、前項の行為をすることができる。

5　共同審査請求人に対する行政庁の通知その他の行為は、二人以上の総代が選任されている場合においても、一人の総代に対してすれば足りる。

6　共同審査請求人は、必要があると認める場合には、総代を解任することができる。

（代理人による審査請求）

第十二条　審査請求は、代理人によってすることができる。

2　前項の代理人は、各自、審査請求人のために、当該審査請求に関する一切の行為をすることができる。ただし、審査請求の取下げは、特別の委任を受けた場合に限り、することができる。

（参加人）

第十三条　利害関係人（審査請求人以外の者であって審査請求に係る処分又は不作為に係る処分の根拠となる法令に照らし当該処分につき利害関係を有するものと認められる者をいう。以下同じ。）は、審理員の許可を得て、当該審査請求に参加することができる。

2　審理員は、必要があると認める場合には、利害関係人に対し、当該審査請求に参加することを求めることができる。

3　審査請求への参加は、代理人によってすることができる。

4　前項の代理人は、各自、第一項又は第二項の規定により当該審査請求に参加する者（以下「参加人」という。）のために、当該審査請求への参加に関する一切の行為をすることができる。ただし、審査請求への参加の取下げは、特別の委任を受けた場合に限り、することができる。

（行政庁が裁決をする権限を有しなくなった場合の措置）

第十四条　行政庁が審査請求がされた後法令の改廃により当該審査請求につき裁決をする権限を有しなくなったときは、当該行政庁は、第十九条に規定する審査請求書又は第二十一条第二項に規定する審査請求録取書及び関係書類その他の物件を新たに当該審査請求につき裁決をする権限を有することとなった行政庁に引き継がなければならない。この場合において、その引継ぎを受けた行政庁は、速やかに、その旨を審査請求人及び参加人に通知しなければならない。

（審理手続の承継）

第十五条　審査請求人が死亡したときは、相続人その他法令により審査請求の目的である処分に係る権利を承継した者は、審査請求人の地位を承継する。

2　審査請求人について合併又は分割（審査請求の目的である処分に係る権利を承継させるものに限る。）があったときは、合併後存続する法人その他の社団若しくは財団若しくは合併により設立された法人その他の社団若しくは財団又は分割により当該権利を承継した法人は、審査請求人の地位を承継する。

3　前二項の場合には、審査請求人の地位を承継した相続人その他の者又は法人その他の社団若しくは財団は、書面でその旨を審査庁に届け出なければならない。この場合には、届出書には、死亡若しくは分割による権利の承継又は合併の事実を証する書面を添付しなければならない。

4　第一項又は第二項の場合において、前項の規定による届出がされるまでの間において、死亡者又は合併前の法人その他の社団若しくは財団若しくは分割をした法人に宛ててされた通知が審査請求人の地位を承継した相続人その他の者又は合併後の法人その他の社団若しくは財団若しくは分割により審査請求人の地位を承継した法人に到達したときは、当該通知は、これらの者に対する通知としての効力を有する。

5　第一項の場合において、審査請求人の地位を承継した相続人その他の者が二人以上あるときは、その一人に対する通知その他の行為は、全員に対してされたものとみなす。

6　審査請求の目的である処分に係る権利を譲り受けた者は、審査庁の許可を得て、審査請求人の地位を承継することができる。

（標準審理期間）

第十六条　第四条又は他の法律若しくは条例の規定により審査庁となるべき行政庁（以下「審査庁となるべき行政庁」という。）は、審査請求がその事務所に到達してから当該審査請求に対する裁決をするまでに通常要すべき標準的な期間を定めるよう努めるとともに、これを定めたときは、当該審査庁となるべき行政庁及び関係処分庁（当該審査請求の対象となるべき処分の権限を有する行政庁であって当該審査庁となるべき行政庁以外のものをいう。次条において同じ。）の事務所における備付けその他の適当な方法により公にしておかなければならない。

（審理員となるべき者の名簿）

第十七条　審査庁となるべき行政庁は、審理員となるべき者の名簿を作成するよう努めるとともに、これを作成したときは、当該審査庁となるべき行政庁及び関係処分庁の事務所における備付けその他の適当な方法により公にしておかなければならない。

第二節　審査請求の手続

（審査請求期間）

第十八条　処分についての審査請求は、処分があったことを知った日の翌日から起算して三月（当該処分について再調査の請求をしたときは、当該再調査の請求についての決定があったことを知った日の翌日から起算して一月）を経過したときは、することができない。ただし、正当な理由があるときは、この限りでない。

2　処分についての審査請求は、処分（当該処分について再調査の請求をしたときは、当該再調査の請求についての決定）があった日の翌日から起算して一年を経過したときは、することができない。ただし、正当な理由があるときは、この限りでない。

3　次条に規定する審査請求書を郵便又は民間事業者による信書の送達に関する法律（平成十四年法律第九十九号）第二条第六項に規定する一般信書便事業者若しくは同条第九項に規定する特定信書便事業者による同条第二項に規定する信書便で提出した場合における前二項に規定する期間（以下「審査請求期間」という。）の計算については、送付に要した日数は、算入しない。

（審査請求書の提出）

第十九条　審査請求は、他の法律（条例に基づく処分については、条例）に口頭ですることができる旨の定めがある場合を除き、政令で定めるところにより、審査請求書を提出してしなければならない。

2　処分についての審査請求書には、次に掲げる事項を記載しなければならない。

一　審査請求人の氏名又は名称及び住所又は居所

二　審査請求に係る処分の内容

三　審査請求に係る処分（当該処分について再調査の請求についての決定を経たときは、当該決定）があったことを知った年月日

四　審査請求の趣旨及び理由

五　処分庁の教示の有無及びその内容

六　審査請求の年月日

3　不作為についての審査請求書には、次に掲げる事項を記載しなければならない。

一　審査請求人の氏名又は名称及び住所又は居所

二　当該不作為に係る処分についての申請の内容及び年月日

三　審査請求の年月日

4　審査請求人が、法人その他の社団若しくは財団である場合、総代を互選した場合又は代理人によって審査請求をする場合には、審査請求書には、第二項各号又は前項各号に掲げる事項のほか、その代表者若しくは管理人、総代又は代理人の氏名及び住所又は居所を記載しなければならない。

5　処分についての審査請求書には、第二項及び前項に規定する事項のほか、次の各号に掲げる場合においては、当該各号に定める事項を記載しなければならない。

一　第五条第二項第一号の規定により再調査の請求についての決定を経ないで審査請求をする場合　再調査の請求をした年月日

二　第五条第二項第二号の規定により再調査の請求についての決定を経ないで審査請求をする場合　その決定を経ないことについての正当な理由

三　審査請求期間の経過後において審査請求をする場合　前条第一項ただし書又は第二項ただし書に規定する正当な理由

（口頭による審査請求）

第二十条　口頭で審査請求をする場合には、前条第二項から第五項までに規定する事項を陳述しなければならない。この場合において、陳述を受けた行政庁は、その陳述の内容を録取し、これを陳述人に読み聞かせて誤りのないことを確認しなければならない。

（処分庁等を経由する審査請求）

第二十一条　審査請求をすべき行政庁が処分庁等と異なる場合における審査請求は、処分庁等を経由してすることができる。この場合において、審査請求人は、処分庁等に審査請求書を提出し、又は処分庁等に対し第十九条第二項から第五項までに規定する事項を陳述するものとする。

2　前項の場合には、処分庁等は、直ちに、審査請求書又は審査請求録取書（前条後段の規定により陳述の内容を録取した書面をいう。第二十九条第一項及び第五十五条において同じ。）を審査庁となるべき行政庁に送付しなければならない。

3　第一項の場合における審査請求期間の計算については、処分庁に審査請求書を提出し、又は処分庁に対し当該事項を陳述した時に、処分についての審査請求があったものとみなす。

（誤った教示をした場合の救済）

第二十二条　審査請求をすることができる処分につき、処分庁が誤って審査請求をすべき行政庁でない行政庁を審査請求をすべき行政庁として教示した場合において、その教示された行政庁に書面で審査請求がされたときは、当該行政庁は、速やかに、審査請求書を処分庁又は審査庁となるべき行政庁に送付し、かつ、その旨を審査請求人に通知しなければならない。

2　前項の規定により処分庁に審査請求書が送付されたときは、処分庁は、速やかに、これを審査庁となるべき行政庁に送付し、かつ、その旨を審査請求人に通知しなければならない。

3　第一項の処分のうち、再調査の請求をすることができない処分につき、処分庁が誤って再調査の請求をすることができる旨を教示した場合において、当該処分庁に再調査の請求がされたときは、処分庁は、速やかに、再調査の請求書（第六十一条において読み替えて準用する第十九条に規定する再調査の請求書をいう。以下この条において同じ。）又は再調査の請求録取書（第六十一条において準用する第二十条後段の規定により陳述の内容を録取した書面をいう。以下この条において同じ。）を審査庁となるべき行政庁に送付し、かつ、その旨を再調査の請求人に通知しなければならない。

4　再調査の請求をすることができる処分につき、処分庁が誤って審査請求をすることができる旨を教示しなかった場合において、当該処分庁に再調査の請求がされた場合であって、再調査の請求人から申立てがあったときは、処分庁は、速やかに、再調査の請求書又は再調査の請求録取書及び関係書類その他の物件を審査庁となるべき行政庁に送付しなければならない。この場合において、その送付を受けた行政庁は、速やかに、その旨を再調査の請求人及び第六十一条において読み替えて準用する第十三条第一項又は第二項の規定により当該再調査の請求に参加する者に通知しなければならない。

5　前各項の規定により審査請求書又は再調査の請求書若しくは再調査の請求録取書が審査庁となるべき行政庁に送付されたときは、初めから審査庁となるべき行政庁に審査請求がされたものとみなす。

（審査請求書の補正）

第二十三条　審査請求書が第十九条の規定に違反する場合には、審査庁は、相当の期間を定め、その期間内に不備を補正すべきことを命じなければならない。

（審理手続を経ないでする却下裁決）

第二十四条　前条の場合において、審査請求人が同条の期間内に不備を補正しないときは、審査庁は、次節に規定する審理手続を経ないで、第四十五条第一項又は第四十九条第一項の規定に基づき、裁決で、当該審査請求を却下することができる。

2　審査請求が不適法であって補正することができないことが明らかなときも、前項と同様とする。

（執行停止）

第二十五条　審査請求は、処分の効力、処分の執行又は手続の

続行を妨げない。

２　処分庁の上級行政庁又は処分庁である審査庁は、必要があると認める場合には、審査請求人の申立てにより又は職権で、処分の効力、処分の執行又は手続の続行の全部又は一部の停止その他の措置（以下「執行停止」という。）をとることができる。

３　処分庁の上級行政庁又は処分庁のいずれでもない審査庁は、必要があると認める場合には、審査請求人の申立てにより、処分庁の意見を聴取した上、執行停止をすることができる。ただし、処分の効力、処分の執行又は手続の続行の全部又は一部の停止以外の措置をとることはできない。

４　前二項の規定による審査請求人の申立てがあった場合において、処分、処分の執行又は手続の続行により生ずる重大な損害を避けるために緊急の必要があると認めるときは、審査庁は、執行停止をしなければならない。ただし、公共の福祉に重大な影響を及ぼすおそれがあるとき、又は本案について理由がないとみえるときは、この限りでない。

５　審査庁は、前項に規定する重大な損害を生ずるか否かを判断するに当たっては、損害の回復の困難の程度を考慮するものとし、損害の性質及び程度並びに処分の内容及び性質をも勘案するものとする。

６　第二項から第四項までの場合において、処分の効力の停止は、処分の効力の停止以外の措置によって目的を達することができるときは、することができない。

７　執行停止の申立てがあったとき、又は審理員から第四十条に規定する執行停止をすべき旨の意見書が提出されたときは、審査庁は、速やかに、執行停止をするかどうかを決定しなければならない。

（執行停止の取消し）

第二十六条　執行停止をした後において、執行停止が公共の福祉に重大な影響を及ぼすことが明らかとなったとき、その他事情が変更したときは、審査庁は、その執行停止を取り消すことができる。

（審査請求の取下げ）

第二十七条　審査請求人は、裁決があるまでは、いつでも審査請求を取り下げることができる。

２　審査請求の取下げは、書面でしなければならない。

第三節　審理手続

（審理手続の計画的進行）

第二十八条　審査請求人、参加人及び処分庁等（以下「審理関係人」という。）並びに審理員は、簡易迅速かつ公正な審理の実現のため、審理において、相互に協力するとともに、審理手続の計画的な進行を図らなければならない。

（弁明書の提出）

第二十九条　審理員は、審査庁から指名されたときは、直ちに、審査請求書又は審査請求録取書の写しを処分庁等に送付しなければならない。ただし、処分庁等が審査庁である場合には、この限りでない。

２　審理員は、相当の期間を定めて、処分庁等に対し、弁明書の提出を求めるものとする。

３　処分庁等は、前項の弁明書に、次の各号の区分に応じ、当該各号に定める事項を記載しなければならない。

一　処分についての審査請求に対する弁明書　処分の内容及び理由

二　不作為についての審査請求に対する弁明書　処分をしていない理由並びに予定される処分の時期、内容及び理由

４　処分庁が次に掲げる書面を保有する場合には、前項第一号に掲げる弁明書にこれを添付するものとする。

一　行政手続法（平成五年法律第八十八号）第二十四条第一項の調書及び同条第三項の報告書

二　行政手続法第二十九条第一項に規定する弁明書

５　審理員は、処分庁等から弁明書の提出があったときは、これを審査請求人及び参加人に送付しなければならない。

（反論書等の提出）

第三十条　審査請求人は、前条第五項の規定により送付された弁明書に記載された事項に対する反論を記載した書面（以下「反論書」という。）を提出することができる。この場合において、審理員が、反論書を提出すべき相当の期間を定めたときは、その期間内にこれを提出しなければならない。

２　参加人は、審査請求に係る事件に関する意見を記載した書面（第四十条及び第四十二条第一項を除き、以下「意見書」という。）を提出することができる。この場合において、審理員が、意見書を提出すべき相当の期間を定めたときは、その期間内にこれを提出しなければならない。

３　審理員は、審査請求人から反論書の提出があったときはこれを参加人及び処分庁等に、参加人から意見書の提出があったときはこれを審査請求人及び処分庁等に、それぞれ送付しなければならない。

（口頭意見陳述）

第三十一条　審査請求人又は参加人の申立てがあった場合には、審理員は、当該申立てをした者（以下この条及び第四十一条第二項第二号において「申立人」という。）に口頭で審査請求に係る事件に関する意見を述べる機会を与えなければならない。ただし、当該申立人の所在その他の事情により当該意見を述べる機会を与えることが困難であると認められる場合には、この限りでない。

２　前項本文の規定による意見の陳述（以下「口頭意見陳述」という。）は、審理員が期日及び場所を指定し、全ての審理関係人を招集してさせるものとする。

３　口頭意見陳述において、申立人は、審理員の許可を得て、補佐人とともに出頭することができる。

４　口頭意見陳述において、審理員は、申立人のする陳述が事件に関係のない事項にわたる場合その他相当でない場合には、これを制限することができる。

５　口頭意見陳述に際し、申立人は、審理員の許可を得て、審査請求に係る事件に関し、処分庁等に対して、質問を発することができる。

（証拠書類等の提出）

第三十二条　審査請求人又は参加人は、証拠書類又は証拠物を提出することができる。

２　処分庁等は、当該処分の理由となる事実を証する書類その他の物件を提出することができる。

３　前二項の場合において、審理員が、証拠書類若しくは証拠物又は書類その他の物件を提出すべき相当の期間を定めたときは、その期間内にこれを提出しなければならない。

（物件の提出要求）

第三十三条　審理員は、審査請求人若しくは参加人の申立てにより又は職権で、書類その他の物件の所持人に対し、相当の期間を定めて、その物件の提出を求めることができる。この場合において、審理員は、その提出された物件を留め置くことができる。

（参考人の陳述及び鑑定の要求）

第三十四条　審理員は、審査請求人若しくは参加人の申立てにより又は職権で、適当と認める者に、参考人としてその知っている事実の陳述を求め、又は鑑定を求めることができる。

（検証）

第三十五条　審理員は、審査請求人若しくは参加人の申立てにより又は職権で、必要な場所につき、検証をすることができる。

2　審理員は、審査請求人又は参加人の申立てにより前項の検証をしようとするときは、あらかじめ、その日時及び場所を当該申立てをした者に通知し、これに立ち会う機会を与えなければならない。

（審理関係人への質問）

第三十六条　審理員は、審査請求人若しくは参加人の申立てにより又は職権で、審査請求に係る事件に関し、審理関係人に質問することができる。

（審理手続の計画的遂行）

第三十七条　審理員は、審査請求に係る事件について、審理すべき事項が多数であり又は錯綜しているなど事件が複雑であることその他の事情により、迅速かつ公正な審理を行うため、第三十一条から前条までに定める審理手続を計画的に遂行する必要があると認める場合には、期日及び場所を指定して、審理関係人を招集し、あらかじめ、これらの審理手続の申立てに関する意見の聴取を行うことができる。

2　審理員は、審理関係人が遠隔の地に居住している場合その他相当と認める場合には、政令で定めるところにより、審理員及び審理関係人が音声の送受信により通話をすることができる方法によって、前項に規定する意見の聴取を行うことができる。

3　審理員は、前二項の規定による意見の聴取を行ったときは、遅滞なく、第三十一条から前条までに定める審理手続の期日及び場所並びに第四十一条第二項の規定による審理手続の終結の予定時期を決定し、これらを審理関係人に通知するものとする。当該予定時期を変更したときも、同様とする。

（審査請求人等による提出書類等の閲覧等）

第三十八条　審査請求人又は参加人は、第四十一条第一項又は第二項の規定により審理手続が終結するまでの間、審理員に対し、提出書類等（第二十九条第四項各号に掲げる書面又は第三十二条第一項若しくは第二項若しくは第三十三条の規定により提出された書類その他の物件をいう。次項において同じ。）の閲覧（電磁的記録（電子的方式、磁気的方式その他人の知覚によっては認識することができない方式で作られる記録であって、電子計算機による情報処理の用に供されるものをいう。以下同じ。）にあっては、記録された事項を審査庁が定める方法により表示したものの閲覧）又は当該書面若しくは当該書類の写し若しくは当該電磁的記録に記録された事項を記載した書面の交付を求めることができる。この場合において、審理員は、第三者の利益を害するおそれがあると認めるとき、その他正当な理由があるときでなければ、その閲覧又は交付を拒むことができない。

2　審理員は、前項の規定による閲覧をさせ、又は同項の規定による交付をしようとするときは、当該閲覧又は交付に係る提出書類等の提出人の意見を聴かなければならない。ただし、審理員が、その必要がないと認めるときは、この限りでない。

3　審理員は、第一項の規定による閲覧について、日時及び場所を指定することができる。

4　第一項の規定による交付を受ける審査請求人又は参加人は、政令で定めるところにより、実費の範囲内において政令で定める額の手数料を納めなければならない。

5　審理員は、経済的困難その他特別の理由があると認めるときは、政令で定めるところにより、前項の手数料を減額し、又は免除することができる。

6　地方公共団体（都道府県、市町村及び特別区並びに地方公共団体の組合に限る。以下同じ。）に所属する行政庁が審査庁である場合における前二項の規定の適用については、これらの規定中「政令」とあるのは、「条例」とし、国又は地方公共団体に所属しない行政庁が審査庁である場合におけるこれらの規定の適用については、これらの規定中「政令で」とあるのは、「審査庁が」とする。

（審理手続の併合又は分離）

第三十九条　審理員は、必要があると認める場合には、数個の審査請求に係る審理手続を併合し、又は併合された数個の審査請求に係る審理手続を分離することができる。

（審理員による執行停止の意見書の提出）

第四十条　審理員は、必要があると認める場合には、審査庁に対し、執行停止をすべき旨の意見書を提出することができる。

（審理手続の終結）

第四十一条　審理員は、必要な審理を終えたと認めるときは、審理手続を終結するものとする。

2　前項に定めるもののほか、審理員は、次の各号のいずれかに該当するときは、審理手続を終結することができる。

一　次のイからホまでに掲げる規定の相当の期間内に、当該イからホまでに定める物件が提出されない場合において、更に一定の期間を示して、当該物件の提出を求めたにもかかわらず、当該提出期間内に当該物件が提出されなかったとき。

イ　第二十九条第二項　弁明書

ロ　第三十条第一項後段　反論書

ハ　第三十条第二項後段　意見書

ニ　第三十二条第三項　証拠書類若しくは証拠物又は書類その他の物件

ホ　第三十三条前段　書類その他の物件

二　申立人が、正当な理由なく、口頭意見陳述に出頭しないとき。

3　審理員が前二項の規定により審理手続を終結したときは、速やかに、審理関係人に対し、審理手続を終結した旨並びに次条第一項に規定する審理員意見書及び事件記録（審査請求書、弁明書その他審査請求に係る事件に関する書類その他の物件のうち政令で定めるものをいう。同条第二項及び第四十三条第二項において同じ。）を審査庁に提出する予定時期を通知するものとする。当該予定時期を変更したときも、同様とする。

（審理員意見書）

第四十二条　審理員は、審理手続を終結したときは、遅滞なく、審査庁がすべき裁決に関する意見書（以下「審理員意見書」という。）を作成しなければならない。

2　審理員は、審理員意見書を作成したときは、速やかに、これを事件記録とともに、審査庁に提出しなければならない。

第四節　行政不服審査会等への諮問

第四十三条　審査庁は、審理員意見書の提出を受けたときは、次の各号のいずれかに該当する場合を除き、審査庁が主任の大臣又は宮内庁長官若しくは内閣府設置法第四十九条第一項若しくは第二項若しくは国家行政組織法第三条第二項に規定する庁の長である場合にあっては行政不服審査会に、審査庁が地方公共団体の長（地方公共団体の組合にあっては、長、管理者又は理事会）である場合にあっては第八十一条第一項又は第二項の機関に、それぞれ諮問しなければならない。

一　審査請求に係る処分をしようとするときに他の法律又は政令（条例に基づく処分については、条例）に第九条第一項各号に掲げる機関若しくは地方公共団体の議会又はこれらの機関に類するものとして政令で定めるもの（以下「審議会等」という。）の議を経るべき旨又は経ることができる旨の定めがあり、かつ、当該議を経て当該処分がされた場合

二　裁決をしようとするときに他の法律又は政令（条例に基づく処分については、条例）に第九条第一項各号に掲げる機関若しくは地方公共団体の議会又はこれらの機関に類するものとして政令で定めるものの議を経るべき旨又は経ることができる旨の定めがあり、かつ、当該議を経て裁決をしようとする場合

三　第四十六条第三項又は第四十九条第四項の規定により審議会等の議を経て裁決をしようとする場合

四　審査請求人から、行政不服審査会又は第八十一条第一項若しくは第二項の機関（以下「行政不服審査会等」という。）への諮問を希望しない旨の申出がされている場合（参加人から、行政不服審査会等に諮問しないことについて反対する旨の申出がされている場合を除く。）

五　審査請求が、行政不服審査会等によって、国民の権利利益及び行政の運営に対する影響の程度その他当該事件の性質を勘案して、諮問を要しないものと認められたものである場合

六　審査請求が不適法であり、却下する場合

七　第四十六条第一項の規定により審査請求に係る処分（法令に基づく申請を却下し、又は棄却する処分及び事実上の行為を除く。）の全部を取り消し、又は第四十七条第一号若しくは第二号の規定により審査請求に係る事実上の行為の全部を撤廃すべき旨を命じ、若しくは撤廃することとする場合（当該処分の全部を取り消すこと又は当該事実上の行為の全部を撤廃すべき旨を命じ、若しくは撤廃することについて反対する旨の意見書が提出されている場合及び口頭意見陳述においてその旨の意見が述べられている場合を除く。）

八　第四十六条第二項各号又は第四十九条第三項各号に定める措置（法令に基づく申請の全部を認容すべき旨を命じ、又は認容するものに限る。）をとることとする場合（当該申請の全部を認容することについて反対する旨の意見書が提出されている場合及び口頭意見陳述においてその旨の意見が述べられている場合を除く。）

2　前項の規定による諮問は、審理員意見書及び事件記録の写しを添えてしなければならない。

3　第一項の規定により諮問をした審査庁は、審理関係人（処分庁等が審査庁である場合にあっては、審査請求人及び参加人）に対し、当該諮問をした旨を通知するとともに、審理員意見書の写しを送付しなければならない。

第五節　裁決

（裁決の時期）

第四十四条　審査庁は、行政不服審査会等から諮問に対する答申を受けたとき（前条第一項の規定による諮問を要しない場合（同項第二号又は第三号に該当する場合を除く。）にあっては審理員意見書が提出されたとき、同項第二号又は第三号に規定する議を経たとき）は、遅滞なく、裁決をしなければならない。

（処分についての審査請求の却下又は棄却）

第四十五条　処分についての審査請求が法定の期間経過後にされたものである場合その他不適法である場合には、審査庁は、裁決で、当該審査請求を却下する。

2　処分についての審査請求が理由がない場合には、審査庁は、裁決で、当該審査請求を棄却する。

3　審査請求に係る処分が違法又は不当ではあるが、これを取り消し、又は撤廃することにより公の利益に著しい障害を生ずる場合において、審査請求人の受ける損害の程度、その損害の賠償又は防止の程度及び方法その他一切の事情を考慮した上、処分を取り消し、又は撤廃することが公共の福祉に適合しないと認めるときは、審査庁は、裁決で、当該審査請求を棄却することができる。この場合には、審査庁は、裁決の主文で、当該処分が違法又は不当であることを宣言しなければならない。

（処分についての審査請求の認容）

第四十六条　処分（事実上の行為を除く。以下この条及び第四十八条において同じ。）についての審査請求が理由がある場合（前条第三項の規定の適用がある場合を除く。）には、審査庁は、裁決で、当該処分の全部若しくは一部を取り消し、又はこれを変更する。ただし、審査庁が処分庁の上級行政庁又は処分庁のいずれでもない場合には、当該処分を変更することはできない。

2　前項の規定により法令に基づく申請を却下し、又は棄却する処分の全部又は一部を取り消す場合において、次の各号に掲げる審査庁は、当該申請に対して一定の処分をすべきものと認めるときは、当該各号に定める措置をとる。

一　処分庁の上級行政庁である審査庁　当該処分庁に対し、当該処分をすべき旨を命ずること。

二　処分庁である審査庁　当該処分をすること。

3　前項に規定する一定の処分に関し、第四十三条第一項第一号に規定する議を経るべき旨の定めがある場合において、審

査庁が前項各号に定める措置をとるために必要があると認めるときは、審査庁は、当該定めに係る審議会等の議を経ることができる。

4　前項に規定する定めがある場合のほか、第二項に規定する一定の処分に関し、他の法令に関係行政機関との協議の実施その他の手続をとるべき旨の定めがある場合において、審査庁が同項各号に定める措置をとるために必要があると認めるときは、審査庁は、当該手続をとることができる。

第四十七条　事実上の行為についての審査請求が理由がある場合（第四十五条第三項の規定の適用がある場合を除く。）には、審査庁は、裁決で、当該事実上の行為が違法又は不当である旨を宣言するとともに、次の各号に掲げる審査庁の区分に応じ、当該各号に定める措置をとる。ただし、審査庁が処分庁の上級行政庁以外の審査庁である場合には、当該事実上の行為を変更すべき旨を命ずることはできない。

一　処分庁以外の審査庁　当該処分庁に対し、当該事実上の行為の全部若しくは一部を撤廃し、又はこれを変更すべき旨を命ずること。

二　処分庁である審査庁　当該事実上の行為の全部若しくは一部を撤廃し、又はこれを変更すること。

（不利益変更の禁止）

第四十八条　第四十六条第一項本文又は前条の場合において、審査庁は、審査請求人の不利益に当該処分を変更し、又は当該事実上の行為を変更すべき旨を命じ、若しくはこれを変更することはできない。

（不作為についての審査請求の裁決）

第四十九条　不作為についての審査請求が当該不作為に係る処分についての申請から相当の期間が経過しないでされたものである場合その他不適法である場合には、審査庁は、裁決で、当該審査請求を却下する。

2　不作為についての審査請求が理由がない場合には、審査庁は、裁決で、当該審査請求を棄却する。

3　不作為についての審査請求が理由がある場合には、審査庁は、裁決で、当該不作為が違法又は不当である旨を宣言する。この場合において、次の各号に掲げる審査庁は、当該申請に対して一定の処分をすべきものと認めるときは、当該各号に定める措置をとる。

一　不作為庁の上級行政庁である審査庁　当該不作為庁に対し、当該処分をすべき旨を命ずること。

二　不作為庁である審査庁　当該処分をすること。

4　審査請求に係る不作為に係る処分に関し、第四十三条第一項第一号に規定する議を経るべき旨の定めがある場合において、審査庁が前項各号に定める措置をとるために必要があると認めるときは、審査庁は、当該定めに係る審議会等の議を経ることができる。

5　前項に規定する定めがある場合のほか、審査請求に係る不作為に係る処分に関し、他の法令に関係行政機関との協議の実施その他の手続をとるべき旨の定めがある場合において、審査庁が第三項各号に定める措置をとるために必要があると認めるときは、審査庁は、当該手続をとることができる。

（裁決の方式）

第五十条　裁決は、次に掲げる事項を記載し、審査庁が記名押印した裁決書によりしなければならない。

一　主文

二　事案の概要

三　審理関係人の主張の要旨

四　理由（第一号の主文が審理員意見書又は行政不服審査会等若しくは審議会等の答申書と異なる内容である場合には、異なることとなった理由を含む。）

2　第四十三条第一項の規定による行政不服審査会等への諮問を要しない場合には、前項の裁決書には、審理員意見書を添付しなければならない。

3　審査庁は、再審査請求をすることができる裁決をする場合には、裁決書に再審査請求をすることができる旨並びに再審査請求をすべき行政庁及び再審査請求期間（第六十二条に規定する期間をいう。）を記載して、これらを教示しなければならない。

（裁決の効力発生）

第五十一条　裁決は、審査請求人（当該審査請求が処分の相手方以外の者のしたものである場合における第四十六条第一項及び第四十七条の規定による裁決にあっては、審査請求人及び処分の相手方）に送達された時に、その効力を生ずる。

2　裁決の送達は、送達を受けるべき者に裁決書の謄本を送付することによってする。ただし、送達を受けるべき者の所在が知れない場合その他裁決書の謄本を送付することができない場合には、公示の方法によってすることができる。

3　公示の方法による送達は、審査庁が裁決書の謄本を保管し、いつでもその送達を受けるべき者に交付する旨を当該審査庁の掲示場に掲示し、かつ、その旨を官報その他の公報又は新聞紙に少なくとも一回掲載してするものとする。この場合において、その掲示を始めた日の翌日から起算して二週間を経過した時に裁決書の謄本の送付があったものとみなす。

> **注**　**令和五年六月一六日法律六三号により改正され、公布の日から起算して三年を超えない範囲内において政令で定める日から施行**
>
> 第五十一条第三項中「交付する旨」の下に「を総務省令で定める方法により不特定多数の者が閲覧することができる状態に置くとともに、その旨が記載された書面」を、「当該審査庁」の下に「の事務所」を加え、「かつ、その旨を官報その他の公報又は新聞紙に少なくとも一回掲載してする」を「又はその旨を当該事務所に設置した電子計算機の映像面に表示したものの閲覧をすることができる状態に置く措置をとることにより行う」に、「その掲示を始めた」を「当該措置を開始した」に改める。

4　審査庁は、裁決書の謄本を参加人及び処分庁等（審査庁以外の処分庁等に限る。）に送付しなければならない。

（裁決の拘束力）

第五十二条　裁決は、関係行政庁を拘束する。

2　申請に基づいてした処分が手続の違法若しくは不当を理由として裁決で取り消され、又は申請を却下し、若しくは棄却した処分が裁決で取り消された場合には、処分庁は、裁決の趣旨に従い、改めて申請に対する処分をしなければならない。

3　法令の規定により公示された処分が裁決で取り消され、又は変更された場合には、処分庁は、当該処分が取り消され、又は変更された旨を公示しなければならない。

4　法令の規定により処分の相手方以外の利害関係人に通知された処分が裁決で取り消され、又は変更された場合には、処分庁は、その通知を受けた者（審査請求人及び参加人を除く。）に、当該処分が取り消され、又は変更された旨を通知しなければならない。

（証拠書類等の返還）

第五十三条　審査庁は、裁決をしたときは、速やかに、第三十二条第一項又は第二項の規定により提出された証拠書類若しくは証拠物又は書類その他の物件及び第三十三条の規定による提出要求に応じて提出された書類その他の物件をその提出人に返還しなければならない。

第三章　再調査の請求

（再調査の請求期間）

第五十四条　再調査の請求は、処分があったことを知った日の翌日から起算して三月を経過したときは、することができない。ただし、正当な理由があるときは、この限りでない。

2　再調査の請求は、処分があった日の翌日から起算して一年を経過したときは、することができない。ただし、正当な理由があるときは、この限りでない。

（誤った教示をした場合の救済）

第五十五条　再調査の請求をすることができる処分につき、処分庁が誤って再調査の請求をすることができる旨を教示しなかった場合において、審査請求がされた場合であって、審査請求人から申立てがあったときは、審査庁は、速やかに、審査請求書又は審査請求録取書を処分庁に送付しなければならない。ただし、審査請求人に対し弁明書が送付された後においては、この限りでない。

2　前項本文の規定により審査請求書又は審査請求録取書の送付を受けた処分庁は、速やかに、その旨を審査請求人及び参加人に通知しなければならない。

3　第一項本文の規定により審査請求書又は審査請求録取書が処分庁に送付されたときは、初めから処分庁に再調査の請求がされたものとみなす。

（再調査の請求についての決定を経ずに審査請求がされた場合）

第五十六条　第五条第二項ただし書の規定により審査請求がされたときは、同項の再調査の請求は、取り下げられたものとみなす。ただし、処分庁において当該審査請求がされた日以前に再調査の請求に係る処分（事実上の行為を除く。）を取り消す旨の第六十条第一項の決定書の謄本を発している場合又は再調査の請求に係る事実上の行為を撤廃している場合は、当該審査請求（処分（事実上の行為を除く。）の一部を取り消す旨の第五十九条第一項の決定がされている場合又は事実上の行為の一部が撤廃されている場合にあっては、その部分に限る。）が取り下げられたものとみなす。

（三月後の教示）

第五十七条　処分庁は、再調査の請求がされた日（第六十一条において読み替えて準用する第二十三条の規定により不備を補正すべきことを命じた場合にあっては、当該不備が補正された日）の翌日から起算して三月を経過しても当該再調査の請求が係属しているときは、遅滞なく、当該処分について直ちに審査請求をすることができる旨を書面でその再調査の請求人に教示しなければならない。

（再調査の請求の却下又は棄却の決定）

第五十八条　再調査の請求が法定の期間経過後にされたものである場合その他不適法である場合には、処分庁は、決定で、当該再調査の請求を却下する。

2　再調査の請求が理由がない場合には、処分庁は、決定で、当該再調査の請求を棄却する。

（再調査の請求の認容の決定）

第五十九条　処分（事実上の行為を除く。）についての再調査の請求が理由がある場合には、処分庁は、決定で、当該処分の全部若しくは一部を取り消し、又はこれを変更する。

2　事実上の行為についての再調査の請求が理由がある場合には、処分庁は、決定で、当該事実上の行為が違法又は不当である旨を宣言するとともに、当該事実上の行為の全部若しくは一部を撤廃し、又はこれを変更する。

3　処分庁は、前二項の場合において、再調査の請求人の不利益に当該処分又は当該事実上の行為を変更することはできない。

（決定の方式）

第六十条　前二条の決定は、主文及び理由を記載し、処分庁が記名押印した決定書によりしなければならない。

2　処分庁は、前項の決定書（再調査の請求に係る処分の全部を取り消し、又は撤廃する決定に係るものを除く。）に、再調査の請求に係る処分につき審査請求をすることができる旨（却下の決定である場合にあっては、当該却下の決定が違法な場合に限り審査請求をすることができる旨）並びに審査請求をすべき行政庁及び審査請求期間を記載して、これらを教示しなければならない。

（審査請求に関する規定の準用）

第六十一条　第九条第四項、第十条から第十六条まで、第十八条第三項、第十九条（第三項並びに第五項第一号及び第二号を除く。）、第二十条、第二十三条、第二十四条、第二十五条（第三項を除く。）、第二十六条、第二十七条、第三十一条（第五項を除く。）、第三十二条（第二項を除く。）、第三十九条、第五十一条及び第五十三条の規定は、再調査の請求について準用する。この場合において、別表第二の上欄に掲げる規定中同表の中欄に掲げる字句は、それぞれ同表の下欄に掲げる字句に読み替えるものとする。

第四章　再審査請求

（再審査請求期間）

第六十二条　再審査請求は、原裁決があったことを知った日の翌日から起算して一月を経過したときは、することができない。ただし、正当な理由があるときは、この限りでない。

2　再審査請求は、原裁決があった日の翌日から起算して一年を経過したときは、することができない。ただし、正当な理由があるときは、この限りでない。

（裁決書の送付）

第六十三条　第六十六条第一項において読み替えて準用する第十一条第二項に規定する審理員又は第六十六条第一項において準用する第九条第一項各号に掲げる機関である再審査庁（他の法律の規定により再審査請求がされた行政庁（第六十六条第一項において読み替えて準用する第十四条の規定により引継ぎを受けた行政庁を含む。）をいう。以下同じ。）は、原裁決をした行政庁に対し、原裁決に係る裁決書の送付を求めるものとする。

（再審査請求の却下又は棄却の裁決）

第六十四条　再審査請求が法定の期間経過後にされたものである場合その他不適法である場合には、再審査庁は、裁決で、当該再審査請求を却下する。

2　再審査請求が理由がない場合には、再審査庁は、裁決で、当該再審査請求を棄却する。

3　再審査請求に係る原裁決（審査請求を却下し、又は棄却したものに限る。）が違法又は不当である場合において、当該審査請求に係る処分が違法又は不当のいずれでもないときは、再審査庁は、裁決で、当該再審査請求を棄却する。

4　前項に規定する場合のほか、再審査請求に係る原裁決等が違法又は不当ではあるが、これを取り消し、又は撤廃することにより公の利益に著しい障害を生ずる場合において、再審査請求人の受ける損害の程度、その損害の賠償又は防止の程度及び方法その他一切の事情を考慮した上、原裁決等を取り消し、又は撤廃することが公共の福祉に適合しないと認めるときは、再審査庁は、裁決で、当該再審査請求を棄却することができる。この場合には、再審査庁は、裁決の主文で、当該原裁決等が違法又は不当であることを宣言しなければならない。

（再審査請求の認容の裁決）

第六十五条　原裁決等（事実上の行為を除く。）についての再審査請求が理由がある場合（前条第三項に規定する場合及び同条第四項の規定の適用がある場合を除く。）には、再審査庁は、裁決で、当該原裁決等の全部又は一部を取り消す。

2　事実上の行為についての再審査請求が理由がある場合（前条第四項の規定の適用がある場合を除く。）には、裁決で、当該事実上の行為が違法又は不当である旨を宣言するとともに、処分庁に対し、当該事実上の行為の全部又は一部を撤廃すべき旨を命ずる。

（審査請求に関する規定の準用）

第六十六条　第二章（第九条第三項、第十八条（第三項を除く。）、第十九条第三項並びに第五項第一号及び第二号、第二十二条、第二十五条第二項、第二十九条（第一項を除く。）、第三十条第一項、第四十一条第二項第一号イ及びロ、第四節、第四十五条から第四十九条まで並びに第五十条第三項を除く。）の規定は、再審査請求について準用する。この場合において、別表第三の上欄に掲げる規定中同表の中欄に掲げる字句は、それぞれ同表の下欄に掲げる字句に読み替えるものとする。

2　再審査庁が前項において準用する第九条第一項各号に掲げる機関である場合には、前項において準用する第十七条、第四十条、第四十二条及び第五十条第二項の規定は、適用しない。

第五章　行政不服審査会等

第一節　行政不服審査会

第一款　設置及び組織

（設置）

第六十七条　総務省に、行政不服審査会（以下「審査会」という。）を置く。

2　審査会は、この法律の規定によりその権限に属させられた事項を処理する。

（組織）

第六十八条　審査会は、委員九人をもって組織する。

2　委員は、非常勤とする。ただし、そのうち三人以内は、常勤とすることができる。

（委員）

第六十九条　委員は、審査会の権限に属する事項に関し公正な判断をすることができ、かつ、法律又は行政に関して優れた識見を有する者のうちから、両議院の同意を得て、総務大臣が任命する。

2　委員の任期が満了し、又は欠員を生じた場合において、国会の閉会又は衆議院の解散のために両議院の同意を得ることができないときは、総務大臣は、前項の規定にかかわらず、同項に定める資格を有する者のうちから、委員を任命することができる。

3　前項の場合においては、任命後最初の国会で両議院の事後の承認を得なければならない。この場合において、両議院の事後の承認が得られないときは、総務大臣は、直ちにその委員を罷免しなければならない。

4　委員の任期は、三年とする。ただし、補欠の委員の任期は、前任者の残任期間とする。

5　委員は、再任されることができる。

6　委員の任期が満了したときは、当該委員は、後任者が任命されるまで引き続きその職務を行うものとする。

7　総務大臣は、委員が心身の故障のために職務の執行ができないと認める場合又は委員に職務上の義務違反その他委員たるに適しない非行があると認める場合には、両議院の同意を得て、その委員を罷免することができる。

8　委員は、職務上知ることができた秘密を漏らしてはならない。その職を退いた後も同様とする。

9　委員は、在任中、政党その他の政治的団体の役員となり、又は積極的に政治運動をしてはならない。

10　常勤の委員は、在任中、総務大臣の許可がある場合を除き、報酬を得て他の職務に従事し、又は営利事業を営み、その他金銭上の利益を目的とする業務を行ってはならない。

11　委員の給与は、別に法律で定める。

※　8項「罰則」＝本法八七

（会長）

第七十条　審査会に、会長を置き、委員の互選により選任する。

2　会長は、会務を総理し、審査会を代表する。

3　会長に事故があるときは、あらかじめその指名する委員が、その職務を代理する。

（専門委員）

第七十一条　審査会に、専門の事項を調査させるため、専門委員を置くことができる。

2　専門委員は、学識経験のある者のうちから、総務大臣が任命する。

3　専門委員は、その者の任命に係る当該専門の事項に関する調査が終了したときは、解任されるものとする。

4　専門委員は、非常勤とする。

（合議体）

第七十二条　審査会は、委員のうちから、審査会が指名する者三人をもって構成する合議体で、審査請求に係る事件について調査審議する。

2 前項の規定にかかわらず、審査会が定める場合においては、委員の全員をもって構成する合議体で、審査請求に係る事件について調査審議する。

（事務局）

第七十三条 審査会の事務を処理させるため、審査会に事務局を置く。

2 事務局に、事務局長のほか、所要の職員を置く。

3 事務局長は、会長の命を受けて、局務を掌理する。

第二款 審査会の調査審議の手続

（審査会の調査権限）

第七十四条 審査会は、必要があると認める場合には、審査請求に係る事件に関し、審査請求人、参加人又は第四十三条第一項の規定により審査会に諮問をした審査庁（以下この款において「審査関係人」という。）にその主張を記載した書面（以下この款において「主張書面」という。）又は資料の提出を求めること、適当と認める者にその知っている事実の陳述又は鑑定を求めることその他必要な調査をすることができる。

（意見の陳述）

第七十五条 審査会は、審査関係人の申立てがあった場合には、当該審査関係人に口頭で意見を述べる機会を与えなければならない。ただし、審査会が、その必要がないと認める場合には、この限りでない。

2 前項本文の場合において、審査請求人又は参加人は、審査会の許可を得て、補佐人とともに出頭することができる。

（主張書面等の提出）

第七十六条 審査関係人は、審査会に対し、主張書面又は資料を提出することができる。この場合において、審査会が、主張書面又は資料を提出すべき相当の期間を定めたときは、その期間内にこれを提出しなければならない。

（委員による調査手続）

第七十七条 審査会は、必要があると認める場合には、その指名する委員に、第七十四条の規定による調査をさせ、又は第七十五条第一項本文の規定による審査関係人の意見の陳述を聴かせることができる。

（提出資料の閲覧等）

第七十八条 審査関係人は、審査会に対し、審査会に提出された主張書面若しくは資料の閲覧（電磁的記録にあっては、記録された事項を審査会が定める方法により表示したものの閲覧）又は当該主張書面若しくは当該資料の写し若しくは当該電磁的記録に記録された事項を記載した書面の交付を求めることができる。この場合において、審査会は、第三者の利益を害するおそれがあると認めるとき、その他正当な理由があるときでなければ、その閲覧又は交付を拒むことができない。

2 審査会は、前項の規定による閲覧をさせ、又は同項の規定による交付をしようとするときは、当該閲覧又は交付に係る主張書面又は資料の提出人の意見を聴かなければならない。ただし、審査会が、その必要がないと認めるときは、この限りでない。

3 審査会は、第一項の規定による閲覧について、日時及び場所を指定することができる。

4 第一項の規定による交付を受ける審査請求人又は参加人は、政令で定めるところにより、実費の範囲内において政令で定める額の手数料を納めなければならない。

5 審査会は、経済的困難その他特別の理由があると認めるときは、政令で定めるところにより、前項の手数料を減額し、又は免除することができる。

（答申書の送付等）

第七十九条 審査会は、諮問に対する答申をしたときは、答申書の写しを審査請求人及び参加人に送付するとともに、答申の内容を公表するものとする。

第三款 雑則

（政令への委任）

第八十条 この法律に定めるもののほか、審査会に関し必要な事項は、政令で定める。

第二節 地方公共団体に置かれる機関

第八十一条 地方公共団体に、執行機関の附属機関として、この法律の規定によりその権限に属させられた事項を処理するための機関を置く。

2 前項の規定にかかわらず、地方公共団体は、当該地方公共団体における不服申立ての状況等に鑑み同項の機関を置くことが不適当又は困難であるときは、条例で定めるところにより、事件ごとに、執行機関の附属機関として、この法律の規定によりその権限に属させられた事項を処理するための機関を置くこととすることができる。

3 前節第二款の規定は、前二項の機関について準用する。この場合において、第七十八条第四項及び第五項中「政令」とあるのは、「条例」と読み替えるものとする。

4 前三項に定めるもののほか、第一項又は第二項の機関の組織及び運営に関し必要な事項は、当該機関を置く地方公共団体の条例（地方自治法第二百五十二条の七第一項の規定により共同設置する機関にあっては、同項の規約）で定める。

第六章 補則

（不服申立てをすべき行政庁等の教示）

第八十二条 行政庁は、審査請求若しくは再調査の請求又は他の法令に基づく不服申立て（以下この条において「不服申立て」と総称する。）をすることができる処分をする場合には、処分の相手方に対し、当該処分につき不服申立てをすることができる旨並びに不服申立てをすべき行政庁及び不服申立てをすることができる期間を書面で教示しなければならない。ただし、当該処分を口頭でする場合は、この限りでない。

2 行政庁は、利害関係人から、当該処分が不服申立てをすることができる処分であるかどうか並びに当該処分が不服申立てをすべき行政庁及び不服申立てをすることができるものである場合における不服申立てをすることができる期間につき教示を求められたときは、当該事項を教示しなければならない。

3 前項の場合において、教示を求めた者が書面による教示を求めたときは、当該教示は、書面でしなければならない。

（教示をしなかった場合の不服申立て）

第八十三条 行政庁が前条の規定による教示をしなかった場合には、当該処分について不服がある者は、当該処分庁に不服申立書を提出することができる。

2 第十九条（第五項第一号及び第二号を除く。）の規定は、前項の不服申立書について準用する。

3 第一項の規定により不服申立書の提出があった場合において、当該処分が処分庁以外の行政庁に対し審査請求をすることができる処分であるときは、処分庁は、速やかに、当該不服申立書を当該行政庁に送付しなければならない。当該処分が他の法令に基づき、処分庁以外の行政庁に不服申立てをすることができる処分であるときも、同様とする。

4 前項の規定により不服申立書が送付されたときは、初めから当該行政庁に審査請求又は当該法令に基づく不服申立てがされたものとみなす。

5 第三項の場合を除くほか、第一項の規定により不服申立書が提出されたときは、初めから当該処分庁に審査請求又は当該法令に基づく不服申立てがされたものとみなす。

（情報の提供）

第八十四条 審査請求、再調査の請求若しくは再審査請求又は他の法令に基づく不服申立て（以下この条及び次条において「不服申立て」と総称する。）につき裁決、決定その他の処分（同条において「裁決等」という。）をする権限を有する行政庁は、不服申立てをしようとする者又は不服申立てをした者の求めに応じ、不服申立書の記載に関する事項その他の不服申立てに必要な情報の提供に努めなければならない。

（公表）

第八十五条 不服申立てにつき裁決等をする権限を有する行政庁は、当該行政庁がした裁決等の内容その他当該行政庁における不服申立ての処理状況について公表するよう努めなければならない。

（政令への委任）

第八十六条 この法律に定めるもののほか、この法律の実施のために必要な事項は、政令で定める。

（罰則）

第八十七条 第六十九条第八項の規定に違反して秘密を漏らした者は、一年以下の懲役又は五十万円以下の罰金に処する。

> 注 令和四年六月一七日法律六八号により改正され、令和七年六月一日から施行
> 第八十七条中「懲役」を「拘禁刑」に改める。

附　則

（施行期日）

第一条 この法律は、公布の日から起算して二年を超えない範囲内において政令で定める日から施行する。ただし、次条の規定は、公布の日から施行する。

〔平二七・一一政令三九〇により、平二八・四・一から施行〕

（準備行為）

第二条 第六十九条第一項の規定による審査会の委員の任命に関し必要な行為は、この法律の施行の日前においても、同項の規定の例によりすることができる。

（経過措置）

第三条 行政庁の処分又は不作為についての不服申立てであって、この法律の施行前にされた行政庁の処分又はこの法律の施行前にされた申請に係る行政庁の不作為に係るものについては、なお従前の例による。

第四条 この法律の施行後最初に任命される審査会の委員の任期は、第六十九条第四項本文の規定にかかわらず、九人のうち、三人は二年、六人は三年とする。

2 前項に規定する各委員の任期は、総務大臣が定める。

（その他の経過措置の政令への委任）

第五条 前二条に定めるもののほか、この法律の施行に関し必要な経過措置は、政令で定める。

（検討）

第六条 政府は、この法律の施行後五年を経過した場合において、この法律の施行の状況について検討を加え、必要があると認めるときは、その結果に基づいて所要の措置を講ずるものとする。

附　則（令五・六・一六法六三抄）

（施行期日）

第一条 この法律は、公布の日から起算して一年を超えない範囲内において政令で定める日から施行する。ただし、次の各号に掲げる規定は、当該各号に定める日から施行する。

一 〔前略〕附則第七条〔中略〕の規定 公布の日

二 〔前略〕第六十二条〔中略〕並びに次条〔中略〕の規定 公布の日から起算して三年を超えない範囲内において政令で定める日

（公示送達等の方法に関する経過措置）

第二条 次に掲げる法律の規定は、前条第二号に掲げる規定の施行の日以後にする公示送達、送達又は通知について適用し、同日前にした公示送達、送達又は通知については、なお従前の例による。

一～十三 〔略〕

十四 第六十二条の規定による改正後の行政不服審査法第五十一条第三項（同法又は他の法律において準用する場合を含む。）

十五 〔略〕

（罰則に関する経過措置）

第六条 この法律の施行前にした行為に対する罰則の適用については、なお従前の例による。

（政令への委任）

第七条 この附則に定めるもののほか、この法律の施行に関し必要な経過措置（罰則に関する経過措置を含む。）は、政令で定める。

別表第一（第九条関係）

第十一条第二項	第九条第一項の規定により指名された者（以下「審理員」という。）	審査庁
第十三条第一項及び第二項	審理員	審査庁
第二十五条第七項	執行停止の申立てがあったとき、又は審理員から第四十条に規定する執行停止をすべき旨の意見書が提出されたとき	執行停止の申立てがあったとき
第二十八条	審理員	審査庁
第二十九条第一項	審理員は、審査庁から指名されたときは、直ちに	審査庁は、審査請求がされたときは、第二十四条の規定により当該審査請求を却下する場合を除き、速やかに
第二十九条第二項	審理員は	審査庁は、審査庁が処分庁等以外である場合にあっては
	提出を求める	提出を求め、審査庁が処分庁等である場合にあっては、相当の期間内に、弁明書を作成する
第二十九条第五項	審理員は	審査庁は、第二項の規定により
	提出があったとき	提出があったとき、又は弁明書を作成したとき
第三十条第一項及び第二項	審理員	審査庁
第三十条第三項	審理員	審査庁
	参加人及び処分庁等	参加人及び処分庁等（処分庁等が審査庁である場合にあっては、参加人）
	審査請求人及び処分庁等	審査請求人及び処分庁等（処分庁等が審査庁である場合にあっては、審査請求人）
第三十一条第一項	審理員	審査庁
第三十一条第二項	審理員	審査庁
	審理関係人	審理関係人（処分庁等が審査庁である場合にあっては、審査請求人及び参加人。以下この節及び第五十条第一項第三号において同じ。）
第三十一条第三項から第五項まで、第三十二条第三項、第三十三条から第三十七条まで、第三十八条第一項から第三項まで及び第五項、第三十九条並びに第四十一条第一項及び第二項	審理員	審査庁
第四十一条第三項	審理員が	審査庁が
	終結した旨並びに次条第一項に規定する審理員意見書及び事件記録（審査請求書、弁明書その他審査請求に係る事件に関する書類その他の物件のうち政令で定めるものをいう。同条第二項及び第四十三条第二項において同じ。）を審査庁に提出する予定時期を通知するものとする。当該予定時期を変更したときも、同様とする	終結した旨を通知するものとする
第四十四条	行政不服審査会等から諮問に対する答申を受けたとき（前条第一項の規定による諮問を要しない場合（同項第二号又は第三号に該当する場合を除く。）にあっては審理員意見書が提出されたとき、同項第二号又は第三号に該当する場合にあっては同項第二号又は第三号に規定する議を経たとき）	審理手続を終結したとき

第五十条第一項第四号	理由（第一号の主文が審理員意見書又は行政不服審査会等若しくは審議会等の答申書と異なる内容である場合には、異なることとなった理由を含む。）	理由

別表第二（第六十一条関係）

第九条第四項	前項に規定する場合において、審査庁	処分庁
	（第二項各号（第一項各号に掲げる機関の構成員にあっては、第一号を除く。）に掲げる者以外の者に限る。）に、前項において読み替えて適用する	に、第六十一条において読み替えて準用する
	若しくは第十三条第四項	又は第六十一条において準用する第十三条第四項
	聴かせ、前項において読み替えて適用する第三十四条の規定による参考人の陳述を聴かせ、同項において読み替えて適用する第三十五条第一項の規定による検証をさせ、前項において読み替えて適用する第三十六条の規定による第二十八条に規定する審理関係人に対する質問をさせ、又は同項において読み替えて適用する第三十七条第一項若しくは第二項の規定による意見の聴取を行わせる	聴かせる
第十一条第二項	第九条第一項の規定により指名された者（以下「審理員」という。）	処分庁
第十三条第一項	処分又は不作為に係る処分	処分
	審理員	処分庁
第十三条第二項	審理員	処分庁
第十四条	第十九条に規定する審査請求書	第六十一条において読み替えて準用する第十九条に規定する再調査の請求書
	第二十一条第二項に規定する審査請求録取書	第二十二条第三項に規定する再調査の請求録取書
第十六条	第四条又は他の法律若しくは条例の規定により審査庁となるべき行政庁（以下「審査庁となるべき行政庁」という。）	再調査の請求の対象となるべき処分の権限を有する行政庁
	当該審査庁となるべき行政庁及び関係処分庁（当該審査請求の対象となるべき処分の権限を有する行政庁であって当該審査	当該行政庁

	庁となるべき行政庁以外のものをいう。次条において同じ。）	
第十八条第三項	次条に規定する審査請求書	第六十一条において読み替えて準用する次条に規定する再調査の請求書
	前二項に規定する期間（以下「審査請求期間」という。）	第五十四条に規定する期間
第十九条の見出し及び同条第一項	審査請求書	再調査の請求書
第十九条第二項	処分についての審査請求書	再調査の請求書
	処分（当該処分について再調査の請求についての決定を経たときは、当該決定）	処分
第十九条第四項	審査請求書	再調査の請求書
	第二項各号又は前項各号	第二項各号
第十九条第五項	処分についての審査請求書	再調査の請求書
	審査請求期間	第五十四条に規定する期間
	前条第一項ただし書又は第二項ただし書	同条第一項ただし書又は第二項ただし書

第二十条	前条第二項から第五項まで	第六十一条において読み替えて準用する前条第二項、第四項及び第五項
第二十三条（見出しを含む。）	審査請求書	再調査の請求書
第二十四条第一項	次節に規定する審理手続を経ないで、第四十五条第一項又は第四十九条第一項	審理手続を経ないで、第五十八条第一項
第二十五条第二項	処分庁の上級行政庁又は処分庁である審査庁	処分庁
第二十五条第四項	前二項	第二項
第二十五条第六項	第二項から第四項まで	第二項及び第四項
第二十五条第七項	執行停止の申立てがあったとき、又は審理員から第四十条に規定する執行停止をすべき旨の意見書が提出されたとき	執行停止の申立てがあったとき
第三十一条第一項	審理員	処分庁
	この条及び第四十一条第二項第二号	この条
第三十一条第二項	審理員	処分庁
	全ての審理関係人	再調査の請求人及び参加人

第三十一条第三項及び第四項	審理員	処分庁
第三十二条第三項	前二項	第一項
	審理員	処分庁
第三十九条	審理員	処分庁
第五十一条第一項	第四十六条第一項及び第四十七条	第五十九条第一項及び第二項
第五十一条第四項	参加人及び処分庁等（審査庁以外の処分庁等に限る。）	参加人
第五十三条	第三十二条第一項又は第二項の規定により提出された証拠書類若しくは証拠物又は書類その他の物件及び第三十三条の規定による提出要求に応じて提出された書類その他の物件	第六十一条において準用する第三十二条第一項の規定により提出された証拠書類又は証拠物

別表第三（第六十六条関係）

第九条第一項	第四条又は他の法律若しくは条例の規定により審査請求がされた行政庁（第十四条の規定により引継ぎを受けた行政庁を含む。以下「審査庁」という。）	第六十三条に規定する再審査庁（以下この章において「再審査庁」という。）
	この節	この節及び第六十三条
	処分庁等（審査庁以外の処分庁等に限る。）	裁決庁等（原裁決をした行政庁（以下この章において「裁決庁」という。）又は処分庁をいう。以下この章において同じ。）
	若しくは条例に基づく処分について条例に特別の定めがある場合又は第二十四条	又は第六十六条第一項において読み替えて準用する第二十四条
第九条第二項第一号	審査請求に係る処分若しくは	原裁決に係る審査請求に係る処分、
	に関与した者又は審査請求に係る不作為に係る処分に関与し、若しくは関与することとなる者	又は原裁決に関与した者
第九条第四項	前項に規定する場合において、審査庁	第一項各号に掲げる機関である再審査庁（以下「委員会等である再審査庁」という。）
	前項において	第六十六条第一項において
	適用する	準用する
	第十三条第四項	第六十六条第一項において準用する第十三条第四項
	第二十八条	同項において読み替えて準用する第二十八条
第十一条第二項	第九条第一項の規定により指名された者（以下「審理員」という。）	第六十六条第一項において読み替えて準用する第九条第一項の規定により指名された者（以下「審理員」という。）又は委員会等である再審査庁
第十三条第一項	処分又は不作為に係る処分の根拠となる法令に照らし当該処分	原裁決等の根拠となる法令に照らし当該原裁決等
	審理員	審理員又は委員会等である再審査庁
第十三条第二項	審理員	審理員又は委員会等である再審査庁
第十四条	第十九条に規定する審査請求書	第六十六条第一項において読み替えて準用する第十九条に規定する再審査請求書
	第二十一条第二項に規定する審査請求録取書	同項において読み替えて準用する第二十一条第二項に規定する再審査請求録取書
第十五条第一項、第二項及び第六項	審査請求の	原裁決に係る審査請求の
第十六条	第四条又は他の法律若しくは条例	他の法律
	関係処分庁（当該審査請求の対象となるべき処分の権限を有する行政庁であって当該審査庁となるべき行政庁以外のものをいう。次条において同じ。）	当該再審査請求の対象となるべき裁決又は処分の権限を有する行政庁
第十七条	関係処分庁	当該再審査請求の対象となるべき裁決又は処分の権限を有する行政庁
第十八条第三項	次条に規定する審査請求書	第六十六条第一項において読み替えて準用する次条に規定する再審査請求書
	前二項に規定する期間（以下「審査請求期間」という。）	第五十条第三項に規定する再審査請求期間（以下この章において「再審査請求期間」という。）
第十九条の見出し及び同条第一項	審査請求書	再審査請求書
第十九条第二項	処分についての審査請求書	再審査請求書
	処分の内容	原裁決等の内容

	審査請求に係る処分（当該処分について再調査の請求について再調査の決定を経たときは、当該決定）	原裁決
	処分庁	裁決庁
第十九条第四項	審査請求書	再審査請求書
	第二項各号又は前項各号	第二項各号
第十九条第五項	処分についての審査請求書	再審査請求書
	審査請求期間	再審査請求期間
	前条第一項ただし書又は第二項ただし書	第六十二条第一項ただし書又は第二項ただし書
第二十条	前条第二項から第五項まで	第六十六条第一項において読み替えて準用する前条第二項、第四項及び第五項
第二十一条の見出し	処分庁等	処分庁又は裁決庁
第二十一条第一項	審査請求をすべき行政庁が処分庁等と異なる場合における審査請求は、処分庁等	再審査請求は、処分庁又は裁決庁
	処分庁等に	処分庁若しくは裁決庁に
	審査請求書	再審査請求書

	第十九条第二項から第五項まで	第六十六条第一項において読み替えて準用する第十九条第二項、第四項及び第五項
第二十一条第二項	処分庁等	処分庁又は裁決庁
	審査請求書又は審査請求録取書（前条後段	再審査請求書又は再審査請求録取書（第六十六条第一項において準用する前条後段
第二十一条第三項	第二十九条第一項及び第五十五条	第六十六条第一項において読み替えて準用する第二十九条第一項
	審査請求期間	再審査請求期間
	処分庁に	処分庁若しくは裁決庁に
	審査請求書	再審査請求書
	処分についての審査請求	再審査請求
第二十三条（見出しを含む。）	審査請求書	再審査請求書
第二十四条第一項	審理手続を経ないで、第四十五条第一項又は第四十九条第一項	審理手続（第六十三条に規定する手続を含む。）を経ないで、第六十四条第一項
第二十五条第一項	処分	原裁決等
第二十五条第三項	処分庁の上級行政庁又は処分庁のいずれでもない審査庁	再審査庁

	処分庁の意見	裁決庁等の意見
	執行停止をすることができる。ただし、処分の効力、処分の執行又は手続の続行の全部又は一部の停止以外の措置をとることはできない	原裁決等の効力、原裁決等の執行又は手続の続行の全部又は一部の停止（以下「執行停止」という。）をすることができる
第二十五条第四項	前二項	前項
	処分	原裁決等
第二十五条第六項	第二項から第四項まで	第三項及び第四項
	処分	原裁決等
第二十五条第七項	第四十条に規定する執行停止をすべき旨の意見書が提出されたとき	第六十六条第一項において準用する第四十条に規定する執行停止をすべき旨の意見書が提出されたとき（再審査庁が委員会等である再審査庁である場合にあっては、執行停止の申立てがあったとき）
第二十八条	処分庁等	裁決庁等
	審理員	審理員又は委員会等である再審査庁
第二十九条第一項	審理員は	審理員又は委員会等である再審査庁は、審理員にあっては
	審査請求書又は審査請求録取書の写しを処分庁	委員会等である再審査庁にあっては、再審査請求がされたと

	等に送付しなければならない。ただし、処分庁等が審査庁である場合には、この限りでない	きは第六十六条第一項において読み替えて準用する第二十四条の規定により当該再審査請求を却下する場合を除き、速やかに、それぞれ、再審査請求書又は再審査請求録取書の写しを裁決庁等に送付しなければならない
第三十条の見出し	反論書等	意見書
第三十条第二項	審理員	審理員又は委員会等である再審査庁
第三十条第三項	審理員は、審査請求人から反論書の提出があったときはこれを参加人及び処分庁等に	審理員又は委員会等である再審査庁は
	これを審査請求人及び処分庁等に、それぞれ	、これを再審査請求人及び裁決庁等に
第三十一条第一項から第四項まで	審理員	審理員又は委員会等である再審査庁
第三十一条第五項	審理員	審理員又は委員会等である再審査庁
	処分庁等	裁決庁等
第三十二条第二項	処分庁等は、当該処分	裁決庁等は、当該原裁決等
第三十二条第三項及び第三十三条から第三十七条まで	審理員	審理員又は委員会等である再審査庁
第三十八条第一項	審理員	審理員又は委員会等である再審査庁
	第二十九条第四項各号に掲げる書面又は第三十二条第一項若しくは第二項若しくは	第六十六条第一項において準用する第三十二条第一項若しくは第二項又は
第三十八条第二項、第三項及び第五項、第三十九条並びに第四十一条第一項	審理員	審理員又は委員会等である再審査庁
第四十一条第二項	審理員	審理員又は委員会等である再審査庁
	イからホまで	ハからホまで
第四十一条第三項	審理員が	審理員又は委員会等である再審査庁が
	審理手続を終結した旨並びに次条第一項	審理員にあっては審理手続を終結した旨並びに第六十六条第一項において準用する次条第一項
	審査請求書、弁明書	再審査請求書、原裁決に係る裁決書
	同条第二項及び第四十三条第二項	第六十六条第一項において準用する次条第二項
	を通知する	を、委員会等である再審査庁にあっては審理手続を終結した旨を、それぞれ通知する
	当該予定時期	審理員が当該予定時期
第四十四条	行政不服審査会等から諮問に対する答申を受けたとき（前条第一項の規定による諮問を要しない場合（同項第二号又は第三号に該当する場合を除く。）にあっては審理員意見書が提出されたとき、同項第二号又は第三号に該当する場合にあっては同項第二号又は第三号に規定する議を経たとき）	審理員意見書が提出されたとき（委員会等である再審査庁にあっては、審理手続を終結したとき）
第五十条第一項第四号	第一号の主文が審理員意見書又は行政不服審査会等若しくは審議会等の答申書と異なる内容である場合には	再審査庁が委員会等である再審査庁以外の行政庁である場合において、第一号の主文が審理員意見書と異なる内容であるときは
第五十条第二項	第四十三条第一項の規定による行政不服審査会等への諮問を要しない場合	再審査庁が委員会等である再審査庁以外の行政庁である場合
第五十一条第一項	処分	原裁決等
	第四十六条第一項及び第四十七条	第六十五条
第五十一条第四項	及び処分庁等（審査庁以外の処分庁等に限る。）	並びに処分庁及び裁決庁（処分庁以外の裁決庁に限る。）

第五十二条第二項	申請を	申請若しくは審査請求を
	棄却した処分	棄却した原裁決等
	処分庁	裁決庁等
	申請に対する処分	申請に対する処分又は審査請求に対する裁決
第五十二条第三項	処分が	原裁決等が
	処分庁	裁決庁等
第五十二条第四項	処分の	原裁決等の
	処分が	原裁決等が
	処分庁	裁決庁等

○行政機関の保有する情報の公開に関する法律

（平成十一年五月十四日 法律第四十二号）

沿革　平一一法一〇二・一六〇、平一三法一四〇、平一四法九八、平一五法六一・一一九、平一六法八四、平一七法一〇二、平二一法六六、平二四法四二、平二六法六七・六九、平二八法五一、平三〇法四一、令三法三七改正

目次

第一章　総則

（目的）

第一条　この法律は、国民主権の理念にのっとり、行政文書の開示を請求する権利につき定めること等により、行政機関の保有する情報の一層の公開を図り、もって政府の有するその諸活動を国民に説明する責務が全うされるようにするとともに、国民の的確な理解と批判の下にある公正で民主的な行政の推進に資することを目的とする。

（定義）

第二条　この法律において「行政機関」とは、次に掲げる機関をいう。

一　法律の規定に基づき内閣に置かれる機関（内閣府を除く。）及び内閣の所轄の下に置かれる機関

二　内閣府、宮内庁並びに内閣府設置法（平成十一年法律第八十九号）第四十九条第一項及び第二項に規定する機関（これらの機関のうち第四号の政令で定める機関が置かれる機関にあっては、当該政令で定める機関を除く。）

三　国家行政組織法（昭和二十三年法律第百二十号）第三条第二項に規定する機関（第五号の政令で定める機関が置かれる機関にあっては、当該政令で定める機関を除く。）

四　内閣府設置法第三十九条及び第五十五条並びに宮内庁法（昭和二十二年法律第七十号）第十六条第二項の機関並びに内閣府設置法第四十条及び第五十六条（宮内庁法第十八条第一項において準用する場合を含む。）の特別の機関で、政令で定めるもの

五　国家行政組織法第八条の二の施設等機関及び同法第八条の三の特別の機関で、政令で定めるもの

六　会計検査院

2　この法律において「行政文書」とは、行政機関の職員が職務上作成し、又は取得した文書、図画及び電磁的記録（電子的方式、磁気的方式その他人の知覚によっては認識することができない方式で作られた記録をいう。以下同じ。）であって、当該行政機関の職員が組織的に用いるものとして、当該行政機関が保有しているものをいう。ただし、次に掲げるものを除く。

一　官報、白書、新聞、雑誌、書籍その他不特定多数の者に販売することを目的として発行されるもの

二　公文書等の管理に関する法律（平成二十一年法律第六十六号）第二条第七項に規定する特定歴史公文書等

三　政令で定める研究所その他の施設において、政令で定めるところにより、歴史的若しくは文化的な資料又は学術研究用の資料として特別の管理がされているもの（前号に掲げるものを除く。）

※　1項5号「政令」＝令一、2項3号「政令」＝令二・三

第二章　行政文書の開示

（開示請求権）

第三条　何人も、この法律の定めるところにより、行政機関の長（前条第一項第四号及び第五号の政令で定める機関にあっては、その機関ごとに政令で定める者をいう。以下同じ。）に対し、当該行政機関の保有する行政文書の開示を請求することができる。

※　第三「政令」＝令四

（開示請求の手続）

第四条　前条の規定による開示の請求（以下「開示請求」という。）は、次に掲げる事項を記載した書面（以下「開示請求書」という。）を行政機関の長に提出してしなければならない。

一　開示請求をする者の氏名又は名称及び住所又は居所並びに法人その他の団体にあっては代表者の氏名

二　行政文書の名称その他の開示請求に係る行政文書を特定するに足りる事項

2　行政機関の長は、開示請求書に形式上の不備があると認めるときは、開示請求をした者（以下「開示請求者」という。）に対し、相当の期間を定めて、その補正を求めることができる。この場合において、行政機関の長は、開示請求者に対し、補正の参考となる情報を提供するよう努めなければならない。

（行政文書の開示義務）

第五条　行政機関の長は、開示請求があったときは、開示請求に係る行政文書に次の各号に掲げる情報（以下「不開示情報」という。）のいずれかが記録されている場合を除き、開示請求者に対し、当該行政文書を開示しなければならない。

一　個人に関する情報（事業を営む個人の当該事業に関する情報を除く。）であって、当該情報に含まれる氏名、生年月日その他の記述等（文書、図画若しくは電磁的記録に記載され、若しくは記録され、又は音声、動作その他の方法を用いて表された一切の事項をいう。次条第二項において同じ。）により特定の個人を識別することができるもの（他の情報と照合することにより、特定の個人を識別することができることとなるものを含む。）又は特定の個人を識別することはできないが、公にすることにより、なお個人の権利利益を害するおそれがあるもの。ただし、次に掲げる情報を除く。

イ　法令の規定により又は慣行として公にされ、又は公にすることが予定されている情報

ロ　人の生命、健康、生活又は財産を保護するため、公にすることが必要であると認められる情報

ハ　当該個人が公務員等（国家公務員法（昭和二十二年法

律第百二十号）第二条第一項に規定する国家公務員（独立行政法人通則法（平成十一年法律第百三号）第二条第四項に規定する行政執行法人の役員及び職員を除く。）、独立行政法人等（独立行政法人等の保有する情報の公開に関する法律（平成十三年法律第百四十号。以下「独立行政法人等情報公開法」という。）第二条第一項に規定する独立行政法人等をいう。以下同じ。）の役員及び職員、地方公務員法（昭和二十五年法律第二百六十一号）第二条に規定する地方公務員並びに地方独立行政法人（地方独立行政法人法（平成十五年法律第百十八号）第二条第一項に規定する地方独立行政法人をいう。以下同じ。）の役員及び職員をいう。）である場合において、当該情報がその職務の遂行に係る情報であるときは、当該情報のうち、当該公務員等の職及び当該職務遂行の内容に係る部分

一の二　個人情報の保護に関する法律（平成十五年法律第五十七号）第六十条第三項に規定する行政機関等匿名加工情報（同条第四項に規定する行政機関等匿名加工情報ファイルを構成するものに限る。以下この号において「行政機関等匿名加工情報」という。）又は行政機関等匿名加工情報の作成に用いた同条第一項に規定する保有個人情報から削除した同法第二条第一項第一号に規定する記述等若しくは同条第二項に規定する個人識別符号

二　法人その他の団体（国、独立行政法人等、地方公共団体及び地方独立行政法人を除く。以下「法人等」という。）に関する情報又は事業を営む個人の当該事業に関する情報であって、次に掲げるもの。ただし、人の生命、健康、生活又は財産を保護するため、公にすることが必要であると認められる情報を除く。

イ　公にすることにより、当該法人等又は当該個人の権利、競争上の地位その他正当な利益を害するおそれがあるもの

ロ　行政機関の要請を受けて、公にしないとの条件で任意に提供されたものであって、法人等又は個人における通例として公にしないこととされているものその他の当該条件を付することが当該情報の性質、当時の状況等に照らして合理的であると認められるもの

三　公にすることにより、国の安全が害されるおそれ、他国若しくは国際機関との信頼関係が損なわれるおそれ又は他国若しくは国際機関との交渉上不利益を被るおそれがあると行政機関の長が認めることにつき相当の理由がある情報

四　公にすることにより、犯罪の予防、鎮圧又は捜査、公訴の維持、刑の執行その他の公共の安全と秩序の維持に支障を及ぼすおそれがあると行政機関の長が認めることにつき相当の理由がある情報

五　国の機関、独立行政法人等、地方公共団体及び地方独立行政法人の内部又は相互間における審議、検討又は協議に関する情報であって、公にすることにより、率直な意見の交換若しくは意思決定の中立性が不当に損なわれるおそれ、不当に国民の間に混乱を生じさせるおそれ又は特定の者に不当に利益を与え若しくは不利益を及ぼすおそれがあるもの

六　国の機関、独立行政法人等、地方公共団体又は地方独立行政法人が行う事務又は事業に関する情報であって、公にすることにより、次に掲げるおそれその他当該事務又は事業の性質上、当該事務又は事業の適正な遂行に支障を及ぼすおそれがあるもの

イ　監査、検査、取締り、試験又は租税の賦課若しくは徴収に係る事務に関し、正確な事実の把握を困難にするおそれ又は違法若しくは不当な行為を容易にし、若しくはその発見を困難にするおそれ

ロ　契約、交渉又は争訟に係る事務に関し、国、独立行政法人等、地方公共団体又は地方独立行政法人の財産上の利益又は当事者としての地位を不当に害するおそれ

ハ　調査研究に係る事務に関し、その公正かつ能率的な遂行を不当に阻害するおそれ

ニ　人事管理に係る事務に関し、公正かつ円滑な人事の確保に支障を及ぼすおそれ

ホ　独立行政法人等、地方公共団体が経営する企業又は地方独立行政法人に係る事業に関し、その企業経営上の正当な利益を害するおそれ

（部分開示）

第六条　行政機関の長は、開示請求に係る行政文書の一部に不開示情報が記録されている場合において、不開示情報が記録されている部分を容易に区分して除くことができるときは、開示請求者に対し、当該部分を除いた部分につき開示しなければならない。ただし、当該部分を除いた部分に有意の情報が記録されていないと認められるときは、この限りでない。

2　開示請求に係る行政文書に前条第一号の情報（特定の個人を識別することができるものに限る。）が記録されている場合において、当該情報のうち、氏名、生年月日その他の特定の個人を識別することができることとなる記述等の部分を除くことにより、公にしても、個人の権利利益が害されるおそれがないと認められるときは、当該部分を除いた部分は、同号の情報に含まれないものとみなして、前項の規定を適用する。

（公益上の理由による裁量的開示）

第七条　行政機関の長は、開示請求に係る行政文書に不開示情報（第五条第一号の二に掲げる情報を除く。）が記録されている場合であっても、公益上特に必要があると認めるときは、開示請求者に対し、当該行政文書を開示することができる。

（行政文書の存否に関する情報）

第八条　開示請求に対し、当該開示請求に係る行政文書が存在しているか否かを答えるだけで、不開示情報を開示することとなるときは、行政機関の長は、当該行政文書の存否を明らかにしないで、当該開示請求を拒否することができる。

（開示請求に対する措置）

第九条　行政機関の長は、開示請求に係る行政文書の全部又は一部を開示するときは、その旨の決定をし、開示請求者に対し、その旨及び開示の実施に関し政令で定める事項を書面により通知しなければならない。

2　行政機関の長は、開示請求に係る行政文書の全部を開示しないとき（前条の規定により開示請求を拒否するとき及び開示請求に係る行政文書を保有していないときを含む。）は、開示をしない旨の決定をし、開示請求者に対し、その旨を書面により通知しなければならない。

※1項「政令」＝令六

（開示決定等の期限）

第十条　前条各項の決定（以下「開示決定等」という。）は、開示請求があった日から三十日以内にしなければならない。ただし、第四条第二項の規定により補正を求めた場合にあっては、当該補正に要した日数は、当該期間に算入しない。

2　前項の規定にかかわらず、行政機関の長は、事務処理上の困難その他正当な理由があるときは、同項に規定する期間を三十日以内に限り延長することができる。この場合において、行政機関の長は、開示請求者に対し、遅滞なく、延長後の期間及び延長の理由を書面により通知しなければならない。

（開示決定等の期限の特例）

第十一条　開示請求に係る行政文書が著しく大量であるため、開示請求があった日から六十日以内にそのすべてについて開示決定等をすることにより事務の遂行に著しい支障が生ずるおそれがある場合には、前条の規定にかかわらず、行政機関の長は、開示請求に係る行政文書のうちの相当の部分につき当該期間内に開示決定等をし、残りの行政文書については相当の期間内に開示決定等をすれば足りる。この場合において、行政機関の長は、同条第一項に規定する期間内に、開示請求者に対し、次に掲げる事項を書面により通知しなければならない。

一　本条を適用する旨及びその理由

二　残りの行政文書について開示決定等をする期限

（事案の移送）

第十二条　行政機関の長は、開示請求に係る行政文書が他の行政機関により作成されたものであるときその他他の行政機関の長において開示決定等をすることにつき正当な理由があるときは、当該他の行政機関の長と協議の上、当該他の行政機関の長に対し、事案を移送することができる。この場合においては、移送をした行政機関の長は、開示請求者に対し、事案を移送した旨を書面により通知しなければならない。

2　前項の規定により事案が移送されたときは、移送を受けた行政機関の長において、当該開示請求についての開示決定等をしなければならない。この場合において、移送をした行政機関の長が移送前にした行為は、移送を受けた行政機関の長がしたものとみなす。

3　前項の場合において、移送を受けた行政機関の長が第九条第一項の決定（以下「開示決定」という。）をしたときは、当該行政機関の長は、開示の実施をしなければならない。この場合において、移送をした行政機関の長は、当該開示の実施に必要な協力をしなければならない。

（独立行政法人等への事案の移送）

第十二条の二　行政機関の長は、開示請求に係る行政文書が独立行政法人等により作成されたものであるときその他独立行政法人等において独立行政法人等情報公開法第十条第一項に規定する開示決定等をすることにつき正当な理由があるときは、当該独立行政法人等と協議の上、当該独立行政法人等に対し、事案を移送することができる。この場合においては、移送をした行政機関の長は、開示請求者に対し、事案を移送した旨を書面により通知しなければならない。

2　前項の規定により事案が移送されたときは、当該事案については、行政文書を移送を受けた独立行政法人等が保有する独立行政法人等情報公開法第二条第二項に規定する法人文書と、開示請求を移送を受けた独立行政法人等に対する独立行政法人等情報公開法第四条第一項に規定する開示請求とみなして、独立行政法人等情報公開法の規定を適用する。この場合において、独立行政法人等情報公開法第十条第一項中「第四条第二項」とあるのは「行政機関の保有する情報の公開に関する法律（平成十一年法律第四十二号）第四条第二項」と、独立行政法人等情報公開法第十七条第一項中「開示請求をする者又は法人文書」とあるのは「法人文書」と、「により、それぞれ」とあるのは「により」と、「開示請求に係る手数料又は開示」とあるのは「開示」とする。

3　第一項の規定により事案が移送された場合において、移送を受けた独立行政法人等が開示の実施をするときは、移送をした行政機関の長は、当該開示の実施に必要な協力をしなければならない。

（第三者に対する意見書提出の機会の付与等）

第十三条　開示請求に係る行政文書に国、独立行政法人等、地方公共団体、地方独立行政法人及び開示請求者以外の者（以下この条、第十九条第二項及び第二十条第一項において「第三者」という。）に関する情報が記録されているときは、行政機関の長は、開示決定等をするに当たって、当該情報に係る第三者に対し、開示請求に係る行政文書の表示その他政令で定める事項を通知して、意見書を提出する機会を与えることができる。

2　行政機関の長は、次の各号のいずれかに該当するときは、開示決定に先立ち、当該第三者に対し、開示請求に係る行政文書の表示その他政令で定める事項を書面により通知して、意見書を提出する機会を与えなければならない。ただし、当該第三者の所在が判明しない場合は、この限りでない。

一　第三者に関する情報が記録されている行政文書を開示しようとする場合であって、当該情報が第五条第一号ロ又は同条第二号ただし書に規定する情報に該当すると認められるとき。

二　第三者に関する情報が記録されている行政文書を第七条の規定により開示しようとするとき。

3　行政機関の長は、前二項の規定により意見書の提出の機会を与えられた第三者が当該行政文書の開示に反対の意思を表示した意見書を提出した場合において、開示決定をするときは、開示決定の日と開示を実施する日との間に少なくとも二週間を置かなければならない。この場合において、行政機関の長は、開示決定後直ちに、当該意見書（第十九条において「反対意見書」という。）を提出した第三者に対し、開示決定をした旨及びその理由並びに開示を実施する日を書面により通知しなければならない。

※　1・2項「政令」＝令七・八

（開示の実施）

第十四条　行政文書の開示は、文書又は図画については閲覧又は写しの交付により、電磁的記録についてはその種別、情報化の進展状況等を勘案して政令で定める方法により行う。ただし、閲覧の方法による行政文書の開示にあっては、行政機関の長は、当該行政文書の保存に支障を生ずるおそれがあると認めるときその他正当な理由があるときは、その写しにより、これを行うことができる。

2　開示決定に基づき行政文書の開示を受ける者は、政令で定めるところにより、当該開示決定をした行政機関の長に対し、その求める開示の実施の方法その他の政令で定める事項を申し出なければならない。

3　前項の規定による申出は、第九条第一項に規定する通知があった日から三十日以内にしなければならない。ただし、当該期間内に当該申出をすることができないことにつき正当な理由があるときは、この限りでない。

4　開示決定に基づき行政文書の開示を受けた者は、最初に開示を受けた日から三十日以内に限り、行政機関の長に対し、更に開示を受ける旨を申し出ることができる。この場合においては、前項ただし書の規定を準用する。

※　1項「政令」＝令九、2項「政令」＝令一〇・一一

（他の法令による開示の実施との調整）

第十五条　行政機関の長は、他の法令の規定により、何人にも開示請求に係る行政文書が前条第一項本文に規定する方法と同一の方法で開示することとされている場合（開示の期間が定められている場合にあっては、当該期間内に限る。）には、同項本文の規定にかかわらず、当該行政文書については、当該同一の方法による開示を行わない。ただし、当該他の法令の規定に一定の場合には開示をしない旨の定めがあるときは、この限りでない。

2　他の法令の規定に定める開示の方法が縦覧であるときは、当該縦覧を前条第一項本文の閲覧とみなして、前項の規定を適用する。

（手数料）

第十六条　開示請求をする者又は行政文書の開示を受ける者は、政令で定めるところにより、それぞれ、実費の範囲内において政令で定める額の開示請求に係る手数料又は開示の実施に係る手数料を納めなければならない。

2　前項の手数料の額を定めるに当たっては、できる限り利用しやすい額とするよう配慮しなければならない。

3　行政機関の長は、経済的困難その他特別の理由があると認めるときは、政令で定めるところにより、第一項の手数料を減額し、又は免除することができる。

※　1・3項「政令」＝令一三・一四

（権限又は事務の委任）

第十七条　行政機関の長は、政令（内閣の所轄の下に置かれる機関及び会計検査院にあっては、当該機関の命令）で定めるところにより、この章に定める権限又は事務を当該行政機関の職員に委任することができる。

※　「政令」＝令一五

第三章　審査請求等

（審理員による審理手続に関する規定の適用除外等）

第十八条　開示決定等又は開示請求に係る不作為に係る審査請求については、行政不服審査法（平成二十六年法律第六十八号）第九条、第十七条、第二十四条、第二章第三節及び第四節並びに第五十条第二項の規定は、適用しない。

2　開示決定等又は開示請求に係る不作為に係る審査請求についての行政不服審査法第二章の規定の適用については、同法第十一条第二項中「第九条第一項の規定により指名された者（以下「審理員」という。）」とあるのは「第四条（行政機関の保有する情報の公開に関する法律（平成十一年法律第四十二号）第二十条第二項の規定に基づく政令を含む。）の規定により審査請求がされた行政庁（第十四条の規定により引継ぎを受けた行政庁を含む。以下「審査庁」という。）」と、同法第十三条第一項及び第二項中「審理員」とあるのは「審査庁」と、同法第二十五条第七項中「あったとき、又は審理員から第四十条に規定する執行停止をすべき旨の意見書が提出されたとき」とあるのは「あったとき」と、同法第四十四条中「行政不服審査会等」とあるのは「情報公開・個人情報保護審査会（審査庁が会計検査院の長である場合にあっては、別に法律で定める審査会。第五十条第一項第四号において同じ。）」と、「受けたとき（前条第一項の規定による諮問を要しない場合（同項第二号又は第三号に該当する場合を除く。）にあっては審理員意見書が提出されたとき、同項第二号又は第三号に該当する場合にあっては同項第二号又は第三号に規定する議を経たとき）」とあるのは「受けたとき」と、同法第五十条第一項第四号中「審理員意見書又は行政不服審査会等若しくは審議会等」とあるのは「情報公開・個人情報保護審査会」とする。

（審査会への諮問）

第十九条　開示決定等又は開示請求に係る不作為について審査請求があったときは、当該審査請求に対する裁決をすべき行政機関の長は、次の各号のいずれかに該当する場合を除き、情報公開・個人情報保護審査会（審査請求に対する裁決をすべき行政機関の長が会計検査院の長である場合にあっては、別に法律で定める審査会）に諮問しなければならない。

一　審査請求が不適法であり、却下する場合

二　裁決で、審査請求の全部を認容し、当該審査請求に係る行政文書の全部を開示することとする場合（当該行政文書の開示について反対意見書が提出されている場合を除く。）

2　前項の規定により諮問をした行政機関の長は、次に掲げる者に対し、諮問をした旨を通知しなければならない。

一　審査請求人及び参加人（行政不服審査法第十三条第四項に規定する参加人をいう。以下この項及び次条第一項第二号において同じ。）

二　開示請求者（開示請求者が審査請求人又は参加人である場合を除く。）

三　当該審査請求に係る行政文書の開示について反対意見書を提出した第三者（当該第三者が審査請求人又は参加人である場合を除く。）

（第三者からの審査請求を棄却する場合等における手続等）

第二十条　第十三条第三項の規定は、次の各号のいずれかに該当する裁決をする場合について準用する。

一　開示決定に対する第三者からの審査請求を却下し、又は棄却する裁決

二　審査請求に係る開示決定等（開示請求に係る行政文書の全部を開示する旨の決定を除く。）を変更し、当該審査請求に係る行政文書を開示する旨の裁決（第三者である参加人が当該行政文書の開示に反対の意思を表示している場合に限る。）

2　開示決定等又は開示請求に係る不作為についての審査請求については、政令で定めるところにより、行政不服審査法第四条の規定の特例を設けることができる。

（訴訟の移送の特例）

第二十一条　行政事件訴訟法（昭和三十七年法律第百三十九号）第十二条第四項の規定により同項に規定する特定管轄裁

判所に開示決定等の取消しを求める訴訟又は開示決定等若しくは開示請求に係る不作為に係る審査請求に対する裁決の取消しを求める訴訟（次項及び附則第二項において「情報公開訴訟」という。）が提起された場合においては、同法第十二条第五項の規定にかかわらず、他の裁判所に同一又は同種若しくは類似の行政文書に係る開示決定等又は開示決定等若しくは開示請求に係る不作為に係る審査請求に対する裁決に係る抗告訴訟（同法第三条第一項に規定する抗告訴訟をいう。次項において同じ。）が係属しているときは、当該特定管轄裁判所は、当事者の住所又は所在地、尋問を受けるべき証人の住所、争点又は証拠の共通性その他の事情を考慮して、相当と認めるときは、申立てにより又は職権で、訴訟の全部又は一部について、当該他の裁判所又は同法第十二条第一項から第三項までに定める裁判所に移送することができる。

2　前項の規定は、行政事件訴訟法第十二条第四項の規定により同項に規定する特定管轄裁判所に開示決定等又は開示決定等若しくは開示請求に係る不作為に係る審査請求に対する裁決に係る抗告訴訟で情報公開訴訟以外のものが提起された場合について準用する。

第四章　補則

（開示請求をしようとする者に対する情報の提供等）

第二十二条　行政機関の長は、開示請求をしようとする者が容易かつ的確に開示請求をすることができるよう、公文書等の管理に関する法律第七条第二項に規定するもののほか、当該行政機関が保有する行政文書の特定に資する情報の提供その他開示請求をしようとする者の利便を考慮した適切な措置を講ずるものとする。

2　総務大臣は、この法律の円滑な運用を確保するため、開示請求に関する総合的な案内所を整備するものとする。

（施行の状況の公表）

第二十三条　総務大臣は、行政機関の長に対し、この法律の施行の状況について報告を求めることができる。

2　総務大臣は、毎年度、前項の報告を取りまとめ、その概要を公表するものとする。

（行政機関の保有する情報の提供に関する施策の充実）

第二十四条　政府は、その保有する情報の公開の総合的な推進を図るため、行政機関の保有する情報が適時に、かつ、適切な方法で国民に明らかにされるよう、行政機関の保有する情報の提供に関する施策の充実に努めるものとする。

（地方公共団体の情報公開）

第二十五条　地方公共団体は、この法律の趣旨にのっとり、その保有する情報の公開に関し必要な施策を策定し、及びこれを実施するよう努めなければならない。

（政令への委任）

第二十六条　この法律に定めるもののほか、この法律の実施のため必要な事項は、政令で定める。

※「政令」＝令、情報公開審査会令

附　則

1　この法律は、公布の日から起算して二年を超えない範囲内において政令で定める日から施行する。ただし、第二十三条第一項中両議院の同意を得ることに関する部分、第四十条から第四十二条まで及び次項の規定は、公布の日から施行する。

［平一二・二政令四〇号により、平成一三・四・一から施行］

2　政府は、この法律の施行後四年を目途として、この法律の施行の状況及び情報公開訴訟の管轄の在り方について検討を加え、その結果に基づいて必要な措置を講ずるものとする。

附　則（令三・五・一九法三七抄）

（施行期日）

第一条　この法律は、令和三年九月一日から施行する。ただし、次の各号に掲げる規定は、当該各号に定める日から施行する。

一　［前略］附則第八条第一項、第五十九条から第六十三条まで、第六十七条及び第七十一条から第七十三条までの規定　公布の日

二・三　［略］

四　［前略］附則第三条、［中略］第三十三条から第三十五条まで［中略］の規定　公布の日から起算して一年を超えない範囲内において、各規定につき、政令で定める日

［令三・一〇政令二九一により、令四・四・一から施行］

五〜十　［略］

（罰則に関する経過措置）

第七十一条　この法律（附則第一条各号に掲げる規定にあっては、当該規定。以下この条において同じ。）の施行前にした行為及びこの附則の規定によりなお従前の例によることとされる場合におけるこの法律の施行後にした行為に対する罰則の適用については、なお従前の例による。

（政令への委任）

第七十二条　この附則に定めるもののほか、この法律の施行に関し必要な経過措置（罰則に関する経過措置を含む。）は、政令で定める。

（検討）

第七十三条　政府は、行政機関等に係る申請、届出、処分の通知その他の手続において、個人の氏名を平仮名又は片仮名で表記したものを利用して当該個人を識別できるようにするため、個人の氏名を平仮名又は片仮名で表記したものを戸籍の記載事項とすることを含め、この法律の公布後一年以内を目途としてその具体的な方策について検討を加え、その結果に基づいて必要な措置を講ずるものとする。

○行政機関の保有する情報の公開に関する法律施行令

（平成十二年二月十六日 政令第四十一号）

沿革　平一二政令一六六・三〇三、平一四政令一九九・三八五・三八六、平一五政令二〇一・四八三・四九一・五五一、平一七政令三七一、平一八政令一八、平一九政令三九、平二一政令三一〇、平二二政令二五五、平二五政令三四九、平二六政令一九五・四〇一、平二七政令三九二、令元政令四四・一八三、令三政令一九五、令五政令二六一・三五五改正

（法第二条第一項第四号及び第五号の政令で定める機関）

第一条　行政機関の保有する情報の公開に関する法律（以下「法」という。）第二条第一項第四号の政令で定める特別の機関は、警察庁とする。

2　法第二条第一項第五号の政令で定める特別の機関は、検察庁とする。

（法第二条第二項第三号の政令で定める施設）

第二条　法第二条第二項第三号の政令で定める施設は、公文書等の管理に関する法律施行令（平成二十二年政令第二百五十号）第三条第一項の規定により内閣総理大臣が指定した施設とする。

（法第二条第二項第三号の歴史的な資料等の範囲）

第三条　法第二条第二項第三号の歴史的若しくは文化的な資料又は学術研究用の資料は、公文書等の管理に関する法律施行令第四条に規定する方法により管理されているものとする。

（法第三条の政令で定める者）

第四条　法第三条の政令で定める者は、次に掲げる者とする。

一　警察庁にあっては、警察庁長官

二　最高検察庁にあっては、検事総長

三　高等検察庁にあっては、その庁の検事長

四　地方検察庁にあっては、その庁の検事正

五　区検察庁にあっては、その庁の対応する裁判所の所在地を管轄する地方裁判所に対応する地方検察庁の検事正

（開示請求書の記載事項）

第五条　開示請求書には、開示請求に係る行政文書について次に掲げる事項を記載することができる。

一　求める開示の実施の方法

二　事務所における開示（次号に規定する方法並びに第九条第二項第一号ニ及び第三項第三号ヘに掲げる方法以外の方法による行政文書の開示をいう。以下この号、次条第一項第三号及び第二項第一号並びに第十一条第一項第三号において同じ。）の実施を求める場合にあっては、当該事務所における開示の実施を希望する日

三　写しの送付の方法による行政文書の開示の実施を求める場合にあっては、その旨

2　前項第一号、次条第一項第一号及び第二号、第十一条第一項第一号並びに第十四条第四項において「開示の実施の方法」とは、第九条に規定する開示の実施の方法をいう。

（法第九条第一項の政令で定める事項）

第六条　法第九条第一項の政令で定める事項は、次に掲げる事項とする。

一　開示決定に係る行政文書について求めることができる開示の実施の方法

二　前号の開示の実施の方法ごとの開示の実施に係る手数料（以下「開示実施手数料」という。）の額（第十四条第四項の規定により開示実施手数料を減額し、又は免除すべき開示の実施の方法については、その旨を含む。）

三　事務所における開示を実施することができる日、時間及び場所並びに事務所における開示を希望する場合には法第十四条第二項の規定による申出をする際に当該事務所における開示を実施することができる日のうちから事務所における開示の実施を希望する日を選択すべき旨

四　写しの送付の方法による行政文書の開示を実施する場合における準備に要する日数及び送付に要する費用

五　第九条第二項第一号（同号ニに係る部分に限る。）又は第三項第三号（同号ヘに係る部分に限る。）に定める方法による行政文書の開示を実施する場合における準備に要する日数その他当該開示の実施に必要な事項

2　開示請求書に前条第一項各号に掲げる事項が記載されている場合における法第九条第一項の政令で定める事項は、前項の規定にかかわらず、次の各号に掲げる場合の区分に応じ、当該各号に定める事項とする。

一　前条第一項第一号の方法による行政文書の開示を実施することができる場合（事務所における開示については、同項第二号の日に実施することができる場合に限る。）　その旨並びに前項第一号及び第三号から第五号までに掲げる事項（同条第一項第一号の方法に係るものを除く。）並びに前項第二号に掲げる事項

二　前号に掲げる場合以外の場合　その旨及び前項各号に掲げる事項

（法第十三条第一項の政令で定める事項）

第七条　法第十三条第一項の政令で定める事項は、次に掲げる事項とする。

一　開示請求の年月日

二　開示請求に係る行政文書に記録されている当該第三者に関する情報の内容

三　意見書を提出する場合の提出先及び提出期限

（法第十三条第二項の政令で定める事項）

第八条　法第十三条第二項の政令で定める事項は、次に掲げる事項とする。

一　開示請求の年月日

二　法第十三条第二項第一号又は第二号の規定の適用の区分及び当該規定を適用する理由

三　開示請求に係る行政文書に記録されている当該第三者に関する情報の内容

四　意見書を提出する場合の提出先及び提出期限

（行政文書の開示の実施の方法）

第九条　次の各号に掲げる文書又は図画の閲覧の方法は、それぞれ当該各号に定めるものを閲覧することとする。

一　文書又は図画（次号から第四号まで又は第四項に該当するものを除く。）　当該文書又は図画（法第十四条第一項ただし書の規定が適用される場合にあっては、次項第一号イに規定するもの）

二　マイクロフィルム　当該マイクロフィルムを専用機器により映写したもの。ただし、これにより難い場合にあって

は、当該マイクロフィルムを日本産業規格A列一番（以下「A一判」という。）以下の大きさの用紙に印刷したもの

三　写真フィルム　当該写真フィルムを印画紙（縦八十九ミリメートル、横百二十七ミリメートルのもの又は縦二百三ミリメートル、横二百五十四ミリメートルのものに限る。以下同じ。）に印画したもの

四　スライド（第五項に規定する場合におけるものを除く。次項第四号において同じ。）　当該スライドを専用機器により映写したもの

2　次の各号に掲げる文書又は図画の法第十四条第一項（第一号ニにあっては、同項及び情報通信技術を活用した行政の推進等に関する法律（平成十四年法律第百五十一号。以下「情報通信技術活用法」という。）第七条第一項）の規定による開示の実施の方法は、それぞれ当該各号に定める方法とする。

一　文書又は図画（次号から第四号まで又は第四項に該当するものを除く。）　次に掲げる方法（ロからニまでに掲げる方法にあっては当該文書又は図画の保存に支障を生ずるおそれがなく、かつ、行政機関がその保有する処理装置及びプログラム（電子計算機に対する指令であって、一の結果を得ることができるように組み合わされたものをいう。以下同じ。）により当該文書又は図画の開示を実施することができる場合に限り、ニに掲げる方法にあっては情報通信技術活用法第六条第一項の規定により同項に規定する電子情報処理組織を使用して開示請求があった場合（以下「電子開示請求の場合」という。）に限る。）

イ　当該文書又は図画を複写機により日本産業規格A列三番（以下「A三判」という。）以下の大きさの用紙に複写したものの交付（ロに掲げる方法に該当するものを除く。）。ただし、これにより難い場合にあっては、当該文書若しくは図画を複写機によりA一判若しくは日本産業規格A列二番（以下「A二判」という。）の用紙に複写したものの交付（ロに掲げる方法に該当するものを除く。）又は当該文書若しくは図画を撮影した写真フィルムを印画紙に印画したものの交付

ロ　当該文書又は図画を複写機により用紙にカラーで複写したものの交付

ハ　当該文書又は図画をスキャナにより読み取ってできた電磁的記録を光ディスク（日本産業規格X〇六〇六及びX六二八一又はX六二四一に適合する直径百二十ミリメートルの光ディスクの再生装置で再生することが可能なものに限る。次項第三号ホにおいて同じ。）に複写したものの交付

ニ　当該文書又は図画の開示の実施を情報通信技術活用法第七条第一項の規定により情報通信技術活用法第六条第一項に規定する電子情報処理組織を使用して行う方法（別表一の項チにおいて「情報通信技術活用法の適用による方法」という。）

二　マイクロフィルム　当該マイクロフィルムを日本産業規格A列四番（以下「A四判」という。）の用紙に印刷したものの交付。ただし、これにより難い場合にあっては、A一判、A二判又はA三判の用紙に印刷したものの交付

三　写真フィルム　当該写真フィルムを印画紙に印画したものの交付

四　スライド　当該スライドを印画紙に印画したものの交付

3　次の各号に掲げる電磁的記録についての法第十四条第一項の政令で定める方法は、それぞれ当該各号に定める方法とする。

一　録音テープ（第五項に規定する場合におけるものを除く。以下この号において同じ。）又は録音ディスク　次に掲げる方法

イ　当該録音テープ又は録音ディスクを専用機器により再生したものの聴取

ロ　当該録音テープ又は録音ディスクを録音カセットテープ（日本産業規格C五五六八に適合する記録時間百二十分のものに限る。別表五の項ロにおいて同じ。）に複写したものの交付

二　ビデオテープ又はビデオディスク　次に掲げる方法

イ　当該ビデオテープ又はビデオディスクを専用機器により再生したものの視聴

ロ　当該ビデオテープ又はビデオディスクをビデオカセットテープ（日本産業規格C五五八一に適合する記録時間百二十分のものに限る。以下同じ。）に複写したものの交付

三　電磁的記録（前二号、次号又は次項に該当するものを除く。）　次に掲げる方法であって、行政機関がその保有する処理装置及びプログラムにより行うことができるもの（ヘに掲げる方法にあっては、電子開示請求の場合に限る。）

イ　当該電磁的記録をA三判以下の大きさの用紙に出力したものの閲覧

ロ　当該電磁的記録を専用機器（開示を受ける者の閲覧又は視聴の用に供するために備え付けられているものに限る。別表七の項ロにおいて同じ。）により再生したものの閲覧又は視聴

ハ　当該電磁的記録をA三判以下の大きさの用紙に出力したものの交付（ニに掲げる方法に該当するものを除く。）

ニ　当該電磁的記録をA三判以下の大きさの用紙にカラーで出力したものの交付

ホ　当該電磁的記録を光ディスクに複写したものの交付

ヘ　当該電磁的記録を電子情報処理組織（行政機関の使用に係る電子計算機（入出力装置を含む。以下この号において同じ。）と開示を受ける者の使用に係る電子計算機とを電気通信回線で接続した電子情報処理組織をいう。）を使用して開示を受ける者の使用に係る電子計算機に備えられたファイルに複写させる方法（別表七の項トにおいて「電子情報処理組織を使用する方法」という。）

四　電磁的記録（前号ホに掲げる方法による開示の実施をすることができない特性を有するものに限る。）　次に掲げる方法であって、行政機関がその保有する処理装置及びプログラムにより行うことができるもの

イ　前号イからハまで及びヘに掲げる方法（同号ヘに掲げる方法にあっては、電子開示請求の場合に限る。）

ロ　当該電磁的記録を幅十二・七ミリメートルのオープンリールテープ（日本産業規格X六一〇三、X六一〇四又はX六一〇五に適合する長さ七百三十一・五二メートル

のものに限る。別表七の項チにおいて同じ。）に複写したものの交付

ハ　当該電磁的記録を幅十二・七ミリメートルの磁気テープカートリッジ（日本産業規格X六一二三、X六一三二若しくはX六一三五又は国際標準化機構及び国際電気標準会議の規格（以下「国際規格」という。）一四八三三、一五八九五若しくは一五三〇七に適合するものに限る。別表七の項リにおいて同じ。）に複写したものの交付

ニ　当該電磁的記録を幅八ミリメートルの磁気テープカートリッジ（日本産業規格X六一四一若しくはX六一四二又は国際規格一五七五七に適合するものに限る。別表七の項ヌにおいて同じ。）に複写したものの交付

ホ　当該電磁的記録を幅三・八一ミリメートルの磁気テープカートリッジ（日本産業規格X六一二七、X六一二九、X六一三〇又はX六一三七に適合するものに限る。別表七の項ルにおいて同じ。）に複写したものの交付

4　映画フィルムの開示の実施の方法は、次に掲げる方法とする。

一　当該映画フィルムを専用機器により映写したものの視聴

二　当該映画フィルムをビデオカセットテープに複写したものの交付

5　スライド及び当該スライドの内容に関する音声を記録した録音テープを同時に視聴する場合における開示の実施の方法は、次に掲げる方法とする。

一　当該スライド及び当該録音テープを専用機器により再生したものの視聴

二　当該スライド及び当該録音テープをビデオカセットテープに複写したものの交付

（開示の実施の方法等の申出）

第十条　法第十四条第二項の規定による申出は、書面により行わなければならない。

2　第六条第二項第一号の場合に該当する旨の法第九条第一項に規定する通知があった場合（開示実施手数料が無料である場合に限る。）において、第五条第一項各号に掲げる事項を変更しないときは、法第十四条第二項の規定による申出を改めて行うことを要しない。

（法第十四条第二項の政令で定める事項）

第十一条　法第十四条第二項の政令で定める事項は、次に掲げる事項とする。

一　求める開示の実施の方法（開示決定に係る行政文書の部分ごとに異なる開示の実施の方法を求める場合にあっては、その旨及び当該部分ごとの開示の実施の方法）

二　開示決定に係る行政文書の一部について開示の実施を求める場合にあっては、その旨及び当該部分

三　事務所における開示の実施を求める場合にあっては、当該事務所における開示の実施を希望する日

四　写しの送付の方法による行政文書の開示の実施を求める場合にあっては、その旨

2　第六条第二項第一号の場合に該当する旨の法第九条第一項に規定する通知があった場合（開示実施手数料が無料である場合を除く。）における法第十四条第二項の政令で定める事項は、前項の規定にかかわらず、行政文書の開示を受ける旨とする。

（更なる開示の申出）

第十二条　法第十四条第四項の規定による申出は、次に掲げる事項を記載した書面により行わなければならない。

一　法第九条第一項に規定する通知があった日

二　最初に開示を受けた日

三　前条第一項各号に掲げる事項

2　前項の場合において、既に開示を受けた行政文書（その一部につき開示を受けた場合にあっては、当該部分）につきとられた開示の実施の方法と同一の方法を当該行政文書について求めることはできない。ただし、当該同一の方法を求めることにつき正当な理由があるときは、この限りでない。

（手数料の額等）

第十三条　法第十六条第一項の手数料の額は、次の各号に掲げる手数料の区分に応じ、それぞれ当該各号に定める額とする。

一　開示請求に係る手数料（以下「開示請求手数料」という。）　開示請求に係る行政文書一件につき三百円（情報通信技術活用法第六条第一項の規定により同項に規定する電子情報処理組織を使用して開示請求をする場合にあっては、二百円）

二　開示実施手数料　開示を受ける行政文書一件につき、別表の上欄に掲げる行政文書の種別ごとに、同表の中欄に掲げる開示の実施の方法に応じ、それぞれ同表の下欄に定める額（複数の実施の方法により開示を受ける場合にあっては、その合算額。以下この号及び次項において「基本額」という。）。ただし、基本額（法第十四条第四項の規定により更に開示を受ける場合にあっては、当該開示を受ける場合の基本額に既に開示の実施を求めた際の基本額を加えた額）が前号に定める額に相当する額（次のイからハまでのいずれかに該当する場合は、それぞれ当該イからハまでに定める額。ハを除き、以下この号において同じ。）に達するまでは無料とし、前号に定める額に相当する額を超えるとき（同項の規定により更に開示を受ける場合であって既に開示の実施を求めた際の基本額が前号に定める額に相当する額を超えるときを除く。）は当該基本額から前号に定める額に相当する額を減じた額とする。

イ　独立行政法人等の保有する情報の公開に関する法律（平成十三年法律第百四十号。以下「独立行政法人等情報公開法」という。）第十三条第一項の規定に基づき、独立行政法人等から事案が移送された場合（ロに掲げる場合を除く。）　当該独立行政法人等が独立行政法人等情報公開法第十七条第一項の規定に基づき定める開示請求に係る手数料の額に相当する額（以下この号において「開示請求手数料相当額」という。）

ロ　独立行政法人等情報公開法第十三条第一項の規定に基づき独立行政法人等から法人文書の一部について移送された場合　開示請求手数料相当額のうち法第十四条の規定に基づき開示を実施する行政機関の長が分担するものとして、当該独立行政法人等と協議して定める額

ハ　法第十二条の二の規定に基づき独立行政法人等に行政文書の一部について移送した場合　前号に定める額に相当する額のうち法第十四条の規定に基づき開示を実施する行政機関の長が分担するものとして、当該独立行政法人等と協議して定める額

2　開示請求者が次の各号のいずれかに該当する複数の行政文書の開示請求を一の開示請求書によって行うときは、前項第一号の規定の適用については、当該複数の行政文書を一件の行政文書とみなし、かつ、当該複数の行政文書である行政文書の開示を受ける場合における同項第二号ただし書の規定の適用については、当該複数の行政文書である行政文書に係る基本額に先に開示の実施を求めた当該複数の行政文書である他の行政文書に係る基本額を順次加えた額を基本額とみなす。

一　一の行政文書ファイル（公文書等の管理に関する法律（平成二十一年法律第六十六号）第五条第二項に規定する行政文書ファイルをいう。）にまとめられた複数の行政文書

二　前号に掲げるもののほか、相互に密接な関連を有する複数の行政文書

3　開示請求手数料又は開示実施手数料は、次の各号のいずれかに掲げる場合を除いて、それぞれ開示請求書又は第十条第一項若しくは前条第一項に規定する書面に収入印紙を貼って納付しなければならない。

一　次に掲げる行政機関又は部局若しくは機関が保有する行政文書に係る開示請求手数料又は開示実施手数料を納付する場合

イ　特許庁

ロ　その長が第十五条第一項の規定による委任を受けることができる部局又は機関（開示請求手数料については、当該委任を受けた部局又は機関に限る。）であって、当該部局又は機関が保有する行政文書に係る開示請求手数料又は開示実施手数料の納付について収入印紙によることが適当でないものとして行政機関の長が官報に公示したもの

二　行政機関又はその部局若しくは機関（前号イ及びロに掲げるものを除く。）の事務所において開示請求手数料又は開示実施手数料の納付を現金ですることが可能である旨及び当該事務所の所在地を当該行政機関の長が官報で公示した場合において、当該行政機関が保有する行政文書に係る開示請求手数料又は開示実施手数料を当該事務所において現金で納付する場合

4　行政文書の開示を受ける者は、開示実施手数料のほか送付に要する費用を納付して、行政文書の写しの送付を求めることができる。この場合において、当該費用は、総務省令で定める方法により納付しなければならない。

（手数料の減免）

第十四条　行政機関の長（法第十七条の規定により委任を受けた職員があるときは、当該職員。以下この条において同じ。）は、行政文書の開示を受ける者が経済的困難により開示実施手数料を納付する資力がないと認めるときは、開示請求一件につき二千円を限度として、開示実施手数料を減額し、又は免除することができる。

2　前項の規定による開示実施手数料の減額又は免除を受けようとする者は、法第十四条第二項又は第四項の規定による申出を行う際に、併せて当該減額又は免除を求める額及びその理由を記載した申請書を行政機関の長に提出しなければならない。

3　前項の申請書には、申請人が生活保護法（昭和二十五年法律第百四十四号）第十一条第一項各号に掲げる扶助を受けていることを理由とする場合にあっては当該扶助を受けていることを証明する書面を、その他の事実を理由とする場合にあっては当該事実を証明する書面を添付しなければならない。

4　第一項の規定によるもののほか、行政機関の長は、開示決定に係る行政文書を一定の開示の実施の方法により一般に周知させることが適当であると認めるときは、当該開示の実施の方法に係る開示実施手数料を減額し、又は免除することができる。

（権限又は事務の委任）

第十五条　行政機関の長（第四条に規定する者を除く。）は、法第十七条の規定により、内閣総務官、内閣感染症危機管理監、国家安全保障局長、内閣官房副長官補若しくは内閣サイバーセキュリティセンター長、内閣広報官、内閣情報官若しくは内閣人事局長若しくは人事政策統括官、内閣府設置法（平成十一年法律第八十九号）第十七条若しくは第五十三条の官房、局若しくは部の長、同法第十七条第一項若しくは第六十二条第一項若しくは第二項の職、同法第十八条の重要政策に関する会議の長、同法第三十七条若しくは第五十四条の審議会等若しくはその事務局の長、同法第三十九条若しくは第五十五条の施設等機関の長、同法第四十条若しくは第五十六条（宮内庁法（昭和二十二年法律第七十号）第十八条第一項において準用する場合を含む。）の特別の機関若しくはその事務局の長、内閣府設置法第四十三条若しくは第五十七条（宮内庁法第十八条第一項において準用する場合を含む。）の地方支分部局の長、内閣府設置法第五十二条の委員会の事務局若しくはその官房若しくは部の長、同条の委員会の事務総局若しくはその官房、局、部若しくは地方事務所若しくはその支所の長、宮内庁法第三条の長官官房、侍従職等若しくは部の長、同法第十四条第一項の職、同法第十六条第一項の機関若しくはその事務局の長、同条第二項の機関の長若しくは同法第十七条の地方支分部局の長、デジタル庁設置法（令和三年法律第三十六号）第十三条第一項の職又は国家行政組織法（昭和二十三年法律第百二十号）第七条の官房、局若しくは部の長、同条の委員会の事務局若しくはその官房若しくは部の長、同条の委員会の事務総局の長、同法第八条の審議会等若しくはその事務局の長、同法第八条の二の施設等機関の長、同法第八条の三の特別の機関若しくはその事務局の長、同法第九条の地方支分部局の長若しくは同法第二十条第一項若しくは第二項の職に法第二章に定める権限又は事務のうちその所掌に係るものを委任することができる。

2　警察庁長官は、法第十七条の規定により、警察法（昭和二十九年法律第百六十二号）第十九条第一項の長官官房若しくは局、同条第二項の部、同法第二十七条第一項、第二十八条第一項若しくは第二十九条第一項の附属機関又は同法第三十条第一項若しくは第三十三条第一項の地方機関の長に法第二章に定める権限又は事務のうちその所掌に係るものを委任することができる。

3　行政機関の長は、前二項の規定により権限又は事務を委任しようとするときは、委任を受ける職員の官職、委任する権限又は事務及び委任の効力の発生する日を官報で公示しなければならない。

附　則

この政令は、法の施行の日（平成十三年四月一日）から施行する。

附　則（令五・八・一四政令二六一抄）

（施行期日）

第一条　この政令は、新型インフルエンザ等対策特別措置法及び内閣法の一部を改正する法律〔令和五年四月法律第一四号〕の施行の日（令和五年九月一日）から施行する。

附　則（令五・一二・一五政令三五五）

（施行期日）

1　この政令は、令和六年四月一日から施行する。

（経過措置）

2　この政令による改正後の規定は、この政令の施行の日（以下「施行日」という。）以後にされた開示請求について適用し、施行日前にされた開示請求については、なお従前の例による。

別表（第十三条関係）

行政文書の種別	開示の実施の方法	開示実施手数料の額
一　文書又は図画（二の項から四の項まで又は八の項に該当するものを除く。）	イ　閲覧	百枚までごとにつき百円
	ロ　撮影した写真フィルムを印画紙に印画したものの閲覧	一枚につき百円に十二枚までごとに七百六十円を加えた額
	ハ　複写機により用紙に複写したものの交付（ニに掲げる方法に該当するものを除く。）	用紙一枚につき十円（Ａ二判については四十円、Ａ一判については八十円）
	ニ　複写機により用紙にカラーで複写したものの交付	用紙一枚につき二十円（Ａ二判については百四十円、Ａ一判については百八十円）
	ホ　撮影した写真フィルムを印画紙に印画したものの交付	一枚につき百二十円（縦二百三ミリメートル、横二百五十四ミリメートルのものについては、五百二十円）に十二枚までごとに七百六十円を加えた額
	ヘ　スキャナにより読み取ってできた電磁的記録を光ディスク（日本産業規格Ｘ〇六〇六及びＸ六二八一に適合する直径百二十ミリメートルの光ディスクの再生装置で再生することが可能なものに限る。）に複写したものの交付	一枚につき百円に当該文書又は図画一枚ごとに十円を加えた額
	ト　スキャナにより読み取ってできた電磁的記録を光ディスク（日本産業規格Ｘ六二四一に適合する直径百二十ミリメートルの光ディスクの再生装置で再生することが可能なものに限る。）に複写したものの交付	一枚につき百二十円に当該文書又は図画一枚ごとに十円を加えた額
	チ　情報通信技術活用法の適用による方法	当該文書又は図画一枚につき十円
二　マイクロフィルム	イ　用紙に印刷したものの閲覧	用紙一枚につき十円
	ロ　専用機器により映写したものの閲覧	一巻につき二百九十円
	ハ　用紙に印刷したものの交付	用紙一枚につき八十円（Ａ三判については百四十円、Ａ二判については三百七十円、Ａ一判については六百九十円）
三　写真フィルム	イ　印画紙に印画したものの閲覧	一枚につき十円
	ロ　印画紙に印画したものの交付	一枚につき三十円（縦二百三ミリメートル、横二百五十四ミリメートルのものについては、四百三十円）
四　スライド（九の項に該当するものを除く。）	イ　専用機器により映写したものの閲覧	一巻につき三百九十円
	ロ　印画紙に印画したものの交付	一枚につき百円（縦二百三ミリメートル、横二百五十四ミリメートルのものについては、千三百円）
五　録音テープ（九の項に該当するものを除く。）又は録音ディスク	イ　専用機器により再生したものの聴取	一巻につき二百九十円
	ロ　録音カセットテープに複写したものの交付	一巻につき四百三十円
六　ビデオテープ又はビデオディスク	イ　専用機器により再生したものの視聴	一巻につき二百九十円
	ロ　ビデオカセットテープに複写したものの交付	一巻につき五百八十円
七　電磁的記録（五の項、六の項又は八の項に該当するものを除く。）	イ　用紙に出力したものの閲覧	用紙百枚までごとにつき二百円
	ロ　専用機器により再生したものの閲覧又は視聴	一ファイルにつき四百十円
	ハ　用紙に出力したものの交付（ニに掲げる方法に該当するものを除く。）	用紙一枚につき十円
	ニ　用紙にカラーで出力したものの交付	用紙一枚につき二十円

	ホ　光ディスク（日本産業規格Ｘ〇六〇六及びＸ六二八一に適合する直径百二十ミリメートルの光ディスクの再生装置で再生することが可能なものに限る。）に複写したものの交付	一枚につき百円に一ファイルごとに二百十円を加えた額
	ヘ　光ディスク（日本産業規格Ｘ六二四一に適合する直径百二十ミリメートルの光ディスクの再生装置で再生することが可能なものに限る。）に複写したものの交付	一枚につき百二十円に一ファイルごとに二百十円を加えた額
	ト　電子情報処理組織を使用する方法	一ファイルにつき二百十円
	チ　幅十二・七ミリメートルのオープンリールテープに複写したものの交付	一巻につき七千円に一ファイルごとに二百十円を加えた額
	リ　幅十二・七ミリメートルの磁気テープカートリッジに複写したものの交付	一巻につき八百円（日本産業規格Ｘ六一三五に適合するものについては二千五百円、国際規格一四八三三、一五八九五又は一五三〇七に適合するものについてはそれぞれ八千六百円、一万五百円又は一万二千九百円）に一ファイルごとに二百十円を加えた額
	ヌ　幅八ミリメートルの磁気テープカートリッジに複写したものの交付	一巻につき千八百円（日本産業規格Ｘ六一四二に適合するものについては二千六百円、国際規格一五七五七に適合するものについては三千二百円）に一ファイルごとに二百十円を加えた額
	ル　幅三・八一ミリメートルの磁気テープカートリッジに複写したものの交付	一巻につき五百九十円（日本産業規格Ｘ六一二九、Ｘ六一三〇又はＸ六一三七に適合するものについては、それぞれ八百円、千三百円又は千七百五十円）に一ファイルごとに二百十円を加えた額
八　映画フィルム	イ　専用機器により映写したものの視聴	一巻につき三百九十円
	ロ　ビデオカセットテープに複写したものの交付	六千八百円（十六ミリメートル映画フィルムについては一万三千円、三十五ミリメートル映画フィルムについては一万百円）に記録時間十分までごとに二千七百五十円（十六ミリメートル映画フィルムについては三千二百円、三十五ミリメートル映画フィルムについては二千六百五十円）を加えた額
九　スライド及び録音テープ（第九条第五項に規定する場合におけるものに限る。）	イ　専用機器により再生したものの視聴	一巻につき六百八十円
	ロ　ビデオカセットテープに複写したものの交付	五千二百円（スライド二十枚を超える場合にあっては、五千二百円にその超える枚数一枚につき百十円を加えた額）

備考　一の項ハ若しくはニ、二の項ハ又は七の項ハ若しくはニの場合において、両面印刷の用紙を用いるときは、片面を一枚として額を算定する。

○国家戦略特別区域法（抄）

（平成二十五年十二月十三日）
（法律第百七号）

最終改正　令六法四七

第一章　総則

（目的）

第一条　この法律は、我が国を取り巻く国際経済環境の変化その他の経済社会情勢の変化に対応して、我が国の経済社会の活力の向上及び持続的発展を図るためには、国が定めた国家戦略特別区域において、経済社会の構造改革を重点的に推進することにより、産業の国際競争力を強化するとともに、国際的な経済活動の拠点を形成することが重要であることに鑑み、国家戦略特別区域に関し、規制改革その他の施策を総合的かつ集中的に推進するために必要な事項を定め、もって国民経済の発展及び国民生活の向上に寄与することを目的とする。

（定義等）

第二条　この法律において「国家戦略特別区域」とは、当該区域において、高度な技術に関する研究開発若しくはその成果を活用した製品の開発若しくは生産若しくは役務の開発若しくは提供に関する事業その他の産業の国際競争力の強化に資する事業又は国際的な経済活動に関連する居住者、来訪者若しくは滞在者を増加させるための市街地の整備に関する事業その他の国際的な経済活動の拠点の形成に資する事業を実施することにより、我が国の経済社会の活力の向上及び持続的発展に相当程度寄与することが見込まれる区域として政令で定める区域をいう。

2　この法律において「特定事業」とは、第十条を除き、次に掲げる事業をいう。

一　別表に掲げる事業で、第十二条の二から第二十七条までの規定による規制の特例措置の適用を受けるもの

二　産業の国際競争力の強化又は国際的な経済活動の拠点の形成に資するものとして我が国の経済社会の活力の向上及び持続的発展に寄与することが見込まれる内閣府令で定める事業であって第二十八条第一項に規定する指定金融機関から当該事業を行うのに必要な資金の貸付けを受けて行われるもの

三　先端的区域データ活用事業活動の実施の促進を図るべき区域において、先端的区域データ活用事業活動の実施を促進するために必要なものとして政令で定める基準に従い、先端的区域データ活用事業活動を実施する主体の情報システムと区域データ（当該区域に関するデータ（電磁的記録（電子的方式、磁気的方式その他人の知覚によっては認識することができない方式で作られる記録をいう。）に記録された情報（国の安全を損ない、公の秩序の維持を妨げ、又は公衆の安全の保護に支障を来すことになるおそれがあるものを除く。）をいう。以下同じ。）であって、先端的区域データ活用事業活動の実施に活用されるものをいう。以下同じ。）を保有する主体の情報システムとの相互の連携を確保するための基盤を整備するとともに、区域データを、収集及び整理をし、先端的区域データ活用事業活動を実施する主体に提供する事業（以下「国家戦略特別区域データ連携基盤整備事業」という。）

3　この法律において「規制の特例措置」とは、第十条、第二十八条の四及び第三十条第一項第七号を除き、法律により規定された規制についての第十二条の二から第二十五条の六までに規定する法律の特例に関する措置及び政令又は主務省令（以下この項及び第二十八条の四において「政令等」という。）により規定された規制についての第二十六条の規定による政令若しくは内閣府令（告示を含む。）・主務省令（第三十九条ただし書に規定する規制にあっては、主務省令。以下「内閣府令・主務省令」という。）又は第二十七条の規定による条例で規定する政令等の特例に関する措置をいい、これらの措置の適用を受ける場合において当該規制の趣旨に照らし地方公共団体がこれらの措置と併せて実施し又はその実施を促進することが必要となる措置を含むものとする。

4　この法律において「先端的区域データ活用事業活動」とは、官民データ活用推進基本法（平成二十八年法律第百三号）第二条第二項に規定する人工知能関連技術、同条第三項に規定するインターネット・オブ・シングス活用関連技術、同条第四項に規定するクラウド・コンピューティング・サービス関連技術その他の従来の処理量に比して大量の情報の処理を可能とする先端的な技術を用いて役務の価値を高め、又はその新たな価値を生み出すことにより新たな事業の創出又は事業の革新を図る事業活動（第三十七条の八第一項において「先端的技術利用事業活動」という。）であって、国家戦略特別区域データ連携基盤整備事業の実施主体から区域データの提供を受け、当該区域データを活用して、当該事業活動の対象となる区域内の住民その他の者の共同の福祉又は利便の増進を図るものをいう。

5　この法律において「地方公共団体」とは、都道府県、市町村（特別区を含む。第十九条を除き、以下同じ。）又は地方自治法（昭和二十二年法律第六十七号）第二百八十四条第一項の一部事務組合若しくは広域連合をいい、港湾法（昭和二十五年法律第二百十八号）第四条第一項の規定による港務局を含むものとする。

6　内閣総理大臣は、第一項の政令の制定又は改廃の立案をしようとするときは、あらかじめ、国家戦略特別区域諮問会議及び関係地方公共団体の意見を聴かなければならない。

（基本理念）

第三条　国家戦略特別区域における産業の国際競争力の強化及び国際的な経済活動の拠点の形成は、国が、これらの実現のために必要な政策課題の迅速な解決を図るため、適切に国家戦略特別区域を定めるとともに、規制の特例措置の整備その他必要な施策を、関連する諸制度の改革を推進しつつ総合的かつ集中的に講ずることを基本とし、地方公共団体及び民間事業者その他の関係者が、国と相互に密接な連携を図りつつ、これらの施策を活用して、我が国の経済社会の活力の向上及び持続的発展を図ることを旨として、行われなければならない。

（関連する施策との連携）

第四条　国及び地方公共団体は、国家戦略特別区域における産業の国際競争力の強化及び国際的な経済活動の拠点の形成に関する施策の推進に当たっては、構造改革特別区域（構造改革特別区域法（平成十四年法律第百八十九号）第二条第一項

に規定する構造改革特別区域をいう。第十条第三項及び第三十八条第二項において同じ。）における経済社会の構造改革の推進に関する施策その他の関連する施策との連携を図るよう努めなければならない。

第二章　国家戦略特別区域基本方針

第五条　政府は、国家戦略特別区域における産業の国際競争力の強化及び国際的な経済活動の拠点の形成に関する施策の総合的かつ集中的な推進を図るための基本的な方針（以下「国家戦略特別区域基本方針」という。）を定めなければならない。

2　国家戦略特別区域基本方針には、次に掲げる事項を定めるものとする。

一　国家戦略特別区域における産業の国際競争力の強化及び国際的な経済活動の拠点の形成の推進の意義及び目標に関する事項

二　国家戦略特別区域における産業の国際競争力の強化及び国際的な経済活動の拠点の形成の推進のために政府が実施すべき規制改革その他の施策に関する基本的な方針

三　国家戦略特別区域を指定する政令の立案に関する基準その他基本的な事項

四　第八条第一項に規定する区域計画の同条第八項の認定に関する基本的な事項

五　国家戦略特別区域における産業の国際競争力の強化及び国際的な経済活動の拠点の形成の推進に関し政府が講ずべき措置についての計画

六　国家戦略特別区域における産業の国際競争力の強化及び国際的な経済活動の拠点の形成の推進に関し政府が講ずべき新たな措置に係る提案の募集に関する基本的な事項

七　前各号に掲げるもののほか、国家戦略特別区域における産業の国際競争力の強化及び国際的な経済活動の拠点の形成の推進に関し必要な事項

3　内閣総理大臣は、国家戦略特別区域諮問会議の意見を聴いて、国家戦略特別区域基本方針の案を作成し、閣議の決定を求めなければならない。

4　内閣総理大臣は、前項の規定による閣議の決定があったときは、遅滞なく、国家戦略特別区域基本方針を公表しなければならない。

5　政府は、情勢の推移により必要が生じた場合には、国家戦略特別区域基本方針を変更しなければならない。

6　第三項及び第四項の規定は、前項の規定による国家戦略特別区域基本方針の変更について準用する。

7　内閣総理大臣は、必要があると認めるときは、国家戦略特別区域基本方針に基づき、第二項第六号に規定する提案の募集を行うものとする。

第三章　区域計画の認定等

（区域方針）

第六条　内閣総理大臣は、国家戦略特別区域ごとに、国家戦略特別区域基本方針に即して、国家戦略特別区域における産業の国際競争力の強化及び国際的な経済活動の拠点の形成に関する方針（以下「区域方針」という。）を定めるものとする。

2　区域方針には、次に掲げる事項を定めるものとする。

一　国家戦略特別区域における産業の国際競争力の強化及び国際的な経済活動の拠点の形成に関する目標並びにその達成のために取り組むべき政策課題

二　前号の目標を達成するために国家戦略特別区域において実施される事業に関する基本的な事項

三　前二号に掲げるもののほか、国家戦略特別区域における産業の国際競争力の強化及び国際的な経済活動の拠点の形成に関し必要な事項

3　内閣総理大臣は、区域方針を定めようとするときは、国家戦略特別区域諮問会議及び関係地方公共団体の意見を聴かなければならない。

4　内閣総理大臣は、区域方針を定めたときは、遅滞なく、これを公表するとともに、関係地方公共団体に送付しなければならない。

5　内閣総理大臣は、情勢の推移により必要が生じたときは、区域方針を変更しなければならない。

6　第三項及び第四項の規定は、前項の規定による区域方針の変更について準用する。

（国家戦略特別区域会議）

第七条　国家戦略特別区域ごとに、次条第一項に規定する区域計画（第三項第二号において単に「区域計画」という。）の作成、第十一条第一項に規定する認定区域計画（同号において単に「認定区域計画」という。）の実施に係る連絡調整並びに国家戦略特別区域における産業の国際競争力の強化及び国際的な経済活動の拠点の形成に関し必要な協議（第四項及び第五項において「区域計画の作成等」という。）を行うため、次に掲げる者は、国家戦略特別区域会議を組織する。

一　国家戦略特別区域担当大臣（内閣府設置法（平成十一年法律第八十九号）第九条第一項に規定する特命担当大臣であって、同項の規定により命を受けて同法第四条第一項第十一号に掲げる事項に関する事務及び同条第三項第三号の七に掲げる事務を掌理するものをいう。以下同じ。）

二　関係地方公共団体の長

2　内閣総理大臣は、区域方針に即して、国家戦略特別区域における産業の国際競争力の強化又は国際的な経済活動の拠点の形成に特に資すると認める特定事業を実施すると見込まれる者として、公募その他の政令で定める方法により選定した者を、国家戦略特別区域会議に構成員として加えるものとする。

3　国家戦略特別区域担当大臣及び関係地方公共団体の長は、必要と認めるときは、協議して、次に掲げる者を、国家戦略特別区域会議に構成員として加えることができる。

一　国の関係行政機関の長（当該行政機関が合議制の機関である場合にあっては、当該行政機関。以下同じ。）

二　国家戦略特別区域会議が作成しようとする区域計画又は認定区域計画及びその実施に関し密接な関係を有する者

4　国家戦略特別区域会議は、区域計画の作成等を行うため必要があると認めるときは、国の行政機関の長及び地方公共団体の長その他の執行機関に対して、資料の提供、意見の表明、説明その他必要な協力を求めることができる。

5　国家戦略特別区域会議は、区域計画の作成等を行うため特に必要があると認めるときは、前項に規定する者以外の者に

対しても、必要な協力を依頼することができる。

6　国家戦略特別区域会議において協議が調った事項については、その構成員は、その協議の結果を尊重しなければならない。

7　国家戦略特別区域会議の庶務は、内閣府において処理する。

8　前各項に定めるもののほか、国家戦略特別区域会議の運営に関し必要な事項は、国家戦略特別区域会議が定める。

（区域計画の認定）

第八条　国家戦略特別区域会議は、国家戦略特別区域基本方針及び区域方針に即して、内閣府令で定めるところにより、国家戦略特別区域における産業の国際競争力の強化及び国際的な経済活動の拠点の形成を図るための計画（以下「区域計画」という。）を作成し、内閣総理大臣の認定を申請するものとする。

2　区域計画には、次に掲げる事項を定めるものとする。

一　国家戦略特別区域の名称

二　第六条第二項第一号の目標を達成するために国家戦略特別区域において実施し又はその実施を促進しようとする特定事業の内容及び実施主体に関する事項

三　前号に規定する特定事業ごとの第十二条の二から第二十七条までの規定による規制の特例措置の内容

四　前二号に掲げるもののほか、第二号に規定する特定事業に関する事項

五　区域計画の実施が国家戦略特別区域に及ぼす経済的社会的効果

六　前各号に掲げるもののほか、国家戦略特別区域における産業の国際競争力の強化及び国際的な経済活動の拠点の形成のために必要な事項

3　国家戦略特別区域会議は、区域計画に前項第二号に規定する特定事業の実施主体として特定の者を定めようとするときは、あらかじめ、内閣府令で定めるところにより、当該特定事業の内容及び当該特定事業の実施主体として当該区域計画に定めようとする者について公表しなければならない。

4　前項の規定による公表があった場合において、当該特定事業を実施しようとする者（当該公表がされた者を除く。）は、内閣府令で定めるところにより、国家戦略特別区域会議に対して、自己を当該特定事業の実施主体として加えるよう申し出ることができる。

5　国家戦略特別区域会議は、前項の規定による申出があった場合において、当該申出をした者が実施しようとする特定事業が国家戦略特別区域における産業の国際競争力の強化又は国際的な経済活動の拠点の形成に資すると認めるときは、当該申出に応じるものとする。

6　第二項第六号に掲げる事項には、第二条第二項第一号又は第二号に掲げる事業の実施に当たっての補助金等交付財産（補助金等に係る予算の執行の適正化に関する法律（昭和三十年法律第百七十九号。以下この項及び第二十七条の六において「補助金等適正化法」という。）第二十二条に規定する財産をいう。以下この項において同じ。）の活用（補助金等交付財産を当該補助金等交付財産に充てられた補助金等（補助金等適正化法第二条第一項に規定する補助金等をいう。）の交付の目的以外の目的に使用し、譲渡し、交換し、貸し付け、又は担保に供することをいう。以下この項において同じ。）に関する事項を定めることができる。この場合においては、当該事項として、当該補助金等交付財産及び当該補助金等交付財産の活用をする者並びに当該事業における当該補助金等交付財産の利用の方法を定めるものとする。

7　区域計画は、国家戦略特別区域会議の構成員が相互に密接な連携の下に協議した上で、国家戦略特別区域担当大臣、関係地方公共団体の長及び前条第二項に規定する構成員（以下「国家戦略特別区域担当大臣等」という。）の全員の合意により作成するものとする。

8　内閣総理大臣は、第一項の規定による認定の申請があった場合において、区域計画が次に掲げる基準に適合すると認めるときは、その認定をするものとする。

一　国家戦略特別区域基本方針及び区域方針に適合するものであること。

二　区域計画の実施が国家戦略特別区域における産業の国際競争力の強化及び国際的な経済活動の拠点の形成に相当程度寄与するものであると認められること。

三　円滑かつ確実に実施されると見込まれるものであること。

9　内閣総理大臣は、前項の認定（以下この条及び次条第一項において単に「認定」という。）を行うに際し必要と認めるときは、国家戦略特別区域諮問会議に対し、意見を求めることができる。

10　内閣総理大臣は、認定をしようとするときは、区域計画に定められた特定事業に関する事項又は第六項に規定する事項について、これらの事項に係る関係行政機関の長（以下この章において単に「関係行政機関の長」という。）の同意を得なければならない。この場合において、当該関係行政機関の長は、当該特定事業（第二条第二項第一号に掲げるものに限る。）が、法律により規定された規制に係るものにあっては第十二条の二から第二十五条の六までの規定で、政令又は主務省令により規定された規制に係るものにあっては国家戦略特別区域基本方針に即して第二十六条の規定による政令若しくは内閣府令・主務省令で又は第二十七条の規定による政令若しくは内閣府令・主務省令で定めるところにより条例で、それぞれ定めるところに適合すると認められるときは、同意をするものとする。

11　内閣総理大臣は、認定をしたときは、遅滞なく、その旨を公示しなければならない。

（認定区域計画の変更）

第九条　国家戦略特別区域会議は、認定を受けた区域計画（以下「認定区域計画」という。）の変更（内閣府令で定める軽微な変更を除く。）をしようとするときは、内閣総理大臣の認定を受けなければならない。

2　前条第三項から第十一項までの規定は、前項の認定区域計画の変更について準用する。

（構造改革特別区域法の特定事業）

第十条　国家戦略特別区域会議は、国家戦略特別区域における産業の国際競争力の強化又は国際的な経済活動の拠点の形成を図るために必要と認めるときは、区域計画に、次に掲げる事項を定めることができる。

一　国家戦略特別区域において実施し又はその実施を促進しようとする構造改革特別区域法第二条第二項に規定する特定事業の内容、実施主体及び開始の日に関する事項

二　前号に規定する特定事業ごとの構造改革特別区域法第四章の規定による規制の特例措置の内容

三　第一号に規定する特定事業を実施し又はその実施を促進しようとする区域（第三項において「特定事業実施区域」という。）の範囲

2　前項各号に掲げる事項を記載した区域計画について第八条第一項の規定による認定の申請があった場合における同条の規定の適用については、同条第十項中「定められた特定事業」とあるのは「定められた特定事業及び第十条第一項第一号に規定する特定事業（以下この項において「特定事業等」という。）」と、「当該特定事業」とあるのは「当該特定事業等」と、「第二条第二項第一号に掲げるものに限る」とあるのは「第二条第二項第二号及び第三号に規定する事業を除く」と、「第十二条の二から第二十五条の六まで」とあるのは「第十二条の二から第二十五条の六まで及び構造改革特別区域法第四章」と、「で又は」とあるのは「で、構造改革特別区域基本方針（構造改革特別区域法第三条第一項に規定する構造改革特別区域基本方針をいう。）に即して構造改革特別区域法第三十五条の規定による政令若しくは主務省令で」と、「条例で」とあるのは「条例で又は同法第三十六条の規定による政令若しくは主務省令で定めるところにより条例で」とする。

3　第一項各号に掲げる事項を記載した区域計画で第八条第八項の認定を受けたもの（第一項各号に掲げる事項を定めた部分に限るものとし、前条第一項の変更の認定を受けたものを含む。次項及び第五項において同じ。）については、第八条第八項の認定（前条第一項の変更の認定を含む。次項において同じ。）を構造改革特別区域法第四条第九項の認定（同法第六条第一項の変更の認定を含む。次項において同じ。）と、第八条第八項の認定を受けた区域計画（前条第一項の変更の認定があったときは、その変更後のもの。次項において同じ。）を同法第四条第九項の認定を受けた構造改革特別区域計画（同法第六条第一項の変更の認定があったときは、その変更後のもの。次項において同じ。）と、特定事業実施区域を構造改革特別区域と、第二条第一項の政令の改廃により国家戦略特別区域でなくなった場合及び次条第一項の規定により第八条第八項の認定が取り消された場合を同法第九条第一項の規定により認定が取り消された場合とみなして、同法第四章の規定を適用する。この場合において、同章（第十二条第一項及び第二十四条第一項を除く。）中「地方公共団体が、その」とあるのは「国家戦略特別区域会議が、その」と、同法第十二条（同条第五項及び第十一項の表地方教育行政の組織及び運営に関する法律（昭和三十一年法律第百六十二号）の項を除く。）及び第十三条（同条第四項の表地方教育行政の組織及び運営に関する法律の項を除く。）の規定中「受けた地方公共団体」とあるのは「受けた国家戦略特別区域会議（国家戦略特別区域法（平成二十五年法律第百七号）第七条第一項に規定する国家戦略特別区域会議をいう。）に係る関係地方公共団体」と、同法第十二条第五項、第二十条第三項、第二十三条第二項及び第五項、第二十四条第二項並びに第二十九条第二項及び第三項中「受けた地方公共団体」とあるのは「受けた国家戦略特別区域会議に係る関係地方公共団体」とするほか、次の表の上欄に掲げる同法の規定中同表の中欄に掲げる字句は、それぞれ同表の下欄に掲げる字句とする。

第十二条第一項	地方公共団体が	国家戦略特別区域会議（国家戦略特別区域法（平成二十五年法律第百七号）第七条第一項に規定する国家戦略特別区域会議をいう。以下同じ。）が
第十二条第十一項の表地方教育行政の組織及び運営に関する法律（昭和三十一年法律第百六十二号）の項	地方公共団体の長	国家戦略特別区域会議（国家戦略特別区域法（平成二十五年法律第百七号）第七条第一項に規定する国家戦略特別区域会議をいう。以下この条において同じ。）に係る関係地方公共団体の長
	地方公共団体の教育委員会	国家戦略特別区域会議に係る関係地方公共団体の教育委員会
第十三条第四項の表地方教育行政の組織及び運営に関する法律の項	地方公共団体の長	国家戦略特別区域会議（国家戦略特別区域法（平成二十五年法律第百七号）第七条第一項に規定する国家戦略特別区域会議をいう。以下この条において同じ。）に係る関係地方公共団体の長
	地方公共団体の教育委員会	国家戦略特別区域会議に係る関係地方公共団体の教育委員会
第十五条第一項	都道府県が、都道府県知事	国家戦略特別区域会議が、当該国家戦略特別区域会議に係る関係地方公共団体である都道府県の知事
第十五条第二項	前項	国家戦略特別区域会議が前項
第十九条第一項各号列記以外の部分	市町村の教育委員会が、	国家戦略特別区域会議に係る関係地方公共団体である市町村の教育委員会が、
	当該市町村	当該国家戦略特別区域会議
	市町村の教育委員会が同項各号	国家戦略特別区域会議（国家戦略特別区域法（平成二十五年法律第百七号）第七条第一項に規定する国家戦略特別区域会議をいう。第五条第七項において同じ。）に係る関係地方公共団体である市町村の教育委員会が同項各号
	市町村の教育委員会。	国家戦略特別区域会議に係る関係地方公共団体である市町村の教育委員会。
	市町村（以下	国家戦略特別区域会議（国家戦略特別区域法（平成二十五年法律第百七号）第七条第一項に規定する国家戦略特別区域会議をいう。）に係る関係

		地方公共団体である市町村（以下
第十九条第一項第一号及び第二号	市町村	国家戦略特別区域会議に係る関係地方公共団体である市町村
第十九条第一項第三号	その設定	国家戦略特別区域会議が設定
	市町村が	当該国家戦略特別区域会議に係る関係地方公共団体である市町村が
第二十条第一項	地方公共団体の	国家戦略特別区域会議に係る関係地方公共団体の
第二十二条第一項	市町村（地域保健法（昭和二十二年法律第百一号）第五条第一項の規定に基づく政令で定める市を除く。以下この条及び別表第十二号において同じ。）	国家戦略特別区域会議
	市町村の区域	国家戦略特別区域会議に係る関係地方公共団体である市町村（地域保健法（昭和二十二年法律第百一号）第五条第一項の規定に基づく政令で定める市を除く。以下この条及び別表第十二号において同じ。）の区域
第二十二条第二項	市町村（	国家戦略特別区域会議（国家戦略特別区域法（平成二十五年法律第百七号）第七条第一項に規定する国家戦略特別区
		域会議をいう。）に係る関係地方公共団体である市町村（
第二十三条第一項第一号から第三号まで及び第六号	地方公共団体	国家戦略特別区域会議に係る関係地方公共団体
第二十四条第一項	地方公共団体が、その	国家戦略特別区域会議が、当該国家戦略特別区域会議に係る関係地方公共団体の
	当該地方公共団体	当該国家戦略特別区域会議に係る関係地方公共団体
第二十五条第四項	場合、同項	場合、国家戦略特別区域法第二条第一項の政令の改正により国家戦略特別区域の区域の変更（当該変更により第一項各号に定める酒類の製造免許を受けた者の当該製造免許に係る酒類の製造場が特定事業実施区域（同法第十条第一項第三号に規定する特定事業実施区域をいう。次条第四項において同じ。）内に所在しないこととなるものに限る。）がされた場合、同法第九条第一項の規定による認定区域計画の変更（特定事業として別表第十五号に掲げる特定農業者による特定酒類の製造事業を定めないこととするものに限る。）の認定があった場合、第一項
第二十六条第一項第一号及び第二号	地方公共団体	国家戦略特別区域会議に係る関係地方公共団体
第二十六条第四項	場合、同項	場合、国家戦略特別区域法第二条第一項の政令の改正により国家戦略特別区域の区域の変更（当該変更により第一項各号に定める酒類の製造免許を受けた者の当該製造免許に係る酒類の製造場が特定事業実施区域内に所在しないこととなるものに限る。）がされた場合、同法第九条第一項の規定による認定区域計画の変更（特定事業として別表第十六号に掲げる特産酒類の製造事業を定めないこととするものに限る。）の認定があった場合、第一項
第二十九条第一項	地方公共団体の教育委員会	国家戦略特別区域会議に係る関係地方公共団体の教育委員会
第二十九条第四項	地方公共団体の長がその施設を管理する高等専門学校	国家戦略特別区域会議（国家戦略特別区域法（平成二十五年法律第百七号）第七条第一項に規定する国家戦略特別区域会議をいう。以下この項において同じ。）に係る関係地方公共団体の長がその施設を管理する高等専門学校
	地方公共団体の長がその施設を管理する学校	国家戦略特別区域会議に係る関係地方公共団体の長がその施設を管理する学校
	地方公共団体の長がその施設を管理する公立学校	国家戦略特別区域会議（国家戦略特別区域法（平成二十五年法律第百七号）第七条第一項に規定する国家戦略特別区域会議をいう。）に係る関係地方公共団体の長がその施設を管理する公立学校

第三十一条第一項	地方公共団体を	国家戦略特別区域会議に係る関係地方公共団体を
第三十二条	地方公共団体が自ら	国家戦略特別区域会議に係る関係地方公共団体が自ら
第三十三条	地方公共団体が	国家戦略特別区域会議が
	地方公共団体の	国家戦略特別区域会議に係る関係地方公共団体の

4　第一項各号に掲げる事項を記載した区域計画で第八条第八項の認定を受けたものについては、同項の認定を構造改革特別区域法第四条第九項の認定と、第八条第八項の認定を受けた区域計画を同法第四条第九項の認定を受けた構造改革特別区域計画と、第一項第二号の規制の特例措置（同法第十八条の規定によるものに限る。）を同法第二条第三項の規制の特例措置（同法第十八条の規定によるものに限る。）とみなして、同法第八条第二項及び第十八条（同項に係る部分に限る。）の規定を適用する。この場合において、同項中「地方公共団体」とあるのは「国家戦略特別区域会議（国家戦略特別区域法（平成二十五年法律第百七号）第七条第一項に規定する国家戦略特別区域会議をいう。）に係る関係地方公共団体」と、同法第十八条第二項中「同法第八条第二項」とあるのは「国家戦略特別区域法（平成二十五年法律第百七号）第十条第四項の規定により読み替えて適用される構造改革特別区域法第八条第二項」とする。

5　第一項各号に掲げる事項を記載した区域計画で第八条第八項の認定を受けたものについては、第一項第二号の規制の特例措置を構造改革特別区域法第二条第三項の規制の特例措置とみなして、同法第四十八条の規定を適用する。

6　第二項から前項までに定めるもののほか、第一項各号に掲げる事項を記載した区域計画についてのこの法律及び構造改革特別区域法の規定の適用に関し必要な読替えは、政令で定める。

（認定の取消し）

第十一条　内閣総理大臣は、認定区域計画（認定区域計画の変更があったときは、その変更後のもの。以下同じ。）が第八条第八項各号のいずれかに適合しなくなったと認めるときは、同項の認定（第九条第一項の変更の認定を含む。第十三条及び第二十四条の二第三項第一号を除き、以下単に「認定」という。）を取り消すことができる。この場合において、内閣総理大臣は、あらかじめ関係行政機関の長にその旨を通知しなければならない。

2　関係行政機関の長は、内閣総理大臣に対し、前項の規定による認定の取消しに関し必要と認める意見を申し出ることができる。

3　第八条第十一項の規定は、第一項の規定による認定区域計画の認定の取消しについて準用する。

（認定区域計画の進捗状況に関する評価）

第十二条　国家戦略特別区域会議は、内閣府令で定めるところにより、認定区域計画の進捗状況について、定期的に評価を行うとともに、その結果について、内閣総理大臣に報告しなければならない。

（道路運送法の特例）

第十六条の二の二　国家戦略特別区域会議が、第八条第二項第二号に規定する特定事業として、国家戦略特別区域自家用有償観光旅客等運送事業（国家戦略特別区域において、市町村、特定非営利活動促進法第二条第二項に規定する特定非営利活動法人その他の国土交通省令で定める者（以下この項において「運送者」という。）が、自家用有償観光旅客等運送（一の市町村の区域内における外国人観光旅客その他の観光旅客の移動のための交通手段を提供することを主たる目的として有償で自家用自動車（道路運送法（昭和二十六年法律第百八十三号）第七十八条に規定する自家用自動車をいう。）により行われる旅客の運送であって、一般旅客自動車運送事業者（道路運送法第九条第七項第三号に規定する一般旅客自動車運送事業者をいう。第四項において同じ。）によることが困難であるものをいう。以下この項及び第四項において同じ。）を行う事業をいう。以下この条及び別表の四の二の二の項において同じ。）を定めた区域計画について、内閣総理大臣の認定を申請し、その認定を受けたときは、当該認定の日以後は、当該国家戦略特別区域自家用有償観光旅客等運送事業の実施主体として当該区域計画に定められた運送者が行う当該国家戦略特別区域自家用有償観光旅客等運送事業に係る自家用有償観光旅客等運送を、道路運送法第七十八条第二号に規定する自家用有償旅客運送とみなして、同法の規定を適用する。この場合において、同法第七十九条の四第一項及び第七十九条の七第二項中「各号」とあるのは「各号（第五号を除く。）」と、同項中「及び第七十九条の四」とあるのは「及び国家戦略特別区域法（平成二十五年法律第百七号）第十六条の二の二第一項の規定により読み替えて適用される第七十九条の四」と、「第七十九条の四第一項」とあるのは「同法第十六条の二の二第一項の規定により読み替えて適用される第七十九条の四第一項」と、「第五号又は第六号」とあるのは「第六号」と、同法第七十九条の十二第一項第四号中「その行う自家用有償旅客運送に関し、第七十九条の四第一項第五号の協議が調った状態でなくなった」とあるのは「国家戦略特別区域法第九条第一項の規定による認定区域計画（同法第十一条第一項に規定する認定区域計画をいう。以下この号において同じ。）の変更（同法第八条第二項第二号に規定する特定事業として国家戦略特別区域自家用有償観光旅客等運送事業（同法第十六条の二の二第一項に規定する国家戦略特別区域自家用有償観光旅客等運送事業をいう。以下この号において同じ。）を定めないこととするものに限る。）の認定があったとき又は同法第十一条第一項の規定により認定区域計画（同法第八条第二項第二号に規定する特定事業として国家戦略特別区域自家用有償観光旅客等運送事業を定めたものに限る。）の認定が取り消された」とするほか、必要な技術的読替えは、政令で定める。

2　前項の区域計画には、第八条第二項第四号に掲げる事項として、国家戦略特別区域自家用有償観光旅客等運送事業に係る路線又は運送の区域を定めるものとする。

3　国家戦略特別区域会議は、次項の協議を経た後でなければ、区域計画に国家戦略特別区域自家用有償観光旅客等運送事業を定めることができない。

4　国家戦略特別区域自家用有償観光旅客等運送事業に係る自家用有償観光旅客等運送がその区域内において行われること

となる市町村、当該国家戦略特別区域自家用有償観光旅客等運送事業の実施主体として当該区域計画に定めようとする者及び当該国家戦略特別区域自家用有償観光旅客等運送事業に係る路線又は運送の区域に関連するものとして国土交通省令で定める一般旅客自動車運送事業者は、当該自家用有償観光旅客等運送に関する相互の連携について、協議を行わなければならない。

5 前項の協議は、持続可能な地域公共交通網の形成並びに輸送の安全及び旅客の利便を図る観点から行われなければならない。

第四章 認定区域計画に基づく事業に対する規制の特例措置等

（政令等で規定された規制の特例措置）

第二十六条 国家戦略特別区域会議が、第八条第二項第二号に規定する特定事業として、政令等規制事業（政令又は主務省令により規定された規制に係る事業をいう。以下この条及び別表の十四の項において同じ。）を定めた区域計画について、内閣総理大臣の認定を申請し、その認定を受けたときは、当該政令等規制事業については、政令により規定された規制に係るものにあっては政令で、主務省令により規定された規制に係るものにあっては内閣府令・主務省令で、それぞれ定めるところにより、規制の特例措置を適用する。

○総合特別区域法（抄）

（平成二十三年六月二十九日
法律第八十一号）

最終改正　令五法二四

【編者注】
1　令和四年六月一七日法律第六八号による改正のうち、令和七年六月一日から施行される部分は、直接改正を加えないで、現行条文と並列して登載した。
2　令和五年五月一二日法律第二四号による改正のうち、公布の日から起算して二年を超えない範囲内において政令で定める日から施行される部分は直接改正を加えないで、現行条文と並列して登載した。

第一章　総則

（目的）
第一条　この法律は、産業構造及び国際的な競争条件の変化、急速な少子高齢化の進展等の経済社会情勢の変化に対応して、産業の国際競争力の強化及び地域の活性化に関する施策を総合的かつ集中的に推進することにより、我が国の経済社会の活力の向上及び持続的発展を図るため、その基本理念、政府による総合特別区域基本方針の策定及び総合特別区域の指定、地方公共団体による国際戦略総合特別区域計画及び地域活性化総合特別区域計画の作成並びにその内閣総理大臣による認定、当該認定を受けたこれらの計画に基づく事業に対する特別の措置、総合特別区域推進本部の設置等について定め、もって国民経済の発展及び国民生活の向上に寄与することを目的とする。

（定義）
第二条　この法律において「総合特別区域」とは、国際戦略総合特別区域（第八条第一項に規定する国際戦略総合特別区域をいう。次項第五号イ及び第七条第二項第三号において同じ。）及び地域活性化総合特別区域（第三十一条第一項に規定する地域活性化総合特別区域をいう。第三項及び第七条第二項第三号において同じ。）をいう。
2　この法律において「特定国際戦略事業」とは、次に掲げる事業をいう。
一　別表第一に掲げる事業で、第三章第四節第一款の規定による規制の特例措置の適用を受けるもの
二　次に掲げる事業であって法人により行われるもの
イ　我が国の経済社会の活力の向上及び持続的発展に寄与することが見込まれる産業の国際競争力の強化に特に資するものとして政令で定める事業（ロに掲げるものを除く。）
ロ　イの政令で定める事業であって地方公共団体が当該事業を行う法人の経済的負担を軽減するための措置を講ずるもの（前号に掲げる事業に係る規制の特例措置で内閣府令で定めるものの適用を受けて行われるもの又はこれに準ずるものとして内閣府令で定めるものに限る。）
三　我が国の経済社会の活力の向上及び持続的発展に寄与することが見込まれる産業の国際競争力の強化に資するものとして内閣府令で定める事業を行うのに必要な資金を貸し付ける事業（第二十八条第一項において「国際戦略総合特区支援貸付事業」という。）であって銀行その他の内閣府令で定める金融機関（同項において単に「金融機関」という。）により行われるもの
四　我が国の経済社会の活力の向上及び持続的発展に寄与することが見込まれる産業の国際競争力の強化に資する事業（第一号に掲げる事業又は当該事業と併せて実施する事業に限る。）の活動の基盤を充実するため、補助金等交付財産（補助金等に係る予算の執行の適正化に関する法律（昭和三十年法律第百七十九号）第二十二条に規定する財産をいう。次項第四号において同じ。）を当該補助金等交付財産に充てられた補助金等（同法第二条第一項に規定する補助金等をいう。次項第四号において同じ。）の交付の目的以外の目的に使用し、譲渡し、交換し、貸し付け、又は担保に供することにより行う事業
五　次に掲げる事業であって市町村（特別区を含む。以下同じ。）により行われるもの
イ　中小企業者（中小企業等経営強化法（平成十一年法律第十八号）第二条第一項に規定する中小企業者をいう。以下この号及び次項第五号において同じ。）が共同して又は一の団地若しくは主として一の建物に集合して行う事業（国際戦略総合特別区域における産業の国際競争力の強化に資するものとして経済産業省令で定める基準に適合しているものに限る。ロにおいて同じ。）の用に供する工場、事業場、店舗その他の施設の整備を行う当該中小企業者に対し、当該整備を行うのに必要な資金の貸付けを行うこと。
ロ　中小企業者が共同して又は一の団地若しくは主として一の建物に集合して行う事業の用に供する工場、事業場、店舗その他の施設の整備を行う一般社団法人、一般財団法人その他の経済産業省令で定める者に対し、当該整備を行うのに必要な資金の貸付けを行うこと。
3　この法律において「特定地域活性化事業」とは、次に掲げる事業をいう。
一　別表第二に掲げる事業で、第四章第四節第一款の規定による規制の特例措置の適用を受けるもの
二　農業、社会福祉、観光、地球環境の保全その他の分野における各般の課題の解決を図ることを通じて地域活性化総合特別区域における地域の活性化に資する経済的社会的効果を及ぼすものとして政令で定める事業
三　地域活性化総合特別区域における農業、観光業その他の産業の振興、生活環境の整備、社会福祉の増進その他の地域の活性化に資する経済的社会的効果を及ぼすものとして内閣府令で定める事業を行うのに必要な資金を貸し付ける事業（第五十六条第一項において「地域活性化総合特区支援貸付事業」という。）であって銀行その他の内閣府令で定める金融機関（同項において単に「金融機関」という。）により行われるもの
四　地域活性化総合特別区域における地域の活性化に資する事業（第一号に掲げる事業又は当該事業と併せて実施する事業に限る。）の活動の基盤を充実するため、補助金等交付財産を当該補助金等交付財産に充てられた補助金等の交付の目的以外の目的に使用し、譲渡し、交換し、貸し付け、又は担保に供することにより行う事業
五　次に掲げる事業であって市町村により行われるもの
イ　中小企業者が共同して又は一の団地若しくは主として一の建物に集合して行う事業（地域活性化総合特別区域における地域の活性化に資するものとして経済産業省令で定める基準に適合しているものに限る。ロにおいて同

じ。）の用に供する工場、事業場、店舗その他の施設の整備を行う当該中小企業者に対し、当該整備を行うのに必要な資金の貸付けを行うこと。

ロ　中小企業者が共同して又は一の団地若しくは主として一の建物に集合して行う事業の用に供する工場、事業場、店舗その他の施設の整備を行う一般社団法人、一般財団法人その他の経済産業省令で定める者に対し、当該整備を行うのに必要な資金の貸付けを行うこと。

4　この法律において「規制の特例措置」とは、法律により規定された規制についての第十九条の二から第二十三条まで及び第四十三条から第四十五条までに規定する法律の特例に関する措置並びに政令又は主務省令（以下この項において「政令等」という。）により規定された規制についての第二十四条及び第五十三条の規定による政令若しくは内閣府令（告示を含む。）・主務省令（第六十九条ただし書に規定する規制にあっては、主務省令。以下「内閣府令・主務省令」という。）又は第二十五条及び第五十四条の規定による条例で規定する政令等の特例に関する措置をいい、これらの措置の適用を受ける場合において当該規制の趣旨に照らし地方公共団体がこれらの措置と併せて実施し又はその実施を促進することが必要となる措置を含むものとする。

5　この法律において「地方公共団体」とは、都道府県、市町村又は地方自治法（昭和二十二年法律第六十七号）第二百八十四条第一項の一部事務組合若しくは広域連合をいい、港湾法（昭和二十五年法律第二百十八号）第四条第一項の規定による港務局を含むものとする。

（基本理念）

第三条　総合特別区域における産業の国際競争力の強化及び地域の活性化は、地方公共団体が、これらの実現のために必要な政策課題の解決を図るため、当該地域における自然的、経済的及び社会的な特性を最大限に活用し、かつ、民間事業者、地域住民その他の関係者と相互に密接な連携を図りつつ主体的に行う取組により、地域経済に活力をもたらすとともに、我が国の経済社会の活力の向上及び持続的発展を図ることを基本とし、国が、これらの取組に対して、規制の特例措置の整備その他必要な施策を、関連する諸制度の改革を推進しつつ総合的かつ集中的に講ずることを旨として、行われなければならない。

（国の責務）

第四条　国は、前条に定める基本理念にのっとり、地域の自主性及び自立性を尊重しつつ、総合特別区域における産業の国際競争力の強化及び地域の活性化に関する施策を総合的に策定し、及び実施する責務を有する。

2　国は、総合特別区域における産業の国際競争力の強化及び地域の活性化に関する施策の推進に当たっては、地方公共団体、民間事業者、地域住民その他の関係者による政策課題の解決のための取組が円滑に行われるよう、規制の特例措置の整備、関連する諸制度の改革の実施その他必要な措置を講じなければならない。

（指定地方公共団体の責務）

第五条　指定地方公共団体（第八条第九項に規定する指定地方公共団体及び第三十一条第九項に規定する指定地方公共団体をいう。次条において同じ。）は、第三条に定める基本理念にのっとり、国の施策と相まって、その総合特別区域における産業の国際競争力の強化又は地域の活性化に関する政策課題の効果的な解決のために必要な施策を総合的に策定し、及び実施する責務を有する。

（関連する施策との連携）

第六条　国及び指定地方公共団体は、総合特別区域における産業の国際競争力の強化及び地域の活性化に関する施策の推進に当たっては、都市の国際競争力の強化に関する施策、経済社会の構造改革の推進に関する施策、地域の活力の再生に関する施策その他の関連する施策との連携を図るよう努めなければならない。

第二章　総合特別区域基本方針

第七条　政府は、総合特別区域における産業の国際競争力の強化及び地域の活性化に関する施策の総合的かつ集中的な推進を図るための基本的な方針（以下「総合特別区域基本方針」という。）を定めなければならない。

2　総合特別区域基本方針には、次に掲げる事項を定めるものとする。

一　総合特別区域における産業の国際競争力の強化及び地域の活性化の推進の意義及び目標に関する事項

二　総合特別区域における産業の国際競争力の強化及び地域の活性化の推進のために政府が実施すべき施策に関する基本的な方針

三　次条第一項の規定による国際戦略総合特別区域の指定及び第三十一条第一項の規定による地域活性化総合特別区域の指定に関する基本的な事項

四　第十二条第一項に規定する国際戦略総合特別区域計画の同条第十項の認定及び第三十五条第一項に規定する地域活性化総合特別区域計画の同条第十項の認定に関する基本的な事項

五　総合特別区域における産業の国際競争力の強化及び地域の活性化の推進に関し政府が講ずべき措置についての計画

六　前各号に掲げるもののほか、総合特別区域における産業の国際競争力の強化及び地域の活性化の推進に関し必要な事項

3　内閣総理大臣は、総合特別区域推進本部が作成した総合特別区域基本方針の案について閣議の決定を求めなければならない。

4　内閣総理大臣は、前項の規定による閣議の決定があったときは、遅滞なく、総合特別区域基本方針を公表しなければならない。

5　政府は、情勢の推移により必要が生じた場合には、総合特別区域基本方針を変更しなければならない。

6　第三項及び第四項の規定は、前項の規定による総合特別区域基本方針の変更について準用する。

第三章　国際戦略総合特別区域における特別の措置

第一節　国際戦略総合特別区域の指定等

（国際戦略総合特別区域の指定）

第八条　内閣総理大臣は、内閣府令で定めるところにより、地方公共団体が単独で又は共同して行う申請に基づき、当該地方公共団体の区域内の区域であって次に掲げる基準に適合するものについて、国際戦略総合特別区域として指定することができる。

一　当該区域において産業の国際競争力の強化に資する事業を実施することにより、我が国の経済社会の活力の向上及び持続的発展に相当程度寄与することが見込まれること。

二　総合特別区域基本方針に適合すること。

2　地方公共団体は、前項の規定による申請（以下この節において「指定申請」という。）を行う場合には、次に掲げる事項を記載した申請書を提出しなければならない。

一　指定申請に係る区域の範囲

二　前号の区域における産業の国際競争力の強化に関する目標及びその達成のために取り組むべき政策課題

三　前号の目標を達成するために実施し又はその実施を促進しようとする事業の内容

3　次に掲げる者は、地方公共団体に対して、指定申請をすることについての提案をすることができる。

一　当該提案に係る区域において特定国際戦略事業を実施しようとする者

二　前号に掲げる者のほか、当該提案に係る区域における特定国際戦略事業の実施に関し密接な関係を有する者

4　前項の提案を受けた地方公共団体は、当該提案に基づき指定申請をするか否かについて、遅滞なく、当該提案をした者に通知しなければならない。この場合において、指定申請をしないこととするときは、その理由を明らかにしなければならない。

5　地方公共団体は、指定申請をしようとするときは、関係地方公共団体の意見を聴くとともに、第十九条第一項の国際戦略総合特別区域協議会（以下この節において「地域協議会」という。）が組織されているときは、当該指定申請に係る第二項各号に掲げる事項その他当該指定申請に関し必要な事項について当該地域協議会における協議をしなければならない。

6　指定申請には、前項の規定により聴いた関係地方公共団体の意見の概要（同項の規定により地域協議会における協議をした場合にあっては、当該意見及び当該協議の概要）を添付しなければならない。

7　内閣総理大臣は、第一項の規定による指定（以下この条及び次条第一項において単に「指定」という。）をしようとするときは、総合特別区域推進本部の意見を聴かなければならない。

8　内閣総理大臣は、指定をしたときは、遅滞なく、その旨その他内閣府令で定める事項を公示しなければならない。

9　内閣総理大臣は、指定を受けた地方公共団体（以下この章において「指定地方公共団体」という。）の申請に基づき、国際戦略総合特別区域の指定を解除し、又はその区域を変更することができる。この場合において、第五項から前項までの規定は国際戦略総合特別区域の指定の解除について、前各項の規定はその区域の変更について、それぞれ準用する。

10　前項に定める場合のほか、内閣総理大臣は、国際戦略総合特別区域の指定を受けた区域の全部又は一部が第一項各号のいずれかに適合しなくなったと認めるときは、指定地方公共団体の意見を聴いて、当該国際戦略総合特別区域の指定を解除し、又はその区域を変更することができる。この場合においては、第七項及び第八項の規定を準用する。

（国際競争力強化方針）

第九条　内閣総理大臣は、指定を行う場合には、総合特別区域基本方針に即し、かつ、指定申請の内容を勘案して、当該指定に係る国際戦略総合特別区域における産業の国際競争力の強化に関する方針（以下「国際競争力強化方針」という。）を定めるものとする。

2　国際競争力強化方針には、次に掲げる事項を定めるものとする。

一　国際戦略総合特別区域における産業の国際競争力の強化に関する目標及びその達成のために取り組むべき政策課題

二　前号の目標を達成するために指定地方公共団体が実施し又はその実施を促進する事業に関する基本的な事項

三　前二号に掲げるもののほか、国際戦略総合特別区域における産業の国際競争力の強化に関し必要な事項

3　内閣総理大臣は、国際競争力強化方針を定めようとするときは、総合特別区域推進本部の意見を聴かなければならない。

4　内閣総理大臣は、国際競争力強化方針を定めたときは、遅滞なく、これを公表するとともに、指定地方公共団体に送付しなければならない。

5　指定地方公共団体は、必要があると認めるときは、内閣総理大臣に対して、国際競争力強化方針の変更についての申出をすることができる。

6　内閣総理大臣は、前項の申出について検討を加え国際競争力強化方針を変更する必要があると認めるとき、又は情勢の推移により必要が生じたときは、国際競争力強化方針を変更しなければならない。

7　第三項及び第四項の規定は、前項の規定による国際競争力強化方針の変更について準用する。

（新たな規制の特例措置等に関する提案）

第十条　指定申請をしようとする地方公共団体（地域協議会を組織するものに限る。）又は指定地方公共団体（以下この条において「指定地方公共団体等」という。）は、内閣総理大臣に対して、新たな規制の特例措置その他の特別の措置（次項及び次条第一項において「新たな規制の特例措置等」という。）の整備その他の国際戦略総合特別区域における産業の国際競争力の強化の推進に関し政府が講ずべき新たな措置に関する提案（以下この条において単に「提案」という。）をすることができる。

2　国際戦略総合特別区域において新たな規制の特例措置等の適用を受けて事業を実施しようとする者は、指定地方公共団体等に対して、当該新たな規制の特例措置等の整備について提案をするよう要請することができる。

3　前項の規定による要請を受けた指定地方公共団体等は、当該要請に基づき提案をするか否かについて、遅滞なく、当該要請をした者に通知しなければならない。この場合において、当該提案をしないこととするときは、その理由を明らかにしなければならない。

4　内閣総理大臣は、提案がされた場合において、総合特別区域推進本部の議を経て、当該提案を踏まえた新たな措置を講ずる必要があると認めるときは、遅滞なく、総合特別区域推

進本部が作成した総合特別区域基本方針の変更の案について閣議の決定を求めなければならない。

5 内閣総理大臣は、前項の規定による閣議の決定があったときは、遅滞なく、総合特別区域基本方針を公表しなければならない。

6 内閣総理大臣は、提案がされた場合において、総合特別区域推進本部の議を経て、当該提案を踏まえた新たな措置を講ずる必要がないと認めるときは、その旨及びその理由を当該提案をした指定地方公共団体等に通知しなければならない。

7 内閣総理大臣は、提案がされた場合において、次条第一項に規定する協議会が組織されているときは、第四項又は前項の総合特別区域推進本部の議に先立ち、当該提案について当該協議会における協議をしなければならない。

（国と地方の協議会）

第十一条 内閣総理大臣、国務大臣のうちから内閣総理大臣の指定する者及び指定地方公共団体の長（以下この条において「内閣総理大臣等」という。）は、国際戦略総合特別区域ごとに、当該国際戦略総合特別区域において指定地方公共団体が実施し又はその実施を促進しようとする事業、当該事業を実施するために必要な新たな規制の特例措置等の整備その他の当該国際戦略総合特別区域における産業の国際競争力の強化に関する施策の推進に関し必要な協議を行うための協議会（以下この条において単に「協議会」という。）を組織することができる。

2 指定地方公共団体の長は、協議会が組織されていないときは、内閣総理大臣に対して、協議会を組織するよう要請することができる。

3 前項の規定による要請を受けた内閣総理大臣は、正当な理由がある場合を除き、当該要請に応じなければならない。

4 内閣総理大臣等は、必要と認めるときは、協議して、協議会に、次に掲げる者を構成員として加えることができる。

一 地方公共団体の長その他の執行機関（指定地方公共団体の長を除く。）

二 地域協議会を代表する者

三 特定国際戦略事業を実施し、又は実施すると見込まれる者

四 その他特定国際戦略事業の実施に関し密接な関係を有する者

5 第一項の協議を行うための会議（以下この条において単に「会議」という。）は、内閣総理大臣等及び前項の規定により加わった者又はこれらの指名する者をもって構成する。

6 協議会は、会議において協議を行うため必要があると認めるときは、国の行政機関の長及び地方公共団体の長その他の執行機関に対して、資料の提供、意見の表明、説明その他必要な協力を求めることができる。

7 協議会は、会議において協議を行うため特に必要があると認めるときは、前項に規定する者以外の者に対しても、必要な協力を依頼することができる。

8 会議において協議が調った事項については、協議会の構成員は、その協議の結果を尊重しなければならない。

9 協議会の庶務は、内閣府において処理する。

10 前各項に定めるもののほか、協議会の運営に関し必要な事項は、協議会が定める。

第二節　国際戦略総合特別区域計画の認定等

（国際戦略総合特別区域計画の認定）

第十二条 指定地方公共団体は、総合特別区域基本方針及び当該指定に係る国際戦略総合特別区域に係る国際競争力強化方針に即して、内閣府令で定めるところにより、当該国際戦略総合特別区域における産業の国際競争力の強化を図るための計画（以下「国際戦略総合特別区域計画」という。）を作成し、内閣総理大臣の認定を申請するものとする。

2 国際戦略総合特別区域計画には、次に掲げる事項を定めるものとする。

一 第九条第二項第一号の目標を達成するために国際戦略総合特別区域において実施し又はその実施を促進しようとする特定国際戦略事業の内容及び実施主体に関する事項

二 前号に規定する特定国際戦略事業ごとの第四節の規定による特別の措置の内容

三 前二号に掲げるもののほか、第一号に規定する特定国際戦略事業に関する事項

3 前項各号に掲げるもののほか、国際戦略総合特別区域計画には、次に掲げる事項を定めるよう努めるものとする。

一 国際戦略総合特別区域計画の名称

二 国際戦略総合特別区域計画の実施が国際戦略総合特別区域に及ぼす経済的社会的効果

三 前二号に掲げるもののほか、国際戦略総合特別区域における産業の国際競争力の強化のために必要な事項

4 指定地方公共団体は、国際戦略総合特別区域計画を作成しようとするときは、関係地方公共団体及び第二項第一号に規定する実施主体（以下この章において単に「実施主体」という。）の意見を聴かなければならない。

5 特定国際戦略事業を実施しようとする者は、当該特定国際戦略事業を実施しようとする国際戦略総合特別区域に係る指定地方公共団体に対し、当該特定国際戦略事業をその内容に含む国際戦略総合特別区域計画の作成についての提案をすることができる。

6 前項の指定地方公共団体は、同項の提案を踏まえた国際戦略総合特別区域計画を作成する必要がないと認めるときは、その旨及びその理由を当該提案をした者に通知しなければならない。

7 指定地方公共団体は、国際戦略総合特別区域計画を作成しようとする場合において、第十九条第一項の国際戦略総合特別区域協議会が組織されているときは、当該国際戦略総合特別区域計画に定める事項について当該国際戦略総合特別区域協議会における協議をしなければならない。

8 第一項の規定による認定の申請には、次に掲げる事項を記載した書面を添付しなければならない。

一 第四項の規定により聴いた関係地方公共団体及び実施主体の意見の概要

二 第五項の提案を踏まえた国際戦略総合特別区域計画についての認定の申請をする場合にあっては、当該提案の概要

三 前項の規定による協議をした場合にあっては、当該協議の概要

9 指定地方公共団体は、第一項の規定による認定の申請に当たっては、国際戦略総合特別区域において実施し又はその実

施を促進しようとする特定国際戦略事業及びこれに関連する事業に関する規制について規定する法律及び法律に基づく命令（告示を含む。）の規定の解釈について、関係行政機関の長（当該行政機関が合議制の機関である場合にあっては、当該行政機関。以下同じ。）に対し、その確認を求めることができる。この場合において、当該確認を求められた関係行政機関の長は、当該指定地方公共団体に対し、速やかに回答しなければならない。

10　内閣総理大臣は、第一項の規定による認定の申請があった場合において、国際戦略総合特別区域計画のうち第二項各号に掲げる事項に係る部分が次に掲げる基準に適合すると認めるときは、その認定をするものとする。

一　総合特別区域基本方針及び当該国際戦略総合特別区域に係る国際競争力強化方針に適合するものであること。

二　当該国際戦略総合特別区域計画の実施が当該国際戦略総合特別区域における産業の国際競争力の強化に相当程度寄与するものであると認められること。

三　円滑かつ確実に実施されると見込まれるものであること。

11　内閣総理大臣は、前項の認定（以下この条から第十四条までにおいて単に「認定」という。）を行うに際し必要と認めるときは、総合特別区域推進本部に対し、意見を求めることができる。

12　内閣総理大臣は、認定をしようとするときは、国際戦略総合特別区域計画に定められた特定国際戦略事業に関する事項について、当該特定国際戦略事業に係る関係行政機関の長（以下この節において単に「関係行政機関の長」という。）の同意を得なければならない。

13　内閣総理大臣は、認定をしたときは、遅滞なく、その旨を公示しなければならない。

（**認定に関する処理期間**）

第十三条　内閣総理大臣は、認定の申請を受理した日から三月以内において速やかに、認定に関する処分を行わなければならない。

2　関係行政機関の長は、内閣総理大臣が前項の処理期間中に認定に関する処分を行うことができるよう、速やかに、前条第十二項の同意について同意又は不同意の旨を通知しなければならない。

（**認定国際戦略総合特別区域計画の変更**）

第十四条　認定を受けた指定地方公共団体は、認定を受けた国際戦略総合特別区域計画（以下「認定国際戦略総合特別区域計画」という。）の変更（内閣府令で定める軽微な変更を除く。）をしようとするときは、内閣総理大臣の認定を受けなければならない。

2　第十二条第四項から第十三項まで及び前条の規定は、前項の認定国際戦略総合特別区域計画の変更について準用する。

（**構造改革特別区域法の特定事業**）

第十四条の二　指定地方公共団体は、国際戦略総合特別区域における産業の国際競争力の強化を図るために必要と認めるときは、国際戦略総合特別区域計画に、次に掲げる事項を定めることができる。

一　国際戦略総合特別区域において実施し又はその実施を促進しようとする構造改革特別区域法（平成十四年法律第百八十九号）第二条第二項に規定する特定事業（以下この条及び第三十七条の二において「特定事業」という。）の内容、実施主体及び開始の日に関する事項

二　前号に規定する特定事業ごとの構造改革特別区域法第四章の規定による規制の特例措置の内容

三　指定地方公共団体が第一号に規定する特定事業を実施し又はその実施を促進しようとする区域（第三項において「特定事業実施区域」という。）の範囲

2　前項各号に掲げる事項を記載した国際戦略総合特別区域計画について第十二条第一項の規定による認定の申請があった場合における同条の規定の適用については、同条第四項中「及び第二項第一号」とあるのは「並びに第二項第一号及び第十四条の二第一項第一号」と、同条第五項及び第十二項中「特定国際戦略事業」とあるのは「特定国際戦略事業及び第十四条の二第一項第一号の特定事業」と、同条第九項中「特定国際戦略事業及び」とあるのは「特定国際戦略事業及び第十四条の二第一項第一号の特定事業並びに」と、同条第十項中「第二項各号」とあるのは「第二項各号及び第十四条の二第一項各号」とする。

3　前項の規定により読み替えて適用される第十二条第十項の認定を受けた国際戦略総合特別区域計画（第一項各号に掲げる事項を定めた部分に限るものとし、前条第一項の変更の認定を受けたものを含む。次項において同じ。）については、第十二条第十項の認定（前条第一項の変更の認定を含む。）を構造改革特別区域法第四条第九項の認定（同法第六条第一項の変更の認定を含む。）と、第十二条第十項の認定を受けた国際戦略総合特別区域計画（前条第一項の変更の認定があったときは、その変更後のもの）を同法第四条第九項の認定を受けた構造改革特別区域計画（同法第六条第一項の変更の認定があったときは、その変更後のもの）と、特定事業実施区域を同法第二条第一項の構造改革特別区域と、第八条第九項又は第十項の規定により同条第一項の国際戦略総合特別区域の指定が解除された場合及び第十七条第一項の規定により第十二条第十項の認定が取り消された場合を同法第九条第一項の規定により認定が取り消された場合とみなして、同法第四章の規定を適用する。

4　第二項の規定により読み替えて適用される第十二条第十項の認定を受けた国際戦略総合特別区域計画については、第一項第二号の規制の特例措置を構造改革特別区域法第二条第三項の規制の特例措置とみなして、同法第四十八条の規定を適用する。

5　第二項の規定により読み替えて適用される第十二条第十項の認定を受けた国際戦略総合特別区域計画（前条第一項の変更の認定を受けたものを含む。）に係る次条、第十六条、第十八条及び第十九条の規定の適用については、次条第二項中「特定国際戦略事業」とあるのは「特定国際戦略事業及び前条第一項第一号の特定事業」と、第十六条第二項、第十八条第二項並びに第十九条第二項第二号及び第五項第一号中「特定国際戦略事業」とあるのは「特定国際戦略事業及び第十四条の二第一項第一号の特定事業」とする。

6　第二項から前項までに定めるもののほか、第一項各号に掲げる事項を記載した国際戦略総合特別区域計画についての構造改革特別区域法の規定の適用に関し必要な読替えは、政令で定める。

（**報告の徴収**）

第十五条　内閣総理大臣は、第十二条第十項の認定（第十四条第一項の変更の認定を含む。以下この章において単に「認定」という。）を受けた指定地方公共団体（以下この節において「認定地方公共団体」という。）に対し、認定国際戦略総合特別区域計画（認定国際戦略総合特別区域計画の変更があったときは、その変更後のもの。以下同じ。）の実施の状況について報告を求めることができる。

2　関係行政機関の長は、認定地方公共団体に対し、認定国際戦略総合特別区域計画に定められた特定国際戦略事業の実施の状況について報告を求めることができる。

（措置の要求）

第十六条　内閣総理大臣は、認定国際戦略総合特別区域計画の適正な実施のため必要があると認めるときは、認定地方公共団体に対し、当該認定国際戦略総合特別区域計画の実施に関し必要な措置を講ずることを求めることができる。

2　関係行政機関の長は、認定国際戦略総合特別区域計画に定められた特定国際戦略事業の適正な実施のため必要があると認めるときは、認定地方公共団体に対し、当該特定国際戦略事業の実施に関し必要な措置を講ずることを求めることができる。

（認定の取消し）

第十七条　内閣総理大臣は、認定国際戦略総合特別区域計画が第十二条第十項各号のいずれかに適合しなくなったと認めるときは、その認定を取り消すことができる。この場合において、内閣総理大臣は、あらかじめ関係行政機関の長にその旨を通知しなければならない。

2　関係行政機関の長は、内閣総理大臣に対し、前項の規定による認定の取消しに関し必要と認める意見を申し出ることができる。

3　第十二条第十三項の規定は、第一項の規定による認定国際戦略総合特別区域計画の認定の取消しについて準用する。

（認定地方公共団体への援助等）

第十八条　内閣総理大臣及び関係行政機関の長は、認定地方公共団体に対し、認定国際戦略総合特別区域計画の円滑かつ確実な実施に関し必要な情報の提供、助言その他の援助を行うように努めなければならない。

2　関係行政機関の長及び関係地方公共団体の長その他の執行機関は、認定国際戦略総合特別区域計画に係る特定国際戦略事業の実施に関し、法令の規定による許可その他の処分を求められたときは、当該特定国際戦略事業が円滑かつ迅速に実施されるよう、適切な配慮をするものとする。

3　前二項に定めるもののほか、内閣総理大臣、関係行政機関の長、認定地方公共団体、関係地方公共団体及び実施主体は、認定国際戦略総合特別区域計画の円滑かつ確実な実施が促進されるよう、相互に連携を図りながら協力しなければならない。

第三節　国際戦略総合特別区域協議会

第十九条　地方公共団体は、第八条第一項の規定による国際戦略総合特別区域の指定の申請、第十二条第一項の規定により作成しようとする国際戦略総合特別区域計画並びに認定国際戦略総合特別区域計画及びその実施に関し必要な事項について協議するため、国際戦略総合特別区域協議会（以下この条及び第二十八条第一項において「地域協議会」という。）を組織することができる。

2　地域協議会は、次に掲げる者をもって構成する。

一　前項の地方公共団体

二　特定国際戦略事業を実施し、又は実施すると見込まれる者

3　第一項の規定により地域協議会を組織する地方公共団体は、必要があると認めるときは、前項各号に掲げる者のほか、地域協議会に、次に掲げる者を構成員として加えることができる。

一　当該地方公共団体が作成しようとする国際戦略総合特別区域計画又は認定国際戦略総合特別区域計画及びその実施に関し密接な関係を有する者

二　その他当該地方公共団体が必要と認める者

4　地方公共団体は、前項の規定により地域協議会の構成員を加えるに当たっては、地域協議会の構成員の構成が、当該地方公共団体が作成しようとする国際戦略総合特別区域計画又は認定国際戦略総合特別区域計画及びその実施に関する多様な意見が適切に反映されるものとなるよう配慮しなければならない。

5　次に掲げる者は、地域協議会が組織されていない場合にあっては、地方公共団体に対して、地域協議会を組織するよう要請することができる。

一　特定国際戦略事業を実施し、又は実施しようとする者

二　前号に掲げる者のほか、当該地方公共団体が作成しようとする国際戦略総合特別区域計画又は認定国際戦略総合特別区域計画及びその実施に関し密接な関係を有する者

6　前項の規定による要請を受けた地方公共団体は、正当な理由がある場合を除き、当該要請に応じなければならない。

7　地方公共団体は、第一項の規定により地域協議会を組織したときは、遅滞なく、内閣府令で定めるところにより、その旨を公表しなければならない。

8　第五項各号に掲げる者であって地域協議会の構成員でないものは、第一項の規定により地域協議会を組織する地方公共団体に対して、自己を地域協議会の構成員として加えるよう申し出ることができる。

9　前項の規定による申出を受けた地方公共団体は、正当な理由がある場合を除き、当該申出に応じなければならない。

10　第一項の協議を行うための会議において協議が調った事項については、地域協議会の構成員は、その協議の結果を尊重しなければならない。

11　前各項に定めるもののほか、地域協議会の運営に関し必要な事項は、地域協議会が定める。

第四節　認定国際戦略総合特別区域計画に基づく事業に対する特別の措置

第一款　規制の特例措置

（国有財産法の特例）

第十九条の二　指定地方公共団体が、第十二条第二項第一号に

規定する特定国際戦略事業として、先端的研究開発推進施設整備事業（国際戦略総合特別区域において大学その他の研究機関と連携して先端的な研究開発を推進するために必要な施設を整備する事業をいう。以下この条及び別表第一の一の項において同じ。）を定めた国際戦略総合特別区域計画について、内閣総理大臣の認定を申請し、その認定を受けたときは、当該認定の日以後は、当該認定を受けた指定地方公共団体が、建物及びその附帯施設並びにこれらの敷地（国有財産法（昭和二十三年法律第七十三号）第三条第三項に規定する普通財産であるものに限る。以下この条において「建物等」という。）であって次に掲げる要件のいずれにも該当するもの（以下この条において「特定建物等」という。）の譲渡を受けて当該先端的研究開発推進施設整備事業の用に供しようとする場合には、当該特定建物等を所管する各省各庁の長（同法第四条第二項に規定する各省各庁の長をいう。）は、同法第二十八条の規定にかかわらず、当該認定を受けた指定地方公共団体に当該特定建物等を譲与することができる。

一　当該建物等の売却につき買受人がないこと、又は売却しても買受人がないことが明らかであること。

二　当該建物及びその附帯施設の解体並びに当該解体に伴い生じた廃棄物の撤去に要する費用が当該敷地の価格（当該建物及びその附帯施設が存しないものとして類地の時価を考慮して算定した価格をいう。）を超えると見込まれること。

三　当該建物等の価格（時価によって算定した価格をいう。）に比し、その維持及び保存を行うために多額の費用を要すること。

（海上運送法の特例）

第十九条の三　指定地方公共団体が、第十二条第二項第一号に規定する特定国際戦略事業として、国際会議等参加旅客不定期航路事業（国際戦略総合特別区域において開催される国際会議等（国際会議等の誘致の促進及び開催の円滑化等による国際観光の振興に関する法律（平成六年法律第七十九号）第二条に規定する国際会議等をいう。）に参加する者の運送をすることを主たる目的として行う海上運送法（昭和二十四年法律第百八十七号）第二十一条第一項（同法第四十四条において準用する場合を含む。）に規定する旅客不定期航路事業（その航路の起点、寄港地及び終点が当該国際戦略総合特別区域内にあるものであって、当該旅客不定期航路事業を営む者と同法第六条（同法第四十四条において準用する場合を含む。）に規定する一般旅客定期航路事業者との間に不当な競争を引き起こすこととなるおそれがないものに限る。）をいう。以下この条及び別表第一の二の項において同じ。）を定めた国際戦略総合特別区域計画について、内閣総理大臣の認定を申請し、その認定を受けたときは、当該認定の日以後は、当該国際会議等参加旅客不定期航路事業を営む者については、同法第二十一条の二（同法第四十四条において準用する場合を含む。）の規定は、適用しない。

注　令和五年五月一二日法律二四号により改正され、公布の日から起算して二年を超えない範囲内において政令で定める日から施行

第十九条の三中「第二十一条第一項」を「第二条第九項」に改める。

第二十条　削除

（建築基準法の特例）

第二十一条　指定地方公共団体が、第十二条第二項第一号に規定する特定国際戦略事業として、国際戦略建築物整備事業（国際戦略総合特別区域における産業の国際競争力の強化を図るために必要な建築物の整備を促進する事業をいう。別表第一の四の項において同じ。）を定めた国際戦略総合特別区域計画について、内閣総理大臣の認定を申請し、その認定を受けたときは、当該認定の日以後は、当該国際戦略総合特別区域内の建築物に対する建築基準法（昭和二十五年法律第二百一号）第四十八条第一項から第十三項まで（これらの規定を同法第八十七条第二項又は第三項において準用する場合を含む。）の規定の適用については、同法第四十八条第一項ただし書中「特定行政庁が」とあるのは「特定行政庁が、総合特別区域法（平成二十三年法律第八十一号）第二十一条第一項の認定を受けた同項に規定する国際戦略総合特別区域計画に定められた同条第二項に規定する基本方針（以下この条において「認定計画基本方針」という。）に適合すると認めて許可した場合その他」と、同項から同条第十一項まで及び同条第十三項の規定のただし書の規定中「認め、」とあるのは「認めて許可した場合、」と、同条第二項から第十三項までの規定のただし書の規定中「特定行政庁が」とあるのは「特定行政庁が、認定計画基本方針に適合すると認めて許可した場合その他」とする。

2　前項の国際戦略総合特別区域計画には、第十二条第二項第三号に掲げる事項として、当該国際戦略建築物整備事業に係る建築物の整備に関する基本方針を定めるものとする。この場合において、当該基本方針は、当該国際戦略総合特別区域内の用途地域（建築基準法第四十八条第十四項に規定する用途地域をいう。第四十四条第二項において同じ。）の指定の目的に反することのないよう定めなければならない。

第二十二条　指定地方公共団体が、第十二条第二項第一号に規定する特定国際戦略事業として、特別用途地区国際戦略建築物整備事業（建築基準法第四十九条第二項の規定に基づく条例で同法第四十八条第一項から第十三項までの規定による制限を緩和することにより、国際戦略総合特別区域内の特別用途地区（都市計画法（昭和四十三年法律第百号）第八条第一項第二号に掲げる特別用途地区をいう。以下同じ。）内において、産業の国際競争力の強化を図るために必要な建築物の整備を促進する事業をいう。別表第一の五の項において同じ。）を定めた国際戦略総合特別区域計画について、内閣総理大臣の認定を申請し、その認定を受けたときは、当該認定の日以後は、当該認定を受けた指定地方公共団体については、当該認定を建築基準法第四十九条第二項の承認とみなして、同項の規定を適用する。

2　前項の国際戦略総合特別区域計画には、第十二条第二項第三号に掲げる事項として、当該特別用途地区国際戦略建築物整備事業に係る特別用途地区について建築基準法第四十九条第二項の規定に基づく条例で定めようとする同法第四十八条第一項から第十三項までの規定による制限の緩和の内容を定めるものとする。

（道路運送車両法の特例）

第二十二条の二　指定地方公共団体が、第十二条第二項第一号に規定する特定国際戦略事業として、農業経営改善自家用貨物自動車活用事業（国際戦略総合特別区域において農業を営む者が、農業経営の規模の拡大その他の農業経営の改善を図るため、自家用貨物自動車（貨物の運送の用に供する自家用自動車（道路運送法（昭和二十六年法律第百八十三号）第七十八条に規定する自家用自動車をいう。）をいう。以下この条において同じ。）を活用する事業をいう。以下この条及び別表第一の六の項において同じ。）を定めた国際戦略総合特別区域計画について、内閣総理大臣の認定を申請し、その認定を受けたときは、当該認定の日以後は、第六項の規定により認定地方公共団体（当該認定を受けた指定地方公共団体をいう。以下この条において同じ。）の長の指定を受けた指定自家用貨物自動車の使用者（第三項及び第八項において「指定自家用貨物自動車使用者」という。）が、国土交通省令で定めるところにより、当該指定自家用貨物自動車の自動車検査証の有効期間（道路運送車両法（昭和二十六年法律第百八十五号）第六十一条第三項の規定により現に短縮されているもの及びこの項の規定により現に伸長されているものを除く。以下この条において同じ。）の満了の日の一月前から当該満了の日までの間に、国土交通大臣に対し、当該指定自家用貨物自動車の自動車検査証を提出して、当該指定自家用貨物自動車の自動車検査証の有効期間の伸長を申請した場合には、国土交通大臣は、同法第六十一条第一項の規定にかかわらず、一年を限り、当該自動車検査証の有効期間を伸長するものとする。

2　前項の規定による自動車検査証の有効期間の伸長の申請には、第十項の規定により地方運輸局長が指定した自動車特定整備事業者（道路運送車両法第七十八条第四項に規定する自動車特定整備事業者をいう。第十項において同じ。）が第十一項の規定により交付した点検整備済証であって有効なものを添付しなければならない。

3　国土交通大臣は、第一項の規定により自動車検査証の有効期間を伸長するときは、当該自動車検査証に伸長後の有効期間を記録して、これを当該指定自家用貨物自動車使用者に返付するものとする。

4　道路運送車両法第五十九条第三項並びに第六十二条第四項及び第五項の規定は第一項の規定による自動車検査証の有効期間の伸長について、同法第六十六条第二項（第二号に係る部分に限る。）、第九十七条の二及び第九十七条の四第一項の規定は前項の規定による自動車検査証の返付について、それぞれ準用する。この場合において、同号中「第六十二条第二項（第六十三条第三項及び次条第四項において準用する場合を含む。）」とあるのは「総合特別区域法第二十二条の二第三項」と、同法第九十七条の二第一項中「場合（検査対象軽自動車又は二輪の小型自動車の使用者にあつては、第六十二条第二項の規定により自動車検査証の返付を受けようとする場合に限る。）」とあるのは「場合」と、「同じ。）又は軽自動車税種別割」とあるのは「同じ。）」と、同条第二項中「自動車税種別割又は軽自動車税種別割」とあるのは「自動車税種別割」と、同項中「国土交通大臣（第七十四条の四の規定の適用があるときは、協会。次項において同じ。）」とあり、及び同法第九十七条の四第一項中「国土交通大臣（第七十四条の四の規定の適用があるときは、協会）」とあるのは「国土交通大臣」と読み替えるものとする。

5　第一項の規定により有効期間が伸長されている自動車検査証は、次に掲げる事由が生じた場合においては、当該事由が生じた日（当該日が伸長前の有効期間の満了の日以前の日である場合にあっては、当該満了の日の翌日）にその効力を失う。この場合において、当該自動車検査証に係る自動車の使用者は、速やかに、当該自動車検査証を国土交通大臣に返納しなければならない。

一　第八条第九項又は第十項の規定による国際戦略総合特別区域の指定の解除又はその区域の変更（当該変更により、第一項の規定により有効期間が伸長されている自動車検査証に係る指定自家用貨物自動車が当該国際戦略総合特別区域内に使用の本拠の位置を有しないこととなるものに限る。）

二　第十四条第一項の規定による認定国際戦略総合特別区域計画の変更（第十二条第二項第一号に規定する特定国際戦略事業として農業経営改善自家用貨物自動車活用事業を定めないこととするものに限る。）の認定

三　第十七条第一項の規定による第一項の認定の取消し

四　第九項の規定による次項の指定の取消し

6　第一項の規定による自動車検査証の有効期間の伸長を受けようとする自家用貨物自動車の使用者は、国土交通省令で定めるところにより、認定地方公共団体の長に申請をして、当該自家用貨物自動車について、指定自家用貨物自動車としての指定を受けなければならない。

7　認定地方公共団体の長は、前項の申請に係る自家用貨物自動車が次に掲げる要件の全てに該当すると認める場合に限り、同項の指定をすることができる。

一　車両総重量八トン未満の道路運送車両法第四条に規定する自動車（同法第三条に規定する大型特殊自動車を除く。）であって、その構造が国土交通省令で定める要件に該当するものであること。

二　当該国際戦略総合特別区域における自然的、経済的又は社会的な特性によって、当該自家用貨物自動車の使用の方法が、その装置（道路運送車両法第四十一条第一項各号に掲げる装置をいう。）について劣化又は摩耗により保安基準（同法第四十六条に規定する保安基準をいう。第十一項において同じ。）に適合しなくなるおそれが比較的少ないと見込まれるものとして国土交通省令で定めるものに該当するものであること。

三　主として農業経営改善自家用貨物自動車活用事業の用に供するものであること。

四　当該国際戦略総合特別区域内にその使用の本拠の位置を有すること。

8　認定地方公共団体の長は、この条の規定の施行に必要な限度において、指定自家用貨物自動車の使用者に対し、当該指定自家用貨物自動車の使用に関し必要な報告を求めることができる。

9　認定地方公共団体の長は、指定自家用貨物自動車が第七項各号に掲げる要件のいずれかに該当しなくなったと認めるときは、その指定を取り消すことができる。

10　地方運輸局長は、自動車特定整備事業者の申請により、道路運送車両法第七十八条第一項の規定による自動車特定整備事業の認証を受けた事業場であって、指定自家用貨物自動車の整備について国土交通省令で定める基準に適合する設備、技術及び管理組織を有し、かつ、確実に次項に規定する指定自家用貨物自動車の点検及び整備を行うと認められるものに

ついて、指定点検整備事業の指定をすることができる。

11 前項の指定を受けた者（次項において「指定点検整備事業者」という。）は、指定自家用貨物自動車を国土交通省令で定める技術上の基準により点検し、当該指定自家用貨物自動車の保安基準に適合しなくなるおそれがある部分及び適合しない部分について必要な整備をしたときは、請求により、点検整備済証を依頼者に交付しなければならない。ただし、道路運送車両法第六十三条第二項の規定により臨時検査を受けるべき指定自家用貨物自動車については、臨時検査を受けていなければ、これを交付してはならない。

12 道路運送車両法第七十八条第二項から第四項まで及び第八十条第一項（第二号ロからニまでに係る部分に限る。）の規定は第十項の指定について、同法第八十一条第一項（第四号に係る部分に限る。）及び第二項、第八十九条、第九十四条の三、第九十四条の五第六項、第九十四条の六第一項（第四号を除く。）及び第二項、第九十四条の八、第九十四条の十、第百条並びに第百三条の規定は指定点検整備事業者について、それぞれ準用する。この場合において、次の表の上欄に掲げる同法の規定中同表の中欄に掲げる字句は、それぞれ同表の下欄に掲げる字句に読み替えるものとするほか、必要な技術的読替えは、政令で定める。

第七十八条第四項	自動車特定整備事業者	指定点検整備事業者
第八十条第一項第二号ロ	第九十三条の規定による自動車特定整備事業の認証	総合特別区域法第二十二条の二第十二項において準用する第九十四条の八第一項の規定による指定
	当該認証	当該指定
第九十四条の三第一項	前条第一項	総合特別区域法第二十二条の二第十項
	設備（自動車の検査の設備を含む。次項において同じ。）	設備
	同条第一項	同項
第九十四条の三第二項	前条第一項	総合特別区域法第二十二条の二第十項
第九十四条の五第六項	保安基準適合証及び保安基準適合標章	点検整備済証（総合特別区域法第二十二条の二第十一項に規定する点検整備済証をいう。以下同じ。）
第九十四条の六第一項	指定整備記録簿	指定点検整備記録簿
	保安基準適合証、保安基準適合標章又は限定保安基準適合証	点検整備済証
第九十四条の六第一項第一号	登録自動車にあつては自動車登録番号、第六十条第一項後段の規定により車両番号の指定を受けた自動車にあつては車両番号	自動車登録番号
第九十四条の六第一項第二号	整備並びに検査	整備
第九十四条の六第一項第三号	検査の	点検及び整備を完了した
第九十四条の六第一項第五号、第九十四条の八第一項及び第百三条第一項	保安基準適合証、保安基準適合標章及び限定保安基準適合証	点検整備済証
第九十四条の六第二項	指定整備記録簿	指定点検整備記録簿
第九十四条の八第一項第一号	この法律若しくはこの法律	この法律若しくは総合特別区域法若しくはこれらの法律
第九十四条の八第一項第三号及び第四号	第九十四条の二第二項	総合特別区域法第二十二条の二第十二項
第九十四条の八第一項第五号	第九条第七項	第九条第八項
第九十四条の八第二項	次条	総合特別区域法第二十二条の二第十二項
第九十四条の十	第九十四条の五第一項及び第九十四条の五の二第一項の証明の方式、保安基準適合証、保安基準適合標章及び限定保安基準適合証の様式その他保安基準適合証、保安基準適合標章及び限定保安基準適合証	点検整備済証の様式その他点検整備済証
	指定整備記録簿の様式並びに	指定点検整備記録簿の様式及び
	及び自動車検査員の遵守すべき	の遵守すべき
第百条第一項	第七十五条の六第一項に定めるもののほか、第一条の目的を達成するため必要があると認めるときは、次に	総合特別区域法第二十二条の二の規定の施行に必要な限度において、第十五号に掲げる者に、その事業

	掲げる者に、道路運送車両の所有若しくは使用又は事業若しくは業務	
第百条第二項	第七十五条の六第一項に定めるもののほか、第一条の目的を達成するため特に必要があると認めるときは、前項各号に掲げる者	総合特別区域法第二十二条の二の規定の施行に必要な限度において、前項第十五号に掲げる者
	その他の事業場又は道路運送車両の所在すると認める場所	その他の事業場
	道路運送車両、帳簿書類	帳簿書類

13　この条に規定する国土交通大臣の権限は、政令で定めるところにより、地方運輸局長に委任することができる。

14　前項の規定により地方運輸局長に委任された権限は、政令で定めるところにより、運輸監理部長又は運輸支局長に委任することができる。

15　次の各号のいずれかに該当する者は、一年以下の懲役若しくは五十万円以下の罰金に処し、又はこれを併科する。

一　偽りその他不正の手段により、第三項の規定による自動車検査証の返付を受けた者

二　第十二項において準用する道路運送車両法第七十八条第二項の規定による業務の範囲の限定に違反した者

三　第十二項において読み替えて準用する道路運送車両法第九十四条の八第一項の規定による点検整備済証の交付の停止の処分に違反した者

注　令和四年六月一七日法律六八号により改正され、令和七年六月一日から施行

第二十二条の二第十五項中「懲役」を「拘禁刑」に改める。

16　第十二項において準用する道路運送車両法第九十四条の三第二項の規定による命令に違反した者は、五十万円以下の罰金に処する。

17　次の各号のいずれかに該当する者は、三十万円以下の罰金に処する。

一　第八項の規定による報告をせず、又は虚偽の報告をした者

二　第十二項において準用する道路運送車両法第八十九条第二項又は第九十四条の六第一項（第四号を除く。）若しくは第二項の規定に違反した者

三　第十二項において準用する道路運送車両法第八十一条第一項（第四号に係る部分に限る。）若しくは第百条第一項の規定に基づく届出若しくは報告をせず、又は虚偽の届出若しくは報告をした者

四　第十二項において読み替えて準用する道路運送車両法第九十四条の六第一項（第四号を除く。）の規定による指定点検整備記録簿に虚偽の記載をした者

五　第十二項において準用する道路運送車両法第百条第二項の規定による検査を拒み、妨げ、若しくは忌避し、又は質問に対し陳述をせず、若しくは虚偽の陳述をした者

18　法人の代表者又は法人若しくは人の代理人、使用人その他の従業者が、その法人又は人の業務に関し、前三項の違反行為をしたときは、行為者を罰するほか、その法人又は人に対して各本項の罰金刑を科する。

19　次の各号のいずれかに該当する者は、三十万円以下の過料に処する。

一　第五項後段の規定に違反した者

二　第十二項において準用する道路運送車両法第八十九条第一項の規定に違反した者

（工場立地法及び地域経済牽引事業の促進による地域の成長発展の基盤強化に関する法律の特例）

第二十三条　指定地方公共団体が、第十二条第二項第一号に規定する特定国際戦略事業として、工場等新増設促進事業（国際戦略総合特別区域において製造業等（工場立地法（昭和三十四年法律第二十四号）第二条第三項に規定する製造業等をいう。以下この項において同じ。）を営む者がその事業の用に供する工場又は事業場（以下この項において「工場等」という。）の新増設を行うことを促進する事業をいう。第三項第二号及び別表第一の七の項において同じ。）を定めた国際戦略総合特別区域計画について、内閣総理大臣の認定を申請し、その認定を受けたときは、当該認定の日以後は、当該認定を受けた指定地方公共団体（市町村に限る。）は、当該国際戦略総合特別区域における製造業等に係る工場等の緑地（同法第四条第一項第一号に規定する緑地をいう。）及び環境施設（同法第四条第一項第一号に規定する環境施設をいう。）のそれぞれの面積の敷地面積に対する割合に関する事項について、条例で、同法第四条第一項の規定により公表された又は同法第四条の二第一項の規定により定められた準則（地域経済牽引事業の促進による地域の成長発展の基盤強化に関する法律（平成十九年法律第四十号）第九条第一項の規定により準則が定められた場合又は同法第十条第一項の規定により条例が定められた場合にあっては、その準則又はその条例を含む。）に代えて適用すべき準則を定めることができる。

2　前項の規定により準則を定める条例（以下この項及び次項において「国際戦略総合特区緑地面積率等条例」という。）が施行されている間は、当該国際戦略総合特区緑地面積率等条例に係る国際戦略総合特別区域に係る工場立地法第九条第二項の規定による勧告をする場合における同項第一号の規定の適用については、同号中「第四条の二第一項の規定により市町村準則が定められた場合にあつては、その市町村準則」とあるのは、「総合特別区域法（平成二十三年法律第八十一号）第二十三条第一項の規定により準則が定められた場合にあつては、その準則」とする。

3　国際戦略総合特区緑地面積率等条例を定めた市町村は、次に掲げる事由が生じた場合においては、当該事由の発生により当該国際戦略総合特区緑地面積率等条例の適用を受けないこととなった区域において当該事由の発生前に当該国際戦略総合特区緑地面積率等条例の適用を受けた工場立地法第六条第一項に規定する特定工場について、条例で、当該事由の発生に伴い合理的に必要と判断される範囲内で、所要の経過措置を定めることができる。

一　第八条第九項又は第十項の規定による国際戦略総合特別区域の指定の解除又はその区域の変更
二　第十四条第一項の規定による認定国際戦略総合特別区域計画の変更（第十二条第二項第一号に規定する特定国際戦略事業として工場等新増設促進事業を定めないこととするものに限る。）の認定
三　第十七条第一項の規定による第一項の認定の取消し

4　前項の規定により経過措置を定める条例が施行されている間は、同項の特定工場に係る工場立地法第九条第二項の規定による勧告をする場合における同項第一号の規定の適用については、同号中「第四条の二第一項の規定により市町村準則が定められた場合にあつては、その市町村準則」とあるのは、「総合特別区域法（平成二十三年法律第八十一号）第二十三条第三項の規定により条例が定められた場合にあつては、その条例」とする。

（政令等で規定された規制の特例措置）

第二十四条　指定地方公共団体が、第十二条第二項第一号に規定する特定国際戦略事業として、政令等規制事業（政令又は主務省令により規定された規制に係る事業をいう。以下この条及び別表第一の八の項において同じ。）を定めた国際戦略総合特別区域計画について、内閣総理大臣の認定を申請し、その認定を受けたときは、当該政令等規制事業については、政令により規定された規制に係るものにあっては政令で、主務省令により規定された規制に係るものにあっては内閣府令・主務省令で、それぞれ定めるところにより、規制の特例措置を適用する。

（地方公共団体の事務に関する規制についての条例による特例措置）

第二十五条　指定地方公共団体が、第十二条第二項第一号に規定する特定国際戦略事業として、地方公共団体事務政令等規制事業（政令又は主務省令により規定された規制（指定地方公共団体の事務に関するものに限る。以下この条及び別表第一の九の項において同じ。）に係る事業をいう。以下この条において同じ。）を定めた国際戦略総合特別区域計画について、内閣総理大臣の認定を申請し、その認定を受けたときは、当該地方公共団体事務政令等規制事業については、政令により規定された規制に係るものにあっては政令で定めるところにより条例で、主務省令により規定された規制に係るものにあっては内閣府令・主務省令で定めるところにより条例で、それぞれ定めるところにより、規制の特例措置を適用する。

第二款　課税の特例

第二十六条　認定国際戦略総合特別区域計画に定められている第二条第二項第二号イ又はロに掲げる事業を実施する法人（内閣府令で定める要件に該当するものとして認定地方公共団体（内閣総理大臣の認定を受けた指定地方公共団体をいう。以下この章において同じ。）が指定するものに限る。以下この条において「指定法人」という。）であって、国際戦略総合特別区域内において当該事業の用に供する施設又は設備を新設し、又は増設したものが、当該新設又は増設に伴い新たに取得し、又は製作し、若しくは建設した機械及び装置、器具及び備品、建物及びその附属設備並びに構築物については、租税特別措置法（昭和三十二年法律第二十六号）で定めるところにより、課税の特例の適用があるものとする。

2　指定法人は、内閣府令で定めるところにより、その指定に係る事業の実施の状況を認定地方公共団体に報告しなければならない。

3　認定地方公共団体は、指定法人が第一項の内閣府令で定める要件を欠くに至ったと認めるときは、その指定を取り消すことができる。

4　認定地方公共団体は、第一項の規定による指定をしたとき、又は前項の規定による指定の取消しをしたときは、遅滞なく、その旨を公表しなければならない。

5　指定法人の指定及びその取消しの手続に関し必要な事項は、内閣府令で定める。

第二十七条　削除

第三款　国際戦略総合特区支援利子補給金の支給

第二十八条　政府は、認定国際戦略総合特別区域計画に定められている国際戦略総合特区支援貸付事業を行う金融機関であって、当該認定国際戦略総合特別区域計画に係る地域協議会の構成員であり、かつ、当該国際戦略総合特区支援貸付事業の適正な実施の確保を考慮して内閣府令で定める要件に該当するものとして内閣総理大臣が指定するもの（以下この条において「指定金融機関」という。）が、当該認定国際戦略総合特別区域計画に定められている第二条第二項第三号の内閣府令で定める事業を行うのに必要な資金を貸し付けるときは、当該貸付けについて利子補給金（以下この条において「国際戦略総合特区支援利子補給金」という。）を支給する旨の契約（以下この条において「利子補給契約」という。）を当該指定金融機関と結ぶことができる。

2　政府は、毎年度、利子補給契約を結ぶ場合には、各利子補給契約により当該年度において支給することとする国際戦略総合特区支援利子補給金の額の合計額が、当該年度の予算で定める額を超えることとならないようにしなければならない。

3　政府は、利子補給契約を結ぶ場合には、当該利子補給契約により支給することとする国際戦略総合特区支援利子補給金の総額が、当該利子補給契約に係る貸付けが最初に行われた日から起算して五年間について、内閣府令で定める償還方法により償還するものとして計算した当該利子補給契約に係る貸付けの貸付残高に、内閣総理大臣が定める利子補給率を乗じて計算した額を超えることとならないようにしなければならない。

4　政府は、利子補給契約を結ぶ場合には、国際戦略総合特区支援利子補給金を支給すべき当該利子補給契約に係る貸付けの貸付残高は、当該貸付けが最初に行われた日から起算して五年間における当該貸付けの貸付残高としなければならない。

5　政府は、利子補給契約により国際戦略総合特区支援利子補給金を支給する場合には、当該利子補給契約において定められた国際戦略総合特区支援利子補給金の総額の範囲内において、内閣府令で定める期間ごとに、当該期間における当該利子補給契約に係る貸付けの実際の貸付残高（当該貸付残高が第三項の規定により計算した貸付残高を超えるときは、その

計算した貸付残高）に同項の利子補給率を乗じて計算した額を、内閣府令で定めるところにより、支給するものとする。

6　利子補給契約により政府が国際戦略総合特区支援利子補給金を支給することができる年限は、当該利子補給契約をした会計年度以降七年度以内とする。

7　内閣総理大臣は、指定金融機関が第一項に規定する指定の要件を欠くに至ったと認めるときは、その指定を取り消すことができる。

8　指定金融機関の指定及びその取消しの手続に関し必要な事項は、内閣府令で定める。

第四款　財産の処分の制限に係る承認の手続の特例

第二十九条　認定地方公共団体が認定国際戦略総合特別区域計画に基づき第二条第二項第四号に掲げる事業を行う場合においては、当該認定地方公共団体がその認定を受けたことをもって、補助金等に係る予算の執行の適正化に関する法律第二十二条に規定する各省各庁の長の承認を受けたものとみなす。

第五款　独立行政法人中小企業基盤整備機構の行う国際戦略総合特区施設整備促進業務

第三十条　独立行政法人中小企業基盤整備機構は、認定国際戦略総合特別区域計画に定められている第二条第二項第五号に掲げる事業を行う認定地方公共団体（市町村に限る。）に対し、当該事業を行うのに必要な資金の一部の貸付けを行うことができる。

第四章　地域活性化総合特別区域における特別の措置

（政令等で規定された規制の特例措置）

第五十三条　指定地方公共団体が、第三十五条第二項第一号に規定する特定地域活性化事業として、政令等規制事業（政令又は主務省令により規定された規制に係る事業をいう。以下この条及び別表第二の八の項において同じ。）を定めた地域活性化総合特別区域計画について、内閣総理大臣の認定を申請し、その認定を受けたときは、当該政令等規制事業については、政令により規定された規制に係るものにあっては政令で、主務省令により規定された規制に係るものにあっては内閣府令・主務省令で、それぞれ定めるところにより、規制の特例措置を適用する。

○国土交通省関係総合特別区域法第五十三条に規定する政令等規制事業に係る省令の特例に関する措置を定める命令

（平成二十五年三月二十九日　内閣府・国土交通省令第一号）

沿革　平二七内閣府・国交令四改正

総合特別区域法（以下「法」という。）第三十一条第一項の指定を受けた地方公共団体が、法第三十五条第二項第一号に規定する特定地域活性化事業として、回送運行効率化事業（法第三十一条第一項に規定する地域活性化総合特別区域内において、道路運送車両法（昭和二十六年法律第百八十五号）第三十六条の二第一項（同法第七十三条第二項において準用する場合を含む。）の許可を受けて行う自動車（二輪自動車、側車付二輪自動車、三輪自動車、被牽引自動車及び道路運送車両法施行規則（昭和二十六年運輸省令第七十四号）第八条の二第一項に規定する国土交通大臣の指定する大型特殊自動車を除く。以下同じ。）の回送運行の効率化を図る事業をいう。以下同じ。）を定めた地域活性化総合特別区域計画（法第三十五条第一項に規定する地域活性化総合特別区域計画をいう。以下同じ。）について、内閣総理大臣の認定（法第三十八条第一項に規定する認定をいう。以下同じ。）を申請し、その認定を受けたときは、当該認定の日以後は、当該回送運行効率化事業に係る自動車に対する同令第二十六条の五において準用する同令第二十四条において準用する同令第八条の二第一項の規定の適用については、当該自動車を認定を受けた地域活性化総合特別区域計画に定められた方法により運行の用に供する場合に限り、同項中「前面及び後面」とあるのは「前面又は前面及び後面」とする。

附　則

この命令は、公布の日から施行する。

附　則（平二七・一二・二八内閣府・国交令四）

この命令は、平成二十八年四月一日から施行する。

○補助金等に係る予算の執行の適正化に関する法律

（昭和三十年八月二十七日 法律第百七十九号）

沿革 昭三四法一四八、昭三七法一六一、昭四五法一一三、平五法八九、平一一法八七、平一四法一五二、令元法一六、令四法六八改正

〔編者注〕 令和四年六月一七日法律第六八号による改正のうち、令和七年六月一日から施行される部分は、直接改正を加えないで、現行条文と並列して登載した。

目次

第一章 総則

（この法律の目的）

第一条 この法律は、補助金等の交付の申請、決定等に関する事項その他補助金等に係る予算の執行に関する基本的事項を規定することにより、補助金等の交付の不正な申請及び補助金等の不正な使用の防止その他補助金等に係る予算の執行並びに補助金等の交付の決定の適正化を図ることを目的とする。

（定義）

第二条 この法律において「補助金等」とは、国が国以外の者に対して交付する次に掲げるものをいう。

一 補助金
二 負担金（国際条約に基く分担金を除く。）
三 利子補給金
四 その他相当の反対給付を受けない給付金であって政令で定めるもの

2 この法律において「補助事業等」とは、補助金等の交付の対象となる事務又は事業をいう。

3 この法律において「補助事業者等」とは、補助事業等を行う者をいう。

4 この法律において「間接補助金等」とは、次に掲げるものをいう。

一 国以外の者が相当の反対給付を受けないで交付する給付金で、補助金等を直接又は間接にその財源の全部又は一部とし、かつ、当該補助金等の交付の目的に従って交付するもの
二 利子補給金又は利子の軽減を目的とする前号の給付金の交付を受ける者が、その交付の目的に従い、利子を軽減して融通する資金

5 この法律において「間接補助事業等」とは、前項第一号の給付金の交付又は同項第二号の資金の融通の対象となる事務又は事業をいう。

6 この法律において「間接補助事業者等」とは、間接補助事業等を行う者をいう。

7 この法律において「各省各庁」とは、財政法（昭和二十二年法律第三十四号）第二十一条に規定する各省各庁をいい、「各省各庁の長」とは、同法第二十条第二項に規定する各省各庁の長をいう。

※ 1項4号「政令」＝令二

（関係者の責務）

第三条 各省各庁の長は、その所掌の補助金等に係る予算の執行に当っては、補助金等が国民から徴収された税金その他の貴重な財源でまかなわれるものであることに特に留意し、補助金等が法令及び予算で定めるところに従って公正かつ効率的に使用されるように努めなければならない。

2 補助事業者等及び間接補助事業者等は、補助金等が国民から徴収された税金その他の貴重な財源でまかなわれるものであることに留意し、法令の定及び補助金等の交付の目的又は間接補助金等の交付若しくは融通の目的に従って誠実に補助事業等又は間接補助事業等を行うように努めなければならない。

（他の法令との関係）

第四条 補助金等に関しては、他の法律又はこれに基く命令若しくはこれを実施するための命令に特別の定のあるものを除くほか、この法律の定めるところによる。

※ 「特別の定」＝石油及び可燃性天然ガス資源開発法一四～二四、企業合理化促進法施行規則一七等

第二章 補助金等の交付の申請及び決定

（補助金等の交付の申請）

第五条 補助金等の交付の申請（契約の申込を含む。以下同じ。）をしようとする者は、政令で定めるところにより、補助事業等の目的及び内容、補助事業等に要する経費その他必要な事項を記載した申請書に各省各庁の長が定める書類を添え、各省各庁の長に対しその定める時期までに提出しなければならない。

※ 「政令」＝令三、「各省各庁の長が定め」＝農林水産試験研究費補助金交付規程五、国土交通省所管補助金等交付規則三・四、デジタル庁所管補助金等交付規則三・四

（補助金等の交付の決定）

第六条 各省各庁の長は、補助金等の交付の申請があったときは、当該申請に係る書類等の審査及び必要に応じて行う現地調査等により、当該申請に係る補助金等の交付が法令及び予算で定めるところに違反しないかどうか、補助事業等の目的及び内容が適正であるかどうか、金額の算定に誤がないかどうか等を調査し、補助金等を交付すべきものと認めたときは、すみやかに補助金等の交付の決定（契約の承諾の決定を含む。以下同じ。）をしなければならない。

2 各省各庁の長は、補助金等の交付の申請が到達してから当該申請に係る補助金等の交付の決定をするまでに通常要すべき標準的な期間（法令により当該各省各庁の長と異なる機関が当該申請の提出先とされている場合は、併せて、当該申請が当該提出先とされている機関の事務所に到達してから当該各省各庁の長に到達するまでに通常要すべき標準的な期間）

を定め、かつ、これを公表するよう努めなければならない。

3　各省各庁の長は、第一項の場合において、適正な交付を行うため必要があるときは、補助金等の交付の申請に係る事項につき修正を加えて補助金等の交付の決定をすることができる。

4　前項の規定により補助金等の交付の申請に係る事項につき修正を加えてその交付の決定をするに当つては、その申請に係る当該補助事業等の遂行を不当に困難とさせないようにしなければならない。

（補助金等の交付の条件）

第七条　各省各庁の長は、補助金等の交付の決定をする場合において、法令及び予算で定める補助金等の交付の目的を達成するため必要があるときは、次に掲げる事項につき条件を附するものとする。

一　補助事業等に要する経費の配分の変更（各省各庁の長に定める軽微な変更を除く。）をする場合においては、各省各庁の長の承認を受けるべきこと。

二　補助事業等を行うため締結する契約に関する事項その他補助事業等に要する経費の使用方法に関する事項

三　補助事業等の内容の変更（各省各庁の長の定める軽微な変更を除く。）をする場合においては、各省各庁の長の承認を受けるべきこと。

四　補助事業等を中止し、又は廃止する場合においては、各省各庁の長の承認を受けるべきこと。

五　補助事業等が予定の期間内に完了しない場合又は補助事業等の遂行が困難となつた場合においては、すみやかに各省各庁の長に報告してその指示を受けるべきこと。

2　各省各庁の長は、補助事業等の完了により当該補助事業者等に相当の収益が生ずると認められる場合においては、当該補助金等の交付の目的に反しない場合に限り、その交付した補助金等の全部又は一部に相当する金額を国に納付すべき旨の条件を附することができる。

3　前二項の規定は、これらの規定に定める条件のほか、各省各庁の長が法令及び予算で定める補助金等の交付の目的を達成するため必要な条件を附することを妨げるものではない。

4　補助金等の交付の決定に附する条件は、公正なものでなければならず、いやしくも補助金等の交付の目的を達成するため必要な限度をこえて不当に補助事業者等に対し干渉をするようなものであつてはならない。

※　1項1・3号「定め」＝農林水産試験研究費補助金交付規程八、国土交通省所管補助金等交付規則六

（決定の通知）

第八条　各省各庁の長は、補助金等の交付の決定をしたときは、すみやかにその決定の内容及びこれに条件を附した場合にはその条件を補助金等の交付の申請をした者に通知しなければならない。

（申請の取下げ）

第九条　補助金等の交付の申請をした者は、前条の規定による通知を受領した場合において、当該通知に係る補助金等の交付の決定の内容又はこれに附された条件に不服があるときは、各省各庁の長の定める期日までに、申請の取下げをすることができる。

2　前項の規定による申請の取引げ［注参照］があつたときは、当該申請に係る補助金等の交付の決定は、なかつたものとみなす。

※　1項「各省各庁の長の定め」＝厚生労働省所管補助金等交付規則三、農林畜水産業関係補助金等交付規則四

注　二項の「取引げ」とあるのは、「取下げ」の誤りか。

（事情変更による決定の取消等）

第十条　各省各庁の長は、補助金等の交付の決定をした場合において、その後の事情の変更により特別の必要が生じたときは、補助金等の交付の決定の全部若しくは一部を取り消し、又はその決定の内容若しくはこれに附した条件を変更することができる。ただし、補助事業等のうちすでに経過した期間に係る部分については、この限りでない。

2　各省各庁の長が前項の規定により補助金等の交付の決定を取り消すことができる場合は、天災地変その他補助金等の交付の決定後生じた事情の変更により補助事業等の全部又は一部を継続する必要がなくなつた場合その他政令で定める特に必要な場合に限る。

3　各省各庁の長は、第一項の規定による補助金等の交付の決定の取消により特別に必要となつた事務又は事業に対しては、政令で定めるところにより、補助金等を交付するものとする。

4　第八条の規定は、第一項の処分をした場合について準用する。

※　2・3項「政令」＝令五・六

第三章　補助事業等の遂行等

（補助事業等及び間接補助事業等の遂行）

第十一条　補助事業者等は、法令の定並びに補助金等の交付の決定の内容及びこれに附した条件その他法令に基く各省各庁の長の処分に従い、善良な管理者の注意をもつて補助事業等を行わなければならず、いやしくも補助金等の他の用途への使用（利子補給金にあつては、その交付の目的となつている融資又は利子の軽減をしないことにより、補助金等の交付の目的に反してその交付を受けたことになることをいう。以下同じ。）をしてはならない。

2　間接補助事業者等は、法令の定及び間接補助金等の交付又は融通の目的に従い、善良な管理者の注意をもつて間接補助事業等を行わなければならず、いやしくも間接補助金等の他の用途への使用（利子の軽減を目的とする第二条第四項第一号の給付金にあつては、その交付の目的となつている融資又は利子の軽減をしないことにより間接補助金等の交付の目的に反してその交付を受けたことになることをいい、同項第二号の資金にあつては、その融通の目的に従つて使用しないことにより不当に利子の軽減を受けたことになることをいう。以下同じ。）をしてはならない。

※　1項「法令」＝農林水産業施設災害復旧事業費国庫補助の暫定措置に関する法律六、社会福祉法五九2等、本条「罰則」＝本法三〇・三二・三三

（状況報告）

第十二条　補助事業者等は、各省各庁の長の定めるところにより、補助事業等の遂行の状況に関し、各省各庁の長に報告しなければならない。

※　「各省各庁の長の定め」＝更生保護施設整備費補助金及び更生保護事業費補助金交付規則一〇、防衛施設周辺対策事業補助金交付規則六、こども家庭科学研究費補助金等取扱規程一五

（補助事業等の遂行等の命令）
第十三条　各省各庁の長は、補助事業者等が提出する報告等により、その者の補助事業等が補助金等の交付の決定の内容又はこれに附した条件に従つて遂行されていないと認めるときは、その者に対し、これらに従つて当該補助事業等を遂行すべきことを命ずることができる。
2　各省各庁の長は、補助事業者等が前項の命令に違反したときは、その者に対し、当該補助事業等の遂行の一時停止を命ずることができる。
※「罰則」2項関係＝本法三一①・三二・三三

（実績報告）
第十四条　補助事業者等は、各省各庁の長の定めるところにより、補助事業等が完了したとき（補助事業等の廃止の承認を受けたときを含む。）は、補助事業等の成果を記載した補助事業等実績報告書に各省各庁の長の定める書類を添えて各省各庁の長に報告しなければならない。補助金等の交付の決定に係る国の会計年度が終了した場合も、また同様とする。
※「各省各庁の長の定め」＝厚生労働省所管補助金等交付規則四、農林畜水産業関係補助金等交付規則六、国土交通省所管補助金等交付規則九、デジタル庁所管補助金等交付規則七1・4

（補助金等の額の確定等）
第十五条　各省各庁の長は、補助事業等の完了又は廃止に係る補助事業等の成果の報告を受けた場合においては、報告書等の書類の審査及び必要に応じて行う現地調査等により、その報告に係る補助事業等の成果が補助金等の交付の決定の内容及びこれに附した条件に適合するものであるかどうかを調査し、適合すると認めたときは、交付すべき補助金等の額を確定し、当該補助事業者等に通知しなければならない。

（是正のための措置）
第十六条　各省各庁の長は、補助事業等の完了又は廃止に係る補助事業等の成果の報告を受けた場合において、その報告に係る補助事業等の成果が補助金等の交付の決定の内容及びこれに附した条件に適合しないと認めるときは、当該補助事業につき、これに適合させるための措置をとるべきことを当該補助事業者等に対して命ずることができる。
2　第十四条の規定は、前項の規定による命令に従つて行う補助事業等について準用する。

第四章　補助金等の返還等

（決定の取消）
第十七条　各省各庁の長は、補助事業者等が、補助金等の他の用途への使用をし、その他補助事業等に関して補助金等の交付の決定の内容又はこれに附した条件その他法令又はこれに基く各省各庁の長の処分に違反したときは、補助金等の交付の決定の全部又は一部を取り消すことができる。
2　各省各庁の長は、間接補助事業者等が、間接補助金等の他の用途への使用をし、その他間接補助事業等に関して法令に違反したときは、補助事業者等に対し、当該間接補助金等に係る補助金等の交付の決定の全部又は一部を取り消すことができる。
3　前二項の規定は、補助事業等について交付すべき補助金等の額の確定があつた後においても適用があるものとする。
4　第八条の規定は、第一項又は第二項の規定による取消をした場合について準用する。

（補助金等の返還）
第十八条　各省各庁の長は、補助金等の交付の決定を取り消した場合において、補助事業等の当該取消に係る部分に関し、すでに補助金等が交付されているときは、期限を定めて、その返還を命じなければならない。
2　各省各庁の長は、補助事業者等に交付すべき補助金等の額を確定した場合において、すでにその額をこえる補助金等が交付されているときは、期限を定めて、その返還を命じなければならない。
3　各省各庁の長は、第一項の返還の命令に係る補助金等の交付の決定の取消が前条第二項の規定によるものである場合において、やむを得ない事情があると認めるときは、政令で定めるところにより、返還の期限を延長し、又は返還の命令の全部若しくは一部を取り消すことができる。
※3項「政令」＝令九

（加算金及び延滞金）
第十九条　補助事業者等は、第十七条第一項の規定又はこれに準ずる他の法律の規定による処分に関し、補助金等の返還を命ぜられたときは、政令で定めるところにより、その命令に係る補助金等の受領の日から納付の日までの日数に応じ、当該補助金等の額（その一部を納付した場合におけるその後の期間については、既納額を控除した額）につき年十・九五パーセントの割合で計算した加算金を国に納付しなければならない。
2　補助事業者等は、補助金等の返還を命ぜられ、これを納期日までに納付しなかつたときは、政令で定めるところにより、納期日の翌日から納付の日までの日数に応じ、その未納付額につき年十・九五パーセントの割合で計算した延滞金を国に納付しなければならない。
3　各省各庁の長は、前二項の場合において、やむを得ない事情があると認めるときは、政令で定めるところにより、加算金又は延滞金の全部又は一部を免除することができる。
※1項「他の法律」＝公共土木施設災害復旧事業費国庫負担法一一、漁港法二四の四等、1～3項「政令」＝令一〇～一二

（他の補助金等の一時停止等）
第二十条　各省各庁の長は、補助事業者等が補助金等の返還を命ぜられ、当該補助金等、加算金又は延滞金の全部又は一部を納付しない場合において、その者に対して、同種の事務又は事業について交付すべき補助金等があるときは、相当の限度においてその交付を一時停止し、又は当該補助金等と未納付額とを相殺することができる。

（徴収）
第二十一条　各省各庁の長が返還を命じた補助金等又はこれに係る加算金若しくは延滞金は、国税滞納処分の例により、徴収することができる。
2　前項の補助金等又は加算金若しくは延滞金の先取特権の順位は、国税及び地方税に次ぐものとする。

第五章　雑則

（理由の提示）
第二十一条の二　各省各庁の長は、補助金等の交付の決定の取消し、補助事業等の遂行若しくは一時停止の命令又は補助事

業等の是正のための措置の命令をするときは、当該補助事業者等に対してその理由を示さなければならない。

（財産の処分の制限）

第二十二条　補助事業者等は、補助事業等により取得し、又は効用の増加した政令で定める財産を、各省各庁の長の承認を受けないで、補助金等の交付の目的に反して使用し、譲渡し、交換し、貸し付け、又は担保に供してはならない。ただし、政令で定める場合は、この限りでない。

※「政令」＝令一三・一四

（立入検査等）

第二十三条　各省各庁の長は、補助金等に係る予算の執行の適正を期するため必要があるときは、補助事業者等若しくは間接補助事業者等に対して報告をさせ、又は当該職員にその事務所、事業場等に立ち入り、帳簿書類その他の物件を検査させ、若しくは関係者に質問させることができる。

2　前項の職員は、その身分を示す証票を携帯し、関係者の要求があるときは、これを提示しなければならない。

3　第一項の規定による権限は、犯罪捜査のために認められたものと解してはならない。

※「罰則」＝本法三一③・三二・三三

（不当干渉等の防止）

第二十四条　補助金等の交付に関する事務その他補助金等に係る予算の執行に関する事務に従事する国又は都道府県の職員は、当該事務を不当に遅延させ、又は補助金等の交付の目的を達成するため必要な限度をこえて不当に補助事業者等若しくは間接補助事業者等に対して干渉してはならない。

（行政手続法の適用除外）

第二十四条の二　補助金等の交付に関する各省各庁の長の処分については、行政手続法（平成五年法律第八十八号）第二章及び第三章の規定は、適用しない。

（不服の申出）

第二十五条　補助金等の交付の決定、補助金等の交付の決定の取消、補助金等の返還の命令その他補助金等の交付に関する各省各庁の長の処分に対して不服のある地方公共団体（港湾法（昭和二十五年法律第二百十八号）に基く港務局を含む。以下同じ。）は、政令で定めるところにより、各省各庁の長に対して不服を申し出ることができる。

2　各省各庁の長は、前項の規定による不服の申出があつたときは、不服を申し出た者に意見を述べる機会を与えた上、必要な措置をとり、その旨を不服を申し出た者に対して通知しなければならない。

3　前項の措置に不服のある者は、内閣に対して意見を申し出ることができる。

※1項「政令」＝令一五

（事務の実施）

第二十六条　各省各庁の長は、政令で定めるところにより、補助金等の交付に関する事務の一部を各省各庁の機関に委任することができる。

2　国は、政令で定めるところにより、補助金等の交付に関する事務の一部を都道府県が行うこととすることができる。

3　前項の規定により都道府県が行うこととされる事務は、地方自治法（昭和二十二年法律第六十七号）第二条第九項第一号に規定する第一号法定受託事務とする。

※1・2項「政令」＝令一六・一七

（電磁的記録による作成）

第二十六条の二　この法律又はこの法律に基づく命令の規定により作成することとされている申請書等（申請書、書類その他文字、図形その他の人の知覚によつて認識することができる情報が記載された紙その他の有体物をいう。次条において同じ。）については、当該申請書等に記載すべき事項を記録した電磁的記録（電子的方式、磁気的方式その他人の知覚によつては認識することができない方式で作られる記録であつて、電子計算機による情報処理の用に供されるものとして各省各庁の長が定めるものをいう。同条第一項において同じ。）の作成をもつて、当該申請書等の作成に代えることができる。この場合において、当該電磁的記録は、当該申請書等とみなす。

※「各省各庁の長が定め」＝文部科学省所管補助金等の申請書等に係る電磁的記録及び電磁的方法を定める省令二、厚生労働省所管補助金等交付規則五、農林畜水産業関係補助金等交付規則七、補助金等に係る予算の執行の適正化に関する法律第二十六条の二及び第二十六条の三の規定に基づく申請書等の提出における電磁的記録及び電磁的方法に関する告示一、こども家庭庁の所掌に属する補助金等交付規則五

（電磁的方法による提出）

第二十六条の三　この法律又はこの法律に基づく命令の規定による申請書等の提出については、当該申請書等が電磁的記録で作成されている場合には、電磁的方法（電子情報処理組織を使用する方法その他の情報通信の技術を利用する方法であつて各省各庁の長が定めるものをいう。次項において同じ。）をもつて行うことができる。

2　前項の規定により申請書等の提出が電磁的方法によつて行われたときは、当該申請書等の提出を受けるべき者の使用に係る電子計算機に備えられたファイルへの記録がされた時に当該提出を受けるべき者に到達したものとみなす。

※1項「各省各庁の長が定め」＝文部科学省所管補助金等の申請書等に係る電磁的記録及び電磁的方法を定める省令三、厚生労働省所管補助金等交付規則六、農林畜水産業関係補助金等交付規則八、補助金等に係る予算の執行の適正化に関する法律第二十六条の二及び第二十六条の三の規定に基づく申請書等の提出における電磁的記録及び電磁的方法に関する告示二、こども家庭庁の所掌に属する補助金等交付規則六

（適用除外）

第二十七条　他の法律又はこれに基く命令若しくはこれを実施するための命令に基き交付する補助金等に関しては、政令で定めるところにより、この法律の一部を適用しないことができる。

（政令への委任）

第二十八条　この法律に定めるもののほか、この法律の施行に関し必要な事項は、政令で定める。

※「政令」＝令

第六章　罰則

第二十九条　偽りその他不正の手段により補助金等の交付を受け、又は間接補助金等の交付若しくは融通を受けた者は、五年以下の懲役若しくは百万円以下の罰金に処し、又はこれを併科する。

注　令和四年六月一七日法律六八号により改正され、令和七年六月一日から施行

第二十九条第一項中「懲役」を「拘禁刑」に改め

る。

2　前項の場合において、情を知って交付又は融通をした者も、また同項と同様とする。

第三十条　第十一条の規定に違反して補助金等の他の用途への使用又は間接補助金等の他の用途への使用をした者は、三年以下の懲役若しくは五十万円以下の罰金に処し、又はこれを併科する。

注　令和四年六月一七日法律六八号により改正され、令和七年六月一日から施行
第三十条中「懲役」を「拘禁刑」に改める。

第三十一条　次の各号の一に該当する者は、三万円以下の罰金に処する。

一　第十三条第二項の規定による命令に違反した者

二　法令に違反して補助事業等の成果の報告をしなかつた者

三　第二十三条の規定による報告をせず、若しくは虚偽の報告をし、検査を拒み、妨げ、若しくは忌避し、又は質問に対して答弁せず、若しくは虚偽の答弁をした者

第三十二条　法人（法人でない団体で代表者又は管理人の定のあるものを含む。以下この項において同じ。）の代表者又は法人若しくは人の代理人、使用人その他の従業者が、その法人又は人の業務に関し、前三条の違反行為をしたときは、その行為者を罰するほか、当該法人又は人に対し各本条の罰金刑を科する。

2　前項の規定により法人でない団体を処罰する場合においては、その代表者又は管理人がその訴訟行為につきその団体を代表するほか、法人を被告人とする場合の刑事訴訟に関する法律の規定を準用する。

第三十三条　前条の規定は、国又は地方公共団体には、適用しない。

2　国又は地方公共団体において第二十九条から第三十一条までの違反行為があつたときは、その行為をした各省各庁の長その他の職員又は地方公共団体の長その他の職員に対し、各本条の刑を科する。

附　則（抄）

1　この法律は、公布の日から起算して三十日を経過した日から施行する。ただし、昭和二十九年度分以前の予算により支出された補助金等及びこれに係る間接補助金等に関しては、適用しない。

2　この法律の施行前に補助金等が交付され、又は補助金等の交付の意思が表示されている事務又は事業に関しては、政令でこの法律の特例を設けることができる。

※　2項「政令」＝令附則2・3

附　則（令四・六・一七法六八抄）

（施行期日）

1　この法律は、刑法等一部改正法〔刑法等の一部を改正する法律＝令和四年六月法律第六七号〕施行日〔令和七年六月一日〕から施行する。ただし、次の各号に掲げる規定は、当該各号に定める日から施行する。

一　第五百九条の規定　公布の日

二　〔略〕

○労働基準法（抄）

（昭和二十二年四月七日
法律第四十九号）

最終改正　令六法四二

〔編者注〕令和四年六月一七日法律第六八号による改正のうち、令和七年六月一日から施行につき、直接改正を加えないで、現行条文と並列して登載した。

労働基準法目次

労働基準法

第一章　総則

（労働条件の原則）

第一条　労働条件は、労働者が人たるに値する生活を営むための必要を充たすべきものでなければならない。

②　この法律で定める労働条件の基準は最低のものであるから、労働関係の当事者は、この基準を理由として労働条件を低下させてはならないことはもとより、その向上を図るように努めなければならない。

（労働条件の決定）

第二条　労働条件は、労働者と使用者が、対等の立場において決定すべきものである。

②　労働者及び使用者は、労働協約、就業規則及び労働契約を遵守し、誠実に各〻その義務を履行しなければならない。

（均等待遇）

第三条　使用者は、労働者の国籍、信条又は社会的身分を理由として、賃金、労働時間その他の労働条件について、差別的取扱をしてはならない。

（男女同一賃金の原則）

第四条　使用者は、労働者が女性であることを理由として、賃金について、男性と差別的取扱いをしてはならない。

（強制労働の禁止）

第五条　使用者は、暴行、脅迫、監禁その他精神又は身体の自由を不当に拘束する手段によつて、労働者の意思に反して労働を強制してはならない。

（中間搾取の排除）

第六条　何人も、法律に基いて許される場合の外、業として他人の就業に介入して利益を得てはならない。

（公民権行使の保障）

第七条　使用者は、労働者が労働時間中に、選挙権その他公民としての権利を行使し、又は公の職務を執行するために必要な時間を請求した場合においては、拒んではならない。但し、権利の行使又は公の職務の執行に妨げがない限り、請求された時刻を変更することができる。

第八条　削除

（定義）

第九条　この法律で「労働者」とは、職業の種類を問わず、事業又は事務所（以下「事業」という。）に使用される者で、賃金を支払われる者をいう。

第十条　この法律で使用者とは、事業主又は事業の経営担当者その他その事業の労働者に関する事項について、事業主のために行為をするすべての者をいう。

第十一条　この法律で賃金とは、賃金、給料、手当、賞与その他名称の如何を問わず、労働の対償として使用者が労働者に支払うすべてのものをいう。

第十二条　この法律で平均賃金とは、これを算定すべき事由の発生した日以前三箇月間にその労働者に対し支払われた賃金の総額を、その期間の総日数で除した金額をいう。ただし、その金額は、次の各号の一によつて計算した金額を下つてはならない。

一　賃金が、労働した日若しくは時間によつて算定され、又は出来高払制その他の請負制によつて定められた場合においては、賃金の総額をその期間中に労働した日数で除した金額の百分の六十

二　賃金の一部が、月、週その他一定の期間によつて定められた場合においては、その部分の総額をその期間の総日数で除した金額と前号の金額の合算額

②　前項の期間は、賃金締切日がある場合においては、直前の賃金締切日から起算する。

③　前二項に規定する期間中に、次の各号のいずれかに該当する期間がある場合においては、その日数及びその期間中の賃金は、前二項の期間及び賃金の総額から控除する。

一　業務上負傷し、又は疾病にかかり療養のために休業した期間

二　産前産後の女性が第六十五条の規定によつて休業した期間

三　使用者の責めに帰すべき事由によつて休業した期間

四　育児休業、介護休業等育児又は家族介護を行う労働者の福祉に関する法律（平成三年法律第七十六号）第二条第一号に規定する育児休業又は同条第二号に規定する介護休業（同法第六十一条第三項に規定する行政執行法人介護休業及び同法第六十一条の二第三項に規定する介護をするための休業を含む。第三十九条第十項において同じ。）をした期間

五　試みの使用期間

④　第一項の賃金の総額には、臨時に支払われた賃金及び三箇月を超える期間ごとに支払われる賃金並びに通貨以外のもので支払われた賃金で一定の範囲に属しないものは算入しない。

⑤　賃金が通貨以外のもので支払われる場合、第一項の賃金の総額に算入すべきものの範囲及び評価に関し必要な事項は、

厚生労働省令で定める。

⑥ 雇入後三箇月に満たない者については、第一項の期間は、雇入後の期間とする。

⑦ 日日雇い入れられる者については、その従事する事業又は職業について、厚生労働大臣の定める金額を平均賃金とする。

⑧ 第一項乃至第六項によつて算定し得ない場合の平均賃金は、厚生労働大臣の定めるところによる。

第四章　労働時間、休憩、休日及び年次有給休暇

（労働時間）

第三十二条　使用者は、労働者に、休憩時間を除き一週間について四十時間を超えて、労働させてはならない。

② 使用者は、一週間の各日については、労働者に、休憩時間を除き一日について八時間を超えて、労働させてはならない。

第三十二条の二　使用者は、当該事業場に、労働者の過半数で組織する労働組合がある場合においてはその労働組合、労働組合がない場合においては労働者の過半数を代表する者との書面による協定により、又は就業規則その他これに準ずるものにより、一箇月以内の一定の期間を平均し一週間当たりの労働時間が前条第一項の労働時間を超えない定めをしたときは、同条の規定にかかわらず、その定めにより、特定された週において同項の労働時間又は特定された日において同条第二項の労働時間を超えて、労働させることができる。

② 使用者は、厚生労働省令で定めるところにより、前項の協定を行政官庁に届け出なければならない。

第三十二条の三　使用者は、就業規則その他これに準ずるものにより、その労働者に係る始業及び終業の時刻をその労働者の決定に委ねることとした労働者については、当該事業場の労働者の過半数で組織する労働組合がある場合においてはその労働組合、労働者の過半数で組織する労働組合がない場合においては労働者の過半数を代表する者との書面による協定により、次に掲げる事項を定めたときは、その協定で第二号の清算期間として定められた期間を平均し一週間当たりの労働時間が第三十二条第一項の労働時間を超えない範囲内において、同条の規定にかかわらず、一週間において同項の労働時間又は一日において同条第二項の労働時間を超えて、労働させることができる。

一　この項の規定による労働時間により労働させることができることとされる労働者の範囲

二　清算期間（その期間を平均し一週間当たりの労働時間が第三十二条第一項の労働時間を超えない範囲内において労働させる期間をいい、三箇月以内の期間に限るものとする。以下この条及び次条において同じ。）

三　清算期間における総労働時間

四　その他厚生労働省令で定める事項

② 清算期間が一箇月を超えるものである場合における前項の規定の適用については、同項各号列記以外の部分中「労働時間を超えない」とあるのは「労働時間を超えず、かつ、当該清算期間をその開始の日以後一箇月ごとに区分した各期間（最後に一箇月未満の期間を生じたときは、当該期間。以下この項において同じ。）ごとに当該各期間を平均し一週間当たりの労働時間が五十時間を超えない」と、「同項」とあるのは「同条第一項」とする。

③ 一週間の所定労働日数が五日の労働者について第一項の規定により労働させる場合における同項の規定の適用については、同項各号列記以外の部分（前項の規定により読み替えて適用する場合を含む。）中「第三十二条第一項の労働時間」とあるのは「第三十二条第一項の労働時間（当該事業場の労働者の過半数で組織する労働組合がある場合においてはその労働組合、労働者の過半数で組織する労働組合がない場合においては労働者の過半数を代表する者との書面による協定により、労働時間の限度について、当該清算期間における所定労働日数を同条第二項の労働時間に乗じて得た時間とする旨を定めたときは、当該清算期間における日数を七で除して得た数をもつてその時間を除して得た時間）」と、「同項」とあるのは「同条第一項」とする。

④ 前条第二項の規定は、第一項各号に掲げる事項を定めた協定について準用する。ただし、清算期間が一箇月以内のものであるときは、この限りでない。

第三十二条の三の二　使用者が、清算期間が一箇月を超えるものであるときの当該清算期間中の前条第一項の規定により労働させた期間が当該清算期間より短い労働者について、当該労働させた期間を平均し一週間当たり四十時間を超えて労働させた場合においては、その超えた時間（第三十三条又は第三十六条第一項の規定により延長し、又は休日に労働させた時間を除く。）の労働については、第三十七条の規定の例により割増賃金を支払わなければならない。

第三十二条の四　使用者は、当該事業場に、労働者の過半数で組織する労働組合がある場合においてはその労働組合、労働者の過半数で組織する労働組合がない場合においては労働者の過半数を代表する者との書面による協定により、次に掲げる事項を定めたときは、第三十二条の規定にかかわらず、その協定で第二号の対象期間として定められた期間を平均し一週間当たりの労働時間が四十時間を超えない範囲内において、当該協定（次項の規定による定めをした場合においては、その定めを含む。）で定めるところにより、特定された週において同条第一項の労働時間又は特定された日において同条第二項の労働時間を超えて、労働させることができる。

一　この条の規定による労働時間により労働させることができることとされる労働者の範囲

二　対象期間（その期間を平均し一週間当たりの労働時間が四十時間を超えない範囲内において労働させる期間をいい、一箇月を超え一年以内の期間に限るものとする。以下この条及び次条において同じ。）

三　特定期間（対象期間中の特に業務が繁忙な期間をいう。第三項において同じ。）

四　対象期間における労働日及び当該労働日ごとの労働時間（対象期間を一箇月以上の期間ごとに区分することとした場合においては、当該区分による各期間のうち当該対象期間の初日の属する期間（以下この条において「最初の期間」という。）における労働日及び当該労働日ごとの労働時間並びに当該最初の期間を除く各期間における労働日数及び総労働時間）

五　その他厚生労働省令で定める事項

② 使用者は、前項の協定で同項第四号の区分をし当該区分による各期間のうち最初の期間を除く各期間における労働日数及び総労働時間を定めたときは、当該各期間の初日の少なくとも三十日前に、当該事業場に、労働者の過半数で組織する労働組合がある場合においてはその労働組合、労働者の過半数で組織する労働組合がない場合においては労働者の過半数を代表する者の同意を得て、厚生労働省令で定めるところにより、当該労働日数を超えない範囲内において当該各期間における労働日及び当該総労働時間を超えない範囲内において当該各期間における労働日ごとの労働時間を定めなければならない。

③ 厚生労働大臣は、労働政策審議会の意見を聴いて、厚生労働省令で、対象期間における労働日数の限度並びに一日及び一週間の労働時間の限度並びに対象期間（第一項の協定で特定期間として定められた期間を除く。）及び同項の協定で特定期間として定められた期間における連続して労働させる日数の限度を定めることができる。

④ 第三十二条の二第二項の規定は、第一項の協定について準用する。

第三十二条の四の二　使用者が、対象期間中の前条の規定により労働させた期間が当該対象期間より短い労働者について、当該労働させた期間を平均し一週間当たり四十時間を超えて労働させた場合においては、その超えた時間（第三十三条又は第三十六条第一項の規定により延長し、又は休日に労働させた時間を除く。）の労働については、第三十七条の規定の例により割増賃金を支払わなければならない。

第三十二条の五　使用者は、日ごとの業務に著しい繁閑の差が生ずることが多く、かつ、これを予測した上で就業規則その他これに準ずるものにより各日の労働時間を特定することが困難であると認められる厚生労働省令で定める事業であつて、常時使用する労働者の数が厚生労働省令で定める数未満のものに従事する労働者については、当該事業場に、労働者の過半数で組織する労働組合がある場合においてはその労働組合、労働者の過半数で組織する労働組合がない場合においては労働者の過半数を代表する者との書面による協定があるときは、第三十二条第二項の規定にかかわらず、一日について十時間まで労働させることができる。

② 使用者は、前項の規定により労働者に労働させる場合においては、厚生労働省令で定めるところにより、当該労働させる一週間の各日の労働時間を、あらかじめ、当該労働者に通知しなければならない。

③ 第三十二条の二第二項の規定は、第一項の協定について準用する。

（災害等による臨時の必要がある場合の時間外労働等）

第三十三条　災害その他避けることのできない事由によつて、臨時の必要がある場合においては、使用者は、行政官庁の許可を受けて、その必要の限度において第三十二条から前条まで若しくは第四十条の労働時間を延長し、又は第三十五条の休日に労働させることができる。ただし、事態急迫のために行政官庁の許可を受ける暇がない場合においては、事後に遅滞なく届け出なければならない。

② 前項ただし書の規定による届出があつた場合において、行政官庁がその労働時間の延長又は休日の労働を不適当と認めるときは、その後にその時間に相当する休憩又は休日を与えるべきことを、命ずることができる。

③ 公務のために臨時の必要がある場合においては、第一項の規定にかかわらず、官公署の事業（別表第一に掲げる事業を除く。）に従事する国家公務員及び地方公務員については、第三十二条から前条まで若しくは第四十条の労働時間を延長し、又は第三十五条の休日に労働させることができる。

（休憩）

第三十四条　使用者は、労働時間が六時間を超える場合においては少くとも四十五分、八時間を超える場合においては少くとも一時間の休憩時間を労働時間の途中に与えなければならない。

② 前項の休憩時間は、一斉に与えなければならない。ただし、当該事業場に、労働者の過半数で組織する労働組合がある場合においてはその労働組合、労働者の過半数で組織する労働組合がない場合においては労働者の過半数を代表する者との書面による協定があるときは、この限りでない。

③ 使用者は、第一項の休憩時間を自由に利用させなければならない。

（休日）

第三十五条　使用者は、労働者に対して、毎週少くとも一回の休日を与えなければならない。

② 前項の規定は、四週間を通じ四日以上の休日を与える使用者については適用しない。

（時間外及び休日の労働）

第三十六条　使用者は、当該事業場に、労働者の過半数で組織する労働組合がある場合においてはその労働組合、労働者の過半数で組織する労働組合がない場合においては労働者の過半数を代表する者との書面による協定をし、厚生労働省令で定めるところによりこれを行政官庁に届け出た場合においては、第三十二条から第三十二条の五まで若しくは第四十条の労働時間（以下この条において「労働時間」という。）又は前条の休日（以下この条において「休日」という。）に関する規定にかかわらず、その協定で定めるところによつて労働時間を延長し、又は休日に労働させることができる。

② 前項の協定においては、次に掲げる事項を定めるものとする。

一　この条の規定により労働時間を延長し、又は休日に労働させることができることとされる労働者の範囲

二　対象期間（この条の規定により労働時間を延長し、又は休日に労働させることができる期間をいい、一年間に限るものとする。第四号及び第六項第三号において同じ。）

三　労働時間を延長し、又は休日に労働させることができる場合

四　対象期間における一日、一箇月及び一年のそれぞれの期間について労働時間を延長して労働させることができる時間又は労働させることができる休日の日数

五　労働時間の延長及び休日の労働を適正なものとするために必要な事項として厚生労働省令で定める事項

③ 前項第四号の労働時間を延長して労働させることができる時間は、当該事業場の業務量、時間外労働の動向その他の事情を考慮して通常予見される時間外労働の範囲内において、限度時間を超えない時間に限る。

④ 前項の限度時間は、一箇月について四十五時間及び一年に

ついて三百六十時間（第三十二条の四第一項第二号の対象期間として三箇月を超える期間を定めて同条の規定により労働させる場合にあつては、一箇月について四十二時間及び一年について三百二十時間）とする。

⑤　第一項の協定においては、第二項各号に掲げるもののほか、当該事業場における通常予見することのできない業務量の大幅な増加等に伴い臨時的に第三項の限度時間を超えて労働させる必要がある場合において、一箇月について労働時間を延長して労働させ、及び休日において労働させることができる時間（第二項第四号に関して協定した時間を含め百時間未満の範囲内に限る。）並びに一年について労働時間を延長して労働させることができる時間（同号に関して協定した時間を含め七百二十時間を超えない範囲内に限る。）を定めることができる。この場合において、第一項の協定に、併せて第二項第二号の対象期間において労働時間を延長して労働させる時間が一箇月について四十五時間（第三十二条の四第一項第二号の対象期間として三箇月を超える期間を定めて同条の規定により労働させる場合にあつては、一箇月について四十二時間）を超えることができる月数（一年について六箇月以内に限る。）を定めなければならない。

⑥　使用者は、第一項の協定で定めるところによつて労働時間を延長して労働させ、又は休日において労働させる場合であつても、次の各号に掲げる時間について、当該各号に定める要件を満たすものとしなければならない。

一　坑内労働その他厚生労働省令で定める健康上特に有害な業務について、一日について労働時間を延長して労働させた時間　二時間を超えないこと。

二　一箇月について労働時間を延長して労働させ、及び休日において労働させた時間　百時間未満であること。

三　対象期間の初日から一箇月ごとに区分した各期間に当該各期間の直前の一箇月、二箇月、三箇月、四箇月及び五箇月の期間を加えたそれぞれの期間における労働時間を延長して労働させ、及び休日において労働させた時間の一箇月当たりの平均時間　八十時間を超えないこと。

⑦　厚生労働大臣は、労働時間の延長及び休日の労働を適正なものとするため、第一項の協定で定める労働時間の延長及び休日の労働について留意すべき事項、当該労働時間の延長に係る割増賃金の率その他の必要な事項について、労働者の健康、福祉、時間外労働の動向その他の事情を考慮して指針を定めることができる。

⑧　第一項の協定をする使用者及び労働組合又は労働者の過半数を代表する者は、当該協定で労働時間の延長及び休日の労働を定めるに当たり、当該協定の内容が前項の指針に適合したものとなるようにしなければならない。

⑨　行政官庁は、第七項の指針に関し、第一項の協定をする使用者及び労働組合又は労働者の過半数を代表する者に対し、必要な助言及び指導を行うことができる。

⑩　前項の助言及び指導を行うに当たつては、労働者の健康が確保されるよう特に配慮しなければならない。

⑪　第三項から第五項まで及び第六項（第二号及び第三号に係る部分に限る。）の規定は、新たな技術、商品又は役務の研究開発に係る業務については適用しない。

（時間外、休日及び深夜の割増賃金）

第三十七条　使用者が、第三十三条又は前条第一項の規定により労働時間を延長し、又は休日に労働させた場合においては、その時間又はその日の労働については、通常の労働時間又は労働日の賃金の計算額の二割五分以上五割以下の範囲内でそれぞれ政令で定める率以上の率で計算した割増賃金を支払わなければならない。ただし、当該延長して労働させた時間が一箇月について六十時間を超えた場合においては、その超えた時間の労働については、通常の労働時間の賃金の計算額の五割以上の率で計算した割増賃金を支払わなければならない。

②　前項の政令は、労働者の福祉、時間外又は休日の労働の動向その他の事情を考慮して定めるものとする。

③　使用者が、当該事業場に、労働者の過半数で組織する労働組合があるときはその労働組合、労働者の過半数で組織する労働組合がないときは労働者の過半数を代表する者との書面による協定により、第一項ただし書の規定により割増賃金を支払うべき労働者に対して、当該割増賃金の支払に代えて、通常の労働時間の賃金が支払われる休暇（第三十九条の規定による有給休暇を除く。）を厚生労働省令で定めるところにより与えることを定めた場合において、当該労働者が当該休暇を取得したときは、当該労働者の同項ただし書に規定する時間を超えた時間の労働のうち当該取得した休暇に対応するものとして厚生労働省令で定める時間の労働については、同項ただし書の規定による割増賃金を支払うことを要しない。

④　使用者が、午後十時から午前五時まで（厚生労働大臣が必要であると認める場合においては、その定める地域又は期間については午後十一時から午前六時まで）の間において労働させた場合においては、その時間の労働については、通常の労働時間の賃金の計算額の二割五分以上の率で計算した割増賃金を支払わなければならない。

⑤　第一項及び前項の割増賃金の基礎となる賃金には、家族手当、通勤手当その他厚生労働省令で定める賃金は算入しない。

（時間計算）

第三十八条　労働時間は、事業場を異にする場合においても、労働時間に関する規定の適用については通算する。

②　坑内労働については、労働者が坑口に入つた時刻から坑口を出た時刻までの時間を、休憩時間を含め労働時間とみなす。但し、この場合においては、第三十四条第二項及び第三項の休憩に関する規定は適用しない。

第三十八条の二　労働者が労働時間の全部又は一部について事業場外で業務に従事した場合において、労働時間を算定し難いときは、所定労働時間労働したものとみなす。ただし、当該業務を遂行するためには通常所定労働時間を超えて労働することが必要となる場合においては、当該業務に関しては、厚生労働省令で定めるところにより、当該業務の遂行に通常必要とされる時間労働したものとみなす。

②　前項ただし書の場合において、当該業務に関し、当該事業場に、労働者の過半数で組織する労働組合があるときはその労働組合、労働者の過半数で組織する労働組合がないときは労働者の過半数を代表する者との書面による協定があるときは、その協定で定める時間を同項ただし書の当該業務の遂行に通常必要とされる時間とする。

③　使用者は、厚生労働省令で定めるところにより、前項の協定を行政官庁に届け出なければならない。

第三十八条の三　使用者が、当該事業場に、労働者の過半数で組織する労働組合があるときはその労働組合、労働者の過半数で組織する労働組合がないときは労働者の過半数を代表する者との書面による協定により、次に掲げる事項を定めた場合において、労働者を第一号に掲げる業務に就かせたときは、当該労働者は、厚生労働省令で定めるところにより、第二号に掲げる時間労働したものとみなす。

一　業務の性質上その遂行の方法を大幅に当該業務に従事する労働者の裁量にゆだねる必要があるため、当該業務の遂行の手段及び時間配分の決定等に関し使用者が具体的な指示をすることが困難なものとして厚生労働省令で定める業務のうち、労働者に就かせることとする業務（以下この条において「対象業務」という。）

二　対象業務に従事する労働者の労働時間として算定される時間

三　対象業務の遂行の手段及び時間配分の決定等に関し、当該対象業務に従事する労働者に対し使用者が具体的な指示をしないこと。

四　対象業務に従事する労働者の労働時間の状況に応じた当該労働者の健康及び福祉を確保するための措置を当該協定で定めるところにより使用者が講ずること。

五　対象業務に従事する労働者からの苦情の処理に関する措置を当該協定で定めるところにより使用者が講ずること。

六　前各号に掲げるもののほか、厚生労働省令で定める事項

②　前条第三項の規定は、前項の協定について準用する。

第三十八条の四　賃金、労働時間その他の当該事業場における労働条件に関する事項を調査審議し、事業主に対し当該事項について意見を述べることを目的とする委員会（使用者及び当該事業場の労働者を代表する者を構成員とするものに限る。）が設置された事業場において、当該委員会がその委員の五分の四以上の多数による議決により次に掲げる事項に関する決議をし、かつ、使用者が、厚生労働省令で定めるところにより当該決議を行政官庁に届け出た場合において、第二号に掲げる労働者の範囲に属する労働者を当該事業場における第一号に掲げる業務に就かせたときは、当該労働者は、厚生労働省令で定めるところにより、第三号に掲げる時間労働したものとみなす。

一　事業の運営に関する事項についての企画、立案、調査及び分析の業務であつて、当該業務の性質上これを適切に遂行するにはその遂行の方法を大幅に労働者の裁量に委ねる必要があるため、当該業務の遂行の手段及び時間配分の決定等に関し使用者が具体的な指示をしないこととする業務（以下この条において「対象業務」という。）

二　対象業務を適切に遂行するための知識、経験等を有する労働者であつて、当該対象業務に就かせたときは当該決議で定める時間労働したものとみなされることとなるものの範囲

三　対象業務に従事する前号に掲げる労働者の範囲に属する労働者の労働時間として算定される時間

四　対象業務に従事する第二号に掲げる労働者の範囲に属する労働者の労働時間の状況に応じた当該労働者の健康及び福祉を確保するための措置を当該決議で定めるところにより使用者が講ずること。

五　対象業務に従事する第二号に掲げる労働者の範囲に属する労働者からの苦情の処理に関する措置を当該決議で定めるところにより使用者が講ずること。

六　使用者は、この項の規定により第二号に掲げる労働者の範囲に属する労働者を対象業務に就かせたときは第三号に掲げる時間労働したものとみなすことについて当該労働者の同意を得なければならないこと及び当該同意をしなかつた当該労働者に対して解雇その他不利益な取扱いをしてはならないこと。

七　前各号に掲げるもののほか、厚生労働省令で定める事項

②　前項の委員会は、次の各号に適合するものでなければならない。

一　当該委員会の委員の半数については、当該事業場に、労働者の過半数で組織する労働組合がある場合においてはその労働組合、労働者の過半数で組織する労働組合がない場合においては労働者の過半数を代表する者に厚生労働省令で定めるところにより任期を定めて指名されていること。

二　当該委員会の議事について、厚生労働省令で定めるところにより、議事録が作成され、かつ、保存されるとともに、当該事業場の労働者に対する周知が図られていること。

三　前二号に掲げるもののほか、厚生労働省令で定める要件

③　厚生労働大臣は、対象業務に従事する労働者の適正な労働条件の確保を図るために、労働政策審議会の意見を聴いて、第一項各号に掲げる事項その他同項の委員会が決議する事項について指針を定め、これを公表するものとする。

④　第一項の規定による届出をした使用者は、厚生労働省令で定めるところにより、定期的に、同項第四号に規定する措置の実施状況を行政官庁に報告しなければならない。

⑤　第一項の委員会においてその委員の五分の四以上の多数による議決により第三十二条の二第一項、第三十二条の三第一項、第三十二条の四第一項及び第二項、第三十二条の五第一項、第三十四条第二項ただし書、第三十六条第一項、第二項及び第五項、第三十七条第三項、第三十八条の二第二項、前条第一項並びに次条第四項、第六項及び第九項ただし書に規定する事項について決議が行われた場合における第三十二条の二第一項、第三十二条の三第一項、第三十二条の四第一項から第三項まで、第三十二条の五第一項、第三十四条第二項ただし書、第三十六条、第三十七条第三項、第三十八条の二第二項、前条第一項並びに次条第四項、第六項及び第九項ただし書の規定の適用については、第三十二条の二第一項中「協定」とあるのは「協定若しくは第三十八条の四第一項に規定する委員会の決議（第百六条第一項を除き、以下「決議」という。）」と、第三十二条の三第一項、第三十二条の四第一項から第三項まで、第三十二条の五第一項、第三十四条第二項ただし書、第三十六条第二項及び第五項から第七項まで、第三十七条第三項、第三十八条の二第二項、前条第一項並びに次条第四項、第六項及び第九項ただし書中「協定」とあるのは「協定又は決議」と、第三十二条の四第二項中「同意を得て」とあるのは「同意を得て、又は決議に基づき」と、第三十六条第一項中「届け出た場合」とあるのは「届け出た場合又は決議を行政官庁に届け出た場合」と、「その協定」とあるのは「その協定又は決議」と、同条第八項中「又は労働者の過半数を代表する者」とあるのは「若しくは労働者の過半数を代表する者又は同項の決議をする委員」と、

「当該協定」とあるのは「当該協定又は当該決議」と、同条第九項中「又は労働者の過半数を代表する者」とあるのは「若しくは労働者の過半数を代表する者又は同項の決議をする委員」とする。

（年次有給休暇）

第三十九条 使用者は、その雇入れの日から起算して六箇月間継続勤務し全労働日の八割以上出勤した労働者に対して、継続し、又は分割した十労働日の有給休暇を与えなければならない。

② 使用者は、一年六箇月以上継続勤務した労働者に対しては、雇入れの日から起算して六箇月を超えて継続勤務する日（以下「六箇月経過日」という。）から起算した継続勤務年数一年ごとに、前項の日数に、次の表の上欄に掲げる六箇月経過日から起算した継続勤務年数の区分に応じ同表の下欄に掲げる労働日を加算した有給休暇を与えなければならない。ただし、継続勤務した期間を六箇月経過日から一年ごとに区分した各期間（最後に一年未満の期間を生じたときは、当該期間）の初日の前日の属する期間において出勤した日数が全労働日の八割未満である者に対しては、当該初日以後の一年間においては有給休暇を与えることを要しない。

六箇月経過日から起算した継続勤務年数	労働日
一年	一労働日
二年	二労働日
三年	四労働日
四年	六労働日
五年	八労働日
六年以上	十労働日

③ 次に掲げる労働者（一週間の所定労働時間が厚生労働省令で定める時間以上の者を除く。）の有給休暇の日数については、前二項の規定にかかわらず、これらの規定による有給休暇の日数を基準とし、通常の労働者の一週間の所定労働日数として厚生労働省令で定める日数（第一号において「通常の労働者の週所定労働日数」という。）と当該労働者の一週間の所定労働日数又は一週間当たりの平均所定労働日数との比率を考慮して厚生労働省令で定める日数とする。

一 一週間の所定労働日数が通常の労働者の週所定労働日数に比し相当程度少ないものとして厚生労働省令で定める日数以下の労働者

二 週以外の期間によつて所定労働日数が定められている労働者については、一年間の所定労働日数が、前号の厚生労働省令で定める日数に一日を加えた日数を一週間の所定労働日数とする労働者の一年間の所定労働日数その他の事情を考慮して厚生労働省令で定める日数以下の労働者

④ 使用者は、当該事業場に、労働者の過半数で組織する労働組合があるときはその労働組合、労働者の過半数で組織する労働組合がないときは労働者の過半数を代表する者との書面による協定により、次に掲げる事項を定めた場合において、第一号に掲げる労働者の範囲に属する労働者が有給休暇を時間を単位として請求したときは、前三項の規定による有給休暇の日数のうち第二号に掲げる日数については、これらの規定にかかわらず、当該協定で定めるところにより時間を単位として有給休暇を与えることができる。

一 時間を単位として有給休暇を与えることができることとされる労働者の範囲

二 時間を単位として与えることができることとされる有給休暇の日数（五日以内に限る。）

三 その他厚生労働省令で定める事項

⑤ 使用者は、前各項の規定による有給休暇を労働者の請求する時季に与えなければならない。ただし、請求された時季に有給休暇を与えることが事業の正常な運営を妨げる場合においては、他の時季にこれを与えることができる。

⑥ 使用者は、当該事業場に、労働者の過半数で組織する労働組合がある場合においてはその労働組合、労働者の過半数で組織する労働組合がない場合においては労働者の過半数を代表する者との書面による協定により、第一項から第三項までの規定による有給休暇を与える時季に関する定めをしたときは、これらの規定による有給休暇の日数のうち五日を超える部分については、前項の規定にかかわらず、その定めにより有給休暇を与えることができる。

⑦ 使用者は、第一項から第三項までの規定による有給休暇（これらの規定により使用者が与えなければならない有給休暇の日数が十労働日以上である労働者に係るものに限る。以下この項及び次項において同じ。）の日数のうち五日については、基準日（継続勤務した期間を六箇月経過日から一年ごとに区分した各期間（最後に一年未満の期間を生じたときは、当該期間）の初日をいう。以下この項において同じ。）から一年以内の期間に、労働者ごとにその時季を定めることにより与えなければならない。ただし、第一項から第三項までの規定による有給休暇を当該有給休暇に係る基準日より前の日から与えることとしたときは、厚生労働省令で定めるところにより、労働者ごとにその時季を定めることにより与えなければならない。

⑧ 前項の規定にかかわらず、第五項又は第六項の規定により第一項から第三項までの規定による有給休暇を与えた場合においては、当該与えた有給休暇の日数（当該日数が五日を超える場合には、五日とする。）分については、時季を定めることにより与えることを要しない。

⑨ 使用者は、第一項から第三項までの規定による有給休暇の期間又は第四項の規定による有給休暇の時間については、就業規則その他これに準ずるもので定めるところにより、それぞれ、平均賃金若しくは所定労働時間労働した場合に支払われる通常の賃金又はこれらの額を基準として厚生労働省令で定めるところにより算定した額の賃金を支払わなければならない。ただし、当該事業場に、労働者の過半数で組織する労働組合がある場合においてはその労働組合、労働者の過半数で組織する労働組合がない場合においては労働者の過半数を代表する者との書面による協定により、その期間又はその時間について、それぞれ、健康保険法（大正十一年法律第七十号）第四十条第一項に規定する標準報酬月額の三十分の一に相当する金額（その金額に、五円未満の端数があるときは、これを切り捨て、五円以上十円未満の端数があるときは、これを十円に切り上げるものとする。）又は当該金額を基準として厚生労働省令で定めるところにより算定した金額を支払

う旨を定めたときは、これによらなければならない。

⑩ 労働者が業務上負傷し、又は疾病にかかり療養のために休業した期間及び育児休業、介護休業等育児又は家族介護を行う労働者の福祉に関する法律第二条第一号に規定する育児休業又は同条第二号に規定する介護休業をした期間並びに産前産後の女性が第六十五条の規定によつて休業した期間は、第一項及び第二項の規定の適用については、これを出勤したものとみなす。

（労働時間及び休憩の特例）

第四十条 別表第一第一号から第三号まで、第六号及び第七号に掲げる事業以外の事業で、公衆の不便を避けるために必要なものその他特殊の必要あるものについては、その必要避くべからざる限度で、第三十二条から第三十二条の五までの労働時間及び第三十四条の休憩に関する規定について、厚生労働省令で別段の定めをすることができる。

② 前項の規定による別段の定めは、この法律で定める基準に近いものであつて、労働者の健康及び福祉を害しないものでなければならない。

（労働時間等に関する規定の適用除外）

第四十一条 この章、第六章及び第六章の二で定める労働時間、休憩及び休日に関する規定は、次の各号の一に該当する労働者については適用しない。

一 別表第一第六号（林業を除く。）又は第七号に掲げる事業に従事する者

二 事業の種類にかかわらず監督若しくは管理の地位にある者又は機密の事務を取り扱う者

三 監視又は断続的労働に従事する者で、使用者が行政官庁の許可を受けたもの

第四十一条の二 賃金、労働時間その他の当該事業場における労働条件に関する事項を調査審議し、事業主に対し当該事項について意見を述べることを目的とする委員会（使用者及び当該事業場の労働者を代表する者を構成員とするものに限る。）が設置された事業場において、当該委員会がその委員の五分の四以上の多数による議決により次に掲げる事項に関する決議をし、かつ、使用者が、厚生労働省令で定めるところにより当該決議を行政官庁に届け出た場合において、第二号に掲げる労働者の範囲に属する労働者（以下この項において「対象労働者」という。）であつて書面その他の厚生労働省令で定める方法によりその同意を得たものを当該事業場における第一号に掲げる業務に就かせたときは、この章で定める労働時間、休憩、休日及び深夜の割増賃金に関する規定は、対象労働者については適用しない。ただし、第三号から第五号までに規定する措置のいずれかを使用者が講じていない場合は、この限りでない。

一 高度の専門的知識等を必要とし、その性質上従事した時間と従事して得た成果との関連性が通常高くないと認められるものとして厚生労働省令で定める業務のうち、労働者に就かせることとする業務（以下この項において「対象業務」という。）

二 この項の規定により労働する期間において次のいずれにも該当する労働者であつて、対象業務に就かせようとするものの範囲

イ 使用者との間の書面その他の厚生労働省令で定める方法による合意に基づき職務が明確に定められていること。

ロ 労働契約により使用者から支払われると見込まれる賃金の額を一年間当たりの賃金の額に換算した額が基準年間平均給与額（厚生労働省において作成する毎月勤労統計における毎月きまつて支給する給与の額を基礎として厚生労働省令で定めるところにより算定した労働者一人当たりの給与の平均額をいう。）の三倍の額を相当程度上回る水準として厚生労働省令で定める額以上であること。

三 対象業務に従事する対象労働者の健康管理を行うために当該対象労働者が事業場内にいた時間（この項の委員会が厚生労働省令で定める労働時間以外の時間を除くことを決議したときは、当該決議に係る時間を除いた時間）と事業場外において労働した時間との合計の時間（第五号ロ及びニ並びに第六号において「健康管理時間」という。）を把握する措置（厚生労働省令で定める方法に限る。）を当該決議で定めるところにより使用者が講ずること。

四 対象業務に従事する対象労働者に対し、一年間を通じ百四日以上、かつ、四週間を通じ四日以上の休日を当該決議及び就業規則その他これに準ずるもので定めるところにより使用者が与えること。

五 対象業務に従事する対象労働者に対し、次のいずれかに該当する措置を当該決議及び就業規則その他これに準ずるもので定めるところにより使用者が講ずること。

イ 労働者ごとに始業から二十四時間を経過するまでに厚生労働省令で定める時間以上の継続した休息時間を確保し、かつ、第三十七条第四項に規定する時刻の間において労働させる回数を一箇月について厚生労働省令で定める回数以内とすること。

ロ 健康管理時間を一箇月又は三箇月についてそれぞれ厚生労働省令で定める時間を超えない範囲内とすること。

ハ 一年に一回以上の継続した二週間（労働者が請求した場合においては、一年に二回以上の継続した一週間）（使用者が当該期間において、第三十九条の規定による有給休暇を与えたときは、当該有給休暇を与えた日を除く。）について、休日を与えること。

ニ 健康管理時間の状況その他の事項が労働者の健康の保持を考慮して厚生労働省令で定める要件に該当する労働者に健康診断（厚生労働省令で定める項目を含むものに限る。）を実施すること。

六 対象業務に従事する対象労働者の健康管理時間の状況に応じた当該対象労働者の健康及び福祉を確保するための措置であつて、当該対象労働者に対する有給休暇（第三十九条の規定による有給休暇を除く。）の付与、健康診断の実施その他の厚生労働省令で定める措置のうち当該決議で定めるものを使用者が講ずること。

七 対象労働者のこの項の規定による同意の撤回に関する手続

八 対象業務に従事する対象労働者からの苦情の処理に関する措置を当該決議で定めるところにより使用者が講ずること。

九 使用者は、この項の規定による同意をしなかつた対象労働者に対して解雇その他不利益な取扱いをしてはならないこと。

十　前各号に掲げるもののほか、厚生労働省令で定める事項

② 前項の規定による届出をした使用者は、厚生労働省令で定めるところにより、同項第四号から第六号までに規定する措置の実施状況を行政官庁に報告しなければならない。

③ 第三十八条の四第二項、第三項及び第五項の規定は、第一項の委員会について準用する。

④ 第一項の決議をする委員は、当該決議の内容が前項において準用する第三十八条の四第三項の指針に適合したものとなるようにしなければならない。

⑤ 行政官庁は、第三項において準用する第三十八条の四第三項の指針に関し、第一項の決議をする委員に対し、必要な助言及び指導を行うことができる。

第十三章　罰則

第百十七条　第五条の規定に違反した者は、これを一年以上十年以下の懲役又は二十万円以上三百万円以下の罰金に処する。

注　令和四年六月一七日法律六八号により改正され、令和七年六月一日から施行
第百十七条中「これを」を削り、「懲役」を「拘禁刑」に改める。

第百十八条　第六条、第五十六条、第六十三条又は第六十四条の二の規定に違反した者は、これを一年以下の懲役又は五十万円以下の罰金に処する。

注　令和四年六月一七日法律六八号により改正され、令和七年六月一日から施行
第百十八条第一項中「これを」を削り、「懲役」を「拘禁刑」に改める。

② 第七十条の規定に基づいて発する厚生労働省令（第六十三条又は第六十四条の二の規定に係る部分に限る。）に違反した者についても前項の例による。

第百十九条　次の各号のいずれかに該当する者は、六箇月以下の懲役又は三十万円以下の罰金に処する。

一　第三条、第四条、第七条、第十六条、第十七条、第十八条第一項、第十九条、第二十条、第二十二条第四項、第三十二条、第三十四条、第三十五条、第三十六条第六項、第三十七条、第三十九条（第七項を除く。）、第六十一条、第六十二条、第六十四条の三から第六十七条まで、第七十二条、第七十五条から第七十七条まで、第七十九条、第八十条、第九十四条第二項、第九十六条又は第百四条第二項の規定に違反した者

二　第三十三条第二項、第九十六条の二第二項又は第九十六条の三第一項の規定による命令に違反した者

三　第四十条の規定に基づいて発する厚生労働省令に違反した者

四　第七十条の規定に基づいて発する厚生労働省令（第六十二条又は第六十四条の三の規定に係る部分に限る。）に違反した者

注　令和四年六月一七日法律六八号により改正され、令和七年六月一日から施行
第百十九条中「六箇月以下の懲役」を「六月以下の拘禁刑」に改める。

第百二十条　次の各号のいずれかに該当する者は、三十万円以下の罰金に処する。

一　第十四条、第十五条第一項若しくは第三項、第十八条第七項、第二十二条第一項から第三項まで、第二十三条から第二十七条まで、第三十二条の二第二項（第三十二条の三第四項、第三十二条の四第四項及び第三十二条の五第三項において準用する場合を含む。）、第三十二条の五第二項、第三十三条第一項ただし書、第三十八条の二第三項（第三十八条の三第二項において準用する場合を含む。）、第三十九条第七項、第五十七条から第五十九条まで、第六十四条、第六十八条、第八十九条、第九十条第一項、第九十一条、第九十五条第一項若しくは第二項、第九十六条の二第一項、第百五条（第百条第三項において準用する場合を含む。）又は第百六条から第百九条までの規定に違反した者

二　第七十条の規定に基づいて発する厚生労働省令（第十四条の規定に係る部分に限る。）に違反した者

三　第九十二条第二項又は第九十六条の三第二項の規定による命令に違反した者

四　第百一条（第百条第三項において準用する場合を含む。）の規定による労働基準監督官又は女性主管局長若しくはその指定する所属官吏の臨検を拒み、妨げ、若しくは忌避し、その尋問に対して陳述をせず、若しくは虚偽の陳述をし、帳簿書類の提出をせず、又は虚偽の記載をした帳簿書類の提出をした者

五　第百四条の二の規定による報告をせず、若しくは虚偽の報告をし、又は出頭しなかつた者

第百二十一条　この法律の違反行為をした者が、当該事業の労働者に関する事項について、事業主のために行為した代理人、使用人その他の従業者である場合においては、事業主に対しても各本条の罰金刑を科する。ただし、事業主（事業主が法人である場合においてはその代表者、事業主が営業に関し成年者と同一の行為能力を有しない未成年者又は成年被後見人である場合においてはその法定代理人（法定代理人が法人であるときは、その代表者）を事業主とする。次項において同じ。）が違反の防止に必要な措置をした場合においては、この限りでない。

② 事業主が違反の計画を知りその防止に必要な措置を講じなかつた場合、違反行為を知り、その是正に必要な措置を講じなかつた場合又は違反を教唆した場合においては、事業主も行為者として罰する。

附　則（抄）

第百四十条　一般乗用旅客自動車運送事業（道路運送法（昭和二十六年法律第百八十三号）第三条第一号ハに規定する一般乗用旅客自動車運送事業をいう。）の業務、貨物自動車運送事業（貨物自動車運送事業法（平成元年法律第八十三号）第二条第一項に規定する貨物自動車運送事業をいう。）の業務その他の自動車の運転の業務として厚生労働省令で定める業務に関する第三十六条の規定の適用については、当分の間、同条第五項中「時間（第二項第四号に関して協定した時間を含め百時間未満の範囲内に限る。）並びに一年について労働時間を延長して労働させることができる時間（同号に関して協定した時間を含め七百二十時間を超えない範囲内に限る。）を定めることができる。この場合において、第一項の

協定に、併せて第二項第二号の対象期間において労働時間を延長して労働させる時間が一箇月について四十五時間（第三十二条の四第一項第二号の対象期間として三箇月を超える期間を定めて同条の規定により労働させる場合にあつては、一箇月について四十二時間）を超えることができる月数（一年について六箇月以内に限る。）を定めなければならない」とあるのは、「時間並びに一年について労働時間を延長して労働させることができる時間（第二項第四号に関して協定した時間を含め九百六十時間を超えない範囲内に限る。）を定めることができる」とし、同条第六項（第二号及び第三号に係る部分に限る。）の規定は適用しない。

② 前項の規定にかかわらず、同項に規定する業務については、令和六年三月三十一日（同日及びその翌日を含む期間を定めている第三十六条第一項の協定に関しては、当該協定に定める期間の初日から起算して一年を経過する日）までの間、同条第二項第四号中「一箇月及び」とあるのは、「一日を超え三箇月以内の範囲で前項の協定をする使用者及び労働組合若しくは労働者の過半数を代表する者が定める期間並びに」とし、同条第三項から第五項まで及び第六項（第二号及び第三号に係る部分に限る。）の規定は適用しない。

別表第一（第三十三条、第四十条、第四十一条、第五十六条、第六十一条関係）

一　物の製造、改造、加工、修理、洗浄、選別、包装、装飾、仕上げ、販売のためにする仕立て、破壊若しくは解体又は材料の変造の事業（電気、ガス又は各種動力の発生、変更若しくは伝導の事業及び水道の事業を含む。）
二　鉱業、石切り業その他土石又は鉱物採取の事業
三　土木、建築その他工作物の建設、改造、保存、修理、変更、破壊、解体又はその準備の事業
四　道路、鉄道、軌道、索道、船舶又は航空機による旅客又は貨物の運送の事業
五　ドック、船舶、岸壁、波止場、停車場又は倉庫における貨物の取扱いの事業
六　土地の耕作若しくは開墾又は植物の栽植、栽培、採取若しくは伐採の事業その他農林の事業
七　動物の飼育又は水産動植物の採捕若しくは養殖の事業その他の畜産、養蚕又は水産の事業
八　物品の販売、配給、保管若しくは賃貸又は理容の事業
九　金融、保険、媒介、周旋、集金、案内又は広告の事業
十　映画の製作又は映写、演劇その他興行の事業
十一　郵便、信書便又は電気通信の事業
十二　教育、研究又は調査の事業
十三　病者又は虚弱者の治療、看護その他保健衛生の事業
十四　旅館、料理店、飲食店、接客業又は娯楽場の事業
十五　焼却、清掃又はと畜場の事業

サービス・インフォメーション

通話無料

①商品に関するご照会・お申込みのご依頼
TEL 0120(203)694／FAX 0120(302)640
②ご住所・ご名義等各種変更のご連絡
TEL 0120(203)696／FAX 0120(202)974
③請求・お支払いに関するご照会・ご要望
TEL 0120(203)695／FAX 0120(202)973

●フリーダイヤル(TEL)の受付時間は、土・日・祝日を除く
9:00〜17:30です。
●FAXは24時間受け付けておりますので、あわせてご利用ください。

注解 自動車六法（令和6年版）

2025年1月20日　初版発行

監　修　国土交通省物流・自動車局

発行者　田　中　英　弥

発行所　第一法規株式会社
〒107-8560　東京都港区南青山 2-11-17
ホームページ　https://www.daiichihoki.co.jp/

動六(6) ISBN 978-4-474-09607-3 C2065 (3)

法令名略称表（五十音順）

—あ—	
安保協定等の実施に伴う運送法等の特例法	日本国とアメリカ合衆国との間の相互協力及び安全保障条約第六条に基づく施設及び区域並びに日本国における合衆国軍隊の地位に関する協定及び日本国における国際連合の軍隊の地位に関する協定の実施に伴う道路運送法等の特例に関する法律
—け—	
軽協財務会計省令	軽自動車検査協会の財務及び会計に関する省令
軽協省令	軽自動車検査協会に関する省令
—こ—	
国公共済法	国家公務員共済組合法
国公災法	国家公務員災害補償法
—し—	
自賠法	自動車損害賠償保障法
自賠法施行令	自動車損害賠償保障法施行令
車両法	道路運送車両法
車両法施行令	道路運送車両法施行令
車両法施行規則	道路運送車両法施行規則
—た—	
タクシー法	タクシー業務適正化特別措置法
タクシー適正化・活性化法	特定地域及び準特定地域における一般乗用旅客自動車運送事業の適正化及び活性化に関する特別措置法
—ち—	
地公共済法	地方公務員等共済組合法
—と—	
登録令	自動車登録令
登録規則	自動車登録規則
運送法	道路運送法
道交法	道路交通法
道交法施行令	道路交通法施行令
道路交通条約の実施に伴う車両法の特例法	道路交通に関する条約の実施に伴う道路運送車両法の特例等に関する法律
道路標識命令	道路標識、区画線及び道路標示に関する命令
独禁法	私的独占の禁止及び公正取引の確保に関する法律
—の—	
農協法	農業協同組合法
NOx・PM法	自動車から排出される窒素酸化物及び粒子状物質の特定地域における総量の削減等に関する特別措置法
—は—	
バリアフリー法	高齢者、障害者等の移動等の円滑化の促進に関する法律
—ふ—	
賦課金政令	自動車事故対策事業賦課金等の金額を定める政令
—ほ—	
保安基準	道路運送車両の保安基準
—よ—	
様式省令	自動車の登録及び検査に関する申請書等の様式等を定める省令
—り—	
料率算出団体法	損害保険料率算出団体に関する法律
旅客運輸規則	旅客自動車運送事業運輸規則
—ろ—	
労災法	労働者災害補償保険法

車局及び地方組織一覧　（令和６年７月１日現在）

(2)　地方組織一覧（陸運関係部門）

◎地方運輸局（北海道、東北、関東、北陸信越、中部、近畿、中国、四国、九州）

- 次長
  - 交通政策部　（環境・物流課）
    - ※北海道、関東、中部、近畿九州については計画調整官を設置
    - ※全ての地方運輸局に次長を設置
  - 自動車交通部　（旅客第一課、旅客第二課、貨物課、自動車監査官）
    - ※北陸、四国は旅客第一課、旅客第二課の代わりに旅客課を設置
    - ※関東、近畿は自動車監査官を置かない
    - ※全ての地方運輸局に次長を設置
  - 自動車技術安全部　（管理課、整備課、技術課、保安・環境課）
    - ※北海道、東北、北陸、中国、四国は保安・環境課の代わりに保安・環境調整官を設置
    - ※北海道、東北、北陸、中国、四国は整備課の代わりに整備・保安課を設置
    - ※四国のみ管理課の代わりに管理業務調整官を設置
    - ※関東、中部、近畿については次長を設置
  - 自動車監査指導部　（関東、近畿のみ設置）（次長、自動車監査官）
- 神戸運輸監理部
  - 総務企画部（企画課、物流施設対策官）（次長・企画調整官）
  - 兵庫陸運部
    - 自動車検査登録事務所
- 運輸支局（沖縄及び兵庫を除く各都府県及び北海道の札幌、函館、室蘭、帯広、釧路、北見、旭川、計51か所）
  - 次長　（札幌、帯広、北見、宮城、栃木、群馬、山梨、新潟、長野、岐阜、滋賀、奈良、広島、香川には設置されていない）東京は３人設置
    - 運輸企画専門官、陸運技術専門官
    - 自動車検査登録事務所（青森１、山形１、福島１、新潟１、長野１、東京４、神奈川３、埼玉３、千葉３、茨城１、栃木１、愛知３、静岡２、岐阜１、大阪２、広島１、福岡３、長崎２、鹿児島１、計35か所）
      - 運輸企画専門官、陸運技術専門官（八戸を除く）